Halm · Staab · Balke
Handbuch Kfz-Schadensregulierung
6. Auflage

# Handbuch Kfz-Schadensregulierung

Herausgegeben von

**Wolfgang E. Halm**
Rechtsanwalt und Fachanwalt für Verkehrsrecht Köln

**Dr. Ulrich Staab**
Rechtsanwalt Bad Vilbel

**Rüdiger Balke**
Assessor, Koblenz

6. Auflage 2025

Luchterhand Verlag 2025

**Bibliografische Information der Deutschen Nationalbibliothek**

Die Deutsche Nationalbibliothek verzeichnet diese Publikation in der Deutschen Nationalbibliografie; detaillierte bibliografische Daten sind im Internet über http://dnb.d-nb.de abrufbar.

ISBN 978-3-472-09865-2

www.wolterskluwer.com



Umschlagkonzeption: futurweiss kommunikationen, Wiesbaden
Satz: Datagroup-Int SRL, Timisoara, Romania
Druck und Weiterverarbeitung: Rodona Industria Grafica, Spanien

Gedruckt auf säurefreiem, alterungsbeständigem und chlorfreiem Papier.

## Vorwort zur 6. Auflage

In einer Welt, die von Mobilität und Vernetzung geprägt ist, spielt das Verkehrs- und Schadensrecht eine zentrale Rolle in unserem täglichen Leben. Ob es sich um die rechtlichen Rahmenbedingungen des Straßenverkehrs, die Haftung bei Unfällen oder die komplexen Fragen der Schadenregulierung handelt – die Herausforderungen, die sich aus der fortschreitenden Technologisierung und der zunehmenden Verkehrsdichte ergeben, sind vielfältig und erfordern ein tiefes Verständnis der rechtlichen Grundlagen.

Dabei ist im Rahmen der Schadenregulierung auch die Thematik des Personenschadens von zentraler Bedeutung im Bereich des Zivilrechts und berührt nicht nur juristische Fragestellungen, sondern auch die Lebensrealität vieler Menschen. Unfälle, medizinische Behandlungsfehler oder andere schädigende Ereignisse können nicht nur physische, sondern auch psychische und finanzielle Folgen für die Betroffenen nach sich ziehen. In dieser komplexen Gemengelage ist es entscheidend, die rechtlichen Rahmenbedingungen zu verstehen, um den Geschädigten zu ihrem Recht zu verhelfen und eine faire Entschädigung zu gewährleisten.

Dieses Buch widmet sich der systematischen Aufarbeitung der relevanten rechtlichen Grundlagen und der praktischen Aspekte der Schadenregulierung. Herausgeber, Autorinnen und Autoren haben es sich seit der ersten Auflage 2009 stets zur Aufgabe gemacht, sowohl die theoretischen Grundlagen als auch die praktischen Herausforderungen zu beleuchten, die mit der Geltendmachung von Ansprüchen und der Durchsetzung von Rechten verbunden sind. Dabei wird ein besonderes Augenmerk auf die aktuellen Entwicklungen in der Rechtsprechung und Gesetzgebung gelegt, um den Leserinnen und Lesern ein aktuelles und praxisrelevantes Werk an die Hand zu geben.

Wir richten uns auch in der nunmehr sechsten Auflage mit diesem Buch an Studierende, Praktikerinnen und Praktiker im Bereich der Schadensregulierung, sowie an alle, die sich mit der Thematik des Personenschadens auseinandersetzen möchten. Rechtsprechung und Literatur konnten bis Februar 2025 berücksichtigt werden.

Im Autorinnen-, Autoren- und Herausgeberteam gibt es Änderungen, die hier darzustellen sind:

Nachdem Dr. Klaus Himmelreich nach der vierten Auflage aus dem ursprünglichen Werk von »Himmelreich/Halm« als Herausgeber ausgeschieden war und das Buch inzwischen unter »Himmelreich Halm Staab« erschien, wird es nunmehr von Rechtsanwalt Wolfgang Halm, Rechtsanwalt Dr. Ulrich Staab und Assessor Rüdiger Balke herausgegeben.

Als Autorin bzw. Autor sind ausgeschieden: Werner Bachmeier aus München, Frank Epple, Matthias Köck, und Mareike Mertens. Verlag und Herausgeber danken den Ausgeschiedenen recht herzlich für ihre Mitarbeit.

Neu im Autorenteam sind Janos Kemen, Gerda Löhr und Hans-Joseph Scholten.

Rechtsanwalt und Fachanwalt für Versicherungs – und Medizinrecht Janos Kemen, LL.M. aus Köln ist für die Kanzlei Halm Wenzel & Collegen mbB in Köln tätig.

Frau Dr. Gerda Löhr ist Richterin an dem OLG Köln.

Dr. Hans-Joseph Scholten war bis zu seiner Pensionierung 2020 der langjährige Vorsitzende des für das Verkehrsunfallrecht zuständigen 1. Zivilsenats beim OLG Düsseldorf und ist als Rechtsanwalt tätig.

Verlag, Herausgeber und Autorinnen und Autoren hoffen, dass dieses Werk als hilfreiche Orientierung dient und einen Beitrag dazu leistet, die Herausforderungen im Bereich der Schadenregulierung und Bearbeitung von Personenschäden besser zu bewältigen.

Dabei danken die Herausgeber dem Team für die engagierte Mitarbeit und dafür, dass alle Mitwirkenden ihr großes Wissen und ihre Erfahrungen in ihren Beiträgen mit anderen teilen. Dank gebührt nicht zuletzt auch unseren Familien, ohne deren geduldige Rücksichtnahme die Herausgabe eines solchen umfangreichen Handbuchs nicht möglich ist.

Köln, Bad Vilbel und Koblenz im Februar 2025

Wolfgang Halm

Dr. Ulrich Staab

Rüdiger Balke

## Geleitwort zur 6. Auflage

Die Regulierung von Schäden, die aus Unfällen mit Kraftfahrzeugen resultieren, basiert zweifellos, wie schon das Wort nahelegt, auf Regeln. Doch allein schon die passenden Anspruchsgrundlagen im Bürgerlichen Gesetzbuch als Mutterkodifikation im Zivilrecht sowie in weiteren Sondergesetzen aufzuspüren, ist vielfach für die Anwalt- wie Richterschaft ein dornenreicher Weg. Bereits hier hilft das vorliegende Handbuch als Kompass. Doch gerade die Regulierung von Sach- und Personenschäden wird zunehmend weniger von den Grundlagen der Legislative und umso mehr von einer überbordenden Rechtsprechung geprägt. Besieht man sich allein die wenigen Vorschriften auf der Rechtsfolgenseite wie die §§ 249 ff. BGB, so ist deren Auslegung anhand klassischer Sinnbestimmungsmittel letztlich nur die halbe Miete. Ob und inwieweit tatsächlich ein wirtschaftlicher Totalschaden anzunehmen ist, fiktiver Ersatz der Reparaturkosten möglich bleibt oder beispielsweise Haushaltsführungsschäden bzw. Trauergelder geschuldet sind, lässt sich im Ergebnis nur anhand der Judikatur des Bundesgerichtshofes wie der Eingangs- und Berufungsinstanzen ermitteln. Umso mehr erscheint hier die Anwalt- wie Richterschaft auf das vorliegende Werk angewiesen. Denn die Bearbeiter(innen) der einzelnen Kapitel bereiten die Rechtsprechung kenntnisreich und profund so auf, dass die Leserschaft den praktischen Fall mit dem nötigen Tiefgang alltagstauglich zu lösen vermag. Allein die nunmehr vorliegende 6. Auflage ist ein Beleg dafür, dass ein Bedarf genau für ein solches Kompendium besteht. Auf welche Art und Weise hier namhafte Autorinnen und Autoren zupackend Anspruchsgrundlagen sowie Judikatur und Schrifttum aufbereiten sowie systematisieren, ist beeindruckend. Viele der im Buch abgehandelten Themen haben in den letzten fünf Jahren ebenso den VGT in Goslar beschäftigt. Zu nennen sind hier vom 62. VGT in 2024 der AK II »Haushaltsführungsschaden – wenn das Unfallopfer nicht mehr staubsaugen kann« oder der AK VI »Vorschaden und Schadensgutachten«. Auch beim 61. VGT im Jahr 2023 befasste sich der AK IV mit dem Thema »Reparaturkostenersatz beim Haftpflichtschaden«. Im Jahr 2022 ging es beim 60. VGT im AK V um »Reha-Management Schwerstverletzter nach Verkehrsunfällen« sowie beim AK VI um »E-Scooter, Krankenfahrstühle, langsame Landmaschinen – Ist unser Haftungsrecht noch zeitgemäß?«. Im Zuge des 58. VGT in 2020 behandelte der AK I die »Grenzüberschreitende Unfallregulierung in der EU« und stellte der AK II die provokante Frage »Abschied von fiktivem Schadenersatz«.

Bereits 2019 ging es beim 57. VGT im AK III um »Ansprüche nach einem Verkehrsunfall mit einem geleasten/finanzierten Fahrzeug« sowie im AK IV um »Abfindung von Personenschäden und vergleichsweise Regelung«. Beim 63. VGT in 2025 betrifft die Diskussion im AK III »Hinterbliebengeld und Schockschaden«. Alle diese ungemein praxisrelevanten Schwerpunkte sind Gegenstand des Handbuches und Vieles mehr. Dessen Lektüre ist uneingeschränkt zu empfehlen. Dies gilt nicht nur für die Anwalt- und Richterschaft, sondern ebenso für Akteure aus der Versicherungswirtschaft. Und eines ist beim Blick in die Glaskugel sicherlich festzuhalten: So wie dem VGT sicherlich noch das ein oder andere Folgejahr beschert sein dürfte, wird es auch bei diesem beeindruckenden Werk noch weitere Folgeauflagen geben.

*Prof. Dr. Ansgar Staudinger*

Präsident des VGT

## Geleitwort zur 5. Auflage

Verkehrsunfallsachen sind einfach, hört man oft in Kreisen der Richterschaft. Ein kleiner Verkehrsunfall zwischen dicken Bank- und Insolvenzsachen diene geradezu zur Entspannung. Dass dem keinesfalls so ist, zeigt schon der Umfang des vorliegenden Buchs, das jedem, der sich mit Verkehrsrecht befasst, nur wärmstens ans Herz gelegt werden kann. Die Verfasser schaffen es dabei sehr gut, die verschiedenen Sichtweisen und Schwerpunkte der Benutzer, sei es auf Versicherungs-, Rechtsanwalts- oder Richterseite, zu berücksichtigen.

In der Universitäts- und Referendarausbildung gehört das Verkehrshaftungsrecht nicht zu den Schwerpunkten, wenn es nicht ohnehin vollständig vernachlässigt wird. So finden sich alle juristischen Berufsanfänger auf diesem Gebiet, aber auch und gerade richterliche Berufsanfänger am Amts- oder Landgericht urplötzlich einer großen Zahl von Unfallprozessen gegenüber, bei denen es nicht nur um eine Haftungsverteilung geht, sondern auch und gerade um feinsinnigste Abgrenzung von Schadenspositionen. Erwähnt sei nur die Mietwagenproblematik, bei der der BGH 2004 ganz unnötigerweise die Büchse der Pandora geöffnet und der ersten (und zweiten) Instanz geradezu eine Flutwelle von Verfahren, oft mit Streitwerten unter 600,– €, beschert hat, die auf Versicherer- und Rechtsanwaltsseite oft mit seitenlangen Textbausteinen und Entscheidungszitaten bestückt wurden. Ähnliches passierte in den letzten Jahren mit den Nebenkosten der Sachverständigen.

Fortbildung im Verkehrszivilrecht für richterliche Berufsanfänger oder bei Dezernatswechsel gibt es, anders als für die Anwaltschaft, nur in ganz beschränktem Maß. Der Verfasser ist seit vielen Jahren Leiter der Verkehrsrechtstagung an der Deutschen Richterakademie, der einzigen ihrer Art mit maximal 40 Plätzen pro Jahr. Die Justizverwaltung vernachlässigt aber auch auf Landesebene eine effektive und umfassende richterliche Fortbildung. Die Durchführung von Webinaren ist immer noch, etwas verbessert seit der Corona-Pandemie, sehr selten.

So müssen sich die Kolleginnen und Kollegen in der Richterschaft vom ersten Tag an weitgehend auf sich gestellt in der entgegen der landläufigen Meinung durchaus komplexen, stark durch Richterrecht geprägten und für die Betroffenen – gerade bei Personenschäden – oftmals existentiellen Materie aus- und fortbilden. Lehrbücher auf diesem Gebiet sind allerdings kaum vorhanden. Kommentare und Loseblattsammlungen eignen sich dafür nicht.

Deshalb ist das vorliegende Buch so wichtig, weil es nahezu alle Bereiche der verkehrsrechtlichen Praxis abdeckt und jeweils auch Grundlagen und Einführungen vermittelt, ohne dabei die detailreichen Verästelungen zu vernachlässigen. Genau das ist es, was der Richter/die Richterin und alle, der mit der zivilrechtlichen Bewältigung von Verkehrsunfällen zu tun haben, brauchen: Eine thematisch gut aufbereitete Einführung in die Problematik und zugleich ein schnelles Nachschlagewerk mit großem Zitatenapparat zur weiteren Vertiefung.

Die Qualität des Werks zeigt sich auch daran, dass zahlreiche große Namen des Verkehrsrechts, auch aus dem Richterbereich, daran mitwirken.

Es ist wünschenswert, dass dieses Buch außerhalb, aber auch innerhalb der Justiz eine starke Verbreitung erfährt, denn leider ist es nach meiner Erfahrung noch so, dass es nicht nur in anwaltlichen Schriftsätzen, sondern auch erstinstanzlichen Urteilen manchmal an der erforderlichen Durchdringungstiefe mangels Problembewusstsein fehlt. Dem vermag das vorliegende Werk in der gesamten Breite gut abzuhelfen, und deshalb sollte es eigentlich eine Selbstverständlichkeit sein, dass alle Berufsanfänger im Verkehrsrecht ein solches Buch bereits an ihrem ersten Tag auf dem Schreibtisch vorfänden. Von solchen Traumbildern ist jedenfalls die deutsche Justizrealität weit entfernt.

*Guido Kirchhoff*

Vorsitzender des Verkehrshaftungssenats am OLG Frankfurt am Main (Außensenate Darmstadt)

## Geleitwort zur 3. Auflage

Wer einen Verkehrsunfall hat, hat zumindest jede Menge Ärger. Abhängig vom Schweregrad können jedoch auch wesentlich gravierendere Eingriffe in das Leben des Betroffenen gegeben sein, namentlich dann, wenn nicht nur das Auto, sondern die eigene Gesundheit beschädigt wird. Schnell kann ein Unfall existenzbedrohend werden. Auf der anderen Seite gibt es mit Werkstätten, Sachverständigen, Rechtsanwälten, Mietwagenunternehmen, Abschleppdiensten, Rehabilitationsdienstleitern und vielen anderen eine große Vielzahl von Beteiligten an einem Unfall, für die ein solcher nicht existenzbedrohend, sondern vielmehr Existenzgrundlage ist. Dazwischen steht der Haftpflichtversicherer des Schädigers, der nach seiner vertraglichen Verpflichtung berechtigte Ansprüche ausgleichen, unberechtigte Ansprüche jedoch abwehren muss. Während nach den Grundsätzen des deutschen Schadenersatzrechtes der Geschädigte an einem Unfall nichts verdienen darf, gilt dies naturgemäß nicht für diejenigen, für die Verkehrsunfälle Basis ihres wirtschaftlichen Handelns sind.

Auf der einen Seite sind Versicherer daran interessiert, die Ausgaben für die Schadenregulierung möglichst gering zu halten, auf der anderen Seite versuchen die Beteiligten am Regulierungsgeschehen, ein möglichst großes Stück des zu verteilenden Kuchens für sich zu behalten. All dies wird – leider – nicht selten auf dem Rücken des Geschädigten ausgetragen, der häufig gar nicht so recht weiß, was mit ihm geschieht.

Es ist Sache von Juristen, den Ausgleich zwischen den widerstreitenden Interessen herzustellen. Die angesprochenen Konflikte führen zu einer unübersehbaren Anzahl von Rechtsstreitigkeiten, immer wieder werden Konzepte entwickelt, um den eigenen wirtschaftlichen Gewinn, der sich durch einen Unfall erzielen lässt, zu steigern, auf der anderen Seite versuchen die Versicherer, entsprechenden Bestrebungen entgegenzuwirken oder entwickeln eigene Strategien, um einzelne Schadenspositionen zu kürzen.

Die aus den Konflikten resultierenden Rechtsstreitigkeiten sind äußerst vielzählig, oft dauert es Jahre, bis die zugrundliegenden juristischen Fragen abschließend durch den BGH geklärt worden sind.

Für jeden Juristen, der in der Schadenregulierung tätig ist, ist es daher unabdingbar, jeweils auf dem neuesten Stand der sich permanent fortentwickelnden Rechtsprechung zu sein. Dieses Buch bietet hierfür eine große Hilfe. Die Tatsache, dass bereits die 3. Auflage auf den Markt kommt, belegt den hohen Bedarf an ständig aktualisierter Literatur. Die große Anzahl von versierten Autoren, die in allen Bereichen der Schadenregulierung tätig sind, bürgt dafür, dass die Aspekte des Verkehrsunfalls aus allen Standpunkten heraus beleuchtet und erläutert werden. Der Leser kann sich anhand der Portraits der einzelnen Autoren problemlos darüber informieren, aus welchem Blickwinkel die einzelnen Beiträge verfasst sind. Jedes relevante Problem im täglichen Regulierungsgeschäft ist behandelt, die kurzen Zeitabläufe zwischen den jeweiligen Neuauflagen stellen sicher, dass das gesamte Werk auf dem aktuellen Stand ist.

Verkehrsunfallregulierung ist weit mehr als »Blech«. Das komplexe Zusammenwirken verschiedenster Rechtsgebiete, namentlich bei der Bearbeitung von Personenschäden, fordert insbesondere auf Seiten der Anwaltschaft qualifizierte Spezialisten, zumal man in allen Bereichen der Regulierung mit Profis zu tun hat, für die Schadenregulierung das tägliche Handwerk ist.

*Nicolas Eilers*
Rechtsanwalt
Fachanwalt für Verkehrsrecht
Fachanwalt für Versicherungsrecht
Mitglied des geschäftsführenden Ausschusses der Arbeitsgemeinschaft Verkehrsrecht im Deutschen Anwaltverein
Mitglied des geschäftsführenden Vorstandes des Deutschen Verkehrsgerichtstages – Deutsche Akademie für Verkehrswissenschaft

## Geleitwort zur 1. Auflage

Die Kraftfahrtversicherung ist mit rund 20 Milliarden Euro Beitragsvolumen der größte Schadenversicherungszweig in Deutschland. Im Jahr 2008 hat die deutsche Versicherungswirtschaft wieder circa neun Millionen Schadenfälle im Bereich der Kraftfahrtversicherung reguliert. Hinter jedem einzelnen dieser Fälle verbergen sich Menschen und deren persönliche Schicksale. Ob es um einen Sachschaden an des Deutschen liebstem Kind, dem Auto, oder um Umwelt- und Personenschäden ging – jeder Fall bedurfte sorgsamer Prüfung und Hilfestellung für Versicherungsnehmer und für Geschädigte. Dabei steigen die Ansprüche der Kunden an Service und Qualität auf der einen und an das Preisniveau auf der anderen Seite. Vor allem in der Kraftfahrtversicherung herrscht seit Jahren ein harter Wettbewerb, der zu sinkenden Erträgen in der Branche führt. Auch das modifizierte VVG wird sich auf die Schadenfälle und damit die Kosten der Branche auswirken.

Trotz dieser komplexen Rahmenbedingungen ist es uns Versicherern wichtig, aktiv die berechtigten Ansprüche der Betroffenen möglichst unkompliziert und in wenigen Prozessschritten zu befriedigen. Die Versicherungswirtschaft hat vor dem Hintergrund dieser Veränderungen das Qualitäts- und Serviceniveau deutlich gesteigert. So erfüllen wir Versicherer die Erwartungen unserer Kunden und können unsere interne Kostensituation weiter optimieren. Jeder Schadenfall bietet dabei dem einzelnen Versicherer die Möglichkeit sich seinen Bestandskunden oder potenziellen Neukunden zu empfehlen.

Solch qualitativ hochwertige und schnelle Schadenbearbeitungsprozesse stellen natürlich hohe Anforderungen an alle Beteiligten, besonders an die Fähigkeiten der Mitarbeiter der Versicherungsbranche und den beteiligten Anwälten. Der schnelle und direkte Zugriff auf alle für die Beurteilung wesentlichen Informationen kommt unseren Kunden zugute und natürlich spart dies Zeit und Ressourcen bei allen Beteiligten.

Das vorliegende Buch leistet einen wichtigen Beitrag für die tägliche Arbeit. Es ist klar und praxisnah gegliedert und bietet so dem Nutzer die Möglichkeit, die für den aktuellen Fall relevanten Informationen schnell zu erlangen. Der Fokus des Buches auf der Auswertung und Darstellung der aktuellen Rechtsprechung schafft Klarheit und Rechtssicherheit für den Leser.

Das Buch ist dabei keine theoretische Abhandlung, sondern von Praktikern für Praktiker geschrieben und bietet so eine breite, anwenderorientierte Wissenssammlung. Es wird auch in der praxisorientierten Lehre viele Nutzer finden. Hierfür spricht allein schon die hohe Reputation der Herausgeber.

Ich bin überzeugt davon, dass das Handbuch schnell zum täglichen Arbeitsmittel in den Büros von Juristen und Versicherern wird. Denn einmal in die Hand genommen werden die Nutzer in die Lage versetzt, erforderliche Informationen unter höchster Rechtssicherheit schnell in der Praxis anzuwenden. Und dies nützt Kunden, Geschädigten, Rechtsanwälten, Richtern und Versicherern gleichermaßen.

*Dr. Friedrich Caspers*

Vorstandsvorsitzender der R+V Versicherung AG

# Die Bearbeiter

**Herausgeber:**

Wolfgang E. Halm

Wolfgang Halm, Rechtsanwalt und Fachanwalt für Verkehrsrecht, Rechtsanwalt seit 1985; schwerpunktmäßig im Versicherungs-, Haftungsrecht tätig (vornehmlich Haftpflicht, Kfz-, Kasko-, Unfall- und Sachversicherungsrecht). 10 Jahre Clubsyndikus des ADAC Nordrhein. Herausgeber und Autor Handbuch Verkehrsrecht von Himmelreich/Halm; Handbuch des Fachanwalts Versicherungsrecht, von Halm/Engelbrecht/Krahe; AKB Kommentar von Halm/Kreuter; Herausgeber und Autor des Fachanwaltskommentars Versicherungsrecht von Staudinger/Halm/Wendt sowie div. Fachbeiträge. Beiratsmitglied der Fachzeitschrift Deutsches Autorecht (DAR), Vorsitzender des Ehrenhof ADAC e.V.

w.halm@halmcollegen.de; www.anwalthalm.de

Kapitel 10 *Reparaturschaden*

Kapitel 11 *Totalschaden*

Kapitel 12 *Fahrzeugausfallschaden*

Kapitel 20 *Posttraumatische Belastungsstörungen als juristisches Problem*

Dr. Ulrich Staab

Rechtsanwalt; geb. 1960; Studium in Bonn, London und Köln; Promotion zum Dr. iur. an der Universität Köln (Dissertation »Betrug in der Kfz-Haftpflichtversicherung«); Rechtsanwalt bei Bach, Langheid & Dallmayr in Köln von 1988 bis 1991; seit 1991 in der Versicherungswirtschaft in verschiedenen Funktionen, ab 1999 im Schadenbereich, u.a. als Abteilungsleiter Kraftfahrt-Schaden bei der Allianz in Frankfurt; 2009 – 2016 Bereichsleiter Schaden Komposit bei der R+V Allgemeine Versicherung AG in Wiesbaden; seit 2017 Leiter der Konzern-Revision der R+V; Mitglied in GDV Gremien; Veröffentlichungen in juristischen Fachzeitschriften; Autor in Himmelreich/Halm, Handbuch des Fachanwalts Verkehrsrecht; bis 2016 Mitglied im Autorenbeirat der Schwacke Liste Nutzungsausfallentschädigung; Vorträge zu haftungs- und schadensersatzrechtlichen Themen, auch beim Verkehrsgerichtstag in Goslar und bei der Deutschen Richterakademie.

dr.ulrich.staab@gmx.de

Kapitel 7 *Massenunfälle*

Rüdiger Balke

Assessor, Jahrgang 1966. Studium in Bonn. 1. Staatsexamen beim OLG Köln, Referendariat und 2. Staatsexamen beim OLG Koblenz. Seit 1996 Groß- und Personenschadenssachbearbeiter bei einem deutschen Kfz-Versicherer. Mitglied der Schriftleitung der Zeitschrift Straßenverkehrsrecht (SVR). Herausgeber und Mitautor der Werke: Balke/Reisert/Quarch, Regulierung von Verkehrsunfällen, 1. Aufl. 2012; Balke/Just/Reisert/Schulz-Merkel, Regulierung von Verkehrsunfällen, 2. Aufl. 2021; Pardey/Balke/Link, Handkommentar Schadenrecht, 1. Aufl. 2023; Mitautor in: Ferner, Handbuch Straßenverkehrsrecht (2003); Ferner, Straßenverkehrsrecht (2006); Ferner/Bachmeier/Müller, Fachanwaltskommentar Verkehrsrecht (2009); Bachmeier/Müller/Starkgraff, Fachanwaltkommentar Verkehrsrecht (2014); Bachmeier/Müller/Rebler, Verkehrsrecht Kommentar 4. Auflage; Bachmeier/Müller/Rebler, StVO-Kommentar, Loseblatt-Kommentar; Lütkes/Bachmeier/Müller/Rebler, Straßenverkehr, Loseblatt-Kommentar, Halm/Kreuter, AKB-Kommentar, 3. Aufl. 2025 sowie Autor zahlreicher Beiträge u.a. in SVR, NZV, Neue Justiz, ZStV, JuS und NJW.

ruediger.balke@web.de

Kapitel 4 *Ersatzpflichtige*

Kapitel 6 *Bildung von Haftungsquoten und Einzelfälle*

Kapitel 16 *Sonstige Nebenkosten*

**Autoren:**

Andreas Engelbrecht

Geb. 1964 in Köln, Partner der Sozietät Engelbrecht Seutter Rechtsanwälte PartGmbB Düsseldorf und seit 1998 Vertragsanwalt des ADAC; Fachanwalt für Verkehrsrecht. Autor verschiedener Beiträge aus dem Bereich des Verkehrszivil- und Verkehrsstrafrechts. Vorsitzender des Vorprüfungsausschusses Verkehrsrecht der RAK Düsseldorf und Mitautor der Werke: Himmelreich/Halm Handbuch Verkehrsrecht, Formularbuch des Fachanwalts Verkehrsrecht (Hrsg. Dronkovic) und Handbuch der Kfz Schadenregulierung (Hrsg. Himmelreich/Halm/Staab) sowie Mitherausgeber des im Luchterhandverlag erschienenen Handbuchs des Fachanwalts Versicherungsrecht (Halm/Engelbrecht/Krahe).

engelbrecht@esr-recht.de.

Kapitel 9 *Gesamtschuldnerausgleich und Haftungsprivilegien*

Kapitel 14 *Rechtsanwaltskosten*

Michael Fitz

geb. 1976, Rechtsanwalt seit 2003, Fachanwalt für Versicherungsrecht und Medizinrecht, Partner der Sozietät Rechtsanwälte Halm & Collegen in Köln, www.halmcollegen.de, Autor in DAR, SVR und Handbuch des Fachanwalts Versicherungsrecht (Halm/Engelbrecht/Krahe); Tätigkeitsschwerpunkte: Haftungsrecht, Verkehrsrecht, Versicherungsrecht, allg. Zivilrecht; Mitglied der Arbeitsgemeinschaft Versicherungsrecht im DAV.

m.fitz@halmcollegen.de

Kapitel 10 *Reparaturschaden*

Kapitel 11 *Totalschaden*

Kapitel 12 *Fahrzeugausfallschaden*

Christoph Heinrichs

Rechtsanwalt seit 1998 und Notar a.D. Fachanwalt für Verkehrsrecht sowie Fachanwalt für Versicherungsrecht. Partner der Kanzlei Zierenberg Heinrichs in Wiesmoor und ADAC Vertragsanwalt. Tätigkeitsschwerpunkte im Bereich Verkehrsrecht, Haftungsrecht sowie Versicherungsrecht. Auch Mitautor in Halm/Kreuter, AKB-Kommentar; Staudinger/Halm/Wendt, Versicherungsrecht; Halm/Engelbrecht/Krahe, Handbuch des Fachanwalts Versicherungsrecht; Himmelreich/Halm, Handbuch Verkehrsrecht sowie diverse Veröffentlichungen in Fachzeitschriften. Langjährige Tätigkeit als Referent in der Fachanwaltsausbildung Verkehrsrecht sowie bei Vorträgen zum Versicherungsrecht im Verkehrsrecht.

heinrichs@kanzlei-zierenberg.de

Kapitel 21 *Sonderprobleme bei Öl- und Umweltschäden*

Thorsten Homp

Rechtsanwalt und Fachanwalt für Verkehrsrecht sowie Fachanwalt für Versicherungsrecht; Partner der Sozietät Rohwedder & Partner Rechtsanwälte mbB in Mainz; Mitglied in den Arbeitsgemeinschaften Verkehrsrecht und Versicherungsrecht des Deutschen Anwaltvereins; Mitautor in Himmelreich/Halm/Staab, Handbuch Kfz-Schadensregulierung; Partneranwalt des Landesverband Hessen des Kraftfahrzeug-Gewerbes.

buero@rohwedder-partner.de

Kapitel 24 *Betrug in der Kraftfahrtversicherung*

Lothar Jaeger

Vorsitzender Richter am OLG Köln a.D., ist stellvertretender Vorsitzender der Gutachterkommission für ärztliche Behandlungsfehler bei der Ärztekammer Nordrhein; Mitautor der Werke »Schmerzensgeld« (9. Aufl. 2018) und »Das neue Schadensersatzrecht« (ZAP-Verlag 2002); Schriftleiter der Zeitschrift VersR und ständiger Mitarbeiter bei der MDR und der CR; Verfasser zahlreicher Aufsätze zum Verkehrsrecht, Personenschadensrecht, Computerrecht, Handelsvertreterrecht sowie zum Schmerzensgeld und Medizinrecht.

jaeger-luckey@gmx.de

Kapitel 19 *Schmerzensgeld*

Janos Kemen, LL.M.

Rechtsanwalt, Fachanwalt für Versicherungsrecht sowie für Medizinrecht, tätig seit 2020 in der Rechtsanwaltssozietät Halm Wenzel & Collegen mbB, Köln, Tätigkeitsschwerpunkte in den Bereichen Versicherungs-, Haftungs- und Schadensersatzrecht sowie Verkehrsrecht, Medizinrecht und Reiserecht. Autor im NOMOS-Kommentar Versicherungsrecht (Kapitel Haftpflichtgesetz und Auslandsreiseversicherung), www.halmcollegen.de, j.kemen@halmcollegen.de.

Andrea Kreuter

Ass. jur., Referentin für Personen-Groß- und Komplexschaden der R + V Versicherungsgruppe, Fachschulungsbeauftragte; Referentin für das Thema Versicherungsrecht im DAI und Autorin in »Himmelreich/Halm Handbuch Verkehrsrecht sowie »Halm/Engelbrecht/Krahe, Handbuch des Fachanwalts Versicherungsrecht« sowie »Staudinger/Halm/Wendt, NK-Versicherungsrecht«; Autorin und Mitherausgeberin in Halm/Kreuter, AKB-Kommentar sowie div. Aufsätze zum Thema Personenschaden und Versicherungsrecht

andrea.kreuter@gmx.net

Kapitel 17 *Schadensersatzansprüche bei Personenschäden*

Kapitel 22 *Kfz-Versicherung/Deckungssummen*

Paul Kuhn

Jahrgang 1951, Rechtsanwalt mit eigener Kanzlei in Diedorf/Schwaben. Seit 1981 bis Juli 2015 Mitarbeiter in der Juristischen Zentrale des ADAC in München, Seit 2003 Referent Schaden- und Versicherungsrecht. Referent bei Kongressen, Rechtsseminaren des ADAC, Referent bei der Deutschen Akademie für Verkehrswissenschaft (VGT Goslar). Langjähriger Leiter der Schiedsstelle des ADAC e.V. für Meinungsverschiedenheiten zwischen der ADAC Autoversicherung AG und deren Mitglieder und stellvertr. Mitglied der Schiedsstelle der Verkehrsopferhilfe e.V. Mitglied des Autorenrats von EurotaxSCHWACKE (»Nutzungsausfallentschädigung«). Bis September 2016 Präsident von PEOPIL (Pan European Organisation of Personal Injury Lawyers, www.peopil.com), bis Oktober 2019 Vizepräsident von IEVR (Institut für Europäisches Verkehrsrecht, www.idec.lu). Veröffentlichungen in juristischen Fachzeitschriften, Autor des Buchs »Schadensverteilung bei Verkehrsunfällen«.

rapaulkuhn@gmx.de

Kapitel 1 *Allgemeine Rechtsbegriffe im Verkehrsunfallzivilrecht*

Kapitel 3 *Haftungstatbestände*

Kapitel 15 *Finanzierungskosten*

Dr. Gerda Löhr, M.C.L.

Richterin am Oberlandesgericht Köln, geb. 1980, Studium der Rechtswissenschaft in Heidelberg und Melbourne, Masterstudium in Mannheim und Adelaide mit dem Abschluss Master of Comparative Law. Seit 2020 durch schwerpunktmäßige Betätigung im Familienrecht wiederkehrend mit Fragen von Kindschaft und elterlicher Vertretung befasst.

Kapitel 5 *Unfälle mit Kindern und Minderjährigen im Straßenverkehr*

Dr. Jan Luckey, LL.M, LL.M

Richter am Oberlandesgericht Köln, geb. 1972, Autor des Buches »Personenschaden« und Mitautor u.a. der Werke »Schmerzensgeld« und »Das neue Schadensrecht«. Er kommentiert das Deliktsrecht im Prütting/Wegen/Weinreich BGB-Kommentar und im »Handbuch der Beweislast« und hat zudem diverse Aufsätze zu verkehrs- und schadensrechtlichen Themen verfasst. Für Fachanwaltslehrgänge und Fortbildungen als Dozent für Haftungs- und Personenschadensrecht tätig; Lehrbeauftragter der Universität Nürtingen/Geislingen.«

Jaeger-luckey@gmx.de

Kapitel 5 *Unfälle mit Kindern und Minderjährigen im Straßenverkehr*

Kapitel 19 *Schmerzensgeld*

Michael Nissen

Rechtsanwalt, geb. 1970. Seit 1998 in der Juristischen Zentrale des ADAC tätig, seit 2007 Leiter des Bereichs Internationales Recht. Referent u.a. beim VGT, den Europäischen Verkehrsrechtstagen, PEOPIL (Pan European Organisation of Personal Injury Lawyers) und dem ZVR-Verkehrsrechtstag Wien. Mitglied des Ausschusses Verkehrsrecht im Deutschen Anwaltverein und des geschäftsführenden Vorstands des Instituts für Europäisches Verkehrsrecht (IEVR) in Luxemburg und. Diverse Buch- und Fachveröffentlichungen (u.a. in DAR und ZVR) zu den Themenbereichen Unfall im Ausland, Bußgeld im Ausland, Verkehrsunfallflucht im Ausland und ausländischer Führerschein.

michael.nissen@adac.de

Kapitel 25 *Unfälle mit Auslandsbezug*

Dimitrios Papatheodorou

geb. 1975, Rechtsanwalt seit 2005, Fachanwalt für Verkehrsrecht seit 2011 und Fachanwalt für Versicherungsrecht seit 2018. Seit 2013 Mitarbeiter in der Kanzlei Halm & Collegen in Köln, www.halmcollegen.de. Tätigkeitsschwerpunkte: Verkehrsrecht, Versicherungsrecht, allg. Haftungsrecht, allg. Zivilrecht.

d.papatheodorou@halmcollegen.de

Kapitel 23 *Kaskoversicherung*

F. Roland A. Richter

Assesor iuris, geb. 1969. Abitur in Syke, anschließend Wehrdienst. Danach Studium der Rechtswissenschaften in Göttingen, Marburg und wieder Göttingen. Referendariat am LG Wiesbaden mit Wahlstation beim OLG Frankfurt. Seit 2000 bei der R+V Allgemeine Versicherung AG, dort Berater Recht- und Grundsatz Kfz- und Unfallschaden in der Abteilung Schadenmanagement. Verschiedene Veröffentlichungen in Fachbüchern (u.a. Himmelreich/Halm/Staab, Handbuch der Kfz-Schadensregulierung, Meschkat/Nauert, VVG-Quoten, Bachmeier/Müller/Starkgraff, Fachanwaltskommentar Verkehrsrecht) und Fachzeitschriften (u.a. VersR, NZV, DAR und SVR). 2008–2012 Lehrbeauftragter für Versicherungs- und Versicherungsaufsichtsrecht an der Hochschule RheinMain (Wiesbaden).

roland.richter@outlook.com

http://roland-richter.de

Kapitel 2 *Schadenmanagement bei durch Kfz verursachte Schäden*

Dr. Markus Schäpe

Rechtsanwalt und Fachanwalt für Verkehrsrecht, geb. 1968. Leiter der Juristischen Zentrale des ADAC e.V. in München, 2008 bis 2015 Leiter des Bereichs Verkehrsrecht, seit 2015 Leiter der Juristischen Zentrale. Vorsitzender Prüfungsausschuss Fachanwalt für Verkehrsrecht der RAK München, Mitglied des Vorbereitungsausschusses des Deutschen Verkehrsgerichtstages, Mitglied des Juristischen Beirats des DVR, Redaktionsleiter Deutsches Autorecht (DAR). Seit 1998 Dozent in der Rechtsanwalts- und Fachanwaltsfortbildung sowie der Richterakademie. (Co-)Autor und Mitherausgeber mehrerer Fachbücher, u.a.: OWi-Sachen im Straßenverkehrsrecht, (Hrsg. Beck/Berr/Schäpe), Münchener Anwaltshandbuch Straßenverkehrsrecht (Hrsg. Höke), ADAC-Ratgeber Bußgeldkatalog (Schäpe) sowie zahlreiche Beiträge in verkehrsrechtlichen Fachzeitschriften.

markus.schaepe@adac.de

Kapitel 12 *Fahrzeugausfallschaden*

Dr. Hans-Joseph Scholten

Rechtsanwalt, bis 2020 Vorsitzender Richter am Oberlandesgericht und stell. Vorsitzender des JPA Düsseldorf, von 2011 bis 2020 Mitglied im Vorbereitungsausschuss zum Deutschen Verkehrsgerichtstag, Initiator des Düsseldorfer Verkehrsrechtsforums, Schriftleiter der Zeitschrift für Schadensrecht (ZfS), Co-Autor des von Freymann/Wellner hrsg. Juris-Straßenverkehrsrecht, zahlreiche Beiträge in verkehrsrechtlichen Fachzeitschriften.

h-j.scholten@t-online.de

Kapitel 8 *Verjährung/Verwirkung*

Jürgen Verheul

Rechtsanwalt und Fachanwalt für Verkehrsrecht. Partner der Sozietät Adams, Schulze & Verheul in Trier mit Schwerpunkttätigkeit im Verkehrsrecht, insbesondere im Bereich des Haftungs- und Vertragsrechts. ADAC-Vertragsanwalt, Clubsyndikus des ADAC Mittelrhein e.V. und Generalsyndikus des ADAC e.V.

j.verheul@adams-anwaelte.de

www.adams-anwaelte.de

Kapitel 13 *Gutachtenkosten*

## Inhaltsübersicht

## Inhaltsverzeichnis

# Literaturverzeichnis


| | |
|---|---|
| Bachmeier | Rechtshandbuch Autokauf, 2. Aufl. 2013 |
| ders. | Kfz-Schadensregulierung, Loseblatt 165. EL Okt. 2020 |
| ders. | Das Mandat in Verkehrszivilsachen, 2. Aufl. 2010 |
| dies. | Straßenrecht und Straßenverkehrsrecht für Kommunen, 1. Aufl. 2017 |
| Bachmor | Die neuere Instanzrechtsprechung zum Parkplatzunfall im Lichte aktueller Vorgaben des Bundesgerichtshofes (Teil 1) SVR 2021, 6; (Teil 2) SVR 2021, 45 |
| Basedow/Fock/Jantzen | Europäisches Versicherungsvertragsrecht, Tübingen, 2002 |
| Bauer | Die Kraftfahrtversicherung, 6. Aufl. 2010 |
| Baumgärtel/Prölss | Handbuch der Beweislast im Privatrecht, Bd. 5: Versicherungsrecht, 1999 |
| Baumann | Das neue Versicherungsvertragsrecht in der Praxis, 2008 |
| ders. | Das neue Versicherungsvertragsrecht, 2007 |
| Beckmann/Matusche-Beckmann | Versicherungsrechtshandbuch, 4. Aufl 2025 |
| Berliner Kommentar | zum Versicherungsvertragsgesetz, Kommentar zum deutschen und österreichischen VVG, 2012 |
| Böhme/Biela/Tomson | Kraftverkehrshaftpflichtschäden, 26. Aufl. 2018 |
| Budewig/Gehrlein | Haftpflichtrecht nach der Reform, 2003 |
| Burmann/Heß/Hühnermann/Jahnke | Straßenverkehrsrecht 28. Aufl. 2024 |
| Buschbell (Hrsg.) | Münchener AnwaltsHandbuch Straßenverkehrsrecht 5. Aufl. 2020 |
| Engelbrecht | Haftung im Mischverkehr, DAR 2021, 61 |
| Erman | Bürgerliches Gesetzbuch, 17. Aufl. 2023 |
| Feyock/Jacobsen/Lemor | Kommentar zur Kraftfahrtversicherung, 3. Aufl. 2009 |
| Fürstenwerth, von/Weiß | VersicherungsAlphabet – Begriffserläuterungen der Versicherung aus Theorie und Praxis, 10. Aufl., Karlsruhe 2001. |
| Geigel | Der Haftpflichtprozess, 29. Aufl. 2024 |
| Geigel | Der Haftpflichtprozess, 28. Aufl. 2020 |
| Giemulla/Schmid | Frankfurter Kommentar zum Luftverkehrsrecht, Loseblattwerk Stand 2022 |
| Grüneberg | Haftungsquoten bei Verkehrsunfällen, 17. Aufl. 2022 |
| Grüneberg | Haftungsquoten bei Verkehrsunfällen, 16. Aufl. 2020 |
| Hacks/Wellner/Häcker/Offenloch | ADAC-Schmerzensgeldbeträge, 39. Aufl. 2020 |
| Hacks/Wellner/Klein/Kohake | SchmerzensgeldBeträge, 43. Aufl. 2024 |
| Hentschel | Straßenverkehrsrecht, 39. Aufl. 2007 |
| Hentschel/König | Straßenverkehrsrecht, 48. Aufl. 2025 |
| Halm/Engelbrecht/Krahe | Handbuch des Fachanwalts Versicherungsrecht, 6. Aufl. 2018 |
| Halm/Kreuter | AKB-Kommentar, 3. Aufl. 2025 ( |
| Haus/Krumm/Quarch | Gesamtes Verkehrsrecht, 3. Aufl. 2021 |
| Hering | Rechtsschutzversicherung, München, 2006 |
| Heß/Jahnke | Das neue Schadensrecht, München 2002 |
| Himmelreich/Halm | Handbuch des Fachanwalts Verkehrsrecht, 6. Aufl. 2017 |
| Himmelreich/Klatt/Lang/Schirmer/Neusinger/van Bühren | Aktuelle Probleme bei der Rechtsschutzversicherung, 1991 |
| Hoeren/Spindler | Versicherungen im Internet – Rechtliche Rahmenbedingungen, 2002 |
| Jaeger/Luckey | Handbuch Schmerzensgeld, 12. Aufl. 2024 |
| Jaeger/Luckey | Handbuch Schmerzensgeld, 10. Aufl. 2019 |
| Jahnke/Burmann | Handbuch Personenschadensrecht, 2. Aufl. 2022 |

| | |
|---|---|
| Jauernig | BGB, Kommentar, 19. Aufl. 2023 |
| Koehl | Ausreichender Seitenabstand beim Überholen eines Radfahrers, SVR 2020, 337 |
| Küppersbusch/Höher | Ersatzansprüche bei Personenschaden, 14. Aufl. 2024 |
| Küppersbusch/Höher | Ersatzansprüche bei Personenschaden, 13. Aufl. 2020 |
| Kuhn | Schadensverteilung bei Verkehrsunfällen, 11. Aufl. 2023 |
| Lemor | Auslandsunfälle im Lichte der 4. KH-Richtlinie – Probleme, Lösungen und offene Fragen der Schadenregulierung, VW Heft 1/2001, S. 28 |
| ders. | Gleicher Schadenersatz für Verkehrsopfer in Europa?, VersR 1992, S. 648 |
| ders. | Verbesserung des Verkehrsopferschutzes bei Auslandsunfällen, DAR 7/98, S. 253. |
| ders. | Europäische Union: 4. Motorfahrzeughaftpflicht-Richtlinie (Besucherschutz), SVZ 66 (1998) 11/12, S. 336 |
| ders./Becker | 5. KH-Richtlinie: Ein weiterer Schritt nach Europa, VW Heft 1/2006, 18 |
| Looschelders | Der Vorschlag der Europäischen Kommission für eine 4. Kfz-Haftpflicht-Richtlinie – Ein überzeugendes Konzept zum Schutz des Geschädigten bei Verkehrsunfällen?, NVZ 1999, 57 |
| ders. | Die Beurteilung von Straßenverkehrsunfällen mit Auslandsberührung nach dem neuen internationalen Deliktsrecht, VersR 1999, 1361 |
| Luckey | Personenschaden, 3. Auflage 2021 |
| Luckhaupt | Regulierung internationaler Kraftfahrt-Haftpflichtschäden gemäß der 4. EU-KH-Richtlinie, PVR 2001, 126. |
| Lütkes/Bachmeier/Müller/Rebler | Straßenverkehr – Großkommentar, Loseblatt 342. AL Mai 2021 |
| Maier/Stadler | AKB 2008 und VVG Reform 2008, München 2008 |
| Matzen | Die Rechtsgrundlagen der Rechtsschutzversicherung, AnwBl 1979, 358 |
| Mergner | Auswirkungen der VVG Reform auf die Kraftfahrtversicherung NZV 2007, 385 |
| ders. | Motorfahrzeug-Haftpflichtversicherung: Eine Übersicht zur internationalen Schadenregulierung, Sonderdruck aus: Alfred Koller (Hrsg.) Haftpflicht- und Versicherungstagung 2003 |
| Mollowitz | Der Unfallmann, 12. Aufl. 1998 |
| Münchener Kommentar Straßenverkehrsrecht | Bd. I 1. Aufl. 2016, Bd. II 1. Aufl. 2017 |
| Niederleithinger | Auf dem Weg zu einer VVG-Reform, VersR 2006, 437 |
| ders. | Das neue VVG, 2007 |
| Palandt | BGB, 80. Aufl. 2021 |
| Plagemann/Radtke-Schwenzer | Gesetzliche Unfallversicherung 2. Aufl. 2007 |
| Präve | Versicherungsbedingungen und AGB-Gesetz, 1998 |
| ders. | Das außerordentliche Kündigungsrecht in der Rechtsschutzversicherung, ZfV 1991, 611 |
| ders. | Das neue VVG, VersR 2007, 1046 |
| Prölss/Martin | Versicherungsvertragsgesetz, 32. Aufl. 2024 |
| Prölss/Martin | Versicherungsvertragsgesetz, 31. Aufl. 2021 |
| Prölss/Dreher | Versicherungsaufsichtsgesetz, 13. Aufl. 2018 |
| Prölss/Dreher | Versicherungsaufsichtsgesetz, 14. Aufl. 2024 |
| Prölss/Dreher | Versicherungsaufsichtsgesetz, 13. Aufl. 2018 |
| Prölss | Risikoausschlüsse in der Rechtsschutzversicherung, r+s 2005, 225 (Teil I); r+s 2005, 269 (Teil II) |
| Prütting/Wegen/Weinreich | BGB-Kommentar, 19. Aufl. 2021 |
| Langheid/Rixecker | Versicherungsvertragsgesetz 6. Aufl. 2024 |
| Rebler | Schlaglöcher auf Gehwegen und Straßen – wer zahlt bei Unfällen? DAR 2013, 129 |

| | |
|---|---|
| Rüffer/Halbach/ Schimikowski | Versicherungsvertragsgesetz 5. Aufl. 2024 |
| Rüffer/Halbach/ Schimikowski | Versicherungsvertragsgesetz 4. Aufl. 2019 |
| Schröder | Der Anscheinsbeweis im Verkehrsrecht SVR 015, 19; 2020, 164 |
| Siegel | Verkehrsunfälle mit Tieren – Die Sorgfaltspflichten des Kraftfahrzeugverkehrs SVR 2017, 81 |
| Splitter/Kuhn | Schadensverteilung bei Verkehrsunfällen, 8. Aufl. 2013 |
| Stadler | Anhängerhaftung – Nach der Gesetzesänderung wieder alles gut? r+s 2021, 133 |
| Staudinger | Kommentar zum BGB, 2024 |
| Stiefel/Maier | Kraftfahrtversicherung 19. Aufl. 2017 |
| Stegmann | Formularbuch Verkehrsunfall, 3. Aufl. 2007 |
| Suslin/Zilsdorf | Befreiung von der Gurtanlege- und Schutzhelmtragepflicht SVR 2020, 325 |
| Ulmer/Brandner/Jensen | AGBG 10. Aufl. 2006 |
| van Bühren | Handbuch Versicherungsrecht, 8. Aufl. 2024 |
| van Bühren | Handbuch Versicherungsrecht, 7. Aufl. 2017 |
| Zöller | Kommentar zur ZPO, 35. Aufl. 2024 |

## Abkürzungsverzeichnis

| | |
|---|---|
| a. e. c. | argumentum e contrario |
| a.F. | alte Fassung |
| AGB | Allgemeine Geschäftsbedingungen |
| AGBG | Gesetz zur Regelung des Rechts der Allg. Geschäftsbedingungen |
| AHB | Allgemeine Haftpflichtbedingungen |
| AKB | Allgemeine Bedingungen für die Kraftfahrtversicherung |
| AVB | Allgemeine Versicherungsbedingungen |
| BayObLG | Bayrisches Oberstes Landesgericht |
| BeckOK-BGB | Beck'scher Onlinekommentar zum BGB |
| BeckOK-ZPO | Beck'scher Onlinekommentar zur ZPO |
| BeckRS | Beck-Rechtsprechung |
| Beschl. | Beschluss |
| BGB | Bürgerliches Gesetzbuch |
| BGBl | Bundesgesetzblatt |
| BGH | Bundesgerichtshof |
| BMR | Bachmeier/Müller/Rebler Straßenverkehrsordnung |
| BORA | Berufsordnung für Rechtsanwälte |
| BRAK-Mitt. | Mitteilungen der Bundesrechtsanwaltskammer, Zeitschrift |
| BRAO | Bundesrechtsanwaltsordnung |
| BR-Drucks. | Bundesrats-Drucksache |
| BT | Besonderer Teil |
| BT-Drucks. | Bundestag-Drucksache |
| BVerfG | Bundesverfassungsgericht |
| BVerfGE | Entscheidungen des Bundesverfassungsgerichts, amtl. Sammlung |
| BVerwG | Bundesverwaltungsgericht |
| DAR | Deutsches Autorecht, Zeitschrift |
| DAV | Deutscher Anwaltverein |
| EG | Einführungsgesetz |
| EuGH | Europäischer Gerichtshof |
| EWR | Europäischer Wirtschaftsraum |
| f. | für/folgende Seiten |
| FD-Mietrecht | Fachdienst Mietrecht, Zeitschrift |
| FD-StrV | Fachdienst Straßenverkehrsrecht, Zeitschrift |
| ff. | folgende Seiten |
| Fn | Fußnote/n |
| Fortsg. | Fortsetzung |
| FS | Festschrift |
| GBl | Gesetzblatt |
| gem. | gemäß |
| GDV | Gesamtverband der Deutschen Versicherungswirtschaft |
| ggf. | gegebenenfalls |
| GKG | Gerichtskostengesetz |
| GS | Großer Senat |
| GVG | Gerichtsverfassungsgesetz |

| | |
|---|---|
| H. | Heft |
| h. A. | herrschende Ansicht |
| HG | Haftpflichtgesetz |
| HGB | Handelsgesetzbuch |
| Hinw. | Hinweis/e |
| h. L. | herrschende Lehre |
| h. M. | herrschende Meinung |
| hrsgg. | herausgegeben |
| Hs | Halbsatz |
| | |
| i. | in/im |
| i. d. F. | in der Fassung |
| i. d. Fn. | in der Fußnote |
| i. d. R. | in der Regel |
| i. d. S. | in diesem Sinne |
| i. e. S. | im engeren Sinne |
| insbes. | insbesondere |
| InsO | Insolvenzordnung |
| insow. | insoweit |
| i. S. | im Sinne |
| i.S.d. | im Sinne des |
| i. S. v. | im Sinne von |
| i.V.m. | in Verbindung mit |
| i. w. S. | im weiteren Sinne |
| | |
| jew. | jeweils |
| | |
| k + v | Kraftfahrt- und Verkehrsrecht, Zeitschrift |
| Kfz | Kraftfahrzeug |
| KfzPfVV | Verordnung über den Versicherungsschutz in der Kraftfahrzeug-Haftpflichtversicherung (Kraftfahrzeug-Pflichtversicherungsverordnung) |
| KG | Kammergericht |
| KGR | KG-Report Berlin, Zeitschrift |
| KH | Kraftfahrthaftpflicht |
| KH-Versicherer | Kraftfahrthaftpflichtversicherer |
| Kom. | Kommentar |
| KOM | Kraftomnibus |
| krit./Krit. | kritisch/Kritik |
| KVO | Kraftverkehrsordnung für den Güterverkehr mit Kraftfahrzeugen |
| | |
| L./(L)/Leits. | Leitsatz |
| LAG | Landesarbeitsgericht |
| LBMR | Lütkes/Bachmeier/Müller/Rebler |
| LG | Landgericht |
| lit. | Buchstabe |
| Lkw | Lastkraftwagen |
| LMK | Kommentierte BGH-Rechtsprechung Lindenmaier-Möhring |
| | |
| m. | mit |
| m.abl.Anm. | mit ablehnender Anmerkung |
| m. a. W./M. a. W. | mit anderen Worten |
| MB | Musterbedingungen |
| MdE | Minderung der Erwerbsfähigkeit |

| | |
|---|---|
| m. d. Fn | mit der/den Fußnote/n |
| MDR | Monatsschrift für Deutsches Recht, Zeitschrift |
| m. krit. Anm. v. | mit kritischer Anmerkung von |
| m. Krit. v. | mit Kritik von |
| MüKo-StVR | Münchener Kommentar Straßenverkehrsrecht |
| m. w. Beisp. | mit weiteren Beispielen |
| m. w. Hinw. | mit weiteren Hinweisen |
| m. w. Nw. | mit weiteren Nachweisen |
| NdsRpfl. | Niedersächsische Rechtspflege, Zeitschrift |
| NELG | Nichteheliche Lebensgemeinschaft |
| n. F. | neue Folge/neue Fassung |
| n. f. a. | neu für alt |
| NJOZ | Neue Juristische Online-Zeitschrift |
| NJW | Neue Juristische Wochenschrift, Zeitschrift |
| NJW-RR | NJW Rechtsprechungsreport Zivilrecht, Zeitschrift |
| Nr. | Nummer |
| NRW | Nordrhein-Westfalen |
| NStZ-RR | Neue Zeitschrift für Strafrecht – Rechtsprechungs-Report, Zeitschrift |
| n. v. | nicht veröffentlicht |
| NVersZ | Neue Zeitschrift für Versicherungsrecht, Zeitschrift |
| NVwZ-RR | Neue Zeitschrift für Verwaltungsrecht – Rechtsprechungs-Report, Zeitschrift |
| Nw. (Nachw.) | Nachweis/e |
| NZV | Neue Zeitschrift für Verkehrsrecht, Zeitschrift |
| o. | oben |
| o.Ä. | oder Ähnlich/e |
| OLG | Oberlandesgericht |
| OLG-NL | OLG-Rechtsprechung Neue Länder |
| OLGZ | Entscheidungen der Oberlandesgerichte in Zivilsachen |
| OVG | Oberverwaltungsgericht |
| OWiG | Gesetz über Ordnungswidrigkeiten |
| PBefG | Personenbeförderungsgesetz |
| PersVerk | Der Personenverkehr, Zeitschrift |
| PflVG | Gesetz über die Pflichtversicherung für Kraftfahrzeughalter (Pflichtversicherungsgesetz) |
| PTBS | posttraumatische Belastungsstörung |
| PVR | Praxis Verkehrsrecht (jetzt SVR), Zeitschrift |
| pVV | positive Vertragsverletzung |
| R | Rückseite |
| RAG | Reichsarbeitsgericht |
| RBerG | Rechtsberatungsgesetz |
| RdK | Das Recht des Kraftfahrers, Zeitschrift |
| Rdn. | Randnummer (interner Verweis) |
| Rn. | Randnummer (externer Verweis) |
| RS | Rechtsschutz |
| r+s | Recht und Schaden, Zeitschrift |
| r.Sp. | rechte Spalte |
| Rspr | Rechtsprechung |
| RVG | Rechtsanwaltsvergütungsgesetz |

| | |
|---|---|
| RVO | Reichsversicherungsordnung |
| S. | Satz/Seite |
| s. | siehe |
| s.a. | siehe auch |
| SchadÄndG | Schadensrechtsänderungsgesetz |
| sog. | So genannte/r |
| SP | Schaden-Praxis, Zeitschrift |
| StGB | Strafgesetzbuch |
| Stichw. | Stichwort |
| str. | streitig |
| st.Rspr | ständige Rechtsprechung |
| StVG | Straßenverkehrsgesetz |
| StVO | Straßenverkehrs-Ordnung |
| StVZO | Straßenverkehrs-Zulassungs-Ordnung |
| SV | Sachverständiger |
| SVR | Straßenverkehrsrecht, Zeitschrift |
| SVT | Sozialversicherungsträger |
| teilw. | teilweise |
| TK | Teilkasko(versicherung) |
| TÜV | Technischer Überwachungsverein |
| u. | und/unten |
| u.a. | und andere/unter anderem |
| u. d. Fn. | unter der/den Fußnote/n |
| u. E. | unseres Erachtens |
| unveröffentl. | unveröffentlicht/e |
| umstr. | umstritten |
| Urt. | Urteil |
| u.U. | unter Umständen |
| u. v. a. | und viele andere |
| VerBAV | Veröffentlichungen des Bundesaufsichtsamtes für das Versicherungswesen, Zeitschrift |
| Verf. | Verfasser |
| VERKMITT | Verkehrsrechtliche Mitteilungen, Zeitschrift |
| VersPrax | s. VP |
| VersR | Versicherungsrecht, Zeitschrift |
| vgl. | vergleiche |
| VGT | Deutscher Verkehrsgerichtstag, Veröffentlichung der Referate |
| VK | Vollkasko(versicherung) |
| VkBl | Verkehrsblatt, Amtsblatt des Bundesministeriums für Verkehr, Zeitschrift |
| VN | Versicherungsnehmer |
| VO | Verordnung |
| VP | Versicherungspraxis, Zeitschrift |
| VR | Versicherer |
| VRS | Verkehrsrechtssammlung, Zeitschrift |
| V+T | Verkehr und Technik, Zeitschrift |
| VVG | Gesetz über den Versicherungsvertrag, Versicherungs-Vertragsgesetz |
| VVG-KE | VVG-Kommissionsentwurf |
| VW | Versicherungswirtschaft, Zeitschrift |

| | |
|---|---|
| w. | weitere |
| WM | Zeitschrift für Wirtschaft- und Bankrecht |
| w.Nw. | weitere Nachweise |
| | |
| Z | Zeitschrift |
| z.B. | zum Beispiel |
| zfs | Zeitschrift für Schadensrecht |
| ZfV | Zeitschrift für Versicherungswesen |
| Ziff. | Ziffer |
| zit. | zitiert |
| ZK | Zivilkammer |
| ZPO | Zivilprozessordnung |
| ZS | Zivilsenat |
| z.T. | zum Teil |
| zust. | zustimmend/e/er |
| zutr. | zutreffend |
| ZVK | Zusatzversorgungskasse |
| zzt. | zurzeit |

# Teil 1 Grundsätzliches

# Kapitel 1 Allgemeine Rechtsbegriffe im Verkehrsunfallzivilrecht

Übersicht



## Einleitung

Die Ausführungen werden begonnen mit der Definition einiger allgemeiner Rechtsbegriffe, die für das gesamte Schadensersatzrecht von Bedeutung sind. Es handelt sich dabei um wesentliche Grundlagen, die für die richtige Beurteilung und zutreffende Einordnung des Haftpflichtrechts von Bedeutung sind. 1

Aus der Vielzahl von Spezialvorschriften, die sich mit haftpflicht- und versicherungsrechtlichen Fragen befassen, sollen hier in erster Linie die Grundlagen für die Forderung von Schadenersatz behandelt werden soweit sie im Zusammenhang mit dem inzwischen zur Spezialmaterie gewordenen Haftpflichtrecht aufgrund von Kfz-Schäden von Bedeutung sind. 2

## A. Schadenbegriff

3 Der Schaden im Rechtssinne (§ 249 BGB)[1] besteht in dem Unterschied zwischen der Vermögenslage des Betroffenen, wie sie sich nach dem Schadenereignis gestaltet hat, im Vergleich zu der Vermögenslage, wie sie sich ohne dieses Ereignis darstellen würde, wenn dabei der wirtschaftliche Wert des durch den Schaden entstandenen Schadenersatzanspruchs selbst unberücksichtigt bleibt.[2] Der in dieser Weise verstandene Schaden ist als Rechtsbegriff demnach nicht identisch mit allgemeinen, vermögensrechtlichen Nachteilen des Betroffenen auf wirtschaftlichem Gebiet, mögen sie ihm auch erst aus Anlass eines bestimmten Schadenfalles erwachsen sein.

4 Obwohl die meisten der einschlägigen Haftpflichtgesetze den Schädiger u.a. dann für ersatzpflichtig halten, wenn eine Sache beschädigt wird,[3] muss man bei sachbezogener Auslegung wohl davon ausgehen, dass in diesem Zusammenhang ein Schaden im Rechtssinne auch dann vorliegen kann, wenn die Sache zwar unbeschädigt erhalten bleibt, jedoch die durch Eigentum und/oder Besitz vermittelten Rechte ohne eigenes Verschulden auf Dauer entzogen werden.[4]

5 Dabei ist beispielsweise an den Fall zu denken, dass bei einem Unfall bewusstlosen Geschädigten die goldene Uhr oder die Brieftasche gestohlen wird.[5] Das Gleiche gilt für den Fall, dass ein Lkw durch einen Zusammenstoß so schwer beschädigt wird, dass die aus zahlreichen Einzelstücken bestehende Ladung auf die Straße fällt und damit dem Zugriff Dritter preisgegeben wird. Auch diesen Schaden hat der Ersatzpflichtige als fortwirkende Folge seines haftbaren Verhaltens in der Erscheinungsform des schädlichen Ergänzungserfolges zu erstatten.[6]

6 Zum Ergänzungserfolg kann auch der Tatbestand gehören, dass ein nach dem Unfall zwangsläufig unverschlossen abgestelltes Fahrzeug oder einzelne Gegenstände daraus entwendet werden.[7]

7 Der unfallbedingte Verlust einer Sache gehört zu den Schäden, für die der Ersatzpflichtige einzustehen hat. Kommen nach einem Verkehrsunfall aus einem beschädigten Fahrzeug wertvolle Gegenstände abhanden, so ist der Zurechnungszusammenhang zwischen der Beschädigung des Fahrzeugs

---

1 Zum Begriff des *Vermögensschadens grundsätzlich: BGH* BGHZ 75, 366 = NJW 1980, 777 = VersR 1980, 378; *KG* Berlin, Beschl. v. 29.10.2010 – 6 U 204/09, r+s 2011, 332.

2 Vgl. dazu inbes.: *BGH* VersR 1981, 432; im Versicherungsrecht: vgl. *Höra*, MAH Versicherungsrecht, 4. Aufl. 2017, Rnr. 100–108: im Zusammenhang mit AHB vgl. *v. Rintelen*, AHB Ziffer 2.Vermögensschaden, Abhandenkommen von Sachen, Späte/Schimikowski, Haftpflichtversicherung, 2. Aufl. 2015; im Strafrecht vgl. *LG Flensburg*, BeckRS 2018, 21126.

3 Vgl. z.B. § 7 Abs. 1 StVG, § 1 HG, § 33 Abs. 1 LuftVG; – demgegenüber umreißt das BGB in § 823 Abs. 1 den Tatbestand bereits etwas umfassender, wenn es bezüglich der Ersatzpflicht u.a. an die *Verletzung des Eigentums* anknüpft; – wegen des Verhältnisses der Haftungsbestimmungen des § 823 BGB und des § 7 Abs. 1 StVG; vgl. *Littbarski*, VVG § 100 Leistung des Versicherers, Langheid/Wandt, Münchener Kommentar Versicherungsrecht, 2. Aufl. 2017, Rn. 165–172.

4 Vgl. dazu *BGH* BGHZ 58, 162; VersR 1978, 1161; VRS 55, 4; *BGH*, DAR 1997, 157; VRS 93, 4; r+s 1997, 117; *OLG München* VRS 59, 87: es stellt eine *Unfallfolge* dar, wenn einem Beteiligten durch den Unfall ein Gegenstand ***abhanden*** kommt. Jedoch spricht der Beweis des ersten Anscheins nur dann für diese Schadenursache, wenn feststeht, dass der Beteiligte den Gegenstand vor Antritt der Fahrt noch in seinem Besitz hatte (Anmerkung: der *BGH* hat die Annahme der Revision durch Beschl. v. 10.07.1979 – VI ZR 228/78 – abgelehnt); vgl. dazu auch beispielsweise Rn. 30–67; *OLG Frankfurt/M.* VersR 1980, 196 = zfs 1980, 113; – für den Bereich der AHB vgl. analog: *OLG München* VersR 1980, 1139; siehe auch Terbillem, Münchner Anwaltshandbuch, Versicherungsrecht, 2. Aufl. 2008, Rn. 175 ff.; zur Reisegepäckversicherung; ***Steinbeck***, Reiseversicherung, Höra, Münchener Anwaltshandbuch Versicherungsrecht, 4. Aufl. 2017, Rn. 164–173.

5 Vgl. dazu auch: *OLG München* VRS 59, 87.

6 Vgl. dazu: *BGH* VRS 55, 4; *OLG München* zfs 1980, 282 = VRS 59, 87; *Weber* DAR 1979, 113; – a.A. *Rüth/Berr/Berz* Straßenverkehrsrecht, § 1 HG, Rn. 9; *Finger* Eisenbahngesetze, § 1 RGH Anm. 3e.

7 Vgl. BGHZ 58, 162 = NJW 1972, 904 = VersR 1972, 560 = JuS 1972, 473 (m.Anm. v. *Lange* JuS 1973, 280); NJW 1972, 712 = VRS 55, 4; *OLG München* VersR 1980, 828 = zfs 1980, 292 = VRS 59, 87; *LG Augsburg* zfs 1985, 161; *LG Karlsruhe* zfs 1987, 98.

und dem Verlust der Gegenstände im Grundsatz zu bejahen. Etwas anderes kann gelten, wenn die Gegenstände abhandenkommen, nachdem sie in polizeilichen Gewahrsam genommen worden sind. Werden Geldkoffer eines Geldtransporters noch am Unfallort gestohlen, wirkt das Schadenrisiko aus dem Unfall fort.[8]

Allerdings sind aus naheliegenden Gründen an die Beweispflicht des Geschädigten besonders strenge Anforderungen zu stellen. Der Anscheinsbeweis greift nur in seltenen Fällen.[9] Wird der Verlust eines Bargeldbetrages, der in einem Pkw während einer Unfallfahrt mitgeführt worden war, erst mehrere Tage nach dem Unfall durch den Fahrer nach zwischenzeitlichem Krankenhausaufenthalt entdeckt, so spricht kein Anscheinsbeweis dafür, dass der Geldbetrag bei dem Unfallgeschehen abhandengekommen ist.[10] Greift der Anscheinsbeweis allerdings, ist er nur dann entkräftet, wenn der Gegner Tatsachen vorträgt und im Bestreitensfalle auch beweist, aus denen sich die ernsthafte Möglichkeit des anderen Geschehensablaufs ergibt. Kann der Schaden auf mehrere typische Geschehensabläufe zurückzuführen sein, von denen nur einer zur Haftung des in Anspruch genommenen Schädigers führt, muss der Geschädigte diesen Ablauf beweisen. Erschüttert ist der Anscheinsbeweis, wenn unstreitig ist oder vom Schädiger bewiesen wird, dass ein schädigendes Ereignis durch verschiedene Ursachen mit typischen Geschehensabläufen herbeigeführt worden sein kann. 8

Kommen Gegenstände bei einem Krankenhausaufenthalt nach einem Unfall abhanden, kann der Schaden dem ursprünglichen Schädiger nicht mehr angelastet werden. Es fehlt an der zeitlichen Nähe zum Unfallgeschehen.[11] 9

Im Allgemeinen wird eine aus mehreren Sachen zusammengesetzte Sache keine Sache i.S.d. §§ 90 ff. BGB darstellen. Dennoch ist dieser Begriff – ebenso wie der Sachenbegriff i.S.d. §§ 92 Abs. 2 und 1035 BGB – dem Gesetz an sich nicht fremd, wenn auch nur die einzelnen Sachen der Sachgesamtheit Gegenstand von dinglichen Rechten sein können.[12] 10

Gleichwohl wird auch im Zusammenhang mit der Sachbeschädigung erwogen, dass diese ausnahmsweise bei Zerstörung bzw. Auflösung einer funktionellen Einheit begangen werden kann. 11

Im Schadensersatzrecht wird bei der Zerstörung einer funktionellen Einheit die Sacheneigenschaft und ein darauf zu stützender Schadenersatzanspruch zu bejahen sein. In diesem Bereich geht es nicht selten um Sachgesamtheiten, die, ohne dass es sich etwa um in ihre Bestandteile zerlegbare Gesamtsachen handelt, gerade durch ihre Vollständigkeit und Ordnung einen Wert repräsentieren. Dieser entspricht nicht nur der Summe der Einzelwerte der darin zusammengefassten Sachen, sondern übersteigt diese sehr oft sogar. Dies gilt beispielsweise für Briefmarkensammlungen, Bibliotheken, Fachmuseen etc. Wird eine derartige organisatorische Sacheinheit durch eine unerlaubte Handlung gestört oder gar zerstört, dann handelt es sich gleichfalls um einen Angriff auf das Eigentum, bei dem der deliktische Eigentumsschutz des § 823 Abs. 1 BGB eingreifen muss.[13] Von einer Eigentumsverletzung i.S.d. § 823 Abs. 1 BGB ist z.B. dann auszugehen, wenn in einem Archiv Urkunden von ihren registrierten Plätzen entfernt werden, um sie an anderer Stelle des Archivs wieder einzuordnen.[14] 12

---

8 *BGH* Urt. v. 10.12.1996 – VI ZR 14/96, DAR 1997, 157; Urt. v. 10.12.1996 – VI ZR 14/96, r+s 1997, 113.

9 Vgl. *Schmidt*, Geigel, Haftplichtprozess, 29. Aufl. 2024, Kap. 36 Beweisführung und Beweiswürdigung, Rn. 43–58; *OLG Köln* Urt. v. 25.02.2005 – 6 U 139/04, DAR 2005, 404.

10 *OLG Köln* Urt. v. 25.02.2005 – 6 U 139/04, DAR 2005, 404.

11 *Schwab* SVR 2006, 32.

12 Vgl. BGHZ 28, 16 = NJW 1958, 1133; WM 1960, 1223; 1963, 504; 1977, 218; NJW 1984, 803; RGRK, § 90, Rn. 15; *Erman/Sirp* § 90, Rn. 10; *Wolff/Raiser* Sachenrecht, 10. Aufl., § 5 Anm. II; § 51 Anm. IV; *BGH*, Urt. v. 23.07.2009 – VII ZR 151/08 2, MMR 2010, 23; *Staudinger*, BGB § 823 Schadensersatzpflicht, Schulze, Bürgerliches Gesetzbuch, 10. Aufl. 2019, Rn. 21.

13 Vgl. *BGH* BGHZ 76, 215 = NJW 1980, 1518 (dazu – in anderem Zusammenhang – kritisch: *Klimke* VersR 1981, 115); *Larenz*, Schuldrecht I, S. 402; *OLG Jena*, BeckRS 2012, 01248; *BGH*, Urt. v. 31.03.1998 – VI ZR 109–97, NJW 1998, 1942.

14 *BGH* Urt. v. 26.02.1980 – VI ZR 53/79, NJW 1980, 1518.

13 Anders liegen die Dinge, wenn die Sachgesamtheit aus verschiedenen Einzelgegenständen besteht, die sich ohne Weiteres voneinander trennen lassen. Gegenstand des Schadenersatzes nach § 249 BGB ist dann nicht die Sachgesamtheit, sondern die einzelne beschädigte Sache, sofern sie sich in technischer Hinsicht von der Gesamtsache trennen lässt und technisch einer isolierten Wiederherstellung zugänglich ist. In derartigen Fällen kann auch eine Ersatzbeschaffung als Naturalrestitution – die sich aber wohl nicht erzwingen lässt – in Betracht kommen.[15]

14 Wird beim Betrieb eines Kraftfahrzeugs eine Sache beschädigt, hat der Halter nach der Auffassung des *BGH*[16] auch den Schaden des rechtmäßigen Besitzers, beispielsweise den »Haftungsschaden« des Mieters eines Kfz, zu ersetzen. Beeinträchtigt der Schädiger den Mieter eines Fahrzeugs in seinem Gebrauchs- und Nutzungsrecht, so tritt auch eine Ersatzpflicht bezüglich des zwischen Mieter und Vermieter gegebenen Haftungsschadens ein.[17] Der Mieter ist für die Geltendmachung der Ansprüche aktiv legitimiert, da sein Gebrauchs- und Nutzungsrecht beeinträchtigt ist. Dies stellt eine Verletzung des unmittelbaren Besitzes und damit eines Schutzgutes i.S.d. § 823 Abs. 1 BGB, § 7 StVG dar. Mit der Klage kann auch der Haftungsschaden des Mieters gegenüber dem Vermieter geltend gemacht werden.

15 Der *BGH* vertritt in ähnlichem Zusammenhang die – mehr allgemein ausgerichtete – Auffassung, insoweit liege nicht lediglich eine Beschädigung des Vermögens (reiner Vermögensschaden) vor, die nicht zu ersetzen wäre, sondern es handele sich um die Beschädigung einer Sache, »wobei allerdings der Schaden nur in einer Vermögensbelastung besteht«. Diese Auffassung unterliegt gewissen Bedenken, obwohl sie an sich der Billigkeit entspricht. Es wäre in der Tat recht unbefriedigend, wenn der Schädiger sich auf die gesetzlichen Haftungsgrundlagen zurückzieht, obwohl auf der anderen Seite feststeht, dass der Mieter trotz aller Sorgfalt beim Vertragsabschluss, die er schon in seinem eigenen Interesse aufgewendet hatte, letztlich doch – über die im Wesentlichen gleichlautenden AGB – die Vertragsbedingungen des Vermieters akzeptieren musste, die über den Bereich der gesetzlichen Haftung hinaus eine ganze Reihe von Verschärfungen – und sei es auch nur bei der Beweislastverteilung – vorsehen. Die – auf der vertraglichen Absprache beruhende – Differenz zur Schadenpauschale müsse im Verhältnis zwischen Eigentümer und Besitzer – sofern die Pauschalierungsabrede rechtswirksam ist – vom Besitzer getragen werden. Die besondere Problematik dieser Erwägungen zeigt sich insbesondere für den Fall, dass den berechtigten Besitzer auch an der Herbeiführung des Unfalls kein Verschulden trifft.

16 Ein Schaden mit vermögensrechtlichem Einschlag kann auch in der Belastung mit einer Verbindlichkeit bestehen,[18] sofern der Verpflichtete dadurch tatsächlich beschwert ist.[19] Kreditkosten für die Finanzierung der Wiederherstellung eines Fahrzeuges sind allerdings nur dann erstattungsfähig, wenn der Geschädigte rechtzeitig den Schädiger davon in Kenntnis setzt, dass die Aufnahme eines Darlehens zur Durchführung der Reparatur erforderlich ist.[20] Andererseits fordert die Rechtsprechung im Rahmen der Schadenminderungspflicht, dass ein Finanzierungskredit in Anspruch

15 Vgl. BGHZ 92, 85 = DB 1985, 486; *BGH* DB 1985, 2680; Palandt/*Heinrichs* § 251; *Jordan* VersR 1978, 688 (690); *BGH*, Urt. v. 22.05.1985 – VIII ZR 220/84, NJW 1985, 2413.

16 Vgl. dazu insbes.: *BGH* DAR 1981, 85 = VRS 60, 164 (Kfz-Mieter); – vgl. ergänzend dazu auch *Weber* DAR 1981, 161 (172, r.Sp.); vgl. *OLG Karlsruhe*, Urt. v. 29.11.2013 – 1 U 27/13, DAR 2014, 93.

17 *LG Bautzen* Urt. v. 19.07.2000 – 1 S 200/99, SP 2000, 410.

18 Vgl. *BGH* BGHZ 61, 346 = NJW 1974, 34 (m. Zust. v. *Himmelreich* NJW 1974, 1897) = VersR 1974, 90 (m. teilw. krit. Anm. *v. Hartung* VersR 1974, 147) = DAR 1974, 17; MüKo/*Grunsky* Vorbem. vor § 249 Rn. 12 (Belastung mit Unterhalt für ungewolltes Kind); *Diederichsen* VersR 1981, 693 (Unterhaltsbedarf als Vermögensschaden); *BGH*, BeckRS 2007, 04559; *OLG Celle*, Urt. v. 15.05.2018 – 14 U 179/17, r+s 2018, 616.

19 Vgl. *BGH* BGHZ 61, 346 = NJW 1974, 34 (m. Zust. v. *Himmelreich* NJW 1974, 1897) = DAR 1974, 17; – vgl. dazu ergänzend auch: BGHZ 57, 78 (81, 83) = NJW 1971, 2218.

20 *LG Konstanz* Urt. v. 21.07.2004 – 11 S 50/04 N, SP 2005, 18; *AG Bautzen*, Urt. v. 26.03.1997 – 6 C 1085/96; *Katzenstein*, BGB § 249, 250, *Geigel*, Haftpflichtprozess, 28. Aufl. 2020, Rn. 219, 220.

genommen wird, wenn dessen Kosten niederer sind als zum Beispiel ein ansonsten zu erwartender Verdienstausfallschaden.[21]

Darüber hinaus kann ein Schaden vermögensrechtlicher Art auch darin bestehen, dass im Zusammenhang mit einem Totalschaden eine Sache zwar in ihrer substanziellen Integrität erhalten bleibt und auch weiterhin der Zugriffsmöglichkeit des Berechtigten unterliegt, diese jedoch als unverwendbares Einzelstück für den Eigentümer und Nutzungsberechtigten keinen Wert mehr hat.[22] Dabei muss es sich nicht einmal um wesentliche Bestandteile der durch Totalschaden zerstörten Sache handeln, sondern mit Rücksicht auf die ursprünglich vorhanden gewesene Zweckbindung genügt die Eigenschaft als spezielles Zubehör. 17

Wurden z.B. in einem Spezial-Transporter Schränke, Regale und Schubladen eingebaut, die genau zu dem Fahrzeug passten und funktionsgerecht für die Aufnahme des Liefergutes bestimmt waren und entsteht bei einem Unfall am Transporter Totalschaden, während die speziell für ihn gefertigte Inneneinrichtung unbeschädigt erhalten bleibt, muss Schädiger in diesem Fall den Wiederbeschaffungswert der Innenausstattung gegen Übereignung der betreffenden Teile ersetzen. Sie kann nicht in ein anderes Fahrzeug eingebaut werden. 18

Erleidet ein mit einem Spezialaufdruck versehenes Kfz einen Totalschaden, kann der Geschädigte, der sich ein anderes Kfz anschafft, Ersatz für die Kosten der Anbringung des Aufdrucks nur dann verlangen, wenn diese im Gutachten separat neben dem Wiederbeschaffungswert aufgeführt sind. Hat der Gutachter die Kosten für den Aufdruck bereits in den Wiederbeschaffungswert einkalkuliert, kann kein Ersatz verlangt werden. 19

Ähnliche Überlegungen gelten für den Fall, dass – durch den Unfall nicht beeinträchtigte – Gegenstände zunächst unversehrt erhalten geblieben sind, später aber infolge des unfallbedingten Zeitablaufs durch Alterungsbedingten Verlust ihrer Eigenschaften Schaden nehmen, wie beispielsweise der Röstkaffee durch den Frischeverlust bzw. durch die Verflüchtigung seines Aromas.[23] Diese Überlegungen gelten auch für alle anderen leichtverderblichen Lebensmittel. Da es sich insoweit um einen Folgeschaden des eigentlichen Schadens handelt, kann auf den sonst notwendigen Begriff der Plötzlichkeit hier verzichtet werden. 20

## I. Differenztheorie

Die herrschende Differenztheorie[24] sieht den Schaden im Rechtssinne als Differenz zwischen zwei Güterlagen, und zwar einmal der tatsächlichen – durch das konkrete Schadenereignis geschaffenen – und zum anderen der hypothetischen – also der Vermögenslage, wie sie sich ohne das zum Ersatz verpflichtende Ereignis darstellen würde.[25] So ist der unfallbedingte merkantile Minderwert eines Kraftfahrzeugs (ein Interessent zahlt weniger, selbst wenn das Fahrzeug repariert ist, weil er nicht erkennbare Mängel fürchtet) dem Bereich der unmittelbaren Sachschäden zuzurechnen.[26] 21

21 Vgl. *OLG Düsseldorf*, Urt. v. 03.03.1997 – 1 U 68/96, ZFS 1997, 253.

22 Vgl. *Almeroth*, MüKo zum StVR, 1. Aufl. 2017, BGB § 249 Art und Umfang des Schadensersatzes, Rn. 7–15.

23 Vgl. *OLG Bremen* VersR 1981, 974 (im Hinblick auf § 29 KVO; – dieser Grundsatz gilt jedoch *allgemein* auch für das *Schadensersatzrecht*).

24 Vgl. *BGH* NJW 1983, 444; *BGH* DNotZ 1995, 874. Bamberger/Roth, Beck'scher Online-Kommentar, *Grothe*, BGB Stand 01.02.2007, Rn. 5; vgl. *OLG Jena*, Urt. v. 28.04.2004 – 3 U 221/03, NJW-RR 2004, 1030; *AG Bad Segeberg*, Urt. v. 19.02.2015 – 17 C 144/14, Beck RS 2015, 11691.

25 Vgl. BGHZ 27, 181 (183); BGHZ 75, 366 (371); NJW 1983, 444; BGHZ 98, 212 = DB 1986, 2480; DB 1987, 1418; DB 1987, 2630; *KG* NJW 1971, 142; *Larenz* VersR 1963, 1 ff.; *Wussow* UHR, Rn. 962; Palandt/*Heinrichs* Vorbem. vor § 249; Erman/*Sirp* § 249 Rn. 6.

26 *BGH* Az. VI ZR 153/80, DAR 2005, 309 bei *Diederichsen; Oetker*, BGB § 249 Art und Umfang, MüKo BGB, 8. Aufl. 2019, Rn. 53–58.

Eine andere Auffassung würde laut *BGH* die Differenztheorie in ihrer Auswirkung schmälern und das Quotenvorrecht beeinträchtigen.

22 Das bedeutet zugleich auch, dass der Geschädigte Anspruch auf Zahlung des Betrages hat, der zur Herstellung an dem Ort, an dem die beschädigte Sache sich ohne das zum Ersatz verpflichtende Ereignis befinden würde, objektiv erforderlich ist.[27] So ist ein Ausländer beispielsweise berechtigt, den in der Bundesrepublik Deutschland erlittenen Reparaturschaden auch dann im Gastland beseitigen zu lassen, wenn dadurch – mit Rücksicht auf das hohe deutsche Lohnniveau – höhere Reparaturkosten entstehen als im Herkunftsland.[28]

23 Normative Wertungen sind erforderlich, wenn die Beschränkung auf die reine Kausalbetrachtung scheinbar keine Differenz zwischen den zu vergleichenden Güterlagen erkennbar macht.[29] Dies wird i.d.R. bei mittelbaren Schäden der Fall sein, bei denen der Schaden sich als Bedarf zur Aufwendung von Vermögensleistungen darstellt.[30]

24 Relevant wird diese Forderung nach der Abrechnung der Reparaturkosten am Ort des Schadens unter anderem bei der fiktiven Abrechnung von Reparaturkosten. So sind nach einem Urteil des *AG Düsseldorf* die regionalen Stundenverrechnungssätze einer Markengebundenen Fachwerkstatt auch bei fiktiver Reparaturkostenabrechnung vom Schädiger zu ersetzen.[31] Zwischenzeitlich stellt der *BGH* jedoch Bedingungen auf, die erfüllt sein müssen, damit in diesen Fällen die Sätze der markengebundenen Werkstatt erstattet werden. Dies kommt laut *BGH* nur dann in Betracht, wenn das Kfz noch nicht drei Jahre alt ist oder der Geschädigte nachweist, dass sämtliche Wartungs- und Reparaturarbeiten bis zum Unfall in der markengebundenen Werkstatt ausgeführt wurden.[32]

25 Am überzeugendsten lässt sich der Schaden nach der reinen Differenztheorie dann darstellen, wenn man auf den Minderwert abstellt, d.h. auf den Betrag, der durch das Schadenereignis vernichtet worden ist.[33] Dies ist der Betrag, den die beschädigte Sache nach dem Unfall weniger wert war als vorher ist.[34] Diese Aussage mag ein anschauliches Beispiel aus der Praxis verdeutlichen:

26 Müller befährt mit seinem zwei Jahre alten Kraftfahrzeug eine Vorfahrtsstraße. Krause verletzt die Vorfahrt und prallt mit seinem Lkw gegen den Pkw von Müller. Die Reparaturkosten betragen 3 000 €. Der erstattungsfähige Sachschaden (Kfz-Schaden) im engeren Sinne – also der unmittelbare Schaden – beläuft sich demgemäß auf 3 000 €.[35] Müller lässt den Schaden in einer renommierten Vertragswerkstatt ordnungsgemäß beseitigen. Veräußert er später das Fahrzeug, muss er den Unfallschaden trotz ordnungsgemäßer Reparatur bekannt geben. Ein Kaufinteressent wird trotz der erfolgten Reparatur nicht den Preis zahlen wollen wie für ein unfallfreies Fahrzeug. Die Differenz (»mer-

27 Vgl. *AG Aachen* DAR 1980, 120.

28 Vgl. *Luckey*, Der Verkehrsunfall im Ausland, SVR 2014, 361; *LG Duisburg*, Urt. v. 15.10.1999 – 24 S 201/99, BeckRS 2005, 03896.

29 Vgl. dazu: BGHZ 54, 45.

30 Vgl. *AG Bad Segeberg*, Urt. v. 19.02.2015 – 17 C 144/14, BeckRS 2015, 11691.

31 *BGH* Urt. v. 29.04.2003 – VI ZR 398/02, DAR 2003, 373 m. Anm.; das *AG Aachen* lässt diesen Grundsatz selbst bei der Abrechnung eines Kaskoschadens zur Anwendung kommen, Urt. v. 17.08.2005 – 8 C 195/05, SP 2006, 106; *LG Duisburg*, ADAJUR-Dok.Nr. 39709; SP 2000, 52; vgl. *LG Düsseldorf* Urt. v. 13.01.2017 – 22 S 157/16, BeckRS 2017, 103163.

32 *BGH*, DAR 2010, 77; vgl. *LG Wuppertal*, Urt. v. 07.03.2012 – 8 S 64/11, SVR 2012, 348.

33 Man spricht in diesem Zusammenhang von einem durch Eigentumsverletzung entstandenen *Substanzverlust*.

34 Vgl. *Klimke* VersR 1968, 537; 1969, 981; 1970, 902; – a.A. wohl: *OLG Celle* VersR 1981, 934 – zfs 1981, 365; *LG Jena*, Urt. v. 28.04.2004 – 3 U 221/03, NJW-RR 2004, 1030; *Piontek*, HPflG § 10, Haftungsgrenze für Sachschäden, *Filthaupt, Piontek, Kayser*, Haftpflichtgesetz, 10. Aufl. 2019, Rn. 9–11; *AG Remscheid*, Urt. v. 10.11.2017 – 8a C 190/16, BeckRS 2017, 144236.

35 Vgl. dazu auch *AG Marsberg* zfs 1982, 299 (im Zusammenhang mit der Ermittlung des Gegenstandswertes der erstattungsfähigen Anwaltskosten).

kantile Wertminderung«) stellt eine Schadenposition dar, die vom Schädiger auszugleichen ist.[36] Dieser Grundsatz gilt laut *BGH* selbst dann, wenn der Geschädigte sein Fahrzeug weiter benutzt und nicht aufgrund des Unfalls verkauft.

Bei diesem gerade »klassischen« Beispiel lässt sich der Schaden relativ einfach in der durch den Unfall 27
die Substanzeinbuße (Wertverzehr) ausdrücken.[37]

In dieser eindeutigen und überzeugenden Form lässt sich der Schaden leider nicht immer darstellen. 28
Deswegen ist die Rechtsprechung unter Einbeziehung normativer Wertungen zu einem dualistischen Schadenbegriff gelangt. Allgemein neigt die Rechtsprechung – vornehmlich wohl aus Gründen der Praktikabilität – in zunehmendem Maße zu einer Objektivierung des Schadenbegriffs.[38] Nach der Rechtsprechung des *BGH* stehen dem Geschädigten im Allgemeinen zwei Wege der Naturalrestitution zur Verfügung: Die Reparatur des Unfallfahrzeugs oder die Anschaffung eines »gleichwertigen« Ersatzfahrzeugs.[39] Unter den zum Schadensausgleich führenden Möglichkeiten des Ersatzes durch eine gleichwertige Sache (»Naturalrestitution«) hat der Geschädigte dabei jedoch grundsätzlich diejenige zu wählen, die den geringsten Aufwand erfordert. Dieses sog. Wirtschaftlichkeitspostulat findet gemäß § 249 Abs. 2 S. 1 BGB seinen gesetzlichen Niederschlag in dem Tatbestandsmerkmal der Erforderlichkeit, ergibt sich aber letztlich schon aus dem Begriff des Schadens selbst. Darüber hinaus findet das Wahlrecht des Geschädigten seine Schranke in dem Verbot, sich durch Schadensersatz zu bereichern. Denn auch wenn er vollen Ersatz verlangen kann, soll der Geschädigte an dem Schadensfall nicht »verdienen«. So wird Umsatzsteuer zwischenzeitlich nur noch bezahlt, wenn sie tatsächlich anfällt.[40]

Besondere Schwierigkeiten bereitet die Anwendung der auf die reine Fallbetrachtung bezogenen Dif- 29
ferenztheorie dann, wenn es sich nicht um den Substanzwert unter dem Gesichtspunkt der Eigentumsverletzung, sondern um Sachfolgeschäden in der Erscheinungsform der Besitzstörung handelt. Lediglich der auf Eigentumsverletzung beruhende Sachschaden im engeren Sinne (unmittelbarer Schaden) kann »abstrakt« als Wertersatzforderung i.S.v. § 249 Abs. 2 BGB geltend gemacht werden. Die Höhe des mittelbaren Schadens (Sachfolgeschadens) hängt entscheidend davon ab, welche Dispositionen der Geschädigte ohne Verletzung der durch § 254 Abs. 2 BGB normierten Schadenminderungspflicht in vertretbarer Form getroffen hat.

Schon diese Hinweise machen deutlich, wie schwierig mitunter in der Praxis die Darstellung des 30
Schadenbegriffs bei konsequenter Beschränkung auf die Differenztheorie sein kann. Nach jetzt gefestigter Rechtsprechung des *BGH* darf demgemäß bei der Beurteilung der Frage, ob ein Schaden im Rechtssinne vorliegt, nicht allein auf die Differenztheorie abgestellt werden. Es ist vielmehr eine wertende Betrachtungsweise geboten, bei der die Wertmaßstäbe allein den in Betracht kommenden Vorschriften zu entnehmen sind.[41] Ob ein vermögenswertes Gut beeinträchtigt ist, hängt sehr wesentlich von der Wertung nach wirtschaftlichen Gesichtspunkten ab. Den ausschlaggebenden Maßstab

---

36 *BGH* Urt. v. 03.10.1961 – VI ZR 238/60, BGHZ 35, 396.

37 Vgl. *Klimke* VersR 1968, 537 ff.; 1969, 981; 1970, 902; *Gaier*, BGB § 346 Wirkungen des Rücktritts, MüKo BGB, 8. Aufl. 2019, Rn. 50, 51.

38 Vgl. *BGH* NJW 1966, 1454 (Kraftfahrzeug); *BGH* VersR 1967, 176 = DB 1967, 157 (Haushaltshilfe); *BGH* NJW 1968, 491; – m. Einschränkungen hingegen: *BGH* VersR 1970, 832 (m.krit.Anm.v. *Klimke* VersR 1970, 902); *BGH* VersR 1971, 720 (Gebrauchsvorteile); *AG Groß-Gerau*, BeckRS 2014, 11436; *LG Baden-Baden*, BeckRS 2008, 11762; *LG Aachen*, Urt. v. 24.08.2012 – 6 S 60/12, BeckRS 2013, 10564; *Schulze*, Vorbemerkung zu §§ 249–253, *Schulze*, Bürgerliches Gesetzbuch, 10. Aufl. 2019. Rn. 7 *Schulze*.

39 *BGH* Urt. v. 17.10.2006 – VI ZR 249/05, DAR 2007, 138; vgl. BGHZ 154, 395, 397 und 163, 180, 184, jeweils m.w.N.; *OLG Frankfurt a.M.*, Urt. v. 14.11.2019 – 22 U 177/18, BeckRS 2019, 30035.

40 § 249 Abs. 2 S. 2 BGB.

41 Vgl. BGHZ 51, 109 = NJW 1969, 321; *BGH* NJW 1972, 1494; *Reisert*, Balke, Reisert, Quarch, Regulierung von Verkehrsunfällen, 1. Aufl. 2011, 71. Nutzungsausfallentschaden, Rn. 1–8; vgl. *LG Paderborn*, Urt. v. 21.12.2016 – 3 = 317/16, BeckRS 2016, 124232.

dafür bildet die herrschende Verkehrsauffassung.[42] Soweit ein Lebensgut »kommerzialisiert« ist, d.h. durch Geldaufwendungen »erkauft« werden kann, stellt seine teilweise oder vollständige Einbuße einen materiellen Schaden mit vermögensrechtlichem Einschlag dar. Dies gilt auch in den Fällen, in denen dem Verletzten lediglich ein Vorteil in Form einer ansonsten realisierbaren Chance entgeht.

## II. Herstellungsanspruch

31 Nach § 249 BGB hat der Schuldner eines Schadenersatzanspruches (Schädiger) den »Zustand herzustellen, der bestehen würde, wenn der zum Ersatz verpflichtende Umstand nicht eingetreten wäre«. Herzustellen ist demgegenüber nicht der tatsächliche, sondern der wirtschaftliche Zustand.[43] Wie bereits dargestellt, wird beim Kfz-Schaden im Regelfalle neben den Reparaturkosten die Wertminderung zu erstatten sein, also der Betrag, den ein potenzieller Käufer aufgrund des Unfalls weniger zahlen will.[44]

32 Es steht im freien Belieben des Geschädigten, ob er die Herstellung des früheren Zustandes im Wege der Naturalrestitution (§ 249 Abs. 1 BGB) geltend machen oder aber – stattdessen – den dazu erforderlichen Geldbetrag (§ 249 Abs. 2 BGB)[45] (Wertersatz) verlangen will. Der Geschädigte hat die Entscheidungsfreiheit. Im Fall der Beschädigung seines Fahrzeugs entscheidet er, ob und in welchem Umfang er sein Fahrzeug repariert oder reparieren lässt, ob er es unrepariert weiterfährt oder ob er eine Ersatzbeschaffung vornimmt. Der Gesetzgeber nimmt eine Beschränkung dieser Dispositionsfreiheit allenfalls insofern vor als die Umsatzsteuer nur dann von der Zahlungsverpflichtung des Schädigers mit umfasst ist, wenn sie tatsächlich anfällt (§ 249 Abs. 2 S. 2 BGB).[46] Die Rechtsprechung nimmt eine Beschränkung zum Beispiel vor, indem der Ersatz von Reparaturkosten nur dann zugelassen wird, wenn die Reparaturkosten den Wiederbeschaffungswert um nicht mehr als 30 % überschreiten[47] und die Reparatur im Umfang des Sachverständigengutachtens vorgenommen wird.

### 1. Naturalrestitution

33 In der Praxis der Schadenregulierung bildet die »echte« Naturalrestitution[48] die absolute Ausnahme. Sie wurde früher häufig dann verlangt, wenn infolge der Verknappung und damit verbundenen Bewirtschaftung von Rohstoffen – beispielsweise während eines Krieges oder in anderen Notzeiten – Material für die Schadenbeseitigung auf dem legalen Markt nicht zu beschaffen war. Die Praxis hat jedoch gezeigt, dass in derartigen Fällen der Herstellungsanspruch im wirtschaftlichen Bereich ohnehin nicht durchzusetzen war, weil der Schuldner sich mit dem Erfolg darauf berufen konnte,

42 Vgl. BGHZ 63, 98 = NJW 1975, 40; BGHZ 63, 393 = NJW 1975, 733; *BGH*, DAR 2008, 465: keine Nutzungsausfallentschädigung für Wohnmobil als Freizeitfahrzeug.

43 Vgl. BGHZ 40, 345 = NJW 1964, 542 = VersR 1964, 225; NJW 1965, 1756 = VersR 1965, 902; NJW 1974, 34; *KG* OLGZ 69, 17; *OLG Karlsruhe/ZS Freiburg* NJW 1975, 1285; *Geigel/Schlegelmilch* Haftpflichtprozess, 4. Kap., Rn. 1–3.

44 Die Wertminderung sollte von einem Sachverständigen errechnet werden. Hierzu gibt es unterschiedliche angewendete Methoden: z.B. *Ruhkopf-Sahm* oder *Halbgewachs* vgl. *AG Bergisch Gladbach* Urt. v. 22.08.2006 – 66 C 11/06, SP 2007, 18; *AG Calw* Urt. v. 07.04.2006 – 7 C 9/05, SP 2006, 391; *Kuhnert*, Haus, Krumm, Quarch, Gesamtes Verkehrsrecht, 1. Aufl. 2014, BGB § 249 BGB, Art und Umfang des Schadensersatzes, 4. Wertminderung, Rn. 57–66. Es wird jedoch auch die Ansicht vertreten, dass Tabellen nicht maßgeblich für die Berechnung der Wertminderung sein können, sondern jeweils auf die konkrete Situation abzustellen ist, vgl. *AG Velbert*, Urt. v. 04.07.2017 – 11 C37/16, SVR 2018, 302.

45 Zu den Grenzen des § 249 S. 2 BGB vgl. *Schiemann* DAR 1982, 309; *Medicus* DAR 1982, 325; *Grunsky* AcP 182, 4 B; *Lenonhard* VersR 1983, 415; *Köhler* FS für Karl Larenz (1983), S. 349 (abstrakte oder konkrete Berechnung des Wertersatzes nach § 249 S. 2 BGB).

46 Vgl. *AG Amberg*, Schluss Urt. v. 30.04.2014 – 2 C 397/13, DAR 2014, 649; zum Fall der Ersatzbeschaffung vgl. *BGH*, Urt. v. 02.07.2013 – VI ZR 351/12, NJW 2013, 3719.

47 Vgl. *BGH* Urt. v. 05.12.2006 – VI ZR 77/06, DAR 2007, 201; *BGH*, DAR 2012, 139.

48 Wegen des Verhältnisses zwischen *Naturalrestitution* und *Geldersatz* vgl. *Medicus* JuS 1969, 449.

dass auch er zur Beschaffung von Material ohne Verstoß gegen die der Bewirtschaftung dienenden gesetzlichen Bestimmungen nicht in der Lage war.[49]

34 Abgesehen davon lässt sich der Anspruch auf körperliche Herstellung gegen den Willen des Verpflichteten ohnehin nicht zwangsweise durchsetzen. Unabhängig von dieser Betrachtungsweise verleiht § 249 Abs. 1 BGB keinen Anspruch auf Herstellung im körperlich-gegenständlichen Sinne. Herzustellen ist also nicht der tatsächliche, sondern der wirtschaftliche Zustand.

35 Dies bedeutet, dass dem Geschädigten, sofern der Ersatzpflichtige die von ihm geforderte Herstellung ablehnt oder in sonstiger Weise schuldig bleibt, ohnehin nichts anderes übrig bleibt, als Wertersatz – eine Unterart des Herstellungsanspruchs – zu verlangen. Häufig wird die Durchsetzung des Herstellungsanspruchs auch bereits daran scheitern, dass die Parteien über die Haftungsfrage zunächst keine Einigung erzielen können.

## 2. Wertersatzforderung

36 Die Rechtsprechung betrachtet die Gestaltungsmöglichkeit aus § 249 Abs. 2 BGB, statt der Herstellung den dazu erforderlichen Geldbetrag zu verlangen, nicht als Alternative, sondern als einen Unterfall des Herstellungsanspruchs.[50] Das Problem liegt in erster Linie darin, einen Ausgleich in dem Widerstreit zwischen dem Interesse des Geschädigten an der Erhaltung der Substanz seines Eigentums in einer ganz bestimmten Zusammensetzung (Integritätsinteresse) einerseits und an dem Interesse des Ersatzpflichtigen andererseits, vor unverhältnismäßigen Aufwendungen und Sonderopfern geschützt zu werden (Wert- oder Summeninteresse), zu finden.

37 Der Wertersatzanspruch bezieht sich der Höhe nach auf den objektivierten Verkehrswert der Leistung,[51] d.h. auf den Betrag, der unter Berücksichtigung ortsüblicher Handelsbräuche und aller sonstigen Wertbildenden Faktoren im Rechtsverkehr allgemein gefordert und bewilligt wird.[52] Unter dem zur Herstellung »erforderlichen« Betrag[53] sind grundsätzlich die Aufwendungen zu verstehen, die ein verständiger und wirtschaftlich denkender Eigentümer in der besonderen Lage des für eine zumutbare Instandsetzung zu machen hätte.[54] Relevant werden diese Grundsätze laut *BGH* bei der Abrechnung von Mietwagenkosten im Schadensfall. Ein »Unfallersatztarif« ist danach nur insoweit ein »erforderlicher« Aufwand zur Schadensbeseitigung, als die Besonderheiten dieses Tarifs mit Rücksicht auf die Unfallsituation – etwa die Vorfinanzierung, das Risiko eines Ausfalls mit der Ersatzforderung wegen falscher Bewertung der Anteile am Unfallgeschehen durch den Kunden oder den Kfz-Vermieter u.ä. – einen gegenüber dem »Normaltarif« höheren Preis aus betriebswirtschaftlicher Sicht rechtfertigen, weil sie auf Leistungen des Vermieters beruhen, die durch die besondere Unfallsituation veranlasst und infolgedessen zur Schadensbehebung erforderlich sind.[55]

---

49 Vgl. dazu *Klimke* RWP, Eigentumsverletzung, 6 Forts.-Bl.

50 Vgl. BGHZ 81, 385 = NJW 1982, 98; *Jordan* VGT 75, 201; VersR 1978, 688; *Sanders* r+s 1975, 101; *Köhnken* VersR 1979, 788 ff. (789) = VGT 1979, 74 ff.; RGRK, § 249 Rn. 11.

51 Vgl. dazu insbes. *Groh* BB 1962, 620 ff.; *LG Münster*, Urt. v. 07.03.2019 – 08 O 192/18, BeckRS 2019, 13338.

52 Zum Geldersatz bei *vollzogener Herstellung* bzw. bei der *Möglichkeit* zur Herstellung vgl. *Köhler* FS für Larenz (1983), S. 349; – vgl. ergänzend auch *Grunsky* NJW 1983, 2465; JZ 1983, 372.

53 Zur Auslegung des Rechtsbegriffs der »Erforderlichkeit« vgl. *Kohnken* VersR 1979, 788 ff. = VGT 1979, 74 ff.

54 Vgl. BGHZ 61, 346 = NJW 1974, 34 (m. Zust. v. *Himmelreich* NJW 1974, 1897) = DAR 1974, 17; BGHZ 63, 182; *OLG Schleswig* VersR 1976, 1183; *AG Hameln*, VRundSch 2004, 34 zur Abrechnung bei wirtschaftlichem Totalschaden.

55 Vgl. *BGH*, Urt. v. 12.10.2004 – VI ZR 151/03, DAR 2005, 21; *BGH* DAR 2007, 261; *BGH*, DAR 2007, 262; *BGH*, DAR 2011, 462, und *BGH* DAR 2010, 464 zur Schätzung der erforderlichen Kosten anhand von Listen; vgl. Almeroth in MüKo StVR, 1. Aufl. 2017, BGB § 249 BGB Art und Umfang des Schadensersatzes, Rn. 256–266; *Oetker*, BGB § 249 Art und Umfang des Schadenersatzes, MüKo BGB, 8. Aufl. 2019, Rn. 434, 435.

38 Der Wertersatzanspruch gibt dem Geschädigten auch einen Anspruch auf Zahlung des Betrages, der zur Herstellung an dem Ort, an dem die beschädigte Sache sich ohne das zum Ersatz verpflichtende Ereignis befinden würde, objektiv erforderlich ist.[56] Eine derartige Betrachtung ist freilich vor der Vornahme irgendwelcher Handlungen des Geschädigten (»ex ante«) anzustellen.[57] Der Ersatzpflichtige trägt das Prognoserisiko.[58] Insbesondere gilt dies für den Fall, dass das Gutachten Reparaturkosten im Bereich von 130% des Wiederbeschaffungswertes ausweist, die dann bei tatsächlich durchgeführter Reparatur wegen weiterer Schäden überstiegen werden.[59] Über den Wertersatzanspruch »vor Ort« hinaus hat der Geschädigte jedoch keinen Anspruch, dass sein Fahrzeug auf Kosten des Schädigers zu dem Ort befördert wird, an dem er es repariert habe will. Er kann nur die Kosten für die Verbringung in die nächste – geeignete – Werkstatt verlangen.[60]

### III. Geldersatzanspruch

39 Nach § 250 BGB lässt sich jede Schadenersatzforderung in eine Geldforderung umwandeln, wenn der Gläubiger dem Ersatzpflichtigen zur Herstellung eine angemessene Frist mit der Erklärung bestimmt hat, dass er die Herstellung nach Ablauf dieser Frist ablehnt. Fordert der Geschädigte nach fruchtlosem Ablauf dieser Frist Schadenersatz in Geld, geht der Herstellungsanspruch nach § 249 BGB endgültig unter. Der dann allein noch verbleibende Geldersatzanspruch ist mit der Wertersatzforderung i.S.v. § 249 BGB nicht identisch. Dieser Unterscheidung kommt – anders als beim vertraglichen Schadenersatz – für den Bereich der auf Gesetz oder unerlaubter Handlung beruhenden Ersatzverpflichtung keine große Bedeutung zu, da bei Personen- und Sachschäden der Schädiger ohnehin ausnahmslos verpflichtet ist, den Geschädigten auf sein Verlangen hin in Geld zu befriedigen.

40 Die Geldersatzforderung gewinnt besondere Bedeutung im Zusammenhang mit der Bestimmung des § 251 Abs. 1 BGB. Die Anspruchsbegründenden Voraussetzungen sind nach der Definition des Gesetzes gegeben, wenn »die Herstellung nicht möglich oder zur Entschädigung des Gläubigers nicht genügend ist«. Mit diesem Recht des Gläubigers korrespondiert die Pflicht des Schuldners, Schadenersatz in Geld zu leisten.[61] Dabei handelt es sich um ein Wahlrecht des Gläubigers, von dem in der Praxis allerdings außerordentlich selten Gebrauch gemacht wird.

41 Für das Haftpflichtrecht von sehr viel größerer Bedeutung ist demgegenüber die Bestimmung des § 251 Abs. 2 BGB, die als gesetzliche Grundlage für die Ersetzungsbefugnis des Schuldners dient. Nach dieser Bestimmung ist der Ersatzpflichtige (Schädiger) berechtigt, den Gläubiger auch gegen seinen Willen in Geld zu entschädigen, wenn die Herstellung nur mit unverhältnismäßigen Aufwendungen möglich ist. Das bedeutet für den Bereich des Kfz-Haftpflichtrechtes, dass von einem Totalschaden dann auszugehen ist, wenn die Reparaturkosten über eine dem Schädiger zuzumutende Opfergrenze hinaus den Wiederbeschaffungswert des beschädigten Fahrzeugs wesentlich –

56 Vgl. *AG Aachen* VersR 1980, 658; *OLG Frankfurt a. M.*, NZV 2001, 348; *LG München I*, NZV 2005, 587 zur 130 %- Grenze und erforderlicher weiterer Reparatur.

57 Vgl. *BGH* BGHZ 61, 346 = NJW 1974, 34 (m. Zust. v. *Himmelreich* NJW 1974, 1897) = DAR 1974, 17.

58 Vgl. *BGH* NJW 1985, 793 = DAR 1985, 121; *Weber* = DAR 1985, 161; *AG Norderstedt*, NZV 2013, 145; vgl. Kärger/Geiger in May/Vogt, Lexikon Straßenverkehrsrecht, 1. Aufl. 2016, Prognoserisiko; *LG Köln*, Urt. v. 04.06.2015 – 9 S 22/14, r+s 2016, 105; *Schulze*, BGB § 249, Art und Umfang des Schadensersatzes, *Schulze*, Bürgerliches Gesetzbuch, 10. Aufl. 2019, Rn. 5; *OLG Naumburg*, Urt. v. 07.11.2019 – 3 U 7/18, BeckRS 2019, 44409.

59 *OLG Frankfurt a.M.*, BeckRS 2000, 10202; *LG München I*, NZV 2005, 587; *OLG Bremen*, LSK 2011, 390320 = ZfS 2010, 499 bei *Diehl*; *OLG Celle*, Urt. v. 07.11.2017 – 14 U 24/17, r+s 2018, 161.

60 Vgl. *AG Herborn*, Urt. v. 23.02.1999 – 5 C 423/98, SP 1999, 166; a.A. *AG Halle (Saale)*, SVR 2012, 109 m. Anm. *Balke* bei großer Entfernung und Unzumutbarkeit der Reise von der Werkstatt nach Hause und zurück zur Abholung; Abschleppkosten in Vertrauenswerkstatt nur bei besonderen Gründen: *AG Ratingen*, Urt. v. 29.11.2013 – 9 C 292/13, SVR 2014, 238; *Jahnke*, BGB § 249 Art und Umfang des Schadenersatzes; Burmann, *Heß, Hühnermann, Jahnke*, Straßenverkehrsrecht, 26. Aufl. 2020, Rn. 260.

61 Vgl. dazu auch Palandt/*Heinrichs*, 80. Aufl. 2021, § 249.

nach *BGH* bis maximal 30 % – übersteigen. Der ausgleichsfähige Schaden besteht dann nicht in der Summe aus Reparaturkosten und Minderwert, sondern in der Differenz zwischen Wiederbeschaffungs- und Restwert.[62]

Geht man von der Unzumutbarkeit der Wiederherstellung aus, weil die Reparaturkosten für ein Fahrzeug den Wiederbeschaffungswert um mehr als 30 % übersteigen, ist eine Wiederherstellung nicht mehr möglich, weil ein technischer Totalschaden vorliegt, oder wird ein Unikat total beschädigt, kann der Geschädigte auf alle Fälle die Umsatzsteuer mit ersetzt verlangen. § 249 Abs. 2 S. 2 BGB ist in diesen Fällen nicht anwendbar. Voraussetzung ist allerdings, dass ein Ersatzfahrzeug gekauft wird und hierfür Mehrwertsteuer anfällt.[63] 42

## IV. Folgeschäden

Folgeschäden – auch mittelbare Schäden genannt – sind nur dann erstattungsfähig, wenn sie in der Person des Geschädigten selbst entstanden sind oder sich von ihm ableiten und sich auf eines seiner geschützten Rechtsgüter beziehen. Als Folgeschäden kommen insbesondere die allgemeinen Nebenkosten in Betracht. Mittelbare Schäden fallen nicht unter § 249 BGB und sind daher i.d.R. erst dann erstattungsfähig, wenn sie tatsächlich entstanden sind und insoweit bestimmte Aufwendungen konkret nachgewiesen werden.[64] So verweigern die Versicherungsgesellschaften, aber auch vermehrt die Rechtsprechung, bei fiktiver Abrechnung der Reparaturkosten in den meisten Fällen die Zahlung von Verbringungskosten zu einer Lackiererei[65] sowie der Aufschläge auf die unverbindliche Preisempfehlung des Teileherstellers.[66] Anders sieht dies das *LG Hanau* in dem Fall eines 2 Jahre alten Autos. Danach sind selbst bei fiktiver Abrechnung Verbringungskosten und UPE zu erstatten.[67] 43

Auch bei Mietwagenkosten hat dieser Grundsatz Bedeutung. Ein »Unfallersatztarif« ist nur insoweit ein »erforderlicher« Aufwand zur Schadensbeseitigung gemäß § 249 S. 2 BGB a.F., als die Besonderheiten dieses Tarifs mit Rücksicht auf die Unfallsituation – etwa die Vorfinanzierung, das Risiko eines Ausfalls mit der Ersatzforderung wegen falscher Bewertung der Anteile am Unfallgeschehen durch den Kunden oder den Kfz-Vermieter u.Ä. – einen gegenüber dem »Normaltarif« höheren Preis aus 44

---

62 *Jahnke*, BGB § 249 Art und Umfang des Schadensersatzes, *Burmann, Heß, Hühnermann, Jahnke*, Straßenverkehrsrecht, 26. Aufl. 2020, Rn. 81; *Almeroth*, BGB § 249 Art und Umfang des Schadensersatzes, MüKo zum StVR, 1. Aufl. 2017, Rn. 223–229.

63 Vgl. *Kuhn* DAR 2005, 68; *Koch* zfs 2005, 275; a.A. *Steffen* DAR 2004, 381; *Schulze*, BGB § 249 Art und Umfang des Schadenersatzes, Schulze, Bürgerliches Gesetzbuch, 10. Aufl. 2019, Rn. 11.

64 Vgl. dazu im Einzelnen: *LG Stuttgart* VersR 1977, 656; *AG Stuttgart* VersR 1977, 630; *Klimke* VersR 1974, 832, r+s 1975, 99 (100); – wegen der Anwendung des Vorteilsausgleichs aus Sachfolgeschäden vgl. ergänzend die Studie von *Klimke* ZfV 1977, 320.

65 Vgl. *AG Dortmund* Urt. v. 17.06.2005 – 107 C 3032/05, SP 2006, 285; *AG Köln* Urt. v. 11.05.2005 – 261 C 536/04, SP 2006, 13; *AG Wismar*, SP 2005, 238; a.A. z.B. *AG Aachen* Urt. v. 29.06.2005 – 11 C 176/05, SP 2006, 12; *LG Lüneburg*, SP 2010, 190; *AG Bremerhaven*, Urt. v. 11.10.2011 – 52 C 922/11, BeckRS 2013, 9544; VRundSch 12/09 45, die auch bei fiktiver Abrechnung Verbringungskosten zugesteht; *AG Solingen*, BeckRS 2009, 25823 bei fehlender Lackiermöglichkeit in der vom Sachverständigen ausgewählten Vertragswerkstatt (so auch *AG Kiel*, DAR 2017, 159); vgl. *Jahnke*, Burmann, Heß, Hühnermann, Jahnke, Janker, Straßenverkehrsrecht, 24. Aufl. 2016, BGB § 249 Art und Umfang des Schadensersatzes, Rn. 103–105.

66 *LG Essen* Urt. v. 18.10.2002 – 11 O 64/02, SP 2003, 102; a.A. z.B. *AG Eschweiler* Urt. v. 01.06.2006 – 26 C 31/06; *AG Saarbrücken* Urt. v. 23.02.2005 – 3 C 291/04, SP 2005, 238; *AG Hamburg-Harburg* Urt. v. 09.06.2005 – 648 C 88/05, SP 2006, 293.

67 *LG Hanau*, NZV 2009, 574; so auch *AG Köln*, Urt. v. 21.01.2016 – 274 C 200/15, NJOZ 2017, 66; vgl. *Schneider, Berz, Burmann*, Handbuch des Straßenverkehrsrechts, Werkstand: 423. EL August 2020, Rn. 57b.

betriebswirtschaftlicher Sicht rechtfertigen, weil sie auf Leistungen des Vermieters beruhen, die durch die besondere Unfallsituation veranlasst und infolgedessen zur Schadensbehebung erforderlich sind.[68]

45 Eine Ausnahme von diesem Grundsatz gilt nur für die »geborenen« Drittschäden, also für Ansprüche, die im § 844 (Beerdigungskosten und Entziehung des Unterhalts) sowie § 845 BGB (entgangene Dienste) geregelt sind. Ein Drittschaden liegt demgegenüber jedoch nicht vor, wenn es sich um Rechtsverletzungen handelt, die nicht durch direkte Einwirkung auf den Geschädigten selbst entstanden sind, sondern ihn erst auf dem Umweg über die sog. »Fernwirkung« erreicht haben. Erleidet eine Person einen Schock, weil ihr die Nachricht vom Tod eines nahen Angehörigen überbracht wird, entsteht hieraus nicht zwingend ein »Drittschaden«, der in Form von Schmerzensgeld geltend gemacht werden kann.[69] Mit dem Gesetz zur Einführung eines Anspruchs auf Hinterbliebenengeld wurde § 844 nach langen Diskussionen um einen Abs. 3 ergänzt. Danach können Hinterbliebene, die dem Getöteten in einem persönlichen Näheverhältnis verbunden waren, wegen des erlittenen seelischen Leids eine angemessene Entschädigung in Geld verlangen.[70]

## V. Verursachung

### 1. Äquivalenztheorie

46 Eine Verpflichtung zum Schadenersatz besteht nur dann, wenn das schädigende Ereignis den schädlichen Erfolg (Schaden) tatsächlich verursacht hat. Der Nachweis des schadenursächlichen Sachzusammenhangs (Kausalzusammenhangs) nach der Äquivalenztheorie reicht jedoch für die Begründung einer Schadensersatzpflicht im zivilrechtlichen Bereich nicht aus. Ursache i.S.d. Äquivalenztheorie ist jede Bedingung, die nicht hinweggedacht werden kann, ohne dass damit zugleich auch der schädliche Erfolg entfiele (conditio sine qua non).[71]

47 Der Grundsatz, dass der Geschädigte beweisen muss, dass sein Handeln oder Unterlassen nicht hinweggedacht werden kann, ohne dass damit gleichzeitig auch der schädliche Erfolg entfiele, darf, wenn das haftungsbegründende Ereignis feststeht, nicht auf hypothetische Schadenursachen ausgedehnt werden.[72]

48 Ein gedachter (hypothetischer) Ursachenverlauf darf jedenfalls dann nicht zugunsten des Schädigers berücksichtigt werden, wenn der Verlauf, hätte er sich in Wirklichkeit ereignet, einen Schadenersatzanspruch des Geschädigten gegen einen Dritten ausgelöst hätte.[73] Nach dieser Bedingungs- oder Äquivalenztheorie besteht die Ursächlichkeit in der Gesamtheit aller auf das Lebensverhältnis einwirkenden Bedingungen, die den schädlichen Erfolg schließlich – und sei es auch im kumulativen Zusammenwirken über mehrere »Querverbindungen« hinweg – herbeigeführt haben.

49 Diese Bedingungstheorie, die von der Gleichwertigkeit aller Ursachen ausgeht, ist jedoch in dieser Form – für sich betrachtet – nur für das Strafrecht bzw. für das Recht der unerlaubten Handlungen[74] brauchbar, weil insoweit als wertendes Korrektiv das unter Berücksichtigung subjektiver Aspekte zu

68 Vgl. Vgl. *BGH*, Urt. v. 12.10.2004 – VI ZR 151/03, DAR 2005, 21; *BGH* DAR 2007, 261; *BGH*, DAR 2007, 262; *BGH*, DAR 2011, 462, und *BGH* DAR 2010, 464 zur Schätzung der erforderlichen Kosten anhand von Listen; *Wencker*, Fiktiver Ersatz des Sachschadens – quo vadis?, NZV 2020, 344; *Oetker*, BGB § 249 Art und Umfang des Schadenersatzes, MüKo BGB, 8. Aufl. 2019, Rn. 434–436.

69 Vgl. *OLG Nürnberg* Urt. v. 24.05.2005 – 1 U 558/05, DA 2006, 635; vgl. *Burmann* NJW-SPEZIAL 2006, 303.

70 BGBl. 2017 I S. 2421; vgl. *Burmann/Jahnke* NZV 2017, 401; *Jaeger* VersR 2017, 1041.

71 Vgl. *OLG Saarbrücken* Urt. v. 25.01.2005 – 4 U 72/04–15/05, (Bandscheibenvorfall nach Unfall); *BGH*, Urt. v. 07.05.2004 – V ZR 77/03, ZVR 2004, 334.

72 Vgl. dazu: *BGH* NJW 1967, 551 = VersR 1967, 130 (m.Anm. v. *Lemhöfer* VersR 1967, 552) = VRS 32, 81.

73 Vgl. *BGH* NJW 1967, 551 = VersR 1967, 130; *OLG München*, Urt. v. 11.12.1997 – 1 U 1721/96, BeckRS 2015, 1275.

74 Vgl. *Weber* DAR 1982, 169.

bemessende Verschulden hinzutreten muss. Im zivilrechtlichen Bereich hingegen dominiert als haftungsbegründendes Element der Grundsatz der abstrakten Verursachung. Dieser gilt insbesondere für das weite Feld der vom Verschulden losgelösten Gefährdungshaftung (Zufallshaftung). Es genügt aber nicht, dass der schädliche Erfolg auf einer Ursache oder Ursachenreihe im naturwissenschaftlich-philosophischen Sinne beruht. Auf diese Weise würde der Kreis der denkbaren Ursachenquellen und Gestaltungsmöglichkeiten ins Uferlose ausgeweitet werden. Insoweit gilt daher die später näher behandelte Adäquanztheorie.

Die Ursächlichkeit eines rechts- und pflichtwidrigen Verhaltens für den schließlich eingetretenen 50 schädlichen Erfolg wird nicht dadurch infrage gestellt, dass derselbe Erfolg auch bei pflichtgemäßem Handeln des Täters durch das Verhalten eines Dritten herbeigeführt worden wäre.[75]

Die herrschende Auffassung geht davon aus, dass die Erfolgszurechnung nicht wegen des Bereitstehens 51 eines Ersatztäters ausgeschlossen werden kann.[76] Dabei handelt es sich um einen unverzichtbaren Grundsatz unserer Rechtsordnung: Das Normgebot tritt nicht deshalb für das einzelne Rechtsgut außer Kraft, weil dieses Gut bereits (anderweitig) gefährdet ist.[77] Unter diesem Gesichtspunkt ist freilich auch die Berücksichtigung anderer hypothetischer Erfolgsbedingungen außerhalb des Kreises der Ersatztäterschaft fragwürdig.[78] Die gegenteilige Betrachtungsweise würde insbesondere dann zu einem unbilligen Ergebnis führen, wenn das zweite Ereignis, das sich durch den Eintritt des ersten Ereignisses nicht mehr verwirklichen konnte, im Fall seines Eintritts Schadenersatzansprüche gegen einen Dritten ausgelöst hätte.[79]

Von dieser Betrachtungsweise streng zu trennen sind die Fälle, in denen der schädliche Erfolg mit 52 Sicherheit nicht durch das Verhalten eines Dritten, sondern des Opfers selbst herbeigeführt worden wäre. Der *BGH* hat in ständiger Rechtsprechung – strafrechtlich – entschieden, dass der ursächliche Sachzusammenhang zwischen dem verkehrswidrigen Verhalten des Täters und dem schädlichen Erfolg (nur) dann entfällt, wenn derselbe Erfolg auch bei verkehrsgerechtem Verhalten des Angeklagten durch das Opfer selbst verwirklicht worden wäre.[80]

Unter gewissen Voraussetzungen genügt bereits eine psychisch vermittelte Verursachung. Danach 53 ist ein Schaden auch dann zu ersetzen, wenn der Zusammenhang zwischen Handlung und Erfolg den Weg über eine Person nimmt, die durch den bisherigen Kausalverlauf zum Handeln veranlasst wird. Mit anderen Worten: Von psychisch vermittelter Kausalität spricht man dann, wenn der notwendige Kausalzusammenhang zwischen der Handlung und dem Erfolg erst durch das Dazwischentreten einer dritten Person begründet wird.[81] Dabei ist es unerheblich, ob das Eingreifen des Dritten

---

75 Vgl. *BGH* VRS 23, 369; VRS 24, 124; VRS 26, 203; VRS 32, 37; VRS 54, 436; – wegen der Berücksichtigung hypothetischer Bedingungen beim fahrlässigen Erfolgsdelikt und der Formel vom »rechtmäßigen Alternativverhalten« vgl. krit. *Ranft* NJW 1984, 1425.

76 Vgl. *Otto* FS für Maurach, S. 103.

77 Vgl. *Otto* FS für Maurach, S. 103.

78 Grundsätzlich ablehnend: *Otto* JuS 1974, 707; Grundkurs, AT, 2. Aufl. (1982), S. 152; für die Erfolgszurechnung *Spendel* JuS 1964, 17; FS für Bruns, S. 249; a.A. *Arthur Kaufmann* FS für Eberhard Schmidt, S. 200 (226, 227).

79 Vgl. *BGH* VersR 1967, 130 (131); vgl. ferner *Backhaus* VersR 1982, 210.

80 Vgl. *BGH* VRS 13, 220; 21, 431 (432); *BGH* NJW 1975, 1526; a.A. Schönke/Schröder/*Lenckner* StGB Vorbem. vor §§ 13 ff. Rn. 82, 100; Maurach/Gönsel/*Zipf* Strafrecht II, 5. Aufl. § 33 III C 2a u. b; *Rudolphi* SK-StGB, 3. Aufl. Vorbem. vor § 1 Rn. 57, S. 60 ff.; – bezüglich der Kausalität und Vorherrschaft *tödlicher Folgen* vgl. *OLG Stuttgart* NJW 1982, 295.

81 Vgl. *OLG Celle* VersR 1981, 1058 (m.Anm. v. Schulze VersR 1981, 1059); MüKo/*Grunsky*, vor § 249, Rn. 57 (m.w.N.); *Oetker*, BGB § 249 Art und Umfang des Schadenersatzes, MüKoBGB, 8. Aufl. 2019, Rn. 149–156.

rechtmäßig oder rechtswidrig war.[82] Überdies spielt es grundsätzlich keine Rolle, dass das Eingreifen des Dritten auf einem von ihm freiwillig gefassten Entschluss beruht.[83]

## 2. Entfernt (liegende) Ursache (causa remota)

54 Die entfernt (liegende) Ursache bezieht sich zwar auf einen relativ häufigen, rechtlich indes irrelevanten Einwand, weil eine Verursachung im schadenersatzrechtlichen Sinne – insbesondere i.S.d. Adäquanztheorie – nicht vorliegt. Dieser Gedankengang soll an einem typischen Beispiel erläutert werden:

55 Ein Fußgänger überquert bei »Rot« die Fahrstraße und wird von einem Pkw angefahren, dessen Fahrtrichtung durch das für ihn geltende Farbzeichen »Grün« freigegeben ist. Der Fußgänger bestreitet nicht, den Überweg verbotswidrig bei »Rot« benutzt zu haben, wendet indes zu seiner (vermeintlichen) Rechtfertigung ein, dass – wie er inzwischen durch Zeugen erfahren hat – der Pkw-Fahrer seinerseits eine in seiner Fahrtrichtung etwa 500 m weit zurückliegende Kreuzung ebenfalls bei »Rot« passiert habe. In diesem Zusammenhang ergibt sich aus der Sicht des Fußgängers die Schlussfolgerung, dass auch der Kraftfahrer damit zumindest eine mitwirkende Ursache zu dem Unfallgeschehen gesetzt habe. Wäre der Kraftfahrer nämlich an jener Kreuzung nicht bei »Rot« durchgefahren, sondern hätte er – seiner rechtlichen Verpflichtung entsprechend – ordnungsgemäß vor »seiner« Ampel angehalten, dann hätte er nach der Auffassung des Fußgängers, folgerichtig zu dem Zeitpunkt, in dem der Fußgänger den für ihn gesperrten Überweg betrat, jene Kreuzung noch nicht erreicht haben können.[84]

56 Es liegt auf der Hand, dass ein – folgenlos gebliebener – Verkehrsverstoß eines Kraftfahrers gegen die amtliche Lichtzeichenanlage für den Unfall eines Fußgängers zwar ursächlich im naturwissenschaftlich-philosophischen Sinne war, ihm auf der anderen Seite jedoch für die Frage, wer die Personenverletzung zu verantworten hat, jede rechtliche Relevanz fehlt.[85]

57 Bei dem soeben dargestellten Ursachenzusammenhang handelt es sich um eine sog. causa remota, der weder im zivilrechtlichen noch im strafrechtlichen Bereich Bedeutung zukommt.[86]

58 Diese Grundsätze gelten jedoch nicht für den Fall der »halben Vorfahrt«. Es handelt sich also nicht um eine causa remota, wenn die Rechtsprechung davon ausgeht, dass an einer gleichrangigen Kreuzung, in deren Bereich für die Vorfahrt die Grundregel des § 8 Abs. 1 StVO »rechts vor links« gilt. Daran ändert auch die Tatsache nichts, dass auch ein von links kommender – also wartepflichtiger – Verkehrsteilnehmer grundsätzlich darauf vertrauen darf, ein im Verhältnis zu ihm von rechts kommender – also »an sich« bevorrechtigter – Kraftfahrer werde seine Geschwindigkeit so weit herabsetzt, dass er in der Lage ist, seiner Wartepflicht gegenüber einem für ihn von rechts kommenden Kfz zu genügen.[87]

---

82 Vgl. dazu BGHZ 58, 162 (166) = NJW 1972, 904; *BGH* JZ 79, 33; Esser/*Schmidt* Schuldrecht I 2, § 33 II 2.

83 Vgl. dazu BGHZ 12, 206 = NJW 54, 715, BGHZ 17, 153 = NJW 1955, 288; BGHZ 54, 263; BGHZ 58, 162 = NJW 1972, 904.

84 Vgl. wegen des ähnlichen Sachverhalts: *BGH* VersR 1977, 524 (mit abgrenzendem Hinweis auf BGHZ 14, 232 = VersR 54, 494); VersR 1966, 338; VersR 1975, 37; *OLG Rostock*, DAR 2006, 278; *v. Caemmerer* DAR 70, 289; *Stoll* AcP 1976, 176; *Burgstetter* Das Fahrlässigkeitsdelikt (1974), S. 96; *Ranft* NJW 1984, 1425.

85 Vgl. *BGH* VersR 1977, 524 (mit abgrenzendem Hinweis auf BGHZ 14, 232 = VersR 1954, 494).

86 Vgl. dazu *OLG Oldenburg* VRS 6, 470; *OLG Hamm* VRS 10, 459; *BGH*, DAR 2003, 308; NJW 2003, 1929, der den rechtlichen Ursachenzusammenhang zwischen einer Überschreitung der zulässigen Höchstgeschwindigkeit und einem Verkehrsunfall bejaht, wenn bei Einhaltung der zulässigen Geschwindigkeit zum Zeitpunkt der kritischen Verkehrssituation der Unfall vermeidbar gewesen wäre; vgl. *OLG Saarbrücken*, Urt. v. 28.04.2016 – 4 U 106/15, NJOZ 2017, 916.

87 *LG Erfurt* Urt. v. 07.10.2002 – 6 O 746/01, zfs 2003, 71; *Geigel* Haftpflichtprozess, 27. Kap. Rn. 284; *Hentschel* § 8 StVO, Rn. 36; vgl. *OLG Karlsruhe*, DAR 2012, 212; *KG*, Urt. v. 21.09.2016 – 29 U 45/14,

Die gleichen Überlegungen gelten für den Fall, dass der betreffende Verkehrsteilnehmer ganz allgemein darauf vertrauen darf, dass der Schädiger ein bestimmtes Verhalten beachtet, das im konkreten Fall auch dem Geschädigten zugutegekommen wäre. Es kommt also im Rahmen von § 7 Abs. 1 StVG (Gesichtspunkt der Haftung ohne Verschulden aus der so genannten Betriebsgefahr eines Kfz oder Anhängers heraus) darauf an, ob der Unfall zu den Gefahren gehört, derentwegen die Verkehrsvorschrift, gegen die der andere Kraftfahrer verstoßen hat, erlassen worden ist.[88] Eine Mithaftung ist deshalb ausgeschlossen, wenn ein Vorfahrtberechtigter Fahrer unter Beachtung der zulässigen Höchstgeschwindigkeit auf eine Kreuzung zufährt und der Wartepflichtige die Vorfahrt nicht beachtet.[89] Ein Kraftfahrer braucht aufgrund des Vertrauensgrundsatzes bei erwachsenen Fußgängern nicht mit einem verkehrswidrigen Verhalten rechnen.[90] Er kann i.d.R. annehmen, der Fußgänger, der beim Herannahen des Fahrzeuges neben der Fahrbahn stehen bleibt, habe das Fahrzeug bemerkt und werde es vorbeilassen.[91] Dieser Vertrauensgrundsatz gilt jedoch nicht, wenn konkrete Anhaltspunkte dafür vorliegen, dass sich der Fußgänger nicht zuverlässig verkehrsgerecht verhält.[92] In diesem Fall muss der Kraftfahrer seine Geschwindigkeit im Hinblick auf § 3 Abs. 1 StVO deutlich herabsetzen und darf auf einer Bundesstraße nicht mit 80 km/h am Fußgänger vorbeifahren. Derartige Anhaltspunkte sind gegeben, wenn ein Fußgänger außerorts auf der Bundesstraße auf der Mitte der linken Fahrbahn stehen bleibt, obwohl er mehr als ausreichend Zeit hatte, über die Straße zu gehen. 59

Grundsätzlich können andere Verkehrsteilnehmer darauf vertrauen, dass der Fahrer eines anderen Fahrzeugs sich entsprechend seiner Fahrtrichtungsanzeige verhält. Setzt ein vorfahrtsberechtigter Pkw-Führer verwirrende Blinkzeichen, sodass der Wartepflichtige auf diese vertraut und daraufhin links abbiegt, so haftet der Vorfahrtsberechtigte zu 65 % für den durch eine Kollision entstandenen Unfallschaden, wenn er trotz des Rechtsblinkens geradeaus weiterfährt.[93] 60

Ebenfalls nicht um eine causa remota soll es sich nach der Auffassung des *BGH*[94] bei dem Fall handeln, dass ein Kraftfahrer vor einem durch eine Bedarfsampel geregelten Fußgängerüberweg nach links abbiegt, obwohl er ein anderes Kfz, das im Verhältnis zu ihm gem. § 9 Abs. 3 StVO an sich bevorrechtigt wäre, entgegenkommen sieht. Der Linksabbieger kennt die örtlichen Verhältnisse und weiß gleichzeitig, dass der Fußgängerüberweg durch das Farbzeichen »Grün« freigegeben ist, sodass das entgegenkommende Kfz mit Rücksicht auf das für dieses geltende Farbzeichen »Rot« vor dem Fußgängerüberweg halten muss und demgemäß für den Linksabbieger keine Gefahr darstellt. 61

Im konkreten Fall hatte der Geradeausfahrer das für ihn geltende Haltegebot »Rot« missachtet und ist dann etwa 15 m hinter dem Fußgängerüberweg mit dem seine Fahrbahn kreuzenden Linksab- 62

---

r+s 2017, 39; *AG Hechingen*, Urt. v. 13.03.2019 – 6 C 233/18, SVR 2019, 426; *OLG Frankfurt a.M.*, Urt. v. 30.11.2017 – 3 U 183/16, NJW-RR 2018, 660.

88 Vgl. *BGH* DAR 1986, 17 (19) = VRS 69, 85 (90); vgl. *LG Karlsruhe*, BeckRS 2011, 10181 zur Haftung bei Unfall mit aus der Haltestelle ausfahrendem Linienbus; vgl. *Rolfs/Binz* in Münchener Kommentar zum StVR, 1. Aufl. 2017, BGB 276 Verantwortlichkeit des Schuldners, Rn. 16–22.

89 *LG Potsdam*, Urt. v. 20.02.2006 – 2 O 418/05, SVR 2006, 307 m. Anm. *Balke*; *KG*, DAR 2008, 87 (LS); VRS 113, 413; *OLG Düsseldorf*, BeckRS 2011, 245848.

90 *Heß*, StVO § 1 Grundregeln, *Burmann, Heß, Hühnermann, Jahnke*, Straßenverkehrsrecht, 26. Aufl. 2020, Rn. 31–38.

91 *OLG Rostock* Urt. v. 23.09.2005 – 8 U 88/04, DAR 2006, 278; vgl. Müller, Janhke, Burmann, Handbuch des Personenschadensrechts, 1. Aufl. 2015, 1. Kapitel Haftungsgrund, Rn. 229–237.

92 *OLG Hamm*, Urt. v. 10.04.2018 – 9 U 131/16, BeckRS 2018, 11304.

93 *LG Duisburg* Urt. v. 21.01.2005 – 1 O 55/04, SP 2005, 167 (LS); *OLG Saarbrücken*, NZV 2009, 38; VRR 2008, 242; *OLG Saarbrücken*, NZV 2009, 38; *OLG Dresden*, Beschluss v. 10.02.2020 – 4 U 1354/19, r+s 2020, 418; vgl. *Geiger* May, Vogt, Lexikon Straßenverkehrsrecht, 1. Aufl. 2016, Irreführendes Falschblinken; *OLG Dresden*, Urt. v. 20.08.2014 – 7 U 1876/13, r+s 2014, 625.

94 Vgl. *BGH* DAR 1982, 226 (vgl. dazu auch: *Weber* DAR 1983, 169 [177, r.Sp.]); ebenso: *BayObLG* VRS 64, 385; *OLG Celle* VersR 1986, 919 (L); vgl. *OLG Rostock*, ADAJUR-Dok.Nr. 89252; MDR 2010, 862 zum Lückenunfall.

bieger zusammengestoßen. Der *BGH* hat die vom Geradeausfahrer zur Diskussion gestellte Frage, ob die Ampel am Fußgängerüberweg primär dem Schutz von entgegenkommenden Linksabbiegern dienen sollte, als rechtlich irrelevant bezeichnet und in diesem Zusammenhang darauf hingewiesen, dass dieser Frage lediglich dann Bedeutung zugekommen wäre, wenn der hier vorliegende Sachverhalt sich als Verletzung eines Schutzgesetzes nach § 823 Abs. 2 BGB i.V.m. § 37 StVO darstellt.

### 3. Adäquanztheorie

63 Für die Begründung der Ersatzpflicht muss also darauf abgestellt werden, ob eine dem Schädiger zuzurechnende,[95] d.h. in seinen Verantwortungsbereich fallende und von ihm bei rechtlich wertender Betrachtung zuvertretende Ursache vorliegt. Es kommt für den zivilrechtlichen Bereich also ausschließlich auf die adäquate Verursachung an.[96] Literatur und Rechtsprechung haben, um den Kreis der denkbaren Ursachen auf ihre schadenadäquate Relevanz hin einzuengen, von Anfang an nach praktikablen Formen und überzeugend abgrenzbaren Kriterien gesucht. So kommt es beispielsweise auch auf den Schutzzweck der verletzten Rechtsnorm an. Weiterhin wird abgestellt auf die Grundsätze der Voraussehbarkeit im objektiven Sinne[97] und die Billigkeit[98] der Zurechenbarkeit.[99] Schließlich wird ergänzend der Sinn und Zweck des Schadenersatzes in die Betrachtung mit einbezogen.[100]

64 Nach Auffassung von Weber[101] ist die Lehre von der Adäquanz überholt[102] und durch die Lehre vom Normzweck, dem Rechtswidrigkeitszusammenhang und dem Zurechnungszusammenhang[103] ersetzt worden.

65 Bei der Anwendung der Adäquanztheorie ist zu unterscheiden, ob eine Haftung aus unerlaubter Handlung oder im Rahmen der vom Verschulden losgelösten Gefährdungshaftung in Betracht kommt. Soweit im Bereich der Haftung für Fahrlässigkeit[104] ganz gewöhnliche oder unerwartete Geschehensabläufe aus dem Haftungszusammenhang abzugrenzen sind, ist dies untrennbar mit dem Inhalt der konkreten Sorgfaltspflicht – allgemeiner ausgedrückt – der der Haftung jeweils zugrunde liegenden Verhaltensnorm[105] verbunden.[106] Diese Sorgfaltspflicht geht nicht auch dahin, solchen

95 Vgl. *BGH* BGHZ 85, 110 = NJW 1983, 232 = VersR 1983, 79 (vgl. dazu auch *Weber* DAR 1983, 169); *OLG Saarbrücken*, NJW-Spezial 2009, 761 (LS) m. Anm.; vgl. *BGH*, Urt. v. 16.11.2017 – III ZR 407/16, BKR 2018, 117.

96 Vgl. *Huber* JZ 1969, 677; FS für Wahl (1973), S. 301; *Stoll* Kausalität und Normenzweck (1968); *H. Lange* JZ 1976, 198; *E. Kramer* JZ 1976, 338; *Schünemann* JuS 1978, 377 (Fn. 21); 1979, 19; 1980, 31; Palandt/*Heinrichs* Vorbem. vor § 249; *AG* und *LG Regensburg* VersR 1977, 459; vgl. *Belling* in Staudinger BGB, BGB § 832 Rn. 61, Neubearbeitung 2012.

97 Recht weitgehend wohl: *BGH* VersR 1958, 266; – die dort aufgestellten Grundsätze gelten indes nicht im Rahmen der vom Verschulden losgelösten Gefährdungshaftung.

98 Soweit es sich um die Grenzen der Legitimität von Billigkeitsargumenten handelt, vgl. *Medicus* VersR 1981, 593; – bezüglich des »richterlichen Moderationsrechtes« vgl. *Zimmermann* JZ 1981, 86.

99 Vgl. *Weber* DAR 1979, 113 (unt. A. II. 1); 82, 169; *OLG* Celle Urt. v. 27.09.2001 – 14 U 23/01, BeckRS 2001, 30208706; *OLG Saarbrücken*, Urt. v. 25.01.2005 – 4 U 72/04–15/05; *BGH* Urt. v. 25.04.2006 – VI ZR 109/05, SP 2006, 240 zum Unterschied zwischen Zivilrecht und Sozialrecht; *Oetker*, BGB § 249 Art und Umfang des Schadensersatzes, MüKoBGB, 8. Aufl. 2019, Rn. 233–238.

100 Vgl. dazu BGHZ 8, 325 – NJW 1953, 618; BGHZ 20, 142 = NJW 1956, 1108.

101 Vgl. dazu: *Weber* VersR 1988, 986.

102 Vgl. dazu: BGHZ 79, 259 – VersR 1981, 676; 1982, 296; *Dunz* VersR 1984, 600; *Bernert* AcP 69, 421 (»Leerformel«).

103 Vgl. dazu: BGHZ 93, 351 = VersR 1985, 499; VersR 1985, 240.

104 *Vorsätzlich* herbeigeführte Tatfolgen sind ohne Ausnahme stets *»adäquat«* im Rechtssinne (vgl. dazu *BGH* BGHZ 79, 259 = NJW 1981, 983 [m.Krit.v. *Schünemann* NJW 1981, 2796] = VersR 1981, 676 = zfs 1981, 268; *Lange* JZ 1976, 200; *Dunz* VersR 1984, 600.

105 Nicht zu verwechseln mit der *konkreten Fahrlässigkeit* im Rahmen der Haftung der diligentia quam in suis (Rn. 278 ff.).

106 Vgl. *BGH* BGHZ 79, 259 – NJW 1981, 983 (m.Krit.v. *Schünemann* NJW 1981, 2796) = VersR 1981, 676 = zfs 1981, 268; NJW 1982, 1046 = VersR 1982, 243; NJW 1982, 2669; *Lange* JZ 1976, 200.

Folgen vorzubeugen, die entweder auch für einen optimalen Betrachter nicht voraussehbar waren oder aber zwar abstrakt vorausgesehen werden konnten, jedoch immerhin so fern lagen, dass der Aufwand für eine Vorbeugung nicht mehr zumutbar erscheint. Dies gilt beispielsweise dann, wenn dem Gefährdeten – späteren Verletzten – eine Vorbeugung eher möglich und zuzumuten war als dem potenziellen Schädiger.[107]

Anders verhalten sich die Dinge, wenn die Ersatzpflicht sich allein aus der Anwendung der vom Verschulden losgelösten Gefährdungshaftung ergibt. Der Gefährdungshaftung liegen keine Verhaltenspflichten zugrunde, sondern sie dient vielmehr dazu, die Auswirkungen einer konkreten – im Regelfall erlaubtermaßen gesetzten – Gefahr durch Haftungsnormen auszugleichen. In diesem Zusammenhang kommt es also nicht darauf an, ob der festgestellte Schadenfall aufgrund bisheriger Erfahrungen vorausgesehen werden konnte, sondern entscheidend ist ausschließlich der Gesichtspunkt, ob es sich um spezifische Auswirkungen derjenigen Gefahren handelt, derentwillen die Vorschriften über die Gefährdungshaftung – ihrem Zweck und ihrer Bedeutung nach – erlassen worden sind.[108] 66

Als Korrektiv für etwaige Mängel der später beschädigten Sache kommen die Grundsätze der Bemessung des zu leistenden Schadenersatzes – der Höhe nach – in Betracht. Dies bedeutet, dass etwaige Sachmängel, die mit ursächlich zur Entstehung des Schadens beigetragen haben, bei der Berechnung der Höhe des ausgleichsfähigen Schadens zu berücksichtigen sind.[109] Kommt es zu einem Unfall zwischen einem Kfz und einem Fußgänger oder Radfahrer, haftet der Halter des Kfz i.d.R. für den Schaden des »schwachen Verkehrsteilnehmers«, Diese Haftung kann jedoch gegen Null gehen, wenn den »schwachen Verkehrsteilnehmer« ein erhebliches Verschulden trifft, weil er eklatant gegen bestehende Straßenverkehrsrechtliche Vorschriften verstoßen hat.[110] 67

### a) Schutzzweck der Norm

In Literatur und Judikatur ist allgemein bekannt, dass die im Zivilrecht geltende Adäquanztheorie, die nur ganz unwahrscheinliche Folgen von der Schadensersatzpflicht ausnimmt, i.d.R. – für sich allein betrachtet – nicht geeignet ist, die zurechenbaren Sachfolgen sachgerecht zu begrenzen, sodass eine Ergänzung durch eine rechtlich wertende Betrachtung erforderlich ist.[111] Die Adäquanztheorie bestimmt lediglich die äußere Grenze der Zurechnung. Als weitere Voraussetzung für eine Schadensersatzpflicht muss hinzutreten, dass zwischen dem haftungsbegründenden Ereignis und dem Schaden ein Rechtswidrigkeitszusammenhang besteht.[112] Läuft eine Mutter hinter ihrem Kind auf die Straße und muss ein Fahrradfahrer so stark abbremsen, dass es zu einem Sturz kommt, haftet 68

107 Vgl. dazu mit ausführlicher Begründung *Esser/Wevers* Schuldrecht II, § 55, II. 3. d; – Dieser Gedanke führt auch zum *Haftungsausschluss* bei einer Probefahrt, auch mit einem zum Verkauf bestimmten *Gebrauchtwagen* bis zur Grenze der groben Fahrlässigkeit, weil die Rechtsprechung zutreffend davon ausgeht, dass sich gegen derartige Risiken eher der *Verkäufer* (durch Abschluss einer Vollkaskoversicherung) *versichern* kann, dem das Fahrzeug gehört und in dessen Interesse zudem die Probefahrt liegt.

108 So bereits: BGHZ 37, 311 = NJW 62, 1676 = VersR 62, 829 (831: Haftung aus der Betriebsgefahr eines Kfz); v. 17.01.1981 BGHZ 79, 259 = NJW 1981, 983 = VersR 1981, 676 = zfs 1981, 268 (Haftung für den Betrieb eines Hubschraubers nach § 33 LuftVG); NJW 1982, 1046 = VersR 1982, 243 = DAR 1982, 125 = zfs 1982, 132 = VRS 62, 183; NJW 1982, 2669 = VersR 1982, 977; *Krumme/Steffen* § 7 StVG, Rn. 11; *Dunz* VersR 1984, 600; *Stoll* VersR 1984, 1133 (Erwiderung auf *Dunz*); – *zur Gefährdungshaftung* allgemein vgl. auch *Weber* DAR 1982, 161; *Oetker*, BGB § 249 Art und Umfang des Schadensersatzes, MüKoBGB 8. Aufl. 2019, Rn. 109–119.

109 Vgl. BGHZ VersR 60, 115; BGHZ 79, 259 = NJW 1981, 983 (m.Krit.v. *Schünemann* NJW 1981, 2796) = VersR 1981, 676 = zfs 1981, 268 (Betrieb eines Hubschraubers nach § 33 LuftVG).

110 *LG Meiningen*, BeckRS 2007, 15366; vgl. *OLG Saarbrücken* Urt. v. 15.11.2011 – 4 U 593/10, BeckRS 2011, 26869; *OLG Saarbrücken* Urt. v. 15.11.2011 – 4 U 593/10, BeckRS 2011, 26869; *OLG Dresden*, SP 2013, 214; NZV 2013, 389; *OLG Oldenburg*, SP 2015, 75.

111 Vgl. *OLG Hamm* VersR 1984, 1051; *BGH*, BGHZ 79, 259 = NJW 1981, 983; *Staudinger*, BGB § 823 Schadensersatzpflicht, Schulze, Bürgerliches Gesetzbuch, 10. Aufl. 2020, Rn. 48–50.

112 *Oetker*, BGB § 249 Art und Umfang des Schadenersatzes, MüKo BGB 8. Aufl. 2019, Rn. 107.

die Fußgängerin für die materiellen und immateriellen Schäden.[113] Außerhalb von Fußgängerüberwegen hat der Fahrzeugverkehr auf der Fahrbahn grundsätzlich Vorrang vor Fußgängern. Diese müssen die Gehwege benutzen und haben sich vor Überschreiten der Fahrbahn nach links zu vergewissern, dass kein Fahrzeug sich nähert. Sie dürfen die Fahrbahn nicht kurz vor einem Fahrzeug betreten.[114] Das Bremsmanöver eines Radfahrers ist eine nach allgemeiner Lebenserfahrung erwartbare, nicht unwahrscheinliche Reaktion auf den Sprung der Fußgängerin. Der nachfolgende Sturz und die Verletzungen des Radfahrers waren nach gewöhnlichem Verlauf erwartbare Folgen hieraus.

69 Der Rechtswidrigkeitszusammenhang ist lediglich dann gegeben, wenn der geltend gemachte Schaden nach Art und Entstehungsweise unter den Schutzzweck der verletzten Rechtsnorm fällt. Es muss sich also um Nachteile handeln, die aus dem Bereich der Gefahren stammen, zu deren Abwendung die verletzte Rechtsnorm gerade erlassen worden ist. Die Lehre vom Schutzzweck der Norm, die zunächst nur für Ansprüche aus Verletzung von Schutzgesetzen (§ 823 Abs. 2 BGB) entwickelt worden ist, wird inzwischen allgemein für Schadenersatzansprüche aller Art anerkannt.[115] Ob eine schädigende Folge nach Art und Entstehungsweise in den Bereich der Gefahren fällt, zu deren Verhinderung die verletzte Norm bestimmt ist, ist aufgrund einer an Norm und Zweck und an den Umständen des Einzelfalles ausgerichtete wertenden Beurteilung zu entscheiden.[116]

70 Der Schaden kann dem Verursacher dann verantwortlich zugerechnet werden, wenn dieser durch sein zumindest rechtswidriges Verhalten eine wirksame Bedingung für den Eintritt des schädlichen Erfolges gesetzt hat.[117] Der Rechtswidrigkeitszusammenhang wird also stets dann gegeben sein, wenn der Schaden innerhalb des Schutzbereiches der verletzten Norm liegt.[118]

71 Es muss also genau der Schaden entstanden sein, dessen Eintritt die verletzte Rechtsnorm gerade verhindern wollte, d.h. der Taterfolg muss sich auf Folgen beziehen, die in den Bereich der Gefahren fallen, um derentwillen die verletzte Rechtsnorm erlassen worden ist.[119]

72 Die Straßenverkehrsordnung (StVO) erstreckt den Schutzbereich der in ihr zusammengefassten verkehrsrechtlichen Normen nicht auf allgemeine Vermögensinteressen und Verkehrsbelange.[120] So dient beispielsweise das Rechtsfahrgebot des § 2 StVO – im Gegensatz zum Gebot in § 37 Abs. 2 Nr. 1 S. 6 StVO, bei »Rot« vor der Kreuzung zu halten[121] – nicht dem Schutz entgegenkommender Ver-

113 *KG* Urt. v. 11.07.2002 – 12 U 10154/00, NZV 2003, 483.

114 *Rabe, Look*, Der Fußgänger im Straßenverkehr, NJW-Spezial 2020, 521.

115 Vgl. *BGH* NJW 1968, 2287 = VersR 1968, 800; *Oetker*, BGB§ 249 Art und Umfang des Schadensersatzes, MüKo BGB 8. Aufl. 2019, Rn. 120–126.

116 Vgl. *OLG Hamm* VersR 1984, 1051.

117 Vgl. *BGH* NJW 1970, 421 = MDR 1970, 313 = JZ 1970, 186.

118 Vgl. *BGH* VersR 1968, 808; *LG Berlin* VersR 1978, 239; v. *Caemmerer* Das Problem des Kausalzusammenhangs im Privatrecht, Freiburger Universitätsreden, n.F., H. 23/1956; *Hermann Lange* Empfiehlt es sich, die Haftung für schuldhaft verursachte Schäden zu begrenzen? Gutachten zum 43. Deutschen Juristentag (1960), S. 38 ff.; *Stoll* Das Handeln auf eigene Gefahr (1961), S. 290; Joseph G. *Wolf* Der Normenzweck im Deliktsrecht (1962), S. 5; kritisch bis ablehnend: *Heinrich Lange* Herrschaft und Verfall der Lehre vom adäquaten Kausalzusammenhang, AcP 156, 114 (127 ff., der im Gegensatz zum *BGH* [vgl. dazu BGHZ 27, 137 = NJW 1958, 104; ebenso: *Rother* NJW 1965, 177, m.w.N.] die Auffassung vertritt, die Theorie vorn Schutzzweck der Norm mache die Adäquanztheorie überflüssig [vgl. dazu insbes. *Hermann Lange* Gutachten zum 43. Deutschen Juristentag 1960, S. 58]); – ebenso auch wohl: v. *Hippel* NJW 1965, 1890; *OLG Brandenburg*, BeckRS 2010, 20221; vgl. aber *Almeroth*, MüKo StVR, 1. Aufl. 2017, Rn. 25.

119 Vgl. BGHZ 56, 163; BGHZ 57, 137 (142) = BB 1973, 14; BGHZ 59, 175; VersR 1978, 740; *OLG Berlin* VersR 1978, 239.

120 Vgl. BGHZ 17, 137; *LG Dortmund* VersR 1963, 246; *LG Köln* VersR 1971, 354; *AG Berlin-Charlottenburg* zfs 1981, 1 (Versperrung des Zuganges zu einer Baustelle durch Falschparker); *Schmalzl* VersR 1971, 355.

121 Vgl. speziell zu diesem Punkt: *BGH* NJW 1982, 1756 = VersR 1982, 701 = DAR 1982, 226 (vgl. dazu auch: *Weber* DAR 1983, 169 = r+s 1982, 183); VRS 63, 87; *Lempp*, Haus, Krumm, Quarch, Gesamtes Verkehrsrecht, 1. Aufl. 2017, Rn. 9–11.

kehrsteilnehmer, die ihrerseits nach links abbiegen wollen.[122] Bei einer Kollision auf einer Kreuzung zwischen zwei Pkw, von denen der Wartepflichtige die Vorfahrt des anderen durch zu weites Vorrücken verletzt, der Vorfahrtberechtigte jedoch beim Abbiegen in die untergeordnete Straße gegen das Rechtsfahrgebot verstoßen und die Kurve geschnitten hat, kommt deshalb eine Schadenteilung je zur Hälfte in Betracht.[123] Das Vorfahrtsrecht erstreckt sich auf die gesamte Breite der Vorfahrtsstraße.[124]

Ein Halteverbot im Bereich einer Baustelle bezweckt nicht den Schutz der Vermögensinteressen des Bauunternehmers, sodass dieser nicht gem. § 823 Abs. 2 BGB von einem Falschparker Schadenersatz verlangen kann. Laut *BGH* ist die Straßenverkehrsordnung nicht im Ganzen ein Gesetz zum Schutz des Vermögens. Sie ist Teil des Straßenverkehrsrechts, durch welches die Teilnahme am Straßenverkehr geregelt und insbesondere dessen Sicherheit und Leichtigkeit gewährleistet werden soll. Zu den hier als Schutznormen in Betracht kommenden §§ 12 Abs. 1 Nr. 6a, 45 StVO ist in der Rechtsprechung und Literatur umstritten, ob bei Halteverboten im Rahmen von Baustellen das Vermögen eines Bauunternehmers geschützt ist. Nach Abwägung der maßgeblichen Gesichtspunkte ist diese Frage zu verneinen. Weder aus dem allgemein gehaltenen Wortlaut des § 12 Abs. 1 Nr. 6a StVO noch aus den Gesetzgebungsmaterialien lässt sich ein über die Sicherheit und Leichtigkeit des Verkehrs hinausgehender Schutzzweck dieser Norm entnehmen.[125] 73

Dabei ist zu berücksichtigen, dass durch den Begriff der Adäquanz keine Ausweitung der Anspruchsmöglichkeiten, sondern – im Gegenteil – lediglich eine einengende Abgrenzung der sonst zu weit gehenden »conditio sine qua non« herbeigeführt werden kann, indem bestimmte Verursachungsabläufe als rechtlich nicht mehr zurechenbar außer Betracht zu bleiben haben.[126] Mit Wussow[127] ist davon auszugehen, dass das für die Abgrenzung wesentliche Merkmal der Adäquanz sowohl hinsichtlich der haftungsausfüllenden wie auch der haftungsbegründenden[128] Kausalität[129] jeweils gesondert geprüft werden muss.[130] 74

Hätte ein Rechtsbehelf den Schaden aus einer Amtspflichtverletzung nur teilweise abwenden können, so lässt die schuldhafte Nichteinlegung den Ersatzanspruch nur zum entsprechenden Teil entfallen. 75

Eine ähnliche Problemstellung ergibt sich auch bei der Beurteilung der Frage, inwieweit ein schadenursächlicher Sachzusammenhang zwischen einer in der Versäumung einer Rechtsmittel- oder Rechtsbehelfsfrist bestehenden Pflichtverletzung und der dadurch eintretenden endgültigen »Verfestigung« einer Rechtsposition durch Rechtskraft einer Entscheidung entsteht, die sonst einer erneuten Überprüfung unterzogen worden wäre. Nach ständiger Rechtsprechung des *BGH* ist in diesen Fällen, die in erster Linie wohl den Kausalzusammenhang bei Amtspflichtverletzung betreffen, nicht darauf abzustellen, wie die infolge der Pflichtverletzung nicht angerufenen Gerichte oder Behörden 76

---

122 Vgl. *BGH* DAR 1981, 321; VRS 6, 200; VersR 1963, 163; 1964, 1069; 1977, 524; *OLG Hamm* VRS 31, 301; 51, 29; *OLG Düsseldorf* VersR 1974, 37; *OLG Koblenz* VRS 50, 112; *OLG Saarbrücken* VerkMitt 77, 16; VersR 1981, 580; *OLG Karlsruhe* VersR 1979, 478; *OLG Nürnberg* VersR 1980, 338; *BayObLG* VRS 59, 222; *OLG Köln* VRS 60, 469 = VerkMitt 81, 48; vgl. Burmann in Burmann/Heß/Hühnermann/Jahnke/Janker, Straßenverkehrsrecht, 24. Aufl. 2016, StVO § 8 Vorfahrt, Rn. 57–59; *LG Saarbrücken*, Urt. v. 18.09.2015 – 13 S 58/15, BeckRS 2016, 14992.

123 *KG* Urt. v. 06.10.2005 – 12 U 104/04, DAR 2006, 151; *KG*, NZV 2010, 255.

124 *OLG Köln*, Urt. v. 18.05.2017 – 19 U 31/17, r+s 2018, 98.

125 *BGH* Urt. v. 18.11.2003 – VI ZR 385/02, DAR 2004, 77.

126 Vgl. dazu *BGH* VersR 70, 926.

127 *Wussow* UHR Rn. 76.

128 Soweit es sich um Grenzfälle zwischen diesen beiden Begriffen handelt, vgl. *Weitnauer* Jubiläumsbeilage zu H. 41/83 VersR 1983, 189.

129 Zur Beweisführung insoweit vgl. *Weber* DAR 1984, 161.

130 Vgl. *BGH* NJW 1971, 1980 = *Wussow* WI 1971, 157 (der diese Frage allerdings offenlässt); *BGH* VersR 1983, 985 = zfs 1983, 354; *Esser/Schmidt* Schuldrecht 12, § 33 II 1; *Erman/Sirp* § 249 Rn. 22 u. 26.

tatsächlich entschieden hätten, sondern es kommt allein darauf an, wie sie nach der Auffassung des über den Schadenersatzanspruch erkennenden Gerichts richtigerweise hätten entscheiden müssen.[131]

77 Von Interesse ist insoweit noch die Frage des Mitverschuldens an einer Amtspflichtverletzung, die zu einer dem Geschädigten nachteiligen gerichtlichen Entscheidung geführt hat. Insoweit lässt die Nichteinlegung eines an sich zulässigen Rechtsmittels dem Geschädigten regelmäßig nur dann Verschulden annehmen, wenn besondere Umstände den Erfolg einer Anfechtung nahelegen.[132]

78 Behauptet der Beklagte, der auf Schadenersatz wegen Versäumung einer Rechtsmittelfrist in Anspruch genommen worden ist, der Gläubiger hätte den Anspruch auch bei ordnungsgemäßer Sachbehandlung wegen Zahlungsunfähigkeit des Verpflichteten auf Dauer nicht realisieren können, handelt es sich dabei nicht um den Einwand rechtmäßigen Alternativverhaltens, sondern um das Bestreiten eines in Geld zu ersetzenden Schadens. Für die Entstehung und Höhe dieses Schadens trägt – nach allgemeinem Recht – der Anspruchsteller grundsätzlich die volle Darlegungs- und Beweislast. Nicht der Beklagte muss daher beweisen, dass ein Anspruch des Klägers auf Dauer uneinbringlich gewesen wäre, sondern dem Kläger obliegt die volle Beweislast dafür, dass der Nichterwerb des Anspruchs eine in Geld messbare Vermögenseinbuße darstellt.[133] Deshalb handelt es sich insoweit nicht um einen – prozessual unzulässigen – Ausforschungsbeweis.[134]

### b) Voraussehbarkeit

79 Zu prüfen ist überdies die im zivilrechtlichen Bereich nach objektiven und im strafrechtlichen Bereich nach subjektiven Kriterien[135] zu beurteilende Voraussehbarkeit des später eingetretenen Erfolgs. Die Voraussehbarkeit des tatbestandsmäßigen Erfolges muss spätestens im Zeitpunkt des Eintritts der zum Ersatz verpflichtenden Umstände vorhanden sein.

80 Es kommt entscheidend darauf an, die Voraussehbarkeit i.S.e. adäquaten Zurechnungszusammenhanges in der Form zu überprüfen, dass die Erkennbarkeit der Summe der als bekannt vorauszusetzenden Begleitumstände der Tat nach der Adäquanztheorie zu werten ist. Die Ursächlichkeit eines pflichtwidrigen Verhaltens für den letztlich eingetretenen schädlichen Erfolg wird nicht dadurch infrage gestellt, dass derselbe Erfolg auch durch das Verhalten eines Dritten (Rn. 29a) herbeigeführt worden wäre. Wird ein Fahrzeug beschädigt, weil Kinder Kinderspielsachen aus dem Fenster einer Wohnung in der dritten Etage werfen, verletzt die Mutter dann nicht ihre Aufsichtspflicht, wenn die zwei- und vierjährigen Kinder diese Handlung sonntags gegen 6.00 Uhr morgens vornehmen.[136] Laut *LG Potsdam* bestand an diesem Sonntagmorgen gegen 6.00 Uhr keine rechtliche Verpflichtung der Beklagten, zum Zwecke der Beaufsichtigung der beiden Kinder in deren Zimmer anwesend zu sein oder durch andere Maßnahmen eine Überwachung des Kinderzimmers sicherzustellen. Das Maß der gebotenen Aufsicht durch die aufsichtspflichtige Person wird durch das Alter, den Charakter und die

---

131 Vgl. *BGH* NJW 1956, 140; NJW 1959, 1125 = VersR 1959, 453; NJW 1959, 1316 = VersR 1959, 618; VersR 1961, 467; BGHZ 36, 144 = NJW 1962, 583; VersR 1964, 161: NJW 1964, 405; VersR 1965, 763; WM 1966, 1248; BGHZ 46, 221 – VersR 1967, 13; BGHZ 51, 30, (34) = NJW 1969, 509; VersR 1974, 488; VersR 1974, 782; NJW 1974, 1865; VersR 1976, 468 = BGHZ 72, 328 – NJW 1972, 819 = VersR 1979, 183; NJW 1981, 920; VersR 1982, 275 = zfs 1982, 132; NJW 1988, 3013; *KG* VersR 1985, 190; – ähnlich *BGH* NJW 1983, 2241 (wegen einer aufgrund Voreingenommenheit eines Mitglieds der Prüfungskommission aufgehobenen Prüfungsentscheidung).

132 Vgl. dazu BGHZ 90, 17; NJW 1958, 1532 = VersR 1958, 706; VersR 1985, 358; *Erman/Drees* § 839 Rn. 91; vgl. *Staudinger*, Schulze u.a., Bürgerliches Gesetzbuch, 8. Aufl. 2014, Rnrn. 1 ff.

133 Vgl. *BGH* VersR 1986, 160.

134 Vgl. *BGH* VersR 1965, 151; VersR 1986, 160.

135 Vgl. *Schröder* Leipziger Kommentar, 10. Aufl. § 16 StGB Rn. 139, 144, 149–155; – einschränkend jedoch: *BGH* BGHSt 12, 75 = VRS 15, 424; VRS 45, 181; *BayObLG Ruth* DAR 1967, 285; *BayObLG* 4 St 189/81 (unveröffentl.); *OLG Stuttgart* JZ 1980, 618; *Rudolphi* JuS 1969, 549; *Wolter* GA 1977, 257; *AG Bonn*, BeckRS 2010, 12144.

136 *LG Potsdam*, Urt. v. 12.08.2002 – 13 S 20/02, NJW-RR 2002, 1543.

Eigenart der Kinder sowie die Voraussehbarkeit des schädigenden Verhaltens bestimmt. Entscheidend ist daher, was verständige Aufsichtspflichtige nach vernünftigen Anforderungen im konkreten Fall unternehmen müssen, um eine Schädigung fremder Rechtsgüter durch das Kind zu verhindern.

Wer sich über Unfallverhütungsvorschriften hinwegsetzt, die das Ergebnis einer auf langer Erfahrung und Überlegung beruhenden Voraussicht möglicher Gefahren sind und die gerade der Verhinderung des eingetretenen Erfolges dienen, kann sich, abgesehen von außergewöhnlichen Kausalverläufen, i.d.R. nicht darauf berufen, ein durch die Verletzung dieser Vorschriften verursachter Unfall sei für ihn nicht voraussehbar gewesen. Das Zuwiderhandeln gegen derartige gesetzliche oder behördliche Vorschriften stellt mithin ein Beweisanzeichen für die Voraussehbarkeit des Erfolges dar.[137] 81

Die Prüfung der Voraussehbarkeit hat unter Auswertung des gesamten im Zeitpunkt der Beurteilung zur Verfügung stehenden Erfahrungswissens zu erfolgen.[138] Die Adäquanz zwischen Bedingung und Erfolg kann nicht rein logisch und abstrakt nach dem Zahlenverhältnis der Häufigkeit des Eintritts eines derartigen Erfolgs beurteilt werden, sondern es müssen aus der Vielzahl der Bedingungen im naturwissenschaftlich-philosophischen Sinn wertend diejenigen ausgeschieden werden, die bei vernünftiger Beurteilung der Dinge nicht mehr als haftungsbegründende Umstände betrachtet werden können. Dies bedeutet, dass eine Grenze gefunden werden muss, bis zu der dem Urheber einer Bedingung die Haftung für ihre Folgen billigerweise zugemutet werden kann.[139] Es kommt demgegenüber nur auf solche Fälle an, die vom Standpunkt des objektiven Betrachters generell geeignet[140] sind, die Herbeiführung des rechtlich bedeutsamen Erfolges zu begünstigen.[141] 82

Die Voraussehbarkeit in zivilrechtlicher Hinsicht liegt dann vor, wenn der Schädiger mit dem Eintritt des Erfolges vernünftigerweise rechnen musste. Es kommt also nicht darauf an, ob der Schädiger speziell und gerade den von ihm schließlich herbeigeführten Erfolg in sein Vorstellungsbewusstsein aufgenommen hat, sondern es genügt, dass die Tat objektiv geeignet war, einen derartigen Schaden auszulösen.[142] Dabei braucht die Folge nicht in allen Einzelheiten vorauszusehen zu sein. Es genügt vielmehr, dass der Täter bei gehöriger Anspannung der ihm zuzumutenden Sorgfalt vorauszusehen vermochte, dass es bei seinem Verhalten irgendwie zu einem schädlichen Erfolg kommen kann. 83

Greift ein Dritter vorsätzlich und eigenmächtig in den Geschehensablauf ein, kann die Vorhersehbarkeit nur dann entfallen, wenn mit dessen Eingreifen vernünftigerweise nicht zu rechnen war und 84

137 *OLG Karlsruhe*, Urt. v. 16.12.1999 – 3 SS 43/99, DAR 2000, 178 (LS).

138 Vgl. BGHZ 3, 261 = VersR 1952, 128; *LG Aachen*, Urt. v. 17.01.2019 – 12 O 257/18, BeckRS 2019, 14779.

139 Vgl. BGHZ 3, 261 = VersR 1952, 128; BGHZ 18, 286 = NJW 1955, 1886 = VersR 1955, 713; *BAG* NJW 1976, 644 = DB 1976, 538 = BB 1976, 229 = WM 1976, 776 = RdA 76, 145 (L: Insertionskosten); NJW 1980, 2375 (Anreisekosten bei Nichtantritt eines Schulungsvertrages); BAGE 35, 179 = NJW 1981, 2430 = MDR 1981, 964 = DB 1981, 1832 (besprochen von *Berkowsky* DB 1982, 1772) = BB 1981, 1898 (vgl. dazu die Ausführungen von *Semerjabashian/Gilbeau* BB 1982, 1891 zur Frage der Erstattungsfähigkeit von Insertionskosten: begeht ein Arbeitnehmer Vertragsbruch, so kann der Arbeitgeber nur dann Ersatz für die Kosten von Stellenanzeigen verlangen, wenn diese Kosten bei ordnungsgemäßer Einhaltung der arbeitsvertraglichen Kündigungsfrist vermeidbar gewesen wären [entgegen: *BAG* NJW 1970, 1469; DB 1976, 538 = AP Nr. 3 zu § 267 BGB: Vertragsbruch]. Der Arbeitgeber kann sich nicht darauf berufen, er hätte den Arbeitnehmer möglicherweise umstimmen können, wenn dieser die Arbeit wenigstens angetreten hätte. Eine derartige Möglichkeit entspricht nicht dem Schutzzweck der arbeitsvertraglichen Kündigungsfrist [entgegen: *BAG* NJW 1976, 644 = WM 1976, 776 = RdA 1976, 145 = AP Nr. 5 zu § 276 BGB: Vertragsbruch]): Insoweit Probleme des *rechtmäßigen Alternativverhaltens;* – bestätigt: *BAG* NJW 1984, 2846 (2847) = VersR 1985, 351 (LS) = NZA 1984, 122; – vgl. ferner: *Kirchberger* NJW 1952, 100 (vgl. insbes. das von ihm behandelte markante Beispiel).

140 Vgl. *OLG Köln*, VersR 1982, 1174; *Erman/Sirp* § 249 Rn. 24.

141 Vgl. *Venzmer* Mitverursachung und Mitverschulden im Schadenersatzrecht, S. 9 ff.; Marlow in Veith/Gräfe Versicherungsprozess, 2. Aufl. 2010, Rn. 83 ff.

142 Vgl. *OLG Düsseldorf* DAR 1977, 186; *OLG Köln* VersR 1982, 1174; *LG Regensburg* VersR 1977, 459; *AG Regensburg* VersR 1977, 459; *Erman/Sirp* § 249 Rn. 24 (m.w.N.).

der rechtswidrige Erfolg ohne das Hinzutreten des Dritten nicht eingetreten wäre.[143] Eine völlig vernunftwidrige Handlung des Geschädigten selbst kann die Voraussehbarkeit des schädlichen Erfolgs ebenfalls entfallen lassen.[144] Allgemein kann man davon ausgehen, dass im Straßenverkehr i.d.R. jeder Verkehrsteilnehmer auf ein ordnungsgemäßes, verkehrsrichtiges Verhalten des anderen Partners vorwurfsfrei vertrauen darf und sich nicht ohne Weiteres – d.h. solange keine dieser Annahme entgegenstehenden Gesichtspunkte erkennbar sind – darauf einzustellen braucht, dass der andere Verkehrsteilnehmer sich verkehrswidrig verhält.[145]

85 Dies gilt insbesondere dann, wenn ihm die Vorfahrt zusteht.[146]

86 So darf ein Kraftfahrer beispielsweise darauf vertrauen, dass im Großstadtverkehr ein in einem benachbarten Fahrstreifen fahrendes Kfz nicht unmittelbar vor ihm in grob verkehrswidriger Weise in seinen Fahrstreifen gelenkt wird.[147] Überdies vertritt der *BGH* in seiner Grundsatzentscheidung vom 29.06.1965[148] die Auffassung, solange kein erkennbarer Anlass zur gegenteiligen Befürchtung bestehe,[149] dürfe der geradeaus fahrende Verkehrsteilnehmer vorwurfsfrei darauf vertrauen, dass ein ihm entgegenkommender Linksabbieger seiner Wartepflicht aus § 8 Abs. 3 S. 3 StVO (jetzt: § 9 Abs. 3 StVO) ordnungsgemäß genügt. Der auf diese Weise umschriebene Vertrauensgrundsatz gilt insbesondere in zivilrechtlicher Hinsicht.[150]

87 Auf der anderen Seite darf ein Wartepflichtiger darauf vertrauen, dass ein Fahrzeugführer, der den Blinker gesetzt hat und langsamer fährt, auch tatsächlich abbiegt.[151] Durch die Betätigung des Blinkers wird ein Vertrauenstatbestand gesetzt, der nur dann erschüttert wird, wenn zusätzlich Anhaltspunkte für ein Nichtabbiegen hinzukommen. Durch das verkehrswidrige Verhalten des Vorfahrtsberechtigten hat dieser zwar sein Vorrecht nicht verloren. Das verkehrswidrige Verhalten eines Vorfahrtsberechtigten kann jedoch bei der nach den §§ 7, 17 StVG vorzunehmenden Abwägung von erheblicher Bedeutung sein. Er haftet zumindest mit, wenn er blinkt und dann doch geradeaus weiterfährt.[152] Es kann im Einzelfall zur vollen Haftung des Vorfahrtsberechtigten führen, wenn er zusätzlich zum Blinken auch noch die Geschwindigkeit verlangsamt hatte.

88 Damit wird deutlich, dass im Vertrauensgrundsatz, ohne den ein funktionierender, also sich ordnungsgemäß abwickelnder Verkehr – vor allem in der Großstadt – gar nicht möglich ist, Elemente sowohl der Güterabwägung als auch der Sozialadäquanz enthalten sind. Der Vertrauensgrundsatz

---

143 Vgl. *BGH* VRS 15, 424; GA 1960, 111; GA 1969, 246; bei: *Dallinger* MDR 1976, 16.

144 Vgl. *BGH* VRS 6, 200; VRS 15, 424; *KG* VRS 7, 195; *OLG Hamm* VRS 12, 56.

145 Vgl. *BGH* VRS 4, 370; *Sanders* DAR 1969, 8; *Möhl* DAR 1972, 57; *Full, Möhl, Rüth* Haftung, § 7 StVG Rn. 296; § 1 StVO Rn. 12–14; *Krumme, Steffen* § 7 StVG Rn. 25; *Hentschel* § 1 StVO Rn. 20 ff.; Rolfs, Binz, MüKo StVR, 1. Aufl. 2017, BGB § 276 Verantwortlichkeit des Schuldners, Rn. 16–22; Freymann in Geigel, Haftpflichtprozess, 27. Aufl. 2015, 27. Kapitel Haftung aus der Straßenverkehrsordnung, Rn. 12–14; *OLG Düsseldorf*, Urt. v. 10.02.2015 – I-1 U 41/14, BeckRS 2016, 15990.

146 Vgl. *BGH* BGHZ 14, 232 = DAR 1954, 261; DAR 1964, 110; VRS 45, 168; NJW 1985, 2757; *KG* VRS 23, 225; VersR 1972, 466.

147 Vgl. *OLG Köln* MDR 1965, 43 (zu § 8 Abs. 2 S. 1 StVO alt) Die an ihre Stelle getretene Vorschrift des § 7 Abs. 5 StVO verstärkt den Vertrauensgrundsatz noch ganz erheblich. Dies zeigt das Gebot, in allen Fällen dürfe ein Fahrstreifen nur dann gewechselt werden, »wenn eine Gefährdung anderer Verkehrsteilnehmer *ausgeschlossen* ist«; *Ziereers*, Geigel, Haftpflichtprozess, 26. Aufl. 2011, Rn. 50; *LG Freiburg*, NJW-RR 2013, 478.

148 Vgl. *BGH* VersR 1965, 899.

149 Dies war beispielsweise bei dem Sachverhalt der Fall, über den der *BGH* (DAR 1982, 226) zu entscheiden hatte.

150 *LG Karlsruhe*, BeckRS 2008, 13292.

151 *BGH*, DAR 2003, 308; *AG Homburg* (Saar) Urt. v. 02.05.2006 – 16 C 65/06, zfs 2006, 496 m. Anm. *Diehl*; *KG*, DAR 2004, 524.

152 *OLG Dresden*, Beschluss v. 30.10.2019 – 4 U 1354/19, BeckRS 2019, 39713.

schränkt somit die Verantwortlichkeit im Rahmen der Voraussehbarkeit ein.[153] Dies gilt jedenfalls für die Fälle, in denen der betreffende Verkehrsteilnehmer, der den Vertrauensgrundsatz für sich in Anspruch nimmt, sich in der konkreten Situation selbst verkehrswidrig verhalten hat.[154] Wer sich durch die Verletzung der ihm obliegenden Sorgfalt seinerseits selbst verkehrswidrig verhalten hat, kann den Vertrauensgrundsatz nicht für sich in Anspruch nehmen.[155]

Verkehrswidriges Verhalten räumt den Vertrauensgrundsatz nur insoweit aus, als entweder aus dem 89
Verhalten des anderen eine allgemeine Verkehrsuntüchtigkeit erkennbar wird oder dieser gar im Hinblick auf den bereits begangenen Fehler eine damit zusammenhängende weitere Verkehrswidrigkeit erwarten lässt.[156] Wer beispielsweise bemerkt, dass ein anderer Verkehrsteilnehmer ungeachtet des für ihn geltenden Farbzeichens »Rot« in die auf diese Weise gesperrte Kreuzung einfährt, der muss nach der Lebenserfahrung auch damit rechnen, dass der betreffende Verkehrsteilnehmer im Kreuzungsbereich selbst noch weitere Fahrfehler oder Verkehrsverstöße begeht.

Der Vertrauensgrundsatz gilt nur so lange, wie keine davon abweichenden Handlungen oder Maß- 90
nahmen ersichtlich sind, die geeignet sind, den guten Glauben infrage zu stellen.[157] Das bedeutet, dass das Vertrauen dort endet, wo die Sichtmöglichkeit und Erkennbarkeit beginnt. So wäre es beispielsweise geradezu töricht, darauf zu vertrauen, dass ein anderer Verkehrsteilnehmer eine Einbahnstraße ausschließlich in der erlaubten Richtung befährt, wenn gleichzeitig erkennbar wird, dass er die Entgegengesetzte (gesperrte) Richtung benutzt. Auch gegenüber häufig vorkommenden Verstößen und Nachlässigkeiten im Verkehr gilt der Vertrauensgrundsatz nicht.[158]

Der Vertrauensgrundsatz versagt auch gegenüber dem durch § 3 Abs. 2a StVO geschützten Perso- 91
nenkreis. So darf beispielsweise ein Kraftfahrer bei einem unbeaufsichtigten Kind unter 7 Jahren, das bei Rotlicht auf den Fußgängerüberweg gelaufen und dort stehen geblieben ist, nicht darauf vertrauen, dass es sich von da an »vernünftig« verhalten und ihn durchfahren lassen werde.[159]

Außerdem unterliegen Kinder im motorisierten fließenden Verkehr gem. § 828 BGB einem weiteren Schutz. Sie sind bis zur Vollendung des 10. Lebensjahres nicht für Schäden verantwortlich, welche sie im fließenden Verkehr verursachen (§ 828 Abs. 2 BGB), es sei denn, sie handeln vorsätzlich. Auf der anderen Seite haftet der Halter eines Kfz ohne Entlastungsmöglichkeiten bei einem Unfall mit einem Kind (§ 7 StVG). § 254 BGB ist nach dem Willen des Gesetzgebers nicht anwendbar.[160]

---

153 Vgl. dazu: *BGH* BGHSt 4, 47 = VRS 5, 213; BGHSt 7, 118 = VRS 7, 312; BGHSt 12, 81 = VRS 15, 450; VRS 21, 277; v. 10.11.1961 VRS 22, 128; *BayObLG* VRS 13, 61; *OLG Hamm* VRS 29, 142; JMBl NRW 1968, 152; *Wimmer* DAR 1963, 369; *Böhmer* MDR 1964, 100.

154 *BGH* VRS 6, 87; VRS 11, 1; VersR 1956, 692; VersR 1958, 611; *KG* VRS 58, 348; DAR 2002, 66 zu Unfall bei »halber Vorfahrt«.

155 Vgl. *BGH* VRS 13, 225; VRS 14, 30; VRS 33, 368; DAR 1982, 226 = r+s 1982, 183; *Martin* VersR 1958, 139; DAR 1964, 299; *Freymann*, Vorbemerkungen, Geigel, Haftpflichtprozess, 28. Aufl. Rn. 12–14.

156 Vgl. *BGH* VersR 1959, 789 (für den Fall unvorsichtigen Linksabbiegens); VRS 19, 344; VersR 1964, 486 = VRS 26, 331; VRS 34, 356; *OLG Stuttgart* VRS 37, 197; *Sanders* DAR 1969, 8.

157 Vgl. *OLG Köln* VRS 66, 255.

158 Vgl. *BGH* VRS 25, 52; VRS 27, 70; VRS 31, 37 (verspätetes Anzeigen der Fahrtrichtungsänderung); VRS 34, 356; *OLG Hamm* DAR 1958, 143; *OLG Köln* VRS 31, 271; *OLG Nürnberg* VersR 1968, 976 (Vertrauensgrundsatz bejaht bei *Vorfahrtsverletzungen*, insbes. im großstädtischen Verkehr); *OLG Koblenz* VRS 44, 192.

159 Vgl. *OLG Frankfurt a.M.*, VersR 1985, 71.

160 *BGH*, DAR 2007, 454 zu Unfall mit Kind auf Fahrrad und KFZ im fließenden Verkehr; *BGH*, DAR 2008, 77 m. Anm. *Bernau* zu Haftungsprivilegierung des 8-jährigen Kindes bei Kollision des führerlosen Fahrrades des Kindes mit einem PKW; *BGH*, SVR 2010, 140 zur Beweislast im Fall der typischen Überforderungssituation eines Kindes im Straßenverkehr; *BGH*, DAR 2005, 150: Bejahung des Haftungsprivilegs nur bei Fällen typischer Überforderung eines Kindes durch den Straßenverkehr; *BGH*, DAR 2008, 336: Haftungsprivileg des Kindes bei Kollision mit nicht ordnungsgemäß geparktem PKW; *BGH*, DAR 2009, 690: Geschädigter trägt Beweislast für das Nichtvorliegen der typischen Überforderung eines Kindes bei Unfall im ruhenden Verkehr.

92 Das Gleiche gilt im Verhältnis zu älteren und gebrechlichen Personen.[161] Der Vertrauensgrundsatz gilt auch dann nicht, wenn besondere Umstände erkennbar werden, die zu der Befürchtung Anlass geben, dass ein Verkehrsteilnehmer überfordert bzw. unachtsam ist oder dass seine Aufmerksamkeit durch andere Vorgänge voll in Anspruch genommen wird.[162] Auch Hilfsbedürftigkeit zum Beispiel aufgrund übermäßigen Alkoholgenusses führt dazu, dass sich ein Kraftfahrer unter Umständen nicht auf den Vertrauensgrundsatz berufen kann. Ein Fußgänger, der schwankend und winkend auf die Fahrbahn läuft und erkennbar alkoholisiert ist, ist als hilfsbedürftig i.S.v. § 3 Abs. 2a StVO anzusehen.[163] Von der Zielsetzung des § 3 Abs. 2a StVO, der gesteigerte Rücksichtnahme auf erkennbar objektiv hilfsbedürftige Personen verlangt, kann es nämlich keinen Unterschied bedeuten, ob die mangelnde Verkehrstüchtigkeit auf Jugend, Alter oder einem besonderen körperlichen bzw. geistigen Zustand beruht, ob dieser dauerhaft oder nur vorübergehend ist und ob der Betroffene verschuldet oder unverschuldet in diesen Zustand geraten ist. Es wäre auch wenig praktikabel, darauf abzustellen, ob die hilfsbedürftige Person verschuldet oder unverschuldet in diesen Zustand geraten ist, weil dies für den beteiligten Kraftfahrer häufig nicht erkennbar sein wird. Nach dem Schutzzweck der Norm ist laut *BGH* die Verpflichtung des § 3 Abs. 2a StVO zu erfüllen, wenn die Voraussetzungen nicht ausgeschlossen werden können. Der Vertrauensgrundsatz greift allerdings, wenn ein erwachsener Fußgänger die Fahrbahn überquert und keine konkreten Anhaltspunkte dafür vorliegen, dass er sich nicht zuverlässig verkehrsgerecht verhält.[164]

93 Eine besondere Situation kann sich auf Parkplätzen ergeben. Dort gibt es einen Vertrauensgrundsatz zugunsten des »fließenden« Verkehrs gegenüber dem wartepflichtigen Ein- oder Ausfahrenden grundsätzlich nicht.[165]

### *c) Ergänzungserfolg*

94 Die Haftung des Schädigers entfällt dann, wenn der schädliche »Ergänzungserfolg« ohne weiteres Zutun des Schädigers ausschließlich von Dritten, für die er nicht einzustehen hat, in völlig ungewöhnlicher und unsachgemäßer Weise herbeigeführt worden ist.[166]

95 Die Ursächlichkeit eines Verkehrsunfalls für den Tod eines Menschen wird beispielsweise nicht schon dadurch ausgeschlossen, dass dem Arzt bei der Behandlung des Verletzten ein Kunstfehler unterläuft und der Tod darauf beruht.[167]

96 Ferner haftet beispielsweise derjenige, der einen Weidezaun durch sein ersatzpflichtiges Verhalten beschädigt, nicht nur für den Verlust des durch den schadhaften Zaun entwichenen Weideviehs, sondern auch für den Folgeschaden, der dadurch eingetreten ist und darauf beruht, dass ein Dritter sich das zuvor entlaufene Vieh widerrechtlich – in Diebstahlsabsicht – angeeignet hat.[168]

97 Wird in geparktes Kfz innerhalb weniger Stunden mehrmals an derselben Stelle angefahren, ohne dass sich feststellen lässt, ob der durch den ersten Anstoß verursachte Schaden durch die weiteren

161 Vgl. *BGH* VRS 17, 204; VRS 20, 336 (mit Einschränkungen); *Mittelbach* DAR 1958, 315; vgl. Müller in Jahnke/Burmann, Handbuch des Personenschadensrechts, 1. Aufl. 2015, 1. Kapitel Haftungsgrund, Rn. 238–242; *Kaufmann*, Kapitel 25. Haftung des Kraftfahrzeughalters und -führers, Geigel, Haftpflichtprozess, 28. Aufl. 2020, Rn. 119–121.

162 Vgl. dazu: *BGH* VRS 24, 200; VRS 46, 114; *BayObLG Rüth* DAR 1978, 201; VRS 59, 217; *OLG Hamm* VRS 45, 428; VRS 51, 101; *Full, Möhl, Rüth* § 1 StVO Rn. 73 ff.; *JagowJaniszewski* § 1 StVO Anm. 4d; *Cramer* § 1 StVO Rn. 38 ff.; – vgl. dazu ergänzend auch: *KG* VRS 58, 348.

163 *BGH* Urt. v. 26.10.1999 – VI ZR 20/99, DAR 2000, 114.

164 *OLG Rostock*, DAR 2006, 278; vgl. auch *OLG Düsseldorf*, BeckRS 2005, 13459.

165 *OLG Hamm*, Urt. v. 29.08.2014 – 9 U 26/14, r+s 2015, 37.

166 BGHZ 3, 261.

167 Vgl. *BGH* NJW 1989, 767 (m. Anm. *Deutsch*) = r+s 1989, 81; *OLG Stuttgart* NJW 1982, 295; *OLG Karlsruhe* zfs 1982, 65; vgl. Wertenbruch: Haftung des Unfallverursachers für Zweitschädigung durch ärztliche Behandlung, NJW 2008, 2962.

168 Vgl. *BGH* VRS 56, 4; *Weber* DAR 1979, 113.

Vorfälle vergrößert worden ist, so haftet nur der erste Schädiger für den Schaden. Eine gesamtschuldnerische Mithaftung der weiteren Schädiger gemäß § 830 BGB kommt nicht in Betracht.[169]

Auch das *OLG Düsseldorf*[170] vertritt die Auffassung, dass bei mehreren Vorschäden, die sich nicht eindeutig abgrenzen lassen, kein Anspruch auf Reparaturkosten besteht, da eine sichere Berechnung des Unfallschadens nicht möglich ist. Der Unfall mit einem Polizeifahrzeug begründet keinen Schadensersatzanspruch des Flüchtenden, sofern die Verfolgung und die zwangsweise Durchsetzung der Anhalteanordnung durch die Polizei herausgefordert werden.[171] 98

Wird ein Schaden durch das auf freier Entschließung beruhende Verhalten des Verletzten herbeigeführt, so wird der Zurechnungszusammenhang dann nicht unterbrochen, wenn die Handlung des Verletzten durch das haftungsbegründende Ereignis herausgefordert wurde und eine nicht ungewöhnliche Reaktion auf dieses darstellt.[172] Dies gilt, wenn der Versuch eines Polizisten, dem Kläger den Weg abzuschneiden rechtmäßig war. Wenn bei einer Verfolgung ein Festnahmegrund oder ein rechtlich anerkanntes Interesse an der Verfolgung bestand, muss der Flüchtende seinen Schaden selbst tragen.[173] Das gilt selbst dann, wenn die Verfolgung als unverhältnismäßig anzusehen wäre. Der Fliehende hat danach keinen Anspruch auf Erstattung der ihm durch den Zusammenstoß mit dem Polizeifahrzeug entstandenen Schäden, da er sie selbst durch sein Verhalten zurechenbar verursacht hat. Auch die Anwendung des unmittelbaren Zwangs war rechtmäßig. Die Polizeibeamten waren nach §§ 49 Abs. 3 Nr. 1 StVO, 53 OWiG, 163b StPO zur Verfolgung und zum Anhalten des Klägers berechtigt.[174] 99

Unterbrochen wird der Zurechnungszusammenhang, wenn die Handlung des Verletzten nicht durch das Verhalten desjenigen, der die erste Ursache gesetzt hat, herausgefordert worden ist. Diesem Erfordernis ist nicht bereits dann Genüge getan, wenn sich der Verletzte tatsächlich zum Eingreifen hat bewegen lassen; sondern notwendig ist, dass der Verletzte sich zum Eingreifen herausgefordert fühlen durfte, wobei es von den Umständen des Einzelfalls abhängt, ob ein Eingreifen als Herausforderung zu bewerten ist.[175] 100

Begründet der Verletzte durch das Hinzutreten seiner Handlung ein zusätzliches bis dahin nicht gegebenes Risiko, ohne dass dazu ein zwingendes Bedürfnis bestand, so kann die Verwirklichung dieses zusätzlichen Risikos nicht demjenigen zugerechnet werden, der die ursprüngliche Ursache gesetzt hat.[176] 101

---

169 Vgl. *KG* NZV 1989, 232 = zfs 1989, 259; *OLG Düsseldorf* Urt. v. 06.02.2006 – 1 U 148/05, DAR 2006, 324 für den Fall eines unreparierten Vorschadens.

170 Vgl. *OLG Düsseldorf* VersR 1988, 1191 = zfs 1989, 14; *OLG Köln* NZV 1996, 241; so auch *OLG Koblenz*, Beschluss vom 26.10.2019 – 12 U 1022/19, SVR 2020, 308.

171 *OLG Celle* Urt. v. 02.11.2000 – 14 U 281/99, VRS 100, 248.

172 Vgl. *BGH* DAR 1964, 213 = VRS 27, 10; VRS 32, 321; *BGH* NJW 1978, 421; *BGH* VRS 56, 4; BGHZ 70, 734 = NJW 1978, 1005 = VersR 1978, 540; *BGH* NJW 1981, 570 = VersR 1981, 192 = zfs 1981, 98 = r+s 1981, 16; NJW 1981, 750 = DAR 1981, 85 = VRS 60, 164; *OLG Oldenburg* DAR 1965, 240; *OLG Nürnberg* VersR 1980, 60; *Weingart* VersR 1971, 193; *Weber* DAR 1979, 113; a.A.: *OLG Düsseldorf* VersR 1970, 713 (für den Fall, dass ein Haftbefehl vorliegt, dessen Vollstreckung sich der betreffende Kraftfahrer durch die Flucht zu entziehen versucht).

173 *BGH*, Urt. v. 31.01.2012 – VI ZR 43/11, NJW 2012, 1951.

174 *Staudinger*, § 823 Schadensersatzpflicht, Schulze, Bürgerliches Gesetzbuch, 10. Aufl. 2019, Rn. 55.

175 Vgl. *BGH* BGHZ 57, 25 = NJW 1971, 1980; *LG Baden-Baden* zfs 1982, 289 (entwendetes Werkzeug); *AG Überlingen* VersR 1974, 1012 (nachträgliche Beschädigung des Pkw-Dachs).

176 Vgl. *BGH* BGHZ 57, 25 = NJW 1971, 1980 = VersR 1971, 964; BGHZ 63, 189 = NJW 1975, 168 = VersR 1975, 154; NJW 1978, 1005 = VersR 1978, 540; *OLG Saarbrücken* VersR 1988, 853.

102 Anders liegen die Dinge, wenn für den schädlichen Erfolg die freie Willensentscheidung eines Dritten ursächlich und maßgeblich war. In diesem Zusammenhang kommt es auf die Rechtfertigung des freien Willensentschlusses nicht an.[177]

103 Dies gilt jedenfalls für den Fall, dass das rechtswidrige Tun des Dritten durch das Verhalten des Geschädigten weder ermöglicht noch begünstigt worden ist und der schädliche Erfolg durch zumutbare Maßnahmen von seiner Seite nicht verhindert werden konnte. Inwieweit derartige Folgeschäden dem Ersatzpflichtigen in billiger Weise im haftpflichtrechtlichen Bereich zugerechnet werden können, ist Tatfrage und muss unter Berücksichtigung der dem geschädigten Rechtsgut zufallenden Schutzfunktion im Einzelfall individuell geprüft werden.[178]

104 Der nach einer Straftat flüchtende Täter haftet für das durch die Flucht zurechenbar gesteigerte Verfolgungsrisiko, also auch für die Verletzungen und sonstigen Schäden, die sich der Verfolger bei dem berechtigten Versuch der Festnahme zuzieht.[179] Dies gilt jedenfalls – im Anschluss an *Larenz*[180] – dann, wenn der Verfolger sich durch das Verhalten des Flüchtenden »herausgefordert« fühlen durfte.[181] An sich ist der in diesem Zusammenhang relevante Begriff der »Herausforderung« dahin zu verstehen, dass eine vernünftige Abwägung nach der Verhältnismäßigkeit der Mittel und Möglichkeiten stattfindet. Dabei gilt der Grundsatz, dass bei der Abwägung der Verhältnismäßigkeit der Mittel das Verfolgungsrisiko desto höher gehalten werden darf, je schwerwiegender der gegen den Flüchtenden gerichtete Vorwurf und je stärker die vom Unrechtsgehalt der Tat her zu beurteilende »Herausforderungssituation« ist.[182] Insoweit kommt es ausschließlich auf das für den Verfolger erkennbare Ausmaß des eigenen Risikos in der Erscheinungsform, in der es sich ihm darbietet, an.[183] Dabei darf an das – im Wesentlichen durch das Maß der Herausforderung bestimmte – Verhalten des Verfolgers kein allzu strenger Maßstab angelegt werden.[184]

---

177 *BGH* BGHZ 58, 162 = NJW 1972, 904 = VersR 1972, 560 = JuS 1972, 473 (m. Anm. *Lange* JuS 1973, 280); BGHZ 59, 139 (144) = NJW 1972, 1943; *Weber* DAR 1979, 113; – unzutreffend demgegenüber: *Rother* NJW 1965, 177; vgl. ferner *allgemein* zur *Adäquanztheorie* auch: *Schünemann* JuS 1979, 19 ff.

178 *BGH*, BGHZ 57, 25 = NJW 1971, 1980 = VersR 1971, 964; BGHZ 58, 16 = NJW 1972, 904 = VersR 1972, 560; 1963, 189 = NJW 1975, 168 = VersR 1975, 154; *BGH*, BGHZ 70, 374 = NJW 1978, 1005 = VersR 1978, 540; *BGH* NJW 1972, 712 = VersR 1978, 1161 = VRS 56, 4 (5).

179 Vgl. *BGH* DAR 1964, 213 = VRS 27, 10; VersR 1967, 580 = VRS 32, 321; BGHZ 57, 25 = NJW 1971, 1980 = VersR 1971, 964; BGHZ 58, 162 = NJW 1972, 904 = VersR 1972, 560; BGHZ 63, 189 = NJW 1975, 168 = VersR 1975, 154; NJW 1976, 568 = VersR 1976, 540; NJW 1978, 421 = VersR 1978, 183; NJW 1978, 1005 = VersR 1978, 540; *BGH*, DAR 1997, 231 bei v. Gerlach; *BGH*, NJW 1990, 2885; *BGH*, NJW 1996, 1533; *AG Landstuhl*, BeckRS 2011, 06032; *AG Kempten*, DAR 2009, 276 m. Anm. Nettesheim.

180 Vgl. dazu *Larenz*, Schuldrecht 1, § 17 111b 5; – vgl. ferner auch v. *Caemmerer* DAR 1970, 183 (291).

181 Vgl. dazu ergänzend auch: *BGH*, NJW 1964, 1363 = VersR 1964, 684 = DAR 1964, 213 = VRS 27, 10; VersR 1967, 580; BGHZ 57, 25 = NJW 1971, 1980 = VersR 1971, 964 = VersR 1971, 962; BGHZ 63, 189 = NJW 1975, 168 = VersR 1975, 154; NJW 1981, 750 = VersR 1981, 161 = DAR 1981, 85 = zfs 1981, 100 = VRS 60, 164; *OLG Düsseldorf* NJW 1973, 1229 (vgl. jedoch: *OLG Düsseldorf* VersR 1970, 713); *LG Freiburg* VersR 1978, 1048 = r+s 1979, 12; *AG Darmstadt* r+s 1978, 233; *Heinrich Lange* JZ 1976, 198 (206); *Palandt/Heinrichs* Vorbem. vor § 249; MüKo, *Grunsky* Vorbem. vor § 149 Rn. 62; – vgl. ferner: *Weber* DAR 1981, 161, a.A. *OLG Düsseldorf* VersR 1970, 713 (für den Fall, dass ein Haftbefehl vorliegt, dessen Vollstreckung sich der betreffende Kraftfahrer durch die Flucht zu entziehen versucht); Deutsch JZ 1975, 375 (abl. Anm. zu BGHZ 63, 189 = NJW 1975, 168 = VersR 1975, 154); *Händel*, NJW 1976, 1204 (abl. Anm. zu *BGH* NJW 1976, 568); *Niebaum*, NJW 1976, 1673 (*Deutsch, Händel* und *Niebaum* stoßen sich insgesamt ersichtlich wohl mehr an dem – von ihnen missverstandenen – Begriff der »Herausforderung« als an der Sache selbst); – Zweifel an der Haftung äußern demgegenüber: *Esse/Schmidt* Schuldrecht 1, § 33 II 3.

182 Vgl. dazu: MüKoBGB, Grunsky, Vorbem. vor § 249 Rn. 62.

183 Vgl. *BGH* BGHZ 57, 25 = NJW 1971, 1980 = VersR 1971, 964 (965).

184 Vgl. *BGH* NJW 1964, 1363 = VersR 1964, 684 = DAR 1964, 213 = VRS 27, 10.

Für die Vertretbarkeit des Risikos spielt in gleicher Weise auch der Gesamteindruck des zu verfolgenden Rechtsverstoßes eine Rolle, so wie er sich dem Verfolger darstellt.[185] Dabei kann sich der Verfolgte jedenfalls dann nicht auf das scheinbar nur begrenzte Gewicht des eigenen Rechtsverstoßes berufen, wenn nicht erkennbare Umstände die Verfolgung – und sei es auch nur im öffentlichen Interesse[186] – dringend erwünscht erscheinen lassen.[187] 105

### 4. Beweislast

Grundsätzlich hat der Geschädigte, der Ansprüche geltend macht, die Beweislast für den adäquaten Kausalzusammenhang zwischen dem Schadenereignis und dem schädlichen Ergänzungserfolg. Insoweit gelten die bereits an anderer Stelle erörterten allgemeinen Beweislastregeln.[188] Auch insoweit gelten die Grundsätze der freien Beweiswürdigung (§§ 286, 287 ZPO) im Prozess,[189] und zwar nicht nur bezüglich der Schadenhöhe, sondern auch soweit es sich um die Frage nach dem schadenursächlichen Sachzusammenhang[190] handelt. Erleidet eine Person bei einem Verkehrsunfall eine Verletzung, so muss sie bei der Geltendmachung von Schadenersatzansprüchen den Vollbeweis dafür antreten, dass die aufgetretenen und noch vorhandenen Verletzungen Unfall bedingt sind. Gerade bei Bagatellunfällen reicht es für den vom Geschädigten zu führenden Vollbeweis des Eintritts der Primärverletzung gem. § 286 ZPO nicht aus, Arztberichte vorzulegen, die sich auf nicht objektivierbaren, allein auf der Schilderung des Verletzten beruhenden Angaben stützen, wenn die übrigen Umstände des Falls und der Unfallablauf – geringe Biomechanische Einwirkungen – gegen den Eintritt der körperlichen Verletzung sprechen.[191] Dies zeigt sich vor allem bei HWS-Distorsionen.[192] 106

Hatte der Versicherer die Unfallbedingtheit von Verletzungen bereits anerkannt, muss der Geschädigte nicht mehr den Strengbeweis des § 286 ZPO erbringen. Es genügt, wenn der Richter gem. § 287 ZPO zu der Überzeugung kommt, dass die Verletzung auf den Unfall zurückgehen kann. 107

Trotz eines Vorschadens der Wirbelsäule kann es im Einzelfall für die Frage des Ursachenzusammenhangs zwischen Unfallgeschehen und Eintritt eines Bandscheibenvorfalls ohne Bedeutung sein, ob ein solcher auch bei einem gesunden Menschen eingetreten wäre. Zu entscheiden ist in solchen Fällen vielmehr danach, ob die Möglichkeit bestand, dass die bestehende Wirbelsäulenvorschädigung sich durch das konkrete Unfallgeschehen in der vorgebrachten Art und Weise verstärken konnte. Bei der Schadenermittlung des Gerichts anhand § 287 ZPO ist, anders als beim Vollbeweis nach § 286 ZPO, dieses nicht allzu strengen Anforderungen unterworfen. Ist es nicht ausgeschlossen, dass die Vorschädigung auch ohne das schädigende Ereignis alsbald eingetreten wäre, sind an die Beweiswürdigung allerdings strengere Anforderungen zu stellen.[193] 108

## VI. Art der Fremdeinwirkung

Von ganz besonderer Bedeutung ist aus rechtsdogmatischer Sicht die Art der Fremdeinwirkung auf das jeweils geschützte Rechtsgut. Die Rechtslehre unterscheidet insoweit einerseits den unmittelba- 109

185 Vgl. *BGH* BGHZ 57, 25 = NJW 1971, 1980 = VersR 1971, 964 (965).
186 Vgl. hierzu: *Dreher* StGB, 34. Aufl. § 142 Rn. 5.
187 Vgl. *BGH*, NJW 1981, 750 = VersR 1981, 161 = DAR 1981, 85 = zfs 1981, 100 = VRS 60, 164.
188 Vgl. *BGH*, VersR 1957, 445.
189 Vgl. *BGH*, VersR 1957, 665; *Saenger*, ZPO § 286 freie Beweiswürdigung, Saenger Zivilprozessordnung, 8. Aufl. 2019, Rn. 3–33.
190 Vgl. *BGH*, BGHZ 4, 192; VersR 1983, 985 = zfs 1983, 354; *LG Kiel*, BeckRS 2007, 19410.
191 *LG Darmstadt*, Urt. v. 12.08.2005 – 2 O 94/03, zfs 2005, 542.
192 Vgl. *AG Gemünden*, Urt. v. 18.08.2016 – (K) 11 C 420/14, BeckRS 2016, 15949; *AG Dinslaken*, Urt. v. 19.09.2019 – 30 C 97/17, BeckRS 2019, 28444.
193 *OLG Saarbrücken*, Urt. v. 25.01.2005 – 4 U 72/04, SP 2005, 268.

ren Schaden[194] und andererseits den mittelbaren Schaden.[195] Die Differenzierung zwischen diesen beiden Begriffen ist insbesondere für die Berechnung des Folgeschadens aus Anlass eines Sach- oder Personenschadens von ausschlaggebender Bedeutung.

### 1. Unmittelbarer Schaden

110 Unter unmittelbarem Schaden versteht man die durch Eigentumsverletzung bewirkte Substanzeinbuße (Wertverzehr) an der beschädigten Sache selbst in Form einer Minderung ihres Verkehrswertes. Der Schaden besteht in dem Betrage, den die beschädigte Sache nach Eintritt des zum Ersatz verpflichtenden Ereignisses weniger wert war als vorher.[196] Diese Grundsätze gelten selbstverständlich nicht für die Bemessung eines Personenschadens.

111 Der Sachschaden besteht also in der ursächlich auf dem Unfall beruhenden Minderung des Substanzwertes.[197] Er hat sich bereits bei Eintritt des zum Ersatz verpflichtenden Ereignisses – also im Zeitpunkt der widerrechtlichen Einwirkung[198] auf das geschützte Rechtsgut – soweit »verfestigt«, dass er nicht nur sofort messbar, sondern der darauf beruhende Schadenersatzanspruch im selben Augenblick fällig ist.[199] Auf das weitere (spätere) – gleichgültig ob rechtliche oder tatsächliche – Schicksal der beschädigten Sache kommt es für die Höhe des einmal eingetretenen unmittelbaren Sachschadens – ebenfalls im Gegensatz zum Personenschaden – nicht an, weil insoweit auch die inzwischen eingetretene Entwicklung zu berücksichtigen ist.

112 Dies bedeutet, dass der unmittelbare Schaden weder durch den weiteren Gang der Dinge noch durch spätere Willensbetätigungen des Geschädigten oder Dritter beeinflusst wird. Das ohnehin bereits in vielen Farben bunt schillernde Rechtsinstitut der überholenden Kausalität kommt für den unmittelbaren Schaden – mit Ausnahme der Verletzung von Tieren – nicht in Betracht.[200]

113 Selbst wenn die beschädigte Sache später durch haftbares Verhalten Dritter untergeht, wird der einmal begründete Schadenersatzanspruch gegenüber dem Schädiger weder dem Grunde noch der Höhe nach berührt. So kommt es beispielsweise aus rechtlicher Sicht nicht darauf an, ob die beschädigte Sache in Stand gesetzt bzw. in unrepariertem Zustand weiterbenutzt oder veräußert wird.

### 2. Mittelbarer Schaden

114 Unter mittelbarem Schaden versteht man den durch widerrechtliche Fremdeinwirkung auf den fehlerfrei erworbenen und rechtmäßig ausgeübten Besitz als einem »sonstigen Recht« i.S.v. § 823 Abs. 1 BGB ausgelösten schädlichen Erfolg. Der mittelbare Schaden, der auch als Beeinträchtigung des Besitzrechtes (Besitzstörung) bezeichnet wird und sich – rechtlich gesehen – als Sachfolgeschaden darstellt, der auch den Eigentümer als Eigenbesitzer treffen kann, besteht in einer Einschränkung, Aufhebung oder zeitweiligen Entziehung der durch die Sachnutzung gewährten Gebrauchsvorteile.[201]

115 Im Gegensatz zum unmittelbaren Schaden ist der mittelbare Schaden – sowohl dem Grunde als auch der Höhe nach – von vertretbaren Willensbetätigungen des Geschädigten abhängig, von Entscheidungen also, die dieser ohne Verstoß gegen die durch § 254 Abs. 2 BGB normierte Schaden-

---

194 *Schiemann*, DAR 1982, 309 auch als »reiner Substanzschaden« bezeichnet; *Oetker*, BGB § 249 Art und Umfang des Schadenersatzes, MüKo BGB, 8. Aufl. 2019, Rn. 99–102.

195 *Schiemann* DAR 1982, 309 auch als »Begleitschaden« bezeichnet.

196 Vgl. *AG Münster*, VersR 1974, 1135; *Geige/Schlegelmilch* (Haftpflichtprozess, 8. Kap. Rn. 1; 9. Kap. Rn. 29) bezieht im Gegensatz zur ausgeprägten Meinung den Begriff des *»mittelbaren«* Schadens auf das *Subjekt* der Ersatzpflicht, also den *Geschädigten* selbst und meint damit in Wahrheit den nur mittelbar *Geschädigten*.

197 Soweit es sich um die *Wertminderung* als *ursprüngliche* Schadenform handelt.

198 Soweit es sich um das Merkmal der *Widerrechtlichkeit* (Rechtswidrigkeit) handelt.

199 Vgl. dazu analog die Bestimmung des § 271 BGB.

200 *Oetker*, BGB § 249 Art und Umfang des Schadenersatzes, MüKoBGB, 8. Aufl. 2019, Rn. 209–213.

201 *BGH*, Urt. v. 23.02.2001 – VZR 389/99, NJW 2001, 1865.

minderungspflicht trifft. Von einem Schaden im Rechtssinne kann erst dann gesprochen werden, wenn die widerrechtliche Besitzstörung – also die Beeinträchtigung des Rechts auf ungehinderten Gebrauch – mit einem allein aus diesem Grunde unbefriedigt gebliebenen Bedarf zusammentrifft.[202]

So kann beispielsweise der Geschädigte, der nach einem wirtschaftlichen Totalschaden auf die Ersatz- 116
beschaffung freiwillig verzichtet und auch keine Reparatur vornimmt, weder den Nutzungsausfall noch die Kosten der Anmeldung des Ersatzfahrzeugs geltend machen.[203] Etwas anderes gilt nur, wenn er sein Fahrzeug repariert/reparieren lässt, um es weiter benutzen zu können.[204] In diesem Fall kann er zumindest Nutzungsausfallentschädigung oder auch angefallene Mietwagenkosten fordern, maximal für die Zeit, welche der Sachverständige für die Anschaffung eines anderen Fahrzeugs angesetzt hat (i.d.R. 14 Tage).

Die reine Differenztheorie führt deshalb nicht zu brauchbaren Ergebnissen, weil eine Vermögens- 117
einbuße bei dieser Betrachtungsweise nicht ohne weiteres erkennbar ist. Der Anspruch lässt sich rechtsdogmatisch unter dem Aspekt rechtfertigen, dass man der Sachnutzung einen eigenen objektiven Vermögenswert beimisst und die Entziehung der Gebrauchsvorteile in Höhe des dadurch bewirkten Bedarfs oder der adäquat darauf beruhenden Vermögenseinbuße als Schaden versteht.

Die besondere Bedeutung dieser Unterscheidung liegt darin, dass der Geschädigte seinen unmittel- 118
baren Schaden (beispielsweise Reparaturkosten und Minderwert) sofort und in der durch den Eintritt des Schadens endgültig feststehenden Höhe, die durch weitere Dispositionen nicht beeinträchtigt wird, ersetzt verlangen kann, während der mittelbare Schaden durch entsprechende Aufwendungen im Einzelnen konkret nachzuweisen ist. Dies gilt zum Beispiel für die Nutzungsausfallentschädigung. Hier muss die die Ausfallzeit konkret über eine Reparaturrechnung oder die Rechnung über die Ersatzbeschaffung nachgewiesen werden.[205]

Bei Personenschäden kommt es darauf an, wer sie erleidet. Von einem unmittelbaren Schaden ist 119
dabei davon auszugehen, wenn der unmittelbar am Unfall Beteiligte verletzt wird. Im Gegensatz hierzu liegt ein mittelbarer Schaden vor, wenn ein naher Angehöriger bei der Nachricht vom Tod einer ihm nahestehenden Person einen Schockschaden erleidet. Auch in diesem Fall wird ein Schadenersatzanspruch nach deutschem Recht nur unter ganz bestimmten Umständen zugesprochen. Stirbt eine Person infolge eines Unfalles, kann ein Schmerzensgeld für die Angehörigen nur dann gewährt werden, wenn diese durch den Verlust schwere psychische und physische Schäden erlitten haben wie z.B. Alkoholerkrankung, Nervenzusammenbruch, psychotraumatische Schäden, die tiefgreifender sind als die normalen Beeinträchtigungen, die durch den Tod eines nahestehenden Menschen hervorgerufen werden.[206] Im Juli 2017 wurde das Gesetz zur Einführung eines Anspruchs auf Hinterbliebenengeld, das unter anderem zur Einfügung des § 844 Absatz III in das BGB führte, beschlossen.[207] Hierdurch erhalten Hinterbliebenen im Falle der Tötung einer ihnen nahestehenden Person durch eine dritte Person einen Anspruch auf Zahlung einer Geldentschädigung für das von ihnen infolge der Tötung erlittene seelische Leid. Das Landgericht München II orientiert sich bei der Berechnung der Entschädigung an der Schockschadenentschädigung in Höhe von 10.000 €.[208] Das *LG Tübingen* gesteht eine solche Entschädigung nur Angehörigen zu, die kein Schmerzensgeld wegen des Todes eines nahen Angehörigen fordern können. Auch hier gilt als »Richtschnur« für die Berechnung ein Betrag von 10.000 €. Es berücksichtigt weiterhin den Gedanken einer Aus-

202 Vgl. *OLG Karlsruhe* VersR 1979, 384.
203 Vgl. *AG Hersbruck* VersR 1980, 780.
204 *OLG Nürnberg*, Urt. v. 22.07.2019 – 5 U 696/19, SVR 2019, 455.
205 Vgl. *Kammergericht*, Beschluss vom 27.06.2018 – 25 U 155/17, SVR 2018, 380.
206 *OLG Frankfurt/M.* Urt. v. 11.03.2004 – 26 U 28/98, zfs 2004, 452; *OLG Celle*, Beck RS 2009, 05829; vgl. *Küppersbusch, Höher*, Küppersbusch, Höher, Ersatzansprüche bei Personenschaden, 12. Aufl. 2016, V. Schmerzensgeld, Rn. 304–306; *BGH*, Urt. v. 12.05.2015 – VI ZR 8/14, r+s 2015, 260; *BGH*, Urt. v. 27.01.2015 – VI ZR 548/12, NJW 2015, 1451.
207 Gesetz v. 17.07.2017 (BGBl. I S. 2421).
208 *LG München II*, Urt. v. 17.05.2019 – 12 O 4540/18, SVR 2020, 274.

gleichs- und eine Genugtuungsfunktion sowie im Einzelfall auch weitere Funktionen wie den Präventionsgedanken.[209]

## B. Geschütztes Rechtsgut

120 Um einer »Ausuferung« des Schadenbegriffs im sachlichen Bereich entgegenzuwirken, gilt der Grundsatz, dass ein Schaden nur dann zu ersetzen ist, wenn er an einem der vom Gesetz geschützten Rechtsgüter entstanden ist. Das Vermögen an sich ist nur in ganz seltenen Ausnahmefällen als Rechtsgut geschützt.

### I. Eigentum

121 Als bevorzugtes Schutzobjekt innerhalb des hier angesprochenen Problemkreises kommt das Eigentum in Betracht.[210] Unter Eigentum versteht man das umfassende Herrschaftsrecht an einer Sache, nämlich die Befugnis, mit ihr im Rahmen der gesetzlichen Möglichkeiten nach eigenem Ermessen und freiem Belieben zu verfahren und andere (Dritte) von jeder Einwirkung auszuschließen (§ 903 BGB). Dieser Grundsatz wird nur durch schutzwürdige Rechte Dritter und durch die gebotene Rücksichtnahme auf die Sozialpflichtigkeit (Sozialbindung) des Eigentums i.S.v. Art. 14 GG eingeschränkt.[211] Das Eigentum verleiht also die (fast) uneingeschränkte rechtliche Verfügungsgewalt über eine Sache.

122 Ist das Eigentum nur rechtswirksam übertragen, macht es keinen rechtlich bedeutsamen Unterschied aus, ob es sich dabei um das sog. Volleigentum oder das fiduziarische (treuhänderische) Sicherungseigentum (Funktionseigentum) handelt.[212]

123 Der Rechtsschutz des Eigentums ist in seiner Ausdehnung und seinem Wirkungsbereich unabhängig davon, auf welche Weise der Geschädigte Eigentümer der später geschädigten Sache geworden ist.

124 Ansprüche aus Eigentumsverletzungen und – selbstverständlich, auch für das weite Feld des mittelbaren Schadens besonders wichtig – aus Besitzstörung setzen keine unmittelbare körperliche Einwirkung auf die betreffende Sache voraus. Es genügt vielmehr bereits die amtspflichtwidrige Vorenthaltung der Kfz-Papiere, in erster Linie also der Zulassungsbescheinigung Teil I, aber auch der Zulassungsbescheinigung Teil II, da ohne sie eine Zulassung nicht erfolgt.[213] Diese Betrachtungsweise ergibt sich daraus, dass die Vorenthaltung der Kfz-Papiere aus sich selbst heraus auch die Nichtbenutzbarkeit des Fahrzeugs bewirkt und zur Folge hat.[214] Die Amtspflichten der Zulassungsstelle, die bei der ordnungsgemäßen Ausstellung der Zulassungsbescheinigung Teil I zu beachten sind, dienen jedoch nicht dem Schutz potenzieller Käufer und deren Vermögensinteressen.[215] Laut *OLG Düsseldorf* ist die Auffassung des Berufungsklägers, gerade der Gebrauchtwagenkäufer lege größten Wert auf die ordnungsgemäße Ausstellung des Kfz-Briefs, vom *BGH* als nicht hinreichend angesehen worden, um den Käufer eines gebrauchten Kfz mit seinen Vermögensinteressen in den Kreis derjenigen Dritten

---

209 *LG Tübingen*, Urt. v. 17.05.2019 – 3 O 108/18, DAR 2019, 468.

210 *Schmidt*, Kapitel 1. Grundlagen der Haftung, *Geigel*, Haftgpflichtprozess, 28. Aufl. 2020, Rn. 12.

211 Vgl. *Darmstaedter*, AcP 151, 311.

212 *Oechsler*, Anhang § 929–936: Sicherungseigentum-Sicherungsübereignung, MüKo BGB, 8. Aufl. 2020, Rn. 1.

213 Vgl. *BGH*, BGHZ 86, 11 = DAR 1982, 325 (Entschädigung für entgangene Gebrauchsvorteile als Teil des *Vorzugsschadens* bei geschuldeter Herausgabe eines Kfz); vgl. auch *Schirmer*, JuS 1983, 265 ([krit.]; *Grunsky*, JZ 1983, 383; *BGH*, BGHZ 88, 11 = NJW 1983, 2139.

214 Vgl. *BGH*, BGHZ 40, 345 = VersR 1964, 225; BGHZ 63, 203 = VersR 1975, 239 = BB 1975, 1224; DAR 1983, 288 (der Anspruch auf Ersatz vom Verzugsschaden wegen entgangener Gebrauchsmöglichkeit eines Kfz kommt auch dann in Betracht, wenn der Schuldner lediglich aufgrund eines Kaufvertrages zur Übergabe des Fahrzeugs und des Fahrzeugbriefes verpflichtet war und hiermit in Verzug geraten ist [Fortführung von BGHZ 85, 11]).

215 *OLG Düsseldorf*, Urt. v. 18.11.1999 – 18 U 63/99, DAR 2000, 261; vgl. *BGH*, Urt. v. 26.11.1981 – III ZR 123/80, DAR 1982, 98.

einzubeziehen, deren Schutz die Amtspflichten zu dienen bestimmt sind, die von der Zulassungsstelle bei der Ausstellung eines Kraftfahrzeugbriefes zu beachten sind. Für die Annahme eines Amtsmissbrauchs des TÜV-Sachverständigen fehlt hinreichender Anhalt im tatsächlichen Vorbringen des Klägers. Die Pflicht, sich eines Amtsmissbrauchs zu enthalten, besteht gegenüber jedermann.

Der Grundsatz der Besitzstörung gilt auch für den Fall, dass die Benutzbarkeit eines in einer Garage **125** abgestellten Kfz durch widerrechtlich vor der Garagenausfahrt ausgeführte Bauarbeiten für eine gewisse Zeit unmöglich gemacht wird.[216] Eine durch mittelbare Einwirkung eintretende Behinderung des objektiven Gebrauchswertes kann auch dann vorliegen, wenn der Inhaber einer Kfz-Reparaturwerkstatt mit Rücksicht auf Streitigkeiten über die Höhe der von ihm ausgestellten Rechnung zu Unrecht sein Unternehmerpfandrecht (§ 647 BGB) ausübt und dem berechtigten Benutzer damit den Besitz seines Fahrzeugs entzieht und in gleicher Weise auch sein Eigentumsrecht beeinträchtigt.[217] Bei der Reparatur eines Leasingfahrzeuges erwirbt der Unternehmer zur Sicherung seiner Werklohnforderung i.d.R. kein Werkunternehmerpfandrecht.[218] Bis zur Bezahlung seiner Werklohnforderung kann er aber dem werkvertraglich begründeten Herausgabeanspruch des Auftraggebers (und Leasingnehmers) ein Zurückbehaltungsrecht entgegenhalten. Vereinbaren die Parteien bei der Erteilung eines Reparaturauftrages, dass der Auftraggeber diesen nur dann zu bezahlen hat, wenn kein auf Kosten des Fahrzeugherstellers zu beseitigender Garantiefall vorliegt, ist die Zahlungspflicht des Auftraggebers durch die Ablehnung der Kostenübernahme seitens des Herstellers aufschiebend bedingt, § 158 Abs. 1 BGB. Den Auftraggeber trifft auch bei der Ablehnung der Kostenübernahme durch den Hersteller keine Zahlungspflicht, wenn der Unternehmer durch sein vertragswidriges Verhalten die Ablehnung wider Treu und Glauben herbeigeführt hat, § 162 Abs. 2 BGB.

Für die Begründung und Durchsetzung der auf diesen Sachverhalt gestützten Schadenersatzansprü- **126** che kommt es jedoch entscheidend darauf an, dass das Objekt der Nutzung selbst entweder durch Beschädigung der Sache oder widerrechtliche Vorenthaltung des Besitzes beeinträchtigt wird. Es reicht also nicht aus, wenn der Berechtigte aus subjektiven – d.h. in seiner Person liegenden – Gründen gehindert ist, die ihm im objektiven Bereich nach wie vor ohne Einschränkung zur Verfügung stehenden Gebrauchsmöglichkeiten wahrzunehmen.[219]

## II. Besitz

Als weiteres geschütztes Rechtsgut kommt der rechtsfehlerfrei erworbene und ausgeübte Besitz an **127** einer Sache in Betracht. Unter Besitz versteht man in einschränkender Abgrenzung zum Eigentum die lediglich tatsächliche, also körperlich-gegenständliche Verfügungsgewalt über eine Sache (Sachherrschaft), d.h. das Recht, über die Sache im rein faktischen Bereich nach Belieben zu verfügen und aus ihr den durch ihren bestimmungsgemäßen Gebrauch vermittelten Vorteil (Sachnutzen) zu ziehen.[220] Der Besitz wird von unserer Rechtsordnung einem »sonstigen Recht« i.S.v. § 823 Abs. 1 BGB gleichgestellt.[221] Der Anspruch auf Abwehr einer widerrechtlichen Besitzstörung oder auf Schadenersatz aus diesem Anlass lässt sich aus § 823 Abs. 2 BGB (Verstoß gegen ein Schutzgesetz) i.V.m. § 858 BGB ableiten und über § 249 BGB begründen. Dem Besitz als geschütztes Rechtsgut

216 *BGH*, BGHZ 63, 203 = VersR 1975, 239 = BB 1975, 1224.

217 Vgl. *BGH*, BGHZ 85, 11 = DAR 1982, 325; *OLG Frankfurt/M.* DAR 1982, 71; *OLG Düsseldorf* VersR 1985, 91; *Palandt, Bassenge* Vorbem. vor § 987.

218 *OLG Hamm* Urt. v. 12.02.2004 – 21 U 165/03.

219 Dabei kann man beispielsweise an eine Verletzung des berechtigten Benutzers oder an eine andere Drittverursachte Erkrankung denken, die den Berechtigten ans Bett fesselt.

220 *Schäfer*, BGB § 854 Erwerb des Besitzes, MüKo BGB, 8. Aufl. 2020, Rn. 23–25.

221 *BGH*, BGHZ 62, 243 = VersR 1974, 860; *BGH*, VersR 1981, 160; *OLG Celle*, VersR 1963, 281; *LG Wiesbaden* ZMR 1957, 53.

kommt insbesondere dann Bedeutung zu, wenn es sich um mittelbare Sachschäden in Form der Sachfolgeschäden handelt, die auf einer Beeinträchtigung der Sachnutzung beruhen.[222]

### III. Vermögen

128 Unter Vermögen[223] versteht man die Gesamtheit der einer Person zustehenden Güter und Rechte von wirtschaftlichem Wert einschließlich der realisierbaren Erwerbschancen.[224] Das Vermögen als solches ist nach unserer Rechtsordnung nur in ganz seltenen Ausnahmefällen geschützt. Zu diesen Ausnahmefällen gehört abgesehen einmal von dem weiten Feld des Vertragsrechtes – beispielsweise die Bestimmung des § 823 Abs. 2 BGB. Diese Vorschrift kommt jeweils dann zum Zuge, wenn der Schädiger durch sein haftbares Verhalten gegen ein Schutzgesetz[225] verstoßen hat. Nach § 823 Abs. 2 BGB wird also jeder Schaden ersetzt, wenn er im Schutzbereich der verletzten Norm[226] liegt, soweit das betreffende Gesetz auch den Schutz des Vermögens bezweckt.[227]

129 Schutzgesetz i.S.v. § 823 Abs. 2 BGB ist eine Norm, die nach Zweck und Inhalt zumindest auch auf den Schutz von Individualinteressen vor einer näher bestimmten Art ihrer Verletzung ausgerichtet ist.[228] Es genügt nicht, dass der Individualschutz durch Befolgen der Norm als ihr Reflex objektiv erreicht werden kann; er muss vielmehr im Aufgabenbereich der Norm liegen.[229]

130 Andererseits muss sich das Schutzgesetz auch nicht in der Gewährleistung von Individualschutz erschöpfen; es reicht aus, dass dieser eines der gesetzgeberischen Anlagen der Norm ist, selbst wenn auf die Allgemeinheit gerichtete Schutzzwecke ganz im Vordergrund stehen.[230]

131 Die Verhaltensnormen der StVO dienen grundsätzlich dem allgemeinen Interesse an einem sicheren und geordneten Verkehrsablauf. Allgemeine Vermögensinteressen schützen sie demgegenüber jedoch nicht.[231] Dies ist bei der Prüfung des § 823 Abs. 2 BGB zu berücksichtigen.[232] Einzelne Vorschriften der StVO können laut *BGH* zugleich dem Schutz von Individualinteressen dienen, namentlich der Gesundheit, der körperlichen Unversehrtheit und des Eigentums. Maßgeblich ist, ob sich bei dem

---

222 Vgl. *LG Coburg*, Urt. v. 28.05.2021 – 32 S 7/21, BeckRS 2021, 21568; vgl. dazu *Medicus*, AcP 165, 115–149.

223 Zur Abgrenzung zwischen Eigentums- und Vermögensschaden vgl. *Plum*, AcP 181, 68; vgl. *Müller*, VersR 2006, 1289.

224 Dabei ist jedoch zu berücksichtigen, dass es sich bei den Erwerbschancen, ähnlich wie bei den rein tatsächlichen Erwerbsaussichten (wegen dieses Begriffs vgl. *BGH*, VersR 1980, 378; BGHZ 75, 366 = NJW 1980, 775 = VersR 1980, 378), um die Folge eines Sach- oder Personenschadens handeln kann und sie in dieser Erscheinungsform bereits nach allgemeinen Grundsätzen, d.h. unabhängig davon, dass ihnen auch Vermögenscharakter zufällt, schon deswegen auszugleichen sind.

225 Beispielsweise im Zusammenhang mit einem Vermögensdelikt gegen § 263 StGB (Strafnorm gegen Betrug); – zur *Gesetzestechnik* des § 823 Abs. 2 BGB vgl. *Peters*, JZ 1983, 913.

226 Vgl. *BGH*, DAR 1980, 215; *Kullmann*, BB 1976, 1085; *Weber*, DAR 1981, 161.

227 Soweit es sich um den Schutzzweck der verletzten Norm handelt, vgl. im Einzelnen: *BGH*, BGHZ 56, 163; VersR 1970, 159; BGHZ 57, 137 (142); BGHZ 59, 175; BGHZ 66, 388 = NJW 1976, 1740; BGHZ 69, 1 (16) = NJW 1977, 1770; VersR 1978, 740 (recht weitgehend); BGHZ 84, 312 = NJW 1982, 2780; NJW 1987, 1818; *LG Berlin*, VersR 1978, 239; *Hermann Lange*, Empfiehlt es sich, die Haftung für schuldhaft verursachte Schäden zu begrenzen?, Gutachten zum 43. Deutschen Juristentag (1960), S. 38 ff.; *Stoll*, Das Handeln auf eigene Gefahr, S. 290; *Joseph G. Wolf*, Der Normzweck im Deliktsrecht, S. 5; *Blomeyer*, Allg. Schuldrecht (3. Aufl., 1964), S. 169 (171 ff.).

228 Vgl. *BGH*, BGHZ 64, 232 = VersR 1975, 635.

229 Vgl. *BGH*, BGHZ 66, 388 (389) = VersR 1976, 1043 (1044).

230 Vgl. *BGH* BGHZ 84, 312 (314) = VersR 1982, 974; NJW 1987, 1818 = VersR 1987, 683.

231 Vgl. *BGH*, zfs 1983, 130 = VRS 64, 168; *OLG Düsseldorf*, NJW 1957, 1153; *LG Dortmund*, VersR 1963, 246; *LG Berlin*, NJW 1983, 288 (289, I. Sp.); *Caemmerer*, DAR 1970, 288; – a.A. *LG Berlin*, VersR 1972, 548; *LG München* I, NJW 1983, 288 = VersR 1983, 593 (L); *AG Berlin-Charlottenburg*, VersR 1971, 92; *AG Waiblingen*, NZV 2002, 272; *LG Karlsruhe*, BeckRS 2008, 13292.

232 *BGH*, Urt. v. 14.06.2005 – VI ZR 185/04, DAR 2005, 504.

Schaden eine Gefahr verwirklicht hat, vor der die betreffende Norm schützen soll. Die Gesamtabwägung führt dazu, dass es sich z.B. bei dem Verkehrsverbot des § 41 II Nr. 6 Z 265 StVO (Hinweis auf die Durchfahrtshöhe) um ein Schutzgesetz i.S.d. § 823 Abs. 2 BGB handelt, das auch dem Schutz des Eigentums der wegen einer Missachtung der Höchstdurchfahrtshöhe geschädigten Verkehrsteilnehmer dient. Das für den Bereich einer Baustelle erlassene Halteverbot dient nicht dem Schutz der Vermögensinteressen[233] des Straßenbauunternehmers mit der Folge, dass dieser gem. § 823 Abs. 2 BGB von einem Falschparker Schadenersatz für verspäteten Arbeitsbeginn verlangen kann.[234]

Dabei ist ergänzend zu berücksichtigen, dass die Bezeichnung »Vermögensschaden«[235] mehrdeutig **132**
ist[236] und daher etwas genauer umschrieben werden sollte. Es sollte daher stets sorgfältig in dem Sinne differenziert werden, ob damit die Beschädigung des Vermögens an sich – also ein reiner Vermögensschaden – oder ein Schaden mit vermögensrechtlichem Einschlag[237] gemeint ist. Eine derartige Differenzierung ist gerade für das Schadensersatzrecht im Hinblick auf die Sperrklausel des § 253 BGB außerordentlich wichtig. Nach dieser Bestimmung werden immaterielle Schäden lediglich in den vom Gesetz besonders vorgeschriebenen und geregelten Fällen ersetzt.[238] Die Frage, ob ein Sach- oder Personenfolgeschaden dem materiellen oder immateriellen Recht zuzuordnen ist, lässt sich nicht immer ohne Weiteres auf Anhieb eindeutig beantworten. So war beispielsweise lange Zeit streitig, ob »vertane Urlaubstage« als Sach- oder Personenfolgeschaden zu honorieren oder als immaterieller Schaden zu betrachten sind. Die jetzt vorherrschende Auffassung geht dahin, dass »vertane Urlaubstage« ebenso wenig wie verlorene Freizeit zum vermögensrechtlichen Schaden im Rechtssinne gehören[239] und daher in diesem Bereich Schadenersatzansprüche nicht auszulösen vermögen.[240]

---

233 Wegen der Abgrenzung aus *grundsätzlicher* Sicht bzw. die einzelnen Anwendungsbereiche vgl. *Stürner*, DAR 1986, 7; *BGH*, Urt. v. 18.11.2003 – VI ZR 385/02, NJW 2004, 356.

234 Vgl. *LG Stuttgart*, NJW 1985, 3028; *OLG München*, NJW 1985, 98 zum Schutzbereich des eingeschränkten Halteverbots; a.A. *AG Waiblingen*, Urt. v. 14.12.2001 – 13 C 1266/01, DAR 2002, 273.

235 Vgl. dazu, soweit es sich um die Abgrenzung zwischen Vermögens- und Nichtvermögensschaden und um die Zurechnungskriterien sowie Inhalt und Umfang des Anspruchs handelt, *Grunsky*, JZ 1983, 372.

236 *Schmidt*, Weber kompakt, Rechtswörterbuch, 10. Edition 2024, Schaden.

237 Also materieller Schaden im Gegensatz zum immateriellen Schaden, beispielsweise zum Schmerzensgeld nach § 847 BGB.

238 Im Rahmen des BGB kommt für den Bereich des ausgleichsfähigen immateriellen Schadens nur die Bestimmung des § 249 Abs. 2 BGB, die die Zahlung eines Schmerzensgeldes regelt, in Betracht.

239 Vgl. *BAG*, NJW 1968, 221; *OLG Köln*, MDR 1971, 215; *Stoll*, JZ 1977, 93; – a.A.: *OLG Frankfurt a.M.*, NJW 1976, 130.

240 Vgl. dazu *BGH*, BGHZ 86, 212 = NJW 1983, 1107 = VersR 1983, 392 = DAR 1983, 163 (m. Krit. *Müller*, DAR 1983, 317) = VRS 64, 241; *KG*, NJW 1972, 769 = VersR 1972, 355 = MDR 1972, 514; NJW 1972, 1204; MDR 1982, 317; *OLG Düsseldorf*, NJW 1974, 150 = VersR 1974, 439; VersR 1981, 934; *OLG Köln*, NJW 1974, 561 = VersR 1974, 812; *OLG München*, VersR 1975, 62; NJW 1984, 132; *OLG Celle* VersR 1975, 62; *OLG Karlsruhe* VersR 1981, 756; *LG Freiburg* NJW 1972, 1719 = VersR 1973, 68; *LG Bochum*, VersR 1973, 287; *LG Stade*, VersR 1974, 349; *LG Wiesbaden*, VersR 1982, 862; *Landwehrmann*, NJW 1970, 1867; *Weber*, DAR 1984, 161; – zurückhaltend demgegenüber: *OLG Celle*, VersR 1977, 104; – a.A. *OLG Frankfurt a.M.*, NJW 1967, 1372 = VersR 1967, 958; NJW 1976, 1320; *OLG Bremen*, VersR 1969, 929; *KG*, NJW 1970, 474; *OLG Hamburg*, VersR 1972, 1083; *OLG München*, OLGZ 75, 186; *LG Hamburg*, VersR 1968, 1197; *Mammey*, NJW 1969, 1150; – Bedenken ebenfalls gegen die frühere Rechtsprechung des *BGH* bei: *Stoll*, JZ 1975, 252; *Grunsky*, NJW 1975, 609; *Honsell*, JuS 1976, 222; *Hagen*, Zur Normativität des Schadenbegriffs in der Rechtsprechung des Bundesgerichtshofes, FS für Hauß (1978), S. 83 (98); – ferner: *Hagen*, LM Nr. 23 zu § 251 BGB (Anm. zu BGHZ 66, 267a; VersR 1976, 956); – ferner: BGHZ 71, 234 = LM Nr. 25 zu § 251 BGB; – vgl. dazu auch: *Bedref*, Die Berechnung der Entschädigung wegen vertaner Urlaubszeit, NJW 1986, 1721 (m.w.N.); *Stürner*, DAR 1986, 7 – Die hier vertretene Auffassung gilt demgemäß auch für die *Beeinträchtigung* des *Urlaubserfolges* durch einen nachfolgenden *Unfall: OLG Celle*, VersR 1974, 760; *Palandt, Heinrichs* Vorbem. vor § 249, – zu beachten ist weiter, dass derartige Ansprüche durch § 651 f. Abs. 2 – BGB geregelt werden. *Löwe*, DAR 1979, 264 (268); BB 1979, 1357 (1363); MüKo, *Löwe*

133 Wird der Geschädigte durch eine körperliche Verletzung daran gehindert, einen geplanten Urlaub zu genießen, dann führt dies nicht zu einem Vermögensschaden aufgrund einer »Kommerzialisierung« des Urlaubsgenusses. Dieser Gesichtspunkt kann nur bei der Bemessung des Schmerzensgeldes berücksichtigt werden.[241] Der Anspruch auf Schmerzensgeld kann hierdurch erhöht werden.[242] Anders ist es bei vertraglichen Beziehungen. Hier stellt zum Beispiel das *AG Köln* darauf ab, inwieweit der Urlaub durch Fehler des Reiseunternehmens beeinträchtigt war. Eine erhebliche Beeinträchtigung der Reise ist danach gegeben, wenn diese zwar durchgeführt wurde, aber so schwerwiegend durch Reisemängel beeinträchtigt war, dass sie nach einer Gesamtwürdigung aller Umstände des Einzelfalls unter Berücksichtigung des Urlaubszwecks als ganz oder teilweise vertan erscheint. Nach dem Urteil des Amtsgerichts Köln muss mindestens eine Minderung um 50 % erfolgt sein, damit eine Entschädigung beansprucht werden kann.[243]

134 Als geradezu »klassisches« Beispiel für einen reinen Vermögensschaden gelten der Zeitverlust oder die Kosten, die – beispielsweise in Form von Verdienstausfall – durch polizeiliche Tatbestandsaufnahme bzw. durch die Vernehmung des Geschädigten vor der Polizei entstanden sind. Auch insoweit handelt es sich nicht um einen dem Unfallereignis adäquaten Schaden, sondern um die durch die Erfüllung allgemeiner staatsbürgerlicher Pflichten eingetretene Beschädigung des Vermögens.[244] Das Gleiche gilt übrigens auch für Bearbeitungskosten. Wendet ein Rechtsanwalt allerdings Arbeitszeit zur Beseitigung des Schadens selbst auf, zur Wiederherstellung eines Zustands, der dem vor Eintritt des schädigenden Ereignisses nahe kommt, so ist dies nach Ansicht des OLG Frankfurt a.M. grundsätzlich als Vermögensschaden ersatzfähig.[245]

135 Diese dargelegten Grundsätze gelten auch für den Fall, dass der Zeitverlust[246] in der Person eines Geschädigten entstanden sein sollte, der durch den betreffenden Unfall zugleich auch einen Sach- oder Personenschaden erlitten hat.[247] Auch unter dieser Voraussetzung liegt ein ausgleichsfähiger Folgeschaden[248] nicht vor, weil dieser Schaden nach der Art seiner Entstehung nicht unter den Schutzzweck der verletzten Norm[249] fällt. An dem insoweit notwendigen Rechtswidrigkeitszusammenhang fehlt es schon deswegen, weil der Aufwand für Fahrten zur polizeilichen Vernehmung und der mit ihr zwangsläufig verbundene Zeitverlust nicht der Ausgleich von Unfall bedingt entstandenen Nachteilen an Gesundheit oder Eigentum, sondern vielmehr Zwecken der Strafverfolgung dient, nämlich der Aufklärung, ob und ggf. gegen welchen Unfallbeteiligten ein Straf- oder

§ 651 f., Rn. 24; *Teichmann*, JZ 1979, 373 (342); *Eberle*, DB 1979, 341 (344); *Bartl*, NJW 1972, 1384 (1388); DAR 1982, 41 (43); Reiserecht, 2. Aufl. (1981); *Burger*, NJW 1980, 1249; *Roesch*, VW 80, 982 (983); *Tonner*, NJW 1981, 1921; – Für die Lösung auf der Grundlage positiver *Vertragsverletzung BGH*, BGHZ 63, 98 = NJW 1975, 40 = VersR 1975, 82; NJW 1980, 1847 (Hausfrau); NJW 1983, 35 NJW 1983, 218; Schüler *OLG Frankfurt a.M.*, NJW 1967, 1373; *OLG Köln*, NJW 1974, 561; *LG Frankfurt a.M.*, NJW 1982, 2452 (Hausfrau); *AG Berlin-Schöneberg*, NJW 1982, 2452 (Student); *Bendref*, JR 1980, 359; *AG Tiergarten*, NJW 2008, 237.

241 Vgl. *BGH*, BGHZ 86, 212 = NJW 1983, 1107 = VersR 1983, 392 = DAR 1983, 163 = zfs 1983, 169 = r+s 1983, 82 = VRS 64, 241 (Abgrenzung zum Recht des Reisevertrages); BGHZ 82, 219 = DAR 1982, 228; NJW 1983, 33 (35); NJW 1983, 218; vgl. *BGH*, Urt. v. 11.01.2005 – X ZR 118/03, NJW 2005, 1047; *OLG Hamm*, Urt. v. 09.06.1978 – 9 U 41/78, BeckRS 2014, 23478 – a.A. *LG Frankfurt a.M.*, NJW 1983, 1127 = VersR 1983, 763 (741, L).

242 *Heß*, *Burmann*, *Quaisser*, *Berz*, *Burmann*, Handbuch des Straßenverkehrsrecht, Werkstand: 48. EL August 2023, F. Schmerzensgeld, Rn. 22, 23.

243 *AG Köln* (Abt. 142), Urt. v. 27.11.2017 – 142 C 601/16, BeckRS 2017, 142992.

244 Vgl. *OLG München*, VersR 1964, 932; *LG Dortmund*, VersR 1962, 246; *AG Hersbruck*, r+s 1979, 215; *AG Frankfurt a.M.*, zfs 1980, 163; *AG Fürth* zfs 1983, 4; *OLG Oldenburg*, VersR 2009, 797.

245 *OLG Frankfurt a.M.*, Urt. v. 18.03.2013 – 1 U 179/12, NJOZ 2013, 1019.

246 Beispielsweise: Einsatz von Freizeit zur Ermittlung des Unfallgegners (*LG Düsseldorf*, r+s 1989, 118).

247 Vgl. *Klimke*, ZfV 1980, 392 (394).

248 Also ein Schaden im Zusammenhang mit der Beschädigung einer Sache oder der Verletzung bzw. Tötung einer Person.

249 Vgl. *BGH*, VersR 1978, 710; *OLG Karlsruhe*, VersR 1969, 808; *LG Berlin*, VersR 1978, 239.

Ordnungswidrigkeitsverfahren einzuleiten oder fortzusetzen ist. Zeitverluste im Zusammenhang mit polizeilicher Unfallaufnahme, Fahrzeugverbringung in die Werkstatt, werden i.d.R. mit 20 bis 30 € pauschal abgegolten.[250]

## C. Beweislast

136 Wer Schadenersatz verlangt, ist grundsätzlich verpflichtet, die dafür notwendigen Voraussetzungen bezüglich des Rechtsgrundsatzes des Anspruchs, aber auch hinsichtlich der behaupteten Höhe des Schadens. Es müssen alle Behauptungen bewiesen werden, soweit sie nicht

- unstreitig
- anerkannt
- offenkundig
- gesetzlich zu vermuten oder zu
- unterstellen (fingieren)

sind.

137 Der Umstand, dass ein Geschädigter seine Schadenersatzansprüche an einen Dritten abtritt, um im Haftpflichtprozess als Zeuge – in eigener Sache – vernommen zu werden, reicht für sich allein betrachtet noch nicht aus, um die Sittenwidrigkeit der Abtretung zu begründen.[251] Dieses Verhalten ist durchaus üblich. Sache des entscheidenden Richters ist es allerdings, sich Gedanken darüber zu machen, inwieweit die Aussagen des »Zeugen« glaubhaft und der Zeuge selbst glaubwürdig ist. Oftmals ist dieser Weg jedoch die einzige Möglichkeit, um seitens des Geschädigten den Sachverhalt unter Beweis zu stellen, wenn er seinerseits über keine Zeugen verfügt.[252]

138 Die Abtretung einer Forderung kann jedoch im Einzelfall gegen die guten Sitten verstoßen und daher gem. § 138 BGB nichtig sein. Dies wird z.B. dann der Fall sein, wenn der alleinige Zweck der Abtretung darin besteht, dem neuen Gläubiger (Zessionar) eine Klage unter Gewährung von Prozesskostenhilfe zu ermöglichen oder wenn die Abtretung sich als Kredittäuschung darstellt.[253] Prozesskostenhilfe ist bei der Geltendmachung von Ansprüchen aus abgetretenem Recht nur dann zu gewähren, wenn die Voraussetzungen des § 114 Abs. 1 S. 1 ZPO sowohl beim Abtretenden (Zedent) als auch bei der Person, an die der Anspruch abgetreten wird (Zessionar)erfüllt sind.[254] Die Abtretung kann auch dann unzulässig und daher unwirksam (nichtig)[255] sein, wenn sie im Zusammenhang mit einem Akt der »Unfallhilfe« steht.[256]

139 Wenn ein hohes Maß an Wahrscheinlichkeit sich zur annähernden Gewissheit verdichtet, kann bereits die Glaubhaftmachung des Anspruchs – als eine mindere Form der Beweisführung – genü-

250 *Richter*, Die Nebenkostenpausschale beim Schadensersatz, SVR 2006 Heft 2, 47; *Balke*, Die Auslagenpauschale im Verkehrsrecht – Teil 2, SVR 2013, 413.

251 Vgl. *BGH*, WM 1976, 424; *OLG Nürnberg*, VersR 1969, 46; VersR 1969, 46; *OLG Frankfurt a.M.*, v. 15.10.1976 VersR 1978, 259; VersR 1982, 1079; VersR 1985, 560; *AG Frankfurt a.M.*, VersR 1978, 878 (mit Bedenken); r+s 1982, 81; zfs 1982, 162.

252 *Just/Quarch*, 4. Abtretung, Balke/Reisert/Schulz-Merkel, Regulierung von Verkehrsunfällen 2. Auflage 2021, Rn. 1, 2.

253 Vgl. dazu *Paland/Heinrichs*, § 398; *OLG München*, Beschluss v. 10.06.2009 – 1 W 1249/09, BeckRS 2009, 15552.

254 *OLG Stuttgart*, VersR 1987, 1048 (L).

255 Insbes. durch Verstoß gegen § 134 BGB.

256 A.A. *LG Saarbrücken*, Urt. v. 23.03.2003 – 2 S 397/02: Es stellt keine unzulässige Unfallhilfe eines Sachverständigen und eines Autovermieters dar, wenn der Sachverständige dem Geschädigten einen Autovermieter vermittelt, für diesen die Überreichung der Unterlagen an die Versicherung des Unfallgegners übernimmt sowie ihm einen Anwalt nennt und sich gleichzeitig die aus dem Unfall bestehenden Schadenersatzansprüche in Höhe der Kosten für das erstellte Gutachten abtreten lässt.

gen. Zulässige Beweismittel sind in analoger Anwendung der für den Bereich des Zivilprozesses (§§ 286 ff. ZPO) geltenden Grundsätze:
- Augenscheineinnahme
- Zeugenaussagen
- Gutachten von Sachverständigen
- Vorlegung von Urkunden und
- Parteivernehmung.[257]

140 Art. 103 Abs. 1 GG verpflichtet allerdings ein Gericht nur dahingehend, das Vorbringen der Parteien zur Kenntnis zu nehmen und in seine Überlegungen mit einzubeziehen. Es ist nicht gehalten sich mit jedem Punkt in den Urteilsgründen auseinanderzusetzen.[258] Art. 103 Abs. 1 GG gewährt laut *BGH* keinen Schutz gegen Entscheidungen, die den Sachvortrag eines Beteiligten aus Gründen des formellen oder materiellen Rechts teilweise oder ganz unberücksichtigt lassen. Nach § 544 Abs. 4 S. 2 ZPO kann das Revisionsgericht von einer Begründung des Beschlusses, mit dem es über die Nichtzulassungsbeschwerde entscheidet, absehen, wenn diese nicht geeignet wäre, zur Klärung der Voraussetzungen beizutragen, unter denen eine Revision zuzulassen ist.

## I. Gläubiger

141 Die Beweislast obliegt regelmäßig dem Anspruchsteller, also dem Geschädigten. Er muss daher alle Gesichtspunkte darlegen, die für die Berechtigung seines Anspruchs sowohl dem Grunde als auch der Höhe nachsprechen. Der Geschädigte ist in diesem Zusammenhang insbesondere verpflichtet, Originalbelege vorzulegen.[259] Dies gilt auch bei konkreter Abrechnung eines Reparaturschadens. Insoweit kann analog auf den in § 119 VVG enthaltenen Rechtsgedanken zurückgegriffen werden, nach dem der Versicherer von dem dort als »Dritten« bezeichneten Anspruchsteller die notwendigen Auskünfte verlangen kann, »soweit sie zur Feststellung des Schadenereignisses und der Höhe des Schadens erforderlich« sind.

142 Die Beschaffung von Belegen ist dem Geschädigten – im Rahmen der ihm obliegenden Veranlassungspflicht – auch durchaus zuzumuten. Dies gilt insbesondere für Reparatur- und Mietwagenkostenrechnungen, da ihm diese Unterlagen von den in Anspruch genommenen Dienstleistungsbetrieben ohne Mehrkosten in jeder vertretbaren Anzahl zur Verfügung gestellt werden.[260] Bei fiktiver Abrechnung ist der Geschädigte allerdings nicht zur Vorlage der Rechnung verpflichtet, selbst wenn ihm diese vorliegen.[261] Über § 249 Abs. 2 BGB unterbleibt in diesem Fall lediglich die Auszahlung der Umsatzsteuer, weil diese nicht nachgewiesen wird.

## II. Schuldner

143 Der Schädiger (Schuldner) kann sich in aller Regel darauf beschränken, die an ihn herangetragenen Tatsachenbehauptungen zu bestreiten. Allerdings verlangen Gerichte zuweilen, dass dies in substantiierter Form geschieht, wenn der Gläubiger in allen Einzelheiten einen in sich schlüssig und überzeugend erscheinenden Sachverhalt vorgetragen hat. Selbstverständlich steht es dem Schuldner, ohne dass dadurch eine Umkehrung der Beweislast eintritt, frei, seinerseits Gegenbeweis anzubieten.

144 Der Schädiger ist insbesondere beweispflichtig für alle Behauptungen, die sich gegen die vom Gläubiger bewiesene Schadenhöhe richten. Hat der Gläubiger beispielsweise für die Höhe der Forderung

257 *BGH*, DAR 1983, 227 = zfs 1983, 260; zur Zulässigkeit der Parteivernehmung siehe *Schreiber*, ZPO § 448 Vernehmung von Amts wegen, MüKo ZPO, 6. Aufl. 2020.
258 *BGH*, Urt. v. 26.03.2007 – VI ZR 125/06, ADAJUR-Dok.Nr. 73581.
259 Vgl. *Filthuth*, VVG § 13 Änderung von Anschrift und Name, BeckOK VVG, *Marlow, Spuhl*, 9. Edition Stand 09.11.2020, Rn. 20.
260 Vgl. dazu *Klimke*, VersR 1973, 1153; *Nugel*, § 1 Mandatsvorbereitung, Informationsbeschaffung und Anmeldung von Ansprüchen, *Tietgens, Nugel*, AnwaltFormulare Verkehrsrecht, 8. Aufl. 2020, Rn. 95–109.
261 Vgl. *LG Potsdam*, Urt. v. 26.08.2002 – 13 S 51/02, DAR 2003, 76.

entsprechende Belege (beispielsweise Sachverständigengutachten oder Reparaturkostenrechnung) beigebracht, dann obliegt die Beweislast dafür, dass die darin ausgewiesenen Werte nicht zutreffen, dem Schädiger. Immer mehr gehen Versicherungsgesellschaften dazu über, bei durch ein Sachverständigengutachten geltend gemachten Kfz-Schäden (eigene) Überprüfungsfirmen einzuschalten, die 4 häufig zu Ergebnissen gelangen, die vom Sachverständigengutachten abweichen. In einemsolchen Fall bleibt dem Geschädigten nur die Möglichkeit, seinerseits den eigenen Sachverständigen zur Stellungnahme zu der Gutachtenprüfung aufzufordern und das Ergebnis der Versicherung zu schicken. Die Kosten für die Überprüfung können der gegnerischen Versicherung berechnet werden. Der Schädiger ist auch beweispflichtig für den von ihm erhobenen Einwand des Vorteilsausgleichs. So muss er beispielsweise darlegen, dass Abzüge von den Aufwendungen für ein Mietfahrzeug in Höhe der eingesparten Leistungsbezogenen Betriebskosten des eigenen Fahrzeugs angemessen sind bzw. die ordnungsgemäß nachgewiesenen Reparaturkosten sich im Wege des Vorteilsausgleichs um entsprechende Abzüge »neu für alt« verkürzen. Soweit es sich allerdings um Abzüge von Mietwagenkosten handelt, dürfte bereits der Beweis des ersten Anscheins dafürsprechen, dass tatsächlich die Leistungsbezogenen Betriebskosten des während der Reparaturzeit oder Wiederbeschaffungsfrist stillgelegten eigenen Kfz eingespart worden sind. Diese Überlegungen beruhen darauf, dass die entsprechenden Einsparungen für jeden einzelnen Betriebskilometer zumindest in Durchschnittswerten aus technischer Sicht nachweisbar sind und demgemäß mit überzeugender Begründung zu entsprechenden Abzügen führen. Der Prozentsatz des Abzugs bei Anmietung des gleichen Fahrzeugtyps wie der Unfallwagen wird unterschiedlich festgesetzt. So sind Werte zwischen 3 % und 15 % in der Rechtsprechung zu finden.[262] Wird ein gegenüber dem geschädigten Kfz eine Gruppe kleineres Fahrzeug angemietet, wird in der Regel auf dem Abzug für Eigenersparnis verzichtet.[263]

### III. Umkehrung der Beweislast

#### 1. Treu und Glauben

Eine Umkehrung der Beweislast nach den das gesamte Schadensersatzrecht beherrschenden Grundsätzen von Treu und Glauben (§ 242 BGB) kann insbesondere dann eintreten, wenn ein beweisbedürftiger Vorgang sich außerhalb der Einfluss- und Kenntnissphäre der bei streng formaljuristischer Betrachtungsweise an sich beweispflichtigen Partei vollzogen hat.[264] 145

Eine Umkehrung der Beweislast kann auch dann eintreten, wenn die Reparatur eines Kraftfahrzeugs einen im Verhältnis zum objektivierten Schadenumfang ungewöhnlich langen Zeitraum in Anspruch genommen hat und der Ersatzpflichtige darzulegen versucht, dass der Geschädigte durch die Beauftragung einer ungeeigneten oder von vornherein überlasteten Werkstatt gegen seine Schadensminderungspflicht verstoßen hat.[265] 146

Grundsätzlich muss der Geschädigte alle Tatsachen behaupten und beweisen, aus denen sich sein Anspruch ergibt. Stützt er sich auf eine Deliktshaftung des angeblichen Schädigers wegen Verletzung von Schutzgesetzen, so hat er die Umstände zu beweisen, aus denen sich objektiv der Verstoß gegen das Schutzgesetz ergibt, ferner die Ursächlichkeit des Verstoßes für den eingetretenen Schaden und das Verschulden des Anspruchsgegners an diesem Umstand.[266] In einem Urteil vom 147

262 Vgl. *Wussow*, WJ 2001, 47; *LG Berlin*, NZV 2004, 635: 15 %; *OLG Hamm*, SP 2000, 369: 10 %; *LG Aachen*, DAR 2004, 655: 3 %; so auch *AG Hohenstein-Ernstthal*, DAR 2000, 316; *AG Karlsruhe*, BeckRS 2010, 12004: 5 %; *LG Dresden*, Urt. v. 21.05.2008 – 8 S 237/06, BeckRS 2010, 6130.

263 *Oetker*, BGB § 249 Art und Umfang des Schadensersatzes, MüKo BGB, 8. Aufl. 2019, Rn. 441 m.w.N.

264 Vgl. *BGH*, Urt. v. 09.01.2002 – VIII ZR 304/00, MDR 2002, 569; *OLG Köln*, Urt. v. 09.01.2002 – 13 U 54/01, MDR 2002, 834; *AG Wiesbaden*, Urt. v. 14.12.2001 – 92 C 3278/01–34, *Rebler*, Die Beweislast bei Steinschlagschäden, NZV 2011, 115; *Knerr*, Geigel, Haftpflichtprozess, 26. Aufl. 2011, Rn. 71.

265 *Almeroth*, Almeroth, Schadensersatz bei Verkehrsunfällen, 1. Aufl. 2023, C. Sachschaden, Rn. 717.

266 *Geiger*, MüKo zum StVR, 1. Aufl. 2017, BGB § 823 Schadensersatzpflicht, Rn. 169–175. Vgl. *BGH*, VersR 1966, 90; VersR 1985, 452; MüKo, *Grunsky*, vor § 249, Rn. 132; MüKo, *Mertens*, § 823 Rn. 164).

16.10.2016 hat sich der *BGH* auch für eine Erweiterung des Anscheinsbeweises zugunsten der Verbraucher ausgesprochen.[267]

148 Steht die Verletzung eines Schutzgesetzes objektiv fest, muss derjenige, der das Schutzgesetz übertreten hat, in aller Regel alle Umstände darlegen und beweisen, die geeignet sind, die daraus folgende Annahme eines ihn treffenden Verschuldens auszuräumen.[268] Dies bedeutet, dass derjenige, der gegen das Schutzgesetz verstoßen hat, den ihm obliegenden Nachweis führen muss, er habe gleichwohl schuldlos gehandelt.[269] Insoweit liegt also eine echte Umkehrung der Beweislast vor.[270]

149 Beweiserleichterungen können je nach Lage des Einzelfalles[271] auch die Ursächlichkeit der festgestellten Verletzung eines Schutzgesetzes für den schließlich eingetretenen Schaden betreffen. Hier kann Beweisschwierigkeiten des Geschädigten durch die Annahme eines Anscheinsbeweises entgegengetreten werden.[272] Dies kann in engen Grenzen – auch durch eine Umkehrung der Beweislast geschehen, wenn Wesen und Inhalt der materiellen Schutznorm und der in ihr enthaltenen Verhaltensanweisung es gebieten, dem Schädiger aufgrund einer von ihm geschaffenen unklaren Beweislage die Aufklärung des Sachverhalts und die damit verbundenen Risiken aufzuerlegen.[273]

## 2. Beweisvermutungen

150 Eine Umkehrung der Beweislast kann auch dadurch eintreten, dass der Anspruchsteller sich zulässigerweise auf gesetzliche Beweisvermutungen beruft, die – in Ergänzung eines ansonsten schlüssigen Sachvortrages – zu seinen Gunsten wirken.[274] Darunter versteht man in erster Linie gesetzliche Schuldvermutungen, die indes nicht immer zu einer »echten« Verschuldenshaftung führen müssen. Als Beispiel sei auf die Bestimmung des § 18 StVG verwiesen, die ihrer Konstruktion nach zwar auf gesetzlich vermutetem Verschulden aufbaut, andererseits aber in ihren Auswirkungen einer Art Gefährdungshaftung unter erleichterten Entlastungsmöglichkeiten ähnelt.

## 3. Beweisvereitelung

151 Eine Umkehrung der Beweislast kann auch dadurch eintreten, dass die beweispflichtige Partei vorhandene Beweismittel schuldhaft beiseiteschafft.[275] Dies gilt auch für das Wegfahren eines an einem

267 *BGH*, Urt. v. 16.10.2016 – VIII ZR 103/15, NJW 2017, 1093.

268 Vgl. *BGH*, VersR 1959, 277 = LM Nr. 11 zu § 823 BGB; VersR 1967, 685; BGHZ 51, 91 (103 ff.) = LM Nr. 22 zu § 823 BGB (m.Anm. v. *Weber*) = VersR 1969, 155 (159); VersR 1985, 452; *BGH*, NZV 2005, 457.

269 *Engel*, MüKo zum StVG, 1. Aufl. 2017, StVG § 17 Schadensverursachung durch mehrere Fahrzeuge, Rn. 36. Vgl. *BGH*, NJW 1981, 113 = DAR 1981, 50.

270 *Saenger*, ZPO § 286 Freie Beweiswürdigung, *Saenger*, Zivilprozessordnung, 8. Aufl. 2019, Rn. 38–51.

271 *BGH*, VersR 1959, 277 = LM Nr. 11 zu § 823 BGB.

272 Vgl. *BGH*, NJW 1984, 432 (433) = VersR 1984, 40 (41); VersR 1985, 452; *Hensen, Keller*, Der Anscheinsbeweis bei erkennbar glatten Gehwegen, NJW 2020, 3751; *Burmann*, ZPO § 287 Schadensermittlung; Höhe der Forderung, *Burmann, Heß, Hühnermann, Jahnke*, Straßenverkehrsrecht, 26. Aufl. 2020, Rn. 14–19.

273 Vgl. *BGH*, BGHZ 85, 212 (215) = VersR 1982, 1193 (1194); NJW 1983, 2935 (2936) = VersR 1984, 441 = LM Nr. 83 zu § 823 BGB; VersR 1985, 452.

274 *Grundmann*, BGB § 276 Verantwortlichkeit des Schuldners, MüKoBGB, 8. Aufl. 2019, Rn. 44–45.

275 Vgl. *BGH*, VRS 7, 412 (für die Frage nach dem Verschulden bei der Vernichtung eines Beweismittels kann Fahrlässigkeit genügen); VersR 1975, 952 (schuldhafte Nichterhaltung eines Beweismittels führt grundsätzlich nur dann zur Umkehrung der Beweislast, wenn das Verschulden sich nicht allein auf die Vernichtung des Beweisgegenstandes, sondern auch auf die Beseitigung seiner *Beweisfunktion* bezieht); *BGH*, MDR 2004, 290; *BGH*, SVR 2006, 216; *OLG Oldenburg*, MDR 1982, 847 = zfs 1982, 357 (Schadenersatzanspruch gegen einen Dritten, der das Beweismittel vernichtet hat); *LG Stade* VersR 1980, 100 = zfs 1980, 81 (schuldhaftes Beiseiteschaffen von Beweismitteln kann zur *Umkehrung* der Beweislast führen); *BGH*, Urt. v. 13.04.2005 – IV ZR 62/04, NJW-RR 2005, 1051 zu den Voraussetzungen des Nachweises des Versicherungsbetrugs; *BGH*, Urt. v. 27.04.2004 – VI ZR 34/03, NJW

Unfall beteiligten Kfz und sein Abstellen in einer (anderen) Position, die eine objektive Feststellung der für den Unfallhergang maßgeblichen Fahrstreifen oder sonstigen Indizien erschwert bzw. unmöglich macht.[276]

Die Beweisvereitelung, die nach der insoweit einheitlichen höchstrichterlichen Rechtsprechung früher ausnahmslos zu einer Umkehr der Beweislast geführt hat, wird nach heutiger Auffassung rechtlich in der Weise behandelt, dass das erkennende Gericht nach § 286 ZPO unter Berücksichtigung des gesamten Inhalts der Verhandlung nach freier Überzeugung entscheidet.[277] Auch die Erklärungen, Unterlassungen und Handlungen einer Partei, insbesondere auch die für eine Beweisvereitelung angeführten Gründe, sind frei zu würdigen.[278] Mitunter wird jedoch die Beweisvereitelung nach wie vor – in Übereinstimmung mit der früheren Rechtsprechung – als ein Fall angesehen, der zu einer Umkehrung der Beweislast führt.[279] Weigert sich beispielsweise eine Prozesspartei aus taktischen Gründen 7 Jahre lang, einen von ihr selbst benannten Arzt von seiner gesetzlichen Schweigepflicht zu entbinden, so kann ihr dies, wenn keine besonderen Rechtfertigungsgründe vorliegen, beweisrechtlich durchaus zum Nachteil gereichen.[280] 152

Die Erledigung des Rechtsstreits wird auch dann verzögert, wenn der vom Berufungskläger verspätet erst in der mündlichen Verhandlung benannte Zeuge zwar präsent ist und deshalb vernommen werden könnte, seine Vernehmung aber bei einer dem Berufungskläger günstigen Aussage die Vernehmung von Gegenzeugen erforderlich machen würde, die ihrerseits nicht präsent sind.[281] 153

## IV. Beweis des ersten Anscheins

Der Beweis des ersten Anscheins,[282] auch »Prima-facie-Beweis« genannt,[283] setzt einen typischen Geschehensablauf[284] voraus, der nach der Lebenserfahrung und der gesicherten Erkenntnis in Literatur und Judikatur regelmäßig auf eine bestimmte, zumindest aber bestimmbare Ursache schließen lässt und in einer ganz bestimmten Richtung zu verlaufen pflegt.[285] Dies gilt stets dann, wenn der 154

2004, 2011 zur Beweislastumkehr in Arzthaftungsfällen; *Filthaupt* in Haftpflichtgesetz, 8. Aufl. 2010, Rn. 307; *OLG Düsseldorf*, Urt. v. 25.04.2019 – I-2 U 50/17, BeckRS 2019, 25285.

276 Vgl. *LG Stade*, VersR 1980, 100 = zfs 1980, 81.

277 *Prütting*, ZPO § 286 Freie Beweiswürdigung, MüKoZPO, 6. Aufl. 2020, Rn. 88–92.

278 Vgl. *BGH*, NJW 1960, 821 = VersR 1960, 323; NJW 1967, 2012; *OLG Frankfurt a.M.*, und der dazugehörige Beschluss des *BGH*, NJW 1980, 2758 = VersR 1981, 42; *Baumbach, Lauterbach, Albers, Hartmann* § 286 Anm. 2 A.

279 *BGH*, NJW 1972, 1131 = VersR 1972, 743; NJW 1976, 1315; r+s 84/11; *OLG Hamburg*, MDR 1968, 332, *LG Hamburg*, r+s 1984, 10; *Stein, Jonas, Schönke* § 282 Anm. IVb.

280 Vgl. *OLG Frankfurt a./M.*, und den dazugehörigen Beschluss des *BGH*, NJW 1980, 2758 = VersR 1981, 42.

281 Vgl. *BGH*, NJW 1982, 1535 = r+s 1982, 156.

282 Wegen eines umfassenden Überblicks vgl. *Bacher*, BeckOK ZPO § 284 II, RNrn 94 ff.; *Saenger*, ZPO § 286 Freie Beweiswürdigung, *Saenger*, Zivilprozessordnung, 8. Aufl. 2019, Rn. 38–51; *Schulz-Merkel, Quarch*, 7. Anscheinsbeweis, *Balke/Reisert/Schulz-Merkel*, Regulierung von Verkehrsunfällen, 2. Aufl. 2021, Rn. 1–5.

283 Der indes *keine Umkehrung* der Beweislast (Rn. 456) bedeutet: *BGH*, BGHZ 2, 1; v. 25.10.1951 NJW 1952, 217 = DAR 1952, 56 = VRS 4, 91.

284 Zur *Rechtsnatur* des Anscheinsbeweises: *Diederichsen*, VersR 1966, 211; – zur Praxis und Dogmatik des Anscheinsbeweises *Greger*, VersR 1980, 1091; *Sanden*, VersR 1966, 201 (für Haftpflichtansprüche); *Zieres*, Geigel, Haftpflichtprozess, 26. Aufl. 2011, Rn. 462; *Jahnke*, Burmann, Heß, Hühnermann, Jahnke, Janker, Straßenverkehrsrecht, 24. Aufl. 2016, BGB § 254 Mitverschulden, Rn. 205–207; *OLG Hamm*, Urt. v. 17.02.2017 – Au I-11 U 21/16, BeckRS 17, 110395.

285 Vgl. *BGH*, NJW 1951, 70 = LM Nr. 1 zu § 286 ZPO; VersR 1956, 84; VersR 1957, 248; VersR 1957, 234; VersR 1962, 43 = VRS 22, 8; VersR 1982, 1145; *KG* v. 29.10.1984 VersR 1985, 369; *Thomas/Putzo*, § 286 Anm. 4a.

Geschehensablauf im Einzelfall so sehr das Gepräge des Gewöhnlichen und Üblichen trägt, dass die besonderen individuellen Umstände in ihrer Bedeutung zurücktreten.[286]

155 Die Gestaltung des konkreten Falles muss aus der Gesamtschau derart beschaffen sein, dass nach der Erfahrung des Lebens der nach den Denkgesetzen zu ziehende Schluss sich gerade aufdrängt. Es muss also nach der gesamten Sachlage für einen bestimmten Geschehensablauf ein so hohes Maß an Wahrscheinlichkeit bestehen, dass sie nach tatrichterlicher Überzeugung[287] einer Gewissheit gleichkommt.[288] Es bleibt sich in diesem Zusammenhang gleich, ob von einer feststehenden Ursache[289] auf einen bestimmten Erfolg oder – umgekehrt – von einem feststehenden Erfolg[290] auf eine bestimmte Ursache geschlossen wird[291] und die daraus abgeleiteten Behauptungen rechtlich als erwiesen betrachtet werden. Die Anwendung des Anscheinsbeweises setzt allerdings einen schlüssigen und glaubwürdigen Sachvortrag voraus, der in sich keine Widersprüche enthalten und auch von dem vorangegangenen Verhalten der beweispflichtigen Partei nicht abweichen darf.[292] Das *OLG Frankfurt am Main* lässt daher in einem Fall, bei dem es beim Einfädeln auf die Autobahn zu einem Unfall kam, den Anscheinsbeweis nicht zu.[293]

156 Der 45. VGT 1987 in Goslar hat dazu folgende Empfehlungen gegeben:

1. Der Anscheinsbeweis darf nur angewendet werden, wenn der zugrunde gelegte Erfahrungssatz die Kraft hat, die Überzeugung zum Hergang des Unfalls zu vermitteln.
2. Mit Rücksicht auf den gestiegenen Kenntnisstand bei der Rekonstruktion der Verkehrsunfälle sollte vom Anscheinsbeweis nur vorsichtig Gebrauch gemacht werden. Aus den Erkenntnissen der Unfallanalyse können sich aber auch neue Erfahrungssätze für die Anwendung des Anscheinsbeweises ergeben, freilich auch neue Möglichkeiten für dessen Entkräftung.
3. Vor Anwendung des Anscheinsbeweises sollte beachtet werden, dass ein Verkehrsunfall auf einem dynamischen Verkehrsgeschehen beruht, also aus der Endstellung der Fahrzeuge nicht immer auf Verursachung und Verschulden geschlossen werden kann.
4. Der Kurvenunfall ist aus der Sicht der Unfallanalyse zu komplex, als dass aus dem Abkommen eines Fahrzeugs zur kurvenäußeren Seite im Wege des Anscheinsbeweises auf ein Verschulden des Fahrers dieses Fahrzeugs geschlossen werden kann.[294]
5. Der Anscheinsbeweis kann nicht für den Nachweis grober Fahrlässigkeit verwendet werden.[295]

157 Noch weniger lässt sich mit dem Anscheinsbeweis »Höhere Gewalt« i.S.d. § 7 Abs. 2 StVG nachweisen.[296]

158 Kommt der Anscheinsbeweis zur Anwendung, dann ist es Sache des Anspruchsgegners, den gegen seine Rechtsposition sprechenden Beweis zu entkräften,[297] insbesondere Tatsachen zu behaupten und

286 *BGH*, VersR 1978, 74 (75, m.w.N.); r+s 1988, 239.

287 Vgl. dazu §§ 286, 287 ZPO; *BGH*, Urt. v. 01.10.2019 – VI ZR 164/18, NJW 2020, 1072.

288 Vgl. dazu: *BGH*, BGHZ 18, 311 = VersR 1955, 732; 1964, 263; 1971, 842; – vgl. ergänzend auch: *Gelhaar*, DAR 1953, 121.

289 Vgl. *OLG Karlsruhe*, VersR 1978, 771 (L).

290 *BGH*, VersR 1982, 1145; *Schmidt*, Kapitel 36. Beweisführung und Beweiswürdigung, *Geigel*, Haftpflichtprozess, 28. Aufl. 2020, Rn. 43–58; *Burmann*, ZPO § 287 Schadensermittlung; Höhe der Forderung, *Burmann, Heß, Hühnermann, Jahnke*, Straßenverkehrsrecht, 26. Aufl. 2020, Rn. 14–19.

291 Vgl. *OLG* Hamburg, VersR 1983, 1128.

292 *LG Duisburg*, VersR 1983, 549.

293 *OLG Frankfurt a.M.*, Urt. v. 29.03.2016 – 16 U 139/15, NJW-RR 2016, 1001.

294 *LG Gießen*, Urt. v. 08.10.2003 – 1 S 213/03, DAR 2004, 152.

295 Vgl. *BGH*, DAR 1970, 244 = VRS 39, 19; VersR 1972, 171; VersR 1972, 197; *Weingart*, VersR 1968, 427; *Lohe*, VersR 1968, 323; *OLG Nürnberg*, Urt. v. 25.04.2005 – 8 U 4033/04, a.A. *OLG Zweibrücken*, zfs 1987, 215 (bei Trunkenheit bei mehr als 1,3 ‰).

296 Vgl. *BGH*, Urt. v. 15.12.2015 – VI ZR 6/15, NJW 2016, 1098; *OLG Jena*, Urt. v. 15.06.2017 – 1 U 540/16, NJW 2018, 77.

297 Vgl. *BGH*, DAR 1982, 327; VersR 1982, 972; *OLG München*, VersR 1959, 255; *LG Saarbrücken*, Urt. v. 05.06.2020 – 13 S 181/19, NJWRR 2020, 912.

zu beweisen, die auf eine ernsthafte Möglichkeit eines anderen – davon abweichenden – Geschehensablaufs hindeuten.[298] Der Anscheinsbeweis ist entkräftet, wenn die Gegenpartei Tatsachen bewiesen hat, aus denen sich die Möglichkeit eines atypischen Geschehensablaufs ergibt.[299] Das lediglich vermutete Verschulden[300] reicht – ebenso wenig wie bei der Schadensausgleichung – nicht aus, da nur nachgewiesene Verschuldenskomponenten zu berücksichtigen sind.[301] Fährt ein Verkehrsteilnehmer auf der linken Spur einer Autobahn auf den Vordermann auf, der kurz davor die Spur gewechselt hat, um einen anderen Pkw zu überholen, haften beide Unfallparteien zu gleichen Teilen, wenn die ernsthafte Möglichkeit besteht, dass der Überholende die Sorgfaltsanforderungen des § 5 Abs. 4 StVO nicht eingehalten hat.[302] Zwar spricht der Anscheinsbeweis gegen den auffahrenden Hintermann. Jedoch ist der Anscheinsbeweis nicht erst dann erschüttert, wenn ein atypischer Unfallverlauf in einer den Anforderungen des § 286 ZPO entsprechenden Weise feststeht. Vielmehr reicht es zur Widerlegung des dem Anscheinsbeweis zugrundeliegenden Erfahrungssatzes aus, wenn aufgrund erwiesener Tatsachen die Möglichkeit besteht, dass sich der Unfall durch einen atypischen Verlauf ereignet haben mag. Gemäß § 5 Abs. 4 StVO muss sich derjenige, der zum Überholen ausscheren will, so verhalten, dass eine Gefährdung des nachfolgenden Verkehrs ausgeschlossen ist. Überschreitet allerdings der Überholer die Richtgeschwindigkeit erheblich, (z.B. um 70 km/h) haftet er zumindest aus dem Gesichtspunkt der Betriebsgefahr zu 30 % für den Unfall.[303]

Unter Heranziehung der Grundsätze über den Anscheinsbeweis kann nach einem Urteil des *LG Gera* davon ausgegangen werden, dass der auf eine Vorfahrtsstraße einbiegende Kfz-Fahrer im Fall eines Zusammenstoßes mit einem auf dieser Straße fahrenden Motorrad wegen einer Vorfahrtsverletzung den Unfall überwiegend allein verursacht hat. Der auf die Vorfahrtsstraße Einbiegende muss den Anscheinsbeweis entkräften.[304] **159**

Wenn von mehreren typischen Geschehensabläufen jeder für sich allein den Schaden verursacht haben kann, sind die Regeln des Anscheinsbeweises nicht anwendbar.[305] Dabei ist es unerheblich, welcher der unterschiedlichen Ursachen der größere Wahrscheinlichkeitsgehalt zufällt.[306] Beruht der Unfall auf zwei verschiedenen Ursachen, die beide typische Geschehensabläufe darstellen und hat der Verursacher nur für eine der Ursachen einzutreten, ist die Ursächlichkeit gerade der behaupteten Schadenursache konkret zu beweisen. Der Anscheinsbeweis ist nicht erst dann erschüttert, wenn ein atypischer Unfallverlauf in einer den Anforderungen des § 286 ZPO entsprechenden Weise feststeht. Zur Widerlegung des dem Anscheinsbeweis zugrunde liegenden Erfahrungssatzes genügt **160**

---

298 Vgl. *BGH*, DAR 1954, 256 = VRS 6, 341; DAR 1958, 13 = VRS 13, 401; VersR 1955, 189 = VRS 8, 238; 58, 228; VRS 21, 164; VersR 1962, 158; 1962, 642 = VRS 23, 88; VersR 1966, 693 (bei Blendung durch entgegenkommendes Kfz); *BAG* NJW 1967, 269 = VersR 1967, 169 = DAR 1967, 583 (bei Behinderung durch auf die Überholbahn ausscherendes Fahrzeug); *BGH*, VersR 1967, 794 (bei Aufprall gegen Baum mit 1 ‰ BAK); VersR 1969, 636 (Begegnungszusammenstoß auf der rechten Fahrbahnseite des anderen Verkehrsteilnehmers); *OLG Hamburg*, VersR 1956, 718; 1963, 1037; *OLG Karlsruhe*, VersR 1957, 47; *OLG Nürnberg* VersR 1964, 1184; *OLG München*, VersR 1970, 630 (bei Anstoß gegen einen Begrenzungspfosten auf übersichtlicher Fahrbahn).

299 *BGH*, VersR 1969, 636 (637); VersR 1969, 895 (897); VersR 1978, 945; DAR 1984, 85.

300 Beispielsweise nach § 18 Abs. 1 StVG.

301 Vgl. *BGH*, NJW 1962, 796 = DAR 1962, 152; *Knerr* Geigel, Haftpflichtprozess, 26. Aufl. 2011, Rn. 43 ff.

302 *OLG Saarbrücken*, Urt. v. 19.07.2005 – 4 U 290/04-31/05; so auch *LG Bochum*, Urt. v. 20.04.2005 – 9 S 269/04.

303 *OLG Düsseldorf*, Urt. v. 21.11.2017 – 1 U 44/17, r+s 2018, 158.

304 *LG Gera*, Urt. v. 29.09.2004 – 1 S 218/04.

305 *Schröder*, Der Anscheinsbeweis im Verkehrsrecht, SVR 2020, 164.

306 Vgl. *BGH*, NJW 1951, 70; JZ 1953, 47; BGHZ 24, 308 (312) = VersR 1957, 442; v. 23.04.1964 VersR 1964, 1063; VersR 1985, 81 (83, l.Sp.); *OLG Celle*, VersR 1968, 153; *KG* 12 U 562/75 v. 29.09.1975 (unveröffentl.); *Wieczorek*, 2. Aufl., § 282 ZPO Anm. D 11c 1; *Baumbach, Lauterbach, Albers, Hartmann* § 286 Anm. 3 B b.

es, wenn aufgrund erwiesener Tatsachen die Möglichkeit besteht, dass sich der Unfall durch einen atypischen Verlauf ereignet haben mag.[307]

161 Hat der Kläger (Anspruchsteller) für einen bestimmten Geschehensablauf, aus dem er Schadenersatzansprüche ableitet, den vollen Beweis geführt, dann ist es nicht mehr seine Sache, einen davon abweichenden Geschehensablauf, für den der andere Beteiligte (Beklagte) lediglich Beweisanzeichen (Indizien) anführt, im Rahmen des Hauptbeweises auszuschließen. Vielmehr hat insoweit der Beklagte die der Beweisführung des Klägers entgegenstehenden Tatsachen darzulegen und (voll) zu beweisen.[308] Gegen den Versuch des Anspruchstellers, mit dem Beweis des ersten Anscheins zu operieren, genügt indes bereits der bloße Hinweis auf die ernsthafte Möglichkeit eines von der Schilderung des Anspruchstellers abweichenden – also gegen den Anscheinsbeweis sprechenden – Geschehensablaufs.[309] Dazu bedarf es, eben mit Rücksicht darauf, dass die Bemühungen des beweispflichtigen Anspruchstellers, den Prima-facie-Beweis zu führen, sich erst im Versuchsstadium befinden, keines vollgültigen Gegenbeweises, sondern es genügt bereits der Hinweis darauf, dass der (angestrebte) Beweis des ersten Anscheins mangels Vorliegens der tatbestandsmäßigen Grundvoraussetzungen auf den konkreten Sachverhalt keine Anwendung findet.[310]

162 Ist der Beweis des ersten Anscheins demgegenüber jedoch gelungen, kann er vom anderen Teil nur durch den Vollbeweis entkräftet werden[311] oder durch den Nachweis, dass ein atypischer Geschehensablauf doch nicht vorlag.[312]

163 Wird beispielsweise ein Fußgänger auf der Fahrstraße angefahren, dann deutet der objektive Geschehensablauf im Zweifel auf ein Verschulden des Fußgängers, weil die Fahrbahn in erster Linie für den Fahrzeugverkehr bestimmt ist, dem im Verhältnis zu Fußgängern dort grundsätzlich der Vorrang zusteht.[313] Dies gilt insbesondere dann, wenn der Fußgänger nicht unerheblich unter Alkoholeinfluss stand.[314]

164 Wird ein Fußgänger von einem für ihn von rechts kommenden Kfz angefahren, zu einem Zeitpunkt also, in dem der Fußgänger bereits mehr als die Hälfte einer breiten Straße überquert hat, so

---

307 *OLG Saarbrücken*, Urt. v. 19.07.2005 – 4 U 290/04-31/05, BeckRS 2005, 11640; *Hensen, Keller*, Der Anscheinsbeweis bei erkennbar glatten Gehwegen, NJW 2020, 3751.

308 Vgl. *BGH*, VersR 1962, 43 = VRS 22, 8; *Sanden* VersR 1966, 201; *Prütting*, ZPO § 284 Beweisaufnahme, MüKo ZPO, 6. Aufl. 2020, Rn. 20–22.

309 Vgl. *OLG Hamburg*, VersR 1982, 873; *OLG Hamm*, VersR 1978, 47 (L); *LG Hildesheim*, NJW-RR 1986, 253.

310 *BGH*, VersR 1978, 945 = LM Nr. 70 zu § 286 ZPO, *BGH*, VersR 1981, 546 (548, l.Sp.).

311 *BGH*, VersR 1969, 136; NJW 1978, 2032 = BB 1978, 1233; *OLG Saarbrücken*, Urt. v. 13.08.2020 – 4 U 6/20, NJW-RR 2020, 1289.

312 Vgl. *BGH*, VersR 1969, 636; VersR 1969, 895; VersR 1978, 945; DAR 1984, 85.

313 Vgl. *BGH*, VersR 1965, 958; VersR 1967, 457; VersR 1974, 196; *OLG München*, VersR 1970, 477; *OLG Düsseldorf.* VersR 1972, 377; DAR 1977, 268; *KG* Urt. v. 06.06.2006 – 12 U 138/05, VRS 111, 166; *OLG Rostock*, Urt. v. 23.09.2005 – 8 U 88/04, DAR 2006, 278; *KG*, Beschl. v. 26.02.2009 – 12 U 143/08, NZV 2010, 149.

314 Vgl. *OLG München*, NJW-RR 1986, 253 = VersR 1987, 317 = zfs 1987, 131 (L); – a.A. *OLG Zweibrücken*, VersR 1977, 1135; *BGH*, VersR 1962, 251 (kein Anscheinsbeweis bei einem Unfall, den ein Motorradfahrer mit einem in gleicher Richtung und einer BAK von 1,4 ‰ sich bewegenden Fußgänger erleidet); VersR 1963, 285 (kein Anscheinsbeweis bei ungeklärter Gehweise eines am Fahrbahnrand von einem entgegenkommenden Kfz bei Dunkelheit mit einer BAK von 2,09 ‰ angefahrenen Fußgängers); NJW 1976, 897 = VersR 1976, 729 – DAR 1976, 159 = VRS 50, 324; *OLG Oldenburg*, Urt. v. 19.04.2004 – 15 U 5/04, r+s 2004, 476 für auf der Fahrbahn liegenden alkoholisierten Fußgänger; *OLG Jena*, Urt. v. 15.06.2017 – 1 U 540/16, NJW 2018, 77-Fußgänger hatte über 2 Promille).

können die Grundsätze des Anscheinsbeweises nicht (mehr) zum Beweis für ein Verschulden des Fußgängers herangezogen werden.[315]

165 Fährt ein Kfz bei Dunkelheit einen Fußgänger an, der möglicherweise so spät auf die Fahrbahn und in den Gesichtskreis des Fahrers getreten ist, dass auch bei angemessener Geschwindigkeit ein Zusammenstoß nicht mehr hätte vermieden werden können, spricht der Beweis des ersten Anscheins nicht für ein Verschulden des Kraftfahrers.[316] Das Gleiche gilt für den Fall, dass ein Fußgänger in der Morgendämmerung von der Seite her auf die Straße tritt.[317] Etwas anderes gilt, wen ein stark alkoholisierter Fußgänger nachts auf der Straße liegt und überfahren wird. In diesem Fall haftet der Fußgänger alleine.[318]

166 Eine geradezu typische Form der Anwendung des Anscheinsbeweises kommt beispielsweise bei Auffahrunfällen in Betracht,[319] in erster Linie also dann, wenn ein Kraftfahrzeug auf ein anderes – zu diesem Zeitpunkt möglicherweise bereits haltendes – Kfz von hinten auffährt.[320] In diesem Fall kann zumindest unbedenklich davon ausgegangen werden, dass der Unfall darauf beruht, dass der Fahrer des nachfolgenden (aufgefahrenen) Kfz entweder zu seinem »Vordermann« keinen den Erfordernissen der Verkehrslage entsprechenden Sicherheitsabstand eingehalten oder aber das von diesem eingeleitete Bremsmanöver zu spät bemerkt hat.[321] Dies bedeutet, dass dem auffahrenden Kraftfahrer bei beiden vorstellbaren Verhaltensmustern im Rahmen der insoweit zulässigen Wahlfeststellung nach dem Beweis des ersten Anscheins ein schadenursächliches Verschulden zur Last fällt.[322] Kommt es zu einem Zusammenstoß zwischen einem Linienbus, der auf der bevorrechtigten Straße den Bussonderstreifen befährt, mit einem von rechts eingebogenen PKW, der verkehrsbedingt mit seinem Heck auf dem Sonderstreifen zum Stehen gekommen war, und trifft den Busfahrer kein Verschulden, kommt es wegen der erhöhten Betriebsgefahr des Busses dennoch zu einer Mithaftung des Halters des Linienbusses. Ein »typischer« Auffahrunfall liegt nur vor, wenn ein nachfolgendes Kfz auf das Heck eines in demselben Fahrstreifen befindlichen Kfz auffährt. Eine bloße Teilüberdeckung der Stoßflächenreicht zwar aus, beide Kfz müssen aber etwa parallele Längsachsen haben.[323]

167 Will der Kraftfahrer diesen Schuldbeweis entkräften, muss er seinerseits den vollen Gegenbeweis für einen davon abweichenden Geschehensablauf führen. So muss er beispielsweise seine Behauptung,

---

315 *BGH*, DAR 1961, 13 = VRS 19, 401 (Rev.-Entsch. zu *OLG München* VersR 1959, 928); VersR 1966, 873 (Fußgänger wird beim Überschreiten einer 22 m breiten Fahrstraße etwa in Fahrbahnmitte, nachdem er einige Sekunden stehen geblieben ist, angefahren); *OLG Düsseldorf*, DAR 1977, 268 (ist ein Fußgänger beim Überschreiten der Fahrbahn mit einem von links gekommenen Kfz auf dessen rechter Fahrbahnseite zusammengestoßen, so spricht der Beweis des *ersten Anscheins* lediglich für eine Unachtsamkeit des *Fußgängers*, nicht aber für ein Verschulden des Kfz-Führers); *LG München* I, VersR 1970, 1063 (ein Fußgänger, der die Fahrbahn bis zur Mitte überquert hat, darf sich grundsätzlich darauf verlassen, dass er nicht mehr von links angefahren wird); *AG Wittenberg*, Urt. v. 16.12.2002 – C 1095/02 IV, für Unfall auf gut ausgeleuchteter Straße.

316 Vgl. *BGH*, DAR 1968, 239 2 = VRS 35, 86; *OLG München*, VersR 1970, 628; *LG Köln*, SP 1995, 254.

317 *BGH*, VersR 1968, 804.

318 *OLG Oldenburg*, Urt. v. 19.04.2004 – 15 U 5/04, r+s 2004, 476; zu Fußgängerunfällen siehe *Krumm*, Fußgänger, SVR 2021, 376.

319 Ausführliche Rechtsprechungsübersicht siehe *Kuhn*, Schadensverteilung bei Verkehrsunfällen, 11. Aufl., § 2 V Auffahren, Rn. 286–491.

320 Vgl. *BGH*, VersR 1969, 859; *OLG Hamburg* DAR 1965, 301; *OLG Köln* VersR 1970, 91; 1971, 945 = DAR 1971, 241; r+s 1982, 32; *KG*, SVR 2011, 222; *Hentschel*, § 4 StVO Rn. 18; vgl. *BGH*, Urt. v. 13.12.2016 – VI ZR 32/16, NJW 2017, 1177.

321 *LG Hanau*, Urt. v. 16.12.2005 – 2 S 236/05, DAR 2006, 330; *BGH*, Urt. v. 13.12.2016 – VI ZR 32/16, SVR 2017, 215.

322 Dieser Anscheinsbeweis bezieht sich jedoch nur auf den beim »Vordermann« entstandenen Heckschaden. Soweit zusätzlich noch ein Frontschaden eingetreten sein sollte, ist dafür der Geschädigte nach *allgemeinen Grundsätzen beweispflichtig* (vgl. dazu: *OLG Zweibrücken* r+s 1982, 32).

323 *KG*, SVR 2011, 222 (LS) m. Anm.; so schon *KG*, NZV 2009, 346; vgl. *LG Kiel, (1. Zivilkammer)*, Hinweisbeschluss v. 16.05.2019 – 1 S 23/18, BeckRS 2019, 42494.

er sei rechtzeitig hinter seinem »Vordermann« zum Halten gekommen, und der Schaden beruhe lediglich darauf, dass das vor ihm befindliche Kfz zurückgerollt sei, voll beweisen.[324]

168 Das Gleiche gilt für den Fall, dass der Aufgefahrene behauptet, er sei zunächst noch rechtzeitig zum Halten gekommen, dann jedoch dadurch auf seinen »Vordermann« gedrückt worden, dass ein anderes Kfz von hinten auf den bereits haltenden Wagen aufgefahren ist. Sollte das erste Kfz auf den »Vordermann« bereits vorher aufgefahren sein, dann lässt sich daraus die Vermutung ableiten, dass mit Rücksicht auf die durch das Auffahren vernichtete kinetische Energie und im Zusammenhang mit der verspäteten Reaktion der Bremsweg für den nachfolgenden Pkw verkürzt worden ist.[325] Unter dieser Voraussetzung müsste auch die Betriebsgefahr des ersten Pkw, für den ja ebenfalls ein Unfall »bei dem Betriebe« seines Kfz i.S.v. § 7 Abs. 1 StVG vorliegt, ergänzend in die Betrachtung einbezogen werden, sodass letztlich eine Schadenausgleichung nach dem Grade der beiderseits mitwirkenden Verursachung im Rahmen von § 17 Abs. 1 S. 2 StVG zu erfolgen hat.[326]

169 Ähnliche Überlegungen kommen auch für den Fall in Betracht, dass der aufgefahrene Verkehrsteilnehmer zur Entlastung seiner eigenen Rechtsposition vorträgt, der »Vordermann« habe ohne zwingende oder auch nur gerechtfertigte Veranlassung aus der Verkehrssituation heraus – also unmotiviert – gebremst, sodass diesem zumindest ein Mitverschulden zur Last fällt.[327] Der Anscheinsbeweis für ein Verschulden des Auffahrenden beruht auf dem Erfahrungssatz, dass das Auffahren im gleichgerichteten Verkehr regelmäßig auf mangelnde Aufmerksamkeit, überhöhte Geschwindigkeit oder einen ungenügenden Sicherheitsabstand des Auffahrenden zurückzuführen ist. Die für die Anwendung des für ein Verschulden des Auffahrenden sprechenden Anscheinsbeweises erforderliche Typizität der Unfallkonstellation fehlt, wenn ein Umstand vorliegt, der als Ursache aus dem Verantwortungsbereich des »Vordermanns« in Betracht kommt, etwa ein dem Auffahren vorangegangenes grundloses Abbremsen des »Vordermanns«.[328]

170 Ein Auffahrunfall, bei dem kein Anhaltspunkt für ein Fehlverhalten des »Vordermanns« besteht, begründet den Beweis des ersten Anscheins dafür, dass der Unfall allein auf der Unachtsamkeit des nachfolgenden Verkehrsteilnehmers beruht. Dies gilt auch in den Fällen, in denen ein Anhalten des »Vordermanns« für das Auffahren ursächlich geworden ist, wenn dieses Anhalten einer auch dem nachfolgenden Verkehr erkennbaren Verkehrspflicht des Vorausfahrenden entsprach.[329]

171 Der Beweis des ersten Anscheins beim Auffahrunfall kann erschüttert oder ausgeräumt werden, wenn der Auffahrende die ernsthafte Möglichkeit eines anderen nämlich atypischen – Geschehensablaufs

324 Vgl. *LG Itzehoe*, DAR 1997, 114.

325 Vgl. *OLG Karlsruhe*, DAR 2009, 702.

326 *OLG Stuttgart*, VersR 1980, 39; *OLG Nürnberg*, DAR 1982, 329 = VRS 82, 355.

327 *KG*, VRS 34, 108 (ein Kraftfahrer muss sich von vornherein darauf einstellen, dass er auf ein für ihn und sein Fahrzeug keine Gefahr bildendes kleines Tier auf der Fahrbahn nicht unter allen Umständen, sondern nur dann Rücksicht nehmen darf, wenn dies ohne Beeinträchtigung der Verkehrssicherheit durch Bremsen oder Ausweichen möglich ist); *OLG München*, DAR 1974, 19 (wer ohne zwingenden Grund wegen eines Igels abbremst, haftet selbst mit einem Drittel); *LG Augsburg*, zfs 1983, 289 (25 % mitwirkende Verursachung, wenn der Kfz-Führer wegen einer die Fahrbahn überquerenden Katze scharf gebremst hat und der nachfolgende Verkehrsteilnehmer aufgefahren ist); – vgl. demgegenüber: *BGH, VersR 1966*, 143 (*volle* Haftung des Auffahrenden, obwohl der »Vordermann« wegen eines Hundes scharf abgebremst hatte); *OLG Nürnberg*, VersR 60, 956 (volle Haftung des Auffahrenden, obwohl der »Vordermann« wegen einer die Fahrbahn kreuzenden Katze scharf gebremst hatte); *LG Bonn*. r+s 1985, 32; *OLG Koblenz*, Urt. v. 12.09.2019 – 12 U 1280/18, SVR 2020, 304 (bei Auffahren an einer auf grün umgesprungenen Ampel auf das plötzlich wieder abbremsende vorausfahrende Kfz Mithaftung des Auffahrenden in Höhe von 40 %).

328 *OLG Frankfurt a.M.*, Urt. v. 02.03.2006 – 3 U 220/05, VersR 2006, 372.

329 Vgl. *BGH*, VersR 1969, 859; VersR 1969, 900 (Auffahren im Zusammenhang mit der Überschreitung der Geschwindigkeitsbegrenzung); *OLG Celle*, VersR 1974, 496; *OLG Zweibrücken*, VersR 1975, 1158; *OLG Köln*, VersR 1976, 670 (L) = DAR 1976, 134; *OLG Karlsruhe*, VersR 1976, 1140; *LG Düsseldorf*, VersR 1963, 761 (Kettenzusammenstoß).

darlegt und beweist.[330] Die Entkräftung des Anscheinsbeweises hat zur Folge, dass der Fahrer oder Halter des voraus fahrenden Kfz den von ihm behaupteten Sachverhalt vollgültig beweisen muss.[331]

Fährt ein Kraftfahrer auf der Autobahn bei Dunkelheit auf ein langsam vorausfahrendes beleuchtetes Kfz auf, so spricht ebenfalls der Beweis des ersten Anscheins für sein Verschulden.[332] 172

Bei Massenunfällen[333] (Kettenunfällen) gilt der Beweis des ersten Anscheins nicht ohne Weiteres,[334] sondern uneingeschränkt nur für den letzten Fahrer der Kette.[335] 173

Dieser Anscheinsbeweis bezieht sich jedoch nur auf den beim »Vordermann« entstandenen Heckschaden. Soweit zusätzlich noch ein Frontschaden eingetreten sein sollte, ist dafür der Geschädigte nach allgemeinen Grundsätzen beweispflichtig.[336] 174

Bei einer sog. Massenkarambolage gilt seit 2015 nach einer freiwilligen Regelung der Kfz-Haftpflichtversicherer ein besonderer Regulierungsweg. Von einem Massenunfall wird gesprochen, wenn mindestens 40, in Sonderfällen, in denen die Rekonstruktion des Unfalls nahezu nicht möglich ist, mindestens 20 Kfz in einen Unfall verwickelt waren.[337] Dabei muss es sich um einen einheitlichen Unfallhergang handeln. Sind zwar mindestens 40 Kfz beteiligt, haben sich deren Unfälle aber zeitlich unterschiedlich ereignet, kommt die Sonderregelung nicht zur Anwendung. Weiterhin ist erforderlich, dass die Polizei kein eindeutiges Verschulden feststellen kann. Unter diesen Umständen kann jeder Geschädigte seinen Sach- und Personenschaden bei seiner eigenen Kfz-Haftpflichtversicherung melden. Diese ersetz den entstandenen Schaden zu 100 %. Eine Rückstufung im Schadenfreiheitsrabatt erfolgt unter diesen Umständen nicht.[338] Die Rechtsprechung billigt dem Kraftfahrer überwiegend zu, dass er regelmäßig nicht mit einem »ruckartigen« Anhalten seines »Vordermanns« infolge Auffahrens auf ein Hindernis rechnen muss.[339] In diesem Fall kann für den Auffahrenden ein unabwendbares Ereignis i.S.v. § 7 Abs. 2 StVG a.F. vorliegen, weil bei der Bemessung des von seiner eigenen Geschwindigkeit abhängigen Bremsweges den Umstand mit in Betracht ziehen durfte, dass auch der Vorausfahrende seinerseits unter normalen Umständen einen angemessenen Anhalteweg benötigt,[340] um zum Stillstand zu kommen.[341] Dies gilt insbesondere für den Fall, dass der nachfolgende Verkehrsteilnehmer erkannt hat, dass die Fahrbahn des Vorausfahrenden frei von Hindernissen war und dass die unfallträchtige Verkehrslage sich in zunächst nicht vorhersehbarer Form ganz plötzlich entwickelt hat.[342] Dabei wird es sich jedoch nach den Erfahrungen der Praxis 175

330 Vgl. *BGH*, VersR 1969, 636; VersR 1969, 859; VersR 1978, 945; DAR 1984, 85; – Dies kann beispielsweise dann der Fall sein, wenn nach dem Ergebnis der Beweisaufnahme das erste Fahrzeug rückwärtsgefahren sein kann, um in eine Parklücke einzufahren (*KG*, DAR 1977, 20).

331 *BGH*, VersR 1960, 1118; VersR 1963, 95; *KG*, 12 U 209/73 v. 24.05.1973 (n.v.: kein Anhaltspunkt für ein Fehlverhalten des Vorauffahrenden); DAR 1978, 155 = VRS 77, 20; *OLG Celle*, VersR 1974, 438; *OLG Köln*, VersR 1974, 761; *LG Stuttgart* VersR 1975, 165; *LG Amberg*, VersR 1979, 1130.

332 *BGH*, VersR 1964, 262 = DAR 1964, 133 = VRS 26, 251; *BGH*, DAR 2001, 163; *OLG München* VersR 1967, 691; *OLG Schleswig* NZV 1988, 228.

333 Bezüglich der Möglichkeiten zur Rekonstruktion von Massenunfällen vgl. *Schimmelpfennig* DAR 1984, 139; *Fichtner* VersR 1986, 320; 1986, 525.

334 *LG Saarbrücken (13. Zivilkammer)*, Urt. v. 07.09.2018 – 13 S 43/17, BeckRS 2018, 22483; *Burmann*, § 4 StVO Abstand, *Burmann, Heß, Hühnermann, Jahnke*, Straßenverkehrsrecht, 26, Aufl. 2020, Rn. 24, 25.

335 *OLG Karlsruhe*, VersR 1982, 1150 = r+s 1983, 15.

336 *OLG Zweibrücken*, r+s 1982, 32.

337 *Link*, Pardey, Balke, Link, Schadenrecht, 1. Aufl 2023, Massenschäden bei Kfz-Unfällen, Rn. 1–13.

338 https://www.gdv.de/de/medien/aktuell/versicherer-machen-schadenregulierung-einfacher-8360.

339 Vgl. *OLG Frankfurt a.M.*, VRS 49, 452; *OLG Hamm*, VRS 17, 468; *OLG Karlsruhe*, VRS 33, 219; *OLG Köln*, VerkMitt 79 Nr. 113; a.A. für Autobahnen zur Nachtzeit: *OLG Hamburg*, VRS 33, 59.

340 *BGH*, r+s 1987, 65 = VersR 1987, 358; *OLG Hamm*, VRS 71, 212.

341 *AG Köln*, r+s 1981, 257; seit 01.08.2002: Entlastung nur noch bei Höherer Gewalt.

342 Vgl. *BGH*, NJW 1974, 1378 = VersR 1974, 997; VersR 1982, 854.

um absolute Ausnahmefälle handeln, die nicht geeignet sind, den grundsätzlich gegen den Auffahrenden sprechenden Anscheinsbeweis ernsthaft infrage zu stellen.[343]

176 Der Anscheinsbeweis wird, wenn der Vorausfahrende wegen einer Radaranlage abbremst, jedenfalls dann nicht erschüttert, wenn das Bremsen nicht abrupt erfolgt.[344]

177 Der Anscheinsbeweis für ein Verschulden des Auffahrenden gilt im Prinzip – jedenfalls nach Eintritt der Dunkelheit[345] – auch dann, wenn ein Kraftfahrer gegen ein unbeleuchtetes Hindernis stößt.[346] Er ist nach der Lebenserfahrung entweder zu schnell gefahren oder er hat die gebotene Aufmerksamkeit nicht beachtet und daher zu spät reagiert.[347] Dies gilt auch für Fahrzeuge, die auf der BAB ohne ausreichende Sicherung zum Halten gekommen sind.[348]

178 Bemerkt der Kfz-Führer bei Tageslicht ein etwa 1,4 m langes Reifenstück, das auf der Fahrbahn liegt, nicht rechtzeitig, spricht der Beweis des ersten Anscheins für seine Unachtsamkeit.[349]

179 Auf der anderen Seite spricht ein Beweis des ersten Anscheins gleichzeitig aber auch dafür, dass den unbeleuchteten »Vordermann« und den Verkehrsteilnehmer, dessen Beleuchtungseinrichtungen Mängel aufweisen, ein Mitverschulden an dem Unfall trifft,[350] insbesondere bezüglich der insoweit maßgeblichen Haftung, falls der Verstoß gegen die Beleuchtungsvorschriften mitursächlich zum Schaden geführt hat.[351]

180 Diese Grundsätze gelten jedoch nicht ohne Weiteres bei Hindernissen, die frei in den Luftraum über der Verkehrsfläche hineinragen, wie etwa eine verkehrswidrig abgelegte Sperrstange eines Weidezaunes, der einen Teil der Fahrbahn versperrt.[352] Ebenfalls gilt der Anscheinsbeweis nicht für den Fall, dass den Halter oder Fahrer eines – nicht zu ermittelnden – Kfz ein Verschulden bei der Verursachung einer Ölspur trifft.[353] Ein Haftungsausschluss nach § 7 Abs. 2 StVG kommt bei verlorenem Öl als ausschließlicher Unfallursache nicht in Betracht.[354] Im zu entscheidenden Fall des *LG Hamburg* hatte keine zusätzliche Verschmutzungen durch Laub oder Dung vorgelegen. Die Straße verläuft in einer Biegung, sodass der Kläger nicht in der Lage war, auf einen größeren Abstand den liegen gebliebenen Pkw der Beklagten zu erkennen. Zwar haben sich die Zeugen bemüht, die von der Ölspur ausgehenden Gefahren zu minimieren, indem sie das erforderliche Warndreieck aufstellten

343 Bei Nichtaufleuchten der Bremsleuchte des »Vordermannes« ist bei einem Auffahrunfall dessen Betriebsgefahr *doppelt* so hoch zu bewerten wie die des aufgefahrenen Kfz (*OLG Karlsruhe*, VersR 1982, 1205 = VRS 62, 408).

344 *LG Stuttgart*, SP 93, 234; *LG Dresden*, NZV 2004, 367.

345 *BGH*, VersR 1967, 178; *OLG Oldenburg*, r+s 2004, 476; *LG Arnsberg*, SP 2001, 5.

346 Vgl. *BGH*, VersR 1959, 46 – VRS 16, 96; VersR 1959, 805 (Treiben von Vieh auf unbeleuchteter Landstraße ohne Mitführung von Leuchten); VersR 1959, 613; VersR 1962, 633 = VRS 23, 18 (ungenügend beleuchtetes Fahrrad, dessen Rückleuchte durch einen Anhänger verdeckt ist); VersR 1963, 1026; VersR 1967, 178; VersR 1972, 1067; *OLG Karlsruhe*, VersR 1968, 1196 (L: Anscheinsbeweis zulasten des Auffahrenden gilt auch dann, wenn das unbeleuchtete Hindernis sich kurz hinter einer Kurve befindet); VersR 1975, 865; *OLG Düsseldorf*, VersR 1975, 956; *AG Köln*, Urt. v. 05.08.2003 – 268 C 58/02, SP 2004, 42 für Kollision eines Motorradfahrers mit einem unbeleuchteten Hindernis.

347 Vgl. *BGH*, NJW 1960, 99 = VersR 1959, 1034 = VRS 17, 406; VersR 1963, 1026; *OLG Karlsruhe*, VersR 1968, 1196 (L); VersR 1975, 865; *OLG Düsseldorf* VersR 1975, 956.

348 Vgl. *BGH*, VersR 1960, 710; *OLG Celle*, VersR 1986, 450; *AG Köln*, SP 2004, 42; *LG Freiburg*, BeckRS 2008, 05248.

349 *OLG Koblenz*, VRS 68, 32.

350 Vgl. *BGH*, DAR 2001, 163.

351 Vgl. *BGH*, DAR 1960, 16 = VRS 17, 406; *OLG Karlsruhe*, VersR 1968, 1196; VersR 1975, 865; *OLG Düsseldorf*, DAR 1976, 215; *OLG Hamm*, VersR 1976, 299 (L); *OLG Düsseldorf*, BeckRS 2008, 15715.

352 Vgl. *BGH*, VersR 1972, 1067.

353 *LG Hamburg*, VersR 1977, 582; vgl. zum Anscheinsbeweis in solchen Fällen *OLG Koblenz*, Urt. v. 16.03.2015 – 12 U 1010/14, BeckRS 2015, 06246.

354 *AG Hannover*, Urt. v. 28.05.2002 – 531 C 19272/01.

und zusätzlich ein Zeuge die ankommenden Fahrzeuge auf die linke Fahrspur einwies. Es lässt sich aber nicht feststellen, dass diese Vorkehrungen für den Kl. selbst rechtzeitig zu erkennen waren. Hier ist auch zu berücksichtigen, dass ein Motorradfahrer hinter vor ihm fahrenden Pkw eine schlechtere Sichtmöglichkeit hat als ein Pkw-Fahrer.

Nicht bei jedem Unfall, dessen Hergang ungeklärt ist, kann aus der Tatsache, dass einer der betei- **181**
ligten Fahrzeugführer unter Alkoholeinfluss gestanden hat, nach dem Beweis des ersten Anscheins zwingend gefolgert werden, dass dieser Fahrer sich falsch verhalten haben müsse.[355] Eine auf die Lebenserfahrung gegründete Annahme für das Fehlverhalten eines unter Alkoholeinfluss stehenden Verkehrsteilnehmers ist nicht allgemein, sondern nur dann zu bejahen, wenn sich der Unfall bei einer Verkehrslage ereignet hat, die ein nüchterner Kraftfahrer hätte meistern können,[356] es sei denn, dass eine BAK von mehr als 1,1 ‰ festgestellt worden ist.[357] Nimmt ein Versicherungsnehmer seine Vollkaskoversicherung nach einem Unfall in Anspruch, an welchem er in absolut fahruntüchtigem Zustand aufgrund Alkoholgenusses beteiligt war, so obliegt ihm die Entkräftung des Anscheins, dass der Unfall einem Nüchternen nicht geschehen wäre. Nicht ausreichend hierfür ist die Behauptung der allgemeinen Möglichkeit, dass der unfallursächliche Fahrfehler auch einem Nüchternen unterlaufen kann. Vielmehr muss der Versicherungsnehmer Umstände nachweisen, aus denen sich auf die ernsthafte, nicht nur theoretische Möglichkeit einer alternativen Kausalkette folgern lässt.[358] Anders ist es bei relativer Fahruntüchtigkeit. Hier muss der Versicherer den Nachweis erbringen, dass der Unfall ohne den Genuss von Alkohol nicht passiert wäre.[359] Unter Berücksichtigung der allgemeinen Verkehrslage braucht ein Kraftfahrer sich in seinem Verhalten nicht darauf einzustellen, dass Fußgänger unter Missachtung aller nahe liegenden und gebotenen Vorsichtsmaßnahmen plötzlich und unachtsam in seine Fahrbahn treten.[360] Etwas anderes gilt nur, wenn die Alkoholisierung für den Kraftfahrer erkennbar ist.[361]

Ein Anscheinsbeweis zulasten des unter Alkoholeinfluss stehenden Verkehrsteilnehmers kommt auch **182**
dann nicht in Betracht, wenn zur Alkoholbeeinflussung eine körperliche Behinderung des Fahrers hinzutritt.[362] Wenn jedoch ein unter starkem Alkoholeinfluss stehender Kfz-Führer bei Glatteis von der Fahrbahn abkommt und in die Gegenfahrbahn gerät, spricht der Beweis des ersten Anscheins dafür, dass dieser Fahrer bei der Bedienung seines Kfz die Pflichten zur Wahrnehmung der im Verkehr erforderlichen Sorgfalt verletzt hat und fahruntüchtig war.[363] Diese Auffassung ist einleuchtend,

---

355 Vgl. *BGH*, VersR 62, 132 = VRS 22, 87; *Burmann, Heß*, B. Prozessuale Fragen, Berz/Burmann, Handbuch des Straßenverkehrsrechts, Werkstand: 42. EL August 2020, Rn. 284–289.

356 Vgl. *BGH*, BGHZ 18, 311; *KG* DAR 75, 41; *OLG Saarbrücken*, Urt. v. 29.07.2003 – 3 U 691/02-68, VersR 2004, 621; *OLG Hamm*, Urt. v. 28.01.2010 – 6 U 159/09, NJOZ 2011, 589.

357 Vgl. *Burmann*, Burmann, Heß, Hühnermann, Jahnke, Straßenverkehrsrecht, 28. Aufl. 2024, ZPO § 287 Schadensermittlung; Höhe der Forderung, Rn. 16.

358 *OLG Naumburg*, Urt. v. 16.09.2004 – 4 U 38/04, r+s 2005, 54; Kuhn, Schadensverteilung bei Verkehrsunfällen, 11. Aufl. § 3 Kaskoversicherung, IV. 2. Rn. 32–49.

359 *OLG Brandenburg*, Urt. v. 08.01.2020 – 11 U 197/18, r+s 2020, 266; Kuhn, Schadensverteilung bei Verkehrsunfällen, 11. Aufl. § 3 Kaskoversicherung, IV. 2. Rn. 50–70.

360 *OLG Stuttgart*, VersR 1980, 243; – a.A. *OLG Frankfurt a.M.*, VersR 1981, 51 (Beweis des ersten Anscheins bei einer BAK von 1,8 ‰ und damit für grobe Fahrlässigkeit, gilt auch bei einem Wildschaden; der Anscheinsbeweis wird durch einen lediglich behaupteten *Nachtrunk* nicht ausgeräumt).

361 *OLG München (10. Zivilsenat)*, Urt. v. 12.06.2015 – 10 U 3981/14, BeckRS 2015, 10738.

362 *BGH*, VersR 1962, 132 = VRS 22, 87.

363 Vgl. *OLG Schleswig*, VersR 1975, 1132 (L: mit einer BAK von 1,6 ‰); – ähnlich auch: *OLG Nürnberg*, VersR 1964, 1184 (für den Fall, dass ein Kraftfahrer in einer nur leicht gekrümmten Rechtskurve auf ansonsten freier Strecke von der normal beschaffenen Fahrbahn abkommt); *OLG Karlsruhe*, VersR 1964, 1093 (Abkommen von der Fahrbahn ohne erkennbaren Anlass); *OLG München*, VersR 1974, 73 (Verfehlen einer Straßenfortsetzung nach dem Befahren einer Kurve); *OLG Celle*, VersR 1974, 1209 (L: Kfz.-Führer mit einer BAK von 1,66 ‰ gerät auf trockener Autobahn ins Schleudern, ohne dass technische Mängel am Fahrzeug festgestellt werden konnten).

weil unter den hier dargestellten Voraussetzungen auch ohne Alkoholbeeinflussung üblicherweise der Beweis des ersten Anscheins herangezogen wird.

183 Wenn eine Straßenbahn auf einen innerhalb der Gleiszone befindlichen Teilnehmer am Individualverkehr auffährt, ist für die Anwendung des Anscheinsbeweises selbst für den Fall, dass feststehen sollte, dass der andere Verkehrsteilnehmer im Zeitpunkt des Zusammenstoßes bereits gehalten hat, grundsätzlich schon deswegen kein Raum, weil es insoweit an einem typischen Geschehensablauf mangelt, der zwangsläufig auf eine ganz unbestimmte Ursache schließen lässt.[364] Die Lebenserfahrung spricht gerade nicht von vornherein für ein Verschulden des Straßenbahnfahrers, der mit Rücksicht auf die Bindung der Straßenbahn an Gleise und im Hinblick auf ihren langen Bremsweg nicht einem Teilnehmer am Individualverkehr – insbesondere einem Pkw-Fahrer – gleichgestellt werden kann.[365] Etwas anderes gilt allerdings, wenn nachweisbar der Bremsweg für den Straßenbahnführer lange genug gewesen wäre, um vor dem Kfz zum Stehen zu kommen.[366]

184 Im Gegenteil: wenn es zwischen einem Kfz und einem Schienengebundenen Fahrzeug zu einem Unfall innerhalb der Gleiszone kommt, dann spricht der Beweis des ersten Anscheins dafür, dass der Kraftfahrer seiner Verpflichtung, der Straßenbahn – einem an Schienen und Fahrplan gebundenen, im öffentlichen Interesse eingesetzten sozialen Massenbeförderungsmittel – so weit wie möglich freie

---

364 *OLG München*, VersR 1967, 167 (das von einer vollen Haftung des Kfz-Führers ausgeht und den Anscheinsbeweis bereits dann für ausgeräumt hält, »wenn das Kfz so nahe vor dem Straßenbahnzug auf das Gleis gefahren wurde, dass die Notwendigkeit der Schnellbremsung ernsthaft in Erwägung gezogen werden musste«); *OLG Düsseldorf*, VersR 1969, 334; 1976, 499; VRS 68, 38; VersR 1988, 90 = VRS 71, 264; *OLG Hamburg*, VersR 1975, 474 (Haftungsverteilung im Verhältnis 3: 2 zulasten der Straßenbahn); VersR 1975, 474; *OLG Dresden* VersR 1997, 332; *Schneider* VersR 1977, 687 (689); *Full* Haftung, § 16 StVG, Rn. 151; – a.A. wohl: *BGH*, VersR 1958, 626 (für den Fall, dass die Straßenbahn auf einen »weithin sichtbaren Kraftomnibus aufgefahren« ist. Dabei scheint der *BGH* indes übersehen zu haben, dass bei einem derartigen Sachverhalt, sollte er tatsächlich feststehen, der Anscheinsbeweis ohnehin entbehrlich ist); *AG Düsseldorf*, Urt. v. 01.07.2010 – 39 C 12 605/09, BeckRS 2013, 21186; *OLG Brandenburg*, Urt. v. 26.02.2009 – 12 U 145/08, NZV 2009, 497; Metz, Der Anscheinsbeweis bei Kollision von Kfz und Straßenbahn – zugleich Anmerkung zum Urteil des *OLG Brandenburg*, Urt. v. 26.02.2009 – 12 U 145/08, NZV 2009, NZV 2009, 484.

365 Soweit es sich um den *allgemeinen* Vorrang des Schienenverkehrs vor dem Individualverkehr handelt, vgl. *BGH*, VersR 1964, 1241 (beim Auffahren eines Straßenbahnzuges auf einen zum Zwecke des Linksabbiegens auf den Schienen eingeordnet haltenden Pkw hat der Halter 50 % des Schadens selbst zu tragen); VersR 1970, 1049; VersR 1976, 932 (933) = DAR 1976, 271 = r+s 1976, 255 = VRS 51, 337; *OLG München*, VersR 1966, 167; VersR 1967, 236 – DAR 1967, 244 = VRS 32, 249 (Fußgänger); *OLG Hamburg*, VersR 1966, 741; VersR 1965, 1182 (beim Anhalten eines Kfz unmittelbar vor einem von hinten gekommenen Straßenbahnzug im Schienenbereich und Auffahren der Straßenbahn auf den bereits haltenden Pkw); VersR 1968, 975; VersR 1976, 1139 (keiner Seite ein Verschulden nachweisbar); *OLG Düsseldorf*, VersR 1965, 1158 = VRS 29, 332; VersR 1969, 334; VersR 1969, 429; VersR 1976, 499; *OLG Bremen*, VersR 1967, 1161 (Mitverschulden des Straßenbahnfahrers, wenn dieser auf der von ihm als gefährlich erkannten Kreuzung in der Lage gewesen wäre, rechtzeitig vor dem in den Schienenbereich eingefahrenen Lastzug anzuhalten); 3 U 127/61 v. 28.01.1969 (unveröffentl.); *OLG Köln*, VersR 1971, 1069; *OLG Braunschweig*, VersR 1972, 493; *OLG Hamm*, VersR 1972, 962 (beim Auffahren eines Straßenbahnzuges auf einen im Schienenbereich zum Halten gebrachten Pkw); VersR 73, 282; VersR 1973, 864; VersR 1974, 1228 (bei der Kollision eines im Schienenbereich haltenden Linksabbiegers mit einem entgegenkommenden Straßenbahnzug); *OLG Celle*, VersR 1974, 980; VersR 1981, 783; *LG Hannover*, VersR 1966, 861; *LG Düsseldorf* VersR 1976, 101 (L: wenn ein Kraftfahrer sein Kfz in gefährlicher Nähe der in Straßenmitte verlegten Straßenbahnschienen abstellt); *OLG Brandenburg*, NZV 2009, 497 zur Kollision eines auf den Schienen wartenden PKW- mit einer herannahenden Straßenbahn; *Full*, Haftung, § 4 HG Rn. 7; *Filthaut*, Haftung, B II 3a (S. 25); HG § 1 Rn. 224; DAR 1973, 309; weitere Rechtsprechung siehe *Kuhn*, Schadensverteilung bei Verkehrsunfällen, 10. Aufl., § 2 XXIV, Rn. 1559–1584.

366 *OLG Düsseldorf*, Urt. v. 05.12.2017 – I-1 U 33/17, NJOZ 2018, 1868.

Durchfahrt zu gewähren (§ 2 Abs. 3 StVO), nicht genügt hat. Es ist dann Sache des Kfz-Führers, diesen gegen ihn sprechenden Anscheinsbeweis seinerseits auszuräumen.[367]

Falls auch unmittelbar vor der Straßenbahn, wie dies häufiger geschieht, ein Kfz-Fahrer den Fahrstreifen gewechselt[368] haben sollte, dann liegt zusätzlich noch ein Verstoß des Kraftfahrers gegen die besonders strenge Bestimmung des § 7 Abs. 5 StVO vor, nach der ein Fahrstreifen lediglich dann gewechselt werden darf, wenn eine Gefährdung anderer Verkehrsteilnehmer ausgeschlossen ist. 185

In der Regel gilt also der Anscheinsbeweis im Verhältnis zur Straßenbahn nicht, falls diese auf ein Fahrzeug des Individualverkehrs aufgefahren sein sollte.[369] 186

Kommt es im Kreuzungsbereich zu einem Zusammenstoß zwischen einem Vorfahrtsberechtigten und einem Wartepflichtigen, dann spricht nach den Grundsätzen des Anscheinsbeweises die Vermutung dafür, dass der Unfall auf einer Verletzung der Vorfahrt beruht und vom Wartepflichtigen schuldhaft verursacht worden ist.[370] Bei extrem überhöhter Geschwindigkeit des Vorfahrtsberechtigten jedoch (104 km/h statt erlaubter 50 km/h) ist der Anscheinsbeweis für ein schuldhaftes Verhalten des Wartepflichtigen als erschüttert anzusehen.[371] 187

Damit ist freilich noch nichts darüber gesagt, dass der betreffende Vorfall sich für den Vorfahrtsberechtigten als ein unabwendbares Ereignis darstellt und er demgemäß vollen Schadenersatz zu beanspruchen hat.[372] 188

Voraussetzung für die Anwendung des Anscheinsbeweises zugunsten des Bevorrechtigten ist auch hier, dass es sich bei der Beweisfrage um einen typischen Geschehensablauf handelt, der unter Auswertung allgemeiner Erfahrungssätze auf ein schuldhaftes Verhalten des Wartepflichtigen hindeutet.[373] 189

Der Anscheinsbeweis gilt insbesondere für den Fall, dass der wartepflichtige Verkehrsteilnehmer unmittelbar vor dem Unfall aus einer Nebenstraße in die bevorrechtigte Straße eingebogen ist.[374] Er wird nicht bereits dadurch ausgeräumt, dass der Vorfahrtsberechtigte bei sorgfältigerer Fahrweise in der Lage gewesen wäre, den Unfall noch durch rechtzeitiges Anhalten oder Ausweichen zu vermeiden.[375] Erforderlich ist vielmehr der Nachweis der ernsthaften Möglichkeit, dass der Wartepflichtige das Herannahen des Vorfahrtsberechtigten auch unter Ausschöpfung aller Sorgfaltspflichten nicht 190

367 *LG Wuppertal*, VersR 1981, 91; *OLG Hamm*, Urt. v. 22.11.2004 – 13 U 131/04, NZV 2005, 414.

368 *OLG München*, VersR 1967, 177; *OLG Hamburg*, VersR 1975, 474; *OLG Düsseldorf*, VersR 1976, 499.

369 *LG Kassel*, Urt. v. 06.10.2003 – 1 S 137/03, VRS 106, 445. Eine umfangreiche Rechtsprechungsübersicht zu Straßenbahnunfällen findet sich bei Kuhn, Schadensverteilung bei Verkehrsunfällen, 11. Aufl., § 21 XXIV Straßenbahn, Rn. 1699–1729.

370 Vgl. *BGH*, VersR 63, 1075 = VRS 25, 416; VersR 1964, 48; VRS 26, 48 = NJW VersR 1964, 1371 = VersR 1964, 639 = VRS 26, 420; VersR 1976, 365; VRS 50, 164; VersR 1976, 365; NJW 1976, 1317; NJW 1982, 2668 = VersR 1982, 903 = DAR 1982, 326; *OLG Oldenburg*, VersR 1953, 263; *OLG Hamm*, VersR 1978, 64; VersR 1975, 161; *OLG Celle* VersR 1973, 1147; *OLG Düsseldorf*, VRS 47, 87; DAR 1975, 330; *KG* 12 U 125/75 v. 14.07.1975 (Vorfahrt »rechts vor links«); *OLG München*, DAR 1976, 104; *OLG Köln*, DAR 1975, 214; VersR 1978, 830; VersR 1981, 340; *OLG Saarbrücken*, VersR 1981, 580; *KG* DAR 1977, 159; *OLG Hamm*, VersR 1978, 64; *OLG Stuttgart*, VersR 1982, 782; *LG Hamburg*, VersR 73, 1172; *LG Krefeld*, VersR 1979, 634; *LG Trier*, VersR 1980, 1128; *LG Kassel*, r+s 1987, 191; *AG Hamburg*, DAR 1999, 368; *LG Saarbrücken*, Urt. v. 29.04.2016 – 13 S 3/16, NJW-RR 2016, 1307; *LG Cottbus*, Urt. v. 13.32.2017 – 2 O 136/16, BeckRS 2017, 155398.

371 Vgl. dazu: *BGH*, r+s 1986, 173; *KG*, NZV 2009, 344; zu Haftungsquoten vgl. *Kuhn* Schadensverteilung bei Verkehrsunfällen, 10. Aufl. § 2, XXIX, Rn. 1926–1954.

372 *BGH*, VersR 1964, 48; v. 17.05.1966 VersR 1966, 829; *KG*, NZV 2009, 344.

373 Vgl. *BGH*, DAR 1982, 326; *OLG Naumburg*, SVR 2010, 263; *LG Detmold*, DAR 2005, 222; *LG Hamburg*, BeckRS 2005, 00930; *LG Saarbrücken*, Urt. v. 10.06.2011 – 13 S 40/11, NJW-RR 2011, 1478: *OLG Düsseldorf*, Urt. v. 10.02.2015 – I-1U 41/14, BeckRS 2016, 15990.

374 *BGH*, DAR 1982, 326; *OLG Düsseldorf*, VersR 1983, 40.

375 *BGH*, VersR 1963, 1075 = VRS 25, 416.

rechtzeitig bemerken konnte.[376] Der Anscheinsbeweis kann jedoch dadurch entkräftet werden, dass der Wartepflichtige beweist, dass er sich an einer unübersichtlichen Straßenstelle vorsichtig in die Kreuzung hineingetastet hat, bis ihm eine Übersicht möglich war[377] bzw. dass der Vorfahrtsberechtigte sich dem Schnittpunkt der sich kreuzenden Fahrlinien mit überhöhter Geschwindigkeit genähert hat.[378]

191 Wird ein Kfz von einem vorfahrtsberechtigten Kraftfahrer ohne Beleuchtung[379] geführt, obwohl dies nach den Umständen, insbes. den Lichtverhältnissen, an sich erforderlich gewesen wäre, spricht bei dem Zusammenstoß mit einem von einem wartepflichtigen Kraftfahrer geführten Kfz der Beweis des ersten Anscheins dafür, dass der Unfall vom Vorfahrtsberechtigten schuldhaft verursacht worden ist. Lässt sich in derartigen Fällen ein für den Unfall mitursächlich gewordenes Verschulden des Wartepflichtigen nicht feststellen, so kommt die volle zivilrechtliche Haftung des Vorfahrtsberechtigten in Betracht.[380]

192 Die mit der Benutzung eines Motorrades verbundenen eigentümlichen Gefahren schließen die Anwendung des Anscheinsbeweises jedenfalls dann nicht aus, wenn die äußeren Anzeichen für ein Fehlverhalten des Motorradfahrers sprechen.[381]

193 Sofern es sich um einen Glatteisunfall handelt, spricht für den Geschädigten ein Anscheinsbeweis lediglich dann, wenn zuvor die objektive Verletzung der Streupflicht (Verkehrssicherungspflicht) von ihm nachgewiesen oder in anderer Weise festgestellt worden ist.[382] Das *OLG Frankfurt am Main* nimmt in einem solchen Fall eher an, dass der Fahrer einen Fahrfehler begangen hat.[383] Nach einem Beschluss des *OLG Koblenz* kann der Anscheinsbeweis auch nicht herangezogen werden, wenn es erst längere Zeit nach dem Ende der Streupflicht zu einem Unfall gekommen ist.[384]

194 In Fällen eines möglichen Verstoßes gegen die Anschnallpflicht und die Verpflichtung zum Tragen von Schutzhelmen[385] kann sich der Schädiger auf einen durch die Erfahrung nahe gebrachten Anschein berufen und eine Mithaftung hinsichtlich des Körperschadens einwenden, der durch die Nichtanlegung der Sicherheitsgurte oder durch das Nichttragen von Schutzhelmen (Sturzhelmen) offenkundig schadenursächlich entstanden ist[386] und durch die Schutzvorrichtungen vermieden wor-

376 Vgl. dazu: *OLG Hamm*, VersR 1978, 64 (LS); *OLG Düsseldorf*, VRS 47, 87.

377 Vgl. dazu: *OLG Düsseldorf* VRS 46, 47; *KG*, BeckRS 2010, 10183; *LG Wuppertal*, Urt. v. 12.07.2016 – 7 O 34/14, BeckRS 2016, 122714.

378 Vgl. dazu: *OLG Celle*, VersR 1973, 147; *OLG Köln*, VersR 1978, 830.

379 Soweit es sich um den Ausfall der *Bremsleuchten* handelt, vgl. *BGH*, NJW 1982, 1595 = VersR 1982, 672 = VRS 63, 10.

380 *KG*, DAR 1983, 82 = zfs 1983, 130 = VRS 64, 172; *OLG Düsseldorf*, VRS 5, 317; VersR 1975, 143; *OLG Hamm*, VRS 28, 303; *LG Potsdam*, SP 2004, 114; *LG Münster*, VRundSch 41/08, 44; *Mühlhaus*, DAR 1969, 1; *Jagow, Janiszewski* StVO § 17 Anm. 2a; *Hentschel*, § 17 StVO Rn. 38; *AG Berlin-Mitte*, SP 2006, 379; *KG*, Urt. v. 13.12.1982 – 12 U 2001/82, BeckRS 2008, 14418.

381 Vgl. *BGH*, VersR 1962, 1028 = VersR 24, 11; *OLG Düsseldorf*, VersR 1981, 35; *OLG Hamm*, FD-StrVR 2010, 298547 (Anmerkung Kääb); BeckRS 1010; 02057; *KG*, NZV 2002, 230; *AG Hoyerswerda*, SVR 2003, 230; *OLG Celle*, SP 2008, 176; *BGH*, Urt. v. 13.12.2016 – VI ZR 32/16, NJW 2017, 1177; *OLG Celle*, Urt. v. 26.04.2001 – 14 U 158/00, BeckRS 2014, 6018.

382 *BGH*, VersR 1964, 334; *LG Mannheim*, VersR 1980, 1152 = zfs 1981, 35; weitere Rechtsprechung siehe Kuhn, Haftungsverteilung bei Verkehrsunfällen, 10. Aufl., § 2 XXIX, Rn. 1828–1932.

383 *OLG Frankfurt a.M.*, Urt. v. 03.09.2015 – 22 U 89/14, NJW-RR 2016, 278.

384 *OLG Koblenz*, Urt. v. 11.11.2009 – 2 U 449/09, BeckRS 2010, 29500; *LG Köln*, Urt. v. 31.01.2017 – 5 O 275/16, BeckRS 2017, 103474.

385 Vgl. *BGH*, VersR 1983, 440 = zfs 1983, 194 = VRS 64, 340; Zur Auswirkung des Unterlassens des Anschnallens und des fehlenden Tragens eines Schutzhelms vgl. *Kuhn* Schadensverteilung bei Verkehrsunfällen, 8. Aufl., § 2 XXIII.

386 *OLG Bamberg*, Urt. v. 12.07.1982, VersR 1982, 1075; *Almeroth*, MüKo StVR, 1. Aufl. 2016, StVO § 21a, Sicherheitsgurte, Schutzhelme, Rn. 16–27; *OLG Nürnberg*, Urt. v. 27.02.2008 – 6 U 71/07, NJOZ 2008, 4032.

den wäre.[387] Bei Fahrradfahrern ist zu differenzieren, in welchem Rahmen sie sich im Straßenverkehr bewegt hatten. Nachdem es keine Vorschrift gibt, die Fahrradfahrer zum Tragen von Schutzhelmen verpflichtet, kann bei Personen, die sich in ihrer Freizeit mit dem Fahrrad bewegen, nicht eingewendet werden, sie hätten keinen Schutzhelm getragen, wenn es um die Beurteilung der Schwere der Verletzungen und das hiermit verbundene Schmerzensgeld geht.[388] Anders ist dies bei Fahrern, die mit einem Rennrad unterwegs sind und einen Unfall auf Grund der sportlichen Nutzung des Fahrrads eine Unfall erleiden.[389]

Ein Anscheinsbeweis für den Kausalzusammenhang zwischen der Verletzung eines Schutzgesetzes 195
und einem Unfall besteht nur dann, wenn das Schutzgesetz typischen Gefährdungsmöglichkeiten entgegenwirken soll und sich die vom Schutzgesetz bekämpfte Gefahr beim Unfall auch tatsächlich verwirklicht hat.[390] Schwere Gesichtsverletzungen aus Anlass eines Aufprallunfalls können einen Anscheinsbeweis dafür begründen, dass der Verletzte den Sicherheitsgurt nicht angelegt hat.[391]

Demjenigen, der einen Kraftfahrzeugunfall verursacht hat, kann für seine Behauptung, der verletzte 196
Fahrzeuginsasse sei nicht angeschnallt gewesen, dann einen Anscheinsbeweis zugutekommen, wenn sich aufgrund allgemeiner Erfahrungssätze der Schluss aufdrängt, dass die erlittenen Verletzungen bei der Art und Weise des Zusammenstoßes nur darauf zurückgeführt werden können, dass der Pkw-Insasse nicht angeschnallt war.[392]

Die absolute Fahruntüchtigkeit eines Unfallbeteiligten kann im Rahmen der Verursachungsbeiträge 197
nur berücksichtigt werden, wenn sie sich nachweislich unfallursächlich ausgewirkt hat. Dies muss unstreitig und bewiesen feststehen.[393]

Der Beweis des ersten Anscheins kann auch für die Beurteilung von Schadensfällen in Betracht kom- 198
men, bei denen der Verdacht des Versicherungsbetrugs naheliegt. Dass auch insoweit ein »Unfall« vorliegt, wird vereinzelt verneint.[394]

Der Beweis des ersten Anscheins kann insbesondere dann – zum Nachteil des VN als Anspruchstel- 199
ler – zum Zuge kommen, wenn bereits nach den objektiven Tatumständen i.S.e. Häufung der für eine Manipulation sprechenden Beweiszeichen ein hohes Maß von Wahrscheinlichkeit dafür spricht,

---

387 *BGH*, VersR 1980, 824; weitere Rechtsprechung siehe *Kuhn*, Schadensverteilung bei Verkehrsunfällen, 10. Aufl., § 2, XXIII, Rn. 1503–1556. Vgl. *OLG Celle*, Urt. v. 08.07.2020 – 14 U 25/18, NJW-RR 2020, 1485.

388 *OLG Düsseldorf*, Urt. v. 24.09.2019 – I U 82/18, r+s 2020, 478; *OLG Nürnberg*, Urt. v. 20.08.2020 – 13 U 1187/20, NJW 2020, 3603.

389 *Oetker*, BGB § 254 Mitverschulden, MüKoBGB, 8. Aufl. 2019, Rn. 40, 41; *Just, Quarch*, 78. Radfahrer, *Balke/Reisert/Schulz-Merkel*, Regulierung von Verkehrsunfällen, 2. Aufl. 2021. Rn. 6; *LG Kiel*, Urt. v. 18.12.2018 – 12 O 177/18, SVR 2020, 138.

390 *BGH*, r+s 1986, 254; – ebenfalls: *BGH* VersR 1975, 1007 (1008); *von Pentz*, Neuere Rechtsprechung des Bundesgerichtshofes zum Anscheinsbeweis im Verkehrsrecht (Teil 2), Fd-SteVR 2012, 330077; *LG Tübingen*, Urt. v. 12.05.2015 – 5 O 218/14, NJW-RR 2015, 1246.

391 Vgl. *OLG Bamberg*, VersR 1985, 786 = zfs 1985, 292; *OLG Zweibrücken*, VersR 1993, 154 = zfs 1993, 152; *OLG München*, SVR 2014, 138; *OLG Frankfurt a.M.*, SP 2010, 279.

392 *BGH*, DAR 1990, 380; *OLG Bamberg*, VersR 1985, 786 = zfs 1985, 292; *OLG Naumburg*, DAR 2008, 388 (LS); SVR 2010, 60 m. Anm. Walter; *Staab*, Die Grenzen des Anscheinsbeweises im Verkehrsrecht, DAR 2015, 241, *Küppersbusch, Höher*, X. Mitwirkendes Verschulden des Geschädigten, *Küppersbusch, Höher*, Ersatzansprüche bei Personenschaden, 13. Aufl. 2020, Rn. 503–509.

393 *OLG Hamm*, Urt. v. 28.01.2010 – 6 U 159/09; *Heß* Burmann, Heß, Hühnermann, Jahnke, Janker, Straßenverkehrsrecht, 24. Aufl. 2016, StVG § 17 Schadensverursachung durch mehrere Kraftfahrzeuge, Rn. 14–16; *OLG München*, Urt. v. 23.01.2015 – 10 U 299/14, NJW 2015, 1892; *Heß*, Auswirkungen auf die Haftungsquote bei Alkoholfahrt, NJW-Spezial 2018, 393; *OLG München*, Beschluss v. 12.11.2014 – 10 U 3222/14, BeckRS 2015, 9224.

394 Vgl. *OLG Frankfurt a./M.*, VersR 1980, 978 (m. Anm. *Weber*, VersR 1981, 163); VersR 1978, 260 = VRS 55, 110 (von *Weber* DAR 1979, 113 als »unrichtig« bezeichnet); – zweifelnd: *BGH*, BGHZ 37, 311 (317); – vgl. dazu ergänzend auch *Weber* DAR 1980, 129, 149; *BGH*, NZV 1988, 101.

dass es sich um einen »gestellten« – d.h. also manipulierten oder fingierten – Unfall handelt,[395] der zwischen den Beteiligten in Kollusionsabsicht abgesprochen worden ist, obwohl der Anscheinsbeweis normalerweise für den VN streitet, da häufig Zeugen für die tatbestandsmäßigen Voraussetzungen des Eintritts des Versicherungsfalls nicht vorhanden sein werden. Die Einwilligung des Verletzten in die Rechtsgutbeeinträchtigung beim Unfall ist als Rechtfertigungsgrund vom Schädiger darzutun und zu beweisen. Der Beweis der Einwilligung in die Fahrzeugbeschädigung kann dann als geführt angesehen werden, wenn sich eine Häufung von Umständen findet, die darauf hindeuten. Unerheblich ist dabei, ob diese Indizien bei isolierter Betrachtung jeweils auch als unverdächtig erklärt werden könnten. Ausschlaggebend ist vielmehr eine Gesamtwürdigung aller Tatsachen und Beweise, bei der aus einer Indizienkette auf eine planmäßige Vorbereitung und Herbeiführung des vermeintlichen Unfalls geschlossen werden kann.[396]

**200** Für den Versicherer besteht also die Möglichkeit, den Missbrauch der dem VN grundsätzlich eingeräumten Beweiserleichterungen in ebenfalls erleichterter Form nachzuweisen, ohne dass dadurch eine Umkehrung der Beweislast eintritt. In diesem Fall hat der VN für seine Anspruchsbegrün-

---

395 Vgl. *BGH*, BGHZ 24, 21; BGHZ 65, 118; *BGH*, VersR 1972, 244; VersR 1977, 368; 1978, 732; BGHZ 71, 339 = NJW 1978, 2154 = VersR 1978, 862 (864) = DAR 1979, 42 = VRS 55, 332; VersR 1978, 865 = DAR 1978, 338 = MDR 1979, 48 = VRS 55, 329; VersR 1979, 281; 1980, 229 = VS 1980, 151 = VRS 58, 173 (Kaskoversicherung); DAR 1980, 113; *BGH*, BGHZ 79, 54 = NJW 1981, 684 = VersR 1981, 435 = VRS 60, 284 (Kaskoversicherung); NJW 1981, 1313 = VersR 1981, 450 = MDR 1981, 827 (Rev: Entsch. zu *OLG Koblenz*, VersR 1979, 807); VersR 1981, 452; NJW 1983, 943 = r+s 1983, 49 = VRS 64, 185; VersR 1984, 29; NJW 1984, 2579; VersR 1985, 330 = DAR 1985, 156; *OLG Nürnberg*, VersR 1974, 1169; 1978, 334; *OLG Köln*, VersR 1977, 938 (bestätigt durch *BGH* VersR 79, 281); VersR 1983, 921; VersR 1983, 1046; 1982 VersR 1984, 126; VersR 1983, 1121; v. 11.07.1983 zfs 1984, 215; VersR 1985, 536; r+s 1985, 255; VersR 1985, 77 = zfs 1985, 90; r+s 1985, 186; r+s 1985, 254; r+s 1986, 72; zfs 1986, 53; r+s 1986, 71 (72); *OLG Frankfurt a.M.*, NJW 1978, 1634 = VersR 1978, 260 = VRS 55, 110; VersR 1982, 1046; VersR 1983, 642 = zfs 1983, 259; DAR 1984, 24; VersR 1987, 176; VersR 1987, 756; *OLG Bamberg* zfs 1981, 151; *OLG Koblenz*, zfs 1984, 241; *OLG Hamm*, VersR 1981, 923 = zfs 1981, 378; VersR 1981, 969; r+s 1985, 255 (256); VersR 1982, 867 = zfs 1982, 342; VersR 1982, 868 = zfs 1982, 342; VersR 1983, 383 = zfs 1983, 186; VersR 1984, 727 = zfs 1984, 311; VersR 1985, 382 = zfs 1985, 183; VersR 1986, 280; VersR 1986, 280; *OLG Karlsruhe* VersR 1982, 541 = zfs 1982, 248; VersR 1982, 259; VersR 1984, 856 = zfs 1984, 339; zfs 1986, 53; zfs 1988, 303; *OLG Celle*, zfs 1982, 22; *OLG Stuttgart*, VersR 1983, 29 = zfs 1983, 90; *OLG München*, VersR 1985, 277; *OLG Braunschweig*, zfs 1984, 215; *KG* r+s 1985, 256; *OLG Düsseldorf*, zfs 1986, 54; *OLG Saarbrücken*, NJW 1989, 1679; *LG Köln* VersR 1980, 250 = zfs 1980, 151; VersR 1984, 728 = zfs 1984, 311; *LG München*, VersR 1981, 545 (m. krit. Anm. *Bauer*, VersR 1981, 1124) = zfs 1981, 256; VersR 1983, 300 = zfs 1983, 130; *LG Mainz*, VersR 1981, 1147; *LG Münster*, zfs 1981, 377; *LG Wiesbaden*, zfs 1984, 215; *LG Darmstadt*, zfs 1988, 304; *LG Nürnberg-Fürth*, r+s 1982, 50; *Wahl*, Kriminalistik (1973), S. 451 ff.; *Weber*, DAR 1979, 113; DAR 1980, 129 (138, r.Sp.); VersR 1981, 163 (Anm.); DAR 1981, 161; *Bruck, Möller* § 61 Rn. 33; *Prölss, Martin* § 61 Anm. 6; a.A. *OLG Köln*, VersR 1975, 1128 (aufgehoben durch *BGH*, BGHZ 71, 339 = NJW 1978, 2154 = VersR 1978, 862 = DAR 1979, 42 = VRS 55, 332); VersR 1980, 1051 (volle Beweislast obliegt Anspruchsteller); *OLG Celle*, VersR 1980, 483 (das allgemein davon ausgeht, dass die volle Beweislast beim Anspruchsteller liegt); *OLG Frankfurt* a.M., VersR 1980, 978 = zfs 1980, 358; VersR 1981, 26 = r+s 1981, 25; *OLG* Koblenz, VersR 1980, 1019 = r+s 1980, 250 (volle Beweislast für den Fall, dass Spuren eines gewaltsamen Erbrechens und Überwindens der Schlösser nicht vorhanden sind); *LG Köln*, VersR 1980, 250 = zfs 1980, 151; *LG Nürnberg-Fürth*, r+s 1982, 50; *Theda*. DAR 1980, 292; *AG Gelsenkirchen-Buer*, SVR 2006, 107; *OLG Frankfurt a.M.*, Urt. v. 16.04.2015 – 12 U 138/13, NJOZ 2016, 1638; *OLG Celle*, Beschl. v. 15.09.2011 – 14 W 28/11, BeckRS 2011, 23196; *OLG Saarbrücken*, Urt. v. 16.05.2013 – 4 U 461/11, NJW-RR 2013, 1247; *OLG Frankfurt a.M.*, Urt. v. 09.05.2017 – 4 U 233/16, FD-StrVR 2017, 392562.

396 *OLG Koblenz*, Urt. v. 04.10.2005 – 12 U 1114/04, NJW-RR 2006, 95; *OLG Hamm*, Beschluss v. 24.06.2016 – 9 U 70/16, NJW-RR 2017, 85; *OLG Stuttgart*, Hinweisbeschluss v. 21.09.2018 – 10 U 137/18, BeckRS 2018, 40821.

denden Behauptungen den Vollbeweis zu führen.[397] Entsteht der Schaden durch einen Anstoß des zurücksetzenden Lkw gegen den stehenden Pkw, lässt sich der Schadenumfang leicht steuern. Dabei entstehen für den Führer des Lkw keine nennenswerten gesundheitlichen Risiken. Zugleich aber kann ein hoher Schaden verursacht werden. Sind Umstände ersichtlich, welche zu der Annahme führen, es liegt ein verabredeter Unfall vor, entfällt die Haftung des Schädigers auch dann, wenn dem Geschädigten der Beweis gelungen ist, dass der Schaden durch das gegnerische Fahrzeug verursacht wurde.[398] In einem solchen Fall scheitert der Ersatzanspruch an der Einwilligung des Geschädigten, ohne dass besonders auf § 103 VVG abzustellen wäre. Die ungewöhnliche Häufigkeit von Beweisanzeichen, die für eine Manipulation spricht, gestattet die Feststellung unredlichen Verhaltens.[399]

Ist in der Kaskoversicherung streitig, ob der VN sein Fahrzeug durch Auffahren auf ein Hindernis vorsätzlich[400] beschädigt hat, so trifft den Kaskoversicherer die Beweislast für den von ihm behaupteten Vorsatz. 201

Von einem fingierten Kfz-Diebstahl kann ausgegangen werden, wenn vermeintlich reparierte Schäden aus verschiedenen Unfällen behauptet werden, der Versicherungsnehmer (VN) wichtige Zeugen nicht nennt, die Zeugen sich in ihren Aussagen widersprechen, das entsprechende Kfz den finanziellen Verhältnissen des VN nicht angemessen erscheint sowie die Originalschlüssel nicht vollständig vorliegen und Kopierspuren festgestellt wurden.[401] 202

Die dem VN bei der Darlegung eines auf Kfz-Diebstahl deutenden Sachverhalts zugestandenen Beweiserleichterungen[402] gelten nicht, wenn der Versicherer den ihm obliegenden Nachweis führt, dass der VN unglaubwürdig ist.[403] 203

Der *BGH*[404] verneint mit durchaus beachtlichen Gründen die Frage, ob der Unfallbegriff das Merkmal der Unfreiwilligkeit einschließt. Wäre dies der Fall, dann würde eine Umkehrung der Beweislast mit dem Ergebnis eintreten, dass der VN im Hinblick auf den Risikoausschluss des Vorsatzes nach § 81 VVG seinerseits den Nachweis führen müsste, dass er den Schaden nicht vorsätzlich herbeigeführt hat. 204

In der Unfallversicherung trägt der Versicherer nicht nur die Unfall-, sondern auch die Betrugsgefahr.[405] Beweiserleichterungen kommen hierbei nicht in Betracht. Dies ist deshalb von ganz besonderer Bedeutung, weil für die Unfreiwilligkeit der eingetretenen Verletzung des VN eine Vermutung spricht, die der Versicherer widerlegen muss.[406] Aus diesem Grund kann ohne Kenntnis des Unfallhergangs auch beim Vorliegen eines Blutalkoholwertes von mehr als 2 ‰ nicht vom Beruhen 205

397 Vgl. *BGH*, DAR 1985, 56 = r+s 1985, 1; BGHZ 65, 118.

398 *KG*, Urt. v. 16.01.2003 – 12 U 207/01, VRS 105, 327.

399 *OLG Stuttgart*, Hinweisbeschluss v. 21.09.2018 – 10 U 137/18, BeckRS 2018, 40821; *Franzke, Nugel*, Unfallmanipulationen im Kraftfahrtbereich, NJW 2015, 2071.

400 Vgl. *OLG Bamberg*, VersR 1981, 73; *LG Offenburg*, VersR 1982, 946 (über die Anforderungen an den – vom Versicherer zu erbringenden – Nachweis der Freiwilligkeit einer Gesundheitsbeschädigung).

401 *OLG Jena*, Urt. v. 20.03.2002 – 4 U 1233/00, SP 2003, 23; *OLG Brandenburg*, Urt. v. 31.08.2020 – 11 U 70/17, BeckRS 2020, 22432.

402 Vgl. *BGH*, VersR 1977, 610; 1978, 732.

403 *OLG Frankfurt a./M.*, VersR 1982, 1046; r+s 1985, 55; *LG München I*, VersR 2010, 1209; *LG Köln*, SP 2007, 262; *LG Saarbrücken*, Urt. v. 25.10.2018 – 14 O 124/17, NJOZ 2019, 983.

404 Vgl. *BGH*, NJW 1981, 1315 = VersR 1981, 450 = zfs 1981, 216.

405 Vgl. dazu: *Prölss, Martin*, §§ 16, 17 VVG Anm. 1b; AUB 2014 Abs. 13 Ziffer 13. Was bedeutet die vorvertragliche Anzeigepflicht?, *Grimm, Kloth*, Unfallversicherung: AUB, *Grimm, Kloth*, Unfallversicherung: AUB, 6. Aufl. 2020, Rn. 1, 2.

406 Vgl. *BGH*, NJW 1985, 1563 = VersR 1985, 578; *OLG Hamm*, VersR 1973, 416; 81, 953; v. 16.02.1979 VersR 1982, 64 = zfs 1982, 89; *OLG Karlsruhe*, VersR 1976, 183; *OLG Oldenburg*, VersR 1976, 657; *LG Lüneburg*, VersR 1973, 180; *LG Flensburg*, VersR 1977, 323; *LG Köln*, r+s 1978, 4; *LG Dortmund*, r+s 1978, 248; *LG Paderborn*, r+s 1979, 116; *LG Offenburg*, VersR 1982, 946; *Bruck, Möller, Sieg*, § 16 VVG Anm. 17; *Bruck, Möller, Wagner*, VVG, Bd. 6, Anm. A 17, B 20, F 16.

des Unfalls auf einer Bewusstseinsstörung ausgegangen werden.[407] Der Anspruchsteller muss nur beweisen, dass ein Unfallereignis stattgefunden hat, d.h. ein Ereignis, das plötzlich von außen auf den menschlichen Körper eingewirkt hat. Demgegenüber ist der Versicherer für die Freiwilligkeit beweispflichtig. Dieser Beweis ist insbesondere nicht durch Anscheinsbeweis zu erbringen, denn es gibt keinen typischen Geschehensablauf für menschlich gesteuertes Verhalten. Welche Anforderungen an eine Bewusstseinsstörung zu stellen sind, hängt laut *OLG Oldenburg* von der Lebenssituation ab, in der sich der Versicherte befunden hat.

206 Es gibt keinen Anscheinsbeweis für den Freitod eines Menschen,[408] wie überhaupt für individuelle Verhaltensweisen von Menschen in bestimmten Lebenslagen.[409] Die durch die Lebenserfahrung gesicherte Typizität menschlichen Verhaltens und seiner Begleitumstände lässt sich nicht ausmachen, wenn es darum geht, ob der VN den Versicherungsfall in der Absicht, den Versicherer in Anspruch zu nehmen, vorsätzlich herbeigeführt hat. Eine Beweisführung mittels Anscheinsbeweises kann deshalb in diesem Bereich nicht in Betracht kommen.[410]

207 Ein Anscheinsbeweis für das schuldhafte Verhalten eines Kfz-Führers kommt nicht in Betracht, wenn bei einem Unfallereignis verschiedene Umstände ungewöhnlicher Art zusammentreffen, die dem gesamten Geschehen eine so eigentümliche Gestaltung geben, dass sich der Schluss auf das Vorliegen eines Verschuldens nach der Lebenserfahrung nicht ohne Weiteres aufdrängt.[411] Liegt ein Tatbestand vor, der nach der Lebenserfahrung auf eine bestimmte Ursache oder einen bestimmten Ablauf hindeutet, braucht der Beweispflichtige in derartigen Fällen den vollen Beweis nur für den Tatbestand zu erbringen, der die Anwendung des Anscheinsbeweises nicht rechtfertigt.[412]

208 Soll der Anscheinsbeweis entkräftet werden, muss der Beweispflichtige nicht nur schlüssig darlegen, sondern auch vollgültig beweisen,[413] dass eine andere als die bisher angenommene Schadenursache ernsthaft in Betracht zu ziehen ist.[414] Dabei ist zu berücksichtigen, dass der strengen Beweisführung nach § 286 ZPO – also im prozessualen Bereich – die sog. haftungsbegründende Kausalität unterliegt, während für die sog. haftungsausfüllende Kausalität die Beweiserleichterung des § 287 ZPO in

407 *OLG Oldenburg*, Urt. v. 14.07.1999 – 2 U 121/99, NJW 2001, 119.

408 *BGH*, VersR 1987, 503; *LG Hannover*, BeckRS 2011, 06211; R+S 2011, 130.

409 Vgl. *BGH*, VersR 1981, 1153; NJW 1983, 1548 (1551).

410 Vgl. *BGH*, VersR 1978, 74 = VersR 1988, 683; *Manthey* NVZ 2000, 161.

411 Vgl. *BGH*, VersR 1962, 1158 = VRS 24, 1; *OLG Celle* VersR 1968, 153 (auch für den Fall, dass verschiedene Möglichkeiten des Unfallablaufs als Ursachen in Betracht kommen); *LG München* I, VersR 1981, 545 = zfs 1981, 256.

412 Vgl. *BGH*, NJW 1951, 360; *OLG Karlsruhe* VersR 1978, 771; – insoweit gelten ähnliche Grundsätze wie bei der Beweislage nach § 286 ZPO. Der Gegenbeweis ist bereits dann erbracht, wenn die Überzeugung des Gerichts von der zu beweisenden Tatsache erschüttert wird. dass sie als unwahr erwiesen wird oder sich auch nur eine zwingende Schlussfolgerung gegen sie ergibt, ist nicht erforderlich (*BGH* VersR 1979, 225 [L]; VersR 1983, 560); *OLG Saarbrücken*, r+s 2010, 129; *OLG Köln*, VersR 2002, 1424; LG Bochum; *KG*, NZV 2008, 623.

413 Vgl. *BGH*, BGHZ 6, 169 = NJW 1952, 1137 = VersR 1953, 341; – ähnlich: *BGH*, VersR 1953, 117; 1957, 252; VersR 1958, 228; NJW 1969, 277 = VersR 1969, 136; NJW 1969, 2136 = VersR 1969, 1123; *OLG Hamburg*, VersR 1956, 718; *OLG Frankfurt a.M.*, VersR 1981, 51 = r+s 1981, 26.

414 Vgl. *BGH*, NJW 1951, 195; DAR 1954, 256 = VRS 6, 341; VRS 21, 164; VersR 1962, 158; VersR 1962, 642 = VRS 23, 88; VersR 1966, 693 (bei Blendung durch ein entgegenkommendes Fahrzeug); *BAG*, NJW 1967, 269 = VersR 1967, 169 = DAR 1967, 168 = VRS 32, 293; VersR 1967, 475 (bei voraufgegangener unvorhersehbarer Glatteisbildung); VersR 1967, 583 (bei Behinderung auf der Überholfahrbahn durch ausscherendes Kfz); VersR 1967, 974 (bei Anprall gegen einen in Fahrtrichtung stehenden Baum mit 1,1 ‰ BAK); VersR 1969, 636 (Zusammenstoß mit entgegenkommendem Kfz auf dessen Fahrbahnseite); *BGH*, NJW 1978, 2032; *OLG Nürnberg*, VersR 1964, 1184; *OLG München*, VersR 1970, 630 (bei Anprall gegen einen Begrenzungspfosten auf übersichtlicher Straße).

Betracht kommt.[415] Dabei genügt es für die Bejahung des Haftungsgrundes, dass der Schädiger auf das Rechtsgut des Verletzten in einer Weise eingewirkt hat, die nachteilige Folgen auslösen kann.[416]

Wenn der Kraftfahrer ohne erkennbaren Anlass auf gerader Strecke von der Fahrbahn abkommt – also 209
beispielsweise gegen einen Baum fährt oder auf den Bürgersteig gerät bzw. mit einem anderen Kfz auf dessen Fahrbahnseite zusammenstößt –, so spricht zunächst der Beweis des ersten Anscheins[417] dafür, dass er bei der Bedienung seines Fahrzeuges die Pflicht zur Wahrung der im Verkehr erforderlichen Sorgfalt verletzt hat.[418] Demgegenüber tritt die Annahme, dass derartige Kursabweichungen auch einmal durch technische Mängel des Fahrzeugs oder nicht zu vertretende Störungen der Reaktionsfähigkeit älterer Kraftfahrer oder durch Witterungseinflüsse eintreten können, an Wahrscheinlichkeit so zurück, dass sie zunächst nicht zu berücksichtigen sind. Es ist daher Sache desjenigen, der von der Fahrbahn abkommt, den zu seinen Lasten sprechenden Beweis des ersten Anscheins zu entkräften, wozu es nicht genügt, dass er nur bloße Möglichkeiten eines atypischen Geschehensablauf aufweist.[419]

Der beim Abkommen von der Fahrbahn für ein schuldhaftes Verhalten des Kfz-Führers sprechende 210
Anscheinsbeweis kann jedoch entfallen, wenn Tatsachen bewiesen werden, aus denen sich die ernsthafte Möglichkeit einer plötzlichen Behinderung des Fahrers durch einen mitfahrenden Schäferhund ergibt.[420] Der Beweis des ersten Anscheins findet auch dann zulasten des Kfz-Führers i.S.e. auf seiner Seite vermuteten Verschuldens Anwendung, wenn der Kraftfahrer aus der Kurve getragen wird[421]

---

415 Vgl. *BGH*. BGHZ 4, BGHZ 58, 48 = VersR 27, 372; NJW 73, 1413 = VersR 1973, 619; VersR 1975, 540; VersR 1983, 985; *Weber*, DAR 1984, 161; ZPO § 286 Freie Beweiswürdigung, *Prütting*, MüKoZPO, 6. Aufl. 2020, Rn. 67.

416 Vgl. *BGH*, VersR 1983, 985.

417 *BGH*, BGHZ 8, 239; VRS 22, 161 (Fahren gegen einen Straßenbaum); VersR 1958, 94 (Abkommen von einer Brücke, auf der Geschwindigkeitsbeschränkung angeordnet war); 1958, 566 (Fahren auf dem Bürgersteig); 1969, 895 (Abkommen von der Fahrbahn infolge Eisglätte); VersR 1971, 842 = DAR 1971, 240; *OLG Karlsruhe*, NJW 1951, 195 (beim Abdriften auf den Bürgersteig); *OLG Düsseldorf*, DAR 1954, 87 (Fahren gegen einen Baum); *OLG Hamburg*, VersR 1956, 718; *KG*, VersR 1976, 290 = DAR 1975, 331; *OLG Karlsruhe*, VersR 1975, 865 (Aufprall gegen eine Leitplanke auf vereister Brücke); *OLG Celle*, VersR 1985, 787 = VRS 69, 250 (leichte Unebenheiten auf der Autobahn beim Abkommen auf gerader Strecke); – vgl. jedoch: *BGH*, VRS 24, 1 (3: kein Anscheinsbeweis bei fehlender Typizität).

418 *BGH*, VersR 1971, 842 = DAR 1971, 240 = VRS 41, 249; *KG* bei: *Darkow*, DAR 1972, 141; VersR 1985, 369 = VRS 85, 29; *OLG Karlsruhe* VersR 1975, 865; *OLG Frankfurt/M.* VersR 1978, 828; *OLG Hamm*, VersR 1978, 950; VRS 76, 112; *OLG Oldenburg*, VersR 1978, 1149; *OLG Saarbrücken*, DAR 1984, 149; *OLG Celle*, VersR 1985, 787 = r+s 1985, 135 = VRS 69, 250 (der *BGH* hat die Revision nicht angenommen); *OLG Köln*, VersR 1988, 1078; *LG Stuttgart*, VersR 1984, 592; *LG Köln*, r+s 1986, 203; *AG Osnabrück*, r+s 1984, 259; *Hentschel*, § 2 StVO Rn. 73.

419 *BGH*, VersR 1959, 445 = DAR 59, 125; VersR 1966, 16, 250 (Müdigkeit); VersR 1966, 693 (Blendung durch entgegenkommendes Kfz); *BAG*, NJW 1967, 269 = VersR 1967, 169 - DAR 1967, 18 = VRS 32, 293 (Abkommen von der Fahrbahn trotz einwandfreier Straße und guter Sichtverhältnisse); *BGH*, DAR 71, 101 (Abkommen ohne erkennbare äußere Ursachen); VersR 1969, 636; VersR 1969, 895; VersR 1970, 284; VersR 1971, 842 = DAR 1971, 240 = VRS 41, 249; VersR 1984, 44; *OLG München*, VersR 1967, 89 = DAR 1966, 298 = VRS 32, 93 (Föhneinwirkung); VersR 1970, 630 (übersichtliche Straße und normale Verkehrslage); *OLG Hamburg*, VersR 1970, 188 (witterungsbedingte Straßenglätte); *OLG Schleswig* DAR 1971; 101 (ohne erkennbare äußere Umstände); VersR 1978, 353 (infolge Notbremsung von der Fahrbahn abgekommen); *OLG Stuttgart* VersR 1974, 502 (jähe Lenkradbewegung, verursacht durch ein Tier); *KG*, VersR 1976, 290 = DAR 1975, 331; VRS 59, 162 (leichte Kurve); *OLG Frankfurt a.M.*, VersR 1978, 828 (Abkommen von der Fahrbahn ohne ersichtlichen Grund); *OLG Oldenburg* VersR 1978, 1148 (normale Straßenverkehrsverhältnisse); *OLG Hamm*, VersR 1981, 788; *LG Stuttgart*, VersR 1984, 592.

420 Vgl. *BGH*, VersR 1984, 44 = zfs 1984, 67.

421 Vgl. *BGH*, NJW 1963, 300 = VersR 1962, 1208 = VRS 24, 11 (Motorradfahrer mit Beifahrer stürzt in einer *Kurve*, die er mit einer Geschwindigkeit durchfahren hat, die hart an der Grenze der fahrtechnischen Möglichkeit liegt); VersR 1963, 955 (Kfz-Führer fährt zur *Nachtzeit* bei beginnendem Tropf-

oder auf sonstige Weise die Gewalt über das von ihm gelenkte Kfz verliert und dadurch – insbesondere auf glatter oder vereister Fahrbahn[422] – ins Schleudern gerät.[423]

211 Fährt ein Verkehrsteilnehmer auf der linken Spur einer Autobahn auf den »Vordermann« auf, der kurz davor die Spur gewechselt hat, um einen anderen Pkw zu überholen, haften beide Unfallparteien zu gleichen Teilen, wenn die ernsthafte Möglichkeit besteht, dass der Überholende die Sorgfaltsanforderungen des § 5 Abs. 4 StVO nicht eingehalten hat.[424] Zwar spricht der Anscheinsbeweis gegen den auffahrenden Hintermann. Jedoch ist der Anscheinsbeweis nicht erst dann erschüttert, wenn ein atypischer Unfallverlauf in einer den Anforderungen des § 286 ZPO entsprechenden Weise feststeht. Vielmehr reicht es zur Widerlegung des dem Anscheinsbeweis zugrunde liegenden Erfahrungssatzes aus, wenn aufgrund erwiesener Tatsachen die Möglichkeit besteht, dass sich der Unfall durch einen atypischen Verlauf ereignet haben mag.[425] Gemäß § 5 Abs. 4 StVO muss sich derjenige, der zum Überholen ausscheren will, so verhalten, dass eine Gefährdung des nachfolgenden Verkehrs ausgeschlossen ist. Die Haftung ist deshalb zu gleichen Teilen gegeben. Eine Mithaftung des auf der linken Spur fahrenden Fahrzeugführers ist auf alle Fälle gegeben, wenn er die Richtgeschwindigkeit um 70 km/h beim Auffahren überschritten hatte.[426]

212 Ereignet sich ein Unfall beim Überholen, so richtet sich die Frage, ob im Verhältnis zwischen eingeholtem und überholendem Fahrzeug der Anscheinsbeweis für ein Verschulden des überholenden Fahrers spricht, nach den Umständen, die dem konkreten Einzelfall sein ganz spezielles Gepräge gegeben haben.[427]

213 Wer ein anderes Fahrzeug in einem Zeitpunkt überholen will, in dem dieses selbst ein drittes Kfz überholt,[428] ist zu besonderer Aufmerksamkeit und Vorsicht verpflichtet. Die bloße Einleitung und Durchführung einer Doppelüberholung begründet keinen Beweis des ersten Anscheins für ein Verschulden des Doppelüberholers.[429]

214 Gerät ein Kleinwagen bei dem Versuch, auf nasser Straße ein Motorrad zu überholen, in den Schienenbereich der Straßenbahn so liegt kein typischer Geschehensablauf vor, der auf eine fehlerhafte Fahrweise des Motorradfahrers hindeutet.[430]

regen mit 70 km/h durch eine Kurve und prallt anschließend gegen einen Baum); *OLG Celle*, VersR 1974, 1226 (L: Doppelkurve); *OLG Düsseldorf*, VersR 1975, 615; *KG* bei: *Darkow*, DAR 1970, 141; VersR 1976, 291.

422 *BGH*, VersR 1963, 585 (Lastzug gerät auf vereister Straße ins Schleudern); VersR 1967, 882 (Schleuderbewegung beim starken Bremsen auf vereister Fahrbahn); VersR 1969, 985 (Eisglätte); VersR 1971, 842 = DAR 1971, 240 (Eisregen und Schneematsch); *OLG Düsseldorf*, VersR 1975, 150; VersR 1982, 777; *OLG Schleswig*, VersR 1975, 1132; *OLG Hamm*, VersR 1978, 950 (vgl. jedoch: *OLG Hamm*, VRS 40, 354; zweifelnd bei Aquaplaning); *KG*, VersR 1982, 777 (schneeglatte Straße); *OLG Celle*, PVR 2002, 335 (LS) m. Anm.

423 Vgl. *BGH*, VersR 1960, 523; VersR 1963, 955; VersR 1970, 284; VersR 1971, 439; *OLG Hamm*, Urt. v. 08.09.2015 – I-9U 131/14, NJW-RR 2016, 405.

424 *OLG Saarbrücken*, Urt. v. 19.07.2005 – 4 U 290/04-31/05; *OLG Saarbrücken*, NJW-RR 2010, 323.

425 *BGH*, Urt. v. 13.12.2016 – VI ZR 32/16, SVR 2017, 215.

426 *OLG Düsseldorf*, Urt. v. 21.11.2017 – I-1 U 44/17, NJW-RR 2018, 788.

427 Vgl. *OLG Stuttgart*, VersR 1970, 427 (Auffahren des Überholenden auf ein voraufgefahrenes Kfz); *OLG Koblenz*, r+s 1985, 56; *OLG Düsseldorf*, r+s 1986, 41 (L); *OLG Karlsruhe*, r+s 1988, 7; *BGH*, Urt. v. 13.12.2016 – VI ZR 32/16, NJW 2017, 1177; *BGH*, Urt. v. 13.12.2011 – VI ZR 177/10, NJW 2012, 608; *LG Saarbrücken*, Urt. v. 26.09.2014, r+s 2014, 626.

428 Oder an einem haltenden bzw. fast haltenden Fahrzeug vorbeifährt; *Schleswig-Holsteinisches OLG*, Beschluss v. 30.01.2018 – 7 U 100/17, SVR 2018, 254.

429 Vgl. *OLG Nürnberg*, VersR 1962, 1115; A. Unfälle zwischen Kfz und Kfz, *Grüneberg*, *Grüneberg*, Haftungsquoten bei Verkehrsunfällen, 16. Aufl. 2020, Rn. 142.

430 Vgl. *BGH*, VersR 1965, 813 (Anm.: dieser Aussage ist sicherlich zuzustimmen, da nicht erkennbar ist, in welcher Weise der Motorradfahrer als eingeholter Verkehrsteilnehmer diesen Unfall hätte vermeiden können. Andererseits dürfte jedoch dem überholenden Kleinwagenfahrer nach den Grundsätzen des

Wenn feststeht, dass ein einem anderen Fahrzeug nachfolgender Kfz-Führer trotz Annäherung entgegenkommender Pkw auf die für ihn linke Straßenseite hinübergefahren ist, so spricht die Lebenserfahrung dafür, dass er in dieser Verkehrssituation zur Unzeit überholt und daher nicht die erforderliche Sorgfalt beachtet hat.[431] Dasselbe gilt, wenn ein Pkw während oder kurz nach Durchführung eines Überholungsvorganges auf vereister Straße ins Schleudern gerät. Bei diesen Fällen muss man berücksichtigen, dass der überholende Verkehrsteilnehmer sich regelmäßig in eine Ausnahmesituation begibt und daher schon deshalb zu ganz besonderer Umsicht und Sorgfalt verpflichtet ist. Aus der Tatsache, dass ein Kfz-Führer bei Glatteis keine Kontrolle mehr über sein Kfz hat, kann darauf geschlossen werden, dass er für die zu diesem Zeitpunkt herrschenden Straßenbedingungen zu schnell gefahren ist oder bei einer Lenkbewegung den Glatteisbedingten schlechten Straßenzustand nicht berücksichtigt hat.[432] Bei winterlichen Straßenbedingungen hat ein Kfz-Führer, vor allem bei bergab führenden Straßen, immer im Auge zu behalten, dass die anderen auf dieser Strecke befindlichen Kfz-Führer ebenfalls der Gefahr des Kontrollverlustes ausgesetzt sind. Er muss daher immer damit rechnen, dass ein Vorausfahrender aufgrund der winterlichen Straßenbedingungen auch bei kleinsten Fahrungenauigkeiten die Beherrschung über sein Kfz verliert. Der Nachfahrende ist daher im Zweifel angehalten, mit Schrittgeschwindigkeit zu fahren. 215

Ein Überholungsvorgang darf nur eingeleitet und fortgesetzt werden, wenn der Überholende überzeugt sein darf, ihn gefahrlos beenden zu können.[433] Wer überholen will, muss sich umfassende Gewissheit darüber verschaffen, dass er allen während der Durchführung seines Vorhabens etwa auftretenden Gefahren sicher begegnen kann. 216

Der Anscheinsbeweis findet insbesondere dann zulasten des Überholenden Anwendung, wenn dieser sich in zu knappem Abstand vor den eingeholten Verkehrsteilnehmer setzt und dieser infolgedessen auffährt.[434] Er ist nicht anwendbar, wenn zwar feststeht, dass vor dem Auffahren ein Spurwechsel stattgefunden hat, der Sachverhalt im Übrigen aber nicht aufklärbar ist.[435] 217

Liegt ein atypischer Geschehensablauf vor, greift der Anscheinsbeweis nicht. Dies hat das *OLG Karlsruhe* bei einem Fall festgestellt, bei dem es zu einem Unfall mit einem entgegenkommenden Kfz gekommen war, weil sich ein Kfz-Führer nicht darangehalten hatte, dass er an einer Straßenbahnhaltestelle rechts vorbeifahren sollte.[436] 218

Stößt ein nach links abbiegender Verkehrsteilnehmer auf der Fahrbahnhälfte des Gegenverkehrs mit einem entgegenkommenden Kfz zusammen, spricht der Beweis des ersten Anscheins dafür, dass der abbiegende Kraftfahrer es an der erforderlichen Sorgfalt hat fehlen lassen und daher diesen Unfall 219

---

Anscheinsbeweises ein schuldhaftes Fehlverhalten zur Last fallen, weil allgemein bekannt ist, dass das Einfahren in den Schienenbereich insbesondere dann Gefahren mit sich bringt, wenn dafür ein zu spitzer Winkel gewählt oder der recht unterschiedliche Reibungskoeffizient zwischen Schiene und Straße nicht beachtet wird. Zum Anscheinsbeweis beim Überholen siehe *OLG Celle*, Urt. v. 13.12.2023 – 14 U 32/23, DAR 2024, 81, BeckRS 2023, 36140).

431 Vgl. *LG München II*, SP 2006, 305; *OLG Celle*, DAR 2007, 152; *LG Potsdam*, SP 2006, 415; *AG Euskirchen*, SP 2005, 225.

432 *OLG Frankfurt a.M.* Urt. v. 18.11.2004 – 26 U 53/04, zfs 2005, 180; *AG Karlsruhe*, Urt. v. 23.02.2001 – 1 C 358/00; *OLG Frankfurt a.M.*, Urt. v. 03.09.2015 – 22 U 89/14, NJW-RR 2016, 278.

433 Vgl. *OLG Celle*, DAR 2007, 152; *Richter*, SVR 2006, 307; StVO § 5 Überholen, *Heß, Burmann, Heß, Hühnermann, Jahnke*, Straßenverkehrsrecht, 26. Aufl. 2020, Rn. 13a.

434 Vgl. *BGH*, VersR 1965, 88; *OLG Bamberg*, VersR 1971, 769; *OLG Frankfurt a.M.*, VersR 1973, 719; *OLG Celle*, VersR 1975, 265; *OLG Hamburg*, VersR 1975, 911; *OLG Düsseldorf*, VersR 1976, 298 (L); *OLG Bremen*, VersR 1976, 571; *OLG Köln*, VersR 1978, 143; *LG Leipzig* NZV 2008, 514 m. Anm. Metz; Wussow, Anscheinsbeweis für Verschulden des Auffahrenden bei Auffahrunfall, WI 2005, 194; *BGH*, Urt. v. 13.12.2011 – VI ZR 177/10, DAR 2012, 137.

435 *BGH*, r+s 2012, 96.

436 *OLG Karlsruhe*, Urt. v. 26.11.2014 – 1 U 62/14, NJOZ 2015, 1461.

verschuldet hat.[437] Insoweit handelt es sich bei rechtlich wertender Betrachtung um einen an anderer Stelle ausführlich dargestellten Vorfahrtsfall, weil – zumindest auf erste Sicht (prima facie) – davon auszugehen ist, dass der Linksabbieger seiner im Verhältnis zum Gegenverkehr nach § 9 Abs. 3 StVO begründeten Wartepflicht nicht genügt hat.[438] Die Betriebsgefahr eines Kraftfahrzeugs, das nach links abbiegt, ist gegenüber derjenigen eines unter normalen Umständen geradeaus fahrenden Fahrzeugs erhöht.[439] Bestehen für den Linksabbieger erschwerte Sichtverhältnisse auf den Gegenverkehr, führt dies zu einer weiteren Erhöhung der Betriebsgefahr. Das Vertrauen des Verkehrs darauf, bei Dunkelheit nur beleuchteten Fahrzeugen zu begegnen, besteht laut *BGH* nur in Grenzen. Insbesondere kommt auch dieser Vertrauensgrundsatz demjenigen nicht zugute, der sich selbst über die Verkehrsregeln hinwegsetzt und zu schnell ist.

220 Von einem Vorfahrtsverzicht darf nur dann ausgegangen werden, wenn der Vorfahrtsberechtigte sich nachweisbar gegenüber dem Wartepflichtigen in der Weise verständlich gemacht hat – z.B. durch Betätigen der Lichthupe – dass er auf sein Vorfahrtsrecht verzichten werde.[440] Ein bloßes Stehenbleiben des Vorfahrtsberechtigten kann nicht als solcher Verzicht gedeutet werden, sofern keine wahrnehmbare Verständigung stattgefunden hat.[441] Kommt es zu einem Unfall, da der Wartepflichtige vor den anhaltenden Vorfahrtsberechtigten einfährt und ihn dieser nicht bemerkt hat, so liegt kein Mitverschulden des Vorfahrtsberechtigten vor, soweit der Wartepflichtige seine Absicht abzubiegen in keiner Weise zuvor verständlich gemacht hat.[442]

221 Ein Linksabbieger, der vom Fahrer eines in Gegenrichtung zum Stehen gekommenen Kfz ein Zeichen zum Durchfahren erhält, hat sich langsam und mit der Möglichkeit eines jederzeit sofortigen Anhaltens vorzutasten. Nach dem Beweis des ersten Anscheins hat der Linksabbieger dieser Sorgfaltspflicht nicht genügt, wenn er mit einem Fahrzeug des Gegenverkehrs zusammenstößt, nachdem er zwei bis drei Meter in dessen Fahrbahn eingefahren ist.[443] Das Gleiche gilt auch, wenn nachts ein entgegenkommender Fahrer die Lichthupe seines Kfz betätigt, selbst wenn dieser die Geschwindigkeit seines Kfz verringert hatte. Das Betätigen der Lichthupe dient in diesem Fall nur als Warnzeichen.[444]

## V. Beweiswürdigung

222 Gem. § 286 ZPO i.V.m. § 287 ZPO hat das Prozessgericht die Befugnis der freien Beweiswürdigung. Das Gericht kann unter Berücksichtigung des gesamten Inhalts der Verhandlungen und des Ergebnisses einer Beweisaufnahme nach freier Überzeugung darüber entscheiden, ob die Anspruchsbegründenden Behauptungen als bewiesen gelten sollen und in welcher Höhe ein zu ersetzender Schaden entstanden ist. Dabei ist zu berücksichtigen, dass der strengen Beweisführung nach § 286 ZPO die sog. haftungsbegründende Kausalität unterliegt, während für die sog. haftungsausfüllende Kausalität die Beweiserleichterung des § 287 ZPO (Freibeweis) in Betracht kommt.[445] Insoweit genügt es

437 Vgl. *OLG Düsseldorf*, DAR 1970, 271; VersR 1976, 1135; *OLG Celle*, VersR 1978, 94 (LS); *LG Darmstadt*, v. 17.10.1977 – 1 O 345/76 (n.v.: beim Zusammenstoß eines Linksabbiegers mit einem Teilnehmer am Geradeausverkehr spricht der Anscheinsbeweis für eine schuldhafte Verletzung der Vorfahrt des Geradeausverkehrs); *OLG Düsseldorf*, NZV 2006, 415.; *BGH*, VersR 2012, 504; VersR 2007, 681; *LG Hamburg*, Urt. v. 04.09.2013 – 302 O 353/12, zfs 2014, 136; *LG Wuppertal*, Urt. v. 12.07.2016 – 7 O 34/14, BeckRS 2016, 122714; Wenker, Der Anscheinsbeweis beim Verkehrsunfall, VersR 2015, 34.

438 Wegen näherer Einzelheiten dazu vgl. *Hentschel*, § 9 StVO Rn. 39.

439 *BGH*, Urt. v. 11.01.2005 – VI ZR 352/03, DAR 2005, 260.

440 *KG* Urt. v. 09.02.2004 – 12 U 233/02, NZV 2004, 576.

441 *AG Lippstadt*, Urt. v. 26.10.2012 – 3 C 118/12, BeckRS 2013, 12212.

442 Weitere Rechtsprechung siehe Kuhn, Schadensverteilung bei Verkehrsunfällen, 10. Aufl., § 2, XXX, 11 Rn. 2386–2398.

443 Vgl. dazu *AG Schweinfurt*, VersR 1980, 880; *LG Oldenburg*, DAR 1993, 437.

444 *OLG Hamm*, Urt. v. 21.09.1999 – 27 U 76/99, NZV 2000, 415. Zum Vorfahrtsverzicht siehe Kuhn, Schadensverteilung bei Verkehrsunfällen, 11. Aufl., § 2 XXX. Vorfahrt Rn. 2644–2660.

445 Vgl. dazu *BGH*, NJW 1968, 985 = VersR 1968, 646; BGHZ 4, 192; BGHZ 58, 48 = VersR 1972, 372; VersR 1973, 619; VersR 1975, 540; VersR 1983, 985; NJW 1986, 2945 (2946) = DAR 1986,

für die Bejahung des Haftungsgrundes, dass der Schädiger auf das Rechtsgut des Verletzten in einer Weise eingewirkt hat, die nachteilige Folgen auslösen kann.[446] Im Zusammenhang mit der Frage, ob ein Verkehrsunfall eine HWS-Verletzung auslösen kann, gelten laut *BGH* die strengen Anforderungen des Vollbeweises gem. § 286 ZPO.[447] Die Frage, ob sich die Person, die Schadenersatz geltend macht, tatsächlich eine Verletzung zugezogen hat bei dem Unfall, betrifft den nach dieser Vorschrift zu führenden Nachweis der haftungsbegründenden Kausalität.[448] Die nach § 286 ZPO erforderliche Überzeugung des Richters erfordert laut *BGH* allerdings keine absolute oder unumstößliche Gewissheit und auch keine »an Sicherheit grenzende Wahrscheinlichkeit«. Erforderlich ist »ein für das praktische Leben brauchbarer Grad von Gewissheit, der Zweifeln Schweigen gebietet«.[449]

An die Feststellungen des Tatrichters zur haftungsausfüllenden Kausalität sind laut *BGH* bei der Würdigung des Beweises nicht so hohe Anforderungen zu stellen wie bei der haftungsbegründenden Kausalität. So genügt es, je nach Lage des Einzelfalles, eine höhere oder deutlich höhere Wahrscheinlichkeit für die Überzeugungsbildung.[450] 223

Es müssen also stets genügend tatsächliche Gesichts- und Anhaltspunkte vorgetragen werden, die unter Einbeziehung der Lebenserfahrung und der Denkgesetze eine umfassende, sachgerechte Meinungsbildung ermöglichen. Dabei sollte man stets bedenken, dass der Gegenbeweis im Rahmen des Freibeweises nach §§ 286 ff. ZPO bereits dann geführt ist, wenn die Überzeugung des Gerichts von den zu beweisenden Tatsachen erschüttert wird; dass sie als unwahr erwiesen wird oder sich auch nur eine zwingende Schlussfolgerung gegen sie ergibt, ist jedoch insoweit nicht erforderlich.[451] 224

Die Parteien sollten daher bereits bei außergerichtlichen Verhandlungen im Hinblick auf die Beweisfrage keinen allzu formalistischen Standpunkt einnehmen und insoweit stets berücksichtigen, dass im Fall eines (nachfolgenden) Prozesses das erkennende Gericht unabhängig von bestimmten Beweislastregeln weitestgehend frei entscheiden[452] kann. Der Vortrag des Geschädigten, der möglicherweise den endgültigen Beweis nicht zu führen und letzte Zweifel nicht mit absoluter Sicherheit zu zerstreuen vermag, wird dem Gericht oftmals hinreichend glaubhaft erscheinen. So verpufft oft der – in dieser Weise angelegte – »Überraschungseffekt«, der darin besteht, im Fall einer als naheliegend angenommenen Schadenausgleichung nach § 17 StVG dem anderen Teil durch frühzeitige Klagerhebung zuvorzukommen, um den eigenen Kraftfahrer als Zeugen einzusetzen und den auf der Gegenseite beteiligten Kraftfahrer durch Rückgriff auf dessen Gesamtschuldhaftung in eine Parteirolle zu drängen. 225

Das Gleiche gilt für den Fall, dass während des Prozesses statt der an sich möglichen und im Wesentlichen risikoloseren Aufrechnung Widerklage[453] mit dem alleinigen Ziel erhoben wird, den Kraftfahrer 226

---

356; VersR 1987, 310; MüKo, *Grunsky* § 254 Rn. 67; *Arens*, ZZP 1988, 1 (44 ff.); ZPO § 287 Schadensermittlung; Höhe der Forderung, *Burmann*, Burmann, Heß, Hühnermann, Jahnke, Straßenverkehrsrecht, 26. Aufl. 2020, Rn. 7–13.

446 Vgl. dazu *BGH*, VersR 1983, 985.

447 *BGH*, DAR 2008, 587; *BGH*, DAR 2008, 590; so auch *AG Dinslaken*, Urt. v. 19.09.2018 – 30 C 97/17, SVR 2019, 431; A. Grundlagen, *Heß*, *Burmann*, Berz, Burmann, Handbuch des Straßenverkehrsrechts, Werkstand: 42. EL August 2020, Rn. 19–33.

448 *BGH*, BGHZ 4, 192; VersR 1968, 850; VersR 1975, 540; VersR 1987, 310, jeweils m.w.N.).

449 Vgl. *BGH*, BGHZ 53, 245; VersR 1977, 721; NJW 1989, 2948.

450 *BGH*, Urt. v. 21.10.1986 – VI ZR 15/85, DAR 2004, 301 bei *Diederichsen*; *BGH*, DAR 2005, 441; so auch *AG Berlin-Mitte*, Urt. v. 16.08.2004 – 13 C 3366/02; *OLG Celle*, ZFS 2001, 308 zu HWS-Distorsion.

451 Vgl. dazu *BGH*, VersR 1979, 225; VersR 1983, 560.

452 Vgl. dazu: *BGH*, DAR 1983, 277 = zfs 1983, 260.

453 Ein Streitgenosse des Klägers kann innerhalb der Widerklage ohnehin dann nicht als Zeuge vernommen werden, wenn er Wahrnehmungen bekunden soll, die auch für die Klage von wesentlicher Bedeutung sind (*KG*, OLGZ 1977, 244). Demgegenüber vertritt das *KG* (12 U 2382/80 v. 04.12.1980, n.v.) die Auffassung, sobald die gegen einen gewöhnlichen Streitgenossen gerichtete Klage abgewiesen und die dagegen vom Kläger eingelegte unselbstständige Anschlussberufung zurückgenommen sei, könne

der Gegenseite aus dem Zeugenstand zu drängen.[454] Erfahrene Richter pflegen in diesen Fällen – unabhängig von der mehr oder minder zufälligen Parteistellung[455] oder Zeugenrolle – die Darstellung der beteiligten Fahrzeugführer nur mit der gebotenen Zurückhaltung[456] zu verwerten[457] und ihnen den Rang einer bestrittenen Parteibehauptung zuzuweisen. Dies gilt insbesondere dann, wenn es sich bei dem »Zeugen« um den beteiligten Fahrzeugführer[458] oder um seinen Ehegatten[459] handelt. Der Fahrzeugführer, der zugleich auch -halter ist, wird im Allgemeinen seine eigenen persönlichen Belange im Auge behalten. Dies gilt sowohl in zivilrechtlicher als auch in strafrechtlicher (bußgeldrechtlicher) Hinsicht. Ehegatten bilden eine wirtschaftliche Einheit, wobei es auf das Eigentum am beschädigten Kfz nicht einmal entscheidend ankommt. Die Lebenserfahrung zeigt, dass mit Rücksicht auf die Verflechtung der eigenen Interessenlage von derartigen »Zeugen« vernünftigerweise eine völlig unbefangene und objektive Darstellung kaum zu erwarten ist.

227 Es gibt andererseits jedoch auch keinen allgemeingültigen Erfahrungssatz des Inhalts, dass der Aussage eines Ehegatten allein deswegen kein Beweiswert beigemessen werden kann, weil er am gemeinsamen Lebensstandard partizipiert und u.U. als Verletzter am Ausgang des Rechtsstreits selbst interessiert ist.[460]

228 Es verstößt gegen den Grundsatz der freien Beweiswürdigung, den Aussagen von Insassen Unfallbeteiligter Kraftfahrzeuge (sog. »Beifahrerrechtsprechung«) oder von Verwandten oder Freunden der Unfallbeteiligten nur für den Fall Beweiswert zuzuerkennen, dass sonstige objektive Gesichtspunkte für die Richtigkeit der Aussagen sprechen.[461] Es gibt keinen Erfahrungssatz des Inhalts, dass die Aussagen von Insassen Unfallbeteiligter Kraftfahrzeuge stets von einem »Solidarisierungseffekt« beeinflusst und deshalb grundsätzlich unbrauchbar sind.[462]

---

dieser Streitgenosse unbeschadet der im Urt. des Berufungsgerichts noch festzustellenden Kostenfolge des § 515 Abs. 3 ZPO im weiteren Berufungsverfahren als Zeuge vernommen werden.

454 Kapitel 40. Streitwert und Kosten, *Wern, Geigel*, Haftpflichtprozess, 28. Aufl. 2020, Rn. 24; B. Prozessuale Fragen, *Burmann, Heß*, Berz, Burmann, Handbuch des Straßenverkehrsrechts, Werkstand: 42. EL August 2020, Rn. 155, 156.

455 Soweit es sich um den *Streitgenossen* als *Zeugen* handelt, vgl. ergänzend *Schneider*, MDR 1982, 372.

456 Vgl. *OLG München*, zfs 1984, 130.

457 Vgl. *OLG München*, VersR 1982, 678 = zfs 1982, 225; *LG Darmstadt*, zfs 1983, 193; *AG St. Ingbert*, zfs 1982, 225; *AG Hamburg*, zfs 1983, 129.

458 Wegen näherer Einzelheiten dazu vgl. *OLG* Hamburg, VersR 1975, 911 (in jenem Fall handelt es sich um einen Geschäftspartner und Freund des Fahrzeugführers, der diesem aus Gefälligkeit sein Kfz mehrere Tage zum Gebrauch überlassen hat); *OLG Frankfurt a.M.*, VersR 1978, 573 (L: auf die Aussagen des Kraftfahrers können keine eindeutigen Feststellungen gegründet werden, da dieser Zeuge selbst als Fahrer an dem Unfall beteiligt war und daher von ihm seine gänzlich unbefangene Unfallschilderung nicht verlangt werden kann); VersR 1979, 265 (die Glaubwürdigkeit eines Fahrzeugführers steht nicht schon im Hinblick auf das Regressrecht seines Dienstherrn/Arbeitgebers infrage, wenn Vorsatz oder grobe Fahrlässigkeit nicht erwiesen sind); VersR 1979, 725 (LS: keine Bedenken gegen die Glaubwürdigkeit der Aussagen eines unfallbeteiligten Fahrzeugführers, wenn für seine mögliche Inanspruchnahme des Zeugen durch den Dienstherrn keine konkreten Anhaltspunkte vorhanden sind). Vgl. dazu ergänzend auch *KG* bei: *Darkow*, DAR 1971, 141.

459 *KG*, VRS 53, 253 (an die Aussage des Ehegatten sind im Rahmen der freien Beweiswürdigung strenge Maßstäbe anzulegen); so auch VRS 77, 771 (es gibt keinen allgemeinen Erfahrungssatz des Inhalts, dass der Zeugenaussage deswegen kein Beweiswert beigemessen werden kann, weil die Zeugin als *Ehefrau* und zugleich auch *Verletzte* am Ausgang des Rechtsstreits wirtschaftlich selbst interessiert ist); *LG Frankfurt a.M.*, zfs 1983, 193; *AG Köln*, VersR 1980, 272 = zfs 1980, 147; zfs 1982, 106; *AG St. Ingbert*, zfs 1982, 225.

460 *BGH*, NJW 1974, 2283; NJW 1988, 566 m. Anm. *Walter*; *KG*, VRS 53, 253; vgl. *Diehl*, zfs 2002, 335; *KG*, Vers R 2009, 1557.

461 *Schmidt*, Geigel, Haftpflichtprozss, 29. Aufl. 2024, Kap. 36 Beweisführung und Beweiswürdigung, Rn. 7.

462 *BGH*, NJW 1974, 2283; NJW 1988, 566 (m.Anm. v. *Walter* NJW 1988, 566; *Greger*, NZV 1988, 13 und *Reinicke*, MDR 1989, 114) = DAR 1988, 54; *KG*, MDR 2009, 680; Widemann, Würdigung der

Das *LG Köln*[463] meint allerdings dazu, es entspreche der Erfahrung, dass Zeugen, die selbst in das Unfallgeschehen verwickelt sind und darin möglicherweise ursächlich beteiligt waren, dieses Geschehen so gut wie nie objektiv richtig wiedergeben. Es legt Wert auf die Feststellung, dass seine Aussage nicht im Gegensatz zur Auffassung des *BGH*[464] steht.[465] 229

Auch das *AG Augsburg*[466] geht davon aus, die Aussage der Zeugin K. (einer nahen Verwandten des Klägers) stelle »im Wesentlichen eine verdoppelte Parteibehauptung dar, wie auch nicht anders zu erwarten. Sie ist die Tochter des Klägers und hat deswegen ein Interesse daran, den durch ihre Mitwirkung veranlassten Eigenschaden zu vermeiden.« 230

Andere Grundsätze können dann gelten, wenn die Darstellung des Unfallbeteiligten oder des in den Interessenbereich eines Beteiligten einbezogenen Zeugen nicht für sich alleinsteht, sondern durch weitere Beweismittel, zumindest aber -anzeichen, gestützt wird und damit entscheidend an Gewicht gewinnt.[467] 231

Wenn man sich dieser Grundsätze bewusst ist und die Darstellung der unmittelbar oder auch nur wirtschaftlich Beteiligten mit der gebotenen Zurückhaltung wertet, bedarf es im Einzelfall nicht der Untersuchung, ob eine aus beweistaktischen Gründen etwa erhobene Widerklage unter Berücksichtigung der auch im Prozess geltenden Grundsätze von Treu und Glauben (§ 242 BGB) zulässig ist. Die Aussage einer Zeugin, die Zedentin und gleichzeitig auch Ehefrau des Klägers sowie Unfallbeteiligte ist und damit ein erhebliches wirtschaftliches Interesse am Ausgang des Rechtsstreits hat, ist mit Vorsicht zu bewerten. Ihr kann in der Regel kein größerer Beweiswert zugemessen werden als der anderslautenden – diametral Entgegengesetzten – Aussage des anderen Unfallbeteiligten. 232

Ebenfalls mit der gebotenen Zurückhaltung ist die Darstellung von Zeugen zu werten, die sich im Unfallzeitpunkt als Insassen[468] in einem der beteiligten Kraftfahrzeuge – insbesondere Pkw – befunden haben. Hier ist die Möglichkeit einer »Gruppensolidarisierung« nicht auszuschließen. Dabei handelt es sich um eine unbewusste Identifikation mit der Sache des Betroffenen, mithin um das Parteiergreifen aus subjektiv lauterer Überzeugung, das sich nach der Erfahrung von Verkehrsrichtern bei Beifahrern häufig findet.[469] Kann der Beweis für das Verschulden eines Beteiligten an einem Unfall nicht erbracht werden, beträgt die Haftungsquote laut *AG Berlin-Mitte* für beide Parteien je 50 %.[470] Die Zeugenaussagen von Mitfahrern sind nicht als neutrale Beobachtungen zu werten. Als Beifahrer hat ein Zeuge – so das *AG Berlin-Mitte* – keine neutrale Stellung und hat – möglicherweise unbewusst – die für den Fahrzeugführer günstige Unfallversion wiedergegeben, auch wenn sie nicht mit den Tatsachen übereinstimmt. In einem weiteren Urteil des *AG Berlin-Mitte* sieht dies die Aussage eines Beifahrers jedoch als durchaus glaubwürdig an.[471] Es wird also durchaus immer darauf ankommen, wie glaubwürdig die Aussage des Zeugen für das Gericht erscheint. Das *LG Lübeck* sieht einen Steinschlagschaden durch Ladung eines vorausfahrenden LKW als gegeben an, obwohl 233

Aussagen von Fahrern und Insassen von Unfallbeteiligten Kraftfahrzeugen, DAR 2006, 355; *AG Heinsberg*, Urt. v. 02.07.2014 – 35 C 41/13, BeckRS 2014, 15182.

463 Vgl. dazu: *LG Köln*, NZV 1988, 28 (29).

464 Vgl. dazu: *BGH*, NJW 1988, 566 = VersR 1988, 416 = DAR 1988, 54.

465 Vgl. dazu soweit es sich um den Beweiswert der Aussage des Beifahrers handelt, *Greger*, NZV 1988, 13; s.a. *Widemann*, DAR 2006, 355.

466 *AG Augsburg*, zfs 1983, 26.

467 *LG Frankfurt a.M.*, VersR 1970, 1037; *LG Rottweil*, VersR 73, 872.

468 Vgl. dazu: *OLG Hamburg*, VersR 1970, 452 (LS); *OLG München*, zfs 1983, 258 (Neffe); *LG Darmstadt*, zfs 1983, 193; *LG Frankfurt a.M.*, zfs 1983, 193; *AG Augsburg*, zfs 1983, 226; *AG München*, VersR 1986, 793.

469 *OLG Hamburg*, MDR 1970, 337; *LG Hamburg*, zfs 1987, 322; *E. Schneider*, MDR 1975, 297 (der in diesem Zusammenhang vom »Phänomen der Gruppensolidarität« spricht).

470 *AG Berlin-Mitte*, Urt. v. 16.06.2005, ADAJUR-Dok.Nr. 66842.

471 *AG Berlin-Mitte*, Urt. v. 22.05.2003 – 13 C 3265/02, BeckRS 2003, 16388.

die Aussage von der Ehefrau des Geschädigten diesen Sachverhalt bestätigt. Die Ehefrau war Beifahrerin im Fahrzeug des Geschädigten.[472]

234 Aus ebenso naheliegenden wie menschlich verständlichen Gründen kann man von diesem Personenkreis nicht immer eine völlig unbefangene und objektive Sachdarstellung erwarten. Insassen sagen erfahrungsgemäß zugunsten des betreffenden Fahrers »ihres« Pkw aus. Dies bestätigt eindeutig die gerichtliche Praxis. Der Beifahrer erlebt den Unfall in etwa aus derselben Sicht wie der Kraftfahrer, in dessen Fahrzeug er sitzt. Schon deshalb gleichen seine Eindrücke oft denen des Fahrzeugführers.[473] Ist der Insasse auch noch mit dem Lenker des Fahrzeugs verbunden, sei es familiär oder beruflich, so erzeugt dies ein gewisses Zusammengehörigkeitsgefühl, das ebenfalls geeignet ist, auf den Inhalt der Aussage Einfluss zu nehmen. Alle diese Gesichtspunkte erschweren den im Innern eines Fahrzeugs sitzenden Personen die richtige Beurteilung der zum Unfall führenden Ereignisse noch stärker als bei Menschen, die außerhalb des Fahrzeugs einen Unfall miterlebt haben. Diese Fehlerquellen brauchen nicht einmal zu bewusst falschen Aussagen zu führen.[474] Allgemein wird daher die Auffassung vertreten, dass mit Rücksicht auf die enge Interessenbindung zum Fahrer oder Halter des Kfz und die hinzukommenden ungünstigen Wahrnehmungsmöglichkeiten der Beweiswert der Aussagen von Zeugen, die sich als Insassen in einem Kfz befunden haben, i.d.R. nur gering[475] ist. Im Rahmen der freien tatrichterlichen Beweiswürdigung ist unter diesen Umständen an die Prüfung der Glaubwürdigkeit einer derartigen Aussage ein ganz besonders strenger Maßstab anzulegen.[476] Kann weder aufgrund objektiver Kriterien, noch aufgrund der unterschiedlichen Schilderung der Zeugen zum Randgeschehen, ermittelt werden, welcher der beiden sich widersprechenden Zeugen glaubwürdig ist, so kann dem Zeugen gefolgt werden, der am Ausgang des Rechtsstreits das geringere wirtschaftliche Interesse hat.[477] Dies gilt insbesondere bei zwei Zeugen, deren Schilderung der Geschehnisse in vollem Umfang konträr ist. War ein Zeuge nicht nur Fahrer des klägerischen Pkw, sondern ist er auch der Sohn der Halterin des klägerischen Pkw und ist der andere Zeuge mit der anderen Unfallbeteiligten befreundet, hat aber keinerlei wirtschaftlichen Interessen am Ausgang des Verfahren, wird diesem gefolgt werden, da er weniger am Ausgang des Rechtsstreits interessiert ist, als der andere Zeuge. Es gibt im Übrigen aber keinen Rechtsgrundsatz, dass Zeugen, die Mitfahrer waren, unglaubwürdig sind.[478]

235 Die Schnelligkeit des Geschehensablaufs, die Schwierigkeiten der Beobachtung und die mögliche Angst- und Abwehrreaktion Unfallbeteiligter – kurz: die Gesichtspunkte, die zu affektiv bedingten Verschiebungen der Wahrnehmungsfähigkeit und Erinnerungsmöglichkeit führen können – sowie die Möglichkeit bewusster oder unbewusster Solidarisierung von Fahrzeuginsassen mit dem Fahrer oder dem Verdrängen eigenen Fehlverhaltens durch den Unfallbeteiligten Fahrer sind zwar wichtige Gesichtspunkte, die bei der Würdigung von Zeugenaussagen über Verkehrsunfälle zu berücksichtigen sind. Sie führen jedoch nicht zu einer allgemeinen Regel, dass Fahrer und Beifahrer als Zeugen grundsätzlich nicht den vollen Beweis für einen bestimmten Unfallhergang erbringen können; maßgeblich sind und bleiben stets die konkreten Umstände, die dem Einzelfall sein ganz spezielles Gepräge gegeben haben.[479]

472 *LG Lübeck*, Urt. v. 19.12.2023 – 10 O 38/23, DAR 2024, 269.

473 Dies gilt insbesondere für den Fall, dass die auf diese Weise verbundenen Personen, wie nach der Lebenserfahrung zu erwarten ist, sich später ausführlich über das betreffende Schadensereignis unterhalten haben.

474 *OLG Hamburg*, MDR 1970, 337; VersR 1975, 911; *OLG München*, NJW 1982, 708 = VersR 1982, 678; *LG Rottweil*, VersR 1973, 82 (vom Kraftfahrer einer öffentlich-rechtlichen Körperschaft).

475 *OLG Hamburg*, MDR 1970, 337; *KG* VRS 53, 253; *LG Weiden*, VersR 1972, 1036 (LS); *E. Schneider*, VersR 1977, 687 ff. (692).

476 *KG*, VersR 1977, 771 = VRS 53, 253.

477 *AG München*, Urt. v. 28.06.2001 – 315 C 8098/01.

478 Zur Beifahrerrechtsprechung siehe Berz, Burmann, Handbuch des Straßenverkehrsrechts, Werkstand: 48. EL August 2023, B. Prozessuale Fragen, Rn. 383.

479 *BGH*, DAR 1988, 54; *OLG München*, NJW 1982, 708.

Zurückhaltung bei der Beweiswürdigung ist auch dann geboten, wenn es sich bei den Zeugen um Insassen von Nutzfahrzeugen, insbesondere um Arbeitskollegen[480] handelt. Gerade dieser Personenkreis entwickelt nach der Lebenserfahrung bei der späteren Beurteilung von Sachverhalten unter dem Gesichtspunkt einer – falsch verstandenen – Kameraderie einen ganz erheblichen Solidarisierungseffekt. 236

Diese Einschränkungen gelten jedoch regelmäßig dann nicht, wenn es sich bei den Insassen um Fahrgäste eines öffentlichen Massenverkehrsmittels[481] handelt. Diesem Personenkreis kann man grundsätzlich nicht unterstellen, dass er enge Bindungen zum Fahrer oder Halter des betreffenden Fahrzeuges hat und deswegen befangen ist. Diese Fahrgäste stehen – insbesondere soweit es sich um Teilnehmer am Linienverkehr handelt – im Unfallzeitpunkt zum Fahrer oder Betriebsunternehmer des Beförderungsmittels lediglich in einem durch den Zufall lose gefügten Vertragsverhältnis, das auf den beweiserheblichen Sachverhalt im Allgemeinen ohne Bezug und Bedeutung ist und nach Erreichen des Beförderungszieles endet. Derartige Zeugen, denen man auch nicht ohne Weiteres einen »Solidarisierungseffekt« unterstellen kann, werden i.d.R. am Ausgang der Regulierungsverhandlungen oder eines etwaigen Prozesses kein eigenes Interesse haben. 237

Polizeibeamte werden i.d.R. mit berufsmäßig geschultem Blick für das Wesentliche ihre Beobachtungen treffen. Es kann infolgedessen davon ausgegangen werden, dass gerade Polizeibeamte aufgrund ihrer Ausbildung im Allgemeinen besser als ein ungeschulter Beteiligter in der Lage sind, einen Unfallhergang objektiv zu erfassen und zu schildern. Dies gilt umso mehr, als Polizeibeamte im Allgemeinen dem insoweit relevanten Tatbestand nicht nur aufgeschlossen, sondern überdies auch unbefangen gegenüberstehen. Andere Grundsätze werden nur dann zu gelten haben, wenn ihre eigene Sachkompetenz oder Beobachtungsfähigkeit zur Debatte steht. Sehr wahrscheinlich hat diese Erwägung dem *OLG Koblenz*[482] Veranlassung zu der Auffassung gegeben, bei der Feststellung des zulässigen Gesamtgewichts eines Lkw stellten Polizeibeamte, die das betreffende Fahrzeug zuvor angehalten und kontrolliert haben, kein geeignetes Beweismittel dar. Das *OLG Karlsruhe*[483] weist ebenfalls darauf hin, dass ein Polizeibeamter kraft seines Berufes zu einer sorgfältigen Unfallaufnahme verpflichtet ist. Dass er sich im Zeitpunkt seiner Vernehmung in Untersuchungshaft befunden habe, spreche für sich allein noch nicht gegen die Glaubwürdigkeit seiner Angaben. 238

Wird dem als Zeugen in der Hauptverhandlung aussagenden Polizeibeamten sein Einsatzbericht vorgehalten, so ist laut *OLG Jena* nur die darauf erfolgte Erklärung als Beweis zu verwerten.[484] Der Einsatzbericht in seinem vollen Wortlaut muss durch Verlesen als Urkunde in die Hauptverhandlung eingeführt worden sein, damit das Urteil darauf gestützt werden kann. Die Verlesung einer Urkunde ist eine wesentliche Förmlichkeit, deren Beurkundung durch § 273 Abs. 1 StPO vorgeschrieben ist. Schweigt das Protokoll, so gilt die Verlesung wegen dessen Beweiskraft nach § 274 StPO als nicht erfolgt. 239

Der Zeugenbeweis ist der mit Abstand schlechteste Beweis,[485] weil auch unbeteiligte Augenzeugen trotz redlicher Bemühungen sehr oft nicht in der Lage sein werden, die entscheidungserheblichen Ereignisse kurz vor dem Zusammenstoß objektiv und völlig zutreffend wiederzugeben. Keine Bedenken gegen die Glaubwürdigkeit bestehen dann, wenn eine unbeteiligte Augenzeugin, die zum Unfallzeitpunkt an einem Fenster ihrer Wohnung stand, von dem aus sie den Unfallort gut beobachten konnte, den Unfallhergang detailliert und plausibel schildert. Das Gleiche gilt für den Fall, dass ein am Unfall nicht beteiligter Zeuge erkennbar seine Aussage auf diejenigen Wahrnehmungen 240

480 Also Fahrer und Beifahrer; vgl. Foerste, Parteiische Zeugen im Zivilprozess, NJW 2001. 321.

481 Insbesondere also eines Linienomnibusses oder einer Straßenbahn; vgl. *OLG Karlsruhe*, NZV 2011, 141; *OLG Brandenburg*, Urt. v. 02.03.2017 – 12 U 18/16, NJW-RR 2017, 862.

482 Vgl. dazu *OLG Koblenz*, VRS 59, 63.

483 Vgl. dazu *OLG Karlsruhe*, VersR 1977, 937 (LS).

484 *OLG Jena*, Urt. v. 25.04.2006 – 1 SS 48/06, NZV 2006, 493.

485 Vgl. dazu *LG Köln* NZV 1988, 28 = zfs 1988, 272.

beschränkt, die ihm als Unfallhergang noch in Erinnerung verblieben sind. Bagatellisiert demgegenüber ein als Zeuge auftretender Kfz-Dienststellenleiter sowohl an der Unfallstelle als auch bei der gerichtlichen Vernehmung den Unfallschaden an beiden Fahrzeugen, um eine Schadenersatzverpflichtung trotz der klaren Vorfahrtsverletzung abzuwenden, so mindern seine »Verharmlosungen« den Wert seiner Aussage ganz erheblich.

241 Will das Berufungsgericht hinsichtlich der objektiven Glaubwürdigkeit eines Unfallzeugen von der Würdigung des erstinstanzlichen Gerichts abweichen, so ist es i.d.R. verpflichtet, den Zeugen noch einmal selbst zu vernehmen, um den Beweiswert seiner Aussage richtig beurteilen zu können.[486] Der Tatrichter ist indes nicht gehalten, das Gewicht von sich widersprechenden Zeugenaussagen im Einzelnen in seiner Urteilsbegründung darzulegen, wenn er bei sich widersprechenden Angaben zu der Überzeugung gelangt ist, dass er keinem der Zeugen den Vorzug bezüglich der Glaubwürdigkeit vor den anderen Zeugen geben kann.[487]

242 Im Revisionsverfahren ist nicht zu überprüfen, ob das Berufungsgericht im Fall einer erneuten Tatsachenfeststellung die Voraussetzungen des § 529 Abs. 1 Nr. 1 ZPO beachtet hat.[488] Die Prüfungskompetenz des Berufungsgerichts hinsichtlich der erstinstanzlichen Tatsachenfeststellung ist nicht auf Verfahrensfehler und damit auf den Umfang beschränkt, in dem eine zweitinstanzliche Tatsachenfeststellung der Kontrolle durch das Revisionsgericht unterliegt. Die Revision kann zwar darauf gestützt werden, dass das Berufungsgericht die Voraussetzungen für eine erneute Tatsachenfeststellung zu Unrecht verneint hat. Für den umgekehrten Fall gilt dies dagegen nicht.

243 Bei der Verwertung von Zeugenaussagen ist davon auszugehen, dass bei widersprüchlichen Angaben die Aussage der Wahrheit am nächsten kommt, die im geringsten zeitlichen Abstand zur Wahrnehmung gemacht worden ist.

244 Verwertet das Berufungsgericht zulässigerweise Aussagen von Zeugen aus einem Strafverfahren (nur) im Wege des Urkundenbeweises, so darf es die Richtigkeit dieser Aussagen nicht aus Gründen anzweifeln, die sich nicht aus der Urkunde ergeben und für die sich auch sonst keine belegbaren Umstände finden lassen.[489]

245 Schriftliche Äußerungen einer Unfallzeugin im Bußgeldverfahren dürfen im Zivilprozess auf Antrag einer Partei im Wege des Urkundenbeweises auch gegen den Widerspruch der anderen Partei verwertet werden. Dieses Verfahren schließt das Recht des Gegners nicht aus, die Vernehmung des Zeugen zu verlangen, was aber nur auf ausdrücklichen Antrag geschieht.[490]

246 Eine Pflicht zur erneuten Vernehmung von Zeugen oder der Parteien besteht nur bei Vorliegen besonderer Umstände, etwa dann, wenn das Berufungsgericht eine Zeugenaussage abweichend vom Erstgericht würdigt und für die abweichende Bewertung Faktoren im Vordergrund stehen, deren Beurteilung – wie die Urteilsfähigkeit des Zeugen, sein Erinnerungsvermögen, seine Wahrheitsliebe – wesentlich vom persönlichen Eindruck des Zeugen auf den Richter abhängen[491] oder wenn

---

486 Vgl. *BGH*, MDR 1977, 47; VIII ZR 259/77 v. 04.10.1978 (n.v.); GRUR 1981, 533; DAR 1982, 18; VersR 1983, 668; a.A. *KG*, Urt. v. 15.08.2005 – 12 U 41/05, VRS 110, 8.

487 Vgl. dazu: *BGH*, VersR 1968, 604.

488 *BGH*, Urt. v. 09.03.2005 – VIII ZR 266/03, JZ 2005 Heft 17, 415 (LS).

489 *BGH*, VersR 1967, 475; VersR 1970, 322; *OLG Köln*, VersR 1972, 1176; *KG*, VersR 1976, 474 (LS: im Zivilprozess können Angaben, die von einer Partei benannte Beweispersonen in einem anderen Verfahren gemacht haben, auch gegen den Widerspruch der anderen Partei im Wege des Urkundenbeweises gewürdigt werden, sofern die andere Partei nicht beantragt, diese Personen im vorliegenden Rechtsstreit als Zeugen zu vernehmen).

490 Vgl. *KG*, VersR 1976, 474 (LS); – zur Frage, wann das Berufungsgericht einen Zeugen *nochmals* vernehmen muss, zu dessen Glaubwürdigkeit sich das erstinstanzliche Gericht nicht geäußert hat, vgl. ergänzend auch noch *BGH*, DAR 1982, 18.

491 Vgl. dazu: *BGH*, WM 1967, 900; NJW 1968, 1138; NJW 1972, 584; MDR 1979, 481; GRUR 1981, 533; NJW 1982, 108 = VersR 1981, 1079 = DAR 1982, 18 = VRS 62, 4; VersR 1981, 1175; NJW

die Entscheidung von der Glaubwürdigkeit eines Zeugen abhängt, dessen Aussage der Erstrichter nicht gewürdigt hat.[492] Die erneute Vernehmung von Zeugen ist ferner geboten, wenn das Berufungsgericht die Glaubwürdigkeit eines Zeugen abweichend vom erstinstanzlichen Gericht würdigt[493] oder wenn es die Aussage eines Zeugen für zu vage und präzisionsbedürftig hält,[494] wenn es die protokollierte Aussage eines Zeugen anders verstehen will als der Richter der Vorinstanz[495] oder wenn das Berufungsgericht der Aussage eines Zeugen bei der Würdigung der Bekundungen eines anderen Zeugen ein ihr vom erstinstanzlichen Gericht nicht beigemessenen Gewicht geben will.[496]

Das Gleiche gilt für den Fall, dass Zweifel darüber bestehen, ob die Aussage des Zeugen vollständig 247
und präzise genug protokolliert worden ist.[497]

Eine Form der Beweiserleichterung stellt – neben dem Anscheinsbeweis auch die im Gesetz vor- 248
gesehene Möglichkeit dar, den Sachverhalt im Wege der Parteivernehmung aufzuklären.[498] An sich bedeutet Parteivernehmung im Allgemeinen die Vernehmung der Gegenpartei (§ 445 Abs. 1 ZPO). Indes kann das Gericht über eine streitige Tatsache auch die beweispflichtige Partei selbst vernehmen (§ 447 ZPO). Dies kann sogar von Amts wegen[499] und ohne Antrag einer Partei – ja selbst gegen den erklärten Willen der nicht beweispflichtigen Partei – und ohne Rücksicht auf die Beweislast geschehen, wenn das Gericht der Auffassung ist, dass das Ergebnis der Verhandlungen und der Beweisaufnahme zur Wahrheitsfindung nicht ausreicht (§ 448 ZPO).

Der Nachweis eines Wildschadens kann laut *AG Coburg* durch Parteivernehmung erbracht werden, 249
wenn die Partei den Unfallhergang lebensnah und widerspruchsfrei schildert, es in dem betreffenden Straßenabschnitt nachweisbar häufiger zu Wildwechsel kam und keine weiteren Anhaltspunkte für das Unfallgeschehen ersichtlich sind.[500] Gemäß § 448 ZPO war der Kl. als Partei zu vernehmen, da aufgrund der sonstigen Umstände ein ausreichender Anfangsverdacht vorlag. Die Voraussetzungen des Anfangsverdachts i.d.R. § 448 ZPO dürfen jedoch nicht über Gebühr belastet werden, da der Zufall, dass der Versicherungsnehmer Partei ist, nicht dazu führen darf, dass die formalprozessuale Rolle des Kl. über seine Beweismöglichkeit zu seinem Nachteil entscheidet.

Bereits oben wurde ausgeführt, dass zahlreiche Gerichte die Bekundungen der beteiligten Fahrzeug- 250
führer nur mit gebotener Zurückhaltung verwerten. Kann sich eine der Parteien zum Beweis ihres Vortrags ausschließlich auf das Zeugnis des Fahrzeugführers berufen und steht der anderen Partei (da sie selbst das Fahrzeug geführt hat) kein Zeuge zur Verfügung, kann es aus Gründen der »Waffengleichheit« geboten sein, die Partei, der kein Zeuge zur Verfügung steht, gemäß § 448 ZPO zu vernehmen.[501] In der Entscheidung des *BGH* vom 16.07.1998[502] hatte der Senat zwar nicht über

1982, 1052; NJW 1982, 2874; NJW 1983, 2033; VersR 1983, 668; r+s 1984, 228 (LS); VersR 1984, 537; NJW 1984, 2629 = VersR 1984, 582; NJW 1985, 3078 = VersR 1985, 183 = zfs 1985, 100, (I); VersR 1985, 268 = zfs 1985, 134 (LS); VersR 1985, 341 = DAR 1985, 157 = zfs 1985, 165 = r+s 1975 = VRS 68, 421; NJW 1986, 2885 = VersR 1986, 970 = zfs 1986, 358; r+s 1985, 75; NJW 1986, 1044 = VersR 1986, 169 = VRS 70, 184; *BGH*, NJW 1994, 2960; *Weber*, DAR 1985, 161; 1986, 161.

492 Vgl. *BGH*, NJW-RR 1986, 285; *BGH*, NZV 2009, 553.

493 Vgl. *BGH*, NJW 1982, 108; NJW 1982, 1052; *BGH*, BeckRS 2003, 03705.

494 *BGH*, NJW 1984, 1052.

495 *BGH*, NJW 1984, 2629.

496 Vgl. *BGH*, NJW 1985, 3078; DAR 1988, 93; NJW-RR 1988, 1371; *Pantle*, NJW 1987, 3160.

497 *BGH*, DAR 1982, 18; NJW 1982, 1052; DAR 1985, 157; *OLG Celle*, NJW 1970, 53.

498 *Schmidt*, Geigel, Haftpflichtprozess, 29. Aufl. 2024, Kap. 346 Beweisführung und Beweiswürdigung, Rn. 23.

499 *BGH*, DAR 1983, 227; *BGH*, MDR 1990, 705; *OLG Jena*, BeckRS 2012, 07388.

500 *AG Coburg*, Urt. v. 23.11.2005 – 12 C 706/05, SP 2005, 432; vgl. *Burmann, Heß*, Berz, Burmann, Handbuch des Straßenverkehrsrechts, 36. EL Dezember 2016, C. Der Inhalt des Versicherungsvertrages, Rn. 94–97; *AG Bad Segeberg*, Urt. v. 30.10.2014 – 17 C 65/14, BeckRS 2014, 20086.

501 *BGH* NJW 1990, 1721; *BGH*, BeckRS 2003, 08738; einschränkend *OLG Koblenz*, BeckRS 2014, 05668.

502 *BGH*, NJW 1999, 363.

einen Verkehrsunfall, sondern über eine Fallkonstellation zu entscheiden, in dem über den Inhalt eines »Vier-Augen-Gesprächs« Beweis erhoben wurde. Die vom Senat aufgestellten Grundsätze lassen sich aber auf solche Fallkonstellationen übertragen. Die benachteiligte Partei ist in jedem Fall gemäß § 141 ZPO anzuhören. Diese Anhörung hat, obwohl ihr »formal« nicht die Bedeutung einer Zeugenvernehmung zukommt, den gleichen Beweiswert wie die Aussage eines Zeugen. Dieser Umstand folgt – obwohl vom *BGH* explizit nicht ausgesprochen – daraus, dass der Senat in der Entscheidung nochmals ausdrücklich betont hat, ein Gericht sei nicht gehindert, den Erklärungen einer Partei den Vorzug vor den Bekundungen eines Zeugen zu geben. Im Übrigen dürfte zu berücksichtigen sein, dass der Senat nur bei diesem Verständnis seiner Ausführungen den Grundsätzen, die der *Europäische Gerichtshof* für Menschenrechte in seiner Entscheidung vom 27.10.1993[503] aufgestellt hat, gerecht werden konnte.

251 Grundsätzlich obliegt im Fall eines Personenschadens die volle Beweislast für die Behauptung, der Unfallverletzte habe es schuldhaft unterlassen, den Schaden durch anderweitige Verwendung seiner ihm noch verbliebenen Arbeitskraft im Rahmen der zumutbaren Möglichkeiten zu mindern, dem Ersatzpflichtigen.[504]

252 Die Frage nach der Beweislast stellt sich allerdings erst nach Ausschöpfung aller angebotenen Beweismittel und der sonstigen in der ZPO für Gericht und Parteien zur Förderung des Prozesses und zur Aufklärung des Sachverhaltes vorgesehenen Möglichkeiten.

253 Ein Beamter, der wegen eines Fremdverschuldeten Unfalls in den Ruhestand versetzt worden ist, setzt sich dem Schädiger gegenüber dem Einwand der unterlassenen Schadenminderung aus, soweit er es unterlässt, seine verbliebene Arbeitskraft durch Übernahme einer zumutbaren anderweitigen Tätigkeit zu verwerten.[505]

## D. Mitverursachung und Mitverschulden

254 Wenn es keine gesetzlichen Vorschriften über die Regelung des Schadenersatzes gäbe,[506] müsste den Schaden stets derjenige tragen, der ihn zufälligerweise erlitten hat.[507] Dies wäre sicherlich, wenn man einmal die Verursachungsseite betrachtet, ein außerordentlich unbefriedigendes Ergebnis. Gäbe es andererseits die insoweit einschlägige Bestimmung des § 254 BGB nicht, dann könnte jeder Geschädigte ohne Rücksicht auf seinen eigenen Mitverursachungsbeitrag[508] vom Schädiger jeweils vollen Schadenersatz verlangen.

255 Um diese rechtspolitisch gleichermaßen unbefriedigende wie unerwünschte Rechtsfolge zu vermeiden, hat der Gesetzgeber sich für die Lösung entschieden, dass die Ersatzpflicht des Schädigers – auch soweit sie auf der Gefährdungshaftung beruht – durch das dem Verletzten verantwortlich zuzurechnende Mitverschulden entsprechend der Abwägung der Verursachungskomponenten beeinträchtigt wird oder im Extremfall sogar ganz entfällt. Daran ändert auch § 7 StVG nichts. Der Halter eines Kfz kann nach wie vor ein Mitverschulden des anderen Unfallbeteiligten einwenden. Dieser Ein-

503 *EGMR*, Urt. v. 27.10.1993 – 37/1992/382/460, NJW 1995, 1413.

504 90. Schadensminderungspflicht, *Just, Reisert, Balke, Reisert, Schulz-Merkel*, Regulierung von Verkehrsunfällen, 2. Aufl. 2021, Rn. 37, 38; BGB § 254; StVG § 9; HPflG § 4; LuftVG § 4; ProdHaftG § 6; UmweltHG § 11, *Horst*, Geigel, Haftpflichtprozess, 28. Aufl. 2020, 71–74.

505 *BGH*, VRS 65, 91; a.A. *OLG Karlsruhe*, Urt. v. 05.09.1997 – 19 U 131/95, VersR 1998, 1115 (Hinweis: Der *BGH* hat die Revision der Beklagten mit Beschluss v. 06.05.1997 nicht angenommen [VI ZR 333/96]).

506 Vgl. *Schmidt*, Weber kompakt, Rechtswörterbuch, Schadensersatz, 11. Edition 2024.

507 Vgl. *Stark*, VersR 1981, 1.

508 Vgl. bezüglich der Einschränkung des Einwandes des Mitverschuldens aus sozialen Gründen *Deutsch*, ZRP 1983, 137.

wand kann bei grob fahrlässigen Verstößen gegen die StVO sogar dazu führen, dass die Allgemeine Betriebsgefahr unberücksichtigt bleibt.[509]

Die Bestimmung des § 254 BGB stellt sogar – abgesehen einmal von den Haftungshöchstsummen bei Beteiligung allein der Gefährdungshaftung – die einzige Ausnahme von dem unser Schadensersatzrecht beherrschenden Grundsatz der Totalreparation dar, nach dem der Schaden entweder ganz oder gar nicht zu ersetzen ist.[510] 256

Dabei gilt der Grundsatz, dass § 254 nicht die Verletzung allgemeiner Rechtspflichten voraussetzt, sondern sein Anwendungsbereich darin besteht, dass der Geschädigte »diejenige Aufmerksamkeit und Sorgfalt nicht beachtet hat, die ein ordentlicher und gewissenhaft handelnder Mensch anzuwenden pflegt, um eigenen Schaden zu vermeiden«.[511] Dies bedeutet, dass § 254 BGB (auch) ein »Verschulden gegen sich selbst« statuiert, wenn der Verletzte (Geschädigte) gegen sein wohlverstandenes eigenes Interesse[512] verstößt.[513] 257

Ein Verstoß gegen § 254 BGB führt zu einer Kürzung des Schadenersatzanspruchs bis zu seinem völligen Wegfall. Dies bedeutet, dass § 254 BGB als Anspruchsgrundlage nicht in Betracht kommt, sondern lediglich das Gegenteil, nämlich eine Minderung der Ersatzpflicht des Schädigers, bewirkt. 258

Soweit sich der Geschädigte eine mitwirkende Betriebsgefahr zurechnen lassen muss, rechtfertigt sich die Kürzung des ihm zustehenden Schadenersatzanspruchs im Rahmen des ihm selbst zur Last fallenden Verantwortungsbeitrags allein dadurch, dass kein Anlass besteht, die Betriebsgefahr nur bei Fremdschädigung, nicht jedoch auch bei Selbstschädigung zu berücksichtigen.[514] 259

Die Vorschrift des § 254 BGB gilt für sämtliche Fälle der Schadensersatzpflicht, also nicht nur bei vertraglichen Ansprüchen, sondern auch für das weite Feld der unerlaubten Handlungen.[515] Im Allgemeinen wird die Lehre vom Mitverschulden und von der Mitverursachung nach § 254 BGB als gesetzlich festgelegter Unterfall des in § 242 BGB enthaltenen Grundgedankens von Treu und Glauben (§ 242 BGB) verstanden.[516] 260

In diesem Zusammenhang ist festzuhalten, dass § 254 BGB über die Betriebsgefahr im Rahmen der Gefährdungshaftung hinaus auch dann Anwendung findet, wenn es an dem Tatbestandsmerkmal der Zurechnungsfähigkeit und damit der Mitverantwortlichkeit mangelt, d.h. in den Fällen, in denen dem ausgleichspflichtigen Gläubiger persönliche Schuldausschließungsgründe zur Seite stehen. Hiervon ist z.B. auszugehen in den Fällen, in welchen Kinder bis zum vollendeten 10. Lebensjahr nicht haftbar für von ihnen verursachte Schäden im fließenden Verkehr sind (§ 828 Abs. 2 BGB). Andererseits gibt es auch Fälle, in denen ein so privilegiertes Kind auch ohne eigenes Verschulden haftet (z.B. aus Billigkeit).[517] 261

Der in § 254 BGB enthaltene Rechtsgedanke ist nicht nur gegenüber Schadenersatzansprüchen von Bedeutung, sondern auch im Hinblick auf andere Sachverhalte und Rechtslagen, in denen das Ver- 262

509 Vgl. *AG Wismar*, Urt. v. 09.11.2005 – 12 C 298/05, SVR 2006 Heft 3, VIII (LS); *LG Passau*, Urt. v. 30.09.2005 – 4 O 286/05, SP 2006, 127; *OLG Schleswig*, BeckRS 2011, 13743.

510 Vgl. MüKoBGB, *Grunsky* § 254 Rn. 1.

511 Vgl. *BGH*, VersR 1972, 1016.

512 Vgl. dazu: *Enneccerus, Lehmann* Schuldrecht, § 16 I 3; *Larenz*, Schuldrecht I, § 311a; *Wieling*, AcP 176, 347.

513 Wegen näherer Einzelheiten dazu vgl. *Greger*, NJW 1985, 1130.

514 BGB § 254 Mitverschulden, *Oetker*, MüKoBGB, 8. Aufl. 2019, Rn. 5, 6.

515 Vgl. *RG* RGZ 62, 346; MüKo/*Grunsky* vor § 254 Rn. 5 ff.

516 Wegen näherer Einzelheiten dazu vgl. RGRK/*Alff* § 254 Rn. 1; *Palandt, Heinrichs* § 254; *Soergel, Siebert, Reimer, Schmidt* § 254 Rn. 13; *Staudinger, Medicus* § 254 Rn. 2, 3; *Erman, Sirp* § 254 Rn. 1; *Fikentscher*, § 55 Abs. 7 S. 2b; *Deutsch*, Haftungsrecht I § 20 Abs. 1 S. 1; – differenzierend kritisch: *Greger*, NJW 1985, 1130 (1132, l.Sp.).

517 Geigel, Haftpflichtprozess, 29. Aufl. 2024, Kap. 16 Ausschluss der Verantwortlichkeit, Minderjährige, Billigkeitshaftung, Haftung der Aufsichtspflichtigen(§§ 827–829 BGB, § 832 BGB), Rn. 16–26.

schulden mehrerer Beteiligter gegeneinander abzuwägen ist. Allgemein anerkannt ist die Anwendung des § 254 BGB auf die Ausgleichspflicht unter Gesamtschuldnern (§ 426 BGB), und zwar selbst dann, wenn die auszugleichende Schuld nicht auf einer gesetzlichen Schadensersatzpflicht beruht.[518]

263 Der Begriff des Mitverschuldens entspricht der Ausdeutung durch das bürgerliche Recht. Der Geschädigte hat also dasjenige Maß an Sorgfalt aufzuwenden, das vom Verletzten zu erwarten wäre, um den Schaden, wäre er nicht ihm, sondern einem Dritten entstanden, zu vermeiden. Der Begriff des Verschuldens ist derselbe wie in § 276 BGB. Der Geschädigte schuldet also die im Verkehr erforderliche Sorgfalt.

264 Häufig werden in diesem Zusammenhang Einwendungen erhoben, die beispielsweise auf das hohe Alter, die Gebrechlichkeit bzw. die in sonstiger Form beeinflusste Konstitution[519] des Verletzten abzielen. Insoweit ist jedoch zu bedenken, dass der Geschädigte nicht die ihm aufgrund vorgegebener Anlagen (noch) mögliche, sondern gem. § 276 Abs. 1 BGB ebenfalls die im Verkehr allgemein und objektiv erforderliche Sorgfalt schuldet.[520] Sollte er dazu aus Gründen, die in seiner Veranlagung liegen, nicht (mehr) in der Lage sein, dann müsste er die Erfüllung der ihm nach wie vor obliegenden Sorgfaltspflichten auf eine andere dazu bereite und fähige Begleitperson delegieren, der im Verhältnis zum Schädiger dann die Funktion eines Erfüllungsgehilfen i.S.v. § 278 BGB zufällt.

265 Der Anspruch des Geschädigten kann sich also dadurch ändern, dass er verantwortlich und zurechenbar zur Entstehung des Schadens mitursächlich beigetragen[521] hat. Für den Fall, dass auch er ein Kraftfahrzeug gehalten haben sollte und den ihm daher obliegenden Entlastungsbeweis aus § 7 StVG (»Höhere Gewalt als Unfallursache«) nicht mit Erfolg zu führen vermag, spricht man – wie übrigens auch bei allen anderen Erscheinungsformen der Gefährdungshaftung – von einer mitwirkenden Verursachung.[522]

266 Fällt ihm demgegenüber ein in Abgrenzung zum Tatbeitrag des Schädigers mitwirkendes Fehlverhalten zur Last, dann liegt ein Mitverschulden vor. Dies kann sich entweder als Mitverschulden zum Grund des Anspruchs auf § 254 Abs. 1 BGB (Rn. 54 ff.) oder als Mitverschulden zur Höhe des insgesamt entstandenen Schadens auf § 254 Abs. 2 BGB gründen.

267 Die Beweislast für Mitverursachung und Mitverschulden obliegt dem Ersatzpflichtigen (Schädiger), der sich auf eine Minderung seiner Schuld beruft, und zwar sowohl dem Grunde (§ 254 Abs. 1 BGB) als auch der Höhe (§ 254 Abs. 2 BGB) nach.[523] Sollten beide Beteiligte der Gefährdungshaftung unterliegen, dann ist jeder von ihnen im Verhältnis zum anderen für den Einwand einer mitwirkenden Verursachung beweispflichtig, weil im Zweifel die Betriebsgefahr des jeweils »anderen« bis zum Beweise des Gegenteils für ihre Mitursächlichkeit bei der Entstehung des Schadens spricht.[524]

268 Im Rahmen der Abwägung nach § 254 BGB findet die Beweislastregel des § 280 Abs. 1 S. 2 BGB keine Anwendung.[525]

---

518 *OLG Hamm*, Urt. v. 14.03.2017 – I-24 U 46/16, NJW 2018, 167; *OLG Celle*, Urt. v. 27.11.2008 – 5 U 88/08, BeckRS 2010, 29814.

519 Soweit es sich um den Einwand eines *konstitutionsbedingen* Mitverschuldens handelt, vgl. *BGH*, VersR 1984, 286.

520 Vgl. dazu *BGH*, VersR 1984, 286.

521 Wegen Mitverursachung und Mitverschulden im Haftpflichtrecht vgl. *Weimar*, VW 1980, 1237 ff.

522 *BGH*, Urt. v. 31.05.2016 – VI ZR 465/15, NJW 2016, 2737.

523 Soweit es sich um den Einwand einer Verletzung der Schadenminderungspflicht i.S.v. § 254 Abs. 2 BGB handelt; BGB § 254 Mitverschulden, *Oetker*, MüKoBGB, 8. Aufl. 2019, Rn. 145.

524 *OLG München*, Urt. v. 12.06.2015 – 10 U 3673/14, BeckRS 2015, 10737; *OLG Jena*, Urt. v. 09.02.2022 – 2 U 504/20, BeckRS 2022, 5234.

525 Vgl. *BGH*, BGHZ 46, 260 = NJW 1967, 622; *Schulze*, Schulze u.a. Bürgerliches Gesetzbuch, 8. Aufl. 2014, BGB § 254, Rnrn. 1–13.

Als Modell für den Tatbestand des Wegfalls oder der Minderung der dem Unfallgegner zur Last fallenden Haftung durch eigenes Verschulden des Geschädigten – ggf. in der Erscheinungsform des »Verschuldens gegen sich selbst« durch Außerachtlassen der eigenen Interessen – hat § 254 Abs. 1 BGB Pate gestanden. Auf diese Vorschrift nimmt eine ganze Reihe anderer Bestimmungen – mittelbar oder unmittelbar – Bezug. Dies gilt insbesondere bezüglich der Ansprüche aus dem Straßenverkehrsgesetz (§ 9 StVG), aus dem Haftpflichtgesetz (§ 4 HG), ferner für Ansprüche aus dem Luftverkehrsgesetz (§ 34 LuftVG) und nach dem Atomgesetz (§ 28 AtomG). Die Anwendung des § 254 BGB ist in den angegebenen Bestimmungen insofern noch erweitert, als der Geschädigte bei Beschädigung einer Sache – in seiner Eigenschaft als Gewahrsamsinhaber – auch für das Verschulden desjenigen einzustehen hat, der die tatsächliche Gewalt über die Sache – also die Sachherrschaft – ausübt.[526] 269

Die gesetzlichen Bestimmungen unterscheiden zum Teil nicht zwischen Mitverschulden und Mitverursachung. So ist beispielsweise anerkannt, dass § 254 Abs. 1 BGB, obwohl in dieser Bestimmung nur vom eigenen Verschulden gesprochen wird, auch für Fälle des Zusammentreffens mit der Gefährdungshaftung gilt. 270

## I. Grund des Anspruchs

Die Mithaftung aufgrund mitwirkender Verursachung kann sich zunächst einmal bezüglich des Anspruchsgrundes auswirken.[527] Hat das Verhalten des Geschädigten zur Entstehung des Schadens beigetragen, so hängt die Verpflichtung zum Ersatz sowie der Umfang des zu leistenden Ersatzes von den Umständen, insbesondere davon ab, inwieweit der Schaden vorwiegend von dem einen oder dem anderen Teil verursacht worden ist.[528] 271

Sofern der Schädiger ebenfalls der vom Verschulden losgelösten Gefährdungshaftung unterliegt, regelt sich die Ausgleichspflicht nach § 17 Abs. 1 StVG. Dabei handelt es sich von der Methodik her nicht um einen Ausgleichsanspruch im eigentlichen Sinne, der an sich nur aufgrund einer gesamtschuldnerischen Haftung denkbar ist,[529] sondern um einen sich auf das Innenverhältnis mehrerer Ersatzpflichtiger beziehenden »Kürzungsanspruch«.[530] Laut *BGH* ist die Entscheidung über eine Haftungsverteilung im Rahmen des § 254 BGB oder des § 17 StVG grundsätzlich Sache des Tatrichters und im Revisionsverfahren nur darauf zu überprüfen, ob alle in Betracht kommenden Umstände vollständig und richtig berücksichtigt und der Abwägung rechtlich zulässige Erwägungen zugrunde gelegt worden sind. Die Abwägung ist aufgrund aller festgestellten Umstände des Einzelfalles vorzunehmen. In erster Linie ist hierbei nach ständiger höchstrichterlicher Rechtsprechung das Maß der Verursachung von Belang, in dem die Beteiligten zur Schadensentstehung beigetragen haben; das beiderseitige Verschulden ist nur ein Faktor der Abwägung.[531] 272

Wird nur ein Teil des Anspruchs eingeklagt, so ist ein Mitverschulden des Geschädigten jedenfalls dann nicht zu berücksichtigen, wenn der Schädiger den eingeklagten Teil zu ersetzen hat.[532] Dies gilt auch dann, wenn der nicht eingeklagte Teil des Anspruchs inzwischen verjährt sein sollte.[533] 273

526 Vgl. ergänzend dazu *Lange*, Schadenersatz.

527 Vgl. dazu beispielsweise § 254 Abs. 1 BGB.

528 Zur Auswirkung beim Schmerzensgeld siehe Slizyk, Handbuch Schmerzensgeld, 20. Aufl. 2024, Rn. 101–116.

529 § 17 Abs. 1 S. 1 StVG.

530 Vgl. dazu *Klimke*, VersR 1972, 414 (417); 1974, 20; *Heß*, Burmann, Heß, Jahnke, Janker, StVR/StVG, 21. Aufl. 2010, § 17 Rn. 1–28a; *Zeycan*, Haus, Krumm, Quarch, Gesamtes Verkehrsrecht | StVG § 17 Rn. 9 – 36 | 1. Aufl. 2014.

531 *BGH*, Urt. v. 16.01.2007 – VI ZR 248/05, DAR 2008, 337.

532 Vgl. *OLG München*, NJW 1970, 1924; *OLG Schleswig*, VersR 1983, 932 = zfs 1983, 356; MüKoBGB, *Grunsky* § 254 Rn. 89.

533 Vgl. *OLG Schleswig*, VersR 1983, 932 = zfs 1983, 356; vgl. *OLG Saarbrücken*, Urt. v. 07.06.2011 – 4 U 451/10, NJW 2011, 3169.

274 Die Bestimmung des § 254 Abs. 1 BGB und die ihr nachgebildeten Vorschriften beziehen sich auf den Fall, dass der Geschädigte entweder durch (aktives) Handeln oder (passives) Unterlassen mitursächlich zur Entstehung des Schadens[534] beigetragen hat. Sein Verantwortungsbeitrag ist nach § 17 StVG oder nach § 254 Abs. 1 BGB bzw. § 426 BGB gegen den Verantwortungsanteil des Schädigers abzugrenzen.

275 So trifft beispielsweise einen Fußgänger i.d.R. ein Mitverschulden, wenn er die Fahrstraße unachtsam überquert und mit einem Kfz zusammenprallt.[535] Dabei ist grundsätzlich zu berücksichtigen, dass der Fußgänger auf der Fahrstraße lediglich Gast ist und sich dementsprechend vorsichtig gegenüber den rechtmäßigen Benutzern der Fahrstraße zu verhalten hat.[536] So kommt auch eine alleinige Haftung des Fußgängers in Betracht.[537]

276 Den Einwand der mitwirkenden Verursachung oder eines Mitverschuldens müssen sich bei konsequenter Anwendung des im § 404 BGB enthaltenen Rechtsgedankens auch diejenigen Personen entgegenhalten lassen, die den Anspruch vom Gläubiger im Wege rechtsgeschäftlichen Forderungsübergangs oder kraft Gesetzes ableiten. Das Gleiche gilt für die Personen, die die Gesamtrechtsnachfolge des ursprünglichen Gläubigers – z.B. als seine Erben i.S.v. § 1922 BGB oder im Fall der Vermögensübernahme nach § 419 BGB – angetreten haben. Das gilt sogar für Ansprüche aus »geborenen« Drittschäden i.S.v. § 10 StVG[538] bzw. §§ 844, 845 BGB.[539]

277 Damit wird einem tragenden Grundsatz unserer Rechtsordnung Rechnung getragen, dass im Allgemeinen der Forderungsübergang keine inhaltliche Leistungsänderung des Anspruchs (§ 404 BGB), insbesondere nicht eine qualitative Verbesserung, bewirkt.[540]

534 Genauer gesagt: das Schadensereignis, im Wesentlichen also wohl des Unfalles insoweit muss jedoch berücksichtigt werden, dass die Haftung des Inhabers (»Betreibers«) einer *Anlage* i.S.v. § 2 HG nicht davon abhängt, dass ein Unfall eingetreten ist.

535 Vgl. *OLG Rostock*, Urt. v. 23.09.2005 – 8 U 88/04, DAR 2006, 278; *LG Schwerin*, BeckRS 2013, 10671; *OLG Hamm*, SVR 2013, 58; MüKo StVR, 1. Aufl. 2017, StVG § 9 Mitverschulden, Rn. 25–29; *BGH*, Urt. v. 24.09.2013 – VI ZR 255/12, NJW 2014, 217; *Kuhn*, Schadensverteilung bei Verkehrsunfällen, 10. Aufl. § 2, 710–783.

536 Vgl. dazu: *OLG München*, r+s 1986, 6; Urteilssammlung *Kuhn*, Schadensverteilung bei Verkehrsunfällen, Deutscher Anwalt Verlag, 10. Aufl., § 2 X.

537 *KG*, Urt. v. 06.06.2006 – 12 U 138/05, NZV 2007, 80; *LG Hagen*, Urt. v. 14.01.2005 – 90 224/03; vgl. Kuhn, Schadensverteilung bei Verkehrsunfällen, 11. Aufl. 2023, § 2, X, 1., 2; umfangreiche Rechtsprechungsübersicht zu Fußgängerunfällen siehe Kuhn, Schadensverteilung bei Verkehrsunfällen, 11. Aufl., § 2 X. Rn. 782–884.

538 Vgl. dazu *Full*, Haftung, § 10 StVG, Rn. 9.

539 Vgl. dazu ergänzend als lex spezialis auch § 846 BGB; *OLG Hamm*, Urt. v. 24.10.2005 – 13 U 127/05, SP 2006, 307; *BGH*, Urt. v. 23.06.2004 – VI ZR 112/03 MDR 2004, 1355 zu entgangenen Eigenleistungen bei Renovierung.

540 Um Missverständnissen vorzubeugen, sei in diesem Zusammenhang angemerkt, dass es sich bei den Ansprüchen aus »geborenen« Drittschäden der soeben bezeichneten Art, nicht um Forderungen aus übergegangenem Recht, sondern um originäre Schadenersatzansprüche handelt, was Full (Haftung) bei seiner Kommentierung zu § 10 StVG übersehen zu haben scheint, wenn er in diesem Zusammenhang von den Anspruchsberechtigten, die in der Gesetzessprache als »Dritte« bezeichnet werden, immer wieder als von den »Erben« spricht.

Nicht selten trifft auch Insassen eines Kfz (z.B. Beifahrer) ein auf den Grund des Anspruchs bezogenes Mitverschulden, obwohl sie am Verkehrsgeschehen selbst i.d.R. nicht aktiv teilnehmen.[541] Dies gilt insbesondere für Insassen in öffentlichen Verkehrsmitteln, die sich nicht ordnungsgemäß festhalten.[542] 278

Das Gleiche gilt für Insassen eines Kfz, die sich einem erkennbar unter Alkoholeinfluss stehenden Kfz-Führer zur Beförderung anvertrauen.[543] Ähnliche Überlegungen gelten für den Fall, dass der Unfall des Insassen auf einer Übermüdung beruht. 279

Ein ganz erhebliches Mitverschulden trifft den Beifahrer, der vorhandene Sicherheitsgurte nicht anlegt, weil er damit gegen seine eigenen wohlverstandenen Interessen i.S.e. »Verschuldens gegen sich selbst« verstößt.[544] 280

Es besteht allerdings keine Verpflichtung zum Anlegen der vorgeschriebenen Sicherheitsgurte in der Zeit, in der das Kfz im Straßenverkehr auch für kürzere Zeit steht.[545] Die Anschnallpflicht des § 21a Abs. 1 StVO, die auch im Strafverfahren im Sinne eines das Verschulden des Fahrers mindernden Mitverschuldens Berücksichtigung finden soll, sofern ein ursächlicher Zusammenhang besteht,[546] gilt uneingeschränkt auch für Frauen.[547] Auch einem Taxifahrer, der auf einer längeren Leerfahrt[548] den Sicherheitsgurt nicht angelegt hat und deswegen bei einem Unfall Verletzungen erleidet, kann der Schädiger den Einwand des Mitverschuldens entgegenhalten.[549] Die Freistellung für Taxi- und Mietwagenfahrer nach § 21a Abs. 1 S. 2 Nr. 1 StVO galt nur für Fahrten, auf denen der Taxi- oder Mietwagenfahrer auch tatsächlich Fahrgäste befördert.[550] In seiner Sitzung vom 19. September 2014 hat der Bundesrat die Aufhebung dieser Befreiungsregelung beschlossen (Bundestags-Drucksache 336/14). 281

Auch Fahrlehrer sind verpflichtet, die vorgeschriebenen Sicherheitsgurte während der Fahrt anzulegen.[551] 282

---

541 S. Urteile in *Kuhn* Schadensverteilung bei Verkehrsunfällen, Deutscher Anwalt Verlag, 10. Aufl. 2019, § 2, XVI, 2.; vgl. jedoch den »Griff in das Lenkrad«, der lediglich dann nicht mehr zum Vorwurf eines Mitverschuldens führt, wenn er sich als »instinktive« Schreckreaktion darstellt, *OLG Nürnberg*, VersR 1980, 97 - zfs 1980, 81; - vgl. dazu auch: *OLG Hamm*, NJW 1969, 1975; *OLG Köln*, NJW 1971, 670; DAR 1982, 86 = zfs 1982, 86.

542 Vgl. *Filthaupt*, Die neuere Rechtsprechung zur Bahnhaftung, NZW 2011, 217; *KG*, Beschl. v. 29.06.2010 – 12 U 30/10, NZV 2011, 197; *Kuhn*, Schadensverteilung bei Verkehrsunfällen, 10. Aufl. 2019, § 2 XVI, Rn. 1099–1139.

543 *AG Bremervörde*, Urt. v. 12.07.2006 – 5 C 465/05, SP 2006, 342: $^1/_3$ Mitverschulden; *KG*, Urt. v. 12.01.2006 – 12 U 261/04, DAR 2006, 506 (LS): BAK Fahrer 1,54 Promille; vgl. Kuhn, Schadensverteilung bei Verkehrsunfällen, 10. Aufl. 2019, § 2 Rn. 222–231, 233–241; 1; *OLG Karlsruhe*, Urt. v. 30.01.2009 – 1 U 192/08, NJW 2009, 2608.

544 *OLG Karlsruhe*, DAR 1999, 455 = VersR 2000, 609 (LS); s. Rechtsprechungsübersicht in *Kuhn* Schadensverteilung bei Verkehrsunfällen, Deutscher Anwalt Verlag, 10. Aufl. 2019, § 2 XXIII.

545 § 21a Abs. 1 StVO: Vorgeschriebene Sicherheitsgurte müssen während der Fahrt angelegt sein; vgl. dazu: *OLG Celle*, DAR 1986, 28 (nach Ordnungswidrigkeitenrecht); *Küppersbusch, Höher*, Ersatzansprüche bei Personenschaden, 13. Aufl. 2020, Rn. 503–511; vgl. *BGH*, Urt. v. 28.02.2012 – VI ZR 10/11, r+s 2012, 355.

546 Vgl. *OLG Hamm* VRS 60, 32.

547 *BGH*, VersR 1981, 548 = DAR 1981, 261 = VRS 61, 81 (m. Erläut. v. *Hentschel*, NJW 1982, 1073; – Ausnahmen – außer den im Gesetz selbst genannten –: VkBl. 1976, 437).

548 Vgl. dazu insbes.: *OLG Hamm*, DAR 1988, 174 – zfs 1988, 201 – VRS 74, 387; *OLG Celle*, zfs 1988, 158; *BGH*, BeckRS 2009, 20671.

549 Vgl. *BGH*, DAR 1982, 155 (vgl. dazu auch: *Weber*, DAR 1983, 169); VRS 64, 168.

550 Einschränkend nur für Fahrten im Mietwagenverkehr; – vgl. *Cramer*, Straßenverkehrsrecht, 2. Aufl., § 21a StVO, Rn. 11; – vgl. *Händel*, NJW 1972, 2290.

551 Vgl. *OLG Köln*, VRS 69, 307; StVO § 21a Sicherheitsgurte, Rollstuhl-Rückhaltesysteme, Rollstuhlnutzer-Rückhaltesysteme, Schutzhelme, *Hühnermann*, Burmann, Heß, Hühnermann, Jahnke, Straßenverkehrsrecht, 26. Aufl. 2020, Rn. 1–8.

283 Neben der als »Leiturteil« bezeichneten Grundsatzentscheidung des *BGH* v. 20.03.1979[552] hat der *BGH* auch im Jahr 1980 zwei grundlegende Urteile verkündet, die sich mit der Kürzung[553] von Schadenersatzansprüchen befassen, die einem im Unfallzeitpunkt nicht angeschnallten Verletzten drohen.[554] Macht der im Rahmen eines Verkehrsunfalls Verletzte einen Schadensersatzanspruch geltend, so muss er sich dann ein Mitverschulden anrechnen lassen, wenn er zum Unfall beigetragen hat oder wenn er die Folgen des Unfalls vergrößert hat. Bei der Geltendmachung eines Schmerzensgeldanspruchs ist aber zu berücksichtigen, dass ein Mitverschulden nicht automatisch zu einer quotenmäßigen Verkürzung des Anspruchs führt. Bei einem Verstoß des Verletzten gegen die Gurtpflicht liegt grundsätzlich ein Mitverschulden vor. Ausnahmsweise kann das Mitverschulden dann unberücksichtigt bleiben, wenn dem Unfallverursacher ein überragendes Versagen vorgeworfen werden kann.[555] Nach jetzt vorherrschender Auffassung sind Kürzungen der Schadenersatzansprüche ohne Berücksichtigung des Mitverschuldens des nicht angeschnallten Insassen nicht zulässig. Vielmehr hat eine Abwägung im Verhältnis zum Verschulden des Fahrers oder des anderen Unfallbeteiligten – im Fall eines Fremdschadens – zu erfolgen.[556]

284 Es kommt also für die Bemessung des Mitverschuldens, für das ebenfalls der Beweis des ersten Anscheins gilt,[557] sehr wesentlich darauf an, in welcher Weise das Nichtanschnallen sich im individuellen Einzelfall konkret (ursächlich) ausgewirkt und inwieweit es zu abgrenzbaren Personenschäden – nur in diesem Bereich kann eine Ursächlichkeit bejaht werden – geführt hat.[558] Dies bedeutet, dass der Schadenersatzanspruch des Verletzten nur insoweit gemindert werden darf, als das Nichtanschnallen für die Entstehung des Schadens ursächlich im adäquaten Sinne war.[559]

285 Der Richter darf jedoch bezüglich der einzelnen Verletzungen eine einheitliche Quote bilden.[560] Der angemessene Schmerzensgeldbetrag ist nach einem Urteil des *OLG München* durch eine Gesamtabwägung zu ermitteln und kann nicht schematisch nach Verursachungsquoten gekürzt werden, weil das Schmerzensgeld auch eine Genugtuungsfunktion gegenüber einem besonders verantwortungslosen Kraftfahrer hat.[561]

286 Hat die Verletzung der Anschnallpflicht für den Grad der Verletzung prägende Wirkung und verursacht einen Körperschaden von solcher Schwere, die den Bereich gewöhnlicher Unfallfolgen

---

552 *BGH*, DAR 1979, 162.

553 *BGH*, VRS 64, 30; *OLG Bremen*, VersR 1978, 469; *OLG München*, VersR 1981, 560 (Beifahrer, dessen Mitverschulden ungewöhnlicherweise mit nur 10 % bewertet wurde); *AG Tübingen*, VersR 1982, 155.

554 *BGH*, DAR 1980, 274; VRS 60, 94.

555 *OLG Karlsruhe*, Az. 10 U 219/89; *OLG München*, Az. 7 U 4576/98, NJW-RR 1999, 820; *BGH*, Az. VI ZR 59/97, NJW 1998, 1137.

556 Vgl. *KG*, VersR 1982, 1199; *KG* VersR 1979, 1031; *BGH*, DAR 2001, 117; *LG Meiningen*, DAR 2007, 708.

557 Vgl. *BGH*, DAR 1980, 224; VRS 64, 340 (Brillenträger); *OLG Bamberg*, VersR 1982, 1075. Der Anscheinsbeweis kann auch dafür bejaht werden, dass ein Pkw-Insasse den Sicherheitsgurt nicht angelegt hat; *LG Frankfurt a.M.*, NZV 2005, 524.

558 Vgl. *BGH*, DAR 1980, 274; *KG* VersR 1981, 64; DAR 1982, 232; *OLG Hamm*, VRS 76, 112; *LG Mönchengladbach*, VersR 1983, 191 = zfs 1983, 99; *AG Bretten*, Urt. v. 25.01.2016 – 1 C 222/15, BeckRS 2016, 13867.

559 Soweit es sich um den Kausalzusammenhang zwischen dem Nichtanlegen eines Sicherheitsgurtes und einem nachfolgenden Unfall handelt, vgl. *OLG Koblenz*, VRS 64, 247; vgl. dazu auch: *Weber*, NJW 1986, 2667.

560 Vgl. *BGH*, DAR 1979, 16; DAR 1980, 274; *OLG Braunschweig*, VersR 1978, 627 (10 % Mitverschulden bei grobfahrlässigem Verhaltendes Schädigers); *OLG München*, DAR 1979, 306 (25 %); *OLG Celle*, DAR 1979, 305 (20 %); *LG Mainz*, VersR 1979, 133 (30 %); *LG Darmstadt*, VersR 1980, 342 (50 %); *LG Osnabrück*, VersR 1982, 255 (40 %); *LG Kassel*, VersR 1982, 562 (30 %); *AG Balingen*, VersR 1978, 454; *AG Hamburg*, VersR 1978, 164; *AG Tübingen*, VersR 1981, 155 = zfs 1982, 101 (50 %); *OLG München*, r+s 2014, 100.

561 *OLG München*, Urt. v. 13.01.1999 – 7 U 4567/98, DAR 1999, 264.

bei angeschnallten Beifahrern weit übersteigt, kann der Verursacherbeitrag auch gegenüber ganz schwerem Verschulden nicht zurücktreten. Bei der Abwägung ist in erster Linie das Maß der Verursachung maßgeblich.

287 Das Mitverschulden durch Nichtanlegen eines Sicherheitsgurtes kann auch darin bestehen, dass die Unfallfolgen dem Grade nach erheblicher[562] ausgefallen sind, als dies bei Benutzung eines Gurtes der Fall gewesen wäre.[563] Im Rahmen des den nicht angeschnallten Fahrzeuginsassen treffenden Mitverschuldens nach § 254 Abs. 1 BGB ist einerseits zwischen dem Unfallhergang und andererseits zwischen dem Grad der versäumten Pflicht des Verletzten sowie der Art und dem Ausmaß der Verletzungen abzuwägen.[564] Je stärker der Schaden durch das Versäumnis des Verletzten entstanden ist, desto schwerer wiegt die Verletzung der Anschnallpflicht.

288 Einen nicht angeschnallten Kfz-Insassen kann also aus dem Gesichtspunkt des Mitverschuldens eine Mithaftungsquote von 50 % treffen, wenn der ersatzpflichtige Halter lediglich aus der Betriebsgefahr haftet – also nur der vom Verschulden losgelösten Gefährdungshaftung unterliegt – und wenn überdies die schweren Körperverletzungen des Geschädigten, insbesondere erhebliche Augenverletzungen, durch den Anprall gegen die Windschutzscheibe entstanden sind. Voraussetzung hierfür ist, dass diese Verletzungen durch das Anlegen des Sicherheitsgurtes hätten vermieden werden können.[565] Bei einem überragenden Versagen des Unfallgegners kann der Mitverursachungsbeitrag des Verletzten zurücktreten.

289 Dafür ist kein Raum, wenn gerade die Verletzung der Anschnallpflicht prägend für die schwerwiegenden Unfallfolgen war.[566]

290 Im Gegensatz zur h.M. in Literatur und Rechtsprechung vertritt das *OLG* Frankfurt/M.[567] die Ansicht, dass der gesamte Anspruch des Verletzten abzuweisen ist, weil die Verletzung überwiegend durch das unterlassene Angurten verursacht worden ist. Diese pauschale und einseitige Betrachtung stößt indes auf erhebliche Bedenken.

291 Der besseren Übersicht wegen sollen nachfolgend die wichtigsten Entscheidungen – geordnet nach Mithaftungsquoten[568] – gegenübergestellt werden:

292 *OLG Celle*, BeckRS 2009, 26933: Kein Mitverschulden bei auf der Rückbank nicht angeschnalltem Mitfahrer und Unfall durch absolut fahruntüchtigen Fahrzeugführer, der mit seinem Fahrzeug auf die Gegenfahrbahn kommt und dort mit dem entgegenkommenden Fahrzeug zusammenstößt; *BGH*, NJW 1993, 53 (bei fehlender Anschnallpflicht); *LG Köln*, DAR 2008, 707: kein Mitverschulden bei historischen Fahrzeugen ohne Gurtausstattung; *OLG Naumburg*, BeckRS 2008, 08292: kein Abzug bei Verletzungen bei einem Frontalzusammenstoß, die auch bei angelegtem Gurt entstanden wären.

293 *OLG Braunschweig*, Urt. v. 11.05.1978, VersR 1978, 627: 10 % bei grobfahrlässigem Verhalten des Schädigers; *OLG München*, Urt. v. 11.12.1979 – 5 U 4231/78, VersR 1981, 560; *LG Braunschweig*, Urt. v. 13.04.2000, Az. 4 O 2919/99 417, VersR 2002, 774: für Beifahrer, der keinen Gurt beim Einsteigen vorfand, aber auch nicht länger danach gesucht hatte.

---

562 Dieser Umstand dürfte sich regelmäßig in der Weise auswirken, dass der Heilungsverlauf sich zeitlich verlängert.

563 Vgl. dazu: *BGH*, BGHZ 74, 25 = NJW 1972, 1363 = VersR 1979, 528 = DAR 1979, 162 = VRS 56, 416 = VersR 1981, 548 = DAR 1981, 261 = zfs 1981, 233 = VRS 61, 81.

564 *OLG Düsseldorf*, Urt. v. 15.09.2000 – 14 U 7/00, SP 2001, 47.

565 Vgl. dazu: *BGH*, NJW 1981, 287 = VersR 1981, 57 = VRS 60, 94; *KG*, VersR 1981, 176 = DAR 1982, 232 = zfs 1982, 163 = r+s 1982, 186 = VRS 82, 247; *Weber*, DAR 1981, 161; weitere Rechtsprechung siehe *Kuhn*, Schadensverteilung bei Verkehrsunfällen, 11. Aufl. 2023 § 2 XXIII.

566 *OLG München*, Urt. v. 13.01.1999 – 7 U 4567/98, DAR 1999, 264.

567 Vgl. dazu *OLG Frankfurt a./M.*, r+s 1980, 124.

568 Also abweichend von dem sonst gängigen System.

294 *OLG Köln*, VersR 1977, 1133; *OLG Braunschweig*, Urt. v. 04.11.1976, Az. 1 U 23/76, NJW 1977, 299; *OLG Celle*, Urt. v. 10.10.1978, DAR 1979, 305; *KG*, zfs 1980, 19; *OLG Karlsruhe*, VRS 65, 96; *LG Hanau*, VersR 1978, 453; *LG Kaiserslautern*, VersR 1979, 633; *LG Augsburg*, DAR 1979, 54; *AG Hamburg*, VersR 1978, 164; *Jagusch*, NJW 1977, 940; *OLG Karlsruhe*, Urteil v. 09.07.1999, Az. 10 U 55/99, DAR 1999, 455 für Mitfahrer im Sportwagen auf dem Mittelplatz, der nicht mit Gurt ausgerüstet ist; *OLG Celle*, SP 2010, 11.

295 25 % *BGH*, Urt. v. 01.04.1980, DAR 1980; *OLG Köln*, Urt. v. 14.07.1977, VersR 1977, 1133; *OLG München*, DAR 1979, 306 (vgl. dazu auch: *Weiland*, JurBüro 1981, 505); *OLG München*, DAR 1979, 306; *LG Augsburg*, VersR 1979, 480; *LG Frankfurt* a.M., VersR 1979, 332; *LG Saarbrücken*, zfs 1980, 196; *LG Mönchengladbach*, VersR 1983, 191; *LG Essen*, zfs 1984, 1; *LG Koblenz*, zfs 1985, 22; *AG Bruchsal*, r+s 1981, 85; *LG Mönchengladbach*, VersR 1983, 191 = zfs 1983, 99; *LG Essen*, zfs 1984, 1 (2); *LG Koblenz*, zfs 1985, 322; *LG Berlin*, zfs 1988, 305 (Gurtpflicht gilt auch für Polizeibeamte); *AG Ibbenbüren*, Urt. v. 11.09.1997, Az. 3 C 57/97, zfs 1998, 130; *OLG Frankfurt a.M.*, BeckRS 2013, 22723.

296 30 % *OLG Düsseldorf*, Urt. v. 07.02.1983, DAR 1985, 59 (60, l.Sp.); *OLG Frankfurt a.M.*, Urt. v. 02.11.1985 zfs 1986, 130; v. 02.11.1985 VersR 1987, 670; *LG Mainz*, VersR 1979, 1133 = r+s 1979, 122; *LG Hamburg*, zfs 1981, 358; *LG Kassel*, VersR 1982, 562; *OLG Saarbrücken*, BeckRS 2010, 03819.

297 $^{1}/_{3}$ *OLG Celle*, Urt. v. 28.01.1982 VersR 1983, 463 (LS) = zfs 1983, 195 (bei einem 15jährigen Kfz-Insassen mit der Begründung, dass das Anschnallen sich im Schadenfall besonders günstig ausgewirkt hätte); vom 16.12.1987, zfs 1988, 97; *OLG Frankfurt a.M.*, Urt. v. 23.02.1984 zfs 1984, 312; zfs 1980, 196; *LG Köln*, zfs 1982, 130; *LG Heilbronn* zfs 1982, 130; *AG Schwetzingen* zfs 1989, 75; *AG Halle-Saalekreis* Urt. v. 15.07.2005, Az. 105 C 4127/02, SVR 2006, 308 m. Anm. *Balke*; *LG Frankfurt a.M.*, Urt. v. 30.12.2004, Az. 2–19 O 135/03, NZV 2005, 524; *LG Limburg*, Urt. v. 05.03.1999, Az. 8 S 16/99, SP 1999, 191; *OLG München*, SVR 2014, 138.

298 40 % *OLG Nürnberg*, VersR 1980, 97 = zfs 1980, 81; *LG Osnabrück*, VersR 1982, 255 = zfs 1982, 131; *LG Saarbrücken*, DAR 1984, 323 = zfs 1984, 355; *LG Bielefeld*, VersR 1986, 98 = zfs 1986, 68; *LG Oldenburg*, SP 2009, 109.

299 50 % *KG*, Urt. v. 07.12.1981 DAR 1982, 232; VersR 1983, 175; *OLG München*, Urt. v. 30.11.1984 zfs 1985, 2 (bei einer aus beruflichen Gründen auf »Schönheit« angewiesenen Kosmetikerin; – vgl. dazu die Anm. v. *Dunz*, VersR 1985, 1197); *OLG Frankfurt a.M.*, Urt. v. 04.06.1986, r+s 1987, 222 (L); v. 14.05.1989 zfs 1989, 257; *OLG Saarbrücken*, Urt. v. 16.05.1986 r+s 1987, 132; *LG Essen*, VersR 1978, 677; *LG Darmstadt*, VersR 1980, 342; *LG Osnabrück*, zfs 1985, 33; *LG Oldenburg*, zfs 1989, 75; *AG Tübingen*, zfs 1982, 101; *LG Augsburg*, zfs 1986, 193; *AG Schwabach*, zfs 1987, 195; *LG Meiningen*, DAR 2007, 708; *LG Flensburg*, VersR 1996, 905; *LG Meiningen*, DAR 2007, 708; *LG Bonn*, BeckRS 2011, 0685.

300 60 % *LG Düsseldorf*, zfs 1984, 195.

301 $66^{2}/_{3}$ *OLG Bamberg*, VersR 1985, 786; *LG Ravensburg*, DAR 1988, 166.

302 100 % *OLG Frankfurt a./M.*, Urt. v. 20.03.1980 r+s 1980, 124 (Unfallgegner haftete lediglich aus der Betriebsgefahr).

303 Der *BGH* hat sich gegen eine Mithaftung von Fahrradfahrern ohne Helm bei einem Unfall ausgesprochen.[569] Er begründet dies mit der noch fehlenden Helmtrageverpflichtung im Gesetz. In der Eröffnungsansprache zum 59. Verkehrsgerichtstags 2021 in Goslar hat dessen Präsident Professor Ansgar Staudinger, Bielefeld, die Problematik des Fahrradfahrens ohne Helm angesprochen. Auch er verwies auf die fehlende gesetzliche Grundlage für die Helmtragepflicht auf Fahrrädern. Seiner Mei-

569 *BGH*, Urt. v. 17.06.2014 – VI ZR 281/13, NJW 2014, 2493.

nung nach sind jedoch die Gerichte gefordert, wenn es zu einem Unfall mit Verletzungen kommt, die mit einem Helm vermieden werden hätten können. In diesen Fällen plädiert er für eine Mitverschuldenshaftung des Fahrradfahrers.[570]

Diese Grundsätze gelten auch für das Nichttragen eines Schutzhelms (Sturzhelms) für Kraftradfahrer.[571] Erleidet ein Kraftradfahrer, der ohne Schutzhelm fährt, bei einem Unfall Kopfverletzungen, vor denen der Schutzhelm allgemein schützen soll und im konkreten Fall aller Voraussicht nach auch geschützt hätte, spricht bereits der Beweis des ersten Anscheins für den ursächlichen Zusammenhang zwischen der Nichtbenutzung des Helms und den eingetretenen Kopfverletzungen.[572] 304

Im Gegensatz dazu nimmt die herrschende Meinung in Literatur und Rechtsprechung bei Radfahrern, die ohne Schutzhelm einen Verkehrsunfall erleiden, kein Mitverschulden an.[573] Fährt zum Beispiel ein 10-jähriges Kind mit seinem BMX-Fahrrad auf einem privaten Gelände ohne Schutzhelm, trifft es diesbezüglich kein Mitverschulden an seinen Verletzungen. Nach den Informationen der Bundesanstalt für Straßenwesen trugen in der Altersgruppe bis zehn Jahre in 2002 33 %, in 2003 38 % und in 2004 41 % der Kinder innerorts einen Fahrradhelm, wobei über alle Altersgruppen hinweg der Anteil der Helmtragenden Fahrradfahrer in 2002 5 %, in 2003 6 % und in 2004 ebenfalls 6 % betrug. Im Jahr 2008 trugen bereits 55 % der Kinder unter 10 Jahren einen Fahrradhelm. Von den Fahrradfahrern über 17 Jahre trugen 4–5 % einen Fahrradhelm.[574] In der Schweiz zum Beispiel tragen ca. 70 % der Kinder und 40 % der Erwachsenen einen Schutzhelm. Unabhängig davon, ob insoweit bereits von einer Verkehrsanschauung überhaupt gesprochen werden kann, stehen im vorliegenden Fall Umstände in Gestalt des Alters des Beklagten sowie der besonderen Örtlichkeit der Annahme eines Mitverschuldens entgegen. Die Frage eines Mitverschuldens ist von der Warte des zum Unfallzeitpunkt zehn Jahre und zehn Monate alten Bekl. zu beantworten. Kinder dieses Alters sind nicht ohne Weiteres in der Lage, Gefahren in vollem Umfang zu erkennen.[575] Auch für den normalen Fahrradfahrer sieht das *OLG Schleswig* eine Mithaftung vor, wenn Verletzungen bei dem Unfall verursacht wurden, die beim Tragen eines Helms nicht aufgetreten wären.[576] Etwas anderes gilt allerdings für Fahrradfahrer, die mit einem Rennrad unterwegs sind. Bei Rennradfahrern steht die Erzielung hoher Geschwindigkeiten im Vordergrund, wodurch ein gesteigertes Unfallrisiko und damit auch eine beträchtliche Steigerung der Eigengefährdung einhergehen. Für ihren Sport betrei- 305

570 Pressemitteilung.

571 Vgl. *BGH*, VRS 64, 340 (Brillenträger); *OLG München*, NJW 1978, 324; VersR 1980, 560 = zfs 1981, 233 (10 %); VersR 1981, 560 (10 %); *OLG Bremen*, VersR 1978, 469; *OLG Saarbrücken*, (30 %); *LG Hagen*, VersR 1983, 764 (für den Unfall eines ohne Schutzhelm gefahrenen Mofa-Fahrers im Jahr 1979); *AG Tübingen*, VersR 1982, 155 = zfs 1982, 101; *Schueler*, DAR 1982, 312; – auch das *BVerfG* – mit allerdings wenig überzeugender Begründung – in seinem Beschluss (NJW 1982, 1276 = zfs 1982, 155 = VRS 62, 241) bestätigt, dass die Bußgeldbewehrung bei *Nichttragung von Schutzhelmen* und die Verfolgung als Ordnungswidrigkeit keinen Verstoß gegen das Grundgesetz darstellt (vgl. dazu auch: *BGH*, BGHZ 74, 25 = NJW 1972, 1363 = VersR 1979, 528 = DAR 1979, 162 = VRS 56, 4161; *OLG Braunschweig*, NJW 1977, 299; *OLG Köln*, DAR 1978, 105; *OLG Hamm*, NJW 1985, 1970); weitere Rechtsprechung siehe *Kuhn*, Schadensverteilung bei Verkehrsunfällen, 10. Aufl. 2019, § 2 XXIII, 1538–1556.

572 Vgl. dazu: *BGH*, NJW 1983, 1380 = VersR 1983, 440 = zfs 1983, 194 = VRS 64, 340; s. auch Rechtsprechungsübersicht bei *Kuhn*, Schadensverteilung bei Verkehrsunfällen, 11. Aufl. 2023 § 2 XXIII, Rn. 1634–1697; *OLG Saarbrücken*, Urt. v. 17.04.2014 – 4 U 406/12, BeckRS 2015, 08396; siehe auch X. Mitwirkendes Verschulden des Geschädigten, *Küppersbusch, Höher*, Küppersbusch, Höher, Ersatzansprüche bei Personenschaden, 14. Aufl. 2024., Rn. 491–493.

573 *BGH* SP 2014, 219; *LG Flensburg*, Urt. v. 12.01.2012 – 4 O 265/11, BeckRS 2014, 8138; *LG Kiel*, Urt. v. 18.12.2018 – 12 O 177/18, SVR 2020, 138.

574 Quelle: Bundesanstalt für Straßenwesen, 2009.

575 *OLG Düsseldorf*, Urt. v. 14.08.2006 – 1 U 9/06.

576 *OLG Schleswig*, DAR 2013, 470 m.w.N.

bende Rennradfahrer besteht eine Obliegenheit zum Tragen eines Schutzhelmes. Das Tragen eines Schutzhelms beim Rennradfahren ist Teil des verkehrsgerechten Verhaltens.[577]

Der *BGH* sieht zumindest bis zum Jahr 2011 keine Veranlassung, eine Mithaftung anzurechnen, wenn Unfallschäden entstanden sind, die durch Tragen eines Helms vermieden worden wären. Das Tragen eines Fahrradhelms war im Zeitpunkt des Unfalls im Jahr 2011, nach den Statistiken der Bundesanstalt für Straßenwesen noch nicht so verbreitet, dass von einer allgemeinen Erkenntnis des Nutzens des Fahrradhelms gesprochen werden kann.[578]

306 Die Beweislast obliegt – wie stets beim Einwand des Mitverschuldens – dem für den Unfall verantwortlichen Schädiger, der sich auf ein Mitverschulden des Verletzten beruft.[579] Er hat darzulegen, dass die Verletzungen zum Beispiel – ganz oder teilweise – durch das Nichtanschnallen verursacht worden sind.[580] Ein derartiger Beweis, der sich an den Grundsätzen des § 286 ZPO – nicht etwa an § 287 ZPO – zu orientieren hat, wird in aller Regel durch Sachverständige zu führen sein.

307 Behauptet der Verletzte, er würde auch dann, wenn er sich angeschnallt hätte, ähnliche oder gar schlimmere Verletzungen davongetragen haben, liegt darin nicht etwa das Bestreiten eines schadenursächlichen Sachzusammenhanges, das an der Beweislast des Schädigers nichts ändern würde, sondern dieser Einwand stellt eine Gegenbehauptung auf das vom Schädiger behauptete – und erwiesene! – Mitverschulden dar, sodass für diese Behauptung falls es auf sie bei rechtlich wertender Betrachtung ankommen sollte – der Verletzte voll beweispflichtig ist.[581]

308 In derartigen Fällen kann sich der für den Unfall Verantwortliche auf einen durch die Erfahrung nahe gebrachten Anschein der Ursächlichkeit (Anscheinsbeweis) berufen.[582] Dies setzt jedoch die Feststellung eines typischen Geschehensablaufs voraus, der, je nach der Lage des konkreten Falles, zu bejahen oder zu verneinen sein kann. Dafür können die von Verkehrssachverständigen erarbeiteten typischen Gruppen von Unfallabläufen eine nützliche Hilfe sein, so beispielsweise die von Danner geprägten verschiedenen »Beschädigungskategorien«.[583]

309 Das Mitverschulden von Fahrzeuginsassen kann auch insoweit eine Rolle spielen, als diese sich als Fahrgäste in öffentlichen Verkehrsmitteln befinden und im Zusammenhang mit einer von einem Kraftfahrer veranlassten Notbremsung Schaden nehmen.[584] Häufig wird dann der Betriebsunternehmer einer Schienenbahn die Ansprüche des Fahrgastes bzw. seines Sozialversicherungsträgers mit dem Hinweis abwehren, das erhebliche Mitverschulden überwiege die Haftung aus der Betriebsgefahr, sodass diese gegen Null geht.[585] Ähnlich gestaltet sich die Haftungsfrage, wen der Fahrgast einen Unfall an der Automatiktüre der Straßenbahn erleidet.[586]

577 Vgl. *OLG Düsseldorf*, Urt. v. 12.02.2007 – I-1 U 182/06; vgl. *OLG Celle*, DAR 2014, 199; a.A. *LG Koblenz*, DAR 2011, 395 bei »normaler« Fahrweise.

578 *BGH*, BeckRS 2014, 14140.

579 Zu Beweislast und Beweiswert: *Ludolph*, NJW 1982, 2595.

580 Vgl. *BGH*, DAR 1969, 162 = VRS 56, 416; DAR 1980, 274; VRS 60, 94.

581 Vgl. *OLG Düsseldorf*, DAR 1985, 59; *OLG München*, Urt. v. 25.10.2019 – 10 U 3171/18, ZfS 2020, 200; *Staab*, Die Grenzen des Anscheinsbeweises im Verkehrsrecht, DAR 2015, 241.

582 *BGH*, DAR 1980, 274; *OLG Bamberg*, VersR 1982, 1075.

583 Vgl. dazu *Danner*, 16. VGT 1978, S. 47 ff.

584 *OLG Dresden*, Urt. v. 03.11.2017 – 1 U 62/17(2); NZV 2018, 76; BGB § 254 Mitverschulden, *Almeroth*, MüKo BGB, 1. Aufl. 2017, Rn. 32.

585 *KG*, NZV 2013, 78; *Kuhn*, Schadensverteilung bei Verkehrsunfällen, 11. Aufl. 2023, § 2 XVI, Linienbus/Reisebus, 2. Linienbus/Reisebus, Fahrgast, Mitverschulden, Rn. 1202–1247.

586 *AG Halle* (Saale), NZV 2010, 521.

Das Gleiche gilt für den Fall, dass der Unfall sich in einem Omnibus ereignet hat. In diesem Fall wird der Halter des Omnibusses sich auf das die Betriebsgefahr aus § 7 StVG in vollem Umfang ausschaltende erhebliche Mitverschulden des Fahrgasts berufen.[587] 310

Die wichtigsten Grundsätze für das Verhalten eines Fahrgastes in öffentlichen Verkehrsmitteln sollen daher nachfolgend kurz dargestellt werden.[588] 311

Zunächst einmal ist jeder Fahrgast eines öffentlichen Verkehrsmittels grundsätzlich aus Rechtsgründen verpflichtet, sich unter Ausnutzung der ihm gewährten Möglichkeiten während des gesamten Fahrtverlaufs einen so ausreichend abgesicherten Halt zu verschaffen, dass er auf diese Weise in der Lage ist, den unvermeidlich eintretenden Schwankungen und Erschütterungen, wie sie beispielsweise durch das Beharrungsvermögen, die Trägheitskraft und die Fliehkraft (Zentrifugalkraft) zwangsläufig ausgelöst werden,[589] mit Erfolg entgegenzuwirken.[590] 312

Der Omnibusfahrer darf sich grundsätzlich darauf verlassen, dass Fahrgäste vor der Weiterfahrt sich unaufgefordert einen sicheren Halt verschaffen.[591] Nur in Ausnahmefällen, beispielsweise gegenüber älteren oder schwer behinderten Fahrgästen, hat der Fahrer sich davon zu überzeugen, dass sie vor der Weiterfahrt einen festen Platz[592] eingenommen haben. 313

Bei Regenwetter oder Schneematsch lässt es sich nicht vermeiden, dass Feuchtigkeit durch einsteigende Fahrgäste in das Fahrzeug hineingetragen wird. Eine Haftung des Fahrzeughalters aus Betriebsgefahr gem. § 7 StVG bleibt dennoch bestehen. Ein Entlastungsgrund aus dem Gesichtspunkt »höhere Gewalt« i.S.d. § 7 Abs. 2 StVG ist nicht gegeben. Allenfalls kann ein Mitverschuldenseinwand greifen, wenn der Fahrgast erkennen konnte, dass die Feuchtigkeit den Boden rutschig macht. Ein Anspruch aus dem Gesichtspunkt der Verletzung der Verkehrssicherungspflicht heraus ist hingegen nicht gegeben, weil die Feuchtigkeit im Wageninneren sich mit wirtschaftlich vertretbaren Mitteln nicht vermeiden lässt.[593] 314

Dass beispielsweise eine Straßenbahn nicht mit gleichbleibendem Tempo fährt, sondern ihre Geschwindigkeit je nach den wechselnden Verkehrsbedingungen und -bedürfnissen erhöht bzw. herabsetzt, muss von jedem Fahrgast in Rechnung gestellt werden.[594] Damit, dass auch beim normalen Anfahren einer Straßenbahn zwangsläufig ruckartige Bewegungen auftreten können,[595] muss ebenfalls jeder Fahrgast rechnen. Jedermann weiß, dass der Übergang von der Statik in die Bewegungsdynamik sich nicht ohne Überwindung des Beharrungsvermögens vollziehen lässt, sodass der 315

---

587 Siehe Rechtsprechungsübersicht hierzu bei *Kuhn* Schadensverteilung bei Verkehrsunfällen, 10. Aufl. 2019, § 2 XVI, 2.

588 Soweit es sich um den Einwand des *konstitutionsbedingten* Mitverschuldens handelt, vgl. *BGH*, VersR 1984, 286.

589 *OLG Braunschweig*, VRS 65, 328 (eine durchschnittliche Beschleunigung von 0,5 $m^2$/sec beim Anfahren einer Straßenbahn ist nicht unangemessen; die subjektive Empfindung eines Straßenbahnfahrgastes, die Straßenbahn sei mit besonders starkem Ruck angefahren, reicht für einen objektiven, zuverlässigen Schluss nicht aus).

590 Vgl. *BGH*, MDR 1972, 226; *OLG Stuttgart*, VersR 1971, 674; *OLG Köln*, Az 9 U 213/82, VÖV-Nachrichten 8/83; *OLG Hamm*, VersR 1986, 43 = zfs 1985, 354 = VRS 69, 265 (der *BGH* hat die Revision nicht angenommen); *OLG Düsseldorf*, VersR 1983, 760 = zfs 1983, 196 = VRS 64, 161 = VÖV-Nachrichten 83, 40; VersR 1986, 64 = VRS 86, 67; *LG Berlin*, VRS 65, 405 (406).

591 *OLG Hamm*, Urt. v. 27.05.1998 – 13 U 29/98, NZV 1998, 463; *Kuhn*, Schadensverteilung bei Verkehrsunfällen, 11. Aufl. 2023, § 2, XVI, Rn. 1202–1247.

592 *BGH*, Urt. v. 01.12.1992 – VI ZR 27/92, DAR 1993, 103; vgl. *Filthaut*, HG, § 12 Rn. 218; § 4 Rn. 33.

593 Vgl. dazu *LG Saarbrücken*, zfs 1987, 68 = VRS 71, 411.

594 *BGH*, VersR 1957, 372.

595 Dies gilt übrigens auch für *Omnibusse*, vgl. dazu insbes. *LG Düsseldorf* VersR 1983, 1044 (kommt ein Fahrgast in einem normal anfahrenden Omnibus zu Fall, so spricht der Beweis des ersten Anscheins dafür, dass der Sturz auf mangelnde Vorsicht des Fahrgastes zurückzuführen ist).

menschliche Körper, der auf diese Weise – im Grunde gegen seine eigentliche Natur – gezwungen wird, alle Bewegungsabläufe mit- bzw. nachzuvollziehen und sich der Geschwindigkeit des Transportmittels anzupassen, zwangsläufig jede Änderung im Bewegungsablauf als einen – mehr oder minder starken – »Ruck« empfinden muss.

316 Ähnliche Überlegungen gelten auch für die Standsicherheit des Fahrgastes beim Durchfahren von Kurven. In diesem Fall wird die Statik durch die in Richtung zum Kurvenäußeren drängende Fliehkraft (Zentrifugalkraft) beeinträchtigt. Derartige Erscheinungen liegen im Wesen des Straßenbahnbetriebes und lassen sich daher kaum beeinflussen.

317 Von Straßenbahnfahrern kann auch keineswegs verlangt werden, dass sie ohne Rücksicht auf den Fahrplan besonders vorsichtig und langsam fahren und beschleunigen. Wollte man dies von ihnen erwarten, so würde die Straßenbahn sich gerade im konzentrierten Großstadtverkehr dem Verkehrsfluss nicht mehr kontinuierlich anzupassen vermögen und daher im Verhältnis zu den übrigen Verkehrsteilnehmern stetig zurückfallen, sodass sie dann kein geeignetes Beförderungsmittel mehr sein könnte.[596]

318 Kommt ein Fahrgast jedoch dadurch zu Fall, dass der Führer eines öffentlichen Verkehrsmittels – gleichgültig aus welchen Gründen auch immer – eine Notbremsung (Schnell- oder Gefahrenbremsung) ausführt, kann man gegen den Fahrgast, der sich ausreichend abgesichert hatte, regelmäßig den Einwand eines mitwirkenden Verschuldens nicht erheben,[597] weil die dabei freiwerdenden Trägheitskräfte so erheblich sind, dass auch ordentliches Festhalten häufig nichts hilft.[598]

319 Auch der häufig vertretene Standpunkt, einen Fahrgast treffe dann kein Mitverschulden, wenn er im Augenblick des Unfalles gerade damit beschäftigt war, seinen Fahrausweis im automatischen Entwerter abfertigen zu lassen, bedarf einer gewissen Differenzierung. Es ist sicherlich richtig, dass der Betriebsunternehmer durch die Einrichtung ortsfester Abfertigungs- und Entwertungsstellen, zu denen der Fahrgast hingehen muss, einen Teil der Risiken, die sonst der Verkehrsbetrieb zu tragen hatte, auf seine Fahrgäste verlagert. Der Fahrgast muss sich jedoch auch beim Entwerten so gegen Stürze absichern, dass auch bei scharfem Bremsen kein Schaden entsteht.[599]

320 Auch während der Entwertung des Fahrausweises muss der Fahrgast sich ordnungsgemäß festhalten. Dies gilt ebenfalls für den Fall, dass er Gepäck mit sich führt.[600]

321 Ein Fahrgast, der ordnungsgemäß einen Sitzplatz[601] eingenommen hat, ist im Allgemeinen nicht verpflichtet, sich zusätzlich festzuhalten. Probleme entstehen indes in dem Zeitpunkt, in dem er seinen Sitzplatz verlässt. Kritisch ist zunächst einmal der Vorgang des Aufstehens selbst, wenn der Fahrgast den schützenden Sitzplatz bereits aufgegeben, aber einen anderweitig abgesicherten Halt noch nicht eingenommen hat. Während dieser Phase muss der Fahrgast äußerste Sorgfalt walten lassen. Er muss dabei auch – zumindest in groben Zügen – auf die äußere Verkehrslage achten – was vom Sitzplatz aus meist keine besonderen Schwierigkeiten bereitet –, um festzustellen, ob der Straßenbahnzug oder Kraftomnibus sich gerade in einer Kurve befindet bzw. mit den Bremsbewegungen zum Anhalten im Haltestellenbereich begonnen hat. Liegen diese Voraussetzungen vor, dann muss der Fahrgast das Aufstehen bis zu dem Zeitpunkt zurückstellen, in dem mit Gefahren nicht zu rechnen ist. Freilich geht die Sorgfaltspflicht nicht so weit, dass der Fahrgast zusätzlich auch noch

---

596 Vgl. *BGH*, VersR 1972, 152 (153, l.Sp.).

597 *BGH*, VersR 1976, 932; *OLG Nürnberg*, VersR 1977, 674 (LS) = MDR 1977, 139; *Filthaut*, HG, § 4 Rn. 33.

598 So – jedenfalls in Anklängen – *LG Bonn*, VersR 1982, 1206; *Filthaut*, HG, § 12 Rn. 218; § 4 Rn. 33 (kein Anscheinsbeweis für Verschulden des Fahrgastes).

599 *KG* Berlin, SVR 2011, 66.

600 *BGH*, VersR 1976, 932; *OLG Düsseldorf*, VersR 1972, 1171; *OLG Hamm*, VersR 1975, 58; *Filthaut*, HG, § 4 Rn. 32; *AG Potsdam*, BeckRS 2014, 05237.

601 A.A. wohl *LG Kiel*, VersR 1981, 663.

die vor dem öffentlichen Verkehrsmittel liegende Fahrstrecke daraufhin beobachten müsste, ob sie frei von erkennbaren Hindernissen ist.

Häufig erhebt sich die Frage, wann – unter Berücksichtigung der dargestellten Sorgfaltspflichten – der aussteigewillige Fahrgast seinen Sitzplatz aufgeben darf. Auf der einen Seite ist der Fahrgast verpflichtet, rechtzeitig die zum Aussteigen erforderlichen Vorkehrungen zu treffen. Dies gilt vor allem dann, wenn der Fahrgast weiß, dass er mit einem nur kurzen Aufenthalt im Haltestellenbereich rechnen kann.[602] Im Fern- und Langstreckenverkehr wird man i.d.R. mit ausreichenden Haltezeiten rechnen können. Auf der anderen Seite sollte ein Fahrgast – insbesondere dann, wenn er alt oder gebrechlich ist – den ihn schützenden Sitzplatz in seinem eigenen Interesse möglichst lange beibehalten. **322**

Besondere Sorgfalt schuldet der Fahrgast – schon in seinem eigenen wohlverstandenen Interesse – beim Ein- und Aussteigen. Wenn ein Straßenbahnzug oder Kraftomnibus ordnungsgemäß mit weit geöffneten Türen im Haltestellenbereich hält und ein Fahrgast beim Versuch, in das öffentliche Verkehrsmittel einzusteigen oder es zu verlassen, zu Fall kommt, dann spricht bereits der Anscheinsbeweis dafür, dass der Unfall auf dem eigenen Fehlverhalten (Eigenverschulden) des betreffenden Fahrgastes beruht.[603] Auch wenn man davon ausgeht, dass grundsätzlich das Aus- und Einsteigen einen Betriebsvorgang mit der Rechtsfolge darstellt, dass jeder Unfall, der sich in diesem Zusammenhang ereignet, rechtlich als Betriebsunfall i.S.v. § 7 Abs. 1 StVG (Kraftomnibus) bzw. von § 1 HPflG (Schienenbahn) zu werten ist, dürfte die Betriebsgefahr des öffentlichen Verkehrsmittels unter den soeben dargestellten Voraussetzungen mit dem Wert Null anzusetzen sein. **323**

## II. Schadenhöhe

Der Mitverursachungsbeitrag des Geschädigten (Gläubigers) kann indes auch darin bestehen, dass er es i.S.v. § 254 Abs. 2 BGB unterlassen hat, im Rahmen der ihm zumutbaren Möglichkeiten zur Minderung des Schadenumfangs (Höhe) beizutragen.[604] Nach h.M. hat der Verletzte den Schaden auch dann schuldhaft mit verursacht oder vergrößert, weil er die Sorgfalt missachtet hat, die ein ordentlicher, verständiger Mensch anwendet, um eigenen Schaden zu vermeiden. Dies gilt selbst dann, wenn er sich gesetzeskonform verhalten hatte.[605] Der Schuldner muss beweisen, dass den Verletzten ein Mitverschulden traf. **324**

Der Verletzte kann im Rahmen von § 254 BGB auch für das Verhalten seines Verrichtungsgehilfen ohne eigenes Verschulden einzustehen haben. Das Gleiche gilt für den Erfüllungsgehilfen, sofern im Zeitraum der Schädigung bereits Rechtsbeziehungen oder rechtlich relevante Sonderverbindungen zwischen den Beteiligten bestanden haben.[606] Auch für das Verschulden seiner gesetzlichen Vertreter muss der Verletzte in gleicher Weise wie für eigenes Fehlverhalten im Rahmen bestehender Schuldverhältnisse oder rechtlich relevanter Sonderverbindungen einstehen.[607] Dies gilt jedenfalls in den Fällen, in denen das Verhalten des gesetzlichen Vertreters gerade in der Ausübung der gesetzlichen **325**

---

602 Vgl. *BGH*, VRS 10, 21; *OLG Karlsruhe*, VersR 1978, 768; *KG Berlin*, SVR 2011, 224; *LG Köln*, BeckRS 2009, 89396.

603 *OLG Celle*, VersR 1981, 1059; *LG Aachen*, zfs 1986, 166; *LG Düsseldorf*, VersR 1979, 166; a.A. *OLG Frankfurt a.M.*, VersR 1986, 922; vgl. *OLG Karlsruhe*, NZV 2011, 141; *OLG Frankfurt a.M.*, BeckRS 2013, 02947.

604 Vgl. *BGH*, NJW 1970, 756; *OLG Frankfurt a./M.*, NJW 1968, 426; *OLG Stuttgart*, VersR 1977, 44; *BGH* DAR 2010, 383 (zu Mietwagenkosten); *BGH* r+s 1986, 257 (zu verspätet erteiltem Reparaturauftrag).

605 *BGH*, DAR 1975, 109; *KG* DAR 1976, 156.

606 HPflG § 4 Mitwirken des Verschuldens, *Piontek*, Filthaut, Piontek, Kayser, Haftpflichtgesetz 10. Aufl. 2019, Rn. 13.

607 Vgl. *BGH*, VersR 1979, 421 (m.w.N.); NJW 1980, 2080; *OLG Celle* DAR 1962, 206; HPflG § 4 Mitwirken des Verschuldens, *Piontek*, Filthaut, Piontek, Kayser, Haftpflichtgesetz 10. Aufl. 2019, Rn. 14, 15.

Vertretung wurzelt.[608] Liegen die Voraussetzungen für das Einstehen des Verletzten für das Fehlverhalten seiner gesetzlichen Vertreter vor, dann kann der Verletzte der für ihn ungünstigen Anwendung des § 278 BGB auch nicht dadurch entgehen, dass er seine Schadenersatzansprüche lediglich auf § 7 StVG, § 1 HPflG oder § 823 BGB stützt.[609]

## E. Erfüllung

326 Die nachfolgenden Betrachtungen sollen sich mit der für die Schadenregulierung wichtigen Frage befassen, unter welchen Voraussetzungen ein Schuldverhältnis zum Erlöschen kommt. Dies kann durch die Erfüllung oder die ihr gleichzusetzenden Tatbestände (Erfüllungssurrogate) erfolgen. Das Bestreben des Schuldners (Schädigers) geht verständlicherweise dahin, die geschuldete Leistung exakt – also nicht mehr und nicht weniger – an den richtigen Gläubiger mit Schuldbefreiender Wirkung zu erbringen.

### I. Leistung

#### 1. Allgemeine Vorschriften

327 Die natürlichste Form, ein Schuldverhältnis zum Erlöschen zu bringen, besteht nach § 362 BGB in dem Bewirken der geschuldeten Leistung. Unter Leistung versteht man die bewusste, Zweckgerichtete Mehrung fremden Vermögens.[610] Erfüllung ist nicht die auf die Leistung gerichtete Handlung, sondern der Eintritt des mit der Leistung bezweckten Erfolgs, also die Schuld befreiende Wirkung. »Erlöschen« ist unmittelbare Beendigung des betreffenden Schuldverhältnisses, also nicht nur das Erlangen einer rechtshemmenden oder rechtsvernichtenden Einrede, beispielsweise der Verjährung (§§ 222 ff. BGB) oder aus einem »pactum de non petendo«.[611] Die h.M. vertritt die »Theorie der realen Leistungsbewirkung«, nach der die Leistung kein Rechtsgeschäft, sondern ein realer Tilgungsakt ist.[612]

328 Neben dem Schuldner selbst kann die Leistung mit Schuldbefreiender Wirkung auch durch einen Dritten (§ 362 Abs. 2 BGB) veranlasst werden. Dies gilt nach § 267 BGB dann, wenn der Schuldner »nicht in Person zu leisten« hat, d.h., wenn die Leistung in einer Übergabe von Geld oder anderen vertretbaren Sachen besteht. Der Anspruch erlischt allerdings nur dann, wenn der beauftragte Dritte mit dem Willen leistet, damit die Verpflichtung des Schuldners zu tilgen.[613] Ein Gesamtschuldner ist demgegenüber nicht »Dritter« i.S. dieser Interpretation. Im Zweifel will er die Leistung für sich selbst erbringen, damit das eigene Schuldverhältnis erlischt.[614]

329 Wegen der Frage nach der Form der Leistung und ihrem Inhalt sei auf § 242 BGB (Treu und Glauben), auf § 271 BGB (Fälligkeit), § 269 BGB (Erfüllungsort) und § 266 BGB (Teilleistungen) verwiesen.

#### 2. Vollleistung

330 Grundsätzlich hat der Gläubiger Anspruch auf die volle, d.h. weder dem Grunde noch der Höhe nach geschmälerte Leistung des Schuldners (§ 266 BGB). Da es sich im Rahmen von Schaden-

608 *BGH*, VRS 8, 406 (409); *Full*, Haftung, § 9 StVG Rn. 18.

609 Vgl. *BGH*, VRS 5, 323; VersR 1957, 455.

610 Vgl. *BGH*, NJW 1964, 399; NJW 1967, 1905; NJW 1968, 1822; NJW 1972, 864, 865; *Weitnauer*, NJW 1972, 2008; *Sonnenschein*, NJW 1980, 257; *Fetzer*, MüKoBGB, 7. Aufl. 2016, BGB § 362 – Erlöschen durch Leistung.

611 Vgl. dazu *Palandt, Heinrichs* Überbl. v. § 362.

612 Vgl. dazu *Paland/Heinrichs* § 362; BGB § 362 Erlöschen durch Leistung, *Dennhart*, BeckOK BGB, Hau, Poseck, 56. Edition, Stand: 01.11.2020, Rn. 11; vgl. *AG Hamburg-Blankenese*, Urt. v. 20.02.2019 – 531 C 255/18, BedckRS 2019, 5359.

613 Vgl. *BGH*, NJW 1964, 399; *LG Saarbrücken*, Urt. v. 04.11.2016 – 13 S 63/16, NJOZ 2017, 1350.

614 Vgl. *BGH*, NJW 2000, 11 VIII.

ersatzansprüchen regelmäßig um Geldschulden, also um teilbare Leistungen handeln wird, hängt es von den konkreten Umständen des Einzelfalles ab, welcher Betrag geschuldet wird. Es liegt in der Natur der Sache, dass gerade bei Schadenersatzansprüchen der Leistungsinhalt (Leistungsumfang) häufig streitig sein wird. Nicht selten kommt es vor, dass Einwendungen sowohl zum Grund des Anspruchs als auch zur Höhe des nach den Grundsätzen der kausalen Adäquanz erstattungsfähigen Schadens erhoben werden. Jede Teilleistung kann durch Verzicht des Gläubigers auf ursprünglich geltend gemachte Mehrforderungen zur Vollleistung werden. Dies gilt in ganz besonderem Maße natürlich dann, wenn es sich um einen im Wege des Vergleichs (§ 779 BGB) vereinbarten Erlassvertrag i.S.v. § 397 BGB als gesetzliches Erfüllungssurrogat handelt.

Mit Rücksicht darauf, dass sich gerade im Schadensersatzrecht – anders also als bei gegenseitigen 331
Verträgen – der Leistungsumfang sehr häufig nicht auf Anhieb zweifelsfrei feststellen lässt, räumt die Rechtsprechung dem Schädiger und seinem Haftpflichtversicherer eine angemessene Bearbeitungs- und Regulierungsfrist ein.[615] Eine Kfz-Haftpflichtversicherung hat bei durchschnittlichen Verkehrsunfällen im Regelfall 4 bis 6 Wochen Zeit, um den Schadensfall und damit ihre Einstandspflicht zu überprüfen. Die Frist beginnt mit der Vorlage sämtlicher notwendiger Unterlagen an die Versicherung und verlängert sich um 2 Wochen, wenn die Prüfung einen erneuten Kontakt zum Versicherten erforderlich macht.[616] Nach Auffassung des Gerichts kann die notwendige Prüfungsfrist erst durch Überlassung des Gutachtens und des Arztberichtes und damit aller notwendigen Unterlagen zur Prüfung an die Beklagte in Lauf gesetzt werden. Die Einsichtnahme in die Ermittlungsakte verlängert die zugestandene Frist nicht in jedem Fall.[617] Zwischenzeitlich verlängert sich die Regulierung durch den Versicherer vermehrt dadurch, dass eingereichte Gutachten, aber auch Reparaturrechnungen, von der Versicherung an eine externe Prüfungsfirma gegeben werden. Auch hierdurch sollten die von den Gerichten akzeptierten Bearbeitungs- und Überprüfungsfristen nicht überschritten werden.

Der Haftpflichtversicherer des Ersatzpflichtigen gibt bezüglich eines noch zurückbehaltenen Rest- 332
betrages der insgesamt geltend gemachten Schadenersatzansprüche jedenfalls so lange keinen Anlass zur Klagerhebung, als die ihm nach Sach- und Rechtslage zuzubilligende Prüfungsfrist[618] noch nicht

615 Vgl. *OLG Karlsruhe*, VersR 1965, 722; *OLG München*, VersR 1965, 1058; 1979, 479 – r+s 1979, 136 (5 Arbeitstage sind zu kurz); *OLG Hamm*, VersR 1969, 741; *OLG Frankfurt* a.M., VersR 1980, 682; *LG Freiburg* r+s 1977, 246 (m.w.N.); *LG Bonn* r+s 1978, 114; r+s 1979, 3; *LG Hamburg* r+s 1979, 26; *LG München* I, zfs 1984, 367; *LG München* II, VersR 1979, 459; *LG Ellwangen*, VersR 1981, 564; *LG Düsseldorf*, VersR 1981, 562 (Frist: ca. 3–4 Wochen); *LG Aachen*, zfs 1983, 303; *LG Ansbach*, VersR 1984, 1099 = zfs 1985, 16; *LG Zweibrücken*, VersR 1987, 291 (L: mindestens 2–3 Wochen); *LG Bielefeld*, zfs 1988, 282 (i.d.R. 3–4 Wochen; diese Frist kann sich noch durch Feiertage verlängern); *LG Köln*, VersR 1989, 303 (mindestens einen Monat); *AG Aachen*, VersR 1978, 953 = r+s 1978, 245; *AG Buchholz*, VersR 1982, 52 = zfs 1982, 79 = r+s 1982, 42; *Klimke*, VersR 1974, 498; *OLG Stuttgart*, DAR 2013, 708; *Jahnke*, Burman, Heß, Hühnermann, Jahnke, Janker, Straßenverkehrsrecht, 24. Aufl. 2016, BGB § 249 Art und Umfang des Schadenersatzes, Rn. 440–447; *AG Solingen*, Urt. v. 04.01.2015, 13 C 498/14, SVR 2016, 66; *LG Würzburg*, Urt. v. 23.07.2014 – 62 O 2323/13, SVR 2015, 30.

616 *AG Landstuhl*, Urt. v. 09.07.2002 – 2 C 111/02, zfs 2003, 145; *OLG München*, DAR 2010, 644; *OLG Frankfurt a.M.*, Urt. v. 06.02.2018 – 22 W 2/18, NJW-RR 2018, 1432: maximal vier Wochen; *OLG Celle*, Urt. v. 23.07.2019, 14 U 180/18, SVR 2019, 343: üblicherweise 4–6 Wochen.

617 *OLG Stuttgart*, DAR 2013, 708; weitere Rechtsprechung siehe *Richter*, Zur Prüf- und Bearbeitungsfrist des Kfz-Haftpflichtversicherers, SVR 2016, 50.

618 Vgl. *OLG Hamm*, VersR 1961, 118 (5 Tage zu kurz); *OLG Nürnberg*, VersR 1971, 1154; *OLG Düsseldorf*, VersR 1971, 1126; *OLG Köln*, VersR 1974, 268 (angemessene Prüfungsfrist erforderlich); VersR 1983, 451 – zfs 1983, 206 (zu kurz: 8 Tage zwischen Scheitern der Regulierungsverhandlungen und Zahlung der unstreitigen Beträge); *OLG München*, VersR 1979, 479 (5 Tage zu kurz); *LG München* I, VersR 1970, 1039; 73, 871 (angemessene Frist: 3–4 Wochen); 1974, 69; *LG Nürnberg-Fürth*, VersR 1971, 1180 (»effektiv« 4 Tage völlig unzureichend); *LG Düsseldorf*, VersR 1972, 262 (Überprüfungsfrist 2 Wochen, eine weitere Woche für die technische Durchführung der Zahlung); *LG Köln*, VersR

abgelaufen ist.[619] Sofern der Geschädigte bereits vor Ablauf einer angemessenen Prüfungs- und Regulierungsfrist seinen Anspruch gerichtlich geltend macht, fallen ihm in analoger Anwendung des im § 93 ZPO enthaltenen Rechtsgedankens die Kosten der voreilig erhobenen Klage zur Last, wenn der Schuldner innerhalb der ihm zur Verfügung stehenden angemessenen Frist den Klaganspruch sofort anerkennt – und vor allem – bezahlt.[620]

333 Nach der Auffassung des *OLG Bremen* v. 22.11.1982[621] liegt im schriftlichen Vorverfahren nach den §§ 272 Abs. 2 und 276 ZPO nur dann ein sofortiges Anerkenntnis des Beklagten vor, wenn es spätestens bis zur Abgabe der Erklärung der Verteidigungsbereitschaft nach § 276 Abs. 1 S. 1 ZPO erfolgt. Die Anerkennung zu einem späteren Zeitpunkt – insbesondere in der Klagerwiderung gem. §§ 276 Abs. 1 S. 2 und 277 ZPO – hingegen ist nicht mehr »sofortig« i.S.v. § 93 ZPO.[622] Anlass zur Klagerhebung ist i.d.R. erst dann gegeben, wenn Tatsachen vorliegen, die in dem Kläger vernünftigerweise die Überzeugung hervorrufen mussten, er werde ohne Klage nicht zu seinem Recht kommen.[623] Der Ersatzpflichtige gibt keinen Anlass zur Erhebung der Klage, wenn er die Auszahlung der Ersatzleistung davon abhängig macht, dass der Geschädigte zunächst einmal den Anspruch ordnungsgemäß spezifiziert und belegt.[624] Dem Geschädigten ist es billigerweise zuzumuten, dem Haftpflichtversicherer des Schädigers die in seinem Besitz befindlichen Rechnungsbelege im Original, in Abschrift oder in Fotokopie zu übersenden. Das Anerbieten, die Belege im Büro des bevollmächtigten Anwalts einzusehen, genügt den Erfordernissen des § 119 VVG nach heutigem Rechtsverständnis nicht.[625]

334 Damit trägt die Rechtsprechung dem außerordentlich wichtigen Umstand Rechnung, dass sehr oft bereits der Grund des Anspruchs streitig ist und auch die Höhe der Forderung einer sorgfältigen Überprüfung bedarf. Dies gilt insbesondere dann, wenn die Schadenhöhe sich nicht aus objektiven Zahlen – beispielsweise aus Reparatur- oder Mietwagenkostenrechnungen – ableiten lässt, sondern von Schätzungen und damit von Ermessensentscheidungen mit eigenen (subjektiven) Wertvorstellungen abhängt. Als typisches Beispiel sei in diesem Zusammenhang auf die Ermittlung eines dem Schadenumfang angemessenen Schmerzensgeldes oder merkantilen bzw. technischen Minderwertes verwiesen. Noch schwieriger liegen die Dinge, wenn es sich darum handelt, den aus zahlreichen Einzelpositionen bestehenden Anspruch eines Selbstständigen auf Ersatz eines Unfallbedingten Verdienstausfalles zu berechnen.

335 Im Allgemeinen steht es[626] nicht im freien Ermessen des Ersatzpflichtigen, ob er die gegen ihn gerichteten Schadenersatzansprüche erfüllen oder aber den Ausgang eines Strafverfahrens (Ermittlungsverfahrens) abwarten möchte. Ein derartiger Anspruch steht ihm lediglich dann zu, wenn dieses Procedere zwischen den Parteien vereinbart worden ist.

---

1972, 1181, 1184; *LG Freiburg*, VersR 1977, 1017 (Frist: 2–4 Wochen); *LG Hamburg*, VersR 1978, 1124 (Frist von 3 Wochen zu kurz); *AG Köln*, VersR 1980, 731.

619 *LG München I*, VersR 1974, 69; *LG Düsseldorf*, VersR 1981, 582; *AG Mayen*, VersR 1973, 653.

620 Vgl. *OLG Hamm*, VersR 1986, 44 (L).

621 Vgl. *OLG Bremen*, JurBüro 1983, 625; *OLG Celle*, Urt. v. 23.07.2019 – 14 U 180/18, NJOZ 2020, 309.

622 *OLG Köln*, VersR 1974, 286.

623 Vgl. *OLG Karlsruhe*, VersR 1965, 722; *OLG München*, VersR 1965; 1058; *OLG Düsseldorf*, VersR 1971, 1126; *LG Berlin*, NJW 1963, 498 = VersR 1963, 275; *LG Nürnberg-Fürth*, VersR 1969, 577; *LG München I*, VersR 1970, 1039; 1973, 133.

624 *OLG Karlsruhe*, VersR 1965, 722; *OLG Hamm*, VersR 1969, 741; *LG Trier*, VersR 1973, 189; *OLG Düsseldorf*, DAR 2007, 611.

625 Vgl. *LG Berlin*, VersR 1963, 275; *Langheid* Langheid/Römer Versicherungsvertragsgesetz, 4. Aufl. 2014, VVG § 119 Obliegenheiten des Dritten Rn. 7.

626 Im Gegensatz zur Entscheidung des *OLG Frankfurt a.M.*, VersR 1980, 862; VersR 1982, 656 = zfs 1982, 272; – ähnlich *Baumbach, Lauterbach, Albers, Hartmann*, § 149 ZPO, Anm. 1–2.

336 Ein derartiges Recht lässt sich entgegen weitverbreiteter Auffassung insbesondere auch nicht aus § 149 ZPO ableiten. Nach dieser Bestimmung kann das Gericht, wenn sich im Laufe eines Rechtsstreits der Verdacht einer Straftat ergibt, deren Ermittlung auf die Entscheidung von Einfluss ist, die Aussetzung der Verhandlung bis zur Erledigung des Strafverfahrens anordnen. Bereits dieser Wortlaut macht deutlich, dass jene Bestimmung lediglich im Prozess gilt und der Verdacht, dass irgendeiner der Prozessbeteiligten eine Straftat begangen haben könnte,[627] sich erst im Prozessverlauf ergibt.[628]

337 Selbst wenn das Gericht eine derartige Verfahrensaussetzung verfügt, ist damit für die Sache selbst im Prinzip für den Eintritt des Verzuges und seiner Folgen kaum etwas gewonnen. Das Zivilgericht wird im Normalfall im Anschluss an das in der Strafsache ergangene Urteil seine eigene Entscheidung fällen und die Kostenlast an den Maßstäben der §§ 91 ff. ZPO ausrichten. Besteht die Entscheidung in einer Klageabweisung, so bleibt der Anspruchsgegner (Beklagte) zwar von der Kostenlast verschont, jedoch nicht deswegen, weil er sich nicht im Verzuge befunden hat, sondern weil der Anspruch des Klägers – von Anfang an – unbegründet war. Erfolgt hingegen eine Verurteilung in der Hauptsache, dann hat der Beklagte auch die Kosten des Rechtsstreits zu tragen, ohne dass er sich damit rechtfertigen könnte, ob er aus rückschauender Sicht seinen ursprünglich eingenommenen Standpunkt nach damaliger Beweislage und den seinerzeitigen Erkenntnisstand für vertretbar halten durfte oder nicht.

338 Die von der Rechtsprechung gewährte Bearbeitungsfrist schränkt an sich die Bestimmung des § 271 BGB ein, nach der (auch) Schadenersatzleistungen regelmäßig sofort, d.h. bereits im Zeitpunkt der Entstehung des Schadens, fällig werden.[629]

339 Allerdings sei einschränkend darauf hingewiesen, dass die Praxis der Schadenregulierung im Allgemeinen nicht von starren Bearbeitungsfristen ausgeht.[630] Es hängt vielmehr von der individuellen Gestaltung des Einzelfalles ab, welche Regulierungsfrist angemessen ist. Aus grundsätzlicher Sicht ist überdies anzumerken, dass für den Fall, dass Schadenersatzansprüche gegen eine Behörde oder auch gegen eine Körperschaft des privaten Rechts gerichtet werden, nach der Lebenserfahrung von vornherein davon auszugehen ist, dass bereits die Aufklärung des Sachverhalts einen längeren Bearbeitungszeitraum als gewöhnlich erfordert, weil dem Ersatzpflichtigen der Sachverhalt selbst nicht bekannt sein wird, sondern erst auf Umwegen über Dritte ermittelt werden muss.[631] Auch im Fall eines Personenschadens dauert die Regulierung erfahrungsgemäß länger als bei einfach gelagerten Sachschadenfällen. Die Einholung von Gutachten zu den Verletzungen kann gerade bei der Anforderung von Krankenhäusern und der dortigen Gutachtenstelle mehrere Monate, manchmal sogar Jahre in Anspruch nehmen.[632]

340 Im Fall der Erledigung des Rechtsstreits durch Anerkenntnis trifft den Beklagten keine Pflicht, Kosten zu tragen, wenn er selbst niemals zur Zahlung aufgefordert worden ist und in seiner Person daher keinen Anlass zur Klage gegeben hat.[633] Dies gilt auch dann, wenn alle Zahlungsaufforderungen des Gläubigers (Geschädigten) an den – letztlich doch nicht mitverklagten – Haftpflichtversicherer des Beklagten ergangen sind bzw. soweit es sich um den in die Korrespondenz nicht einbe-

627 Vgl. dazu *Thoma/Putzo*, § 140 ZPO Anm. 2b.
628 Vgl. dazu *Thomas/Putzo* § 149 ZPO Anm. 1.
629 Vgl. *BGH*, VersR 1961, 237; 1964, 749: *OLG Frankfurt a.M.*, Beschluss v. 06.02.2018 – 22 W 2/18, NJW-RR 2018, 1432.
630 *OLG Nürnberg*, VersR 1976, 1052.
631 *OVG Magdeburg*, Beschluss v. 12.01.1998 – B 2 S 432/97, BeckRS 2008, 32522: drei Monate angemessene Frist.
632 *Richter*, Zur Prüf- und Bearbeitungsfrist des Haftpflichtversicherers, SVR 2016, 50.
633 *Jaspersen*, Beck'scher Online-Kommentar ZPO, *Vorwerk, Wolf*, 24. Edition, Stand 01.03.2017, ZPO § 93, Kosten bei sofortigem Anerkenntnis, III. »Sofortiges Anerkenntnis«; vgl. *KG Berlin*, Beschluss v. 19.07.2001 – 2 W 68/01, BeckRS 2013, 22210; *AG Hamburg*, Teilanerkenntnis- und Endurteil v. 24.04.2020 – 46 C 650/19, BeckRS 2020, 8294.

zogenen Kraftfahrer handelt.[634] Unter diesen Voraussetzungen hat in analoger Anwendung des im § 93 ZPO enthaltenen Rechtsgedankens der Kläger die Kosten des von ihm vorzeitig eingeleiteten Rechtsstreits zu tragen.[635]

341 Dem Haftpflichtversicherer des Ersatzpflichtigen ist regelmäßig – d.h. selbst bei einfachen Sachverhalten[636] – eine Bearbeitungsfrist von einigen Wochen einzuräumen.[637] Dies gilt insbesondere in den Fällen, in denen der Geschädigte nach Kostenvoranschlag oder Gutachten abzurechnen wünscht, ohne dass ihm bislang konkrete Kosten entstanden sind.

342 Der Geschädigte hat im Rahmen der ihm obliegenden Beweislast den Schadenumfang ordnungsgemäß zu spezifizieren[638] und durch beweiskräftige Unterlagen nachzuweisen. Der Geschädigte hat insbesondere den Schaden, der sich in einer Geldsumme ausdrücken lässt, der Höhe nach so genau und umfassend wie nur irgend möglich zu spezifizieren. Auch soweit der Schaden sich nicht auf Anhieb der Höhe nach rechnerisch ausdrücken lässt, sondern von der Ausübung eines Ermessens abhängt, wie beispielsweise Schmerzensgeld und Minderwert von einer Schätzung, muss der geschädigte Anspruchsteller zumindest seine eigenen Vorstellungen mitteilen – wie er dies im Prozessfall in Form eines »uneigentlichen« Ermessensantrags mit Rücksicht auf die sonst auf ihn zukommende Kostenlast und im Hinblick auf eine möglicherweise sonst fehlende Beschwer ohnehin tun muss – und überdies alle tatsächlichen Gesichtspunkte vortragen, die erforderlich sind, um zu einer sachgerechten Schätzung der Schadenhöhe zu gelangen.

343 Ob dem Haftpflichtversicherer des Schädigers allerdings nach Ablehnung eines von der Gegenseite unterbreiteten Vergleichsvorschlags noch eine weitere Überlegungsfrist[639] zusteht, erscheint zumindest außerordentlich zweifelhaft.[640]

---

634 Vgl. *Gierl*, Saenger, Ulrich, Siebert, Zivilprozesssordnung 2. Aufl. 2012, ZPO § 93, Rnrn. 2–4; a.A. wohl *OLG Bremen*, VersR 1972, 1170, das den Standpunkt vertritt, der Ersatzpflichtige müsse den Verzug seines Haftpflichtversicherers gegen sich gelten lassen. Diese Auffassung erscheint rechtlich bedenklich, wenn man berücksichtigt, dass der VN weder Repräsentant noch Erfüllungsgehilfe seines Haftpflichtversicherers ist. *Umgekehrt* bestehen indes keine Bedenken, dass der Haftpflichtversicherer sich den Verzug seines VN im Außenverhältnis zurechnen lassen muss.

635 Vgl. *AG Mainz*, zfs 1980, 305; *AG Köln*, VersR 1980, 731; zum sofortigen Anerkenntnis eines Minderjährigen vgl. *LG Freiburg*, VersR 1980, 728.

636 *LG Ellwangen*, VersR 1981, 564.

637 Vgl. *LG München* I, VersR 1973, 288 (Anlass zur Klagerhebung bejaht, wenn innerhalb von 6 Wochen nach dem Unfall weder ein angemessener Vorschuss gezahlt noch angekündigt worden ist); *LG München* I, VersR 1973, 871 (Bearbeitungsfrist regelmäßig 3–4 Wochen); *LG Freiburg*, VersR 1977, 1017 (im Normalfall: Prüfungs- und Regulierungsfrist von 2–4 Wochen ab Zugang der Schadenunterlagen); *LG Hamburg* VersR 1978, 1124 (Regulierungsfrist von 3 Wochen zu knapp); *AG Mülheim*, VersR 1977, 71 (3 Wochen zu knapp, vornehmlich dann, wenn keine besonderen Gründe vorgetragen werden, die eine schnellere Bearbeitung erfordern); *OLG Stuttgart*, DAR 2010, 387 (4–6 Wochen Bearbeitungsfrist); *OLG München*, DAR 2010, 644 (Bearbeitungsfrist maximal 4 Wochen); *LG Halle* SVR 2009, 463 (LS) m. Anm. Siegl (4–6 Wochen Bearbeitungszeit zuzüglich weiterer 3 Wochen nach Eingang der Akte, wenn dem Geschädigten mitgeteilt wurde, dass Akteneinsicht beantragt ist); vgl. Balke, Die Prüfungs- und Bearbeitungsfrist des KFZ-Haftpflichtversicherers, SVR 2009 Heft 12, 457; *AG Gelsenkirchen*, SP 2014, 96; *LG Köln*, SP 2012, 158; aber: *OLG Stuttgart*, DAR 13, 708: Verzug ist nicht ausgeschlossen, wenn nach sechs Wochen noch keine Einsicht in die Ermittlungsakte genommen werden konnte.

638 Vgl. dazu: *OLG Celle*, VersR 1961, 1144; *LG Trier*, VersR 1973, 189; *LG München* II, VersR 1979, 1459; *AG Aachen*, VersR 1978, 953; *AG Mainz*, VersR 1976, 452; *OLG Düsseldorf*, r+s 2013, 46: kein Ersatz, wenn sich Vorschäden nicht vom neuen Schaden trennen lassen.

639 *OLG Nürnberg*, VersR 1973, 1126.

640 Allerdings dürfte der Geschädigte nach den Grundsätzen von Treu und Glauben (§ 242 BGB) verpflichtet sein, dem Ersatzpflichtigen noch einmal eine kurze Frist zu gewähren, damit dieser Gelegenheit hat, im Interesse der Klaglosstellung den Betrag zu übernehmen, den er glaubt, schuldig zu sein. Das Gleiche gilt für den Fall, dass der Geschädigte die Unterzeichnung der ihm übersandten Abfin-

Lehnt der Ersatzpflichtige oder sein Haftpflichtversicherer einen Vergleichsvorschlag ab, ohne seinerseits eine Zahlung zu leisten, dann setzt er sich damit gewissermaßen selbst in Verzug.[641] 344

Die Regulierungsfrist beginnt i.d.R. erst dann, wenn dem Ersatzpflichtigen oder seinem Haftpflicht- 345
versicherer die zum Nachweis der Schadenhöhe erforderlichen Belege übermittelt worden sind.[642] Erst dann kann der Schädiger bzw. sein Haftpflichtversicherer in eine eigenverantwortliche Sachprüfung eintreten.[643]

Es obliegt dabei insbesondere dem Geschädigten, von sich aus die zur Beweissicherung notwendigen 346
Maßnahmen zu treffen. Ihn trifft also insoweit die volle Veranlassungspflicht.

### 3. Teilleistung

Nach § 266 BGB ist der Schuldner zu Teilleistungen nicht berechtigt. Die Bestimmung des § 266 347
BGB bezieht ihre Rechtfertigung vornehmlich aus der Überlegung, dass es dem Gläubiger nicht zuzumuten ist, im Rahmen eines bestehenden – meist vertraglich begründeten – Schuldverhältnisses Teilzahlungen auf eine der Höhe nach bestimmte, zumindest aber ohne besondere Schwierigkeiten bestimmbare Leistung entgegenzunehmen.[644] In der Tat kann es nicht hingenommen werden, dass der Schuldner entgegen § 271 BGB einseitig und nach seinem willkürlichen Ermessen Form und Zeitpunkt der Vertragserfüllung bestimmt und damit den Gläubiger zumindest belästigt.

Da es sich beim Schadenersatz i.d.R. jedoch nicht um eine bestimmte, ja oft nicht einmal um eine 348
auf Anhieb bestimmbare Leistung handelt, wird in der einschlägigen Literatur und Rechtsprechung die auf § 242 BGB – also auf die Grundsätze von Treu und Glauben – gestützte Auffassung vertreten, dass der Gläubiger jedenfalls dann Teilzahlungen entgegennehmen muss, wenn diese den überwiegenden Anteil der Schuld ausmachen und sonstige entgegenstehende rechtserhebliche Interessen des Gläubigers nicht ersichtlich sind.[645] Der Geschädigte ist zur Zurückweisung eines ihm vom Haftpflichtversicherer des Schädigers angebotenen Teilbetrages jedenfalls dann nicht berechtigt, wenn der betreffende Haftpflichtversicherer seine Bereitschaft erklärt hat, über den geleisteten Betrag hinaus auch die weiter gehenden Ersatzansprüche zu befriedigen, soweit sie sich als begründet erweisen.[646]

Der Geschädigte ist also trotz der Bestimmung des § 266 BGB im Rahmen der Grundsätze von Treu 349
und Glauben (§ 242 BGB) grundsätzlich verpflichtet, Teilleistungen des Haftpflichtversicherers des Schädigers anzunehmen, wenn er nicht in Annahmeverzug geraten will.[647]

---

dungserklärung ablehnt. Auch er wird nach Treu und Glauben dem Ersatzpflichtigen Gelegenheit geben müssen, den von ihm angebotenen Betrag unter Aufgabe der bisher gesetzten Bedingung ohne jeden Vorbehalt zu überweisen.

641 *OLG Saarbrücken*, Urt. v. 15.05.2013 – 5 U 347/12, r+s 2014, 620.

642 Vgl. *OLG München*, VersR 1979, 480; *AG Aachen*, VersR 1978, 953; *AG Nürnberg*, r+s 1970, 214; Pott, Prüfungs- und Regulierungsfristen der Haftpflichtversicherung bei der Unfallregulierung, NZV 2015, 111; *OLG Frankfurt a.M.*, Beschluss v. 06.02.2018 – 22 W 2/18, NJW-RR 2018, 1432.

643 *Pott*, Prüfungs- und Regulierungsfristen der Haftpflichtversicherung bei der Unfallregulierung, NZV 2015, 111.

644 Vgl. Heßler MüKo ZPO, 3. Aufl. 2007, § 757 Rn. 29.

645 *OLG Hamm*, VersR 1957, 824; VersR 1971, 966; *OLG Nürnberg*, VersR 1964, 834; VersR 1965, 1184 (für den Fall, dass der Haftpflichtversicherer des Schädigers weitere Zahlungen in Aussicht gestellt hat); *OLG Stuttgart*, VersR 1972, 488; *LG Köln* VersR 1966, 966 (Abwicklung nach Treu und Glauben); *LG Augsburg*, VersR 1968, 1152; *LG München* I VersR 1969, 744; *AG Hamm*, r+s 1979, 68; *Schmidt*, DAR 1968, 143; *Boetzinger*, VersR 1968, 1124; *Baumgärtel*, VersR 1970, 969; *Leonhard*, VersR 1967, 534; *Erman/Sirp* § 266 Rn. 2; *Palandt/Heinrichs* § 266; *Soergel/Siebert/Reimer/Schmidt* § 266 Rn. 1 u. 2; *Staudinger, Werner* § 266 Anm. 5; – a.A. *OLG München*, VersR 1962, 673.

646 Vgl. *OLG Nürnberg*, VersR 1965, 1184.

647 *OLG Nürnberg*, VersR 1965, 1184 (für den Fall, dass weitere Zahlungen in Aussicht gestellt werden); *OLG Düsseldorf*, NJW 1965, 176; *OLG Stuttgart*, VersR 1971, 448; *LG Köln*, VersR 1966, 966 (Abwägung nach Treu und Glauben); *AG Tuttlingen*, VersR 1963, 492.

350 Dies gilt jedenfalls für den Fall, dass die Teilleistung ohne Bedingung angeboten worden ist und von der Gegenseite ein Präjudiz für die Sach- und Rechtslage nicht verlangt wird.[648]

351 Wenn ein Angebot auf Teilleistung der Sache nach jedoch einen Antrag auf Abschluss eines Vergleichs darstellt, der den vertraglichen Verzicht auf alle weiteren Schadenersatzansprüche bedeuten würde, braucht der Geschädigte das Angebot des Ersatzpflichtigen nicht anzunehmen, der dann durch sein Verhalten Anlass zur Klage gegeben hat.[649]

352 Im Allgemeinen wird die Zahlung von Teilbeträgen im Schadensersatzrecht keine besonderen Schwierigkeiten bereiten, weil sehr häufig der Geschädigte selbst einen Vorschuss erbittet, um eine sonst notwendig werdende Finanzierung zu vermeiden. Auch wenn der Haftpflichtversicherer des Schädigers nach dem Scheitern von Vergleichsverhandlungen zum Wege der »schlichten Abrechnung« übergeht, wird der Geschädigte in aller Regel die Annahme eines ihm ohne Vorbehalt überwiesenen Betrages nicht zurückweisen dürfen. Die Annahme wird ihm regelmäßig auch zuzumuten sein, wenn man bedenkt, dass sich eine voreilig verschmähte Teilzahlung später bei rechtlich orientierter Betrachtungsweise im Prozess durchaus auch als Vollleistung erweisen kann.

353 Die Ablehnung einer hinter den Vorstellungen des Gläubigers zurückbleibenden Leistung geschieht nach den Erfahrungen der Praxis im Allgemeinen nicht aus sachlich gerechtfertigten Befürchtungen, sondern sehr häufig in dem Bestreben, einen Prozess mit einem möglichst hohen Streitwert zu führen oder die Erreichung des Beschwerdewerts zu gewährleisten (§ 511a Abs. 1 ZPO). Dabei wird häufig übersehen, dass der Beklagte in jeder Lage des Prozesses – auch gegen den Willen des Klägers – den Klaganspruch in beliebiger Höhe anerkennen kann.

## II. Aufrechnung

### 1. Allgemeine Vorbemerkungen

354 Als eine besondere Form der Erfüllung gilt die Aufrechnung (§ 387 BGB). Sie ist jeweils dann zulässig, wenn zwei Personen einander gleichartige Leistungen (insbesondere Geld) schulden. Die Rechtswirksamkeit der Aufrechnung ist an zwei Bedingungen geknüpft, die beide gleichzeitig erfüllt sein müssen: Die eigene Forderung muss voll wirksam, einredefrei und fällig sein, die eigene Leistung (Gegenforderung) muss erfüllbar sein. Die Besonderheit der Aufrechnung besteht in der durch § 389 BGB festgelegten Rückwirkung. Nach dieser Bestimmung gelten die beiderseitigen Forderungen, soweit sie sich decken, als in dem Zeitpunkt erloschen, in dem sie aufrechenbar – d.h. zur Aufrechnung fähig und geeignet zur Verfügung stehen.[650]

### 2. Prinzipalaufrechnung

355 Die Prinzipal- oder Primäraufrechnung kommt insbesondere in Betracht, wenn der in Anspruch genommene Schädiger bereits außergerichtlich eine ihm zur Last fallende mitwirkende Verursachung (§ 17 StVG) anerkannt hat und auf dieser Grundlage die Abrechnung der von ihm geschuldeten Leistung vollzieht.[651] Gerade nach Verkehrsunfällen erheben recht häufig beide Parteien wechselseitige Ersatzansprüche.[652]

648 *LG Bad Kreuznach*, VersR 1961, 863 (Annahmeverzug nur dann, wenn bei einem Angebot bestimmt ist, auf welche Schadenpositionen der Betrag zu verrechnen ist); *Schmidt* DAR 1968, 143; *Baumgärtel*, VersR 1970, 969.

649 *OLG München*, VersR 1959, 550; vgl. *OLG München*, VRundSch 31/05, 39.

650 Vgl. Rimmelspacher MüKo ZPO, 6. Aufl. 2020, § 533 ZPO, Rn. 20; *BGH*, NJW 2005, 2926; *AG Detmold*, BeckRS 2012, 07080: Aufrechnung nur, wenn aufrechenbare Forderung substantiiert dargelegt wurde; BGB § 389 Wirkung der Aufrechnung, *Schlüter*, MüKoBGB, 8. Aufl. 2019, Rn. 3, 4.

651 ZPO § 511 Statthaftigkeit der Berufung, *Ball*, Musielak/Voit, ZPO, 17. Aufl. 2020, Rn. 33–36.

652 Vgl. *Wagner*, MüKoZPO, 3. Aufl. 2008, § 145 ZPO, Rn. 20–23.

In der Praxis der Schadenregulierung kommt es hin und wieder vor, dass der Gläubiger sich aus den verschiedensten Gründen mit der Aufrechnung des Schuldners »nicht einverstanden« erklärt und selbst bei zugestandener Mithaftung versucht, den Unfallgegner an den eigenen Haftpflichtversicherer zu verweisen. Dieser Standpunkt erweist sich indes bei rechtlich orientierter Betrachtungsweise unter mehreren Aspekten als falsch. Bei der Aufrechnung handelt es sich zwar um eine empfangsbedürftige Willenserklärung, die jedoch vom Schuldner als eine Art »Ersetzungsbefugnis« einseitig vollzogen werden kann. Auf das Einverständnis des anderen Teils kommt es daher nicht an. 356

Ebenso wenig lässt sich eine bereits vollzogene Primäraufrechnung dadurch unterlaufen, dass der Haftpflichtversicherer nachträglich – wie dies in der Praxis häufiger geschieht – den bereits zur Aufrechnung gestellten Betrag kurzerhand überweist.[653] Bereits durch die Aufrechnung hat der Gläubiger Befriedigung gefunden, soweit die Ansprüche sich decken. Derjenige, der die Aufrechnung vollzogen hat, ist daher nicht nur berechtigt, sondern sogar verpflichtet, die Zahlung des Haftpflichtversicherers zurückzuweisen,[654] weil er sonst die (doppelte) Leistung ohne Rechtsgrund (§ 812 BGB) erlangt. Ein Wiederaufleben des ursprünglichen Schuldverhältnisses tritt also durch die nachträglich geleistete Zahlung nicht ein.[655] 357

### 3. Eventualaufrechnung

Der Schuldner kann mit seinen eigenen Ersatz- oder Ausgleichsansprüche hilfsweise und vorsorglich aufrechnen, wenn die Forderungen des Gläubigers ganz oder teilweise berechtigt sein sollten.[656] Dieser Form der Aufrechnung ist für den Schuldner interessant, wenn der Geschädigte seine Ansprüche gerichtlich geltend macht.[657] Der Beklagte steht dann vor der Wahl, entweder Widerklage zu erheben oder die Eventualaufrechnung im Prozess zu erklären. Der vorsichtige Beklagte wird sich für den Weg des geringsten Widerstandes entscheiden und mit seinen eigenen Ansprüche lediglich hilfsweise aufrechnen. Die Klage muss wegen der Aufrechnungslage[658] mit der Kostenfolge aus § 91 ZPO abgewiesen werden, wenn der »an sich« begründete Klaganspruch, durch die nunmehr zum Zuge kommende Eventualaufrechnung erledigt wurde. 358

Allein der Kläger hat es zu vertreten, wenn er einen Prozess führt, obwohl ihm nach der Differenz- oder Saldentheorie »unter dem Strich« kein Anspruch gegen den Beklagten mehr zusteht. Dies gilt, wenn bereits in dem von ihm selbst bestimmten Zeitpunkt der Rechtshängigkeit erkennbar war, zumindest aber bei vernünftiger Betrachtungsweise mit der Möglichkeit gerechnet werden musste, dass auch der Ausgleichsberechtigte Beklagte einen Schaden und damit ein Gegenanspruch hat. Schließlich hätte auch der Kläger aufrechnen können, wenn er die Dinge richtig beurteilt hätte. 359

In der Praxis der Unfallschadenregulierung spielt die Aufrechnung eine geringe Rolle. Hier steht die Kfz-Haftpflichtversicherung als Schuldner zur Verfügung. Jeder Geschädigte macht seine Ansprüche bei der gegnerischen Haftpflichtversicherung geltend. Aufrechnungen dürften hier allenfalls eine Rolle spielen, wenn die Deckungssummen nicht ausreichen oder wenn der von der eigenen Versicherung zu zahlende Betrag so niedrig ist, dass es sich für den Versicherungsnehmer lohnen kann, zur Rettung des Schadenfreiheitsrabattes den zu zahlenden Betrag selbst an die eigene Versicherung zu erstatten. 360

---

653 ZPO § 296 Zurückweisung verspäteten Vorbringens, *Saenger*, Saenger, Zivilprozessordnung 8. Auflage 2019, Rn. 7, 8.

654 Vgl. dazu *Schmalzl*, VersR 1965, 220 ff.; aber *LG Saarbrücken*, NJW-RR 2012, 159: keine Aufrechnung mit eigenen Ansprüchen, wenn der eigene Haftpflichtversicherer die Haftung zu 100 % anerkannt hatte.

655 Vgl. dazu *Klimke*, DB 1974, Bed. Nr. 4 zu H 7, S. 6.

656 BGB § 388 Erklärung der Aufrechnung, *Dennhart*, BeckOK BGB, Hau, Poseck 56. Edition, Stand: 01.11.2020.

657 BGB § 388 Erklärung der Aufrechnung, *Dennhart*, BeckOK BGB, Hau/Poseck, 56. Edition, Stand: 01.11.2020, Rn. 8.

658 Vgl. *OLG Bremen*, NJW 1971, 712 (713, l.Sp.).

## III. Hinterlegung

361 Nach § 372 BGB kann der Schuldner Geld, Wertpapiere und sonstige Urkunden sowie Kostbarkeiten bei einer dazu bestimmten öffentlichen Stelle für Rechnung des Gläubigers hinterlegen, wenn dieser sich im Annahmeverzug befindet. Das Gleiche gilt dann, wenn der Schuldner aus einem anderen in der Person des Gläubigers liegenden Grunde oder infolge einer nicht auf eigener Fahrlässigkeit beruhenden Ungewissheit über die Person des Gläubigers seine Verbindlichkeit nicht oder nicht mit Sicherheit zu erfüllen vermag.[659]

362 Im Haftpflichtrecht kommt eine Hinterlegung vornehmlich dann in Betracht, wenn der leistungspflichtige Schädiger bzw. dessen Haftpflichtversicherer trotz Ausschöpfung aller ihm zugänglichen Erkenntnisquellen nicht mit letzter Sicherheit beurteilen kann, wem der Anspruch zusteht.[660] Dieser Fall kann beispielsweise eintreten, wenn der Gläubiger nach Eintritt des Schadenfalles verstorben ist und keine Gewissheit darüber besteht, ob testamentarische oder gesetzliche Erbfolge eingetreten ist.

363 In solchen Fällen empfiehlt es sich, die Geldleistung unter ausdrücklichem Verzicht auf das Recht auf Rücknahme (§ 378 BGB i.V.m. § 376 BGB) mit Schuldbefreiender Wirkung bei der Annahmestelle des zuständigen Amtsgerichts zu hinterlegen. Es ist dann Sache der möglichen Gläubiger, die einen Anspruch geltend machen wollen, eine interne Einigung herbeizuführen bzw. die Frage nach der Sachbefugnis (Aktivlegitimation) in einem besonderen Prozess klären zu lassen.

## IV. Bestimmungsrecht

364 Leistet der Haftpflichtversicherer nicht in der geforderten Höhe, sollte er von der ihm gesetzlich eingeräumten Möglichkeit zu bestimmen, für welche Forderungsteile gezahlt wird, Gebrauch machen, damit nicht die gesetzliche Tilgungsfolge eintritt. Es ist anerkanntes Recht, dass keinesfalls der Gläubiger bestimmen darf, wie er die Zahlung verrechnet, selbst wenn der Schuldner hierzu keine Angaben macht. Bestimmt der Gläubiger dennoch, wie die Zahlung verwendet werden soll, kann der Schuldner diese Entscheidung wegen Irrtums anfechten.[661]

### 1. des Schuldners

365 Nach § 366 Abs. 1 BGB kann der Schuldner für den Fall, dass seine Leistung zur Tilgung sämtlicher Verbindlichkeiten nicht ausreicht, bestimmen, welche Schuld getilgt werden soll. Es kommt in der Praxis der Schadenregulierung häufig vor, dass die verschiedensten Ansprüche in Form von Rechnungsposten aus Anlass desselben Schadenereignisses, beispielsweise Reparaturkosten, Minderwert, Mietwagenkosten, Schmerzensgeld, Verdienstausfall usw., geltend gemacht werden. Der Haftpflichtversicherer, der nicht alle Ansprüche in der geforderten Höhe befriedigen will, muss deshalb zunächst prüfen, ob er dem Grunde nach voll haftet, und sich dann auf der anderen Seite überlegen, ob die Ansprüche auch der Höhe nach begründet sind.

366 In derartigen Fällen empfiehlt es sich, dem Geschädigten genau mitzuteilen, wofür die Zahlungen geleistet werden. Nach dem Gesetz muss das Bestimmungsrecht an sich »bei« der Leistung ausgeübt werden, also bereits zum Zeitpunkt der Zahlung. Diese Forderung lässt sich jedoch in der Praxis bei Überweisungen nicht immer erfüllen. Es genügt daher nach Treu und Glauben (§ 242 BGB), wenn der Geschädigte unmittelbar nach erfolgter Überweisung erfährt, worauf die Zahlungen verrechnet werden.

367 Nach einem Urteil des *LG Oldenburg* reicht die Angabe, auf welche Positionen die Zahlung verrechnet werden soll, sogar noch aus im gerichtlichen Verfahren.[662]

---

659 *BGH*, zfs 1981, 65; *BGH*, NJW 1997, 1501.

660 Vgl. BGB § 378 Wirkung der Hinterlegung bei ausgeschlossener Rücknahme, *Fetzer*, MüKoBGB, 8. Aufl. 2019, Rn. 3.

661 *BGH*, NJW 1989, 1792.

662 *LG Oldenburg*, VersR 1973, 729.

### 2. Gesetzliche Folge

Legt der Schuldner nicht fest, worauf die Zahlungen verrechnet werden sollen, tritt die gesetzliche Tilgungsfolge nach § 366 Abs. 2 BGB ein. Nach dieser Bestimmung wird die zur Tilgung der gesamten Schuld nicht ausreichende Leistung nachfolgender Reihenfolge angerechnet: 368
- fällige Schuld
- diejenige Schuld, die dem Gläubiger die geringere Sicherheit bietet
- die dem Schuldner lästigere Verpflichtung
- die ältere Schuld
- verhältnismäßige (wertanteilige) Verrechnung auf alle Verbindlichkeiten.

Im Haftpflichtrecht wird insbesondere dann, wenn der Schuldner keine Bestimmung getroffen hat, die zuletzt genannte Alternative der verhältnismäßigen Tilgung Anwendung finden. Es besteht dann die Gefahr, dass eine Verrechnung auf diejenigen Forderungen erfolgt, die der Ersatzpflichtige überhaupt nicht berücksichtigen wollte. 369

Für die Beweislast gilt folgende Regelung: Der Geschädigte, der die nach der Bestimmung durch den Schuldner (anteilige) erfolgte Tilgung nicht akzeptiert und sich auf die gesetzliche Tilgungsfolge nach § 366 Abs. 2 BGB beruft, muss nachweisen, dass er weitere Forderungen geltend gemacht hat und dem Schuldner dies bekannt war. Der Schädiger andererseits muss beweisen, dass er eine rechtswirksame Bestimmung getroffen oder dass im Prozess eine Anrechnung auf die Klagforderung nach § 366 Abs. 2 BGB zu erfolgen hat.[663] 370

Einen Unterfall der gesetzlichen Tilgungsfolge sieht die Bestimmung des § 367 BGB vor. Er ergänzt insoweit den bereits besprochenen § 366 BGB bezüglich des Verhältnisses von Haupt- und Nebenforderungen. Hat der Schuldner außer der Hauptforderung auch Zinsen und Kosten zu entrichten, so wird eine zur Tilgung der gesamten Schuld nicht ausreichende Leistung zunächst auf die Kosten, dann auf die Zinsen und erst zuletzt auf die Hauptforderung angerechnet. 371

Die praktische Bedeutung dieser Vorschrift besteht darin, dass der Geschädigte, der längere Zeit auf die Erfüllung seiner Forderung warten musste und dem deswegen ein Zinsanspruch zusteht, selbst gegen den erklärten Willen des Schädigers berechtigt ist, eine ihm zugewendete Teilleistung zunächst auf die bis dahin fällig gewordenen Zinsen zu verrechnen. Die Hauptforderung wird nicht getilgt und kann im Prozess geltend gemacht werden. Um den Eindruck zu vermeiden, dass unzulässigerweise Zinseszinsen berechnet werden, empfiehlt es sich, eine gestaffelte Abrechnung vorzunehmen. Aus dieser muss deutlich werden, dass Teilleistungen vorrangig auf Zinsen verrechnet worden sind und auf den Bestand der verzinslichen Hauptforderung insoweit keinen Einfluss genommen haben. 372

## V. Erlassvertrag

Der Erlassvertrag i.S.v. § 397 Abs. 1 BGB bringt das Schuldverhältnis ebenfalls zum Erlöschen. Dieselbe Rechtsfolge tritt ein durch ein sog. »negatives Schuldanerkenntnis« gem. § 397 Abs. 2 BGB, d.h. durch das vertragsgemäße Anerkenntnis des Gläubigers, dass das betreffende Schuldverhältnis nicht (mehr) besteht. Auch die im Zuge der Schadenregulierung häufig geforderte und erteilte Abfindungserklärung stellt von der Rechtsqualität her ein sog. Negativ-Attest i.S.e. Ausgleichsquittung dar. 373

Unter Erlass in diesem Sinne versteht man einen rechtsgeschäftlichen (vertraglichen) Verzicht auf eine Forderung,[664] da für das Gebiet des Schuldrechts ein einseitiger Verzicht auf schuldrechtliche Ansprüche (Forderungen) nicht vorgesehen ist. 374

663 *BGH*, DB 1974, 2005; vgl. *AG Tecklenburg*, Urt. v. 13.11.2002 – 13 C 65/02.

664 *Olzen*, Staudinger, BGB – Eckpfeiler des Zivilrechts – G. Das Erlöschen von Schuldverhältnissen, Rn. 62, Neubearbeitung 2011.

375 Ein Erlassvertrag kann auch in der Weise geschlossen werden, dass beide Beteiligte sich an der Unfallstelle dahin verständigen, dass jeder Teil seinen eigenen Schaden selbst trägt.[665] Auch darin liegt ein rechtsgültiger Haftungsverzichtsvertrag.[666] Eine solche Erklärung hat auch Bestand gegenüber der Kfz-Haftpflichtversicherung.[667]

376 Im Allgemeinen bezieht der Erlass sich lediglich auf einzelne Forderungen. Für den Fall, dass das gesamte Schuldverhältnis aufgehoben werden soll, bedarf es an sich eines Aufhebungsvertrages, der in der Praxis der Schadenregulierung allerdings so gut wie nie vorkommt.

377 Im Schadensersatzrecht wird der Erlass häufig mit einem Vergleich i.S.v. § 779 BGB verbunden. Von einem Vergleich[668] als gegenseitigem Vertrag spricht man nach der Legaldefinition des bürgerlichen Rechts dann, wenn der »Streit oder die Ungewissheit der Parteien über ein Rechtsverhältnis im Wege gegenseitigen Nachgebens beseitigt wird.«

### 1. Rechtliche Bedeutung

378 Der mit Abstand häufigste Anwendungsfall des Erlassvertrages ist die Abfindungserklärung. Der Haftpflichtversicherer des Schädigers sendet dem Geschädigten eine vorbereitete Abfindungserklärung und dieser gibt sie unterzeichnet zurück (z.B. im Kfz-Bereich beim Schmerzensgeld). Der Schädiger kann nach Unterzeichnung der Abfindungserklärung die Erfüllung weiterer – durch den Vergleich bzw. Erlassvertrag umfasster – Ansprüche i.d.R. nicht mehr verlangen. Eine umfassende Abfindungserklärung umfasst auch Ansprüche, mit denen der Geschädigte bei Abschluss des Vergleichs nicht gerechnet hat.[669] Aus diesem Grund sollte ein Geschädigter im Zusammenhang mit einer Schmerzensgeldforderung seine Vergleichserklärung auf die augenblicklich erkennbaren Verletzungen und deren Auswirkungen beziehen, keinesfalls eine umfassende Abfindungserklärung abgeben.

379 Der Vergleich schafft einen neuen, selbstständigen Anspruchsgrund.[670] Ein Rücktritt (§ 326 BGB) vom Abfindungsvergleich ist rechtlich nur zulässig, wenn diese Gestaltungsform ausdrücklich vereinbart worden ist.[671] Selbstverständlich kann der Abfindungsvergleich im beiderseitigen Einvernehmen der Parteien wieder aufgehoben werden.

380 Der in Vergleichen häufig anzutreffende Zusatz »ohne Anerkennung einer Rechtspflicht« bzw. »ohne Präjudiz für die Sach- und Rechtslage« ist auf den Umfang der Leistungspflicht und für den Rechtscharakter der Verpflichtung ohne Bedeutung[672] und schließt auf der anderen Seite die Möglichkeit für eine spätere Kondiktion unter Umständen sogar aus (§ 814 BGB). Dies gilt auch für Deckungszusagen der Rechtsschutzversicherung.[673]

381 Sinnvoll erscheinen Abfindungserklärungen im Hinblick auf die sich für beide Vertragsparteien daraus ergebenden Rechtsfolgen i.d.R. nur bei Personenschäden, und zwar in diesem Bereich vornehmlich dann, wenn in die Zukunft reichende Dauerschäden zu befürchten sind und diese bereits absehbar sind. Lässt sich nicht ausschließen, dass weitere noch nicht erkennbare Verletzungsfolgen

665 Vgl. BGB § 397 Erlassvertrag, negatives Schuldanerkenntnis, *Schlüter*, MüKoBGB, 8. Aufl. 2019, Rn. 4.

666 Vgl. *OLG München*, zfs 1985, 33.

667 *Schlüter*, MüKoBGB, 6. Aufl. 2012, BGB § 397 negatives Schuldanerkenntnis, Rn. 8.

668 Wegen näherer Einzelheiten dazu vgl. *Klimke*, VersR 1975, 686 (m.w.N.).

669 R. (Abfindungs-)Vergleich, *Heß, Burmann*, Berz, Burmann, Handbuch des Straßenverkehrsrechts Werkstand: 42. EL August 2020, Rn. 25.

670 Zum Abfindungsvergleich siehe *Luckey*, DAR-Extra 2013, 772.

671 A.A.: *BGH* VersR 1957, 798 (selbst für den Fall eines Prozessvergleichs); *BGH* NJW 1955, 705; *LAG Stuttgart* DRiZ 1950, 300.

672 Vgl. *OLG Nürnberg* BB 1959, 971; *Klimke*, Der Vergleich in der Regulierungspraxis unter besonderer Berücksichtigung der Bedeutung und Rechtswirkung einer Abfindungserklärung, VersR 1975, 686.

673 *OLG Düsseldorf*, Urt. v. 18.12.2015 – I-4 U 94/14, VuR 2016, 157.

entstehen können, muss ein »immaterieller Vorbehalt« aufgenommen werden.[674] In diesem Fall muss der Geschädigte darauf achten, dass für mögliche über den immateriellen Vorbehalt offene Forderungen keine Verjährung eintritt. Anders als für die im Abtretungsvergleich enthaltene Forderung gilt hierfür eine kürzere Verjährungsfrist.[675]

Der Haftpflichtversicherer des Schädigers kann gegen den Willen des Geschädigten keine Abfindungserklärung verlangen. Selbst wenn er den geforderten Betrag in voller Höhe anbietet, die Zahlung jedoch von der vorherigen Unterzeichnung einer Abfindungserklärung abhängig macht, kann Schuldnerverzug mit allen seinen Rechtsfolgen[676] eintreten.[677] 382

In diesem Fall muss allerdings nach den auch insoweit geltenden Grundsätzen von Treu und Glauben (§ 242 BGB) davon ausgegangen werden, dass der Haftpflichtversicherer durch sein Verlangen nicht ohne Weiteres Anlass zur Klagerhebung gegeben hat.[678] In einem derartigen Fall muss der Geschädigte dem Ersatzpflichtigen zunächst noch einmal Gelegenheit zu geben, die von ihm angebotene Leistung unter Verzicht auf die zunächst angestrebte Abfindungserklärung – also ohne jeden Vorbehalt – zu erbringen. Macht der Gläubiger dennoch den Anspruch rechtshängig, kann der Ersatzpflichtige durch ein sofortiges Anerkenntnis im Prozess (§ 307 ZPO) erreichen, dass dem Kläger in entsprechender Anwendung des im § 93 ZPO enthaltenen Rechtsgedankens die Kosten des Rechtsstreits auferlegt werden. 383

## 2. Rechtswirkung

Grundsätzlich ist davon auszugehen, dass ein rechtswirksam geschlossener Vergleich gleichermaßen beide Parteien bindet. Weder Gläubiger noch Schuldner können später damit gehört werden, dass sie andere Vorstellungen hatten, als sie den Vergleich schlossen. – Sei es im tatsächlichen oder im rechtlichen Bereich. 384

Wer einen Vergleich abschließt, nimmt das Risiko in Kauf, dass die für die Berechnung maßgeblichen Faktoren auf Schätzungen und unsicheren Prognosen beruhen.[679] 385

Durch den Vergleich werden die Ersatzansprüche des Gläubigers, auch soweit sie sich auf nicht voraussehbare Spätfolgen beziehen, im Regelfall ein für alle Mal abgegolten. Die Rechtswirkung des Vergleichs[680] umfasst in der Regel auch einen Verzicht auf alle Ansprüche gegen die im betreffenden Rechtsverhältnis beteiligten Dritten,[681] sofern sie – die Ansprüche – sonst auf Umwegen erneut auf den Ersatzpflichtigen zukommen könnten und geeignet sind, seine Rechtsposition nachteilig zu beeinflussen. Dies gilt auch für den Fall, dass Ansprüche gegen Dritte in der Abfindungserklärung nicht ausdrücklich erwähnt sind.[682] 386

Zu einem ähnlichen Ergebnis gelangt man dann, wenn es sich um einen anderweitigen Dritten handelt, der aufgrund seines Mitverantwortungsbeitrages zum Schadenausgleich – etwa nach § 17 StVG – verpflichtet ist und dieser gemäß § 426 BGB seine Aufwendungen fordert. Derartige Ergebnisse sollen durch die Sondervorschrift des § 422 BGB gerade vermieden werden. Nach dieser 387

---

674 *Slizyk, Haus/Krumm/Quarch*, Gesamtes Verkehrsrecht, 1 Aufl. 2014, BGB § 253 Immaterieller Schaden, Rn. 436–441; Handbuch, *Slizyk*, Handbuch Schmerzensgeld, 17. Aufl. 2021, Rn. 450–453.

675 XVI. Vergleich, *Küppersbusch, Höher*, Ersatzansprüche bei Personenschaden, 13. Aufl. 2020, Rn. 834.

676 Vgl. dazu §§ 284 ff. BGB.

677 Vgl. dazu wegen der »Grundregeln für die zweckmäßige Abwicklung von Ersatzansprüchen aus Anlass eines Kfz-Haftpflichtschadens« – unter diesem Teil – *Klimke* ZfV 1974, 174 ff. (179).

678 Vgl. dazu *OLG München*, VersR 1965, 1058.

679 Vgl. dazu: *BGH*, DAR 1981, 46; *Weber*, DAR 1984, 161; *Burmann, Heß*, Bertz/Burmann, Handbuch des Straßenverkehrsrechts, 36. EL Dezember 2016, B Prozessuale Fragen, Rn. 419–430.

680 Vgl. dazu, dargestellt am Denkmodell des Teilungsabkommens, *Klimke*, VersR 1972, 414.

681 *BGH*, NJW 1985, 970; VersR 1986, 467 (468); *OLG Dresden*, Urt. v. 23.05.2017 – 4 U 1524/16, NJW-RR 2018, 30.

682 Vgl. *LG Kiel*, VersR 1979, 850; *LG München* I, VersR 1983, 27; *AG Aschaffenburg*, zfs 1984, 161.

Bestimmung wirkt die Erfüllung durch einen Gesamtschuldner auch für die übrigen Schuldner. Nach § 423 BGB wirkt der zwischen dem Gläubiger und einem Gesamtschuldner vereinbarte Erlass auch für die übrigen Schuldner, wenn die Parteien das Schuldverhältnis insgesamt aufheben wollten.[683]

388 Der Vergleich bindet in seiner rechtlichen Wirkung grundsätzlich auch Dritte, soweit sie ihre Ansprüche vom ursprünglichen Gläubiger ableiten. Darunter fallen insbesondere die Rechtsnachfolger des Gläubigers, vornehmlich also seine Erben, aber auch diejenigen Personen, denen der Anspruch im Wege rechtsgeschäftlichen Forderungsüberganges (Abtretung) bzw. kraft gesetzlicher Überleitung (bspw. im Fall des § 6 EFZG) zufällt.

389 Eine Ausnahme gilt lediglich für den gesetzlichen Forderungsübergang nach § 116 SGB X, weil die Forderung hier nicht erst mit der Leistung, sondern bereits innerhalb der »logischen Sekunde« – gewissermaßen durch den Verletzten hindurch – auf den Sozialversicherungsträger übergeht. Die Rechte des Sozialversicherungsträgers werden also durch einen ohne seine Zustimmung geschlossenen Abfindungsvergleich nicht beeinträchtigt. Im Rahmen eines Vergleichsschlusses sollte deshalb vermerkt werden, dass der Vergleich nicht die Ansprüche von Renten- Kranken- und Sozialversicherungsträgern umfasst.[684]

390 Wie der Gläubiger nicht unter dem Hinweis darauf, dass eine von seinen damaligen Vorstellungen abweichende Situation eingetreten ist, Nachforderungen stellen kann, darf auch der Schuldner im Fall einer unerwartet günstigen Entwicklung die im Rahmen des Vergleichs erbrachte Leistung später nicht zurückfordern. Sind die Parteien beispielsweise übereinstimmend von einem gesundheitlichen Dauerschaden ausgegangen, bessert sich jedoch nach relativ kurzer Zeit der Zustand des Verletzten so weit, dass er wieder einer Erwerbstätigkeit nachgehen kann, dann besteht für den Ersatzpflichtigen – es sei denn, dass ein Fall von arglistiger Täuschung vorliegt – nicht die Möglichkeit, einen Teil der vertragsgemäßen Leistung unter dem Gesichtspunkt der ungerechtfertigten Bereicherung (§§ 812 ff. BGB) zurückzufordern. Entwicklungen im Positiven wie im negativen Sinn stellen das Risiko eines Vergleichs für beide Seiten dar.[685]

391 Diese Grundsätze gelten im Wesentlichen auch für Spätfolgen. Den Parteien ist im Regelfall bekannt, dass die Möglichkeit besteht. Wenn nach dem Wortlaut des im konkreten Fall geschlossenen Abfindungsvergleichs – wie dies in aller Regel geschieht – alle Ansprüche aus Anlass sämtlicher Schäden abgegolten sein sollen, und zwar auch diejenigen, die im Zeitpunkt des Vergleichsabschlusses noch nicht voraussehbar oder nicht vorstellbar waren, ist der Anspruchsteller an den seinerzeit geschlossenen Vergleich gebunden. Der Geschädigte muss deshalb immer überlegen, ob er nicht einen »immateriellen Vorbehalt« vereinbart. Dieser gibt ihm die Möglichkeit, Nachforderungen zu stellen, wenn sich seine Situation unerwartet erheblich verschlechtert. Der Abfindungsvergleich sollte auch immer den Ausschluss von Forderungen »Dritter« mit umfassen.

392 Eine andere Betrachtung wird also nur dann Raum greifen, wenn nach Abschluss des Vergleichs Umstände eintreten, die außerhalb der menschlichen Erkenntnismöglichkeiten und Vorstellungen liegen, sodass beide Parteien an sie nicht gedacht und mit ihrem Eintritt vernünftigerweise nicht gerechnet haben. In diesem Fall sind die nicht vorhersehbaren Folgeerscheinungen nicht Gegen-

683 Vgl. *Gottwald*, Münchener Kommentar zur ZPO, 4. Aufl. 2013, ZPO § 235 Subjektive Rechtskraftwirkung, RNrn 63 ff.; zweifelnd offenbar *Wussow* UHR, Rn. 1363.

684 SGB X § 116 Ansprüche gegen Schadenersatzpflichtige, *Plagemann, Haidn*, Geigel, Haftpflichtprozess, 28. Aufl. 2020, Rn. 1–8.

685 Vgl. dazu *BGH*, BGHZ 79, 187 = NJW 1981, 818 = VersR 1981, 283 = DAR 1981, 46; NJW 1984, 115 = VersR 1983, 1034 = DAR 1981, 390 = VRS 65, 321; *Weber*, DAR 1984, 161; *OLG München*, NZV 2007, 423; *OLG Dresden*, Urt. v. 23.05.2017 – 4 U 1524/16, VersR 2017, 1404.

stand des Vergleichs.[686] Ein Wegfall von im Vergleich berücksichtigten Sozialleistungen begründet nicht generell einen Anspruch auf Vergleichsanpassung.[687]

An den Nachweis, dass der Vergleich – entgegen seinem Wortlaut – nur beschränkt gelten sollte, sind besonders strenge Anforderungen zu stellen.[688] 393

Der Abschluss eines Vergleichs ist auch in der Weise möglich, dass durch ihn nur bestimmte Teilbereiche erfasst werden sollen oder dass seine Rechtswirkung sich nur auf einen begrenzten Zeitraum erstreckt (Begrenzung des Schadenkreises). Ist eine derartige – zeitliche oder sachliche – Beschränkung von den Parteien gewollt, dann muss dieser Vorbehalt in der Abfindungserklärung unmissverständlich zum Ausdruck gebracht werden, da der Vergleich sonst sämtliche Ansprüche umfasst. Der wirkliche Parteiwille ist im Zweifel im Wege der Auslegung zu erforschen.[689] 394

Es kommt in der Regulierungspraxis mitunter vor, dass bestimmte Schadenarten, die sich im Augenblick noch nicht abschließend übersehen lassen, nach dem übereinstimmenden Parteiwillen vom Vergleich nicht erfasst werden sollen. So kann beispielsweise – dies ist die in der Praxis wohl häufigste Differenzierung – zwischen vermögensrechtlichen und materiellen Schäden unterschieden werden. 395

Sehr viel häufiger werden aber auch Absprachen getroffen, die die zeitliche Wirkung des Erlassvertrages (Vergleichs) einschränken. Von dieser Möglichkeit wird insbesondere in der Form Gebrauch gemacht, dass der noch nicht voll zu übersehende Zukunftsschaden ausgeklammert wird.[690] 396

Anders als bei der sachlichen Abgrenzung kann bei zeitlichen Einschränkungen aus Gründen die in der Natur der Sache liegen, der Grund des Anspruchs nicht unter einem Vorbehalt gestellt werden. Ein Vergleich, der lediglich einen zeitlichen Vorbehalt enthält, wird auch ein Anerkenntnis zum Grund darstellen, soweit nicht erkennbar der vergleichsweisen Ermittlung des Abfindungsbetrages eine bestimmte Quote zugrunde gelegt worden ist. 397

### 3. Anfechtung

Ein rechtswirksam geschlossener Vergleich kann später angefochten werden, wenn er unwirksam ist. Davon ist auszugehen, wenn beide Parteien übereinstimmend einen Sachverhalt als Grundlage für den Vergleich angenommen hatten, der tatsächlich nicht vorlag und der ihnen nach Kenntnis der Sachlage Veranlassung gegeben hätte, den Vergleich nicht oder jedenfalls nicht in der vorgegebenen Form zu schließen. Es ist dabei gleichgültig, ob sich die Parteien über Tatsachen oder über Rechtsgrundlagen geirrt hatten.[691] 398

Unbeachtlich ist insbesondere ein Irrtum im Motiv, beispielsweise über den Rechtsgrund des Anspruchs[692] oder über den Verlauf der künftigen Entwicklung.[693] 399

---

686 *BGH*, VersR 1966, 243; *OLG Düsseldorf*, VersR 1954, 598; *OLG Celle* VersR 1963, 536; *Köck*, Der Abfindungsvergleich beim Personenschaden, DAR 2015, 557.

687 *OLG Oldenburg*, r+s 2007, 522 (Wegfall des Blindengeldes); *Burman/Heß*, Berz, Burmann, Handbuch des Straßenverkehrsrechts, 36. EL Dezember 2016, A Vorprozessuale Prüfung, Rn. 63–65; Günter, Wichtige Entscheidungen zum Abfindungsvergleich mit der gegnerischen Haftpflichtversicherung, SVR 2014, 54.

688 Vgl. *BGH*, VersR 1958, 562; *OLG Nürnberg*, VersR 1965, 626.

689 *BGH* VersR 1961, 1015; *Köck*, Der Abfindungsvergleich beim Personenschaden, DAR 2015, 557.

690 *LG Traunstein*, Urt. v. 18.07.2016 – 7 O 3674/14, BeckRS 2014, 1217; *LG Bochum*, Urt. v. 10.01.2018 – I-2 O 176/15, BeckRS 2018, 38859.

691 Vgl. *BGH*, NJW 1958, 297; NJW 1961, 1460; VersR 1963, 1219; *Bacher, Geigel*, Haftpflichtprozess, 27. Aufl. 2015, 40. Kapitel Vergleich, Rn. 11–17; BGB § 779 Begriff des Vergleichs, Irrtum über die Vergleichsgrundlage, *Habersack*, MüKoBGB, 8. Aufl. 2020; 6. Kapitel. Abwicklung, *Held*, Jahnke, Burmann, Handbuch des Personenschadensrechts, 1. Aufl. 2015, Rn. 94–103.

692 *BGH*, VersR 1961, 806; *LG Ulm*, Urt. v. 15.10.2014 – 10 O 70/14 KfH, BeckRS 2014, 22327; *OLG Düsseldorf*, Urt. v. 08.03.2016 – I-22 U 51/16, BeckRS 2016, 117217.

693 *BGH*, VersR 1961, 808.

400 Eine Anfechtung des Vergleichs wegen Irrtums über den Erklärungsinhalt (nicht über das Motiv) kann nur ausnahmsweise in Betracht kommen. An den Nachweis der zur Anfechtung berechtigenden Umstände stellt die Rechtsprechung strenge Anforderungen.[694]

401 Zuweilen wird versucht, einen Vergleich mit dem Hinweis anzufechten, dass der Gläubiger beim Abschluss des Vertrages vom Ersatzpflichtigen über wesentliche Gesichtspunkte i.S.v. § 123 BGB arglistig getäuscht worden ist. Eine Anfechtung des Abfindungsvergleichs wegen arglistiger Täuschung ist grundsätzlich zulässig.[695] Eine arglistige Täuschung in diesem Sinne liegt jedoch nicht vor, wenn der Haftpflichtversicherer – und sei es auch gegen die herrschende Auffassung in Literatur und Rechtsprechung – einen für ihn einseitig günstigen Rechtsstandpunkt vertreten hat. Üblicherweise wird davon auszugehen sein, dass im Verlaufe von Vergleichsverhandlungen jede Partei allein die ihr günstigen Tatsachen und Rechtsauffassungen in die Verhandlungen einführt. Deswegen muss die Toleranzschwelle, die zu einer Anfechtung berechtigen könnte, sehr hoch angesetzt werden.[696]

402 Für den Nachweis der arglistigen Täuschung ist ergänzend der bereits erwähnte Gesichtspunkt zu berücksichtigen, dass der Haftpflichtversicherer des Schädigers nur in sehr begrenztem Umfang verpflichtet ist, sich gewissermaßen als Anwalt des Verletzten zu betätigen und dessen eigene – anders strukturierte – Interessenlage wahrzunehmen. Diese Verpflichtung entfällt ganz nach den Grundsätzen der »Waffengleichheit«, wenn der Geschädigte anwaltlich vertreten war.

403 Eine Aufklärungs- und Belehrungspflicht wird indes unter Einbeziehung der auch insoweit geltenden Grundsätze von Treu und Glauben (§ 242 BGB) dann anzunehmen sein, wenn der Haftpflichtversicherer es mit einem offensichtlich ungewandten, rechtsunkundigen und Geschäftsunerfahrenen Anspruchsteller zu tun hat. Ein Vergleich kann wegen arglistiger Täuschung beispielsweise dann erfolgreich angefochten werden, wenn der Regulierungsbevollmächtigte nachweislich wider besseres Wissen unwahre Angaben macht und damit den Geschädigten bewusst über entscheidungserhebliche Kriterien täuscht.[697] Umgekehrt wird der Haftpflichtversicherer dann einen Abfindungsvergleich mit Erfolg anfechten können, wenn der Geschädigte eine ihm von einem Sozialversicherungsträger aus Anlass des Unfalls gewährte Rente verschwiegen hat und die Schadenersatzansprüche des Verletzten nach den Grundsätzen der sachlichen und zeitlichen Kongruenz auf den Träger der Sozialversicherung übergegangen sind.

404 Von einem sittenwidrigen Vergleich wird auszugehen sein, wenn ein ungewöhnliches Missverhältnis[698] zwischen den gegenseitigen rechtlichen Gestaltungsmöglichkeiten vor Abschluss des Vergleichs im Verhältnis zu der durch den Vergleich selbst zustande gekommenen Rechtslage vorliegt.[699] Diese Voraussetzung kann beispielsweise dann gegeben sein, wenn ein krasses Missverhältnis zwischen Leistung und Gegenleistung besteht und dem Geschädigten unter Ausnutzung seiner Unerfahrenheit, seines Leichtsinns oder seiner Notlage eine Erklärung abgenötigt worden ist, durch die er ohne ausreichende Gegenleistung auf die Geltendmachung bereits erkennbarer Spät- und Folgeschäden verzichtet.

405 Nach den Grundsätzen von Treu und Glauben kann der Schädiger sich gegenüber (berechtigten) Nachforderungen des Verletzten ebenfalls dann nicht auf den formalen Abfindungsvergleich beru-

694 Vgl. *OLG Celle*, VersR 1955, 646; *Wussow*, UHR, Rn. 1355.
695 *BGH*, NJW 2011, 2141; vgl. *BGH*, Urt. v. 25.05.2020 – VI ZR 252/19, NJW 2020, 1962; BGB § 119 Anfechtbarkeit wegen Irrtums, *Wendtland*, BeckOK BGB, Hauck, Poseck, 56.Edition Stand: 01.11.2020, Rn. 12.
696 Vgl. *AG Hannover*, r+s 1984, 68.
697 Soweit es sich um die Haftung des Versicherers für seine Agenten handelt, vgl. *BGH*, NJW 1963; NJW 1964, 244; VersR 1963, 376; *BGH*, NJW 1969, 925; *Wussow*, UHR, Rn. 1357.
698 *OLG Hamm*, VRS 71, 252; *OLG Celle*, DAR 2000, 402.
699 *BGH*, NJW 1951, 397; *BGH*, VersR 1991, 597.

fen, wenn sich nach Eintritt von zunächst nicht vorhersehbaren Spätfolgen ein überaus krasses und unzumutbares Missverhältnis zwischen Leistung und Gegenleistung ergibt.[700]

Die allen Versorgungsverträgen zugrunde liegende Regelung, dass einmal festgestellte Verhältnisse Bestand haben, führt nur dann zu einer Anpassung von Unterhalts- und Entschädigungsleistungen an veränderte Umstände gem. §§ 157, 242 BGB i.V.m. § 323 ZPO, wenn die Veränderung als so wesentlich erscheint, dass ein Festhalten an der getroffenen Regelung den von einer Partei mit dem Vertrag verfolgten Zweck vereiteln würde.[701] 406

Daraus wird deutlich, dass die Bindungswirkung einer Abfindungserklärung auch durch den Wegfall der Geschäftsgrundlage beseitigt werden kann, wenn nach Abschluss eines Vergleichs eine wesentliche Änderung in den tatsächlichen Verhältnissen eingetreten ist.[702] 407

Dem gerichtlichen Vergleich fällt eine Doppelfunktion zu: Er ist einerseits privatrechtlicher Natur, andererseits zugleich aber auch Prozesshandlung.[703] Dabei ist zu berücksichtigen, dass unter dem Gesichtspunkt der Bestandsfunktion und unter dem Eindruck der geänderten Verhältnisse auch die Anpassung eines gerichtlichen Vergleichs im Wege einer Abänderungsklage (§ 323 Abs. 4 ZPO und § 794 BGB) verlangt werden kann.[704] 408

## 4. Schadenfeststellungsvertrag

Eine ähnliche Rechtswirkung wie dem Erlassvertrag fällt dem Schadenfeststellungsvertrag zu, der nach herrschender Auffassung weder einen Vergleich i.S.v. § 779 BGB noch ein abstraktes Schuldanerkenntnis darstellt, sondern einen Vertrag eigener Art.[705] Ein Feststellungsvertrag kann daher nicht wegen Irrtums, sondern lediglich bei arglistiger Täuschung angefochten werden.[706] Auch Nachforderungen sind unter diesen Umständen nicht mehr möglich.[707] 409

## VI. Feststellungsanspruch

Das Rechtsschutzbedürfnis[708] des Geschädigten kann sich (ausnahmsweise) auch einmal auf die Feststellung eines bestimmten Sachverhaltes und der sich daraus ableitenden Rechtsfolgen richten. Auch der Geschädigte, der den Ersatzpflichtigen oder dessen Haftpflichtversicherer ganz allgemein um ein »Haftungsanerkenntnis dem Grunde nach« bittet, ohne den Schaden zu beziffern bzw. zu belegen, macht einen Feststellungsanspruch geltend. Es ist daher in diesem Zusammenhang zunächst zu prüfen, unter welchen Voraussetzungen ein Feststellungsanspruch, der sich nach den öffentlich-rechtlichen Vorschriften der Zivilprozessordnung (§§ 256 ff. ZPO) richtet, zulässig ist. 410

700 *OLG Hamm*, VRS 71, 252; *OLG Oldenburg*; VersR 2004, 64; BGB § 779 Begriff des Vergleichs, Irrtum über die Vergleichsgrundlage, *Habersack*, MüKoBGB, 8. Aufl. 2020, Rn. 48, 49; zu Voraussetzungen für Nachforderung siehe *LG Berlin*, Urt. v. 27.02.2014 – 41 O 189/13, ZfS 2015, 317.

701 *BGH*, VersR 1966, 37; 1968, 451; *OLG Schleswig*, r+s 1978, 81; *OLG Köln*, r+s 1978, 173.

702 Vgl. *BGH*, NJW 1961, 1460; VRS 34, 161; *Wussow*, WI, 21; 1968, 47; 1968, 101; UHR Rn. 1355; *OLG Karlsruhe*, R+S 2002, 329; *OLG Karlsruhe*, r+s 2002, 329; BGB § 779 Begriff des Vergleichs, Irrtum über die Vergleichsgrundlage, Fischer, BeckOK BGB, Hau, Poseck 56. Edition, Stand: 01.11.2020, Rn. 57–59; § 12 Vergleich und Verjährung, *Schneider*, Schneider, Das verkehrsrechtliche Mandat, Band 2: Verkehrszivilrecht, 8. Aufl. 2020, Rn. 35–56.

703 *BGH*, NJW 1955, 705; NJW 1958, 1970.

704 Vgl. *BGH*, VersR 1960, 130; *Wussow*, WI 1960, 22; VersR 1966, 37; *BGH*, NJW 1983, 228; BGB § 843 Geldrente oder Kapitalabfindung, *Wagner*, MüKoBGB, 8. Aufl. 2020, Rn. 51, 52; Kapitel 39. Vergleich, *Bacher*, Geigel, Haftpflichtprozess, 28. Aufl. 2020, Rn. 61.

705 Vgl. *OLG Köln*, BeckRS 2012, 15325.

706 *BGH*, VersR 1956, 365; *OLG Koblenz*, Urt. v. 09.11.1987 – 12 U 1648/86, r+s 1988, 349.

707 Vgl. *BGH*, VersR 1961, 723; *LG Kaiserslautern*, r+s 1975, 234; *LG Karlsruhe*, VersR 1977, 269; *LG Kiel* VersR 1981, 770; zfs 1981, 307; *OLG Koblenz*, R+S 1988, 349.

708 Soweit es sich um den materiellen Gehalt des *rechtlichen* Interesses bei der Feststellungsklage und bei der gewillkürten Prozessstandschaft handelt, vgl. *Michaelis*, FS für Larenz (1983), S. 443.

411 Der Feststellungsanspruch ist – ebenso wie seine prozessuale Form, die Feststellungsklage – nach herrschender Auffassung jeweils dann mangels eines vertretbaren Rechtsschutzbedürfnisses unzulässig, wenn der Gläubiger eines bezifferten, zumindest aber ohne besondere Schwierigkeiten bezifferbaren, Anspruchs Leistung verlangen kann. Dies ist bei Sachschäden – auch größeren Umfangs – die Regel.[709] Der Schädiger ist deshalb nicht verpflichtet, die Haftung dem Grunde nach anzuerkennen. Dies bedeutet, dass er nicht in Verzug kommt, wenn er, ohne sich zunächst zum Grund des Anspruchs zu äußern, den Gläubiger auffordert, seinen Schaden ordnungsgemäß zu spezifizieren und zu belegen. Der Gläubiger eines überschaubaren Sachschadens kann von »seinem« Schädiger im Allgemeinen lediglich Geld verlangen.[710] Zuvor ist er verpflichtet, seinen Schaden ordnungsgemäß zu spezifizieren[711] und in nachprüfbarer Form zu belegen[712] sowie dem Schädiger eine angemessene Bearbeitungsfrist zu gewähren.

412 Der Anspruchsteller kann sich also nicht darauf berufen, dass der Schädiger bereits deswegen Anlass zur Klage gegeben hat, weil er es versäumt hat, das geforderte Anerkenntnis zum Grund des Anspruchs abzugeben.[713]

413 Anders verhält es sich bei Personenschäden. Eine Klage auf Feststellung kann in diesem Bereich ihren wohlerwogenen Grund haben und bereits dann gerechtfertigt sein, wenn aus der Sicht des Geschädigten bei verständiger Würdigung seiner Rechtsposition Grund zu der Annahme besteht, dass mit Spätfolgen zu rechnen und der drohenden Verjährung vorzubeugen ist.[714] Ein schutzwürdiges Interesse i.S.v. § 256 ZPO an der begehrten Feststellung liegt also bereits dann vor, wenn das vom Geschädigten behauptete Recht durch das Verhalten des Ersatzpflichtigen oder aus anderen Gründen gefährdet und ein Feststellungsurteil geeignet erscheint, die bestehende Gefährdung zu beseitigen.[715]

414 Für die Annahme eines Rechtsschutzinteresses an einer alsbaldigen Feststellung des Rechtsverhältnisses i.S.v. §§ 256 ff. ZPO genügt also bereits eine gewisse Wahrscheinlichkeit für die Entstehung weiterer – in die Zukunft reichender – Ersatzansprüche. Die später gewonnene Erkenntnis, dass Folgeschäden entgegen ursprünglichen Befürchtungen – nicht mehr zu erwarten sind, kann die einmal rechtswirksam erhobene Feststellungsklage rückwirkend nicht unzulässig machen.[716]

415 Selbst dann, wenn die Leistungsklage sich im Ergebnis als unbegründet erweist, kann das Gericht dem in dem Leistungsbegehren enthaltenen Antrag auf Feststellung des Rechtsverhältnisses auch dann stattgeben, wenn dieser Antrag nicht ausdrücklich gestellt worden ist, ein Feststellungsurteil aber dem Interesse des Klägers entspricht.[717] Ein derartiges Verfahren ist nach § 308 ZPO, dessen Voraussetzungen von Amts wegen zu prüfen sind, zulässig, da das begehrte Leistungsurteil die Fest-

---

709 Vgl. *Müller*, Jahnke, Burmann, Handbuch des Personenschadensrechts, 1. Aufl. 2015, 6. Kapitel Abwicklung, Rn. 337–344; *OLG Nürnberg*, Beschl. v. 22.04.2008 – 3 W 616/08, BeckRS 2011, 06056; dass es davon auch Ausnahmen geben kann, macht die Grundsatzentscheidung des *BGH*, VersR 1983, 758 deutlich.

710 *BGH*, VersR 1962, 136 = VRS 22, 4; *Wussow*, UHR, Rn. 1232 ff.

711 Vgl. *OLG Hamm*, VersR 1961, 118.

712 Vgl. *OLG Celle*, VersR 1961, 1141; *LG Berlin*, VersR 1963, 275; *LG Köln*, VersR 1963, 763; *LG Bielefeld*, VersR 1964, 916; *LG München* II, VersR 1979, 459.

713 Vgl. *OLG Köln* VersR 1974, 268.

714 *OLG München*, Urt. v. 07.10.2020 – 10 2462/20, BeckRS 2020, 26133.

715 *OLG Oldenburg*, VersR 1980, 42; *OLG Schleswig*, zfs 1981, 294; *OLG Frankfurt a.M.*, zfs 1982, 257.

716 Vgl. *BGH*, VersR 1976, 291; VersR 1963, 166 (… nicht eben entfernt liegende Möglichkeit …); *BGH*, VersR 1964, 925 (… gewisse Wahrscheinlichkeit genügt…); *BGH*, VersR 1966, 294 (Möglichkeit weiterer Folgeschäden nach schweren Verletzungen); *OLG Stuttgart*, VersR 53, 324; *OLG München*, VersR 1959, 570.

717 *BGH*, DAR 1984, 256 = zfs 1984, 231; vgl. *BGH* Urt. v. 04.05.2006 – IX ZR 189/03, NJW 2006, 2780.

stellung der Ansprüche zur Voraussetzung hat, sodass es sich bei der Feststellungsklage um die mindere Gestaltungsform gegenüber dem Leistungsbegehren handelt.[718]

Soweit es sich um die Beweislast[719] handelt, gelten für die Feststellungsklage keine Besonderheiten, Die allgemeinen Beweislastregeln sind anwendbar. Auch bei der negativen Feststellungsklage ist die Parteirolle für die Beweislast ohne Bedeutung. Diese folgt auch insoweit den allgemeinen Regeln. Daraus ergibt sich, dass der Entstehungstatbestand des Anspruchs, dessen Nichtbestehen festgestellt werden soll, grundsätzlich vom Beklagten zu beweisen ist.[720] 416

Ein Feststellungsinteresse i.S.v. § 256 ZPO besteht selbst dann, wenn die Haftung des Schädigers unstreitig, jedoch eine Verjährung der Ansprüche im Hinblick auf mögliche Spätschäden (Folgeschäden) zu befürchten ist.[721] Insoweit sind jedoch zwei wesentliche Einschränkungen zu machen, die in der Praxis der Schadenregulierung weitestgehend nicht bekannt sind. Zum einen verjähren künftig fällig werdende Unterhaltsansprüche[722] trotz eines gegen den Schuldner auf Feststellung künftiger Schadenersatzleistungen lautenden positiven Feststellungsurteils gem. § 281 Abs. 2 BGB innerhalb der kurzen (3jährigen) Verjährungsfrist des § 197 BGB.[723] Durch das Feststellungsurteil – oder ein entsprechendes Leistungsurteil – wird nur die Verjährung des Stammrechts auf die Regelzeit von 30 Jahren verlängert, während die einzelnen Raten nach § 197 BGB verjähren. Zum anderen unterbricht die Verteidigung gegen die negative Feststellungsklage nicht die Verjährung des mit dieser Klage geleugneten Anspruchs.[724] 417

Mit der Klage auf Feststellung, dass der Beklagte verpflichtet sei, dem Kläger sämtlichen Schaden zu ersetzen, der ihm aus Anlass eines bestimmten Unfalls entstanden ist bzw. künftig noch entstehen wird, ist der gesamte Schaden[725] des Klägers,[726] also auch ein etwaiger Verdienstausfall, zur richterlichen Entscheidung gestellt worden. Auch wenn der Anspruch auf Erstattung von Verdienstausfall erst im Laufe des Rechtsstreits ausdrücklich erwähnt wird, erstreckt sich die mit der Klagerhebung eingetretene Unterbrechung der Verjährung gleichermaßen auch auf diesen Teil des Anspruchs.[727] 418

Im Allgemeinen wird die (positive) Feststellungsklage im Haftpflichtprozess bezüglich erst künftig entstehender Ansprüche (oder Schäden) erhoben, um die drohende Verjährung zu unterbrechen.[728] 419

---

718 Vgl. dazu: Baumbach, Lauterbach, Albers, Hartmann, § 308 ZPO, Anm. 1 B; *Zöller*, § 308 ZPO, Anh. II 2b; a.A. Stein/onas § 256 ZPO, Anm. IV 2b; *Wieczorek*, § 308 ZPO, Anm. B II a 1.

719 Anders als bei der Beweislast nach einem Anerkenntnis; vgl. ZPO § 256 Feststellungsklage, *Becker, Eberhard*, MüKoZPO, 6. Aufl. 2020, Rn. 73; ZPO §§ 257–304, *Bacher*, Geigel, Haftpflichtprozess 28. Aufl. 2020, Rn. 34.

720 Vgl. *BGH*, NJW 1977, 1637; *OLG Schleswig*, NJW 1976, 970; *OLG Karlsruhe*, VersR 1982, 263; Baumbach, Lauterbach, Albers, Hartmann § 256 ZPO, Anm. 4 D; *Rosenberg*, Beweislast, S. 174; Stein, Jonas § 256 ZPO, Anm. IV 5.

721 Vgl. *KG*, NJW 1975, 1326; *OLG Celle*, DAR 1976, 269; *OLG Schleswig*, zfs 1981, 294; *OLG Frankfurt a.M.*, zfs 1982, 257; zfs 1983, 322; *LG Hagen*, r+s 1975, 182; *LG Regensburg*, zfs 1982, 66; *OLG Jena*, Urt. v. 22.11.2010 – 1 U 489/10; *LG Meiningen*, SVR 2008, 260 (LS) m. Anm. Lang; vgl. *OLG Saarbrücken*, Urt. v. 21.04.2016 – 4 U 76/15, NJW-RR 2016, 1168; *OLG München*, Urt. v. 07.10.2020 – 10 U 2462/20, BeckRS 2020, 26133; *BGH*, Urt. v. 19.04.2016 – VI ZR 506/14, NJW-RR 2016, 759.

722 Aber schadenersatzrechtliche Unterhaltsgrenzen gem. §§ 842, 843 BGB.

723 *BGH*, VersR 1980, 88; VersR 1980, 927; vgl. *Bertkau*, Kurze Verjährung von Ansprüchen des Vermieters wegen Veränderungen und Verschlechterungen der Mietsache, r+s 2008, 460.

724 Vgl. *BGH*, NJW 1972, 157; 1972, 1043; 1978, 1800.

725 *BGH*, VersR 1985, 663 (664).

726 Vgl. dazu, soweit es sich um die Reichweite der materiellen Rechtskraft eines Feststellungsanspruchs handelt, *BGH*, r+s 1985, 151 (152).

727 Vgl. *BGH*, VersR 1958, 887; *KG* DAR 1959, 237; *OLG Oldenburg*, Urt. v. 05.07.2006 – 5 O 447/05, ADAJUR-Dok.Nr. 69569.

728 Vgl. dazu Geigel, Schlegelmilch Haftpflichtprozess, 8. Kap., Rn. 36 ff.: – zur Verjährung von Rentenansprüchen aus einem Unfall bei inzwischen erfolgter Erhöhung des Haftungsrahmens vgl. *BGH*, VersR 1966, 1047; – Feststellung auf Ersatz der aus künftigen gesetzlichen Erhöhungen der Hinterbliebenen-

420 Feststellungsfähig ist jedes Rechtsverhältnis, also auch ein bedingtes, betagtes oder mit Klauseln und Einschränkungen behaftetes Rechtsverhältnis.[729] Zweckmäßigerweise sollte der Geschädigte als Kläger seinen Feststellungsantrag im Regelfall wie folgt formulieren:

»Es wird festgestellt, dass der Beklagte verpflichtet ist, dem Kläger sämtliche Schäden aus Anlass des Vorfalles vom… zu ersetzen, soweit nicht ein gesetzlicher Forderungsübergang auf Sozialversicherungsträger oder private Krankenversicherer stattgefunden hat.«

421 Bei der Geltendmachung von Schadenersatzansprüchen aus einem Unfall ist der Geschädigte nicht verpflichtet, seine Klage in eine Leistungs- und eine Feststellungsklage aufzuspalten, wenn nur ein Teil seines Schadens schon entstanden, die Entstehung weiterer Schäden aber noch zu erwarten ist. Vielmehr ist auch dann – ausschließlich oder neben einer Teilleistungsklage – die Feststellungsklage zulässig.[730]

422 Auch wenn die Möglichkeit einer Leistungsklage besteht, kann auf Feststellung geklagt werden, wenn zu erwarten ist, dass der Beklagte allein aufgrund des Feststellungsurteils zur Leistung fähig und bereit sein wird. Diese Voraussetzung kann man ohne Weiteres als gegeben unterstellen, wenn auf der Gegenseite ein Versicherungsunternehmen beteiligt ist.

423 Ein Feststellungsinteresse ist zu verneinen, wenn eine Leistungsklage möglich und dem Gläubiger zumutbar ist. Der Streit der Parteien nur über den Grund des Anspruchs reicht nicht aus, um ein Feststellungsinteresse zu bejahen.[731] Ein Feststellungsinteresse besteht jedoch dann, wenn die Beklagten ihre Verpflichtung, für den entstandenen Schaden einzustehen, anerkannt haben, das Entstehen weiteren Schadens und weiterer Nachteile jedoch bestreiten.[732]

424 In diesem Zusammenhang ist fraglich, ob ein Rechtsschutzbedürfnis für eine Feststellungsklage auch dann noch fortbesteht, wenn der Grund des Anspruchs unstreitig ist und der Ersatzpflichtige sogar ein Schuldanerkenntnis abgegeben hat. Dabei muss es sich nach herrschender Auffassung um ein schuldbegründendes bzw. das betreffende Rechtsverhältnis auf eine neue Basis stellendes Anerkenntnis handeln, das insbesondere geeignet ist, die kurze (dreijährige) Verjährungsfrist auf dreißig Jahre zu verlängern.[733]

425 Auch in derartigen Fällen bejaht die Rechtsprechung i.d.R. das Feststellungsinteresse, um die Ansprüche des Verletzten (Geschädigten) vorrangig zu sichern.

426 Einige Gerichte[734] bejahen die Zulässigkeit einer Feststellungsklage, wenn im Text einer Urkunde auch der Schuldgrund (die causa) erwähnt wird. Sie begründen dies damit, dass der Feststellungsanspruch sich daraus rechtfertigt, dass der betreffende Haftpflichtversicherer den Verzicht auf die Einrede der Verjährung zeitlich befristet hat und auf diese Einrede nur insoweit verzichten wollte, als »nicht bereits Verjährung eingetreten« war. Diese Begründung ist nicht überzeugend.

427 Unter der Voraussetzung, dass ein »echtes« konstitutives Schuldanerkenntnis mit rechtsbeständiger Wirkung vorliegt, wie es bei Haftpflichtschäden in dieser »lupenreinen« Form allerdings wohl

---

versorgung zu erbringenden Leistungen kann ebenfalls im Wege der *Feststellungsklage* begehrt werden: *BGH*, VersR 1956, 572.

729 Vgl. *BGH*, VersR 1958, 487.

730 Vgl. dazu: *BGH*, NJW 1984, 1552; DAR 1986, 22; *OLG Köln*, VersR 1970, 759; *OLG Hamm*, VersR 1980, 1061 = zfs 1981, 29; *Wussow*, UHR, Rn. 1234; *OLG Offenburg*, Urt. v. 19.05.2020 – 2 O 275/19, BeckRS 2020, 8823; *OLG Zweibrücken*, Urt. v. 30.09.2020 – 1 U 9/18, BeckRS 2020, 30069; *LG Mosbach*, Urt. v. 30.11.2018 – 1 O 34/18, BeckRS 2018, 41455.

731 Vgl. ZPO § 256 Feststellungsklage, *Becker, Eberhard*, MüKoZPO 6. Aufl. 2020, Rn. 54–61.

732 *KG*, Urt. v. 16.04.2018 – 22 U 168/16, NJOZ 2018, 1881.

733 Zur Wirkung eines *konstitutiven* Schuldenanerkenntnis vgl. *BGH*, NJW 1982, 996 = VersR 1981, 1158 = DAR 1981, 382 = VRS 62, 101; *Weber* DAR 1985, 161; *OLG Karlsruhe*, Urt. v. 20.07.1990 – 14 U 172/89, NZV 1990, 428: kein Feststellungsinteresse bei Urteilsersetzendem Anerkenntnis.

734 Vgl. dazu *OLG Frankfurt a.M.*, zfs 1983, 321; *LG Regensburg*, zfs 1982, 86.

außerordentlich selten vorkommt, wird das Rechtsschutzinteresse an einer gerichtlichen Feststellung zu verneinen sein, wenn dann ein vertraglicher Anspruch des Geschädigten vorliegt, der nach § 218 BGB – ebenso wie der rechtskräftig festgestellte Anspruch – der 30jährigen Regelverjährung des § 195 BGB unterliegt.[735]

428 Schwieriger gestalten sich die Rechtsverhältnisse bei einem schuldbestätigenden (deklaratorischen) Anerkenntnis[736] oder gar bei der Bestätigung eines reinen Sachverhaltes.[737] Zwar stellt auch das deklaratorische Anerkenntnis einen Vertrag dar; es ist jedoch formlos[738] gültig und hat – sofern es nicht unter der Einwirkung des Unfallschocks abgegeben worden und daher nichtig[739] sein sollte – die Rechtswirkung, dass durch ein derartiges Anerkenntnis das Schuldverhältnis dem Grunde nach dem Streit der Parteien entrückt wird. Es schließt alle Einwendungen des Beklagten aus, die der Schuldner zur Zeit der Abgabe seines Schuldanerkenntnisses bereits kannte.[740] Ein derartiges Schuldanerkenntnis,[741] durch das gewissermaßen eine Umkehrung der Beweislast[742] eintritt, beseitigt – anders als ein ausdrückliches Haftungsanerkenntnis[743] – nicht den Einwand eines der Gegenseite zur Last fallenden Mitverschuldens bzw. einer von ihr zu vertretenden mitwirkenden Verursachung.[744] Abgesehen davon, dass ein Schuld- oder Haftungsanerkenntnis des berechtigten Fahrers gegenüber dem Fahrzeugeigentümer und -halter keinerlei Rechtswirkung entfaltet[745] und ein unter Ausnutzung des Unfallschocks[746] an der Unfallstelle herbeigeführtes Schuldanerkenntnis wegen Verstoßes gegen die guten Sitten (§ 138 Abs. 1 BGB) nicht verbindlich ist. Seit 1. Januar 2008 ist eine Vereinbarung, nach welcher der Versicherer nicht zur Leistung verpflichtet ist, wenn ohne seine Einwilligung der Versicherungsnehmer den Dritten befriedigt oder dessen Anspruch anerkennt, unwirksam.[747]

429 Ein an der Unfallstelle abgegebenes Schuldanerkenntnis kann deshalb allenfalls die Beweissituation des Geschädigten verbessern. Der Tatrichter kann jedoch trotzdem ein eventuelles Mitverschulden des Geschädigten berücksichtigen.[748]

---

735 Vgl. *LG Wuppertal*, VersR 1966, 151; *LG Verden*, DAR 1980, 346; Geigel, Haftpflichtprozeß, 38. Kap., Rn. 1 ff. (2); – soweit es sich jedoch um das Recht auf wiederkehrende Leistungen – insbes. um Renten i.S.v. §§ 842–844 BGB – handelt, sind die Einschränkungen aus § 118 Abs. 2 BGB zu bedenken.

736 So liegt beispielsweise ein Schuldanerkenntnis, das jeden Streit über den Haftungsgrund ausschließt, nicht vor, wenn der Unfallbeteiligte gegenüber der *Polizei* sein Fehlverhalten einräumt bzw. die »Schuld auf sich nimmt« (*LG Nürnberg-Fürth*, r+s 1984, 206).

737 Vgl. die Auslegung des *BGH* in seinem Urt. v. 14.01.1981 r+s 1981, 249 in einem ausgesprochenen Sonderfall; vgl. auch *OLG Zweibrücken*, zfs 1987, 2; *AG Augsburg*, VRS 87, 3.

738 Dies bedeutet, dass es – anders als das abstrakte Schuldanerkenntnis i.S.d. §§ 780, 781 BGB – nicht der Schriftform bedarf; *OLG Frankfurt a.M.*, Hinweisbeschluss vom 15.08.2008 – 19 U 153/08, NJOZ 2009, 2044; *OLG Koblenz*, Urt. v. 13.08.2009 – 5 U 52/09, NJW-RR 2010, 861.

739 *LG Freiburg*, zfs 1982, 133; *AG Köln* VRS 62, 242.

740 Vgl. *OLG* Koblenz, zfs 83, 357.

741 Zur Rechtsnatur des Schuldanerkenntnisses und seiner Auswirkungen vgl. *Künell*, VersR 1984, 706.

742 Vgl. *BGH*, DAR 1984, 145; *Weber*, DAR 1985, 161; *BGH*, BGHZ 66, 250 = VersR 1977, 471; VersR 1981, 1158; *OLG Celle*, r+s 1981, 14; *LG Wiesbaden*, r+s 1982, 5.

743 Vgl. *OLG Celle*, NZV 1988, 183; *AG Hadamar*, VersR 1983, 844; zfs 1983, 324.

744 *BGH*, BGHZ 66, 250; *BGH*, DAR 1981, 382; VersR 1984, 383; *OLG Nürnberg*, zfs 1980, 67; *OLG Köln*, zfs 1980, 67; *OLG Celle* zfs 1980, 197; zfs 1981, 38; zfs 1984, 323; *OLG Stuttgart* zfs 1983, 172; *OLG Koblenz*, zfs 1983, 357; *OLG Frankfurt a.M.*, zfs 1984, 195; *LG Darmstadt*, VS 80, 68; *LG München* I zfs 1980, 197; zfs 1983, 70; *LG Rottweil* zfs 1981, 5; *LG Verden* DAR 1980, 346; *LG Freiburg*, zfs 1982, 133; NJW 1982, 1162; *LG Karlsruhe*, zfs 1982, 302; *AG Hamburg-Harburg*, VS 80, 68; *AG Köln*, zfs 1982, 165; *AG Kandel*, zfs 1983, 3; *AG Hadamar*, VersR 1983, 844 = zfs 1983, 124; *Weber*, DAR 1985, 161 (162, r.Sp.).

745 Vgl. dazu *LG Freiburg*, NJW 1982, 1162 = zfs 1982, 228; *AG Köln*, zfs 1982, 165; VRS 62, 242; *AG Diez/Lahn*, zfs 1987.

746 Vgl. dazu *LG Freiburg*, MDR 1982, 232 = zfs 1982, 133; *AG Köln*, zfs 1982, 165 = VRS 62, 242.

747 § 105 VVG.

748 *OLG Saarbrücken*, Urt. v. 01.03.2011 – 4 U 370/10, BeckRS 2011, 05392 m. Anm. NJW-Spezial 2011, 234.

430 Der geradezu »klassische« Fall des konstitutiven Schuldanerkenntnisses besteht darin, dass der Ersatzpflichtige erklärt, einen bestimmten Geldbetrag oder eine sonstige bestimmte Leistung zu schulden, ohne auf den Schuldgrund einzugehen. Eine derartige Erklärung könnte substanziell etwa folgenden Wortlaut haben: »X bekennt, dem Y 10 000,– € zu schulden.«

431 Der *BGH* gibt zu erkennen, dass ein Anerkenntnis durchaus »konstruktive« Wirkung entfalten und ein gerichtliches Feststellungsurteil ersetzen kann.[749] In derartigen Fällen richtet sich die Verjährung nach § 218 BGB.[750]

432 Bereits das Reichsgericht[751] hat den Grundsatz anerkannt, dass ein zum Grund des Anspruchs abgegebenes Anerkenntnis ein neues (selbstständiges) Schuldverhältnis i.S.v. § 781 BGB begründet und die daraus abgeleiteten Ersatzansprüche der (30jährigen) Regelverjährung des § 195 BGB unterliegen. Erfreulicherweise wird bereits vereinzelt die Auffassung vertreten, dass »die nur allgemeine Erwähnung des Schuldgrundes der Annahme eines hiervon losgelösten selbständigen Schuldanerkenntnisses nicht entgegensteht«.[752] Auch der *BGH* hat in seinem Urteil v. 08.06.1962[753] die Auffassung vertreten, dass die Angabe eines nur allgemein bezeichneten Schuldgrundes in einer Urkunde – im konkreten Fall wurde die Schuld als »Darlehen« deklariert – die Annahme eines selbstständigen (abstrakten) Schuldanerkenntnisses nicht ausschließt. In diesem Sinne äußert sich auch das *OLG München* in einem anderen Urteil v. 14.01.1966.[754]

433 Demgegenüber hat der *BGH* in einem anderen Urteil v. 28.09.1965,[755] ohne sich mit der seinem Rechtsstandpunkt entgegenstehenden Auffassung des Reichsgerichts auseinanderzusetzen, die nicht näher begründete Meinung vertreten, dass »eine Erklärung des Haftpflichtversicherers, er erkenne die Ansprüche des Geschädigten namens des Schädigers an…, beim Fehlen besonderer Umstände nicht als Schuld begründend, sondern lediglich als -bestätigend anzusehen« sei. Man muss davon ausgehen können, dass der Gläubiger durch ein Anerkenntnis hinreichend abgesichert ist, wenn es ihm in etwa dieselbe Sicherheit bietet wie ein Feststellungsurteil. Das bedeutet einmal, dass die kurzen Verjährungsfristen der allgemeinen Haftpflichttatbestände in eine dreißigjährige Verjährung, wie § 195 BGB sie grundsätzlich vorsieht, umgewandelt werden, und zum anderen, dass der Gläubiger nicht eine einseitige Anfechtung zu befürchten braucht.[756]

434 Welche Sicherheit ein deklaratorisches Schuldanerkenntnis bieten kann, lässt sich aus einer Entscheidung des *BGH* vom 19.09.1963 entnehmen:[757] Es gilt der Grundsatz, dass der Anerkennende an seine Beurteilung der ihm bekannten Vorgänge im Zeitpunkt der Abgabe des Schuldanerkenntnisses gebunden ist, »so dass es unbeachtlich ist, ob er hierbei von rechtlich zutreffenden Voraussetzungen ausgegangen ist oder nicht bzw. ob er die ihm von vornherein bekannten Vorgänge später rechtlich anders würdigt oder würdigen lassen will«. In aller Regel haben nach Ansicht des *BGH* selbst Schuld

749 Vgl. *BGH*, NJW 1976, 1259; VersR 1979, 646; DAR 1981, 382; VRS 62; 101 VersR 1985, 62; *Weber*, DAR 1985, 161.

750 *BGH*, VersR 1985, 62; *OLG Celle*, zfs 1988, 346; *OLG Frankfurt a.M.*, zfs 1988, 203; *LG Frankfurt a.M.*, zfs 1985, 289; *LG Heidelberg*, zfs 1989, 298.

751 Vgl. *RG*, *RGZ* 75, 4; *RG* SeuffA Bd. 87, 90.

752 Vgl. *OLG München*, VersR 1970, 261.

753 *BGH*, BB 1962, 1222.

754 *OLG München*, VersR 1968, 34.

755 *BGH*, VersR 1965, 1153; – a.A.: *BGH*, VersR 1986, 684.

756 *OLG Stuttgart* VersR 1967, 888; *KG* NJW 1975, 1326; *OLG Schleswig* VersR 1977, 233; zfs 1981, 294; *LG Hagen* r+s 1975, 182; *LG Regensburg* zfs 1981, 66; *Grunsky*, Die Auswirkungen des »urteilsvertretenden Anerkenntnisses« auf die Verjährung, NJW 2013, 1336; *OLG Frankfurt a.M.*, Urt. v. 09.06.2017 – 8 U 233/16, BeckRS 2017, 126075; *OLG Saarbrücken*, Urt. v. 07.03.2006 – 4 U 117/05–99, BeckRS 2006, 6573.

757 *BGH*, NJW 1963, 2136; r+s 1986, 167; *LG Freiburg*, NJW 1982, 116.

bestätigende Verträge i.S.v. § 782 BGB den Charakter eines Vergleichs (§ 779 BGB),[758] zumindest aber eine vergleichsähnliche Natur, sodass bereits aus diesem Anlass – im Zusammenhang mit der Abänderung des Schuldverhältnisses – die Verjährungsfrist sich ändert.

Ein vorprozessuales Haftungsanerkenntnisses, das den gesetzlichen Anforderungen im Hinblick auf das schutzwürdige Interesse des Verletzten genügt und sein Feststellungsbedürfnis beseitigt, könnte etwa folgendermaßen formuliert werden: 435

»Wir erkennen hiermit unter Verzicht auf alle Einwendungen – insbesondere auf die Einrede der Verjährung und das Kondiktionsrecht – an, dem... aus Anlass des Unfalles vom... in vollem Umfange dem Grunde nach schadenersatzpflichtig zu sein. Dies gilt nicht für gesetzlich übergegangene Forderungen (§ 116 SGB X) auf einen Sozialversicherungsträger, Rentenversicherungsträger oder einen privaten Krankenversicherer (§ 86 VVG). 436

Diese im Einverständnis mit dem Verletzten abgegebene Willenserklärung stellt ein vertragliches Schuldanerkenntnis mit konstitutiver Wirkung i.S.v. § 781 BGB dar, das – losgelöst vom ursprünglichen Schuldgrund – ein neues Rechtsverhältnis schafft.« 437

Sollte ein Haftpflichtversicherer eine derartige Erklärung abgeben, muss folgender Satz hinzugefügt werden: 438

»Diese Erklärung geben wir für uns, zugleich aber auch aufgrund gesetzlicher Vollmacht in unserer Eigenschaft als Haftpflichtversicherer für den Kfz-Halter... und den bei dem Unfall berechtigten Kraftfahrer... ab.« 439

Nachdem die Allgemeinen Bedingungen für die Kraftfahrtversicherung (AKB) von den Versicherern frei gestaltet werden können, kann zumindest nach dem Inkrafttreten des neuen VVG[759] nicht mehr davon ausgegangen werden, dass die Vollmacht des Versicherers in § 10 AKB geregelt ist, wie dies bisher meistens der Fall war.

## F. Verzug

Das Verzugsrecht gem. §§ 286 ff. BGB ist in das Recht der allgemeinen Leistungsstörungen einbezogen worden. Grundlage für die Änderung ist das Gesetz zur Beschleunigung fälliger Zahlungen.[760] Ziel der Änderung ist eine Förderung der Zahlungsmoral. 440

### I. Voraussetzungen

#### 1. Ablauf der Leistungszeit

§ 286 BGB enthält in Abs. 1 die Voraussetzungen für den Schuldnerverzug. Der Verzug tritt grundsätzlich nur ein, wenn der Schuldner vorher gemahnt wurde. Die Mahnung muss nach dem Eintritt der Fälligkeit erfolgen. Stellt ein Geschädigter nach einem Unfall Schadenersatzansprüche, sollte diese Forderung mit dem Datum der erwarteten Zahlung verbunden werden. Nach ergebnislosem Ablauf dieser Frist muss der Schädiger jedoch gemahnt werden. Erst dann kommt dieser in Verzug mit der Folge der erfolgreichen Zinsforderung. Zum Verzug führen auch die Erhebung der Klage auf Leistung sowie die Zustellung des Mahnbescheides im Mahnverfahren. Die Mahnung muss nicht unbedingt als solche bezeichnet werden, um den Verzug mit seinen Rechtsfolgen auszulösen. Sie kann auch als »Erinnerung« bezeichnet werden. Aus dem betreffenden Schriftstück muss sich 441

758 A.A. *OLG Zweibrücken*, MDR 1966, 925; *OLG Stuttgart*, VersR 1967, 888; *KG*, NJW 1975, 1236; *LG Hagen*, r+s 1975, 182; *LG Regensburg*, zfs 1981, 66.

759 Ab 01.01.2008.

760 BT-Drucks. 14/6040, 146 f.

unzweideutig ergeben, dass das weitere Ausbleiben der geschuldeten Leistung Rechtsfolgen haben werde.[761] Einer Mahnung bedarf es allerdings nicht, wenn

- für die Leistung eine Zeit von den Parteien nach dem Kalender bestimmt ist (§ 286 Abs. 2 Nr. 1 BGB),
- der Leistung ein Ereignis (z.B. eine Kündigung) vorausgeht und eine angemessene Zeit festgesetzt ist, die sich von dem Ereignis an nach dem Kalender berechnen lässt (§ 286 Abs. 2 Nr. 2 BGB),
- der Schuldner die Leistung ernsthaft und endgültig verweigert (§ 286 Abs. 2 Nr. 3 BGB),[762]
- aus besonderen Gründen unter Abwägung der beiderseitigen Interessen der sofortige Eintritt des Verzugs gerechtfertigt ist (§ 286 Abs. 2 Nr. 4 BGB).

442 Eine Mahnung mit Fristsetzung ist außerdem nicht erforderlich, wenn eine Sache nicht hergestellt werden kann oder zur Entschädigung des Gläubigers nicht genügend ist. Der Gläubiger kann Entschädigung in Geld fordern (§ 251 Abs. 1 BGB).

443 Nach dem Werkvertragsrecht ist die Vergütung bei der Abnahme des Werkes zu entrichten (§ 641 Abs. 1 S. 1 BGB). Eine in Geld festgesetzte Vergütung muss der Besteller von der Abnahme des Werkes an verzinsen. Etwas anderes gilt, wenn die Vergütung gestundet ist (§ 641 Abs. 4 BGB). Diese Bestimmung soll es dem Handwerker ermöglichen, Zinsen ab der Abnahme des Werkes zu fordern, ohne vorher über Mahnschreiben den Besteller in Verzug zu setzen.

444 Als Beispiel für die Variante des § 286 Abs. 2 Nr. 1 BGB kommt der Fall in Betracht, dass im beiderseitigen Einvernehmen eine Stundung ausgesprochen oder ein Zahlungsziel gewährt worden ist. Das Gleiche gilt für den geradezu »klassischen« Fall, dass periodisch wiederkehrende Leistungen (bspw. Mietforderungen oder Unterhaltsansprüche) jeweils an einem bestimmten Kalendertag fällig werden. Nur dann tritt mit Ablauf der Leistungsfrist von selbst der Verzug ein, ohne dass weitere Willensbetätigungen des Gläubigers erforderlich sind.

### 2. Mahnung

445 Für den hier interessierenden Bereich der Haftpflichtschäden tritt der Verzug mit seinen Folgen grundsätzlich erst dann ein, wenn der Gläubiger nach Eintritt der Fälligkeit und nach ordnungsgemäßer Bezifferung des Schadens sowie nach Ablauf einer angemessenen Bearbeitungs- und Regulierungsfrist eine rechtswirksame Mahnung ausgesprochen hat.

446 In diesem Zusammenhang bestimmt § 286 Abs. 4 BGB, dass der Schuldner nicht in Verzug kommt, solange die Leistung unterbleibt, weil ein Umstand eingetreten ist, den er nicht zu vertreten hat. Der Schädiger oder sein Haftpflichtversicherer kommen also mit der fälligen Leistung nicht in Verzug, solange in tatsächlicher Hinsicht gewichtige Bedenken gegen die Leistungspflicht bestehen. Dies bedeutet, dass dem Ersatzpflichtigen i.d.R. eine ausreichende Frist eingeräumt werden muss, um die anspruchsbegründenden Voraussetzungen in vornehmlich tatsächlicher Hinsicht ordnungsgemäß zu prüfen.[763] Diese Frist ist bei der Regulierung einfacher Sachschadenfälle mit zwei bis drei Wochen sicher ausreichend. Bei durchschnittlichen Fällen wird eine Bearbeitungsfrist von vier bis sechs Wochen zugestanden.[764] Bei komplizierten Fällen, insbesondere bei solchen, wo die Schuldfrage erst durch Einsichtnahme in polizeiliche Protokolle etc. erfolgen muss oder in denen ärztliche Gutachten angefordert werden müssen, steht dem Versicherer eine weitaus längere Frist zu.[765] Eine

---

761 Vgl. dazu *OLG Bamberg*, FamRZ 1988, 1083; *AG Gütersloh*, NJW 1983, 1621.

762 Vgl. *LG Köln*, Urt. v. 30.04.2024 – 19 O 301/23, BeckRS 2024, 14076.

763 *Almeroth*, Almeroth, Schadensersatz bei Verkehrsunfällen, 1. Aufl. 2023, C. Sachschaden, Rn. 651–658.

764 *LG Köln*, SVR 2012, 106; *AG Solingen*, Urt. v. 04.01.2015 – 13 498/14, SVR 2016, 66; *LG Köln*, Beschl. v. 23.09.2011 – 2 O 203/11, BeckRS 2011, 24790.

765 Vgl. *LG Köln*, VersR 1989, 303; *Richter*, Zur Prüf- und Bearbeitungsfrist des Kfz-Haftpflichtversicherers, SVR 2016, 50.

unzutreffende Beurteilung von Rechtsfragen indes verhindert im Allgemeinen nicht den Eintritt des Verzuges.

Vertreten wird allerdings auch die Meinung, dass Schadenzinsen über § 849 BGB von dem Zeitpunkt an verlangt werden können, welcher der Bestimmung des Wertes zu Grunde gelegt wird.[766] Geht man hiervon aus, so bedarf es keiner Mahnung, um die Zinsfolge auszulösen.[767] 447

### 3. Ablehnung

Ohne Mahnung kann der Verzug auch dann eintreten, wenn der Schuldner die Ersatzansprüche des Geschädigten ganz oder teilweise ablehnt. Dies gilt insbesondere dann, wenn die Ablehnung sich auf den Grund des Anspruchs bezieht.[768] Es gilt der Grundsatz, dass eine Fristsetzung nach Treu und Glauben nicht erforderlich ist, wenn ihre Erfolglosigkeit und Sinnlosigkeit von vornherein feststeht.[769] In diesem Fall kann der Ersatzpflichtige nicht erwarten, dass der Geschädigte ihn unter Übersendung der Schadenbelege noch einmal zur Zahlung auffordert. Der Schuldner hat sich durch dieses Verhalten gewissermaßen selbst in Verzug gesetzt. Ebenso wenig ist der Geschädigte verpflichtet, mit Gegenargumenten aufzuwarten und auf diese Weise zu versuchen, den Schädiger oder seinen Haftpflichtversicherer von der Berechtigung der Ansprüche doch noch zu überzeugen. Er darf daher in dieser Situation ohne Weiteres seine Ansprüche ohne Ankündigung sofort gerichtlich geltend machen. Die Kostenfolge richtet sich dann nach dem Prozessergebnis also nach den §§ 91 ff. ZPO. 448

Die Ablehnung braucht dabei nicht ausdrücklich erklärt zu werden, sondern sie kann beispielsweise auch in der Überweisung eines Teilbetrages zum Ausdruck kommen, wenn gleichzeitig erkennbar wird, dass weitere Ansprüche nicht anerkannt werden.[770] Das Gleiche gilt, wenn die Leistung nur unter einer Bedingung angeboten wird, wenn also z.B. die Leistung erst nach Unterzeichnung einer Abfindungserklärung erfolgen soll. 449

Entgegen einer weitverbreiteten Auffassung hat der Ersatzpflichtige keinen Anspruch darauf, dass der Geschädigte eine Abfindungserklärung unterzeichnet. Dies gilt nach herrschender Auffassung selbst für den Fall, dass die angebotene Leistung voll mit den geltend gemachten Ansprüchen übereinstimmt. Allerdings wird man in einem derartigen Fall nach den Grundsätzen von Treu und Glauben (§ 242 BGB) den Gläubiger für verpflichtet halten müssen, den Schädiger noch einmal zur vorbehaltlosen Zahlung aufzufordern, ehe er Klage erhebt. 450

## II. Folgen

Neben der Zinspflicht zieht der Eintritt des Schuldnerverzuges eine Reihe weiterer Konsequenzen nach sich, die anschließend untersucht werden sollen. 451

### 1. Anwaltskosten

Der Anspruch auf Ersatz von Anwaltskosten nach einem Verkehrsunfall setzt keinen Verzug voraus. Sie sind im Rahmen von § 249 BGB als adäquate Folge eines Sach- oder Personenschadens zu ersetzen, sodass der Geschädigte bereits vor Eintritt des Verzugs einen Anwalt seines Vertrauens mit seiner Vertretung beauftragen darf. Ein Ersatz erfolgt in der Regel allerdings nicht, wenn es sich um einen Gewerbetreibenden Geschädigten handelt, von dem die Abwicklung eines Schadenfalls erwartet werden kann ohne Einschaltung eines Anwalts.[771] 452

766 *OLG Hamm*, Urt. v. 04.02.2014 – I-9 U 149/13, NZV 2014, 414.

767 *OLG Düsseldorf*, Urt. v. 14.10.2003 – 9 O 63/02, JurBüro 2004, 636.

768 Begründung zu § 281 BGB, BT-Drucks. 14/6040, 140.

769 *Paland/Heinrichs* § 326 Rn. 20 ff.

770 Vgl. *AG Hildesheim*, Urt. v. 02.09.2023 – 98 C 46/23, BeckRS 2023, 31013.

771 *AG Düsseldorf*, NZV 2010, 260: Kein Ersatz für Leasingunternehmer; *AG Nürnberg*, NZV 2009, 402: Kein Ersatz für GmbH.

453 In anderen Fällen ist die Forderung der Anwaltskosten vom Verzug abhängig (§§ 280 Abs. 1, 2, 286 BGB).[772]

## 2. Prozesskosten

454 Falls der Schädiger sich mit der Schadenregulierung in Verzug ist, muss er die Kosten eines vom Geschädigten angestrengten und erfolgreich geführten Rechtsstreits tragen (§ 91 ZPO). Dies gilt selbst dann, wenn er darauf hinweist, dass er sich in nicht vorwerfbarer Form trotz gewissenhafter Ausschöpfung aller ihm zugänglichen Erkenntnisquellen bei der Beurteilung der Sach- und Rechtslage geirrt hat.

455 Das Gleiche gilt, wenn unerwartet neue Zeugen auftreten oder im Zuge einer eingehenden Beweisaufnahme ein ursprünglich für den Schädiger günstiger Zeuge plötzlich »umfällt«. Für den prozessualen Erfolg eines Rechtsstreits und damit letztlich für die Verteilung der Kostenlast ist allein das schließlich erzielte Ergebnis von Bedeutung. Es kommt nicht darauf an, auf welchem Wege es herbeigeführt worden ist.[773]

456 Unter besonderen Umständen kann der Beklagte den geltend gemachten Anspruch auch dann noch i.S.d. § 93 ZPO sofort anerkennen, wenn in einem früheren Termin bereits streitig verhandelt und eine Beweisaufnahme durchgeführt wurde.[774] Selbst ein Anerkenntnis in der Klageerwiderung reicht für die Wirkung des § 93 ZPO aus.[775] Ein sofortiges Anerkenntnis wird ausnahmsweise bejaht, wenn dem Beklagten erst ein Anerkenntnis zugemutet werden konnte, nachdem der Sachverständige aufgrund eigener Untersuchung des Klägers die veränderte medizinische Tatsachengrundlage bestätigt hatte.

## 3. Kreditkosten

457 Eine verzögerte Schadenregulierung kann auch dazu führen, dass der Geschädigte zur Deckung des durch den Unfall ausgelösten besonderen Kapitalbedarfs einen Kredit aufnehmen muss. Finanzierungskosten muss die gegnerische Versicherung übernehmen, falls der Geschädigte nicht über eigene flüssige Mittel verfügt und der Ersatzpflichtige ihm trotz rechtzeitigen und ordnungsgemäßen Hinweises und trotz Vorlegung beweiskräftiger Unterlagen keinen angemessenen Vorschuss zur Verfügung stellt. Nach jetzt vorherrschender Auffassung ist die Erstattung von Kreditkosten allerdings nicht davon abhängig, dass Verzug eingetreten ist.[776]

## 4. Mietwagenkosten/Nutzungsausfallentschädigung

458 Im Allgemeinen wird eine säumige Schadenregulierung nicht zu einer Erhöhung von Mietwagenkosten führen. Dies gilt jedenfalls in den Fällen, in denen der Gläubiger in der Lage ist, mit Kreditkarte zu zahlen oder notfalls durch Kreditaufnahme die erforderlichen Mittel für die Auslösung des reparierten Fahrzeugs zu beschaffen. Dazu ist er gem. § 254 Abs. 2 BGB verpflichtet. Gleichwohl kann ausnahmsweise der Fall eintreten, dass der Gläubiger wegen anderweitiger Überschuldung keinen weiteren Kredit erhält, andererseits aber den Mietwagen zur Ausübung seines Berufs benötigt, um den Eintritt eines sonst sehr viel höheren Verdienstausfalls zu vermeiden. In derartigen Fällen können die Mietwagenkosten leicht vierstellige Summen erreichen, die sogar den Wiederbeschaffungswert des eigenen Fahrzeugs bei Weitem übersteigen. Weist der Haftpflichtversicherer des Unfallverursachers keinen Vorschuss an, obwohl ihm die finanzielle Situation des Geschädigten

772 Vgl. *BGH*, Urt. v. 14.03.2007 – VII ZR 184/06, NJW 2007, 2050.

773 Vgl. dazu *Weber*, NJW 1973, 1260.

774 *OLG Koblenz*, Urt. v. 09.04.1999 – 10 U 968/97, r+s 2000, 43.

775 *OLG Bremen*, NJW 2009, 2318.

776 Vgl. *Himmelreich*, NJW 1973, 976; *Klimke*, VersR 1973, 881; *Diehl*, zfs 2001, 262; *OLG Nürnberg*, Urt. v. 17.09.1999 – 6 U 428/99, zfs 2000, 12; *Almeroth*, MüKoStVR, 1. Aufl. 2017, BGB § 249 Art und Umfang des Schadensersatzes, Rn. 355–366.

bekannt ist, muss er die Mietwagenkosten oder die Nutzungsausfallentschädigung so lange zahlen, bis er den Geschädigten in die Lage versetzt, die Reparatur zu bezahlen oder sich ein gleichwertiges Fahrzeug zu beschaffen.[777]

Hat die Haftpflichtversicherung durch ihr Verhalten dazu beigetragen, dass sich die Wiederbeschaf- 459
fungsdauer verlängert, kann der Geschädigte eine weiter gehende Nutzungsentschädigung verlangen.[778] Die Höhe des zu zahlenden Nutzungsausfalls wird nicht automatisch durch den (geringeren) Wert eines älteren Kfz begrenzt.[779] Insbesondere gilt dies, wenn der Ersatzpflichtige selbst beeinflussen kann, ob er den Geschädigten durch schnelle Zahlung des Schadensersatzes oder Erbringung eines Vorschusses so stellt, dass dieser die Reparatur veranlassen bzw. ein Ersatzfahrzeug beschaffen kann.

## III. Zinspflicht

Nachfolgend soll untersucht werden, unter welchen rechtlichen Voraussetzungen die nach einem 460
Verkehrsunfall als Schadenersatz zur Erfüllung geschuldete Leistung zu verzinsen ist. Die nachfolgenden Ausführungen und Überlegungen beziehen sich auf die rechtliche Seite dieser Problematik. Wenn auch i.d.R. seitens des Geschädigten keine Zinsen gefordert werden, läuft der Anwalt Gefahr, sich Schadenersatzansprüchen seines Mandanten auszusetzen, weil er seiner Verpflichtung zur Durchsetzung sämtlicher Ansprüche im Zusammenhang mit der Abwicklung eines Verkehrsunfalls nicht nachgekommen ist.

Zinsen sind im Regelfall die nach der Laufzeit bemessene, gewinn- und umsatzabhängige Vergütung 461
für den Gebrauch eines auf Zeit überlassenen Kapitals.[780]

Verlangt der Gläubiger eines Schadenersatzanspruchs Zinsen, hat er die Beweislast dafür, dass eine 462
Verzinsung aus Rechtsgründen in Betracht kommt und vom Ersatzpflichtigen tatsächlich geschuldet wird.[781] Das Gleiche gilt für die Höhe des Zinssatzes und etwaiger Nebenkosten. Keine besonderen Schwierigkeiten bestehen für den Fall, dass der Gläubiger zur Finanzierung seines Unfallschadens einen Kredit aufgenommen hat. Er kann den Nachweis für die Schadenhöhe führen, indem er den Darlehensvertrag vorlegt.

Kommt der Schuldner mit der Zahlung in Verzug, beträgt der Zinssatz 5 % über dem Basiszinssatz 463
(§ 288 Abs. 1 BGB). Ist der Gläubiger kein Verbraucher, sondern Unternehmer, kommt in diesem Fall ein Zinssatz von 8 % über dem Basiszinssatz in Betracht (§ 288 Abs. 2 BGB). Der Gläubiger kann höhere Zinsen fordern (§ 288 Abs. 3 BGB), wenn z.B. der ursprüngliche Darlehensvertrag einen niederen Zinssatz enthielt, die Zinssätze jedoch allgemein gestiegen sind.[782]

Arbeitet der Gläubiger grundsätzlich mit Kredit, kann er den Zinssatz gemäß § 288 BGB über dem 464
jeweiligen Basiszinssatz der Europäischen Zentralbank fordern, sofern er keinen konkreten Kredit in Anspruch genommen hat.

Bezugsgröße für den Basiszinssatz ist der Zinssatz für die jüngste Hauptrefinanzierungsoperation der 465
Europäischen Zentralbank vor dem ersten Kalendertag des betreffenden Halbjahrs (§ 247 Abs. 1 BGB). Die Deutsche Bundesbank gibt den geltenden Basiszinssatz unverzüglich nach den in Abs. 1

777 *LG Berlin*, Urt. v. 22.07.2010 – 41 S 7/10, BeckRS 12014, 16844.

778 *LG Mühlhausen*. Urt. v. 30.11.2000 – 1 S 230/2000, zfs 2001, 362 m. Anm. Diehl.

779 *BGH*, Urt. v. 25.01.2005 – VI ZR 112/04, DAR 2005, 265.

780 *BGH*, NJW 1972, 541.

781 Die Verpflichtung, Zinsen zu zahlen, kann sich entweder aus *Vertrag* (Vereinbarung) oder unmittelbar aus dem Gesetz ergeben.

782 Vgl. *Ermann-Hager* 2008, § 288 BGB, Rn. 13; *Bachmeier*, MüKo StVR, 1. Aufl. 2017, BGB § 288 Verzugszinsen und sonstiger Verzugsschaden, Rn. 1–13.

S. 2 genannten Zeitpunkten im Bundesanzeiger bekannt. (§ 247 Abs. 2 BGB). Mit Beginn des Jahres 2017 beträgt der Basiszinssatz nach BGB – 0,88%.[783]

466 Auch der Geschädigte, der aus unfallbedingten Gründen auf ein verzinslich angelegtes (eigenes) Kapital zurückgreifen musste, hat bereits vor Eintritt des Verzuges einen Anspruch auf Verzinsung aus § 249 BGB. Es ist durchaus zulässig, den Zinsanspruch alternativ damit zu begründen, dass der Gläubiger mit Rücksicht auf das zum Ersatz verpflichtende Ereignis entweder seinerseits Zinsen an Dritte zahlen oder auf eine angemessene Verzinsung seines eigenen Anlagevermögens zeitweilig verzichten musste. So muss der Versicherer Finanzierungskosten übernehmen, die beim Geschädigten angefallen sind, um zum Beispiel sein Fahrzeug nach der Reparatur zu bekommen. Voraussetzung ist jedoch i.d.R. der Hinweis an den Versicherer, dass Finanzierungskosten anfallen, wenn nicht innerhalb einer angemessenen Frist ein Vorschuss in Höhe der zu erwartenden Reparaturkosten bezahlt oder aber eine Reparaturkostenübernahmeerklärung abgegeben wird.[784]

467 Bei Großbetrieben, die ständig mit Fremdmitteln arbeiten – dazu gehören insbesondere Verkehrsbetriebe – fordern die örtlich zuständigen Prozessgerichte in den meisten Fällen für die Zinsforderung nicht in jedem Rechtsstreit neu den Nachweis der Anspruchsbegründenden Voraussetzungen.[785] Auch für den Fall, dass die Gegenseite den Zinsanspruch substantiiert bestreiten sollte, wird die Auffassung vertreten, der Kapitalbedarf des Gläubigers sei Gerichtsbekannt und daher nicht beweisbedürftig. Es stehe zur Überzeugung des erkennenden Gerichts fest, dass das betreffende Unternehmen ständig mit Fremdkapital arbeitet und daher die marktüblichen Zinsen entrichten musste.[786]

### 1. Verzinsung aus § 249 BGB

468 Zunehmend wird die Auffassung vertreten, dass der Zinsanspruch als eine Schadenposition unter mehreren unmittelbar aus § 249 BGB mit der Rechtsfolge abzuleiten ist, dass der Ersatzpflichtige als fortwirkende Folge seines haftbaren Verhaltens Zinsen von dem Zeitpunkt an zu zahlen hat, in dem der Gläubiger im Interesse der Schadenbeseitigung mit eigenen Lieferungen und Leistungen in Vorlage getreten ist.[787]

469 Dieser Standpunkt erscheint durchaus praxisnah und überzeugend. Es ist bekannt, dass mitunter ein ganz erheblicher Zeitraum verstreichen kann, bis der Schuldnerverzug mit seinen Folgen eintritt. Wenn der Geschädigte gerade in Erfüllung der ihm obliegenden Schadenminderungspflicht auf die an sich notwendige und gerechtfertigte Aufnahme eines Kredits verzichtet und eigene verfügbare Mittel verauslagt, kann mit formal-juristischen Erwägungen eine angemessene Verzinsung nicht verweigert werden. Dieser Standpunkt leuchtet insbesondere dann ein, wenn der Geschädigte beispielsweise die Reparatur- und Mietwagenkosten über Entnahmen aus seinem eigenen Sparbuch finanziert. In diesem Fall steht fest, dass diese Maßnahme für ihn nachteilige Folgen gehabt hat, weil der abgehobene Betrag künftig nicht mehr für die für das Sparguthaben vereinbarten Zinsen verfügbar ist.

---

783 https://www.bundesbank.de/Redaktion/DE/Standardartikel/Bundesbank/Zinssaetze/basiszinssatz.html: Bekanntgabe des Basiszinssatzes zum 1. Januar 2021.

784 *KG*, BeckRS 2012, 10911.

785 Etwa: Der Kläger hat in Höhe der Klageforderung einen Kredit aufgenommen oder einen Betrag in entsprechender Höhe nicht zurückgezahlt.

786 Vgl. *BGH*, NJW 1972, 730; *KG* DAR 1971, 141 (147); DAR 1973, 270; *OLG Celle*, VersR 1975, 1099; VersR 1978, 94 (L): *OLG Bremen*, VersR 1976, 665; *OLG Zweibrücken*, VersR 1977, 45; VersR 1979, 171 = r+s 1979, 86.

787 Vgl. *BGH*, DAR 1974, 17; im Prinzip ebenso: *BGH*, NJW 1970, 1454; NJW 1972, 1800; NJW 1964, 1467 (LS) NJW 1969, 2281; VersR 1970, 129; *OLG Bremen*, VersR 1976, 665; *KG*, DAR 1976, 241; *OLG Karlsruhe*, VersR 1974, 761; VersR 1975, 526; *OLG Zweibrücken*, VersR 1981, 343; *LG Stuttgart*, Urt. v. 17.01.2019 – 23 O 178/18, BeckRS 2019, 270; *LG Frankfurt a.M.*, Urt. v. 06.05.2020 – 2-30 O 334/19, BeckRS 2020, 9296.

Bei einer Geschäftsbank – dies gilt in gleicher Weise auch für eine Unfallversicherung – kann davon ausgegangen werden, dass sie einen ihr vorenthaltenen Geldbetrag im Rahmen ihres Geschäftsbetriebs gewinnbringend genutzt hätte.[788] 470

Ein Zinsanspruch wegen Verzugs mit einer Abschlagszahlung besteht nur dann, wenn der Versicherungsnehmer diese Abschlagszahlung gefordert hat und der Versicherer dieser Verpflichtung nicht nachgekommen ist.[789] 471

## 2. Verzinsung aus § 849 BGB

Der Zinsanspruch kann mit § 849 BGB begründet werden. Nach dieser Vorschrift kann, sofern »wegen der Entziehung einer Sache der Wert oder wegen der Beschädigung einer Sache die Wertminderung zu ersetzen ist«, der Geschädigte »Zinsen des zu ersetzenden Betrages von dem Zeitpunkt an verlangen, welcher der Bestimmung des Wertes zugrunde gelegt wird«. 472

Laut *BGH* gilt § 849 BGB nicht nur für den Bereich der Verschuldenshaftung, sondern für alle im 25. Titel des BGB geregelten Haftungstatbestände.[790] § 849 BGB will – so der *BGH* – dem Geschädigten die Beweislast dafür abnehmen, welchen Schaden er durch die Einbuße an Nutzbarkeit der Sache erlitten hat,[791] indem er ihm ohne Nachweis eines konkreten Schadens – als pauschalierten Mindestbetrag des Nutzungsentgangs – Schadenersatz in Form von Zinszahlungen zuerkennt. 473

Nach § 849 BGB sind Zinsen als Schadenersatz für die endgültig verbleibende Einbuße an Substanz und Nutzbarkeit der Sache zu leisten, nicht jedoch für andere Beträge, die wegen Entziehung oder Beschädigung der Sache geschuldet werden.[792] 474

Auf den ersten Blick könnte man meinen – und der Standort der Bestimmung des § 849 BGB deutet ebenfalls in diese Richtung –, dass eine Verzinsung aus § 849 BGB lediglich dann in Betracht kommt, wenn der Schadenersatzanspruch sich auf das Recht der unerlaubten Handlungen stützen lässt und diese für das weite Feld des Vertragsrechts und den Bereich der Gefährdungshaftung unter Einschluss der daraus abgeleiteten Billigkeitshaftung nicht gilt. 475

Der *BGH* hat jedoch durch seine weitere Grundsatzentscheidung klargestellt, dass § 849 BGB »nicht nur für den Bereich der Verschuldenshaftung, sondern für alle im 25. Titel des BGB geregelten Haftungstatbestände gilt«. Aber auch die »Gefährdungshaftung« i.S.d. § 7 StVG und die vermutete Verschuldenshaftung i.S.v. § 18 StVG sind, soweit Art und Umfang der Ersatzleistung infrage stehen, nicht derart aus dem BGB ausgegliedert, dass sie auch in dieser Beziehung den von den allgemeinen Vorschriften des Schadenausgleichs losgelösten, eigentümlichen und abschließenden Regeln folgten.[793] 476

§ 849 BGB kommt seinem Wortlaut nach nicht für den Wiederherstellungsaufwand i.S.v. Reparaturkosten,[794] sondern lediglich für die als Schadenersatz zu leistende Summe in Betracht, die im Fall der Entziehung oder Zerstörung bzw. für deren nach Wiederherstellung verbleibende Wertminderung zu zahlen ist.[795] 477

---

788 *BGH*, NJW 1974, 895; *OLG Hamm*, MDR 1982, 416.

789 *LG Erfurt*, Urt. v. 10.07.1996 – 4 O 914/96, VersR 1997, 607; *Flachsbart*, MüKo StVR, 1. Aufl. 2017, VVG § 91 Verzinsung der Entschädigung, Rn. 1–6.

790 *BGH*, Urt. v. 24.02.1983 – VI ZR 191/81, NJW 1983, 1614.

791 *BGH*, Urt. v. 15.03.1962 – III ZR 17/61, VersR 1962, 548.

792 *BGH*, VersR 1962, 548; *AG Köln*, VersR 1980, 76 (gilt nicht für Reparatur- und Mietwagenkosten); *OLG Karlsruhe*, Urt. v. 21.01.2020 – 17 U 2/19, DAR 2020, 455: keine Haftung des Herstellers für Leasingraten, aber für Deliktzinsen; BGB § 849 Verzinsung der Ersatzsumme, *Wagner*, MüKoBGB, 8. Aufl. 2020, Rn. 6–10.

793 Vgl. *BGH*, BGHZ 87, 38 = NJW 1983, 1614 = VersR 1983, 555 = DAR 1983, 223; *OLG Celle*, VersR 1977, 110.

794 Vgl. *AG Köln*, VersR 1980, 176.

795 Wegen näherer Einzelkosten dazu vgl. *BGH*, DAR 1983, 223; *OLG Celle*, VersR 1977, 1104 – ansonsten für das Schadensersatzrecht ebenfalls *LG Bremen*, r+s 1978, 15; *LG Hanau*, r+s 1978, 15; *LG Hanau*,

478 Dies bedeutet, dass § 849 BGB in der Praxis der Schadenregulierung zunächst einmal bei Totalschaden, aber auch für den – merkantilen oder technischen – Minderwert[796] einer beschädigten oder entzogenen Sache in Betracht kommt. Mit Rücksicht auf den Ausnahmecharakter dieser Bestimmung kommt eine erweiterte Auslegung im Wege der Analogie nicht in Betracht.[797]

479 Weiterhin ist zu berücksichtigen, dass § 849 BGB sich grundsätzlich auf den gesetzlichen Zinsfuß (§ 246 BGB) bezieht. Ein weiter gehender Schaden, den der Geschädigte nachzuweisen hat, kann jedoch auch geltend gemacht werden.

480 Wortlaut und Zweck der Bestimmung stellen übereinstimmend darauf ab, dass durch die Zinsen der endgültig verbleibende Verlust an Nutzbarkeit ausgeglichen werden soll, der durch den späteren Gebrauch dieser Sache oder einer anderen Sache nicht nachgeholt werden kann.[798]

481 Dem Gesetzgeber kam es entscheidend darauf an, aus Billigkeitsgründen den Geschädigten von dem – an sich ihm obliegenden – Nachweis dafür zu befreien, welchen Schaden er im Einzelnen durch den – zeitweiligen oder vollständigen – Entzug der Nutzungen des betreffenden Gegenstandes erlitten hat. Er hat daher dem Geschädigten das Recht eingeräumt, anstelle des konkreten Schadens, wie er sich aus den entzogenen Nutzungen ergibt, Zinsen aus der ihm nach Sach- und Rechtslage zustehenden Ersatzsumme zu verlangen (»Schadenzinsen«). Damit knüpft der Zinsanspruch zwar seinem Sachgrund nach an die Nutzbarkeit der Sache an, für die Schadenabwicklung wird der Anspruch indes von dem Vorhandensein eines konkreten Nutzungsausfalls der Sache losgelöst und führt daher zu einem »abstrakten« Mindestbetrag.

482 Dies kann allerdings nicht bedeuten, dass der Geschädigte insoweit etwa doppelten Schadenersatz erhält. Eine Verzinsung aus § 849 BGB als Mindestschaden kann er daher für den Zeitraum nicht verlangen. Lässt sich sein Schaden als Sachfolgeschaden konkretisieren, in dem seinerseits – mittelbar oder unmittelbar – Zinsen enthalten sind, kann kein weiterer Zinsschaden aus § 849 BGB gefordert werden. Dies bedeutet, dass der Schädiger zunächst einmal neben dem Anspruch aus § 849 BGB nicht gleichzeitig auch Verzugszinsen verlangen darf. Dies gilt selbstverständlich auch für die dem Geschädigten aus anderen Rechtsgründen zustehenden Zinsen, beispielsweise für die Zinspflicht aus § 249 BGB. Dadurch würde eine Überschneidung eintreten, die zu einer Bereicherung des Geschädigten führen müsste.

483 Das Gleiche gilt für den Fall, dass der Geschädigte unter den an anderer Stelle dargestellten anspruchsbegründenden Voraussetzungen unmittelbar im Anschluss an den Unfall einen Kredit beantragt hat und dafür Finanzierungskosten aufwenden muss.

484 Diese Auffassung gilt auch für diejenigen Schadenpositionen, die nur mittelbar Zinsen enthalten bzw. in anderer Weise an die Konkretisierung der Nutzungen anknüpfen. Dabei ist insbesondere an die Kosten für die Ersatzanmietung und Inanspruchnahme von Taxis zu denken,[799] aber auch an den Fall, dass der Geschädigte den Ausfallschaden in anderer Weise konkretisiert, beispielsweise dadurch, dass er für die angemessene Dauer der Wiederbeschaffung nach einem Totalschaden Nutzungsausfallentschädigung[800] verlangt.[801]

---

r+s 1978, 49; *AG Düsseldorf*, r+s 1979, 193; *AG Köln*, VersR 1980, 176; *Wussow*, UHR, Rn. 1000 u. 1225; *AG Frankfurt a.M.*, Urt. v. 03.04.2018 – 31 C 3053/17(83), NJOZ 2018, 1547; BGB § 849 Verzinsung der Ersatzsumme, *Spindler*, BeckOK BGB, Hau, Poseck, 56. Edition Stand: 01.11.2020, Rn. 2–5.

796 Vgl. *AG Köln*, VersR 1980, 176; *OLG Düsseldorf*, VRR 2007, 345 (LS) m. Anm. *Zorn*.

797 *BGH*, DAR 1983, 223.

798 Vgl. *BGH*, VRS 1965, 103.

799 Vgl. *BGH*, VersR 1962, 548.

800 *LG Kiel*, zfs 1986, 202.

801 *BGH*, DAR 1983, 223.

Für die gleichzeitige Geltendmachung sich zeitlich überschneidender Ansprüche nebeneinander ist also kein Raum.[802] Von dem nach § 849 BGB gerechtfertigten Zeitraum der Verzinsung hat also der Zeitraum außer Betracht zu bleiben, für den der Geschädigte nicht auf die Pauschalierung seines Ersatzanspruchs nach § 849 BGB zurückgreift, sondern den Schaden stattdessen konkret ausdrückt. 485

Die Zinspflicht aus § 849 BGB beginnt in dem Zeitpunkt der Wertbestimmung. Dies ist regelmäßig der unerlaubte Eingriff in die fremde Rechtsposition bzw. das der Ersatzpflicht zugrunde liegende Schadenereignis.[803] Dies bedeutet, dass die Zinspflicht regelmäßig im Zeitpunkt des Eingriffs oder des betreffenden Schadenereignisses beginnt. 486

Der in diesem Augenblick vorhandene Zustand der entzogenen oder beschädigten Sache, ihre Qualität und die in diesem Augenblick im Objekt vorhandenen Bewertungsumstände bleiben unverändert maßgeblich für die Schadenberechnung, und zwar auch dann, wenn das Preisgefüge sich ändert und die Preise im Zeitpunkt der letzten mündlichen Verhandlung in der Tatsacheninstanz zugrunde zu legen sind.[804] 487

### 3. Verzinsung aus § 286 BGB

Der wohl häufigste und zugleich auch – trotz der Möglichkeit, die Zinsen nach § 249 BGB bzw. nach § 849 BGB zu berechnen – »klassische« Fall der Zinsberechnung ist dann gegeben, wenn die bereits an anderer Stelle im Einzelnen dargelegten Voraussetzungen des Verzuges vorliegen. Dieser Ersatz des Verzugsschadens wird üblicherweise, soweit er Zinsen betrifft, in der Form gefordert, dass der Gläubiger konkret eine über den gesetzlichen Zinsfuß hinausgehenden – also weiteren – Schaden nachweist, indem er schlüssig darlegt, dass er mit Rücksicht auf den Leistungsverzug des Schuldners – zur Abwendung eines sonst eintretenden höheren Schadens oder größeren Nachteils – einen Kredit aufnehmen und dafür abgrenzbare Mehrkosten aufwenden musste.[805] 488

Erforderlich ist der Nachweis in dieser Form jedoch keinesfalls. Der Gläubiger kann seinen Verzugsschaden auch abstrakt berechnen.[806] Insoweit ist die Bestimmung des § 287 ZPO ergänzend zu berücksichtigen, nach der das Gericht im Wege der freien Beweiswürdigung[807] den im Einzelnen nicht lückenlos nachgewiesenen Schaden seiner Höhe nach schätzen kann.[808] 489

Dies gilt insbesondere dann, wenn der Kläger berechtigterweise auch die Hauptforderung bereits »abstrakt« berechnet hat und Zinsen in der banküblichen Höhe fordert.[809] Selbst für den Fall, dass der Gläubiger seinen Zinsanspruch auf die Zinsbelastung aus Anlass eines bestimmten – von ihm aufgenommenen – Kredits stützt, braucht er nicht nachzuweisen, dass gerade der Verzug des Schuldners für die Aufnahme dieses Kredits ursächlich gewesen ist. Ein über den gesetzlichen Zinssatz von 5 % bzw. 8 % hinausgehender Anspruch auf Verzugszinsen setzt nämlich einen derartigen Sachzusammenhang nicht voraus.[810] 490

802 *BGH*, BGHZ 87, 38.

803 Vgl. *BGH*, VersR 1962, 548; NJW 1965, 392; NJW 1983, [663]; *AG Norderstedt*, Urt. vom 14.09.2012 – 47 C 101/12, BeckRS 2013, 819; *BGH*, Urt. v. 03.12.1964 – III ZR 141/64, NJW 1965, 392.

804 Vgl. *BGH*, NJW 1960, 574, BGHZ 39, 198; *BGH*, VersR 1965, 242.

805 Vgl. *LG Essen*, Beschluss v. 18.01.2011 – 6 O 171/07, BeckRS 2012, 7829; *LG Hamburg*, Anerkenntnisurt. v. 30.08.2012 – 306 S 80/11, BeckRS 2013, 3719; *LG Münster*, Urt. v. 27.10.2020 – 8 O 264/20, BeckRS 2020, 29486: 5 % über Basiszinssatz.

806 Vgl. *BGH*, BGHZ 43, 337; VersR 1984, 327; *BGH*, Urt. v. 19.10.2005 – VIII ZR 392/03, MDR 2006, 501; BGB § 288 Verzugszinsen und sonstiger Verzugsschaden, *Schulze*, Schulze, Bürgerliches Gesetzbuch, 10. Auflage 2019, Rn. 7.

807 Vgl. dazu die §§ 286, 287 ZPO.

808 *BGH*, VersR 1984, 73.

809 Vgl. *OLG Düsseldorf*, VersR 1979, 477 (LS); *LG Bielefeld*, NJW 1972, 1995; *LG Düsseldorf*, Az 2 O 390/74 (n.v.); *LG Duisburg*, Az 2 O 100/74 v. 28.10.1976 (n.v).

810 Vgl. dazu *BGH*, BGHZ 43, 337 = VersR 1965, 479 (481; insoweit in BGHZ 43, 337 nicht abgedruckt); NJW 1984, 371 = VersR 1984, 73.

491 Entgegen einer weitverbreiteten Auffassung lässt sich der Zinsanspruch aus §§ 281, 288 BGB – also unter dem Gesichtspunkt des Verzuges – unter gewissen Voraussetzungen in prozessual zulässiger Weise durchaus auch alternativ (kumulativ) mit der Hilfserwägung begründen, dass dem Gläubiger Zinserträge entgangen sind, die er sonst – wenn das zum Ersatz verpflichtete Ereignis nicht eingetreten wäre oder der Schuldner seine Zahlungsverpflichtung ordnungsgemäß erfüllt hätte – in rechtlich zulässiger Weise gezogen hätte.[811] Dies gilt insbesondere für größere Betriebe, die ständig mit Fremdmitteln arbeiten.

492 Wenn der Gläubiger vorträgt, dass er einerseits langfristig begründete Darlehensverbindlichkeiten – die durchaus das Ergebnis mehrerer unterschiedlicher Zinsphasen sein können – zu erfüllen hat, andererseits aber bei ihm eingehende Gelder zur Erhaltung einer eigenen ausreichenden Liquiditätsreserve – etwa in Höhe des betriebsnotwendigen Umlaufkapitals – bei seiner Hausbank nach freier Vereinbarung in Form von Termingeldern (Tage- oder Monatsgeldern) festgelegt hätte, um gleichwohl auch für dieses Geld noch eine angemessene Rendite zu erzielen, ist dies nur ein scheinbarer Widerspruch.

493 Die Höhe der Zinsen kann unterschiedlich ausfallen, je nachdem, ob es sich um – i.d.R. meist höhere – Zinsbeträge handelt, die der Geschädigte für einen Kredit selbst aufbringen muss, oder um Zinserträge, die ihm entgehen, weil er frei verfügbare Mittel nicht als Termingelder festlegen kann, sondern sie der Finanzierung des Unfallschadens zuführen muss.

### 4. Verzinsung aus § 291 BGB

494 Sofern die Voraussetzungen des Verzuges nicht vorliegen, können zumindest Prozesszinsen nach § 291 BGB vom Zeitpunkt der Rechtshängigkeit an – im Regelfalle also vom Zeitpunkt der Zustellung einer Leistungsklage oder eines Mahnbescheides verlangt werden, wenn die Schuld fällig ist. Bei bedingten[812] oder betagten[813] Forderungen tritt auch im Rahmen von § 291 BGB die Zinspflicht nicht bereits im Zeitpunkt der Rechtshängigkeit, sondern erst mit der Fälligkeit ein.

495 Die Rechtsprechung folgert aus diesem weiten Anwendungsbereich zuweilen, dass Prozesszinsen aus § 291 BGB auch dann zu zahlen sind, wenn der Gläubiger seinen Anspruch erst nach Eintritt der Rechtshängigkeit spezifiziert, begründet und belegt. Dieser Auffassung, die sich allein an den Grundsätzen der formalen Fälligkeit orientiert, kann nicht generell gefolgt werden. Für die Entstehung der Zinspflicht aus § 291 BGB ist mindestens der Umstand Voraussetzung, dass einem gutwilligen Schuldner Gelegenheit gegeben wird, die ihm obliegende Leistung aus freien Stücken zu bewirken. Sobald die Ansprüche beziffert sind, muss der Schuldner allerdings überlegen, ob er nunmehr anerkennt oder ob die Ansprüche weiterhin streitig verhandelt werden sollen. Im letzten Fall trägt er das Risiko, dass bei positivem Ausgang des Rechtsstreits für den Kläger diesem auch die Zinsen aus der Forderung – ggf. ab dem Zeitpunkt der Bezifferung – zugesprochen werden.

### 5. Im Fall begründeter Aufrechnung

496 Es kommt in der Praxis der Schadenregulierung häufig vor, dass beiden Parteien gegenseitige Ansprüche zustehen. An sich müsste unter diesen Umständen für jede Partei gesondert geprüft werden, inwieweit die für die Entstehung der Zinspflicht erforderlichen anspruchsbegründenden Voraussetzungen vorliegen (Grund) und in welchem Umfange Zinsen zu gewähren sind (Höhe).

497 Eine derartige Differenzierung ist rechtlich verfehlt, sofern den Beteiligten gegenseitige Ersatzansprüche zustehen, die auf demselben Rechtsgrund beruhen. Insoweit hilft die Fiktion des § 389 BGB.

---

811 Vgl. *BGH*, VersR 1980, 194; *OLG Frankfurt a.M.*, zfs 1981, 41; *OLG Bremen*, AnwBl. 1982, 197 (Zinsen und Anwaltshonorar); *AG Offenbach*, zfs 1982, 136.

812 Unter einer Bedingung im Rechtssinne versteht man den künftigen Eintritt eines ungewissen Ereignisses.

813 Darunter versteht man erst künftig fällig werdende Ansprüche.

Nach dieser Bestimmung bewirkt die Aufrechnung, »dass die Forderungen, soweit sie sich decken, als im Zeitpunkt erloschen gelten, in welchem sie zur Aufrechnung geeignet einander gegenüber getreten sind«. Das bedeutet, dass bezüglich der Beträge (Forderungen und Gegenforderungen), die durch die Aufrechnung als erloschen gelten, Zinsen bzw. Kreditkosten (Finanzierungskosten) gegenseitig nicht zu zahlen sind.

## 6. Anrechnung von Zinsen

Muss der Schädiger im Zeitpunkt der Leistung außer der Hauptforderung auch die bis dahin bereits angefallenen Zinsen entrichten, so wird nach § 367 BGB eine zur Tilgung der gesamten Schuld nicht ausreichende Leistung, die sich als Teilleistung darstellt, vorrangig zunächst auf rückständige Zinsen verrechnet Hierzu folgendes Beispiel: **498**

Der Schädiger schuldet als Hauptforderung insgesamt 10 000 €. Er zahlt einen Betrag von 9 000 €. Im Zeitpunkt der Leistung sind bereits 500 € Zinsen angefallen. Der Gläubiger hat die Wahl, ob er den Differenzbetrag von 1 000 € zzgl. gestaffelter Zinsen (auf 10 000 € vom Eintritt des Verzuges an bis zur Leistung, danach für restliche 1 000 €) einklagt oder ob er sich für den einfacheren Weg entscheidet und wie folgt abrechnet: **499**

Tab. 1 **500**

| | |
|---|---|
| Gesamtschuld | 10 000 € |
| Zinsen bis zum Zahlungstage | 500 € |
| zusammen | 10 500 € |
| darauf gezahlt | 9 000 € |
| restliche Hauptforderung | 1 500 € |

zuzüglich Zinsen auf diesen Betrag bis zum Tage der Zahlung von 1 500 €.

## 7. Prozessuale Besonderheiten

Im Rechtstreit werden die Zinsen üblicherweise als Nebenforderung geltend gemacht und bei der Berechnung des Streitwerts außer Betracht gelassen. Andere Maßstäbe gelten indes, wenn die Hauptforderung bereits voll ausgeglichen ist. Insoweit können die bis zum Tage der Zahlung aufgelaufenen Zinsen im Rechtsstreit mit allen kostenrechtlichen Konsequenzen nur noch als eigene Hauptforderung rechtshängig gemacht werden.[814] Ansonsten steht es dem Kläger frei, für welchen Weg der Anrechnung er sich entscheidet.[815] **501**

Ein im Zeitpunkt der Rechtshängigkeit mangels Leistung noch nicht abgedeckter Kredit kann i.d.R. nur als Nebenforderung anstelle von Zinsen geltend gemacht werden. Selbstverständlich steht es dem Geschädigten frei, Zinsen auf weitere Beträge, auf die die Finanzierungskosten sich nicht erstrecken, für die der Schuldner gleichwohl aber Zinsen zu entrichten hat, als Nebenforderung geltend zu machen. Sofern nach Ablösung des Kredits die Finanzierungskosten der Höhe nach feststehen, werden sie als Hauptforderung geltend gemacht. Sofern der Schuldner sich mit dieser Leistung im Verzuge befindet, hat er auch diesen Anspruch angemessen zu verzinsen. Im Prozessfalle sind die Zinsen als Nebenforderung geltend zu machen, ohne dass ein Verstoß gegen das Verbot des § 248 Abs. 1 BGB vorliegt. **502**

---

814 *BGH*, NJW 1958, 342; *BGH*, Beschluss v. 18.03.2009 – IX ZR 188/08, BeckRS 2009, 9189; vgl. *BGH*, Beschluss v. 09.12.2016 – IX ZR 60/16, BeckRS 2016, 1105; Haftpflichtprozess, 27. Aufl. 2015, 41. Kapitel Streitwert und Kosten, Rn. 26.

815 Vgl. *Schneider*, AGS 2003, 551.

## Kapitel 2 Schadenmanagement bei durch Kfz verursachten Schäden

### Schrifttum

*Balke*, Nutzungsausfallentschädigung und Vorhaltekosten, SVR 2012, 406 ff. und 450 ff.; *Berz/Burmann*, Handbuch des Straßenverkehrsrechts, 43. Ergänzungslieferung, Februar 2021; *Buschbell/Höke*, Münchener Anwaltshandbuch Straßenverkehrsrecht, 5. Aufl., München 2020; *Deutsch*, Das neue Versicherungsvertragsrecht, 6. Aufl., Karlsruhe 2008; *Deutsch/Ahrens*, Deliktsrecht, 5. Aufl., Köln 2009; *Eilers*, 55. Deutscher Verkehrsgerichtstag, zfs 2017, 1; *Engelke*, Schadenmanagement durch Versicherer – Mehr als nur ein Mittel zur Kostendämpfung?, NZV 1999, 255; *Bachmeier/Müller/Rebler*, Verkehrsrecht Kommentar, Köln 2017; *Geigel*, Der Haftpflichtprozess, 28. Auflage 2020; Goebel, Erstattungsfähige Rechtsverfolgungskosten bei Inkasso durch Rechtdienstleister, NJW 2016, 3332; *Goebel*, Erstattungsfähige Kosten bei Inkasso durch Rechtsdienstleister, NJW 2016, 3332; *Graf von Westphalen*, Schadenmanagement durch Versicherer – Rechtliche Grenzen, DAR 1999, 295; *Grunewald/Römermann*, BeckOK RDG, 17. Edition mit Stand 01.04.2021, München 2021; *Himmelreich*, Jahrbuch Verkehrsrecht 1999, Düsseldorf 1999; *Himmelreich*, Jahrbuch Verkehrsrecht 2000, Düsseldorf 2000; *Himmelreich/Halm*, Handbuch des Fachanwalts Verkehrsrecht, 6. Aufl. 2017; *Höfle*, Schadenmanagement beim Personenschaden, zfs 2001, 197; *Hörl*, Der Kraftfahrzeug-Sachverständige in der Unfallschadenregulierung, zfs 2000, 422; *Koch*, Heute gibt es in Frankreich keinen Verkehrsrechtsanwalt mehr – in Deutschland wird das immer anders sein, zfs 1999, 225; *Kochanowski/Altug/Kötter/Renner*, Reparatur-Management in der Kfz-Versicherung, Stuttgart 2013; *Kuhn*, Schadenmanagement durch Versicherer – Gefahr für den Geschädigten?, NZV 1999, 229; *Leidinger*, Schadenmanagement; Berlin 1998; *Lange/Robold/Berthold*, Schaden- und Leistungsmanagement, Karlsruhe 2013; *Lünzer*, Aktives Schadenmanagement in der Kfz-Versicherung, Saarbrücken 2006; *Macke*, Aktuelle Tendenzen bei der Regulierung von Unfallschäden, DAR 2000, 506; *Mescheder*, Die fehlende Rechtssicherheit beim »Inkasso 2.0«, RDi 2024, 180 *Morell*, Wirksamkeit der Inkassozession bei RDG-Verstoß, NJW 2019, 2574; *Pamer*, Unfallmanagement, DAR 1999, 299; *Postai/Wannke/Weixelbaumer/Höglinger*, Schadenmanagement – Status und Trends, Karlsruhe 2005; *Schier*, ChatGPT könnte zu mehr Versicherungsbetrug führen, Süddeutsche Zeitung vom 20.02.2023; *Schröder*, Personenschadenmanagement der Haftpflichtversicherer, SVR 2008, 89; *Staehlin*, Regulierungsverhalten der Kfz-Versicherer in Sachen Unfallersatz – zulässige Steuerung der Verbraucher oder wettbewerbswidriges Verhalten?, NZV 2007, 396; *Walter*, Die zeitwertgerechte Kfz-Reparatur mit geprüften Gebrauchtteilen, NZV 1999, 19; *Weiß*, Unfallschadenmanagement durch Kfz-Sachverständige – Grenzen vor dem Hintergrund des RDG, NZV 2010, 386 ff.; *Witte*, Chancen für Autofahrer und Versicherer in der Krise – Verwendung von Identteilen bei der Unfallreparatur, SP 2003, 95; *Zinn/Richter*, Schadenmanagement und Schadenregulierungsmanagement in Praxis und Theorie, Tagungsband zum Wiesbadner Kolloquium 2009, Norderstedt 2010.

### Übersicht

## Einleitung

Beim Schadenmanagement geht es nicht nur darum, Schäden zu vermeiden. Ist der Eintritt eines Schadenfalls zu erwarten, sind dessen Folgen sachgerecht, zeitnah und kostenbewusst zu bewältigen. 1

Das Thema ist für Versicherungsunternehmen, Betreiber großer Fahrzeugflotten und Werkstattorganisationen relevant. Auch Werkstätten, Sachverständige oder andere Unternehmen, die für einen Unfallgeschädigten tätig werden, betreiben nach eigenem Verständnis Schadenmanagement.[1] Das gilt auch für Anwaltskanzleien und Rechtsdienstleister, die sich auf die Abwicklung der aus Schadensfällen folgenden Ersatzansprüche konzentrieren.

Daraus ergibt sich, dass die mit einem Schadenmanagement verknüpften Ziele sind sehr unterschiedlich sein können. Für Versicherungsunternehmen und Betreiber großer Fahrzeugflotten geht es in der Regel darum, Schäden schnell zu beseitigen und die damit verbundenen Kosten im Rahmen zu halten. 2

Anderen geht es um Gewinnmaximierung für sich selbst oder ihre Kooperationspartner. Kostenorientierung zu Gunsten derjenigen, die wirtschaftlich für die Folgen des Schadens aufkommen müssen, steht gerade nicht im Vordergrund. Vor dem Hintergrund des RDG sind dem Schadensmanagement solcher Verkehrskreise gewisse Grenzen gesetzt.[2]

Versicherungsunternehmen müssen kostenorientiert arbeiten. Das betrifft nicht nur die Frage der Höhe einer Entschädigungszahlung. Die Kosten für Ersatzteile und Stundenverrechnungssätze der Werkstätten sind in den letzten Jahren deutlich gestiegen. Für 2024 erwartet die Versicherungsbranche ganz erhebliche Verluste für die Kfz-Versicherer.[3] 3

Bei vermittelten Reparaturaufträgen können Versicherer und Werkstätten über die Preise sprechen und Rabatte aushandeln. Bei nicht vermittelten Aufträgen besteht für Versicherer jedoch kaum eine Möglichkeit, auf den externen Faktor der Preisentwicklung Einfluss zu nehmen.

Für Versicherer ist die Situation sehr herausfordernd. Die Preissteigerungen bei Kfz-Werkstätten und anderen lassen sich nur bedingt über die Optimierung interner Prozesse bei der Schadenregulierung auffangen. Sie führen auch zu höheren Prämien für die Verbraucher. Auch führt die Schadensbilanz in den einzelnen Regionen zu einer Neueinordnung der für die Kfz-Prämie relevanten Regionalkasse.[4] Rechnen Werkstätten in einer Region bei »Versicherungsschäden« besonders hohe Preise ab, steigen die Prämien für alle Fahrzeughalter.

Auch gibt es inzwischen seitens der BaFin eine klare Ansage an die Versicherungswirtschaft, dass die Kfz-Sparte sich rechnen muss. Deren neue Exekutivdirektorin Julia Wiens hat zum Amtsantritt die klare Ansage gemacht, dass die BaFin dauerhaft defizitäre Versicherungssparten nicht akzeptieren werde.[5]

Bei vertraglichen Leistungen spielen digitalisierte Bearbeitungsprozesse (»Dunkelzahlung«) inzwischen eine große Rolle. Eingehende Rechnungen werden von einem Sachverständigen geprüft und danach bezahlt. Das alles erledigen weitgehend die EDV-Systeme, ohne dass mehr Menschen mit der Bearbeitung eines Schadensfalls befasst werden müssen als nötig.

In der Kfz-Haftpflichtversicherung geht es um gesetzliche Haftungsansprüche. Hier spielen automatisierte Regulierungsprozesse bisher kaum eine Rolle. Lässt sich ein Geschädigter an einen Koope-

1 *Hirtz*, Grunewald/Römermann, RDG § 5, Rn. 172 ff.

2 *Weiß*, NZV 2010, 386 ff.; *AG Hannover* NJW 2018, 170.

3 https://www.gdv.de/gdv/medien/medieninformationen/kfz-versicherern-drohen-auch-2024-milliarden-verluste-176046 (Stand: 22.02.2025).

4 https://www.gdv.de/gdv/medien/medieninformationen/regionalklassen-medieninformation-69824 (Stand: 22.02.2025).

5 Handelsblatt vom 28.04.2024.

rationspartner des Versicherers für die Instandsetzung des Unfallschadens vermitteln, sind automatisierte Zahlungsprozesse möglich. Ansonsten bearbeiten Menschen die Vorgänge.

Bei der Organisation der Prozessschritte fällt gelegentlich das Schlagwort von der »Versicherungsfabrik.« Unterschiedliche Mitarbeiter erledigen die einzelnen Prozessschritte. Die eine Einheit legt die Schäden an, nimmt mit den Beteiligten Kontakt auf und beauftragt, sofern gewünscht, Dienstleister wie Abschleppunternehmen, Werkstätten oder Sachverständige. Mitarbeiter in anderen Einheiten übernehmen die weitere Schadenbearbeitung.

Eine solch arbeitsteilige Schadenbearbeitung hat jedoch Grenzen. Bearbeiten mehrere Menschen ein und denselben Schadensfall, muss sich jeder neu mit ihm befasste Mitarbeiter in die Schadenakte einlesen. Die damit verbundenen Rüstzeiten führen entweder zu erhöhten Bearbeitungszeiten oder zu einer minderen Bearbeitungsqualität. Für einfache Standardschäden, die mit ein oder zwei Bearbeitungsschritten erledigt werden können, mag die Bearbeitung durch verschiedene Mitarbeiter noch zu sachgerechten Regulierungsergebnissen führen. Je komplexer ein Schaden wird, umso eher stößt dieses System jedoch an seine Grenzen.

4 In der Kaskoversicherung nutzen Fahrzeugversicherer eine vertragliche Werkstattbindung, um Fahrzeugschäden durch Partnerwerkstätten reparieren zu lassen. Solche Kaskoverträge sind günstiger als Verträge ohne Werkstattbindung. Die Kunden verpflichten sich im Gegenzug, im Schadenfall von der Versicherung vermittelte oder beauftragte Partner die Reparatur vornehmen zu lassen.

## A. Aspekte modernen Schadenmanagements

5 Dass Schäden eintreten, ist gewiss. Ungewiss sind deren Zeitpunkt und Umfang. Bei vielen möglichen Risiken ist ebenfalls ungewiss, welches davon es treffen wird.

Beim Schadenmanagement geht es daher darum, Schadenausweitungen zu vermeiden, Schadenfolgen effizient zu beseitigen und die Kosten der Schadenbeseitigung im Rahmen zu halten.

### I. Grundlegende Herausforderung

6 Schadenmanagement hat mit den Herausforderungen zu tun, die überhaupt erst zum Entstehen der modernen Versicherungswirtschaft geführt haben. Der wirtschaftliche Hintergrund des Versicherungsgeschäfts besteht in der finanziellen Vorsorge für den Einzelnen durch Umlegung des Schadens und vorher schon durch Überwälzung des Risikos auf eine Gemeinschaft. Die Gefahren der menschlichen Existenz veranlassen dazu, diese Lebensrisiken breit zu streuen. Beispiele sind eine eigene Krankheit, jemandem zu Schadensersatz verpflichtet zu sein oder ein Schaden an bzw. der Verlust einer eigenen Sache.[6]

7 Die moderne Versicherungswirtschaft ist entstanden, um wirtschaftliche Risiken für den Einzelnen bezahlbar zu machen. Damit verbundene Kosten werden auf eine große Risikogemeinschaft verteilt.

Das ist auch ein zentraler Aspekt des modernen Schadenmanagements. Die wirtschaftlichen Folgen sollen von demjenigen, den sie treffen, auch bewältigt werden können. Diese Herausforderung stellt sich nicht nur für die Versicherer, sondern für jeden, der das wirtschaftliche Risiko zu tragen hat.

Das ist der Eigentümer der betroffenen Sache, der Dienstleister, der bei der Bewältigung der Schadenfolgen hilft oder der Manager, der für die Betroffenen alles koordinieren muss.

*Leidinger*[7] benennt dabei diese Themenbereiche:
- Identifikation, Analyse und Bewertung von Risiken.
- Vorbereitung auf den Schadeneintritt (actiones prae accidentio).

6 *Deutsch* Rn. 3.
7 *Leidinger* in: Leidinger, S. 12.

- Direkt nach dem Schadeneintritt ausgelöste Sofortmaßnahmen, die das Schadenereignis bis zur Stabilisierung begleiten (actiones ad tempus accidentii).
- Aufräum- und Entsorgungsarbeiten sowie Sanierungs- und Reparaturmaßnahmen (actiones post accidentium).

Schadenmanagement ist damit die organisierte Bewältigung von Schäden sowohl durch Versicherer, Dienstleister als auch Betreiber größerer Fahrzeugflotten. 8

In seinem Ausblick auf den Verkehrsgerichtstag 2017 beleuchtete *Eilers* die immer digitale werdende Zukunft. All das, was digitalisiert werden könne, werde auch digitalisiert. Automatisierte Bearbeitungen machen Abläufe teilweise effizienter. Es entstehe aber der Eindruck, dass es die Begründung von Abzügen ohne Prüfberichte nicht mehr gebe.[8] 9

Neu am Markt auftretende Schadensdienstleister oder mit aktueller Technik organisierte Anwaltskanzleien sind gegenüber Versicherungen im Vorteil. Nach Einschätzung des Verfassers haben viele Versicherer den Handlungsbedarf jedoch erkannt. Im Vorteil sind Legal Techs, die ihre digitale Infrastruktur gezielt mit modernen Systemen aufbauen und sich nicht mit der Weiterentwicklung von teils jahrzehntealten Großsystemen befassen müssen.

Aus Verbrauchersicht setzen Online-Handelsplattformen inzwischen den Maßstab, den sie auch von Versicherungsunternehmen erwarten. Kunden und Anspruchsteller erwarten, dass sie einen Schaden über das Internet melden können. Sie erwarten weiter, dass die Regulierung zuverlässig, schnell und fair erfolgt. Versicherer, die eine solche Erwartungshaltung erfüllen können, haben die Chance, mit einer schnellen Regulierung zu punkten. Ob sich aus einer schnellen Regulierung in Haftpflichtschäden auch Wettbewerbsvorteile gegenüber anderen Versicherern ergeben, ist eine nicht zu beantwortende Frage. In Kaskoschäden spielt die Abwicklungsgeschwindigkeit aber eine Rolle.

Für Versicherer liegt das digitale Potenzial bei den eigenen Kunden. Beim Kfz-Schutzbrief ist die Zahl der Vorgänge zu gering, um auf Basis aktueller Technologien digitale Prozesse mit wirtschaftlich vertretbarem Aufwand auszubauen. Für die Abwicklung von Kasko-Schäden sieht das heute schon anders aus. Meldet der Kunde den Schaden online, kann bei der Schadenaufnahme der Bedarf nach einem Sachverständigen erfragt oder die Vermittlung zu einem Dienstleister angeboten werden. Ebenso können Kunden bereits vorhandene Rechnungen hochladen, die dann automatisiert geprüft und bezahlt werden. Versicherern gelingt es bereits heute, ihren Kunden die für sie damit verbundenen Vorteile transparent zu machen.

Wie die langfristige Entwicklung bei Kfz-Haftpflichtschäden aussieht, wird wohl ganz erheblich davon abhängen, ob die Kunden digitalisierte Regulierungsprozesse im Ergebnis als fair und schnell empfinden. Nach Einschätzung des Verfassers bestehen hier noch erhebliche Defizite.

Zwar bieten immer mehr Versicherer auf ihren Internetseiten die strukturierte Erfassung aller für die Schadenbearbeitung relevanter Informationen an. Was auf Bearbeitungsebene mit diesen Informationen geschieht, ist in den meisten Fällen aber eine andere Sache. Eine digitale Verbindung mit den Schadenregulierungssystemen gibt es oft nicht. Selbst wenn die Haftungslage an sich geklärt ist, kann bisher kein Computersystem eines Versicherers dem Geschädigten eine verbindliche Regulierungszusage geben, wenn dieser sich online meldet und um Reparaturfreigabe für sein beschädigtes Fahrzeug bittet. Das muss immer noch ein Mensch erledigen. Dies zu ändern, ist für jedes Versicherungsunternehmen eine enorme Herausforderung.

Ob die Entwicklungen der Künstlichen Intelligenz zum Gamechanger werden, bleibt abzuwarten. Der Verfasser sieht hier Möglichkeiten bei der Belegprüfung und der Erkennung von betrugsrelevanten Sachverhalten. Allerdings besteht auch die Gefahr, dass KI zu mehr Versicherungsbetrug führt.[9]

8 *Eilers*, 55. Deutscher Verkehrsgerichtstag, zfs 2017, 1.
9 *Schier* in: Süddeutsche Zeitung vom 20.02.2023.

Die eigentliche Crux bei digitalen Meldeprozessen liegt nach Einschätzung des Verfassers in alten Schadenssystemen der Versicherer, die sehr zuverlässig laufen. Wo die Weiterentwicklung nicht mehr möglich ist, können neue Systeme in der Regel nur mit erheblichem Aufwand eingeführt werden.

## II. Wer betreibt Schadenmanagement?

10 Werkstätten oder spezialisierte Dienstleister nehmen Aufgaben des Schadenmanagements in Zusammenhang mit Kfz-Unfällen schon länger wahr. Das hat mit der Abwicklung von Versicherungsschäden nur bedingt zu tun. Inzwischen haben alle Versicherer hier aber auch schon erhebliche eigene Aktivitäten entwickelt.

11 Rechtsdienstleister[10] und mit Werkstätten fest zusammenarbeitende Anwälte treten schon länger in Erscheinung. Auch Betreiber großer Fahrzeugflotten haben ein effizientes Schadenmanagement schon frühzeitig als notwendigen Bestandteil ihres Geschäftsbetriebs erkannt. Hier haben sich Dienstleister am Markt etabliert, die über die nötige Expertise verfügen.

12 Leasinggesellschaften, Autovermietungen und Speditionen verpflichten die Fahrer ihrer Kfz, zuerst sie über Schäden betroffener Fahrzeuge zu informieren. Erst nach einer eigenen Beurteilung des Sachverhalts entscheiden sie darüber, ob der eigene Versicherer oder der des Unfallgegners eingeschaltet wird oder nicht.

13 Auch Fahrzeughersteller betreiben Schadenmanagement, zum Beispiel im Assistance-Geschäft. Im Vordergrund stehen dabei der Service für den eigenen Kunden, Effizienz der Arbeitsschritte und ein Geringhalten der eigenen Kosten. Die Einführung von eCall und die damit verknüpften Meldesysteme bietet den Fahrzeugherstellern eine große Chance, vermehrt Geschäft an sich zu binden.

14 *Pamer* meint, dass es beim Schadenmangagement primär um die Bemühungen des Unfallgeschädigten gehe, seine Schadensersatzansprüche durchzusetzen oder diese Durchsetzung Reparaturbetrieben, Versicherern, Rechtsanwälten oder sonstigen Personen oder Einrichtungen zu überlassen.[11] Dieses Verständnis greift etwas zu kurz.

15 Wertneutral betrachtet ist Schadenmanagement eine Dienstleistung, die auf Bedürfnisse geschädigter Kfz-Eigentümer reagiert: Sie benötigen Hilfe, wenn es darum geht, die Folgen eines Schadensfalls möglichst gut, schnell und kostengünstig zu beseitigen.

16 Automobilclubs wie z.B. der ADAC[12] bieten ihren Mitgliedern entsprechende Hilfe an. Die Kunden sind durchweg dankbar für die ihnen angebotene Hilfe.

17 Nach *Dickmann* erfordert ein effizientes Schadenmanagement einen schnellen Zugang zu gezielt zusammengestellten, auf den individuellen Schadenfall bezogenen Informationen.[13] Dem ist zuzustimmen, da nur durch schnelles Einleiten der richtigen Maßnahmen die Ausweitung eines bereits eingetretenen Schadens verhindern lässt.

18 Der nach Verkehrsunfällen gelegentlich zu beobachtende »Run auf den Geschädigten« wird teils deutlich kritisiert.[14] In diesem Zusammenhang stößt der Betrieb des Autobahn-Notrufsystems durch die Dienstleistungs-GmbH des GDV auf Bedenken. Die Befürchtung ist, dass durch den ersten Zugriff auf den Geschädigten dieser in seinen Rechten beschnitten werde.[15] *Kuhn* nennt in diesem Zusammenhang auch den Zentralruf der Autoversicherer sowie die von Versicherern an ihre Kun-

10 Hierzu ab Rdn. 110.

11 *Pamer* DAR 1999, 299 (300).

12 https://www.adac.de/rund-ums-fahrzeug/unfall-schaden-panne/unfall/schmerzensgeld-nach-unfall/(Stand: 22.02.2025).

13 *Dickmann* in: Zinn/Richter, Wiesbadener Kolloquium 2009, 63 ff. (74).

14 *Mikulla-Liegert* DAR 1999, 289 ff. (291 f.).

15 *Kuhn* NZV 1999, 229.

den ausgegebenen Servicekarten.[16] Der Betrieb des Notrufnetzes ist der heutigen Verbreitung von Mobiltelefonen aber nicht mehr von großer Relevanz für Schadenmanagement.

Der »erste Zugriff« auf den Geschädigten gelingt den Versicherern in Kfz-Haftpflichtschäden in der Regel nicht. Wer einen Fahrzeugschaden hat, wendet sich meist an »seine« Werkstatt für eine erste Einschätzung. Diese berät oft auch über die Beauftragung eines Sachverständigen, vermittelt einen Mietwagen oder empfiehlt einen Rechtsanwalt. Entsprechende Aufträge und Vollmachten liegen in den Werkstätten zur Unterschrift bereit, oft schon digital. 19

In Kaskoschäden ist es ähnlich. Die Fahrzeugeigentümer wenden sich für eine erste Einschätzung oft an ihre Werkstatt, rufen hier in einem höheren Anteil der Fälle aber auch beim eigenen Versicherer an. Da die Werkstätten wissen, dass die Kosten eines freien Sachverständigen oder die eines Anwalts nicht versichert sind, empfehlen sie diese nicht.

### III. Keine Naturalrestitution

Einzelne Stimmen behaupten, dass für Versicherer beim Schadenmanagement der Grundsatz der Naturalrestitution ein wesentliches Argument sei.[17] Das begegnet Bedenken. Naturalrestitution meint, dass der Schädiger selbst den früheren Zustand wieder herstellt.[18] Darum kann es dem Versicherer nicht gehen. 20

§ 100 VVG definiert für Haftpflichtversicherungen die Aufgabe, Versicherungsnehmer von berechtigten Ansprüchen der Geschädigten freizustellen. Versicherer beseitigen einen Schaden nicht durch eigene Mitarbeiter. § 115 Abs. 1 Satz 3 VVG bringt es auf den Punkt: Der Versicherer hat den Schadensersatz in Geld zu leisten.

Das gegen Ende des 19. Jahrhunderts geschaffene Schadensrecht geht von der Vorstellung aus, dass derjenige den Schaden beseitigen muss, der ihn verursacht hat. Erfolgt dies nicht, sind die Beseitigung von Folgen (z.B. beim Widerruf von ehrverletzenden Äußerungen) oder Geldersatz weitere Möglichkeiten.

Beim Schadenmanagement – egal, ob es durch einen Versicherer oder jemand anderen betrieben wird – geht es aber niemals darum, einen Schädiger dazu zu bringen, den verursachten Schaden selbst zu reparieren. Das kann auch der Versicherer selbst nicht tun. Der Versicherer kann allenfalls eine Fachwerkstatt beauftragen oder vermitteln. 21

§ 115 Abs. 1 Satz 3 VVG schließt Naturalrestitution aus, wenn ein Kfz-Haftpflichtversicherer für die Folgen eines Unfallschadens in Anspruch genommen wird. 22

Auch wenn der Haftpflichtversicherer den Geschädigten zu einer bestimmten Werkstatt oder einer Autovermietung vermittelt, läuft es im Ergebnis darauf hinaus, dass er Geld bezahlt.

Von Naturalrestitution zu sprechen, wenn es um Schadenmanagement durch Kfz-Versicherer geht, ist in der Sache irreführend und falsch. 23

### IV. Gründe für Schadenmanagement bei Kfz-Schäden

In Kfz-Schäden geht es beim Schadenmanagement darum, den Eigentümer des beschädigten Fahrzeugs dazu zu bewegen, es durch bestimmte Werkstätten reparieren zu lassen oder andere mit der Schadenbeseitigung befasste Dienstleister in Anspruch zu nehmen. 24

Motiv kann sein, eine bestimmte Qualität sicherzustellen. Das wird bei Leasinggesellschaften deutlich, die ihre Kunden verpflichten, eine markengebundene Fachwerkstatt aufzusuchen. Die Leasinggesellschaften wollen so möglichst hohe Verkaufswerte der Leasingrückläufer sicherstellen. 25

16 *Kuhn* in: Himmelreich, Handbuch Verkehrsrecht 2000, S. 100 ff. (105).

17 *Postai/Wannke/Weixelbaumer/Höglinger* S. 20.

18 *Deutsch/Ahrens* Rn. 627.

26 Bei Fahrzeugherstellern geht es darum, die Reparaturaufträge vorrangig in das eigene Werkstattnetz zu steuern und so die angeschlossenen Betriebe mit Aufträgen zu versorgen. Das ist z.B. beim durch Fahrzeughersteller betriebenen Schadenmanagement klar erkennbar.

27 Die Versicherungswirtschaft betreibt Schadenmanagement unter dem Aspekt, dass Schäden schnell, hochwertig und kosteneffizient beseitigt werden sollen.[19]

28 Als wesentliche Gründe für ein Schadenmanagement sind zu nennen:

- die Sicherstellung eines hohen Qualitätsniveaus bei der Unfallschadenreparatur,
- die Steuerung von Aufträgen in bestimmte Werkstattnetze sowie
- die Kostenersparnis.

All diese Punkte sind für sich betrachtet legitim. Sie müssen aber nicht immer gemeinsam vorliegen. Schadenmanagement liegt vor, wenn auch nur eines dieser Kriterien erfüllt ist.

Die Vermittlung in bestimmte Werkstattnetze muss dabei nicht von einer Kostenersparnis motiviert sein. Es kann sich auch um eine Auftragsakquise für relativ teure Werkstattnetze handeln, etwa bei markengebundenen Werkstätten.

29 Zur Kostenersparnis haben *Kochanowski/Altug/Kötter/Renner* eine Studie vorgelegt. In dieser sind die Auswirkung des Schadenmanagements auf die Höhe der Reparaturkosten in Kfz-Versicherungsschäden ermittelt worden. Untersucht wurden Sachschäden in der Kfz-Haftpflicht, Vollkaskoschäden und Schäden durch Wildkollision, die in der Teilkasko versichert sind. Ausgewertet wurden Reparaturkosten, die einerseits in Werkstätten nach Wahl des Geschädigten (Kfz-Haftpflicht) bzw. Versicherungsnehmers (Kasko), andererseits in Werkstätten im Netz eines großen Schadensdienstleisters angefallen sind. Hier ließ sich bei Kaskoschäden ein Einsparpotential von 10,9 %, bei Kfz-Haftpflichtschäden sogar eines von 19,3 % nachweisen.[20]

Diese Zahlen sind allerdings über 10 Jahre alt. Sowohl die Auswirkungen der Corona-Pandemie als auch des Ukraine-Krieges haben viel verändert. Nach Beobachtung des Verfassers ist das Einsparpotential heute niedriger. Eine belastbare Studie aus jüngerer Zeit ist dazu jedoch nicht bekannt.

30 Die genannten Gründe für Schadenmanagement sind bei allen Verkehrskreisen zu finden, die es betrieben. Allein die Prioritäten unterscheiden sich.

Derjenige, der für Reparaturkosten selbst aufzukommen hat, wird eher auf die Kosteneffizienz schauen. Geht es darum ein angeschlossenes Werkstattnetz auszulasten und Unfallschäden entsprechend zu steuern, hat die Preissensibilität nicht die oberste Priorität.

## V. Grundverständnis des Schadenmanagements

31 Früher ging es beim Schadenmanagement vor allem um eine prozessoptimierte Schadensregulierung. Schadenbelege sollten schnellstmöglich geprüft und bezahlt werden.

Ein anderer Aspekt ist inzwischen wichtiger. Dem Kunden (bzw. in Haftpflichtschäden dem Geschädigten) soll eine optimale Unterstützung bei der Bewältigung des Schadensfalles gegeben werden, z.B. durch Vermittlung an spezialisierte Dienstleister. Dabei wird von einer service- und kundenorientierten Wertschöpfungsfunktion gesprochen.[21]

Immer noch sehen viele Kfz-Versicherer sich hauptsächlich als Zahlstelle für Fahrzeugschäden. Es fehlt noch die Entwicklung des eigenen Selbstverständnisses dorthin, primär ein Mobilitätsversicherer für die eigenen Kunden und ein Mobilitätsgarant für Geschädigte zu sein. Nach Beobachtung des Verfassers findet derzeit allerdings ein Umdenken in der Branche statt. Die Entwicklung bleibt abzuwarten.

19 *Kuhn* in: Himmelreich, Handbuch Verkehrsrecht 2000, S. 100 ff. (104).
20 *Kochanowski/Altug/Kötter/Renner*, S. 17 ff. mit detaillierteren Werten.
21 *Lange/Robold/Berthold*, S. 6.

## VI. Bedeutung für die Kfz-Versicherer

Zur Wichtigkeit des Themas für die Kfz-Versicherer sei auf die Schaden-Kosten-Quote hingewiesen, die regelmäßig jenseits der 100 %-Marke liegt, was ökonomisch einen Verlust bedeutet. Nach Angaben des GDV lag die Quote 2023 in der gesamten Kfz-Versicherung bei 110 % und in der Kfz-Haftpflichtversicherung bei 104 %.[22] Die Schadenaufwendungen sind der größte Aufwandsposten der Versicherer. Hier gibt es die meisten Einsparpotenziale.[23] 32

*Staab* macht deutlich, dass die Versicherer ihre Ausgaben für Schadenfälle aus den Prämieneinnahmen erwirtschaften müssen. 33

Aus diesem Grund muss sich die Rolle des Versicherers vom reinen Schadenzahler zum Organisator der Schadenbeseitigung wandeln. Moderne Versicherer sind die Partner ihrer Kunden oder von Geschädigten bei der Bewältigung der Schadenfolgen.[24] Auf Dauer Bestand am Markt wird nur haben, wer Problemlöser für die Eigentümer beschädigter Fahrzeuge ist und diese nicht durch komplizierte Regulierungsschritte vor unerwartete Probleme stellt.

Für die Versicherer besteht deshalb die Herausforderung, interne und externe Vorgänge so zu organisieren, dass nicht nur die eigenen Kosten, sondern auch die externen Aufwendungen bei der Schadenbeseitigung möglichst gering bleiben.

In der Vorauflage hat der Verfasser darauf hingewiesen, dass die Versicherer höhere Aufwendungen nicht mehr ohne weiteres über die Prämien an ihre Kunden weitergeben können. Das erfolgt aufgrund der erheblichen Preissteigerungen der letzten Jahre inzwischen. Kfz-Versicherungen insbesondere für Verbraucher werden teurer. Im Oktober 2023 berichteten die Medien, dass Autoversicherungen 2024 deutlich teurer werden, nachdem es schon im Vorjahr eine Teuerung gab.[25]

Nach Einschätzung des Verfassers ist eine Umkehr dieser Entwicklung nicht zu erwarten. Die Anstiege bei Stundenverrechnungssätzen, Ersatzteilpreisen und anderen Schadenspositionen müssen über die Versicherungsprämien an die Kunden weitergegeben werden. Sach- und Sachfolgeschäden werden in Deutschland im Vergleich zu anderen europäischen Ländern sehr großzügig entschädigt. Bezahlen müssen das die Versicherungskunden.

Dennoch müssen die Versicherer etwas tun, um mit dem Anstieg der Regulierungsaufwendungen umzugehen. Für den wirtschaftlichen Erfolg eines Versicherungsunternehmens wird das Schadenmanagement zum entscheidenden Faktor. Der wirtschaftliche Betrieb einer Kfz-Versicherung ist ohne Schadenmanagement heute schlicht nicht möglich.

# B. Verbraucherschutz

Ursprünglicher Kerngedanke des Verbraucherschutzes war der Schutz vor schlechten Waren. Er gilt aber auch für Dienstleistungen. Es geht darum, den Verbraucher vor Benachteiligungen im wirtschaftlichen Leben zu schützen und seine rechtliche Stellung zu stärken. Verbraucherschutz ist der essenzielle Kern eines jeden Schadenmanagements. 34

Bei der Qualität vermittelter Werk- oder Dienstleistungen darf es deshalb keine Abstriche geben. Zudem muss für Kunden Transparenz bezüglich der Arbeitsschritte und der Kosten bestehen. 35

In Kasko- und Schutzbriefschäden sind die Versicherer gem. § 6 Abs. 1, 4 VVG verpflichtet, ihre Kunden im Schadenfall zu beraten. Eine faire und umfassende Beratung ist für ihren Kunden verpflichtete Versicherer von daher selbstverständlich. 36

22 https://www.gdv.de/gdv/statistik/jahresmedienkonferenz-zahlen-und-daten/schaden-und-unfallversicherung-schaden-kosten-quote-165740 (Stand: 22.02.2025).

23 *Lünzer* S. 2.

24 *Staab* in: Zinn/Richter, Wiesbadener Kolloquium 2009, S. 5.

25 https://www.tagesschau.de/wirtschaft/finanzen/versicherungen-kosten-kfz-100.html (Stand: 22.02.2025).

Das bedeutet auch, dass die an Dienstleister der Kfz-Versicherer vermittelten Kunden einen Anspruch darauf haben, eine Rechnung über die erbrachte Werkleistung zumindest in Kopie zu erhalten. Rechtlich resultiert dieser Anspruch aus § 810 BGB. Aber auch losgelöst davon ist es eine frage der fairen Transparenz, dass der vermittelte Kunde erfährt, was die Werkstatt oder ein anderes Unternehmen gemacht und was das gekostet hat.

37 *Buschbell/Stoll* meinen, dass die Situation für Geschädigte in Haftpflichtfällen eine andere sei. Ihnen stehe keine Versicherung oder andere Organisation zur Seite, die gesetzlich oder vertraglich verpflichtet sei, ihnen bei der Durchsetzung berechtigter Ansprüche zu helfen. Kompetente Beratung können Geschädigte allein von einem Anwalt ihres Vertrauens erwarten.[26] Eine neutrale Beratung könne von regulierungspflichtigen Versicherern nicht erwartet werden, da hier ein Interessenkonflikt bestehe. Denn sie seien nun einmal Anspruchsgegner und Schuldner des Geschädigten.[27]

38 Ein seriöses Schadenmanagement muss beachten, dass Herr des Restitutionsgeschehens in Haftpflichtfällen der Geschädigte ist. Es wird ihn daher immer zum gleichberechtigten Partner machen, und in ihm nicht lediglich den beratungsbedürftigen Anspruchsteller sehen.

## C. Haftung für Schäden

39 Wer Schadenmanagement betreibt, gibt dem Kunden damit immer auch ein Versprechen. Nämlich, dass sein Schaden vollständig, qualitativ hochwertig und zu angemessenen Kosten beseitigt wird. Das gilt nicht nur für Versicherer, sondern auch andere wie z.B. Leasinggesellschaften, Fahrzeughersteller oder ein Schadenmanagement anbietende Rechtsanwälte.

Geschuldet ist also der Erfolg der vermittelten Werk- oder sonstigen Leistung. Darauf darf der Verbraucher vertrauen.

40 Vertraut der Kunde auf eine solche Zusage und entsteht ihm aus diesem Vertrauen ein Schaden, haftet derjenige, der das Schadenmanagement betrieben hat, dem Kunden unter dem Gesichtspunkt der *culpa in contrahendo* (§§ 311 Abs. 2, 280 Abs. 1, 241 Abs. 2 BGB).

41 Sofern z.B. auch der Werkunternehmer oder Dienstleister haftet, tritt die eigene Haftung desjenigen, der ihn vermittelt hat, gesamtschuldnerisch immer daneben.

In der Praxis ist es so, dass zunächst einmal der Werkunternehmer Mängel zu beseitigen hat. Der vom Versicherer vermittelte Kunde hat die vollen Gewährleistungsrechte gegen den Werkunternehmer. Dass der Besteller dem Werkunternehmer zunächst Gelegenheit geben muss, einen Werkmangel zu beseitigen, entspricht den allgemeinen werkvertraglichen Regeln. Fällt der Werkunternehmer aus oder ist er zur Mangelbeseitigung nicht Willens oder in der Lage, tritt der vermittelnde Versicherer neben ihn als Schuldner für die Mangelbeseitigungskosten.

Aufgrund dieser doppelten Haftung zweier Schuldner ist ein Verbraucher bei Werkmängeln besser gestellt, als wenn er direkt Kunde »seiner« Werkstatt ist.

## D. Prozessschritte bei der Schadenabwicklung

42 Die Prozessschritte bei der Schadenabwicklung beschreibt man oft nur aus Sicht des lediglich regulierenden Versicherers:[28]

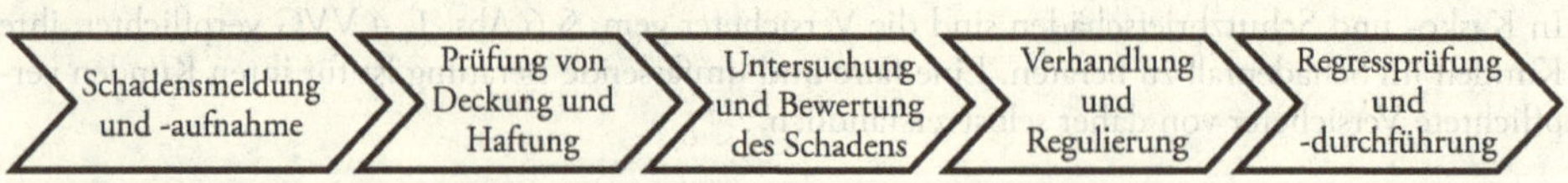


**Abb. 1: Prozessschritte der Schadenabwicklung**

26 *Buschbell/Stoll* in: Himmelreich, Jahrbuch Verkehrsrecht 1999, 81 ff. (82).
27 *Buschbell/Stoll* a.a.O., 84.
28 *Reiners* in: Leidinger, S. 236 (238).

Parteien, die keine Versicherer sind, bleiben in dieser Prozessbeschreibung unberücksichtigt. Die Rolle des Versicherers ist auf die einer Zahlstelle reduziert. Die notwendigen Schritte zur Beseitigung der Folgen eines Schadeneintritts werden aber deutlich. 43

Voraussetzung für ein aktives und kosteneffizientes Schadenmanagement ist eine ganzheitliche Betrachtungsweise der Geschäftsprozesse. Entscheidende Faktoren sind schlanke Strukturen, eine Optimierung unternehmensinterner Prozesse sowie die Koordinierung und ein einwandfreies Zusammenspiel von Dienstleistungspartnern.[29] 44

Im europäischen Vergleich ist das deutsche Sachschadenrecht sehr großzügig.[30] Faktisch kommen Entschädigungszahlungen für Sachschäden meist nicht direkt den Kunden oder Geschädigten zugute. Es profitieren in erster Linie Werkstätten, Autovermietungen, Sachverständige und sonstige Dienstleister. Hier sind die klassischen Marktmechanismen oftmals ausgeschaltet,[31] denn die Schadenkunden als Auftraggeber von Schadenbeseitigungsmaßnahmen haben nur eine geringe oder keine Preissensibilität. 45

Mit anderen Worten: die Kosten der Schadensbeseitigung werden tendenziell deshalb teurer, weil ein Versicherer zahlungspflichtig ist und nicht der eigene Kunde.[32] Auch bleiben die Kunden über die entstehenden Kosten oft im Unklaren. Hintergrund ist ja, dass es der einstandspflichtige Versicherer ist, der letzten Endes die Rechnung bezahlen soll.

Tendenziell sind Rechnungen für »Versicherungsschäden« oftmals teurer als vergleichbare Rechnungen ausfallen würden, wenn der Kunde selbst zahlt. An dieser Entwicklung sind die Versicherer nicht ganz unschuldig. Denn vor 1994 war der Markt der Kfz-Versicherungen noch reguliert. Erhöhte Aufwendungen für die Schadenregulierung wurden über höhere Prämien an die Kunden weitergegeben. Diese hatten kaum die Chance, sich nach günstigeren Prämien umzusehen, da alle Versicherer vom oben beschriebenen Mechanismus betroffen waren. 46

Hintergrund war, dass die Versicherer Werkstätten und anderen Leistungserbringern oft signalisierten, dass Rechnungen möglichst einfach zu prüfen sein sollten, dafür dürfe es »etwas mehr« sein.

Seit die Versicherer ihre Prämien jedoch in einem von Angebot und Nachfrage geprägten Markt erwirtschaften müssen, funktioniert das nicht mehr. Sie sind inzwischen gezwungen, aktiv steuernd in das Regulierungsgeschehen einzugreifen, um so eine möglichst wirtschaftliche Schadenbeseitigung erreichen zu können. In der Versicherungsbranche hat hier inzwischen ein massives Umdenken eingesetzt. Auf diese Weise werden die finanziellen Folgen immer weiter sinkender Versicherungsprämien letzten Endes auch für bei der Schadenregulierung tätige Werkstätten und Dienstleister immer stärker spürbar.

Die Vorstellung, dass man im Innendienst einer Versicherung beschäftigte Schadenregulierer zu »Schadenmanagern« ausbilden könne,[33] ist allerdings unrealistisch. Dieser Mitarbeiter-Typus hat andere Stärken und Schwächen als jemand, der »Management« betreibt. Zudem bedürfte es finanzieller Anreize für erfolgreiches Management. Solche fehlen im Innendienst für tariflich bezahlte Mitarbeiter, die sich überwiegend in den mittleren Tarifgruppen finden. 47

Tatsächlich haben große Versicherungsunternehmen inzwischen auch durch Spezialisierungen, den verstärkten Aufbau von Callcentern und die Einbindung spezialisierter Unternehmen strukturell reagiert. Sie können Schadenmanagement ohne die klassischen Schadenregulierer betreiben.

---

29 *Lünzer* S. 22.

30 Ausführlich zum Recht in anderen Ländern vgl. *Lemor* in: Himmelreich/Halm, Kapitel 3.

31 *Engelke* NZV 1999, 225 (226).

32 Das erklärt dann auch die von *Kochanowski/Altug/Kötter/Renner*, S. 17 ff., ermittelten Einsparmöglichkeiten eines Schadenmanagements bei Kfz-Versicherungsschäden.

33 *Engelke* NZV 1999, 225 (227).

## E. Die Beziehungen der am Schaden beteiligten Parteien

48 Rechtsbeziehungen in Haftpflicht-Schadenfällen lassen sich mit einem Dreiecksverhältnis skizzieren. Seine drei Punkte sind durch die rechtlichen Beziehungen der Beteiligten untereinander verbunden:

- deliktisches Rechtsverhältnis zwischen Schädiger und Geschädigtem,
- vertragliches Rechtsverhältnis zwischen Schädiger und seinem Versicherer, sowie
- Direktanspruch auf Bezahlung des vom Schädiger geschuldeten Schadensersatzes zwischen Geschädigtem und dem Versicherer des Schädigers.

Inzwischen spielen jedoch Dritte, die von einem der Beteiligten eingeschaltet werden, ökonomisch eine erhebliche Rolle.

49 Eine moderne Sichtweise bezieht Dritte (z.B. Dienstleister und Werkunternehmer, welche dem Geschädigten bei der Schadenbeseitigung behilflich sind) mit in die Betrachtung ein.

Die wirtschaftlichen Interessen der Dritten und nicht des Geschädigten sind inzwischen ein entscheidender Faktor bei der Schadenregulierung.

Zwischen Versicherern und Dienstleistern kann eine besondere Nähe bestehen. Bei allen denkbaren Interessenunterschieden ist das vor allem deshalb so, weil die Versicherer für Werk- und Dienstleistungen im Ergebnis zu bezahlen haben. Diese Nähe muss jedoch nicht eine Interessengleichheit oder einen Zwang zu Kooperationen und Zusammenwirken bedeuten.

50 Hat die Versicherung ein gewisses Interesse daran, dass Schadensersatzzahlungen sich der Höhe nach in Grenzen halten, haben Werk- und Dienstleister dagegen regelmäßig ein Interesse an möglichst hohen Zahlungen. Sie bedeuten für sie hohe Einnahmen. Den Interessen beider Seiten liegt subjektiv ein ökonomisch sinnvolles Verhalten zugrunde. Es sollte daher nicht bewertet werden.

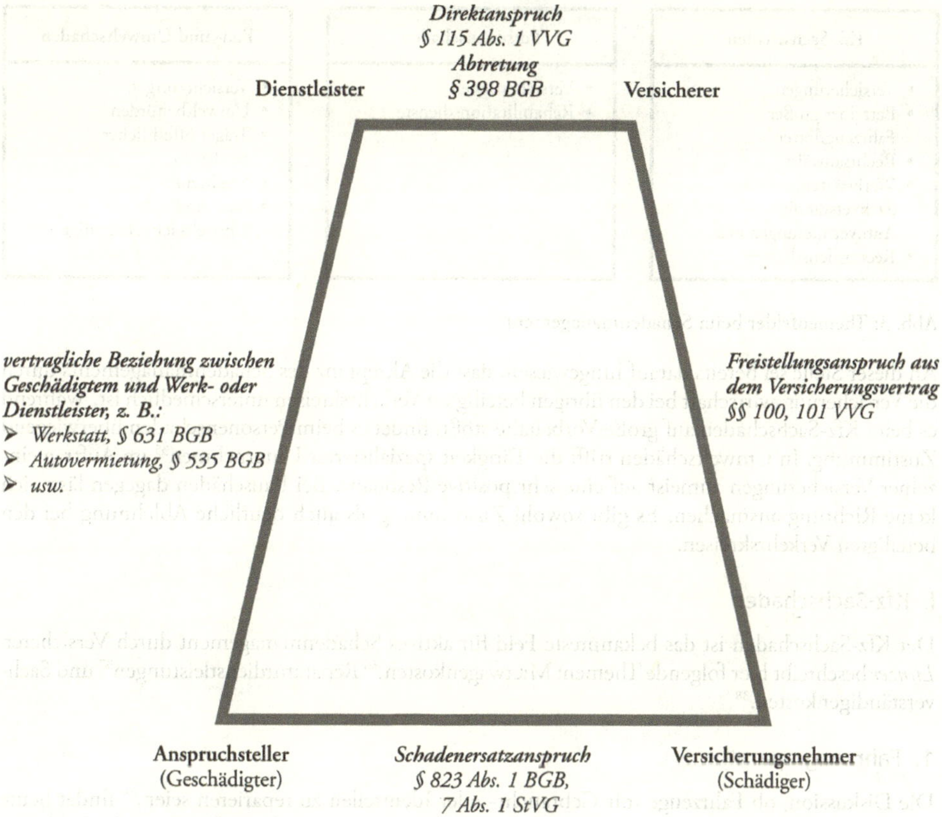


Abb. 2: Rechtliche und wirtschaftliche Beziehungen der an der Abwicklung des Schadenfalls beteiligten Parteien.

Für die Analyse der Beziehungen beim Schadenmanagement in Kfz-Haftpflichtschäden können Mängel im Versicherungsverhältnis i.d.R. unberücksichtigt bleiben, da der Versicherer dem Geschädigten gegenüber gem. § 117 VVG leistungsverpflichtet ist. Eine Ausnahme gilt nur bei vorsätzlicher Schadensherbeiführung. Dann ist der Versicherer gem. § 103 VVG von der Leistung frei. Er kann Ersatz seines Schadens vom Verein Verkehrsopferhilfe e.V. erlangen.[34] 51

## F. Schadenmanagement durch Kfz-Versicherer

Beim Schadenmanagement der Kfz-Versicherer geht es vornehmlich um drei Themenfelder: 52

34 https://www.verkehrsopferhilfe.de (Stand: 22.02.2025). Ausführlich dazu *Schwarz* in: Himmelreich/Halm, Kap. 29.

| Kfz-Sachschaden | Personenschaden | Bau- und Umweltschaden |
|---|---|---|
| • Versicherungen<br>• Betreiber großer Fahrzeugflotten<br>• Rechtsanwälte<br>• Werkstätten, Sachverständige, Autovermietungen etc.<br>• Rechtsdienstleister | • Versicherungen<br>• Rehabilitationsdienste | • Versicherungen<br>• Umweltbehörden<br>• Träger öffentlicher Baulasten<br>• Spediteure<br>• Bau- und Umweltsachverständige |

**Abb. 3: Themenfelder beim Schadenmanagement**

53 An dieser Stelle sei bereits darauf hingewiesen, dass die Akzeptanz des Schadenmanagements durch die Versicherungswirtschaft bei den übrigen beteiligten Verkehrskreisen unterschiedlich ist. Während es beim Kfz-Sachschaden auf große Vorbehalte stößt, findet es beim Personenschaden überwiegend Zustimmung. In Umweltschäden trifft die Tätigkeit spezialisierter Unternehmen[35] im Auftrag einzelner Versicherungen zumeist auf eine sehr positive Resonanz. Bei Bauschäden dagegen lässt sich keine Richtung ausmachen. Es gibt sowohl Zustimmung als auch deutliche Ablehnung bei den beteiligten Verkehrskreisen.

## I. Kfz-Sachschaden

54 Der Kfz-Sachschaden ist das bekannteste Feld für aktives Schadenmanagement durch Versicherer. *Lünzer* beschreibt hier folgende Themen: Mietwagenkosten,[36] Reparaturdienstleistungen[37] und Sachverständigenkosten.[38]

### 1. Fahrzeugreparatur

55 Die Diskussion, ob Fahrzeuge mit Gebraucht- oder Identteilen zu reparieren seien,[39] findet heute wieder statt. Die Allianz Versicherung tritt mit einem entsprechenden Vorstoß in die Öffentlichkeit.[40]

56 Gebrauchtteile sind Fahrzeugteile, die von einem spezialisierten Verwerter aus Altfahrzeugen ausgebaut, aufbereitet und nach einer Prüfung als Gebrauchtteile in den Handel gebracht werden. Identteile sind den Originalteilen eines Herstellers qualitativ gleichwertige Ersatzteile i.S.d. Kfz-GVO EG 1400/2002.

57 Eine Verpflichtung von Geschädigten, mit Gebraucht- oder Identteilen reparieren zu lassen, gibt es nicht.[41] Auch in Werkstattbindungstarifen der Kasko-Versicherung stoßen solche Angebote bisher auf wenig Akzeptanz bei den Kunden. Ersatzteillieferungsschwierigkeiten der letzten Jahre führen jedoch zu einem gewissen Umdenken, besonders bei Eigentümern älterer Fahrzeuge.

Ein weiteres Problem ist die schnelle Verfügbarkeit von aufbereiteten Gebrauchtteilen. Inzwischen gibt es Dienstleister, die ein entsprechendes Netz aufbauen. Das reicht nach Einschätzung des Verfassers gegenwärtig jedoch noch nicht, um den tatsächlichen Bedarf bei Unfallreparaturen zu decken.

35 Z.B. die KRAVAG Umweltschutz- und Schadentechnik GmbH, https://www.kussgmbh.de (Stand: 22.02.2025).

36 *Lünzer* S. 35 ff.

37 *Lünzer* S. 63 ff.

38 *Lünzer* S. 85 ff.

39 *Voll* in: Zinn/Richter, Wiesbadener Kolloquium 2009, 11 ff.; *Walter* NZV 1999, 19 ff.; *Witte* SP 2003, 95 ff.

40 https://www.allianz.de/presse/mitteilungen/markt-fuer-gebrauchte-kfz-ersatzteile-waechst/(Stand: 22.02.2025).

41 *Richter* in: Himmelreich/Halm, 6. Aufl. 2017, Kapitel 4, Rn. 231.

In der Praxis findet ein Schadenmanagement unter Verwendung von Gebraucht- und Identteilen daher nicht statt.

*Otting* meint, dass für die Verwendung von Gebrauchtteilen zwar das Argument der zeitwertgerechten Instandsetzung spreche. Voraussetzung für eine Akzeptanz sei allerdings, dass es eine flächendeckende und ausreichende Versorgung mit gebrauchten Ersatzteilen in Deutschland geben müsse. Fragen der Qualitätssicherung und Gewährleistung seien nur durch Einbindung qualifizierter Sachverständiger zu lösen.[42] 58

Ein weiterer Aspekt, der für die Verwendung von Gebrauchtteilen spricht, ist die Nachhaltigkeit. Nachhaltigkeit ist ein Handlungsprinzip bei der Nutzung von Ressourcen, das auf deren Erhalt und die Vermeidung von Verschwendung ausgerichtet ist. Nach Beobachtung des Verfassers ist Nachhaltigkeit als allgemeine Forderung an Dritte in der Bevölkerung zwar sehr beliebt. Geht es um das eigene Kraftfahrzeug, spielt dieser Aspekt bisher kaum eine Rolle. Aber auch hier setzt bei den Verbrauchern ein Umdenken ein.

Ein anderes Thema sind alternative Reparaturmethoden. Hier stellt sich die Frage, ob und inwieweit ein Geschädigter verpflichtet ist, sich auf solche einzulassen. Bekannt und akzeptiert sind z.B. die Verbundglasreparatur bei Windschutzscheiben statt eines Austausches oder Ausbeultechniken bei Dellen ohne Beschädigung des Lacks. Der Arbeitskreis VI des 53. Deutschen Verkehrsgerichtstages vom 28. bis 30. Januar 2015 beschäftigte sich mit Risiken alternativer Reparaturmethoden, deren technischer Gleichwertigkeit gegenüber herkömmlichen Reparaturmethoden, ob der Kfz-Sachverständige sie im Gutachten zu berücksichtigen hat und ob ein Geschädigter sich auf sie einlassen muss. 59

Zunehmend Akzeptanz findet die Reparaturvermittlung durch Versicherer an Kfz-Werkstätten. Versicherer legen Wert auf eine Zertifizierung durch eine Prüforganisation und darauf, dass die Reparatur mit Original-Ersatzteilen und nach Herstellervorgaben erfolgt. Die Gewissheit, dass die Reparatur in einer Qualität durchgeführt wird, ist für Verbraucher das entscheidende Kriterium dafür, ob sie sich auf eine Werkstattvermittlung durch einen Versicherer einzulassen oder nicht. 60

## 2. Mietwagen

Ein Geschädigter hat das Recht, zur Überbrückung des Fahrzeugausfalls einen Mietwagen zu nehmen, sofern er nicht eine abstrakte Nutzungsausfallentschädigung beansprucht.[43] Der Anteil an durch einen Versicherer vermittelten Mietwagen liegt nach persönlicher Einschätzung des Verfassers deutlich unter 10 %. Der Vorteil für den Geschädigten und auch die Versicherer ist, dass hier Konflikte um die Höhe zu erstattender Mietkosten entfallen. Eine Verpflichtung des Geschädigten, auf das Angebot des Versicherers zur Vermittlung eines Mietwagens einzugehen, gibt es nicht.[44] 61

## 3. Sachverständige

Laut *Hörl* habe der Sachverständige bei der Regulierung von Verkehrsunfällen eine zentrale Position.[45] Deshalb seien Geschädigte oft interessiert, ihr Fahrzeug nach einem unverschuldeten Unfall durch einen Sachverständigen besichtigen zu lassen. Nur so sollen sie Gewissheit bezüglich des Schadenumfangs und der notwendigen Arbeiten erlangen, um den Schaden beseitigen zu lassen. 62

Ob diese Behauptung zutrifft, mag dahingestellt sein. In der Praxis sieht der Verfasser oft, dass Geschädigte die Aufträge für den Sachverständigen die Werkstatt am selben Tag unterschrieben. Erteilt der Geschädigte aber den Reparaturauftrag, noch ehe der Sachverständige das Fahrzeug besichtigt hat, 63

42 *Otting* in: Himmelreich, Jahrbuch Verkehrsrecht 1999, 182 (194).

43 *Balke*, SVR 2012, 450 (451).

44 A.A. *LG Nürnberg-Fürth* Urt. v. 20.07.2011 – 8 S 8758/10, BeckRS 2012, 5394. Die Revision wurde zugelassen, jedoch ohne Entscheidung des *BGH* durch Zahlung der Beklagten erledigt (Beschl. v. 07.02.2012 – VI ZR 220/11, BeckRS 2012, 5393).

45 *Hörl* zfs 2000, 422 ff.

kann das Gutachten für den Geschädigten kaum als Entscheidungsgrundlage dafür gedient haben, ob er das Fahrzeug instand setzen lässt oder nicht.

64 Oft arbeiten Werkstätten, Sachverständige, Anwälte und andere Beteiligte zusammen mit dem Ziel, dass möglichst viele von ihnen Leistungen erbringen, die vom einstandspflichtigen Versicherer zu bezahlen sind. § 4 RDG soll solchen »Geschäftsverbindungen« eigentlich einen Riegel vorschieben. Sachverständigenorganisationen oder einzelne Sachverständige dürfen kein Schadenmanagement betreiben.[46] In der Praxis sind solche »Empfehlungsketten« meist nur mit Indizien nachzuweisen.

65 Kfz-Versicherer arbeiten meist mit großen Sachverständigenorganisationen (z.B. DEKRA oder carexpert) zusammen, oder sie beschäftigen selbst Kfz-Sachverständige. In Kasko-Schäden akzeptieren Kunden die Besichtigung durch einen vom Versicherer beauftragten Sachverständigen meist problemlos. In Kfz-Haftpflichtschäden liegt das anders. Die Geschädigten beauftragen lieber selbst einen Sachverständigen, der ihnen zuvor meist von ihrer Werkstatt empfohlen wurde. Eigene wirtschaftliche Interessen der Werkstatt mögen hier eine Rolle spielen.

### 4. Abschleppunternehmen

66 Darüber hinaus vermitteln Automobilclubs und Versicherer auch Abschleppunternehmen. Das findet zumeist im Rahmen von Schutzbrief-Schäden große Akzeptanz. Bei Schutzbriefschäden und Clubleistungen sind Automobilclubs und Versicherer selbst die Auftraggeber der jeweiligen Werkleistungen, welche die Abschleppunternehmen erbringen. Die Clubmitglieder und Versicherungsnehmer schließen üblicherweise selbst keine Verträge mit diesen, durch sie sie finanziell belastet wären.

### 5. Fair-Play-Konzept

67 Grundgedanke des Fair-Play-Konzepts war eine Verständigung zwischen Werkstätten und Kfz-Versicherern. Rechnungen gehen den Versicherern digital zu und werden binnen kurzer Zeit bezahlt. Bedingung war, dass die Geschädigten weder einen Anwalt noch einen Kfz-Sachverständigen hinzuzogen. Ein Vorteil für die Werkstätten war zudem, dass Versicherer relativ hohe Mietwagenkosten akzeptiert haben.

68 Seitens der Anwaltschaft gab es Versuche, das Fair-Play-Konzept auf dem Rechtsweg zu unterbinden. Das Kernargument war, dass die Vereinbarung eines solchen Konzepts eine unlautere boykottähnliche Maßnahme sei. Das *OLG München* hat die Unterlassungsklage jedoch abgewiesen.[47] Mit Schadenfix bietet der Deutsche Anwaltsverein heute ein eigenes Konzept zum Schadenmanagement an.

69 Dennoch gibt es das Fair-Play-Konzept heute nicht mehr. Aus Sicht der Beteiligten hat es im Ergebnis nicht funktioniert. Für Werkstätten ist die feste Zusammenarbeit mit bestimmten Anwaltskanzleien und Sachverständigen wirtschaftlich attraktiver. Die Hoffnung der beteiligten Versicherer, dass die Kosten für Rechtsanwälte und Sachverständigen zurückgehen, hat sich nicht erfüllt.

### 6. Stimmen in Rechtsprechung und Literatur

70 Rechtliche Bedenken gegen das Schadenmanagement der Versicherer in Kasko-Fällen gibt es nicht. In der Regel beruht es auf vorab getroffenen vertraglichen Vereinbarungen, oder die Kunden haben sich im Schadenfall auf ein entsprechendes Angebot ihres Versicherers eingelassen.

71 In Kfz-Haftpflichtfällen sieht es anders aus. Hier gibt es deutliche Bedenken gegen das Schadenmanagement durch Versicherer.

Aktives Schadenmanagement von Kfz-Versicherern für Geschädigte mit Direktanspruch, denen ein Mietwagen vermittelt werden soll, wurde gelegentlich als geschäftsmäßige Besorgung einer frem-

46 *Weiß* NZV 2010, 386 (388).
47 *OLG München*, BeckRS 2014, 19008.

den Rechtsangelegenheit bewertet.[48] Ob diese rechtliche Bewertung im Ergebnis zutrifft, darf an dieser Stelle dahingestellt bleiben. Auf tatsächlicher Ebene ist es aber wohl zutreffend, dass vermittelte Geschädigte nicht mehr bei anderen Autovermietern vorstellig werden. Diesen gehen dadurch ebenfalls Chancen verloren.

*Staehlin* meint, Versicherer hätten aus wettbewerbsrechtlichen Gründen gegenüber Verbrauchern Äußerungen zu Art und Maß der Schadenregulierung im Allgemeinen sowie konkrete Empfehlungen eines Mietwagenunternehmens im Besonderen zu unterlassen.[49] Diese Stimme ist jedoch, soweit ersichtlich, vereinzelt geblieben.

*Kuhn* hält es für ein grundsätzlich verständliches Anliegen der Versicherungswirtschaft, den Schaden 72
zu minimieren.[50] Diese Annahme ist vor dem Hintergrund des für die Kfz-Versicherer bestehenden Kostendrucks bei tendenziell sinkenden Prämien richtig. *Macke* schlug bereits 2000 ein auflösend bedingtes Schadenmanagement vor: Der Versicherer vereinbart mit dem Geschädigten das Schadenmanagement. Meldet der Geschädigte sich nicht, kommt es zustande. Meldet er sich, hat der Versicherer es mit einem vom Geschädigten benannten Anwalt zu tun.[51] Festzuhalten ist, dass es eine rechtliche Verpflichtung eines Geschädigten, das Schadenmanagement eines Haftpflichtversicherers zu nutzen, nicht geben kann.

*Koch* weist auf ganz grundlegende Bedenken zum einen für die Anwaltschaft, zum anderen aber 73
auch für Geschädigte hin. Er meint, dass es der Versicherungswirtschaft weniger um die Anwaltshonorare gehe, da diese nur einen geringen Teil der Schadenaufwendungen ausmachten. Sie wolle vermeiden, dass kompetente, unabhängige, verschwiegene, auf die Interessen ihrer Auftraggeber konzentrierte Rechtsanwälte das Höchstmaß an Schadensersatz außergerichtlich und notfalls auch gerichtlich durchsetzen.[52] Ergänzend führt *Kuhn* aus, dass Versicherungsgesellschaften nur geltend gemachte Schadenspositionen ausgleichen würden. Er behauptet, dass Geschädigte z.B. keine Wertminderung erhielten, obwohl sie ihnen zustehe.[53] Untersuchungen, welche diese Behauptung belegen, gibt es jedoch nicht.

Auch *Mikulla-Liegert* bezweifelt, dass Schadenmanagement dem Interesse des Geschädigten entspreche.[54] Nach *Graf von Westphalen* sei zweifelhaft, ob Vereinbarungen, die zwischen einem Haftpflichtversicherer und einem Geschädigten im Rahmen eines Schadenmanagements getroffen werden, einer AGB-Kontrolle standhalten. Dies sei dann nicht der Fall, wenn der Geschädigte durch den Versicherer nicht umfassend über die ihm zustehenden Rechte aufgeklärt werde. Denn der Geschädigte werde dann durch das Schadenmanagement in seiner Dispositionsfreiheit eingeschränkt.[55]

*Engelke* hat diese Bedenken aufgegriffen, indem er aus Sicht der Versicherungswirtschaft klarstellte:[56] 74
- Aktives Schadenmanagement darf keine Beschneidung von Ansprüchen zum Ziel haben.
- Abstriche bei der Qualität kommen nicht in Betracht. Eine Schadenbeseitigung minderer Güte darf es nicht geben.
- Die freiwillige Teilnahme des Schadenkunden ist unabdingbar.

Die Glaubwürdigkeit desjenigen, der Schadenmanagement betreibt, ist das das ganz entscheidende 75
Kriterium des Erfolges. Der Versicherer muss glaubwürdig darin sein, die optimale Schadenbeseiti-

48 *AG Bonn*, NZV 2008, 39 f.; *LG Nürnberg-Fürth* VersR 2007, 81; *LG Weiden i.d. OPf.*, NZV 2008, 206 f.
49 *Staehlin* NZV 2007, 396 ff.
50 *Kuhn* in: Buschbell/Höke, § 22, Rn. 170.
51 *Macke* DAR 2000, 506 (515).
52 *Koch* zfs 1999, 225 (228).
53 *Kuhn* NZV 1999, 229 (231).
54 *Mikulla-Liegert* DAR 1999, 289 ff.
55 *Graf von Westphalen* DAR 1999, 295 (297 ff.).
56 *Engelke* NZV 1999, 225 (227).

gung zu vertretbaren Kosten zu erreichen und dem Geschädigten auch alle ihm zustehenden Schadenspositionen auszuzahlen.

### 7. Eigene Überlegungen

76 Das entscheidende Kriterium für den langfristigen Erfolg von Maßnahmen des Schadenmanagements durch ein Versicherungsunternehmen ist die Glaubwürdigkeit dieses Unternehmens. Ein Geschädigter, der sich auf das Schadenmanagement einlässt, kennt nicht immer alle ihm zustehenden Schadenspositionen. So weiß er oftmals nicht, dass ihm eine allgemeine Auslagenpausche für seine unfallbedingten Nebenkosten zusteht. Ein seriöser Versicherer handelt erst dadurch glaubwürdig, dass er diese Pauschale auch unverlangt auszahlt.

77 Die eigene Glaubwürdigkeit ist für jedes Versicherungsunternehmen ohnehin das wichtigste Kapital. Es versichert seinen Kunden ja, im (ungewissen) Schadenfall die versprochene Leistung auch zu erbringen. Nur für dieses Leistungsversprechen sind Kunden bereit, eine Prämie zu zahlen. In Kfz-Haftpflichtschäden kann dies nicht anders gelebt werden, sonst fielen Anspruch und Wirklichkeit der Regulierungspraxis auseinander.

78 Beim Schadenmanagement von Kfz-Versicherern ist zu unterscheiden, ob Geschädigte oder eigene Kunden per Telefon an eine Werkstatt oder Autovermietung, einen Sachverständigen oder Abschleppunternehmer vermittelt werden, oder ob ihnen lediglich empfohlen wird, einen bestimmten ortsansässigen Betrieb aufzusuchen und dessen Leistungen in Anspruch zu nehmen.

79 Wird lediglich eine unverbindliche Empfehlung abgegeben einen bestimmten Betrieb aufzusuchen, hat der Verbraucher immer noch ausreichend Zeit sich zu überlegen, ob er diese Möglichkeit in Anspruch nehmen möchte oder nicht. Sucht er den Betrieb dann auf und schließt mit diesem einen Vertrag, hat er keine Möglichkeit sich danach ohne weiteres per Widerruf wieder davon zu lösen.

80 Versicherern ist in der Regel jedoch daran gelegen, das Schadenmanagement verbindlich zu gestalten. Sie schließen mit dem Verbraucher eine eigene vertragliche Vereinbarung, oder sie vermitteln ihn direkt an einen Dienstleister. Dieser trifft dann – in der Regel telefonisch – mit dem Kunden die Vereinbarung.

81 In beiden Fällen liegt die Situation des Vertragsschlusses im Fernabsatzgeschäft i.S.d. § 312c BGB vor. Die werkvertragliche Regelung in § 632a BGB ist bei Fahrzeugreparaturen in der Regel nicht einschlägig. Gem. § 312g Abs. 1 BGB steht dem Verbraucher ein Widerrufsrecht zu.

82 Der Versicherer hat nach Maßgabe von § 312c BGB, Art. 246 § 1 EGBGB vom Recht zum Widerruf nach §§ 312d, 355 BGB zu informieren. § 355 Absatz 2 BGB sieht für den Widerruf eine Frist von 14 Tagen vor. Sie beginnt mit der Belehrung über die Möglichkeit zum Widerruf. Erfolgte die Belehrung nicht, besteht die Möglichkeit zum Widerruf länger.

83 Betrifft die Vermittlung eine Dienstleistung (z.B. Mietwagen), endet die Möglichkeit des Widerrufs gem. § 312d Abs. 3 BGB mit der vollständigen Erfüllung. Bei Werkverträgen (z.B. Reparatur in einer Werkstatt) gibt es dieses Erlöschen nicht, sodass im Prinzip auch nach erfolgter Reparatur noch widerrufen werden kann. Dann stellt sich nicht die Frage nach Bezahlung der Rechnung an die vom Versicherer vermittelte Werkstatt, sondern die Frage nach Wertersatz gem. § 346 Abs. 2 BGB.

84 Hat der Geschädigte sich auf ein Schadenmanagement durch den Versicherer eingelassen, kann er es sich grundsätzlich anders überlegen und von diesem Angebot wieder Abstand nehmen. Die Möglichkeit zum Widerruf bei Fernabsatzverträgen gibt es bereits. Der von *Macke* vorgeschlagenen speziellen gesetzlichen Regelung dieses Themas bedarf es nicht.

### II. Personenschaden

Der Schadenregulierer muss sich zum Schadenmanager wandeln. Beim Personenschadenmanagement ist das bereits Wirklichkeit. Hierbei geht es um die medizinische, soziale und berufliche Rehabilitation und Reintegration nach schweren Unfallverletzungen, die im Straßenverkehr vorkommen.[57] 85

*Nickel* beschreibt das Reha-Management als Teil des Personenschadenmanagements in der Kraftfahrt-Haftpflichtversicherung.[58] Sie unterscheidet dabei folgende Arten des Reha-Managements:[59] 86

- Medizinische Reha in Form der stationären oder ambulanten Behandlung.
- Berufliche Reha von Arbeitsplatzanpassung bis Umschulung in neuen Beruf.
- Pflegemanagement vom Wohnungsumbau bis zur Unterbringung in einem geeigneten Pflegeheim.
- Soziale Reha als Klammer der vorgenannten Arten und als Ziel des SGB IX, der Teilhabe am Leben in der Gesellschaft.

Einen Anspruch auf ein Personenschadenmanagement durch Haftpflichtversicherer haben Unfallopfer nicht. Versicherer haben jedoch gute Gründe, eine solche Dienstleistung anzubieten und zu finanzieren. *Nickel*[60] zählt hierbei auf: 87

- Intransparenz für Verletzte hinsichtlich von Zuständigkeiten der Sozialversicherungsträger,
- lange Warte- und Bearbeitungszeiten,
- durch Budgetierung und enge Leistungskataloge teilweise nicht ausreichende Genesungserfolge und damit einhergehende geringere Effizienz der Rehabilitation,
- zu geringe Flexibilität bei der Einzelfalllösung durch die öffentlich-rechtlichen Sozialversicherungsträger,
- Fehlbehandlungen, falsche Therapien mit verlängertem Heilverlauf belasten den Schadenverursacher und seinen Haftpflichtversicherer, eine gezielte Steuerung entlastet von teuren Fehlschlägen,
- ungenügende Koordination und Kooperation bei einzelnen Maßnahmen oder Teilschritten,
- unzureichende Ausrichtung auf die Belange der Berufswelt,
- damit einhergehend eine lange Regulierungsdauer mit entsprechendem internen Aufwand an Aktenverwaltung sowie hohen Schadenaufwendungen,
- Schaffung eines Mehrwerts für die Unfallopfer (und/oder Kunden), der über die reine Versicherungsleistung hinausgeht und
- zukünftig die demografische Entwicklung mit einem weiter steigenden Anteil an Altersrehabilitation vordringlich im medizinisch-pflegerischen Bereich, mit Heraufsetzung des Renteneintrittsalters auf 67 aber auch im beruflichen Bereich.

Damit Personenschadenmanagement nicht nur auf Akzeptanz stößt, sondern zum Vorteil aller an der Schadenregulierung Beteiligten (Geschädigter, Anwalt, Versicherer) durchgeführt werden kann, ist es unabdingbar, im Vorfeld Einvernehmen über die wesentlichen Punkte zu schaffen.[61] Im Nachgang zum Verkehrsgerichtstag 2000[62] hat die Arbeitsgemeinschaft Verkehrsrecht im Deutschen Anwaltsverein im so genannten »Code of Conduct des Rehamanagements« folgende Grundsätze festgehalten:[63] 88

- Der eingeschaltete Reha-Dienst macht keine Schadenregulierung.
- Die Schadenregulierung bleibt dem Anwalt und dem Versicherer überlassen.

---

57 *Heß/Burmann* in: Berz/Burmann, 6.A.IV, Rn. 59 ff.; *Kuhn* in: Buschbell/*Höke*, § 22, Rn. 207.

58 *Nickel* in: Zinn/Richter, Wiesbadener Kolloquium 2009, 75 ff.

59 *Nickel* a.a.O., 75 (81).

60 *Nickel* in: Himmelreich/Halm, Kapitel 27, Rn. 3 m.w.N.

61 *Schröder* SVR 2008, 89 (93).

62 Übersicht zu Entschließungen des 38. und des 46. Verkehrsgerichtstages bei *Nickel* in: Himmelreich/Halm, Kapitel 27, Rn. 6a.

63 Grundsätze zum Personenschadenmanagement, MittBl. der ARGE VerkR 4/2002, S. 86.

- Bei direkten Gesprächen zwischen Versicherer und Geschädigten darf der Anwalt nicht übergangen werden. Allerdings ist es nicht praktikabel, jegliche Kommunikation immer über den Anwalt laufen zu lassen. Die einzuhaltenden Regeln hierzu sind vorab verbindlich zu klären.
- Korrespondenz läuft grundsätzlich aber über den Anwalt, schon damit dieser informiert ist. Anwälte sollten nicht auf Rehabilitationskorrespondenz verzichten. Unterschiedliche Wissensstände können zu Misstrauen führen und sind daher zu vermeiden.
- Mit der Einschaltung eines Reha-Dienstes muss der Geschädigte einverstanden sein. Insbesondere sei die Weitergabe von Schadeninformationen an den Reha-Dienst zu autorisieren.

89 Wenn ein Sozialversicherer als gesetzlich verpflichteter Rehabilitationsträger sowie ein Haftpflichtversicherer als privater Kostenverpflichteter getrennt voneinander Maßnahmen durchführen lassen, kann dies kontraproduktiv sein.[64] Hier ist eine Koordinierung unabdingbar.

### III. Bau- und Umweltschäden

90 Bei Schäden an von fest mit dem Boden verbundenen Gewerken sprechen wir von Bauschäden. Darunter sind also nicht nur Schäden an Gebäuden zu verstehen, sondern z.B. auch an Leitplanken oder anderen fest mit dem Boden verbundenen Sachen wie Zäunen oder Schildern. Soweit es um die Feststellung des eingetretenen Schadens angeht, können Versicherer hier i.d.R. auf ein Netz von erfahrenen Bausachverständigen zurückgreifen. Deren Expertise ist für die Festlegung der notwendigen Maßnahmen hilfreich.

91 Die Vermittlung von Handwerkern durch Versicherer stößt, ähnlich wie die Werkstattvermittlung bei Schäden an Kfz, auf unterschiedliche Akzeptanz. Während in der Sachversicherung eine Pflicht des Kunden, den vermittelten Handwerker zu beauftragen, vorab vertraglich vereinbart worden sein kann, gibt es eine entsprechende Pflicht des Geschädigten in der Haftpflichtversicherung nicht.

92 Die vermutlich größte Akzeptanz findet ein durch Versicherer eingeleitetes Schadenmanagement wohl bei Umweltschäden.[65] Das hat wohl auch damit zu tun, dass der Umweltschutzgedanke nicht nur im Bewusstsein der Bevölkerung, sondern auch in den rechtlichen Regelungen zum Straßenverkehr fest verankert ist. Zudem ist die Dispositionsfreiheit des Geschädigten durch das Umweltschadensgesetz eingeschränkt.[66]

93 Wesentliche Anhaltspunkte für die Vorgehensweise liefert das handlungsorientierte Managementkonzept. Es versteht Management als die Gesamtheit aller Handlungen, die auf eine bestmögliche Zielerreichung ausgerichtet sind.[67] Der zeitliche Aspekt spielt hier die entscheidende Rolle. Rechtlich zu beurteilende Verursachungsfragestellungen stehen dabei zunächst nicht im Vordergrund, sondern die Eindämmung und Beseitigung eines aufgetretenen Umweltschadens. Gerade für Versicherer von Gefahrguttransporten ist es heute unabdingbar, hier eine aktive Rolle wahrzunehmen. Wartet man mit eindämmenden Maßnahmen ab bis die rechtlichen Verantwortlichkeiten geklärt sind, hat ein Umweltschaden sich in der Regel ausgeweitet. Abgesehen von den Beeinträchtigungen der Umwelt und den damit verbundenen Gefahren werden die Kosten der Schadenbeseitigung sehr viel teurer werden. Daher sind die erforderlichen Maßnahmen zeitnah einzuleiten. Stellt sich die alleinige oder teilweise Verantwortlichkeit eines Dritten heraus, kann dieser immer noch im Regresswege in Anspruch genommen werden.

94 Ein erfolgreiches Umweltmanagement setzt voraus, dass sowohl die erforderlichen organisatorischen als auch inhaltlichen Voraussetzungen geschaffen werden. Intern muss ein Versicherer – ob selbst oder in einem spezialisierten Serviceunternehmen – Spezialisten vorhalten. In der Regel sind das Ingenieure mit entsprechender Spezialausbildung. Eine Erreichbarkeit rund um die Uhr auch an

---

64 *Höfle* zfs 2001, 197 (201).
65 Ausführlich dazu vgl. *Schwab* Kapitel 21, Umweltschaden, in diesem Band.
66 *Schwab* a.a.O., Nr. 412 ff.
67 Ausführlich siehe *Henge* in: Zinn/Richter, Wiesbadener Kolloquium 2009, 37 ff. (43 f.).

Sonn- und Feiertagen muss gewährleistet sein. Korrespondierend dazu muss Fahrern von Gefahrguttransporten eine Notfallrufnummer bekannt sein, die im Schadenfall vordringlich kontaktiert werden muss. Nur so kann gewährleistet werden, dass zeitnah Eindämmungsmaßnahmen getroffen werden können. Entsprechend muss der Versicherer über ein Netz spezialisierter Dienstleister verfügen, die vom Umweltsachverständigen direkt beauftragt werden.

## G. Die Rolle des Anwalts im Schadenmanagement

Viele Rechtsanwälten bieten Schadenmanagement für ihre Mandanten an. Ein Anwalt ist Organ der Rechtspflege, wie § 1 BRAO es formuliert. Er steht auf der Seite seines Mandanten und achtet darauf, dessen rechtliche (und wirtschaftliche) Interessen möglichst optimal gewahrt zu sehen. *Kuhn* beschreibt ihn als »Unfallschadenmanager« seines Mandanten.[68] 95

Sofern er den Geschädigten vertritt, hat er sich, um bei der Raute in Abbildung 2 zu bleiben, konsequent auf dessen Seite zu positionieren. Interessenkonflikte sind sonst vorprogrammiert. 96

Beispiele für Interessenkonflikte sind:

– Werkstatt: Ansprüche wegen einer missglückten Reparatur.
– Autovermietung: zu hohe Mietwagenkosten, Ansprüche wegen Beratungsverschulden.
– Abschleppunternehmen: Ansprüche wegen beim Abschleppvorgang verursachter Schäden.

Seitens der Versicherungswirtschaft geht es um eine Kostenreduktion. Das Schadenmanagement bei reinen Kfz-Blechschäden hat nicht nur niedrigere Reparaturkosten zum Ziel. Auch Anwaltskosten sollen vermieden werden. 97

Für Anwälte birgt das Schadenmanagement der Kfz-Versicherer also das Risiko, dass sie ihre Verkehrsmandate nur noch in geringerem Umfang oder gar nicht mehr bekommen. Ob die Versicherer dieses Ziel jedoch in nennenswertem Umfang erreichen, darf nach Einschätzung des Verfassers bezweifelt werden. Beobachtet werden kann, dass die Quote der Kfz-Haftpflichtschäden mit Beteiligung eines Anwalts aufseiten des Geschädigten seit Jahren unter 20 % liegt. Maßnahmen des Schadenmanagements haben vermutlich kaum eine Auswirkung auf Entscheidungen von Geschädigten, anwaltliche Hilfe in Anspruch zu nehmen. 98

Auf der anderen Seite bietet das Angebot des Schadenmanagements für den Anwalt aber auch Chancen. Beispielsweise sind Versicherungsgesellschaften i.d.R. bereit, einem Geschädigten einen Mietwagen zu vermitteln, um dessen Kosten es im Nachgang keine Streitigkeiten gibt. Dem Geschädigten nützt es nichts, wenn der den Mietwagen vor Ort zu wesentlich teureren Konditionen anmietet und nach Mietende für die Durchsetzung der entsprechenden Schadensersatzforderung erst noch eine gerichtliche Auseinandersetzung führen muss. Diese Situation kann vermieden werden, in dem das Schadenmanagement der Versicherer hier als Angebot verstanden und in diesem Sinne genutzt wird. 99

Sofern ein Anwalt durch Werkstätten oder Sachverständige beauftragt wird, ist das hinsichtlich einer Interessenkollision unproblematisch. Dieser Anwalt kann dann aber nicht gleichzeitig den Geschädigten vertreten. 100

Anwälte sehen ihre Chancen auch in einer Kooperation mit Autohäusern. *Dötsch* vertrat dies sehr offen in einem Beitrag für Autohaus vom 12.01.2019.[69] Es sei üblich, dass Werkstätten mit bestimmten Rechtsanwälten ständig zusammenarbeiten und die entsprechenden Vollmachtsformulare vorhalten. Sie können ihrem Partner-Anwalt unkompliziert alle Unterlagen elektronisch zukommen lassen. Dieser setzt sich dann mit dem vermittelten Mandanten in Verbindung. Auch andere Stimmen betonen, dass es regelmäßig weder gegen §§ 1, 2 BRAO noch §§ 134, 138 BGB verstoße, wenn ein 101

68 *Kuhn* in: Buschbell/*Höke*, § 22, Rn. 202 ff.
69 https://www.autohaus.de/nachrichten/schadenbusiness/schadenregulierung-zusammenarbeit-von-werkstatt-und-anwalt-zwingend-notwendig-2773831 (Stand: 22.02.2025).

Rechtsanwalt das Mandat eines Unfallgeschädigten annimmt, dem er von einer Autovermietung oder einer Reparaturwerkstatt empfohlen wurde.[70]

102 Versicherungen sind kaufmännische Unternehmen. Sie sind auf Kostenminimierung und Gewinnmaximierung ausgerichtet. Eine Änderung von Aktivitäten im Schadenmanagement sei nach *Kuhn* nur zu erreichen, wenn dem seitens der Anwaltschaft wirksame Strategien entgegengesetzt werden. Er schlägt eine entsprechende Information der Öffentlichkeit vor, z.B. durch Informationsbroschüren.[71] Entsprechend informiert die Arbeitsgemeinschaft der Verkehrsanwälte im DAV auf ihrer Homepage über Rechte, die einem Geschädigten zustehen.[72]

103 In diesem Zusammenhang ist aber schon die Frage zu stellen, wem ein Anwalt hier verpflichtet ist: seinem Mandanten oder dem Autohaus, um dessen wirtschaftliche Interessen es letzten Endes geht. Formell sind die Geschädigten Mandanten des Anwalts, in der Sache selbst vertritt er aber die wirtschaftlichen Interessen des Autohauses oder anderer an der Schadenbeseitigung beteiligter Dienstleister.

104 Wird die Anwaltsvollmacht auf Betreiben der Werkstatt oder Autovermietung in Zusammenhang mit einem Unfallhelferring bei Auftragserteilung in deren Geschäftsräumen unterzeichnet, kann sie zudem nichtig sein.[73]

105 Der Bundesgerichtshof hat Anwälten die Vorfinanzierung von Unfallschäden verboten. Dabei entschied er über eine Konstellation, in der unfallgeschädigte Mandanten auf »Empfehlung« von Werkstätten eine bestimmte Kanzlei beauftragten. Diese verauslagte im Gegenzug die Schadenskosten. Die Werkstätten erhielten also als Gegenleistung eine zeitnahe Bezahlung ihrer Rechnung. Hierin sah der *BGH* eine Vorteilsgewährung als Gegenleistung für die Mandatsvermittlung. Das aber ist gem. § 49b Abs. 3 Satz 1 BRAO verboten.[74]

## H. Betreiber großer Fahrzeugflotten, Behörden

106 Auch Betreiber großer Fahrzeugflotten betreiben ein eigenes Schadenmanagement. Das sind Leasinggesellschaften, Firmen mit eigenem Fuhrpark, Autovermietungen, aber auch Behörden.

Die damit verbundenen Fragen sind meist betriebsorganisatorischer und nicht rechtlicher Natur. Dennoch gibt es mit der Betriebsorganisation verbundene Aspekte, wenn es um zu leistenden Schadensersatz geht.

107 Sehr häufig werden zur Abwicklung der Korrespondenz mit einstandspflichtigen Versicherern Anwaltskanzleien eingeschaltet. Die jeweiligen Unternehmen sparen sich so das Vorhalten von Mitarbeitern, die ggf. die kaufmännische Abwicklung der Korrespondenz mit Versicherern übernehmen. Damit handelt es sich betriebsorganisatorisch um Outsourcing. So betrachtet sind die als Schadensersatzposition oft geltend gemachten Anwaltskosten nicht unfallbedingt. Denn die Beauftragung erfolgt aufgrund einer vom Unfall unabhängigen betriebsorganisatorischen Entscheidung.

Der Bundesgerichtshof hat allerdings im Urteil vom 29.10.2019 einem großen Autovermieter den Ersatz von vorgerichtlichen Rechtsanwaltskosten zugesprochen.[75] In dieser Entscheidung ging es um die Rechtsfrage, ob ein geschädigtes Unternehmen einen Anspruch auf Ersatz von Rechtsanwaltskosten habe, auch wenn es aufgrund seines Geschäftsfeldes mit der Abwicklung der Folgen von Autounfällen geschäftlich gewandt sei. Kernargument des *BGH* ist, dass ein Verkehrsunfall, an dem zwei Fahrzeuge beteiligt waren, im Hinblick auf die Schadenshöhe regelmäßig keinen einfach gelagerten Fall darstelle.

108 Der *BGH* hat den Aspekt, dass die Einbindung von Anwaltskanzleien in die Schadensabwicklungsprozesse Outsourcing ist, nicht thematisiert. Das konnte er auch nicht, da – soweit ersichtlich –

70 *Katzenstein* in: Geigel, Kapitel 3, BGB §§ 249, 250, Rn. 241.
71 *Kuhn* in: Buschbell/Höke, § 22, Rn. 191 ff.
72 https://www.verkehrsanwaelte.de/verkehrsrecht/verkehrsunfall-rechte/(Stand: 22.02.2025).
73 *Müller* in: Himmelreich/Halm, Kapitel 6, Rn. 92.
74 *BGH*, Urt. v. 20.06.2016 (AnwZ [Brfg] 26/14), NJW 2016, 3105.
75 *BGH*, Urt. v. 29.10.2019 (VI ZR 45/19), NJW 2020, 144.

dieser Punkt nicht teil des in der Revision zu prüfenden Sachverhalts war. Soweit ersichtlich, gab es keinen entsprechenden Sachvortrag in den Vorinstanzen. Ob Anwaltskosten in diesem Fall noch als erforderliche Rechtsverfolgungskosten i.S.d. § 249 BGB zu sehen sind, oder nicht vielmehr doch als unfallunabhängige Betriebskosten des betroffenen Unternehmens, ist die offene Frage. Ob diese allerdings angesichts des klaren Urteils des *BGH* vom 29.10.2019 noch gerichtlich geklärt wird, ist fraglich. Nach Einschätzung des Verfassers haben die meisten Versicherer ihre Regulierungspraxis geändert und ersetzen inzwischen auch geschäftlich hinreichend gewandten Unternehmen Kosten der Rechtsverfolgung nach Verkehrsunfällen.

Ob Schadenbearbeitungskosten von Behörden und Betrieben zu ersetzen sind, ist fraglich. Es gilt der Grundsatz, dass der zeitliche Aufwand eines Geschädigten, der mit der Schadenbeseitigung verbunden ist, keine ersatzfähige Position darstellt.[76] Das spricht gegen eine Ersatzpflicht. 109

Es gibt aber auch Stimmen, die im Einzelfall danach fragen, ob die unfallbedingten Bearbeitungskosten von den sowieso anfallenden Betriebskosten abgegrenzt werden können. Ist das der Fall, sollen sie im Einzelfall zu ersetzen sein.[77]

## I. Rechtsdienstleister

Im Bereich der Regulierung von Kfz-Schäden haben sich inzwischen auch Rechtsdienstleister am Markt etabliert. Verfügen diese über eine Inkassoerlaubnis, dürfen sie für Geschädigte in Haftpflichtfällen die Bezifferung und Abrechnung von Schadensersatzansprüchen gegenüber dem einstandspflichtigen Versicherer übernehmen. 110

Auch in Kasko-Schäden ist zu beobachten, dass Kunden in Werkstätten keine Abtretungserklärung unterschreiben, sondern einen Rechtsdienstleister mit dem Forderungseinzug gegenüber dem eigenen Kaskoversicherer beauftragen. Die Erscheinungsformen sind vielfältig.

Unter einer Rechtsdienstleistung versteht § 2 Abs. 1 RDG jede Tätigkeit in konkreten fremden Angelegenheiten, sobald sie eine rechtliche Prüfung des Einzelfalls erfordert. 111

In Kfz-Haftpflichtschäden ist das immer der Fall, da zumindest eine Prüfung der Haftung des Unfallgegners und der Einstandspflicht seines Kfz-Haftpflichtversicherers erforderlich ist.

Auch in Fällen der Abrechnung der Leistung beim eigenen Versicherer des Auftraggebers handelt es sich um eine Rechtsdienstleistung. Denn der Rechtsdienstleister muss Bestehen und Umfang der Kasko-Deckung und die Höhe der Selbstbeteiligung prüfen, ehe er die Forderung gegenüber dem Versicherer beziffert. Erhebt der Versicherer Einwendungen zur Deckung oder bezüglich des Versicherungsschutzes, muss der Rechtsdienstleister diese rechtlich prüfen und seinen Auftraggeber zum weiteren Vorgehen beraten.

Nach § 3 RDG ist die Erbringung außergerichtlicher Rechtsdienstleistungen nur in dem Umfang zulässig, in dem sie durch Gesetz erlaubt ist. Hierin mag ein Eingriff in die Berufsausübungsfreiheit gesehen werden, der aber keinen verfassungsrechtlichen Bedenken begegnet.[78]

Der Verfasser beobachtet, dass insbesondere in Ballungsräumen Rechtsdienstleister auftreten, die Werkstätten die Forderungsabrechnung mit Versicherern anbieten, selbst jedoch keine Zulassung nach dem RDG haben. Diese Dienstleister müssen mit einer Untersagung nach § 9 RDG rechnen. Wie auch zu beobachten ist, werden die Rechtsanwaltskammern unverzüglich tätig, wenn ihnen die Tätigkeit eines nicht registrierten Rechtsdienstleisters im eigenen Geschäftsbereich bekannt wird. 112

Für Schuldner einer Forderung stellt sich die Frage, ob sie schuldbefreiend leisten, wenn ein nicht registrierter Rechtsdienstleister die Forderung beziffert und sie diese dann erfüllen.

76 *BGH*, Urt. v. 09.03.1976 (VI ZR 98/75), NJW 1976, 1256.
77 *Kasten* in: Bachmeier/Müller/Rebler, § 12 StVG, D, Rn. 22 ff.
78 *BVerfG*, Beschl. v. 20.02.2002 (1 BvR 423/99, 1 BVR 821/00 und 1 BvR 1412/01), NJW 2002, 1190.

Die Zahlung an einen nicht registrierten Rechtsdienstleister, der eine vom Gläubiger erteilte Vollmacht vorlegt, wirkt schuldbefreiend. Aus dem Rechtsgedanken des § 170 BGB folgt, dass eine Vollmacht wirksam bleibt, bis dem Schuldner deren Erlöschen angezeigt wird. Ohne Zugang einer solchen Anzeige bleibt der Schuldner in seinem Vertrauen auf die Wirksamkeit der Vollmacht geschützt.[79]

Die früher vertretene gegenteilige Auffassung wird aufgegeben. Sie liefe darauf hinaus, dass ein Schuldner die Wirksamkeit einer vorgelegten Vollmachtsurkunde rechtlich bezweifeln und die Registrierung des Rechtsdienstleisters klären müsste. Das ist nicht zumutbar und keine ihn treffende Obliegenheit.

Nicht registrierte Rechtsdienstleister dürfen keine Gebühren für Ihre Tätigkeit berechnen und vom einstandspflichtigen Versicherer ersetzt verlangen. Denn die Erlaubnisvorschriften des RDG stellen für Unternehmen ohne Inkassoerlaubnis ein Verbot im Sinne von § 134 BGB dar. Aufgrund der Nichtigkeit der Vollmacht schuldet der Auftraggeber ihnen keine Vergütung. Behauptet der Rechtsdienstleister gegenüber dem Schuldner eine solche Verpflichtung des Gläubigers und verlangt Ersatz für seine Vergütung, kommt im Einzelfall sogar eine Strafbarkeit gem. § 263 StGB in Betracht.[80]

113 Seriöse Rechtsdienstleister sind gem. § 10 Abs. 1 Nr. 1 RDG für Inkassodienstleistungen registriert. Der Eintrag lässt sich im Inkassoregister nachprüfen.[81] Soweit die Tätigkeit eines registrierten Rechtsdienstleisters sich im vom Bundesgerichtshof[82] gezogenen Rahmen bewegt, ist sie mit dem RDG vereinbar.

Nach *Morell* bleibt eine Inkassozession auch dann wirksam, wenn der registrierte Rechtdienstleister seine Inkassoerlaubnis überschreitet.[83] Dies begründet er mit einer konsequenten Anwendung des Abstraktionsprinzips sowie er Auslegung des Zwecks von § 3 RDG. Zahlungen an solchen Rechtsdienstleister wirken schuldbefreiend, auch wenn im Nachhinein Rechtsmängel bekannt werden.

Es ist immer möglich, dass ein Rechtsdienstleister die ihm durch das RDG gesetzten Grenzen überschreitet.[84] Das geht nicht zu Lasten eines Schuldners, der im Vertrauen auf die vorgelegte Vollmachtsurkunde gezahlt hat.

114 Der *Bundesgerichtshof* hat mit Urteil vom 07.03.2023 (VI ZR 180/22) entschieden, dass ein Rechtsdienstleister hinsichtlich seiner Vergütung der außergerichtlichen Tätigkeit eines Rechtsanwalts gleichgestellt ist. Er kann entsprechend die ihm entstehenden Kosten geltend machen. Der Schädiger hat diese zu erstatten, wenn auch die Kosten eines Rechtsanwalts zu erstatten wären.[85]

Das gilt auch, wenn der Gläubiger zunächst einen Inkassodienstleister beauftragt und nach (erstmaligem) Bestreiten der Forderung einen Rechtsanwalt.[86] Der *BGH* hat dies zwar für einen Sachverhalt entschieden, in dem der Inkassodienstleister erst nach Schuldnerverzug beauftragt wurde. Sind Kosten des Rechtsdienstleisters in Schadensersatzfällen aber auch ohne Verzug zu ersetzen, kommt es auf diesen Aspekt nicht an.

115 Nach hier früher vertretener Ansicht wären die Kosten eines Inkassounternehmens lediglich als Verzugsschaden zu ersetzen. Das haben auch ein Teil der Rechtsprechung und Literatur so gesehen.[87] Der Verfasser hält an dieser Rechtsauffassung nicht weiter fest.

79 *Schubert* in: Münchener Kommentar zum BGB, 9. Aufl. 2021, § 170 BGB, Rn. 11 ff.

80 Zur Strafbarkeit bei unberechtigten Vergütungsforderungen eines Rechtsanwalts vgl. *BGH*, Urt. v. 14.03.2019 (4 StR 426/18), NJW 2019, 1759.

81 https://www.rechtsdienstleistungsregister.de (Stand: 22.02.2025).

82 *BGH*, Urt. v. 27.11.2019 (VIII ZR 285/18), NJW 2020, 208; *BGH*, Urt. v. 08.04.2020 (VIII ZR 130/19), NJW-RR 2020, 779.

83 *Morell*, NJW 2019, 2574.

84 *LG Hamburg*, Urt. v. 14.09.2023 (327 O 94/21), GRUR-RS 2023, 44711.

85 *BGH*, Urt. v. 07.03.2023 (VI ZR 180/22), NJW-RR 2023, 904 = VersR 2023, 649.

86 *BGH*, Versäumnisurteil v. 07.12.2022 (ZR 81/21), NJW 2023, 1368.

87 *OLG Düsseldorf*, Urt. v. 23.07.2020 (I-16 U 99/20), NJW-RR 2020, 1310; *OLG München*, Urt. v. 24.09.1987 (19 U 2071/87), VersR 1988, 805 = MDR 1888, 407, ausführlich *Ernst* in: Münchener Kommentar zum BGB, 8. Auflage 2019, § 286 BGB, Randnummer 167; so im Ergebnis auch *Goebel*, NJW 2016, 3332.

Als Legal Techs organisierte Rechtsdienstleister haben nach Ansicht des Verfassers ein sehr hohes Potenzial bei der Abwicklung von Kfz-Haftpflichtschäden. 116

Derzeit sind es vor allem Anwaltskanzleien, die unfallgeschädigten Kunden in Werkstätten »empfohlen« werden. Der Nachteil eines Anwalts gegenüber dem Rechtsdienstleister ist, dass der Anwalt nicht auf Basis eines Erfolgshonorars arbeiten darf. Dem Rechtsdienstleister mit Inkassoerlaubnis ist das jedoch gestattet. Für den Unfallgeschädigten lässt sich durch Beauftragung eines Legal Techs jedes Kostenrisiko vermeiden.

Zudem können Legel Techs die »empfehlenden« Werkstätten digital in die Inkassoprozesse einarbeiten, wenn der Kunde dem zustimmt. Dem Anwalt sind durch das Anwaltsgeheimnis hier rechtliche Grenzen gesetzt.

Nach dem Urteil des *BGH* vom 07.03.2023 ist eine Veränderung im Markt der für einen Geschädigten tätigen Dienstleister zu erwarten. Legal Techs können im durch Werkstätten vermittelten Geschäft Marktanteile gewinnen, denn die Kostentragungspflicht für solche Aufträge ist nunmehr geklärt. Ob sie es schaffen, diese Möglichkeiten tatsächlich zu nutzen, wird in den kommenden Jahren zu beobachten sein.

Auch in Kaskoschäden treten erste Rechtsdienstleister mit dem Forderungseinzug auf. Diese Dienstleister schließen einen Kooperationsvertrag mit Autohäusern. Die Autohäuser vermitteln den Dienstleister an ihre Kunden und treten nicht selbst als Auftraggeber auf. Der Dienstleister meldet sich dann für den Kunden beim Kaskoversicherer und legt die Rechnung für den Werklohn zur Erstattung vor. Zahlt der Versicherer nicht den vollen berechneten Betrag, gibt der Dienstleister eine Empfehlung zum weiteren Vorgehen ab. Werkstätten, die solche Dienstleister vermitteln, versprechen sich einen Mehrertrag gegenüber ihrer bisherigen Rechnungslegungspraxis. Zudem übernimmt der Rechtsdienstleister den Abrechnungsservice, was die eigene Buchhaltung entlastet. 117

In der Kaskoversicherung sind Kosten der Rechtsverfolgung grundsätzlich nicht versichert. Sie ist eine reine Sachversicherung für das Fahrzeug. Anwaltskosten hat der Versicherer nur zu ersetzen, wenn er sich bei Mandatierung des Anwalts durch seinen Versicherungsnehmer bereits in Verzug befand.[88] Das ist praktisch nie der Fall, wenn der Versicherungsnehmer bei Erteilung des Reparaturauftrags in der Werkstatt auch den Auftrag an einen Rechtsdienstleister erteilt.

In Kaskoschäden ist es derzeit noch die Ausnahme, dass Rechtsdienstleister das Inkasso für Versicherungsnehmer durchführen. Damit verbundene Rechtsfragen sind neu und – soweit ersichtlich – durch Rechtsprechung und Schrifttum bisher noch nicht behandelt.

Die Inkassotätigkeit von als Rechtsdienstleistern zugelassenen Legal Techs wird auch als »Inkasso 2.0« bezeichnet.[89] Der Bundesgerichtshof hat deren Tätigkeit in Massensachen inzwischen für zulässig erachtet.[90] 118

Der Rechtsrahmen, in dem Legal Techs bei der Abwicklung von Kfz-Schäden tätig werden dürfen, ist somit geklärt. Nach Einschätzung des Verfassers ist deren potenzieller Markt groß. Insbesondere haben die Möglichkeiten zur Kooperation mit Autohäusern, Sachverständigen und anderen, bei denen sich für Rechtsanwälte durch das geltende Recht Schranken ergeben. Der Hauptvorteil von Legal Techs aus Sicht der Verbraucher ist, dass sie vollständig auf Basis eines Erfolgshonorars arbeiten dürfen.

Ob es ihnen gelingt, sich in nennenswertem Umfang am Markt zu etablieren und Anwaltskanzleien Marktanteile abzunehmen, bleibt allerdings abzuwarten. Legal Techs haben jedenfalls das Potential, mittelständische Anwaltskanzleien vom Markt bei der Schadenregulierung zu verdrängen.

---

88 *Wimber* in: Burmann/Heß/Hühnermann/Jahnke, Straßenverkehrsrecht, 28. Aufl. 2024, BGB § 249, Rn. 18.

89 *Mescheder*, RDi 2024, 180.

90 *BGH*, Urt. v. 27.11.2019 (VIII ZR 285/18), NJW 2020, 208; *BGH*, Urt. v. 08.04.2020 (VIII ZR 130/19), NJW-RR 2020, 779; *BGH*, Urt. v. 27.05.2020 (VIII ZR 45/19), NZM 2020, 551.

# Teil 2 Haftung

## Kapitel 3 Haftungstatbestände

### Übersicht



### Einleitung

1 Gerade bei der Erfüllung von Schadensersatzansprüchen kommt es für den Schädiger unter mehreren Aspekten darauf an, dass der richtige Gläubiger aus dem jeweils relevanten Haftungstatbestand in Höhe der ihm zustehenden Forderung befriedigt wird. Der Schädiger muss sich also Gewissheit über folgende Fragen verschaffen:

1. Aus welchem Rechtsgrund hafte ich?
2. Wer ist Anspruchsberechtigter Gläubiger?

3. Nur ihm gegenüber kann ich mit Schuldbefreiender Wirkung leisten.
4. Welcher Betrag wird aus dem in Betracht kommenden Rechtsverhältnis geschuldet?

2 Die Leistung wird dann mit Schuldbefreiender Wirkung erbracht, wenn sie entweder gegenüber dem Inhaber der Forderung oder dem in anderer Weise über sie Verfügungsberechtigten bewirkt worden ist.[1]

## A. Einführung in die rechtliche Problematik

### I. Anspruchsberechtigung (Aktivlegitimation)

3 Der Anspruchsberechtigung (Sachbefugnis) entspricht im Rechtsstreit die Aktivlegitimation (Klagbefugnis). Ersatzberechtigt ist nur, wer an den durch eine Rechtsnorm geschützten Gütern geschädigt wurde (z.B. durch Sachbeschädigung) oder wer selbst Begünstigter eines gestörten Schuldverhältnisses ist. Die Sachbefugnis beantwortet also die Frage nach der richtigen Partei für die Begründetheit der Klage.[2]

### II. Rechtsfähigkeit (Parteifähigkeit)

4 Die Anspruchsberechtigung setzt im materiellen Bereich die Rechtsfähigkeit voraus. Darunter versteht man nach § 1 BGB die Fähigkeit, Träger von Rechten und Inhaber rechtlicher Pflichten zu sein. Wer Ansprüche geltend machen will, muss uneingeschränkt parteifähig sein. Darunter versteht man nach § 50 ZPO die Fähigkeit, im eigenen Namen, wenn auch evtl. in Wahrung fremder Rechte, die Rechtsverfolgung als Prozesspartei zu betreiben. Dabei genügt bereits die passive Parteifähigkeit (§ 50 Abs. 2 ZPO), etwa des nicht eingetragenen Vereins.

### III. Geschäftsfähigkeit (Prozessfähigkeit)

5 Auf der anderen Seite hängt die Anspruchsberechtigung jedoch nicht von der Geschäftsfähigkeit (Umkehrwirkung aus § 104 BGB) ab. Unter Geschäftsfähigkeit[3] versteht man die Fähigkeit, rechtsgeschäftliche Willenserklärungen mit verbindlicher Wirkung abzugeben und entgegenzunehmen. Der nicht voll geschäftsfähige Geschädigte muss jedoch bei den Regulierungsverhandlungen – ebenso wie der Nichtprozessfähige in einem Rechtsstreit – ordnungsgemäß vertreten sein.[4] Im Prozess kommt es entscheidend auf die Prozessfähigkeit an. Darunter versteht man nach § 51 ZPO die Fähigkeit, einen Prozess selbst oder durch einen Bevollmächtigten zu führen. Beschränkt Geschäftsfähige sind nur dann selbst prozessfähig, wenn sie nach der Rechtsordnung als geschäftsfähig angesehen werden (§ 52 ZPO).[5]

6 Der Anspruchsteller muss nicht identisch mit demjenigen sein, dem der Wert der Leistung zufließt.

### IV. Stellvertretung

#### 1. Einführung in die rechtliche Problematik

7 Für die ordnungsgemäße Regulierung eines Schadenfalls kommt es in der Praxis entscheidend darauf an, dass die Leistung gegenüber dem berechtigten Gläubiger erbracht wird, weil sie nur unter dieser Bedingung Schuld befreiend bewirkt werden kann. Dabei gilt der Grundsatz, dass Ansprüche – von wenigen Ausnahmen abgesehen – nur in der Person des unmittelbar Geschädigten entstehen. Es ist infolgedessen zunächst festzustellen, wer durch das zum Ersatz verpflichtende Ereignis an einem seiner geschützten Rechtsgüter Schaden genommen hat und wer als Inhaber eines begründeten

---

1 Vgl. *Jahnke, Burmann*, Jahnke, Burmann, Handbuch Personenschadensrecht, 2. Aufl. 2022, Kap. 6 Drittleistungsträger (Leistung, Regress), Rn. 6169, 6170.
2 Gunnar Groh, Weber kompakt, Rechtswörterbuch, 9. Edition 2023, Sachbefugnis.
3 Julian Fuchs, Weber kompakt, Rechtswörterbuch, 9. Edition 2023, Geschäftsfähigkeit.
4 Gunnar Groh, Weber kompakt, Rechtswörterbuch, 9. Edition 2023, Prozessfähigkeit.
5 *Groh*, Weber kompakt, Rechtswörterbuch, 11. Edition 2024.

Ersatzanspruchs auftritt. Diese Person muss nicht mit derjenigen identisch sein, mit der letztlich die Regulierungsverhandlungen zu führen sind und der gegenüber der Leistung mit Schuld befreiender Wirkung erbracht wird.

Häufig wird es der Schädiger insoweit mit Stellvertretern zu tun haben; mitunter ist eine Vertretung des Anspruchstellers (Geschädigten) sogar zwingend erforderlich (etwa beim Minderjährigen). Nachfolgend soll daher, begrenzt auf natürliche Einzelpersonen, untersucht werden, inwieweit im Verlaufe von Regulierungsverhandlungen Vertreter in Erscheinung treten und inwieweit eine Stellvertretung zulässig bzw. geboten ist. 8

Bei der hier in diesem Zusammenhang allein interessierenden Frage, unter welchen Voraussetzungen geschuldete Schadensersatzleistungen mit befreiender Wirkung gegenüber Dritten erbracht werden können, handelt es sich um ein Pendant zu dem an anderer Stelle erörterten Problem, wann sich der Geschädigte Handlungen Dritter – insbesondere gesetzlicher Vertreter – über § 278 BGB i.V.m. § 254 BGB als eigenes Verschulden anrechnen lassen muss. 9

## 2. Allgemeine Grundsätze

Unter Vertretung – im weiteren Sinne – versteht man jedes Tätigwerden für einen anderen an seiner statt, wobei es gleichgültig ist, ob die Handlung im Namen des Vertretenen oder lediglich in seinem Interesse vorgenommen wird. Unter Stellvertretung i.S.d. bürgerlichen Rechts – als Oberbegriff – versteht man indes lediglich das rechtsgeschäftliche Handeln im Namen und für Rechnung des Vertretenen, also die sog. unmittelbare Stellvertretung. Nicht unter diesen Begriff fallen daher reine Tathandlungen (sog. Realakte), d.h. Handlungen, die einen tatsächlichen Erfolg herbeiführen, an den die Rechtsordnung bestimmte Rechtsfolgen knüpft. 10

Man unterscheidet im Rechtssinne zwischen der Stellvertretung bei der Abgabe einer Rechtsgeschäftlichen Willenserklärung (aktive Stellvertretung) und bei der Entgegennahme (Empfang) einer Willenserklärung (passive Stellvertretung). Voraussetzung in beiden Fällen ist ein eigenverantwortliches unmittelbares Handeln im fremden Namen und eine entsprechende Vertretungsmacht. Die im Namen des Vertretenen abgegebene oder entgegengenommene Willenserklärung wirkt – im Rahmen der gesetzlich zulässigen Möglichkeiten – unmittelbar für und gegen den Vertretenen (§ 164 Abs. 1 und Abs. 3 BGB). Die Vertretungsmacht kann sich unmittelbar aus dem Gesetz herleiten (gesetzliche Stellvertretung) oder durch Rechtsgeschäft erteilt sein (gewillkürte Stellvertretung).[6] 11

Die Wirksamkeit einer von oder gegenüber einem Vertreter abgegebenen Willenserklärung wird nicht dadurch beeinträchtigt, dass der Vertreter selbst in der Geschäftsfähigkeit beschränkt ist (§ 165 BGB). Das bedeutet im Klartext, dass der beschränkt geschäftsfähige Vertreter – § 165 BGB gilt allerdings nicht für den Geschäftsunfähigen – Rechtshandlungen wohl für einen Dritten, nicht aber im eigenen Namen rechtswirksam vornehmen kann. 12

Dies ergibt sich aus der Systematik des BGB. Dabei wird berücksichtigt, dass es dort vorrangig auf einen sehr weitgehenden Minderjährigenschutz ankommt. Da der Vertreter aus dem Geschäftsabschluss selbst nicht haftet, bedarf es nach den Vorstellungen des BGB beim Handeln für den Dritten nicht der eigenen Geschäftsfähigkeit. Im Rechtsstreit ist eine Vertretung durch einen nur beschränkt Geschäftsfähigen nicht zulässig (§ 79 ZPO). 13

Es ist streng zu unterscheiden zwischen der Vertretungsmacht und der Geschäftsführungsbefugnis. Unter Vertretungsmacht versteht man die Berechtigung zum Handeln nach außen, also Dritten gegenüber. Die Geschäftsführungsbefugnis hingegen betrifft lediglich das Innenverhältnis zwischen Vertreter und Vertretenem. Die Geschäftsführungsbefugnis kann sich aus einem Geschäftsbesorgungsvertrag oder einem Auftrag ableiten bzw. auch auf einem Dienstvertrag beruhen. 14

Der rechtlich relevante Unterschied wird an folgendem Beispiel deutlich: 15

6 Julian Fuchs, Weber kompakt, 9. Edition 2023, Stellvertretung.

16 Müller erklärt, im Namen und für Rechnung von Krause zu handeln. Er legt Schmidt eine von Krause unterzeichnete Vollmacht vor. Er überschreitet dabei jedoch den Umfang der mit Krause intern abgesprochenen Begrenzung der Geschäftsführungsbefugnis. Sofern Schmidt den Mangel der Vollmacht nicht kennt oder hätte kennen müssen, ist die Rechtshandlung nach außen (gegenüber Schmidt) voll *wirksam*. Krause muss es sich zurechnen lassen, dass er den Umfang der Müller erteilten Vollmacht nach außen nicht deutlich sichtbar abgegrenzt hat, sodass Schmidt auf den Inhalt der ihm vorgelegten Urkunde vorwurfsfrei vertrauen durfte. Im Innenverhältnis ist Müller jedoch zum Ersatz des Schadens verpflichtet, der sich daraus ergibt, dass er den ihm erteilten Auftrag überschritten hat.

17 Fehlt die Vertretungsmacht oder wird sie überschritten, so liegt Vertretung ohne Vertretungsmacht vor. Handelt der Vertreter dagegen im Rahmen der ihm erteilten Befugnisse, so treten die Rechtswirkungen *direkt* zwischen Vertretenem und Dritten ein (sog. Repräsentationstheorie). Es macht dabei keinen rechtsbedeutsamen Unterschied, ob die Erklärung ausdrücklich im Namen des Vertretenen abgegeben wird oder ob die Umstände ergeben, dass sie in seinem Namen abgegeben werden soll (§ 164 Abs. 1 S. 2 BGB).[7]

18 Tritt der Wille, im fremden Namen zu handeln, nicht erkennbar hervor, so kommt der Mangel des Willens, im eigenen Namen zu handeln, nicht in Betracht (§ 164 Abs. 2 BGB). Wer als Vertreter ohne Vertretungsmacht einen Vertrag mit einem Dritten abschließt, ist, sofern er seine Vertretungsmacht nicht ordnungsgemäß nachweist, dem Dritten gegenüber nach dessen Wahl zur Erfüllung oder zum Schadensersatz verpflichtet, wenn der Vertretene die Genehmigung des Vertrages i.S.v. § 177 BGB verweigert (§ 179 Abs. 1 BGB).[8]

### 3. Handlungen Dritter

19 Im Rahmen eines Versicherungsvertrages erhebt sich häufig die Frage, inwieweit der Versicherungsnehmer (VN) sich Handlungen Dritter zurechnen lassen muss, die den Versicherer berechtigen, eine Leistung zu verweigern bzw. zu kürzen.[9] Dabei wird es sich vornehmlich um den Fall der Verletzung vertraglicher Obliegenheiten, ihrer Zuordnung und ihrer Rechtsfolgen handeln.

#### *a) Hilfspersonen und Erfüllungsgehilfen*

20 Der VN hat im Rahmen einer abgeschlossenen Kaskoversicherung für die schuldhafte Herbeiführung des Versicherungsfalls durch von ihm bestellte Hilfspersonen nicht im Rahmen von § 278 BGB, sondern nur insoweit einzustehen, als sie seine Repräsentanten sind.[10] Hat der Versicherungsnehmer die eigenverantwortliche Wahrnehmung der Rechte und Pflichten aus dem Versicherungsvertrag einem Dritten übertragen, also zum Beispiel die Pflicht zur rechtzeitigen Beitragszahlung, ist dieser insoweit sein Repräsentant.[11] Überträgt der Versicherungsnehmer dem Dritten die selbstständige Wahrnehmung seiner Befugnisse nur in einem bestimmten, abgrenzbaren Geschäftsbereich, ist die Zurechnung des Repräsentantenverhaltens laut *BGH* darauf beschränkt und kann nicht auf andere Tätigkeitsbereiche ausgedehnt werden. Aus dem tragenden Grund dafür, dass der Versicherungsnehmer für das Verhalten seines Repräsentanten wie für eigenes Verhalten einzustehen hat, ergibt sich zugleich die Grenze der Zurechnung. Der Versicherungsnehmer muss sich Repräsentantenverhalten nur insoweit zurechnen lassen, als er den Dritten an seine Stelle hat treten lassen.

---

7 BGB § 164 Wirkung der Erklärung des Vertreters, *Schubert*, MüKoBGB, 8. Aufl. 2018, Rn. 71, 72.

8 BGB § 181 Insichgeschäft, *Schubert*, MüKoBGB, 8. Auflage 2018, Rn. 43.

9 VVG § 28 VVG Verletzung einer vertraglichen Obliegenheit, *Link, Moos*, Haus, Krumm, Quarch, Gesamtes Verkehrsrecht, Rn. 11–17.

10 *OLG Köln*, Urt. v. 19.09.1995 – 9 U 338/94, BeckRS 1995, 8590; *Hering*, Die Repräsentantenhaftung in der Kaskoversicherung, SVR 2012, 201.

11 *BGH*, Urt. v. 14.03.2007 – IV ZR 102/03, JZ 2007, 272.

### *b) Repräsentanten und Willenserklärungsvertreter*

Repräsentant ist, »wer in dem Geschäftsbereich, zu dem das versicherte Risiko gehört, aufgrund eines Versicherungs- oder ähnlichen Verhältnisses an die Stelle des Versicherungsnehmers getreten ist«.[12] Die Rechtsfigur des Repräsentanten ist im Gesetz nicht vorgesehen. Sie hat sich gewohnheitsrechtlich eingebürgert.[13] 21

Der Versicherungsschutz des Versicherten ist in der Kfz-Haftpflichtversicherung allerdings nicht betroffen, selbst wenn eine mitversicherte Person gegen eine Obliegenheit verstößt.[14] Im Bereich der Kaskoversicherung muss sich der Versicherungsnehmer das grob fahrlässige Verhalten oder auch den Vorsatz des Repräsentanten gegebenenfalls Leistungsmindernd anrechnen lassen.[15] 22

Eine ähnliche Stellung übt der Wissenserklärungsvertreter aus. Unter diesem Begriff versteht man eine Person, die der VN damit betraut hat, an seiner Stelle tatsächliche Feststellungen zu treffen, auf die es maßgeblich ankommt und die von rechtserheblicher Bedeutung sind.[16] Der VN muss den Vertreter weiterhin damit beauftragt haben, das so erworbene Wissen an den Versicherer weiterzuleiten, etwa durch verantwortliches Ausfüllen einer Schadenanzeige.[17] Die Pflicht des Versicherers, einer Angabe des Versicherungsnehmers im Schadensanzeigeformular nachzugehen, gilt nur für den Fall, dass der Versicherungsnehmer mehrdeutige und nicht nachvollziehbare Angaben gemacht hat.[18] Der Versicherungsnehmer haftet für die Angaben derjenigen Person, die er mit der Erstattung von Auskünften betraut hat. Wissenserklärungsvertreter ist, wer vom VN mit der Erfüllung von dessen Obliegenheiten und zur Abgabe von Erklärung anstelle des VN betraut worden ist. Der Versicherungsnehmer kann sich nicht mit Erfolg darauf berufen, die Erklärung in der Schadensanzeige bzw. dem ergänzenden Fragebogen seien ihm nicht zuzurechnen, weil er die Formulare nicht selbst sondern seine Ehefrau ausgefüllt und mit ihrem Namen unterschrieben hat. Die Ehefrau handelt als Wissenserklärungsvertreterin, wenn sie vom Versicherungsnehmer konkret mit der Abgabe der Erklärung betraut worden ist.[19] Das *OLG Köln* sieht auch die Lebensgefährtin als Wissenserklärungsvertreterin an.[20,21] Das Gleiche gilt, wenn der Ehemann falsche Angaben zum Fahrzeugzustand macht und die Ehefrau die Schadenmeldung abgibt.[22] 23

---

12 *BGH*, BGHZ 107, 230; BGHZ 122, 250; vgl. § 81 Herbeiführung des Versicherungsfalls, *Langheid* Römer, Langheid, Versicherungsvertragsgesetz VVG Rnrn. 19–22 ff., 6. Aufl. 2019; VVG § 28 Verletzung einer vertraglichen Obliegenheit, *Rixecker*, Langheid, Rixecker, Versicherungsvertragsgesetz, 6. Auflage 2019, Rn. 39–49.

13 Vgl. bereits *OLG Oldenburg* VersR 1951, 272; *Burmann, Heß*, Ber, Burmann, Handbuch des Straßenverkehrsrechts, 36. EL 201, I. Zurechnen des Fehlverhaltens Dritter, Rn. 3–16a., H. Vorsätzliche und grob fahrlässige Herbeiführung des Versicherungsfalles Rn. 6–27.

14 *LG Detmold*, Urt. v. 19.11.2010 – 12 O 326/08, BeckRS 2012, 11330.

15 *LG Münster*, Urt. v. 24.09.2009 – 015 O 275/09, DAR 2010, 473; H. Vorsätzliche und grob fahrlässige Herbeiführung des Versicherungsfalles, *Burmann, Heß*, Berz/Burmann, Handbuch des Straßenverkehrsrechts, 36. EL 2016, Rn. 6–27; *BGH*, Urt. v. 10.07.1996 – IV ZR 287/95, NZV 1996, 447.

16 I. Zurechnung des Fehlverhaltens Dritter, *Burmann, Heß*, Berz, Burmann, Handbuch des Straßenverkehrsrechts, 42. EL 2020, Rn. 17–22a.

17 *BGH*, VersR 1969, 695; vgl. *LG Aachen*, Urt. v. 13.05.2005 – 9 O 644/04; I. Zurechnung des Fehlverhaltens Dritter, *Burmann, Heß*, Berz, Burmann, Handbuch des Straßenverkehrsrechts, 42. EL 2020, Rn. 22a.

18 *LG Aachen*, Urt. v. 13.05.2005 – 9 O 644/04, SP 2006, 214.

19 VVG § 28 Verletzung einer vertraglichen Obliegenheit, *Rixecker*, Langheid, Rixecker, Versicherungsvertragsgesetz, 6. Aufl. 2019, Rn. 52.

20 *OLG Köln*, Urt. v. 26.04.2005 – 9 U 113/04, r+s 2005, 240.

21 *OLG Köln* Urt. v. 26.04.2005 – 9 U 113/04, r+s 2005, 240.

22 *OLG Saarbrücken*, Urt. v. 06.10.2010 – 5 U 88/10-16, r+s 2011, 325.

### c) *Mitversicherte Personen im Sinne der Allgemeinen Bedingungen für die Kraftfahrzeugversicherung (AKB)*

24 Eine Verletzung vertraglicher Obliegenheiten durch den berechtigten Fahrer muss zugleich auch nachteilige Rückwirkungen auf den Deckungsschutz des VN haben. Dabei ist zunächst zu berücksichtigen, dass – losgelöst von einer bestimmten Person – sich der Versicherungsschutz nach den AKB auf Rechnung dessen erstreckt, »den es angeht«. Versicherungsschutz genießen in erster Linie der jeweilige VN, zugleich aber auch der Fahrer und die »betriebstätigen« Personen (Mitversicherte). Grundsätzlich wird also ein schuldhafter Verstoß des berechtigten Fahrers gegen Vertragspflichten (Obliegenheiten) den Deckungsschutz des Halters (VN) nicht berühren, sofern der Fahrer nicht Repräsentant des VN ist.[23]

## 4. Gesetzliche Vertretung

25 Die gesetzliche Vertretung ist der Hauptfall der Stellvertretung. Unter dieser Bezeichnung versteht man die kraft Gesetzes vorgeschriebene Stellvertretung unmündiger (minderjähriger oder entmündigter) Personen, wobei zu berücksichtigen ist, dass der Inhalt (Umfang) der Vertretungsmacht gesetzlich genau abgegrenzt ist.[24] Zahlungen gegenüber Minderjährigen oder sonst in der Geschäftsfähigkeit beschränkten Personen sind zu Händen ihres gesetzlichen Vertreters zu leisten, um sicherzustellen, dass ein Erlöschen des Schuldverhältnisses erfolgt. Unter gewissen Voraussetzungen ist zusätzlich auch die *Genehmigung* des Vormundschaftsgerichts nach den Bestimmungen der §§ 1643 Abs. 1, 1686, 1822 Nr. 5 und 1902 BGB erforderlich. Dies gilt insbesondere, wenn die Erziehungsberechtigten ihrerseits leistungspflichtig sind, z.B. nach einem Verkehrsunfall, oder wenn Leistungen nach einem Unfall an die Erziehungsberechtigten für das minderjährige Kind erfolgen sollen.[25]

26 Für den versicherungsvertraglichen Bereich gelten nach dem VVG folgende Sonderbestimmungen: Der Mitwirkung des Vormundschaftsgerichts bedarf es im Hinblick auf § 165 BGB nicht in der Lebensversicherung. Etwas anderes gilt, wenn der Betreuer einen Lebensversicherungsvertrag zu seinen Gunsten abändern will.[26] Weiterhin entbehrlich ist für die Rechtswirksamkeit eines Versicherungsvertrages die vormundschaftsgerichtliche Genehmigung für den gesamten Bereich der Versicherung bei *einmaliger* Prämienzahlung. Bei laufender Prämienzahlung gilt dies auch dann, wenn im Fall des § 1822 Nr. 2 BGB das Vertragsverhältnis nicht länger als ein Jahr nach Erreichung der Volljährigkeit fortdauern soll.

27 Eine rechtswirksame Vereinbarung setzt die unbeschränkte Handlungsfähigkeit der Parteien nach bürgerlichem Recht bezüglich der von ihnen gleichermaßen abzugebenden wie entgegenzunehmenden Willenserklärungen voraus. Eine natürliche Person (Mensch) ist handlungsfähig, wenn sie durch eigenverantwortliches Handeln am Rechtsverkehr teilnehmen, d.h. sich durch rechtsgeschäftliche und rechtserhebliche Willenserklärungen mit verbindlicher Wirkung verpflichten kann. Geschäftsfähig ist der Volljährige (Umkehrschluss aus §§ 104 und 106 BGB).

28 Ist der Geschädigte geschäftsunfähig,[27] sind die von ihm abgegebenen Willenserklärungen *nichtig*. Für ihn kann lediglich sein gesetzlicher Vertreter rechtswirksam handeln. Geschäftsunfähigkeit kann auch teilweise gegeben sein.[28] Unter der Einwirkung des Prinzips der Gleichberechtigung wird das eheliche Kind von seinen Eltern gemeinsam vertreten (»gesetzliche Gesamtvertreter«). Das bedeutet in der Praxis: Zur aktiven Stellvertretung müssen beide Gesamtvertreter mitwirken, während zur

23 *BGH*, VersR 1988, 3.

24 BGB § 166 Willensmängel; Wissenszurechnung, *Schubert*, MüKoBGB, 8. Aufl. 2020, Rn. 7. *Fuchs*, Weber kompakt, Rechtswörterbuch, 11. Edition 2024, Stellvertretung.

25 *Kreuter-Lange*, Die Vertretung nicht geschäftsfähiger Personen im Schadenfall – Auszahlung größerer Summen durch den Anwalt an die Eltern, DAR 2019, 185.

26 *OLG Braunschweig*, Urt. v. 12.03.2018 – 11 U 64/17, BeckRS 2018, 48082.

27 Vgl. dazu §§ 104u. 105 BGB.

28 BGB § 104 Geschäftsunfähigkeit, *Spickhoff*, MüKoBGB, 8. Aufl. 2018, Rn. 18–22.

passiven Stellvertretung regelmäßig bereits die Abgabe der Willenserklärung gegenüber einem der gesetzlichen Gesamtvertreter genügt. Eine Ausnahme besteht allerdings im Rahmen des so genannten »Taschengeldparagraphen« (§ 110 BGB). Danach dürfen auch nicht Geschäftsfähige Personen im Rahmen des ihnen zur Verfügung gestellten Geldbetrages Geschäfte tätigen, ohne dass die Genehmigung der Erziehungsberechtigten erforderlich ist. Problematisch ist es allerdings, wenn die Geldmittel nicht von Erziehungsberechtigten sondern von Dritten kommen.[29]

In einer Reihe von Fällen sind die Eltern kraft Gesetzes von der Ausübung der elterlichen Sorge und damit auch von der Vertretung ausgeschlossen. Dies gilt z.B. in den Fällen, in denen auch ein Vormund von der Vertretung ausgeschlossen wäre (§§ 1629 Abs. 2, 1795 BGB), insbesondere natürlich bei Rechtsgeschäften zwischen dem Kind einerseits und den Eltern oder deren Verwandten andererseits, sowie in den Fällen, in denen ein besonderer Pfleger bestellt ist (§ 1630 BGB) oder kraft Gesetzes bestellt werden müsste. 29

Sofern der Geschädigte durch Minderjährigkeit in seiner Geschäftsfähigkeit beschränkt ist, sind die von ihm abgegebenen rechtsgeschäftlichen Willenserklärungen schwebend unwirksam, bis der gesetzliche Vertreter sie genehmigt (§ 108 Abs. 1 BGB). 30

Unter gewissen Voraussetzungen kommt als gesetzlicher Vertreter des Geschädigten auch ein Vormund in Betracht. Dieser wird vom Vormundschaftsgericht bestellt. In aller Regel wird es sich dabei um einen Einzelvormund handeln.[30] Dies schließt jedoch nicht aus, dass auch rechtsfähige Vereine (§ 1791a BGB) sowie das Jugendamt (§ 1791b u. c BGB) zum Vormund bestellt werden können. Der Vertretungsrecht des Vormunds ist ausgeschlossen, 31
- sofern das Mündel unbeschränkt geschäftsfähig ist (§§ 112, 113 BGB)
- soweit für ihn zur Besorgung einer bestimmten Angelegenheit ein Pfleger bestellt ist (§ 1794 BGB)
- soweit dem Vormund das Vertretungsrecht entzogen ist (§ 1796 BGB)
- oder sofern dieses wegen Interessenkollision nicht ausgeübt werden kann (§ 1795i.V.m. § 181 BGB).

Die Betreuung durch das Betreuungsgesetz vom 12.09.1990 (BGBl. I S. 2002) war mit Wirkung vom 01.01.1992 an die Stelle der Vormundschaft über Volljährige (§§ 1896–1908 a.F. BGB) sowie der Gebrechlichkeitspflegschaft (§§ 1910–1920 a.F. BGB) getreten. Es galt bis zum 24.04.2006. Nunmehr greifen §§ 1896, 1902 BGB sowie §§ 1–110 und 271–341 FamFG (Familienverfahrensgesetz).[31] 32

Die gesetzliche Vollmacht des Kfz-Haftpflichtversicherers nach den Allgemeinen Bedingungen für die Kraftfahrzeugversicherung (AKB) stellt eine Unterart der gesetzlichen Vertretung speziell für den Bereich des Versicherungsvertragsrechtes dar. Nach dieser Vorschrift darf der Versicherer kraft gesetzlicher Vollmacht für seinen Versicherungsnehmer und die mitversicherten Personen alle Willenserklärungen abgeben und entgegennehmen, die das versicherte Rechtsverhältnis betreffen. Dazu gehört insbesondere die gesetzliche Prozessführungsbefugnis des Versicherers im Rahmen seines Direktionsrechts.[32] Unter die gesetzliche Vollmacht nach den AKB fällt vor allem das Recht und die Pflicht des Kfz-Haftpflichtversicherers (Auto-Versicherers), begründete Ansprüche zu erfüllen und unbegründete Ansprüche abzulehnen. An Weisungen seines Versicherungsnehmers ist der Auto-Versicherer dabei nicht gebunden. Demnach können die häufig und gern ausgesprochenen »Regulierungsverbote« lediglich als Anregung betrachtet werden, denen im Verhältnis zum Auto-Versicherer rechtliche Relevanz nicht zukommt. Dies gilt auch für die Führung eines Rechtsstreits gegen den klagenden Unfallgegner. Der Versicherer ist frei in der Auswahl eines Anwalts für den Rechtsstreit. Der Versi- 33

29 BGB § 1903 Einwilligungsvorbehalt, *Schneider*, MüKoBGB, 8. Aufl. 2020, Rn. 57.

30 *LG Wiesbaden*, Beschluss v. 03.09.2008 – 4 T 663/07, BeckRS 2010, 661.

31 Geltungszeitraum ab 01.01.2023.

32 *Armbrüster*, Prozessuelle Besonderheiten in der Haftpflichtversicherung, r+s 2010, 441.

cherungsnehmer muss diesem die Vollmacht erteilen und die nötigen Informationen geben.[33] Der Versicherer hat einen Ermessensspielraum. Dabei darf er neben der Würdigung des Unfallhergangs auch wirtschaftliche Erwägungen treffen. Er ist nicht gezwungen, es auf einen Zivilprozess ankommen zu lassen. Dieser Ermessensspielraum unterliegt der gerichtlichen Überprüfung nur insoweit, als lediglich grobe Fehler bei der Ausübung des Ermessens durch das Gericht korrigiert werden können.[34] Reguliert der Versicherer den Schaden offensichtlich fehlerhaft, hat der Versicherungsnehmer einen Anspruch darauf, so gestellt zu werden wie ohne die Schadenmeldung. Er kann eine Feststellungsklage erheben mit dem Antrag, dass die Zahlungen seines Versicherers nicht zu einer Rückstufung im Schadenfreiheitsrabatt führen. Die Aussichten, Erfolg mit einer solchen Klage zu haben, sind jedoch gering. Alleine die Tatsache, dass der Versicherer die Ermittlungsakte eingesehen hat, genügt in der Regel, um die Behauptung offensichtlichen Fehlgebrauchs der Vollmacht zu Fall zu bringen. Laut *AG Duisburg* liegt eine Ermessensüberschreitung nur dann vor, wenn der Schadensfall völlig unsachgemäß bearbeitet wird, insbesondere durch die Begleichung einer offensichtlich unbegründeten Schadensersatzforderung.[35] Ein Versicherer handelt weder unsachgemäß noch pflichtwidrig, wenn er in Zweifelsfällen Ersatz leistet, um zeitraubende und aufwendige Ermittlungen zu ersparen und das Risiko eines Prozesses zu vermeiden. Dies gilt selbst dann, wenn er dabei Ansprüche befriedigt, die eventuell ungerechtfertigt sind.[36] Eine Pflichtverletzung des Versicherers bei der Regulierung liegt nach einem Urteil des *AG Düsseldorf* nicht vor, wenn er nach den vorgelegten Unterlagen und beigezogenen Akten davon ausgehen konnte, dass der Fahrer des versicherten Kfz den Unfallschaden verursacht hatte und dadurch ein Schadenersatzprozess mit voraussichtlich günstigem Ausgang für den Geschädigten vermieden werden konnte.[37] Der Versicherer muss vor der Regulierung nach Ansicht des *AG Duisburg* den Versicherungsnehmer zum Unfallhergang befragen. Unterlässt er dies, kann eine offensichtliche Fehlregulierung angenommen werden.

34 Ebenfalls um eine Unterform der gesetzlichen Vollmacht handelt es sich bei der Schlüsselgewalt. Nach § 1357 BGB ist jeder Ehegatte berechtigt, Geschäfte zur angemessenen Deckung des gemeinsamen Lebensbedarfs der Familie mit Wirkung für und gegen den anderen Ehegatten zu erledigen und den anderen Ehegatten innerhalb des häuslichen Wirkungskreises zu vertreten.[38] Aus Rechtsgeschäften, die ein Ehegatte innerhalb seines Wirkungskreises vornimmt, werden grundsätzlich beide Ehegatten berechtigt und verpflichtet. Bei dem Kauf eines Kraftfahrzeuges handelt es sich laut *AG Lebach* nicht um ein Geschäft zur angemessenen Deckung des Lebensbedarfs. Eine Verpflichtung nach § 1357 BGB ergibt sich demnach nicht, es sei denn, der andere Ehepartner genehmigt das Geschäft.[39] Der Abschluss sowie die Kündigung einer Vollkaskoversicherung für ein Familienfahrzeug kann ein Geschäft zur Deckung des allgemeinen Lebensbedarfs sein.[40]

## 5. Mittelbare Stellvertretung

35 Handelt der »Vertreter« im eigenen Namen, wenn auch im Interesse des Vertretenen, liegt mittelbare Stellvertretung vor.[41] Dies gilt z.B. für den Treuhänder, den Strohmann oder den Kommissionär. Insoweit liegt eine Stellvertretung im eigentlichen Sinne nicht vor, weil der Mittelsmann sich durch seine Erklärungen im Außenverhältnis ausschließlich selbst verpflichtet.

33 Pardey, Schalke, Link, Schadenrecht, 1. Aufl. 2023; *Schneider*, Geigel, Haftpflichtprozess, 29. Aufl. 2024, Kap. 13, Rn. 10, 11.

34 *AG Berlin-Mitte*, SP 2003, 434; *AG Köln*, Urt. v. 28.01.2009 – 269 C 293/08, NJW-RR 2010, 98; *Kröger*, Regulierungsermessen und Belastung des Schadenfreiheitsrabatts -der Versicherer zwischen den Fronten, VersR 2013, 139.

35 *AG Duisburg*, Urt. v. 19.12.2003 – 74 C 3946/03, SP 2005, 24; *LG München I*, NZV 2003, 333.

36 Vgl. *AG Bad Dürkheim*, Urt. v. 29.11.1990 – 4A C 428/90.

37 *AG Duisburg*, Urt. v. 22.02.2001 – 47 C 16310/00, r+s 2001, 494.

38 *BVerfG*, Beschl. v. 03.10.1989 – 1 BvL 78/86, 1 BvL 79/86, NJW 1990, 175.

39 *AG Lebach*, Urt. v. 15.05.2001 – 3A C 19/01.

40 *BGH*, Urt. v. 28.02.2018 – XII ZR 94/17, r+s 2018, 239.

41 BGB § 164 Wirkung der Erklärung des Vertreters, *Schubert*, MüKoZPO, 8. Aufl. 2018, Rn. 39–46.

Ebenfalls nicht als Stellvertreter im engeren Sinne fungiert der Bote, der eine bereits vorformulierte Willenserklärung lediglich übermittelt oder empfängt.[42] Fehlt es an einer Vollmacht zur Handlung liegt lediglich eine Stellung als Bote vor. Ohne Genehmigung der Handlung kommt kein Vertrag zustande.[43] Das Gleiche gilt für den Wissensvermittler. Diese Personen handeln weder im eigenen noch im fremden Namen, sondern überbringen lediglich Nachrichten. Kommt auf diesem Wege ein Rechtsgeschäft zustande, dann erwirbt der Bote oder Wissensvermittler daraus weder Rechte noch Pflichten. 36

### 6. Parteien kraft Amtes

Als eine besondere Form der Stellvertretung gelten die mit gesetzlicher Vollmacht ausgestatteten *Parteien* kraft Amtes.[44] Die Berechtigung, im eigenen Namen aufzutreten, ergibt sich aus einem gesetzlichen Treuhandverhältnis. Diese rechtliche Gestaltungsmöglichkeit wird jeweils dann erforderlich, wenn mehrere Personen zu vertreten sind, deren Rechte mitunter kollidieren. Es ist dann notwendig, einen Treuhänder zu bestimmen, der im behördlichen Auftrage, jedoch nach eigenem pflichtgemäßem Ermessen, ohne Rücksicht auf die widerstreitenden Belange der Beteiligten Rechtshandlungen vornimmt.[45] 37

Zu den Parteien kraft Amtes gehören insbesondere die gesetzlichen Verwalter, z.B. der *Nachlassverwalter*, der auf der einen Seite die Belange der Erben, zum anderen auch die ihnen sehr wahrscheinlich widerstreitenden Interessen der Nachlassgläubiger (§ 1985 BGB) zu vertreten hat. Der Nachlassverwalter macht als Partei kraft Amtes einen fremden Anspruch im eigenen Namen geltend.[46] Partei kraft Amtes ist ferner ein Testamentsvollstrecker, der im Rahmen seiner Vertretungsbefugnis ausschließlich die Rechte der Erben geltend macht und sogar Prozesse im eigenen Namen führt.[47] Das Gleiche gilt für den Insolvenzverwalter und den Pfleger für Sammelvermögen (§ 1914 BGB).[48] 38

### 7. Vollmacht

Als besondere Form der Stellvertretung gilt die rechtsgeschäftliche oder gewillkürte Vertretung, die das Gesetz mit der Bezeichnung »Vollmacht« umreißt.[49] Darunter versteht man nach der Legaldefinition die durch Rechtsgeschäft erteilte Vertretungsmacht (§ 166 Abs. 2 BGB). Wird der Bevollmächtigte im Rahmen der ihm erteilten Vertretungsbefugnis tätig, so berechtigen und verpflichten diese Rechtshandlungen der Vollmachtgeber unmittelbar. 39

Die Vollmacht kann für die Ausfüllung eines bestimmten Wirkungskreises oder für ein bestimmtes Rechtsgeschäft erteilt werden. In diesem Fall spricht man von Spezialvollmacht.[50] Sie erlischt kraft Gesetzes nicht durch den Tod des Vollmachtgebers, wohl aber durch den Tod des Bevollmächtigten. 40

Soll die Vertretungsbefugnis sich auf alle Bereiche und Rechtshandlungen erstrecken, dann spricht man von Generalvollmacht. Auch insoweit ist jedoch eine Beschränkung auf bestimmte Vermögensgegenstände (z.B. Grundstücke, einzelne Vermögensmassen usw.) zulässig.[51] 41

---

42 BGB § 164 Wirkung der Erklärung des Vertreters, MüKoZPO, 8. Aufl. 2018, Rn. 81–86.

43 Vgl. *BGH*, Urt. v. 19.11.2020 – I ZR 110/19.

44 ZPO § 116 Partei kraft Amtes; juristische Person; parteifähige Vereinigung, *Wache*, MüKoZPO, 6. Aufl. 2020, Rn. 8, 9.

45 Vgl. ZPO § 116 III. Partei kraft Amtes; juristische Person; parteifähige Vereinigung, III. Partei kraft Amtes *Wache*, MüKoZPO, 6. Aufl. 2020.

46 BGB § 1985 Pflichten und Haftung des Nachlassverwalters, *Küpper*, MüKoBGB, 8. Aufl. 2020, III. Aufgaben des Nachlassverwalters.

47 BGB § 868 Mittelbarer Besitz, *Schäfer*, MüKoBGB, 8. Aufl. 2018, Rn. 80.

48 *Groh*, Weber kompakt Rechtswörterbuch, 9. Edition 2023, Partei kraft Amtes.

49 BGB § 174 Einseitiges Rechtsgeschäft eines Bevollmächtigten, *Schubert*, MüKoBGB, 8. Aufl. 2018, Rn. 2–12; BGB § 164 Wirkung der Erklärung des Vertreters, *Schubert*, MüKoBGB, Rn. 7.

50 BGB § 167 Erteilung der Vollmacht, *Schubert*, MüKoBGB, 8. Aufl. 2018, Rn, 65–67.

51 Vgl. *BGH*, Beschl. v. 01.10.2015 – V ZB 181/14: Beschränkung auf alle Grundstücksangelegenheiten.

42 Weiterhin zu differenzieren ist zwischen Haupt- und Untervollmacht. Eine Übertragung der Vollmacht auf einen Unterbevollmächtigten ist grundsätzlich nur im Einverständnis des Vollmachtgebers und im Rahmen einer etwa erteilten Substitutionsbefugnis zulässig.[52]

43 Im Interesse der Rechtssicherheit sind Inhalt und Umfang bestimmter Vollmachten, vor allem, soweit sie das Handelsrecht betreffen, genau geregelt. Dies gilt beispielsweise für die Handlungsvollmacht i.S.v. § 54 HGB und für die Prokura (§ 48 HGB). Ähnliche Überlegungen gelten für die Prozessvollmacht (§ 80 ZPO).

44 Wichtig ist die Anscheins- oder Duldungsvollmacht. Insoweit liegt – anders als bei stillschweigend erteilten Vollmachten – eine eigentliche Vertretungsbefugnis nicht vor.[53] Eine Person, die weiß, dass jemand als ihr angeblicher Vertreter auftritt und gegen dieses Handeln nicht einschreitet, muss sich im Interesse des Geschäftsgegners, der auf dieses Verhalten vertrauen darf – insbes. bei minder wichtigen Geschäften –, so behandeln lassen, als hätte er tatsächlich wirksam Vollmacht erteilt (Duldungsvollmacht). Darüber hinaus folgert die Rechtsprechung aus dem Gedanken des Vertrauensschutzes beim Rechtsschein, dass jemand das Handeln eines angeblichen Vertreters gegen sich gelten lassen muss, das er zwar nicht kennt, aber bei Anwendung verkehrsüblicher Sorgfalt hätte erkennen und verhindern können. Der Geschäftsgegner darf auch hier nach Treu und Glauben auf eine wirksame Vollmachtserteilung vertrauen (Anscheinsvollmacht).[54] Wer Ansprüche aus einem über eBay abgeschlossenen Vertrag geltend macht, muss schlüssig vortragen und nachweisen können, dass hinter dem auf dieser Internetplattform gebrauchten Namen der Vertragspartner steht, den er in Anspruch nimmt. Da ein E-Mail-Konto und das dazugehörige Kennwort nicht ausreichend gegen Missbrauch durch Dritte gesichert sind, liegt in der Nutzung des Passworts kein Vertrauenstatbestand, der eine Anscheins- oder Duldungsvollmacht begründen könnte.[55] Das Handeln des »Vertreters« im Einzelfall dem Namensträger aufgrund konkreter Umstände zugerechnet werden können. Dies gilt selbst dann, wenn eine Person unter dem Namen einer anderen als Bieterin aufgetreten wäre.

## B. Rechtsgrundlagen

45 Am Anfang jeder Schadenregulierung steht – neben dem Problem der Aktivlegitimation – die Frage nach dem Rechtsgrund der Forderung. Der Anspruch kann entweder auf Gesetz, auf Vertrag oder auf unerlaubter Handlung beruhen.

### I. Gesetz

#### 1. Gefährdungshaftung

46 Durch die Gefährdungshaftung wird erreicht, dass derjenige, der eine mit Gefahren für andere verbundene Tätigkeit ausübt oder eine gefährliche Anlage betreibt, ohne Rücksicht auf sein Verschulden für Schäden einzustehen hat, wenn die Gefahr sich verwirklicht und Außenstehende Schaden erleiden.[56] Auch ein Tierhalter kann der Gefährdungshaftung unterliegen.[57]

47 Auf ein schadenursächliches Verschulden kommt es nicht an. In diesem Bereich genügt bereits der Nachweis des schadenursächlichen Sachzusammenhangs, d.h. die schlüssig vorgetragene Behauptung, der Schaden habe sich »bei dem Betrieb« einer der Gefährdungshaftung unterliegenden Betätigung,

52 BGB § 167 Erteilung der Vollmacht, *Schubert*, MüKoBGB, 8. Aufl. 2018, 2. Zulässigkeit der Untervollmacht. Rn. 81–85. Vgl. *KG*, Urt. v. 13.11.2014 – 8 U 35/14, NJW 2015, 1394; vgl. *OLG Jena*, Beschl. v. 11.07.2011 – 1 SsRs20/12, NStZ-RR 2012, 320.

53 BGB § 167 Erteilung der Vollmacht, *Schubert*, MüKoBGB, 8. Aufl. 2018, Rn. 111.

54 *Fuchs*, Weber kompakt, Rechtswörterbuch, 9. Edition 2023, Vollmacht.

55 *OLG Köln* Urt. v. 13.01.2006 – 19 U 120/05.

56 Gefährdungshaftung, *Schmidt*, Creifelds kompakt, Rechtswörterbuch 3. Edition 2020; StVG § 7 StVG Haftung des Halters, Schwarzfahrt, *Kuhnert*, Haus, Krumm, Quarch, Gesamtes Verkehrsrecht, 2. Aufl. 2017, Rn. 4–7.

57 BGB § 833 Haftung des Tierhalters, *Wagner*, MüKoBGB, 8. Aufl. 2018, Rn. 45.

Einrichtung oder Anlage verwirklicht. Nach *BGH* muss allerdings die Ursache für den Schaden konkret festgestellt werden. Kommt es zu einem Fahrzeugbrand, bei dem die Ursache nicht geklärt ist, kommt ein Schadenersatz wegen Gefährdungshaftung nach § 7 Abs. 1 StVG nicht in Betracht.[58]

In den Schutzzweck der Norm fällt in erster Linie das Eigentum. Dies bedeutet, dass i.d.R. der *Eigentümer* einer Sache berechtigt ist, von demjenigen, der der Gefährdungshaftung unterliegt, Ersatz des auf Eigentumsverletzung beruhenden Schadens zu verlangen. § 7 Abs. 1 StVG stellt den Personenschaden als ersatzfähig voran: »Wird bei dem Betrieb eines Kraftfahrzeugs oder eines Anhängers, der dazu bestimmt ist, von einem Kraftfahrzeug mitgeführt zu werden, ein Mensch getötet, der Körper oder die Gesundheit eines Menschen verletzt oder eine Sache beschädigt, so ist der Halter verpflichtet, dem Verletzten den daraus entstehenden Schaden zu ersetzen.« Der gleiche Anspruch wird über § 1 HaftPflG gewährt.[59] Auch ein Luftfrachtführer haftet, wenn ein Fluggast durch einen Unfall an Bord eines Luftfahrzeugs oder beim Ein- oder Aussteigen getötet, körperlich verletzt oder gesundheitlich geschädigt wird. Er ist verpflichtet, den daraus entstehenden Schaden zu ersetzen (§ 45 Abs. 1 LuftVG). 48

Etwas schwieriger gestalten sich die Rechtsverhältnisse, soweit es sich um die Aktivlegitimation unter dem Gesichtspunkt der Besitzstörung handelt (es ist anerkannt, dass der unmittelbare Besitz zu den nach § 823 Abs. 1 BGB geschützten sonstigen Rechten gehört.[60] Als unproblematisch gelten insoweit die Fälle der »klassischen« Besitzstörung, d.h. die Denkmodelle, in denen der Schaden darauf beruht, dass derjenige, der bereits vor dem Unfall rechtsfehlerfreien Besitz an einer Sache – beispielsweise einem Kfz – erlangt hat, einen fremd verursachten Schaden erleidet, der in einer Aufhebung oder Minderung der ihm als Besitzer berechtigterweise zustehenden Gebrauchsvorteile besteht. 49

Dieser Schaden kann in dem Bedarf zur Ersatzanmietung, in einer Entschädigung für entgangene Gebrauchsvorteile, aber auch in einem Verdienstausfall bestehen. Gerade im Zusammenhang mit Parkverstößen geht es um den Schaden aus der Besitzstörung. Wird ein Fahrzeug vor einem Ladengeschäft auf Privatgrund abgestellt und ist dies nach einer vorliegenden Beschilderung untersagt, kann sich der Besitzer vom Störer die Kosten für die Beseitigung der Besitzstörung ersetzen lassen.[61] Insbesondere gilt dies, wenn das Fahrzeug behindernd und im Bereich von Halteeinschränkungen geparkt war.[62] Wenn die Situation durch entsprechende Beschilderung klar und deutlich geregelt ist, hat man sich laut *AG Frankfurt a.M.* daran zu halten und es kann jetzt nicht mehr darauf ankommen, ob man nur wenig oder viel die erforderlichen Gebote überschritten hat, sodass es unerheblich ist, ob es eine Stunde war oder mehr oder weniger. 50

Die Gefährdungshaftung bezieht sich auf den sog. Haftungsschaden, d.h. auf den Schutz des berechtigten Besitzers – insbesondere des Mieters – einer Sache.[63] 51

Der Haftungsschaden umfasst nach der Auffassung des *BGH*[64] neben dem Eigentum und anderen dinglichen Rechten auch den (berechtigten) unmittelbaren Besitz an einer Sache.[65] 52

---

58 *BGH*, Urt. v. 12.12.2023 – VI ZR 76/23, NJW 2024, 1037.

59 Staudinger, Halm, Wendt, Versicherungsrecht, 4. HaftPflG, 3. Aufl. 2022.

60 Vgl. *BGH* VersR 1976, 943 f. (Leasing Kfz.); DAR 1981, 85 = VRS 60, 164 (Kfz-Mieter); *OLG Brandenburg*, Urt. v. 18.02.2010 – 5 U 200/08, BeckRS 2010, 1999.

61 *Müller, Rebler*, Müller, Rebler, Das Recht des ruhenden Verkehrs, 4. Aufl. 2024, a) Anspruch auf Schadensersatz (§ 823 Abs. 2 BGB, Rn. 29–34).

62 *AG Frankfurt a.M.*, Urt. v. 09.11.2006 – 32 C 2046/06-41; so auch *AG Hamburg*, Urt. v. 27.06.2006 – 4 C 562/905; *AG Lübeck*, Urt. v. 20.02.2012 – 33 C 3926/11, NJW-RR 2012, 801; *BGH*, Urt. v. 18.12.2015 – V ZR 160/14, NJW 2016, 863.

63 Vgl. dazu bspw.: *BGH*, DAR 1981, 85 (Kfz-Mieter).

64 *BGH*, anerkannt VRS 60, 164.

65 Vgl. 25. Kapitel, Haftung des Kfz-Halters und -Führers, *Haag*, Geigel, Kaufmann Haftpflichtprozess, 28. Aufl. 2020, Rn. 1–5.

53 Auch das BGB sieht in zwei Fällen eine vom Verschulden losgelöste Gefährdungshaftung vor, und zwar einmal für den Halter eines Luxustiers nach § 833 S. 1 BGB und zum anderen im Zusammenhang mit der Haftung des Gastwirts im Rahmen seines Gewerbebetriebes für eingebrachtes Gut i.S.d. § 701 BGB.

## 2. Billigkeitshaftung

54 Eine weitere – wenngleich in der Praxis recht seltene – Form der gesetzlichen Anspruchsgrundlagen besteht in der durch § 829 BGB normierten Billigkeitshaftung, die sich als Unterfall der Deliktshaftung versteht. Voraussetzung für die Anwendung des § 829 BGB ist, dass die Verletzung eines Lebens- oder Rechtsguts und der dadurch eingetretene Schaden auf einer Handlung beruht, die einen der Tatbestände der §§ 823–826 BGB verwirklicht. Anspruchsbegründende Voraussetzung für den Anwendungs- und Geltungsbereich der Billigkeitshaftung ist daher zunächst einmal das Kriterium der Widerrechtlichkeit (Rechtswidrigkeit) einer unerlaubten Handlung. Dies bedeutet, dass das Verhalten des nicht zurechnungsfähigen Täters, wenn man sich unter faktisch gleich gelagerten Voraussetzungen an seiner Stelle eine verantwortliche Person vorstellt, nicht nur rechtswidrig, sondern überdies auch schuldhaft im Sinne der §§ 823–826 BGB gewesen sein muss. § 829 BGB erwähnt zwar nur die in den §§ 823–826 BGB geregelten Tatbestände. Diese Bestimmung findet jedoch ebenfalls Anwendung, sofern es sich um rechtlich gleich gelagerte Tatbestände – wie beispielsweise in den Fällen der §§ 830 Abs. 1 S. 2, 831, 833 S. 2, 836 BGB – handelt.[66] Gleichwohl durchbricht die Bestimmung des § 829 BGB[67] das Verschuldensprinzip, indem diese Bestimmung lediglich dann zum Zuge kommt, wenn ein Schadenverursacher wegen fehlender Schuldfähigkeit (Deliktsfähigkeit)[68] nicht haftet.[69]

55 Voraussetzungen für die Anwendung der Billigkeitshaftung sind[70]
- die Verwirklichung des objektiven Tatbestandes einer unerlaubten Handlung[71] gem. §§ 823–826 BGB oder eines diesen Vorschriften gleichzusetzenden Tatbestandes
- die mangelnde Deliktsfähigkeit des Täters (§§ 827–828 BGB)[72]
- von einem Aufsichtspflichtigen darf kein Schadensersatz zu erlangen sein, wobei es gleichgültig ist, ob insoweit die Anspruchsbegründenden Voraussetzungen im rechtlichen Bereich fehlen oder der Anspruch wegen Mittellosigkeit des Ersatzpflichtigen im wirtschaftlichen Bereich nicht durchgesetzt werden kann[73]
- die Billigkeit muss die Schadloshaltung erfordern und nicht nur erlauben
- grundsätzlich ist ein dringender Bedarf notwendig
- der Täter darf durch die Ersatzleistung nicht selbst in Not geraten.

So bedarf es in diesem Fall stets einem Vergleich der Vermögensverhältnisse des Verursachers und des Geschädigten. Nach *BGH* muss ein wirtschaftliches Gefälle vorliegen.[74]

---

66 Vgl. dazu auch *Weimar*, VP 1981, 234 Rn. 565, 582 (Geschäftsführer im Rahmen von § 831 BGB).

67 Vgl. *BGH*, DAR 1962, 204; DAR 1962, 293; DAR 1969, 241; DAR 1973, 269; NJW 1979, 2096; NJW 1980, 1623 = VersR 1980, 625; *OLG Celle*, NJW 1969, 1632 (m.abl.Anm.v. *Klippel* NJW 1969, 2012; *KG* 12 U 1439/72 v. 22.03.1973 n.v.; *OLG Düsseldorf* VersR 1977, 160; *OLG Köln* VersR 1981, 266 = r+s 1981, 1; *Lorenz* VersR 1980, 697 (m.w.N.).

68 Vgl. dazu die §§ 827, 828 BGB.

69 Vgl. *AG Frankfurt a.M.*, Urt. v. 22.08.2001 – 301 C 1307/01 43; *AG Ahaus*, NZV 2004, 145; *LG Heilbronn* NJW-Spezial 2004, 163 (LS).

70 Nach *Weimar*, VP 1981, 234 f.

71 I.S.e. »natürlichen« Verschuldens.

72 Oder – etwas allgemeiner ausgedrückt – die mangelnde Verantwortlichkeit des Täters aus Rechtsgründen.

73 Mit Rücksicht auf das Verweisungsprivileg gehört der Nachweis, dass es nicht möglich ist, aus Rechtsgründen anderweitig Schadensersatz zu erlangen bzw. aus wirtschaftlichen Gründen Ersatz zu erlangen, zu den anspruchsbegründenden Voraussetzungen und im Prozessfalle zu den Klagevoraussetzungen (BGHZ 18, 317); BGB § 829 Ersatzpflicht aus Billigkeitsgründen, *Wagner*, MüKoBGB, 8. Aufl. 2020, Rn. 12.

74 *BGH*, Urt. v. 18.12.1979 – VI ZR 27/78, NJW 1980, 1623.

Der *BGH* hat – auch in anderem Zusammenhang – in ständiger Rechtsprechung die Auffassung vertreten, dass das Bestehen einer Haftpflichtversicherung nicht zu einer Anspruchsbegründenden Voraussetzung werden dürfe. Aus diesem Grunde hat der *BGH* dem Umstand, dass der Schädiger Versicherungsschutz genießt, bislang allenfalls die Funktion eines Korrektivs hinsichtlich der Höhe des zu zahlenden Betrages zugewiesen.[75] Das Bestehen eines Versicherungsschutzes alleine kann eine Entschädigung auf Grund der Billigkeit nicht herbeiführen. Vielmehr sind jeweils die Einzelumstände der Schadenverursachung zu würdigen.[76] Eine andere Richtung geht dahin, den Deckungsschutz des Schädigers gegen seinen Haftpflichtversicherer immerhin als eine Anspruchsbegründende Tatsache unter mehreren zu berücksichtigen. 56

Die Frage der Billigkeitshaftung spielt gerade im Hinblick auf die Schuldunfähigkeit von Kindern im fließenden Verkehr gem. § 828 Abs. 2 BGB eine große Rolle. Die Rechtsprechung und die Literatur gehen größtenteils auch in diesen Fällen davon aus, dass eine bestehende Haftpflichtversicherung nicht für die Annahme einer Billigkeitshaftung spricht. Hätte der Gesetzgeber in Abweichung von der langjährigen Rechtsprechung des *BGH* allein das Bestehen einer freiwilligen Haftpflichtversicherung für eine Billigkeitshaftung nach § 829 BGB ausreichen lassen wollen, hätte ihm eine entsprechende Änderung des § 829 BGB nach Ansicht des *LG Heilbronn* freigestanden.[77] Angesichts der weiten Verbreitung freiwilliger Haftpflichtversicherungen führte § 828 Abs. 2 BGB entgegen seinem aus dem Wortlaut erkennbaren Zweck, geistigen Unzulänglichkeiten von Kindern im Straßenverkehr Rechnung zu tragen, sogar zu einer Ausweitung ihrer Haftung. Das Ergebnis wäre widersinnig.[78] 57

Nach unserer Rechtsordnung ergibt sich die Ersatzpflicht aus der – anderweitig begründeten – materiell-rechtlichen Haftung und nicht etwa aus dem Bestehen einer – gleichgültig auf welchem Wege auch immer abgeschlossenen – Haftpflichtversicherung. Zutreffend hat daher das *LAG Berlin* in seinem Urteil v. 30.05.1983 die Auffassung vertreten: sofern der Arbeitnehmer auf eigene Kosten eine private Haftpflichtversicherung abgeschlossen habe, kommen ihm gleichwohl die Haftungsbeschränkungen zugute, die ihm bei der Ausübung einer Schadengeneigten Tätigkeit gewährt werden. 58

Auch die Tatsache, dass die schädigende Handlung besonders schwere Verletzungen ausgelöst hat, reicht – für sich allein betrachtet – für die Begründung des Anspruchs aus § 829 BGB nicht aus. Dies gilt auch für den Fall, dass gleichzeitig Deckungsschutz bei einem Privathaftpflichtversicherer bestehen sollte, also beide Tatbestandsmerkmale gleichzeitig zutreffen. Beide Umstände zusammengenommen könnten die Anwendung des § 829 BGB allenfalls dann rechtfertigen, wenn zudem noch eine besondere Intensität des Angriffs und des Eingriffs vorliegt, also eine Ausnahmesituation, die die Anwendung der Bestimmung des § 829 BGB nicht nur rechtfertigt, sondern geradezu »erfordert«.[79] 59

Die Billigkeit muss den Schadensersatz zur Verwirklichung des Gerechtigkeitsprinzips also nicht nur erlauben, sondern geradezu erfordern.[80] Bei der Abwägung des »natürlichen« Verschuldensgrades müssen sich erhebliche Unterschiede in Form eines deutlichen wirtschaftlichen Gefälles[81] 60

75 Vgl. dazu: *BGH*, DAR 1962, 293; DAR 1969, 241; NJW 1973; NJW 1979, 296; r+s 1980, 181; *OLG Hamm*, VersR 1980, 236; *OLG Köln* r+s 1981, 1; *LG Kiel*, VersR 1968, 80; *LG Mosbach*, NJW-RR 1986, 24; *AG Berlin Charlottenburg*, VersR 1975, 1037; *AG Ansbach*, r+s 1983, 185; *LG Hanau*, VersR 1969, 291; *Honsell* VersR 1974, 205; *Lorenz* VersR 1980, 697 (m.w.N.); *BGH*, Urt. v. 29.11.2016 – VI ZR 606/15, r+s 2017, 160.

76 *Jahnke*, Burmann, Heß, Hühnermann, Jahnke, Straßenverkehrsrecht, 28. Aufl. 2024, StVG § 16 Sonstige Gesetze, H. Billigkeitshaftung, Rn. 24, 25.

77 *LG Heilbronn*, Urt. v. 05.05.2004 – 7 S 1/04WA, NJW 2004, 2391.

78 Vgl. VVG § 100 Leistung des Versicherers, *Lücke*, Prölls, Martin, Versicherungsvertragsgesetz: VVG 31. Auflage 2021, Rn. 79.

79 Vgl. dazu *BGH*, NJW 1973, 1795.

80 *BGH* VersR 1979, 645; BGHZ 127, 186; *BGH* ADAJUR-Dok.NR 24318; NJW 1995, 452; *OLG Hamm*, VersR 1975, 667.

81 Vgl. *BGH* NJW 1979, 2096; *OLG Köln* zfs 1981, 130; *Deutsch* Bd. 1 S. 313, 315; *Weyers*, Unfallschäden S. 91; *Haag*, Geigel, Haftpflichtprozess, 27. Aufl. 2015, 16. Kapitel. Ausschluss der Verantwortlichkeit,

ergeben, die es unbillig erscheinen lassen, dass der Schuldunfähige im ungestörten Genuss seiner Mittel bleibt, während der Verletzte die Folgen eines – insbesondere von ihm nicht verschuldeten – Schadens allein zu tragen hat.[82]

61 Die Billigkeitshaftung hängt von zwei wesentlichen Kriterien ab: einmal von der Bedürftigkeit und Würdigkeit des Berechtigten (Verletzten) und zum anderen von der Leistungsfähigkeit des Verpflichteten (Schädigers), dem nicht die Mittel zum angemessenen eigenen Unterhalt entzogen werden dürfen.[83] Nach neuerer Erkenntnis kommt es nicht allein auf die wirtschaftliche Situation des Schädigers, sondern insbesondere auch auf die Abwägung des objektiven Unrechtsgehaltes der Verletzungshandlung an. Dabei muss das »natürliche« Fehlverhalten des Schädigers deutlich überwiegen.[84]

62 Die Vorschrift des § 829 BGB dient ausschließlich dem Zweck, eine sonst vom System her bestehende Ungerechtigkeit gegenüber dem Geschädigten zu beseitigen.

63 Im Zusammenhang mit Unfällen mit Kindern im fließenden Straßenverkehr, die noch nicht das 10. Lebensjahr vollendet haben, hat der Anwalt immer die Pflicht, die Grundsätze der Billigkeitshaftung zu überprüfen. Wegen der Privilegierung nach § 828 Abs. 2 BGB geht der Geschädigte in solchen Fällen meistens leer aus.[85]

## II. Vertrag

64 Ansprüche der Beteiligten können nicht nur nach dem Gesetz entstehen, sondern auch aus vertraglichen Bindungen,[86] und zwar jeweils dann, wenn Leistungsstörungen eintreten, die der Gläubiger, meist aber der Schuldner, verursacht hat. Auch hier gilt zunächst der Grundsatz, dass Verträge zu erfüllen sind. Es muss daher nach der Zielrichtung des jeweiligen Begehrens unterschieden werden zwischen Ansprüchen auf

– Erfüllung
– Schadensersatz bzw.
– Rückgewährung der erhaltenen Leistungen im Fall eines rechtswirksam erklärten Rücktritts.

### 1. Rechtsnatur

#### *a) Allgemeine Überlegungen*

65 Die Begründung eines Schuldverhältnisses durch Rechtsgeschäft geschieht nach § 311 BGB regelmäßig durch Vertrag. Ein Vertrag ist ein i.d.R. zweiseitiges Rechtsgeschäft, bei dem durch mindestens zwei übereinstimmende Willenserklärungen ein rechtlich bedeutsamer Erfolg erzielt werden soll (Vertragswille). Dasselbe Ziel gerichteter Willenserklärungen verschiedener Rechtssubjekte.[87]

66 Ein Vertrag kommt grundsätzlich durch das Angebot der einen Seite (Vertragsantrag oder Offerte) und durch die vorbehaltlose Annahme der anderen Seite zustande. Unter Antrag versteht man dabei die einseitige mit rechtsgeschäftlichem Verpflichtungswillen abgegebene empfangsbedürftige Willenserklärung, die erst mit dem Zugang an den anderen Teil die Rechtsbindung des Antragstellers auslöst (§ 145 BGB). Das bedeutet, dass das Vertragsangebot einseitig widerrufen werden kann,

Minderjährige, Billigkeitshaftung, Haftung des Aufsichtspflichtigen (§§ 827 bis 829, 832 BGB), Rn. 15–26; *BGH*, Urt. v. 29.11.2016 – VI ZR 606/15, r+s 2017, 160.

82 Vgl. *LG Ansbach*, r+s 1983, 136.

83 BGB § 829 Ersatzpflicht aus Billigkeitsgründen, *Wagner*, MüKoBGB, 8. Aufl. 2020, Rn. 16, 17.

84 *BGH*, NJW 1969, 1762; *BGH* NJW 1979, 2096; a.A. *OLG Köln*, VersR 1981, 266 = r+s 1981, 1; vgl. BGB § 829 Ersatzpflicht aus Billigkeitsgründen, *Staudinger*, Schulze, Bürgerliches Gesetzbuch 10. Auflage 2019, Rn. 1–13.

85 Vgl. StVG § 9 Mitverschulden, *Engel*, MüKoStVR, 1. Aufl. 2017, Rn. 16–18.

86 Vgl. dazu die Übersicht bei *Marburger*, VP 1987, 69.

87 Vertrag, *Schmidt*, Creifelds kompakt, Rechtswörterbuch, 3. Edition 2020.

solange es dem anderen Teil nicht zugegangen, ist (vgl. dazu § 130 Abs. 1 BGB). Der Widerruf kann auch noch gleichzeitig mit dem Zugang des Angebots zum Vertragsschluss erklärt werden.

Ein Versicherungsvertrag kommt erst dann zustande, wenn der Versicherungsnehmer sämtliche mit dem Versicherungsverhältnis zusammenhängenden Informationen (Produktinformationsblatt, Informationsheft, Versicherungsbedingungen) sowie die Versicherungspolice erhalten hat und wenn kein Widerspruch seinerseits gegen den Vertragsabschluss erfolgt. (§§ 1–4 Informationspflichten VO-VVG, § 11 VVG).[88] 67

Wird der Antrag an einen anwesenden Partner gerichtet – dies kann auch auf fernmündlichem Wege geschehen –, so muss er vom anderen Teil sofort angenommen werden (vgl. dazu § 147 Abs. 1 BGB). Eine verspätete Annahme gilt ebenso wie die Annahme unter Vorbehalten oder – aufschiebenden bzw. auflösenden – Bedingungen als ein neuer Antrag, den nun wiederum der andere Teil unter Beachtung der sich aus § 147 Abs. 2 BGB ergebenden Frist anzunehmen hat (vgl. dazu § 150 BGB). Besteht die Antwort des anderen Teils nicht in einem schlichten und vorbehaltlosen »Ja«, sondern lautet sie stattdessen »ja, aber…,« so liegt darin eine Ablehnung, verbunden mit einem neuen Vertragsantrag. 68

Der einem Abwesenden gemachte Antrag kann nur bis zu dem Zeitpunkt angenommen werden, in welchem der Antragende den Eingang der Antwort unter regelmäßigen Umständen erwarten darf (§ 147 Abs. 2 BGB).[89] 69

Für den Kauf von Neu- oder Gebrauchtwagen werden von den Händlern in der Praxis die Neuwagenverkaufsbedingungen bzw. die Gebrauchtwagen-Verkaufsbedingungen verwendet, die i.d.R. Bestandteile des Vertrages werden sollen.[90] Nach diesen Bedingungen kommt der Vertrag über das Kfz nicht sofort durch Angebot des Händlers und Annahme des Kunden in den Räumen des Händlers zustande. Vielmehr macht der Kunde selbst ein Angebot zum Abschluss eines Kaufvertrages, indem er ein Bestellformular unterschreibt. Dabei ist nach der Rechtsprechung des *BGH* dieses Vertragsangebot nicht als Angebot unter Anwesenden gem. § 147 Abs. 1 BGB, sondern als Angebot unter Abwesenden gem. § 147 Abs. 2 BGB zu werten.[91] Nach den derzeit üblichen Neuwagenverkaufsbedingungen, Abschn. I Nr. 1 bestehen für den Kunden erhebliche Bindungsfristen an sein Vertragsangebot nach folgender Staffel:[92] 70

| | |
|---|---|
| vorhandene Fahrzeuge: | 10 Tage |
| nicht vorhandene Fahrzeuge: | 4 Wochen. |

Die Rechtsprechung akzeptiert diese Fristen. Sie sind durch die Sachumstände gerechtfertigt.[93] Aufgrund der besseren Möglichkeiten zur Feststellung der Lieferbarkeit eines Fahrzeugs erscheint eine Bindungswirkung von 10 Tagen als angemessen.[94] Instanzgerichte haben in ihren Entscheidungen teilweise 10 Tage bis 2 Wochen als interessengerecht erachtet.[95] 71

Im rein technischen Sinne ist bei einem Vertrage zu unterscheiden zwischen seinem formellen Inhalt (Erklärungsinhalt) und seinem materiellen Inhalt (Leistungsinhalt). Nach dem BGB gilt der 72

88 VVG § 7 Information des Versicherungsnehmers, Prölss, Martin, Versicherungsvertragsgesetz: VVG 31. Auflage 2021.

89 Vgl. *BGH* Urt. v. 15.10.2003 – VIII ZR 329/02, SVR 2004, 300.

90 Vgl. *Remigius Eberle*: Recht des Autokaufs für Neu- und Gebrauchtfahrzeuge – Teil 1 – VRR 2007, 288.

91 Vgl. *BGH* WM 1968, 1103, 1105.

92 Vgl. Unverbindliche Empfehlung des Verbandes der Automobilindustrie e.V. (VDA), des Verbandes der Internationalen Kraftfahrzeughersteller e.V. (VDIK) und des Zentralverbandes Deutsches Kraftfahrzeuggewerbe e.V. (ZDK), Stand 12/2016, I.1.

93 *BGH* Urt. v. 13.12.1989 – VIII ZR 94/89, DAR 1990, 95; *Walchshöfer* WM 1986, 1041, 1044 m.w.N.

94 *LG Lüneburg* Urt. v. 05.07.2001 – 1 S 3/01, NJW-RR 2002, 564.

95 Rechtsprechungsübersicht s. bei *Eberle* VRR 2007, 289; *BGH* NJW 1990, 1784. Vgl. *Bachmeier*, Bachmeier, Rechtshandbuch Autokauf, 2. Aufl. 2013, Kap. 1, Der Kaufvertrag, 6. Kaufantrag und Annahme, Rn. 180–186.

Grundsatz der Vertragsfreiheit. Das bedeutet, dass im Regelfalle – innerhalb der durch § 134 BGB abgesteckten Grenzen – sowohl der Abschluss als auch der Inhalt eines Vertrages grundsätzlich der freien Disposition (Bestimmbarkeit) der Parteien unterliegen.

73 Weiterhin wird unterschieden zwischen dem obligatorischen Verpflichtungsgeschäft (Konsensualkontrakt = Versprechungsgeschäft) und dem dinglichen Erfüllungsgeschäft. Typisches Beispiel: Der Kaufvertrag als obligatorisches Rechtsgeschäft verpflichtet gem. § 433 BGB den Verkäufer rechtsgeschäftlich, dem Käufer die Sache zu übergeben und das Eigentum an der Sache zu verschaffen. Der Käufer andererseits ist verpflichtet (§ 433 Abs. 2 BGB), dem Verkäufer den vereinbarten Kaufpreis zu zahlen und die gekaufte Sache abzunehmen. Dabei handelt es sich zunächst um das Verpflichtungsgeschäft. Zur ordnungsgemäßen Durchführung des Vertrages muss aber das mit dinglichem Charakter ausgestattete Verfügungsgeschäft hinzutreten, d.h. der Käufer muss durch rechtsgültige Übergabe Eigentum an der dann ihm gehörenden Sache erwerben.

74 In besonderen Fällen muss zum Vertragsabschluss noch eine weitere tatsächliche Handlung hinzukommen (sog. Realvertrag oder Handgeschäft). Dies gilt beispielsweise beim Darlehen. Das Rechtsgeschäft entsteht erst durch die Hingabe der vereinbarten Darlehensvaluta. Bis dahin besteht lediglich eine obligatorische (schuldrechtliche) Verpflichtung zur Gewährung des Darlehens.[96]

75 Die Hauptleistung aus gegenseitigen Verträgen hat das Gesetz im Einzelnen umrissen. In diesem Zusammenhang sei beispielhaft auf § 433 BGB für den Kaufvertrag, auf § 535 BGB für die Miete, auf § 611 BGB für den Dienstvertrag und auf § 631 BGB für den Werkvertrag sowie auf § 651a BGB für den Reisevertrag verwiesen. Die Hauptpflicht der Vertragsparteien ist vornehmlich auf Erfüllung gerichtet. Lediglich im Fall einer Leistungsstörung tritt eine Änderung in den Rechtsfolgen ein.

76 Der Unterschied zwischen Schadensersatz und Erfüllung wird beispielsweise deutlich im Mietrecht. Wenn der Mieter die Wohnung vertragswidrig nicht oder nicht rechtzeitig bezieht, schuldet er gleichwohl die vereinbarte Miete als Gegenleistung. Dabei handelt es sich um einen Erfüllungsanspruch des Vermieters, auf den er sich freilich in analoger Anwendung schadensersatzrechtlicher Vorschriften unter dem Gesichtspunkt des Vorteilsausgleichs ersparte Aufwendungen anrechnen lassen muss.

77 Die Unterscheidung zwischen Erfüllungs- und Schadensersatzansprüchen ist auch deswegen besonders wichtig, weil Erfüllung stets gefordert werden kann, während Schadensersatzansprüche im Allgemeinen[97] eine vom Schuldner zu vertretende (§ 286 Abs. 4 BGB, § 285 BGB a.F.) und ihm daher zuzurechnende Leistungsstörung voraussetzen.

78 Der *BGH* sieht die Möglichkeit der Nacherfüllung vorrangig vor der Erklärung der Minderung des Kaufpreises.[98] Dass der Käufer eines Gebrauchtwagens nicht weiß, ob ein binnen sechs Monaten nach der Übergabe durch den Verkäufer aufgetretener Defekt des Fahrzeugs auf einen Sachmangel i.S.d. § 434 Abs. 1 S. 1 BGB zurückzuführen ist, entlastet ihn laut *BGH* nicht von der Obliegenheit, dem Verkäufer Gelegenheit zur Nacherfüllung zu geben. Vorher darf er das Fahrzeug nicht selbst reparieren lassen und wegen des Mangels den Kaufpreis mindern oder einen Anspruch auf Schadensersatz statt der Leistung geltend machen kann. § 439 Abs. 3 BGB gewährt dem Verkäufer eine Einrede gegenüber der vom Käufer beanspruchten Art der Nacherfüllung, die der Verkäufer ausüben kann, aber nicht muss. Der Käufer kann deshalb nicht wegen unverhältnismäßiger Kosten der Nacherfüllung sogleich die Minderung erklären, ohne dem Verkäufer Gelegenheit zur Nacherfüllung gegeben zu haben.[99]

79 Wird ein Schadensersatzanspruch im Zuge von Verhandlungen vom Leistungspflichtigen anerkannt, so entsteht dadurch – unter Abänderung des bisherigen Schuldverhältnisses – ein völlig neuer

96 Vgl. Verbraucherdarlehensvertrag, *Schmidt*, Creifelds kompakt, Rechtswörterbuch, 3. Edition 2020.
97 Mit Ausnahme des Gläubigers oder Annahmevertrages (§§ 293 ff. BGB).
98 *BGH*, Urt. v. 21.12.2005 – VIII ZR 49/05, MDR 2006, 677; BGB § 439 Nacherfüllung, *Saenger*, Schulze, Bürgerliches Gesetzbuch, 10. Auflage 2019, Rn. 4.
99 *Döll*, Nacherfüllungsverlangen und Erfüllungsort beim Autokauf – eine kritische Bestandsaufnahme, DAR 2015, 671.

Rechtsgrund, sodass es auf die Beschaffenheit der Sach- und Rechtslage und auf den ursprünglichen Schuldgrund künftig nicht mehr ankommt. Dies bedeutet, dass der begünstigte Teil sich darauf beschränken kann, Schadensersatz aus vertraglichem Anerkenntnis zu verlangen.

### *b) Beweislast*

Die positive Vertragsverletzung, die eine besondere Form der schuldhaften Leistungsstörung darstellt, und die nunmehr gesetzlich erfasst ist in § 280 BGB, stellt eine weitere Form vertraglicher Leistungsstörungen dar.[100] Aus diesem Grund wird die Beweislast demjenigen Vertragspartner auferlegt, aus dessen Gefahrenkreis die Leistungsstörung hervorgegangen ist und der den betreffenden Sachverhalt aufgrund seiner größeren Nähe zum Ursachenkreis in zumutbarer Weise am ehesten aufklären kann. 80

In der Praxis der Kfz-Schadenregulierung kommt der auf § 280 Abs. 1 S. 2 BGB beruhenden Umkehrung der Beweislast keine besondere Bedeutung zu, weil in jenem Bereich überwiegend Vorschriften – insbesondere im Rahmen der vom Verschulden losgelösten Gefährdungshaftung – gelten, die ohnehin eine Umkehrung der Beweislast vorsehen. Das Gleiche gilt für die Fälle, in denen die Haftung auf gesetzlich vermutetem Verschulden beruht. 81

Sofern der Schädiger sich auf ein Haftungsprivileg beruft, obliegt ihm ebenfalls für diese Behauptung die volle Beweislast. 82

Im Versicherungsvertragsrecht wird die Beweissituation des Versicherungsnehmers dadurch verbessert, dass der Versicherer ein Beratungsprotokoll erstellen muss. Ergibt sich hieraus zum Beispiel, dass der Versicherungsnehmer geäußert hatte, er fahre öfter in den asiatischen Teil der Türkei und lässt sich aus dem Protokoll nicht entnehmen, dass der Versicherer darauf hingewiesen hatte, dass hierfür kein Kaskoversicherungsschutz gegeben ist und nur der Haftpflichtversicherungsschutz mit den weitaus niedereren türkischen Mindestdeckungssummen, kann der Versicherungsnehmer bei einem Unfall im asiatischen Teil der Türkei Schadensersatz wie bei einem Unfall im europäischen Teil der Türkei fordern. 83

### *c) Besondere Vertragsformen*

Die einzelnen Formen der Vertragshaftung sind in einem besonderen Abschnitt dargestellt. 84

## 2. Positive Vertragsverletzung

Bei der positiven Vertragsverletzung handelt es sich um eine besondere Form der schuldhaften Leistungsstörung, die seit 01.01.2002 über die Vorschriften zum neuen Leistungsstörungsrecht im BGB definiert wird. Bis zum 31.12.2001 handelte es sich um eine im bürgerlichen Recht nicht vorgesehene Denkfigur, die erst in Anpassung an die Bedürfnisse der Praxis durch Literatur und Rechtsprechung entwickelt wurde. 85

Ein Beispiel für die positive Vertragsverletzung: Der Inhaber einer Reparaturwerkstatt, der bei einem Kraftfahrzeug eine Inspektion durchführen sollte, hat die Bremsen falsch eingestellt. In einer kritischen Situation gerät der Pkw ins Schleudern und prallt gegen ein ihm ordnungsgemäß entgegengekommenes Kraftfahrzeug. In diesem Beispiel sind drei verschiedene Schadenbereiche erfasst: Zunächst einmal besteht im Rahmen des Werkvertrages Anspruch auf Beseitigung der Mängel an der Bremsanlage (Nachbesserung). Außerdem ist durch den Zusammenstoß erheblicher Schaden an dem Kfz des Kunden entstanden. Diesen (mittelbaren) Mangelfolgeschaden hat der Inhaber der Reparaturwerkstatt ebenfalls, und zwar unter dem Gesichtspunkt der positiven Vertragsverletzung, zu ersetzen.[101] Schließlich muss er seinen Kunden, der gegenüber dem Eigentümer des entgegenkommenden Fahrzeugs aus § 7 Abs. 1 StVG (Gefährdungshaftung) zum Schadensersatz verpflichtet 86

100 Positive Vertragsverletzung (pVV), *Schmidt*, Creifelds kompakt, Rechtswörterbuch, 3. Edition 2020.

101 Vgl. *BGH*, NJW 1961, 1256; NJW 1962, 1764; NJW 1967, 340; NJW 1971, 99; NJW 1971, 625; NJW 1972, 901; NJW 1973, 1752; NJW 1976, 1502; NJW 1979, 214; NJW 1969, 1710; NJW 1970, 411; NJW 1971, 654; NJW 1982, 2244; NJW 1983, 2078; NJW 1983, 2440.

ist, von den Ansprüchen freistellen, die auf dem Schaden am anderen Fahrzeug beruhen. Auch diese Verpflichtung ist eine Folge der positiven Vertragsverletzung.

87 Dieses Beispiel macht deutlich, dass im Einzelfall differenziert werden muss, ob es sich um Ansprüche handelt, die das schadhafte Werk selbst betreffen oder um die Erstattung von Nachteilen im weiteren Sinne (Folgeschäden). Nur Ansprüche auf Ersatz derjenigen Schäden, die zwar auf ein mangelhaftes Werk zurückgehen, aber weder in einem dem Werk unmittelbar anhaftenden Mangel bestehen noch sonst eng und unmittelbar mit dem Mangel zusammenhängen, sind nach den Regeln der positiven Vertragsverletzung und nach § 280 Abs. 1 BGB zu ersetzen.

88 Die verletzte Pflicht ist die Pflicht zur Rücksichtnahme (§ 241 Abs. 2 BGB).

89 Grundsätzlich erstreckt sich der aus positiver Vertragsverletzung (§ 280 Abs. 1 BGB) abgeleitete Schadensersatzanspruch auf sämtliche durch das schädigende Verhalten adäquat verursachten unmittelbaren und mittelbaren Vermögensnachteile.

90 Nach § 282 BGB ist ein »großer« Schadensersatzanspruch (Schadensersatz statt Leistung) nur möglich, wenn dem Gläubiger die Leistung nicht mehr zuzumuten ist.

### 3. Culpa in contrahendo

91 Um einen Unterfall der positiven Vertragsverletzung handelt es sich bei dem Rechtsinstitut der culpa in contrahendo (Verschulden bei Vertragsanbahnung).[102] Der culpa in contrahendo lag der Gedanke zugrunde, dass bereits durch vorvertragliche Verhandlungen nach Treu und Glauben (§ 242 BGB) unter den Beteiligten ein vertragsähnliches Vertrauensverhältnis geschaffen wird, aus dem sich gewisse Sorgfalts-, Fürsorge- und gegenseitige Treuepflichten ergeben. Werden im Rahmen derartiger Vertragsanbahnungsverhandlungen geschützte Rechtspositionen, auf deren Wahrung der andere Teil im guten Glauben vertrauen darf, durch das Verhalten eines Partners beeinträchtigt, so ist der Verletzer des Rechtsgutes (Störer) dem anderen Teil zum Ersatz des daraus erwachsenen Schadens verpflichtet.) Der Störer muss den Schaden verschuldet haben. Dies gilt insbesondere dann, wenn Vertrauen auf das Zustandekommen eines bestimmten Vertrages erweckt worden ist. Es handelt sich also um eine vorvertragliche Haftung für eine Risikolage, die bereits im Vorfeld eines beabsichtigten Vertragsabschlusses entsteht.[103] Nach ständiger Rechtsprechung des *BGH* ist zum Beispiel eine Kreditgebende Bank bei steuersparenden Bauherren-, Bauträger- und Erwerbermodellen zur Risikoaufklärung über das finanzierte Geschäft nur unter ganz besonderen Voraussetzungen verpflichtet. Sie darf regelmäßig davon ausgehen, dass die Kunden entweder über die notwendigen Kenntnisse oder Erfahrungen verfügen oder sich jedenfalls der Hilfe von Fachleuten bedient haben. Aufklärungs- und Hinweispflichten bezüglich des finanzierten Geschäfts können sich daher nur aus den besonderen Umständen des konkreten Einzelfalls ergeben.[104] Dies kann unter anderem der Fall sein, wenn die Bank in Bezug auf spezielle Risiken des Vorhabens einen konkreten Wissensvorsprung vor dem Darlehensnehmer hat und dies auch erkennen kann.[105] Ein Schadenersatzanspruch aus culpa in contrahendo wird von den Gerichten im Zusammenhang mit Manipulationen des Herstellers eines Kfz im Abgasbereich in der Regel verneint.[106]

92 »Culpa in Contrahendo« ist in § 311 Abs. 2 BGB geregelt. Danach entsteht ein Schuldverhältnis bereits durch die Aufnahme von Vertragsverhandlungen oder die Anbahnung eines Vertrages. Anspruchsgrundlage für einen Schadensersatz nach c.i.c. ist somit ebenfalls der § 280 Abs. 1 BGB.

---

102 BGB § 275 Ausschluss der Leistungspflicht, *Lorenz*, BeckOK BGB, Hau, Poseck, 56. Edition, Stand: 01.11.2020, Rn. 10.

103 Vgl. *OLG Köln*, VersR 1983, 1045.

104 *LG Bonn*, Urt. v. 26.03.2014 – 2 O 568/11, BeckRS 2014, 15025; *Gundermann*, Zu den Anforderungen der Bankberatung bei strukturierten Finanzprodukten, BKR 2013, 406.

105 *BGH*, Urt. v. 26.06.2007 – XI ZR 277/05, WM 2007, 1651; vgl. *OLG Dresden*, MDR 2002, 508.

106 Vgl. *OLG Zweibrücken*, Hinweisbeschl. v. 04.10.2023 – 7 U 177/22, BeckRS 2023, 27733.

Ein Verschulden bei Vertragsanbahnungsverhandlungen löst im Allgemeinen nur einen Anspruch auf Ersatz des Vertrauensschadens[107] – also nicht das Erfüllungsinteresse – aus. Der Vertrauensschaden[108] ergibt sich, wenn man einen Vergleich der Vermögenslage bei der Fortführung des durch das Verschulden unbeeinflussten Vorhabens des Geschädigten und die wirkliche Vermögenslage, wie sie sich durch das schuldhafte Verhalten des anderen Teils gestaltet und entwickelt hat.[109] 93

Wäre ohne das zum Ersatz verpflichtende Verhalten eine gültige Verbindlichkeit auf vertraglicher Grundlage entstanden, so kann der Ersatzberechtigte verlangen, wirtschaftlich so gestellt zu werden, als ob eine derartige Verbindlichkeit tatsächlich bestehen würde.[110] Nach einer Verletzung von Aufklärungspflichten bei Vertragsverhandlungen steht dem Geschädigten laut *BGH* kein Anspruch auf Anpassung des Vertrags zu.[111] Er hat nur das Recht, an dem für ihn ungünstigen Vertrag festzuhalten und den Vertrauensschaden zu liquidieren. Zur Berechnung des Vertrauensschadens ist der Geschädigte so zu behandeln, als wäre es ihm bei Kenntnis der wahren Sachlage gelungen, den Vertrag zu einem niedrigeren Preis abzuschließen. Ihm ist dann der Betrag zu ersetzen, um den er den Kaufgegenstand zu teuer erworben hat. Auf den Nachweis, dass die andere Vertragspartei sich darauf eingelassen hätte, kommt es dabei nicht an. Als Folge einer Verletzung von Aufklärungspflichten bei Vertragsschluss kann der Geschädigte auch so zu stellen sein, als habe er mit dem anderen Teil einen für ihn besseren Vertrag geschlossen. 94

Das setzt aber voraus, dass ein solcher Vertrag bei erfolgter Aufklärung zustande gekommen wäre. Dies muss der Geschädigte beweisen. 95

Nach ständiger Rechtsprechung des *BGH* ist der durch die Verletzung der Aufklärungspflicht zum Vertragsschluss veranlasste Geschädigte so zu stellen, wie er bei Offenbarung bzw. zutreffende Darstellung der für den Vertragsabschluss maßgeblichen Umstände stünde. Unter diesen Umständen kann er zwischen zwei Möglichkeiten des Schadenausgleichs wählen. Er kann entweder die Rückabwicklung des Vertrags verlangen oder stattdessen an dem Vertrag festhalten und den Ersatz der durch das Verschulden des anderen Teils veranlassten Mehraufwendungen verlangen (sog »kleiner Schadensersatz«)[112] 96

Diese Gesichtspunkte gelten auch dann, wenn jemand durch eine unerlaubte Handlung zum Abschluss eines Vertrages veranlasst worden ist und wenn gleichzeitig feststeht, dass ohne die unerlaubte Handlung – die i.d.R. eine Täuschung sein wird – ein Vertrag mit einem ganz bestimmten Inhalt zustande gekommen wäre.[113] 97

Das Vermögen als solches ist nur in ganz seltenen Ausnahmefällen als Rechtsgut durch ausdrückliche gesetzliche Bestimmungen geschützt. Dazu gehören insbesondere Ansprüche aus Verstoß gegen ein Schutzgesetz (§ 823 Abs. 2 BGB), aus Kreditgefährdung (§ 824 BGB), aus Angriffen gegen die Geschlechtsehre (§ 825 BGB), aus vorsätzlichen sittenwidrigen Handlungen (§ 826 BGB), aus Amtspflichtverletzung (§ 839 BGB) sowie aus positiver Vertragsverletzung (§ 280 Abs. 1 BGB). 98

---

107 Vgl. *OLG Köln*, VersR 1983, 1045; *BGH*; DB 2001 Heft 24 VIII (LS).

108 Der als Vermittler auftretende Kfz-Händler kann als Sachwalter des Verkäufers selbst unter dem Gesichtspunkt der culpa in contrahendo gegenüber dem Käufer Ersatz des Vertrauensschadens schulden (vgl. dazu *BGH*, NJW 1975, 642; *BGH*, WM 1976. 614; NJW 1977, 1914; NJW 1979, 1707; *BGH*, NJW 1981, 922. Dies gilt insbesondere dann, wenn der Gebrauchtwagenhändler ein eigenes wirtschaftliches *Interesse* am Abschluss des Kaufvertrages hatte (*BGH*, NJW 1971, 1309). Zur Haftung des Kfz-Händlers beim sog. Agenturgeschäft vgl. *Eggert*, DAR 1981, 1 (zugleich Anm. zum Urteil des *LG Bochum*, NJW 1980, 789 = DAR 1981, 15).

109 Vgl. dazu *BGH*, VersR 1962, 562.

110 Vgl. *BGH*, NJW 1965, 812; zur Haftung aus wegen *Formmangels* nichtigen Verträgen, wenn der Ersatzpflichtige die Wahrung der Form seinerseits schuldhaft verhindert hat; *BGH*, VersR 1962, 562.

111 *BGH*, Urt. v. 19.05.2006 – V ZR 264/05, NJW 2006, 3139.

112 *BGH*, Urt. v. 06.07.2021 – VI ZR 40/20, NJW 2021, 3041.

113 Vgl. *BGH*, WM 1976, 1307.

### 4. Haftung für Dritte

99 Nach § 278 BGB hat der Schuldner ein Verschulden seines gesetzlichen Vertreters oder der Personen, deren er sich zur Erfüllung seiner Verbindlichkeiten bedient, im Rahmen bestehender Schuldverhältnisse oder anderer rechtlich bedeutsamer Sonderverbindungen[114] in gleichem Umfange zu vertreten wie eigenes Verschulden. Als Dritter (»Erfüllungsgehilfe«) ist derjenige zu betrachten, der im Auftrag des Schuldners, zumindest mit seinem Willen, bei der Erfüllung einer bereits zu diesem Zeitpunkt bestehenden Verbindlichkeit tätig geworden ist.[115] Dritter ist also jeder, der nach den tatsächlichen Gegebenheiten des Falls und mit dem Willen des Schuldners bei der Erfüllung einer diesem obliegenden Verbindlichkeit als seine Hilfsperson tätig wird.[116]

100 Im Zusammenhang mit dem Dieselskandal stellt das *OLG Hamm* fest, dass eine Zurechnung der Arglist der Fahrzeugherstellerin gegenüber dem Fahrzeughändler in Fällen des sog. »VW-Abgasskandals« nicht stattfindet. Der Fahrzeughändler ist auch nicht Erfüllungsgehilfe der Herstellerin.[117]

101 Eine Entlastungsmöglichkeit ist nicht vorgesehen. Das bedeutet, dass die Haftung unter den im Gesetz gegebenen Voraussetzungen auch dann eintritt, wenn der Vertragsschuldner darzulegen vermag, dass er seine Erfüllungsgehilfen ordnungsgemäß ausgewählt, gut ausgebildet und ständig überwacht hat, sodass er auf vertragsgetreues Verhalten vorwurfsfrei vertrauen durfte.[118] Insoweit unterscheidet sich die Haftung für den Erfüllungsgehilfen aus § 278 BGB von der Haftung des Geschäftsherrn für seinen Verrichtungsgehilfen aus § 831 BGB. Sofern sich der Reiseveranstalter zur Erfüllung seiner Verpflichtungen des Reisebüros bedient, haftet er für dessen Verschulden (§ 278 BGB).[119] Hat sich der Kunde für ein Reisebüro entschieden, wird dieses bei den Informationen über die Durchführung der konkreten gewählten Reise jedenfalls nur noch als Erfüllungsgehilfe des Reiseveranstalters tätig.[120]

102 Durch die gesetzlichen Tatbestandsmerkmale ist klargestellt, dass eine Haftung im Rahmen von § 278 BGB nur im Rahmen bestehender Schuldverhältnisse in Betracht kommt. Weiterhin muss der Erfüllungsgehilfe im Rahmen der Vertragspflichten, also gerade in Erfüllung des Vertragsverhältnisses tätig geworden sein. Gem. § 278 BGB wird die Zurechnung davon abhängig gemacht, dass jemand mit Wissen und Wollen des Geschäftsherrn zur Erfüllung von Pflichten tätig wird, die dem Geschäftsherrn obliegen. Beschränkt sich die Tätigkeit eines Grundstücksmaklers auf das Anbieten reiner Maklerdienste ohne Einbindung in die Erfüllung von Haupt- oder Nebenpflichten einer Vertragspartei, kommt laut *BGH* eine Zurechnung nach § 278 BGB nicht in Betracht.[121] Ist einem Grundstücksmakler von einer der späteren Kaufvertragsparteien allerdings die Führung der wesentlichen Vertragsverhandlungen überlassen worden, so ist er von ihr im Regelfall zur Erfüllung der vorvertraglichen Sorgfaltspflichten herangezogen worden, und zwar auch dann, wenn ihm ein eigener Verhandlungsspielraum nicht eingeräumt worden ist. Dies rechtfertigt die Anwendung von § 278 BGB.

103 Dies bedeutet, dass eine Haftung des Schuldners dann entfällt, wenn die schädigende Handlung nicht in Erfüllung der Verbindlichkeit, sondern nur gelegentlich[122] dieser vorgenommen wird.

---

114 *BGH*, VRS 56, 333 (m.w.N.); *BGH*, VRS 59, 241; *BGH*, NJW 1980, 2000; *Weber*, DAR 1981, 161.
115 BGB § 278 Verantwortlichkeit des Schuldners für Dritte, *Lorenz*, BeckOK BGB, Hau, Poseck 56. Edition, Stand: 01.11.2020, Rn. 11–14.
116 Vgl. *BGH*, VersR 1974, 574; NJW 1978, 2294; NJW 1984, 1748. Vgl. *Bacher*, Geigel, Haftpflichtprozess, 29. Aufl. 2024, Kap. 28, Haftung aus Vertragsverletzung, Rn. 236, 237.
117 *OLG Hamm*, Urt. v. 01.04.2020 – 30 U 33/19, BeckRS 2020, 11615.
118 Vgl. *BGH*, BGHZ 6, 330; *BGH*, NJW 1962, 1196; *BGH*, BGHZ 61, 7; *BGH*, NJW 1974, 849; a.A. *OLG Hamm*, DAR 2005, 609 bei *Bernau*.
119 *BGH*, Urt. v. 25.04.2006 – X ZR 198/04, DAR 2006, 689 (L).
120 *AG Frankfurt a.M.*, Urt. v. 14.09.2010 – 30 C 2636/09 45.
121 *BGH*, Urt. v. 24.11.1995 – V ZR 40/94, VersR 1996, 324.
122 Zur Haftung für Gelegenheitsdelikte von Erfüllungsgehilfen vgl. *Rathjen*, JR 1979, 232 ff.

▶ **Beispiel:**

Der mit der Durchführung von Wartungs- und Inspektionsarbeiten an einem Kfz beauftragte Handwerker stiehlt eine im Wagen zurückgelassene Kamera. Für die Folgen dieses Diebstahls[123] ist der Vertragsschuldner (Unternehmer) nicht verantwortlich, weil der Schaden nicht aus Anlass, sondern nur bei Gelegenheit der Erfüllung der vertraglich geschuldeten Verbindlichkeit eingetreten ist. Es ist dann allerdings erforderlich, dass der Schuldner im Hinblick auf seinen Mitarbeiter – den Erfüllungsgehilfen, der zugleich auch Verrichtungsgehilfe i.S.d. § 831 BGB ist – den Entlastungsbeweis ordnungsgemäß führt oder zumindest nachweist, dass der Schaden auch bei gehöriger Beaufsichtigung entstanden wäre. 104

Ein Geschädigter ist grundsätzlich nicht verpflichtet sich nach dem »günstigsten« Sachverständigen zu erkundigen. Die vom Geschädigten mit der Schadensbeseitigung beauftragten Personen sind nicht seine Erfüllungsgehilfen.[124] Selbst wenn man die Reparaturwerkstatt als Vertreter des Kl. sehen würde, fehlt es jedenfalls an hinreichenden Anhaltspunkten für ein Auswahlverschulden. Den Geschädigten trifft grundsätzlich keine Erkundigungs- und Prüfungspflicht zu den Gutachterkosten eines Sachverständigen, außer bei auf der Hand liegenden Abrechnungsfehlern oder wenn der Sachverständige offenkundig »über die Stränge schlägt«.[125]

Eine Haftung aus § 278 BGB kommt auch dann in Betracht, wenn ein Mitarbeiter entgegen dem ihm ausdrücklich erteilten Auftrage seine Kompetenzen überschreitet oder sich nicht an die Weisungen seines Arbeitgebers hält. Die Haftung entfällt nur dann, wenn ein Verhalten, das den Vorwurf der Pflichtwidrigkeit begründet, aus dem allgemeinen Umkreis jenes Aufgabenbereiches herausfällt, den der Dritte (Erfüllungsgehilfe) für den Geschäftsherrn wahrzunehmen hat. 105

Erfüllungsgehilfe im Rahmen des § 254 BGB – also bezüglich der dem Geschädigten obliegenden Schadenminderungspflicht – kann nur eine Person sein, die üblicherweise anstelle des Geschädigten selbst oder in Erfüllung der ihm obliegenden Rechtspflichten tätig wird. Sofern zur Erfüllung dieser Pflichten üblicherweise die Hinzuziehung eines Sachverständigen erforderlich ist, kommt eine Haftung über § 278 BGB nicht in Betracht. So ist der Arzt nicht Erfüllungsgehilfe des Verletzten, die Werkstatt nicht Erfüllungsgehilfe des Geschädigten[126] und ein Gutachter (Sachverständiger) nicht Erfüllungsgehilfe seines Auftraggebers.[127] 106

## 5. Haftungsausschlüsse

Das bürgerliche Recht wird beherrscht vom Grundsatz der Dispositionsfreiheit (Vertragsfreiheit). Das bedeutet, dass es weitestgehend im freien Ermessen der Parteien steht, wie sie ihre Rechtsverhältnisse regeln wollen. Sie können daher auch – im Voraus oder nachträglich – die gesetzlichen Haftungsfolgen aus bestimmten gefahrenträchtigen Sachverhalten rechtswirksam ausschließen. Zum Teil ergeben sich Haftungsbeschränkungen jedoch bereits unmittelbar aus dem Gesetz. 107

In Einzelfällen stehen der vertraglichen Vereinbarung von Haftungsausschlüssen indes zwingende gesetzliche Vorschriften entgegen. Gleichwohl vereinbarte Haftungsausschlüsse sind in derartigen Fällen wegen Verstoßes gegen ein gesetzliches Verbot – also gem. § 134 BGB – nichtig. Hauptanwendungsfall ist die Bestimmung des § 276 Abs. 2 BGB, nach der »die Haftung wegen Vorsatzes dem Schuldner nicht im Voraus erlassen werden« kann. Daraus lässt sich zunächst einmal der 108

123 *OLG Hamburg*, MDR 1977, 752.

124 *AG Cham*, Urt. v. 12.07.2006 – 6 C 66/06, NZV 2006, 655.

125 Vgl. *Horst*, Geigel, Haftpflichtprozess, 29. Aufl. 2024, Kap. 2 Mitverschulden, Rn. 48–51.

126 Vgl. *BGH*, DAR 1971, 942; NJW 1974, 91; NJW 1974, 34; VersR 1974, 90; DAR 1975, 109.

127 *OLG Karlsruhe*, VersR 1975, 335; *OLG Celle*, NJW 1962, 398; *LG Köln*, NJW 1975, 57; *Wussow*, UHR Rn. 1284; *AG Hannover*, Urt. v. 15.10.2019 – 455 C 3490/19, BeckRS 2019, 40894; *AG Hannover*, Urt. v. 27.02.2020 – 7 C 3041/19, BeckRS 2020, 3937; BGB § 254; StVG § 9; HPflG § 4; LuftVG § 4; ProdHaftG § 6; UmweltHG § 11, *Geigel*, Haftpflichtprozess, 28. Aufl. 2020, Rn. 48–51.

Umkehrschluss ableiten, dass Haftungsausschlüsse außerhalb des Bereichs des Vorsatzes, also bis zur Grenze der groben Fahrlässigkeit, vom Gesetz gebilligt werden und daher wirksam sind. Dies ist zum Beispiel der Fall bei der Kaskoversicherung. Hier können die Parteien vereinbaren, dass die Zahlungsverpflichtung des Versicherers auch bei grob fahrlässigem Verhalten erfolgen soll. Im Wege eines weiteren Umkehrschlusses ergibt sich, dass auch ein Haftungsausschluss wegen Vorsatzes nicht schlechthin rechtswidrig, sondern dann zulässig ist, wenn er nach Eintritt des Schadenfalls und nach Kenntnis von seinen Folgen ausgesprochen wird. Im Bereich des Personenschadens kann die Haftung für grob fahrlässiges Verhalten nicht formularmäßig ausgeschlossen werden (§ 309 Nr. 7 BGB). Will der Verwender eines Formulars die Beschränkung auch auf die Fälle grob fahrlässigen Verhaltens ausdehnen, muss er dies jeweils einzelvertraglich vereinbaren. Dies ist zum Beispiel empfehlenswert, wenn für die Fahrt mit einem fremden Kfz die Haftung bei Unfallschäden ausgeschlossen werden soll. Dies muss einzelvertraglich vereinbart und – am besten – schriftlich festgelegt werden.

**109** Ein Haftungsverzicht der Teilnehmer in einem Anmeldeformular eines Veranstalters von Sicherheitstrainings kann allerdings auch Wirkung zwischen den Teilnehmern entfalten.[128] Vereinbaren die Teilnehmer an einem Sicherheitstraining in einem Formular die Haftung für Personenschäden für die Fälle vorsätzlich oder grob fahrlässigen Verhaltens, bedeutet dies laut *OLG Bamberg* im Umkehrschluss einen Haftungsverzicht für leicht fahrlässig herbeigeführte Schäden.

**110** Von einem stillschweigenden Haftungsverzicht kann im Zusammenhang mit einem Motorrad-Sicherheitstraining nicht ausgegangen werden.[129] Er kommt nur ausnahmsweise in Betracht, zum Beispiel bei einem Kfz-Händler, der einen Kunden eine Probefahrt machen lässt, für Schäden am zur Verfügung gestellten Kfz.[130]

**111** Ein Haftungsverzicht hat die Wirkung eines einen Erlassvertrages. Voraussetzung für eine rechtswirksame Vereinbarung des Haftungsverzichts ist auch insoweit eine durch Angebot und Annahme zustande gekommene Willenseinigung der Beteiligten, die volle Geschäftsfähigkeit des Verzichtenden erfordert. Dies bedeutet, dass bei einem Minderjährigen ein Haftungsausschluss aus Anlass einer Gefälligkeitsfahrt nur mit Zustimmung seines gesetzlichen Vertreters in Betracht kommt.[131] Der Haftungsverzicht kann aber auch durch konkludente (schlüssige) Handlung, also durch eine Art »stillschweigende Erklärung«, zustande kommen.[132] Bei dieser Betrachtungsweise ist jedoch eine gewisse Zurückhaltung geboten.[133]

**112** Ein stillschweigender Haftungsverzicht[134] des später verletzten Beifahrers kann nicht bereits daraus abgeleitet werden, dass dieser den Wunsch geäußert hat, aus Gefälligkeit mitgenommen zu werden.[135]

---

128 *OLG Bamberg*, Urt. v. 14.06.2005 – 5 U 88/05, VersR 2006, 661; vgl. www.adac.de>Recht& Schaden; vgl. aber *BGH*, DAR 2009, 326, der für Motocross-Training Haftungsausschluss verneint.

129 *OLG Stuttgart*, VRS 115, 335.

130 *Kaufmann*, Geigel, Haftpflichtprozess, 29. Aufl. 2024, Kap. 25 Haftung des Kraftahrzeughalters und -führers, Rn. 273.

131 *OLG München*, VersR 1963, 51.

132 Vgl. *OLG Bamberg*, VersR 1985, 786; *OLG Frankfurt*, NJW 1998, 1232; *BGH*, DAR 2009, 327; Kapitel 25. Haftung des Kraftfahrzeughalters und -Führers, *Kaufmann*, Geigel, Haftpflichtprozess, 28. Aufl. 2020, Rn. 270.

133 *OLG Bamberg*, NJW-RR 1986, 252; *AG Plettenberg*, Urt. v. 03.11.2006 – 1 C 345/05 *Bohne*, VRK 2005, 201.

134 Vgl. *BGH*, VersR 1979, 136; *OLG Düsseldorf*, VersR 1975, 57; *OLG Karlsruhe*, zfs 1981, 233; *LG Göttingen*, zfs 1981, 327; *AG Köln*, zfs 1984, 364.

135 *BGH*, VersR 1967, 157 (bei Mitnahme eines Freundes auf einem Moped); VersR 1967, 882 (aus freundschaftlichen Beziehungen zwischen Fahrer und Beifahrer kann nicht ohne Weiteres eine Entscheidung der Verschuldenshaftung begleitet werden); vgl. Freizeichnungs- und Haftungsbegrenzungsklauseln, *Graf von Westphalen*, Westphalen, Vertragsrecht und AGB-Klauselwerke, Werkstand: 45. EL März 2020, Rn. 14, 15.

In diesem Zusammenhang vertritt das *OLG Koblenz*[136] die Auffassung, dass jemand, der weiß, dass der andere, mit dem er befreundet ist, nur über eine geringe Fahrpraxis verfügt, diesen aber trotzdem ans Steuer lässt, zugleich zum Ausdruck bringt, dass er zumindest im Fall leichter Fahrlässigkeit des Fahrers diesen allenfalls dann auf Schadensersatz in Anspruch zu nehmen wird, wenn anderweitiger Ersatz von einem Dritten – insbesondere von einem dafür eintrittspflichtigen Haftpflichtversicherer nicht oder doch jedenfalls nicht auf zumutbare Weise erlangt werden kann. Ein derartiges »pactum de non petendo«[137] entspricht in bestimmten Fällen den natürlichen Anschauungen und selbstverständlichen Erwartungen aller gerecht und billig Denkenden in vergleichbaren Situationen. Es ist als stillschweigendes Einverständnis zu werten, wenn der andere Teil derartigen Erwartungen nicht ausdrücklich entgegentritt. Entscheidend ist immer die Betrachtung im Einzelfall. Übernimmt eine mit dem Fahrer freundschaftlich verbundene Person auf einer gemeinsamen Fahrt das Steuer für diesen, so ist laut *AG München* von einem stillschweigend ausgesprochenen Haftungsausschluss für einfache Fahrlässigkeit zugunsten des übernehmenden Fahrers auszugehen.[138] Anderenfalls hätte sich die Bekl. vernünftigerweise auf das Führen des Pkw nicht eingelassen.[139] 113

Die überwiegende Meinung geht indes davon aus, dass ein stillschweigender Haftungsverzicht insbesondere dann nicht angenommen werden kann, wenn zugunsten des Verletzten Deckungsschutz bei einem Haftpflichtversicherer besteht.[140] Geht man hiervon aus, bedeutet dies, dass der Halter/Eigentümer/Versicherungsnehmer seinen Personenschaden gegenüber der Kfz-Haftpflichtversicherung des Unfallfahrzeugs geltend machen kann. Auch in diesem Fall stellt sich jedoch die Frage, ob der Fahrer, der gemeinschaftlich, also auch im eigenen Interesse das Fahrzeug gefahren hatte, nicht zumindest für den Rückstufungsschaden haftet. Anders hingegen kann es sich dann verhalten, wenn kein Haftpflichtdeckungsschutz (mehr) besteht.[141] Dies gilt insbesondere für sog. Gefälligkeitsfahrten, also für Vorgänge des täglichen Lebens, deren Bedeutung für die Beteiligten einer Klarstellung durch Worte nicht bedarf. Probleme bereiten oftmals die Fälle, in denen bei einer Urlaubsfahrt ein Unfall mit einem Kfz passiert, das nicht kaskoversichert ist. Hier muss der Fahrer oftmals damit rechnen, haftbar gemacht zu werden, selbst wenn er nur kurzfristig das Steuer übernommen hatte. In jedem Fall empfiehlt es sich, mit den Mitfahrern über die Haftung zu sprechen und schriftliche Regelungen zu treffen. 114

Einen stillschweigenden Haftungsausschluss für leichte Fahrlässigkeit ist nicht schon deshalb anzunehmen, weil der Fahrer aus Gefälligkeit gegenüber dem Kfz-Halter das Steuer übernommen hat.[142] 115

Nach einem Urteil des *OLG Karlsruhe*, hat derjenige, dem das Fahrzeug überlassen wurde und der wegen der Verletzung des allgemeinen Rücksichtnahmegebots (§§ 1 Abs. 2, 8 StVO) einen Unfall verursacht, lediglich Schäden nach § 823 Abs. 1 BGB und nicht nach § 823 Abs. 2 BGB zu ersetzen. Ein Anspruch auf Erstattung des Rückstufungsschadens scheidet aus, da § 823 Abs. 1 BGB nur Schäden am überlassenen Fahrzeug betrifft.[143] Der Rückstufungsschaden ist nicht auf die Beschädigung des benutzen Pkw, sondern auf Schäden zurückzuführen, die an dem weiteren am Unfall beteiligten Fahrzeug entstanden sind. 116

---

136 Vgl. *OLG Koblenz*, VersR 1983, 947 = zfs 1983, 356.

137 Vgl. dazu auch mit näheren Ausführungen zum Rechtscharakter des Haftungsausschlusses *AG Köln*, (256 C) zfs 1984, 364.

138 *AG München*, Urt. v. 13.12.2000 – 282 C 28947/00.

139 Vgl. *Kaufmann*, Geigel, Haftpflichtprozess, 29. Aufl. 2024, Kap. 25 Haftung des Kraftfahrzeughalters und -führers, Rn. 274, 275.

140 *BGH*, VRS 21, 164 f.; VersR 1962, 252; DAR 1963, 241; VersR 1963, 1080; VRS 26, 81; VersR 1964, 735; vgl. dazu: *Berg*, VRS 27, 1; vgl. *OLG München*, Urt. v. 09.10.2009 – 10 U 2309/09, BeckRS 2009, 27951.

141 Vgl. *BGH*, DAR 1978, 249; VRS 56, 163; VRS 58, 241; VRS 58, 333; *OLG Hamm*, VersR 1976, 547.

142 Vgl. *BGH*, BGHZ 41, 79; VersR 1980, 384; VRS 65, 178; *OLG Karlsruhe*, OLGZ 1980, 386; *Weber*, DAR 1984, 161.

143 *OLG Karlsruhe*, Urt. v. 26.02.2003 – 17 U 121/02, NJOZ 2004, 4069.

117 Da ein rechtswirksamer Haftungsverzicht volle Geschäftsfähigkeit zumindest des Verzichtenden voraussetzt, kann ein Haftungsausschluss insbesondere dann zweifelhaft sein, wenn es sich für die Beteiligten beispielsweise um eine Trunkenheitsfahrt gehandelt hat.[144] Bei einer Blutalkoholkonzentration des Insassen von 2,8 ‰ bis 3 ‰ können erhebliche Zweifel bestehen, ob dieser zu rechtsgeschäftlichen Erklärungen über einen Haftungsverzicht überhaupt in der Lage war.[145]

118 Die Rechtsprechung entscheidet derartige Fälle i.d.R. durch Bezugnahme auf § 254 BGB,[146] d.h. sie geht davon aus, dass der Fahrgast, der sich einem erkennbar[147] betrunkenen Kraftfahrer zur Beförderung anvertraut, ein nicht unerhebliches Mitverschulden an der Herbeiführung der Schäden zur

---

144 Vgl. *BGH*, VersR 1965, 386; 1966, 40; *OLG München*, VersR 1963, 51; *Wussow*, UHR Rn. 1305; *OLG Celle*, Urt. v. 19.03.1981 – 5 U 132/80, BeckRS 2008, 15642.

145 Vgl. dazu: *OLG Bamberg*, NJW-RR 1986, 252; *OLG Frankfurt a.M.*, Urt. v. 19.02.2015 – 2 U 95/14, BeckRS 2016, 4325.

146 *BGH*, VRS 57, 161 (beim Fehlen konkreter Anhaltspunkte für eine die Fahrtüchtigkeit beeinträchtigende – alkoholbedingte – Übermüdung des Fahrers ist der Fahrgast nicht verpflichtet, sich selbst wach zu halten, um den Fahrer in geeigneter Weise am *Einschlafen zu* hindern); VRS 57, 241 (Schädiger muss beweisen, dass Insasse die Trunkenheit des Fahrers – dessen BAK 1,3 ‰ betrug – erkannt hat); *OLG Düsseldorf*, VS 1995, 256; *OLG Schleswig*, NZV 1995, 357; *OLG Hamm*, DAR 1997, 52; r+s 1997, 497; *OLG Oldenburg*, DAR 1998, 277; *OLG Saarbrücken*, MDR 2002, 392; *OLG Nürnberg*, VersR 1969, 836 (Insasse hätte bei einem BAK von 2,04 ‰ Bedenken bezüglich der Fahrtüchtigkeit haben müssen); VS 1980, 81 (50 % Mithaftung bei 1,65 ‰ BAK und Nichtanschnallen des Insassen); *OLG Schleswig*, VersR 1975, 290 (auch eine erhebliche Alkoholbeeinflussung – im konkreten Fall: 1,65 ‰ – bleibt außer Betracht, wenn sie sich nicht nachweisbar auf das Unfallgeschehen ausgewirkt hat); *KG*, VersR 1975, 52; VS 1976, 100; r+s 1976, 99 (1/3 Mitverschulden bei begründeten Zweifeln an der Fahrtüchtigkeit); *OLG Hamburg*, VersR 1977, 380; *OLG Celle*, VersR 1978, 330 (1/3 Mitverschulden); VersR 1981, 736 (keine Mithaftung trotz 2 ‰ BAK des Fahrers); VersR 1982, 960; zfs 1982, 356 (75 % Mitverschulden des Beifahrers, der im konkreten Fall zugleich auch als Halter und Eigentümer des Kfz dem angetrunkenen Zechgenossen die Führung des Kfz überlassen hatte); VRS 85, 161 (kein Mitverschulden bei 0,92 ‰); *OLG Zweibrücken*, VersR 1978, 1030 (keine Haftung des Insassen bei 1,74 ‰ BAK des Fahrers); *OLG Frankfurt/M.* 1979 r+s 1979, 206 (1/3 Mitverschulden bei 2,02 ‰ BAK des Fahrers); VersR 1980, 287 = zfs 1980, 141 (1/3 Mitverschulden); NJW-RR 1987, 91 (es kommt entscheidend darauf an, ob sich aus den erkennbaren Gesamtumständen Zweifel an der Fahrtüchtigkeit aufdrängen mussten); NZV 1989, 111; *OLG Koblenz*, VersR 1980, 238 = VS 1980, 141 (50 % Mithaftung des Insassen); VersR 1981, 756 = VS 1981, 297 (1/3 Mithaftung des Insassen); zfs 1989, 119 (L) = VS 1976, 90 (1/3 Mitverschulden des Insassen bei 2,07 ‰); *OLG München*, zfs 1985, 161 (kein Mitverschulden bei 1,8 ‰); zfs 1986, 1; zfs 1986, 323 (50 % Mitverschulden); *OLG Hamm*, zfs 1987, 290 (25 % Mitverschulden des Insassen bei 2,03 ‰); *OLG Hamm* VersR 1987, 205 (Mitverschulden des Beifahrers, wenn dieser trotz Vorliegens von Verdachtsmomenten nicht nachgefragt hat, ob der Fahrer im Besitz einer Fahrerlaubnis ist); *LG Köln*, VersR 1974, 1187 (25 % Mitverschulden bei 2,2 ‰ BAK); *LG Hannover*, VersR 1976, 101 (keine Haftung bei erkennbarer Trunkenheit des Fahrers); *LG Frankfurt a.M.*, VersR 1979, 332 (50 % Mitverschulden bei 2,7 ‰); *LG Düsseldorf*, VS 1984, 195 (1,75 ‰); *LG Frankenthal*, VS 1984, 353 (50 % Mitverschulden bei 1,6 ‰); *LG Braunschweig*, zfs 1986, 2; *LG Marburg*, VS 1986, 353 (Mithaftung zu 66 2/3 %, wenn sich der verletzte 16jährige Insasse einem führerscheinlosen minderjährigen Schwarzfahrer zur Beförderung anvertraut hat); *AG Bremervörde*, Urt. v. 12.07.2006 – 5 C 465/05, (1/3 Mitverschulden).

147 *BGH*, VersR 1972, 398 (0,9 oder 1,0 ‰); *OLG Düsseldorf*, VersR 1975, 57 (1,33 ‰); *OLG Oldenburg*, VersR 1958, 730 (1,01 ‰); *OLG Celle*, VersR 1981, 736 (1,4 ‰); zfs 1985, 161 (0,32 ‰ nicht ohne Weiteres erkennbar); *OLG München*, VS 1985, 161 (1,8 ‰ nicht stets erkennbar); VersR 1986, 925 (50 % Mitverschulden).

Last fällt.[148] Bei dieser Betrachtung bleibt die Betriebsgefahr des Kfz unberücksichtigt, da sie ohne rechtliche Relevanz ist.[149]

Ein Mitverschulden des Beifahrers (Fahrgastes) kann auch dann in Betracht kommen, wenn er eine Übermüdung des Fahrers erkennt oder nach der Lage der Dinge hätte erkennen müssen.[150] 119

Von einem stillschweigenden Haftungsausschluss ist laut *LG Saarbrücken* dann auszugehen, wenn jemand eine Trunkenheitsfahrt dadurch verhindert, dass er eine alkoholisierte Person vom Fahren abhält, indem er selbst das Steuer übernimmt. Verursacht er auf dieser Strecke fahrlässig einen Unfall, haftet er nicht für die Schäden.[151] Es liegt eine Gefälligkeitsfahrt mit einem stillschweigenden Haftungsausschluss vor. 120

Das Führen des Fahrzeuges durch den Beklagten lag ausschließlich im Interesse des alkoholisierten Klägers. Etwas anderes würde allenfalls bei grob fahrlässig herbeigeführtem Unfall gelten. 121

Ist jedoch ein Haftungsverzicht rechtswirksam vereinbart, so werden dadurch nicht allein die eigenen (originären) Ersatzansprüche des Verletzten ausgeschlossen, sondern in gleicher Weise auch etwaige Ansprüche seiner Hinterbliebenen aus § 844 Abs. 1 u. Abs. 2 BGB. 122

Unter einer Gefälligkeitsfahrt[152] versteht man die unentgeltliche, vertragslose, auf reinem Entgegenkommen beruhende Mitnahme eines Fahrgastes in einem Kraftfahrzeug. Grundsätzlich haften auch 123

---

148 Vgl. *BGH*, DAR 1971, 130; VersR 1971, 1161; VersR 1970, 624 (m.Anm. v. *Baumgärtel*, VersR 1970, 810); *OLG München*, VersR 1962, 772; *OLG Hamburg*, VersR 1977, 380; *OLG Koblenz*, VersR 1980, 238; zfs 1981, 297 (1/3 Mitverschulden des Beifahrers, der sich einem erkennbar betrunkenen Kraftfahrer, mit dem er zuvor selbst gezecht hatte, zur Heimfahrt anvertraut hat); *OLG Frankfurt a.M.*, VersR 1980, 287; r+s 1984, 203 (30 % Mitverschulden bei gemeinsamer Zechtour und einer BAK des Kraftfahrers von 1,9 ‰); *KG* r+s 1983, 53; *OLG Bamberg*, zfs 1985, 292 (minderjähriger Kraftfahrer, der noch keine Fahrerlaubnis besitzt; überdies hatte der Fahrgast den Sicherheitsgurt nicht angelegt: 1/3 Mitverschulden); *LG Nürnberg*, VS 1981, 194 (25 %); *LG Stuttgart*, r+s 1985, 29; *LG Frankenthal*, zfs 1984, 353 (1,6 ‰ auf Rallyefahrt); *Siebenhaar*, DAR 1963, 405; *Schmidt* NJW 1965, 2189; – a.A. *Haberkorn*, DAR 1966, 150; *OLG Hamm*, DAR 1997, 52; *OLG Düsseldorf*, VRS 95, 256; *OLG Hamm* r+s 1997, 497; *OLG Oldenburg*, DAR 1998, 277; *OLG Saarbrücken*, MDR 2002, 392; weitere Entscheidungen siehe *Kuhn*, Schadensverteilung bei Verkehrsunfällen, 10. Aufl., § 2 IV. Alkohol, Rn. 222–241.

149 Vgl. *Kraft*, Mitverschulden des Beifahrers bei Alkoholisierung des Fahrzeugführers, NZV 2014, 245; *OLG Schleswig*, Beschl. v. 08.04.2021 – 7 U 2/20, r+s 2021, 471.

150 *BGH*, VersR 1961, 918 (im Allgemeinen kann der Fahrgast darauf vertrauen, dass der Fahrer seine Pflichten ordnungsgemäß erfüllt; er braucht sich nicht ohne begründeten Anlass darum zu kümmern, ob der Fahrer den jeweiligen Anforderungen der Verkehrslage ausreichend Rechnung trägt); VersR 1971, 473 (Mitverschulden des Fahrgastes ist erst dann anzunehmen, wenn er nach den gesamten Umständen des konkreten Einzelfalles ernsthafte Zweifel haben musste, ob der Fahrer den Anforderungen der Fahrt noch gewachsen ist; dabei dürfen an die Prüfungspflicht des Fahrgastes, zumal bei einer spontanen Verabredung, an der mehrere Personen beteiligt sind, keine überhöhten Anforderungen gestellt werden); *OLG Düsseldorf*, VersR 1975, 57 (ein auf dem Vordersitz befindlicher Beifahrer, der während einer langen Nachtfahrt nicht auf mögliche Übermüdung des Fahrers achtet, sondern selbst einschläft, hat ein Mitverschulden von 25 %); *OLG Koblenz*, zfs 1981, 358 (Mitverschulden nur bei konkreten Anhaltspunkten, die begründete Zweifel an einer erheblichen Beeinträchtigung der Fahrtüchtigkeit aufkommen lassen); *OLG München*, zfs 1986, 1 (25 % Mitverschulden, wenn der Beifahrer die Lenkungszeit des Fahrers kennt); *LG Detmold*, r+s 1978, 188 (wenn der Insasse weiß, dass der Fahrer nur wenig geschlafen hat und während der Fahrt selbst noch einschläft, muss er sich ein Mitverschulden von 1/3 anrechnen lassen) *OLG Düsseldorf*, VRS 95, 256; *OLG Frankfurt a.M.*, Beschluss v. 08.11.2010 – 1 U 170/10, BeckRS 2011, 6349. Vgl. *Almeroth*, Almeroth, Schadensersatz bei Verkehrsunfällen, 1. Aufl. 2023, Rn. 939.

151 *LG Saarbrücken*, Urt. v. 23.10.2003 – 11 S 2097/02.

152 Vgl. dazu: *Heuss*, VersR 1971, 780; *Weimar*, DAR 1975, 34 (Fahrgemeinschaft.

in diesem Fall Fahrer und Halter eines Kfz nach den allgemeinen gesetzlichen Bestimmungen,[153] also aus Verschulden.

124 Mangelnde Fahrpraxis des Fahrers begründet nur dann ein nach § 254 Abs. 1 BGB zu berücksichtigendes Mitverschulden desjenigen, der sich ihm zur Beförderung anvertraut, wenn von vornherein erkennbar mit besonderen Schwierigkeiten zu erwarten waren.[154]

125 Streng zu trennen von den Gefälligkeitsfahrten und Gefälligkeitsverträgen sind die sog. Gefälligkeitshandlungen.[155] Diese kennzeichnen sich in aller Regel dadurch, dass sie von einem Verhalten tatsächlicher Art ohne rechtliche Relevanz und ohne Rechtsbindungswillen (animus obligandi) geprägt werden.[156] Gefälligkeitshandlungen stellen also regelmäßig Realakte dar.[157]

126 Ob ein Rechtsbindungswille vorhanden ist, richtet sich entscheidend danach, wie sich dem objektiven Betrachter das Handeln des Leistenden darstellt.[158] Zu beurteilen ist, ob der Leistungsempfänger aus dem Handeln des Leistenden unter den gegebenen Umständen nach Treu und Glauben (§ 242 BGB) mit Rücksicht auf die Verkehrssitte (§ 157 BGB) auf einen Verpflichtungswillen schließen musste. Gefälligkeiten des täglichen Lebens werden sich regelmäßig außerhalb des rechtsgeschäftlichen Bereichs vollziehen. Dies gilt insbesondere für Gefälligkeiten, die im rein gesellschaftlichen Verkehr wurzeln bzw. denen lediglich kameradschaftliche oder freundschaftliche Bedeutung zukommt.[159]

127 Auch insoweit kommt ein stillschweigender Haftungsverzicht nicht ohne Weiteres in Betracht. Ein Teil der Rechtsprechung geht jedoch davon aus, dass bei Gefälligkeitshandlungen jedenfalls für leichte Fahrlässigkeit ein stillschweigender Haftungsverzicht besteht.[160] So hat die Privathaftpflichtversicherung nach einem Urteil des *AG Plettenberg* keine Rückgriffsmöglichkeit gegen die Umzugshelfer seines Versicherungsnehmers, wenn diese unentgeltlich und aus reiner Gefälligkeit dem VN beim Umzug hilft und hierdurch leicht fahrlässig ein Schaden verursacht.[161] In diesen Fällen ist anzunehmen, dass eine stillschweigende Haftungsbeschränkung auf die Fälle des vorsätzlichen oder grob fahrlässigen Verhaltens zwischen den Beteiligten vereinbart worden ist. Keiner der Helfer hat eine rechtsgeschäftliche Verpflichtung bzgl. der Umzugsleistung übernommen.

128 Eine Reihe von gesetzlichen Sondertatbeständen verbietet oder beschränkt die Vereinbarung eines rechtsgeschäftlichen Haftungsausschlusses. Eine derartige Bestimmung findet sich beispielsweise in § 7 HaftPflG. Nach dieser Vorschrift darf der Ersatzpflichtige seine Haftung aus §§ 1–3 HaftPflG, soweit es sich um Personenschäden handelt, im Voraus weder ausschließen noch beschränken. Das Gleiche gilt für die Ersatzpflicht nach § 2 HaftPflG (Anlagenhaftung) wegen Sachschäden, es sei denn, dass der Haftungsausschluss oder die Haftungsbeschränkung zwischen dem Inhaber der Anlage und einer juristischen Person des öffentlichen Rechts, einem öffentlich-rechtlichen Sondervermögen oder einem Kaufmann im Rahmen eines zum Betriebe seines Handelsgewerbes gehörenden Vertrages vereinbart worden ist. Das BGB sieht einen Ausschluss oder eine Begrenzung der Haftung im Rahmen von Allgemeinen Geschäftsbedingungen für Schäden aus der Verletzung des Lebens, des Körpers oder der Gesundheit, die auf einer fahrlässigen Pflichtverletzung des Verwenders oder einer

153 *BGH*, DAR 1965, 125; NJW 1966, 41; *OLG Hamburg*, VersR 1970, 188; *KG* bei: *Darkow*, DAR 1970, 29; DAR 1975, 281; *OLG Düsseldorf*, DAR 1974, 157; VersR 1975, 57; *Hauß*, VersR 1964, 470; *Heuss*, VersR 1971, 789; *Weber*, DAR 1979, 113; DAR 1980, 129.

154 Vgl. *OLG Celle*, NZV 1988, 141.

155 Zum Begriff der Gefälligkeitshandlungen VersR 1980, 328; vgl. *BGH*, 290/11, BeckRS 2012, 14989.

156 *OLG Frankfurt a.M.*, zfs 1982, 1.

157 *BGH*, Urt. v. 26.04.2016 – VI ZR 467/15, NJW-RR 2017, 272.

158 Vgl. BGB § 241 Pflichten aus dem Schuldverhältnis, *Sutschet*, BeckOK BGB, Hau, Poseck 56. Edition, Stand: 01.11.2020, Rn. 19–22.

159 Vgl. *BGH*, Urt. v. 26.04.2016 – VI ZR 467/15, r+s 2016, 424.

160 *LG Aachen*, NJW-RR 1987, 800 (bestätigt durch: *OLG Köln* zfs 1988, 35); *LG Würzburg*, zfs 1988, 304; *AG Wiesbaden*, zfs 1989, 154; *AG Dortmund*, zfs 1989, 74.

161 *AG Plettenberg*, Urt. v. 03.11.2006 – 1 C 345/05; so auch *AG Lindau*, Urt. v. 27.10.1997 – C 1029/97, r+s 1999, 151.

vorsätzlichen oder fahrlässigen Pflichtverletzung eines gesetzlichen Vertreters oder Erfüllungsgehilfen des Verwenders beruhen, als unzulässig an (§ 309 Nr. 7 BGB). Eine Inanspruchnahme des Schädigers durch den Verletzten ist jedoch nach den *§§ 104, 105 SGB VII* ausgeschlossen. Dabei umfasst der Ersatz des *Personenschadens* auch den Ausgleich des immateriellen Schadens durch Zubilligung einer Entschädigung in Geld.[162]

Für die entgeltliche, geschäftsmäßige Beförderung mit Kraftfahrzeugen – insbesondere also für Omnibus- und Taxiunternehmer – bestimmt § 8a Abs. 2 StVG das die Ersatzpflicht des Halters aus Anlass von Personenschäden weder ausgeschlossen noch beschränkt werden darf. Daraus lässt sich der Umkehrschluss ableiten, dass eine vertragliche Haftungsbeschränkung insoweit zulässig ist, als es sich um Sachschäden handelt. 129

Nicht selten stellt sich die Frage nach der Drittwirkung von Freizeichnungsklauseln, so beispielsweise für das weite Feld des Arbeitsvertrages.[163] Diese Problemstellung tritt insbesondere dann auf, wenn zwischen dem Unternehmer und seinem Kunden ein rechtswirksamer Haftungsverzicht vereinbart worden ist und der Schaden durch einen Arbeitnehmer (Mitarbeiter) des Unternehmens verursacht wurde. Es erhebt sich nun die Frage, ob der Geschädigte berechtigt ist, unbeschadet des von ihm ausgesprochenen Haftungsverzichts den schuldhaft handelnden Arbeitnehmer nach den Bestimmungen der §§ 823 ff. BGB in Anspruch zu nehmen, wobei die Gefahr besteht, dass ein derartiger Anspruch – wenn auch auf Umwegen – auf den Unternehmer für den Fall durchschlagen würde, dass dem Arbeitnehmer ein Freistellungsanspruch nach den von der Rechtsprechung entwickelten Grundsätzen zur gefahrgeneigten Arbeit zusteht.[164] 130

Es ist davon auszugehen, dass die zugunsten eines Unternehmers erklärte Freizeichnung nach den Grundsätzen von Treu und Glauben als eine Form des pactum de non petendo sich zugleich auf den als Erfüllungsgehilfen tätig gewordenen Mitarbeiter im Rahmen schadengeneigter Tätigkeit erstreckt. Es handelt sich um Verträge mit Schutzwirkung zugunsten Dritter i.S.v. § 328 Abs. 2 BGB.[165] 131

Der rechtswirksam zustande gekommene Haftungsausschluss gilt auch gegenüber öffentlich-rechtlichen Sozialversicherungsträgern im Hinblick auf den Forderungsübergang aus § 116 SGB VII mit der Folge, dass unter dieser Voraussetzung von vornherein ein übergangsfähiger Ersatzanspruch gar nicht erst entsteht. Der Sozialversicherungsträger kann keine Regressansprüche geltend machen. Er ist hierzu nicht aktivlegitimiert.[166] 132

Lediglich gegenüber Ausgleichsansprüchen wirkt der Haftungsverzicht nicht, weil es sich insoweit um einen Eingriff in die Rechtsposition Dritter handeln würde, der nach unserer Rechtsordnung nicht zulässig ist.[167] Auch ein rechtswirksam vereinbarter Haftungsverzicht kann dadurch »unterlaufen« werden, dass der Verzichtende seine Ansprüche zwar nicht gegenüber seinem Partner, wohl aber gegenüber einem als Gesamtschuldner mit haftenden Dritten geltend macht. Dieser mithaftende Schuldner kann diese Ansprüche dann, soweit sie seinen eigenen Verantwortungsbeitrag übersteigen, ausgleichen lassen. Damit kommen derartige Ansprüche, wenn auch durch die »Hin- 133

162 *OLG Frankfurt a.M.*, OLGR 2001, 133; *LAG Köln*, LAGE SGB VII § 105 Nr. 4.

163 Vgl. Freizeichnungs- und Haftungsbegrenzungsklauseln, *Graf von Westphalen*, Westphalen, Graf von, Vertragsrecht und AGB-Klauselwerke, Werkstand: 45. EL März 2020, Rn. 23, 24.

164 Vgl. *OLG Hamm*, ADDB 2001, 2295 bei *Rolfs*; *AG Nürnberg*, NJW-RR 2005, 1612; vgl. Kapitel 25. Haftung des Kraftfahrzeughalters und -führers, *Kaufmann*, Geigel, Haftpflichtprozess, 28. Aufl. 2020, Rn. 272, 273.

165 Vgl. BGB § 328 Vertrag zugunsten Dritter, Gottwald, MüKoBGB, 8. Aufl. 2019, Rn. 256–259.

166 Vgl. XI. Haftungsausschluss bei Arbeits- oder Dienstunfall, *Küppersbusch, Höher*, Küppersbusch, Höher, Ersatzansprüche bei Personenschaden, 13. Aufl. 2020, Rn. 558–467.

167 *BGH*, VersR 1954, 189; VersR 1957, 55; 1961, 918.

tertür«, doch wieder auf den durch Individualabsprache begünstigten Partner des Erlassvertrages (Verzichtsvertrages) zu.[168]

134 Dieser Nachteil lässt sich – wenn auch nur im Innenverhältnis – dadurch vermeiden, dass der Geschädigte sich verpflichtet, auch auf etwa begründete Schadensersatzansprüche gegen Dritte zu verzichten, die diese ihrerseits zum Ausgleich – beispielsweise nach § 17 StVG – stellen könnten. Wichtig ist dies im Zusammenhang mit dem Ausgleich von Schadensersatzansprüchen. Beabsichtigt der Schädiger den Schaden selbst zu begleichen, um zum Beispiel den Schadenfreiheitsrabatt zu retten, sollte er mit dem Unfallgegner vereinbaren, dass mit der Zahlung sämtliche gegenseitigen Ansprüche erloschen sind, auch sofern Dritte, z.B. die Kfz-Haftpflichtversicherung, eintreten müssten.

## III. Unerlaubte Handlungen

135 Für unerlaubte Handlungen genügt der Tatbestand der objektiven Widerrechtlichkeit. Der Begriff steht von seiner Systematik her im Zusammenhang mit der gesetzlichen Haftung. Er findet jeweils dann Anwendung, wenn zwischen den Parteien keine Vertragsverhältnisse oder andere rechtliche Sonderverbindungen bestehen. Von »Verschulden« spricht das BGB demgegenüber im Rahmen vertraglicher und vertragsähnlicher Rechtsbeziehungen. Unter »Verschulden«, das es natürlich auch im Bereich der unerlaubten Handlungen gibt, versteht man daher die Verantwortlichkeit für eigenes Verschulden und für die Zurechnung fremden Fehlverhaltens.

136 Die Anwendbarkeit der Vorschriften über unerlaubte Handlungen beschränkt sich in ihrer rechtlichen Auswirkung weder auf bestimmte Personen noch auf abgrenzbare Personenkreise. Es werden keine bereits bestehenden Rechtsbeziehungen vertraglicher Art oder anderweitige rechtliche Sonderverbindungen zwischen dem Schädiger und dem Geschädigten vorausgesetzt.

137 Soweit es sich um die Verteilung der Beweislast handelt, ist Ausgangspunkt der Betrachtung im Rahmen des § 823 Abs. 1 BGB die sog. Rosenberg'sche Formel.[169] Nach ihr hat derjenige, der einen Anspruch aus unerlaubter Handlung – also einen deliktischen Schadensersatzanspruch – geltend macht, alle anspruchsbegründenden Voraussetzungen des § 823 Abs. 1 BGB zu beweisen. Auch insoweit gelten die Beweiserleichterungen, wie beispielsweise der Beweis des ersten Anscheins und die für das öffentlich-rechtliche Prozessverhältnis geschaffenen Regeln der richterlichen freien Beweiswürdigung nach §§ 286, 287 ZPO.

### 1. Allgemeine Erwägungen

138 Die Vorschriften des bürgerlichen Rechts über unerlaubte Handlungen bezwecken den Schutz des Einzelnen gegen widerrechtliche Eingriffe in seinen geschützten Rechtskreis. Dabei handelt es sich aber nur um die Verletzung der allgemeinen, d.h. zwischen allen Personen bestehenden – gewissermaßen nachbarrechtlichen – Rechtsbeziehungen, die jedermann beachten muss.[170]

139 Ein Schadensersatzanspruch aus unerlaubter Handlung setzt im Allgemeinen voraus:
- Rechtswidrigkeit (objektive Widerrechtlichkeit)
- Verletzung eines der geschützten Rechtsgüter
- kausaler Sachzusammenhang
- Schadensadäquanz
- Prüfung, ob der Schaden nach den Grundsätzen der Voraussehbarkeit in den Schutzbereich der verletzten Norm fällt

---

168 Soweit es sich um die Auswirkungen von Haftprivilegien auf den »hinkenden« Schadenausgleich im Rahmen eines geänderten Gesamtschuldverhältnisses handelt, vgl. *Klimke*, ZfV 1980, 467.

169 § 5 Zivilprozessrecht, *Schulz-Merkel, Quarch, Reisert, Balke*, Regulierung von Verkehrsunfällen, 2. Auflage 2021, Rn. 1.

170 Vgl. dazu Palandt, *Thoma*, *s* Einf. vor § 823.

- Entstehung des Schadens in der Person des unmittelbar Verletzten bzw. des neuen Gläubigers im Rahmen eines Forderungsüberganges, eines Erben und ausnahmsweise auch eines Dritten.

Die Haftung nach dem 25. Titel des BGB setzt uneingeschränkte Deliktsfähigkeit voraus. Darunter versteht man die Fähigkeit, sich durch unerlaubte Handlungen in rechtswirksamer Weise zum Schadensersatz zu verpflichten. Das bedeutet, dass der Täter wegen fehlenden Verschuldens nicht haftet, wenn er nicht deliktsfähig (§ 828 BGB) oder nicht zurechnungsfähig (§ 827 BGB) ist.[171] Unzurechnungsfähig ist nach § 827 BGB eine Person, die in einem die freie Willensbestimmung ausschließenden Zustande krankhafter Störung der Geistestätigkeit einem anderen Schaden zufügt. Das Gleiche gilt für einen Täter, der das 7. Lebensjahr noch nicht vollendet hat (§ 828 Abs. 1 BGB). Im fließenden Straßenverkehr besteht die Privilegierung von Kindern bis zum Alter von 10 Jahren (§ 828 Abs. 2 BGB). Stößt ein achtjähriges Kind mit seinem Fahrrad aufgrund überhöhter Geschwindigkeit und Unaufmerksamkeit im fließenden Verkehr gegen ein verkehrsbedingt haltendes Kraftfahrzeug, handelt es sich um eine typische Fallkonstellation der Überforderung des Kindes durch die Schnelligkeit, die Komplexität und die Unübersichtlichkeit der Abläufe im motorisierten Straßenverkehr.[172] Das gilt selbst für den Fall, dass der Fahrer das Kind nicht herankommen sehen konnte und mit dem es deshalb möglicherweise nicht rechnete. Darauf, ob sich diese Überforderungssituation konkret ausgewirkt hat oder ob das Kind aus anderen Gründen nicht in der Lage war, sich verkehrsgerecht zu verhalten, kommt es im Hinblick auf die generelle Heraufsetzung der Deliktsfähigkeit von Kindern durch § 828 Abs. 2 S. 1 BGB nicht an. Selbst dann, wenn ein Kind mit dem Fahrrad mit einem nicht verkehrsgerecht geparkten Kfz zusammenstößt, haftet der Kfz-Halter zu 100 %. Er kann keine Ansprüche gegen das Kind stellen.[173] **140**

Verursacht ein Kind ab 7 Jahren vorsätzlich einen Schaden im fließenden Verkehr, haftet es. Die Ausnahmeregelung des § 828 Abs. 2 BGB greift nicht. Wer sich auf einen dieser haftungsausschließenden Tatbestände beruft, hat grundsätzlich den Beweis für diese Behauptung zu führen.[174] Die Haftungsprivilegierung von Kindern bis zum vollendeten 10. Lebensjahr greift nur bei Unfällen mit einem Kraftfahrzeug, einer Schienenbahn oder einer Schwebebahn bei Unfällen im fließenden Straßenverkehr.[175] Beschädigt ein Kind mit seinem Fahrrad zum Beispiel ein ordnungsgemäß geparktes Kfz, haftet es bereits ab dem vollendeten 7. Lebensjahr.[176] Das gleiche gilt auch, wenn ein Kind mit dem Fahrrad eine Fußgängerin verletzt, sich also nicht im haftungsmäßig privilegierten Straßenverkehr befindet.[177] **141**

Bedingt deliktsfähig ist nach § 828 Abs. 3 BGB ein Täter zwischen dem vollendeten 7. und dem 18. Lebensjahr.[178] Diese Personen sind nur dann verantwortlich und zum Schadensersatz verpflichtet, wenn sie im Zeitpunkt der unerlaubten Handlung die »zur Erkenntnis der Verantwortlichkeit erforderliche Einsicht«[179] hatten. Darunter versteht man die geistige Entwicklung, die den Täter in die Lage versetzt das Unrecht seines Verhaltens gegenüber seinen Mitmenschen einzusehen,[180] ohne dass es insoweit auf seine individuelle Steuerungsfähigkeit ankommt.[181] Etwas anderes gilt nur für **142**

171 Vgl. *BGH*, VersR 1969, 860; *OLG München*, r+s 1978, 254.
172 *BGH*, Urt. v. 17.04.2007 – VI ZR 109/06, DAR 2007, 454.
173 *BGH*, DAR 2008, 336.
174 *BGH*, VersR 1982, 849.
175 § 828 Abs. 2 BGB.
176 BGB § 828 Minderjährige, *Wagner*, MüKoBGB, 8. Aufl. 2020, Rn. 5–9.
177 *OLG Celle*, Urt. v. 19.02.2020 – 14 U 69/19, NJW-RR 2020, 407.
178 Soweit es sich um Schadensersatzansprüche bei Beteiligung von Kindern und Jugendlichen an Volkshochschulen handelt, vgl. *Scheffen*, VersR 1987, 116; *Grüneberg*, Die (Mit-)Haftung von Kindern und Jugendlichen bei Verkehrsunfällen, NJW 2013, 2705.
179 Vgl. *OLG Koblenz* VersR 1980, 951; *OLG Nürnberg*, NZV 2006, 580.
180 *BGH*, NJW 1970, 1038; *OLG München*, VersR 1978, 973; VersR 1966, 297; *OLG Köln*, VersR 1978, 853; *OLG Karlsruhe*, VersR 1979, 478; *OLG Koblenz*, VersR 1980, 951.
181 *BGH*, NJW 1970, 1038; NJW 1984, 1958 = VersR 1984, 641; *OLG Celle*, Beschluss v. 08.11.2011 – 14 W 13/11, NJW-Spezial 2011, 459.

die Verursachung von Schäden im fließenden Straßenverkehr. Dort haften Kinder für grobe Fahrlässigkeit und leichte Fahrlässigkeit erst ab 10 Jahren (§ 828 Abs. 2 BGB).

143 Der *BGH* hat in ständiger Rechtsprechung daran festgehalten, dass ein Minderjähriger, der imstande ist, die Verantwortlichkeit für sein Tun einzusehen, ohne Rücksicht auf seine *Steuerungsfähigkeit deliktsfähig i.S.v.* § 828 Abs. 2 BGB ist.[182] Fehlt es einem Jugendlichen, der seine Verantwortlichkeit einzusehen vermag, noch an der Reife, sich dieser Einsicht entsprechend zu verhalten, so ist er für den von ihm angerichteten Schaden verantwortlich.[183] Verstößt ein 13 Jahre alter Radfahrer beim Linksabbiegen gegen §§ 2 Abs. 2, 9 Abs. 1, 2 StVO (Rückschau, Handzeichen, Einordnen) und stößt er mit einem Fahrzeug zusammen, das aufgrund eines Überholvorgangs auf der linken Fahrbahnseite an ihm vorbeifährt, so trifft ihn deshalb die volle Haftung.[184] Das Verschulden des Fahrrad fahrenden Kindes wiegt so schwer, dass bei einer Haftungsabwägung die einfache Betriebsgefahr des in den Unfall verwickelten Kfz gänzlich zurücktritt.

144 Das Haftungsprivileg des § 828 Abs. 2 S. 1 BGB in der Fassung des Zweiten Gesetzes zur Änderung schadensersatzrechtlicher Vorschriften vom 19.07.2002 führt laut *BGH* allerdings nicht zu einer Änderung der Darlegungs- und Beweislast für Schadensfälle, die sich vor dem 01.08.2002 ereignet haben.[185]

145 In diesem Zusammenhang ist es nicht erforderlich, dass sich der Minderjährige die Gefahr in der breit gefächerten Palette aller ihrer denkbaren Besonderheiten und Erscheinungsformen im Einzelnen vorgestellt hat, sondern es genügt das auf Erfahrung oder Vorstellungskraft beruhende Bewusstsein, dass ein bestimmtes Verhalten Gefahren mit sich bringen kann.

146 Im Zweifel gilt jedes Kind, das älter als 10 Jahre ist, als deliktsfähig. Dies bedeutet, dass die Einsicht im Regelfalle vermutet wird, auch wenn es sich um Fahrlässigkeitsdelikte handelt. Allerdings sollte das nicht von einem Tag auf den anderen so praktiziert werden. Oftmals wird in einem Rechtsstreit nichts anderes übrig bleiben als einen auf Kinder spezialisierten Psychologen als Sachverständigen einzuschalten.[186]

147 Der Begriff der Fahrlässigkeit bestimmt sich nach allgemeinen Kriterien, also nach § 276 Abs. 2 BGB. So, wie aber auch bei Erwachsenen die Zugehörigkeit zu bestimmten Personengruppen eine Rolle spielt, ist auch bei Minderjährigen hinsichtlich der Anforderungen an die im Verkehr erforderliche Sorgfalt zwar nicht auf die Individualität des Einzelnen, wohl aber darauf abzustellen, welche Anforderungen an Sorgfalt von Kindern gleichen Alters und gleicher Lebensbedingungen zu stellen sind. Das Verschulden von Kindern und Jugendlichen ist ganz allgemein weniger schwer zu werten als das Verschulden Erwachsener unter gleich gelagerten Umständen.[187]

148 Von einem erwachsenen, voll verantwortlicher Verkehrsteilnehmer kann eher erwartet werden, dass er sich auf eine ungewöhnliche Verkehrsregelung am Unfallort einstellte, als von dem zur Unfallzeit zwar zivilrechtlich verantwortlichen Jugendlichen, dessen Verschulden im Hinblick auf sein jugendliches Alter und die damit regelmäßig verbundene Unerfahrenheit aber in einem milderen Licht zu beurteilen ist.[188]

182 *BGH*, VersR 1984, 641.
183 *BGH*, VersR 1970, 467.
184 *LG Koblenz*, Urt. v. 26.09.2005 – 5 O 611/04, SP 2006, 53.
185 *BGH*, Urt. v. 14.06.2005 – VI ZR 181/04, DAR 2005, 510.
186 VGT 1988, 222; vgl. *Huber*, Kinderschutz versus Opferschutz im Straßenverkehr, NZV 2013, 6.
187 *BGH*, NJW 1970, 1038; NJW 1984, 1958; *OLG Düsseldorf*, Urt. v. 19.07.2004 – I-1 U 35/04, BeckRS 2005, 13897.
188 *OLG Düsseldorf*, Urt. v. 26.04.1995 – 15 U 53/95, VRS 91, 421; vgl. *BGH*, NJW-RR 1993, 480 f.; *OLG Düsseldorf, 1. Zivilsenat* VersR 1976, 595; *OLG Düsseldorf*, VersR 1978, 768; *KG*, DAR 1993, 257.

Trotz Deliktsunfähigkeit kann eine Ersatzpflicht aus Billigkeitsgründen[189] nach § 829 BGB oder eine Haftung des Aufsichtspflichtigen aus § 832 BGB bzw. des Geschäftsherrn für seinen Verrichtungsgehilfen nach § 831 BGB in Betracht kommen. Gerade bei Verkehrsunfällen von Kindern lehnen Gerichte oftmals die Aufsichtspflichtverletzung ab.[190] Der Minderjährige muss sich im Rahmen bestehender Schuldverhältnisse und sonstiger rechtlich relevanter Sonderverbindungen das Fehlverhalten seines gesetzlichen Vertreters als eigenes Verschulden zurechnen lassen. 149

Die unerlaubte Handlung wird i.d.R. in einem schuldhaft rechtswidrigen Tun bestehen. Besteht eine Rechtspflicht zum Handeln, kann auch ein Unterlassen eine unerlaubte Handlung sein. 150

## 2. Abgrenzung der einzelnen Tatbestandsmerkmale

### *a) Pflichtwidrigkeit*

Der Begriff der Pflichtwidrigkeit entstammt dem Vertragsrecht. Die Begründung eines Pflichtwidrigkeitszusammenhanges vermag zwar vertragliche Erfüllungs- oder Schadensersatzansprüche auszulösen, reicht indes für die Begründung einer Haftung nach den Bestimmungen der unerlaubten Handlung nicht aus. 151

### *b) Rechtswidrigkeit*

Unabdingbare Voraussetzung für die Haftung aus unerlaubter Handlung ist die Rechtswidrigkeit (Widerrechtlichkeit) des Verhaltens, die nach objektiven Gesichtspunkten zu beurteilen ist. Nach einer Grundsatzentscheidung des *BGH* vom 04.03.1975[191] wird bei Verletzung eines nach § 823 Abs. 1 BGB geschützten Rechtsguts die Widerrechtlichkeit der Handlung vermutet. Insoweit ist jedoch der Entlastungsbeweis möglich. 152

Die Widerrechtlichkeit entfällt, sofern Notwehr (§ 227 BGB) oder Notstand (§ 228 BGB) vorliegt, im Übrigen unter denselben Voraussetzungen, unter denen eine Deliktsfähigkeit (§§ 827, 828 BGB) zu verneinen ist. 153

Willigt der Betroffene in eine Körperverletzung ein (z.B. beim Arzt), liegt ebenfalls keine Widerrechtlichkeit vor.[192] Voraussetzung ist allerdings, dass die Einwilligung – darunter versteht das BGB (§ 183 BGB) die vorherige Zustimmung – freiwillig erteilt worden ist, d.h. sie darf nicht unter Einwirkung von Gewalt, Zwang, Drohung oder arglistiger Täuschung herbeigeführt worden sein.[193] 154

Ist ein Sachverständiger beauftragt, an einer Person eine körperliche Untersuchung vorzunehmen, dann kann er diese Untersuchung so lange verweigern, wie die Person nicht schriftlich bestätigt hat, dass er sie über die Risiken aufgeklärt hat.[194] Bei sportlichen Wettbewerben mit nicht unerheblichem Gefahrenpotenzial, bei denen typischerweise auch bei Einhaltung der Wettbewerbsregeln oder geringfügiger Regelverletzung die Gefahr gegenseitiger Schadenszufügung besteht (hier: Autorennen), ist die Inanspruchnahme des schädigenden Wettbewerbers für solche – nicht versicherte – 155

189 *BGH*, DAR 1973, 269; *OLG Hamm*, VersR 1975, 667; *OLG München*, VersR 1978, 975; *AG Stuttgart*, VersR 1973, 94 (Erben müssen sich das Fehlverhalten des Kindes analog § 829 BGB zurechnen lassen).

190 *OLG Koblenz*, Urt. v. 24.08.2011 – 5 U 433/11, BeckRS 2011, 25920 mit Anm. in NJW-Spezial 2011, 747; *OLG Oldenburg*, Urt. v. 04.11.2004 – 1 U 73/04, *BGH*-Urteile NJW 2009, 1952 (Aufsichtspflicht gegenüber einem Fünfjährigen); *BGH*, NJW 2009, 1954 (Aufsichtspflicht gegenüber einem Siebenjährigen), BeckRS 2004, 11710; vgl. BGB § 832 Haftung des Aufsichtspflichtigen, *Wagner*, MüKoBGB, 8. Aufl. 2020, Rn. 33–35; Hensen, »Eltern haften für ihre Kinder« – Aufsichtspflicht im Straßenverkehr, NJW-Spezial 2016, 265; Aufsichtspflichtverletzung bejahend: *LG Wuppertal*, Urt. v. 17.10.2017 – 16 S 19/17, NJW-RR 2018, 84.

191 *BGH*, DAR 1957, 181.

192 BGB § 823 Schadensersatzpflicht, *Wagner*, MüKoBGB, 8. Aufl. 2020, Rn. 200–203.

193 *BGH*, NJW 1964, 1177; *Hager* Staudinger, BGB, Neubearbeitung 2009, § 823 Rn. I 76.

194 *OLG Hamm*, Urt. v. 05.06.2003 – 27 U 7/03, MDR 2003, 1373.

Schäden eines Mitbewerbers ausgeschlossen, die er ohne gewichtige Regelverletzung verursacht.[195] Ein Schadensersatzanspruch gegen einen anderen Teilnehmer am Wettbewerb setzt daher den Nachweis voraus, dass dieser sich nicht regelgerecht verhalten hat. Ein Geschädigter verstößt deshalb laut *BGH* gegen das Verbot des treuwidrigen Selbstwiderspruchs, wenn er den Schädiger in Anspruch nimmt. Wer sich als Fahrgast einem als fahruntüchtig erkannten Fahrer eines Kfz anvertraut, erklärt damit laut *BGH* noch nicht eine rechtfertigende Einwilligung in Körperverletzungen, die der Fahrer verursacht.[196] I.d.R. ist nach § 254 BGB darüber zu entscheiden, welchen Einfluss es auf die Schadenhaftung hat, dass sich der Geschädigte ohne triftigen Grund einer erkannten Gefahrenlage aussetzte. Haben sich Minderjährige bewusst einer Gefahr ausgesetzt, so ist – wie sonst im Rahmen des § 254 BGB – § 823 BGB entsprechend anwendbar. Bei der Entscheidung, ob es angemessen ist, den Schadensersatz voll zu versagen, ist auch die Eigenart jugendlichen Verhaltens zu berücksichtigen.

### c) Verschulden

**156** Unter Verschulden versteht man eine auf Fahrlässigkeit oder Vorsatz beruhende, von der Rechtsordnung nicht gebilligte Handlung, die dem voll zurechnungsfähigen Täter verantwortlich anzulasten ist und sich als rechtswidriger Eingriff in ein von der Rechtsordnung geschütztes Rechtsgut eines anderen darstellt. Für den dadurch eingetretenen schädlichen Erfolg muss der Täter (Schädiger) nach den Grundsätzen des allgemeinen Schadensersatzrechts (§§ 249 ff. BGB) einstehen. Er ist verpflichtet, den Zustand herzustellen, der ohne das zum Ersatz verpflichtende Ereignis bestanden hätte.

**157** Erforderlich für die Haftung aus Verschulden ist demgemäß eine im Zustand einer *verantwortlichen* Zurechenbarkeit begangene unerlaubte Handlung.[197]

**158** Vornehmlich wird das eigene Fehlverhalten als Verschulden im Sinne der unerlaubten Handlung in Betracht kommen. Dazu gehört auch die Haftung aus gesetzlich vermutetem Verschulden, etwa nach den §§ 831, 832 BGB, 18 Abs. 1 StVG.

**159** *Fremdes* Verschulden, d.h. das Fehlverhalten Dritter, ist dem Verantwortlichen unter bestimmten Umständen zuzurechnen. In diesen Fällen spricht das Gesetz meistens von »Vertretenmüssen«. Dazu gehört die Haftung für Dritte (»Erfüllungsgehilfen«) und gesetzliche Vertreter (§ 278 BGB). Dagegen handelt es sich bei der Haftung aus § 831 BGB nicht um ein Vertretenmüssen fremden Verschuldens.[198] Der Verantwortliche muss aus gesetzlich vermutetemeigenen Verschulden für das Verhalten des Dritten einstehen.

**160** In einer Reihe von Fällen tritt eine Haftung auch ohne Verschulden ein. Dabei handelt es sich insbesondere um den weiten Bereich der Gefährdungshaftung (z.B. § 7 StVG).

### d) Strafbare Handlungen

**161** Der Begriff der strafbaren Handlungen deckt sich nicht mit den unerlaubten Handlungen. Man wird unbedenklich davon ausgehen können, dass eine strafbare Handlung jedenfalls dann stets auch zugleich eine unerlaubte Handlung (in zivilrechtlichem Sinne) bedeutet, wenn sie mit Nachteilen für den Betroffenen verbunden sind, die bei rechtlich wertender Betrachtung Schadensersatzansprüche zu seinen Gunsten auslösen. Umgekehrt steht jedoch nicht fest, dass unerlaubte Handlungen zugleich auch die Verwirklichung eines Straftatbestands voraussetzen.[199]

---

195 *BGH*, Urt. v. 01.04.2003 – VI ZR 321/02, DAR 2003, 410.; *OLG Zweibrücken*, Urt. v. 14.07.1993 – 1 U 153/92, NZV 1994, 480; *BGH*, NZV 2006, 412; vgl. *Meier*, Haftung der Athleten für Verletzungen im Sport, VersR 2014, 800.

196 *BGH*, Urt. v. 14.03.1961 – VI ZR 189/59, VersR 2006, 296 bei *Diederichsen*.

197 Vgl. dazu *Wussow*, UHR Rn. 25; *Weitnauer* VersR 1970, 565; *BGH*, BeckRS 2009, 88470; *LG Krefeld*, Urt. v. 19.07.2017. – 7 O 147/16, BeckRS 2017, 117776; BGB § 826 Sittenwidrige vorsätzliche Schädigung, *Wagner*, MüKoBGB, 8. Aufl. 2020, Rn. 38–43.

198 Vgl. *LG Aachen*, Urt. v. 11.11.2009 – 11 O 25/07, BeckRS 2012, 11095.

199 Vgl. BGB § 1441 Haftung im Innenverhältnis, *Münch*, MüKoBGB, 8. Aufl. 2019, Rn. 2–5.

▶ **Beispiel:**

Eine fahrlässig verursachte Sachbeschädigung löst zwar Schadensersatzansprüche nach § 823 Abs. 1 BGB i.V.m. § 276 BGB aus, ist indes nicht strafbar. § 303 StGB fordert Vorsatz, um den Täter bestrafen zu können. Hingegen führt die fahrlässige Körperverletzung sowohl zu Schadensersatzansprüchen (z.B. aus § 823 Abs. 1 BGB) als auch zur strafrechtlichen Verfolgung (§ 223 StGB). **162**

Auf der anderen Seite lösen diejenigen strafbaren Handlungen keine Schadensersatzansprüche aus, die nicht zu einer Vermögenseinbuße des Betroffenen auf eines seiner geschützten Rechtsgüter i.S.e. Schadens im zivilrechtlichen Sinne führen. **163**

Ein weiterer Unterschied liegt in der Beweislast. Im Strafverfahren gilt der Angeklagte, Beschuldigte oder Betroffene nach den Grundsätzen unserer Rechtsordnung so lange als unschuldig, bis ihm die Staatsanwaltschaft seine Schuld nachgewiesen und ihn ein ordentliches Gericht daraufhin rechtskräftig verurteilt hat.[200] **164**

Anders liegt die Beweislast im zivilrechtlichen Bereich, beispielsweise bei **165**
– gesetzlichen Schuldvermutungen[201]
– Anwendung des Anscheinsbeweises.[202]

Ein weiterer Unterschied zwischen Zivil- und Strafrecht ergibt sich aus der differenzierten Bewertung des Schuldbegriffs. Im Zivilrecht kommt es auf objektive, im Strafrecht dagegen auf individuelle Kriterien an. **166**

Der einzige Berührungspunkt zwischen Straf- und Zivilprozess ergibt sich in der Gestaltungsmöglichkeit des § 403 StPO, und zwar in Form des dort vorgesehenen Adhäsionsverfahrens. Die Praxis zeigt, dass von dieser Möglichkeit anders als im Europäischen Ausland so gut wie niemals Gebrauch gemacht wird.[203] Ist der Angeklagte lediglich wegen nicht auszuschließender Schuldunfähigkeit (§ 20 StGB) vom Vorwurf der Körperverletzung »in dubio pro reo« freizusprechen, so steht dies seiner Verurteilung zur Zahlung eines angemessenen Schmerzensgeldes (§§ 823 Abs. 1, 253 Abs. 2 BGB) sowie der Feststellung seiner Schadensersatzverpflichtung für Zukunftsschäden auf entsprechenden Adhäsionsantrag des Verletzen nicht entgegen.[204] Der Täter kann im Adhäsionsverfahren nicht besser stehen als im Zivilprozess, wo er zur Abwehr eines Schadensersatzanspruchs seine Unzurechnungsfähigkeit (§ 827 BGB) positiv zu beweisen hat. Eine Übertragung des Grundsatzes in dubio pro reo auf das Adhäsionsverfahren kommt nicht in Betracht.[205] **167**

Laut *BGH* ist die Frage der Höhe des Schmerzensgeldes in einem Adhäsionsverfahren für jeden Nebentäter einzeln zu bestimmen, wenn derselbe Schaden durch einen der Täter vorsätzlich verursacht wurde, die anderen jedoch fahrlässig gehandelt haben.[206] Eine solche Verteilung führt grundsätzlich zu einer unterschiedlichen Bemessung des von dem jeweiligen Täter zu zahlenden Schmerzensgeldes, weil der Genugtuungsfunktion des Schmerzensgeldes bei Vorsatztaten besonderes Gewicht zukommt. **168**

---

200 Vgl. *OLG Rostock*, Beschluss v. 28.04.2004 – 1 Ws 184/04, BeckRS 2010, 27379; *Paeffgen*, Kindhäuser, Neumann, Paeffgen, Strafgesetzbuch/StGB, 5. Aufl. 2017, vor § 67, Rn. 1–67.

201 BGB § 276 Verantwortlichkeit des Schuldners, *Grundmann*, MüKoBGB, 8. Aufl. 2019, Rn. 44, 45.

202 BGB § 276 Verantwortlichkeit des Schuldners, *Grundmann*, MüKoBGB, 8. Aufl. 2019, Rn. 188, 189.

203 Vgl. *Neidhart*, DAR 2006, 415; *Slizyk*, Haus, Krumm, Quarch, Gesamtes Verkehrsrecht, 2. Aufl. 2017, BGB § 253 Immaterieller Schaden, Rn. 397–400a; Handbuch, *Slizyk*, Handbuch Schmerzensgeld, 17. Auflage 2021, Rn. 488–493.

204 *LG Berlin*, Urt. v. 01.12.2005 – 515 93 Js 3567/04 KLS 13/05, NZV 2006, 389.

205 BGB § 253 Immaterieller Schaden, *Jahnke*, Burmann, Heß, Hühnermann, *Jahnke*, Straßenverkehrsrecht, 26. Aufl. 2020, Rn. 111a–111c.

206 *BGH*, Urt. v. 08.11.2005 – 4 STR 321/05, DAR 2006 bei *Tepperwien*.

169 Die nachfolgend im Einzelnen noch zu behandelnden Schuldausschließungsgründe, denen zum Teil auch zivilrechtliche Bedeutung zukommt, stellen ein Pendant zu den Unrechtausschließungsgründen dar. Eine Tat, welche die gesetzlich – beispielsweise im Strafgesetzbuch – festgelegten Tatbestandsmerkmale verwirklicht, erfüllt gleichzeitig auch das Merkmal der Rechtswidrigkeit.

170 Schuldausschließungsgründe sind beispielsweise:
- Schuldunfähigkeit (§ 20 StGB),
- Notwehrexzess (§ 33 StGB) bzw. Putativnotwehr,
- der rechtswidrig bindende oder entschuldbar für verbindlich gehaltene Befehl eines Vorgesetzten (Befehlsnotstand),
- die Schuld ausschließende Pflichtkollision (übergesetzlicher Schuld ausschließender Notstand),
- Tatbestandsirrtum (§ 16 StGB),
- Entschuldigter, unvermeidlicher Verbotsirrtum.

### 3. Formen des Verschuldens

#### *a) Vorsatz*

171 Vorsätzlich handelt derjenige, der von Anfang an die Absicht hatte, das schädigende Ereignis herbeizuführen. Die vom Täter ins Auge gefasste Absicht, der Erfolg möge als gewolltes Ziel der Handlung eintreten, ist in Ausnahmefällen Voraussetzung für den Begriff des Vorsatzes.

172 Beim Zusammentreffen einer vorsätzlichen Schädigung und eines fahrlässigen Verhaltens des Geschädigten bleibt dessen Beitrag an der Entstehung des Schadens grundsätzlich unberücksichtigt.[207]

173 Dieses Prinzip gilt im Allgemeinen jedoch nur, soweit die auf Schadensersatz in Anspruch genommene Person vorsätzlich gehandelt hatte. Doch wird dieser Grundsatz auch dann angewendet, wenn der gesetzliche Vertreter einer juristischen Person vorsätzlich gehandelt hat und diese für ihren Vertreter gemäß § 31 BGB eintreten muss,[208] nicht jedoch, wenn sie nur gemäß § 278 oder nach § 831 BGB für das vorsätzliche Handeln des Erfüllungs- oder Verrichtungsgehilfen einzustehen hat.[209]

174 Der Täter muss den schädlichen Erfolg verwirklichen wollen. Der Vorsatz muss sich nicht nur auf die haftungsbegründende, sondern auch auf die haftungsausfüllende Kausalität erstrecken, d.h. er muss auch die Verletzungsfolgen – zumindest bedingt – umfassen.[210]

175 Der Täter muss sich also die den Tatbestand erfüllenden Folgen und andere Umstände seiner Tat nicht nur vorstellen, sondern überdies auch den Willen haben, unter diesen Umständen den zum Tatbestand gehörenden Erfolg herbeizuführen.[211]

#### *b) Bedingter Vorsatz*

176 Dem Vorsatz steht der sog. bedingte Vorsatz (dolus eventualis) gleich. Er liegt jeweils dann vor, wenn der Täter die Verwirklichung des schädlichen Erfolges zwar nicht gewollt, seinen vorhersehbaren Eintritt jedoch in seinen Willen aufgenommen und billigend in Kauf genommen hat.[212]

177 Bedingter Vorsatz liegt demnach laut *BGH* vor, wenn der Schädiger sich bewusst ist, dass durch sein Tun oder Unterlassen der andere einen Schaden erleiden kann. Er muss außerdem diesen möglichen

207 *BGH*, VersR 1979, 132; *BAG*, VersR 1970, 554 (L); *BGH*, VersR 1972, 64; VersR 1980, 675; VersR 1984, 191.
208 *BGH*, VersR 1966, 684; *LG Offenburg*, Urt. v. 12.05.2017 – 6 O 119/16, BeckRS 2017, 109841.
209 *BGH*, VersR 1984, 191.
210 Vgl. *LAG Nürnberg* zfs 1988, 314.
211 Vgl. *OLG München*, Hinweisbeschl. v. 15.10.2019 – 8 U 2471/19, BeckRS 2019, 54763.
212 *BGH* VRS 8, 12; VersR 1952, 387; vgl. *BGH* Urt. v. 07.11.2002 – 3 Str 216/02, NStZ 2004, 51; vgl. *Jahnke, Burmann*, Handbuch des Personenschadenrechts, 1. Aufl. 2015, 5. Kapitel. Drittleistungsträger (Leistung, Regress, Teilungsabkommen), Rn. 3237–3239.

Schaden für den Fall des Eintritts billigend in Kauf nehmen, mag er ihn auch nicht wünschen.[213] Der »dolus eventualis« braucht sich weder auf die Einzelheiten des Erfolgs noch auf dessen Art und Umfang zu beziehen.[214]

*c) Fahrlässigkeit, allgemein*

Das BGB unterscheidet mehrere Formen von Fahrlässigkeit,[215] Es handelt sich dabei um verschiedene Formen (Grade) des Verschuldens, einen Begriff, den das bürgerliche Recht nicht näher erläutert. In § 276 BGB ist lediglich der Hinweis enthalten, dass der Schuldner sowohl Vorsatz als auch Fahrlässigkeit zu vertreten hat. 178

Nach der Legaldefinition (§ 276 Abs. 2 BGB) handelt fahrlässig, »wer die im Verkehr erforderliche Sorgfalt außer Acht lässt«. Die Rechtslehre unterscheidet zwischen unbewusster und bewusster Fahrlässigkeit. Von unbewusster Fahrlässigkeit (»negligentia«) spricht man dann, wenn der Schädiger die Möglichkeit des Schadeneintritts nicht in sein Bewusstsein aufgenommen hat, sie aber bei Aufwendung der verkehrsüblichen Sorgfalt hätte voraussehen können. Bewusste Fahrlässigkeit (»luxuria«) – die auch als qualifizierte Fahrlässigkeit bezeichnet wird – liegt demgegenüber vor, wenn der Täter den rechtswidrigen Erfolg (Schaden) zwar voraussieht, aber hofft, er werde nicht eintreten.[216] 179

Im Gegensatz zum Strafrecht kommt es für die Ausfüllung des Begriffs der Fahrlässigkeit nach bürgerlichem Recht allein auf objektive Kriterien an. 180

Nach bürgerlichem Recht muss der Schädiger jenes Maß von Sorgfalt aufwenden, welches die Rechtsordnung nach objektiv gültigen Grundsätzen von jedermann erwartet. Lediglich bei bedingter Deliktsfähigkeit wird auf die Reife, Erkenntnis- und Einsichtsfähigkeit des Täters abgestellt.[217] 181

Im Rahmen des § 276 BGB ist weiterhin von Bedeutung, dass das Gesetz nicht von der verkehrsüblichen, sondern von der im Verkehr erforderlichen Sorgfalt spricht. Das bedeutet, dass bei allen Objektivierungstendenzen nicht schlechthin auf die Verkehrssitte abgestellt werden soll, die durch den Leistungsverfall der Norm auch leicht zur »Verkehrsunsitte« werden kann. 182

Ebenso wenig kann der Schädiger sich im zivilrechtlichen Bereich damit entschuldigen, er sei infolge seines Alters, mangelnder körperlicher Beweglichkeit oder Reaktionsfähigkeit nicht in der Lage gewesen, den Eintritt des schädlichen Erfolgs zu vermeiden. Im Rahmen dieses Systems verhält sich die Rechtsprechung zuweilen an sich etwas inkonsequent, wenn sie im umgekehrten Fall besondere Berufserfahrung, Ortskenntnisse und technische Fertigkeit bei der Feststellung des Grades der Fahrlässigkeit zulasten des Schädigers (Schuldners) verwertet.[218] Das Gleiche gilt für den Fall, dass Gerichte mitunter aus dem Beruf des Schädigers – beispielsweise als Fahrlehrer, Polizeibeamter oder Geistlicher – Rückschlüsse daraus ziehen, dass speziell dieser Schädiger ein ganz besonderes Maß an Sorgfalt schuldet.[219] 183

Anders verhält es sich demgegenüber, wenn mit der Ausübung eines bestimmten Berufs ein besonderes Maß an Gefahren verbunden ist und daher vom Schuldner eine erhöhte Sorgfalt erwartet 184

---

213 *BGH* Urt. v. 11.11.2003 – VI ZR 371/02, DAR 2004, 312 bei *Diederichsen.*

214 Vgl. *LG Mönchengladbach* r+s 1986, 274.

215 Zur Abgrenzung der Tatbestandsmerkmale und sonstiger Kriterien der Fahrlässigkeit bei Jugendlichen vgl. *OLG Celle* r+s 1979, 170; BGB § 276, Stadler, Jauernig, Bürgerliches Gesetzbuch Verantwortlichkeit des Schuldners, 15. Aufl. 2014, Rnrn 23 ff.

216 Vgl. H. Vorsätzliche und grob fahrlässige Herbeiführung des Versicherungsfalles, *Burmann, Heß,* Berz, Burmann, Handbuch des Straßenverkehrsrechts, Werkstand: 42. EL August 2020, Rn. 6–27.

217 Vgl. *OLG Celle,* Urt. v. 19.02.2020 – 14 U 69/19, NJW-RR 2020, 407.

218 Vgl. *BGH,* VersR 1958, 94.

219 Vgl. aber *Eschelbach,* BeckOK StGB, v. *Heintschel-Heinegg,* 34. Edition, StGB § 229 Fahrlässige Körperverletzung, Stand 01.05.2017, Rn. 8–11; zur Sorgfaltspflicht des Tierhalters: *LG Kassel,* Urt. v. 25.09.2012 – 7 O 552/07, BeckRS 2015, 17405.

werden kann und muss. Sofern es sich um gewerbliche oder handwerkliche Arbeiten handelt, soll es nach der Rechtsprechung auf den Sorgfaltsmaßstab einer ordnungsgemäßen gewerblichen Leistung ankommen.[220] Wohl ist auf die Verhältnisse der betroffenen Berufsgruppe oder des jeweiligen Verkehrskreises (»Gruppenfahrlässigkeit«) abzustellen, mithin auf jenes Maß von Umsicht und Sorgfalt, das von einem Menschen der betreffenden Gruppe erwartet werden kann und muss, in welcher der Betreffende im Rechtsverkehr auftritt.[221]

185 Andererseits kann aus der Zufälligkeit, als Arzt an einem Unfallort zu sein, kein Schadensersatzanspruch hergeleitet werden, wenn der Arzt bei der Erstbehandlung Fehler begeht. Mit seiner Anwesenheit entsteht laut *OLG München* noch kein Angebot zum Abschluss eines Behandlungsvertrages.[222] Durch seine ärztliche Tätigkeit geht er vielmehr ein Auftragsverhältnis ohne Entgelt ein. Gibt er auf Nachfrage zu erkennen, dass er als ärztlicher Helfer zur Verfügung steht, muss er zwar nach den Regeln der Kunst arbeiten, worauf das Unfallopfer auch vertrauen darf. Eine Haftung für seine Tätigkeit über dieses Maß hinaus ist jedoch in Anbetracht der Zufälligkeit nicht gerechtfertigt. Die Grenze der Haftung ist nicht höher, als bei einer Hilfeleistung durch einen Laien. Die Anwendung der Beweislastregeln aus dem Arzthaftungsrecht ist unangemessen, da nicht sämtliche in der Arztausbildung vermittelten Kenntnisse als Basiswissen zu werten sind, dessen Nichtbeachtung aus fachlicher Sicht als grober Fehler zu qualifizieren ist.

186 Die Vorschrift des § 276 Abs. 2 BGB stellt bei der Bestimmung dessen, was fahrlässig und damit nach § 823 BGB haftungsbegründend ist, auf die »im Verkehr erforderliche Sorgfalt« ab. Für die Prüfung der Frage, ob ein Tun oder Unterlassen als fahrlässig zu qualifizieren ist, gilt ein objektiver Beurteilungsmaßstab. Es handelt sich dabei um einen Maßstab, der sich danach bestimmt, was *tüchtige* und gewissenhafte Menschen für erforderlich, aber auch für ausreichend erachten.[223] Der Maßstab des § 276 BGB ist abstrakt. Auf die persönliche Eigenart des Betreffenden kommt es grundsätzlich nicht an. Vor allem ist darauf abzustellen, was der Verkehr zu erwarten berechtigt ist.

187 Die – nicht ausreichenden – Fähigkeiten, Kenntnisse und Erfahrungen[224] sind unbeachtlich.

188 Häufig steht der Schädiger in einer sich plötzlich und ohne sein Zutun entwickelnden Verkehrssituation vor einem echten Dilemma. Er hat dann beispielsweise nur noch die Wahl, ob er auf ein vorausfahrendes Fahrzeug auffahren oder beim Versuch, nach links auszuweichen, einen dort befindlichen anderen Verkehrsteilnehmer erfassen will. Er wird in dieser Zwangslage häufig nicht fähig sein, eine nach den Grundsätzen der Interessen- oder Güterabwägung sachgerechte Entscheidung zu treffen, sondern vielmehr aus der Bedrängnis der Situation heraus eine Instinkt- und Reflexaktion vollziehen. In einer ähnlichen Situation befindet sich der Fahrer eines Omnibusses, wenn er mit Rücksicht auf die Sicherheit der ihm anvertrauten Fahrgäste – insbesondere, soweit sie nur einen Stehplatz gefunden haben – eine an sich erforderliche Notbremsung unterlässt und sich für ein Auffahren auf ein vor ihm plötzlich anhaltendes Fahrzeug entschließt.

189 Auch diese Entscheidung, mit der man über den Bereich der eigenen Fähigkeiten und Möglichkeiten hinaus in unzulässiger Weise »Schicksal zu spielen« versucht, lässt sich nachträglich nicht mit der etwas vordergründigen und vereinfachenden Überlegung rechtfertigen, dass es sinnvoller gewesen wäre, einen Blechschaden in Kauf zu nehmen, um einen Personenschaden zu vermeiden. Eine derartige Beurteilung geht in doppelter Hinsicht von unzutreffenden Voraussetzungen aus.

190 Einmal weiß der betreffende Omnibusfahrer tatsächlich nicht, ob es im Fall seines Auffahrens auf den Pkw tatsächlich nur bei einem Blechschaden geblieben wäre, und zum anderen steht ebenso wenig fest, dass eine Notbremsung tatsächlich – gewissermaßen zwangsläufig – Personenschäden zur

220 Vgl. *BGH*, VersR 1967, 187.
221 Vgl. dazu: *BGH* NJW 1988, 909 = VersR 1988, 188 = VRS 74, 83; – *Weber* DAR 1988, 181.
222 *OLG München* Urt. v. 06.04.2006 – 1 U 4142/05, NJW 2006, 1883.
223 So bereits BGHZ 5, 318.
224 Vgl. *BGH* VersR 1976, 775.

Folge gehabt hätte, die – und dabei handelt es sich um eine Mischlösung – auch dadurch (zusätzlich) eintreten können, dass der Omnibus auf seinen »Vordermann« aufprallt.

Zu bedenken ist in diesen Fällen der Abwägung des Fahrers, dass selbst dann, wenn ihn kein Verschulden trifft, ein geschädigter Fahrgast Ansprüche aus dem Gesichtspunkt der Gefährdungshaftung gemäß § 7 StVG gegen den Fahrzeughalter und dessen Versicherung geltend machen kann.

Andererseits lässt eine Verletzung der Verkehrsvorschriften nicht ausnahmslos ohne Weiteres auf schuldhafte Fahrlässigkeit schließen. Dieses Tatbestandsmerkmal ist zwar ein *Indiz* für ein schuldhaftes Verhalten, vermag aber nicht den Nachweis für das Vorliegen eines Verschuldens zu ersetzen.[225] 191

Zu beachten ist daher der Grundsatz, dass die Fehlreaktion eines Verkehrsteilnehmers in einer ihm ohne eigenes Zutun aufgezwungenen und plötzlich eingetretenen Zwangslage nicht ohne Weiteres den Vorwurf fahrlässigen Handelns rechtfertigt.[226] 192

Ein Kraftfahrer, der auf das unvorhergesehene Schleudern eines ihn überholenden Kfz in der durch die Situation bedingten Eile falsch reagiert, haftet nicht für den Schaden, der durch seine fehlerhafte Reaktion entsteht. Gegenüber dem erheblichen Verschulden des Kraftfahrers, der durch seine Fahrweise eine Fehlreaktion des anderen Fahrers verursacht, tritt die Betriebsgefahr von dessen Kfz zurück.[227] 193

### *d) Grobe Fahrlässigkeit*

Für den Begriff der groben Fahrlässigkeit, an den sich bestimmte Rechtsfolgen – vor allem im versicherungsvertragsrechtlichen Bereich[228] – knüpfen, kommt es neben objektiven Kriterien auch auf die subjektive Vorwerfbarkeit des menschlichen Handelns und der ihm vorausgegangenen Willensbetätigung an.[229] Nach herrschender Meinung in Literatur und Rechtsprechung muss bei grober Fahrlässigkeit neben die objektiv schwere Verletzung der Sorgfaltspflicht im subjektiven (Personenbezogenen) Bereich ein unentschuldbares Fehlverhalten treten, das ganz erheblich über das normale Maß hinausgeht.[230] 194

Grobe Fahrlässigkeit liegt nach der Definition der Rechtsprechung jeweils dann vor, wenn die verkehrserforderliche Sorgfalt in besonders schwerem Maße verletzt wird,[231] indem schon einfachste und naheliegende Überlegungen, die sich jedem durchschnittlich verständigen Menschen gewissermaßen von selbst aufdrängen, nicht angestellt worden sind.[232] Als Faustformel kann die Frage anderer Personen gelten: »Wie kann man in dieser Situation nur so handeln?«. 195

Der Schädiger muss eine Pflicht verletzt haben. Dies muss unentschuldbar sein. Das übliche und tolerierbare Maß muss bei Weitem überschritten sein.[233] Entsprechendes gilt, wenn der Handelnde unbekümmert und leichtfertig mit der ihm obliegenden Sorgfalt umgegangen ist.[234] Der Rechtsbegriff der groben Fahrlässigkeit grenzt nach Ansicht des *BGH* nicht einheitlich und für alle Fälle ab, 196

---

225 *BGH*, VRS 4, 118.

226 *OLG Frankfurt a.*/*M.*, VersR 1981, 737; *OLG Karlsruhe*, VersR 1987, 693.

227 *OLG Hamm*, NZV 1998, 115 = MDR 1998, 42; *OLG Frankfurt*/*M.* VersR 1981, 737.

228 Vgl. dazu bspw. die Bestimmung des § 81 VVG (§ 61 VVG alt), die besonders häufig herangezogen wird.

229 *Burmann*/*Heß*, Berz/Burmann, Handbuch des Straßenverkehrs, Werkstand 48. EL 2023, H Vorsätzliche und grob fahrlässige Herbeiführung des Versicherungsfalles, Rn. 6–27.

230 *BGH*, VersR 1976, 649; 1977 465 (jeweils zu § 61 VVG); NJW 1985, 2648; *OLG Nürnberg*, VersR 1982, 796; *Stiefel*/*Hofmann*, § 12 AKB Rn. 89 (m.w.N.); *Deutsch*, VersR 2004, 1485 (zum Versicherungsvertragsrecht).

231 *BGH*, VersR 1969, 77; *OLG Hamburg*, VersR 1970, 148; *Full*, § 9 StVG Rn. 55; § 16 StVG Rn. 275 ff.

232 Vgl. *BGH*, NJW 1972, 1760; wegen der Abgrenzung zwischen leichter und grober Fahrlässigkeit vgl. auch *BGH*, VersR 1963, 652.

233 *BGH*, r+s 1980, 72; *OLG Bremen*, DAR 1980, 177; *OLG Stuttgart*, zfs 1981, 54.

234 Vgl. *BGH*, VersR 1966, 745.

wann der Schädiger haftet. Es kann nur von Fall zu Fall definiert werden, wobei auch subjektive, in der Individualität des Handelnden begründete Umstände zu berücksichtigen sind.[235]

197 Unter diesem Aspekt ist das Vergessen eines von verschiedenen Handgriffen in einem zur Routine gewordenen Handlungsablauf, das auch einem üblicherweise mit seinem versicherten Eigentum sorgfältig umgehenden Versicherungsnehmer unterlaufen kann, ein Augenblicksversagen, Grobe Fahrlässigkeit liegt nicht vor.[236]

198 Eine sorgfältige Abwägung ist beispielsweise für den Fall erforderlich, dass es sich um das Überfahren von Rotlicht handelt.[237] Im Allgemeinen geht die Rechtsprechung ganz überwiegend davon aus, dass dadurch der Tatbestand der groben Fahrlässigkeit erfüllt wird.[238] Andere Gerichte sehen darin nur leichte bis mittlere Fahrlässigkeit.[239] Insoweit kommt es auf die konkreten Umstände des Einzelfalls an.[240]

199 In Einzelfällen kann es schon an den objektiven oder an den subjektiven Voraussetzungen der groben Fahrlässigkeit fehlen.

200 Das Einhalten einer überhöhten Geschwindigkeit kann als grob fahrlässig bewertet werden.[241] Die Literatur stellt aber auch auf die konkrete Situation und Gefährdung ab.[242]

201 Der Begriff der groben Fahrlässigkeit ist im Allgemeinen nach objektiven Maßstäben zu bewerten, wobei in besonders gelagerten Ausnahmefällen auch ein subjektiver Umstand von Bedeutung sein kann.[243]

202 Nach der Rechtsprechung kann trotz Vorliegens objektiv schwerer Verkehrsverstöße dennoch das Merkmal der groben Fahrlässigkeit zu verneinen sein, wenn der Schädiger in der Lage, in der er

---

235 Wegen näherer Einzelheiten dazu vgl. *BGH*, VersR 1963, 711; VersR 1966, 1150; VersR 1967, 127; VersR 1967, 909; VersR 1972, 498 = VRS 43; 69; DAR 1974, 20; VRS 68, 924; *OLG Köln*, OLGZ 1966, 30 = VersR 1965, 1066; VersR 1966, 918; *OLG Bremen*, VersR 1969, 524; *OLG Nürnberg*, VersR 1971, 311; *OLG Hamburg*, VersR 1970, 362; VersR 1974, 325; *OLG Hamm*, VersR 1971, 165; VersR 1973, 121; *KG*, DAR 1974, 270; *Weingart*, VersR 1968, 427; *Weyer*, VersR 1971, 94; *Hagel*, VersR 1971, 796; *Riedmaier*, DAR 1978, 263; VersR 1980, 10; *Müller*, DAR 1981, 5.

236 *BGH*, NJW 1989, 1354; *BGH*, VersR 1986, 962; *Langer, Kärger*, May, Vogt, Lexikon Straßenverkehrsrecht, 1. Aufl. 2016, Augenblicksversagen.

237 Siehe *Kuhn*, Schadensverteilung bei Verkehrsunfällen, 10. Aufl. § 3, Rn. 73–77. *Burmann, Heß, Berz*, Werkstand 48. EL August 2023, H Vorsätzliche und grob fahrlässige Herbeiführung des Versicherungsfalls, Rn. 22.

238 Vgl. *BGH*, DAR 1982, 226; *BGH*, DAR 1992, 369; *OLG Köln*, NJW 1967, 785; *OLG Frankfurt a.M.*, VersR 1978, 222; *OLG Stuttgart*, VersR 1980, 1140; zfs 1981, 54; *OLG Hamm*, VersR 1982, 1046; r+s 1982, 246 (grobe Fahrlässigkeit wird im konkreten Fall deswegen bejaht, weil die Taxifahrer die Örtlichkeit genau kennen; nach der Auffassung des *OLG Hamm* kommt es auf die konkreten Umstände des Einzelfalles an); *LG Essen*, SVR 2010, 306.

239 *LG Itzehoe*, Urt. v. 28.10.2005 – 9 S 51/05, (Rotlichtverstoß an unübersichtlicher Kreuzung ist leicht fahrlässig); *OLG Köln*, Urt. v. 27.02.2007 – 9 U 1/06, BeckRS 2007, 09714.

240 *BGH*, VersR 1970, 568 (grobe Fahrlässigkeit im Zuge der Abwägung nach § 17 StVG); *OLG Hamm*, VersR 1982, 1046, 246; *LG Nürnberg-Fürth*, r+s 1979, 49; *OLG Hamm*, ZFS 2000, 346; *Kuntz*, ZfV 1982, 228.

241 Vgl. *Engelbrecht*, DAR 2007, 12; a.A. *OLG Köln*, Urt. v. 09.05.2006 – 9 U 64/05, ADAJUR-Dok. Nr. 72375 (Fahren mit 200 km/h auf Autobahn in freigegebenem Abschnitt ist nicht grob fahrlässig, selbst wenn der Fahrer ins Schleudern kommt); s. aber *OLG Nürnberg* R+S 2006, 415; *LG Köln* BeckRS 2009, 05849; H. Vorsätzliche und grob fahrlässige Herbeiführung des Versicherungsfalles, *Burmann, Heß*, Berz, Burmann, Handbuch des Straßenverkehrsrechts, Werkstand: 42. EL August 2020, Rn. 22–27.

242 *Burmann, Heß, Berz*, Werkstand 48. EL August 2023, H Vorsätzliche und grob fahrlässige Herbeiführung des Versicherungsfalls, Rn. 22.

243 *OLG Frankfurt a.M.*, zfs 1983, 245 (kein Anscheinsbeweis).

handeln musste, überfordert war.[244] Hiervon ist alleine bei fehlender Ortskenntnis nicht auszugehen.[245] Die fehlende Fahrpraxis im Großstadtverkehr ist wie die Ortsunkundigkeit ein Umstand, der den Fahrzeugführer zu erhöhter Sorgfalt und Aufmerksamkeit veranlassen muss. Auch die übrigen Ursachen einer augenblicklichen Überforderung bei Erreichen der Ampel entlasten nicht. Der Fahrzeugführer muss sich entsprechend orientieren.

Die Bedeutung des Begriffs der groben Fahrlässigkeit ergibt sich ausfolgenden Differenzierungen: 203
- bei konkreter Fahrlässigkeit treten Haftungserleichterungen ein
- für den Bereich des Arbeitsrechts ergeben sich bestimmte Abstufungen je nach dem Grade der Fahrlässigkeit
- im Versicherungsvertragsrecht ist die grobe Fahrlässigkeit nach § 81 VVG ebenfalls von Bedeutung. Das bis zum 31.12.2007 geltende »Alles-oder-Nichts«-Prinzip weicht einer Entscheidung nach dem Grad der groben Fahrlässigkeit. Der Versicherer kann entscheiden, nach welcher Quote das grob fahrlässige Verhalten des Versicherungsnehmers zu beurteilen ist. Dabei hat er die Möglichkeit, auch einmal voll zu leisten. Bei Alkohol- oder Drogen bedingten Unfällen wird die Leistung in der Kaskoversicherung i.d.R. weiter zu 100 % verweigert.[246]

Man wird als Auslegungsregel von der – bewusst etwas vereinfachten – Faustformel ausgehen können, dass ein Fehlverhalten bei rechtlich oder tatsächlich schwierigen Sachverhalten sich im Zweifel als einfache Fahrlässigkeit, ein Verschulden bei einfacher Sachlage hingegen sich als grobe Fahrlässigkeit darstellt. 204

Grobe Fahrlässigkeit wird im Regelfall dann zu verneinen sein, wenn das Fehlverhalten sich nur als Folge eines vorausgegangenen falschen Verhaltens eines anderen Verkehrsteilnehmers darstellt.[247] 205

### e) Bewusste Fahrlässigkeit

Ein weiteres Unterscheidungsmerkmal, das allerdings eine ganze Gruppe umfasst, liegt in der Klassifizierung der bewussten Fahrlässigkeit (luxuria), die zuweilen auch als qualifizierte Fahrlässigkeit bezeichnet wird.[248] Bewusste Fahrlässigkeit liegt dann vor, wenn der Schädiger den rechtswidrigen Erfolg seines Handelns – also den Eintritt des schädlichen Erfolgs – zwar voraussieht, aber gleichwohl hofft, er werde dennoch nicht eintreten. Diese Begriffsbestimmung grenzt die bewusste Fahrlässigkeit vom bedingten Vorsatz ab.[249] Auch beim bedingten Vorsatz (dolus eventualis) hofft der Täter zwar, dass der schädliche Erfolg nicht eintreten möge. Er nimmt ihn jedoch als »kalkulierbare« Folge seines rechtswidrigen Handelns notfalls billigend in Kauf.[250] 206

### f) Konkrete Fahrlässigkeit

In besonderen Fällen hat der Schuldner nur für dasjenige Maß an Sorgfalt einzustehen, das er unter Berücksichtigung subjektiver Maßstäbe üblicherweise auch bei der Besorgung eigener Angelegenheiten (bspw. gem. § 277 BGB) aufzuwenden pflegt. Unabhängig vom Haftungsmaßstab des § 1359 BGB kann der verletzte Ehegatte im Hinblick auf seine Verpflichtung zur ehelichen Lebensgemeinschaft (§ 1353 BGB) verpflichtet sein, Schadensersatzansprüche gegen seinen Ehepartner nicht 207

244 Vgl. *BAG*, AP Nr. 50 zu § 611 (Haftung des Arbeitnehmers); *BGH*, NJW 1972, 475; *OLG Köln*, VersR 1966, 530; *Riedmaier*, VersR 1981, 1011.

245 *OLG Rostock*, Urt. v. 30.04.2003 – 6 U 249/01, VersR 2003, 1528.

246 Vgl. *Nugel*, MDR 2007, 23 ff.; *Weidner, Schuster*, r+s 2007, 363; *Kuhn*, Schadensverteilung bei Verkehrsunfällen, 10. Aufl., § 3 Kaskoversicherung – Leistungskürzungen bei Vorsatz und grober Fahrlässigkeit, Rn. 1–4.

247 *BGH*, VersR 1955, 149.

248 BGB § 823 Schadensersatzpflicht, *Wagner*, MüKoBGB, 8. Aufl. 2020, Rn. 39.

249 Dolus eventualis.

250 Auch den in § 277 BGB enthaltenen Grundgedanken. *Schmidt, Werner*, Weber kompakt, Rechtswärterbuch, 10. Aufl. 2024, Fahrlässigkeit.

geltend zu machen.[251] Derartige Stillhalteverpflichtungen berühren jedoch ein etwaiges Gesamtschuldverhältnis und einen Innenausgleich nach § 426 BGB grundsätzlich nicht.[252] Der Anspruch des Ehegatten lebt nach der Scheidung wieder auf.[253]

208 Die Bedeutung der konkreten Fahrlässigkeit besteht darin, dass der haftungsprivilegierte Schuldner kraft Gesetzes in der Regel nur für grobe Fahrlässigkeit haftet. Die Bestimmung des § 277 BGB und ihre rechtsähnliche Anwendung gilt, soweit sie das Haftpflichtrecht betrifft, vornehmlich im Rahmen des § 1359 BGB. Nach dieser Vorschrift haben die Ehegatten »bei der Erfüllung der sich aus dem ehelichen[254] Verhältnis ergebenden Verpflichtungen einander nur für diejenige Sorgfalt einzustehen, welche sie in eigenen Angelegenheiten anzuwenden pflegen«. Ein ähnlicher Sorgfaltsmaßstab gilt auch zum Beispiel für die Nutzung eines Kfz. Erst wenn der Käufer seinen Anspruch auf Rückgabe des Fahrzeugs geltend macht, muss er eine höhere Sorgfaltsverpflichtung als für eigene Angelegenheiten wahren.

209 Der mildere Haftungsmaßstab des § 1359 BGB gilt nicht, wenn ein Ehegatte dem anderen durch Verstoß gegen die Vorschriften des Straßenverkehrs Schaden an seiner Gesundheit oder an seinem Eigentum zufügt.[255] Der geschädigte Ehegatte kann auch ein Schmerzensgeld verlangen.[256]

210 Weil Ehegatten einander zur ehelichen Lebensgemeinschaft verpflichtet sind (§ 1353 Abs. 2 S. 2 BGB) und sich gegenseitig Schutz und Fürsorge schulden, kann der Geschädigte im Einzelfall aufgrund besonderer Umstände verpflichtet sein, einen Ersatzanspruch nur teilweise oder gar nicht geltend zu machen. Laut *BGH* ist der Ehegatte hierzu verpflichtet, solange die wirtschaftlichen Möglichkeiten Schadensersatz nicht zulassen.[257] Dennoch kann der Ehegatte in vollem Umfang seine Schadensersatzansprüche geltend machen, wenn z.B. eine Kfz-Haftpflichtversicherung für die Schädigung einzustehen hat. Die Grenze bildet hier die vom Schädiger mit der Versicherung vereinbarte Deckungssumme. Selbst der Halter und Versicherungsnehmer kann unter diesen Umständen als geschädigter Beifahrer die eigene Kfz-Haftpflichtversicherung in Anspruch nehmen.

211 Endet die eheliche Lebensgemeinschaft oder wird die Ehe geschieden, kann der Schadensersatzanspruch gegen den schuldigen Teil der aufgelösten Gemeinschaft wieder durchgesetzt werden.[258]

212 Nach § 204 S. 1 BGB ist die Verjährung von Ansprüchen zwischen Ehegatten gehemmt, solange die Ehe besteht. Die Vorschrift dient laut *BGH* der Wahrung des Familienfriedens und gilt für alle Ansprüche. Nach Auffassung des Senats gilt der Hemmungsgrund des § 204 S. 1 BGB auch für Ansprüche gegen den Schädiger aus Straßenverkehrsunfällen, für die ein Haftpflichtversicherer nach § 3 Nr. 1 PflVG einzutreten hat, mit der Folge, dass er auch den Direktanspruch gegen den Haftpflichtversicherer ergreift (§ 3 Nr. 3 S. 4 PflVG).[259]

213 Die dargelegten Grundsätze gelten sinngemäß[260] auch für das Haftungsprivileg aus § 1664 BGB. Nach dieser Vorschrift haben die Eltern »bei der Ausübung der elterlichen Sorge dem Kinde gegenüber nur für die Sorgfalt einzustehen, die sie in eigenen Angelegenheiten anzuwenden pflegen«.

---

251 *BGH*, BGHZ, 53, 352; 61, 101, 63, 51; 75, 134; *BGH*, NJW 1983, 624.

252 *BGH*, DAR 1983, 50 = r+s 1983, 8.

253 § 204 S. 1 BGB; vgl. *Bern*, NZV 1991, 449.

254 Diese Grundsätze gelten nicht für schuldähnliche Verhältnisse: *BGH*, DAR 1988, 130; *OLG Düsseldorf*, NJW 1979, und zwar auch nicht in der »modifizierten« Erscheinungsform über die Rechtskonstruktion des Gesellschaftsvertrags und der Gesellschaft bürgerlichen Rechts nach §§ 705 ff. BGB (Rn. 280a); *Schirmer*, DAR 1988, 289.

255 *BGH*, Urt. v. 11.03.1970 – IV ZR 772/68, MDR 1970, 666.

256 *BGH*, DAR 1973, 297; DAR 1973, 297; *Wussow*, WI 1973, 141; UHR Rn. 1382.

257 *BGH*, DAR 1970, 207; DAR 1975, 21; DAR 1980, 84; DAR 1983, 50.

258 Vgl. *OLG Stuttgart*, Beschluss v. 18.02.2016 – 16 UF 195/15, NJW 2016, 1665.

259 *BGH*, Urt. v. 25.11.1986 – VI ZR 148/86, DAR 1987, 80.

260 *BGH*, DAR 1980, 48; DAR 1983, 50.

In einer Grundsatzentscheidung vom 01.03.1988 hat der *BGH*[261] die Auffassung vertreten, die Ersatzpflicht des Schädigers für Verletzung eines Kindes werde nicht dadurch berührt, dass an der Schädigung die Eltern des Kindes mit beteiligt gewesen seien, diese aber wegen des milderen Haftungsmaßstabes des § 1664 Abs. 1 BGB gegenüber dem Kind nicht haften. Dem Schädiger stehe in diesem Fall auch kein – fingierter – Ausgleichsanspruch gegen die Eltern zu.[262] Laut *BGH* entsteht mit Rücksicht auf das Haftungsprivileg aus § 1644 BGB kein Gesamtschuldverhältnis. Die Frage nach dem Schadenausgleich im Innenverhältnis stellt sich deshalb nicht. 214

An sich gilt innerhalb der Rechtsnorm der Gesellschaft bürgerlichen Rechts (§§ 705 ff. BGB) im Verhältnis der Gesellschafter zueinander nach § 708 BGB ebenfalls die mildere Form der Haftung für Sorgfalt wie in eigenen Angelegenheiten. Dies gilt nicht nur für die vertragliche Haftung aus dem Gesellschaftsverhältnis, sondern auch insoweit, als die Haftung sich auf Verschulden i.S.v. §§ 823 ff. BGB in der Erscheinungsform der unerlaubten Handlung stützt.[263] 215

Im Zusammenhang mit § 708 BGB[264] ist der durch diese Bestimmung normierte Haftungsmaßstab[265] für das Straßenverkehrsrecht allgemein ungeeignet und daher auf diesen Problemkreis nicht anzuwenden ist. 216

Der *BGH* hält es aus rechtspolitischer Sicht für verfehlt, im allgemeinen Straßenverkehr persönlichen Eigenarten (und Unarten) des Fahrers Rechnung zu tragen. Soweit sie von den Mitfahrenden als gefährlich erkannt und gleichwohl in Kauf genommen werden, genügt es, wenn der Schaden geteilt werden kann.[266] 217

Dies bedeutet, dass die betreffenden Personen Haftungsprivilegien weder aus einer analogen Anwendung des im § 1359 BGB enthaltenen Rechtsgedankens noch unter dem Gesichtspunkt der Vorschrift des § 708 BGB ableiten können. Abgesehen davon würden derartige Haftungsprivilegien nach neuerer Auffassung, die sich inzwischen allgemein durchgesetzt hat, ohnehin nicht für die Erfüllung der sich aus dem öffentlichen Straßenverkehr ergebenden Sorgfaltspflichten gelten. 218

Auch derjenige, der bei einem Unfall Erste Hilfe leistet, muss schon in seinem eigenen wohlverstandenen Interesse die erforderliche Sorgfalt wahren, um Gefahren für sich und andere nach Möglichkeit auszuschalten.[267] Die Anforderungen an die eigene Vorsicht sind durch die besondere Art der Aufgabenstellung begrenzt, weil dabei die dem Helfer obliegende Sorge um den Verunglückten im Vordergrund der Betrachtung steht. Zu berücksichtigen sind jeweils die besonderen Umstände des Falls: Der Helfer muss die Aufgabe in einer Ausnahmesituation bestmöglich erfüllen. Wenn von ihm auch erwartet werden kann, dass er keine unvernünftigen und vermeidbaren Risiken eingeht, so kann doch der für den Unfall verantwortliche Schädiger vom Helfer nicht verlangen, dass der Helfer seine ungeteilte Aufmerksamkeit dem Schutz der eigenen Person widmet.[268] 219

Besondere Haftungsprivilegien gelten auch für Schulunfälle.[269] Es kommt im Einzelfalle entscheidend darauf an, ob der Unfall sich bei der Teilnahme am allgemeinen öffentlichen Verkehr ereignet 220

261 Vgl. *BGH*, DAR 1988, 306; *BGH*, VersR 1973, 836; *BGH*, BGHZ 94, 173.

262 Aufgabe der Rechtsprechung *BGH*, BGHZ 35, 317.

263 *BGH*, BGHZ 46, 140; *BGH*, BGHZ 55, 392.

264 *BGH*, VersR 1967, 832; DAR 1970, 207; *Klingmüller*, DAR 1972, 299; *Weber*, DAR 1981, 169; DAR 1973, 297; DAR 1975, 21; NJW 1979, 414; DAR 1980, 48 DAR 1980, 84; DAR 1985, 50.

265 Des § 277 BGB = »diligentia quam in suis«.

266 § 254 Abs. 1 BGB.

267 Vgl. *BGH*, VersR 1977, 36; *OLG München*, NJW 2006, 1883 (selbst bei zufällig an der Unfallstelle eintreffendem und helfendem Arzt).

268 *BGH*, DAR 1981, 53; *Weber*, DAR 1981, 161.

269 Wegen näherer Einzelheiten vgl. *BSG*, NJW 1977, 2134; *BSG*, BSGZ 43, 113; VersR 1979, 368; *OLG Stuttgart*, VersR 1975, 1043; *OLG Frankfurt a.M.*, VersR 1979, 131; *OLG Hamm*, VersR 1981, 339; *OLG Oldenburg*, zfs 1985, 263; *LG Fulda*, NJW 1977, 720; *LG Hanau*, zfs 1980, 167; *LG Kleve*,

hat oder ob er »schulbezogen«[270] war, weil er auf die Vor- und Nachwirkungen des Schulbetriebs zurückzuführen ist.

221 Diese Rechtsprechung gilt sinngemäß auch für Wegeunfälle.[271] Schulbusunfälle ereignen sich nicht bei der Teilnahme am allgemeinen öffentlichen Verkehr, die nach allgemeinrechtlichen Grundsätzen zu bewerten wäre, weil derartige Tätigkeiten »schulbezogen« sind.[272] Das Gleiche gilt für das Warten auf einen Schulbus.[273]

222 Ein weiteres Haftungsprivileg ergibt sich nach § 91a StVG i.V.m. § 1 ErwG[274] bei dienstlichen Unfällen unter Soldaten.[275] Die mit einem Marschbefehl dienstlich angeordnete Mitnahme eines Soldaten durch einen Kameraden in dessen Privat-Pkw stellt keine Teilnahme am allgemeinen öffentlichen Verkehr dar. Es handelt sich um eine privilegierte Fahrt im Sonderverkehr der Bundeswehr.[276]

223 Die Beweislast für die Anwendung des milderen Haftungsmaßstabes trifft grundsätzlich denjenigen, der sich in seinem Interesse auf ein Haftungsprivileg beruft. Er beansprucht einen Ausnahmetatbestand.

## 4. Haftung mehrerer Beteiligter

224 Haben mehrere Personen durch eine gemeinschaftlich begangene unerlaubte Handlung einen Schaden verursacht, ist jeder von ihnen im Verhältnis zum Geschädigten (Verletzten) für den vollen

---

zfs 1981, 172; *LG Freiburg*, zfs 1982, 365; *AG Simmern*, zfs 1981, 172; *LG Köln*, zfs 1981, 172; *LG Detmold*, VersR 1991, 204; *BGH*, r+s 2003, 217.

270 Vgl. *BGH*, LM Nr. 9 6 zu § 617 RVO (m.Anm. v. *Weber*).

271 *LG Kleve*, VS 1981, 172 (Warten auf Schulbus); *LG Köln*, zfs 1981, 172; *AG Simmern*, zfs 1981, 172; *OLG Frankfurt a.M.*, VersR 1979, 131 (verneint Haftungsausschluss unzutreffenderweise generell bei Eintritt eines Schadens auf dem Schulweg); *LG Hildesheim*, zfs 1985, 268; *LG Kassel*, Urt. v. 17.01.2006 – 5 O 2198/05, (Klassenfahrt mit Privat-PKW), NZV 2006, 375; *BGH*, Urt. v. 30.03.2004 – VI ZR 163/03, r+s 2004, 307 (Verletzung von Mitschüler durch Feuerwerkskörper haftungsprivilegiert); *Lang*, SVR 2006, 425.

272 Vgl. *BGH*, DAR 1981, 318; ähnlich *BGH* r+s 1977, 79; bei: *Schnitzerling*, DAR 1981, 132; *OLG Oldenburg*, NdsRpfl 1979, 16 (auch zit. bei: *Schnitzerling*, DAR 1981, 132 f.); *OLG Bremen*, VersR 1980, 1048 (L); *OLG Stuttgart*, VersR 1980, 147; *OLG Karlsruhe*, VersR 1981, 579 = r+s 1981, 170; *LG Traunstein*, VersR 1977, 674; *LG Kleve*, r+s 1980, 253; *OLG Koblenz*, Urt. v. 03.04.1985 – 7 U 1167/84, BeckRS 2013, 7136.

273 *BGH*, VersR 1983, 636; *OLG Koblenz*, VersR 1986, 595 = zfs 1986, 238; *LG Köln*, r+s 1980, 253, *LG Kleve*, zfs 1981, 172.

274 *BGH* VersR 1973, 736; *OLG Celle* VersR 1977, 1101; *OLG München* VersR 1977, 1014; *OLG Frankfurt a./M.*, VS 1982, 33 (Versagung von Schmerzensgeld).

275 Vgl. Bundesgerichtshof: Nr. 75, Urt. v. 29.03.1977 – VI ZR 52/76, VerwRspr 1978, 428 (Insassenunfall auf der Rückfahrt vom Wochenendurlaub, kein Haftungsprivileg, da Teilnahme am *allgemeinen öffentlichen* Verkehr); *BGH*, VersR 1979, 32 (Haftungsbeschränkung aus § 91a StVG kommt auch einem Soldaten zugute, der bei der Rückkehr aus dem Urlaub mit seinem Kfz auf dem Kasernengelände einen anderen Soldaten anfährt und dabei verletzt); *OLG München*, VersR 1977, 1014 (Weg von und zur Dienststelle mit dem eigenen PKW ist grundsätzlich keine dienstbezogene Tätigkeit, sondern Teilnahme am allgemeinen öffentlichen Verkehr); *OLG Celle*, VersR 1977, 1105 (Dienstunfall zwischen einem Zivilkraftfahrer einer Truppenplatzkommandantur und einem Soldaten); VersR 1980, 482 (Auffahrunfall eines Bundeswehr-Lkw auf einen Tanklastzug auf dem Gelände eines Truppenübungsplatzes: Dienstunfall und daher Haftungsprivileg); *OLG Frankfurt a.M.*, NJW 1982, 524 (Dienstfahrt auch dann, wenn der Verletzte sich innerhalb einer Kolonne auf einem Marsch zum Gottesdienst befand; Schmerzensgeld daher versagt); *LG Karlsruhe*, VersR 1980, 1151 (Dienstunfall, wenn ein Soldat im Pkw eines Kameraden auf der Rückfahrt von einem Lehrgang zur gemeinsamen Einheit verletzt wird).

276 *BGH*, zfs 1981, 297; – vgl. dazu ergänzend die Grundsätze und Belege für den ähnlich gestalteten Bereich des *Arbeitsrechts*, soweit es sich um einen Wegeunfall i.S.v. §§ 104 ff. SGB VII in der Abgrenzung zu einer Dienstfahrt handelt; vgl. *Ricke*, VersR 2003, 540.

Schaden verantwortlich.[277] Das Gleiche gilt auch, wenn sich nicht feststellen lässt, wer von mehreren Beteiligten den Schaden durch eine unerlaubte Handlung verursacht hat (§ 830 Abs. 1 BGB). Die Haftung aller an der schädigenden Handlung Beteiligten setzt voraus, dass jeder der mehreren Beteiligten, hätte er nachweislich den Schaden durch seine Handlung verursacht, schuldhaft rechtswidrig gehandelt haben würde.[278] Das hier nur beispielhaft genannte Merkmal der unerlaubten Handlung ist kein besonderes Kriterium für das Entstehen einer Gesamtschuldhaftung. Diese kann auch dadurch entstehen, dass einer der Beteiligten der vom Verschulden losgelösten Gefährdungshaftung unterliegt bzw. lediglich aus Vertrag haftet.[279] Die Gesamtschuldhaftung besteht bezüglich der Positionen, die sich nach den Grundsätzen der Kongruenz decken. Im Übrigen haftet jeder entsprechend seinem Verschulden. Nimmt der Geschädigte mehrere Nebentäter in Anspruch, so ist seine Mitverantwortung gegenüber jedem der Schädiger laut *BGH* gesondert nach § 254 BGB (§ 17 StVG) abzuwägen (Einzelabwägung).[280] Zusammen haben die Schädiger jedoch nicht mehr als den Betrag aufzubringen, der bei einer Gesamtschau des Unfallgeschehens dem Anteil der Verantwortung entspricht, die sie im Verhältnis zur Mitverantwortung des Geschädigten insgesamt tragen (Gesamtabwägung). Im Urteil ist zum Ausdruck zu bringen, welchen Beitrag oder Anteil die einzelnen Schädiger – entsprechend ihrer Einzelquote – zu leisten haben. Diese Verpflichtungen sind auf einen der Gesamthaftungsquote entsprechenden Beitrag oder Anteil zu begrenzen.[281]

Dies bedeutet, dass nach außen im Verhältnis zum Verletzten jeder der Mittäter unabhängig von 225
seinem eigenen individuellen Verantwortungsbeitrag auf Ersatz des vollen Schadens in Anspruch genommen werden kann. Der Gläubiger darf insgesamt seinen Schaden nur einmal fordern (§ 421 BGB). Soweit ein Gesamtschuldner Leistungen erbringt, werden im Verhältnis zum Verletzten dadurch auch die übrigen Gesamtschuldner von ihrer sich mit der Leistung deckenden eigenen Verpflichtung frei (§ 422 BGB). Der vorleistende Gesamtschuldner kann den Teil seiner Zahlung, der seinen eigenen Tat- und Verantwortungsbeitrag übersteigt, im Innenverhältnis der Gesamtschuldner zueinander – also im Verhältnis der übrigen Beteiligten – gem. § 426 Abs. 1 BGB von den anderen Beteiligten fordern.

Ergibt sich die Haftungsgrundlage für einen der Täter ausschließlich aus den §§ 831, 832 BGB, 226
ist ein weiterer Mittäter, der nach anderen Bestimmungen aus »echtem« Verschulden haftet, im Innenverhältnis für den Schaden allein verantwortlich. Im Fall der Billigkeitshaftung aus § 829 BGB ist im Innenverhältnis der Aufsichtspflichtige allein schadensersatzpflichtig. Darüber hinaus wird in § 840 Abs. 3 BGB bestimmt, dass ein Mittäter (Dritter) im Innenverhältnis allein für den Schaden verantwortlich ist, wenn die Haftung des anderen sich lediglich aus den Bestimmungen der §§ 832–838 BGB ergibt. Über die Tatbestände des § 830 BGB hinaus bestimmt § 840 BGB eine gesamtschuldnerische Haftung auch für die Fälle, in denen derselbe Schaden durch mehrere nicht miteinander in Verbindung stehende Personen verursacht worden ist. Für das Verhältnis der einzelnen Mittäter und der Beteiligten untereinander gelten die Bestimmungen der §§ 426, 840 Abs. 2 u. 3 sowie 841 BGB.[282]

Muss derjenige, der einen Schadensersatzanspruch geltend macht, unter normalen Umständen 227
beweisen, dass der Antragsgegner den Schaden rechtswidrig und zugleich auch schuldhaft verursacht hat – wobei alle Zweifel zu seinen Lasten gehen –, erspart ihm die Vorschrift des § 830 Abs. 1 S. 2 BGB in bestimmten Grenzen und unter bestimmten Voraussetzungen den Nachweis dafür, dass tatsächlich gerade der betreffende Anspruchsgegner den Schaden verursacht hat. Vielmehr muss der

277 Vgl. *Figgener*, NJW-SPEZIAL 2006, 543; § 17 StVG.
278 Vgl. *OLG Schleswig*, VersR 1983, 396.
279 Vgl. dazu *BGH*, NJW 1981, 750; VersR 1981, 161; DAR 1981, 85.
280 *BGH*, Urt. v. 13.12.2005 – VI ZR 68/04, DAR 2006, 383; *OLG Celle*, Urt. v. 19.12.2007 – 14 U 78/07, BeckRS 2011, 14633; BGB § 840 Haftung mehrerer, MüKoBGB, 8. Aufl. 2020, Rn. 26–29.
281 Vgl. ***Burmann***, Burmann, Heß, Jahnke, Straßenverfkehrsrecht, 28. Aufl. 2024, StVG § 17 Schadensverursachung durch mehrere Kraftfahrzeuge, Rn. 24–25c.
282 Vgl. *Figgener*, NJW-SPEZIAL 2006, 543.

Anspruchsgegner sich in dem Sinne entlasten, dass das den Schaden verursachende und auslösende Verhalten nicht von ihm stammt und dass die Schadenursache nach den Grundsätzen der kausalen Adäquanz nicht ihm verantwortlich zugerechnet werden kann.[283]

228 § 830 Abs. 1 S. 2 BGB enthält demnach eine Beweiserleichterung nicht nur für den Fall, dass der Schadenverursacher nicht zu ermitteln ist, sondern auch für den Fall, dass bei mehreren feststehenden Schadenverursachern der Anteil ihrer jeweiligen Verursachungs- und Verantwortungsbeiträge nicht geklärt werden kann.[284] Sie müssen beweisen, wer von ihnen welchen bestimmten Anteil an der gesamten Schadenverursachung verantwortlich zu vertreten hat. Ohne diesen Nachweis haftet jeder für den gesamten Schaden als Gesamtschuldner. Trifft den Gläubiger (Geschädigten) im Verhältnis zu einem der nach § 830 Abs. 1 S. 2 BGB alternativ haftenden »Beteiligten« ein Mitverschulden, so kommt nach der Auffassung des *BGH*[285] eine Haftung auch des anderen Beteiligten, wenn sein Verursachungsbeitrag nicht positiv festgestellt ist, nur bezüglich der geringsten hypothetischen Haftungsquote – also in Höhe des kleinsten gemeinsamen »Nenners« – in Betracht.[286]

229 Die Bestimmung des § 830 Abs. 1 S. 2 BGB enthält also im Ergebnis zugunsten des Geschädigten eine Umkehrung der Beweislast. Jede der einzelnen Handlungen muss jedoch nach den Grundsätzen der kausalen Adäquanz zumindest geeignet gewesen sein, den schädlichen Erfolg in gleicher Weise ebenso herbeizuführen. Weitere Voraussetzung ist, dass jeder der Beteiligten nachweisbar den schadenursächlichen Erfolg nicht nur rechtswidrig, sondern überdies auch schuldhaft herbeigeführt hat.

230 Zur gemeinschaftlichen Begehung einer unerlaubten Handlung i.S.d. § 830 Abs. 1 S. 1 BGB gehört nach feststehender Rechtsprechung bewusstes und gewolltes Zusammenwirken. Auch das nur tatsächliche Zusammenwirken soll unter der Voraussetzung genügen, dass der Schaden selbst sich als das Ergebnis der Gesamtwirkung der Handlungen der Einzelnen darstellt, jeder also tatsächlich gerade durch sein Verhalten zur Erzielung der Gesamtwirkung beigetragen hat.[287] Dies bedeutet, dass auch das bloße tatsächliche Zusammenwirken gleichgültig, ob der einzelne Erfolg der Handlung nachgewiesen werden kann jedenfalls dann als rechtlich relevanter Tatbeitrag genügt,[288] wenn der eingetretene Schaden sich als das Ergebnis der Gesamtwirkung der Handlungen einzelner darstellt.

231 Der *BGH*[289] geht davon aus, dass § 830 Abs. 1 S. 1 BGB ein vorsätzliches, d.h. bewusstes und gewolltes Zusammenwirken mehrerer Schädiger als Mittäter voraussetzt.

232 Benutzen mehrere gemeinschaftlich unbefugt ein Fahrzeug und kommt es zum Schaden, haften die Beteiligten laut *OLG Koblenz* gemeinsam, wenn der tatsächliche Verursacher nicht mehr festgestellt werden kann.[290] Für eine gemeinschaftliche Begehung ist ein vorsätzliches Zusammenwirken erforderlich. Der Vorsatz muss sich auf den Verletzungserfolg beziehen, nicht hingegen auf die Schadensverursachung.[291] Für den Schadensbeitrag reicht ein fahrlässiges Verhalten der Beteiligten aus. Grundlage für die Zurechnung der Tatbeiträge Dritter ist die gemeinschaftliche Tatbegehung, mit der der Mittäter zum Ausdruck bringt, dass er sich Tathandlungen anderer zu eigen macht, und die den Verletzten durch das Zusammenwirken mehrerer Ursachen gleichzeitig in Beweisnot bringt. Die Tatbeiträge der anderen Mittäter sind jedem einzelnen Beteiligten zuzurechnen, unabhängig davon, ob und wie viel der Tatbeitrag des jeweiligen Täters zur Schadensentstehung beigetragen hat.

283 *Lemcke*, Jahnke, Burmann, Handbuch Personenschadenrecht, 2. Aufl. 2022, Kap. 2 Haftungsgrund, Rn. 1853–1874.
284 Vgl. *BGH*, VersR 1960, 1147; *Schantl*, VersR 1981, 105 ff.
285 *BGH*, NJW 1982, 2307.
286 Vgl. dazu ergänzend auch *BGH*, NJW 1979, 544 (m.abl.Anm. v. *Frankel*, NJW 1979, 1202).
287 Nach *RG*, RGZ 58, 357.
288 *BGH*, BB 1960, 424; *LG Köln*, NJW-RR 1999, 463; *OLG Koblenz*; r+s 2005, 39.
289 *BGH*, NJW 1953, 499.
290 *OLG Koblenz*, Urt. v. 27.06.2003 – 10 U 998/02, r+s 2005, 39.
291 § 830 BGB *Wagner*, MüKoBGB, 8. Aufl. 2020 Rn. 21; *OLG Koblenz*, ZfS 2003, 585.

Reine Fahrlässigkeit aufseiten eines der beteiligten Täter reicht nicht aus, weil unter diesen Umständen ein bewusstes gemeinsames Vorgehen nicht möglich ist.[292] Danach kommt allenfalls dann, wenn einer der Beteiligten rechtmäßig – also nicht schuldhaft rechtswidrig – gehandelt hat, auch die Haftung des anderen aus § 830 Abs. 1 S. 2 BGB nicht in Betracht.[293] 233

Eine gemeinsame Verantwortlichkeit wird auch dann nicht vorliegen, wenn die einzelnen Täter ohne innere Verbindung gehandelt haben, d.h. wenn jeder von ihnen einen selbstständigen Tatbeitrag geleistet hat und die Tat sich als das zufällige Ergebnis zeitlich zusammentreffender Einzelhandlungen darstellt.[294] Der Tatbeitrag des Einzelnen kann auch in einer Art »moralischen« Unterstützung liegen. Wissen die Täter nichts voneinander, so stellt sich der schließlich eintretende Gesamterfolg lediglich als rein zufälliges Ergebnis dar, sodass § 830 BGB nicht anwendbar ist. Es ist jedoch nicht erforderlich, dass die Mittäter die Handlungen der übrigen Beteiligten in allen Einzelheiten genau kennen und billigen. Es genügt, wenn der betreffende Mittäter ohne eigene Überlegungen alles in Kauf nimmt, was die Übrigen tun oder vorhaben.[295] 234

Nach § 830 Abs. 1 S. 2 BGB soll ein Ersatzanspruch des Geschädigten[296] nicht daran scheitern, dass sich die Verursachung gerade durch einen bestimmten »Beteiligten« nicht mit letzter Gewissheit feststellen lässt. Diese besondere und außergewöhnliche Regelung setzt voraus, dass bei jedem Beteiligten[297] ein Anspruchsbegründendes Verhalten gegeben war, wenn man vom Nachweis der Ursächlichkeit[298] einmal absieht, 235

- eine der unter dem Begriff der »Beteiligten« zusammengefassten Personen den Schaden zumindest rechtswidrig,[299] nach neuerer Auffassung sogar schuldhaft im Sinne der Erfüllung des vollständigen Tatbestandes einer unerlaubten Handlung[300] verursacht haben muss,
- nicht feststellbar ist, wer von ihnen den Schaden tatsächlich – ganz oder teilweise – verursacht hat[301] und
- die Handlungen nach den praktischen Anschauungen des täglichen Lebens einen tatsächlich zusammenhängenden einheitlichen Vorgang bilden.[302]

Dabei beschrankt sich die Bedeutung der zuvor genannten Bedingung, der im Hinblick auf das Gewicht der durch § 830 Abs. 1 S. 2 BGB angestrebten Regelung wohl die Bedeutung eines Haupt- 236

---

292 Vgl. bereits dazu *BGH*, DAR 1959, 239.

293 Vgl. *BGH*, VersR 1953, 146.

294 Vgl. *BGH*, VersR 1960, 326; *BGH*, NJW 1972, 40.

295 *BGH*, VersR 1960, 540.

296 Dies gilt auch für den Fall, dass als Anspruchsgrundlage die Haftung des Geschäftsherrn für seinen Verrichtungsgehilfen i.S.d. § 831 BGB in Betracht kommt (vgl. *OLG Düsseldorf*, VersR 1980, 1171).

297 Die Beteiligung in dem hier gemeinten Sinne muss vom Anspruchsteller voll bewiesen werden (*OLG Schleswig*, VersR 1980, 341). Der Begriff der »Beteiligung« i.S.v. § 830 Abs. 1 S. 2 BGB setzt weder eine *innere Beziehung* zwischen mehreren *rechtswidrig und* schuldhaft handelnden Tätern noch die Gleichzeitigkeit der ihnen zuzurechnenden Gefährdungshandlungen voraus (*BGH*, BGHZ 33, 286).

298 Für die durch § 830 Abs. 1 S. 2 BGB vermittelte Haftung ist nicht erforderlich, dass der Tatbeitrag des Anspruchsgegners *tatsächlich* für den Schaden ursächlich geworden ist (wegen näherer Einzelheiten dazu Palandt, *Sprau* § 830 Rn. 6 ff. Es genügt vielmehr, dass die (Mit-)Ursächlichkeit seines *rechtswidrigen* und *schuldhaften* Verhaltens, das zur Herbeiführung des Schadens *generell geeignet* war, *nicht auszuschließen* ist (*BGH*, VersR 1975, 714). Umgekehrt bleibt für die Anwendung des § 830 Abs. 1 S. 2 BGB jedenfalls dann kein *Raum*, wenn feststeht, dass einer der Beteiligten aus erwiesener Verursachung haftet (*BGH*, VersR 1976, 992; *BGH*, DAR 1979, 246; *Backhaus*, VersR 1972, 210).

299 *BGH*, VersR 1968, 493; *BGH*, BGHZ 55, 86.

300 Vgl. dazu z.B. § 830 BGB, *Mertens*, MüKoBGB, 8. Aufl. 2020, Rn. 26 (insbes. Fn. 59 m.w.N.); *Backhaus*, VersR 1982, 210.

301 *BGH*, VersR 1975, 714; *BGH*, VRS 56, 260; *BGH*, VersR 1979, 822; *AG Wesel*, VRS 68, 244.

302 *BGH*, VersR 1960, 1147; *BGH*, NJW 1971, 506; *OLG Düsseldorf*, zfs 1981, 36.

merkmals zufällt, nicht etwa auf eine bloße Beweislastregel, sondern ihr fällt ausnahmsweise auch die Funktion eines sachlichen Tatbestandsmerkmales zu.[303]

237 Diese Überlegungen machen deutlich, dass die Vorschrift des § 830 Abs. 1 S. 2 BGB ausschließlich dazu bestimmt ist, demjenigen Geschädigten mit einer besonderen Anspruchsvariante zu helfen, der sonst durch die bei »alternativer Kausalität« gegebenen ungünstigen Beweislage seinen ihm gegen irgendeinen der Beteiligten mit Sicherheit zustehenden Anspruch mit Rücksicht auf die hypothetisch bleibende Kausalität nicht durchsetzen könnte.

238 Anders ist jedoch der Fall zu beurteilen, dass eine reine Verschuldenshaftung – aus unerlaubter Handlung – besteht und der Geschädigte nicht nachzuweisen vermag, welcher der beiden beteiligten »Täter« speziell durch sein Verhalten den Unfall schuldhaft im adäquaten Sinne verursacht hat. In diesem Fall genügt nicht die Feststellung, dass einer der Beteiligten durch sein Verhalten die Anspruchsbegründende Voraussetzung erfüllt hat, sodass im Rahmen dieser alternativ zu treffenden Wahlfeststellung weitere Beweise nicht erforderlich seien. Die Bestimmung des § 830 Abs. 1 S. 2 BGB kann und darf diese Beweislast dem Verletzten nicht abnehmen. Sie ist auch nicht dazu bestimmt, dem Geschädigten weitere – evtl. solventere – Schuldner zu verschaffen.[304] In einem solchen Fall bleibt dem Geschädigten oftmals nur die Möglichkeit, aus der Gefährdungshaftung gemäß § 7 StVG Ansprüche gegen den Halter und dessen Versicherung geltend zu machen. Diese Möglichkeit besteht unabhängig von einem Verschulden, wenn feststeht, dass ein Kfz unfallursächlich war. Allerdings gelten hier nicht die vereinbarten Deckungssummen sondern diejenigen des StVG mit Höchstbeträgen.[305]

239 Das Rechtsinstitut der alternativen Kausalität findet grundsätzlich keine Anwendung, wenn einer der »Beteiligten« aus erwiesener Verursachung haftet.[306]

240 Die bloße Ungewissheit, ob zusätzlich auch noch ein anderer den Schaden ebenfalls verantwortlich herbeigeführt hat, reicht für die Anwendung des § 830 Abs. 1 S. 2 BGB im Prinzip nicht aus.[307] Damit könnte in derartigen Fällen die Vorschrift des § 830 Abs. 1 S. 2 BGB nur dann zugunsten des Verletzten angewendet werden, wenn es gewichtige Sachgründe dafür gibt, ihm ausnahmsweise neben dem bereits feststehenden noch einen weiteren Schuldner zuzuführen, obwohl dieser nicht haften würde, wenn es möglich wäre, den Sachverhalt nach allen Richtungen umfassend aufzuklären.

241 Auch wenn ungewiss bleibt, worauf die tödliche Verletzung eines Verkehrsteilnehmers beruht, der – nachdem er von einem Kraftfahrzeug angefahren wurde – auf der Fahrbahn liegend von einem zweiten Kfz erfasst worden ist, ist für die Anwendung des § 830 Abs. 1 S. 2 BGB jedenfalls dann kein Raum, wenn feststeht, dass die Auswirkungen des zweiten Unfalles dem Verursacher des ersten Unfalles haftungsrechtlich (ebenfalls) zuzurechnen sind.[308] Diese Fallgestaltung kann beispielsweise dann in Betracht kommen, wenn A mit seinem Kfz den Fußgänger B anfährt und einige Sekunden später der auf der Fahrbahn zurückgebliebene Fußgänger B auch von C angefahren und mitgeschleift wird.

242 Bei dieser Fallgestaltung kann der später festgestellte Tod von B entweder bereits durch A oder erst durch C, aber auch durch das Zusammenwirken von A und C ausgelöst worden sein. Die Beweiserleichterung des § 830 Abs. 1 S. 2 BGB kommt bei diesem Sachverhalt trotz erheblicher Zweifel

303 *BGH*, VersR 1976, 992 – in etwas anderem Sinne, wenn auch in Form einer obiter dictum, vgl. *BGH*, VersR 1971, 321.

304 *BGH*, DAR 1972, 18; NJW 1969, 2136; NJW 1980, 2348; vgl. zur alternativen Kausalität: Deutscher Juristentag 1999, Beschlüsse zum Schadensersatzrecht, NZV 1999, 156; vgl. *OLG Köln*, VP 2000, 228; *OLG Köln*, SP 2007, 275.

305 Höchstbeträge siehe § 12 StVG (Stand 17.07.2020).

306 Vgl. *BGH*, VRS 51, 327; *BGH*, NJW 1979, 544 (m.abl.Anm.v. *Frankel*, NJW 1979, 1202); VersR 1985, 268; *Weber*, DAR 1985, 161.

307 Vgl. dazu wegen näherer Einzelheiten: *BGH*, DAR 1977, 18; DAR 1979, 246; VRS 68, 244.

308 Vgl. *BGH*, DAR 1979, 246.

daran, wer den Tod von B tatsächlich ausgelöst hat,[309] deswegen nicht zum Zuge, weil bereits von vornherein feststeht, dass A durch sein Verhalten entscheidend dazu beigetragen hat, dass auch C den – inzwischen auf der Fahrbahn liegenden – B ebenfalls überfahren konnte und weil A deswegen durch sein Verhalten verantwortlich am Zustandekommen auch des zweiten (nachfolgenden) Unfalls unter der Beteiligung von C beigetragen hat.

Eine Beteiligung i.S.v. § 830 Abs. 1 S. 2 BGB liegt jeweils dann vor, wenn 243

- eine von mehreren an und für sich selbstständigen Handlungen den schädlichen Erfolg herbeigeführt hat,
- außerdem jede einzelne Handlung nach den Grundsätzen der Kausalität diesen Erfolg ebenfalls hätte herbeiführen können,
- letztlich nicht ermittelt werden kann, wer von den mehreren Beteiligten den schädlichen Erfolg tatsächlich ausgelöst hat.

Die Verpflichtung der einzelnen Mittäter zum Schadenausgleich dauert so lange fort, bis die gesamte Leistung erbracht ist. 244

Die Kopfteilhaftung des § 426 BGB, die das bürgerliche Recht als Grundsatz aufgestellt hat, findet in der Praxis der Schadenregulierung kaum Anwendung. In aller Regel wird nämlich durch das Gesetz »ein anderes« bestimmt. Die einzelnen Vorschriften sehen, ähnlich wie § 254 Abs. 1 BGB (Mitverschulden des Geschädigten), vor, dass die »Verpflichtung zum Schadenersatz sowie der Umfang des zu leistenden Ersatzes von den Umständen, insbesondere davon abhängt, inwieweit der Schaden vorwiegend von dem einen oder dem anderen Teil verursacht worden ist«. Derartige Bestimmungen enthalten auch beispielsweise § 4 HPflG i.V.m. § 13 HPflG und § 9 StVG i.V.m. § 17 StVG. 245

Kernstück des Schadenausgleichs in dem hier interessierenden Bereich ist vornehmlich § 17 StVG. Wird ein Schaden durch mehrere Kraftfahrzeuge verursacht und sind die beteiligten Fahrzeughalter einem Dritten kraft Gesetzes zum Schadensersatz verpflichtet, so hängt im Innenverhältnis die Verpflichtung zum Schadensersatz sowie der Umfang des zu leistenden Ersatzes ebenfalls von den Umständen, insbesondere davon ab, inwieweit der Schaden vorwiegend von dem einen oder dem anderen Teil verursacht worden ist (§ 17 Abs. 1 S. 1 StVG). 246

Wenn das Gesetz dann weiter bestimmt (§ 17 Abs. 2 StVG), das Gleiche gelte, »wenn der Schaden einem der beteiligten Fahrzeughalter entstanden ist«, so handelt es sich dabei bei rechtlich wertender Betrachtung – mangels eines Gesamtschuldverhältnisses – nur um »unechte« Ausgleichsansprüche. Genau genommen liegt insoweit eine Ausgleichspflicht nicht vor, sondern § 17 Abs. 2 StVG verleiht den beteiligten Fahrzeughaltern lediglich einen den Haftungsanteil des anderen umfassenden »Kürzungsanspruch«, der sich bereits aus der Grundregel des § 254 Abs. 1 BGB – bei der Abwägung nach dem Maß der Verursachung – ableiten lässt. Vorausgesetzt für die Entstehung von »echten« Ausgleichsansprüchen ist stets eine gesamtschuldnerische Haftung.[310] 247

Hat die Nichteinhaltung des gebotenen Sicherheitsabstands den Unfall mit verursacht, ist der Verstoß gegen § 4 Abs. 1 StVO im Rahmen der Abwägung der beiderseitigen Verursachungsanteile grundsätzlich gegenüber jedem Mitverursacher zu berücksichtigen.[311] 248

Ein Ausgleichsverhältnis besteht beispielsweise dann nicht, wenn einer der Beteiligten lediglich subsidiär – etwa nach § 839 BGB oder nach § 829 BGB – haftet. Treffen zwei Ansprüche mit Subsidiärhaftung aufeinander, so ist im Wege der Auslegung zu entscheiden, welcher Anspruch zum Zuge 249

309 Wegen eines ähnlichen Sachverhalts vgl. *BGH*, NJW 1981, 628; NJW 1982, 2307; vgl. auch *Weber*, DAR 1983, 169.

310 Vgl. *BGH*, NJW 1965, 1175; VRS 29, 423.

311 *BGH*, Urt. v. 16.01.2007 – VI ZR 248/05, MDR 2007, 717; vgl. *AG Wuppertal*, Urt. v. 05.04.2011 – 34 C 2/11, BeckRS 2011, 29140; *LG Ravensburg*, Urt. v. 04.12.2013 – 4 O 7/12, BeckRS 2014, 16423.

kommt. Auf keinen Fall darf das Merkmal der Subsidiärhaftung dazu führen, dass der Geschädigte von einem Schuldner zum anderen verwiesen wird und im Ergebnis schließlich leer ausgeht.[312]

250 Bei der Durchführung der Schadenausgleichungen gelten beide Ansprüche – der Ausgleichsanspruch und der Schadensersatzanspruch – jeweils als selbstständige Forderungen. Das rechtliche Schicksal des Ausgleichsanspruchs ist unabhängig vom (übergangsfähigen) Schadensersatzanspruch des Gläubigers (Dritten) und führt als ein Anspruch eigener Art (sui generis) ein rechtliches Eigenleben. Dies bedeutet, dass der Ausgleichsanspruch grundsätzlich auch bei einem »gestörten« Innenverhältnis, wie beispielsweise im Rahmen von Haftungsprivilegien, bestehen bleibt. Seiner Realisierung stehen allerdings unter gewissen Voraussetzungen rechtliche Schwierigkeiten, insbesondere insoweit entgegen, als es sich um Ausgleichsansprüche von Unfall- und Schadenversicherern handelt.

251 So kann ein Sozialversicherungsträger wegen der von ihm erbrachten Aufwendungen beim Rückgriff nach § 110 SGB VII grds. auch auf den fiktiven Schmerzensgeldanspruch des Geschädigten gegen den nach §§ 104 ff. SGB VII Haftungsprivilegierten Schädiger zurückgreifen.[313] Der Einbeziehung des Anspruchs auf Zahlung eines Schmerzensgeldes steht laut *BGH* auch nicht entgegen, dass es in den Fällen der Entsperrung des Haftungsprivilegs wegen der Möglichkeit sowohl eines Regresses durch den Sozialversicherungsträger als auch eines Schadensersatzverlangens des Geschädigten zu einer Doppelbelastung des Schädigers kommen könnte. Derartige Fälle einer Anspruchskonkurrenz, die zudem nicht häufig sein dürften, könnten ggf. durch einen Verzicht des Sozialversicherungsträgers auf seinen Anspruch gelöst werden, zu dem er in pflichtgemäßer Ausübung seines Ermessens nach §§ 110 Abs. 2 SGB VII, 39 SGB I sogar verpflichtet sein kann. Ein Verzicht des Sozialversicherungsträgers erfolgt jedoch nur in den seltensten Fällen. Frühere geschäftsplanmäßige Erklärungen der Versicherer, wonach sie den Regress gegen den Versicherungsnehmer auf 5000 bzw. 10.000 € beschränkten, wenn dieser eine unfallursächliche Gefahrerhöhung vorgenommen hatte, waren und sind für den Sozialversicherungsträger nicht verbindlich. Der Schädiger unterliegt i.d.R. dem vollen Regress in Höhe des Betrages, den sein Versicherer nicht übernimmt.

252 Der schon vor einer Leistung an den Gläubiger bestehende Anspruch eines jeden Gesamtschuldners gegen die übrigen Gesamtschuldner, ihren Anteilen entsprechend an der Befriedigung des Gläubigers mitzuwirken, kann in der Form des Befreiungsanspruchs sogar im Klagewege verfolgt und notfalls vollstreckt werden.

253 Die neuere Auffassung sieht zunehmend den Maßstab für die Bewertung der verantwortlichen – zurechenbaren – Verursachung in subjektiven Kriterien, wie etwa in dem Grad der Gefährlichkeit (Schadenneigung) und der Wahrscheinlichkeit des Eintritts des schädlichen Erfolges, d.h. der Verwirklichung der Gefahr.[314]

254 Die für die Ursachenabwägung maßgeblichen Gesichtspunkte gelten im Prinzip sinngemäß auch dann, wenn es sich um den Grund der Verantwortlichkeit handelt. Beide Probleme stehen in einem unmittelbaren Sachzusammenhang. Deshalb wird § 254 Abs. 1 BGB – als Ausdruck des in § 242 BGB enthaltenen Grundsatzes von Treu und Glauben[315] und konsequenterweise auch den auf den Tatbestand der (ausschließlichen) Eigenschädigung des Täters in der Erscheinungsform des »Verschuldens gegen sich selbst« ausgedehnt. Insoweit lässt sich – etwas vereinfacht und unter bewusster Vernachlässigung der Haftungsverhältnisse bei der Beteiligung weiterer Schädiger – der Grundsatz aufstellen, dass ein Unfallbeteiligter unter denselben Voraussetzungen und im selben Verhältnis, in dem er seinem Unfallgegner verantwortlich zum Schadensersatz verpflichtet ist, auch seinen eigenen

312 Vgl. BGB § 309 Nr. 8, *Becker*, BeckOK BGB, Hau, Poseck, 56. Edition, Stand: 01.11.2020, Rn. 24–26.
313 *BGH*, Urt. v. 27.06.2006 – VI ZR 143/05, DAR 2006, 631; *OLG Karlsruhe*, Urt. vom 14.02.2007 – 7 U 135/06, r+s 2007, 260; *LG Bonn*, Urt. v. 28.04.2016 – 4 O 127/15, BeckRS 2016, 106401.
314 Vgl. dazu Staudinger, *Werner*, § 254 Rn. 71.
315 *BGH*, NJW 1972, 334; NJW 1978, 2502; NJW 1980, 1518; NJW 1982, 168.

Schaden selbst zu tragen hat. Es kommt in diesem Zusammenhang nicht darauf an, aus welchem Rechtsgrund zufälligerweise gerade der jeweils andere haftet.[316]

Bei der Beteiligung von Kraftfahrzeugen steht die Betriebsgefahr als dominierendes Verursachungselement im Vordergrund der Betrachtung. Es kommt in erster Linie auf die Verursachung im adäquaten Sinne an. Bei der Berücksichtigung der Betriebsgefahr als Faktor der nach Verursachungskomponenten vorzunehmenden Schadenabwägung sind lediglich die nachgewiesenen[317] Umstände in Betracht zu ziehen. Die Betriebsgefahr kann gegenüber dem Verschulden eines anderen Unfallbeteiligten vollständig zurückweichen.[318] So können gegenüber dem groben Verschulden eines Fahrzeugführers im Rahmen eines waghalsigen Überholmanövers vor einer nicht einsehbaren Rechtskurve im Einzelfall die Betriebsgefahr des überholten Lkw sowie ein zusätzliches Verschulden des Führers des Lkw wegen nicht unerheblicher 20 %iger Überschreitung (72 km/h statt erlaubter 60 km/h) der zulässigen Höchstgeschwindigkeit zurücktreten.[319] Der rechtliche Ursachenzusammenhang zwischen einer Überschreitung der zulässigen Höchstgeschwindigkeit und einem Verkehrsunfall ist laut *OLG Celle* zu bejahen, wenn bei Einhaltung der zulässigen Geschwindigkeit zum Zeitpunkt des Eintritts der kritischen Verkehrssituation der Unfall vermeidbar gewesen wäre. Die kritische Verkehrssituation beginnt für einen Verkehrsteilnehmer dann, wenn die ihm erkennbare Verkehrssituation konkreten Anhalt dafür bietet, dass eine Gefahrensituation unmittelbar entstehen kann. 255

Durch besondere Umstände kann sich die Betriebsgefahr allerdings auch über das vom Gesetzgeber vorgestellte Maß hinaus erhöhen.[320] Dies gilt beispielsweise dann, wenn gleichzeitig überhöhte Geschwindigkeit und technische Mängel vorliegen und der Unfall auf dem Zusammenwirken beider Ursachen beruht. 256

Kommt es zwischen einem Linksabbieger, der nicht rechtzeitig geblinkt hat und seine Rückschaupflicht gem. § 9 Abs. 1 StVO verletzt und einem nachfolgenden mit in nicht angemessener Geschwindigkeit fahrenden Pkw-Fahrer, der den Linksabbieger überholt, zu einer Kollision, haftet der Überholer zu 3/4. Von dem Fahrzeug des Überholenden ging laut *LG Magdeburg* aufgrund des grob verkehrswidrigen Verhaltens eine höhere Betriebsgefahr aus.[321] Kommt es zu einem Zusammenstoß zwischen einem links abbiegenden Kfz und einem Motorradfahrer, der gegen das Gebot, bei unklarer Verkehrslage nicht zu überholen verstoßen hat, tritt die Betriebsgefahr des abbiegenden KFZ zu 100 % hinter diejenige des Kraftrades zurück. Der Motorradfahrer haftet alleine.[322] Anders ist die Situation, wenn der Abbieger nicht geblinkt hatte und es zum Unfall mit dem Überholer kommt. Hier geht das *OLG Jena* davon aus, dass der Überholer allenfalls aus der Betriebsgefahr seines Kfz haften würde. Diese tritt aber vollständig hinter das Verschulden des Abbiegenden zurück.[323] 257

Das Gleiche gilt für den Fall, dass der Fahrzeugführer im relevanten Zeitpunkt unter Alkoholeinfluss stand und dieser Gesichtspunkt – hier: absolute Fahruntüchtigkeit – nach den Grundsätzen des Anscheinsbeweises dafür spricht, dass die Alkoholisierung unfallursächlich war.[324] 258

316 Wegen näherer Einzelheiten dazu vgl. *Klimke*, DAR 1974, 265 (m.w.N.).

317 Vgl. *BGH*, NJW 1982, 1155; *OLG Bamberg*, VersR 1954, 63; *KG*, VersR 1973, 1049; DAR 1973, 216; *OLG Frankfurt a.M.*, VersR 1974, 472; *OLG Bremen*, VersR 1978, 469; *BGH*, DAR 2010, 80; VersR 2010, 268 m.Anm.

318 Gegenüber Fußgänger siehe *LG Traunstein* (7. Zivilkammer), Endurteil v. 28.08.2014 – 7 O 5027/12, BeckRS 2016, 5314; gegenüber Radfahrer siehe *OLG Hamm*, Hinweisbeschluss v. 02.01.2018 – 7 U 44/17, NJW-RR 2018, 410.

319 *OLG Celle*, Urt. v. 02.11.2006 – 14 U 90/06, DAR 2007, 152.

320 Vgl. BGB § 254 Mitverschulden, *Lorenz*, BeckOK BGB, Hau, Poseck, 56. Edition, Stand: 01.11.2020, Rn. 55.

321 *LG Magdeburg*, SP 1996, 409.

322 *OLG Stuttgart*, DAR 2011, 470.

323 *OLG Jena*, Urt. v. 26.03.2014 – 2 U 113/12, BeckRS 2014, 19944.

324 *OLG München*, Urt. v. 23.01.2015 – 10 U 299/14, NJW 2015, 1892.

259 In jedem Fall muss der Halter eines Kraftfahrzeugs sich im Rahmen der vom Verschulden losgelösten Gefährdungshaftung das schadenursächliche Fehlverhalten des Fahrzeugführers als eigenen Verursachungsbeitrag zurechnen lassen, ohne dass es insoweit auf den Entlastungsbeweis aus § 831 BGB ankommt. Halter und Fahrer eines Kfz gelten im Rahmen einer nach § 17 StVG gebotenen Schadenausgleichung innerhalb des auf diese Weise begründeten Gesamtschuldverhältnisses nach außen als Haftungseinheit.[325]

260 Ausgangspunkt des Begriffs der Haftungseinheit sind die Fälle, in denen dem Verletzten als Träger des Schadensersatzanspruchs zwei oder mehr Schädiger gegenüberstehen.[326] In diesen Fällen ergibt sich die »Haftungseinheit« aus der besonderen rechtlichen Verbindung der mehreren Schädiger und ihrer Haftung als Gesamtschuldner mit der Rechtsfolge, dass jeder von ihnen auch für die vom anderen Beteiligten gesetzten Ursachen kraft Gesetzes einstehen muss. Ein bei einem Verkehrsunfall durch ein Kfz Geschädigter kann deshalb seine Ansprüche sowohl gegen den Unfall verursachenden Fahrzeugführer als auch gegen den Kfz-Halter und dessen Kfz-Haftpflichtversicherung (§ 3 Nr. 1 PflVG) als Gesamtschuldner geltend machen kann. Um den unfallverursachenden Fahrer als Zeugen auszuschließen, wird er in der Regel mit verklagt. Statt »Haftungseinheit« spricht der *BGH*[327] von einer Zurechnungseinheit.[328]

261 Zugleich bedeutet der Begriff der Haftungseinheit bzw. Zurechnungseinheit aber auch, dass beispielsweise für den beteiligten Kraftfahrer keine besondere Haftungsquote in Betracht kommen kann.[329] Diese Grundsätze gelten, nicht für den Schadenausgleich der Gesamtschuldner im Innenverhältnis.[330] Das Wesen des Schadenausgleichs besteht darin, für das Innenverhältnis die Haftungseinheit aufzulösen und jeden der einzelnen Gesamtschuldner im wirtschaftlichen Ergebnis mit einer Quote zu belasten, die seinem eigenen Verursachungsbeitrag und dem individuellen Verantwortungsgrad entspricht. Dies gilt insbesondere auch für den Schadenausgleich bei gefahrgeneigter Tätigkeit im Rahmen eines Arbeitsverhältnisses.

262 Die rechtlich begründete Zurechnungseinheit hat eine – für das Kfz-Haftpflichtrecht außerordentlich wichtige – Ausweitung erfahren, als der *BGH*[331] auch eine lediglich aus tatsächlichen Gründen entstandene Zurechnungseinheit anerkannt hat.[332] Dies bedeutet, dass die bei einem Mitverschulden des Verletzten nach der Auffassung des *BGH* an sich anzustellende Gesamtabwägung nicht in Betracht kommt, wenn sich die Verhaltensweisen der mehreren als Nebentäter auftretenden Ersatzpflichtigen nur in einem – nämlich demselben – Unfallbedingten Ursachenbeitrag ausgewirkt haben, ehe der dem Verletzten verantwortlich zuzurechnende Kausalablauf hinzugetreten war und zum Schadeneintritt geführt hatte. Unter dieser Voraussetzung geht es nicht erst um den Innenausgleich zwischen den einzelnen Nebentätern, sondern primär bereits – gewissermaßen im »ersten Anlauf« – um das Außenverhältnis, nämlich dem Ersatzanspruch des Geschädigten gegenüber dem Schädiger. Freilich handelte es sich auch hier nicht darum, die Haftung auf diese Weise zu begründen, sondern die zutreffende *Quote* der bereits feststehenden Haftung zu ermitteln, die dem Verletzten, der den Unfall ebenfalls schuldhaft verursacht hatte, selbst zur Last fiel.

---

325 Vgl. *BGH*, NJW 1971, 33; VersR 1974, 34; DAR 1978, 251; (vgl. dazu auch: *Weber*, DAR 1983, 169); VersR 1979, 1107; DAR 1983, 57 (spielende Kinder); *OLG Hamm*, NZV 1999, 128; *OLG Celle*, VersR 1973, 1031; VersR 1974, 106); *OLG Düsseldorf*, r+s 1980, 36; *OLG Frankfurt a.M.*, VersR 1988, 750; *Weber*, DAR 1983, 169; *Hartung*, VersR 1979, 97; 1980, 797.

326 Vgl. § 254 BGB, *Jahnke*, Burmann, Heß, Hühnermann, Jahnk, StVR, 26. Aufl. 2020, Rn. 165–176; *BGH*, VRS 51, 327.

327 *BGH*, BGHZ 61, 213 = NJW 1973, 2022.

328 So bspw. *BGH*, DAR 1978, 251; VersR 1983, 131 (m.Anm. v. *Hartung*, VersR 1983, 634).

329 Vgl. dazu mit ausführl. zu begründetem Beispiel: *Klimke*, ZfV 1975, 74; *Figgener*, NJW-SPEZIAL 2006, 543.

330 Vgl. *OLG Frankfurt a. M.*, r+s 1983, 74 (L).

331 *BGH*, NJW 1971, 33.

332 Dies ist im Anschluss an *Dunz*, NJW 1964, 2136; 1968, 680 geschehen.

## C. Erwerb von Ansprüchen

Zur Prüfung der Aktivlegitimation, die am Beginn jeder Regulierungsverhandlung stehen sollte, ist vorab die Feststellung erforderlich, auf welchem Wege der Anspruchsteller oder derjenige, der behauptet, von ihm Forderungen abzuleiten, den Anspruch erworben hat. Nach der Legaldefinition (§ 194 Abs. 1 BGB) versteht man unter einem Anspruch das »Recht, von einem anderen ein Tun oder ein Unterlassen zu verlangen«. 263

### I. Geschädigter

Unsere Rechtsordnung geht im Grundsatz davon aus, dass Ersatzansprüche regelmäßig nur von dem unmittelbar Geschädigten erworben werden können, den das Gesetz häufig auch dann, wenn nur Sachschäden entstanden sind, als »Verletzter« bezeichnet.[333] Damit ist derjenige gemeint, der in einem seiner geschützten Rechtsgüter durch haftbares Verhalten eines anderen verletzt worden ist.[334] Die Beschränkung des Schadenbegriffs und damit der Ersatzberechtigung auf die Person des unmittelbar Geschädigten war erforderlich, um eine praktikable Abgrenzung zu finden und einer sonst eintretenden »Ausuferung« von Ersatzansprüchen wirksam zu begegnen. 264

Dieser Gedankengang soll anhand eines Beispiels aus der Praxis verdeutlicht werden: 265

Ein im Werkverkehr eingesetzter Kraftomnibus erleidet durch einen Zusammenstoß mit einem seine Vorfahrt verletzenden Lkw erheblichen Schaden. Durch die Wucht des Aufpralls werden einige Insassen (Fahrgäste) körperlich verletzt. Keiner der Fahrgäste kann den Omnibus verlassen, weil die Türen beschädigt sind. Die Insassen können erst einige Stunden später aus ihrer Lage befreit werden. Die unverletzt gebliebenen Fahrgäste werden dann mit einem Ersatzomnibus zu ihrer Arbeitsstelle befördert. Der Arbeitgeber behält für die versäumten Arbeitsstunden den Lohn ein. Der Kraftomnibus, der am Nachmittag desselben Tages für eine größere – bereits ausgebuchte – Auslandsreise eingesetzt werden sollte, fällt für die Dauer der Reparatur einige Wochen aus. Da ein anderer Kraftomnibus nicht so schnell verfügbar ist, muss die geplante Ferienreise um einige Tage verschoben werden. 266

Bei diesem Sachverhalt erhebt sich die Frage, welchen Personen aus Anlass des soeben dargestellten Schadens Ersatzansprüche gegen Fahrer und Halter des die Vorfahrt verletzten Lkw zustehen. Geltend gemacht werden die mannigfaltigsten Ansprüche, nämlich im Einzelnen: 267

a) Der Eigentümer des Reisebusses verlangt Schadensersatz in Höhe der Sachschäden, seines Verdienstausfalles bis zum Zeitpunkt der Anmietung, später in Höhe der Mietwagenkosten und ferner einen Ausgleich für Minderwert.
b) Die verletzten Fahrgäste verlangen den Ersatz von Heilungskosten und Verdienstausfall sowie die Zahlung eines angemessenen Schmerzensgeldes.
c) Die Werksangehörigen, die zwar unverletzt geblieben sind, wegen des unfallbedingten Zwangsaufenthaltes jedoch ihre Arbeitsstelle erst einige Stunden später erreichen konnten, verlangen Ersatz für die vom Arbeitgeber nicht bezahlten Lohnstunden.
d) Der Fahrgast Hans Müller wollte von seiner Arbeitsstelle aus telefonisch ein ihm einige Tage zuvor von einem Bekannten preisgünstig angebotenes Kraftfahrzeug kaufen, das er bereits besichtigt und mit zufrieden stellendem Ergebnis Probe gefahren hat. Als er Stunden später anrief, war der Wagen bereits anderweitig verkauft. Müller musste sich ein zwar gleichwertiges, aber sehr viel teureres Fahrzeug von anderer Seite beschaffen. Er verlangt die Differenz zwischen den beiden Kaufpreisförderungen.
e) Die Fahrgäste, die erst einige Tage später zu ihrem Urlaubsziel gelangen können, machen ebenfalls Schadensersatzansprüche geltend. Sie wählen den Weg des geringsten Widerstandes und verlangen auf vertraglicher Grundlage vom Eigentümer des Kraftomnibusses, der zugleich Reiseveranstalter ist, Schadensersatz für die im Zusammenhang mit dem verspäteten Urlaubsantritt

333 BGB § 249 Art und Umfang des Schadensersatzes, *Almeroth*, MüKoStVR, 1. Aufl., 2017, Rn. 88–91.
334 *Pardey*, Geigel, Haftpgflichtprozess, 29. Aufl. 2024, Kap. 8 Schadenersatzansprüche mittelbar Geschädigter, Rn. 3.

stehenden »frustrierten« Aufwendungen. Da derartige Ansprüche vertraglich nicht ausgeschlossen worden sind, muss der Unternehmer insoweit Schadensersatz leisten. Er verlangt vom haftpflichtigen Schadenverursacher die verauslagten Beträge zurück.

268 Es ist daher zu prüfen, wem nach den konkreten Haftpflichttatbeständen berechtigte Ersatzansprüche zustehen. Um das Ergebnis vorwegzunehmen: Lediglich die Ansprüche zu a) und b) sind begründet. Der Omnibusfahrer kann unter dem Gesichtspunkt der ihm zugefügten Eigentumsverletzung Ersatz für den unmittelbaren Schaden (Sachschaden am Kraftomnibus = Reparaturkosten und Minderwert) sowie für mittelbare Schäden (Sachfolgeschäden = Verdienstausfall und Mietwagenkosten) verlangen. Er ist jedoch nicht berechtigt, die im Wege *vertraglichen* Schadensersatzes an die Fahrgäste gezahlten Beträge zurückzuverlangen, da es sich insoweit um einen reinen Vermögensschaden, nämlich die Beschädigung des Vermögens – eines im konkreten Fall nicht geschützten Rechtsgutes –, handelt.

269 Soweit Fahrgäste verletzt worden sind, stehen ihnen ebenfalls Ersatzansprüche gegen den haftpflichtigen Schadenverursacher zu. Sie können daher Ersatz für Heilungskosten und Verdienstausfall sowie Schmerzensgeld verlangen. Die ersten beiden Ansprüche sind nach den gesetzlichen Bestimmungen übergegangen. Soweit es sich um die Heilungskosten handelt, ist der gesetzliche Forderungsübergang auf den Sozialversicherungsträger nach § 116 SGB X zu beachten,[335] bezüglich des Verdienstausfalles der gesetzliche Forderungsübergang auf den Arbeitgeber nach § 6 Entgeltfortzahlungsgesetz (EFZG).[336] Diese Rechtskonstruktion ändert indes nichts an der Tatsache, dass Sozialversicherungsträger und Arbeitgeber keine originären Schadensersatzansprüche erworben haben, sondern ihre Anspruchsberechtigung aus dem Recht des Verletzten selbst ableiten. Die Schmerzensgeldansprüche stehen demgegenüber den verletzten Personen aus eigenem Recht unmittelbar gegenüber dem haftpflichtigen Schadenverursacher zu. Bei einem Arbeitsunfall kann der Sozialversicherungsträger gem. § 110 SGB X jedoch auf den fiktiven Schmerzensgeldanspruch des Geschädigten gegen den haftungsprivilegierten Schädiger zurückgreifen.[337]

270 Auch soweit der Fahrgast Müller eine Vermögenseinbuße dadurch erlitten hat, dass das in Aussicht genommene Kfz-Geschäft sich zerschlug, liegt ebenfalls kein erstattungsfähiger Schaden vor. Das Bestreben des Gesetzgebers geht dahin, Ersatzansprüche in der Person des unmittelbar Geschädigten zu »lokalisieren« und übersichtlich zu halten. Man kann sich leicht vorstellen, dass sonst gewisse Schäden nach dem »Schneeballsystem« lawinenartig auswachsen und eine nicht mehr übersehbare Anzahl von Personen erfassen.

271 Soweit die Fahrgäste, ohne verletzt worden zu sein, ihre Arbeitsstelle verspätet erreicht haben und deswegen Lohneinbußen hinnehmen mussten, ist der Schädiger ebenfalls nicht ersatzpflichtig, weil es sich auch dabei um einen reinen Vermögensschaden handelt. Das wird auch als »allgemeines Lebensrisiko« bezeichnet.

272 Die Abgrenzung kann im Einzelfall recht schwierig sein, beispielsweise dann, wenn es sich um einen Schaden aus Anlass eines durchtrennten Stromkabels der Elektrizitätsversorgung oder um einen anderen Eingriff in den eingerichteten und ausgeübten Gewerbebetrieb in der Erscheinungsform des Verstoßes gegen ein »sonstiges Recht« (§ 823 Abs. 1 BGB) handelt. Maßgebliches Kriterium ist die Unmittelbarkeit und damit die Betriebsbezogenheit des Eingriffs.[338]

273 Diese Grundsätze unserer Rechtsordnung haben sich außerordentlich gut bewährt. Man kann sich mit etwas Fantasie leicht vorstellen, dass ohne diese Abgrenzung Schäden und Nachteile lawinenartig anwachsen können und die Ersatzpflicht des Schädigers unübersehbare Formen annehmen

335 Fassung 17.04.2024, Verkündungsblatt ausgewertet bis 12.06.2024.

336 Fassung 01.01.2024.

337 *BGH*, Urt. v. 27.06.2006 – VI ZR 143/05, NZV 2007, 31.

338 Vgl. *BGH*, zfs 1999, 10; *BGH*, VersR 1970, 159; VersR 1983, 553; *LG Dortmund*, VersR 1963, 246; *LG Köln*, VersR 1971, 354; *AG Berlin-Charlottenburg*, zfs 1981, 1; *Schmalzl*, VersR 1971, 355.

würde. Auch in diesem Zusammenhang ein anschauliches Beispiel, das die soeben Aussage in eindringlicher Form deutlich macht:

Ein bekannter Sänger hat sich für einen Liederabend in einer größeren Stadt verpflichtet. Die Konzertagentur hat aus diesem Anlass einen großen Saal angemietet, der dem erwarteten gesellschaftlichen Ereignis Rechnung trägt. Da der Gastronom mit zahlreichen Gästen rechnet, hat er vorsorglich drei Schweine schlachten lassen und sein Personal durch weitere 20 Aushilfen verstärkt. Wegen des zu erwartenden großen Andrangs haben die städtischen Verkehrsbetriebe Sonderfahrzeuge eingesetzt; zugleich halten sich sämtliche Taxifahrer – unter Verschiebung ihrer freien Tage – für die Beförderung von Fahrgästen bereit. Auf dem Wege zum Konzerthaus wird der Sänger von einem Pkw schuldhaft angefahren und so erheblich verletzt, dass er nicht auftreten kann. Er erhält von der Konzertdirektion aus diesem Grunde nicht die in erfolgsabhängiger Form vereinbarte Gage. Die Eintrittsgelder für die bereits gelösten Karten – die Vorstellung war ausverkauft – müssen zurückgezahlt werden. 274

Ersatzansprüche gegen den Pkw-Fahrer bzw. dessen Haftpflichtversicherer stehen – um das Ergebnis vorwegzunehmen – allein dem Sänger zu, weil nur er durch das zum Ersatz verpflichtende Ereignis unmittelbaren Schaden genommen hat. Die übrigen – nur mittelbar – Beteiligten gehen demgemäß leer aus, obwohl die Konzertagentur und der Gastronom erhebliche Vermögenseinbußen erlitten haben. Das Gleiche gilt für die städtischen Verkehrsbetriebe und die Taxiunternehmen, die eigens zu diesem Zweck unter Aufwendung abgrenzbarer Mehrkosten besonderes Personal und zusätzliche Fahrzeuge bereitgehalten haben. Ein Vermögensnachteil ist – last but not least – auch in der Person der potenziellen Konzertbesucher entstanden, die mit Rücksicht auf das erhoffte gesellschaftliche Ereignis Fahrtkosten aufwenden und zum Teil auch Gewinnchancen ungenutzt lassen mussten. Gerade dieses Beispiel macht in überzeugender Form deutlich, mit welcher unübersehbaren Flut von Ansprüchen zu rechnen wäre, wenn das Gesetz die Aktivlegitimation nicht auf die unmittelbar verletzten Personen beschränkt hätte. 275

Aus diesem Grunde hat der Gesetzgeber bewusst gewisse Unbilligkeiten in Kauf genommen, die ohne Frage darin bestehen, dass schadenursächliche Nachteile eines Dritten im Allgemeinen – mit Ausnahme der »geborenen« Drittschäden, auf die anschließend noch einzugehen sein wird – nicht ersetzt werden. 276

Die Rechtsprechung hat im sachlichen Bereich eine weitere Abgrenzung in Form der Adäquanztheorie des Rechtswidrigkeitenzusammenhangs und der zuweilen gebotenen Frage nach dem Schutzzweck der Rechtsnorm gefunden.[339] 277

## II. Dritter

Wie bereits dargelegt, sind Schäden grundsätzlich nur dann zu erstatten, wenn sie unmittelbar in der Person des Verletzten entstehen. Von diesem Grundsatz gibt es indes einige gesetzliche Ausnahmen in Form der »geborenen« Drittschäden. 278

Die Bestimmung des § 844 BGB befasst sich mit den Ansprüchen Dritter im Fall der Tötung. Danach kann der Dritte die Erstattung von verauslagten Beerdigungskosten (§ 844 Abs. 1 BGB) verlangen bzw. einen Anspruch auf Ausgleichung des ihm durch das haftbare Verhalten des Schädigers entzogene Recht auf gesetzlichen Unterhalt (§ 844 Abs. 2 BGB) geltend machen. Die Folgen der Bestimmung sind wegen ihres Ausnahmecharakters eng zu begrenzen und einer extensiven Auslegung auch dann nicht fähig, wenn dies im Einzelfall zu Unbilligkeiten führen sollte.[340] Seit dem 22.07.2017 haben Hinterbliebene einen Anspruch auf Hinterbliebenengeld, wenn eine in einem persönlichen Näheverhältnis stehende Person bei einem Unfall getötet wird (§ 844 Abs. 3 BGB: 1) Der Ersatzpflichtige hat dem Hinterbliebenen, der zur Zeit der Verletzung zu dem Getöteten in einem beson- 279

339 Vgl. *BGH*, Urt. v. 03.02.1976 – VI ZR 235/74, NJW 1976, 1143; *Pardey*, Pardey, Balke, Link, Schadenrecht, 1. Aufl. 2023, Kausalität und Zurechnung, Rn. 7.

340 Vgl. *BGH*, DAR 1986, 116.

deren persönlichen Näheverhältnis stand, für das dem Hinterbliebenen zugefügte seelische Leid eine angemessene Entschädigung in Geld zu leisten. 2) Ein besonderes persönliches Näheverhältnis wird vermutet, wenn der Hinterbliebene der Ehegatte, der Lebenspartner, ein Elternteil oder ein Kind des Getöteten war.[341] Das *LG München II* spricht in solchen Fällen eine Entschädigung in Höhe von 3.000 € und 5.000 € zu. Als Begründung wird auf das bei Schockschäden oftmals zugesprochene Schmerzensgel in Höhe von 10.000 € Bezug genommen.[342] Auch das *OLG Koblenz* sieht den Betrag in Höhe von 10.000 €, der als Schockschaden häufig gewährt wird, als »Richtschnur« für die Entschädigung der Hinterbliebenen.[343] Das *LG Leipzig* hingegen sieht den Betrag in Höhe von 10.000 € nicht als Entschädigungsgrenze an. Es stellt auf den jeweiligen Fall ab und spricht 15.000 € zu.[344] 15.000 € sprechen das *LG Leipzig* (Urt. v. 18.11.2019), das *LG Regensburg* (Urt. v. 16.12.2020), das *OLG Celle* (Urt. v. 24.08.2022) zu; 12.000 € das *LG Tübingen* (Urt. v. 17.05.2019); 10.000 € das *OLG Schleswig* (Urt. v. 23.02.2021); 8.000 € das *OLG Koblenz* (Urt. v. 21.12.2020); 7.500 € das *OLG Brandenburg* (Urt. v. 18.10.2022); 5.000 € das *OLG Koblenz* (Urt. v. 31.08.2020) sowie 3.000 € das *LG München II* (Urt. v. 17.05.2019) zu. Der *BGH* sieht keinen Hinterbliebenengeldanspruch bei Arbeitsunfall für gegeben (*BGH*, Urt. v. 08.02.2022, *Slizyk*, beck-online Schmerzensgeld Nr. 7003).[345]

280 Daneben regelt § 845 BGB den Anspruch auf Ersatz wegen entgangener Dienste. Diese Vorschrift hat durch die Rechtsprechung im Wesentlichen ihre Bedeutung verloren, sodass der Schaden nach jetzt vorherrschender Auffassung in der Entziehung des dem Berechtigten als Einzelgläubiger[346] zustehenden Anspruchs auf gesetzlichen Unterhalt i.S.v. § 844 Abs. 2 BGB bzw. der entsprechenden Vorschriften der Sondergesetze besteht.[347] Dabei handelt es sich um einen Wertersatzanspruch, der heute durchweg als »normativer Schaden« verstanden wird.[348]

### III. Erbe

281 Soweit es sich um den Bereich der hier vornehmlich interessierenden Sachschäden handelt, wird der Schaden in aller Regel, auch, wenn es sich um die Gesamtrechtsnachfolge i.S.v. § 1922 BGB handelt, ebenfalls in der Person des unmittelbar Geschädigten (Erblassers) eintreten.

282 I.d.R. wird der Sachschaden zunächst in der Person des Geschädigten entstehen und der Schadensersatzanspruch später mit dem übrigen Vermögen im Zeitpunkt des Todes auf den Erben übergehen. In diesem Zusammenhang ist es gleichgültig, ob der Tod auf Unfallbedingten Gründen beruht oder aus unfallunabhängigem Anlass eintritt. Der auf Schadensersatz in Anspruch genommene Schädiger bzw. sein Haftpflichtversicherer werden in einem derartigen Fall die Frage der Aktivlegitimation (Ersatzberechtigung) sorgfältig prüfen. Mit Schuldbefreiender Wirkung können sie die Leistung nur gegenüber dem wirklichen Gläubiger erbringen.

283 Wenn der Schädiger sich mit den einseitigen Angaben des Anspruchstellers begnügt, er sei Alleinerbe geworden und aus diesem Anlass Anspruchsberechtigt, setzt er sich der Gefahr von Doppelzahlungen aus, wenn später die tatsächlichen Erben auftreten. Es ist auch nicht mit der Überlegung getan, dass es sich bei dem Anspruchsteller schließlich um die Ehefrau oder den einzigen Sohn des Erblassers handelt. Es besteht die Möglichkeit, dass der Erblasser über sein Vermögen im Wege der gewillkürten Erbfolge (z.B. durch Testament oder Erbvertrag) anderweitig verfügt hat und die

---

341 Fassung aufgrund des Gesetzes zur Einführung eines Anspruchs auf Hinterbliebenengeld vom 17.07.2017 (BGBl. I S. 2421), in Kraft getreten am 22.07.2017.

342 *LG München II*, Urt. v. 17.05.2019 – 12 = 4540/18, SVR 2020, 274.

343 *OLG Koblenz*, Beschluss v. 31.08.2020 – 12 U 870/20, NJW 2021, 168.

344 *LG Leipzig*, Urt. v. 08.11.2019 – 05 O 758/19, DAR 2021, 95.

345 Beck-online Schmerzensgeld.

346 *BGH*, VersR 1972, 176; NJW 1972, 1130.

347 Vgl. *BGH*, VersR 1971, 623; *Wussow*, NJW 1970, 1393; *Eickelmann*, NJW 1971, 355.

348 Vgl. *BGH*, NJW 1966, 1260; *BGH*, NJW 1969, 1477; *Klimke*, VersR 1973, 492.

gesetzliche Erbfolge nicht greift. Zum Nachweis der Aktivlegitimation sollte deshalb immer gefordert werden, dass der Anspruchsteller einen Erbschein vorlegt.

In Sonderfällen genügt die zu notariellem oder gerichtlichem Protokoll erklärte letztwillige Verfügung des Erblassers i.V.m. dem Eröffnungsvermerk des zuständigen Nachlassgerichts. 284

## IV. Forderungsübergang

Es besteht überdies die Möglichkeit, den Ersatzanspruch durch Rechtsakte unter Lebenden vom ursprünglichen Gläubiger in die Rechtssphäre eines anderen überzuleiten. Dies kann entweder durch rechtsgeschäftlichen Forderungsübergang (Abtretung) oder durch gesetzlichen Forderungsübergang (cessio legis) geschehen.[349] 285

### 1. Rechtsgeschäftlicher Forderungsübergang

Die wohl mit Abstand häufigste Form des Rechtsüberganges innerhalb des hier interessierenden Bereichs stellt die Abtretung dar. Der ursprüngliche Gläubiger kann durch Vertrag mit einem anderen seine Forderung gegen einen Dritten auf diesen übertragen. Dadurch tritt der neue Gläubiger (Zessionar) an die Stelle des bisherigen Gläubigers (Zedent, § 398 BGB). Eine Sicherungsabtretung gilt – ähnlich wie eine fiduziarische Abtretung – nach der Systematik des BGB als Vollabtretung. Sie greift i.d.R. nur, wenn der Abtretende (Zessionar = Treugeber) das übertragene Recht nicht geltend macht bzw. sich weigert, es geltend zu machen. Erst dann kann der neue Gläubiger aus der Abtretung heraus Ansprüche seinerseits geltend machen. Dies gilt auch für Schadensersatzansprüche, die an die Stelle jenes Rechts treten.[350] Die einzige Einschränkung besteht darin, dass der Treugeber Zahlung nicht mehr an sich selbst, sondern nur noch an den Zedenten (neuen Gläubiger) verlangen kann.[351] Bei geleasten oder finanzierten Kfz ist i.d.R. eine Sicherungsabtretung vereinbart. Das Gleiche gilt bei Anmietung eines Ersatzwagens nach einem Unfall, die Begleichung der Reparaturkosten oder der Sachverständigenkosten. Mit Urt. v. 7. Juni 2011 hat der *BGH* entschieden, dass eine Abtretung mangels hinreichender Bestimmbarkeit unwirksam ist, wenn der Geschädigte nach einem Fahrzeugschaden seine Ansprüche aus dem Verkehrsunfall in Höhe der Gutachterkosten abtritt. Danach ist eine Abtretung nur wirksam, wenn die Forderung, die Gegenstand der Abtretung ist, bestimmt oder wenigstens bestimmbar ist. Dieses Erfordernis ergibt sich aus der Rechtsnatur der Abtretung, die ein dingliches Rechtsgeschäft ist.[352] An dem Erfordernis der Bestimmtheit fehlt es, wenn von mehreren selbstständigen Forderungen ein Teil abgetreten wird, ohne dass erkennbar ist, von welcher oder welchen Forderungen ein Teil abgetreten werden soll. Nach einem Urteil des *BGH* muss sich aus AGB eindeutig ergeben, ob der Zweck einer Abtretung ausschließlich der Sicherung einer Honorarforderung dienen soll oder die Abtretung auch erfüllungshalber erfolgen soll.[353] Hat ein Geschädigter nach einem Verkehrsunfall mehrere Forderungen, kann von der Gesamtsumme dieser Forderungen nicht ein nur summenmäßig bestimmter Teil abgetreten werden. Eine Verschiedenheit von Forderungen liegt nur dann nicht vor, wenn es sich bei einzelnen Beträgen um lediglich unselbstständige Rechnungsposten aus einer klar abzugrenzenden Sachgesamtheit handelt. Dies kann bei Einzelelementen der Reparaturkosten der Fall sein.[354] 286

Eine Abtretung ist dann nicht zulässig, wenn die Leistung an einen anderen als den ursprünglichen Gläubiger nicht ohne Änderung des Leistungsinhalts erfolgen kann (§ 399 BGB). Dies bedeutet, 287

349 Vgl. BGB § 421 Gesamtschuldner, *Heinemeyer*, MüKoBGB, 8. Aufl. 2019, Rn. 59; BGB § 774 Gesetzlicher Forderungsübergang, *Staudinger*, Schulze, Bürgerliches Gesetzbuch, 10. Aufl. 2019, Rn. 1–10; IV. Vermehrte Bedürfnisse, *Küppersbusch, Höher*, Ersatzansprüche bei Personenschaden, 13. Aufl. 2020, Rn. 270.

350 BGB § 398 Abtretung, *Roth, Kieninger*, MüKoBGB, 8. Aufl. 2019, Rn. 100–109.

351 Vgl. *BGH*, BGHZ 32, 67.

352 *OLG Saarbrücken*, Urt. v. 04.12.2013 – 2 U 13/13, BeckRS 2014, 246.

353 *BGH*, Urt. v. 10.10.2023 – VI ZR 257/22, NJW 2024, 830.

354 *BGH*, Urt. v. 07.06.2011 – VI ZR 2260/10, ADAJUR-Dok.Nr. 93715; DAR 2011, 463.

dass die abgetretene Forderung durch die Zession ihrem Inhalt nach nicht verändert, d.h. von der Rechtsqualität her weder besser noch schlechter werden kann. Demgemäß kann der Schuldner nach § 404 BGB dem neuen Gläubiger dieselben Einwendungen entgegensetzen, die zur Zeit der Abtretung der Forderung auch bereits gegen den bisherigen Gläubiger (Zessionar) begründet waren.

288 Eine auf Befreiung von einer Verbindlichkeit gerichtete Forderung ist im Allgemeinen nicht abtretbar. Eine Ausnahme gilt lediglich dann, wenn die Forderung gerade an den Gläubiger jener Verbindlichkeit abgetreten wird. Die Forderung verwandelt sich dabei in eine solche auf die diesem geschuldete Leistung, ggf. also auf Zahlung.[355] Der Schuldner kann eine ihm gegen den bisherigen Gläubiger zustehende Forderung auch dem neuen Gläubiger gegenüber aufrechnen, es sei denn, dass er bei dem Erwerb der Forderung von der Abtretung Kenntnis hatte oder dass die Forderung erst nach der Erlangung der Kenntnis und später als die abgetretene Forderung fällig geworden ist (§ 406 BGB).[356] Dem Schuldner bleibt nicht nur die Rechtslage erhalten, wie sie im Zeitpunkt der Abtretung bereits entstanden war. Er kann sich auch auf solche Umstände berufen, die später als im Zeitpunkt der Abtretung eingetreten sind und die ihm ohne die Abtretung das Recht zur Aufrechnung gegenüber dem früheren Gläubiger gegeben hätten.[357] Bei Abtretung einer aufschiebend bedingten Forderung kann der Schuldner unter den sonstigen Voraussetzungen des § 406 BGB gegen die abgetretene Forderung auch mit einer Gegenforderung aufrechnen, die zwar später als die abgetretene Forderung, aber noch während des bestehenden Zurückbehaltungsrechts fällig geworden ist.[358]

289 Die Abtretung kann durch Vertrag ausgeschlossen sein. Ein vertragliches Abtretungsverbot mit Zustimmungsvorbehalt macht die vorgenommene Abtretung nicht nur unter den Vertragsparteien, sondern auch gegenüber jedem Dritten unwirksam.[359]

290 Eine weitere Einschränkung ergibt sich daraus, dass Forderungen nur insoweit abgetreten werden können, als sie der Pfändung unterworfen sind.[360]

291 Bei einer durch den Unfall eines Angehörigen seelisch vermittelten Gesundheitsschädigung ist, wenn den unmittelbar Verletzten ein Mitverschulden trifft, § 846 BGB auch nicht entsprechend anwendbar. Nach § 254 Abs. 1 i.V.m. § 242 BGB kann fremdes Mitverschulden angerechnet werden, weil die psychisch vermittelte Schädigung nur auf eine besondere persönliche Bindung an den unmittelbar Verletzten zurückgeht. Wer einen Drittschaden geltend machen darf, muss sich eine schuldhafte Mitverursachung des Schadens durch Hilfspersonen des Dritten gem. §§ 254, 278 BGB anrechnen lassen.[361]

292 Nahe Angehörige können im Zusammenhang mit dem Unfalltod eines Familienmitglieds in Deutschland kaum Schmerzensgeldansprüche durchsetzen. Die Voraussetzungen für den Schmerzensgeldanspruch werden von den Gerichten sehr hoch angesetzt. Erforderlich für die Geltendmachung eines eigenen Schadensersatzanspruch ist eine nachhaltige traumatische Schädigung, die über das normale Lebensrisiko der menschlichen Teilnahme an den Ereignissen der Umwelt hinausgeht.[362] Der *BGH* lehnt ein Schmerzensgeld wegen Schockschadens ab in dem Fall, in welchem ein Ehegatte

355 Vgl. *BGH*, BGHZ 12, 136.
356 Vgl. *Almeroth*, Neues zum Werkstattrisiko, NJW 2024, 153.
357 Vgl. *BGH*, BGHZ 19, 153.
358 Vgl. *BGH*, BGHZ 58, 327; BGB § 398 Abtretung, *Schulze*, Bürgerliches Gesetzbuch, 10. Aufl. 2019, Rn. 1–31.
359 Vgl. *BGH*, BGHZ 56, 173; *Rohe*, BeckOK BGB, Bamberger/Roth, 42. Edition, Stand: 01.02.2017, BGB § 399 Ausschluss der Abtretung bei Inhaltsänderung oder Vereinbarung, 2. Vertragliches Abtretungsverbot.
360 Vgl. dazu § 400 BGB i.V.m. § 851 Abs. 1 ZPO; BGB § 611a Arbeitsvertrag, *Spinner*, MüKoBGB, 8. Aufl. 2020, Rn. 761–764.
361 Vgl. *BGH*, NJW 1972, 289; *LG Essen*, SP 2009, 249.
362 Vgl. *OLG Nürnberg*, Urt. v. 01.08.1995 – 3 U 468/95, zfs 1995, 370.

nach dem Tod des anderen zum Alkoholiker wird.[363] Das *OLG Hamm* gesteht einer Ehefrau, die nach der Nachricht vom Tod des Ehemanns einen psychischen Folgeschaden erlitt, kein Schmerzensgeld zu.[364] Das *OLG Frankfurt a.M.* spricht einer Ehefrau, die den unfallbedingten Tod des Ehemannes miterlebt hatte, wegen der posttraumatischen Belastungsstörung gemäß ICD-10 F 43.1 ein Schmerzensgeld in Höhe von 100.000 € zu.[365] Zwischenzeitlich können Angehörige allerdings ein Hinterbliebenengeld beanspruchen (§ 844 Abs. 3 BGB). Dessen Höhe liegt in der Regel zwischen 5.000 € und 15.000 €.[366] Das *OLG Schleswig* sieht einen Betrag in Höhe von 10.000 € nicht als Höchstgrenze an. Es verweist u.a. auf die Rechtsprechung des *Österreichischen OGH*, in welcher den Hinterbliebenen Beträge zwischen 10.000 € und 25.000 € zugesprochen werden. Maßgeblich ist die Nähe zur verunfallten Person und das hierdurch erlittene seelische Leid.[367]

Abtretbar ist – im Gegensatz zur Rechtsfigur des Inkassomandats – lediglich eine einzelne, bestimmte, **293**
auf jeden Fall aber hinreichend bestimmbare[368] Forderung.[369] Eine rechtswirksame Abtretung liegt auch dann nicht vor, wenn der ihr zugrunde liegende Vertrag gegen ein gesetzliches Verbot (§ 134 BGB) verstößt und daher nichtig ist. Dies gilt z.B. für eine Abtretung, wenn sie eine Umgehung des Rechtsberatungsgesetzes bezwecken soll.[370]

Rechtlich zulässig ist demgegenüber eine Abtretung, die den alleinigen Zweck verfolgt, zur Besei- **294**
tigung von Beweisschwierigkeiten dem bisherigen Gläubiger die Möglichkeit zu verschaffen, in einem Rechtsstreit als Zeuge vernommen und entgegen einer früheren Regelung – auch vereidigt zu werden.[371] Ein erfahrener Richter wird indes einer derartigen Abtretungserklärung mit der gebotenen Zurückhaltung begegnen und an die Wahrheitspflicht des zum »Zeugen in eigener Sache« avancierten bisherigen Gläubigers strenge Anforderungen stellen.

Von der zu Sicherungszwecken vorgenommenen (fiduziarischen) Voll-Abtretung ist indes die sog. **295**
Einziehungsermächtigung – also das Inkassomandat – als Übertragung eines bloßen Forderungsausschnitts zu unterscheiden.[372] Auch die Anweisung (§§ 783 ff. BGB) unterscheidet sich in ihrer rechtlichen Bedeutung und Auswirkung vom Rechtsinstitut der Abtretung. Das Wesen der Anweisung besteht in einer doppelten Ermächtigung: – Der Angewiesene wird ermächtigt, für Rechnung des Anweisenden zu zahlen, und der Anweisungsempfänger wird ermächtigt, die Leistung beim Angewiesenen zu erheben.[373] Der rechtliche Unterschied zur Abtretung besteht insbesondere darin, dass der Anweisungsempfänger zwar ermächtigt, aber nicht verpflichtet ist, an den Anweisungsberechtigten zu zahlen. Hinzu kommt, dass die Forderung im Vermögen des ursprünglichen Gläubigers (Anweisenden) verbleibt und damit beispielsweise sogar gepfändet werden kann. Eine Klausel »Abtretung und Zahlungsanweisung«, bei der es sich um Allgemeine Geschäftsbedingungen handelt, ist wegen Verstoßes gegen das Transparenzgebot des § 307 Abs. 1, 2, S. 1 BGB unwirksam.[374]

363 *BGH*, Urt. v. 31.01.1984 – BVI ZR 56/82, NJW 1984, 1405; NJW 1971, 1883.
364 *OLG Hamm*, Urt. v. 22.02.2001 – 6 U 29/00, NZV 2002, 234.
365 *OLG Frankfurt a.M.*, Urt. v. 06.09.2017 – 6 U 216/16, beck-online.Schmerzensgeld Nr. 5409.
366 Vgl. *OLG Schleswig*, Urt. v. 23.02.2021 – 7 U 149/20, BeckRS 2021, 2588.
367 *OLG Schleswig*, Urt. v. 23.02.2021 – 7 U 149/20, DAR 2021, 332.
368 Vgl. dazu für den Wirkungsbereich der Vorausabtretung *BGH*, BGHZ 7, 365.
369 Vgl. *BGH*, BGHZ 7, 365.
370 Vgl. *BGH* VersR 1970, 422, NJW 1974, 70; Stellungen der Bundes Rechtsanwaltskammer AnwBl. 1971, 133; Geiger, May/Vogt, Lexikon Straßenverkehrsrecht, 1. Aufl. 2016, Abtretung von Schadenersatzansprüchen; *OLG Dresden*, Urt. v. 29.11.2016 – 14 U 54/13, NJOZ 2017, 1607.
371 *Burmann, Heß*, Berz, Burmann, Handbuch des Straßenverkehrsrechts, Werkstand: 48. EL August 2023, B Prozessuale Fragen, Rn. 384, 385.
372 *Aichberger, Fuchs, Schmid, Schneil*, Weber kompakt, Rechtswörterbuch, 10. Edition 2024, Abtretung (Zession).
373 BGB § 185 Verfügung eines Nichtberechtigten, *Bayreuther*, MüKoBGB, 8. Aufl. 2018, Rn. 34–37.
374 *BGH*, Urt. v. 17.07.2018 – VI ZR 274/17, NJW 2019, 51.

296 Am häufigsten begegnen wir der Abtretung innerhalb des Schadensersatzrechts in der Form, dass die Ansprüche auf Ersatz von Reparatur- und Mietwagenkosten an den in Anspruch genommenen Dienstleistungsbetrieb abgetreten werden. Dieser Weg bietet sich mitunter an, um eine sonst notwendige Finanzierung der Reparatur- oder Mietwagenkosten zu vermeiden. Solche Abtretungen bedürfen jedoch besonderer Voraussetzungen, um wirksam zu sein.[375] Rechtsdienstleistungen, die unmittelbaren Einfluss auf die Erfüllung einer anderen Leistungspflicht haben können, dürfen nicht erbracht werden, wenn hierdurch die ordnungsgemäße Erbringung der Rechtsdienstleistung gefährdet wird.[376] Nach ständiger Rechtsprechung des *BGH,* die zur Frage der Abtretung von unfallbedingten Schadensersatzansprüchen an Mietwagenunternehmer ergangen ist, bedarf es zur geschäftsmäßigen Übernahme der Schadensregulierung der Erlaubnis nach Art. 1 § 1 Abs. 1 RBerG, und zwar auch dann, wenn die Schadensersatzforderungen nur erfüllungshalber abgetreten werden und die eingezogenen Beträge auf die Forderungen gegen die Kunden verrechnet werden. Die Ausnahmevorschrift des Art. 1 § 5 Nr. 1 RBerG kommt dem Unternehmer nicht zugute.[377] Dies gilt auch nach den Vorschriften des Rechtsdienstleistungsgesetzes (RDG).[378]

297 Ebenfalls recht häufig werden Schadensersatzansprüche dann abgetreten, wenn ein *Angestellter* verletzt wird und sein Arbeitgeber ihm während der ersten 6 Wochen der unfallbedingten Arbeitsunfähigkeit im Rahmen des § 616 BGB die Arbeitsvergütung (Dienstbezüge) fortzahlt.[379]

## 2. Gesetzliche Überleitung (cessio legis)

298 Oftmals ergeben sich dabei Schwierigkeiten des Arbeitgebers beim Beweis des unfallbedingten Ausfalls des Arbeitnehmers.[380]

299 Die Rechtsfigur des gesetzlichen Forderungsübergangs hat die Bedeutung, dass der Ersatzanspruch des Verletzten nicht abgetreten zu werden braucht, sondern unter bestimmten – gesetzlich im Einzelnen geregelten – Voraussetzungen auf den neuen Gläubiger *übergeht.*[381] Der wesentliche Unterschied zwischen Abtretung und gesetzlichem Forderungsübergang besteht darin, dass niemand gezwungen ist, einem rechtsgeschäftlichen Forderungsübergang besondere Aufmerksamkeit zu widmen oder ihm gewissermaßen »von Amts wegen« nachzuspüren. Sofern eine Abtretung nicht bekannt ist, d.h. dem Schuldner nicht rechtzeitig angezeigt wurde, darf er ohne Gefahr für seine Rechtsposition auch weiterhin an den alten Gläubiger mit Schuld befreiender Wirkung leisten (§ 407 BGB).

300 Anders verhält es sich hingegen beim gesetzlichen Forderungsübergang auf einen Sozialversicherungsträger nach § 116 SGB X. Da ca. 94 % aller Einwohner der Bundesrepublik Deutschland in irgendeiner Form sozialversichert sind, besteht hier gewissermaßen eine – widerlegbare – Vermutung, dass der Schadensersatzanspruch nach § 116 SGB X auf einen – mitunter sogar in Abschnitten auf mehrere – Sozialversicherungsträger übergegangen ist.

301 Wiederum anders verhält es sich demgegenüber bei den übrigen gesetzlichen Forderungsüberleitungen. Deren besondere Eigenart besteht darin, dass sie fast alle mit dem Hinweis verbunden sind, der Forderungsübergang dürfe nicht zum Nachteil des ursprünglichen Gläubigers geltend gemacht wer-

---

375 BGB § 249 Art und Umfang des Schadensersatzes, *Jahnke*, Burmann, Heß, Hühnermann, Jahnke, Straßenverkehrsrecht, 26. Aufl. 2020, Rn. 434–439a (Darstellung des Unterschieds zwischen Abtretung und Reparaturkostenübernahmeerklärung).

376 § 4 RDG.

377 *LG Saarbrücken*, Urt. v. 16.06.2008 – 13 S 41/08, BeckRS 2008, 15011; vgl. *BGH*, Urt. v. 11.09.2012 – VI ZR 297/11, WM 2013, Heft 35, 1662.

378 BGB § 249 Art und Umfang des Schadensersatzes, *Almeroth*, MüKoStVR, 1. Aufl. 2017, Rn. 279.

379 Kapitel 4. Personenschaden, *Pardey*, Geigel, Haftpflichtprozess, 28. Auflage 2020, Rn. 139–154.

380 *Jahnke*, Jahnke, Burmann, Handbuch Personenschadensrecht, 2. Aufl. 2022, Kap. 1 Grundzüge der Personenschadenregulierung, Rn. 370–373.

381 BGB § 398 Abtretung, *Roth, Kieninger*, MüKoBGB, 8. Aufl. 2019, Rn. 8, 9; BGB § 255 Abtretung der Ersatzansprüche, *Oetker*, MüKoBGB, 8. Aufl. 2019, Rn. 19, 20.

den. Diese Formulierung bedeutet nach der Rechtssprache, dass damit ein negatives Quotenvorrecht zugunsten des Verletzten und zulasten des betreffenden Versicherungsträgers begründet worden ist.[382]

Zunächst einmal kommt der gesetzliche Forderungsübergang nach § 6 EFZG in Betracht. Ein Forderungsübergang nach § 6 EFZG findet lediglich bei Schadensersatzansprüchen statt. 302

Im Gegensatz zu Angestellten, die ihren Anspruch auf Weiterzahlung der Dienstbezüge gegenüber ihrem Arbeitgeber nach arbeitsrechtlichen Grundsätzen auf § 616 BGB, § 63 HGB, § 133c GewO oder § 48 SeemG stützen können, gilt für Arbeiter ausschließlich das Entgeltfortzahlungsgesetz (EFZG). 303

Nach § 6 EFZG geht der Anspruch des verletzten Arbeitnehmers auf Ersatz eines – sonst eingetretenen – Verdienstausfalls im Zeitpunkt der Leistung auf den Arbeitgeber über. 304

Ein besonderes Ausgleichsverfahren für Aufwendungen des Arbeitgebers im Rahmen kleinerer Betriebe[383] ist in § 1 Abs. 1 AAG zwingend vorgeschrieben. In einem derartigen Fall geht der Ersatzanspruch des Verletzten kraft Gesetzes auf die Ausgleichskassen als Träger des Ausgleichsverfahrens über. Arbeitgeber mit einem personal bis zu 30 Personen müssen auch keine Umlage bezahlen (U1). 305

Das im EFZG vorgesehene negative Quotenvorrecht erstreckt sich daher rein theoretisch auf den Fall, dass bestimmte Ansprüche des Arbeitnehmers – etwa aus Anlass außerplanmäßiger Überstunden, die in die Berechnung des Entgelts nicht eingehen – mangels Kongruenz ausnahmsweise einmal beim verletzten Arbeitnehmer verbleiben. 306

Daneben gibt es noch einen gesetzlichen Forderungsübergang nach § 86 VVG, dem besondere Bedeutung bezüglich der Kaskoversicherung zukommt. Es kommt allein auf den in der Person des Verletzten (Geschädigten) selbst (originär) entstandenen Schadens, soweit Übergangsfähigkeit vorliegt.[384] 307

Nur nach haftpflichtrechtlichen Grundsätzen begründete Schadensersatzansprüche können im Rahmen von § 86 VVG auf den Versicherer übergehen. 308

Der Rechtsübergang erfasst alle Schadensersatzansprüche haftpflichtrechtlicher Art im weitesten Sinne, soweit sie mit dem versicherten Risiko korrespondieren, und zwar gleichgültig, ob es sich um Ansprüche aus der Gefährdungshaftung, aus unerlaubter Handlung oder aus Vertrag handelt. § 280 Abs. 1 BGB regelt als Grundtatbestand für Leistungsstörungen (hierzu zählen auch diejenigen aus positiver Vertragsverletzung), dass der Schuldner, der eine Pflicht aus dem Schuldverhältnis verletzt, dem Gläubiger den hieraus entstehenden Schaden ersetzen muss. Dies gilt nur dann nicht, wenn der Schuldner beweisen kann, dass er die Pflichtverletzung nicht zu vertreten hat. Diese Regelung gilt auch bei Verletzung einer vertraglichen Nebenleistungspflicht (§ 241 Abs. 1 BGB). Entsprechen können auch solche Ansprüche übergehen. 309

Nicht übergangsfähig sind deshalb Ansprüche aus ungerechtfertigter Bereicherung (§ 812 BGB). Gewährleistungsansprüche fallen unter die cessio legis des § 86 VVG nur insoweit, als es sich dabei um Schadensersatzansprüche handelt.[385] 310

Dritte i.S.d. § 86 VVG sind nur solche Personen, die außerhalb des Versicherungsverhältnisses stehen, aus ihm also keine Rechte ableiten können.[386] Das bedeutet, dass beispielsweise die mitversicherten Personen im Sinne der Allgemeinen Bedingungen für die Kraftfahrtversicherung (AKB) nicht als Dritte gelten. 311

---

382 Vgl. *Boon*, zfs 2003, 481 zur Rechtsschutzversicherung.

383 Bis zu 30 Arbeitnehmern.

384 VVG § 86 Übergang von Ersatzansprüchen, *Möller, Segger*, Langheid, Wandt, MüKoVVG, 2. Aufl. 2016, Rn. 124, 125.

385 Vgl. in diesem Zusammenhang die Bestimmungen der §§ 463, 635 HGB; *OLG Hamm* r+s 2013.294.

386 Vgl. dazu *Bruck/Müller* § 67 VVG Rn. 37.

312 Der Forderungsübergang nach § 86 VVG vollzieht sich – anders als im Rahmen von § 116 SGB X, wo die cessio legis in der »logischen Sekunde« gewissermaßen durch den Verletzten hindurch erfolgt[387] – nach Grund und Höhe in dem Augenblick, in dem der Kaskoversicherer die ihm obliegende Leistung an den VN erbringt.[388] Auswirkungen hat dies auch im Zusammenhang mit dem Quotenvorrecht.[389] Ist die Haftpflichtversicherung des Beklagten zugleich die von ihm in Anspruch genommene Kaskoversicherung, so kann sie mit einem nach § 86 VVG unter Berücksichtigung des Quotenvorrechts des Beklagten übergegangenen Schadensersatzanspruch im Haftpflichtprozess gegenüber der Klägerseite aufrechnen. Diese Aufrechnung wirkt gemäß § 422 BGB auch gegenüber dem beklagten Halter.[390]

313 Bis zum Eintritt des Forderungsüberganges bleibt der VN Gläubiger des Anspruchs. Er kann ihn im eigenen Namen geltend machen, z.B. dann, wenn er bei einem ausschließlich fremdverschuldeten Unfall den Kaskoversicherer nicht in Anspruch nehmen will und muss, weil der Unfall ausschließlich durch den anderen Unfallbeteiligten verursacht worden war. Der VN ist in der Verfügung über seine Forderung vor Eintritt des Rechtsüberganges in keiner Weise gehindert. Bezahlt eine Vollkaskoversicherung vorschussweise die Reparaturkosten ihres Versicherungsnehmers, behält sie sich dabei aber die Rückforderung des gezahlten Betrages für den Fall vor, dass der Schädiger den Schaden ausgleicht, geht die Schadensersatzforderung und damit auch die Aktivlegitimation nicht vom Geschädigten auf die Versicherung über.[391] Ein Forderungsübergang gemäß § 86 Abs. 1 VVG tritt in diesem Fall nicht ein.

314 Verfügt der Versicherungsnehmer allerdings in einem für den Kaskoversicherer nachteiligen Sinne, so wird nach § 86 Abs. 2 VVG der Kaskoversicherer »von seiner Ersatzpflicht insoweit frei, als er aus dem Anspruch oder dem Recht hätte Ersatz erlangen können«.

315 Der Schädiger, der von dem Bestehen einer Kaskoversicherung keine Kenntnis hat, darf im guten Glauben mit dem VN Vereinbarungen über den Anspruch treffen. Er ist insbesondere nicht verpflichtet, Erkundigungen über das Bestehen einer Kaskoversicherung einzuziehen.[392] In den Schadenmeldeformularen der Versicherungsgesellschaften fragen diese nach dem Bestehen einer Kaskoversicherung. Diese Frage dient auch der Klärung der Frage, inwieweit z.B. auf der Basis von Teilungsabkommen der Haftpflichtversicherer des Geschädigten zu Zahlungen veranlasst werden kann. Solche unabhängig von einem Verschulden zu leistenden Zahlungen haben keine Auswirkungen auf den Schadenfreiheitsrabatt des Geschädigten. Der Rechtsübergang wirkt gegenüber dem Dritten nur dann, wenn dieser sichere Kenntnis von seinem Eintritt, insbesondere von der Leistung des Kaskoversicherers hat. Diese Erwägung stützt sich auf den allgemeinen Grundsatz des Schuldnerschutzes aus § 407 BGB.

316 Nachfolgend sollen der besseren Übersicht wegen die zum Forderungsübergang und zur Durchsetzbarkeit des übergegangenen Rechts notwendigen Anspruchsbegründenden Voraussetzungen am Beispiel des Kaskoversicherers wie folgt zusammengefasst werden:

- Der Schaden muss zunächst einmal i.d.R. auf einem Unfall beruhen, an dem der Geschädigte (VN) beteiligt war.
- Durch den Unfall muss eines der geschützten Rechtsgüter des Geschädigten Schaden genommen haben.
- Gleichzeitig muss der Schaden aber auch an einer Sache eingetreten sein, die unter das versicherte Risiko fällt.

387 XII. Regress des Sozialversicherungsträgers, *Küppersbusch, Höher*, Küppersbusch, Höher, Ersatzansprüche bei Personenschaden, 13. Aufl. 2020, Rn. 590.

388 Vgl. *OLG Koblenz*, VersR 1982, 692; *Prölss/Martin*, § 67 VVG Anm. 4.

389 *Schneider*, Geigel, Haftpflichtprozess, 29. Aufl. 2024, Kap. 13. Rechtsverhältnis zwischen Versicherungsnehmer, Versicherten und Geschädigten bei Haftpflichtversicherungsvertrag, Rn. 51, 52.

390 *AG Darmstadt*, Urt. v. 16.06.2004 – 309 C 500/03, DAR 2005, 39.

391 *LG Mühlhausen*, Urt. v. 14.03.2002 – 1 S 364/01, zfs 2002, 384.

392 Vgl. *OLG Koblenz*, VersR 1981, 692.

- Dem Geschädigten muss aus Anlass dieses Unfalls ein nach materiell rechtlichen Gesichtspunkten begründeter Schadensersatzanspruch gegen einen Dritten zustehen.
- Der Geschädigte muss aus diesem Anlass die Leistungen seines Schadenversicherers (Kaskoversicherers) in Anspruch genommen haben.
- Zwischen dem Schaden und den Leistungen muss eine zeitliche und sachliche Kongruenz bestehen.
- Der Kaskoversicherer muss die ihm nach Vertrag obliegende Leistung tatsächlich erbracht haben.
- Dies muss er dem Ersatzpflichtigen mitgeteilt haben, der seinerseits nicht verpflichtet ist, Erkundigungen in dieser Richtung anzustellen.
- Der Ersatzpflichtige muss vom Forderungsübergang positive Kenntnis erhalten haben, da bloße Zweifel nicht genügen.

Der Anspruch gegen den Dritten geht über in Höhe der sich auf den Schaden des VN beziehenden Leistungen des Kaskoversicherers, und zwar mit allen Nebenrechten (§ 401 BGB).[393] **317**

Der Forderungsübergang erfasst nur diejenigen Ansprüche, bei denen eine Kongruenz (Deckungsübereinstimmung) zwischen den Leistungen des Kaskoversicherers und dem Schaden des VN besteht.[394] In diesem Zusammenhang kommt es nicht darauf an, ob der Kaskoversicherer für den betreffenden Schaden im Einzelfall Ersatz zu leisten hat, ja nicht einmal, ob er unter das versicherte Risiko fällt, sondern entscheidend ist ausschließlich der Gesichtspunkt, ob der Schaden seiner Natur nach zum unmittelbaren Sachschaden gehört.[395] **318**

Kongruenz muss zunächst einmal im sachlichen Bereich bestehen. Das bedeutet, dass die Leistung des Kaskoversicherers sich auf den unmittelbaren Schaden des VN beziehen muss, der Gegenstand der Kaskoversicherung ist. Der Forderungsübergang betrifft also Reparatur- und Transportkosten, außerdem Gutachten- und Abschleppkosten,[396] ferner auch den technischen und merkantilen Minderwert – ebenfalls unter Einbeziehung unter das negative Quotenvorrecht –, obwohl diese Schadenposition an sich nicht Gegenstand der Kaskoversicherung ist und nicht unter das versicherte Risiko fällt. Der Forderungsübergang bezieht sich demgegenüber – in negativer Abgrenzung – nicht auf Sachfolgeschäden im weiteren Sinne, wie etwa Mietwagenkosten, Entschädigung für entgangene Gebrauchsvorteile, Verdienstausfall usw.[397] **319**

Der Forderungsübergang erfolgt im Rahmen sachlicher Kongruenz nur in Höhe des tatsächlich entstandenen Schadens, also nicht in Höhe der Versicherungsleistung, die beispielsweise auch aus Kulanzzahlungen bestehen kann.[390] Ähnliche Überlegungen gelten für den Fall, dass der Kaskoversicherer statt des Wiederbeschaffungswerts entsprechend einer vertraglichen Vereinbarung eine Neuwertentschädigung zahlt.[399] **320**

Regulierungskosten und Schadenbearbeitungskosten wie beispielsweise Kosten für vom Versicherer in Auftrag gegebene technische Gutachten und Aufwendungen für Auszüge aus den amtlichen Ermitt- **321**

393 Z.B. Sicherungsabtretungen zugunsten des bisherigen Gläubigers (VN).

394 VVG § 86 Übergang von Ersatzansprüchen, *Armbrüster*, Prölss, Martin, Versicherungsvertragsgesetz VVG, 31. Aufl. 2021, Rn. 13–20.

395 Wegen näherer Einzelheiten dazu vgl. *BGH*, VersR 1982, 283; VersR 1982, 383 (m.Anm. v. *Dannert* VersR 1982, 667), DAR 1982, 160; *Pagendarm*, DAR 1960, 189; *Prölss/Martin*, § 67 VVG Anm. 2 und 4 B; *Wussow*, WI 161, 57; 219, 58, 67.

396 *BGH*, VersR 1982, 343 (m.Anm. v. *Damen*, VersR 1982, 667); Münkel, Geigel, Haftpflichtprozess, 13. Kapitel, 2. Forderungsübergang, Rn. 10, 26. Aufl. 2011.

397 Vgl. dazu bereits *BGH*, VersR 1958, 15 = VRS 14, 103, 105; zum Quotenvorrecht s.a. VVG § 86 Übergang von Ersatzansprüchen, *Armbrüster, Prölss, Martin*, Versicherungsvertragsgesetz VVG, 31. Aufl. 2021, Rn. 13–20.; *Lemcke/Heß*, NJW-Spezial 2007, 63; *Zeycan*, Haus/Krumm/Quarch, Gesamtes Verkehrsrecht, 2. Aufl. 2017, BGB§ 254 BGB Mitverschulden, Rn. 128–129; *LG Saarbrücken*, Urt. v. 26.02.2016 – 13 S 193/15, NJW-RR 2016, 1004.

398 Vgl. *BGH*, VersR 1963, 1192; *LG Mannheim*, VersR 1962, 311; *LG Köln*, VersR 1962, 1077.

399 Vgl. ADAC AutoVersicherung *Premium, 1.5.3*: 12 Monate Neuwertentschädigung.

lungsakten, gehören demgegenüber nicht zum übergangsfähigen Schaden und sind – als Bearbeitungsaufwand des Kaskoversicherers – vom ersatzpflichtigen Schädiger nicht zu erstatten. Insofern fehlt es von vornherein an einer Aktivlegitimation des Kaskoversicherers, weil lediglich begründete Ansprüche auf Ersatz des Schadens übergehen und dem Kaskoversicherer originäre Ansprüche – aus eigenem Recht – nicht zustehen.

322 Die Schäden müssen dasselbe Fahrzeug betreffen, für das Ersatz geleistet wird. Ist beispielsweise ein Lkw versichert, dann erstreckt sich der Forderungsübergang nicht auf Ersatzansprüche, die sich auf Schäden an dem im Zeitpunkt des Unfalls mitgeführten oder an diesem beteiligten Anhänger beziehen.

323 Die Leistungen des Kaskoversicherers müssen außerdem im Hinblick auf die Übergangsfähigkeit auch in einem unmittelbaren zeitlichen Zusammenhang zum versicherten Risiko einerseits und zum Schaden andererseits stehen.[400]

## V. Schadenliquidation im/aus Drittinteresse

324 Bereits an anderer Stelle wurde betont, dass Schadensersatzansprüche nur demjenigen Gläubiger aus eigenem (originärem) Recht zustehen, der einen Schaden in seiner Person, an einer ihm gehörenden Sache oder als rechtmäßiger Inhaber eines sonstigen geschützten Rechtsgutes erlitten hat. Es kann jedoch der Fall eintreten, dass sich der Schaden durch besondere Umstände entgegen den Erwartungen in die Rechtssphäre eines Dritten verlagert hat.

325 Zur Abgrenzung zwischen mittelbaren und unmittelbaren Schäden das folgende Beispiel:

326 Bei einem Kfz-Schaden gelten Reparaturkosten und Minderwert als unmittelbarer Schaden, da sie unter dem Gesichtspunkt des Eigentumsverlustes den Substanzwert des Fahrzeugs selbst betreffen. Mietwagenkosten, Entschädigung für entgangene Gebrauchsvorteile und Verdienstausfall sind demgegenüber unter dem Gesichtspunkt der Besitzstörung dem mittelbaren Schaden zuzuordnen. Sie sind dem Sachfolgeschaden[401] zuzurechnen.

327 Unter einem mittelbaren Schaden versteht man aber auch die auf Umwegen eingetretene Einwirkung auf den Betroffenen, die nach den Grundsätzen unserer Rechtsordnung dem Verursacher nur in den Ausnahmefällen der »geborenen« Drittschäden im Sinne der §§ 844, 845 BGB zuzurechnen ist. Dies gilt in gewisser Weise auch für den »Schockschaden«.

328 Mittelbar Geschädigte sind in Abgrenzung zum mittelbaren Schaden Personen, die von einem bestimmten Schadenereignis selbst nicht betroffen, sondern erst auf Umwegen – in der Mehrzahl der Fälle über ihr Vermögen – von den nachteiligen Auswirkungen des Schadens erreicht worden sind. Dies bedeutet, dass diese Personen keinen Schaden im Rechtssinne, sondern lediglich einen Nachteil mit vermögensrechtlichem Einschlag erlitten haben. Dessen Erstattung ist unserer Rechtsordnung im Allgemeinen fremd.[402]

329 Der Arbeitgeber kann als nur mittelbar Geschädigter vom Ersatzpflichtigen nicht den Ausgleich seines eigenen Verdienstausfalls verlangen.[403] Er kann lediglich nach Eintritt des Forderungsübergangs einen Betrag in Höhe der an den Verletzten selbst weiter gezahlten Bezüge (Lohn oder Gehalt) ersetzt verlangen.

---

400 Vgl. *BGH*, VersR 1962, 1103; *OLG Frankfurt a.M.*, VersR 1958, 709; *OLG München*, VersR 1960, 894; *Prölss/Martin*, § 67 VVG Anm. 4; *Klimke*, ZfV 1972, 159 und 281.

401 Vgl. *LG Duisburg*, Urt. v. 04.01.2001 – 4 O 379/00, VersR 2001, 1151 zu § 12 PflVG.

402 BGB § 249 Art und Umfang des Schadensersatzes, *Oetker*, MüKoBGB, 8. Aufl. 2019, Rn. 99–102.

403 *LG Verden*, Urt. v. 29.10.2003 – 2 S 222/03, zfs 2004, 207; *Finke*, FS 5/06, 40.

Allgemeine Geschäftskosten des Arbeitgebers oder sein Umsatzausfall aufgrund der Unfallverletzungen des Arbeitnehmers fallen jedoch nicht unter den Schutzbereich der Haftungsnorm. Das Gleiche gilt für Krankenhausbesuche von Mitarbeitern des Verletzten.[404] 330

Ähnlich liegen die Dinge, wenn ein Unfallbeteiligter zeitliche Verzögerungen und Behinderungen seiner »Bewegungsfreiheit« zwecks Unfallaufnahme hinnehmen muss. Sofern der Arbeitgeber des Unfallbeteiligten dadurch einen Nachteil erleidet, hat er als nur mittelbar Geschädigter keinen Ersatzanspruch.[405] 331

Betroffen sind vor allem Sachverhalte, in denen der Schaden, der typischerweise beim Ersatzberechtigten hätte entstehen müssen, aufgrund der besonderen Ausgestaltung des Rechtsverhältnisses zwischen dem Ersatzberechtigten (Gläubiger) und einem Dritten auf diesen verlagert wird. Um diese offensichtliche Gesetzeslücke zu schließen, haben Literatur und Rechtsprechung in den Fällen, in denen das geschützte Interesse mit der Gläubigerstellung nicht übereinstimmt, das Rechtsinstitut der Schadenliquidation im Drittinteresse entwickelt.[406] Der Anspruch auf Schadensersatz unter dem Gesichtspunkt der Drittschadenliquidation ist grundsätzlich auch abtretbar.[407] 332

Zu dem Rechtsinstitut der Schadenliquidation im Drittinteresse gehört im prozessualen Bereich zunächst einmal die gewillkürte Prozessstandschaft.[408] Für eine gewillkürte Prozessstandschaft ist ein schutzwürdiges eigenes Interesse des Zedenten an der Prozessführung unerlässlich.[409] Nach ständiger Rechtsprechung darf jemand ein fremdes Recht aufgrund einer vom Berechtigten erteilten Ermächtigung im eigenen Namen und auf eigene Rechnung im Prozess dann verfolgen, wenn er hieran ein eigenes schutzwürdiges Interesse hat.[410] 333

Zur Schadenliquidation im Drittinteresse gehört als weiteres Denkmodell auch die mittelbare Stellvertretung.[411] Insoweit ist davon auszugehen, dass der mittelbare Stellvertreter – beispielsweise der Kommissionär – den Schaden des Vertretenen, für dessen Rechnung er das Geschäft abgeschlossen hat, in eigener Person geltend machen kann.[412] Wer als mittelbarer Stellvertreter für fremde Rechnung – insbesondere auf vertraglicher Grundlage – handelt, kann den Schaden des Geschäftsherrn, also gegenüber dem Schädiger, auch im eigenen Namen geltend machen.[413] Dazu gehören auch der Spediteur und der Beauftragte eines Treuhänders. Die Geltendmachung des Drittinteresses ist jedoch ausgeschlossen, wenn der Geschäftsherr selbst in rechtswirksamer Form bereits auf Schadensersatzansprüche verzichtet hat. An diesen Verzicht ist auch der Dritte gebunden, weil sonst die Zulassung von Ersatzansprüchen zu einer ungerechtfertigten Bereicherung führen würde. 334

404 Vgl. dazu *LG Duisburg*, r+s 1975, 95; *Finke*, FS 5/06, 40.

405 Vgl. dazu *AG Frankfurt/M.*, zfs 1980, 163; *AG Bad Schwalbach*, zfs 1982, 322.

406 Vgl. dazu: *v. Cammerer*, Das Problem des Drittschadensersatzes ZHR 1965, 127 ff., 241, 273; – wegen der Abgrenzung von vertraglicher Drittschutzwirkung und Drittschutzliquidation vgl. *Berg*, NJW 1978, 2018 (zugleich auch krit. Stellungnahme zu *BGH*, NJW 1978, 883); – wegen der Voraussetzungen der Drittschadenliquidation bei Beschädigung von Transportgütern vgl. *OLG Köln*, VersR 1978, 971; *Eckebrecht*, MDR 2002, 425; *OLG Düsseldorf*, BeckRS 2012, 23795; *OLG Braunschweig*, Urt. v. 03.05.2016 – 7 U 35/14, BeckRS 2016, 9114.

407 Vgl. *OLG Celle*, VersR 1975, 838; *OLG Düsseldorf*, MDR 2002, 635; *OLG Celle*, VersR 1975, 838.

408 *BGH*, NJW 1974, 1614; 1979, 924; *BGH* NJW 1981, 1640; NJW 1982, 98; vgl. *BGH*, LNR 2008, 18052.

409 Vgl. *BGH*, DB 1986, 215; *BGH*, NJW 2014, 1813.

410 Vgl. *BGH*, BGHZ 30, 162, 166; *BGH*, BGHZ 32, 67, 71; *BGH*, BGHZ 70, 389; BGHZ 92, 347, m.w.N.; Stein, Jonas, *Leipold* vor § 50 Rn. 41; – krit. dagegen: *Frank*, ZZP 92 (1979), 321 f.

411 Mit der Unterteilung: Bewusstseinslage, gutgläubiger Erwerb, Missbrauch der Legitimation und Verhältnis zwischen § 392 Abs. 1 HGB und Durchgriff, vgl. dazu *Schwark*, JuS 1980, 777; Staudinger, *Schilken*, BGB, Neubearbeitung 2009, § 164 Vorbemerkung, Rn. 42–50; *OLG Braunschweig*, Urt. v. 03.05.2016 – 7 U 35/14, BeckRS 2016, 9114.

412 Vgl. dazu Palandt/*Heinrichs*, vor § 249 Rn. 6b.

413 Vgl. *BGH*, BGHZ 25, 258.

335 Häufig ähneln auch Treuhandverhältnisse den Fällen mittelbarer Stellvertretung. Sie bilden jedoch eine eigene Gruppe. Mittelbare Stellvertretung geht auf ein Tun zurück, Treuhand hingegen ist ein Zustand und setzt die Existenz von Treugut voraus.[414]

336 Ein weiterer Anwendungsfall der Schadenliquidation im Drittinteresse ist die obligatorische Gefahrentlastung bei Übereignungspflichten. Auch diese Fallgruppe ist dadurch gekennzeichnet, dass der Schaden nicht in der Person des Verletzten, sondern eines Dritten eintritt.

337 Ein weiterer Anwendungsfall der Schadenliquidation im Drittinteresse ist die Obhut für fremde Sachen.[415] Die Gruppe der Obhutspositionen umfasst die Fälle, in denen der Obhutspflichtige die in seinem Besitz stehende, aber nicht ihm selbst gehörende Sache kraft vertraglicher Vereinbarung in die Rechtssphäre seines Vertragspartners bringt und dieser die Sache zerstört oder beschädigt. Der typische Schaden tritt dann im Allgemeinen nicht beim vertragsschließenden Sachbesitzer, sondern beim Eigentümer ein.

338 Sofern durch Vertrag Obhutspflichten des Lagerhalters hinsichtlich des Lagerguts begründet sind, ist der Besitzer nach ständiger Rechtsprechung als Vertragspartner des Geschädigten zur Schadenliquidation im Drittinteresse berechtigt.[416]

339 Nach der Auffassung des *BGH*[417] setzt die Liquidation des Drittschadens eine Sachlage voraus, die bewirkt, dass das schädigende Verhalten des Verpflichteten einen Schaden nicht in der Person des Anspruchsberechtigten, sondern in der eines Dritten hervorgerufen hat. Das Recht der Drittschadenliquidation darf nicht zu einer Vermehrung der vom Verletzer eines Rechtsgutes geschuldeten Leistung und damit zu einer Erweiterung der nach Gesetz oder Vertrag begründeten Schadensersatzpflicht führen.

340 Auch wer als berechtigter Besitzer die beschädigte Sache aufgrund seiner Obhutspflicht in Gewahrsam hat, kann den Schaden des Eigentümers im eigenen Namen geltend machen.[418] Als Beispiel dafür mag der Fall gelten, dass jemand ein unter Eigentumsvorbehalt stehendes Kfz benutzt und durch Verschulden eines Dritten einen Schaden erleidet.[419]

## D. Quotenvorrecht

341 Das Quotenvorrecht begründet ein Befriedigungsvorrecht des Geschädigten zulasten eines Dritten (z.B. Kaskoversicherung oder Sozialversicherungsträger).[420] Dieser Dritte kann aufgrund des dem Geschädigten zustehenden Quotenvorrechts Regressansprüche gegen den Schädiger erst dann realisieren, wenn die Ansprüche des Geschädigten in voller Höhe reguliert sind. Erst dann findet der Forderungsübergang zu seinen Gunsten statt.[421] Als Beispiel sei hier der Verkehrsunfall des vollkaskoversicherten Geschädigten angeführt. Trifft den Geschädigten an der Entstehung des Unfalls ein Mitverschulden, so kann es ihm unter Anwendung des Quotenvorrechts gleichwohl gelingen, bei kombinierter Inanspruchnahme der eigenen Vollkaskoversicherung und des gegnerischen Haftpflichtversicherers vollständigen Ersatz z.B. des Fahrzeugschadens zu erhalten. Erst wenn seine Ansprüche befriedigt sind, kann wegen des Quotenvorrechts der Vollkaskoversicherer regressieren und muss sich dann die an den Geschädigten geleisteten Zahlungen von seinem Regressanspruch abziehen

414 Vgl. dazu Staudinger, *Coing*, Vorbem. vor § 167 Rn. 59.
415 *BGH*, BGHZ 40, 91; DB 1963, 1147; *BGH*, DB 1964, 1774; 1967, 160; Transportrecht 2010, 37; Palandt, *Heinrichs* Vorbem. vor § 249 Rn. 6; Erman, *Sirp* § 249 Rn. 52 ff.
416 *BGH*, *BGH* VersR 1963, 1172; NJW 1974, 1614; VersR 1984, 932.
417 Vgl. *BGH*, BGHZ 40, 106.
418 So bereits: *BGH*, BGHZ 15, 228.
419 Zum Leasing vgl. *Reinking*, VuFT 1999, 193; zfs 2000, 281.
420 Benz, Quotenvorrecht im Bereich der Kaskoversicherung – Gewusst wie, zahlt sich aus, DAR 2024, 318.
421 *Jahnke* in: Jahnke/Burmann, Handbuch Personenschadenrecht, 2. Aufl. 2022, Kapitel 6 Drittleistungsträger (Leistung, Regress, II Quotenvorrecht), Rn. 4884–4887, 4892–4894.

lassen. Für den Schädiger folgt daraus, dass er in der Summe zwar nicht mehr zahlt, jedoch darauf achten muss, an wen er zahlt. Relevant wird das Quotenvorrecht also immer dann, wenn die Haftungssumme, die der Schädiger zur Verfügung stellen muss, nicht ausreichend ist, um alle Ansprüche des Geschädigten und anderer regressberechtigter Dritter zu befriedigen. Eine solche Reduzierung kann sich einmal daraus ergeben, dass den Geschädigten an der Entstehung des Schadens ein Mitverschulden trifft und deshalb der Schaden höher ist, als der Geschädigte ihn ersetzen muss oder auch daraus, dass gesetzliche Haftungshöchstsummen ausgeschöpft sind und die verteilbare Masse nicht für den Geschädigten und den regressberechtigten Dritten reicht. Letztlich ist auch eine nicht ausreichende Vermögensmasse des Schuldners ein Anwendungsfall des Quotenvorrechts. Hergeleitet wird das Quotenvorrecht im Privatversicherungsrecht aus § 86 Abs. 1 S. 2 VVG, da nach dieser Vorschrift der Forderungsübergang nicht zum Nachteil des Versicherten geltend gemacht werden kann.[422]

Das Quotenvorrecht, also das Befriedigungsvorrecht des Geschädigten, wird im Rahmen des Forderungsübergangs nach § 86 VVG im Sinne der sog. Differenztheorie vertreten.[423] Nach dieser Theorie findet ein Forderungsübergang erst statt, wenn der Geschädigte seine Ansprüche in voller Höhe befriedigt hat.[424] Im Sozialversicherungsrecht findet sich demgegenüber gesetzlich verankert auch die sog. relative Theorie, nach der die Deckungslücke zwischen Geschädigtem und Sozialversicherungsträger geteilt wird (vgl. § 116 Abs. 3 SGB X).[425] 342

Damit das Quotenvorrecht eingreifen kann, müssen die Versicherungsleistung und die Schadensersatzforderung eine Gleichartigkeit aufweisen. Wesentliches Merkmal für die Anwendung des Quotenvorrechts ist mithin die Kongruenz zwischen dem ggf. noch unbefriedigten Schadensersatzanspruch des geschädigten Versicherungsnehmers und der Versicherungsleistung.[426] Das Quotenvorrecht kann daher nur dann zum Zuge kommen, wenn der Schadensersatzanspruch der Befriedigung des selben Interesses dient, wie die Versicherungsleistung (sachliche Kongruenz) und sich – vor allem bezüglich der Entstehung des Anspruchs – auf dieselben Zeiträume bezieht (zeitliche Kongruenz). Für den Bereich der privaten Versicherung gilt dieser Grundsatz unbeschränkt und entspricht ständiger Rechtsprechung. Für den Bereich der Sozialversicherung sind im Rahmen des § 116 Abs. 2 SGB X und des § 116 Abs. 4 SGB X wichtige Ausnahmen zu beachten. Im Rahmen des § 116 Abs. 2 SGB X ist nach der Rechtsprechung. davon auszugehen, dass der Geschädigte sich hinsichtlich seines gesamten Schadens auf das Quotenvorrecht berufen darf, auch wenn der Schaden zu den Leistungen des Sozialleistungsträgers inkongruent ist.[427] Gleiches gilt im Rahmen des § 116 Abs. 4 SGB X. Auch hier gilt, dass alle Ansprüche des Geschädigten, gleichgültig ob kongruent oder inkongruent den Ansprüchen des Sozialleistungsträgers vorgehen.[428] 343

## I. Das Quotenvorrecht in der Kaskoversicherung

Das Quotenvorrecht in der Kaskoversicherung ist die in der anwaltlichen Praxis am häufigsten übersehene oder gar nicht bekannte Abrechnungsmöglichkeit eines Unfallschadens. Dem kaskoversicherten Mandanten räumt es aber die Chance ein, den finanziellen Verlust so gering wie möglich zu halten, den er bei einem Unfall erleidet. Die Erfahrung zeigt auch, dass bei der Abrechnung eines Unfallschadens unter Inanspruchnahme des Quotenvorrechts eine Einigung über die Haftungsquote des Unfallgegners viel einfacher zu erzielen ist, als wenn sämtliche Schadensersatzansprüche quo- 344

422 *BGH*, BGHZ 47, 196, 200 noch zu § 61 VVG a.F.; vgl. *KG*, VersR 2002, 1541.

423 *Pöpel, Link Moos*, Haus, Krumm, Quarch, Gesamtes Verkehrsrecht, 3. Aufl. 2021, VVG § 86, Übergang von Ersatzansprüchen, Rn. 9, 11.

424 Vgl. dazu *Ebert, Segger*, VersR 2001, 144; *Franzke*, Das Quotenvorrecht bei der Abwicklung von Verkehrsunfällen, NJW 2020, 1870.

425 *Ebert, Segger*, VersR 2011, 143 f.

426 VVG § 86 VVG Übergang von Ersatzansprüchen, *Link, Moos*, Haus, Krumm, Quarch, Gesamtes Verkehrsrecht, 2. Aufl. 2017, Rn. 9–11.

427 Vgl. *BGH*, DAR 1997, 310 f.; kritisch *Greger, Otto*, NZV 1997, 292 ff.

428 *Elsner*, zfs 1999, 276, 278.

tal gegenüber dem Haftpflichtversicherer des Unfallgegners durchgesetzt werden sollen. Es kommt nicht zwingend auf die genaue Festlegung der Haftungsquote. Im Rahmen der Schadenabwicklung bei mitverschuldeten Unfällen darf daher die Möglichkeit der Abrechnung zunächst über die eigene Kaskoversicherung und der dann noch verbleibenden teilweisen quotenbevorrechtigten Schäden gegenüber dem gegnerischen Haftpflichtversicherer nie aus den Augen verloren werden.[429] Unter Umständen kann nämlich durch die Inanspruchnahme des Quotenvorrechts der Geschädigte trotz der Annahme eines Mitverschuldens den vollen Ausgleich des ihm entstandenen Schadens erhalten.[430] Dies gilt selbst dann, wenn der Mieter eines Kfz mit dem Vermieter gegen Zahlung eine Haftungsbefreiung mit Selbstbeteiligung vereinbart hatte. In diesem Fall findet die Rechtsprechung zum Quotenvorrecht entsprechende Anwendung.[431]

**Praxistipp**

345 Im Rahmen des Mandantengesprächs nach einem Verkehrsunfall ist daher immer nach dem Vorliegen einer Vollkaskoversicherung und der Höhe der Selbstbeteiligung zu fragen, um ggf. das Quotenvorrecht zugunsten des Mandanten in Anspruch nehmen zu können. Auch der KH-Versicherer muss klären, ob die Inanspruchnahme einer Vollkaskoversicherung erfolgte, um Zahlungen an den falschen Gläubiger zu vermeiden.

346 Das Quotenvorrecht des geschädigten Versicherungsnehmers begründet ein Befriedigungsvorrecht gegenüber seinem Kaskoversicherer im Sinne der sog. Differenztheorie, d.h., der Forderungsübergang auf den Kaskoversicherer findet erst statt, wenn der Schaden des Versicherungsnehmers vollständig ausgeglichen ist.[432] Dahinter steht der Gedanke, dass der kaskoversicherte Geschädigte wegen seiner eigenen Vorsorge den vollen Ausgleich seines Fahrzeugschadens erhalten soll, ehe der Versicherer den Regressanspruch erhält.[433] Für den Schädiger bedeutet dies, dass dessen Zahlungsverpflichtung der Summe nach identisch bleibt, er aber dem Kaskoversicherer zur Vermeidung von Doppelzahlungen das Befriedigungsvorrecht des geschädigten Versicherungsnehmers entgegenhalten und damit Zahlungen an den regressierenden Kaskoversicherer in Höhe der Zahlungen an den Geschädigten verweigern kann.

347 Nachfolgend soll die Abrechnung unter Inanspruchnahme des Quotenvorrechts in Form der Differenztheorie aus der Sicht des Geschädigten erläutert werden.[434] Daraus ergibt sich sodann als Kehrseite der Betrag, den der Kaskoversicherer noch regressieren kann. Der Kaskoversicherer bleibt mit seinem Regress allerdings so lange ausgeschlossen, wie bei dem Geschädigten noch ein ungedeckter kongruenter Schaden vorliegt.[435]

348 Für den Geschädigten ist zunächst wichtig festzustellen, welche Schäden überhaupt unter das Quotenvorrecht fallen, da der Grundsatz der sachlichen und zeitlichen Kongruenz gilt.[436]

349 Kongruenter Schaden ist der Fahrzeugschaden, also entweder die Reparaturkosten des beschädigten Fahrzeugs oder die Ersatzbeschaffung im Rahmen eines Totalschadens.[437]

---

429 *Lachner*, zfs 1999, 184; *AG Niebüll* SP 2005, 129; *Jahnke*, Burmann, Heß, Hühnermann, Jahnke, Janker, Straßenverkehrsrecht, 24. Aufl. 2016, BGB § 254 Mitverschulden, Rn. 311–330, VVG § 86 VVG Übergang von Ersatzansprüchen, *Link, Moos*, Haus, Krumm, Quarch, Gesamtes Verkehrsrecht, 2. Aufl. 2017, Rn. 9–11.

430 Himmelreich/Halm, *Halm, Hörle*, Kap. 26 Rn. 11a.

431 *BGH*, DAR 2010, 85.

432 *Ebert, Segger*, VersR 2001, 144; Halm, Engelbrecht, Krahe, *Wandt*, Handbuch Kap. 1 Rn. 326.

433 Halm, Engelbrecht, Krahe, *Oberpriller* Kap. 15 Rn. 223 a.E.

434 Zur Leistung des Kaskoversicherers nach Quotenvorrecht siehe *BGH*, Beschl. v. 21.05.2023 – VI ZR 299/22, r+s 2023, 715.

435 Himmelreich, Halm, *Kreuter-Lange* Kap. 30 Rn. 35.

436 Himmelreich, Halm, *Oberpriller* Kap. 20 Rn. 222.

437 *BGH*, VersR 1967, 674.

Weitere kongruente Schadenposition ist die Wertminderung des reparierten Fahrzeugs. Die Wertminderung stellt einen unmittelbaren Schaden an der von der Kaskoversicherung erfassten Substanz des versicherten Objekts dar. Durch den Unfall ist das Fahrzeug zum Unfallwagen geworden und hat damit eine nicht mehr zu beseitigenden Eigenschaft erlangt, die die Wertbemessung dauernd negativ beeinflusst und somit im Sinne einer Vermögensminderung einen objektivierbaren Schaden an einem Sachwert darstellt, der unter dem Schutz der Kaskoversicherung stand.[438] 350

An dem Quotenvorrecht des Geschädigten nehmen weiter die für die Begutachtung des Fahrzeugs aufgewandten Sachverständigenkosten teil.[439] Die Gutachterkosten werden aufgewandt, um das Ausmaß der Beschädigung des Fahrzeugs zu ermitteln und deren Beseitigung in der Werkstatt vorzubereiten. Sie dienen daher der Wiederinstandsetzung des Fahrzeugs und damit der Wiederherstellung des früheren Zustands. Aus diesem Grunde handelt es sich um einen die Substanz des betroffenen Fahrzeugs berührenden und damit mit der Leistung des Kaskoversicherers kongruenten Schaden.[440] 351

▶ **Praxistipp:**

Gerade die Realisierung der Sachverständigenkosten im Rahmen des Quotenvorrechts ist von besonderer Wichtigkeit, da diese von der Vollkaskoversicherung nicht erstattet werden. Wenn allerdings von vornherein klar ist, dass die Vollkaskoversicherung in Anspruch genommen werden soll, wird die Kaskoversicherung die Bewertung des Schadens ohnehin durch einen von ihr beauftragten Sachverständigen vornehmen. Entsprechend kann dann dieses Gutachten auch für die Realisierung der noch beim Geschädigten verbliebenen Ansprüche genutzt werden. 352

Quotenbevorrechtigt sind auch die Abschleppkosten.[441] Auch diese Kosten werden aufgewandt, um das Fahrzeug einer Instandsetzung zuzuführen und damit den früheren Zustand wieder herzustellen. Gleiches gilt, wenn ein Fahrzeug abgeschleppt wird, das einen Totalschaden erlitten hat, um den Restwert zu erzielen. Aus diesem Grunde handelt es sich auch hier um einen die Substanz des betroffenen Fahrzeugs berührenden und damit mit der Leistung des Kaskoversicherers kongruenten Schaden.[442] 353

Unterschiedlich behandelt die Rechtsprechung, ob der Rückstufungsschaden unter das Quotenvorrecht fällt oder allenfalls entsprechend der Schadenquote geltend gemacht werden kann oder überhaupt nicht.[443] Der Streit entzündet sich daran, ob der Höherstufungsschaden als kongruent anzusehen ist oder nicht.[444] 354

Sofern bei der Abrechnung des Kaskoschadens Abzüge »neu für alt« vorgenommen worden sind, ist zunächst zu prüfen, ob sie unter dem Gesichtspunkt des Vorteilsausgleichs in gleicher Weise auch 355

438 *BGH*, DAR 1982, 159; *AG Niebüll*, BeckRS 2009, 14366; *BGH*, DAR 2010, 85; Therstappen, Tomson, MüKoStVR, 1. Aufl. 2017, AKB 2015 A.2 Kaskoversicherung – für Schäden an Ihrem Fahrzeug, Rn. 308–309.

439 *BGH*, DAR 1985, 154; *OLG Celle*, NJW-RR 2011, 830.

440 *BGH*, a.a.O., 155; *Jahnke*, Burmann, Heß, Hühnermann, Jahnke, Janker, Straßenverkehrsrecht 24. Aufl. 2016, BGB § 254 Mitverschulden, Rn. 311–330.

441 *BGH*, DAR 1982, 16; *OLG Dresden*, VersR 2009, 824; *OLG Frankfurt a.M.*, NJW 2013, 664; *Burmann, Heß*, Berz, Burmann, Handbuch des Straßenverkehrsrechts, 33. Ergänzungslieferung 2015, A. Vorprozessuale Prüfung, Rn. 10–24; 77. Quotenvorrecht, *Just, Reisert*, Balke, Reisert, Schulz, Merkel, Regulierung von Verkehrsunfällen, 2. Aufl. 2021, Rn. 1–11 (Darstellung sämtlicher quotenbevorrechtigter Position).

442 Zu den bevorrechtigten Positionen vgl. Franzke, Das Quotenvorrecht bei der Abwicklung von Verkehrsunfällen, NJW 2020, 1870.

443 *OLG Brandenburg* VersR 2009, 824: ja; *OLG Celle* NZV 2011, 505, *AG Hamburg-Altona*, Urt. v. 03.06.2008 – 316 C 373/07: nein.

444 BGB § 249 Art und Umfang des Schadensersatzes, *Almeroth*, MüKoStVR, 1. Aufl. 2017, BGB § 249 Art und Umfang des Schadensersatzes, Rn. 238–243. Vgl. *Janeczek*, Janeczek, Roth, Verkehrsrecht, 5. Aufl. 2022,Teil 3 Anspruchsinhalte bei der Verkehrsunfallhaftung, Rn. 96.

nach haftpflichtrechtlichen Gesichtspunkten begründet sind. Sollte dies der Fall sein, so wirkt sich deren Abzug im Rahmen des Quotenvorrechts nicht aus. Es gibt jedoch eine ganze Reihe Abzüge »neu für alt«, die nicht auf einer echten Wertverbesserung des Kfz im Ganzen beruhen, sondern lediglich nach den außerordentlich strengen Maßstäben des Kaskorechts vorgenommen werden, wonach bereits Wertverbesserungen an einzelnen Teilen des Fahrzeugs nach den jeweils bei den Versicherern geltenden Bestimmungen zu Abzügen führen kann. Quotenbevorrechtigt sind daher diejenigen Neu-für-Alt Abzüge, die der Kaskoversicherer zwar wegen der in den AKB niedergelegten Leistungsbeschränkung vornehmen darf, die aber nach haftpflichtrechtlichen Gesichtspunkten ungerechtfertigt wären.[445] Diese sind dem geschädigten Versicherungsnehmer im Rahmen des Quotenvorrechts zusätzlich zu erstatten.

356 Nicht zu den quotenbevorrechtigten Positionen zählen die übrigen Schadenspositionen des Geschädigten wie z.B. Nutzungsausfall, Kostenpauschale, Verschrottungskosten.[446] Nicht quotenbevorrechtigt sind mithin all die Schadenspositionen, die nicht zum unmittelbaren Fahrzeugschaden selbst gehören bzw. – wie die Sachverständigenkosten – dessen Feststellung dienen und daher nicht sachlich kongruent mit dem Versicherungsumfang der Kaskoversicherung sind. Dies sind alle Folgeschäden, die nicht dazu dienen, die unmittelbare Substanz des betroffenen Fahrzeugs wieder herzustellen und einen Ausgleich der Wertminderung zu schaffen.[447]

▶ **Praxistipp:**

357 Der durch die Inanspruchnahme der Vollkaskoversicherung entstehende Prämienschaden ist grds. kein kongruenter Schaden, er kann daher nur im Rahmen der Haftungsquote geltend gemacht werden. Der *BGH* (Az. VI ZR 36/05) hat aber die bisher streitige Frage geklärt, dass der Prämienschaden immer geltend gemacht werden und dessen Ersatz nicht mit dem Argument verweigert werden kann, man hätte aufgrund des Mitverschuldens die Vollkaskoversicherung ohnehin in Anspruch genommen.[448] Auch ist der Geschädigte vor der Inanspruchnahme der eigenen Vollkaskoversicherung nicht verpflichtet, die Regulierungsbereitschaft der gegnerischen Haftpflichtversicherung abzuwarten.[449]

358 Zu beachten ist allerdings, dass der Höherstufungsschaden für die Zukunft nur im Rahmen eines Feststellungsantrags verfolgt werden kann, da diese Schadenposition für die Zukunft noch nicht fällig ist.[450] Versicherungen lassen sich jedoch oftmals darauf ein, dass der Schaden auf der Basis der Verhältnisse am Schadentag auf zwei oder vier Jahre hochgerechnet wird und der so berechnete Betrag der Schadenregulierung zugrunde gelegt wird. Der Nachteil ist darin zu sehen, dass zum Beispiel höhere Kosten durch ein höherwertiges Fahrzeug nicht berücksichtigt werden. Auf der anderen Seite bleiben jedoch auch zukünftige Schäden außen vor. Dennoch hat das für den Geschädigten und dessen Anwältin oder Anwalt, aber auch für den Versicherer den Vorteil, dass die Akte geschlossen werden kann.

359 Am besten lassen sich die Auswirkungen des Quotenvorrechts in Form der Differenztheorie anhand von Beispielsrechnungen darstellen. Diese sollen anhand der Abrechnung im Fall der Reparatur des Fahrzeugs bzw. im Fall des Totalschadens nachfolgend dargestellt werden. Anknüpfungspunkt für das Quotenvorrecht ist ein Mitverschulden des vollkaskoversicherten Geschädigten.

445 *Lachner*, zfs 1999, 184.
446 *OLG Hamm*, DAR 2000, 218.
447 *Lachner* zfs 1999, 184; § 6 Quotenvorrecht, *Schneider*, Schneider, Das verkehrsrechtliche Mandat, Band 2: Verkehrszivilrecht, 8. Aufl. 2020, Rn. 25, 26.
448 *BGH*, DAR 2006, 574; NJW 2006, 2397.
449 *BGH*, DAR 2007, 2; VersR 2007, 81.
450 *Gebert, Holl, Mester*, Ersatz des Rückstufungsschadens in der Haftpflicht und in der Kaskoversicherung, r+s 2020, 121.

### 1. Abrechnung im Fall der Reparatur

Tab. 2 360

| | |
|---|---|
| Die Instandsetzungskosten belaufen sich auf | 10.000 € |
| Der Minderwert beträgt | 600 € |
| Die Abschleppkosten betragen | 200 € |
| Die Sachverständigenkosten sind in Höhe von angefallen. | 800 € |
| Der gesamte kongruente Fahrzeugschaden beläuft sich damit auf | 11.600 €. |

Das Mitverschulden des Geschädigten beläuft sich auf 70 %, sodass der Geschädigte vom Schädiger einen Betrag in Höhe von 3.480 € beanspruchen könnte. Nach Einschaltung des Vollkaskoversicherers und Ausnutzung des Quotenvorrechts ergibt sich hingegen folgendes Bild:

Der Vollkaskoversicherer hat den Schaden am Fahrzeug nach Abzug der Selbstbeteiligung von 1.000 € in Höhe von 9.000 € an den Geschädigten beglichen. Weitere Zahlungen hat er nicht erbracht.

Der Geschädigte kann nun den Restschaden in der durch sein Mitverschulden gezogenen Grenze des Betrages von 3.480 € wie folgt abrechnen:

Tab. 3 361

| | |
|---|---|
| – PKW (Rest-)Schaden in Höhe der Selbstbeteiligung | 1.000 € |
| – Minderwert | 600 € |
| – Abschleppkosten | 200 € |
| – Sachverständigenkosten | 800 € |
| Er erhält vom gegnerischen Haftpflichtversicherer also | 2.600 € |

und damit die Positionen Minderwert, Abschleppkosten und Sachverständigenkosten trotz Mitverschuldens ungekürzt. Für den Vollkaskoversicherer verbleibt damit ein Regressanspruch in Höhe von 880 €.

362 Hätte der Vollkaskoversicherer wegen eines nur im Rahmen des Kaskorechts zulässigen Abzugs »neu für alt« den Fahrzeugschaden um einen Betrag von 500 € gekürzt ausgezahlt, also auf den Fahrzeugschaden von 10.000 € nach Abzug der Selbstbeteiligung von 1.000 € nur 8.500 € erstattet, so könnte der Geschädigte den Betrag von 500 € zusätzlich vom Schädiger verlangen, er erhielte also 1.500 € für den PKW Restschaden und damit insgesamt 3.100 € auf den kongruenten Fahrzeugschaden vom gegnerischen Haftpflichtversicherer. Für den Kaskoversicherer verbleiben dann nur noch 380 €, die er regressieren kann.

363 Sonstige Schadenspositionen wie z.B. Nutzungsausfall, Standgeld und Kostenpauschale erhält der Geschädigte hingegen nur in Höhe der Quote also in Höhe von 30 %. Würde man folgende Werte annehmen

Tab. 4 364

| | | | |
|---|---|---|---|
| Nutzungsausfall | 1.000 €, davon 30 | % | 300 € |
| Standgeld | 500 €, davon 30 | % | 150 € |
| Kostenpauschale | 50 €, davon 30 | % | 15 € |
| Gesamt | 1.550 €, davon 30 | % | 465 € |

so ergibt sich folgende Betrachtung:

365 Der Gesamtschaden beläuft sich auf 13.150 €, bei einem Anspruch in Höhe von nur 30 % würde der Geschädigte darauf vom Schädiger unmittelbar nur 3.945 € erhalten. Bei Inanspruchnahme

des Quotenvorrechts nach Einschaltung der Vollkaskoversicherung erhält er hingegen 9.000 € von der Vollkaskoversicherung, 2.600 € vom gegnerischen Haftpflichtversicherer auf den kongruenten Schaden und 465 € auf den Restschaden, also insgesamt 12.065 € und damit nahezu vollständigen Ausgleich seines Schadens. Als Nachteil verbleibt der Höherstufungsschaden, den der Geschädigte aber nach überwiegender Rechtsprechung in Höhe von 30 % beim gegnerischen Haftpflichtversicherer einfordern kann.[451]

## 2. Abrechnung auf Totalschadenbasis

366 Bei der Abrechnung auf Totalschadenbasis ergibt sich folgende Berechnung:

Tab. 5

| | | |
|---|---|---|
| Wiederbeschaffungswert des PKW | Euro | 20000 |
| Restwert | Euro | 1000 |
| Fahrzeugschaden | Euro | 19000 |
| Sachverständigenkosten | Euro | 1000 |
| Abschleppkosten | Euro | 250 |
| Gesamt | Euro | 1250 |
| Kongruenter Fahrzeugschaden | Euro | 20250 |
| Mietwagenkosten | Euro | 3000 |
| Kostenpauschale | Euro | 50 |
| Sonstiger Schaden | Euro | 3050 |
| Gesamtschaden | Euro | 23300 |

367 Bei einem Mitverschulden von 50 % könnte der Geschädigte vom Schädiger auf den kongruenten Fahrzeugschaden 10.125 € verlangen. In dieser Grenze kann er nach Inanspruchnahme des Vollkaskoversicherers sein Quotenvorrecht in Anspruch nehmen.

368 Der Vollkaskoversicherer leistet auf den kongruenten Fahrzeugschaden nach Abzug der Selbstbeteiligung von 1.000 € einen Betrag von 18.000 €, da er lediglich den reinen Fahrzeugschaden ersetzt. Der Geschädigte kann daher beim gegnerischen Haftpflichtversicherer abrechnen:

Tab. 6

| | | | |
|---|---|---|---|
| | Fahrzeugschaden (Rest) in Höhe der Selbstbeteiligung | Euro | 1000 |
| | Sachverständigenkosten | Euro | 1000 |
| | Abschleppkosten | Euro | 250 |
| Gesamt | | Euro | 2250 |

369 Der Vollkaskoversicherer kann den Restbetrag zum hälftigen ersatzpflichtigen kongruenten Fahrzeugschaden in Höhe von 7.875 € geltend machen.

370 Die übrigen Positionen kann der Geschädigte in Höhe der Quote von 50 %, also in Höhe von 1.525 €, beanspruchen. Insoweit greift ein Quotenvorrecht mangels Kongruenz nicht mehr ein. Er erhält also auf den Gesamtschaden vom Kaskoversicherer 18.000 €, vom gegnerischen Haftpflichtversicherer auf den kongruenten Schaden 2.250 € und auf die verbleibenden Positionen 1.525 €. Er hat damit trotz Mitverschuldens in Höhe von 50 % auf seinen Gesamtschaden von 25.550 € einen Betrag von 21.775 € erhalten. Er kann ferner nach der Rechtsprechung des *BGH* bei Fälligkeit den jährlich eintretenden Höherstufungsschaden nach einer Quote von 50 % geltend machen.

451 Vgl. dazu Rdn. 358.

Hätte der Geschädigte seine Kaskoversicherung nicht eingeschaltet, so hätte er nur einen Betrag in Höhe von 50 % des Gesamtschadens unmittelbar vom Schädiger, also nur 12.775 €, erhalten.

Das Quotenvorrecht greift auch dann ein, wenn der Kaskoschaden höher ist, als der Haftpflicht- 371
schaden, also der Geschädigte im Fall der Abrechnung auf Totalschadenbasis vom Schädiger nur den Wiederbeschaffungswert, vom Kaskoversicherer aber aufgrund entsprechender Vereinbarung den Neupreis verlangen kann.[452] Dies gilt auch im umgekehrten Fall, wenn also der Haftpflichtschaden höher ist, als die zu erwartende Leistung des Vollkaskoversicherers, also dann, wenn z.B. die Haftpflichtversicherung trotz Totalschadens wegen des Integritätszuschlages noch die Reparaturkosten zahlen muss, da diese den Wiederbeschaffungswert um nicht mehr als 30 % übersteigen, der Kaskoversicherer aber nur den Wiederbeschaffungswert ersetzen muss.[453]

Nimmt der Geschädigte zunächst nur den Schädiger in Anspruch und erhält dort nur eine Quote, 372
so kann er nachfolgend den Kaskoversicherer auf den Restschaden in Anspruch nehmen. Auch hier greift dann das Quotenvorrecht ein. Dabei gilt:

- Ist der Restschaden höher als die Kaskoleistung, kann der Geschädigte die Kaskoleistung in voller Höhe verlangen. Dabei ist die Selbstbeteiligung von der Leistung des Kaskoversicherers abzuziehen.
- Ist der Restschaden niedriger als die Kaskoleistung, ist der Anspruch des Geschädigten gegen die Kaskoversicherung auf den Restschaden begrenzt.[454]

▶ **Beispiel:**

Restschaden niedriger als Leistung des Kaskoversicherers, Begrenzung der Leistungspflicht der 373
Kaskoversicherung durch den Restschaden

Tab. 7

| | | |
|---|---|---|
| PKW Schaden | Euro | 10000 |
| Haftungsquote 25 %, vom Schädiger zu zahlen | Euro | 2500 |
| Restschaden | Euro | 7500 |
| Kasko Schaden | Euro | 10000 |
| Selbstbeteiligung | Euro | 1000 |
| Kaskoleistung | Euro | 9000 |

Der Geschädigte kann von der Kaskoversicherung die noch offenen 7.500 € in voller Höhe verlangen.

Restschaden höher, als Leistung des Kaskoversicherers. Auszahlung der vollen Leistung des Kaskoversicherers.

**Tab. 8**

| | | |
|---|---|---|
| PKW Schaden | Euro | 10000 |
| Wertminderung | Euro | 2000 |
| Sachverständigenkosten | Euro | 1000 |
| Gesamtschaden | Euro | 13000 |
| Quote des Schädigers 25 % | Euro | 3250 |
| Restschaden | Euro | 9750 |
| Kaskoleistung | Euro | 10000 |

452 Vgl. *Freyberger*, DAR 2001, 385.
453 Vgl. *Freyberger*, DAR 2001, 386.
454 Vgl. *Freyberger*, DAR 2001, 386.

| | | |
|---|---|---|
| PKW Schaden | Euro | 10000 |
| Selbstbeteiligung | Euro | 1000 |
| Kaskoleistung | Euro | 9000 |

Der Geschädigte kann die Kaskoleistung in voller Höhe von 9.000 € verlangen, mit dem Restschaden fällt er aus.

### II. Das Quotenvorrecht im Bereich der Sozialversicherung

374 § 116 SGB X enthält an mehreren Stellen Regelungen, über das Verhältnis des vom Sozialleistungsträger aus übergegangenem Recht geltend zu machenden Schadensersatzanspruchs und der Möglichkeit des Geschädigten den bei ihm verbliebenen Schaden geltend zu machen. Teilweise wird dieser Konflikt durch die Einräumung eines umfassenden Befriedigungsvorrechts, teilweise durch die Möglichkeit einer gleichrangigen Befriedigung gelöst.

#### 1. Das Quotenvorrecht des § 116 Abs. 2 SGB X

375 Ist der Anspruch auf Ersatz eines Schadens durch Gesetz der Höhe nach begrenzt, geht er gem. § 116 Abs. 2 SGB X nur in der Höhe auf den Sozialleistungsträger über, soweit er nicht zum Ausgleich der Schäden des Geschädigten oder seiner Hinterbliebenen erforderlich ist.[455] Es ist die Besonderheit zu beachten, dass sich dieses Quotenvorrecht auf den gesamten Schaden des Geschädigten also den kongruenten, wie den inkongruenten Schaden, erstreckt.[456] Dies bedeutet, dass der Sozialleistungsträger erst regressieren kann, wenn der gesamte Schaden seines Versicherten inklusive der Schmerzensgeldforderung ausgeglichen ist.[457] Solange die naheliegende Möglichkeit besteht, dass der gesetzliche Haftungshöchstbetrag zur Deckung des persönlichen Schadens nicht ausreicht, ist der Sozialleistungsträger für eine Zahlungsklage nicht aktivlegitimiert.[458] Dies gilt nur dann nicht, wenn sich die gesetzliche Haftungsbeschränkung auf bestimmte Schadengruppen erstreckt, dann kommt das Befriedigungsvorrecht auch nur hier zum Tragen, im Übrigen haftet der Schädiger ohnehin unbeschränkt.[459]

**▶ Praxistipp**

376 Der Vertreter des Geschädigten muss substantiiert zur Schadenhöhe vortragen, wenn er sich nicht dem Einwand der fehlenden Aktivlegitimation aussetzen will. Der Schädiger muss die Umstände des Einzelfalls ebenfalls sorgfältig prüfen, um nicht an den falschen Gläubiger und damit u.U. doppelt zu zahlen.

377 § 116 Abs. 2 SGB X ist nur einschlägig, wenn die Haftung durch ein Gesetz der Höhe nach beschränkt ist, wie dies z.B. bei § 12 StVG der Fall ist. Schuldet der Schädiger daneben hingegen noch unbegrenzten Ersatz, z.B. nach §§ 823 ff. BGB oder aus Vertrag, so ist § 116 Abs. 2 SGB X

455 *Lemcke, Hensen*, Aktuelles zum Regress des Sozialversicherungsträgers, NJW 2019, 2655; § 30 Der Regress des Sozialversicherungsträgers und sonstiger Leistungsträger, *Schacht*, Buschbell, Höke, MAH Straßenverkehrsrecht, 5. Auflage 2020.

456 *BGH*, DAR 1997, 310 f.; *LG Bonn*, BeckRS 2006, 05823; Matz, Gehen Ansprüche, die nicht nur versicherte Schäden decken, nach§ 86 VVG über? VersR 2008, 1451; *Langenick*, Jahnke, Burmann, Handbuch des Personenschadensrechts, 1. Aufl. 2015, 7. Kapitel. Versicherungsvertragliche Absicherung, Rn. 145–154.

457 *Elsner*, zfs 1999, 276 f.

458 *OLG Düsseldorf*, NZV 1996, 238.

459 Geigel, *Plagemann* Kap. 30 Rn. 61.

nicht einschlägig.[460] Ferner greift § 116 Abs. 2 SGB X im Fall des Mitverschuldens nicht ein, hier gilt § 116 Abs. 3 S. 2 SGB X.[461]

§ 116 Abs. 2 SGB X gilt analog in den Fällen, in denen eine vertragliche Haftungshöchstsumme vereinbart wurde, sofern diese Vereinbarung nicht den alleinigen Zweck verfolgt, dem Sozialleistungsträger die Regressmöglichkeit abzuschneiden.[462] 378

## 2. Die Regelungen des § 116 Abs. 3 SGB X

§ 116 Abs. 3 S. 1 SGB X regelt den Fall, dass der Schadensersatzanspruch des Geschädigten durch ein Mitverschulden oder eine Mitverantwortlichkeit seinerseits beschränkt ist. Für diesen Fall bestimmt § 116 Abs. 3 S. 1 SGB X, dass auf den Sozialleistungsträger der Anspruch nur in Höhe der Verschuldensquote des Schädigers übergeht. Nach § 116 Abs. 3 S. 3 SGB X tritt dieser Anspruchsübergang aber nicht ein, wenn der Geschädigte oder seine Hinterbliebenen durch den Anspruchsübergang hilfebedürftig im Sinne der Vorschriften des Zwölften Buches des SGB werden würden, der Geschädigte oder seine Hinterbliebenen sozialhilfebedürftig würden.[463] 379

Damit enthält § 116 Abs. 3 S. 1 i.V.m. § 3 SGB X zunächst ein Befriedigungsvorrecht des Geschädigten. Es gilt die sogenannte relative Theorie, die eine gleichrangige und anteilige Befriedigung zwischen dem Geschädigten und dem SVT begründet. Dies sei an folgendem Beispiel verdeutlicht:[464] 380

Dem Geschädigten ist in Höhe von 4.000 € ein Erwerbsschaden entstanden, sein Mitverschulden beträgt 50 %, er kann also nur 2.000 € vom Schädiger beanspruchen. Der Sozialversicherungsträger zahlt aber eine Berufsunfähigkeitsrente von 2.400 €. Es fragt sich also, wer auf die vom Schädiger zu leistenden 2.000 € Rückgriff nehmen darf, der SVT, der der Höhe nach einen voll übergangsfähigen Schaden geltend machen könnte, oder der Geschädigte, der im Verhältnis zu seinem tatsächlichen Schaden eine Differenz von 1.600 € zu überbrücken hat. 381

Es käme in Betracht, den SVT ganz vorgehen zu lassen (absolute Theorie), der Geschädigte erhielte nichts, der SVT die Haftungsmasse von 2.000 €. Umgekehrt könnte man dem Geschädigten auf seinen Differenzschaden nach Leistung des SVT vorrangig 1.600 € zubilligen und dem SVT die verbleibenden 400 € zu der Haftungsmasse von 2.000 € (Differenztheorie). Der Gesetzgeber hat sich aber in § 116 Abs. 3 S. 1 SGB X für die sogenannte relative Theorie entschieden. Diese bewirkt eine gleichrangige, anteilige Befriedigung von SVT und Geschädigten. Danach erhalten jeweils in Höhe der Haftungsquote des Schädigers der Geschädigte seinen Anteil von dem nicht gedeckten Restschaden und der SVT dieselbe Quote aus der von ihm erbrachten Leistung.[465] Dies bedeutet: 382

Der Geschädigte erhält von seinem Restschaden (1.600 €) 50 % also 800 €. Der SVT erhält von seinen Leistungen (2.400 €) 50 % also 1.200 €. Damit ist der zur Verfügung stehende Betrag von 2.000 € auf den SVT und den Schädiger verteilt. 383

§ 116 Abs. 3 S. 2 SGB X regelt den Sachverhalt, dass eine gesetzliche Haftungshöchstgrenze mit einem Mitverschulden des Geschädigten zusammenfällt und daher aus beiden Gründen nur eine begrenzte Haftungsmassen zur Verfügung steht. Auch für diesen Fall gilt zunächst, dass ein Anspruchsübergang komplett ausscheidet, wenn der Geschädigte durch den Anspruchsübergang sozialhilfebedürftig werden würde (§ 116 Abs. 3 S. 3 SGB X). Im Übrigen aber gilt nach der Rspr. des *BGH* Folgendes: Trifft eine Anspruchsbegrenzung wegen Mitverschuldens des Geschädigten mit einer gesetzlichen Beschränkung der Haftung auf Höchstbeträge zusammen, so steht dem Geschädigten bei teilwei- 384

460 Geigel, *Plagemann* Kap. 30 Rn. 60.
461 Geigel, *Plagemann* Kap. 30 Rn. 60.
462 Geigel, *Plagemann* Kap. 30 Rn. 60; Himmelreich, Halm, *Engelbrecht*, Kap. 31 Rn. 36.
463 *Heß, Burmann*, Berz, Burmann, Handbuch des Straßenverkehrsrechts, Werkstand: 48. EL August 2023, P Forderungsübergang durch Legalzession, Rn. 25–28.
464 *Elsner*, zfs 1999, 276 f.
465 *Elsner*, zfs 1999, 276 f.

sem Forderungsübergang auf Sozialversicherungsträger ein Quotenvorrecht nicht zu.[466] Auch hier gilt dann die relative Theorie,[467] also eine gleichrangige Befriedigung von Geschädigtem und SVT.[468]

385 Der *BGH* begründet seine Auffassung, dass sich der Geschädigte in diesem Fall auf das umfassende Quotenvorrecht des § 116 Abs. 2 SGB X nicht berufen könne, u.a. damit, dass § 116 Abs. 3 S. 2 SGB X den Fall des Zusammentreffens von Mitverschulden und gesetzlichen Haftungshöchstgrenzen abschließend regele. Die Versagung des Quotenvorrechts für den Geschädigten im Fall des Mitverschuldens sei deshalb gerechtfertigt, weil der Geschädigte, der durch ein Mitverschulden zur Entstehung seines Schadens beigetragen habe, weniger schützenswert sei, als derjenige, der sich einer gesetzlichen Haftungsbegrenzung gegenübersehe, die er nicht beeinflussen könne. Die Berechnung und Aufteilung der auf die Sozialleistungsträger übergehenden und der dem Geschädigten verbleibenden Ansprüche sei bei dem Zusammentreffen von Mitverschulden und gesetzlichen Haftungshöchstbeträgen damit auf der Grundlage der in § 116 Abs. 3 S. 1 SGB X verankerten relativen Theorie vorzunehmen.[469] Der *BGH* weist aber darauf hin, dass eine buchstäbliche Anwendung dieser Vorschrift nicht in Betracht komme, weil dies zu dem inakzeptablen Ergebnis führen würde, dass der dem Geschädigten verbleibende Anspruch betragsmäßig umso höher wäre, je höher sein Mitverschuldensanteil sei.[470] Dieser Erkenntnis folgend wird daher die relative Theorie in modifizierter Form angewendet. Danach sei zunächst eine Aufteilung der auf die Sozialleistungsträger übergehenden und der dem Geschädigten verbleibenden Ansprüche nach der relativen Theorie gemäß § 116 Abs. 3 S. 1 SGB X ohne Berücksichtigung der Haftungshöchstgrenze vorzunehmen. Überschreite der um den Mitverschuldensanteil des Geschädigten gekürzte Gesamtschadensanspruch die gesetzliche Haftungshöchstsumme, so sei anschließend das Ergebnis der Aufteilung zwischen Sozialleistungsträgern und Geschädigtem der Haftungshöchstgrenze anteilig anzupassen, um die Unterdeckung proportional auf Sozialleistungsträger und Geschädigten zu verteilen. Auf diese Weise komme es zwischen ihnen zu einer gleichmäßigen Verteilung des gekürzten Ersatzanspruchs. Dies heißt aber auch, dass Schädiger und Sozialleistungsträger um den Schadensersatzanspruch konkurrieren, also eine Anrechnung der Leistungen an den jeweils anderen erfolgt.[471]

### 3. Das Befriedigungsvorrecht des § 116 Abs. 4 SGB X

386 Stehen der Durchsetzung der Ansprüche auf Ersatz eines Schadens tatsächliche Hindernisse entgegen, hat die Durchsetzung der Ansprüche des Geschädigten und seiner Hinterbliebenen Vorrang vor der Befriedigung der gem. § 116 Abs. 1 SGB X auf den Sozialleistungsträger übergegangenen Ansprüche (§ 116 Abs. 4 SGB X). Hauptanwendungsfall ist der Sachverhalt, dass die Mittel des Schädigers nicht ausreichen, den Anspruch in voller Höhe zu befriedigen. Das Befriedigungsvorrecht des § 116 Abs. 4 SGB X erstreckt sich nicht nur auf die kongruenten Schadensersatzansprüche, sondern auf sämtliche Schadensersatzansprüche einschließlich des Schmerzensgeldes.[472]

### 4. Die Vorschrift des § 116 Abs. 5 SGB X

387 Nach § 116 Abs. 5 SGB X steht dem Geschädigten der Ersatzanspruch dann vorrangig zu, wenn einerseits der Sozialleistungsträger den Schaden nicht voll abdeckt, dieser aber andererseits trotz des Schadenfalls keine höhere Aufwendungen hat. Auch in dieser Situation hat der Sozialleistungsträger einen Regressanspruch, obwohl er zuvor schon unfallunabhängig Leistungen erbracht hat.[473] Der Geschädigte soll sich aber vorab befriedigen können, da der Sozialleistungsträger ja schon schaden-

466 *BGH*, DAR 2001, 157.
467 Halm, Engelbrecht, Krahe, *Euler/Kreuter-Lange* Kap. 25 Rn. 153.
468 Himmelreich, Halm, *Kreuter-Lange* Kap. 19 Rn. 87.
469 *BGH*, DAR 2001, 158.
470 *BGH*, DAR 2001, 158; s.a. Geigel, *Plagemann*, Kap. 30 Rn. 65.
471 Siehe dazu auch *Engelbrecht*, PVR 2001, 156 ff.
472 Vgl. ausführlich zu dieser Vorschrift Geigel, *Plagemann*, Kap. 30 Rn. 72 m.w.N.
473 *BGH*, BGHZ 9, 179, 187 ff.

unabhängig leisten musste und ihm keine höheren Aufwendungen entstanden sind.[474] Jede andere Auffassung würde zudem auch zu Rechtsunsicherheit führen, da die Frage, in welchem Umfang ein Anspruchsübergang stattgefunden hat, nicht mehr ausschließlich vom ungedeckten Schaden abhängt.[475]

### 5. Die Vorschrift des § 116 Abs. 6 SGB X

Zum 01.01.2021 wurde § 116 Abs. 6 S. 11 SGB X zu Gunsten des Geschädigten geändert. Ein nach § 116 Abs. 1 SGB X übergegangener Anspruch kann nunmehr bei nicht vorsätzlicher Schädigung durch einen Schädiger, der im Zeitpunkt des Schadenfalls in häuslicher Gemeinschaft in einem familiären Näheverhältnis mit dem Geschädigten gelebt hatte, durch den Sozialversicherungsträger nicht geltend gemacht werden. Der Ausschluss greift jedoch nicht bei vorsätzlicher Schädigung und bei Fällen in denen der Schaden durch ein Fahrzeug entstanden ist für das Versicherungspflicht nach § 1 PflVG oder § 1 HpflG für ausländische Kraftfahrzeuge und Anhänger besteht. In diesem Fall kann der Regressanspruch jedoch nur gegen den Haftpflichtversicherer geltend gemacht werden. Der Schädiger kann in Regress genommen werden, wenn er den Schaden vorsätzlich herbeigeführt hat. Er ist in diesem Fall nicht über die Haftpflichtversicherung gedeckt, anders als der Halter des Fahrzeugs.[476] 388

Der Begriff des Familienangehörigen ist in § 116 Abs. 6 SGB X nicht definiert. Erfasst werden von ihm 389
- Ehegatten,
- Lebenspartner i.S.v. § 11 Abs. 1 LPartG
- Verwandte im rechtlichen Sinn
- Verschwägerte
- Stiefeltern nund Stiefkinder
- Adoptiveltern und Adoptivkinder
- Pflegekinder
- Verlobte
- Partner einer eheähnlichen Lebensgemeinschaft.[477]

Häusliche Gemeinschaft ist gegeben, wenn Schädiger und Geschädigte bzw. dessen Hinterbliebene zum Zeitpunkt des Schadenereignisses für eine gewisse Dauer ihren Lebensmittelpunkt in einer gemeinsamen Wohnung gehabt und eine gemeinsame Wirtschaftsführung betrieben haben. Eine vorübergehende Abwesenheit, z.B. wegen eines Urlaubs, oder eine arbeitsbedingte Abwesenheit schaden nicht.[478] 390

## E. Geschäftsführung ohne Auftrag

Der Rechtsgrund des Anspruchs lässt sich auch aus dem Rechtsinstitut der »Geschäftsführung ohne Auftrag«[479] (GoA) ableiten. GoA liegt dann vor, wenn 391
- jemand ein Geschäft für einen anderen besorgt,
- ohne dass er hierzu einen Auftrag hat oder sonst – beispielsweise aus Vertrag, Einwilligung oder Amtsstellung – berechtigt ist (§ 677 BGB).

474 Vgl. auch hier weiterführend Geigel, *Plagemann*, Kap. 30 Rn. 74 ff.
475 *KG*, NZV 1999, 208.
476 *Süß*, Pardey, Balke, Link, Schadenrecht. 1. Aufl. 2023, Forderungsübergang auf Sozialleistungsträger (§ 116), Rn. 35.
477 *BGH*, Urt. 05.02.2013 – VI ZR 194/10, NZV 2013, 334.
478 *BGH*, Urt. v. 28.06.2011 – VI ZR 194/10, NJW 2011, 3715.
479 Wegen der Grundsätze dieses Rechtsinstituts vgl. *Rödder*, JUS 1983, 930; *Hey*, Jus 2009, 400; bezüglich der einzelnen Tatbestandsmerkmale vgl. *Gursky*, AcP 185, 13, BGB § 868 Mittelbarer Besitz; *Schäfer*, MüKoBGB, 8. Aufl. 2020, Rn. 52.

392 Voraussetzung ist also nicht nur, dass jemand tatsächlich ein fremdes Geschäft führt, sondern er muss darüber hinaus noch das Bewusstsein und den Willen gehabt haben, es – zumindest neben eigenen Interessen – im Interesse des mutmaßlichen Geschäftsherrn zu führen.[480]

393 Nach der Rechtsprechung finden zugunsten desjenigen, der dem anderen in einer Gefahr für Leib und Seele unaufgefordert Hilfe leistet, die Vorschrift über die GoA Anwendung. Aufwendungen i.S.d. §§ 677, 683 BGB sind in diesem Fall alle Vermögenseinbußen, die der Helfer zum Zwecke der Hilfeleistung erbracht hat, und zwar auch diejenigen an Leben und Gesundheit.[481]

394 Wird das Technische Hilfswerk auf Anforderung der zuständigen (rheinland-pfälzischen) Ordnungsbehörde zur Gefahrenabwehr eingesetzt, so sind die dadurch entstehenden Kosten allerdings durch die Ordnungsbehörde per Bescheid gegen den Gefahrenverursacher geltend zu machen. Ein Direktanspruch des THW gegen den Verursacher aus Geschäftsführung ohne Auftrag besteht in diesem Fall laut *BGH* nicht.[482]

395 Die h.M. geht davon aus, dass der Eigentümer eines Kfz bei Selbstaufopferung in kritischer Lage Ersatz für seinen Unfallschaden unter dem Gesichtspunkt der GoA nur dann verlangen kann, wenn er selbst den Entlastungsbeweis aus § 7 Abs. 2 StVG a.F. mit Erfolg zu führen vermag.[483] Diese Ansicht hat auch unter Berücksichtigung der neuen Fassung des § 7 Abs. 2 StVG (Entlastung nur noch bei »höherer Gewalt«) Bestand. Ein Abstellen auf die Voraussetzung des § 7 Abs. 2 StVG in der nunmehr gültigen Form würde in den meisten Fällen dem ausweichenden und sich selbst schädigenden Autofahrer die Möglichkeit des Ersatzes aus GoA nehmen. Der Verschuldensgrad des anderen (»schwachen«) Verkehrsteilnehmers muss berücksichtigt werden, ggf. bis zum vollständigen Wegfall der Haftung des Kfz-Halters aus der Betriebsgefahr. Die Erwägungen zu § 254 BGB und § 17 StVG müssen auch in diesem Fall greifen.[484]

396 Etwas anderes gilt bei Unfällen, für die Kinder bis zu 10 Jahren im fließenden Straßenverkehr nicht für entstehende Schäden haften (§ 828 Abs. 2 BGB). In diesen Fällen käme allenfalls aus dem Gesichtspunkt der Aufsichtspflichtverletzung gegen die erziehungsberechtigten Personen oder aus Billigkeitserwägungen ein Anspruch in Betracht.[485] Dieser Versuch wird jedoch oftmals ins Leere gehen, nachdem die Rechtsprechung an die Aufsicht der Erziehungsberechtigten im Zusammenhang mit dem fließenden Straßenverkehr sehr niedrige Voraussetzungen stellt.[486]

397 Es ist keinesfalls erforderlich, dass der Geschäftsherr dem Geschäftsführer im Zeitpunkt der Geschäftsführung bereits bekannt ist. Unter das Rechtsinstitut der *Geschäftsführung ohne Auftrag* fallen auch rein faktische Handlungen (sog. Realakte).

▶ **Beispiel:**

398 Ein zufällig hinzukommender Arzt behandelt einen bewusstlosen Unfallverletzten. Er darf annehmen, dass die Behandlung im wirklichen oder zumindest mutmaßlichen Interesse (§ 677 BGB) des Verletzten liegt und darf demgemäß Ersatz für seine Aufwendungen fordern (§ 683 BGB).[487]

---

480 *Pardey*, Pardey, Balke, Link, Schadenrecht, 1. Aufl. 2023, Aufwendungsersatz, Rn. 16–20.
481 Vgl. *BGH*, BGHZ 33, 251; *BGH*, BGHZ 38, 302; *Gehrlein*, VersR 1998, 1330; *Dornwald*, VGT 1993, 287; *Loyal*, VersR 2013, 966; *Kupfer, Weiß*, Geschäftsführung ohne Auftrag, JA 2018, 894.
482 *BGH*, Urt. v. 19.07.2007, JZ Information 2007, 480 (amtl. Leitsatz).
483 Vgl. *BGH*, BGHZ 38, 270.
484 Vgl. Löhnig, Firsching, Naczinsky, Runge-Rannow, Kinder auf der Straße, JA 2019, 23.
485 Vgl. *Friedrich*, VersR 2000, 697; VersR 2005, 1660.
486 Vgl. *OLG Oldenburg*, Urt. v. 04.11.2004 – 1 U 73/04, DAR 2005, 343; *LG Osnabrück*, SVR 2008, 347 (LS) m.Anm. *Siegel*; *LG Oldenburg*, NZV 2011, 33; *Wagner*, MüKoBGB, BGB § 832, Rnrn. 23 ff., 6. Aufl. 2013.
487 Vgl. *OLG München*, Urt. v. 06.04.2006 – 1 U 4142/05, NJW 2006, 1883.

Entstehen Aufwendungen in der Absicht, die Leistung für den Ersatzpflichtigen zu bewirken und ihm in Rechnung zu stellen, handelt die Person, der die Aufwendungen entstehen, nach vorherrschender Meinung als Geschäftsführer ohne Auftrag i.S.v. § 677 BGB. Dennoch kann auch diese Person über § 683 BGB Ersatz für ihre notwendigen Aufwendungen verlangen. 399

Umgekehrt kann sich aber auch der Geschäftsführer ohne Auftrag durch eine derartige Geschäftsführung selbst zum Schadensersatz verpflichten. Falls die Übernahme der Geschäftsführung mit dem wirklichen oder mutmaßlichen Willen des Geschäftsherrn in Widerspruch steht und der Geschädigte dies erkennen musste, ist er zum Schadensersatz auch dann verpflichtet, wenn ihm ein sonstiges Verschulden nicht zur Last fällt (§ 678 BGB). Ruft ein Dritter eine private, in Österreich ansässige Helikopterfirma zur Rettung eines Bergsportlers aus Deutschland in den Alpen, so ist der Bergsportler nur dann zur Zahlung der Mehrkosten verpflichtet, wenn das Unternehmen den Nachweis erbringt, dass weder ein Helikopter des österreichischen Innenministeriums noch eine andere preiswertere Firma die Rettung übernehmen konnten.[488] Ob ein Aufwand notwendig oder zweckmäßig ist, ist nach den Verhältnissen zu beurteilen, wie sie sich dem Geschäftsführer zur Zeit der Geschäftsführung darstellten. Den wahrscheinlichen Intentionen des Geschäftsherrn, auch im Hinblick auf die Kosten der Geschäftsführung, ist Rechnung zu tragen. 400

Allerdings kann der entgegenstehende Wille des Geschäftsherrn unbeachtlich sein und daher außer Betracht bleiben, wenn sonst – also ohne die Geschäftsführung – eine dem Geschäftsherrn obliegende Pflicht, die im öffentlichen Interesse liegt, nicht oder nicht rechtzeitig erfüllt würde (§ 679 BGB).[489] 401

Ist die Geschäftsführung notwendig, um eine drohende Gefahr abzuwenden, so haftet der Geschäftsführer bei Abwägung der Interessenlage in diesem Fall lediglich unter erheblich eingeschränkten Voraussetzungen, nämlich nur für Vorsatz oder grobe Fahrlässigkeit i.S.v. § 680 BGB. Dabei genügt bereits die subjektive Überzeugung des Geschäftsherrn vom Bestehen der Gefahr, sofern ihn bei der Beurteilung dieses Tatbestandes keine grobe Fahrlässigkeit trifft.[490] Ebenso unerheblich ist es, ob den beabsichtigten oder durchgeführten Maßnahmen letztlich auch erfolgreich war.[491] Geltung hat dieser Grundsatz vor allem bei Hilfsaktionen nach einem Verkehrsunfall. Dem Ersthelfer kann ein Fehler bei der ersten Hilfe nur angelastet werden, wenn er grob fahrlässig oder sogar vorsätzlich gehandelt hatte. 402

Erleidet der Ersthelfer bei der Hilfeleistung, die nach § 2 Abs. 1 Nr. 13 SGB VII versichert ist, einen Personenschaden, kann derjenige, dem die Hilfeleistung erbracht worden ist, sich grundsätzlich nicht auf das Haftungsprivileg aus § 105 Abs. 1 SGB VII berufen.[492] 403

Gerade im Schadensersatzrecht muss stets in dem Sinne differenziert werden, ob der Geschäftsherr eigene oder fremde Interessen wahrnimmt. Besorgt jemand ein fremdes Geschäft in der unzutreffenden Vorstellung, es sei sein eigenes, so fehlt das Bewusstsein, im Interesse eines anderen zu handeln. Das Rechtsinstitut der Geschäftsführung ohne Auftrag kommt schon im Bereich des Tatbestandes nicht in Betracht (§ 678 BGB). In diesem Fall spricht man von irrtümlicher Eigengeschäftsführung oder »unechter« Geschäftsführung ohne Auftrag.[493] 404

Um jedoch dem von einer derartigen Geschäftsführung Betroffenen die Vorteile des unberechtigt abgeschlossenen Geschäfts zukommen zu lassen, erklärt § 681 S. 2 BGB die Vorschriften über die Geschäftsführung ohne Auftrag für entsprechend anwendbar. Dies bedeutet, dass der Betroffene die 405

488 *LG Karlsruhe*, Urt. v. 06.06.2002 – 5 S 99/01, NJW 2003, 443.
489 *Pardey*, Pardey, Balke, Link, Schadenrecht, Aufwendungsersatz, 1. Aufl. 2023, Rn. 17.
490 Vgl. *OLG Brandenburg*, Beschl. v. 20.05.2021 – 12 W16/20, NJW-RR 2021, 1034.
491 *Jahnke*, Jahnke, Burmann, Handbuch Personenschadensrecht, 2. Aufl. 2022, Kap. 2 Haftungsgrund, Rn. 2119–2124.
492 *BGH*, Urt. v. 02.12.1980 – VI ZR 265/78, VersR 1981, 260 zu RVO-Regelung.
493 *Schmidt*, Weber kompakt, 10. Edition 2024, Geschäftsführung ohne Auftrag.

Herausgabe des durch unerlaubte Eigengeschäftsführung erlangten Vorteils,[494] insbesondere eines etwa erzielten Gewinns, verlangen kann.

406 Nach den Grundsätzen der Geschäftsführung ohne Auftrag ist der Inhaber (Nutzungsberechtigte) einer Garage berechtigt, ein die Garagenausfahrt versperrendes Kfz auf Kosten desjenigen, der es dort abgestellt hat, abschleppen zu lassen.

407 Dies setzt allerdings voraus, dass ein akutes öffentliches Interesse am Entfernen des Pkw besteht. Das abstrakte Interesse der Gemeinschaft an der Einhaltung der Verkehrsvorschriften reicht dafür nicht aus.[495]

408 Nach der vorherrschenden Meinung dürfen falsch geparkte Fahrzeuge auf Kosten des Besitzstörers vom Berechtigten abgeschleppt werden.[496] Vermehrt gehen Supermärkte dazu über, auf ihrem Parkplatz geparkte Fahrzeuge abschleppen zu lassen, wenn der Fahrzeugführer nachweislich nicht dort einkauft.[497] Die Forderung der »Verwaltungskosten« wird Inkassobüros übertragen. Das Amtsgericht München sieht keinen Anspruch auf Übernahme der Personalkosten für die private Überwachung des Parkraums gegen den Halter des Kfz.[498] Am Interesse des Betreibers des Supermarktes dürfte es fehlen, wenn das Fahrzeug zur Nachtzeit bzw. außerhalb der Geschäftszeit abgeschleppt wird. § 859 Abs. 2 BGB, wonach das Selbsthilferecht besteht, wenn der Täter »auf frischer Tat« ertappt wird, dürfte zumindest in diesen Fällen nicht gegeben sein.

409 Die Schadenminderungspflicht gebietet auf alle Fälle, jeweils konkret und sorgfältig zu überprüfen, ob es bei Abwägung der Verhältnismäßigkeit der Mittel und Maßnahmen im Einzelfall nicht wirtschaftlicher sein kann, für eine kurze Fahrt statt des – blockierten – eigenen Pkw auf Kosten des Falschparkers ein Taxi zu nehmen oder in zumutbarer Weise öffentliche Verkehrsmittel zu benutzen.[499]

## F. Ungerechtfertigte Bereicherung

### I. Allgemeine Rechtsgrundsätze

410 Als weitere Anspruchsgrundlage kommt das Rechtsinstitut der ungerechtfertigte Bereicherung i.S.d. §§ 812 ff. BGB in Betracht. Von ungerechtfertigter Bereicherung spricht man dann, wenn zwar rechtswirksame Vermögensverschiebungen vollzogen worden sind, dies aber ohne rechtfertigenden Grund passiert. Dabei ist es gleichgültig, ob dieser Rechtsgrund nachträglich weggefallen ist oder von Anfang an nicht vorgelegen hat.

411 Die Bereicherung kann »in sonstiger Weise« (§ 812 Abs. 1 BGB) eintreten, beispielsweise durch Handlungen des Bereicherten oder eines Dritten entstehen. In diesem Fall spricht man von einer

---

494 Vgl. dazu wegen näherer Einzelheiten die §§ 681 S. 2 u. 687 BGB.

495 *AG Berlin-Schöneberg*, NJW 1984, 2954; vgl. *AG Essen*, DAR 2002, 131.

496 *LG München I*, NJW 1974, 2188; *LG Frankfurt a.M.*, DAR 1985, 25; *AG Schöneberg*, MDR 1978, 493; *AG Berlin-Charlottenburg*, zfs 1983, 1; *AG Bremen*, DAR 1984, 227; *AG Tübingen*, DAR 1984, 231; *AG Deggendorf*, DAR 1984, 227; *AG Fürstenfeldbruck*, DAR 1985, 257; a.A. *LG Köln* VersR 1971, 354; *LG Berlin*, NJW 1983, 288, 1018; zfs 1983, 35; *AG Berlin-Charlottenburg*, zfs 1981, 2; *AG Essen*, DAR 2002, 131; *AG Rastatt*, DAR 1999, 321. *Figgener*, Burmann, Heß, Hühnermann, Jahnke, Straßenverkehrsrecht, 28. Aufl. 2024, StVO § 12 Halten und Parken, Rn. 93–94 b.

497 Vgl. *AG Hamburg*, Urt. v. 13.02.2006 – 5 C 139/05: »Für die Frage der Besitzstörung ist nicht erforderlich, dass die Berechtigte tatsächlich in ihrer konkreten Besitzausübung derart behindert ist, dass sie dort nicht mehr parken könnte. Es genügt zur Begründung einer Störung vielmehr die unberechtigte Nutzung fremden Besitzes. Die ersichtliche Beschilderung des Parkplatzes war ausreichend für eine Kennzeichnung dahin gehend, dass der Parkplatz der Firma zusteht. Die Verhältnismäßigkeit ist nicht schon deshalb zu verneinen, weil die Störung auf andere Art und Weise hätte beseitigt werden können.«; *BGH*, Urt. v. 02.12.2011 – V ZR 30/11, DAR 2012, 330.

498 *AG München*, Urt. v. 08.03.2007 – 141 C 22154/06, DAR 2007, 392.

499 *Koehl*, Neuere Rechtsprechung zum Abschleppen von Kraftfahrzeugen, DAR 2015, 224.

sog. Eingriffskondiktion.[500] So kann der nicht so berechtigte Besitzer zur Herausgabe von Nutzungen, die er unter Überschreitung eines ihm gesetzlich zugewiesenen Besitzrechts gezogen hat, nach § 812 Abs. 1 S. 1 BGB verpflichtet sein.[501]

Wenn jemand anstelle des an sich Ersatzpflichtigen in dessen Interesse Kosten verauslagt oder deswegen, weil er sich selbst irrtümlich für verpflichtet hält, wird in der Person des »eigentlichen« Schuldners in aller Regel dadurch eine ungerechtfertigte Bereicherung eintreten, die durch Erstattung der verauslagten Beträge auszugleichen ist. 412

Der Bereicherungsausgleich erfolgt üblicherweise im direkten Zugriff und in der Form, dass der Bereicherte das zu Unrecht Erlangte herauszugeben (§ 812 BGB) und damit den früheren Rechtsstand wiederherzustellen hat. Die Herausgabepflicht erstreckt sich auch auf etwa gezogene Nutzungen sowie auf nichtrechtsgeschäftliche Surrogate.[502] Ist eine Herausgabe – etwa bei geleisteten Diensten – nicht möglich, dann ist der objektive Verkehrswert der Leistung zu ersetzen (§ 818 Abs. 2 BGB). Das Gleiche gilt für den Fall, dass der Bereicherte den Gegenstand der Bereicherung inzwischen weiter veräußert hat, sodass dieser sich nicht mehr in seinem Vermögen befindet. An die Stelle der Sache tritt dann ihr Wert. 413

Ein Anspruch auf Herausgabe oder Wertersatz ist jedoch – und darin besteht die besondere Schwäche der Rechtsposition dessen, der sich lediglich auf § 812 BGB berufen kann – dann ausgeschlossen, wenn der Empfänger nicht mehr bereichert ist. Dies ist beispielsweise dann der Fall, wenn er die ihm zu Unrecht zugeflossene Leistung für Luxusausgaben ohne realen Vermögenswert verbraucht hat (§ 818 Abs. 3 BGB). Falls dem Bereicherten jedoch durch die Veräußerung des Gegenstands anderweitige geldwerte Vorteile zugeflossen sind, tritt ein Fortfall der Bereicherung insoweit nicht ein, sodass der Wert jener Vorteile auszugleichen ist.[503] 414

Ein in Allgemeinen Rechtsschutzversicherungsbedingungen (ARB) verankerter vertragliche Rückerstattungsanspruch des Versicherers kann nicht aus ungerechtfertigter Bereicherung gemäß §§ 812, 816 BGB geltend gemacht werden. Etwas anderes gilt allerdings, wenn ein Betrag ausbezahlt worden war, der auf einem überhöhten Gegenstandswert beruhte.[504] Die Verjährungsfrist des Anspruchs beträgt drei Jahre.[505] Dadurch, dass der Rückerstattungsanspruch als vertraglicher Anspruch ausgestaltet ist, ist seine Geltendmachung aus anderweitigen rechtlichen Gesichtspunkten laut *LG Mönchengladbach* ausgeschlossen. 415

## II. Vorschüsse

Oftmals werden im Zusammenhang mit der Schadenregulierung Vorschüsse verlangt und geleistet. Dieser Fall tritt insbesondere dann ein, wenn sonst anfallende Finanzierungskosten vermieden werden sollen. Mit Rücksicht darauf, dass in der Mehrzahl aller Fälle im Zeitpunkt der Leistung des Vorschusses die Sach- und Rechtslage noch nicht endgültig geprüft ist, knüpfen Versicherungen daran häufig folgenden Vorbehalt: 416

500 BGB § 812 Herausgabeanspruch, *Schwab*, MüKoBGB, 8. Aufl. 2020, Rn. 323–325; *OLG Karlsruhe*, Urt. v. 18.01.2011 – 17 U 120/10, BeckRS 2013, 22660.

501 *BGH*, Urt. v. 21.09.2001 – V ZR 228/00, MDR 2002, 83; *OLG Stuttgart*, WM 2013, 1118.

502 Vgl. BGB § 818 Umfang des Bereicherungsanspruchs, *Schwab*, MüKoBGB, 8. Aufl. 2020, Rn. 20; *LG Berlin*, Urt. v. 08.02.2016 – 1O 2/12, BeckRS 2016, 134645.

503 Vgl. dazu *BGH*, zfs 1986, 324; (der so seinem Eigentum beeinträchtigte Grundstückseigentümer, der anstelle des Störers der Beeinträchtigungen seiner Abwasserleitung beseitigt, kann gem. §§ 812, 818 BGB vom Störer neben dem Ersatz für die Freilegung der verstopften Leitung und für die Neuverlegung der zerstörten Leitung i.d.R. nach Erstattung der Aufwendungen für seinen fehlgeschlagenen Reinigungsversuch und für die Untersuchung der Verstopfungsursache verlangen; VersR 1986, 990; Hinweis: Seit 01.01.2008 gelten im Versicherungsvertragsrecht die allgemeinen Verjährungsfristen des BGB.

504 *AG Düsseldorf*, BeckRS 2009, 27641.

505 Vgl. *LG Mönchengladbach*, Urt. v. 23.05.1997 – 2 S 44/97, r+s 1997, 423.

417 »Vorschuss zur späteren Verrechnung im Rahmen einer dem Leistenden vorbehaltenen Zweckbestimmung unter dem ausdrücklichen Vorbehalt der Rückforderung für den Fall, dass nach Beurteilung des Leistenden eine Ersatzpflicht nicht oder nicht in Höhe des Vorschusses bestehen sollte.«[506]

418 Zahlungen unter Rückforderungsvorbehalt können, wenn der angenommene Rechtsgrund nicht vorliegt oder später wegfällt, unter dem Gesichtspunkt der ungerechtfertigten Bereicherung zurückgefordert werden.[507]

419 Wird mit der Leistung die Einschränkung verbunden, die Zahlung solle »lediglich für den außergerichtlichen Vergleichsfall ohne Rechtsanerkenntnis und Präjudiz« erfolgen, wird dadurch ein Rückforderungsanspruch der Leistungen begründet, wenn später ein Vergleich nicht zustande kommt und sich herausstellt, dass eine Haftung des Anspruchsgegners ausscheidet.

420 Die *Beweislast* dafür, ob in dem für den Bereicherungsausgleich maßgeblichen Zeitpunkt noch eine Bereicherung vorgelegen hat, trägt der Bereicherungsgläubiger.[508]

421 Die Einschränkung der Angabe, womit der Vorschuss verrechnet werden soll, bedeutet, dass derjenige, der den Vorschuss leistet, das Bestimmungsrecht aus § 366 Abs. 1 BGB, von dem an sich bereits »bei der Leistung« Gebrauch zu machen ist, nach Treu und Glauben noch zu einem späteren Zeitpunkt ausüben kann. Außerdem steht § 814 BGB entgegen, sodass das Kondiktionsrecht später ohne Einschränkung geltend gemacht werden kann.[509]

422 Gegen einen derartigen Vorbehalt wird sich der Geschädigte nach den Erfahrungen der Praxis schon deswegen nicht zur Wehr setzen, weil er in aller Regel im Hinblick auf den auf seiner Seite bestehenden Kapitalbedarf selbst um den Vorschuss gebeten hat. Er wird insbesondere von seinem Recht auf Zurückweisung einer derartigen Leistung, die keine Erfüllung bedeutet und nach dem Willen beider Beteiligten auch nicht bedeuten soll, keinen Gebrauch machen. Die Zurückweisung des Vorschusses könnte auch die Schadenminderungspflicht verletzen, insbesondere wenn mit dem Vorschuss eine Kreditaufnahme verhindert werden kann.

423 Nach dem bereits näher umschriebenen Rückforderungsvorbehalt kann derjenige, der einen Vorschuss – und sei es auch in der Form einer »unpräjudiziellen« Akontozahlung zur späteren beliebigen Verrechnung[510] – leistet, einen Rückforderungsanspruch unter dem Gesichtspunkt der ungerechtfertigten Bereicherung geltend machen.[511]

424 Ein derartiger Rückforderungsvorbehalt soll der Bestimmung des § 814 BGB entgegenwirken. Nach dieser Vorschrift, die auch für ein abstraktes Schuldversprechen[512] gilt, kann das zum Zwecke der Erfüllung einer Verbindlichkeit Geleistete nicht zurückgefordert werden, »wenn der Leistende

506 Vgl. *Pardey*, Pardey, Balke, Link, Schadenrecht, 1. Aufl. 2023, Rn. 4–10.

507 *OLG Köln*, zfs 1982, 290; *OLG Koblenz*, DAR 1984, 21; *OLG Saarbrücken*, DAR 1984, 149; *LG Bamberg*, zfs 1988, 348; *AG Lahr*, zfs 1980, 132; *OLG Saarbrücken*, Urt. v. 19.08.2003 – 3 U 109/03-10, MDR 2004, 329; *KG*, MDR 2013, 530; vgl. *BGH*, MDR 2012, 604; *AG Husum*, Urt. v. 02.10.2018 – 24 C 52/16, SVR 2019, 64.

508 *BGH*, NJW 1991, 574; *LG Baden-Baden* r+s 1985, 25; *OLG Koblenz*, Beschluss v. 13.01.2011 – 5 W 19/11, VersR 2012, 119.

509 *OLG Saarbrücken*, Urt. v. 19.08.2003 – 3 U 109/03-10, MDR 2004, 329.

510 *OLG Celle*, DAR 1969, 72.

511 Vgl. *BGH*, VersR 1964, 156 (Rechtsschutzversicherung); VersR 1966, 1174 (Rückforderungsanspruch nach Schuldanerkenntnis versagt); VersR 1977, 471 (Unfallversicherung); *OLG Celle*, DAR 1969, 72 (Rückforderungsrecht mit Umkehr der Beweislast); *OLG Schleswig*, VersR 1968, 487 (Kaskoversicherer); *OLG Hamburg*, VersR 1974, 463 (kein Rückforderungsrecht bei Anerkenntnis im Zusammenhang mit Obliegenheitsverletzungen); *OLG Hamm*, zfs 1982, 6 (Haftpflichtversicherer im Verhältnis zum Geschädigten); *LG München II*, r+s 1978, 45 (vorbehaltlose Vorschusszahlung des Kaskoversicherers stellt kein Anerkenntnis dar, sodass grundsätzlich eine Rückforderung); *OLG Hamm*, ZfS 1994, 93; *OLG Frankfurt a.M.*, Urt. v. 31.08.2018 – 8 U 53/15, BeckRS 2018, 25352.

512 Vgl. dazu *BGH*, BGHZ 1, 181 (186); *OLG Hamm*, BeckRS 2007, 14588.

gewusst hat, dass er zur Leistung nicht verpflichtet war oder wenn die Leistung einer sittlichen Pflicht oder einer auf den Anstand zu nehmenden Rücksicht entsprach«.[513] Allerdings wird nach dieser Vorschrift lediglich die positive Kenntnis der Nichtschuld den Bereicherungsanspruch ausschließen. Es genügt also nicht, dass der Leistende die wahre Sach- und Rechtslage kennen musste, und zwar auch dann nicht, wenn die Unkenntnis auf grober Fahrlässigkeit beruht.[514] Dabei ist jeder Irrtum des Leistenden, auch ein reiner Rechtsirrtum, zu berücksichtigen.[515] Auch ein etwaiger Zweifel an der Leistungspflicht schließt den Rückforderungsanspruch nicht aus.[516] Bei einer Leistung, die ein Vertreter bewirkt, ist im Rahmen des § 814 BGB dessen Kenntnis von Bedeutung.[517]

Wenn auch an den Anwendungsbereich des § 814 BGB von der Rechtsprechung außerordentlich strenge Anforderungen gestellt werden, sollte der Leistende nach außen hin nicht den Eindruck erwecken, als ob ihm der Rechtsgrund der Zahlung gleichgültig sei. Ein derartiger Eindruck kann durch in der Praxis der Schadenregulierung beispielsweise häufig anzutreffende Hinweise entstehen, man zahle »ohne jedes Präjudiz für die Sach- und Rechtslage«[518] oder »ohne Anerkennung einer Rechtspflicht«. 425

Das *OLG Hamm*[519] vertritt in diesem Zusammenhang die Auffassung, dass Leistungen, die »ohne Anerkennung einer Rechtspflicht« erbracht werden, später nicht zurückgefordert werden können. Diese Formulierung bedeute eine Sicherung lediglich etwaiger weiterer Ansprüche des Geschädigten aus dem betreffenden Sachverhalt. Daraus lässt sich sogar der Schluss ziehen, der Ersatzpflichtige habe die Leistung unabhängig davon erbringen wollen, wie immer die Sach- und Rechtslage auch beschaffen sein mag (§ 814 BGB). 426

### III. Leistungen zur Klaglosstellung

Nach herrschender Auffassung können Leistungen insbesondere dann nicht zurückgefordert werden, wenn sie zum Zwecke der Klaglosstellung erfolgen. Der Leistende will die Zahlung im Interesse der Vermeidung eines eigenen Kostenrisikos unabhängig von der Rechtsqualität der angedrohten Klageforderung erbringen. Dabei nimmt er ganz bewusst in Kauf, dass die Klageforderung sich letztlich als unbegründet erweisen könnte. 427

## G. Aufopferung

Bei diesem Rechtsinstitut handelt es sich ebenfalls um einen Unterfall der Geschäftsführung ohne Auftrag.[520] Ansprüche aus Selbstaufopferung in kritischer Lage[521] werden beispielsweise dann entste- 428

513 BGB § 814 Kenntnis der Nichtschuld, *Wiese*, Schulze, Bürgerliches Gesetzbuch, 10. Aufl. 2019, Rn. 1–7.
514 *BGH*, WM 1972, 283.
515 Vgl. *BGH*, DB 1968, 612.
516 Vgl. *BGH*, WM 1973, 294.
517 *BGH*, WM 1964, 87.
518 Nach der Auffassung des *OLG Saarbrücken*, DAR 1984, 149 soll der Vorbehalt »ohne Präjudiz« – allerdings wohl nur im Zusammenhang damit, dass es sich um eine »einstweilige Abrechnung« handelt – genügen.
519 Vgl. *OLG Hamm*, r+s 1986, 324.
520 Vgl. *Pardey*, Haus, Krumm, Quarch, Gesamtes Verkehrsrecht, 3. Aufl. 2021, BGB § 823 Schadensersatzpflicht, Rn. 8, 9.
521 Wegen näherer Einzelheiten dazu vgl.: *Filthaut*, VersR 1997, 525; *BGH*, DAR 1985, 52; *BGH*, VRS 24, 85; MDR 1963, 209; VRS 24, 85; NJW 1965, 1271; MDR 1965, 566; VersR 1965, 588; VRS 29, 3; *OLG Stuttgart*, NJW 1965, 112; *KG* DAR 1971, 242; *OLG Oldenburg*, VersR 1972, 1178 = VRS 43, 321 (wenn die Rettungstat ein Kind betrifft, das noch der elterlichen Obhut bedarf, richtet sich der Anspruch gegen die aufsichtspflichtigen Eltern); *OLG Hamm*, VersR 1976, 392; *LG Mönchengladbach*, VersR 1960, 983; – vgl. ergänzend *Pfleiderer*, Ansprüche des Kraftfahrers bei Selbstaufopferung, VersR 1961, 675; *Körner* DAR 1962, 11; *Imlau*, NJW 1963, 1039; *Böhmer*, VersR 1963, 323; *Deutsch*, Geschäftsführung ohne Auftrag, Selbstaufopferung des Kraftfahrers, AcP 1965, 193; *Rogalski*, Der Selbstaufopferungsanspruch des Kraftfahrers, Schriftenreihe der Akademie für Verkehrswissen-

hen, wenn einem Kraftfahrer ein Kind in die Fahrbahn läuft und er, da eine rechtzeitige Bremsung nicht mehr möglich ist, um das Kind zu retten, eine Ausweichbewegung vollzieht und dabei – etwa durch Kollision mit einem anderen Verkehrsteilnehmer oder einem Baum – selbst Schaden erleidet. Wenn das Kind für sein Tun nicht verantwortlich ist und auch eine Verletzung der Aufsichtspflicht nicht vorliegt, verbleibt dem Kraftfahrer gegenüber dem Geretteten lediglich ein Anspruch aus Selbstaufopferung in kritischer Lage.[522] Dieser Anspruch geht unter diesen Umständen bei Kindern bis 10 Jahre ins Leere. § 828 Abs. 2 BGB privilegiert Kinder bis zu diesem Alter bei Unfällen im fließenden Straßenverkehr. Ein Anspruch könnte allenfalls auf die Verletzung der Aufsichtspflicht oder auf die Billigkeitshaftung gestützt werden. Beide Rechtsinstitute werden von der Rechtsprechung jedoch äußerst restriktiv gehandhabt. Sie begründet dies damit, dass über diese Rechtsinstitute die Privilegierung des § 828 Abs. 2 BGB nicht ausgehebelt werden darf.[523]

429 Ist das Ausweichmanöver des Kraftfahrers wesentlich von der Absicht bestimmt, eine andere Person aus erheblicher gegenwärtiger Gefahr für Körper oder Gesundheit zu retten und erleidet er dabei einen Personenschaden, so besteht unabhängig von den Ansprüchen aus Aufopferung nach den Grundsätzen der Nothilfe Versicherungsschutz.[524] Auch hier gilt jedoch die Einschränkung aus § 828 Abs. 2 BGB für Kinder bis zum vollendeten 10. Lebensjahr im fließenden Straßenverkehr.

## H. Notstandshaftung

430 In besonderen Ausnahmefällen kann die Haftung auch auf § 904 S. 2 BGB in der Erscheinungsform der Notstandshaftung gestützt werden. Diese liegt jedoch nur dann vor, wenn unter den Voraussetzungen des § 904 S. 1 BGB bewusst und gewollt auf eine Sache eingewirkt worden ist. Der Schaden muss vorsätzlich verursacht worden sein.[525] Dabei muss sich der Handelnde die Schädigung der Sache zumindest als mögliche Folge seines Eingriffs in den fremden Rechtskreis vorgestellt und als Ergebnis seines Handelns billigend in Kauf genommen haben.

431 Der Anspruch auf Schadensersatz wegen Beschädigung einer Sache aufgrund einer zivilrechtlichen Notstandshandlung nach § 904 S. 2 BGB erfordert eine zumindest bedingt vorsätzliche Inanspruchnahme des fremden Gegenstandes.[526] Eine solche liegt aber nicht vor, wenn ein Fahrzeug auf die parallel verlaufende Fahrspur gelenkt wird, um einem plötzlich auf die Fahrbahn laufenden Kind auszuweichen, und es dabei zur Kollision mit einem vom Fahrer zuvor nicht bemerkten Kfz kommt.[527]

---

schaft, Hamburg, Bd. 1, Hamburg 1965; *Hagen*, NJW 1966, 1893; *Helm*, VersR 1968, 209; 68, 318; *Neumann, Duesberg*, VersR 1971, 494; *Hentschel*, § 7 StVG, Rn. 38 (m.w.N.); *Friedrich*, VersR 2000, 697; *OVG Weimar*, BeckRS 2010, 5037; *Friedrich*, Die Selbstaufopferung für Minderjährige im Straßenverkehr und die Haftung nach dem Zweiten Gesetz zur Änderung schadensersatzrechtlicher Vorschriften, NZV 2004, 227; *OLG Hamm*, Urt. v. 25.09.2000 – 13 U 45/00, BeckRS 2008, 16272; § 29. Straßenverkehrsrecht – Verkehrsverstoß, Recht der Fahrerlaubnis, Haftungs- und Versicherungsrecht, *Ratz*, Heussen, Hamm, Beck'sches Rechtsanwalts-Handbuch, 11. Aufl. 2016, Rn. 296–299.

522 Vgl. dazu *Frank*, JZ 1982, 737 (Die Selbstaufopferung des Kraftfahrers im Straßenverkehr: Kritik an der Rspr. des *BGH*/Fremdes oder eigenes Rechtsgeschäft/Der Geschäftsführungswille/Umfang des Anspruchs auf Aufwendungsersatz/Eltern als »Geschäftsherren«/öffentl.-rechtl. Ersatzansprüche des Retters); *OLG Hamm*, r+s 2001, 320; *Friedrichs*, VersR 2000, 697.

523 Vgl. *AG Bünde*, Urt. v. 06.04.2006 – 5 C 61/05, SP 2006, 378; *OLG Oldenburg*, Urt. v. 04.11.2004 – 1 U 73/04, DAR 2005, 343.

524 *BSG* VersR 1983, 368; *LSG Rheinland-Pfalz* BeckRS 2007, 46044 für Ausweichmanöver eines Inline-Skaters.

525 *Pardey*, Pardey, Balke, Link, Schadenrecht, 1. Aufl. 2023, Anspruchsgründe und Ausgleichsinhalte, Rn. 8.

526 *Kaufmann*, Geigel, Haftpflichtprozess, 29. Aufl. 2024, Kap. 25, Haftung des Kraftfahrzeughalters und -führers, Rn. 102.

527 Vgl. dazu bereits RGZ 88, 211 (213); 113, 301; VersR 1985, 66; DAR 1985, 52; *OLG Stuttgart* OLGZ 20, 404; *LG Erfurt*, Urt. v. 31.05.2001 – 1 SS 22/01, VersR 2002, 454; *BGH*, Urt. v. 30.10.1984 – 6 ZR 74/83, NJE 19856, 490; *Staudinger, Seuffert* § 904 Rn. 14, 27; RGRK, *Augustin* § 904 Rnr. 5;

Bereits der Begriff der »Einwirkung« i.S.v. § 904 S. 1 BGB deutet auf das Erfordernis einer abschließenden Handlung hin. Dass der Eingriff in den fremden Rechtskreis »zur Abwendung einer gegenwärtigen Gefahr« vorgenommen wird, ist ebenfalls nur bei einer Zielgerichteten und vom Willen getragenen Handlungsweise denkbar, nicht jedoch bereits bei der ungewollten Beschädigung einer Sache.[528] 432

Auch die angreifende Notstandshandlung nach § 904 BGB setzen begrifflich einen entsprechenden Einwirkungswillen ebenso wie die Verteidigungshandlung bei der Notwehr gem. § 227 BGB einen Verteidigungswillen und die Abwehr beim Verteidigungsnotstand gem. § 228 BGB einen Abwehrwillen voraus.[529] Nur gegenüber einer derart gezielten Inanspruchnahme zum Schutz höherwertiger Interessen versagt die Vorschrift den Eigentumsschutz und die mit ihm verbundenen Ansprüche und verweist den Eigentümer stattdessen auf eine Geldentschädigung dafür, dass er den höherwertigen Interessen weichen musste. 433

Dagegen werden Einwirkungen auf fremdes Eigentum ohne diese Zielrichtung von der Bestimmung des § 904 BGB nicht erfasst, und zwar selbst dann nicht, wenn sie aus einer Irrtumsaktion des Einwirkenden aufgrund von falschen Vorstellungen über eine ihm selbst oder anderen drohende Gefahr entspringen. Ob die Eigentumsverletzung aus eigener Gefahrenlage hervorgegangen ist, aufgrund deren sie als unvermeidbar beurteilt werden muss oder ob etwa aus diesem Grund dem schädigenden Verhalten die Rechtswidrigkeit abzusprechen wäre, ist gleichgültig. Diese Güter- und Interessenkollision regelt § 904 BGB nicht. 434

Sie ist keine Opferlage, für die § 904 BGB dem betroffenen Eigentümer die Abwehrrechte nimmt und ihm stattdessen einen Schadensersatzanspruch gibt. Eine andere Auffassung wäre insbesondere auch mit dem geltenden Haftungssystem unvereinbar, weil sie sonst zu einer dem Schadensersatzrecht fremden reinen Kausalitätshaftung führen und damit insbesondere die Grenzen zur *Gefährdungshaftung* verwischen würde. 435

§ 904 BGB will unter den in ihr normierten Voraussetzungen die – Schadenverursachende – Einwirkungshandlung rechtfertigen.[530] Der Sinn des § 904 BGB besteht nicht darin, einen Rechtfertigungsgrund für die *Rettungshandlung zu* schaffen. Deswegen muss sich auch der Wille des im Angriffsnotstand Handelnden auf den Eingriff in den fremden Rechtskreis selbst und nicht nur auf die Vornahme einer Rettungshandlung beziehen. 436

▶ **Beispiel:**

Muss ein Motorradfahrer vor einem plotzlich unerwartet seine Fahrbahn verkehrswidrig kreuzenden Pkw nach links auf die Gegenfahrbahn ausweichen und streift er dort – für ihn unabwendbar – ein entgegenkommendes Fahrzeug, an dem er vorbeizukommen gehofft hatte, kann der Eigentumer dieses Fahrzeugs für den Sachschaden, den ihm der Motorradfahrer bei seiner Rettungshandlung ungewollt zugefügt hat, aus den soeben dargelegten Gründen keinen Ersatz nach § 904 S. 2 BGB verlangen. Er kann entweder gegen den Halter des Motorrads aus § 7 Abs. 1 StVG oder gegen den sich fehlerhaft verhaltenden PKW-Fahrer oder den Halter dieses Fahrzeugs aus §§ 823 Abs. 1, 2 BGB, 7 Abs. 1 StVG, Ansprüche geltend machen. 437

Schadensersatzansprüche nach § 904 S. 2 BGB werden nicht schon dadurch ausgeschlossen, dass der Eigentümer der beschädigten Sache mit demjenigen identisch ist, aus dessen Sphäre die Gefahr stammt. Ein Ausschluss kommt nur in Betracht, wenn den Urheber der Gefahr ein Verschulden an der Gefahrenlage trifft.

---

*Soergel, Baur* § 904; MüKo, *Säcker* § 904 Rnr. 7; a.A. *Schnorr v. Carolsfeld*, FS für Molitor (1962), S. 365, 368 (Fn. 5, 370); *Konzen*, Aufopferung im Zivilrecht, S. 114; zweifelnd: *Horn*, JZ 1960, 350 (354, Fn. 52).

528 Vgl. *LG Frankfurt a.M.*, Urt. v. 08.02.2023 – 2-01 S 64/22, NJW-RR 2023, 808.

529 Vgl. *Braun*, Subjektive Rechtfertigungselemente im Zivilrecht?, NJW 1998, 941.

530 *Pardey*, Pardey, Balke, Link, Schadenrecht, 1. Aufl. 2023, Rechtswidrigkeit, Rn. 24.

# Kapitel 4 Ersatzpflichtige

## Schrifttum

*Schumacher*, Handbuch der Kommunalhaftung, 5. Aufl. 2015; *Filthaut/Piontek/Kayser*, Haftpflichtgesetz, 10. Aufl. 2019; *Geigel*, Der Haftpflichtprozess, 29. Aufl. 2024; Greger/Zwickel, Haftung im Straßenverkehr, 6. Aufl. 2021; *Grüneberg*, Bürgerliches Gesetzbuch, 84. Aufl. 2025; *Hentschel/König*, Straßenverkehrsrecht, 48. Aufl., 2025; *Halm/Engelbrecht/Krahe*, Handbuch des Fachanwalts Versicherungsrecht, 6. Aufl. 2018; *Himmelreich/Halm*, Handbuch des Fachanwalts Verkehrsrecht, 7. Aufl. 2022; Jahnke, Abfindung von Personenschadenansprüchen, 4. Aufl. 2024; *Plagemann/Radtke-Schwenzer*, Gesetzliche Unfallversicherung 2. Aufl. 2007; *Prölss/Martin*, VVG, 32. Aufl. 2024; *Rüffer/Halbach/Schimikowski*, Versicherungsvertragsgesetz – Handkommentar, 5. Aufl. 2025; *Schaub*, Arbeitsrechts-Handbuch, 20. Aufl. 2023; *Schwintowski/Brömmelmeyer/Ebers*, Praxiskommentar zum Versicherungsvertragsrecht, 4. Aufl. 2021; *Staab* in Meschkat/Nauert Betrug in der Kraftfahrzeug-Versicherung, 1. Aufl. 2008; *Höra/Schubach*, Münchener Anwaltshandbuch Versicherungsrecht, 5. Aufl., 2022; *van Bühren*, Handbuch Versicherungsrecht, 8. Aufl. 2024; *Wussow*, Unfallhaftpflichtrecht, 17. Aufl. 2021; *Zöller*, ZPO, 35. Aufl. 2024.

## Übersicht

## A. Fahrzeughalter

Gemäß § 7 Abs. 1 des Straßenverkehrsgesetzes (StVG) ist der Fahrzeughalter zum Ersatz des Schadens verpflichtet, wenn bei dem Betrieb eines Kraftfahrzeuges oder eines Anhängers, der dazu bestimmt ist, von einem Kfz mitgeführt zu werden, ein Mensch getötet, der Körper oder die Gesundheit eines Menschen verletzt oder eine Sache beschädigt wird. Hierbei handelt es sich um eine Gefährdungshaftung,[1] die also kein Verschulden voraussetzt. Diese verschuldensunabhängige Haftung für die Betriebsgefahr eines Kfz dient dazu, die Auswirkungen eines grds. erlaubten Risikos (Nutzung eines Kfz) auszugleichen und ist gleichsam die Kehrseite des Umstandes, dass der Halter sich diese Betriebsgefahr bzw. dieses Risiko zunutze machen darf. 1

### I. Schadensrechtsänderungsgesetze

– Am 01.08.2002 trat das 2. SchadÄndG vom 19.07.2002 in Kraft,[2] durch das die haftungsrechtlichen Bestimmungen des BGB und des StVG wesentliche Änderungen erfahren haben. Die wichtigsten Neuregelungen, soweit sie die Ersatzpflichtigen betreffen, waren folgende: Die Haftung des Kraftfahrzeughalters zum Schadensersatz gem. § 7 Abs. 1 StVG wurde erweitert 2

1 Vgl. Geigel/*Kaufmann* 25. Kap. Rn. 1.
2 *Steiger* DAR 2002, 377; *Müller* VersR 2003, 1; *Lemcke* r+s 2002, 265; *Wagner* NJW 2002, 2049, 2057.

auf den Halter eines Anhängers,[3] der dazu bestimmt ist, von einem Kraftfahrzeug mitgeführt zu werden.

- Der bisher in § 7 Abs. 2 StVG geregelte Unabwendbarkeitsbeweis wurde für Unfälle zwischen einem Kfz-Führer und nicht motorisierten Verkehrsteilnehmern abgeschafft. Nunmehr entfällt in diesen Fallkonstellationen die Gefährdungshaftung nur noch bei »höherer Gewalt«.
- Nach der Neufassung des § 17 StVG wird für den Schadensausgleich zwischen den Haltern mehrerer unfallbeteiligter Fahrzeuge das Haftungskriterium des »unabwendbaren Ereignisses« allerdings beibehalten. Mit anderen Worten: Im Innenverhältnis ist der Halter nach wie vor nicht zum Schadensausgleich verpflichtet, wenn der Unfall für ihn ein unabwendbares Ereignis war.
- Ersatzlos gestrichen wurde der in § 8a Abs. 1 S. 1 StVG a.F. geregelte Haftungsausschluss für Fahrzeuginsassen im Fall unentgeltlicher, nicht geschäftsmäßiger Beförderung.
- Die Neuregelung des § 253 Abs. 2 BGB führt einen allgemeinen Schmerzensgeldanspruch u.a. bei Verletzung des Körpers und der Gesundheit ein. In Verbindung mit § 11 S. 2 StVG n.F. wurde damit ein Anspruch auf Schmerzensgeld auch bei Gefährdungshaftung, das heißt verschuldensunabhängig begründet.
- Die Haftungshöchstgrenzen nach § 12 StVG wurden den sich ändernden wirtschaftlichen Verhältnissen angepasst. Spezielle Haftungshöchstgrenzen wurden gem. § 12a StVG für Gefahrguttransporte neu eingefügt.
- § 828 Abs. 2 BGB wurde dahingehend geändert, dass Kinder, die das 7., aber nicht das 10. Lebensjahr vollendet haben, für den Schaden, den sie bei einem Unfall mit einem Kfz, einer Schienenbahn oder einer Schwebebahn einem anderen zufügen, nicht verantwortlich sind.
- Durch das achte Gesetz zur Änderung des StVG vom 16.06.2017 wurden Regelungen zum Fahrzeugführer[4] für das hoch- oder vollautomatisierte Verfahren aufgenommen und diesbezüglich auch neue Haftungshöchstgrenzen[5] eingeführt.
- Am 15.06.2019 ist die Elektrokleinstfahrzeuge-Verordnung (eKFV) in Kraft getreten; die bis dahin geltende Verordnung über die Teilnahme elektronischer Mobilitätshilfen am Verkehr (MobHV) wurde außer Kraft gesetzt.

## II. Voraussetzungen der Halterhaftung

### 1. Haltereigenschaft

3 Die Haltereigenschaft richtet sich nicht nach dem zivilrechtlichen Eigentumsbegriff oder nach den Eintragungen in den Fahrzeugpapieren bzw. der Zulassungsbescheinigung.[6] Die Haltereigenschaft beurteilt sich vielmehr nach den tatsächlichen und wirtschaftlichen Gegebenheiten. Nach ganz herrschender Auffassung ist Halter eines Kfz derjenige, »der es für eigene Rechnung in Gebrauch hat und die tatsächliche Verfügungsgewalt[7] darüber besitzt, die ein derartiger Gebrauch voraussetzt«.[8] Das Kfz hat in Gebrauch, wer den Nutzen aus seinem Betrieb zieht und die Kosten des Betriebes trägt. Indessen endet die Halterhaftung, wenn dem Halter die Verfügungsgewalt nicht nur vorübergehend entzogen wurde.[9] Ersatzpflichtig ist, wer im Augenblick des Unfalls Halter des Kfz war, auf den Zeitpunkt eines (auch späteren) Schadenseintritts ist nicht abzustellen.

---

3 Dazu *Wilms* DAR 2011, 71.

4 Ausführlich Rdn. 166.

5 Ausführlich Rdn. 104.

6 Vgl. auch *KG*, Beschl. v. 25.07.2017 – (6) 121 Ss 91/17 (32/17) = BeckRS 2017, 133791; *KG* VRS 113 [2007], 209; *LG Nürnberg-Fürth* r+s 2015, 545; *Halm/Kreuter/Schwab-Schwab* AKB-Kommentar, PflVG § 1, 19 ff.

7 Vgl. *BGH* NJW 1983, 1492; *BGH* 1992, 900; *OLG Koblenz* VersR 2005, 705.

8 Vgl. *BGH* a.a.O.; *BGH* NJW 2007, 3120 m. Anm. Weber = VersR 2007, 1387 = NZV 2007, 610 m. Anm. *Heß* = DAR 2007, 636; JA 2008, 141 m. Anm. *Hager*; *Schwab* in Halm/*Kreuter/Schwab* AKB-Kommentar, PflVG § 1, 19 ff. u. AKB, 285.

9 *BGH* VersR 1997, 204 = NZV 1997, 116 = DAR 1997, 108 (dort nach 2 1/2 Jahren).

Für die Begründung der Haltereigenschaft ist das Eigentum an einem Kfz zwar weder erforderlich noch entscheidend; es kann jedoch ein wesentliches Indiz dafür sein. Denn eine tatsächliche Vermutung spricht dafür, dass ein Eigentümer, der sein Fahrzeug selbst fährt oder der den Fahrer des Kfz bestellt hat, gleichzeitig auch Halter ist. Dies gilt jedoch nicht, wenn er das Fahrzeug z.B. lediglich zum Käufer überführen lässt. Auch ist nicht immer derjenige Halter, auf dessen Namen das Kfz zugelassen ist oder der die fixen Betriebskosten, namentlich Steuer und Versicherung, bestreitet.[10] Aus dem Umstand, auf wen das betreffende Kfz zugelassen bzw. wer Versicherungsnehmer des KH-Versicherers ist, lässt sich aber ebenfalls ein Indiz für die Haltereigenschaft ableiten.[11] 4

Über die Verfügungsgewalt bzw. das Direktionsrecht verfügt derjenige, der die einzelnen Ablaufphasen einer Fahrt – also insbesondere Ausgangspunkt, Fahrroute und -ziel – selbst bestimmen kann.[12] So nimmt beispielsweise das *OLG Hamm*[13] an, dass der Entleiher zum Kfz-Halter wird, wenn ihm das Kraftfahrzeug für 3 Monate zur Benutzung nach eigenem Belieben vom Fahrzeugeigentümer (Halter) überlassen worden ist. 5

Im Prinzip beseitigt längeres Vermieten oder sonstiges Überlassen des Kfz an eine andere Person die Haltereigenschaft des Vermieters grds. nicht.[14] Dieser verliert seine Haltereigenschaft erst dann an den Mieter bzw. Entleiher, wenn das Fahrzeug völlig seinem Einflussbereich entzogen ist.[15] 6

Auch bei Leasing-Verträgen kann der Leasinggeber in Ausnahmefällen Halter des Kfz bleiben.[16] Es kommt dabei immer entscheidend auf die Verfügungsgewalt über das betreffende Kfz an. Wird ein Kfz durch einen Leasing-Vertrag einem anderen auf längere Zeit überlassen, so wird der Leasing-Nehmer für die Vertragszeit in der Regel aber alleiniger Kfz-Halter.[17] Eine Mithaltereigenschaft des Leasing-Gebers ist nur dann anzunehmen, wenn ihm irgendwelche Weisungsbefugnisse hinsichtlich des Einsatzes des Kfz und der einzelnen Fahrten während der Leasingzeit vertraglich zustehen[18] und er in der Lage war, diese auch praktisch auszuüben. 7

Dem Schadensersatzanspruch des nichthaltenden **Sicherungseigentümers** kann die Betriebsgefahr des sicherungsübereigneten Kraftfahrzeugs nicht entgegengehalten werden, wenn ein Verschulden desjenigen, der die tatsächliche Gewalt über das Fahrzeug ausübt, nicht feststeht;[19] ein nur vermutetes Verschulden genügt nicht; eine Zurechnung über § 9 StVG i.V.m. § 254 BGB scheidet aus, wenn ein (Mit-)Verschulden nicht festgestellt ist. 8

Nach Ansicht des *BGH* muss sich auch ein **Leasinggeber**, der zwar Eigentümer, jedoch nicht Halter des Leasing-Kraftfahrzeugs ist, ebenso wie der nichthaltende Sicherungseigentümer im Rahmen der deliktischen Haftung bei einem Verkehrsunfall weder das Mitverschulden der Unfallbeteiligten (§ 254 BGB) noch die Betriebsgefahr über § 9 StVG anspruchsmindernd zurechnen lassen.[20]

---

10 *OLG Hamm* NJW 1990, 2636 = NZV 1990, 363.

11 Vgl. dazu *BGH* VersR 1969, 907.

12 Vgl. *KG*, Beschl. v. 25.07.2017 – (6) 121 Ss 91/17 (32/17) = BeckRS 2017, 133791.

13 *OLG Hamm* DAR 1978, 111.

14 Vgl. dazu *OLG Frankfurt/M.* NJOZ 2016, 1636; *OLG Köln* VersR 1969, 357; *OLG Hamm* VRS 43, 100; *OLG Frankfurt/M.* VRS 52, 220.

15 Vgl. dazu *OLG Zweibrücken* VRS 57, 375.

16 Vgl. dazu *OLG Hamburg* VRS 60, 55 = VerkMitt 1981, 14.

17 Vgl. dazu BGHZ 87, 133 = NJW 1983, 1492 = VersR 1983, 656 = DAR 1983, 244; Geigel/*Kaufmann* Der Haftpflichtprozess, 25. Kap., Rn. 38; *König* in Hentschel/König StrVR, § 7 StVG, Rn. 16a; *Geyer* NZV 2005, 565.

18 Vgl. dazu: BGHZ 87, 133 = NJW 1983, 1492 = VersR 1983, 656 = DAR 1983, 224.

19 *BGH* NJW 2017, 2352 = r+s 2017, 326; *BGH* NJW 2021, 550 zum dinglichen Anwartschaftsrecht (obiter dictum).

20 *BGH* NJW 2011, 996 m. Anm. *Reinking*; *BGH* NJW 2007, 3120 = VersR 2007, 1387 = NZV 2007, 610 = DAR 2007, 636 (m. Anm. *Krahe*); ebenso *Galke* zfs 2011, 6; vgl. auch *BGH* NJW 2017, 2352 = r+s 2017, 326 zum nichthaltenden Sicherungseigentümer; *BGH* NJW 2021, 550; *LG München I*,

9 Diese Rechtsprechung des *BGH* ist nicht unumstritten.[21] M. E. sprechen entgegen der Rechtsprechung des *BGH* die besseren Argumente aber für eine Anspruchskürzung.[22] Denn der klagende Leasingnehmer haftet mit, so dass er sich nach Treu und Glauben nicht in vollem Umfang auf die vom Leasinggeber erteilte Prozessstandschaft berufen kann. Er verhält sich auch widersprüchlich und treuwidrig, wenn er Zahlung an sich verlangt und bei Inanspruchnahme als Gesamtschuldner durch die Beklagten den Betrag sofort wieder zurückzahlen müsste (dolo agit-Einwand). Die vom Leasingnehmer in Anspruch genommenen Beklagten können nach der hier vertretenen Auffassung diesem daher diesen Einwand anspruchskürzend entgegenhalten. In diesem Fall bedürfte es auch nicht der Überlegung, dass ggf. beim Anwartschaftsrecht ein anteiliger Mitverschuldenseinwand zu berücksichtigen ist, je nach dem, in welchem Umfang das Anwartschaftsrecht bereits zum Vollrecht »erstarkt« ist. Trotz der berechtigten Kritik von Lemke[23] (»himmelschreiendes Unrecht«) hält der *BGH*[24] an seiner am Wortlaut des Gesetzes ausgerichteten Rechtsauffassung fest, so dass es letztlich Aufgabe des Gesetzgebers wäre, diese in der Tat gegebene »Ungerechtigkeit« zu beseitigen.

10 Wenn mehrere Personen ein Kfz gemeinsam nutzen und ihnen in dieser Eigenschaft ein gemeinschaftliches Direktionsrecht zusteht (z.B. im Fall von Ehegatten[25]),[26] ist jeder von ihnen Mithalter und im Fall eines Schadens als Gesamtschuldner nach den Grundsätzen der Gefährdungshaftung zum Schadensersatz verpflichtet. Mithalter sind ebenso die beteiligten Personen im Bereich des privaten Car-Sharing, wenn es in Form einer Miteigentümergemeinschaft durchgeführt wird; beim gewerblichen Car-Sharing gelten die dargestellten Grundsätze wie bei Vermietung.

## 2. Betrieb eines Kfz

### *a) Fahrzeugarten*

11 Nach der Legaldefinition des § 1 Abs. 2 StVG gelten als Kraftfahrzeuge »Landfahrzeuge, die durch Maschinenkraft bewegt werden, ohne an Bahngleise gebunden zu sein.«[27] Wie die Fortbewegung erfolgt ist ebenso unerheblich wie die Antriebsart. Entscheidend ist, dass sich das Fahrzeug durch eine maschinelle Einrichtung selbsttätig fortbewegen kann.

12 Kraftfahrzeuge sind daher nicht nur **Pkw** und **Lkw**, sondern auch **Raupenfahrzeuge, Traktoren,**[28] **Mähdrescher,**[29] **Bagger,**[30] **Kräne, Panzer, Straßenwalzen, Gabelstapler,**[31] **Kleinkrafträder,**[32] **Fahrräder mit Hilfsmotor**[33] oder **Go-Karts.**[34] Auch **Oberleitungs-Omnibusse** (O-Busse)[35] gelten als Kraftfahrzeuge i.S.d. § 1 Abs. 2 StVG mit der Rechtsfolge, dass auch deren Halter der außerordentlich strengen Gefährdungshaftung nach § 7 Abs. 1 StVG unterliegen.

---

Urt. v. 09.10.2017 – 19 O 18193/16 = BeckRS 2017, 130152; *AG Aurich*, Urt. v. 16.02.2019 – 12 C 271/18 m. Anm. *Bachmor* SVR 2019, 225; *Rabe* NJW-Spezial 2017, 393.

21 *OLG Nürnberg*, Beschl. v. 15.08.2017 – 13 U 45/16; *OLG Hamm* r+s 1996, 339 ff.; *LG Nürnberg-Fürth*, Urt. v. 13.07.2017 – 2 O 8806/16; *Klimke* VersR 1988, 329; Geigel/*Kaufmann* 25. Kap. Rn. 38.

22 So auch *Lemke* r+s 2017, 380.

23 *Lemke* r+s 2017, 380.

24 *BGH* NJW 2021, 550.

25 *Krumm* NZV 2020, 450 »Kfz in der Ehe – Eigentum – Zugewinn – Hausrat?«.

26 Vgl. *König* in Hentschel/König § 7 StVG, Rn. 19.

27 Vgl. *BGH* NJW 1969, 1898 = VersR 1969, 805; *OLG Karlsruhe* VRS 10, 81; Hentschel/König/*Dauer* § 1 StVG, Rn. 2 ff.

28 Vgl. *OLG Rostock* DAR 1998, 474.

29 Vgl. *OLG Brandenburg* NZV 2011, 193.

30 Vgl. *OLG Düsseldorf* DAR 1983, 232.

31 Vgl. dazu *OLG Düsseldorf* VersR 1982, 390; *OLG Köln* VersR 1988, 194.

32 Vgl. dazu *BGH* NJW 1969, 1898 = VersR 1969, 805.

33 Vgl. dazu *Koehl* in Hentschel/König § 1 StVG, Rn. 14.

34 Vgl. *OLG Koblenz* VersR 2005, 705.

35 Dabei handelt es sich um durch elektrischen Fahrstrom angetriebene Kraftfahrzeuge, die ihre Betriebsenergie einer Oberleitung entnehmen.

Bei einem **E-Bike** (**Pedelec**) handelt es sich grundsätzlich nicht um ein Kraftfahrzeug i.S.d. § 7 Abs. 1 StVG, sondern um ein Fahrrad im Rechtssinne.[36] Nach § 1 Abs. 3 StVG gilt dies aber nur, wenn die Pedelecs mit einem elektromotorischen Hilfsantrieb mit einer Nenndauerleistung von höchstens 0,25 kW ausgestattet sind, dessen Unterstützung sich mit zunehmender Fahrzeuggeschwindigkeit progressiv verringert und beim Erreichen einer Geschwindigkeit von 25 km/h oder früher oder wenn der Fahrer im Treten einhält, unterbrochen wird. Es handelt sich auch um kein Kraftfahrzeug, wenn zusätzlich eine elektromotorische Anfahrt- oder Schiebehilfe vorhanden ist, die eine Beschleunigung des Fahrzeugs auf eine Geschwindigkeit von bis zu 6 km/h, auch ohne gleichzeitiges Treten des Fahrers, ermöglicht. Liegen die vorstehenden Voraussetzungen hingegen nicht vor, insbesondere bei sog. **S-Pedelecs**[37] (besonders schnelle Pedelecs mit elektrischer Tretunterstützung ab 25 km/h bis 45 km/h und bis zu vier Kilowatt Motorleistung), stellen solche Pedelecs Kleinkrafträder dar.[38] Auch ein Elektrorad bis maximal 20 km/h Geschwindigkeit ohne Tretunterstützung und maximal 500 Watt Motorleistung ist ein Kleinkraftrad. Diese unterfallen nicht mehr dem Begriff des Fahrrads im Rechtssinne, § 1 Abs. 3 StVG. 13

Am 15.06.2019 ist die Elektrokleinstfahrzeuge-Verordnung (eKFV) in Kraft getreten; die bis dahin geltende Verordnung über die Teilnahme elektronischer Mobilitätshilfen am Verkehr (MobHV) wurde zeitgleich außer Kraft gesetzt. Auf Basis der MobHV erteilte Genehmigungen blieben jedoch ebenso gültig wie Versicherungskennzeichen für das Versicherungsjahr 2019. 14

Als **Elektrokleinstfahrzeuge** gelten gem. § 1 Abs. 1 eKFV solche Kraftfahrzeuge mit elektrischem Antrieb, die bauartbedingt eine Höchstgeschwindigkeit zwischen 6 und 20 km/h aufweisen und über folgende Merkmale verfügen:

- kein Sitz (selbstbalancierendes Fahrzeug auch mit Sitz)
- Nenndauerleistung max. 500 Watt (selbstbalancierende Fahrzeuge bis 1400 Watt)
- Breite/Höhe/Länge von max. 70/140/200 cm
- max. Fahrzeugmasse 55 kg
- bauartbedingte Höchstgeschwindigkeit 6 bis 20 km/h
- Mindestanforderungen an Licht und Bremsen

**Segways**, sofern sie bauartbedingt nicht schneller als 20 km/h fahren, unterfielen bis zum 14.06.2019 der Verordnung über die Teilnahme elektronischer Mobilitätshilfen am Verkehr (§ 1 Abs. 1 Mobilitätshilfenverordnung – MobHV) vom 16.07.2009 und stellten schon nach § 1 Abs. 2 MobHV Kraftfahrzeuge im Sinne der StVO dar.[39] Daran hat sich auch unter der eKFV nichts geändert.[40] 15

Durch die eKFV sind nunmehr auch **E-Scooter**,[41] **Hoverboards** und **Airwheels** auf öffentlichen Verkehrsflächen zugelassen, sofern sie bestimmte Voraussetzungen erfüllen.[42] Nach § 4 Nr. 1a FeV 16

---

36 *LG Saarbrücken* NZV 2014, 218.

37 S-Pedelecs sind daher versicherungspflichtig, aber häufig nicht versichert und nicht versicherbar, so dass Fahrer gegen § 6 PflVG verstoßen können. Auch ein Fahren ohne Fahrerlaubnis kann im Raum stehen.

38 *LG Bonn* DAR 2015, 340 zum Mitverschulden bei Nichttragen eines Sicherheitshelms; hierzu auch *Huppertz* DAR 2011, 561.

39 Segways im Sinn der MobHV sind aber von den Vorschriften über die Zulassung ausgenommen, § 3 Abs. 2 S. 1 Nr. 1g) FZV; einer Fahrerlaubnis bedarf es nicht, § 4 Abs. 1 S. 2 Nr. 1a) FeV.

40 Vgl. §§ 3, 5 FeV.

41 Gerade die (beabsichtigte) Verwendung von E-Scootern war der Auslöser für die Schaffung der eKFV.

42 Eine Allgemeine Betriebserlaubnis (§ 20 StVZO) oder Einzelbetriebserlaubnis (21 StVZO) für das Fahrzeug muss erteilt worden sein. Dabei beinhaltet die eKFV sowohl Anforderungen an einzelne Bauteile als auch an das Gesamtfahrzeug. Bei den bisher in Deutschland verkauften Elektrokleinstfahrzeugen wurde überwiegend darauf hingewiesen, dass diese nicht für den öffentlichen Verkehr zugelassen sind. Problematisch ist, ob diese Fahrzeuge überhaupt nachrüstbar sind. Jedenfalls dürfen die Altfahrzeuge nicht ohne Betriebserlaubnis im öffentlichen Straßenverkehr genutzt werden. Die Wirksamkeit der Betriebserlaubnis richtet sich nach § 19 StVZO und kann dementsprechend erlöschen. Das eKFZ muss über eine Versicherungsplakette nach § 29 FZV verfügen. Eine Kennzeichnung mit einem Fabrikschild

sind weder eine Fahrerlaubnis noch eine Prüfbescheinigung erforderlich, allerdings muss der Fahrzeugführer das 14. Lebensjahr vollendet haben.

17 Keine Kraftfahrzeuge sind dagegen **Anhänger** und **Wohnwagen**. Der Halter eines Anhängers, der dazu bestimmt ist, von einem Kraftfahrzeug mitgeführt zu werden, haftet gem. § 7 Abs. 1 StVG allerdings auch, selbst wenn der Anhänger zum Unfallzeitpunkt nicht mit einem Kfz verbunden war (z.B. abgestellte oder sich lösende Anhänger).

18 **Kleinstautomobile** (vierrädrig) stellen entgegen einer immer wieder anzutreffenden Meinung keine Mofas im Sinne des § 4 Abs. 1 Nr. 1b FeV dar, selbst wenn sie auf ebener Bahn nicht schneller als 25 km/h fahren.[43] Somit ist eine Mofa-Prüfbescheinigung zum Fahren langsam fahrender Pkw nicht ausreichend.

Das Fahren **motorisierter Krankenfahrstühle** bedarf keiner Fahrerlaubnis und keiner Prüfbescheinigung, sofern die bauartbedingten Vorgaben des § 4 Abs. 1 Nr. 2 FeV eingehalten werden; andernfalls ist eine Fahrerlaubnis erforderlich.[44] Das Mindestalter beträgt 15 Jahre.[45]

19 Die Gefährdungshaftung aus § 7 Abs. 1 StVG entfällt jedoch gem. § 8 Nr. 1 StVG, wenn der Unfall durch ein Fahrzeug verursacht worden ist, das auf ebener Bahn mit keiner höheren Geschwindigkeit als 20 km/h fahren kann. Darunter versteht man Kraftfahrzeuge, bei denen entweder die Bauart eine höhere Geschwindigkeit schon von vornherein ausschließt oder an denen Vorrichtungen angebracht sind, die eine Überschreitung dieser Grenze verhindern.[46] Das Gleiche gilt für Anhänger, die im Unfallzeitpunkt mit einem derartigen Kraftfahrzeug verbunden sind. Der *BGH*[47] hat zudem entschieden, dass der Haftungsausschluss des § 8 Nr. 2 StVG eingreift, wenn ein Fahrzeugführer aus Gefälligkeit ein fremdes Kfz rangiert und dabei sein eigenes Fahrzeug beschädigt. Von dieser Vorschrift sind auch Personenschäden umfasst.

### *b) Einzelfälle*

20 Ferner muss der Schaden sich »bei dem Betrieb« des Kfz oder Anhängers ereignet haben, also dem Betriebsvorgang zuzurechnen sein. Dies ist bereits dann anzunehmen, wenn sich die von einem Kfz ausgehenden Gefahren ausgewirkt haben[48] und das Unfallgeschehen in dieser Weise durch das Kfz zumindest mitgeprägt worden ist.[49] Denn der Betriebsbegriff ist weit zu fassen.[50] Zum Betrieb rechnet auch das **Hinauswerfen eines Gegenstands** aus einem fahrenden Kfz.[51]

---

»Elektrokleinstfahrzeug«, der zulässigen Höchstgeschwindigkeit und der Genehmigungsnummer der Allgemeinen Betriebserlaubnis muss am Fahrzeug angebracht sein. Den Anforderungen über Bremse (§ 4 eKFV), Beleuchtung (§ 5 Abs. 1 S. 1 und Abs. 3 eKFV), Einrichtung für Schallzeichen (§ 6 S. 1 eKFV) und sonstige Anforderungen (§ 7 eKFV) muss entsprochen werden. Eine Datenbestätigung nach § 20 Abs. 3a S. 1 bis 3 StVZO oder die Bescheinigung über die Einzelbetriebserlaubnis muss aufbewahrt und zuständigen Personen auf Verlangen zur Prüfung ausgehändigt werden.

43 Mofas können nur zwei- oder dreirädrige Fahrzeuge sein.

44 Siehe die Übergangsregelungen des § 76 FeV für vor dem 01.09.2002 erstmals zum Verkehr zugelassenen motorisierten Krankenfahrstühle.

45 Jüngere Kinder mit Behinderung dürfen motorisierte Krankenfahrstühle mit einer bauartbedingten Höchstgeschwindigkeit von 10 km/h fahren.

46 Vgl. hierzu auch Rdn. 96.

47 *BGH* DAR 2021, 194 m. Anm. *Greger*, auch zum (möglichen, z.B. bei Notlagen, aber in der Entscheidung verneinten) Anspruch nach § 670 BGB; a.A. *LG Dortmund*, Urt. v. 28.09.2006 – 4 S 23/06 = BeckRS 2006, 14139.

48 Vgl. *BGH* VersR 1971, 1060; BGHZ 79, 259 (262) = VersR 1981, 676 (677); VersR 1983, 985; VersR 1988, 640.

49 Vgl. *BGH* VersR 1988, 641.

50 Vgl. *BGH* VersR 2005, 566 = DAR 2005, 263; *OLG München* DAR 2010, 93 = NZV 2010, 619.

51 Vgl. *LG Bayreuth* DAR 1988, 384; *König* in Hentschel/König § 7 StVG, Rn. 6; *Filthaut* NZV 1993, 304.

**Schiebt** ein Kraftfahrer oder sein Beifahrer ein verkehrsbehindernd abgestelltes Kfz mit einfacher körperlicher Gewalt (Muskelkraft) beiseite, um dem eigenen Fahrzeug die Weiterfahrt zu ermöglichen, so sind die darauf zurückzuführenden Schäden an dem anderen Kfz aber nicht mehr dem Betrieb des eigenen Kfz zuzurechnen.[52] 21

Der Unfall kann auch dann »bei dem Betrieb« des betreffenden Kfz entstanden sein, wenn die beiden beteiligten Fahrzeuge sich körperlich nicht berührt haben (**berührungsloser Unfall**).[53] Der Unfall muss dann jedoch in einem nahen örtlichen und zeitlichen Zusammenhang mit einem bestimmten Betriebsvorgang oder einer bestimmten Betriebseinrichtung gestanden haben, die nach objektiver Betrachtung geeignet war, auf die Fahrweise des anderen Verkehrsteilnehmers einzuwirken und die schließlich eingetretenen Schäden herbeizuführen.[54] Das Kraftfahrzeug muss also über die bloße Anwesenheit an der Unfallstelle hinaus durch seine Fahrweise oder sonstige Verkehrsbeeinflussung zu der Entstehung des Schadens beigetragen haben.[55] 22

Es genügt also bereits das Merkmal der mittelbaren Beteiligung.[56] Dies gilt sogar dann, wenn sich der Unfall infolge einer voreiligen, nicht erforderlichen **Ausweichreaktion** ereignet hat; insoweit ist jedoch erforderlich, dass die Reaktion des Geschädigten subjektiv vertretbar erschien.[57] Allerdings leitet das *KG*[58] aus der Tatsache, dass es im örtlichen und zeitlichen Zusammenhang mit dem Einfahren eines Verkehrsteilnehmers in die BAB zu einem Unfall zwischen einem vorfahrtberechtigten Autobahnbenutzer und einem Dritten gekommen ist, nicht einen Anscheinsbeweis dafür her, dass dieser Unfall durch den Betrieb des Fahrzeuges des auf die BAB Einfahrenden verursacht worden ist. Die Beweislast für den ursächlichen Zusammenhang des Unfalls mit dem Betrieb eines anderen Verkehrsteilnehmers obliegt, wenn die Fahrzeuge sich nicht berührt haben, auch im Rahmen von § 7 Abs. 1 StVG dem Geschädigten.[59] 23

Nach gefestigter Auffassung reicht es für die Anwendung des Begriffs »beim Betrieb« aber aus, dass ein bestimmter Betriebsvorgang nach allgemeiner Lebenserfahrung geeignet war, den anderen Verkehrsteilnehmer zu verunsichern bzw. zu irritieren und so mittelbar auf sein Fahrverhalten einzuwirken. 24

So ist der *BGH* z.B. davon ausgegangen, dass der Unfall eines Motorradfahrers, der beim Überholt werden durch einen langen Sattelschlepper unsicher geworden und deshalb gestürzt ist, dem Betrieb des überholenden Fahrzeugs zuzurechnen ist.[60] Ohnehin ist derjenige, der mit zu knappem **seitlichem Abstand** überholt, in der Regel für den daraus entstandenen Schaden auch dann verantwortlich, wenn die Fahrzeuge sich dabei nicht berührt haben.[61] 25

In einem anderen Fall hat der *BGH*[62] bei einem Überholungsunfall auf der Autobahn betont, dass schon das Setzen des Blinkers und das leichte Hinüberziehen eines Lastzuges nach links ausreichen, 26

52 Vgl. *LG Freiburg* VersR 1981, 644 (Ls.) = DAR 1981, 14.
53 Vgl. *KG* VerkMitt 1983, 31; *OLG Koblenz* r+s 1986, 149 (Ls.).
54 *BGH* VersR 1983, 985; *BGH* VersR 1982, 756.
55 *BGH* VersR 2017, 311 = DAR 2017, 135 = r+s 2017, 95; *OLG Celle* DAR 2018, 683; *OLG Stuttgart*, Urt. v. 05.12.2019 – 9 U 76/18 = BeckRS 2018, 39594; *OLG Bremen* Beschl. v. 02.03.2016 – 1 U 60/15 m. Anm. *Balke* SVR 2017, 143; *OLG Frankfurt/M.*, Urt. v. 19.03.2019 – 16 U 57/18; *OLG Hamm* NJW-RR 2017, 281.
56 Vgl. *BGH* VersR 1983, 985 = VRS 1965, 344; *Weber* DAR 1984, 161 (170, 1. Sp.); *König* in Hentschel/König § 7 StVG, Rn. 11.
57 *OLG Hamm* MDR 2016, 882; *OLG Schleswig* VersR 1998, 473; *KG* VersR 1998, 778.
58 *KG* NZV 2000, 43.
59 Vgl. *BGH* VersR 2017, 311 = DAR 2017, 135 = r+s 2017, 95; *OLG Nürnberg* r+s 1983, 124; *OLG Düsseldorf* VersR 1987, 568.
60 Vgl. *BGH* NJW 1972, 1808 = VersR 1972, 1074; ähnlich: *BGH* NJW 1973, 44 = VersR 1973, 83; Geigel/*Kaufmann* Kap. 25 Rn. 66.
61 Vgl. *OLG Hamm* r+s 1987, 188; *OLG Saarbrücken* r+s 2023, 366 (Überholen einer Radfahrergruppe).
62 *BGH* VersR 1971, 1060.

um eine **Verunsicherung** eines nachfolgenden Verkehrsteilnehmers herbeizuführen und damit über § 7 Abs. 1 StVG den Kausalzusammenhang zu einem nachfolgenden Unfall zu vermitteln.[63]

27 Ein Unfall »bei dem Betrieb« eines Kfz in Form einer **Vorfahrtsverletzung** durch Irritation kann auch ohne Einfahren in eine Straßeneinmündung oder -kreuzung bereits dann vorliegen, wenn der Wartepflichtige sich der bevorrechtigten Straße so schnell nähert, dass der Vorfahrtsberechtigte nach allgemeiner Erfahrung annehmen muss, sein Vorfahrtsrecht werde missachtet. Wenn er dann aus der Befürchtung heraus, ihm stehe kein ausreichender Anhalteweg mehr zur Verfügung, zu gefährlichen Abwehrmaßnahmen greift, sind diese regelmäßig der Betriebsgefahr des Wartepflichtigen zuzurechnen. Denn dieser muss alles unterlassen, was geeignet ist, den Vorfahrtsberechtigten in Verwirrung oder Furcht vor einem Zusammenstoß zu versetzen und den Kontrahenten dadurch zu einer Notbremsung oder einem anderen unsachgemäßen Verhalten zu veranlassen.[64]

28 Der *BGH*[65] geht schon lange davon aus, dass eine Beeinträchtigung des Vorfahrtsrechts und damit ein Unfall »bei dem Betrieb« des wartepflichtigen Kfz bereits dann vorliegt, wenn der Wartepflichtige durch sein Verhalten in dem Vorfahrtsberechtigten die – nach Sachlage zunächst subjektiv begründete – Besorgnis erweckt habe, seine Vorfahrt werde nicht beachtet, und ihn dadurch unsicher macht.

29 Auch zahlreiche Oberlandesgerichte vertreten die Auffassung, dass die Verletzung des Vorfahrtsrechts nicht immer die objektive Gefahr eines Zusammenstoßes voraussetzt,[66] sondern es vielmehr genügt, »dass bei dem Vorfahrtsberechtigten die begründete Befürchtung der Gefahr eines Zusammenstoßes erweckt wird, falls Geschwindigkeit und Fahrtrichtung beider Fahrzeuge beibehalten würden«. Ob eine spätere mathematische Berechnung ergibt, dass Vermeidungsmaßnahmen tatsächlich nicht erforderlich waren, ist dagegen unerheblich.[67] Nach der Rechtsprechung des *BGH* ist es noch nicht einmal zwangsläufig erforderlich, dass die vom Geschädigten vorgenommene Ausweichreaktion aus seiner Sicht, also subjektiv erforderlich war. Vielmehr kann ein Unfall bereits dann dem Betrieb eines anderen Kfz zugerechnet werden, wenn er durch eine objektiv nicht erforderliche Ausweichreaktion im Zusammenhang mit einem Überholvorgang des anderen Fahrzeugs ausgelöst worden ist.[68]

30 Zum Betrieb eines Kraftfahrzeugs gehört daher auch der **mittelbar ausgelöste Unfall**, sofern ein ursächlicher Sachzusammenhang fortbesteht.

31 Als geradezu »klassisches« Beispiel mag der Fall dienen, dass ein aus einer Nebenstraße unter Verletzung der Vorfahrt kommender Pkw einen die Hauptstraße benutzenden Lkw zu einer scharfen Bremsung und gleichzeitigem Ausweichen nach links veranlasst. Wenn der Lkw dabei mit einem Fahrzeug des Gegenverkehrs zusammenstößt oder gegen einen Baum prallt, liegt ohne Frage ein Betriebsunfall vor, der dem Halter des die Vorfahrt verletzenden Pkw über § 7 Abs. 1 StVG – abgesehen von dem daneben vorliegenden Verschulden des Fahrzeugführers – verantwortlich zuzurechnen ist.

32 Ein Betriebsunfall ist aber auch anzunehmen, wenn ein Fußgänger aus Schreck über ein neben ihm auftauchendes Kfz zu Fall kommt oder vor eine Straßenbahn läuft. Das Gleiche gilt dann, wenn ein Passant dadurch, dass er einen Unfall mit Personenschaden, an dem er selbst nicht beteiligt ist, mit ansehen muss, durch den Anblick eines Opfers ohnmächtig wird und sich durch das Hinfallen Verletzungen zuzieht. Ebenfalls um einen Betriebsunfall handelt es sich, wenn der Reifen eines Lastkraftwagens platzt und durch den Druck der stark komprimierten Luft ein Fußgänger zu Boden geschleudert wird bzw. die Schaufensterscheibe eines Geschäftes zerspringt. In gleicher Weise liegt ein

63 Vgl. auch *BGH* VersR 1983, 985; *BGH* 1988, 1588; *BGH* NJW 1988, 2802; bezüglich eines durch ein Kfz verunsicherten Radfahrers *BGH* DAR 1988, 269 = zfs 1988, 308 = r+s 1988, 223; *BGH* VersR 1976, 927; *BGH* VersR 1983, 985; *OLG Hamm* NJW-RR 2017, 281 (Kfz im Gegenverkehr).

64 Vgl. *BGH* VRS 6, 157.

65 *BGH* VersR 1965, 811.

66 Vgl. *OLG Düsseldorf* DAR 1988, 389; ebenso *BayObLG* VRS 24, 238; *OLG Bremen* VRS 30, 72; *OLG Hamm* VRS 53, 294; *OLG Köln* VRS 65, 68; *OLG Karlsruhe* NZV 2011, 196.

67 Vgl. *BayObLG* VRS 24, 238.

68 *BGH* NJW 2010, 3713 = VersR 2010, 1614 = DAR 2011, 20.

Betriebsunfall vor, wenn aufgestaute Auspuffgase in das Innere eines im Linienverkehr eingesetzten Kraftomnibusses eindringen und Fahrgäste dadurch gesundheitlichen Schaden nehmen. Verlässt ein Unfallbeteiligter wegen eines Auffahrunfalls bei eisglatter Fahrbahn sein Fahrzeug, um sich über die Unfallfolgen zu informieren und stürzt er infolge der Eisglätte, ist auch dies noch der Betriebsgefahr zuzurechnen, weil sich die besondere durch den Unfall entstandene Gefahrenlage verwirklicht hat.[69]

Verfolgt ein Geschädigter den sich (nicht nur unerlaubt) entfernenden Unfallverursacher (**Nacheile**) 33 und stürzt er nach Klopfen an die Beifahrerfensterscheibe neben dem Pkw und verletzt sich, so ist dies noch dem Betrieb des sich entfernenden Kfz zuzuordnen.[70] Denn der Sturz ist bei wertender Betrachtung durch den Betriebsvorgang (mit)geprägt worden. Anders beurteilt dies das *OLG Stuttgart*, wenn der Schaden außerhalb des Schutzzwecks der Norm liegt und sich nur das allgemeine Lebensrisiko verwirklicht hat (Bandscheibenvorfall durch Umdrehen in einem Geschäft, nachdem der Geschädigte darauf aufmerksam gemacht wurde, dass man seinen Pkw angefahren hat und der Verursacher sich entfernt), zumal »der Geschädigte« auch noch nicht zur Nacheile angesetzt hat.[71]

Ein »Betriebsunfall« im Sinne von § 7 Abs. 1 StVG kann auch bei einem sog. **Schockschaden** oder 34 auch Fernwirkungsschaden vorliegen (psychisch vermittelte Kausalität). Hierunter versteht man die seelische Erschütterung, die ein bei einem Unfall selbst nicht Verletzter erleidet durch das Miterleben eines Unfalls, den Anblick von Unfallfolgen oder die Nachricht von einem Unfall und seinen Folgen.

Die Rechtsprechung macht die Ersatzfähigkeit von Schockschäden jedoch von mehreren Voraus- 35 setzungen abhängig:[72]

1. Eine die Haftung auslösende Gesundheitsverletzung soll nicht schon immer dann vorliegen, wenn medizinisch fassbare Auswirkungen gegeben sind; es müssen vielmehr Gesundheitsschäden vorliegen, die nach Art und Schwere den Rahmen dessen überschreiten, was an Beschwerden bei einem solchen Erlebnis aufzutreten pflegt; die Beeinträchtigungen müssen als ernsthafte Erkrankung betrachtet werden.
2. Der Anlass für den Schock muss verständlich erscheinen, d.h. der Anlass muss geeignet sein, bei einem durchschnittlich Empfindenden eine entsprechende Reaktion auszulösen.
3. Der Ersatzanspruch für Schockschäden beschränkt sich grundsätzlich auf nahe Angehörige des Opfers.

Denn nach ständiger Rechtsprechung ist ein Schockschaden, den ein Dritter durch den Tod oder 36 die Verletzung eines anderen erleidet, grundsätzlich dem allgemeinen Lebensrisiko zuzuordnen. In seiner Entscheidung vom 22.05.2007[73] hat der *BGH* noch einmal ausdrücklich klargestellt, das völlig fremde, mit den eigentlichen Unfallbeteiligten nicht in einer näheren Beziehung stehende Personen auch bei besonders schweren Unfällen keinen Schadensersatz für eine psychische Gesundheitsbeschädigung beanspruchen können. Die bloße Anwesenheit und das Miterleben auch eines schrecklichen Unfallereignisses als Zeuge ist dem allgemeinen Lebensrisiko zuzurechnen und muss entschädigungslos hingenommen werden.

Es muss also eine hinreichende Nähe zum Unfallopfer vorliegen, anderenfalls fehlt es an einem haf- 37 tungsrechtlichen Zusammenhang. Das bloße Miterleben als Unfallzeuge reicht nicht aus. Nach der einengenden Rechtsprechung des *BGH*, die eine »Ausuferung« derartiger Schadensersatzansprüche vermeiden möchte, werden die Voraussetzungen für einen »Schockschaden« daher nur außerordentlich selten vorliegen. Erlebt aber ein Geschädigter den Tod oder eine schwere Verletzung eines nahen Angehörigen unmittelbar mit, so kann dieses Miterleben Ansprüche des Geschädigten begründen, insbesondere wenn der Geschädigte auch noch selbst dem Unfallgeschehen ausgesetzt und durch

69 *BGH* NJW 2013, 1679 = VersR 2013, 599.
70 *OLG Hamm*, Urt. v. 31.08.2018 – 7 U 23/18, juris.
71 *OLG Stuttgart* NJW-RR 2013, 539.
72 Vgl. nur Grüneberg/*Grüneberg* Vorb. v. § 249 Rn. 40 m.w.N.
73 *BGH* NJW 2007, 2764 = VersR 2007, 1093 = DAR 2007, 515 = NZV 2007, 510; vgl. hierzu auch *OLG Frankfurt/M.* zfs 2013, 202 sowie *OLG Düsseldorf* r+s 2012, 562.

das grob verkehrswidrige Verhalten des Schädigers gefährdet war.[74] Ein Anspruch kann auch bei einer entsprechenden Benachrichtigung des Angehörigen gegeben sein, wobei der *BGH* bezüglich der Voraussetzungen, ob eine pathologisch besondere Beeinträchtigung gegeben ist, zwischen dem unmittelbaren Miterleben und dem Erhalt einer Unfallnachricht differenziert.[75] In einer anderen Entscheidung hat der *BGH* im Übrigen klargestellt, dass die Rechtsprechung zu den Schockschäden nicht auf Fälle psychischer Gesundheitsbeeinträchtigungen im Zusammenhang mit der Verletzung oder Tötung von Tieren zu erstrecken ist.[76]

38 Beim »Betrieb« des Kfz im Sinne von § 7 Abs. 1 StVG ereignet sich ein Unfall auch dann, wenn er auf das **Ein- und Aussteigen** – insbesondere das zu diesem Zwecke erfolgte Öffnen der Tür – zurückzuführen ist,[77] und zwar auch für den Fall, dass nicht der Fahrer (oder Halter) des betreffenden Kfz den Schaden verursacht, sondern ein Insasse (Beifahrer). Dies gilt insbesondere bei einem Taxi oder Kraftomnibus.[78] Ein Unfall ereignet sich jedoch nicht deswegen »bei dem Betrieb« eines Omnibusses, weil einem nach dem Aussteigen zu Fall gekommenen Fahrgast durch das Anfahren des Omnibusses die Möglichkeit genommen wird, sich an diesem festzuhalten.[79]

39 Da das Ein- und Aussteigen einschließlich des Öffnens und Schließens der Tür demnach zum Betrieb des Kfz gehört, kommt insoweit jeder Insasse – mit Ausnahme des Fahrers und Halters – als beim Betrieb des betreffenden Kfz beschäftigter Dritter in Betracht. Denn beim Öffnen und Schließen der Tür handelt es sich um einen notwendigen Betriebsvorgang. Für dabei verursachte Schäden hat also grds. auch der Halter des Kfz einzustehen. Der Beweis des ersten Anscheins spricht für eine fahrlässige Sorgfaltspflichtverletzung des Ein- bzw. Aussteigenden.[80] Insbesondere beim Öffnen der zur linken Straßenseite hin gelegenen Tür eines Kraftfahrzeugs[81] darf der Aussteigende diese erst öffnen, wenn er sicher sein kann, dass er andere Verkehrsteilnehmer dadurch nicht gefährdet. § 14 Abs. 1 StVO ordnet beim Ein- oder Aussteigen den höchsten Sorgfaltsmaßstab der StVO an, eine Gefährdung anderer Verkehrsteilnehmer muss ausgeschlossen sein. Ob beim Ein- oder Aussteigen der Schaden beim Betrieb, Gebrauch oder anlässlich eines von der Eintrittspflicht des KH-Versicherers nicht umfassten gelegentlichen Gebrauchs des Kfz eingetreten ist, hängt ebenfalls von den Umständen des Einzelfalles ab.[82]

40 Ein Betriebsunfall im Sinne von § 7 Abs. 1 StVG liegt im Ergebnis zwar auch dann vor, wenn aus Anlass einer durch Dritteinwirkung verursachten **Notbremsung** die nicht ordnungsgemäß gesicherte bzw. verstaute Ladung eines Lkw auf der Ladefläche verrutscht und dadurch ein Schaden eintritt. In derartigen Fällen dürfte der Schaden in der Regel aber allein in den Einfluss- und Zurechnungsbereich des Kfz-Halters fallen, da dieser grundsätzlich dafür Sorge zu tragen hat, dass Ladungsgüter so verstaut und abgesichert werden, dass auch im Fall einer Notbremsung oder einer anderen betriebsbedingten Beanspruchung des Kfz das Ladungsgut weder verrutschen, noch umfallen oder das Kfz einseitig belasten kann.[83]

74 *BGH* VersR 2015, 501.
75 *BGH* VersR 2015, 590.
76 *BGH* NJW 2012, 1730.
77 Vgl. *OLG Hamm* DAR 2000, 64; *AG Düsseldorf* SP 2002, 52.
78 Vgl. hierzu *LG Aachen* NJW-RR 2011, 752.
79 Vgl. *OLG Köln* NJW 1989, 1865 (Ls.) = NZV 1989, 237.
80 Vgl. *OLG Hamm* DAR 2000, 64.
81 Vgl. hierzu auch: *BGH* NJW 1971, 1095 (Pflichten des Fahrers); *BGH* VerkMitt 1981, 49 (Abgrenzung der Pflichten zwischen demjenigen, der die Tür öffnet, und dem fließenden Verkehr); *OLG Düsseldorf* DAR 1976, 215 (ein auch nur geringfügiges Öffnen der Wagentür, um sich über den rückwärtigen Verkehr zu vergewissern, ist unzulässig).
82 Vgl. *OLG Hamm* DAR 2000, 64.
83 Vgl. *OLG Düsseldorf* VersR 1985, 478 (Ls.) = zfs 1985, 5; *König* in Hentschel/König § 22 StVO Rn. 13, 14.

Anders verhält es sich demgegenüber bei Zusammenstößen, und zwar im Hinblick auf die dabei in ganz erheblichem Umfange freigewordene Trägheitskraft, die eine Verlagerung der Ladung durchaus bewirken kann. Denkbar ist allerdings auch in diesen Fällen der Einwand eines Mitverschuldens, falls festgestellt werden sollte, dass eine ordnungsgemäß verstaute und abgesicherte Ladung nicht verrutscht wäre. 41

Wird ein Radfahrer durch einen **herabfallenden Ast eines Baumes** verletzt, unter dem kurz vorher ein Lkw durchgefahren ist, kann der Schaden ebenfalls dem Betrieb des Lkw zugerechnet werden.[84] 42

Die Frage, ob sich ein **abgeschlepptes Kfz** noch »im Betrieb« befindet, ist differenziert zu beantworten. Wenn das abgeschleppte Fahrzeug nicht mehr selbstständig gelenkt und gebremst werden kann, weil es z.B. zum Abschleppen »auf den Haken« genommen wurde, geht seine Betriebsgefahr in der des abschleppenden Fahrzeugs auf. Es entsteht zwar aus beiden Fahrzeugen eine neue Betriebseinheit, für von dieser Einheit verursachte Schäden haften Halter und Fahrer des ziehenden Kfz aber allein.[85] Wird dagegen das abzuschleppende Kfz lediglich an einem Seil oder an einer Stange gezogen und muss daher selbstständig gelenkt und gebremst werden, dann geht auch von dem abgeschleppten Kfz eine eigenständige Betriebsgefahr aus und zwar nicht nur im Hinblick auf das ziehende Fahrzeug.[86] In diesem Fall kann das abgeschleppte Kfz auch nicht als Kfz-Anhänger i.S.d. § 7 StVG angesehen werden.[87] Die Regelung des § 10a Abs. 3 AKB, wonach abgeschleppte oder geschleppte Kfz als mitversicherte Anhänger gelten, wenn für diese kein Haftpflichtversicherungsschutz besteht, spielt insoweit keine Rolle, da die Versicherungsbedingungen nur die Eintrittspflicht des Haftpflichtversicherers anstelle oder neben der des Schädigers regeln. Sie stellen aber keine eigenständige Anspruchsgrundlage dar, sondern setzen zivilrechtliche Schadensersatzansprüche gegen den Versicherungsnehmer voraus. 43

Wegen der Gefährlichkeit des Abschleppvorgangs schreibt § 15a StVO vor, dass beim Abschleppen eines auf der Bundesautobahn (BAB) liegen gebliebenen Fahrzeugs die BAB bei der nächsten Ausfahrt zu verlassen ist und beim Abschleppen eines außerhalb der BAB fahrunfähig gewordenen und liegen gebliebenen Fahrzeugs in die BAB gar nicht erst eingefahren werden darf. Während der Durchführung des Abschleppvorganges haben beide Kfz – also sowohl das ziehende wie auch das abgeschleppte Kfz – Warnblinklicht einzuschalten. 44

In jedem Fall unterliegt das angeschleppte Kfz der Gefährdungshaftung. Unter »**Anschleppen**« im verkehrstechnischen Sinne versteht man den Versuch, ein mit eigener Kraft derzeit nicht fahrbereites Kfz mit der Motorkraft eines anderen Fahrzeugs zu dem Zwecke in Bewegung zu setzen, dass die bestimmungsgemäßen Antriebskräfte des angeschleppten Fahrzeugs dadurch – auf Zeit oder auf Dauer – wieder in Funktion gesetzt werden und die weitere Fortbewegung selbsttätig übernehmen. Gerade im Hinblick auf das verfolgte Ziel, das angeschleppte Fahrzeug durch den Schleppvorgang (wieder) zu einem vollwertigen Kraftfahrzeug – also einem Kfz mit eigener Motorkraft – zu machen, befindet sich dieses Kfz daher bereits während des Anschleppvorganges »im Betrieb«, sodass der Fahrer eine vollgültige Fahrerlaubnis benötigt und der Halter der Gefährdungshaftung aus § 7 Abs. 1 StVG unterliegt. Kommt es beim Abschleppen eines Pkw durch einen anderen auf abschüssiger Straße zu einer Kollision zwischen beiden Fahrzeugen, haftet der abgeschleppte Führer und Halter dem geschädigten »Schlepper« aus § 7 Abs. 1 StVG, da sich der Unfall beim Betrieb des abgeschleppten Pkw ereignet hat.[88] 45

Ein Unfall ereignet sich auch dann (noch) »bei dem Betrieb« des betreffenden Kraftfahrzeugs, wenn die gefährdende Situation, die später ursächlich zum Schaden geführt hat, bereits zu einem Zeitpunkt begründet worden ist, als sich das Fahrzeug noch in Bewegung befunden hat. 46

84 *OLG Hamm* NZV 2009, 31.
85 Vgl. *BGH* NJW 1978, 2502; Geigel/*Kaufmann* 25. Kap. Rn. 62.
86 Vgl. *OLG Celle* NZV 2013, 292.
87 Vgl. Geigel/*Kaufmann* 25. Kap. Rn. 62 m.w.N.
88 *OLG Hamm* NZV 2009, 456 = NJW-RR 2009, 1031.

47 Auch Fahrzeuge, die in einer öffentlichen Straße **abgestellt** sind, befinden sich daher noch im »Betrieb«; dies gilt insbesondere dann, wenn das Kfz – beispielsweise nach einem vorausgegangenen Unfall – verkehrs- oder verbotswidrig abgestellt ist.[89] Ob eine Haftung aus Betriebsgefahr indes für ein auf einer öffentlichen Parkfläche ausreichend stabil abgestelltes Motorrad ausscheiden soll, wenn dieses nach mehr als 2 Tagen aus nicht mehr feststellbaren Gründen auf ein neben ihm parkendes Kfz fällt,[90] kann pauschal nicht beantwortet werden; so wird auch die Frage der Beweisbarkeit des Tatbestandsmerkmals »beim Betrieb« eine Rolle spielen.

48 Ein Unfall, der darauf beruht, dass ein anderer Verkehrsteilnehmer ein abgestelltes Fahrzeug erfasst, ist in der Regel auch »bei dem Betrieb« des haltenden Kfz im Sinne von § 7 Abs. 1 StVG entstanden und daher zumindest im Rahmen der Gefährdungshaftung dem Halter im Sinne einer – nach § 17 StVG zu berücksichtigenden – Mitverursachung zuzurechnen.

49 War das in dieser Weise beteiligte Kfz nicht nur verkehrsbehindernd abgestellt, sondern darüber hinaus auch unter Verstoß gegen ein ausdrückliches – gleichgültig ob durch amtliche Verkehrszeichen oder gesetzliche Regelung ausgesprochenes – Verbot geparkt worden, dann trifft den Fahrer in der Regel über den Wirkungsbereich der gesetzlichen Gefährdungshaftung aus § 7 Abs. 1 StVG bzw. der Haftung aus gesetzlich vermutetem Verschulden nach § 18 Abs. 1 StVG hinaus auch ein »echtes« Verschulden an der Herbeiführung eines darauf beruhenden Verkehrsunfalls.

50 Für die Mithaftung des parkenden Verkehrsteilnehmers reicht es aus, wenn das Fahrzeug zwar auf dem Bordstein, d.h. außerhalb der Fahrstraße, aber so dicht am Fahrbahnrand abgestellt war, dass ein anderer Verkehrsteilnehmer, der ordnungsgemäß die Fahrstraße befährt und diese zu keinem Zeitpunkt verlassen hat, mit dem Überhang seines Kfz das abgestellte Fahrzeug erfasst.

51 Überdies ist davon auszugehen, dass § 12 Abs. 1 und 3 StVO dem Sicherheitsbedürfnis des fließenden Verkehrs in beiden Richtungen dient[91] und dass die entsprechenden Vorschriften nach ihrem Schutzzweck die gesamte Straßenbreite umfassen und damit dem Verkehrsfluss in beiden Richtungen, soweit die Benutzung der Gegenfahrbahn zulässig ist, dient.

52 Voraussetzung für eine Mithaftung in dem Fall, dass das Kfz im eingeschränkten Halteverbot abgestellt worden ist, dürfte jedoch der Umstand sein, dass das falsche Abstellen nicht nur kausal im Sinne einer conditio sine qua non, sondern zugleich auch nach den Grundsätzen der Adäquanz zur Entstehung des Schadens beigetragen hat. Diese Voraussetzung wird stets dann erfüllt sein, wenn das betreffende Fahrzeug verkehrsbehindernd abgestellt war, nicht jedoch, wenn das betreffende Kfz auf einem Randstreifen abgestellt war, der ausdrücklich zum Abstellen von Fahrzeugen vorgesehen ist oder wenn ein Verstoß gegen das Halteverbot lediglich deswegen vorliegt, weil der über das Kfz Verfügungsberechtigte die Parkuhr nicht betätigt hat. Daraus lässt sich eine Mithaftung im Fall eines Schadens sicherlich nicht ableiten (Schutzzweck der Norm).

53 **Bleibt** ein Kfz auf einer dem Schnellverkehr dienenden Straße wegen Motorschadens **liegen**, handelt es sich dabei – rechtlich gesehen – um eine die Haftung nach § 7 Abs. 1 StVG begründende Auswirkung der (fortdauernden) Betriebsgefahr des Kfz. Auf die zeitliche Dauer dieses Zustandes kommt es insoweit bei rechtlich orientierter Betrachtungsweise nicht an. Dies gilt insbesondere dann, wenn das Fahrzeug durch einen Unfall oder eine Betriebsstörung im Verkehrsraum einer öffentlichen Straße zum Halten kommt und dadurch den übrigen Verkehr behindert oder gar gefährdet.[92] Insoweit kann

89 Vgl. *BGH* VersR 1995, 90 = NZV 1995, 19; *OLG Nürnberg* zfs 1998, 45; *OLG Frankfurt/M.* VersR 1974, 440; *OLG Karlsruhe* VersR 1978, 647; VersR 1986, 155 (156); *König* in Hentschel/König § 7 StVG Rn. 8; Geigel/*Kaufmann* Kap. 25 Rn. 60.

90 So das *LG Tübingen* NJW 2010, 2290 = NZV 2010, 524; s. auch *AG Karlsruhe*, Urt. v. 01.06.2022 – 1 C 1123/21; zum Haftung nach dem Umfallen eines E-Scooters s. *AG-Berlin-Mitte*, Urt. v. 09.05.2023 – 151 C 60/22 V m. Anm. *Biller-Bombhardt* NZV 2023, 513.

91 Vgl. *BGH* VersR 1983, 438 (439); VersR 1987, 259 = zfs 1987, 132 (Ls).

92 Vgl. dazu: *BGH* NJW 1971, 431; *BGH* VersR 1967, 475.

der Haftungsanteil sich noch erhöhen, wenn an dem beschädigt zurückgebliebenen Kfz die Warnblinkanlage nicht betätigt worden ist, obwohl dies in der Zwischenzeit hätte geschehen können.

Umstritten ist, ob § 7 StVG auch auf solche Gefahren anzuwenden ist, die von einem in der **privaten Garage abgestellten Kfz** ausgehen, oder ob der Betrieb des Kfz damit gleichsam beendet ist.[93] Wenn durch den Brand eines abgestellten Pkw Schäden an anderen Fahrzeugen oder an sonstigen anderen Gegenständen auftreten, kommt es darauf an, ob der Brand in einem ursächlichen Zusammenhang mit einem bestimmten Betriebsvorgang oder mit den Betriebseinrichtungen des parkenden Kfz steht. In diesem Fall ist der dadurch verursachte Schaden an Rechtsgütern Dritter im Sinne des § 7 Abs. 1 StVG regelmäßig der Betriebsgefahr zuzurechnen,[94] wobei es nach der Rechtsprechung des *BGH* lediglich darauf ankommt, dass das Schadensgeschehen durch das Kfz mitgeprägt worden ist. Daher reicht es aus, wenn der **Brand** oder das Übergreifen in einem ursächlichen Zusammenhang mit einer Betriebseinrichtung des Kfz steht.[95] 54

Die Rechtsprechung des *BGH* liegt auf der Linie des *EuGH*[96] zu den Vorgaben der KH-Richtlinie bei sich entzündenden Kfz. Der *EuGH* hatte sich mit einem in einer Privatgarage abgestellten Pkw zu befassen, der sich mehr als 24 Stunden nach dem letztmaligen Fahren entzündete, wodurch das Gebäude beschädigt wurde. Der *EuGH* hat ausgeurteilt, dass der Brand eines Kfz ein »**Ereignis der Fahrzeugverwendung**« im Sinne des Art. 3 Abs. 1 der Richtlinie 2009/103/EG ist. Auch längere Standzeiten wirken sich nicht auf die Eintrittspflicht des KH-Versicherers aus. Zudem hat er darauf hingewiesen, dass der Begriff der »Verwendung des Fahrzeugs« nicht im Ermessen der Mitgliedsstaaten liegt.

Eine Haftung aus unerlaubter Handlung (§§ 823 ff. BGB) kommt lediglich dann in Betracht, wenn der Anspruchsteller ein Verschulden des Verursachers an der Entstehung des Brandes nachweist.[97]

Kein Betrieb ist gegeben, wenn ein Kfz vorsätzlich in Brand gesetzt wird[98] oder es durch das Anschließen einer externen Autobatterie an die Benzinpumpe zu Funkenflug und Flammenbildung kommt.[99]

Ein Betriebsunfall im Sinne von § 7 Abs. 1 StVG kann auch dann vorliegen, wenn Kraftfahrzeuge die Fahrbahn verschmutzen und dadurch ein Unfall eintritt.[100] Als Sachbeschädigung und damit als Betriebsunfall im Sinne von § 7 Abs. 1 StVG sind auch verkehrsgefährdende **Verunreinigungen der Fahrbahnoberfläche** durch ausgelaufene Kfz-Betriebsstoffe oder andere Chemikalien anzusehen. 55

Wenn ein Kfz auf einer **Ölspur** ins Schleudern gerät und dadurch Schaden erleidet bzw. einen Drittschaden verursacht, ist daher regelmäßig von einem Betriebsunfall auszugehen.[101] Unfälle dieser Art werden im Regelfall entweder auf »einem Fehler in der Beschaffenheit des Fahrzeugs« – also auf konstruktiven Mängeln – oder auf einem »Versagen seiner Vorrichtungen« im Sinne von § 17 Abs. 3 StVG beruhen. 56

Allerdings kommt es auf diese Gesichtspunkte für die Annahme eines Betriebsunfalls nicht entscheidend an. Die Erfahrungen der Praxis zeigen, dass der Verlust von Öl oder Bremsflüssigkeit bzw. Kraftstoff in aller Regel auf einem plötzlich eingetretenen Bruch der im Fahrzeuginneren befind- 57

93 Beendigung bejaht z.B. durch *OLG München* NZV 1996, 199; a.A. *OLG Düsseldorf* NZV 2011, 190 = MDR 2011, 157 und *OLG München* DAR 2010, 93.

94 *BGH* DAR 2021, 87; *BGH* DAR 2019, 447; *BGH* VersR 2014, 396 = NJW 2014, 1182 = DAR 2014, 196, vgl. auch *OLG Düsseldorf* NZV 2011, 190 = MDR 2011, 157.

95 *BGH* DAR 2021, 87.

96 *EuGH* DAR 2019, 445.

97 Vgl. *AG Hamburg* zfs 1985, 353; *AG München* zfs 1984, 33 (Kabelbrand).

98 *BGH* VersR 2008, 656 = NZV 2008, 285 = NJW-RR 2008, 764.

99 *OLG Koblenz*, Urt. v. 25.09.2019 – 10 U 426/19; *BGH*, Beschl. v. 13.10.2020 – VI ZR 423/19.

100 Vgl. *BGH* NJW 1982, 2669 = VersR 1982, 977 = DAR 1982, 328; *König* in Hentschel/König § 7 StVG Rn. 13.

101 Vgl. *OLG Köln* VersR 1983, 287 = zfs 1983, 130; *Klimke* ZfV 1990, 417.

lichen Transportleitungen oder – allgemein gesagt – einem Leck in einem zur Aufbewahrung derartiger Flüssigkeiten bestimmten Behälter beruhen. Die damit verbundenen Rechtsfolgen treten im Übrigen auch dann ein, wenn die Ölspur durch die Ladung des betreffenden Fahrzeugs verursacht worden ist, sofern der Verlust des Öls auf Umständen beruht, die mit dem Betrieb des betreffenden Kfz ursächlich zusammenhängen. Solange der Kraftfahrer bzw. Halter des Kfz den Ölverlust nicht kennt und mit ihm vorwurfsfrei nicht zu rechnen braucht, liegt ein Verschulden nicht vor, sodass Ansprüche allein auf die Gefährdungshaftung gestützt werden können.

58 Im Regelfall wird sich die Einlassung des Kfz-Halters bzw. -Führers, er habe den Ölverlust nicht bemerkt und mit ihm nach Lage der Dinge auch nicht zu rechnen brauchen, nicht widerlegen lassen. Der Kfz-Führer ist ohne besondere Anhaltspunkte nicht verpflichtet, die hinter ihm liegende Fahrstrecke auf Ölspuren abzusuchen. Der Fahrer muss auch nicht ständig die Ölkontroll-Lampe beachten, wenn dazu kein besonderer Anlass besteht. Er muss sein Augenmerk in erster Linie auf die Fahrbahn und den sich darauf abwickelnden Verkehr richten.[102] Hat der Kfz-Führer demgegenüber jedoch den Ölverlust bemerkt und setzt er gleichwohl seine Fahrt fort, so hat er neben der Gefährdungshaftung auch ein schadenursächliches Verschulden zu vertreten. Denn der Kfz-Führer hat nach dem Bemerken des Ölverlustes sofort alle erforderlichen Maßnahmen zur Schadenabwendung bzw. -minderung zu treffen. Hierzu gehört beispielsweise das unverzügliche Aufstellen von Warnzeichen und die sofortige Benachrichtigung der Polizei, die ihrerseits dann die Verkehrssicherung übernimmt und dafür sorgt, dass die Ölspur unverzüglich mit abstumpfenden Stoffen bestreut wird.

59 In solchen Fällen ist aber stets zu prüfen, ob auch dem Geschädigten, der in der Regel die Betriebsgefahr seines eigenen Kfz zu vertreten hat, eine mitwirkende Verursachung bzw. ein schadenursächliches Mitverschulden zur Last fällt, sodass aus diesem Grunde eine Schadenausgleichung über § 17 StVG zu erfolgen hat.

60 Ein schadenursächliches Mitverschulden wird häufig darin bestehen, dass der betreffende Kfz-Führer die objektiv erkennbare Ölspur aus Gedankenlosigkeit nicht rechtzeitig bemerkt oder gar trotz Kenntnis dieser Gefährdungsursache seine Fahrt aus der leichtfertigen Erwägung heraus, es werde »schon alles gut gehen«, fortsetzt. Es ist daher in jedem Fall zu prüfen, ob der Unfall sich bei Tageslicht ereignet hat bzw. inwieweit zur Nachtzeit die Unfallstelle durch anderweitige (künstliche) Lichtquellen hinreichend ausgeleuchtet war. Auch die Witterungslage ist von entscheidender Bedeutung. Die Erfahrung zeigt, dass eine Ölspur auf trockener Asphaltstraße eher und leichter zu erkennen ist als auf feuchtem Kleinpflaster.[103]

61 Hat aufseiten des Geschädigten lediglich die Betriebsgefahr seines Kfz im Rahmen der Gefährdungshaftung mitgewirkt, weil er den haftungsausschließenden Ausnahmetatbestand eines unabwendbaren Ereignisses im Sinne von § 17 Abs. 3 StVG nicht nachzuweisen vermag, dann fällt ihm im Regelfalle bei der nach § 17 StVG vorzunehmenden Schadenausgleichung ein eigener Mitverursachungsbeitrag in Höhe eines Drittels zur Last.[104] Ein unabwendbares Ereignis wird regelmäßig dann vorliegen, wenn der Geschädigte auf einer nur schwer erkennbaren Ölspur trotz Anwendung größtmöglicher Sorgfalt ins Schleudern gerät. Liegt überdies jedoch noch ein Mitverschulden des Geschädigten vor, dann ergibt sich daraus im Regelfall eine hälftige Schadenteilung.

62 Auch kommt es in der Praxis nicht selten vor, dass ein Kraftfahrzeug einen auf der Fahrbahn liegenden **Stein** oder anderen Gegenstand[105] erfasst und ihn in der Weise **hochschleudert** bzw. **aufwirbelt**, dass z.B. die Windschutzscheibe eines nachfolgenden Kfz beschädigt oder zerstört wird. Dieser Fall

102 Vgl. dazu: *OLG Bamberg* VersR 1987, 465 = zfs 1987, 132 (133); r+s 1987, 11 = VRS 72, 88.

103 Vgl. *BGH* VersR 1964, 925.

104 Vgl. *OLG Hamm* VersR 1962, 434; wegen der *Abwägung* der Verursachungskomponenten und der *Haftungsverteilung* vgl. auch *BGH* VersR 1964, 925.

105 Vgl. *BGH* NJW 1974, 1510; *LG Hildesheim* zfs 1983, 353 (Reifenstück).

kann insbesondere dann eintreten, wenn ein Lkw[106] den Stein mit einem seiner Zwillingsreifen[107] aufnimmt und hochschleudert. Es kommt zuweilen auch vor, dass Fahrzeugteile – dies gilt insbesondere für Reifen, die sich von einem Kfz gelöst haben – auf der Fahrbahn zurückbleiben und von einem nachfolgenden Kfz erfasst werden.

Die sich dabei ergebenden Rechtsprobleme beurteilen sich nach den allgemeinen Grundsätzen der einschlägigen Haftungsvorschriften. Zunächst einmal muss daher der Nachweis des schadenursächlichen Sachzusammenhangs vom Geschädigten geführt werden, es muss also nachgewiesen werden, dass »bei dem Betrieb« eines bestimmten Kfz ein auf der Fahrbahn liegender Stein erfasst worden ist und dass der schließlich eingetretene Schaden hierdurch verursacht wurde.[108] 63

Dabei stellt sich bereits die Frage, ob der Kfz-Fahrer mit dem Vorhandensein von Steinen auf der Fahrbahn rechnen musste. Diese Voraussetzung liegt insbesondere dann vor, wenn es sich um eine Baustelle[109] oder um eine mit zahlreichen Steinen verschiedener Größe bedeckte – möglicherweise sogar übersäte – Fahrbahn handelt. Der Fahrer muss sich den gegebenen Straßenverhältnissen anpassen und die Straße so hinnehmen, wie sie sich ihm erkennbar darbietet.[110] 64

Es ist also stets unter Berücksichtigung der besonderen Umstände, die dem konkreten Einzelfall sein ganz individuelles Gepräge gegeben haben, zu prüfen, ob der Kfz-Fahrer die Gefahrenquelle erkennen konnte bzw. mit ihr rechnen musste und ob ihm ein Ausweichen aus tatsächlichen Gründen zuzumuten war bzw. ob er seine Geschwindigkeit möglicherweise vorher noch herabsetzen konnte oder musste. 65

Dies gilt insbesondere, wenn es sich bei den Ablagerungen um ganz besonders große Steine[111] handelt oder wenn im Bereich einer Baustelle mit Schotter oder abgelagertem Splitt gerechnet werden musste.[112] 66

Besondere Sorgfaltspflichten bestehen für den Kraftfahrer auf schlechter Straße mit zahlreichen Steinen verschiedener Größe und beim Durchfahren von Baustellen, wie überhaupt bei Fahrzeugen, die bestimmungsgemäß im Baustellenbereich eingesetzt werden.[113] 67

Unzutreffend ist – zumindest in dieser Verallgemeinerung – der Standpunkt, der Unabwendbarkeitsnachweis lasse sich grundsätzlich schon dann nicht mehr führen, wenn auch nur die Möglichkeit bestanden hat, dass der hochgewirbelte Stein bereits vor Antritt der Fahrt im Profil der Zwillingsreifen festgeklemmt gewesen sein könnte. Denn auch der sorgfältigste Kfz-Fahrer, der vor Fahrtantritt sein Kfz auf Schäden und sonstige Abweichungen vom Regelverhalten untersucht, wird kaum in der Lage sein, das Nichtvorhandensein eingeklemmter Steine im Zeitpunkt seiner Durchsicht zu beweisen.[114] 68

Unmögliches darf man selbstverständlich auch von dem sog. Idealfahrer nicht verlangen. Aus diesem 69
Grund wird nach richtiger Auffassung vertreten, dass ein unabwendbares Ereignis vorliegt, wenn ein auf der Fahrbahn liegender Stein, den der Kraftfahrer nicht ohne Weiteres erkennen kann und

106 *AG Buchen* r+s 2016, 362; *AG Hersbruck*, Endurt. v. 08.03.2016 – 1 C 540/15 = BeckRS 2016, 118136.

107 Vgl. *OLG Stuttgart* VersR 1971, 631.

108 Zur Beweislast s. *Rebler* SVR 2013, 379 und NZV 2011, 115.

109 Vgl. *BGH* NJW 1974, 1510 = VersR 1974, 1030 = VRS 47, 241; *LG Nürnberg-Fürth* r+s 2017, 377; *AG Freising* zfs 1981, 97 (unmittelbar hinter einer Baustelle).

110 *BGH* NJW 1979, 1055; *OLG Brandenburg* DAR 1998, 315.

111 Vgl. *OLG Stuttgart* VersR 1971, 651 (Umfang der Steine: 16cm lang, 10cm breit und 7cm hoch); *LG Aschaffenburg* VersR 1975, 92 (Umfang des Steins: 6 × 6 × 6cm); anders verhält es sich jedoch, wenn der Kraftfahrer den Stein wegen *Dunkelheit* nicht sehen konnte, z.B., weil er sich farblich von der Fahrbahnoberfläche nicht abhob.

112 Vgl. *BGH* NJW 1974, 1510 = VersR 1974, 1030 = VRS 47, 241; *LG Nürnberg-Fürth* r+s 2017, 377.

113 In diese Richtung auch *LG Nürnberg-Fürth* r+s 2017, 377.

114 Vgl. hierzu *AG Regensburg* NZV 2009, 289; *LG Heidelberg* DAR 2012, 337; *AG Düsseldorf* SP 2013, 70.

mit dem er nach Lage der Dinge auch nicht zu rechnen braucht, von den Rädern eines Kfz erfasst und weggeschleudert wird.[115]

70 Dies gilt auch, wenn von einem **Streufahrzeug**, das dem neuesten Stand der Technik entspricht, durch einen weggeschleuderten kleineren Stein die Windschutzscheibe eines entgegenkommenden Kfz zertrümmert wird. Für Schäden, die sich nach dem Schadenbild auch bei vorsichtigem Streuen nicht vermeiden lassen, ist die Haftung gemäß § 17 Abs. 3 StVG ausgeschlossen.[116] Der Geschädigte kann in diesen Fällen seine Kaskoversicherung in Anspruch nehmen, die das Risiko »Glasbruch« mit einschließt. Eine Haftung ist aber anzunehmen, wenn das Streugut mit zu hoher Geschwindigkeit oder zu starkem Druck herausgeschleudert wird.[117]

71 **Fallen Gegenstände** (Ladung) **von der Ladefläche** eines vorausgefahrenen Kfz und verursachen diese am nachfolgenden Kfz einen Schaden, kommt ein unabwendbares Ereignis unter keinem denkbaren Aspekt in Betracht. Der schädliche Erfolg ist entweder darauf zurückzuführen, dass durch Verschulden des Kfz-Fahrers oder seines Beifahrers die Ladung nicht ordnungsgemäß verstaut worden ist oder ein technischer Mangel am Kfz vorliegt. Für beide Ursachen hat der Kfz-Halter zumindest im Rahmen der Gefährdungshaftung einzustehen.

72 Das Gleiche gilt für den Fall, dass der Schaden nicht durch einen betriebsfremden Gegenstand ausgelöst worden ist, sondern durch **Teile**, die sich vom verursachenden Fahrzeug **gelöst** haben.

73 Wird der Kfz-Motor nicht nur zur Beförderung, sondern auch für Arbeitsvorgänge, also als **Arbeitsmaschine** benutzt, ist im Einzelfall zu prüfen, ob dies noch dem »Betrieb« i.S.d. § 7 StVG zuzurechnen ist. Der *EuGH*[118] hat darauf hingewiesen, dass der Begriff »**Benutzung des Fahrzeugs**« im Sinne von Art. 3 Abs. 1 der Ersten KH-Richtlinie 27/166/EWG einen autonomen Begriff des Unionsrechts darstelle, der nicht im Ermessen der Mitgliedsstaaten ausgelegt werden darf. Demnach falle jede Nutzung eines Fahrzeugs als Transportmittel unter diese Norm, wobei hierfür das Fahrzeug nicht in Bewegung sein oder gar der Motor laufen müsse. Bei Fahrzeugen mit dualer Nutzung, die bei Arbeitsmaschinen stets möglich sei, müsse aber auf die Hauptfunktion zum Anfallzeitpunkt abgestellt werden. Wird der Motor eines stehenden Traktors zum Antrieb einer Pumpe einer Spritzeinrichtung benutzt, dann stelle dies keine Benutzung im Sinne der Richtlinie dar.[119] Betriebsvorgänge, die sich nur auf das **Beladen, Befördern** und **Entladen** von Gütern beziehen, unterfallen grundsätzlich dem Schutzbereich des § 7 StVG.[120] Bläst allerdings ein Silofahrzeug das von ihm angelieferte Futter durch einen von seinem Motor angetriebenen Kompressor in ein Futtersilo und beschädigt dabei das Silo, soll es sich nach einer Entscheidung des *BGH*[121] nicht mehr um einen Entladevorgang handeln, der § 7 StVG unterfällt. Es ist daher bei Kraftfahrzeugen mit Arbeitsfunktionen erforderlich, dass ein Zusammenhang mit der Bestimmung des Kraftfahrzeugs als einer der Fortbewegung und dem Transport dienenden Maschine besteht. Eine Haftung nach § 7 Abs. 1 StVG entfällt daher, wenn das Fahrzeug nur noch als Arbeitsmaschine eingesetzt wird oder bei Schäden, in denen sich eine Gefahr aus einem gegenüber der Betriebsgefahr eigenständigen Gefahrenkreis verwirklicht hat.[122]

---

115 Vgl. *OLG Köln* zfs 1987, 195; zfs 1983, 353; *LG Nürnberg-Fürth* r+s 2017, 377.
116 Vgl. *BGH* NJW 1988, 3019 = VersR 1988, 1053 = DAR 1988, 379 = zfs 1989, 8.
117 Vgl. *BGH* NJW 1988, 3019 = VersR 1988, 1053; *OLG Braunschweig* VersR 1989, 95 = zfs 1989, 76 (Ls.); *OLG Köln* DAR 1988, 94 = zfs 1988, 239; *KG* zfs 1988, 3 = r+s 1988, 8; *OLG Hamm* NJW-RR 1988, 863 = zfs 1988, 308.
118 *EuGH*, Urt. v. 28.11.2018 – C-514/17.
119 *EuGH*, Urt. v. 28.11.2018 – C-514/17.
120 Vgl. Geigel/*Kaufmann* 25. Kap. Rn. 88.
121 *BGH* NJW 1975, 1886.
122 Vgl. *BGH* NJW-RR 2024, 712 (Traubenvollernter II); *BGH* r+s 2023, 969 (Traubenvollernter I); *BGH* VersR 2015, 638 (Grashäcksler).

Besonderheiten gelten auch für **Tankwagen.**[123] Insoweit sind mehrere denkbare Varianten zu unterscheiden: Sofern es sich um einen »normalen« Lkw handelt, der zum Transport von Öl in der Weise benutzt wird, dass sich Fässer auf seiner Ladefläche befinden, kommt die Gefährdungshaftung dann nicht in Betracht, wenn eines der Fässer leck wird und auf der Fahrbahn Ölflecke hinterlässt. Da das Ölfass nicht als Betriebseinrichtung gilt, hat der Unfall eines nachfolgenden Kraftfahrzeugs, das auf der Ölspur ins Schleudern gerät, sich nicht »bei dem Betrieb« jenes Lkw im Sinne von § 7 Abs. 1 StVG ereignet. 74

Handelt es sich indes um einen Tankwagen üblicher Prägung (Kesselwagen), aus dem Öl ausläuft und auf die Fahrbahn gerät, liegt eindeutig ein Betriebsunfall im Sinne von § 7 Abs. 1 StVG vor, weil der Schaden nicht durch die Ladung, sondern durch das Kraftfahrzeug (Betriebseinrichtung) selbst verursacht worden ist. 75

Ob das **Überfließen von Heizöl** beim Be- oder Entladen durch die Motorkraft des Tankwagens dem Betrieb des Tanklastwagens zuzurechnen ist, wird von der Rechtsprechung uneinheitlich beurteilt.[124] 76

Nach Auffassung des *BGH*[125] gehört der Umladevorgang aber in jedem Fall zum »Gebrauch« im Sinne der AKB, solange das Kfz oder seine an oder auf ihm befindliche Vorrichtungen dabei beteiligt sind. Mit Urt. v. 08.12.2015 hat der *BGH*[126] nochmals klargestellt, dass jeweils der Einzelfall zu betrachten und stets erforderlich sei, dass es sich bei dem Schaden, für den Ersatz verlangt wird, um eine Auswirkung derjenigen Gefahren handelt, hinsichtlich derer der Verkehr nach dem Sinn der Haftungsvorschrift schadlos gehalten werden soll. Demnach ist das Entladen eines Tanklastzuges mittels einer auf ihm befindlichen Pumpe dem Betrieb des Kraftfahrzeugs (und damit auch dem Gebrauch im Sinne der AKB) zuzuordnen, wenn sich der Tankwagen im öffentlichen Verkehrsraum befindet und eine undichte Stelle in einem Schlauchstück vor der Schlauchtrommel beim Entladen eine Beschädigung verursacht.[127] Denn anders als in der Entscheidung des *EuGH* vom 28.11.2017[128] in der ein Traktor zum Betrieb einer Pumpe einer Spritzeinrichtung verwendet wurde, wurde vorliegend der Tanklastzug gerade in dieser Eigenschaft durch die Pumpe entladen. Der Schaden, der beim Hantieren mit Ladegut eintritt, ist durch den »Gebrauch« des betreffenden Kfz entstanden, wobei es gleichgültig ist, ob die Hilfspumpe, die den Entladevorgang durchführt, vom Motor des Kfz angetrieben wird. 77

---

123 Zur Haftung für Schäden anlässlich des *Befüllens* von Öltanks, insbes. bezüglich der Anforderungen an die dabei erforderliche Sorgfalt, vgl. *BGH* VersR 1998, 332 = *OLG Hamburg* NJW-RR 1998, 404; *BGH* VersR 1995, 427 = zfs 1995, 124 = NZV 1995, 185; *BGH* NJW 1983, 1108 = VersR 1983, 394 (395); *BGH* VersR 1984, 65 = zfs 1984, 68; *BGH* zfs 1985, 226; *OLG Köln* VersR 1995, 1105; *OLG Köln* zfs 1993, 232; *OLG Frankfurt/M.* VersR 1981, 1084 = zfs 1982, 2 (3); *OLG Saarbrücken* NJW-RR 1986, 1416 (zu den Sorgfaltspflichten des Tankwagenfahrers beim Einfüllen von Heizöl); *Fell* VersR 1988, 1222 (1226).; Himmelreich/Halm/*Schwab*, Hdb. VerkR Kap. 7, Rn. 150 ff. umfassend zur Heizöllieferung.

124 Vgl. BGHZ 71, 212 = NJW 1978, 1582 = VersR 1978, 827: Kein Betriebsunfall, wenn das Umfüllen des Öls außerhalb des Verkehrsraums einer öffentlichen Straße durchgeführt wird (vgl. hierzu auch *Tschernitschek* VersR 1978, 996 [1001]; NJW 1980, 205 ff.); *OLG Nürnberg* VersR 1971, 915 (917); *KG* OLGZ 1974, 10 (12) = VersR 1973, 665 = DAR 1973, 240.

125 Vgl. dazu: BGHZ 75, 45 = NJW 1979, 2408 = VersR 1979, 956.

126 *BGH* NJW 2016, 1162; s. auch *BGH* r+s 2024, 560 m. Anm. *Maier*.

127 *BGH* NJW 2016, 1162. Bisher wurde der Vorgang aber nicht als Entladen des Kfz, sondern als Beladen der Behälter des Abnehmers angesehen, mit der Folge, dass § 7 StVG keine Anwendung finden soll, also z.B. auch beim Auslaufen von Öl auf die Straße wegen eines undichten Abfüllschlauchs oder wenn das Öl im Tankraum des Hauseigentümers überläuft. Gerade im letztgenannten Fall wurde der Geschädigte nicht mehr als »Verkehrsopfer« angesehen, vgl. dazu: BGHZ 71, 212 = NJW 1978, 1582 = VersR 1978, 827; BGHZ 75, 45 = NJW 1979, 2408 = VersR 1979, 956 (958) = VRS 57, 278; *Tschernitschek* NJW 1980, 205 (208); *Weber* DAR 1980, 129 (138); a.A. *OLG Saarbrücken* VersR 1988, 355.

128 *EuGH*, Urt. v. 28.11.2017 – C-514/16, NJW 2018, 1155.

78 Etwas anderes gilt aber dann, wenn der Schaden nicht beim Entladen, sondern erst durch das Tanken von Endkunden des in den Tanks einer Tankstelle **vermischten Kraftstoffs** eintritt.[129] Dies ist weder unter den Begriff des Betriebs noch den des Gebrauchs im Sinne der AKB bzgl. des entladenden Tankwagens zu subsumieren.

79 Die Abgrenzung ist insbesondere für die Frage von Bedeutung, ob der KH-Versicherer (dann sogar Direktanspruch des Geschädigten) oder ggf. ein Betriebshaftlichtversicherer für den Schaden eintrittspflichtig ist.

80 Soweit ein Unfall sich nicht »bei dem Betrieb« eines Kfz im engeren Sinne ereignet hat, ist ergänzend stets zu prüfen, ob der daraus abgeleitete Schaden nicht durch den **Gebrauch** des (versicherten) Kfz verursacht worden ist, wobei es auf den Verwendungszweck nicht ankommt. Denn für die Begründung des **Deckungsschutzes** in der KH-Versicherung genügt es gem. A 1.1 AKB 2015 (früher: § 10 AKB 2007) bereits, dass der Unfall sich durch den Gebrauch des versicherten Fahrzeugs ereignet hat. Der Begriff des Gebrauchs schließt den »Betrieb« im Sinne von § 7 Abs. 1 StVG nicht nur ein, sondern er geht darüber hinaus.[130] Ausgangspunkt für eine Abgrenzung des Haftpflicht-Deckungsschutzes in derartigen Fällen muss die Erwägung sein, ob die typische vom Gebrauch des Kfz selbst und unmittelbar ausgehende Gefahr durch den Versicherungsschutz gedeckt sein soll.[131] Unter »Gebrauch« im Sinne der AKB sind Handlungen zu verstehen, die – zumindest mittelbar – in einem Zusammenhang mit der Benutzung des Kfz zu den Zwecken stehen, für die das Fahrzeug bestimmt ist, etwa als Beförderungsmittel oder bei einem Wohnmobil als Wohnung.[132]

81 Nach ausgetragener Rechtsprechung gehört das Ladegeschäft nicht nur zum Gebrauch des Kfz im Sinne der AKB, sondern grundsätzlich auch zum Betrieb desselben, sodass ein Anspruch nach § 7 Abs. 1 StVG zu bejahen ist.[133] Es kommt aber auf den Einzelfall an. Das *OLG Hamm* hat den Betriebsbegriff sehr weit ausgelegt und entschieden, dass ein Schaden auch dann beim Betrieb eines Lkws entstanden ist, wenn beim Beladen des Lkw mit Fässern zum Zweck des Abtransports ein Fass herunterfällt und deshalb durch austretende Substanzen an anderen Fahrzeugen der Schaden entstanden ist.[134] Die Entscheidung ist insbesondere deshalb von Bedeutung, da in der Neuregelung des § 12a StVG die Haftungshöchstsummen deutlich angehoben wurden. Des Weiteren ist zu berücksichtigen, dass in § 12a Abs. 4 StVG eine Ausnahme normiert wurde, wenn der Schaden in einem Gefahrgutbetrieb auf einem abgeschlossenen Gelände entstanden ist.

82 Das Verlassen eines Fahrzeugs zwecks Prüfung der Frage, ob sich ein Gelände zum Abstellen des Kfz – also als Parkplatz für das Kfz – eignet, ist rechtlich unter gewissen Voraussetzungen noch als »Gebrauch« des Fahrzeugs anzusehen, wenn es sich dabei um die Tätigkeit eines Kraftfahrers handelt, die zu seinem Aufgabenkreis gehört und mit dem Verwendungszweck des Fahrzeugs sowohl zeitlich als auch örtlich in einem unmittelbaren Zusammenhang steht.[135]

83 Der *BGH* hat den Gebrauch des Fahrzeugs und mithin die Haftung des KH-Versicherers verneint, wenn ein Schulbusfahrer, nachdem er den Bus an einer Haltestelle durch die Fahrertür verlassen

---

129 Zutreffend *OLG München* VersR 2016, 1306.

130 *BGH* NJW 2016, 1162; *BGH* NJW-RR 1987, 87 = VersR 1986, 1231 = VRS 72, 51; *Schwab* in *Halm/Kreuter/Schwab*, a.a.O., AKB 2008, 68 ff.

131 Vgl. *BGH* VersR 1977, 418 (419); BGHZ 1978, 52 = NJW 1980, 2525 = VersR 1980, 1039 = DAR 1980, 365; *BGH* VersR 1980, 177.

132 Vgl. hierzu insgesamt auch die Rechtsprechungsübersichten von *Staab* DAR 2011, 181 und *Richter* SVR 2011, 13.

133 BGHZ 105, 65 = NZV 1989, 18; *BGH* VersR 1978, 827; *OLG Köln* VersR 1994, 108; vgl. auch *König* in Hentschel/König § 7 StVG Rn. 6.

134 *OLG Hamm* NZV 2001, 84.

135 Vgl. *LG Itzehoe* zfs 1982, 210; vgl. hierzu auch *OLG Hamm* r+s 2009, 124: Verlassen eines Lkw zum Aufsammeln verlorener Ladepapiere.

hatte, um kurz sein auf der gegenüberliegenden Straßenseite stehendes Haus aufzusuchen, ca. 1m nach Verlassen des Busses einen Schaden verursacht hat.[136]

Kommt das Fahrzeug von der Fahrbahn ab und bleibt für andere Verkehrsteilnehmer nicht sichtbar in einer Wiese liegen, so haftet der Fahrzeugführer nicht schon aufgrund des Betriebes seines Fahrzeuges für solche Schäden, die er nach dem Aussteigen bei dem Versuch verursacht, durch Winken ein anderes Fahrzeug anzuhalten. Allerdings können bei zeitlicher und örtlicher Nähe zu dem ersten Unfall diese Schäden aber noch dem Gebrauch des Fahrzeuges i.S.d. AKB zuzurechnen sein, wenn der Fahrzeugführer mit dem Anhalteversuch den Zweck verfolgt, alsbald die Polizei über den ersten Unfall und die dabei möglicherweise entstandenen Fremdschäden zu informieren.[137] **84**

Durch das 2. SchadÄndG wurde die Halterhaftung des § 7 StVG dahingehend ergänzt, dass die Gefährdungshaftung auch den Halter eines **Anhängers** trifft, der dazu bestimmt ist, von einem Kraftfahrzeug mitgeführt zu werden. Die Neuregelung soll den Schwierigkeiten entgegenwirken, die sich für den Geschädigten häufig dann ergaben, wenn es unterlassen wurde, an der Unfallstelle das Kennzeichen des Zugfahrzeuges festzuhalten. Durch die Neuregelung wird dem Geschädigten die Durchsetzung seiner Schadensersatzansprüche auch dann ermöglicht, wenn ihm nur die Identifizierung des Kennzeichens des Anhängers möglich war.[138] **85**

Zu berücksichtigen ist, dass sich die Gefährdungshaftung ausweislich des Wortlautes des § 7 Abs. 1 StVG ausschließlich auf Kraftfahrzeuganhänger bezieht. Aufgrund des verminderten Risikos unterfallen von anderen Fahrzeugen oder Personen gezogene Anhänger der Gefährdungshaftung nicht. Vielmehr muss es sich um einen Anhänger handeln, der dazu bestimmt ist, von einem Kraftfahrzeug mitgeführt zu werden. Dass das Kraftfahrzeug zum Unfallzeitpunkt mit dem Anhänger verbunden war, ist indessen nicht erforderlich. **86**

Aus dem Gesichtspunkt der Gesamtschuldnerhaftung können Ansprüche sowohl gegen den Fahrzeughalter als auch gegen den Anhängerhalter bzw. den dahinterstehenden Versicherer geltend gemacht werden. Dabei gilt im Innenverhältnis die Vorschrift des § 17 StVG, worauf § 17 Abs. 4 StVG ausdrücklich hinweist.[139] Danach bleibt der Unabwendbarkeitsbeweis im internen Schadensausgleich des § 17 StVG als Entlastungsgrund bestehen, mit der Folge, dass im Innenverhältnis durchaus die Alleinhaftung des Fahrzeug- oder Anhängerhalters in Betracht kommen kann. Nach Ansicht des *BGH* haben aber bei einer Doppelversicherung eines Gespanns aus einem Kfz und einem versicherungspflichtigen Anhänger bei einem durch das Gespann verursachten Schaden im Regelfall der Haftpflichtversicherer des Kfz und des Anhängers den Schaden im Innenverhältnis je zur Hälfte zu tragen.[140] **87**

Die Haftung nach dem StVG ist schließlich nicht auf Unfälle im öffentlichen Straßenverkehr beschränkt, sondern kommt auch bei Inbetriebnahme eines Kfz auf **privatem Gelände** zum Zuge. Der Betrieb eines Kraftfahrzeugs im Sinne des § 7 Abs. 1 StVG erfordert nicht seinen Einsatz auf öffentlicher Verkehrsfläche.[141] Dies gilt wegen des umfassenderen Anwendungsbereichs erst recht für den Gebrauch des Fahrzeugs im Sinne der AKB.[142] **88**

---

136 *BGH* NJW 1980, 2525 = VersR 1980, 1039; vgl. auch *OLG Frankfurt/M.* VersR 1995, 599 = zfs 1995, 85 = r+s 1995, 254.

137 *OLG Hamm* DAR 1999, 546 = r+s 1999, 494.

138 Vgl. hierzu insgesamt auch *Wilms* DAR 2011, 71.

139 Zum Anhängerregress s. *Zwickel* NZV 2021, 31; *Luckhaupt* NZV 2016, 497.

140 *BGH* NJW 2011, 447 = VersR 2011, 105 = DAR 2011, 80; ebenso *OLG Celle* DAR 2013, 329.

141 Vgl. *BGH* NZV 1995, 19 = VersR 1995, 90; *BGH* VersR 1981, 252; *König* in Hentschel/König § 7 StVG Rn. 1.

142 Vgl. *BGH* VersR 1977, 468.

### III. Abweichungen

89 Von den hier dargelegten Grundsätzen, die eine Gefährdungshaftung begründen, gibt es eine ganze Reihe von Abweichungen, wonach die Gefährdungshaftung ausgedehnt, eingeschränkt oder auch ganz ausgeschlossen wird. Diese Abweichungen von der Regel sollen nachfolgend behandelt werden.

#### 1. Ausdehnung

90 Nach § 8a StVG gilt die Gefährdungshaftung des § 7 StVG auch für beförderte Personen. Durch Inkrafttreten des 2. SchadÄndG wurde der in § 8a Abs. 1 S. 1 StVG a.F. bestimmte Haftungsausschluss für Fahrzeuginsassen im Fall unentgeltlicher, nicht geschäftsmäßiger Beförderung des Mitfahrers ersatzlos gestrichen. Für Unfälle ab dem 01.08.2002 gilt die Gefährdungshaftung nunmehr sowohl bei geschäftsmäßiger als auch bei unentgeltlicher Beförderung, Fahrzeuginsassen wird also grds. Ersatz für die von ihnen erlittenen Körperschäden gewährt.

91 Durch die Einführung eines allgemeinen Schmerzensgeldanspruches gem. § 253 BGB steht den Fahrzeuginsassen gegenüber dem Halter auch ein Schmerzensgeldanspruch zu. Da der Fahrzeughalter sich zudem nur noch in absoluten Ausnahmefällen[143] auf »höhere Gewalt« im Sinne des § 7 Abs. 2 StVG n.F. wird berufen können, stehen den Fahrzeuginsassen damit regelmäßig Ansprüche gegen den Fahrzeughalter zu.

92 Allerdings kann der Fahrzeughalter, der keine entgeltliche Beförderung vornimmt, seine Haftung auch für Personenschäden nach wie vor privatrechtlich einschränken. Aufgrund der oben dargestellten erheblichen Ausweitung der Gefährdungshaftung für Insassen wird der unentgeltlich befördernde Halter vermehrt von der Möglichkeit des vertraglichen Haftungsausschlusses gegenüber den Insassen Gebrauch machen. Die Annahme eines konkludent vereinbarten Haftungsausschlusses dürfte aber regelmäßig nicht in Betracht kommen, da es fernliegend erscheint, dass der Insasse zugunsten des hinter dem Halter stehenden Versicherers einen derartigen Verzicht erklärt.

93 Im Bereich entgeltlicher, geschäftsmäßiger Personenbeförderung verbleibt es gem. § 8a StVG n.F. dabei, dass ein Haftungsausschluss für Personenschäden und daraus folgender Vermögensschäden grds. unzulässig ist. Eine vertragliche Haftungsbeschränkung bei Sachschäden bleibt dagegen in bestimmten Grenzen zulässig.

94 Geschäftsmäßig ist die Beförderung dann, wenn der Kfz-Halter beabsichtigt, sie in gleicher Weise zu wiederholen und dadurch zu einem dauernden oder wenigstens wiederkehrenden Bestandteil seiner Betätigung zu machen.[144] Dies ist in der Regel bei öffentlichen Verkehrsmitteln, insbesondere also bei Omnibussen und Taxis, anzunehmen.

95 Eine geschäftsmäßige Beförderung liegt dagegen nicht vor, wenn mehrere Personen – beispielsweise Arbeitskollegen – sich zu einer sog. Fahrgemeinschaft[145] zusammenschließen, um die leistungsbezogenen Betriebskosten in Höhe der Selbstkosten unter sich aufzuteilen.[146]

143 Z.B. *LG Duisburg* r+s 2023, 679.

144 Vgl. *BGH* VersR 1969, 161; BGHZ 80, 303 = NJW 1981, 1842 = VersR 1981, 780 = DAR 1981, 354 = VRS 81, 85; *König* in Hentschel/König § 8a StVG Rn. 5; *BGH* NJW 1991, 2143.

145 Vgl. dazu *BSG* MDR 1983, 172 (Unfallversicherung i.S.v. § 550 Abs. 2 Nr. 2 RVO).

146 Vgl. BGHZ 80, 303 = NJW 1981, 1842 = VersR 1981, 780 = DAR 1981, 354 = zfs 1981, 296 = r+s 1981, 144 = VRS 81, 85; ähnlich: *BGH* VersR 1969, 161 (gelegentliche Mitnahme ohne Wiederholungsabsicht); *OLG Frankfurt/M.* VersR 1978, 745 (747) = r+s 1978, 210 (Beteiligung an Treibstoffkosten); *OLG Karlsruhe* r+s 1984, 186; Geigel/*Kaufmann* Kap. 25 Rn. 303, 306.

## 2. Einschränkungen

### *a) Ausnahmen gem. § 8 StVG*

Die Gefährdungshaftung gilt nach § 8 Nr. 1 StVG wie bereits oben ausgeführt dann nicht, wenn der Unfall durch ein Fahrzeug verursacht wurde, das auf ebener Bahn keine höhere Geschwindigkeit als 20 km/h erzielen kann. Nach der Rechtsprechung des *BGH* ist für die Haftungsfreistellung nach § 8 StVG die konstruktionsbedingte Beschaffenheit des Fahrzeugs und nicht die Möglichkeit ihrer Veränderung maßgeblich.[147] Darlegungs- und beweisbelastet für die Voraussetzungen dieser Ausnahmevorschrift ist der Fahrzeugeigentümer bzw. -halter.[148] Die Berechtigung dieser Ausnahmevorschrift ist allerdings umstritten.[149] **96**

Die Gefährdungshaftung gilt gem. § 8 Nr. 2 StVG ferner nicht gegenüber sog. betriebstätigen Personen, wenn also der Verletzte bei dem Betrieb des Kraftfahrzeugs oder des Anhängers tätig war.[150] Der *BGH*[151] hat den Haftungsausschluss des § 8 Nr. 2 StVG auch bejaht, wenn ein Fahrzeugführer aus Gefälligkeit ein fremdes Kfz rangiert und dabei sein eigenes Fahrzeug beschädigt. Begründet hat der *BGH* dies damit, dass der Fahrzeugführer sein in unmittelbarer Nähe geparktes Auto bewusst der Betriebsgefahr des von ihm geführten Fahrzeugs ausgesetzt habe. Der *BGH* konnte offenlassen, ob dies auch dann gilt, wenn er sein Eigentum nicht bewusst in den Gefahrenkreis des schädigenden, von ihm gesteuerten Fremdfahrzeugs gebracht hat. Legt man den Gesetzeszweck zugrunde, wonach »nur« die »Öffentlichkeit« von den Gefahren des Automobilverkehrs geschützt und somit der Haftungsausschluss in Fällen der freiwilligen Gefahrübernahme eingreifen soll, so wird man m. E. im Falle der unbewussten Gefährdung den Haftungsausschluss nicht bejahen können.[152] **97**

Ggf. ist in solchen Fällen die Haftung für Personenschäden, die durch einen Versicherungsfall verursacht wurden, ohnehin bereits gem. §§ 104 bis 106 SGB VII ausgeschlossen. **98**

Der Grund für die eng auszulegende Ausnahmevorschrift des § 8 Nr. 2 StVG besteht darin, dass betriebstätige Personen eines besonderen Schutzes, wie ihn die Gefährdungshaftung vermittelt, deshalb nicht bedürfen, weil sie sich freiwillig den besonderen Gefahren des Kfz ausgesetzt haben. Beim Fahrer kommt hinzu, dass er die beim Betrieb eines Kfz auftretenden Gefahren nicht nur freiwillig auf sich nimmt, sondern sie zum Teil sogar selbst herbeiführt und verwirklicht. Würde der Halter auch dem Fahrer gegenüber haften, so würde dies zu dem unbilligen Ergebnis führen, dass dieser als haftungsbegründende oder -verschärfende Elemente gerade diejenigen Gesichtspunkte heranziehen könnte, die er durch sein eigenes Fehlverhalten selbst geschaffen hat und die demnach gerade in seine eigene Verantwortungssphäre fallen. Weiter ist zu berücksichtigen, dass die Benutzung eines Kfz in den meisten Fällen dem Fahrer einen wirtschaftlichen Vorteil vermittelt und für ihn daher von eigenwirtschaftlichem Interesse ist. Die Versicherer bieten allerdings seit geraumer Zeit sog. Fahrerschutzversicherungen an, die auch beim ganz oder teilweise selbstverschuldeten Unfall dem Fahrer Ersatzansprüche gegen den (Kasko-)Versicherer ermöglichen.[153] **99**

---

147 Vgl. *BGH* VersR 1977, 228; *BGH* 1959, 238; *BGH* NZV 1997, 390; *BGH* 1997, 511 (selbstfahrende Arbeitsmaschine); *OLG Saarbrücken* NZV 2006, 418.

148 Vgl. *OLG Brandenburg* NZV 2011, 193.

149 Vgl. nur *Schwab* DAR 2011, 129.

150 Vgl. *BGH* VersR 1972, 959 = VRS 43, 161 (162).

151 *BGH* DAR 2021, 194 m. Anm. *Greger*, auch zum (möglichen, z.B. bei Notlagen, aber in der Entscheidung verneinten) Anspruch nach § 670 BGB; a.A. *LG Dortmund*, Urt. v. 28.09.2006 – 4 S 23/06, BeckRS 2006, 14139.

152 So auch Greger/Zwickel § 22 Rn. 22.10; a.A. Geigel/*Kaufmann* Kap. 25 Rn. 290.

153 Grundl.: *van Bühren* VersR 2015, 685.

100 Gem. § 8 Nr. 3 StVG wird die Haftung für beförderte Sachen ausgeschlossen,[154] es sei denn, dass eine beförderte Person die Sache an sich trägt oder mit sich führt. Nicht vom Ausschluss erfasst werden danach z.B. Kleidungsstücke, Koffer, Reisetaschen etc., aber auch Hunde.

*b) Haftungsobergrenzen*

101 Aufgrund der sich ändernden wirtschaftlichen Verhältnisse müssen die gesetzlich bestimmten Haftungshöchstbeträge[155] für die Gefährdungshaftung gem. § 12 StVG entsprechend angepasst werden. Die letzte Anpassung erfolgte im Jahr 2007 durch das zweite Gesetz zur Änderung des Pflichtversicherungsgesetzes und anderer versicherungsrechtlicher Vorschriften. Dabei wurden die zuletzt im Jahr 2002 angepassten Haftungshöchstbeträge noch einmal angehoben.

102 Nach § 12 StVG wird der Umfang der Ersatzpflicht der Höhe nach begrenzt, und zwar im Fall der Tötung oder Verletzung eines oder mehrerer Menschen durch dasselbe Ereignis auf insgesamt 5 Mio. EUR. Im Fall einer entgeltlichen, geschäftsmäßigen Personenbeförderung erhöht sich für den ersatzpflichtigen Halter des befördernden Kraftfahrzeugs oder Anhängers bei der Tötung oder Verletzung von mehr als acht beförderten Personen dieser Betrag um 600.000 EUR für jede weitere getötete oder verletzte beförderte Person. Diese Höchstbeträge gelten nach § 12 Abs. 1 S. 2 StVG nunmehr auch für den Kapitalwert einer als Schadensersatz zu leistenden Rente. Im Fall der Sachbeschädigung beträgt die Haftungsobergrenze insgesamt 1 Mio. EUR, auch wenn durch dasselbe Ereignis mehrere Sachen beschädigt werden.[156]

103 Die erhebliche Anhebung der individuellen Haftungshöchstgrenze für Personenschäden im Jahr 2002 auf mehr als das Doppelte der bisherigen Beträge resultierte zum einen aus den seit der letzten Anhebung im Jahr 1977 sprunghaft gestiegenen Kosten insbesondere im Heilbehandlungsbereich, zum anderen aus der durch das zweite Schadenrechtsänderungsgesetz ebenfalls eingeführten Erweiterung der Gefährdungshaftung, insbesondere durch Einführung des allgemeinen Schmerzensgeldanspruches. Die weitere Änderung im Jahr 2007 wiederum trägt der Rspr. des *EuGH*[157] Rechnung, wonach auch im Rahmen der Gefährdungshaftung die nach dem Gemeinschaftsrecht geltenden Haftungsgrenzen anzuwenden sind.

104 Aufgrund der Neuregelung des (teil-)automatisierten Fahrens im StVG (§§ 1a f. StVG) bestehen bei Verursachung des Schadens aufgrund der Verwendung einer hoch- oder vollautomatisierten Fahrfunktion gemäß § 1a StVG neue Haftungsgrenzen, die doppelt so hoch wie die übrigen Haftungsobergrenzen sind. Bei Verwendung einer hoch- oder vollautomatisierten Fahrfunktion wird gemäß § 12 Abs. 1 S. 1 Nr. 1 StVG bei Verletzung oder Tötung einer oder mehrerer Personen bis zu einem Betrag von insgesamt 10 Mio. EUR gehaftet, im Falle der Sachbeschädigung bis zu 2 Mio. EUR, § 12 Abs. 1 S. 1 Nr. 2 StVG.[158]

105 Da die Haftungshöchstbeträge unabhängig von einem mitwirkenden Verschulden des Verletzten im Sinne von § 9 StVG bzw. § 254 Abs. 1 BGB gelten,[159] können sie auch für den Fall voll ausgeschöpft und zugebilligt werden, dass der Schädiger – beispielsweise aufgrund eines Schadensausgleichs – nur eine Quote des Gesamtschadens zu erstatten hat.

---

154 S. *LG Erfurt* r+s 2013, 424 m. Anm. *Huber* NZV 2013; 400 (Laptop); *AG Coburg*, Urt. v. 28.03.2008 – 12 C 1005/07 (Musikinstrument).

155 Vgl. *Kreuter* in Halm/Kreuter/Schwab VVG § 118, Rn. 2 ff.; *König* in Hentschel/König StVG § 12, Rn. 1 ff. m.w.H.

156 S. auch *Jahnke*, Abfindung von Personenschadenansprüchen, 4. Aufl. 2024, § 1 Rn. 69 ff.

157 *EuGH* NZV 2011, 122.

158 Eingefügt durch das achte Gesetz zur Änderung des Straßenverkehrsgesetzes v. 16.06.2017 (BGBl. I S. 1648).

159 Vgl. *König* in Hentschel/König § 12 StVG Rn. 2.

Der Höchstbetrag für den Ersatz von Sachschäden tritt neben den Höchstbetrag für Personenschäden. Der für den Ersatz von Personenschäden zur Verfügung stehende Betrag mindert sich daher nicht, wenn durch den Unfall sowohl ein Personenschaden als auch ein Sachschaden entstanden ist.[160] 106

Die Regelung des § 12a StVG sieht darüber hinaus besondere Haftungshöchstbeträge für die Halterhaftung bei Gefahrguttransporten vor. Danach wird die Haftungshöchstgrenze gem. § 12a Abs. 1 Nr. 1 StVG für Personenschäden auf einen Betrag von insgesamt 10 Mio. EUR festgesetzt. Der Haftungshöchstbetrag nach § 12 Abs. 1 Nr. 2 StVG im Fall der Sachbeschädigung an unbeweglichen Sachen, auch wenn durch dasselbe Ereignis mehrere Sachen beschädigt werden, beläuft sich ebenfalls auf 10 Mio. EUR. 107

Voraussetzung der erhöhten Haftungshöchstbeträge des § 12a StVG ist, dass der Schaden durch die die Gefährlichkeit der Güter begründenden Eigenschaften verursacht wird. Im Übrigen gilt § 12 Abs. 1 StVG. 108

Die Einführung des § 12a StVG trägt dem Umstand Rechnung, dass sich beim Transport von gefährlichen Gütern neben der normalen Betriebsgefahr häufig das zusätzliche Risiko aus der typischen Gefahr des Gefahrguttransportes realisiert, sodass die Haftungshöchstgrenzen des § 12 StVG unzureichend erscheinen. 109

Eine spezielle Regelung sieht die neue Vorschrift des § 12b StVG für gepanzerte Gleiskettenfahrzeuge (z.B. Panzer) vor. Für Schäden, die bei dem Betrieb eines gepanzerten Gleiskettenfahrzeuges verursacht werden, gelten keine Haftungshöchstsummen. Grund ist die im Verhältnis zu anderen Fahrzeugen erheblich erhöhte Betriebsgefahr mit dem daraus resultierenden Risiko wesentlich höherer Personen- und Sachschäden. 110

*c) Höhere Gewalt*

Eine der wichtigsten Änderungen des StVG durch das 2. SchadÄndG ist die Ersetzung des Begriffes »unabwendbares Ereignis« durch den Begriff der »höheren Gewalt« bei Unfällen zwischen Kraftfahrzeugen und nicht motorisierten Verkehrsteilnehmern als Befreiungsgrund des § 7 Abs. 2 StVG. Der Begriff der »höheren Gewalt« als Entlastungsmöglichkeit bei Tatbeständen der Gefährdungshaftung[161] ist dem deutschen Schadensersatzrecht durchaus bekannt. Nach gefestigter Rechtsprechung ist »höhere Gewalt« ein betriebsfremdes, von außen durch elementare Naturkräfte oder durch Handlungen dritter Personen herbeigeführtes Ereignis, das nach menschlicher Einsicht und Erfahrung unvorhersehbar ist, mit wirtschaftlich erträglichen Mitteln auch durch äußerste, nach der Sachlage vernünftigerweise zu erwartende Sorgfalt nicht verhütet oder unschädlich gemacht werden kann und auch nicht wegen seiner Häufigkeit in Kauf zu nehmen ist.[162] Der Begriff der »höheren Gewalt« ist ein wertender Rechtsbegriff, der die Risiken ausschließen will, die mit dem Fahrzeugbetrieb nichts zu tun haben und bei rechtlicher Bewertung nicht mehr dem Fahrzeugbetrieb, sondern allein dem Drittereignis zugerechnet werden können. Ein derartiger Nachweis der »höheren Gewalt« als Ursache für den Unfall dürfte nur in absoluten Ausnahmefällen zu führen sein. Zweifel gehen zulasten des allein darlegungs- und beweisbelasteten Fahrzeughalters.[163] Dem sog. »Idealfahrer« kommt beim Ausschlussgrund der höheren Gewalt keine entscheidende Bedeutung zu, er spielt nur noch beim internen Schadensausgleich nach § 17 StVG eine Rolle. 111

Der Gesetzgeber hatte bei der Änderung der Entlastungsmöglichkeit sowohl rechtsdogmatische als auch rechtspolitische Gründe im Auge. Da die Gefährdungshaftung an die Verwirklichung der Betriebsgefahr anknüpft, stellte der Entlastungsgrund des unabwendbaren Ereignisses im System der 112

160 Vgl. *König* in Hentschel/König § 12 StVG Rn. 1.

161 Z.B. § 701 Abs. 3 BGB, § 1 Abs. 2 und § 2 Abs. 3 HPflG, § 22 Abs. 2 WHG a.F.

162 Vgl. *BGH* NJW 1990, 1167; *OLG Koblenz* NJW 2019, 3084; *OLG Nürnberg* r+s 2012, 65; *OLG Karlsruhe* OLGR 2001, 40, 42; *OLG Celle* DAR 2005, 677.

163 Vgl. *BGH* NJW 1992, 39, 40; *OLG Karlsruhe* OLGR 2001, 40, 42; *Steiger* DAR 2002, 377, 380.

Gefährdungshaftung stets einen Fremdkörper dar. Denn es erscheint nicht sachgerecht, die Haftung von Sorgfalts-, mithin von Verschuldensgesichtspunkten abhängig zu machen. Für den Geschädigten ist es gleichgültig, ob sein Schaden auf einem technischen Versagen (z.B. der Bremsen) beruht oder darauf, dass das den Unfall verursachende Fahrzeug auf einer Ölspur ins Schleudern kam, die auch für einen Idealfahrer nicht zu erkennen war. In beiden Fällen verwirklicht sich eine Betriebsgefahr des Kraftfahrzeuges, für die dessen Halter aufkommen sollte. Darüber hinaus waren es aber auch die praktischen Auswirkungen, die den Gesetzgeber zu der Neuregelung veranlasst haben. Von entscheidender Bedeutung ist die gestärkte Position von Kindern sowie Hilfsbedürftigen und älteren Menschen im Straßenverkehr. Über die bereits in § 3 Abs. 2a StVO getroffene Regelung hinaus führt die Ersetzung des unabwendbaren Ereignisses als Haftungsausschlussgrund gem. § 7 Abs. 2 StVG durch das Kriterium der »höheren Gewalt« zu einer Ausdehnung der Gefährdungshaftung, die insbesondere dem schützenswerten Interesse unfallgeschädigter Kinder in hinreichendem Maße Rechnung trägt. So mag das auf einem Fehlverhalten anderer Verkehrsteilnehmer beruhende Unfallereignis zwar unvermeidbar sein; es ist aber regelmäßig nicht so außergewöhnlich, dass »höhere Gewalt« anzunehmen wäre. Dies dürfte wegen ihrer bedauerlichen Häufigkeit selbst bei groben Verkehrsverstößen gelten. Insbesondere bei Kindern dürfte »höhere Gewalt« nahezu auszuschließen sein. Wenn etwa ein Kind plötzlich zwischen parkenden Fahrzeugen auf die Fahrbahn läuft, liegt »höhere Gewalt« nicht vor.

113 Gleiches gilt für das langjährige Paradebeispiel für Unabwendbarkeit im bisherigen Sinn: Das Hochschleudern von Steinen, für deren Vorhandensein auf der Straße keine Anhaltspunkte vorliegen, stellt ebenfalls keine »höhere Gewalt« dar.[164] Selbst elementare Naturereignisse sind keinesfalls zwingend als »höhere Gewalt« zu qualifizieren. Dies mag man annehmen bei außergewöhnlichen Naturkatastrophen wie Erdbeben, Lawinen oder Orkanen. Bei weniger seltenen Naturereignissen wie z.B. einer Überflutung wird genau zu prüfen sein, ob diese sich in der konkreten Situation als unvorhersehbares Ereignis darstellt. Regelmäßig wird »höhere Gewalt« zu verneinen sein bei Eis- und Schneeglätte oder auch schlagartigen Regenfällen, da derartige Witterungsbedingungen in den hiesigen Breitengraden keinen Ausnahmecharakter aufweisen.

114 Kommt demnach aufgrund des Ausnahmecharakters der »höheren Gewalt« eine Entlastungsmöglichkeit des Halters kaum noch in Betracht, ist umso sorgfältiger zu prüfen, ob dem Geschädigten ein Mitverschulden gem. der §§ 9 StVG, 254 BGB zur Last gelegt werden muss. Nur ausnahmsweise aber dürfte in Einzelfällen ein weit überwiegendes und die Betriebsgefahr ausschließendes Mitverschulden anzunehmen sein. Wenn beispielsweise nicht ein Kind, sondern ein Betrunkener plötzlich auf die Fahrbahn tritt, dürfte diesen ein überwiegendes Mitverschulden treffen. Entscheidend kommt es hier darauf an, ob nicht nur der Fußgänger, sondern auch dessen Alkoholisierung für den Fahrer erkennbar war. Denn nach § 3 Abs. 2a StVO muss sich der Fahrzeugführer nicht nur gegenüber Kindern und älteren Menschen, sondern auch gegenüber Hilfsbedürftigen insbesondere durch Verminderung der Fahrgeschwindigkeit und Bremsbereitschaft so verhalten, dass eine Gefährdung dieser Verkehrsteilnehmer ausgeschlossen ist. Dabei entspricht es der ganz überwiegenden Auffassung, dass erkennbar alkoholisierte Fußgänger als hilfsbedürftig im Sinne des § 3 Abs. 2a StVO anzusehen sind.[165]

115 Unter »höherer Gewalt« versteht man – wie bereits ausgeführt – ein betriebsfremdes, von außen her durch elementare Naturkräfte herbeigeführtes Ereignis, das nach menschlicher Einsicht und Erfahrung unvorhersehbar ist, mit wirtschaftlich erträglichen Mitteln auch durch äußerste nach der Sachlage vernünftigerweise zu erwartende Sorgfalt nicht verhütet oder unschädlich gemacht werden kann und auch nicht wegen seiner Häufigkeit hinzunehmen ist. Folgende Tatbestandsmerkmale müssen also gleichzeitig erfüllt sein:

– Einwirkung von außen

164 Vgl. hierzu *OLG Saarbrücken* NZV 2006, 418 = NJW-RR 2006, 748.

165 Vgl. *BGH* VersR 2000, 199; *OLG Köln* VRS 67, 140, 141; *König* in Hentschel/König § 3 StVO Rn. 29d; *Greger* NZV 1990, 409, 412; a.A. *Hempfing* BA 1983, 363, 364.

– außergewöhnliches Ereignis
– Unabwendbarkeit.

Es handelt sich hierbei demnach um eine Kombination von elementarer äußerer Gewalt – die nicht notwendig immer Naturgewalt zu sein braucht – auf Verursacherseite und dem Merkmal der Unabwendbarkeit auf Haftungsseite. 116

Zunächst muss eine Einwirkung von außen vorliegen, d.h., das schädigende Ereignis muss von außerhalb des Kfz-Betriebes auf den Betrieb des Fahrzeuges eingewirkt haben. Hierzu zählen Ereignisse, deren Eintritt mit dem Betrieb des Fahrzeuges nicht in ursächlichem Zusammenhang stehen. Zu nennen sind hier insbesondere Naturereignisse wie Überschwemmung, Feuersbrunst, Bergrutsch, Orkan, Erdbeben, Blitzschlag oder vergleichbare Naturkräfte. Auf den geringen Seltenheitswert des Naturereignisses kommt es an dieser Stelle nicht an. Auch besonders starker Schneesturm, wolkenbruchartige Regenfälle oder nahezu undurchdringlicher Nebel können »höhere Gewalt« darstellen. Es ist aber immer sorgfältig zu prüfen, ob auch die übrigen Voraussetzungen erfüllt sind, ob also Sturm, Wolkenbruch oder Nebel nicht vorhersehbar waren und der Fahrzeugführer alle zumutbaren Vorsichtsmaßnahmen getroffen hat. 117

Auch Handlungen dritter Personen können, soweit sie von außen her auf den Kfz-Betrieb einwirken, »höhere Gewalt« darstellen. Kinder, die gerade durch die erweiterte Gefährdungshaftung geschützt werden sollen, werden insoweit aber regelmäßig nicht in Betracht kommen. Denn es ist leider ganz und gar nicht außergewöhnlich und daher auch vorhersehbar, dass gerade Kinder mit den stetig wachsenden Anforderungen des Straßenverkehrs überfordert sind und sich infolgedessen zwar kindgerecht aber eben nicht verkehrsgerecht verhalten. Angesichts der bekannten Zahlen zu Unfällen von Kindern im Straßenverkehr und der Häufigkeit nicht verkehrsgerechten Verhaltens von Kindern liegt »höhere Gewalt« regelmäßig nicht vor, da kindliches Fehlverhalten im Straßenverkehr nicht so außergewöhnlich ist, dass es nicht vorhersehbar wäre und der Kfz-Fahrer nicht damit zu rechnen braucht. 118

Handlungen anderer dritter Personen kommen dagegen durchaus als »höhere Gewalt« in Betracht. So können beispielsweise gefährliche Eingriffe in den Straßenverkehr im Sinne des § 315b StGB, also insbesondere Sabotageakte »höhere Gewalt« darstellen. »Höhere Gewalt« liegt vor, wenn unbefugte Dritte einen Gullideckel herausheben[166] oder Steine von Autobahnbrücken auf Fahrzeuge herabgeworfen werden. 119

Ein schädigendes Ereignis ist dann außergewöhnlich, wenn es der Kfz-Fahrer nicht wegen seiner Häufigkeit in Kauf nehmen muss. Es muss sich um einen seltenen, ungewöhnlichen Schicksalsschlag handeln, dem der Ausnahmecharakter innewohnt.[167] Hierfür ist nicht erforderlich, dass das Ereignis absolut einmalig ist. Wie bereits oben dargestellt, ist es aber nicht außergewöhnlich, dass ein Kind plötzlich die Fahrbahn überquert, ohne auf den Fahrzeugverkehr zu achten. Auch das plötzliche Hervortreten hinter Sichthindernissen ist ebenso wenig außergewöhnlich wie fehlerhaftes Verhalten Rad fahrender Kinder. Auch sind keineswegs alle schädigenden Naturereignisse als außergewöhnlich zu qualifizieren. Insoweit dürften Ereignisse ausscheiden, die sich, bezogen auf Jahreszeit und Entstehungsort, nicht selten ereignen und auf die sich der Kfz-Fahrer dementsprechend einstellen kann. Der Ausnahmecharakter fehlt daher, wenn es in bestimmten Gegenden nahezu jährlich zu Überschwemmungen kommt. Auch mit Naturerscheinungen wie Eis- und Schneeglätte, Schnee- und Hagelstürmen oder auch plötzlich eintretendem dichten Nebel muss zu bestimmten Jahreszeiten gerechnet werden. Auch dem sturmbedingten Umstürzen von Bäumen dürfte regelmäßig der Ausnahmecharakter fehlen. Es ist auch nicht außergewöhnlich, dass Haus- oder Wildtiere plötzlich aus dem Wald oder einer Böschung hervorspringen und die Fahrbahn queren. Gleiches gilt für Vieh, das aus einer Koppel ausbricht und auf die Fahrbahn gerät. 120

166 Vgl. *OLG Celle* VersR 1991, 1382.
167 Vgl. *BGH* VRS 51, 259; *OLG Hamburg* VersR 1979, 549.

121 Unabwendbar ist das Ereignis, wenn es nach menschlicher Einsicht und Erfahrung unvorhersehbar war und mit wirtschaftlich erträglichen Mitteln auch durch die äußerste nach der Sachlage vernünftigerweise zu erwartende Sorgfalt nicht verhütbar oder unschädlich zu machen war; es muss mit höchstmöglicher Sorgfalt nicht vermeidbar gewesen sein.[168] Von einem Kfz-Fahrer kann erwartet werden, dass er sich über die aktuellen Witterungsverhältnisse unterrichtet hält und den Wettervorhersagen durch besonders vorsichtige Fahrweise Rechnung trägt.[169] In Ausnahmesituationen ist es auch durchaus zumutbar, aufgrund der erkennbaren Gefahren auf die Nutzung des Fahrzeuges ganz zu verzichten und sich sichererer öffentlicher Verkehrsmittel zu bedienen. Ebenso ist dem Kraftfahrer im Winter zuzumuten, während der Fahrt regional zuständige Verkehrsfunksender auf Glatteiswarnungen abzuhören. Den Kraftfahrer trifft allerdings kein Verschulden, wenn er ohne vorherige Anzeichen erst im unmittelbaren Unfallbereich auf Eisglätte stößt.[170]

122 Die eingeschränkte Entlastungsmöglichkeit im Rahmen des § 7 Abs. 2 StVG, die wie bereits ausgeführt einen verbesserten Schutz insbesondere von Kindern im Straßenverkehr beabsichtigt, korrespondiert mit der Neuregelung des § 828 Abs. 2 S. 1 BGB. Danach sind Kinder, die das 7., aber nicht das 10. Lebensjahr vollendet haben, für den Schaden, den sie bei einem Unfall mit einem Kraftfahrzeug, einer Schienenbahn oder einer Schwebebahn einem anderen zufügen, nicht verantwortlich. Dies gilt nach § 828 Abs. 2 S. 2 BGB nur dann nicht, wenn das Kind die Verletzung vorsätzlich herbeigeführt hat. In § 828 Abs. 3 BGB wird bei Personen, die das 18. Lebensjahr noch nicht vollendet haben, auf die zur Erkenntnis der Verantwortlichkeit erforderliche Einsicht abgestellt. Aufgrund kinderpsychologischer Erkenntnisse gilt es als gesichert, dass Kinder aufgrund ihrer physischen und psychischen Fähigkeiten regelmäßig frühestens ab Vollendung des 10. Lebensjahres imstande sind, die besonderen Gefahren des motorisierten Straßenverkehrs zu erkennen und sich den erkannten Gefahren entsprechend zu verhalten.

123 Die Änderung des § 828 BGB hat dazu geführt, dass Kinder bis zum vollendeten 10. Lebensjahr zum einen von einer Haftung für von ihnen verursachte Unfallschäden befreit werden. Zum anderen müssen sie ihren eigenen Ansprüchen ein Mitverschulden bei der Schadenverursachung nicht entgegenhalten lassen. Dieses gilt für alle Formen der Fahrlässigkeit im Straßenverkehr und sowohl für Ansprüche aus dem allgemeinen Deliktsrecht als auch für solche aus den Gefährdungshaftungstatbeständen des StVG und des HPflG.

124 Nach der Rechtsprechung des *BGH*[171] soll das Haftungsprivileg des § 828 Abs. 2 S. 1 BGB nach dem Sinn und Zweck der Vorschrift allerdings nur eingreifen, wenn sich bei der gegebenen Fallkonstellation eine typische Überforderungssituation des Kindes durch die spezifischen Gefahren des motorisierten Verkehrs realisiert hat. Dies dürfte im ruhenden Verkehr in der Regel aber nicht der Fall sein. Einem Rad fahrenden Kind, das fahrlässig gegen ein ordnungsgemäß innerhalb des öffentlichen Verkehrsraumes abgestelltes Fahrzeug fährt, wird das Haftungsprivileg daher im Regelfall nicht zugutekommen. Allerdings hat der Geschädigte darzulegen und ggf. zu beweisen, dass die typische Überforderungssituation des Kindes nicht vorlag.[172]

### *d) Unabwendbares Ereignis*

125 Durch das 2. SchadÄndG wurde mit Wirkung zum 01.08.2002 die Ausgleichspflicht mehrerer Haftpflichtiger gem. § 17 StVG neu strukturiert und insbesondere um den Ausschlussgrund des unabwendbaren Ereignisses ergänzt. § 17 Abs. 1 StVG regelt den Ausgleich zwischen mehreren

---

168 Vgl. *BGH* VersR 1986, 92.

169 Vgl. *OLG Düsseldorf* VersR 1995, 311.

170 Sog. Blitzeis, vgl. hierzu *BGH* VersR 1969, 895; *BGH* NJW 1989, 3273; *OLG Schleswig* VersR 1999, 375.

171 *BGH* NJW 2005, 354 = VersR 2005, 376; NJW 2007, 2113 = VersR 2007, 855; vgl. auch *BGH* NJW 2008, 147 = VersR 2007, 1669.

172 *BGH* NJW 2009, 3231 = VersR 2009, 1136 = DAR 2009, 690.

beteiligten Kfz-Haltern bei Schädigung eines Dritten. Die Ausgleichspflicht zwischen mehreren unfallbeteiligten Kfz-Haltern untereinander für selbst erlittene Schäden ist in § 17 Abs. 2 StVG mit Verweis auf § 17 Abs. 1 StVG normiert. Dabei dient die Schaffung eines eigenständigen Absatzes dem besseren Verständnis.

§ 17 Abs. 4 StVG regelt unter Einbeziehung der Haftung des Anhängerhalters den Ausgleich zwischen Kfz-Haltern und anderen Haftpflichtigen (Eisenbahn, Tier und nunmehr Anhänger). § 17 Abs. 4 StVG regelt also den Ausgleich im Innenverhältnis zwischen dem Kfz-Halter einerseits und dem Anhängerhalter, Tierhalter oder Eisenbahnunternehmer andererseits, indem er die Absätze 1 bis 3 für entsprechend anwendbar erklärt. Dies gilt auch für den Fall, dass mehrere Kraftfahrzeuge mit Anhängern, Kraftfahrzeug, Anhänger und Tier oder Kraftfahrzeug, Anhänger und Eisenbahn am Unfall beteiligt sind.[173] 126

Der Befreiungsgrund des unabwendbaren Ereignisses gilt für den Schadensausgleich zwischen den Haltern mehrerer unfallbeteiligter Fahrzeuge, § 17 Abs. 3 StVG, so dass die Verpflichtung zum Schadensersatz zwischen den Haltern mehrerer unfallbeteiligter Fahrzeuge ausgeschlossen ist, wenn für einen Halter der Unfall ein unabwendbares Ereignis darstellt, das weder auf einem Fehler in der Beschaffenheit des Fahrzeuges noch auf einem Versagen seiner Vorrichtungen beruht. Die Regelung entspricht inhaltlich dem bisher in § 7 Abs. 2 S. 1 StVG a.F. vorgesehenen Haftungsausschlussgrund, so dass die Praxis weiterhin auf die Rechtsprechung zum Idealfahrer zurückgreifen kann. Der Ausschluss gilt nach § 17 Abs. 3 S. 3 StVG auch für die Ersatzpflicht gegenüber dem Eigentümer eines Kraftfahrzeugs, der nicht Halter ist. 127

Das Gesetz selbst umreißt in Form einer Legaldefinition den klassischen Fall des unabwendbaren Ereignisses, das nach seinen Vorstellungen insbesondere dann vorliegt, wenn es auf das Verhalten des Verletzten oder eines nicht bei dem Betrieb des beteiligten Kfz beschäftigten Dritten oder eines Tieres zurückzuführen ist und sowohl der Halter als auch der Führer des Fahrzeuges jede nach den Umständen des Falles gebotene Sorgfalt beobachtet haben. Der Terminus »insbesondere« lässt aber erkennen, dass es sich dabei nicht um eine abschließende Regelung mit enumerativem Charakter, sondern nur um eine beispielhafte Aufzählung handeln soll. 128

Beim sog. Unabwendbarkeitsnachweis ist also weiterhin auf den »idealen« Verkehrsteilnehmer oder Idealfahrer abzustellen, der sich über das Maß der verkehrsüblichen Sorgfalt hinaus konzentriert aufmerksam, gesteigert umsichtig und gebündelt geistesgegenwärtig verhält.[174] Dieser muss die Verkehrslage noch sorgfältiger und kritischer als der Durchschnittsfahrer beobachten und seine Fahrweise darauf einstellen.[175] Dabei darf sich die Prüfung aber nicht auf die Frage beschränken, ob der Fahrer in der konkreten Gefahrensituation wie ein Idealfahrer reagiert hat, vielmehr ist sie auf die weitere Frage zu erstrecken, ob ein Idealfahrer überhaupt in eine solche Gefahrenlage geraten wäre; der sich aus einer abwendbaren Gefahrenlage entwickelnde Unfall wird nicht dadurch unabwendbar, dass sich der Fahrer in der Gefahr nunmehr (zu spät) »ideal« verhält.[176] Damit verlangt § 17 Abs. 3 StVG, dass der Idealfahrer in seiner Fahrweise auch die Erkenntnisse berücksichtigt, die nach allgemeiner Erfahrung geeignet sind, Gefahrensituationen nach Möglichkeit zu vermeiden. Daher wird sich ein Kfz-Führer in aller Regel nicht auf eine Unabwendbarkeit berufen können, wenn er die auf Autobahnen geltende Richtgeschwindigkeit von 130 km/h erheblich überschreitet.[177] Allerdings muss auch der an den Idealfahrer anzulegende Maßstab menschlichem Vermögen und den Erfordernissen des Straßenverkehrs noch angepasst sein. So gilt auch für ihn in der Regel der Ver- 129

173 *Hentschel* NZV 2002, 439.

174 Vgl. *BGH* NJW 1985, 183 = VersR 1985, 864 = DAR 1985, 314 = VRS 1969, 353; *BGH* VersR 1987, 158; Hentschel/*König*/Dauer § 17 StVG, Rn. 22; Geigel/*Kaufmann* 25. Kap. Rn. 114 ff. jeweils m.w.N.

175 Vgl. *BGH* NJW 1986, 183 = VersR 1985, 864; Geigel/*Kaufmann* 25 Kap. Rn. 114 ff. jeweils m.w.N.

176 *BGH* NJW 1992, 1684 = VersR 1992, 714 = DAR 1992, 257 m.w.N.; *OLG Schleswig*, Urt. v. 20.09.2022 – 7 U 201/21 m. Anm. *Daßbach* NZV 2023, 183 = zfs 2023, 14.

177 *BGH* NJW 1992, 1684; *OLG Oldenburg* NZV 2012, 440; *OLG Koblenz* NZV 2014, 84.

trauensgrundsatz, nach dem sich der Kraftfahrer in gewissem Umfang darauf verlassen darf, dass andere Verkehrsteilnehmer sich sachgerecht verhalten, solange keine besonderen Umstände vorliegen, die geeignet sind, dieses Vertrauen zu erschüttern.[178] Erhöhte Sorgfalt – wie sie auch bereits vom Durchschnittsfahrer verlangt wird – ist gegenüber ersichtlich gebrechlichen oder körperbehinderten Personen und kleinen Kindern sowie auch bei jugendlichen Verkehrsteilnehmern überhaupt aufzuwenden (vgl. § 3 Abs. 2a StVO).[179]

130 Sofern Halter und Fahrer des schadenstiftenden Kfz nicht personengleich sind, muss der Halter ggf. nachweisen, dass er bei der Auswahl und Beaufsichtigung des Fahrers die im Verkehr erforderliche Sorgfalt beobachtet hat, um sich auf eine Unabwendbarkeit zu berufen.[180] Der Halter muss sich als Erhöhung der Betriebsgefahr ein Fehlverhalten seines Fahrers aber auch dann verantwortlich zurechnen lassen, wenn er sich selbst verkehrsrichtig verhalten hat, sich nach § 831 BGB exkulpieren kann und eine Vertragshaftung nach § 278 BGB nicht zum Zuge kommt.

131 Kein Ausschluss der Gefährdungshaftung tritt ein, wenn ein technischer Mangel am Fahrzeug ursächlich den Unfall ausgelöst oder beeinflusst hat. Dies gilt auch dann, wenn der Mangel auf einem nicht voraussehbaren Materialfehler oder auf anderen Umständen beruht, mit denen selbst der sorgfältigste Fahrzeughalter nach der Lebenserfahrung nicht zu rechnen brauchte.

### *e) Schwarzfahrt*

132 Die Gefährdungshaftung des Kfz-Halters ist unter gewissen Voraussetzungen[181] auch bei sog. Schwarzfahrten (§ 7 Abs. 3 StVG) ausgeschlossen. Unter einer Schwarzfahrt versteht man die unbefugte Benutzung eines Kfz, wenn mit dem Kfz eine Fahrt gegen den ausdrücklichen oder stillschweigenden Willen des berechtigten Halters vorgenommen oder eine von ihm erlaubte Fahrt zu anderer Zeit, zu anderen Zwecken von einer anderen Person oder zu einem anderen Ziel ausgeführt wird.[182]

133 Ein Kfz-Halter, der einem anderen die Führung seines Fahrzeugs überlässt, muss sich stets, und zwar in der Regel durch Einblick in den Führerschein, vergewissern, dass der andere im Besitz der vorgeschriebenen Fahrerlaubnis ist.[183]

134 Sofern der vorgeschriebene Sonderführerschein für gewerbliche Fahrgastbeförderung – beispielsweise Kraftomnibusse – nicht vorhanden ist, folgt aus dem Schutzzweck des § 15d StVZO a.F. (nunmehr gelten für Kraftomnibusse die Regelungen der Fahrerlaubnisklasse D der Fahrerlaubnis-Verordnung), dass dieser Tatbestand versicherungsrechtlich keine Bedeutung hat, wenn der betreffende Fahrer keine Fahrgäste, sondern andere Verkehrsteilnehmer geschädigt hat.[184]

135 Nach § 2 Abs. 2c AKB a.F. bestand für den Versicherungsnehmer keine Obliegenheit, Schwarzfahrten solcher Personen, die nicht im Besitz der vorgeschriebenen Fahrerlaubnis sind, zu verhindern. Eine Obliegenheitsverletzung wurde nur angenommen, wenn der Halter oder sein Repräsentant einem Fahrer, der nicht über die vorgeschriebene Fahrerlaubnis verfügt, die Berechtigung erteilt, das Fahrzeug zu führen. Seit den AKB 2007, dort in § 2b Abs. 1 S. 2 (bzw. jetzt in D.1.2. AKB 2015), wird der Versicherer nunmehr auch gegenüber dem Versicherungsnehmer leistungsfrei gestellt, der die Schwarzfahrt schuldhaft ermöglicht hat.

---

178 Vgl. *BGH* NJW 1986, 183 = VersR 1985, 864; Geigel/*Kaufmann* 25. Kap. Rn. 119.

179 Vgl. *BGH* VersR 1970, 820; *BGH* NJW 1982, 1149 = VersR 1982, 441; Hentschel/*König*/Dauer § 3 StVO Rn. 29a ff.; Geigel/*Kaufmann* 25. Kap. Rn. 186.

180 Vgl. *BGH* VersR 1964, 1241.

181 Vgl. hierzu auch Rdn. 200–210 sowie *BGH* VersR 1993, 1092; *BGH* 1986, 693; 1984, 834; *OLG Oldenburg* VersR 1999, 482; *OLG Hamm* VersR 1996, 1358.

182 Vgl. *OLG Nürnberg* NZV 2011, 538; *OLG Frankfurt/M.* VersR 1983, 464 = zfs 1983, 196; *OLG Hamm* VersR 1984, 1051.

183 Vgl. *BGH* VersR 1971, 808.

184 Vgl. *BGH* NJW 1973, 285 = VersR 1973, 172 = DAR 1973, 74 = VRS 44, 174; *BGH* VersR 1976, 531 = DAR 1976, 160 = VRS 50, 404.

Sofern der Halter eines Kfz seine Pflicht zur Sicherung des Fahrzeugs vor unbefugten Benutzern verletzt, unterliegt der Halter nicht allein der vom Verschulden losgelösten Gefährdungshaftung nach § 7 Abs. 3, S. 1, Halbsatz 2 StVG, sondern darüber hinaus auch aus einer Haftung aus unerlaubter Handlung im Sinne von § 823 BGB, und zwar wegen Verletzung der Verkehrssicherungspflicht, falls der Halter die widerrechtliche Benutzung des Kfz durch unzweckmäßige Maßnahmen oder durch Unterlassen der erforderlichen Vorkehrungen schuldhaft ermöglicht hat.[185] Insoweit hat der Halter dafür zu sorgen, dass die zum Schutz gegen unberechtigte Benutzer erforderlichen Sicherheitseinrichtungen vorhanden sind[186] und dass das Kfz vor dem widerrechtlichen Zugriff ungeeigneter Personen geschützt wird.[187] 136

Verfügungsberechtigt über das Kfz ist – neben dem Halter – auch derjenige, dem der Wagen zur ständigen Benutzung überlassen worden ist. Der angestellte Kraftfahrer hingegen ist nur Besitzdiener und wird regelmäßig nicht als ermächtigt gelten können, die Lenkung des Kfz und seinen Gebrauch anderen Personen – insbesondere solchen, die über keine Fahrerlaubnis verfügen – zu überlassen. 137

Besonderheiten gelten bezüglich des Mieters. Insoweit kommt es auf die vertragliche Ausgestaltung des Mietvertrages entscheidend an (vgl. hierzu auch nachfolgend unter Rdn. 558–569). Die jetzt üblichen Mietverträge schließen regelmäßig die Überlassung des Kfz an einen dazu nicht befugten Dritten aus. Ist mit dem betreffenden Kfz-Vermieter »Volldeckung« vereinbart worden, gilt der Grundsatz, dass der daraus abgeleitete Deckungsschutz dem »Leitbild einer Kaskoversicherung« entsprechen muss. 138

Der Einwand, es habe eine Schwarzfahrt vorgelegen, ist dem Halter stets dann versagt, wenn der Wagen – und sei es auch ohne seine Erlaubnis – von einem für den Betrieb des betreffenden Kfz angestellten Fahrer benutzt worden ist. Sofern ein Betrieb über mehrere Kraftfahrer verfügt, gelten alle gleichermaßen für sämtliche Fahrzeuge als angestellte und damit als »betriebstätige« Personen. 139

Die Beweislast für das Vorliegen einer Schwarzfahrt obliegt grds. dem Halter des Fahrzeugs, wenn er sich auf den Ausschluss der Gefährdungshaftung berufen will. Für einen Sachverhalt, der auf die Schuld des Halters schließen lässt, ist der Geschädigte (Verletzte) beweispflichtig.[188] Gleiches gilt, wenn gegenüber dem Einwand der Schwarzfahrt der Geschädigte behauptet, dass aufgrund der Sonderbestimmung des § 7 Abs. 3 S. 2 StVG dennoch die Haftung des Halters bestehen bleibt. 140

Zusammenfassend lässt sich feststellen, dass die Haftungsfreistellung im Fall einer Schwarzfahrt jeweils dann eintritt, wenn das betreffende Kfz ohne Wissen und Willen des Halters von einem Dritten, der das Fahrzeug nicht unterschlagen haben darf, widerrechtlich benutzt worden ist. Hat der Halter aber die widerrechtliche Benutzung seines Kfz schuldhaft ermöglicht, so trifft ihn neben einer – allerdings auf den Haftungsrahmen des StVG begrenzten – Halterhaftung aus § 7 Abs. 3 S. 1, 2. Halbsatz StVG in aller Regel nach § 823 Abs. 1 u. § 823 Abs. 2 in Verbindung mit § 14 Abs. 2 S. 2 StVO auch die Deliktshaftung für die durch den Schwarzfahrer verursachten Schäden.[189] Die Haftung nach § 7 Abs. 3 S. 2 StVG setzt immer voraus, dass der Überlassende weiterhin Halter ist. Die Bestimmung macht nämlich lediglich die Befreiung des Halters von seiner Haftung nach § 7 Abs. 3 S. 1 StVG für die Fälle rückgängig, in denen sich der Schwarzfahrer eigenmächtig in den Besitz des Fahrzeugs gesetzt und der Halter dies nicht verschuldet hat. 141

---

185 Vgl. *BGH* VersR 1965, 988; *BGH* VersR 1966, 79; VRS 30, 166; *BGH* VersR 1971, 239; *BGH* NJW 1981, 113 = VersR 1981, 40; *OLG Frankfurt/M.* VersR 1983, 464 = zfs 1983, 196; VersR 1983, 497 (Vorführwagen); *OLG Hamm* VersR 1984, 1051; Grüneberg/*Sprau* § 823 Rn. 234.

186 Vgl. *OLG Köln* DAR 1967, 16.

187 Vgl. *BGH* VersR 1968, 575; *OLG Köln* r+s 1996, 135.

188 *König* in Hentschel/König § 7 StVG Rn. 60.

189 Vgl. *BGH* VersR 1971, 239; *BGH* VersR 1981, 40; *OLG Düsseldorf* VersR 1989, 638 (Schlüsseldiebstahl aus Kleidungsstück); Geigel/*Kaufmann* 25. Kap. Rn. 241, 242.

142 Der Schutzzweck der Vorschriften über die Sicherung von Kraftfahrzeugen gegen Schwarzfahrer (§ 14 Abs. 2 StVO u. § 38a StVZO) umfasst auch Schäden aus einem Unfall, den der Schwarzfahrer beim Versuch, sich der Festnahme durch die Polizei zu entziehen, mit dem gestohlenen Kfz herbeiführt.[190] Die herrschende Meinung tendiert dahin, dass derjenige, der den ersten Unfall verursacht hat, grundsätzlich unter dem Gesichtspunkt der »Herausforderung« auch für die Folgen verantwortlich ist, die beispielsweise in der Person eines Hilfeleistenden durch Selbstgefährdung eintreten.[191] Diese Grundsätze gelten auch dann, wenn es sich bei dem Dritten um einen für den Betrieb des betreffenden Kfz angestellten Kraftfahrer oder eine sonstige »betriebstätige« Person bzw. einen sonstigen Dritten handelt, dem der Halter das Kfz zum Gebrauch überlassen hat.

### *f) Verwirkung/Verjährung*

#### *aa) Grundsätze*

143 Nach § 15 StVG tritt eine Verwirkung der Ansprüche aus der Gefährdungshaftung[192] dann ein, wenn der Ersatzberechtigte nicht innerhalb einer Ausschlussfrist von zwei Monaten dem Kfz-Halter den Unfall anzeigt. Die Frist beginnt in dem Zeitpunkt zu laufen, in dem der Verletzte vom Schaden und von der Person des Ersatzberechtigten sichere Kenntnis erlangt hat. Eine Verwirkung kommt trotz Fristablaufs dann nicht in Betracht, wenn der Halter auf andere Weise vom Schaden Kenntnis erhalten oder der Geschädigte die verspätete Anzeige nicht zu vertreten hat.[193]

144 Die Verwirkung gilt lediglich für originäre Ersatzansprüche des Geschädigten. Sie kommt nicht mehr in Betracht, wenn es sich um »echte« Ausgleichsansprüche im Sinne von § 17 Abs. 1 StVG handelt, also Ansprüche, die nach der Vorabbefriedigung eines geschädigten Dritten durch einen als Gesamtschuldner mithaftenden Fahrzeughalter gem. § 426 Abs. 1 BGB auf diesen übergegangen sind. Die Verwirkung tritt indessen bei den »unechten« Ausgleichsansprüchen nach § 17 Abs. 2 StVG n.F. (§ 18 Abs. 1 S. 2 StVG a.F.) innerhalb des hier abgesteckten Rahmens ein, da es sich bei diesen systemwidrig mit dem falschen Etikett »Ausgleichsansprüche« versehenen Forderungen bei rechtlich wertender Betrachtung tatsächlich um gegenseitige Kürzungsansprüche im Umfang des dem jeweils anderen Teil zur Last fallenden Verschuldens bzw. der von ihm zu vertretenden mitwirkenden Mitverursachung handelt.

145 Im Gegensatz zur Verjährung, die lediglich eine Einrede auf Leistungsverweigerung gemäß § 214 BGB begründet, bedeutet die von Amts wegen zu berücksichtigende Verwirkung einen echten Rechtsverlust in dem Sinne, dass der Anspruch untergeht.

146 Im Fall eines Stationierungsschadens muss der Anspruch binnen zwei Monaten bei der zuständigen Stelle (Amt für Verteidigungslasten) angemeldet werden, da sonst bereits nach Ablauf dieser Frist der Rechtsverlust eintritt.

147 Die Verjährung, auf die sich der Schuldner im Wege der Einrede ausdrücklich berufen muss, begründet dagegen ein dauerndes Leistungsverweigerungsrecht des Schuldners im Sinne des § 214 BGB ohne den Anspruch in seiner sachlichen Substanz zu vernichten. Die drohende Verjährung begründet regelmäßig ein Feststellungsinteresse im Sinne von § 256 ZPO.[194]

148 Bezüglich der Verjährung verweist § 14 StVG auf die für die unerlaubte Handlung geltenden Verjährungsvorschriften des BGB.

190 Vgl. *BGH* VersR 1971, 239; *BGH* NJW 1981, 113 = VersR 1981, 40 = DAR 1981, 50 = zfs 1981, 68; *BGH* NJW 1981, 760.

191 Vgl. insoweit *v. Caemmerer* DAR 1970, 291; vgl. zur »Herausforderung« auch *BGH* VersR 2012, 734.

192 § 15 StVG betrifft somit nur Ansprüche aus dem StVG, nicht andere Ansprüche z.B. aus § 823 BGB.

193 *König* in Hentschel/König § 15 StVG Rn. 2.

194 Vgl. BGHZ 4, 133; 6, 195.

149 Es gilt daher sowohl für Ansprüche aus § 7 StVG als auch für Ansprüche aus § 823 BGB die regelmäßige Verjährungsfrist von drei Jahren gem. § 195 BGB. Nach § 199 Abs. 1 BGB beginnt die Verjährungsfrist, wenn der Gläubiger von den den Anspruch begründenden Umständen und der Person des Schuldners Kenntnis erlangt oder ohne grobe Fahrlässigkeit hätte erlangen müssen. Die Verjährungsfrist beginnt aber erst mit dem Schluss des Jahres, in dem der Schadensersatzanspruch entstanden ist (§ 199 Abs. 1 Nr. 1 BGB).

150 Nach § 199 Abs. 2 BGB verjähren Schadensersatzansprüche, die auf der Verletzung des Lebens, des Körpers, der Gesundheit oder der Freiheit beruhen, ohne Rücksicht auf ihre Entstehung und die Kenntnis oder grob fahrlässige Unkenntnis in dreißig Jahren von der Begehung der Handlung, der Pflichtverletzung oder dem sonstigen, den Schaden auslösenden Ereignis an (absolute Verjährung). Gemäß § 199 Abs. 3 BGB verjähren sonstige Schadensersatzansprüche – mithin solche wegen Sachschadens – in zehn Jahren von ihrer Entstehung an, spätestens aber in dreißig Jahren von dem Unfallereignis an.

151 Die Verjährung ist gem. § 203 BGB gehemmt, solange Regulierungsverhandlungen zwischen den Beteiligten schweben. Lässt der Schuldner demgegenüber – dies kann auch durch Schweigen oder konkludente Handlung geschehen – erkennen, dass er ernsthaft und endgültig die Befriedigung des Anspruchs verweigert, dann wird die Verjährung nicht dadurch gehemmt, dass der Gläubiger weitere Briefe an den »schweigenden« Schuldner oder dessen Haftpflichtversicherer richtet. Wegen seiner Bedeutung für die Durchsetzbarkeit der geltend gemachten Ansprüche muss die Verweigerung der Fortsetzung von Verhandlungen durch ein klares und eindeutiges Verhalten zum Ausdruck gebracht werden.[195] Ist die Verjährung gehemmt, so wird die Zeit, die die Regulierungsverhandlungen in Anspruch genommen haben, für die Ermittlung der Verjährungsfrist nicht mitgerechnet.

152 In § 203 BGB wurde die alte Regelung des § 852 Abs. 2 BGB a.F. zwar nicht wortwörtlich aber doch inhaltlich übernommen, sodass die zu § 852 Abs. 2 BGB a.F. ergangene Rechtsprechung weiterhin Bestand hat. Neu eingefügt wurde allerdings § 203 S. 2 BGB, wonach die Verjährung frühestens drei Monate nach dem Ende der Hemmung eintritt. Diese Frist dient der Abwägung der Erfolgsaussichten einer Klage sowie deren Vorbereitung.

153 Von großer Bedeutung ist die Änderung der Verjährungsvorschriften für den Regress des Gesamtschuldners. Ansprüche aus dem Gesamtschuldnerausgleich verjährten nach altem Recht in 30 Jahren. Nach neuem Recht unterliegen sie der Regelverjährung von 3 Jahren gem. § 195 BGB.

154 Bei der Geltendmachung von Schadensersatzansprüchen[196] gegenüber dem KH-Versicherer beginnt die Hemmung der Verjährung gemäß § 115 Abs. 2 S. 3 VVG mit der Anmeldung des Anspruchs beim Versicherer. Eine schriftliche Anzeige ist nicht erforderlich, aus Gründen der Beweiserleichterung aber durchaus anzuraten. Ohnehin sind an die Anmeldung keine allzu strengen Anforderungen zu stellen. Es genügt, wenn der Geschädigte das Schadenereignis schildert und erkennen lässt, dass er daraus Ansprüche geltend macht, die aber nicht im Einzelnen bezeichnet oder beziffert werden müssen. Die Hemmung der Verjährung endet erst mit der abschließenden schriftlichen Entscheidung des KH-Versicherers, aus der eindeutig erkennbar sein muss, dass damit die Regulierungsverhandlungen für ihn beendet sind. Eine positive Entscheidung des KH-Versicherers beendet die Verjährungshemmung daher nur dann, wenn sie zweifelsfrei erkennen lässt, dass auch künftige Forderungen aus dem Unfall nicht beanstandet werden, sofern der Geschädigte die entsprechenden Schadensposten ausreichend belegen kann. Abrechnungsschreiben, in denen bisher geltend gemachte Zahlungsanforderungen des Haftpflichtgläubigers ganz oder teilweise anerkannt werden, stellen keine positive Entscheidung des Versicherers im Sinne des § 115 Abs. 2 S. 3 VVG dar, da ihnen der Charakter einer erschöpfend, eindeutig und endgültig den Schadensersatzanspruch im

195 Vgl. *BGH* VersR 1998, 1295 = zfs 1999, 9; *OLG Düsseldorf* VersR 1999, 68.
196 Vgl. *BGH* VersR 1982, 546.

Hinblick auf das Interesse des Gläubigers an Rechtssicherheit und Rechtsklarheit anspruchsbejahenden schriftlichen Erklärung fehlt.[197]

155 Nach der Auffassung des *BGH* sind bei der Prüfung der Frage, ob eine schriftliche Entscheidung vorliegt, strenge Maßstäbe anzulegen. Nach Ansicht des *BGH* kann ein Schreiben des Geschädigten der erforderlichen schriftlichen Entscheidung des Versicherers auch dann nicht gleichgesetzt werden, wenn es eine mündliche Ablehnung durch den Versicherer bestätigt.[198] Es muss aber immer nach den konkreten Umständen entschieden werden, ob das Verhalten des Geschädigten, der sich auf das Fehlen einer schriftlichen Entscheidung des Versicherers beruft, trotz der formstrengen Regelung nach den Grundsätzen von Treu und Glauben akzeptiert werden kann.[199] Wenn der Geschädigte selbst durch sein Verhalten zum Ausdruck bringt, dass er eine weitere Stellungnahme nicht erwartet und ein schriftlicher Bescheid des Versicherers keinen vernünftigen Sinn gehabt hätte, sondern nur reine Förmelei gewesen wäre, kann die Verjährungshemmung nicht greifen. Unter diesen Voraussetzungen erscheint es untragbar, wenn die Verjährungshemmung unbegrenzt fortdauern könnte.

156 Die Höchstfristen der § 199 Abs. 2 BGB (30 Jahre) bzw. § 115 Abs. 2 S. 2 VVG (zehn Jahre) sind zu beachten, wobei es in diesem Bereich zu einem Auseinanderfallen der Ansprüche gegen den Versicherer und den Schädiger kommen kann.[200]

#### *bb) Abfindungsvergleich*

157 Wird ein Abfindungsvergleich[201] geschlossen, endet mit Abschluss des Vergleichs die Verjährungshemmung, wobei es einer schriftlichen Erklärung des Versicherers bei Abschluss eines vorbehaltlosen Abfindungsvergleichs nicht bedarf, da dies eine bloße Förmelei darstellt.[202] Dies gilt jedoch nur für vom Vergleich umfasste Ansprüche. Liegt ein Teilvergleich vor, endet die Hemmung der Verjährung der verbleibenden Schäden nicht.[203] Anders liegt der Fall aber, wenn ein umfassender Abfindungsvergleich mit Vorbehalt abgeschlossen wurde, da der Schädiger/Versicherer erklärt, wie vorbehaltene, künftige Schäden (jedenfalls dem Grunde nach) zu regulieren sind.[204]

158 Nach dem Grundsatz der Schadenseinheit ist die Verjährung grundsätzlich für alle Schadensfolgen einheitlich zu behandeln.[205] Eine Ausnahme gilt aber für völlig unvorhergesehene, nicht erkennbare Spätschäden, wobei die Rechtsprechung auf das Wissen der medizinischen Fachkreise abstellt. In diesem Fall beginnt die Verjährung für Spätschäden bei einem vorbehaltlos abgeschlossenen Abfindungsvergleich ab Kenntnis oder grob fahrlässiger Unkenntnis des Geschädigten von Spätschäden und der Ursächlichkeit des Schadensereignisses hierfür.[206]

## B. Fahrer

159 Auch der Fahrer eines Fahrzeugs – insbesondere eines Kfz – unterliegt unter bestimmten Voraussetzungen einer Haftung für die von ihm aus diesem Anlass verursachten Schäden. Dabei gilt der Grundsatz, dass Fahrer von Kraftfahrzeugen der Haftung aus gesetzlich vermutetem Verschulden unterliegen, während Fahrer von sonstigen Fahrzeugen nur dann haften, wenn ihnen der Anspruch-

197 Vgl. *BGH* VersR 1996, 369 = r+s 1996, 90 = zfs 1996, 126 = NZV 1996, 141; *OLG Frankfurt/M.* r+s 1999, 12 (vorläufige Abrechnung).

198 *BGH* DAR 1997, 246 = NZV 1997, 227 = r+s 1997, 229 = VersR 1997, 637.

199 Vgl. *Halm* in Himmelreich, Jahrbuch Verkehrsrecht 1998, S. 20.

200 *BGH* DAR 2007, 205 (206 f.); *Köck* DAR 2015, 557 (562); Prölss/Martin/*Knappmann* § 115 Rz. 30.

201 Allgemein zum Abfindungsvergleich: *Köck* DAR 2015, 557; *Köck* DAR 2019, 2; *Jahnke*, Abfindung von Personenschadenansprüchen, 4. Aufl. 2024, § 2 Rn. 1072 ff.

202 *BGH* VersR 1999, 382 (384); *BGH* NJW 2002, 1878 (1880 f.).

203 Vgl. *OLG Hamm* VersR 1996, 78 (79).

204 *Köck* DAR 2015, 557 (562).

205 *BGH* VersR 1982, 703 (704).

206 *BGH* NJW 2000, 1861 (1862); *OLG Schleswig* VersR 2001, 983 (984).

steller seinerseits ein schadenursächliches Verschulden nachweist. Aus dieser Abstufung ergeben sich vornehmlich unterschiedliche Beweislastregeln.

## I. Kraftfahrzeug

### 1. Haftung gegenüber Dritten

#### *a) Grundsatz*

Nach § 18 Abs. 1 StVG ist grundsätzlich der Fahrer eines Kraftfahrzeugs im selben Umfange wie der Halter zum Ersatz des Schadens verpflichtet, der »bei dem Betrieb« des von ihm gelenkten Kfz entsteht. 160

##### *aa) Beispiele*

Als Fahrer eines Kraftfahrzeugs gilt regelmäßig derjenige, der das Fahrzeug lenkt und dessen maschinelle Einrichtungen bedient, es sei denn, dass die Verfügung über die Maschine und die Herrschaftsgewalt über den, der das Fahrzeug bedient, ausschließlich einer anderen Person zusteht, wie dies beispielsweise beim Fahrlehrer während der Ausbildung eines Fahrschülers der Fall ist, § 2 Abs. 15 S. 2 StVG. 161

Ein Kraftfahrzeug »führt« auch der, der es mit abgeschaltetem Motor während eines Abrollens über eine Gefällstrecke lenkt. Dies gilt auch dann, wenn das Fahrzeug vorher nicht mit seiner motorischen Antriebskraft bewegt worden ist und der Fahrer nicht die Absicht oder die Möglichkeit hat, den Motor anzulassen. Dies kommt beispielsweise dann in Betracht, wenn man das Fahrzeug zum Zwecke des Standortwechsels abrollen lässt.[207] 162

Der Fahrer eines Kfz kann die Verantwortung für die Beachtung der Verkehrsregeln dann auf eine Hilfsperson delegieren, wenn er selbst keine eigene Beobachtungsmöglichkeit hat.[208] Soweit beim Einweisen eine Gefälligkeitshandlung vorliegt, haftet der Einweisende, wenn nicht von vornherein ein genereller Haftungsausschluss vereinbart worden sein sollte, allenfalls für Vorsatz und grobe Fahrlässigkeit.[209] Andererseits muss sich der verantwortliche Kfz-Fahrer in jedem Fall Fehlverhalten von Einweisern wie eigenes Verschulden zurechnen lassen. 163

Der Fahrer eines Motorrads trägt auch bei Mitnahme eines Beifahrers grundsätzlich die alleinige Verantwortung für das sichere Führen seines Kfz. 164

Beim sog. Begleiteten Fahren ab 17 Jahre (vgl. §§ 48a FeV, 6e StVG) ist nicht der Begleiter sondern der 17-jährige Führer des Kfz. 165

##### *bb) Hoch- oder vollautomatisiertes Fahren*

Beim hoch- oder vollautomatisierten Fahren ist gemäß dem seit 21.06.2016 geltenden § 1a Abs. 4 StVG[210] Fahrzeugführer auch derjenige, der eine hoch- oder vollautomatisierte Fahrfunktion im Sinne des Absatzes 2 aktiviert und zur Fahrzeugsteuerung verwendet, auch wenn er im Rahmen der bestimmungsgemäßen Verwendung dieser Funktion das Fahrzeug nicht eigenhändig steuert. Die Rechte und Pflichten sind in § 1b StVG[211] näher konkretisiert. Der Fahrzeugführer darf sich während 166

---

207 Vgl. *BGH* NJW 1960, 1211 = DAR 1960, 211 = VRS 18, 452; Geigel/*Kaufmann* 25. Kap. Rn. 315.

208 Vgl. *OLG Hamm* VRS 7, 383.

209 Vgl. *BGH* VersR 1960, 635; *OLG Köln* VRS 24, 398; wegen der *Erforderlichkeit* eines Einweisers: *BayObLG* VRS 43, 66; *OLG Karlsruhe* VRS 48, 194; *OLG Celle* VRS 51, 566; zur Haftung bei *Verletzung* des Einweisers: *OLG Koblenz* VersR 1975, 188.

210 Eingefügt durch das achte Gesetz zur Änderung des Straßenverkehrsgesetzes v. 16.06.2017 (BGBl. I S. 1648).

211 Eingefügt durch das achte Gesetz zur Änderung des Straßenverkehrsgesetzes v. 16.06.2017 (BGBl. I S. 1648).

der Fahrzeugführung mittels hoch- oder vollautomatisierter Fahrfunktionen gemäß § 1a StVG vom Verkehrsgeschehen und der Fahrzeugsteuerung abwenden; dabei muss er derart wahrnehmungsbereit bleiben, dass er seinen Pflichten nach § 1b Abs. 2 StVG jederzeit nachkommen kann. Nach § 1b Abs. 2 StVG muss er die Fahrzeugsteuerung unverzüglich wieder übernehmen, wenn das hoch- oder vollautomatisierte System ihn dazu auffordert oder wenn er erkennt oder aufgrund offensichtlicher Umstände erkennen muss, dass die Voraussetzungen für die bestimmungsgemäße Verwendung der hoch- oder vollautomatisierten Fahrfunktionen nicht mehr vorliegen.

#### cc) *Vermutetes Verschulden*

167 Bei der gesetzlichen Haftung des Fahrzeugfahrers aus § 18 StVG handelt es sich nicht um eine Gefährdungshaftung, sondern um eine Haftung aus gesetzlich vermutetem Verschulden mit umgekehrter Beweislast,[212] der allerdings gewisse Gefährdungsmomente innewohnen. Dies bedeutet, dass der Fahrer eines Kfz – im Gegensatz zum Halter – bereits dann von seiner Haftung befreit ist, wenn er seinerseits nachweist, dass ihn an der Herbeiführung des Unfalls – entgegen der gesetzlichen Vermutung – kein Verschulden trifft.[213] Der Kfz-Führer muss also nicht einen haftungsausschließenden Ausnahmetatbestand (»höhere Gewalt« oder Unabwendbarkeit) beweisen, sondern kann sich aus der ihn treffenden Haftung unter wesentlich erleichterten Voraussetzungen entlasten. Umgekehrt bedeutet dies, dass der Fahrer eines Kfz, der nicht zugleich Halter desselben ist, sich bei eigenen Ansprüchen die einfache Betriebsgefahr des Fahrzeugs auch nur dann zurechnen bzw. entgegenhalten lassen muss, wenn er seinerseits für Verschulden gem. § 823 BGB oder für vermutetes Verschulden gem. § 18 StVG haftet.[214]

168 Unter Verschulden im Sinne von § 18 StVG versteht man das im § 276 BGB umschriebene Maß an Fahrlässigkeit. Dabei handelt es sich um einen objektiven Verschuldensbegriff. Vom Fahrer des Kfz wird demnach dasjenige Maß an Sorgfalt erwartet, das im Allgemeinen einem ordentlichen Kraftfahrer obliegt.

169 Die Anforderungen an den Entlastungsbeweis sind beim Fahrer geringer als beim Kfz-Halter. Die Rechtsprechung neigt mehr und mehr zu der Auffassung, dass der Führer eines Kfz bereits dann als exkulpiert gilt, wenn die objektiven Umstände darauf hindeuten, dass er sich unter Aufwendung des ihm zumutbaren Maßes an verkehrsüblicher Sorgfalt verkehrsrichtig verhalten hat.[215] Er muss weder höhere Gewalt gemäß § 7 Abs. 2 StVG noch ein unabwendbares Ereignis im Sinne des § 17 Abs. 3 StVG beweisen, der Nachweis beschränkt sich darauf, dass ihn kein Verschulden trifft.

### b) *Haftungsumfang*

170 Die Haftung des Fahrzeugfahrers aus gesetzlich vermutetem Verschulden korrespondiert dem Umfang nach mit der Haftung des Fahrzeughalters, sodass nach außen – also dem oder den geschädigten Dritten gegenüber – beide als Gesamtschuldner zum Schadensersatz verpflichtet sind. Es gilt der Grundsatz der Haftungs- und Zurechnungseinheit. Durch Bezugnahme in § 18 Abs. 2 StVG auf § 16 StVG ist allerdings klargestellt, dass die Ersatzpflicht des berechtigten Kraftfahrers im Fall eines ihm nachzuweisenden »echten« – d.h. wirklichen, also nicht nur vermuteten – Verschuldens im Sinne einer unerlaubten Handlung über den Anwendungsbereich der Haftung aus dem StVG hinausreicht. Unter Umständen haftet der Fahrzeugführer deliktisch daher über die nur für den Bereich der Gefährdungshaftung geltenden gesetzlichen Haftungshöchstgrenzen des § 12 StVG hinaus auch für weitere Schäden, und zwar ohne jede Summenbeschränkung.

212 Vgl. BGHZ 6, 319 = NJW 1962, 1015.
213 Vgl. *OLG Köln* r+s 1985, 270.
214 *BGH* NJW 2010, 930 = VersR 2010, 268 = DAR 2010, 80.
215 Vgl. *König* in Hentschel/König § 18 StVG Rn. 4 m.w.N.

### c) Besonderheiten für Fahrschüler

Abweichende Grundsätze bezüglich der Haftung des Fahrers gelten dann, wenn es sich um einen Fahrschüler handelt, dem eine Fahrerlaubnis noch nicht erteilt ist, sondern der zu diesem Zweck – unter Anleitung seines Fahrlehrers – Übungsfahrten durchführt. Nach § 2 Abs. 15 S. 1 StVG muss derjenige, der zur Ausbildung, zur Ablegung der Prüfung oder zur Begutachtung der Eignung oder Befähigung ein Kraftfahrzeug auf öffentlichen Straßen führt, von einem Fahrlehrer im Sinne des Fahrlehrergesetzes begleitet werden. Bei allen Übungs- und Prüfungsfahrten gilt gem. § 2 Abs. 15 S. 2 StVG dann nicht der Fahrschüler, sondern der Fahrlehrer als verantwortlicher Fahrer des betreffenden Kraftfahrzeugs.[216] 171

Ein Fahrlehrer muss beim Fahrunterricht zum Schutze anderer Verkehrsteilnehmer und auch seines Fahrschülers besondere Sorgfalt walten lassen und den Schüler und seine Fahrweise ständig überwachen. An die Erfüllung dieser Pflichten ist mit Rücksicht auf die Bedeutung dieser Aufgabe grds. ein besonders strenger Maßstab anzulegen.[217] Ein Fahrlehrer verstößt jedoch nicht schon dann gegen die Führerscheinklausel, wenn er den Fahrschüler während einer Unterrichtsfahrt mangelhaft oder unzweckmäßig beaufsichtigt, sondern erst dann, wenn er es allgemein an einer wirksamen Beaufsichtigung fehlen lässt.[218] 172

Eine Haftung des Fahrschülers kommt allenfalls nach § 823 BGB in Betracht.[219] Nur in Ausnahmefällen kann unter ganz bestimmten Umständen auch der Fahrschüler gem. § 18 StVG – also als Fahrzeugführer – haftbar gemacht werden,[220] sodass er dann neben dem Fahrlehrer – als Gesamtschuldner – haftet.[221] Beispielsweise dann, wenn der Fahrschüler aus Gründen, die er eigenverantwortlich zu vertreten hat, ohne Fahrlehrer ein Kfz führt oder wenn der Fahrschüler sich gegen den erklärten Willen des Fahrlehrers in schwierige Verkehrssituationen begibt, denen er nicht gewachsen ist. Sofern der Fahrlehrer ihn davon in zumutbarer Weise nicht abhält, haftet dieser aber auch. 173

Allgemein kann man davon ausgehen, dass der Grad der zivilrechtlichen Verantwortlichkeit des Fahrschülers sich nach dem jeweiligen Ausbildungsstand und seinem sonstigen Verhalten bemisst. Hier gilt die Faustregel, dass der Fahrschüler am Anfang seiner Ausbildung für die von ihm verursachten Schäden in der Regel nicht haftet.[222] 174

Andere Maßstäbe können indes gelten, wenn der Fahrschüler kurz vor der Beendigung seiner Ausbildung steht und ihm dann ein grober Bedienungsfehler unterläuft, mit dem der Fahrlehrer nicht ohne Weiteres zu rechnen brauchte. In diesem Fall hat der Fahrschüler entsprechend dem – mit dem Ausbildungsstand gewachsenen – Maß seiner Verantwortlichkeit teilweise Schadensersatz im Rahmen des vertraglichen Innenverhältnisses zu leisten. So hat das *OLG Stuttgart*[223] die Haftung des Fahrschülers gegenüber dem Fahrlehrer bejaht, wenn der bereits zur Prüfung angemeldete Fahrschüler die Geschwindigkeit des Fahrschulwagens vor der Kreuzung mit einer Vorfahrtstraße, auf der sich ein von ihm wahrgenommener Bus nähert, zunächst deutlich herabsetzt, dann aber doch mit plötzlicher Beschleunigung wieder so anfährt, dass der Fahrlehrer die Kollision auch durch sofortige Vollbremsung nicht mehr verhindern kann. 175

216 Vgl. *BGH* NJW 1969, 2197 = *BGH* VersR 1969, 1037 = DAR 1969, 326; *OLG Koblenz* NZV 2004, 401 = VersR 2004, 1283; Geigel/*Kaufmann* 25. Kap. Rn. 317.

217 Vgl. *OLG Hamm* VersR 1992, 718.; *OLG Hamm* VersR 1998, 910.

218 Vgl. *BGH* NJW 1972, 869 = VersR 1972, 455 = DAR 1972, 186.

219 Vgl. *OLG Koblenz* NZV 2004, 401 = VersR 2004, 1283.

220 Vgl. *OLG Düsseldorf* VersR 1979, 649; *OLG Hamm* NJW 1979, 993 = VRS 56, 347; *LG Stuttgart* VersR 1988, 1191.

221 Vgl. *BGH* NJW 1969, 2197 = VersR 1969, 1037 = DAR 1969, 326; *OLG Frankfurt/M.* NJW-RR 1988, 26.

222 Vgl. *BGH* NJW 1969, 2197 = VersR 1969, 1037 = VRS 37, 344.

223 *OLG Stuttgart* DAR 1999, 550 = r+s 2000, 15.

176 In allen anderen Fällen haftet der Fahrschüler nicht; insbesondere dann nicht, wenn ihm noch das erforderliche Können fehlt.[224] Insoweit obliegt dem Fahrlehrer eine Überwachungs- und Aufsichtspflicht aus § 6 FahrlG.

## 2. Haftung gegenüber Insassen

177 Bei Schadensfällen vor dem 01.08.2002 galt für die Haftung des Fahrers gegenüber Insassen § 18 StVG nicht, wie auch für die Haftung des Fahrzeughalters § 7 Abs. 1 StVG nicht in Betracht kam, es sei denn, dass es sich um eine geschäftsmäßige, entgeltliche Beförderung im Sinne von § 8a StVG a.F. handelte. Fahrzeuginsassen konnten demgemäß Ersatzansprüche gegen den Fahrer bzw. Halter des Fahrzeugs lediglich dann geltend machen, wenn einem von ihnen ein »echtes« Verschulden im Sinne der §§ 823 ff. BGB zur Last gelegt werden konnte. Die Beweislast dafür oblag nach allgemeinen Grundsätzen dem Anspruchsteller, mithin dem geschädigten Insassen.

178 Der in § 8a Abs. 1 S. 1 StVG a.F. bestimmte Haftungsausschluss für Fahrzeuginsassen im Fall unentgeltlicher, nicht geschäftsmäßiger Beförderung des Insassen wurde durch ersatzlose Streichung dieser Vorschrift abgeschafft. Seit Inkrafttreten des 2. SchadÄndG zum 01.08.2002 haftet der Halter des den Mitfahrer befördernden Kfz aus § 7 StVG und dessen Fahrer aus vermutetem Verschulden nach § 18 StVG nunmehr unabhängig davon, ob eine geschäftsmäßige oder eine unentgeltliche Beförderung vorliegt. Damit soll insbesondere gewährleistet sein, dass grundsätzlich allen Fahrzeuginsassen ein Ersatz für die von ihnen erlittenen Körperschäden zusteht. Das Verbot, die Haftung für Personenschäden im Fall einer entgeltlichen geschäftsmäßigen Personenbeförderung auszuschließen oder zu beschränken, stellt nunmehr nach der Neufassung des § 8a StVG dessen ausschließlichen Regelungsgegenstand dar. Daraus ergibt sich zwingend im Umkehrschluss, dass außerhalb einer entgeltlichen, geschäftsmäßigen Personenbeförderung ein Haftungsausschluss durch Parteivereinbarung wie bisher zulässig ist. Entscheidend kommt es darauf an, dass sich auch bei der Verletzung eines unentgeltlich und nicht geschäftsmäßig beförderten Insassen die typische Betriebsgefahr eines Kfz verwirklicht, für die der Kfz-Halter haften soll, der diese Gefahr gesetzt hat. Die Erweiterung der Gefährdungshaftung für Insassen dürfte zu einem Anstieg von Vereinbarungen führen, die einen Haftungsausschluss herbeiführen sollen. Dabei ist aber regelmäßig für die Annahme eines konkludent vereinbarten Haftungsausschlusses kein Raum, da es lebensfremd erscheint, dass ein Mitfahrer zugunsten des hinter dem Kfz-Halter stehenden KH-Versicherers einen Haftungsverzicht erklärt.

## 3. Haftung im vertraglichen Innenverhältnis

### *a) Probefahrt*

179 Andere Grundsätze gelten, wenn der Schaden bei Vertragsanbahnungsverhandlungen eingetreten ist, die im Interesse des Fahrzeughalters geführt werden. Als typisches Beispiel dafür gilt der Fall, dass ein Kaufinteressent mit einem ihm zu diesem Zwecke überlassenen Kraftfahrzeug eine Probefahrt unternimmt und den Wagen dabei beschädigt.[225] Der Verkäufer muss nach der allgemeinen Lebenserfahrung hier mit einem erhöhten Unfallrisiko rechnen. Denn er muss wissen, dass der Kaufinteressent in aller Regel mit den Eigentümlichkeiten des Kraftfahrzeugs nicht hinreichend vertraut ist, zumal die Bedienungseinrichtungen, technischen Aggregate und Armaturen von Fahrzeug zu Fahrzeug sehr unterschiedlich sein können.

180 Etwas anderes kann dann gelten, wenn nicht eine Probefahrt im üblichen Sinne – unter Beteiligung des Kaufinteressenten im Beisein des Verkäufers oder eines seiner Beauftragten – durchgeführt wird, sondern wenn der Verkäufer dem Kaufinteressenten das Kfz für eine Überprüfung zur Verfügung

---

224 Vgl. *OLG Düsseldorf* VersR 1965, 1106; *OLG Düsseldorf* NJW 1966, 737; *OLG Koblenz* NJW-RR 2004, 891.

225 Vgl. *BGH* VersR 1997, 204; *BGH* 1980, 246 = NJW 1980, 1681; *OLG Koblenz* VersR 2004, 342; *OLG Hamm* VersR 2001, 376; *OLG Köln* VersR 1996, 1420; *OLG Karlsruhe* NJW-RR 1988, 29 = DAR 1987, 300.

stellt. Der Kaufinteressent kann das ihm überlassene Fahrzeug dann ohne besondere Eile und Hektik überprüfen, da er nicht unter ständiger Beobachtung des neben ihm sitzenden Verkäufers steht.

Es ist hierbei aber zwischen einer Probefahrt bei einem gewerblichen Händler, wobei dies auch für 181
Gebrauchtwagenhändler gilt,[226] und der Probefahrt bei einem privaten Verkäufer zu differenzieren. Wird das überlassene Fahrzeug eines gewerblichen Händlers bei der Probefahrt beschädigt, haftet der Interessent nicht im Falle leichter Fahrlässigkeit, wenn die Beschädigung in Zusammenhang mit den einer Probefahrt innewohnenden Gefahren steht.[227]

Die Haftungsprivilegien bei Probefahrten erklären sich daraus, dass der Händler einen Vertrauens- 182
tatbestand schafft, zumal lediglich der Verkäufer in der Lage ist, eine Vollkaskoversicherung abzuschließen und dass die Probefahrt in seinem Interesse liegt. Dies bedeutet, dass der Kaufinteressent im Regelfall lediglich Vorsatz und grobe Fahrlässigkeit, also Risiken zu vertreten hat, die auch durch die Vollkaskoversicherung ggf. nicht bzw. nur eingeschränkt gedeckt sind.

Soweit der Verkäufer über seine Vollkaskoversicherung abgesichert ist, wird man grds. sagen können, 183
dass dies auch für den Kaufinteressenten zu gelten hat. Wenn allerdings die Vollkaskoversicherung eintrittspflichtig ist, kann der Käufer je nach Verschuldensgrad im Innenverhältnis dem Verkäufer die mit dem Vollkaskoversicherer vereinbarte Selbstbeteiligung und den Verlust im Schadenfreiheitsrabatt zu entschädigen haben.

Die dargestellten Grundsätze gelten nicht beim Privatverkauf.[228] Aufgrund der andersartigen Inte- 184
ressenlage – insbesondere kann der Fahrer bei einer Probefahrt im Rahmen eines Privatkaufs nicht ohne Weiteres davon ausgehen, dass eine Vollkaskoversicherung besteht – hat der Fahrer im Hinblick auf mögliche Beschädigungen hier auch einfache Fahrlässigkeit zu vertreten.

### b) Gefälligkeitsfahrt

Der Begriff der Gefälligkeitsfahrt ist mehrdeutig und bedarf einer gewissen Differenzierung.[229] Es 185
kommt im Einzelfall stets darauf an, wem die Gefälligkeit erwiesen wird. Insoweit sind insbesondere zwei Fallgestaltungen denkbar: Die Gefälligkeit kann darin bestehen, dass ein Kfz-Halter einen anderen (Dritten, beispielsweise Anhalter) in seinem Wagen als Fahrgast unentgeltlich mitnimmt. Andererseits ist aber auch der Fall denkbar, dass der Dritte das Fahrzeug des Kfz-Halters in dessen Interesse – weil dieser z.B. selbst unter Alkoholeinfluss steht – lenkt.

So kann beispielsweise ein stillschweigender Haftungsausschluss im Verhältnis zum mitfahrenden 186
Kfz-Halter dann angenommen werden, wenn der Halter ein besonderes eigenes Interesse daran hatte, dass der bisherige Beifahrer (Insasse) oder ein beliebiger Dritter, mit dem er durch nähere Beziehungen verbunden war, trotz nur geringer Fahrpraxis die Lenkung des Kfz übernahm.[230] Gleiches gilt bei einer Gefälligkeitsfahrt in einem Urlaubsland mit Linksverkehr, in dem Fahrer und Beifahrer abwechselnd ein Mietfahrzeug führen wollten, der Beifahrer jedoch den Linksverkehr nicht bewältigen konnte und deshalb vom Führen des Fahrzeugs Abstand nahm.[231]

Ein Haftungsausschluss für einfache Fahrlässigkeit kann u.U. selbst dann angenommen werden, 187
wenn kein Versicherungsschutz besteht.[232]

226 Vgl. *BGH* NJW 1986, 1813; *BGH* NJW 1986, 1099 = VersR 1986, 492; *BGH* VersR 1980, 426; *BGH* VersR 1970, 1050 = DAR 1970, 325; *BGH* NJW 1979, 643 = VersR 1979, 352 = VRS 56, 254.

227 *BGH* VersR 1972, 863; *OLG Koblenz* VersR 2004, 342.

228 Vgl. *OLG Köln* VersR 1996, 1420; *OLG Zweibrücken* NZV 1990, 466.

229 Gefälligkeit und kein Vertrag liegt vor, wenn die Handlungen ohne rechtliche Verpflichtung erfolgen.

230 Vgl. *BGH* VersR 1980, 384 = VRS 58, 33 (Fahrer war der spätere Ehepartner des Kfz-Halters).

231 *OLG Koblenz* NZV 2005, 635 = NJW-RR 2005, 1048; vgl. auch *OLG Köln* MDR 2001, 150 sowie *OLG Frankfurt/M.* NJW 2006, 1004.

232 *BGH* VersR 2009, 558 = NJW 2009, 1482; vgl. auch *BGH* VersR 1978, 625 = DAR 1978, 249 = VRS 55, 7; ähnlich: *BGH* NJW 1979, 414 = VersR 1979, 136 = DAR 1979, 222 = VRS 56, 163 (für den

188 Es liegt keine Leihe, sondern ein Gefälligkeitsverhältnis vor, wenn der Halter einem Arbeitskollegen sein Kfz zur Verfügung stellt, mit dem beide dann gemeinsam zur Arbeitsstelle fahren. Wenn Arbeitskollegen eine sog. »Fahrgemeinschaft« bilden[233] und sich abwechselnd in ihren Kfz zur (gemeinsamen) Arbeitsstelle mitnehmen, so liegt darin keine entgeltliche, geschäftsmäßige Personenbeförderung im Sinne von § 8a StVG a.F. vor,[234] und zwar selbst dann nicht, falls die einzelnen Mitfahrer sich angemessen an den Betriebskosten des jeweiligen Kfz beteiligen.

189 Teilnehmer einer Fahrgemeinschaft stehen, sofern mit der Fahrt die Aufnahme einer betrieblichen Tätigkeit bezweckt wird,[235] selbst dann unter dem Schutz der gesetzlichen Unfallversicherung im Sinne von § 8 Abs. 1 und 2 SGB VII, wenn der infolge der gemeinsamen Fahrzeugbenutzung zurückgelegte Weg gegenüber dem direkten Weg zwischen Arbeitsstelle und Wohnung sich vervielfacht, es sei denn, der eingeschlagene Weg ist nach Sinn und Zweck des § 8 Abs. 2 Nr. 2b SGB VII nicht mehr zu vertreten.[236] Je nach Ausgestaltung der Fahrgemeinschaft kann im Falle der Schädigung eines Mitfahrers eine Haftung nach gesellschafts -oder geschäftsbesorgungsvertraglichen Grundsätzen gegeben sein.[237]

190 Nach herrschender Auffassung kann nicht bereits aus dem Charakter der Gefälligkeitsfahrt per se ein stillschweigender Haftungsverzicht abgeleitet werden.[238] Dies gilt auch dann, wenn freundschaftliche Beziehungen zwischen Halter und Fahrer bestehen,[239] ja selbst für das Verhältnis zwischen Vater und Sohn.[240] Auch bei sog. Trunkenheitsfahrten kommt nicht ohne Weiteres ein stillschweigender Haftungsverzicht in Betracht. Zwar kann nach § 254 Abs. 1 BGB eine Anspruchskürzung erfolgen, wenn ein unfallverletzter Kfz-Beifahrer sich einem infolge Alkoholgenusses oder Übermüdung nicht verkehrssicheren Kraftfahrer anvertraut hat.[241] Voraussetzung eines dahin gehenden Vorwurfs ist aber, dass die Beeinträchtigung der Fahrtüchtigkeit des Fahrers aus seiner Sicht erkennbar war.[242] Der geschädigte Beifahrer kann sich dabei nicht auf seine eigene hochgradige Trunkenheit berufen, wenn er sich selbst zumindest fahrlässig in den Rauschzustand versetzt hat.[243] Anlass zu Zweifeln an der Fahrtüchtigkeit des Fahrers begründen jedoch weder allein die Kenntnis des Umstandes, dass sich der Fahrer in den Stunden vor Fahrantritt in einem Lokal aufgehalten hat, noch Alkoholgeruch, noch das Wissen von Alkoholkonsum als solchem.[244] Wer die alkoholbedingte Fahruntüchtigkeit des Fahrers erst während der Fahrt bemerkt, muss den Fahrer zum Anhalten auffordern, um aussteigen zu können.[245] Nach Auffassung des *OLG Köln* trifft den verunfallten Beifahrer kein Mitverschulden, wenn er lediglich Kenntnis davon hatte, dass die Fahrerlaubnis des Fahrers wegen Trunkenheit am Steuer kurz zuvor eingezogen worden war.[246] Dieser Umstand belegt nicht zugleich begründete Bedenken bezüglich der Fahrtüchtigkeit des Fahrers auf der schadenverursachenden Unfallfahrt.

---

Fall einer gemeinsamen Urlaubsfahrt); *BGH* VersR 1980, 384 = VRS 58, 33 (wenn ein unter Alkoholeinfluss stehender Halter ein besonderes Interesse daran hat, dass ein Mitfahrer das Steuer des Kfz übernimmt).

233 Vgl. dazu ergänzend: *Weimar* DAR 1975, 34; *Kuntz* zfs 1981, 659; *Mädrich* NJW 1982, 859.

234 Vgl. BGHZ 80, 303 = NJW 1981, 1842 = VersR 1981, 780 = DAR 1981, 354 = zfs 1981, 296.

235 Vgl. *BSG* NJW 1984, 1652 = VersR 1985, 264 (Ls.) = NZA 1984, 63; vgl. hierzu auch *BSG* DAR 2010, 484 = DB 2010, 1356.

236 Vgl. *BSG* NJW 1983, 2959.

237 Vgl. *Mädrich* NJW 1982, 860.

238 Vgl. *OLG Hamm* VersR 2008, 1219.; *OLG Hamm* NZV 2006, 85; *König* in Hentschel/König § 16 StVG Rn. 9 m.w.N.

239 Vgl. *BGH* VersR 1963, 1080; *BGH* VersR 1967, 882; *KG* NZV 2003, 91.

240 Vgl. BGHZ 43, 72 (76) = VersR 1965, 386 (387).

241 Vgl. *BGH* VersR 1970, 624 (m. Anm. v. *Baumgärtel* VersR 1970, 810); *OLG Hamburg* VersR 1977, 380 (L); *OLG Celle* VersR 1981, 736; *OLG Koblenz* VersR 1981, 756 (L).

242 Vgl. *OLG Zweibrücken* VersR 1993, 454; *OLG Köln* VersR 1997, 127.

243 Vgl. *OLG Hamm* VersR 1997, 126.

244 Vgl. *BGH* VersR 1970, 624; *OLG Hamm* r+s 1998, 236.

245 Vgl. *OLG Oldenburg* r+s 1998, 237 = DAR 1998, 277.

246 *OLG Köln* Report 1999, 104 = SP 1999, 190.

Die Darlegungs- und Beweislast dafür, dass den bei einem Unfall verletzten Beifahrer ein Mitverschulden trifft, trägt der Schädiger bzw. sein KH-Versicherer.

Falls ein rechtswirksamer Haftungsausschluss nicht vorliegt, kommt es grundsätzlich auf den Grad des Verschuldens nicht an. Es ist also gleichgültig, ob dem Fahrer leichte, mittlere, schwere bzw. grobe, qualifizierte oder gar bewusste Fahrlässigkeit oder Vorsatz zur Last fällt. Bei einer Gebrauchsüberlassung aus Gefälligkeit kann eine verschuldensunabhängige Haftung des Begünstigten für die Beschädigung des überlassenen Gegenstandes durch einen Dritten, an den der Gegenstand vom Begünstigten ohne Wissen des Gefälligen weitergegeben worden ist, auch nicht durch eine entsprechende Anwendung des § 603 S. 2 BGB begründet werden.[247] 191

### *c) Arbeitsvertrag*

Haftungsprobleme besonderer Art ergeben sich dann, wenn dem Fahrer das Kraftfahrzeug von seinem Arbeitgeber zur Führung im Rahmen der arbeitsvertraglichen Obliegenheiten anvertraut worden ist (vgl. auch nachfolgend unter Vertragshaftung, Arbeitsvertrag Rdn. 438–519). 192

Für die von ihm verursachten Sach- und Vermögensschäden des Arbeitgebers haftet der Arbeitnehmer nach geltender Rechtsprechung grundsätzlich privilegiert und damit nur begrenzt. Falls der Arbeitnehmer einem Arbeitskollegen oder einem Dritten bei betrieblich veranlasster Tätigkeit einen Schaden zufügt, kann ihm gegen den Arbeitgeber ein Ersatz- oder Freistellungsanspruch zur Seite stehen (sog. innerbetrieblicher Schadenausgleich). In beiden Fällen ist die Haftung abhängig vom Grad des Verschuldens des Arbeitnehmers. Dies galt nach überkommener Rechtsprechung zunächst nur für sog. gefahrgeneigte Arbeit. Seit der Entscheidung des Großen Senats des *BAG* aus dem Jahr 1994 gelten die Grundsätze über die Beschränkung der Arbeitnehmerhaftung für alle Arbeiten, die durch den Betrieb veranlasst sind und aufgrund eines Arbeitsverhältnisses geleistet werden, auch wenn diese Arbeiten nicht gefahrgeneigt sind.[248] Betrieblich veranlasst sind Tätigkeiten, die dem Arbeitnehmer für den Betrieb übertragen sind und solche, die er im betrieblichen Interesse ausführt, wenn sie nahe mit dem Betrieb und seinem betrieblichen Wirkungskreis zusammenhängen. Keine betriebliche Tätigkeit ist die Fahrt von und zum Arbeitsplatz, auch wenn der Arbeitgeber hierfür das Fahrzeug stellt.[249] 193

Ob und ggf. in welchem Umfang der Arbeitnehmer an den Schadensfolgen zu beteiligen ist, richtet sich im Rahmen einer Abwägung der Gesamtumstände, insbesondere von Schadenanlass und Schadensfolgen, nach Billigkeit und Zumutbarkeitsgesichtspunkten.[250] Bei leichtester Fahrlässigkeit des Arbeitnehmers hat der Arbeitgeber die verursachten Schäden allein zu tragen.[251] Bei normaler/mittlerer Fahrlässigkeit haften Arbeitnehmer und Arbeitgeber in der Regel anteilig. Bei der Bildung einer Haftungsquote wird neben dem Grad des arbeitnehmerseitigen Verschuldens unter Einbeziehung seiner individuellen Kenntnisse und Fähigkeiten insbesondere auch die Gefahrgeneigtheit der konkreten Tätigkeit zu berücksichtigen sein, ob also der Arbeitgeber das Risiko einkalkulieren und ggf. durch eine Versicherung abdecken konnte. Schließlich hat der Arbeitnehmer einen grob fahrlässig verursachten Schaden[252] in aller Regel, einen vorsätzlich verursachten Schaden stets voll zu tragen. Im Falle gröbster Fahrlässigkeit haftet der Arbeitnehmer nicht anders als bei Vorsatz stets voll.[253] Doch sind Haftungserleichterungen auch bei voller Haftung nicht ausgeschlossen, wenn der 194

---

247 *BGH* NJW 2010, 3087 = VersR 2011, 675 = DAR 2010, 641.

248 *BAG* NJW 1995, 210 = VersR 1995, 607.

249 *LAG Köln* NZA 1995, 1163.

250 Vgl. *LAG Nürnberg* DAR 1996, 327 = VersR 1996, 1527.

251 Teilweise wird diese Fahrlässigkeit auch als leichte Fahrlässigkeit bezeichnet. Ein typischer Fall ist das »Sich-Vergreifen« oder »Sich-Versprechen«.

252 S. dazu *OLG Celle* NJW-RR 2020, 1485 m. Anm. *Felz* NZV 2021, 103.

253 *BAG* NZA 1998, 310. Gröbste Fahrlässigkeit wird vom *BAG* im Falle mehrfacher oder einer subjektiv unentschuldbaren Verletzung von Sicherheitsvorschriften angenommen; Haftungserleichterungen sind aber auch hier nicht ausgeschlossen, *BAG* NZA 2011, 345.

Verdienst des Arbeitnehmers in einem deutlichen Missverhältnis zum verwirklichten Schadensrisiko der Tätigkeit steht.[254] Daher kann es im Einzelfall geboten sein, die Schadensersatzpflicht des Arbeitnehmers auch bei grober Fahrlässigkeit nicht unerheblich herabzusetzen, wenn dieser teure Fahrzeuge des Arbeitgebers zu führen hat.

195 Eine summenmäßige Begrenzung der Haftung des Arbeitnehmers ist weder gesetzlich vorgesehen noch höchstrichterlich abschließend festgelegt worden.[255] In der Reformdiskussion zur Arbeitnehmerhaftung ist allerdings eine Haftungsobergrenze in Höhe von drei Bruttomonatsverdiensten vorgeschlagen worden. Die instanzgerichtliche Rechtsprechung begrenzt die Haftung des Arbeitnehmers auch bei grober Fahrlässigkeit überwiegend auf drei bis maximal fünf Monatsgehälter,[256] insbesondere wenn der Verdienst des Arbeitnehmers in einem deutlichen Missverhältnis zum Schadenrisiko der Tätigkeit steht.[257] In einer neueren Entscheidung hat das *BAG* allerdings die Haftung einer geringfügig beschäftigten Reinigungskraft, die in einer Gemeinschaftspraxis für radiologische Diagnostik und Nuklearmedizin einen Magnetresonanztomographen (MRT) grob fahrlässig beschädigt hatte, in Höhe von sogar 12 Monatsgehältern für gerechtfertigt gehalten.[258]

196 Die Frage der privilegierten Haftung des Arbeitnehmers »durch entsprechende Anwendung« des § 254 BGB ist strikt zu unterscheiden von der Frage eines zusätzlich hinzutretenden, mitwirkenden Verschuldens des Arbeitgebers gemäß § 254 Abs. 1 BGB.[259]

197 Gemäß § 619a BGB ist das Vertretenmüssen der Pflichtverletzung anspruchsbegründendes Tatbestandsmerkmal und daher vom Arbeitgeber zu beweisen. Die Beweislastumkehr nach § 280 Abs. 1 S. 2 BGB gilt hier nicht.

198 Verursacht ein Berufskraftfahrer in Ausübung einer betrieblichen Tätigkeit unverschuldet einen schweren Verkehrsunfall und wird wegen dieses Unfalls gegen ihn ein staatsanwaltschaftliches Ermittlungsverfahren eingeleitet, hat ihm der Arbeitgeber auch die erforderlichen Kosten der Verteidigung zu ersetzen. Ohne besondere Vereinbarung und Vergütung ist ein Berufskraftfahrer nicht zum Abschluss einer entsprechenden Rechtsschutzversicherung verpflichtet.[260]

199 Der Arbeitgeber muss die ohne grobe Fahrlässigkeit bei einem Verkehrsunfall eingetretenen Sachschäden am Fahrzeug des Arbeitnehmers ersetzen, wenn das Fahrzeug mit Billigung des Arbeitgebers in dessen Betätigungsbereich eingesetzt wurde. Ein Einsatz im Betätigungsbereich des Arbeitgebers ist dann anzunehmen, wenn ohne Einsatz des Fahrzeugs des Arbeitnehmers der Arbeitgeber ein eigenes Fahrzeug einsetzen und damit dessen Unfallgefahr tragen müsste. Der zu leistende Schadensersatz umfasst auch den Nutzungsausfallschaden.[261] Ein Mitverschulden des Arbeitnehmers bei der Entstehung des Schadens ist gemäß § 254 BGB zu berücksichtigen.

#### *d) Nichtberechtigter Fahrer*

200 Dem Begriff des berechtigten Fahrers kommt nur noch im versicherungsvertraglichen Innenverhältnis Bedeutung zu. Nach § 10 Abs. 2c AKB 2007 bzw. D.1.2 AKB 2015 hat der KH-Versicherer nach außen – also gegenüber den Verkehrsopfern – auch für den unberechtigten Fahrer einzustehen. Im Innenverhältnis stellt eine solche Fahrt jedoch eine Obliegenheitsverletzung im Sinne der AKB dar.

---

254 Vgl. *BAG* NZV 1999, 164 = DAR 1999, 182; *LAG Nürnberg* DAR 1996, 327 = VersR 1995, 1527.
255 Vgl. *BAG* NJOZ 2013, 709; *BAG* NJW 2011, 1096; *BAG* NZA 1998, 140.
256 Vgl. *LAG Nürnberg* NZV 1991, 196; *LAG Köln* MDR 1990, 470; *LG Potsdam* zfs 2010, 97; *Hanau/Rolfs* NJW 1994, 1439.
257 Vgl. *BAG* NZA 1990, 97 = VersR 1989, 1321.
258 *BAG* NZA 2011, 345 = NJW 2011, 1096.
259 *BAG* NZA 2015, 1517.
260 Vgl. *BAG* NJW 1995, 2372 = NZV 1995, 397 = DAR 1996, 110.
261 Vgl. *BAG* NZV 1996, 144 = DAR 1996, 109 = NJW 1996, 476.

Setzt sich jemand jedoch eigenmächtig in den Besitz eines Kfz – dies kann beispielsweise durch Diebstahl (§ 242 StGB) oder Entwendung zum unbefugten Gebrauch (§ 248b StGB) geschehen –, dann haftet er dem Halter des Kfz für den durch den Unfall tatsächlich entstandenen Schaden, wenn das Schadenereignis im adäquaten Zusammenhang mit der eigenmächtigen Besitzergreifung steht,[262] und zwar unabhängig davon, ob der unberechtigte Fahrer[263] den Unfall schuldhaft verursacht hat. 201

Bei der Inanspruchnahme im Rahmen der Gefährdungshaftung muss sich der Kfz-Halter das Mitverschulden des nicht berechtigten Fahrers seines Kfz gemäß der §§ 9 StVG, 254 BGB zurechnen lassen, und zwar ohne Rücksicht darauf, ob eine Entwendung oder eine Schwarzfahrt vorliegt.[264] 202

Verstößt ein Fahrer gegen eine Weisung des Verfügungsberechtigten, so hängt seine Eigenschaft als berechtigter Fahrer davon ab, ob die Weisung nach natürlicher und verkehrsgerechter Anschauung den Charakter der Fahrt selbst bestimmt oder ob sie nur die Art ihrer Ausführung betrifft. Ein zunächst berechtigter Fahrer kann, sofern der Charakter der Fahrt durch ihn verändert wird, zum unberechtigten Fahrer werden.[265] 203

Überlässt der an sich berechtigte Fahrer einem Dritten während der Fahrt eigenmächtig die Führung des Kfz, so hat er keinen Anspruch auf Versicherungsschutz, wenn er für einen Unfall zur Verantwortung gezogen wird, den der Dritte, der keinen Führerschein besaß, schuldhaft herbeigeführt hat.[266] 204

Berechtigter Fahrer ist somit derjenige, der dem versicherten Halter gegenüber zum Führen des Kraftfahrzeugs befugt ist. Ein etwaiger weiterer Halter nach § 7 StVG kann einen Dritten nur dann zur Fahrt berechtigen, wenn er dazu vom VN selbst ermächtigt worden ist. 205

Es ist jedoch zu beachten, dass im Gegensatz zur früheren Regelung auch der unberechtigte Fahrer grundsätzlich Versicherungsschutz genießt. Der KH-Versicherer kann jedoch im Innenverhältnis Leistungsfreiheit geltend machen, falls er den ihm obliegenden Nachweis[267] führt, dass der betreffende Fahrer zum Führen des versicherten Kfz nicht berechtigt war.[268] 206

Für den Kfz-Haftpflichtversicherungsschutz ist es ohne rechtliche Bedeutung, wenn der berechtigte Fahrer eines Selbstfahrer-Mietwagens das Steuer einem anderen überlässt, sofern dieser sich im Besitz der vorgeschriebenen Fahrerlaubnis befindet. 207

Berechtigter Fahrer ist der für den Betrieb eines Kraftfahrzeugs angestellte Fahrer dann nicht mehr, wenn er gegen den Willen des Halters und Arbeitgebers – insbesondere zur Nachtzeit – auf eigene Faust eine Fahrt unternimmt. Das Gleiche gilt für den Fall, dass der angestellte Fahrer das Fahrzeug in zeitlicher oder örtlicher Beziehung ohne Wissen und Willen des Halters benutzt. 208

Nach § 7 Abs. 3 StVG haftet für den Fall widerrechtlicher Benutzung – also dann, wenn das Kfz ohne das Wissen bzw. gegen den Willen des Kfz-Halters benutzt worden ist – anstelle des Halters ausschließlich der unberechtigte Benutzer (vgl. hierzu auch oben unter Rdn. 132–141). 209

In der Praxis der Schadensregulierung wird nicht selten für den Fall, dass sich auf einer sog. »Schwarzfahrt« im Sinne von § 7 Abs. 3 StVG ein Unfall ereignet, lediglich der Halter des Kfz verklagt, weil oftmals der unberechtigte Benutzer (beispielsweise der Dieb) nicht festgestellt wurde und daher den Beteiligten nicht bekannt ist. Wenn die Klage in dieser Weise begrenzt wird, läuft der Geschädigte 210

262 Zum Begriff des unberechtigten Fahrens vgl. *BGH* VersR 1983, 234 = DAR 1983, 147; ferner: *OLG Hamm* VersR 1983, 234 = zfs 1983, 147; VersR 1983, 626 = zfs 1983, 245; Terbille/*Rümenapp* § 13 Rn. 101.

263 Vgl. dazu *KG* VersR 1978, 435.

264 Vgl. *OLG Hamm* r+s 1995, 295.

265 Vgl. *BGH* VersR 1963, 771; NJW 1964, 1372 = VersR 1964, 646; *OLG Hamm* VersR 1983, 234; *OLG Hamm* VersR 1983, 235 (L).

266 Vgl. *BGH* NJW 1963, 43 = DAR 1963, 167.

267 Wegen der Beweislastverteilung vgl. *OLG Hamm* VersR 1972, 732; *OLG Celle* VersR 1979, 175; *OLG Koblenz* VersR 1975, 78; *OLG Karlsruhe VersR* 1983, 236.

268 Vgl. *OLG Celle* VersR 1980, 178 = VRS 80, 115; *OLG Karlsruhe* VersR 1983, 236.

Gefahr, dass sie kostenpflichtig abgewiesen werden kann. Dieser Weg – die Klage allein gegen den Halter des Kfz zu richten – empfiehlt sich lediglich dann, wenn der Halter entweder durch sein Fehlverhalten die Schwarzfahrten schuldhaft ermöglicht hat oder wenn es sich bei dem widerrechtlichen Benutzer um den ansonsten angestellten Kraftfahrer oder eine Person handelt, der der Kfz-Halter den Wagen überlassen hat.

### II. Sonstiges Fahrzeug

211 Die Fahrer von Fahrzeugen, die keine Kraftfahrzeuge sind, haften lediglich nach den allgemeinen Bestimmungen über unerlaubte Handlungen im Sinne von §§ 823 ff. BGB, d.h. sie brauchen für einen von ihnen verursachten Schaden nur dann einzustehen, wenn ihnen ein »echtes« Verschulden vom Anspruchsteller nachgewiesen wird und keiner der subjektiven Schuldausschließungsgründe vorliegt. Der betreffende Fahrer hat also für sein Fehlverhalten nach dem Maßstab des § 276 BGB einzustehen. Dieser Grundsatz gilt entgegen weitverbreiteter Meinung nicht nur für den Führer eines Pferdegespanns oder Elektrokarrens, sondern auch für den Straßenbahnfahrer und den Lokomotivführer. Diese Personen haften nach außen also lediglich dann, wenn ihnen ein schadenursächliches Verschulden zur Last fällt.

## C. Betriebsunternehmer

212 Unter den nachfolgend dargestellten Voraussetzungen unterliegen auch der Betriebsunternehmer einer Schienenbahn oder Schwebebahn und der Inhaber (Betreiber) einer gefährlichen Anlage der verschuldensunabhängigen Gefährdungshaftung.

213 Betriebsunternehmer im Sinne der einschlägigen gesetzlichen Bestimmungen können entweder natürliche oder juristische Personen sein. Zu den natürlichen Personen gehören auch Personenmehrheiten[269] und die Personengesellschaften des Handelsrechts.[270] Bei den juristischen Personen kann es sich um Personen des privaten[271] oder auch des öffentlichen Rechts handeln.[272]

214 Wer Betriebsunternehmer ist, richtet sich nach der tatsächlichen betrieblichen Gestaltung im Zeitpunkt des Unfalls.[273] Betriebsunternehmer ist, wer das Unternehmen im eigenen Namen und für seine Rechnung betreibt.[274]

215 Im Rahmen der Haftung für Schienenbahnen können nicht nur Eisenbahnverkehrsunternehmen (EVU), sondern auch Eisenbahninfrastrukturunternehmen (EIU) Betriebsunternehmer i.S.d. § 1 Abs. 1 Haftpflichtgesetz (HaftPflG) sein.[275]

216 Die Haftung nach § 1 HaftPflG setzt voraus, dass der betreffende Unfall sich beim Betrieb einer Schienenbahn oder Schwebebahn ereignet hat. Darunter ist der Fahrbetrieb bzw. die Beförderungstätigkeit zu verstehen, nicht also Nebenbetriebe (wie z.B. Verwaltung, Werkstätten und Gaststätten) oder Betriebsanlagen. Erforderlich ist ein unmittelbar (örtlicher und zeitlicher) äußerer Zusammenhang mit dem Bahnverkehr. Erfasst wird hiervon aber nicht nur die eigentliche Beförderung, sondern auch die sie unmittelbar vorbereitenden und abschließenden Vorgänge. Auch Unfälle beim Ein- und Aussteigen sind daher dem Betrieb der Bahn zuzurechnen.[276]

---

269 Z.B. Gesellschaft des BGB (GbR), Erbengemeinschaft oder eheliche Gemeinschaft.
270 Z.B. OHG und *KG*.
271 Z.B. GmbH, AG, KG aA, Genossenschaften, Stiftungen usw.
272 Z.B. die Gebietskörperschaften.
273 Vgl. *OLG Frankfurt/M.* VRS 2, 222; *OLG Celle* VRS 5, 33.
274 Vgl. *BGH* NZV 2004, 245 = VersR 2004, 612 = zfs 2004, 308; Wussow/*Rüge/Fahl* § 3 Rn. 22 f.
275 *BGH* NZV 2004, 245 = VersR 2004, 612 = zfs 2004, 308.
276 Vgl. Filthaut/*Piontek* Haftpflichtgesetz, § 1 Rn. 2, 67, 69; Wussow/*Rüge/Fahl* § 3 Rn. 17 ff.; Geigel/*Kaufmann* 26. Kap. Rn. 25.

## I. Schienen- und Schwebebahnen

### 1. Begriffsabgrenzung

*a) Eisenbahn*

Den Begriff der »Eisenbahn«, auf den es auch für die Anwendung des HaftPflG nach wie vor entscheidend ankommt, hat bereits das Reichsgericht in einer seiner ersten Entscheidungen[277] in einer schon historisch gewordenen Definition ebenso bombastisch wie perfektionistisch erläutert. Diese Begriffsabgrenzung, die heute nur noch Schmunzeln hervorruft, aber auch aus jetziger Sicht bereits alle wesentlichen Tatbestandsmerkmale in sich vereinigt, soll als kleines Kuriosum am Rande dem Leser nicht vorenthalten werden. Danach ist eine Eisenbahn »ein Unternehmen, gerichtet auf wiederholte Fortbewegung von Personen oder Sachen über nicht ganz unbedeutsame Raumstrecken auf metallener Grundlage, welche durch ihre Konsistenz, Konstruktion und Glätte den Transport großer Gewichtsmaßen bzw. die Erzielung einer verhältnismäßig bedeutenden Schnelligkeit der Transportbewegung zu ermöglichen bestimmt ist und durch diese Eigenart in Verbindung mit den außerdem zur Erzeugung der Transportbewegung benutzten Naturkräften (Dampf, Elektrizität, tierische oder menschliche Muskeltätigkeit, bei geneigter Ebene der Bahn auch schon der eigenen Schwere der Transportgefäße und deren Ladung usw.) bei dem Betriebe des Unternehmens auf derselben eine unverhältnismäßig gewaltige (je nach den Umständen nur in bezweckter Weise nützliche oder Menschenleben vernichtende und die menschliche Gesundheit verletzende) Wirkung zu erzeugen fähig ist.« 217

*Heymann/Kötter*[278] hat den Begriff der Schienenbahn (Eisenbahn) kurz und prägnant wie folgt definiert: »Beförderung auf Schienen mittels irgendwelcher Kräfte, wobei in der Kombination von Schienen und Triebkraft die charakteristische Energiewirkung liegt.« 218

*b) Weitere Schienenbahnen*

Erforderlich ist zunächst, dass die Schienenbahn an feste Gleise gebunden ist. Wo die Gleise verlegt sind, ist für den Begriff der Schienenbahn rechtlich ohne Belang. Diese können sich, wie im Allgemeinen bei der Eisenbahn üblich, auf einem eigenen Fahrweg (besonderer Bahnkörper) befinden oder, wie bei Straßenbahnen, auch innerhalb der Fahrbahn einer öffentlichen Straße verlegt sein. 219

Zu den Schienenbahnen gehören auch Hoch- und U-Bahnen, Einschienenbahnen, Fabrikbahnen, Zahnradbahnen, Seilstandbahnen, bei denen zwei ausbalancierte Wagen an einem Drahtseil auf Schienen über eine Trommel auf- und ablaufen, aber auch Schmalspurbahnen. Selbst Kraftfahrzeuge, die an Schienen gebunden sind, wie beispielsweise Schienenbusse und Draisinen, fallen unter den Begriff der Schienenbahnen, nicht dagegen Oberleitungsomnibusse (O-Busse). Sie entnehmen den Fahrstrom zwar einer festen Leitung, sind jedoch selbst in ihrem Fahrweg nicht an Gleise gebunden.[279] Auch ein in einem Hafengelände installierter Schienenkran ist nicht als Schienenbahn i.S.d. HaftPflG anzusehen.[280] 220

Auch Rolltreppen und bewegliche Gehsteige – auch »Fahrsteige« bzw. »Rollsteige« genannt – gelten nicht als Schienenbahnen, da sie den Beförderungsvorgang nicht über Gleise abwickeln. Sie sind auch dann kein Bestandteil des Bahnbetriebs, wenn sie zu oder von den Bahnsteigen führen.[281] 221

---

277 Vgl. dazu RGZ 1, 247 (252); ferner RGZ 86, 94 = JW 1915, 239.
278 Vgl. dazu Heymann/*Kötter* Kommentar zum HPflG S. 392.
279 Vgl. *OLG Karlsruhe* VRS 10; 81.
280 Vgl. *OLG Koblenz* NJW-RR 2003, 243; *OLG Düsseldorf* NZV 1995, 149.
281 Filthaut/*Piontek* § 1 Rn. 8.

222 Schwebebahnen können an Schienen oder an Seilen befestigt sein. Zu den Schwebebahnen zählen z.B. auch Sesselbahnen, nicht aber Skischlepplifte.[282] Auf Magnetschwebebahnen findet das HaftPflG jedenfalls analoge Anwendung.[283]

## 2. Schaden

223 Das HaftPflG gilt sowohl für Personen- als auch für Sachschäden, die bei dem Betrieb einer Schienen- oder Schwebebahn eingetreten sind. Nach ständiger Rechtsprechung liegt ein Betriebsunfall im Sinne des § 1 Abs. 1 HaftPflG vor, wenn ein unmittelbarer äußerer örtlicher und zeitlicher Zusammenhang zwischen dem Unfall und einem bestimmten Betriebsvorgang oder einer bestimmten Betriebseinrichtung der Bahn besteht oder wenn der Unfall durch eine dem Bahnbetrieb eigentümliche Gefahr verursacht wird.[284] Insoweit reicht es aus, wenn der Unfall zumindest auch auf einen Betriebsvorgang zurückzuführen ist. Erleidet z.B. ein Fahrgast einen Unfall dadurch, dass er nach dem Aussteigen auf einer Eisfläche auf dem Bahnsteig stürzt und mit den Füßen über die Bahnsteigkante gerät, wo sie von dem abfahrenden Zug erfasst werden, handelt es sich hierbei um einen Betriebsunfall im Sinne des § 1 Abs. 1 HaftPflG.[285]

224 Damit umfasst das HaftPflG zum einen – wie das alte RHG – die Fälle, in denen Personen beim Betrieb von Schienen- oder Schwebebahnen körperliche Schäden durch Beeinträchtigung ihrer gesundheitlichen Unversehrtheit genommen haben, wobei unerheblich ist, ob es sich um beförderte Insassen oder außerhalb des Schienenfahrzeugs befindliche Dritte handelt. Zum anderen gilt das HaftPflG auch für die Fälle, in denen beim Betrieb einer Schienen- oder Schwebebahn eine Sache beschädigt wird. Dazu gehören ausnahmslos alle Sachen (beispielsweise Kraftfahrzeuge), die durch den Betrieb der Schienenbahn außerhalb eines Beförderungsprogramms beschädigt werden.

## 3. Haftungsausschlüsse

### *a) Höhere Gewalt*

225 Ein genereller Haftungsausschluss gilt zunächst einmal für den Fall, dass der Schaden durch höhere Gewalt verursacht worden ist, § 1 Abs. 2 HaftPflG.[286] Unter höherer Gewalt versteht man ein von außen her auf den Bahnbetrieb einwirkendes – also betriebsfremdes – Ereignis, dessen Ursachen außerhalb des Bahnbetriebs und seiner Einrichtungen liegen und von außergewöhnlicher – gewissermaßen elementarer – Art sind. Weiter gehört zum Begriff der höheren Gewalt, dass der Eintritt des Schadenereignisses auch bei Anwendung jeder nach den Umständen des Falles gebotenen Sorgfalt und aller dem Betriebsunternehmer bei Einsatz wirtschaftlich vertretbarer Mittel noch zumutbarer Vorkehrungen und Maßnahmen nicht verhindert werden konnte. Daraus ergibt sich, dass folgende Tatbestandsmerkmale gleichzeitig erfüllt sein müssen:

- Einwirkung von außen
- außergewöhnliches Ereignis
- Unabwendbarkeit.[287]

226 Der Begriff der höheren Gewalt ist auf die Gefährdungshaftung bezogen und insoweit mit ihrer spezifischen Entlastungsaufgabe verbunden. Es handelt sich um einen wertenden Begriff, der die Risiken ausschließen soll, die mit dem Bahnbetrieb nichts zu tun haben und bei einer rechtlich wer-

---

282 Filthaut/*Piontek* § 1 Rn. 19; *LG Freiburg i. Br.* VersR 1980, 148.

283 MagnetschwebebahnG vom 19.07.1996; vgl. Filthaut/*Piontek* § 1 Rn. 23; a.A.: *OLG Zweibrücken* VersR 1975, 1013.

284 Vgl. *BGH* NJW 1963, 1107; NJW 1987, 2445; *BGH* NZV 2004, 245 = VersR 2004, 612 = zfs 2004, 308; *OLG Nürnberg* VRS 123 (2012), 13; Filthaut/*Piontek* § 1 Rn. 108 m.w.N.

285 Vgl. *OLG Nürnberg* VRS 123 (2012), 13 sowie Filthaut/*Piontek* § 1 Rn. 108.

286 Vgl. Filthaut/*Piontek* § 1 Rn. 157 ff.

287 Vgl. *BGH* VersR 1976, 963 = VRS 51, 332; DAR 1988, 238 (239, I Sp.); Filthaut/*Piontek* § 1 Rn. 158; Wussow/*Rüge/Fahl* § 3 Rn. 36.

tenden Betrachtung nicht dem Betrieb der Eisenbahn, sondern allein dem Drittereignis zugerechnet werden können. Wenn die Bahnstrecke an der Unfallstelle nur knapp 10 Meter von der Bundesstraße entfernt geführt wird, liegt ein Haftungsausschluss durch höhere Gewalt nicht vor, falls ein von der Bundesstraße abgekommenes Kfz von der zufällig vorbeifahrenden Eisenbahn erfasst und erheblich beschädigt wird. Dieses Ereignis kann nicht als so außergewöhnlich – gleichsam schicksalhaft – angesehen werden, dass der durch eine Verwirklichung dieses Risikos sich ereignende Unfall im Rechtssinne auf höherer Gewalt beruht.[288] Gleiches gilt im Ergebnis, wenn ein Triebwagen mit auf die Schienen gerollten größeren Felsbrocken kollidiert.[289] Demgegenüber hatte das *LG Münster* die Ungewöhnlichkeit des Orkantiefs »Kyrill«, welches 2007 deutschlandweit für erhebliche Beschädigungen verantwortlich war, bejaht und letztendlich eine Haftung des Bahnunternehmers verneint.[290]

Höhere Gewalt liegt nicht vor, wenn ein Fahrgast unbeabsichtigt aus dem fahrenden Zug stürzt. 227
Dabei kann sich der Schienenbahnunternehmer nicht auf die Grundsätze des Anscheinsbeweises berufen, da es keinen Erfahrungssatz gibt, dass das Hinausstürzen eines Fahrgastes aus einem fahrenden Zuge im Allgemeinen auf eigenes Verschulden des Verunglückten zurückzuführen sei, insbesondere auf unerlaubtes Öffnen der Zugtüre während der Fahrt. Vielmehr besteht nach der Lebenserfahrung durchaus die Möglichkeit, dass ein eigenes Verschulden des Verunglückten an seinem Unfall ausscheidet.[291]

Nach Ansicht des *OLG München* stellt es auch keine höhere Gewalt dar, wenn ein Fahrgast in krank- 228
haftem Dämmerzustand aus der geöffneten Tür eines fahrenden Zuges stürzt.[292] Ein Haftungsausschluss durch höhere Gewalt kommt allerdings dann in Betracht, wenn der Betriebsunternehmer einen Suizidversuch darlegt und auch nachweisen kann.[293] Der bloße Verdacht einer Selbstmordabsicht genügt insoweit nicht.[294] Kommt ein Fahrgast wegen nicht ausreichender Aufmerksamkeit zum Sturz, weil eine Klappstufe aufgrund örtlicher Gegebenheiten im Bahnhof am Eisenbahnwagen nicht ausgefahren werden konnte, so soll die Gefährdungshaftung der Bahn gegenüber einem überwiegenden Verschulden des Fahrgastes völlig zurücktreten.[295]

Mangels fehlender Einwirkung von außen scheidet eine Berufung auf höhere Gewalt seitens des 229
Bahnbetriebsunternehmers bei Folgen von Störungen oder Mängeln der sachlichen Betriebsmittel in der Regel aus. Etwas anderes kann jedoch gelten, wenn ein Dritter diese Störungen hervorgerufen hat, insbesondere bei Sabotageakten. Damit, dass Dritte ein 15 cm großes und 1 Kg schweres metallenes Schienenstück, welches neben den Schienen gelegen hatte, auf die Schienen legen, soll der Unternehmer nach einer Entscheidung des *LG Erfurt* jedoch rechnen müssen.[296]

### b) Unabwendbares Ereignis

#### aa) Grundsätze

Der erleichterte Haftungsausschluss nach § 1 Abs. 2 S. 2 HaftPflG a.F. für den Fall, dass die Schienen- 230
bahn innerhalb des Verkehrsraumes einer öffentlichen Straße betrieben wird, gilt seit dem 01.08.2002 nicht mehr. Die Vorschrift wurde – entsprechend den Änderungen im StVG – aufgehoben, die Haftung des Betriebsunternehmers also ebenso verschärft wie die des Kfz-Halters.

288 Vgl. dazu: *BGH* VersR 1988, 910 = DAR 1988, 238 (239, I. Sp.) = zfs 1988, 347 = VRS 75, 187; Geigel/*Kaufmann* 26. Kap. Rn. 34.

289 Vgl. *BGH* NZV 2004, 245 = VersR 2004, 612 = zfs 2004, 308.

290 *LG Münster* Urt. v. 18.05.2009 – 2 O 583/08; a.A. wohl *OLG Celle*, Urt. v. 13.04.2011 – 14 U 146/10.

291 Vgl. *OLG Hamm* VersR 1991, 336; *OLG München* NZV 1991, 472; *OLG Koblenz* NZV 1999, 296.

292 Vgl. *OLG München* NZV 1991, 272.

293 Vgl. *OLG Hamm* NZV 2005, 41 = NJW-RR 2005, 393.

294 *OLG Schleswig* VersR 2010, 258.

295 Vgl. *OLG Hamm* r+s 2000, 151; vgl. zum Mitverschulden auch Rn. 177 ff.

296 *LG Erfurt* NZV 2010, 84; vgl. hierzu auch *OLG Oldenburg* NJW-RR 2007, 1031.

231 Der Ausschlussgrund des unabwendbaren Ereignisses spielt aber noch eine Rolle beim Schadenausgleich mehrerer Ersatzpflichtiger untereinander im Rahmen des ebenfalls geänderten § 13 HaftPflG. Insoweit gilt grds. Folgendes: Sind neben dem Betriebsunternehmer einer Schienenbahn weitere Unfallbeteiligte gesetzlich zum Schadensersatz verpflichtet und wird die Bahn am Unfallort innerhalb des Verkehrsraumes einer öffentlichen Straße betrieben, so wird die Haftung und Ausgleichspflicht des Betriebsunternehmers gegenüber den anderen gesetzlich Haftpflichtigen nicht erst durch höhere Gewalt ausgeschlossen, sondern schon dann, wenn der Unfall durch ein für den Betriebsunternehmer unabwendbares Ereignis verursacht worden ist, das weder auf einem Fehler in der Beschaffenheit der Fahrzeuge oder der Anlagen der Schienenbahn noch auf einem Versagen ihrer Vorrichtungen beruht.[297] Dies gilt also auch bei einem Unfall zwischen Schienenbahn und Kfz, vgl. § 13 Abs. 4 HaftPflG.

232 Entgegen dem – insoweit etwas ungenauen – Wortlaut des Gesetzes ist es für den Haftungsausschluss aus § 13 Abs. 3 HaftPflG jedoch keineswegs erforderlich, dass die Schienenbahn in ihrem ganzen Verlauf und auf ihrer gesamten Länge ununterbrochen innerhalb des Verkehrsraumes einer öffentlichen Straße betrieben wird. Es genügt vielmehr, dass der konkrete Unfall sich an einer Stelle des Streckennetzes ereignet hat, an der die Schienenbahn innerhalb des Verkehrsraums einer öffentlichen Straße betrieben wird.[298] Diese Abgrenzung ist wichtig für den – recht häufigen – Fall, dass die Schienenbahn im Zuge ihrer Streckenführung teils außerhalb, teils innerhalb des Verkehrsraumes einer öffentlichen Straße verläuft.

233 Der Gesetzgeber hat sich bei dem Haftungsausschluss der höheren Gewalt von der Erwägung leiten lassen, dass von Schienenfahrzeugen, insbesondere solchen die auf besonderem Bahnkörper meist außerhalb des Verkehrsraums einer öffentlichen Straße betrieben werden, im Hinblick auf die dabei erzielten Geschwindigkeiten und die damit erzeugte Massewucht ganz besondere Gefahren ausgehen. Zudem können die Lokführer in der Regel nicht auf Sicht fahren, sodass von einem Schienenfahrzeug unter diesen Voraussetzungen im Verhältnis zu anderen Verkehrsteilnehmern eine ganz erhebliche Betriebsgefahr ausgeht. Umgekehrt sollen Schienenbahnen, die innerhalb einer vielbefahrenen Straße am allgemeinen Verkehr teilnehmen und sich diesem daher ständig anpassen müssen (dabei wird es sich in der Regel um Straßenbahnen handeln), haftungsrechtlich einem Kraftfahrzeug gleichgestellt werden.

#### *bb) Voraussetzungen*

234 Unter welchen Voraussetzungen ein unabwendbares Ereignis vorliegt, ist Tatfrage und nach den jeweiligen Umständen zu entscheiden, die dem Einzelfall sein ganz konkretes Gepräge gegeben haben. Im Allgemeinen lässt sich – etwas vereinfacht – feststellen, dass die Gefährdungshaftung durch ein unabwendbares Ereignis in etwa unter denselben Voraussetzungen ausgeschlossen werden kann wie durch die für den Betrieb von Kraftfahrzeugen geltende – wörtlich in etwa übereinstimmende – Regelung des § 17 Abs. 3 StVG.[299]

235 Der Haftungsausschluss des § 13 Abs. 3 HaftPflG kommt aber nur dann in Betracht, wenn gleichzeitig folgende Voraussetzungen erfüllt sind:

a) Der Unfall muss für den Betriebsunternehmer auf einem unabwendbaren Ereignis beruhen.
b) Die Schienenbahn muss innerhalb des Verkehrsraumes einer öffentlichen Straße betrieben werden.
c) Der Unfall muss sich innerhalb des Verkehrsraumes jener öffentlichen Straße ereignet haben.

---

297 Vgl. Geigel/*Kaufmann* 26. Kap. Rn. 40.
298 Vgl. Filthaut/*Piontek* § 13 Rn. 22; Wussow/*Rüge/Fahl* § 3 Rn. 42 f.
299 Vgl. dazu *OLG Hamm* r+s 2000, 151; *BGH* NJW 1957, 674 = VersR 1957, 219 = VRS 12, 331; Filthaut/*Piontek* § 13 Rn. 29.

Unabdingbare Voraussetzung für den Haftungsausschluss nach § 13 Abs. 3 HaftPflG ist zunächst einmal, dass die Schienenbahn an der Stelle, an der sich der Unfall ereignet hat, innerhalb des Verkehrsraumes einer öffentlichen Straße verläuft.

Ob ein Bahnkörper außerhalb des Verkehrsraumes der öffentlichen Straße verläuft oder das Schienenfahrzeug am allgemeinen Straßenverkehr teilnimmt, hängt sowohl von der baulichen Gestaltung des Gleiskörpers als auch – im gewissen Umfange – von der konkreten Verkehrssituation des Einzelfalles ab.[300] Grundsätzlich ist davon auszugehen, dass Straßenbahnen sich in aller Regel innerhalb und (sonstige) Eisenbahnen eher außerhalb des Verkehrsraumes einer öffentlichen Straße bewegen werden. 236

Auch besondere Bahnkörper können innerhalb des Verkehrsraumes einer öffentlichen Straße verlegt sein. Dies ist beispielsweise dann der Fall, wenn ein geschotterter Bahnkörper beiderseits durch Bordsteinkanten abgesetzt ist und in Mittellage parallel zu einer öffentlichen Straße verläuft. Die Schienenbahn bewegt sich immer dann innerhalb des Verkehrsraumes einer öffentlichen Straße, wenn das Verkehrsmittel dem Zuge der Straße, in der es verlegt ist, in der Weise folgt, dass die Gleise in Längsrichtung der öffentlichen Straße verlaufen.[301] Daher ist der Ansicht des *OLG Naumburg*[302] nicht zu folgen, wonach auf einem unabhängigen Bahnkörper verlegte Gleise dem Verkehrsraum der öffentlichen Straße zuzuordnen sind, wenn sie die Straße nur kreuzen. 237

Entscheidend kommt es stets darauf an, ob sich der Bahnkörper von der allgemeinen Fahrstraße deutlich abhebt und seiner baulichen Anlage und verkehrlichen Gestaltung nach einer Mitbenutzung durch andere Verkehrsteilnehmer wirksam entzogen ist.[303] Es genügt also nicht, dass der in Mittellage oder neben einer Straße in Seitenlage angelegte Bahnkörper durch Bordsteine abgegrenzt oder die Abgrenzung gar nur durch bloße Schotterung bzw. durch eine durchgezogene Trennlinie oder engbegrenzte Nagelreihe auf der Fahrbahn gekennzeichnet ist.[304] 238

Nach der Legaldefinition des § 13 Abs. 3 HaftPflG, die dem § 17 Abs. 3 StVG entspricht, liegt ein unabwendbares Ereignis jeweils dann vor, wenn der Unfall »weder auf einem Fehler in der Beschaffenheit der Fahrzeuge oder Anlagen der Schienenbahn noch auf einem Versagen ihrer Vorrichtungen beruht«. Als unabwendbar gilt ein Ereignis nur dann, wenn sowohl der Betriebsunternehmer als auch die beim Betrieb tätigen Personen jede nach den Umständen des Falles gebotene Sorgfalt beobachtet haben, § 13 Abs. 3 S. 2 HaftPflG. 239

Gesetz und Rechtsprechung stellen auch insoweit auf den »idealen« Verkehrsteilnehmer ab, der sich über das Maß der verkehrsüblichen Sorgfalt (§ 276 BGB) hinaus konzentriert aufmerksam, gesteigert vorsichtig und gebündelt geistesgegenwärtig zeigt. Freilich reicht der Begriff der Unabwendbarkeit nicht bis zur absoluten Unvermeidbarkeit des schadenstiftenden Ereignisses,[305] insbesondere nicht bis zur Grenze der höheren Gewalt. 240

Der Betriebsunternehmer muss sich über § 1 Abs. 1 HaftPflG das Verhalten seines Fahrers und anderer »betriebstätiger« Mitarbeiter auch dann haftungsbegründend zurechnen lassen, wenn der Unternehmer sich selbst in jeder Beziehung verkehrsrichtig verhalten hat und überdies auch die Bestimmungen des § 831 BGB bzw. § 278 BGB nicht zum Zuge kommen. Es muss sich allerdings dabei um Betriebspersonal handeln, das den Weisungen des Unternehmers untersteht. 241

Ein Ausschluss der Gefährdungshaftung durch ein unabwendbares Ereignis kommt nicht in Betracht, wenn ein technischer Mangel am Fahrzeug den Unfall ursächlich ausgelöst oder auch nur mittel- 242

300 Vgl. Filthaut/*Piontek* § 13 Rn. 26.
301 Vgl. *BGH* VersR 1955, 346; Geigel/*Kaufmann* 26. Kap. Rn. 42.
302 Vgl. *OLG Naumburg* VersR 1996, 1293; *BGH* VRS 8, 438; *Weimar* VersR 1956, 79.
303 Vgl. dazu *BGH* VerkMitt 1960, 77 Nr. 118 sowie *OLG Köln* VRS 15, 49.
304 Vgl. Filthaut/*Piontek* § 13 Rn. 26.
305 Vgl. dazu *BGH* VersR 1965, 81; 1966, 1076; *OLG München* VersR 1976, 1143; *OLG Schleswig* VersR 1980, 656.

bar beeinflusst hat.[306] Dies gilt selbst für den Fall, dass der technische Mangel in einem nicht voraussehbaren Materialfehler besteht oder auf einem sonstigen Umstand beruht, mit dem auch der sorgfältigste Betriebsunternehmer nach der Lebenserfahrung nicht zu rechnen brauchte. Die Vorhersehbarkeit des Schadeneintritts spielt haftungsrechtlich keine Rolle. Für den Ausschluss eines unabwendbaren Ereignisses kommen allerdings nur solche Mängel in Betracht, die dem Bahnbetrieb oder seinen Anlagen eigen – also betriebsspezifisch – sind. Dies bedeutet umgekehrt, dass ein Haftungsausschluss durch ein unabwendbares Ereignis unter bestimmten Voraussetzungen dann in Betracht kommen kann, wenn betriebsfremde Einwirkungen, die außerhalb des Bahnbetriebes ihre Ursache haben, über einen technischen Mangel zu einem Unfall führen.

243 Soweit es sich dagegen um technische Mängel des Fahrzeuges oder der Betriebseinrichtung handelt, liegt geradezu der »klassische« Anwendungsfall der Gefährdungshaftung vor. Dem Verletzten, der die häufig komplizierten technischen Zusammenhänge eines Bahnbetriebes nicht zu übersehen vermag, soll die Beweislast dafür, dass ein zum Schaden führender technischer Mangel am Fahrzeug oder an den Betriebsanlagen auf einem Verschulden des für die Wartung verantwortlichen Betriebsunternehmers bzw. seiner Mitarbeiter beruht, gerade abgenommen werden. Denn mit diesem Nachweis wäre der Verletzte im Regelfalle überfordert.

244 Bei dem Haftungsausschluss nach § 13 Abs. 3 HaftPflG kann mitunter zweifelhaft sein, welche technischen Einrichtungen zum Betrieb einer Schienenbahn (Eisenbahn, Straßenbahn oder Schwebebahn) gehören. So stellt sich insbesondere die Frage, ob ein Versagen der dem Bahnbetrieb zuzurechnenden Vorrichtungen vorliegt, wenn eine Straßenbahn allein deswegen entgleist, weil z.B. ein Metallbolzen in der Schienenrille liegt.

245 Insoweit unterscheiden sich § 17 Abs. 3 StVG und § 13 Abs. 3 HaftPflG dadurch, dass dem Betriebsunternehmer einer Schienen- oder Schwebebahn nicht nur bei Fehlern in der Beschaffenheit oder einem Versagen der Vorrichtungen des Fahrzeugs selbst eine Berufung auf die Unabwendbarkeit versagt ist, sondern außerdem auch dann, wenn die zur Fortbewegung der Schienenbahn und damit zu ihrem Fahrbetrieb notwendigen Anlagen und sonstigen Betriebseinrichtungen fehlerhaft sind, ohne dass deswegen die nachfolgend noch zu behandelnde Anlagenhaftung, die sich auf andere Sachverhalte bezieht, in Betracht kommt.

246 Diese Abweichung trägt einem wesentlichen Unterschied zwischen Straßen- und Schienenfahrzeugen Rechnung. Die für jedes Beförderungsmittel erforderliche Eigenschaft, sich in einer beabsichtigten Richtung zu bewegen, wird bei beiden Fahrzeuggruppen mit grundlegend unterschiedlichen technischen Mitteln erreicht. Während das Kraftfahrzeug über eine Steuerungseinrichtung verfügt, die es nach dem Willen des Fahrers auf jedem Gelände frei beweglich macht, wird die Bewegungsrichtung von Eisen- und Straßenbahnen – also von spurgebundenen Schienenfahrzeugen – ausschließlich durch den Verlauf der Gleise bestimmt, in denen das Fahrzeug durch die Spurkränze seiner Räder geführt wird.

247 Entgleist eine Straßenbahn deswegen, weil ein Eisenbolzen sich in der Schienenrille befindet, dann hat nach der Auffassung des *BGH*[307] der Betriebsunternehmer den Schaden nach den Grundsätzen der vom Verschulden losgelösten Gefährdungshaftung zu ersetzen, da die Gleisanlage in ihrer Vorrichtung versagt hat. Es kommt in diesem Zusammenhang nach der Auffassung des *BGH* demgegenüber nicht darauf an, dass der Straßenbahnfahrer den Unfall selbst bei Aufwendung der äußersten, nach Lage der Dinge noch zumutbaren Sorgfalt nicht hätte vermeiden können.

248 Die Beweislast dafür, dass ein unabwendbares Ereignis im Sinne von § 13 Abs. 3 HaftPflG vorliegt, trägt in vollem Umfange der Betriebsunternehmer. Er hat nachzuweisen, dass sowohl er als auch seine Mitarbeiter mit dem äußerst möglichen Maß an Sorgfalt und Umsicht alle nach Lage des Einzelfalles erforderlichen Anstalten und Vorkehrungen getroffen und alle notwendigen Maßnahmen

306 Vgl. Filthaut/*Piontek* § 13 Rn. 39.
307 Vgl. dazu *BGH* NJW 1963, 1831; Filthaut/*Piontek* § 13 Rn. 43.

ergriffen habe, die technisch möglich und wirtschaftlich vernünftigerweise zumutbar waren, um den Unfall zu verhindern.[308]

### *cc) Beispiele und besondere Verkehrslagen*

Es kommt nicht selten vor, dass sich im Verhältnis zwischen einem Kraftfahrer und einem Schienenfahrzeug – dabei wird es sich insbesondere um Straßenbahnen handeln, die am allgemeinen, öffentlichen Verkehr teilnehmen – gefahrenträchtige Konfliktsituationen ergeben. In dieser Konstellation ist zu berücksichtigen, dass es eine Reihe von Vorschriften gibt, die den Schienenfahrzeugen im Verhältnis zum Individualverkehr besondere Vorrechte einräumen. 249

An Kreuzungen und Einmündungen jedoch steht Schienenbahnen – im Gegensatz zu der Rechtslage an den meisten Bahnübergängen – im Allgemeinen kein Vorrang, insbesondere nicht die Vorfahrt zu. Dies gilt vornehmlich für Straßenbahnen, die denselben Vorfahrtsregeln an Kreuzungen und Einmündungen unterworfen sind wie jeder andere Verkehrsteilnehmer auch.[309] Insoweit gelten daher grundsätzlich die allgemeinen Vorfahrtsregeln des § 8 StVO. So steht beispielsweise einem Straßenbahnzugfahrer, der am Ende eines eigenen Gleiskörpers parallel versetzt in den übrigen Straßenraum einfahren will, kein Vorrang aus § 2 Abs. 3 StVO zu, sondern er unterliegt – im Gegenteil – den besonders strengen Sorgfaltspflichten aus § 10 StVO.[310] 250

Wenn der Fahrer eines Straßenwartungsfahrzeuges bei Grünlicht einen Kehrvorgang im Kreuzungsbereich begonnen hat, genießt er selbst dann nach § 35 Abs. 6 StVO Vorrang gegenüber einem Straßenbahnzugfahrer, wenn die Lichtzeichenanlage inzwischen erneut umgeschaltet hat und nunmehr dem Querverkehr freie Fahrt gewährt.[311] Das Sonderrecht des § 35 Abs. 6 StVO gewährt einem Straßenwartungsfahrzeug allerdings keine allgemeine Befreiung von den Verkehrsvorschriften. 251

Aus § 1 Abs. 2 StVO kann sich jedoch im Einzelfall für den an sich Vorfahrtsberechtigten ausnahmsweise die Verpflichtung ergeben, einer abbiegenden Straßenbahn die Durchfahrt zu gewähren, wenn sie mit dem Abbiegen bereits begonnen hat und vor herannahenden Fahrzeugen nicht mehr rechtzeitig anhalten kann.[312] Auch Straßenbahnen kann unter den in § 19 StVO dargelegten Voraussetzungen der Vorrang gegenüber dem allgemeinen Fahrverkehr (Individualverkehr) eingeräumt werden, der Bahnübergänge kreuzt.[313] 252

Soweit es sich um den häufigsten Anwendungsbereich des Vorrangs der Straßenbahn, nämlich ihr Verhältnis zu parallel verkehrenden Linksabbiegern handelt, die sich in der Gleiszone eingeordnet haben, gilt zunächst einmal § 2 Abs. 3 StVO. 253

Diese Vorschrift bestimmt: »Fahrzeuge, die in der Längsrichtung einer Schienenbahn verkehren, müssen diese, soweit möglich, durchfahren lassen.« Diese Vorschrift statuiert einen Vorrang der Schienenbahn gegenüber dem Individualverkehr (Fahrverkehr), der sich innerhalb derselben Straße wie die Schienenbahn bewegt und entweder in derselben Richtung wie diese verkehrt oder aus der Gegenrichtung kommt. Der Vorrang steht ausschließlich Schienenbahnen – in erster Linie also 254

---

308 Vgl. Filthaut/*Piontek* § 13 Rn. 33.

309 Vgl. dazu *BayObLG* DAR 1961, 23 = VRS 19, 366; NJW 1967, 407a = VRS 32, 154; *OLG Hamm* VRS 9, 477; *OLG Braunschweig* VersR 1969, 1048; *Filthaut* DAR 1973, 309 (311).

310 Vgl. dazu *LG Bochum* VersR 1985, 554 (L) = r+s 1984, 204; Filthaut/*Piontek* § 4 Rn. 64.

311 Vgl. *Thüringer OLG* zfs 2000, 98 = DAR 2000, 65 = NZV 2000, 210.

312 Vgl. dazu *BayObLG* NJW 1967, 407 = VRS 32, 154.

313 Soweit es sich um die Rechtspflichten des Individualverkehrs im Verhältnis zu Straßenbahnen handelt, vgl. hierzu auch *OLG Hamm* NZV 1993, 70; *OLG Hamm* VersR 1992, 510 (Gesicherter Bahnübergang); *OLG München* VersR 1993, 242 (Haftungsabwägung bei unbeschranktem Bahnübergang); *BGH* NZV 1994, 146 (Einschränkung der Sichtbarkeit der Signalanlage); *OLG Saarbrücken* NZV 1993, 31 (Sichtbehinderung bei Feldwegübergang); *OLG Köln* NZV 1990, 152 (Haftungsverteilung bei gefahrträchtigem Bahnübergang); *OLG Hamm* NZV 1994, 437 (Unzureichend gesicherter Bahnübergang).

Eisenbahnen und Straßenbahnen – zu. Die Vorschrift gilt dagegen nicht für andere Fahrzeuge, auch nicht für Kraftomnibusse, selbst wenn diese dieselbe Funktion erfüllen wie ein Schienenfahrzeug.

255 Nach dem Willen des Gesetzgebers sind Schienenbahnen insbesondere wegen ihrer Bindung an Gleise – weil sie also im Gegensatz zu Kraftfahrzeugen einer Gefahrenlage nicht ausweichen können – und wegen ihrer schweren Bremsfähigkeit gegenüber dem allgemeinen Fahrverkehr privilegiert. Die Bestimmung des § 2 Abs. 3 StVO geht als lex specialis der durch § 9 Abs. 1 S. 2 StVO normierten allgemeinen Verpflichtung vor, sich bis zur Mitte oder auf Fahrbahnen für eine Richtung möglichst weit links einzuordnen. Dies bedeutet, dass ein Kraftfahrer auf das Linkseinordnen verzichten oder diese Maßnahme zeitlich zurückstellen muss, wenn er sonst – durch weiteren Aufenthalt im Schienenbereich – erkennbar eine Schienenbahn in ihrer freien Fortbewegung behindert oder gar gefährdet.[314] Der Fahrverkehr muss Behinderungen zugunsten von Schienenbahnen in Kauf nehmen, weil das Gesetz nun einmal die Schienenbahn begünstigt und nicht den allgemeinen Fahrverkehr.[315]

256 Es kann in diesem Zusammenhang dahingestellt bleiben, ob der Vorrang der Schienenbahn im Verhältnis zum Linksabbieger § 2 Abs. 3 StVO oder § 9 Abs. 1 S. 3 StVO[316] entnommen wird, da die Praxis zeigt, dass die eigentliche Konfliktsituation beim Einordnen[317] in den Schienenbereich entsteht. Der Fall, dass ein Teilnehmer am Individualverkehr sich neben dem Gleis einordnet und den Vorrang der Schienenbahn beim Abbiegen[318] oder Wenden[319] verletzt, kommt recht selten vor. Der *BGH*[320] hat zum Vorrang des Schienenverkehrs die Auffassung vertreten, dass im Verhältnis zum Linksabbieger dem Schienenverkehr ein doppelter Vorrang zusteht: Einmal dürfe sich, wer nach links abbiegen will, auf längsverlegten Schienen nur dann einordnen, wenn er kein Schienenfahrzeug behindert (§ 9 Abs. 1 S. 3 StVO), und zum anderen müsse jeder Abbieger Schienenfahrzeuge durchfahren lassen, und zwar auch dann, wenn sie neben der Fahrbahn in der gleichen Richtung fahren (§ 9 Abs. 3 S. 1 StVO).[321] In diesem Zusammenhang diskutiert der *BGH* zwar auch die bereits erwähnte Bestimmung des § 2 Abs. 3 StVO. Er hat aber die Frage ausdrücklich offengelassen, welche dieser den Vorrang der Schienenbahn sichernden Vorschriften als »die speziellere« in Betracht kommt. Im konkreten Fall hat der *BGH* festgestellt, ein Kraftfahrer dürfe »beim Einordnen und Abbiegen nach links nicht so nahe an die Gleise der Straßenbahn heranfahren, dass für die Bahn nicht erkennbar genug Platz zur ungehinderten Durchfahrt bleibt«.

257 Der Vorrang der Schienenbahn bedeutet also, dass ein Teilnehmer am Individualverkehr (Fahrverkehr) von einem Linkseinordnen unter Benutzung der Gleiszone Abstand nehmen muss, wenn eine Straßenbahn sich erkennbar nähert.[322] Setzt sich ein Kfz-Fahrer zum Linksabbiegen unmittelbar vor eine Straßenbahn, sodass diese nicht mehr rechtzeitig anhalten kann, so tritt die Betriebsgefahr der Straßenbahn hinter dem Verschulden des Kraftfahrers vollständig zurück. Wegen des längeren Bremsweges einer Straßenbahn und ihrer mangelnden Ausweichmöglichkeit spricht insbesondere kein Anscheinsbeweis für ein Verschulden des Straßenbahnführers bei einem Auffahrunfall.[323]

---

314 Vgl. *OLG Düsseldorf* VRS 71, 264 (266); Geigel/*Kaufmann* 27. Kap. Rn. 75.

315 Vgl. *BGH* VersR 1970, 1049; *BGH* VersR 1976, 932 = DAR 1976, 271.

316 Vgl. *OLG Düsseldorf* VRS 71, 264 (266).

317 Vgl. *BGH* VersR 1976, 932 (933, 1. Sp.) = DAR 1976, 271 = VRS 51, 337; *BGH* r+s 1976, 255 (volle Haftung des Kfz).

318 Vgl. *OLG Düsseldorf* VersR 1981, 785 (volle Haftung des Kfz-Halters bei »erloschener« Linksabbiegerampel).

319 *OLG München*, Urt. v. 13.07.2017 – 10 U 4109/16; vollständiges Zurücktreten der Betriebsgefahr der Straßenbahn bei Wenden eines PKW (grobes Verschulden) an Straßenbahnübergang.

320 Vgl. dazu: *BGH* VersR 1976, 932 (933, 1. Sp.) = DAR 1976, 271 = VRS 51, 337.

321 Vgl. *OLG Düsseldorf* VRS 71, 264 (266).

322 Vgl. dazu: *BGH* NJW 1962, 860 (m. abl. Anm. v. *Hohnenester*) = VersR 1962, 380 = DAR 1962, 127 = VRS 22, 185; *BGH* VRS 76, 932 (933, 1. Sp.) = DAR 1976, 271 = r+s 1976, 255 = VRS 51, 337.

323 Vgl. *OLG Hamm* NZV 2005, 414 = NJW-RR 2005, 817 = VRS 108, 193; NZV 1991, 313; a.A.: *OLG Düsseldorf* NZV 1994, 28.

Andererseits kann der Unfall für den Kraftfahrer trotz einer erkennbar nachfolgenden Straßenbahn unabwendbar sein, wenn der Verkehr – wie in den Zentren der Großstädte üblich – sich erlaubterweise auf mehreren Fahrstreifen bewegt und der Kraftfahrer von vornherein der Straßenbahn über eine längere Entfernung hinweg innerhalb der Gleiszone vorausfährt. Dies setzt allerdings voraus, dass der Kraftfahrer nicht erst unmittelbar vor dem Zusammenstoß in den Profilraum der Gleiszone eingeschert ist. In diesem Fall ist es ihm nicht ohne Weiteres möglich, der Straßenbahn freie Durchfahrt zu gewähren, falls er aus verkehrsbedingtem Anlass – und sei es auch vor dem beabsichtigten Linksabbiegen – anhalten muss. Das alleinige Verschulden an der Herbeiführung des Auffahrunfalls trifft dann den Straßenbahnfahrer,[324] sofern für den Teilnehmer am Individualverkehr keine zumutbare Möglichkeit bestanden hat, die zunächst erlaubterweise in Anspruch genommene Gleiszone dadurch zu räumen, dass er bei Annäherung der Straßenbahn rechts heranfährt bzw. seine Fahrt unter Verzicht auf die Linksabbiegeabsicht geradlinig fortsetzt. 258

Nicht unbedenklich erscheint in diesem Zusammenhang eine Entscheidung des *OLG Düsseldorf*,[325] der Linksabbieger dürfe sich trotz erkennbarer Annäherung der Straßenbahn auch dann unter Benutzung der Gleiszone einordnen, wenn die Straßenbahn »auf übersichtlicher Strecke noch so weit entfernt ist, dass ihr Wagenführer ohne weiteres in der Lage ist, auf das haltende Kfz Rücksicht zu nehmen«. 259

Die überwiegende Rechtsprechung geht im Allgemeinen davon aus, dass ein Teilnehmer am Individualverkehr eine Inanspruchnahme der Gleiszone zum Zwecke des Linkseinbiegens auch dann vermeiden muss, wenn die Straßenbahn sich noch in größerer Entfernung befindet.[326] Weitere Voraussetzung für die vorwurfsfreie Inanspruchnahme der Gleiszone ist, dass der Kraftfahrer aufgrund der Verkehrslage, so wie sie sich unmittelbar vor dem Einordnen in den Schienenbereich darbietet, nicht nur die vage Hoffnung hegen darf, sondern sich dessen sicher sein muss, dass es ihm möglich sein wird beim späteren Eintreffen einer Straßenbahn den Schienenbereich so rechtzeitig geräumt zu haben, dass die Straßenbahn nicht behindert, geschweige denn gefährdet wird.[327] 260

Selbst wenn der Kraftfahrer nach Lage der Dinge mit dem späteren Eintreffen eines ihm nachfolgenden Straßenbahnzuges auch nur rechnen musste (z.B. weil er die Straßenbahn im letzten Haltestellenbereich vor dem Unfall noch überholt hat), muss er sich ein erhebliches Mitverschulden an einem späteren Zusammenstoß anrechnen lassen.[328] 261

Der Straßenbahnfahrer darf grundsätzlich und vorwurfsfrei darauf vertrauen,[329] dass der übrige Fahrverkehr den Vorrang der Schienenbahn beachtet.[330] Dies gilt auch dann, wenn die Schienenbahn vor der Kreuzung eine Bedarfshaltestelle[331] durchfährt. Ein Straßenbahnfahrer, der die im Stadtverkehr 262

324 Vgl. dazu insbes.: *BGH* VersR 1981, 784; *BGH* VersR 1970, 1049.

325 Vgl. dazu *OLG Düsseldorf* VersR 1973, 639; VersR 1981, 784 (Mithaftung des Kfz-Führers von 1/3, der ca. 50m vor der Straßenbahn an einer den rechten Fahrbahnrand versperrenden Baustelle auf die Gleise gefahren war).

326 Vgl. dazu insbes.: *BGH* NJW 1962, 86 = VersR 1962, 380; *OLG Hamm* VersR 1980, 172 (30 Sekunden Aufenthalt im Schienenbereich: Mithaftung des Kraftfahrers 1/3).

327 Vgl. dazu: *OLG Köln* VersR 1971, 1069 (Haftungsquote für das Kfz 66,66 %).

328 Vgl. dazu *OLG Hamm* VersR 1980, 172.

329 In derartigen Fällen liegt daher i.d.R. eine Alleinhaftung des Teilnehmers am Individualverkehr vor, vgl. *BGH* VRS 25, 251; VersR 1969, 82 = DAR 1969, 70 = VRS 36, 6 (Motorradfahrer fährt leichtfertig und blindlings in den zu erwartenden Gegenverkehr ein); *OLG Düsseldorf* VersR 1976, 499 (Auffahren einer Straßenbahn auf ein im Schienenbereich eingeordnetes Kfz, dessen Fahrer nach links in eine Grundstückseinfahrt einbiegen wollte); *OLG Celle* VersR 1982, 1200 (Lastzug verlässt Grundstücksausfahrt).

330 Vgl. dazu: *BGH* VersR 1965, 884; Geigel/*Kaufmann* 27. Kap. Rn. 77.

331 Darunter versteht man – im Gegensatz zu besonders gekennzeichneten Zwangshaltestellen – die Mehrzahl der Haltestellen, die ohne Weiteres durchfahren werden dürfen, wenn dort ein Fahrgastwechsel erkennbar nicht stattfindet, wenn also kein Fahrgast des Zuges das Halt-Signal zum Aussteigen betätigt hat und sich auch kein wartender Fahrgast im Haltestellenbereich befindet.

zulässige Höchstgeschwindigkeit einhält, braucht sich insbesondere nicht darauf einzustellen, dass ein Kraftfahrer, der die Straßenbahn gerade überholt hat, noch dicht vor ihr nach links abbiegen und die Weiterfahrt des Straßenbahnzuges behindern werde.[332]

263 Der Straßenbahnfahrer braucht gegenüber anderen Fahrzeugen, die (zunächst) neben dem Schienenbereich fahren, weder seinen Abstand noch seine Geschwindigkeit so zu bemessen, dass er jederzeit rechtzeitig anhalten kann, falls eines dieser Fahrzeuge plötzlich doch noch in den Gleisbereich einfährt. Dies gilt auch dann, wenn ein Kfz sich dicht neben dem Profilraum der Gleiszone bewegt; und zwar selbst für den Fall, dass dessen Fahrer durch Betätigung des linken Blinkers seine Absicht, in den Schienenbereich einzuscheren, bereits angezeigt hat. Auch unter diesen Voraussetzungen gilt zugunsten des Straßenbahnfahrers zunächst noch der Vertrauensgrundsatz, nach dem er sich darauf verlassen darf, dass der Kraftfahrer nicht unmittelbar vor der Straßenbahn in die Gleiszone einscheren werde. Der Straßenbahnfahrer darf infolgedessen zunächst davon ausgehen, dass ein Warnzeichen den Teilnehmer am Individualverkehr von dem Einscheren in die Gleiszone abhält.

264 Selbst für den Fall, dass der rechte Fahrbahnrand durch abgestellte Kfz oder andere Hindernisse[333] derart verengt sein sollte, dass ein vor der Straßenbahn zunächst rechts fahrendes Kfz das Hindernis nur unter Benutzung der Gleiszone umfahren kann, darf der Straßenbahnfahrer grundsätzlich darauf vertrauen, dass das Kfz vor dem Hindernis anhält und der Straßenbahn den ihr zustehenden Vorrang einräumt. Oftmals wird in diesen Fällen auch ein Fahrstreifenwechsel vorliegen, der die Verpflichtung des Kfz-Fahrers nach § 7 Abs. 5 StVO auslöst.

265 Der Straßenbahnfahrer muss jedoch sofort eine Bremsung einleiten, wenn er feststellt, dass ein im Schienenbereich fahrendes Fahrzeug plötzlich anhält oder auch nur abbremst.[334] Auch darf er nicht darauf vertrauen, dass das andere Fahrzeug bis zum Eintreffen der Straßenbahn im Konfliktbereich die Gleiszone wieder geräumt haben würde.

266 Fährt ein Straßenbahnzug auf ein innerhalb der Gleiszone links eingeordnetes, mit Rücksicht auf die Verkehrslage zum Halten gebrachtes Kfz auf, dann wird für den Kfz-Halter im Allgemeinen ein unabwendbares Ereignis im Sinne von § 17 Abs. 3 StVG lediglich dann vorliegen, wenn dieser den ihm obliegenden Nachweis führt, dass zum einen der Kraftfahrer im Zeitpunkt seines Einordnens mit einer ihm nachfolgenden Straßenbahn vorwurfsfrei nicht zu rechnen brauchte und er zum anderen entgegen dem durch das Ereignis indizierten Anschein in der sich ihm darbietenden Verkehrslage vorwurfsfrei darauf vertrauen durfte, dass es ihm möglich sein würde, bis zum Eintreffen der Straßenbahn deren Schienenbereich wieder rechtzeitig geräumt zu haben.[335]

267 Von der Rechtsprechung wird teilweise verlangt, dass ein Kraftfahrer, der sich zum Zwecke des Linksabbiegens erlaubterweise innerhalb der Gleiszone eingeordnet hat und dort mit Rücksicht auf den Gegenverkehr verweilen muss, bei Annäherung einer Straßenbahn verpflichtet sein soll, den Schienenbereich so rechtzeitig zu räumen, dass diese ihre Fahrt ohne Behinderung fortsetzen kann. Das Räumen der Gleiszone kann entweder dadurch geschehen, dass der Kraftfahrer auf die Durchführung seiner Abbiegeabsicht verzichtet und seine Fahrt auf dem Gleis zügig in Geradeausrichtung fortsetzt[336] oder aber, sofern der parallel laufende Individualverkehr dies gestattet, rechts heranfährt und dort anhält, um sich nach der Weiterfahrt der Straßenbahn – also hinter ihr – erneut einzuordnen.[337]

268 Stellt der Fahrer fest, dass sich bereits beim Einordnen in den Schienenbereich eine Straßenbahn nähert, muss er seine Abbiegeabsicht aufgeben und entweder weiterfahren oder rechts neben dem

---

332 Vgl. dazu: *BGH* VersR 1965, 884.

333 Vgl. *OLG Düsseldorf* DAR 1976, 191 (parkende Fahrzeuge); VersR 1981, 784 (Baustelle).

334 Vgl. *OLG Düsseldorf* VersR 1974, 1111 (50 %) VersR 1981, 784.

335 Vgl. *BGH* VersR 1976, 932 (933, 1. Sp.) = DAR 1976, 271; *OLG Hamm* VersR 1981, 961; VersR 1981, 783 (Ls.); *Filthaut* DAR 1973, 309.

336 Vgl. dazu *OLG Hamm* VersR 1981, 961 (50 %).

337 Vgl. *OLG Hamm* VersR 1981, 961; *OLG Düsseldorf* VersR 1981, 784.

Gleis in Wartestellung die vorrangige Vorbeifahrt der Straßenbahn abwarten. Diese Verpflichtung besteht auch dann, wenn dadurch der nachfolgende Verkehr behindert wird[338] oder wenn Richtungspfeile ein anderes Einordnen vorsehen.[339]

Erkennt er rechtzeitig eine Straßenbahn, auch wenn diese sich gerade in einem Haltestellenbereich befindet, hat er die Weiterfahrt zurückzustellen und sich hinter der Straßenbahn einzuordnen.[340] 269

Fährt aber eine Straßenbahn, deren Gleise in Fahrbahnmitte verlaufen, an einer Haltestelle durch, an der sie während eines normalen Halts vom nachfolgenden Verkehr solange durch eine Ampel abgeschirmt ist, bis sie nach dem Anfahren entsprechend der weiteren Gleisführung zum rechten Fahrbahnrand hinübergeschwenkt ist, und stößt sie dann während des Schwenks seitlich mit einem auf gleicher Höhe fahrenden PKW zusammen, so kann trotz des Vorranges der Straßenbahn die hohe Betriebsgefahr eine quotenmäßige Haftung begründen, selbst wenn dem Straßenbahnführer kein Verschulden vorzuwerfen ist.[341] 270

Kommt allerdings ein PKW von der Fahrbahn ab und bleibt im Gleisbereich stecken, so spricht der Anscheinsbeweis dafür, dass dies auf einer vermeidbaren Unaufmerksamkeit des Fahrers beruht.[342] Kommt es zu einem Zusammenstoß mit einem Straßenwartungsfahrzeug und einer Straßenbahn im Kreuzungsbereich, so hat unter Wahrnehmung größtmöglicher Sorgfalt grundsätzlich die Kehrmaschine Vorrang auch vor der Straßenbahn.[343] 271

Mitunter ergibt sich eine Konfliktsituation auch daraus, dass ein Kfz in der Weise angehalten oder abgestellt wird, dass es teilweise in die Gleiszone hineinragt und die Durchfahrt für die nachfolgende Straßenbahn versperrt.[344] Die Gerichte gehen häufig davon aus, dass ein Kfz, das nur geringfügig in die Gleiszone hineinragt und damit u.U. dem Straßenbahnfahrer bei flüchtiger Betrachtung einen seitlichen Abstand vortäuscht, der in Wahrheit nicht vorhanden ist, eine größere Gefahrenlage schafft als ein Kfz, das mitten auf dem Gleis anhält. 272

Diese Betrachtungsweise ist durchaus einleuchtend: Ragt ein Kfz nur geringfügig in die Gleiszone hinein, so wird der Straßenbahnfahrer häufig zu Fehlschätzungen und zu riskanten Fahrmanövern verleitet, während ihm für den Fall, dass das Kfz mitten auf dem Gleis steht, von vornherein klar ist, dass eine Vorbeifahrt unter keinen Umständen möglich ist.[345] Entscheidend dürfte letztlich immer sein, wie gut das Hindernis als solches für den Straßenbahnfahrer erkennbar war. 273

Wird ein Pkw neben den Gleisen mit einem Seitenabstand von etwa 40cm abgestellt, ist eine beiderseitige Haftung in gleicher Höhe anzunehmen, wenn eine Rangierlok gegen das parkende Fahrzeug fährt. Eine Verschuldenshaftung ist demgegenüber abzulehnen.[346] Diese Entscheidung erklärt sich wohl aus den Besonderheiten des Eisenbahnverkehrs und dem ungünstigen Sichtfeld des Lokomotivführers. Dem Straßenbahnfahrer dürfte in einer vergleichbaren Situation mit Rücksicht auf seine Fehleinschätzung dagegen sehr wohl ein Verschulden zur Last fallen. 274

338 Vgl. dazu *BGH* NJW 1962, 860 = VersR 1962, 380.

339 Vgl. dazu *OLG Braunschweig* VersR 1972, 493.

340 Vgl. dazu *BGH* VersR 1965, 884.

341 Vgl. *OLG Hamm* NZV 2000, 212 = DAR 2000, 34 (Haftung der Straßenbahn 1/3).

342 Vgl. *OLG München* NZV 2000, 207.

343 Vgl. *Thüringer OLG* NZV 2000, 210 mit Anm. *Burmann*.

344 Vgl. dazu z.B. *LG Düsseldorf* SP 2010, 210; *OLG Celle* VersR 1976, 1068 (das trotz groben Verschuldens des Straßenbahnfahrers, der sich bei der Vorbeifahrt verschätzt hatte, bei der Abwägung der Verursachungsbeiträge dem Kfz-Halter eine Mithaftungsquote von 40 % auferlegt hat); vgl. dazu auch *AG Köln* zfs 1982, 289 (keine Haftung der Deutschen Bundesbahn, wenn *Rangierlok* einen zu dicht am Gleis geparkten Pkw erfasst, wobei das erkennende Gericht insbesondere die Unterschiede zur Straßenbahn herausstellt); anders jedoch: *AG Euskirchen* zfs 1982, 289 (Haftungsquote 50:50 bei einem ähnlichen Sachverhalt: Pkw ragte ca. 7–8 cm in die Gleiszone einer Rangierlok hinein).

345 Vgl. *OLG Hamm* VersR 1980, 172.

346 Vgl. *LG Hildesheim* zfs 1985, 35.

275 In ähnlichem Sinne äußert sich auch das *OLG Hamm*.[347] In dem Fall hatte der Inhaber eines Werksgeländes für die Benutzer der Werkstraßen eine von den einschlägigen Vorschriften der StVO abweichende Sonderregelung getroffen, wonach dem schienengebundenen Werkverkehr vor dem Kfz-Verkehr ein unbedingter Vorrang eingeräumt wird. Dann könne sich der Führer einer Rangierlok auf dieses Vorrecht jedenfalls dann verlassen, wenn durch ausreichende sonstige Hinweise und durch eine Begrenzung der Fahrgeschwindigkeit für Kfz auf 30 km/h eine ausreichende Sicherung getroffen würde. Kommt es unter diesen Umständen dennoch zu einem Zusammenstoß auf einem Schienenübergang im Werksgelände, könne das den Kraftfahrer treffende erhebliche Verschulden in Verbindung mit der Betriebsgefahr des Kfz zu seiner Alleinhaftung führen.[348]

276 Auch während der Fahrt muss jeder Teilnehmer am Individualverkehr darauf achten, dass die Gleiszone möglichst frei bleibt. Dies bedeutet, dass er so scharf rechts fahren muss, dass er die in Längsrichtung mit ihm verkehrende Straßenbahn auch dann nicht behindert, falls er – womit im dichten Großstadtverkehr jederzeit aus den verschiedensten Gründen zu rechnen ist – plötzlich aus der Verkehrslage heraus anhalten muss. Selbst wenn der Straßenbahnfahrer in dieser Situation noch rechtzeitig hätte anhalten können, fällt dem Teilnehmer am Individualverkehr bei der Abwägung der einzelnen Verursachungsbeiträge ein in seinem Unrechtsgehalt nicht gering zu veranschlagendes mitwirkendes Verschulden – neben der von ihm ebenfalls zu vertretenden Betriebsgefahr – zur Last.

277 Dies gilt selbstverständlich nicht für den Fall, dass der Kraftfahrer nicht schärfer rechts fahren konnte, weil er sonst mit seinen rechten Reifen die Bordsteinkante berührt hätte. Ein Verstoß gegen § 2 Abs. 3 StVO liegt auch dann nicht vor, wenn der Kraftfahrer sich erlaubterweise innerhalb der Gleiszone vor der Straßenbahn in einer Fahrzeugkolonne befindet, weil die Fahrstraße in jenem Bereich vom Individualverkehr in mehreren Streifen benutzt werden darf. In diesem Fall ist jedoch ergänzend zu prüfen, ob es dem betreffenden Kraftfahrer nicht möglich und zuzumuten war, bei Eintreffen der Straßenbahn seine Fahrt geradeaus bzw. nach rechts fortzusetzen und die Gleiszone pflichtgemäß zu räumen. Ein Kraftfahrer, der in vermeidbarer Weise die Gleiszone versperrt, wird stets mit dem Vorwurf eines ihn treffenden Mitverschuldens zu rechnen haben.[349]

278 Sofern ein Kraftfahrer mit einem Schienenfahrzeug zusammenstößt, hat ein Schadenausgleich nach § 17 StVG unter Abwägung der beiderseits beteiligten Verursachungskomponenten zu erfolgen. Hierbei geht es allerdings nicht nur um die rein abstrakte Verursachung, sondern um die einzelnen Gesichtspunkte, die dem konkreten Schadenfall sein ganz spezielles Gepräge gegeben und in ihrem Zusammenwirken den Schaden ursächlich ausgelöst haben.

279 Bei mehreren Teilnehmern, deren Haftung sich aus dem HaftPflG ableitet, erfolgt der Schadensausgleich nach § 13 HaftPflG.

280 Dem Nachteil, dass die Straßenbahn wegen ihrer Bindung an Schienen nicht ausweichen kann, steht auf der anderen Seite der Vorteil gegenüber, dass damit der Fahrweg der Schienenbahn für jeden Teilnehmer am Individualverkehr unverkennbar vorgezeichnet ist, sodass der Kraftfahrer sich entsprechend einrichten und dort, wo er die Gleiszone erreicht oder sie kreuzen will, die mit Rücksicht auf den Vorrang des Schienenverkehrs ohnehin gebotene erhöhte Sorgfalt walten lassen kann.

281 Der häufig als Erhöhung der Betriebsgefahr der Straßenbahn bewerteten größeren Massewucht steht die deutlich größere Wendigkeit und Geschwindigkeit von Fahrzeugen des Individualverkehrs gegenüber, sodass die Betriebsgefahr beider Verkehrsteilnehmer durchaus auch gleich hoch bewertet werden kann.[350]

347 Vgl. *OLG Hamm* VersR 1973, 41.

348 Vgl. auch *OLG Oldenburg* VRS 72, 414.

349 Vgl. dazu *BGH* VersR 1976, 932 (933, 1. Sp.); *OLG Düsseldorf* VersR 1981, 784; *OLG Celle* VersR 1981, 783 (Ls.); *OLG Koblenz* VersR 1979, 1035 (2/3 der Haftung beim Kfz-Halter).

350 Vgl. dazu: *BGH* VersR 1964, 1241 (beim Auffahren eines Straßenbahnzuges auf einen zum Zwecke des Linksabbiegens auf den Straßenbahnschienen eingeordnet haltenden Pkw hat der Kfz-Halter 50 %

Verletzt ein beteiligter Kraftfahrer das Vorrecht des Straßenbahnfahrers aus §§ 2 und/oder 9 Abs. 1 S. 3, Abs. 3 S. 1 StVO, ist umstritten, ob das schuldhafte Verhalten des Kraftfahrers derart schwer wiegt, dass es die Haftung des Straßenbahnunternehmers aus der Betriebsgefahr vollständig verdrängt oder es bei einer Teilhaftung des Straßenbahnunternehmers aufgrund höherer allgemeiner Betriebsgefahr zu verbleiben hat.[351] 282

### *c) Mitwirkendes Verschulden*

Nach § 4 HaftPflG kann die Haftung des Betriebsunternehmers herabgesetzt werden (in Ausnahmefällen auch ganz entfallen), wenn dem Geschädigten ein mitwirkendes Verschulden zur Last fällt. Insoweit gilt § 254 BGB. Der Betriebsunternehmer muss aber darlegen und beweisen, dass den Verletzten ein Mitverschulden trifft. Bei grob fahrlässigem Verhalten des Verletzten kommt im Rahmen der Ursachenabwägung ggf. sogar ein völliges Zurücktreten der Betriebsgefahr des Bahnunternehmers in Betracht.[352] Grob fahrlässig dürfte es z.B. sein, wenn ein Radfahrer vor einer sich nähernden Straßenbahn ohne abzusteigen auf einem durch ein Drängelgitter gesicherten Überweg fährt.[353] Bei den vorstehenden Beispielen wurde auch schon zum Mitverschulden ausgeführt, so dass auf diese Bezug genommen werden kann. 283

Eine schuldhafte Mitverursachung kann auch einem zum Unfallzeitpunkt noch Minderjährigem vorzuwerfen sein. So hat das *OLG Hamm* im Fall eines 14 Jahre alten Jungen, der das Dach eines auf einem frei zugänglichen Abstellgleis stehenden Eisenbahnwaggons erklettert hat und dabei durch einen Stromschlag aus der Oberleitung verletzt wurde, eine quotenmäßige Haftung des Bahnbetriebsunternehmers zu 1/3 angenommen.[354] 284

Halten sich bei der Annäherung eines Straßenbahnzuges mehrere Jugendliche auf den Straßenbahngleisen auf, so muss der Fahrer den relativ langen Anhalteweg eines Straßenbahnzuges bei der Reaktion auf das Fehlverhalten anderer Verkehrsteilnehmer berücksichtigen. Angesichts der für einen Fußgänger besonders großen Verletzungsgefahren bei einem Zusammenstoß mit einer Straßenbahn sind an den Fahrer hohe Sorgfaltsanforderungen zu stellen.[355] 285

In den Fällen des § 828 BGB kommt allerdings keine Verantwortung und damit kein Mitverschulden des Verletzten in Betracht. Die Haftung des Bahnbetriebsunternehmers im Rahmen des neuen § 828 Abs. 2 BGB unterscheidet sich nicht von der des Kfz-Halters.[356] 286

Allerdings braucht sich der Straßenbahnfahrer beim Heranfahren an eine Haltestelle nicht auf jede mögliche Unvorsichtigkeit von Fußgängern einzustellen, die sich auffällig am Bahnsteig aufhalten. Ohne Anzeichen einer Gefahr braucht der Straßenbahnfahrer bei der bloßen Anwesenheit eines erwachsenen Fußgängers mit einem unvorsichtigen Betreten des gleisnahen Raums nicht zu rechnen; er darf vielmehr auf ein verkehrsgerechtes Verhalten des Fußgängers vertrauen.[357] 287

---

des Schadens selbst zu tragen), VersR 1970, 1049; *OLG Hamm* VersR 1972, 962 (Auffahren eines Straßenbahnzuges auf einen im Schienenbereich zum Halten gekommenen Pkw); *OLG Hamm* VersR 1974, 1228 (Kollision eines im Schienenbereich haltenden Linksabbiegers mit einem *entgegenkommenden* Straßenbahnzug); *OLG Celle* VersR 1981, 783 (Kraftfahrzeug war in gefährlicher Nähe der in Straßenmitte verlegten Straßenbahnschienen abgestellt).

351 Für eine Teilhaftung der Straßenbahn z.B. *OLG Brandenburg* NZV 2009, 497 und *OLG München* VersR 2009, 162; a.A. wohl *OLG Celle* NJW 2008, 2353 und *LG Berlin* v. 27.11.2008 – 17 O 208/08; vgl. hierzu auch *Filthaut* NZV 2011, 221.

352 Vgl. *OLG Dresden* NZV 2010, 518; vgl. aber auch *OLG Schleswig* VersR 2010, 258; *OLG München*, Urt. v. 13.07.2017 – 10 U 4109/16 = BeckRS 2017, 104889.

353 Vgl. *OLG Celle* NJW 2008, 2353; vgl. auch *OLG Naumburg*, Urt. v. 24.04.2009 – 12 U 17/09.

354 Vgl. *OLG Hamm* NZV 1996, 30.

355 Vgl. *OLG Naumburg* VersR 1996, 732.

356 Geigel/*Kaufmann* Kap. 26 Rn. 45.

357 *OLG Koblenz* VersR 1993, 1545; *OLG Hamm* VersR 1992, 510. (Radfahrer).

288 Ereignet sich ein Unfall beim Einsteigen in die Bahn durch nachdrängende Fahrgäste, ist dies zwar dem Fahrbetrieb zuzurechnen, gleichwohl wird eine Haftung in der Regel aufgrund eines überwiegenden Selbstverschuldens des Fahrgastes zu verneinen sein.[358]

289 Hat sich der Fahrgast keinen sicheren Halt verschafft und ist deshalb gestürzt, stellt dies im Regelfall ein derart grobes Verschulden gegen sich selbst dar, dass eine Gefährdungshaftung des Unternehmers nach dem Haftpflichtgesetz vollständig entfallen wird.[359] Beim Abfahren von der Haltestelle muss der Straßenbahnfahrer nur dann sicherstellen, dass eingestiegene Fahrgäste sich sicheren Halt verschafft haben, wenn sich ihm erkennbare Anhaltspunkte dafür bieten, dass der Fahrgast z.B. aufgrund erheblicher Körperbehinderung dazu nicht ohne Weiteres in der Lage ist (z.B. beim Mitführen eins sog. Rollators).[360]

*d) Vertragliche Haftungsausschlüsse*

290 Nach § 7 S. 1 HaftPflG darf die Ersatzpflicht – soweit sie sich auf die §§ 1–3 HaftPflG stützt – für Personenschäden im Voraus weder ausgeschlossen noch beschränkt werden. Für Ansprüche aus §§ 1–3 HaftPflG sind daher auch generelle Haftungsausschlüsse in Allgemeinen Beförderungsbedingungen unwirksam, gleich ob die Bedingungen genehmigt wurden oder nicht.[361] Für Sachschäden können Haftungsausschlüsse im Rahmen der freien Dispositionsbefugnis vereinbart werden.[362] In diesem Zusammenhang ist auf § 23 des Personenbeförderungsgesetzes (PBefG) hinzuweisen, wonach ein Haftungsausschluss insoweit zulässig ist, als es sich um einen Schaden an einer Sache handelt, die ein beförderter Fahrgast bei sich trägt oder mit sich führt und der Schaden im Einzelfall einen Betrag von 1.000 € übersteigt und weder auf Vorsatz noch auf grober Fahrlässigkeit beruht. Diese Vorschrift stimmt mit § 14 S. 2 der für den Linienverkehr geltenden »Verordnung über die Allgemeinen Beförderungsbedingungen für den Straßenbahn- und O-Bus-Verkehr sowie den Linienverkehr mit Kraftfahrzeugen«[363] überein. Nachträgliche Haftungsverzichte sind aber durchaus möglich und zulässig.

### 4. Haftungshöchstgrenzen

*a) Personenschäden*

291 Nach § 9 HaftPflG haftet der Unternehmer oder der in § 2 HaftPflG bezeichnete Inhaber der Anlage im Fall der Tötung oder Verletzung eines Menschen für jede Person bis zu einem Kapitalbetrag von 600.000,– EUR oder bis zu einem Rentenbetrag von jährlich 36.000,– EUR. Der Anspruch besteht nach dem ausdrücklichen Wortlaut der Vorschrift bis zur Höhe des vollen Limits für jede getötete oder verletzte Person.

*b) Sachschäden*

292 Nach § 10 HaftPflG beträgt die Haftungshöchstgrenze für Sachschäden nunmehr 300.000,– EUR. Für Sachschäden gilt die Haftungshöchstsumme jedoch – anders als bei Personenschäden – als einmaliger Pauschalbetrag auch für den Fall, dass durch dasselbe Schadensereignis mehrere Sachen betroffen sind. Das bedeutet, dass mehrere Geschädigte sich die Höchstsumme in dem Verhältnis teilen müssen, das der Relation zwischen den einzelnen begründeten Ersatzansprüchen und dem

358 Vgl. *OLG Karlsruhe* NZV 2011, 141.

359 Vgl. *KG Berlin* MDR 2010, 1111 m. Anm. *Schröder* SVR 2011, 224; *OLG Koblenz* NZV 2012, 182; *OLG Bremen* NZV 2011, 540; *Filthaut* NZV 2011, 220; a.A. wohl *OLG Naumburg* NZV 2012, 76.

360 Vgl. *OLG Bremen* NZV 2011, 540; *LG Duisburg*, Urt. v. 23.04.2009 – 5 S 1430/08 sowie hierzu insgesamt *Filthaut* NZV 2000, 13.

361 Geigel/*Kaufmann* Kap. 26 Rn. 88.

362 Für Ansprüche aus § 2 HaftPflG allerdings nur unter bestimmten Voraussetzungen, vgl. § 7 S. 2 HaftPflG.

363 Vom 27.02.1970, BGBl. I, 230.

Haftungslimit entspricht, vgl. § 10 Abs. 2 HaftPflG. Nach § 10 Abs. 3 HaftPflG gelten die vorstehenden Beschränkungen nicht für die Beschädigung von Grundstücken.

## 5. Verjährung

### *a) Frist*

Hinsichtlich der Frist für die Verjährung verweist § 11 HaftPflG auf die Verjährungsvorschriften des BGB. Danach gilt eine regelmäßige Verjährungsfrist von drei Jahren, § 195 BGB. Die Verjährungsfrist beginnt mit dem Schluss des Jahres, in dem der Anspruch entstanden ist und der Gläubiger von den anspruchsbegründenden Umständen und der Person des Schuldners Kenntnis erlangt hat oder ohne grobe Fahrlässigkeit hätte erlangen müssen, § 199 Abs. 1 BGB n.F. 293

### *b) Hemmung*

Die Verjährung ist gehemmt, solange zwischen dem Ersatzberechtigten und dem Ersatzpflichtigen Verhandlungen über den zu leistenden Schadensersatz schweben, und zwar so lange, bis der eine oder der andere Teil die Fortsetzung der Verhandlungen ernsthaft und endgültig verweigert (§ 203 S. 1 BGB). Das bedeutet, dass der Zeitraum, den die Verhandlungen selbst in Anspruch genommen haben, bei der Bemessung der Verjährungsfrist nicht mitgerechnet wird; die Frist verlängert sich also um die Zeit der Hemmung.[364] 294

### *c) Vereinbarungen über die Verjährung*

Während früher Vereinbarungen zur Erschwerung der Verjährung in der Regel verboten waren, steht die Verjährung nach neuem Recht unter Beachtung der Schranken des § 202 BGB grds. zur Disposition der Parteien. Insbesondere die Abkürzung der Verjährungsfrist ist also zulässig. Von dieser Möglichkeit wird häufig von Verkehrsbetrieben in dem Sinne Gebrauch gemacht, dass die Verjährungsfristen unter Einbeziehung auch der Ansprüche aus dem Beförderungsvertrag einheitlich auf zwei Jahre abgekürzt werden. 295

Die gesetzliche Verjährungsfrist kommt also nur dann zum Zuge, wenn keine kürzere Frist vereinbart worden ist. Eine derartige Vereinbarung kann wie gesagt auch durch Allgemeine Geschäftsbedingungen bzw. durch die vom Bundesminister für Verkehr-, Bau- und Wohnungswesen durch Rechtsverordnung normierten Allgemeinen Beförderungsbedingungen getroffen werden. 296

## 6. Ausgleichsansprüche

Bei den Ausgleichsansprüchen nach § 13 HaftPflG wird die Kopfteilshaftung des § 426 BGB ersetzt durch das auch in § 254 BGB enthaltene Verursachungsprinzip. Die Ausgleichspflichtigen sind also nicht wie Gesamtschuldner »im Zweifel« zu gleichen Teilen verpflichtet; vielmehr richtet sich der Ausgleich nach dem Maß der Verursachung.[365] 297

Die Selbstständigkeit des Ausgleichanspruchs hat weiter zur Folge, dass die Bestimmungen, die für den Haftpflichtanspruch gelten, auf ihn keine Anwendung finden. Der Ausgleichsanspruch bleibt also unberührt davon, dass der Haftpflichtanspruch beispielsweise verjährt ist oder wegen Nichtwahrung einer Frist nicht mehr geltend gemacht werden kann. Dies gilt allerdings nur für »echte« Ausgleichsansprüche.[366] 298

Echte Ausgleichsansprüche in des Wortes eigentlicher Bedeutung erfasst lediglich § 13 Abs. 1 S. 1 HaftPflG. Diese Bestimmung ist ihrem wesentlichen Inhalt nach dem § 17 Abs. 1 StVG nachgebildet. Von echten Ausgleichsansprüchen spricht man dann, wenn mehrere Ersatzpflichtige – als Gesamt- 299

364 Filthaut/*Piontek* § 11 Rn. 30.
365 Vgl. Filthaut/*Piontek* § 13 Rn. 1.
366 Vgl. Filthaut/*Piontek* § 13 Rn. 5.

schuldner – einem Dritten gegenüber haften und ein Schuldner aufgrund gesetzlicher Bestimmungen den Dritten vorab befriedigt. Der Anspruch des Betroffenen geht dann gem. § 426 BGB auf den vorleistenden Gesamtschuldner über, der ihn im Innenverhältnis – also gegenüber den anderen Gesamtschuldnern – zum Ausgleich stellen kann.

300 Die »Ausgleichsansprüche« nach § 13 Abs. 2 HaftPflG stellen sich bei näherer Betrachtung lediglich als eine Form der Verrechnung gegenseitiger Ersatzansprüche dar. Diese Bestimmung betont also nur den ohnehin selbstverständlichen Grundsatz, dass jeder Beteiligte im Verhältnis zu dem oder den übrigen Beteiligten letztlich nur in dem Verhältnis haftet, der dem anteiligen Wirkungsgrad seines eigenen Verantwortungsbeitrages entspricht. Er ist daher – und auch dies ist im Grunde selbstverständlich – berechtigt, den Einwand der mitwirkenden Verursachung zu erheben und die Aufrechnung mit eigenen Ersatzansprüchen zu erklären.

301 Nach § 13 Abs. 3 HaftPflG sind Ausgleichsansprüche nunmehr ausgeschlossen, soweit die Schienenbahn innerhalb des Verkehrsraumes einer öffentlichen Straße betrieben wird und wenn der Unfall durch ein unabwendbares Ereignis verursacht ist, das weder auf einem Fehler in der Beschaffenheit der Fahrzeuge oder Anlagen der Schienenbahn noch auf einem Versagen ihrer Vorrichtungen beruht. Auch diese Vorschrift ist inhaltlich dem neu formulierten § 17 Abs. 3 StVG nachgebildet.

## II. Anlagenhaftung

### 1. Versorgungsbetriebe

#### *a) Anwendungsbereich*

302 Die Haftung nach § 2 HaftPflG erstreckt sich auf sämtliche Leitungsanlagen für Elektrizität, Gase, Dämpfe und Flüssigkeiten und trifft den Inhaber (»Betreiber«) der Anlage. Auch zugehörige Kanaldeckel und Kanalschächte von Rohrleitungen unterfallen dem Anlagenbegriff.[367]

303 Außer den Leitungen zur Fortleitung von Gasen im weitesten Sinne zählen hierzu beispielsweise auch Leitungen zum Transport von Öl und Ölprodukten (Pipelines).[368]

304 Eine weitere Notwendigkeit zur Haftungsverschärfung hatte sich im Bereich der Wasserrohrleitungen ergeben. Die Rechtsprechung hatte sich verschiedentlich mit Fällen zu befassen, in denen nach Bruch oder Korrosion von Wasserleitungen Wasser in Häuser oder Lagerräume eingedrungen war und Schäden verursacht hatte. Ferner ist es durch Unterspülungen von Straßen zu Straßeneinbrüchen gekommen, die wiederum zu Verkehrsunfällen führten. Hierbei blieben Ansprüche aus § 836 BGB wegen des im Abs. 1 S. 2 zulässigen Entlastungsbeweises häufig ohne Erfolg. Die Rechtsprechung hatte sich deshalb z.T. bemüht, durch Analogien einen Ersatzanspruch zu begründen.[369]

305 Ausgenommen von der Gefährdungshaftung des § 2 HaftPflG sind jedoch auch weiterhin Schäden durch Rohrleitungsanlagen innerhalb des befriedeten Betriebsgeländes (§ 2 Abs. 3 Nr. 1 HaftPflG). Diese Regelung ist deshalb gerechtfertigt, weil die betreffenden Anlagen im Allgemeinen keine Gefahr für die Öffentlichkeit darstellen und jedenfalls die Schadenursache besser abgegrenzt werden kann.

#### *b) Begriffsbestimmungen*

306 Die Bezeichnung »Gase« in § 2 HaftPflG soll sicherstellen, dass nicht nur Erdgas als Energieträger, sondern dem allgemeinen Sprachgebrauch nach auch sonstige Arten von Gasen unter diese Vorschrift fallen.

---

367 *OLG Köln*, Beschl. v. 28.08.2019 – 7 U 26/19; *OLG Karlsruhe*, Urt. 01.02.2010 – 1 U 137/09; Filthaut/*Piontek* § 2 Rn. 13.

368 Vgl. *BGH* NJW 1993, 2740 = DAR 1993, 465; *OLG Köln* VersR 1995, 1105; Wussow/*Rüge/Fahl* § 3 Rn. 100.

369 Vgl. z.B. *OLG Frankfurt/M.* VersR 1983, 89 (Ls.).

Unter Flüssigkeiten sind beispielsweise Öle und alle Ölprodukte sowie Ölderivate, aber auch Wasser, zu verstehen. Als Anlagen zur Fortleitung und Abgabe von Dämpfen kommen beispielsweise Fernheizungen in Betracht. 307

Der Schaden braucht nicht durch einen Unfall herbeigeführt zu sein. Ausreichend für eine Haftung nach dem HaftPflG ist, dass Schäden durch längere Summierung (Kumulierung) von Einzelursachen entstanden sind. Unter die Gefährdungshaftung fällt also auch ein Schaden, der beispielsweise durch langsames Ausströmen von Gas entstanden ist. Der Verzicht auf den Unfallbegriff bewirkt aber auch, dass unter die Gefährdungshaftung Korrosionsschäden fallen, die durch vagabundierende Ströme ausgelöst worden sind (nach der früheren Rechtslage bestand insoweit eine reine Verschuldenshaftung).[370] 308

Für Schäden – also nicht nur Unfälle –, die auf die Wirkung[371] der Elektrizität oder des Gases zurückzuführen sind, besteht der Grundsatz der uneingeschränkten Gefährdungshaftung. Auf ein Verschulden des Inhabers (Betreibers) der Anlage bzw. eines sonstigen Sicherungspflichtigen kommt es ebenso wenig an wie auf den Zustand der Anlage selbst. 309

Als Inhaber der Anlage gilt derjenige, der die tatsächliche Verfügungs- bzw. Herrschaftsgewalt über die Anlage ausübt, also derjenige, der sie unter Strom setzen und den Strom erforderlichenfalls wieder abschalten kann (mit anderen Worten: der »Herr der Gefahr«) und auch die eigenverantwortliche und wirtschaftliche Herrschaft hat. Ihn trifft die alleinige Verantwortlichkeit im Rahmen der Gefährdungshaftung, weil nur er in der Lage ist, dafür Sorge zu tragen, dass die Anlage sich in einem technisch einwandfreien Zustand befindet und ohne schädliche Nebeneinflüsse die gewünschte Wirkung erzielt. Auch wenn dies in der Regel der Eigentümer sein wird, auf die Eigentumsverhältnisse kommt es nicht an, sondern in erster Linie auf die tatsächlichen Einwirkungsmöglichkeiten.[372] 310

### *c) Leitungsdrähte und -masten*

Die vom Gesetzgeber ins Auge gefasste Gefahrenlage besteht, soweit es sich um die aus dem gesicherten Stromkreis heraustretende elektrische Energie handelt, nicht nur darin, dass ein Leitungsdraht unter Herbeiführung eines sog. Erdschlusses zu Boden fällt, sondern auch darin, dass ein Draht sich vom Isolator gelöst hat und von dort aus schädliche Ströme aussendet. Wenn Drähte sich lösen und einen Masseschluss erzeugen, dann stellt sich dieser Vorgang als »Herabfallen von Leitungsdrähten« im Sinne von § 2 Abs. 3 Nr. 3 HaftPflG dar. Das Gleiche gilt für den Fall, dass die Drähte über den zum Spannungsausgleich erforderlichen Toleranzrahmen hinaus durchhängen und durch gegenseitige Berührung Kurzschlüsse bzw. Überspannungen erzeugen. Wenn dieser Vorgang zu einem Lichtbogenkurzschluss in einer ordnungsgemäß installierten Innenanlage führt, besteht nach Auffassung des *BGH*[373] eine Haftung des Erzeugers der elektrischen Energie aus § 2 HaftPflG. 311

### *d) Haftungsausschlüsse*

Die Gefährdungshaftung kommt nicht in Betracht für Anlagen, die lediglich der Übertragung von Zeichen oder Lauten dienen (§ 2 Abs. 2 HaftPflG). Sie ist ferner ausgeschlossen, wenn der Schaden innerhalb eines Gebäudes entstanden oder auf eine darin befindliche Anlage zurückzuführen ist bzw., wenn er innerhalb eines im Besitz des Inhabers der Anlage stehenden befriedeten Grundstücks entsteht (§ 2 Abs. 3 Nr. 1 HaftPflG).[374] Dies gilt in gleicher Weise, wenn ein Energieverbrauchsgerät beschädigt oder durch eine sonstige Einrichtung zum Verbrauch oder zur Abnahme der in § 2 312

370 Vgl. dazu Filthaut/*Piontek* § 2 Rn. 30.

371 Zur Wirkungshaftung nach § 2 Abs. 1 S. 1 HG vgl. *Filthaut* NJW 1983, 2687; Geigel/*Kaufmann* 26. Kap. Rn. 67, 68.

372 Vgl. *OLG Düsseldorf* VersR 1992, 326; *OLG Naumburg* VersR 1994, 1432; Filthaut/*Piontek* § 2 Rn. 45; *BGH* BauR 2007, 767.

373 Vgl. dazu bereits *BGH* VersR 1966, 586.

374 Vgl. *OLG Hamm* VersR 1990, 913; Geigel/*Kaufmann* 26. Kap. Rn. 81.

Abs. 1 HaftPflG bezeichneten Stoffe ein Schaden verursacht wird (§ 2 Abs. 3 Nr. 2 HaftPflG). Die Gefährdungshaftung bleibt jedoch bestehen, wenn die Ursache für das Versagen des Energiegerätes nicht in ihm selbst begründet liegt, sondern in der Leitung, die zu einem Verantwortungsbereich des Versorgungsbetriebes gehört.[375]

313 Die Gefährdungshaftung kommt ferner dann nicht zum Zuge, wenn der Schaden durch höhere Gewalt verursacht worden ist, es sei denn, dass er auf dem Herabfallen von Leitungsdrähten beruht (§ 2 Abs. 3 Nr. 3 HaftPflG). Unter höherer Gewalt versteht man auch in diesem Zusammenhang ein von außen her auf die Anlage einwirkendes – also betriebsfremdes – Ereignis, das so außergewöhnlich ist, dass der »Betreiber« der Anlage mit seinem Eintritt vernünftigerweise nicht zu rechnen braucht und gegen das er mit angemessenen und wirtschaftlich vertretbaren Mitteln, soweit sie nach dem neuesten Stand der Technik zumutbar sind, keine wirksamen Vorkehrungen treffen kann. Es handelt sich hierbei also um eine Kombination von elementarer äußerer Gewalt – die nicht notwendig immer Naturgewalt zu sein braucht – auf Verursacherseite und dem Merkmal der Unabwendbarkeit auf Haftungsseite.

314 Bei Gewittern und anderen Naturereignissen bleibt die Gefährdungshaftung des Energieversorgungsträgers dennoch bestehen, wenn der Schaden darauf beruht, dass Leitungsdrähte herabfallen. Der Ersatzpflicht in diesem Sinne unterliegen nicht nur Schäden, die durch das unmittelbare Herabfallen der Leitungsdrähte verursacht worden sind, sondern alle nachteiligen Einwirkungen, die bis zur ordnungsgemäßen Wiederherstellung der Anlage entstehen.[376]

315 Beruht der Schaden nicht auf der Einwirkung der Energie, sondern auf dem bloßen Vorhandensein der Anlage, also auf ihrem Zustand (§ 2 Abs. 1 S. 2 HaftPflG),[377] d.h. auf den von ihr ausgehenden mechanischen Einwirkungen, dann kann der Ersatzpflichtige sich von der Gefährdungshaftung durch den ihm obliegenden Entlastungsbeweis befreien, dass sich die Anlage bei Eintritt des Schadens in einem ordnungsgemäßen Zustand befunden hat.[378] Ordnungsgemäß ist die Anlage nach der Legaldefinition des § 2 Abs. 1 HaftPflG, »solange sie den anerkannten Regeln der Technik[379] entspricht und unversehrt ist«.

### *e) Mitverschulden*

316 Eine Einschränkung der Ersatzpflicht tritt dann ein, wenn ein mitwirkendes Verschulden des Geschädigten oder eine ihm – im Rahmen der Gefährdungshaftung – zuzurechnende mitwirkende Verursachung vorliegt. Insoweit gilt § 254 BGB. Überdies bestimmt § 4 HaftPflG, dass bei Beschädigung einer Sache das Verschulden desjenigen, der die tatsächliche Gewalt über die Sache ausübt, dem Verschulden des Geschädigten gleichsteht.[380]

### *f) Beweislast*

317 Bezüglich der Beweislast gelten folgende Grundsätze:

318 Soweit die Gefährdungshaftung nach den gesetzlichen Tatbestandsmerkmalen Anwendung findet, muss der Anspruchsteller den Eintritt des Schadens und den schadenursächlichen Sachzusammen-

375 Vgl. Filthaut/*Piontek* § 2 Rn. 66.
376 Vgl. dazu *BGH* VersR 1961, 617.
377 Vgl. dazu *Filthaut* NJW 1983, 2687.
378 Diese Vorschrift ist § 9 StVG und § 34 LuftVG nachgebildet; vgl. hierzu Filthaut/*Piontek* § 2 Rn. 34.
379 Wegen der sog. »technischen Regelwerke« vgl. *OLG München* BB 1984, 239; NJW 1983, 841; bezüglich der Bindungswirkung vgl. *Ossenbühl* BB 1984, 1901; soweit es sich um den richtigen Beurteilungszeitpunkt (vgl. dazu: Filthaut/*Piontek* § 2 Rn. 35 f.) bei einem Verstoß gegen die anerkannten Regeln der Technik handelt, vgl. *Kaiser* BauR 1983, 203; bezüglich des Verhältnisses von DIN-Normen zu zugesicherten Eigenschaften unter Berücksichtigung der anerkannten Regeln der Technik vgl. *Weber* Zeitschrift für deutsches und internationales Baurecht 1983, 151.
380 Vgl. Filthaut/*Piontek* § 4 Rn. 1.

hang mit der Anlage beweisen. Im Übrigen können Ansprüche nur auf vertragliche Grundlage bzw. auf ein dem Inhaber der Anlage zur Last fallendes schadenursächliches Verschulden gestützt werden.

Der Verschuldensnachweis ist – generell gesagt – für alle Fälle erforderlich, in denen die Gefähr- 319
dungshaftung nicht in Betracht kommt, insbesondere also für die Fälle, in denen der Schaden durch eine Anlage entstanden ist, die lediglich der Übertragung von Zeichen und Lauten diente, ferner wenn der Schaden innerhalb eines Gebäudes entstanden ist und auf eine darin befindliche Anlage zurückzuführen ist.

Der Inhaber der Anlage ist demgegenüber dafür beweispflichtig, dass die Gefährdungshaftung durch 320
höhere Gewalt oder ein Verschulden des Verletzten ausgeschlossen ist. Beruht der Schaden auf dem bloßen Vorhandensein der Anlage, d.h. auf einer rein mechanischen Einwirkung, dann ist der Inhaber der Anlage dafür beweispflichtig, dass diese sich in einem ordnungsgemäßen Zustand befunden hat.

#### *g) Ausgleichsansprüche*

Soweit es sich um Ausgleichsansprüche im Sinne von § 13 HaftPflG handelt, kann zur Vermeidung 321
von Wiederholungen auf die oben unter Rdn. 297–301 im Einzelnen dargestellten Grundsätze verwiesen werden, die gemeinsam für alle Haftungstatbestände des HaftPflG gelten.

### 2. Sonstige Betriebe

#### *a) Allgemeine Grundsätze*

Im Gegensatz zu der auf Gefährdungshaftung beruhenden Verantwortlichkeit der Energieversor- 322
gungsbetriebe normiert § 3 HaftPflG eine auf Verschulden beruhende Haftung für denjenigen, der ein Bergwerk, einen Steinbruch, eine Gräberei (Grube) oder eine Fabrik betreibt.

Die Haftung besteht nur dann, wenn ein Bevollmächtigter oder Repräsentant bzw. eine Aufsichts- 323
person durch Verschulden bei der Ausführung der dienstlichen Obliegenheiten den Tod oder die Körperverletzung eines Menschen herbeigeführt hat. Eine Entlastungsmöglichkeit des Betreibers besteht insoweit nicht.

Unter Bergwerk im Sinne von § 3 HaftPflG versteht man eine Anlage, durch die unterirdische Mine- 324
ralien nach bergbautechnischen Regeln gewonnen werden. Steinbrüche sind demgegenüber Anlagen, in denen Steinarten nach technischen Regeln entweder im Tagebau oder unterirdisch gewonnen werden. Unter Gruben versteht man die Anlagen zur Ausgrabung über Tage.

Etwas schwieriger ist die Definition des Begriffs »Fabrik«. Nach allgemeinem Sprachgebrauch handelt 325
es sich um eine Anlage, in der unter Verwendung von Maschinen in einem über den Handwerksbetrieb hinausgehenden Umfange Industrieerzeugnisse hergestellt, be- oder verarbeitet werden. Zu den Fabrikationsbetrieben in dem hier gemeinten Sinne können auch Elektrizitätswerke gehören.

#### *b) Besonderheiten*

Die Haftung aus § 3 HaftPflG gilt nicht gegenüber »betriebstätigen« Personen, sofern nicht Vorsatz in 326
Betracht kommt. Soweit es sich um die Haftungsprivilegien bei Arbeits- und Wegeunfällen handelt, sei auf die nachfolgenden Ausführungen zur Vertragshaftung (Arbeitsvertrag, Rn. 281 ff.) verwiesen.

Auch der Anwendungsbereich des § 3 HaftPflG stellt auf einen »Betriebsunfall« ab, der begrifflich 327
vom Arbeitsunfall streng zu trennen ist. Unter Betriebsunfall versteht man ein Schadensereignis, das in einem räumlichen und zeitlichen inneren Zusammenhang mit dem technischen Betrieb steht. Dies bedeutet, dass unter den Anwendungsbereich des § 3 HaftPflG Unfälle, die sich im Büro oder Verwaltungsgebäude ereignen, nicht fallen. Das Gleiche gilt für die Fabrikationsräume, solange der technische Betrieb ruht. Diese Voraussetzung liegt auch dann vor, wenn bestimmte Reparaturarbeiten in den Herstellungsräumen vorgenommen werden.

328 Auch im Rahmen der Haftung aus § 3 HaftPflG ist der Einwand zugelassen, dass ein eigenes Verschulden des Verletzten bzw. der Wirkungsgrad einer ihm verantwortlich zuzurechnenden Betriebsgefahr zur Entstehung der Ausweitung des Schadens beigetragen hat. Dieser Gesichtspunkt ist dann in entsprechender Anwendung des § 254 BGB Abs. 1 bei der Schadenabwägung zu berücksichtigen.

### 3. Bahnanlagen

329 Soweit es sich um die Anlagenhaftung für Schienenbahnen handelt,[381] ist zunächst einmal vorab eine Klarstellung erforderlich. Es bedarf keiner Frage, dass für den Betrieb von Schienenbahnen eine ganze Reihe von Anlagen benötigt werden, die nicht zum eigentlichen »Betrieb« gehören,[382] aber für dessen ordnungsgemäße Durchführung unerlässlich sind. Dabei ist insbesondere – neben der reinen Infrastruktur, von der hier nicht die Rede sein soll – beispielhaft an Bahnsteige, Wendeschleifen und Endstellen zu denken, aber auch an den Unterbau – das sog. Planum – sowie an Schienen und Schwellen,[383] den Weichenkasten und an die Oberleitung, wie überhaupt an sämtliche Fahrleitungsanlagen. Die Abgrenzung bereitet in derartigen Fällen keine besonderen Schwierigkeiten.

330 Für die Betriebsanlagen gilt nicht die Gefährdungshaftung, sondern die Ersatzpflicht des Unternehmers besteht lediglich dann, wenn der Geschädigte ihm ein schadenursächliches Verschulden – und sei es auch in Form einer Verletzung der Verkehrssicherungspflicht – nachweist.

331 Der Unfall eines Reisenden auf der zum Bahnsteig führenden Treppe ereignet sich nicht »bei dem Betrieb« der Eisenbahn im Sinne von § 1 HaftPflG.[384] Dies gilt auch für Unfälle, die sich auf einer im Bahnhofsbereich befindlichen Rolltreppe (Fahrtreppe) ereignen, da sich für die Benutzer dieser Einrichtungen keine besonderen Gefahren ergeben, die typisch und eigentümlich für den Schienenverkehr sind.[385] Es fehlt hier an einem unmittelbaren äußeren, zeitlichen und örtlichen Zusammenhang mit einem Beförderungsvorgang.[386]

332 Andere Grundsätze können aber dann gelten, wenn der Unfall durch typische Gefahren des Bahnbetriebs ausgelöst oder zumindest doch entscheidend mitverursacht worden ist, wie beispielsweise durch Eile, Gedränge und räumliche Enge auf den Bahnanlagen. Derartige Unfälle haben sich auch dann »bei dem Betrieb« der Schienenbahn ereignet, wenn sie bereits vor dem Einsteigen oder erst nach dem Aussteigen eintreten.[387]

333 Darüber hinaus haftet der Betriebsunternehmer auch für das unmittelbar von ihm zu vertretende Organverschulden. Dabei kann die Anlagenhaftung unter gewissen Voraussetzungen mit der Gefährdungshaftung zusammentreffen. Als Beispiel sei darauf verwiesen, dass der Betriebsunternehmer für den ordnungsgemäßen Zustand von Weichen nur dann verantwortlich ist, wenn er die ihm obliegende Verkehrssicherungspflicht schuldhaft verletzt hat. Wird eine Weiche jedoch – und sei es auch auf dem Wege der »induktiven« Fernsteuerung bzw. durch mechanische Betätigung vom Stellwerk aus – umgelegt und entsteht dadurch ein Schaden,[388] dann handelt es sich eindeutig um einen Unfall, der sich »bei dem Betrieb« der betreffenden Schienenbahn im Sinne von § 1 HaftPflG

381 Bezüglich der Verkehrssicherungspflicht vgl. insbes.: *Bergmann/Schumacher* Hdb. der Kommunalhaftung, Rn. 1898 ff. (Nahverkehrsunternehmer).

382 Vgl. dazu: *OLG Frankfurt/M.* VersR 1987, 77 (Ls. 2).

383 Vgl. dazu *OLG Hamm* VersR 1983, 275.

384 Vgl. Filthaut/*Piontek* § 1, Rn. 106; Geigel/*Kaufmann* 26. Kap. Rn. 27.

385 *Filthaut* NZV 1990, 187; *OLG Düsseldorf* VersR 1989, 274.

386 Vgl. *OLG Hamburg* VersR 1984, 544 = 227.

387 Vgl. hierzu Filthaut/*Piontek* § 1 Rn. 67, 109; *OLG Karlsruhe* NZV 2011, 141 sowie *Filthaut* NZV 2006, 634 (m.w.N.).

388 Z.B. durch Entgleisen einer Rangiereinheit oder durch den Zusammenprall mit einem anderen Fahrzeug; vgl. hierzu auch/*Piontek* § 1 Rn. 71 f.

ereignet hat, für den der Betriebsunternehmer auch ohne eigenes Verschulden nach den Grundsätzen der Gefährdungshaftung einzustehen hat.[389]

Der sicherlich häufigste Fall der Verkehrssicherungspflichtverletzung des Betriebsunternehmers einer Schienenbahn liegt nach den Erfahrungen der Praxis dann vor, wenn durch Versackungen Niveauunterschiede im Zustand der Gleisanlage eintreten und Kraftfahrer oder Fußgänger dadurch zu Schaden kommen. Die Rechtsprechung geht davon aus, dass jede Gleisanlage – also auch diejenige, die völlig bündig im Verhältnis zu ihrer Umgebung verlegt ist – eine gewisse Gefährdung anderer Verkehrsteilnehmer mit sich bringt, beispielsweise durch die verschleißbedingte Abnutzung des Fahrkopfes. Auf derartige Unebenheiten hat sich der Verkehr im Allgemeinen einzustellen. 334

Der Träger der Straßenbaulast verstößt auch nicht gegen seine Verkehrssicherungspflicht, wenn er in einer Nebenstraße von geringer Verkehrsbedeutung eine ca. 7cm hohe ringförmige Anhebung der Fahrbahndecke rund um einen Kanaldeckel zulässt. Wer ein tiefliegendes oder tief gesetztes Fahrzeug fährt, muss besonders auf Unebenheiten der Fahrstraße achten.[390] 335

Wird nach einem starken Regen ein in der Straße verlegter Deckel des Kanalisationsnetzes durch den Druck des Wassers abgehoben und fährt wenig später ein Kfz gegen den außerhalb des Schachts liegenden Deckel, sind die Voraussetzungen des § 2 Abs. 1 S. 1 HaftPflG – hilfsweise des S. 2 – erfüllt.[391] 336

Soweit es sich um Niveauunterschiede im Zusammenhang mit Versackungen im Gleisbereich handelt, ist überdies zu berücksichtigen, dass es in der Natur der Pflasterung mit Reihensteinen liegt, dass die gerade im Schienenbereich außerordentlich starke Belastung durch die verschiedensten Verkehrsströme alsbald zu Höhenunterschieden zwischen den einzelnen Steinen unter sich und im Verhältnis zu den in sie eingebetteten Schienen führt. Die danach ohnehin vorhandene Gefahr ist jedem Verkehrsteilnehmer hinreichend bekannt und muss von ihm mit dem Ergebnis in Kauf genommen werden, dass er schon in seinem eigenen wohlverstandenen Interesse derartige Niveauunterschiede durch sorgfältiges Verhalten – insbesondere im Hinblick auf eine Abstimmung seiner Fahrweise – angemessen berücksichtigt. 337

Es würde sicherlich eine Überspannung der an den Betriebsunternehmer einer Schienenbahn billigerweise zu stellenden Anforderungen bedeuten, wenn man von ihm verlangen oder auch nur erwarten wollte, dass er jeden noch so geringen Höhenunterschied im Zuge eines meist recht weitverzweigten Streckennetzes sofort beseitigt. Dem berechtigten Verlangen der Teilnehmer am Individualverkehr einerseits nach weitest gehender Sicherheit steht das ebenfalls der Verkehrssicherheit und der Zügigkeit des Verkehrsablaufes dienende Bedürfnis nach Offenhaltung der Verkehrswege entgegen, die wegen der Pflasterarbeiten zumindest teilweise und zeitweilig gesperrt werden müssten. Dadurch entstehen wiederum neue Gefahrenlagen. 338

Man muss infolgedessen bei der Bewertung von Höhenunterschieden von einem vernünftigen und noch vertretbaren Maß ausgehen, um eine brauchbare Kompromissformel zu finden. Die Rechtsprechung hat dabei vom Individualverkehr verlangt, dass er sich auf Niveauunterschiede, die bis zu etwa 3cm betragen, sachdienlich einstellt und ihnen durch eine besonders sorgfältige Fahrweise Rechnung trägt. Die Erfahrungen der Praxis zeigen, dass der überwiegende Teil der durch Höhenunterschiede verursachten Unfälle auf Unachtsamkeit und mangelnde Fahrkunst der beteiligten Fahrzeugführer zurückzuführen ist, insbesondere darauf, dass Kraftfahrer den unterschiedlichen 339

389 Soweit es sich um die *Verkehrssicherungspflicht* auf Bahnsteigen handelt, vgl. *Filthaut* NZV 1994, 176; *Künell* DOK 1983, 906; bezüglich der Verkehrssicherungspflicht für Bäume an Bahnstrecken in der Abgrenzung zur Verkehrssicherungspflicht des Grund- und Waldeigentümers vgl. *Kunz* VersR 1982, 1032.

390 Vgl. dazu *OLG Düsseldorf* VersR 1985, 397 = zfs 1985, 165 (Ls.); *BGH* VersR 1979, 1055 – vgl. auch: *OLG Karlsruhe* zfs 1984, 66; *OLG Celle* VersR 1989, 207 = NZV 1989, 72 = zfs 1989, 118 (Ls.: keine Verletzung der Verkehrssicherungspflicht bei 40cm breitem und 3cm tiefen Loch).

391 Vgl. dazu *OLG Schleswig* VersR 1987, 365 (Ls.).

Reibungswert zwischen Schiene und Straße nicht berücksichtigen und häufig Gleise in einem zu spitzen Winkel anschneiden.[392]

340 Insbesondere müssen Fußgänger vorhandenen Höhenunterschieden durch die ihnen zumutbare Aufmerksamkeit Rechnung tragen.[393] Insoweit gilt die Besonderheit, dass Fußgänger im Hinblick auf ihre relativ langsame Gehgeschwindigkeit und mit Rücksicht auf den – nicht allein dadurch – engen Kontakt zur Fahrbahn Unebenheiten sehr viel leichter und eher bemerken können als Kraftfahrer. Hinzu kommt, dass gerade Fußgänger mit Unebenheiten am ehesten rechnen müssen und nirgendwo einen Untergrund erwarten können, der absolut bündig ist. Geringfügige Unebenheiten der Gehwege sind auch dann, wenn sie kantenförmig ausgebildet sind, von Fußgängern hinzunehmen. Auch eine Stolperkante von 20mm wird daher nicht ohne Weiteres den Vorwurf einer Verletzung der Verkehrssicherungspflicht begründen können. Der *BGH*[394] hat in einem anderen Fall eine Höhendifferenz von 8mm zwischen nebeneinanderliegenden Platten auf dem Bürgersteig einer Großstadt im Allgemeinen – von auch dort möglichen Ausnahmen abgesehen – noch als »unerheblich« bezeichnet und in diesem Zusammenhang hinzugefügt, dass sich ein Straßenbenutzer darauf ohne Weiteres einstellen kann.

341 Andererseits hat der *BGH* in derselben Entscheidung seiner Auffassung Ausdruck gegeben, dass die durch Höhenunterschiede hervorgerufene Gefährdung stets im Zusammenhang mit den Gesamtumständen der einzelnen Örtlichkeit gesehen werden müsse und dass andere Grundsätze für den Fall gelten, dass derartige Höhenunterschiede sich auf einem Bahnsteig der Deutschen Bahn[395] befinden, weil die Aufmerksamkeit der Fahrgäste in jenem Bereich durch die besondere Eile des Betriebsvorgangs geprägt ist und von einlaufenden Zügen voll in Anspruch genommen wird.

342 In einer anderen Entscheidung geht der *BGH*[396] davon aus, dass eine schuldhafte Verletzung der dem Betriebsunternehmer einer Schienenbahn obliegenden Verkehrssicherungspflicht vorliegt, wenn der Unternehmer es unterlässt, »die Gleisrillen der seit mehr als 3 Jahren stillgelegten Straßenbahn (…) zu verfüllen«.

343 Der Inhalt der Verkehrssicherungspflicht richtet sich nach dem Zweck, dem die Verkehrssicherungspflicht dient. Auf Straßen hat der Verkehrssicherungspflichtige dafür Sorge zu tragen, dass die Oberkante sich in einem dem regelmäßigen Verkehrsbedürfnis ausreichenden Zustand befindet, der eine möglichst gefahrlose Benutzung zulässt. Dies bedeutet allerdings nicht, dass der Verkehrssicherungspflichtige gehalten wäre, einen Zustand zu schaffen und aufrecht zu halten, der absolute Gefahrenfreiheit garantiert und damit vom Benutzer der Anlagen jegliches Risiko fernhält.[397] Es kann daher von dem Betreiber einer Bahn nicht erwartet werden, sämtliche Gleisanlagen zur Vermeidung von Fußgängerunfällen einzuzäunen.[398]

344 Für Bahnsteige (für die die Gefährdungshaftung des HaftPflG nicht gilt)[399] auf großen Bahnhöfen, auf denen zahlreiche Reisende ein- und aussteigen, sind besonders strenge Maßstäbe an eine ordnungsgemäße Erfüllung der Verkehrssicherungspflicht anzulegen. Sie sind sorgfältig zu überwachen; eine mehrmalige Generalreinigung der Bahnsteige eines größeren Bahnhofs innerhalb von 4 Stunden ist der Eisenbahnverwaltung jedoch nicht zuzumuten.[400] Eine in der Winterzeit bestehende Streupflicht für Bahnhaltestellen kann zwar auf andere Unternehmen übertragen werden, jedoch muss

392 Vgl. *OLG Düsseldorf* VersR 1983, 250.
393 Vgl. dazu Bergmann/*Schumacher* Hdb. der Kommunalhaftung, Rn. 1898 ff. mit zahl. Nachw.
394 Vgl. dazu *BGH* VersR 1981, 482 = r+s 1981, 98; VersR 1967, 281; Filthaut/*Piontek* § 12 Rn. 46 ff.
395 Vgl. dazu *BGH* VersR 1967, 281.
396 Vgl. dazu *BGH* VersR 1962, 636.
397 Vgl. dazu insbes. *BGH* VersR 1967, 281, VersR 1981, 482 = r+s 1981, 98.
398 Vgl. *OLG Schleswig* VersR 2010, 258; vgl. aber auch *OLG Koblenz* VersR 2003, 1449.
399 Vgl. *OLG Frankfurt/M.* VersR 1987, 77 (Ls.) = zfs 1987, 69; ebenso *OLG Hamburg* VersR 1979, 922; VersR 1984, 544 = zfs 1984, 227.
400 Vgl. *OLG Frankfurt/M.* VersR 1987, 77 (Ls.).

eine regelmäßige Kontrolle stattfinden. Deren Umfang hängt von den Umständen des Einzelfalls ab, muss aber jedenfalls stichprobenartig erfolgen, insbesondere an gefahrenträchtigen Stellen, wie Omnibusbahnhöfen und Bahnhofsvorplätzen.[401] An einer in der Innenstadt liegenden, jedoch »nicht über das übliche Maß hinaus frequentierten« Haltestelle ist die Streupflicht von 7.00 bis 20.00 Uhr zeitlich begrenzbar.[402] Die Verkehrssicherungs- und auch die Streupflicht für Haltestellen, die auf öffentlichen Straßen und Bürgersteigen angelegt sind, obliegt aber grds. der Gemeinde als Wegeigentümerin und nicht den Verkehrsunternehmen.[403]

## D. Amtshaftung

### I. Grundsätze

Verletzt ein Beamter seine Amtspflichten, so haftet er in aller Regel[404] nicht gem. den §§ 823 ff. BGB, sondern ausschließlich nach § 839 BGB.[405] Dies gilt jedoch nicht, soweit es sich um verkehrsrechtliche Sondergesetze handelt. Die Gefährdungshaftung aus § 7 Abs. 1 StVG wird nach dem Grundsatz der haftungsrechtlichen Gleichbehandlung aller Verkehrsteilnehmer durch die Amtshaftung also nicht verdrängt.[406] Demgegenüber orientieren sich die Ersatzansprüche auch dann an den Grundsätzen der Amtshaftung, wenn und soweit eine Haftung des Fahrzeugführers aus gesetzlich vermutetem Verschulden nach § 18 StVG in Betracht kommt.[407] In einer Grundsatzentscheidung hat der *BGH*[408] festgestellt, dass der Beamte, der gleichzeitig aus § 839 BGB und als Fahrzeughalter im Sinne von § 7 Abs. 1 StVG haftet, lediglich bezüglich der Verschuldenshaftung auf die Eintrittspflicht des Staates aus Art. 34 GG verweisen kann. 345

Nimmt der Amtsträger Sonderrechte im Sinne des § 35 Abs. 1, 5a u. 6 StVO in Anspruch, so verbleibt es beim Anspruch lediglich aus § 839 BGB und nicht aus § 7 Abs. 1 StVG, jedenfalls soweit gerade dadurch eine besondere Gefahrenlage geschaffen wird.[409] Dies gilt entsprechend bei der Verletzung von als hoheitlicher Aufgabe ausgestalteter allgemeiner Verkehrssicherungspflichten. Die Staatshaftung bei Amtspflichtverletzungen und die Gefährdungshaftung aus der Betriebsgefahr bestehen bei Einsatzfahrten im Rahmen eines hoheitlichen Tätigkeits- und Aufgabenbereichs nebeneinander.[410] Die hier dargestellten Grundsätze sind wichtig für den Fall, dass bezüglich der Ansprüche aus der Gefährdungshaftung nach § 7 Abs. 1 StVG eine Verwirkung nach § 15 StVG eingetreten ist, die einen Untergang des Rechtsanspruchs nach Ablauf der in dieser Bestimmung vorgeschriebenen zweimonatigen Ausschlussfrist bewirkt. 346

Verletzt der Beamte vorsätzlich[411] die ihm einem Dritten gegenüber obliegende Amtspflicht, so hat er dem Dritten den daraus entstandenen Schaden gem. § 839 Abs. 1 S. 1 BGB zu ersetzen. Von Vorsatz ist dann auszugehen, wenn der Beamte weiß, dass er pflichtwidrig handelt, wenn er sich also über die Bestimmungen hinwegsetzt, aus denen sich seine Amtspflicht ergibt oder wenn er auch 347

401 Vgl. *OLG Brandenburg* VersR 2009, 221; *OLG Brandenburg* VersR 2009, 682; *OLG Nürnberg* VRS 123 (2012), 13.

402 Vgl. *OLG Naumburg*, Urt. v. 03.03.2008 – 2 U 2/08.

403 Vgl. dazu *BGH* VersR 1973, 346 sowie Filthaut/*Piontek* § 12 Rn. 59 m.w.N.

404 Anders, wenn sich das Verhalten des Amtsträgers ausnahmsweise als eine in Ausübung eines öffentlichen Amtes begangene Pflichtverletzung und zugleich als unerlaubte Handlung innerhalb des privatrechtlichen Geschäftskreises des öffentlichen Dienstherrn darstellt, vgl. *BGH* NJW 1996, 3208.

405 *BGH* NJW 2014, 3580.

406 Vgl. *BGH* NJW 1968, 1962 = VersR 1968, 997 (Ls.) = DAR 1968, 271; *KG* VersR 1979, 234 = VRS 56, 241; Geigel/*Kapsa* 20. Kap. Rn. 244 ff.

407 Vgl. *KG* VersR 1976, 193; *LG Aachen* VersR 1983, 591.

408 Vgl. BGHZ 29, 38 = NJW 1959, 484 = VersR 1959, 147 = DAR 1959, 102 = VRS 16, 175.

409 BGHZ 113, 164 = NJW 1991, 1171 = DAR 1991, 139.

410 Vgl. *KG* VersR 1979, 234 = r+s 1979, 100.

411 Zu den subjektiven Voraussetzungen einer vorsätzlichen Amtspflichtverletzung vgl. *BGH* NVwZ 1984, 604.

nur mit der Möglichkeit eines Verstoßes gegen Amtspflichten rechnet und diese Pflichtverletzung in Kauf nimmt (dolus eventualis).

348 Fällt dem Beamten hingegen nur Fahrlässigkeit zur Last, kann er nach § 839 Abs. 1 S. 2 BGB lediglich dann persönlich in Anspruch genommen werden, wenn der Verletzte nicht auf andere Weise Ersatz für seinen Schaden zu erlangen vermag.

349 Nach Art. 34 GG tritt an die Stelle des Beamten sein Dienstherr,[412] also grundsätzlich diejenige Körperschaft, die diesen Amtsträger angestellt und ihm damit die Möglichkeit zur Amtsausübung eröffnet hat.[413]

350 § 839 BGB ist die anspruchsbegründende, Art. 34 GG die anspruchsverlagernde Norm. Die Körperschaft haftet nur, soweit der Beamte selbst gem. § 839 BGB haften würde.

351 Hat der Beamte den Schaden vorsätzlich oder grob fahrlässig herbeigeführt, kann er von seinem Dienstherrn allerdings in Regress genommen werden. Dies ist indes eine Frage, die lediglich das Innenverhältnis betrifft und für den Geschädigten keine Bedeutung hat. Hat ein Beamter in Ausübung des ihm anvertrauten öffentlichen Amts als Fahrer eines Dienstkraftwagens einen Verkehrsunfall grob fahrlässig verursacht, so kann der Dienstherr wegen der bundesrechtlichen Sonderregelung des § 2 Abs. 2 PflVG gegen den Beamten nur insoweit Rückgriff nehmen, als die Schadensersatzleistungen die Mindestversicherungssumme des Pflichtversicherungsgesetzes übersteigen.[414] Diese Auffassung beruht auf der Erwägung, dass auch der »Quasi-Versicherer« (Eigenversicherer) grundsätzlich denselben Versicherungsschutz (Deckungsschutz) zu gewähren hat wie unter normalen Umständen ein anderer Haftpflichtversicherer.

352 Die Amtspflicht muss gegenüber einem Dritten, nicht nur gegenüber der Allgemeinheit oder der Behörde bestehen.[415] Ob ein Geschädigter als Dritter im Sinne des § 839 BGB in Betracht kommt, richtet sich danach, ob die Amtspflicht – wenn auch nicht notwendigerweise allein, so doch zumindest auch – den Zweck hat, gerade sein Interesse wahrzunehmen.[416] Dabei braucht eine Person, der gegenüber eine Amtspflicht zu erfüllen ist, nicht in allen ihren Belangen als Dritter anzusehen sein.[417]

353 Die in § 839 BGB statuierte Beamtenhaftung (Amtshaftung) enthält gegenüber den allgemeinen Haftungsgrundsätzen aus §§ 823 ff. BGB wesentliche Besonderheiten:

354 Sie erweitert einmal die Haftung dahin, dass ein Beamter für jegliche schuldhafte Verletzung der ihm Dritten gegenüber obliegenden Amtspflichten – also auch für reine Vermögensschäden – haftet, und zwar selbst dann, wenn die Tatbestandsmerkmale des § 823 Abs. 2 oder § 826 BGB nicht erfüllt sind.

355 Andererseits enthält § 839 BGB gegenüber der allgemeinen Haftung insoweit auch eine Einschränkung, als der Beamte im Fall einer Amtspflichtverletzung ausschließlich aus § 839 BGB haftet und diese Haftung nach Art. 34 GG grundsätzlich durch die Staatshaftung abgelöst wird.

356 Eine weitere Besonderheit gegenüber den Bestimmungen des allgemeinen Haftpflichtrechts ergibt sich daraus, dass § 839 BGB nicht von dem ansonsten geltenden Grundsatz der Naturalrestitution

412 Zur Anwendung der Anstellungs- oder Funktionsgarantie vgl. *BGH* VersR 1977, 522; VersR 1981, 353 = zfs 1981, 161.

413 Vgl. *BGH* VersR 1991, 1135; BGHZ 6, 215; VersR 1983, 856 = zfs 1983, 325; *BGH* VersR 2006, 638. Im Falle der Abordnung haftet die »aufnehmende« Körperschaft.

414 Vgl. *BGH* DAR 1986, 20.

415 *BGH* NJW 2013, 604; *BGH* NVwZ 2021, 1315 m. Anm. *Müller.*

416 Vgl. *BGH* NJW 2013, 604 (605); BGHZ 65, 182 (184); *BGH* NJW 1976, 184; Grüneberg/*Sprau* § 839 Rn. 45.

417 Vgl. *BGH* VersR 1988, 963; NJW 1981, 2345; soweit es sich um die Einschränkung des Begriffs »Dritter« handelt, vgl. ergänzend BGHZ 39, 358 = NJW 1963, 1821 (Baugenehmigung); *BGH* NJW 1965, 200 (staatliche Aufsicht über den Bau und Betrieb von Seilbahnen); *BGH* NJW 1973, 463 (464: Verkehrssicherheit von öffentlichen Straßen).

im Sinne von § 249 BGB ausgeht, sondern einen Schadensersatzanspruch begründet, der von vornherein auf die Zahlung von Geld gerichtet ist.[418] Zu ersetzen ist das negative Interesse, der Betroffene ist also so zu stellen, als hätte sich der Amtsträger pflichtgemäß verhalten.

Die Sonderbestimmung des § 839 BGB verdrängt in aller Regel andere Haftungsgrundlagen, so beispielsweise auch eine Inanspruchnahme aus Anlass von vertraglichen Leistungsstörungen. 357

Für Ansprüche aus Amtshaftung ist der Rechtsweg vor den ordentlichen Gerichten eröffnet.[419] Dies gilt auch für Rückgriffsansprüche nach Art. 34 S. 3 GG, für die ebenfalls die ordentlichen Gerichte – nicht etwa die Arbeits- oder Verwaltungsgerichte – zuständig sind.[420] 358

## II. Anspruchsbegründende Voraussetzungen

### 1. Beamtenbegriff

Nach der Rechtsprechung zu § 839 BGB gilt als Beamter jede Person, die öffentlich-rechtliche Hoheitsaufgaben wahrnimmt und für den Staat in Ausübung rechtmäßiger öffentlicher Gewalt handelt. Darauf, ob der Person staatsrechtlich Beamteneigenschaft zukommt oder ob die Ausübung öffentlicher Gewalt von Dauer ist, kommt es nicht an. Auch der Angestellte oder Arbeiter kann daher ggf. als Beamter im Sinne des § 839 BGB anzusehen sein, mit allen sich daraus im öffentlichen Bereich ergebenden Konsequenzen. Dabei ist es nicht einmal erforderlich, dass der betreffende Angestellte oder Arbeiter in einem Dienstverhältnis zu einer öffentlichen Körperschaft steht, sondern es genügt, wenn der Mitarbeiter für eine Privatfirma tätig wird, die ihrerseits von dazu befugten staatlichen Stellen mit der Durchführung von Hoheitsaufgaben betraut ist.[421] 359

Die Ersatzpflicht für Schäden, die ein Zivildienstleistender bei einer Unfallfahrt im Rahmen des Rettungsdienstes Dritten zugefügt hat, ist regelmäßig auch dann nach Amtshaftungsgrundsätzen zu beurteilen, wenn die anerkannte Beschäftigungsstelle (z.B. Deutsches Rotes Kreuz), in deren Dienst der Zivildienstleistende tätig geworden ist, privatrechtlich organisiert ist und – von ihrer Rechtsstellung als hoheitlich beliehene Einrichtung abgesehen – privatrechtliche Aufgaben wahrnimmt. Haftende Körperschaft im Sinne des Art. 34 S. 1 GG ist in solchen Fällen nicht die anerkannte Beschäftigungsstelle, sondern die Bundesrepublik Deutschland.[422] 360

### 2. Amtspflicht

Grundsätzlich ist bei der Frage, ob ein bestimmtes Verhalten einer Person als »Ausübung eines öffentlichen Amtes« zu werten ist, entscheidend darauf abzustellen, ob die eigentliche Zielsetzung, in deren Sinn die Person tätig wurde, dem Bereich hoheitlicher Betätigung zuzurechnen ist und ob bejahendenfalls zwischen dieser Zielsetzung und der schädigenden Handlung ein derartiger Sachzusammenhang besteht, dass diese ebenfalls noch dem Bereich der hoheitlichen Betätigung angehörend zuzurechnen ist.[423] Die Amtspflicht muss zumindest auch einem Dritten gegenüber bestehen. Dies ist der Fall, wenn zwischen der verletzten Amtspflicht und dem Geschädigten eine besondere Beziehung dergestalt besteht, dass dessen Belange nach Zweck und rechtlicher Bestimmung des Amtsgeschäfts geschützt und gefördert werden sollen und der Geschädigte zu einem erkennbar abgrenzbaren Personenkreis gehört (Abgrenzung: die Amtspflicht dient nur der Aufrechterhaltung der öffentlichen Ordnung oder nur zum Schutz der Allgemeinheit). 361

418 *BGH* NJW 1993, 1799 (1800).

419 Vgl. *BGH* NJW 1981, 675 = VersR 1981, 321; BVerwGE 37, 321 = DöV 71, 386; *BVerwG* VersR 1975, 292 (Ls.).

420 Vgl. *OLG Hamburg* VersR 1969, 562 (Ls.) = MDR 1969, 228.

421 Z.B. also auch der Schachtmeister einer Baufirma, der von der dazu zuständigen Behörde die Befugnis erhalten hat, amtliche Verkehrszeichen nach pflichtgemäßem Ermessen aufzustellen.

422 Vgl. *BGH* VersR 1992, 1397 = DAR 1992, 337 = zfs 1992, 337.

423 Vgl. *BGH* NJW 1965, 1895 = VersR 1964, 735 (st. Rspr.); vgl. auch *Edenfeld* VersR 2002, 272; *Kärger* DAR 2003, 5; *von Gerlach* DAR 1994, 485 = NZV 1995, 177.

### 3. Einzelne Fallgruppen

362 Ein drittschützender Charakter wird beispielsweise bejaht bei der Pflicht zur sorgfältigen Kraftfahrzeug-Hauptuntersuchung. Demnach besteht die Amtspflicht des amtlich anerkannten Kraftfahrzeugprüfers zur sachgemäßen Durchführung einer Hauptuntersuchung auch gegenüber einem potenziellen Opfer des Straßenverkehrs. Dies ist jedenfalls dann der Fall, wenn ein Dritter im Verkehr einen Schaden an Körper und Gesundheit dadurch erleidet, dass der Prüfer pflichtwidrig und schuldhaft einen die Verkehrssicherheit aufhebenden Mangel übersieht, den Weiterbetrieb des Fahrzeuges nicht unterbindet und deshalb der Mangel einen Verkehrsunfall verursacht.[424]

363 Eine Zulassungsbehörde trifft nach der Rechtsprechung des *BGH*[425] die (drittbezogene) Amtspflicht, bei der Abstempelung der Kennzeichenschilder zu prüfen, ob das Kennzeichen vorschriftsmäßig ist. Denn diese Pflicht dient nicht nur der Allgemeinheit, sondern auch dem Schutz von Dritten, die ein schutzwürdiges Interesse daran haben, dass das Kennzeichen kein zweites Mal vergeben wird (Unterscheidungsmerkmal von Fahrzeugen).

364 Amtspflichtverletzungen ergeben sich häufig auch daraus, dass Straßenverkehrsbehörden im Sinne der ihnen obliegenden verkehrslenkenden und verkehrsleitenden Maßnahmen falsche Entscheidungen treffen, die zu einer Schädigung des Verkehrsteilnehmers führen. Dabei handelt es sich um die sog. **Verkehrssicherungs- bzw. Verkehrsregelungspflichten**, die als Amtspflichten einer Stadtgemeinde oder sonstigen Gebietskörperschaft auch als Trägerin der Straßenbaulast allen Verkehrsteilnehmern gegenüber obliegt, die die Straßen nach Art ihrer Widmung bzw. Verkehrseröffnung berechtigterweise benutzen. Die Straßenverkehrsbehörden haben nach §§ 44, 45 StVO die öffentlich-rechtliche Pflicht, den Verkehr insbesondere durch Verkehrszeichen und -regeln gefahrlos zu lenken, wozu auch das Anbringen vorschriftsgemäßer Verkehrsschilder rechnet, soweit sie für die Sicherheit und Leichtigkeit des Verkehrs erforderlich sind. Der Straßenverkehrssicherungspflichtige hat dafür zu sorgen, den Verkehr auf der Straße möglichst gefahrlos zu gestalten, insbesondere Verkehrsteilnehmer vor unvermuteten, sich aus der Beschaffenheit der Straße ergebenden und bei zweckgerechter Benutzung des Verkehrsweges nicht ohne Weiteres erkennbaren Gefahrenstellen zu sichern oder zumindest zu warnen. Eine Verletzung dieser Verkehrssicherungspflicht begründet nach allgemeinen zivilrechtlichen Grundsätzen eine Haftung aus § 823 i.V.m. §§ 89, 31 BGB bzw. aus § 839 BGB, wenn die Verkehrssicherungspflicht öffentlich-rechtlich geregelt ist.

365 Allerdings ist der Träger der Straßenbaulast nicht gehalten, jeden Quadratmeter des Straßennetzes in regelmäßigen Abständen etwa auf zu geringe Körnung des Belages zu untersuchen, wenn kein besonderer Anlass besteht. Demnach hat das *OLG Hamm*[426] entschieden, dass keine Verletzung der Verkehrssicherungspflicht vorliegt, wenn ein Motorradfahrer im inneren Radius eines Kreisverkehrs aufgrund angeblicher fehlender Griffigkeit der Fahrbahndecke zu Fall kommt. Umstritten ist, inwieweit der Träger der Straßenbaulast vor **Schlaglöchern** warnen muss und sich ggf. schadenersatzpflichtig macht. Dies hängt insbesondere von der Erkennbarkeit für den Autofahrer ab. Auf Autobahnen[427] dürfte wegen der gefahrenen Geschwindigkeiten und der Gefährlichkeit eine Warnpflicht eher zu bejahen sein als z.B. auf unbedeutenden bzw. wenig befahrenen Straßen.[428]

366 Dem Träger der Straßenbaulast obliegt die Verkehrssicherungspflicht für die an den Straßen stehenden **Bäume**.[429] Zur Abwehr der von Straßenbäumen ausgehenden Gefahren sind alle Maßnahmen zu treffen, die einerseits zum Schutz gegen Windbruch und Windwurf erforderlich, andererseits unter Berücksichtigung des umfangreichen Baumbestandes zumutbar sind. Hierzu gehört die Entfernung von nicht mehr standsicheren Bäumen und von Baumgeäst, bei dem damit zu rechnen ist, dass es

---

424 Vgl. *OLG Koblenz* DAR 2002, 510; *OLG Hamm* DAR 2010, 139 = VersR 2010, 535.
425 *BGH* NJW 2018, 2264.
426 *OLG Hamm* NJW-RR 2009, 1324.
427 Vgl. hierzu *LG Halle* DAR 2012, 707.
428 Vgl. *OLG Schleswig* SP 2012, 4.
429 Vgl. *OLG Nürnberg* NZV 1996, 494; *OLG Dresden* NZV 1997, 308.

auf die Straße stürzen kann. Zu den insoweit zumutbaren Maßnahmen gehört eine regelmäßige Beobachtung der Straßenbäume, die sich im Allgemeinen auf eine Sichtprüfung beschränken kann. Die Überprüfung von Straßenbäumen muss mindestens zweimal im Jahr, einmal im belaubten und einmal im unbelaubten Zustand, vorgenommen werden.[430] Einzelne eingehende Untersuchungsmaßnahmen am Baum sind nur dann vorzunehmen, wenn Umstände vorliegen, die der Erfahrung nach auf eine besondere Gefährdung durch den Baum hindeuten.[431] Solche verdächtigen Umstände können sich etwa aus trockenem Laub oder dürren Ästen, aus bereits eingetretenem Astbruch, aus äußeren Verletzungen, Pilzbefall, dem hohen Alter des Baumes und aus seiner Stellung ergeben.[432] Demgegenüber vertritt das *OLG Hamm* die Ansicht, dass der mäßige Gesundheitszustand eines Straßenbaumes, sein ungünstiger Standort oder sein Alter noch nicht ohne Weiteres zu eingehenden Kontrollmaßnahmen verpflichten sollen.[433] Der Senat weist darauf hin, dass der Sicherungspflichtige mit wirtschaftlich zumutbaren Mitteln nicht alle von Straßenbäumen ausgehende Gefahren beseitigen kann. Gelegentlicher natürlicher Astbruch, für den vorher keine besonderen Anzeichen bestehen, sei unvermeidbar und als naturgegebenes Lebensrisiko hinzunehmen. Dieser Entscheidung des *OLG Hamm* ist insoweit entgegen zu treten, als es mit den Grundsätzen der Verkehrssicherungspflicht nicht in Einklang zu bringen ist, bei erkennbaren Gefahren (erst) einen objektiv vorhersehbaren Schadensfall zunächst abzuwarten.

Auf Parkplätzen soll der Träger der Straßenbaulast nach Einschätzung des *OLG Saarbrücken*[434] z.B. 367
dazu verpflichtet sein, hohe Pappeln zu entfernen, da diese auch im gesunden Zustand dazu neigen, Äste abzuwerfen. Demgegenüber sieht das *OLG Karlsruhe*[435] trotz des bestehenden Risikos eines natürlichen Bruchs gesunder Äste keine Verpflichtung, den Baum oder nur wesentliche Teile der Krone zu entfernen. Wenn dem Verkehrssicherungspflichtigen die Gefahrenbeseitigung aufgrund des Interesses der Öffentlichkeit an der Erhaltung alten Baumbestandes nicht zumutbar ist, dann muss er aber zumindest vor den von Bäumen ausgehenden Gefahren warnen.[436]

Die Gemeinden sind verpflichtet, die öffentlichen Straßen innerhalb der geschlossenen Ortschaft 368
im Rahmen ihrer Leistungsfähigkeit vom Schnee zu räumen und bei Schnee- und Eisglätte zu streuen. Inhalt und Umfang dieser winterlichen **Räum- und Streupflicht** bestimmen sich unter dem Gesichtspunkt der Verkehrssicherung nach den Umständen des Einzelfalles.[437] Zu berücksichtigen sind insbesondere Art und Wichtigkeit der Straße, ihre Gefährlichkeit sowie das zu erwartende Verkehrsaufkommen. Die Räum- und Streupflicht steht unter dem Vorbehalt des Zumutbaren, wobei es auch auf die Leistungsfähigkeit des Sicherungspflichtigen ankommt. Grundsätzlich muss sich der Straßenverkehr auch im Winter den gegebenen Straßenverhältnissen anpassen.

Innerhalb geschlossener Ortschaften besteht Streupflicht nur an verkehrswichtigen und gefährlichen 369
Stellen der Fahrbahn.[438] Bei gänzlich unbedeutenden Wegen kann die winterliche Streupflicht u.U. ganz entfallen.[439] Der *BGH* hat z.B. die Zumutbarkeit der Streupflicht bei einem kaum befahrenen Stichweg verneint. Insbesondere muss der Benutzer einer mit Schnee bedeckten Gefällstrecke regelmäßig mit Glatteis rechnen und selbst dafür Sorge tragen, dass er nicht die Beherrschung über sein

430 Vgl. *OLG Düsseldorf* VersR 1992, 467; *OLG Brandenburg* DAR 1999, 168; *OLG Koblenz* VersR 1998, 865.
431 Vgl. *OLG Köln* VersR 1994, 1489; *OLG Köln* VersR 1992, 1370; *OLG Hamm* VersR 1994, 357.
432 Vgl. *OLG Brandenburg* NZV 1998, 25.
433 Vgl. *OLG Hamm* NZV 1998, 282.
434 *OLG Saarbrücken* DAR 2011, 32 = VersR 2011, 926 = MDR 2010, 1260.
435 *OLG Karlsruhe* DAR 2011, 30 = VersR 2011, 925 = MDR 2011, 292.
436 Vgl. *OLG Naumburg* DAR 1998, 18; *OLG Brandenburg* zfs 2002, 171.
437 Vgl. *BGH* NZV 1998, 199 = zfs 1998, 125 = DAR 1998, 388 = VersR 1998, 1373; *BGH* VersR 1993, 1106 = NZV 1993, 387.
438 Vgl. *OLG Hamm* NZV 2009, 453.
439 Vgl. *OLG Brandenburg* VRR 2008, 282; a.A. *LG München I*, Urt. v. 12.06.2008 – 26 O 2677/08.

Fahrzeug verliert.[440] Straßen außerhalb geschlossener Ortschaften müssen dagegen nachts auch an besonders gefährlichen Stellen in der Regel nicht gestreut werden.[441]

370 Die innerhalb geschlossener Ortschaften für verkehrswichtige und gefährliche Stellen bestehende Streupflicht beginnt an Werktagen mit dem Berufs- und Tagesverkehr (in aller Regel ab 07.00 Uhr) und endet in der Regel um 20.00 Uhr.[442] An Sonn- und Feiertagen ist der Beginn der Streupflicht für den Regelfall um 09.00 Uhr anzusetzen.[443] Nicht ausreichend wird es aber sein, wenn mit den Räum- und Streumaßnahmen trotz bereits vorhandener Glätte erst mit Einsetzen des Berufs- bzw. Tagesverkehrs begonnen wird, es sei denn die Erforderlichkeit hat sich erst kurzfristig ergeben; in diesem Fall ist eine den Umständen des Einzelfalls angemessene Reaktionszeit zu berücksichtigen. Eine vorbeugende Streupflicht auch in den Nachtstunden dürfte dagegen nur ausnahmsweise dann anzunehmen sein, wenn dort mit entsprechendem Verkehr gerechnet werden muss.[444] Steht fest, dass ein Geschädigter auf einem Gehweg zu einem Zeitpunkt zu Fall gekommen war, während dessen die Unfallstelle hätte gestreut werden müssen, was der Geschädigte nachzuweisen hat, spricht der erste Anschein dafür, dass es bei der Beachtung der Streupflicht nicht zu dem Unfall gekommen wäre.[445]

371 Die Kommune kann die Winterwartung auf **Gehwegen** auf die Anlieger übertragen, muss aber die Durchführung der Winterwartung hinreichend kontrollieren. Der Geschädigte muss jedoch trotz feststehender fehlender Kontrolle darlegen und beweisen, dass die Einhaltung der Kontrollpflicht den Schadensfall verhindert hätte.[446] Führt die Gemeinde den Winterdienst selbst aus, steht ihr ein Ermessen dahin gehend zu, welche Maßnahme sie letztlich ergreift. Der Straßenanlieger hat keinen Anspruch auf eine bestimmte Maßnahme.[447] Die Streubreite eines Weges hängt im Übrigen von deren Verkehrsbedeutung und dem Benutzungsgrad des Weges bei Glätte ab.[448] In Fußgängerzonen und an belebten Fußgängerüberwegen sollte die Breite 1,20–1,30 m betragen.[449]

372 Die Streupflicht der Gemeinde für einen Parkplatz beschränkt sich auf die »verkehrswesentlichen« Flächen. Parkflächen, die von den Mietern einer Wohnanlage benutzt werden, um zu den Wohnungen zu gelangen, brauchen nicht über die notwendige Verbindung zu den Wohnungen hinaus abgestreut werden.[450]

373 Der Straßenverkehrssicherungspflichtige hat dafür zu sorgen, den Verkehr auf der Straße möglichst gefahrlos zu gestalten, insbesondere Verkehrsteilnehmer vor unvermuteten, aus der **Beschaffenheit der Straße** sich ergebenden und bei zweckgerechter Benutzung des Verkehrsweges nicht ohne Weiteres erkennbaren Gefahrenstellen (z.B. tiefe Schlaglöcher, vgl. hierzu auch oben unter Rn. 238a) zu sichern oder zumindest zu warnen. Ein vorsichtiger Kraftfahrer darf grundsätzlich davon ausgehen, dass sein Fahrzeug nicht auf der Fahrbahndecke einer zum Kraftfahrzeugverkehr freigegebenen Straße aufsetzt, sofern nicht besondere Umstände vorliegen.[451] Auch im Winter bei Frost darf ein Verkehrsteilnehmer beim Befahren einer Autobahn darauf vertrauen, dass es nicht zu solchen Unebenheiten auf der Fahrbahn kommt, die zu einer erheblichen Beschädigung des Fahrzeuges führen können.[452]

440 Vgl. *BGH* NZV 1998, 199 = DAR 1998, 388 = VersR 1998, 1373.
441 Vgl. *OLG Frankfurt/M.* MDR 2012, 1463 = DAR 2012, 707.
442 Vgl. *OLG Schleswig* zfs 1999, 189.
443 Vgl. *OLG Köln* VersR 1997, 506; *OLG Koblenz* DAR 1999, 547.
444 Vgl. *BGH* WuM 2009, 677.
445 *BGH* NJW 2009, 3302 = DAR 2009, 693 = NZV 2009, 595.
446 Vgl. *OLG Hamm* NZV 2009, 453.
447 Vgl. *LG Magdeburg* NZV 2011, 205 = NVwZ-RR 2011, 183.
448 *OLG Brandenburg* VRR 2008, 82; vgl. hierzu auch *OLG Frankfurt/M.* NJW-RR 2002, 23.
449 *OLG Brandenburg* VRR 2008, 82.
450 Vgl. *Thüringer OLG* NZV 2009, 34.
451 Vgl. *OLG Dresden* DAR 1999, 122; *Köhler-Trotzki* DAR 2000, 481.
452 Vgl. *OLG Koblenz* NZV 2008, 580 = NVwZ-RR 2008, 651.

Die Straßenverkehrssicherungspflicht umfasst auch die Kontrolle an **Straßenbaustellen.** Bei einer neu errichteten Baustelle auf einer verhältnismäßig stark befahrenen BAB sind die angebrachten Sicherungseinrichtungen nach Ende der Hauptverkehrszeit auch zur Nachtzeit zu kontrollieren.[453] **374**

Der verantwortliche Straßenbaulastträger hat auch die Pflicht, durch geeignete Kontrollmaßnahmen dafür Sorge zu tragen, dass ein mit der Durchführung von Straßenbaumaßnahmen beauftragter Privatunternehmer die Baustelle so absichert, dass die Verkehrsteilnehmer vor den durch die Baumaßnahmen geschaffenen Gefahren hinreichend deutlich gewarnt werden. Diese Warnung muss so beschaffen sein, dass ein Verkehrsteilnehmer bei Anwendung durchschnittlicher Eigensorgfalt den betreffenden Bereich tatsächlich als Baustelle erkennen kann. Indessen bedarf es auch bei einer ausgedehnten Baustelle keiner besonderen Warnung für jede einzelne Baumaßnahme.[454] **375**

Werden im Verkehrsraum Hindernisse angebracht, um eine Verkehrsberuhigung zu erreichen, so muss bei Gestaltung der geschwindigkeitsbeschränkenden bzw. verkehrsberuhigenden Maßnahmen auf die Belange aller Verkehrsteilnehmer Rücksicht genommen werden.[455] **376**

Werden zur Durchsetzung von Geschwindigkeitsbeschränkungen Verkehrshindernisse – z.B. in Form von **Bodenschwellen** und Fahrbahnaufpflasterungen – angebracht, so muss die Verkehrsbehörde auch mit Fahrzeugen mit niedrigerer Bodenfreiheit rechnen. Der Fahrer eines derartigen Fahrzeuges muss aber dessen Eigenart bedenken und kann deshalb nicht ohne Weiteres auf die zulässige Höchstgeschwindigkeit der Straße vertrauen, um schadenfrei die Aufpflasterung zu passieren.[456] **377**

Die Verkehrssicherungspflicht für im Verkehrsraum aufgestellte **Hindernisse** trifft auch den Träger der Straßenbaulast von Feldwegen, wenn er eine »Absperrung« genehmigt, auch wenn nicht er selbst, sondern der Dritte das Hindernis errichtet hat, sofern eine Delegation von Sicherungspflichten auf den Dritten unzulässig oder nicht klar und eindeutig geregelt ist.[457] Auch eine Delegation entbindet den Träger der Straßenbaulast aber nicht von den ihm obliegenden Kontroll- und Überwachungspflichten.[458] Drahtabsperrungen auf Feldwegen müssen so gekennzeichnet sein, dass diese auch schon von weitem als (gefährliches) Hindernis erkennbar sind.[459] **378**

In diesem Zusammenhang ist darauf hinzuweisen, dass sich das zum 01.08.2002 in Kraft getretene zweite Schadensrechtsänderungsgesetz im Hinblick auf die Ersetzung des Entlastungsgrundes »unvermeidbares Ereignis« durch den Rechtsbegriff der »höheren Gewalt« im Fall einer Verkehrssicherungspflichtverletzung und eines daraus resultierenden Amtshaftungsanspruchs für den Verkehrsteilnehmer negativ auswirkt. So kann die Betriebsgefahr nach § 7 StVG regelmäßig zu einer Mithaftung des Geschädigten führen, da der Entlastungsnachweis nur noch bei »höherer Gewalt« möglich ist.[460] Die grundsätzlich begrüßenswerte Änderung des Gesetzgebers, die im Bereich der Gefährdungshaftung deplatzierte Entlastungsmöglichkeit des unvermeidbaren Ereignisses zugunsten der schwächeren Verkehrsteilnehmer, d.h. insbesondere Kinder und Senioren, durch den systemkonformen Begriff der »höheren Gewalt« zu ersetzen, birgt im Verhältnis zu den verkehrssicherungspflichtigen Städten und Gemeinden allerdings das Risiko unbilliger Härteentscheidungen. Denn es dürfte im Regelfall nicht gerechtfertigt sein, dass ein motorisierter Verkehrsteilnehmer, der allein aufgrund **379**

453 Vgl. *OLG Brandenburg* DAR 1998, 315.
454 Vgl. *OLG Hamm* NZV 1999, 84.
455 Vgl. *OLG Saarbrücken* NZV 1998, 284.
456 Vgl. *BGH* VersR 1991, 1055 = NJW 1991, 2824; *OLG Düsseldorf* VersR 1996, 602.
457 *BGH* NJW 2020, 3111 zu auf einem in der Mitte eines Feldweges errichteten Holzgestell, von dem aus über den Feldweg zwei waagerecht gespannte Stacheldrähte zur Seite ausgingen und den Weg absperrten.
458 *BGH* NJW 2020, 3111; *BGH* NJW 2008, 1440.
459 *BGH* NJW 2020, 3111 auch zur Frage eines Mitverschuldens eines Radfahrers, der in das Hindernis aufgrund einer (Voll-)Bremsung fällt.
460 Vgl. hierzu auch *Kärger* DAR 2003, 5.

einer schuldhaften Verletzung der Verkehrssicherungspflichten durch Städte und Gemeinden einen Schaden am Kfz erleidet, eine Anspruchskürzung in Höhe der Betriebsgefahr hinnehmen muss.

## 4. Subsidiärhaftung/Verweisungsprivileg

380 Für den Fall, dass dem Beamten lediglich Fahrlässigkeit zur Last fällt – anders also als beim Vorsatz –, kommt die Amtshaftung nach § 839 Abs. 1 S. 2 BGB nur dann zum Zuge, »wenn der Verletzte nicht auf andere Weise Ersatz zu erlangen vermag«. Unter diesen Voraussetzungen spricht man von einer Subsidiärhaftung oder einem Verweisungsprivileg, das jedoch bei der Teilnahme am allgemeinen Straßenverkehr in der Regel nicht mehr gilt.[461]

381 Der Nachweis,[462] dass – gleichgültig, ob aus wirtschaftlichen oder rechtlichen Gründen – anderweitiger Schadensersatz nicht zu erlangen ist, gehört demgemäß zu den anspruchsbegründenden Voraussetzungen für eine auf § 839 BGB gestützte Klage.[463] Soweit das Verweisungsprivileg eingreift und dem Geschädigten ein anderweitig realisierbarer Ersatzanspruch zur Seite steht, schließt die Bestimmung des § 839 Abs. 1 S. 2 BGB bereits die Entstehung eines Anspruchs gegen den schuldhaft handelnden Beamten aus.[464]

382 Dort, wo das Verweisungsprivileg gilt, ist zu berücksichtigen, dass nur solche Ersatzmöglichkeiten den Anspruch aus § 839 BGB ausschließen, die begründete Aussicht auf alsbaldige Verwirklichung haben, sodass ihre Ausnutzung dem Geschädigten auch zuzumuten ist.[465]

383 Der *BGH* hat die Anwendung der Subsidiaritätsklausel allerdings eingeschränkt.

384 So ist die Möglichkeit der Inanspruchnahme von Eigenversicherungen in der Regel nicht als »anderer Ersatz« anzusehen, jedenfalls insoweit, als die Haftung des Staates in Betracht kommt.

385 Dies gilt für Leistungen einer gesetzlichen oder privaten Unfall- oder Krankenversicherung,[466] aber auch für Leistungen einer Kaskoversicherung.[467] Auch Leistungen des Arbeitgebers nach dem Entgeltfortzahlungsgesetz stellen nach Auffassung des *BGH*[468] keine anderweitige Ersatzmöglichkeit im Sinne von § 839 Abs. 1 S. 2 BGB dar. Dies gilt allgemein für die durch freiwillige Prämienzahlungen erworbenen Leistungen privater Versicherungsträger, weil dies anderenfalls einen zweckwidrigen Zugriff auf die vom Versicherten aufgewendeten Mittel und verdienten Leistungen bedeuten würde.

386 In seinem Grundsatzurteil vom 27.01.1977 hat der *BGH*[469] unter ausdrücklicher Aufgabe seiner bisherigen Rechtsprechung darüber hinaus den Rechtsstandpunkt eingenommen, das Verweisungs-

---

461 Vgl. *KG* NZV 2007, 358 = zfs 2007, 260.

462 Allerdings obliegt die Beweislast dafür, dass der Geschädigte in der Lage ist, von einem nach § 2 Abs. 2 Nr. 1–5 PflVG von der Versicherungspflicht befreiten Fahrzeughalter Ersatz für seinen Schaden zu erlangen, dem *»Quasi-Versicherer«*, vgl. BGHZ 85, 222 (230) = NJW 1983, 1667.

463 Vgl. BGHZ 42, 176 = NJW 1964, 1895 = VersR 1964, 735; BGHZ 85, 225 (230) = NJW 1983, 1667 = VersR 1983, 84 = DAR 1983, 49 (51) = zfs 1983, 69; Grüneberg/*Sprau* § 839 Rn. 54, 62.

464 Vgl. BGHZ 61, 351 (357) = VersR 1974, 288 (290); BGHZ 68, 217 (223) = VersR 1977, 541 (543); *BGH* VersR 1984, 759.

465 Näher: Grüneberg/*Sprau* § 839 Rn. 59, 60.

466 Vgl. BGHZ 70, 7 = VersR 1978, 231 (233); *BGH* VersR 1980, 282 = zfs 1980, 143; BGHZ 79, 26 = NJW 1981, 623 = VersR 1981, 252 = DAR 1981, 117 = VRS 60, 321 (gesetzliche Krankenvers.); BGHZ 79, 35 = NJW 1981, 626 = VersR 1981, 223 = DAR 1981, 149; *BGH* NJW 1983, 2191.

467 Vgl. dazu: *BGH* NJW 1983, 1668 = VersR 1983, 85; *OLG Hamm* VersR 1982, 795 = zfs 1982, 310.

468 Vgl. BGHZ 1962, 380 = NJW 1974, 1767 = VersR 1974, 1104.

469 BGHZ 1968, 217 = NJW 1977, 1238 = VersR 1977, 541; vgl. ergänzend auch: *BGH* VersR 1978, 231 = WM 78, 249; VersR 1979, 348 (349, 1. Sp.); BGHZ 75, 134 = NJW 1979, 2043 = VersR 1979, 109; VersR 1980, 282; NJW 1980, 2194 = VersR 1980, 946 NJW 1981, 682 = VersR 1981, 347 (Streupflicht); NJW 1981, 681 (682) = VersR 1981, 335; BGHZ 1979, 26 = NJW 1981, 623 = VersR 1981, 252; BGHZ 79, 35 (36) = NJW 1981, 626 = VersR 1981, 233; *KG* NZV 2007, 358 = zfs 2007, 260.

privileg des § 839 Abs. 1 S. 2 BGB sei nicht anwendbar, wenn ein Amtsträger bei dienstlicher Teilnahme am allgemeinen Straßenverkehr schuldhaft einen Verkehrsunfall verursacht. Dies gilt auch für die Haftung der Stationierungsstreitkräfte gem. Art. VIII Abs. 5 des NATO-Truppenstatuts in Verbindung mit § 839 BGB sowie Art. 34 GG.[470]

Denn das Verweisungsprivileg widerspricht nach jetzt herrschender Auffassung des *BGH* einem tragenden haftpflichtrechtlichen Grundsatz des Straßenverkehrsrechts, das sich zunehmend zu einem eigenständigen Haftungssystem entwickelt hat. In diesem Bereich gilt allgemein der Grundsatz der haftungsrechtlichen Gleichbehandlung aller Verkehrsteilnehmer im Verhältnis zueinander. Die Amtspflichten des Hoheitsträgers als Teilnehmer am allgemeinen öffentlichen Straßenverkehr stimmen daher im Grundsatz inhaltlich mit den Sorgfaltspflichten überein, die auch jeder andere Verkehrsteilnehmer in der gleichen Verkehrslage zu erfüllen hat. **387**

Der *BGH* hat in einer Grundsatzentscheidung vom 12.07.1979[471] außerdem klargestellt, dass das Verweisungsprivileg des § 839 Abs. 1 S. 2 BGB auch für den Fall nicht mehr gilt, dass ein Amtsträger durch die Verletzung der ihm als hoheitliche Aufgabe obliegenden Verkehrssicherungspflicht einen Verkehrsunfall schuldhaft verursacht.[472] **388**

Somit trägt der Geschädigte im Prozess die Darlegungs- und Beweislast auch der negativen Tatsache, dass keine anderweitige Ersatzmöglichkeit besteht. **389**

Von besonderer Bedeutung ist insoweit auch die Beweislast bei Unfällen, die auf einer Verletzung der Streupflicht beruhen. Die Streupflicht als Teil der Verkehrssicherungspflicht besteht, wie bereits erwähnt, innerhalb geschlossener Ortschaften nur an verkehrswichtigen und besonders gefährlichen Stellen.[473] Bei Glatteisunfällen sind die Regeln über den Anscheinsbeweis lediglich dann anwendbar, wenn der Verletzte innerhalb der zeitlichen Grenzen der Streupflicht zu Schaden gekommen ist.[474] Bei Unfällen hingegen, die sich außerhalb der Zeit ereignet haben, in der eine Streupflicht bestand, gelten die allgemeinen Beweisgrundsätze, sodass der Geschädigte den Eintritt des Schadens und seine ursächliche Verknüpfung mit den Folgen der Verletzung der Streupflicht nachzuweisen hat.

Letztlich kommt das Verweisungsprivileg nach § 839 Abs. 1 S. 2 BGB im öffentlichen Straßenverkehr nur noch dann zum Zuge, wenn der Hoheitsträger (Amtsträger) für die Durchführung der Dienstfahrt berechtigterweise Sonderrechte im Sinne von § 35 StVO in Anspruch nimmt.[475] Denn § 35 StVO durchbricht den Grundsatz der Gleichbehandlung aller Verkehrsteilnehmer, weil hierdurch dem Amtsträger Befugnisse eingeräumt werden, die anderen Verkehrsteilnehmern gerade nicht zustehen. **390**

470 Vgl. *BGH* VersR 1979, 838.

471 BGHZ 75, 134 = NJW 1979, 2043 = VersR 1979, 1009 = DAR 1980, 84; vgl. ergänzend *BGH* VersR 1980, 242 = zfs 1980, 143; NJW 1980, 2194 = VersR 1980, 946; NJW 1981, 682 = VersR 1981, 347; VersR 1982, 292 = zfs 1982, 132 (Ls.).

472 Soweit es sich um die Streupflicht handelt: vgl. *BGH* VersR 1982, 292 = zfs 1982, 131 (Ls.); ferner: *OLG Hamm* VersR 1982, 171 = zfs 1982, 101; *KG* zfs 1982, 132 = VRS 62, 161; *OLG Köln* VersR 1983, 162 = zfs 1983, 102.

473 Vgl. *BGH* NJW 1991, 33; *OLG Frankfurt/M.* NJW 1988, 2546; *OLG Hamm* VersR 1981, 438.

474 Vgl. *BGH* NJW 2009, 3302 = DAR 2009, 693 = NZV 2009, 595; *BGH* VersR 1984, 40; *OLG Koblenz* DAR 1999, 547.

475 Vgl. BGHZ 1985, 225 (230) = NJW 1983, 1667 = VersR 1983, 84 (85) = DAR 1983, 49 (51) = zfs 1983, 69; *BGH* NJW 1997, 2109.

## E. Geschäftsherr – Haftung für Verrichtungsgehilfen

### I. Haftungsgrundlagen

391 Wer einen anderen zu einer Verrichtung bestellt (Geschäftsherr), ist zum Ersatz des Schadens verpflichtet, den der Verrichtungsgehilfe[476] in Ausübung der ihm übertragenen Tätigkeit einem Dritten widerrechtlich zufügt, § 831 BGB.

392 Nur auf den ersten Blick besteht eine scheinbare Übereinstimmung bezüglich der Haftung aus § 831 BGB und aus § 278 BGB. Zwischen diesen beiden Vorschriften bestehen jedoch sehr wesentliche Unterschiede. Die Bestimmung des § 278 BGB befasst sich – im Rahmen bestehender Schuldverhältnisse und rechtlich relevanter Sonderverbindungen[477] – mit der Zurechenbarkeit fremden Verschuldens, also mit dem Einstehen müssen für das dem Erfüllungsgehilfen selbst – und nur ihm – zur Last fallende Fehlverhalten, während § 831 BGB eine Haftung des Geschäftsherrn aus eigenem – gesetzlich vermutetem – Verschulden bei der Auswahl und Überwachung des Verrichtungsgehilfen normiert. Dabei ist zu beachten, dass dieselbe Person aus Anlass desselben Schadens sowohl Erfüllungs- als auch Verrichtungsgehilfe sein kann. Als Beispiel mag der Fall dienen, dass der Fahrer eines städtischen Linienomnibusses die Vorfahrt verletzt und mit einem Lkw zusammenstößt. In beiden Fahrzeugen werden Personen verletzt. Die Fahrgäste des Omnibusses können – neben der Halterhaftung aus § 7 StVG – den Unternehmer sowohl aus § 831 BGB als auch über § 278 BGB in Anspruch nehmen, weil der angestellte Omnibusfahrer im Verhältnis zu den Fahrgästen sowohl Verrichtungs- als auch Erfüllungsgehilfe des Busunternehmens ist. Soweit es sich um die verletzten Insassen des Lkw handelt, kommt – wiederum neben der Halterhaftung und der Haftung des Fahrers aus § 823 BGB bzw. § 18 Abs. 1 StVG – lediglich eine Haftung des Geschäftsherrn aus § 831 BGB in Betracht, weil es in diesem Zusammenhang an einem vertraglich begründeten Schuldverhältnis mangelt.

393 Von Bedeutung ist im Rahmen der Geschäftsherrenhaftung, dass § 831 BGB zwar von einem gesetzlich vermuteten Verschulden des Geschäftsherrn ausgeht, auf Seiten des Verrichtungsgehilfen indes für die Haftung bereits eine objektiv widerrechtliche Handlung genügen lässt. Die praktische Bedeutung dieser Regelung liegt darin, dass die Haftung aus § 831 BGB selbst dann eingreift, wenn der Verrichtungsgehilfe nicht deliktsfähig ist oder ihm im subjektiven Bereich andere Schuld ausschließende Gründe zur Seite stehen.

394 Außerdem besteht bei § 831 BGB eine sehr wesentliche Beweiserleichterung für den Geschädigten. Nach der Rechtsprechung des *BGH*[478] wird die (objektive) Widerrechtlichkeit der Handlung des Verrichtungsgehilfen vermutet, es sei denn, dass der Geschäftsherr seinerseits diese Vermutung durch den ihm obliegenden Nachweis verkehrsrichtigen Verhaltens entkräftet. Allgemeine Erwägungen reichen dafür allerdings nicht aus.

395 Der Geschädigte seinerseits hat den Vorfall, auf den er seine Ansprüche stützt, lediglich nach Art, Zeit und Umständen so zu bezeichnen, dass sich ein Tätigwerden einer Hilfsperson ergibt.

396 Die Haftung aus § 831 BGB setzt ferner voraus, dass die widerrechtliche Handlung des Gehilfen in Ausübung einer ihm übertragenen Verrichtung vorgenommen wird. Das bedeutet, dass der schädliche Erfolg der widerrechtlichen Handlung nicht nur gelegentlich, sondern aus Anlass[479] der dem Gehilfen übertragenen Verrichtung herbeigeführt worden sein muss.

---

476 Einen Überblick über die Haftung des Verrichtungsgehilfen gern. § 831 BGB gibt *Kupisch* in: JuS 1984, 250.

477 Wegen des Begriffs vgl.: BGHZ 73, 190 (192) = *BGH* NJW 1979, 973 (m.w.N.); *BGH* NJW 1980, 2080.

478 Vgl. BGHZ 24, 21; *BGH* NJW 1996, 3205.

479 Vgl. dazu Grüneberg/*Sprau* § 831 Rn. 9.

Die Bestellung zum Verrichtungsgehilfen setzt nach herrschender Meinung keine rechtsgeschäftliche Willenserklärung voraus. Erforderlich ist jedoch stets ein Abhängigkeitsverhältnis zwischen Verrichtungsgehilfen und Geschäftsherrn, das nicht durch eine bloße Aufsichtsbefugnis ersetzt werden kann. Das bedeutet, dass eine Haftung aus § 831 BGB nicht in Betracht kommen kann, wenn der Gehilfe nicht den Weisungen des Geschäftsherrn unterworfen ist, insbesondere in eigener Verantwortlichkeit eine selbstständige Tätigkeit ausübt.[480] Der Taxifahrer ist daher nicht Verrichtungsgehilfe des Fahrgastes, ebenso wenig wie der Montageinspektor Geschäftsherr des Fahrzeugführers ist. Andererseits kann bei der Anmietung eines Kraftfahrzeugs mit einem vom Vermieter gestellten Fahrer dieser gleichzeitig Verrichtungsgehilfe des Mieters wie auch des Vermieters sein.[481] 397

Nicht (mehr) in Ausübung der ihm aufgetragenen Verrichtung handelt der Gehilfe in der Regel aber, wenn er eine strafbare Handlung begeht. 398

Der innere Sachzusammenhang zwischen Auftrag und schädlichem Erfolg wird aber noch anzunehmen sein, wenn z.B. ein Taxifahrer gegenüber einem zahlungsunwilligen Fahrgast körperliche Gewalt anwendet und ihn dabei verletzt. Gleiches dürfte für den Fall gelten, dass ein Straßenbahnschaffner gegenüber einem betrunkenen Fahrgast tätlich wird. 399

Im Hinblick auf die Beweislast gelten folgende Grundsätze: 400

Der Geschädigte muss den Eintritt des Schadens und den inneren Sachzusammenhang zwischen der dem Gehilfen übertragenen Verrichtung und dem schädlichen Erfolg beweisen. 401

Der Geschäftsherr, der sich aus der dann eintretenden Haftung des § 831 BGB exkulpieren will, muss seinerseits die ihm zur Seite stehenden Entlastungstatbestände (sorgfältige Auswahl, Überwachung etc.) nachweisen. 402

Mit anderen Worten: Der Geschädigte hat die Verletzungshandlung und ihre Folgen zu beweisen, während der Geschäftsherr den ihm obliegenden Entlastungsbeweis zu führen hat.[482] 403

Die Bedeutung des Entlastungsbeweises in der Praxis darf keineswegs unterschätzt werden. Es kann trotz offenkundigem Fehlverhalten des Verrichtungsgehilfen aus prozesstaktischen Gründen durchaus sinnvoll sein, dennoch den Entlastungsbeweis anzubieten, wenn Halter und Fahrzeugführer bezüglich aller Schadenpositionen als Gesamtschuldner verklagt werden. Diese Möglichkeit bietet sich beispielsweise in den Fällen an, in denen der Betriebsunternehmer eines Straßenbahnzuges ausschließlich der Gefährdungshaftung unterliegt und die Haftungshöchstgrenzen nach dem HaftPflG überschritten werden. Verzichtet in einem derartigen Fall der Betriebsunternehmer als Geschäftsherr auf den Entlastungsbeweis aus der Überlegung heraus, dass der Straßenbahnfahrer grobfahrlässig gehandelt habe, dann haftet damit auch der Unternehmer – als Gesamtschuldner neben dem Straßenbahnfahrer – nach § 831 BGB der Höhe nach unbegrenzt für den gesamten Schaden, auch soweit er den – allein für den Unternehmer im Rahmen der Gefährdungshaftung maßgeblichen – Haftungshöchstbetrag überschreitet. 404

Soweit es sich um Schäden handelt, an denen seitens des Geschäftsherrn ein Kraftfahrzeug[483] beteiligt war, bringt der Entlastungsbeweis aus § 831 BGB auch im Hinblick auf die Haftungshöchstgrenzen des § 12 StVG allerdings keinen rechtlichen Vorteil, weil der gemeinsame Haftpflichtversicherer nach dem Pflichtversicherungsgesetz als Gesamtschuldner auch für den der Höhe nach aus Verschulden unbegrenzt haftenden Kraftfahrer voll einzutreten hat. Das Gleiche gilt für den versicherungsfreien Kfz-Halter in seiner Eigenschaft als »Quasi-Versicherer«. 405

Aber auch in derartigen Fällen kann unter kostenrechtlichen Aspekten dem Geschäftsherrn, der trotz offenkundigen Verschuldens seines Verrichtungsgehilfen den Entlastungsbeweis mit Erfolg führt, 406

---

480 Vgl. *BGH* NJW 2009, 1740 = VersR 2009, 784; Grüneberg/*Sprau* § 831 Rn. 5.
481 Vgl. *BGH* VersR 1967, 999; *BGH* VersR 1968, 769.
482 Vgl. BGHZ 24, 21.
483 Vgl. zur Haftung des Fuhrparkhalters nach § 831 BGB s. *Kiser* VersR 1984, 213.

ein prozesstaktischer Vorteil zufließen. Dies gilt insbesondere für den Fall, dass die Beklagten, die nach außen eine Haftungseinheit bilden, im Prozess von verschiedenen Anwälten vertreten werden.

## II. Entlastungsmöglichkeiten

407 Die Haftung für den Verrichtungsgehilfen, die auf einem eigenen, gesetzlich vermuteten Verschulden des Geschäftsherrn beruht, ist bei Weitem nicht so streng wie die Haftung für den Erfüllungsgehilfen aus § 278 BGB, weil im Rahmen von § 831 BGB dem Geschäftsherrn eine Reihe von Entlastungsmöglichkeiten[484] offenstehen. Die wichtigsten Entlastungsmöglichkeiten, für die der Geschäftsherr wie gesagt beweispflichtig ist, sollen nachfolgend dargestellt werden.

408 Der Entlastungsbeweis braucht im Übrigen nur für die Zeit bis zum Eintritt des betreffenden Schadenereignisses geführt zu werden. Das darauffolgende Verhalten des Verrichtungsgehilfen bzw. auch des Geschäftsherrn hat bei der Beurteilung außer Betracht zu bleiben, da es für den Eintritt des Schadens ohne Frage nicht ursächlich war.

409 Nach dem klaren Wortlaut des Gesetzes hat der Geschäftsherr sich nicht allein im personellen Bereich bezüglich der Auswahl und Überwachung des Gehilfen zu entlasten, sondern auch bezüglich der von ihm etwa zu stellenden »Vorrichtungen oder Gerätschaften«, also der technischen Betriebsmittel. Der Entlastungsbeweis kann sich auch, falls der Geschäftsherr die »Ausführung der Verrichtungen zu leiten« hat, darauf erstrecken, dass die Leitungsbefugnisse mit der gebotenen Sorgfalt wahrgenommen worden sind, das heißt, dass der Geschäftsherr seiner Aufsichtspflicht genügt und sein Direktionsrecht in sachgemäßer Weise wahrgenommen hat.

410 Der Entlastungsbeweis eines Straßenbahnunternehmers nach § 831 Abs. 1 S. 2 BGB für einen Unfall, den ein Fahrgast beim Anfahren erlitten hat,[485] scheitert aber beispielsweise nicht schon daran, dass es an einer entsprechenden Dienstanweisung fehlt.[486] Generell lässt sich feststellen, dass das Maß der Sorgfalt in dem Verhältnis wächst, in dem ausgeführte Verrichtungen Gefahren für andere mit sich bringen.[487] Je verantwortungsvoller und schwieriger die Tätigkeit ist, umso größer ist das dem Geschäftsherrn obliegende Maß an Sorgfalt. Dies gilt in verstärktem Umfange natürlich dann, wenn mit der Tätigkeit Gefahren für die öffentliche Sicherheit, insbesondere im allgemeinen Straßenverkehr, verbunden sind.

411 Der Entlastungsbeweis kann unter zwei Aspekten geführt werden:

412 Einmal unter dem Gesichtspunkt des mangelnden Verschuldens des Geschäftsherrn und zum anderen im Hinblick auf die fehlende Schadenursächlichkeit, also durch den Nachweis, dass der Schaden selbst bei Anwendung der erforderlichen Sorgfalt eingetreten wäre.

### 1. Verkehrsrichtiges Verhalten

413 Der *BGH*[488] geht davon aus, dass die Widerrechtlichkeit des schädlichen Erfolgs zwar zu vermuten sei, dass eine objektiv widerrechtliche Handlung aber dann nicht vorliegt, wenn der Verrichtungsgehilfe sich verkehrsrichtig verhalten hat.[489] Unter dieser Voraussetzung, die der Geschäftsherr zu beweisen

---

484 Zu den Aufforderungen an den Entlastungsbeweis vgl. *BGH* VersR 1984, 67 = zfs 1984, 69.

485 Vgl. *BGH* DAR 1993, 103; *KG* NZV 1993, 108; *OLG Hamm* NZV 1998, 463.

486 Vgl. *OLG Braunschweig* VRS 1965, 328.

487 Vgl. *BGH* NJW 2003, 288; *BGH* NJW 1977, 1965 = VersR 1977, 817; *OLG Stuttgart* NJW 1961, 34 = VersR 1961, 1121; *OLG Koblenz* VersR 1980, 1051.

488 Vgl. *BGH* VersR 1975, 447.

489 *BGH* VersR 1975, 447; vgl. auch *BGH* NJW 1996, 3205. Die Rechtsprechung des *BGH* ist m. E. nicht unkritisch, da es für eine derartige Rechtsfortbildung des *BGH* keinen Anlass gibt. Verhalte sich der Verrichtungsgehilfe nämlich richtig, so wäre der Schaden auch entstanden, wenn der Geschäftsherr selbst an seiner Stelle gewesen wäre. Es würde dann an der Kausalität zwischen mangelhafter Gehilfenauswahl oder -beaufsichtigung und dem rechtswidrigen Erfolg fehlen.

hat und die praktisch eine Entkräftung der vermuteten Widerrechtlichkeit bedeutet, braucht nach der Auffassung des *BGH* der eigentliche Entlastungsbeweis nach § 831 BGB (sorgfältige Auswahl und Überwachung, mangelnde Schadenursächlichkeit) nicht geführt zu werden.[490]

Beruft sich der Geschäftsherr im Zusammenhang mit § 831 BGB auf verkehrsrichtiges Verhalten seines Verrichtungsgehilfen, so handelt es sich streng genommen nicht um eine Form des Entlastungsbeweises, sondern um den Einwand, dass § 831 BGB von vornherein keine Anwendung findet, weil es an einem wesentlichen Tatbestandsmerkmal, nämlich dem Kriterium der Widerrechtlichkeit, mangelt. Fehlt es demnach schon an den objektiven Tatbestandsvoraussetzungen für die Anwendung des § 831 BGB, dann bedarf es konsequenterweise auch keines Entlastungsbeweises durch den Geschäftsherrn. **414**

## 2. Sorgfältige Auswahl und Überwachung

Der Geschäftsherr kann sich in erster Linie durch den Nachweis entlasten, dass er den Verrichtungsgehilfen bei seiner Einstellung sorgfältig ausgewählt, ihn dann für seine Aufgaben hinreichend geschult und ihn bei der Ausübung der ihm übertragenen Verrichtungen in nicht zu lang bemessenen Zeitabständen regelmäßig überwacht hat. Mit Rücksicht auf die erheblichen Gefahren des modernen Straßen- und Schienenverkehrs sind an den Entlastungsbeweis in diesem Bereich aber ganz besonders strenge Anforderungen zu stellen.[491] Besonders strenge Maßstäbe für die Kontrollpflichten des Geschäftsherrn gegenüber dem Gefahrgutbeauftragten hat der *BGH* in seinem Grundsatzurteil vom 30.01.1996 aufgestellt.[492] Ob eine unauffällige Kontrolle erforderlich ist, hängt von den besonderen Umständen des Einzelfalls ab.[493] Ggf. kann es geboten sein, die Ausführungen der Fahrten zu überwachen, indem der Geschäftsführer die Fahrweise des Verrichtungsgehilfen aus einem anderen Fahrzeug beobachtet.[494] Auch ggf. gesetzlich vorgeschriebene körperliche Untersuchungen sind natürlich vom Geschäftsherrn zu veranlassen. **415**

Bei der Auswahl eines Kraftfahrzeugführers genügt es nicht allein, dass der betreffende Fahrzeugführer über die technischen Fähigkeiten und Fertigkeiten zur Bedienung des ihm anvertrauten Fahrzeugs verfügt. Dass sich der Geschäftsherr jedenfalls den Führerschein zeigen lässt, ist eine Selbstverständlichkeit. Darüber hinaus ist aber auch die uneingeschränkte charakterliche Eignung des Kfz-Führers verbunden mit Besonnenheit und einem ausgeprägten Verantwortungsbewusstsein, erforderlich.[495] Vor der Einstellung eines Fahrers muss sich der Halter daher auch über dessen persönliche Eigenschaften erkundigen, insbesondere darüber, ob der Bewerber in straßenverkehrsrechtlich vorbelastet ist.[496] Insoweit ist aber zu berücksichtigen, dass es dem Dienstherrn in der Regel aus rechtlichen Gründen nicht möglich sein wird, sich Einblick in das Straf- oder Verkehrszentralregister zu verschaffen. **416**

Selbst bei Kraftfahrern, die bereits einige Jahre bei dem betreffenden Unternehmer tätig sind, müssen Stichproben durchgeführt werden, an die durchaus strenge Anforderungen zu stellen sind.[497] Dies gilt insbesondere bei Anfängern, die bisher nur schwache Leistungen gezeigt haben, aber auch für Taxifahrer[498] und bei Fahrern von Müllwagen.[499] Auch die Auswahl und Überwachung von Straßenbahnfahrern unterliegt strengen Sorgfaltsanforderungen. Gleiches gilt für Beschäftigte der **417**

490 Vgl. dazu auch *BGH* VersR 1975, 447 (449).
491 Vgl. *BGH* VersR 1970, 327; vgl. auch Grüneberg/*Sprau* § 831 Rn. 10 ff. sowie Geigel/*Haag* 17. Kap. Rn. 15.
492 *BGH* r+s 1996, 136 = VersR 1996, 469 = NZV 1996, 191.
493 *BGH* a.a.O.; vgl. insoweit auch *BGH* VersR 1984, 67; VRS 1966, 182.
494 Vgl. *BGH* r+s 1997, 364 = DAR 1997, 399; Grüneberg/*Sprau* § 831 Rn. 13.
495 Vgl. *BGH* VersR 1968, 490; *BGH* VersR 1965, 37; *BGH* VersR 1967, 53 (Autotransportunternehmen); *OLG Hamm* NJW 2009, 2685 = NZV 2009, 503.
496 Vgl. *BGH* VersR 1966, 1074; *OLG Köln* VersR 1966, 766; *OLG Hamm* NJW 2009, 2685.
497 Vgl. *BGH* VersR 1963, 239; 1963, 955; Grüneberg/*Sprau* § 831 Rn. 13.
498 Vgl. *BGH* VersR 1965, 290; *LAG Frankfurt/M.* VRS 30, 79.
499 Vgl. *OLG Düsseldorf* VersR 1971, 573; *Rohde* VersR 1961, 297.

Deutschen Bahn AG, und zwar sowohl bei Omnibusfahrern als auch bei Zug- und Lokomotivführern wie schließlich auch bei Schrankenwärtern und Sicherungsposten.[500]

418 Weniger strenge Maßstäbe können aber dann gelten, wenn ein Kraftfahrer sich in langjähriger Tätigkeit bewährt hat und wenn unauffällige Kontrollen zu dem Ergebnis geführt haben, dass er den an ihn gestellten Anforderungen hinreichend gewachsen ist.[501]

419 Hat ein Geschäftsherr den Verrichtungsgehilfen nicht oder nur unzureichend ausgewählt, trifft ihn jedoch eine verstärkte Pflicht zur Aufsicht und Überwachung.

Bei Großbetrieben genügt in der Regel der sog. dezentralisierte Entlastungsbeweis. Er besteht darin, dass der Geschäftsherr darlegt, dass er den mit der Auswahl und Überwachung betrauten Angestellten – also z.B. den Leiter des Personalbüros bzw. den Leiter des technischen Fahrdienstes – sorgfältig ausgewählt und überwacht hat.[502]

420 Die Kontrolle sowie die Auswahl müssen sich gerade auf die Tätigkeiten erstrecken, bei deren Ausführung sich der Unfall ereignet hat.[503] Die Haftung aus § 831 BGB hängt aber nicht davon ab, dass der Schaden gerade durch diejenigen (negativen) Eigenschaften des Gehilfen verursacht worden ist, die bei sorgfältiger Auswahl seine Einstellung hätten infrage stellen müssen.[504] Es genügt vielmehr die Feststellung, dass der Verrichtungsgehilfe zu den ihm aufgetragenen schadenträchtigen Arbeiten ungeeignet war und dass der Geschäftsherr dies bei Aufwendung der im Verkehr erforderlichen Sorgfalt rechtzeitig hätte erkennen müssen.[505] Der Entlastungsbeweis kann auch nicht mit dem Argument abgeschnitten werden, aus der schädigenden Handlung selbst ergäbe sich die Unzulänglichkeit der Auswahl und Beaufsichtigung des Verrichtungsgehilfen. Das erkennende Gericht kann insoweit nach freiem Ermessen die Vorlegung von Personalakten verlangen, die erfahrungsgemäß alle größeren Betriebe zu führen pflegen.

## 3. Sorgfältige Beschaffung von Vorrichtungen

421 Ein Kfz-Halter hat für den verkehrssicheren Zustand des Fahrzeugs zu sorgen. Andernfalls ist eine Haftung aus § 831 BGB anzunehmen. Er muss daher darlegen und beweisen, dass kein unfallursächlicher Mangel vorhanden war oder er ihn vor dem Unfall nicht bemerken konnte, obwohl er in dieser Richtung alles ihm Zumutbare getan hat; dass sich das Fahrzeug vor dem Unfall in Reparatur befunden hat und dass der Inhaber der Werkstatt angewiesen war, alle bemerkbaren Mängel zu beheben, reicht zur Entlastung aber nicht aus.[506]

## 4. Mangelnde Schadenursächlichkeit

422 Der Geschäftsherr kann sich schließlich auch dadurch entlasten, dass er nachweist, dass sein (gesetzlich vermutetes) Verschulden für den eingetretenen schädlichen Erfolg nicht ursächlich war, d.h. dass der Schaden auch bei Aufwendung der im Verkehr erforderlichen Sorgfalt entstanden wäre.[507] Es ist also entweder der Nachweis erforderlich, dass der Schaden auch bei Bestellung einer zuverlässigen Person entstanden wäre[508] oder dass auch ein sorgfältiger Geschäftsherr nicht anders hätte handeln können.[509] An der Kausalität fehlt es auch, wenn insbesondere ein umsichtiger Geschäftsherr den Verrichtungsgehilfen gleichfalls eingestellt hätte oder aber ein verkehrsrichtiges Verhalten

500 Vgl. *BGH* VersR 1960, 372 = VRS 18, 321.
501 Vgl. *BGH* VersR 1966, 490.
502 Vgl. BGHZ 4, 1; *BGH* VersR 1964, 297; Grüneberg/*Sprau* § 831 Rn. 11.
503 Vgl. *BGH* VersR 1965, 37.
504 Vgl. *BGH* VersR 1984, 67 = VRS 66, 182.
505 Vgl. *BGH* VRS 3, 401; VersR 1970, 327.
506 *BGH* VersR 1966, 564.
507 Vgl. BGHZ 12, 96.
508 BGHZ 12, 96; *OLG Köln* VersR 1996, 1290.
509 Vgl. BGHZ 4, 1 (4); Geigel/*Haag* 17. Kap. Rn. 16.

des Gehilfen vorliegt, da in diesem Fall sich nämlich auch ein ordnungsgemäß ausgewählter und überwachter Gehilfe nicht hätte besser verhalten können. Wenn dieser Nachweis geführt ist, fehlt es an dem erforderlichen Kausalzusammenhang zwischen der Verletzung der verkehrsüblichen Sorgfalt und dem schädlichen Erfolg.[510]

Die Haftung ist auf die Mindestversicherungssummen beschränkt.[511]

## F. Aufsichtspflichtiger

### I. Haftungsgrundlagen

Eine Aufsichtspflicht regelt die Zurechnung einer Handlung eines Dritten an eine Aufsichtsperson, 423
wenn diese ihrer Aufsichtspflicht nicht genügend nachgekommen ist. Aus ihr ergeben sich neben den strafrechtlichen Konsequenzen – privatrechtliche Ansprüche vor allem Schadenersatzansprüche.

Wer kraft Gesetzes zur Führung der Aufsicht über eine Person verpflichtet ist, die wegen Minderjährigkeit oder wegen ihres geistigen oder körperlichen Zustandes der Beaufsichtigung bedarf, ist zum Ersatz des Schadens verpflichtet, den diese Person einem Dritten widerrechtlich zufügt, § 832 Abs. 1 BGB.[512] Die Haftung des Aufsichtspflichtigen für Schäden Dritter, die sein Aufsichtsbefohlener anrichtet, ist ein Unterfall der Verkehrssicherungspflichtverletzung.

§ 832 BGB begründet zwei Vermutungen dahingehend, dass der Aufsichtspflichtige seine Aufsichts- 424
pflicht schuldhaft verletzt hat, in dem er die im konkreten Fall erforderlichen Handlungen gänzlich oder teilweise unterlassen hat und dass zwischen der Verletzung der Aufsichtspflicht und dem entstandenen Schaden ein ursächlicher Zusammenhang besteht.[513] Gegenstand der Haftung ist der Schaden, den der Aufsichtsbedürftige widerrechtlich einem Dritten zugefügt hat.

§ 832 begründet eine Haftung für vermutetes Verschulden. Voraussetzung ist mithin, dass der Aufsichtsführende deliktsfähig sein muss, da dieser andernfalls nur nach § 829 BGB haftet. § 832 BGB füllt die Haftungslücke, die § 828 BGB schafft. Danach haften Kinder erst dann selbst, wenn sie sieben Jahre alt sind (bei Unfällen mit Kraftfahrzeugen zehn Jahre) und das Unrecht ihres Tuns erkannt haben.

Soweit der Aufsichtspflichtige haftpflichtversichert ist, tritt die Versicherung für alle Schäden ein, die nicht vorsätzlich verschuldet sind (§ 81 VVG).

Eine Ersatzpflicht trifft auch denjenigen, der die Führung der Aufsicht durch Vertrag übernimmt. 425
Die vertragliche Übernahme der Aufsicht kann ausdrücklich oder stillschweigend vereinbart werden, dies auch als Nebenpflicht.[514]

Eine vertragliche Übernahme der Aufsicht kann bei Minderjährigen vorliegen in privaten Kindergärten, Krankenhäusern, Pflegefamilien, Kinderheimen, Ferienlager und Privatschulen. Ein besonderes Augenmerk ist zu legen auf kommunale Einrichtungen, in denen Beamte tätig sind (Kindergärten, Krankenhäuser, Alten- und Pflegeheime). Die dort bestehende Amtshaftung gem. den §§ 839 BGB i.V.m. Art. 34 GG verdrängt den § 832.[515] Eine konkludent vertraglich übernommene Aufsichtspflicht kann bei Bekannten und Verwandten eines Minderjährigen bestehen, sofern er sich in deren Obhut befindet. Problematisch ist hierbei das Bestehen eines entsprechenden Rechtsbindungswillens.[516]

510 Vgl. *BGH* VersR 1967, 583.
511 Vgl. *BGH* NJW 1990, 2615 = VersR 1991, 73 = DAR 1990, 383 = NZV 1990, 427.
512 Vgl. hierzu insges. *Brand* JuS 2012, 673.
513 Vgl. Grüneberg/*Sprau* § 832 Rn. 1.
514 Vgl. Grüneberg/*Sprau* § 832 Rn. 6.
515 Vgl. *OLG Dresden* NJW-RR 1997, 857.
516 Vgl. Staudinger/*Bernau* § 832 BGB, Rn. 32.

426 Auch die gesetzliche Aufsichtspflicht kann durch Vertrag oder sonstige Vereinbarungen rechtswirksam auf einen Dritten mit der Folge übertragen werden, dass der ursprünglich Aufsichtspflichtige von seiner Verpflichtung befreit wird.[517] Ist die Aufsichtspflicht auf andere übertragen worden, so haben die Eltern nur noch die Pflicht zur sorgfältigen Auswahl und Anleitung der betreffenden Person. Sie sind nicht völlig von ihrer Pflicht befreit.

427 Liegt ein Mitverschulden des Geschädigten vor, ist dieses anspruchsmindernd gem. § 254 BGB zu berücksichtigen in Bezug auf den Schaden, den der Aufsichtspflichtige zu ersetzen hat. Die Verursachungsbeiträge des Aufsichtspflichtigen, des Aufsichtsbedürftigen und des Geschädigten sind gegenüber zu stellen. Bei Bildung der Haftungsquote für den Schaden, den der Aufsichtspflichtige dem Geschädigten zu ersetzen hat, ist auf den jeweiligen Verursachungsbeitrag abzustellen. Das Mitverschulden des Aufsichtspflichtigen ergibt sich nicht bereits aus der gesetzlichen Vermutung, sondern ist konkret mit dem Verschulden des Geschädigten abzuwägen.[518] Ein Mitverschulden des Minderjährigen gem. § 254 BGB kommt im Straßenverkehr erst nach dem 10. Lebensjahr gem. § 828 Abs. 2 BGB in Betracht.

Ein Sonderfall besteht, sofern der Aufsichtsbedürftige durch seine Handlung selbst geschädigt wird und ein Dritter ebenfalls haftet. Diese Konstellation kann bei Straßenverkehrsunfällen eintreten, mithin bei einem Aufsichtsverschulden der Eltern und einer Haftung eines Halters nach § 7 StVG. Das Mitverschulden der Eltern ist in diesem Fall nicht zu beachten, da keine vertragliche Sonderbeziehung zum schädigenden Kfz-Halter besteht.[519] Sofern der Aufsichtspflichtige selbst den Aufsichtsbedürftigen verletzt, kommt dem Aufsichtsbedürftigen die Beweiserleichterung gem. § 832 BGB nicht zugute. Anspruchsgrundlagen für den Schadenersatz des Aufsichtsbedürftigen gegen den Aufsichtspflichtigen sind sodann die §§ 823 bzw. 280 BGB.

Das geschädigte Kind hat jedoch einen Anspruch gegen den Aufsichtspflichtigen aus Verletzung der Fürsorgepflicht. Der Aufsichtspflichtige kann sodann mit dem schädigenden Kfz-Halter Gesamtschuldner sein.[520]

Zu beachten ist das Haftungsprivileg der Eltern gem. §§ 1664 Abs. 1, 277 BGB. Wird der Aufsichtsbedürftige verletzt durch eine leicht fahrlässige Aufsichtspflichtverletzung der Eltern und liegt ebenfalls ein Verursachungsanteil durch einen Drittschädiger vor, so haften die Eltern nicht gesamtschuldnerisch mit dem Drittschädiger. Der Drittschädiger kann keinen Regress an den Eltern nehmen (gestörter Gesamtschuldnerausgleich).

428 Wie § 831 BGB setzt auch § 832 BGB ein Verschulden des unmittelbaren Täters nicht voraus, sondern knüpft an die nach objektiven Kriterien zu bemessende Widerrechtlichkeit an.[521] Die Widerrechtlichkeit wird bis zum zulässigen Gegenbeweis des Aufsichtspflichtigen vermutet.

429 Aufsichtsbedürftig sind Minderjährige, wobei eine Abstufung nach dem Alter zu erfolgen hat. Weiter aufsichtsbedürftig können sein Volljährige aufgrund ihres geistigen oder körperlichen Zustandes.

Der Inhalt und der Umfang der Aufsichtspflicht ist unter Berücksichtigung der konkreten Umstände des Einzelfalls zu prüfen. Es ist zu prüfen, welches Maß an Sorgfalt und Umsicht unter den jeweils obwaltenden Umständen im Hinblick auf die Eigenart des Aufsichtsbedürftigen ein verständiger Aufsichtspflichtiger unter Berücksichtigung seiner wirtschaftlichen Lage und seiner eigenen Kräfte vernünftigerweise hätte aufwenden müssen.[522] Neben dem Alter des Aufsichtsbedürftigen kommt es insbesondere auf dessen Charaktereigenschaft, geistige Entwicklung, seinem Bildungsgrad sowie auf dessen Veranlagung und Einsichtsfähigkeit an. Entscheidend ist aber nicht, ob der Erziehungs-

517 Vgl. *LG Stendal*, Urt. v. 22.09.2008 – 23 O 515/07.
518 Vgl. *BGH* r+s 2012, 356.
519 Vgl. *OLG Zweibrücken* NJW-RR 2000, 1191.
520 Vgl. BGHZ 73, 190–196.
521 Vgl. Grüneberg/*Sprau* § 832 Rn. 7.
522 Vgl. *BGH* VersR 2016, 1255.

berechtigte allgemein seiner Aufsichtspflicht genügt hat, sondern vielmehr, ob dies im konkreten Fall und in Bezug auf die zur widerrechtlichen Schadenszufügung führenden Umstände geschehen ist.[523]

Bei Kindern hängt es von den Eigenarten und dem jeweiligen Erziehungsstand ab, in welchem Umfang allgemeine Belehrungen und Verbote ausreichen bzw. deren Beachtung auch überwacht werden muss.[524] Dabei ist zu berücksichtigen, dass der Erziehungserfolg und das Maß der anzuwendenden Aufsicht in einer Wechselbeziehung stehen; je geringer der Erziehungserfolg, umso intensiver muss die Aufsicht und Überwachung sein.[525] 430

Bei Minderjährigen ist abhängig vom Alter der Inhalt und der Umfang der Aufsichtspflicht zu prüfen. Grundsätzlich ist auszuführen, dass bis zum Schulalter die elterliche Kontrolle bei Minderjährigen stark ausgeprägt ist. Bereits mit der Einschulung in die Grundschule ist jedoch eine elterliche Kontrolle nur noch eingeschränkt möglich. 431

Kleinkinder bis fünf Jahre bedürfen der besonderen Aufsicht, da ihr Verhalten nicht berechenbar ist. Der Gesetzgeber hat eine deliktische Haftung sogar erst ab dem Alter von sieben Jahren vorgesehen (§ 828 Abs. 1 BGB). Die Eltern müssen damit rechnen, dass die Kinder weglaufen, dies auf eine Baustelle[526] oder auf die Straße.[527] Das Überholen eines Fußgängers durch ein radelndes fünfjähriges Kind[528] und einer Schädigung des Fußgängers, wird nicht als eine überwachungspflichtige Situation angesehen.[529] Eltern genügen in der Regel ihrer Aufsichtspflicht, sofern sie ihrem fünfjährigem Kind zu vorsichtigem Verhalten ermahnen bevor sie dem Kind das Radfahren auf einer wenig befahrenen Anliegerstraße gestatten und die Aufsicht einem Verwandten übertragen[530] Das alleinige Fahren eines fünfjährigen Kindes auf dem Fahrradweg selbst stellt keine Aufsichtspflichtverletzung dar[531] Die Eltern eines fünfjährigen Kindes können den Entlastungsbeweis führen, sofern sie darlegen und nachweisen können, dass sie ihr Kind mit den Verkehrsregeln vertraut gemacht haben und das Kind im Fahrradfahren geübt sei und bereits selbstständig Fahrten im Wohngebiet unternommen hat.[532]

Das Verhalten im Straßenverkehr ist bei Kindern im Grundschulalter nicht mehr voll von den Eltern kontrollierbar, obwohl die Kinder noch bis zum 14. Lebensjahr in der Regel Schwierigkeiten haben, die komplexen Situationen im Straßenverkehr richtig zu erfassen. Insofern ist die Haftungsfreistellung der Kinder bis zum Alter von 10 Jahren bei Unfällen mit Kraftfahrzeugen gem. § 828 Abs. 2 BGB berechtigt. Hieraus ergibt sich eine größere Haftungslücke für die Geschädigten, die jedoch nicht durch die Elternhaftung zu schließen ist.[533] 432

Bei Jugendlichen und Heranwachsenden ab 11 Jahren ist lediglich bei besonderen Gefahrensituationen eine Kontrolle der Eltern notwendig. Bei einer unbefugten Benutzung des elterlichen Autos durch einen 17jährigen Jugendlichen wurde die Haftung wegen eines Aufsichtsfehlers verneint bei einem Nachweis, dass ein Verbot ausgesprochen wurde zur Kfz-Benutzung.[534] 433

523 Vgl. *BGH* NJW 2009, 1952.
524 Vgl. *BGH* in NJW 2009, 1952.
525 Vgl. *BGH* in NJW 2009, 1952.
526 Vgl. *OLG München*, Urt. v. 31.03.1998 – 25 U 2434/97.
527 Vgl. *LG Würzburg*, Urt. v. 04.12.2012 – 11 O 1744/12.
528 Ausführl. *Siegel* SVR 2022, 290 »Gehörige Aufsichtsführung über Rad fahrende Kinder – ein Update«; *ders.* SVR 2013, 259.
529 Vgl. *OLG Koblenz*, Urt. v. 24.08.2011 – 5 U 433/11.
530 Vgl. *LG Bielefeld*, Urt. v. 07.10.2003 – 20 S 116/03.
531 Vgl. *LG Mönchengladbach* NJW-RR 2003, 1604.
532 Vgl. *AG Mönchengladbach-Rheydt* NZV 2012, 387.
533 Vgl. *LG Stade*, Urt. v. 18.03.2004 – 4 O 166/03.
534 Vgl. *OLG Brandenburg*, Urt. v. 20.11.2012 – 6 U 36/12 = BeckRS 2012, 25102.

434 Bei Volljährigen richtet sich der Inhalt und der Umfang der gebotenen Aufsicht nach der bestehenden körperlichen Beeinträchtigung bzw. Behinderung. Es sind die Schadensneigungen, Aggressionen und Anhaltspunkte für eine Drittgefährdung zu berücksichtigen.[535]

435 Voraussetzung für eine Haftung gem. § 831 BGB ist, dass der Aufsichtsbefohlene eine deliktische Handlung rechtswidrig begangen hat. Ein Verschulden des unmittelbaren Täters wird nicht vorausgesetzt, sondern es wird angeknüpft an die nach objektiven Kriterien zu bemessende Widerrechtlichkeit.[536]

### II. Entlastungsmöglichkeiten

#### 1. Mangelndes Verschulden

436 § 832 BGB normiert eine Haftung aus gesetzlichem vermutetem Verschulden. Es wird mithin die Kausalität der Aufsichtspflichtverletzung für den Schaden und für das Verschulden bei der Verletzungshandlung vermutet. Es ist die Sache des Aufsichtspflichtigen, beides gem. § 832 Abs. 1 Satz 2 BGB zu widerlegen. Eine allgemeine Haftung aufgrund der Personensorge (§ 1626 BGB) besteht nicht. Der Aufsichtspflichtige kann sich mithin aus der Haftung entlasten, wenn er den ihm obliegenden Nachweis führt, dass er seiner Aufsichtspflicht ordnungsgemäß genügt hat, er also die gegen ihn sprechende Schuldvermutung ausräumt.[537]

437 Bei der Prüfung, ob ein Verschulden im Sinne von § 832 BGB vorliegt, ist also nicht auf das Verhalten des Aufsichtsbedürftigen, sondern auf die Aufsichtsführung abzustellen. Der Aufsichtspflichtige hat umfassend und konkret darzulegen und zu beweisen, was er zur Erfüllung der Aufsichtspflicht unternommen hat bzw. weshalb bestimmte Maßnahmen nicht erforderlich waren.[538]

#### 2. Mangelnde Schadenursächlichkeit

438 Ebenso wie bei § 831 BGB kann der Entlastungsbeweis auch in der Weise geführt werden, dass der Schaden auch bei gehöriger Aufsichtsführung entstanden wäre. Ein derartiger Nachweis der fehlenden Ursächlichkeit zwischen der Aufsichtspflichtverletzung und Schaden setzt jedoch voraus, dass der Schaden mit an Gewissheit grenzender Wahrscheinlichkeit trotz gehöriger Aufsichtsführung in jedem Fall entstanden wäre. Die bloße Möglichkeit eines ähnlichen Verlaufs – etwa nach der Art eines Anscheinsbeweises – reicht dafür nicht aus.[539]

## G. Vertragshaftung

439 Wegen der allgemeinen Grundsätze der Haftung aus Verträgen darf auf die Ausführungen in den vorhergehenden Kapiteln verwiesen werden. Nachfolgend sollen einige besondere Fälle der Vertragshaftung behandelt werden, soweit sie mit dem Problem des Kfz-Schadens in Verbindung stehen.

### I. Arbeitsvertrag

440 Im Folgenden sollen Haftungsfragen der Parteien des Arbeitsvertrages untereinander und gegenüber Dritten sowie damit einhergehende Regressmöglichkeiten von Kfz-Versicherern gegenüber Arbeitnehmern erörtert werden.

---

535 Vgl. Grüneberg/*Sprau* § 832 BGB Rn. 13.
536 Vgl. Grüneberg/*Sprau* § 832 Rn. 7.
537 Vgl. *BGH* VersR 2013, 865.
538 Vgl. *Grüneberg/Sprau* § 832 Rn. 8.
539 Vgl. *Grüneberg/Sprau* § 832 Rn. 8.

## 1. Arbeitnehmerhaftung

441 Die Arbeitnehmerhaftung ist eines der zentralen Themen des Arbeitsrechts im Straßenverkehr, gerade wenn man die Vielzahl von Unfällen mit Sach- und Körperschäden bedenkt. Für den im Betrieb tätigen Arbeitnehmer (insbesondere den Berufskraftfahrer) gilt gegenüber dem Arbeitgeber grundsätzlich eine Haftungsprivilegierung, die sich bei Inanspruchnahme des Arbeitnehmers durch einen geschädigten Dritten in einen Freistellungsanspruch des Arbeitnehmers gegenüber dem Arbeitgeber wandelt. Der Freistellungsanspruch des Arbeitsnehmers gegenüber seinem Arbeitgeber ergibt sich aus den §§ 670, 254 BGB.

Der innerbetriebliche Schadensausgleich bestimmt den Umfang der Arbeitnehmerhaftung. Die Haftung des Arbeitnehmers wird je nach Grad des Verschuldens eingeschränkt. Der Arbeitnehmer wäre sonst dem Risiko ausgesetzt, bei jeder leichten Unachtsamkeit sich und seine Familie finanziell zu ruinieren. Das Schadensrisiko ist Teil des Betriebsrisikos des Arbeitgebers; er muss sich im Rahmen der Abwägung nach § 254 BGB auch seine Verantwortung für die Organisation des Betriebs und die Gestaltung der Arbeitsbedingungen in rechtlicher und tatsächlicher Hinsicht zurechnen lassen.

### *a) Haftung für Sachschäden*

442 Beschädigt der Arbeitnehmer Sachen des Arbeitgebers, so ist der Arbeitnehmer in seiner Haftung privilegiert. Die Privilegierung genießen alle Arbeitnehmer, einschließlich der leitenden Angestellten, deren besondere Stellung allerdings im Rahmen der Abwägung zu berücksichtigen ist.[540] Gleiches gilt für den im Rahmen eines Ausbildungsverhältnisses Beschäftigten. Auszubildende sind keine Arbeitnehmer. Die Regeln zum innerbetrieblichen Schadensausgleich gelten Altersunabhängig auch für Auszubildende.[541]

443 Die Rechtsprechung, wonach eine Haftungsprivilegierung des Arbeitnehmers nur bei sog. gefahrgeneigter Arbeit eintritt, ist seit der Entscheidung des *BAG* vom 27.09.1994 Vergangenheit.[542] Die Grundsätze der Arbeitnehmerhaftung finden daher keine Anwendung, wenn der Arbeitnehmer nicht in Ausübung der ihm übertragenen Tätigkeit, sondern nur gelegentlich einer ihm übertragenen Tätigkeit oder gar unter Anmaßung einer ihm sowohl gesetzlich als auch betrieblich untersagten Tätigkeit einen Schaden verursacht. So hat das *BAG* einem Arbeitnehmer, der ein Kfz des Arbeitgebers ohne Fahrerlaubnis und entgegen der Weisung des Arbeitgebers geführt und beschädigt hatte, die Haftungsprivilegierung versagt.[543] Andererseits finden die Grundsätze der beschränkten Arbeitnehmerhaftung aber Anwendung, wenn der Arbeitnehmer mit Billigung des Arbeitgebers und betrieblich veranlasst mit seinem privaten Pkw unterwegs ist und dabei schuldhaft einen Unfall verursacht.[544] Der Arbeitnehmer darf in diesem Fall aber keine besondere, zur Abdeckung des Unfallschadenrisikos bestimmte Vergütung erhalten.[545] Wenn er vollen Aufwendungsersatz gem. § 670 BGB verlangt, muss er auch darlegen und ggf. beweisen, dass er den Schaden nicht vorsätzlich oder normal fahrlässig sondern allenfalls leicht fahrlässig verursacht hat.[546] Die Grundsätze der Arbeitnehmerhaftung findet daher keine Anwendung, wenn der Arbeitnehmer nicht in Ausübung der ihm übertragenen Tätigkeit sondern unter Anmaßung einer ihm sowohl gesetzlich als auch betrieblich untersagten Tätigkeit einen Schaden verursacht.

540 Vgl. *Schwab* NZA-RR 2016, 173, 176.
541 *BAG* NZA 2015, 1057.
542 Vgl. *BAG* NZA 2011, 345.
543 Vgl. *BAG* VersR 1968, 266 = NJW 1968, 717 = AP Nr. 1 zu § 67 VVG.
544 Vgl. *BAG* NJW 1998, 1170 = MDR 1999, 684; *LAG Köln*, Urt. 15.09.1998 – 13 Sa 367/98 = AP Nr. 114 zu § 611 BGB – Haftung des Arbeitnehmers.
545 *BAG* NZA 2011, 406.
546 *BAG* NZA 2011, 406.

444 Nach wie vor ist von einer abgestuften Haftung des Arbeitnehmers auszugehen.[547] Auch die Einführung des § 81 Abs. 2 VVG hat an den Grundsätzen der Arbeitnehmerhaftung nichts geändert, dies wird vom BAG in fortgesetzter Rechtsprechung klargestellt.[548] Bei nur leichter Fahrlässigkeit haftet der Arbeitnehmer gegenüber dem Arbeitgeber nicht, bei mittlerer Fahrlässigkeit anteilig und bei grober Fahrlässigkeit und Vorsatz in der Regel ganz. Dabei ist zu berücksichtigen, dass der Arbeitgeber gem. § 619a BGB – abweichend von § 280 Abs. 1 BGB – nicht nur die Pflichtverletzung des Arbeitnehmers zu beweisen hat, sondern auch dessen Vertretenmüssen.[549]

445 Leichte Fahrlässigkeit liegt vor, wenn es sich um alltägliche Fehler handelt, die jedem noch so vorsichtigen Arbeitnehmer unterlaufen können, also um geringfügige, verständliche und leicht entschuldbare Pflichtwidrigkeiten.[550]

446 Für mittlere (normale) Fahrlässigkeit ist kennzeichnend, dass der Arbeitnehmer sich bewusst ist, dass sein Verhalten zu einem Schaden führen kann, dieser aber nicht eintreten muss und er in diesem Moment darauf vertraut, es werde schon alles gut gehen. Bei der mittleren Fahrlässigkeit ist der Haftungsanteil des Arbeitnehmers unter Berücksichtigung aller Umstände zu bestimmen, insbesondere auch nach der Versicherbarkeit des Schadens durch den Arbeitgeber, nach der Höhe des Verdienstes, dem Vorverhalten des Arbeitnehmers und seinen sozialen Verhältnissen.[551] Die anteilige Haftung bedeutet also keineswegs automatisch eine hälftige Teilung des Schadens, vielmehr ist unter Berücksichtigung der Gesamtumstände eine Quote zu bilden.

447 Nach der Definition des *BGH* handelt grob fahrlässig, wer die im Verkehr erforderliche Sorgfalt nach den gesamten Umständen in ungewöhnlich hohem Maß verletzt und unbeachtet lässt, was im gegebenen Fall jedem hätte einleuchten müssen.[552] Im Gegensatz zum rein objektiven Maßstab bei der einfachen Fahrlässigkeit sind bei grober Fahrlässigkeit auch subjektive Umstände zu berücksichtigen. Es kommt nicht nur darauf an, was von einem durchschnittlichen Anforderungen entsprechenden Angehörigen des jeweiligen Verkehrskreises in der jeweiligen Situation erwartet werden kann, sondern auch darauf, ob der Schädiger nach seinen individuellen Fähigkeiten die objektiv gebotene Sorgfalt aufbringen konnte.[553] Subjektive Besonderheiten können im Einzelfall im Sinn einer Entlastung vom schweren Vorwurf der groben Fahrlässigkeit ins Gewicht fallen.[554]

448 Vorsatz schließlich setzt Wissen und Wollen des Schadens voraus. Nicht ausreichend ist allein der bewusste Verstoß gegen Weisungen, solange nicht zusätzlich Vorsatz hinsichtlich des Schädigungserfolgs gegeben ist.[555] Es ist zu berücksichtigen, dass sich in den Fällen der beschränkten Arbeitnehmerhaftung wegen betrieblich veranlasster Tätigkeit das Verschulden nicht nur auf die Pflichtverletzung, sondern auch auf den Eintritt des Schadens beziehen muss. Vorsatz ist daher nur dann anzunehmen, wenn der Arbeitnehmer auch den Schaden in seiner konkreten Höhe zumindest als möglich voraussieht und ihn für den Fall des Eintritts billigend in Kauf nimmt.

449 Zu berücksichtigen ist eventuell ein Mitverschulden des Arbeitgebers gem. § 254 BGB. Bei einem mitwirkenden Verschulden des Arbeitgebers reduziert sich dessen Anspruch gegenüber dem Arbeitnehmer nach den Grundsätzen des § 254 Abs. 1 BGB. Zu Lasten des Arbeitgebers gem. § 254 BGB kann in's Gewicht fallen, dass der Schaden angemessen hätte versichert werden können. Unterlässt der Arbeitgeber den Abschluss einer Fahrzeugversicherung (Vollkasko), so haftet der Arbeitnehmer ggf. nur in Höhe der Selbstbeteiligung, die bei Abschluss einer Fahrzeugversicherung zu vereinbaren

547 Vgl. *Schwab* NZA-RR 2018, 173–179.
548 *BAG* DB 2013, 705.
549 Vgl. *LAG Mecklenburg-Vorpommern*, Urt. v. 11.01.2006 – 2 Sa 397/05 nv.
550 Vgl. *BAG* NZA 2015, 1517.
551 Vgl. *BAG* NZA 2015, 1517; *BAG*, Urt. v. 28.10.2010 – 8 AZR 418/09.
552 Vgl. *BAG* NJW 2002, 2900.
553 Vgl. *BAG* NZA 2006, 1428.
554 Vgl. *BGH* NJW-RR 2017, 146.
555 Vgl. *Schaub* § 59 Rn. 24.

gewesen wäre.[556] Bei hohen Schadenssummen, wobei eine starre Haftungsobergrenze nicht existiert, kann die Haftung des Arbeitnehmers unbillig sein. Deshalb wird teilweise eine Haftungsbegrenzung auf zwei Jahresbruttoeinkommen vertreten.

Gegenüber dem geschädigten Dritten haftet der Arbeitnehmer nach den allgemeinen Regeln voll. 450 Arbeitgeber und Arbeitnehmer haften dem Dritten gegenüber als Gesamtschuldner (§§ 278, 421 BGB). Rechtswegzuständig für die Ansprüche Dritter sind die ordentlichen Gerichte.[557] Wird der Arbeitnehmer von dem Dritten in Anspruch genommen, hat er entsprechend den Regeln der Haftungsprivilegierung im Innenverhältnis einen Freistellungsanspruch gegen den Arbeitgeber (innerbetrieblicher Schadenausgleich). Der Dritte kann den Freistellungsanspruch gegen den Arbeitgeber pfänden und sich zur Einziehung überweisen lassen. Er kann dann unmittelbar gegen den Arbeitgeber vorgehen, der Freistellungsanspruch wandelt sich in einen Zahlungsanspruch.[558] Der Arbeitgeber haftet dann ohne die Beschränkung des § 831 BGB. Wird der Arbeitgeber von dem Dritten direkt in Anspruch genommen, kann er seinerseits den Arbeitnehmer nicht gem. der Regelung des § 840 Abs. 2 BGB auf den vollen Schaden in Anspruch nehmen. Vielmehr haben auch hier die Regeln der Haftungsprivilegierung Vorrang und bestimmen, ob und inwieweit der Arbeitgeber den Arbeitnehmer in Regress nehmen kann.

Die Grundsätze der beschränkten Arbeitnehmerhaftung sind zwingendes Arbeitnehmerschutzrecht. 451 Von ihnen kann zulasten des Arbeitnehmers weder einzel- noch kollektivvertraglich abgewichen werden.[559] Demzufolge ist eine Vereinbarung der Arbeitsvertragsparteien, wonach der Arbeitnehmer für alle von ihm fahrlässig verschuldeten Unfallschäden an seinem Dienstfahrzeug bis zur Höhe einer mit der Kaskoversicherung vereinbarten Selbstbeteiligung haftet, unwirksam, weil dem Arbeitnehmer dadurch auch bei leichtester Fahrlässigkeit eine Haftung auferlegt wird. Auch die Möglichkeit des Arbeitnehmers, den Dienstwagen für private Fahrten zu benutzen, rechtfertigt keine Verschärfung der Haftung des Arbeitnehmers für Unfallschäden am betrieblich genutzten Dienstwagen. Sie ist eine zusätzliche Gegenleistung für die geschuldete Arbeitsleistung.[560]

Die Grundsätze zur Arbeitnehmerhaftung haben durch die Rechtsprechung zahlreiche Modifikationen erfahren, die den Arbeitnehmer im Ergebnis zusätzlich begünstigen. 452

Im Falle grober Fahrlässigkeit sind Haftungserleichterungen zugunsten des Arbeitnehmers nicht 453 ausgeschlossen.[561] Es ist eine Abwägung sämtlicher Umstände des Einzelfalles vorzunehmen. Insbesondere abzuwägen ist der Verdienst des Arbeitnehmers sowie das Schadensrisiko der Tätigkeit, die der Arbeitnehmer ausübt.[562]

Eine absolute Haftungsobergrenze für Arbeitnehmer existiert nicht.[563]

Auch ein vorsätzlicher Pflichtverstoß führt nach der ständigen Rechtsprechung des *BAG* nur dann 454 zur vollen Haftung des Arbeitnehmers, wenn sich der Vorsatz auch auf den Schaden in seiner konkreten Gestalt bezieht, der Arbeitnehmer also den Schaden in seiner konkreten Höhe zumindest als möglich vorausgesehen und ihn für den Fall des Eintritts billigend in Kauf genommen hat. Fällt dem Arbeitnehmer im Hinblick auf den Schaden lediglich (grobe) Fahrlässigkeit zur Last, kann eine Schadensquotierung erfolgen.[564] Auch für mittlere und grobe Fahrlässigkeit gilt, dass sich der Ver-

556 Vgl. *LAG Bremen* NZA-RR 2000, 126.
557 Vgl. *BAG* NZA 2009, 919.
558 Vgl. *BAG* DB 1983, 27.
559 Vgl. *BAG* NZA 2004, 649; dazu *Sasse* ArbRB 2004, 209.
560 Vgl. *BAG* NJW 2004, 2469 = NZV 2004, 457 = NZA 2004, 649; vgl. insoweit auch *BAG* NZA 2013, 622.
561 Vgl. *BAG* DB 2011, 711.
562 Vgl. *BAG* NJW 2002, 2900.
563 Vgl. *BAG* DB 2013, 705.
564 Vgl. *BAG* NJW 2003, 377 = VersR 2003, 736 = BB 2003, 528 = DB 2002, 2050 = EWiR 2002, 1073 (Ls.) = MDR 2002, 1439 = ZIP 2002, 1909; zust.: *Schimmel/Buhlmann* JA 2003, 441; *Deutsch* AP

schuldensvorwurf nicht nur auf die Pflichtverletzung, sondern auch auf den Eintritt des Schadens selbst beziehen muss. Bei nur leicht fahrlässiger Schadensverursachung kann demnach eine Haftung des Arbeitnehmers selbst dann ausscheiden, wenn er die Pflichtverletzung mit mittlerer/grober Fahrlässigkeit oder gar Vorsatz begangen hat.[565]

455 Das *BAG* begründet diese Abweichung von den allgemeinen zivilrechtlichen Grundsätzen mit der Notwendigkeit der Haftungsprivilegierung des Arbeitnehmers selbst. Das Schadensrisiko bestimmter Tätigkeiten gerade im Straßenverkehr sei so hoch sei, dass der Arbeitnehmer aufgrund der Höhe seines Arbeitsentgelts in der Regel nicht in der Lage sei, Risikovorsorge zu betreiben bzw. den eingetretenen Schaden zu ersetzen. Deshalb solle der Arbeitnehmer von der Risikozuweisung des Schadens gegenüber dem Arbeitgeber, der das Betriebsrisiko trägt, weitestgehend entlastet werden. Insbesondere aber, wenn abstrakte Gefährdungsnormen übertreten werden oder der Arbeitgeber anordnet, dass bereits abstrakte Gefahren zu vermeiden sind, wäre allein auf die Pflichtverletzung bezogen eine Haftung für alle Schäden fast unausweichlich, zumal es der Arbeitgeber durch Aufstellung eines umfassenden Pflichtenkatalogs dann selbst in der Hand hätte, eine grundsätzliche Haftung des Arbeitnehmers herbeizuführen.

456 Es darf allerdings nicht verkannt werden, dass diese Sichtweise Schutzbehauptungen des Arbeitnehmers dergestalt provoziert, dass der konkrete Schaden gerade nicht gewollt war bzw. nicht vorhergesehen wurde.

457 In der Praxis werden etwaige Unbilligkeiten in der Arbeitnehmerhaftung in der Regel auf der Rechtsfolgenseite, also bei der Bemessung der Quote, gelöst. Ob dabei allerdings eine grundsätzliche summenmäßige Begrenzung – etwa auf zwei bis drei Bruttomonatsgehälter – Sinn macht, darf bezweifelt werden. Denn die Berechenbarkeit und Absehbarkeit der maximal möglichen Inregressnahme durch den Arbeitgeber dürfte den Arbeitnehmer in der Regel nicht dazu anhalten, mit dem Eigentum des Arbeitgebers, aber auch mit dem Eigentum Dritter, die von der betrieblichen Tätigkeit des Arbeitnehmers betroffen sind, besonders sorgfältig umzugehen. So könnte sich ein nebenberuflich auf 400 €-Basis als LKW-Fahrer beschäftigter Arbeitnehmer in Sicherheit wiegen, selbst bei einem grob fahrlässig verursachten Unfall mit erheblichem Schaden nie mehr als € 1200,00 selbst zahlen zu müssen.

458 Besonders schwierig gestaltet sich regelmäßig die Abgrenzung zwischen mittlerer und grober Fahrlässigkeit. Die Kasuistik ist vielfältig, nachfolgend einige Beispiele aus der Rechtsprechung:

459 Grob fahrlässig handelt ein Arbeitnehmer, der infolge einer starken Alkoholisierung einen Verkehrsunfall verursacht.[566] Generell dürfte bei Berufskraftfahrern, die sich alkoholisiert ans Steuer setzen, in der Regel von grober Fahrlässigkeit auszugehen sein.

460 Das Missachten einer roten Lichtzeichenanlage im Straßenverkehr stellt ebenfalls in der Regel eine grobe Fahrlässigkeit dar.[567]

461 Ebenfalls grob fahrlässig handelt ein Berufskraftfahrer, wenn er einem anderen Fahrzeug folgend einen Überholvorgang durchführt, ohne sich zuvor selbst zu vergewissern, ob die Verkehrslage – insbesondere der Gegenverkehr – den Überholvorgang überhaupt zulässt.[568]

462 Grobe Fahrlässigkeit liegt regelmäßig auch bei einem Alkoholkranken vor, der sich dazu entscheidet, trotz des Alkoholgenusses und der sich daraus ergebenden Gefahr ein Kfz im öffentlichen Straßen-

Nr. 122 zu § 611 BGB Haftung des Arbeitnehmers; krit.: *Otto* EWiR § 276 BGB a.F. 8/02, 1073; vgl. auch *Hänsel* IBR 2002, 699; *Range-Ditz* ArbRB 2002, 327; *Boemke* JuS 2003, 510; *Sandmann* SAE 2003, 163; *LAG Niedersachsen* NZA-RR 2004, 142.

565 Vgl. *BAG* NJW 2003, 377.

566 Vgl. *BAG* NJOZ 2013, 709.

567 Vgl. *BAG* NJW 1999, 966.

568 Vgl. *ArbG Kaiserslautern* zfs 1989, 419.

verkehr zu führen. Den Betroffenen entlastet nicht die Gefährdung seines Arbeitsplatzes für den Fall, dass er die Fahrt nicht angetreten hätte. Die Sicherheit des Straßenverkehrs geht vor.[569]

Grobe Fahrlässigkeit ist bei einem Lkw-Fahrer gegeben, der eine schmale Strecke von 50m rückwärts- 463
fahrend zurücklegen will, ohne sich eines Einweisers zu bedienen und dabei einen Unfall verursacht.[570]

Nach der Rechtsprechung des *BAG* handelt ebenfalls grob fahrlässig, wer anlässlich seiner Bewer- 464
bung um die Stelle eines Möbelwagenfahrers eine Probefahrt mit einem Möbelwagen unternimmt, obwohl er fast zehn Jahre keinen Lkw mehr gefahren hat und seine fehlende Fahrpraxis verschweigt.[571] Wenn bei der Probefahrt infolge unsachgemäßer Fahrweise des Bewerbers am Möbelwagen Schaden entsteht, haftet der Bewerber dafür grundsätzlich voll.

Fast immer grob fahrlässig handelt derjenige Arbeitnehmer, der einen Rotlichtverstoß begeht.[572] 465
Zwar gibt es keinen allgemeinen Grundsatz, dass das Nichtbeachten einer roten Ampel in jedem Fall grob fahrlässig ist.[573] Denn je nach den Umständen des Einzelfalles kann es an den objektiven oder subjektiven Voraussetzungen fehlen, z.B. wenn die Ampel nur schwer zu erkennen ist oder bei besonders schwierigen oder überraschend eintretenden Verkehrssituationen. Beim Berufskraftfahrer, der wegen Nichtbeachtung einer roten Ampel einen Verkehrsunfall verursacht, wird im Regelfall aber schon grobe Fahrlässigkeit anzunehmen sein. Jedenfalls reicht allein das Berufen auf ein Augenblickversagen regelmäßig nicht aus, um den Vorwurf der groben Fahrlässigkeit zu entkräften, vielmehr müssen insoweit besondere Umstände vorliegen.[574]

Nur mit mittlerer Fahrlässigkeit handelt ein Lkw-Fahrer, der beim Abstellen seines Fahrzeuges ver- 466
gisst, die Handbremse anzuziehen und dadurch einen Unfall verursacht.[575]

Ebenfalls nur mit mittlerer Fahrlässigkeit soll ein Kraftfahrer handeln, der ein Verkehrsschild zur 467
Brückenhöhe übersieht und die Brücke wegen zu hoher Fahrzeughöhe rammt.[576]

Betankt ein Arbeitnehmer den Dienstwagen statt mit Dieselkraftstoff mit Super Bleifrei, ist dieses 468
Fehlverhalten als unterhalb der groben Fahrlässigkeit liegend einzuordnen, sodass der Arbeitnehmer – nach den Umständen des Einzelfalls – mit einer Schadensquote von 60 % zur Haftung verpflichtet sein kann.[577]

Auch das Einschlafen am Steuer rechtfertigt nicht ohne Weiteres den Vorwurf der groben Fahr- 469
lässigkeit.[578]

Zusammenfassend kann gesagt werden, dass die Rechtsprechung bei der Haftung der Arbeitnehmer, 470
zu denen natürlich auch die Berufskraftfahrer zählen, deutlich zu einer weitreichenden Haftungsprivilegierung tendiert. Der Verschuldensvorwurf muss sich auch auf den Schaden in seiner konkreten Form beziehen. Liegt hinsichtlich des konkreten Schadens – subjektiv vorwerfbar – nur leichte Fahrlässigkeit vor, scheidet eine Haftung des Arbeitnehmers wohl regelmäßig aus. Das Haftungsrisiko für den Arbeitnehmer beim Umgang mit den oft sehr wertvollen Sachen des Arbeitgebers (z.B. Lkw, Flugzeuge etc.) ist daher kalkulierbar, relativ gering und wird den Arbeitnehmer bei dem Umgang

569 Vgl. *LAG Schleswig-Holstein* BLUTALKOHOL Vol. 40/2003, 459.
570 Vgl. *OLG Karlsruhe* VersR 1989, 599 = NZV 1988, 185 = zfs 1989, 244.
571 Vgl. *BAG* VersR 1974, 1137 = DB 1974, 779 = AP Nr. 74 zu § 611 BGB Haftung des Arbeitnehmers.
572 Vgl. *BAG* VersR 1999, 518 = DAR 1999, 182 = NZA 1999, 263; dazu: *Wank* EWiR, § 276 BGB 2/99, 443; *Boemke* JuS 1999, 720.
573 Vgl. *BGH* VersR 2003, 364; vgl. auch *Halm* PVR 2002, 54 zu *OLG Frankfurt/M.*, Urt. v. 11.05.2001 – 24 U 231/99; *BGH* 29.01.2003 – IV ZR 173/01 m. Anm. *Thiele* PVR 2003, 196; *OLG Nürnberg*, Urt. v. 30.01.2003 – 8 U 2761/02 m. Anm. *Balke* PVR 2003, 331.
574 Vgl. *ArbG Magdeburg*, Urt. v. 07.12.2016 – 11 Ca 1707/16.
575 Vgl. *LAG Köln* BB 2003, 856.
576 Vgl. *OLG Frankfurt/M.* VersR 1989, 485 = DAR 1989, 27 = zfs 1989, 96.
577 Vgl. *LAG Rheinland-Pfalz*, Urt. v. 07.01.2008 – 5 Sa 371/07.
578 Vgl. *LAG Rheinland-Pfalz*, Urt. v. 05.01.1998 – 1 Sa 1058/97.

mit den Sachen des Arbeitgebers nicht zur besonderen Sorgfalt anhalten. Dem Arbeitgeber ist daher dringend zu empfehlen, drohende Risiken soweit möglich zu versichern.

*b) Regress beim Arbeitnehmer*

471 Beim Regress muss der Arbeitgeber, aber auch derjenige, der aus übergegangenem Recht des Arbeitgebers gegen den Arbeitnehmer vorgeht – im Bereich Straßenverkehr sind das vor allem die Kaskoversicherer[579] – die Grundsätze der Haftungsprivilegierung des Arbeitnehmers beachten. Danach regelt sich, ob und inwieweit der Arbeitnehmer in Anspruch genommen werden kann. Insoweit ist die erschwerte Beweisführung und die Unsicherheit, in welcher Höhe regressiert werden kann, zu beachten.

472 Dies gilt nicht für Drittgeschädigte, zu denen auch der Leasinggeber gehört. Im Außenverhältnis haftet der Arbeitnehmer nach den allgemeinen Regeln voll. Bei einem Verkehrsunfall werden die Ansprüche natürlich in erster Linie gegen den zuständigen Kfz-Haftpflichtversicherer gerichtet, die Inanspruchnahme des Arbeitnehmers im Rahmen des Zivilprozesses geschieht in der Regel aus prozesstaktischen Gründen, um ihn als Zeugen auszuschalten.

*aa) Regress des Arbeitgebers*

473 Der Arbeitgeber kann beim Arbeitnehmer regressieren, indem er seine berechtigten Ansprüche mit dem Lohnanspruch des Arbeitnehmers verrechnet. Dabei muss er selbstverständlich die §§ 850 ff. ZPO (Pfändungsschutz für Arbeitseinkommen) und insbesondere die Pfändungsfreigrenzen des § 850c ZPO beachten. Es ist dann Sache des Arbeitnehmers, den ausstehenden Lohn notfalls vor dem Arbeitsgericht einzuklagen. Zu beachten sind hierbei von beiden Seiten einzel- und tarifvertraglich vereinbarte Ausschlussfristen.

474 Ausschlussfristen existieren in verschiedensten Ausführungen. Man unterscheidet zwischen einstufigen und zweistufigen Ausschlussfristen. Sie beginnen in der Regel mit der Fälligkeit des jeweiligen Anspruchs. Bei der Fälligkeit von Schadensersatzansprüchen aus dem Arbeitsverhältnis ist regelmäßig auf den Zeitpunkt der Kenntnis des Arbeitgebers von den maßgeblichen Umständen abzustellen. Nicht entscheidend ist die Kenntnis des Dritten, der aus übergegangenem Recht vorgeht. Fälligkeit setzt weiterhin voraus, dass der Gläubiger den Anspruch annähernd beziffern kann. Ausschlussfristen sind von den Gerichten von Amts wegen zu prüfen. Nach Ablauf der Verfallfrist, erlischt der Anspruch (sog. rechtsvernichtende Einwendung).[580]

475 Hat der Arbeitgeber allerdings die Möglichkeit, für Schäden, die ein Arbeitnehmer in Ausübung seiner arbeitsvertraglichen Tätigkeit verursacht hat, eine Versicherung in Anspruch zu nehmen, so gebietet es die arbeitsvertragliche Fürsorgepflicht, von dieser Möglichkeit auch vorrangig Gebrauch zu machen. Die Geltendmachung von Schadensersatzansprüchen gegen den Arbeitnehmer aus Arbeitnehmerhaftung kommt in solchen Fällen grundsätzlich nur für solche Schäden in Betracht, für die die vorhandene Versicherung nicht eintritt oder für die sie ihrerseits Regress beim Arbeitnehmer nehmen könnte.[581]

*bb) Regress des Kaskoversicherers*

476 Auch der Kaskoversicherer hat einzel- und tarifvertraglich vereinbarte Ausschlussfristen zu beachten, wenn er aus übergegangenem Recht des Arbeitgebers/Versicherungsnehmers gegen den Arbeitnehmer vorgeht.[582] Soweit die Kaskoentschädigung gezahlt wird, gehen die Ansprüche des Arbeitgebers/

579 *Prölss/Martin* § 86 VVG, Rn. 10 ff., m.w.N.

580 Vgl. hierzu insgesamt *BAG* NZA 2006, 257 = BB 2006, 1003; *BAG* NJW 2005, 3305; *BAG* NZA 2005, 814.

581 Vgl. *BAG* DB 1988, 1606; *BAG* BB 2007, 1008; *LAG Köln* DB 1992, 2093.

582 Vgl. *Dickmann* in: VersR 2012, 678 f.

Versicherungsnehmers gegen den Arbeitnehmer auf den Versicherer über (§ 86 VVG). Der Rechtsweg zu den Gerichten für Arbeitssachen ist allerdings nicht gegeben, vielmehr sind die ordentlichen Gerichte zuständig.[583] Da es in der Kaskoversicherung keine mitversicherten Personen gibt, ist auch der Fahrer des versicherten Fahrzeugs – also der Arbeitnehmer – Dritter.

Das gilt nach wohl herrschender Meinung auch dann, wenn der Arbeitnehmer ausnahmsweise Repräsentant des Arbeitgebers ist.[584] Repräsentant ist, wer in dem Geschäftsbereich, zu dem das versicherte Risiko gehört, aufgrund eines Vertretungs- oder ähnlichen Verhältnisses an die Stelle des Versicherungsnehmers getreten ist. Die bloße Überlassung der Obhut über die versicherte Sache reicht hierbei nicht aus. Repräsentant kann nur sein, wer befugt ist, selbstständig in einem gewissen, nicht ganz unbedeutenden Umfang für den Versicherungsnehmer zu handeln (Risikoverwaltung). Es braucht nicht hinzuzutreten, dass der Dritte auch Rechte und Pflichten aus dem Versicherungsvertrag wahrzunehmen hat.[585] **477**

Grundsätzlich kann gesagt werden, dass der Fahrer eines fremden Fahrzeugs nicht schon deswegen Repräsentant ist, weil ihm der Versicherungsnehmer das Fahrzeug zur alleinigen Obhut überlassen hat. Selbst die längerfristige Überlassung des Fahrzeugs mit der Möglichkeit einer privaten Nutzung reicht regelmäßig noch nicht aus. Vielmehr muss hinzutreten, dass der derjenige, dem das Fahrzeug überlassen wurde, auch für die Betriebs- und Verkehrssicherheit des Fahrzeugs zu sorgen hat (Durchführung der vorgeschriebenen Inspektionen, erforderliche Reparaturen, TÜV-Vorführungen etc.), unabhängig davon, wer dies letztendlich bezahlt. Dem Fahrer müssen also wesentliche Aufgaben und Befugnisse aus dem Pflichtenkreis des VN übertragen worden sein. Die Frage der Repräsentanteneigenschaft des Arbeitnehmers sollte ungeachtet der h.M.[586] vorsorglich immer geprüft werden, da zumindest nach teilweise vertretener Meinung die Repräsentanteneigenschaft dem Regress gegen den Arbeitnehmer entgegenstehen kann.[587] **478**

In den AKB 2015 unter A.2.8 Abs. 2 und Abs. 3 wird der Rückgriff gegen den berechtigten Fahrer/Arbeitnehmer begrenzt. Geregelt ist hier, dass sofern eine andere Person berechtigterweise das Fahrzeug führt und es zu einem Schadensereignis kommt, der Versicherer von dieser Person die vom Versicherer erbrachten Leistungen bei schuldloser oder einfacher fahrlässiger Herbeiführung des Schadens nicht zurückfordert. Bei einer grob fahrlässigen Herbeiführung des Schadens ist der Versicherer berechtigt, seine Leistung soweit zurückzufordern, wie dies der Schwere des Verschuldens entspricht. Lebt hierbei der Fahrer bei Eintritt des Schadens mit dem Versicherungsnehmer in häuslicher Gemeinschaft, so wird die Ersatzleistung selbst bei grob fahrlässiger Herbeiführung des Schadens nicht zurückgefordert. Bei vorsätzlicher Herbeiführung des Schadens durch den Fahrer ist der Versicherer berechtigt, seine Leistungen in voller Höhe zurückzufordern. Der Versicherer trägt für das Vorliegen der groben Fahrlässigkeit bzw. für den Vorsatz des Fahrers/Arbeitnehmers die Beweislast. Eine Verpflichtung des Arbeitgebers gegenüber dem angestellten Berufskraftfahrer, eine Kaskoversicherung abzuschließen, besteht nach der Rechtsprechung des *BAG* aber nicht.[588] Im Rahmen des innerbetrieblichen Schadenausgleichs zwischen Arbeitnehmer und Arbeitgeber kann es jedoch bei der Abwägung aller für den Haftungsumfang maßgebenden Umstände zulasten des Arbeitgebers ins Gewicht fallen, wenn er für das Unfallfahrzeug keine Kaskoversicherung abgeschlossen hat.[589] Soweit der Versicherer in den Versicherungsbedingungen gegenüber dem Versicherungsnehmer auf den Einwand der grob fahrlässigen Herbeiführung des Versicherungsfalls verzichtet, ist auch der Regress nach den AKB gegen den berechtigten Fahrer entsprechend beschränkt. **479**

583 Vgl *BAG* NZA 2009, 919 = VersR 2009, 1528 = DAR 2010, 105.
584 Vgl. *ArbG Brandenburg* VersR 2003, 365.
585 Vgl. *BGH* VersR 1993, 828.
586 Vgl. *Prölss/Martin* § 86 Rn. 13.
587 Vgl. *ArbG Brandenburg* VersR 2003, 365.
588 Vgl. *BAG* NJW 1988, 2820 = VersR 1988, 1278 = DAR 1988, 354; Ausnahme: Es besteht eine arbeits- oder tarifvertragliche Regelung.
589 Vgl. *BAG* NJW 1988, 2820.

480 Übergangsfähig i.S.d. § 86 VVG sind nur kongruente Schadensersatzansprüche, also solche, die in den Schutzbereich des Kaskoversicherungsvertrages fallen.[590] Nicht übergangsfähig weil nicht kongruent sind Mietwagenkosten,[591] Prämiennachteile,[592] Auslagen[593] sowie Nutzungs- und Verdienstausfall.[594]

481 Bei dem Regress gegen den Arbeitnehmer des Versicherungsnehmers ist der Kaskoversicherer im Rahmen von A.2.8. Abs. 2 AKB 2015 nicht nur für die objektiv grobe Fahrlässigkeit darlegungs- und beweisbelastet, sondern auch für die subjektive Vorwerfbarkeit. Der Anscheinsbeweis kommt dem Versicherer insoweit nicht zu gute.[595] Allerdings ist es Sache des Versicherungsnehmers, ihn entlastende Tatsachen vorzutragen.

482 Subjektiv vorwerfbar ist ein Verhalten in der Regel nicht, wenn ein »Augenblicksversagen« vorliegt. Der *BGH*[596] hat ausdrücklich klargestellt, dass sich der Versicherungsnehmer auch bei Rotlichtverstößen hierauf berufen kann. Von einem Augenblicksversagen spricht man, wenn der Schaden durch eine unbewusst fahrlässige Handlung eingetreten ist, wie sie auch einem ansonsten pflichtbewussten und sorgfältigen Versicherungsnehmer unterlaufen kann.[597] Eine solche momentane Unaufmerksamkeit bei zur Routine gewordenen Dauertätigkeiten und Verkehrssituationen kann als Ausrutscher oder einmaliges Versagen letztlich jedem Autofahrer passieren.[598] Die Feststellung, nur für einen Augenblick versagt zu haben, reicht für sich genommen allerdings nicht aus, um den Versicherungsschutz zu erhalten. Vielmehr müssen zur Minderung des Schuldvorwurfs besondere individuelle Umstände hinzutreten, wie etwa eine Konzentrationsschwäche, Krankheit, Alterserscheinung oder eine nachvollziehbare Ablenkung,[599] die der Versicherungsnehmer darzulegen hat.

483 Aufgrund eines Augenblicksversagens hat das Arbeitsgericht Brandenburg[600] die Regressklage eines Kaskoversicherers abgewiesen. In dem genannten Fall hatte ein Berufskraftfahrer von seinem Arbeitgeber den Auftrag, mit einem Lkw mit Ladekran eine Baustelle zu beliefern. Nachdem der Arbeitnehmer die Materialien dort abgeliefert hatte, unterließ er es, den Ladekran vollständig wieder einzufahren, weshalb es zu einer Kollision des Ladekrans mit einer 4,5m hohen Bahnunterführung kam. Das Verhalten des Arbeitnehmers war nach Ansicht des Gerichts subjektiv nicht als grob fahrlässig zu werten, weil das Vergessen eines von verschiedenen Handgriffen in einem zur Routine gewordenen Handlungsablauf bei einem Arbeitnehmer der typische Fall des Augenblicksversagens sei.

Weiter hat das Arbeitsgericht Magdeburg entschieden, dass ein Arbeitnehmer grob fahrlässig handelt, wenn er mit seinem Dienstfahrzeug rückwärtsfährt, ohne sich zu vergewissern, ob der Fahrweg hinter ihm frei ist.[601]

*cc) Regress des Kfz-Haftpflichtversicherers*

484 Leistet die Haftpflichtversicherung Schadenersatz gegenüber dem Unfallgeschädigten, ist sie jedoch intern gegenüber dem Versicherungsnehmer (Arbeitgeber) und seinem Fahrer (Arbeitnehmer)von der Verpflichtung zur Leistung frei, da ggf. der Fahrer Unfallflucht begangen hat und der Schaden nicht gemeldet wurde, kann der Versicherer gegen Beide Rückgriff nehmen aus übergegangenem Recht oder im Wege des Gesamtschuldnerausgleichs. Innerhalb der Rückgriffsgrenzen aus den AKB kann

590 Vgl. *BGH* r+s 2014, 632; *Burmann/Jahnke*, NZV 2013, 313.
591 Vgl. *BGH* VersR 1982, 283.
592 Vgl. BGHZ 44, 382; *LG Braunschweig* zfs 1991, 87.
593 Vgl. *BGH* VersR 1982, 283, 383; *LG Braunschweig* zfs 1991, 87.
594 Vgl. BGHZ 25, 340; 50, 271; *BGH* VersR 1958, 161; 1982, 283.
595 Vgl. *BGH* NJW 2003, 3175 Rotlichtverstoß.
596 Vgl. *BGH* NJW 2003, 1118; BGHZ 119, 147.
597 Vgl. *BGH* NJW-RR 2011, 1055.
598 Vgl. *BGH* VersR 1992, 1095; *BGH* 1989, 582.
599 Vgl. *BGH* NJW 2003, 3175.
600 Vgl. *ArbG Brandenburg* VersR 2003, 365 zum Augenblicksversagen.
601 Vgl. *ArbG Magdeburg*, Urt. v. 07.12.2016 – 11 Ca 1707/16.

der Rückgriff zusätzlich nur in dem Umfang erfolgen, in dem der Versicherungsnehmer (Arbeitgeber) oder die mitversicherte Person (Arbeitnehmer) im Rahmen des Gesamtschuldnerausgleichs haftet. Zu beachten ist auch hier ggf., ob der Haftpflichtversicherer bei seinem Regress gegen den Arbeitnehmer die Grundsätze der Haftungserleichterung im Arbeitsverhältnis zu beachten hat.[602]

Der Rechtsweg zu den Arbeitsgerichten ist aber auch insoweit nicht gegeben,[603] wobei ein in diesem Sinne rechtswidriger Verweisungsbeschluss aus der ordentlichen Gerichtsbarkeit in die Arbeitsgerichtsbarkeit gleichwohl bindend ist (§ 17a Abs. 2 GVG).[604] Die Leistungsfreiheit des Versicherers kann grundsätzlich aus verschiedenen Gründen eintreten. Im Fall des Arbeitnehmers sind es in erster Linie Obliegenheitsverletzungen, die zur Leistungsfreiheit des Versicherers gegenüber dem Arbeitnehmer führen.

Nach alter Rechtslage war der Kfz-Haftpflichtversicherer auch gegenüber dem mitversicherten Fahrer/ 485 Arbeitnehmer von der Verpflichtung zur Leistung frei und zum Rückgriff gegen diesen berechtigt, wenn der Versicherer sich wegen Nichtzahlung der Erstprämie zum Zeitpunkt des Versicherungsfalls gegenüber dem Versicherungsnehmer/Arbeitgeber auf Leistungsfreiheit berufen durfte.[605] Der durch die VVG-Reform neu gefasste § 123 VVG findet nun auf alle Fälle der Leistungsfreiheit des Versicherers Anwendung.[606] Danach kann sich der Versicherer nur dann dem Versicherten gegenüber auf Leistungsfreiheit berufen, wenn die der Leistungsfreiheit zugrunde liegenden Umstände in der Person dieses Versicherten vorliegen oder wenn diese Umstände dem Versicherten bekannt oder grob fahrlässig nicht bekannt waren. Damit scheidet eine Inregressnahme des mitversicherten Arbeitnehmers bei einer zur Leistungsfreiheit führenden Verletzung der Prämienzahlungspflicht des Versicherungsnehmers/Arbeitgebers in aller Regel aus, weil der Arbeitnehmer regelmäßig nicht weiß und auch nicht wissen muss, dass die Voraussetzungen des § 37 bei dem Arbeitgeber vorliegen. Der Arbeitnehmer in seiner Person schuldet natürlich nicht die Zahlung der Versicherungsprämien. Bislang setzte § 158i VVG a.F. einen bestehenden Versicherungsvertrag voraus und war daher nicht anwendbar, wenn der Versicherungsvertrag vor Eintritt des Versicherungsfalles durch Kündigung beendet war. Bei wirksamer Kündigung verlor der Mitversicherte daher selbst dann den Versicherungsschutz, wenn er von der Kündigung keine Kenntnis hatte und auch nicht haben musste.[607]

Durch den neuen § 123 Abs. 4 VVG wird jetzt nach der Reform klargestellt, dass der Mitversi- 486 cherte bei einem gekündigten Vertrag auch in der Nachhaftungszeit Versicherungsschutz genießt.

Ist der Kfz-Haftpflichtversicherer aufgrund einer Obliegenheitsverletzung des versicherten Arbeitneh- 487 mers diesem gegenüber leistungsfrei geworden und muss jedoch im Außenverhältnis dem Geschädigten seinen Schaden erstatten und nimmt der Kfz-Haftpflichtversicherer den Arbeitnehmer sodann in Regress, so kann der Arbeitnehmer vom Arbeitgeber nach den Regeln der Haftungsprivilegierung im Innenverhältnis eine Freistellung verlangen. Dies gilt insbesondere dann, wenn der Arbeitgeber den Arbeitnehmer trotz fehlender Fahrerlaubnis wissentlich als Kraftfahrer im öffentlichen Verkehr eingesetzt hat (hier liegt ein Obliegenheitsverstoß nach den AKB vor), selbst wenn der Arbeitnehmer den Unfall/Versicherungsfall aufgrund Alkoholgenusses grob fahrlässig herbeigeführt hat.[608] Das BAG hat das damit begründet, dass die Rückgriffsansprüche der Haftpflichtversicherung ausschließlich auf den Wegfall des Versicherungsschutzes wegen Fahrens ohne Fahrerlaubnis zurückzuführen waren, was dem Arbeitnehmer jedoch im Innenverhältnis zum Arbeitgeber nicht vorzuwerfen sei.

602 Vgl. *LAG Mecklenburg-Vorpommern*, Urt. v. 13.03.2008 – 1 Sa 149/07.

603 Vgl. *LAG Düsseldorf* VersR 2004, 103; *LAG Mecklenburg-Vorpommern*, Urt. v. 13.03.2008 – 1 Sa 149/07.

604 Vgl. *LAG Mecklenburg-Vorpommern*, Urt. v. 13.03.2008 – 1 Sa 149/07.

605 Vgl. *BGH* NJW 1971, 937 = VersR 1971, 429 = DAR 1971, 157 = AP Nr. 65 zu § 611 BGB Haftung des Arbeitnehmers.

606 Vgl. Geigel/*Münkel* 13. Kap. Rn. 65; *Höld* VersR 2012, 284 f.

607 Vgl. *BGH* NJW 2004, 1250 = VersR 2004, 369 = DAR 2004, 218 = NZV 2004, 185.

608 Vgl. *BAG* NJW 1989, 854 = zfs 1989, 156 = AP Nr. 94 zu § 611 BGB Haftung des Arbeitnehmers = NZA 1989, 181 f.

Die ebenfalls vorliegende Trunkenheit des Fahrers, wegen der der Unfall grob fahrlässig verursacht worden war, hätte für sich genommen einen Rückgriffsanspruch des Haftpflichtversicherers gegen den mitversicherten Arbeitnehmer nicht begründet. In der Kfz-Haftpflichtversicherung entfällt die Leistungspflicht des Versicherers bei grober Fahrlässigkeit des Versicherungsnehmers oder des mitversicherten Fahrers nicht. Dies folgt insofern aus § 61 VVG dahin gehend einschränkt, dass der Haftpflichtversicherer von der Leistungspflicht erst frei wird, wenn der Versicherungsfall vorsätzlich herbeigeführt worden ist.[609]

*dd) Regress des Leasinggebers*

488 Der Leasinggeber, bei dem der Arbeitgeber/Leasingnehmer sein Fahrzeug geleast hat, kann im Fall der Beschädigung des Fahrzeugs durch den Arbeitnehmer des Leasingnehmers, wie ein außerhalb des Arbeitsverhältnisses stehender Dritter den Arbeitnehmer in Regress nehmen. Auch insoweit die ordentlichen Gerichte zuständig.[610]

489 Die Grundsätze der Haftungsprivilegierung des Arbeitnehmers haben gegenüber Dritten keine Geltung, dies hat der *BGH* in einem Urteil aus dem Jahr 1989 noch einmal bestätigt.[611] Dies gilt auch für den Fall, dass der Arbeitgeber zahlungsunfähig ist, und der Arbeitnehmer damit faktisch keinen Freistellungsanspruch mehr gegen den Arbeitgeber hat.

490 Ist der Arbeitgeber insolvent geworden und kann für den Schaden an dem Leasingfahrzeug nicht mehr aufkommen, bleibt dem Leasingeber oft nichts anderes übrig, als den Arbeitnehmer in Regress zu nehmen. Dies kann er grds. auch in voller Höhe tun. Nur in besonderen Fällen – so der *BGH* – könne die ergänzende Vertragsauslegung des Leasingvertrages ergeben, dass dem Leasinggeber bei eingetretener Insolvenz des Arbeitgebers die Inanspruchnahme des Arbeitnehmers wegen eines Schadens an der Leasingsache verwehrt ist.[612] Ein derartiger Fall komme in Betracht, wenn der Leasinggeber es übernehme, für eine Vollkaskoversicherung des Fahrzeugs Sorge zu tragen und damit den Leasingnehmer von einer entsprechenden Vorsorge zugunsten des Arbeitnehmers abhält. Der Leasinggeber muss sich dann auf die Inanspruchnahme der Vollkaskoversicherung verweisen lassen, selbst dann, wenn er den von ihm übernommenen Abschluss einer Vollkaskoversicherung versäumt hat.

*c) Haftung des Arbeitnehmers für Personenschäden*

491 Im Straßenverkehr kommt es in erster Linie zu Personenschäden bei außerhalb des Arbeitsverhältnisses stehenden Dritten, ggf. aber auch zu körperlichen Beeinträchtigungen von Arbeitskollegen.

492 Dem Dritten gegenüber haftet der Arbeitnehmer nach den allgemeinen Regeln des BGB und des StVG. Er kann jedoch im Innenverhältnis zum Arbeitgeber nach den Grundsätzen des innerbetrieblichen Schadenausgleichs Haftungsfreistellung verlangen. Insofern gelten die gleichen Grundsätze wie bei Sachschäden.

493 Schädigt der Arbeitnehmer einen im selben Betrieb beschäftigten Kollegen körperlich, gilt der Haftungsausschluss des § 105 Abs. 1 SGB VII.[613] Danach ist die Haftung gegenüber einem im selben Betrieb beschäftigten Versicherten bis auf vorsätzliche Schädigungen und Wegeunfälle (§ 8 Abs. 2 Nr. 1 bis 4 SGB VII) ausgeschlossen. Dies gilt für sämtliche Schadensersatzansprüche und insbesondere auch für Schmerzensgeldansprüche des Kollegen.[614] Die Haftungspriviligierung des § 105

609 Vgl. insoweit auch *Prölss/Martin* § 103 VVG, Rn. 1.

610 Vgl *BAG* NZA 2009, 919 = VersR 2009, 1528 = DAR 2010, 105.

611 Vgl. *BGH* NJW 1989, 3273 = VersR 1989, 1197 = DAR 1989, 416 = AP Nr. 99 zu § 611 BGB Haftung des Arbeitnehmers; Grüneberg/*Weidenkaff* § 611 Rn. 159.

612 Vgl. *BGH* AP Nr. 99 zu § 611 BGB Haftung des Arbeitnehmers = NJW 1989, 3273–3277.

613 Vgl. *BGH*, Urt. v. 30.05.2017 – VI ZR 501/16.

614 Vgl. *Schwab* NZA-RR 2016, 173, 177.

SGB VII sperrt ebenfalls das Hinterbliebenengeld gem. § 844 Abs. 3 BGB.[615] Der Sohn der Kläger wurde bei einem Verkehrsunfall getötet, an dem er als Beifahrer in einem Fahrzeug beteiligt war. Gefahren wurde das Fahrzeug einerseits auf einem Arbeitsweg und andererseits von einem Arbeitskollegen, der den Verkehrsunfall alleine verursacht hat. Ein Anspruch der Hinterbliebenen auf das Hinterbliebenengeld gem. § 844 Abs. 3 BGB scheitert an der Sperrwirkung des § 105 SGB VII.

Schädigt der Arbeitnehmer – was im Straßenverkehr eher selten vorkommt – seinen Arbeitgeber körperlich, so haftete er früher nach den allgemeinen Regeln des BGB voll. Dies hat sich mittlerweile geändert. Gem. § 105 Abs. 1 SGB VII ist die Haftung des Arbeitnehmers gegenüber dem versicherten Arbeitgeber bis auf vorsätzliche Schädigungen und Wegeunfälle (§ 8 Abs. 2 Nr. 1 bis 4 SGB VII) ausgeschlossen. Dies gilt gem. § 105 Abs. 2 SGB VII auch gegenüber dem nicht versicherten Arbeitgeber, es sei denn, dass eine Ersatzpflicht des schädigenden Versicherten aus anderen Gründen zivilrechtlich ausgeschlossen ist. **494**

## 2. Arbeitgeberhaftung

Auch bei der Haftung des Arbeitgebers gegenüber dem Arbeitnehmer findet eine Privilegierung statt, diesmal zugunsten des Arbeitgebers.[616] Dies gilt allerdings nur für Personenschäden, bei Sachschäden haftet der Arbeitgeber gegenüber dem Arbeitnehmer sogar strenger. **495**

### *a) Haftung des Arbeitgebers für Personenschäden*

Bei Personenschäden, die durch einen Arbeitsunfall verursacht worden sind, hat der Arbeitnehmer grundsätzlich keinen Ersatzanspruch gegen den Arbeitgeber.[617] Insoweit gelten die §§ 104 ff. SGB VII. Wegen eines Personenschadens, der durch einen Arbeits- oder Wegeunfall entstanden ist, den der Arbeitgeber nicht vorsätzlich verursacht hat, kann der geschädigte Arbeitnehmer von seinem Arbeitgeber keinen Schadenersatz für Personenschäden verlangen. Hier tritt die gesetzliche Unfallversicherung mit schuldbefreiender Wirkung ein gem. § 104 SGB VII. **496**

Danach ist der Unternehmer (§ 136 Abs. 3 SGB VII, Legaldefinition) den in seinem Unternehmen tätigen Versicherten, deren Angehörigen und Hinterbliebenen, auch wenn sie keinen Rentenanspruch haben, wegen eines durch Arbeitsunfall herbeigeführten Personenschadens nur dann schadensersatzpflichtig, wenn der Unternehmer den Arbeitsunfall vorsätzlich herbeigeführt hat oder, wenn er auf einem nach § 8 Abs. 2 Nr. 1 bis 4 SGB VII versicherten Weg eingetreten ist. Dabei muss sich der Vorsatz sowohl auf die Verletzungshandlung als auch auf den Verletzungserfolg beziehen.[618] Allein der Verstoß des Arbeitgebers gegen Unfallverhütungsvorschriften indiziert allerdings nicht ohne Weiteres ein vorsätzliches Verhalten.[619] Der Haftungsausschluss erfasst alle Ersatzansprüche wegen Personenschadens, gleich ob öffentlich-rechtlicher oder privatrechtlicher Natur, also auch Ansprüche aus unerlaubter Handlung, Vertrag und Gefährdungshaftung (insbesondere nach StVG). Erfasst sind insbesondere Schmerzensgeldansprüche des Arbeitnehmers (§ 253 Abs. 2 BGB).[620] Ausgeschlossen sind daneben Ansprüche wegen Heilungs- und Therapiekosten, Verdienstausfall, Beerdigungskosten, entgangenen Unterhalts, entgangener Dienste und Aufwendungen für Pflege und Besuch des Verletzten.[621] **497**

---

615 Vgl. *BGH* VersR 2022, 586; dazu *Eichelberger* NJW 2022, 1531; *Fellner* MDR 2022, 535 ff.; *Bredemeyer* ZEV 2022, 476; *Hollo* jurisPR-SozR 11/2022 Anm. 4; *OLG Saarbrücken*, Urt. v. 12.07.2024 – 3 U 59/23, BeckRS 2024, 16600; *LG Mainz*, Urt. v. 02.09.2020 – 5 O 249/19.

616 Hierzu insgesamt *Schwab* NZA-RR 2006, 505.

617 Dazu besonders anschaulich *Nehls* SVR 2004, 409.

618 Vgl. *BAG* NJW 2003, 1890 = VersR 2003, 740 = NZA 2003, 436 unter Fortsetzung der Rspr. zum Haftungsausschluss bei Arbeitsunfällen nach §§ 636, 637 RVO; *BGH* VersR 2012, 714.

619 Vgl. *BAG* NZA-RR 2010, 123 m.w.N.

620 Vgl. *BAG* BB 1971, 351 = DB 1971, 774.

621 Vgl. *Schaub* § 61 Rn. 62 m.w.N.

498 Nach einer Entscheidung des *BGH* vom 06.02.2007[622] sollen dagegen Schockschäden, die eine dritte, nicht versicherte Person aufgrund eines Arbeitsunfalls erleidet, etwa weil dabei ein naher Angehöriger ums Leben kommt, grundsätzlich erstattungsfähig sein. Die seelische Erschütterung, die eine Person durch den Verlust eines nahen Angehörigen erleidet, stellt aber nur dann eine Gesundheitsbeschädigung gem. § 823 BGB dar, wenn die medizinisch festgestellten Auswirkungen über die gesundheitlichen Beeinträchtigungen hinausgehen, welche der Tod naher Angehöriger erfahrungsgemäß mit sich bringt.[623] Der *BGH* kommt in seiner Entscheidung vom 06.02.2007 zu dem Ergebnis, dass der Haftungssauschluss in diesem Fall nicht eingreift, weil die Klägerin selbst nicht zum Kreis der Versicherten gehört (vgl. § 2 SGB VII). Sie habe auch keinen Arbeitsunfall erlitten, sondern allein ihr Sohn. Der Schockschaden sei nur mittelbar durch den Versicherungsfall hervorgerufen worden. Auch der Sinn und Zweck der Regelung des § 105 Abs. 1 SGB VII rechtfertige nicht einen Haftungsausschluss in einem solchen Fall. Insbesondere komme dem Schutz des Betriebsfriedens nach dem Tod des Versicherten keine Bedeutung mehr zu. Gegen die Erstreckung des Haftungsausschlusses auf Schockschäden spreche zudem, dass die gesetzliche Unfallversicherung insoweit keine Leistungen vorsieht und auch ansonsten keine Kompensation durch das Leistungssystem der gesetzlichen Unfallversicherung stattfindet.

499 Der Haftungsausschluss der §§ 104 ff. SGB VII hat seinen Rechtsgrund darin, dass die Unternehmer in Berufsgenossenschaften zusammengeschlossen sind und deren Beiträge allein aufzubringen haben.[624] Die Berufsgenossenschaften haben für den Arbeitsunfall einzustehen. Sie erfüllen quasi die Funktionen einer Haftpflichtversicherung. Durch das System der Berufsgenossenschaften wird zudem gewährleistet, dass der Arbeitnehmer ohne Rücksicht auf die Leistungsfähigkeit des Arbeitgebers oder ein etwaiges eigenes Mitverschulden an dem Arbeitsunfall eine Entschädigung erhält. Darüber hinaus dient dieses System der Vermeidung von Rechtstreitigkeiten zwischen Arbeitnehmer und Arbeitgeber und damit dem Betriebsfrieden.[625]

500 Ein Arbeitsunfall gem. § 8 Abs. 1 S. 1 SGB VII setzt begrifflich das Vorliegen eines Unfalls voraus. Ein Unfall ist ein zeitlich begrenztes von außen auf den Körper einwirkendes Ereignis, das zu einem Gesundheitsschaden oder zum Tod führen kann.[626] Streitig ist, ob zum Begriff des Unfalls die Unfreiwilligkeit des Ereignisses gehört.[627] Jedenfalls wird es als Unfall angesehen, wenn ein unfreiwilliges Ereignis zu einer in Kauf genommenen Selbstschädigung führt. Ein solcher Fall liegt z.B. vor, wenn der Versicherte zur Vermeidung eines Verkehrsunfalls in den Straßengraben fährt.[628] Es muss sich um einen Unfall handeln, den der Verletzte oder der Getötete bei einer der nach den §§ 2, 3, 6 SGB VII versicherten Tätigkeiten erleidet, dies im Sinne des § 8 SGB VII. Ein verbotswidriges Handeln schließt den Versicherungsschutz nicht aus gem. § 7 Abs. 2 SGB VII.

501 Es muss ein sachlicher, »innerer« Zusammenhang zwischen der zum Unfall führenden Verrichtung und der versicherten Tätigkeit bestehen. Unterbricht der Versicherte die versicherte Tätigkeit durch eine private Verrichtung, so besteht während der Unterbrechung kein Versicherungsschutz.[629] Allerdings entfällt der Versicherungsschutz nicht, wenn eine private Besorgung bei natürlicher Betrachtungsweise nur zu einer geringfügigen Unterbrechung der versicherten Tätigkeit führt, etwa bei einem Zeitungseinkauf an einem Kiosk[630] oder dem Bücken nach einer Zigarette im Auto.[631]

---

622 *BGH* VersR 2007, 803 = DAR 2007, 511 = NZV 2007, 453.
623 Vgl. *BGH* NJW 2012, 1730.
624 Vgl. *Schaub* § 61 Rn. 3.
625 Vgl. *Schaub* § 61 Rn. 3.
626 Vgl. *Küppersbusch/Höher*, Ersatzansprüche bei Personenschäden, 14. Aufl., Rn. 518.
627 Bejahend: BVerwGE 10, 258, 261; *Schaub* § 61 Rn. 16.
628 Vgl. *BSG* NJW 1989, 2077 = VersR 1989, 718.
629 Vgl. *BSG* SozR 2200 § 548 Nr. 68, 70, 84, 92.
630 Vgl. *BSG* SozR 2200 § 539 Nr. 21.
631 Vgl.: *BSG* NJW 1988, 2638 = NZA 1989, 198; was allerdings ein grob fahrlässiges Verhalten darstellt, vgl. *OLG Düsseldorf* VersR 1980, 1020; *OLG Karlsruhe* VersR 1979, 758; *OLG Karlsruhe* VersR 1993, 1096; *OLG Stuttgart* VersR 1986, 1119.

Bei Volltrunkenheit, wenn also der Versicherte zu einer zweckgerichteten, ihm abverlangten Tätigkeit nicht mehr in der Lage ist, besteht grundsätzlich kein Versicherungsschutz.[632] Unfälle unterhalb des Grades des Vollrausches sind dann nicht versichert, wenn die Trunkenheit die rechtlich allein wesentliche Ursache war.[633] Davon ist immer dann auszugehen, wenn der Versicherte den Unfall in normalem Zustand vermieden hätte.[634] So verhielt es sich in einem vom BSG zu entscheidenden Fall, bei dem ein in Bereitschaft stehender Schiffsführer eines Lotsenversatzbootes nach einer durchfeierten Silvesternacht auf dem Hafengelände mit seinem Pkw bei einem BAK-Wert von 2,3 Promille in das Hafenbecken stürzte und ertrank. Hier stellte das *BSG* als rechtlich allein wesentliche Ursache für den Unfall die Trunkenheit des Versicherten fest.[635] 502

Das *BSG* geht bei einem Blutalkoholgehalt von 1,1 Promille – unabhängig von sonstigen Beweisanzeichen – davon aus, dass ein Kraftfahrer absolut fahruntüchtig ist.[636] Die auf Alkoholgenuss zurückzuführende Fahruntüchtigkeit eines Kraftfahrers schließt den Schutz der gesetzlichen Unfallversicherung aus, wenn sie die unternehmensbedingten Umstände derart in den Hintergrund drängt, dass sie als die rechtlich allein wesentliche Ursache des Unfalls anzusehen ist. Der Begriff der rechtlich wesentlichen Ursache ist ein Wertbegriff. Die Frage, ob eine Mitursache für den Erfolg rechtlich wesentlich gewesen ist, beurteilt sich nach dem Wert und der Bedeutung, die ihr die Auffassungen des täglichen Lebens für das Zustandekommen des Erfolgs geben.[637] Danach ist eine alkoholbedingte Fahruntüchtigkeit, die bei der Entstehung des Unfalls mitgewirkt hat, gegenüber den betriebsbedingten Umständen als rechtlich allein wesentliche Ursache zu werten, wenn nach den Erfahrungen des täglichen Lebens davon auszugehen ist, dass der Versicherte, hätte er nicht unter Alkoholeinfluss gestanden, bei gleicher Sachlage wahrscheinlich nicht verunglückt wäre. Er ist dann nicht einer Betriebsgefahr erlegen, sondern nur »bei Gelegenheit« einer versicherten Tätigkeit verunglückt.[638] Es muss vergleichend gewertet werden, welcher Umstand gegenüber der alkoholbedingten Fahruntüchtigkeit etwa gleichwertig und welcher demgegenüber derart unbedeutend ist, dass er außer Betracht bleiben muss. Zu den unternehmensbezogenen Umständen (Mitursachen) gehören auch die mit der Teilnahme am Verkehr verbundenen Gefahren.[639] Lässt sich ein klares Beweisergebnis über die Ursache eines Unfalls, den ein unter Alkoholeinfluss stehender Verkehrsteilnehmer erlitten hat, nicht erzielen, sind also sonstige Unfallursachen nicht erwiesen, so spricht die Lebenserfahrung dafür, dass die auf der Alkoholbeeinflussung beruhende Fahruntüchtigkeit den Unfall verursacht hat (Beweis des ersten Anscheins).[640] 503

Zu den Arbeitsunfällen gehören auch die sog. Wegeunfälle i.S.d. § 8 Abs. 2 Nr. 1 bis 4 SGB VII.[641] 504
Ein Unfall auf dem Weg nach oder von dem Ort der versicherten Tätigkeit (Wegeunfall gilt als Arbeitsunfall im Sinne des § 8 Abs. 2 SGB VII, da es sich hierbei um eine versicherte Tätigkeit handelt. Versicherungsschutz besteht für das Zurücklegen des mit der versicherten Tätigkeit zusammenhängenden unmittelbaren Weges nach und von dem Ort der Tätigkeit.[642] Es ist mithin nur ein Grenzpunkt des Weges angegeben: der Ort der Tätigkeit. Regelmäßig wird der Weg zum Tätigkeitsort vom häuslichen Bereich aus angetreten. Ein Wegeunfall ist gegeben, wenn der Unfall auf dem Weg zwischen der Wohnung und Arbeitsstätte eingetreten ist. Der häusliche Bereich wird verlassen mit Durchschreiten der Außenhaustür.[643] Bei Mehrfamilienhäusern beginnt der Arbeitsweg hinter der

632 Vgl. *BSG* BB; NZA 1992, 93; *BSG* BB 1994, 2209; *BSG* BB 1998, 2319.
633 Vgl. *BSG* VersR 1999, 1305.
634 Vgl. BSGE 43, 293 (295).
635 Vgl. *BSG* VersR 1999, 1305.
636 Vgl. *BSG* VersR 1999, 1305.
637 Vgl. *BSG* VersR 1999, 1305.
638 Vgl. auch BSGE 48, 228.
639 Vgl. auch *BSG* NJW 1978, 1212 = BSGE 43, 110.
640 Vgl. auch *BSG* NJW 1973, 1822 = BSGE 36, 35 (38).
641 Vgl. dazu: *Nehls* SVR 2004, 409.
642 Vgl. *BVerfG* DAR 2005, 323.
643 Vgl. *Nehls* SVR 2004, 415 m.w.N.

Außentür und nicht hinter der Wohnungstür.[644] Der Sturz im Treppenhaus ist also nicht versichert. Anders verhält es sich, wenn der Sturz im Treppenhaus beginnt und auf dem Bürgersteig endet.[645]

505 Wird der Weg von einem dritten Ort aus angetreten, besteht Versicherungsschutz, wenn der Weg wesentlich von dem Vorhaben bestimmt war, die versicherte Tätigkeit am Ort der Tätigkeit aufzunehmen. Der nicht von der Wohnung angetretene Weg muss unter Berücksichtigung der Umstände in einem angemessenen Verhältnis zum üblichen Weg des Versicherten stehen. Ein angemessenes Verhältnis zwischen Wohnung und Arbeitsstätte und drittem Ort und Arbeitsstätte besteht nicht, wenn die Versicherte, die 50 Meter von ihrer Arbeitsstätte entfernt wohnt, den Weg zur Arbeit von dem Wohnort eines 45 Kilometer entfernt lebenden Arbeitskollegen aus antritt, bei dem sie nach einer Geburtstagsfeier übernachtet hatte. Der auf diesem Weg eingetretene Unfall ist kein Wegeunfall.[646]

506 Der auf dem Weg zur Arbeitsstelle erlittene Schaden ist nur versichert, wenn er mit der Tätigkeit in einem inneren Zusammenhang steht. Ein innerer Zusammenhang und damit Versicherungsschutz besteht nicht, wenn der Versicherte einer ausschließlich in seiner privaten Sphäre entstandenen Gefahr erliegt.[647] Etwa dann, wenn er in ein offenes Frühstücksmesser greift, welches ihm sein Kind in die Aktentasche gelegt hat.[648] Rührt die Gefahr nicht aus dem privaten Bereich, ist es für den Versicherungsschutz unerheblich, auf welche Ursachen der auf dem Weg erlittene Unfall zurückzuführen ist. Versicherungsschutz besteht nicht nur bei Verkehrsunfällen, sondern auch bei Verwirklichung allgemeiner Gefahren, wie etwa herabfallenden Dachlziegel o.Ä.[649]

507 Unerheblich ist auch die Art der Zurücklegung des Arbeitsweges und die Wahl des Verkehrsmittels. Der Versicherte braucht auch nicht den kürzesten Weg zur Arbeit zu wählen, er ist in der Wahl des Arbeitsweges grundsätzlich frei. Der Versicherungsschutz endet jedoch, wenn andere Gründe als die Zurücklegung des Arbeitsweges für die Auswahl der Wegstrecke maßgeblich waren. Dies gilt auch für das irrtümliche Abkommen vom Weg. In einem vom *BSG* zu entscheidenden Fall waren aufgrund der vom Versicherten mit seinem Beifahrer geführten angeregten Unterhaltung gleich fünf Autobahnausfahrten verpasst worden. Das *BSG* hat klargestellt, dass nicht jeder irrtümliche Umweg zur Lösung des inneren Zusammenhangs zwischen der versicherten Tätigkeit und der Heimfahrt und damit zum Verlust des Versicherungsschutzes führt.[650] Liegen jedoch keine äußeren mit der Art des Heimwegs verbundenen Gefahren, wie z.B. Dunkelheit, Sichtbehinderung durch Nebel, schlecht beschilderte Wege oder Ähnliches vor, »die für ein Verirren ursächlich gewesen sein könnten und bei deren Vorliegen der innere Zusammenhang erhalten bleibt«, scheidet der Versicherungsschutz regelmäßig aus. In dem zu entscheidenden Fall war der erhebliche Umweg auf die völlige Unaufmerksamkeit hinsichtlich des Weges zurückzuführen. Der Versicherungsschutz war daher zu verneinen.

508 Durch eine eigenwirtschaftliche oder persönlichen Zwecken des Versicherten dienende Tätigkeit wird der Versicherungsschutz unterbrochen, so etwa durch Einkauf von Lebensmitteln zu privaten Zwecken,[651] aber auch durch das Auftanken eines zum Weg benutzten Kfz.[652] Eine Unterbrechung

644 Vgl. *BSG* NZS 2001, 432.

645 Vgl. *Nehls* SVR 2004, 416.

646 Zitiert bei *Nehls* SVR 2004, 416, dazu *Nehls* SVR 2004, 409: hält dieses Ergebnis – wofür sicherlich einiges spricht – deswegen für unsozial, weil der Arbeitskollege der Versicherten das ganze Jahr über Versicherungsschutz für die 45 Kilometer lange Strecke genießt, nicht jedoch die Versicherte, die die Strecke nur ein einziges Mal fährt.

647 Vgl. *Schaub* § 61 Rn. 37.

648 Vgl. *BSG* DB 1978, 1891.

649 Vgl. *Schaub* § 61 Rn. 37 m.w.N.

650 Vgl. *BSG* NJW 1998, 3294 = VersR 1999, 1438.

651 Vgl. *LSG Schleswig-Holstein* NZS 2001, 272; Geigel/*Wellner* 31. Kap. Rn. 62.

652 Vgl. *BSG* NZS 1999, 40; *LSG Schleswig-Holstein* NZS 1999, 198; *Nehls* SVR 2004, 416: anders dann, wenn das Nachtanken wegen der Inanspruchnahme des Reservetanks notwendig wird, um den Weg zur Arbeit fortzusetzen.

tritt nicht ein, wenn eine eigenwirtschaftliche Tätigkeit lediglich im Vorübergehen erledigt wird[653] oder der Tankstellenbesuch notwendig ist, um mit dem Auto den Weg von/zu der Arbeit fortsetzen zu können.[654] Ist die Unterbrechung so groß, dass ein innerer Zusammenhang mit der versicherten Tätigkeit nicht mehr anzunehmen ist, entfällt der Versicherungsschutz.[655]

Weicht ein Berufskraftfahrer von der vorgeschriebenen Route ab, um in der eigenen Wohnung eine **509**
Erholungspause einzulegen, liegt ein innerer Zusammenhang zwischen betrieblicher Tätigkeit und Schadenereignis vor, wenn der Arbeitnehmer einen Umweg deshalb für erlaubt halten durfte, weil die Höchstlenkdauer bereits überschritten war bzw. bei Hinzurechnung der noch ausstehenden Fahrstrecke in erheblichem Maße überschritten worden wäre.[656] Kein Versicherungsschutz besteht dagegen, wenn es keinen sachlichen und nachvollziehbaren Grund für das Verlassen des Weges gibt.[657]

Abzugrenzen von dem Wegeunfall i.S.d. § 8 Abs. 2 Nr. 1 bis 4 SGB VII ist der Unfall auf dem **510**
Betriebsweg (§ 8 Abs. 1, Abs. 2 Nr. 5 SGB VII).[658] Dies ist insbesondere von Bedeutung für die Haftungsprivilegierung nach §§ 104 ff. SGB VII, weil nur bei Wegeunfällen die Haftungsprivilegierung entfällt. Ein Betriebsweg ist ein Weg, der in Ausübung der versicherten Tätigkeit zurückgelegt wird, Teil der versicherten Tätigkeit ist und damit der Betriebsarbeit gleichsteht. Anders als der Weg nach dem Ort der Tätigkeit wird er im unmittelbaren Betriebsinteresse unternommen und geht nicht lediglich der Tätigkeit voraus.[659] Unfälle auf einem Weg innerhalb des Betriebsgeländes (innerbetrieblicher Werkverkehr) mit Firmenfahrzeugen im Interesse des Betriebes oder auch auf Dienstreisen mit dem eigenen Kfz sind Arbeitsunfälle im Sinne des § 8 Abs. 1 SGB VI.[660]

Zu den Abgrenzungsfragen liegt eine Entscheidung des *BAG* vor.[661] Erleidet danach ein Arbeit- **511**
nehmer einen Unfall mit Personenschaden auf einem vom Arbeitgeber mit einem Betriebsfahrzeug und einem vom Betrieb gestellten Fahrer durchgeführten Sammeltransport von der Wohnung des Arbeitnehmers zu einer Baustelle, ist die zivilrechtliche Haftung des Arbeitgebers und des Fahrers nach §§ 104 Abs. 1, 105 SGB VII ausgeschlossen, weil sich der Unfall auf einem Betriebsweg ereignet hat und damit ein Arbeitsunfall und kein Wegeunfall vorliegt.[662] Dies ergebe sich aus dem Sinn und Zweck der Haftungsbeschränkung. Dieser liegt unter anderem darin, betriebliche Konfliktsituationen zu vermeiden. An die Stelle der privatrechtlichen Haftpflicht des Unternehmers tritt die Haftung der Berufsgenossenschaft (Prinzip der Haftungsersetzung). Diesem Zweck entspreche es, wenn die Sperrwirkung nach § 104 Abs. 1 S. 1 SGB VII eingreift, sobald sich der Versicherte in die betriebliche Sphäre begibt, also in einen Bereich, der der Organisation des Unternehmers unterliegt.

Auch nach der Rechtsprechung des *BGH*[663] ist für die Abgrenzung eines Arbeitsunfalls auf einem **512**
Betriebsweg von einem Unfall auf einem versicherten Weg i.S.d. § 8 Abs. 2 Nr. 1 bis 4 SGB VII nicht allein maßgebend, wo sich der Unfall ereignet hat, sondern auch inwieweit er dem Betrieb und der Tätigkeit des Versicherten zuzuordnen ist und ob er Ausdruck der betrieblichen Verbindung zwischen ihm und dem Unternehmen ist, die Grund für das Haftungsprivileg nach § 105 SGB VII ist. Hingegen ist für die Einordnung als Betriebsweg letztlich nicht entscheidend, ob die

653 Vgl. *BSG* NZS 1997, 84.
654 Vgl. *BSG* BB 1995, 829.
655 Vgl. *Schaub* § 61 Rn. 37.
656 Vgl. *BGH* VersR 1984, 1180.
657 Vgl. *LSG Bayern*, Urt. v. 27.05.2009 – L 2 U 213/08.
658 Vgl. dazu *BGH* VersR 2006, 221 = DAR 2006, 201 = zfs 2006, 203 = DB 2006, 168; vgl. auch *Nehls* SVR 2004, 417 sowie *Lang* SVR 2006, 263, 266.
659 Vgl. *BSG* NJW 2002, 84.
660 Vgl. *BGH* VersR 2006, 221.
661 Vgl. *BAG* DB 2004, 656 = MDR 2004, 577 = VersR 2004, 1047; dazu: *Marquardt* ArbRB 2004, 111; ebenfalls zu diesem Thema: BGHZ 157, 159 (165); *BGH* VersR 2004, 788; 2007, 64.
662 Das *BAG* schließt sich insoweit den Grundsätzen an, die der *BGH* zum Sammelschülertransport aufgestellt hat; vgl. *BGH* NJW 2001, 442.
663 Vgl. *BGH* DB 2006, 168 = MDR 2006, 634.

Örtlichkeit der Organisation des Arbeitgebers unterliegt. Danach ist von einem Arbeitsunfall auf einem Betriebsweg auszugehen, wenn eine Reinigungskraft, die – wie ihre geschädigte Kollegin – seit mehreren Jahren in einem Hotel außerhalb des Firmensitzes tätig ist, nach der Arbeit auf dem zum Hotel gehörenden Personalparkplatz beim Rückwärtsfahren ihre Kollegin anfährt und verletzt. Der Unfall ereignete sich dann noch in der »betriebsüblichen Gefahrensphäre« und nicht lediglich auf dem Heimweg.[664]

513 Auch gegenüber Versicherten anderer Unternehmen ist der Arbeitgeber unter Umständen in seiner Haftung privilegiert. Gem. § 106 Abs. 3, 3. Var. SGB VII etwa dann, wenn Versicherte mehrerer Unternehmen auf einer gemeinsamen Betriebsstätte tätig sind und es dort zu einem Arbeitsunfall kommt. Dann gelten die §§ 104, 105 SGB VII für die Ersatzpflicht der für die beteiligten Unternehmen Tätigen untereinander. Eine Haftungsprivilegierung nach den Grundsätzen des gestörten Gesamtschuldnerausgleichs[665] kommt dann infrage, wenn der Arbeitgeber zwar nicht nach den §§ 104 ff. SGB VII privilegiert ist, jedoch der schädigende Arbeitnehmer, für den er gem. § 831 BGB haftet, sich auf eine sozialversicherungsrechtliche Haftungsprivilegierung berufen kann.[666] Der Begriff der gemeinsamen Betriebsstätte im Sinne von § 106 Abs. 3 Alt. 3 SGB VII meint betriebliche Aktivitäten von Versicherten mehrerer Unternehmen, die bewusst und gewollt bei einzelnen Maßnahmen ineinandergreifen, miteinander verknüpft sind, sich ergänzen oder stillschweigend durch bloßes Tun unterstützen. Parallele Tätigkeiten, die sich nur beziehungslos nebeneinander vollziehen, genügen nicht. Voraussetzung für die Haftungsprivilegierung ist eine so genannte Gefahrengemeinschaft.[667]

514 Nach der Rechtsprechung des *BGH* kann ein Sozialversicherungsträger, der gem. § 110 Abs. 1 SGB VII[668] bei dem Schädiger regressiert, weil dieser den Versicherungsfall vorsätzlich oder grob fahrlässig herbeigeführt hat, wegen der von ihm erbrachten Aufwendungen auch auf den fiktiven Schmerzensgeldanspruch des Geschädigten gegen den Schädiger zurückgreifen.[669] Kommt es dazu, dass aufgrund der Entsperrung des Haftungsprivilegs, der Schädiger sowohl durch den Sozialversicherungsträger als auch durch den Geschädigten in Anspruch genommen wird, kann die diesbezügliche Anspruchskonkurrenz durch einen Verzicht des Sozialversicherungsträgers auf den Anspruch gelöst werden, zu dem der Sozialversicherungsträger bei Ausübung pflichtgemäßem Ermessens sogar verpflichtet sein kann.[670] Danach wird der Sozialversicherungsträger regelmäßig auf eine Anspruchsrealisierung zum Nachteil des Versicherten verzichten müssen.[671]

### *b) Haftung des Arbeitgebers für Sachschäden*

515 Bei Sachschäden hat der Arbeitnehmer gegen den Arbeitgeber einen Schadensersatzanspruch, wenn dieser den Eintritt des Schadens zu vertreten hat. Nach Rechtsprechung des BAG haftet der Arbeitgeber insbesondere für Sachschäden, die im Vollzug einer gefährlichen Arbeit entstehen und mit denen der Arbeitnehmer nach der Art des Betriebs oder nach der Art der Arbeit nicht zu rechnen braucht.[672]

664 Vgl. *BGH* MDR 2006, 634.
665 Vgl. *OLG Schleswig zfs* 2017, 143.
666 Vgl. *OLG Schleswig* r+s 2017, 220.
667 Vgl. hierzu *BGH* VersR 2004, 202 = MDR 2004, 395; *BGH* NJW 2005, 3144 = MDR 2006, 26.
668 § 110 SGB VII lautet: »(1) Haben Personen, deren Haftung nach den §§ 104 bis 107 beschränkt ist, den Versicherungsfall vorsätzlich oder grob fahrlässig herbeigeführt, haften sie den Sozialversicherungsträgern für die infolge des Versicherungsfalls entstandenen Aufwendungen, jedoch nur bis zur Höhe des zivilrechtlichen Schadenersatzanspruchs. (2) Statt der Rente kann der Kapitalwert gefordert werden. (3) Das Verschulden braucht sich nur auf das den Versicherungsfall verursachende Handeln oder Unterlassen zu beziehen….«.
669 Vgl. *BGH* NJW 2006, 3563.
670 Vgl. BGHZ 57, 96 (99); 69, 354 (360).
671 Vgl. *BGH* NJW 2006, 3563.m.w.N.
672 Vgl. *LAG Rheinland-Pfalz*, Urt. v. 27.06.2016 – 3 Sa 88/16.

Der Arbeitgeber muss dem Arbeitnehmer darüber hinaus auch die am Kfz des Arbeitnehmers ohne Verschulden des Arbeitgebers entstandenen Schäden ersetzen, wenn das Fahrzeug mit Billigung des Arbeitgebers und ohne besondere Vergütung im Betätigungsbereich des Arbeitgebers eingesetzt war. Ein Einsatz im Betätigungsbereich des Arbeitgebers ist dann anzunehmen, wenn ohne Einsatz des Fahrzeugs des Arbeitnehmers der Arbeitgeber ein eigenes Fahrzeug hätte einsetzen und damit dessen Unfallgefahr hätte tragen müssen.[673] Der Ersatzanspruch wird durch ein Mitverschulden des Arbeitnehmers nicht von vornherein ausgeschlossen. Das Mitverschulden ist jedoch in entsprechender Anwendung von § 254 BGB zu berücksichtigen. 516

Beschädigt der Arbeitnehmer bei betrieblich veranlassten Arbeiten schuldhaft sein mit Billigung des Arbeitgebers eingesetztes Fahrzeug, so gelten im Rahmen des Aufwendungsersatzanspruchs des Arbeitnehmers nach § 670 BGB die Grundsätze der beschränkten Arbeitnehmerhaftung auch dann, wenn über das Fahrzeug des Arbeitnehmers mit dem Arbeitgeber ein Mietvertrag abgeschlossen war.[674] Wird der Privat-Pkw des Arbeitnehmers nicht während einer Dienstfahrt, sondern in der Zeit zwischen zwei am selben Tag durchzuführenden Dienstfahrten während des Parkens in der Nähe des Betriebes beschädigt, gehört auch dieses Vorhalten des Kfz während der Innendienstzeit zum Einsatz im Betätigungsbereich des Arbeitgebers. Der anderweitig nicht ersatzfähige Sachschaden ist vom Arbeitgeber auszugleichen.[675] Der Aufwendungsersatzanspruch erstreckt sich aber nicht auf den Verlust des Schadenfreiheitsrabattes in der Kfz-Haftpflichtversicherung, wenn der Arbeitnehmer bei Benutzung seines eigenen Kfz für dienstliche Zwecke einen Schaden erleidet.[676] 517

### 3. Haftung der Arbeitnehmer untereinander

#### *a) Haftung für Personenschäden*

Entsprechend der Haftung des Unternehmers gilt nach § 105 Abs. 1 SGB VII, dass Personen, die durch eine betriebliche Tätigkeit einen Versicherungsfall von Versicherten desselben Betriebes verursachen, nur bei vorsätzlicher Herbeiführung oder bei Herbeiführung auf einem nach § 8 Abs. 2 Nr. 1 bis 4 SGB VII versicherten Weg haften.[677] Gem. § 106 Abs. 3 3. Var. SGB VII kann das Gleiche gelten, wenn Arbeitnehmer mehrerer Unternehmen auf einer gemeinsamen Betriebsstätte tätig sind und es dort zu einem Arbeitsunfall kommt. Dann gelten die §§ 104, 105 SGB VII für die Ersatzpflicht der für die beteiligten Unternehmen Tätigen untereinander. Der Begriff der gemeinsamen Betriebsstätte im Sinne von § 106 Abs. 3 Alt. 3 SGB VI meint betriebliche Aktivitäten von Versicherten mehrerer Unternehmen, die bewusst und gewollt bei einzelnen Maßnahmen ineinandergreifen, miteinander verknüpft sind, sich ergänzend oder stillschweigend durch bloßes Tun unterstützen. Paralleltätigkeiten, die sich nur beziehungslos nebeneinander vollziehen genügen nicht. Voraussetzung für die Haftungsprivilegierung ist eine sogenannte Gefahrengemeinschaft.[678] Die Tätigkeit der Mitwirkenden muss im faktischen Miteinander der Beteiligten aufeinander bezogen, miteinander verknüpft oder auf gegenseitige Ergänzung oder Unterstützung ausgerichtet sein.[679] § 106 Abs. 3. Var. 3 SGB VII ist nicht schon dann anwendbar, wenn zwei Unternehmen auf derselben Betriebsstätte aufeinandertreffen. Eine »gemeinsame« Betriebsstätte ist nach allgemeinem Verständnis mehr als »dieselbe« Betriebsstätte; das bloße Zusammentreffen von Risikosphären mehrerer Unternehmen erfüllt den Tatbestand der Norm nicht. Parallele Tätigkeiten, die sich beziehungslos nebeneinander vollziehen, genügen ebenso wenig wie eine bloße Arbeitsberührung. Erforderlich ist 518

---

673 Vgl. *LAG Rheinland-Pfalz*, Urt. v. 27.06.2016 – 3 Sa 88/16.
674 Vgl. *BAG* NJW 1998, 1170 = NZA 1997, 1346.
675 Vgl. *BAG* NJW 1996, 1301 = NZV 1996, 278 = NZA 1996, 417.
676 Vgl. *BAG* NJW 1993, 1028 = NZV 1993, 148 = NZA 1993, 262; Grüneberg/*Weidenkaff* § 611 Rn. 125b.
677 Vgl. dazu *Schaub* § 61 Rn. 70 ff.
678 Vgl. *OLG Schleswig* r+s 2017, 220.
679 Vgl. BGHZ 145, 331, 336; 155, 205, 207 f.; 157, 213, 216 f.; 177, 97 m.w.N.; *BGH* NJW 2011, 449 = VersR 2010, 1190 = DAR 2011, 21.

vielmehr eine gewisse Verbindung zwischen den Tätigkeiten des Schädigers und des Geschädigten in der konkreten Unfallsituation, die eine Bewertung als »gemeinsame« Betriebsstätte rechtfertigt.[680]

519 Das *BAG* hat entschieden, dass das Verlassen des Arbeitsplatzes einschließlich des Weges auf dem Werksgelände bis zum Werkstor eine betriebliche Tätigkeit i.S.v. § 105 Abs. 1 SGB VII darstellt.[681] Der Weg von dem Ort der Tätigkeit (§ 8 Abs. 2 SGB VII) beginnt erst mit dem Durchschreiten des Werkstores. Im vorliegenden Fall griff zugunsten eines Arbeitnehmers, der einen in demselben Betrieb Beschäftigen anderen Arbeitnehmer auf dem Werksgelände mit seinem Pkw verletzt hatte, der Haftungsausschluss des § 105 Abs. 1 SGB VII ein. Der Haftungsausschluss greift nach BAG auch zugunsten des Kfz-Haftpflichtversicherers des schädigenden Kfz ein.[682]

520 Das Haftungsprivileg des § 105 Abs. 1 SGB VII soll z.B. auch eingreifen, wenn ein Arbeitnehmer die Arbeitsleistung seines Kollegen beanstandet und ihm dabei einen Schubser mit der Hand vor die Brust gibt. Eine betriebliche Tätigkeit i.S.d. des § 105 Abs. 1 SGB VII – so das *BAG* – liege nämlich auch dann vor, wenn der Schädiger bei objektiver Betrachtungsweise aus seiner Sicht im Betriebsinteresse handeln durfte, sein Verhalten unter Berücksichtigung der Verkehrsüblichkeit nicht untypisch ist und keinen Exzess darstellt.[683] In dem vom *BAG* entschiedenen Fall ging es um einen Stoß, den ein LKW-Fahrer seinem Kollegen zufügte, weil dieser zu spät zum Be- und Entladen des Lkw erschien, woraufhin der Kollege einen Schritt rückwärts machte, über die Handgriffe einer Schubkarre fiel und sich beim Aufprall auf eine am Boden liegende Stahlschiene schwere Verletzungen zuzog. Das *BAG* hat festgestellt, dass es sich bei einem derartigen Verhalten durchaus um eine »betriebliche Tätigkeit« handeln kann. Die betriebliche Tätigkeit ist grundsätzlich mit der versicherten Tätigkeit nach § 8 Abs. 1 S. 1 SGB VII gleichzusetzen.[684] Neben der Zugehörigkeit des Schädigers zum Betrieb und dem Handeln im Betrieb, muss das Handeln zwingend betriebsbezogen sein. Die Verursachung des Schadenereignisses muss demnach durch eine Tätigkeit erfolgt sein, die dem Schädiger von dem Betrieb übertragen worden war oder von ihm im Betriebsinteresse ausgeführt wurde.[685] Der Begriff der betrieblichen Tätigkeit wird vom *BAG* weit ausgelegt. Er umfasst die Tätigkeiten, die im nahen Zusammenhang mit dem Betrieb und seinem betrieblichen Wirkungskreis stehen. Es kommt daher nicht darauf an, wie der Schädiger die Tätigkeit ausführt (ob sachgerecht oder fehlerhaft, vorsichtig oder leichtsinnig); auch grob fahrlässige oder gar vorsätzliche Verstöße gegen Verhaltenspflichten führen nicht dazu, dass der betriebliche Charakter der Tätigkeit automatisch verloren geht. Der Schaden muss jedoch in Ausübung und nicht nur bei Gelegenheit der Tätigkeit eingetreten sein. Die Betriebsbezogenheit der Tätigkeit fällt daher immer weg, wenn die schädigende Handlung nach ihrer Anlage und Intention erst gar nicht auf die Betriebsinteressen ausgerichtet ist oder ihnen sogar zuwiderläuft.[686] Vorliegend konnte daher (noch) von einer Betriebsbezogenheit des schädigenden Verhaltens ausgegangen werden, da der Geschädigte mit dem Schubser lediglich an die Erfüllung seiner arbeitsvertraglichen Verpflichtungen erinnert werden sollte. Das Verhalten war auch nicht als Exzess gewertet worden, weil es nach der Auffassung der Richter eine zwischen Lkw-Fahrern »nicht vollkommen untypische« Umgehensweise darstelle. Ein vorsätzliches Verhalten schied aus, weil sich der Vorsatz des Schädigers nicht auf den Verletzungserfolg bezog.[687]

680 Vgl. *BGH* VersR 2013, 460; *BGH* VersR 2013, 862; *BGH* VersR 2014, 1395.

681 Vgl. *BAG* NJW 2001, 2039 = NZA 2001, 549 = DB 2001, 595 = VersR 2001, 720; dazu *Drong-Wilmers* VersR 2001, 720.

682 *BAG* a.a.O.; zustimmend: *Drong-Wilmers* VersR 2001, 720; ablehnend: *Lemcke* r+s 2000, 488.

683 Vgl. *BAG* NJW 2004, 3360 = NZV 2004, 627 = VersR 2005, 366.

684 Vgl. *BAG* NJW 2001, 2039.

685 Vgl. *BAG* NJW 2003, 377.

686 Wie etwa bei einer Schlägerei im Betrieb, vgl.: *BGH* NZA-RR 1998, 454.

687 Vgl. *BAG* NJW 2003, 1890.

### b) *Haftung für Sachschäden*

Bei Sachbeschädigungen unter Arbeitnehmern desselben Betriebes wird der geschädigte Arbeitnehmer wie ein Dritter behandelt. Der schädigende Arbeitnehmer haftet daher voll (§§ 823 ff. BGB). Nach den Grundsätzen der Arbeitnehmerhaftung hat der schädigende Arbeitnehmer einen Anspruch auf Freistellung gegenüber seinem Arbeitgeber.[688] 521

## II. Werkvertrag

Nachfolgend soll nur der für den Kraftfahrer wichtigste Teil des Werkvertrages behandelt werden, und zwar der Fall, dass ein Kfz sich zur Durchführung von Instandsetzungs-, Instandhaltungs- oder Wartungsarbeiten in der Reparaturwerkstatt befindet (Kfz-Reparaturvertrag) und diese Arbeiten nicht ordnungsgemäß ausgeführt werden bzw. anlässlich dieser Arbeiten Schäden am Kfz entstehen. 522

### 1. Grundsätze

Der Werkvertrag ist ein gegenseitiger Vertrag, durch den der Unternehmer zur Herstellung des versprochenen Werks und der Besteller zur Entrichtung der vereinbarten Vergütung verpflichtet wird (§ 631 BGB). Gegenstand des Werkvertrages kann sowohl die Herstellung oder Veränderung einer Sache als auch ein durch Arbeit oder Dienstleistung herbeizuführender Erfolg sein. Im Gegensatz zum Dienstvertrag kommt es beim Werkvertrag auf die Herbeiführung eines ganz bestimmten Erfolges (Arbeitsergebnis) an. Vom Auftrag unterscheidet sich der Werkvertrag durch die Vereinbarung einer Vergütung (Entgelt für die Leistung). Hat der Werkvertrag eine Geschäftsbesorgung zum Gegenstand, sind die Vorschriften über den Auftrag (§§ 662 ff. BGB) entsprechend anwendbar. 523

Der Besteller (Kunde) ist grds. verpflichtet, das vertragsgemäß hergestellte Werk abzunehmen, sofern nicht die Abnahme unmöglich ist (§ 640 BGB). Er hat überdies die vereinbarte Gegenleistung zu entrichten. Die Vergütung ist regelmäßig mit Abnahme fällig (§ 641 BGB) und zahlbar. Bis zur Entrichtung der Gegenleistung steht dem Unternehmer ein gesetzliches Pfandrecht (Unternehmerpfandrecht, § 647 BGB) zu, das sich praktisch als Zurückbehaltungsrecht auswirkt. 524

Ist das erstellte Werk nicht frei von Mängeln, stehen dem Besteller (Kunden) im Rahmen der gesetzlichen Mängelhaftung folgende Rechte zu (vgl. § 634 BGB): 525
- Nacherfüllung (§ 635 BGB)
  Selbstvornahme und Ersatz der Aufwendungen (§ 637 BGB)
- Rücktritt vom Vertrag (§§ 636, 323, 326 Abs. 5 BGB)
- Minderung der Vergütung (§ 638 BGB)
- Schadensersatz (§§ 636, 280, 281, 283, 311a BGB)
- Aufwendungsersatz (§ 284 BGB).

Trotz des grundsätzlichen Wahlrechts des Bestellers stehen die genannten Rechte in einem Stufenverhältnis. Der Besteller hat zunächst (nur) einen Nachbesserungs- bzw. Nacherfüllungsanspruch. Weitergehende Rechte stehen ihm darüber hinaus nur zu, wenn er dem Unternehmer eine Frist zur Nachbesserung gesetzt und diese ergebnislos verstrichen ist oder der Unternehmer die Nacherfüllung verweigert oder die Nacherfüllung für den Besteller unzumutbar ist.[689] Eine Unzumutbarkeit kommt z.B. dann in Betracht, wenn dem Kfz-Fachbetrieb bei der Reparatur gravierende, elementare Ausführungs- und Beratungsfehler unterlaufen.[690] 526

Der Anspruch des Bestellers auf Beseitigung eines Werkmangels verjährt bei der Kfz-Reparatur regelmäßig in 2 Jahren, sofern der Werkunternehmer den Mangel nicht arglistig verschwiegen hat. In diesem Fall gelten die allgemeinen Verjährungsregelungen der §§ 195 ff. BGB. 527

688 Vgl. *BAG* NJW 2004, 3360.
689 Vgl. *Grüneberg/Sprau*, § 634 Rn. 9.
690 Vgl. *OLG Koblenz* DAR 2010, 523 = NZV 2010, 573 = NJW-RR 2010, 1536.

Bei Reparaturwerkstätten können die Verjährungsfristen in ihren Allgemeinen Geschäftsbedingungen verkürzt werden. Hier ist auf den Reparaturauftrag und die Einbeziehung der Allgemeinen Geschäftsbedingungen zu achten. Gesetzlich zulässig ist eine Verkürzung der Verjährungsfrist auf ein Jahr für die Reparaturleistung. Da die Verjährung mit Abnahme bzw. der Rückgabe des Fahrzeuges nach der Reparatur zu laufen beginnt, empfiehlt es sich aus diesem Grund, das Fahrzeug unverzüglich zu prüfen um eventuelle Mängel frühzeitig zu erkennen.

528 Die zweijährige Verjährungsfrist beginnt mit der Abnahme des Werkes (vgl. §§ 634a Abs. 2, 640 BGB). Auf die Kenntnis oder das Kennen müssen der den Anspruch begründenden Umstände und die Person des Schuldners kommt es nicht an.[691]

529 Für Schäden, die nicht mit einem Mangel zusammenhängen, besteht ein Schadensersatzanspruch aus § 280 BGB, sofern sie auf einer Pflichtverletzung des Unternehmers beruhen, die dieser – ggf. über § 278 BGB – zu vertreten hat. Für solche Ansprüche gilt die Regelverjährung, §§ 195, 199 BGB.

530 Neben der Hauptpflicht aus dem Werkvertrag (vertragsgemäße Reparatur) bestehen darüber hinaus aber auch Nebenpflichten des Unternehmers, insbesondere die Aufklärungs- und Beratungspflicht im Zusammenhang mit den technischen und wirtschaftlichen Aspekten der Reparatur sowie die Obhuts- und Verwahrungspflicht im Hinblick auf das überlassene Kfz (vgl. hierzu auch nachfolgend unter Einzelfälle).

### 2. Beweislast

531 Macht der Besteller Mängelansprüche geltend, muss er alle Voraussetzungen beweisen, insbesondere also den Mangel. Demgegenüber trifft den Unternehmer grds. die Beweislast für Einwendungen gegen Mängelrechte.[692]

532 Bei Ansprüchen gem. § 280 BGB trägt der Anspruchsteller die Beweislast für die Pflichtverletzung, den Schaden und den Ursachenzusammenhang zwischen Pflichtverletzung und Schaden. Dagegen ist der Unternehmer gem. § 280 Abs. 1 S. 2 BGB dafür beweispflichtig, dass er die Pflichtverletzung nicht zu vertreten hat.[693] Zum Nachweis eines schadenursächlichen Montagefehlers bei einer Kfz-Reparatur kann ggf. auch auf die Grundsätze des Anscheinsbeweises zurückgriffen werden.[694]

### 3. Einzelfälle

533 Zu den Aufgaben einer Kfz-Werkstatt, die vor oder während der Winterzeit mit der Wartung eines wassergekühlten Kfz beauftragt wurde, gehört es, das Kühlwasser auf seinen Frostschutzgehalt zu überprüfen und erforderlichenfalls ein geeignetes Frostschutzmittel auf- oder nachzufüllen. Für Frostschäden, die darauf beruhen, dass dem Kühlwasser bei den Wartungsarbeiten kein – oder ein ungeeignetes – Frostschutzmittel beigegeben wurde, haftet der Werkunternehmer auf Schadensersatz.[695]

534 Wenn der Kunde bei der Erteilung eines bestimmten Reparaturauftrages die Werkstatt anweist, den Wagen auch auf sonstige Mängel hin durchzusehen, ist der Inhaber der Werkstatt, der einen leicht erkennbaren Mangel übersehen hat, für den Schaden verantwortlich, der dadurch entsteht, dass der Pkw infolge eines auf dem Mangel beruhenden Versagens der Bremsanlage auf ein anderes Fahrzeug auffährt oder gegen dieses prallt.[696]

---

691 Vgl. *OLG Koblenz* DAR 2008, 477.
692 Vgl. Grüneberg/*Sprau* § 634 Rn. 20.
693 Vgl. Grüneberg/*Grüneberg* § 280 Rn. 34 ff.
694 Vgl. hierzu *OLG Saarbrücken* zfs 2002, 231.
695 Vgl. *OLG Frankfurt/M.* DAR 1973, 295 = VersR 1974, 392.
696 Vgl. *OLG Celle* VersR 1974, 388.

Bei Fehlerwarnungen des Herstellers trifft den Kfz-Vertragshändler ggf. unabhängig vom konkreten Auftrag eine Überprüfungspflicht, jedenfalls wenn es sich um eine größere Reparatur handelt.[697] Wenn eine Werkstatt es unterlässt, einem Kunden anlässlich der 100.000 km-Inspektion eine notwendige Überprüfung des Zahnriemens zu empfehlen und führt dies zu einem Motorschaden, so haftet die Werkstatt auf Schadensersatz wegen Verletzung der ihr obliegenden Hinweis- bzw. Aufklärungspflicht als Nebenpflicht aus dem Werkvertrag.[698] Demgegenüber soll nach einer Entscheidung des *OLG Düsseldorf* eine Kfz-Werkstatt, die bei einer Laufzeit eines Pkw von knapp 80.000 km mit der Reparatur des Motors beauftragt wird, die in keinem Zusammenhang mit dem später gerissenen Zahnriemen steht, nicht verpflichtet sein, über den erteilten Auftrag hinaus zu prüfen, ob die bei einer Laufzeit von 60.000 km vorgesehene Auswechslung des Zahnriemens erfolgt ist und den Kunden auf die Notwendigkeit des Austauschs hinzuweisen.[699] 535

Auch im Zusammenhang mit der Umrüstung eines Benzinmotors auf Gasbetrieb treffen den Kfz-Werkstattbetreiber umfassende Prüfungs- und Aufklärungspflichten.[700] Er muss insbesondere prüfen, ob der Pkw überhaupt für den Einbau einer Gasanlage geeignet ist.[701] 536

Wer sein Kfz in eine Reparaturwerkstatt gibt, erklärt sich in der Regel auch stillschweigend damit einverstanden, dass der Wagen von Mitarbeitern der Werkstatt auch ohne besondere Genehmigung des Inhabers zu Probefahrten benutzt wird.[702] 537

Auf der anderen Seite haftet der Inhaber einer Reparaturwerkstatt aus dem Vertragsverhältnis natürlich für einen Unfall, den einer seiner Angestellten bei einer Probefahrt mit dem Kfz verursacht und verschuldet.[703] 538

Ein Kraftfahrer, der sein Fahrzeug einem Tankstellen- oder Werkstattbetrieb unter Übergabe der Wagenschlüssel überlässt, muss sich darauf verlassen dürfen, dass die Schlüssel zuverlässig und gewissenhaft verwahrt werden. Sobald das Kfz einem derartigen Betrieb übergeben worden ist, geht die alleinige Verantwortung für dessen Sicherung, jedenfalls soweit diese in dem Schutz des Zündschlüssels vor missbräuchlichem Zugriff besteht, auf den Inhaber des Betriebes über. Denn nimmt jemand ein fremdes Kfz in seine Obhut, so übernimmt er damit auch die allgemeine Verkehrssicherungspflicht des Kfz-Halters. Zur Sicherung des Verkehrs vor Gefahren, die von einem Kfz ausgehen können, gehört auch, dass Unbefugten und insbesondere Fahruntüchtigen der Gebrauch des Kfz verwehrt wird. Dies hat durch eine umfassende Sicherung des Autoschlüssels zu geschehen.[704] 539

Besonderheiten ergeben sich schließlich auch, wenn der Werkstattauftrag aufgrund eines Versicherungsfalls erteilt wird. Erteilt ein Unfallgeschädigter der Werkstatt z.B. einen Reparaturauftrag nur für den Fall der Kostenübernahme durch die gegnerische Versicherung und nimmt die Werkstatt die Reparatur gleichwohl vor der endgültigen Kostenübernahmeerklärung vor, so kann der Unfallgeschädigte der Werklohnforderung einen Schadensersatzanspruch in gleicher Höhe entgegenhalten, wenn die Kostenübernahmeerklärung letztlich ausbleibt.[705] Andererseits darf der Werkstattbetreiber bei einem uneingeschränkten Reparaturauftrag eines Unfallgeschädigten nicht mit der Reparatur- 540

---

697 *BGH* NJW-RR 2004, 1427 = SP 2005, 320.

698 Vgl. *LG München* DAR 1999, 127.

699 Vgl. *OLG Düsseldorf* NZV 1999, 249 = NJW-RR 1999, 1210.

700 Vgl. hierzu *OLG Koblenz*, Urt. v. 13.04.2010 – 5 U 136/10 m. Anm. *Weide* SVR 2011, 142 = VRS 119, 4; *OLG Hamm* NJW-RR 2010, 1213.

701 *OLG Hamm* NJW-RR 2010, 1213.

702 Vgl. *OLG Celle* OLGR 1995, 196.

703 Vgl. *OLG Celle* OLGR 1995, 196.

704 Vgl. *OLG Düsseldorf* VersR 1976, 151 = DAR 1975, 328; *OLG Düsseldorf* SP 2005, 321 f.; vgl hierzu auch *LG Bonn* SP 2009, 124.

705 *LG Frankfurt/M.* NZV 2011, 43; vgl. auch *AG Meiningen*, Urt. v. 18.02.2010 – 11 C 651/09 m. Anm. *Richter* SVR 2010, 223 bei Glas-Reparatur ohne vorherige Klärung mit dem Kasko-Versicherer.

durchführung bis zur Kostenübernahmeerklärung durch die Versicherung zuwarten. Wenn dadurch dem Kunden zusätzliche Kosten entstehen, z.B. Mietwagenkosten, haftet der Unternehmer hierfür.[706]

541 Der Erfüllungsort für die Nacherfüllung ergibt sich aus § 269 Abs. 1 BGB. Nach § 269 Abs. 1 BGB gilt vorrangig eine Vereinbarung der Parteien über den Erfüllungsort. Falls eine solche – wie regelmäßig – nicht vorhanden ist, sind die Umstände des Vertragsschlusses maßgeblich. Falls auch hier nichts zu entnehmen ist, gilt die Zweifelsregelung, dass die Leistung (die Nacherfüllung) an dem Ort zu erfolgen hat, an welchem der Schuldner, hier der Werkunternehmer, zur Zeit der Entstehung des Schuldverhältnisses seinen Sitz hat. Zu den maßgebenden Umständen zählen vor allem die Ortsgebundenheit, die Art der vorzunehmenden Leistung, die Verkehrsstätte, die örtlichen Gepflogenheiten und eventuelle Handelsgebräuche.[707]

### III. Beförderungsvertrag

#### 1. Begriff

542 Der Beförderungsvertrag ist eine Unterart des Werkvertrages. Als Beförderungsvertrag[708] gilt ein Vertrag, dessen Hauptverpflichtung die entgeltliche Beförderung von Personen oder Sachen von einem Ort (Ausgangspunkt) zum anderen (Zielort) vorsieht. Demgegenüber liegt ein Mietvertrag vor, wenn die Hauptverpflichtung aus dem Vertrage die Gebrauchsüberlassung des Beförderungsmittels selbst ist, wenn es also nicht darum geht, eine bestimmte – zumindest aber doch bestimmbare – Wegstrecke zu überbrücken.

#### 2. Vertragsbeginn

543 Im Allgemeinen kommt bei der Inanspruchnahme öffentlicher Verkehrsmittel der Beförderungsvertrag mit dem Erwerb einer zur Beförderung berechtigenden Fahrkarte (Fahrausweis) zustande. Bereits zu diesem Zeitpunkt, also mitunter noch vor Antritt der eigentlichen Fahrt, ist der Fahrkunde in den Schutzbereich des Beförderungsvertrages eingeschlossen.[709]

544 Soweit es sich um Straßenbahnen oder Linienomnibusse handelt, gilt der Vertrag regelmäßig als abgeschlossen, wenn der Fahrkunde den Wagen bestiegen hat. Bereits das Einsteigen selbst kann als sog. sozialtypisches Verhalten dahin ausgelegt werden, dass der Fahrkunde damit den Abschluss eines Beförderungsvertrages anstrebt.[710]

545 Nachdem auch bei der Benutzung öffentlicher Verkehrsmittel weitestgehend das »Selbstbedienungs-Prinzip« gilt, kommt der Beförderungsvertrag regelmäßig mit dem Betreten des für die betreffende Fahrt ausgewählten Wagens zustande. Die zuweilen vertretene Auffassung, ein Beförderungsvertrag werde – durch konkludente Handlung – erst mit dem Entwerten des Fahrausweises geschlossen, erscheint bei rechtlich orientierter Betrachtungsweise zu eng.

546 Dies gilt im Übrigen grundsätzlich auch für einen Fahrgast, der sich zu einem bestimmten Zeitpunkt aus welchen Gründen auch immer nicht im Besitz eines gültigen Fahrausweises befindet. Die meisten Fahrgäste, die im Zeitpunkt einer Kontrolle ohne gültigen Fahrausweis angetroffen werden, lassen sich ohnehin unwiderlegt dahin ein, dass sie das Entwerten oder das Lösen eines Fahrscheins lediglich »vergessen« haben. Es liegt kein Grund dafür vor, diese Fahrgäste nicht – mit allen Rechten und Pflichten – in den Schutzbereich des Beförderungsvertrages einzubeziehen. Tatsächlich wird ja auch der Anspruch auf Zahlung des tariflichen Fahrpreises und auf Leistung eines

---

706 *LG Dresden* MDR 2008, 261.

707 Vgl. *BGH*, Urt. v. 13.04.2011 – VIII ZR 220/10, NJW 2011, 2278.

708 Vgl. *OLG Karlsruhe*, Urt. v. 25.05.2009 – 1 U 261/08.

709 Vgl. *Kreuter-Lange* in DAR 2016, 478.

710 Vgl. Grüneberg/*Ellenberger* Einf v § 145 Rn. 25.

erhöhten Beförderungsentgelts,[711] das rechtlich als Vertragsstrafe zu qualifizieren ist, gerade auf den Beförderungsvertrag gestützt.

Derartige Grundsätze gelten auch für den »echten« Schwarzfahrer, der ohne gültigen Fahrausweis angetroffen wird und hierzu erklärt, dass er zu keinem Zeitpunkt die Absicht gehabt habe, einen Fahrschein zu lösen oder entwerten zu lassen. Die Erfahrungen der Praxis zeigen in Übereinstimmung mit der allgemeinen Lebenserfahrung, dass auch diese Fahrgäste – im Gegensatz zu ihrer verbalen Erklärung – durchaus den Abschluss eines Beförderungsvertrages, der ja für sie auch eine Reihe von Rechten mit sich bringt, anstreben. Dies wird spätestens in dem Augenblick deutlich, in dem sie einen Unfall erleiden und in den Schutzbereich des Beförderungsvertrages einbezogen werden wollen. Es besteht kein vernünftiger Zweifel, dass auch diese Fahrgäste unter Berücksichtigung ihrer eigenen Interessenlage grds. einen Beförderungsvertrag anstreben. Sie wollen lediglich nicht die ihnen vertraglich obliegende Gegenleistung erbringen. 547

### 3. Anwendungsbereich des Beförderungsvertrages

Der Schutzbereich des Beförderungsvertrages wird sich nicht immer mit dem Merkmal des Betriebsunfalls decken. In diesem Zusammenhang ist aber erneut darauf hinzuweisen, dass das ordnungsgemäße Ein- und Aussteigen – anders als das unerlaubte Aufspringen während der Fahrt – in jedem Fall noch zum Beförderungsvorgang gehört. Der Beförderungsvorgang reicht von den Vorbereitungshandlungen zum Einsteigen bis zu dem Zeitpunkt, in dem der Fahrgast sich nach dem Aussteigen wieder vollständig vom Wagen bzw. Fahrzeug gelöst hat, umfasst als Nebenpflicht also auch einen gefahrlosen Zu- und Abgang zu den Fahrzeugen.[712] 548

Man muss im Einzelfall unterscheiden, ob es sich um einen Unfall »bei dem Betriebe« des benutzten Verkehrsmittels oder Kfz handelt oder ob der Schaden lediglich bei Gelegenheit des Beförderungsvorgangs im rein faktischen Sinne eingetreten ist. 549

Die Rechtsprechung steht einhellig auf dem Standpunkt, dass ein Kausalzusammenhang zwischen dem Unfall und dem Bahnbetrieb in der Regel dann zu verneinen ist, wenn nicht die technischen Betriebseinrichtungen oder -vorgänge als Unfallursache in Betracht kommen, sondern wenn die Ursachen für den Unfall allgemeiner Art sind, sodass sie mit der Beförderungstätigkeit in keinem inneren Zusammenhang mehr stehen. Ein Unfall beruht nur dann auf dem Betrieb oder einer Fortwirkung des Betriebs, wenn er sich als adäquate Folge eines Betriebsvorganges darstellt.[713] Soweit es um die Haftung aus dem Beförderungsvertrag geht, ist Anspruchsgegner regelmäßig das Eisenbahnverkehrsunternehmen (EVU) als Vertragspartner.[714] 550

Der an einer Haltestelle heranfahrende Busfahrer muss mit dem Bus so dicht an den Bordstein heranfahren, dass ein gefahrloses Einsteigen in den Bus möglich ist, ggf. muss er hilfebedürftigen oder behinderten Fahrgästen eine Ein- oder Ausstiegshilfe leisten.[715] 551

Bittet ein gehbehinderter Fahrgast mit dem Anfahren des Omnibusses zu warten bis er sitzt und achtet der Busfahrer nicht darauf, besteht ein Anspruch auf Schadenersatz wenn dieser Fahrgast sich dann durch einen Sturz verletzt.[716] 552

Wird ein Fahrgast aber durch Nachdrängen der anderen Fahrgäste beim Einsteigen zu Fall gebracht, führt dies nicht zu einer Schadenersatzpflicht des Busunternehmens, da sich die Betriebsgefahr des Busses nicht ausgewirkt hat.[717] 553

711 Vgl. hierzu *Bartl* BB 1978, 1446; *Hensen* BB 1979, 459; *Trittel* BB 1980, 497.
712 Vgl. *BGH* VersR 2012, 448 = NJW 2012, 1083.
713 Vgl. *Weimar* DAR 1977, 66.
714 Vgl. *BGH* VersR 2012, 448 = NJW 2012, 1083.
715 Vgl. *OLG Köln* NJOZ 2009, 4730.
716 Vgl. *LG Berlin* Urt. v. 11.10.2011 – 41 O 124/11.
717 Vgl. *LG Karlsruhe*, Urt. v. 25.05.2009 – 1 U 261/08.

554 Der Busfahrer ist gehalten, schon vorher mit Schrittgeschwindigkeit an die Haltestelle heranzufahren um jede Gefährdung von herannahenden Fahrgästen und Wartenden zu vermeiden.[718] Er ist aber nicht verpflichtet, sich im Anfahren über den sicheren Halt der Fahrgäste zu vergewissern.[719] Eine Ausnahme gilt ausschließlich für den Fall, dass der Busfahrer beim Einsteigen die Gehbehinderung eines Fahrgastes erkennt. In diesem Fall ist ein Zuwarten mit der Anfahrt geboten bis der gehbehinderte Fahrgast sich einen sicheren Sitz verschafft hat.

## 4. Beweislast

555 Besteht ein rechtswirksamer Beförderungsvertrag, tritt neben die Gefährdungshaftung des Verkehrsunternehmers die Fahrerhaftung des Führers des KOM sowie die Vertragshaftung insbesondere gem. den §§ 280 ff. BGB. Insoweit ist auch der »reine« Vermögensschaden, der nicht durch eine Körperverletzung oder Sachbeschädigung bedingt ist, erstattungsfähig. Die Beweislast trifft den Unternehmer, wenn feststeht, dass dieser mangelhaft geleistet oder sonst objektiv pflichtwidrig gehandelt hat und dadurch aus seinem Gefahrenbereich heraus dem Vertragspartner ein Schaden zugefügt wurde.[720] Grundsätzlich obliegt insbesondere dem Verkehrsunternehmer im Rahmen des Beförderungsvertrages die Pflicht, den Fahrgast nicht nur überhaupt, sondern vor allem auch wohlbehalten – d.h. unter Schonung seiner Gesundheit und seines Eigentums – an den Beförderungsort (Fahrtziel) zu bringen. Sofern sich auf dem Wege zum Ziel ein Unfall ereignet, wird der Unternehmer daher regelmäßig zu beweisen haben, dass er die schädigenden Umstände nicht zu vertreten hat, wobei er sich das Verschulden seines Erfüllungsgehilfen gem. § 278 BGB ohne Möglichkeit des Entlastungsbeweises zurechnen lassen muss.

## 5. Verkehrssicherungspflicht

556 Ergänzend zu berücksichtigen ist die dem Beförderungs- bzw. Verkehrsunternehmer im Rahmen des Werkvertrags, aber auch allgemein, obliegende Verkehrssicherungspflicht. Diese Pflicht ergibt sich aus dem Grundsatz, dass jeder, der durch die Eröffnung eines allgemeinen Verkehrs Gefahrenquellen schafft, verpflichtet ist, alle Maßnahmen und Vorkehrungen zu treffen, die erforderlich sind, um den Schutz Dritter vor Schäden nach Möglichkeit zu gewährleisten.[721] Der Umfang der Verkehrssicherungspflicht ergibt sich aus den besonderen Umständen des Einzelfalls mit der Folge, dass außergewöhnliche Verkehrsverhältnisse auch außergewöhnliche Maßnahmen erfordern. Verkehrssicherungspflichten des Verkehrsunternehmers gelten sowohl für die eingesetzten Fahrzeuge als auch für die Haltestellen. Dabei dürfen allerdings die Anforderungen an die Verkehrssicherungspflicht nicht überspannt werden.[722]

557 Beim Sturz eines Fahrgastes in einem Linienbus verpflichtet die ständige Rechtsprechung den Fahrgast dazu, sich im Fahrzeug stets einen festen Halt zu verschaffen um den Kräften beim Fahrbetrieb, die insbesondere beim Anfahren und Bremsen auftreten, entgegenzuwirken. Der Fahrgast muss stets für seine eigene Sicherheit Sorge tragen und sich stets einen ausreichenden festen Halt suchen.[723] Die Verpflichtung des Fahrgastes zur eigenen Sicherung folgt weiter aus § 14 Abs. 3 Nr. 4 BOKraft. Weiter ist hierzu eine Regelung in enthalten in § 4 Abs. 3 Satz 5 BefBedV. Hiernach ist jeder Fahrgast verpflichtet, sich im Fahrzeug stets einen festen Halt zu verschaffen. Dem Fahrgast eines Omnibusses obliegt es unter Vermeidung eigener Gefährdung für seine Sicherheit zu sorgen, insbesondere einen Sitzplatz einzunehmen, soweit dies möglich ist und sich ausreichend Halt zu verschaffen. Der Fahrgast muss insoweit auch jederzeit mit einem scharfen Bremsen des

718 Vgl. *LG Osnabrück*, Urt. v. 10.03.2011 – 4 O 1757/10.
719 Vgl. *LG Köln*, Urt. v. 02.04.2009 – 29 O 134/08.
720 BGHZ 100, 185.
721 Vgl. *BGH* NJW 1992, 2476.
722 Vgl. *Filthaut* NZV 2011, 110 und NZV 2013, 68 zur Haftung des Omnibusunternehmers und -fahrers.
723 Vgl. *BGH* VersR 1993, 240; *OLG Köln*, Urt. v. 19.03.1999 – 19 U 156/98.

Busses rechnen.[724] Der Fahrgast muss auch mit ruckartigen Bewegungen des Verkehrsmittels rechnen. Teilweise wird von der Rechtsprechung bei einem Sturz eines Fahrgastes in einem öffentlichen Bus der Beweis des ersten Anscheins angenommen dahingehend, dass der Fahrgast sich keinen ausreichenden Halt verschafft hat.[725]

## IV. Kfz-Mietvertrag

Auf das Rechtsverhältnis, das durch die Anmietung eines Kfz entsteht, finden, soweit es sich um die Haftung handelt, die §§ 535 ff. BGB Anwendung.[726] Ist ein Mangel im Sinne von § 536 BGB vorhanden oder kommt der Vermieter mit der Beseitigung eines Mangels in Verzug, kann der Mieter die ihm nach § 536 BGB zustehenden Rechte geltend machen, also insbesondere die Miete herabsetzen, und darüber hinaus gem. § 536a BGB Schadens- und Aufwendungsersatz verlangen. Befindet sich der Vermieter im Verzuge, dann kann der Mieter selbst den Mangel beseitigen und Ersatz der dafür erforderlichen Aufwendungen verlangen. Der Mieter seinerseits haftet nicht für die Abnutzung der Mietsache durch vertragsgemäßen Verbrauch (§ 538 BGB). 558

### 1. Allgemeine Geschäftsbedingungen

Die Erfahrung der Praxis zeigt indes, dass auch bei Kfz-Mietverträgen sehr häufig die gesetzliche Haftung durch Allgemeinen Geschäftsbedingungen (AGB) ersetzt wird. Insoweit gelten die §§ 305 ff. BGB. 559

Um wirksamer Vertragsbestandteil zu werden, muss auf die Allgemeinen Geschäftsbedingungen entweder ausdrücklich hingewiesen werden oder aber sie müssen offen und jedermann zugänglich ausgehängt werden, § 305 BGB. Verboten sind grundsätzlich sog. Überraschungsklauseln, also Regelungen, die sich so weit von den Gepflogenheiten des redlichen Geschäftsverkehrs entfernen, dass der Kunde nicht mit ihnen zu rechnen braucht, § 305c BGB. Ebenfalls nicht erlaubt sind Bedingungen, die den Vertragspartner unangemessen benachteiligen, § 307 BGB. Klauseln, die den Mieter benachteiligen, können allerdings dann zulässig sein, wenn sie durch höherrangige Interessen des Vermieters gerechtfertigt sind, durch Gewährung anderer rechtlicher Vorteile ausgeglichen werden oder es sich um Risiken aus der Sphäre des Mieters handelt, die nur für den Mieter beherrschbar sind.[727] 560

### 2. Inhalt der Mietverträge

Die gesetzlichen Regelungen gelten jedenfalls insoweit, als der Vermieter gemäß § 535 Abs. 1 BGB im Rahmen seiner Obhutspflicht für den ordnungsgemäßen Zustand der Mietsache (Kfz) auch ohne eigenes Verschulden einzustehen hat. Dabei handelt es sich um eine in sich ausgewogene Regelung, da auch dem Eigentümer/Halter eines Kfz eine Garantenstellung zur Last fällt und der Kfz-Halter überdies der vom Verschulden losgelösten Gefährdungshaftung unterliegt. 561

Nach §§ 305 ff. BGB ist es nicht mehr zulässig, die Schadensersatzpflicht des Mieters nach einem pauschalen System zu berechnen, das die Interessen des Vermieters eindeutig begünstigt. Der Schaden, der in Reparaturkosten, Minderwert, Mietausfall und Nebenkosten bestehen kann, muss ordnungsgemäß nachgewiesen werden. 562

Die vertragliche Regelung darf auch nicht dazu führen, dass – unter Ausschluss der mietvertraglichen Bestimmungen des § 538 Abs. 1 BGB – die Haftung des Mieters zu einer Art Gefährdungshaftung wird.[728] Auch insoweit ist eine in sich ausgewogene Regelung, die die Interessen beider Beteiligten angemessen berücksichtigt, herbeizuführen. Eine Klausel im Mietübergabeprotokoll, wonach wäh- 563

---

724 Vgl. *KG* Berlin, Beschl. v. 29.06.2010 – 12 U 30/10.
725 Vgl. *OLG Bremen*, Urt. v. 09.05.2011 – 3 U 19./10.
726 Vgl. Grüneberg/*Weidenkaff* Einf. v. § 535 Rn. 103 f.
727 Vgl. *AG Aschaffenburg* DAR 2009, 534.
728 Vgl. Grüneberg/*Grüneberg* § 307 Rn. 118 m.w.N.

rend der Mietzeit auftretende – insbesondere ungeklärte – Schäden zulasten eines Kfz-Mieters gehen sollen, dürfte daher unzulässig sein, da sie letztlich auf eine verschuldensunabhängige Haftung des Mieters hinauslaufen würde.[729] Auch die generelle Abwälzung der Haftung für Steinschlagschäden auf den Mieter dürfte unangemessen sein, da das Risiko eines Steinschlages für Mieter und Vermieter gleichermaßen nicht zu beherrschen ist.[730] Grds. wird man sagen können, dass die Unaufklärbarkeit eines Schadens in der Regel zu Lasten des Vermieters geht.[731]

564 Wählt der Mieter unter Aufwendung abgrenzbarer Mehrkosten die ihm angebotene Möglichkeit einer Volldeckung, hat sich das dadurch geschaffene Rechtsverhältnis an dem Leitbild einer Kaskoversicherung zu orientieren. Dies bedeutet, dass der Mieter für Schäden, die er vorsätzlich verursacht hat, vollständig ersatzpflichtig ist und bei grob fahrlässiger Herbeiführung eine Quotelung nach der Schwere des Verschuldens des Mieters vorzunehmen ist, vgl. § 81 VVG. Eine Haftungsteilung kommt z.B. dann in Betracht, wenn der Mieter in grob fahrlässiger Art und Weise das gemietete Kfz mit dem falschen Kraftstoff befüllt und dadurch ein Schaden entsteht.[732] Die Beweislast für Vorsatz und grobe Fahrlässigkeit liegt beim Vermieter.

565 Hat ein Vermieter mit einem Mieter eine Vereinbarung über eine Haftungsfreistellung bei selbstverschuldeten Unfällen abgeschlossen, kann er den Mieter bei einem grob fahrlässig verursachten Unfall aber nur dann auf Schadensersatz in Anspruch nehmen, wenn er ihn bei Vertragsschluss ausdrücklich darauf hingewiesen hat, dass für solche Fälle die Haftungsfreistellung nicht gilt.[733] Bei der Vereinbarung einer Haftungsbefreiung mit Selbstbeteiligung gegen Entgelt findet im Übrigen die Rechtsprechung zum Quotenvorrecht entsprechende Anwendung.[734]

566 Haben die Parteien eines gewerblichen Kraftfahrzeugmietvertrages gegen Entgelt eine Haftungsreduzierung für den Mieter nach Art einer Vollkaskoversicherung mit Selbstbeteiligung vereinbart, kann in den AGB nicht vereinbart werden, dass der Mieter diesen Versicherungsschutz verliert, wenn ein Dritter, dem er das Fahrzeug überlassen hat, dieses schuldhaft beschädigt. Denn der Untermieter eines Fahrzeuges hat keine Repräsentantenstellung inne.[735]

567 Den üblichen Versicherungsschutz einer Fahrzeugkaskoversicherung bei im Mietvertrag vereinbarter Haftungsbefreiung genießt auch der Fahrer des gemieteten Kfz, der zwar nicht selbst Mieter, aber berechtigter Fahrer im Sinne dieser Versicherung ist.[736]

568 Macht der Fahrzeugvermieter nach der Rückgabe des Mietfahrzeuges einen Schaden geltend, ohne dass dem Fahrzeugmieter eine Kopie des Mietvertrages ausgehändigt, noch bei der Fahrzeugübergabe ein Dokument vorgelegt wurde, in dem Altschäden des Mietfahrzeuges markiert und ansatzweise erläutert sind und existieren sonst keine Beweismittel, die den Zustand des Fahrzeuges zum Zeitpunkt der Übergabe dokumentieren, kann nicht ausgeschlossen werden, dass der Schaden bereits bei Anmietung als Altschaden vorhanden war.[737]

569 Auch der Verjährungsbeginn kann wirksam in den AGB abweichend von der gesetzlichen Regelung vereinbart werden. So hat der Vermieter eines Kfz ein berechtigtes Interesse, die Fälligkeit seines Ersatzanspruches gegen den Mieter und damit den Beginn der Verjährung formularvertraglich in angemessenem zeitlichen Rahmen von der Gelegenheit zur Einsicht in die polizeiliche Ermittlungsakte abhängig zu machen.[738] Auch gegen die Wirksamkeit einer in Kfz-Mietverträgen vereinbarten

729 Vgl. *LG Baden-Baden* DAR 2008, 150; *OLG Köln*, Urt. v. 02.12.2009 – 11 U 146/08.
730 Vgl. *AG Aschaffenburg* DAR 2009, 534.
731 Vgl. *LG Baden-Baden* DAR 2008, 150; *LG Landshut* MDR 2011, 1471; *LG Berlin* DAR 2012, 85.
732 Vgl. *AG Freiburg i. Br.*, Urt. v. 24.10.2008 – 1 C 2690/08 m. Anm. *Moos* SVR 2010, 110.
733 Vgl. *OLG Celle* NZV 2002, 371.
734 Vgl. *BGH* NJW 2010, 677 = VersR 2010, 671 = DAR 2010, 85.
735 Vgl. *BGH* NJW 2009, 2881 = DAR 2009, 586 = zfs 2009, 637.
736 Vgl. *OLG Düsseldorf* VersR 2009, 509 = r+s 2009, 323.
737 Vgl. *AG Hamburg-Blankenese*, Urt. v. 15.12.2010 – 531 C 113/10.
738 Vgl. *OLG Stuttgart* VersR 2002, 374.

Formularklausel, wonach der Mieter verpflichtet ist, bei Unfällen die Polizei hinzuzuziehen, und er bei schuldhafter Verletzung dieser Pflicht den Anspruch auf die vom Vermieter grundsätzlich gewährte Haftungsfreistellung verliert, bestehen nach ständiger Rechtsprechung keine Bedenken.[739] Für die Rechtsfolgen aus der Obliegenheitsverletzung sind die Grundsätze zu berücksichtigen, die in der Kaskoversicherung bei nachträglicher Obliegenheitsverletzung des Versicherungsnehmers gelten. Danach hängt die Leistungsfreiheit bei nachträglichen Obliegenheitsverletzungen sowohl von der Intensität des Verschuldens des Versicherungsnehmers als auch von der Relevanz für die Gefährdung der Interessen des Versicherers ab.

## V. Waschanlagen

Es kommt zuweilen vor, dass Kraftfahrzeuge in Waschanlagen beschädigt werden.[740] An sich gelten **570** insoweit die allgemeinen Haftungsgrundsätze, nach denen der Unternehmer eine ordnungsgemäße Vertragserfüllung schuldet und für ihm zuzurechnende Leistungsstörungen Schadensersatz zu leisten hat. Als Anspruchsgrundlagen kommen insoweit die §§ 631, 634 Nr. 4, 280 Abs. 1 BGB in Betracht.

Grundsätzlich hat der Waschstraßenbetreiber aufgrund seiner vertraglichen Nebenpflichten auch **571** dafür Sorge zu tragen, dass das Kfz beim Waschvorgang nicht beschädigt wird[741] und hat insoweit für jede Form von Fahrlässigkeit im Sinne von § 276 BGB und auch für die von ihm eingesetzten Erfüllungsgehilfen einzustehen.

Eine Gefährdungshaftung trifft den Betreiber einer Kfz-Waschanlage indessen nicht. Zwar gibt es in **572** der Rechtsprechung immer wieder Tendenzen, die Verschuldenshaftung des Waschstraßenbetreibers aus Gründen des Verbraucherschutzes auszuweiten. Insoweit wäre aber der Gesetzgeber gefordert.

Die Sicherungsmaßnahmen des Betreibers einer Waschanlage zum Schutz des Eigentums des Wasch- **573** anlagenbenutzers müssen so umfassend sein, dass auch bei einem fehlerhaften Verhalten des Benutzers der Anlage keine Schäden entstehen.[742] Nur gegen völlig ungewöhnliche und grob fahrlässige Verstöße des Benutzers der Waschanlage muss der Betreiber keine Sicherungsmaßnahmen treffen.[743] Auf Selbstverständlichkeiten muss nicht hingewiesen werden. Eines ausdrücklichen Hinweises des Waschstraßenbetreibers auf Einstellung der Scheibenwischer in Ruhestellung bedarf es daher ebenso wenig wie eines Hinweises, dass die Fenster des Fahrzeuges beim Waschvorgang zu schließen sind.[744] Kann allerdings ein serienmäßig installierter Heckspoiler[745] Schaden nehmen, so soll nach Ansicht des *LG Köln* eine deutliche Warnung erforderlich sein.[746] Kommt es zu einer Fahrzeugbeschädigung, weil ein Fahrzeug erst verzögert aus der Waschstraße fährt und der Fahrer des nachfolgenden Fahrzeuges daher bremst, haftet dafür der Halter des mit Verzögerung aus der Waschstraße gefahrenen Fahrzeuges gem. § 7 StVG.[747]

739 Vgl. *BGH* NJW 2009, 3229 = zfs 2009, 683 = DAR 2009, 694; NJW 1982, 167; *OLG Stuttgart* VersR 1988, 97; *OLG Köln* zfs 2002, 74.

740 Ausführlich *Peters* JA 2024, 808.

741 Vgl. *OLG Saarbrücken*, Urt. v. 22.06.2015 – 31 C 232/13.

742 Vgl. *BGH* NJW 2025, 435 m. Anm. *Knoche*; *BGH* NJW 2018, 2956; *AG Braunschweig* NZV 2009, 294; vgl. hierzu aber auch *OLG Saarbrücken* DAR 2013, 581: Eine lückenlose Kontrolle kann vom Betreiber nicht verlangt werden.

743 Vgl. *LG Bonn* NZV 1995, 155 m.w.N.; *LG Krefeld* NZV 2011, 352 = NJW-RR 2011, 25 = MDR 2010, 1381.

744 Vgl. *LG Essen* MDR 2001, 504.

745 Dazu zuletzt *BGH* NJW 2025, 435 m. Anm. *Knoche*.

746 Vgl. *LG Köln* NJW-RR 2005, 1720; *LG Köln* NJW-RR 2006, 603; ebenso *AG Ludwigsburg* NZV 2008, 250; *OLG Brandenburg* NJW-RR 2024, 364; *AG Dortmund* NJW-RR 2018, 1295 » jeweils abgerissene Antenne«.

747 Vgl. *OLG Zweibrücken* zfs 2021, 499; vgl. *OLG Koblenz* NJW-RR 2019, 1363 m. Anm. *Balke* SVR 2020, 28.

Ein Kraftfahrzeug, das ohne eigene Motorkraft auf dem Förderband durch eine automatisierte Waschanlage gezogen wird, befindet sich nicht im Betrieb, da bei diesem Vorgang weder die Fortbewegungs- noch die Transportfunktion des Fahrzeuges zum Tragen kommt. Ereignet sich während des automatisierten Wasch- und Transportvorgangs ein Unfall, haftet der Halter des Kraftfahrzeuges daher nicht gem. § 7 StVG aus dem Gesichtspunkt der Betriebsgefahr des Fahrzeuges.[748]

574 Sofern ein Fahrzeug in einer Waschanlage eine Antenne in den Waschbürsten verliert und hierdurch das nachfolgende Fahrzeug beschädigt wird, hat dessen Fahrzeugeigentümer keinen Schadenersatzanspruch gegenüber dem Waschanlagenbetreiber.[749] Eine lückenlose Kontrolle nach jedem einzelnen Waschgang muss der Waschanlagenbetreiber nicht durchführen. Nach Auffassung des *OLG Saarbrücken* muss auch die Waschanlage nicht in einem Zwei- oder Dreistundentakt gewartet oder kontrolliert werden.[750]

Nach einem Urteil des *LG Hannover* haftet der Betreiber einer Waschstraße für den Schaden, der an einem Fahrzeug dadurch entsteht, dass er den Heckscheibenwischer eines zu reinigenden Fahrzeuges nicht mit einer Schutzfolie abgedeckt und dieser deshalb beim Waschen abgerissen wird.[751]

575 Häufig schließen die Waschanlagenbetreiber ihre gesetzliche Haftung allerdings durch AGB bzw. durch »Allgemeine Waschbedingungen« aus bzw. schränken sie ein oder begrenzen sie auf den unmittelbaren Fahrzeugschaden.

576 Voraussetzung für die wirksame Einbeziehung der AGB ist grds. der deutlich sichtbare Aushang der »Allgemeinen Waschbedingungen« am Ort des Vertragsabschlusses, der dem Kunden vor Beginn des Waschvorgangs in zumutbarer Weise die Möglichkeit verschafft, vom Inhalt der Waschbedingungen Kenntnis zu nehmen. Zu unterscheiden sind hiervon die auf dem »Waschzettel« oder dem Kassenbeleg deutlich erkennbar abgedruckten Geschäftsbedingungen. Diese werden bei vorheriger Möglichkeit der Kenntnisnahme in jedem Fall Vertragsbestandteil. Befinden sich die Geschäftsbedingungen allerdings auf der Rückseite des »Waschzettels«, muss auf der Vorderseite zumindest deutlich auf sie hingewiesen worden sein.

577 Im Hinblick auf die Verwendung von AGB hat der *BGH* aber in seiner Grundsatzentscheidung vom 30.11.2004[752] neue Maßstäbe aufgestellt und die Möglichkeiten der Waschanlagenbetreiber deutlich eingeschränkt.

578 So hat der *BGH* entschieden, dass ein Haftungsausschluss in AGB für Lackschäden, Beschädigungen der außen an der Karosserie angebrachten Teile, wie z.B. Zierleisten, Spiegeln, Antennen, Scheibenwischer und dadurch entstandene Folgeschäden nach § 307 Abs. 1 BGB unwirksam ist, da nur der Betreiber Schadensprävention durch Wartung, Kontrolle und Überwachung der Anlage sowie durch sorgfältige Auswahl des Bedienpersonals betreiben könne. Der Kunde hingegen begebe sich mitsamt seinem Kfz in die Obhut des Betreibers und könne die weiteren Vorgänge nicht beeinflussen.[753]

579 Auch kann nach dieser Entscheidung des *BGH* die Haftung für typische Folgeschäden (Nutzungsausfall, Kostenpauschale etc.) nicht auf grobes Verschulden beschränkt werden.[754]

580 Weiterhin hat der *BGH* klargestellt, dass ein Vorsatz und grobe Fahrlässigkeit mitumfassender Haftungsausschluss gem. § 309 Nr. 7b BGB unwirksam und auch ein völliger Haftungsausschluss bei leichter Fahrlässigkeit wegen § 307 Abs. 2 Nr. 2 BGB unzulässig ist.[755]

748 Vgl. *OLG Koblenz* NJW-RR 2019, 1363 m. Anm. *Balke* SVR 2020, 28.
749 Vgl. *OLG Saarbrücken* in: DAR 2013, 581.
750 Vgl. *OLG Saarbrücken* in: DAR 2013, 581.
751 Vgl. *LG Hannover*, Urt. v. 27.03.2015 – 10 S 17/12.
752 *BGH* NJW 2005, 422 = VersR 2005, 804 = DAR 2005, 154 = NZV 2005, 141.
753 *BGH* NJW 2005, 422.
754 *BGH* NJW 2005, 422.
755 *BGH* NJW 2005, 422.

Unwirksam soll nach Auffassung des *KG* im Übrigen auch eine Klausel sein, wonach Schäden nur unverzüglich, also vor Verlassen des Betriebsgeländes angezeigt werden können.[756] Wenn allerdings Schäden nach Verlassen des Betriebsgeländes angezeigt werden, sind an die Beweisführung strenge Anforderungen zu stellen. 581

Das AG Pforzheim hat festgestellt, dass lediglich innerhalb der Waschanlage im Waschraum angebrachte Informationen zur Benutzung der Waschanlage keine ausreichende Warnung vor einem sich absenkenden Rolltor darstellt.[757] 582

Im Hinblick auf die Verteilung der Beweislast gilt Folgendes: Grundsätzlich hat der Geschädigte nach den Maßstäben des § 286 ZPO zu beweisen, dass der Schaden durch den Betreiber der Waschanlage verursacht wurde. Schäden, die durch Mitarbeiter verursacht werden, muss sich der Betreiber über § 278 BGB zurechnen lassen. 583

Bei Schäden, die innerhalb der automatisierten Waschstraße eintreten, muss der Geschädigte nach h.M. zunächst aber nur nachweisen, dass sein Fahrzeug unbeschädigt in die Waschstraße gefahren wurde und beschädigt wieder heraus kam.[758] Gelingt dem Geschädigten dieser Nachweis, kehrt sich die Beweislast um. Es ist dann Sache des Betreibers, zu beweisen, dass er die Pflichtverletzung nicht zu vertreten hat.[759] Umstritten ist, ob es insoweit bereits ausreicht, dass die Anlage den allgemein anerkannten Regeln der Technik entspricht[760] oder ob den Betreiber noch weitere Kontrollpflichten treffen.[761] Nach *OLG Hamm* soll das Risiko der Unaufklärbarkeit der Schadensursache beim Fahrzeugeigentümer liegen, wenn dieser nicht nachweisen kann, dass die Schadensursache allein aus dem Verantwortungsbereich des Betreibers herrührt.[762] 584

Teile der Rechtsprechung nehmen einen Anscheinsbeweis an, wenn feststeht, dass der Schaden nur durch den Waschvorgang in der Waschanlage selbst verursacht worden sein kann.[763]

Bei Schäden außerhalb des automatisierten Waschstraßenbetriebes (z.B. bei der Vorreinigung) kommen dem Geschädigten indessen keine Beweiserleichterungen zugute.[764] 585

Die Haftung des Betreibers kann gemäß § 254 Abs. 1 BGB dann gemindert werden, wenn Umstände vorliegen, die ein Mitverschulden des Kunden begründen. So kann ein Fehlverhalten bei der Bedienung des Kfz während der Durchführung des Waschvorgangs oder auch das Missachten besonderer Hinweistafeln an der Anlage mit konkreten Verhaltensvorschriften für den Fahrzeugführer ein Mitverschulden des Kunden darstellen. Gleiches soll bei risikoerhöhenden Veränderungen am Fahrzeug gelten.[765] Hat der Fahrzeugeigentümer den Schaden grob fahrlässig selbst verursacht, scheidet die Haftung des Waschanlagenbetreibers indessen ganz aus.[766] 586

Der Beweis obliegt in diesen Fällen aber dem Unternehmer. Sofern bei Benutzung einer Portalwaschanlage erkennbar für den Kunden dieser sein Fahrzeug falsch abgestellt hat und mithin ein

756 Vgl. *KG* NJW-RR 1991, 699; *Stroeck* DAR 2004, 578.

757 Vgl. *AG Pforzheim*, Urt. v. 25.03.2014 – 3 C 382/13.

758 Vgl. *AG Hamburg* DAR 2002, 223; *Strittmatter/Riemer* DAR 2007, 437; *AG Darmstadt* NZV 2002, 329; *AG Wedding*, Urt. v. 31.07.2014 – 2 C 253/13.

759 Vgl. *OLG Düsseldorf* NZV 2004, 405 = NJW-RR 2004, 962; *Strittmatter/Riemer* DAR 2007, 437.

760 Vgl. *OLG Hamm* NZV 2003, 285 = NJW-RR 2002, 1459; *LG Dortmund* SP 2011, 137.

761 Sowohl *OLG Düsseldorf* NZV 2004, 405 = NJW-RR 2004, 962; ebenso *LG Duisburg* NZV 2010, 578 = NJW-RR 2010, 835 und *LG Wuppertal* zfs 2013, 437.

762 *OLG Hamm* NZV 2003, 285 = NJW-RR 2002, 1459; ebenso *LG Dortmund* SP 2011, 137 und *LG Paderborn* DAR 2010, 206.

763 Vgl. *AG Hamburg*, Urt. v. 09.04.2015 – 20a C 536/13.

764 Vgl. *LG Bochum* NJW-RR 2004, 963; *Strittmatter/Riemer* DAR 2007, 437.

765 Vgl. *AG Gifhorn* NZV 2007, 474.

766 Vgl. *AG Limburg* NZV 2005, 323.

fahrlässiges Verhalten vorliegt, haftet der Waschanlagenbenutzer dem Waschanlagenbetreiber auf Ersatz des Schadens, der an der Waschanlage eintritt.[767]

587 Bei einer Kollision innerhalb einer Waschanlage haftet der Waschanlagenbetreiber für die Schäden an den Fahrzeugen, sofern keine sofortige Abschaltung des Laufbandes der Waschanlage erfolgt bzw. die Waschanlage selbst eine automatische Abschaltung nicht vorsieht, sofern eine konstante Überwachung der Anlage nicht gegeben war.[768]

588 Nach einer Entscheidung des *LG Wuppertal* haftet ein Betreiber einer Waschanlage für Beschädigungen an Kundenfahrzeugen wenn er nicht nachweisen kann, wann die Anlage zuletzt kontrolliert worden war.[769] Ebenfalls besteht ein Anspruch auf Schadenersatz gegen den Waschanlagenbetreiber, sofern die Waschanlage zum Zeitpunkt des Schadenseintritts nicht dem Stand der Technik entspricht.[770]

## H. Rückgriff auf die Gesamtschuldhaftung des Haftpflichtversicherers

### I. Gesamtschuldverhältnis

589 Der Gesetzgeber sieht bei einigen Berufsgruppen ein überdurchschnittliches Schadensrisiko und verlangt daher von dem in Frage kommenden Personenkreis vor Erlaubnis der Berufsausübung den Nachweis einer Berufshaftpflichtversicherung. Diese darf nicht mit der Betriebshaftpflichtversicherung verwechselt werden, da sie nur Schäden reguliert, welche aus der direkten Berufsausübung resultieren. Die Rechtsordnung kennt insoweit eine Reihe von Haftpflichtversicherungen, deren Abschluss gesetzlich oder durch Verordnung vorgeschrieben ist und die daher als Pflichtversicherungen bezeichnet werden (vgl. §§ 115 ff. VVG).

Für folgende Berufe (nicht abschließend) besteht die gesetzliche Vorschrift einer Haftpflichtversicherung:

- Hebammen
- Ärzte
- Apotheker
- Steuerberater
- Wirtschaftsprüfer
- Rechtsanwälte
- Notare
- Schausteller
- Makler
- Versicherungsvermittler
- Bewachungsunternehmen
- Betreiber von Atomanlagen
- Kfz-Handel und Handwerk
- Träger der Entwicklungshilfe
- Jäger
- Luftverkehrsunternehmer
- Halter von Kraftfahrzeugen

Dabei handelt es sich bei der gesetzlich vorgeschriebenen Haftpflichtversicherung aber um keine öffentlich-rechtliche Versicherung, wie beispielsweise bei einigen gesetzlichen Krankenkassen, sondern um Verträge, welche mit privaten Versicherungsunternehmen abgeschlossen werden.

767 Vgl. *LG Halle*, Urt. v. 30.07.2013 – 2 S 75/13; *AG Dresden*, Urt. v. 09.01.2015 – 116 C 4515/14.

768 Vgl. *AG Braunschweig*, Urt. v. 04.02.2014 – 11 C 2943/13; *AG Bremen*, Urt. v. 23.01.2014 – 9 C 439/13; *LG Wuppertal*, Urt. v. 23.10.2014 – 9 S 129/14; *LG Paderborn*, Urt. v. 26.11.2014 – 5 S 65/14.

769 Vgl. *LG Wuppertal*, Urt. v. 13.03.2013 – 5 O 172/11.

770 Vgl. *AG Bremen*, Urt. v. 09.09.2014 – 6 C 0144/12.

Eine gesetzlich vorgeschriebene Haftpflichtversicherung unterscheidet sich von einem freiwillig geschlossenen Vertrag in einem wesentlichen Punkt. Der Versicherer muss im Schadensfall auch eine Leistung an den Geschädigten erbringen, wenn sich der Versicherungsnehmer selbst gegenüber dem Versicherer beispielsweise mit der Prämie in Zahlungsverzug befindet oder aufgrund einer Obliegenheitsverletzung eigentlich kein Versicherungsschutz mehr besteht.

Für das weite Feld des Betriebes von Kraftfahrzeugen und der daraus abgeleiteten außerordentlich strengen Gefährdungshaftung aus § 7 Abs. 1 StVG gilt das Pflichtversicherungsgesetz (PflVG) sowie § 115 VVG der dem Geschädigten einen Direktanspruch gegen den betreffenden Kfz-Haftpflichtversicherer (KH-Versicherer) seines Unfallgegners einräumt. Ein Direktanspruch besteht auch im Hinblick auf die nach § 2 Abs. 1 PflVG vom Deckungszwang freigestellten Institutionen, und zwar in ihrer Eigenschaft als »Quasi-Versicherer« im Sinne von § 2 Abs. 2 PflVG. Das PflVG regelt die Pflicht zu einem Vertrag über eine Kfz-Haftpflichtversicherung für Halter von Kraftfahrzeugen oder Anhängern, die auf öffentlichen Straßen, Wegen und Plätzen geführt werden. Das Gesetz gilt nur für Kraftfahrzeuge bzw. Anhänger mit gewöhnlichem (i.S.v. § 1a Abs. 2 S. 1 PflVG) oder regelmäßigem (i.S.v. § 1a Abs. 1 Nr. 2 PflVG) Standort im Inland (§ 1 PflVG). Das PflVG verpflichtet jeden Kraftfahrzeughalter zum Vertragsschluss mit einem inländischen Versicherungsanbieter (§ 5 PflVG) seiner Wahl und verpflichtet diese, entsprechende Versicherungsverträge anzunehmen (doppelter Kontrahierungszwang). Im Ablehnungsfalle kommt das Vertragsverhältnis durch Annahmefiktion zustande (§ 5 Abs. 3 und 4 PflVG). 590

Nach § 2 Abs. 1 PflVG sind vom gesetzlichen Deckungszwang befreit: 591
- die Bundesrepublik Deutschland
- die Länder
- die Gemeinden mit mehr als einhunderttausend Einwohnern
- die Gemeindeverbände sowie Zweckverbände, denen ausschließlich Körperschaften des öffentlichen Rechts angehören
- juristische Personen, die von einem von der Versicherungsaufsicht freigestellten Haftpflichtschadenausgleich Deckung erhalten (§ 3 Abs. 1 Nr. 4 des VAG).

Außerdem sind von der nach § 1 PflVG angeordneten allgemeinen Versicherungspflicht ausgenommen: 592
- Kraftfahrzeuge, die baubedingt eine Höchstgeschwindigkeit von 6 km/h nicht überschreiten (§ 2 Abs. 1 Nr. 6a PflVG a.F.)
- selbstfahrende Arbeitsmaschinen und Stapler im Sinne von § 3 Abs. 2 S. 1 Nr. 1a der Fahrzeug-Zulassungsverordnung (FZV), die eine Höchstgeschwindigkeit von 20 km/h nicht überschreiten, wenn sie den Vorschriften über das Zulassungsverfahren nicht unterliegen (§ 2a Abs. 1 Nr. 1 PflVG n.F. bzw. § 2 Abs. 1 Nr. 6b PflVG a.F.)
- nicht zulassungspflichtige Anhänger (§ 3 Abs. 2 S. 1 Nr. 2 FZV i.V.m. § 2a Abs. 1 Nr. 2 PflVG n.F. bzw. § 2 Abs. 1 Nr. 6a PflVG a.F.).

Die Mindestversicherungssummen sind in Anlage zu § 4 PflVG festgesetzt und können unter Beachtung unionsrechtlicher Verpflichtungen sowie des Europäischen Übereinkommens über die obligatorische Haftpflichtversicherung für Kraftfahrzeuge vom 20. April 1959 (BGBl. 1965 II S. 281) durch Verordnung des Bundesministeriums der Justiz im Einvernehmen mit dem Bundesverkehrsministerium und dem Bundesfinanzministerium angepasst werden. 593

In der evidenten Gefahr von nicht regulierten Vermögens- und Personenschäden durch nicht versicherte Fahrzeuge geeignet begegnen zu können, hat der Gesetzgeber in § 6 PflVG eine Strafvorschrift eingefügt, die das Benutzen eines Kraftfahrzeuges bzw. Anhänger ohne Versicherungsschutz im Sinne des Gesetzes auf öffentlichem Verkehrsgrund unter Strafe stellt. Das PflVG ist damit Teil des Nebenstrafrechts.

Der in § 115 Abs. 1 VVG geregelte Direktanspruch bezweckt in erster Linie einen umfassenden Schutz der Verkehrsopfer, also der geschädigten Dritten. Daraus folgt, dass derjenige, dem lediglich 594 vertragliche Ansprüche gegen den Versicherungsnehmer aus Anlass eines Schadenfalles zustehen,[771] nicht Dritter im Sinne von § 115 VVG ist und ihm daher ein Direktanspruch gegen den Auto-Versicherer nicht zusteht. Dies gilt auch für den Haftpflichtversicherer des Erstschädigers, der aufgrund seiner gesamtschuldnerischen Haftung den Dritten (Geschädigten) vorab befriedigt hat und nunmehr Ausgleichsansprüche gegen den als Gesamtschuldner mithaftenden Zweitschädiger bzw. dessen Haftpflichtversicherer geltend macht. Durch den Direktanspruch des Geschädigten gegen den Kfz-Haftpflichtversicherer des Schädigers wird der Versicherer nicht in ein zwischen zwei verschiedenen Schädigern bestehendes Gesamtschuldverhältnis einbezogen.[772] Ein Direktanspruch gegen den betreffenden Haftpflichtversicherer nach § 115 VVG besteht schon deswegen nicht, weil Dritter im Sinne dieser Bestimmung lediglich der bei dem Verkehrsunfall unmittelbar Geschädigte – also das Opfer des Verkehrsunfalls – ist, nicht jedoch der Schädiger selbst bzw. sein Haftpflichtversicherer. Seinen Schutz bezweckt § 115 VVG nicht.

§ 115 VVG normiert, dass der Dritte seinen Anspruch auf Schadenersatz auch gegen den Versicherer geltend machen kann, wenn es sich um eine Haftpflichtversicherung zur Erfüllung einer nach dem PflVG bestehenden Versicherungspflicht handelt oder wenn über das Vermögen des Versicherungsnehmers das Insolvenzverfahren eröffnet oder der Eröffnungsantrag mangels Masse abgewiesen worden ist oder ein vorläufiger Insolvenzverwalter bestellt worden ist oder wenn der Aufenthalt des Versicherungsnehmers unbekannt ist.

Der Anspruch besteht im Rahmen der Leistungspflicht des Versicherers aus dem Versicherungsverhältnis und soweit eine Leistungspflicht nicht besteht, im Rahmen des § 117 Abs. 1–4 VVG.

Der Versicherer und der ersatzpflichtige Versicherungsnehmer haften als Gesamtschuldner.

595 Der Anspruch gem. § 115 Abs. 1 VVG unterliegt der gleichen Verjährung wie der Schadenersatzanspruch gegen den ersatzpflichtigen Versicherungsnehmer. Die Verjährung beginnt mit dem Zeitpunkt, zu dem die Verjährung des Schadenersatzanspruchs gegen den ersatzpflichtigen Versicherungsnehmer beginnt. Sie endet jedoch spätestens nach 10 Jahren von dem Eintritt des Schadens an. Ist der Anspruch des Dritten bei dem Versicherer angemeldet worden, ist die Verjährung bis zu dem Zeitpunkt gehemmt, zu dem die Entscheidung des Versicherers dem Anspruchssteller in Textform zugeht. Die Hemmung, die Ablaufhemmung und der Neubeginn der Verjährung des Anspruchs gegen den Versicherer wirken auch gegenüber dem ersatzpflichtigen Versicherungsnehmer und umgekehrt.

596 Der Kfz-Haftpflichtversicherer haftet gem. § 115 VVG neben dem eigentlichen Schädiger im Verhältnis zum Dritten (Verletzten) als Gesamtschuldner im Sinne von § 421 BGB. Dies bedeutet, dass der Geschädigte die ihm zustehende Leistung nach seiner Wahl entweder vom Unfallgegner (Halter oder Fahrer des unfallverursachenden Kfz) selbst oder von dessen Kfz-Haftpflichtversicherer verlangen kann, insgesamt jedoch selbstverständlich nur einmal. Sofern einer der Gesamtschuldner leistet, werden die übrigen – im Außenverhältnis – von jeder Verpflichtung frei (§ 422 BGB), unbeschadet ihrer Pflicht im Innenverhältnis einen Schadensausgleich im Verhältnis ihrer eigenen Verantwortungsbeiträge (§ 426 BGB) durchzuführen.

597 Trotz des Gesamtschuldverhältnisses zwischen Schädiger und Versicherer nach §§ 421 ff. BGB sind beide aber nicht notwendige, sondern nur einfache Streitgenossen.[773] Von einer einfachen Streitgenossenschaft spricht man, wenn die Entscheidung gegenüber den Streitgenossen nicht einheitlich ergehen muss.

598 Einen subjektiven Risikoausschluss enthält § 103 VVG, durch den der Wirkungsbereich des § 81 VVG eingeschränkt wird.

771 Z.B. eine Werklohnforderung aus Anlass der Beseitigung des Unfallschadens.

772 Vgl. *BGH* NJW 1981, 681 = VersR 1981, 134; *OLG Karlsruhe* VersR 1986, 155, 156, m.w.N.

773 Vgl. *BGH* NJW-RR 2019 – 3788.

Gem. den §§ 81 Abs. 1, 103 VVG haftet der Versicherer nicht, wenn der Versicherungsnehmer den Eintritt der Tatsache, für die er dem Dritten verantwortlich ist, vorsätzlich widerrechtlich herbeigeführt hat. Unter einem subjektiven Risikoausschluss versteht man den Fall, dass lediglich in der Person desjenigen der Ausschluss eintritt, der durch sein Verhalten die Voraussetzungen für den Risikoausschluss erfüllt hat, während der Versicherungsschutz mitversicherter Personen grds. unangetastet bleibt. Nach § 103 VVG ist der Versicherer »nicht zur Leistung verpflichtet, wenn der Versicherungsnehmer vorsätzlich und widerrechtlich den bei dem Dritten eingetretenen Schaden herbeigeführt hat.« Es muss sich dabei also um das Verhalten des Versicherungsnehmers selbst handeln. Bedenken bestehen unter diesem Aspekt gegen die Auffassung,[774] die Deckungspflicht des Kfz-Haftpflichtversicherers gegenüber einem geschädigten Dritten entfalle auch dann, wenn der Schaden durch einen Schwarzfahrer vorsätzlich herbeigeführt worden ist.

Die Leistungsfreiheit des Versicherers tritt aber auch dann ein, wenn ein Repräsentant des VN seinerseits den Versicherungsfall vorsätzlich herbeigeführt hat. Fällt demgegenüber lediglich einem Gehilfen oder einer sonstigen mitversicherten Person[775] Vorsatz zur Last, dann wird der Deckungsschutz im Verhältnis zum VN nicht beeinträchtigt.[776] Der Versicherer genügt seiner Beweispflicht für das Vorliegen der Voraussetzungen des Risikoausschlusses, wenn er nachweist, dass der Versicherte den Schaden – die Folgen der Tat – mit Wissen und Wollen herbeigeführt hat.[777] Ein Anscheinsbeweis ist insoweit aber nicht möglich.[778] Unbeachtlich ist ein Irrtum über die Tragweite eines vom VN angenommenen Rechtfertigungsgrundes. Auch die für den Risikoausschluss des Vorsatzes erforderliche Widerrechtlichkeit (Rechtswidrigkeit) ist vom Versicherer zu beweisen. 599

Vorsatz schließt die Eintrittspflicht des Versicherers schlechthin aus.[779] Bei Vorsatz ist nach § 12 Abs. 1 Ziff. 3 PflVG der Entschädigungsfonds als Träger im Sinne von § 13 PflVG eintrittspflichtig. 600

Für den Risikoausschluss des Vorsatzes ist es aber erforderlich, dass der VN nicht nur zu dem Versicherungsfall führende Handlung, sondern auch deren Folgen[780] vorsätzlich herbeigeführt und gewollt hat.[781] Die tatbestandsmäßigen Voraussetzungen werden bereits durch den bedingten Vorsatz (dolus eventualis)[782] erfüllt.[783] Der VN muss den Erfolg also als möglich vorausgesehen und für den Fall seines Eintritts gebilligt haben. Hat der VN die tatsächlichen Voraussetzungen für das Vorliegen eines Rechtfertigungsgrundes irrtümlich angenommen, so entfällt der Vorsatz, und es kommt in diesem Zusammenhang auch nicht darauf an, ob objektiv Widerrechtlichkeit vorlag.[784] 601

Der Vorsatz des VN muss sich aber nicht auf alle tatsächlichen Umstände des späteren Eintritts des Versicherungsfalles im Einzelnen, insbesondere nicht auf die genaue Art und Weise des Unfallablaufs, erstrecken. Der Täter braucht weder Einzelheiten noch Art und Umfang des späteren Geschehens vorauszusehen. Er muss jedoch mindestens die zum haftungsbegründenden Tatbestand gehörenden Umstände in seinen die Tat begleitenden Willen aufnehmen. 602

Die Entschädigungsleistungen bei Unfällen, bei denen der Schädiger (d.h. dessen Kraftfahrzeug) nicht ermittelt werden kann, eine Haftpflichtversicherung nicht, nicht mehr oder nicht in ausreichender Höhe oder kein Deckungsschutz bestand oder das Versicherungsunternehmen insolvent 603

774 *LG Ulm* VersR 1981, 764 = zfs 1981, 313.
775 Wegen des Kreises der mitversicherten Personen vgl. die Aufzählung in A.1.2 AKB.
776 Vgl. *OLG Frankfurt/M.* VersR 1997, 213; *OLG Oldenburg* VersR 1999, 482.
777 Vgl. *BGH* VersR 1981, 450 = zfs 1981, 216; *OLG Hamm* VersR 1981, 178.
778 *BGH* VersR 1988, 683; *OLG Hamm* VersR 2007, 1550.
779 *OLG Saarbrücken* r+s 1980, 49.
780 Vgl. *Weber* DAR 1987, 343 m.w.N.
781 *OLG Karlsruhe*, Urt. v. 17.08.1989 – 12 69/89.
782 Vgl. *OLG Nürnberg* NJW-RR 2005, 466; *OLG Saarbrücken* VersR 1993, 1004.
783 Vgl. *LG Hamburg*, Urt. v. 23.05.2017 – 302 O 395/16.
784 Vgl. *OLG Hamburg* VersR 1962, 366.

geworden ist, können gegen den Entschädigungsfond für Schäden aus Kraftfahrzeugunfällen geltend gemacht werden (§§ 12–14 PflVG).

Allerdings zahlt der Fond nur subsidiär, wenn keine anderweitigen Ersatzmöglichkeiten zur Verfügung stehen.

604 Hat ein Schwarzfahrer (beispielsweise ein Dieb), der vor einem ihn verfolgenden Streifenwagen der Polizei flieht, dabei einen Unfall verursacht, so wird sich der Verletzte (Geschädigte) nicht mittels Direktklage an den Haftpflichtversicherer des (gestohlenen) Kfz halten können. Der Versicherer kann sich zwar nicht darauf berufen, dass er gegenüber dem Schwarzfahrer deshalb von seiner Leistungspflicht frei ist, weil dieser den Unfall als unberechtigter Fahrer herbeigeführt hat; denn gem. § 117 Abs. 1 VVG gilt dieser Einwand nicht gegenüber dem Verkehrsopfer, also dem verletzten Dritten. Wohl aber kann der KH-Versicherer dem Dritten entgegenhalten, dass der Schwarzfahrer den Unfall (bedingt) vorsätzlich herbeigeführt hat, weil er auf seiner Flucht den schädlichen Erfolg zumindest billigend in Kauf genommen hatte. Der Risikoausschluss des § 103 VVG schließt auch Direktansprüche des Geschädigten aus § 115 VVG aus.[785] Die Halterhaftung für Unfälle beim Betrieb scheidet aus, wenn Jemand das Fahrzeug ohne Wissen und Wollen des Halters benutzt, denn dann haftet anstelle des Halters der unbefugte Benutzer und neben diesem der Halter nur, wenn er die Benutzung schuldhaft ermöglich hat. Benutzung ohne Wissen und Wollen des Halters bedeutet gegen sein Wissen und seinen Willen. Dass das Fahrzeug ohne Wissen und Wollen des Halters benutzt wurde, muss der Halter beweisen.[786]

605 Ein Schaden, der darauf beruht, dass ein Streifenwagen der Polizei im Zuge einer Verfolgungsfahrt den Pkw des Verfolgten vorsätzlich rammt, um ihn auf diese Weise zum Halten zu bringen, wird im Übrigen von dem Schutzzweck des § 7 Abs. 1 StVG erfasst, sodass auch für diesen Schaden der Halter des Kfz bzw. dessen KH-Versicherer einzustehen hat.[787]

## II. »Krankes Deckungsverhältnis«

606 Der Direktanspruch und damit das relative Gesamtschuldverhältnis bleibt auch dann erhalten, wenn der KH-Versicherer mit Rücksicht auf ein »krankes Deckungsverhältnis« gegenüber seinem VN im Innenverhältnis leistungsfrei wird gem. § 117 Abs. 1 und 2 VVG. Derartige Fälle von Leistungsfreiheit des Versicherers sind insbesondere

- Prämienzahlungsverzug des Versicherungsnehmers
- Verletzung vertraglicher Obliegenheiten
- Nachhaftung des Versicherers.

607 In diesen Fällen muss der KH-Versicherer im Interesse einer umfassenden Sicherung der Verkehrsopfer auch seinerseits den Geschädigten befriedigen, soweit eine anderweitige Ersatzmöglichkeit[788] – insbesondere in Form eines möglichen Rückgriffs auf ein intaktes Deckungsverhältnis – nicht besteht.

608 Allerdings ist der Versicherungsnehmer im Innenverhältnis zum Versicherer wiederum allein verpflichtet, dies gem. § 116 Abs. 1 Satz 2 VVG. Der Versicherer kann also bei dem VN Regress nehmen. Er kann dies in voller Höhe tun, wenn

- die Leistungsfreiheit auf einem Prämienzahlungsverzug des VN beruht;
- die Leistung an den Geschädigten aufgrund Nachhaftung erfolgt ist;
- der Schwarzfahrer das Fahrzeug durch strafbare Handlung erlangt hat.

609 In den Fällen summenmäßiger Beschränkung der Leistungsfreiheit gem. den AKB sowie den §§ 5, 6 KfzPflVV bei Gefahrerhöhung und Obliegenheitsverletzung vor dem Versicherungsfall (5000,00 €)

785 Vgl. *OLG München*, Urt. v. 17.02.2017 – 10 U 2007/16 = BeckRS 2017, 112607.

786 Vgl. *OLG Nürnberg*, Urt. v. 07.06.2011 – 3 U 188/11.

787 Vgl. *BGH* NJW 1981, 1315 = zfs 1981, 216; a.A. *LG Köln* VersR 1981, 584 = zfs 1981, 234; *OLG Frankfurt/M.* VersR 1978, 260 = MDR 1978, 320.

788 Vgl. § 117 Abs. 2 VVG.

sowie bei Obliegenheitsverletzungen nach dem Versicherungsfall (2500,00 €, im Ausnahmefall 5000,00 €) beschränkt sich auch der Regress des Versicherers auf die entsprechende Höhe.

Die Regressbeschränkungen gelten sowohl gegenüber dem VN als auch gegenüber mitversicherten 610 Personen.

Die Leistungspflicht des KH-Versicherers im Rahmen eines »kranken Versicherungsverhältnisses« 611 entfällt jedoch, wenn und soweit der Geschädigte (Verletzte) auf andere Weise Ersatz seines Schadens erlangen kann, § 117 Abs. 3 S. 2 VVG. So kommt die Subsidiärklausel, die gleichzeitig auch ein Verweisungsprivileg beinhaltet, beispielsweise dann zum Zuge, wenn für den Geschädigten die Möglichkeit besteht, den eigenen Sozialversicherungsträger in Anspruch zu nehmen[789] oder auf ein intaktes Deckungsverhältnis im Rahmen einer etwa bestehenden Fahrzeugversicherung (Kaskoversicherung) zurückzugreifen. Das Verweisungsprivileg gilt aber nicht für die in § 3 S. 1 PflVG genannten Fälle.

Umstritten ist, ob der Geschädigte, der auf eine bestehende Vollkaskoversicherung nicht zurückgreift, 612 die im Rahmen eines »kranken Versicherungsverhältnisses« erhaltene Leistung des KH-Versicherers des Unfallgegners wegen ungerechtfertigter Bereicherung zurückzahlen muss.[790]

Ein Forderungsübergang nach § 116 SGB X auf den Sozialversicherungsträger oder nach § 86 613 VVG auf den Kaskoversicherer – zulasten des KH-Versicherers – findet indessen nicht statt.[791] Das gesetzgeberische Anliegen besteht darin, das »kranke Versicherungsverhältnis« soweit wie nur irgend möglich von Sonderopfern freizuhalten, da dem intakten Rechtsverhältnis die entschädigungsfreie Leistungspflicht – insbesondere im Hinblick auf die Erhebung von Beiträgen – schon eher zuzumuten ist. Bei Leistungsfreiheit wegen Obliegenheitsverletzungen oder Gefahrerhöhung wirkt sich die Verweisung aufgrund der Vorgaben des §§ 5, 6 der Kfz-Pflichtversicherungsverordnung (KfzPflVV) indessen nur in den dort vorgegebenen Grenzen aus, also in der Regel bis maximal 5000,00 €.

Der Geschädigte kann aus dem »kranken Versicherungsverhältnis« vom Versicherer des Schädigers 614 keine Leistungen beanspruchen, wenn er seinem eigenen Versicherer den Schaden nicht angezeigt hat.[792] Die Nichtanzeige seines Schadens und damit die Nichtleistung seines Versicherers muss sich der Geschädigte zurechnen lassen. Er hat seinen »gesunden Versicherungsschutz« verwirkt, sodass sich der Versicherer des Schädigers erfolgreich auf § 117 Abs. 3 S. 2 VVG berufen kann.

Soweit ein Sozialversicherungsträger dem Versicherten in Höhe seines unfallbedingten Schadens Leis- 615 tungen gewähren muss und ein sonst eintretender Forderungsübergang aus § 116 SGB X (§ 1542 RVO) innerhalb eines »kranken Deckungsverhältnisses« mit Rücksicht auf die Subsidiärklausel des § 117 Abs. 3 S. 2 VVG nicht stattfindet, kann der Sozialversicherungsträger (SVT) mit Regressansprüchen unmittelbar an den Schädiger herantreten.

In diesem Zusammenhang hatte der *BGH*[793] zunächst die Auffassung vertreten, dass auch der Regress- 616 anspruch des Sozialversicherungsträgers gegen den (allein) verantwortlichen Kfz-Halter bzw. -Fahrer in gleicher Weise auf 5.000 DM beschränkt wird wie Regressansprüche des KH-Versicherers gegen seinen VN aufgrund der geschäftsplanmäßigen Erklärung der KH-Versicherer. Diese Rechtsprechung hat der *BGH* im Jahr 1983 allerdings wieder aufgegeben.[794] Dies hat der *BGH* insbesondere damit begründet, dass der Gesetzgeber, als er die – für Unfälle bis zum 30.06.1983 geltende – Bestimmung des § 1542 RVO durch die neue – für Unfälle ab 01.07.1983 geltende – Vorschrift des § 116 SGB X ersetzt hat, eine Beschränkung des Rückgriffsrechts des SVT in der vom *BGH* vorgesehenen Weise

789 Vgl. BGHZ 65, 1 = VersR 1975, 438; VersR 1981, 323 = DAR 1981, 216 = VS 1981, 180 = VRS 60, 279; zur »Leistungsfreiheit des KH-Versicherers und Regress des SVT bei Gefahrerhöhung und Obliegenheitsverletzungen vor dem Versicherungsfall«, vgl. – unter diesem Titel – *Hüffer* VersR 1980, 785.

790 Vgl. *OLG Hamm* NJW-RR 1994, 291.

791 Vgl. auch *Burmann/Jahnke* NJW-Spezial 2022, 137 »Der Kfz-Unfall und die gestörte Gesamtschuld«.

792 Vgl. *BGH* VersR 1971, 238.

793 BGHZ 80, 332 = NJW 1981, 1843 = VersR 1981, 971 = DAR 1981, 258 = zfs 1981, 274.

794 BGHZ 88, 296 = NJW 1984, 240 = VersR 1983, 1132 = DAR 1984, 54 = zfs 1983, 363 (364).

gerade nicht gesetzlich normiert hat. Daraus sei der Willen des Gesetzgebers zu entnehmen, dass in diesen Fällen eine Beschränkung des Rückgriffsrechts nicht in jedem Fall, sondern nur bei Vorliegen der Voraussetzungen des § 31 Abs. 2 HGrG oder des § 76 Abs. 2 SGB IV (zur Vermeidung unbilliger Härten) stattfinden soll. Nach den soeben genannten Bestimmungen ist der SVT im Übrigen nicht nur berechtigt, sondern überdies auch verpflichtet, den Regress entsprechend zu beschränken.

617 Auch für die Schadenversicherer, beispielsweise den Kaskoversicherer, besteht demnach die Möglichkeit, nach § 86 VVG Regress ohne begrenzendes Limit zu nehmen.[795] Dem Regress steht auch nicht der Umstand entgegen, dass es sich beim unberechtigten Fahrer um den Sohn des VN handelt, der mit diesem in häuslicher Gemeinschaft lebt.[796]

618 Wegen der Beschränkung der Leistungsfreiheit bei Obliegenheitsverletzungen oder Gefahrerhöhung gem. §§ 5, 6 KfzPflVV kann sich der Versicherer nunmehr aber auch im Rahmen der subsidiären Einstandspflicht gegenüber den SVT und anderen Schadenversicherern bei über 5000,00 € hinausgehenden Schäden nicht mehr auf seine Leistungsfreiheit berufen.

619 Nach den AKB ist in der Kfz-Haftpflichtversicherung der Fahrer mitversichert. Daher liegt bezüglich seiner Person versicherungsrechtlich eine Versicherung für fremde Rechnung nach §§ 43 ff. VVG vor, die einem Vertrag zugunsten Dritter ähnlich ist. Daraus ergibt sich, dass Einwendungen des Kfz-Haftpflichtversicherers gegenüber dem VN (Halter) auch dem Mitversicherten gegenüber geltend gemacht werden können. Denn der Mitversicherte hat grds. nur insoweit Versicherungsschutz, als ihn der VN für ihn vorhält.

620 Zum Schutz des Mitversicherten greift hier die Sonderregelung des § 123 VVG ein, wonach der Versicherer die Leistungsfreiheit dem Mitversicherten nur entgegenhalten kann, wenn die relevanten, die Leistungsfreiheit begründenden Umstände in dessen Person vorliegen oder diesem bekannt oder aus grober Fahrlässigkeit unbekannt waren. Insoweit trägt der Versicherer die Beweislast. In diesem Zusammenhang setzt § 123 Abs. 4 VVG. auch keinen bestehenden Versicherungsvertrag mehr voraus. Gem. § 123 Abs. 2 VVG bestimmt sich der Umfang der Leistungspflicht des Versicherers nach § 123 Abs. 1 VVG wiederum nach § 117 Abs. 3 Satz 1 VVG, wonach der Versicherer nur im Rahmen der vorgeschriebenen Mindestversicherungssummen und der von ihm übernommenen Gefahr zur Leistung verpflichtet ist. Die Subsidiaritätsklausel gem. § 117 Abs. 3 Satz 2 findet gegenüber dem Mitversicherten keine Anwendung.

## III. Nachhaftung

621 Von wesentlicher Bedeutung ist die Nachhaftung des KH-Versicherers aus § 117 Abs. 2 VVG. Sie endet erst einen Monat nach dem Zeitpunkt, in dem der KH-Versicherer der Zulassungsstelle die Beendigung oder das Nichtbestehen des Versicherungsverhältnisses nach § 25 Abs. 1 FZV angezeigt hat. Auch diese Regelung dient dem Verkehrsopferschutz für den Fall, dass der VN das Fahrzeug nach Beendigung des Versicherungsverhältnisses weiter benutzt, ehe die Zulassungsstelle ihm dies untersagen konnte. Auch im Fall der Nachhaftung darf der KH-Versicherer – sogar in vollem Umfang – wegen seiner Aufwendungen Regress gegen seinen VN nehmen.

## IV. Haftung der Zulassungsstelle

622 Hat der KH-Versicherer jedoch die ihm obliegende Pflicht, die Beendigung oder das Nichtbestehen des Versicherungsverhältnisses der Zulassungsstelle anzuzeigen, rechtzeitig erfüllt, dann wird dem Geschädigten in der Regel der Träger der Zulassungsstelle wegen Verletzung seiner Amtspflicht haften, wenn die Zulassungsstelle, obwohl sie durch diese Anzeige von der Beendigung der Haftpflichtversicherung rechtzeitig Kenntnis erlangt hat, entgegen § 25 Abs. 4 FZV nicht unverzüglich den Kfz-Schein bzw. die Zulassungsbescheinigung eingezogen und das amtliche Kennzeichen ent-

795 Vgl. *BGH* VersR 1984, 327 = DAR 1984, 146.
796 Vgl. *BGH* VersR 1984, 327.

stempelt hat.[797] Zu beachten ist § 25 Abs. 5 FZV, wonach § 25 Abs. 3 und 4 FZV nicht für Kurzzeitkennzeichen gilt, bei denen das Ablaufdatum überschritten ist. Dieser Fall betrifft vor allem den Eintritt von Verkehrsunfällen mit Fahrzeugen, an denen Kurzzeitkennzeichen montiert sind, deren Ablaufdatum jedoch im Unfallzeitpunkt überschritten war.

Dass der Zulassungsstelle diese Amtspflicht nicht nur gegenüber der Allgemeinheit obliegt, sondern 623 auch gegenüber den Verkehrsteilnehmern, die durch ein nichtversichertes Fahrzeug geschädigt werden können, entspricht ständiger Rechtsprechung.[798] Diese sind also »Dritte« im Sinne von § 839 BGB. Die Amtspflicht auf Außerbetriebsetzung eines nicht mehr versicherten Kfz besteht auch gegenüber dem Mitfahrer (Insassen) in dem nicht (mehr) versicherten Fahrzeug[799] wie überhaupt gegenüber allen potenziellen Opfern des Straßenverkehrs.[800]

Demgegenüber dient die Verpflichtung des Beamten einer Zulassungsstelle, das Datum der Erstzu- 624 lassung eines Kfz sorgfältig zu ermitteln und richtig in den Kfz-Brief einzutragen, nicht dem Schutz der Vermögensinteressen des Erwerbers eines Kfz bezüglich seiner eigenen Dispositionen.[801] Die Einführung des Kfz-Briefes durch die Verordnung über den Kraftfahrzeugverkehr vom 11.04.1934 sollte in erster Linie dazu dienen, eine geeignete Handhabe zur Sicherung des Eigentums am Kfz zu schaffen. Demgemäß hat der *BGH* in ständiger Rechtsprechung die Auffassung vertreten, dass die Amtspflichten, die den Beamten der Zulassungsstelle hinsichtlich der Behandlung von Kfz-Briefen auferlegt sind, nur gegenüber dem Eigentümer, dem dinglich Berechtigten an dem Kfz und demjenigen, der aufschiebend Eigentum daran erworben hat, bestehen.[802]

Grundsätzlich haftet für den Schaden des Verletzten nach § 839 BGB in Verbindung mit Art. 34 625 GG die Körperschaft, bei der der schuldige Amtsträger angestellt war (Anstellungskörperschaft).[803] Demgegenüber kommt es nicht darauf an, ob auch die Aufgabe, bei deren Erfüllung die Amtspflicht verletzt wurde, nach der Funktionstheorie in den Aufgabenkreis dieser Körperschaft fällt.[804] Auch wenn ein Kommunalbeamter mit staatlichen Aufgaben beauftragt war, haftet für ihn nicht das Land, sondern der Kommunalverband.[805]

Die Haftung des Trägers der Zulassungsstelle ist dabei auf die gesetzlichen Mindestversicherungs- 626 summen beschränkt.[806]

797 Vgl. *OLG Karlsruhe*, VersR 2011, 351 f.
798 Vgl. *OLG Karlsruhe*, VersR 2011, 351 f.
799 Vgl. *BGH* NJW 1982, 988 = VersR 1981, 1154 = DAR 1981, 386 = VRS 62, 17.
800 Vgl. *BGH* VersR 1976, 885.
801 Vgl. *BGH* NJW 1982, 2188 = VersR 1982, 242 = DAR 1982, 98 (99,1. Sp.) = MDR 1982, 463 = zfs 1982, 131 (132) = VP 82, 67 (Ls.) = VRS 62, 168; *BGH* NJW 1973, 458 = VersR 1973, 317; a.A. *Schlechtriem* NJW 1970, 1993 (1995).
802 Vgl. BGHZ 10, 122 (125) = NJW 1953, 1743; NJW 1953, 1910 (1911) = VersR 1953, 483; NJW 1973, 458 = VersR 1973, 317; BGHZ 30, 374 (377) = NJW 1960, 34 = VersR 1959, 1025 (1026); *BGH* NJW 1965, 911 (912) = VersR 1965, 441 (442); *BGH* NVwZ-RR 2003, 543.
803 Vgl. BGHZ 20, 53; *BGH* VersR 1981, 1154 = DAR 1981, 386.
804 Vgl. dazu: BGHZ 6, 215 (219: »Anstellungstheorie«).
805 Vgl. dazu: BGHZ 87, 202 = VersR 1983, 856 = VRS 65, 241; *Weber* DAR 1984, 161 (172).
806 Vgl. *BGH* NJW 1990, 2615 = VersR 1991, 73 = DAR 1990, 383 = NZV 1990, 427.

# Kapitel 5 Unfälle mit Kindern und Minderjährigen im Straßenverkehr

## Schrifttum

*Bernau*, Führt die Haftungsprivilegierung des Kindes in § 828 II BGB zu einer Verschärfung der elterlichen Aufsichtshaftung aus § 823 I BGB? NZV 2005, 234 ff.; *ders.*, Die Aufsichtshaftung der Eltern nach § 832 BGB – im Wandel! 2005; *Buschbell*, der Kinderunfall im Straßenverkehr, SVR 2006, 241; *Drees*, Schadensersatzansprüche wegen vermehrter Bedürfnisse VersR 1988, 784 ff.; *Eilers*, Erwerbsschadensermittlung bei Verletzung vor oder kurz nach dem Berufseinstieg, ZfS 2013, 244; *Emberger/Zerlauth/Sattler*, Das ärztlichen Gutachten 1998; *Freymann*, Darlegungs- und Beweiserleichterungen zur Erwerbsschadensermittlung bei Verletzungen vor oder kurz nach dem Berufseinstieg, ZfS 3013, 125; *Halm/Scheffler*, Schmerzensgeldrente und Abänderungsklage nach § 323 ZPO DAR 2004, 71; *Haupfleisch*, Forderung aus der Praxis für menschengerechten Schadensersatz DAR 2003, 403 ff.; *Henke*, Die Schmerzensgeldtabelle 1969; *Hernig/Schwab*, Kinder als Unfallopfer – Schutz vor finanziellen Spätfolgen nach der Abfindung SP 2005, 8 f.; *Hilbert*, der Arbeitsunfall in der Personenschadensregulierung, ZfS 2024, 124; *Hoffmann/Schwab/Tolksdorf*, Abfindungsregelungen nach Unfällen von Kindern sowie angepasste Lösungen für ältere und andere besonders schutzbedürftige Menschen. Nachhaltige Sicherung der Geldsummen DAR 2006, 666; *Huber*, Antithesen zum Schmerzensgeld ohne Schmerzen – Bemerkungen zur objektiv-abstrakten und subjektiv-konkreten Schadensberechnung ZVR 2000, 218, 231; *ders.*, Schmerzensgeld ohne Schmerzen bei nur kurzzeitigem Überleben der Verletzung im Koma – eine sachlich gerechtfertigte Transferierung von Vermögenswerten an die Erben NZV 1998, 345 ff.; *ders.*, Die Pflege eines Schwerstverletzten durch Angehörige, MedR 2008, 712; *ders.*, der Ersatz künftiger Einbußen beim Personenschaden, ZfS 2018, 484; *ders.*, Kapital oder Rente – Erfordernis eines gesetzlichen Abfindungsanspruchs, NZV 2019, 321; *Jaeger*, Bemessung des Schmerzensgeldes für ein durch einen Verkehrsunfall schwer verletztes Kind, VersR 2004, 527; *ders.*, Zur Höhe des Schmerzensgeldes bei Schwerstschädigung eines Kindes, MedR 2021, 1095; *ders.*, Schwerst hirngeschädigte Kinder – Schmerzensgeld mindestens 500.000 €, VersR 2021, 557; *ders.*, Bewertung von Dauerschäden bei der Bemessung des Schmerzensgeldes, VersR 2022, 921; *ders.*, Zur Frage des Schmerzensgeldkapitals und Rente bei einem schweren Körperschaden, VersR 2024, 515; *Jaeger/Luckey*, Schmerzensgeld 12. Aufl. 2024; Jahnke, Schadenminderungspflicht und medizinische Maßnahmen, NJW-Spezial 2011, 137; *Knöpfel*, Billigkeit und Schmerzensgeld AcP 155 (1956), 135, 147; *Koziol*, Die Bedeutung des Zeitfaktors bei der Bemessung ideeller Schäden in FS Hausheer 2002; *Kreuter-Lange*, Das Kind im Straßenverkehr, SVR 2013, 41; *dies.*, Die Vertretung nicht geschäftsfähiger Personen im Schadenfall – Auszahlung größerer Summen durch den Anwalt an die Eltern, DAR 219, 185; *Kunschert*, die Haftung des Kfz-Halters gegenüber seinem Partner und seinem Kind als Insassen, NJW 2003, 950; *Lang*, Der Abfindungsvergleich beim Personenschaden VersR 2005, 894; *ders.*, Beteiligung von Kindern an Verkehrsunfällen, r+s 2011, 409; *Lorenz*, Schmerzensgeld für die durch eine unerlaubte Handlung wahrnehmungs- und empfindungsunfähig gewordenen Verletzten? in FS für Wiese; *Luckey*, Personenschaden 4. Aufl. 2025; *ders.*, »Baby, you can drive my car« – sektorale Deliktsfähigkeit von Kindern im Straßenverkehr, ZFE 2002, 268; *ders.*, Die Abfindung von Personenschäden – Risiken und Haftungsfallen, NZV 2019, 9; *ders.*, Aktuelles zur Schmerzensgeldklage – zwischen »tag-« und »scheingenau«, NJW 2019, 3361; *ders.*, Schmerzensgeldbemessung – ist Billigkeit berechenbar?, JR 2019, 311; *Nehls*, Kapitalisierung und Verrentung von Schadensersatzforderungen zfs 2004, 193 ff.; *ders.*, Der Abfindungsvergleich beim Personenschaden SVR 2005, 161 ff.; *ders.*, Haftungsauschluss bei Schülerunfällen, SVR 2010, 125; *Notthoff*, Voraussetzungen der Schmerzensgeldzahlungen in Form einer Geldrente VersR 2003, 966; *ders./Schub*, Sektorale Deliktsfähigkeit nach dem zweiten Schadensrechtsänderungsgesetz und Kinderunfälle, ZfS 2006, 183; *Rebler*, Haftung der Eltern spielender Kinder für Schäden an geparkten Fahrzeugen, MDR 2010, 1433; *Scheffen/Pardey*, Schadensersatz bei Unfällen mit Minderjährigen 2. Aufl. 2003; *Steenbuck*, Haftungsrechtliche Konsequenzen des Missbrauchs elterlicher Vertretungsmacht FamRZ 2007, 1064; *Steiner/Bauer/Salamon/Robatsch*, Einführung einer Radhelmpflicht für Kinder bis zum vollendeten 12. Lebensjahr, ZVR 2011, 265 ff.; *Ternig*, Kinder im Straßenverkehr und das Schadensersatzrecht SVR 2008, 250; *Wagner*, Ersatz immaterieller Schäden: Bestandsaufnahme und europäische Perspektiven JZ 2004, 319.

## Übersicht

## Einleitung

Die Verletzung von Kindern wirft in einer Vielzahl von Situationen besondere Fragen auf, die – der Übersichtlichkeit halber – in einem besonderen Kapitel dargestellt werden. Besonderheiten des Haftungsgrundes werden zunächst erläutert; es folgen dann Hinweise auf sonstige Abweichungen und Besonderheiten bei Haftungsausschlüssen und Personenschadensansprüchen. 1

## A. Besonderheiten beim Anspruchsgrund

Ein bei einem Verkehrsunfall beteiligtes Kind kann sowohl auf Schädiger- als auch auf Geschädigtenseite stehen. In beiden Situationen bestehen Besonderheiten. 2

### I. Kind als Schädiger

Nach Rechtslage bis zum Inkrafttreten des zweiten Schadensrechtsänderungsgesetzes (01.08.2002) waren Kinder, die das siebte Lebensjahr noch nicht vollendet hatten, für von ihnen verursachte Schäden nicht verantwortlich. Wer das siebte, aber noch nicht das achtzehnte Lebensjahr vollendet hatte, war nach § 828 Abs. 2 a.F. BGB für einen Schaden, den er einem anderen zufügte, dann nicht verantwortlich, wenn er »bei Begehung der schädigenden Handlung nicht die zur Erkenntnis der Verantwortlichkeit erforderliche Einsicht« besaß. 3

#### 1. Sektorale Deliktsfähigkeit, § 828 Abs. 2 BGB

Letzteres ist nach § 828 Abs. 3 BGB zwar weiterhin die grundsätzliche Regelung. Für den Bereich der **Verkehrshaftung** bestimmt jedoch § 828 Abs. 2 BGB, dass derjenige, der das siebte, aber nicht das zehnte Lebensjahr vollendet hat, für den Schaden, den er bei einem Unfall mit einem Kraftfahrzeug, einer Schienenbahn oder einer Schwebebahn einem anderen zufügt, nicht verantwortlich ist. 4

Verursacht ein Kind einen Unfall, stellt dies nach dem Willen des Gesetzgebers daher umgekehrt auch keinen Haftungsausschlussgrund nach § 7 Abs. 2 StVG (mehr) dar.[1]

*a) Allgemeines*

5 Der Gesetzgeber hat also – wenngleich die Norm aus systematischen Erwägungen in das BGB integriert worden ist – für den Bereich des Verkehrsunfallrechts eine Sonderform der Deliktsfähigkeit erst ab dem vollendeten zehnten Lebensjahr geschaffen. Zur Begründung wurde auf psychologische Vorgaben[2] verwiesen; nach den Erkenntnissen der Entwicklungspsychologie könne es mittlerweile als gesichert gelten, dass Kinder auf Grund ihrer physischen und psychischen Fähigkeiten regelmäßig frühestens ab Vollendung des zehnten Lebensjahres imstande sind, die besonderen Gefahren des motorisierten Straßenverkehrs zu erkennen und sich den erkannten Gefahren entsprechend zu verhalten.

6 So können jüngere Kinder bis ca. 6 Jahren nur sehr schlecht Entfernungen abschätzen; Dreijährige können kaum ein stehendes von einem fahrenden Auto unterscheiden. Bis zum 7. Lebensjahr schließen Kinder auch von sich auf andere, da sie sich nicht in andere Personen hineinversetzen können; sie glauben also, wenn sie ein Auto sehen, werden sie auch gesehen, und wenn sie stehenbleiben, könne auch das Auto sofort anhalten.[3]

7 Hieraus zieht § 828 Abs. 2 S. 1 BGB die Konsequenz und setzt die Deliktsfähigkeit für Schäden, die einem anderen bei Unfällen im motorisierten Straßen- oder Bahnverkehr zugefügt werden, auf das vollendete zehnte Lebensjahr herauf. Kinder bis zum vollendeten zehnten Lebensjahr werden damit einerseits von einer Haftung für von ihnen verursachte Unfallschäden befreit.

▶ **Hinweis:**

8 Das *LG Oldenburg*[4] hat, da die Norm des § 828 Abs. 2 BGB nur für den motorisierten Verkehr gilt, die verkehrstypische Überforderung sich aber auch in anderen Verkehrssituationen, etwa einem **Radfahrerunfall**, verwirklichen kann, aufgrund des der Gesetzesnovelle zugrunde liegenden »allgemeinen Gedankens« fehlender Verkehrstauglichkeit einen 8-jährigen bei einem Fahrradunfall nach **§ 828 Abs. 3 BGB** exkulpiert. Ob eine solche »automatische« Bejahung der an sich konkret zu prüfenden Verschuldensunfähigkeit nach Abs. 3 in Verkehrsunfällen richtig ist, ist aber fraglich.

9 Der Ausschluss des § 828 Abs. 2 BGB gilt allerdings nicht im Falle **vorsätzlichen Handelns**. Ausdrücklich ausgenommen bleiben daher vorsätzliche Schädigungen wie etwa das Steinewerfen von der Autobahnbrücke, da insoweit eine altersbedingte Überforderung des Kindes im motorisierten Verkehr im Allgemeinen nicht schadensursächlich ist.[5] Durch die Änderung des § 7 Abs. 2 StVG ist zudem sichergestellt, dass ein vor das Auto laufendes Kind nicht als »unabwendbares Ereignis« angesehen wird und so zu einem Ausschluss der Haftung führen könnte.[6]

---

1 BT-Drucks. 14/7752, S. 26. So auch *OLG Oldenburg* VersR 2005, 807 (1 U 73/04). Vgl. auch Kap. 6 Rdn. 20 ff.

2 BT-Drucks. 14/7752, S. 26.

3 *Siegel* SVR 2008, 452.

4 *LG Oldenburg*, NZV 2009, 36 (5 O 1466/08).

5 Der Überlegung, einen Ausschluss nur für absichtliches Fehlverhalten zu normieren, ist der Gesetzgeber nicht gefolgt. Der Vorsatz muss sich im Übrigen auf den Schaden, nicht auf den Verkehrsverstoß beziehen. So reicht etwa das (bedingt) vorsätzliche Überqueren der Straße trotz roter Fußgängerampel nicht aus, um »Vorsatz« i.S.d. § 828 BGB zu bejahen.

6 *Scheffen* ZRP 2001, 389; *Wagner* NJW 2002, 2049 (2061). So noch in *OLG Celle*, SP 2004, 291 (14 U 125/03). Dezidiert *OLG Oldenburg*, VersR 2005, 807 (1 U 73/04).

### b) Sonderproblem mehrere Schädiger, gestörte Gesamtschuld

Die Privilegierung des § 828 Abs. 2 BGB gilt auch für den Fall, dass ein Kind bei einem Unfall nur **mitwirkt**, etwa ein Kraftfahrer aufgrund eines plötzlich auf die Straße laufenden Kindes das Steuer verreißt und in ein entgegenkommendes Kraftfahrzeug fährt. Hier hätte, Verschuldensfähigkeit einmal unterstellt, nach altem Recht (vor Inkrafttreten der Privilegierung) eine gesamtschuldnerische Haftung des Fahrers und des Kindes bestanden (§ 840 BGB). Nun fällt aber das Kind als Haftungsschuldner aus; es handelt sich begrifflich um eine sog. »**gestörte Gesamtschuld**«,[7] in der diesmal der zweite Schädiger, der Fahrer, obgleich er den Unfall nur teilweise (mit-)verschuldet hat oder sogar gänzlich schuldlos war (Gefährdungshaftung!), in **voller Höhe** für den Schaden einstehen muss. 10

▶ Vertiefungshinweis:

Einzelheiten dazu Kap. 9 Rdn. 137 ff. 11

### c) Anwendungsbereich des § 828 BGB nach BGH

Der **BGH** hat klargestellt, dass § 828 Abs. 2 BGB ebenfalls keine Anwendung findet, wenn ein **parkendes Kfz** beschädigt wird; teleologisch reduziert sei dies nicht als »Unfall mit einem Kfz« anzusehen, so dass es bei einer Haftung auch des unter zehnjährigen Kindes verbleibt.[8] 12

Dies bedeutet aber nicht, dass nun bei jedem nicht in Bewegung befindlichen Fahrzeug § 828 Abs. 2 BGB ausscheidet; im Gegenteil hat der **BGH**[9] festgehalten, dass auch ein Zusammenstoß eines Kindes mit einem **verkehrsbedingt haltenden Kfz** eine typische Konstellation der kindlichen Überforderung darstellt und das Kind daher nicht haftet. Ob sich die Überforderungssituation konkret ausgewirkt hat oder nicht, ist angesichts der generellen Heraufsetzung der Deliktsfähigkeit nicht von Belang. Dementsprechend ist eine Haftung ebenfalls ausgeschlossen, wenn das vom Kind **losgelassene und weiter rollende Fahrrad** auf die Straße rollt und dort ein vorbeifahrendes Kfz beschädigt.[10] 13

Interessengerecht vor dem Hintergrund des von § 828 Abs. 2 BGB intendierten Kinderschutzes, aber gleichwohl Gefahr laufend, eine »Einzelfallkasuistik« zu begründen, hält der *BGH* § 828 Abs. 2 BGB auch dann für anwendbar, wenn ein Kind mit einem Fahrrad gegen ein mit **geöffneten Hintertüren am Fahrbahnrand** stehendes Fahrzeug auffährt.[11] Der *BGH* stellt darauf ab, dass durch die geöffneten Türen eine besondere verkehrstypische Gefahrenlage geschaffen worden sei, die den Fall von der Beschädigung eines »gefahrlos« parkenden Pkw unterscheide. Das Kind, welches erst 20m zuvor aus einer Seitenstraße gekommen sei, sei daher verkehrsbedingt überfordert gewesen. 14

In ähnlicher Weise verneint das *LG Saarbrücken*[12] die Haftung eines neunjährigen Radfahrers, der mit einem in Fahrtrichtung am **linken Fahrbahnrand geparkten PKW** kollidiert, weil bereits das verkehrswidrige Linksparken eine generelle verkehrstypische Überforderungssituation begründe. 15

---

7 Im Falle einer »gestörten Gesamtschuld« ist einer der beiden – an sich gesamtschuldnerisch haftenden – Schädiger dem Geschädigten gegenüber in concreto nicht verantwortlich, weil in diesem Verhältnis eine Haftungsprivilegierung greift (häufig §§ 708, 1359, 1664 BGB). Es ist dann fraglich, ob der Mitschädiger vollen Ersatz leisten muss, auch wenn er bei dem privilegiert haftenden Mitschädiger möglicherweise keinen anteiligen Regress nehmen kann.

8 *BGH*, NJW 2005, 354 (VI ZR 335/03). Schon bei einem verkehrswidrig geparkten Wagen gilt dies aber nicht mehr, da dies eine verstärkte und verkehrstypische Aufmerksamkeit fordert, der die Kinder wiederum nicht gewachsen sind, *LG Saarbrücken*, NJW 2010, 944 (13 S 133/09).

9 *BGH*, VersR 2007, 855 (VI ZR 109/06). Ebenso *OLG Köln*, MDR 2008, 22 (24 W 13/07).

10 *BGH*, VersR 2007, 1669 (VI ZR 42/07).

11 *BGH*, VersR 2008, 701 (VI ZR 75/07).

12 *LG Saarbrücken*, NZV 2010, 150 (13 S 133/09): ein links geparktes Fahrzeug verlange erhöhte Aufmerksamkeit, um sich zu vergewissern, ob das Fahrzeug unbesetzt ist, keine weitere Gefahr darstellt oder ob mit einem plötzlichen Anfahren in die eigene Fahrtrichtung gerechnet werden muss.

▶ Praxistipp:

16 Das Kind muss die Voraussetzung der Privilegierung (insbes.: Alter), der Geschädigte die Voraussetzung der teleologischen Reduktion (insbes.: keine verkehrstypische Überforderungssituation) **beweisen.**[13]

## 2. Haftung des Aufsichtspflichtigen

17 Es ist zu beobachten, dass die Geschädigten verstärkt auf Ansprüche gegen die Eltern (Aufsichtspflichtverletzung, **§ 832 BGB**) bzw. Billigkeitsansprüche ( **§ 829 BGB**) ausweichen. Dies deutete bereits die Gesetzesbegründung an. Gleichwohl kann das Bestehen einer **freiwilligen Haftpflichtversicherung** nicht ausreichen, um die Haftung eines straßenverkehrsdeliktsunfähigen Kindes zu begründen.[14]

18 Für eine Haftung aus § 832 BGB ist eine **Verletzung** der **gebotenen Aufsicht** erforderlich. Der Umfang der gebotenen Aufsicht über Minderjährige bestimmt sich nach deren Alter, Eigenart und Charakter, wobei sich die Grenze der erforderlichen und zumutbaren Maßnahmen danach richtet, was verständige Eltern nach vernünftigen Anforderungen in der konkreten Situation tun müssen, um Schädigungen zu verhindern.[15] Die Rechtsprechung lehnt indes eine – dem § 828 Abs. 2 BGB korrespondierende – verstärkte Aufsichtspflicht der Eltern für ihre nach § 828 Abs. 2 BGB privilegierten Kinder (Argumentation hierfür: die qua lege »verkehrsuntüchtigen« Kinder bedürften verstärkter Aufsicht) ab.[16]

19 Entsprechend ist bei einem Fünfjährigen in einer **unproblematischen Verkehrssituation** auch nicht eine derart enge Überwachung nötig, dass jederzeit eingegriffen werden kann – Ruf- und Sichtweite genügt,[17] wohingegen man sich bei einem 2 ½ Jahre alten Kind stets in unmittelbarer Nähe auf-

---

13 *BGH*, VersR 2009, 1136 (VI ZR 310/08).

14 Es gilt nämlich das versicherungsrechtliche Trennungsprinzip, wonach die Deckung der Haftung folgt, aber eine Haftung nicht schon unter Hinweis auf eine Versicherung (erst) begründet werden kann. So zu Recht auch *LG Heilbronn*, NZV 2004, 464 (7 S 1/04); *LG Duisburg*, VersR 2006, 223 (6 O 99/04). Ebenso *BGH*, VersR 2009, 1677 (VI ZR 296/08); *BGH*, VersR 2017, 296 (VI ZR 606/15): »Das Bestehen von Haftpflichtversicherungsschutz wirkt grundsätzlich nicht anspruchsbegründend«. Allerdings bieten manche Policen die **Versicherung** (auch) für das Verhalten **verschuldensunfähiger Personen** an (»Familienversicherung«). In einem solchen Fall vertraglicher Leistungsübernahme zahlt der Haftpflichtversicherer auch den Schaden, den das verschuldensunfähige Kind angerichtet hat.

15 *BGH*, VersR 2021, 452 (VI ZR 210/18).

16 *BGH* NJW 2009, 1954 (VI ZR 199/08); *AG Wetzlar* VersR 2006, 1271 (39 C 1820/04). Ausführlich *OLG Oldenburg*, VersR 2005, 807 (1 U 73/04): »Der Gesetzgeber wollte durch diese Neuregelung allein den typischerweise noch vorhandenen Defiziten im Verkehrsverhalten von Kindern der genannten Altersgruppe Rechnung tragen; es ging ihm nicht darum, die Haftung ihrer Eltern wegen Aufsichtspflichtverletzungen zu verschärfen und damit nur die Haftungsrisiken und Lasten innerhalb der Familie umzuschichten.«; *OLG Koblenz*, SP 2009, 280 (12 U 1299/08). So auch *Bernau* NZV 2005, 234; *Oechsler* NJW 2009, 3185 (3189): die schrittweise Heranführung von Kindern an den Straßenverkehr ist eine elterliche Erziehungsaufgabe; lassen die Eltern daher ein unter 10 Jahre altes Kind am Straßenverkehr teilnehmen, kann darin keine Aufsichtspflichtverletzung gesehen werden. Kritisch *Diehl* DAR 2007, 451, der von einem »Sonderopfer« der durch ein Kind Geschädigten spricht. A.A. auch *AG Neuss*, NJOZ 2003, 760 (34 C 3079/01): »Entspricht es aber psychologischen Erkenntnissen, dass Kinder grundsätzlich im Straßenverkehr eine Gefährdung darstellen, so kann dies nur bedeuten, dass derjenige, der von Gesetzes wegen die Aufgabe hat, dafür zu sorgen, dass sich Gefährdungen, die von Minderjährigen hervorgehen, für Dritte nicht realisieren, diese bei der Teilnahme am Straßenverkehr zu kontrollieren und zu beaufsichtigen haben (sic) und zwar so, dass sie jederzeit eingreifen können (sic), um ein gefährliches Fehlverhalten ihrer Kinder zu verhindern.«.

17 *OLG Koblenz*, MDR 2012, 22 (5 U 433/11).

zuhalten und dieses nicht aus den Augen zu lassen hat.[18] Aus Sicht der Eltern ist zu beachten, dass ein Anspruch aus § 832 BGB auch dann ausscheidet, wenn zwar eine Aufsichtspflichtverletzung vorliegt, aber auch die Erfüllung dieser Aufsichtspflicht den Schaden gleichwohl nicht verhindert hätte.[19] Dies ist eine – oft übersehene – »zweite Verteidigungslinie«, wenn eine Aufsichtspflichtverletzung nicht geleugnet werden kann.

**▶ Vertiefungshinweis:**

Einzelheiten dazu Kap. 4 Rdn. 423 ff. 20

### 3. Sonderfall: »Fahren mit 17«

*a) Allgemeines*

Durch das »Dritte Gesetz zur Änderung des Straßenverkehrsgesetzes und anderer straßenrechtlicher Vorschriften«[20] hatte der Bundesgesetzgeber die Rahmenbedingungen für das »Begleitete Fahren ab 17« geschaffen (§§ 6e StVG, 48a FeV). Zweck der Neuregelung, die die Voraussetzungen für das Führen eines Fahrzeugs unter **Aufsicht** eines ausgewählten Begleiters ab Vollendung des 17. Lebensjahres schafft, war es, das Unfallrisiko bei jungen Fahranfängern durch vermehrte Fahrpraxis und den mäßigenden Einfluss der Begleitperson zu senken. Der Minderjährige kann den Wunsch nach Ablegen dieses Führerscheins notfalls auch gegen den Willen des sorgeberechtigten Elternteils durchsetzen.[21] Das »Begleitete Fahren ab 17« hatte zunächst ausdrücklich nur Modell- und Versuchscharakter.[22] 21

Nach Trendaussagen, wonach die Teilnehmer dieses Modells deutlich seltener an Unfällen oder Verkehrsverstößen beteiligt seien, (30% weniger Unfälle, 20% weniger Verstöße, 50% weniger Alkoholfahrten als herkömmlich ausgebildete Führerscheinneulinge),[23] hat man bundesweit die Regelung entfristet.[24] Das »**Begleitete Fahren**« ist nunmehr **Dauerrecht**. 22

*b) Haftungsfragen*

Zur **zivilrechtlichen Haftung** in diesen Fällen gilt:[25] 23

*aa) Minderjähriger Fahrer*

Der **Minderjährige** kann nach § 7 StVG haften, wenn er als **Halter** anzusehen ist. Zur Begründung der Haltereigenschaft ist nur ein tatsächlicher (kein rechtsgeschäftlicher) Akt erforderlich, so dass auch ein beschränkt Geschäftsfähiger Halter sein kann. Nur teilweise wird für eine Haftung nach § 7 Abs. 1 StVG zusätzlich gefordert, dass eine Mitwirkung der Erziehungsberechtigten bei Begründung der Haltereigenschaft vorliegt, um den Schutzzweck der §§ 104 ff. BGB nicht zu umgehen und dem Minderjährigen die Möglichkeit zu geben, sein Haftungsrisiko zu versichern.[26] 24

---

18 *OLG Koblenz*, SP 2016, 150 (12 U 83/15). Ebenso *OLG Hamm*, MDR 2024, 303 (26 U 79/23): Aufsichtspflichtige müssen dafür sorgen, dass der räumliche Abstand zu einem noch nicht dreijährigen Kind auf einem Laufrad jederzeit so gering ist, dass sie in der Lage sind, unmittelbar einzugreifen.

19 *OLG Koblenz*, MDR 2012, 22 (5 U 433/11) – das unbeaufsichtigte, Rad fahrende Kind kollidierte mit einem Fußgänger. Das *OLG* wies darauf hin, dass auch eine regelgerechte Aufsicht allenfalls eine Präsenz am Ort verlangt hätte. Auch dann hätte die Mutter aber den Zusammenstoß nicht verhindern können.

20 BGBl. I vom 14.08.2005, S. 2412.

21 *AG Hannover*, Beschl. v. 14.10.2013 – 609 F 2941/13, n.v.

22 BT-Drucks. 15/5315, S. 1, 8.

23 Mitteilung des Berlin-Reports DAR 2008, 554. Weitere Zahlen etwa bei *Gehrmann* NZV 2012, 69.

24 BGBl. I v. 08.12.2010, 1748 (StVG); v. 17.12.2010, 1980 (FeV); BT-Drucks. 17/3022; BT-Drucks. 17/3450.

25 Ausführlich dazu *Fischinger/Seibl* NJW 2005, 2886 – auch zu den fahrerlaubnis- und ordnungswidrigkeitsrechtlichen Details. Ebenso *Brock* DAR 2006, 63; *Sapp* NJW 2006, 408.

26 *Canaris* NJW 1964, 1987 (1990f.).

25 Für den minderjährigen **Fahrer** kommt auch eine Haftung nach **§ 18 StVG** in Betracht. Der Minderjährige lenkt das Kfz und hat die tatsächliche Gewalt über das Steuer. Er ist damit alleiniger Fahrzeugführer. § 18 Abs. 1 S. 1 StVG begründet eine Haftung für vermutetes Verschulden. Eine Exkulpation ist gem. § 18 Abs. 1 S. 2 StVG möglich, wenn der entstandene Schaden nicht durch ein Verschulden des Fahrzeugführers verursacht wurde.

26 Da der 17-Jährige im Rahmen des Projekts »Begleitetes Fahren« eine reguläre Fahrprüfung absolviert hat, ist von ihm die **Sorgfalt eines geprüften Fahranfängers** zu erwarten. Dementsprechend muss er fähig sein, der jeweiligen Verkehrssituation gerecht zu werden und eigenverantwortlich angemessen zu handeln, wohingegen der Begleiter keine Ausbildungsaufgaben wahrnimmt. Daher ist eine Exkulpation des minderjährigen Fahrzeugführers wegen eines fehlerhaften Ratschlags des Begleiters in aller Regel ausgeschlossen.[27]

27 Auch eine Haftung nach § 823 BGB ist trotz § 828 Abs. 3 BGB denkbar. Das Gesetz vermutet die Deliktsfähigkeit, so dass die Beweislast für ein ausnahmsweises Fehlen beim Minderjährigen liegt. Der Gesetzgeber bringt mit dem »Begleiteten Fahren ab 17« zwar seinen Willen zum Ausdruck, dass der Minderjährige nur in **Begleitung** eines Erwachsenen fahren soll. Dies sollte aber nicht zu dem Schluss führen, der Gesetzgeber halte den 17-Jährigen nicht für einsichtsfähig genug, das Fahrzeug eigenverantwortlich und ohne fremde Anleitung zu lenken. Schon die Entbehrlichkeit (§ 48a Abs. 1 S. 2 FeV) der MPU zeigt, dass der Gesetzgeber den 17-Jährigen für ausreichend einsichtsfähig hält, ein Kraftfahrzeug eigenverantwortlich zu führen.[28] Auch soll der Begleiter lediglich einen mäßigenden Einfluss auf den Fahrer haben und ihn beratend unterstützen· Schließlich hat die Rechtsprechung bei minderjährigen Schwarzfahrern dieses Alters bislang in keinem einzigen Fall die Einsichtsfähigkeit verneint.[29] Daher ist davon auszugehen, dass die notwendige Einsichtsfähigkeit eines 17-Jährigen praktisch nicht zweifelhaft sein wird.[30]

*bb) Begleitperson*

28 Ist die **Begleitperson** Halter des Kfz, so haftet sie gem. § 7 Abs. 1 StVG, ohne dass sich Besonderheiten gegenüber der Halterhaftung bei einem volljährigen Fahrer ergäben. §§ 18 Abs. 1 S. 1, 7 Abs. 1 StVG scheiden dagegen aus, da der Begleiter als Ansprechpartner und Berater nicht die tatsächliche Gewalt über das Fahrzeug innehat und damit nicht Fahrzeugführer i.S. des § 18 Abs. 1 S. 1 StVG ist.

29 In Betracht kommt auch eine Haftung nach allgemeinem Deliktsrecht (vgl. § 16 StVG).

30 Nach § 832 Abs. 1 S. 1 BGB haftet, wer kraft Gesetzes zur Führung der Aufsicht über eine Person verpflichtet ist, die wegen Minderjährigkeit der Beaufsichtigung bedarf, wenn diese einem Dritten widerrechtlich Schaden zufügt. Als gesetzliche Grundlage in diesem Sinne kommt § 48a Abs. 4 Nr. 2 FeV aber nicht in Betracht, da dem Jugendlichen nur ein Berater, nicht aber ein weisungsbefugter Ausbilder zur Seite gestellt werden soll.

31 Wenn der **Begleiter** gleichzeitig ein **Elternteil** ist, kann er allerdings aus **§ 832 BGB** haften. Das Maß der Aufsichtspflicht unterliegt einem flexiblen Maßstab, der die Gefährlichkeit des Verhaltens des Minderjährigen und den Grad der individuellen Reife berücksichtigt. Durch das Bestehen der Führerscheinprüfung hat der 17-Jährige gezeigt, dass er eigenverantwortlich im Straßenverkehr ein Fahrzeug führen kann. Eine **besondere** Beaufsichtigungsverpflichtung durch den begleitenden

27 So auch *Fischinger/Seibl* NJW 2005, 2886 (2888).
28 BT-Drucks. 15/5315, S. 8.
29 So z.B. *BGH* NJW 1978, 421 (VI ZR 51/76); *OLG Karlsruhe* VersR 1971, 509 (10 U 12/70); *OLG Bamberg* VersR 1985, 786 (5 U 200/84); *OLG Köln* NZV 1992, 405 (9 U 132/90).
30 So auch *Fischinger/Seibl* NJW 2005, 2886 (2887).

Elternteil dürfte daher nicht bestehen,[31] auch wenn teilweise eine »besonders strenge« Aufsicht beim Führen eines Kfz verlangt wird.[32]

Eine Haftung des Begleiters unter dem Aspekt einer Schutzgesetzverletzung kommt ernstlich nur bei § 48a Abs. 6 FeV in Betracht (Untersagen der Begleitung im Einzelfall durch eine alkoholisierte oder unter Einfluss berauschender Mittel stehende Person).[33] Im Falle eines Unfalls haftet der Begleiter daher (schuldhaftes Handeln unterstellt) Dritten gegenüber für entstandene Schäden. 32

▶ Hinweis:

§ 48a Abs. 6 FeV hat darüber hinaus eine weitere Schutzrichtung. Nach § 6e Abs. 3 StVG muss dem 17-Jährigen die Fahrerlaubnis entzogen werden, wenn der Begleiter die Alkoholgrenze der Norm überschreitet. Eine erneute Erteilung der Fahrerlaubnis setzt die Teilnahme an einem kostenpflichtigen Aufbauseminar voraus. Hierdurch entsteht dem Minderjährigen ein Vermögensschaden, den der Begleiter nach den § 823 Abs. 2 BGB, § 48a Abs. 6 FeV zu ersetzen hat.[34] 33

## II. Kind als Geschädigter

Im Falle einer Schädigung des Kindes durch ein Kfz besteht regelmäßig ein Ersatzanspruch nach § 7 StVG; der Kinderunfall stellt keine »höhere Gewalt« i.S.d. § 7 Abs. 2 StVG dar. Selbst wenn der Unfall ein »unabwendbares Ereignis« darstellte, führt dies nicht zur Exkulpation des Halters. Lediglich in der Abwägung des Mitverschuldens beim Unfall zweier Kfz ist § 17 Abs. 3 StVG, der das unabwendbare Ereignis regelt, anwendbar (§ 17 Abs. 1 S. 2 StVG); ein etwaiges Mitverschulden des verletzten Kindes indes kann allein nach §§ 9 StVG, 254 BGB berücksichtigt werden. Nach § 3 Abs. 2a StVO muss sich ein Fahrzeugführer gegenüber Kindern insbesondere durch Verminderung der Fahrgeschwindigkeit und durch Bremsbereitschaft,so verhalten, dass eine Gefährdung ausgeschlossen ist; die Verletzung dieser Pflicht kann sich bei der Abwägung ebenfalls zu Lasten des Fahrers auswirken.[35] 34

### 1. Kindliches Mitverschulden

Aus § 828 Abs. 2 BGB folgt – trotz der Formulierung, die nur vom Kind verursachte Schäden zu meinen scheint – aber weiter, dass Kinder sich auch umgekehrt ihren Ansprüchen wegen eigener Verletzung, egal, ob sie aus allgemeinem Deliktsrecht hergeleitet werden oder aus den Gefährdungshaftungstatbeständen des StVG oder des HaftPflichtG, ein **Mitverschulden** bei der Schadensverursachung **nicht** entgegenhalten lassen müssen.[36] 35

31 *Fischinger/Seibl* NJW 2005, 2886 (2888); *Sapp* NJW 2006, 408.

32 BeckOK BGB/*Spindler*, § 832, Rn. 30.

33 Aus dem Aspekt der Begleitpflicht (§ 48a Abs. 4 FeV) allein kann noch nicht der Charakter eines Schutzgesetzes gefolgert werden, es soll nur eine Begleitperson mitfahren, der aber keine zusätzlichen Pflichten auferlegt werden sollen, vgl. BT-Drucks. 15/5315, S. 9.

34 *Fischinger/Seibl* NJW 2005, 2886 (2889).

35 *OLG Hamm* NJW-RR 2024, 894 (7 U 120/22).

36 Denn § 828 BGB ist auch für die Frage des Mitverschuldens nach § 254 BGB maßgeblich (*BGH*, NJW 1961, 655 [VI ZR 189/59]). § 254 BGB gilt über die entsprechenden Verweisungsnormen (§§ 9 StVG, 4 HaftPflichtG) auch für die sondergesetzlichen Gefährdungshaftungen. Zu § 828 Abs. 2 BGB explizit *BGH*, NJW 2005, 354 (VI ZR 335/03); *OLG Köln*, MDR 2008, 22 (24 W 13/07); *OLG Karlsruhe*, NZV 2008, 511 (1 U 65/08).

36 Ist das Kind **älter als 10 Jahre**, ist es – unter den Voraussetzungen des § 828 Abs. 3 BGB – grundsätzlich mitverschuldensfähig.[37] Ob indes die Sorgfaltsanforderungen »heruntergeschraubt« werden, wird nicht einheitlich beurteilt.

37 So hat das *OLG Hamm*[38] ausdrücklich festgehalten, dass durch die gesetzliche Neuregelung des § 828 Abs. 2 BGB die Anforderungen an die Sorgfaltspflichten von Verkehrsteilnehmern ab dem beginnenden 10. Lebensjahr nicht geringer anzusetzen sind als nach der bisherigen Rechtslage. Eine Abwägung dahin, dass der Jugendliche allein haftet, ist weiterhin möglich, wenn ihm objektiv und subjektiv ein erhebliches Verschulden zur Last fällt, welches die Betriebsgefahr des Kraftfahrzeuges als völlig untergeordnet erscheinen lässt, und zwar auch dann, wenn (wie im Fall des *OLG Hamm*) der Junge im Unfallzeitpunkt erst 10 Jahre und 7 Tage alt war.

38 Zurückhaltender formuliert das *OLG Celle*,[39] das Mitverschulden des über 10 Jahre alten Kindes sei »grundsätzlich« geringer als das eines Erwachsenen zu bemessen. Trotz eines an sich geltenden objektiven Maßstabes seien an ein Kind, gestaffelt nach dem Alter, andere Maßstäbe als an einen Jugendlichen oder einen Erwachsenen anzulegen.[40]

39 Nicht vergessen werden darf auch, dass nach der Rechtsprechung des ***BGH*** ein »**Mitverschulden** von Kindern und Jugendlichen im Rahmen der Abwägung nach §§ 9 StVG, 254 BGB in der Regel **geringer** zu bewerten (ist) als das entsprechende Mitverschulden eines Erwachsenen«. Eine völlige Freistellung von der Gefährdungshaftung wegen eines grob verkehrswidrigen Verhaltens setzt bei Kindern und Jugendlichen voraus, dass der Sorgfaltsverstoß altersspezifisch auch subjektiv besonders vorwerfbar ist.[41] Dementsprechend hat das *OLG Karlsruhe*[42] formuliert, bei einem Mitverschulden müssten »altersgemäße Maßstäbe« berücksichtigt werden; die Altersgrenze des § 828 Abs. 2 BGB führe nicht dazu, dass »kindliche Eigenheiten, Impulsivität, mangelnde Konzentrationsfähigkeit und gruppendynamisches Verhalten« »nun punktuell mit Erreichen des 10. Lebensjahres abgestellt werden«.

▶ **Vertiefungshinweis:**

40 Einzelheiten dazu Kap. 6 Rdn. 20 ff. und Rdn. 278 ff.

---

37 Es ist daher möglich, einem 13 Jahre alten Unfallverursacher im Rahmen der Mitverschuldensabwägung die Alleinschuld an einem Unfall zuzusprechen, wenn sein Verschulden erheblich ist und die Betriebsgefahr des gegnerischen Kraftfahrzeugs als untergeordnet erscheinen lässt, vgl. *OLG Nürnberg*, r+s 2006, 430 (431) (13 U 901/05). Anderer Ansicht *AG Essen*, SVR 2010, 422 (11 C 98/10): »Bei der Beurteilung der Haftungsanteile ist die gesetzgeberisch gewollte Privilegierung von jüngeren Kindern im Straßenverkehr zu beachten«; daher hat das Gericht kein alleiniges Verschulden des auf die Straße laufenden, 10 Jahre alten Kindes angenommen, welches »noch sehr nah an der Grenze der Nichtverantwortlichkeit« gewesen sei und bei dem sich auch »altersgemäße Defizite der Integrierung in den Straßenverkehr« verwirklicht hätten. In diese Richtung auch *LG Kleve*, UV-Recht Aktuell 2010, 924 (5 S 135/09): Auch die Haftung des 13 Jahre alten Kindes orientiere sich am Entwicklungsstand und sei daher wegen der immer noch vorhandenen kindlichen Defizite im Straßenverkehr faktisch ausgeschlossen.

38 *OLG Hamm*, NZV 2010, 464 (13 U 179/08). Der *BGH* hat die Nichtzulassungsbeschwerde zurückgewiesen (VI ZR 296/09). Anders allerdings *OLG Hamm* NJW-RR 2024, 1284 (7 U 142/23), wonach alterspezifische Maßstäbe anzulegen seien, vgl. Rdn 39.

39 *OLG Celle*, NJW-Spezial 2011, 459 (14 W 13/11).

40 *OLG Celle*, NJW 2021, 2124 (14 U 129/20) (11 Jahre altes Mädchen).

41 *BGH*, VersR 2004, 392 (VI ZR 31/02). Ebenso *OLG Karlsruhe*, Urt. v. 20.06.2012 – 13 U 42/12, unveröffentlicht.

42 *OLG Karlsruhe*, NJW 2012, 3042 (13 U 42/12). Ebenso *OLG Düsseldorf*, SP 2014, 121 (1 U 68/12); *OLG Stuttgart*, r+s 2017, 265 (13 U 143/16); *OLG Hamburg*, Beschl. v. 04.12.2018 – 14 U 107/18, n.v.; *OLG Düsseldorf* NJW-RR 2018, 1039 (1 U 160/15); *OLG Hamm* NJW-RR 2024, 1284 (7 U 142/23). In diese Richtung auch *OLG Saarbrücken*, NJW 2012, 3245 (4 U 131/11): Bewertung eines Vorfahrtverstoßes eines 12-Jährigen als altersspezifisch nur fahrlässig. Bejaht etwa bei *OLG Naumburg*, NZV 2013, 244 (10 U 22/12): 11-Jähriger läuft trotz der Warnrufe seiner Freunde unmotiviert im Dunkeln auf die Fahrbahn.

### 2. Schadensminderungspflicht des geschädigten Kindes

Anders als beim Mitverschulden in der Schadensentstehung (s.o.) muss sich das geschädigte Kind im Rahmen der Schadensminderung nach § 254 Abs. 2 S. 2 BGB das Verschulden seiner **gesetzlichen Vertreter uneingeschränkt zurechnen** lassen; die unerlaubte Handlung hat ein Sonderverhältnis zwischen Schädiger und Geschädigtem begründet, was für die Anwendbarkeit des § 278 BGB (der ja eine rechtliche Sonderverbindung voraussetzt) ausreicht.[43] 41

### 3. Eltern als (Mit-)Schädiger

Dem Kind, welches als Insasse im elterlichen Fahrzeug bei einem Unfall verletzt wird, stehen – da das Verschulden des Fahrers dem Insassen nicht zugerechnet wird – in vollem Umfang Schadensersatzansprüche gegen Fahrer, Halter und Versicherer des gegnerischen Fahrzeugs zu. Zudem besteht eine gesamtschuldnerische Haftung von Fahrer, Halter und Versicherer des eigenen Fahrzeugs, denn das Kind als Insasse hat ebenfalls Ansprüche gegen Fahrer und Halter »seines« Fahrzeugs (§ 8a StVG). Dies sind typischerweise die Eltern. Hierdurch können Vertretungsprobleme sowohl seitens der Eltern wie auch seitens des Anwalts (Interessenkollision) entstehen; ausführlich dazu unten **Kap. F, G.** 42

## III. »Verschontes« Kind – Selbstaufopferung

Weicht ein Kraftfahrer im Straßenverkehr einem Fußgänger oder einem Radfahrer aus, um einen Unfall zu vermeiden, so kann eine Haftung des Fußgängers/Radfahrers aus Delikt in Betracht kommen; häufiger diskutiert allerdings wird der **Aufwendungsersatzanspruch** aus Geschäftsführung ohne Auftrag (»GoA«) gemäß §§ 670, 683 S. 1, 677 BGB. 43

Der Aufwendungsersatzanspruch des ausgewichenen Kraftfahrers aus GoA setzt hierbei voraus, dass der Kraftfahrer mit dem Ausweichmanöver ein Geschäft für den anderen (vgl. § 677 BGB: »für einen anderen«) geführt hat, ohne hierzu beauftragt oder ihm gegenüber sonst dazu berechtigt gewesen zu sein. Ferner muss das Geschäft dem Interesse und dem wirklichen oder mutmaßlichen Willen des Geschäftsherrn (bei Minderjährigen: der gesetzlichen Vertreter des Minderjährigen[44]) entsprechen. 44

Dieser Aufwendungsersatzanspruch wird von der bestrittenen[45] Rechtsprechung unter dem Schlagwort »**Selbstaufopferung** im Straßenverkehr« jedoch nur dann gewährt, wenn sich der Kraftfahrer im Falle einer Kollision mit dem geretteten Verkehrsteilnehmer, also bei einem hypothetischen Unfall, nach § 7 Abs. 2 StVG hätte **entlasten** können, vorausgesetzt, dass der gerettete Verkehrsteilnehmer objektiv gefährdet war.[46] Das Ausweichmanöver sei nämlich ein **bloßes Eigengeschäft**, wenn der Kraftfahrer durch das Ausweichmanöver nur seine **eigene Haftung** dem geretteten Verkehrsteilnehmer gegenüber abwendet. Dies sei dann nicht der Fall, wenn eine Haftung des Kraftfahrers ausscheide, also im Fall des § 7 Abs. 2 StVG. Hier habe das Ausweichmanöver nicht den Sinn, sich einer eigenen Haftung zu entziehen (diese würde auch im Falle einer Kollision ja wegen § 7 Abs. 2 StVG ausscheiden), sondern diene allein dem Schutz des anderen.[47] 45

Führt man die Rechtsprechung zur Selbstaufopferung im Straßenverkehr konsequent weiter, so wirkt sich die durch § 7 Abs. 2 StVG **verschärfte Halterhaftung** derart aus, dass ein Aufwendungsersatz- 46

---

43 *BGH*, NJW 1988, 2667 (2668) (VI ZR 190/87). Etwa *AG Eisenach*, Urt. v. 16.04.2009 – 54 C 601/08, n.v.: Beim Schmerzensgeld des Kindes wurde mindernd berücksichtigt, dass die Eltern trotz starker Schmerzen des Kindes 5 Tage gewartet hatten, bis sie es zum Arzt brachten.

44 Denn die fehlende oder beschränkte Geschäftsfähigkeit des Kindes wirkt sich zwar nicht auf die Entstehung des gesetzlichen Schuldverhältnisses der GoA aus, ist aber zu berücksichtigen, soweit es auf den Willen des Geschäftsherrn ankommt, vgl. *Friedrich* NZV 2004, 227 (228).

45 *Canaris* JZ 1963, 655; *Frank* JZ 1982, 737, der etwa § 904 BGB analog befürwortet; *Martinek/Theobald* JuS 1997, 805 (808).

46 BGHZ 38, 270 (VI ZR 217/61); *OLG Oldenburg*, VersR 1972, 1178 (3 U 1/72); *OLG Thüringen*, OLG-NL 1998, 101 (102) (8 U 865/97); *OLG Hamm*, DAR 2001, 127 (128) (13 U 45/00).

47 *Friedrich* NZV 2004, 227 (228); *Friedrich* VersR 2005, 1660.

anspruch aus GoA nur dann bestehen kann, wenn der **hypothetische Unfall durch höhere Gewalt** verursacht worden wäre.[48] Demnach entfällt insbesondere ein Aufwendungsersatzanspruch gegenüber Minderjährigen, die nicht deliktsfähig oder zumindest im Straßen- und Schienenverkehr nicht deliktsfähig sind, da eine Entlastung wegen höherer Gewalt nach der klaren Gesetzesbegründung bei einem Unfall mit einem Minderjährigen gerade nicht in Betracht kommt und demnach das Ausweichmanöver kein (auch-)fremdes Geschäft, sondern ein Eigengeschäft des Kraftfahrers ist.[49]

47 Der Anwendungsbereich der GoA im Straßenverkehr dürfte daher im Fall einer Kinderbeteiligung **nicht** mehr sehr **praxisrelevant** sein; in anderen Fällen bleibt die Selbstaufopferung denkbar, etwa, wenn zugunsten eines Erwachsenen ausgewichen wird, der sich verkehrswidrig auf der Fahrbahn aufhält. Bei unterstelltem Zusammenstoß wäre sein, des Fußgängers, Anspruch regelmäßig wegen weit überwiegenden Mitverschuldens entfallen.

**Vertiefungshinweis:**

48 Einzelheiten dazu Kap. 3 Rdn. 391 ff.

## B. Haftungsfreistellungen bei Minderjährigen

49 §§ 106 Abs. 1 Nr. 1, 2 Abs. 1 Nr. 8 lit. b SGB VII ordnet an, dass der in §§ 104 ff. SGB VII vorgesehene Haftungsausschluss der gesetzlichen Unfallversicherung auch für Schüler während des Besuchs von allgemein- oder berufsbildenden Schulen gilt. Werden Schüler beim Schulbesuch verletzt, sind **zivilrechtliche Ansprüche** auf Ersatz des Personenschadens gegen den Schädiger somit **ausgeschlossen.**[50]

50 Dieser Haftungsausschluss gilt für Schüler untereinander, wobei die Schüler nicht derselben Schule oder demselben Schulzweig angehören müssen, sofern ihr Zusammentreffen in einem inneren Zusammenhang mit der Bildungsmaßnahme steht.[51] Mit der weitergehenden Einschränkung, dass Lehrer und Schüler derselben Schule angehören müssen, greift der Haftungsausschluss außerdem sowohl für die Verletzung von Schülern durch Lehrer (§ 106 Abs. 1 Nr. 3 SGB VII) als auch für den umgekehrten Fall der Verletzung eines Lehrers durch Schüler (§§ 106 Abs. 1 Nr. 2, 2 Abs. 1 Nr. 8 lit. b SGB VII),[52] wobei im letztgenannten Fall noch hinzukommen muss, dass der durch einen Schüler verletzte Lehrer im Angestelltenverhältnis beschäftigt ist.[53]

51 Eine besondere Rolle bei der Kfz-Schadensregulierung spielen in diesem Zusammenhang vor allem die **Schulunfälle**, d.h. Kfz-Unfälle, die sich **während** des Schulbesuchs ereignen. Im Gegensatz dazu stellt der Weg von und zur Schule i.d.R. eine Teilnahme am allgemeinen Straßenverkehr dar und unterfällt als **Wegeunfall** im Sinne von § 8 Abs. 2 Nr. 1 SGB VII nicht der Haftungsprivilegierung der §§ 104 ff. SGB VII.

---

48 *OLG Oldenburg*, VersR 2005, 807 (1 U 73/04); *Friedrich* NZV 2004, 227 (228).

49 *Friedrich* NZV 2004, 227 (229); *Friedrich* VersR 2005, 1660. Auch *Staudinger/Schmidt-Bendun* Jura 2003, 441 (447).

50 Vgl. dazu *BGH*, VersR 2012, 714 (III ZR 191/11).

51 Es genügt, dass die Gefahren aus dem schulischen Zusammenleben, das sich in räumlicher Einheit vollzieht, hervorgehen (*BGH*, VersR 1988, 167 [VI ZR 18/87]), beispielsweise bei der Benutzung einer gemeinsamen Turnhalle oder dem Zusammentreffen mit den Schülern einer anderen Schule auf einem Klassenausflug; *Matz/Baumann* NJW 2016, 673 (674); *Nehls* SVR 2010, 125 (127).

52 *Matz/Baumann* NJW 2016, 673 (674 f.).

53 Bei der Verletzung eines beamteten Lehrers durch einen Schüler greift die Haftungsfreistellung des Schülers nach §§ 104 f. SGB VII nicht ein, da der beamtete Lehrer nicht zu den Versicherten i. S. v. § 4 Abs. 1 Nr. 1 SGB VII gehört.

Maßgebliches Abgrenzungskriterium zwischen einem das Haftungsprivileg entsperrenden Wegeunfall und einem »echten Schulunfall«[54] ist die »**Schulbezogenheit**«,[55] wobei sich die Differenzierung gerade im Rahmen von Kfz-Unfällen schwierig gestaltet, da sich bei diesen die schädigende Handlung regelmäßig nicht im Unterricht und allenfalls höchst selten auf dem Schulgelände ereignet. Wird eine Schulbezogenheit des Unfalls im Ergebnis bejaht, scheidet also eine zivilrechtliche Haftung aus. 52

Der Begriff der Schulbezogenheit wird von der Rechtsprechung **weit** ausgelegt.[56] Ein Unfall ist grundsätzlich als schulbezogen einzuordnen, wenn die Verletzungshandlung auf der typischen Gefährdung aus engem schulischen Kontakt beruht und deshalb einen inneren Bezug zum Besuch der Schule aufweist, was zu verneinen ist, wenn die Verletzungshandlung »nur bei Gelegenheit« des Schulbesuchs stattfindet.[57] Unproblematisch als schulbezogen einzuordnen sind daher Wege, die zwischen der Schule und anderen Orten zurückgelegt werden, wenn dies während schulischer Veranstaltungen geschieht und die somit integrierter Bestandteil der Organisation des Schulbetriebs sind,[58] wie z. B. Wege zu Sporthallen, auf Wanderungen, in Museen oder auf Klassenfahrten. 53

Schulbezogenheit wird von der Rechtsprechung ferner auch bei Unfällen bejaht, die sich **außerhalb des Schulgebäudes** ereignen, wenn sie auf die Vor- oder Nachwirkungen des Schulbetriebs zurückzuführen sind,[59] so z. B. bei Verletzungen durch seitens der Schüler in die Schule mitgebrachte, motorisierte Fahrzeuge (z. B. Motorroller, Mofas), bei Kfz-Unfällen an Haltestellen oder bei Unfällen, die sich ereignen, wenn Schüler auf Weisung des Lehrpersonals Wege außerhalb des Schulgeländes zurücklegen.[60] Die Rechtsprechung differenziert im Einzelfall – selbst bei räumlicher und zeitlicher Ferne der Verletzungshandlung zum Unterricht, etwa auf dem Weg von und zur Schule – danach, ob die konkrete Verletzungshandlung noch durch die Besonderheiten des Schulbetriebs geprägt ist.[61] 54

Aufgrund der weiten Auslegung des Begriffs der Schulbezogenheit und dessen Ausdehnung auf den Bereich des Schulwegs bleibt die Abgrenzung letztlich ungewiss und der richterlichen Konkretisierung im Einzelfall überlassen. So bewertete das *LG Hanau*[62] einen Unfall, der sich auf dem **Schulhof** bei der An- oder Abfahrt von zwei Schülern mit ihren Fahrzeugen (Mofa/Mokick) ereignete, als dem Schulbetrieb zuzuordnen, da die Schule zur An- und Abfahrt eigens vorgesehene Unterstellhallen gebaut und den Schülern zur Verfügung gestellt hatte. Auch das *OLG Frankfurt*[63] sah den Besuch der Schule und nicht das rein verkehrsrechtliche Parken im Vordergrund, als ein Schüler, der die Abschlussfeier besuchen wollte, auf dem **Schulparkplatz** eine Lehrerin anfuhr. Folgerichtig wurde das Merkmal der Schulbezogenheit in einem Fall bejaht, den das *AG Solingen*[64] zu entscheiden hatte, und in dem eine Lehrerin einen Schüler touchierte, während sie auf einem größeren 55

54 *Schneider* in: Unfallhaftpflichtrecht, 16. Aufl. 2014, S. 1490 Rn. 324.

55 Als schulbezogen werden insbesondere Verletzungshandlungen definiert, die aus Spielereien, Neckereien und Raufereien unter den Schülern hervorgegangen sind, ebenso Verletzungen, die in Neugier, Sensationslust und dem Wunsch, den Schulkameraden zu imponieren, ihre Erklärung finden. Dasselbe gilt für Verletzungshandlungen, die auf übermütigen und bedenkenlosen Verhaltensweisen in einer Phase der allgemeinen Lockerung der Disziplin – insbesondere in den Pausen, auf Klassenfahrten, nach Beendigung des Unterrichts oder während der Abwesenheit der Aufsichtspersonen – beruhen; *BGH*, NJW 1988, 493 (VI ZR 18/87); *BGH*, VersR 2008, 1407 (VI ZR 212/07).

56 *BGH*, VersR 1977, 129 (VI ZR 271/75). Kritisch dazu *Nehls* SVR 2010, 125 (128).

57 *BGH*, NJW 1992, 2032 (VI ZR 284/91); *BGH*, NJW-RR 2004, 882 (VI ZR 163/03); *BGH*, NJW 2009, 681 (VI ZR 212/07).

58 *BGH*, MDR 2001, 331 (III ZR 39/00).

59 *BGH*, VersR 1988, 167 (VI ZR 18/87); *BGH*, VersR 2008, 1407 (VI ZR 212/07); *OLG Hamm*, VersR 2005, 369 (9 U 151/03); *OLG Koblenz*, NZV 2006, 578 (12 U 1459/04); *OLG Koblenz* NJW-RR 2013, 599 (12 U 1472/11); *Heß/Burmann* NJW 2007, 486 (489).

60 *BSG*, BeckRS 1981, 5305 (2 RU 29/79).

61 *BGH* NJW 1992, 2032 (VI ZR 284/91); *OLG Hamm*, VersR 2005, 369 (9 U 151/03).

62 *LG Hanau*, VersR 1980, 393 (1 O 5/79).

63 *OLG Frankfurt*, Beschl. v. 07.12.2018 – 14 U 179/18, n.v.

64 *AG Solingen*, BeckRS 2011, 12733 (11 C 53/10).

Schulgelände mit ihrem Pkw von einem Gebäude zu einem anderen fuhr, um dort ihre berufliche Tätigkeit fortzusetzen.

56 Den **Transport von Schülern** zwischen der Familienwohnung zur Förderschule und zurück hat der *BGH*[65] als in den Schulbetrieb eingegliedert bewertet, da die Förderschüler für die Fahrt zur Schule keine öffentlichen Verkehrsmittel nutzten, sondern mit einem nur für sie bestimmten Bus des Schulträgers an einer Sammelstelle abgeholt und dorthin zurückgebracht wurden.

57 Zweifelhaft erscheint daher, dass das *OLG Köln*[66] die Schulbezogenheit eines Unfalls abgelehnt hat, bei dem das verletzte Schulkind unter einen herannahenden Schulbus geriet, nachdem es im Gedränge an der Bushaltestelle nach vorn gedrängt und von hinten gestoßen worden war. Denn im Gegensatz dazu bewertet der *BGH*[67] den »**Gefahrenbereich Schulbushaltestelle**« jedenfalls dann noch als schulbezogen, wenn die Haltestelle nach ihrer Einrichtung und der Art ihrer Benutzung im konkreten Fall eine Gefahrenquelle darstellt, die noch durch den Schulbetrieb und seine Vor- oder Nachwirkungen geprägt wird. Das bejahte der *BGH*[68] in einem Fall, in dem an einer Schulbushaltestelle durch das gleichzeitige Eintreffen großer Gruppen von verkehrsungeübten Grundschülern mit hohem Bewegungsdrang nach Schulschluss die Gefahr von Gedränge bestand. Auch das *OLG Koblenz*[69] sah es als schulbezogen an, dass ein Schüler mit seinem Fuß durch einen drängelnden Schülerpulk unter den Bus geriet und – in einem anderen Fall – dass ein Schüler verletzt wurde, als er wegen einer Schubserei aus der teilweise geöffneten Tür des Busses fiel und unter dessen Hinterrad geriet.[70]

58 In diesem Zusammenhang ist zu bedenken, dass sich der Haftungsumfang bei Bejahung der Schulbezogenheit des Schulbusunfalls nach den Regeln des »**gestörten Gesamtschuldnerausgleichs**« um den Mithaftungsanteil des haftungsprivilegierten Schülers verringert. Das geschädigte Kind kann den Fahrer und Halter des Busses somit nicht auf den Ersatz des vollen Schadens in Anspruch nehmen. Vielmehr reduziert sich der Anspruch auf den Anteil, den dieser bei einer Abwägung zwischen den Haftungsanteilen der Schädigergruppen im Innenverhältnis zu tragen hätte, wenn die Haftungsprivilegierung hinweggedacht würde.[71]

▶ Vertiefungshinweis:

59 Einzelheiten dazu Kap. 9 Rdn. 130 ff.; zur gestörten Gesamtschuld Kap. 9 Rdn. 137 ff.

## C. Verjährung

60 Für Kenntnis/Kennenmüssen, welches nach § 199 Abs. 1 Nr. 2 BGB zum Verjährungsbeginn einer Forderung erforderlich ist, wird bei Kindern auf die Kenntnis des **gesetzlichen Vertreters** abgestellt.[72] Bei Ansprüchen **gegen** einen Deliktsunfähigen gehört zur verjährungsschädlichen Kenntnis über den Anspruchsgegner auch hinreichende Kenntnis über den gesetzlichen Vertreter.[73]

65 *BGH*, NJW 2001, 442 (III ZR 39/00). Abweichend dazu bewertet *Hebeler* (VersR 2001, 951) den Unfall als nicht schulbezogen, sondern als Wegeunfall im Sinne von § 8 Abs. 2 SGB VII.

66 *OLG Köln*, MDR 2011, 594 (11 U 209/10). Ergebnisorientiert mag eine Rolle gespielt haben, dass die Klage gegen den Halter des Busses gerichtet war und die Annahme eines schulbezogenen Unfalls zu einer faktischen Kürzung des Anspruchs des verletzten Kindes nach den Grundsätzen der gestörten Gesamtschuld geführt hätte.

67 *BGH*, NJW 1982, 37 (III ZR 47/80).

68 *BGH*, NJW 1982, 37 (III ZR 47/80).

69 *OLG Koblenz*, NJW-RR 2013, 599 (12 U 1472/11).

70 *OLG Koblenz*, NJW-RR 2006, 1174 (12 U 1459/04). Kritisch zu dieser Entscheidung *Heß/Burmann* NJW 2007, 486 (489).

71 *OLG Koblenz*, NJW-RR 2006, 1174 (12 U 1459/04); *OLG Koblenz*, NJW-RR 2013, 599 (12 U 1472/11).

72 *BGH*, VersR 1989, 914 (VI ZR 251/88).

73 Kap. 8 Rdn. 30.

Bei der Verjährung ist weiter zu beachten, dass Ansprüche **innerhalb der Familie** (Kind-Eltern) nach § 207 Abs. 1 Nr. 2 BGB gehemmt sind, bis das Kind das 21. Lebensjahr vollendet hat. Ebenfalls tritt nach § 210 BGB eine Verjährung, die für oder gegen eine geschäftsunfähige oder in der Geschäftsfähigkeit beschränkte Person **ohne gesetzlichen Vertreter** läuft, nicht vor dem Ablauf von sechs Monaten nach dem Zeitpunkt ein, in dem die Person unbeschränkt geschäftsfähig oder der Mangel der Vertretung behoben wird. Ist die Verjährungsfrist kürzer als sechs Monate, so tritt der für die Verjährung bestimmte Zeitraum an die Stelle der sechs Monate. 61

▶ Vertiefungshinweis:

Einzelheiten dazu Kap. 8. 62

## D. Besonderheiten beim Schadensumfang

### I. Erwerbsschaden

Im Fall der unfallbedingten Beeinträchtigung des Erwerbslebens ist im Grundsatz zu fragen, wie sich der hypothetische Erwerbsverlauf (also: ohne Unfall) dargestellt hätte; die negative Abweichung des Istverlaufs stellt den Schaden dar. 63

Infolge des sog. »**Prognosebonus**« und der hieraus abgeleiteten »Kontinuitätsprinzips« lässt die Rechtsprechung hier regelmäßig für einen schlüssigen Vortrag ausreichen, den bisherigen Erwerbsverlauf darzulegen, da dann – als Grundlage einer Prognose des hypothetischen Verlaufs – unterstellt wird, dieser Verlauf sei ohne Unfall fortgesetzt worden. 64

Die Darlegung eines bisherigen Erwerbs kommt bei **Kindern** und Jugendlichen, die regelmäßig noch gar nicht im Erwerbsleben stehen, aber nicht in Betracht. Die Rechtsprechung lässt daher zur Darlegung einer Prognose ausreichen, auf den Werdegang von Eltern und Geschwistern zu rekurrieren. Die Prognose gerät umso schwerer, je eher ein Dauerschaden vorliegt und je früher die Schädigung eingetreten ist. Der *BGH*[74] hat in diesem Zusammenhang zu Recht von »Spekulation« gesprochen – gleichwohl muss beachtet werden, dass jede noch so unsichere Spekulation über die Höhe eines Schadens, der dem Grunde nach nachgewiesenerweise eingetreten ist, auch nicht unrichtiger ist als die Alternative einer Klageabweisung wegen fehlender Substantiierung. Wenn eine dauerhafte Beeinträchtigung vorliegt, ist der Erwerbsschaden jedenfalls »mehr als Null«. 65

In der Prognose zu unterscheiden sind die Fälle des **verzögerten Berufsbeginns**: hier wird der geplante/angestrebte Ausbildungs- und Erwerbsverlauf durch das schädigende Ereignis nicht verhindert, sondern nur verzögert (etwa: Wiederholen eines Schuljahres nach Fehlzeiten wegen Krankenhausaufenthalten). Die Schadensberechnung bezieht sich hier auf die »Verzögerungsschäden«. 66

Gerade in Fällen, in denen ein bislang nur angestrebter Berufswunsch unfallbedingt nicht weiter verfolgt werden kann, treten erhebliche Probleme beim praktischen Nachweis auf, die trotz der Beweiserleichterungen der §§ 252 BGB, 287 ZPO fortdauern. Der Geschädigte muss ein **Mindestmaß an Tatsachen** vortragen, aufgrund derer ein Gericht die Überzeugung von der überwiegenden Wahrscheinlichkeit der beruflichen Prognose gewinnen kann, wobei man in Fällen jugendlicher Verletzter vielfach einen besonderen »Schätzungsbonus« des Geschädigten beobachten kann.[75] Dass hierbei gegebenenfalls eine schlechtere oder auch bessere Berufstätigkeit prognostiziert wird, als sie 67

74 *BGH*, VersR 1981, 283 (VI ZR 128/79).

75 *OLG München*, SP 2012, 146 (10 U 4359/10). So hat *OLG Nürnberg*, SP 2003, 307 (3 U 1575/02) es für einen Erwerbsausfall einer Schülerin ausreichen lassen, dass – obwohl sie nach dem Unfall Friseuse wurde – sie den Berufswunsch Innenarchitektin hatte und ihr nach der Realschule noch ein Fachoberschulabschluss offen gestanden hätte; hierzu hatte der Senat die Mutter gehört und auf das familiäre Umfeld (Bruder studierte) abgestellt. Das *OLG Stuttgart*, VersR 1999, 630 (14 U 20/97) hatte ein Gutachten, welches »mit einiger Wahrscheinlichkeit« eine Tätigkeit als denkbar attestierte, für § 287 ZPO ausreichen lassen.

der Geschädigte ohne den Unfall gewählt oder erreicht haben würde, muss dann hingenommen werden, denn diese Unsicherheit kann sich gleichermaßen zu Lasten des Geschädigten, wie auch des Schädigers auswirken.[76] So wird beispielsweise, wenn jegliche andere Anhaltspunkte fehlen, ein **durchschnittlicher Erfolg** im weiteren Ausbildungsweg unterstellt. Ein »durchschnittlicher« Verdienstausfallschaden auf der Basis der eingeschlagenen Schullaufbahn, ersatzweise der Schullaufbahn der nahen Angehörigen, ist so möglich. Das Gericht muss hierbei nicht fernliegende Erwerbsmöglichkeiten in der Prognose auch ohne weiteren Parteivortrag berücksichtigen.[77]

68 Indizien für eine Prognose können sein:
- die intellektuellen Fähigkeiten und Neigungen des Verletzten,
- Beruf und Qualifikation der Eltern,[78]
- Werdegang der Geschwister,
- Arbeitsmarktsituation,
- unfallbedingte Weiterentwicklung des Geschädigten.

69 Der *BGH*[79] formuliert:

»Trifft das Schadensereignis ein jüngeres Kind, darf es dem Geschädigten nicht zum Nachteil gereichen, dass die Beurteilung des hypothetischen Verlaufs mit nicht zu beseitigenden erheblichen Unsicherheiten behaftet ist. Denn es liegt in der Verantwortlichkeit des Schädigers, dass der Geschädigte in einem sehr frühen Zeitpunkt seiner Entwicklung aus der Bahn geworfen wurde und dass sich daraus die besondere Schwierigkeit ergibt, eine Prognose über deren Verlauf anzustellen. In solchen Fällen werden zur Prognose auch der Beruf, die Vor- und Weiterbildung der Eltern, ihre Qualifikation in der Berufstätigkeit, die beruflichen Pläne für das Kind sowie schulische und berufliche Entwicklungen von Geschwistern herangezogen. Ergeben sich aufgrund der tatsächlichen Entwicklung des Kindes zwischen dem Zeitpunkt der Schädigung und dem Zeitpunkt der Schadensermittlung (weitere) Anhaltspunkte für seine Begabungen und Fähigkeiten und die Art der möglichen Erwerbstätigkeit ohne den Schadensfall, ist auch dies bei der Prognose zu berücksichtigen. Andererseits ist nicht zwingend der Werdegang des Bruders entscheidend, wenn dieser nur kraft individueller Chancen und deren Ausnutzen eine akademische Laufbahn erzielt hat, die Eltern aber etwa nicht.«

**▶ Vertiefungshinweis:**

70 Einzelheiten dazu Kap. 17 Rdn. 103–107. Ausführlich Luckey, Personenschaden, Rn. 731 ff.

71 Auch ist darauf zu achten, dass der **Rentenregress**[80] bei Kindern noch nicht eintritt, solange sie noch nicht rentenversicherungspflichtig arbeiten. Bei Vergleichen muss daher im Falle eines dauerhaften Erwerbsschadens auch die Zeit nach Renteneintritt/Pension/altersbedingtem Erwerbsende bedacht und gegebenenfalls »eingepreist« werden, denn den Kindern entgeht (nicht nur der lebenslange Erwerb, sondern in diesen Fällen auch) die hierdurch »verdiente« Altersversorgung.

76 Ausdrücklich *OLG Rostock*, ZfS 2021, 678 (5 U 55/17).

77 *OLG Celle*, VersR 2008, 82 (83) (14 U 45/06).

78 *OLG München*, SP 2012, 146 (10 U 4359/10). *OLG Frankfurt*, VersR 1989, 48 (17 U 171/83) hat den Beruf der Eltern für die Prognose ausreichen lassen, der unfallbedingt hirngeschädigte Siebenjährige (!) wäre auch Versicherungskaufmann geworden. *OLG Karlsruhe*, VersR 1989, 1101 (10 U 188/88) hat aus dem Vorankommen der Eltern »im Rahmen ihrer Möglichkeiten« (Mutter: Kontoristin im kaufmännischen Bereich, Vater: Maschinenbaumeister) geschlossen, die acht Jahre alte Klägerin habe Bank- oder Versicherungskauffrau werden können. *OLG Köln*, Urt. v. 29.01.1981 – 7 U 85/80, n.v., hat bei einem Geburtsschaden auf Vater (Vorsitzender Richter am OLG), Bruder (Studienrat) und Schwester (Ärztin) abgestellt und daher einen akademischen Werdegang und das Gehalt eines Studienrats unterstellt, obwohl der Verletzte de facto eine Ausbildung als technischer Zeichner absolvierte, die er mit »befriedigend« beendet hatte.

79 *BGH*, VersR 2010, 1607 (1608) (VI ZR 186/08).

80 Kap. 17 Rdn. 170: für gesetzlich Rentenversicherte regressiert der RVT die – durch den Wegfall des Einkommens – ebenfalls weggefallenen Rentenbeiträge und schreibt diese dem Rentenkonto gut. Siehe auch Kap. 17 Rdn. 445.

## II. Heilbehandlungskosten

Wenn auch die Heilbehandlungskosten in weitem Umfang von Krankenkasse oder -versicherung getragen werden, verbleiben bei kindlichen Geschädigten neben **Fahrtkosten**[81] (gerade Kinder sind faktisch auf das »Taxi Mama« angewiesen, so dass hier Fahrtkosten und Zeit anfallen, die ersatzfähig sind) insbesondere die **Besuchskosten.** Zu diesen zählen Fahrtkosten, Betreuungskosten für Geschwisterkinder und Verdienstausfall des Besuchers.[82] 72

In noch weiterem Umfang als bei Erwachsenen bedürfen Kinder der Besuche durch Eltern, Geschwister und Angehörige, was sich schon daran zeigt, dass vielfach ein »rooming-in« der Mutter, also die Aufnahme einer Begleitperson im Krankenhaus, möglich ist. Es ist auch unmittelbar einsichtig, dass gerade für kleinere Kinder ein auch nur mehrwöchiger stationärer Aufenthalt in seiner Dauer (und vor allem: seiner dann doch zu erwartenden Endlichkeit) nicht absehbar ist. Es fehlt schlicht das Zeitgefühl und -verständnis, um realisieren zu können, dass man »nach einem Monat wieder draußen« sein kann. Im Gegenteil fühlen sich Kinder, die ohnehin schon Schock, Schmerz und Leid der Erstverletzung nicht verstehen konnten, erneut entwurzelt, wenn sie aus der vertrauten Umgebung von Familie, Freunden und Kita gerissen werden und in eine Krankenhausroutine integriert – so sehr dies auch objektiv zu ihrem Wohl sein mag. Besuche von Angehörigen (vielfach ist ein rooming in aufgrund der Berufstätigkeit der Eltern bereits praktisch nicht möglich) sind daher ein ohnehin nur unzureichender Kompensationsfaktor, den die Rechtsprechung nicht zu kleinlich handhaben sollte. 73

Wie oft Kinder und Minderjährige im Krankenhaus auf Kosten des Schädigers besucht werden dürfen, ist nicht einheitlich zu beantworten. Sofern in Entscheidungen festgestellt wird, dass die Kosten für drei, vier oder fünf Besuche in der Woche zu erstatten sind, bedeutet das nicht unbedingt, dass nicht auch die Kosten für tägliche Besuche zuerkannt worden wären; denn diese Entscheidungen lassen oft nicht erkennen, ob der Verletzte täglich besucht wurde. Wurde er nicht täglich besucht, kann er natürlich auch nur die Kosten für die tatsächlich erfolgten Besuche liquidieren. 74

Ebenso wie bei Erwachsenen auch, ist die **Vorteilsausgleichung** für ersparte Verpflegungsaufwendungen bei stationärem Aufenthalt[83] zu beachten, auch wenn das Kind selbst naturgemäß nichts »erspart« hat. Das *OLG Celle*[84] führt aus: 75

> »Zwar ließe sich auf den ersten Blick einwenden, dass das minderjährige, einkommenslose Kind im häuslichen Bereich selbst keine Kosten zu tragen gehabt habe, so dass es auch nichts erspart habe. Dem hat jedoch das OLG Celle (NJW 1969, 1765 (9 U 49/68)) entgegengehalten, dass ein Schaden des Kindes ohnehin nur nach dem in § 843 Abs. 4 BGB zum Ausdruck gekommenen allgemeinen Rechtsgedanken »fingiert« werde, weil seine Eltern kraft der Unterhaltspflicht für die Kosten der Krankenhausunterbringung hätten aufkommen müssen; dann könne aber folgerichtig dieser Schaden nur in dem Umfange fingiert werden, wie er dem Unterhaltspflichtigen tatsächlich entstanden sei; ein Abzug für häusliche Ersparnisse dürfe daher nicht mit der Begründung verweigert werden, diese kämen nicht dem Kinde, sondern dem Unterhaltspflichtigen zugute.«.

Hierbei hat allerdings das *KG*[85] nur die Hälfte des ersparten Aufwands eines Erwachsenen festgesetzt. 76

81 Ausdrücklich für die elterlichen Fahrtkosten für das Kind *OLG Zweibrücken*, Urt. v. 13.11.2019 – 1 U 153/14, n.v.

82 Einzelheiten bei Luckey, Personenschaden, Rn. 914 ff.

83 Vgl. Kap. 17 Rdn. 212.

84 *OLG Celle*, NZV 1991, 228 (5 U 135/89).

85 *KG*, VersR 1979, 137 (12 U 2099/78).

## III. Haushaltsführungsschaden

### 1. Arbeit der Kinder

77 Die Mitarbeit von Kindern im Haushalt unterfällt i.d.R. der Mitarbeitspflicht nach § 1619 BGB – beim Ausfall dieser Tätigkeit steht also der Ersatzanspruch nach § 845 BGB den Eltern zu.[86] Der *BGH*[87] hat eine Mitarbeitspflicht im Haushalt von ca. 1h/Tag angenommen, die ab dem 14. Lebensjahr[88] beginnt; das *OLG Stuttgart*[89] und das *OLG Hamburg*[90] bejahen sie schon aber dem 12. Lebensjahr. Das *OLG Saarbrücken*[91] hat immerhin 2h/Tag für einen 18 Jahre alten Geschädigten bejaht. Da die Mitarbeitspflicht nur bis zum Auszug des Kindes andauert, ist das finanzielle Volumen überschaubar.

78 Auch **volljährige berufstätige Kinder, die noch im Haushalt der Eltern** leben, haben **keinen** (eigenen) Anspruch auf Haushaltsführungsschaden (hinsichtlich der Beeinträchtigung ihrer Arbeit für andere Familienmitglieder), weil keine Unterhaltspflicht zur Mitarbeit besteht.[92] Andererseits haben auch die Eltern keinen Anspruch aus § 845 BGB, denn es besteht bei berufstätigen Kindern keine Pflicht zur Mitarbeit nach § 1619 BGB, die aber Anspruchsvoraussetzung ist.[93] Diese volljährigen Kinder im elterlichen Haushalt haben im Verletzungsfall daher nur – aber jedenfalls – Anspruch auf Ersatz der Beeinträchtigung der eigenen Versorgung (Mehrbedarf § 843 BGB).[94]

**▶ Vertiefungshinweis:**

79 Einzelheiten dazu Kap. 17 Rdn. 176 ff.

### 2. Arbeit für die Kinder

80 Die Arbeit für die Kinder kann aber Relevanz beim Haushaltsführungsschaden des **verletzten Elternteils** haben. Dieser hängt u.a. von der Zahl der versorgten Personen ab. Ausgehend von der Begründung des Haushaltsführungsschadens als materiell ersatzfähigen Schaden aufgrund der unterhaltsrechtlichen Verpflichtung zum (Natural-)unterhalt ist der Anspruch erwerbsschadensähnlich, soweit Ehepartner und Kinder versorgt werden, und Mehrbedarf, soweit die eigene Versorgung beeinträchtigt ist.[95]

81 Aber auch wenn z.B. die verletzte Ehefrau nun weder sich noch Mann und Kinder versorgen kann, handelt es sich stets um originär ihren **eigenen Schadensersatzanspruch**, der die Versorgung dieser Personen mitumfasst. Die verletzte haushaltsführende Person kann einen einheitlichen **und einheitlich berechneten Anspruch** auf Haushaltsführungsschadensersatz geltend machen. Hierbei liegt indes auf der Hand, dass der Arbeitseinsatz für die Kinder regelmäßig den »Löwenanteil« des Zeitaufwandes der haushaltsführenden Persona ausmacht.

86 Ein Anspruch des Kindes wegen Ausfalls seiner Mitarbeit kommt daneben nicht in Betracht, *OLG Nürnberg*, NZFam 2023, 191 (5 U 2610/21); *KG*, r+s 2024, 422 (25 U 141/19). Zu denken ist aber an den Mehrbedarfsschaden des Kindes, soweit es sich selbst nicht mehr versorgen kann, vgl. *KG*, a.a.O.

87 *BGH*, VersR 1973, 939 (VI ZR 26/72); *BGH*, VersR 1983, 458 (VI ZR 201/81). Bestätigt durch Nichtannahme der Revision gegen *OLG Celle*, NZV 2006, 95 (14 U 27/04) (nicht mehr als 10 h/Woche), VI ZR 278/04.

88 *BGH*, VersR 1990, 907 (VI ZR 183/89).

89 *OLG Stuttgart*, VersR 1993, 1536 (14 W 4/92).

90 *OLG Hamburg*, VersR 1988, 135 (14 U 32/87).

91 *OLG Saarbrücken*, NZV 1989, 25 (3 U 176/85).

92 *AG Heilbronn*, ZfS 1996, 54 (11 C 3992/95); *Balke* SVR 2006, 321 (325).

93 *BGH*, VersR 1998, 466 (VI ZR 144/96).

94 *OLG Saarbrücken*, NJW-spezial 2017, 489 (4 U 122/16). Vgl. auch Kap. 17 Rdn. 174, zu den unterschiedlichen Anspruchsgrundlagen bei Beeinträchtigung von Eigen- und Fremdversorgung.

95 Kap. 17 Rdn. 174 ff.

Die Aufteilung des einheitlichen Haushaltsführungsschadens in den »fremdbestimmten« (= für die anderen, also Erwerbsschaden) und den »eigenen« (=Mehrbedarf) Teil geschieht in der Regel nach **Kopfteilen,**[96] was regelmäßig Relevanz hat, wenn Leistungen Dritter bezogen werden. (Nur) hinsichtlich des kongruenten Teils kann der (einheitlich berechnete) Anspruch nämlich auf den Drittleistungsträger übergehen. Soweit keine Kongruenz besteht, »behält« der Geschädigte den Anspruch auf Ersatz von Haushaltsführungsschaden. Die **Aufteilung nach Kopfteilen** kann in bestimmten Konstellationen für den **Geschädigten nachteilig** sein.[97] 82

### 3. Versorgung und Betreuung bei stationärem Aufenthalt

Bei einem **Krankenhausaufenthalt** des haushaltsführenden Partners wird häufig das Argument eingebracht, es müsse sich der Aufwand für den Gesamthaushalt reduzieren, wenn ein Beteiligter im Krankenhaus sei.[98] Es »fehle« ja eine Person, für die es sonst (mit)zuarbeiten gälte. 83

Zu beachten ist aber, dass der Zeitaufwand der Restfamilie gleichwohl nun **höher** werden kann: ist die Mutter nicht im Haus, bedarf die Familie evtl. für Zeiten, die sonst nicht zur Haushaltsführung gezählt hätten – insbesondere **reinen Betreuungszeiten** für die **Kinder** – eine Hilfe. 84

So kann ein **Kleinkind** nachts nicht unbeaufsichtigt bleiben; würde diese Betreuung, wäre sie zuhause, die Geschädigte erledigen, wird sie zum ersatzfähigen Mehraufwand, wenn die Geschädigte im Krankenhaus ist.[99] 85

## IV. Mehrbedarf

Auszugleichen ist der Mehrbedarf auch, wenn die Pflege von den Eltern übernommen wird, selbst wenn diesen dadurch kein Verdienstausfall entsteht. Für die Bezifferung muss orientiert man sich am Nettolohn einer (fiktiven) entgeltlichen Hilfskraft;[100] lediglich in einem Sonderfall ist der entgangene Erwerb eines Vaters, der seinen Beruf aufgab, um sein Kind zu pflegen, als Mehrbedarf des Kindes ersetzt worden.[101] 86

96 *BGH*, VersR 1985, 356 (VI ZR 117/83); *KG*, VRS 115 (2008), 5 = OLGReport 2008, 860 (12 U 188/04); *OLG Brandenburg*, VersR 2010, 1046 (3 U 120/08); *LG Braunschweig*, SVR 2007, 99 (1 O 1326/04); *LG Frankfurt (Oder)*, DAR 2008, 29 (30) (17 O 524/03).

97 Dazu ausführlich Kap. 17 Rdn. 199 ff.; auch Luckey, Personenschaden, Rn. 769 ff., insbes. Rn. 772 (Berechnungsbeispiel).

98 *OLG Brandenburg* VersR 2010, 1046 (3 U 120/08), das einem (auch) haushaltsführenden berufstätigen Ehegatten in einer kinderlosen Ehe für die Zeit seines stationären Aufenthalts nur 66% des geltend gemachten Aufwands zugesprochen hat.

99 Allerdings wäre denkbar, den Aufwand dieser rein »notfallmäßigen« Präsenz (für den Fall kindlichen Aufwachens in der Nacht) mit einem geringeren Stundenlohn anzusetzen; so hat das *OLG* Dresden (SP 2008, 292 [7 U 3/07]) (allerdings ohne nachvollziehbare Begründung) den Ersatz fiktiver Kosten für die Betreuung eines Zweijährigen auf 5,00 € festgesetzt. Realistischerweise würde für diesen Stundensatz (zumal noch zur Nachtzeit!) allenfalls ein Teenager arbeiten. Dass man diesem aber nicht sein zweijähriges Kind anvertrauen muss – zumal, wenn der ständige Maßstab des Sachschadens eine »Markenreparatur« in der »Fachwerkstatt« ist und nicht der günstige Hobbyschrauber aus der Nachbarschaft – sollte unmittelbar einleuchten. So auch *OLG Celle*, Urt. v. 04.12.2023 – 1 U 86/22, n.v.: »einer ungelernten Hilfskraft müssen die Eltern ihr Kind nicht anvertrauen«. Gerade umgekehrt gilt doch, dass Zeiten der Nacht- und Feiertagsarbeit teurer sind als »normale« Zeiten, auch wenn es sich »nur« um Bereitschaftszeiten handelt.

100 *BGH*, NJW 1999, 2819 (VI ZR 244/98); *OLG Brandenburg*, VersR 2010, 1601 (12 U 60/09). Es kommt also nicht darauf an, welches Erwerbseinkommen der pflegende Angehörige ansonsten erzielen hätte können. Das *OLG Zweibrücken*, OLGR 1999, 153 (5 U 26/95) hat nur deshalb den vom *LG* zuerkannten entfallenen Verdienst der pflegenden Mutter nicht beanstandet, weil dies Krankenschwester gewesen war und die Kosten daher der der fiktiven Pflegekraft entsprachen.

101 *OLG Bamberg*, VersR 2005, 1593 (5 U 23/05). Grund war, dass – bei Stagnation der Förderung – (nur) die Versorgung durch ein Familienmitglied weitere Besserung des Zustands des Kindes versprach. In

87 Ist der Angehörige zugleich **Unterhaltsschuldner** und erbringt er die von ihm als solchem geschuldeten Pflegedienste zugunsten des Verletzten, kommt das dem Schädiger nicht zugute. Der Verletzte kann auch in einem solchen Fall Schadenersatz in Höhe des Wertes der Pflegeleistungen verlangen.[102] Soweit die Eltern solche (ersatzfähigen) Pflegeleistungen für ihr Kind erbringen, haben sie ihrerseits einen Anspruch aus **§ 1648 BGB** gegen das Kind auf Aufwendungsersatz. Was das Kind als Schadensmehraufwand vom Schädiger liquidieren kann, steht dann also wirtschaftlich den Eltern zu (die diesen Pflegemehraufwand ja auch geleistet haben).[103]

88 Die Bestimmung des ausgleichspflichtigen Umfangs der Betreuung muss aber bei betreuungsbedürftigen Kindern berücksichtigen, dass das Betreuungs**grund**bedürfnis nicht mitgerechnet werden darf. Schadenersatz für elterliche Zuwendung wird nicht geschuldet.[104]

89 Der *BGH*[105] formuliert, die »**persönliche Zuwendung**, die Eltern ihrem kranken Kind entgegenbringen und wie sie allein die Eltern, nicht fremde Pflegekräfte zu leisten vermögen«, entziehe sich vermögensrechtlicher Bewertung und könne daher beim materiellen Schadensersatz **keine Berücksichtigung** finden.

90 Es muss sich also Art und Umfang der Betreuung aus dem »selbstverständlichen originären Aufgabenbereich von Eltern« (hierzu zählt der *BGH* »Beruhigung, Ablenkung und seelische Tröstung« des Kindes) herausheben.[106]

91 Zum Mehrbedarf gehört daher der Aufwand von Eltern zur notwendigen Begleitung und Betreuung eines Kindes bei einer nachstationären Behandlung und/oder Rehabilitation, soweit er sich konkret in der Vermögenssphäre niederschlägt (Fahrtenaufwand; Pflegeaufwand, der seiner Art nach auch von fremden Hilfskräften übernommen werden kann).[107] Demgegenüber kann die Begleitung des Kindes bei einem stationären Aufenthalt i.d.R. nicht liquidiert werden, da die Eltern nicht für Zwecke der Pflege beim Kind bleiben, sondern um diesem ein Gefühl der Nähe und Zuneigung zu geben.[108] Ebenso ist der Einsatz der Eltern bei der Freizeitgestaltung des Kindes i.d.R. Teil des originären elterlichen Aufgabenbereichs.[109] Dies bedeutet aber lediglich, dass der »reine« Zeitverlust, der den Eltern durch den Besuch entsteht, nicht ersatzfähig ist; die Kosten der Besuche (Fahrt, Parken) sind unter dem Gesichtspunkt der Besuchskosten naher Angehöriger erstattungsfähig. Und wenn durch die Besuche ein Verdienstausfall der Eltern entsteht, ist auch dieser als Teil der Besuchskosten ersatzfähig.[110]

---

diesem Fall bedurfte es des Vaters, dessen »Preis« dann nicht der einer Pflegekraft war, sondern eben die Kompensation seiner Nachteile infolge seiner Berufsaufgabe. Ist die Berufsaufgabe nicht (mehr) gerechtfertigt, ist Maßstab (wieder) der Preis für eine Pflegekraft, *BGH*, VersR 2019, 1033 (VI ZR 377/17).

102 *OLG München*, NZV 1997, 402 (24 W 152/94); *Huber* NZV 1997, 377.

103 *Motzer* FamRZ 1996, 844. Im Rahmen eines arztrechtlichen Behandlungsvertrages, den die Eltern für ihr Kind schlossen, hat der *BGH* (VersR 1984, 389 [VI ZR 158/82]; dem folgend *OLG Dresden*, Beschl. v. 20.11.2018 – 4 W 1020/18, n.v.) es auch für möglich gehalten, dass die Eltern ihren Mehraufwand aufgrund der Gesundheitsverletzung des geschädigten Kindes als eigenen Schadensersatz im Rahmen des Vertrages geltend machen.

104 *BGH*, NJW 1999, 2815 (VI ZR 192/98).

105 *BGH*, NJW 1989, 766 (VI ZR 126/88).

106 So *OLG Nürnberg*, VersR 2009, 1079 (1082) (5 U 953/04), wo dies für einen 29-jährigen Hirngeschädigten, der von der Mutter gepflegt wird, »angesichts seines Alters« »deutlich« bejaht wird. Ebenso *OLG Düsseldorf*, SP 2008, 255 (1 U 128/07).

107 *BGH*, NJW 1989, 766 (VI ZR 126/88).

108 *OLG Brandenburg*, VersR 2010, 1601 (12 U 60/09).

109 *OLG Brandenburg*, VersR 2010, 1601 (12 U 60/09).

110 *BGH*, VersR 1991, 559 (VI ZR 171/90).

▶ **Vertiefungshinweis:**

Einzelheiten dazu bei Luckey, Personenschaden, Rn. 914 – 933; 969 ff. 92

## V. Schmerzensgeld

93 Ein oftmals vernachlässigter Faktor bei der Bemessung von Schmerzensgeldern ist das Alter des Verletzten, obwohl das *OLG Köln*[111] zu Recht konstatiert: »Ein und dieselbe Beeinträchtigung wird nicht in jedem Lebensalter als gleich gravierend empfunden«.

94 Schon die Wahrnehmung der Heilbehandlung ist bei Kindern deutlich anders als bei Jugendlichen und Erwachsenen. Es ist unmittelbar einleuchtend, dass Kleinkinder entsetzlich leiden, wenn sie aus der **häuslichen Umgebung** herausgenommen werden. Hinzu tritt, dass das **Zeitempfinden** kleinerer Kinder noch nicht so weit entwickelt ist, dass etwa die Aussage eines »nur« zweiwöchigen Krankenhausaufenthaltes für sie verständlich wäre; gleiches gilt für die ebenfalls fehlende Einsicht in die Notwendigkeit bestimmter, aber eben doch schmerzhafter Heilbehandlungsmaßnahmen und -eingriffe. Auch können Maßnahmen der Heilbehandlung (fixateur externa, Orthesen, Bandagen etc.), die äußerlich sichtbar sind, je nach Alter des Kindes in seiner »peer group« zu Hänseleien und Ausgrenzungen führen; Kinder sind oftmals mitleidlos und weisen noch nicht die Sozialpatina von Erwachsenen auf, die (jedenfalls in der Mehrzahl) nur hinter dem Rücken der Betroffenen über diese lästern.

95 Bei einer dauerhaften Schädigung kann auch die **Vereitelung der Lebensplanung** ein zu berücksichtigender Faktor beim Schmerzensgeld werden. Der Verletzte wird nämlich potentiell viel Zeit in einem ungeliebten Beruf verbringen müssen, wenn sein eigentlicher Berufswunsch schädigungsbedingt vereitelt worden ist – das stellt eine erhebliche Beeinträchtigung der Lebensfreude dar.[112] So hat das *LG Berlin*[113] das Gefühl der Nutzlosigkeit bei einer Erwerbsunfähigkeit in jungen Jahren als bemessungsrelevant hervorgehoben; das *OLG Köln*[114] hat eine Berufsaufgabe schmerzensgelderhöhend berücksichtigt, auch dann, wenn der Verletzte erst in der Berufsausbildung war.[115]

96 Je nach Schwere und Art der Verletzung wird dem geschädigten Kind nicht nur die Berufsexspektanz, sondern vor allem eine unbeschwerte, gesunde Kindheit und Jugend genommen, es wird in seiner Entwicklung unterbrochen und in allen Belangen stark beeinträchtigt, was sich – gerade mit Blick auf die lange Zeit lebenslangen Leidens eines Kindes – deutlich im Schmerzensgeld niederschlagen muss.[116]

97 Umgekehrt hat allerdings das *OLG Köln*[117] eine Schmerzensgelderhöhung wegen verzögerter Regulierung bei einem neugeborenen Kind (welches aufgrund eines von der Krankenschwester verschuldeten Sturzes vom Wickeltisch verletzt worden war) abgelehnt, weil das Kind **altersbedingt** nicht in der Lage sei, eine in der **Regulierungsverzögerung** liegende Kränkung als solche zu erfassen. Eine gesonderte Genugtuung hierfür scheide daher aus.

---

111 *OLG Köln*, ZfS 2011, 259 (4 U 9/09).

112 *BGH*, VersR 1976, 967 (VI ZR 216/74); *OLG Frankfurt*, DAR 1992, 62 (12 U 42/90).

113 *LG Berlin*, VersR 2002, 1029 (6 O 385/99).

114 *OLG Köln*, VRS 102 (2002), 408 (11 U 116/01).

115 *OLG Köln*, VersR 1992, 714 (11 U 146/90).

116 Das *LG Aurich*, VersR 2019, 887 (2 O 165/12), bestätigt durch *OLG Oldenburg*, VersR 2020, 1468 (5 U 196/18) hat ein Schmerzensgeld von 800.000 € damit begründet, dass – auf die Lebenszeit des Kindes gerechnet – monatlich 800 € verblieben, was »angemessen« erscheine – tatsächlich zeigt dies »Herunterrechnen« auf die Lebenserwartung, dass auch ein »hoher« Betrag wie 800.000 € an »Wert« verliert, wenn man auf den Monatsbetrag schaut. Hier gilt im Gegenteil die Frage, warum nur 800 € pro Monat – ein Betrag, der auch für eine HWS-Verletzung zugebilligt wird – für eine Schwerstschädigung angemessen sein soll und nicht mehr.

117 *OLG Köln* VersR 2016, 937 (5 U 125/15).

98 Wird ein **Elternteil** verletzt, kann im Rahmen **seiner** Schmerzensgeldbemessung auch die Existenz von Kindern eine Rolle spielen, wenn das Elternteil durch die Verletzung gerade im Umgang mit den Kindern beeinträchtigt wird.[118]

▶ **Vertiefungshinweis:**

99 Einzelheiten dazu Kap. 10 Rdn. 112 ff.; Luckey, Personenschaden, Rn. 1058 ff., inbes. Rn. 1094; ausführlich bei Jaeger/Luckey, Schmerzensgeld, Rn. 1232 ff.

## VI. Unterhaltsausfall

### 1. Kind als Hinterbliebener

#### *a) Tötung des erwerbstätigen Elternteils*

100 Der Anspruch der Waisen ist grundsätzlich nicht auf das 18. Lebensjahr beschränkt, sondern endet erst mit dem tatsächlichen Ende seiner Unterhaltsberechtigung. Allerdings wird ein (Leistungs-) Urteilsausspruch gegen den Schädiger jedenfalls zunächst nicht weitergehen; der Anspruch besteht bis zum Ende der Schulausbildung, der sich anschließenden Ausbildung oder Abschluss des Studiums. Auch ist zu beachten, dass Kinder – anders als Ehegatten – nur einen Unterhaltsanspruch haben, soweit sie »**bedürftig**« sind, § 1602 Abs. 1 BGB, so dass es eine Sättigungsgrenze gibt. Insbesondere bei hohen Einkommen gilt daher, dass dem Kind nicht in jedem Fall eine die Lebensführung und die überdurchschnittlich guten wirtschaftlichen Verhältnisse des Unterhaltspflichtigen widerspiegelnde Lebensgestaltung ermöglicht werden muss.[119]

101 Die fixen Kosten – also der laufenden Kosten der Familie, die auch nach Tötung des erwerbstätigen Elternteils weiterlaufen – können nach der Rechtsprechung auf den Ersatzanspruch des Kindes zugeschlagen werden, was gerade bei nichtehelichen Elternteilen Sinn machen kann.

▶ **Vertiefungshinweis:**

102 Einzelheiten dazu Kap. 17 Rdn. 250 ff., insbes. Rdn. 276 ff.

#### *b) Tötung des haushaltsführenden Elternteils*

103 Bei Kindern ist besonders darauf zu achten, dass ein Ersatzanspruch wegen Tötung des **haushaltsführenden Elternteils** in der Höhe nach Schwankungen unterliegt, da die Rechtsprechung davon ausgeht, dass mit zunehmendem Alter des Kindes der Betreuungsbedarf geringer wird bzw. das Kind sogar selbst im Rahmen des § 1619 BGB Arbeiten im Haushalt miterledigt (meist allerdings wächst mit zunehmendem Alter lediglich die Betreuungsresistenz). Der Schadensersatzanspruch ist daher jeweils für bestimmte Zeiträume des Kindesalters zu bestimmen, wobei besonders zu beachten ist, dass ab **Volljährigkeit** im Grundsatz nur noch Barunterhalt, nicht mehr Betreuungsunterhalt geschuldet ist, was die Durchsetzung des entsprechenden Unterhaltsausfalls wegen entfallener Versorgung, weil das volljährige Kind noch im elterlichen Haushalt wohnte, vor höhere Schwierigkeiten stellt.

---

118 *LG Karlsruhe* r+s 2023, 737 (6 O 175/21): »Bis ins Grundschulalter hinein begeben sich Eltern in ihrer Zuwendung und Aufmerksamkeit für die Kinder nicht nur beim Aufheben als Kleinkinder, sondern auch zum gemeinsamen Spiel am Boden, in der Wohnung und Freien oder auch bei der sonstigen Kommunikation typischerweise »auf Augenhöhe« zu den Kindern, um ihre Kinder nicht »von oben herab« zu behandeln. Das beinhaltet Knien, Hocken, aber auch gemeinsames Aufstehen. Ebenso werden altersabhängig gemeinsam Bewegungsabläufe erlebt wie »Entengang«, Hüpfen, Springen, Wettläufe und anderes mehr. Fehlt unfallbedingt hierfür die körperliche Beweglichkeit der Mutter, ist dies beim Schmerzensgeld zu berücksichtigen«.

119 *BGH*, VersR 1987, 1243 (VI ZR 155/86).

▶ Vertiefungshinweis:

Einzelheiten dazu Kap. 17 Rdn. 263 ff. 104

*c) Vorteilsausgleichung*

Im Wege des **Vorteilsausgleichs** sind Einkünfte der minderjährigen Waisen auf den Anspruch anzurechnen, aber nicht stets in voller Höhe. Werden Kinder als Unfall(voll)waisen **adoptiert**, bleibt dies ohne Folgen für ihren Unterhaltsausfallschaden (der also fortbesteht).[120] 105

▶ Vertiefungshinweis:

Einzelheiten dazu Kap. 17 Rdn. 287 ff. 106

### 2. Eltern als Hinterbliebene

Verstirbt das Kind, betrifft dies in aller Regel keine bereits virulente Unterhaltsleistung gegenüber den Eltern. Ob diese die Möglichkeit eines späteren Unterhaltsschadens (also etwa: das Risiko, dass die Eltern nach der **Verrentung** unterhaltsbedürftig würden und das verstorbene Kind dann geleistet hätte) wenigstens mit einer **Feststellungsklage** sichern können, wird in der obergerichtlichen Rechtsprechung uneinheitlich beurteilt. 107

Eltern haben im Bezug auf die Dienstpflichten von **Kindern** auch die Möglichkeit eines Anspruchs aus **§ 845 BGB**. Kinder sind nämlich, solange sie dem **elterlichen Haushalt** angehören und von diesen noch unterhalten werden, in einer »Kraft und Lebensstellung entsprechenden Weise« Dienste in »Hauswesen und Geschäft« zu leisten, § 1619 BGB. 108

Problematisch ist bei Ansprüchen wegen Verletzung oder Tötung des Kindes bereits, ob es sich bei den entfallenen Arbeiten um eine **familienrechtlich** geschuldete Mitarbeit (nur diese fällt unter § 845 BGB), um eine arbeitsvertragliche Verpflichtung (häufig bei Mitarbeit auf dem elterlichen Bauernhof) oder nur um eine Gefälligkeit ohne rechtliche Pflicht handelt. 109

▶ Vertiefungshinweis:

Einzelheiten dazu Kap. 17 Rdn. 296 ff. 110

## E. Vergleich und Kapitalisierung

Gerade bei Kindern ist bei einer vergleichsweisen Erledigung von Ansprüchen besondere Sorgfalt geboten. Schon die i.d.R. fehlende Absehbarkeit der Schadensentwicklung, die Frage von Dauer- oder Spätschäden und Kostenrisiken, ganz zu schweigen von der Geldentwertung, sprechen tendenziell **gegen** eine **Kapitalabfindung**. Die wirtschaftliche Zukunft von Kindern und Minderjährigen kann durch Kapitalisierungen von Renten auch deshalb gefährdet sein, weil ein solcher Abfindungsvergleich von einem gesetzlichen Vertreter abgeschlossen wird und nicht sichergestellt ist, dass das Kapital getrennt von anderem Vermögen verwaltet wird.[121] Es besteht die Gefahr, dass z.B. Eltern das Kapital selbst verbrauchen oder einen Teil des Kapitals den Geschwisterkindern zukommen lassen, um einen Ausgleich dafür zu schaffen, dass diese unter dem Handicap des Verletzten zu leiden haben. Ganz allgemein gilt bei schweren Verletzungen, die Kinder erlitten haben, dass bei einer reinen Kapitalentschädigung nicht sichergestellt ist, dass die Eltern das Kapital im Interesse des Kindes vernünftig anlegen und verwalten. Das Kind ist der Vermögensverwaltung durch die Eltern ausgesetzt. Aufgrund der i.d.R. umfassenden elterlichen Sorge auch in Vermögensangelegenheiten (dazu gleich Kapitel F) besteht indes für den Rechtsanwalt hier wenig Handhabe. Jedenfalls aber 111

120 *BGH*, NJW 1970, 2061 (VI ZR 28/69).
121 Zu den Problemen vgl. etwa *Motzer* FamRZ 1996, 844.

sollte anwaltlich auf die Vorteile einer dauerhaften Zahlung etwa des laufenden konkreten Mehrbedarfs – sei es im Vergleichswege oder durch gerichtlichen Titel – hingewiesen werden. Es ist ratsam, eine entsprechende Beratung des Mandanten auch zu dokumentieren.

112 Bei der **Verrentung** von Ansprüchen muss aber auch bedacht werden, ob ein **Vorsterblichkeitsrisiko** des geschädigten Kindes besteht: zwar trägt die Rentenzahlung dem Dauermoment des Schadens besser Rechnung, indes bleibt (rein wirtschaftlich betrachtet) für die Erben weniger »übrig«, als wenn die Ansprüche kapitalisiert und ausbezahlt worden sind, bevor es zum Todesfall kam.

▶ Vertiefungshinweis:

113 Zu Besonderheiten der Abfindung im Personenschaden umfassend Luckey, Personenschaden, Rn. 1705 ff.; zur Kapitalisierung ebenda, Rn. 1646 ff.

## F. Vertretung des Minderjährigen

### I. Einführung

114 Das – geschäftsunfähige und beschränkt geschäftsfähige – Kind bedarf für eine Willenserklärung einer **rechtsgeschäftlichen Vertretung**. Diese liegt regelmäßig bei dem bzw. den **Sorgeberechtigten**, da die elterliche Sorge neben der Personen- auch die Vermögenssorge (§ 1626 Abs. 1 S. 2 BGB) umfasst, unter anderem also auch die rechtsgeschäftliche Vertretung des Minderjährigen (§ 1629 BGB).

### II. Inhaberschaft der elterlichen Sorge

115 Die elterliche Sorge für **eheliche Kinder** steht **grundsätzlich beiden Eltern** zu, die das Kind gemeinschaftlich vertreten, §§ 1626, 1629 Abs. 1 S. 2 BGB, in der Regel mithin gemeinsam handeln müssen. Eine Ausnahme besteht lediglich bei »Gefahr im Verzug«, in deren Rahmen das Tätigwerden nur eines Sorgerechtsberechtigten zulässig ist (etwa: dringend erforderliche Notfallbehandlung bei Abwesenheit des anderen Elternteils), wovon der andere Elternteil unverzüglich zu unterrichten ist (§ 1629 Abs. 1 S. 4 BGB).

▶ Praxistipp:

116 Daher müssen anwaltliche Vollmacht und Abfindungsvereinbarung von beiden Eltern unterzeichnet werden!

117 Sind die Kindeseltern **nicht verheiratet**, liegt die elterliche Sorge – wenn keine Maßnahmen getroffen wurden – bei der Kindesmutter (§ 1626a Abs. 3 BGB). Zu einer gemeinsamen Sorge beider Eltern kommt es in diesem Fall erst, wenn die Kindeseltern unter Wahrung der Formerfordernisse eine gemeinsame Sorgeerklärung abgeben, einander heiraten oder das Familiengericht – nach Weigerung der Kindesmutter, an der Herstellung der gemeinsamen Sorge mitzuwirken – den Eltern die Sorge gemeinsam überträgt (§ 1626a Abs. 1 BGB).

118 Auch eine – zunächst bestehende oder später hergestellte – gemeinsame Sorge kann **nachträglich** durch familiengerichtliche Entscheidung **modifiziert** werden. Denkbar sind eine Übertragung – ganz oder teilweise – nach Trennung der Eltern auf Antrag eines Elternteils (§ 1671 Abs. 1 BGB), der – vollständige oder teilweise – Entzug infolge einer Kindeswohlgefährdung (§§ 1666, 1666a BGB) oder das Feststellen des Ruhens der elterlichen Sorge (§ 1674 BGB[122]).

119 Dem Vater kann die elterliche Sorge allein zustehen, wenn ihm diese bei Getrenntleben der Kindeseltern durch das Familiengericht übertragen wurde (§ 1671 Abs. 2 BGB).

---

122 Wird das Ruhen der elterlichen Sorge festgestellt, ist das verbleibende Elternteil allein handlungsberechtigt (§§ 1675, 1678 BGB), es sei denn, die elterliche Sorge stand dem Elternteil, dessen Sorge ruht, zuvor allein zu (§ 1678 Abs. 1 Hs. 2 BGB).

Sollte die elterliche Sorge beiden Kindeseltern entzogen oder ihr Ruhen festgestellt worden sein, z.B. infolge von Kindeswohlgefährdungen oder bei Unauffindbarkeit der Eltern, kann diese bei einem **Ergänzungspfleger** oder einem **Vormund** liegen. 120

▶ Praxistipp:

Es ist daher – am besten bei Mandatsbeginn – zu klären, welchem Elternteil welcher Teil der elterlichen Sorge zusteht. 121

## III. Vertretungsmacht der Eltern und Grenzen

Die sorgeberechtigten Eltern haben grundsätzlich die volle Vermögenssorge für das Kind inne (§ 1642 BGB) und können damit – anders als ein Vormund, Ergänzungspfleger oder Betreuer – auch einen Vergleich für das Kind schließen, ohne dass dieser erst durch die Genehmigung des Familiengerichts wirksam würde (§ 1643 Abs. 1, Abs. 5 i.V.m. § 1854 Nr. 6 BGB). Die Eltern sind in ihrer Vertretungsmacht allenfalls dann beschränkt, wenn der Vergleich im Einzelfall eine »**Verfügung über das Vermögen im Ganzen**« (§ 1643 Abs. 1 i.V.m. § 1854 Nr. 1 BGB) darstellt, was z. B. aufgrund des damit gleichzeitig verbundenen Verzichts auf die Geltendmachung weiterer Ansprüche der Fall sein kann, zumal Kinder in der Regel über keine nennenswerten Vermögenswerte verfügen.[123] In diesem Fall bedürfen auch die Eltern nach § 1644 Abs. 1 i.V.m. § 1858 Abs. 1 BGB einer familiengerichtlichen Genehmigung. 122

Nach Zahlung von Schadensersatz und/oder Schmerzensgeld stellt sich – gerade bei hohen Schadensersatzforderungen infolge von schwerwiegenden Verletzungen des Kindes – die weitere Schwierigkeit, das Geld »mündelsicher« anzulegen, damit es ausschließlich dem geschädigten Kind zugutekommt. Die Eltern haben das ihrer Verwaltung unterliegende Geld des Kindes nach den Grundsätzen einer wirtschaftlichen Vermögensverwaltung anzulegen, soweit es nicht zur Bestreitung von Ausgaben bereitzuhalten ist (§ 1642 BGB). Ihre Haftung gegenüber dem Kind ist dabei auf die eigenübliche Sorgfalt beschränkt (§ 1664 Abs. 1 BGB). 123

▶ Praxistipp:

Aus anwaltlicher Vorsicht sollte bei hohen Schadenssummen infolge einer schweren Schädigung des Kindes darauf hingewiesen werden, dass die Ersatzleistungen dem Kind auch tatsächlich zur Verfügung stehen, z. B. durch eine feste Geldanlage, die in monatlichen Raten ausgezahlt wird.[124] In Fällen, in denen nach Kinderunfällen konkrete Anhaltspunkte dafür vorliegen, dass der Kapitalbetrag z.B. durch die Eltern verschwendet wird, sieht Lang ein gemeinsames Interesse zwischen Rechtsanwalt und Haftpflichtversicherer, zugunsten des Kindes eine Rentenzahlung statt einer Kapitalisierung zu vereinbaren oder für eine mündelsichere Anlage des Betrages zu sorgen.[125] 124

## IV. Vertretungsausschluss

Eine oft im Verkehrsrecht auftretende Beschränkung der elterlichen Vertretungsbefugnisse folgt aus §§ 1629 Abs. 2 S. 1, 1824 Abs. 2, 181 BGB. Wird z.B. das Kind als **Insasse im elterlichen Kfz** 125

123 *Euler* SVR 2005, 10 (13); *Kreuter-Lange* DAR 2019, 185 (185; 186); Luckey, Personenschaden, Rn. 278. Aus Schutzgesichtspunkten für eine weite Auslegung des »Vermögens im Ganzen« auch *Motzer* FamRZ 1996, 844.

124 Luckey, Personenschaden, Rn. 274, zugleich zu den möglichen Risiken bei »Vorversterben« des Kindes (Rn. 275); *Kreuter-Lange* SVR 2013, 41 (47f.); *Kreuter-Lange* DAR 2019, 185 (187).

125 *Lang* VersR 2019, 385 (386). Ähnlich *Kreuter-Lange* DAR 2019, 185 (187) und Luckey, Personenschaden, Rn. 274.

verletzt,[126] können Ansprüche gegen Fahrer und Halter des verunfallten Wagens bestehen; das sind aber oft die Eltern (z.B. Vater fuhr den Wagen der Mutter, Kind war Insasse). Da somit beide Eltern mögliche Anspruchsgegner sind, sind sie von der Vertretung des Kindes ausgeschlossen.[127] Dabei genügt für die Annahme einer Interessenkollision im Sinn von § 1629 Abs. 2 S. 1 BGB bereits das Vorliegen einer nur möglichen, **abstrakten Gefährdung** der Kindesbelange.[128] Eine solche Interessenkollision entfällt – schon aufgrund des rein abstrakten Beurteilungsmaßstabs – auch dann nicht, wenn die Eltern einwenden, sie müssten die Ersatzleistung an das Kind aufgrund bestehenden Versicherungsschutzes nebst Direktanspruchs des Kindes gegen den Haftpflichtversicherer (nach § 115 VVG) nicht selbst aufbringen, zumal eine Interessenkollision schon deshalb bestehen bleibt, weil die wirtschaftlichen Interessen der Eltern gleichwohl berührt sein können, etwa durch eine Höherstufung, einen Regresses des Versicherers wegen Obliegenheitsverstoßes des Fahrers oder bei nicht ausreichender Deckungssumme.[129]

126 In den Fällen eines solchen Vertretungsausschlusses, der beide Eltern betrifft, ist dem Kind vom Familiengericht ein Ergänzungspfleger für diesen Teilbereich der elterlichen Sorge zu bestellen (§§ 1693, 1809 Abs. 1 BGB). Hierbei handelt es sich um ein Amtsverfahren (§ 26 FamFG), für das der Rechtspfleger funktionell zuständig ist (§ 3 Nr. 4 lit. a RPflG). Die örtliche Zuständigkeit des Familiengerichts bestimmt sich nach § 152 FamFG und liegt in der Regel bei dem Gericht, in dessen Bezirk das Kind lebt (§ 152 Abs. 2 FamFG).[130] Die Eltern sind verpflichtet, dem Familiengericht unverzüglich anzuzeigen, dass eine Pflegschaft erforderlich ist, § 1809 Abs. 2 BGB.[131]

▶ **Antragsmuster:**

127 **An das**

**Amtsgericht – Familiengericht – Köln**

**Luxemburger Straße 101**

**50939 Köln**

**In pp.**

**rege ich namens und in Vollmacht der Eheleute Christian und Helene Maier, Blumenstraße 23, 50670 Köln, an, für ihr Kind Marie Maier, geboren am 19.06.2012, wohnhaft ebenda, einen Ergänzungspfleger mit dem Aufgabenkreis »gerichtliche und außergerichtliche Geltendmachung von Ansprüchen aus dem Verkehrsunfallereignis vom 04.11.2023 auf der Inneren Kanalstraße in Köln, Höhe Hausnummer 224« zu bestellen.**

**Zur Begründung verweise ich auf § 1809 Abs. 2 BGB. Die Pflegschaft erscheint erforderlich, weil die verheirateten und gemeinsam sorgeberechtigten Kindeseltern wegen §§ 1629 Abs. 2 S. 1, 1824 Abs. 2, 181 BGB von einer Vertretung ihres Kindes in dem o. g. Aufgabenkreis ausge-**

---

126 Die Praxis zeigt, dass über 1/3 der Unfälle mit Kinderbeteiligung solche »Insassenfälle« sind; Statistisches Bundesamt (Hrsg.): Verkehr. Kinderunfälle im Straßenverkehr 2010, Wiesbaden 2011.

127 *Lang*, jurisPR-VerkR 22/2018 Anm. 2; *Kreuter-Lange* DAR 2019, 185 (186). Mit Blick auf die gesetzgeberische Wertung, den Eltern – bis zu den Grenzen der Kindeswohlgefährdung, § 1666 BGB – die Vermögenssorge zuzuweisen, erscheint dies aber fraglich.

128 *BGH*, NJW 1968, 936 (V ZR 188/64).

129 So zu Recht *Lang* r+s 2011, 409 (415f.) gegen *OLG Thüringen*, Beschl. v. 15.05.2006 – 1 WF 123/06, n.v., welches die Vertretung als rechtlich vorteilhaft angesehen hat, da der Versicherer, nicht aber die Eltern, leisten müsse. Ferner Luckey, Personenschaden, Rn. 279.

130 Eine Ausnahme von diesem Grundsatz gilt, wenn ein Scheidungsverfahren anhängig ist. In diesem Fall ist während der Anhängigkeit des Scheidungsverfahrens die Zuständigkeit des Gerichts der Ehesache im ersten Rechtszug vorrangig, § 152 Abs. 1 FamFG.

131 Vertreten die Eltern das Kind entgegen des bestehenden Vertretungsausschlusses gleichwohl, handeln sie ohne Vertretungsmacht, so dass ein Vergleich nebst gleichzeitigem Verzicht auf die Geltendmachung weiterer Ansprüche bis zu einer eventuell späteren Genehmigung durch das Kind oder durch einen zu bestellenden Ergänzungspfleger schwebend unwirksam ist (§ 177 BGB).

**schlossen sein dürften. Marie wurde als Insasse des Fahrzeugs mit dem amtlichen Kennzeichen K – XX 123 bei dem Verkehrsunfallereignis am 04.11.2023 auf der Inneren Kanalstraße in Köln, Höhe Hausnummer 224 verletzt. Das Fahrzeug wurde zum Unfallzeitpunkt von dem Kindesvater geführt; Halterin des Fahrzeugs war die Kindesmutter. Demgemäß kommen neben Schadensersatzansprüchen Maries gegen das unfallgegnerische Fahrzeug auch Ansprüche des Kindes gegen ihre Eltern gemäß §§ 7, 18 StVG in Betracht.**

Gleiches gilt im Ergebnis, wenn nur bei **einem Elternteil** (Beispiel: Vater ist Fahrer und Halter) eine Interessenkollision vorliegt, sofern die Kindeseltern verheiratet sind, §§ 1629 Abs. 2 S. 1, 1824 Abs. 1 Nr. 3 BGB. Auch in diesem Fall sind beide Eltern von der Vertretung des Kindes ausgeschlossen. Sind die Kindeseltern hingegen nicht verheiratet oder rechtskräftig geschieden, wird das Kind – auch bei gemeinsamer elterlicher Sorge – von dem Elternteil allein vertreten, das nicht potentieller Anspruchsgegner ist[132] (im obigen Beispiel also von der Mutter, da Fahrer und Halter der Vater ist). Das gilt jedenfalls solange, bis das Familiengericht – funktionell zuständig ist ebenfalls der Rechtspfleger – dem allein vertretungsberechtigten Elternteil die Vertretungsbefugnis nach §§ 1629 Abs. 2 S. 3, 1789 Abs. 2 S. 3, S. 4 BGB entzogen hat, weil es dies wegen eines erheblichen Interessengegensatzes, für geboten hält. Anders als im Fall des § 1629 Abs. 2 S. 1 BGB muss hier ein Interessengegensatz[133] konkret festgestellt werden, ferner darf nicht zu erwarten sein, dass der Sorgerechtsinhaber dennoch im Interesse des Kindes handeln wird, und der Gesichtspunkt des Familienfriedens ist bei der Entscheidung zu berücksichtigen.[134] **128**

Anders als die Eltern bedarf der Ergänzungspfleger zum Abschluss eines Vergleichs, dessen Wert mehr als 6.000 € beträgt, einer Genehmigung durch das Familiengericht (§ 1813 Abs. 1 i.V.m. § 1854 Nr. 6 BGB).[135] **129**

## G. Anwaltliche Vertretung und Interessenkollision

Die Unfälle von Kinderinsassen im elterlichen Kfz bergen ferner die Gefahr einer **anwaltlichen Pflichtenkollision.**[136] Vertritt ein Anwalt gleichzeitig die Eltern als Fahrer/Halter und das als Insasse in demselben Fahrzeug geschädigte Kind, handelt es sich nach überwiegender Meinung um eine Vertretung widerstreitender Interessen im Sinne von § 43a Abs. 4 BRAO,[137] da der Anwalt für das geschädigte Kind einen möglichst hohen Anspruch wegen des erlittenen Personenschadens anstreben, für die Eltern indes zur Abwendung desselben Anspruchs einen Gesamtschuldnerausgleich anstreben müsste.[138] Außerdem wäre der Anwalt nach dem Grundsatz der mandantengerechten Beratung verpflichtet, das Kind als Insasse – auch ungefragt – über Verhaltens- und Forderungsalternativen **130**

---

132 *BGH*, NJW 2021, 1875 (XII ZB 364/19) unter Aufgabe von *BGH*, NJW 1972, 1708 (IV ZR 53/71).

133 Ein solcher ist anzunehmen, wenn die Förderung des einen Interesses nur auf Kosten des anderen möglich ist (*OLG Hamm*, NJW-RR 1986, 79 [15 W 325/85]; *OLG Köln*, FamRZ 2001, 430 (27 UF 24/00).

134 *OLG Karlsruhe*, FamRZ 2004, 51 (16 UF 25/03); *OLG Nürnberg*, FamRZ 2022, 1853 (7 WF 434/22). Ansonsten – also bei großzügiger Annahme einer Interessenkollision aufgrund jeder bloß denkbaren Vermögensgefährdung – würden die (engen) Voraussetzungen, bei deren Vorliegen die Entziehung der Vermögenssorge allein möglich ist, mithilfe von § 1629 Abs. 2 S. 3 BGB unterlaufen (*OLG Frankfurt*, NJW-RR 2005, 1382 [5 UF 317/04]).

135 Eine solche Genehmigung ist nach § 1854 Nr. 6 BGB a. E. entbehrlich, wenn der Vergleich vom Gericht – schriftlich oder protokolliert – vorgeschlagen wurde. Ggfs. ist daher auf einen entsprechenden Zusatz »auf Vorschlag des Gerichts« bei der Protokollierung hinzuwirken, um eine familiengerichtliche Genehmigung entbehrlich zu machen.

136 Ausführlich und mit Formulierungsbeispielen hierzu *Ferner* PVR 2003, 106; *Lang* r+s 2011, 409 (416).

137 *Kääb* NZV 2003, 121 (123); *Höfle* ZfS 2002, 413 (413f.); *Lang* VersR 2019, 385 (388); *Lang*, jurisPR-VerkR 10/2015 Anm. 2; *Lang* r+s 2011, 409 (416). Eine andere Ansicht vertritt *van Bühren*, ZfS 2014, 189.

138 *Diehl* ZfS 2015, 509 in Anmerkung zu *LG Saarbrücken* (13 S 124/14).

zu unterrichten – etwa den Anspruch gegen den Halter und/oder Fahrer des von ihm benutzten Fahrzeugs, mithin gegen seine Eltern.[139]

131 Erschwerend kommt für den Anwalt bei der Geltendmachung von Ansprüchen des Kindes hinzu, dass er einer Vollmacht des Kindes bedarf, für deren Erteilung die **Eltern** oder – bei nicht (mehr) verheirateten Eltern – ein Elternteil von der Vertretung aufgrund eigener **Interessenkollision** als mögliche(r) Anspruchsgegner bereits ausgeschlossen sein könnte(n).

▶ Achtung:

132 Selbst wenn eine Vertretung des Kindes zur Erteilung der anwaltlichen Vollmacht sichergestellt ist – etwa nach Bestellung eines Ergänzungspflegers oder bei gemeinsamer Sorge nicht verheirateter Eltern, von denen ein Elternteil weder Fahrer noch Halter oder ebenfalls Geschädigter ist –, ändert dies nichts am eingangs dargestellten (und durch die Vollmachtserteilung allein nicht »geheilten«) Verstoß gegen das Verbot widerstreitender Interessen nach § 43a Abs. 4 BRAO!

133 Ein solcher Verstoß gegen die anwaltliche Berufspflicht, keine widerstreitenden Interessen zu vertreten, berührt zwar nicht die Wirksamkeit der von dem Anwalt vorgenommenen **Prozesshandlungen**,[140] birgt aber für den Anwalt die Gefahr berufsrechtlicher Maßnahmen (§§ 43a Abs. 4 BRAO, 3 Abs. 1 BORA) bis hin zu strafrechtlichen Konsequenzen (§ 356 StGB – Parteiverrat). Ferner droht ein Verlust des Gebührenanspruchs und die Nichtigkeit des Mandatsvertrages gemäß § 134 BGB.[141]

▶ Praxistipp:

134 Zur Vermeidung dieser standes- und vertretungsrechtlichen Probleme wird teilweise vorgeschlagen, dass sich der Anwalt von vorneherein nur in beschränktem Umfang bevollmächtigen lassen sollte, etwa – nach schriftlich dokumentierter Aufklärung – nur »zur Geltendmachung von Schadensersatzansprüchen ausschließlich gegenüber dem gegnerischen Haftpflichtversicherer«.[142] Ob dies ein gangbarer Weg ist, um die Annahme eines Interessenkonflikts auszuschließen, oder ob darin eventuell eine Umgehung gesehen werden kann, wird unterschiedlich bewertet.[143]

Der Anwalt sollte daher in jedem Fall – am besten noch vor Vollmachterteilung – über die Gefahr widerstreitender Interessen beraten und diese Beratung schriftlich dokumentieren.[144]

---

139 Zum Umfang mandantengerechter Beratung siehe *BGH*, NJW 2007, 2485 (IX ZR 261/03). Zur Annahme eines Verstoßes gegen § 43a Abs. 4 BRAO bei der Vertretung mehrerer Geschädigter eines Verkehrsunfalls, von denen einer dem anderen zugleich als Schädiger neben dem in Anspruch genommenen Schädiger gesamtschuldnerisch haften kann, siehe *LG Saarbrücken*, ZfS 2015, 509 (13 S 124/14) nebst Anmerkung *Diehl*, ZfS 2015, 509, und *Lang*, jurisPR-VerkR 10/2015 Anm. 2.

140 *BGH*, NJW 1993, 1926 (V ZR 36/92); *BGH*, NJW-RR 2010, 67 (IX ZR 60/08).

141 *LG Saarbrücken*, ZfS 2015, 509 (13 S 124/14) mit Anmerkung *Diehl* ZfS 2015, 509.

142 *Van Bühren* ZfS 2014, 189–194; Luckey, Personenschaden, Rn. 214, 281. Henssler hält einen Interessengegensatz jedenfalls in Fällen für nicht gegeben, in denen der Beifahrer ausschließlich gegen den Unfallgegner, nicht aber gegen den Fahrer/Halter des eigenen Fahrzeugs vorgehen möchte, weist gleichzeitig aber einschränkend darauf hin, dass sich die Durchsetzung der Interessen des Beifahrers gegen den Unfallgegner zumeist mittelbar doch immer auch zu Lasten des – von dem Beifahrer an sich nicht in Anspruch genommenen – Fahrers/Halters auswirken wegen des Ausgleichsanspruchs des Unfallgegners gegenüber dem gesamtschuldnerisch haftenden Fahrer/Halter (*Henssler* in: Prütting/Henssler, BRAO, 6. Aufl. [2024], § 43a Rn. 259).

143 Vgl. dazu kritisch *Diehl* ZfS 2015, 509 in Anmerkung zu *LG Saarbrücken* (13 S 124/14) m.w.N.; *Lang*, jurisPR-VerkR 10/2015 Anm. 2; *Kreuter-Lange* DAR 2019, 185 (186); *Lang* r+s 2011, 409 (416 f.).

144 *Lang* r+s 2011, 409 (417). Ausführlich zu den anwaltlichen Beratungspflichten im Zusammenhang mit der Gefahr widerstreitender Interessen *BGH*, FamRZ 2014, 35 (IX ZR 322/12) und *van Bühren* ZfS 2014, 189.

Gleichzeitig ist – selbst bei umfassender Beratung und ggfs. unterzeichneter Einverständniserklärung des/der Mandanten – zu beachten, dass Rechtsfolgen wie die Nichtigkeit des Mandatsvertrages und der Verlust des Gebührenanspruchs nicht abbedungen werden können, da § 43a Abs. 4 BRAO nicht nur die Interessen des jeweils betroffenen Mandanten schützt, sondern auch die Unabhängigkeit des Rechtsanwalts und die im Interesse der Rechtspflege gebotene Gradlinigkeit der anwaltlichen Berufsausübung.[145]

Uneinheitlich beurteilt wird, ob es zur Vermeidung einer Interessenkollision ausreicht, dass unterschiedliche Sachbearbeiter einer Kanzlei tätig werden.[146] Dabei wird teilweise angenommen, im Zweifel sei von der Unwirksamkeit der Anwaltsmandatierung auszugehen, um den Ersatzpflichtigen zu schützen, der in der Regel nichts von den Einzelheiten zur Mandatserteilung durch weitere Personen wisse.[147] **135**

▶ **Praxistipp:**

Soll eine Interessenvertretung durch unterschiedliche Rechtsanwälte einer Kanzlei erfolgen, müssen diese jedenfalls – als zwingende Mindestanforderung der Zulässigkeit – von jedem Auftraggeber einzeln und namentlich, aber nicht einheitlich als Kanzlei bevollmächtigt werden, da ansonsten schon allein aus diesem formalen Grund eine anwaltliche Interessenkollision angenommen werden kann.[148] Hierfür wird vorgeschlagen, eine getrennte Vertretung durch die Verwendung von Einzelbriefbögen der Sozien kenntlich zu machen.[149] Zum Teil werden auch besondere Vorkehrungen zur absolut sicheren Verhinderung eines Informationstransfers zwischen den Anwälten für notwendig gehalten und als in der Praxis innerhalb derselben Niederlassung einer Sozietät als kaum umsetzbar bewertet.[150] **136**

---

145 *BGH*, NJW 2016, 2561 (IX ZR 241/14); *BGH*, NJW 2012, 3039 (AnwZ [Brfg] 35/11); *BVerfG*, NJW 2003, 2520 (1 BvR 238/01).

146 Ausführlich dazu *BVerfG*, NJW 2006, 2469 (1 BvR 594/06), das auf das Einverständnis des umfassend informierten Mandanten und darauf abstellt, dass Belange der Rechtspflege – trotz erteiltem Einverständnis – nicht entgegenstehen, sowie *Lang*, jurisPR-VerkR 10/2015 Anm. 2; *Lang* r+s 2011, 409 (417); *Henssler/Deckenbrock* NJW 2012, 3265; *Henssler* NJW 2001, 1521 (1525). Das *LG Saarbrücken* (ZfS 2015, 509 [13 S 124/14]) ließ die Frage im Ergebnis offen, da der Verletzte ausweislich der Vollmachtsurkunde die Anwälte einheitlich bevollmächtigt hatte, so dass allein aufgrund dessen ein Interessengegensatz angenommen wurde und zwar unabhängig davon, welcher Sachbearbeiter aus der Kanzlei den Fall bearbeitet hatte.

147 Jahnke/Burmann, Handbuch Personenschadensrecht, 2. Aufl. 2022, Kapitel 1 Rn. 90.

148 So *LG Saarbrücken*, ZfS 2015, 509 (13 S 124/14).

149 *Van Bühren* ZfS 2014, 189.

150 *Henssler* NJW 2001, 1521 (1525); *Lang*, jurisPR-VerkR 10/2015 Anm. 2.

## Kapitel 6 Bildung von Haftungsquoten und Einzelfälle

Übersicht

## Einleitung

Im vorstehenden Kapitel wurden die dogmatischen Grundlagen der Haftungsverteilung dargestellt. 1
Gleichwohl ist die Übertragung der rechtlichen Grundlagen auf den Einzelfall wegen der Unzahl möglicher Unfallkonstellationen schwierig. In der Praxis hat sich daher die für das Verkehrszivilrecht typische Quoten-Rspr. entwickelt.

Trotz der ständigen Weiterentwicklung der Rspr. ist im Bereich der Haftungsquoten ein Beharren 2
auf schon länger zurückliegende Entscheidungen festzustellen. Die Schwierigkeit der Heranziehung von vergleichbaren Fällen und den sog. Haftungsquotentabellen liegt in der in Letzteren nur kursorisch aufgeführten Ausgangsgrundlagen. Im kontinentaleuropäischen Bereich haben wir es nicht mit dem *Case law* zu tun, sondern sind bei der Entscheidung allein auf die Abwägungskriterien beschränkt, sodass es auf den Vergleich der Abwägungskriterien im herangezogenen Parallelfall mit dem zur Entscheidung heran stehenden Fall ankommt. Fehlt aber bei den vergleichbaren Fällen die ausreichend konkrete Darstellung der damals entscheidenden Umstände so kann es nur auf die Ableitung der Haftungsquote auf der Grundlage allgemeiner Grundsätze ankommen. Das gilt insbes. bezüglich der Einbeziehung des Luftraums über den Straßenbereich durch die private, gewerbliche und hoheitliche Nutzung von Flugdrohnen.[1]

## A. Allgemeine Grundlagen

Schon die Abhängigkeit der Haftungsquoten von den weitgehend durch den »*Spruchkörper*«, also die 3
spezielle Besetzung der Richterbank, geprägten Entscheidungen führt bei der Übertragung bestimmter Urteile bei der Schadensabwicklung bzw. im konkreten Prozess vielfach zur Frustration. Teilweise nähern sich die unveröffentlichten Urteile schon der nach 30 Jahren fehlenden Verfügbarkeit, da Urteile lediglich 30 Jahre aufzubewahren sind. Es wurde daher bei der nachfolgenden Darstellung weitgehend darauf verzichtet, ältere, nicht veröffentlichte, insbesondere amtsgerichtliche Entscheidungen zur Darstellung heranzuziehen, zumal den erkennbaren, veröffentlichten und unveröffentlichten Entscheidungen eine Unzahl anderslautender Urteile gegenübersteht.

Der Haftungsabwägung im Einzelfall liegt stets die Berücksichtigung der auf beiden Seiten zu 4
bejahenden Anteile der Faktoren Verschulden und Betriebsgefahr zugrunde. Die Entscheidung

1 Näher *Bachmeier* in: Bachmeier Kfz-Schadensregulierung Kap C Abschn. XXIX. Sonderfall Flugdrohnen.

beruht sodann auf der Gewichtung der jeweils festzustellenden und gegenüberzustellenden einzelnen Anteile. Hierin liegt ein in der Praxis vielfach festzustellender grundlegender Fehler. Die Ermittlung der Haftungsquote kann nur erfolgen, wenn bei allen Unfallbeteiligten die gleiche Untersuchung vorgenommen wird. Um die in der Rspr. aufscheinenden Quoten transparent zu machen, sollen folgende allgemeine Gewichtungsgrundsätze vorangestellt werden. Der *BGH* räumt den Instanzgerichten dabei allerdings einen erheblichen Spielraum ein.[2]

5 Nachdem der tatsächliche Unfallhergang überwiegend nicht aufklärbar ist, spielt bei der Frage des Verschuldens der Anscheinsbeweis in vielen Fällen eine zentrale Rolle. Voraussetzung für die Anwendung ist allerdings, dass die für die Annahme des Anscheinsbeweises typische Ausgangssituation festzustellen ist.[3] Insoweit muss ein Geschehensablauf vorliegen, der nach allgemeiner Lebenserfahrung zu dem Schluss einer Sorgfaltspflichtverletzung führt, weil die schuldhafte Verursachung typisch für das Unfallgeschehen ist (sog. typischer Geschehensablauf).[4] Der Kausalverlauf muss so häufig vorkommen, dass die Wahrscheinlichkeit eines solchen Falles sehr groß ist.[5] In anderen Entscheidungen des *BGH* wird für die Typizität eine »Wahrscheinlichkeit«,[6] »erhebliche Wahrscheinlichkeit«[7] oder »sehr große Wahrscheinlichkeit«[8] verlangt. Es reicht allerdings allein das »Kerngeschehen« als solches dann als Grundlage eines Anscheinsbeweises nicht aus, wenn weitere Umstände des Unfallereignisses bekannt sind, die als Besonderheiten gegen die bei derartigen Fallgestaltungen gegebene Typizität sprechen. Denn es muss das gesamte feststehende Unfallgeschehen nach der Lebenserfahrung typisch dafür sein, dass derjenige Verkehrsteilnehmer, zu dessen Lasten im Rahmen des Unfallereignisses der Anscheinsbeweis Anwendung finden soll, schuldhaft gehandelt hat.[9] Bei der Anwendung des Anscheinsbeweises ist nach der Rspr. des *BGH* allerdings grundsätzlich Zurückhaltung geboten, weil er es erlaubt, bei typischen Geschehensabläufen aufgrund allgemeiner Erfahrungssätze auf einen ursächlichen Zusammenhang oder ein schuldhaftes Verhalten zu schließen, ohne dass im konkreten Fall die Ursachen bzw. das Verschulden festgestellt ist.[10]

6 Die nachfolgende Grafik[11] zeigt zunächst die Struktur der Vergleichsebenen und ihre Bedeutung auf:

---

2 Vgl. etwa *BGH* NZV 2013, 534.

3 Grundl. *BGH* NJW 2024, 146 m. Anm. *Neumann*; *BGH* NJW 2017, 1177 m. Anm. *Geipel*; *BGH* NJW 2016, 1098 m. Anm. *Geipel*; *OLG München* r+s 2019, 118; *OLG Celle* NJOZ 2021, 585; *OLG Zweibrücken* r+s 2021, 229; *Laumen* MDR 2020, 1345 (Teil 1), MDR 2020, 1415 (Teil 2); *Doukoff* SVR 2015, 245.

4 Std. Rspr. seit *BGH* NJW-RR 1989, 670; zul. *BGH* NJW 2024, 146 Rn. 18; vgl. grundl. für typ. Verkehrsvorgänge *Neumann* NJW 2023, 332; *Schröder* SVR 2020, 164; *ders.* SVR 2008, 212; vgl. auch *Metz* NJW 2008, 2806, 2820.

5 *BGH* r+s 2014, 359.

6 *BGH* NJW 1978, 2032.

7 *BGH* NJW 1987, 2876, aber Bezugnahme auf § 286 ZPO.

8 *BGH* NJW 2020, 755 Rn. 32; *BGH* NJW 2019, 661 Rn. 51; *BGH* NJW 2012, 2263 Rn. 13; *BGH* NJW 2006, 2262 Rn. 10; *BGH* NJW 2004, 3623.

9 *BGH* NJW 2024, 146 Rn. 18.

10 *BGH* NJW 2024, 146 Rn. 18; *BGH* NJW 2016, 1098 Rn. 14 m.w.N.

11 Entnommen *Bachmeier* Mandatshandbuch, 2. Aufl. 2010, Rn. 147.

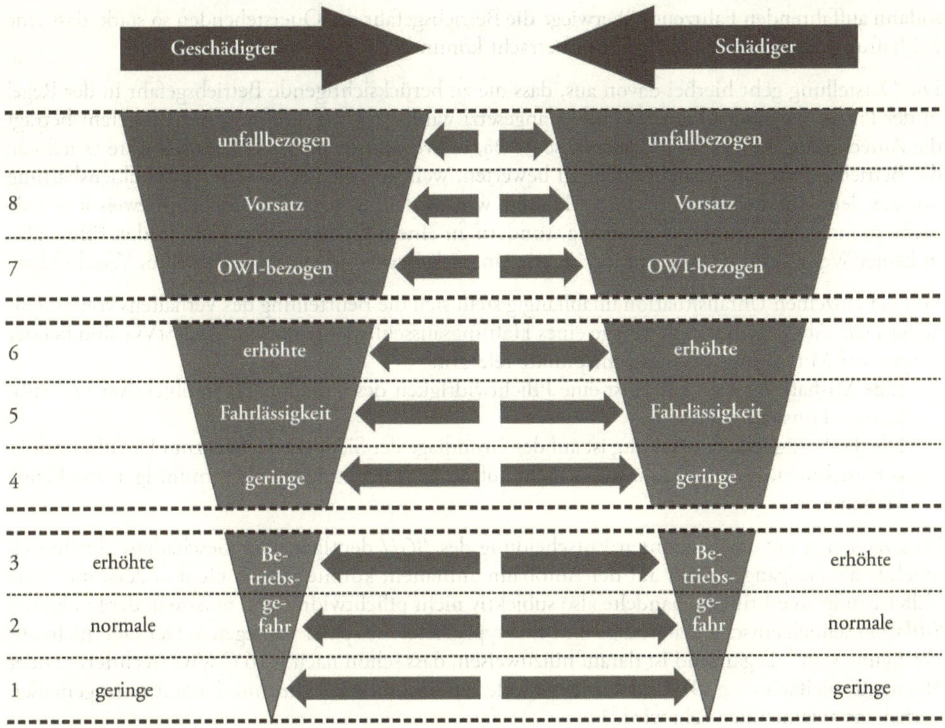


**Abb. 1: Struktur der Vergleichsebenen und ihre Bedeutung**

Hieraus sind schon optisch deutlich die unterschiedlich zu gewichtenden Haftungsmerkmale zu ersehen. Eine bewusste Verletzung von Verkehrsvorschriften muss stärker zu gewichten sein, wie eine im Straßenverkehr üblicherweise auftretende Fahrlässigkeit, aber auch die Betriebsgefahr eines großen Fahrzeugs, etwa eines Panzers, kann nicht gleich wie die Betriebsgefahr eines kleinen, etwa eines Mopeds, gewertet werden. 7

Bei der Umsetzung dieser in der Grafik dargestellten Gesichtspunkte können folgende Beurteilungsgrundsätze im Sinne einer Haftungsquote abgeleitet werden: 8

Tab. 1

| | Gegenüberstellung (Geschädigter/Schädiger) | Haftungsquote | Anspruch (%) |
|---|---|---|---|
| 1 | Gleiche Ebene *zu* gleiche Ebene | 1:1 | 50 % |
| 2 | Vorsatz *zu* Fahrlässigkeit | 1:0 | 0 % |
| 3 | Fahrlässigkeit *zu* Fahrlässigkeit eine Stufe tiefer | 2:1 | 33,3 % |
| 4 | Fahrlässigkeit *zu* Fahrlässigkeit zwei Stufen tiefer | 3:1 | 25 % |
| 5 | Fahrlässigkeit *zu* Betriebsgefahr erhöht | 4:1 bis 2:1 | 20 % bis 33,3 % |
| 6 | Fahrlässigkeit *zu* Betriebsgefahr ab 2 Ebenen tiefer | 1:0 | 0 % |

Eine extreme Ausnahme hierzu bietet aber *OLG Hamm:*[12] Bei der Abwägung der Betriebsgefahr eines auf der Autobahn schleudernden Fahrzeugs, das sich anschließend querstellt und jener eines 9

12 *OLG Hamm* NZV 1998, 115.

sodann auffahrenden Fahrzeugs überwiege die Betriebsgefahr des Querstehenden so stark, dass eine Mithaftung des Auffahrenden nicht in Betracht komme.

10 Die Darstellung geht hierbei davon aus, dass die zu berücksichtigende Betriebsgefahr in der Regel in der Praxis mit einer Quote von 20 % angesetzt wird,[13] bei sog. erhöhter Betriebsgefahr beträgt die Anrechnung der Quote üblicherweise 25 %, teilweise auch bis zu 1/3. Falsch wäre es jedoch, die Betriebsgefahr nur deshalb höher zu bewerten, weil sich die gegnerische Verschuldenshaftung nur aus dem Anscheinsbeweis ergebe. Hierbei wird verkannt, dass der Anscheinsbeweis ja gerade nicht zu einer Verschuldensvermutung, sondern zu einem feststehenden Verschulden führt, also in keiner Weise geringer zu bewerten ist, wie ein nach Beweisaufnahme festgestelltes Verschulden.

11 Von der einzelnen Unfallsituation unabhängig stellt sich die Beurteilung des Verhaltens von Unfallhelfern dar. Abgesehen von der Frage eines Haftungsausschlusses nach § 8 Nr. 2 StVG sind bei der Frage einer Mithaftung zwei Gesichtspunkte relevant:[14]

- Eine Mithaftung setzt zunächst eine Pflichtwidrigkeit des Unfallhelfers in objektiver und subjektiver Hinsicht voraus.
- Die diesbezügliche Beurteilung ist auf der Grundlage der Sicht des Helfers zum Unfallzeitpunkt vorzunehmen, hingegen kommt es nicht auf das sich nachträglich als vernünftig anzusehende Verhalten an.

12 Dies zeigt sich bei der genannten Entscheidung des *BGH* deutlich. Der Geschädigte durfte sich objektiv als Fußgänger nicht auf der Autobahn aufhalten, konnte jedoch nicht anders, um seine Hilfeleistung zu erbringen, handelte also subjektiv nicht pflichtwidrig und musste in der konkreten Situation schnell entscheiden, sodass ihm eine typischerweise später vorliegende Denkzeit nicht zur Verfügung stand. Ergänzend ist darauf hinzuweisen, dass schon nach § 16 OWiG (rechtfertigender Notstand) vielfach eine OWi zu verneinen oder zumindest eine Unzumutbarkeit normgemäßen Verhaltens anzunehmen sein wird.[15]

13 Eine ebenfalls auf eine Vielzahl von Unfallsituationen bezogene Problematik stellen Ausweichreaktionen dar. Auch hier kommt es bei der Frage der Pflichtverletzung auf Kriterium der subjektiven Vorwerfbarkeit an. Auch eine objektiv fehlerhafte Ausweichreaktion ist dann nicht haftungsrelevant, wenn der Ausweichende aus seiner Sicht das Ausweichen als erforderlich ansehen durfte.[16]

14 Schließlich hängt auch die Frage der Mithaftung eines Leasinggebers[17] nicht von der einzelnen Unfallsituation ab. Vielmehr ist dem Leasinggeber weder eine Betriebsgefahr noch das Mitverschulden des Leasingnehmers zuzurechnen,[18] vorausgesetzt der Leasinggeber ist – wie in der Praxis typisch – nicht zugleich Fahrzeughalter.[19] Ebenso wenig kommt bei der Haftungsabwägung und nachgewiesenem Verschulden des Unfallgegners eine Anspruchskürzung des Leasinggebers über § 18 StVG oder § 254 BGB in Betracht.[20]

---

13 Vgl. aber auch *LG Kiel* DAR 2002, 318: Betriebsgefahr des abgestellten Fahrzeugs.

14 *BGH* NJW 2011, 292; vgl. auch *OLG Düsseldorf* NJW-RR 2021, 483; *OLG Köln* NJW-RR 2020, 156.

15 Vgl. auch *Rengier* in Karlsruher Kommentar zum OWiG, 4. Aufl. 2014, Vorbem. zu den §§ 15, 15 Rn. 62 ff.

16 *BGH* NJW 2010, 3713.

17 Grundl. *Müller* DAR 2022, 61; *Pardey* SVR 2019, 7; *Lemcke* r+s 2011, 373; *Nugel* NJW 2013, 193, 195; *Riedmeyer* NJW-Spezial 2014, 393.

18 *BGH* r+s 2023, 564; *BGH* NJW 2007, 3120 m. Anm. *Weber*, std. Rspr. zul. *OLG Schleswig* NJW-RR 2025, 95; *OLG Karlsruhe* NJW 2014, 1392; *AG Aurich*, Urt. v. 18.02.2019 – 12 C 271/18 m. Anm. *Bachmor* SVR 2019, 225.

19 *BGH* r+s 2023, 564; *BGH* NJW 2007, 3120; hierzu NJW-Spezial 2007, 441; zum (verneinten) Anspruch des Leasinggebers gegen den Leasingnehmer und Halter siehe *BGH* NJW 2011, 996 m. Anm. *Reinking*; *Faust* JuS 2011, 643 sowie *Lemcke*, Reformbedarf zur Haftung bei Unfällen mit Leasingfahrzeugen und Kfz-Anhängern, r+s 2011, 373.

20 Vgl. *BGH* r+s 2023, 564; *BGH* NJW 2007, 3120; *Riedmeyer* NJW-Spezial 2014, 393.

## B. Haftungsquoten und Schadensrechtsänderungsgesetz

Im Hinblick auf die Änderungen des Schadensersatzrechts durch das Schadensrechtsänderungsgesetz[21] zum 01.08.2002 ist die Anwendbarkeit der älteren ebenso wie der aktuellen Rspr. jedoch sorgfältig zu überprüfen. Wie schon das SMG für den Bereich des Schuldrechts, erfordert nunmehr auch das Schadensersatzrecht auf Jahre hinaus die parallele Anwendung unterschiedlichen Rechts, abhängig von der Tatzeit. 15

Die durch das 8. ÄndG zum StVG vom 20.06.2017[22] erfolgte Erweiterung des Fahrerbegriffs zur Anpassung des StVG an die Nutzung von Fahrzeugen, die mit sog. hoch- oder vollautomatisierten Fahrfunktionen ausgestattet sind, spielt aktuell und in näherer Zeit noch keine Rolle, da die praktische Umsetzung noch nicht angelaufen und lediglich ein – kontrollierter – Testbetrieb geringfügig zu beobachten ist.[23] 16

### I. Anwendungsbereich

Das neue Schadensersatzrecht gilt gemäß Art. 229 § 8 Abs. 1 EGBGB n.F. für Schadensereignisse, die nach dem 31.07.2002 eingetreten sind. 17

### II. Relevante Änderungen

Für den Bereich der Haftungsquoten stellt sich die Situation allerdings im Wesentlichen lediglich beschränkt auf die Frage der Berücksichtigung der Betriebsgefahr und damit weniger dramatisch dar. Ist nach bisherigem Recht die Betriebsgefahr gemäß § 7 Abs. 1 StVG nur dann ausgeschlossen, wenn der Unfall unvermeidbar war, § 7 Abs. 2 StVG a.F., so scheidet nach neuem Recht die grundsätzliche Anwendung der Betriebsgefahr nur aus, wenn das Unfallgeschehen auf höhere Gewalt zurückzuführen ist. Die Frage der Beweislast hat sich durch das neue Recht jedoch ebenso wenig geändert, wie die Grundlage der Haftungsabwägung selbst.[24] 18

Vielfach kommt es aber bei der Quotenbildung auf das so starke Überwiegen des Verschuldensanteils eines der Beteiligten an, bei dem die Betriebsgefahr des anderen Fahrzeugs zurücktritt, sodass sich die Frage der Unvermeidbarkeit gemäß § 7 Abs. 2 StVG a.F. nicht stellt. Im Übrigen ist schon nach bisheriger Rspr. eine Unvermeidbarkeit des Unfallgeschehens nur sehr selten zu bejahen. 19

### III. Sonderfall Kinderunfall

Gemäß § 828 Abs. 2 BGB n.F. beginnt mit Wirkung vom 01.08.2002 die Schuldfähigkeit von Kindern erst mit der Vollendung des zehnten Lebensjahres, sodass damit erst ab diesem Alter bei der Haftungsabwägung die volle Haftung des anderen Verkehrsteilnehmers reduziert sein kann. Obgleich die Gesetzesänderung angesichts der wenig konkreten Fassung an sich keinen Zweifel daran lassen sollte, dass hier die Privilegierung des Kindes in besonderem Maße vom Gesetzgeber gefördert werden sollte, kam es von Beginn an in der Rspr. zu einer einschränkenden Interpretation.[25] Zwischenzeitlich hat sich die Rechtsprechung stabilisiert, weicht jedoch weiterhin teilweise voneinander ab. 20

#### 1. Ruhender Verkehr

Kernpunkt der Auseinandersetzung ist die Frage, inwieweit die Privilegierung des Kindes beim Unfall im Zusammenhang mit einem geparkten Pkw gehen sollte. Die Problematik ist in der Rspr. 21

21 SchadÄndG BGBl I 2002, 2674.
22 BGBl. I 1648.
23 Zu §§ 1b StVG näher LBMR/*Bachmeier* § 1b StVG Rn. 2 ff.
24 Vgl. *OLG Nürnberg* NZV 2005, 422.
25 Zur Frage der Aufsichtspflichtverletzung s. *Bernau* DAR 2008, 286, Die Aufsichtshaftung über Minderjährige im Straßenverkehr – eine Übersicht der seit 2000 veröffentlichten Rspr.; vgl. auch nachfolgende Fn. 17.

durch zahlreiche Entscheidungen des *BGH* als geklärt anzusehen. Zunächst war davon ausgegangen worden, dass bei Unfällen im ruhenden Verkehr die Ausnahme gemäß § 828 Abs. 2 BGB nicht in Betracht komme.[26] Der *BGH* hat sich dieser Ansicht jedoch nicht angeschlossen: »*Fährt ein Kind mit einem Fahrrad gegen ein mit geöffneten hinteren Türen am Fahrbahnrand stehendes Fahrzeug, entfällt seine Haftung nach § 828 Abs. 2 BGB.*«[27] Die Ansicht des *BGH*, mit ursprünglich streng gegen die Kinder gerichteter Grundtendenz hat sich damit zwischenzeitlich modifiziert, weil das Fahren an die geöffnete Türe nicht anders bewertet werden kann, wie das Fahren an die geschlossene Türe. Nach der Entscheidung vom 11.03.2008, die grundsätzliche und die bisherige Rspr. zusammenfassende Ausführungen enthält, gilt Folgendes: »*Danach ist eine teleologische Reduktion des § 828 Abs. 2 S. 1 BGB vorzunehmen, wenn sich keine typische Überforderungssituation des Kindes durch die spezifischen Gefahren des motorisierten Verkehrs realisiert hat. Hiernach hat der Senat das Haftungsprivileg verneint in Fällen, in denen Kinder der privilegierten Altersgruppe mit einem Kickbord oder Fahrrad gegen ein ordnungsgemäß geparktes Kfz gestoßen sind und dieses beschädigt haben* (es folgen Nachweise). *Aus den Senatsentscheidungen ergibt sich auch, dass bei dem Haftungsprivileg nicht grundsätzlich zwischen dem fließenden und dem ruhenden Verkehr zu unterscheiden ist, wenn es auch im fließenden Verkehr häufiger als im sog. ruhenden Verkehr eingreifen mag. Das schließt jedoch nicht aus, dass sich in besonders gelagerten Fällen auch im ruhenden Verkehr eine spezifische Gefahr des motorisierten Verkehrs verwirklichen kann* (es folgen Nachweise). *Zudem ergibt sich aus den Senatsurteilen, dass auf eine typische Fallkonstellation der Überforderung des Kindes durch die Schnelligkeit, die Komplexität und die Unübersichtlichkeit der Abläufe im motorisierten Straßenverkehr abzustellen ist. Darauf, ob sich diese Überforderungssituation konkret ausgewirkt hat oder ob das Kind aus anderen Gründen nicht in der Lage war, sich verkehrsgerecht zu verhalten, kommt es nicht an. Um eine klare Grenzlinie für die Haftung von Kindern zu ziehen, hat der Gesetzgeber diese Fallgestaltungen einheitlich in der Weise geregelt, dass er die Altersgrenze der Deliktsfähigkeit von Kindern für den Bereich des motorisierten Verkehrs generell heraufgesetzt hat* (es folgen Nachweise).«[28] Der *BGH* hat seine Rechtsansicht bekräftig, zwar einerseits auf die teleologische Reduktion hingewiesen, andererseits aber einen Unterschied zwischen geparkten Fahrzeugen und dem fließenden Verkehr verneint.[29] Weiterhin muss damit konkret dargetan werden, warum die von der Rechtsprechung genannte Überforderungssituation zu bejahen sei. Hierbei spielt auch das verkehrswidrige Parken eine Rolle.[30] Der *BGH* erleichtert dem Kind jedoch den Ausschluss der Haftung.[31] Er legt die Beweislast für das Nichtbestehen einer Überforderungssituation[32] dem Halter des Fahrzeugs auf.[33] Damit ist sorgfältig zu unterscheiden. Die Beweislast für das Eingreifen der gesetzlichen Vermutung einer fehlenden Deliktsfähigkeit trägt das Kind. Das bezieht sich aber nur auf den äußeren Rahmen, nämlich den Nachweis, dass das Kind zum Unfallzeitpunkt noch nicht 10 Jahre alt war.[34] Hingegen ist die innere Grundlage zur Verneinung von § 828 Abs. 1 BGB, nämlich das Fehlen einer Überforderungssituation der Beweislast des Geschädigten überbürdet.

26 Vgl. Burmann/Heß/Hühnermann/Jahnke/*Heß* § 9 StVG Rn. 13 unter Berufung auf die bisherige Rspr. des *BGH*.

27 *BGH* r+s 2008, 213 m. Anm. *Richter* SVR 2008, 218 = DAR 2008, 77 m. Anm. *Bernau*.

28 *BGH* r+s 2008, 213.

29 *BGH* NJW-RR 2009, 95, 96; grundl. hierzu *Huber* LMK 2009, 288108.

30 *LG Saarbrücken* NZV 2010, 150: Auslöser einer Überforderungssituation.

31 Vgl. *Huber* LMK 2009, 288108.

32 Grundl. hierzu *Oechsler, Die Unzurechnungsfähigkeit von Kindern in Verkehrssituationen*, NJW 2009, 3185; BeckOK-BGB/*Spindler* § 828 Rn. 16 ff.; *Meyer-Gramcko*, Psychologische Anforderungen an Kinder im Straßenverkehr, in ADAC-Rechtsforum: Kinderunfälle im Straßenverkehr, München 2004, S. 36 ff.

33 *BGH* NJW 2009, 3231, 3232; *OLG Schleswig*, Urt. v. 29.05.2024 – 7 U 38/24, Rz. 19 m. Anm. *Bachmor* NZV 2024, 504.

34 *BGH* NJW 2009, 3231, 3232.

## 2. Fließender Verkehr

Soweit es sich um einen Zusammenstoß im fließenden Verkehr, also mit einem fahrenden oder nur verkehrsbedingt anhaltenden Fahrzeug[35] handelt, kommt ein Weiteres hinzu. Gemäß § 3 Abs. 2a StVO *»muss sich ein Fahrzeugführer (u.a.) gegenüber Kindern insbesondere durch Verminderung seiner Fahrgeschwindigkeit und durch Bremsbereitschaft so verhalten, dass eine Gefährdung dieser Verkehrsteilnehmer ausgeschlossen ist. Das verlangt von dem Fahrzeugführer das Äußerste an Sorgfalt (...). Allerdings gilt auch gegenüber Kindern der Vertrauensgrundsatz. Danach muss der Fahrer besondere Vorkehrungen für seine Fahrweise nur dann treffen, wenn das Verhalten der Kinder oder die Situation, in der sie sich befinden, Auffälligkeiten zeigt, die zu einer Gefährdung führen können.«*[36] Eine Abwägung kann daher nur im Einzelfall erfolgen, wobei das entscheidende Kriterium in der Erkennbarkeit verkehrswidrigen Verhaltens liegt. Die Bestimmung des § 3 Abs. 2 lit. a StVO setzt den Vertrauensgrundsatz gegenüber Kindern nicht völlig außer Kraft und bewirkt generell weder eine Beweislastumkehr noch einen Anscheinsbeweis gegen den Kraftfahrer.[37] In der Praxis kommt damit entscheidend darauf an, die einzelnen Gesichtspunkte beweissicher herauszuarbeiten, nämlich 22

- Vertrauensgrundsatz und konkrete Verkehrssituation
- Erwartbares Verhalten des Kindes
- Konkretes Verhalten des Kindes
- Reaktionseinstellung des Kraftfahrers.

Eine typische Situation und die entscheidenden Beurteilungsgesichtspunkte stellt das *OLG Hamm*[38] heraus. Der Kraftfahrer hatte ein am Straßenrand kauerndes 11 ½-jähriges Kind angefahren, das die Schnürbänder seiner Schuhe richtete, dann jedoch plötzlich ohne auf den Verkehr zu achten, auf die Fahrbahn trat. *»Dem LG ist im Ergebnis auch darin zu folgen, dass die Bekl. nicht erst auf das Loslaufen ca. 1,5 sec vor der Kollision reagieren musste, sondern schon bei Ansichtigwerden des Kl. in der von dem Sachverständigen für eine Unfallvermeidung als ausreichend errechneten Entfernung von etwa 25m durch eine Angleichsbremsung auf ihn hätte reagieren und sich mit seiner weiteren Beobachtung für eine Vollbremsung hätte bereithalten müssen. Zwar muss sich auch im Lichte von § 3 Abs. 2a StVO der Kraftfahrer nicht immer und unter allen Umständen darauf gefasst machen, dass sich ein in der Nähe der Fahrbahn befindliches Kind unbesonnen verhalten werde* (*OLG Brandenburg* NZV 2000, 122; *OLG Oldenburg* zfs 1991, 321). *Das gilt jedenfalls für ältere Kinder wie den Kl., bei denen Kenntnisse der elementaren Verkehrsregeln vorausgesetzt werden können und darauf vertraut werden kann, dass sie ihr Verhalten im Straßenverkehr danach ausrichten werden. Auch gegenüber diesen Kindern gilt prinzipiell der Vertrauensgrundsatz. Der BGH hat daher nur dann, wenn das Verhalten der Kinder oder die Situation, in der sie sich befinden, Auffälligkeiten zeigen, die zu Gefährdungen führen können, von dem Kraftfahrer verlangt, dass er besondere Vorkehrungen zur Abwendung der Gefahr trifft* (es folgen Nachweise).«[39] Das *OLG Köln*[40] sieht sogar das Fahren ohne betriebsbereite Bremsanlage als typisch für den kindlichen Leichtsinn und wendet § 828 Abs. 2 BGB an. Das *OLG Nürnberg*[41] verneint ein Verschulden eines 5-jährigen Kindes, das aus einer Ausfahrt auf die Fahrbahn trat und kommt daher zur vollen Haftung des Kraftfahrers aus Betriebsgefahr. Absurd ist insoweit der Vortrag, das Fehlverhalten deliktsunfähiger Kinder erfülle den Begriff der *Höheren Gewalt.* Das *OLG Nürnberg* ist dem in der genannten Entscheidung entsprechend entgegengetreten. 23

---

35 Vgl. *OLG Schleswig*, Urt. v. 29.05.2024 – 7 U 38/24, Rz. 17.

36 *BGH* NJW 1997, 2756.

37 Vgl. *OLG Celle*, Urt. v. 11.10.2023 – 14 U 157/22 m. Anm. *Bachmor* SVR 2024, 103; *OLG Karlsruhe* NJW-RR 1986, 774; siehe auch *Siegel* SVR 2024, 441.

38 *OLG Hamm* NZV 2008, 409 (Anm.: Die Fundstelle NJOZ 2008, 2793 bezieht sich auf das gleiche Urteil, benennt jedoch fälschlich das *OLG Hamburg.*); ähnlich *LG Nürnberg-Fürth*, Urt. v. 20.07.2023 – 8 O 7410/21 m. Anm. *Bachmor* NZV 2024, 250.

39 *OLG Hamm* NZV 2008, 409.

40 *OLG Köln* NJOZ 2008, 276.

41 *OLG Nürnberg*, Urt. v. 16.06.2010 – 8 U 2496/09 = BeckRS 2010, 19108.

24 Nicht zu verkennen sind aber die Schwierigkeiten bei der Aufklärung. Gerade bei schweren Unfällen wird angesichts der erforderlichen Hilfe und Konfliktsituation, in der sich Kraftfahrer, verletztes Kind und Zeugen befinden, nur selten nachträglich eine zu objektivierende Aufklärung möglich sein. Die mögliche fotografische Dokumentation der eventuellen Lage des angefahrenen Kindes und des Standes des Fahrzeugs, aus denen sich hinreichende unfallanalytische Ableitungen ergeben können[42] wird hierbei häufig nicht durchgeführt, zumal sie gerade bei unbeteiligten Passanten zu einer gegen den Kraftfahrer gerichteten emotionalen Haltung führen können. Vielfach wird es deshalb trotz des differenzierten deutschen Haftungssystems bei der sich allein aus der Betriebsgefahr ergebenden Haftung des Kraftfahrers verbleiben, die nach der Schadensrechtsänderung nunmehr gemäß § 253 Abs. 2 BGB auch zu einem Schmerzensgeldanspruch führen kann.

### 3. Überschreiten der 10-Jahresgrenze

25 Während Gesetze einerseits zwangsläufig konkrete Grenzen ziehen müssen, sind im Grenzbereich naturgemäß unter psychologischen Gesichtspunkten fließende Übergänge zu erkennen, die im Rahmen der »offenen Haftungsabwägung« eine erhebliche Rolle spielen können. So hat ein Kind, das gerade um einen Tag älter als 10 Jahre ist, den Schutz von § 828 Abs. 2 BGB verloren. Andererseits ist es sicherlich nicht wesentlich reifer. In der Regel ist ein Mitverschulden eines Kindes oder eines Jugendlichen geringer zu bewerten als dasjenige eines Erwachsenen.[43] Die Rechtsprechung geht allerdings davon aus, dass die Haftungsanforderungen vom SchadÄndG nicht tangiert wurden. Eine völlige Freistellung von der Gefährdungshaftung wegen eines grob verkehrswidrigen Verhaltens setzt bei Kindern oder Jugendlichen deshalb voraus, dass der Sorgfaltsverstoß altersmäßig auch subjektiv besonders vorwerfbar ist.[44] So haben das *OLG Naumburg*,[45] das *OLG Hamm*[46] und das *OLG Nürnberg*[47] auf dieser Grundlage entschieden, angesichts eines objektiv und subjektiv erheblichen Verschuldens trete die Betriebsgefahr des beteiligten Kfz völlig zurück.[48]

26 Die Problematik hat zuletzt auch das *OLG Stuttgart*[49] aufgearbeitet.[50] Abzuwägen war die Betriebsgefahr eines Motorrades mit dem Fehlverhalten eines 12-jährigen Kindes nach § 25 Abs. 3 StVO. Während das *LG Heilbronn* eine Unvermeidbarkeit zugunsten des Motorradfahrers annahm, kommt das *OLG Stuttgart* unter ausführlicher Erörterung der Rspr. zu einer Mithaftung von 2/3 mit der entscheidenden Gewichtung zwischen der aus dem Fahrzeug resultierenden Gefahr und der Berücksichtigung der jugendlichen Psyche: »*Die Grenze liegt bei ca. 14 Jahren; für den Kraftfahrer muss erkennbar gewesen sein, dass der Verletzte dieser Altersgruppe angehört (*es folgt Nachw.*). Zwar kann das Verschulden des Jugendlichen so schwer wiegen, dass dahinter die einfache Betriebsgefahr des Kraftfahrzeugs zurücktritt; in der Regel wird sie aber, insbesondere bei jüngeren Jugendlichen, nicht voll zurücktreten.*«

---

42 Vgl. *Bachmeier* Mandatshandbuch Rn. 397 m.w.N.

43 *OLG Celle* NJW 2021, 2124 m. Anm. *Bouwmann*.

44 Vgl. *BGH* NZV 2004, 187, 188; so i.E. auch *LG Essen* NZV 2013, 606.

45 *OLG Naumburg*, Urt. v. 25.01.2017 – 10 U 66/16, juris; *OLG Naumburg*, Urt. v. 09.01.2013 – 10 U 22/12, juris.

46 *OLG Hamm* NZV 2010, 464; Nichtzulassungsbeschwerde durch den *BGH*, Beschl. v. 09.03.2010 – VI ZR 296/09 zurückgewiesen; kritisch *Lang* r+s 2011, 409, 412; ebenso Grüneberg NJW 2013, 2705, 2708f.

47 *OLG Nürnberg* VersR 2006, 1513.

48 Zur Einsichtsfähigkeit eines 12-jährigen bei E-Scooter-Unfall siehe *LG Bonn* NJW 2024, 684.

49 *OLG Stuttgart* r+s 2017, 265; vgl. hierzu auch VA 2017, 99.

50 Siehe auch *OLG Celle* NJW 2021, 2124: keine Haftung eines 11-jährigen Kindes; *OLG Hamm* NZV 2006, 151: 60 % Haftung eines 11-jährigen Kindes; *LG Lüneburg*, Urt. v. 19.06.2024 – 3 O 137/23: 70 % Haftung 14-jähriger Radfahrer.

## IV. Höhere Gewalt

In der Praxis lässt sich weiterhin vielfach eine Unsicherheit im Umgang mit dem Begriff der »Höheren Gewalt« feststellen. Die jahrzehntelange Bedeutung im Rahmen von § 7 Abs. 1 StVG hat sich so festgesetzt, dass der Begriff unkritisch im Rahmen der Haftungsabwägung verwendet wird. 27

Die Begriffe »Höhere Gewalt« und »unabwendbares Ereignis« sind sorgfältig voneinander zu trennen.[51] § 7 Abs. 1 StVG definiert generell die Haftung des Kfz-Halters für Unfälle jedweder Art. § 7 Abs. 2 StVG schränkt sodann die Ersatzpflicht dahin gehend ein, dass sie bei Unfällen, die auf höhere Gewalt zurückzuführen sind, ausscheidet. Diese Universalhaftung findet jedoch über § 17 Abs. 2 StVG eine weitere Einschränkung. § 17 StVG schließt sämtliche Schadensfälle, bei denen mehrere Kraftfahrzeuge beteiligt waren, von der Haftung gemäß § 7 Abs. 1, 2 StVG aus und regelt sie eigenständig: 28

- § 17 Abs. 1 regelt die Haftung zwischen den beteiligten Fahrzeugen gegenüber Dritten nach dem Verursachungsanteil.
- § 17 Abs. 2 StVG bezieht diese Regelung auch auf den Schadensausgleich zwischen den beteiligten Fahrzeugen selbst.
- § 17 Abs. 3 StVG schließt die Haftung aus der Benutzung eines der beteiligten Fahrzeuge aus, sofern es sich aus der Sicht dieser Fahrzeugnutzung um ein unabwendbares Ereignis handelte. Damit reduziert sich der Haftungsbereich von § 7 Abs. 1 StVG und dessen Beschränkung lediglich in Fällen höherer Gewalt auf Unfälle zwischen Kraftfahrzeugen einerseits und »Nichtkraftfahrzeugen«, also Fußgängern und Radfahrern andererseits.

Zur Frage der nunmehr auch für die Haftung aus dem Betrieb eines Kraftfahrzeuges relevanten höheren Gewalt sind damit die Entscheidungen zu Unfällen unter Beteiligung von Eisen- und Straßenbahnen aufschlussreich, weil § 7 Abs. 2 StVG n.F. der Rechtslage von § 1 HaftpflG, der die Haftung von Schienen- und Schwebebahnen regelt, entspricht.[52] Nach ständiger, schon auf das *RG* zurückgehender Ansicht ist die höhere Gewalt, *»i.S.d. § 1 Abs. 2 S. 2 HPflG ein betriebsfremdes, von außen durch elementare Naturkräfte oder durch Handlungen dritter Personen herbeigeführtes Ereignis, das nach menschlicher Einsicht und Erfahrung unvorhersehbar ist, mit wirtschaftlich erträglichen Mitteln auch durch äußerste, nach der Sachlage vernünftigerweise zu erwartende Sorgfalt nicht verhütet oder unschädlich gemacht werden kann und auch nicht wegen seiner Häufigkeit vom Betriebsunternehmen in Kauf zu nehmen ist.«*[53] Auch ein auf der Gegenfahrbahn entgegenkommendes Fahrzeug führt nicht zur Anwendung der höheren Gewalt.[54] 29

Wie extrem der Begriff der höheren Gewalt auszulegen ist, zeigt die vorstehend zitierte Entscheidung des *BGH*. Hiernach wurde bei einem infolge von zu hoher Geschwindigkeit und regennasser Fahrbahn ausgelösten Schleudervorgang eines Kraftfahrzeugs, das sodann auf den neben der Straße befindlichen Bahnkörper geriet und hierbei von einem Zug erfasst wurde, der Begriff der höheren Gewalt verneint und damit die Haftung des Eisenbahnbetreibers aus Betriebsgefahr dem Grunde nach bejaht. Erleidet ein Beifahrer einen Schwächeanfall, infolgedessen er dem Fahrer so ins Lenkrad fällt, dass dieser die Kontrolle über das Fahrzeug verliert und in den Gegenverkehr gerät, liegt für den Halter des entgegenkommenden Fahrzeugs, mit dem es zu einer Kollision kommt, ebenfalls kein Fall höherer Gewalt vor, so dass dieser dem – das Unfallgeschehen auslösenden – Beifahrer aus § 7 StVG haftet.[55] Das *OLG Celle*[56] hat die höhere Gewalt bei einem Unfallgeschehen für einen Busfahrer verneint, bei dem ein Radfahrer auf dem Gehsteig durch einen Fußgänger umgestoßen und 30

---

51 Vgl. hierzu auch *Rebler* SVR 2011, 246.

52 Vgl. *LG Itzehoe* NZV 2004, 364; zust. *Filthaut* NZV 2015, 161f.; *ders.* NZV 2006, 176.

53 *BGH* VersR 2008, 126; *BGH* VersR 1988, 238 f.; *BGH* NJW 1986, 2319; zul. auch *OLG Koblenz* NJW 2019, 3084; *OLG Nürnberg* r+s 2012, 65.

54 *OLG Nürnberg* r+s 2012, 65.

55 *OLG Koblenz* NJW 2019, 3084.

56 *OLG Celle* DAR 2005, 677 m. Anm. *Walter* SVR 2006, 69.

vor den Bus geschleudert wurde.[57] *Walter* weist zutreffend auf die Grenzen der höheren Gewalt hin: *»Im Zusammenhang mit dem Fahrzeugbetrieb bzw. Straßenverkehr stehende Ursachen stellen keine Einwirkung von außen dar und können daher nicht die Ersatzpflicht wegen höherer Gewalt ausschließen.«*

In einem der seltenen Fälle, in dem höhere Gewalt bejaht wurde, stürzte während der Fahrt ein Baum auf ein Fahrzeug und verletzte den Beifahrer schwer. Das *LG Duisburg*[58] lehnte eine Haftung von Fahrer und Halter aufgrund höherer Gewalt ab.

31 Fraglich ist ferner, ob die Begrenzung des Betriebsgefahrausschlusses lediglich auf Fälle der höheren Gewalt, § 7 Abs. 2 StVG n.F., zu einer stärkeren Berücksichtigung der Betriebsgefahr bei der Haftungsabwägung führt. Im Rahmen der Gesetzgebungsverfahren wurde hierbei deutlich gemacht, die Erweiterung der Haftung aus Betriebsgefahr solle nicht dahin verstanden werden, dass in allen Fällen, in denen bisher eine Entlastung durch den Unabwendbarkeitsnachweis möglich war, künftig eine Haftung eintreten solle.[59] Nach Auffassung des Bundesrat[60] soll es lediglich bei der Abwägung hinsichtlich nichtmotorisierter Unfallbeteiligter, nicht aber bei motorisierten Unfallbeteiligten, zu Änderungen kommen. Ein Argument ist insoweit die in § 17 Abs. 4 StVG enthaltene Differenzierung zur Beteiligung nichtmotorisierter Unfallbeteiligter sein.

32 Die Rspr. geht teilweise davon aus, dass die Einführung der Höheren Gewalt bei der Haftungsabwägung im Rahmen von § 7 Abs. 1, 2 StVG nicht zu einer Systemänderung und Verschärfung der Haftung aus dem Betrieb geführt hat, sondern weiterhin eine Abwägung mit dem Verschulden der anderen Unfallbeteiligten wie vor dem Inkrafttreten des SchadÄndG durchzuführen ist: *»Für den Senat ist kein Grund ersichtlich, auch nach Neufassung des § 7 StVG eine andere Bewertung der Betriebsgefahr zu treffen. Schließlich war Hintergrund der Einführung des Begriffes ›höhere Gewalt‹ in § 7 Abs. 2 StVG in erster Linie das Bemühen zu verhindern, dass bei Unfällen mit Kindern, deren Verhalten oft als unabwendbares Ereignis i.S.d. § 7 Abs. 2 StVG a.F. qualifiziert werden musste, der Kraftfahrer sich von der Betriebsgefahr befreien kann und so die Änderung des § 828 Abs. 2 BGB gar nicht zu Tragen kommt.«*[61]

33 Der Begriff des unabwendbaren Ereignisses ist durch die Schadensrechtsänderung nicht entfallen. Zwar wurde er in § 7 Abs. 2 StVG n.F. zugunsten eines Haftungsausschlusses bei höherer Gewalt ersetzt, findet sich jedoch seitdem in § 17 Abs. 3 StVG n.F.[62] Hiernach ist die Verpflichtung zum Ersatz nach § 17 Abs. 1 StVG n.F. ausgeschlossen, wenn der Unfall durch ein unabwendbares Ereignis verursacht wurde, wobei unabwendbar nur dann zu bejahen ist, wenn die Unfallursache nicht auf einen Fehler des Fahrzeugs zurückzuführen ist und *»sowohl der Halter als auch der Fahrer des Fahrzeugs jede nach den Umständen des Falles gebotene Sorgfalt beobachtet hat.«*[63] Der Begriff »unabwendbares Ereignis« meint nicht absolute Unvermeidbarkeit des Unfalls, sondern ein schadenstiftendes Ereignis, das auch bei der äußersten möglichen Sorgfalt, die insbesondere die Einhaltung der geltenden Verkehrsvorschriften beinhaltet,[64] nicht abgewendet werden kann.[65] Hierzu gehört ein sachgemäßes, geistesgegenwärtiges Handeln erheblich über dem Maßstab der im Verkehr erforderlichen Sorgfalt

---

57 *Walter* SVR 2006, 69.

58 *LG Duisburg* r+s 2023, 679.

59 BR-Drucks. 742/01 v. 28.09.2001, 71, 73.

60 BR-Drucks. 742/01 v. 28.09.2001, 71, 73; dies nimmt auch *Jahnke* zfs 2002, 105 an, ohne jedoch konkrete Argumente vorzutragen.

61 Siehe *Jahnke* zfs 2002, 105 f.; *OLG Nürnberg* NZV 2005, 422; Zurückweisung der Beschwerde gegen die Nichtzulassung der Revision durch den *BGH*, Beschl. v. 03.05.2005 – VI ZR 10/05. Ein typ. Bsp. hierfür bietet eine Entscheidung des *OLG Hamm* NJW-RR 2005, 817 zur Haftung von Straßenbahnen.

62 Siehe auch *Figgener/Beckmann* NJW-Spezial 2023, 137.

63 Vgl. *OLG Frankfurt/M.* NJOZ 2015, 169.

64 *OLG Hamm* NJOZ 2022, 1003.

65 *OLG Hamm* NJOZ 2023, 489.

i.S.v. § 276 BGB hinaus.[66] Damit lebt der Idealfahrer in § 17 Abs. 3 StVG bewusst weiter,[67] ist aber ausschließlich auf den Haftungsausgleich zwischen den nach § 7 Abs. 1 StVG haftpflichtigen Fahrzeughaltern beschränkt. Die Einbeziehung des Eigentümers erfolgte insoweit wegen der in der Praxis häufigen Trennung zwischen Halter- und Eigentümerschaft (Leasing).

Das könnte aber auch gerade umgekehrt ausgelegt werden. Da damit in allen Fällen der Haftungsverteilung, in die einerseits Beteiligte mit Kfz, andrerseits ohne Kfz verwickelt sind, der Idealfahrer bewusst ausgeschieden wurde und lediglich die *»ansonsten grundsätzlich objektive Gefährdungshaftung«*[68] gilt, könnte argumentiert werden, es müsse der Gefährdungshaftung zukünftig bei der Haftungsverteilung ein höherer Stellenwert eingeräumt werden, dies werde auch durch § 17 Abs. 4 StVG n.F., der die Grundsätze der Abwägung gemäß § 17 StVG unter anderem auch auf Fälle der Beteiligung von Tieren erstreckt, deutlich. In der Begründung des Rechtsausschusses wird jedoch ausdrücklich die Stärkung der Position nichtmotorisierter Verkehrsteilnehmer hervorgehoben.[69] Die Entwicklung der Rspr. bleibt insoweit abzuwarten. 34

## V. Anhänger

Mit dem SchadÄndG wurde auch die gesonderte Haftung bei Nutzung von Anhängern eingeführt. 35
Ebenso wie das Zugfahrzeug unterliegt der Anhänger einer Haftung, die jedoch nicht subsidiär zu jener des Zugfahrzeugs ist. Ist der Anhänger an der Kollision beteiligt, kann der Geschädigte wählen, ob er die Haftung des Zugfahrzeugs oder jene des Anhängers in Anspruch nimmt. Umstritten war jedoch bei der Frage des Innenausgleichs, welche Haftungsverteilung anzusetzen sei. Zum alten Rechtszustand hat der *BGH* (Versicherungssenat) dahingehend entschieden, im Innenverhältnis sei die Haftungsverteilung mit 50:50 anzusetzen.[70] Versicherungsrechtlich hat dies dazu geführt, dass der Kfz-Haftpflichtversicherer des Zugfahrzeugs und der des Anhängers eine Mehrfachversicherung gemäß § 78 VVG gebildet haben. Diese Rechtslage stieß jedoch auf heftige Kritik und wurde als zu kompliziert und inadäquat empfunden.[71] Wird nur das Zugfahrzeug vom Anhänger beschädigt, liegt im Übrigen kein haftungsausschließender Betriebsschaden vor, sondern ein den Kaskoanspruch auslösender Unfallschaden.[72]

Die straßenverkehrsrechtliche Haftung im Zusammenhang mit der Nutzung von Anhängern wurde 36
daraufhin vom Gesetzgeber nachhaltig geändert. § 7 StVG wurde durch Art. 1 Nr. 6 des Gesetzes zur Haftung bei Unfällen mit Anhängern und Gespannen im Straßenverkehr v. 10.07.2020 (BGBl. I, S. 1653) geändert.[73] Gemäß Art. 3 des Gesetzes trat die Änderung am 10.07.2020 in Kraft. Mit dem Gesetz wurde die Anhängerhaftung straßenverkehrs-, aber auch versicherungsrechtlich neu geregelt.[74] Die Haftung von Haltern bzw. Führern von Anhängern wurde von § 7 Abs. 1 StVG in die §§ 19, 19a StVG übertragen.[75] § 19 Abs. 1 und Abs. 2 StVG betreffen die Haftung des Anhängerhalters im Außenverhältnis, die Abs. 3 bis 6 hingegen das Innenverhältnis der Gespannfahrzeug-

66 *BGH* NJW 2006, 896; *BGH* NZV 2005, 305.

67 Begründung des Rechtsausschusses BT-Drucks. 14/8780, 22; Siehe auch *OLG Hamm* NJOZ 2023, 489, Rz. 14.

68 BT-Drucks. 14/8780, 22.

69 BT-Drucks. 14/8780, 22.

70 *BGH* NJW 2018, 2958; *BGH* NJW 2011, 447 mit ausf. Nachw. zum Streitstand; vgl. hierzu *Wilms* DAR 2011, 71; *Lemcke* r+s 2011, 56; *Stahl/Jahnke* NZV 2010, 57; grundsätzlich auch *Lemcke* r+s 2011, 373 »Reformbedarf zur Haftung bei Unfällen mit Leasingfahrzeugen und Kfz-Anhängern«; *Langenick* NZV 2014, 57.

71 *Richter* SVR 2021, 81, 83.

72 *BGH* NJW-RR 2013, 406.

73 Hierzu *Zwickel* NZV 2021, 31; *Greger* MDR 2021, 1; *Stadler* r+s 2021, 133; *Bollweg/Wächter* NZV 2020, 545; *Pischel* NJW-Spezial 2020, 585.

74 Grundl. *Stadler* r+s 2021, 133.

75 *Richter* SVR 2021, 81, 82.

halter untereinander.[76] Für das Innenverhältnis der Haftenden eines Gespanns wird erklärtermaßen zu der Regulierungspraxis vor der Entscheidung des *BGH*[77] zurückgekehrt und primär der Halter des Zugfahrzeugs in die Haftung genommen.[78]

Mit Art. 1 Nr. 7 des Änderungsgesetzes, wurde mit einer Ergänzung von § 65 StVG die Anwendbarkeit für Unfälle nach dem 17.07.2020 angeordnet.[79] Bedeutsam ist die Beibehaltung der gesamtschuldnerischen Haftung von ziehendem Kfz und dem Anhänger. Gemäß Art. 2 des Änderungsgesetzes wurde in § 78 VVG ein neuer Absatz 3 eingefügt. Nunmehr sind in der Haftpflichtversicherung von Gespannen bei einer Mehrfachversicherung die Versicherer im Verhältnis zueinander zu Anteilen entsprechend der Regelung in § 19 Absatz 4 StVG verpflichtet. Die neue Rechtslage produziert beim gesamtschuldnerischen Haftungsausgleich erhebliche Probleme. Einerseits sollen dem Grunde nach stets Halter und Kfz-Versicherer des Zugfahrzeugs haften. Andererseits sollen, soweit sich durch den Anhänger eine höhere Gefahr verwirklicht hat als durch das Zugfahrzeug allein, die Verpflichtung zum Ausgleich davon abhängen, inwieweit der Schaden vorwiegend von dem Zugfahrzeug oder dem Anhänger verursacht wurde. § 19 Absatz 4 Satz 2 StVG schließt jedoch eine allein durch das Ziehen[80] des Anhängers relevante Gefahrerhöhung aus.[81]

## C. Einzelfälle

37 Die nachfolgend dargestellten Fälle erfassen die in der Praxis typischerweise zur Beurteilung heran stehenden Unfallsituationen. Wegen der überragenden Bedeutung für die Einschätzung der Regulierungsmöglichkeiten und damit der Beratung des Mandanten werden die »Quotenmöglichkeiten« ausführlich dargestellt. Vorab zu erörtern ist jedoch ein Grundsatz des Verhaltens im Straßenverkehr, der bei sämtlichen Einzelfällen relevant werden kann, der sog. Vertrauensgrundsatz. In der Rspr. des *BGH* ist dieser eindeutig definiert: *»Ob ein Kraftfahrer auf ein bestimmtes Verhalten anderer Verkehrsteilnehmer vertrauen darf, ist eine Wertungsfrage, deren Beantwortung nicht allein von der Häufigkeit bestimmter Verkehrsverstöße abhängt* (es folgen Nachweise). *Entscheidend ist zum einen das Gewicht der bei konkreten Verkehrssituationen in Frage stehenden Verhaltensanforderungen und zum anderen die Schwere der bei deren Verletzung drohenden Gefahren, wobei zu berücksichtigen ist, inwieweit diesen durch ein zumutbares Verhalten der Verkehrsteilnehmer entgegengewirkt werden kann.«*.[82] Nach dieser Grundregel ist sodann das Einzelverhalten entsprechend zu gewichten. Zur schnellen Information wurde zusätzlich am Ende der Einzelfalldarstellung unter der Rdn. 531 eine Übersicht »Quotentabelle« angefügt.

38 Bei der Bewegung von Verkehrsteilnehmern auf der Straßenfläche ist es schwierig, ohne polizeiliche Skizze Maße zu ermitteln, die Aufschluss hinsichtlich der Haftungsverteilung geben könnten. Insbesondere bei Zeugenaussagen setzt die gedankliche Überprüfung eine ungefähre Kenntnis der Straßenbreite voraus. Bei der vorgerichtlichen Schadensregulierung wird in der Regel auch kein amtl. Straßenplan vorliegen. Die nachfolgende Tabelle soll daher diese Aufgabe erleichtern. Die Werte ergeben sich aus den Empfehlungen für die Anlage von Hauptverkehrs- und Erschließungsanlagen, EAE 85/95 und EAHV 93.[83] Trotz des Begriffs der Empfehlung kommt diesen techni-

76 *Bollweg/Wächter* NZV 2020, 545, 547.

77 *BGH* NZV 2011, 128.

78 Burmann/Heß/Hühnermann/*Jahnke*, StVG § 19 Rn. 14.

79 *OLG Köln* VersR 2021, 846.

80 Rückwärtsschieben eines Anhängers gilt als Ziehen i.S.v. § 19 Abs. 4 Satz 4 StVG, vgl. *BGH* NJW 2024, 1039.

81 Näher LBMR/*Bachmeier* § 7 StVG Rn. 128 ff.; § 19a StVG Rn. 1 f.

82 *BGH* NJW 2005, 1351; zur Reichweite des Vertrauensgrundsatzes beim Unfall mit Fußgängern zuletzt *BGH* NJW-RR 2023, 2108.

83 Abgelöst 2007 durch Richtlinie für Anlage von Stadtstraßen (RASt) und Richtlinie für die Anlage von Landstraßen (RAL); Maße entnommen *Schneider* Bautabellen für Architekten Kap. 12A Straßenwesen 1.1.2 ff.

schen Grundlagen im Straßenbau und damit auch im Bereich der Verkehrsunfallbeurteilung eine erhebliche Bedeutung zu. Ausgehend hiervon wird eine Straßenplanung, die sich an den Vorgaben dieser Richtlinien orientiert, nur in besonderen Ausnahmefällen gegen das fachplanerische Abwägungsgebot verstoßen.[84]

Es handelt sich um eine Grundlage, die in der Verwaltungs-Rspr. unumstritten ist,[85] jedoch insoweit für die Straßenbaulastträger eine faktische Bindungswirkung entfalten kann. Zumindest erreicht sie die Qualifikation einer gutachterlichen Beurteilung.[86] Der Verstoß gegen diese anerkannten Regeln der Technik führt damit auch zu einem Verstoß gegen die Verkehrssicherungspflicht.[87] 39

Unter Berücksichtigung der üblicherweise vorhandenen Verkehrsteilnehmer ergeben sich folgende typische Maße, die als Anhaltspunkte dienen können:

Tab. 2

| Auftretender Fahrzeugtyp (Begegnungsverkehr oder Überholen) | Raumbreite des Verkehrsteilnehmers | Ausreichender Straßenraum für den Begegnungsverkehr |
|---|---|---|
| Bus/Lkw zu Bus/Lkw | 2,50 | 6,25 6,50 |
| Bus/Lkw zu Pkw | 2,50/1,75 | 5,50 |
| Lkw zu Radfahrer | 2,50/0,50 | 4,25 |
| Kleinlieferwagen/Kleinlieferwagen | 2,0 2,10 | 5,45 |
| Kleinlieferwagen zu Pkw | 2,0 2,25/1,75 | 5,10 |
| Pkw zu Pkw | 1,75/1,75 | 4,75 |
| Pkw zu Radfahrer | 1,75/0,50 | 3,50 |
| Radfahrer zu Radfahrer | 0,50/0,50 | 2.00 |
| Radfahrer zu Fußgänger | 0,50/0,80 | 2,00 |
| Fußgänger zu Fußgänger | 0,80/0,80 | 1,80 |

Nach den Empfehlungen ergeben sich folgende Breiten für typische Straßenanlagen. Auf die Erörterung von Querschnitten sog. ländlicher Wege wurde verzichtet, da die *»Maßhaltigkeit«* insoweit nicht ausreichend gesichert ist.[88] 40

Tab. 3

| Straßenbereich | Breite in Metern |
|---|---|
| Hauptsammelstraße | 6,50 |
| Sammelstraße | 5,50 |
| Anliegerstraße | 4,00 (enge Verhältnisse) 5,50 |
| Anliegerweg | 3,00 (enge Verhältnisse) 4,75 |
| Grünstreifen | 1,80 (enge Verhältnisse) 2,00 |

84 *BVerwG* NVwZ 2003, 1120, 1122; *VG Braunschweig*, Urt. v. 16.04.2013 – 6 A 64/11. *»Das Normenkontrollgericht hält es für sachgerecht, anhand der EAHV 93 zu ermitteln, welche Mindestbreite die Straßen haben sollten, die den Gegenstand der planerischen Festsetzungen der Ag. bilden.«* *BVerwG* NVwZ 2004, 442, 444.

85 Vgl. *BVerwG* NVwZ 2005, 442; *Sauthoff* NVwZ 2004, 674, 690.

86 Vgl. *BVerwG* NVwZ 2008, 675.

87 Vgl. hierzu *OLG Dresden* NVwZ-RR 2001, 354: Parkbucht; *OVG Münster* NVwZ-RR 2006, 96: Planwidrigkeit einer nicht den EAE 85/96 entsprechende Straße.

88 Vgl. *Schneider* a.a.O. 1.3.

| | |
|---|---|
| Radweg | 1,60 (enge Verhältnisse) 2,00 |
| Parkstreifen/Parkbucht | 1,80 (enge Verhältnisse) 2,00 |
| Gehweg | 1,00 (enge Verhältnisse) 1,75 |

41 Im konkreten Fall können dazu vergleichend die Werte der beteiligten Fahrzeuge herangezogen werden. Typisierte, also ungefähre Maße, hierzu sind:

Tab. 4

| **Fahrzeugklasse** | **Länge (m)** | **Breite (m)** |
|---|---|---|
| Kleinwagen | 3,92 | 1,65 |
| Untere Mittelklasse | 4,20 | 1,76 |
| Obere Mittelklasse | 4,73 | 1,81 |
| Oberklasse | 5,20 | 1,87 |

Konkrete Maße können über entsprechende Tabellenwerke oder über den ADAC[89] insoweit allerdings nur für Mitglieder) ermittelt werden. Mit diesen Werten können vor allem Zeugenaussagen auf eine Plausibilität hin geprüft werden.

## I. Abschleppen

42 Zunächst ist der Begriff des Abschleppens,[90] das nach § 15a StVO lediglich insoweit geregelt ist, als das Abschleppen auf Autobahnen nur bis zur nächsten Ausfahrt und außerhalb von Autobahnen ein Einfahren in die Autobahn verboten ist sowie das Einschalten der Warnblinkanlagen erfordert, weit zu fassen. Es fällt hierunter nicht nur die schnellstmögliche Entfernung liegen gebliebener Fahrzeuge aus dem Straßenverkehr, sondern jeglicher Transport eines betriebsunfähigen Fahrzeugs, sofern er der Begebung der Betriebsunfähigkeit oder der Verwertung oder der Vernichtung des Fahrzeugs dient und die dabei zurücklegende Fahrstrecke nicht weiter als nötig ist. Nach Sinn und Zweck der Vorschrift macht es keinen Unterschied, ob das abzutransportierende Fahrzeug dabei mit allen Achsen auf der Fahrbahn rollend, an einer Hebevorrichtung hängend oder auf einem Anhänger stehend fortbewegt wird.[91] Der Fahrerlaubnis bedarf der das abgeschleppte Fahrzeug Bedienende nicht.[92] Nach § 15a Abs. 1 StVO ist die Autobahn an der nächsten Ausfahrt zu verlassen. Dieses Ausfahren stellt nach Ansicht des *OLG Hamm* ein Abbiegen dar, sodass der Vorgang entsprechend angezeigt werden muss. Da beim Abschleppen regelmäßig die Warnblinkanlage eingeschaltet wird, muss, so das *OLG Hamm*, für die Anzeige des Abbiegens die Warnblinkanlage kurz ausgeschaltet und der normale Blinker genutzt werden.[93]

43 Das Abschleppen von Krafträdern ist gemäß § 15a Abs. 4 StVO grundsätzlich untersagt. Bei der Geltendmachung von Ansprüchen ist die richtige Passivlegitimation zu beachten. Wurde ein betriebsfähiges Fahrzeug geschleppt, sind die Haftpflichtversicherer des schleppenden und des abgeschleppten Fahrzeugs einstandspflichtig. War das geschleppte Fahrzeug hingegen nicht mehr selbstständig lenkbar, also betriebsunfähig, greift die Haftung am Zugfahrzeug an, sodass dessen Haftpflichtversicherung einzustehen hat.[94]

89 Siehe www.adac.de.
90 Vgl. zu den Begriffen grundlegend *Blum*, Abschleppen, Anschleppen und Schleppen, SVR 2009, 455 und NZV 2008, 547; *Heberlein/Miller* DAR 2009, 288f.; MüKo-StVR/*Huppertz* § 15a StVO Rn. 3 ff.
91 Vgl. *OLG Koblenz* NStZ-RR 1997, 249.
92 *OLG Hamm* DAR 1999, 178.
93 *OLG Hamm*, Urt. v. 25.07.2011 – I-6 U 19/11 = BeckRS 2011, 21701.
94 Vgl. grundlegend zu den versicherungsrechtlichen Fragen hierzu Himmelreich/Halm/*Kreuter* Kap. 19 Rn. 35 sowie zur öffentlich-rechtlichen Komponente des Abschleppens Himmelreich/Halm/*Mahlberg* Kap. 35 Rn. 715 ff.

Auch wer aus Gefälligkeit mit seinem Kfz ein anderes Fahrzeug abschleppt, haftet grundsätzlich nicht nur für grobe Fahrlässigkeit, sondern für jede Außerachtlassung der im Verkehr erforderlichen Sorgfalt.[95] 44

Das Ziehen eines betriebsfähigen Fahrzeugs stellt ein sog. *Schleppen* dar, das in § 33 StVZO geregelt ist. Hingegen ist *Abschleppen* das Schleppen eines betriebsunfähigen, wegen technischer Mängel mit eigener Motorkraft, das nicht oder nur mit wesentlich beeinträchtigter Betriebssicherheit selbst gefahren werden kann. Der Begriff des Abschleppens findet sich zunächst in § 15a StVO. Diese Vorschrift regelt das Abschleppen auf Autobahnen und beschränkte es auf die Strecke bis zur nächsten Ausfahrt. Ferner schreibt sie vor, während der Fahrt die Warnblinkanlage einzuschalten. Weiterhin wird die Einfahrt mit einem geschleppten Fahrzeug in die Autobahn untersagt. Außerhalb von Autobahnen wurde das Abschleppen durch den inzwischen aufgehobenen § 18 Abs. 1 StVZO geregelt. In der die StVZO ersetzenden Fahrerlaubnisverordnung (FeV) findet das Abschleppen keine Erwähnung mehr. Nach § 18 Abs. 1 StVZO durfte ein Fahrzeug abgeschleppt werden, ohne der Zulassungspflicht unterworfen zu sein. Der Abschleppvorgang war jedoch nicht auf das unmittelbare Entfernen eines liegen gebliebenen Fahrzeugs beschränkt, wie es die frühere Rspr. annahm: *»Vielmehr ist anerkannt, dass auch wirtschaftliche Belange des Kraftfahrzeughalters als Grund für die Ausnahmeregelung anzuerkennen sind. Ein Notfall wird deshalb nicht mehr nur dann angenommen, wenn die Betriebsunfähigkeit des Kraftfahrzeuges im öffentlichen Verkehr eingetreten ist. Er liegt vielmehr auch vor, wenn das Fahrzeug zur Instandsetzung in eine Werkstatt oder eine Garage gebracht werden muss, es möglicherweise sogar schon vor längerer Zeit an seinem gewöhnlichen Standort betriebsunfähig geworden ist, sich bereits zum Zwecke der Aufbewahrung oder Reparatur in einer Werkstatt befunden hat und nunmehr in einen anderen Kfz-Betrieb verbracht werden soll, oder der Halter die Betriebsunfähigkeit zum Beispiel durch Ausbau des Motors selbst verursacht hat* (folgen Nachweise). *Denn es ist für die Belange der Verkehrssicherheit gleichgültig, zu welchem Bestimmungsort das Fahrzeug geschleppt worden und aus welchen Gründen die Verkehrsunsicherheit eingetreten ist. Voraussetzung ist nur, dass es nicht über weitere Strecken, sondern zu einem möglichst nahe gelegenen Bestimmungsort geschleppt werde.«*[96] Dementsprechend war es auch zulässig, das Fahrzeug beim Verkauf in betriebsunfähigem Zustand durch Käufer oder Verkäufer in die Werkstatt oder Garage des Käufers zu schleppen.[97] Trotz dieser Erweiterung über den betriebstechnischen Notfall hinaus, spielt der Notfall bei der Frage der Einschränkung der Abschleppstrecke eine Rolle. Das *OLG Düsseldorf*[98] hat zwar ein Abschleppen über mehr als 45 km in einem Sonderfall für zulässig gehalten, hierbei jedoch die Grenze der Abschleppstrecke aufgezeigt. Auch das *OLG Celle*[99] hat 45 km für zu lang erachtet und zur Abgrenzung zwischen Notfall und *»Transport«* ausgeführt: *»Infrastruktur, Anzahl und Qualität der Fachwerkstätten ermöglichen es heute i.d.R., ein defektes Fahrzeug schon bald in eine Werkstatt zu bringen, in der es wieder betriebsfähig gemacht werden kann. In diesem Zusammenhang können Erwägungen, eine möglichst preiswerte Reparatur durchzuführen, keinen entscheidenden Ausschlag geben (BayObLG, VRS 15, 473; OLG Köln, VRS 14, 141), zumal die Bestimmung des § 18 Abs. 1 StVZO im Interesse der Verkehrssicherheit eng auszulegen ist.«*[100] Beim Abschleppvorgang sind geeignete Maßnahmen zu treffen. Die Missachtung kann im Einzelfall, abhängig von der Kausalität bei der Haftungsabwägung eine erhebliche Rolle spielen. Es ist die Warnblinkanlage an beiden Fahrzeugen einzuschalten, § 15a Abs. 3 StVO, ferner müssen die verwendeten Abschleppmittel[101] nach § 43 Abs. 3 StVZO ordnungsgemäß verwendet werden: *»Bei Verwendung von Abschleppstangen oder Abschleppseilen darf der lichte Abstand vom ziehenden zum gezogenen Fahrzeug nicht mehr als 5m betragen. Abschleppstangen und Abschleppseile sind ausreichend erkennbar zu machen, z.B. durch einen roten Lappen«*. Werden die rechtlichen Bedingungen für einen 45

95 Vgl. *BGH* VersR 1957, 315.
96 BGHSt 23, 108, 113 = NJW 1969, 2155; *OLG Frankfurt/M.* NStZ-RR 1997, 93.
97 *OLG Celle* NZV 1994, 242; *OLG Frankfurt/M.* NStZ-RR 1997, 93.
98 *OLG Düsseldorf* VerkMitt 1996, 5.
99 *OLG Celle* NZV 1994, 242; i. Erg. ebenso *OLG Koblenz* NStZ-RR 1997, 249 f.
100 *BayObLG* b. Bär DAR 1992, 362.
101 *LG München II* NZV 2015, 251 (Abschleppen mit Seil statt mir Stange laut Betriebsanleitung).

ordnungsgemäßen und damit zulässigen Abschleppvorgang nicht eingehalten, kommt bei der Haftungsabwägung auch ein Verschuldensmoment des Halters in Betracht. Angesichts der Diskussion um die Frage, ob bei Schmerzensgeld im Verschuldensbereich ein höherer Betrag angemessen ist, spielt dies durchaus eine Rolle. Die beiden Fahrzeugführer haben vor Antritt der Fahrt eindeutige Vereinbarungen über eine rasche Verständigung während des Abschleppens, insbesondere über die von Fall zu Fall notwendig werdende Änderung der Fahrgeschwindigkeit, zu treffen. Unterbleibt eine derartige Verständigung, so gereicht dies beiden Fahrern zum Verschulden.[102]

46 Ein Kraftfahrer, der noch niemals beim Abschleppen eines Kraftfahrzeuges mitgewirkt hat, handelt schon deshalb fahrlässig, weil er sich überhaupt auf das Abschleppmanöver eingelassen hat, insbesondere, wenn das Abschleppen des Pkws über eine schneeglatte Straße durch Ankupplung eines Seiles an einen anderen Kraftwagen geschieht, und er sich selbst an das Steuer des abgeschleppten Fahrzeuges setzt.[103]

47 Ein Schadenausgleich nach §§ 7, 17 StVG ist auch dann gerechtfertigt, wenn ein in weicher Erde stecken gebliebener Lkw bei dem Versuch, ihn mithilfe eines anderen Kfz durch Verbundwirkung beider Motoren aus seiner Lage zu befreien, infolge Zurückrollens des vorgespannten Fahrzeugs beschädigt wird.[104]

48 Lassen sich Verschuldenshaftungsanteile nicht feststellen, so ist regelmäßig auf der Grundlage gleichartiger Betriebsgefahr eine Haftungsverteilung von 50:50 angemessen.[105] Das *OLG Celle*[106] geht im Übrigen davon aus, dass die Einwirkungen des Lenkers des gezogenen Fahrzeugs zwangsläufig zur Bejahung der Betriebsgefahr führen. Zudem kommt aber auch eine erhöhte Betriebsgefahr in Betracht, wenn im Zuge des Abschleppens der Fahrer des abgeschleppten Fahrzeugs sich nicht optimal der Fahrweise des abschleppenden Fahrers anpasst.[107] Das *OLG Celle*[108] weist darauf hin, dass auch das geschleppte Fahrzeug bei Einwirkungen durch dessen Fahrer zum Betrieb i. S. v. § 7 StVG führt und es hierbei nicht darauf ankommt, ob der Abschleppbeginn noch auf Privatgrund begonnen wird. Ferner führt es aus, ein Verzicht auf Ansprüche, die von dem abschleppenden Fahrzeug oder dessen Fahrer herrühren, komme unter dem Gesichtspunkt einer Haftungsbeschränkung auf grobe Fahrlässigkeit oder Vorsatz nicht in Betracht, insbes. sei ein Beschäftigter des Halters regelmäßig nicht bevollmächtigt, derartige Erklärungen abzugeben.

Umgekehrt verneint das *LG Dessau-Roßlau*[109] eine Haftung des Fahrers oder Halters des gezogenen Fahrzeugs beim Abschleppen mittels fester Stange, auch wenn diese Abschleppmethode vom Fahrer erstmals durchgeführt wird.

Soll die Autobahn verlassen werden, ist nach dem *OLG Hamm*[110] die Warnblinkanlage am Zugfahrzeug auszuschalten und der rechte Blinker zu setzen, um den Lenker des gezogenen Fahrzeugs auf den Abbiegevorgang hinzuweisen.

## II. Abstand zum Vordermann

49 Grundsätzlich spricht beim Auffahren auf ein vorausbefindliches Fahrzeug der Anscheinsbeweis gegen den Auffahrenden. *»Das Auffahren auf ein die Fahrbahn versperrendes Kraftfahrzeug erlaubt grundsätzlich eine alternative Schuldfeststellung dahin, dass entweder der Bremsweg des Auffahrenden länger als die*

102 *LG Bamberg* VersR 1960, 762.

103 *OLG Schleswig* DAR 1992, 456, Nichtannahme der Revision durch den *BGH*.

104 Vgl. *BGH* VersR 1966, 934; *BGH* VersR 1956, 38.

105 Vgl. *OLG Hamm* NZV 2009, 456, 457; *LG München II* NZV 2015, 251 (»Abschleppöse ausgerissen und beschädigt ziehendes Fahrzeug«; Haftungsteilung).

106 *OLG Celle* r+s 2013, 145.

107 *OLG Hamm*, Urt. v. 05.07.2011 – I-6 U 19/11 = BeckRS 2011, 21701.

108 *OLG Celle* r+s 2013, 145.

109 *LG Dessau-Roßlau* NZV 2013, 125.

110 *OLG Hamm* NJW 2012, 73; vgl. auch *OLG Hamm* r+s 2011, 444.

*Sichtweite oder seine Reaktion auf die rechtzeitig erkennbare Gefahr unzureichend gewesen sein muss«*,[111] also insbesondere der Unfall auf ungenügenden Abstand zum Vordermann zurückzuführen ist. Das setzt aber eine typische Situation,[112] also zumindest eine Teilüberdeckung von Front und Heck voraus.[113] Demgegenüber tritt die Betriebsgefahr des vorausbefindlichen Fahrzeugs regelmäßig zurück. Der Anscheinsbeweis kann jedoch dann entkräftet werden, wenn der Vorausfahrende unvorhersehbar und ohne Ausschöpfung des Anhaltewegs, etwa bei einer Kollision, ruckartig gebremst hat.[114] Die Frage des richtigen Abstandes auf Autobahnen hat das *LG Karlsruhe*[115] deutlich herausgestellt: *»Auf Autobahnen muss unter normalen Verkehrsverhältnissen ein Sicherheitsabstand eingehalten werden, welcher der in 1,5 Sekunden durchfahrenden Strecke entspricht; ein Verstoß hiergegen fällt unter § 4 Abs. 1 StVO. Bei der vom Angekl. gefahrenen Geschwindigkeit hätte es daher eines Sicherheitsabstands von etwa 75 Metern bedurft. Wer von seinem gleich schnellen Vordermann, nicht nur ganz vorübergehend, einen Abstand einhält, der geringer ist als die in 0,8 Sekunden durchfahrene Strecke – bei 180 km/h also unter 40 Metern –, gefährdet hierdurch den Vordermann* (es folgen Nachweise). *Im vorliegenden Fall verringerte sich jedoch bei einer Annäherung auf 22 Meter – bei einer Differenzgeschwindigkeit von noch 53 km/h – bis 13 Meter – bei einer Differenzgeschwindigkeit von noch 30 km/h – der Abstand fortlaufend drastisch, ein Auffahrunfall drohte innerhalb von weniger als zwei Sekunden. Es hing unter diesen Umständen von der geringsten Zufälligkeit, von der geringsten Fehlreaktion des nachfahrenden Angekl. wie der vorausfahrenden J, vom geringsten technischen Defekt ab, ob es zu einem Unfall kam.«* Bei der Haftungsabwägung ist ferner zu berücksichtigen, ob nicht bereits der erschwerende Umstand der Nötigung, § 240 StGB vorliegt.[116] Das ist zu bejahen, wenn das Fahrverhalten des hinteren Fahrers geeignet ist, einen besonnenen Fahrer in Sorge und Furcht zu versetzen und zu zwingen, seinen Willen demjenigen des Täters unterzuordnen.[117]

Wenn aber der Halter und Fahrer eines Pkw infolge eines Reifenschadens stark abbremst und auf **50** ihn deshalb ein nachfolgendes Kfz auffährt, hat er den Unfall zumindest zur Hälfte zu vertreten, wenn der Reifen nicht mehr den gesetzlichen Anforderungen des § 36 StVZO entsprochen hat. Der Gesichtspunkt, dass der Reifen nicht mehr verkehrssicher war, hat in diesem Fall die allgemeine Betriebsgefahr des Pkw erhöht,[118] sodass sie nicht mehr zurücktritt.

Eine Mithaftung kommt ebenfalls in Betracht, wenn die Bremslichter des vorausfahrenden Kfz trotz **51** der von seinem Fahrer eingeleiteten Bremsung nicht aufleuchten.[119] Nach der Rspr. ist nämlich der Abstand nicht so einzurichten, dass auch ohne Aufleuchten der Bremslichter beim Abbremsen des Vordermanns noch angehalten werden kann.[120] In diesen Fällen wurde die Betriebsgefahr dieses Kfz in etwa doppelt so hoch bewertet wie die des aufgefahrenen Kfz. Dies bedeutet in der Regel mindestens eine Haftungsverteilung im Verhältnis 2:1 zugunsten des Auffahrenden.[121]

## III. Alkoholisierung

Bei einer Alkoholisierung von mindestens 1,1 ‰ liegt eine absolute Fahruntüchtigkeit vor, dies ist **52** unwiderleglich. Bei Fußgängern gibt es eine in diesem Sinne feststehende Regel nicht. Jedenfalls

111 *BGH* NJW 1987, 1235; *OLG Karlsruhe* NJW 2013, 1968.
112 Vgl. *BGH* NJW 2017, 1247 m. Anm. *Gössl*; *BGH* NJW 2017, 1177; *OLG Koblenz*, Hinweisbeschl. v. 19.03.2020 – 12 U 2151/19 = BeckRS 2020, 6391.
113 Vgl. zul. *KG* NJW-RR 2014, 809 (Darlegungslast bei Auffahrunfall).
114 *BGH* NJW-RR 2007, 680.
115 *LG Karlsruhe* NJW 2005, 915: Autobahnraser.
116 Vgl. hierzu *OLG Celle* DAR 2012, 457.
117 *OLG Köln* NZV 1991, 371 f.
118 Vgl. *LG Frankfurt/M.* VersR 1986, 1086 [L].
119 *OLG Karlsruhe* VersR 1982, 1205: 50 % Mithaftung des Vorausfahrenden.
120 Vgl. *BayObLG* VRS 62, 380.
121 Vgl. *OLG Karlsruhe* VersR 1982, 1205.

bei 2 ‰ kann man von einem gegen den alkoholisierten Fußgänger Anscheinsbeweis ausgehen.[122] Das *OLG Dresden* nahm mit Billigung des *BGH* sogar schon bei 1,7 ‰ einen Anscheinsbeweis an.[123] Auch hier muss aber eine kausale Verknüpfung mit dem Unfallgeschehen vorhanden sein.[124]

53 Streitig war zunächst allerdings, ob bei einem Kraftfahrer auch mit einem Alkoholisierungsgrad von 1,1 ‰ schon unter dem Gesichtspunkt der Trunkenheit ein Anscheinsbeweis in Betracht komme. Diese noch 1996 von zahlreichen Gerichten, u.a. vom *LG Würzburg*[125] vertretene Ansicht wurde vom *BGH*[126] nicht geteilt. Nach der Ansicht des *BGH,* der das Urteil der Vorinstanz[127] bestätigte, ergibt sich eine Berücksichtigung der absoluten Fahruntüchtigkeit infolge Alkoholgenusses nur, wenn die Unfallursächlichkeit feststeht.[128] Ausgangspunkt dieser Ansicht ist der allgemein anerkannte Grundsatz, dass lediglich nachgewiesenes Verschulden bei der Haftungsabwägung gemäß § 17 StVG herangezogen werden darf, die absolute Fahruntüchtigkeit sei jedoch insoweit nicht anders zu beurteilen als überhöhte Geschwindigkeit, mangelnde Beleuchtung oder Ermüdung usw.

54 Der *BGH*[129] billigt dem Geschädigten jedoch Beweiserleichterungen in den Fällen zu, in denen sich der Unfall in einer Verkehrslage und unter Umständen ereignet, die ein nüchterner Fahrer hätte meistern können.[130] Er nähert sich damit aber bereits wieder einem, allerdings eingeschränkten, Anscheinsbeweis an. Es ist daher im Ergebnis erst eine Verknüpfung von Trunkenheit und spezifischen Fahrfehlern, die zum Anscheinsbeweis führt. Das *KG*[131] hat diese Grundsätze betont: *»Nach der ständigen Rspr. des BGH sowie des Senats ist eine alkoholbedingte Fahruntüchtigkeit bei der Abwägung nach § 17 Abs. 1 StVG nur dann zu berücksichtigen, wenn sie sich nachweislich unfallursächlich ausgewirkt hat, wenn also feststeht, dass ein nüchterner Kraftfahrer in derselben Situation unfallverhütend reagiert hätte* ( es folgen Nachweise)«. Zum gleichen Ergebnis gelangt das *OLG Hamm.*[132]

55 Dies kann sich insbesondere aus dem zu schnellen Fahren und Abkommen von der Fahrbahn ergeben.[133] Typische Fahrfehler sind etwa Fahren in Schlangenlinien, Abkommen von der Fahrbahn auf gerader Strecke, Überfahren von Halteschildern, Streifunfälle.[134]

56 Auch das Abkommen von der eigenen Fahrspur in einer leichten Linkskurve ist insoweit ein erhebliches Indiz für einen alkoholbedingten Fahrfehler.[135]

57 Wer sich einem erkennbar alkoholbedingt fahruntüchtigen Fahrer zur Beförderung anvertraut, setzt sich dem Vorwurf des Mitverschuldens aus, wenn es infolge der Fahruntüchtigkeit zu einem Unfall kommt, durch den der Beifahrer verletzt wird.[136] Bei der Gewichtung der Haftung kommt es auf

122 Vgl. *OLG Celle,* Urt. v. 12.05.2010 – 14 U 167/09 = BeckRS 2011, 04535.
123 *OLG Dresden* NZV 2001, 378, Nichtannahme der Revision *BGH,* Beschl. v. 16.01.2001 – VI ZR 240/00.
124 Vgl. *OLG Koblenz,* Urt. v. 03.02.2014 – 12 U 607/13 = BeckRS 2014, 14009.
125 *LG Würzburg* r+s 1995, 244.
126 *BGH* NJW 1995, 1029 mit ausf. Nachw. auch zur Gegenansicht; vgl. auch *Hoffmann* NZV 1997, 57.
127 *OLG Saarbrücken* NZV 1995, 23.
128 *BGH* NJW 1995, 1029; *OLG Hamm* NJOZ 2011, 589.
129 Vgl. *BGH* r+s 1995, 145; *BGH* NJW-RR 1986, 323, 324; *BGH* NJW 1956, 21; *OLG Saarbrücken* r+s 2018, 154, 156.
130 Vgl. auch *OLG Frankfurt/M.* r+s 2024, 373 m. Anm. *Steinert* SVR 2024, 341; *OLG München* r+s 2015, 257.
131 *KG* NZV 2004, 28; zuletzt ebenso *KG* r+s 2011, 331.
132 *OLG Hamm* NJOZ 2011, 589.
133 Vgl. *OLG Nürnberg* VersR 2001, 1230 LS.; vgl. auch *OLG Koblenz* PVR 2002, 58 m. Anm. *Halm*; *OLG Karlsruhe* NZV 2002, 227.
134 Vgl. auch Himmelreich/Halm/*Oberpriller* Kap. 20 Rn. 104; Berz/Burmann/*Born* Kap. 3 B Rn. 126 f. m. ausf. Nachw.
135 *OLG Nürnberg* VersR 1990, 480.
136 *OLG Frankfurt/M.* VersR 1980, 287: Mitverschulden des Beifahrers 1/3.

den Einzelfall an. Das *KG*[137] hat bei einer Haftungsverteilung von 50:50 die Abwägungskriterien herausgestellt: *»Der Kl. weist zwar zutreffend darauf hin, dass im Regelfall in der Rspr. (übrigens auch des erkennenden Senats) der Verschuldensvorwurf gegen den alkoholisierten Fahrer schwerer gewichtet wird als derjenige gegen den Beifahrer, der die Alkoholisierung erkannt hat oder hätte erkennen können* (es folgen Nachweise). *Ein solcher Regelfall liegt hier aber ersichtlich nicht vor. Hier hat die Beweisaufnahme nicht nur ergeben, dass der Kl. die Alkoholisierung des Bekl. zu 1 hätte erkennen können und sogar müssen (was in den zitierten ›Regelfällen‹ üblicherweise die Hauptproblematik darstellt), sondern vielmehr sogar, dass die Parteien wegen des von vornherein beabsichtigten Alkoholkonsums des Bekl. zu 1 abgesprochen hatten, dass der Kl. anschließend das Fahrzeug führen solle.«* Nur wenn der Mitfahrer also tatsächliche Kenntnis von der Alkoholisierung hat, kann ihn ein Mitverschulden treffen.[138] Das *OLG Schleswig*[139] hatte eine Mithaftung eines jugendlichen Beifahrers mit 25 % angenommen. Prozessual ist zu beachten, dass die Beweislast für Umstände, die zu einem Mitverschulden des Beifahrers führen können, beim Schädiger liegt.[140] Eine Mithaftung scheidet aber aus, wenn dem Geschädigten keine Kenntnis von der Trunkenheit nachgewiesen werden kann, weil er vor Fahrtantritt im Fahrzeug geschlafen haben soll.[141]

### IV. Anfahren

Der vom Fahrbahnrand anfahrende Verkehrsteilnehmer hat bei einem Zusammenstoß mit dem fließenden Verkehr grundsätzlich den vollen Schaden zu tragen. Gegen ihn spricht schon der Anscheinsbeweis, da sich aus § 10 StVO die gesteigerte Sorgfaltspflicht ergibt, die regelmäßig zur Bejahung eines Anscheinsbeweises im Straßenverkehr führt,[142] wobei die Vorschrift auch für Radfahrer gilt.[143] Der Anscheinsbeweis gilt solange, bis das Fahrzeug vollständig in den fließenden Verkehr eingeordnet ist, also circa 20–25 Meter. Grundsätzlich gilt für die Entfernung des herannahenden Verkehrs der Grundsatz, dass sich dieser in Hinblick auf Geschwindigkeit und Ausweichmöglichkeit entsprechend einstellen kann.[144] 58

Kommt es zu einem Zusammenstoß mit einem auf dem linken Fahrstreifen herannahenden und auf den rechten wechselnden Fahrzeug haftet der Anfahrende ebenfalls, da er sich nicht allein auf den rechten Fahrstreifen verlassen darf und § 7 Abs. 5 StVO auch nicht dem Schutz des ruhenden Verkehrs dient.[145] Die Alleinhaftung des Anfahrenden ergibt sich auch, wenn ein Dritter hält, um das Anfahren zu ermöglichen, der Spurwechsler nach einem Überholen unmittelbar nach rechts in die vom Anfahrenden gewählte Spur wechselt.[146] Eine Einschränkung der Haftung kommt allenfalls bei überhöhter Geschwindigkeit des Überholers in Betracht, wenn nämlich der Unfall anderenfalls vermeidbar gewesen wäre.[147] 59

Eine Haftung scheidet nur dann aus, wenn die Kollision nicht mehr im zeitlichen und örtlichen Zusammenhang steht. Das *KG*[148] hat folgende Grundsätze hervorgehoben: *»Geschieht ein Unfall derart beim Anfahren vom Fahrbahnrand, dass zwischen dem Vorgang des Einfahrens in Richtung Fahrbahnmitte und der Kollision mit dem durchgehenden Verkehr ein unmittelbarer räumlicher und zeitlicher* 60

137 *KG* NZV 2005, 421.
138 *OLG Hamm* NZV 2006, 85.
139 *OLG Schleswig* NZV 1995, 357.
140 *BGH* NJW 1988, 2365 f.
141 *OLG Brandenburg* NJW 2011, 896.
142 Vgl. zuletzt *KG* NJW-RR 2011, 26 m.w.N.; *OLG Naumburg* NJW-RR 2013, 737.
143 *OLG Hamm*, Urt. v. 06.06.2014 – 26 U 60/13 = BeckRS 2014, 13614.
144 Vgl. *LG München I*, Urt. v. 12.09.1997 – 17 S 223/97 n.v.: 25 Meter; ferner Burmann/Heß/Hühnermann/Jahnke/*Burmann* § 10 StVO Rn. 13.
145 *BGH* NJW 2022, 1810 m. Anm. *Almeroth*; *KG* NZV 2008, 413; *LG Berlin*, Urt. v. 11.12.2006 – 24 O 280/06 = BeckRS 2008, 12478.
146 *KG* NJW-RR 2011, 26.
147 Vgl. *OLG Celle* NJOZ 2010, 658.
148 *KG* NJW-RR 2011, 26.

*Zusammenhang besteht, so spricht der Beweis des ersten Anscheins für ein Verschulden des Anfahrenden, wobei ein Zusammenstoß nach etwa 10 bis 12m vom Ort des Anfahrens für einen unmittelbaren Zusammenhang ausreichend sind* (folgen Nachweise). *Der Einfahrvorgang endet nämlich erst, wenn sich das Fahrzeug endgültig in den fließenden Verkehr eingeordnet hat* (es folgen Nachweise). *Dabei muss jede Einflussnahme des Anfahrvorgangs auf das weitere Verkehrsgeschehen ausgeschlossen sein.«*

61 Schließlich kommt es wegen der schwer erkennbaren Gefährdungssituation häufig zum Zusammenstoß zwischen dem anfahrenden und einem links abbiegenden Fahrzeug. Das *KG* hat für den Fall einer Kollision mit einem nach links in eine Grundstückseinfahrt einbiegenden Fahrzeug und dem vom Fahrbahnrand Anfahrenden eine Haftungsverteilung von 50:50 angesetzt.[149]

62 Eine überhöhte Geschwindigkeit des Herannahenden kann ebenfalls zu einer Mithaftung führen. Das *OLG Düsseldorf*[150] hat für eine Geschwindigkeit von 65 km/h statt der zulässigen 50 km/h eine Mithaftung von 1/3 angenommen. In der Praxis sind hierbei vor allem die Sichtverhältnisse beider Fahrzeuglenker und deren Reaktionsmöglichkeiten herauszuarbeiten. Das *OLG Düsseldorf*[151] hatte die beschränkten persönlichen Fähigkeiten des Motorradfahrers zur Beherrschung der Situation ausdrücklich aus Mitverschuldenskriterium herangezogen.

63 *»Nichts ist unmöglich«*. Deshalb trafen sich zwei aus jeweils gegenüberliegenden Parkbuchten rückwärts Ausfahrende in der Mitte der Straße. § 10 StVO kommt hier nicht zur Anwendung, weil sich dieser auf den fließenden Verkehr bezieht.[152] Gleiches gilt für § 9 StVO (Rückwärtsfahren).[153] Konsequent muss man bei Bewegung beider Fahrzeuge zum Kollisionszeitpunkt zu einer Haftungsquote von 50:50 kommen. Hat einer früher das Problem erkannt und noch rechtzeitig zum Stillstand abgebremst, nimmt das *LG Saarbrücken* eine Mithaftung des Stehenden aus Betriebsgefahr von lediglich 20 %. an. Demgegenüber geht nunmehr der *BGH*[154] davon aus, wenn *»zumindest nicht ausgeschlossen werden kann, dass sein Fahrzeug im Kollisionszeitpunkt bereits stand«*, scheide ein Anscheinsbeweis gegen den Rückwärtsfahrenden aus. Könne nun der Gegner selbst wiederum nicht beweisen, dass er gestanden sei, treffe letzteren nach dem Anscheinsbeweis.

64 Gegen diese Rechtsansicht bestehen erhebliche Zweifel. Ob ein Fahrzeug stand, setzt eine präzise unfallanalytische Beurteilung der *»Standzeit vor der Kollision«* voraus, die jedoch nur selten zu erzielen sein wird, da es sich um Zusammenstöße im untersten Geschwindigkeitsbereich mit nur geringen Deformationen handelt.[155] Das *KG*[156] fasst den Begriff des Rückwärtsfahrens konsequent und richtig weiter auf und nimmt auf der Grundlage beiderseitigen Rückwärtsfahrens bei Unfällen im Parkplatzbereich an, dass es letztlich auf das Stehen eines Fahrzeugs kurz vor der Kollision nicht ankomme, weil auch insoweit noch der Verkehrsvorgang des Rückwärtsfahrens vorliege.

65 Handelt es sich bei dem Verkehrsvorgang um ein rückwärtiges Ausparken kumulieren nach Ansicht des *OLG München* die Anscheinsbeweise nach §§ 9, 10 StVO.[157]

## V. Autobahn und Kraftfahrstraßen

66 Zahlreiche Urteile liegen zu Unfällen auf Autobahnen oder Kraftfahrstraßen vor. Die einzelnen Fallgestaltungen sind nachfolgend alphabetisch in sich geordnet. Auch hierbei ist zu beachten, dass die Haftung nicht von der tatsächlichen Kollision der Fahrzeuge abhängt. Es müssen aber Anhaltspunkte dafür festgestellt werden, dass das Verhalten des in Anspruch Genommenen subjektiv zur

---

149 *KG*, Urt. v. 26.11.2007 – 12 U 27/07 = BeckRS 2008, 12475.
150 *OLG Düsseldorf*, Urt. v. 18.02.2008 – 1 U 98/07 = BeckRS 2008, 11860.
151 *OLG Düsseldorf* Urt. v. 18.02.2008 – 1 U 98/07.
152 *LG Saarbrücken* NJOZ 2011, 597.
153 *OLG Stuttgart* NJW 2004, 2255; *LG Saarbrücken* NJOZ 2011, 597.
154 *BGH* NJW 2017, 1175.
155 Zur Unfallanalytik vgl. *Bachmeier* Mandatshandbuch Rn. 857.
156 *KG* zfs 2011, 255; hierzu *Nugel* jurisPR-VerkR 6/2011 Anm. 1.
157 Vgl. *OLG München* NJW-RR 2014, 601.

Befürchtung hätte Anlass geben können, es werde ohne seine Reaktion zu einer Kollision kommen. Dann ist jedenfalls die Betriebsgefahr zu berücksichtigen.[158]

## 1. Abstand nach vorn

Auf die generelle Pflicht zur Einhaltung des erforderlichen Abstands wurde bereits in Rn. 38 hingewiesen. Auch hier gilt der Anscheinsbeweis gegen den Auffahrenden mit den Entlastungsmöglichkeiten im Spurwechselbereich. Hierbei reicht es aus, wenn der Spurwechsel feststeht, Weiteres aber nicht mehr aufklärbar ist.[159] Gleiches gilt bei einem Ausfahrvorgang, der im Zusammenhang mit nachgewiesenem vorherigen Überholvorgang zusammenhängt.[160] 67

Im Bereich der Autobahnen stellt sich insbesondere die Frage der Orientierung am vorausfahrenden Fahrzeug bei Dunkelheit. Im Straßenverkehr gilt der Grundsatz des Fahrens auf Sicht, § 3 Abs. 2 StVO. Im Bereich der Autobahnen gilt jedoch die sog. »Goldene Regel« gemäß § 18 Abs. 6 StVO, wonach der Kraftfahrer seine Geschwindigkeit nicht der Reichweite des Abblendlichts anzupassen braucht, wenn die Schlussleuchten des vorausfahrenden Kraftfahrzeugs klar erkennbar und ein ausreichender Abstand von ihm eingehalten wird oder der Verlauf der Fahrbahn durch Leiteinrichtungen mit Rückstrahlern und, zusammen mit fremdem Licht, Hindernisse rechtzeitig erkennbar sind.[161] Entscheidend kommt es darauf an, ob es für den Fahrer des hinteren Fahrzeugs möglich war, die Voraussetzungen für die Reaktion des Vorausfahrenden rechtzeitig zu erkennen: *»In der Regel braucht er sich nicht darauf einzurichten, dass der normale Bremsweg außerordentlich verkürzt wird oder dass das vorausfahrende Fahrzeug etwa infolge Auffahrens auf ein Hindernis ruckartig stehen bleibt. Ebenso wenig muss sich der nachfolgende Verkehrsteilnehmer darauf einrichten, dass der Vorausfahrende so nahe vor einem Hindernis ausweicht, dass der nachfolgende Fahrer – der erst jetzt das Hindernis erkennen kann – nicht mehr unfallverhütend reagieren kann. Anders liegt es, wenn der Nachfolgende erkennt, dass der Vordermann zu einem vorausfahrenden Fahrzeug einen zu geringen Sicherheitsabstand einhält.«*[162] Kam für den Vorausfahrenden die Situation so plötzlich, dass er nicht mehr rechtzeitig reagieren konnte, wird in der Regel auch für den Nachfahrenden ein Verschulden zu verneinen sein, weil er insoweit mit der erfolgten Verkürzung seiner Reaktionszeit nicht rechnen muss.[163] Fahrfehler des Vorausfahrenden sind also dem Nachfahrenden zuzurechnen.[164] Zu beachten ist aber, dass § 18 Abs. 6 StVO auf die dort aufgeführten beiden Alternativen beschränkt und eine Ausnahme vom Sichtfahrgebot dann zu verneinen ist, wenn die Rücklichter des Vorausfahrenden gerade nicht erkennbar sind. *»Auch auf Autobahnen muss prinzipiell mit Hindernissen gerechnet werden, und zwar sogar mit unbeleuchteten. Ein Autobahnbenutzer braucht seine Geschwindigkeit lediglich nicht so gering zu bemessen, dass er selbst außergewöhnlich schwer erkennbare auf der Fahrbahn liegende Gegenstände noch rechtzeitig erkennen kann. Dazu gehören Fahrzeuge aber gerade nicht, und zwar selbst dann nicht, wenn sie nachts unbeleuchtet auf der Fahrbahn einer Autobahn stehen.«*[165] Dementsprechend tritt die »Goldene Regel« sofort außer Kraft, wenn der Vorausfahrende nach rechts einschert. Dies führt nach dem Grundsatz des Fahrens auf Sicht zu einem sofortigen Gebot der Geschwindigkeitsherabsetzung.[166] 68

Der nachfolgende Kraftfahrer ist auch bei einer Geschwindigkeit von 160 km/h auf der BAB bei Tageslicht nicht verpflichtet, den Abstand zum vorausfahrenden Fahrzeug so einzurichten, dass er noch vor einem durch den Vorausfahrenden zunächst verdeckten Hindernis (Lauffläche eines Rei- 69

158 *KG* KGR 2000, 316.
159 *BGH* NJW 2012, 608, hierzu *Fischer* LMK 2012, 328186.
160 *BGH* NJW 2012, 608 2011, 685; hierzu NJW-Spezial 2011, 41.
161 *BGH* NJW 1984, 2412; *OLG Hamm*, Urt. v. 28.09.2009 – I-6 U 86/09 = BeckRS 2012, 19788.
162 *KG* NJOZ 2003, 219.
163 *KG* NJOZ 2003, 219.
164 *OLG Bamberg* NZV 2000, 49.
165 *OLG Bamberg* NZV 2000, 49; *OLG Braunschweig* NZV 2002, 176.
166 *OLG Bamberg* NZV 2000, 49.

fens) anhalten kann, wenn der Vorausfahrende unmittelbar vor dem Hindernis den Fahrstreifen gewechselt hat, ohne dabei abzubremsen.[167]

70 Ein Bremsen *»ohne Grund«* liegt nicht vor, wenn ein sich auf dem rechten Fahrstreifen einer BAB befindlicher Fahrer seinen Pkw abbremst, um einem auf der Einfädelspur fahrenden Lkw die Einfahrt zu ermöglichen. Dies gilt selbst dann, wenn der Pkw-Fahrer die Möglichkeit hatte, seinen Pkw zu beschleunigen und den Lkw noch vor dem Einfädeln auf der BAB zu überholen. Der bremsende Pkw-Fahrer darf darauf vertrauen, dass nachfolgende Verkehrsteilnehmer auf eine mäßige Verlangsamung seiner Geschwindigkeit eingestellt sind und rechtzeitig reagieren.[168]

### 2. Ein- und Ausfahren

71 Das Setzen des Blinkers durch bevorrechtigte Fahrer auf der Autobahn kann dahingehend verstanden werden, dass sie nach links ausweichen wollen, wenn die Verkehrslage dies erlaubt, um dem Einfädelnden die Auffahrt zu ermöglichen. Ist für den Einfädelnden die Verkehrssituation hinter dem auf der Autobahn fahrenden, den linken Blinker setzenden Verkehrsteilnehmer, nicht zu überschauen, hat er abzuwarten, darf insbesondere nicht *»auf Verdacht«* einfädeln. Das Einfahren ist vielmehr nur erlaubt, wenn aus der Sicht des Einfahrenden der durchgehende Verkehr die Geschwindigkeit nicht wesentlich verlangsamen muss.[169]

72 Dementsprechend kommt auch kein Anscheinsbeweis dahingehend in Betracht, der bereits auf der Autobahn Befindliche habe Sorgfaltspflichten verletzt, vielmehr kommt gerade der Anscheinsbeweis gegen den Einfahrenden dahingehend in Betracht, er habe sich nicht sorgfältig verhalten.[170] Der Verkehr auf der durchgehenden Fahrspur der Autobahn ist gegenüber dem Verkehr auf der Einfädelspur gemäß § 18 Abs. 3 StVO bevorrechtigt. Dieses Vorrecht bleibt auch dann erhalten, wenn die Fahrzeuge auf der Fahrspur verkehrsbedingt zum Stehen kommen.[171] *»Wer an einer Anschlussstelle auf die Autobahn auffährt, kommt aus einem anderen Straßenteil i.S.d. § 10 StVO. Damit hat er die Gefährdung der anderen Verkehrsteilnehmer auszuschließen.«*[172] Auch hier ist der Begriff des Idealfahrers zu beachten. Ein vorausschauender und rücksichtsvoller, sämtliche Gefahrenmomente und auch fremde Fahrfehler in seine Gefahrenprognose einstellender Idealfahrer hätte damit rechnen und sich darauf einstellen müssen, dass der langsamer fahrende Sattelzug der Bekl. zu 2) – auch möglicherweise unter Missachtung des § 18 Abs. 3 StVO – den Versuch unternehmen wird, noch vor ihm von dem Beschleunigungsstreifen auf die BAB zu wechseln. Ein idealtypischer Fahrzeugführer hätte bei dieser auf weite Sicht gut wahrnehmbaren Verkehrssituation nicht auf sein Vorrecht aus § 18 Abs. 3 StVO beharrt, sondern – entsprechend dem Gebot der Rücksichtnahme aus § 1 Abs. 2 StVO – die besonderen Schwierigkeiten eines schwerfälligen Lastzuges bei dem Einfahren auf eine Autobahn erwogen und dem im Einfädeln begriffenen Sattelzug eine Auffahrt ermöglicht, indem er sein eigenes Gefährt bereits frühzeitig bei Erkennen der Einfädelungsabsicht des Bekl. zu 4) abgebremst hätte.[173]

73 Wer über eine Einfahrt unter Außerachtlassung der für ihn vorgesehenen Einfädelspur direkt in die Normalspur einer autobahnähnlich ausgebauten Bundesstraße einbiegt, trägt das Risiko für einen ihm entstehenden Schaden, wenn er auf der Normalspur abbremsen muss, weil vor ihm von der Einfädelspur aus andere Fahrzeuge in die Normalspur einfahren, er selbst nicht auf die Überhol-

167 Vgl. *BGH* NJW 1984, 2412.
168 Vgl. *OLG Hamburg* DAR 2000, 507; *OLG Köln* r+s 1985, 293.
169 *OLG Naumburg* NZV 2008, 25.
170 *OLG Hamm*, Urt. v. 19.05.2020 – 9 U 23/20 = BeckRS 2020, 40323; *KG* VersR 2002, 628.
171 *OLG Celle* NJW-RR 2021, 1031.
172 *OLG Düsseldorf*, Urt. v. 13.12.2004 – 1 U 135/04 = BeckRS 2005, 04320.
173 *OLG Naumburg* NZV 2008, 26 f.

spur ausweichen kann und er auf diese Weise die Ursache dafür setzt, dass ein von hinten herankommender Lkw auf ihn auffährt.[174]

Wer beim Einfahren in die BAB direkt auf den Überholfahrstreifen fährt, auf dem sich bereits andere Fahrzeuge nähern, und sein Fahrzeug anschließend scharf abbremst, verstößt in besonders schwerer Weise gegen seine Sorgfaltspflichten im Verkehr, sodass demgegenüber die Betriebsgefahr eines aufgefahrenen Kfz völlig zurücktritt[175] 74

Ereignet sich im zeitlichen und räumlichen Zusammenhang mit dem Einfahren eines Kfz in eine BAB ein Verkehrsunfall, so spricht der Beweis des ersten Anscheins für ein Verschulden der Einfahrenden[176] und nicht gegen den Auffahrenden.[177] Insoweit kann nämlich nicht von dem Erfahrungssatz ausgegangen werden, dass allein die Geschwindigkeit des bereits auf der Autobahn Befindlichen unfallursächlich gewesen sei. Grundsätzlich kann davon ausgegangen werden, dass beim Einfahren es in der Regel unzulässig ist, sofort auf die Überholspur zu wechseln. *»Da auf den BAB in der Regel eine Begrenzung der Geschwindigkeit nicht besteht, muss der Einbiegende jedenfalls bei normalen Straßen- und Sichtverhältnissen, wie sie hier gegeben waren, auch mit der Möglichkeit rechnen, dass sich ihm Kraftfahrer mit Geschwindigkeiten von 150 km/h und mehr nähern. Deshalb darf er nicht zum Überholen ansetzen, solange er nicht die Gewissheit hat, dass sich ihm kein derartig schnelles Fahrzeug nähert und durch sein Überholen gefährdet werden könnte. Vielmehr muss er sich erst einmal in den Verkehrsfluss einfügen, um einerseits sich selbst in die konkrete Verkehrssituation auf der Autobahn einzufühlen und zum andern seine eigene Rolle im Autobahnverkehr für die anderen Verkehrsteilnehmer berechenbar zu machen.«*[178] Das *OLG Koblenz* hatte insoweit sogar die Voraussetzungen für ein unabwendbares Ereignis für den nachfolgenden und auffahrenden Fahrer bejaht. Abgesehen hiervon müsste die Betriebsgefahr des auffahrenden Fahrzeugs in jedem Fall zurücktreten. 75

### 3. Fahrstreifenbenutzung

Beim Spurwechsel auf Autobahnen ergibt sich die Haftung des Spurwechslers schon nach dem Anscheinsbeweis,[179] nicht jedoch, wenn bei im Übrigen ungeklärtem Hergang jedenfalls der Spurwechsel des vorausfahrenden Fahrzeugs feststeht.[180] Es ist wegen der durch die hohe Geschwindigkeit verursachten Kollisionsgefahr aber fraglich, ob ein Verschulden des Spurwechslers ein Verlassen der Ausgangsspur erfordert. Das *KG*[181] verneint dieses Erfordernis zunächst unter dem Gesichtspunkt der Gefährdungshaftung, da für die Haftung gemäß § 7 Abs. 1 StVG einerseits ein verkehrswidriges Verhalten des Fahrers nicht erforderlich sei und andrerseits nach dem weiten Betriebsbegriff jede eine Reaktion auslösende Fahrerhandlung die Betriebsgefahr konkretisiere. Im Ausgangsfall hatte das *KG* darüber hinaus sogar den Anscheinsbeweis gegen den Spurwechsler selbst bejaht, wenn er die Spur noch nicht verlassen habe. Ausgangspunkt für den Ansatz des Anscheinsbeweises war hierfür allein schon die Bewegung vom rechten Rand der Ausgangsspur an den linken und das Setzen des linken Blinkers. Zum gleichen Ergebnis gelangt das *OLG Naumburg*[182] (mit der allerdings eigenartigen Begründung, der Anscheinsbeweis scheide bei einer *»deutschen Autobahn«* aus) mit der Begründung, es liege nach der Lebenserfahrung nicht fern, dass es auf Autobahnen zu gefährlichen Spurwechseln komme, bei denen die Geschwindigkeit des folgenden Fahrzeugs unterschätzt werde, sodass die 76

174 *OLG Hamm* VersR 1975, 542 [L]; vgl. auch *OLG Hamm* VersR 1978, 674 – Auffahrunfall.

175 *OLG Celle* VersR 1979, 916, Nichtannahme der Revision durch den *BGH*.

176 St. Rspr. seit *BGH* NJW 1982, 1595; zuletzt *OLG Celle* NZV 2020, 590 m. Anm. *Eun Lee*; *KG* VersR 2002, 628.

177 Zur Haftung mehrerer Beteiligter beim Einfädeln auf die Autobahn und Auffahren siehe *OLG Zweibrücken* r+s 2021, 229.

178 *OLG Koblenz* NJOZ 2004, 3086 f.

179 Vgl. *OLG Hamm* NJW-RR 2009, 1624.

180 *BGH* NJW 2012, 608.

181 *KG* OLGR 2000, 316.

182 *OLG Naumburg* NJW-RR 2003, 809 f.

ernsthafte Möglichkeit eines anderen als des typischen Geschehensablaufs bestehe und daher nach den Grundsätzen des Anscheinsbeweises dessen Verneinung festzustellen sei.[183] Ein unabwendbares Ereignis ist für den von hinten Heranfahrenden nur dann zu bejahen, wenn dessen Voraussetzung, nämlich ein Unfallgeschehen, das er durch äußerste mögliche Sorgfalt nicht abwenden konnte, wozu ein sachgemäßes, geistesgegenwärtiges Handeln über den gewöhnlichen und persönlichen Maßstab hinaus gehört, positiv nachgewiesen ist. Die Beweislast hierfür trägt er.[184]

## 4. Geschwindigkeit

77 Wird die Richtgeschwindigkeit auf Autobahnen von 130 km/h überschritten, so ist nach st.Rspr.[185] von der Berücksichtigung der Betriebsgefahr bei der Haftungsverteilung auszugehen, es sei denn, dass der Nachweis gelänge, auch bei erlaubter Geschwindigkeit wäre es zum Unfall gekommen (Fehlen der Kausalität).[186] Damit ist zu fragen, in welcher Höhe sich die tatsächlich gefahrene Geschwindigkeit auf die Mithaftung auswirkt. In der Autobahn-Richtgeschwindigkeits-Verordnung kommt nämlich Erfahrungswissen zum Ausdruck, das bei der Auslegung des Begriffs des unabwendbaren Ereignisses mit zu berücksichtigen ist.[187] In der neueren Rspr. hat das *OLG Hamm*[188] dementsprechend bei einer Überschreitung um 30 km/h eine Mithaftung des Geschädigten von 20 % angesetzt, das *OLG Nürnberg*[189] 25 %, das *OLG Koblenz*[190] bei 200 km/h 40 %. Hingegen geht das *OLG Jena* davon aus, dass eine Geschwindigkeit von 160–170 km/h beim Spurwechsel eines langsam beschleunigenden Fahrzeugs nicht zur Mithaftung führt.[191] Auch das AG Halle/Saale[192] verneinte eine Mithaftung. Hingegen hat das *OLG Nürnberg* wiederum bei einer Geschwindigkeit von 160 km/h die Mithaftung auch bei einem erheblichen Verschulden des anderen Fahrers bejaht.[193]

78 Überquert ein Fußgänger die Fahrbahn einer Bundesautobahn, ohne dass er eine Warnweste trägt, muss er sich eine Mithaftung von 50 % vorwerfen lassen, wenn er dabei von einem vorbeifahrenden Pkw erfasst wird.[194]

79 Durch Unterschreiten der auf einer BAB üblichen Fahrgeschwindigkeit kann die Betriebsgefahr eines Kfz im Übrigen ebenfalls leicht erhöht werden.[195]

## 5. Halten

80 Grundsätzlich ist das Halten auf Autobahnen untersagt, § 18 Abs. 5 StVO. Zu diesem Bereich gehören auch die Ein- und Ausfahrflächen.[196] Ein Verstoß hiergegen ist deshalb bei der Haftungsverteilung zu berücksichtigen. Dies gilt auch für den Fall, dass ein ortsunkundiger Autofahrer im Bereich eines

---

183 Vgl. zum Spurwechsel insoweit auch *OLG Köln* r+s 2005, 127.
184 *OLG Celle*, Urt. v. 17.03.2005 – 14 U 192/04 m. Anm. *Walter* SVR 2005, 381.
185 Seit *BGH* NJW 1992, 1684.
186 *BGH* NJW 1992, 1684; *OLG Celle* NJW-RR 2020, 533.
187 *BGH* NJW 1992, 1684; *OLG Hamm* DAR 1994, 154; *OLG Celle* NJW-RR 2012, 927; *OLG Celle* NJW-RR 2020, 533.
188 *OLG Hamm* NJW-RR 2011, 464; hierzu *Kääb* FD-StrVR 2011, 313397; NJW-Spezial 2011, 75; *LG Stade*, Urt. v. 20.10.2022 – 4 O 89/21 m. Anm. *Bachmor* SVR 2023, 104 bei 180 km/h.
189 *OLG Nürnberg* NJW 2011, 1154.
190 *OLG Koblenz* NZV 2014, 84; *OLG Düsseldorf* NJW-RR 2018, 788 nimmt 30 % an; *OLG Schleswig* NJW-RR 2023, 247 und *OLG München*, Urt. v. 01.08.2022 – 10 U 7382/21 gehen nur von 25 % aus.
191 *Thüringer OLG* NJW-RR 2009, 1622; ebenso *OLG Hamm*, Beschl. v. 06.02.2018 – 7 U 39/17 = BeckRS 2018, 1295 bei 150 km/h.
192 *AG Halle/Saale* NZV 2013, 82.
193 *OLG Nürnberg* NJW 2011, 1154.; ebenso bei deutlicher Überschreitung der Richtgeschwindigkeit *OLG Stuttgart* NJW-RR 2010, 604.
194 *OLG Brandenburg*, Urt. v. 15.06.2023 – 12 U 218/22 m. Anm. *Ternig* SVR 2024, 304.
195 Vgl. *OLG München* VersR 1967, 691; ebenso *OLG Koblenz* NJOZ 2004, 139 f.
196 Vgl. *LG Hamburg* NJOZ 2013, 1808.

Autobahnkreuzes auf der Abbiegespur/Einfädelspur anhält, um sich weiter zu orientieren.[197] Nur wenn das Anhalten zwingend notwendig ist, etwa im Rahmen eines Unfallgeschehens, auch schon wegen der Gefahr einer sicherheitsbeinträchtigenden Beschädigung, ist es gestattet, zur Kontrolle anzuhalten.[198] Ist das Fahrzeug insoweit erkennbar, überwiegt das Verschulden des Auffahrenden so stark, dass die Betriebsgefahr des abgestellten Fahrzeugs zurücktritt.[199]

Dass das Aufleuchten einer Warnleuchte im Fahrzeug nicht zum Halten berechtige,[200] kann pauschal 81 nicht bejaht werden. Von Bedeutung ist vielmehr die jeweilige Warnfunktion. Die Anzeige für den Ausfall des Bremssystems berechtigt beispielsweise ebenso wie das Aufleuchten des Warnsignals für geringen Wasserstand in der Scheibenwaschanlage nicht berechtigt. Entscheidend kommt es bei der Haftungsabwägung auf die nachfolgende Sicherung des haltenden Fahrzeugs gemäß § 15 StVO an, die bei Rdn. 87 erörtert ist.

Ebenso wie bei einem Verstoß gegen das Halteverbot auf BAB oder gegen die Beleuchtungspflicht 82 spricht bei einem Auffahrunfall auf der BAB zunächst der Anscheinsbeweis dafür, dass die unterlassene Sicherungsmaßnahme für den Zusammenstoß ursächlich war.[201]

### 6. Hindernis

Das Auffahren auf ein die gesamte Fahrbahn der BAB versperrendes Hindernis, hier ein quer ste- 83 hender Lastzug, begründet in jedem Fall eine alternative Schuldfeststellung dahin, dass entweder der Bremsweg des Auffahrenden länger als die Sichtweite oder seine Reaktion auf die rechtzeitig erkannte Gefahr verspätet eingetreten sein muss.[202] Bei liegen gebliebenen Fahrzeugen, die ein Hindernis darstellen, ist bei der Haftungsabwägung zudem die Frage der ordnungsgemäßen Sicherung entscheidend. Grundsätzlich ist zu fordern, dass das liegengebliebene Fahrzeug – soweit technisch noch möglich – vom Fahrstreifen auf den Mittelstreifen bewegt wird.[203] Ob die Haftung aus der Betriebsgefahr bei ordnungsgemäßer Sicherung ausscheidet, ist jedoch zweifelhaft. »*Wird eine Autobahn durch ein Unfallgeschehen ganz oder teilweise gesperrt, so kann auch die Betriebsgefahr der für die Sperrung ursächlichen Fahrzeuge fortwirken, bis die Unfallstelle geräumt, ausreichend abgesichert oder jedenfalls so weit wieder befahrbar ist, dass keine besonderen Gefahren des Unfallgeschehens für nachfolgende Fahrer mehr bestehen.*«[204] Sie wird aber im Regelfall hinter dem Verschulden des auf die abgesicherte Stelle Auffahrenden zurücktreten.[205] Andererseits hat das *OLG Koblenz*[206] beim Verlieren von Ladung das Mitverschulden des Lkw-Fahrers trotz Einleitung von Sicherungsmaßnahmen bejaht. Der Widerspruch zur Ansicht des *BGH* ist jedoch nur scheinbar. Der Lkw-Fahrer hatte nämlich zwar die ihm möglichen Sicherungsmaßnahmen (Warnblinkanlage, Warndreieck, Winkzeichen) getroffen, diese waren jedoch objektiv nicht ausreichend, weil damit die auf der Fahrbahn liegenden Teile (Tonnen von Papier, Holzpaletten) selbst nicht gesichert waren. Die Entscheidung beruht daher durchaus auf den vom *BGH* aufgestellten Grundsätzen. Sie zeigt aber gleichzeitig einen weiteren Haftungsabwägungsgesichtspunkt auf. Selbst wenn nämlich nur teilweise Sicherungsmaßnahmen wirksam waren, ist deren Missachtung in jedem Fall eine Grundlage für die Anwendung von § 254 BGB. Das *OLG Koblenz* kam insoweit zur Mithaftung des Auffahrenden in Höhe von 30 %.

---

197 *OLG Frankfurt/M.* OLGR 2001, 156.
198 *OLG Karlsruhe* DAR 2002, 34.
199 *OLG Karlsruhe* DAR 2002, 34.
200 So aber *LG Neuruppin* NJW-RR 2004, 1392.
201 Vgl. *BGH* VersR 1969, 715; *BGH* VersR 1969, 895.
202 Vgl. *BGH* VersR 1965, 88.
203 *BGH* NJW-RR 2010, 839, 840.
204 *BGH* NJW 2004, 1377.
205 *BGH* NJW 2004, 1377.
206 *OLG Koblenz* NZV 2006, 198.

84 Regelmäßig muss indes geprüft werden, ob nicht dem Verstoß des Hindernisbereitenden ein Verstoß des Auffahrenden gegen das Fahren auf Sicht gegenübersteht.[207]

85 Offen ist nach der Rspr. des *BGH* weiterhin, ob auch eine unzulässig genutzte Warnblinkanlage zu beachten und damit ein Verstoß gegen die Beachtungspflicht zu einer Mithaftung wegen unterlassener Geschwindigkeitsreduzierung führen kann.[208]

86 Einen Sonderfall stellt das durch verlorene Ladung verursachte Hindernis dar.[209]

### 7. Liegenbleiben

87 Bleiben Fahrzeuge infolge technischen Defekts stehen, unterliegt dies weder den Vorschriften über das Parken oder Halten, sondern § 15 StVO.[210] Dementsprechend ist das Fahrzeug sofort und nicht erst nach spätestens 3 Minuten ausreichend abzusichern.[211] Ein Verstoß hiergegen führt zwangsläufig zu einem bei der Haftungsquote zu berücksichtigendem Verschulden. Dem steht aber regelmäßig das Verschulden des Auffahrenden gegenüber, da insoweit ein Verstoß gegen das Sichtfahrgebot vorliegt. Der *BGH* hat »*wiederholt betont, dass der Kraftfahrer bei Dunkelheit seine Geschwindigkeit auch auf unbeleuchtete Hindernisse, insbes. unbeleuchtet auf der Fahrbahn befindliche Fahrzeuge einzurichten hat* (*Senat* NJW 1984, 2412 = VersR 1984, 741; VersR 1965, 88). *Anderes kann unter ganz besonderen Verhältnissen für auf der Fahrbahn befindliche Gegenstände gelten, deren Erkennbarkeit in atypischer Weise besonders erschwert ist* (*Senat* VersR 1972, 1067 f.)«.[212] Die Mithaftungsquote des liegen gebliebenen Fahrzeugs hängt vom Umfang der Hinderniswirkung ab und wird in der Rspr. in der Regel mit 1/5 bis 1/3 angesetzt.[213]

### 8. Überholen

88 Hinsichtlich der Überholvorgänge auf Autobahnen gelten die gleichen Grundsätze wie beim Überholen generell. Überholen zählt ebenfalls zu jenen Verkehrsvorgängen, die mit besonderer Gefährlichkeit einerseits und dementsprechender Verpflichtung zu erhöhter Sorgfalt andrerseits verknüpft und damit dem Anscheinsbeweis zugänglich sind. Zulässig ist auch auf Autobahnen nur das Linksüberholen. Gemäß § 7 Abs. 2 StVO darf rechts nur dann vorbeigefahren werden, wenn der Verkehr auf dem linken Fahrstreifen steht oder diese Kolonne nur langsam fährt. Langsam i.S.d. Gesetzes ist eine Geschwindigkeit von weniger als 60 km/h.[214] Rechts vorbeizufahren (Rechtsüberholen) ist mit einer Geschwindigkeitsdifferenz von maximal 20 km/h.[215]

89 Auf Autobahnen ist allerdings stets zu prüfen, ob nicht ein Spurwechsel des Vorausfahrenden so konkret denkbar ist, dass der Anscheinsbeweis ausgeräumt werden kann. Kann der Fahrstreifenwechsel nachgewiesen werden, scheidet der Anscheinsbeweis gegen den Überholter grundsätzlich aus. Vielmehr kommt es bei der Haftungsabwägung entscheidend auf das Verschulden des Spurwechslers gemäß §§ 5, 7 Abs. 5 StVO und die Sorgfalt des Überholers in Bezug auf die Beachtung der rechts liegenden Fahrspur an. »*Entscheidend ist allein, ob der Abstand zwischen den beiden Fahrzeugen bei Beginn des Ausschervorgangs groß genug war, um ohne scharf zu bremsen, gefahrlos hinter dem klägerischen Fahrzeug fahren zu können.*«[216] Das *Thüringer OLG* in Jena bejahte insoweit die ausschließ-

207 Vgl. *LG Münster*, Urt. v. 07.12.2012 – 016 O 195/12 = BeckRS 2014, 00684.
208 *BGH* NJW-RR 2007, 903.
209 Zur Ladungssicherung näher LBMR/*Bachmeier* § 22 Rn. 3, 7.
210 *BGH* NJW-RR 1988, 406.
211 *BGH* NJW-RR 1988, 406.
212 *BGH* NJW-RR 1988, 406.
213 *OLG Stuttgart* VersR 1992, 69: 20 % wenn stehendes Fahrzeug bei fehlendem Standstreifen ohne Warnleuchte aber schon aus mindestens 280 Metern erkennbar.
214 Vgl. MüKo-StVR/*Bender* § 7 StVO Rn. 15.
215 Vgl. *Seidenstecher* DAR 1993, 95.
216 *Thüringer OLG* NZV 2006, 147 f.

liche Haftung des Spurwechslers, wenn ein Verstoß des Überholers in obigem Sinne nicht positiv dargetan ist. Versucht sich der vom Überholer Gefährdete mit einem Ausweichmanöver zu retten, so trifft die Verantwortlichkeit auch dann den Überholer, wenn der Ausweichende einer Fehleinschätzung unterliegt. Dem Ausweichenden kommt hier ein weiter Entscheidungsspielraum zu.[217]

Erfolgt das Auffahren im Bereich des Verzögerungsstreifens für die Autobahnausfahrt, wird in der Regel der Anscheinsbeweis gegen den Auffahrenden sprechen, wenn dem Vorausfahrenden ein Bremsen ohne verkehrsbedingten Grund nicht nachgewiesen werden kann.[218] **90**

## VI. Auffahren

Auffahren kann unter unterschiedlicher Ausgangssituation erfolgen.[219] Die Quoten sind hierbei wegen der Berücksichtigung des Anscheinsbeweises stark differierend.[220] Beim Einfahren in die Autobahn darf grundsätzlich nicht sofort auf die Überholspur gewechselt werden. Führt ein derartiger Verkehrsvorgang zum Auffahrunfall, trägt der Einfahrende, der gleichzeitig Spurwechsler ist, die alleinige Haftung.[221] Selbst wenn man im Einzelfall die Unabwendbarkeit gemäß § 17 Abs. 1, 2 StVG bejahen sollte,[222] wiegt das Verhalten des Einfahrenden so schwer, dass die Betriebsgefahr des auffahrenden Fahrzeugs vollständig zurücktreten muss. **91**

Ausgangspunkt ist stets der Anschein, dass der Fahrer unaufmerksam war oder der Sicherheitsabstand nicht eingehalten wurde.[223] Grundsätzlich spricht daher der Anscheinsbeweis gegen den Auffahrenden,[224] dementsprechend ist seine Haftung 100 %. Problematisch ist die Kombination mit einem Spurwechsel.[225] Die in der Rechtsprechung umstrittene Frage, welche Voraussetzungen für die Annahme eines Anscheinsbeweises gegen den Auffahrenden gegeben sein müssen, hat der *BGH* inzwischen geklärt.[226] Nach Ansicht des *BGH* ist neben dem Fahrspurwechsel des Vorausfahrenden zusätzlich die Feststellung erforderlich, dass der Auffahrende nicht ausreichend Zeit zum Aufbau eines gebotenen Abstands gehabt habe. Zutreffend weist der *BGH* ferner darauf hin, dass ein Anscheinsbeweis auch dann nicht angenommen werden könne, wenn ein Schräganstoß vorliege. Konsequent kommt es für den Geschädigten darauf an, darzulegen, dass der Auffahrende die Möglichkeit gehabt habe, einen ausreichenden Sicherheitsabstand einzuhalten.[227] **92**

Dieser Anscheinsbeweis kann nur insoweit entkräftet werden, als dem Vordermann ein nicht verkehrsgerechtes Verhalten nachgewiesen werden kann oder zumindest so konkret in Erwägung zu ziehen ist, dass eine Alternative realistisch ist. Der Anscheinsbeweis wird aber nicht bereits dadurch erschüttert, dass der Voranfahrende in der Anfahrphase bei Grünlicht abgebremst hat.[228] Nicht zu folgen ist insoweit jedoch dem *OLG Oldenburg*,[229] das ein derartiges Entkräften angenommen hatte, wenn der Radfahrer schräg zur Längsachse des Kfz befindlich war, weil dies die Möglichkeit einschließe, dass der Radfahrer sein Abbiegemanöver nicht oder nicht rechtzeitig angezeigt habe. **93**

---

217 *BGH* NJW 2010, 3713, 3714.

218 Vgl. *OLG Stuttgart*, Urt. v. 30.06.2014 – 5 U 28/14 = BeckRS 2014, 14879.

219 Vgl. auch *Queisser, Auffahrunfall – Bestandsaufnahme zu einem Klassiker*, NJW-Spezial 2011, 585.

220 Hierzu *Eggert* VA 2016, 133, 135.

221 *OLG Koblenz* NJOZ 2004 3086, 3089.

222 So *OLG Koblenz* NJOZ 2004, 3086, 3090.

223 Vgl. etwa *OLG Schleswig* ZfS 2024, 315; *OLG Köln* DAR 2001, 168; zu den Voraussetzungen des Anscheinsbeweises beim sog. Kettenauffahrunfall: *KG* DAR 1995, 482.

224 Vgl. *Brüseken/Krumbholz/Thiermann* NZV 2000, 442 B.1.

225 Siehe dazu *Neumann* NJW 2023, 332 ff.

226 *BGH* NJW 2011, 685 m. ausf. Nachw. zum Streitstand; vgl. hierzu auch NJW-Spezial 2011, 41; für die Übertragung der Grundsätze auch auf den mehrspurigen innerstädtischen Verkehr *KG* r+s 2022, 169.

227 Vgl. *Kääb* FD-StrVR 2011, 313401.

228 *OLG Schleswig* ZfS 2024, 315.

229 *OLG Oldenburg* VersR 1992, 842.

Die Position eines Rades hat mit einer Handbewegung des Radfahrers nichts zu tun, sodass die Verknüpfung falsch ist.

94 Generell gilt es zu beachten, dass der Abstand hinter einem vorausfahrenden Fahrzeug in der Regel so groß sein muss, dass auch dann hinter ihm angehalten werden kann, wenn es plötzlich gebremst wird (§ 4 Abs. 1 StVO). Unter *»plötzlich«* ist hierbei *»ohne vorhersehbaren Grund«* zu verstehen, unter *»stark«* wird ein kräftiger Tritt auf das Bremspedal, also die Auslösung einer hohen Bremsverzögerung verstanden.[230]

95 Zu prüfen ist, ob der in der Rspr. anerkannte Grundsatz des *»verkürzten Sicherheitsabstandes«* zu einer anderen Haftungsverteilung führt. Grundlage der Betrachtung ist auch hier der Vertrauensgrundsatz. *»Der zu dem voranfahrenden Fahrzeug einzuhaltende Abstand braucht indes nicht unbedingt dem Gesamtanhalteweg zu entsprechen, den der nachfolgende Fahrer benötigt, um ein Auffahren zu vermeiden, wenn das vorausfahrende Fahrzeug abrupt stehen bleibt. Vielmehr kann er – wenn keine besonderen Umstände dem entgegenstehen – einkalkulieren, dass der vorausfahrende Wagen selbst bei einer Notbremsung nicht sofort steht, sondern auch einen Anhalteweg benötigt, den er bei Bemessung seines Abstandes mit in Betracht ziehen darf. Nach der Rspr. des BGH braucht der Kraftfahrer sich bei der Bemessung des normalen Sicherheitsabstandes in aller Regel nicht darauf einzurichten, dass der normale Bremsweg eines anderen Fahrzeugs außergewöhnlich verkürzt wird.«*[231]

96 Im Stadtverkehr wird wegen der Dichte des Verkehrs eine weitere Erleichterung zugebilligt. Hiernach ist ein Fahrer berechtigt, bei voller Aufmerksamkeit und Übersichtlichkeit der Strecke einen geringeren Abstand einzuhalten als den in § 4 Abs. 1 S. 1 StVO geforderten. Er braucht nicht mit einem plötzlichen Bremsen des Vordermannes zu rechnen, nur mit einem allmählichen verkehrsgerechten Bremsen, solange keine Hinweise auf eine Ausnahmesituation vorliegen.[232]

97 Aber auch dann kann eine Reduzierung des Sicherheitsabstandes, nach dem jeder sich so zu verhalten hat, dass auch bei einem Fehler des anderen Verkehrsteilnehmers noch ein Unfall vermieden werden kann,[233] auf eine sog. einfache Sicherung nur dann in Betracht kommen, wenn

- die vor dem Vorausfahrenden liegende Fahrbahn als hindernisfrei übersehen werden kann und
- mit erhöhter Anspannung gefahren wird.

Eine Reduzierung des Abstandes kommt also damit allenfalls bei einer übersichtlichen und vom betroffenen Verkehrsteilnehmer auch tatsächlich beobachteten Verkehrssituation in Betracht. Die damit angesprochenen Gesichtspunkte müssen zunächst konkret dargetan werden.

98 Jeder Verkehrsteilnehmer ist daher verpflichtet, den Blick nicht nur auf die Bremslichter des vorausfahrenden Fahrzeugs zu fixieren, sondern die vor ihm liegende Fahrbahn und das Verkehrsgeschehen zu beobachten und die eigene Fahrweise hierauf einzustellen. Je geringer die Sicht ist, umso schärfer muss die Aufmerksamkeit sein. Insbesondere muss ein Kraftfahrer auch damit rechnen, dass der vorausfahrende Fahrer wegen eines Umstandes bremst, den er selbst noch nicht einzusehen vermag. Die vorsorgliche Bremsung stellt auch dann, wenn objektiv kein Anlass zum Bremsen bestand, einen verkehrsbedingten Anlass zum Bremsen dar.

99 Bremst der Vordermann begründet und kommt rechtzeitig vor seinem Hindernis zum Stehen, scheidet seine Haftung naturgemäß aus. Es kommt aber die Mithaftung der das Bremsmanöver auslösenden Person in Betracht. Insoweit ist nach dem allg. Grundsatz, ob der Auffahrende den Bremsgrund hätte sehen können, zu entscheiden. Dogmatisch kommt es hier auf die Frage der Kausalität an, ob also das Verhalten des Dritten für die Bremsung des Vordermannes noch als adäquat kausal für das

230 Vgl. Burmann/Heß/Hühnermann/Jahnke/*Burmann* § 4 Rn. 2.; s. auch *OLG Schleswig* ZfS 2024, 315; *OLG Celle* NJOZ 2021, 585.

231 *BGH* NJW 1987, 1075.

232 Vgl. LBMR/*Schröder* § 4 StVO Rn. 5.

233 Vgl. Burmann/Heß/Hühnermann/Jahnke/*Heß* § 1 Rn. 22.

Auffahren des Hintermannes zu beurteilen ist. Das *OLG Köln*[234] hat in diesem Zusammenhang die Kausalität bejaht, wenn ein Radfahrer bei Dunkelheit ohne Licht und Rotlicht die Straße überquert und die Haftungsquote für den Radfahrer mit 1/3 angesetzt. In der Praxis treten im Zusammenhang mit dem Auffahren häufig bestimmte Unfallvarianten auf.

### 1. Bremsen zugunsten von Tieren

Ein im rechtlichen Sinne grundloses Bremsen wird auch beim Bremsen wegen Tieren gesehen.[235] 100
Die rechtliche Beurteilung ist weiterhin umstritten.[236] Ausgangspunkt ist hierbei die sog. wirtschaftliche Betrachtungsweise, wonach der Schaden am Tier gegenüber dem durch den Unfall zwischen den Kraftfahrzeugen verursachten Schaden bedeutungslos ist.[237] Die hiergegen stehende Ansicht, wonach gerade umgekehrt, das Leben eines Tieres höherwertig sei,[238] hat bislang in der Rspr. keinen relevanten Widerhall gefunden.[239] Hierbei ist allerdings zu beachten, dass sich mit der vom Bundestag verabschiedeten Grundgesetzänderung, wonach der Tierschutz ausdrücklich in das Grundgesetz aufgenommen wurde, die rein materialistische bisherige Rspr. kaum mehr aufrechterhalten lässt. Auch § 90a BGB wird insoweit zu berücksichtigen sein, nach dem Tiere Sachen nicht gleichgestellt werden dürfen und im Lichte der Grundgesetzänderung nicht mehr *»als gefühlige Deklamation ohne rechtlichen Inhalt«*[240] wird angesehen werden können.

Die bisherige Rspr. differenziert bei der Beurteilung nach der Größe. Bremsen oder Ausweichbe- 101
wegungen, die vor allem bei der Frage der Rettungskosten im Kaskobereich bedeutsam sind, eines Kraftfahrzeugführers vor kleineren, verhältnismäßig leichten Tieren wird insoweit vielfach als fahrlässige bis grob fahrlässige Überreaktion angesehen.[241] Die Rspr. hierzu ist allerdings sehr uneinheitlich und weitgehend durch amtsrichterliche Entscheidungen dominiert, wodurch naturgemäß bezogen auf Deutschland ein sehr zersplittertes Entscheidungsbild erzeugt wird.[242]

Das *OLG Saarbrücken*[243] geht davon, aus, dass ein Bremsen zum Schutz von Kleintieren[244] nicht 102
zulässig ist, wenn hierdurch ein nachfolgendes Fahrzeug auffahren kann. Dies begegnet schon deshalb Bedenken, weil die Reaktionszeit für den Bremsenden so kurz ist, dass er nicht über den Rückspiegel die Geschwindigkeit und den Abstand des Nachfahrenden ausreichend einschätzen kann. Die Entscheidung verlagert daher das Risiko des Nachfahrenden angesichts seiner nicht ausreichenden Fahrbahnbeobachtung auf den Vorausfahrenden, der zu einer Reaktion auf der Grundlage ausreichender Fahrbahnbeobachtung ansetzt. Die Ansicht des *OLG Saarbrücken* muss allerdings als h.M. angesehen werden.[245] Gleichwohl ist die Entscheidung des *AG Nürnberg*[246] beim Bremsen zugunsten eines Eichhörnchens schon aus dogmatischen Gründen vorzugswürdiger: *»Wenn einem Autofahrer auf der Schnellstraße ein Tier in die Fahrbahn läuft, so stellt dies stets eine Irritierung dar. Es bleibt keine Zeit zur Überlegung, ob das Tier klein genug ist, um es unbeachtet zu lassen, oder um es durch Abbremsen möglichst zu schonen. Ganz allgemein wird jeder Autofahrer angesichts der Irritierung erst ›automatisch‹ bremsen. Solches ist ihm nicht im Übermaß anzulasten. Wer einem anderen Auto nachfährt, muss der*

---

234 *OLG Köln* DAR 2001, 168.
235 Vgl. auch *Thiermann/Werther/Brüseken/Krumbholz* SVR 2012, 41 Buchst. Q.
236 Vgl. auch *Apitz* NZV 2019, 166; *Rebler* MDR 2012, 1204; *Wolfram-Korn* SVR 2004, 29.
237 Typisch *LG Saarbrücken*, Beschl. v. 04.06.2010 – 13 S 38/10 = BeckRS 2014, 06859.
238 So *Enelewski* NZV 2001, 61.
239 Typisch *AG München* NZV 2014, 418.
240 So Grüneberg/*Ellenberger* § 90a Rn. 1.
241 Vgl. *OLG Koblenz* SP 2001, 296 m. Anm. *Xanke* PVR 2002, 178.
242 Vgl. auch *Heß/Burmann* Haftung bei Unfällen mit Tieren, NJW-Spezial 2005, 543.
243 *OLG Saarbrücken* zfs 2003, 118.
244 Zu einem im Flug befindlichen Vogel siehe *LG Itzehoe*, Urt. v. 02.09.2021 – 4 O 60/21 m. Anm. *Bachmor* SVR 2022, 225.
245 Vgl. *KG* NZV 2003, 91.
246 *AG Nürnberg* NZV 2006, 86, 87; siehe auch *AG Dortmund*, Urt. v. 10.07.2018 – 425 C 2383/18 m. Anm. *Lempp* NZV 2018, 433; dazu auch *Diehl* zfs 2019, 18, 20.

*Geschwindigkeit entsprechend einen Sicherheitsabstand einhalten. Störungen im Verkehrsfluss müssen stets eingerechnet werden. Hierbei ist es kein Argument zugunsten der Nachfahrenden, dass sie ein vor dem vorausfahrenden Auto huschendes Kleintier gar nicht erkennen können. Der Nachfahrende hat einen solchen Sicherheitsabstand einzuhalten, dass auch bei unvermittelt eintretendem Bremsen des vorausfahrenden Autos kein Auffahren passiert. Das Verschulden am Unfall liegt daher zweifelsfrei beim Bekl. zu 1).«* Das *AG Nürnberg* kommt allerdings zur Mithaftungsquote des Bremsenden von 25 %.[247] Das *AG Stockach*[248] führt zum Bremsen zugunsten eines Dachses aus, angesichts eines Gewichtes von 10–20 kg sei ein Verstoß gegen § 4 Abs. 1 S. 2 StVO zu verneinen. Der Entscheidung ist voll beizupflichten, auch wenn das Gewicht von 20 kg zu hoch gegriffen ist. Schon die Rumpflänge von 60–80 cm stellt nämlich für den Kraftfahrer mit Rahmen einer blitzschnell erforderlichen Reaktion ein Gefährdungsmoment dar, sodass ein sofortiges Bremsmanöver allein zur Verhinderung einer Selbstgefährdung problemlos zu billigen ist.

103 Ausgangspunkt ist die Überlegung, ob es dem Bremsenden zumutbar ist, eine Kollision mit dem Tier in Kauf zu nehmen oder die Gefahr einer ernsthaften Verletzung vernünftigerweise zum Bremsen zwingt. Es ist vom Kraftfahrer eine Risikoabwägung vorzunehmen, deshalb nach der Größe zu differenzieren.[249] Bei größeren Tieren wird den Auffahrenden die volle Haftung treffen.[250] Ein Abbremsen bzw. Ausweichen kann insbesondere bei drohendem Zusammenstoß mit Haarwild als verkehrsgerecht angesehen werden.[251] Es kommt letztendlich auch auf die Überlegung an, ob dem Bremsenden die Berechtigung, aus Angst abzubremsen, zu versagen war.[252] Andererseits ist zu fragen, ob der Auffahrende nicht den Bremsgrund hätte erkennen und sich darauf einstellen können. So stellt das *LG Karlsruhe*[253] auch darauf ab, ob der Bremsende sich dessen bewusst war. Kaum nachvollziehbar ist allerdings die Argumentation, dementsprechend habe der Bremsende vor seiner Entscheidung nicht nur dies zu berücksichtigen, sondern auch in den Rückspiegel schauen müssen, um zu erkennen und einzuschätzen, ob der Nachfolgende einen ausreichendenden Abstand einhalte. Es berücksichtigte ein Mitverschulden von 40 %.

104 Ist das Bremsen allerdings im obigen Sinne als grob fahrlässig einzustufen, kommt eine überwiegende Haftung des Bremsenden in Betracht. Wichtige Hinweise hierzu bietet die Rspr. zur Qualifizierung des Bremsens für den Kasko-Bereich.[254]

105 Unabhängig hiervon ist jedoch stets zu beurteilen, ob ein fehlerhaftes Verkehrsverhalten des Vorausfahrenden nicht schon darin zu sehen ist, dass er das Tier so rechtzeitig hätte erkennen können, dass die den Auffahrunfall auslösende Bremsung vermeidbar gewesen wäre.[255]

106 Die Beweislast für Umstände, die eine Mithaftung des Vorausfahrenden bewirken könnten, trägt der Auffahrende. Letzteren trifft die volle Haftung, wenn er nicht nachweisen kann, dass der Vor-

247 Ebenso *AG München* NZV 2014, 418; vgl. auch Berz/Burmann/*Grüneberg* a.a.O. Kap. 4 B, Rn. 51 m.w.N.

248 *AG Stockach*, Urt. v. 11.05.2005 – 1 C 353/04 m. Anm. *Mann* SVR 2006, 35.

249 Vgl. *OLG Karlsruhe* SP 1999, 386; *AG Bad Liebenwerda*, Urt. v. 06.12.1996 – 12 C 458/96: Fuchs ist noch kleines Tier, Ausweichen daher grob fahrlässig.

250 Vgl. *BGH* VersR 1987, 158: Reh; *OLG Köln* zfs 1989, 119: großer Hund; *LG Landau* NZV 1989, 76: Hund; *LG Augsburg* zfs 1983, 289: Katze; *OLG München*, Urt. v. 11.05.1973 – 10 U 3024/72 = BeckRS 2009, 18965: Schutz eines Igels tritt hinter Schutz des Nachfahrenden zurück.

251 *BGH* NJW 1991, 1609.

252 Vgl. zum Kaskobereich und grober Fahrlässigkeit *OLG Nürnberg* DAR 2001, 224; vgl. auch *OLG Hamm* r+s 1997, 15 für eine Überreaktion bei einem Reh.

253 *LG Karlsruhe* SP 2010, 359: Taube.

254 Bspw. *OLG Düsseldorf* VersR 1994, 592; *OLG München* VersR 1994, 928; *OLG Nürnberg* VersR 1994, 929; *OLG Braunschweig* VersR 1994, 1293; aber *LG Marburg* VersR 1995, 332, welches ein Bremsen unabhängig von der Größe für zulässig erachtet, da es einen Zwang zum Töten nicht geben könne.

255 *BGH* NJW-RR 1987, 150.

ausfahrende nur wegen eines Kleintieres stark abgebremst und in dem Bewusstsein, er bremse nur für ein Kleintier, abgebremst habe.[256]

Ferner kommt auch die Haftung des Tierhalters gemäß §§ 823, 833 BGB in Betracht.[257] Wichtig sind die im Zusammenhang mit dem Straßenverkehr auftretenden Ausnahmen. Die Tierhalterhaftung greift nicht ein, wenn es sich lediglich um die aus einem passiven Verhalten des Tieres ergebende Gefahr handelt. Der Fußgänger, der über einen liegenden Hund stolpert, kann sich daher nicht auf die Tierhalterhaftung berufen.[258] Es bleibt nur die allgemeine Haftung gemäß § 823 BGB. Gleiches gilt auch bei Ausscheidungen des Tieres. Der Motorradfahrer, der in der Kurve auf einem Kuhfladen ausrutscht, kann sich nicht auf die Erleichterungen der Tierhalterhaftung berufen.[259] Dem Motorradfahrer kann jedoch § 823 Abs. 2 BGB i.V.m. § 32 StVO helfen. Bejaht man die Tierhalterhaftung, stehen sich diese und die Betriebsgefahr gegenüber. Bei der Abwägung hat das *LG Lüneburg*[260] angenommen, bei ausgebrochenen Rindern überwiege die aus Verschulden und der Tiergefahr resultierende Haftung des Tierhalters, die angesichts der Tiergröße sogar die Betriebsgefahr völlig zurücktreten lasse. Das *OLG Zweibrücken*[261] hat bei einem Sturz eines Motorradfahrers wegen einer die Straße überquerenden Katze eine Mithaftung von 1/3 angenommen. 107

Zu beachten ist die eingeschränkte Haftung des Halters beim Erwerbstier nach § 833 S. 2 BGB. Der *BGH*[262] sieht die Voraussetzungen bereits als erfüllt an, wenn die Tätigkeit objektiv auf Erwerb angelegt und subjektiv von einer Gewinnerzielungsabsicht getragen werde. 108

Bei der damit zu treffenden Haftungsverteilung ist einerseits der Umstand abzuwägen, ob das zum Bremsen führende Verhalten des fraglichen Tieres für den Auffahrenden erkennbar war. *»Die Auffahrende musste einerseits nicht damit rechnen, dass im fließenden Verkehr auf der freien Brücke ein Fahrzeug plötzlich eine Vollbremsung durchführt, hätte andererseits möglicherweise den ohne Halsband neben der Straße laufenden Hund sehen können und hierauf mit erhöhter Alarmbereitschaft reagieren können.«*[263] Anderseits ist zu prüfen, ob das fehlende Anleinen vom Tierhalter gefordert werden musste. Ein verkehrssicherer (d.h. auf das Wort gehorchender, nicht schwerhöriger) Hund braucht, wie sich schon aus Abs. 2 der Verwaltungsvorschrift zu § 28 StVO ergibt, auf öffentlicher, nicht besonders belebter Straße in der Regel nicht angeleint zu werden.[264] *»Bei der Haftungsabwägung ist insoweit lediglich die generelle Haftung gemäß § 833 zur Beurteilung heranzuziehen. Der Hundehalter hat jedoch alles Zumutbare zu tun, um eine Gefährdung des Straßenverkehrs zu beseitigen. Demgemäß hat das OLG Hamm gefordert, notfalls müsse er sogar die Straße überqueren und den Hund vom Rande eines Feldes aus zurücklocken.«*[265] Soweit eine Kollision mit Nutztieren vorliegt, ist auf die Tierhalterhaftung nach § 833 S. 1 BGB hinzuweisen, wonach zwar diese Gefährdungshaftung bei Beachtung der erforderlichen Sorgfalt seitens des Tierhalters oder die fehlende Kausalität die Haftung ausschließt, der Tierhalter jedoch die Beweislast für die Voraussetzungen zu erfüllen hat.[266] 109

256 *OLG München* SP 2002, 6: Ente.

257 Vgl. auch *OLG Koblenz* VersR 1999, 508; vgl. hierzu auch die Kommentierung zu § 28 StVO und *Heß/Burmann* NJW-Spezial 2005, 543; Geigel/*Haag* Kap. 18 Rn. 8 f.; *Siegel* SVR 2016, 281.

258 Vgl. *BGH* VersR 1959, 853; Geigel/*Haag* Kap. 18 Rn. 10.

259 Vgl. Geigel/*Haag* Kap. 18 Rn. 11.

260 *LG Lüneburg* SP 2008, 285.

261 *OLG Zweibrücken* NJW-RR 2021, 10 m.w.N.

262 *BGH* DAR 2017, 318.

263 *LG München I*, Urt. v. 28.02.2002 – 19 S 16841/01, n.v., das hier zu einer Mithaftung der Hundehalterin von 2/3 kommt.

264 *OLG München* DAR 1999, 456; *OLG Koblenz* VersR 1999, 508.

265 *OLG Hamm* VersR 2001, 924: Mithaftung des Hundehalters zu 1/3, wenn der Kraftfahrer 100 km/h statt erlaubter 50 km/h fährt.

266 Vgl. auch *OLG Hamm* NJW-RR 2006, 36; hierzu NJW-Spezial 2006, 161; zu den Sicherungsregeln im Straßenverkehr vgl. näher Ferner/Bachmeier/Müller/*Bachmeier*, VerwR StVO § 28.

## 2. Auffahren und Spurwechsel

110 Bei Kollisionen im Bereich von Auffahrunfällen und behaupteten Spurwechseln lässt sich unfallanalytisch insoweit nur dann eine Aufklärung erzielen, wenn Lichtbilder über die Fahrzeuge mit ihrer Stellung und einem Bezug zur Fahrbahn vorliegen.[267] Das trifft in der Praxis selten zu, sodass meinst von ungeklärtem Unfallgeschehen und der Anscheinsproblematik auszugehen ist. Gegen den Spurwechsler spricht der Anscheinsbeweis, da er beim Spurwechsel erhöhte Sorgfaltspflichten zu erfüllen und jede Behinderung oder Gefährdung anderer Verkehrsteilnehmer zu vermeiden hat, § 7 Abs. 5 StVO. Soweit das *KG*[268] annimmt, ein Anscheinsbeweis für ein Verschulden (auch) des Spurwechslers entfalle im innerstädtischen Verkehr, wenn in unmittelbarem zeitlichen und örtlichen Zusammenhang mit dem Spurwechsel ein anderer Verkehrsteilnehmer auf den Spurwechsler auffahre, vermag dies nicht zu überzeugen.[269]

111 Der Anscheinsbeweis kann allerdings ausgeräumt werden, wenn ein vorausgehender Spurwechsel des Gegners nachgewiesen ist[270] oder konkret im Raum steht. Denn der typische Geschehensablauf fehlt und der Anscheinsbeweis ist entkräftet, wenn der Vorausfahrende im unmittelbaren örtlichen und zeitlichen Zusammenhang den Fahrstreifen gewechselt hat.[271] Eine Erschütterung des Anscheinsbeweises muss angenommen werden, wenn ein unstreitiger Sachvortrag beider Beteiligter nicht vorliegt, sich also Auffahrunfall und Spurwechsel als reale Möglichkeit gleichwertig gegenüberstehen.[272] Grundlage hierfür ist der Umstand, dass ein Anscheinsbeweis gegen den Auffahrenden nur anzuwenden ist, wenn sich beide Fahrzeuge so lange in der gleichen Spur hintereinander bewegten, dass sich beide Fahrzeugführer auf die vorangegangene Fahrbewegung einstellen konnten.[273] Der zeitliche Zusammenhang zwischen dem Spurwechsel und dem Auffahren ist selbst dann noch nicht unterbrochen, wenn sich der vorausfahrende Spurwechsler zum Zeitpunkt der Kollision etwa fünf Sekunden auf dem Fahrstreifen des Auffahrenden befunden hat.[274] Die für einen Anscheinsbeweis notwendige Typizität kann erst wieder angenommen werden, wenn beide Fahrzeuge so lange in einer Spur hintereinander gefahren sind, dass sich beide Fahrzeugführer auf die vorangegangenen Fahrzeugbewegungen einstellen konnten.[275] Kann ein Spurwechsel dargetan werden, spricht gegen den Wechsler der Anscheinsbeweis, sodass seine alleinige Haftung zu bejahen ist.[276] Bleibt das offen, ist auf der Grundlage der beiderseits gleichwertigen Betriebsgefahr eine Haftungsquote von 50:50 anzusetzen.[277]

## 3. Grundloses Bremsen des Vordermannes

112 Eine Einschränkung kommt nach der Rspr. insoweit in Betracht, als der Auffahrende nachweist, das vorausfahrende Fahrzeug sei ohne verkehrsbedingten Grund abgebremst worden.[278] Die Mithaftung

---

267 Vgl. zu den unfallanalytischen Grundlagen *Bachmeier* Mandatshandbuch Rn. 852.
268 *KG* MDR 2022, 43; zust. *Krenberger* jurisPR-VerkR 2/2023 Anm. 2.
269 *Geigel/Freymann* Kap. 27 Rn. 218.
270 So auch *OLG Bremen* VersR 1997, 253.
271 *OLG Schleswig* NJW 2023, 370; *OLG München*, Urt. v. 23.03.2022 – 10 U 7411/21 e; *KG* r+s 2022, 169.
272 *LG München I*, Urt. v. 28.02.2002 – 19 S 4300/01, n.v.
273 *KG* DAR 2005, 157.
274 *OLG Schleswig* NJW 2023, 370.
275 *OLG Frankfurt/M.* NJOZ 2021, 782.
276 Vgl. *KG* NJOZ 2011, 1044.
277 So auch *OLG Schleswig* NJW 2023, 370; *KG* NJW-RR 2011, 381; *LG Memmingen*, Urt. v. 08.01.2019 – 33 O 1276/17 m. Anm. *Balke* SVR 2019, 384.
278 Vgl. *OLG Frankfurt/M.*, Urt. v. 02.03.2006 – 3 U 220/05 = BeckRS 2006, 12538.

des Vordermannes hängt von den Einzelumständen ab, kann aber bis zu 100 % betragen.[279] Das *KG*[280] hat hierzu folgende Grundsätze herausgestellt:

- »Treffen starkes Bremsen ohne zwingenden Grund sowie Unaufmerksamkeit und/oder unzureichender Sicherheitsabstand zusammen, so fällt der Beitrag des Auffahrenden grundsätzlich doppelt so hoch in Gewicht; das führt dazu, das der Auffahrende vom Vorausfahrenden regelmäßig Schadensersatz nach einer Quote von 1/3 verlangen kann.
- Die Mithaftung des Vorausfahrenden ist umso größer, je unwahrscheinlicher ein starkes plötzliches Abbremsen ist.
- Vollzieht der mit einem Automatik-Fahrzeug nicht vertraute Vorausfahrende in einem Abstand von 75–100 m vor einer roten Ampel plötzlich eine Vollbremsung, weil er mit dem linken Fuß – in der Vorstellung, eine Kupplung zu treten – kräftig auf die Bremse tritt, kommt im Verhältnis zu dem unaufmerksamen Auffahrenden eine Haftungsverteilung 50:50 in Betracht.«

Wer sich auf ein in diesem Sinne verkehrsbedingt nicht erforderliches Abbremsen erfolgreich berufen will, hat allerdings hohen Anforderungen zu genügen. Zum einen muss das Fehlen eines verkehrsbedingten Grundes nachgewiesen werden, ferner ist die Feststellung erforderlich, dass der erforderliche Sicherheitsabstand zum Vorausfahrenden eingehalten wurde. 113

Zur Problematik, ob das Bremsen für Tiere ein verkehrsbedingter Grund ist und welche Haftungsvoraussetzungen insoweit bestehen, wird auf Rn. 82 verwiesen.

## 4. Kettenauffahrunfall

Soweit es sich um sog. Kettenauffahrunfälle bei Beteiligung einer kleineren Anzahl von Fahrzeugen oder Massenunfälle handelt, gilt der Anscheinsbeweis nur eingeschränkt.[281] Generell kann bei den Kettenauffahrunfällen von einem Anscheinsbeweis lediglich beim letzten Auffahrenden ausgegangen werden.[282] Ausgangspunkt für die Haftungsfrage ist die sog. Bremswegverkürzung, dass nämlich durch das Auffahren des mittleren Fahrzeugs dessen Geschwindigkeit schneller abgebaut (gestoppt) wird als bei normalem Bremsen.[283] Eine saubere Lösung kann nur bei gutachterlichen Feststellungen hierzu gefunden werden.[284] Kann nicht geklärt werden, ob das mittlere Fahrzeug tatsächlich schon vor dem Auftreffen des Hinteren seinerseits aufgefahren war, so verbleibt es bei dem gegen den Auffahrenden sprechenden Anscheinsbeweis, der gerade nicht erschüttert werden konnte.[285] 114

Kommt es bei einem ungeklärten Kettenauffahrunfall zu einem wirtschaftlichen Totalschaden eines der mittleren Fahrzeuge, ist neben der Haftungsquote die Berechnungsart für die für den Auffahrenden maßgebliche Schadenshöhe gesondert zu betrachten. Haftet er mangels höherer Wahrscheinlichkeit einer Schadensverursachung durch ihn lediglich für den sicher zuzurechnenden Heckschaden, so ist die Grundlage für die Totalschadensberechnung die sog. modifizierte Totalschadensbasis. Hiernach wirkt sich der Frontschaden anspruchsmindernd aus: Es ist die Differenz zwischen dem Marktwert 115

279 Vgl. *KG* zfs 1994, 80: Abbremsen eines Taxifahrers zur Fahrgastaufnahme – Mithaftung von 1/3; *OLG Hamm* NZV 1993, 68: Volle Haftung des grundlos Bremsenden.

280 *KG* NJOZ 2007, 79.

281 Vgl. *OLG Brandenburg*, Urt. v. 01.07.2010 – 12 U 15/10 = BeckRS 2010, 19827; *LG Wuppertal*, Urt. v. 27.11.2012 – 2 O 398/10 = BeckRS 2013, 12762; Grundl. Erörterung bei *Heitmann* VersR 1994, 135; grundl. zur haftungsrechtlichen Problematik *OLG Hamm* NJW-RR 2021, 693.

282 Vgl. *OLG Düsseldorf* NZV 1998, 203; *OLG Celle* NJOZ 2021, 585; *Braun* NJW 1998, 2318.

283 Zum innerstädtischen Kettenauffahrunfall siehe *OLG Hamm* NJW-RR 2021, 693 m. Anm. *Syrbe* NZV 2021, 372.

284 So etwa im Fall *OLG Karlsruhe* DAR 2009, 702, hierzu *Kääb* FD-StrVR 2009, 292042.

285 *OLG Hamm*, Urt. v. 24.03.2010 – I-13 U 125/09 = BeckRS 2010, 26798 = SP 2010, 351; *OLG Hamm* DAR 2014, 306 m. Anm. *Teigelack*; *OLG Celle* NJOZ 2021, 585; vgl. auch BeckOK-BGB/*Spindler* § 823 Rn. 467; *Metz* NJW 2008, 2806, 2820.

des Fahrzeugs nach Eintritt des Frontschadens, also seines Wertes im beschädigten Zustand, festzustellen und sodann die Differenz zum Restwert zu bilden.[286]

### 5. Beweislastprobleme

116 In der Praxis wird in Fällen, bei denen auch der Geschädigte selbst auffuhr, hinsichtlich der Schadensberechnung häufig nach der Wahrscheinlichkeit differenziert:

- Überwiegt die Wahrscheinlichkeit der Schadensverursachung durch den weiteren Auffahrenden deutlich, soll er für Front- und Heckschaden haften.[287] Das *OLG München*[288] fordert hierbei jedoch den Nachweis, dass das in der Kette angefahrene Fahrzeug rechtzeitig zum Stehen gekommen sei.
- Überwiegt sie nicht deutlich, haftet er in Höhe des Teils, der rechnerisch dem Heckschaden am Gesamtschaden entspricht.[289]
- Ist die Wahrscheinlichkeit geringer, haftet er nur für den ihm sicher zurechenbaren Heckschaden.[290] Diese Differenz hat der Auffahrende zu ersetzen.

117 Insoweit handelt es sich letztlich um vermittelnde Lösungen der bei Auffahrunfällen für den Bereich der Beweislastverteilung kontroversen Ansichten. Einerseits wird die Beweislast nämlich dem Vorausfahrenden auferlegt,[291] wenn weder Grund des scharfen Abbremsens noch die Unabwendbarkeit des Unfalls bewiesen werden kann, andrerseits dem Auffahrenden zugeordnet.[292]

118 Letzterem ist, selbst wenn man für den Fall eines Kettenauffahrunfalls die Anwendbarkeit des Anscheinsbeweises verneint, zuzustimmen. Für erste Ansicht spricht zwar die Rspr. des *BGH*, wonach sich der Hintermann im Regelfall nicht auf die Fahrweise des Vordermanns und ein eventuelles Fehlverhalten (Abstand, Geschwindigkeit) einzustellen und dessen eventuelles Fehlverhalten einzukalkulieren habe, da dies mit § 4 Abs. 1 StVO nicht in Einklang zu bringen sei.[293] Diese Argumentation ist jedoch nicht zwingend. *»Das Auffahren auf ein die Fahrbahn versperrendes Kraftfahrzeug erlaubt grundsätzlich eine alternative Schuldfeststellung dahin, dass entweder der Bremsweg des Auffahrenden länger als die Sichtweite oder seine Reaktion auf die rechtzeitig erkennbare Gefahr unzureichend gewesen sein muss* (vgl. *Senat* VersR 1965, 88). *Abweichendes kann für Fallgestaltungen gelten, in denen der Anhalteweg aufgrund besonderer Umstände ohne Verschulden des Auffahrenden verkürzt worden ist, etwa durch ein von der Seite her in den Anhalteweg geratendes Hindernis, mit dem der Auffahrende nicht rechnen konnte.«*[294] Trifft also den Hintermann im Regelfall die Schuld, *»es sei denn,…«*, so trägt er schon nach allgemeinen Beweislastregeln für die Ausnahme auch die Beweislast.

### 6. Sonderfall Massenunfall

119 Namentlich, aber nicht nur, im Bereich der Autobahnen kommt es nicht selten zu Massenkarambolagen. Wegen der damit verbundenen Schwierigkeiten, den Unfallhergang in Bezug auf jedes beteiligte Fahrzeug zu rekonstruieren, hat die Versicherungswirtschaft ein Regulierungssystem zur

---

286 *OLG Düsseldorf* VersR 1996, 383; grundl. Geigel/*Freymann*, 29. Aufl. 2024, Kap. 27 Rn. 148; *Schönberg* NJW-Spezial 2018, 521.
287 *LG Saarbrücken* NJW-RR 2018, 1367; *OLG Düsseldorf* VersR 1996, 383; gegen *OLG Düsseldorf* siehe *Greger* NZV 1995, 489: Haftungsverteilung 50:50, da kein Anscheinsbeweis vorliege.
288 *OLG München*, Urt. v. 12.05.2017 – 10 U 748/16 = BeckRS 2017, 109598.
289 Sog. vermittelnde Schätzung, vgl. *BGH* VersR 1973, 762; zur Teilung des Kettenauffahrens in zwei Phasen siehe *OLG Koblenz* NJW-RR 2021, 280 m. Anm. *Fahl* NZV 2021, 265.
290 *OLG Düsseldorf* VersR 1996, 383; *LG Osnabrück* r+s 2022, 280, Rn. 15.
291 So *KG* DAR 1995, 482.
292 So *OLG Köln* DAR 1995, 485.
293 Grundlegend *BGH* NJW 1978, 1075.
294 *BGH* NJW 1987, 1235.

Schadensabwicklung erarbeitet.[295] Voraussetzung für die Anwendung ist eine Mindestanzahl von 40 beteiligten Fahrzeugen, bei Vorliegen besonderer Verhältnisse kann eine Anzahl ab 20 aber schon ausreichen. Derartige Unfälle werden sodann durch eine Lenkungskommission übernommen, die in Zusammenarbeit mit den Polizeibehörden einen Maßnahmenplan ausarbeitet und die unmittelbare Schadensabwicklung sodann einem Versicherer überträgt, der die Ansprüche des einzelnen Unfallbeteiligten reguliert.

Erkennt der Geschädigte diesen Regulierungsvorschlag, der einen Vergleich darstellt, nicht an, 120
erfolgt seine Klaglosstellung hinsichtlich des angebotenen Betrags. Dies hindert ihn nicht, den darüber hinaus verlangten Betrag einzuklagen. Allerdings ist darauf hinzuweisen, dass die Klage sich dann von einem normalen Regulierungsfall nicht unterscheidet und sich die Klage daher gegen den unmittelbar als zahlungspflichtig angesehenen Halter, Fahrer bzw. Versicherer des einzelnen gegnerischen Fahrzeugs richten muss.

Gleichwohl müssen die Erfolgsaussichten derartiger Klagen als gering eingestuft werden, da wegen 121
der Einbeziehung der Erkenntnisse der Polizeibehörden, nur in seltenen Fällen zusätzliche Aufklärungsmöglichkeiten zur Verfügung stehen werden. Eine Klage kommt aber dann in Betracht, wenn sich lediglich rechtliche Differenzen bei der Beurteilung der Haftungsquote oder der Schadenshöhe einstellen.

Wegen der Einzelheiten wird auf Kap. 7 Massenunfälle verwiesen.

### 7. Stehendes Fahrzeug

Ist der Hergang eines Auffahrens auf ein stehendes Fahrzeug ungeklärt, kommt ein Verschulden des 122
für das Abstellen Verantwortlichen regelmäßig nicht in Betracht. Die Haftungsabwägung führt daher zur Haftung des Auffahrenden zu 100 %. Die Betriebsgefahr ist insoweit nach allgemeiner Ansicht im Anschluss an eine Empfehlung des Verkehrsrechtstags aus dem Jahr 1968 nicht zu berücksichtigen.[296]

Stellt aber das Abstellen des getroffenen Fahrzeugs eine Ordnungswidrigkeit dar, etwa durch verbots- 123
widriges Parken oder Halten, so wird nach einem Teil der Rspr. eine Mithaftung bejaht.[297] Gleichwohl wird wegen des überwiegenden Verschuldens des Auffahrenden diesem die volle Haftung zugerechnet.[298] Hiergegen bestehen in Übereinstimmung mit dem *BGH*,[299] mit Bestätigung der von der Vorinstanz (*OLG München*) angesetzten Mithaftungsquote von 25 %[300] indes erhebliche Bedenken, vielmehr muss das im verbotswidrigen Verhalten liegende Verschulden (§ 12 StVO) zwangsläufig Berücksichtigung finden. Es stehen sich nicht mehr nur Verschulden + Betriebsgefahr einerseits und alleinige Betriebsgefahr andererseits gegenüber, sondern Verschulden + Betriebsgefahr auf beiden Seiten. Allerdings kommt es jeweils auf die Gewichtung des beiderseitigen Verschuldens an. Bei Fehlen einer Behinderung und Tageslicht kann das Verschulden des Abstellenden völlig zurücktreten.[301]

### 8. Glatteisunfälle

Eine Haftung des Auffahrenden wird auch nicht dadurch ausgeschlossen, dass der Vorausfahrende 124
wegen Glatteises schleuderte oder durch eine andere Fahrbewegung zum Hindernis für den nachfolgenden Kraftfahrer wurde. Wichtig ist auch zu klären, ob ein Verstoß gegen die sog. Winterrei-

295 Vgl. insbes. Kap. 7 Massenunfälle; s. auch Pardey/Balke/Link, SWK-SchadenR, 1. Aufl. 2023, Stichwort 86.

296 Etwa *OLG Nürnberg* VersR 1967, 762.

297 Vgl. zul. *AG Hannover*, Urt. v. 05.09.2012 – 525 C 15184/11 m. Anm. *Balke* SVR 2014, 190.

298 *OLG Koblenz* VersR 1977, 1034; *OLG Bremen* VersR 1985, 1047; *OLG Hamm* VersR 1981, 194.

299 *BGH* NJW 1987, 151.

300 *LG Karlsruhe* NZV 2002, 322: Mithaftung von 30 % bei Abstellen von weniger als 15 m vom Zeichen 224 Haltestelle.

301 *Grüneberg* Vorbem. vor Rn. 288; *Brüseken/Krumbholz/Thiermann* NZV 2000, 442; vgl. auch *LG Kiel* DAR 2002, 318: Berücksichtigung der einfachen Betriebsgefahr des abgestellten Fahrzeugs mit 25 %.

fenpflicht vorliegt.[302] Zum originären Unfallgeschehen zählt im Übrigen auch das Ausrutschen eines Unfallbeteiligten, der nach der Kollision ausgestiegen ist.[303] Zwar hat jeder Kraftfahrer bei glatter Straße seine Geschwindigkeit so einzustellen, dass er das Fahrzeug sicher führen kann und insoweit beim Verlieren der Kontrolle schon der Anscheinsbeweis gegen diesen Kraftfahrer spricht. Andererseits muss jeder Verkehrsteilnehmer mit derartigen Problemen rechnen und sich auf die Möglichkeit einstellen, dass andere Kraftfahrer mit Schwierigkeiten zu kämpfen haben.[304] Erforderlichenfalls ist daher sogar Schrittgeschwindigkeit einzuhalten. Bei der Haftungsabwägung ist daher nicht nur die Betriebsgefahr des Auffahrenden, sondern sogar ein Mitverschulden zu berücksichtigen. Das *OLG Frankfurt/M.* hat insoweit eine Mithaftungsquote von 1/3 für den Auffahrenden als angemessen erachtet. Andererseits ist beim Anscheinsbeweis gegen den Verkehrssicherungspflichtigen zu differenzieren. War noch nicht gestreut worden, geht das *OLG Celle* in ständiger Rspr. davon aus, dass ein Glatteisunfall, der sich innerhalb der zeitlichen Grenzen der Streupflicht ereignet hat, grundsätzlich die Verletzung einer deliktischen Streupflicht indiziert.[305] War hingegen bereits einmal gestreut worden und möglicherweise der Unfall auf die Verletzung einer weiteren Nachstreupflicht an diesem Tag zurückzuführen, kommt ein Anscheinsbeweis insoweit nicht in Betracht. *»Die Ausgestaltung dieser Pflicht, insbesondere die Bestimmung des Zeitpunktes eines etwaigen Nachstreuens, hängt von den Umständen des Einzelfalles ab, etwa dem Nachlassen der abstumpfenden Wirkung des Streugutes und der Entwicklung der Wetterlage. Der Senat misst deshalb dem Glätteunfall keine Indizwirkung für eine Verletzung der Nachstreupflicht bei.«*.[306] Damit kommt es maßgeblich auf die Beweislastverteilung an. Das *OLG Celle* definiert das Beweislastrisiko wie folgt: *»Ob noch vor dem Unfall der Klägerin ein erneutes Streuen geboten war, hängt von der Feststellung ab, ob und gegebenenfalls wann der Niederschlag beendet war und bis wann Nachstreuen wegen anhaltenden Schneefalls zwecklos war. Die Reaktion des Streupflichtigen muss dann unter Berücksichtigung von Zumutbarkeitsgesichtspunkten nicht sofort, wohl aber in angemessenem zeitlichem Abstand erfolgen. Zu den die Nachstreupflicht auslösenden Umständen hat die Klägerin nichts Konkretes vorgetragen, obwohl sie dafür grundsätzlich darlegungs- und beweispflichtig ist. Der Geschädigte muss sich zumindest um Informationen für seinen Sachvortrag bemühen, auf dessen Grundlage beurteilt werden kann, wann eine Nachstreupflicht frühestens einzusetzen hatte. Offen bleibt, ob dem Geschädigten Darlegungserleichterungen zu gewähren sind, wenn zumutbare Recherchen erfolglos bleiben; dagegen könnte sprechen, dass der Streupflichtige nicht schlechthin einen leichteren Informationszugang hat, wenn man ihm nicht eine die Witterungslage begleitende Befundsicherungspflicht auferlegen will, die im Detail über die von Wetterdiensten vorgenommenen Aufzeichnungen hinausgeht. Im Streitfall kann die Klägerin Darlegungserleichterungen schon deshalb nicht in Anspruch nehmen, weil sie unweit der Unfallstelle wohnt und deshalb ebenso gut wie der Streupflichtige wissen konnte, wann die Schneefälle am Vormittag des Unfalltages beendet waren.«*;[307]

125 Soweit das Streuen den Fußgängerverkehr betrifft, nimmt der *BGH*[308] an, bei Fußgängerüberwegen komme eine Streupflicht nur in Betracht, wenn es sich um einen belebten und unentbehrlichen Übergang handle.[309] Findet der Fußgängerverkehr auf dem Bereich von Parkplätzen, etwa vor Supermärkten, statt, geht der *BGH*[310] davon aus, eine allg. Regel zur Streupflicht lasse sich hier nicht aufstellen, vielmehr gelte, *»dass die Streupflicht als Teil der Verkehrssicherungspflicht nur wirkliche Gefahren beseitigen, nicht aber bloßen Unbequemlichkeiten vorbeugen soll. Entstehung, Umfang und Maß einer*

302 Hierzu näher *Hatz* NZV 2011, 167.
303 *BGH* NJW 2013, 1679.
304 Vgl. *OLG Frankfurt/M.* zfs 2005, 180.
305 *OLG Celle* zfs 2005, 6 m. Anm. *Diehl*; vgl. *BGH* NJW 2005, 2454; zu den Grundl. des Winterdienstes grundl. *Netter*, Winterdienst – Räumen und Streuen bei Eis und Schnee, KommP-Spezial 2011, 7.
306 *OLG Celle* NJW-RR 2003, 1536.
307 *OLG Celle* NJW-RR 2003, 1536; vgl. *OLG Hamm*, Urt. v. 19.01.2016 – 7 U 52/15 = BeckRS 2016, 133234.
308 *BGH* DAR 2016, 83; zur Verkehrssicherungspflicht von Anliegern *BGH* DAR 2018, 617.
309 Vgl. *OLG Hamm* zfs 1996, 9; *OLG Hamm*, Urt. v. 12.09.2012 – 11 U 94/11.
310 *BGH* DAR 2020, 303.

*Streupflicht richten sich danach, was zur gefahrlosen Sicherung des Verkehrs erforderlich ist, dem die jeweilige Verkehrseinrichtung dient, und was dem Pflichtigen zumutbar ist (es folgen umfangr. Nachw.)«*

Der Geschädigte hat den Nachweis für das Vorliegen eines unfallträchtigen Straßenzustands zu erbringen.[311] Hieraus ergibt sich die nachfolgende Prüfungssystematik. 126

- Ist die damit dargelegte Streupflicht verletzt, spricht der Anscheinsbeweis gegen den Sicherungspflichtigen.
- Letztere muss sodann den Nachweis führen, dass das (Nach-)Streuen in diesem Fall zwecklos war.
- Regelmäßig wird ein Mitverschulden des Geschädigten zu berücksichtigen sein.

Prozessual ist auf den richtigen Anspruchsgegner zu achten. Werden wie üblich die fraglichen Straßenverkehrssicherungspflichten auf die Anlieger delegiert, trifft Letztere die Sicherungspflicht, können sie aber auf Mieter abwälzen, sodass diese selbst sicherungspflichtig und die Anlieger lediglich überwachungspflichtig sind. 127

Das *OLG Celle*[312] geht allerdings davon aus, dass sich bereits aus dem Umstand des Glatteisunfalls ein Anscheinsbeweis dafür ergebe, dass durch Streuen der Unfall vermieden worden wäre. Prozessual trägt daher der Straßenverkehrssicherungspflichtige die Beweislast für den Wegfall der Streupflicht, etwa bei fortdauerndem Schneefall. Das *OLG Nürnberg* fordert für den Kreuzungsbereich mit Ampelregelung eine besondere Beobachtung der Streu- und Räumpflicht (Markierung als *gefährlich* im Streu- und Räumplan). 128

Einen Sonderfall stellt die Streu- und Räumpflicht gegenüber Radfahrern dar. Die Rspr. des *BGH* hierzu ist extrem radfahrerfeindlich. Er geht davon aus, dass sich die Räumpflicht nicht auf die Radwege beziehe, da diese üblicherweise bei diesen Witterungsverhältnissen ohnehin lieber zu Fuß gehen.[313] Die entscheidende Konsequenz ist jedoch damit die Verweisung der Radfahrer auf den Gehweg oder die Fahrbahn. Für den Gehwegbereich ist die Räumung nach der Entscheidung nur unter dem Gesichtspunkt der Fußgänger durchzuführen. Ansprüche der Radfahrer scheiden daher aus, wenn die Räumung dem genügte. An sich wäre dem Radfahrer beim Vorhandensein eines Radweges die Benutzung der Fahrbahn untersagt. Gleichwohl geht der *BGH* in der Entscheidung davon aus, dass, da damit aber bei schwierigen Fahrbahnverhältnissen die Sturzgefahr des Radfahrers in hohem Maße droht, sich der Kraftfahrer bei der Annäherung an einen Radfahrer hierüber im Klaren sein und entweder mit großem Abstand passieren oder mit niedrigster Geschwindigkeit vorbeifahren muss. Letztlich müsste bei der Kollision schon unter dem Gesichtspunkt der Betriebsgefahr die Haftung des Kraftfahrers mit 100 % angesetzt werden. Die Frage des Mitverschuldens seitens des Radfahrers wurde vom *BGH* nicht angesprochen. Da der *BGH* aber entgegen der StVO die Berechtigung zur Fahrbahnnutzung zugrunde legt, ist ein Mitverschulden nicht anzuwenden. 129

Bei der Verkehrssicherungspflicht ist auf den richtigen Anspruchsgegner zu achten. Die Pflicht kann delegiert werden und damit ein Wechsel bei der Passivlegitimation eintreten.[314] 130

### VII. Bahnübergang

Schon nach bisherigem Recht kommt nach § 1 HaftPflG[315] eine Verneinung der Betriebsgefahr von Eisenbahnen bei Benutzung eines eigenen Gleiskörpers nur bei höherer Gewalt[316] in Betracht. Es ist daher stets entscheidend, ob das Verhalten des am Unfall ansonsten beteiligten Verkehrsteilneh- 131

311 So schon *BGH* VersR 1966, 90; *BGH* VersR 1984, 40.

312 *OLG Celle* NJW 2004, 3436.

313 *BGH* NJW 2003, 3622; grundl. zur Problematik der Entscheidung *Schubert* NZV 2006, 268.

314 Vgl. grundl. *Bachmeier/Müller/Rebler* Straßenrecht und Straßenverkehrsrecht für Kommunen, S. 494 ff.

315 Näher hierzu LBMR/*Bachmeier* § 1 HaftpflG.

316 Siehe dazu *LG Stralsund* RdTW 2024, 107.

mers so stark überwiegt, dass die Betriebsgefahr der Eisenbahn zurücktritt.[317] Unbeachtlich ist der Umstand, dass beim Eisenbahnverkehr Schienennetzbetreiber und Bahnunternehmen unterschiedlich sind. Da der Bahnbetrieb selbst nur durchgeführt werden kann, wenn ordnungsgemäße Anlagen vorhanden sind, haftet der Bahnbetreiber in jedem Fall unter dem Gesichtspunkt der Gesamtschuld.[318]

Ergänzend ist auf die in der EBO[319] enthaltenen Verpflichtungen zu verweisen.

132 Zu beachten ist im Übrigen, dass die Betriebsgefahr nur dann infrage kommt, wenn ein Zusammenhang mit dem Bahnbetrieb selbst vorliegt. Betrieb bedeutet hier den inneren und äußeren Zusammenhang mit der Verwirklichung des bahntechnischen Verkehrs, also mit den Eigentümlichkeiten des Bahnverkehrs.[320]

133 Stürzt ein Radfahrer auf einer die Straße kreuzenden Gleisanlage und steht der Sturz nur im Zusammenhang mit der Betriebsanlage, nicht aber dem Bahnbetrieb selbst, scheidet die Berücksichtigung der Gefährdungshaftung des Bahnunternehmers aus.[321] Es fehlt hier insoweit am Zusammenhang mit der Fortbewegung des Schienenfahrzeugs (Betrieb im engeren Sinne) oder dem unmittelbar mit wirklich ablaufenden Beförderungsvorgängen zusammenhängenden Zustand der Betriebseinrichtung. Kommt – wie hier – eine Kausalität des Unfallgeschehens lediglich unter dem Gesichtspunkt des Zustands der Betriebsanlage allein in Betracht, findet § 1 HaftpflichtG keine Anwendung.[322] Kommt jedoch eine gemeinsame Unfallursache aus dem Bahnbetrieb und der Verkehrssicherungspflicht bei unterschiedlichen Haftungsgegnern in Betracht, ist nach dem *BGH*[323] und dem ihm folgenden *LG Hannover*[324] eine gesamtschuldnerische Haftung von Anlagenverkehrssicherungspflichtigen und Bahnbetriebsteilnehmer anzunehmen. Das *LG Hannover* hat dies sogar dann angenommen, wenn der Unfall lediglich durch einen Niveauunterschied im Bereich des Bahnübergangs verursacht wurde.

134 Zu beachten ist auch die kumulative Haftung von Bahnunternehmen und Verkehrssicherungspflichtigen. Namentlich im städtischen Bereich beschränken sich die Bahnanlagen lediglich auf einen geringeren Bereich und erfassen häufig nicht sichtverdeckende Bepflanzungen.[325]

135 Bei Bahnhaftungsfällen ist grundsätzlich auf die richtige Passivlegitimation zu achten. Angesichts der Deregulierung des Bahnmonopols und der Aufteilung in den Infrastruktur- (Netz) und Fahrgeschäftsbereich fällt dies ebenfalls nicht leicht. Die Abgrenzung ist schwierig, da die Eigentümerstellung kein ausreichendes Kriterium darstellt, vielmehr die Einwirkungsmöglichkeit für eine Gefahrenabwehr entscheidend sein soll.[326] Erleichtert wird die Haftung jedoch durch die in beiden Bereichen geltende Betriebsgefahr nach § 1 HaftPflG.[327] Angesichts der Zweigleisigkeit der Verantwortlichkeit ist zudem stets die gesamtschuldnerische Haftung von Zug- und Netzbetreiber zu überprüfen.[328]

---

317 Einen Überblick zur Bahnhaftung gibt *Filthaut* NZV 2021, 337 ff.; *ders.* NZV 2011, 217; *Rebler* SVR 2010, 441; *Engelbrecht* DAR 2021, 61 ff. betrachtet die Haftungsverhältnisse bei Beteiligung verschiedener Arten von Verkehrsteilnehmern.

318 Siehe *OLG Celle* RdTW 2024, 16, Rn. 69 – 71.

319 Eisenbahn-Bau- und Betriebsordnung vom 08.05.1967, BGBl. 1967 II S. 1563, zul. geänd. d. VO v. 05.04.2019, BGBl. I S. 479.

320 Vgl. *Filthaut* § 1 Rn. 60 m.w.N.

321 *OLG Hamm* NZV 1998, 154.

322 *Filthaut* § 1 Rn. 73 m.w.N.

323 *BGH* NJW 1994, 603, 606.

324 *LG Hannover* VersR 2005, 1590 (LS.).

325 Vgl. *BGH* NZV 1994, 146. *LG Hannover* 2006, 1590 (Ls.).

326 Vgl. *BGH* NZV 2004, 245.

327 Grundl. zur Bahnhaftung LBMR/*Bachmeier* § 1 HaftPflG Rn. 25 ff.

328 Zur Haftungs- und Zurechnungseinheit von Eisenbahn- und Eisenbahninfrastrukturunternehmen siehe *OLG Celle* RdTW 2024, 16, Rn. 69 – 71; *OLG Celle* NJW 2023, 3297; vgl. auch *OLG Hamm* NJW 2016, 332.

Auch die Haftung bezüglich des Betriebs von Straßenbahnen richtet sich nach § 1 HaftpflG. Für das Führen von Straßenbahnen gelten nicht primär und auch nicht zwingend die in der StVO statuierten Verhaltensanforderungen. Für den Betrieb von Straßenbahnen sind vielmehr zunächst die Vorschriften der BO-Strab[329] maßgeblich. Für Begegnungen von Straßenbahnen und Kfz kann die StVO daher nur insoweit Vorrangregelungen begründen, als die Regeln der StVO nach den Vorschriften der BO-Strab Anwendung finden sollen.[330] 136

## 1. Allgemein

Der durch Masse und daraus resultierendem langen Bremsweg hohen Betriebsgefahr ist durch den Eisenbahnunternehmer entsprechend entgegenzuwirken. Hierzu dienen vor allem Schrankenanlagen, Blinklichtanlagen, Warnbaken und Andreaskreuze. Auch Beeinträchtigungen durch Pflanzenwuchs sind zu beseitigen, wobei die Verkehrssicherungspflicht sich auch auf nicht zur Straße gehörende Sachen, soweit sie eine Gefahr für die Benutzer der Straße darstellen, etwa in Vorgärten stehende Bäume und Sträucher, erstreckt.[331] Die Beeinträchtigung der Erkennbarkeit der Warnbaken durch angewehten Schnee ist ebenfalls zu berücksichtigen: *»Der Verkehrssicherungspflichtige muss nämlich den Verkehr vor Gefahren schützen, die erfahrungsgemäß drohen, wenn Sichtbehinderungen unterschätzt und dadurch Vorfahrtsverletzungen begangen werden. Der Vertrauensgrundsatz, wie er im Verhältnis der Verkehrsteilnehmer untereinander gilt, findet im Verhältnis zwischen dem Verkehrssicherungspflichtigen und den Verkehrsteilnehmern keine Anwendung. Die Verkehrssicherungspflicht kann vielmehr im Einzelfall gerade Maßnahmen verlangen, deren Zweck es ist, den Verkehr vor den Folgen fehlerhaften Verhaltens einzelner Verkehrsteilnehmer zu schützen«*.[332] Gegebenenfalls ist darauf hinzuwirken, dass der für diesen Grundstücksbereich Zuständige entsprechende Maßnahmen trifft.[333] 137

Auch akustische Warnsignale müssen technisch so ausgelegt sein, dass sie problemlos wahrgenommen werden können.[334] Insbesondere trifft den Lokführer schon aus § 1 StVO, der in der Tat auch für ihn gilt, die Pflicht, rechtzeitig Warnsignale abzugeben.[335] Da Bremsmanöver wegen des extremen Bremswegs von Schienenfahrzeugen regelmäßig nicht unfallverhindernd sein können, ist die Warnung des anderen Verkehrsteilnehmers von besonderer Wichtigkeit. Allerdings sind im Regelfall akustische Signale für den Lokführer nicht erforderlich, wenn Schrankenanlagen oder Lichtsignale angebracht sind, da Letztere gemäß § 11 Abs. 4 Nr. 2, 3 EBO 1967 als technische Sicherungen ausreichen.[336] 138

Andrerseits existiert keine gesetzliche Vorschrift, dass innerorts Fuß- und Radfahrwege im Bahnkreuzungsbereich grundsätzlich unabhängig von dem Bahnverkehrsaufkommen durch Schranken oder Posten zu sichern sind.[337] 139

Bei Beachtung dieser Vorsichtsmaßnahmen ist zwar wegen des Merkmals der höheren Gewalt nicht von einem Ausschluss der Betriebsgefahr auszugehen, jedoch das im Kollisionsfalle zu wertende Verhalten des anderen Unfallbeteiligten als so überwiegend zu bewerten, dass die Betriebsgefahr zurücktritt. Regelmäßig ist daher eine Mithaftung des Eisenbahnunternehmers zu verneinen, wenn aufseiten des anderen Unfallbeteiligten grobe Fahrlässigkeit zu bejahen ist, etwa wenn ein Pkw-Fahrer vor einem unbeschrankten, nur durch ein Andreaskreuz gesicherten Bahnübergang bei schlechter Sicht (Bewuchs, Sonnenlicht) nicht vor den Schienen anhält, um sich von der Gefahrlosigkeit einer 140

329 Straßenbahn Bau und Betriebsordnung, 11.12.1987, BGBl. I S. 1410; zul. geänd. d. VO v. v. 01.10.2019, BGBl. I S. 141.
330 *LG Nürnberg-Fürth* NJW-RR 2022, 252.
331 *BGH* NJW-RR 1994, 603.
332 *BGH* VersR 1966, 65.
333 *BGH* NJW-RR 1994, 603.
334 *BGH* NJW-RR 1994, 603; zum Straßenbahnführer vgl. *BGH* NJW-RR 1991, 347.
335 So schon *BGH* VersR 1975, 800.
336 *OLG Koblenz* NZV 2002, 184.
337 *OLG Frankfurt/M.* VersR 1994, 114.

Überquerung zu überzeugen[338] sog. Halbschranken umfährt[339] oder trotz Rotlichts den Bahnübergang befährt.[340]

141 Der Ansicht, bei technisch nicht gesicherten Übergängen sei vom Kraftfahrer eine mit der Unübersichtlichkeit gesteigerte Aufmerksamkeit zu verlangen, sodass die Betriebsgefahr der Bahn zurückträte,[341] ist im Übrigen beizupflichten, da gemäß § 18 Abs. 1 Nr. 1 StVO Schienenfahrzeuge Vorrang haben und der Vertrauensgrundsatz auch dem Lokführer zugutekommt,[342] er also auf das Anhalten des Kraftfahrers vertrauen darf.

## 2. Erkennbarkeit der Unfallträchtigkeit

142 Ist indes die für das Unfallgeschehen zumindest mit ursächliche Situation für den Eisenbahnunternehmer erkennbar, so kommt seine Mithaftung schon unter Verschuldensgesichtspunkten in Betracht.[343] Trifft etwa das Bahnunternehmen nach mehreren Unfällen an einem gefährlichen und viel befahrenen, nur durch Blinklicht und akustisches Signal gesicherten Bahnübergang keine weiter gehenden Sicherungsmaßnahmen, so haftet es auch bei grober Fahrlässigkeit eines das Rotlicht missachtenden Lkw-Fahrers für dessen materiellen und immateriellen Schaden zu einem Drittel.[344]

143 Hat sich neben einem Schlängelgitter, durch das der Bahnunternehmer einen Bahnübergang für Fußgänger und Radfahrer gesichert hat, ein Trampelpfad gebildet, sodass für den Bahnunternehmer erkennbar wird, dass Fußgänger und Radfahrer vielfach unter Umgehung des Schlängelgitters den Bahnkörper betreten bzw. befahren, verstößt der Bahnunternehmer gegen seine Verkehrssicherungspflicht, wenn er es unterlässt, durch Beseitigung des Trampelpfades bzw. Verbreiterung der Absperrung alle Passanten zur Benutzung des Schlängelgitters und damit insbesondere Radfahrer zum Absteigen zu zwingen.[345]

144 Die Haftung kommt auch für den Fall in Betracht, dass die Warnbaken durch Schneeverwehungen nicht ohne Weiteres erkennbar sind und dadurch die Betriebsgefahr der Eisenbahn erhöht wird[346] bzw. beim Zusammenstoß eines Triebwagens und einem Lkw, wenn nicht feststeht, ob die vorhandene Warnblinkanlage vor dem Bahnübergang tatsächlich in Funktion getreten ist.[347] Die Überwachung eines Bahnübergangs ist so auszugestalten, dass im Falle eines nicht vollständigen Absinkens der Schranken aufgrund eines auf den Gleisen befindlichen Hindernisses der herannahende Zug noch rechtzeitig vor dem nicht gesicherten Bahnübergang angehalten werden kann.[348]

145 In der Regulierungspraxis ist daher sorgfältig auf die Ermittlung jener Gesichtspunkte zu achten, die zu einer Erkennbarkeit der Unfallträchtigkeit und damit Mitberücksichtigung der Betriebsgefahr führen.

338 *OLG Karlsruhe* NJWE-VHR 1997, 103.
339 *OLG Hamm* r+s 1996, 391.
340 *OLG Köln* NZV 1997, 477; *OLG Koblenz* NZV 2002, 184.
341 *AG Coburg* NZV 2002, 188.
342 *Filthaut* § 12 Rn. 27.
343 Vgl. *OLG Celle* RdTW 2023, 184 »15 Störungsfälle an einer Bahnübergangssicherungsanlage in weniger als 4 Wochen«, dazu *Figgener/Quaisser* NJW-Spezial 2023, 169; s. auch *OLG Celle* RdTW 2024, 16 »mangelhaftes Sicherungssystem der Fernüberwachung an Bahnübergang«.
344 *OLG Oldenburg* NZV 1999, 419.
345 *OLG Nürnberg* VersR 1999, 628.
346 *OLG München* NZV 2002, 43: Mithaftung des Bahnbetreibers von 30 %; vgl. auch *BGH* VersR 1966, 65.
347 Vgl. *OLG Stuttgart* VersR 1979, 1129.
348 *OLG Celle* NJW 2023, 3297.

### VIII. Beleuchtung

Gemäß § 17 StVO sind Fahrzeuge ausreichend zu beleuchten. Die Erfüllung der Pflicht hängt auch von den Lichtverhältnissen am Unfallort ab.[349] 146

Bei liegen gebliebenen Fahrzeugen kommt die Verpflichtung zur ausreichenden Absicherung hinzu, § 15 StVO. Insoweit kommt ein Anscheinsbeweis in Betracht.[350] Ein Verstoß hiergegen ist als Verschuldenstatbestand ein bedeutsamer Anknüpfungspunkt für die Haftungsverteilung. Allerdings ist stets zu prüfen, ob die mangelnde Absicherung überhaupt unfallrelevant war. Hätte etwa das Aufstellen eines Warndreiecks die Warnsituation nicht verbessert, kann aus dem Unterlassen auch kein haftungsrelevanter Tatbestand abgeleitet werden.[351]

Wer bei Nacht auf einer Landstraße sein unbeleuchtetes Fahrzeug so abstellt, dass es ca. 70 cm in die Fahrbahn hineinragt, verstößt gröblich gegen §§ 1, 17 StVO. Zu beachten ist aber die Einschränkung nach § 17 Abs. 4 StVO. Die Erkennbarkeit ist nur insoweit herzustellen, also es für die Vermeidbarkeit bei verkehrsgemäßen Verhalten anderer Verkehrsteilnehmer erforderlich ist.[352] 147

Den auf das abgestellte Fahrzeug auffahrenden Kraftradfahrer trifft gleichfalls ein Verschulden, wenn er aufgrund der Ausweichbewegungen der vor ihm fahrenden Fahrzeuge hätte erkennen müssen, dass sich rechts am Fahrbahnrand ein Hindernis befand. Bei der Haftungsverteilung ist zulasten des Auffahrenden ein Haftungsanteil von einem Drittel zu berücksichtigen.[353] 148

Der *BGH*[354] hat die Frage des Haftungseinflusses mangelhafter Beleuchtung im Rahmen des sog. Vertrauensgrundsatzes erörtert und insoweit diesen Grundsatz erheblich eingeschränkt. Ausgangspunkt war das unstreitig nicht brennende Frontlicht eines Motorrades. Der Fahrer prallte auf einen Pkw, der aus der Gegenrichtung nach links abbog. *»Das Vertrauen des Verkehrs darauf, bei Dunkelheit nur beleuchteten Fahrzeugen zu begegnen, besteht nur in Grenzen. Insbesondere kommt auch dieser Vertrauensgrundsatz demjenigen nicht zugute, der sich selbst über die Verkehrsregeln hinwegsetzt* (es folgt Nachweis). *Er gilt deshalb – wie oben bereits ausgeführt – nicht, wenn ein Verstoß gegen das Sichtfahrgebot vorliegt. Ebenso wenig kann er gelten, wenn demjenigen, der mit einem unbeleuchteten Fahrzeug zusammenstößt, eine Pflichtwidrigkeit bei der Beachtung der Vorfahrt bzw. beim Linksabbiegen vorzuwerfen ist. Ein solcher Verstoß kommt auch dann in Betracht, wenn sich ein unbeleuchtetes Fahrzeug nähert. Entscheidend sind insoweit die Umstände des konkreten Einzelfalls.«* Demgemäß hat der *BGH* die in der Berufungsinstanz für den Motorradfahrer mit 2/3 festgesetzte Haftungsquote beanstandet und den Rechtsstreit zur erneuten Entscheidung über die Haftungsquote an die Vorinstanz zurückverwiesen. 149

Zu beachten ist jedoch, dass bei Anhängern die zugelassene Park-Warntafel gemäß § 51c Abs. 2 S. 1 Ziff. 4 StVZO als Beleuchtungsersatz in Betracht kommt. Insoweit scheidet bei Anbringung dieser Tafel ein Verstoß gegen § 17 Abs. 4 S. 3 StVO und gegen §§ 17 Abs. 4 S. 2 StVO (Beleuchtung des Anhängers durch die Straßenbeleuchtung) aus.[355] Auch ein Verstoß gegen § 1 StVO ist diesbezüglich zu verneinen.[356] 150

Im Übrigen erfordert das Abstellen auch nicht das Einschalten des Abblendlichts, da § 17 Abs. 4 S. 1 StVO dies nicht erfordert, vielmehr reicht das eingeschaltete Begrenzungslicht.[357] 151

349 Grundl. Ausf. bei *OLG München*, Urt. v. 11.05.2007 – 10 U 4405/06 = BeckRS 2007, 9961 mit *»Katalog der prozessual möglichen Aufklärungsinstrumente«*; zu unfallanalytischen Gesichtspunkten vgl. *Bachmeier*, Mandatshandbuch Rn. 849.
350 Vgl. *OLG Nürnberg* r+s 2014, 571; *OLG Hamm* NZV 1990, 312.
351 *OLG Karlsruhe* DAR 2002, 34.
352 Vgl. *OLG Hamm* r+s 2019, 221.
353 Vgl. *LG Frankenthal* r+s 1985, 243 (Ls.).
354 *BGH* NJW 2005, 1351.
355 *OLG Hamm* SP 1999, 370.
356 *OLG Hamm* SP 1999, 370.
357 *OLG Stuttgart* DAR 2000, 35.

152 Kollisionen sind in der Regel mit Verschuldenstatbeständen der Unfallgegner verknüpft, insbesondere unter dem Gesichtspunkt des Auffahrens und des mangelnden Fahrens auf Sicht. Fährt ein Kfz auf ein unbeleuchtetes Hindernis auf, spricht der Anscheinsbeweis für eine schuldhafte Fahrweise.[358] Kommt es bei Dunkelheit auf einer unbeleuchteten Landstraße zu einem Unfall mit einem dunkel gekleideten Radfahrer, dessen Rad schwarz und unbeleuchtet ist, kann dies trotz Verstoß des von hinten auffahrenden Pkw-Fahrers gegen das Sichtfahrgebot zu einer überwiegenden Haftung des Radfahrers von 75 % führen.[359]

153 Wenn ein Lkw nachts entgegen § 17 Abs. 4 S. 3 StVO unbeleuchtet auf der Straße abgestellt wird und ein Radfahrer, der wegen Regens überwiegend mit gesenktem Kopf fährt, gegen ihn prallt, ist auch ein Mitverschulden des Radfahrers zu berücksichtigen.[360] Kollidiert nachts ein ohne Beleuchtung fahrender Radfahrer auf einer Fußgängerfurt mit einem abbiegenden Pkw, so trifft den Radfahrer ein Mitverschulden von 30 %.[361]

154 Wird ein Kfz zur Nachtzeit von einem bevorrechtigten Kraftfahrer ohne Benutzung der Beleuchtungseinrichtungen geführt und kommt es zu einem Zusammenstoß mit einem wartepflichtigen Fahrzeug, dessen Fahrer kein unfallursächliches Verschulden trifft, so haftet der Vorfahrtsberechtigte allein.[362] Ebenso hat das *OLG Brandenburg* in einem Fall entschieden, in dem der Radfahrer trotz Dunkelheit grob verkehrswidrig die vorgeschriebenen Beleuchtungseinrichtungen an seinem Fahrrad nicht eingeschaltet hatte und mit einem aus einer untergeordneten Straße einbiegenden Pkw kollidierte.[363] Eine Schadenteilung hat das *AG Flensburg* bei einer Kollision zwischen einem nach rechts in ein Grundstück abbiegenden Pkw und einer parallel zur Fahrbahn in identischer Fahrtrichtung auf dem Radweg fahrenden Radfahrerin vorgenommen, die entgegen § 17 Abs. 1 S. 1 StVO die Beleuchtung nicht eingeschaltet hatte.[364]

155 Wurde ein Lkw auf einer schneenassen Straße zur Nachtzeit entgegen § 17 Abs. 4 S. 3 StVO unbeleuchtet abgestellt und fährt ein Pkw, der aus einer Linkskurve kommt, infolge grober Unaufmerksamkeit oder einer nicht den Licht- und Sicht- sowie Straßenverhältnissen angepassten Geschwindigkeit auf den Lkw auf, so hat der Pkw-Fahrer in großem Maße die durch die Verkehrslage gebotene besondere Sorgfalt außer Acht gelassen. Demgegenüber kann die vom Lkw ausgehende Betriebsgefahr zurücktreten und zu einer vollen Haftung des Auffahrenden führen.[365]

156 Die gleichen Grundsätze wie beim Abstellen gelten auch für das Bewegen eines unbeleuchteten Fahrzeugs. Wer es am Fahrbahnrand in dieser Weise schiebt, eröffnet grob fahrlässig eine Unfallquelle. Bei der Abwägung dieses Verstoßes ist aber im Kollisionsfall der Verstoß des Gegners gegen das Fahren auf Sicht zu berücksichtigen.[366]

### IX. Ein- und Aussteigen

157 Das Öffnen einer Kfz-Tür gehört zum Betrieb des betreffenden Kfz im Sinne von § 7 Abs. 1 StVG.[367] Wer aus einem auf der Straße haltenden Kfz aussteigen will, hat sich gemäß § 14 Abs. 1 StVO so zu verhalten, dass eine Gefährdung anderer Verkehrsteilnehmer ausgeschlossen ist. Der Vorgang ist

358 *BGH* NJW-RR 1988, 406; *OLG Karlsruhe* VersR 1989, 302; *Weber* DAR 1984, 173.
359 *OLG Naumburg* VersR 2013, 776.
360 Vgl. *OLG Hamm* DAR 1992, 384, Nichtannahme der Revision durch den *BGH*.
361 *LG Hamburg*, Urt. v. 09.02.2018 – 306 O 355/16 = BeckRS 2018, 1382.
362 Vgl. *OLG Schleswig*, Urt. v. 11.07.2023 – 7 U 17/21 m. Anm. *Bachmor* NZV 2023, 446; *KG* DAR 1983, 82; *OLG Stuttgart* SP 1996, 272.
363 *OLG Brandenburg*, Urt. v. 14.01.2021 – 12 U 125/19 m. Anm. *Bachmor* NZV 2022, 343.
364 *AG Flensburg*, Urt. v. 30.09.2020 – 65 C 191/18 m. Anm. *Bachmor* SVR 2021, 70 f.
365 Vgl. *LG Heidelberg*, Urt. v. 24.08.1982 – 4 S 1582/81 n.v.
366 *OLG Frankfurt/M.* VersR 1997, 1030: Haftungsverteilung 40:60 %.
367 Hierzu *OLG Naumburg* NZV 2014m 356: Gilt auch für Passagier eines Reisebusses.

erst mit dem Schließen der Fahrzeugtüre und dem Verlassen der Fahrbahn beendet.[368] Das Öffnen der linken Türen unterliegt insoweit den gleichen Anforderungen, wie das Öffnen rechter Türen.[369] Er muss daher den rückwärtigen Verkehr genau beobachten und darf die Wagentür erst dann öffnen, wenn er absolut sicher sein kann, dadurch niemanden zu gefährden.[370] Aber auch auf den Gegenverkehr ist entsprechend zu achten.[371] Dementsprechend spricht gegen den Ein- oder Aussteigenden schon der Anscheinsbeweis.[372] Beim Vorbeifahren an parkenden Fahrzeugen ist daher ausreichender Seitenabstand einzuhalten. Der notwendige Mindestabstand richtet sich nach den konkreten Umständen des Einzelfalls.[373] Andererseits ist stets auch zu prüfen, ob der Vorbeifahrende nicht angesichts der Verkehrssituation schon mit einem Öffnen der Türe rechnen musste.[374] Das *KG*[375] nahm dies beim Vorbeifahren an einem Müllabfuhrfahrzeug im Dienst wegen eines sich zum Fahrerhaus begebenden Arbeiters an und kam zu einer Mithaftung des Vorbeifahrenden in Höhe von 1/3. Ebenso ist eine bereits teilweise geöffnete Tür ein Anhaltspunkt für eine besondere Sorgfaltspflicht des Vorbeifahrenden. Das *OLG Hamm* nahm insoweit den Mitverschuldensanteil des Vorbeifahrenden mit 50 % an. Das *LG Saarbrücken*[376] weist darauf hin, dass für die Bemessung des Abstandes die dem Vorbeifahrenden erkennbaren Umstände entscheidend sind, sodass man bei einem gekennzeichneten Baustellenfahrzeug mit einem weiten Öffnen der Türe rechnen müsse.

Den Anforderungen von § 14 StVO gemäß spricht daher schon der Anscheinsbeweis gegen den Türöffner, wenn im Zusammenhang mit dem Öffnen ein anderer Verkehrsteilnehmer verletzt wird.[377] Der Vertrauensgrundsatz, wonach sich die Verkehrsteilnehmer auf das Unterlassen eines plötzlichen Türöffnens[378] verlassen können, ist allerdings dahingehen eingeschränkt worden, dass ein spaltweises Öffnen jederzeit zu erwarten ist.[379] 158

Im Ergebnis spielt das allerdings im Regelfall bei der Bildung von Haftungsquoten keine entscheidende Rolle, weil bei einer Kollision mit einer spaltweise geöffneten Türe, der Abstand des Vorbeifahrenden so extrem knapp ist, dass seine Haftung ohnehin schon unter diesem Gesichtspunkt heranzuziehen ist. Generell sind bei diesen Konstellationen einerseits der fehlende erforderliche Sicherheitsabstand und andererseits auch ein Verschulden des Türöffners zu berücksichtigen und daher jeweils eine Haftungsabwägung vorzunehmen. Dementsprechend können folgende Fälle unterschieden werden: 159

– Unfallhergang ungeklärt: 100 % Haftung des Türöffners schon nach dem Anscheinsbeweis,[380]

368 *BGH* NJW 2009, 3791; *OLG Saarbrücken*, Urt. v. 05.07.2024 – 3 U 16/24; *OLG Celle* r+s 2020, 532; *OLG Köln*, Urt. v. 06.10.2020 – 14 U 40/20; *OLG Frankfurt/M.*, Urt. v. 25.10.2016 – 16 U 167/15 m. Anm. *Balke* SVR 2017, 27f.; *OLG Düsseldorf* VersR 2014, 1390 m. Anm. *Balke* SVR 2014, 423; *LG Saarbrücken* NJOZ 2022, 1553; siehe auch *Knauf* NJW-Spezial 2016, 329; ausf. auch *Schauseil* MDR 2011, 961f.

369 Vgl. LBMR/*Balke* § 14 StVO Rn. 6 f.; *OLG Hamm* NZV 2000, 126.

370 Vgl. *OLG Hamm* DAR 2000, 64; *KG* VRS 69, 98.

371 *OLG Hamm* DAR 2000, 64.

372 Vgl. *KG* DAR 2005, 217.

373 *OLG München*, Urt. v. 07.10.2020 – 10 U 1455/20; *OLG Celle* r+s 2019, 286; *OLG Düsseldorf* SP 2013, 63; *OLG Hamm* NZV 2004, 408.

374 Vgl. auch *LG Saarbrücken* NZV 2013, 594: Mithaftung zu 2/3 des in zweiter Reihe parkenden und die Türe des daneben befindlichen Fahrzeugs Anfahrenden.

375 *BGH* VersR 2009, 1641; *OLG Saarbrücken*, Urt. v. 24.03.2023 – 3 U 9/23; *OLG Köln*, Urt. v. 06.10.2020 – 14 U 40/20; *OLG Celle* r+s 2020, 532; *OLG Frankfurt/M.* r+s 2020, 226.

376 *LG Saarbrücken* NZV 2014, 412.

377 *OLG Hamm* DAR 2000, 64.

378 Hierzu auch Rdn. 396.

379 *BGH* NJW-RR 2007, 903; vgl. auch *OLG Hamm* DAR 2000, 126.

380 *OLG Düsseldorf* DAR 1976, 215; *OLG Celle* Urt. v. 06.11.2018 – 14 U 61/18, WKRS 2018, 62960.

– Seitenabstand des Vorbeifahrenden weniger als 50cm: Mithaftung des Vorbeifahrenden mit 33 %,[381]
– Abstand geringer als 30cm: Mithaftung des Vorbeifahrenden mit mindestens 50 %,[382]
– Durch knappen Abstand reißt der Fahrtwind die Türe auf: Mithaftung des Vorbeifahrenden mit 20 %.[383]

160 Grundsätzlich ist davon auszugehen, dass ein Sicherheitsabstand von wenigstens einem Meter einzuhalten ist.[384] Prozessual kommt es darauf an, den Nachweis für ein zu nahes Vorbeifahren des bewegten Fahrzeugs darzulegen. Ein Seitenabstand von weniger als 1 m zwischen den Fahrzeugen kann zu gering sein, wenn sich eine Person in den haltenden Pkw hinein beugt, der mit auf der Fahrerseite geöffneter Tür auf einem Seitenstreifen neben der Fahrbahn steht.[385] Unfallanalytisch finden sich hierzu mögliche Aufklärungsansätze im Schadensbild der getroffenen Türe.[386]

161 Die Beweislast obliegt dem Ein- bzw. Aussteigenden.[387]

## X. Fahrerlaubnis

162 Die Fahrerlaubnis ist der amtliche Nachweis für die Eignung zum Führen eines Kraftfahrzeugs. Das Fehlen ist allerdings kein Nachweis für das Verschulden des Unfalls. Einen Anscheinsbeweis erkennt die neuere Rspr. nicht an.[388] Der *BGH* hat dies erneut bekräftigt. *»Für einen Beitrag des Fahrens ohne Fahrerlaubnis zu dem Unfallgeschehen spricht im hier zu entscheidenden Fall auch nicht ein Anscheinsbeweis. Zwar kann bei einem Fahrfehler des Schädigers zu Gunsten des Geschädigten grundsätzlich ein Anscheinsbeweis für den Ursachenbeitrag einer fehlenden Fahrerlaubnis sprechen* (es folgen Nachweise). *Davon kann im Streitfall nach den vom BerGer. getroffenen Feststellungen jedoch nicht ausgegangen werden. Dem Bekl. war zwar wegen Trunkenheit im Straßenverkehr die Fahrerlaubnis entzogen, er ist aber im Zeitpunkt des Unfalls nüchtern gefahren und es sind darüber hinaus keine gefahrerhöhenden Umstände ersichtlich, die sich zusätzlich zu dem Verstoß gegen das Sichtfahrgebot unfallursächlich ausgewirkt haben könnten. Dafür, dass seine überhöhte Geschwindigkeit mit der fehlenden Fahrerlaubnis in Zusammenhang stünde, spricht kein Satz der Lebenserfahrung. Soweit die Revision meint, das Fahren ohne Fahrerlaubnis habe sich tatsächlich in der vom Bekl. gefahrenen, überhöhten Geschwindigkeit ausgewirkt, ist eine mehrfache Berücksichtigung dieses Umstands in der Abwägung nicht möglich* (es folgen Nachweise).«[389]

163 Umgekehrt kann jedoch das Fehlen einer Fahrerlaubnis des Geschädigten zu einer Reduktion seiner Ansprüche führen.[390] Bei Ansprüchen des verunglückten Fahrers ist schließlich der Verstoß gegen § 21 Abs. 1 Ziff. 1 StVG im Rahmen von § 254 Abs. 1 BGB zu berücksichtigen.[391] Einerseits hat

381 *BGH* VersR 1956, 576; *OLG Frankfurt/M.* VerkMitt 1963, 54; *LG München I*, Urt. v. 23.09.2011 – 17 S 6864/11 m. Anm. *Balke* SVR 2012, 108f.; *AG Frankenthal*, Urt. v. 26.06.2020 – 3c C 61/19.

382 *KG* VersR 1986, 1123) bis 100 % (*KG* VersR 1973, 257: 100 %; *OLG Nürnberg* DAR 2001, 130.

383 *LG Hannover* NZV 1991, 36.

384 Vgl. etwa *OLG Saarbrücken* VersR 2024, 439; *OLG München*, Urt. v. 07.10.2020 – 10 U 1455/20, BeckRS 2020, 26943; *OLG Celle*, Urt. v. 06.11.2018 – 14 U 61/18, WKRS 2018, 62960.

385 *OLG Saarbrücken* VersR 2024, 439; *OLG Frankfurt/M.*, Urt. v. 25.10.2016 – 16 U 167/15 m. Anm. *Balke* SVR 2017, 27f.; *OLG Frankfurt/M.* NZV 2014, 454 m. Anm. *Balke* SVR 2014, 231f.; *AG Frankenthal*, Urt. v. 01.09.2016 – 3a C 176/16 m. Anm. *Balke* SVR 2017, 30f. (jeweils Haftungsteilung); *LG Saarbrücken* NJOZ 2022, 1553; *LG Saarbrücken*, Urt. v. 17.04.2014 – 13 S 24/14 (jeweils 2/3 zu Lasten Türöffner); *LG Saarbrücken*, Urt. v. 15.02.2024 – 13 S 28/23 (20 % zu Lasten Türöffner); *AG Moers*, Urt. v. 04.06.2014 – 561 C 428/13 (30 % zu Lasten Türöffner).

386 Hierzu *Bachmeier* Mandatshandbuch Rn. 861.

387 Grundl. *OLG Celle*, Urt. v. 06.11.2018 – 14 U 61/18.

388 Ablehnend auch *Greger/Zwickel* § 41 Rn. 41.78.

389 NJW 2007, 506 f.; vgl. hierzu NJW Spezial 2007, 67; *OLG Hamm*, Urt. v. 08.05.2006 – 13 U 190/05 = BeckRS 2011, 17060.

390 Vgl. *OLG Hamm*, Urt. v. 08.05.2006 – 13 U 190/05.

391 *OLG München* VersR 74, 1132: Haftungsausgleich im Verhältnis 3:2 zulasten des Fahrers.

zwar das *KG*[392] die Berücksichtigung der Genugtuungsfunktion erneut bekräftigt. Andererseits ging das *OLG Koblenz* für den Fall des wiederholten Verstoßes gegen ein Fahrverbot von einer Reduzierung der Genugtuungsfunktion aus. Bemerkenswert hieran ist zudem, dass das Gericht die vielfach umstrittene Berücksichtigung einer Genugtuungsfunktion bei der Bemessung des Schmerzensgeldes konkret ausspricht. Schließlich ist auch danach zu differenzieren, welche Haftung zur Diskussion steht. Im Einzelfall kann aber das Fehlen der Fahrerlaubnis durchaus zu einer Erhöhung der Haftung führen.[393]

### 1. Fahrerverantwortlichkeit

Ein Anscheinsbeweis gegen den Fahrer kommt jedoch in Betracht, wenn das für die Entziehung der Fahrerlaubnis ursächliche Fehlverhalten mit dem vermuteten Fahrfehler vergleichbar ist.[394] **164**

### 2. Halterverantwortlichkeit

Wer als Kfz-Halter sein Fahrzeug einem Fahrer zur Verfügung stellt, der über keine Fahrerlaubnis verfügt, haftet auch gegenüber dem Fahrer nach § 823 Abs. 1 BGB i.V.m. § 21 Abs. 2 StVG für Schäden, die dadurch entstehen, dass dieser infolge mangelnder Fahrpraxis verunglückt. In einem derartigen Fall hat der Fahrer zu beweisen, dass der Unfall nicht auf seinem unzureichenden Fahrkönnen beruht. Es handelt sich aber nicht um einen Anscheinsbeweis, vielmehr ist nachzuweisen, dass das Fehlen der Fahrerlaubnis nicht unfallursächlich war.[395] Dieser Beweis kommt allerdings ebenfalls nur in Betracht, wenn feststeht, dass eine schuldhaft verkehrswidrige Fahrweise die Ursache des Unfalls war. **165**

## XI. Fahrstreifenbenutzung

Unfälle im Zusammenhang mit Fahrstreifenwechsel[396] sind in der Praxis selten aufzuklären. Dem Anscheinsbeweis kommt deshalb auch hier eine besondere Bedeutung zu. **166**

### 1. Allgemeine Grundlage

Ereignet sich ein Verkehrsunfall in einem engen zeitlichen und räumlichen Zusammenhang mit einem Fahrstreifenwechsel (nicht: Fahrspurwechsel), dann spricht bereits der Anscheinsbeweis für ein Alleinverschulden des Fahrspurwechslers mit der Folge der Alleinhaftung.[397] Dies gilt unabhängig davon, aus welchem Grund der Spurwechsler von seiner Fahrspur abkommt und in die vom gegnerischen Fahrzeug genutzte Fahrspur gerät.[398] Dies ergibt sich aus § 7 Abs. 5 StVO, wonach ein Fahrstreifen nur gewechselt werden darf, wenn eine Gefährdung anderer Verkehrsteilnehmer ausgeschlossen ist.[399] Im Rahmen des § 7 Abs. 5 S. 1 StVO ist »anderer Verkehrsteilnehmer« nur ein Teilnehmer des fließenden Verkehrs, also nicht der vom Fahrbahnrand An- und in den fließenden Verkehr Einfahrende.[400] § 7 Abs. 5 StVO gilt auch bei Spurwechsel auf Autobahnen.[401] **167**

Die Entkräftung des Anscheinsbeweises kann zu einer beiderseitigen Mithaftung führen. Hierfür genügt es, dass ernsthafte Anknüpfungspunkte erkennbar sind, beim Führen des gegnerischen Fahr- **168**

392 *KG*, Urt. v. 21.03.2006 – 7 U 95/05 = BeckRS 2006, 04376.
393 Vgl. *OLG Hamm*, Urt. v. 08.05.2006 – 13 U 190/05.
394 *LG Leipzig* NJW-RR 1997, 25.
395 *KG*, Urt. v. 22.02.2001 – 12 U 7599/99, NZV 2002, 80.
396 Dazu *Rohkamm* NJW-Spezial 2021, 265.
397 *KG*, Urt. v. 10.02.2021 – 25 U 160/19 m. Anm. *Kleine-König* NZV 2021, 475; *KG* NZV 2004, 28.
398 *OLG Brandenburg*, Urt. v. 06.08.2019 – 12 U 215/17 = BeckRS 2019, 23692.
399 Vgl. *OLG Stuttgart*, Urt. v. 07.04.2010 – 3 U 216/09 = BeckRS 2010, 13003; *OLG Hamm* NZV 2000, 85.
400 *BGH* NJW 2022, 1810 m. Anm. *Almeroth*.
401 *OLG München*, Urt. v. 09.12.2020 – 10 U 3493/20 = BeckRS 2020, 36055.

zeugs seien ebenfalls Fahrfehler begangen worden.[402] Insbes. bei einer versetzten Kollision wird meist der Anscheinsbeweis schon entkräftet sein.[403]

## 2. Fahrspurmarkierung im Kreuzungsbereich

169 Bei mehrspurigen Straßen, vor allem bei Fahrbahnverengungen nach der Kreuzung, wird vielfach die rechte Fahrspur mit einem Rechtsabbiegerpfeil (Zeichen 297) markiert, während die links danebenliegenden Spuren keine eine Fahrtrichtung signalisierenden Markierungen aufweisen. Dies führt des Öfteren zu tatsächlichen, wie rechtlichen Problemen, wenn

– ein rechts fahrendes Fahrzeug geradeaus fährt oder
– das rechts fahrende und das links fahrende Fahrzeug beim Abbiegen gleichzeitig die linke Fahrspur der Querstraße ansteuern.

170 Die Behandlung derartiger Fälle ist streitig. Nach einer Ansicht[404] kommt dem Zeichen nur dann insoweit eine Gebotswirkung zu, wenn die Fahrspuren durch Leitlinien getrennt und jede Spur mit Fahrtrichtungspfeilen markiert ist, anderenfalls handle es sich gerade nicht um die gesetzlich geforderten *»Pfeile, die nebeneinander angebracht sind«*, sondern um eine Empfehlung, bei der ein Verstoß gegen § 1 StVO in Betracht komme. Nach anderer Ansicht, wird dem Rechtsabbiegerpfeil auch in diesen Fällen eine Gebotswirkung zugebilligt, mit der Folge, dass der von der rechten Spur geradeaus fahrende Kraftfahrer einen Verkehrsverstoß begeht und ihm die Haftung zuzuordnen ist. Zwischenzeitlich hat der *BGH*[405] geklärt, dass Pfeilmarkierungen auf den Fahrstreifen verbindliche Fahrtrichtungsgebote darstellen und die Nichtbefolgung daher einen Fahrspurwechsel nach § 7 Abs. 5 StVO darstellt.

171 Dieser Ansicht ist zuzustimmen. Die Lösung vermag schon im Ansatz klare Verhältnisse zu schaffen und vermeidet die gerade im Kreuzungsbereich gravierende Unsicherheit, wie sich der rechts fahrende Kraftfahrer einerseits zu verhalten habe, andererseits auch tatsächlich verhalte. Der weitere Fall (gemeinsames Ansteuern der linken Spur der Querstraße) wird von beiden Ansichten allerdings nicht unmittelbar gelöst. Entscheidend hierfür ist indes, dass auch für den auf der linken Spur befindlichen Kraftfahrer das Rechtsabbiegen erlaubt, daher aus der Sicht beider Kraftfahrer mit dem Verhalten des anderen zu rechnen und es einzuplanen ist, sodass im Ergebnis beide gegen § 1 StVO verstoßen und ihnen ein gleicher Tatbeitrag zuzuordnen ist.[406] Das *KG* geht allerdings davon aus, dass der auf der linken Spur Fahrende eine erhöhte Sorgfaltspflicht zu erfüllen und den rechts von ihm Fahrenden in besonderem Maße zu beobachten hat, sodass gegen den links Fahrenden der Anscheinsbeweis spricht: *»Der Vorrang des äußerst rechts Eingeordneten gilt auch unabhängig davon, ob der links neben ihm Abbiegende möglicherweise schneller in die Kreuzungseinmündung einfährt (vgl. hierzu Senat, Urt. v. 13.6.1996 – 12 U 2594/95). Es kommt mithin nicht darauf an, welches der beiden an dem Unfall beteiligten Fahrzeuge die Kreuzung zuerst erreicht hatte, sondern allein darauf, dass sich der Fahrer des Lkw des Bekl. zu 2) auf der äußerst rechten Spur zum Abbiegen eingeordnet hatte. Der Fahrer des so eingeordneten Lkw hatte zudem die Wahl, in welchen der Fahrstreifen der neuen Straße er einfahren wollte* (es folgen Nachweise) *Nach alledem hätte der Fahrer des klägerischen Fahrzeugs den Lkw sorgfältig beobachten und im Hinblick auf dessen Größe auch damit rechnen müssen, dass dieser auch in die mittlere Spur der B-Allee einfahren würde.«* Die Konsequenz hieraus ist dann indes das

402 Überhöhte Geschwindigkeit, vgl. *KG* VerkMitt 1992, 28; *OLG Schleswig* DAR 1991, 26; Anfahren vom Fahrbahnrand, eigener Spurwechsel, vgl. *OLG Hamm* r+s 1998, 459; rechtzeitige Erkennbarkeit des Spurwechsels, vgl. *KG* VerkMitt 1987, 70.

403 Vgl. *KG* NZV 2008, 197.

404 *BayObLG* DAR 1974, 305; *OLG Düsseldorf* DAR 1996, 65; vgl. auch *LG Saarbrücken*, Urt. v. 10.06.2011 – 13 S 40/11 = BeckRS 2011, 17959 zum Kreisverkehr.

405 *BGH* NJW 2014, 1181.

406 So auch *KG*, Urt. v. 28.06.2004 – 12 U 89/03, MDR 2005, 87.

alleinige Verschulden des links Fahrenden.[407] Angesichts der dargestellten Erwartung könnte aber keinesfalls die Mithaftung aus der Betriebsgefahr unberücksichtigt bleiben.

### 3. Reißverschlussverfahren

Schwierigkeiten bereiten häufig die sog. Reißverschlussfälle. Das sog. Reißverschlussverfahren gilt nicht nur bei einseitigen Fahrbahnverengungen und bei endenden Fahrstreifen in einen nicht unterbrochenen Straßenzug, sondern auch, wenn sich die Fahrbahn hinter einer Kreuzung wegen parkender Fahrzeuge nur mit einem Fahrstreifen fortsetzt.[408] Gemäß § 7 Abs. 4 StVO ist nach dem Prinzip wechselseitigen Weiterfahrens, dem von rechts kommenden Vordermann die Vorfahrt zu gewähren, wenn dieser *»an der Reihe ist«*. Voraussetzung hierfür ist allerdings, dass überhaupt eine Schlangenbildung erfolgte. Bei ungeklärtem Hergang ist fraglich, ob allein aus dem Anscheinsbeweis das Verschulden gegen den Wechsler abzuleiten ist. Nach der Rechtsprechung spricht auch beim Reißverschlussverfahren der Anscheinsbeweis für ein schuldhaftes, unfallursächliches Verhalten des Spurwechslers.[409] Es ist aber zu berücksichtigen, dass jedenfalls eine sog. unklare Verkehrssituation mit erhöhter Sorgfaltspflicht vorliegt, bei der die Betriebsgefahr daher nicht mehr zurücktritt. Dementsprechend kann bei der Haftung in vier Fälle unterteilt werden: 172

- Situation ungeklärt: Haftung des Vordermanns zu 25 %,[410] bis 50 %,[411] das *KG*[412] geht allerdings davon aus, dass das Vorfahrtsrecht bei dem Fahrer auf dem durchgehenden Streifen liegt und er dann nur mithaftet, wenn er die Gefahr einer Kollision habe erkennen können.
- Vordermann war nachweislich nicht an der Reihe: 100 % Haftung des Vordermanns,[413] da der Anscheinsbeweis gemäß § 7 Abs. 5 StVO gegen ihn spricht,
- Vordermann blinkt nicht: Dessen Haftung zu 80 %,[414]
- der Vortritt des Berechtigten wurde erzwungen: Mithaftung zu 1/4.[415]

Davon abzugrenzen ist der durch ein Hindernis erforderliche Spurwechsel. Wer die Engstelle zuerst erreicht, hat das Vorfahrtsrecht. *»Das gilt aber zwangsläufig nur für den fahrenden Verkehr nicht für den, der aus welchen Gründen auch immer hinter einem Hindernis zum Stehen kommt und dann neu beginnen muss, sich in den Verkehr einzuordnen. Hier gilt allenfalls die gegenseitige Rücksichtspflicht des § 1 StVO.«*[416] Bei einer beidseitigen Fahrbahnverengung (Zeichen 120) gilt das Gebot der wechselseitigen Rücksichtnahme (§ 1 StVO). Ein regelhafter Vorrang eines der beiden bisherigen Fahrstreifen besteht nach Ansicht des *BGH* nicht.[417] 173

Hingegen ist nach dem *KG*[418] und dem *AG Düsseldorf*[419] auch hier das Reißverschlussverfahren anzuwenden. Hierfür spricht der Wortlaut von Absatz 4, der nicht zwischen unterschiedlichen Hindernissen differenziert.[420] 174

---

407 Die vom *KG* angesetzte Haftungsquote ist der Veröffentlichung, auch nicht in NZV 2005, 91 zu entnehmen.

408 *Geigel/Freymann* Kap. 27 Rn. 215.

409 *OLG Saarbrücken* NJW-RR 2019, 1436; *OLG München* r+s 2017, 657; *OLG Düsseldorf*, Urt. v. 22.07.2014 – I-1 U 152/13, WKRS 2014, 25674; *LG Hamburg*, Urt. v. 07.05.2019 – 323 O 218/18 m. Anm. *Bachmor* SVR 2019, 262.

410 *AG Köln* VersR 1987, 496.

411 *KG* VersR 1986, 60.

412 *KG* NJW-RR 2010, 1113, st.Rspr.; sich anschließend *AG Dortmund* NZV 2010, 509.

413 *OLG Celle* NJW-RR 2020, 1039; *LG München I*, Urt. v. 23.08.2001 – 19 S 1292/01 n.v.

414 *LG Bielefeld* DAR 1995, 486.

415 *LG München I* DAR 2002, 458.

416 *LG München I*, Urt. v. 28.02.2002 – 19 S 18045/99 n.v.

417 *BGH* NJW 2022, 2279.

418 *KG* VersR 1986, 60.

419 *AG Düsseldorf* SP 2007, 5.

420 Ebenso MüKo-StVR/*Bender* § 7 StVO Rn. 30.

175 Das Reißverschlussverfahren gilt nicht für Autobahnen. Dies folgt zwingend aus § 18 Abs. 3 StVO.[421] *»Wenn es in dieser Situation zu einem Zusammenstoß zwischen einem die durchgehende Fahrbahn benutzenden Kraftfahrzeug und einem einfädelnden Verkehrsteilnehmer kommt, spricht – wie bereits das AG richtig festgestellt hat – für das Verschulden des Einfädelnden der Beweis des ersten Anscheins.«*[422] *»Dieser Anscheinsbeweis kann nur entkräftet werden, wenn der Abstand zwischen dem Einfahrenden und dem auf der rechten Fahrspur Herannahenden ein genügend großer Abstand war. Angesichts der hierfür ausschlaggebenden Geschwindigkeit kommt ein Nachweis allerdings nur in Extremfällen in Betracht. Ferner gilt das Reißverschlussverfahren nur dann, wenn der Abstand der auf den mehreren Fahrstreifen ankommenden Fahrzeuge kein Einordnen auf den durchgehenden Fahrstreifen mit ausreichendem Abstand (§ 4 StVO) mehr zulässt. Wer dabei die Spur wechselt, darf nicht darauf vertrauen, dass ihm dies ermöglicht wird«.*[423]

Muss ein Fahrzeugführer auf einer zweispurigen Autobahn aufgrund einer Einengungstafel von der linken auf die rechte Spur wechseln, muss er nach § 7 Abs. 5 StVO eine Gefährdung anderer Verkehrsteilnehmer in der rechten Spur ausschließen.[424]

### 4. Sonderfahrstreifen

176 Das Verlassen eines Sonderfahrstreifens für Taxi und Busse durch ein Taxi am Ende des Sonderfahrstreifens stellt einen Fahrspurwechsel dar.[425] Kommt es unmittelbar hinter dem Ende des Sonderfahrstreifens zu einem Unfall zwischen einem Fahrzeug, welches den Sonderfahrstreifen verlässt und einem Pkw, der von der linken Spur auf die nunmehr für den allgemeinen Verkehr zugelassene Fahrspur wechselt, ist eine hälftige Schadensteilung angemessen.[426] Das *KG*[427] geht jedoch davon aus, dass allein die Nutzung einer Busspur noch nicht zur Mithaftung führe, sondern andere Umstände noch hinzukommen müssten. Dementsprechend hatte der unter Verstoß gegen § 10 StVO Ausparkende den gesamten Schaden eines die Busspur unerlaubt benutzenden Pkw zu tragen. Eine unerlaubte Nutzung eines Sonderfahrstreifens liegt zwar nicht vor, wenn ein Kraftfahrer eine sog. Bushaltebucht nutzt, die mit einem eigenen Lichtzeichen ein bevorrechtigtes Einfahren in einen Kreuzungsbereich ermöglicht. Nutzt er jedoch das für die Busse geltende Lichtzeichen (§ 37 Abs. 2 S. 2 StVO) zur Einfahrt in die Kreuzung, so verstößt er gegen das Rotlichtfahrverbot, das zu diesem Zeitpunkt für den allgemeinen Verkehr gilt.[428]

177 Wird ein Sonderfahrstreifen unerlaubt benutzt, etwa zum Vorbeifahren an einem Fahrzeugstau, haftet bei einer Kollision eines Linksabbiegers, der verbotswidrig fahrende Geradeausfahrer mit, insbes. kann er sich nicht darauf berufen, mit seinem verbotswidrigen Fahren müsse man rechnen.[429] Auch bei einem Rechtsabbieger überwiegt das Verschulden des unberechtigt Fahrenden, wobei allerdings der Verstoß des Abbiegenden gegen § 9 Abs. 1 StVO zu berücksichtigen ist.[430] Befährt ein Radfahrer die Busspur entgegen der vorgesehenen Fahrtrichtung, verstößt er grob verkehrswidrig gegen die ihm gemäß §§ 1 Abs. 2, 2 Abs. 1 StVO obliegenden Sorgfaltspflichten und haftet bei einer Kollision mit einem Grundstücksausfahrer alleine.[431]

---

421 *BGH* NJW 1986, 1044; *OLG Köln* NZV 2006, 420; *LG Köln* SP 2014, 81.
422 *OLG Köln* NZV 2006, 420.
423 *OLG Frankfurt/M.* zfs 2004, 207 m. Anm. *Diehl.*
424 *OLG Hamm* r+s 2024, 564; siehe auch *BGH* r+s 2022, 343 Rn. 14.
425 Vgl. *LG Wuppertal* VRS 85, 411; *LG Frankfurt/M.* DAR 1993, 393.
426 *OLG Frankfurt/M.* DAR 1993, 393, im konkreten Fall endete der Sonderfahrstreifen durch eine durchgezogene Linie; vgl. auch *LG Saarbrücken*, Urt. v. 30.09.2016 – 13 S 68/16 = BeckRS 2016, 108786.
427 *KG* NJW-RR 2018, 159.
428 *BayObLG* NZV 2005, 208.
429 *KG*, Urt. v. 08.06.2015 – 29 U 1/15 m. Anm. *Schröder* SVR 2016, 380; *KG* NZV 2008, 297; *OLG Hamm* NZV 2001, 428.
430 *KG* NZV 2010, 345: Mithaftung des Abbiegenden zu 1/3.
431 *OLG Frankfurt/M.* NJW 2012, 3249.

## XII. Fußgänger

Fußgänger[432] genießen im Straßenverkehr rechtlich gesehen eine untergeordnete Rolle. Bei Unfällen mit ihnen ist stets die Zurücksetzung der Interessen des Fußgängers gegenüber dem fließenden Verkehr zu beachten. Die Rspr. hat die sich aus § 25 StVO ergebende Zurücksetzung der Fußgänger noch extensiv erweitert und die sich aus § 26 StVO ergebenden Vorrechte der Fußgänger eingeschränkt. Zwar wird der Vertrauensgrundsatz dahin gehend zugebilligt, dass ein Fußgänger auch darauf vertrauen dürfe, dass ein ihm eingeräumtes Vorrecht beachtet werde,[433] das aber gleichzeitig dahin gehend eingeschränkt, dass die Benutzung des Überwegs, also des Vorrechts gemäß § 26 StVO, ihn ebenso wenig davon befreit, sich vor Betreten der Fahrbahn,[434] des Überwegs,[435] auch nicht bei Grünlicht[436] zu überzeugen, dass sich kein Fahrzeug nähere. Dieser Vertrauensgrundsatz zugunsten des Kraftfahrers wird lediglich dahingehend begrenzt, dass im Fall von Anzeichen für ein verkehrswidriges Verhalten nicht mehr vertraut werden dürfe.[437] Hat ein aus Sicht des Kraftfahrers von links die Fahrbahn querender Fußgänger die Fahrbahn bereits betreten und ist noch in Bewegung, darf der Kraftfahrer nicht in jedem Fall darauf vertrauen, der Fußgänger werde in der Mitte der Fahrbahn stehen bleiben und das Fahrzeug vorbeilassen.[438] 178

Zu beachten ist grundsätzlich die Ausgangssituation. Bei der Haftungsabwägung kommt nur ein nachgewiesenes Verschulden des Fußgängers in Betracht. Hierfür trägt der Kraftfahrer die Beweislast.[439] Das Unfallgeschehen muss daher entweder unstreitig oder vollständig aufgeklärt worden sein.[440] 179

Das *OLG Rostock*[441] hat den Vorrang des Kraftfernverkehrs unter dem Gesichtspunkt des einseitigen Vertrauensgrundsatzes erneut betont und den für den Kraftfahrer geltenden Vertrauensgrundsatz nur dahin gehend eingeschränkt, dass er lediglich bei konkreten Anhaltspunkten für ein verkehrswidriges Verhalten des Fußgängers ausscheide. Dass der Kraftfahrer auf ein ordnungsgemäßes Verhalten des Fußgängers vertrauen darf, nicht jedoch umgekehrt der Fußgänger, ist mit Art. 3 GG nicht in Einklang zu bringen, bedarf aber letztendlich keiner weiteren Erörterung. Entscheidend kann nämlich nur sein, ob der allgemeine Vertrauensgrundsatz eingeschränkt ist. Es ist dahingehend definiert, dass *»sich der Kraftfahrer in gewissem Umfang darauf verlassen darf, dass andere Verkehrsteilnehmer sich sachgerecht verhalten, solange keine besonderen Umstände vorliegen, die geeignet sind, dieses Vertrauen zu erschüttern.«*[442] Wer meint, mit besonders forschem Heranfahren, den Vertrauensgrundsatz und die sich hieraus ergebenden Rechte zulasten des Fußgängers einschränken zu können, handelt in einem Maße schuldhaft verkehrswidrig, dass eine fahrlässige Handlungsweise des Fußgängers bei der Haftungsabwägung zurücktritt.[443] 180

432 Grundlegend zu den Haftungskonstellationen im Straßenverkehr: *Kemperdiek* zfs 2023, 544 ff.; *Rabe/Look* NJW-Spezial 2020, 521; *Bohne* NZV 2018, 127; *Quaisser* NJW-Spezial 2013, 521; *Dörr* MDR 2012, 503 ff.; *Rebler* NZV 2011, 223; *Scheidler* DAR 2011, 452; *Greger* NZV 1990, 409 ff.

433 *BGH* NJW-RR 1992, 1116 m.w.N.; zu Quotenvorschlägen bei einer Kollision zwischen Fußgängern und Kfz *Nugel* DAR 2010, 256, *Nugel* NJW-Spezial 2008, 425.

434 *BGH* NJW 1982, 2384.

435 *OLG Hamm* VersR 1969, 139.

436 *BGH* NJW 1966, 1211.

437 *OLG Rostock* VersR 2006, 1703.

438 Zur Reichweite des Vertrauensgrundsatzes hinsichtlich des verkehrsgerechten Verhaltens eines Fußgängers beim Überqueren der Fahrbahn siehe *BGH* VersR 2024, 326; *OLG Saarbrücken*, Urt. v. 26.05.2023 – 3 U 4/23 = BeckRS 2023, 13155.

439 *BGH* NJW 2014, 217.

440 *BGH* NJW 2014, 217.

441 *OLG Rostock* VersR 2006, 1703.

442 *BGH* NJW 1986, 183.

443 So auch *OLG Hamm* VersR 1997, 331.

181 Bei der Haftungsabwägung kommt nur ein nachgewiesenes Verschulden des Fußgängers in Betracht. Hierfür trägt der Kraftfahrer die Beweislast.[444] Bei dessen Nachweis ist dieses mit der Betriebsgefahr des Kraftfahrzeugs abzuwägen. Das 2. SchadÄndG schließt insoweit eine völlige Entlastung des Kraftfahrers nicht aus.[445] Bei einem grob fahrlässigen Verhalten hat das *OLG Nürnberg*[446] die Betriebsgefahr des Kraftfahrzeugs vollständig zurücktreten lassen. Hierzu wird[447] ausgeführt, Hintergrund der Änderung von § 7 Abs. 2 StVG sei das Bemühen gewesen, das Verhalten von Kindern, das möglicherweise zu einer Unabwendbarkeit nach § 7 StVG a.F. führen konnte, angesichts § 828 Abs. 2 BGB zu neutralisieren. Der Entscheidung ist jedoch nicht beizupflichten. Ziel der Änderung war es, grundsätzlich die Position von nicht motorisierten Verkehrsteilnehmern zu stärken, was insbesondere Kindern, älteren Menschen und sonstigen hilfsbedürftigen Personen zugutekommt.[448] Damit werden aber selbstverständlich sämtliche nicht motorisierten Verkehrsteilnehmer erfasst. Eine Differenzierung dahingehend, für Kinder die höhere Gewalt und für Fußgänger die Unabwendbarkeit anzuwenden, widerspricht dem Wortlaut des Gesetzes. Deshalb kommt es bei der Haftungsabwägung aufseiten des Kraftfahrers allein darauf an, ob sich der Kraftfahrer auf eine höhere Gewalt berufen kann. Das wird nur in den seltensten Fällen zu bejahen sein. Insbesondere muss es sich um ein außergewöhnliches Ereignis handeln. *»Ein solches liegt vor, wenn es sich um einen seltenen in seiner Art nach einmaligen Vorfall mit Ausnahmecharakter handelt (BGH VRS 51, 259). So ist etwa ein Naturereignis nur dann außergewöhnlich, wenn nach den konkreten Umständen des Einzelfalls nicht mit ihm gerechnet werden musste (Geigel/Kunschert* Kap. 22 Rn. 32; *Wussow/Rüge Kap. 15 Rn. 23). Nicht außergewöhnlich ist auch ein Fehlverhalten anderer Verkehrsteilnehmer, insbesondere von Kindern (RGZ 44, 27; 50, 92; 54, 404; Geigel/Kunschert Kap. 22 Rn. 32).«*[449] Selbst wenn man wie im Fall des *OLG Nürnberg* ein grob fahrlässiges Verschulden des Fußgängers positiv feststellen kann, bestehen Bedenken gegen ein völliges Zurücktreten der Betriebsgefahr. *»Der gelegentliche Versuch der ZivilRspr., durch Quotenbildung Verkehrserziehung betreiben zu wollen, kann sich daher nicht nur an eine Seite richten, findet im Zivilrecht keine Rechtsgrundlage und dürfte eine Überschätzung der Bedeutung von Zivilurteilen sein.«*[450] Bleibt der Geschehensablauf völlig ungeklärt, kommt eine Haftungsabwägung im wörtlichen Sinne eigentlich nicht in Betracht. Mangels beiderseitigen Verschuldens ergibt sich lediglich die Haftung des Kraftfahrers gemäß § 7 StVG. Ob und in welcher Höhe bei nachgewiesenem Verschulden ihm ein Haftungsanteil zuzurechnen ist, hängt von den einzelnen Verkehrssituationen ab.

## 1. Fahrbahnbereich

182 Grundsätzlich spricht der Anscheinsbeweis bei einem Überqueren von rechts her gegen den Fußgänger, da er an der Unfallstelle den bevorrechtigten fließenden Verkehr zu beachten hat (§ 25 Ab. 3 StVO.[451] Ob die ursprünglich rigoros gegen den Fußgänger vorgenommene Haftungsverteilung, wonach regelmäßig schon der Anscheinsbeweis gegen ihn spreche,[452] nach einem Urteil des *BGH*[453] im Jahr 2014 in dieser Strenge noch aufrecht erhalten werden kann, ist zweifelhaft. Er stellte jedenfalls fest, dass ein schuldhaftes Verhalten des Fußgängers feststehen müsse und die Beweislast hierfür den Kraftfahrer treffe. *»Die für die Abwägung maßgebenden Umstände müssen feststehen, das heißt unstreitig, zugestanden oder nach § 286 ZPO bewiesen und für die Entstehung des Schadens ursächlich*

444 *BGH* NJW 2014, 217.
445 Vgl. *OLG Celle* MDR 2004, 994, *OLG Nürnberg* DAR 2005, 160; *LG Bielefeld* NJW 2004, 2245.
446 *OLG Nürnberg* DAR 2005, 160 f.
447 Im Anschluss an *Jahnke* zfs 2002, 105.
448 § 7 StVG Rn. 19.
449 Vgl. Burmann/Heß/Hühnermann/Jahnke/*Burmann § 7 StVO Rn. 19.*
450 *Blumberg* NZV 1994, 249, 254.
451 Vgl. *Greger* NZV 1990, 409, 413 m.w.N.; zuletzt *BGH* NJW 2000, 3069.
452 Vgl. *AG Halle/Saalkreis*, Urt. v. 11.06.2014 – 102 C 1948/12 m. Anm. *Balke* SVR 2014, 305; Burmann/Heß/Hühnermann/Jahnke/*Heß* § 25 Rn. 10.
453 *BGH* NJW 2014, 217.

*geworden sein (es* folgen umfangr. Nachw.*). Nur vermutete Tatbeiträge oder die bloße Möglichkeit einer Schadensverursachung auf Grund geschaffener Gefährdungslage haben außer Betracht zu bleiben (*folgen Nachw.*). Für die Abwägung der Verursachungsanteile im Rahmen des § BGB § 254 BGB ist mithin nur das Verhalten der Kl. maßgebend, das sich erwiesenermaßen als Gefahrenmoment in dem Unfall ursächlich niedergeschlagen hat (es* folgt Nachw.*).«* Das schließt zwar rechtlich nicht zwingend einen Anscheinsbeweis aus, ist aber im Kontext mit der in der Entscheidung geforderten umfassenden Aufklärung des Unfallhergangs letztlich gegen ihn gerichtet, da nach einer umfassenden tatsächlichen Sachaufklärung entweder das Verschulden ohnehin feststeht oder eine mögliche Vermutung für das Verschulden gerade nicht mehr ausreicht.

Unfallanalytisch ist vorauszuschicken, dass bei der Ermittlung der Unfallsituation die Geschwindigkeit des Fußgängers kaum ermittelt werden kann bzw. einer so starken Streubreite unterliegt, dass Vermeidbarkeitsbetrachtungen mit äußerster Vorsicht zu beurteilen sind.[454] Vor einer Entscheidung ist jedoch stets zu prüfen, ob eine Vermeidbarkeit in Betracht kommt, insbesondere auch eine Ausweichlenkung oder ein Abbremsen zur Verhinderung des Unfalls oder Reduzierung der Unfallfolgen geführt hätte.[455]

Eine Alkoholisierung kann im Übrigen einen Anscheinsbeweis erzeugen,[456] jedenfalls ab 2 ‰.[457] **183**
Dabei setzt der Anscheinsbeweis nicht an der BAK an, sondern an der Kette von der durch diese BAK ausgelösten Bewusstseinsstörung.[458] Bei einem geringeren Grad kommt es auf die Frage an, ob ein nüchterner Fußgänger die Situation hätte meistern können.[459]

Bei einem Grenzfall, bei dem ein Unfall durch den Kraftfahrer mit einer BAK von 1,3 ‰ ausgelöst **184**
und er anschließend nach dem Aussteigen »als Fußgänger« von einem Fahrzeug angefahren worden war, ging das *OLG Saarbrücken*[460] jedoch von einer anhaltenden Kausalkette des Erstunfalls aus und nahm eine trunkenheitsbedingte Bewusstseinsstörung an.

Andererseits muss unter bestimmten Umständen der Kraftfahrer auch mit alkoholisierten Fußgängern rechnen und sich darauf einstellen.[461] Liegt der Fußgänger nachts in alkoholisiertem Zustand auf der Fahrbahn, so tritt nach Ansicht des *OLG Köln*[462] trotz Verstoßes gegen das Sichtfahrgebot gemäß § 9 StVG das Verschulden des Kraftfahrers und die Betriebsgefahr vollständig zurück.

Der *BGH* setzt hier hohe Anforderungen an die Urteilsgründe und bezieht insoweit auch die Aus- **185**
gangsituation, also nicht erst jene Situation, die sich beim Erkennen der Fußgängerreaktion darstellt, mit ein. Außerdem ist die Vermeidbarkeit auch im Hinblick auf die Schwere der Verletzungen zu prüfen.[463]

Bei der Frage des Fußgängerverschuldens anlässlich des Überquerens der Fahrbahn ergibt sich das **186**
erforderliche Verkehrsverhalten des Fußgängers unmittelbar aus dem Gesetz: *»Fußgänger haben Fahrbahnen unter Beachtung des Fahrzeugverkehrs zügig auf dem kürzesten Weg quer zur Fahrtrichtung zu überschreiten, und zwar, wenn die Verkehrslage es erfordert, nur an Kreuzungen oder Einmündungen, an Lichtzeichenanlagen innerhalb von Markierungen oder auf Fußgängerüberwegen (Zeichen 293).*

---

454 Vgl. hierzu *Bachmeier* Mandatshandbuch Rn. 864; vgl. auch *OLG Karlsruhe* VersR 1993, 200: Laufgeschwindigkeit einer Fußgängerin ist mit 5,5 m/sec = 20 km/h.
455 *BGH* NJW 2000, 3069 m. Anm. *Mulzer* PVR 2001, 48.
456 *OLG Frankfurt/M.*, Urt. v. 25.01.2024 – 26 U 11/23 m. Anm. *Steinert* SVR 2024, 341.
457 Vgl. *OLG Köln* r+s 2006, 252 m.w.N.; ferner oben Rn. 41.
458 *OLG Köln* r+s 2006, 252.
459 Vgl. *OLG Celle*, Urt. v. 12.05.2010 – 14 U 167/09 = WKRS 2010, 25967; Haus/Krumm/Quarch/*Krumm* § 25 StVO Rn. 63.
460 *OLG Saarbrücken* r+s 2011, 527.
461 *BGH* VersR 1968, 897.
462 *OLG Köln* VersR 2011, 506; *OLG Hamm*, Urt. v. 03.03.2023 – I-7 U 100/22 m. Anm. *Siegel* SVR 2023, 457: 50 % Mithaftung alkoholisierter Fußgänger.
463 *BGH* a.a.O.

*Wird die Fahrbahn an Kreuzungen oder Einmündungen überschritten, so sind dort angebrachte Fußgängerüberwege oder Markierungen an Lichtzeichenanlagen stets zu benutzen.«* (§ 25 Abs. 3 StVO). Wer also in der Nähe von ampelgesicherten Überwegen die Fahrbahn überschreitet, verhält sich in erheblichem Maße sorgfaltswidrig. Scheidet ein Verschulden des Kraftfahrers aus, tritt im Regelfall die Betriebsgefahr des Fahrzeugs zurück.[464] War das Verhalten des Fußgängers oder ein unberechenbares Verhalten wegen offensichtlicher Verkehrsuntüchtigkeit erkennbar, liegt ein Mitverschulden des Kraftfahrers vor, das im Einzelfall zu gewichten ist.[465]

**187** Dass die Alleinhaftung einen betrunkenen Fußgänger trifft, wenn er nachts plötzlich auf die Fahrbahn vor ein herannahendes Fahrzeug tritt, ergibt sich schon aus den allgemeinen Erwägungen. Eine Einschränkung des Vertrauensgrundsatzes dahingehend, man müsse nachts mit Betrunkenen rechnen, gibt es nicht.[466] Das *OLG Saarbrücken* hat auch dann eine volle Haftung des Fußgängers bejaht, wenn er bei Nacht unter Missachtung von Rotlicht in dunkler Kleidung eine innerstädtische Straße überquert.[467] Andererseits handelt ein Kraftfahrer schuldhaft, wenn er einen Fußgänger nicht wahrnimmt, der sich bereits innerörtlich in den Fahrbahnbereich hineinbewegte.[468] Deshalb trifft einen Fußgänger, der innerorts eine belebte Straße überquert und dabei angefahren wird, kein Mitverschulden, wenn ein Kraftfahrer, der sich mit geringer Geschwindigkeit nähert, sich problemlos auf ihn hätte einstellen, hinter ihm vorbeifahren oder hätte anhalten können.[469]

**188** Ein Fußgänger, der innerhalb einer geschlossenen Ortschaft wegen Unpassierbarkeit der Gehwege den rechten Fahrbahnrand benutzt, setzt sich nur dann dem Vorwurf eines Verschuldens im Sinne von § 254 Abs. 1 BGB aus, wenn besondere Umstände ein Gehen am linken Fahrbahnrand gefahrloser und daher im Interesse der eigenen Sicherheit geboten erscheinen lassen.

**189** Das *OLG Hamm* hat allerdings eine Mithaftung von 30 % angenommen, wenn ein Fußgänger bei zulässiger Benutzung der Fahrbahn (§ 25 Abs. 1 StVO) bei erkennbarer Gefährdung durch ein in der Dunkelheit entgegenkommendes Fahrzeug nicht neben die Fahrbahn ausweicht.[470] Es beruft sich hierzu darauf, es sei allgemein bekannt, dass Kraftfahrer bei Dunkelheit Hindernisse häufig zu spät erkennen und daher zu spät anhalten würden. Diese absurde Relativierung des Grundsatzes »Fahren auf Sicht« spiegelt die eingangs dargestellte Einschränkung eines Vertrauensgrundsatzes für Fußgänger wieder und zwingt den Fußgänger auf einer lebhaft befahrenen Straße zum ständigen, vorsorglichen Hin- und Herhüpfen zwischen Fahrbahn und Nichtfahrbahnbereich. Die Entscheidung steht auch im Widerspruch zur Rspr. des *BGH*: *»Ein Verkehrsteilnehmer darf in der Regel einen Mitverschuldenseinwand gegenüber einem auf sein verkehrsgerechtes Verhalten Vertrauenden nicht aus dem Vorwurf herleiten, dieser habe mit seinem (des Einwendenden) grobem vorsätzlichem Verkehrsverstoß vorsorglich rechnen müssen.«*[471]

**190** Beim Zusammenstoß zwischen einem Pkw und einem Fußgänger kann die Vermeidbarkeit des Unfalls,[472] jedenfalls dann nicht mit der Erwägung verneint werden, dass auch ein sorgfältiger Fahrer den Pkw nicht vor der Kollisionsstelle habe anhalten können *(»räumliche Vermeidbarkeit«)*, wenn Feststellungen dazu fehlen, ob der Fußgänger bei rechtzeitigem Abbremsen des Pkws den Gefahrenbereich vor dessen Eintreffen hätte verlassen können *(»zeitliche Vermeidbarkeit«)*.

---

464 Vgl. *LG Saarbrücken*, Beschl. v. 28.12.2016 – 10 O 71/16 n.v.

465 *OLG Köln* NZV 2002, 131: 75 % bei Spurwechsel auf die rechte Spur; praxisorientierte Bespr. bei *Jaeger* PVR 2002, 138.

466 *OLG Köln* DAR 2001, 169.

467 *OLG Saarbrücken*, Urt. v. 08.02.2011 – 4 U 200/10 m. Anm. *Balke* SVR 2011, 422.

468 *OLG Hamm* r+s 2002, 192: Mithaftungsquote 50 %; vgl. auch *OLG Saarbrücken*, Urt. v. 26.05.2023 – 3 U 4/23: Mithaftungsquote 1/3.

469 *OLG München* r+s 1994, 172.

470 *OLG Hamm* VersR 2002, 128.

471 *BGH* NJW 1982, 1756.

472 Zur Stufenprüfung der Vermeidbarkeit s. *Bachmeier* Mandatshandbuch Rn. 864; vgl. auch vgl. *BGH* NJW 2000, 3069.

Ein Fußgänger, der eine innerstädtische Straße überquert und den gegenüberliegenden Gehweg fast erreicht hat, kann darauf vertrauen, dass ein von rechts herannahender Kraftfahrer ihn das gefahrlose Überqueren auch des Restes der Fahrbahn ermöglichen werde.[473] 191

Die Betriebsgefahr eines Pkw, der sich auf einer hinreichend breiten, gerade verlaufenden Bundesstraße außerhalb geschlossener Ortslage bei normalem Verkehr bewegt, wird weder durch die Einhaltung einer Geschwindigkeit von 80 km/h noch dadurch erhöht, dass der Fahrer es unterlässt, bei plötzlicher Überquerung der Fahrbahn durch einen Fußgänger ein Warnzeichen zu geben.[474] 192

Ein Fußgänger, der an einer Lichtzeichenanlage die Straße außerhalb der Markierung der Fußgängerfurt auf der dem herannahenden Verkehr abgewandten Seite überquert, darf darauf vertrauen, die Verkehrslage werde es nicht erfordern, auch auf dem durch Rotlicht abgeblockten *Verkehr Bedacht zu nehmen. Ihn trifft bei einem Zusammenstoß mit dem Wartepflichtigen kein* Mitverschulden.[475] 193

Ein Fußgänger handelt im Übrigen nur leicht fahrlässig, wenn er bei für ihn grünem Ampellicht die Fahrstraße überschreitet und es bei normaler Verkehrslage unterlassen hat, vor dem Betreten der Fahrbahn nach links zu blicken.[476] 194

Von einem noch etwas höheren Mitverursachungsanteil geht der *BGH*[477] aus, indem er die Auffassung vertritt, auch ein Fußgänger, der die Fahrbahn auf einem markierten Überweg überschreiten wolle, müsse sich vor dem Betreten der Fahrbahn vergewissern, ob er dies gefahrlos tun könne. Ihn trifft ein Mitverschulden von 30 %, wenn er sein Vorrecht erzwingen will, obwohl sich ein Kfz dem Überweg bereits auf recht kurze Entfernung genähert hat. 195

Bei einem gröberen Verschulden des Fußgängers kann allerdings von dessen überwiegender Haftung auszugehen sein. Dies gilt insbesondere für den Fall, dass der Fußgänger versucht, den für ihn durch Rotlicht, gesperrten Überweg zu betreten.[478] 196

Ebenfalls überwiegendes Verschulden des Fußgängers ist anzunehmen, wenn ein Fußgänger die Fahrstraße in relativ geringer Entfernung von den dafür vorgesehenen Überwegen oder in der Nähe von Lichtzeichenanlagen[479] überqueren will, obwohl ihm die Benutzung des Überweges durchaus zuzumuten war. Ihn treffen ganz besondere Sorgfaltspflichten, deren Nichtbeachtung ein mitwirkendes Verschulden begründet. Dieses mitwirkende Verschulden kann bei einem Zusammenstoß mit einem Kfz je nach Schweregrad und unter Berücksichtigung der besonderen Umstände des Einzelfalles auch zur alleinigen Haftung des Fußgängers führen.[480] 197

Bei Zusammenstößen mit Sonderrechtsfahrzeugen gelten die gleichen Grundsätze wie im sonstigen Straßenverkehrsbereich. Insbes. führt § 28 StVO nicht zur Umkehr des Vorfahrtsrechts.[481] Wer mit Sonderrechtsfahrzeugen bei Rotlicht in eine Kreuzung einfährt, hat sich vorsichtig in die Kreuzung hinzutasten und sich zu versichern, dass die Wahrnehmbarkeit durch andere Verkehrsteilnehmer vorliegt.[482] Die tägliche Situation im dichten Stadtverkehr zeigt, dass die Vorfahrt oft nur durch gegenseitiges Anpassen der jeweiligen Fahrzeugposition ermöglicht wird. Ereignet sich 198

473 *OLG Düsseldorf* SP 1993, 02.

474 *BGH* VersR 1975, 1121: volle Haftung des Fußgängers.

475 *OLG München* DAR 1990, 341, Nichtannahme der Revision durch den *BGH*; *OLG Hamm* NZV 2002, 325: Zurücktreten der Betriebsgefahr.

476 *KG* VersR 1976, 1047.

477 *BGH* NJW 1982, 2384; zur Abwägung vgl. auch *BGH* NJW 1984, 50.

478 Schon *BGH* NJW 1966, 1211.

479 Vgl. *KG* NZV 2003, 380.

480 Vgl. *OLG Celle* NJOZ 2012, 1351; *LG Saarbrücken*, Beschl. v. 28.12.2016 – 10 O 71/16 n.v. »Überquerung der Straße 8 Meter vor Fußgängerüberweg«.

481 Vgl. *OLG Brandenburg* NZV 2011, 26, 27.

482 *OLG Brandenburg* NZV 2011, 26, 27; vgl. auch *Klenk*, Sonder- und Wegerechte bei der Begleitfahrt des Notarzteinsatzfahrzeuges? – Nicht die Regel, sondern eine Ausnahme, NZV 2010, 593 m. ausf. Nachw.

in diesem Zusammenhang eine Kollision, so soll nach *OLG Hamm*[483] das Haftungsrisiko allein den Wartepflichtigen treffen. Das *KG* hatte folgendes Unfallgeschehen zu beurteilen: Der Fußgänger wurde von einem im Einsatz befindlichen Polizeimotorrad angefahren, wobei der Fußgänger beim Überschreiten der beiden – durch einen breiten Mittelstreifen mit parkenden Fahrzeugen getrennten – Richtungsfahrbahnen einer großen Straße nur in die Richtung geblickt hatte, aus der Fahrzeuge zu erwarten waren. Das Motorrad befuhr nur mit blauem Blinklicht – ohne Horn – eine Richtungsfahrbahn entgegen der Fahrtrichtung. Das *LG Berlin* hatte eine Haftungsverteilung von 50:50 angenommen. Das *KG*[484] argumentierte, der Fahrer des Motorrads habe trotz seiner Sonderrechte gemäß § 35 StVO mit Fußgängern, die ihn nicht beachten, rechnen müssen und hätte darauf seine Fahrweise (Geschwindigkeit, kein Befahren der äußersten rechten Seite) einstellen müssen. Andrerseits verneinte es ein Verschulden des Fußgängers, da er nicht verpflichtet gewesen sei, in die *»falsche«* Richtung nach links zu schauen. Die volle Haftung des Halters des Motorrades wurde angenommen. Trotz der gegen diese Entscheidung vorgebrachten Kritik[485] ist der Entscheidung des *KG* beizupflichten. Da aus der Richtung des Motorrades kein Verkehr zu erwarten war und mangels Horn die Sonderrechtsfahrt auch nicht frühzeitig zu bemerken war, scheidet ein Mitverschulden des Fußgängers aus. Dementsprechend kommt es auf die Umstände der Sonderfahrt und damit einhergehenden Verschulden, wie es das *KG* erörtert, überhaupt nicht mehr an. Beim Fehlen eines Haftungstatbestandes des Fußgängers reicht die Haftung aus Betriebsgefahr für das Motorrad bereits aus, um den Haftungsanspruch des Fußgängers zu 100 % zu begründen. Grundsätzlich gilt bei Kollisionen mit Fahrzeugen, die Sonderrechte in Anspruch nehmen Folgendes: *»Will der Fahrer eines Einsatzfahrzeuges an einer ampelgeregelten Kreuzung Wegerecht in Anspruch nehmen, so muss er die Signale Martinshorn und Blaulicht seines Einsatzfahrzeuges rechtzeitig vor Überqueren der für ihn maßgeblichen Haltelinie einschalten. Auf Höhe dieser Haltelinie beginnt der Bereich der Kreuzung, in dem sich andere Verkehrsteilnehmer wie Fußgänger und Fahrzeuge des Querverkehrs befinden können, welche – obwohl die Ampel für sie grünes Licht abstrahlt – dem Einsatzfahrzeug das Wegerecht gewähren sollen (Senat* VerkMitt 1982, Nr. 46). *Nur ein längere Zeit vor einer Kreuzung eingeschaltetes Einsatzhorn muss grundsätzlich von einem aufmerksamen Verkehrsteilnehmer wahrgenommen werden (Senat KGR 1997, 211). Dem Fahrer eines Einsatzfahrzeuges muss hierbei immer bewusst sein, dass andere Verkehrsteilnehmer der Verpflichtung des § 38 Abs. 2 StVO, ihm freie Bahn zu schaffen, erst nachkommen können, nachdem sie diese Signale wahrgenommen haben oder bei gehöriger Aufmerksamkeit hätten wahrnehmen müssen (vgl. Senat VerkMitt 1981, 95). Der Fahrer eines Einsatzfahrzeugs kann nicht damit rechnen, dass die anderen Verkehrsteilnehmer ihre Fahrzeuge, wenn sie die Signale bemerken, von einem Augenblick zum anderen zum Stehen bringen oder die sonst gebotenen Maßnahmen treffen. Zwar sind die anderen Verkehrsteilnehmer verpflichtet, »sofort freie Bahn zu schaffen«, ihnen muss aber ein ausreichender, wenn auch kurz bemessener Zeitraum bleiben, um wahrzunehmen, aus welcher Richtung das Einsatzfahrzeug kommt und um sodann entsprechend reagieren zu können. Die Frage, wie freie Bahn zu schaffen ist, hängt nämlich für den jeweiligen betroffenen Verkehrsteilnehmer ganz wesentlich davon ab, aus welcher Richtung (von hinten, im Querverkehr, aus der Gegenrichtung) sich für ihn das Einsatzfahrzeug nähert. Für die Frage der Rechtzeitigkeit des Einschaltens der Signale Martinshorn und Blaulicht ist deshalb im Fall des Überquerens einer durch Rotlicht gesperrten Kreuzung weniger die Entfernung von der Haltelinie als vielmehr die Zeit zwischen dem Einschalten beider Signale und dem Überfahren der Haltelinie maßgeblich. Wie lange diese Zeit zu bemessen ist, hängt von den Umständen der jeweiligen Situation ab. In der Regel wird der Fahrer eines Polizeifahrzeuges davon ausgehen können, dass ein Einschalten 10 Sekunden (dies entspricht in etwa drei Tonfolgen) vor Überqueren der Haltelinie jedenfalls rechtzeitig erfolgt ist.«*[486]

483 *OLG Hamm* NJW-RR 2009, 1183.
484 *KG* NZV 2005, 636.
485 Vgl. *Hess/Burmann* NJW-Spezial 2006, 65.
486 *KG* NZV 2008, 149.

## 2. Sonderfall Inline-Skater

Vermehrt treten zwischenzeitlich verkehrsrechtliche Probleme mit Rollschuhfahrer, bei denen die 199
Rollen in einer Linie (*in line*) angebracht sind, auf. Üblicherweise wird hierzu der Begriff Inline-Skates benutzt. Wegen der damit zu erreichenden hohen Geschwindigkeiten, durchaus bis zum Geschwindigkeitsniveau von schnellen Radfahrern, und der vielfach zu beobachtenden geringen Technik der Benutzer kommt es zu kritischen Situationen in Bezug auf Fußgänger und Kraftfahrer.[487] Die vom *BGH*[488] entwickelte Rechtsprechung zur haftungsrechtlichen Bewertung ist mit der StVO-Neufassung 2013 in § 24 Abs. 1 StVO verankert worden.

Neben den Vorschriften für den Fußgängerverkehr ist § 31 StVO zu beachten. Danach ist es seit 200
der StVO-Neufassung 2013 Inline-Skatern gestattet, die Fahrbahn, den Seitenstreifen und Radwege zu benutzen, wenn dies durch das neu eingeführte Zeichen ausdrücklich gestattet wird. Haftungsrechtlich wird im Regelfall davon auszugehen sein, dass das Zeichen einerseits ein Verschulden des Inline-Skaters beseitigt und die Alleinhaftung des Kraftfahrers aus Verschulden und Betriebsgefahr begründet wird. Allerdings darf sich der Skater gemäß § 31 Abs. 2 S. 3 StVO in den genannten Verkehrsbereichen nur mit äußerster Vorsicht und unter besonderer Rücksichtnahme auf den übrigen Verkehr am rechten Rand in Fahrtrichtung bewegen und hat Fahrzeugen das Überholen zu ermöglichen. Dementsprechend wird im Kollisionsfall kaum ein (Mit-)Verschulden zu verneinen sein. Vergleicht man die Formulierung der vom Skater zu erfüllenden Sorgfaltspflicht mit den in §§ 5 – 10 StVO normierten Sorgfaltsanforderungen, wird man – wie dort – von einem gegen den Skater sprechenden Anscheinsbeweis ausgehen müssen. Bei der Haftungsabwägung muss es aber mangels mit dem Anscheinsbeweis nachgewiesenem groben Verschulden bei der Mithaftung des Fahrzeughalters verbleiben, auch wenn ein Verschulden des Kraftfahrers nicht festgestellt werden kann.

Ist ein Unfall im Gehwegbereich auf hohe Geschwindigkeit oder mangelndes Können des Inline- 201
Skaters zurückzuführen, handelt es sich um einen ebenfalls die Verschuldenshaftung begründenden Verstoß gegen § 1 StVO.

Allerdings ergibt sich aus der Verkehrswidrigkeit nicht von selbst das Alleinverschulden. Vielmehr 202
ist beim Erkennen eines derartigen Verstoßes durch den Kraftfahrer eine besondere Sorgfaltspflicht erforderlich.[489] Unabhängig von allen dogmatischen Erörterungen kann diese Schwierigkeit indes in der Praxis relativ einfach gelöst werden: Inline-Skates sind kein Fahrzeug, also sind Inline-Skater wie Fußgänger zu behandeln.[490] § 24 StVO[491] regelt diese früher umstrittene Fortbewegungsart nunmehr ausdrücklich. Sie haben daher den Gehweg zu benutzen, sofern nicht nach § 31 StVO die Nutzung der Fahrbahn ausdrücklich unter den in der Vorschrift genannten Verhaltensregeln gestattet ist. Eine Geschwindigkeitsbeschränkung gibt es damit aber nicht. Wer sich allerdings so schnell bewegt, dass er andere gefährdet, weil er nicht mehr rechtzeitig anhalten kann oder nicht aufmerksam genug ist, handelt ebenso verbotswidrig wie ein Fußgänger bei derartigem Verhalten, § 1 Abs. 2 StVO. Nach dieser Vorschrift ist selbstverständlich auch die vermeidbare Behinderung oder Belästigung, § 1 Abs. 2 StVO, untersagt.

---

487 Eine ausf. Darst. der Problematik findet sich bei *Wendrich* NZV 2002, 212 sowie *Schröder* PVR 2002, 178; s. ferner *Vieweg* NZV 1998, 1; *Wiesner* NZV 1998, 177.

488 *BGH* NJW 2002, 1955.

489 Beispielsweise *BGH* VersR 1965, 385 für den Fall eines 7-jährigen Kindes mit Rollschuhen auf der Fahrbahn; *OLG Köln* VersR 1978, 578 für den Fall eines 10-jährigen Kindes mit Rollschuhen auf der Fahrbahn: 50 % Haftung; *LG Osnabrück*, Urt. v. 01.04.1970 – 3 O 195/69, VersR 1970, 1063 für den Fall eines 12-jährigen Kindes mit Rollschuhen auf der Fahrbahn: 20 % Haftung.

490 *OLG Koblenz* NJW-RR 2001, 1392.

491 46. Verordnung zur Änderung straßenverkehrsrechtlicher Vorschriften vom 05.08.2009, BGBl. I, 2631; zu den Änderungen *Scheidler* NZV 2010, 230.

203 Die zum alten Recht ergangene Entscheidung des *OLG Oldenburg*,[492] dass Inline-Skater sich nicht wie Fußgänger verhalten dürften, also außerhalb geschlossener Ortschaften rechts »fahren« müssten, ist durch § 24 Abs. 1 StVO n.F. überholt.

204 Die Konstellation weist jedoch noch eine weitere Besonderheit auf. Qualifiziert als Fußgängerin hatte sich die Skaterin gemäß § 24 StVO zwingend am linken Fahrbahnrand bewegen müssen. Die Einhaltung dieser Vorschrift konnte sie nicht nachweisen. Es ist daher nach der Beweislast zu fragen. Bei Bejahung eines verbotswidrigen Verhaltens ist sodann die Haftungsabwägung, bei Beteiligung eines Kraftfahrers einschließlich der Betriebsgefahr (§ 7 StVG), vorzunehmen, wobei das Verhalten des Inline-Skaters im Einzelfall durchaus zurücktreten kann. Bei der Haftungsabwägung kommt es entscheidend auf den Verschuldensgrad des Inline-Skaters an. Grobfahrlässiges Verhalten kann durchaus die Betriebsgefahr des Kraftfahrzeugs zurücktreten lassen, wobei bei Kindern der entscheidende Gesichtspunkt für die Haftungsgewichtung beim Alter zu suchen ist. Bei einem Jugendlichen kann die Haftung des Skaters vollständig überwiegen,[493] bei einem 8-jährigen Kind (außerhalb der in § 828 Abs. 2 BGB konkretisierten Unfallkonstellationen, etwa bei einem Zusammenstoß mit einem Fußgänger) kommt die Verneinung jeder Fahrlässigkeit in Betracht.[494] Kommt lediglich der Nachweis eines einfachen Verschuldens des Inline-Skaters in Betracht, verbleibt es bei der Mithaftung des Halters aus der Betriebsgefahr.[495]

205 Bei Inline-Skatern ist zwischenzeitlich zudem § 31 Abs. 2 StVO zu beachten. Danach ist nunmehr Inline-Skatern gestattet, die Fahrbahn, den Seitenstreifen und Radwege zu benutzen, wenn dies durch das mit der Norm eingeführte Zeichen ausdrücklich gestattet wird. Damit entfällt haftungsrechtlich der ursprüngliche Verstoß des Inline-Skaters und wird in der Regel die Alleinhaftung des Kraftfahrers aus Verschulden und Betriebsgefahr erzeugt. Allerdings darf sich der Inline-Skater gemäß § 31 Abs. 2 S. 3 StVO in den genannten Verkehrsbereichen nur mit äußerster Vorsicht und unter besonderer Rücksichtnahme auf den übrigen Verkehr am rechten Rand in Fahrtrichtung bewegen und hat Fahrzeugen das Überholen zu ermöglichen. Dementsprechend ergeben sich erhebliche Ansätze für den Nachweis eines Mitverschuldens im Kollisionsfall.

206 Die Haftungsabwägung bei Unfällen von Inline-Skatern untereinander richtet sich ausschließlich nach Verschuldensgesichtspunkten. Die Praxis gebietet, diese Offensichtlichkeit und die Frage eines Anscheinsbeweises zu erörtern. So hatte das *OLG München*[496] über einen Auffahrunfall zwischen Inline-Skatern zu entscheiden. Tatsächlich hatte das *LG München I* als Vorinstanz trotz ungeklärten Unfallhergangs einen Anscheinsbeweis gegen den »auffahrenden« Inline-Skater angenommen, und zur Haftung verurteilt. Zutreffend hat das *OLG München* diesen Anscheinsbeweis verneint. *»Ein Anscheinsbeweis setzt einen typischen Geschehensablauf voraus, d.h. einen Sachverhalt, bei dem eine ohne weiteres naheliegende Erklärung nach der allgemeinen Lebenserfahrung zu finden ist und angesichts des typischen Charakters die konkreten Umstände des Einzelfalles für die tatsächliche Beurteilung ohne Belang sind (Greger § 16 StVG* Rn. 363 *m.w.N.). Das LG hat ohne nähere Begründung den streitgegenständlichen Sachverhalt als einen typischen Geschehensablauf in diesem Sinne gewertet. Dem folgt der Senat unter Hinweis auf bereits höchstrichterlich und obergerichtlich entschiedene Fälle, denen Unfälle durchaus vergleichbarer Art beim Schlittschuhlaufen zu Grunde lagen,*[497] *nicht. Angesichts der Bewegungsabläufe beim Fahren mit Blades, der räumlichen Nähe der vielen Teilnehmer einer Blade-Night unmittelbar vor dem Start und des vergleichsweise unsicheren Standes auf Blades, die nicht ohne weiteres auf der Stelle angehalten werden können, gibt es eine Vielzahl von Erklärungsmöglichkeiten für den Sturz eines Bladers in einer solchen Situation. Eine typische Fallgestaltung, die nach der allgemeinen Lebenserfahrung den Schluss rechtfertigen würde, ein Blader hätte schuldhaft gehandelt, wenn er einen anderen Blader zu*

492 *OLG Oldenburg* NJW 2000, 3793.
493 So *LG Bielefeld* NJW 2004, 2245 für einen 16-jährigen Inline-Skater.
494 Vgl. *OLG Frankfurt/M.* VersR 2005, 379.
495 *OLG Hamm* NJW-RR 2014, 411: Mithaftung zu 25 %.
496 *OLG München* NJW-RR 2004, 751.
497 *BGH* VersR 1982, 1004; *OLG Düsseldorf*, VersR 1994, 1484.

*Fall bringt, lässt sich unter diesen Umständen nicht feststellen.«* Die gleiche Problematik stellt sich bei den weiterhin in der Diskussion befindlichen Fahrzeugen der Gattung *»Segway«*.[498] Insbesondere ist stets zu kontrollieren, ob das fragliche Segway-Fahrzeug den Anforderungen der eKFV, vor allem § 1, entspricht. Ist dies zu verneinen, wird nämlich regelmäßig auch eine OWi nach § 14 eKFV und damit ein Mitverschulden in Betracht kommen.

Zwischenzeitlich werden auch sog. Waveboards genutzt (Boards mit längsausgerichteten Rollen). 207
Insoweit ergibt sich rechtlich kein Unterschied zu den herkömmlichen Skateboards. Soweit sie elektrisch angetrieben werden, kommt jedoch die eKFV zur Anwendung.

## XIII. Geschwindigkeit

Geschwindigkeitsüberschreitungen unterliegen zunächst einer unfallanalytisch schwierigen Ausgangs- 208
grundlage. Wegen der starken Abhängigkeit der Geschwindigkeitsberechnung von Reifen, Bremsanlagen, Fahrbahnoberfläche und Reaktionszeiten ergibt sich ein beträchtlicher Unsicherheitsfaktor.[499] Nachdem die Rspr. Haftungsquoten häufig vom Prozentsatz der Geschwindigkeitsüberschreitung abhängig macht, ist diesem Risikofaktor bei der Schadensregulierung ebenso wie im Strafverfahren stets hohe Aufmerksamkeit zu widmen.[500]

### 1. Allgemein

Ausgangspunkt der Haftungsbetrachtungen ist die Verknüpfung des konkreten Unfallvorgangs mit 209
der Geschwindigkeit und der allgemeine Grundsatz, dass jeder Verkehrsteilnehmer mit gewissen Geschwindigkeitsüberschreitungen zu rechnen und sie einzuplanen hat.[501] In der Regel wird die Grenze des Geschwindigkeitszuschlags mit 30 % der zulässigen Höchstgeschwindigkeit angesetzt.[502] Im Bereich zwischen 30[503] und 50 % wird regelmäßig eine Mithaftung des geradeaus Fahrenden zwischen 20 und 50 %[504] in Betracht kommen. Der *BGH* geht davon aus, dass die Haftung regelmäßig nicht unter 50 % liegen könne.[505] Bei noch größerer Geschwindigkeitsüberschreitung kommt eine Mithaftung des geradeaus Fahrenden mit 2/3[506] bis zur vollen Haftung[507] in Betracht. Führt die überhöhte Geschwindigkeit allerdings dazu, dass der in die bevorrechtigte Straße Einfahrende den Herannahenden noch nicht erkennen konnte, haftet der mit überhöhter Geschwindigkeit Fahrende allein.[508]

In diesem Zusammenhang spielt die Frage der Kausalität eine große Rolle. Durch die erhöhte 210
Geschwindigkeit gelangt das schädigende Fahrzeug früher an die Unfallstelle und damit zum Zusammenstoß. Dementsprechend wäre es bei Einhaltung der zulässigen Geschwindigkeit im Regelfall nicht zu einer Kollision oder zumindest zu einer mit geringeren Auswirkungen gekommen. Zunächst ist stets die Haftung der Betriebsgefahr des mit überhöhter Geschwindigkeit gefahrenen Fahrzeugs zu bejahen, weil eine Unabwendbarkeit gemäß § 7 Abs. 2 StVG a.F. bzw. § 17 Abs. 3 StVG n.F. nie zu bejahen ist.[509] Regelmäßig kommt aber auch die Berücksichtigung von Verschuldenshaftung

498 Hierzu insbes. *Huppertz* NZV 2012, 23; LBMR/*Bachmeier* StVO § 24 StVO Rn. 24.
499 Vgl. zu den unfallanalytischen Problemen *Bachmeier* Mandatshandbuch Rn. 82 f.
500 Vgl. auch *Heß/Burmann* NJW-Spezial 2007, 601.
501 Vgl. *OLG Hamm* zfs 2001, 105.
502 Vgl. etwa *OLG Bremen* DAR 2001, 273: Mithaftung zu 25 %.
503 Vgl. *OLG Bremen* DAR 2001, 273.
504 So *OLG Koblenz* VersR 1978, 414; weitere Bsp. s. *Grüneberg*, 17. Aufl. 2022 Rn. 231.
505 *BGH* NJW 2012, 1953.
506 So *BGH* NJW 1984, 1962; *OLG Brandenburg*, Urt. v. 28.05.2020 – 12 U 201/18; *KG* NJW-RR 2019, 992.
507 *KG* NJW-RR 2019, 1507; *OLG Karlsruhe* VersR 1980, 1148 bei 76 km/h statt 50 km/h; *AG Hamburg* VersR 2002, 504: 100 km/h statt erlaubter 50 km/h.
508 *OLG Hamm* VersR 2002, 598, Nichtannahme der Revision durch den *BGH*.
509 Zuletzt *BGH* NJW 2003, 1929.

in Betracht. Zwar ist dieser Umstand der Geschwindigkeitsüberschreitung allein noch kein verschuldenshaftungsrechtlich relevanter Gesichtspunkt,[510] führt aber dann zu einer Erhöhung der Haftung, wenn bei Einhaltung der zulässigen Geschwindigkeit schon die kritische Verkehrssituation vermeidbar gewesen wäre.[511] Das Fehlverhalten des Fahrzeugführers liegt insoweit nicht in der Verpflichtung rechtzeitig zu bremsen, sondern darin, zu jedem Zeitpunkt die Geschwindigkeit auf die zulässige herabzusetzen.[512] Wäre der Unfall auch bei zulässiger Geschwindigkeit nicht vermeidbar gewesen, kommt es darauf an, ob es in diesem Fall dem Geschädigten möglich gewesen wäre, wegen der Zeitverzögerung noch den Gefahrenbereich zu verlassen oder die Wirkung der Kollision vermindert worden wäre.[513]

### 2. Fahrbahn

**211** Kommt ein Fahrzeug von der eigenen Fahrspur auf die Gegenfahrbahn oder ganz von der Fahrbahn ab,[514] spricht der Anscheinsbeweis für eine Verursachung durch den Fahrfehler der überhöhten Geschwindigkeit.[515] Gleiches gilt für das Schleudern. Dieser Anscheinsbeweis kann entkräftet werden, wenn das Platzen eines Reifens[516] oder das Ausweichen vor einem Tier[517] konkret im Raum steht. Ist das Platzen des Reifens dargetan, spricht gerade umgekehrt der Anscheinsbeweis für diese Unfallursache.[518]

### 3. Fahren auf Sicht

**212** Mit dem Kriterium Geschwindigkeit ist untrennbar der Grundsatz des Fahrens auf Sicht verbunden. Grundsätzlich darf nur so schnell gefahren werden, dass innerhalb der Sichtweite angehalten werden kann, § 3 Abs. 1 S. 4 StVO. Dies gilt auch für unvermutete Hindernisse.[519] Beim Auffahren in Dunkelheit spricht daher insoweit schon der Anscheinsbeweis gegen den Auffahrenden.[520] Der Verstoß hiergegen kann so schwerwiegend sein, dass sogar ein grob fahrlässiges Schaffen einer Gefahrenquelle bei der Haftungsverteilung zurücktreten kann.[521]

**213** Dabei ist zu beachten, dass der Auffahrende bei einem Hindernis, etwa einem quer stehenden Fahrzeug, zwar nicht nach dem Anscheinsbeweis haftet, jedoch die Beweislast dafür trägt, die Regeln des Fahrens auf Sicht eingehalten zu haben.[522] Das wird nur in seltenen Fällen gelingen, sodass regelmäßig eine über das Normalmaß der Haftung aus Betriebsgefahr Mithaftung zu bejahen ist.[523]

**214** Eine Einschränkung kommt insoweit auf Autobahnen nur teilweise in Betracht. Zwar gestattet § 18 Abs. 6 StVO im Rahmen der sog. *»Goldenen Regel«*, sich an den Rücklichtern der Vorausfahrenden zu orientieren, gestattet jedoch nicht den Schluss, ohne Lichter eines Vorausfahrenden könne man von einer freien Bahn ausgehen. § 18 Abs. 6 StVO berechtigt lediglich zu dem Schluss, zwischen dem eigenen Fahrzeug und dem Vorausfahrenden befinde sich kein Hindernis.[524]

---

510 Zuletzt *BGH* NJW 2003, 1929.
511 *BGH* NJW 2003, 1929.
512 *BGH* NJW 2003, 1929.
513 *BGH* DAR 2004, 220.
514 *OLG Hamm* zfs 1996, 248.
515 So schon *BGH* NJW 1984, 2412.
516 *OLG Düsseldorf* r+s 1993, 212.
517 Vgl. hierzu Rn. 82 sowie *BGH* NJW-RR 1992, 469.
518 *OLG Düsseldorf* VersR 1999, 64.
519 Vgl. *OLG Saarbrücken* NJOZ 2010, 479, 480; *OLG Koblenz* NZV 2006, 198, 199: Bei Dunkelheit Mithaftung zu 70 %.
520 Vgl. *BGH* NJW 2000, 1949; *OLG Frankfurt/M.* DAR 2001, 163.
521 So *OLG Frankfurt/M.* VersR 1997, 1030 [Ls.]: Auffahren auf geschobenes, unbeleuchtetes Fahrzeug.
522 *OLG Frankfurt/M.* r+s 2015, 568.
523 *OLG Frankfurt/M.* r+s 2015, 568: 25 %.
524 *OLG Frankfurt/M.* DAR 2001, 163.

Kommt es bei der Abwägung auf der anderen Seite lediglich zur Anwendung der Betriebsgefahr, tritt diese hinter dem sich aus dem Anscheinsbeweis ergebenden Verschulden des Auffahrenden zurück.[525] Auf Autobahnen muss nämlich prinzipiell mit Hindernissen und sogar mit unbeleuchteten Hindernissen gerechnet werden, insbes. mit unbeleuchtet abgestellten und liegen gebliebenen Fahrzeugen.[526] 215

Teilweise wird bei einer Geschwindigkeit von 60 km/h und mehr das Fahren mit Abblendlicht schon als grob fahrlässig angesehen.[527] Das *OLG Hamm*[528] nahm allerdings lediglich eine Mithaftung des Radfahrers an, der nachts bei Regen auf einen unbeleuchtet abgestellten LKW auffuhr. 216

### 4. Straßenverhältnisse

Wer auf einer leicht abschüssigen und schneeglatten Straße sein Fahrzeug auf eine Sichtweite von 137m nicht zum Halten bringen kann, hat seine Fahrgeschwindigkeit und Fahrweise offensichtlich nicht den gegebenen Umständen angepasst, sodass er wegen des Verstoßes gegen § 3 Abs. 1 StVO für einen darauf beruhenden Unfall die alleinige Verantwortung trägt.[529] 217

Zu beachten ist auch § 2 Abs. 3 S. 1 StVO.[530] Namentlich in der Übergangszeit vor und nach dem Winter sind hier häufig Verstöße festzustellen, die massiven Einfluss auf die Haftungsverteilung haben. Auch eine Schutzpflichtverletzung nach § 823 Abs. 2 BGB kommt in Betracht. 218

Für einen Kraftfahrer ist ein Unfall unabwendbar, wenn er mit seinem Kfz auf seiner Fahrbahnhälfte mit einem entgegenkommenden Pkw zusammenstößt, der kurz zuvor bei Glatteis wegen nicht angepasster Geschwindigkeit ins Schleudern geraten ist.[531] 219

Ausschluss der höheren Gewalt im Sinne § 7 Abs. 1 StVG ist allerdings nicht anzunehmen. Es stellt sich lediglich die Frage, aus welchen Gründen der Gegner schleuderte und ob hieraus ein überwiegendes Verschulden abzuleiten ist. 220

## XIV. Grundstücksausfahrten

Das Verhalten desjenigen, der eine Grundstücksausfahrt benutzt, regelt § 9 Abs. 5 StVO bezüglich des Einfahrens und § 10 StVO bezüglich des Ausfahrens. Hierbei wirkt die Gefährdung durch das Ausfahren nach der Einordnung in die Fahrbahn noch eine gewisse Zeit weiter.[532] Die Frage der richtigen Einordnung ist in der Praxis wegen der fehlenden konkreten Definition häufig Anlass für Streitigkeiten, sodass die Gesichtspunkte näher darzustellen sind.[533] Der Grundstücksbegriff richtet sich hierbei nicht nach dem Eigentumsbegriff. 221

Grundstücke im Sinne der StVO sind 222

- Vorplätze ohne besondere Ein- und Ausfahrt,[534]
- Parkstreifen außerhalb der Fahrbahn bei deutlicher Abgrenzung,[535]
- private und öffentliche Parkplätze,[536]
- allgemeine Grundstückszufahrten,[537]

---

525 *OLG Frankfurt/M.* DAR 2001, 163.
526 *OLG Braunschweig* DAR 2001, 177.
527 *OLG Frankfurt/M.* NZV 1990, 154; vgl. auch *OLG Braunschweig* DAR 2001, 177.
528 *OLG Hamm* VersR 1992, 445.
529 Vgl. *OLG Hamm* VersR 1978, 749 (Ls.).
530 Näher LBMR/*Schröder* § 2 StVO Rn. 23 ff.
531 Vgl. *OLG Frankfurt/M.* r+s 1987, 12, Nichtannahme der Revision durch den *BGH*.
532 Vgl. *OLG Hamm* MDR 2014, 771: Jedenfalls 16 m bis zu einem Abbiegevorgang.
533 Grundl. *Rebler* Der Straßenbegriff im Verkehrsrecht, DAR 2005, 65.
534 *OLG Braunschweig* DAR 1958, 161.
535 *OLG Köln* VRS 99, 39; *OLG Düsseldorf* NZV 1993, 360.
536 *OLG Celle* DAR 1973, 306.
537 *OLG Frankfurt/M.* DAR 1988, 243.

– Tankstellenzufahrten,[538]
– Straßen, die lediglich über abgesenkte Bordsteine oder Gehweg erreichbar sind.[539]

223 Das Ein- und Ausfahren bezüglich Feldwegen ist weder unmittelbar das Befahren eines Grundstückes, noch ist es diesem gleichzusetzen.[540] Allerdings ist hier höchste Sorgfalt erforderlich.[541]

224 Nach der Rspr. des *BGH »kommt es auch hier maßgeblich darauf an, ob der Verkehrsweg dem fließenden Verkehr dient oder nur dem Zugang zu einem Grundstück, also auf seine Bedeutung für den Verkehr, die freilich nicht, wie das BerGer. offenbar meint, nur auf den Blickwinkel der Verkehrsfrequenz verkürzt werden darf. Selbstverständlich können auch Ausbau und Gestaltung des Verkehrsweges in enger Verbindung zu Zweck und Bedeutung des Weges für den Verkehr stehen und als äußere Kriterien für die Beurteilung der Verkehrsbedeutung mit heranzuziehen sein. Insoweit haben sie jedoch nicht die allein ausschlaggebende Bedeutung, die das BerGer. ihnen offenbar zumessen will, sondern können nur Anhaltspunkte u.a. für eine Schlussfolgerung auf die allein maßgebliche Verkehrsbedeutung des Verkehrsweges sein. Anderes verlangt auch das Bedürfnis nach klaren Verkehrsregeln nicht. Wie der Senat in dem genannten Urteil ebenfalls dargelegt hat, muss diese Verkehrsbedeutung zwar nach außen in Erscheinung treten, wenn daran verkehrsrechtliche Gebote oder Verbote geknüpft werden sollen; dies darf aber nicht dahin verstanden werden, dass damit verbundene Vorfahrtrechte und Wartepflichten nur entstehen, wenn jeder Adressat die dafür maßgebenden Merkmale des Verkehrsweges auch erkennen kann (so schon Senat NJW 1976, 131). Schwierigkeiten des Verkehrsteilnehmers bei der Erkennbarkeit der Regelung sind vielmehr im Rahmen der subjektiven Haftungsvoraussetzungen zu berücksichtigen. Allerdings trifft den Verkehrsteilnehmer eine gesteigerte Sorgfaltspflicht, wenn ihm mangels eindeutiger Kriterien Zweifel kommen müssen, ob ein Verkehrsweg zu der von ihm befahrenen Straße eine vorfahrtberechtigte Straßeneinmündung oder eine untergeordnete Grundstücksausfahrt ist.«*[542]

## 1. Allgemein

225 Gemäß § 10 StVO hat der Ausfahrende das äußerste Maß an Sorgfalt zu beachten. Gegen ihn spricht daher bereits der Anscheinsbeweis, der zu seiner Haftung zu 100 % führt.[543]

226 Ob es sich bei der Unfallstelle um eine Grundstücksausfahrt oder um eine Straßenmündung handelt, richtet sich – wie dargestellt – nach dem sich dem Verkehrsteilnehmer darbietenden äußeren Erscheinungsbild.[544] Kriterien für die Abgrenzung sind Verkehrsbedeutung, Breite und Ausbau der Fahrbahn. Kann ein bevorrechtigter Kraftfahrer nicht erkennen, ob es sich bei einer von rechts auf die von ihm benutzte Straße zuführenden Fahrbahn um eine Grundstücksausfahrt oder um eine Einmündung handelt, muss er sich, auch wenn es sich bei richtiger Wertung um eine Grundstücksausfahrt handelt, darauf einstellen, dass der nicht Vorfahrtsberechtigte dem Grundsatz rechts vor links vertraut und seine Vorfahrt missachtet.[545] Bei Situationen mit Verkehrszeichen 325/326 (verkehrsberuhigte Zone) ist nach der Rspr. des *BGH*[546] davon auszugehen, dass diesem Zeichen die Qualität einer Vorfahrtsregelung zukommt. Die Wartepflicht endet erst, wenn bei objektiver Betrachtung davon ausgegangen werden kann, dass das aus dem verkehrsberuhigten Bereich kommende Fahrzeug diesen definitiv verlassen hat.

538 *OLG Stuttgart* DAR 1956, 117; *OLG Düsseldorf* NZV 1988, 231; *AG Dortmund*, Urt. v. 01.03.2013 – 436 C 3840/12 m. Anm. *Balke* SVR 2014, 191.
539 *OLG Karlsruhe* VersR 1994, 362; grundl. zur Problematik im Rahmen von § 10 StVO *Lamberz*, Der abgesenkte Bordstein und der verkehrsberuhigte Bereich gemäß § 10 StVO, NZV 2010, 547.
540 *OLG Nürnberg* VersR 1981, 288.
541 Hierzu insbes. LBMR/*Müller* § 9 StVO Rn. 41.
542 *BGH* NJW-RR 1987, 1237; vgl. auch *OLG Saarbrücken* NZV 2015, 492.
543 Vgl. *LG Kiel*, Urt. v. 13.05.2016 – 1 S 2/15 m. Anm. *Schröder* SVR 2017, 145; *LG Karlsruhe* NJW-RR 2011, 824 (aber Haftungsverteilung 50:50 bei Zusammenstoß mit Rückwärtsfahrendem).
544 Vgl. *BGH* NJW 1987, 435; NJW 1987, 1237; NJW 1987, 279; *OLG München* NJW-RR 1986, 1154.
545 *OLG Köln* SP 1993, 209; ähnlich *LG Mainz* VersR 1980, 436.
546 *BGH* VersR 2008, 416.

Erfolgt die Ausfahrt aus einem Grundstück unter Überquerung eines sog. Verzögerungsstreifens (Verkehrsfläche, die zum Ein- und Ausfahren bezüglich der Hauptfahrbahn dient, vgl. auch § 12 Abs. 1 Nr. 3 StVO), so hat sich der Ausfahrende grundsätzlich zu vergewissern, dass er gefahrlos auch in den Hauptfahrbahnbereich einfahren kann. Dies gilt selbst dann, wenn ihm ein verbotswidrig geparktes Fahrzeug die Sicht versperrt. Das *OLG Koblenz*[547] hat eine Mithaftung eines Lkw-Fahrers, der auf dem Verzögerungsstreifen geparkt hatte, verneint und ausgeführt, selbst wenn ein Parkverbot gemäß § 12 Abs. 1 Nr. 3 StVO angenommen werde, diene dies nicht dem Schutz des Ausfahrenden, ein Verstoß gegen die allgemeine Sorgfaltspflicht gemäß § 1 StVO trete hinter dem Verschulden des Ausfahrenden zurück. Beim Zusammenstoß mit Fußgängern wird regelmäßig das alleinige Verschulden des Kraftfahrers zu bejahen sein. Das *OLG Saarbrücken*[548] hat dies schon allein aus dem Anscheinsbeweis abgleitet. Bei der Kollision im Ausfahrtsbereich gilt im Übrigen § 12 Abs. 3 Nr. 3 StVO nicht. Der Ausfahrende kann sich daher nicht darauf berufen, er sei durch ein verbotswidrig geparktes Fahrzeug beeinträchtigt worden.[549] Kollidiert der Ausfahrende mit einem Rotlichtsünder, haftet Ersterer allein, da die LZA keine Schutzwirkung zugunsten des aus einem Grundstück ausfahrenden Verkehrs hat.[550] Kollidiert ein Grundstücksausfahrer mit einem in einer Einbahnstraße verbotswidrig rückwärtsfahrenden Pkw, ist dem Grundstücksausfahrer kein Verstoß gegen § 10 StVO vorzuwerfen, da er damit nicht zu rechnen braucht.[551] 227

## 2. Einweisen

Ist die Grundstücksausfahrt so unübersichtlich, dass ein ungefährdetes Verlassen des Grundstücks nicht möglich ist, muss der ausfahrende Verkehrsteilnehmer sich einweisen lassen.[552] Unterlässt er dies[553] oder missversteht er ein Zeichen des Einweisers,[554] so fällt ihm in der Regel die volle Haftung zur Last. Insbesondere ist bei erkennbaren Handzeichen eines Einweisers eine unklare Verkehrssituation zu bejahen.[555] Gemäß § 5 Abs. 3 Ziff. 1 StVO ist bei unklarer Verkehrslage ein Überholen unzulässig. 228

In diesem Zusammenhang ist auch die Haftung des Einweisers selbst relevant. Ihn treffen die gleich hohen Sorgfaltspflichten wie den ihn hinzuziehenden Fahrzeugführer.[556] Wer einem anderen behilflich ist, hat sich selbstverständlich so zu verhalten, dass andere nicht geschädigt werden. Wer die Einweisung vornimmt, weil der Fahrer die Situation selbst nicht beurteilen kann, übernimmt anstelle des Fahrers die Haftung. Der Fahrer haftet wiederum nur für die ordnungsgemäße Auswahl des Einweisers. 229

Der Einweiser unterliegt dem Versicherungsschutz der Kraftfahrthaftpflichtversicherung, wenn es sich um einen Beifahrer im Arbeitsverhältnis zum Versicherungsnehmer oder Halter handelt, der nicht nur gelegentlich den berechtigten Fahrer begleitet, § 2 Abs. 2 Nr. 4 KfzPflVV.[557] 230

Die Beachtung dieser Problematik ist bei Zeugen wichtig. Wird ein Einweiser als Zeuge vernommen, so ist er vor der Vernehmung über mögliche Haftungsfolgen zu belehren. 231

---

547 *OLG Koblenz* zfs 2005, 120.
548 *OLG Saarbrücken* zfs 2005, 13.
549 *OLG Koblenz* VersR 2005, 1408.
550 *OLG Hamm* NJW 2010, 3790.
551 *AG Ahrensburg*, Urt. v. 09.03.2022 – 49 a C 658/21 m. Anm. *Bachmor* SVR 2022, 307.
552 Vgl. zuletzt *OLG Rostock*, Urt. v. 10.12.2010 – 5 U 27/10 = BeckRS 2011, 01537.
553 *LG Hildesheim*, Urt. v. 23.09.1983 – 2 O 385/83 n.v.
554 *LG Münster*, Urt. v. 10.05.1979 – 11 O 118/79 n.v.
555 *OLG Hamm* DAR 2001, 222; praxisorientierte Bespr. bei *Schröder* PVR 2001, 214.
556 *KG* VerkMitt 1996, 28.
557 Vgl. auch *KG* VerkMitt 1996, 21.

## XV. Grundstückseinfahrt

232 Auch der in eine Grundstückseinfahrt abbiegende Verkehrsteilnehmer ist nach § 9 Abs. 5 StVO zur Aufwendung der im Verkehr erforderlichen Sorgfalt verpflichtet. Wegen der sich hieraus ergebenden erhöhten Sorgfaltspflicht (Ausschluss der Gefährdung Anderer) spricht schon der Anscheinsbeweis gegen den Abbiegenden.[558] Das Gesetz macht zwischen Abbiegen innerhalb des Straßenbereichs oder in ein Grundstück, Wenden und Rückwärtsfahren insoweit keinen Unterschied. Es können daher die gleichen Grundsätze herangezogen werden.

233 Das *LG Saarbrücken*[559] geht allerdings davon aus, der Nachfahrende erwarte typische Anzeichen des Abbiegens (Verlangsamen, Ankündigen, Einordnen) und richte sich dann danach, sodass das Auffahren für ein Fehlverhalten des Vorausfahrenden spreche. Dieser Ansicht widerspricht das *OLG Düsseldorf*[560] ausdrücklich und sieht das Fehlverhalten beim Auffahrenden.

### 1. Einbiegen nach links

234 Ein auf der Straße im Gegenverkehr herannahender Verkehrsteilnehmer kann daher grundsätzlich darauf vertrauen, dass seine Vorfahrt vom Abbiegenden beachtet wird. Bei Erkennbarkeit der durch das Einbiegen geschaffenen Gefahrenlage oder bei überhöhter Geschwindigkeit kann im Einzelfall jedoch auch einmal ein Mitverschulden des Gegenverkehrs in Betracht kommen.[561] Beim Zusammenstoß eines Linksabbiegers mit einem links überholenden Pkw spricht der Beweis des ersten Anscheins für ein Verschulden des Abbiegenden.[562]

### 2. Einbiegen nach rechts

235 Zunächst kommt auch hier bereits der Anscheinsbeweis zum Tragen. Beim Einbiegen nach rechts in eine Grundstückseinfahrt können sich Probleme wegen örtlichkeitsbedingter oder fahrzeugabhängiger Ausholmanöver (Bogen) ergeben. Der Rechtsabbieger hat sich so zu verhalten, dass sein Fahrmanöver völlig erkennbar ist. Dementsprechend folgt die Haftung schon aus einem Nichtsetzen des Blinkers.[563] Wenn er zuerst den linken Blinker setzt, um das Ausholen nach links anzuzeigen, setzt er den Anschein eines Linksabbiegemanövers, kommt es zum Zusammenstoß mit einem deshalb rechts Vorbeifahrenden, so haftet er überwiegend.[564]

236 Umgekehrt hat mit zu haften, wer zwar den rechten Blinker setzt, aber gleichwohl nicht abbiegt und deshalb mit einem auf den Abbiegevorgang vertrauenden von rechts kommenden Fahrzeug kollidiert. Das *OLG München*[565] ging von einer Mithaftungsquote des Vorfahrtsberechtigten von 35 % aus. Die Rechtsprechung ist jedoch uneinheitlich. So hat das *OLG Hamm*[566] den Grundsatz vertreten, das Setzen des Blinkers allein reiche nicht aus, komme nicht noch ein weiterer Anhaltspunkt, etwa die Geschwindigkeitsreduzierung hinzu, hafte der Wartepflichtige zu 100 %. Ebenso entschied das *OLG Saarbrücken*.[567] Umgekehrt kann gerade bei einer abknickenden Vorfahrt auch das fehlende Setzen des Blinkers einen Vertrauenstatbestand erzeugen. So geht das *OLG Rostock*[568]

558 So auch *LG Hamburg*, Urt. v. 23.11.2001 – 331 S 132/01; praxisorientierte Bespr. bei *Siegel* PVR 2002, 230.

559 *LG Saarbrücken* NJOZ 2014, 1803.

560 *OLG Düsseldorf* r+s 2015, 414; vgl. auch *OLG Schleswig* r+s 2024, 320: 60 % Haftung Überholer.

561 Vgl. *BGH* NJW 1982, 1756.

562 *OLG Hamm*, Urt. v. 08.07.2022 – 7 U 106/20 m. Anm. *Siegel* SVR 2023, 388; *OLG* Nürnberg, Urt. v. 23.06.2022 – 13 U 247/22 m. Anm. *Siegel* SVR 2023, 224; *OLG Köln* VersR 1979, 166.

563 *OLG Hamm*, Beschl. v. 07.01.2021 – 7 U 53/20, WKRS 2021, 13167.

564 *OLG Oldenburg* NZV 1993, 233: 75 %.

565 *OLG München* NZV 2009, 457; hierzu *Kääb* FD-StrVR 2009, 279090.

566 *OLG Hamm* NJW-RR 2003, 975, 976.

567 *OLG Saarbrücken* NJW-RR 2008, 1611.

568 *OLG Rostock* NJW-RR 2011, 31.

davon aus, dass Wartepflichtige davon ausgehen müsse, der einer abknickenden Vorfahrtsstraße Folgende setzte den Blinker, anderenfalls werde er nicht der Vorfahrtsstraße folgen. Das Gericht ging von einer Mithaftung des Vorfahrtsberechtigten in Höhe von 30 % allein wegen der Betriebsgefahr aus,

## XVI. Haltestelle

237 Das Verhalten der Verkehrsteilnehmer im Bereich von Haltestellen öffentlicher Verkehrsmittel und Schulbussen regelt § 20 StVO.[569] Hierbei ist zu beachten, dass die in der Vorschrift normierten Pflichten nur während des Haltevorgangs und des Ein- und Aussteigens von Fahrgästen gelten.[570] Die Vorschrift hat Schutzgesetzcharakter zugunsten aller Fußgänger, die im räumlichen Bereich der Haltestelle die Straße, gleich aus welcher Richtung kommend,[571] überqueren. *»Demnach hat er bei solchen Anzeichen so rechtzeitig zu bremsen, dass er noch vor einem die Fahrbahn überquerenden Fußgänger anhalten kann, sofern dieser ihm nicht zu erkennen gibt, sein Vorbeifahren abwarten zu wollen. Auch wenn der Fußgänger gem. § 25 StVO Absatz III StVO beim Überschreiten einer Fahrbahn den Fahrzeugverkehr zu beachten und diesem grundsätzlich den Vorrang einzuräumen hat (es folgen Nachweise), kann der Fahrzeugverkehr beim Vorbeifahren an Haltestellen i.S. von § 20 StVO Absatz I StVO nicht darauf vertrauen, dass ihm dieser Vorrang auch tatsächlich gewährt wird.«*[572] Dagegen hat das *LG Saarbrücken* ein Verschulden des Fahrers verneint und lediglich die Betriebsgefahr mit 1/3 berücksichtigt.[573]

Häufig muss der Busfahrer hierbei eine Fahrbahnmarkierung überfahren, sodass sich die Frage des hieraus resultierenden Verstoßes und einer Mithaftung stellt. Der *BGH*[574] geht unter Billigung der vorinstanzlichen Entscheidung[575] hierbei davon aus, dass bei einem Erfordernis des Schwenkvorganges angesichts der Vorfahrtsberechtigung das Überfahren der Fahrbahnmarkierung ebenso wenig zu einer Mithaftung führe wie die Betriebsgefahr des Busses, da der Vorfahrtsverletzung das entscheidende Gewicht zukomme.

238 Mit der Verletzung von Sorgfaltspflichten aus § 20 Abs. 1 StVO an Straßenbahnhaltestellen gegenüber wartenden oder aussteigenden Fahrgästen befasst sich eine Entscheidung des *OLG Hamm*.[576] Es geht davon aus, dass die besonderen Sorgfaltspflichten des Kraftfahrers an Haltestellen öffentlicher Verkehrsmittel gem. § 20 Abs. 1 StVO bereits im Vorfeld der Konstellation Vorsicht und Rücksicht erfordern, nämlich dann, wenn die Straßenbahn sich der Haltestelle nähert und abbremst, um alsbald anzuhalten. Ein Kraftfahrer hat, wenn er sich noch deutlich hinter der Vorderfront der Straßenbahn befindet, seine Fahrweise darauf einzustellen, dass Fußgänger beim Abbremsen und Anhalten der Straßenbahn die Fahrbahn betreten, um früh und rechtzeitig in das Schienenfahrzeug zu gelangen. Erfahrungsgemäß verletzen derartige Fußgänger bzw. Fahrgäste im Vertrauen auf die den Kfz Führern auferlegte Rücksichtnahme im Haltestellenbereich ihre Aufmerksamkeit gegenüber dem fließenden Verkehr auf der Fahrbahn. Im konkreten Fall hat das *OLG Hamm* einen internen Schadensausgleich im Verhältnis 2:1 zulasten des Pkw-Halters für angemessen gehalten. Der Kraftfahrer kann allerdings darauf vertrauen, dass Fußgänger, die ein haltendes Verkehrsmittel verlassen, nicht sofort auf die Straße treten[577] und beim Überqueren der Fahrbahn gem. § 25

569 Näher LBMR/*Bachmeier* § 20 StVO Rn. 1 ff.; *Filthaut* NZV 2022, 11; *ders.* NZV 2020, 63; *ders.* NZV 2017, 513; *ders.* NZV 2013, 68; *Rebler* MDR 2019, 581.

570 Vgl. *KG* NZV 2010, 200, 201.

571 *OLG Koblenz* NZV 2014, 31.

572 *BGH* NJW 2006, 2110, 2112 mit Billigung der Haftungsquote von 50 % aus der Vorinstanz; s. auch *OLG Hamm* NJW-RR 2024, 894; *OLG Koblenz* NZV 2014, 31: Haftung des Kraftfahrers 2/3 bei von links zum Bus laufenden Schüler.

573 *LG Saarbrücken*, Urt. v. 15.06.2012 – 13 S 25/12 = BeckRS 2012, 23600.

574 *BGH* DAR 2014, 457, hierzu *Elsner* jurisPR-VerkR 14/2014 Anm. 1.

575 *OLG Frankfurt/M.* r+s 2013, 456.

576 *OLG Hamm* MDR 1974, 1018.

577 *OLG Celle* OLGR 2005, 392.

Abs. 3 StVO auf den Fahrzeugverkehr achten und diesen nicht behindern.[578] Läuft ein Fußgänger insoweit plötzlich auf den Fahrbahnbereich, scheidet ein Verschulden – die vorherige Erkennbarkeit dieser Handlung verneint – des Kraftfahrers aus, es bleibt jedoch die Haftung aus Betriebsgefahr.[579] Andererseits muss der Kraftfahrer auch das Umfeld des Haltebereichs beobachten, da *»der von § 20 StVO geschützte örtliche Bereich nicht nur unmittelbar neben dem haltenden Bus liegt, sondern sich auf eine gewisse Entfernung davor und dahinter erstreckt. Vom Sinn und Zweck der Norm her wird man im Einzelfall den Schutzbereich so weit zu erstrecken haben, wie mit fort- oder zueilenden Fahrgästen gerechnet werden muss.«*[580]

239 Im Übrigen gilt § 20 Abs. 2 StVO auch für Radfahrer. Die Mithaftungsquote des Fahrgastes hängt von der Einzelfallsituation ab.[581]

240 Beim Abfahren der Omnibusse von Haltestellen kommen häufig Konflikte mit dem fließenden Verkehr vor. § 20 Abs. 2 StVO räumt dem Linienverkehrsbussen, die von ordnungsgemäß gekennzeichneten Haltestellen abfahren, den Vorrang ein, sodass von anderen Verkehrsteilnehmern erforderlichenfalls anzuhalten ist, um den Omnibussen ein gefahrloses Verlassen der Haltestelle und ein Einfädeln in den fließenden Verkehr zu ermöglichen. Dieses Vorrecht des Omnibusfahrers setzt allerdings voraus, dass er den linken Blinker rechtzeitig betätigt, um dem nachfolgenden Verkehr seine Abfahrbereitschaft anzukündigen.[582] Weiter ist der Omnibusfahrer verpflichtet, den rückwärtigen Verkehr im Außenspiegel sorgfältig zu beobachten. Er darf den Individualverkehr zwar behindern, aber nicht gefährden.

241 Dabei ist aber stets zu kontrollieren, ob es sich bei dem vom Bus genutzten Straßenbereich tatsächlich um eine Haltebucht handelt. Bei einer längeren Anfahrzone kommt vielmehr die Bewertung als Fahrstreifen in Betracht.[583] Damit kollidieren einerseits § 10 S. 1 StVO mit § 20 Abs. 5 StVO. Das *KG*[584] geht davon aus, dass § 20 Abs. 5 StVO als lex specialis dem Busfahrer das Vorrecht einräume. Dabei sieht es die Verpflichtungen nach § 10 S. 1 StVO nämlich rechtzeitiges Blinken und die Rückschau als erforderlich an, lehnt diesbezüglich jedoch einen Anscheinsbeweis zu Lasten des Busfahrers ab.

242 Der Teilnehmer am Individualverkehr seinerseits ist verpflichtet, sich Omnibushaltestellen nach den Grundsätzen der defensiven Fahrweise zu nähern, d.h. die Geschwindigkeit vorsorglich herabzusetzen und sich in stetiger Bremsbereitschaft zu halten. Wird am Kraftomnibus der linke Blinker betätigt, dann hat der Kraftfahrer in Erfüllung seiner Verpflichtung aus § 20 Abs. 2 StVO zu prüfen, ob er auch unter Berücksichtigung des ihm nachfolgenden Verkehrs noch rechtzeitig und gefahrlos anhalten kann. Von § 20 Abs. 2 StVO wird hierbei nicht schon nach § 1 StVO gebotenes Gaswegnehmen oder leichtes Bremsen, sondern durchaus auch eine Bremsung im mittleren Bereich verlangt.[585]

243 Fährt ein Omnibusfahrer von einer Haltestelle ab, ohne rechtzeitig den Fahrtrichtungsanzeiger zu betätigen und fährt deshalb ein Lkw auf einen Pkw auf, der wegen des anfahrenden Omnibusses nach links ausweicht und zugleich abbremst, so hat der Omnibusfahrer den Unfall in so überwiegendem Maße fahrlässig verursacht, dass demgegenüber die Betriebsgefahr des Lkw völlig zurücktritt.[586]

---

578 *OLG Brandenburg*, Beschl. v. 12.07.2022 – 12 U 203/21 m. Anm. *Bachmor* NZV 2023, 227.

579 *OLG Celle* OLGR 2005, 392.

580 *OLG Hamburg* OLGR 2005, 304, Revision durch den *BGH* verworfen – Az. IV ZR 50/05 n.v.

581 Vgl. *KG* r+s 2015, 153: Mithaftungsquote des Fahrgastes 20 %.

582 *OLG Celle*, Urt. v. 10.11.2021 – 14 U 96/21 m. Anm. *Siegel* SVR 2022, 62 u. Anm. *Schröder* SVR 2022, 219.

583 Vgl. *KG* DAR 2019, 83.

584 *KG* DAR 2019, 83.

585 Vgl. *OLG Düsseldorf* DAR 1990, 462.

586 *KG* NJW 1980, 1856; grundlegend zur Problematik *Filthaut*, Die neuere Rechtsprechung zur Schadenshaftung des Omnibusunternehmers und -fahrers, NZV 2022, 11 ff.; *ders.* NZV 2020, 63 ff.; *ders.* NZV 2011, 110.

Im Allgemeinen wird der Omnibusfahrer lediglich auf das ihm unmittelbar nachfolgende Fahrzeug zu achten haben. Er wäre sicherlich überfordert, wenn er darüber hinaus Feststellungen in der Richtung treffen müsste, ob auch die einzelnen Fahrzeuge der Kolonne unter sich geschwindigkeitsabhängig und im Hinblick auf die jeweilige Verkehrslage einen ausreichenden Sicherheitsabstand einhalten. Konnte also das erste Fahrzeug noch rechtzeitig anhalten und fährt ein anderes Fahrzeug auf seinen »Vordermann« auf, dann liegt in der Regel für den Halter des Kraftomnibusses ein unabwendbares Ereignis vor, sodass seine Haftung entfällt. Hier ist wegen des unübersehbaren Busses von einem mangelnden Fahren auf Sicht auszugehen. 244

Kraftfahrer, die an einem haltenden Linienbus vorbeifahren, müssen allerdings, sofern kein Warnblinklicht eingeschaltet und auch keine Kennzeichnung als Schulbus vorhanden ist, lediglich mit Schrittgeschwindigkeit vorbeifahren. Sie müssen nicht damit rechnen, dass Kinder plötzlich hinter dem Bus hervor laufen.[587] Die Haftung aus Betriebsgefahr ist allerdings zu bejahen.[588] 245

Eine Bejahung der höheren Gewalt nach neuem Schadensrecht kann allerdings sicher nicht angenommen werden. Soweit in diesem Zusammenhang auch Überholmanöver des hintersten Fahrers in Betracht kommen, liegt im Übrigen eine unklare Verkehrslage vor, bei der ein Überholen verboten ist.[589] 246

Bei der Haftungsabwägung im Zusammenhang mit der Beteiligung von Omnibussen ist zu beachten, dass sich spezifische Bewegungsbedingungen ergeben, die eine sorgfältige Analyse der Kollisionssituation und der hierzu relevanten Besonderheiten des Großfahrzeugs erfordern.[590] 247

## XVII. Landwirtschaftliche Fahrzeuge

Bei Unfällen mit Beteiligung von landwirtschaftlichen Fahrzeugen sind zwei typische Fallkonstellationen erkennbar, die Unfallursache durch Fahrbahnverschmutzung sowie der Zusammenhang mit Abbiegemanövern landwirtschaftlicher Fahrzeuge. Generell ist zu beachten, dass bei Fahrzeugen, die unter § 8 Nr. 1 StVG fallen, keine Gefährdungshaftungsansprüche gegen den Halter bzw. die Verschuldenshaftung nach § 18 StVG gegen den Fahrer in Betracht kommen. Die Haftung beschränkt sich jeweils auf die Verschuldenshaftung nach § 823 BGB.[591] 248

### 1. Fahrbahnverschmutzung

Meist wird eine Verschmutzung der Fahrbahn verursacht, wenn die Fahrzeuge aus dem landwirtschaftlichen Geländebereich in den Straßenbereich einfahren. Die Verkehrssicherungspflicht erfordert insoweit, verkehrsgefährdende Fahrbahnverschmutzungen zu beseitigen, die für einen die erforderliche Sorgfalt beachtenden Verkehrsteilnehmer nicht erkennbar sind, jedenfalls aber solche deutlich zu machen.[592] Zunächst ist streitig, ob die Verursachung dieser Verschmutzungen zum Bereich der Betriebs gehört, damit also auch zur Haftung aus Betriebsgefahr führen und somit auch der zuständige Haftpflichtversicherer in Anspruch genommen werden kann, wenn der Unfall erst zu einem späteren Zeitpunkt erfolgt. Während das *LG* dies verneinte, hat das *OLG Schleswig*[593] in der Berufungsinstanz die Zurechnung zur Betriebsgefahr bejaht. Es beruft sich zutreffend darauf, dass es auf einen zeitlichen Zusammenhang mit dem Unfall nicht ankommt.[594] Sodann bestehen keine Zweifel, dass ein Unabwendbarkeitsbeweis angesichts der jederzeit beseitigungsfähigen Verschmutzung nicht 249

587 Vgl. *OLG Hamm* r+s 2001, 456.
588 So auch *OLG Hamm* r+s 2001, 456.
589 Vgl. *BGH* NJW 1996, 60.
590 Grundl. *Wenzel*, Schadenshaftung bei typischen Unfallgeschehen mit Lkw- oder Omnibusbeteiligung, DAR 2010, 604.
591 Vgl. *OLG Hamm* NZV 2014, 213.
592 Vgl. *OLG Brandenburg* NJOZ 2021, 708; *OLG Brandenburg* NZV 2008, 56.
593 *OLG Schleswig* NJOZ 2004, 1220.
594 So schon *BGH* NJW 1982, 2669; vgl. auch *BGH* NZV 2007, 352.

in Betracht kommt.[595] Damit ist die Haftung nach der Betriebsgefahr problemlos zu bejahen. Bei der Abwägung der beiderseitigen Verursachungsbeiträge ist aber auch das Verschulden von erheblicher Bedeutung. Wie generell bei der Verkehrssicherungspflicht ist aber eine Abwägung zwischen Verschmutzungsgrad, Zumutbarkeit der Säuberung und Verkehrsbedeutung der Straße zu treffen. Wer im Rahmen von Feldarbeiten eine Straße verschmutzt, muss für die Reinigung aber auch sorgen, wenn diese Straße nur wenig befahren wird.[596] Das *OLG* Schleswig hat unter dem Gesichtspunkt der Zumutbarkeit eine erneute Reinigung während der Erntezeit angesichts der Mittagspause und ortsüblich zu erwartender Verschmutzung nicht als erforderlich angesehen.[597]

## 2. Abbiegende/einbiegende landwirtschaftliche Fahrzeuge

**250** Muss der Traktorfahrer beim Rechtsabbiegen fahrbedingt etwas nach links ausschwenken, trifft ihn eine erhöhte Sorgfaltspflicht. Damit liegt nicht nur eine Haftung aus Betriebsgefahr, § 7 Abs. 1 StVG vor, sondern angesichts der in § 9 Abs. 1 StVO normierten Sorgfaltspflicht auch ein haftungsrelevantes Verschulden.[598] Fährt ein landwirtschaftliches Fahrzeug bei Tageslicht in die bevorrechtigte Straße ein, bedarf es zwar keines Einweisers, jedoch hat der Fahrer in der Regel sofort anzuhalten, wenn ein auf der Vorfahrtsstraße herannahender Verkehrsteilnehmer für ihn sichtbar wird.[599] Ist er zu diesem Zeitpunkt bereits eingefahren, ergibt sich die Verpflichtung zum Anhalten jedoch nicht aus § 8 StVO, sondern aus § 1 StVO, da es sich noch um ein zulässiges Einfahren gehandelt hatte.[600] Ein Weiterfahren zur Entschärfung der Situation kommt nur dann in Betracht, wenn der Traktorfahrer aus objektiver Sicht der Verkehrslage davon ausgehen durfte, dass dies sachgerecht sei.[601] Beim Ausfahren aus dem Grundstück in den öffentlichen Straßenbereich ist notfalls ein Einweiser in Anspruch zu nehmen.[602]

**251** Biegt ein Traktorfahrer auf einen Feldweg ab, nimmt die Rspr. an, es handle sich nicht um das Abbiegen in ein Grundstück gemäß § 9 Abs. 5 StVO, sondern um ein normales Abbiegen gemäß § 9 Abs. 1 StVO.[603] Naturgemäß gilt zunächst beim Linksabbiegen die sog. zweite Rückschaupflicht, zusätzlich kommt aber, sofern der Traktorfahrer zunächst nach rechts ausholen muss, im Kollisionsfall ein Verstoß gegen die Pflicht zum rechtzeitigen Einordnen in Betracht.[604] Das *OLG Frankfurt/M.*[605] geht davon aus, dass es entscheidend auf die Unfallörtlichkeit ankomme, könne man dabei davon ausgehen, ein Überholvorgang sei nicht zu erwarten, weil er offensichtlich grob verkehrswidrig sei, trete sogar die Betriebsgefahr des Traktors zurück. Umgekehrt folgt aus einer Geschwindigkeitsreduzierung beim Traktor und eine Einordnung nach links, zumindest eine unklare Verkehrslage.[606]

**252** Kommt es im Begegnungsverkehr auf einer gerade verlaufenden Straße ohne Fahrbahnmarkierung bei Tageslicht zu einer Kollision zwischen einem landwirtschaftlichen Fahrzeug mit Überbreite, das so weit rechts gesteuert wird, wie es tatsächlich möglich ist, mit einem Pkw, der die Fahrbahnmitte grundlos leicht überschreitet, so tritt die Haftung aus Betriebsgefahr für das landwirtschaftliche Fahrzeug nach *OLG Celle*[607] nicht zurück, sondern fließt mit 30 % in die Haftungsquote ein.

---

595 *OLG Schleswig* NJOZ 2004, 1220.
596 *LG Flensburg* NJOZ 2024, 1073.
597 *OLG Schleswig* NJOZ 2004, 1220.
598 *OLG Koblenz* NJOZ 2004, 122 f.: Überwiegende Haftung (60 %) des Traktorfahrers.
599 *BGH* NZV 1994, 184; vgl. aber auch *OLG Rostock*, Urt. v. 10.12.2010 – 5 U 27/10 = BeckRS 2011, 01537: Idealfahrer nimmt Einweiser.
600 *BGH* NZV 1994, 184, 185.
601 *BGH* NZV 1994, 184, 185.
602 Vgl. *OLG Rostock*, Urt. v. 10.12.2010 – 5 U 27/10 = BeckRS 2011, 01537.
603 *OLG Nürnberg* DAR 2001, 170.
604 *KG* NZV 2002, 567 f.: Mithaftung des Überholers zu 25 %.
605 *OLG Frankfurt/M.* r+s 2015, 367.
606 *OLG Hamm*, Beschl. v. 04.05.2020 – 7 U 29/19 = WKRS 2020, 45044.
607 *OLG Celle* NJW-RR 2021, 538; *OLG Celle* NJW-RR 2020, 602.

Kollidieren zwei breite landwirtschaftliche Zugmaschinen, weil beide nicht in der ihnen möglichen ausreichenden Weise zur Vermeidung einer Kollision nach rechts ausgewichen sind, kommt nach § 17 Abs. 1 und 2 StVG eine Haftungsteilung in Betracht.[608]

Wird in einer hinter einem landwirtschaftlichen Fahrzeug sich bildenden Kolonne überholt, muss der Überholende auch ohne besondere Anzeichen damit rechnen, dass vor ihm fahrende Fahrzeuge ebenfalls zum Überholen ausscheren. Wegen dieser unklaren Verkehrssituation, § 5 Abs. 3 Nr. 1 StVO, muss er durch Hupen oder Lichtzeichen sicherstellen, dass die vorausfahrenden Fahrzeugführer seine Überholabsicht sicher und rechtzeitig bemerken.[609] Das *OLG Celle*[610] hat bei einer derartigen Situation das Verschulden des Fahrers des landwirtschaftlichen Fahrzeugs angesichts des Überholens eines nicht unmittelbar dahinter fahrenden Lkw als gering eingestuft und unter Berücksichtigung einer überhöhten Geschwindigkeit eine Haftungsverurteilung von 25:75 zugunsten des Landwirts angenommen. Die Vorinstanz war noch zu einer Quote von 40:60 gekommen. Kommt es zwischen einem linksabbiegenden landwirtschaftlichen Gespann (bestehend aus Traktor und Heuwender mit einer Gesamtlänge von 9 Metern) und einem überholenden Motorrad zu einer Kollision während des Abbiegevorgangs, so soll nach einer anderen Entscheidung des *OLG Celle*[611] die Betriebsgefahr für das landwirtschaftliche Gespann mit 30 % – unabhängig von den jeweiligen Verschuldensanteilen im Übrigen – in die Haftungsquote gemäß § 17 Abs. 1 StVG einfließen. Regelmäßig wird bei der Abwägung auch ein Mitverschulden des verunglückten Verkehrsteilnehmers zu bejahen sein. Gemäß § 3 Abs. 1 StVO darf er nur so schnell fahren, dass er das von ihm gelenkte Fahrzeug ständig beherrscht. Gleichzeitig hat er nach dem Grundsatz des Fahrens auf Sicht sowohl tagsüber als auch nachts die Fahrbahn zu beachten und die Geschwindigkeit auf den Straßenzustand einzustellen. Das *OLG Schleswig*[612] hat den Verursachungsbeitrag des Verunglückten im zu entscheidenden Fall angesichts der ländlichen Gegend, der Erntezeit und der überwiegend von örtlich kundigen Fahrern befahrenen Straße als so erheblich bezeichnet, dass die Haftung aus Betriebsgefahr zurückzutreten habe. Das *OLG Frankfurt/M.*[613] verneinte allerdings eine Mithaftung eines Überholenden für den Fall, dass das landwirtschaftliche Fahrzeug unerwartet abbiege. Insoweit lehnte das Gericht sowohl eine Verschuldenshaftung, als auch Mitwirkung der Betriebsgefahr angesichts einer Unabwendbarkeit bezüglich des Überholenden ab und ließ selbst bei fehlendem Verschulden des Traktorfahrers eine Haftung des Traktors aus Betriebsgefahr vollständig überwiegen. 253

## XVIII. Mäharbeiten

In diesem Zusammenhang sind auch die Straßenpflegearbeiten zu erörtern. Bei den für die Mäharbeiten im öffentlichen Straßenbereich eingesetzten Fahrzeugen[614] handelt es sich, soweit die Arbeitseinrichtungen an einem Fahrzeug (etwa einem Unimog) angebracht sind, nicht um eine Arbeitsmaschine, sondern um ein Verkehrsmittel, wenn es im öffentlichen Straßenverkehr eingesetzt wird. Die Betriebsgefahr ist daher zu berücksichtigen.[615] Bei der Haftungsverteilung kommt es darauf an, ob der Verkehrssicherungspflichtige die erforderlichen Maßnahmen getroffen hat, um die Verkehrssicherheit zu gewährleisten.[616] Denn bei Mäharbeiten sind grundsätzlich die notwendigen Sicherungsvorkehrungen zu treffen, um Schäden durch hochgeschleuderte Steine zu vermeiden.[617] Auch für 254

608 *LG Ansbach*, Hinweisbeschl. v. 19.03.2015 – 1 S 1079/14 = BeckRS 2015, 9699.

609 *OLG Karlsruhe* NZV 2001, 473.

610 *OLG Celle* OLGR 2004, 347.

611 *OLG Celle* r+s 2024, 520; zur erhöhten Betriebsgefahr bei Traktor (Frontlader) mit abgesenkter Schaufel s. *OLG Celle*, Urt. v. 18.01.2024 – 5 U 172/21 m. Anm. *Bachmor* SVR 2024, 263.

612 *OLG Celle* OLGR 2004, 347.

613 *OLG Frankfurt/M.* NZV 2000, 211.

614 Zur Halterhaftung bei Kfz mit Arbeitsfunktion s. *Witt* NJW 2022, 579.

615 Vgl. *BGH* NVwZ-RR 2005, 381; *OLG München* NJW-RR 2024, 710.

616 Vgl. *BGH* NZV 2005, 305; *LG Bielefeld*, Urt. v. 16.12.2009 – 6 O 563/09 = BeckRS 2010, 28775; *LG Köln* Urt. v. 08.01.2008 – 5 O 344/07 = BeckRS 2008, 17138.

617 *OLG Frankfurt/M.* r+s 2021, 715.

den Zustand nach Beendigung der Mäharbeiten kommt im Prinzip ein Schadensersatzanspruch in Betracht. Hierfür sind jedoch hohe Hürden zu überwinden. Ein Anspruch setzt den Nachweis voraus, dass kein Eigenverschulden überwiegt. Kein Straßenbenutzer hat Anspruch auf einen schlechthin gefahrfreien Zustand der Straße, sondern muss den erkennbaren Straßenzustand beobachten. Er kann sich nur dann auf den in der Rechtsprechung anerkannten Vertrauenstatbestand des Straßenbenutzers verlassen, wenn er mit der in § 3 StVO geforderten angepassten Geschwindigkeit gefahren ist. Es müssen also besonderen Umstände vorliegen, die ausnahmsweise eine Handlungspflicht des Verkehrssicherungspflichtigen begründen.[618] Werden Handgeräte eingesetzt (Freischneider) muss notfalls durch Planenabdeckung oder einen Kettenschutz und weitere Kunststoffvorrichtungen[619] ein Hoch- und Beiseiteschleudern von Steinen verhindert werden.[620]

Bei derartigen Unfällen ist es jedoch schwierig, zwischen dem unfallverursachenden Fahrzeug selbst und der Nutzung eines daran angebauten Arbeitsgerätes und damit der Frage einer Betriebsgefahrhaftung zu differenzieren, wenn das Gerät außerhalb des öffentlichen Straßenbereichs eingesetzt wird. Das *OLG Düsseldorf*[621] hat das Schleudern eines Steines durch einen auf dem Feld eingesetzten Kreiselmähers insoweit der sog. Arbeitsmaschine und damit dem Fehlen einer Betriebsgefahrhaftung zugeordnet. Das ist im Hinblick auf die Rechtsprechung des *BGH* zur Erfassung einer Arbeitsmaschinentätigkeit durch die Betriebsgefahr durchaus problematisch.[622] Denn der *BGH* hatte ausgeführt, es komme nicht darauf an, ob der Motor des Fahrzeugs eingesetzt werde, sondern ob ein Bezug zum öffentlichen Verkehrsraum zu bejahen sei.[623] Im Falle der Entscheidung des *OLG Düsseldorf* war ein Stein vom Feld auf ein fremdes Grundstück und dort auf einen Fußgänger geschleudert worden. Insoweit kommt durchaus ein Bezug in Betracht, wie er in der vorstehend genannten Entscheidung des *BGH* angesprochen wird. Denn ein derartiges Gerät wird üblicherweise auch beim Mähen von Fahrbahnrändern eingesetzt. Berücksichtigt man die Rechtsansicht des *BGH* zum Brandausbruch bei Fahrzeugkomponenten,[624] so kann man argumentieren, der Kreiselmäher sei jedenfalls kein typischer Bestandteil des Traktor, weil letzterer mit einer Vielzahl von Anbaugeräten genutzt werde. Im Einzelfall kommt es daher entscheidend darauf an, ob sich Auswirkungen der Arbeitsmaschine auf den öffentlichen Bereich ergeben und ob das unfallauslösende Werkzeug nur angekuppelt oder mit dem Antriebsfahrzeug fest verbunden, also ein wesentlicher Teil des Fahrzeugs war.

## XIX. Linksabbiegen

255 Gemäß § 9 Abs. 3 StVO hat der Linksabbieger das Vorrecht des Gegenverkehrs zu achten. Sein Fehlverhalten wiegt so schwer, dass die Betriebsgefahr des gegnerischen Fahrzeugs zurücktritt und daher die volle Haftung des Linksabbiegers anzusetzen ist (st.Rspr.). Eine Mithaftung kommt nur in bestimmten Sonderfällen in Betracht. *»Der Linksabbieger muss den Vorrang des Gegenverkehrs grundsätzlich auch dann beachten, wenn dieser Gelb – oder sogar bei frühem Rot – einfährt. Selbst eine erhebliche Geschwindigkeitsüberschreitung des geradeaus Fahrenden hebt dessen Vorrecht nicht auf. Als bevorrechtigter Verkehr gegenüber dem Wartepflichtigen ist auch noch der bei spätem Gelb oder der ers-*

618 *OLG Frankfurt/M.*, Urt. v. 12.11.2004 – 15 U 132/04 m. Anm. *Bachmeier* SVR 2005, 310.
619 So *LG Offenburg* NJW-RR 2021, 956.
620 *BGH* DAR 2013, 513.
621 *OLG Düsseldorf*, Urt. v. 07.04.2020 – 1 U 155/18, dazu *Figgener/Quaisser* NJW Spezial 2020, 426.
622 Vgl. *BGH*, Urt. v. 18.07.2023 – VI ZR 16/23 »Traubenvollernter«, NZV 2024, 76 m. Anm. *Biller-Bomhardt*; dazu auch *Schrader* JA 2024, 249; *Mäsch* JuS 2024, 359; *BGH* NJW 2022, 624 »Kreiselmäher«; *BGH*, Urt. v. 20.10.2020 – VI ZR 158/19, r+s 2020, 719; *BGH*, Urt. v. 20.10.2020 – VI ZR 374/19, r+s 2020, 721; *BGH*, Urt. v. 20.10.2020 – VI ZR 319/18, VersR 2021, 597; dazu *Schrader* JA 2021, 251; *BGH* NJW 2015, 1681 »Kreiselschwader«.
623 *BGH* NJW 2016, 1162.
624 *BGH* DAR 2021, 88.

*ten Rotsekunde anfahrende Gegenverkehr anzusehen. Er muss mit Nachzüglern rechnen und diesen den Vorrang einräumen.«*[625]

Fährt der Vorfahrtsberechtigte beim Linksabbiegen unter Schneiden der Kurve zunächst nicht ausreichend rechts, weil er den Bogen nicht ausführt, verliert er damit allerdings noch nicht die Vorfahrt, da das Rechtsfahrgebot nicht dem Schutz des Querverkehrs dient. Allerdings stellt dieses Verhalten einen Verstoß gegen die sich aus § 1 Abs. 1 StVO ergebende allgemeine Sorgfaltspflicht dar, sodass es zur Mithaftung kommt.[626] Das *OLG Koblenz*[627] ging hierbei von einer Mithaftung des Vorfahrtsberechtigten von 50 % aus. Das Schneiden ist dahin gehend zu definieren, dass jene gedachte Linie überfahren wird, die sich gedanklich aus der Mitte der Ausgangsstraße und der Mitte der anzufahrenden Straße ergibt.[628] 256

## 1. Abknickende Vorfahrt

Grundsätzlich gilt das Vorfahrtsrecht für den gesamten Bereich des erweiterten Kreuzungsbereichs. Dementsprechend hat der Fahrer, der dem Verlauf einer nach links abknickenden Vorfahrtstraße nicht folgt, sondern geradeaus weiterfährt, im gesamten Kreuzungsbereich die Vorfahrt gegenüber dem von rechts kommenden Verkehr. Eine Markierung des Verlaufs des bevorrechtigten Straßenzuges auf der Kreuzung durch eine rechtsseitig verlaufende bogenförmige unterbrochene weiße Linie ändert nichts am Umfang der Vorfahrtberechtigung.[629] 257

Bleibt ungeklärt, ob der Vorfahrtsberechtigte für das Verlassen den Blinker setzte, haftet schon nach dem Anscheinsbeweis der Wartepflichtige allein.[630] Allerdings kann in Sonderfällen eine Mithaftung des Vorfahrtsberechtigten in Betracht kommen, weil er sich auf Fehlbeurteilungen einstellen müsse.[631] Der Wartepflichtige kann nämlich grundsätzlich darauf vertrauen, dass derjenige, der einer abknickenden Vorfahrtsstraße folgt, die damit verbundene Richtungsänderung anzeigt.[632] 258

Für das bei dieser Straßensituation typischen Zusammentreffen von weiteren Straßen gilt, für die einfahrenden Fahrzeuge untereinander der Grundsatz ***»rechts vor links«***, da die nebeneinanderliegenden Einmündungen im Kreuzungsbereich mit der Vorfahrtstraße eine Einheit bilden.[633]

## 2. Gegenverkehr

Das Vorrecht des geradeaus fahrenden Gegenverkehrs gegenüber Linksabbiegern gehört ebenso wie das Vorfahrtsrecht zu den wesentlichen Grundlagen des Straßenverkehrs. Die Betriebsgefahr des entgegenkommenden Fahrzeugs tritt in der Regel hinter dem groben Verschulden eines Linksabbiegers zurück, sodass die Rspr. regelmäßig von der vollen Haftung des Linksabbiegers ausgeht.[634] Grundsätzlich steht dem verkehrswidrig fahrenden Linksabbieger, der seine Wartepflicht aus § 9 Abs. 1 und Abs. 3 StVO verletzt hat, kein Ersatzanspruch zu. Vielmehr hat er den gesamten, durch den Unfall entstandenen Schaden allein zu tragen, und zwar selbst für den Fall, dass der Zusammenstoß sich für den Gegenverkehr nicht als ein unabwendbares Ereignis im Sinne von § 7 Abs. 2 259

625 *OLG Karlsruhe* NJOZ 2008, 2490; vgl. auch *OLG Düsseldorf* VRS 104, 122; LBMR/*Müller* § 9 StVO Rn. 33.

626 Vgl. *OLG Hamm* NZV 1998, 26; *LG München II* r+s 2023, 914.

627 *OLG Koblenz* r+s 2015, 309.

628 Vgl. auch *OLG Hamm* zfs 1997, 288 zum Schneiden einer Kurve durch einen Motorradfahrer.

629 *BGH* NJW 1983, 2939.

630 Vgl. *OLG Stuttgart* VersR 1980, 342.

631 NZV 1997, 180: Mithaftung 1/3 bei platzartiger Erweiterung.

632 *OLG Rostock* NJW-RR 2011, 31.

633 *OLG Koblenz*, Urt. v. 29.05.2006 – 12 U 235/05 = BeckRS 2007, 0463.

634 Vgl. *OLG Stuttgart* VersR 1995, 358.

StVG darstellt. Wer geradeaus fährt, darf, jedenfalls solange sich ihm kein Anlass zu gegenteiligen Befürchtungen bietet, grundsätzlich darauf vertrauen, dass der Abbieger sein Vorrecht beachtet.[635]

260 Dementsprechend kommt ein Verschulden des geradeaus Fahrenden nicht schon dann in Betracht, wenn er mit nicht ausreichender Beleuchtung fährt. Der *BGH*[636] hat das Verhältnis von Vorfahrtsberechtigung, Linksabbiegen und Verstößen gegen die Beleuchtungspflicht präzise definiert. Ausgangspunkt war das unstreitig nicht brennende Frontlicht eines Motorrades. Der Fahrer prallte auf einen Pkw, der aus der Gegenrichtung nach links abbog.[637] Zur überragenden Bedeutung der Vorfahrtsverletzung des Linksabbiegers führt der *BGH* aus: *»Die Maßstäbe dieser SenatsRspr. gelten unverändert fort. An eine Verletzung des Vorfahrtrechts des Geradeausfahrenden durch den Linksabbieger knüpft danach ein schwerer Schuldvorwurf an, wobei für das Verschulden des Abbiegenden der Anscheinsbeweis spricht* (es folgen Nachweise).« Im konkreten Fall hob der *BGH* das Berufungsurteil, das von einer Mithaftung des Motorradfahrers in Höhe von 2/3 ausging auf und wies den Rechtsstreit zur erneuten Entscheidung über die Haftungsverteilung an die Vorinstanz zurück.

261 Zumindest wird in der Regel von einer überwiegenden Verursachung durch den Linksabbieger ausgegangen. Dessen verkehrswidriges Verhalten muss allerdings den Schutz des Linksabbiegers tangieren. Kommt es zu einem Zusammenstoß zwischen einem Linksabbieger und einem sich im Gegenverkehr bewegenden Fahrzeug des Geradeausverkehrs, dann haftet der Linksabbieger auch dann voll für den gesamten Schaden, wenn der Entgegenkommende gegen das Rechtsfahrgebot des § 2 Abs. 2 StVO verstoßen haben sollte, weil er damit keine ihm gegenüber dem Abbiegeverkehr obliegende Sorgfaltspflicht verletzt hat. Das Rechtsfahrgebot schützt neben dem Überholenden lediglich den »normalen« Gegenverkehr, nicht jedoch die aus ihm abbiegenden Linksabbiegenden.[638]

262 Der bevorrechtigte Linksabbieger begeht allerdings einen groben Verkehrsverstoß, wenn er die Linkskurve extrem eng schneidet und sich dabei vollständig auf die Spur des Rechtsabbiegeverkehrs befindet, denn der Wartepflichtige darauf vertrauen, dass der Bevorrechtigte nicht plötzlich vor ihm auf seiner Spur auftaucht.[639]

263 Der *BGH* hat jedoch in einem Fall, in dem der Entgegenkommende mit mindestens 100 km/h gefahren war, lediglich eine überwiegende Mithaftungsquote zu seinen Lasten angenommen: *»Ob einem Wartepflichtigen, der in Verkennung dieser grob übersetzten Geschwindigkeit mit dem Abbiegen nach links beginnt, allerdings ein Verschulden zur Last gelegt werden kann, hängt von den Umständen des einzelnen Falles ab. Keinesfalls stellt die Vorfahrtsregel im Straßenverkehr (um eine solche im weiteren Sinne handelt es sich auch bei der genannten Vorschrift) ein Recht dar, das stets ein Verschulden des gegen die Regelung Verstoßenden indiziert (zuletzt Senat NJW 1982, 1756 = VersR 1982, 701). Vielmehr müssen das Vorrecht des anderen Verkehrsteilnehmers für den Wartepflichtigen auch in zumutbaren Grenzen erkennbar und seine Verletzung vermeidbar gewesen sein (vgl. Senat VersR 1972, 832; = NJW 1976, 1317 = VersR 1976, 365, 367). Diese Voraussetzung trifft im Streitfall jedoch zu, da der Bekl. das Fahrzeug des Kl. bereits auf größere Entfernung wahrgenommen hatte, ehe er mit dem Abbiegen begann. Der Senat vermag nicht der von einem Teil der Rspr. und auch im Schrifttum vertretenen Meinung zu folgen, dass der Wartepflichtige nur verhältnismäßig unbedeutende Überschreitungen, wie sie erfahrungsgemäß häufig vorkommen, berücksichtigen müsse.«*[640]

Damit kommt es letztlich auf Höhe der Geschwindigkeitsübertretung an. Das *OLG Brandenburg*[641] hat bei einer Überschreitung um 86 % eine Mithaftung von 30 % angenommen.

---

635 Vgl. *KG*, Urt. v. 26.09.1985 – 12 U 6608/84 n.v.; *OLG Hamm* VRS 101, 81.

636 *BGH* NJW 2005, 1351.

637 S. auch Rdn. 149.

638 Vgl. *KG*, Urt. v. 29.04.1982 – 12 U 4158/80 n.v.

639 *OLG Frankfurt/M.* OLGR 2001, 2: Mithaftung des Bevorrechtigten zu 30 %.

640 *BGH* NJW 1984, 1962.

641 *OLG* Brandenburg, Urt. v. 28.05.2020 – 12 U 201/18 = WKRS 2020, 57268.

Unterschiedlich wird allerdings die Haftungsquote festgesetzt, wenn bei ampelgeregelten Kreuzungen ohne Linksabbiegerpfeil ungeklärt ist, ob der Geradeaus Fahrende noch Grünlicht hatte. Da schon der Anscheinsbeweis gegen den Linksabbieger spricht, muss von dessen Verschulden und seiner Alleinhaftung ausgegangen werden.[642] Teilweise wird hier in der älteren Rspr. jedoch eine Haftungsteilung 50:50 angesetzt.[643] Dem ist nicht zu folgen, da hiergegen gerade der Grundsatz des Anscheinsbeweises spricht. Kann der Linksabbieger diesen nicht entkräften, also Indizien darlegen, die gegen das Grünlicht des Gegners sprechen, muss es bei seinem eigenen Verschulden bleiben, das so schwer wiegt, dass die Betriebsgefahr des gegnerischen Fahrzeugs zurücktritt. 264

### 3. Geschwindigkeitsüberschreitung

Ausgangspunkt ist der allgemeine Grundsatz, dass jeder Verkehrsteilnehmer mit gewissen Geschwindigkeitsüberschreitungen zu rechnen und sie einzuplanen hat.[644] In der Regel wird die Grenze des Geschwindigkeitszuschlags mit 30 % der zulässigen Höchstgeschwindigkeit angesetzt.[645] Im Bereich zwischen 30 und 50 % wird regelmäßig eine Mithaftung des geradeaus Fahrenden zwischen 20 und 50 % in Betracht kommen.[646] Bei noch größerer Geschwindigkeitsüberschreitung kommt eine Mithaftung des Geradeaus Fahrenden mit 2/3[647] bis zur vollen Haftung[648] in Betracht. Ein wesentliches Kriterium sind auch die Sichtverhältnisse. Für den Bereich der Kaskoversicherung ist ergänzend auch darauf hinzuweisen, dass eine deutlich überhöhte Geschwindigkeit den Begriff der groben Fahrlässigkeit erfüllt und damit zum Versagen des Versicherungsschutzes führen kann.[649] 265

### 4. Irreführende Fahrweise des Geradeausfahrers

Veranlasst ein Geradeausfahrer den frühzeitigen Ab- oder Einbiegevorgang des Wartepflichtigen, weil dieser durch den gesetzten rechten Blinker auf ein Abbiegen des Vorfahrtberechtigten vertraute, so ist in der Rechtsprechung umstritten, in welchen Fällen sich der Wartepflichtige auf den Vertrauensgrundsatz berufen kann. Grund ist die überragende Bedeutung der gesetzlichen Vorfahrtregel und die hieraus resultierende gesteigerte Sorgfaltspflicht des Wartepflichtigen. 266

Ereignet sich auf Straßenkreuzungen oder -einmündungen ein Zusammenstoß zwischen den Fahrzeugen eines nach links einbiegenden Wartepflichtigen und eines Vorfahrtberechtigten, so spricht grundsätzlich erst einmal der Anscheinsbeweis dafür, dass der Wartepflichtige die Vorfahrt des Berechtigten schuldhaft verletzt hat.[650] Denn der Wartepflichtige darf erst abbiegen, wenn er übersehen kann, dass er den Vorfahrtberechtigten weder gefährdet noch wesentlich behindert.[651] In der Regel trifft den Wartepflichtigen in solchen Fällen die alleinige Haftung.[652] Eine Erschütterung des Anscheinsbeweises und in der Folge eine eventuelle Mithaftung des Vorfahrtberechtigten wird in der Regel nur möglich

642 Etwa *OLG Frankfurt/M.*, Urt. v. 03.03.2010 – 7 U 168/08 = BeckRS 2010, 11095.

643 *OLG München* VersR 1986, 668; *OLG Hamm* VersR 1980, 722; *OLG Schleswig* VersR 1984, 1098.

644 Vgl. *OLG Frankfurt/M.*, Urt. v. 03.03.2010 – 7 U 168/08 = BeckRS 2010, 11095.

645 Vgl. etwa *OLG Bremen* DAR 2001, 273: Mithaftung zu 25 %.

646 So *OLG Koblenz* VersR 1978, 414; weitere Bsp. s. *Grüneberg*, Haftungsquoten bei Verkehrsunfällen, 17. Aufl. 2022 Rn. 231.

647 *BGH* NJW 1984, 1962; *OLG Brandenburg*, Urt. v. 28.05.2020 – 12 U 201/18; *KG* NJW-RR 2019, 992.

648 *OLG Karlsruhe* VersR 1980, 1148 (76 km/h statt 50 km/h); *OLG Brandenburg*, Urt. v. 01.12.2022 – 12 U 62/22 (innerorts: 90 km/h statt 50 km/h).

649 Vgl. *Halm* Neue obergerichtliche Rspr. zur groben Fahrlässigkeit PVR 2002, 183.

650 Ständige Rspr., vgl. *BGH* VRS 5 (1953), 182f.; *BGH* VersR 1959, 792f.; *OLG München*, Urt. v. 06.09.2013 – 10 U 2336/13; *OLG Celle*, Urt. v. 20.10.2010 – 14 U 47/10.

651 *OLG Saarbrücken* r+s 2008, 346.

652 *OLG Nürnberg* NZV 2005, 422; *LG Traunstein*, Urt. v. 01.07.2016 – 3 O 200/15; *LG Saarbrücken*, Beschl. v. 02.07.2012 – 13 S 69/12; *AG Frankenthal/Pfalz*, Urt. v. 24.11.2016 – 3a C 308/16 m. Anm. *Balke* SVR 2017, 225f.

sein, wenn der Wartepflichtige nachweisen kann, dass der Vorfahrtberechtigte nicht nur geblinkt hat, sondern weitere Anhaltspunkte dafür gegeben waren, die auf sein Abbiegen schließen ließen.

Die Quoten[653] zulasten des Wartepflichtigen reichen in diesen Fällen von 3/4[654] über 70 %,[655] 2/3,[656] die Hälfte[657] bis zu 30 %[658] und in seltenen Fällen auch zu keiner[659] Haftung.

267 In welchen Fällen sich der Wartepflichtige auf den Vertrauensgrundsatz berufen kann, ist in der Rechtsprechung streitig. Im Wesentlichen stehen sich dabei zwei Meinungen gegenüber. Die vermeintlich weitestgehende Ansicht zum Vertrauensschutz stellt voran, dass sich ein Wartepflichtiger auf den Fahrtrichtungsanzeiger des Bevorrechtigten verlassen darf. Zugleich wird jedoch betont, dass dies nur dann gelte, solange nicht konkrete Anhaltspunkte die Abbiegeabsicht in Zweifel ziehen.[660] Nach der Gegenansicht[661] soll gerade umgekehrt es bei der Haftung des Wartepflichtigen verbleiben, solange dieser nicht nachweise, dass objektiv für ein Abbiegen sprechende Umstände, also tatsächliche Geschwindigkeitsreduzierung, Einordnung auf der Fahrbahn, vorgelegen hätten. In der Praxis kann eine Entscheidung über den Meinungsstreit häufig offen gelassen werden, weil beide Meinungen, mit unterschiedlicher Argumentation, fast immer zum gleichen Ergebnis führen.[662]

268 In der Praxis hilft die Faustregel *»Blinken + 2«*, also neben dem Blinken noch zwei zusätzlich Anhaltspunkte für ein vermutetes Abbiegen.[663] Ob bereits *»Blinken + 1«* ausreichend sein kann, ist eine Frage des Einzelfalls.

---

653 Ausführliche Rspr.-Übersicht bei *Rebler* NZV 2020, 76f.; *Balke* SVR 2017, 330f.; *Eggert* VA 2016, 115f.

654 *OLG München*, Urt. v. 13.07.2018 – 10 U 3991/17 m. Anm. *Siegel* SVR 2019, 62f.; *OLG München*, Endurt. v. 15.12.2017 – 10 U 1021/17, dazu *Wenker* jurisPR-VerkR 2/2018 Anm. 2; *OLG München*, Endurt. v. 15.09.2017 – 10 U 4380/16 m. Anm. *Siegel* SVR 2018, 104 f.; *OLG Saarbrücken* r+s 2008, 346; *LG Aachen* SP 2017, 508f.; *LG Detmold* SP 2014, 119 m. Anm. *Balke* SVR 2014, 24f.

655 *OLG Karlsruhe* r+s 2021, 105 m. Anm. *Hanke* NZV 2021, 325; *OLG Dresden* r+s 2014, 625; dazu *Wenker* jurisPR-VerkR 22/2014 Anm. 1; *OLG Dresden*, Beschl. v. 24.04.2014 – 7 U 1501/13 m. Anm. *Balke* SVR 2014, 429f.; *OLG München*, Urt. v. 06.09.2013 – 10 U 2336/13 m. Anm. *Siegel* SVR 2014, 105f.; *LG Saarbrücken*, Urt. v. 03.07.2015 – 13 S 64/15 m. Anm. *Balke* SVR 2016, 58f.; *AG Oldenburg*, Urt. v. 16.12.2019 – 9 C 9176/19 m. Anm. *Bachmor* SVR 2020, 229f.

656 *OLG Dresden* r+s 2020, 418 m. Anm. *Balke* SVR 2020, 305f.; *OLG Düsseldorf* DAR 2016, 648f.; *OLG Naumburg*, Urt. v. 19.02.2014 – 5 U 206/13, NJW-Spezial 2014, 458; *OLG Hamm* NJW-RR 2003, 975; *LG Saarbrücken* zfs 2003, 588; *AG Ettenheim*, Urt. v. 05.12.2017 – 1 C 170/17.

657 *OLG Koblenz*, Beschl. v. 01.09.2020 – 12 U 332/20; *OLG Köln* NZV 2009, 143 LS.; *OLG Karlsruhe* DAR 2001, 128; *OLG Celle* zfs 1995, 86; *LG Aurich* SP 2011, 210.

658 *OLG Hamm* r+s 2004, 168; *OLG Dresden* VersR 1995, 234; *LG Hannover* VersR 1992, 1486.

659 *KG* NZV 1990, 155; *LG Kiel* DAR 2000, 123; *AG Perleberg*, Urt. v. 14.04.2016 – 11 C 382/15 m. Anm. *Balke* SVR 2016, 227f.

660 *KG* NZV 1990, 155 und *KG* VersR 1975, 52; *OLG Düsseldorf* StVE, § 8 StVO Nr. 60; *OLG Hamm* StVE, § 8 StVO Nr. 30; *OLG Zweibrücken* DAR 1991, 68; *BayObLG* VRS 59, 365; *König* in Hentschel/König, StVR, § 8 StVO Rdn. 49.

661 *OLG Dresden*, Beschl. v. 10.02.2020 – 4 U 1354/19 m. Anm. *Balke* SVR 2020, 305f.; *OLG Dresden* NZV 2015, 246 m. Anm. *Balke* SVR 2015, 463; *OLG München*, Urt. v. 15.12.2017 – 10 U 1021/17; *OLG Saarbrücken* r+s 2008, 346; *OLG Hamm* NZV 2003, 414; *OLG Karlsruhe* DAR 2001, 128; *LG Detmold* SP 2014, 119f.; *LG Halle/Saale* NZV 2003, 34; *AG Frankenthal/Pfalz*, Urt. v. 24.11.2016 – 3a C 308/16.

662 *OLG München*, Urt. v. 06.09.2013 – 10 U 2336/13 m. Anm. *Siegel* SVR 2014, 105f. und *OLG München* NZV 2009, 457; *OLG Köln* SP 2008, 279; *OLG Saarbrücken* r+s 2008, 346; *OLG Dresden* VersR 1995, 234; *LG Saarbrücken*, Urt. v. 07.06.2013 – 13 S 34/13 m. Anm. *Balke* SVR 2014, 20f.; *LG Saarbrücken*, Beschl. v. 02.07.2012 – 13 S 69/12.

663 Grundl. *Eggert* VA 2016, 115.

## 5. Linksabbieger und Überholende

Schwierigkeiten bereitet in der Praxis die Abwägung mit Überholern bei ungeklärtem Unfallhergang.[664] Ereignet sich ein Unfall im unmittelbaren örtlichen und zeitlichen Zusammenhang mit einem Linksabbiegevorgang, so spricht ein Anscheinsbeweis dafür, dass der Linksabbieger die ihm obliegenden Sorgfaltsanforderungen, insbesondere die doppelte Rückschaupflicht, nicht ausreichend beachtet hat.[665] Es genügt nicht, den rückwärtigen Verkehr nur über den Spiegel zu kontrollieren, es bedarf vor dem Linksabbiegen auch des Blicks über die Schulter.[666] Falsch wäre es, diesen Anscheinsbeweis jenem bezüglich des Überholenden gegenüberzustellen. Insoweit kommt deshalb lediglich der Ansatz der doppelten Rückschaupflicht gemäß §§ 9 Abs. 1 StVO,[667] mit Berücksichtigung des toten Winkels gegen den Linksabbieger und das Erfordernis der Einhaltung der allgemeinen Sorgfaltspflicht beim Überholen (Verbot des Überholens bei unklarer Verkehrslage[668] und Gebot zum Überholen eines Linksabbiegers auf der rechten Seite) zur Gegenüberstellung. Wertet man das Verhalten des Linksabbiegers als Verschulden nach dem Anscheinsbeweis, gelangt man zu der häufig angewandten Quote von 2:1.[669] Zu dieser Quote kann man auch gelangen, wenn man das Schwergewicht lediglich – ohne Anscheinsbeweis – wegen der gem. § 9 StVO erhöhten Sorgfaltspflicht gewichtiger als den Überholvorgang beurteilt. Teilweise wird wegen des erhöhten Risikos aber auch ein gleichwertiges Verschulden und damit eine Haftung von 1:1, also 1/2 angesetzt.[670] Ist allerdings nachgewiesen, dass der Linksabbieger rechtzeitig geblinkt und sich eingeordnet hatte, erweist sich das Verhalten des Überholers als Fahren bei unklarer Verkehrslage (§ 5 Abs. 3 Nr. 1 StVO), sodass sein Verhalten haftungsrelevant ist.[671] 269

Das *KG*[672] hat bei einer Kolonnensituation die überwiegende Haftung dem Linksabbieger auferlegt und ausgeführt, der Anscheinsbeweis spreche gegen den Abbiegenden, dieser müsse dartun, dass er den Blinker rechtzeitig gesetzt habe, anderenfalls trage er die alleinige Haftung. Demgegenüber hat das *OLG Koblenz*[673] bei einem Linksabbieger im Rahmen einer Kolonne überholenden Pkw-Fahrer eine ausschließliche Haftung des Überholendem angenommen, wenn ein Verschulden des Abbiegendem nicht nachweisbar war und das *OLG Stuttgart* den Anscheinsbeweis verneint, wenn ein Motorradfahrer mehrere Fahrzeuge in einem Zug überholte[674] Letzteres wird indes nur selten anzutreffen sein, weil schon aus der sog. zweiten Rückschaupflicht (§ 9 Abs. 1 StVO) ein Verschuldensmoment ableitbar ist. Selbst bei Erkennbarkeit des Abbiegevorgangs, also einer noch vorhandenen Entfernung der beiden Fahrzeuge, um reagieren zu können, kann der Abbiegende im Rückspiegel das Überholmanöver noch erkennen. Das *OLG Koblenz*[675] hat insoweit eine Haftungsverteilung von 1:2 zulasten des Überholenden angesetzt. Das *OLG Rostock* geht angesichts der doppelten Rückschaupflicht grundsätzlich vom Anscheinsbeweis gegen den Linksabbieger aus, kommt jedoch zu einer 270

664 Eine ausf. Darst. der Problematik findet sich bei *Bärnhof* VersR 1996, 948.

665 *OLG Schleswig*, Urt. v. 01.10.2024 – 7 U 145/23 = BeckRS 2024, 26105.

666 *OLG Hamm*, Urt. v. 08.07.2022 – 7 U 106/20, NJOZ 2022, 1550.

667 Vgl. hierzu *LG Wuppertal*, Urt. v. 05.07.2018 – 5 O 124/15.

668 Vgl. zur Problematik der *»unklaren Verkehrslage«* und zur *»Rangfolge«* in der Fahrzeugkolonne auch *KG* NZV 1995, 359 mit ausführlichen Hinweisen; s. auch *Steinert* SVR 2023, 368f.

669 So auch *LG München I*, Urt. v. 07.11.1997 – 17 S 9501/97 n.v., also einer Haftung des Linksabbiegers zu 2/3; *OLG Düsseldorf* VRS 89, 278.

670 Vgl. hierzu *OLG Nürnberg* DAR 1995, 330; eine Tabelle zu den angewandten Haftungsquoten findet sich bei *Bärnhof* VersR 1996, 948, 949.

671 Vgl. *OLG München*, Urt. v. 25.04.2014 – 10 U 1886/13 = BeckRS 2014, 08633: 30 % Mithaftung des Überholers: Wegen unklarer Verkehrslage 30 % Mithaftung; ebenso *OLG Schleswig* NJOZ 2014, 985.

672 *KG* NZV 2005, 413.

673 *OLG Koblenz* IVH 2004, 130 [L].

674 *OLG Stuttgart*, Beschl. v. 08.04.2011 – 13 U 2/11 = BeckRS 2011, 14283 = DAR 2011, 470 (Ls.).

675 *OLG Koblenz* NZV 2005, 413.

Mithaftung des überholenden, wenn dieser Blinklichter nicht sorgfältig beachtet.[676] Demgegenüber hat das *OLG München*[677] einen Anscheinsbeweis gegen den Linksabbieger angenommen und dies mit den beiden Verstößen gemäß § 9 Abs. 5 StVO (Abbiegen in ein Grundstück) und § 9 Abs. 1 StVO (zweite Rückschaupflicht) begründet. Konsequent müsste man zu dieser Alleinhaftung auch kommen, wenn der Abbiegende eine durchgezogene Linie überfährt. Zeichen 295 dient nicht nur dem Gegenverkehr. Das *OLG Düsseldorf*[678] sieht dies anders. Im konkreten Fall, bei dem es zum Zusammenstoß mit einem auf der Gegenfahrbahn rückwärts gefahrenen Fahrzeug kam, erkannte es auf eine Mithaftung des Rückwärtsfahrenden von 2/3. Beim Linksabbieger sah es lediglich wegen des Überfahrens der Linie die Betriebsgefahr als erhöht an.

271 Dabei ist zu beachten, dass nicht nur das Berühren der Fahrstreifenbegrenzung mit den Rädern, sondern bereits das Fahren über der Mittellinie verboten ist, sich also weder die Karosserie noch die Ladung des Fahrzeugs über der Mittellinie befinden darf. Ebenso verhält es sich bei Sperrflächen nach Zeichen 298 zu § 41 StVO. Diese beiden Institutionen wirken sich also praktisch wie ein Überholverbot aus.[679] Dies bedeutet, dass der vorausfahrende Verkehrsteilnehmer an derartigen Stellen nicht damit zu rechnen braucht, dass er dort noch überholt wird.[680]

272 Diese Erwägungen gelten auch dann, wenn man berücksichtigt, dass derjenige, der mit seinem Fahrzeug links in ein Grundstück abbiegen will, nach § 9 Abs. 5 StVO dabei eine besondere Sorgfaltspflicht trifft. Kollidiert er dabei mit einem Fahrzeug des Gegenverkehrs, so hat der Linksabbieger den Schaden allein zu tragen. Etwas anderes kann dann gelten, wenn der Fahrer des entgegengekommenen Kfz die zulässige Höchstgeschwindigkeit von 50 km/h um 12,5 km/h überschritten hat und der Unfall bei Einhaltung der Höchstgeschwindigkeit nachweisbar hätte vermieden werden können. In diesem Fall trifft denjenigen, der nach links in ein Grundstück abbiegen will, eine Mithaftungsquote von 25 %.[681] Soweit es sich um den Linksabbieger in ein Grundstück handelt, hat normalerweise ein Schadenausgleich im Verhältnis 3:1 zulasten des Linksabbiegers zu erfolgen, wenn keine Anhaltspunkte für eine überhöhte Geschwindigkeit des Überholenden vorliegen[682] und kein zusätzlicher Schuldvorwurf gegen den Abbiegenden erhoben werden kann.[683]

## 6. Überholen

273 Überholen ist nur zulässig, wenn der Fahrzeugführer sich zuvor vergewissert hat, dass ihm der benötigte Überholweg hindernisfrei zur Verfügung steht.[684] Entgegen der bisherigen Rspr.[685] sieht der *BGH* diese Sorgfaltspflicht nicht als erfüllt an, wenn bei Dunkelheit ein Zusammenstoß mit einem entgegenkommenden, nicht beleuchteten Fahrzeug erfolgt, sodass eine Haftungsverteilung vorzunehmen ist. Das *OLG Hamm*[686] setzte in der erneuten Entscheidung die Haftungsquote des Überholers mit 1/3 an. Die grundlegende Entscheidung des *BGH* findet in der seither ergangenen Rspr. jedoch kaum Resonanz,[687] obgleich *»eine rigorose Befolgung des Sichtfahrgebots einerseits und*

676 *OLG Rostock* NJOZ 2011, 1564: Mithaftung des Überholers 70 % bei abbiegendem Fahrzeug der Straßenmeisterei mit Rundumblinklicht.
677 *OLG München* NJW 2015, 1892 m. Anm. *Geipel.*
678 *OLG Düsseldorf,* Urt. v. 23.02.2016 – I-1 U 79/15 = BeckRS 2016, 11210.
679 Vgl. *BGH* VersR 1975, 331.
680 Vgl. unten Rn. 231.
681 Vgl. *LG Mönchengladbach* r+s 1986, 95 (Ls).
682 Vgl. *OLG Düsseldorf* VersR 1975, 429.
683 Vgl. *OLG Oldenburg* VersR 1981, 1137.
684 *BGH* NJW 2000, 736.
685 Vgl. bspw. die der Entscheidung des *BGH* (NJW 2000, 1949) zugrundel. Entscheidung des *OLG Hamm* VersR 1999, 898.
686 *OLG Hamm* PVR 2002, 19.
687 So auch *Förste* NZV 2002, 217 mit ausführl. Erörterung der unfallanalytischen Gegebenheiten und der Forderung nach einer Einschränkung der Rspr.

*des Blendverbots andererseits… ein Überholen bei Dunkelheit in vielen Fällen praktisch unmöglich«*[688] macht. Die unfallanalytischen Betrachtungen *»führen stets zu dem Ergebnis, dass bei verkehrsgerechter Fahrweise ein Überholen innerhalb der Erkennbarkeitsentfernung nicht möglich ist.«*[689]

Zu beachten ist, dass bei Omnibussen des Linienverkehrs und gekennzeichneten Schulbussen, die sich einer Haltestelle nähern und das Warnblinklicht eingeschaltet haben, gemäß § 20 Abs. 3 StVO nicht überholt werden darf. Wegen der insoweit hervorgehobenen Sorgfaltspflicht kommt daher ein Verschulden des Überholenden schon nach dem Anscheinsbeweis in Betracht, da diese Situation nach der Intention von § 20 Abs. 3 StVG als zusätzliche Verschärfung zu Abs. 1 und 2 die Gefährlichkeit besonders hervorhebt. 274

Das *OLG Bamberg*[690] ging davon aus, dass eine doppelte Rückschaupflicht vor dem beabsichtigten Linksabbiegen auch dann erforderlich ist, wenn das Überholen durch ein Verkehrszeichen nach Bild 276 verboten und die Fahrbahnmitte durch eine ununterbrochene Trennlinie nach Bild 295 gekennzeichnet ist. Komme es in dieser Situation zu einem Zusammenstoß zwischen dem Linksabbieger und einem überholenden Verkehrsteilnehmer und beruhe dieser u.a. darauf, dass der Linksabbieger in dem Bewusstsein, dass ein Überholen nicht zulässig ist, die zweite Rückschaupflicht unterlassen habe, dann hat nach Meinung des *OLG Bamberg* im Rahmen von § 17 StVG eine Schadenausgleichung im Verhältnis 3:1 zulasten des verbotswidrig überholenden Verkehrsteilnehmers zu erfolgen.[691] Dem *OLG Bamberg* ist darin zuzustimmen, dass die Hauptlast der Sorgfaltspflichten beim überholenden Verkehrsteilnehmer liegt, falls man nicht davon ausgehen will, dass mit Rücksicht auf diese Gestaltung der Unfallstelle, die das Überholen gleich zweimal verbietet, die doppelte Rückschaupflicht des Linksabbiegers nach dem Vertrauensgrundsatz entfällt.[692] 275

Auch der *BGH*[693] nimmt an, bei einer ununterbrochene Mittellinie (Zeichen nach Bild 295) oder einer Sperrfläche (Zeichen nach Bild 298), dürfe der abbiegende Verkehrsteilnehmer grundsätzlich darauf vertrauen, ein nachfolgender Kraftfahrer werde ihn nicht überholen, wenn dies bei dem gebotenen seitlichen Abstand nur durch Inanspruchnahme des abgegrenzten Fahrstreifens oder der Sperrfläche möglich ist. Zwar sprechen die beiden soeben erwähnten Zeichen ein Überholverbot nicht unmittelbar aus; andererseits ist jedoch davon auszugehen, dass die ununterbrochene Linie als Fahrstreifenbegrenzung (§ 41 Abs. 3 Nr. 3a StVO) dient. Damit schützt sie in erster Linie den Gegenverkehr, bezweckt aber andererseits, dass nur rechts von dieser Linie gefahren werden darf (vgl. BR-Drucks. 42070 zu § 41, 81 f.), sodass ein Überholen unter Inanspruchnahme der abgegrenzten anderen Fahrbahnhälfte unzulässig ist.[694] 276

Typischerweise versucht der nachfolgende Verkehr rechts am Linksabbieger vorbeizufahren. Kommt es hierbei zur Streifkollision, wird regelmäßig eine Haftungsteilung aus Betriebsgefahr angebracht sein, da für den Vorbeifahrenden § 6 StVO hier nicht einschlägig ist. 277

Schließlich kann auch eine Kollision zwischen einem Linksabbieger und einem entgegenkommenden Rechtsabbieger eintreten. Da der Linksabbieger als Gegenverkehr in Bezug auf den Rechtsabbieger bevorrechtigt ist, trifft den Linksabbieger die volle Haftung, sofern nicht ein außerhalb des Rechts- 278

688 *Lemke* r+s 2000, 282.
689 *Förste* NZV 2002, 217, 221.
690 *OLG Bamberg* r+s 1985, 191; a.A. *OLG Frankfurt/M.*, Urt. v. 11.01.2017 – 16 U 116/16 m. Anm. *Siegel* SVR 2018, 27.
691 *Thüringer OLG*, Urt. v. 09.02.2022 – 2 U 504/20, NJW-Spezial 2022, 266: Haftungsteilung bei Überholen bei unklarer Verkehrslage und Überfahren einer Sperrlinie; siehe auch *OLG Hamm* NJOZ 2022, 1003; *OLG München*, Urt. v. 11.03.2022 – 24 U 7414/21 m. Anm. *Balke* SVR 2022, 426; *LG Detmold*, Urt. v. 27.07.2018 – 4 O 35/18 m. Anm. *Bachmor* SVR 2018, 462.
692 Vgl. *BGH* NJW-RR 1987, 1048.
693 *BGH* NJW-RR 1987, 1048.
694 Vgl. auch LBMR/*Müller* Verkehrsrecht § 41 StVO Rn. 10.

abbiegens liegender Schuldvorwurf gegen den Rechtsabbieger, wie etwa eine verspätete Reaktion,[695] zu berücksichtigen ist.

279 Beim Kolonnenverkehr stellt sich zudem die Frage der unklaren Verkehrslage für den Überholer.[696] Zu bejahen ist dies im Regelfall nur, wenn nachgewiesen wird, dass vor Beginn des Überholvorgangs bereits der linke Blinker beim zu überholenden Linksabbieger gesetzt worden war.[697]

Kollidiert er bei diesem Fahrmanöver mit einem von hinten Überholenden richtet sich die Haftungsabwägung nach § 6 S. 2 StVO bzw. für den Überholenden nach § 5 StVO und den Modalitäten des Einzelfalls.[698]

### XX. Minderjährige und ältere Menschen

280 Gemäß § 3 Abs. 2a StVO genießt ein bestimmter Personenkreis besonderen Schutz.[699] *»Die Fahrzeugführer müssen sich gegenüber Kindern, Hilfsbedürftigen und älteren Menschen, insbesondere durch Verminderung der Fahrgeschwindigkeit und durch Bremsbereitschaft, so verhalten, dass eine Gefährdung dieser Verkehrsteilnehmer ausgeschlossen ist.«* Schon nach dem Wortlaut des Gesetzes ist wegen der erhöhten Sorgfaltspflicht die Haftung des Schädigers nach dem Anscheinsbeweis zu bejahen. Der Schutz der Kinder geht bis zur Vollendung des 14. Lebensjahrs (Orientierung an §§ 19 StGB, 1 Abs. 2 JGG, 7 Abs. 1 Nr. 1 SGB VIII),[700] wobei der Kraftfahrer auszuschließen hat, dass es sich um ein Kind über 14 Jahre handelt.[701] Allerdings gilt mit zunehmendem Alter der Vertrauensschutz, dass sich ein Kind, das sich erkennbar verkehrsgerecht verhält, sich auch weiterhin verkehrsgerecht verhält.[702] In der Regulierungspraxis ist daher die Feststellung des vor dem Unfall erkennbaren Verhaltens des Kindes von besonderer Bedeutung.

281 Hinsichtlich der Kinder bis zum 10. Lebensjahr wird zunächst auf die Kommentierung oben zum Kinderunfall verwiesen. Da nach der Rspr. bei Kindern ab 11 Jahren in der Regel die für den Straßenverkehr erforderliche Einsichtsfähigkeit erwartet wird, verbleibt dazwischen lediglich noch eine sehr kleine Altersgruppe. Der *BGH*[703] hat in einer Nichtannahmeentscheidung zu einem Urteil des *OLG Nürnberg* ausgeführt,[704] dass durch § 828 BGB n.F. keine Änderung hinsichtlich der Sorgfaltspflichten eines Jugendlichen Verkehrsteilnehmers ab dem 10. Lebensjahr eingetreten sei.[705]

282 Gemäß § 3 Abs. 2a StVO *»muss sich ein Fahrzeugführer (u.a.) gegenüber Kindern insbesondere durch Verminderung seiner Fahrgeschwindigkeit und durch Bremsbereitschaft so verhalten, dass eine Gefährdung dieser Verkehrsteilnehmer ausgeschlossen ist. Das verlangt von dem Fahrzeugführer das Äußerste an Sorgfalt (...). Allerdings gilt auch gegenüber Kindern der Vertrauensgrundsatz. Danach muss der Fahrer besondere Vorkehrungen für seine Fahrweise nur dann treffen, wenn das Verhalten der Kinder oder*

---

695 *LG Mainz* zfs 2002, 225: Mithaftung des Rechtsabbiegers zu 40 %.

696 S. dazu *Steinert* SVR 2023, 368f.

697 Vgl. *OLG Schleswig* Urt. v. 28.11.2013 – 7 U 158/12 = BeckRS 2014, 08212.

698 Vgl. *LG Saarbrücken* NZV 2014, 410.

699 Vgl. insbes. *Figgener* NJW-Spezial 2015, 713; *Huber* NZV 2013, 6.

700 Vgl. *OLG München*, Urt. v. 10.11.2017 – 10 U 491/17; *OLG Hamburg* NZV 1990, 71; *OLG Hamm* NZV 2000, 167; *Scheffen/Pardey* Rn. 176.

701 *OLG München* VersR 1988, 1250; Nichtannahme der Revision durch den *BGH*.

702 Vgl. *OLG Bamberg* VersR 1993, 898, Nichtannahme der Revision durch den *BGH*; *OLG Hamm*, Urt. v. 15.02.1990 – 27 U 261/89; *OLG Saarbrücken*, Urt. v. 14.03.2013 – 4 U 445/11-139 = BeckRS 2013, 08837: Beweislast beim Jugendlichen.

703 *BGH*, Beschl. v. 30.05.2006 – VI ZR 184/05 = BeckRS 2006, 17424.

704 *OLG Nürnberg* VersR 2006, 1513; ebenso *OLG Hamm* r+s 2010, 299, Nichtzulassungsbeschwerde vom BGH abgewiesen, *BGH*, Beschl. v. 09.03.2010 – VI ZR 296/09.

705 Gegen einen »harten Stichtag« *Lang* jurisPR-VerkR 25/2010 Anm. 1. m. ausf. Nachw.; vgl. auch *Notthoff* VRR 2012, 383; *Grüneberg* NJW 2013, 270; *Kuhn* SVR 2013, 321; *Kreuter-Lange* SVR 2013, 41; *Lang* NZV 2013, 161.

*die Situation, in der sie sich befinden, Auffälligkeiten zeigt, die zu einer Gefährdung führen könne.«*[706] Eine Abwägung kann daher nur im Einzelfall erfolgen, wobei das entscheidende Kriterium in der Erkennbarkeit verkehrswidrigem Verhalten liegt. Die Bestimmung des § 3 Abs. 2 lit. a StVO setzt den Vertrauensgrundsatz gegenüber Kindern nicht völlig außer Kraft und bewirkt generell weder eine Beweislastumkehr noch einen Anscheinsbeweis gegen den Kraftfahrer.[707]

Ein schuldhafter Verstoß gegen § 3 Abs. 2 lit. a. StVO setzt voraus, dass der Fahrzeugführer aufgrund des äußeren Erscheinungsbildes die schutzbedürftige Person erkennen kann und deren Verhalten oder die Situation, in der sie sich befindet, Auffälligkeiten zeigt, die zu einer Gefährdung führen können.[708] **283**

Auch bei älteren Menschen ist die erhöhte Sorgfaltspflicht unmittelbar am Aussehen anzuknüpfen.[709] **284** *»Die besondere Schutzvorschrift des § 3 Abs. 2a StVO greift gegenüber erkennbar älteren Menschen schon dann ein, wenn diese sich in einer Verkehrssituation befinden, in der nach der Lebenserfahrung damit gerechnet werden muss, dass sie auf Grund ihres Alters das Geschehen nicht mehr voll werden übersehen und meistern können (hier: Überschreiten einer 7,50m breiten Straße mit Geschwindigkeitsbegrenzung für Kraftfahrzeuge auf 70 km/h). Konkreter Anhaltspunkte für eine Verkehrsunsicherheit bedarf es nicht.«*[710]

Das Gefahrenzeichen 136 *»Kinder«* weist den Kraftfahrer grundsätzlich ohne zeitliche Einschränkung **285** darauf hin, dass er mit dem plötzlichen Betreten der Fahrbahn durch Kinder zu rechnen und deshalb seine Fahrweise durch Bremsbereitschaft und erforderlichenfalls durch Reduzierung der Geschwindigkeit wie bei einer konkreten Gefahrenlage im Sinne des § 3 Abs. 2a StVO einzurichten hat.[711]

Grobfahrlässig handelt ein Kraftfahrer, der sich im Bereich des Warnzeichens *»Kinder«* auf nasser **286** Fahrbahn mit unveränderter Geschwindigkeit von über 50 km/h einer am Straßenrand in einer Schneeballschlacht befindlichen Gruppe von Kindern nähert und dann eines der Kinder, das plötzlich auf die Fahrbahn gelaufen ist, dort erfasste. Kein Mitverschulden eines 7-jährigen Jungen, der bei einer Schneeballschlacht vor den auf ihn zufliegenden Bällen auf die Fahrbahn ausgewichen und dort von einem Kfz erfasst wurde, nahm das *KG* an.[712] Das wird auch auf ältere Kinder, für die es lediglich noch relevant ist, zu übertragen sein.

Die Gefährdungshaftung nach § 7 Abs. 1 StVG tritt auch in dem Fall, dass ihr ein grob verkehrs- **287** widriges Verhalten des Minderjährigen gegenübersteht, nur dann völlig zurück, wenn es auch unter Berücksichtigung der subjektiven Faktoren aufseiten des Kindes, die an altersgemäßen Maßstäben gemessen werden müssen, besonders vorwerfbar war.[713] Eine völlige Haftungsfreistellung des Halters kommt deshalb bei kleineren Kindern nur im Ausnahmefall in Betracht.[714]

Auf einen Verstoß gegen § 3 Abs. 2a StVO kann sich grundsätzlich nur derjenige berufen, dem- **288** gegenüber die Vorschrift der konkreten Verkehrssituation die Pflicht zu erhöhter Rücksichtnahme

706 *BGH* NJW 1997, 2756.
707 Vgl. *OLG Celle* r+s 2024, 132; *OLG Karlsruhe* NJW-RR 1986, 774.
708 *BGH* NJW 2000, 1040; *OLG Celle* r+s 2024, 132; *OLG Hamm*, Hinweisbeschl. v. 27.02.2024 – 7 U 120/22, Rn. 19; *OLG Hamm* NJW-RR 2022, 1041; *OLG Saarbrücken* r+s 2024, 130.
709 Vgl. auch *Rebler* NZV 2011, 223, 226.
710 *BGH* NJW 1994, 2829.
711 *BGH* NJW 1994, 941; NJW 1998, 2816.
712 *KG* VersR 1975, 770.
713 Vgl. *OLG Celle* r+s 2019, 165; *OLG München*, Urt. v. 10.11.2017 – 10 U 491/17; *OLG Naumburg*, Urt. v. 25.01.2017 – 10 U 66/16, Rn. 52; *OLG Naumburg*, Urt. v. 09.01.2013 – 10 U 22/12; *OLG Saarbrücken*, Urt. v. 14.03.2013 – 4 U 445/11; *OLG Hamm* r+s 2010, 299; *OLG Nürnberg* VersR 2006, 1513.
714 *BGH* DAR 1990, 175; *OLG Hamm*, Urt. v. 25.06.2024 – 7 U 142/23: Mithaftung aus einfacher Betriebsgefahr 25 %; *OLG Celle* r+s 2024, 132: Mithaftung aus Betriebsgefahr 1/3; *LG Lüneburg*, Urt. v. 10.07.2024 – 3 O 137/23: Mithaftung aus Betriebsgefahr 30 %; ebenso *LG Erfurt* NZV 2013, 606 m. Anm. *Balke* SVR 2013, 223.

ausgelöst hat. Deshalb ist in dem Fall, dass gegenüber einem Kind die Geschwindigkeit hätte reduziert werden müssen, gegenüber einem weiteren Kind, mit dessen Auftauchen nicht zu rechnen war, eine Haftung zu verneinen. Anders ist nur dann zu urteilen, wenn konkrete Anhaltspunkte dafür bestehen, dass andere Kinder in der Nähe sind und in die Fahrbahn gelangen können.[715]

289 Ein Kraftfahrer, der in unmittelbarer Nähe einer Schule mehrere Kinder wahrnimmt, muss mit der Anwesenheit weiterer Kinder rechnen und seine Fahrweise auf zunächst nicht sichtbare, plötzlich die Fahrbahn überquerende Kinder einstellen. Bei dieser Verkehrssituation ist eine Geschwindigkeit von 30 km/h zu hoch. Die Sorgfaltspflicht nach dem § 3 Abs. 2a StVO erfordert eine Herabsetzung auf 20 km/h.[716]

290 Die besondere Schutzvorschrift des § 3 Abs. 2a StVO greift gegenüber erkennbar älteren Menschen schon dann ein, wenn diese sich in einer Verkehrssituation befinden, in der nach der Lebenserfahrung damit gerechnet werden muss, dass sie aufgrund ihres Alters das Geschehen nicht mehr voll übersehen und meistern können. Konkrete Anhaltspunkte für eine Verkehrsunsicherheit müssen nicht vorhanden sein.[717]

291 Die Anforderungen an andere Verkehrsteilnehmer dürfen jedoch nicht überspannt werden. Auch gegenüber den unter § 3 Abs. 2a StVO fallenden Verkehrsteilnehmern gilt der Vertrauensgrundsatz, sodass nur dann, wenn das Verhalten Auffälligkeiten zeigt, die zu Gefährdungen führen können, besondere Schutzvorkehrungen vom Kraftfahrer zu verlangen sind.[718]

292 Hinsichtlich der Problematik des Unfalls mit Kindern ist zunächst auf die obige Erörterung zu verweisen. Auf die Kriterien einer sachgerechten Unfallregulierung soll jedoch erneut hingewiesen werden. Entscheidend kommt es darauf an, die Ausgangssituation zu ermitteln:

- War das Kind etwa *»in Not«*, weil der Geh- oder Radweg durch Dritte beeinträchtigt war?
- Welches Alter, welcher Reifegrad des Kindes lagen vor?
- Gab es eine besondere Situation, die zur Falschreaktion des Kindes führte?

Andererseits ist die Parksituation des Fahrzeugs abzuklären.

- War es ordnungsgemäß geparkt oder stand es etwa sehr nahe am Fahrbahnrand, war es schon länger geparkt?[719]
- War ein fehlerhaftes Verhalten von Kindern angesichts der Parksituation abzusehen oder zumindest nahe liegend?[720]

293 Auf der Grundlage der damit gefundenen Haftungsabwägungskriterien ist zu entscheiden, ob die Betriebsgefahr hinter dem Verschulden des Kindes zurücktritt.[721] Es gilt dabei zu beachten, dass bei der Abwägung gegenüber nicht motorisierten Verkehrsteilnehmern die Betriebsgefahr nur dann ausscheidet, wenn das Unfallgeschehen auf höhere Gewalt, also auf ein völlig außergewöhnliches Ereignis zurückzuführen ist. *»Ein solches liegt vor, wenn es sich um einen seltenen in seiner Art nach einmaligen Vorfall mit Ausnahmecharakter handelt.[722] Daher setzt ein Naturereignis voraus, dass angesichts der Umstände mit ihm nicht gerechnet werden konnte.[723] Nicht außergewöhnlich ist auch ein Fehlverhalten anderer Verkehrsteilnehmer, insbesondere von Kindern.«*[724] Ein insoweit besonders negatives Beispiel bietet das *AG Aachen*. Es hatte die Haftung des Fahrzeughalters bei der Abwägung zwischen am linken Fahrbahnrand abgestelltem Fahrzeug und dem Verschulden des 9-jährigen Kindes, das

---

715 *BGH* DAR 91, 22.
716 *OLG Hamm* SP 1993, 338.
717 *BGH* NJW 1994, 2829.
718 *BGH* NJW 2001, 152.
719 *LG Heilbronn* NJWE-RR 2004, 1255; *Diehl* zfs 2004, 353; ablehnend *Huber* DAR 2005, 171, 173.
720 Vgl. *Hernig/Schwab* SVR 2004, 401.
721 Vgl. grunds. zur Haftungsabwägung oben Rdn. 8.
722 *BGH* VRS 51, 259.
723 Vgl. *Wussow/Fad/Schneider* Kap. 4 Rn. 103.
724 *RGZ 44, 27; 50, 92; 54, 404; a.A.* Burmann/Heß/Hühnermann/Jahnke/*Burmann*, § 7 StVG Rn. 19.

erstmals mit einem neuen Fahrrad, das im Gegensatz zu seinem vorherigen nicht mit einer Rücktrittbremse ausgerüstet war, sowohl bezüglich Verschulden als auch Betriebsgefahr zurücktreten lassen. Die Entscheidung missachtet die oben dargestellten kinderpsychologischen Erkenntnisse.

Die Entscheidung des *OLG Celle*[725] bewertet diese Einschränkung ebenfalls zu stark. Das *OLG Celle* hatte bei einem plötzlichen Hineintreten eines Kindes in den Fahrweg ohne vorherige Anzeichen nicht nur ein Verschulden des Fahrers, sondern auch eine Haftung des Fahrzeughalters aus Betriebsgefahr abgelehnt und ausgeführt, auch gegenüber Kindern gelte der Vertrauensgrundsatz, dieser sei nicht deshalb ausgeschlossen, weil das Alter des Kindes lediglich 4 Monate über der Grenze von 10 Jahren liege. Die Kritik von Schwab[726] an dieser Entscheidung überzeugt voll. Entscheidend kommt es bei der Regulierung derartiger Fälle dementsprechend darauf an, sämtliche Details des Unfallhergangs, also Geschwindigkeit, Abstand des Kindes zur Fahrbahn, Zeitpunkt der Erkennbarkeit für den Kraftfahrer, Spielsituation vor der kollisionsauslösenden Handlung des Kindes, gegebenenfalls die Anwesenheit und das Verhalten anderer am Unfallort vorhandener Kinder sowie die Wetter- und Lichtsituation herauszuarbeiten. 294

## XXI. Parkvorgänge

Zahlreiche Unfälle stehen in Zusammenhang mit dem Parken von Fahrzeugen. War das beteiligte Fahrzeug ordnungsgemäß geparkt, besteht zwar weiterhin die Betriebsgefahr, diese tritt jedoch hinter dem im Anfahren des geparkten Fahrzeugs liegende Verschulden zwanglos zurück. Das *OLG Karlsruhe*[727] hat sich zur Grenze der Haftung aus Betriebsgefahr bei geparkten Fahrzeugen geäußert und darauf hingewiesen, dass mit dem verkehrsmäßig ordnungsgemäßen Abstellen eines Kraftfahrzeugs auf einem Privatgrundstück der Betrieb ende, weil die verkehrstypische Funktion des Fahrzeugs ende. Ansonsten ist bei der Gewichtung des Haftungsanteils auf die jeweilige Situation abzustellen. 295

### 1. Sonderfall Parkplatz/Tiefgarage-Verkehr

Auf Parkplätzen[728] handelt es sich um den Ablauf von durch spezifische Umstände geprägten Verkehrsvorgängen. In erster Linie herrscht Streit um die Geltung der StVO, namentlich um die Frage der Vorfahrt. Trotz der bei großen Parkplätzen vielfach erfolgenden Hinweise auf die entsprechende Anwendung der StVO kann damit noch nichts über die rechtliche Beurteilung unter straßenverkehrsrechtlichen Vorschriften, insbesondere § 8 StVO (Vorfahrt) bzw. § 10 (Ein-, Ausfahren) gesagt werden.[729] 296

Teilweise wird die Anwendung der allgemeinen Vorfahrtsregelung verneint,[730] vielmehr gelte lediglich der Grundsatz der verkehrsüblichen Sorgfalt unter Ausschluss des Vertrauensschutze, stehe fest, dass beide Fahrzeuge auf einem Privatparkplatz bewegt wurden, ohne dass eine deutlich überwiegende Fehlreaktion eines Beteiligten Fahrers festzustellen sei, komme eine Quotenteilung von 50:50 zur Anwendung,[731] da bei derartigen Verkehrsplätzen mit ständigem Ein- und Ausfahren von Fahrzeugen zur Parkplatzsuche, auch mit dem jederzeitigen Auftreten von Fußgängern zu rechnen und die Fahrweise entsprechend anzupassen und so zu gestalten ist, dass der Kraftfahrer jederzeit anhalten kann.[732] Es gilt nach dieser Ansicht der Grundsatz der gegenseitigen Rücksichtnahme i.S.d. § 1 StVO entsprechend, da hier der fließende Verkehr nicht im Vordergrund steht. Insoweit hat sich jeder Verkehrsteilnehmer mit besonderer Umsicht auf die Umstände des Verkehrs einzustellen, wobei die 297

---

725 *OLG Celle* NJW-RR 2004, 1611.
726 Vgl. *Schwab* SVR 2004, 384.
727 *OLG Karlsruhe* NJW 2005, 2318 m. Anm. *Bachmeier* SVR 2006, 103.
728 Zur Haftung bei Parkplatzunfällen ausf. *Rebler* SVR 2014, 332; *Siegel* 2012, 321.
729 Grundl. *OLG Nürnberg*, Urt. v. 28.07.2014 – 14 U 2515/13 = BeckRS 2014, 15191.
730 *Greger/Zwickel*, § 14 Rn. 14.147; zu Quotenvorschlägen bei Unfällen im Parkplatzbereich *Nugel* DAR 2009, 721.
731 Vgl. insbesondere zfs 2011, 255; *OLG Oldenburg* VersR 1993, 496.
732 *OLG Köln* DAR 1995, 289.

Betriebsgefahr (§ 7 StVG) mit zu berücksichtigen ist.[733] Das *KG*[734] geht davon aus, dass auf Parklätzen und in Parkhäusern lediglich eine Geschwindigkeit von nicht mehr als 10 km/h angemessen sei.

298 Nach der Gegenansicht[735] ist zu unterscheiden zwischen fließendem Verkehr einerseits und Verkehr im Zusammenhang mit dem Ein- und Ausfahren in eine Parkfläche. Im ersten Fall kommt die Vorfahrtsregelung gem. § 8 StVO zur Anwendung. Letzterenfalls verbleibt es bei der gegenseitigen Rücksichtnahme gem. § 1 StVO.[736] Entscheidend kommt es deshalb auf den Nachweis des Fahrzwecks, nämlich Suchen oder Ausparken bzw. Verlassen des Parkplatzes an. Das Einfahren allerdings wird regelmäßig der Parkplatzsuche zuzuordnen sein. Fließender Verkehr kann allerdings bei großen Parkplätzen unmittelbar im Bereich einer Kreuzung vorliegen.

299 Wegen der gerade auf außerörtlichen Einkaufzentren großzügigen Parkplatzanlagen sollte zur Verdeutlichung der Umstände und sich einer hieraus eventuell ergebenden besonderen Haftung eines Beteiligten stets eine Lichtbilddokumentation, zumindest beim Prozess vorgenommen werden. Das *KG*[737] hat die Anwendung der StVO insoweit für den Bereich eines Betriebsgeländes übertragen, als es vorhandene Fahrstreifen i.S.d. § 7 Abs. 2 StVO und die Grundsätze der Haftung bei einem Fahrstreifenwechsel, nämlich den Anscheinsbeweis gegen den Spurwechsler auch beim Rampenbereich einer Speditionsfirma anwandte, jedoch nicht den von ihm für Parkplätze allgemein angenommenen Grundsatz bezüglich der Geschwindigkeit von maximal 10 km/h. Das *LG Düsseldorf*[738] hat beim Rückwärtsausfahren aus der Parkbox eines Parkplatzes aus der Anwendbarkeit von § 1 Abs. 2 StVO die alleinige Haftung des Ausfahrenden abgeleitet. Dem begegnen jedoch nach den oben dargestellten Grundsätzen Bedenken.[739]

300 Die Haftungsverteilung beim beiderseitigen Rückwärtsfahren wurde in der Rechtsprechung sehr unterschiedlich vorgenommen. Kommt für beide Fahrer ein – gegenläufiger – Anscheinsbeweis in Betracht, kommt es letztlich zwangsläufig zum Aufheben einer Wirkung der Anscheinsbeweise. Der *BGH*[740] bejaht zwar die Anwendungsmöglichkeit für den Anscheinsbeweis[741] nimmt aber eine einseitige Aufhebung dieses Anscheinsbeweises für jenen Fahrer vor, bei dem nicht ausgeschlossen werden kann, dass er noch rechtzeitig zu Halten gekommen war. Das ist zwar dogmatisch durchaus konsequent, hilft aber im konkreten Fall kaum weiter. Nur selten wird es gelingen, zu beweisen, das eigene Fahrzeug sei im Kollisionszeitpunkt bereits gestanden. Angesichts des regelmäßig im niedrigen Bereich erfolgten Zusammenstoßes wird es auch kaum unfallanalytisch gelingen, den Sachverhalt beweissicher aufzuklären.[742]

301 Der *BGH* führt aber zugleich aus, die Betriebsgefahr dieses Fahrzeugs und weitere Umstände, aus denen auf ein Verschulden des ursprünglich rückwärtsfahrenden Kl. geschlossen werden könne, seien im Rahmen der Abwägung zu berücksichtigen.[743]

---

733 Vgl. auch *Grüneberg* Rn. 272–275.
734 *KG* NZV 2005, 527.
735 *OLG Köln* DAR 1995, 289; *KG* VRS 75, 95; *OLG München*, Prot. v. 21.06.1996 – 10 U 2365/96 n.v.
736 *OLG Düsseldorf* VRS 61, 455; *OLG Stuttgart* VerkMitt 1990, 104.
737 *KG* NZV 2005, 527.
738 *LG Düsseldorf* SP 2004, 152.
739 Vgl. ferner *Bachmor* SVR 2021, 6 sowie SVR 2021, 45 jeweils auch mit umfangr. Nachw. zu amtsgericht. Rspr.
740 *BGH* NJW 2016, 1098 m. Anm. *Geipel*.
741 *BGH* NJW 2016, 1100.
742 Vgl. auch *Bachmeier* SVR 2021, 45, 50; näher zu den physikalischen Grundlagen des Stoßes Bachmeier Verkehrszivilsachen Rn. 857.
743 Noch strenger *LG Heidelberg*, Urt. v. 27.07.2016 – 1 S 6/16 = BeckRS 2016, 14070.

## 2. Sonderfall Kaserne

Die dargestellten Grundsätze gelten auch für die zahlreichen Bereiche aufgelassener Kasernen. Zwar zeichnen sie sich durch großzügige, siedlungsartige Fahrbereiche aus. Gleichwohl entsprechen die von den Fahrern zu beachtenden Sorgfaltspflichten, auch wenn Schilder auf die Geltung der StVO hinweisen, jenen, die auf allgemeinen Parkplätzen gelten. Jedem Fahrer muss klar sein, dass es sich nicht umfließenden Verkehr, sondern um Zufahrten zu den dortigen Büros und Geschäften handelt, sodass die gegenseitige Rücksichtnahme gemäß § 1 StVO besonders deutlich hervorgehoben ist. 302

Auch soweit die Kasernen noch militärisch genutzt werden, scheidet eine unmittelbare Anwendung der StVO aus. Je stärker die Verkehrsverhältnisse durch die Erfordernisse des militärischen Dienstbetriebs geprägt sind, umso mehr findet der in § 1 Abs. 1 StVO niedergelegte, jedoch als allgemeiner Grundsatz zu bezeichnende Gesichtspunkt der gegenseitigen Rücksichtnahme Anwendung, sodass in der Regel von einer hälftigen Haftungsverteilung auszugehen ist.[744] 303

Sofern eine Straße durch militärisches Sperrgebiet führt und für den öffentlichen Straßenverkehr gesperrt ist, muss im Einzelfall entschieden werden, ob es bei der unmittelbaren Anwendbarkeit der StVO verbleibt.[745] Zu prüfen ist jeweils, ob es dem Willen der zuständigen Stellen entspricht, die StVO gelten zu lassen. Dies kann dann angenommen werden, wenn auf der Straße auch Verkehrsvorgänge durchgeführt werden, die dem öffentlichen Straßenverkehr entsprechen.[746] 304

## 3. Sonderfall Falschparken

Die Mithaftung eines Falschparkers bei der Beschädigung seines Fahrzeugs ist in der Rspr. umstritten, insbesondere der Quote nach. Angesichts der großen Fluktuation bei amtsrichterlichen Dezernaten und damit der geringen präjudiziellen Wirkung amtsrichterlicher Urteile wurde auf die Darstellung der amtsgerichtlichen Rspr. zur Problematik (mit einer Ausnahme wegen der besonderen Problematik) verzichtet.[747] 305

Da im Regelfall das Anfahren eines verkehrswidrig geparkten Fahrzeugs eine Sorgfaltspflichtverletzung schon gemäß § 1 StVO darstellt und andererseits das verkehrswidrige Abstellen eines Fahrzeugs einen Verstoß gegen § 12 StVO ergibt, sind in jedem Fall die beiderseitige Betriebsgefahr und das beiderseitige Verschulden zu gewichten. Je stärker das geparkte Fahrzeug ein Hindernis darstellt oder je schlechter es erkennbar ist, umso stärker wird der Haftungsanteil des Falschparkers sein. Dementsprechend haben in der neueren Rspr. 306

– das *OLG Frankfurt/M.*[748] beim verbotswidrigen Parken im innerörtlichen Wohngebiet, das *OLG Köln*[749] bei verbotswidrigem Parken bei Dunkelheit auf Lkw-Parkplatz, das *OLG Hamm*[750] beim verbotswidrigem Parken in zweiter Reihe, das *LG Nürnberg-Fürth*[751] beim Parken an einer Engstelle und das *LG Kiel*[752] beim Parken im absoluten Halteverbot an einer Engstelle jeweils 25 % Mithaftung, das *AG Überlingen*[753] beim behindernden Parken in einer Zu- und Abfahrt 20 %

744 Vgl. *OLG Hamm* NZV 1993, 477.
745 *OLG Hamm* VersR 1996, 645.
746 *OLG Hamm* VersR 1996, 645 mit Bejahung, falls auch Fahrschulausbildungsfahrten der Bundeswehr durchgeführt werden.
747 Eine umf. Übers. zu gerichtl. Entscheidungen auch der amtsgericht. Ebene enthält *Schröder* SVR 2004, 221.
748 *OLG Frankfurt/M.* NJW-RR 2018, 863.
749 *OLG Köln* VersR 1992, 1104.
750 *OLG Hamm* r+s 1990, 299.
751 *LG Nürnberg-Fürth* NJW 1991, 3288.
752 *LG Kiel* DAR 2002, 318.
753 *AG Überlingen*, Urt. v. 20.03.2018 – 1 C 94/17 m. Anm. *Balke* SVR 2020, 394.

- das *LG Mainz*[754] 1/3, das *OLG Köln*[755] sowie das *OLG Karlsruhe*[756] beim Parken in der 5-m-Zone 40 %,
- das *OLG Frankfurt/M.*[757] bei verbotswidrigem Parken in zweiter Reihe 50 %,
- das *LG Wuppertal*[758] für Sichtbehinderung des fließenden Verkehrs durch Linksparken 75 %,
- das *OLG Hamm*[759] für den Fall eines verbotswidrig in zweiter Reihe parkenden Lkw, dessen ungesicherte Ladebühne in 1m Höhe für 2m in den Verkehrsraum ragte sogar 100 % und
- das *AG Hamburg*[760] bei verbotswidrigem Parken mit Fahrbahnverengung und einer Streifkollision zwischen dem geparkten Fahrzeug und einem Fahrzeug des fließenden Verkehrs eine Mithaftung des Falschparkers zu 1/3 Mithaftung angenommen. Von entscheidender Bedeutung ist daher die Sicherung der Beweise für die Sichtbehinderung, die Breite der Fahrbahn, die Einengung von Ein-/Ausfahrten und die Lichtverhältnisse.
- Das *LG Saarbrücken* (DAR 2015, 343) geht beim Parken in einem verkehrsberuhigten Bereich davon aus, ein Parkverbot nach dem Zeichen 325.1 Nr. 4 diene nicht dem Schutz des durchfahrenden Fahrzeugverkehrs, der Verstoß könne daher nicht Berücksichtigt werden. Es bezieht sich insoweit auch auf ein Urteil des *OVG Münster* (zfs 1998, 76). Dem *LG Saarbrücken* ist zwar hinsichtlich des Schutzzwecks beizupflichten, die Haftungsfreistellung des Falschparkers aber zweifelhaft. Das *OVG Münster* hatte gerade wegen der Beeinträchtigung anderer Personen das sofortige Abschleppen gerechtfertigt. »*Darüber hinaus führt die Nutzungskonkurrenz von Fußgänger- und Fahrzeugverkehr auf einer durch verkehrswidrig abgestellte Fahrzeuge reduzierten Fläche zu zusätzlichen Gefahren für Fußgänger und spielende Kinder. Solche Gefahren sind umso größer, je beengter die Freiflächen sind; parkende Autos verdecken zudem die Sicht von Fahrzeugführern auf spielende Kinder ebenso wie die Sicht von Kindern auf herannahende Fahrzeuge.*« Angesichts dessen ist von einer deutlich erhöhten Betriebsgefahr auszugehen, die durchaus berücksichtigt werden könnte.

## 4. Sonderfall Straßenbahn

307 Die vorgenannten Grundsätze gelten an sich auch für Kollisionen von Straßenbahnen mit verkehrswidrig geparkten Fahrzeugen. Das *AG München*[761] ging allerdings bei einer Kollision der Straßenbahn mit einem verbotswidrig abgestellten Fahrzeug zwar von einem fahrlässigen Verstoß des Straßenbahnfahrers und der Haftung aus Betriebsgefahr einerseits, andererseits aber von einer Erkennbarkeit der Behinderung und damit einem vorsätzlichen Verstoß des Autofahrers aus. Es wertete diese vorsätzliche OWi so stark, dass eine Alleinhaftung des Autofahrers anzunehmen sei. Dem ist nicht beizupflichten. Abgesehen davon, dass ein Straßenbahnfahrer sich ebenso überzeugen muss, ob er an einem am Fahrbahnrand stehenden Fahrzeug vorbeifahren kann, kann sich der Halter der Straßenbahn nur bei Eintritt der höheren Gewalt von der Gefährdungshaftung befreien. Fährt ein Straßenbahnfahrer an einem geparkten Fahrzeug vorbei und kollidiert mit diesem, ist die Bejahung der höheren Gewalt sicherlich ausgeschlossen. Betrachtet man bei der Abwägung die beiderseitigen Haftungsanteile, sollte die ausschließliche Haftung wegen des Falschparkens nicht möglich sein. So hat das *OLG Hamm*[762] beim Vorbeifahren an einem Fahrzeug im fließenden Verkehr einen Sorgfaltspflichtverstoß und die Betriebsgefahr mit einer Mithaftung der Straßenbahn zu 1/3 bewertet. Bei der Kollision mit einem Linksabbieger liegt die überwiegende Haftung wegen des Vorrangs des

754 *LG Mainz* SP 1995, 264.
755 *OLG Köln* VersR 1990, 100.
756 *OLG Karlsruhe* DAR 1992, 220.
757 *OLG Frankfurt/M.* SP 1997, 97.
758 *LG Wuppertal* SP 1993, 276.
759 *OLG Hamm* NZV 1992, 115.
760 *AG Hamburg*, Urt. v. 15.12.2003 – 54B C 2245/03 m. Anm. *Rindsfus* SVR 2006, 35.
761 *AG München* SP 2005, 8.
762 *OLG Hamm* NZV 2000, 212.

Schienenverkehrs beim Abbieger,[763] die Betriebsgefahr der Straßenbahn wird aber zumindest beim ungeklärten Unfall zu berücksichtigen sein.[764] Das *LG Berlin*[765] nahm bei der Abwägung eine Mithaftungsquote von 25 % für den Falschparker an.

## XXII. Personenbeförderung (Insassen)

Bei Unfällen im Rahmen der Personenbeförderung ist im Bereich der öffentlicher Verkehrsmittel grundsätzlich zwar von der Geltung der Betriebsgefahr nach § 7 StVG,[766] jedoch weitgehend auch von der Eigenverantwortlichkeit[767] des Fahrgastes auszugehen,[768] *»wonach der Fahrgast im modernen Großraumwagen einer Straßenbahn in aller Regel sich selbst überlassen ist und nicht damit rechnen kann, dass der Wagenführer, der mit Rücksicht auf andere Verkehrsteilnehmer die äußeren Fahrtsignale beachten muss, sich um ihn kümmert. Danach muss sich der Wagenführer nur ausnahmsweise vergewissern, ob der Fahrgast einen Platz oder Halt im Wagen gefunden hat, nämlich etwa dann, wenn er bemerkt hat, dass ein Gehbehinderter (z.B. Beinamputierter auf Krücken) oder ein blinder Fahrgast den Wagen bestiegen hat.«*[769] *»Einen Anscheinsbeweis für ein Verschulden des Fahrers gibt es nicht. Vielmehr trägt die Beweislast für ein Verschulden der Fahrgast.«*[770] Das *OLG Frankfurt/M.*[771] nimmt insoweit sogar einen Anscheinsbeweis dafür an, dass der Sturz auf mangelnder Vorsicht des Fahrgastes beruht und hat die Betriebsgefahr des Busses vollständig zurücktreten lassen. In diesem Zusammenhang ist darauf hinzuweisen, dass ein Dritter, der dem Betroffenen helfen will und dabei selbst verletzt wird, vom Betroffenen nach §§ 683, 670 BGB selbst Schadensersatz verlangen kann.[772] 308

Es entspricht gefestigter Rspr., dass sich ein Fahrgast ein Mitverschulden nicht schon dann vorwerfen und anrechnen lassen muss, wenn ihm bekannt war, dass der Fahrer vor Antritt der Fahrt Alkohol getrunken hatte. Ein Mitverschuldensvorwurf lässt sich in der Regel vielmehr erst dann rechtfertigen, wenn der Beifahrer begründete Zweifel an der Fahrtüchtigkeit des Fahrers hatte oder nach Lage der Dinge hätte haben müssen[773] Das *KG*[774] hat die Grundsätze erneut herausgestellt: *»Erforderlich wäre vielmehr der Nachweis, dass die Beklagte oder der Busfahrer als ihr Verrichtungsgehilfe die mit der Eröffnung bzw. Durchführung des Personenverkehrs erforderliche Sorgfalt schuldhaft, d.h. fahrlässig oder vorsätzlich nicht beachtet hätten und die erlittene Verletzung darauf zurückzuführen wäre. Ferner ist darauf hinzuweisen, dass der Kläger als Rechtsnachfolger der Verletzten in vollem Umfange darlegungs- und beweispflichtig für das Vorliegen aller Tatbestandsvoraussetzungen ist.«* Im konkreten Fall führte es ferner aus, eine Pflicht des Busfahrers, Automatikturen visuell zu kontrollieren oder des Bushalters, mittels Lichtschranken Unfälle beim Ein- und Aussteigen zu verhindern, bestehe 309

763 Vgl. *OLG Hamm* NZV 2005, 414.

764 *OLG Brandenburg* NZV 2009, 497: Mithaftung der Straßenbahn zu 30 %.; hierzu *Metz*, Der Anscheinsbeweis bei Kollision von Kfz und Straßenbahn – zugleich Anmerkung zu *OLG Brandenburg*, NZV 2009, 484; *KG* NZV 2005, 416: Bei Verschulden des Kraftfahrers mindestens 50 % Mithaftung.

765 *LG Berlin*, Urt. v. 11.10.2010 – 44 S 179/09 = WKRS 2010, 45215.

766 Vgl. *OLG Naumburg* NZV 2014, 356.

767 S. dazu *OLG Schleswig* NJW 2023, 2886; *OLG Hamm*, Urt. v. 29.04.2022 – 11 U 198/21.

768 Vgl. auch § 4 Abs. 1 S. 1 Verordnung über die Allgemeinen Beförderungsbedingungen für den Straßenbahn- und Obusverkehr sowie den Linienverkehr mit Kraftfahrzeugen (BefBedV); grundlegend zur Problematik *Ansorge*, Haftung bei Sturz von Fahrgästen im Linienbus, NJW-Spezial 2023, 393; *Quaisser*, Sicherheitsaspekte bei der Nutzung von ÖPNV, NJW-Spezial 2022, 73; *Filthaut* NZV 2022, 11 ff.; *ders.* NZV 2020, 63 ff.; *Rebler*, Grundsätze der Haftung bei Unfällen von Fahrgästen in Omnibussen und Straßenbahnen im Linienverkehr, MDR 2011, 457.

769 *BGH* NJW 1993, 654; vgl. auch *Filthaut*, NZV 2011, 110; *ders.* NZV 2011, 217, 218; *ders.* NZV 2013, 68.

770 VersR 2002, 331.

771 *OLG Frankfurt/M.* NZV 2011, 199; *OLG Dresden* MDR 2014, 897; *AG München* NZV 2005, 523; a.A. *AG Bad Segeberg*, Urt. v. 14.02.2013 – 17 C 219/12 = BeckRS 2013, 03014.

772 *OLG Düsseldorf* NZV 2011, 393.

773 *BGH* BGHZ 34, 355.

774 *KG* MDR 2004, 937.

nicht. Das *OLG Brandenburg*[775] hat einen Anscheinsbeweis dahingehend im Prinzip bejaht, dass eine heftige Lenkbewegung für einen Fahrfehler typisch und daher Grundlage einer Haftung sei, angesichts besonderer Umstände im Einzelfalls jedoch verneint.

## XXIII. Radfahrer

310 Unfälle mit Radfahrern kommen in zahlreichen Varianten vor, die auch unter anderen Schlagwörtern eingereiht werden könnten.[776] Wegen der grundsätzlichen Abwägungsgesichtspunkte ist es jedoch sinnvoll, neben im Zusammenhang mit anderen Unfallsituationen erörterten Haftungsgesichtspunkten allgemeine Grundsätze zusammenzufassen.[777]

### 1. Allgemeine Grundlagen

311 Radfahren ist die Benutzung von Fahrzeugen, sodass § 2 StVO Anwendung findet. Dementsprechend gelten auch die Vorschriften, die an Führer von Nichtkraftfahrzeugen gerichtet sind, wie § 3 Abs. 1 StVO (Geschwindigkeit), § 4 Abs. 1 StVO (Abstand), § 5 StVO (Überholen), § 6 StVO (Vorbeifahren), § 8 StVO (Vorfahrt), § 9 StVO (Abbiegen, Wenden), § 10 StVO (Einfahren und Anfahren), § 11 StVO (Besondere Verkehrslagen).

312 Darüber hinaus fordert § 2 Abs. 4 StVO ein besonderes Verhalten von Radfahrern dahingehend, dass sie nur bei Ausschluss von Behinderungen nebeneinander fahren dürfen, die Radwege bei entsprechender Beschilderung (Zeichen 237, 240, 241) benutzen müssen (Ausnahme bei Unbefahrbarkeit etwa wegen Eis oder Schnee) und rechte Seitenstreifen beim Fehlen von Radwegen nur unter Vermeidung von Behinderungen der Fußgänger benutzen dürfen. Ergänzend ordnet § 2 Abs. 5 StVO an, dass Kinder bis zu 8 Jahren den Gehweg benutzen müssen und bis zu 10 Jahren benutzen dürfen. Ferner gestattet § 27 Abs. 1 StVO (Verbände) den Radfahrern in Gruppen mit mehr als 15 Mitgliedern das Nebeneinander fahren.

313 Schließlich regeln §§ 65, 67 StVZO die technische Ausrüstung von Fahrrädern, die in Bezug auf Bremsen und Beleuchtung unfallrelevant sind. Gemäß § 67 Abs. 1 StVZO a.F. waren sie generell mit einer dynamobetriebenen, fest installierten, nach vorne und hinten wirkenden Lichtanlage ausgestattet, lediglich bei Rennrädern, deren Gewicht nicht mehr als 11 kg beträgt, reichte gemäß § 67 Abs. 1 S. 1 StVZO a.F. eine batteriebetriebene, nicht fest angebrachte Beleuchtung aus. Rennräder werden insoweit über schmale Reifen definiert.[778] Mit der Änderung von § 67 Abs. 1 StVZO, neu gefasst mit Wirkung v. 01.08.2013 durch VO v. 26.07.2013,[779] reicht nunmehr bei sämtlichen Fahrrädern neben einem Dynamo auch die Anbringung einer Batterie mit einer Nennspannung von 6 V (sog. Batterie-Dauerbeleuchtung). Weil nach Abs. 2 die lichttechnischen Einrichtungen vorschriftsmäßig sein müssen, entspricht eine Vielzahl der im Handel angebotenen Batteriesysteme kaum den Anforderungen. Gleichwohl fehlt es bei einem Verstoß regelmäßig an der Kausalität, wenn die sonstigen Anforderungen erfüllt sind. Nunmehr verändert sich die Rechtslage bei Tageslicht, da nach § 67 Abs. 2 S. 4 StVZO Scheinwerfer, Leuchten und deren Energiequelle nicht nur abnehmbar sein dürfen, sondern auch lediglich während der Dämmerung, bei Dunkelheit oder wenn die Sichtverhältnisse es sonst erfordern, angebracht werden müssen. Daher wird vielfach durch lichttechnische Gutachten zu prüfen sein, ob die Beleuchtung hätte benutzt werden müssen. Die Pedale sind in jedem Fall mit nach vorn und hinten wirkenden gelben Reflektoren, ferner die Vorder- und

775 *OLG Brandenburg* VRS 106, 247.

776 Vgl. auch *Grüneberg* Verkehrsunfälle zwischen Kraftfahrzeug und Radfahrer, SVR 2014, 14.

777 Siehe *Burmann/Jahnke* NZV 2024, 464 ff.; *Siedler* NZV 2024, 482 ff.; *Siedler*, Rad + Recht, 1. Aufl. 2023, S. 19 ff.; *Kettler* SVR 2006, 86 sowie die bei *Lemcke* r+s 2009, 45 erörterten Fälle; zur Haftungsabwägung auch Geigel/*Horst*, Kap. 2 Rn. 8 – 10; Geigel/*Freymann*, Kap. 27 Rn. 90a – 90b.

778 Vgl. LBMR/*Rebler* Verkehrsrecht § 67 StVZO Rn. 16 m.w.N.; *Scheidler* SVR 2010, 368, 369.

779 BGBl. I S. 2803.

Hinterräder mit mindestens zwei beidseitig wirkenden gelben Reflektoren, ersatzweise mit Reflektoren an Reifen oder Speichen auszurüsten.

Ein Kraftfahrer darf sich nicht darauf verlassen, dass ein Radfahrer geradeaus fährt, wenn dieser 20m vor einer Straßeneinmündung kurz den linken Arm ausstreckt. Der nach links einbiegende Radfahrer wiederum kann sich nicht ohne Weiteres darauf verlassen, dass sein nur kurzes Richtungszeichen vom nachfolgenden Verkehr erkannt und richtig gedeutet wird.[780] Auch beim Zusammenstoß mit einem Hund und nicht mehr aufklärbaren Unfallgeschehen kommt nicht ohne Weiteres die Tierhalterhaftung §§ 833, 834 BGB zur Anwendung. Nähert sich ein Radfahrer einem frei laufenden Hund und kommt er bei diesem Annäherungsvorgang zu Fall, so setzt eine Haftung des Tierhalters oder des Tierbegleiters wegen der bei dem Sturz erlittenen Verletzungen voraus, dass konkrete, aus der Tiergefahr oder dem Verhalten des Tierbegleiters ableitbare und haftungsrelevante Umstände festgestellt werden können. Alleine die Tatsache, dass sich der Hund vor dem Unfall auf der von dem Radfahrer benutzten Fahrbahn befunden hat, reicht für eine Haftung nicht aus.[781] 314

Bei der Kollision zwischen Radfahrern beschränkt sich die Abwägung auf die Beurteilung des jeweiligen Verschuldens, bzw. Verschuldensgrades, da eine Betriebsgefahr nicht in Betracht kommt. Hingegen ist bei der Beteiligung eines Kraftfahrzeugs zunächst schon dessen Betriebsgefahr zu berücksichtigen, sodass eine alleinige Haftung des Radfahrers hierbei nur in Extremfällen angenommen werden kann. Bei beiderseitigem Verschulden wird die zusätzlich gegen den Kraftfahrer wirkende Haftung aus der Betriebsgefahr regelmäßig zu einem Haftungsanteil des Kraftfahrers von mehr als 50 % führen.[782] 315

Vom Verkehrsverhalten ähnlich dem Radfahren ist die Nutzung von E-Scootern zu bewerten. Nach § 10 eKFV[783] dürfen damit baulich angelegte Radwege und kombinierte Geh- und Radwege genutzt werden, Dabei muss jedoch gemäß § 11 Abs. 4 eKFV der Vorrang von Radfahrern und Fußgängern berücksichtigt werden.[784] 316

## 2. Einzelne Unfallsituationen

Wegen der sehr unterschiedlichen Haftungskomponenten ist bei Kollisionen mit Radfahrerbeteiligung stark nach den einzelnen Konstellationen zu differenzieren. 317

### *a) Abbiegevorgänge von Kraftfahrzeugen*

Gem. § 2 Abs. 4 StVO haben Radfahrer grundsätzlich auch auf Radwegen die vorgeschriebene Fahrtrichtung, also den rechten Radweg zu benutzen. Die Verstöße hiergegen sind zahllos, sodass es häufig zu Zusammenstößen mit ausfahrenden oder abbiegenden Kraftfahrzeugen kommt.[785] 318

Einerseits liegt eine Ordnungswidrigkeit des Radfahrers, nämlich ein Verstoß gegen § 2 Abs. 4 StVO, also ein schuldhaftes Handeln vor. Er hätte die Gefahrensituation auch voraussehen können.[786] Andererseits muss ein Verstoß des Kraftfahrers beim Ausfahren (§ 10 StVO) bejaht werden, weil er auch auf Fußgänger und Rad fahrende Kinder zu achten hat, die unter 8 Jahren den Gehsteig benutzen müssen und seit 01.09.1997 bis zu 10 Jahren benutzen dürfen (§ 2 Abs. 5 StVO). Beim Ausfahren kann der Kraftfahrer im Übrigen vielfach überhaupt nicht wissen, ob der zu kreuzende 319

780 *BGH* VersR 1955, 57 (Schadenausgleich im Verhältnis 2:1 zulasten des Pkw).

781 *OLG Frankfurt/M.* NZV 2003, 486.

782 Vgl. Zur Haftungsabwägung grundl. *OLG München*, Urt. v. 07.07.2016 – 10 U 76/14 = WKRS 2016, 20306; vgl. auch *Scheidler* Verkehrsverstöße von Radfahrern DAR 2017, 14.

783 Elektrokleinstfahrzeuge-Verordnung vom 6. Juni 2019, BGBl. I S. 756.

784 Zur eKFV näher *Bachmeier* Kfz-Schadensregulierung Kap. N. Bildung von Haftungsquoten und Einzelfälle Rn. 91 ff., 435 f.

785 *Grüneberg* SVR 2014, 14 f.; *Rebler* SVR 2011, 94 f.; Blumberg NZV 1994, 249 sowie *Haarmann* NZV 1992, 175.

786 *KG* DAR 1993, 257.

Radweg zum Befahren in beide Fahrtrichtungen eröffnet wurde, sodass er sich stets vergewissern muss, ob ein Radfahrer kommen könnte.

320 Streitig ist allerdings, ob ein Verschulden wegen einer Vorfahrtsverletzung des Kraftfahrers auch zu bejahen ist, wenn er mit einem Radfahrer zusammenstößt, der den Radweg entgegen der zugelassenen Fahrtrichtung benutzt.[787]

- Bejahung der Vorfahrtsverletzung: Nach der Rspr. des *BGH*,[788] des *KG*,[789] des *OLG Hamm*[790] und des *OLG Düsseldorf*[791] hat der Radfahrer trotz fehlender Fahrberechtigung gegenüber einem aus einer Nebenstraße einbiegenden Kraftfahrzeug die Vorfahrt, sodass der Kraftfahrer eine Vorfahrtsverletzung begeht. Hierzu werden Praktikabilitätserwägungen angeführt, aber auch betont, man müsse mit disziplinlosen Radfahrern rechnen.[792]
- Verneinung einer Vorfahrtsverletzung: Demgegenüber verneint insbesondere das *OLG Bremen*[793] eine Vorfahrtsverletzung des Kraftfahrers, da schon begrifflich eine Vorfahrtsverletzung nicht in Betracht kommen könne, weil der Radfahrer nicht einmal eine Fahrberechtigung in dieser Unfallsituation habe, mangels Vorfahrt aber eine Vorfahrtsverletzung nicht in Betracht komme.[794] Das *OLG Hamm*[795] hat diese Ansicht erneut bestätigt, jedoch darauf hingewiesen, dass das Radfahrerverhalten gegen §§ 9 StVG, 254 Abs. 1 BGB verstoße, weil das Verhalten nach § 2 Abs. 4 S. 2 StVO rechtswidrig und daher eine Mithaftung anzusetzen sei.
- Entscheidungskriterium: Der Ansicht, das Vorfahrtsrecht zu verneinen, ist beizupflichten. Praktikabilitätserwägungen können ein nicht vorhandenes Fahrrecht entgegen der StVO nicht begründen. Mangels Fahrberechtigung kann ein Vorfahrtsrecht nicht missachtet werden. Ein Verschulden des Kraftfahrers ist jedoch dennoch zu bejahen, weil auch hier aus der Sicht des Kraftfahrers von links zulässigerweise und damit vorfahrtsberechtigte Radfahrer kommen könnten, nämlich wiederum Kinder bis zum 10. Lebensjahr.[796]

Befährt ein Radfahrer hingegen unzulässigerweise einen Gehweg und diesen womöglich noch in falscher Richtung, haftet er auch bei Verschulden des Kraftfahrers überwiegend[797] bis alleine.[798] Wer auf einem Gehweg und zudem auf der falschen Straßenseite fährt, kann sich nicht auf ein Vorfahrtsrecht berufen.[799] Ein Vorfahrtrecht des Radfahrers, der auf für den Radverkehr nicht zugelassenen Flächen fährt, ist bereits begrifflich ausgeschlossen.[800]

---

787 Grundl. Erörterung durch *LG Wuppertal*, Urt. v. 04.01.2013 – 2 O 407/10 = BeckRS 2013, 12764.
788 *BGH* NJW 1986, 2651, strafrechtliche Entscheidung, aber auch *BGH* NJW 1982, 334 für den Bereich einer Einbahnstraße.
789 *KG* VRS 68, 284, strafrechtliche Entscheidung.
790 *OLG Hamm* NZV 1999, 86: Mithaftung des Radfahrers zu 50 %.
791 *OLG Düsseldorf* DAR 2001, 78.
792 *KG* VRS 68, 284; *OLG Hamm* VersR 1999, 1432.
793 *OLG Bremen* NJW 1997, 2891; die Entscheidung setzt sich ausf. mit der Auffassung des *BGH* auseinander.
794 *OLG Frankfurt/M.* DAR 1999, 39 das allerdings eine allgemeine Sorgfaltspflichtverletzung bejaht.
795 *OLG Hamm* NZV 2017, 536.
796 Im Erg. auch *OLG Bremen* NJW 1997, 2891.
797 *OLG Saarbrücken* NZV 2011, 612: 70 %.
798 *KG*, Urt. v. 20.06.2021 – 22 U 1060/20; *OLG Dresden* NZV 2013, 389; *OLG Celle* MDR 2003, 928 und zfs 2001, 493; *OLG Hamm* NZV 1995, 152; *OLG Karlsruhe* NJW-RR 1991, 547; *LG Frankfurt/Oder*, Urt. v. 19.07.2024 – 12 O 23/23 = BeckRS 2024, 23935; *LG Lübeck*, Urt. v. 13.07.2016 – 4 O 243/15 m. Anm. *Balke* SVR 2017, 308f.; *LG Darmstadt* NZV 2009, 180; *LG Stralsund* SP 2007, 246; *AG Essen*, Urt. v. 27.08.2013 – 11 C 265/13 m. Anm. *Balke* SVR 2014, 28; *AG Hannover*, Urt. v. 29.03.2011 – 562 C 13120/10 m. Anm. *Balke* SVR 2011, 384; *AG Stralsund* NZV 2003, 290.
799 *LG Frankfurt/Oder*, Urt. v. 19.07.2024 – 12 O 23/23.
800 *OLG Celle* zfs 2001, 493.

Im Ergebnis ist daher in jedem Fall bei beiderseitigem Verschulden eine Haftungsabwägung zu treffen.[801] Eine Vorfahrtsverletzung in obigem Sinne hätte allerdings dem Verschuldensanteil des Kraftfahrers deutlich erhöht, da Vorfahrtsverletzungen zu den gravierenden Verstößen im Straßenverkehrsrecht zählen. Letztendlich kommt es bei der Haftungsabwägung auf eine Gewichtung des jeweiligen Verschuldens unter besonderer Berücksichtigung der konkreten Verkehrssituation an.[802] Außerdem ist auf der Seite des Kraftfahrers noch die Betriebsgefahr (§ 7 StVG) zu berücksichtigen. 321

Gerade die hier zu beurteilende Problematik zeigt, dass es nicht auf Quotenzitate, sondern Argumente ankommen muss. Ein Radfahrer, der verbotswidrig auf dem Gehweg mit hoher Geschwindigkeit unmittelbar an der Hausmauer entlang fährt und sich damit einerseits in hohem Maße selbst gefährdet, andererseits dem ausfahrenden Kraftfahrer sogar die Möglichkeit nimmt, sich herauszutasten, setzt damit eine Verschuldenskomponente, die mit hälftiger Schadenstragung sicherlich nicht überbewertet und in diesem Fall bei zusätzlicher Missachtung eines an der Ausfahrt angebrachten optischen Warnsignals sogar mit 100 % anzusetzen ist, während die Handlungsweise eines Radfahrers, der wegen eines verbotswidrig geparkten Fahrzeugs vom Radweg auf den Gehsteig ausweicht, sicherlich geringer wiegt, und damit bei der Kollision mit einem Ausfahrenden mit einer Mithaftung von maximal 1/3 anzusetzen ist. 322

In der Praxis sind bei derartigen Unfällen Quoten von 100:0[803] bis 0:100 zu beobachten,[804] wobei vielfach eine Haftung des Radfahrers zu 1/3 und des Kraftfahrers wegen der Betriebsgefahr zu 2/3 angenommen wird.[805] Von einer Haftungsteilung geht das *OLG Karlsruhe* aus.[806] Von einer Haftung des Kraftfahrers zu 3/4 geht das *OLG Hamm*[807] aus, wobei insoweit das Vorfahrtsrecht des Radfahrers bejaht wird. 323

Fährt der Radfahrer am Ende des links eröffneten Radwegs in die Kreuzung ein, ohne dass der Radweg nach der Überquerung weitergeführt wird, handelt er ebenfalls rechtswidrig und haftet daher mit.[808] 324

### *b) Einbahnstraßen*

Das Verbot gegen die gemäß § 41 Abs. 2 Nr. 2 (Zeichen 240) angeordnete Fahrtrichtung zu fahren gilt auch für Radfahrer, soweit nicht auf der Grundlage der Ermächtigungsnorm (§ 41 Abs. 2 Nr. 3 StVO) eine kommunal angeordnete Ausnahme vorliegt. In der Regulierungspraxis ist hier auf den Nachweis der Anbringung des Zusatzschildes gemäß § 41 Abs. 2 Nr. 2 StVO zu achten. Bei der Abwägung gelten die bereits oben dargestelltem Abwägungsgesichtspunkte. Insoweit vertritt der *BGH* ausdrücklich die Ansicht, wer Einbahnstraßen und diesen zugeordnete Radwege in der gesetzlichen Richtung befahre, habe zwar gegenüber aus untergeordneten Straßen einfahrenden oder kreuzenden Verkehrsteilnehmern keine Vorfahrt, jedoch dann, wenn es sich um Radfahrer auf einen Radweg handle, ausnahmsweise die Pflicht, in zumutbarem Maß auf Verkehrsteilnehmer zu achten, die den Radweg in der verbotenen Richtung benutzen.[809] Nach dieser Ansicht kann eine Mithaftung des Radfahrers kaum mehr als 1/3 betragen. 325

801 Grundl. *OLG München*, Urt. v. 04.04.2014 – 10 U 4997/13 = BeckRS 2014, 14693.
802 Vgl. hierzu *Ernst* NZV 1994, 249 mit ausf. Nachw. zur Haftungsabwägung und Haftungsquoten.
803 *OLG Hamm* NZV 1995, 152: Alleinhaftung des Radfahrers bei Kollision mit Grundstücksausfahrer.
804 *OLG Hamm* NZV 1995, 152: Alleinhaftung des Radfahrers; *OLG Hamm* DAR 1996, 321: Haftung des Kraftfahrers zu 3/4.
805 *OLG Hamm* r+s 2019, 220; *OLG Hamm* NZV 2017, 536; *LG Flensburg*, Urt. v. 28.12.2023 – 4 O 161/22 = BeckRS 2023, 42021; *AG Wiesbaden*, Urt. v. 25.08.2021 – 93 C 603/21 = BeckRS 2021, 43507; *OLG Celle* OLGR 2009, 1003 (30 %).
806 *OLG Karlsruhe*, Urt. v. 29.03.2016 – 9 U 103/14.
807 *OLG Hamm* SP 1996, 339.
808 *OLG Düsseldorf* SP 2002, 87: Mithaftung 25 %.
809 *BGH* NJW 1982, 334.

### *c) Fußgängerbereich*

326 Wer als erwachsener Radfahrer einen Gehweg benutzt und dabei rechtswidrig-schuldhaft eine Kollision mit einem anderen Radfahrer verursacht, ist diesem grundsätzlich auch dann schadensersatzpflichtig, wenn der Geschädigte seinerseits den Gehweg unbefugt befahren hat.[810]

327 Ist ein Radweg durch eine durchgezogene Linie in einen Radfahrstreifen und einen Fußgängerbereich unterteilt, so darf der Radfahrer die durchgezogene Linie nicht überfahren. Dieses Überholverbot schützt auch den überholten Radfahrer.[811]

328 Radfahrer, die den Fußgängerüberweg benutzen, genießen nicht den Schutz des § 26 Abs. 1 StVO und handeln ihrerseits verbotswidrig.[812] Etwas anderes gilt nur dann, wenn sie das Fahrrad bei der Überquerung des Fußgängerüberweges schieben.[813] Bei einem verbotswidrig die Fußgängerfurt befahrenden Radfahrer hat das *OLG Celle*[814] anlässlich eines Zusammenstoßes eine Mithaftung von 50 % angenommen. Das *KG*[815] ist jedoch der Ansicht, *»Fahrrad-Rollern«*, bei dem ein Bein auf dem Pedal steht und mit dem zweiten Bein der Beschleunigungsstoß ausgeführt wird, sei zulässig. *»Es stand der Kl. jedoch frei, von ihrem Fahrrad abzusteigen und sodann als Fußgängerin die Fußgängerfurt über die H-Straße im südlichen Bereich der Einmündung der R-Straße in die H-Straße zu benutzen. Dass die Kl. sodann bei dem Versuch, die H-Straße zu überqueren, wie das LG festgestellt hat, mit einem Fuß auf das Pedal gestiegen und gerollt ist, führt noch nicht dazu, dass sie den Fußgängerüberweg nicht benutzen durfte. Jedenfalls ist dem LG darin zu folgen, dass eine Unfallursächlichkeit des von den Bekl. beanstandeten Verhaltens der Kl. nicht festgestellt werden kann.«* Der Entscheidung ist beizupflichten. Es handelt sich um eine Grauzone zwischen Schieben und Fahren. Auf die rechtliche Einordnung kommt es jedoch nicht an. Da durch dieses Verhalten kein Unterschied zum Fußgänger vorliegt, tritt das Verhalten des Radfahrers in jedem Fall hinter der Betriebsgefahr des Kraftfahrzeugs und dem Verschulden des Fahrers zurück. Hingegen hat das *AG Wetzlar*[816] sogar eine Alleinhaftung des Radfahrers angenommen. Der Entscheidung fehlt jegliche Auseinandersetzung mit der einschlägigen Rechtsprechung.

329 Problematisch sind die Fälle, in denen ein unerlaubt den Gehweg benutzender Radfahrer mit einem aus einer Grundstücksausfahrt ausfahrenden Kfz zusammenstößt. Bezüglich des Kfz-Führers wird hier regelmäßig ein Verstoß gegen § 10 StVO schon nach dem Anscheinsbeweis in Betracht kommen.[817] Diese gesteigerte Sorgfaltspflicht gilt nämlich auch gegenüber Radfahrern, die den Gehweg nicht befahren dürfen.[818] Dies folgt schon allein daraus, dass es wegen des Umstandes, dass Kindern bis zum Alter von 10 Jahren gemäß § 2 Abs. 5 StVO das Radfahren auf Gehwegen erlaubt und nach der Neufassung der Vorschrift mit sie begleitenden Aufsichtspersonen von über 16 Jahren zu rechnen ist. Einen Vertrauensgrundsatz des Inhalts, dass dort keine Radfahrer zu erwarten seien, gibt es daher nicht.[819] Auf Rn. 270 f. wird ergänzend verwiesen.

330 Bei erwachsenen Radfahrern ist fragwürdig, ob sie allein deshalb, weil sie den Gehweg verbotswidrig benutzten, einer Mithaftung unterliegen. Eine solche wäre insbesondere dann zu erwägen, wenn das

---

810 *BGH* NJWE-VHR 1996, 114; vgl. auch *OLG Düsseldorf* VersR 1996, 1120; *Greger* NZV 1997, 37.
811 *OLG Hamm* NZV 1995, 316.
812 *LG Köln* SP 2011, 246; *AG Wetzlar* NZV 2011, 28 (Radfahrer haftet jeweils 100 %); *OLG Hamm* NZV 2020, 102; *KG* NZV 2010, 254; *AG Brakel* SP 1997, 66 (jeweils Haftungsteilung).
813 *OLG Düsseldorf* DAR 1998, 280.
814 *OLG Celle* DAR 1999, 505.
815 *KG.* NZV 2005, 92.
816 NZV 2011, 28.
817 Anscheinsbeweis verneinend *LG Hamburg*, Urt. v. 01.09.2023 – 306 S 35/22 m. Anm. *Bachmor* NZV 2024, 505.
818 *OLG Hamburg* NZV 1992, 281.
819 Vgl. *Blumberg* NZV 1994, 249 sowie dort Fn. 118 m.w.N.

Verbot, Gehwege zu befahren, (auch) dem Schutz des auf dem Gehweg eingeschränkt zugelassenen Verkehrs dienen würde.[820]

Richtigerweise ist dies zu bejahen. Aber auch nach der abweichenden Auffassung ist eine Haftung des Radfahrers nicht ausgeschlossen. Als verletzte Schutznorm kommt dann nämlich § 1 Abs. 2 StVO in Betracht. Der auf dem Gehweg fahrende Radfahrer hat demgemäß damit zu rechnen, dass Kfz aus Grundstücksausfahrten herauskommen und muss seine Geschwindigkeit und Fahrweise dementsprechend anpassen.[821] 331

Zum gleichen Ergebnis gelangte das *OLG Hamm.*[822] Das *LG Dessau*[823] bejaht ebenfalls die Alleinhaftung des Radfahrers unter Berufung auf die beiden vorgenannten Entscheidungen. Eine Extremposition nimmt das *OLG München* ein. Ist die Möglichkeit bewiesen, dass sich ein Kraftfahrer beim Ausfahren aus einer Grundstücksausfahrt korrekt verhalten und »Schritt für Schritt« in den Gehweg hineingetastet habe, sodass die Kollision unvermeidbar gewesen sein könnte, reiche dies zur Entkräftung des gegen den Kraftfahrer sprechenden Anscheinsbeweises aus und führe zur Alleinhaftung des Radfahrers, da die Betriebsgefahr des Kraftfahrzeugs hinter dem Verschulden des Radfahrers zurücktrete.[824] Diese Entscheidung geht sogar so weit, dass sie auch ein geringfügiges Verschulden des Kraftfahrers wegen minimal überhöhten Ausfahrtempos hinter dem Verschulden des Radfahrers zurücktreten lässt. 332

Diesen Entscheidungen kann nicht beigepflichtet werden. Sie verkennt schon den Wortlaut von § 9 StVO. Dieser beschränkt die Verpflichtung des Kraftfahrers nicht auf ein Hineintasten in den Gehweg. Kann der Gehweg nicht eingesehen werden, hat sich der Kraftfahrer nach der Entscheidung des Gesetzgebers einweisen zu lassen. Wer dem zuwiderhandelt, trägt nicht lediglich ein geringfügiges Verschulden. Die Entscheidung hilft den Kraftfahrern im Übrigen nicht weiter. Nach der seit 14.12.2016 geltenden Fassung von § 2 Abs. 5 StVO muss der Kraftfahrer nicht nur mit Kindern bis zu 10 Jahren, sondern auch mit sie begleitenden Erwachsenen rechnen, die zulässigerweise auf dem Gehweg fahren. Bei älteren Kindern soll der Kraftfahrer seinen Schaden voll ersetzt erhalten, sind sie maximal 10 Jahre jünger, droht dem Kraftfahrer bei gleichem Verhalten eine Verurteilung wegen fahrlässiger Körperverletzung oder Tötung. 333

#### *d) Radwegbenutzung*

Grundsätzlich haben Radfahrer gemäß § 2 Abs. 4 StVO den Radweg zu benutzen, wenn dies durch Zeichen 237, 240 oder 241 angeordnet wurde. Ein Verstoß hiergegen führt zur Mithaftung. Das *OLG München*[825] nahm eine Mithaftungsquote von 25 % bei einem massiven Verkehrsverstoß des Unfallgegners an. 334

Radfahrer untereinander brauchen beim Überholen nicht einen Sicherheitsabstand von 1,5 bis 2 Metern einzuhalten, wie er beim Überholen von Radfahrern durch Kfz erforderlich ist. Sie müssen aber mit seitlichen Bewegungen der zu überholenden Radfahrer rechnen.[826] Auf einem 1,70 Meter breiten Radweg darf ein Radfahrer jedenfalls dann überholen, wenn er seine Überholabsicht durch Klingeln angezeigt und der Vorausfahrende dies wahrgenommen hat.[827] Allerdings ist eine stetige 335

820 Zustimmend: *OLG Hamburg* NZV 1992, 281; a.A. *Grüneberg* NZV 1992, 282.

821 Vgl. *Grüneberg* NZV 1992, 282 f.; ähnlich *Blumberg* NZV 1994, 249.

822 *OLG Hamm* NZV 2005, 152; ebenso *OLG Karlsruhe* NZV 1991, 154; *OLG Hamburg* NZV 1992, 281; *AG Potsdam* SP 2005, 227; *AG Berlin-Mitte* SP 1998, 349.

823 *LG Dessau* NZV 2006, 149.

824 *OLG München* zfs 1997, 171 (bei diesem Senat handelt es sich nicht um den allgemein für Verkehrszivilsachen zuständigen).

825 *OLG* München, Urt. v. 04.07.2014 – 10 U 4997/13 = BeckRS 2014, 14693.

826 Vgl. *OLG Zweibrücken*, Beschl. v. 07.10.2020 – 1 U 39/19.

827 *OLG Frankfurt/M.* NZV 1990, 188.

Pflicht zum Klingeln beim Überholen von der Rspr. nicht angenommen worden.[828] Radweg im Sinne des Gesetzes ist im Übrigen auch ein von der Fahrbahn getrennter Radweg.[829] Das *OLG Celle*[830] hat beim Zusammenstoß von einerseits verkehrswidrig fahrenden Radfahrern und einem Ausweichenden eine volle Haftung der verkehrswidrig Fahrenden angenommen. Das *LG* hatte noch unter Ansatz einer späten Ausweichreaktion des Geschädigten eine Haftung von lediglich 70 % ausgesprochen. Das *OLG Celle* führt hierzu aus: *»Die Bekl. befuhren den Radweg nämlich nicht nur aus egoistischen Motiven vorsätzlich in falscher Richtung, sondern unzulässigerweise auch noch nebeneinander und offenbar durch ein Gespräch vom übrigen Verkehrsgeschehen, insbesondere dem ihnen ordnungsgemäß fahrend entgegenkommenden Kl., abgelenkt. Dadurch beschworen sie die kritische Situation erst herauf und es ist nicht gerechtfertigt, dass der Kl. einen Teil seines Schadens selbst trägt.«*

336 Bei Kollision zwischen Radfahrern und Fußgängern ist je nach Situation abzuwägen.[831] Das *OLG Hamm*[832] hat allerdings die Alleinhaftung des einen Radweg unaufmerksam querenden Fußgängers bei einer Kollision mit einem Radfahrer angenommen. Ausgangspunkt ist hier der Vertrauensgrundsatz, der auch in diesem Verhältnis gilt. Entscheidend ist, ob der Radfahrer Anhaltspunkte dafür erkennen konnte, nach denen das Fehlverhalten des Fußgängers zu erwarten war. Bei kombinierten Rad-/Gehwegen ist gemäß § 41 Abs. 2 Nr. 5c StVO auf Fußgänger zu achten, andererseits müssen Fußgänger den Radfahrern die gefahrlose Vorbeifahrt gewähren, hierbei können sie aber darauf vertrauen, dass sich der von hinten kommende Radfahrer ausreichend bemerkbar macht.[833]

337 Insoweit hat das *OLG Oldenburg*[834] indes die Schuldverhältnisse einseitig auf die Radfahrer verlagert. Nach dieser Entscheidung haben Radfahrer bei kombinierten Rad- und Fußwegen in der Weise auf Fußgänger Rücksicht zu nehmen, dass das Vorbeifahren an einem Fußgänger nur nach einer Verständigung mit diesem und ansonsten lediglich Schrittgeschwindigkeit zulässig sei. Bei Verletzung dieser Pflicht nimmt das *OLG Oldenburg* eine ausschließliche Haftung des Radfahrers an. Dem ist nicht beizupflichten. Dass zwar der Radfahrer sich sorgfältig zu verhalten hat, aber den Fußgänger gemäß § 1 Abs. 2 StVO ebenso eine Sorgfaltspflicht trifft und Letzterer daher nicht ohne einen Blick auf möglicherweise herannahende Radfahrer seine Bewegungsrichtung ändern darf, übersieht das *OLG Oldenburg*.

338 Kommt es zu einem Zusammenstoß mit einem aus einer Grundstücksausfahrt kommenden Kraftfahrzeug, wird in der Praxis die überhöhte Geschwindigkeit des Radfahrers angeführt. Zunächst fragt sich, welche Geschwindigkeitsbeschränkung für Radfahrer gilt. Da Räder keine Kraftfahrzeuge i.S.d. § 1 Abs. 2 StVG sind, gilt für sie die allgemeine maximale innerörtliche Geschwindigkeit von 50 km/h nicht, die im Übrigen von sportlichen Fahrern in vielen Situationen durchaus überschritten werden kann. Entscheidend ist daher, ob der Radfahrer sein Fahrzeug i.S.d. § 3 Abs. 1 StVO beherrscht. Bei einer Kollision zwischen einem Radfahrer, der mit circa 42 km/h innerorts unterwegs gewesen sein soll (gegen die Bestimmung dieser Geschwindigkeit bestehen angesichts denkbar geringer Anknüpfungspunkte erhebliche Bedenken), wurde davon ausgegangen, dass sich die Geschwindigkeit eines Radfahrers nach dem zu richten habe, was andere Verkehrsteilnehmer von ihm erwarten würden,[835] mit einem lautlos mit Geschwindigkeit knapp unter der innerorts zulässigen Höchstgeschwindigkeit sich näherndem Fahrzeug rechne kein Fußgänger. Das *OLG Nürnberg* hat die dargestellte besondere Sorgfaltspflicht des Radfahrers gemäß § 41 Zeichen 240 für den Fall schlechter Sichtverhältnisse mit § 3 Abs. 1 S. 4 StVO ergänzt und ausgeführt, bei stark eingeschränkten Sichtverhältnissen sei eine Geschwindigkeit von 20–25 km/h so hoch, dass angesichts dieses gravierenden Verschuldens ein

828 *OLG München* VersR 1985, 379 (Nichtannahme der Revision durch den *BGH*).
829 Vgl. *OLG Köln* OLGR 1993, 352.
830 *OLG Celle* MDR 2005, 504.
831 Ausf. *Siegel* SVR 2022, 441 ff. »Fußgänger und Radfahrer auf gemeinsamen Verkehrsflächen«.
832 *OLG Hamm* VersR 1999, 1558.
833 *BGH* VersR 1967, 179.
834 *OLG Oldenburg* VersR 2005, 287.
835 *OLG Karlsruhe* zfs 1991, 80.

eventuell zu bejahender Mitverschuldensanteil des Fußgängers unberücksichtigt bleibe.[836] Hiergegen bestehen unfallanalytisch erhebliche Bedenken, die jedoch angesichts fehlender unfallanalytischer Angaben nicht näher erörtert werden können.

Das ist auch dogmatisch nicht vertretbar. Abgesehen davon, dass damit ein völlig unbestimmter Geschwindigkeitsbegriff eingeführt wird, setzt dies voraus, dass der Radfahrer in der Lage ist, zu erkennen, ob er sich einer schreckhaften oder einer eher sportlich eingestellten Person nähert. Entscheidend kann daher nur sein, ob einerseits der Radfahrer in der Lage ist, sein Fahrzeug sicher zu führen und er andererseits andere Verkehrsteilnehmer i.S.d. § 1 StVO weder belästigt noch behindert. Letzteres ist jedoch lediglich objektiv zu bestimmen, die Geschwindigkeit allein ist kein ausreichendes Kriterium. 339

Kann die Geschwindigkeit jedoch, wie regelmäßig, nicht konkret nachgewiesen werden, verbleibt es bei der Alleinhaftung des Kraftfahrers[837] oder anderer Verkehrsteilnehmer, soweit diesen ein Verkehrsverstoß nachzuweisen ist. 340

Endet ein Radweg, endet auch ein Vorrecht des Radfahrers. Sein Weiterfahren unterliegt § 10 StVO, er hat sich also so zu verhalten, dass hinsichtlich der Verkehrsteilnehmer im Straßenbereich eine Gefährdung ausgeschlossen ist.[838] Im Übrigen gelten für den Radfahrer beim Verlassen des Radwegs wegen eines Linksabbiegemanövers sowohl § 10 StVO (Einfahren) als auch § 9 StVO (Abbiegen). Das *OLG Frankfurt/M.*[839] hat bei einem Verstoß hiergegen sogar die Betriebsgefahr des Fahrzeugs vollständig zurücktreten lassen. 341

### *e) Überholen*

§ 5 Abs. 8 StVO räumt Radfahrern das Recht ein, an Fahrzeugen, die auf dem rechten Seitenstreifen warten, rechts zu überholen.[840] Hierbei ist in der Praxis allerdings häufig zu sehen, dass schnellere Radfahrer an langsam rollenden Fahrzeugen vorbeifahren. Diese Praxis wird von § 5 Abs. 8 StVO nicht gedeckt, sodass insoweit ein ordnungswidriges Verhalten des Radfahrers vorliegt, das angesichts des Problems des toten Winkels bei der Haftungsabwägung durchaus als erheblich zu beurteilen ist.[841] Hierbei ist ferner darauf hinzuweisen, dass es nach heutigem Stand der Technik eigentlich ein Problem des »toten Winkels« nicht mehr gibt. Wegen der Krümmung der Außenspiegel ist ein toter Winkel technisch problemlos zu vermeiden. Wer veraltete Außenspiegel nutzt, negiert den technischen Fortschritt, das aber führt zumindest zu einer erhöhten Betriebsgefahr, die entsprechend zu berücksichtigen ist. 342

Wer als Radfahrer rechts an Fahrzeugen vorbeifährt (ohne auf der Geradeausspur zu sein), die auf der Linksabbiegerspur stehen, überholt verbotswidrig recht und haftet daher mit.[842] Der Lkw-Fahrer ist nach dem Vertrauensgrundsatz nicht verpflichtet, vor dem Anfahren sich durch einen Blick in den rechten Außenspiegel zu vergewissern, dass sich vorne schräg rechts neben ihm kein Radfahrer befindet.[843] Dem Recht des Radfahrers steht aber keine Verpflichtung des Kraftfahrers gegenüber, sozusagen stets eine Gasse freizulassen. § 5 Abs. 8 StVO enthält lediglich die Berechtigung des Radfahrers, ohne gegenüber Kraftfahrern Reglementierungen zu enthalten.[844] Im Übrigen erlaubt 343

836 *OLG Nürnberg* DAR 2004, 451. Der Entscheidung lässt sich allerdings nicht entnehmen, in welcher Entfernung sich die Beteiligten erstmals erkennen konnten.

837 *OLG Hamm* NJWE-VHR 1998, 179, vgl. auch Geigel/*Freymann* Kap. 27 Rn. 314.

838 *OLG Köln* VRS 96, 345.

839 *OLG Frankfurt/M.*, Urt. v. 13.02.2014 – 4 U 59/13 = BeckRS 2014, 04089; ebenso *LG Saarbrücken* NZV 2014, 218.

840 Vgl. auch Geigel/*Freymann* Kap. 27 Rn. 196 f.

841 Vgl. *KG* r+s 2011, 175, 176 m. Anm. *Lemcke*; hierzu *Balke* SVR 2011, 147f. m. ausf. Nachw.

842 *OLG Hamm* VersR 2002, 251.

843 So *OLG Hamm* VersR 2002, 251.

844 Vgl. *OLG Celle* DAR 2005, 85.

§ 5 Abs. 8 StVO das Vorbeifahren nur bei ausreichendem Platz und mit mäßiger Geschwindigkeit an bereits haltenden Fahrzeugen.[845] Hat also ein Fahrzeug zu nahe am Randstein gehalten, ist ein Zusammenstoß mit dem Radfahrer offensichtlich von Letzterem jedenfalls grob fahrlässig verursacht, da er beim Erkennen des stehenden Fahrzeugs und der zu geringen Lücke problemlos anhalten kann und muss.[846]

344 Als Radweg wird nicht nur eine mit Zeichen 237–242 gekennzeichnete Verkehrsfläche definiert. Das *OLG Frankfurt/M.*[847] stellt insoweit vielmehr auf das äußere Bild ab. *»Dieses äußere Bild ist für die Bestimmung des rechtlichen Charakters einer Straßen- oder Wegefläche maßgeblich. Er verlief nämlich aus der Richtung, aus der der Radfahrer kam, über die gesamte von der Einmündung der H.-Straße her übersehbare Strecke parallel zur »Hauptstraße«. Seiner Anlage nach stellte er schlicht eine der beiden im hiesigen Raum typischen Varianten –; unmittelbar an die Fahrbahn angrenzend, nur durch einen Randstein abgegrenzt zum einen, durch eine schmale bewachsene Fläche von der Fahrbahn getrennt zum anderen –; eines Rad- oder Fußwegs dar.«* Es befindet sich insoweit in Übereinstimmung mit dem *OLG Karlsruhe*,[848] das diesbezüglich auch die allgemeine Vorfahrtsregel Rechts-vor-Links anwandte.

345 Die gleichen Grundsätze gelten auch beim Auffahren eines Radfahrers auf ein nach links abbiegendes Kraftfahrzeug, denn es *»existiert keine Vorschrift, wonach sich ein Autofahrer auf der Straße so einzuordnen hat, dass an der rechten Seite Radfahrer vorbeifahren können. Gemäß § 5 Abs. 8 StVO dürfen zwar Radfahrer auf dem rechten Fahrstreifen wartende Fahrzeuge rechts mit mäßiger Geschwindigkeit und besonderer Vorsicht überholen, wenn ausreichender Raum vorhanden ist. Daraus folgt aber keinesfalls, dass ein Kraftfahrer gehalten ist, nach Möglichkeit rechts ausreichenden Platz für überholende Radfahrer zu lassen.«*[849] Fährt ein Radfahrer auf ein stehendes Fahrzeug auf, so wäre ein Verstoß gegen eine Pflicht zur Lücke entgegen der Ansicht des *OLG Celle*[850] in jedem Fall kausal, ein Verschulden ist bei der Haftungsabwägung jedoch nicht zu berücksichtigen. Das *OLG Celle* kam insoweit zu einer alleinigen Haftung des auffahrenden Radfahrers. Das ist zweifelhaft. Die Betriebsgefahr des stehenden Fahrzeugs ist gemäß § 7 Abs. 2 StVG nur dann ausgeschlossen, wenn der Unfall durch höhere Gewalt verursacht wurde. Dass diese bei einem Zusammenstoß zwischen einem auf der Fahrbahn verkehrsbedingt stehenden Kraftfahrzeug und einem Radfahrer nicht bejaht werden kann, versteht sich von selbst. Entscheidend kann daher nur die Gewichtung des Verschuldens des Radfahrers sein. Das *OLG Celle* führte insoweit an, dass der Radfahrer noch Platz gehabt hätte, nach rechts auszuweichen. Es konnte sich insoweit auf ein Sachverständigengutachten mit umfangreichen Anknüpfungspunkten stützen. Prozessual kommt es daher darauf an, sämtliche Umstände, die für das Verschulden des Radfahrers erhöhend oder mindernd in Betracht kommen, zu sichern und vorzutragen. Fehlt es hieran und stand das Kraftfahrzeug oder wurde lediglich geringfügig bewegt, kommt eine Haftungsverteilung von 1:2 oder 1:3 (jeweils zulasten des Radfahrers) je nach Geschwindigkeit des Radfahrers in Betracht. Die Geschwindigkeit selbst dürfte aus den Unfallfolgen (Schäden an Kraftfahrzeug und Rad, Verletzungsschwere) einigermaßen abzuschätzen sein.

### *f) Vorfahrt*

346 Für Radfahrer gelten bezüglich der Vorfahrtsregelung keine Sondervorschriften. Ein Radfahrer, der der abknickenden Vorfahrtstraße folgt, ist gehalten die Fahrtrichtungsänderung anzukündigen. Unterlässt er dies, so trifft ihn bei einem Zusammenstoß mit einem Pkw zumindest dann nur ein geringes Mitverschulden, das hinter dem Verschulden des Pkw-Fahrers zurücktritt, wenn dieser den Radfahrer nicht einmal bemerkt hat. Der Radfahrer kann damit rechnen, dass abbiegende Fahrzeuge

---

845 Vgl. Burmann/Heß/Hühnermann/Jahnke/*Heß* § 5 StVO Rn. 67a.
846 Vgl. auch *OLG Celle* DAR 2005, 85.
847 *OLG Frankfurt/M.* VersR 2005, 523.
848 *OLG Karlsruhe* DAR 200, 307.
849 *OLG Celle* NJOZ 2004, 3948, 3950.
850 *OLG Celle* NJOZ 2004, 3948, 3950.

ihm die Vorfahrt lassen.[851] Problematisch ist hierbei die Erkennbarkeit des vorfahrtsberechtigten Radfahrers. Bei schlechter Sicht reduziert sich mangels Beleuchtung des Fahrrades die Erkennbarkeit erheblich, sodass Verschulden des Kraftfahrers gemindert wird und eine Mithaftung des Radfahrers in Betracht kommt.[852]

*g) Wenden*

Auf einer Straße ist das Wenden von Fahrzeugen nur dann zulässig, wenn es ohne Behinderung anderer Verkehrsteilnehmer ausgeführt werden kann. Dieser Grundsatz gilt auch für Radfahrer. Dementsprechend trifft ihn die volle Haftung, wenn sich der Unfallgegner bereits so weit genähert hat, dass ein Unfall nicht vermieden werden kann.[853] 347

### 3. Radweg

Gemäß § 2 Abs. 4 S. 2 StVO haben Radfahrer die vorhandenen Radwege zu benutzen, wenn sie entsprechend mit Zeichen 237, 240 oder 241 gekennzeichnet sind. Ein Verstoß hiergegen stellt zwar eine OWi dar, wird in der Regel aber bei Erkennbarkeit des Radfahrers hinter Verschulden und Betriebsgefahr von Fahrer und Kfz zurücktreten. 348

Die Erkennbarkeit spielt namentlich in Fällen eine Rolle, bei denen der Radfahrer am Ende des Radwegs auf die Fahrbahn einfährt. 349

War der links der Fahrbahn verlaufende Radweg für beide Richtungen eröffnet, darf der Radfahrer auch dann auf dem linken Radweg weiterfahren, wenn zusätzlich am rechten Fahrbahnrand ein weiterer Radweg eröffnet wird.[854] Etwas anderes gilt nur, wenn die den linken Radweg benutzenden Radfahrer durch eine Fahrbahnmarkierung oder eindeutige Verkehrsschilder auf den rechten Radweg umgeleitet werden.[855] 350

Im Übrigen dürfen Radwege, die als Sonderwege Einbahnstraßen zugeordnet sind, vorbehaltlich anderweitiger ausdrücklicher Regelung (Zeichen 237) nur in der vorgeschriebenen Richtung der Einbahnstraße benutzt werden.[856] 351

Dementsprechend hat, wer Einbahnstraßen und diesen zugeordnete Radwege in der gesperrten Richtung befährt, auch gegenüber aus untergeordneten Straßen einmündenden oder kreuzenden Verkehrsteilnehmern keine Vorfahrt. Indessen besteht, soweit es sich um einen Radweg handelt, für den Benutzer der untergeordneten Straße ausnahmsweise die Pflicht, in zumutbarem Maße auch auf Verkehrsteilnehmer zu achten, die den Radweg in der verbotenen Richtung benutzen.[857] 352

### 4. Schutzhelm und Mitverschulden

Nach wie vor ist das Tragen eines Schutzhelms beim Radfahrer gesetzlich nicht vorgeschrieben.[858] Die Rspr. lehnte daher zunächst die Annahme eines Mitverschuldens des Radfahrers, der auf einen Schutzhelm verzichtet, ab.[859] Das Gesetz sieht eine Schutzhelmpflicht lediglich bei Führen von Krafträdern und Beifahrern vor, § 21a Abs. 2 StVO. Mangels gesetzlicher Verpflichtung kann daher 353

851 *OLG Oldenburg* DAR 2000, 35.
852 Vgl. *LG Coburg*, Urt. v. 19.04.2002 – 32 S 1/02 n.v.
853 Vgl. *OLG Stuttgart* VersR 1992, 205.
854 *BGH* NJW 1997, 395.
855 *BGH* NJW 1997, 395.
856 *BGH* NJW 1982, 334.
857 *BGH* NJW 1982, 334.
858 Vgl. auch *Suslin/Zilsdorf* SVR 2020, 325.
859 *OLG Schleswig* NZV 1991, 233; *OLG Nürnberg* VersR 2000, 337; Anm. *Diehl* zfs 1999, 467; *OLG Hamm* VersR 2001, 1577; zul. *LG Itzehoe* Urt. v. 30.04.2010 – 6 O 210/08 = BeckRS 2010, 22188: auch nicht beim Rennradfahrer gegen *OLG Düsseldorf* NZV 2007, 619 m. Anm. *Schiffler*: Rennrad auch in

Ausgangspunkt nur die Überlegung sein, ob es allgemeine Überzeugung ist, dass ein vernünftiger Radfahrer einen Schutzhelm trägt. Sodann stellt sich aber zugleich die Frage nach dem richtigen Schutzhelm.[860] Derzeit kann davon jedoch noch nicht ausgegangen werden.[861] Die Abwägung geht auf das Verhältnis zwischen § 254 BGB und dem allg. Persönlichkeitsrecht gemäß Art. 2 Abs. 1 GG zurück. Ob wegen der *»Rechte Anderer«* Art. 2 Abs. 1 GG durch § 254 BGB eingeschränkt wird, bedarf hier allerdings keiner Entscheidung. Solange die Rspr. § 254 BGB nicht anwendet, wenn Fahrzeuge ohne Stoßstange (zulassungsrechtlich unbedenklich) im Verkehr bewegt werden und bei Kollisionen zwangsläufig höheren Schaden nach sich ziehen, kann der Verzicht auf den nicht vorgeschriebenen Schutzhelm auch nicht haftungsmindernd berücksichtigt werden. Hiervon abweichend hatte das *OLG Schleswig*[862] den Schadensersatzanspruch einer Radfahrerin um 20 % wegen Nichttragens eines Schutzhelmes gekürzt, weil auch ohne gesetzliche Anordnung ein verständiger Mensch beim Radfahren im Straßenverkehr einen Helm trage. Der *BGH* ist diesem Ansatz in der Revisionsentscheidung entgegengetreten.[863] Ausgangspunkt seiner Beurteilung ist der Vergleich des Einzelnen mit dem allgemeinen Verkehrsbewusstsein. Im streitgegenständlichen Fall kommt der *BGH* zu dem Ergebnis, jedenfalls bis zum Jahre 2011 sei ein derartiges, auf das Tragen eines Helms ausgerichtetes Verhalten noch nicht zu bejahen.

**354** Damit bleiben zwei Fragen weiterhin offen, ob nämlich bei sportlichem Radfahren Anderes gilt und wie das allgemeine Verkehrsbewusstsein prozessual festzustellen ist. Der *BGH* hat sich bewusst insoweit nicht festgelegt. Es kann aktuell davon ausgegangen werden, dass sich an der bisherigen Rechtsprechung nichts geändert hat und jedenfalls im Alltagsgebrauch eine Schutzhelmtragepflicht nicht vorliegt.[864]

**355** Ob etwas anderes bei Jugendlichen anzunehmen ist, wurde bislang in der obergerichtlichen Rspr. noch nicht entschieden. Hier sprechen aber die von der Medizin und Verkehrserziehung nachhaltig vorgebrachten Forderungen auf das Tragen eines Schutzhelm eher für die Berücksichtigung eines Mitverschuldens, § 254 BGB bzw. eine Aufsichtspflichtverletzung seitens der Eltern.[865] Eine Beobachtung des Radfahrverkehrs zeigt, dass ein Großteil der Eltern bereits auf das Tragen des Schutzhelms durch ihre Kinder Wert legen. Ein Verstoß gegen die oben dargestellte, vernunftgeprägte Überzeugung kann daher durchaus bejaht werden. Das weitere Problem besteht nun darin, ob dieses unvernünftige Verhalten zu einer reduzierten Haftung des Radfahrers führt. Erst bei Jugendlichen, nicht aber bei Kindern kann hier die entsprechende Einsichtsfähigkeit erwartet werden. Es ist daher zu fragen, ob das vernunftwidrige Verhalten der Eltern als Aufsichtspflichtverletzung im Rahmen des Haftungsausgleichs dem verletzten Kind zuzurechnen ist.[866] Das *LG Krefeld*[867] hatte nunmehr die Schutzhelmpflicht für Kinder bejaht: Es führt beim Unfall eines 10 jährigen Kindes zu dessen Lasten aus: *»Zulasten des Bekl. ist weiterhin zu berücksichtigen, dass er im Unfallzeitpunkt keinen Fahrradhelm trug. Zwar sind Fahrradfahrer straßenverkehrsrechtlich nicht zum Tragen eines Helmes verpflichtet, wie sich aus § 21a Abs. 2 StVO ergibt. Hieraus ergibt sich jedoch nicht, dass das Nichttragen eines Schutzhelmes einen Mitverschuldensvorwurf im Sinne des § 254 BGB nicht begründen kann* (MüKo/*Oetker* § 254 Rn. 42; a.A. *OLG Nürnberg* DAR 1999, 507). *Denn bei dem Gebot, die eigenen Interessen*

---

der Freiheit, nicht aber Normalfahrer; Mitverschulden annehmend aber *LG Bonn* NZV 2015, 395; grundl. *Kettler* NZV 2007, 603.

860 Hierzu näher LBMR/*Bachmeier* § 21a Rn. 16.

861 So auch *OLG Nürnberg* VersR 2000, 337; *OLG Hamm* VersR 2001, 1577.

862 *OLG Schleswig* DAR 2013, 470.

863 *OLG Schleswig* DAR 2013, 470 = NJW 2014, 2493 m. grdl. Anm. Kettler; ebenso schon *OLG Celle* NZV 2014, 305 m. ausf. Erörterung der Problematik.

864 *OLG Nürnberg* NJW 2020, 3603 m. zust. Anm. *Scholten*.

865 Grundl. *BGH*, Urt. v. 09.01.2021 – VI ZR 210/18, WKRS 2021, 11076; *OLG Karlsruhe* NJW 2012, 3043, hierzu *Heß/Burmann* NJW-Spezial 2014, 9; *Kreuter-Lange* SVR 2013, 41; *Pardey* DAR 2013, 2; *Lang* NZV 2013, 214.

866 Grundl. zu Problemen der Gesamt- und Nebentäterschaft *Bachmeier* Mandatshandbuch Rn. 251 ff.

867 *LG Krefeld* NZV 2006, 205.

*zu wahren und dabei Sorgfalt walten zu lassen, handelt es sich um eine Obliegenheit des Gläubigers, die nicht davon abhängt, dass er eine Rechtspflicht oder sogar eine sanktionsbewehrte Norm verletzt hat* (BGHZ 135, 235, 240; MüKo/*Oetker* § 254 Rn. 3). *Eine Selbstgefährdung wird durch die Rechtsordnung regelmäßig nicht verboten; gleichwohl sieht § 254 BGB als Ausprägung des Grundsatzes von Treu und Glauben eine Anspruchsminderung des Geschädigten vor, wenn er vorwerfbar die eigenen Interessen außer Acht lässt«.*[868] Unter Berücksichtigung des weiteren Umstands des Fahrens hinter einer Hecke, allerdings im Bereich eines privaten Garagengeländes, in das der Kraftfahrer einfuhr, kam das *LG Krefeld* zu einer Mithaftung des verletzten Kindes von 50 %. Dieser ist nicht beizupflichten. Der Kraftfahrer war trotz der Sichtbeschränkung durch die Hecke, wie sie dem Kind erschwerend angelastet wurde, mit 26–33 km/h eingefahren. Das *LG Krefeld* bezeichnete diese Geschwindigkeit, mit der der Fahrer in einen für ihn nicht einsehbaren Privatbereich gefahren ist, nicht als wesentlich überhöht und berücksichtigt ferner die Betriebsgefahr des Kraftfahrzeugs. Die Mithaftung des Kindes kann insoweit keinesfalls den gleichen Wert erreichen. Ob das *LG* das Nichttragen des Helmes schon beim Haftungsgrund berücksichtigte (worauf der veröffentlichte Text hindeutet) oder – wie es nur möglich ist – bei der vom Kind im Wege der Widerklage geltend gemachten Schmerzensgeldforderung, ist den veröffentlichten Urteilsgründen nicht zu entnehmen. Schon dieser Umstand zeigt aber die Schwäche des Urteils, weil das fehlende Helmtragen bei der Entscheidung über den Sachschadensanspruch des Kfz-Halters ansonsten überhaupt nicht hätte erwähnt werden dürfen. Das *OLG Düsseldorf*[869] hob das Urteil des *LG Krefeld* auf und führt aus, ein Mitverschulden wegen Nichtragens des Helms sei nicht zu bejahen. Aus einem anderen Sorgfaltspflichtverstoß heraus *(»eine gewisse Sorgfaltslosigkeit«)* kommt es zur Mithaftung des Kindes von 25 %, die jedoch ohnehin dem Anspruch des Kindes zugrunde gelegt worden war. Das *OLG Saarbrücken*[870] geht von einem Mitverschulden des Radfahrers nur dann aus, wenn es sich um einen sportlich ambitionierten Radfahrer handelte, der sich bewusst besonderen Risiken aussetzte. Diese Differenzierung ist durchaus vertretbar, muss jedoch den Nachweis vor allem des bewussten Spiels mit dem Risiko voraussetzen.

Die Beteiligung der Eltern weist eine Besonderheit auf. Der dogmatische Ansatzpunkt ist das Mitverschulden gemäß § 254 Abs. 2 BGB, der in Satz 2 ausdrücklich auf § 278 BGB verweist. Trotz des Wortlauts, der die Pflicht, sich Verschulden Dritter anrechnen lassen zu müssen, auf die Schadensabwendungs- und -minderungspflicht bezieht, gilt nach allgemeiner Ansicht die Verweisung auf § 278 BGB auch für den haftungsbegründenden Vorgang.[871] Gleichzeitig handelt es sich nach allgemeiner Ansicht insoweit um eine Rechtsgrundverweisung, sodass § 278 BGB nur dann Anwendung finden kann, wenn zwischen den Parteien eine vertragliche Beziehung oder eine rechtliche Sonderverbindung besteht.[872] 356

Im Bereich straßenverkehrsrechtlicher Haftungsfälle wird jedoch allein aus dem Umstand, dass die Elternstellung relevant ist, keine derartige Sonderbeziehung bejaht. Es verbleibt daher zunächst bei dem sich aus § 840 Abs. 1 BGB ergebenden Grundsatz, wonach der Geschädigte jeden Beteiligten einer gesamtschuldnerisch haftenden Gruppe in vollem Umfange in Anspruch nehmen kann. Ebenso wie bei der Haftung unter Ehegatten, gilt bei Ansprüchen von Kindern gegen Eltern jedoch eine Haftungseinschränkung gemäß § 1664 BGB: *»Die Eltern haben bei der Ausübung der elterlichen Sorge dem Kinde gegenüber nur für die Sorgfalt einzustehen, die sie in eigenen Angelegenheiten anzuwenden pflegen.«* 357

Umstritten ist die Reichweite dieser Haftungseinschränkung. Nach überwiegender Ansicht ergibt sich lediglich eine Einschränkung des Geltungsbereichs aus Sinn und Zweck von § 1664 BGB, nämlich der Haftungseinschränkung für Verschulden im Rahmen typisch familiärer Tätigkeiten.[873] Nach 358

868 BGHZ 135, 235, 240.
869 *OLG Düsseldorf* NZV 2007, 38 mit Anm. *Kettler:* Helmtragepflicht weder für Erwachsene noch Kinder.
870 *OLG Saarbrücken* NJW-RR 2008, 266.
871 Vgl. Grüneberg/*Grüneberg* § 254 Rn. 50 f.
872 Vgl. Grüneberg/*Grüneberg* § 254 Rn. 50 m. ausführl. Nachw.
873 Vgl. Grüneberg/*Götz* § 1664 Rn. 3 i.V.m. § 1359 Rn. 1.

den Grundsätzen zum sog. gestörten Gesamtschuldnerausgleich kommt eine Berücksichtigung des Mitverschuldens der Eltern in vorliegenden Fällen in Betracht.

359 Zunächst kommt es hierbei auf die Frage, ob der mitschuldige Elternteil sorgeberechtigt ist oder nicht, etwa bei der Ausübung des Umgangsrechts, nicht an.[874] § 1664 BGB ist grundsätzlich anwendbar, sodass ein Mitverschulden der Eltern, soweit es nicht den Grad der groben Fahrlässigkeit erreicht, nicht zu berücksichtigen ist. Die dogmatische Folge aber wäre die Bejahung eines gestörten Gesamtschuldverhältnisses mit der Folge, dass der Anspruch des Kindes gegenüber den sonstigen Schädigern um den fiktiven Mithaftungsanteil der Eltern zu kürzen wäre.[875]

360 Dem tritt der *BGH*[876] jedoch entgegen und verneint die Reduktion des Anspruchs. Er führt aus, die Haftungsprivilegierung der Eltern dürfe dem in Anspruch genommenen Schädiger nicht zugutekommen, weil die Störung des Gesamtschuldverhältnisses gerade durch die Privilegierungsregelung erzeugt und damit der Privilegierte gerade nicht in den Kreis der von § 840 BGB Betroffenen »hineinwachse«, also schon kein Gesamtschuldverhältnis entstehe.[877]

361 Allerdings hat der *BGH* nunmehr in diesem Zusammenhang die Haftungsansprüche des Kindes gegenüber den Eltern massiv erweitert. Er weist darauf hin, dass insoweit über § 1664 Abs. 1 BGB hinaus auch Ansprüche nach § 823 Abs. 1 BGB in Betracht kommen. Die Folge ist auch insoweit die Einbeziehung der beteiligten Elternteile in die gesamtschuldnerische Haftung mit den weiteren Verantwortlichen.[878]

362 Ob dieses Argument überzeugend ist, kann durchaus in Zweifel gezogen werden. Der entscheidende Gesichtspunkt in der Argumentation des *BGH* ist jedoch der Vergleich zwischen fahrlässigem und grob fahrlässigem Verhalten der Eltern aus der Sicht des Kindes. Würde man § 1664 BGB zugunsten des weiteren Schädigers als Grundlage des gestörten Gesamtschuldnerausgleichs ansehen, hätte im ersten Fall das Kind einen eingeschränkten, im zweiten Fall einen vollen Anspruch gegen den weiteren Schädiger.

## 5. Vorfahrt

363 Die Beachtung der Vorfahrt zählt zu den in der StVO besonders hervorgehobenen Pflichten, sodass schon der Anscheinsbeweis gegen den Wartepflichtigen und dafür, dass der bevorrechtigte Verkehr nicht ausreichend beachtet wurde, spricht.[879] Das Vorfahrtsrecht bezieht sich hierbei grundsätzlich auf die gesamte Straße, der Vorfahrtsberechtigte verliert das Recht nicht durch eigenes verkehrswidriges Verhalten, kann aber bei Letzterem auch mithaften.[880] Dass im Übrigen die Wartepflicht davon abhängt, ob ein bevorrechtigter Verkehrsteilnehmer im Augenblick des Entschlusses zum Einfahren zu sehen ist,[881] bedarf keiner näheren Begründung. Soweit das Vorfahrtsrecht mit überhöhter Geschwindigkeit des Vorfahrtsberechtigten zusammenfällt,[882] muss eine erhebliche Geschwindigkeitsüberschreitung vorliegen. Auch hier kommt es vor allem auf die Frage der Vermeidbarkeit an.[883] Bei der Geschwindigkeit selbst ist die Rechtsprechung uneinheitlich. Das *OLG Koblenz*[884] sieht bestimmte Geschwindigkeitsbereiche als relevant an und hält bei einer Überschreitung zwi-

---

874 Die von Grüneberg/*Götz* § 1664 Rn. 2 zitierte Entscheidung BGHZ 103, 345 spricht dies allerdings so nicht aus, sondern deutet dies nur an *(»spricht vieles dafür«)*.

875 So schon *BGH* BGHZ 35, 317; vgl. auch BGHZ 103, 345.

876 BGHZ 103, 338.

877 BGHZ 103, 338.

878 *BGH*, Urt. v. 09.01.2021 – VI ZR 210/18 m. Anm. *Pardey* SVR 2021, 313.

879 Vgl. auch *Dannert* NZV 1995, 132.

880 St. Rspr. vgl. etwa *OLG Hamm* SP 2001, 82; praxisorientierte Bespr. bei *Ferner* PVR 2001, 356.

881 *OLG Hamm* VersR 2002, 589, Revision vom *BGH* nicht angenommen.

882 Vgl. *Nugel/Heß* NJW-Spezial 2011, 521.

883 Vgl. *OLG Celle* NJOZ 2010, 658.

884 *OLG Koblenz*, Urt. v. 18.07.2011 – 12 U 189/10 = BeckRS 2011, 19034.

schen 25 % und 35 % eine Mithaftungsquote von 1/3 für angemessen. Bei 100 % oder mehr wird jedoch eine alleinige Haftung zu erwarten sein.[885] Sämtliche rechtliche Wirkungen gelten auch für Radfahrer. Sie haben insbes. die Vorfahrt auch zu beachten, wenn sie von einem abgesenkten Bordstein auf die Straße fahren[886] sich auf dem Radweg auf einen Kreisverkehr hin bewegen[887] oder von einer verkehrsberuhigten Zone auf den Radweg einbiegt.[888] Dabei kann bei schweren Verstößen die Betriebsgefahr des Kraftfahrzeugs durchaus völlig zurücktreten.[889]

## XXIV. Rechtsabbiegen

Gegen den Rechtsabbieger spricht schon der Anscheinsbeweis, weil er beim Abbiegen nach rechts 364 gem. § 9 Abs. 1 S. 2 StVO in besonderem Maße auf Radfahrer Rücksicht zu nehmen hat, da diese bevorrechtigt sind. Der Kraftfahrer hat daher durch gewissenhaftes Umschauen[890] eine Gefährdung und Behinderung des Radfahrers zu vermeiden und nach § 9 Abs. 1 StVO rechtzeitig den rechten Blinker zu setzen.[891]

Ein Kraftfahrer, der nach rechts abbiegen will, ist gemäß § 9 Abs. 1 StVO verpflichtet, auf den nach- 365 folgenden Verkehr zu achten. Dies gilt umso mehr, wenn er sich bedingt durch die Straßenverhältnisse oder durch die Konstruktion seines Fahrzeugs vor dem Abbiegen nach rechts zur Fahrbahnmitte einordnet. Andererseits muss ein nachfolgender Verkehrsteilnehmer zum vorausgefahrenen Rechtsabbieger einen so ausreichenden Sicherheitsabstand einhalten, dass er beim Abbremsen des Rechtsabbiegers erforderlichenfalls noch rechtzeitig anhalten kann, falls ein Ausweichen nach links wegen der Verkehrslage nicht möglich ist.

Kollidiert ein rechts abbiegendes Fahrzeug mit einem auf der Zielstraße am Fahrbahnrand nach 366 rückwärts anfahrenden Fahrzeug, stellt sich die Frage der Bewertung des Vorfahrtsrechts des auf der Zielstraße (rückwärts) bewegten Fahrzeugs. Das *OLG Zweibrücken*[892] verneint ein Vorfahrtsrecht des Rückwärtsfahrenden, da er noch nicht in den Straßenverkehr eingeordnet sei, sodass er gegen § 10 StVO verstoßen und beim Abbiegenden Fahrzeug lediglich § 1 Abs. 2 StVO zu berücksichtigen sei. Es bewertet letzteres mit 30 % Mithaftung.

## XXV. Rückwärtsfahren

Rückwärtsfahren[893] ist entsprechend § 9 Abs. 5 StVO zu jenen Verkehrsvorgängen zu zählen, bei 367 denen dem Fahrer erhöhte Sorgfaltspflichten treffen, nämlich eine Gefährdung anderer Verkehrsteilnehmer ausschließen zu müssen, erforderlichenfalls sich einweisen zu lassen. Verstöße in diesem Zusammenhang sind gemäß § 2 Abs. 1 S. 1 BKatV ausdrücklich als besonders grobe Verstöße bezeichnet. Damit spricht bereits der Anscheinsbeweis für ein Verschulden des rückwärts Fahrenden.[894] Rückwärtsfahren i.S.d. § 9 Abs. 5 StVO ist das gewollte Rückwärtsfahren mit Rückwärtsgang, nicht dagegen das unabsichtliche Rückwärtsfahren oder Zurückrollen ohne Motorkraft.[895] Die Formulierung »Gefährdung ausgeschlossen« bedeutet nicht die Pflicht, mit Unvorhersehbarem zu rechnen, aber eine über § 1 StVO hinausgehende äußerste Sorgfalt, nämlich ein Höchstmaß an

885 Vgl. *OLG Saarbrücken* DAR 2004, 93.
886 *OLG Köln* NZV 1999, 373.
887 *OLG Hamm*, Urt. v. 17.07.2012 – I-9 U 200/11, 9 U 200/11 = VRS 126, 13.
888 *OLG Hamm*, Urt. v. 06.06.2014 – 26 U 60/13 = BeckRS 2014, 13614.
889 *OLG Saarbrücken*, Urt. v. 04.07.2013 – 4 U 65/12-19 = BeckRS 2013, 12073, hierzu NJW-Spezial 2013, 490.
890 Vgl. Burmann/Heß/Hühnermann/Jahnke/*Burmann* § 9 Rn. 36.
891 Vgl. auch *Rebler* SVR 2013, 458, 461.
892 *OLG Zweibrücken*, Urt. v. 24.05.2017 – 1 U 3/16 = BeckRS 2017, 115666.
893 Zum Sonderfall des Rückwärtsfahrens auf Parkplätzen näher Rn. 252a.
894 Vgl. *LG Saarbrücken* NZV 2013, 345 m. Anm. *Balke* SVR 2013, 345.
895 *OLG Düsseldorf* NJW 2000, 3728.

Vorsicht. Regelmäßig wird auch angesichts des grob leichtfertigen Verhaltens des rückwärts Fahrenden die Betriebsgefahr des angefahrenen Fahrzeugs ausscheiden.[896]

368 Die Vorschrift regelt primär die besondere Sorgfaltspflicht gegenüber dem fließenden und daher in der Regel rascheren Verkehr. Nach der herrschenden Rspr.[897] soll daher ein Verstoß gegen § 9 Abs. 5 StVO nicht vorliegen, wenn der Rückwärts fahrende gegen ein geparktes Fahrzeug fährt: Hierzu wird argumentiert, die Vorschrift schütze nur den fließenden Verkehr.[898] Dem ist jedoch entgegenzuhalten, dass beim Rückwärtsfahren gerade eine wesentlich geringere Kontrolle über die Fahrzeugbewegung vorliegt und angesichts der *»umgekehrten Lenkung«* und verdrehten Haltung des Lenkers die Abweichung von der beabsichtigten Richtung besonders leicht eintritt. Gerade der Vergleich mit dem vorwärts Fahren zeigt, dass die insoweit geltenden allgemeinen Sorgfaltsanforderungen gemäß § 1 StVO beim Rückwärtsfahren nicht ausreichen. § 9 Abs. 5 StVO schützt aber auch den Fußgängerverkehr.

369 Häufig treten Unfälle im Zusammenhang mit dem Einparken in Einbahnstraßen auf, wenn etwas zurückgesetzt wird, um eine zu spät erkannte Parklücke zu benutzen. Insoweit ist neben dem aus § 9 Abs. 5 StVO abgeleiteten Anscheinsbeweis[899] zusätzlich der Verstoß gegen die in § 41 Abs. 2 Nr. 2 StVO mit Zeichen 240 angeordnete Fahrtrichtung zu berücksichtigen. Rückwärtsfahren ist nämlich nur in engem Rahmen und unter Beachtung erhöhter Sorgfaltspflicht zulässig. Insbesondere darf in Einbahnstraßen das Rückwärtsfahren nur zum unmittelbaren Einparkvorgang, nicht jedoch zum Zurücksetzen, um überhaupt eine Parklücke zu erreichen, durchgeführt werden.[900] Auch wer aus einer Grundstücksausfahrt fährt oder vom Fahrbahnrand anfährt, braucht nicht mit einem Rückwärtsfahren zu rechnen.[901]

370 Wer Einbahnstraßen und diesen zugeordnete Radwege nicht in der gesetzlichen Richtung befährt, hat gegenüber aus untergeordneten Straßen einfahrenden oder kreuzenden Verkehrsteilnehmern keine Vorfahrt. Soweit es sich um einen Radweg handelt, besteht für den Benutzer der untergeordneten Straße ausnahmsweise Pflicht, in zumutbarem Maß auf Verkehrsteilnehmer zu achten, die den Radweg in der verbotenen Richtung benutzen.[902]

371 Fährt ein Kraftfahrer auf der vorfahrtsberechtigten Straße rückwärts, so kommt dem aus einer Nebenstraße kommendem Fahrer weder beim Überqueren noch beim Einbiegen das alleinige Verschulden zu. Rückwärtsfahren ist nämlich nur in engem Rahmen und unter Beachtung erhöhter Sorgfaltspflicht (§ 9 V StVO) zulässig. Dies gilt auch im Verhältnis zu dem aus einer Grundstücksausfahrt Ausfahrenden, der mit dem Rückwärtsfahren nicht zu rechnen braucht.[903]

372 Wer von einer Grundstücksausfahrt rückwärts in eine Fahrstraße einfährt, den trifft die erhöhte Sorgfaltspflicht aus § 10 StVO. Kommt es dabei zu einem Zusammenstoß mit einem auf der öffentlichen Straße befindlichen Pkw des fließenden Verkehrs, dann hat derjenige Verkehrsteilnehmer, der das Grundstück verlassen hat, den Unfall regelmäßig allein verursacht. Gegen ihn spricht der Anschein für ein Verschulden beim Ausfahren.[904] Der Grundsatz, dass im Falle einer Kollision der Anschein gegen den rückwärts Ausfahrenden spricht, gilt auch dann, wenn der Ausfahrende zum Kollisions-

896 Vgl. *LG Bonn* NZV 2007, 407; vgl. hierzu *Halm* SVR 2007, 413.
897 Vgl. *Thüringer OLG* NZV 2005, 432; ebenso *OLG Stuttgart* NZV 2004, 420; *OLG Koblenz* NStZ-RR 2000, 154 f.
898 *Thüringer OLG* NZV 2005, 432.
899 Vgl. zul. *OLG München* NJW-RR 2014, 601.
900 Vgl. *OLG Karlsruhe* VRS 54, 150; *OLG Düsseldorf* VRS 55, 412.
901 Vgl. *KG* DAR 1996, 366.
902 *BGH* NJW 1982, 334.
903 *KG* DAR 1996, 366; *LG Karlsruhe* NJW-RR 2011, 824.
904 Vgl. *BGH* VersR 2011, 1540; *OLG Celle* NJW-RR 2021, 1116; *LG Stade*, Urt. v. 05.02.2024 – 1 O 91/23 m. Anm. *Bachmor* NZV 2024, 552.

zeitpunkt bereits zum Stehen gekommen ist, gleichwohl aber ein enger zeitlicher und räumlicher Zusammenhang mit dem Ausfahren besteht.[905]

Der fließende Verkehr muss jedoch damit rechnen, dass andere Verkehrsteilnehmer von der Seite her geringfügig in seinen Fahrraum einfahren, sei es, um die notwendige Übersicht zu gewinnen oder weil sie aus Unaufmerksamkeit die Fahrbahnbegrenzung nicht genau einhalten. Die aus § 1 StVO folgende Pflicht zur allgemeinen Gefahrenabwehr gebietet deshalb die Einhaltung eines Sicherheitsabstands von in der Regel etwa 50cm zum rechten Fahrbahnrand. Die Betriebsgefahr des aus einem Grundstück rückwärts ausfahrenden und nur etwa 25cm in die 8m breite Fahrbahn hineinragenden Pkw tritt gegenüber dem Unfallbeitrag des fließenden Verkehrs völlig zurück.[906] 373

Veranlasst Pkw-Fahrer A durch grobes Fehlverhalten (hier: Rückwärtsfahren auf der rechten Fahrspur der BAB) den nachfolgenden Pkw-Fahrer B zu einem riskanten Fahrspurwechsel nach links mit der Folge, dass der auf der linken Fahrspur mit hoher Geschwindigkeit herankommende Pkw-Fahrer C nach rechts ausweicht und hier auf den Pkw des A aufprallt, muss sich C bei der Inanspruchnahme des Haftpflichtversicherers des A nicht den Mitverantwortungsanteil des B zurechnen lassen; die Grundsätze der sogenannten Haftungseinheit finden keine Anwendung.[907] 374

## XXVI. Sicherheitsgurte

Im Verkehrsunfallbereich spielt § 21a StVO über die Möglichkeit des Mitverschuldens gemäß § 254 BGB eine erhebliche Rolle.[908] Bei der Haftungsquotenbildung ist ein Mitverschulden gemäß § 254 Abs. 2 BGB insoweit zu berücksichtigen, als der Geschädigte nicht angegurtet war.[909] Mit Wirkung zum 30.06.2016 (VO vom 17.06.2016, BGBl. I S. 1463) wurde die Anschnallpflicht in Bezug auf den Transport von mobilitätsbehinderten Personen um das Rollstuhl-Rückhaltesystem und Rollstuhlnutzer-Rückhaltesystem ergänzt.[910] Gemäß § 21a Abs. 1 S. 1 StVO[911] ist ein Angurten erforderlich, *»während der Fahrt«*. Der *BGH* hat den Streit, ob damit kurzzeitiges Anhalten erfasst wird, dahingehend entschieden, dass ein kurzzeitiges verkehrsbedingtes Anhalten noch unter dem Begriff Fahrt zu verstehen ist.[912] Außerdem sind die Freistellungen von der Gurtanlegepflicht eng auszulegen, die teilweise angenommene Befreiung für Werttransportfahrer wurde ausdrücklich abgelehnt.[913] Das Nichtanschnallen ohne Genehmigung stellt eine OWi gemäß § 21a Abs. 1 S. 1, § 49 Abs. 1 Nr. 20a StVO dar. Allerdings kommt es nach der Rspr. des *BGH* lediglich auf die materiell-rechtliche Lage, nicht auf den formellen Verstoß an, wenn also bei rechtzeitigem Antrag die Genehmigung hätte erteilt werden müssen:[914] *»Denn auch dann kann in der Nichtbenutzung des Gurtes keine vorwerfbare Selbstgefährdung des Geschädigten gesehen werden, die der Schädiger nach Treu und Glauben dessen Schadensersatzverlangen entgegenhalten kann* (zum Tragen eines Schutzhelmes bei Motorradfahrern: *Senat* VersR 1983, 440 f.). *Es geht nämlich hier nicht um die Ahndung einer Ordnungswidrigkeit* (vgl. insoweit *OLG Düsseldorf* NZV 1991, 240 f.), *sondern um die Beurteilung des Verhaltens des verletzten* 375

905 Vgl. *OLG Köln*, Urt. v. 19.07.2005 – 4 U 35/04; *LG Stade*, Urt. v. 05.02.2024 – 1 O 91/23 m. Anm. *Bachmor* NZV 2024, 552.

906 Vgl. *OLG München* VersR 1974, 676.

907 *OLG Hamm* NZV 2000, 371.

908 Ausführlich *Balke* SVR 2021, 170 f.; Ältere Rechtspr. s. *Greger/Zwickel*, § 25 Rn. 25.84; *Küppersbusch/Höher*, 14. Aufl. 2024, Rdn. 506; *Schumann/Nugel* SP 2014, 266f.; *Scholten* DAR 2013, 748; *Eggert* VA 2013, 115 ff.; *Eggert* VA 2006, 60 ff.; *Berr* DAR 1990, 343 ff.; Zur interdisziplinären Begutachtung (medizinisch und technisch) der Gurtproblematik siehe auch *Hein/Walter* SVR 2010, 241 f.

909 Etwa *BGH* NJW 1981, 28; aber *LG Köln*, Urt. v. 08.11.2007 – 2 O 497/067 = BeckRS 2008, 11348: Kein Mitverschulden bei Oldtimern; *OLG München* NJW Spezial 2018, 106.

910 *Geigel/Freymann*, Kap. 27, § 21a Rn. 541.

911 Hierzu näher LBMR/*Bachmeier* StVO § 21a Rn. 3 ff.

912 *BGH* DAR 2001, 117.

913 *BGH* DAR 2001, 117.

914 *BGH* NJW 1993, 23.

*Kfz-Insassen unter dem Gesichtspunkt einer schadensrechtlichen Obliegenheit nach § 254 Abs. 1 BGB, der eine Ausformung des Grundsatzes des § 242 BGB ist.«*[915]

376 Prozessual ist zu beachten, dass der Schädiger nicht nur den Verstoß gegen die Anschnallpflicht, sondern auch die hieraus resultierende Kausalität für die Schadensintensität zu beweisen hat.[916]

377 Bei der Verletzung von Kindern ist zu beachten. dass die Erziehungsberechtigten nach § 21a Abs. 1 StVO verpflichtet sind, für das Angurten der Kinder zu sorgen und widrigenfalls sich einer Owi schuldig machen.[917] Haftungsrechtlich tritt damit wieder die Gesamtschuldnerproblematik wie schon bei der Frage des Schutzhelms für radelnde Kinder auf.

378 Der Fahrer ist nach § 23 StVO verpflichtet, dafür sorgen, dass das Fahrzeug, der Zug, das Gespann sowie die Ladung und die Besetzung vorschriftsmäßig sind. Ob sich hieraus auch eine Haftung des Fahrers ergibt, ist umstritten. Das *BayObLG*[918] lehnt sie ab, da § 23 keine diesbezügliche Verpflichtung ergeben. Dabei wird darauf abgestellt, lediglich die Bestärkung des Beifahrers in seinem Entschluss, sich nicht anzuschnallen, würde die Haftung begründen können. Dem kann nicht beigepflichtet werden. Die Argumentation des *BayObLG* zu § 23 StVO besteht lediglich in der Bemerkung, angesichts des Fehlens einer Verpflichtung im Rahmen von § 21a StVO komme eine Garantenpflicht nach § 23 StVO nicht in Betracht. Für diese, letztlich nicht begründete Rechtsansicht fehlt es an einer Grundlage. Gegenstand der Beurteilung ist nicht die Frage einer in § 23 Abs. 1 StVO steckenden Garantenpflicht, sondern das von § 23 StVO im Straßenverkehr geforderte Verhalten. Der Verstoß hiergegen ist bußgeldbewehrt und nach dem Bußgeldkatalog 2024 mit einem Bußgeld in Höhe von 30 € bedroht. Zudem ist § 23 StVO als Schutzgesetz nach § 823 Abs. 2 BGB anerkannt. Dementsprechend hat der Fahrer auch die Einhaltung der Anschnallpflicht zur Beifahrer zu achten. Fährt er trotz Weigerung des Beifahrers, sich anzuschnallen, haftete er für die Folgen mit.[919]

## XXVII. Sonderrechte

379 Ausgangspunkt bei der Beurteilung von Sonderrechten der Polizei-,[920] Feuerwehr und Rettungswagen ist § 35 StVO.[921] Hiernach sind gemäß Abs. 1 die Bundeswehr, der Bundesgrenzschutz, die Feuerwehr, der Katastrophenschutz, die Polizei und der Zolldienst von der StVO befreit, soweit das zur Erfüllung hoheitlicher Aufgaben dringend geboten ist.[922] Das Recht tritt bereits in Kraft, wenn es nach der Situation zur Erleichterung der Aufgabe unter Berücksichtigung der jeweiligen Straßen- und Verkehrsverhältnisse zweckmäßig und angemessen erscheint.[923] Allerdings erlischt es, wenn eine Behinderung oder Gefährdung anderer Verkehrsteilnehmer droht.[924] Zu prüfen ist jeweils, ob die einen Unfall auslösende Handlung tatsächlich den Bereich der Sonderrechte betrifft. Das *OLG Brandenburg*[925] hat ein Ausweichmanöver nach links wegen eines in die Kolonne einbiegenden dritten Fahrzeugs, die zu einer Kollision mit einem Überholer führte, als lediglich bei Gelegenheit eines Einsatzes vorgenommene Handlung betrachtet und daher die Voraussetzungen von

915 BGHZ 74, 25, 35 f.
916 Vgl. *BGH* NJW 1991, 231; zul. *OLG München* NJW-Spezial 2019, 745.
917 Vgl. *OLG Hamm* DAR 2014, 150, hierzu *Krenberger* SVR 2014, 311; vgl. auch *Kreuter-Lange* SVR 2013, 41, 43.
918 NJW 1994, 62, sich anschließend *Krumm* SVR 2009, 90, 93.
919 Ebenso MüKo-StVR/*Almeroth* § 21a StVO Rn. 28.
920 Dazu *Laub* SVR 2023, 49.
921 Grundl. LBMR/*Müller* § 35 StVO; *Laub* SVR 2023, 121 f.; *ders.* SVR 2022, 49 f.; *ders.* 2021, 441; *Müller* SVR 2019, 86; *Koehl* SVR 2018, 249 f.; *Herz*, Unfälle mit Sonderrechtsfahrzeugen, Teil I NJW-Spezial 2009, 297, Teil II NJW-Spezial 2009, 361; *Klenk* NZV 2010, 593.
922 Zu Übungsfahrten s. *Müller* SVR 2019, 86 f.
923 *OLG Celle* DAR 2012, 358; *OLG Saarbrücken* NJW 2013, 3659.
924 *OLG* Saarbrücken NJW 2013, 3659.
925 *OLG Brandenburg* VersR 2016, 1586.

§ 35 StVO verneint. Zudem erlischt das Recht, wenn eine Behinderung oder Gefährdung anderer Verkehrsteilnehmer droht.[926]

Voraussetzung für eine Berücksichtigung der Sonderrechte ist allerdings das Einschalten von Blau- 380
licht und, soweit die Erkennbarkeit es erfordert, das Einschalten des sog. Martinshorns entsprechend § 38 Abs. 1 StVO. Der Fahrer muss sich auch vergewissern, dass das Signal gehört werden kann.[927] Die Vorschrift führt jedoch nicht zur Umkehr des Vorfahrtsrechts, sondern nur zum zwangsweisen Verzicht für den sonstigen Verkehr – sofern er das Herannahen eines Sonderrechtsfahrzeugs erkannte.[928] Nach Ansicht des *LG Saarbrücken* kommt es hierbei auch nicht darauf an, ob die Voraussetzungen für die Sonderrechte tatsächlich vorhanden waren.[929] Den Halter eines Fahrzeugs, das mit Blaulicht, aber ohne Einsatzhorn bei Rot in eine Kreuzung einfährt, trifft beim Zusammenstoß mit einem Fahrzeug des Querverkehrs grundsätzlich die volle Haftung.[930] Außerdem ist das Einfahren in die Kreuzung mit größtmöglicher Vorsicht vorzunehmen. Je mehr sich der Einsatzfahrer über allgemeine Verkehrsregeln hinwegsetzt und dadurch die Unfallgefahren erhöht, desto größer ist die ihm obliegende Sorgfaltspflicht.[931] Trotz fehlenden Entlastungsbeweises nach § 7 Abs. 2 StVG trifft den bevorrechtigten Querverkehr keine Mithaftung, wenn das Sonderrechtsfahrzeug mit 65 km/h bei *»Rot«* in eine unübersichtliche Kreuzung einfährt.[932] Der Fahrer eines Sonderrechtsfahrzeuges darf nur dann als Wartepflichtiger auf die Gewährung freier Fahrt vertrauen, wenn für ihn Anhaltspunkte dafür bestehen, dass die anderen Verkehrsteilnehmer die besonderen Zeichen des Einsatzfahrzeuges (Blaulicht und Martinshorn) bemerkt haben.[933] Beim Feuerwehreinsatz liegen die Voraussetzungen für eine Sonderfahrt nach der Rechtsprechung des *BGH* schon vor, wenn Feuerwehleute im Rahmen der Alarmierung mit einem Privatfahrzeug[934] zum Einsatzstützpunkt oder (in außerstädtischen Bereichen häufig relevant) Einsatzort fahren.[935] Das *OLG* Naumburg[936] hat dies erneut bekräftigt.

Umgekehrt hat ein Verkehrsteilnehmer nach dem Erkennen des Sondersignals seine Fahrweise darauf 381
einzurichten, notfalls auf kürzeste Entfernung anhalten zu müssen. Auch bei eigenem Grünlicht darf er in eine ampelgesicherte Kreuzung nur einfahren, wenn er sicher ist, dass das Sonderrechtsfahrzeug nicht ebenfalls die Kreuzung passieren wird.[937] Der Nachweis des Hörens von Tonsignalen wird jedoch zunehmend schwieriger, da fortschreitende Schalldämmung von Fahrzeugen in Verbindung mit lediglich geringen weiteren Umständen dazu führen können, dass Fahrzeuginsassen bedeutsame Warnsignale von Einsatzfahrzeugen nicht mehr hören können.[938]

Gemäß § 35 Abs. 5a StVO sind Fahrzeuge des Rettungsdienstes von den Vorschriften der StVO 382
befreit, wenn höchste Eile geboten ist, um Menschenleben zu retten oder schwere gesundheitliche Schäden abzuwenden. Auf diesen Umstand, wozu also der Krankentransport diente und welcher Grad der Eilbedürftigkeit für den Fahrer erkennbar war, ist bei der Schadensabwicklung sorgfäl-

---

926 *OLG Saarbrücken* NJW 2013, 3659.

927 *OLG Naumburg* NZV 2014, 26.

928 Vgl. *OLG Brandenburg* NZV 2011, 26.

929 *LG Saarbrücken* Urt. v. 01.07.2011 – 13 S 61/11 = BeckRS 2011, 21692; hierzu NJW-Spezial 2011, 587; vgl. auch LBMR/Müller Verkehrsrecht § 38 StVO Rn. 12: Beurteilungsspielraum des Fahrers.

930 *OLG Köln* NZV 1996, 237; *OLG Naumburg* NJW 2012, 1232.

931 *OLG Schleswig* r+s 2024, 219.

932 *OLG Hamm* NJW-RR 1996, 599 vgl. aber *LG Saarbrücken* NJW 2013, 3659 mit großzügigem *»Vertrauensbonus«* für den Sondereinsatzfahrer.

933 *OLG Frankfurt/M.* zfs 2024, 80; *OLG Oldenburg* zfs 2000, 333; *OLG Hamm* VersR 1997, 1547: Mithaftung 1/3.

934 Dazu *Müller* SVR 2011, 321 f.

935 Vgl. *BGH* NZV 20089, 289.

936 *OLG Naumburg*, Urt. v. 15.12.2010 – 6 U 166/10 = BeckRS 2011, 02298, insoweit aber nur verständlich bei Kenntnis der Vorentscheidung des *LG Magdeburg*, Urt. v. 07.09.2010 – 10 O 564/10 = BeckRS 2011, 02297.

937 *OLG Hamm* VersR 1997, 1547; *OLG Frankfurt/M.* NZV 2013, 396.

938 *OLG Oldenburg* zfs 2000, 333.

tig zu achten. Unabhängig hiervon muss jedes Einfahren in die Kreuzung mit besonderer Vorsicht erfolgen. Fährt der Führer eines Rettungswagens unter Ausnutzung der Sonderrechte bei Rotlicht mit erheblicher Geschwindigkeit (hier: mit mehr als 40 km/h) in eine unübersichtliche Kreuzung ein, und zwar so schnell, dass er bei zu erwartendem Querverkehr sein Fahrzeug nicht zum Stehen bringen kann, so liegt darin ein erheblicher Verkehrsverstoß. In diesem Fall wiegt das Verschulden des Rettungswagenfahrers bei einem dadurch zustande gekommenen Verkehrsunfall so schwer, dass zumindest dann, wenn ein Mitverschulden aufseiten des anderen Unfallteilnehmers nicht nachgewiesen wird, bei der Abwägung der Verursachungsanteile die Betriebsgefahr des Unfallgegners nicht ins Gewicht fällt.[939]

383 Im Übrigen sind Straßenwartungsfahrzeuge und Fahrzeuge der Müllabfuhr gemäß § 35 Abs. 6 StVO bei Durchführung ihrer Aufgaben von der StVO befreit. Das bedeutet aber keine völlige Freistellung, vielmehr nur in dem gerade durch ihren Einsatz erforderlichen Umfang. Daher sind diese Fahrzeuge nicht grundsätzlich von der Wartepflicht nach § 8 StVO oder bei Rotlicht ausgenommen, da ihr Einsatz ein Abweichen von der Wartepflicht nicht zwingend erfordert.[940]

384 Ein bei Grünlicht begonnener Kehrvorgang im Kreuzungsbereich gehört aber gerade zu diesen Sonderaufgaben, sodass er auch dann beendet werden kann, wenn die Lichtzeichenanlage inzwischen erneut umgeschaltet hat und nunmehr dem Querverkehr freie Fahrt gewährt.[941] Auch das Befahren in straßenverkehrsordnungsrechtlich falscher Fahrtrichtung ist, wenn es die Durchführung der Arbeit erfordert, zulässig.[942]

385 Der Fahrer eines Einsatzfahrzeugs der Feuerwehr, der gem. § 35 StVO von den Vorschriften der StVO befreit ist, darf im innerstädtischen Verkehr darauf vertrauen, dass Fahrer von Fahrzeugen, die noch mindestens 50m vom Kreuzungsbereich entfernt sind, auf ihr Vorfahrtrecht verzichten, wenn er sicher annehmen darf, dass sie das Einsatzfahrzeug aus dieser Entfernung bei gehöriger Aufmerksamkeit bemerken werden.[943] Kommt es bei einer derartigen Verkehrslage zu einem Zusammenstoß mit dem Einsatzfahrzeug, das im Kreuzungsbereich anhalten musste, ist die Betriebsgefahr des Einsatzfahrzeugs, das Blaulicht und Signalhorn eingeschaltet hat, gegenüber dem anderen Fahrzeug nur gering und tritt bei der Abwägung nach § 17 StVG gegenüber dem erheblichen Verschulden des Fahrers des anderen Kfz, der nur sehr unaufmerksam oder rücksichtslos gefahren sein kann, völlig zurück.[944]

386 § 35 StVO befreit Fahrzeuge des Rettungsdienstes von Vorschriften der StVO, definiert jedoch nicht die hierzu eingesetzten Fahrzeuge. Auch § 52 Abs. 3 Nr. 4 StVZO beschreibt diese Fahrzeuge nicht näher, spricht aber von der Eintragung des Typs in den Fahrzeugpapieren. Fraglich ist, ob diese verkehrsverwaltungsrechtliche Entscheidung »kraft Anordnung« die Sonderrechte verleiht. Das *OLG Düsseldorf*[945] verneint dies. Gemäß § 35 Abs. 5a StVO sind Fahrzeuge des Rettungsdienstes von den Vorschriften der StVO befreit, wenn höchste Eile geboten ist, um Menschenleben zu retten oder schwere gesundheitliche Schäden abzuwenden. Auf diesen Umstand, wozu also der Krankentransport diente und welcher Grad der Eilbedürftigkeit für den Fahrer erkennbar war, ist bei der Schadensabwicklung sorgfältig zu achten. Unabhängig hiervon muss jedes Einfahren in die Kreuzung mit besonderer Vorsicht erfolgen. Fährt der Führer eines Rettungswagens unter Ausnutzung der Sonderrechte bei Rotlicht mit erheblicher Geschwindigkeit in eine unübersichtliche Kreuzung ein, und zwar so schnell, dass er bei zu erwartendem Querverkehr sein Fahrzeug nicht zum Stehen bringen kann, so liegt darin ein erheblicher Verkehrsverstoß. In diesem Fall wiegt das Verschulden des Rettungswagenfahrers bei einem dadurch zustande gekommenen Verkehrsunfall so schwer, dass

939 *LG Itzehoe* DAR 1999, 316.
940 *Thüringer OLG* DAR 2000, 65.
941 *Thüringer OLG* DAR 2000, 65.
942 *OLG Hamm* NZV 1995, 490.
943 Vgl. *OLG Köln* DAR 1977, 324.
944 Vgl. *OLG Köln* DAR 1977, 324; *KG* VersR 1976, 193.
945 *OLG* Düsseldorf NZV 2010, 267.

zumindest dann, wenn ein Mitverschulden auf Seiten des anderen Unfallteilnehmers nicht nachgewiesen wird, bei der Abwägung der Verursachungsanteile die Betriebsgefahr auf Seiten des Unfallgegners nicht ins Gewicht fällt.[946]

Der entscheidende Gesichtspunkt für die Beurteilung des Fahrziels »Rettungseinsatz« ist die Doku- 387
mentation im sog. Einsatzbefehl. Deren Auswertung vermag den Rettungswillen, der vom Fahrer gefordert wird zu belegen. Kann der Fahrer angesichts besonderer Situation hierin nicht Einblick nehmen, kommt jedoch ausnahmsweise gleichwohl die Bejahung eines Sonderrechtes in Betracht, wenn es aus Sicht des Fahrers zur Abwendung schwerer gesundheitlicher Schaden Sonderrechte in Anspruch genommen werden durfte.[947]

Zwischenzeitlich gibt es in vielen örtlichen Bereichen den »Helfer vor Ort«. Besonders ausgebildete 388
Helfer sollen bei Unfällen und sonstigen Notsituationen als Ersthelfer bis zum Eintreffen der regulären Rettungskräfte bereits Hilfe leisten. Sie benutzen jeweils eigene Fahrzeuge, sodass sich die Frage stellt, ob sie durch die Sonderrechte privilegiert werden.[948] Im Gegensatz zu dem mit dem Privatwagen zum Einsatz eilenden Feuerwehrhelfer ist dies jedoch zu verneinen. Die Ersthelfer sind nicht privilegiert, da sie Privatfahrzeuge nutzen und auch kein hoheitlicher Einsatz zugrunde liegt. Insoweit wird jedoch zwischenzeitlich im Rahmen der Ausweitung dieser Dienste die Tätigkeit der als sog. Verwaltungshelfer eingestuften Personen die Gleichstellung mit der Tätigkeit von Amtsträgern verglichen. Hieraus wird abgeleitet, die Tätigkeit führe letztlich zu Eingriffen in die Grundrechte.[949] Rechtsprechung zur Problematik, hinter der sich bei Personenschäden massive Schadensersatzansprüche verbergen können, ist aktuell noch nicht ersichtlich.

Prozessual ist darauf hinzuweisen, dass auf der Grundlage der Beweislast, wonach derjenige sie trägt, der sich auf das Sonderrecht beruft, eine Entlastung nur in Betracht kommt, wenn die nach § 35 Abs. 5a StVO geforderte höchste Eile, um Menschenleben zu retten oder schwere gesundheitliche Schäden abzuwenden dargelegt wird.[950]

## XXVIII. Straßenbahn

Haftungsgrundlage bei Beteiligung von Straßenbahnen ist § 1 HaftPflG. Hiernach kommt die 389
Haftung des Betreibers schon aus Betriebsgefahr in Betracht. Zu differenzieren ist allerdings bei der Frage, ob eine Entlastung infrage kommt. War die Straßenbahn auf einem getrennten Gleiskörper befindlich, schließt § 1 HaftpflichtG die Betriebsgefahr nur bei höherer Gewalt aus, handelte es sich jedoch um eine Unfallbeteiligung außerhalb dieses abgetrennten Gleisbereichs, reicht für die Verneinung der Betriebsgefahr schon die Unabwendbarkeit. Diese ist ebenso zu beurteilen wie bei § 7 Abs. 2 StVG.[951]

In der Praxis treten vor allem Unfälle im Zusammenhang mit links abbiegenden Kraftfahrzeugen 390
auf. Regelmäßig wird behauptet, das Kraftfahrzeug sei schon länger gestanden und der Unfall daher durch die verspätete Bremsung ausgelöst worden. Beim Zusammenstoß eines Pkw mit der Straßenbahn wird jedoch nach Anscheinsgrundsätzen das Verschulden des die Vorfahrt nicht beachteten Pkw-Fahrers ebenso vermutet wie die Ursächlichkeit des Verschuldens für den Unfall.[952] Den Kraftfahrer kann dies nur dann entkräften, wenn er ausreichende Anhaltspunkte für ein bereits längeres Stehen im Gleisbereich darlegen kann.[953] In diesem Fall kommt auch die Betriebsgefahr des Schie-

946 *LG Itzehoe* DAR 1999, 316.
947 Vgl. *OLG Celle* NJOZ 2012, 1351; *LG Saarbrücken* NJW-RR 2012, 98 = NJW-Spezial 2011, 587.
948 Grundl. *Müller* SVR 2011, 321 f.; *Beck* NZV 2009, 324.
949 *Messerschmidt/Krebs* NVwZ 2016, 275.
950 *OLG Celle*, Urt. v. 03.08.2011 – 14 U 158/10 = BeckRS 2011, 20121.
951 *Thüringer OLG* NZV 2000, 210.
952 *OLG Hamm* NJWE-VHR 1997, 83.
953 Vgl. auch *Metz* NZV 2009, 484, 485.

nenfahrzeugs zum Tragen.[954] Das *KG*[955] betont insoweit erneut die Grundlagen der Haftungsabwägung in diesen Fällen: Der Kraftfahrer hat sich gemäß § 9 Abs. 1 S. 1 StVO zu versichern, dass *»nicht alsbald«* eine Straßenbahn herankomme, ein Anscheinsbeweis gegen den Straßenbahnfahrer existiere nicht und daher habe der Kraftfahrer ein Verschulden des Straßenbahnfahrers voll zu beweisen. Zudem berücksichtigt es eine erhöhte Betriebsgefahr der Straßenbahn mit dem Ergebnis einer Haftungsverteilung von 50:50. Das *OLG Hamm*[956] verneint ebenfalls einen Anscheinsbeweis und stellt die begrenzte Verpflichtung des Straßenbahnfahrers heraus: *»Grundsätzlich darf sich der Straßenbahnführer darauf verlassen, dass andere Verkehrsteilnehmer auf seinen Vorrang gem. §§ 2 Abs. 3, 9 Abs. 3 StVO Rücksicht nehmen. Erst in dem Moment, in dem sich die Gefahr einer Kollision aufdrängt und eine rechtzeitige Räumung des Gleisbereichs unwahrscheinlich ist oder sich die Straßenbahn sonst einer unklaren Verkehrssituation nähert, entfällt die Berechtigung des Straßenbahnführers, auf seinen Vorrang zu vertrauen und ist er gegebenenfalls zur Einleitung einer Schnellbremsung verpflichtet.«* Beim Linksüberholen einer Straßenbahn und anschließendem Wechsel vor diese kommt eine Mithaftung des Straßenbahnunternehmers oder Fahrers nicht in Betracht.[957] Das entspricht den Prinzipien des Spurwechsels zwischen Kraftfahrzeugen.

**391** Dieser Vertrauensgrundsatz gilt auch in Zusammenhang mit Fußgängern. *»Danach kann der Straßenbahnfahrer in der Regel darauf vertrauen, dass ein Verkehrsteilnehmer, den er vor sich auf den Gleisen in einem Abstand sieht, der dem Bremsweg der Bahn nahe kommt, diese rechtzeitig vor der herannahenden Straßenbahn verlässt, so dass er seinetwegen noch nicht sogleich die Fahrgeschwindigkeit zu verringern oder anzuhalten braucht.«*[958] Der gleiche Vertrauensgrundsatz gilt beim Annähern an die Haltestelle.[959] Auch die bloße Anwesenheit eines erwachsenen Fußgängers auf einem Trampelpfad neben dem Gleis verpflichtet den Fahrzeugführer nicht zur Abgabe eines Warnsignals.[960] Das *OLG Düsseldorf*[961] verneint aber im Zusammenhang mit Kindern eine Einschränkung dieses Vertrauensgrundsatzes.

**392** Gibt es allerdings Umstände, die ein Entfernen des Fußgängers behindern können, etwa zu erwartender, der Straßenbahn gleichgerichtete Autoverkehr, ist eine sofortige Reaktion des Straßenbahnfahrers erforderlich. *»Es handelt fahrlässig, wer zu schnell in eine unklare Verkehrslage hineinfahrt; für einen Kraftfahrer – und für einen Straßenbahnfahrer gilt hier nichts anderes –, der sich einer solchen Verkehrslage gegenüber sieht, kann es nur eine Verhaltensmaßnahme geben, nämlich seine Geschwindigkeit sofort so weit herabzusetzen, dass er notfalls noch vor der Gefahrenstelle anhalten kann.«*[962]

**393** Hinsichtlich der Kollisionen zwischen Straßenbahnen und Fahrzeugen in engen Straßen wird auf Rn. 258 verwiesen.[963]

**394** Sicherlich einen Sonderfall stellt ein Zusammenstoß eines Kraftfahrzeugs mit einem Schwarzfahrer dar, der sich der Feststellung seiner Personalien entziehen will und auf der Flucht unmittelbar in der Nähe der Straßenbahn mit einem Fahrzeug kollidiert. Auch insoweit ist jedoch die Betriebsgefahr der Straßenbahn in die Abwägung mit einzubeziehen.[964]

---

954 Vgl. *OLG Brandenburg* NZV 2009, 497 mit ausf. Abwägung der beiderseitigen Betriebsgefahr.
955 *KG* NZV 2005, 416.
956 *OLG Hamm* NZV 2005, 414.
957 Vgl. *LG Berlin* NZV 2012, 186.
958 *BGH* NJW-RR 1991, 347; *OLG Saarbrücken*, Urt. v. 14.03.2013 – 4 u 445/11 – 139 = BeckRS 2013, 08837.
959 *LG Würzburg* VRS 101, 328.
960 *OLG Nürnberg* NJW-RR 2002, 449.
961 *OLG* Düsseldorf, Urt. v. 30.08.2013 – I-1 U 68/12 = BeckRS 2013, 18736.
962 *BGH* NJW-RR 1991, 347, 348.
963 Vgl. ferner *KG* VersR 1995, 978: volle Haftung bei ausscherendem Heck der Straßenbahn; *OLG Düsseldorf* VRS 66, 333: Haftung der Straßenbahn 2/3; *LG Düsseldorf* VersR 1976, 101: Mithaftung 50 %.
964 *OLG Karlsruhe* NZV 1999, 127.

Im Allgemeinen wird eine Schadensteilung zu erfolgen haben, die einerseits das (bedingte) Vorrecht der Straßenbahn berücksichtigt, andererseits aber auch den berechtigten Belangen des Individualverkehrs Rechnung trägt. 395

## XXIX. Türöffnen

Gegen den Türöffner spricht der Anscheinsbeweis, weil beim Öffnen der Türe erhöhte Sorgfaltspflichten zu erfüllen sind,[965] setzt aber auch das tatsächliche bereits erfolgte Öffnen voraus.[966] Gem. § 14 Abs. 1 StVO darf man nämlich in ein Fahrzeug nur ein- und aussteigen, wenn eine Gefährdung anderer Verkehrsteilnehmer ausgeschlossen ist. Kann jemand nachweisen, dass die Türe beim Herannahen des gegnerischen Fahrzeugs bereits geöffnet war, kommt allerdings eine Mithaftung des Vorbeifahrenden wegen ungenügenden Seitenabstandes,[967] eventuell auch als Entkräftung des Anscheinsbeweises in Betracht, wenn im Raum steht, dass möglicherweise vom Vorbeifahrenden kein ausreichender Seitenabstand eingehalten wurde. Andererseits gilt die Einhaltung eines ausreichenden Seitenabstands auch für den vorbeifahrenden Fahrradfahrer. Das *KG*[968] geht insoweit davon aus, jedenfalls sei ein Abstand von 0,45 Meter zu gering und kam zu einer Mithaftung des Radfahrers von 25 %. 396

Türöffnen zählt zum Betrieb des Fahrzeugs. Die im Einzelfall schwierige Frage, ob auch der Fahrer beim unvorsichtigen Öffnen durch einen Beifahrer haftet, also vor allem Schmerzensgeldansprüche aus diesem Verschulden abgeleitet werden können, ist nach neuem Recht nicht mehr so relevant, da dann auch auf die Haftung aus Betriebsgefahr ein Schmerzensgeldanspruch gestützt werden kann. § 14 Abs. 1 StVO nimmt den aussteigenden Beifahrer in die Pflicht; dieser haftet aus § 823 BGB.[969] Deckung hat er i.d.R. nicht über die Kfz-Haftpflichtversicherung (siehe A.1.2 Muster-AKB 2015), sondern über eine etwaig bestehende Privat-Haftpflichtversicherung,[970] sofern die die Tür öffnende Person nicht als Eigentümer oder Halter in der Kfz-Versicherung mitversichert ist.[971] Als nicht mitversicherte Person haftet der Fahrzeuginsasse gleichwohl als deliktischer Schädiger zusammen mit den in § 115 Abs. 1 S. 4 VVG Genannten als Gesamtschuldner (§ 840 Abs. 1 BGB). Der interne Ausgleich ist nach § 116 Abs. 1 S. 1 VVG so geregelt, dass der Kfz-Haftpflichtversicherer grundsätzlich alleine verantwortlich bleibt. Ein Regress des Kfz-Haftpflichtversicherers gegen den Insassen ist aber gleichwohl möglich, da § 116 Abs. 1 S. 1 VVG sich nur auf Gesamtschuldner nach § 115 Abs. 1 S. 4 VVG bezieht.[972] Zu diesen gehört der türöffnende »normale Insasse« als nicht mitversicherter Fahrzeuginsasse aber nicht.[973] 397

Kommt ein Radfahrer dadurch zu Fall, dass die Beifahrertür eines haltenden Pkw geöffnet wird, an dem er rechts vorbeifahren will, ist zwischen den unterschiedlichen Beteiligten, nämlich Halter, Fahrer und Beifahrer zu trennen. Hierbei ist entscheidend, ob dem Geschädigten selbst eine Mithaftung zuzurechnen ist, da dann zwischen den Haftungseinheiten Halter/Fahrer und dem nicht vom Kraftfahrthaftpflichtversicherungsschutz geschützten Insassen zu unterscheiden ist. 398

965 Allg. Ansicht vgl. *KG* NZV 2010, 343; *OLG Düsseldorf*, Urt. v. 26.06.2012 – I-1 U 149/11 = BeckRS 2013, 00462; vgl. auch Rn. 132.

966 *OLG Karlsruhe* NZV 2012, 593.

967 *OLG München*, Urt. v. 13.02.1998 – 10 U 3847/97 n.v.: 50 %; vgl. zum Abstand Rn. 135.

968 *KG* r+s 2011, 175, 176 m. Anm. *Lemcke*; hierzu *Balke* SVR 2011, 147.

969 *Burmann/Jahnke* DAR 2016, 313, 315.

970 *Schimikowski* r+s 2016, 14, 16; *Maier* in: Anm. zu *EuGH*, Urt, v. 15.11.2018 – C-648/17, r+s 2019, 452f.

971 *Halm/Kreuter/Schwab*, AKB-Kommentar, 2. Aufl. 2015, A.1.2 AKB Rn. 48; *Maier* in: Anm. zu *EuGH*, Urt. v. 15.11.2018 – C-648/17, r+s 2019, 452f.

972 *AG Hamburg-Harburg*, Urt. v. 30.08.2022 – 640 C 122/21 m. Anm. *Balke* SVR 2023, 431.

973 S. *Rogler* in Anm. zu *OLG Köln* r+s 2020, 534.

399 Andererseits muss auch ein Radfahrer auf notwendige Abstände achten. Das *KG*[974] sieht einen Abstand von 45 cm auf beiden Seiten als zu gering an.

## XXX. Überholen

400 Überholen zählt ebenfalls zu jenen Verkehrsvorgängen, die mit besonderer Gefährlichkeit einerseits und dementsprechender Verpflichtung zu erhöhter Sorgfalt verknüpft und damit dem Anscheinsbeweis zugänglich sind.[975] Die Vorschrift soll den Gegenverkehr und den nachfolgenden Verkehr schützen, nicht jedoch den einbiegenden.[976] Ob ein Überholen, das nur bei Überschreitung der örtlichen Höchstgeschwindigkeit möglich ist, rechtswidrig und damit haftungsrechtlich bedeutsam ist, wird in der Rechtsprechung unterschiedlich beurteilt.[977] Ob das Abkommen von der Fahrbahn im Zusammenhang mit einem Überholen dem Anscheinsbeweis unterliegt, hat das *OLG Hamm* verneint.[978]

401 Allerdings ist *»für einen Anscheinsbeweis, der gegen den im Überholvorgang Auffahrenden spricht, (...) dann kein Raum, wenn – wie im Streitfall – ernsthaft die Möglichkeit in Betracht kommt, dass das Fahrzeug, auf das er aufgefahren ist, plötzlich in seine Fahrspur gewechselt ist und ihm damit den eingehaltenen Abstand verkürzt hat* (es folgt Nachweis). *Auch der überholende Kraftfahrer darf sich in der Regel darauf verlassen, dass der Vorausfahrende sich verkehrsgerecht verhält.«*[979]

402 Bei der Beurteilung des Überholvorgangs kommt es im Übrigen entscheidend auf das sorgfältige Verhalten des Fahrers bei der Einleitung des Überholvorgangs an, da *»ein Fahrzeugführer nur dann überholen darf, wenn er sich zuvor vergewissert hat, dass ihm der benötigte Überholweg hindernisfrei zur Verfügung steht. Aus seiner Zweckbestimmung, die mit einem Überholvorgang verbundenen spezifischen Gefahren auszuschließen, folgt, dass dieses Gebot jedes Hindernis erfasst.«*[980]

403 Kann nicht festgestellt werden, ob ein Überholvorgang, der für das Abkommen von der Fahrbahn eines Fahrzeugs des Gegenverkehrs ursächlich war, tatsächlich verkehrswidrig war, kommt die Berücksichtigung der erhöhten Betriebsgefahr des überholenden Fahrzeugs in Betracht.[981]

404 Streitig ist, ob der Überholende mit dem Entgegenkommen unbeleuchteter Fahrzeuge rechnen muss. Das *OLG Hamm*[982] hat dies noch verneint. Insoweit hat der *BGH*[983] gegenteilig entschieden. Der Kläger hatte bei Dunkelheit mit Abblendlicht mit einer Geschwindigkeit von 80 km/h überholt und war auf einen, ihm entgegenkommenden Mopedfahrer, dessen Fahrzeug unbeleuchtet war, gestoßen. Hier bejaht der *BGH* die Verkehrswidrigkeit des Überholenden und führt aus, der Überholende habe sich vor Durchführung des Überholvorgangs zu vergewissern, ob der benötigte Überholweg hindernisfrei sei, dieses Gebot erfasse jedes, also auch ein unbeleuchtetes Hindernis.

405 Wer daher ohne ausreichende Ortskenntnis bei Dunkelheit zu einem Überholmanöver ansetzt, ohne die Gewissheit zu haben, dieses Manöver gefahrlos für den Gegenverkehr durchführen zu können, handelt schuldhaft verkehrswidrig, insbesondere dann, wenn er den Überholvorgang im Zuge einer unübersichtlichen Ortsdurchfahrt einer Bundesstraße durchführt. Der Grundsatz, dass Fehleinschätzungen zulasten dessen gehen, der sich irrt, hat auch dann Bedeutung, wenn sich die

974 *KG* r+s 2011, 174.
975 Vgl. auch Rn. 71.
976 Vgl. *OLG Hamm*, Urt. v. 04.02.2014 – I-9 U 149/13 = BeckRS 2014, 06528.
977 Bejahend *OLG Schleswig*, Urt. v. 02.11.1995 – 9 U 50/95 = BeckRS 1995, 12744; verneinend *OLG Hamm* NZV 2014, 414.
978 *OLG Hamm* r+s 1998, 149.
979 *BGH* NJW-RR 1987, 1048.
980 *BGH* NJW 2000, 1949.
981 So *OLG Brandenburg* VersR 1996, 901: Mithaftung des Überholenden mit 70 %.
982 *OLG Hamm* VersR 1999, 898.
983 *BGH* NJW 2000, 1949.

fehlerhafte Einschätzung der für die Verkehrslage bedeutsamen Umstände auf den weiteren Straßenverlauf bezieht.[984]

Dass ein Verstoß gegen ein Überholverbot die Haftung des verkehrswidrig Fahrenden nach sich zieht, bedarf keiner näheren Begründung. Ein Überholverbot muss sich hierbei nicht allein aus einer Beschilderung gemäß § 5 Abs. 2 StVO ergeben. Vielmehr ist insbesondere das sich aus § 5 Abs. 3 StVO ergebende Überholverbot bei unklarer Verkehrslage von Bedeutung. *»In der Rspr. ist anerkannt, dass sich die Unklarheit der Verkehrslage auch aus einer Sicht behindernden Straßenführung* (*vgl. OLG Düsseldorf* VRS 65, 64; VerkMitt 1966, 44; *OLG Koblenz* VRS 47, 31; *BayObLG* VRS 21, 378) *sowie daraus ergeben kann, dass ein vorausfahrender Lkw die Sicht auf den Verkehrsraum vor ihm verdeckt.«*[985] 406

Ein Überholverbot ergibt sich aber nicht schon aus dem Überfahren einer Sperrfläche oder einer ununterbrochenen Mittellinie.[986] Gleichwohl bleibt dieses Verhalten nicht ohne Auswirkungen auf die Haftungsverteilung. *»Im Gegenteil schützt eine solche Markierung, wo sie sich wegen der Enge der Fahrbahn faktisch wie ein Überholverbot auswirkt* (es folgt Nachweis), *auch das Vertrauen des Vorausfahrenden, an dieser Stelle nicht mit einem Überholt werden rechnen zu müssen. Er darf sich – ähnlich wie bei einer natürlichen Straßenverengung – darauf verlassen, dass ein nachfolgender Verkehrsteilnehmer sich verkehrsordnungsgemäß verhält, also nicht zum Überholen ansetzt, wenn dies nur durch Überfahren der Fahrstreifenbegrenzung oder der Sperrfläche möglich ist.«*[987] 407

## 1. Gegenverkehr

Gemäß § 5 Abs. 2 StVO *»darf nur überholen, wer übersehen kann, dass während des ganzen Überholvorgangs jede Behinderung des Gegenverkehrs ausgeschlossen ist. Diese Vorschrift bezweckt lediglich den Schutz des Gegenverkehrs.«*[988] 408

Die volle Haftung trifft den Überholenden insoweit auch bei Mehrfachüberholung und Kollision mit dem Gegenverkehr.[989] Das Gebot des § 3 Abs. 1 S. 3 StVO, auf Sicht zu fahren, dient nicht dem rechtzeitigen Erkennen von Hindernissen, die unvermittelt von der Seite her auf die Fahrbahn gelangen, wie es dann der Fall ist, wenn ein im Gegenverkehr befindlicher Kradfahrer verbotswidrig überholt.[990] 409

Ein Kraftfahrer, der auf einer Landstraße äußerst waghalsig und rücksichtslos eine Fahrzeugkolonne überholt und dabei einen Verkehrsunfall verursacht, kann auch dann, wenn das leichte Ausscheren eines in der Kolonne fahrenden Verkehrsteilnehmers für den Unfall mitursächlich war, für den Schaden in vollem Umfange allein einzustehen haben.[991] Befanden sich beide Fahrzeuge im Überholvorgang, ohne dass festgestellt werden könnte, wer den Überholvorgang zuerst eingeleitet habe, ist von beiderseits gleicher Haftung auszugehen.[992] 410

## 2. Gleichgerichteter Verkehr und Kolonnenfahren

Bei Kollisionen des Überholenden mit dem gleichgerichteten Verkehr wird in der Regel ein Fehlverhalten des Überholten festzustellen sein, etwa durch das Ausscheren vor dem Vorbeifahren des Überholenden. Zudem hat der Überholende bei einer stehenden Kolonne stets mit herausfahrenden 411

984 *BGH* NJW 2000, 1949.
985 *BGH* NJW 1996, 60.
986 *BGH* NJW 1996, 60.
987 *BGH* NJW 1996, 60.
988 *BGH* NJW 1996, 60.
989 Vgl. schon *BGH* VersR 1965, 566; *OLG Koblenz* VersR 1996, 1427.
990 *OLG Stuttgart* DAR 1991, 179.
991 Vgl. *OLG Köln* VersR 1987, 188, Nichtannahme der Revision durch den *BGH*.
992 Vgl. *Grüneberg* Rn. 219.

Fahrzeugen zu rechnen.[993] Im Übrigen ist ein Überholen im Bereich von Kolonnen auch unter dem Gesichtspunkt der unklaren Verkehrslage, § 5 Abs. 3 Nr. 1 StVO zu prüfen. Diese ist zu bejahen, wenn der Überholende die Spitze der Kolonne nicht übersehen kann, weil hier wegen eines Linksabbiegers ein Stocken eintreten kann,[994] es zudem stets damit zu rechnen ist, dass ein Vorausfahrender plötzlich anhält.[995]

412 Einen Grundsatz, wonach bei mehreren in einer Kolonne fahrenden Fahrzeugen stets der Vorausfahrende Vorrang beim Überholen hat, gibt es allerdings nicht. Selbst wenn bei vorher erfolgten Überholvorgängen eine bestimmte Reihenfolge eingehalten wurde, lässt sich hieraus ein Vertrauensgrundsatz des Vorausfahrenden nicht herleiten. Zwar muss nach unmittelbarer Aufhebung eines über eine längere Strecke bestehenden Überholverbotes dem Vordermann die Chance eingeräumt werden zu überholen. *»Denn ein in einer Kolonne an dritter Stelle fahrender Fahrer ist auch nach dem strengen Maßstab, der bei der Gefährdungshaftung des § 7 StVG an den ›Idealfahrer‹ zu stellen ist, nicht in jedem Fall verpflichtet, dem Vorausfahrenden den ›Überholvortritt‹ einzuräumen. Auch ein ›Idealfahrer‹ wird sich im Allgemeinen darauf verlassen dürfen, dass sein Vordermann nicht seinerseits zum Überholen ausschert, ohne vorher ein Blinkzeichen gegeben zu haben. Von ihm ist allerdings zu verlangen, die konkrete Verkehrssituation auch auf andere Umstände hin zu beobachten, die es nahe legen können, dass der Vorausfahrende seinerseits überholen will.«*[996] Das *OLG Düsseldorf*[997] nahm jedoch an, die überholten Fahrer müssten mit einem Überholen von hinten rechnen.

413 Bei der Haftungsabwägung kommt es entscheidend darauf an, das Verhalten der beteiligten Verkehrsteilnehmer zu gewichten. Das *OLG Hamburg* ging davon aus, dass ohne Berührung der Verkehrsteilnehmer, bei einem Unfallgeschehen in zeitlichem und örtlichem Zusammenhang eine beiderseitige Haftung von 50 % anzusetzen sei.[998] Überholt einer davon entgegen einem Überholverbot, so trägt er das überwiegende Verschulden. Dies kann sich ergeben, wenn eine Ausnahme für das Überholen von Traktoren vorliegt. Mit dem vorausfahrenden Pkw kann ein Traktor überholt werden, der nachfolgende Fahrzeugführer darf aber diesen Vorausfahrenden nicht überholen, sodass der Überholvorgang des hinteren Kraftfahrers wegen eines Verstoßes gegen § 5 Abs. 3 Nr. 2 StVO verkehrswidrig ist. Das *OLG Düsseldorf* geht aber bei der Haftungsabwägung davon aus, dass auch den Vorausfahrenden ein Mitverschulden trifft, wenn er entgegen § 5 Abs. 4 S. 1 StVO sich vor Beginn des Überholvorgangs nicht durch Einhaltung der Rückschaupflicht und rechtzeitigem Setzen des Blinkers ordnungsgemäß verhält. Es hat insoweit eine Haftungsverteilung von 1:2 zulasten des an hinterster Stelle Überholenden angesetzt. Hier sind jedoch Bedenken anzumelden. Die Argumentation, diesem sei keine Missachtung des Vorranges des Vorausfahrenden anzulasten, verkennt, dass er gerade überhaupt nicht zu einem Überholvorgang berechtigt war. Nach dem Vertrauensgrundsatz durfte der Vorausfahrende davon ausgehen, dass von hinten kein Fahrzeug kommen dürfe, sodass das Verschulden allenfalls äußerst geringfügig ist. Angesichts des in der Entscheidung richtig angesetzten vorsätzlichen Verkehrsverstoßes des an zweiter Stelle Überholenden ist das eventuelle Mitverschulden des Vorausfahrenden und die Betriebsgefahr seines Fahrzeugs so gering zu gewichten, dass die Haftung allein dem von hinten Überholenden zuzuordnen ist.

414 Hat allerdings der Nachfolgende in korrekter Weise zum Überholen angesetzt, bleibt ihm der Vorrang.[999] Nach den Grundsätzen des sog. Überholvortritts hat derjenige den Überholvortritt, wer sich dem Vordermann so sehr genähert hat, dass er zwecks Überholens ausscheren muss.[1000]

---

993 *OLG Hamm* NZV 2014, 176.
994 *OLG Karlsruhe* NZV 1999, 166; s. auch *OLG Schleswig* NJW-RR 2020, 800.
995 Vgl. *KG* DAR 1995, 482.
996 *BGH* NJW 1987, 322.
997 *OLG* Düsseldorf, Urt. v. 10.05.2011 – I-1 U 149/10 = BeckRS 2012, 02371.
998 *OLG Hamburg* NZV 2013, 541.
999 *LG Erfurt* SP 1994, 71; *KG* NZV 2002, 229.
1000 *KG* NZV 2002, 229.

Beim Linksvorbeifahren an einer Fahrzeugkolonne, die in einem bevorrechtigten Straßenzug vor einer einmündenden Nebenstraße wartet und im Einmündungsbereich vorschriftsmäßig eine Lücke freilässt (§ 11 StVO),[1001] ist im Übrigen die Lücken-Rspr.[1002] zu beachten. 415

Weicht ein Fahrzeuglenker aus, weil er eine drohende Kollision vermeiden will und gerät hierbei von der Fahrbahn, so kommt eine Mithaftung des gegnerischen Fahrzeugs auch ohne Berührung der beiden Fahrzeuge durchaus in Betracht.[1003] 416

### 3. Rechtsüberholen

Demgegenüber kann vorschriftswidriges Rechtsüberholen mit überhöhter Geschwindigkeit den Vorwurf grober Fahrlässigkeit und damit ein Verschulden begründen, hinter dem die durch nicht strikte Einhaltung des Rechtsfahrgebots erhöhte Betriebsgefahr des eingeholten Kfz völlig zurücktritt.[1004] 417

Dabei ist zu beachten, dass ein haftungsrechtliches verbotenes Rechtsüberholen auch in Betracht kommen kann, wenn nicht mehr feststellbar ist, in welcher Weise sich ein Fahrzeug nach rechts hin bewegte, etwa zum Rechtsabbiegen, oder wie weit das auf der rechten Fahrspur bewegte Fahrzeug sich schon dem Erstfahrzeug genähert hatte.[1005] 418

### 4. Seitlicher Abstand

Bei Überholen ist grundsätzlich auf ausreichenden Seitenabstand zu achten, § 5 StVO. Im Verhältnis zu Radfahrern geht die Rspr. von einem Abstand von mindestens 1–1,5 Metern aus.[1006] Diese bisherige Rechtslage hat sich allerdings durch eine Änderung von § 5 Abs. 4 S. 2 StVO[1007] erheblich geändert. *»Beim Überholen mit Kraftfahrzeugen von zu Fuß Gehenden, Rad Fahrenden und Elektrokleinstfahrzeug Führenden beträgt der ausreichende Seitenabstand innerorts mindestens 1,5 m und außerorts mindestens 2 m.*[1008] *An Kreuzungen und Einmündungen kommt Satz 3 nicht zur Anwendung, sofern Rad Fahrende dort wartende Kraftfahrzeuge nach Absatz 8 rechts überholt haben oder neben ihnen zum Stillstand gekommen sind. Wer überholt, muss sich so bald wie möglich wieder nach rechts einordnen. Wer überholt, darf dabei denjenigen, der überholt wird, nicht behindern.«* Da der Abstand im ländlichen Bereich auf Gemeindenebenstraßen, insbes. bei landwirtschaftlichen Großfahrzeugen, praktisch zu einem langanhaltenden Überholverbot führt, kommt dieser Abstandsbestimmung eine umfassende Haftungsklärung zu. Ist ein Kraftfahrer mit seinem Pkw nahe an zwei vor ihm fahrende Radfahrer herangekommen, so muss ein nachfolgender Kraftfahrer damit rechnen, dass Ersterer zum Überholen der Radfahrer ansetzen und hierzu ausscheren wird. Solange nicht klar ist, ob der erste Kraftfahrer sich so verhält, besteht für den Nachfolgenden eine unklare Verkehrslage, die ihm das Überholen verbietet.[1009] 419

### 5. Unklare Verkehrslage

Eine unklare Verkehrslage ist gegeben, wenn der Überholer nach den Umständen mit einem ungefährdeten Überholen nicht rechnen darf, was insbesondere dann der Fall ist, wenn er nicht verlässlich beurteilen kann, was der Fahrer des vorausfahrenden Fahrzeugs sogleich tun werde.[1010] Bei einer 420

1001 Vgl. *KG* VersR 1974, 370.
1002 Vgl. hierzu *OLG Hamm*, Beschl. v. 28.05.2019 – 7 U 85/18 m. Anm. *Siegel* SVR 2020, 186.
1003 Zul. *OLG Hamburg* NZV 2013, 541; Haus/Krumm/Quarch/*Kuhnert* § 7 StVG Rn. 30 ff.
1004 *OLG München* VersR 1979, 747.
1005 *OLG München* NJOZ 2021, 651.
1006 Vgl. *OLG Frankfurt/M.* NZV 1990, 188; *KG* VersR 2009, 84; LBMR/*Schröder* Verkehrsrecht § 5 StVO Rn. 11.
1007 VO z. Änd. der Straßenverkehrsordnung (StVO), BGBl. I 2013, 367.
1008 Vgl. auch *Koehl* SVR 2020, 337.
1009 *OLG München* NZV 1993, 232.
1010 *OLG Schleswig*, Urt. v. 01.10.2024 – 7 U 145/23 = BeckRS 2024, 26105.

unklaren Verkehrslage ist gemäß § 5 Abs. 3 Nr. 1 StVO das Überholen unzulässig und damit ein erheblicher bis zur groben Fahrlässigkeit reichender Verkehrsverstoß des Überholenden anzunehmen, der seine volle Haftung erbringt.[1011] Die Vorschrift schützt im Wesentlichen den überholten und den Querverkehr, der Gegenverkehr ist bereits durch § 5 Abs. 2 S. 1 StVO geschützt.[1012]

421 Eine derartige unklare Verkehrslage hat die Rspr. auch angenommen, wenn

- ein 1,84m breiter Kleinbus auf einer 5,5m breiten Straße einen 2,75m breiten mit etwa einer Radbreite Abstand vom rechten Fahrbahnrand auf schlechtem Fahrbahnbelag fahrenden Kranwagen vor sich hat, der sich wegen der Hydraulikfederung schwankend fortbewegt. Der Kranwagenfahrer verstößt in dieser Situation nicht gegen das Rechtsfahrgebot des § 2 Abs. 2 StVO. In dieser Situation reicht ein Seitenabstand von 50–60 cm beim Überholen nicht aus,[1013]
- ein Kraftfahrer mit seinem Pkw nahe an zwei vor ihm fahrende Radfahrer herankommt, da ein nachfolgender Kraftfahrer damit rechnen muss, dass Ersterer zum Überholen der Radfahrer ansetzen und hierzu ausscheren wird, solange nicht klar sei, ob der erste Kraftfahrer sich so verhalte, bestehe für den Nachfolgenden eine unklare Verkehrslage,[1014]
- ein Kraftfahrer aus der Fahrweise eines vorausfahrenden Fahrzeugs schließen kann, dessen Fahrer suche einen Parkplatz und ein solcher auf der linken Straßenseite im Bereich einer Straßeneinmündung in Sicht kommt, auch wenn der Vorausfahrende nicht links blinkt,[1015]
- ein Verkehrsteilnehmer, dessen Sicht auf eine Straßenkreuzung durch ein vorausfahrendes Fahrzeug und wegen einer Straßenkrümmung verdeckt ist, den Verkehrsraum vor sich nicht voll übersehen kann, da er sich nicht darauf verlassen darf, dass wartepflichtiger Verkehrsteilnehmer, der auf einer untergeordneten Straße herannaht, während des Überholvorganges nicht in die bevorrechtigte Straße einbiegt,[1016]
- der zu überholende Fahrer den linken Blinker gesetzt hat,[1017]
- jemand eine Fahrzeugkolonne überholt, den Verkehrsraum vor sich auf der rechten Fahrspur aber nicht voll einsehen kann, kommt es durch das plötzliche Linksabbiegen eines rechts *fahrenden* Pkw, den der Überholende vorher nicht gesehen hat, zu einem Zusammenstoß, so trifft den Überholer Mitverschulden.[1018]
- derjenige, der eine aus fünf Fahrzeugen bestehende, wartende Kolonne unter Nutzung der Gegenfahrbahn überholt und seine Bewertung der Verkehrslage erkennbar über die Bewertung von fünf anderen Fahrzeugführern stellt, die dem Anhaltegrund örtlich näher sind und sich in derselben Situation offensichtlich bewusst anders verhalten. Das Ausmaß der Sorgfaltswidrigkeit steigt dabei umso mehr, je weniger der Überholende die Lage vor dem ersten Fahrzeug der Kolonne vor Beginn des Überholvorgangs einsehen kann.[1019]
- jemand auf einer nur 5m breiten und kurvigen Landstraße eine vorausfahrende Kolonne von drei Fahrzeugen überholt und es zu einer seitlichen Berührung mit einem vorausfahrenden Fahrzeug kommt.[1020]

422 Andrerseits hat die Rspr. diese unklare Verkehrslage verneint, wenn

- ein Kraftfahrer von einem rechts der Fahrbahn gelegenen Parkstreifen in den fließenden Verkehr einfährt und dabei links blinkt,[1021]

1011 Vgl. auch *OLG Schleswig* NZV 1994, 30.
1012 Vgl. *KG* NJOZ 2011, 926.
1013 *OLG Stuttgart* NJWE-VHR 1998, 233 [Ls.].
1014 *OLG München* NZV 1993, 232.
1015 *OLG Köln* NZV 1999, 333.
1016 *BGH* NJW 1996, 60.
1017 *OLG Celle* zfs 1999, 56.
1018 *OLG Braunschweig* DAR 1993, 345: Mitverschulden 40 %.
1019 *LG Wuppertal,* Urt. v. 21.01.2024 – 14 O 4/24.
1020 *LG Ellwangen,* Urt. v. 20.03.2024 – 1 S 70/23.
1021 *LG Gießen* zfs 1996, 171.

– auf der Autobahn der vorausfahrende Motorradfahrer relativ weit links auf der rechten Fahrspur fährt, da die Schlussfolgerung auf ein beabsichtigtes Überholen nur gerechtfertigt ist, wenn sich der Abstand des Motorradfahrers zum vorausfahrenden Lkw gleichzeitig ständig deutlich verringert,[1022]
– das vorausfahrende Fahrzeug verlangsamt und nach rechts lenkt, da mit einem unvermittelten Ausscheren nach links nicht gerechnet werden muss.[1023]

Stößt der Überholende mit dem Eingeholten zusammen, so haftet er zu einem Drittel, wenn er weder seine Fahrweise so eingerichtet hat, dass er den Überholvorgang jederzeit abbrechen konnte, noch wenn er seine Überholabsicht durch optische oder akustische Warnzeichen angekündigt bzw. zumindest den linken Fahrtrichtungsanzeiger eingeschaltet hat, obwohl ihm die Fahrweise des Vorausfahrenden als unsicher aufgefallen war. Ein derartiges Fahrverhalten des Vorausgefahrenen mag zwar noch keine *»unklare Verkehrslage«* im Sinne von § 5 Abs. 3 Nr. 1 StVO darstellen, sie verlangt jedoch beim Überholenden ein erhöhtes Maß an Sorgfalt.[1024] 423

### 6. Überholen und Rechtseinbiegen

Das Vorfahrtsrecht besteht grundsätzlich für die gesamte Fahrbahn und damit auch für die Gegenfahrbahn.[1025] Biegt ein Fahrzeug aus der nachgeordneten Straße in die Vorfahrtsstraße nach rechts ein, tangiert er den normalen Gegenverkehr der bevorrechtigten Straße nicht, jedoch dort gerade im Überholen begriffene Fahrzeuge. Nachdem Letztere die Vorfahrt haben, trifft an sich den Einbiegenden die volle Haftung.[1026] Hiervon wird jedoch in der Praxis erheblich abgewichen. Da Überholen als gefährlichem Vorgang eine erhöhte Betriebsgefahr zuzuordnen ist, lässt die Rspr. die Betriebsgefahr demgemäß nicht vollständig zurücktreten.[1027] Bei Geschwindigkeitsüberschreitungen kommt eine zusätzlich Haftung nur dann in Betracht, wenn sie erheblich war, da jeder Verkehrsteilnehmer mit gewissen Geschwindigkeitsüberschreitungen rechnen muss. Haftungsrelevant ist jedoch die Vermeidbarkeitsbetrachtung. Wäre bei Einhaltung der vorgeschriebenen Geschwindigkeit das Unfallgeschehen nicht eingetreten, führt dies zur Mithaftung.[1028] 424

### 7. Überholen und Abkommen von der Fahrbahn

In zahlreichen Fällen kommen im Bereich von Überholvorgängen Fahrzeuge von der Fahrbahn ab, beispielsweise bei hierdurch ausgelösten Schleuderbewegungen. Hier hat der Geschädigte den vollen Beweis zu erbringen. Dies gilt auch für die Betriebsgefahr.[1029] Die bloße Anwesenheit des gegnerischen Fahrzeugs reicht hierzu nicht aus. Bei berührungslosen Unfällen wird meist eine ausreichende Klärung für die Haftungsquote nur unfallanalytisch zu ermitteln sein.[1030] 425

## XXXI. Verkehrsampel

Lässt sich die Signalstellung konkret ermitteln, ergibt sich die Haftung des bei Rotlicht Einfahrenden zu 100 % schon unter dem Gesichtspunkt der groben Fahrlässigkeit oder zumindest des so starken Verschuldens, dass die Betriebsgefahr des bei Grünlicht einfahrenden Fahrzeugs zurücktritt.[1031] 426

1022 *OLG Hamm* NZV 1995, 194.
1023 *OLG Hamm* zfs 1996, 249.
1024 Vgl. *OLG Köln* DAR 1977, 243.
1025 Vgl. *BGH* NJW 1996, 60; *OLG Köln* r+s 2018, 98; *OLG Hamm* NZV 2002, 3.
1026 Vgl. *LG Wuppertal* r+s 2018, 674.
1027 Vgl. etwa *OLG Frankfurt/M.* VersR 1976, 69: Mithaftung 20 %.
1028 Vgl. *LG Münster* zfs 2002, 225: Mithaftung mindestens 50 %.
1029 Vgl. *KG* NZV 2002, 229.
1030 Grundl. hierzu *OLG Brandenburg* NJW 2009, 2962; *OLG München* NJOZ 2018, 17; *OLG Hamm* NJW-RR 2019, 602.
1031 Vgl. *OLG Brandenburg*, Urt. v. 24.05.2007 – 12 U 195/06 = BeckRS 2008, 9699.

### 1. Allgemein

427 Bleibt allerdings ungeklärt, wer den Rotlichtverstoß beging, kommt ein Verschulden nicht in Betracht. Die Haftungsquote ist dementsprechend auf der Grundlage der Betriebsgefahr mit 50:50 anzusetzen.[1032] Dies kommt auch dann in Betracht, wenn möglicherweise einer der Beteiligten beim Umschalten von Rot nach Gelb einfuhr[1033] Zwar verstieß in diesem Fall der fragliche Fahrer gegen § 37 Abs. 2 Nr. 5 StVO (Wartepflicht), Voraussetzung für ein Verschulden ist aber die Unfallursächlichkeit. Hierzu muss der Sachverhalt ergeben, dass der Unfall nicht auch beim Einfahren bei Grünlicht eingetreten wäre.[1034]

428 Fährt ein Kraftfahrer in eine Kreuzung bei für ihn grünem Farbzeichen ein, auf der kurz vor der Wiederinbetriebnahme der Lichtzeichenanlage der Verkehr noch durch Polizeibeamte geregelt worden war, so kann er sich nicht darauf verlassen, dass sich keine Fahrzeuge des Querverkehrs mehr im Kreuzungsbereich befinden. Umgekehrt hat der bereits im Kreuzungsbereich befindliche Verkehrsteilnehmer die Kreuzung mit der gebotenen Sorgfalt und Vorsicht zu räumen. Kommt es dabei zu einem Zusammenstoß, so hat eine Schadenausgleichung im Verhältnis 3:1 zulasten des räumenden Verkehrsteilnehmers zu erfolgen.[1035]

### 2. Einbiegen nach links

429 Wer an einer ampelgesteuerten Kreuzung nach links abbiegen will, darf dies erst tun, nachdem er sich davon überzeugt hat, dass dieser Vorgang ohne Gefährdung des Gegenverkehrs durchgeführt werden kann. Der dem grünen Pfeil folgende Linksabbieger kann darauf vertrauen, dass die Ampeln tatsächlich so geschaltet sind, dass der Gegenverkehr bei Aufleuchten des grünen Pfeils durch Rotlicht angehalten wird. Er darf grundsätzlich auch darauf vertrauen, dass entgegenkommende Fahrzeuge das für sie aufleuchtende Rotlicht beachten und vor der Kreuzung anhalten, solange nicht konkrete Anhaltspunkte auf etwas anderes hindeuten.[1036] In der Praxis wird regelmäßig die Stellung der Ampeln nicht aufklärbar sein. Dementsprechend ist eine Haftungsverteilung von 50:50 anzusetzen.[1037] Inwieweit eine Geschwindigkeitsüberschreitung zu berücksichtigen ist, hängt vor allem auch von der Frage der Vermeidbarkeit ab.[1038]

### 3. Einbiegen nach rechts

430 Beim Unfall eines Fußgängers, der bei für ihn grünem Lichtzeichen die Fußgängerfurt einer ampelgesteuerten Kreuzung überquert und dabei von einem Kraftomnibus, der langsam nach rechts einbiegt, angefahren wird, trifft die volle Haftung den Halter des Omnibusses.[1039]

### 4. Fußgängerampeln

431 Mündet eine untergeordnete Straße im örtlichen Zusammenhang mit einer nur für Fußgänger geltenden Ampel auf die vorfahrtsberechtigte Straße ein, so fragt sich, ob der aus der untergeordneten Straße kommende Verkehr auf die Beachtung des Rotlichts, dessen Leuchten er nachzuweisen hat, das an sich nur den Fußgängern ein Überqueren der Straße ermöglichen soll, durch die vorfahrtsberechtigten Verkehrsteilnehmer vertrauen darf. Eine Schutzwirkung für den aus einem Grundstück

1032 *OLG Karlsruhe* OLGR 2002, 61; praxisorientierte Bespr. bei *Klein* PVR 2002, 135.
1033 *OLG Karlsruhe* OLGR 2002, 61.
1034 *OLG Karlsruhe* OLGR 2002, 61.
1035 Vgl. *KG* VersR 1981, 42.
1036 *BGH* NJW 1992, 350.
1037 *BGH* NJW 1996, 1405; zul. *KG* NJOZ 2011, 401.
1038 Zu den unterschiedlichen Kategorien der Vermeidbarkeit vgl. *Bachmeier* Mandatshandbuch Rn. 864.
1039 Vgl. *KG* DAR 1981, 322.

Ausfahrenden ist damit jedoch nicht verbunden.[1040] Diese Fußgängerampeln regeln nämliche keine Vorfahrt zwischen dem Fahrverkehr, hierzu fehlt es schon an den für jede Richtung erforderlichen Ampeln, sondern ermöglicht lediglich den Fußgängern das gefahrlose Überqueren.[1041] Auch die Verkehrssicherheit erfordert diese Beschränkung. Gleichwohl wird eine ausschließliche Haftung des Wartepflichtigen nicht in Betracht kommen, da das Missachten eines Rotlichts als im Regelfall grob fahrlässiges Verhalten und als ein mitwirkendes Verschulden, zumindest aber in Form der Betriebsgefahr (§ 7 StVG) zu berücksichtigen sein wird. Der das Rotlicht missachtende Kraftfahrer muss auch damit rechnen, dass ein wartepflichtiger Fahrer das Rotlicht in sein Verhalten mit einbezieht.[1042] Teilweise wird auf den Abstand der Fußgängerampel vom Einmündungsbereich der untergeordneten Straße abgestellt.[1043]

In Betracht kommt allerdings eine Mithaftung wegen Verstoßes gegen § 1 Abs. 2 StVO.[1044] Keine unangemessene Geschwindigkeit des Heranfahrenden wurde angenommen, wenn die nur durch Anforderung eines Fußgängers in Betrieb zu setzende Ampel noch kein Licht zeigte.[1045]

### 5. Gelblicht

Nach § 35 Abs. 2 Nr. 1 StVO hat ein Kraftfahrer beim Aufleuchten von Gelblicht das nachfolgende Licht abzuwarten und bei Rot anzuhalten.[1046] Hieraus ergibt sich zwangsläufig die Pflicht, sich auf ein Anhalten vorzubereiten und nicht noch in den Kreuzungsbereich einzufahren, wenn er bei normaler Benutzung der Betriebsbremsen anhalten kann.[1047] Die Abwägungskriterien beim Unfallgegner sind hierbei der möglicherweise fliegende Start, insbes. bei Rot/Gelb und die Erkennbarkeit, dass der Wartepflichtige lediglich mit einer Vollbremsung noch anhalten könnte.[1048] 432

Kommt ein Kraftfahrer, der sein Fahrzeug beim Umschalten einer Verkehrsampel von »Grün« auf *»Gelb«* stark abbremst, erst jenseits der Haltelinie, und zwar in der Weise zum Stehen, dass der vordere Teil des Kfz bereits in die Kreuzung hineinragt, so kommt beim Auffahren eines nachfolgenden Kfz eine Mithaftung von 25 % in Betracht; der Auffahrende trägt 75 % des Schadens.[1049] Erfolgt ein Zusammenstoß im Bereich einer ampelgesteuerten Kreuzung zwischen einem Pkw, der beim Umschalten der Ampeln von *»Grün«* auf *»Gelb«* mit einer Geschwindigkeit von etwa 50 km/h die Haltelinie passiert, und einem von rechts gekommenen, also vorzeitig in die Kreuzung eingefahrenen, Pkw, dann hat im Rahmen von § 17 StVG eine Schadenausgleichung im Verhältnis 3:1 zulasten des vorzeitig in die Kreuzung eingefahrenen Kfz zu erfolgen.[1050] Folgt anschließend ein Abbiegevorgang nach links, der zu einer Kollision mit dem Gegenverkehr führt, trägt der Abbiegende im Regelfall die Alleinhaftung, da er sowohl gegen § 37 Abs. 2 StVO, also auch § 9 Abs. 3 StVO verstößt.[1051] Hält demgegenüber ein Fahrzeug ordnungsgemäß beim Wechsel des Farbzeichens vor einer Ampel an und fährt ein nachfolgendes Kfz auf, dann beruht dieser Unfall darauf, dass der Aufgefahrene 433

1040 *OLG Hamm* NJW 2010, 25; vgl. auch *BGH* NJW 1982, 1756, der Leitsatz ist allerdings entgegen den Gründen auf die gegenteilige Aussage gerichtet: Schutz des Linksabbiegers zu bejahen.
1041 *OLG Hamm* DAR 1997, 277.
1042 *OLG Hamm* NZV 1998, 246: Haftungsquote von 2/3 zulasten des Rotlicht missachtenden Kraftfahrers.
1043 So *OLG Hamm* DAR 1997, 513 unter Heranziehen der Richtlinien für Lichtsignalanlagen vom 24.06.1992; im Ausgangsfall Bewertung des Mitverschuldens des Rotlichtsünders mit 2/3.
1044 *LG Berlin* zfs 2001, 8: Mithaftung zu 1/4.
1045 *OLG Düsseldorf* DAR 2002, 67.
1046 Näher LBMR/*Müller* Verkehrsrecht, § 37 StVO Rn. 20 f.
1047 Vgl. *OLG Hamm* NJW-RR 2017, 149.
1048 Vgl. *OLG Hamm* NJW-RR 2017, 149.
1049 Vgl. *LG Aschaffenburg*, Urt. v. 24.05.1977 – 1 O 93/77 n.v.; a.A. *OLG Düsseldorf* VersR 1978, 331: 2/3; *AG Hildesheim* NJW 2008, 3365: Alleinhaftung des Auffahrenden.
1050 *LG Zweibrücken*, Urt. v. 10.11.1980 – 1 O 129/80 n.v.
1051 *BGH* NJW 2012, 1953.

entweder keinen ausreichenden Sicherheitsabstand eingehalten oder aber die Reaktion des *»Vordermannes«* zu spät bemerkt hat. Er haftet daher für den Schaden in voller Höhe.[1052]

## 6. Grünlicht

434 Bei einem Zusammenstoß zwischen einem Pkw, der im fliegenden Start bei für ihn grünem Farbzeichen in die Kreuzung einfährt, und einem Pkw, der in der Kreuzung wendet und erst am Beginn der anschließenden Rotphase die Kreuzung räumt, hat eine Schadenhalbteilung zu erfolgen. Erfolgt ein Zusammenstoß zwischen einem Pkw, dessen Fahrer beim Umschalten der für ihn maßgeblichen VLZA von Gelb auf Rot noch in die Kreuzung einfährt, mit einem Pkw, dessen Fahrer beim Wechsel des Lichtzeichens von Gelb auf Grün anhaltenden Fahrzeugen vorbei mit etwa 30 km/h im fliegenden Start in dieselbe Kreuzung einfährt, hat im Rahmen von § 17 StVG eine Schadenausgleichung im Verhältnis 3:1 zulasten dessen, der zu spät in die Kreuzung eingefahren ist, zu erfolgen. Das *OLG Hamm*[1053] hat eine hälftige Schadensteilung angenommen, weil ein Vertrauensgrundsatz hier nicht in Betracht komme.[1054]

435 Zu beachten ist stets das Vorrecht des Kreuzungsräumers, wonach nur eingefahren werden darf, wenn zugleich den in der Kreuzung befindlichen Fahrzeugen das Verlassen des Kreuzungsbereichs ermöglicht wird.[1055] Der Haftungsanteil des Einfahrenden wird in der Rspr. indes unterschiedlich beurteilt. Nach Ansicht des *KG*[1056] und des *OLG Karlsruhe*[1057] beträgt er 1/3, da auch der Kreuzungsräumer angesichts seiner Sorgfaltspflicht schuldhaft handelt. Das *OLG Frankfurt/M.*[1058] und das *OLG Köln*[1059] gehen von einer Mithaftungsquote von 1/2 aus.

436 Passiert ein Kfz-Führer eine für ihn soeben auf »Grün« umgesprungene VLZA im »fliegenden Start«, so trifft ihn bei nicht ausreichender Sicht in die danebenliegenden Querstraßen eine Mitverursachung, falls ein Kfz des Querverkehrs noch bei »Rot« in die Kreuzung eingefahren ist. In diesem Fall hat eine Schadenausgleichung im Verhältnis 3:1 zulasten des aus einer Nebenstraße bei »Rot« eingefahrenen Verkehrsteilnehmers zu erfolgen.[1060]

437 Bremst ein Kraftfahrer im Bereich einer für ihn durch grünes Farbzeichen freigegebenen Kreuzung plötzlich ab, weil er durch ein anderes, nicht für ihn bestimmtes, Verkehrszeichen abgelenkt oder irritiert ist und fährt auf das abgebremste Kfz ein anderer Wagen auf, dann soll eine Schadenausgleichung im Verhältnis 3:1 zulasten des plötzlich Abbremsenden erfolgen. Diese Auffassung ist bedenklich, weil gerade im Großstadtverkehr mit dem plötzlichen Abbremsen eines vorausgefahrenen Kfz aus den unterschiedlichen Gründen jederzeit gerechnet werden muss. Ein derartiger Unfall findet seine überwiegende Ursache darin, dass der nachfolgende Verkehrsteilnehmer entweder keinen ausreichenden Sicherheitsabstand eingehalten oder aber die Reaktion seines »Vordermannes« zu spät erkannt hat. Eine Schadenausgleichung wäre daher im umgekehrten Teilungsverhältnis gerechtfertigt gewesen. Das *KG*[1061] teilt diese Ansicht nicht und geht bei einer derartigen Abbremsung von einer Alleinhaftung bezüglich des abgebremsten Fahrzeugs aus. Das ist ebenfalls nicht vertretbar. Allein das herangezogene Argument, im Großstadtverkehr dürfe der Fahrabstand reduziert werden, zeigt bereits, dass sich damit die Betriebsgefahr erhöht und die Aufmerksamkeit des Nachfahrenden in besonderem Maße gesteigert sein muss. Selbst beim Verneinen des Mitverschuldens ist die Betriebsgefahr bei der Haftungsabwägung zu berücksichtigen.

---

1052 Vgl. *LG Hagen*, Urt. v. 09.02.1978 – 16 O 359/77 n.v.
1053 *OLG Hamm* DAR 2005, 626.
1054 Vgl. *BGH* NJW 1961, 1576.
1055 St. Rspr. schon *BGH* NJW 1971, 1407; *OLG Karlsruhe* NZV 2013, 188, 189.
1056 St. Rspr., zul. *KG* NZV 2010, 568.
1057 *OLG Karlsruhe* NZV 2013, 188.
1058 *OLG Frankfurt/M.*, Urt. v. 23.03.2012 – 10 U 50/11 = BeckRS 2012, 24217.
1059 *OLG Köln* NZV 2012, 276.
1060 Vgl. *OLG Schleswig* VersR 1975, 674.
1061 *KG* NZV 2004, 526; *KG* NZV 2013, 80.

### 7. Rotlicht

Hinter dem grobfahrlässigen Verhalten eines bei »Rot« in eine Kreuzung eingefahrenen Kfz-Führers tritt im Allgemeinen im Hinblick auf den Vertrauensgrundsatz die Haftung des bei Grün Einfahrenden zurück. An dieser Haftungsverteilung ändert sich auch dann nichts, wenn der Kfz-Führer bei »Rot-Gelb« mit fliegendem Start in die Kreuzung einfährt.[1062] 438

## XXXII. Verkehrssicherungspflicht

Im Zusammenhang mit einem Unfallgeschehen spielt neben dem Verhalten der Verkehrsteilnehmer auch die Beschaffenheit des Verkehrsraums eine Rolle.[1063] Insoweit kommt die Mithaftung des Verkehrssicherungspflichtigen in Betracht. Ausgangspunkt ist auch hier die den Beteiligten zuzuordnende Sorgfaltspflicht: *»Der Verkehrssicherungspflichtige hat die Verkehrsteilnehmer vor den von der Straße ausgehenden Gefahren zu schützen und dementsprechend dafür zu sorgen, dass sich die Straße »in einem dem regelmäßigen Verkehrsbedürfnis entsprechenden Zustand« befindet (...). Damit ist nicht gemeint, dass die Straße praktisch völlig gefahrlos sein muss. Das ist mit zumutbaren Mitteln nicht zu erreichen und kann deshalb von dem Verkehrssicherungspflichtigen nicht verlangt werden. Grundsätzlich muss der Straßenbenutzer sich vielmehr den gegebenen Straßenverhältnissen anpassen und die Straße so hinnehmen, wie sie sich ihm erkennbar darbietet. Der Verkehrssicherungspflichtige muss in geeigneter und in objektiv zumutbarer Weise alle, aber auch nur diejenigen Gefahren ausräumen und erforderlichenfalls vor ihnen warnen, die für den Benutzer, der die erforderliche Sorgfalt walten lässt, nicht erkennbar sind und auf die er sich nicht einzurichten vermag. Ob danach eine Straße »in einem dem regelmäßigen Verkehrsbedürfnis entsprechenden Zustand« ist, entscheidet sich im Einzelnen nach der allgemeinen Verkehrsauffassung. Art und Häufigkeit der Benutzung des Verkehrsweges und seine Bedeutung sind dabei zu berücksichtigen (...).«*[1064] 439

Dabei ist zudem zwischen unterschiedlichen Behörden zu unterscheiden, ob es sich nämlich um die Verkehrssicherungspflicht oder die Verkehrsregelungspflicht, gegebenenfalls auch gesamtschuldnerische Haftung in Betracht kommt.[1065] 440

In der Praxis treten dabei vor allem 3 Problembereiche auf.

### 1. Allgemeiner Straßenzustand

Der Umfang der Verantwortung für den Zustand der Straße hängt maßgeblich von ihrem Charakter und den damit zusammenhängenden Erwartungen der Benutzer ab. Ausgangspunkt ist der bereits angesprochene allgemein anerkannte Grundsatz, dass der Verkehrsteilnehmer sich an die gegebenen Verhältnisse anzupassen hat.[1066] Dies ergibt sich schon aus § 3 StVO (angepasste *Geschwindigkeit*). Dementsprechend hat kein Straßenbenutzer Anspruch auf einen schlechthin gefahrfreien Zustand der Straße, der Benutzer darf bei seinem Verhalten vielmehr den erkennbaren Straßenzustand nicht außer Acht lassen.[1067] Die für die Verkehrssicherungspflicht zuständige Straßenbehörde muss nicht sicherstellen, dass eine Straße von jedem (hier serienbedingt tiefergelegter Ferrari) zum Straßenverkehr zugelassenen Fahrzeug befahren werden kann.[1068] 441

---

1062 Vgl. *LG Dortmund* SP 1993, 1.

1063 Vgl. grundlegend *Kärger* Inhalt und Grenzen der Verkehrssicherungspflichten im Straßenverkehr; DAR 2003, 5; *Scheidler Haftung für (Auto)Schäden durch Schlaglöcher und sonstige Straßenunebenheiten*, NZV 2011, 422; zu den Besonderheiten bei Unfällen im Baustellen und den Abwägungsgrundsätzen *Weinhold* SVR 2007, 14.

1064 *BGH* NJW 1989, 2808.

1065 Grundl. *Bachmeier/Müller/Rebler* Straßenrecht und Straßenverkehrsrecht für Kommunen S: 462 ff.

1066 Vgl. etwa *BGH* NJW 1989, 2808; *OLG Düsseldorf* NJW-RR 1993, 597; *OLG Celle* NZV 2007, 569 (Schlaglochproblematik); *Rebler* DAR 2013, 129.

1067 *OLG Koblenz* DAR 2001, 460; praxisorientierte Bespr. bei *Schröder* PVR 2002, 176.

1068 *OLG Koblenz* NVwZ-RR 2022, 227.

442 In den neuen Bundesländern wird von den Benutzern der Wege, die nicht den Erfordernissen der Verkehrssicherheit entsprechen, auch heute noch von vornherein ein gesteigertes Maß an Aufmerksamkeit verlangt. Wegen des immensen Nachholbedarfs von Ausbau- und Reparaturarbeiten muss der Verkehr diese Straßen für eine nicht zu knapp zu bemessende Übergangszeit auch in einem nicht der Verkehrssicherheit entsprechenden Zustand hinnehmen. Im konkreten Fall (Spurrinne im Schienenbereich einer Straßenbahn) wurden aus diesem Grund keine Schadensersatzansprüche zuerkannt.[1069] Ob sich ein Kraftfahrer darauf verlassen kann, dass der Verkehrsraum genügend hoch ist, um die gemäß § 32 Abs. 1 Ziff. 2 StVZO zulässige Fahrzeughöhe zu ermöglichen, muss unterschiedlich beurteilt werden. Das *OLG Rostock* geht davon aus, dass auf Bundes- und Ausfallstraßen ein entsprechendes Vertrauen gerechtfertigt ist,[1070] nicht jedoch bei Straßen mit geringer Verkehrsbedeutung, etwa Kreisstraßen. Die Argumentation, Kreisstraßen hätten lediglich eine vergleichsweise geringe Verkehrsbedeutung, ist allerdings zweifelhaft.

443 Andererseits müssen regelmäßige Kontrollen seitens des Verkehrssicherungspflichtigen durchgeführt werden,[1071] insbesondere Bäume sorgfältig auf Gesundheit und Standsicherheit kontrolliert werden.[1072] Umfang und Intensität der Kontrolle hängt von den situationsbedingten Umständen ab. Eine Entscheidung des *OLG Frankfurt/M.*[1073] verdeutlicht die Grundlagen und Beschränkungen für den Straßenverkehrssicherungspflichtigen. Die Fahrerin kam mit ihrem Fahrzeug im Bereich einer Kurve und Kuppe ins Schleudern und kam von der Fahrbahn ab. Sie berief sich darauf, dass Grund hierfür loses Schnittgut von den vorher neben der Straße durchgeführten Mäharbeiten gewesen sei. Nach dem Ende der Arbeiten war eine Kontrolle der Straßenverhältnisse durchgeführt worden. Ein schweres Unwetter hatte augenscheinlich zu einem späteren Zeitpunkt wieder Schnittgut auf den Straßenbereich verbracht. Das *OLG Frankfurt/M.* lehnte eine Haftung ab und führte hierzu aus: *»Der Pflichtige muss in geeigneter und objektiv zumutbarer Weise nach den Verhältnissen im Einzelfall alle, aber auch nur diejenigen Gefahren ausräumen und erforderlichenfalls vor ihnen warnen, die für den sorgfältigen Benutzer nicht oder nicht rechtzeitig erkennbar sind und auf die er sich nicht oder nicht rechtzeitig einzustellen vermag* (vgl. *BGH VersR 1979, 1055*). *Dabei ist eine Verkehrssicherung nicht erreichbar, die jeden Unfall ausschließt. Es muss deshalb nicht für alle denkbaren, entfernten Möglichkeiten ein Schadenseintritt Vorsorge getroffen werden.«* Das Gericht weist weiter darauf hin, dass bei der Frage, ob ein Verstoß gegen § 32 Abs. 1 StVO vorliege, das allgemeine Risiko des Verkehrsteilnehmers zu beachten sei, wonach auf der Straße liegendes Schnittgut ebenso wie Blätter oder herabfallende Äste im Prinzip Teil des allgemeinen Lebensrisikos des Verkehrsteilnehmers sei.

444 Namentlich im Bereich von verkehrsberuhigten Zonen und Parkplatzbereichen sind Kollisionen zwischen Fahrzeugen und Blumenkübeln nicht selten. Zwar kann ein Verschulden des Verkehrssicherungspflichtigen aus dem Umstand nicht ausreichender Überprüfung in Betracht kommen, im Hinblick auf das überwiegende Verschulden des Fahrzeuglenkers kommt jedoch eine Mithaftung des Ersteren nur in Extremfällen in Betracht.[1074]

445 Hierbei besteht auch eine Haftung für Steinschläge, wenn diese Gefahr bekannt ist oder bekannt sein könnte, wobei das Aufstellen von Warnschildern nicht ausreicht.[1075] Werden keine Fangzäune oder Schutzgitter angebracht, ist nachzuweisen, dass in angemessenen Zeitabständen Kontrollen

1069 *KG* NZV 1993, 108.
1070 *OLG Rostock* zfs 2005, 31.
1071 *OLG Düsseldorf* NJW-RR 1995, 726.
1072 *OLG Hamm* NVwZ-RR 2023, 336; *LG Meiningen* DAR 2002, 73, das zwei Kontrollen pro Jahr fordert; ebenso *OLG Koblenz* DAR 2002, 218; vgl. auch *OLG Frankfurt/M.*, Beschl. v. 12.02.2024 – 1 U 20/23 = BeckRS 2024, 22727 »Kontrolle Luftraum«.
1073 *OLG Frankfurt/M.* Urt. v. 12.11.2004 – 15 U 132/04 n.v.
1074 Vgl. *OLG Koblenz* VersR 2001, 205; *Edenfeld* VersR 2002, 272, 277.
1075 *OLG München* OLGR 2001, 194.

durchgeführt wurden.[1076] Dies entspricht der Rspr. des *BGH*.[1077] Es ist eine Abwägung zwischen den Erwartungen der Verkehrsteilnehmer einerseits und wirtschaftlich zumutbaren Aufwendungen vorzunehmen.[1078] Eine Verpflichtung, die Straßenbenutzer per se von allen möglichen Gefahren aus der Natur zu schützen, besteht nicht.[1079]

## 2. Bäume

446 Im Übrigen ist durch den Verkehrssicherungspflichtigen zumindest zweimal jährlich eine Sichtkontrolle von Straßenbäumen vorzunehmen.[1080] Erkannte Mängel sind unverzüglich zu beseitigen. Wird dies unterlassen, so kann von einem Anscheinsbeweis zugunsten des Geschädigten dahin gehend ausgegangen werden, dass bei Beachtung der Sicherungsvorschriften es nicht zu dem Unfall gekommen wäre.[1081] Keine besonderen Maßnahmen sind bei gesunden Bäumen erforderlich.[1082] In der Praxis treten vor allem Unfallschäden durch herabfallende Äste auf. Hierbei ist die Feststellung schwierig, ob eine Ursächlichkeit durch unterlassene Baumüberprüfung zu bejahen ist.[1083]

447 Selbst wenn man aber die Ursächlichkeit bejaht, kann der Geschädigte nur dann einen Amtshaftungsanspruch geltend machen, wenn er nachweist, dass die ordnungsgemäße Überprüfung des Baumes zur Entdeckung der Schädigung des Baumes und zur Beseitigung der Gefahr geführt hätte. Diese schon vom *OLG Celle*[1084] verlangten Anspruchsvoraussetzungen hat der *BGH*[1085] in der Revision ebenfalls bejaht. Ausgangspunkt bei der Beurteilung derartiger Fälle ist zunächst die in der Rspr. seit langem der Straßenbehörde auferlegte Pflicht zur zweimaligen Überprüfung des Bewuchses je Jahr (einmal in belaubtem, einmal in unbelaubtem Zustand).[1086] Allerdings hat der *BGH* offengelassen, ob dem zu folgen ist, da im Streitfall der Anspruch am Erfordernis der Verknüpfung dieser Pflichtverletzung mit dem Schaden missglückte. Der *BGH* schließt sich insoweit der bereits in der Rspr. vertretenen Ansicht[1087] mit knappen Worten an, der Geschädigte müsse auch den Nachweis führen, dass bei Durchführung der erforderlichen Überwachung zur Entdeckung der Gefahr hätten führen können.

448 In der Entscheidung wird auch zu der für den Geschädigten schwierigen Beweissituation und der Frage der Beweiserleichterungen Stellung genommen: »*Die Frage, ob und in welchem Umfang dem Geschädigten Beweiserleichterungen, etwa nach Art des Anscheinsbeweises, zu Gute kommen können (grds. verneinend: OLG Karlsruhe NZV 1994, 317 = VersR 1994, 358; Staudinger/Hager § 823 Rn. E 155), bedarf nach den Besonderheiten des hier zu beurteilenden Sachverhalts keiner abschließenden Klärung. Nach ständiger Rspr. des BGH hat der durch eine Amtspflichtverletzung Geschädigte grundsätzlich auch den Beweis zu führen, dass ihm hierdurch ein Schaden entstanden ist. Wenn allerdings die Amtspflichtverletzung und der zeitlich nachfolgende Schaden feststehen, so kann der Geschädigte der öffentlichen Körperschaft den Nachweis überlassen, dass der Schaden nicht auf die Amtspflichtverletzung zurückzuführen ist. Dies gilt jedoch nur, wenn nach der Lebenserfahrung eine tatsächliche Vermutung oder eine*

1076 *OLG München* OLGR 2001, 194.
1077 Vgl. schon *BGH* NJW 1968, 246.
1078 Vgl. Grüneberg/*Sprau* § 823 Rn. 58.
1079 *OLG Koblenz* SP 1999, 371.
1080 Vgl. *OLG Hamm* NVwZ-RR 2023, 336.
1081 *OLG Dresden* VersR 2001, 1260.
1082 *BGH* NJW 2014, 1588.
1083 Grunds. Informationen zur Problematik bieten *Detter/Brudi/Bischoff* Messverfahren und Bewertungsmethoden zur Verkehrssicherheit, AFZ-Der Wald 2010, 34; *Rust* Geräte und Verfahren zur eingehenden Baumuntersuchung, in *Roloff* (Hrsg.), Baumpflege, Stuttgart 2008; *Rinn*, Messtechnik zur Baumuntersuchung, zu erreichen unter http://www.agb.at/pictures/file_1238499299-e3fc53eb-c866b52246c219a38d334a3b.pdf.
1084 *OLG Celle* NJOZ 2003, 2346.
1085 *BGH* NJW 2004, 1381.
1086 Vgl. *OLG Düsseldorf* VersR 1992, 467; *OLG Brandenburg* OLGR 2002, 411; *OLG Hamm* NJW-RR 2003, 968.
1087 Vgl. *OLG Oldenburg* VersR 1977, 845; *OLG Schleswig* MDR 1995, 148.

*tatsächliche Wahrscheinlichkeit für den ursächlichen Zusammenhang besteht; anderenfalls bleibt die Beweislast beim Geschädigten.«*[1088]

449 Neben der pflichtwidrig unterlassenen Überprüfung muss also der Geschädigte dartun, dass die Umstände für eine Verknüpfung von fehlender Untersuchung und Schadenseintritt sprächen. Trotz der vom *BGH* angenommenen Beweiserleichterung steht der Geschädigte aber vor nur schwer überwindlichen Beweisproblemen. In der Praxis sind daher folgende Kriterien zu ermitteln:[1089]

- Wurde eine regelmäßige und ausreichende Kontrolle (jeweils einmal pro Jahr in unbelaubtem und in belaubtem Zustand) durchgeführt?[1090] Eine Sichtkontrolle aus dem fahrenden Fahrzeug reicht in der Regel nicht aus.[1091] Entscheidend sind aber die Umstände des Einzelfalls.[1092] Das *OLG Brandenburg* hat aber auch eine abgestufte Überprüfung, nämlich zunächst durch Personal der Straßenmeisterei und sodann bei hierbei erkannten Problemfällen durch Forstfachleute für zulässig erachtet.[1093] Insoweit müssen aber an die *»Vorschau«* strenge Anforderungen gestellt werden.
- Wurde hierbei das erforderliche qualifizierte Personal eingesetzt? Erforderlich ist der Einsatz von Forstfachleuten.[1094]
- Gab es Anzeichen für Krankheiten oder mögliche Probleme, wie Faulstellen, Totholz oder Druckzwiesel?[1095]

450 Das *OLG Hamm*[1096] hat diese Anforderungen vertiefend dargestellt und insbesondere die sog. VTA-Methode (Visual Tree Assessment) als grundlegende Überprüfungsmethode hervorgehoben. Die Entscheidung beleuchtet die in diesem Bereich in tatsächlicher, materiell-rechtlicher und prozessualer Art auftretenden Schwierigkeiten in besonderem Maße. Ausgangspunkt war das Umwerfen eines 60–80 Jahre alten Baumes durch den Wind. Er stürzte auf ein gerade vorbeifahrendes Fahrzeug, wobei die Fahrerin schwer verletzt und die Beifahrerin getötet wurde. Zirka 6 Wochen vor dem Unfall war der Baum der Sichtprüfung unterzogen und eine Sicherheit konstatiert worden. Die VTA-Methode erfasst insoweit die Sichtkontrolle auf Stabilitätsmängel oder Anzeichen hier (etwa Pilzbefall), bei größerer Höhe gegebenenfalls mithilfe eines Fernglases. Das Gericht lässt insoweit die oben angeführte zweimalige Sichtprüfung ausreichen und fordert lediglich bei erkannten Anzeichen für Probleme eine eingehende fachmännische Untersuchung, etwa mit Schallmessung, durch Freigraben oder Einsatz von Resistograph. Der Resistograph ist eine Bohrmaschine mit einer speziellen Bohrnadel. Die Bohrnadel ist am Kopf etwa 4mm stark. Rotierend wird die Nadel in den Baum getrieben und die Dichte des Baumes in einer Kurve dargestellt. Hieraus lässt sich der Zustand des Baumes im Inneren ermitteln. Der Test ist jedoch nicht unumstritten, weil es sich um eine eindimensionale Messung handelt.[1097] Der Fractometer ist ein Taschenprüfmessgerät für Holz. Er misst bei vorher entnommenen Bohrkernen die tangentiale und radiale Biegefestigkeit. Das hierdurch gewonnene Messprofil kann sodann mit vorhandenen Tabellen verglichen und der Schluss auf den Zustand des Baumes gezogen werden. Schließlich kommt auch die Methode der Baumtomographie in Betracht. Mittels Schallwellenimpulsen kann die Rohdichte des Holzes bestimmt (Schalltomographie) oder mittels Anlegen von Elektroden der Widerstandsquerschnitt (Widerstandstomographie) ermittelt werden, sodass auf Faulstellen oder andere Strukturschäden zurückgeschlossen werden kann. Bei beiden Verfahren kann mittels EDV-Auswertung zerstörungsfrei die Struktur des Baumes festgestellt werden.

1088 *BGH* NJW 2004, 1381, 1382.
1089 Hierzu *OLG Brandenburg* OLG-NL 2004, 97; 2004, 99.
1090 Vgl. *OLG Hamm*, Urt. v. 24.10.2012 – I-1 U 100/12 = BeckRS 2013, 05316.
1091 *OLG Brandenburg* OLG-NL 2004, 97.
1092 *OLG Brandenburg* OLG-NL 2004, 99; vgl. auch *OLG Saarbrücken* VersR 2011, 926.
1093 *OLG Brandenburg* OLG-NL 2004, 99.
1094 *OLG Brandenburg* OLG-NL 2004, 99.
1095 Zur Definition des Druckzwiesel s. *OLG Brandenburg* OLG-NL 2004, 97, 98.
1096 *OLG Hamm* NJW-RR 2004, 134.
1097 Vgl. www.wikipedia.de Stichwort *Resistograph*.

Bei diesen Kriterien kommt es entscheidend darauf an, Schlüsse aus dem Unfallverursachenden Holzstück zu gewinnen. Ist dies nicht beweiskräftig gesichert oder wird der Baum gar wegen weiter drohender Schäden gefällt, sind kaum Ansätze für die Erfüllung der Beweislast denkbar. Es sollte daher auch die Durchführung eines selbstständigen Beweisverfahrens, § 485 ZPO, in Erwägung gezogen werden. Insoweit kommt auch die Kostendeckung durch die Rechtsschutzversicherung in Betracht. Bei der anzustellenden Abwägung, ob die Kontrolle ausreichend war, kommt es ferner darauf an, welche Verkehrsbedeutung die Straße hat. Hiervon ist auch abhängig, welcher Luftraum über der Straße frei zu halten ist.[1098] Der Fahrer kann sich insbesondere nicht darauf verlassen, dass dieser bis zu 4 Metern frei ist, da § 32 StVZO insoweit nicht gilt.[1099] 451

Stößt ein größeres Fahrzeug mit den Aufbauten gegen einen in das Lichtraumprofil der Fahrstraße hineinragenden Teil eines Baumes, kommt es auf die lichte Höhe an. Einerseits ist der Lichtraum über der Straße vom Straßenbaulastträger so zu gestalten, dass ein gefahrloses Befahren ermöglicht wird, andrerseits hat ein Fahrzeuglenker mit hohem Fahrzeugaufbau die Durchfahrmöglichkeiten besonders zu beachten. Bei einer lichten Höhe von 4 Metern ist jedenfalls im Rahmen der Abwägung eine Mithaftung des Verkehrssicherungspflichtigen zu verneinen.[1100] Bei darunter liegenden Bereichen ist zu warnen.[1101] 452

Handelt es sich um einen Waldbereich ist zwischen den Verkehrssicherungspflichtigen allgemein und den Waldbesitzern zu unterscheiden, da letztere für Gefahren, die über die üblichen Waldgefahren hinausgehen, haften.[1102] 453

### 3. Fahrbahnbeschaffenheit

Hindernisse im Fahrbahnbereich sind nach ähnlichen Gesichtspunkten zu beurteilen.[1103] Auch hier erstreckt sich die Überprüfungspflicht des Baulastträgers auf eine ordnungsgemäße Überprüfung des Zustands.[1104] Die Rspr. zu Kanaldeckeln ist allerdings völlig uneinheitlich. Während einerseits schon beim Herausstehen um 2cm eine Verletzung der Verkehrssicherungspflicht angenommen wurde,[1105] wurde dies bei 7cm verneint.[1106] Die Rechtsprechung ist kaum auf eine einheitliche Linie einzuordnen. Gleiches gilt für Löcher. Im Einzelfall kommt es vor allem neben der Tiefe des Loches auch auf deren Oberflächengröße und die Bedeutung der Straße für den Verkehr an.[1107] Ein Mitverschulden des Verkehrsteilnehmers ist aber in jedem Fall zu berücksichtigen: So hat das *OLG München* das Mitverschulden einer Radfahrerin, die wegen eines 15 Zentimeter tiefen Loches stürzte, mit 25 % angesetzt.[1108] Berücksichtigt man beim Kraftfahrer noch die Betriebsgefahr, so wird der Haftungsanspruch kaum über 50 % liegen. Dementsprechend hat das *OLG Celle*[1109] unter 454

1098 Vgl. *OLG Köln* VRS 59, 222; *OLG Köln* NZV 1991, 426; *OLG Köln* NZV 1995, 22; *OLG Hamm* NZV 1991, 185.

1099 *OLG Celle* NJOZ 2003, 2346.

1100 *OLG Dresden* NZV 1997, 308; verneint auch bei 3,8 Metern von *OLG Düsseldorf* VersR 1989, 273; *OLG Brandenburg* DAR 1995, 403; verneint auch bei 3,6 Metern von *OLG Köln* NZV 1991, 426; bei 3,69 Metern von *OLG Schleswig* NZV 1994, 71), bei 3,4 Meter kommt eine Mithaftung in Betracht.

1101 *OLG München*, Urt. v. 24.05.2012 – 1 U 549/12 = BeckRS 2012, 11262.

1102 *BGH* NJW 2013, 48, hierzu *Bruns* LMK 2012, 340740.

1103 Umfangr. Nachw. zu Einzelfällen bei Geigel/*Wellner* Kap. 14 Rn. 45 ff.

1104 Vgl. auch *Scheidler* NZV 2011, 422; *Herber* NZV 2011, 161.

1105 *OLG Karlsruhe* VersR 1984, 78.

1106 *OLG Düsseldorf* VersR 1985, 397; anders aber *OLG Hamm* MDR 2021, 35 für einen Überstand von 2,2 cm; bei 4 cm *OLG Koblenz* VRR 2013, 182: Mithaftung 50 %.

1107 Vgl. *OLG Koblenz*, Urt. v. 28.01.2013 – 12 U 66/12 = BeckRS 2013, 02062; *Bergmann* DAR 2011, 228.

1108 *OLG* München, Urt. v. 18.09.2008 – 1 U 3081/08 = BeckRS 2008, 20498; vgl. auch *KG* DAR 2011, 135.

1109 *OLG Celle* NJW-RR 2007, 972.

Betonung des Verstoßes gegen das Sichtfahrgebot (§ 3 Abs. 1 S. 4 StVO) eine Haftungsquote von 50:50 angesetzt. Je größer das Loch, umso leichter ist es erkennbar – aber eben für alle Beteiligte. Für den Bereich ländlicher Straßen ist insbes. davon auszugehen, dass ein Kraftfahrer ohnehin mit Unregelmäßigkeiten der Fahrbahnoberfläche rechnen muss und dementsprechend bei der Beobachtung besonders sorgfältig sein muss.[1110] Inwieweit auch die Haftung des Straßenbaulastträgers zu berücksichtigen ist, kann nur im Einzelfall beurteilt werden. Das *Thüringer OLG* in Jena[1111] hat bei einem mindestens 10 cm tiefen und 50x50 cm großen Schlagloch eine Haftungsverteilung von 50:50 angesetzt. Bei der Haftungsabwägung ist jedoch stets zu prüfen, inwieweit der Geschädigte die Gefahrenstelle erkennen konnte.[1112]

**455** Zwischenzeitlich spielen elektrisch gesteuerte Poller eine erhebliche Rolle. Sichtbare Hinweise und evtl. Warnungen beim akuten Hochfahren sind angezeigt.[1113] Die Mithaftungsquote des *»Pollerbetreibers«* kann bis zu 2/3 betragen.

**456** Hinsichtlich der Streu- und Räumpflicht ist im Einzelfall über die Notwendigkeit von Maßnahmen zu entscheiden. *»Inhalt und Umfang der winterlichen Räum- und Streupflicht richten sich nach den Umständen des Einzelfalles. Art und Wichtigkeit des Verkehrsweges sind dabei ebenso zu berücksichtigen wie seine Gefährlichkeit und die Stärke des zu erwartenden Verkehrs. Die Räum- und Streupflicht besteht daher nicht uneingeschränkt. Sie steht vielmehr unter dem Vorbehalt des Zumutbaren, wobei es auch auf die Leistungsfähigkeit des Sicherungspflichtigen ankommt.«*[1114] Die Zumutbarkeit in diesem Sinne hat das *LG Bochum* dahin gehend erläutert, dass es beim fortdauerndem Schneefall und zunächst ordnungsgemäß geräumter Straße nicht erforderlich ist, ständig weiter zu räumen, da eine kontinuierliche Schneeräumung nicht verlangt werden könne.[1115] *»Denn die Bejahung einer derartigen Pflicht würde dazu führen, dass eine versicherungspflichtige, hier räum- und streupflichtige Person, an derartigen Tagen des kontinuierlichen Schneefalls mit zwischenzeitlichen Schneepausen letztlich überhaupt nicht das Haus verlassen dürfte, um gewissermaßen »im 5-Minuten-Takt« permanent nachräumen bzw. nachstreuen zu können. Ein derartiges Verhalten kann selbstredend nicht verlangt werden.«* Der *BGH*[1116] geht davon aus, bei Fußgängerüberwegen komme eine Streupflicht nur in Betracht, wenn es sich um einen belebten und unentbehrlichen Übergang handle.

**457** Im Rahmen der allgemeinen Streu- und Räumpflicht stellt der Schutz von Radfahrern und Fußgängern, zudem bei einem kombinierten Fuß- und Radweg einen Sonderfall dar. *»Insoweit ist zu berücksichtigen, dass Personen, die in den Sommermonaten oder auch sonst bei angenehmen Witterungsbedingungen längere Strecken mit dem Fahrrad zurückzulegen pflegen, bei unwirtlichen Wetterverhältnissen verstärkt auf öffentliche Verkehrsmittel oder das eigene Kraftfahrzeug ausweichen. Personen wiederum, die nur kurze Strecken zu bewältigen haben, werden wegen der bei Schnee- und Eisglätte bestehenden besonderen Sturzgefahr, die sich auch bei ordnungsgemäßer Wahrnehmung der Räum- und Streupflicht durch den Sicherungspflichtigen nicht völlig ausschließen lässt, vielfach auf die Benutzung des Fahrrads verzichten und zu Fuß gehen.«*[1117]

---

1110 *OLG Oldenburg* DAR 2011, 329.

1111 *Thüringer OLG*, Urt. v. 31.05.2011 – 4 U 884/10 = BeckRS 2011, 21366; hierzu NJW-Spezial 2011, 586.

1112 Vgl. *OLG Hamm* NZV 2009, 450: Radfahrer konnte Absperrkette erst in 10 Metern Entfernung erkennen; *OLG Koblenz*, Urt. v. 21.03.2016 – 12 U 912/15, WKRS 2016, 22473: Mithaftung des Geschädigten bei einem 40x50 cm großen Loch mit 4 cm Tiefe.

1113 Vgl. zur Problematik *OLG Saarbrücken* MDR 2012, 905, hierzu NJW-Spezial 2012, 683; *OLG München* Beschl. v. 25.01.2013 – 1 U 4143/11 = BeckRS 2012, 07149; *OLG* München, Beschl. v. 07.02.2012 – 1 U 3610/11 = BeckRS 2012, 05931; *LG Mönchengladbach*, Urt. v. 26.03.2012 – 11 O 328/10 = BeckRS 2013, 00149; *OLG Nürnberg* NZV 2014, 177 m. ausf. Erörterung der Problematik.

1114 BGHZ 112, 74; vgl. auch *BGH* NJW 2003, 3622.

1115 *LG Bochum* NJW-RR 2005, 463.

1116 *BGH* DAR 2016, 83.

1117 *BGH* DAR 2016, 83.

Hinsichtlich der von der Fahrbahn getrennten Radwege hat der *BGH* keine ausdrückliche Entscheidung getroffen, jedoch die hierzu anwendbaren Grundsätze unter Berufung auf die bisherige Rspr. dargelegt; *»Jedenfalls sind diesbezüglich, wie das Berufungsgericht zu Recht angenommen hat, keine höheren Anforderungen zu stellen als diejenigen, die für das Räumen und Streuen der Fahrbahnen gelten* (folgen Nachweise).« Berücksichtigt man die obigen Ausführungen und die im Rahmen der Sicherungspflicht geltenden Zumutbarkeitsgrenzen bei offensichtlich großem Ermessensspielraum der Verkehrssicherungsbehörde, so wird damit letztlich insoweit generell die Streu- und Räumpflicht für diesen Bereich infrage gestellt. Das Berufungsgericht hatte ausgeführt, es wäre auch hier für die Gemeinde ein auch der besonderen Gefahrenlage für Radfahrer gerecht werdender Streudienst nicht zumutbar. Dem schließt sich der *BGH* an. Demzufolge darf sich ein Radfahrer nicht darauf verlassen, dass ein derartiger Weg so ausreichend bestreut ist, dass ein Befahren dieser Fläche mit dem Fahrrad jederzeit möglich sei. 458

Hinsichtlich kombinierter Fuß- und Radwege gilt Folgendes: Wird insoweit geräumt, haben beide Personengruppen den gemeinsamen Bereich zu benutzen, dürfen sich dann aber auch auf einen ordnungsgemäßen Zustand verlassen.[1118] Gleichwohl ist der Verkehrssicherungspflichtige jedoch nur gehalten, sich am Bedürfnis der Fußgänger zu orientieren. 459

Die für diesen Straßenbereich geltenden Grundsätze können auch auf die Nutzung von E-Scootern angewendet werden. 460

Fahrbahnschwellen sind als verkehrsberuhigende Maßnahmen grundsätzlich mit der Verkehrssicherungspflicht vereinbar. Auf sie muss jedoch rechtzeitig und klar hingewiesen werden. Ihre Gestaltung hat so zu erfolgen, dass beim Überfahren mit angemessener Geschwindigkeit unter normalen Verhältnissen keine Fahrzeugbeschädigungen verursacht werden können.[1119] Der Verkehrssicherungspflichtige hat dabei auch zu beachten, dass auch solche Fahrzeuge beim Überfahren der Bodenschwellen nicht beschädigt werden, die eine geringere als die übliche Bodenfreiheit aufweisen, wenn sie nur gewährleisten, dass bei ihrem verkehrsüblichen Betrieb niemand geschädigt wird.[1120] Eine ordnungsgemäße Erstellung ist auch für die Abgrenzung zwischen Fahrbahn und Bankett erforderlich. Ein scharfkantiger Höhenunterschied von 15 cm hierbei wurde vom *OLG Hamm*[1121] als Verletzung der Verkehrssicherungspflicht angesehen. Regelmäßig wird jedoch ein erhebliches Mitverschulden des Geschädigten zu berücksichtigen sein. Nach dem *OLG Hamm* können im Prinzip die gleichen Grundsätze, also Gefahrgeneigtheit einerseits und Erkennbarkeit andererseits angewendet werden. War jedoch die Gefährlichkeit vom Straßenbaulastpflichtigen erkannt und beseitigt worden, reicht eine vorsorgliche Maßnahme nicht aus. Er muss sich vielmehr vom ordnungsgemäßen Zustand bis zur endgültigen Reparatur durch Kontrollen überzeugen.[1122] 461

Der *BGH* hat sich nunmehr auch zur Frage geäußert, welche Anforderungen an die Verkehrssicherungspflicht und gegebenenfalls Warnpflicht bei unbefestigten Banketten zu stellen sind.[1123] Er führt aus, auszugehen sei *»von der Regelung in § 2 Abs. 1 StVO, wonach dem Fahrzeugverkehr lediglich die Fahrbahn und nicht auch die anderen Teile des Straßenkörpers zur Verfügung stehen. Insbesondere sind nach § 2 Abs. 1 S. 2 StVO Seitenstreifen nicht Bestandteil der Fahrbahn. Damit ist den Fahrzeugen jedoch nicht schlechthin jedes Verlassen der Fahrbahn verboten; vielmehr ist es immer – aber auch nur dann – erlaubt, wenn die Verkehrslage dies als eine sachgerechte und vernünftige Maßnahme erscheinen lässt. Ein Verlassen der Fahrbahn muss jedoch den jeweils gegebenen Verhältnissen entsprechend vorsichtig geschehen. Der Straßenbenutzer hat sich grundsätzlich den gegebenen Straßenverhältnissen anzupassen und die Straße so hinzunehmen, wie sie sich ihm erkennbar darbietet.«* Dementsprechend besteht kein 462

1118 *BGH* NJW 2003, 3622.
1119 *OLG Hamm* DAR 1991, 378.
1120 *BGH* DAR 1991, 378.
1121 *OLG Hamm* NVwZ-RR 2004, 808.
1122 Vgl. *OLG Koblenz* NVwZ-RR 2002, 170.
1123 *BGH* DAR 2005, 210.

Anspruch auf einen befestigten Seitenstreifen. *»Eine andere Frage ist, welche Toleranzen bei einem unbefestigten Bankett bestehen dürfen, ohne dass der Verkehrssicherungspflichtige zu einer Warnung der Verkehrsteilnehmer verpflichtet ist. Insoweit hat der Senat ausgesprochen, der Übergang von der Fahrbahn zum Bankett dürfe keine gefährlichen Höhenunterschiede aufweisen, an denen ein Fahrzeug hängen bleiben oder durch die es aus der Fahrbahn gerissen werden könne.«*[1124] Insoweit ist allerdings nicht erforderlich, vor einem erkennbar unbefestigten Randstreifen durch Warntafeln generell zu warnen. Die Warnpflicht tritt jedoch dann ein, wenn Höhenunterschiede zwischen Fahrbahn und Seitenstreifen auf Bundesstraßen vorliegen, bei denen die Gefahr droht, dass auch der vorsichtige Kraftfahrer beim Überholen oder Ausweichen mit den Rädern hängen bleiben könne. Die untere Schwelle des für die Warnpflicht erforderlichen Höhenunterschieds hatte der *BGH* früher auf 6,8cm festgelegt.[1125] Nunmehr geht der *BGH* davon aus, dass auch eine Kante von 8cm noch nicht zur Warnpflicht führe.[1126]

463 Mit der Zunahme der Inline-Skater[1127] und deren Anfälligkeit für Bodenunebenheiten, kommt es vermehrt zu Auseinandersetzungen um die Verkehrssicherungspflicht im *»Fußgängerbereich«*. Eine besondere Verkehrssicherungspflicht wird von der Rspr. bislang jedoch abgelehnt.[1128] Inline-Skater können nur erwarten, dass der Straßenzustand für die Benutzung als *»gewöhnlicher Fußgänger«* ausreichend ist.[1129] Das Argument ist allerdings nur eingeschränkt überzeugend, wenn sich, wie etwa in Großstädten, eine große Inline-Skater-Gemeinde im Gehwegbereich bewegt. Denn insoweit könnte von einer geänderten Verkehrserwartung der Fußgängergemeinde gesprochen werden. Schlüssiger ist hier das sehr einfache Argument, dass ein Inline-Skater, wie jeder andere Verkehrsteilnehmer auch, die vor ihm liegende Straßenoberfläche zu beachten und seine Geschwindigkeit hierauf einzurichten hat. Damit kann die zuständige Straßenverkehrsbehörde davon ausgehen, dass etwa hervorstehende Kanaldeckel beachtet werden (müssen).

464 Die gleichen Grundsätze gelten auch gegenüber Radfahrern. Es kann von ihnen ebenso erwartet werden, die Fahrbahnbeschaffenheit zu beobachten. Stürzt ein Radfahrer bei schlechtem Straßenzustand während des Ausweichens vor Schlaglöchern, so hat er diese Sorgfaltspflicht nicht erfüllt.[1130] Benutzt ein Radfahrer einen für ihn erkennbar gesperrten Bereich, etwa beim Vorhandensein von Pollern mit Kette, der gerade Radfahrer daran hindern soll, den Bereich zu befahren, so kommt ein Verstoß gegen die Verkehrssicherungspflicht nicht in Betracht, weil es an der erforderlichen Widmung fehlt.[1131]

465 Auf Autobahnen ist der Straßenbaulastträger verpflichtet, geeignete und normgerechte Leitplanken anzubringen und diese durch aufmerksame und fachkundige Sichtprüfung vor Ort zu kontrollieren.[1132]

## 4. Wildunfälle

466 Eine Haftung des Straßenbaulastträgers kommt bei Unfällen mit querendem Wild grundsätzlich dann in Betracht, wenn für den Verkehrssicherungspflichtigen Anhaltspunkte bestehen, die auf eine besondere Gefahrstelle (z.B. Wildwechsel, Gegenden mit hoher Wilddichte oder Häufung von Wildunfällen) hinweisen. Dann hat er durch das Gefahrzeichen *»Wildwechsel«* (§ 40 Abs. 6 Zeichen 142 StVO) zu warnen, damit der Verkehrsteilnehmer die Straßenverhältnisse richtig einschätzen kann.[1133] Damit erschöpft sich jedoch seine Verpflichtung. *»Sind die besonderen Gefahrstellen durch*

1124 *BGH* DAR 2005, 210.
1125 *BGH* VersR 1959, 435.
1126 *BGH* DAR 2005, 210, 211.
1127 Vgl. hierzu § 24 StVO.
1128 Vgl. *OLG Koblenz* DAR 2001, 167; *OLG Celle* MDR 1999, 1323.
1129 *OLG Koblenz* DAR 2001, 167.
1130 Vgl. *LG Rostock* MDR 2005, 396.
1131 *Thüringer OLG* NZV 2005, 192.
1132 *OLG München* VersR 2002, 455.
1133 *BGH* NJW 1989, 2808 f.

*Warnschilder sachgerecht angezeigt, ist der Verkehrssicherungspflicht Genüge getan. Wildschutzzäune sind grundsätzlich nicht vonnöten.«*[1134] Regelmäßig wird beim Fehlen eines Schildes jedoch zu prüfen sein, inwieweit die Geschwindigkeit des geschädigten Fahrzeugs relevant und hier bei einem tatsächlich aufgestellten Warnschild der Unfall überhaupt noch vermeidbar war.[1135]

### 5. Beweislast

Der Benutzer hat im Übrigen für die Verletzung der Verkehrssicherungspflicht die volle Beweislast. 467
Ein Anscheinsbeweis zugunsten des Straßenbenutzers wird nicht anerkannt.[1136] Dem ist beizupflichten. Es handelt sich um eine allgemeine Verletzung der Sorgfaltspflicht, § 823 Abs. 1 BGB. In diesem Bereich kommt das für einen Anscheinsbeweis sprechende typischerweise eintretende Ereignis nicht in Betracht. Man kann nicht davon ausgehen, dass etwa der Sturz eines Radfahrers bei allgemeiner Betrachtung meist auf einen schlechten Straßenzustand zurückzuführen ist.

### 6. Sonderfall Baustellensicherung

Baustellen sind grundsätzlich abzusichern. Für Arbeiten im Straßenbereich ergibt sich das aus § 45 468
Abs. 6 StVO, wobei die Vorschrift trotz des einschränken Textes von Abs. 1 Nr. 1 (*»zur Durchführung von Arbeiten im Straßenraum«*) nicht nur für typische Straßenbauarbeiten gilt, sondern auch für Arbeiten im Privatbereich mit Auswirkungen auf den öffentlichen Straßenbereich. Die sonstigen landesbaurechtlichen Vorschriften[1137] können daher dahingestellt bleiben. Allerdings geht der *BGH*[1138] davon aus, dass die Absicherung nur nötig sein, wenn sich für ein sachkundiges Urteil die nahe liegende Möglichkeit ergibt, dass Rechtsgüter anderer verletzt werden. Es sind vielmehr nur die Vorkehrungen zu treffen, die geeignet sind, die Schädigung anderer tunlichst abzuwenden. in Betracht. Er stellt insoweit darauf ab, jene Sicherheitsvorkehrungen zu treffen, die ein verständiger, umsichtiger, vorsichtiger und gewissenhafter Anhörgehöriger der betroffenen Verkehrskreise für ausreichend halten dar, um andere Personen vor Schäden zu bewahren und die den Umständen nach zuzumuten sind.

Die h.M. geht davon aus, dass bei Baustellen hinsichtlich der Baustellenabsicherung,[1139] etwa Auf- 469
stellen von Begrenzungen oder Verkehrsschildern, der Bauunternehmer bei Schadensersatzansprüchen in Anspruch genommen werden kann.[1140] Grundlage hierfür ist die Möglichkeit des Verkehrssicherungspflichtigen, die Sicherungspflicht an Dritte weiterzugeben. Es ist verwaltungsrechtlich unbestritten, dass die Streu- und Reinigungsverantwortung auf Anlieger übertragen werden kann.[1141] Dies setzt jedoch eine entsprechende Ortssatzung voraus. Legt man diese Möglichkeit auch der Baustellenabsicherung zugrunde, so bedarf es aber einer besonderen verwaltungsrechtlichen Maßnahme, die der Übertragung durch Gemeinderecht gleichzusetzen ist. Der Unternehmer hat entsprechende Anordnungen der Behörde einzuholen und darf mit den Arbeiten erst beginnen, wenn der eingereichte Plan genehmigt und umgesetzt wurde.[1142] Es muss mit anderen Worten eine vertragliche Vereinbarung zwischen der Straßenverkehrsbehörde, nicht dem Straßenbaulastträger,[1143] und dem

1134 *BGH* NJW 1989, 2808 f.

1135 Vgl. *LG Bielefeld* NJOZ 2008, 4715, 4717; zum seltenen Sonderfall *Munte*, Die Rechtsprechung zu Verkehrssicherungspflichten bei Treib-, Drück- und Erntejagden, NZV 2009, 274.

1136 So *LG Köln* DAR 1999, 409.

1137 Vgl. etwa Art. 9 BayBO, Art. 17 Abs. 2 NBauO.

1138 *BGH* DAR 2014, 318.

1139 Vgl. auch *Weinhold* SVR 2007, 14 sowie grundl. zum Verfahrensablauf bei der Genehmigung *König*, Baustellen im Straßenverkehr auf der Internetseite der Polizei Hessen unter www.polizei-hessen.de und Eingabe im Suchfeld *»RSA«*; konkrete Regelpläne unter www.rsa-95.de/rsa-95-menu.htm.

1140 Grunds. zur Baustellenabsicherung auch *Mergner/Matz* NJW 2014, 186, 191.

1141 Zur Kontroll- und Überwachungspflicht des Bauherrn *BGH* NJW 2008, 1440.

1142 *BGH* VersR 1977, 544.

1143 *BGH* NJW 1982, 2127; zul. auch *BGH* NZV 2000, 412.

Bauunternehmen vorliegen, aus der sich eine klare Regelung ergibt, in welchem Umfang und für welchen Zeitraum der Bauunternehmer die Verkehrssicherungspflicht übernimmt.[1144] Hierzu wird von der zuständigen Behörde ein Baustellensicherungsplan aufgestellt. Entspricht aber sein Verhalten den Anordnungen der Behörde, so ist er entlastet.[1145]

470 Aber auch eine Verantwortlichkeit des Straßenverkehrssicherungspflichtigen kommt – kumulativ in Betracht. Zunächst bleibt die Verkehrssicherungspflicht originär bestehen. *»Schließlich oblag auch der Bekl. zu 3) als Trägerin der Straßenbaulast eine originäre Sicherungspflicht hinsichtlich des streitgegenständlichen Wegeabschnittes. Auf eine Haftungsprivilegierung nach § 839 Absatz I 2 BGB kann die Bekl. zu 3) sich nicht berufen. Bei Verletzung der gemäß §§ 9, 9a Straßen- und Wegegesetz NWR als hoheitlicher Pflicht ausgestalteten allgemeinen Verkehrssicherungspflicht kommt wegen des Grundsatzes der haftungsrechtlichen Gleichbehandlung eine Haftungsprivilegierung nach § BGB § 839 Absatz I BGB nicht in Betracht (BGH, NJW 1981, 682).«*[1146] Eine Abwälzung auf den Bauunternehmer kommt daher allenfalls in Betracht, wenn er die mit dem Unternehmer vertraglich vereinbarten Anordnungen auf ordnungsgemäße Einhaltung kontrolliert und überwacht.[1147] Für die Anbringung von Gebotszeichen und deren Unterhalt bleibt jedoch stets die Behörde zuständig, die unabhängig vom Unternehmer entsprechend zu kontrollieren hat.

471 Im Zusammenhang mit Baustellenabsicherungen kommt es nicht selten zu Schäden an Fahrzeugen durch umfallende mobile Verkehrsschilder. Teilweise wird bei möglicher Windeinwirkung ein Anscheinsbeweis angenommen, da ein Umfallen durch Wind bei einem nicht fest mit dem Boden verankerten Schild der allgemeinen Lebenserfahrung[1148] entspreche.

▶ **Praxistipp:**

472 Bei der Prüfung von Ansprüchen empfiehlt sich zur Frage des Haftenden daher folgen der Prüfungsweg:

– Beruht Unfallursache auf mangelnder Absicherung?
– Liegt die Schadensursache im Bereich von Gebotszeichen?
– Welche konkreten Maßnahmen wurden im genehmigten oder angeordneten Baustellensicherungsplan (vorprozessuale Erholung[1149] und Vorlage im Prozess daher zwingend) angeordnet?
– Hat Unternehmer im Rahmen des genehmigten Sicherungsplans gehandelt?
– Entspricht die Einrichtung der RSA?
– Wurde die Baustelleneinrichtung durch die Behörde ausreichend überwacht?

473 Wird der Bauunternehmer in Anspruch genommen, verbleibt ihm zumindest unter den oben genannten Umständen der Rückgriff auf die originär zuständige Behörde. Welche Haftungsanteile bestehen, kann nur nach den konkreten Einzelfallumständen beurteilt werden.

1144 Vgl. *OLG Hamm* NZV 2002, 506, 507; *OLG Celle* NVwZ-RR 1998, 481; zum Prüfungsablauf vgl. VwV zu § 45 StVO zu Absatz 6 I. mit III. sowie die Richtlinien zur Absicherung von Arbeitsstellen im Straßenraum RSA, Ausgabe 2021 (RSA 21).

1145 *BGH* VersR 1977, 544; zu Beweislastfragen näher *OLG Saarbrücken*, Urt. v. 05.06.2014 – 4 U 118/13 = WKRS 2014, 22564; *Bachmeier/Müller/Rebler* Straßenrecht und Straßenverkehrsrecht für Kommunen S. 477.

1146 *OLG Hamm* NZV 2002, 506, 507.

1147 Vgl. *OLG Hamm* 1996, 1362.

1148 *LG Berlin* NJW-RR 2004, 169.

1149 Hinweis: Der Plan muss auch auf der Baustelle vorliegen.

## XXXIII. Vorbeifahren

Kommt es zu einem Zusammenstoß zwischen einem Kfz, das mit einer der Verkehrslage nicht angepassten Geschwindigkeit gefahren ist, und einem am Fahrbahnrand im eingeschränkten Halteverbot abgestellten Kfz, so trifft den Vorbeifahrenden die volle Haftung.[1150] 474

Wenn ein Pkw-Fahrer mit einem seitlichen Abstand von 0,5 m vom rechten Bordsteinrand anhält, um ein entgegenkommendes Fahrzeug durchfahren zu lassen, das seinerseits unter Benutzung der Fahrbahnmitte an einem haltenden Fahrzeug vorbeifährt, so hat im Rahmen von § 17 StVG eine Schadenausgleichung im Verhältnis 3:1 zulasten des Entgegenkommenden, der sich in Fahrt befand, zu erfolgen.[1151] 475

Demjenigen, der an rechts parkenden Fahrzeugen vorbeifährt, kann ein Verstoß gegen das Rechtsfahrgebot nicht deshalb angelastet werden, weil er einen Sicherheitsabstand von 1m zu den Fahrzeugen eingehalten hat, wenn diese in unterschiedlich weitem Abstand zur Bordsteinkante abgestellt sind.[1152] 476

Fahren beide Fahrzeuge aufeinander zu, haben sie vorausschauend die Fahrmöglichkeiten einzuschätzen und erforderlichenfalls die Geschwindigkeit zu reduzieren oder gar anzuhalten. Grundlage ist die beiderseitige Pflicht nach § 1 Abs. 2 StVO.[1153] 477

Bei einem Begegnungszusammenstoß zwischen einem Lastzug und einem Pkw im Bereich einer durch abgestellte Kraftfahrzeuge bewirkten Fahrbahnverengung hat im Rahmen von § 17 StVG eine Schadenausgleichung im Verhältnis 2:1 zulasten des Vorbeifahrenden zu erfolgen.[1154] 478

Vorbeifahren nach § 6 S. 2 StVO und nicht Anfahren nach § 10 StVO liegt vor, wenn zunächst hinter einem stehenden Fahrzeug angehalten und sodann versucht wird, vorbeizufahren. Kollidiert er bei diesem Fahrmanöver mit einem von hinten Überholenden richtet sich die Haftungsabwägung nach § 6 S. 2 StVO bzw. für den Überholenden nach § 5 StVO und den Modalitäten des Einzelfalls.[1155]

## XXXIV. Vorfahrt

Gegen den Wartepflichtigen spricht schon der Anscheinsbeweis des Verschuldens, da er gemäß § 7 Abs. 1 StVO erhöhte Sorgfaltspflichten zu erfüllen hat, sodass sich nach ständiger Rspr. im Regelfall seine alleinige Haftung ergibt. Hierbei gilt die Vorfahrtsberechtigung so lange bis das vorfahrtsberechtigte Fahrzeug den Kreuzungsbereich in seiner vollen Länge verlassen hat.[1156] 479

Im Rahmen der Haftungsabwägung kommt der Vorfahrtsverletzung eine überragende Bedeutung in jeglicher Konstellation zu. Das Vorfahrtsrecht wird in der Rspr. des *BGH* als besonders gravierender Gesichtspunkt bei der Haftungsabwägung herausgestellt: *»Das Vorfahrtsrecht ist eine der grundlegenden Regelungen, ohne die ein flüssiger Verkehr nicht denkbar ist. Seine strikte Beachtung ist nicht nur im Interesse eines flüssigen Verkehrs, sondern insbesondere zur Vermeidung oft schwerer und folgenreicher Unfälle unabdingbar erforderlich. Eine Einschränkung der Verhaltensanforderungen des Wartepflichtigen im Hinblick auf sein Vertrauen auf ein verkehrsgerechtes Verhalten anderer Verkehrsteilnehmer ist denkbar, etwa wenn auf erschwerte Sichtmöglichkeiten nicht in zumutbarer Weise ausreichend reagiert werden kann oder der Verkehrsverstoß des Unfallgegners, etwa seine überhöhte Geschwindigkeit, zu verständlichen Fehlbeurteilungen der Verkehrssituation führt. Sie ist aber nicht gerechtfertigt, wenn die Vorfahrt ohne Überspannung an die Verhaltensanforderungen gewährt und dadurch einem möglichen schweren Unfall im Gegenverkehr entgegengewirkt werden kann. Gerade das Linksabbiegen an nur schwer einsehbaren* 480

1150 *KG*, Urt. v. 20.04.1978 – 12 U 5878/77 n.v.
1151 *OLG Bremen* VersR 1979, 1059.
1152 *OLG Hamburg* SP 1993, 172.
1153 Vgl. *OLG Hamm* r+s 2016, 422; hierzu *Kääb* FD-StrVR 2016, 379871.
1154 *OLG Celle* VersR 1973, 716.
1155 Vgl. *LG Saarbrücken* NZV 2014, 410.
1156 *BGH* NJW 2014, 3097.

*Stellen bringt erhebliche Gefahren für den Abbiegenden wie für den Gegenverkehr mit sich, denen jeder Verkehrsteilnehmer im Rahmen des Zumutbaren durch eine defensive, die Gefahrenlage nach Möglichkeit entschärfende Fahrweise entgegenwirken muss. Alle zumutbaren Möglichkeiten, vor Überquerung der Gegenfahrbahn einen ausreichenden Überblick über möglichen – und möglicherweise auch vorschriftswidrig fahrenden – Gegenverkehr zu erhalten, sind auszuschöpfen.«*[1157] Eine Einschränkung der Haftung des Vorfahrt Verletzenden kommt daher nur in seltenen Fällen, vor allem aber nicht unter dem Gesichtspunkt der Betriebsgefahr des gegnerischen Fahrzeugs in Betracht. Das *OLG Koblenz*[1158] hat bei einer Geschwindigkeitsüberschreitung zwischen 24 % und 36 % die Haftung des Vorfahrtsberechtigten mit 1/3 angenommen.

## 1. Allgemein

481 Nach allgemeiner Rechtsauffassung verliert der Vorfahrtberechtigte die Vorfahrt nicht dadurch, dass er sich selbst verkehrswidrig verhält,[1159] sei es dadurch, dass er gegen das Rechtsfahrgebot *verstößt* und die linke Straßenseite benutzt,[1160] sei es, dass er sich mit überhöhter Geschwindigkeit der Kreuzung oder Einmündung nähert,[1161] dass er bei der Einfahrt in die untergeordnete Straße die Kurve schneidet und auf der linken Fahrbahn heranfährt,[1162] das Blinken unterlässt[1163] oder beim Einbiegen nicht den vorgeschriebenen Radweg benutzt.[1164] Auch das verkehrswidrige Benutzen einer Anliegerstraße führt nicht zur Mithaftung.[1165] Insoweit fehlt es nämlich an der Verletzung eines den Wartepflichtigen schützenden Bereichs.[1166] Das *OLG Saarbrücken* nimmt jedoch eine Mithaftung an; wenn der Vorfahrtsberechtigte überholt und der Überholte noch vor dem Wartepflichtigen anhalten kann.[1167]

482 Nur bei einer wesentlichen Behinderung des Vorfahrtsberechtigten kann von einer Vorfahrtsverletzung gesprochen werden. Wenn der Vorfahrtberechtigte ohne Weiteres durch ein frühes leichtes Gaswegnehmen oder frühes leichtes Abbremsen ein Auffahren auf den Wartepflichtigen verhindern kann, liegt bereits tatbestandsmäßig eine Vorfahrtsverletzung nicht vor.[1168]

483 Fährt ein wartepflichtiger Lkw-Fahrer mit einer Geschwindigkeit von etwa 30 bis 40 km/h in eine infolge Bebauung nach rechts nur schlecht einzusehende Kreuzung gleichberechtigter Straßen ein, so missachtet er in grobfahrlässiger Weise die Vorfahrt, sodass demgegenüber die Betriebsgefahr des bevorrechtigten Pkw, der mit einer Geschwindigkeit von etwa 20 km/h in diese Kreuzung einfährt, nicht ins Gewicht fällt.[1169]

---

1157 *BGH* NJW 2005, 1351, 1353.

1158 *OLG* Koblenz, Urt. v. 18.07.2011 – 12 U 189/10 = BeckRS 2011, 19034; hierzu *Kääb* FD-StrVR 2011, 320900.

1159 Vgl. *BGH* NJW 1986, 2651.

1160 Vgl. RGZ 167, 357, 369; *BGH* VRS 22, 134 f.

1161 Vgl. *BGH* NJW 1984, 1962; zum Zusammentreffen von Vorfahrt und überhöhter Geschwindigkeit auch *Heß/Nugel* NJW-Spezial 2011, 521; vgl. aber *OLG München*, Urt. v. 26.04.2013 – 10 U 4938/12 m. Anm. *Siegel* SVR 2013, 463, *OLG* München, Urt. v. 07.02.2014 – 10 U 3473/13 = BeckRS 2014, 05286.: Bei Überhöhung um mindestens 40 % Mithaftung zu 2/3.

1162 Vgl. *BGH* NJW 1996, 60 f.; *LG München II* r+s 2023, 914.

1163 Vgl. *BGH* VRS 30, 23, 26.

1164 Vgl. *BGH* NJW 1986, 2651.

1165 *OLG Celle* zfs 2001, 492 m. Anm. *Diehl*.

1166 *OLG Celle* zfs 2001, 492.

1167 *OLG* Saarbrücken, Urt. v. 12.10.2010 – 4 U 110/10 = BeckRS 2010, 25380: Mithaftung 80 %; hierzu *Kääb* FD-StrVR 2010, 310489.

1168 *OLG Braunschweig* DAR 1992, 218.

1169 Vgl. *KG* VersR 1973, 749.

Wenn der Bevorrechtigte rechts blinkt, gleichwohl aber geradeaus weiterfährt und durch sein Verhalten den Wartepflichtigen irritiert, kann eine Mithaftung des Bevorrechtigten eintreten.[1170] Hierbei ist insbesondere fraglich, welche Anforderungen an eine haftungsrelevante Irritation zu stellen sind.[1171] 484

Ein Vorfahrtsverzicht kann nur dann angenommen werden, wenn dieser klar und unmissverständlich zum Ausdruck gebracht wird. Das Betätigen der Lichthupe kann auch als Warnzeichen verstanden werden. Allein hieraus kann somit nicht auf einen Verzichtswillen geschlossen werden. Auch wenn der Vorfahrtberechtigte den Unabwendbarkeitsnachweis i.S.d. § 7 Abs. 2 StVG nicht führen kann, tritt die Betriebsgefahr seines Fahrzeugs hinter der schuldhaften Vorfahrtsverletzung zurück.[1172] 485

Hält demgegenüber der Vorfahrtberechtigte zunächst grundlos an und schafft er so eine unklare Verkehrslage, in der er dann plötzlich wieder kurz vor dem herannahenden wartepflichtigen Kfz anfährt, so ist eine Mithaftung des Bevorrechtigten zu einem Drittel durchaus gerechtfertigt.[1173] 486

Ist eine Vorfahrtverletzung erwiesen, trägt wegen der einzelnen Umstände, die ein Mitverschulden des Bevorrechtigten begründen können, der Wartepflichtige die Darlegungs- und Beweislast[1174] Eine Mithaftung des Bevorrechtigten kommt nur dann in Betracht, wenn der Wartepflichtige ihm eine ins Gewicht fallende Mitverursachung nachweist.[1175] 487

## 2. Abknickende Vorfahrt

Bei abknickender Vorfahrt ist der Vorfahrtsberechtigte auch beim Abbiegen bevorrechtigt. »*Der Benutzer einer solchen Straße bleibt nach anerkannter Rspr. gegenüber Verkehrsteilnehmern, die – wie die Kl. – auf einer diese Straße kreuzenden nicht bevorrechtigten Straße fahren, im Kreuzungsbereich auch dann vorfahrtsberechtigt, wenn er geradeaus in eine nicht bevorrechtigte Straße weiterfährt. Dabei wird der gesamte Kreuzungsbereich als eine Einheit angesehen; eine Aufteilung in einen bevorrechtigten und einen nicht bevorrechtigten Teil findet also nicht statt. Diese Rspr. beruht auf der Erwägung, dass das Vorfahrtsrecht im Hinblick auf die Sicherheit des Verkehrs klar und eindeutig sein muss und der zügige Verkehr auf den Hauptverkehrsstraßen nicht beeinträchtigt werden darf.*«[1176] 488

Ob die Betriebsgefahr des bevorrechtigten Fahrzeugs insoweit völlig zurücktritt, kann nur im Einzelfall beurteilt werden. Regelmäßig wird das in der Vorfahrtsverletzung enthaltene erhebliche Verschulden dafür sprechen, andererseits kann im Einzelfall auch eine Berücksichtigung in Betracht kommen Der *BGH*[1177] hatte das von der Vorinstanz berücksichtigte Mitverschulden von 20 % gebilligt. Der Wartepflichtige darf jedenfalls darauf vertrauen, dass der Vorfahrtsberechtigte blinkt, sodass beim Verstoß die Betriebsgefahr zu berücksichtigen ist.[1178] 489

## 3. Einfahren in bevorrechtigte Straße

Grundsätzlich hat der Wartepflichtige bei der Einfahrt nach rechts in eine Vorfahrtsstraße sich davon zu überzeugen, dass der von ihm angesteuerte Fahrstreifen frei und auch kein Anhaltspunkt dafür vorhanden ist, dass er einen Vorfahrtsberechtigten beeinträchtigen könnte. Das Vorfahrtsrecht gilt für den Bevorrechtigten solange, »*bis er die Vorfahrtsstraße mit der ganzen Länge seines Fahrzeugs verlassen hat.*«[1179] Gemeint ist damit das Verlassen des Einmündungsbereichs der nachrangigen Straße. Dies 490

1170 Vgl. *Balke* SVR 2017, 330 f. mit ausf. Rspr.-Übersicht.

1171 Vgl. auch *AG Perleberg*, Urt. v. 14.04.2016 – 11 C 382/15 m. Anm. *Balke* SVR 2016, 227.

1172 *OLG Koblenz* NJW 1993, 1721.

1173 Vgl. *OLG Düsseldorf* VRS 89, 278.

1174 Vgl. *KG* DAR 77, 159.

1175 Vgl. *LG Karlsruhe* VersR 1981, 468.

1176 *BGH* NJW 1983, 2939.

1177 *BGH* NJW 1983, 2939.

1178 *OLG Rostock* NJW-RR 2011, 31: Mithaftung des Vorfahrtsberechtigten 30 %; a.A. *LG Halle* NZV 2003, 34: Weitere Umstände erforderlich.

1179 *BGH* DAR 2014, 457.

gilt auch für den Fall, dass ein Vorfahrtsberechtigter unmittelbar vor der Kollision den Fahrstreifen nach rechts wechselt. Hiermit hat der Wartepflichtige zu rechnen.[1180] Andererseits ist sorgfältig zu prüfen, welche Möglichkeiten der Wartepflichtige überhaupt hatte, den Vorfahrtsberechtigten zu erkennen. Abzustellen ist hierbei auf den Zeitpunkt des Einfahrens. Kann die Situation beim Überholen nicht geklärt werden, so geht dies nach Ansicht des *OLG Düsseldorf*[1181] zulasten des Vorfahrtsberechtigten, eine Haftung des Wartepflichtigen aus Verschulden kommt nicht, wohl aber jene aus Betriebsgefahr zur Anwendung. Diese Entscheidung knüpft an die Rspr. des *BGH*[1182] an. Hiernach sind folgende Gesichtspunkte bei der Abwägung gegenüberzustellen:

491 »Das Überholen ist unzulässig, wenn ein Verkehrsteilnehmer, dessen Sicht auf eine Straßenkreuzung durch ein vorausfahrendes Fahrzeug und wegen einer Straßenkrümmung verdeckt ist, den Verkehrsraum vor sich nicht voll übersehen kann. Er darf sich nicht darauf verlassen, dass wartepflichtige Verkehrsteilnehmer, die auf einer untergeordneten Straße herannahen, während des Überholvorgangs nicht in die bevorrechtigte Straße einbiegen. Ein Wartepflichtiger, der wegen der Straßenführung die auf der Vorfahrtstraße herannahenden, von einem vorausfahrenden Fahrzeug verdeckten Verkehrsteilnehmer nicht sehen kann, muss mit dem Einbiegen in die bevorrechtigte Straße nach rechts solange warten, bis er den Verkehrsraum dort ausreichend übersehen kann. Er kann sich nicht darauf verlassen, dass hinter einem die Sicht verdeckenden Fahrzeug keine Verkehrsteilnehmer zum Überholen ansetzen.«

492 Andererseits hat das *OLG München*[1183] darauf hingewiesen, dass ein als Rechtsabbieger Einfahrender gegenüber dem auf der rechten Fahrspur der Vorfahrtsstraße Herannahenden »nicht ohne Weiteres« eine Vorfahrtsverletzung begehe. Bei einem letztlich unaufklärbaren Unfallgeschehen geht das Gericht von einer hälftigen Haftung aus.

493 Bei der Abwägung der Ursachen für den Zusammenstoß zweier Kfz auf einer Kreuzung ist die Betriebsgefahr des mit normaler Geschwindigkeit auf bevorrechtigter Straße herannahenden Kfz gegenüber der groben Fahrlässigkeit des Wartepflichtigen, der trotz Sichtbehinderung durch ein gerade überholtes Fahrzeug in die Kreuzung einfährt und dabei mit einem von rechts gekommenen bevorrechtigten Fahrzeug zusammenstößt, außer Betracht zu lassen.[1184]

494 Spricht die Vorfahrtregelung nicht eindeutig zugunsten eines Verkehrsteilnehmers, so muss er von der Rechtsbedeutung ausgehen, die ihm ungünstiger ist und ihm eine höhere Sorgfalt abverlangt. Dies gilt vor allem für die Annäherung an eine Einmündung, die dem Fahrer die Vorstellung, eine untergeordnete Straße zu befahren, geradezu aufdrängt.[1185]

495 Wird das Zeichen 205 *»Vorfahrt gewähren«* durch ein parkendes Fahrzeug verdeckt, muss der Fahrer, der sich mit seinem Fahrzeug der Kreuzung nähert, wenn er erkennen konnte, dass das parkende Fahrzeug so nah an der Kreuzung geparkt war, dass es die Vorfahrtregeln des Verkehrsschildes verdecken konnte, versuchen, aus anderen Verkehrszeichen und/oder aus Fahrbahnmarkierungen Rückschlüsse auf eine Vorfahrtsregelung zu ziehen.[1186]

496 Ähnliche Überlegungen gelten für den Fall, dass der Bevorrechtigte die zulässige Höchstgeschwindigkeit überschreitet.[1187]

497 Der wartepflichtige Rechtsabbieger darf jedoch nicht darauf vertrauen, dass ein auf der bevorrechtigten Straße herannahender Linksabbieger unter Schneiden der Kurve einen engen Bogen nach links beschreiben wird. Auch wenn der Linksabbieger seine Absicht aufgibt und geradeaus weiterfährt, haftet der wartepflichtige Rechtsabbieger allein, da ein Abbiegen ohne Behinderung des Bevorrech-

1180 *OLG Hamm* SP 2000, 406.
1181 *OLG Düsseldorf* SP 2001, 81.
1182 *BGH* NJW 1996, 60 (Ls.).
1183 *OLG München* NJW-RR 2020, 1233; vgl. auch *Siegel* SVR 2019, 41.
1184 Vgl. *BGH* VersR 1964, 1113.
1185 Vgl. *BGH* VersR 1977, 58.
1186 *OLG Köln* DAR 1991, 146.
1187 Vgl. *OLG Stuttgart* VersR 1982, 782.

tigten auch dann nicht möglich gewesen wäre, wenn dieser seiner ursprünglichen Absicht entsprechend links abgebogen wäre.[1188]

Eine Vorfahrtverletzung des aus einer Grundstücksausfahrt nach links in eine Straße einbiegenden Lkw liegt dann nicht vor, wenn dessen Fahrer beim Anfahren auf der Vorfahrtstraße trotz einer Sichtweite von 135m kein Fahrzeug erkennt. Kommt es dann zu einem Zusammenstoß mit einem an sich Vorfahrtberechtigten, weil dieser mit überhöhter Geschwindigkeit, im konkreten Fall 95 km/h statt 70 km/h, und unter Verletzung des Sichtfahrgebots gefahren ist, so haftet dieser für den Unfallschaden allein.[1189] 498

Schließlich ist auch zu beachten, dass das Einbiegen nach links durch einen sich an der Kreuzung gebildeten Rückstaus nur zulässig ist, wenn der von rechts kommende Verkehr nicht beeinträchtigt wird. Insoweit liegt regelmäßig eine Alleinhaftung des Einbiegenden vor.[1190] 499

## 4. Einfahren in gleichberechtigte Straße (Rechts-vor-Links)

An gleichrangigen Kreuzungen, in deren Bereich die Grundregel *»rechts vor links«* gilt, wird vielfach vertreten, auch ein von links kommender Fahrer dürfe grundsätzlich davon ausgehen, dass ein an sich vorfahrtsberechtigter Verkehrsteilnehmer seine eigene Geschwindigkeit so weit herabsetzt, dass er in der Lage ist, seiner Wartepflicht gegenüber einem für ihn von rechts kommenden Kfz zu genügen, sodass eine Mithaftung des Vorfahrtsberechtigten mit 20 % oder noch höher[1191] anzusetzen sei. Hierzu wird die Rspr. des *BGH* angeführt. Die Problematik ist deshalb ausführlicher darzustellen. Die Situation wird mit dem Stichwort *»halbe Vorfahrt«* bezeichnet. Der Begriff ist auf den ersten Blick verwirrend, sprachlich aber durchaus korrekt, da jeder der Herannahenden nur nach links, nicht jedoch nach rechts, also nur zur Hälfte vorfahrtsberechtigt ist. 500

Diese Konstellation weist in der Praxis große Bedeutung bei der Schadensregulierung für beide betroffenen Parteien auf. Es ist durchaus richtig, dass auch der im konkreten Fall Vorfahrtsberechtigte vorsichtig an die Kreuzung heranfahren muss, um die Vorfahrt gewähren zu können. Das kann aber nur dann gelten und zu einer Mithaftung führen, wenn der Nachweis vorliegt, der Vorfahrtsberechtigte habe tatsächlich seine Sorgfaltspflicht verletzt.[1192] Diese Ansicht entspricht im Übrigen durchaus der nunmehrigen Rspr. des *BGH*. *»Der vorfahrtsberechtigte Verkehrsteilnehmer kann sich grundsätzlich darauf verlassen, dass auch ein für ihn nicht sichtbarer Verkehrsteilnehmer sein Vorfahrtsrecht beachten werde. Diese Regel gilt nicht nur, wenn der vorfahrtsberechtigte Verkehrsteilnehmer auf einer bevorrechtigten Straße fährt, sondern auch dann, wenn ihm das Vorfahrtsrecht deshalb zusteht, weil er von rechts kommt (§ 8 Abs. 1 S. 1 StVO); an Kreuzungen allerdings unter der Voraussetzung, dass er die kreuzende Straße nach rechts zur Beurteilung seiner eigenen Wartepflicht gegenüber dem von dort herannahenden Verkehr rechtzeitig und weit genug einsehen kann* (vgl. Senat VersR 1961, 69; 1977, 917 f.). *Denn für den Kl. war die Lage dann, wenn er die U-Straße nach rechts rechtzeitig und weit genug einsehen konnte, ähnlich übersichtlich, wie wenn er eine Vorfahrtsstraße befahren hätte; er konnte dann auf die Beachtung seines Vorfahrtsrechts durch den wartepflichtigen Verkehr aus der U-Straße vertrauen und brauchte deshalb seine Geschwindigkeit bei Annäherung an die Kreuzung nicht herabzusetzen (vgl. Senat VersR 1961, 69; 1977, 917 f.). Zwar kann der Vorfahrtsberechtigte auf die Beachtung seiner Vorfahrt u.a. dann nicht mehr vertrauen, wenn die besondere örtliche Verkehrslage ihm konkreten Anlass gibt, hieran zu zweifeln. Der Umstand, dass für den Wartepflichtigen die kreuzende Straße nach* 501

1188 *OLG Düsseldorf* DAR 1994, 159.
1189 Vgl. *OLG Oldenburg* r+s 1987, 13 (Ls.).
1190 Vgl. *OLG Frankfurt/M.* SP 1999, 152.
1191 *KG* NZV 2010, 255; *OLG* Hamm NZV 2003, 377; *OLG Karlsruhe* DAR 1996, 56 (jeweils 25 %); *OLG Frankfurt/M.* NJW-RR 2018, 660; *OLG München* VersR 1958, 40 (jeweils 30 %); *OLG Bremen* VersR 1975, 285: 33 %; *LG Saarbrücken* NZV 2012, 172: 25 %.
1192 Vgl. *LG Saarbrücken* NJW-RR 2024, 32.

*rechts schwer einzusehen ist, reicht aber, wie gesagt, allein nicht aus, um das Vertrauen des Vorfahrtsberechtigten zu erschüttern.«*[1193]

502 Diese Entscheidung wird in der Praxis allerdings häufig nicht gesehen, obgleich sie vom *KG* ständig[1194] ausdrücklich zitiert und bestätigt wird. Auch das *OLG Hamm* bestätigt den bei der Halben Vorfahrt uneingeschränkt geltenden Anscheinsbeweis gegen den Wartepflichtigen[1195]:

503 *»Die mit halbe Vorfahrt bezeichnete Verkehrssituation dient grundsätzlich auch dem Schutz des von links kommenden Wartepflichtigen. Allerdings muss sich der Vorfahrtsberechtigte bei einer nach rechts unübersichtlichen Kreuzung nur dann langsam in den Kreuzungsbereich hineintasten, wenn er die kreuzende Straße nach rechts nicht weit genug einsehen kann. Wenn sich eine solche Verkehrssituation nicht feststellen lässt und letztlich unklar bleibt, weiche konkrete Sicht der Vorfahrtsberechtigte hatte, haftet der von links kommende Wartepflichtige allein und in vollem Umfang bei einer Vorfahrtsverletzung.«*[1196]

504 In dem gemäß § 8 StVO geschützten Vorfahrtsbereich, der die gesamte Kreuzungsfläche umfasst, gilt also der Vertrauensgrundsatz uneingeschränkt. Entscheidende Gesichtspunkte sind hier Geschwindigkeit und Sicht nach rechts, um den Vertrauensgrundsatz beeinträchtigen zu können.[1197] Von Beginn an muss die Frage der Sicht nach rechts und die Annäherungsgeschwindigkeit erörtert und auf Beweisbarkeit geprüft werden. Fehlerhaft ist es, bei der Schadensregulierung den Anspruch auf 20 % ausschließlich auf den Grundsatz Halbe Vorfahrt ohne jeden Bezug auf konkrete Umstände stützen. Werden derartige Umstände nicht dargetan, muss es beim Anscheinsbeweis der Vorfahrtsverletzung bleiben.[1198]

505 Bei einem Zusammenstoß auf einer unübersichtlichen Kreuzung mit beiderseits starker Sichtbehinderung auf enger Straße hat ein Schadenausgleich im Verhältnis 3:1 zulasten des Wartepflichtigen zu erfolgen.[1199]

506 Eine über abgeflachte Bordsteine geführte Zufahrt ist, wenn sie die äußeren Merkmale einer öffentlichen Straße aufweist, einmündende Straße im Sinne der Vorfahrtregelung *»rechts vor links«* (§ 8 Abs. 1 S. 1 StVO), auch wenn sie für den von links kommenden Kraftfahrer dem ersten optischen Eindruck nach als eine Grundstücksausfahrt im Sinne von § 10 StVO erscheint. Schwierigkeiten, derartige Zufahrten als vorfahrtsberechtigte Einmündungen zu erkennen, sind über das Verschuldenserfordernis und über die Regelung des § 11 Abs. 2 StVO aufzufangen. Der Verkehr muss sich, wenn das sich ihm bietende Gesamtbild keinen Raum für ein Vertrauen in die Beachtung seine Vorfahrt durch den querenden Verkehr zulässt, wie der Benutzer einer Grundstücksausfahrt besonders sorgfältig verhalten.[1200]

507 Münden zwei untergeordnete Straßen nebeneinander in die Vorfahrtsstraße so gilt zwischen den untergeordneten Straßen die Rechts-vor-Links-Regel.[1201]

508 Kommt es bei einem Kreisverkehr innerhalb der Fahrbahnfläche des Kreises zu einem Unfall, kommt ein Anscheinsbeweis nicht in Betracht.[1202] In diesen Fällen kann nämlich regelmäßig nicht festge-

---

1193 *BGH* NJW 1985, 2757.

1194 Vgl. etwa *KG* NZV 2002, 79.

1195 Vgl. auch *Eggert* VA 2016, 25.

1196 *OLG Hamm* OLGR 1999, 272.

1197 Vgl. auch *OLG München* r+s 2013, 354: Vorfahrt besteht, aber maßvolles Bremsen zumutbar (Mithaftung von 10 %), zur Entscheidung NJW-Spezial 2013, 75.

1198 So auch *KG* DAR 2002, 66.

1199 *OLG Oldenburg* VersR 1982, 1154.

1200 *BGH* NJW 1987, 435.

1201 *OLG Stuttgart* NZV 1994, 440.

1202 *OLG* Dresden NJ 2020, 125; *OLG Düsseldorf*, Urt. v. 15.09.2016 – 1 U 195/14; *OLG Koblenz*, Urt. v. 20.06.2016 – 12 U 312/15; *LG Lübeck*, Urt. v. 25.07.2024 – 14 S 26/23 = BeckRS 2024, 18320; a.A. *LG Saarbrücken* NZV 2022, 126 m. Anm. *Schneider*; *LG Saarbrücken* NJW 2015, 177.

stellt werden, welcher der beiden Unfallbeteiligten den Kreisverkehr zuerst erreichte.[1203] Anders als bei Kreuzungen und Einmündungen besteht im Kreisverkehr nämlich kein feststehender räumlicher Bereich, der die Vorfahrt eines Verkehrsteilnehmers in diesem Bereich stets gleich bleibend und unabänderlich für den Benutzer des bevorrechtigten Straßenteils endgültig regelt.[1204] Da es deshalb entscheidend auf die zeitliche Komponente und nicht darauf ankommt, wer schon eine längere Strecke im Kreisbereich gefahren ist, kann aus der räumlichen Zuordnung der Kollisionsstelle allein nicht sicher auf den Unfallhergang geschlossen werden.[1205] Beim Ausfahren aus dem Kreisverkehr gelten die allgemeinen Regeln, also insbes. die Pflichten für ein Rechtsabbiegen nach § 9 Abs. 1 StVO.[1206] Den Fahrbahnmarkierungen kommt jedoch die Wirkung eines Gebots zu, sodass bei Missachtung von Fahrbahnpfeilen ein Verstoß gegen § 41 StVO und damit zumindest ein Fall der Mithaftung vorliegt.[1207]

Bei zahlreichen Kreisverkehrsanlagen, die mehrspurig an- und weitergefahren werden, sind daher Fahrbahnmarkierungen jedoch zwingend zu beachten. Wer eine, von den weiteren Spuren durch eine Fahrbahnmarkierung (Zeichen 340) getrennten Spur, die einen Fahrtrichtungspfeil aufweist, befährt, muss nach § 41 Abs. 1 StVO zwingend die hierdurch vorgegebene Richtung befahren.[1208] 509

Problematisch ist, welche Regel bei falscher oder nicht ausreichender Beschilderung gilt. Fehlt das Zeichen 205 (Vorfahrt gewähren) handelt es sich nicht um einen Kreisverkehr i.S.v. § 8 Abs. 1a StVO. Dem Einfahrenden wird gerade nicht die Wartepflicht angezeigt. Dementsprechend ist der Bereich lediglich als Kreuzung zu qualifizieren, sodass die Regel Rechts-vor-Links gilt.[1209] 510

Der Wartepflichtige darf sich auch nicht darauf verlassen, ob die am gegnerischen Fahrzeug vorhandene Blinkeinrichtung, sei es betätigt oder nicht, dem tatsächlichen Fahrverhalten entspreche.[1210] 511

## 5. Gesperrte Straße

Gegenüber dem grobfahrlässigen Verschulden eines Kraftfahrers, der mit seinem Kfz aus einer für Kraftfahrzeuge aller Art gesperrten Straße kommt und in eine Kreuzung gleichberechtigter Straßen einfährt, tritt die Betriebsgefahr eines von rechts kommenden, also bevorrechtigten Pkws völlig zurück.[1211] 512

Das Vorfahrtrecht besteht unabhängig davon, ob sich der Bevorrechtigte verkehrsgerecht verhält[1212] und zwar auch dann, wenn er vorschriftswidrig durch eine gesperrte Straße fährt. Aus dem Befahren der gesperrten Straße folgt aber eine Mitverantwortung, die zu einer Schadenausgleichung führt.[1213] Andrerseits wird vertreten, dem aus einer für ihn gesperrten Anliegerstraße kommenden Fahrer verbleibe das Vorfahrtsrecht.[1214] Dem ist zuzustimmen, weil der aus der Anliegerstraße Kommende für den Wartepflichtigen in jedem Fall zu beachten war. Denn der Verkehrsverstoß des Letzteren ist nicht erkennbar. 513

1203 Vgl. *KG* DAR 2005, 222.
1204 *KG* DAR 2005, 222.
1205 *KG* DAR 2005, 222.
1206 *KG* NZV 2009, 498.
1207 Vgl. *BGH* NJW 2014, 1181.
1208 *BGH* NJW 2014, 1181.
1209 Vgl. Eggert VA 2016, 133.
1210 Vgl. *OLG München*, Urt. v. 13.07.2018 – 10 U 3991/17, WKRS 2018, 53554.
1211 Vgl. *OLG Karlsruhe* NZV 1992, 33.
1212 Vgl. *BGH* VRS 5, 292; VersR 1955, 474; VersR 1956, 518.
1213 *OLG Düsseldorf* VersR 1968, 905.
1214 *OLG Celle* zfs 2001, 492: Alleinhaftung des Wartepflichtigen.

## 6. Lückenfälle

514 Bildet sich auf der vorfahrtsberechtigten, mehrspurigen Straße ein Rückstau, lassen umsichtige Kraftfahrer für den Querverkehr oder vom Fahrbahnrand An- oder Ausfahrende[1215] eine Lücke zur Einordnung in den fließenden Verkehr. Problematisch wird die Situation, wenn auf einer links vom stehenden oder zäh fließenden Verkehr liegenden Spur noch fließender Verkehr möglich ist.[1216]

515 Zunächst ist die Anwendbarkeit der sog. Lücken-Rspr. der Situation nach näher zu definieren.[1217] Sie betrifft nur solche Sachverhalte, in denen eine verkehrsbedingt langsam fahrende Kolonne vorhanden ist, nicht jedoch schon dann, wenn ein vereinzelt vor einer Einmündung haltendes Fahrzeug überholt wird.[1218] Es liegt nach dem *BGH*[1219] auch dann kein Fall der Lücken-Rspr. vor, wenn an einem in zweiter Reihe vor einer Grundstückseinfahrt stehenden LKW vorbeigefahren wird.

516 Die Rspr. nimmt bei einer nachfolgenden Kollision des an sich wartepflichtigen Fahrzeugs mit dem vorfahrtsberechtigten Verkehr ein Mitverschulden des Vorfahrtsberechtigten an, wenn für Letzteren die Lücke erkennbar und damit ein möglicherweise querendes Fahrzeug zu erwarten war.[1220] Die Rspr. ist uneinheitlich. Vielfach wird hier eine Mithaftung von 1/4 bis 1/3 angesetzt.[1221] Grundlage ist der Vorwurf an den Überholer, dass bei ordnungsgemäßer Bewegung im Straßenverkehr auch auf größere Lücken zu achten und die Geschwindigkeit entsprechend einzuhalten ist, um rechtzeitig bremsen zu können.[1222]

517 Ein Fall der Lücken-Rspr. wird teilweise für die Fälle des entgegenkommenden Linksabbiegers verneint.[1223]

518 Sie wird jedoch häufig auch zugunsten des aus einem Grundstück ausfahrenden Kraftfahrers angewandt.[1224] Dem ist nicht beizupflichten, da die erhöhte Sorgfaltspflicht des Ausfahrenden überragt.[1225] Er hat sich vielmehr sorgfältig zu vergewissern, ob die Einfahrt möglich ist, darf also nur fahren, wenn er nach beiden Seiten ausreichende Sicht hat und muss mit Überholverkehr rechnen.[1226] Das *OLG Hamm*[1227] hat die Anwendung der Lücken-Rspr. beim Ausfahren aus einem Grundstück erneut verneint und betont, den Vorbeifahrenden und sich im Übrigen korrekt Verhaltenden treffe keine Verpflichtung, auf einen möglichen Lückenfahrer, der aus einer Grundstücksausfahrt komme, zu achten.

519 Dementsprechend kommt die Lücken-Rspr. auch nicht zur Anwendung, wenn ein Fahrzeugführer in eine Grundstückseinfahrt einfahren und daher abbiegen will. Zu Kollisionen kommt es insoweit leicht, wenn ein Geradeausfahrer dem Entgegenkommenden die Abbiegemöglichkeit signalisiert und ein Überholender sodann mit dem Abbiegenden kollidiert. Die Erfüllung der Definition der

1215 Vgl. auch einerseits *LG Köln* DAR 1995, 449 (50 %) und andererseits *LG Oldenburg* DAR 1995, 449.

1216 Zur Lücken-Rspr. grunds. *KG*, Urt. v. 20.01.1994 – 12 U 3714/92, WKRS 1994, 23176.

1217 Grundl. *Hagspiel* NZV 2013, 115.

1218 Vgl. *KG* KGR 2001, 176.

1219 *BGH* NJW 2024, 2616.

1220 *OLG* Hamm NZV 2014, 176.

1221 *OLG Hamm*, Beschl. v. 28.05.2019 – 7 U 85/18 m. Anm. *Siegel* SVR 2020, 186; *OLG München* DAR 1981, 356: 20 %; *KG* NZV 1996, 365: 1/3.

1222 Vgl. insbes. *OLG Düsseldorf* NJW-RR 2017, 922 m. ausf. Nachw. zur Problematik; *OLG Hamm* NZV 2013, 76; *LG Saarbrücken*, Urt. v. 14.09.2012 – 13 S 101/12 = SP 2013, 139.

1223 Vgl. *KG* NZV 2007, 524; hierzu *Kääb* FD-StrVR 2007, 240463.

1224 *OLG Düsseldorf* NZV 1992, 238, vgl. auch *LG Hagen*, Urt. v. 20.11.2020 – 1 S 128/19 m. Anm. *Exter* NZV 2021, 373; *LG Köln* DAR 1995, 449; *KG* NZV 1996, 365; *KG* KGR Berlin 2001, 176 allerdings gegen *KG* VersR 1999, 1382.

1225 *LG Oldenburg* DAR 1995, 449; *KG* NZV 1996, 365; so auch noch *KG*, Urt. v. 07.02.1994 – 12 U 3844/92 n.v.

1226 So auch *LG Göttingen* SP 2002, 119 in Abgrenzung zu *KG* NZV 1996, 365; *LG Frankfurt/M.* zfs 2000, 198.

1227 *OLG Hamm* NZV 2006, 204.

Lücke ist nur zu bejahen »*soweit in der Kolonne in einer vorfahrtsberechtigten Straße eine Lücke zur Ein- oder Ausfahrt in eine Nebenstraße freigehalten wird. Sie gilt nicht für die Ausnutzung von Lücken zum Ein- oder Ausfahren in oder aus normalen Grundstücksausfahrten etwa Parkplatzausfahrten.*«[1228] Grund hierfür ist die schwerere Erkennbarkeit von Grundstückseinfahrten und die bei Anwendung der Lücken-Rspr. beeinträchtige Flüssigkeit des Verkehrs.[1229]

Auch beim Überholen einer Kolonne braucht der Überholende die Geschwindigkeit nicht so einzurichten, dass er jederzeit zum Stehen kommen kann, falls ein Fahrzeug aus einer wartepflichtigen Straße durch eine Lücke einbiegt. Dies gilt erst dann, wenn für ihn die Lücke erkennbar ist.[1230] **520**

Zu beachten ist in der Praxis, dass es entscheidend auf den Umstand der Erkennbarkeit einer Lücke ankommt und daher herausgearbeitet werden muss. Kumulativ kommen bei den Lückenfällen sonstige Verkehrsverstöße, wie Geschwindigkeitsüberschreitungen (*OLG Stuttgart* NZV 1994, 194: Alleinhaftung des Überholenden bei Geschwindigkeitsüberschreitung innerorts von mindestens 76 %) und Verletzung eines Überholverbots[1231] als Abwägungsgesichtspunkte hinzu. Schließlich kommt die Lückenrechtsprechung auch bei ampelgeregelten Kreuzungen in Betracht, sei es an üblichen, sei es an Fußgängerampel.[1232] **521**

### 7. Nebenweg

Bei einem Zusammenstoß zwischen einem Lkw, der bei Dunkelheit aus einem Wirtschaftsweg kommt, nach links in eine andere Straße einbiegt, mit einem auf der streckenweise parallel dazu verlaufenden Landstraße von links herannahenden Pkw, hat im Rahmen von § 17 StVG eine Schadenausgleichung im Verhältnis 4:1 zulasten des wartepflichtigen Verkehrsteilnehmers zu erfolgen.[1233] Unter Nebenweg ist hierbei ein Weg zu verstehen, der zumindest überwiegend land- und forstwirtschaftlichen Zwecken dient.[1234] Bei der Frage der Erkennbarkeit folgt je nach der Schwierigkeit der Erkennung eine Mithaftung des Vorfahrtsberechtigten.[1235] **522**

Biegt ein vor einer Straßeneinmündung auf einer Landstraße überholender Lkw nach links aus und kollidiert er auf der für ihn linken Straßenseite mit einem Pkw, der unmittelbar zuvor aus der Nebenstraße in die Hauptstraße rechts eingebogen war, so hat eine Schadenausgleichung im Verhältnis 2:1 zulasten des Wartepflichtigen zu erfolgen.[1236] **523**

Bei einem Zusammenstoß im Kreuzungsbereich zweier gleichberechtigter Forstwege ist die gleiche Rechtslage, wie bei sonstigen öffentlichen Straßen zugrunde zu legen. Veröffentlichte Rspr. aus neuerer Zeit hierzu ist nicht ersichtlich. **524**

### 8. Räumen der Kreuzung

Ein Kraftfahrer, der in eine bevorrechtigte Straße einfährt, obwohl er aus der Ansammlung vor dem Kreuzungsbereich wartender Kraftfahrzeuge daraus schließen muss, dass auf der Straße starker Verkehr herrscht, handelt grobfahrlässig. Gegenüber einem derartigen Verschulden kann eine geringfügige Überschreitung der Geschwindigkeit auf der bevorrechtigten Straße völlig zurücktreten.[1237] **525**

---

1228 *KG* VersR 2004, 254 f.

1229 *KG* VersR 2004, 254 f.

1230 *LG Stuttgart* DAR 1999, 219; *OLG München* DAR 1981, 356 m.w.N.

1231 Vgl. *KG* NZV 1996, 365; Mithaftung eines Motorradfahrers zu 33 %.

1232 *KG* NZV 2010, 148 m.w.N.

1233 *OLG Düsseldorf* VersR 1975, 956.

1234 Vgl. *BGH* NJW 1976, 1317; *OLG Rostock* MDR 2007, 1129 m. ausf. Nachw.; hierzu *Kääb* FD-StrVR 2007, 220508.

1235 Vgl. *OLG Rostock*: Mithaftung 40 % (Geländewagen gegen Motorrad).

1236 *LG Mannheim* VersR 1978, 476.

1237 Vgl. auch *BGH* NZV 2002, 225: 37 km/h statt erlaubter 30 km/h.

Insoweit ist anzumerken, dass es sich dabei nicht gerade um den *»typischen«* Fall eines Räumens der Kreuzung handelt.

526 Dieser Fall liegt in der Regel dann vor, wenn ein Kraftfahrer bei für ihn grünem Farbzeichen in die Kreuzung einfährt und dort, beispielsweise als wartepflichtiger Linksabbieger oder wegen eines sonstigen Staus, anhalten muss und seine Fahrt erst fortsetzen kann, wenn inzwischen die bis dahin gesperrte Querrichtung freie Fahrt erhalten hat. Nach § 11 StVO obliegt dann dem Kraftfahrer der inzwischen durch »Grün« freigegebenen Querrichtung die Verpflichtung, den Kreuzungsbereich aufmerksam auf »hängen gebliebene« Fahrzeuge zu beobachten und diesen vorrangig das ungefährdete Räumen der Kreuzung oder Einmündung zu ermöglichen.

527 Die Haftungsquoten weichen deutlich voneinander ab. In der Regel ist eine Haftungsverteilung im Verhältnis 2:1 zulasten des Einfahrenden anzusetzen.[1238] Teilweise wird aber auch eine Mithaftung von 50 % angesetzt[1239] oder 2/3 zulasten des Kreuzungsräumers[1240] vertreten. Das *KG* hat im Einzelfall sogar schon 100 % Haftung des Einfahrenden für zutreffend befunden.[1241]

## XXXV. Wenden

528 Wenden ist die gezielte Lenkbewegung, durch die das Fahrzeug in die entgegengesetzte Fahrtrichtung gebracht wird, vollendet mit der Ausführung des Bogens, beendet mit der völligen Wiedereingliederung in den Verkehr der Gegenrichtung. Wenden liegt im Übrigen auch vor, wenn die Fahrtrichtungsänderung unter Benutzen eines auf der linken Fahrbahnseite liegenden Parkplatzes geschieht.[1242] Dabei ist zu beachten, dass die Grundsätze des Wendens nicht durch den Einsatz des wendenden Fahrzeugs nach § 38 Abs. 32 S. 1 StVO aufgehoben werden. Das *OLG Düsseldorf*[1243] weist darauf hin, dass das gelbe Blinklicht einer Reinigungsmaschine nur vor dem Gefahren der Maschine selbst warnt.

Gegen den Wendenden und damit für seine Haftung zu 100 % spricht schon der Anscheinsbeweis.[1244] Gemäß § 9 Abs. 5 StVO hat nämlich der Fahrzeugführer sich beim Wenden so zu verhalten, dass eine Gefährdung anderer Verkehrsteilnehmer ausgeschlossen ist. Dies bedeutet, dass der Wendende die Verantwortung grundsätzlich allein trägt. Handelt es sich um das Wenden eines Busses, so zeigen schon die Abmessungen des Fahrzeugs, dass der Wendevorgang und die Grundsätze des sog. Ackermann-Prinzip[1245] eine Gefährdung so wahrscheinlich machen, dass ein Einweiser erforderlich ist.[1246] Dies soll auch dann gelten, wenn es sich um einen Bus eines städtischen Verkehrsbetriebs handelt.[1247]

529 Den Wendenden trifft auch die volle Beweislast dafür, dass er sich in der von ihm gesetzten Ausnahmesituation nicht verkehrswidrig verhalten hat. *Er »trägt die Verantwortung praktisch allein.«*[1248] Das *OLG Düsseldorf*[1249] gibt die Grundlage für die Beurteilung von Wendevorgängen vor: *»Beim Wenden hat sich ein Verkehrsteilnehmer nach Maßgabe des § 9 Abs. 5 StVO so zu verhalten, dass eine Gefährdung anderer Verkehrsteilnehmer ausgeschlossen ist. Der Wendevorgang erfordert äußerste Sorgfalt, in der Regel also Umblick, Rückschau – nicht nur durch den Rückspiegel – und ständige Beobachtung*

1238 Vgl. *BGH* NJW 1977, 1394; *KG* NZV 2010, 568.
1239 *OLG Koblenz* VRS 68, 419; *OLG Köln* VRS 54, 101.
1240 Vgl. *BGH* NJW 1971, 1407; *KG* VerkMitt 1993, 35.
1241 *KG* r+s 1983, 52.
1242 *OLG Koblenz* NZV 1992, 406; zur Abgrenzung von Wenden und doppeltem Linksabbiegen; Vgl. *OLG Hamm* NZV 1997, 438; *BGH* NJW 2002, 2332 verneint ein Wenden.
1243 *OLG Düsseldorf* NJW 2017, 8.
1244 *BGH* NJW 1986, 384; *OLG Saarbrücken* NZV 2013, 489.
1245 Hierzu *Bachmeier*, Mandatshandbuch Rn. 815.
1246 Vgl. *KG*, Urt. v. 16.12.2010 – 12 U 209/09 = BeckRS 2011, 01786; hierzu *Kääb* FD-StrVR 2011, 31963.
1247 *KG*, Urt. v. 16.12.2010 – 12 U 209/09.
1248 Vgl. auch *OLG Köln* VersR 1999, 993; *OLG Hamm* NZV 1997, 438.
1249 *OLG Düsseldorf*, Urt. v. 17.12.2007 – 1 U 110/07 = BeckRS 2008, 00085.

*nach beiden Richtungen* (*Hentschel* § 9 StVO Rn. 50). *Der Wendende trägt die Hauptverantwortung, was fremde Mitschuld allerdings nicht ausschließt* (*Hentschel* a.a.O.). *Gegen ihn spricht nach der ständigen Rspr. des Senats im Falle einer Kollision mit dem fließenden Verkehr der Anschein schuldhafter Unfallverursachung.«*[1250] Die Ausräumung dieses Anscheinsbeweises ist jedoch möglich, wenn der Herannahende mit überhöhter Geschwindigkeit fährt und wegen dieser Geschwindigkeit der Wendende davon ausgehen durfte, dass er seinen Wendevorgang noch ordnungsgemäß und ohne Gefährdung des fließenden Verkehrs abschließen könne.[1251] Das *OLG Saarbrücken*[1252] hat einen Verstoß gegen 9 Abs. 5 StVO so schwer gewichtet, dass selbst eine Geschwindigkeitsüberhöhung des mit dem Wendenden zusammenstoßenden Busses von 6 km/h und einer BAK des Busfahrers von 0,9 ‰ nicht zu berücksichtigen sei. Da der Wendende bei Einleitung der Wendefahrt zunächst nach rechts einschlug und hierbei den Eindruck erweckte, er wolle an den rechten Fahrbahnrand fahren, berücksichtigte das *OLG* ein Überholen des Busfahrers bei unklarer Verkehrslage und nahm eine hieraus resultierende Mithaftung von 25 % an. Eine Einschränkung der Haftung des Wendenden kommt ferner beim Zusammenstoß mit einem beim Überholvorgang ausscherenden in Betracht. Das *Thüringer OLG*[1253] hebt die Pflichten desjenigen, der beim Überholvorgang ausscheren will, hervor: *»Er ist untersagt, wenn eine Gefährdung anderer Verkehrsteilnehmer nicht auszuschließen oder zu gewärtigen ist. Bei dichtem Verkehr oder Kolonnenbildung ist das Wechseln in aller Regel auf das Ausnutzen größerer Lücken beschränkt, die einen ausreichenden Abstand nach hinten und von vorne ermöglichen* (folgen Nachweise). *Wer sich ohne sorgfältige Rückschau auf den Überholstreifen begibt und hierdurch ein von hinten nahendes schnelleres Fahrzeug gefährdet, handelt grob verkehrswidrig.«* Angesichts dieses groben Verschuldens ist von der Alleinhaftung des Ausscherenden auszugehen.[1254] Schließlich weist das *OLG Celle*[1255] darauf hin, dass ein Mitverschulden des Auffahrenden nicht in Betracht kommt, wenn der Wendende langsamer wird und sich nach rechts hin einordnet, wobei es sich weiterhin um ein Wenden, nicht nur um ein Linksabbiegen handle: *»Zum anderen hat er zumindest seiner zweiten Rückschaupflicht unmittelbar vor dem Beginn des Wendemanövers ersichtlich nicht Genüge getan, ansonsten hätte er das Fahrzeug der Klägerin nicht übersehen können (immerhin ein Pick-up-Geländewagen mit stattlichen Außenmaßen), zumal er dieses Fahrzeug seiner eigenen Schilderung in der Klageerwiderung nach zuvor bereits im Rückspiegel beobachtet hatte. Zum Dritten hat der Beklagte seiner besonderen Sorgfaltspflicht beim Wenden (wäre dieses überhaupt zulässig gewesen), wie sie sich aus § 9 Abs. 5 StVO ergibt, ebenfalls nicht Genüge getan. Danach hätte er ausschließen müssen, mit seinem Wendemanöver andere Verkehrsteilnehmer zu gefährden. Insoweit galt entgegen der Annahme der Einzelrichterin nicht (nur) der Sorgfaltsmaßstab, den ein Verkehrsteilnehmer beim Linksabbiegen trifft, sondern sogar ein noch strengerer.«* Das Wenden im Straßenverkehr ist stets ein gefährliches Manöver und erfordert daher die äußerste Sorgfalt. Dies gilt schon mit Rücksicht darauf, dass der wendende Verkehrsteilnehmer praktisch als doppelter Linksabbieger in Erscheinung tritt, das Linksabbiegen in der gewohnten Form jedoch nur einmal anzeigen kann, sodass man mit einem Wendemanöver nicht ohne Weiteres rechnet. Die Haftung reduziert sich aber, wenn das wendende Fahrzeug ausreichend erkennbar war. Das *OLG Frankfurt/M.*[1256] nahm eine Haftungsreduzierung auf 25 % an, weil der Wendende einerseits an der Stelle nicht hätte wenden dürfen, andererseits der Auffahrende den Wendevorgang rechtzeitig hätte erkennen können.

Stößt ein Kraftfahrer, der auf der linken Seite seiner Fahrbahnhälfte mit 50 km/h an einer Kolonne **530**
in Doppelreihe haltender Pkw vorbeifährt, mit einem Pkw zusammen, dessen Fahrer unter Benutzung einer Straßenausbuchtung aus der rechten Kolonne durch eine Lücke in der linken Kolonne ein Wendemanöver durchführt, so trifft den Überholenden kein Verschulden. Der Kraftfahrer muss

1250 Vgl. auch *BGH* DAR 1985, 316.
1251 *BGH* NJW 1986, 384.
1252 *OLG Saarbrücken* VersR 2004, 621.
1253 *Thüringer OLG* NZV 2006, 147.
1254 So auch *Thüringer OLG* NZV 2006, 147.
1255 *OLG Celle* SP 2005, 1493; praxisorientiere Bespr. bei *Schröder* SVR 2006, 103.
1256 *OLG Frankfurt/M.* r+s 2013, 355.

sich aber im Hinblick auf seine risikoreiche Fahrweise die erhöhte Betriebsgefahr seines Kfz zurechnen lassen.[1257]

## D. Quotentabelle

531 Nachfolgend werden die in der Praxis besonders häufigen Unfallkonstellationen dargestellt. Hierbei bezeichnet die »Quote« eine in der Praxis oft angewandte Schadensverteilung, die »Abwägungskriterien« weisen auf den Schwerpunkt der Haftungsverteilungsgesichtspunkte und »Rn.« verweist auf die nähere Darstellung im Text. Bei der Quotendarstellung ergibt sich der zuerst oder allein genannte Haftungsanteil des einzelnen Beteiligten im Regelfall unmittelbar aus dem für die Fallkonstellation gewählten Begriff oder aus der Tabelle. Zur Erleichterung wird im Übrigen noch der nachfolgende Hinweis gegeben. Die Quote, also die erste Benennung im Haftungsverhältnis bzw. die angegebene Prozentzahl bezieht sich hierbei auf folgenden Beteiligten:

532 **Tab. 5**

| Verkehrsvorgang | Erstbenannter |
|---|---|
| Abschleppen | Abschleppender |
| Auffahren | Auffahrender |
| Alkohol | Alkoholisierter |
| Anfahren | Anfahrender |
| Ausfahren | Ausfahrender |
| Geschwindigkeit | Geschwindigkeitsüberschreitender |
| Gleichgerichteter Verkehr | |
| Spurwechsel | Spurwechsler |
| Vordermann | |
| Fahrbahnverengung | |
| Reißverschluss | |
| Halten/Parken | |
| Inline-Skater | Skater |
| Kinder | Kind |
| Kreuzungsräumer | |
| Lichtsignal | |
| Linksabbieger | |
| Lückenfall | |
| Parkplatz | |
| Rechtsabbieger | Rechtsabbieger |
| Rückwärtsfahren | Rückwärtsfahrender |
| Straßenbahn/Linksabbieger | Straßenbahn |
| Türöffnen | Türöffner |
| Überholen | Überholer |
| Vorfahrt | Wartepflichtiger |
| Wenden | Wendender |

1257 Vgl. *OLG München* VersR 1982, 173.

Tab. 6 533

| **Begegnungsart** | **Quote** | **Abwägungskriterien** | **Rdn.** |
|---|---|---|---|
| Abschleppen | 100 % | V des Abschleppenden | 42 |
| Alkohol | 100 % | Überwieg. V, selten AB | 52 |
| Anfahren | 100 % | überwiegendes V, AB | 58 |
| Auffahren | | | |
| Standardfall | 100 % | V des Auffahrenden, AB | 91 |
| Grundloses Bremsen | 33–50 % | Beiderseitiges V + BG | 112 |
| Bremsen für Tiere | 80 % | Beiderseitiges V + BG | 100 |
| Ausfahren | 100 % | Überwiegendes V, AB | 221 |
| **Geschwindigkeit** | | | |
| bis 30 % Überhöhung | 0 % | Keine Mithaft. d. ansonst. Berechtigten | 209, 265 |
| bis 50 % Überhöhung | 33–66 % | Mithaftung des ansonsten Berechtigten | 209 |
| 100 % Überhöhung | 100 % | Ausschließliche Haftung des Rasers | 209, 216, 363 |
| **Spurwechsel** | | | |
| Vordermann | 100 % | V des Vordermanns, AB | 76, 92 |
| Ungeklärt | 50 % | Beiderseitige BG | 111 |
| Fahrbahnverengung | 50 % | Wenn ungeklärt, beiderseitige BG | 173 |
| Reißverschluss | 75 % | Wenn ungeklärt, Haftung Vordermann | 172 |
| **Halten/Parken** | | | |
| ordnungsgemäß | 100 % | Haftung des Kollidierenden, überw. V | 295 |
| verkehrswidrig | 0–50 % | Gewichtung Verkehrsverstoß (Relevanz) | 305 |
| **Inline-Skater** | | | |
| allgemein | Wie Fußgänger | Beiders. V, BG | 199 |
| Bei Geltung § 31 StVO | Wie Radfahrer | Beiders. V, BG | 205 |
| Kinder | Bis 8 Jahre | Kaum Verschulden | 204 |
| | Über 8 Jahre | Einzelfall | 204 |
| **Kinder (allg. deren Haftung)** | | | |
| bis 8 Jahre | 0 % | Keine Mithaftung des Kindes | 20 |
| 8–10 Jahre altes Recht | 25–50 % | Mithaftung des Kindes je nach Handlung | 20 |
| 8–10 Jahre neues Recht | 0 % | Meist keine Mithaftung des Kindes | 281 |
| Kreuzungsräumer | 33–50 % | BG, beiderseitiges V | 525, 435 |
| **Landwirtsch. Fahrzeug** | | | |
| Fahrbahnverschmutz. | | BG, beiderseitiges V | 249 |

| | | | |
|---|---|---|---|
| Überholen | Wie Überholer | BG, beiderseitiges V | 250 |
| **Lichtsignal** | | | |
| Standard | 100 % | Überwiegendes V, AB | 426 |
| Fußgängerampel | 100 % | Kein Ausnahmefall, Haftung wie oben | 431 |
| **Linksabbieger** | | | |
| Standard | 100 % | Überwiegendes V des Linksabbiegers | 255 |
| Grünpfeil | 50 % | Beiderseitige BG, BG | 429 |
| Lückenfall | | | |
| Seitenstraße | 25 % | Mithaftung des Vorfahrtsberechtigten | 516 |
| Ausfahrt | 100 % | AB gegen Ausfahrenden | 518 |
| Parkplatz | | | |
| Ungeklärt | 50 % | Beiderseitiger Verstoß gegen § 1 StVO | 296 |
| **Rechtsabbieger** | | | |
| Standard | 100 % | V+ BG des Abbiegers | 171 |
| Radfahrer, verbotswidr. | 67 % | MitV des Radfahrers | 315 |
| Im Vordringen | 50 % | stärkere Gewichtung V des Radfahrers | 323 |
| Im Vordringen | 0 % | Überwiegendes V des Radfahrers | 332 |
| Rückwärtsfahren | 100 % | Überwiegendes V, AB | 367 |
| **Straßenb./Linksabb.** | | | |
| ungeklärt | 50–80 % | Mithaftung des Kfz-Fahrers, (V) | 390 |
| KFZ fährt kurz vor Bahn | 100 % | AlleinV Kfz-Fahrer | 390 |
| Kfz erkennbar stehend | 20–50 % | Mithaftung für Kfz, BG des Kfz, | 390 |
| Türöffnen | 100 % | Haftung des Öffners (V, AB) | 157, 396 |
| Überholen | 100 % | Überwiegendes V, AB | 273, 400 |
| **Vorfahrt** | | | |
| Standard | 100 % | Überwiegendes V, AB | 479 |
| Halbe Vorfahrt | 0–20 % | Überwiegendes V, AB | 500 |
| Kreisverkehr | | Beiderseitiges V/BG | 508 |
| Ungeklärt | 100 % | V.d. Wartepflichtigen, AB | 503 |
| Sichtbeh./Geschwind. | 80 % | MitV des Vorfahrtsberechtigten | 504 |
| Wenden | 100 % | V des Wendenden, AB | 528 |

## Kapitel 7 Massenunfälle

### Schrifttum

*Bachmeier*, Regulierung von Auslandsunfällen, 3. Auflage 2022; *v. Bar*, Empfehlen sich gesetzgeberischen Maßnahmen zur rechtlichen Bewältigung der Haftung für Massenschäden?, Gutachten zum 62. Deutschen Juristentag, 1998; *Braun*, Haftung für Massenschäden, NJW 1998, 2318 ff.; *Burmann/Heß/Hühnermann/Jahnke*, Straßenverkehrsrecht, 28. Aufl. 2024; *Feyock/Jacobsen/Lemor*, Kraftfahrtversicherung, 3. Aufl. 2009; *Fichtner*, Probleme bei Massenunfällen – Erkenntnisse über Ursachen und Ablauf, VersR 1986, 320 ff.; *Fichtner*, Probleme bei Massenunfällen – Offene versicherungsrechtliche Fragen, VersR 1986, 525 ff.; *Geigel*, Haftpflichtprozess, 29. Auflage 2024; *Grüneberg*, Haftungsquoten bei Verkehrsunfällen, 17. Aufl. 2022; *Hartung*, Möglichkeiten und Grenzen des zivilen Haftpflichtrechts bei Massenauffahrunfällen, VersR 1981, 696 ff.; *Heitmann*, Massenunfälle als haftungsrechtliches Problem, VersR 1994, 135 ff.; *Herz*, Der Anscheinsbeweis im Verkehrsrecht, NJW-Spezial 2018, 201; *Metz*, Der Anscheinsbeweis im Straßenverkehrsrecht, NJW 2008, 2806 ff.; *Müller*, Haftungsrechtliche Probleme des Massenschadens, VersR 1998, 1181 ff.; *Münchener Anwaltshandbuch Straßenverkehrsrecht*, Hrsg. Höke, 5. Aufl. 2020; *Nugel*, Auffahrunfall und Bremswegverkürzung – »Wenn's hinten kracht, gibt's vorne Geld?«, NJW-Spezial 2007, 303; *Pardey/Balke/Link*, Schadenrecht, 1. Auflage 2023; *v. Pentz*, Neuere Rechtsprechung des Bundesgerichtshofs zum Anscheinsbeweis im Verkehrsrecht, zfs 2012, 64 ff. und 124 ff.; *Schönberg*, Der Kettenauffahrunfall, NJW-Spezial 2019, 521; *Schröder*, Ansprüche gegenüber der Verkehrsopferhilfe, SVR 2008, 196; *ders.*, Der Anscheinsbeweis im Verkehrsrecht, SVR 2020, 164; *Staab*, Die Grenzen des Anscheinsbeweises im Verkehrsrecht, DAR 2015, 241 ff.; *Stiefel/Maier*, Kraftfahrtversicherung, 19. Aufl. 2017; *Weber*, Unfallrekonstruktion, in Berz/Burmann, Handbuch des Straßenverkehrsrechts, 48. Ergänzungslieferung 2023.

### Übersicht



### A. Geschehensabläufe bei Massenunfällen

1 Massenunfälle sind Unfallereignisse mit einer großen Anzahl beteiligter Fahrzeuge. Sie werden allerdings aufgrund der modernen Sicherheitstechnik in Kraftfahrzeugen seltener. Abstandswarner und Bremsassistenten helfen, kritische Verkehrssituationen früher zu erkennen bzw. schneller und besser auf sie zu reagieren. Massenunfälle führen in der Schadenregulierung zu Problemen. Denn der Unfallhergang kann oft nur unvollständig ermittelt werden. Häufig bleibt bei solchen Ereignissen unklar, wer welchen Schaden verursacht hat. Im deutschen Schadensersatzrecht wird aber vom Geschädigten, dem Gläubiger, eine konkrete Benennung des Schädigers, des Schuldners, und die Darstellung (ggf. der Beweis) eines Geschehens, aus dem sich der Anspruch ergibt, verlangt. Was geschieht, wenn dem Geschädigten dies nicht gelingt?[1]

2 Typisch für Massenunfälle ist ein Unfallereignis vom April 2011. Damals kam es auf der Autobahn A 19 in Mecklenburg-Vorpommern zu einem folgenschweren Unfall. In der Presse[2] wird dieses Ereignis wie folgt beschrieben:

1 Die Frage, ob die vom materiellen Haftungsrecht und vom Prozessrecht vorgegebenen »Spielregeln« zur sachgerechten Bewältigung von Massenschäden ausreichen, stellen z.B. *v. Bar* Empfehlen sich gesetzgeberischen Maßnahmen zur rechtlichen Bewältigung der Haftung für Massenschäden?, Gutachten zum 62. Deutschen Juristentag, 1998; *Müller* Haftungsrechtliche Probleme des Massenschadens, VersR 1998, 1181 ff.

2 Https://www.welt.de/aktuell/article13118461/Ein-Sandsturm-acht-Tote-fast-100-Verletzte.html (Stand 31.08.2024).

»In einem Sandsturm, bei extrem schlechten Sichtverhältnissen von weniger als zehn Metern, rasen … bei Rostock Autos auf der A19 ineinander. Acht Tote sind zu beklagen, rund 100 Menschen werden verletzt. Im Sekundentakt knallen die Fahrzeuge mit ohrenbetäubendem Lärm auf die vor ihnen stehenden Autos, schieben sie ineinander. Am Ende sind es rund 80 Wagen, die auf der Straße liegen bleiben. Davon sind drei Lastwagen, einer auch noch ein Gefahrguttransporter…. Ein Augenzeuge spricht, spürbar geschockt, von »einem nie gesehenen Chaos«. Wie der Unfall begann, ist zunächst kaum fassbar und schwierig zu ermitteln. Augenzeugen berichten von einer regelrechten Wand, als sie in eine leichte Senke hinter einem Waldstück hineinfuhren. Ein Sturm, der seit der Nacht über den Norden Mecklenburg-Vorpommerns fegte, hatte Unmengen Sand von den umliegenden kahlen Feldern aufgewirbelt und über die Autobahn geweht. Auf der Fahrbahn liegen regelrechte Sandwehen. In beiden Fahrtrichtungen krachen die Autos ineinander. Dann beginnen Fahrzeuge zu brennen. Auch der Gefahrguttransporter, der umgekippt ist, fängt Feuer. Unter dem tonnenschweren Fahrzeug sind weitere Autos eingeklemmt…. Nach Abschluss der Löscharbeiten bietet sich den Helfern ein Bild des Grauens. Polizistin B. ringt nach Worten: »Man weiß nicht, wo das eine Wrack anfängt und das andere aufhört.« Die Toten sind auch Stunden danach nicht identifiziert. Viele Verletzte müssen in umliegenden Krankenhäusern behandelt werden. Mehrere hundert Rettungskräfte sind im Einsatz, sie sind aus den Kreisen Güstrow und Bad Doberan sowie der Hansestadt Rostock zusammengezogen worden. Rettungswagen verlassen im Minutentakt die Unfallstelle, Hubschrauber kreisen. Die Arbeit der Retter wird stundenlang durch beißenden Sand behindert…«

3 Diese Unfalldarstellung enthält die typischen »Wesensmerkmale« eines Massenunfalls:[3] Viele Fahrzeuge sind beteiligt; eine plötzliche Gefahrensituation (meist witterungsbedingt, z.B. Nebel[4] oder Blitzeis) entsteht; es kommt in kürzester Zeit zu einer Vielzahl von Unfällen, meist Auffahrunfälle; Lkw sind ebenfalls beteiligt und schieben Fahrzeuge in- und übereinander, sodass nicht mehr aufgeklärt werden kann, wer mit wem in welcher Reihenfolge zusammengestoßen ist; oft entstehen Fahrzeugbrände, die zusätzlich zur Unaufklärbarkeit beitragen, weil sie Lackspuren an den Anstoßstellen der Fahrzeuge vernichten; es sind viele Verletzte und oft auch Tote zu beklagen; bei der Bergung der Toten und Rettung der Verletzten bleibt keine Zeit, Spuren für die nachfolgende Aufklärung des Geschehens zu sichern, es werden vielmehr oft die wenigen noch vorhandenen Spuren (z.B. Stellung der Fahrzeuge zueinander) vernichtet.[5]

4 Diesem »Muster« entsprechen z.B. die folgenden Unfälle (Auswahl), die zeigen, dass Massenunfälle trotz moderner Sicherungseinrichtungen in den Fahrzeugen (z.B. Bremsassistent und Abstandswarner) ein »aktuelles Phänomen« bleiben:

- Januar 2000: Zwei Massenkarambolagen mit insgesamt 100 beteiligten Fahrzeugen lösen auf der A 7 (Fulda-Würzburg) ein Chaos aus. Bilanz: Zwei Tote und 70 Verletzte. Ursache war **dichter Nebel.**
- April 2003: Bei **schlechter Sicht wegen Schneefalls und gleichzeitigem Sonnenschein** stoßen auf der A 9 (München-Berlin) rund 100 Autos zusammen. Über 50 Menschen werden teils schwer verletzt.
- April 2008: **Blitzeis** löst auf der Autobahn A 71 in Bayern einen Unfall mit 27 beteiligten Autos aus. Ein Mann kommt ums Leben, 40 Menschen werden teils schwer verletzt.
- Juli 2009: Bei einer Massenkarambolage auf der Autobahn A2 in Niedersachsen werden mehr als 60 Menschen verletzt, zehn davon erleiden schwere Verletzungen. Unfallgrund: **heftige Regenfälle.**
- August 2017: Auf der Autobahn A8 zwischen den Anschlussstellen Adelzhausen und Odelzhausen ereignete sich am 3. August 2017 eine Massenkarambolage mit 29 Autos. Es gab 27 Verletzte. Nach Angaben der Polizei waren gegen 17 Uhr während eines **Wolkenbruchs** zwei Autos

3 Zu den Ursachen vgl. auch *Fichtner* Probleme bei Massenunfällen – Erkenntnisse über Ursachen und Ablauf, VersR 1986, 320 ff.

4 Einen Nebelunfall bei *BGH* v. 07.04.1987 [VI ZR 30/86], NJW 1988, 58.

5 Vgl. zu den »Merkmalen« z.B. *v. Bar* 62. DJT 1998, A 13; zur Unfallrekonstruktion nach Kettenauffahrunfällen vgl. *Weber*, Unfallrekonstruktion, in Berz/Burmann, Handbuch des Straßenverkehrsrechts, 48. Ergänzungslieferung 2023, Kap. 21 D II Rn. 23 ff.

ineinander gekracht. Daraufhin ereigneten sich auf einer Länge von etwa 150 Metern mehrere weitere Auffahrunfälle.[6]

- März 2021: Auf der A9 löste ein **plötzlich auftretender Graupelschauer** in der Nähe von Ingolstadt eine dort »noch nie dagewesene Massenkarambolage« aus. Bei der Unfallserie mit 65 Fahrzeugen wurden drei Personen schwer und 15 weitere leicht verletzt.[7]
- Vielleicht war es die **blendende Sonne**, vielleicht der **Nebel**: Auf der Autobahn 81 im Landkreis Heilbronn krachten am 27. Oktober 2023 nachmittags mindestens 85 Autos ineinander. Insgesamt waren nach Angaben der Polizei 113 Menschen in die Unfälle verwickelt, 30 von ihnen wurden leicht verletzt. Etliche Personen mussten in kilometerlangen Staus ausharren. Den Rettungskräften bot sich ein gigantisches Trümmerfeld auf der Autobahn: zerbeulte Motorhauben, demolierte Stoßstangen, losgelöste Reifen neben Lacksplittern und Glasscherben, dazwischen liefen geschockte und verletzte Insassen der demolierten Autos herum.[8]

## B. Beweisrechtliche Probleme bei Massenunfällen

Bei Massenunfällen gibt es grundsätzlich drei unterschiedliche Gruppen von Geschädigten: 5

- Die geschädigten Eigentümer der beteiligten Fahrzeuge (Sachschaden): Der Eigentümer muss, 6 um Schadensersatz zu erlangen, eine Dritten als Schädiger benennen. Er kann sich nicht über § 7 StVG an den »eigenen« Halter des beschädigten Fahrzeugs wenden.[9]
- Die Fahrer der beteiligten Fahrzeuge (Sach- und Personenschaden): Auch der Fahrer hat keine 7 Ansprüche aus § 7 StVG gegen den Halter des eigenen Fahrzeugs; er ist deswegen darauf angewiesen, einen Dritten als Schädiger zu benennen, um Schadensersatz zu erlangen.[10]
- Die sonstigen geschädigten/verletzten Insassen der beteiligten Fahrzeuge (Sach- und Personen- 8 schaden): Sie sind seit der Reform des Schadensersatzrechtes aus dem Jahr 2002 bessergestellt. Sie haben, auch bei unentgeltlicher Beförderung, einen Schadensersatzanspruch aus §§ 7, 18 StVG gegen Halter und Fahrer des »eigenen« Fahrzeugs, brauchen also keinen anderen Verursacher mehr zu benennen.[11] Diese Haftung ist auch gegenüber den Insassen nach § 7 Abs. 2 StVG nur noch im Fall der höheren Gewalt ausgeschlossen. Denn wegen des Wegfalls von § 8a Abs. 1 S. 1 StVG a.F., der die Haftung des Halters gegenüber Insassen beschränkte, sind diese nun ganz allgemein in den Schutzbereich des StVG einbezogen worden. Die Insassen können sich damit wegen ihrer materiellen (§ 249 BGB) und immateriellen (§ 253 BGB) Ansprüche immer gegen den Halter des Fahrzeuges wenden, in dem sie selbst gesessen haben. Aber ohne Verschuldensnachweis ist die Haftung auf die Haftungshöchstsummen begrenzt.

Es gibt verschiedene (jedoch im Ergebnis erfolglose) Ansätze, die Beweisnot zu überwinden, keinen 9 Schädiger/Verursacher aufgrund der unklaren Gemengelage bei Massenunfällen benennen zu können.

---

6 Vgl. die Pressenotiz in https://www.merkur.de/lokales/dachau/massenkarambolage-unfall-bei-unwetter-auf-a8-bei-odelzhausen-8566672.html (Stand 31.08.2024).

7 Vgl. die Pressenotiz in https://www.merkur.de/bayern/ingolstadt/a9-ingolstadt-unfall-verkehr-massenkarambolage-massencrash-muenchen-news-aktuell-zr-90253729.html (Stand 31.08.2024).

8 Vgl. die Pressenotiz in https://www.bild.de/regional/stuttgart/stuttgart-aktuell/auf-der-a81-bei-heilbronn-massenkarambolage-mit-85-autos-85896530.bild.html#fromWall (Stand 31.08.2024). Das Ereignis ist von den Kfz-Versichern als Massenunfall eingestuft worden; Hinweis auf der Internetseite des GDV: https://www.gdv.de/gdv/medien/medieninformationen/vereinfachte-schadenregulierung-fuer-unfall-auf-der-a81-bei-heilbronn-155276 (Stand 31.08.2024).

9 *OLG Hamm* VersR 1997, 42.

10 Fahrerschutzversicherungen führen aber dazu, dass auch Fahrer von ihrem Versicherer so gestellt werden, als seien sie »Dritte« und hätten einen schadensersatzrechtlichen Anspruch gegen den Versicherer ihres Fahrzeugs.

11 Zu den Ansprüchen der Insassen vgl. z.B. *Heß* in Burmann/Heß/Hühnermann/Jahnke, Straßenverkehrsrecht, 28. Aufl. 2024, § 8a StVG Rn. 2 ff.

### I. Anwendung des § 287 ZPO?

10 Dem Geschädigten hilft zunächst § 287 ZPO mit seinen Beweiserleichterungen nicht. Denn bei der konkreten Bezeichnung des Schädigers handelt es sich nicht um die haftungsausfüllende Kausalität, sondern um die haftungsbegründende Kausalität. Und dies ist nach § 286 ZPO zu beurteilen.[12] Selbst bei bestehender Beweisnot des Geschädigten ist ein Rückgriff aus § 287 ZPO nicht zulässig.[13] Es reicht also nicht, wenn aufgrund der vorhandenen Spuren am Unfallort die Schädigung durch eines der beteiligten Fahrzeuge wahrscheinlicher ist als durch andere.[14]

### II. Anwendung des Anscheinsbeweises?

11 Auch der Anscheinsbeweis gerät beim Massenunfall an seine Grenzen.[15]

12 Kein Massenunfall in der bisher beschriebenen Art sind in engem zeitlichem und räumlichem Zusammenhang auftretende, aber klar abgegrenzte einzelne Kettenauffahrunfälle (sog. »Pulks«) mit mehreren Fahrzeugen. Auch hier ist Unfallauslöser häufig eine plötzliche Gefahrenlage (z.B. Nebelbank). Allerdings kommt es nicht zu einer »unaufklärbaren Gemengelage«, sondern vielmehr wird immer wieder der Zusammenhang zum vorhergehenden Unfallereignis »unterbrochen«, weil es einzelnen Fahrern gelingt, ihr Fahrzeug rechtzeitig abzubremsen, und weil kein nachfolgender Unfall die schon stehenden Fahrzeuge ineinanderschiebt.[16] Jeder einzelne Pulk ist in seinen Abläufen haftungsrechtlich gesondert zu betrachten. Der Zurechnungszusammenhang zum vorhergehenden Pulk ist dadurch, dass ein Fahrzeug rechtzeitig zum Stehen kommen konnte, unterbrochen.[17]

13 Streitig beim zusammenhängenden Kettenauffahrunfall ist meist, wer aufgefahren ist und wer aufgeschoben wurde. Die Rekonstruktion des Unfallgeschehens ist – wie schon die »einfachen« Auffahrunfälle mit drei Fahrzeugen zeigen – schwierig, meist sogar ausgeschlossen. Wie sind in einer solchen Situation die Haftungsquoten oder das Mitverschulden zu ermitteln? Hilft doch der Anscheinsbeweis?[18]

14 Voraussetzung für den Anscheinsbeweis ist eine gewisse Typizität des Geschehensablaufs.[19] Bei einem echten Massenunfall, in den eine Vielzahl von Fahrzeugen verwickelt ist, wird es gerade an dieser Typizität fehlen.[20] Das äußere Bild – der Ablauf – eines Massenunfalls im Straßenverkehr ist so unübersichtlich, dass es keine Rückschlüsse auf eine »Musterhaftigkeit«, eine bestimmte Ordnung,

---

12 Ständige Rechtsprechung des *BGH*; vgl. z.B. *BGH* v. 23.06.2020 (VI ZR 435/19), NJW 2020, 3176.

13 Vgl. *BGH* v. 04.11.2003 (VI ZR 28/03), NZV 2004, 27 = VersR 2004, 118.

14 Zur Feststellung der Schadenshöhe bei einem Kettenauffahrunfall greift das *OLG Hamm* allerdings in einem Einzelfall aber auf § 287 ZPO zurück; die Kernfrage der Entscheidung war aber die Nichtanwendbarkeit des Anscheinsbeweises: *OLG Hamm* NJW 2014, 3790 = NZV 2016, 35 = r+s 2014, 206.

15 Grundsätzlich zum Anscheinsbeweis: *Metz* Der Anscheinsbeweis im Straßenverkehrsrecht, NJW 2008, 2806 ff.; *v. Pentz*, Neuere Rechtsprechung des Bundesgerichtshofs zum Anscheinsbeweis im Verkehrsrecht, zfs 2012, 64 ff. und 124 ff. Vgl. zum Anscheinsbeweis bei Verkehrsunfällen auch *Schröder*, SVR 2020, 164 ff.

16 Dies ist z.B. bei Luftbildaufnahmen gut erkennbar; in der Presse wird aber gleichwohl auch in diesen Fällen von »Massenunfällen« gesprochen.

17 Vgl. z.B. *BGH* v. 10.02.2004 (VI ZR 218/03), VersR 2004, 529 = NZV 2004, 243.

18 Zum Anscheinsbeweis bei Kettenauffahrunfällen vgl. z.B. *Metz*, NJW 2008, 2810, 2811; *Schönberg*, Der Kettenauffahrunfall, NJW-Spezial 2019, 521.

19 Zur Typizität von Geschehensabläufen als Voraussetzung des Anscheinsbeweises: *BGH* v. 19.01.2010 (VI ZR 33/09), NJW 2010, 1072, 1073; v. 16.03.2010 (VI ZR 64/09), r+s 2010, 256, 257, 258; v. 13.12.2011 (VI ZR 177/10), NJW 2012, 608 = NZV 2012, 123 = VersR 2012, 248.

20 Zum Anscheinsbeweis bei Autobahn-Auffahrunfällen vgl. *BGH* v. 30.11.2010 (VI ZR 15/10), NZV 2011, 177; v. 13.12.2011 (VI ZR 177/10), NJW 2012, 608 = NZV 2012, 123 = VersR 2012, 248; *KG* r+s 2022, 169 ff.

einen gleichförmigen wiederkehrenden Ablauf gibt.[21] Lässt sich aber wenigstens beim vielfachen Kettenauffahrunfall in den kleineren Gruppen, den Pulks, mit dem Anscheinsbeweis arbeiten?

Das *OLG Düsseldorf* ist dazu folgender Meinung:[22] 15

Fährt ein Kraftfahrer im Kolonnenverkehr mit seinem Pkw auf den Pkw seines Vordermannes auf, liegt keine Anscheinsbeweislage vor, wenn der Vordermann zuvor seinerseits auf das ihm vorausfahrende Fahrzeug aufgefahren war. In diesem Sonderfall fehlt es bereits an der erforderlichen Typizität des Geschehensablaufs; die Frage der Entkräftung des Anscheinsbeweises stellt sich nicht.

In dem Fall des *OLG Düsseldorf* stand fest, dass das Kfz 2 zunächst auf das Kfz 1 aufgefahren war. Dann fuhr Kfz 3 auf Kfz 2. Die Frage war: Mit welcher Quote haftet Kfz 3 für die zusätzlichen Schäden an Kfz 2. Für die Haftungsabwägung nach § 17 StVG kam es darauf an, ob und in welchem Ausmaß dem Fahrer des Kfz 3 ein Verschulden an dem Unfall vorzuwerfen war. Eine Anscheinsbeweislage für ein Auffahrverschulden des Kfz 3 besteht nach Ansicht des *OLG Düsseldorf* nicht. Die Rechtsgrundsätze zum Anscheinsbeweis dürfen nur herangezogen werden, wenn sich unter Berücksichtigung aller unstreitigen und durch Beweis festgestellten Einzelumstände und besonderen Merkmale des Sachverhalts ein für die zu beweisende Tatsache nach der Lebenserfahrung typischer Geschehensablauf ergibt. An einem derartigen typischen Lebenssachverhalt fehlt es hier. Dabei ist nicht nur die Tatsache zu berücksichtigen, dass das Kfz 3 gegen das Heck des vorausfahrenden Kfz 2 gestoßen ist. Das ist lediglich der Sachverhaltskern, das sogenannte Kerngeschehen. Als Grundlage eines Anscheinsbeweises reicht es dann nicht aus, wenn weitere Umstände des Unfallereignisses bekannt sind, die als Besonderheiten gegen die bei derartigen Fallgestaltungen gegebene Typizität sprechen. Denn es muss das gesamte feststehende Unfallgeschehen nach der Lebenserfahrung typisch dafür sein, dass derjenige Verkehrsteilnehmer, der mit seinem Fahrzeug auf den Vordermann aufgefahren ist, schuldhaft gehandelt hat, sei es, dass er unaufmerksam war, sei es, dass er ohne ausreichenden Sicherheitsabstand gefahren ist.[23]

Bei der gebotenen umfassenden Betrachtung aller tatsächlichen Elemente des Gesamtgeschehens gewinnt für das *OLG Düsseldorf* die unstreitige Tatsache an Bedeutung, dass das Kfz 2 seinerseits auf das vorausfahrende Kfz 1 aufgefahren war. Sein atypisches Anhalten unmittelbar vor dem Auffahren des Kfz 3 entzieht nach Ansicht des *OLG Düsseldorf* einer allein auf die Lebenserfahrung gestützten Annahme den Boden, der Fahrer des Kfz 3 sei infolge eigener Unachtsamkeit oder wegen eines zu kurzen Sicherheitsabstands mit dem Heck des Kfz 2 kollidiert. Auch wenn ungeklärt bleibt, ob das Kfz 2 vor der Kollision mit dem Kfz 1 abgebremst wurde oder nicht, reichen dem *OLG Düsseldorf* die feststehenden Sachverhaltselemente bereits aus, um dem Unfallgeschehen die als Grundlage eines Anscheinsbeweises erforderliche Typizität zu nehmen.

Das *OLG Düsseldorf* vertritt bei Kettenauffahrunfällen also die »Maximalposition«: Kein Anscheinsbeweis zulasten irgendeines beteiligten Kfz.[24]

16 Zunächst leuchtet ein, dass es innerhalb der Kette keinen Anscheinsbeweis dafür geben kann, ob ein Fahrzeug aufgefahren ist oder aufgeschoben wurde.[25] Denn dort gibt es zwei sich widersprechende mögliche Geschehensabläufe. Das reicht für einen Anscheinsbeweis nicht aus, auch wenn der eine

21 *V. Bar* 62. DJT 1998, A. 17; *Müller* VersR 98, 1181 ff.

22 *OLG Düsseldorf* VersR 1999, 729.

23 So z.B. für das Auffahren nach vorherigem Fahrspurwechsel des Vordermanns: *BGH* v. 13.12.2011 (VI ZR 177/10), NJW 2012, 608 = NZV 2012, 123 = VersR 2012, 248; v. 13.12.2016 (VI ZR 32/16), VersR 2017, 374 = NJW 2017, 1177 = NZV 2017, 276 = DAR 2017, 196.

24 Ebenso *OLG Hamm*, r+s 2014, 472 = DAR 2014, 206; zur Frage der Bremswegverkürzung beim Kettenunfall vgl. z.B. *OLG Karlsruhe* NZV 2010, 76; vgl. auch *Herz*, NJW-Spezial 2018, 201.

25 *OLG Karlsruhe* VersR 1982, 1150; vgl. auch *Staab*, Die Grenzen des Anscheinsbeweises im Verkehrsrecht, DAR 2015, 241, 246.

von beiden möglicherweise wahrscheinlicher ist als der andere.[26] Wenn aber die Reihenfolge der Auffahrunfälle innerhalb der Kette aufgeklärt ist, kann das Gericht bei der Haftungsquote zu Lasten eines Fahrers »in der Kette« berücksichtigen, dass er zuerst aufgefahren ist und so den Bremsweg seines Hintermanns verkürzt hat.[27]

17 Es wird die Auffassung vertreten, für das letzte Kfz in einem Kettenunfall sei dann wieder der Weg zu Schuldfeststellung über den Anscheinsbeweis eröffnet.[28] Der Letztauffahrende hätte – wie jeder andere Verkehrsteilnehmer in einer Kolonne – damit rechnen müssen, dass das vorausfahrende Fahrzeug verkehrsbedingt stark abbremst.[29]

18 Problematisch an einem Anscheinsbeweis für ein Verschulden des Letztauffahrenden, wenn das vorausfahrende Fahrzeug bereits aufgefahren war oder dies zumindest (bei ungeklärter Reihenfolge) ernsthaft möglich ist, ist die Tatsache, dass die genauen Umstände (z.B. Fahrzeugabstände/Ausmaß der möglichen Bremswegverkürzung/Geschwindigkeit und Verzögerung des vorausfahrenden Kfz/usw.) gerade nicht bekannt oder beweisbar sind. Entgegen der Rechtsprechung des *BGH* würde, wenn trotz dieser entscheidungsrelevanten Ungewissheit ein Anscheinsbeweis für das Verschulden des Letztauffahrenden angenommen wird, der Sachverhalt doch auf einen »Sachverhaltskern« reduziert. Die Einzelheiten des Falles würden gleichsam ausgeblendet. Ein Anscheinsbeweis für eine schuldhafte Verursachung des Heckaufpralls durch den letzten in der Kette auffahrenden Verkehrsteilnehmer kommt also grundsätzlich nur dann in Betracht, wenn feststeht, dass das vorausfahrende Fahrzeug rechtzeitig hinter seinem Vordermann zum Stehen gekommen ist. Fährt bei einem Kettenauffahrunfall zuerst das hintere Fahrzeug auf das mittlere auf, steht aber nicht fest, dass das mittlere Fahrzeug ohne diesen Anstoß ein Auffahren auf das vordere Fahrzeug hätte verhindern können, haften die für das hintere Fahrzeug Verantwortlichen auch nur für die Heckschäden des mittleren Fahrzeugs.[30]

Das *OLG Hamm* ist 2014 ebenfalls dieser Ansicht: Bei einem Kettenauffahrunfall ist der Weg zum Anscheinsbeweis für eine schuldhafte Verursachung des Heckaufpralls durch den letzten in der Kette auffahrenden Verkehrsteilnehmer nur dann eröffnet, wenn feststeht, dass das ihm vorausfahrende Fahrzeug des Geschädigten rechtzeitig hinter seinem Vordermann zum Stehen gekommen ist und nicht durch einen Aufprall auf das vorausfahrende Fahrzeug den Bremsweg des ihm folgenden Fahrzeugs verkürzt hat.[31]

19 Die Probleme für das beschädigte Fahrzeug in einer Kette, den insgesamt entstandenen Totalschaden dem ersten oder dem zweiten Unfall zuzuordnen, bewältigt das *OLG Hamm* mit Hilfe von § 287 ZPO: Wenn bei einem Kettenauffahrunfall die Schäden im Front- und Heckbereich des geschädigten Kraftfahrzeugs zu einem wirtschaftlichen Totalschaden führen und nicht feststellbar ist, ob der Frontschaden durch das Auffahren des nachfolgenden Fahrzeugs verursacht wurde, dann kann der gegen den Auffahrenden begründete Schadensersatzanspruch wegen des Heckanstoßes nach § 287 ZPO durch die quotenmäßige Aufteilung des Gesamtschadens, gemessen am Verhältnis der jeweiligen Reparaturkosten, ermittelt werden. Dies gilt für das *OLG Hamm* jedenfalls dann, wenn die Verursachung auch des Frontschadens durch den Auffahrenden nicht weniger wahrscheinlich ist als die Entstehung des Frontschadens unabhängig vom Heckaufprall.[32]

26 Gegen einen Anscheinsbeweis innerhalb der Kette auch: *OLG Nürnberg* DAR 1982, 126; *OLG Frankfurt* NZV 1989, 73; *OLG Düsseldorf* NZV 1995, 486 (mit weiteren Nachweisen).

27 Insoweit anderer Ansicht *Nugel*, Auffahrunfall und Bremswegverkürzung – »Wenn's hinten kracht, gibt's vorne Geld?«, NJW-Spezial 2007, 303.

28 Vgl. z.B. *KG* DAR 1995, 482.

29 Vgl. wiederum *OLG Frankfurt* VersR 1971, 261 mit Hinweisen auf ältere Rechtsprechung.

30 *OLG Koblenz* NJW-RR 2021, 280.

31 *OLG Hamm* NJW 2014, 3790 = NZV 2016, 35 = r+s 2014, 206 = DAR 2014, 206.

32 *OLG Hamm* NJW 2014, 3790, 3792; vgl. auch *LG Saarbrücken*, NJW-RR 2018, 1367.

Das *OLG Hamm* greift mit dieser Argumentation auf eine Entscheidung des *BGH* aus dem Jahr 1973 zurück.[33] Die Besonderheit der Fallkonstellation des *BGH* war, dass das mittlere Fahrzeug durch ein eigenes Auffahren bereits einen Frontschaden erlitten hatte und unklar war, wie sich die Schadenhöhe durch den nachfolgenden Auffahrunfall entwickelt hatte, der nicht nur zu einem Heckschaden, sondern auch zu einem erneuten Aufprall auf das vordere Kfz durch Aufschieben geführt hatte. Am Ende des Unfallgeschehens lag ein wirtschaftlicher Totalschaden vor. Durch welchen Anstoß war er aber verursacht worden? Das Berufungsgericht hatte sich nicht davon überzeugen können, dass der Totalschaden erst durch den Heckaufprall eingetreten war und hatte deswegen die Klage insgesamt abgewiesen. Denn es bestand die Möglichkeit, dass der Totalschaden schon durch den Erstaufprall entstanden sein konnte. Dem ist der *BGH* nicht gefolgt. Der *BGH* geht davon aus, dass in besonders gelagerten Fällen der Richter im Rahmen des § 287 ZPO zu einer echten Schätzung, zu einem teilweisen Absehen von der Beweislast (was sonst auch bei § 287 ZPO nicht allgemein zulässig sei) befugt sein könne.[34] Nur dadurch könne das unbillige Ergebnis vermieden werden, dass sich der in Beweisnot befindliche Geschädigte immer mit dem denkbar geringsten Betrag begnügen müsse. Es könne der Totalschaden im Verhältnis des Reparaturaufwands für Front- und Heckschaden aufgeteilt werden. Das sei nur dann ausgeschlossen, wenn der Eintritt der wesentlichen Frontschäden erst zusammen mit den Heckschäden weniger wahrscheinlich sei als der zeitlich umgekehrte Verlauf. 20

Das *OLG Hamm* geht weiter. Es hilft mit § 287 ZPO auch über die Frage hinweg, ob es überhaupt zu einem ersten Auffahren des mittleren Kfz kam oder ob es nur einen Anstoß vorne durch Aufschieben gab. Dem *OLG Hamm* ist zuzustimmen. Denn letztlich geht es um die Frage, ob das durch den Heckaufprall beschädigte Kfz durch einen früheren Frontaufprall bereits erheblich vorgeschädigt war. Das gehört in die haftungsausfüllende Kausalität, also in den Anwendungsbereich von § 287 ZPO.[35] 21

Bei Kettenunfällen kann also nur dort der Anscheinsbeweis eingreifen, wo feststeht, dass der Letztauffahrende das vorausfahrende Kfz aufschiebt,[36] dass dieses Kfz also zum Zeitpunkt des Heckaufpralls noch nicht auf den Vordermann aufgefahren war.[37] 22

Damit ist zum Anscheinsbeweis bei Kettenauffahr- und Massenunfällen[38] zusammenfassend festzuhalten:

- Der Gesamtablauf eines Kettenauffahr- und Massenunfalls, an dem mehrere Kfz beteiligt sind, ist dem Anscheinsbeweis nicht zugänglich.
- Auch innerhalb einer Dreier-Kette gibt es keinen Anscheinsbeweis zulasten des mittleren Kfz, wenn unklar bleibt, ob es aufgefahren ist oder aufgeschoben wurde.
- Zulasten des Letztauffahrenden kommt ein Anscheinsbeweis für dessen Verschulden nur dann in Betracht, wenn feststeht, dass das vordere Kfz seinerseits nicht bereits aufgefahren war (es also tatsächlich durch den Letztauffahrenden aufgeschoben wurde).[39]
- Auch im Falle eines Kettenauffahrunfalls kann aber nach den Umständen des Einzelfalls ein Anscheinsbeweis gegen den ersten Auffahrenden sprechen.[40]

---

33 *BGH* v. 08.05.1973 (VI ZR 101/71), NJW 1973, 1283 = VersR 1973, 762.

34 *BGH* v. 16.12.1963 (III ZR 47/63), NJW 1964, 589.

35 Zu weitgehend *LG Saarbrücken* DAR 2018, 689 = NJW-RR 2018, 1367, das dem Auffahrenden den Gesamtschaden auferlegen will, wenn das Aufschieben wahrscheinlicher ist als ein vorheriges Erstauffahren des mittleren Kfz.

36 *OLG Hamm* NJW-RR 2021, 693; *OLG Koblenz* NJW-RR 2021, 280; *OLG München*, Urt. v. 12.05.2017 – 10 U 748/16, BeckRS 2017, 109598; *AG Dresden*, Urt. v. 06.03.2017 – 115 C 7609/15, BeckRS 2017, 106881; gegen einen Anscheinsbeweis zu Lasten des zuletzt Auffahrenden auch *OLG Brandenburg*, BeckRS 2010, 19827; den Anscheinsbeweis anwenden will aber noch *OLG Hamm*, BeckRS 2010, 26798.

37 Zum Kettenunfall vgl. auch *Kuhn* in: Münchener Anwaltshandbuch Straßenverkehrsrecht, 5. Aufl. 2020, § 23 Rn. 350.

38 Zu unaufklärbaren Kettenauffahrunfällen auch *Grüneberg* Haftungsquoten bei Verkehrsunfällen, 17. Aufl. 2022, A. Unfälle zwischen Kfz und Kfz, Rn. 146; *Metz*, NW 2008, 2806, 2811.

39 Vgl. auch *LG Bonn* NZV 2008, 570.

40 *OLG Celle*, vom 16.12.2020, BeckRS 2020, 35942.

– Ohne die Feststellung eines Verschuldens bleibt zwischen den Beteiligten (bei im Übrigen gleichen Betriebsgefahren) nur die Haftungsteilung (50:50).[41]

### III. Anwendung von § 830 Abs. 1 S. 2 BGB?

23 In der Vergangenheit wurde versucht, die unklare Beweislage durch die Anwendung des § 830 Abs. 1 S. 2 BGB zu bewältigen. Damit hatte sich z.B. das *OLG Nürnberg* zu befassen.[42] Es ging um folgenden Sachverhalt:

Im Januar 1971 kam es auf der BAB München-Nürnberg zu einem Massenauffahrunfall, in den mindestens sieben Fahrzeuge, darunter das des Klägers, verwickelt wurden. Seine Ehefrau wurde dabei aus dem Wagen geschleudert und getötet, er selbst erlitt schwere Verletzungen. Alle beteiligten Fahrzeuge wurden beschädigt. Der Kläger behauptete, die Beklagten hätten seinen Unfall schuldhaft mitverursacht.

§ 830 Abs. 1 S. 2 BGB ist auch in der Gefährdungshaftung und damit auch im Rahmen des StVG anwendbar.[43] Nach der Beweisaufnahme war jedoch unklar geblieben, ob die Beklagten, die zu den am Massenunfall Beteiligten gehörten, den Schaden am Fahrzeug des Klägers und den Tod seiner Ehefrau verursacht hatten. Das *OLG Nürnberg* schloss in dieser Situation den Rückgriff auf § 830 Abs. 1 S. 2 BGB aus. Die Ungeklärtheit des Ablaufs der Massenkollision könne nicht zulasten irgendeines beliebigen Beteiligten gehen. Dies sei nicht der Sinn der Gefährdungshaftung. Für ungeklärte Fälle habe der Gesetzgeber zwar die Vorschrift des § 830 Abs. 1 S. 2 BGB vorgesehen, wonach jeder für den Schaden verantwortlich sei, wenn sich nicht ermitteln lasse, wer von mehreren Beteiligten den Schaden durch seine Handlung verursacht habe. Die Anwendung dieser Bestimmung scheiterte für das *OLG Nürnberg* aber, wenn der Geschädigte selbst »Beteiligter« war. Denn es lasse sich nicht ausschließen, dass er selbst für seinen Schaden als Verursacher in Betracht komme. Auch der *BGH* hat schon früh ausgesprochen, dass für die Anwendung dieser Vorschrift kein Raum ist, wenn der Geschädigte seinen Schaden selbst verursacht haben kann.[44] Nach den Umständen des Falls, den das *OLG Nürnberg* zu entscheiden hatte, ließ sich nicht ausschließen, dass der Kläger wegen Unaufmerksamkeit, zu hoher Geschwindigkeit oder wegen anderer Fahrfehler den Unfall selbst verschuldet oder doch verursacht hatte. Damit war § 830 Abs. 1 S. 2 BGB nicht anwendbar.

24 Dieser Argumentation des *OLG Nürnberg* ist zuzustimmen.[45] Der Regelungszweck des § 830 Abs. 1 S. 2 BGB ist es nicht, jedem an einem Unfall Beteiligten »irgendeinen anderen« als Schuldner »zuzuweisen«.[46] Daran hat sich auch durch das 2. Schadenrechtsänderungsgesetz von 2002 nichts geändert. Denn in das Zusammenwirken von § 7 StVG mit § 830 BGB hat der Gesetzgeber nicht eingegriffen.

25 Ebenso hat *OLG Bamberg* über die Haftung bei einem unaufgeklärten Kettenauffahrunfall auf der Autobahn entschieden.[47]

Der Kläger fuhr einen Kleinbus und war auf der mit zwei Fahrspuren und einem Standstreifen ausgebauten Autobahn in einen Unfall verwickelt. Der Beklagte fuhr mit seinem Lkw von hinten auf den Kleinbus sowie auch auf einen auf der rechten Fahrspur zum Stehen gekommenen Omnibus auf. Der

41 *Greger* Anmerkung zu *OLG Düsseldorf*, NZV 1995, 489.

42 *OLG Nürnberg* VersR 1978, 1174.

43 Vgl. zum Anwendungsbereich von § 830 BGB: *BGH*, vom 24.04.2018 (VI ZR 25/17), NJW 2018, 3439 = VersR 2018, 1013 = DAR 2019, 77.

44 *BGH* v. 30.01.1973 (VI ZR 14/72), VersR 1973, 438 = NJW 1973, 993; v. 22.06.1976 (VI ZR 100/75), VersR 1976, 992, 994 = NJW 1976, 1934.

45 Vgl. z.B. *v. Bar* 62. DJT 1998, A 18.

46 Vgl. auch die Entscheidung des *OLG Frankfurt* für Unfälle im Motorradpulk, in der ebenfalls eine Anwendung des § 830 BGB verneint wird: *OLG Frankfurt* NJW 2015, 3522.

47 *OLG Bamberg* NZV 2004, 30 = r+s 2004, 299; die Revision wurde vom Kläger zurückgenommen, nachdem der *BGH* die Bewilligung von PKH mangels Erfolgsaussicht abgelehnt hatte – Beschl. v. 07.10.2003 (VI ZR 214/03).

genaue Ablauf und die Reihenfolge der Kollisionen waren streitig. Sieben Insassen des Kleinbusses starben, der Kläger überlebte schwer verletzt. Unstreitig zum Unfallhergang war, dass wegen eines Staus der Omnibus auf der rechten Spur angehalten hatte. Auf der linken Spur hatte sich der Verkehr ebenfalls gestaut. Unstreitig war weiterhin, dass sowohl der Lkw des Beklagten als auch der Kleinbus des Klägers auf den Heckbereich des Omnibusses aufprallten und dann am linken hinteren Bereich des Omnibusses vorbei nach vorne auf die linke Spur (Überholspur) gelangten. Beide prallten dort auf weitere Fahrzeuge. Streitig blieb, ob der Kleinbus zuerst auf den Omnibus auffuhr und die Verletzungen des Klägers und der Tod der übrigen Insassen dabei verursacht wurden (so der Beklagte) oder ob erst der Lkw auf den Kleinbus fuhr und dann zusammen mit Kleinbus auf den Omnibus prallte (so der Kläger). Das *OLG Bamberg* war nach der Beweisaufnahme nicht von der Sachverhaltsdarstellung des Klägers überzeugt (Beweiswürdigung), der Unfallhergang blieb also ungeklärt.

Damit stellte sich die Frage, ob § 830 Abs. 1 BGB zugunsten des Klägers eingriff. Das *OLG Bamberg* lehnte eine Anwendung des § 830 Abs. 1 BGB zugunsten des in »Beweisnot« befindlichen Klägers ab.[48] Denn einerseits gehe es nach dem Wortlaut des § 830 Abs. 1 BGB um mehrere Schädiger gegenüber dem Geschädigten. Der Geschädigte sei also nicht ein »Beteiligter« im Sinne des § 830 Abs. 1 S. 2 BGB. Diese Vorschrift bezwecke in erster Linie die Haftung eines jeden von mehreren möglichen Verursachern auf den vollen Schaden und könne nur im weiteren Verlauf zu einer Schadenaufteilung unter den mehreren potenziellen Schädigern führen. Soweit aber eine Verursachung des Schadens durch den Geschädigten selbst infrage stehe, könne es nur um eine Schadenaufteilung gehen. Andererseits befinde sich derjenige, der seinen Schaden möglicherweise selbst verursacht habe, nicht in der besonders unbilligen Beweisnot, die ohne § 830 Abs. 1 BGB den belasten würde, der mit Sicherheit gegen einen von mehreren Unrechtstätern einen Ersatzanspruch habe, ihn aber nicht durchsetzen könne, weil ungeklärt bliebe, wessen Verhalten schadenursächlich geworden sei.[49] Es wäre für das *OLG Bamberg* auch kaum »erträglich«, wenn, wer seinen Schaden selbst verursacht habe, beim Beweis günstiger gestellt würde als der, dessen Schaden entweder auf der unerlaubten Handlung eines anderen oder auf einem schicksalhaften Ereignis beruhe.[50] Schließlich würde eine derart weite Auslegung die Beweislastregeln bei möglicher Mitverursachung durch den Geschädigten gleichsam ins Gegenteil verkehren. Ein Unfallbeteiligter neben dem Geschädigten müsste nämlich dann nahezu immer haften. Einerseits, wenn der Geschädigte ihm ein Verschulden nachweise. Andererseits aber auch, wenn der Unfallhergang unaufklärbar bliebe und lediglich eine möglicherweise kausal gewordene Beteiligung des Unfallbeteiligten in Betracht kommen könne. Eine derartige Handhabung des § 830 Abs. 1 S. 2 BGB widerspricht für das *OLG Bamberg* den geltenden Darlegungs- und Beweislastregeln.[51]

§ 830 Abs. 1 S. 2 BGB[52] greift auch dann nicht ein, wenn feststeht, dass wenigstens einem Beteiligten an dem Massenunfall das gesamte Geschehen haftungsrechtlich zuzurechnen ist.[53] Nach Auffassung des *BGH* ist der Anwendungsbereich des § 830 Abs. 1 S. 2 BGB auf Fallgestaltungen beschränkt, in denen der Geschädigte aus Beweisnot wegen einer spezifischen Überlagerung der Beiträge mehrerer Beteiligter andernfalls leer ausgehen würde. Dieser tragende Grund für die Ausweitung der 26

48 Zur Forderung an den Gesetzgeber, den § 830 BGB zu ändern, um die Beweisnot bei Massenunfällen zu beseitigen: *Heitmann* Massenunfälle als haftungsrechtliches Problem, VersR 1994, 135, 141, 142; der Gesetzgeber hat bei der Änderung des Schadensersatzrechts 2002 diese Forderung jedoch unerfüllt gelassen.

49 *BGH* v. 08.05.1973 (VI ZR 101/71), VersR 1973, 762 = NJW 1973, 1283; kritischen Anmerkungen zur *BGH*-Rechtsprechung zu § 830 BGB bei *Hartung* Möglichkeiten und Grenzen des zivilen Haftpflichtrechts bei Massenauffahrunfällen, VersR 1981, 696 ff.

50 Vgl. auch *BGH* v. 30.01.1973 (VI ZR 14/72), VersR 1973, 438 = NJW 1973, 993.

51 *OLG Bamberg* r+s 2004, 299, 300.

52 Umfassend zu § 830 BGB und zur »Beweisnotgemeinschaft als Haftungsgemeinschaft«: *Kaufmann* in: Geigel, Haftpflichtprozess, 29. Aufl. 2024, Kapitel 25. Haftung des Kraftfahrzeughalters und -führers, Rn. 251 ff.

53 Vgl. auch *Braun* Haftung für Massenschäden, NJW 1998, 2318, 2319.

Deliktshaftung fehlt in einem Fall, in dem von der Verantwortlichkeit eines der Beteiligten für alle in Betracht kommenden Schadenverläufe auch ohne die Vorschrift des § 830 BGB auszugehen ist.[54]

## IV. Anwendung des § 12 PflVG (Entschädigungsfond)?

27 Die Geschädigten können sich bei ungeklärtem Unfallablauf und der sich daraus ergebenden Unmöglichkeit, den Schädiger zu benennen, auch nicht nach § 12 PflVG an den Entschädigungsfonds wenden. Denn fehlende Beweiserleichterungen, die zu keiner oder nur zu einer eingeschränkten Leistungspflicht eines Haftpflichtversicherers führen, lassen keine Ansprüche gegen den Fonds entstehen. Nach dem Wortlaut des § 12 PflVG und nach dessen Sinn und Zweck[55] soll der Entschädigungsfonds nur eintreten, wenn das Schädigerfahrzeug nicht ermittelt werden kann oder entsprechend den gesetzlichen Bestimmungen nicht versichert ist. Beim Massenunfall sind aber alle »potenziellen Schädigerfahrzeuge« bekannt. Es scheitert »nur« den Nachweis, welche dieser Möglichkeiten die zutreffende ist.[56]

## C. Gemeinsame Regulierungsaktion der deutschen Kfz-Versicherer

28 Um die Geschädigten nach Massenunfällen zu unterstützen und weil es in Deutschland kein gesondertes Recht des Massenunfalls gibt, haben die deutschen Auto-Versicherer (im Gesamtverband der Deutschen Versicherungswirtschaft = GDV) freiwillig »gemeinsame Regulierungsaktionen« eingerichtet.[57] Die »Regulierungsgrundsätze« wurden 2015 wesentlich zugunsten der Verkehrsopfer geändert.[58] Die neuen Regulierungsgrundsätze sind rechtlich ein Vertrag zwischen den beteiligten Versicherern, in dem nicht nur die Voraussetzungen und die wesentlichen Eckpunkte der Abwicklung, sondern auch die Kostentragung und die Regressbeziehungen zwischen den beteiligten Versicherern geregelt sind.[59] Die gemeinsamen Regulierungsaktionen sollen die Schadenregulierung im Interesse der Verkehrsopfer beschleunigen und vereinfachen. Sie führen aber zu keiner eigenständigen Anspruchsgrundlage. Vor allen Dingen haben die Geschädigten weder einen Anspruch darauf, dass eine derartige Regulierungsaktion überhaupt durchgeführt wird, noch können sie mit der Direktklage gegen den regulierenden Versicherer aus dieser Regulierungsaktion höhere Zahlungen verlangen.[60]

29 Hierzu hat der GDV (unverändert seit 2015) Folgendes veröffentlicht:[61]

30 ***Versicherer machen Schadenregulierung einfacher***

---

54 *BGH* v. 22.06.1976 (VI ZR 100/75), NJW 1976, 1943; v. 18.12.1984 (VI ZR 56/83), VersR 1985, 268.

55 Vgl. BT-Drucks. IV/2252, S. 24.

56 *Jahnke* in: *Stiefel/Maier*, Kraftfahrtversicherung: AKB, 19. Auflage 2017, § 12 PflVG Rn. 48; ebenso *Heitmann* VersR 1994, 135, 141.

57 Eine vergleichbare Regelung gibt es im Ausland nicht; vgl. *Bachmeier*, Regulierung von Auslandsunfällen, 3. Aufl. 2022, § 4 Auslandsunfall mit inländischen Fahrzeugen, Rn. 322.

58 Presseveröffentlichung des *GDV* vom 05.11.2015: http://www.gdv.de/2015/11/versicherer-machen-schadenregulierung-einfacher/(Stand 31.08.2024); einen GDV-Flyer zu diesem Thema gibt es im Internet unter: https://www.gdv.de/resource/blob/163056/70d1a0f2114dd0ed9b5860677a5b8c99/flyer-massenunfaelle-data.pdf (Stand 31.08.2024).

59 Die Liste der teilnehmenden Versicherer ist im Internet hinterlegt: https://www.gdv.de/resource/blob/8354/825fa65a6bbceb715f9c1d631b0e4a1a/massenunfaelle-teilnehmende-versicherungsunternehmen-fuer-regulierungen-data.pdf (Stand 31.08.2024).

60 Vgl. *Stiefel/Maier* Kraftfahrtversicherung, 19. Aufl. 2017, AKB 1. Hauptteil, Abschnitt I (Schadenfreiheitsrabatt) Ziffer 4 (Ausnahmenfälle), Rn. 25; zur Regulierungsaktion auch *Jahnke in* Burmann/Heß/Hühnermann/*Jahnke*, Straßenverkehrsrecht 28. Auflage 2024, Vor § 249 BGB Rn. 236 ff.

61 Presseveröffentlichung des GDV vom 05.11.2015: https://www.gdv.de/de/medien/aktuell/versicherer-machen-schadenregulierung-einfacher-8360 (Stand 31.08.2024); vgl. zur Regulierungsaktion des GDV auch Pardey/Balke/Link, Schadenrecht, 1. Aufl. 2023; Massenschäden bei Kfz-Unfällen, Rn. 9 ff.

*Wer in eine Massenkarambolage verwickelt wird, muss sich um die Regulierung der Schäden zukünftig keine Sorgen mehr machen. Die deutschen Kraftfahrtversicherer haben ihre Vereinbarung zur Schadenregulierung nach Massenunfällen zugunsten der Unfallbeteiligten geändert.*

*Fahrer und Insassen beteiligter Fahrzeuge können sich bei einer Massenkarambolage ab sofort direkt an den jeweiligen Kfz-Haftpflichtversicherer wenden. Dieser übernimmt die Personen- und Sachschäden des Fahrers und der Insassen sowie die Schäden am Auto – auch wenn der Halter keine Kaskoversicherung abgeschlossen hat. Auf den Schadenfreiheitsrabatt des Halters wird der Massenunfall nicht angerechnet. Außerdem sinkt die grundsätzliche Hürde für die Anerkennung als Massenunfall von 50 auf 40 Fahrzeuge.*

*Bislang trugen die im GDV organisierten Kfz-Versicherer nur bei einem reinen Heckschaden 100 Prozent der Kosten. Bei Schäden an Front und Heck sowie bei Totalschäden wurden zwei Drittel übernommen, bei einem reinen Frontschaden 25 Prozent. Zuständig für die Schadenregulierung waren zudem oft nicht die eigenen Kfz-Haftpflichtversicherer, sondern andere beauftragte Versicherungsunternehmen.*[62]

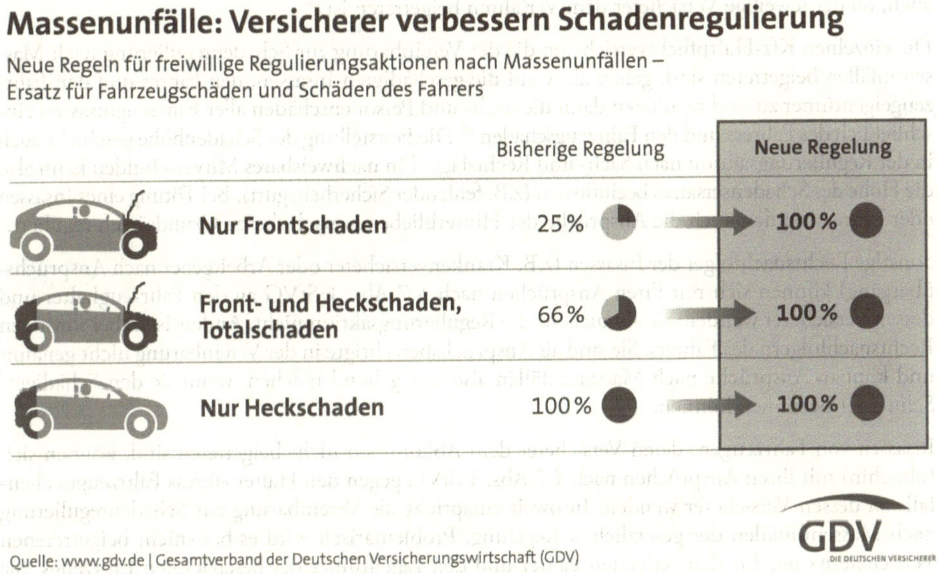


**Abb. 1: Schadenregulierung Massenunfälle**

***Drei Bedingungen für freiwillige Regulierungsaktion der Versicherer*** 31

*Für eine möglichst schnelle und reibungslose Schadenregulierung nach Massenunfällen gibt es bereits seit über 30 Jahren freiwillige Regulierungsaktionen der Kfz-Versicherer. Ob ein Massenunfall im Sinne der Vereinbarung vorliegt, entscheidet ein Gremium des GDV. Grundlage für dessen Entscheidung sind Berichte der Polizei. Für eine freiwillige Regulierungsaktion müssen drei Bedingungen erfüllt sein:*

– *Erstens darf die Polizei keinen Verursacher festgestellt haben,*[63]
– *zweitens müssen mindestens 40 Fahrzeuge beteiligt gewesen sein – ist der Unfallhergang nur schwer nachvollziehbar, reichen bereits 20 Fahrzeuge*[64] *– und*

62 Die nachfolgende Grafik hat der *GDV* veröffentlicht: https://www.gdv.de/de/medien/aktuell/versicherer-machen-schadenregulierung-einfacher-8360 (Stand 31.08.2024).

63 Die unfallaufnehmende Polizei informiert den GDV bei Massenunfällen.

64 Bei Massenunfällen mit 40 oder mehr Fahrzeugen, kommt es also auf die Unfallursache nicht an; es könnte z.B. auch ein »ablenkendes« Geschehen am Fahrbahnrand sein, dessen Verursacher nicht fest-

– *drittens muss das gesamte Unfallgeschehen in einem engen zeitlichen und räumlichen Zusammenhang stattgefunden haben.*

32 **Ablauf der gemeinsamen Regulierung**

Über eine Regulierungsaktion entscheidet auch nach den neuen Grundsätzen eine Lenkungskommission des Gesamtverbands der Deutschen Versicherungswirtschaft (GDV). Grundlage der Entscheidung sind insb. die Unfallschilderungen der Polizei und sonstige schnell verfügbare Berichte über das Unfallgeschehen, z.B. Internetveröffentlichungen von Presse oder Fernsehsendern, die oftmals viele und gute Fotos oder sogar Videodokumentationen enthalten.

Hat die Lenkungskommission des GDV nach einem Massenunfall eine Regulierungsaktion beschlossen, wird dies im Internet auf der GDV-Seite veröffentlicht.[65] Der Kfz-Haftpflichtversicherer eines jeden beteiligten Fahrzeuges ist der Ansprechpartner für alle Insassen des Fahrzeugs einschließlich des Fahrers sowie für den Fahrzeugeigentümer. Auf der Internetseite des GDV erfährt man dann auch, ob der jeweilige Versicherer dem Verfahren beigetreten ist.[66]

Die einzelnen Kfz-Haftpflichtversicherer, die der Vereinbarung zur Schadenregulierung nach Massenunfällen beigetreten sind, gehen aktiv auf die geschädigten Insassen, den Fahrer und den Fahrzeugeigentümer zu und regulieren dann die Sach- und Personenschäden aller Fahrzeuginsassen einschließlich des Fahrers und den Fahrzeugschaden.[67] Die Feststellung der Schadenhöhe geschieht auch in der Regulierungsaktion nach Sach- und Rechtslage. Ein nachweisbares Mitverschulden kann also die Höhe des Schadensersatzes beeinflussen (z.B. fehlender Sicherheitsgurt). Bei Tötung eines Insassen oder Fahrers werden auch die Ansprüche der Hinterbliebenen nach diesen Grundsätzen reguliert.

Sonstige Rechtsnachfolger der Insassen (z.B. Krankenversicherer oder Arbeitgeber nach Anspruchsübergang) können sich mit ihren Ansprüchen nach § 7 Abs. 1 StVG an den Fahrzeughalter und dessen Versicherer wenden; sie »brauchen« die Regulierungsaktion nicht. Anders ist es bei sonstigen Rechtsnachfolgern des Fahrers. Sie sind als Anspruchsberechtigte in der Vereinbarung nicht genannt und können Ansprüche nach Massenunfällen also nur geltend machen, wenn sie den Schädiger/Schuldner benennen können.

Insassen von Fahrzeugen, deren Versicherer dem Abkommen nicht beigetreten sind, können sich (ohnehin) mit ihren Ansprüchen nach § 7 Abs. 1 StVG gegen den Halter »ihres« Fahrzeuges ebenfalls an dessen Versicherer wenden. Insoweit entspricht die Vereinbarung zur Schadenregulierung nach Massenunfällen der gesetzlichen Regelung. Problematisch wird es bei »nicht beigetretenen Versicherern« nur für den verletzten Fahrer und den Eigentümer des beschädigten Fahrzeugs. Sie müssen, wenn keine besonderen Eigenschadenversicherungen vorhanden sind (z.B. Vollkasko- oder Fahrerschutzversicherungen), einen schadenverursachenden Schuldner identifizieren und gegen diesen vorgehen. Das wird bei Massenunfällen regelmäßig schwierig sein, weil z.B. die Tatsache, dass das eigene Fahrzeug am Ende der Karambolage neben einem anderen Fahrzeug steht, keinen Anscheinsbeweis dafür begründet, dass der Unfall und der Schaden »beim Betrieb« dieses anderen Fahrzeugs entstanden sind.[68]

---

stellbar ist; die Absenkung auf 20 Fahrzeuge greift nur, wenn Ursache des Massenunfalls die Witterung (z.B. plötzlicher Nebel) ist.

65 Vgl. z.B. *GDV* zum Massenunfall vom 27.10.2023 auf der A81 bei Heilbronn: https://www.gdv.de/gdv/medien/medieninformationen/vereinfachte-schadenregulierung-fuer-unfall-auf-der-a81-bei-heilbronn-155276 (Stand 31.08.2024).

66 Die Liste der teilnehmenden Versicherer ist im Internet hinterlegt: https://www.gdv.de/resource/blob/8354/825fa65a6bbceb715f9c1d631b0e4a1a/massenunfaelle-teilnehmende-versicherungsunternehmen-fuer-regulierungen-data (Stand 31.08.2024).

67 Der *GDV* hat auf seiner Internetseite Erläuterungen zur Abwicklung eines Massenunfalls in einem YouTube-Video abgelegt: https://youtu.be/-JDDaBmZOAQ (Stand 31.08.2024).

68 Schäden sonstiger Dritter, z.B. an Leitplanken oder Fahrbahn, sind nicht Bestandteil der Vereinbarung; hier muss also weiterhin der konkrete Schädiger/Schuldner benannt werden.

**Ansprechpartner** 33

Bei Unfällen mit vielen beteiligten Fahrzeugen kann man beim *GDV* weitere Informationen über die Voraussetzungen und den Ablauf einer Regulierungsaktion erhalten. Der *GDV* steht hierfür zu den üblichen Bürozeiten per Mail an berlin@gdv.de oder telefonisch unter 030 2020–5326 zur Verfügung. Außerdem wird auf der GDV-Internetseite auf Massenunfälle mit Regulierungsaktionen hingewiesen.[69]

**Erfahrungen mit dem neuen Verfahren** 34

Gleich am ersten Tag der Geltung der neuen Grundsätze, am 01.01.2016, kam es zu einem Massenunfall, der von der Lenkungskommission »anerkannt« wurde. Es waren zwar »nur« 24 Fahrzeuge darin verwickelt. Die Umstände des Unfalls (starker plötzlicher Nebel mit Sicht »null«) und die Unaufklärbarkeit des Unfallablaufs sprachen aber dafür, die Voraussetzungen der »neuen Grundsätze« als gegeben anzusehen. Die Geschädigten/Verletzten begrüßten, dass schnell Klarheit geschaffen wurde, dass es sich um einen Massenunfall nach den neuen Grundsätzen handelte, und vor allem, dass sie sich an »ihren Versicherer« wenden konnten. Für die beteiligten Versicherer zeigten sich in diesem Massenunfall auch die Vorteile des neuen Verfahrens: Die Regulierung der Schäden an dem versicherten Fahrzeug und aller darin verletzten Personen einschließlich des Fahrers konnte sofort beginnen, Sofortmaßnahmen konnten eingeleitet werden. Alle Aufwendungen, auch z.B. die für die Fahrerschutzversicherung, können auf alle an der Regulierungsaktion beteiligten Versicherungen »umgelegt« werden. Das gilt auch für die ohnehin bestehenden Haftpflichtansprüche der Insassen (ohne den Fahrer).

Weitere Fälle sind z.B. die Massenkarambolage bei Bad Oldesloe vom 14.01.2017, der Massenunfall nach einem plötzlichen Hagelschauer hatte am 28.04.2019 auf der A71 bei Schwarza sowie das Ereignis vom 27.10.2023 auf der A81 bei Heilbronn.

Die Regulierungsaktionen der *GDV*, insb. die seit 2015 geänderten Regeln, haben sich also bewährt.

69 Massenunfall vom 27.10.2023 auf der A81 bei Heilbronn: https://www.gdv.de/gdv/medien/medieninformationen/vereinfachte-schadenregulierung-fuer-unfall-auf-der-a81-bei-heilbronn-155276 (Stand 31.08.2024).

# Kapitel 8 Verjährung/Verwirkung

Übersicht



## A. Anwendbares Recht

1 Soweit heute noch, 23 Jahre nach Inkrafttreten der Schuldrechtsreform, Probleme mit dem alten Recht auftauchen, wird auf die Kommentierung in den Vorauflagen verwiesen. Die gegenwärtige Rechtslage ist durch die § 194 ff. BGB und durch den § 14 StVG bezeichnet, der bezüglich der Haftungstatbestande des StVG auf die Verjährungsvorschriften für die unerlaubten Handlungen verweist. Damit ist jedenfalls in verjährungsrechtlicher Hinsicht eine gemeinsame Grundlage für das Verkehrsunfallrecht geschaffen, die eine Differenzierung der Ansprüche nicht nötig macht.

Zwar nicht zur Verjährungsproblematik gehörend, aber wegen der Nähe zur Verwirkung und im Zusammenhang mit Amtshaftungsansprüchen ist bezüglich der Abwicklung von Unfällen mit Fahrzeugen ausländischer Streitkräfte stets an die Regelungen des NATO-Truppenstatuts und ergänzenden Vorschriften zu denken, da bei der Abwicklung derartiger Schäden besondere und kurze Anmeldefristen gelten. Andererseits sollen hier Vorschriften, die kaum Berührung mit den in diesem Buch erörterten Ansprüchen haben, nämlich §§ 205, 207, 208, 210, 211 BGB, also Leistungsverweigerungsrecht, Bezug zu familiären Gründen, Verletzung der sexuellen Selbstbestimmung und

Ablaufhemmungen besonderer Art nicht näher dargestellt werden. Auch die neuen Verjährungsregeln zum Schutz der Klagen von Verbraucherverbänden oder qualifizierten Einrichtungen (§ 204a BGB) finden hier keine Berücksichtigung.

## I. Gegenstand der Verjährung

Nach § 194 Abs. 1 BGB unterliegt jeder privatrechtliche Anspruch, also auch der Schadensersatzanspruch der Verjährung. Soweit es sich um Dauerschuldverhältnisse, somit um Ansprüche auf wiederkehrende, wirtschaftlich einheitliche Leistungen handelt, unterliegt der Verjährung nicht nur der Anspruch auf die einzelne Leistung, sondern auch der Anspruch auf die Leistung als solcher, das sog. Stammrecht also.[1] Dabei ist es sinnvoll zwischen Stammrecht und dem Recht auf wiederkehrende Leistung zu unterscheiden. Denn unterliegt das Stammrecht – etwa weil es in einem gerichtlichen Vergleich oder Urteil festgehalten ist – der 30-jährigen Verjährung, so ändert dies nichts daran, dass der einzelne Anspruch auf die wiederkehrende Leistung der kurzen Verjährung unterfällt, § 197 Abs. 2 BGB. Wer also etwa versäumt hat, seinen Anspruch auf Verdienstausfall aufgrund eines rechtskräftigen Urteils rechtzeitig geltend zu machen, riskiert u.U. nach drei Jahren den Anspruch auf den verjährten Verdienstausfall, behält aber das Stammrecht und damit die Ansprüche auf Erfüllung der unverjährten Leistungen. 2

## II. Verjährungszeit

Nach § 195 BGB beträgt die regelmäßige Verjährungsfrist grundsätzlich drei Jahre. Die Frist wird erst mit dem Schluss des Jahres in Lauf gesetzt, in dem der Anspruch entstanden und der Gläubiger von den den Anspruch begründenden Umständen und der Person des Schuldners Kenntnis erlangt oder ohne große Fahrlässigkeit erlangen musste, § 199 Abs. 1 BGB. Darauf wird noch näher einzugehen sein. 3

Eine Ausnahme ist in § 12 Abs. 1 Produkthaftungsgesetz zu finden. Die Haftung aus § 1 dieses Gesetzes verjährt bereits in drei Jahren von dem Zeitpunkt an, in dem der Ersatzberechtigte von dem Schaden, dem Fehler und der Person des Ersatzpflichtigen Kenntnis erlangt hat oder hätte erlangen können. Weitere Besonderheiten bestehen für den Regressanspruch des Sozialversicherungsträger (SVT). Er verjährt nach § 113 SGB VII in drei Jahren nach bindender Feststellung der Leistungspflicht. 4

Ohne Rücksicht auf ihre Entstehung und die Kenntnis oder die grob fahrlässige Unkenntnis verjähren Schadensersatzansprüche, die auf der Verletzung des Körpers, der Gesundheit oder der Freiheit beruhen, in 30 Jahren von der Begehung der Handlung, der Pflichtverletzung oder dem sonstigen, den Schaden auslösendem Ereignis an, § 199 Abs. 2 BGB. Die Vorschrift gilt also nur für die seltenen, aber durchaus vorkommenden Fälle, in denen ein Schaden bzw. seine Verursachung durch das Unfallereignis lange unbekannt bleibt. Allerdings sieht hier § 115 Abs. 2 S. 2 2.HS VVG eine beachtliche Ausnahme für den Direktanspruch gegen den Versicherer vor: Dieser verjährt spätestens nach einer Frist von 10 Jahren. 5

Schadensersatzansprüche, die nicht auf der Verletzung der Verletzung des Körpers, der Gesundheit oder der Freiheit beruhen, verjähren ohne Rücksicht auf die Kenntnis oder grob fahrlässige Unkenntnis spätestens nach 10 Jahren (§ 199 Abs. 2 Nr. 1 BGB) und wenn selbst das Schadensereignis unbekannt geblieben ist, innerhalb der Höchstfrist von 30 Jahren (§ 199 Abs. 2 Nr. 2 BGB). 6

Darüber hinaus besteht eine dreißigjährige Verjährungsfrist gemäß § 197 Abs. 1 BGB für 7

- Schadensersatzansprüche, die auf der **vorsätzlichen** Verletzung des Lebens, des Körpers, der Gesundheit, der Freiheit der der sexuellen Selbstbestimmung beruhen,
- Herausgabeansprüche aus Eigentum und anderen dinglichen Rechten,

---

1 So die h.M. vgl. etwa *BGH*, Urt. v. 03.04.2019 – IV ZR 90/18 – juris Rn. 19 f. zum Stammrecht aus einer Berufsunfähigkeitsversicherung.

– familien- und erbrechtliche Ansprüche,
– rechtskräftig festgestellte Ansprüche, hierzu gehört auch der prozessuale Kostenerstattungsanspruch aufgrund rechtskräftiger Kostengrundentscheidung,[2]
– Ansprüche aus vollstreckbaren Vergleichen oder vollstreckbaren Urkunden,
– Ansprüche, die durch die im Insolvenzverfahren erfolgte Feststellung vollstreckbar geworden sind,
– Ansprüche auf Erstattung der Kosten der Zwangsvollstreckung.

Auf die bedeutsame Ausnahme von § 197 Abs. 2 BGB wurde schon hingewiesen.[3]

## B. Rechtswirkung

8 Das Verjährungsrecht überlässt es dem Schuldner, die Rechtswirkungen geltend zu machen.

### I. Regelwirkung

9 Die Verjährung begründet nach § 214 Abs. 1 BGB ein dauerndes Leistungsverweigerungsrecht des Schuldners, ohne den Anspruch in seiner sachlichen Substanz selbst zu beeinträchtigen. Auch die verjährte Forderung bleibt grundsätzlich erfüllbar. Die zur Befriedigung eines verjährten Anspruchs erbrachte Leistung kann daher nicht zurückgefordert werden, wenn die Leistung in Unkenntnis der Verjährung bewirkt wurde (§ 214 Abs. 2 S. 1 BGB). Das Gleiche gilt bei einem vertraglichen Anerkenntnis sowie einer Sicherheitsleistung des Verpflichteten (§ 214 Abs. 2 S. 2 BGB). Die Verjährung bewirkt also, dass die Forderung gegen den Willen des Verpflichteten nicht mehr zwangsweise durchgesetzt werden kann.

### II. Einrede behaftete Forderungen

10 Einrede behaftete Forderungen sind gem. § 390 BGB nicht zur Aufrechnung geeignet. Eine Aufrechnung mit einer verjährten Forderung ist jedoch – ebenso wie die Geltendmachung eines Zurückbehaltungsrechts – gleichwohl nach § 215 BGB zulässig, wenn sich in irgendeinem Zeitpunkt vor Eintritt der Verjährung die beiden Ansprüche aufrechenbar gegenübergestanden haben. Zu beachten ist, dass eine hilfsweise Aufrechnungserklärung gegen eine im Prozess eingebrachte Aufrechnungsforderung auch zur Hemmung der Verjährung der hilfsweise vorgebrachten Aufrechnungsforderung führt.[4]

## C. Beginn der Verjährung

11 Die regelmäßige Verjährungsfrist beginnt grundsätzlich mit dem Schluss des Jahres, in dem
1. der Anspruch entstanden ist und
2. der Gläubiger von den den Anspruch begründenden Umständen und der Person des Schuldners Kenntnis erlangt oder ohne grobe Fahrlässigkeit erlangen musste, § 199 Abs. 1 BGB.

### I. Entstehung des Anspruchs

12 Entstanden ist der Anspruch, wenn er erstmalig geltend gemacht und notfalls im Wege der Klage durchgesetzt werden.[5] Voraussetzung ist also grundsätzlich die Fälligkeit des Anspruchs,[6] also der Augenblick, in der der Gläubiger erstmals die Leistung verlangen kann.[7]

Im Wege der Klage durchgesetzt werden kann der Anspruch auch, wenn er noch nicht bezifferbar ist. Es genügt, wenn der Geschädigten erfolgversprechend, wenn auch nicht risikolos, eine Schadens-

2 Vgl. BeckOK-BGB/*Henrich* § 197 Rn. 16.
3 S.o. Rdn. 1.
4 *BGH*, Urt. v. 10.04.2008 – VII ZR 58/07, NJW 2008, 2429.
5 *BGH*, Urt. v. 15.03.2024 – V ZR 224/22, NJW 2024, 1960 ff. Rn. 11 m.w.N. (st. Rspr.).
6 *BGH*, Urt. v. 19.12.1990 – VIII ARZ 5/90, BGHZ 113, 188, juris Rn. 10.
7 Grüneberg/*Ellenberger*, BGB, § 199 Rn. 3 m.w.N.

ersatzklage erheben kann, mindestens in Form der Feststellungsklage.[8] Begründete Zweifel an dem Schaden und der Person des Ersatzpflichtigen dürfen hiernach nicht mehr bestehen.[9]

Nicht erforderlich ist für den Verjährungsbeginn, dass der Gläubiger innerhalb eines einheitlichen 13
materiell-rechtlichen Anspruchs die einschlägige Anspruchsgrundlage ermittelt.[10]

Der aus einem bestimmten Ereignis erwachsene Schaden ist nach der Rechtsprechung als ein einheit- 14
liches Ganzes aufzufassen ist.[11] Für den Anspruch auf Ersatz dieses Schadens gilt daher grundsätzlich eine einheitliche Verjährungsfrist. Voraussetzung ist nur, dass beim Auftreten des ersten Schadens mit den später eingetretenen Schäden zu rechnen war.[12]

Namentlich bei Vorbehalten, die in Abfindungsvergleichen zu finden sind, ist allerdings zu prüfen, ob die Fälligkeit des Anspruchs nach dem wirklichen Willen der Parteien nicht erst mit dem Eintritt der Bedingung eintreten soll. Wird etwa in einem Abfindungsvergleich eine weitere Entschädigung für den Fall des Eintritts der Berufsunfähigkeit vereinbart, so kann diese Erklärung dahin auszulegen sein, dass der Anspruch auch erst mit dem Eintritt dieser Bedingung fällig wird und damit erst drei Jahre nach Ende des Jahres, in dem dieses Ereignisses eintritt, verjährt.[13]

Für Geldleistungen des Versicherers trifft § 14 VVG eine besondere Reglung. Die Fälligkeit tritt erst 15
mit Beendigung der zur Feststellung des Versicherungsfalles und des Umfangs der Leistung des Versicherers notwendigen Erhebungen ein. Für den Direktanspruch aus § 115 Abs. 1 VVG gilt diese Ausnahme allerdings nicht. Er unterliegt dergleichen Verjährung wie der Schadensersatzanspruch gegen den ersatzpflichtigen Versicherungsnehmer, § 115 Abs. 2 S. 1 VVG. Auch sein Beginn richtet sich also nach § 199 Abs. 1 BGB. Allerdings ist die Höchstfrist der Verjährung begrenzt auf 10 Jahre. Außerdem ist dieser Anspruch mit seiner Anmeldung von Gesetzes wegen gehemmt, bis dem Anspruchsteller eine Entscheidung des Versicherers in Textform zugeht, § 115 Abs. 2 S. 3 VVG.

## II. Kenntnis der anspruchsbegründenden Umstände

Erforderlich ist die Kenntnis der anspruchsbegründenden Tatsachen. Nicht erforderlich ist in der 16
Regel, dass der Gläubiger aus den ihm bekannten Tatsachen die zutreffenden rechtlichen Schlüsse zieht.[14] Die **allgemeine Kenntnis vom Eintritt eines Schadens** reicht daher aus, ein konkretes Wissen über Umfang und Höhe des Schadens ist nicht erforderlich. Vielmehr ist lediglich jenes Wissen zu fordern, das eine Feststellungsklage ermöglichen würde.[15] Es »beginnt die Verjährung des gesamten Anspruchs schon in dem Zeitpunkt, in dem der Geschädigte eine allgemeine Kenntnis vom Schaden hat.«[16] »Die Vorschrift des § 852 BGB (a.F., jetzt: § 199 Abs. 1 BGB) stellt für den Beginn der Verjährungsfrist nur auf die Kenntnis der anspruchsbegründenden Tatsachen, nicht auf deren zutreffende rechtliche Würdigung (von hier nicht einschlägigen, eng begrenzten Ausnahmen abgesehen)[17] und erst recht nicht darauf ab, ob der Geschädigte aus den ihm bekannten Tatsachen

8 *BGH*, Urt. v. 23.09.2004 – IX ZR 421/00, NJW-RR 2005, 69, juris Rn. 10; *BGH*, Urt. v. 11.09.2012 – XI ZR 56/11, NJW 2013, 1228, juris Rn. 21 (st. Rspr.).

9 *BGH*, Urt. v. 24.06.1999 – IX ZR 363/97, NJW 1999, 2734, 2735; *BGH*, Urt. v. 23.09.2004 – IX ZR 421/00, NJW-RR 2005, 69–71 Rn. 10 (st. Rspr.).

10 *BGH*, Urt. v. 15.02.2024 – VII ZR 446/21 – juris Rn. 28 mit Hinweis auf *BGH*, Urt. v. 13.06.2022 – VIa ZR 680/21, NJW-RR 2022, 1251, juris Rn. 26.

11 *BGH*, Urt. v. 14.03.1968 – VII ZR 77/65, BGHZ 50, 21, juris Rn. 39; *BGH*, Urt. v. 10.11.2009 – XI ZR 252/08, NJW 2010, 596 Rn. 46.

12 *BGH*, Urt. v. 14.03.1968 – VII ZR 77/65, BGHZ 50, 21, juris Rn. 39.

13 Vgl. *BGH*, Beschl. v. 10.12.2024 – VI ZR 323/23, juris.

14 *BGH*, Urt. 20.10.2022 – III ZR 88/21, NJW 2023, 358; *BGH*, Urt. v. 17.11.2021 – IV ZR 113/20, BGHZ 232, 31, Rn. 43; *BGH*, Urt. v. 29.01.2008 – XI ZR 160/07, NJW 2008, 1729 Rn. 26 (st. Rspr.).

15 *BGH*, Urt. v. 08.05.2001 – VI ZR 208/00, *BGH* NZV 2001, 466.

16 *BGH*, Urt. v. 31.10.1980 – V ZR 140/79, NJW 1981, 573; *BGH*, Urt. v. 23.09.1999 – III ZR 214/98, VersR 2000, 1375.

17 Vgl. *BGH*, Urt. v. 09.06.1952 – III ZR 128/51, BGHZ 6, 196, 202 m.w.N.

zutreffende Schlüsse auf den in Betracht kommenden naturwissenschaftlich zu erkennenden Kausalverlauf zieht … Fehlen ihm dazu erforderliche Kenntnisse, muss er versuchen, sich sachkundig zu machen. Der Lauf der Frist darf nicht von der kaum nachprüfbaren intellektuellen oder gar emotionalen Verfassung des jeweiligen Geschädigten abhängig sein; die Verjährungsvorschrift würde sonst weitgehend – für den Schädiger überdies unkontrollierbar – leerlaufen.«[18]

17 In Zweifelsfällen kommt es darauf an, ob der Geschädigte ernsthaft mit dem Eintritt des Schadens rechnen muss.

Unvorhersehbare Verschlimmerungen, etwa ein nach dem bisherigen Wissensstand nicht zu erwartendes Dauerleiden, sind nicht vom Begriff der Kenntnis erfasst und setzten die Verjährungsfirst nicht in Lauf. Die Verjährungsfrist beginnt diesbezüglich erst ab nachträglicher Kenntnis.

> »Dabei beruht …der Grundsatz der Schadenseinheit auf den Geboten der Rechtsklarheit und Rechtssicherheit. Aus dieser Zweckbestimmung folgt, dass Ausnahmen von diesem Grundsatz nur in eng begrenzten Fallkonstellationen hinnehmbar sind. Dies gilt für die Fälle, in denen sich schwere Folgezustände bei anscheinend ganz leichten Verletzungen oder vorübergehenden Gesundheitsstörungen erst später unerwartet einstellen. In diesen Fällen ist der Beginn der Verjährung in der Regel erst von dem Zeitpunkt an zu rechnen, in dem der Verletzte von den erst nachträglich eingetretenen Schäden Kenntnis erhält.«[19]

18 Für den Beginn der Verjährung ist auch nicht darauf abzustellen, ob der anzustrengende Prozess mit größerem oder geringerem Risiko für den Kläger geführt werden kann. Allerdings muss die zu erhebende Klage bei verständiger Würdigung der sich darbietenden Sachlage so viele Erfolgsaussichten haben, dass die Klageerhebung für den Verletzten zumutbar erscheint. Es müssen ihm also so viele Tatsachen bekannt sein, dass er mit hinreichend sicherer Aussicht auf Erfolg gegen eine bestimmte Person vorgehen kann; schon dann nämlich, wenn die bekannten Tatsachen einigermaßen sicher auf den Schädiger und ein schuldhaftes Verhalten hinweisen, ist dem Verletzten die Klageerhebung zuzumuten.[20] An dieser Voraussetzung kann es bei besonders schwieriger Rechtslage bis zur Klärung der sich daraus ergebenden Zweifel fehlen.

19 Anderseits ist der Begriff Kenntnis auf Tatsachen bezogen. Glaubt der Geschädigte irrtümlich, anhand der ihm bekannten Tatsachen, eine Haftung nicht ableiten zu können, beginnt gleichwohl der Lauf der Verjährungsfrist. Eine Ausnahme ist nur dann zu bejahen, wenn nach den bekannten Tatsachen rechtliche Ungewissheit darüber besteht, ob der Anspruchsgegner tatsächlich haftet. Im Regelfall können allgemeine Rechtsprobleme keinen Einfluss haben. Es muss sich vielmehr um Rechtsprobleme besonderen Ausmaßes handeln. Eine *unsichere oder zweifelhafte Rechtslage* in diesem Sinne, bei der eine Klageerhebung noch als *unzumutbar* zu bezeichne wäre und daher der Verjährungsbeginn nicht eintreten würde, besteht nicht schon dann, wenn noch keine höchstrichterliche Entscheidung einer bestimmten Frage vorliegt. Vielmehr ist dafür ein ernsthafter Meinungsstreit in Rechtsprechung und Schrifttum erforderlich.[21] Lediglich ausnahmsweise kann die Rechtsunkenntnis des Geschädigten den Verjährungsbeginn hinausschieben, wenn nämlich selbst Rechtskundige die Rechtslage nicht zuverlässig einzuschätzen vermag.[22]

20 Nach den allgemeinen Regeln hat derjenige die Voraussetzungen der Einrede und damit auch die Kenntnis des Geschädigten darzulegen und gegebenenfalls zu beweisen, der sich auf Verjährung beruft.[23]

---

18 *BGH*, Urt. v. 20.09.1983 – VI ZR 35/82, NJW 1984, 661.

19 *BGH*, Urt. v. 03.06.1997 – VI ZR 71/96, NJW 1997, 2448 Rn. 13; *BGH*, Urt. v. 16.11.1999 – VI ZR 37/99, NJW 2000, 861 Rn. 8.

20 *BGH*, Urt. v. 12.10.2000 – III ZR 121/99, VersR 2001, 1424 (st. Rspr.).

21 *BGH*, Urt. v. 07.12.2010 – XI ZR 348/09, NJW 2011, 1278.

22 *BGH*, Urt. v. 28.10.2014 – XI ZR 348/13, NJW 2014, 3713.

23 *BGH*, Urt. v. 08.07.2010 – III ZR 249/09, BGHZ 186, 152 Rn. 25; *BGH*, Urt. v. 17.03.2016 – III ZR 47/15, WM 2016, 732 Rn. 11; *BGH*, Urt. v. 03.09.2020 – III ZR 136/18, NJW 2021, 765–770, Rn. 55.

### III. Kenntnis des Ersatzpflichtigen

Das für den Beginn der Verjährung erforderliche Wissen setzt neben der Kenntnis von den anspruchsbegründenden Umständen auch das Wissen um die **Person des Schuldners** voraus. Dieses ist vorhanden, wenn die dem Geschädigten bekannten Tatsachen ausreichen, um den Schluss auf ein schuldhaftes Fehlverhalten des Anspruchsgegners und die Ursache dieses Verhaltens für den Schaden als naheliegend erscheinen lassen. Hierzu ist positives Wissen über die Person des Ersatzpflichtigen, also seines Namens und der ladungsfähigen Anschrift, also jener Umstände, die eine Klage erst ermöglichen würden, erforderlich.[24] 21

Ist eine juristische Person für den Schaden verantwortlich, bedarf es allerdings keiner näheren Kenntnis von den Verantwortlichkeiten innerhalb der Organisation.[25] 22

Dem positiven Wissen kann Nichtwissen nur dann gleichgesetzt werden, wenn der Geschädigte *»auf der Hand liegende Erkenntnismöglichkeiten«* nicht wahrnimmt,[26] er somit beispielsweise trotz Kenntnis des Kfz-Kennzeichens keine Halterermittlung vornimmt. Ansprüche gegen den Fahrer werden insoweit jedoch nicht betroffen, da sich diese gerade aus dem Kennzeichen nicht ableiten lassen. Kennt er dessen Namen ist zu prüfen, ob sich die Anschrift problemlos, d.h. eindeutig aus dem Adress- oder Telefonbuch ermitteln ließ.[27] Dies ist, wenn Name und Adresse sich nur aus der Ermittlungsakte ergeben, aber bereits nicht der Fall.[28] Problematisch ist, ob sich aus der Beschriftung einer LKW-Plane schon ausreichende Rückschlüsse auf den Halter ableiten lassen. Kann nicht unmittelbar aus dem Adress- oder Telefonbuch der Halter ermittelt werden, müssten also weitere Nachforschungen getätigt werden, so kann von der erforderlichen zur Kenntnis führenden Offensichtlichkeit nicht gesprochen werden; zumindest müsste der Schuldner darlegen, welche Nachforschungen tatsächlich zum Erfolg geführt hätten.[29]

Kenntnis von der Person des Schuldners hat der Geschädigte, wenn die Verantwortlichkeit so weit geklärt ist, dass er aufgrund der ihm bekannten oder erkennbaren Tatsachen eine hinreichend aussichtsreiche – wenn auch nicht risikolose – Klage erheben kann.[30] Sind mehrere Personen an einer Kfz-Unfall beteiligt und wird die Schuldfrage von den Beteiligten unterschiedlich beurteilt, so ist es Sache des Geschädigten, eine Klärung herbeizuführen; tut er das nicht, so beginnt die Verjährung.[31] 23

Im Verhältnis zu Gesamtschuldnern kann die Verjährung zu verschiedenen Zeitpunkten beginnen. Entscheidend kommt es insoweit darauf an, zu welchem Zeitpunkt der Verletzte Kenntnis von der Person sämtlicher Gesamtschuldner erhält. Sind mehrere Personen als Gesamtgläubiger ersatzberechtigt, so kann für jeden der Gläubiger eine besondere Verjährungsfrist laufen. Die Kenntnis muss bei der Person des Anspruchsinhabers, also im Regelfall des Geschädigten, vorhanden sein. Bei Geschäftsunfähigen oder beschränkt Geschäftsfähigen beginnt die Verjährungsfrist in dem Zeitpunkt, in dem der gesetzliche Vertreter von dem Schaden und der Person des Ersatzpflichtigen Kenntnis erlangt.[32] 24

24 *BGH*, Urt. v. 16.12.1997 – VI ZR 408/96, NJW 1998, 988; *BGH*, Urt. v. 17.11.1998 – VI ZR 32/97, NJW 1999, 423 Rn. 14; *BGH*, Urt. v. 16.03.2001 – VI ZR 30/00, NJW 2001, 1721 (st. Rspr.).

25 *BGH*, Urt. v. 17.12.2020 – VI ZR 739/20, NJW 2021, 918, juris Rn. 17 ff.; *BGH*, Urt. v. 21.12.2021 – VI ZR 212/20, juris Rn. 14 m.w.N.

26 *BGH*, Urt. v. 09.07.1996 – VI ZR 5/95, NJW 1996, 2933; *BGH*, Urt. v. 17.11.1998 – VI ZR 32/97, NJW 1999, 423 Rn. 14; *BGH*, Urt. v. 16.03.2001 – VI ZR 30/00, NJW 2001, 1721 (st. Rspr.).

27 Ähnlich *OLG München*, Urt. v. 29.04.1998 – 21 U 6082/97, VersR 2000, 505 für den Fall, dass die Anschrift über den Arbeitgeber ohne großen Aufwand ermittelt werden kann.

28 *BGH*, Urt. v. 09.07.1996 – VI ZR 5/95, NJW 1996, 2933 Rn. 17.

29 *BGH*, Urt. v. 28.02.2012 – XI ZR 192/11, NJW 2012, 1645, 1646.

30 *BGH*, Urt. v. 26.11.1987 – IX ZR 162/86, BGHZ 102, 246 Rn. 11.

31 *BGH*, Urt. v. 19.02.1963 – VI ZR 85/62, NJW 1963, 1103.

32 St. Rspr. seit *BGH* VersR 1958, 592.

### IV. Kenntnis der (gesetzlichen) Vertreters

25 Bei Minderjährigen und Geschäftsunfähigen oder in der Geschäftsfähigkeit Beschränkten kommt es auf die Kenntnis des gesetzlichen Vertreters an.[33] Das Wissen eines Elternteils reicht, auch bei gemeinsamem Sorgerecht. Die Kenntnis des gesetzlichen Vertreters des Geschädigten kann nicht als dessen Kenntnis gelten, wenn sich der gesetzliche Vertreter als für die Entstehung des Schadens Mitverantwortlicher in einem Interessenkonflikt befindet. Dies ist der Fall, wenn er sich selbst der Unfähigkeit und des objektiven Missbrauchs der elterlichen Sorge hätte bezichtigen müssen, um Schadensersatzansprüche im Namen des Kindes gegen das Vormundschaftsgericht hätte geltend machen zu wollen und wenn er sich dadurch noch der Gefahr einer Inanspruchnahme durch das Kind ausgesetzt hätte. Ebenfalls in einer Interessenkollision befindet sich der Verletzte, der seinerseits in Wahrnehmung berechtigter Interessen gegenüber den Ermittlungsbehörden ein schuldhaftes Verhalten des anderen Teiles behauptet, damit jedoch von einem etwaigen eigenen Fehlverhalten ablenken möchte. Diesem Verletzten wird man seine in Bezug auf das Ermittlungsverfahren abgegebenen Erklärungen nicht ohne Weiteres vom Zeitpunkt der Erklärung an als eigene Kenntnis vom Schaden bzw. von der Person des Ersatzberechtigten zurechnen können.

26 Die Kenntnis eines rechtsgeschäftlichen Vertreters ist nur maßgeblich, wenn er auch Wissensvertreter ist.[34] Dies ist er nur dann der Fall, wenn ihm die Tatsachenermittlung zur Aufklärung oder Durchsetzung eines Anspruchs übertragen ist.[35] Das Wissen eines Rechtsanwalts kann dem Mandanten nur in den Grenzen des erteilten Mandats und erst ab dem Zeitpunkt der Beauftragung zugerechnet werden.[36]

27 Bei Ansprüchen aus §§ 831, 832, 833 u. 834 BGB kommt es auf die Kenntnis der Person des Geschäftsherrn, des Aufsichtspflichten oder des Tierhalters an.[37]

28 Soweit es sich um den Anspruch aus Amtshaftung im Sinne von § 839 BGB handelt, genügt zwar die Kenntnis, dass der Unfallgegner ein Beamter war, im Zweifel muss aber die Kenntnis von der zuständigen Behörde hinzukommen, um die Verjährungsfrist in Gang zu setzen. Hinzutreten muss auch noch, soweit nicht die Gefährdungshaftung zum Zuge kommt, die Kenntnis vom widerrechtlichen und schuldhaften Verhalten des den Unfall ursächlich auslösenden Beamten.

»Bei einem Amtshaftungsanspruch kann die Verjährung erst beginnen, wenn der Geschädigte weiß, dass die in Rede stehende Amtshandlung widerrechtlich und schuldhaft war und deshalb eine zum Schadensersatz verpflichtende Amtshandlung darstellt. Dabei genügt es im allgemeinen, dass der Verletzte die tatsächlichen Umstände kennt, die eine schuldhafte Amtspflichtverletzung als nahe liegend, eine Amtshaftungsklage mithin als so aussichtsreich erscheinen lassen, dass dem Verletzten die Erhebung einer solchen Klage, sei es auch nur mit einem Feststellungsantrag, zuzumuten ist (folgen umfangreiche Nachw.).«[38]

29 Ferner kommt, soweit das Verweisungsprivileg auch heute noch gilt, als weitere Voraussetzung für den Beginn der Verjährungsfrist die Kenntnis vom Fehlen einer anderweitigen Ersatzmöglichkeit in Betracht.[39]

30 Bei Ansprüchen von Behörden (Regress) ist die Kenntnis des zuständigen Sachbearbeiters entscheidend.[40] Hierbei kommt es ausschließlich auf das Wissen des Regresssachbearbeiters, nicht auf jenes des Sachbearbeiters der Leistungsabteilung an.[41]

33 *BGH*, Urt. v. 23.09.2004 – IX ZR 421/00, NJW-RR 2002, 69 Rn. 10 m.w.N.
34 *BGH*, Urt. v. 15.10.1992 – IX ZR 43/92, NJW 1993, 648 Rn. 68.
35 *BGH*, a.a.O.; *BGH*, Urt. v. 18.01.1994 – VI ZR 190/93, NJW 1994, 1150.
36 *BGH*, Urt. v. 08.11.2016 – VI ZR 594/15, NJW 2017, 949, Rn. 14 m.w.N.
37 *BGH*, Urt. v. 17.11.1998 – VI ZR 32/97, NJW 1999, 423.
38 *BGH*, Urt. v. 21.04.2005 – III ZR 264/04, NVwZ 2006, 245, 248.
39 *BGH*, Urt. v. 17.12.1992 – III ZR 114/91, BGHZ 121, 65 Rn. 17.
40 Vgl. *BGH*, Urt. v. 28.11.2006 – VI ZR 196/05, NJW 2007, 834; hierzu NJW-Spezial 2007, 113.
41 *BGH*, Urt. v. 15.03.2011 – VI ZR 162/10, NJW 2011, 1799, 1800; hierzu NJW-Spezial 2011, 266.

Soweit es sich um Regressansprüche des Dienstherrn gegen den schuldhaft handelnden Staatsdiener im Innenverhältnis nach § 75 Abs. 1 BBG für Bundesbeamte bzw. gemäß § 45 BeamtStG i.V.m. den jeweiligen landesrechtlichen Vorschriften für Landesbeamte[42] handelt, beträgt die Verjährungsfrist ebenfalls drei Jahre ab Kenntnis vom Schaden und der Person des Ersatzpflichtigen bzw. zehn Jahre ohne diese Kenntnis. § 197 BGB ist nach st. Rspr. auf beamtenrechtliche Ansprüche zu übertragen.[43] Die Kenntnis wird nach § 75 Abs. 2 BBG gesetzlich festgelegt auf den Zeitpunkt, zu dem der Ersatzanspruch gegenüber Dritten vom Dienstherrn anerkannt oder dem Dienstherrn gegenüber rechtskräftig festgestellt wird. 31

Bei Ansprüchen gegen einen Deliktsunfähigen gehören zur Kenntnis von der Person des Ersatzpflichtigen ausreichende Informationen über die Person seines gesetzlichen Vertreters. 32

Sind mehrere Geschädigte als Gesamtgläubiger zum Schadensersatz berechtigt, so beginnt die Verjährungsfrist für jeden der Gesamtgläubiger in dem Zeitpunkt, in dem gerade er vom Eintritt des Schadens und von der Person des Ersatzpflichtigen Kenntnis erlangt. Will der Verletzte beispielsweise Ansprüche gegen seinen Arbeitgeber aus Anlass eines Arbeitsunfalls geltend machen, so beginnt die Verjährung erst in dem Zeitpunkt zu laufen, in dem der Verletzte weiß, dass Haftungsausschlüsse nach §§ 636, 637 RVO nicht in Betracht kommen, beispielsweise mangels Eingliederung in einen fremden Betrieb oder weil es sich um einen Wegeunfall handelt, der bei der Teilnahme am allgemeinen Verkehr eingetreten ist. 33

### V. Grob fahrlässige Unkenntnis

Grob fahrlässig handelt der Geschädigte, wenn seine Unkenntnis darauf beruht, dass er die im Verkehr erforderliche Sorgfalt in ungewöhnlich groben Maßen verletzt und ganz naheliegende Überlegungen nicht angestellt oder das nicht beachtet hat, was jedem hätte einleuchten müssen.[44] Ihm muss persönlich ein schwerer Obliegenheitsverstoß in eigenen Angelegenheiten bei der Verfolgung seines Anspruchs vorgeworfen werden können.[45] 34

Den Geschädigten trifft allerdings keine generelle Obliegenheit, zugunsten des Schuldners für einen möglichst frühzeitigen Beginn der Verjährungsfrist Nachforschungen zu betreiben; vielmehr muss das Unterlassen von Ermittlungen nach Lage des Falles als geradezu unverständlich erscheinen, um ein grob fahrlässiges Verschulden des Gläubigers bejahen zu können. Dabei geht der *BGH*[46] davon aus, der Geschädigte müsse nicht nur die wesentlichen tatsächlichen Umstände kennen, sondern auch Kenntnis von jenen Tatsachen erlangen, die auch einem juristischer Laien das Wissen vermitteln, er müsse den Eintritt der Verjährung verhindern. 35

## D. Neubeginn (Unterbrechung)

Der Lauf der Verjährungsfrist kann von Gesetzes wegen gehemmt, er kann aber auch von Neuem in Lauf gesetzt werden. Diese sog. Unterbrechungstatbestände sind durch die Schuldrechtsreform drastisch reduziert und umbenannt worden. Heute definiert nur noch § 212 BGB die Voraussetzungen eines Neubeginns. 36

Dieser Neubeginn tritt nach dem Gesetz ein, wenn

> »1. der Schuldner dem Gläubiger gegenüber den Anspruch durch Abschlagszahlung, Zinszahlung, Sicherheitsleistung oder in anderer Weise anerkennt, oder
>
> 2. eine gerichtliche oder behördliche Vollstreckungshandlung vorgenommen oder beantragt wird.«

42 Vgl. hierzu Geigel/*Kapsa*, Kap. 20, Rn. 352 ff.
43 Vgl. *BVerwG*, Urt. v. 26.01.1966 – VI C 112.63, BVerwGE 23, 166.
44 *BGH*, Urt. v. 23.09.2008 – XI ZR 253/07, *BGH*, NJW-RR 2009, 544, Rn. 34.
45 *BGH*, Urt. v. 10.11.2009 – VI ZR 247/08, NJW-RR 2010, 681, Rn. 13.
46 Vgl. *BGH*, Urt. v. 06.02.2014 – IX ZR 245/12, NJW 2014, 993, 994; *BGH*, Urt. v. 17.07.2014 – IX ZR 301/12, NJW-RR 2014, 1457.

37 Die zweite Alternative unterliegt weiteren Einschränkung:

»(2) Der erneute Beginn der Verjährung infolge einer Vollstreckungshandlung gilt als nicht eingetreten, wenn die Vollstreckungshandlung auf Antrag des Gläubigers oder wegen Mangels der gesetzlichen Voraussetzungen aufgehoben wird.

(3) Der erneute Beginn der Verjährung durch den Antrag auf Vornahme einer Vollstreckungshandlung gilt als nicht eingetreten, wenn dem Antrag nicht stattgegeben oder der Antrag vor der Vollstreckungshandlung zurückgenommen oder die erwirkte Vollstreckungshandlung nach Absatz 2 aufgehoben wird«

38 Abgesehen von einem Anerkenntnis kann daher lediglich noch bei Vollstreckungshandlungen, also erst nach Erwirken eines Vollstreckungstitels, der Lauf einer neuen Verjährungsfrist erneut bewerkstelligt werden. Das Anerkenntnis hat damit zentrale Bedeutung im neuen Verjährungsrecht erhalten.

## I. Wirkung

39 Während die Hemmung ex nunc wirkt, also die bis dahin verstrichene Zeit bei der Fristberechnung berücksichtigt, bleibt dieser Zeitraum in den Fällen des § 212 BGB außer Betracht. Die Verjährung wird durch das Anerkenntnis oder die Vollstreckungshandlung bzw. einen entsprechenden Antrag neu in Lauf gesetzt. Die neue Verjährungsfrist beginnt dann an dem dem Anerkenntnis folgenden Tag, § 187 Abs. 1 BGB.[47] Da es maßgeblich auf den Unterbrechungsakt ankommt, ist für die Neuberechnung der Frist dieser Zeitpunkt und nicht der des Zugangs entscheidend.[48]

## II. Anerkenntnis

40 Für Anerkenntnis i.S. des § 212 Abs. 1 Nr. BGB genügt bereits ein tatsächliches Verhalten des Schuldners, aus dem sich eindeutig sein Bewusstsein vom Bestehen der Forderung.[49] Der »Erklärungstatbestand« musst das Wort »Anerkenntnis« nicht enthalten. Das Gesetz nennt ausdrücklich die Abschlagszahlung, die Zinszahlung oder die Sicherheitsleistung als Beispiele für ein (konkludent) erklärtes Anerkenntnis. Über den Bedeutungsgehalt eines entsprechenden Verhaltens ist entsprechend der §§ 133, 157 BGB zu entscheiden. Letztlich handelt es sich um eine Ausprägung von Treu und Glauben.[50]

41 Verjährungsrechtlich kommt ein Anerkenntnis jedoch nur zum Tragen, wenn es nach Beginn der regulären Verjährungsfrist abgegeben wurde,[51] vorherige Erklärungen führen nicht zur Unterbrechung.[52] Auch das nach Ablauf der Verjährungsfrist abgegebene Anerkenntnis, entfaltet keine Wirkungen.[53]

42 Für ein Anerkenntnis genügt jedes – auch ein rein tatsächliches – Verhalten des Schuldners oder auch seines Prozessbevollmächtigten gegenüber dem Gläubiger, aus dem sich das Bewusstsein vom Bestehen des Anspruchs – wenigstens dem Grunde nach – unzweideutig ergibt und das deswegen das Vertrauen des Gläubigers begründet, dass sich der Schuldner nicht nach Ablauf der Verjährungsfrist alsbald auf Verjährung berufen werde.[54] Es kann auch durch konkludentes Handeln abgegeben werden. Auch bloßes Stillschweigen oder Untätigbleiben kann als Ausdrucksmittel in Betracht kommen, sofern nur die Umstände des Einzelfalls über die Bedeutung des betreffenden Verhaltens

---

47 *BGH*, Urt. v. 09.07.1988 – IX ZR 272/96, NJW 1998, 2972.

48 *BGH*, Urt. v. 05.03.1975 – VIII ZR 230/73, WM 1975, 559 Rn. 11; a.A. für den Fall einer die Verjährung unterbrechenden Unterlassungserklärung: *KG*, Urt. v. 05.05.1989 – 5 U 6596/88, NJW-RR 1990, 1402 f.

49 *BGH*, Urt. v. 27.04.1978 – VII ZR 219/77, NJW 1978, 1914 Rn. 10 m.w.N.

50 Vgl. *OLG Köln*, Urt. v. 23.01.2014 – 12 U 23/13, VersR 2014, 1490.

51 *BGH*, Urt. v. 27.01.2025 – VI ZR 87/14, VersR 2015, 636, juris Rn. 11.

52 *BGH*. Urt. v. 08.01.2013 – VIII ZR 344/12, NJW 2013, 1430.

53 *BGH*, Urt. 27.01.2015 – VI ZR 87/14, NJW 2015, 1589 Rn. 11.

54 *BGH*, Urt. v. 24.01.2019 – IX ZR 233/17, NJW 1019, 1219 Rn. 15 (st. Rspr.).

keinen Zweifel lassen.[55] Ein Anerkennen in sonstiger Weise ist auch ein Stundungsgesuch,[56] die Saldenbestätigung oder die Bitte um wohlwollende Prüfung der wirtschaftlichen Lage.

Eine bloße Rückfrage nach der Höhe der Ansprüche des Geschädigten stellt indes kein Anerkenntnis im Sinne von § 212 BGB dar und ist demgemäß nicht geeignet, die Verjährung zu unterbrechen. Das Gleiche gilt für die Aufforderung des Haftpflichtversicherers, der Anspruchsteller möge seinen Schaden zunächst einmal unverbindlich beziffern. 43

Dies gilt auch für den Fall, dass ein Vergleichsangebot mit der allgemein üblichen Floskel umschrieben wird, es werde ohne jedes Präjudiz für die Sach- und Rechtslage bzw. ohne Anerkennung einer Rechtspflicht abgegeben. Dagegen ist es dem Grunde nach zu bejahen, wenn der Ersatzpflichtige dabei zu erkennen gibt, dass er Schadensersatz aus dem Unfall schuldet und die Verhandlungen daher nur zur Höhe der Ansprüche geführt werden. 44

Eine Abschlagzahlung, Zinszahlung oder Sicherheitsleistung führen von Gesetzes wegen zu einem Neubeginn der Verjährungsfrist, § 212 Abs. 1 Nr. 1 BGB. 45

Wird eine Zahlung ausdrücklich als Abschlagszahlung gekennzeichnet, stellt sie ein Anerkenntnis dar, weil die Wirkung über die Erfüllung eines Teilanspruchs durch die Zahlung selbst hinausgeht. Die Rechtswirkung tritt auch dann ein, wenn Teilzahlungsangebote oder Stundungsgesuche vom Gläubiger als unzureichend zurückgewiesen werden. Selbst ein Verrechnungsangebot und eine Schuldübernahme, ja sogar ein bloßes Vertrösten durch den Schuldner als Reaktion auf ein Zahlungsbegehren des Gläubigers, bewirkt einen Neubeginn der Verjährung, die auch durch Zinszahlungen eintreten kann. 46

Eine Sicherheitsleistung hat dann die Wirkung eines Anerkenntnisses, wenn es sich um eine rechtsgeschäftlich vereinbarte oder richterlich auferlegte Sicherheitsleistung handelt bzw. wenn es um eine vom Schuldner nach eigenem Ermessen gestellte Leistung geht. Dagegen hat die Sicherheitsleistung zur Abwendung der Zwangsvollstreckung diese Wirkung nicht.[57] Denn aus dieser Zahlung lässt sich nicht unzweideutig folgern, dass der Schuldner das Bewusstsein vom Bestehen der Schuld hat. Das aber ist Voraussetzung eines Anerkenntnisses. 47

Das Anerkenntnis kann auch auf einen Teil des Anspruchs beschränkt werden. Dementsprechend kommt die verjährungsrechtliche Wirkung nur insoweit in Betracht. Erkennt der Schuldner nur eine bestimmte Quote an, so führt dies nur hinsichtlich dieses Teils zum Verjährungsneubeginn.[58] Als Anerkenntnis in diesem Sinne ist es zu werten, wenn der Schuldner oder die für ihn handelnde Haftpflichtversicherung auf ein Aufforderungsschreiben des Berechtigten hin zum Ausdruck bringt, dass Zahlung geleistet bzw. in Aussicht gestellt wird. 48

Leistet der Schädiger bzw. sein Haftpflichtversicherer dem Verletzten auf dessen Anforderungen wiederholt vorbehaltlos Ersatz auf einzelne Schadengruppen (beispielsweise Heilungskosten, Erwerbsschaden, vermehrte Bedürfnisse) seines Personenschadens, so unterbricht das in der Zahlung liegende tatsächliche Anerkenntnis in der Regel jeweils die Verjährung des dem Verletzten insgesamt zustehenden Schadensersatzanspruchs.[59] 49

Dadurch erweckt der Schädiger nämlich bei dem Geschädigten grundsätzlich das Vertrauen darauf, dass auch andere Schadengruppen, soweit sie geltend gemacht werden, befriedigt werden sollen, jedenfalls dann, wenn ausschließlich Ersatzansprüche für einen Personenschaden in Betracht kommen. Allerdings kann auch in derartigen Fällen das Anerkenntnis auf die Ersatzpflicht für einen abgrenz- 50

55 *BGH*, Urt. v. 06.04.1965 – V ZR 272/62, NJW 1965, 1430; *BGH*, Urt. v. 23.01.1970 – I ZR 37/69, BeckRs 2014, 8937.
56 *BGH*, Urt. v. 27.04.1978 – VII ZR 219/77, NJW 1978, 1914.
57 *BGH*, Urt. v. 29.04.1993 – III ZR 115/91, NJW 1993, 1848, Rn. 29.
58 *OLG Nürnberg*, Urt. v. 17.10.1968 – 2 U 47/68, VersR 1970, 552.
59 *BGH*, Urt. v. 27.01.2015 – VI ZR 87/14; NJW 2015, 1589 Rn. 8.

baren Teil des Schadens beschränkt werden. Eine derartige Begrenzung muss jedoch in eindeutiger Form zum Ausdruck gebracht werden. Das Verhalten des Versicherers wirkt grundsätzlich auch für den Versicherungsnehmer, da der Versicherer gemäß A.1.1.4 AKB berechtigt und A.1.1.1 AKB verpflichtet ist, die den Versicherungsnehmer treffenden Ansprüche zu regulieren oder abzuwehren.

51 Das Anerkenntnis seitens des Versicherers wirkt nicht nur insoweit, als er selbst eintrittspflichtig ist. Es geht darüber hinaus und wirkt selbst dann zulasten des Versicherungsnehmers, wenn diesbezüglich Ansprüche über die Deckungssumme hinaus bestehen.[60]

52 Ob eine Erklärung des Schuldners die Voraussetzungen eines verjährungsunterbrechenden Anerkenntnisses im Sinne des § 212 Abs. 1 Nr. 1 BGB erfüllt, ist als Frage der tatrichterlichen Auslegung im Einzelfall revisionsrechtlich nur beschränkt auf die Verletzung von Auslegungsregeln, Denkgesetzen, Erfahrungssätzen und Verfahrensvorschriften überprüfbar.[61]

### III. Kombination von Hemmung und Neubeginn der Verjährung

53 Hemmung und Neubeginn können sich überschneiden. Werden Verhandlungen über den Anspruch geführt und erkennt der Gegner innerhalb derer den Anspruch ganz oder teilweise an, so ist die Verjährung zunächst gehemmt, um dann neu zu beginnen. Grundsätzlich laufen die Fristen selbständig, so dass im Falle eines Teilanerkenntnisses bezüglich das anerkannten Teils die Frist neu beginnt, während hinsichtlich des übrigen Anspruchs die Hemmung weiterläuft. Die Regeln über die Ablaufhemmung treten aber in den Hintergrund. Wird eine Forderung nach Beendigung der Verhandlungen, aber noch vor Ablauf der Ablaufhemmung anerkannt, so wird die Verjährungsfrist mit dem Anerkenntnis neu in Lauf gesetzt und nicht erst mit dem Ablauf der Hemmung.[62]

## E. Hemmung und Ablaufhemmung

54 Neben dem Neubeginn der Verjährungsfrist kann deren Lauf durch die beeinflusst werden. Die Wirkung der Hemmung besteht darin, dass durch sie der Lauf der Verjährungsfrist *»angehalten«* und um den Zeitraum verlängert wird, auf den sich die Hemmung erstreckt. Der Zeitraum, während dessen die Verjährung gehemmt ist, wird also in die Verjährungsfrist nicht eingerechnet, § 209 BGB.

Die sog. Ablaufhemmung geht darüber hinaus. Sie führt im Einzelfall zu einer weiteren Verlängerung der Verjährungsfrist. So bestimmt § 203 S. 2 BGB, dass die Verjährung frühestens 3 Monate nach dem Ende der Hemmung eintritt; also auch dann, wenn die Restfrist geringer ist und die Hemmung zu einem früheren Ende der Verjährung führen würden. Vergleichbare Vorschriften finden sich in § 210 Abs. 1 S. 1 BGB und § 211 S. 1 BGB. Immer geht es darum, dem Betroffenen eine gewisse Überlegungsfrist zu gewähren.

Einen Sonderfall regelt § 204 Abs. 2 BGB. Nach dieser Vorschrift endet die durch die Rechtsverfolgung begründete Hemmung erst 6 Monate nach der rechtskräftigen Entscheidung oder anderweitigen Beendigung des eingeleiteten Verfahrens. Eine anderweitige Beendigung des Verfahrens kann auch durch Antragsrücknahme erfolgen.[63] Maßgeblicher Zeitpunkt für die Fristberechnung ist dann der Eingang der Mitteilung bei Gericht.

55 Der Hemmung der Verjährung kommt besondere Bedeutung für das Schadensersatzrecht, insbesondere für den Fall zu, dass zwischen den Parteien Regulierungsverhandlungen schweben. Nach neuem Verjährungsrecht wurden die Voraussetzungen der Hemmung wesentlich erweitert.

60 *BGH*, Urt. v. 22.07.2004 – IX ZR 482/00, NZV 2004, 623; vgl. hierzu *Halm* SVR 2005, 254; NJW-Spezial 2004, 257.
61 *BGH*, Urt. v. 27.01.2025 – VI ZR 87/14, NJW 2015, 1589.
62 Zum Ganzen *Derleder/Kähler*, NJW 2014, 1617.
63 *BGH*, Urt. 28.09.2004 – IX ZR 155/03, BGHZ 160, 259 ff.

Allerdings setzt eine Einwirkung von Ereignissen auf den Lauf der Verjährung grundsätzlich voraus, dass überhaupt eine Verjährungsfrist läuft. Da die Hemmung zur Verlängerung der Verjährungsfrist führt, ist bei einem vor Fristbeginn eintretenden Hemmungstatbestand zu differenzieren. Lediglich der Zeitabschnitt nach Beginn der Verjährung kann zur Verlängerung der Verjährungsfrist führen.[64]

## I. Hemmung durch vorgerichtliche Maßnahmen

Angesichts der vorgerichtlichen Schadensregulierung kommen zunächst die durch die Auseinandersetzung der Parteien bewirkten Hemmungsumstände zur Geltung. 56

### 1. Verhandlungen

Gemäß § 203 S. 1 BGB ist der Lauf der Verjährung so lange gehemmt, bis eine Partei die Fortsetzung der Verhandlungen verweigert. Verhandlungen i.S.d. § 203 Abs. 1 BGB schweben schon dann, wenn eine der Parteien Erklärungen abgibt, die der jeweils anderen Seite die Annahme gestatten, der Erklärende lasse sich auf Erörterungen über die Berechtigung des Anspruchs oder dessen Umfang ein.[65] Vorausgesetzt wird hierbei keine konkrete Bereitschaft zu einem Vergleich oder einem Entgegenkommen. Es genügt aber bei hinreichend konkretem Vortrag die Erklärung, es müsse vor der Entscheidung noch eine nähere Prüfung erfolgen.[66] 57

Die Schadensanzeige allein begründet keine Verhandlungen.[67] Eben so wenig genügen formularmäßige Eingangsbestätigungen als Reaktion auf ein Anspruchsschreiben.[68] Selbst die Besichtigung des Schadens reicht nicht aus, wenn der Schädiger dabei nicht den Eindruck erweckt, er sei für den Schaden mit verantwortlich.[69] Es bedarf der Akzeptanz des Schuldners, die Berechtigung des Anspruchs zu erörtern.[70] Erforderlich ist, dass die Gegenseite sich auf einen Meinungsaustausch einlässt.[71]

Wird für die außergerichtliche Regulierung von Schäden eines schwerverletzten Kindes mit dem Haftpflichtversicherer des Schädigers eine Verhandlungspause vereinbart, um die Entwicklung des Kindes und seines Schadens abzuwarten, so ist es grundsätzlich Sache des Haftpflichtversicherers, die Initiative wegen einer Wiederaufnahme der Verhandlungen zu ergreifen, wenn er die Hemmung einer Verjährung der Ersatzansprüche beenden will.[72]

Kommt eine Hemmung in Betracht, wirkt sie grundsätzlich auf den Zeitpunkt des Beginns der Verhandlungen zurück.[73] Antwortet der Verpflichtete auf die Mitteilung des Berechtigten also alsbald in solcher Weise, dass dieser annehmen darf, der Verpflichtete werde im Sinne einer Befriedigung der Ansprüche Entgegenkommen zeigen, so tritt die Verjährungshemmung bereits zum Zeitpunkt der Anspruchsanmeldung ein.

### 2. Ende der Hemmung

Die Hemmung endet durch Beendigung der Verhandlungen. Dies muss grundsätzlich durch ein klares und eindeutiges Verhalten einer der Parteien zum Ausdruck kommen.[74] Lässt der Gläubiger 58

---

64 *BGH*, Urt. v. 25.04.2017 – VI ZR 386/16, VersR 2017, 903.
65 *BGH*, Beschl. v. 07.07.2011 – IX ZR 100/08, juris.
66 *BGH*, Urt. v. 10.05.2012 – IX ZR 125/10, NJW 2012, 2435 Rn. 63.
67 MüKoBGB/*Grothe*, § 203 Rn. 6.
68 *BGH*, Urt. v. 26.09.2006 – VI ZR 124/05, NJW 2007, 64 f. Rn. 5.
69 *BGH*, Urt. v. 26.10.2006 – VII ZR 194/05, NJW 2007, 587 ff. Rn. 14; *BGH*, Urt. v. 30.10.2007 – X ZR 101/06, VersR 2008, 1122 ff. Rn. 13 f.
70 *BGH*, Beschl. v. 08.12.2011 – V ZR 110/11, juris; *BGH* Urt. v. 05.06.2014 – VII ZR 285/12, VersR 2015, 637; *OLG Saarbrücken*, Beschl. v. 14.01.2014 – 4 W 40/13, NJW-RR 2014, 917.
71 *BGH*, Beschl. v. 01.03.2010 – IX ZR 68/08, juris.
72 *BGH*, Urt. v. 07.01.1986 – VI ZR 203/84, VersR 1986, 490 ff.
73 St. Rspr. s. u.a. *BGH* Urt. v. 19.12.2013 – IX ZR 120/11, VersR 2014, 597.
74 *BGH*, Urt. v. 30.06.1998 – VI ZR 260/97, NJW 1998, 2819.

die Verhandlungen einschlafen, z.B. durch Schweigen auf ein Schreiben des anderen Teils, sind sie in dem Zeitpunkt beendet, in dem der nächste Schritt nach Treu und Glauben zu erwarten gewesen wäre.[75] Die von der Rechtsprechung zu § 852 BGB a.F. entwickelten Grundsätze gelten fort.

### 3. Ende der Verjährungsfrist nach Ende der Hemmung

59 Nach § 203 S. 2 BGB tritt die Verjährung frühestens drei Monate nach dem Ende der Hemmung ein. Die Ablaufhemmung dient der Rechtssicherheit und soll dem Gläubiger bei unerwartetem Abbruch der Verhandlungen noch eine gewisse Überlegungsfirst gewährleisten.[76] Sind bei Ende der Hemmung noch 4 Monate offen, endet die Verjährungsfrist erst in 4 Monaten und Satz 2 läuft leer.[77] Ist dagegen von der Frist nur noch ein Tag übrig, führt Satz 2 zu einer Verlängerung um fast 3 Monate.[78]

### 4. Besonderheiten bei Anmeldung des Schadens bei der Versicherung

60 Der Direktanspruch gegen die Haftpflichtversicherung aus § 115 Abs. 1 VVG unterliegt grundsätzlich der gleichen Verjährung wie der Schadensersatzanspruch gegen den ersatzpflichtigen Versicherungsnehmer, § 115 Abs. 2 S. 1 VVG. Die Verjährung endet daher im Regelfalle 3 Jahre nach Schluss des Jahres, im dem sich der Unfall ereignete. Abweichend von § 199 Abs. 2 BGB und § 199 Abs. 3 Nr. 2 BGB endet der Direktanspruch jedoch spätestens 10 Jahre nach dem Eintritt des Schadens, § 115 Abs. 2 S. 2 VVG.

Wird der Anspruch bei dem Versicherer angemeldet, ist die Verjährung bis zu dem Zeitpunkt gehemmt, in dem dem Anspruchsteller eine Entscheidung des Versicherers in Textform zu geht, § 115 Abs. 2 S. 3 VVG. Dies ist missverständlich. Beendet wird die Hemmung erst, wenn der Anspruch nach Grund und Höhe abgelehnt.[79] Eine positive Entscheidung beseitigt die Hemmung nur, wenn der Geschädigte auf Grund dieser Entscheidung sicher sein kann, dass der Versicherer auch alle künftigen, angesichts der Verletzungen des Geschädigten noch in Betracht kommenden Schadenspositionen, die bisher nicht Gegenstand der Abrechnung waren, zu ersetzen bereit sein wird, wenn der Geschädigte sie belegt.[80] Das ist nicht der Fall, wenn bislang nur Sachschäden abgerechnet werden und der Versicherer formuliert »Wir erkennen die Haftung dem Grunde nach an und rechnen zunächst wie folgt ab …«[81] Der Geschädigte, dessen Anspruch reguliert wird, kann sich aber nach 10 Jahren wegen § 242 BGB nicht mehr auf die eingetreten Hemmung berufen.[82] An die Anmeldung sind inhaltlich nur geringe Anforderungen zu stellen.[83] Im allgemeinen genügt die Unterrichtung des Haftpflichtversicherers vom Schadensereignis und die Vermittlung einer ungefähren Vorstellung vom Umfang seiner Eintrittspflicht.[84] Die Hemmung erfasst den ganzen Anspruch, nicht nur den Teil, für den Deckungsschutz besteht.[85]

## II. Hemmung durch Maßnahmen der Rechtsverfolgung

61 Gehemmt wird die Verjährungsfrist auch, wenn der Gläubiger bestimmte Maßnahmen der Rechtsverfolgung einleitet. § 204 Abs. 1 BGB statuiert dazu einen umfangreichen Katalog von Hemmungsgründen, die nur teilweise für die Kfz-Schadensregulierung von Bedeutung sind. Gehemmt, mit der

75 *BGH*, Urt. v. 06.02.2008 – IX ZR 158/07, NJW 2009, 1806.
76 MüKoBGB/*Grothe*, § 203 Rn. 13.
77 *OLG Saarbrücken*, Urt. 17.08.2005 – 1 U 621/04, NJW-RR 2006, 163, Rn. 43.
78 Grüneberg/*Ellenberger*, BGB, § 203 Rn. 5.
79 *OLG Köln*, Urt. v. 12.08.1982 – 16 U 62/80, VersR 1983, 959.
80 *BGH*, Urt. v. 30.04.1991 – VI ZR 229/90, NJW 1991, 1954; *BGH*, Urt. v. 05.12.1995 – VI ZR 50/95, NJW-RR 1996, 474; *KG*, Urt. v. 27.02.2006 – 12 U 262/04, VersR 2007, 1507.
81 *KG*, Urt. v. 27.02.2006 – 12 U 262/04, VersR 2007, 1507, Rn. 35.
82 *OLG Naumburg*, Urt. v. 08.11.2007 – 1 U 81/07, VersR 2008, 775.
83 *BGH*, Urt. v. 07.04.1987 – VI ZR 55/86, NJW-RR 87, 916.
84 *BGH*, Urt. v. 07.04.1987 – VI ZR 55/86, NJW-RR 87, 916, Rn. 12.
85 *BGH*, Urt. v. 07.02.1976 – VI ZR 7/75, NJW 1977, 532 (zu § 3 Nr. 3 PfVG 1965).

Folge einer aufwendigen Berechnung der laufenden Verjährungszeit, wird wegen folgender, auf die Schadensabwicklung eingeschränkter Ereignisse:

1. die Erhebung der Klage auf Leistung oder auf Feststellung des Anspruchs, auf Erteilung der Vollstreckungsklausel oder auf Erlass des Vollstreckungsurteils,
2. …
3. die Zustellung des Mahnbescheids im Mahnverfahren oder des Europäischen Zahlungsbefehls im europäischen Mahnverfahren nach der VO (EG) Nr. 1896/2006 des Europäischen Parlaments und des Rates vom 12. Dezember 2006 zur Einführung eines Europäischen Mahnverfahrens (ABl. EU Nr. I. 399, S. 1),
4. die Veranlassung der Bekanntgabe eines Antrags, mit der Anspruch geltend gemacht wird, bei einer
   a) staatlichen oder staatlich anerkannten Streitbeilegungsstelle oder
   b) einer anderen Streitbeilegungsstelle, wenn das Verfahren im Einvernehmen mit dem Antragsgegner betrieben wird;

   die Verjährung wird schon durch den Eingang des Antrags bei der Streitbeilegungsstelle gehemmt, wenn der Antrag demnächst bekannt gegeben wird;
5. die Geltendmachung der Aufrechnung des Anspruchs im Prozess,
6. die Zustellung der Streitverkündung,

6a. …

7. die Zustellung des Antrags auf Durchführung eines selbstständigen Beweisverfahrens,
8. …
9. die Zustellung des Antrags auf Erlass eines Arrestes, einer einstweiligen Verfügung oder einer einstweiligen Anordnung, oder, wenn der Antrag nicht zugestellt wird, dessen Einreichung, wenn der Arrestbefehl, die einstweilige Verfügung oder die einstweilige Anordnung innerhalb eines Monats seit Verkündung oder Zustellung an den Gläubiger dem Schuldner zugestellt wird,
10. die Anmeldung des Anspruchs im Insolvenzverfahren oder im Schifffahrtsrechtlichen Verteilungsverfahren,

10a. …

11. den Beginn des schiedsrichterlichen Verfahrens,
12. die Einreichung des Antrags bei einer Behörde, wenn die Zulässigkeit der Klage von der Vorentscheidung dieser Behörde abhängt und innerhalb von drei Monaten nach Erledigung des Gesuchs die Klage erhoben wird; dies gilt entsprechend für bei einem Gericht oder bei einer in Nummer 4 bezeichneten Gütestelle zu stellende Anträge, deren Zulässigkeit von der Vorentscheidung einer Behörde abhängt,
13. die Einreichung des Antrags bei dem höheren Gericht, wenn dieses das zuständige Gericht zu bestimmen hat und innerhalb von drei Monaten nach Erledigung des Gesuchs die Klage erhoben oder der Antrag, für den die Gerichtsstands Bestimmung zu erfolgen hat, gestellt wird, und
14. die Veranlassung der Bekanntgabe des erstmaligen Antrags auf Gewährung von Prozesskostenhilfe oder Verfahrenskostenhilfe; wird die Bekanntgabe demnächst nach der Einreichung des Antrags veranlasst, so tritt die Hemmung der Verjährung bereits mit der Einreichung ein.

### 1. Klageerhebung

Im Rahmen der Hemmungsgründe spielt die Erhebung der Klage die bedeutendste Rolle. Nr. 1 nennt an erster Stelle die Leistungsklage. Dazu gehört auch die Stufenklage, die auch zu einer Hemmung des mit der Klage geltend gemachten unbezifferten Leistungsanspruch führt.[86] Für weitere Ansprüche, die nicht Gegenstand der Stufenklage waren, gilt die Hemmung jedoch nicht.[87] Eine bloße Auskunftsklage hemmt die Verjährung nicht, selbst wenn in ihr die Erhebung einer Leistungsklage angekündigt wird.[88] Die Klage auf künftige Leistung hemmt die Verjährung, soweit der Anspruch 62

86 *BGH*, Urt. v. 24.05.2012 – IX ZR 168/11, NJW 2012, 2180 Rn. 11.

87 *OLG Saarbrücken*, Urt. v. 07.02.2024 – 5 U 28/23. BeckRS 2024, 4182 Rn. 31.

88 *OLG Frankfurt*, Urt. v. 25.06.2014 – 19 U 206/13, WM 2014, 2122 Rn. 20.

während des Prozesses fällig wird, mit dessen Fälligkeit. Ebenso hemmt eine vor Verjährungsbeginn erhobene Klage die Verjährung ab Beginn der Verjährungsfrist.[89] Auch der Anspruch auf Freistellung führt zur Hemmung der Forderung.

Die positive Feststellungsklage des Gläubigers hemmt die Verjährung, soweit damit ein sich aus einem Rechtsverhältnis zwischen den Parteien ergebender Anspruch festgestellt werden soll. Die Klage hat bei Personenschäden zur Sicherung noch unbekannter oder derzeit nicht bezifferbarer Unfallfolgen große Bedeutung. Auf die negative Feststellungsklage ist § 204 Abs. 1 Nr. 1 BGB nicht anzuwenden, weil sie nicht vom Gläubiger zur Durchsetzung seines Anspruchs angestrengt wird.[90] Das Gleiche gilt für den Klageabweisungsantrag.

Die Klage muss wirksam erhoben sein[91] und das Klagebegehren hinreichend individualisieren, so dass der Streitgegenstand bestimmt ist.[92] Andererseits ist eine Substantiierung nicht notwendig. Auch eine unsubstantiierte und unschlüssige Klage hemmt die Verjährung. Erforderlich, aber auch ausreichend ist es, dass die Klage den Anforderungen des § 253 Abs. 2 ZPO entspricht.[93] Ebenso kann eine unzulässige Klage die Hemmung auslösen.[94] Die Klage vor einem unzuständigen Gericht etwa hat diese Folge.[95] Entscheidend ist, dass der Gläubiger ernsthaft zu erkennen gibt, seinen behaupteten Anspruch durchsetzen zu wollen.

Klage muss der Berechtigte erheben; die Klage eines Nichtberechtigten hemmt die Verjährung nicht.[96] Berechtigt ist neben dem ursprünglichen Rechtsinhaber und seinem Rechtsnachfolger auch der gesetzlich und gewillkürte Prozessstandschaftler.[97] Der Begriff des Berechtigten ähnelt dem des § 185 BGB.[98] Entscheidend ist nicht die Rechtsinhaberschaft, sondern die Befugnis zur klageweisen Geltendmachung des Anspruchs. Nichtberechtigter kann auch der Forderungsinhaber sein, so der der Gläubiger nach Eröffnung des Insolvenzverfahrens[99] oder der Erbe im Falle der Nachlassverwaltung.[100]

Die wirksam erhobene Klage lässt die Hemmung bereits mit Eingang der Klage eintreten, wenn die Zustellung demnächst erfolgt, § 167 ZPO. Eine nähere Eingrenzung des Begriffs ergibt sich aus der Vorschrift nicht. Nach der Rechtsprechung des Bundesgerichthofs ist die Zustellung einer Klage jedenfalls dann noch demnächst erfolgt, wenn die durch den Kläger zu vertretende Verzögerung der Zustellung den Zeitraum von 14 Tagen nicht überschreitet.[101] Bei der Berechnung der Zeitdauer der Verzögerung ist auf die Zeitspanne abzustellen, um die sich der ohnehin erforderliche Zeitraum für die Zustellung der Klage als Folge der Nachlässigkeit des Klägers verzögert. Vermeidbare Verzögerungen im Geschäftsablauf des Gerichts oder der Post werden auf diesen Zeitraum nicht

89 *BGH*, Urt. v. 04.11.2011 – III ZR 275/09, MDR 2011, 30.
90 *BGH*, Urt. v. 15.08.2012 – XII ZR 86/11, NJW 2012, 3633.
91 *BGH*, Urt. v. 13.07.1959 – III ZR 27/58, NJW 1959, 1819.
92 *BGH*, Urt. v. 29.11.1956 – III ZR 235/55, BGHZ 22, 254; *BGH*, Urt. v. 17.10.2000 – XI ZR 312/99, NJW 2001, 305, Rn. 17.
93 *BGH*, Urt. v. 04.07.1983 – II ZR 235/82, NJW 1983, 2813, Rn. 6; *BGH*, Urt. v. 26.06.1996 – XII ZR 38/95, NJW-RR 1996, 1409, Rn. 19.
94 *BGH*, Urt. v. 28.09.2004 – IX ZR 155/03, NJW 2004, 3772, Rn. 12 m.w.N.
95 Vgl. *BGH*, Urt. v. 09.12.2010 – III ZR 56/10, NJW 2011, 2193 Rn. 13, der als weitere Beispiele einer unzulässigen Klage den Fall des Fehlens eine ausreichenden Feststellungsinteresses und die Nichteinhaltung eines gesetzlich vorgeschriebenen Vorverfahrens anführt.
96 *BGH*, Urt. v. 29.10.2009 – I ZR 191/07, NJW 2010, 2270; *BGH*, Urt. v. 09.12.2010 – III ZR 56/10, NJW 2011, 2193 Rn. 9.
97 *BGH*, Urt. v. 29.10.2009 – I ZR 191/07, NJW 2010, 2270 Rn. 38.
98 Grüneberg/*Ellenberger*, BGB, § 204 Rn. 9.
99 *BGH*, Urt. v. 09.12.2010 – III ZR 56/10, NJW 2011, 2193 Rn. 10.
100 *BGH* a.a.O.; Grüneberg/*Ellenberger*, BGB, § 204 Rn. 9 m.w.Nw.
101 *BGH*, Urt. v. 10.10.2024 – VII ZR 240/23, NJW-RR 2024, 1569 ff. Rn. 28; *BGH*, Urt. v. 29.05.2015 – V ZR 203/14, NJW 2016, 568 ff. Rn. 9 jeweils m.w.N.

angerechnet.[102] Sie machen es möglich, dass eine Klagezustellung auch nach Ablauf von 14 Tagen noch als demnächst gelten kann.

Der Umfang der Hemmung wird grundsätzlich durch den Streitgegenstand der Klage bestimmt.[103] Erfasst werden auch hilfsweise geltend gemachte Ansprüche.[104] Dagegen hemmt die wegen Pflichtverletzung a erhobene Klage nicht die Verjährung wegen der Pflichtverletzung b, wenn sie unterschiedliche Streitgegenstände betreffen.[105] Bei Schadensersatzansprüchen erstreckt sich die Hemmung nicht auf andere als die eingeklagten Schadensfolgen.[106] Sie beschränkt sich aber nicht auf die konkrete Ausgestaltung der Ersatzpflicht, sondern betrifft dies schlechthin. Die Änderung der Schadensberechnung bei unverändertem Lebenssachverhalt berührt die Hemmung nicht. Die auf Zahlung gerichtete Klage hemmt daher auch für die gemäß § 249 Abs. 1 BGB geschuldete Freihaltung.[107]

Die Hemmung endet mit Eintritt der Rechtskraft. Außerordentliche Rechtsbehelfe, wie die Einlegung einer Verfassungsbeschwerde, verlängern die Hemmung nicht.[108]

### 2. Zustellung des Mahnbescheids

Auch die Zustellung eines Mahnbescheids hemmt den Lauf der Verjährungsfrist. Durch das Gesetz 63
zur Verbesserung der grenzüberschreitenden Forderungsdurchsetzung und Zustellung (BGBl. I 2008, 2122) ist der nach europäischen Recht erlassene Zahlungsbefehl dem Mahnbescheid gleichgestellt worden.

Der Bescheid muss den geltend gemachten Anspruch bezeichnen (§ 690 Abs. 1 Nr. 3 ZPO); eine Substantiierung ist nicht erforderlich, eine Individualisierung genügt.[109] Dazu muss der Anspruch durch seine Kennzeichnung von anderen Ansprüchen so unterschieden und abgegrenzt werden können, dass er über einen Vollstreckungsbescheid Grundlage eines Vollstreckungstitels sein kann und dem Schuldner die Beurteilung möglich ist, ob er sich gegen den Anspruch zur Wehr setzen will oder nicht. Der Hinweis »Schadensersatzforderung aus Unfall/Vorfall vom 1.3.08« kann daher genügen.[110] Ebenso die Bezeichnung »Anspruch aus Werkvertrag« oder »Anspruch aus Mietvertrag«, wenn zwischen den Parteien sonst keine weiteren rechtlichen Beziehungen bestehen.[111] Das in dem Bescheid in Bezug genommene Anschreiben ist zu berücksichtigen, auch wenn es nicht beigefügt ist. Voraussetzung ist aber, dass es dem Anspruchsgegner bereits bekannt ist.[112] Ausreichend ist, dass der Schuldner etwa anhand einer im Mahnbescheid genannten und ihm bekannten Forderungsaufstellung erkennen kann, um welchen Forderungen es sich handelt.[113]

Wird der Antrag »demnächst« zugestellt, so wird die Verjährung ab Antragstellung gehemmt, § 691 Abs. 2 ZPO. Im Gegensatz zur Klage liegt hier die Grenze einer unschädlichen Verzögerung nicht bei 14 Tagen, sondern im Hinblick auf § 691 Abs. 2 ZPO bei einem Monat.[114]

102 *BGH*, Urt. v. 10.02.2011 – VII ZR 185/07, BauR 2011, 885 Rn. 8.
103 *BGH*, Urt. v. 21.10.2014 – XI ZB 12/12, BGHZ 203, 1 ff. Rn. 145 m.w.N.
104 *BGH*, Urt. v. 19.01.1994 – XII ZR 190/92, *BGH* NJW 1994, 514 f.
105 *BGH*, Urt. v. 21.03.2000 – IX ZR 183/98, NJW 2000, 2678 f.
106 *BGH*, Urt. v. 19.11.1997 – XII ZR 281/95, NJW 1998, 1303.
107 *BGH*, Urt. v. 18.05.2017 – VII ZR 122/14, NJW 2017, 2673; Grüneberg/*Ellenberger*, BGB, § 204 Rn. 15 m.w.Nw.
108 *BAG*, Urt. v. 07.11.2002 – 2 AZR 297/01, NJW 2003, 2849 ff.
109 *BGH*, Urt. v. 08.05.1996 – XII ZR 8/95, NJW 1996, 2152; *BGH* Urt. v. 17.10.2000 – XI ZR 312/99, NJW 2001, 305 (st. Rspr.); Grüneberg/*Ellenberger*, BGB, § 204 Rn. 18.
110 *BGH*, Urt. v. 30.11.1999 – IV ZR 207/98, NJW 2000, 1420, Rn. 11.
111 *BGH*, Urt. 23.01.2008 – VIII ZR 46/07, NJW 2008, 1220.
112 *BGH*, Urt. v. 13.10.2015 – II ZR 281/14, NJW 2016, 1083 Rn. 18 (st.Rspr.).
113 *BGH*, Beschl. v. 25.04.2017 – VIII ZR 217/16, Baurecht 2017, 1406, 1408.
114 *BGH*, Urt. v. 17.11.2010 – VIII ZR 211/09, NJW 2011, 613 Rn. 16.

Die mit der Zustellung eines Mahnbescheids verbundene Hemmungswirkung erfasst den Streitgegenstand insgesamt und somit auch alle materiellrechtlichen Ansprüche, die zum Streitgegenstand gehören.[115] Daher ist bei einem einheitlichen Schadensersatzanspruch die Verjährung grundsätzlich hinsichtlich aller Rechnungspositionen gehemmt.

Wird im Mahnverfahren nach Widerspruch des Antragsgegners der Antrag auf Abgabe an das das Streitgericht nicht gestellt, so endet das Verfahren mit dem Zugang der gemäß § 695 S. 1 ZPO vom Mahngericht zu veranlassenden Widerspruchsmittelung beim Antragsteller.[116] Gibt das Amtsgericht den Rechtsstreit nach Einlegung von Widerspruch oder Einspruch innerhalb der 6 Monatsfrist an der zuständigen Gericht ab, besteht die Hemmung fort; auf die Anberaumung eines Verhandlungstermins vor dem Streitgericht kommt es nicht an.[117] Im Übrigen endet das Mahnverfahren, wenn der Antrag rechtskräftig zurückgewiesen wird oder der Vollstreckungsbescheid in Rechtskraft erwächst. Auch die Rücknahme des Antrags lässt die Hemmung entfallen (ex nunc).

### 3. Einleitung einer Streitbeilegung

64 Streitbeilegungsstellen sind alle von den Landesjustizverwaltungen eingerichteten oder anerkannten Gütestellen, aber auch andere Stellen, wenn die Parteien vor ihr einvernehmlich einen Einigungsversuche unternehmen wollen. Für eine Beschränkung der Vorschrift auf Fälle, in denen der Güteantrag Prozessvoraussetzung für die Klageerhebung ist, gibt das Gesetz nichts her.[118] Der Antrag muss die in den einschlägigen Verfahrensordnungen vorgesehenen Formalien wahren und vom Berechtigen gestellt sein. Er muss den geltend gemachten Anspruch hinreichend genau bezeichnen, damit der Schuldner prüfen kann, ob eine Verteidigung erfolgsversprechend ist und ob er in das Güteverfahren eintreten möchte.[119] Hierbei löst nicht erst die Zustellung an den Gegner, sondern bereits die Einreichung bei dieser Stelle die Hemmung aus, wenn der Antrag »demnächst« bekannt gegeben wird, § 204 Abs. 1 Nr. 4 2. Hs. BGB. Bei der Beurteilung der Frage, ob eine Bekanntgabe »demnächst« im Sinne veranlasst worden ist, kann auf die zu § 167 ZPO entwickelten Grundsätze zurückgegriffen werden. Verzögerungen bei der Bekanntgabe des Güteantrags, die auf einer Arbeitsüberlastung der Gütestelle beruhen, sind dem Antragsteller grundsätzlich nicht zuzurechnen.[120] Indes kommt es nicht darauf, ob die angerufene Streitbeilegungsstelle zuständig ist,[121] es sei denn, der Gläubiger handelt wider besseren Wissens.[122] Die Anrufung einer Streitbeilegungsstelle ist rechtsmissbräuchlich, wenn schon vor der Einreichung des Güteantrags feststeht, dass der Antragsgegner nicht bereit ist, an einem Güteverfahren mitzuwirken und sich auf eine außergerichtliche Einigung einzulassen, und er dies dem Antragsteller schon im Vorfeld in eindeutiger Weise mitgeteilt hat.[123] In diesem Fall ist es dem Antragsteller untersagt, sich auf eine Hemmung der Verjährung durch Bekanntgabe des Güteantrags zu berufen.[124]

Grundsätzlich endet ein Güteverfahren i.S. des § 204 Abs. 1 Nr. 4 BGB durch Abschluss eines Vergleiches, die Rücknahme des Güteantrages oder durch die Einstellung des Verfahrens wegen Scheitern des Einigungsversuches.[125] Die konkrete Beendigung ist nach der Verfahrensordnung der Streitbeilegungsstelle festzustellen.[126] Lässt sich der Zeitpunkt nicht eindeutig feststellen, kommt es

---

115 *BGH*, Urt. v. 16.07.2015 – III ZR 238/14, WM 2015, 1559.
116 *BGH*, Beschl. v. 30.07.2020 – III ZR 192/19, BeckRS 2020, 19833 Rn. 5.
117 *BGH*, Urt. v. 21.01.1971 – VII ZR 137/69, WM 1971, 420 f.
118 Grüneberg/*Ellenberger*, BGB, § 204 Rn. 10; a.A. *Staudinger/Eidenüller*, NJW 2004, 24.
119 *BGH*, Urt. v. 18.06.2015 – III ZR 198/14, NJW 2015, 2407.
120 *BGH*, Urt. v. 22.09.2009 – XI ZR 230/08, BGHZ 182, 284.
121 *BGH*, Urt. v. 06.07.1993 – VI ZR 306/92, NJW-RR 1993, 1495.
122 Grüneberg/*Ellenberger*, BGB, § 204 Rn. 19 (str.).
123 *BGH*, Urt. v. 28.10.2015 – IV ZR 526/14, NJW 2016, 233, Rn. 33.
124 *BGH*, Urt. v. 28.10.2015 – IV ZR 526/14, NJW 2016, 233, Rn. 34.
125 *BGH*, Urt. v. 28.10.2015 – IV ZR 405/14, VersR 2015, 1545 ff. Rn. 27.
126 *BGH*, Beschl. v. 04.05.2016 – III ZR 100/15, MDR 2016, 1407.

auf den Zeitpunkt der Veranlassung der Bekanntgabe der Einstellungsverfügung durch die Gütestelle an den Gläubiger an.[127]

### 4. Geltendmachung der Aufrechnung des Anspruchs im Prozess

Die Aufrechnung wird im Prozess geltend gemacht, wenn eine Partei die Aufrechnung erklärt oder vorträgt, dass sie außerhalb des Prozesses aufgerechnet habe.[128] Der Vortrag durch den Prozessgegner genügt nicht, es sei denn, dass der Aufrechnende sich ihn zu eigen macht. Der Hemmungstatbestand betrifft ausschließlich die Aufrechnung, die nicht durchgreift. Hat die Aufrechnung Erfolg, erlischt die Forderung und Verjährungsprobleme treten nicht auf. Andererseits wirkt die Hemmung nur so weit, als die Forderung dem Gegenanspruch gegeben übersteht. Hinsichtlich des die Hauptforderung übersteigenden Teils der Gegenforderung tritt keine Verjährungshemmung ein.[129] Anwendungsfälle der Vorschrift sind, die nicht berücksichtigte Eventualaufrechnung,[130] die prozessual unzulässige Aufrechnung[131] und die Aufrechnung, die aus materiellen Gründen, etwa wegen eines Aufrechnungsverbots, nicht durchgreift.[132] Voraussetzung ist allerdings, dass die Aufrechnung gegenüber dem richtigen Schuldner geltend gemacht wird.[133] Werden mehrere Forderungen zur Aufrechnung gestellt, so wirkt die Hemmung bei allen bis zur Höhe der Klageforderung. 65

### 5. Zustellung der Streitverkündung

Die Streitverkündung gemäß § 72 ZPO spielt auch im Haftpflichtrecht eine erhebliche Rolle. Gemäß § 204 Abs. 1 Nr. 6 BGB wird durch die Zustellung der Streitverkündung der Lauf der Verjährungsfrist gehemmt. Das ist insoweit missverständlich als bereits die Einreichung des Schriftsatzes bei Gericht die Hemmung auslöst, wenn die Zustellung »demnächst« erfolgt, § 167 ZPO. Nach *BGH* löst allerdings nur eine zulässige, d.h. den Anforderungen der §§ 72 f. entsprechende, Streitverkündung die Hemmung aus.[134] Die Streitverkündung *ist* 66

> »u.a. dann zulässig, wenn die Partei für den Fall des ihr ungünstigen Ausganges des Rechtsstreits einen Anspruch auf Gewährleistung oder Schadloshaltung gegen einen Dritten erheben zu können glaubt. Die Streitverkündung soll den Streitverkünder davor bewahren, die wegen der materiell-rechtlichen Verknüpfung der gegen verschiedene Schuldner gerichteten Ansprüche notwendigen Prozesse alle zu verlieren, obgleich er zumindest einen dieser Prozesse gewinnen müsste (BGH, Urt. v. 28. Oktober 1988 – V ZR 14/87, NJW 1989, 521, 522). Unzulässig ist die Streitverkündung deshalb wegen solcher Ansprüche, die nach Lage der Dinge von vornherein sowohl gegenüber dem Beklagten des Vorprozesses als auch gegenüber dem Dritten geltend gemacht werden können, für die also aus der Sicht des Streitverkünders schon im Zeitpunkt der Streitverkündung eine gesamtschuldnerische Haftung des Beklagten und des Dritten in Betracht kommt. In einem derartigen Falle kommt es auch im Zeitpunkt der Streitverkündung nicht mehr auf einen für den Streitverkünder ungünstigen Ausgang des Rechtsstreits an (BGHZ 65, 129, 131). Die verjährungsunterbrechende Wirkung der Streitverkündung tritt nicht ein, wenn und soweit – auch vom Standpunkt der streitverkündenden Partei aus – der der Streitverkündung zugrunde liegende vermeintliche Anspruch durch den Ausgang des Rechtsstreits nicht berührt werden kann (BGH, Urt. v. 21. Februar 2002, aaO).«[135]

---

127 *BGH*, Urt. v. 28.10.2015 – IV ZR 405/14, VersR 2015, 1545 ff. Rn. 30.
128 Grüneberg/*Ellenberger*, BGB, § 204 Rn. 21.
129 *BGH*, Urt. v. 11.07.1990 – VIII ZR 219/89, BGHR BGB § 209 Abs 2 Nr 3 Hilfsaufrechnung 1, Rn. 8; *BGH* Urt. v. 20.03.2009 – V ZR 208/07, VersR 2010, 128, Rn. 19.
130 *BGH*, Urt. v. 11.07.1990 – VIII ZR 219/89, NJW 90, 2681.
131 *BGH*, Urt. v. 24.03.1982 – IVa ZR 303/80, BGHZ 83, 270.
132 *BGH*, Urt. v. 24.03.1982 – IVa ZR 303/80, BGHZ 83, 270.
133 *BGH*, Urt. v. 26.03.1981 – VII ZR 160/80, BGHZ 80, 225.
134 *BGH*, Urt. v. 06.12.2007 – IX ZR 143/06, BGHZ 175, 1 ff., Rn. 20.
135 *BGH*, Urt. v. 06.12.2007 – IX ZR 143/06, BGHZ 175, 1 ff., Rn. 16.

Dies ist allerdings erst im Folgeprozess zu prüfen.[136] Die Streitverkündungsschrift muss den Rückgriffsanspruch, der geltend gemacht wird, hinreichend individualisieren, d.h. das Rechtsverhältnis ist unter Angabe der tatsächlichen Grundlagen so genau zu bezeichnen, dass der Streitverkündungsempfänger – gegebenenfalls nach Einsicht in die Prozessakten (§ 299 ZPO) – prüfen kann, ob es für ihn angebracht ist, dem Rechtsstreit beizutreten[137]

67 Die Hemmung endet mit dem rechtskräftigen Abschluss des Verfahrens. Eine daran anschließende Anhörungsrüge nach § 321a ZPO ist wirkungslos.[138]

### 6. Zustellung des Antrags auf Durchführung eines selbständigen Beweisverfahrens

68 Auch für die Wirksamkeit der Hemmung durch Einleitung eines selbstständigen Beweisverfahrens kommt es nicht auf den Zeitpunkt der Zustellung, sondern auf den Zeitpunkt der Anhängigkeit des Antrags an, wenn die Zustellung demnächst erfolgt, § 167 ZPO.[139] Eine formlose Übermittlung steht einer Zustellung gleich, wenn der Gegner sich rüge los auf den Antrag einlässt.[140] Jedenfalls tritt Heilung nach § 189 ZPO ein ab dem Zeitpunkt des tatsächlichen Zugangs des Antrags beim Antragsgegner ein.[141] Auf den fehlenden Willen des Gerichts, eine förmliche Zustellung vorzunehmen, kommt es nicht an.[142]

69 Ein Antrag auf Sicherung des Beweises unterbricht die Verjährung eines Gewährleistungsanspruchs nur, wenn der Antragsteller anspruchsberechtigt ist.[143] Ein von einem Unternehmer mit dem Ziel, die Abwesenheit von Mängeln festzustellen, eingeleitetes Beweisverfahren hemmt den Lauf der Verjährungsfrist nicht, da der Unternehmer in diesem Falle sogleich Zahlungsklage erheben kann.[144]

»Die Hemmung endet sechs Monate nach Beendigung des selbständigen Beweisverfahrens. Abgeschlossen ist die Beweissicherung mit ihrer sachlichen Erledigung. Diese liegt bei schriftlichen Sachverständigengutachten regelmäßig vor, wenn das Gutachten den Parteien übergeben wird; bei mündlicher Erläuterung des schriftlichen Gutachtens durch den Sachverständigen endet die Beweisaufnahme und damit das selbständige Beweisverfahren mit dem Verlesen oder der Vorlage zur Durchsicht des Sitzungsprotokolls über die Vernehmung des Sachverständigen (BGH, Urteil vom 3. Dezember 1992 – VII ZR 86/92, BGHZ 120, 329; Urteil vom 28. Oktober 2010 – VII ZR 172/09 in juris). Hat das Gericht in Ausübung des ihm nach § 411 Abs. 4 Satz 2 ZPO eingeräumten Ermessens eine Frist gesetzt oder haben die Parteien dem Gericht nach Erhalt des Gutachtens innerhalb eines angemessenen Zeitraums Einwendungen dagegen oder das Gutachten betreffende Anträge oder Ergänzungsfragen mitgeteilt, endet das Beweisverfahren erst mit dem Verstreichen dieser Frist oder der Erledigung der Anträge oder Ergänzungsfragen.«[145]

### 7. Zustellung des Antrags auf einstweiligen Rechtsschutz

70 Auch der Antrag auf Erlasse eines Arrestes, einer einstweiligen Verfügung oder einer einstweiligen Anordnung hemmt die Verjährung. Er muss dem Schuldner zugestellt sein. Wird er vor der Zustellung zurückgewiesen, tritt keine Hemmung ein. Für die Frist gilt § 167 ZPO, so dass die Hemmung mit der Einreichung des Antrags eintritt, wenn die Zustellung »demnächst« erfolgt.

---

136 *BGH*, Urt. v. 22.12.1977 – VII ZR 94/76, BGHZ 70, 189 Rn. 16; *BGH*, Urt.v. 06.12.2007 – IX ZR 143/06, BGHZ 175, 1 ff., Rn. 14.

137 *BGH*, Urt. v. 06.12.2007 – IX ZR 143/06, BGHZ 175, 1 ff., Rn. 28.

138 *BGH*, Urt. v. 10.05.2012 – IX ZR 143/11, NJW 2012, 3087.

139 *BGH*, Urt. v. 28.10.2010 – VII ZR 172/09, NJW 2011, 594 Rn. 10.

140 *OLG Frankfurt*, Urt. v. 05.11.2009 – 3 U 45/08, NJW-RR 2010, 535; Grüneberg/*Ellenberger*. BGB, § 204 Rn. 22.

141 *BGH*, Urt. v. 06.12.2007 – IX ZR 143/06, BGHZ 175, 1 ff., Rn. 33 ff.; Grüneberg/*Ellenberger*. BGB, § 204 Rn. 22.

142 *BGH*, Urt. v. 20.06.2013 – VII ZR 71/11, NJW-RR 2013, 1169, Rn. 19 m.w.N.

143 *BGH*, Urt. v. 04.03.1993 – VII ZR 148/92, NJW 1993, 1916.

144 *OLG Saarbrücken*, Urt. v. 17.08.2005 – 1 U 621/04, NJW-RR 2006, 163, Rn. 47 ff.

145 *BGH*, Urt. v. 27.01.2011 – VII ZR 186/09, NJW 2011, 1965 ff., Rn. 50.

Die Hemmung erfasst den Anspruch, der durch den Antrag gesichert oder erfüllt werden soll. Auch der unbegründete und unzulässige Antrag hemmt.[146] Soweit aufgrund der einstweiligen Maßnahme des Gerichts vollstreckt wird, kommt es nach § 212 I Nr. 2 BGB zu einem Neubeginn der Verjährung. Endigt das Verfahren durch Rücknahme des Antrags, Vergleich oder Erledigung, endet auch die Hemmung. 71

### 8. Anmeldung des Anspruchs im Insolvenzverfahren

Die Verjährung wird nur für die Insolvenzforderungen (§ 174 InsO) und nur in Höhe des angemeldeten Betrages gehemmt.[147] Die Hemmung fällt nicht rückwirkend fort, wenn die Eröffnung des Inso-Verfahrens auf die Beschwerde aufgehoben wird.[148] Bei Anmeldung der Forderung im Insolvenzverfahren dauert die Hemmung bis zur Beendigung des Insolvenzverfahrens an. Dieses endet durch Aufhebung (InsO §§ 200, 258) oder durch Einstellung (InsO §§ 207 ff.), nicht aber schon mit der Beschlussfassung, sondern erst mit dessen öffentlicher Bekanntmachung.[149] Auch die Rücknahme der Anmeldung, die Rücknahme des Insolvenzantrages und die Aufhebung des Eröffnungsbeschlusses durch das Beschwerdegericht beenden das Verfahren ex nunc.[150] 72

### 9. Beginn des schiedsrichterlichen Verfahrens

Das schiedsrichterliche Verfahren beginnt mit der Konstituierung des Schiedsgerichts. Danach tritt Hemmung mit dem Tag ein, an dem der Beklagte dem Antrag empfangen hat, die Streitigkeit einem Schiedsgericht vorzulegen. Der Antrag muss die Bezeichnung der Parteien, die Angabe des Streitgegenstands und einen Hinweis auf den Schiedsvertrag enthalten. Fehlen Angaben tritt die Hemmung erst ex nunc ein, sobald der Gläubiger sie nachholt. Voraussetzung ist, dass die Parteien einen Schiedsvertrag geschlossen haben. Auf dessen Wirksamkeit und die Zuständigkeit des Schiedsgerichts kommt es nicht an.[151] 73

### 10. Vorverfahren vor einer Verwaltungsbehörde

§ 204 Abs. 1 Nr. 12 BGB ist anwendbar, wenn ein behördliches Vorverfahren Prozessvoraussetzung für die Klageerhebung ist. In Verkehrsunfallsachen kommt dies namentlich in Bezug auf sozialrechtlichen Verfahren in Betracht. 74

Wird wegen der Vorgreiflichkeit des Sozialverwaltungsverfahrens das Zivilverfahren gemäß § 148 ZPO ausgesetzt, besteht die Hemmungswirkung der Klageerhebung (§ 204 I Nr. 1 BGB) fort. Die Beendigung des Sozialverwaltungsverfahrens wird vom Normtext nach § 204 Abs. 2 BGB nicht unmittelbar erfasst, ist aber als *»anderweitige Beendigung«* aufzufassen, sodass, ohne anschließendes sonstiges Weiterbetreiben des Zivilprozesses die Sechsmonatsfrist zu laufen beginnt.[152]

Auch wenn die behördliche Entscheidung nur für einen Klagegrund notwendig ist, hemmt der Antrag die Verjährung für alle Klagegründe. Mangelnde Verfahrensförderung durch den Gläubiger führt nicht zur Beendigung der Hemmung, wenn die Behörde von Amts wegen für den weiteren Fortgang des Verfahrens zu sorgen hat.[153] Hemmung tritt auch ein, wenn die Behörde keine Sachentscheidung trifft. Die Klagefrist von drei Monaten beginnt, wenn die Entscheidung dem Gläubiger zugeht.

146 MüKo/*Grote*, BGB, § 204 Rn. 55.
147 *RG*, Urt. v. 12.01.1943 – V (IV) 90/42; RGZ 170, 276, 278.
148 *OLG Celle*, Urt. v. 23.12.1958, NJW 1959, 941.
149 *BGH*, Urt. v. 13.01.1975 – VII ZR 220/73, BGHZ 64, 3; Grüneberg/*Ellenberger*, BGB, § 204, Rn. 42.
150 Grüneberg/*Ellenberger*, BGB, § 204, Rn. 42.
151 Grüneberg/*Ellenberger*, BGB, § 204, Rn. 14 m.w.N.
152 Musielak/*Stadler* § 148 Rn. 4.
153 *BGH*, Urt. v. 24.03.1977 – III ZR 19/75, VersR 1977, 647.

### 11. Zuständigkeitsbestimmung durch das höhere Gericht

75 Auch durch die Einleitung dieses Verfahrens ist der Schuldner hinreichend gewarnt und kann sich deshalb auf die Forderung einstellen.

### 12. Antrag auf Prozess- oder Verfahrenskostenhilfe

76 Der Antrag muss den wesentlichen Erfordernissen des § 117 ZPO entsprechen. Die Erklärung über die persönlichen und wirtschaftlichen Verhältnisse kann nachgereicht werden.[154] Auch der unzulässige, unschlüssige und unbegründete Antrag begründet die Hemmung, wenn geltend gemachte Anspruch – unterhalb der Stufe der Substantiierung – individualisiert und der Streitgegenstand bestimmt werden kann. Der Antrag muss vom Berechtigten gestellt werden und sich gegen den Schuldner richten. Der Umfang der Hemmung wird grundsätzlich nach dem Streitgegenstand der Klage bestimmt und erfasst auch alle hilfsweise geltend Ansprüche. Fördert der Anspruchssteller das Verfahren nicht im erforderlichen Umfang, gilt § 204 Abs. 2 S. 2 BGB.

## III. Ende der Hemmung nach Maßnahmen der Rechtsverfolgung

77 § 204 Abs. 2 BGB bestimmt das Ende der Hemmung nach Maßnahmen der Rechtsverfolgung. Sie endet sechs Monate nach der rechtskräftigen Entscheidung oder anderweitigen Beendigung des eingeleiteten Verfahrens. Gerät das Verfahren dadurch in Stillstand, dass die Parteien es nicht betreiben, so tritt an die Stelle der Beendigung des Verfahrens die letzte Verfahrenshandlung der Parteien, des Gerichts oder der sonst mit dem Verfahren befassten Stelle, § 204 Abs. 2 S. 2 BGB. Die Hemmung beginnt erneut, wenn eine der Parteien das Verfahren weiter betreibt, § 204 Abs. 2. S. 3 BGB. Stillstand ist jedoch nur anzunehmen, wenn die Parteien den Prozess ohne triftigen Grund nicht betreiben.[155]

78 Zu beachten ist aber, dass später wieder aufgenommene Verhandlungen nur dann verjährungsrechtlich im Sinne einer weiteren Hemmung beachtlich sein können, wenn zum Zeitpunkt der Aufnahme die Verjährungsfrist lief. Die schriftliche Zusage des Anspruchsgegners, die Angelegenheit zu prüfen, selbst im Anschluss geleistete Zahlungen bleiben ohne rechtliche Auswirkung, wenn zum jeweiligen Zeitpunkt die Verjährungsfrist bereits abgelaufen war.[156] Die Hemmung wirkt grundsätzlich nur für und gegen die Personen, zwischen denen die Handlung erfolgt ist.

## F. Kürzung und Verlängerung von Verjährungsfristen

79 Vereinbarungen über die Verjährungsfrist haben in der Praxis große Bedeutung. Der Gesetzgeber hat ihnen Raum gelassen und in § 202 BGB nur zwei Ausnahme festgelegt. Zum einen kann die Verjährungsfrist für eine Haftung wegen Vorsatzes nicht in vorhinein beschränkt werden. Ebenso ist eine Verlängerung der Verjährungsfrist über 30 Jahre hinaus grundsätzlich unzulässig.

Daneben schränkt das AGB-Recht den Gestaltungsspielraum ein. Formularmäße Verlängerungen und Verkürzungen der Verjährungsfristen sind nur in dem Grenzen der §§ 307 ff. BGB zulässig. Oft steht das gesetzliche Leitbild oder der Gedanke eines gerechten Interessensausgleich einer Abweichung von den gesetzlich vorgesehenen Fristen entgegen. Gleichwohl ist der Gestaltungsspielraum groß und wird den Bedürfnissen der Praxis gerecht, zumal § 202 Abs. 1 BGB Verabredungen, die nach dem Schadensereignis getroffen werden, nicht erfasst und die Vorschrift einseitige Erklärungen unberührt lässt.

154 Grüneberg/*Ellenberger*, BGB, § 204, Rn. 30 m.w.N.
155 *BGH*, Urt. v. 12.10.1999 – VI ZR 19/99, NJW 2000, 132.
156 *BGH*, Urt. v. 28.01.2003 – VI ZR 263/02, NJW 2003, 1524, Rn. 26.

## I. Verzicht

Die Parteien können die Verjährungsfrist durch Vereinbarung sowohl verkürzen als auch verlängern. Dies unterliegt keiner Form, wird aber regelmäßig in Textform erfolgen. Eine im Voraus vereinbarten Verkürzung ist gemäß § 202 Abs. 1 BGB nicht zulässig für Ansprüche, die auf vorsätzlichem Verhalten des Schuldners beruhen. Für formularmäßige Vereinbarung können sich weitere Beschränkungen aus § 307 und 309 Nr. 8 Buchst. b Doppelbuchstaben ff. BGB ergeben. Eine Verlängerung ist gemäß § 202 Abs. 2 BGB nur bis zu einer Höchstfrist von 30 Jahren ab dem gesetzlich Verjährungsbeginn zulässig.[157] 80

Ein Schuldner kann auf die Einrede der Verjährung ferner durch einseitige Erklärung für einen bestimmten Zeitraum oder bis zum Eintritt eines bestimmten Ereignisses verzichten. Eine solche Erklärung hindert den Eintritt der Verjährung zwar nicht; der Schuldner ist aber gegebenenfalls nach Treu und Glauben daran gehindert, sich entgegen der Verzichtserklärung auf die eingetretene Verjährung zu berufen, wenn der Gläubiger den Anspruch vor Ablauf der Frist oder vor Eintritt des betreffenden Ereignisses gerichtlich geltend macht.[158] Der Verzicht führt deshalb auch nicht – wie das Anerkenntnis – zu einem Neubeginn der Verjährung. Das ist zwar denkbar, hierfür bedarf es aber besonderer Anhaltspunkte, die einen über die Ermöglichung der gerichtlichen Geltendmachung hinausgehenden Verzichtswillen des Schuldners erkennen lassen.[159] Im Zweifel erstreckt sich der Verzicht, wenigstens wenn er nicht formularmäßig erfolgt, auf sämtliche Ansprüche und solche die wirtschaftlich an dessen Stelle treten.[160] 81

## II. Einwand unzulässiger Rechtsausübung

Nach ständiger Rechtsprechung des Bundesgerichtshofs ist die Erhebung der Verjährungseinrede gemäß § 242 BGB treuwidrig und unwirksam, wenn der Gläubiger aus dem gesamten Verhalten des Schuldners für diesen erkennbar das Vertrauen schöpfte und auch schöpfen durfte, dass der Schuldner die Verjährungseinrede nicht erheben, sondern sich auf sachliche Einwände beschränken werde. Dieser Vertrauensschutz reicht aber nur so weit und gilt nur so lange, wie die den Einwand der unzulässigen Rechtsausübung begründenden Umstände fortdauern und den Gläubiger von der rechtzeitigen Klageerhebung abhalten.[161] 82

## III. Vergleich

Vergleiche unterliegen nach heutigem Recht nur noch dann einer 30-jährigen Verjährungsfrist, wenn sie tituliert, also Inhalt einer vollstreckbaren Urkunde sind, § 197 Abs. 1 Nr. 4 BGB. Ansprüche aus Vergleichen, die nicht tituliert, also nicht dem § 794 Abs. 1 Nr. 1 ZPO oder dem § 794 Abs. 1 Nr. 5 ZPO unterfallen, verjähren demgemäß in der Regelfrist des § 195 BGB. Dies ist für Abfindungsvergleiche von großer Bedeutung. Da diese regelmäßig nicht tituliert werden, müssen die Ansprüche, soweit sie über Einmalzahlungen hinausgehen, grundsätzlich durch eine Verjährungsverzichterklärung gesichert werden. 83

Enthält eine Abfindungsvergleich den Vorbehalt, dass bei Verschlimmerung des Dauerschadens ein weiteres Schmerzensgeld verlangt werden kann, so führt dies in der Regel nicht zu einer Verlängerung der Verjährungsfrist; vielmehr bleibt es bei der dreijährigen Regelverjährung.[162] 84

157 *Geigel*, Haftpflichtprozess, 29. Aufl. 2024, Kap. 11 Rn. 60.

158 *BGH*, Urt. v. 01.10.2020 – IX ZR 247/19, NJW 2021, 234 Rn. 39; *Geigel*, Haftpflichtprozess, 29. Aufl. 2024, Kap. 11 Rn. 61 jeweils m.w.N.

159 *BGH*, Urt. v. 10.11.2020 – VI ZR 285/19, NJW 2021, 461.

160 *BGH*, Urt. v. 01.10.2020 – IX ZR 247/19, NJW 2021, 234.

161 *BGH*, Urt. v. 15.02.2024 – VII ZR 446/21, juris Rn. 25; *BGH*, Urt. v. 10. 02.2022 – VII ZR 692/21, juris Rn. 38; *BGH*, Urt. v. 27.01.1999 – XII ZR 113/97, juris Rn. 30; *BGH*, Urt. v. 06.12.1990 – VII ZR 126/90, juris jeweils m.w.N. (st. Rspr).

162 *BGH*, Urt. v. 29.01.2002 – VI ZR 230/01, VersR 2002, 474; *Geigel*, Haftpflichtprozess, Kap. 39 Rn. 84.

85 Ein nicht ausdrücklich erklärter Verjährungsverzicht kann sich jedoch durch ergänzende Auslegung ergeben, §§ 133, 157 BGB.[163] Dies gilt insbesondere, wenn weitere Ansprüche erst nach Eintritt einer Bedingung geltend gemacht werden können.[164] Bleibt in einem Vergleich z.B. das Risiko einer späteren unfallbedingten Berufsunfähigkeit vorbehalten, so kann darin die Vereinbarung liegen, dass etwaige Ansprüche gegebenenfalls zu einem späteren Zeitpunkt geltend gemacht können und die Verjährung erst mit dem Eintritt der Berufsunfähigkeit beginnen soll.[165]

86 Stellte sich später die Nichtigkeit des Vergleichs heraus oder fiel dieser wegen Unwirksamkeit nach § 779 BGB oder wegen Rücktritts im Sinne von § 326 BGB fort, so lebte der ursprüngliche Schadensersatzanspruch des Gläubigers mit der Maßgabe wieder auf, dass während der Dauer des Bestehens des Vergleichs die Verjährung gehemmt war (§ 205 BGB).

87 Probleme ergeben sich weniger bei der Realisierung der durch den Vergleich verbürgten Ansprüche als bezüglich derjenigen Schadenspositionen, die durch den Vergleich nicht berührt, also offengelassen wurden. Die Wirkung des Vergleichs beschränkt sich in derartigen Fällen auf die im Vergleich als abgegolten bezeichneten Ansprüche, nicht darüber hinaus.[166]

## IV. Ausgleichsansprüche

88 Gegenüber Gesamtschuldner wirken verjährungsbeeinflussende Handlungen grundsätzlich nur in Bezug auf jenen Schuldnern, in dessen Beziehung zum Gläubiger sie erfolgt sind.[167]

### 1. Gesamtschuldnerausgleich

89 Besondere Rechtsprobleme können sich daraus ergeben, dass der Anspruch des Gläubigers gegenüber einem Gesamtschuldner bereits verjährt ist, gegenüber dem anderen Gesamtschuldner jedoch noch nicht. Dieser Fall kann beispielsweise eintreten, wenn der Gläubiger mit einem der Gesamtschuldner oder dessen Haftpflichtversicherer über längere Zeit hinweg Verhandlungen geführt hat, durch die die Verjährung gehemmt waren, oder wenn durch Anerkenntnis oder Teilzahlung insoweit eine Unterbrechung der Verjährungsfrist eingetreten ist. In diesem Fall könnte ein anderer Gesamtschuldner, auf den diese Voraussetzungen nicht zutreffen, unter Hinweis auf die gesetzlichen Verjährungsvorschriften gegenüber dem Gläubiger rechtswirksam die Leistung verweigern (§ 214 Abs. 1 BGB). Die Rechtsprechung des *BGH* hilft dem originär in Anspruch genommenen Schuldner jedoch weiter.

> »Die Verjährung des gegen den Bekl. gerichteten Gläubigeranspruchs kann nicht zum Nachteil des ausgleichsberechtigten Gesamtschuldners wirken. Dieser ist an der Rechtsbeziehung zwischen dem Gläubiger und dem weiteren Gesamtschuldner nicht beteiligt. Die Disposition, die der Gläubiger innerhalb dieses Rechtsverhältnisses durch (bewusstes oder unbewusstes) Verjährenlassen seiner Forderung gegenüber dem einen Gesamtschuldner trifft, kann nicht das Innenverhältnis der Gesamtschuldner zum Nachteil des anderen gestalten (folgen Nachweise).«[168]

90 Der Ausgleichsanspruch wird daher durch den Eintritt der Verjährung gegenüber dem intern zum Ausgleich Verpflichteten nicht tangiert. Damit kann der Gesamtschuldner im Verhältnis zu demjenigen bei dem die Ersatzansprüche des Gläubigers (Dritten) bereits verjährt waren, diesen Einwand gegen den Ausgleichsanspruch nicht geltend machen, sondern bleibt insoweit im Rahmen des auf ihn letztlich entfallenden Verantwortungsbeitrages intern, d.h. im Innenverhältnis der Gesamtschuldner untereinander, zum Ausgleich verpflichtet.

---

163 *OLG Hamm*, Urt. v. 09.11.1994 – 32 U 114/94, r+s 1995, 459.
164 *OLG Düsseldorf*, Urt. v. 16.11.1998 – 1 U 13/98, r+s 1999, 106.
165 *BGH*, Beschl. v. 10.12.2024 – VI ZR 323/23, juris.
166 Vgl. *OLG Thüringen*, Urt. v. 24.11.2004 – 4 U 399/04, OLG-NL 2005, 54.
167 *BGH*, Urt. v. 12.12.2000 – VI ZR 345/99, NJW 2001, 964 f. (st. Rspr.).
168 *BGH*, Urt. v. 09.07.2009 – VII ZR 109/08, NJW 2010, 62, 63; *BGH*, Urt. v. 25.11.2009 – IV ZR 70/05, NJW 2010, 435; vgl. auch *Pfeiffer*, Gesamtschuldnerausgleich und Verjährung, NJW 2010, 23.

### 2. Erbenhaftung

Muss der Schädiger selbst in Anspruch genommen werden, insbes. wegen fehlenden Haftpflichtversicherungsschutzes, stellt sich bei der Haftung seiner Erben ebenfalls die Frage der Ablaufhemmung. Hat etwa ein Radfahrer den Unfall verursacht, er jedoch in der Folge verstirbt, wird angesichts der erheblichen Haftungsbeträge auch eine teilweise Ausschlagung des Erbes durch seine Erben in Betracht kommen. 91

Da die Erben nach § 2058 BGB als Gesamtschuldner haften, richtet sich gemäß § 425 Abs. 2 BGB die Verjährung jeweils nach den persönlichen Bedingungen bei den einzelnen Erben. Andererseits tritt nach § 211 S. 1 BGB die Verjährung nicht vor dem Ablauf von 6 Monaten ab der Annahme der Erbschaft durch »den Erben« ein. Die Frage, ob auch hier der Begriff des Erben zu individualisieren oder einer Gesamtbetrachtung zu unterwerfen ist, mit der Folge, dass der Zeitpunkt maßgeblich wäre, in dem der letzte Erbe die Erbschaft angenommen hat, hat der BGH entschieden: Auch die Ablaufhemmung des § 211 S. 1 Alt. 1 BGB beginnt im Falle mehrerer Erben bei einer vom Gläubiger erhobenen Gesamtschuldklage (§ 2058 BGB) in dem Zeitpunkt, in dem der jeweils in Anspruch genommene Erbe die Erbschaft angenommen hat. Auf den Zeitpunkt der Annahme durch den letzten Miterben kommt es nicht an.[169] 92

## G. Forderungsübergänge

Geht der Anspruch, der ursprünglich in der Person des Verletzten (Geschädigten) selbst entstanden ist, später auf einen Rechtsnachfolger über, sei es in rechtsgeschäftlicher (Abtretung) oder in gesetzlicher Weise (cessio legis) kommt § 404 BGB zur Anwendung. Nach dieser Vorschrift kann der Schuldner dem neuen Gläubiger (Zessionar) die Einwendungen entgegensetzen, die zur Zeit der Abtretung der Forderung auch bereits gegenüber dem bisherigen Gläubiger begründet waren. 93

### I. Übergang auf einen Sozialversicherungsträger

Sind die Ansprüche kraft Gesetzes auf einen SVT übergegangen, so verjähren sie auch dann, wenn der Verletzte in Unkenntnis der cessio legis mit seiner Klage Leistung an sich in voller Höhe begehrt. Nur wenn der Verletzte befugt ist, Klage auf Leistung an den SVT bzw. an einen privaten Versicherer zu erheben, unterbricht eine Klage die Verjährung hinsichtlich des Teils der Forderung, auf den sie sich bezieht. Sonst muss der SVT selbst Feststellungsklage erheben, wenn er die Verjährung hemmen will. Auch für den Fall, dass der Verletzte im Rahmen einer von der Rechtsordnung anerkannten Ermächtigung den Ersatzanspruch gerichtlich geltend macht, tritt eine Hemmung der Verjährung ein. 94

Hierbei ist es auch unschädlich, wenn die Abtretung nach Eintritt der Hemmung gemäß § 204 Abs. 1 Nr. 1 BGB, aber vor Zustellung der Klage an den Gegner erfolgte. Es kommt nur darauf an, ob die Zustellung »demnächst« nach Klageeinreichung erfolgt. Bejahendenfalls ist die zu diesem Zeitpunkt bereits dem Zessionar zustehende Forderung mit Wirkung ab Klageeinreichung gehemmt.[170] 95

Hat der Geschädigte ein rechtskräftiges Feststellungsurteil gegenüber dem Schädiger erlangt, führt dies auch bezüglich des Sozialhilfeträgers zur Hemmung; denn die u.a. in der Institution der Verjährung enthaltene rechtliche Wertung gebietet es, dem Ersatzpflichtigen gegenüber dem Sozialhilfeträger für die Verjährung keine günstigere Rechtsposition zukommen zu lassen als gegenüber dem Geschädigten, der über die Schadensersatzansprüche ein rechtskräftiges Feststellungsurteil erwirkt hat.[171] 96

War hingegen der Geschädigte im Zeitpunkt des Schadeneintritts noch nicht sozialversichert, ist für den Beginn der Verjährung seine Kenntnis maßgebend. Da der auf Erstattung ausgefallener Beiträge gerichtete (originäre) Ersatzanspruch gemäß § 119 S. 1 SGB X zum Unfallzeitpunkt auf den 97

169 *BGH*, Urt. v. 04.06.2014 – IV ZR 348/13, NJW 2014, 2574.
170 Vgl. *BGH*, Urt. v. 15.11.2012 – I ZR 86/11, NJW 2013, 1730.
171 *BGH*, Urt. v. 05.03.2002 – VI ZR 442/00, NJW 2002, 1877 f. für den Bereich des Sozialhilfeträgers.

Träger der Rentenversicherung übergeht, ist nicht die Kenntnis des Krankenversicherers, sondern die Kenntnis des Trägers der Rentenversicherung für den Beginn der Verjährung maßgebend.[172]

## II. Übergang auf den Arbeitgeber

98 Nach der Auffassung des *BGH* hat der Rechtsübergang auf den Arbeitgeber den Ersatz für unfallbedingten Erwerbsschaden (§ 842 BGB) zum Inhalt, sodass der Anspruch dem Verletzten dem Grunde nach bereits im Unfallzeitpunkt erwachsen ist. In diese Rechtsbeziehung zwischen Schädiger und Geschädigtem greift der Forderungsübergang nicht ein. Der rechtsgeschäftlich oder gem. § 6 EntgFG kraft Gesetzes übergegangene Anspruch ist mithin nicht originär in der Person des Arbeitgebers erwachsen, sondern stellt eine Forderung dar, die in der Person des verletzten Arbeitnehmers entstanden ist. Dieses Ergebnis beruht unter Einbeziehung des Grundgedankens des § 404 BGB auf der Erwägung, dass die Rechtsposition des Schuldners durch Rechtsvorgänge, die sich auf der Gläubigerseite abgespielt haben, nicht beeinträchtigt werden darf. Dies bedeutet, dass sich der neue Gläubiger eine zuvor erlangte Kenntnis des Geschädigten vom Schaden und der Person des Schädigers mit der Rechtsfolge zurechnen lassen muss, dass eine bereits in Lauf gesetzte Verjährungsfrist auch nach dem Anspruchsübergang unbeeinträchtigt weiterläuft. Der gesetzliche Forderungsübergang vollzog sich für Unfälle vor dem 01.07.1983 nach § 1542 RVO; für Unfälle seit dem 01.07.1983 gilt § 116 SGB X.[173] In beiden Fällen gilt, dass die einmal in Gang gesetzte Verjährungsfrist durch die Rechtsnachfolge nicht berührt wird. War der Verletzte bereits bei Eintritt des Schadens sozial versichert, kommt es für den Beginn der Verjährung im Hinblick auf den gesetzlichen Forderungsübergang allein auf die Kenntnis des im Unfallzeitpunkt leistungspflichtigen SVT vom Grund des Ersatzanspruchs an.[174]

99 Dasselbe gilt auch für den Forderungsübergang aus § 87a BBG, der sich ebenfalls im Zeitpunkt des Unfalls vollzieht, und zwar noch ehe der Verletzte verstandesgemäß begreifen oder gar feststellen kann, ob ein Schaden entstanden ist.[175]

100 Hatte der Verletzte vor dem Rechtsübergang keine Kenntnis, kommt es konsequenterweise nur noch auf die Kenntnis des Rechtsnachfolgers an.

## H. Prozessuale Besonderheiten

101 Die Frage der Verjährung ist auch mit prozessualen Fragen verknüpft. Zwar wirkt die Einrede unabhängig vom Bestehen eines Prozessrechtverhältnisses und begründet ein materiell rechtlich wirkendes Leistungsverweigerungsrecht, im prozessualen Kontext sind mit der Erhebung dieser Einrede aber einige spezifischen Probleme verbunden.

## I. Verjährung und richterlicher Hinweis

102 Seit jeher problematisch ist die Frage, ob das Gericht im Rahmen der Aufklärungspflicht auf die Verjährungsproblematik hinweisen darf und verneinenden falls eine Befangenheit anzunehmen ist.[176] Grundsätzlich verbietet sich ein solcher Hinweis im Hinblick auf § 42 ZPO, wenn er objektiv einen vernünftigen Grund zu der Befürchtung gibt, der Richter mache sich zum Sachwalter der Gegenpartei und wolle sie begünstigen; dies gilt insbesondere, wenn die Gegenpartei anwaltlich vertreten und damit rechtlich beraten ist.[177] Weist der Richter nach Widerspruch gegen einen Mahnbescheid etwa

172 Vgl. *BGH*, Urt. v. 28.03.1995 – VI ZR 244/94, NJW 1995, 2414 f.; *BGH*, Urt. v. 25.06.1996 – VI ZR 117/95, NJW 1996, 2508.

173 Zu Mithaftungsfällen grundl. *Marburger*: § 116 SGB X: Mitwirkende Verantwortlichkeit des Leistungsberechtigten bei Verkehrsunfällen, NZV 2014, 342.

174 Allgemeine Ansicht, vgl. Geigel/*Plagemann*, Kap. 30 Rn. 36.

175 Vgl. *BGH*, Urt. v. 05.12.1967 – VI ZR 99/66, VersR 1968, 277.

176 Grundl. Erörterung bei Staudinger/*Peters/Jacoby* § 214 BGB Rn. 16.

177 *BGH*, Beschl. v. 02.10.2003 – V ZB 22/03, NJW 2004, 164 Rn. 5.

den Beklagten mit der Zustellung der Anspruchsbegründungsschrift darauf hin, dass der Anspruch verjährt sei, besteht Grund, ihn abzulehnen.[178]

Allerdings hat der 4. Zivilsenat[179] eine Ausnahme für den Fall gemacht, dass der Berichterstatter die noch nicht erhobene Verjährungseinrede im Rahmen der Erläuterung eines Vergleichsvorschlages berücksichtigte. Aus der Pflicht des § 279 ZPO, in jeder Lage des Verfahrens auf eine gütliche Beilegung des Rechtsstreits hinzuwirken, könne die Notwendigkeit folgen, den Parteien die voraussichtliche weitere Entwicklung des Falles aufzuzeigen. Diese Entwicklung kann u.U. nicht sachgerecht für einen Vergleichsvorschlag abgeschätzt werden, wenn man die Erhebung der Verjährungseinrede außer Betracht ließe. Dann aber hätte es die Verständlichkeit des Vergleichsvorschlags zumindest mindern und seine Überzeugungskraft schwächen können, wenn ein für den Vergleichsbetrag so wesentlicher Rechnungsfaktor nicht offengelegt worden wäre. Danach rechtfertige der Vergleichsvorschlag des Berichterstatters auch vom Standpunkt der Klägerin aus bei vernünftiger, objektiver Betrachtung die Besorgnis der Befangenheit nicht.[180] 103

Die Praxis urteilt zum Teil unter Hinweis auf § 139 ZPO noch großzügiger und lässt grundsätzlich im Rahmen des Rechtsgesprächs zu, dass das Gericht von sich aus die Frage der Verjährung anspricht.[181]

## II. Verwirkung und Verjährung

Der Geschädigte muss sich auf Verjährung berufen. Nun ist für die Erhebung der Verjährungseinrede keine bestimmte Form oder Ausdrucksweise verlangt; vielmehr genügt, wenn sich der Schuldner dem Sinne nach auf den Ablauf der Verjährungsfrist beruft.[182] Danach bedarf die konkrete Erklärung u.U. der Auslegung. Wendet der Schuldner nur ein, der Anspruch sei verwirkt, so ist zu unterscheiden: Hat der Beklagte nur die verstrichene Zeit im Auge und stützt die Verwirkung im Wesentlichen auf das Zeitmoment, so ist mit der Einwendung auch die Verjährungseinrede erhoben.[183] Anders ist es, wenn das Umstandsmoment im Vordergrund steht. Wird der Verwirkungseinwand von einem anwaltlich vertretenen Schuldner auf das Argument gestützt, aus den Gesamtumständen folge eine Treuwidrigkeit des Gegners, wird hieraus nicht deutlich, dass sich der Schuldner auf Verjährung berufen will. Dann kann trotz des Verwirkungseinwandes die Verjährungseinrede nicht als erhoben gelten.[184] 104

## III. Erhebung der Verjährungseinrede im Prozess

Grundsätzlich kann die Verjährungseinrede im Prozess bis zum Ende der letzten mündlichen Verhandlung erhoben werden. Was gilt aber, wenn der Beklagte zuwartet und erst in der Berufungsinstanz von dieser Einrede Gebrauch machen will? Dann stellt sich zunächst die Frage, ob die Einrede im Hinblick auf § 531 Abs. 2 ZPO noch zugelassen werden kann. Allerdings steht § 531 Abs. 2 ZPO dem Zweck der Vorschrift nach nur einem streitigen Vortrag in Wege. Ist zwischen den Parteien sowohl die Erhebung der Einrede als auch die sie begründenden tatsächlichen Umstände unstreitig, hindert die Vorschrift deren Berücksichtigung nicht.[185] Materiell-rechtlich ließe sich dann noch an einen durch die Nichtgeltendmachung in erster Instanz – konkludent – erklärten Verzicht denken. Allerdings hat der *BGH* entschieden, dass das bloße Fallenlassen der Verjährungseinrede im Prozess 105

---

178 So der dem Beschl. v. 02.10.2003 – V ZB 22/03, NJW 2004, 164 f., zugrunde liegende Fall.

179 *BGH*, Beschl. v. 12.11.1997 – IV ZR 214/96, NJW 1998, 612 f.

180 *BGH*, Beschl. v. 12.11.1997 – IV ZR 214/96, NJW 1998, 612 f. Rn. 10.

181 *OLG Köln*, Beschl. v. 23.10.1989 – 2 W 186/89, NJW-RR 1990, 192; Hinweis auf § 478 BGB zulässig; *BayObLG*, Beschl. v. 24.02.1999 – 2Z BR 18–99, NJW 1999: allgemeine Erörterung der Verjährungsfrage im Rechtsgespräch zulässig; *KG*, Beschl. v. 05.03.2002 – 19 Abl. 3/02, NJW 2002, 1732: Erörterung möglicher Verjährung im Hinblick auf § 139 ZPO zulässig.

182 *BGH*, Beschl. v. 02.10.2003 – V ZB 22/03, NJW 2004, 164 f. Rn. 8.

183 *BGH*, Urt. v. 03.04.1996 – XII ZR 86/95, NJW 1996, 1894 Rn. 12.

184 *BGH*, Urt. v. 21.04.2009 – XI ZR 148/08, NJW-RR 2009, 1040 f. Rn. 28.

185 *BGH*, Beschl. v. 23.06.2008 – GSZ 1/08, NJW 2008, 3434.

grundsätzlich nicht ohne weiteres als ein materiell-rechtlicher Verzicht auf die Einrede angesehen werden kann, der ihrer erneuten Erhebung dauerhaft entgegenstünde.[186] Dazu bedarf es weiterer Anhaltspunkte, die auf einer derartigen Verzichtswillen schließen lassen.

## IV. Hauptsache Erledigung

106 Umstritten ist, ob die Einrede der Verjährung ein erledigendes Ereignis im Sinne einer prozessualen Hauptsache Erledigung darstellte. Nach Ansicht des *BGH*[187] führt die Einrede der Verjährung auch beim Ablauf der Verjährungsfrist vor Prozessbeginn zu einer Hauptsache Erledigung. Für die Frage der Kostenentscheidung nach § 91a ZPO bei übereinstimmender oder des Urteils mangels beiderseitiger Erledigungserklärung kommt es entscheidend auf den Zeitpunkt der Erledigung an. Der *BGH* geht davon aus, dass es allein auf den Zeitpunkt des Erhebens der Einrede ankomme, nicht auf den Zeitpunkt des Eintritts der Verjährung, da erst die Einrede den Kläger an der erfolgreichen Geltendmachung seines Anspruchs hindere. Damit tritt das Erledigungsereignis erst nach Rechtshängigkeit ein.

## I. Verwirkung

107 § 15 StVG nimmt im Bereich der Abwicklung von Kfz-Schäden eine Sonderstellung ein. Er dient den Interessen des Schädigers zur Beschleunigung der Abwicklung. Die Vorschrift stellt keinen Fall der Verjährung dar, sondern bestimmt das Erlöschen des Anspruchs bei verspäteter Geltendmachung. Im Unterschied zur Verjährung (§ 14 StVG) stellt die Verwirkung keine Einrede dar, sondern einen aus § 242 BGB (Verstoß gegen Treu- und Glauben) resultierenden Einwand. Daher ist die Anwendung von § 15 StVG stets von Amts wegen zu beachten ist, während sich bei Verjährung der Schuldner auf den Eintritt der Verjährung berufen muss.

108 Der Fristbeginn ist nach den gleichen Grundsätzen zu bestimmen, die für den Beginn der Verjährungsfrist gelten. Der Geschädigte muss von dem Schaden und der Person des Ersatzpflichtigen Kenntnis haben. Grob fahrlässige Unkenntnis des Geschädigten von dem Schaden und von der Person des Ersatzpflichtigen setzt die Frist aber nicht in Lauf.

Die Frist verlängernden Regelungen über die Hemmung und den Neubeginn finden keine Anwendung. An ihre Stelle tritt vielmehr die Regelung gemäß § 15 Satz 2 StVG, nach der ein Rechtsverlust nicht eintritt, wenn die Anzeige infolge eines von dem Ersatzpflichtigen nicht zu vertretenden Umstands unterblieben ist oder der Ersatzpflichtige auf andere Weise von dem Unfall Kenntnis erhalten hat.

109 Die anderweitige Information wird regelmäßig die Unfallanzeige des Schädigers bei seinem Versicherer sein. Obgleich deren Ordnungsgemäßheit nach Nr. E.1.1 AKB 2008 bzw. Nr. E.1.1.1 AKB 2015 eine Meldung innerhalb einer Woche verlangt, kommt es auf die Einhaltung der Frist für den Geschädigten nicht an, da auch die spätere Meldung zur Kenntnis des Versicherers führt.

110 § 15 StVG bezieht sich im Übrigen nur auf den Anspruchsgrund. Die Anspruchshöhe unterliegt keinem Ausschlusstatbestand. Ferner kommt die Anwendung nur für den Bereich des StVG in Betracht. Ansprüche aus anderen Gesetzen, etwa Vertrag, unerlaubter Handlung oder nach dem HaftPflG bleiben unberührt. Gleiches gilt für die Ausgleichsansprüche nach § 17 StVG.

111 Die Anzeige ist nicht formgebunden, kann also auch telefonisch oder mündlich erfolgen. Derartiges Verhalten hat lediglich Auswirkungen auf den Nachweis. In der Praxis kommt allerdings schon die mündliche Geltendmachung von Ansprüchen am Unfallort in Betracht. Inhaltlich muss die Anzeige ausreichend konkret sein, um klarzustellen, *wer, wann und wo* einen Sach- oder Personenschaden

186 *BGH*, Urt. v. 10.02.2022 – VII ZR 692/21, BeckRS 2022, 4168.

187 *BGH*, Urt. v. 29.10.2009 – I ZR 191/07, NJW 2010, 2270; *BGH*, Urt. v. 27.01.2010 – VIII ZR 58/09, NJW 2010, 2422; vgl. auch *Mell-Hannick* LMK 2010, 304505; *Fischer* LMK 2010, 301800.

erlitten hat. Der erforderliche Inhalt ist aus der Sicht des Schädigers nach dem Grundsatz zu beurteilen, ob er damit in der Lage ist, ausreichende Feststellungen zum Sachverhalt treffen zu können.

Nach Ansicht des *BGH* reicht hierzu allein die konkrete Bezeichnung des Schadensereignisses, einer inhaltlichen Substantiierung des Anspruchs bedarf es nicht.[188]

Anzeigepflichtig ist der Ersatzberechtigte, also jene Person, die glaubt, Ansprüche stellen zu können. 112
Der Zugang der Anzeige beim Ersatzpflichtigen reicht aus, seine Kenntnisnahme ist nicht erforderlich. Bei nicht voll Geschäftsfähigen oder bei juristischen Personen ist der Zugang beim Vertreter erforderlich.

Sind mehrere Ersatzpflichtige vorhanden, ist die Anzeige jedem einzelnen gegenüber zu erstatten. 113
Damit sind Anzeigeempfänger auch Halter und Fahrer der Gegenseite. Da der Versicherer jedoch nach A.1.1.1 AKB 2015 zur Regulierung bevollmächtigt ist, gilt die ihm gegenüber erfolgte Anzeige auch gegenüber Halter und Fahrer. Ob hierbei eine Interessenkollision zwischen Versicherer und Versicherten in Betracht kommt, spielt für den Befreiungstatbestand einer Versichertenmeldung keine Rolle, da erst nach Vorliegen der Anzeige die entsprechende Prüfung erfolgen kann, dem Versicherer also die nach § 15 S. 2 StVG anderweitige Information vorliegt.

Der Ersatzpflichtige muss beweisen, dass und wann der Berechtigte von dem Schaden Kenntnis 114
erlangt hat. Der Berechtigte muss dartun, dass die Voraussetzungen des § 15 S. 2 StVG vorliegen.

Behauptet der Berechtigte den Versicherer in Textform unterrichtet zu haben, hat er den Zugang zu 115
beweisen. Denn die Anzeige ist eine empfangsbedürftige Willenserklärung, für die die Regeln des § 130 BGB gelten. Nach allgemeinen Grundsätzen ist das Verschulden des gesetzlichen Vertreters oder des beauftragten Anwalts dem Geschädigten zuzurechnen.

Trat ein Ausschluss gemäß § 15 StVG ein, ist bei weiterbestehenden Ansprüchen aus unerlaubter Handlung zu berücksichtigen, dass bei der Haftungsabwägung das Element der Betriebsgefahr, § 7 StVG, nicht mehr verwendet werden darf. Außerdem tritt an die Stelle des § 17 StVG der § 254 BGB.

Sind mehrere Ersatzpflichtige vorhanden, so ist die Anzeige jedem einzelnen gegenüber zu erstatten. 116
Gegebenenfalls kommt jedoch die sog. Repräsentanteneigenschaft eines Schädigers, also beispielsweise das Wissen des Versicherungsvertreters, demgegenüber Mitteilungen erfolgten, in Betracht.[189] Da der Haftpflichtversicherer gemäß § 10 II. Nr. 5 AKB a.F. bzw. A 1.1.4 AKB 2008, unabhängig von einem Überschreiten der Versicherungssumme,[190] zur Schadensregulierung bevollmächtigt ist, wirkt eine ihm gegenüber erklärte Anzeige gleichzeitig für alle vom Versicherungsvertrag erfassten Personen, also auch Halter und Fahrer. Beruft sich der Versicherer allerdings auf Leistungsfreiheit, etwa wegen Obliegenheitsverletzungen, sodass er Regress nehmen kann, liegt eine Interessenkollision vor. Demgemäß kann er die Interessen der Versicherten vorgerichtlich nicht und gerichtlich nur im Wege der Streithelfereigenschaft[191] vertreten. Diese Interessenkollision[192] kann jedoch erst nach der erstatteten Anzeige geprüft werden, sodass zum Zeitpunkt des Zugangs der Anzeige weiterhin von einer Wirkung auch auf die gemäß § 2 Abs. 2 KfzPflVV vom Versicherungsvertrag erfassten Personen auszugehen ist.

188 *BGH*, Urt. v. 12.06.1979 – VI ZR 192/78, NJW 1979, 2155.

189 Vgl. Römer VVG § 30 Rn. 1 f. m.w.N.

190 Vgl. *Feyock/Jacobsen/Lemor* § 7 AKB Rn. 117 m.w.N.

191 Grundlegend *Freyberger* VersR 1991, 842; NZV 1992, 291; *OLG Hamm*, Urt. v. 29.04.1996 – 6 U 187/95, NJW-RR 1997, 156.

192 Vgl. *BGH*, Urt. v. 09.03.1993 – VI ZR 249/92, VersR 1993, 625; *OLG Frankfurt*, Urt. v. 11.01.1991 – 8 U 124/90, r+s 1991, 329; *OLG Hamm*, Urt. v. 29.04.1996 – 6 U 187/95, NJW-RR 1997, 156.

## Kapitel 9 Gesamtschuldnerausgleich und Haftungsprivilegien

Übersicht



### A. Allgemeine Erwägungen

1 In diesem Kapitel werden die Ausgleichsansprüche von Gesamtschuldnern behandelt, die dem Geschädigten im Außenverhältnis auf den gesamten Schaden haften, beim Gesamtschuldnerregress im Innenverhältnis aber nur nach der Quote ihres Verursachungs- bzw. Verantwortungsanteils belastet werden. Hingegen bleibt gegenüber dem Geschädigten grundsätzlich die volle Haftung bestehen, ohne dass einer der Schädiger auf den Tatbeitrag des anderen verweisen kann.[1] Eine Ausnahme besteht im Rahmen eines gestörten Gesamtschuldverhältnisses. Eine gestörte Gesamtschuld liegt immer dann vor, wenn einer der Schädiger im Außenverhältnis z.B. auf Grund eines Haftungsprivilegs nicht oder nur eingeschränkt haftet. In diesen Fällen haftet der Zweitschädiger im Außenverhältnis nur in Höhe des Anteils, der seiner Haftungsquote im Innenverhältnis der Gesamtschuldner entspricht.

2 Tatbestände, die eine gesamtschuldnerische Haftung begründen finden sich im Deliktsrecht des BGB aber auch im StVG. Häufig ist hier die Konstellation, dass der Halter eines Kfz der vom Verschulden losgelösten Gefährdungshaftung nach § 7 Abs. 1 StVG unterliegt und der Fahrer gleichzeitig aus gesetzlich vermutetem Verschulden nach § 18 Abs. 1 StVG haftet. Beide haften in dieser Situation als Gesamtschuldner mit der Rechtsfolge, dass gem. § 421 BGB jeder der Gesamtschuldner im Außenverhältnis die gesamte Leistung zu bewirken hat, der Geschädigte diese Leistung allerdings

1 *BGH* bei *Walter* SVR 2010, 467 (468).

nur einmal verlangen kann. Der Geschädigte hat also das Privileg, sich denjenigen aussuchen zu können, den er im Außenverhältnis in Anspruch nimmt. Dies können alle Gesamtschuldner oder aber auch nur Einzelne sein.

**Praxistipp**

In der Regel wird der Geschädigte den Gesamtschuldner auswählen, der die größte finanzielle Leistungsfähigkeit verspricht. Allerdings können auch prozessuale Überlegungen zu einer Inanspruchnahme des Gesamtschuldners führen, so z.B. der Umstand, einen Schuldner als Zeugen im Prozess auszuschalten. Dies führt im Verkehrshaftpflichtprozess in der Regel dazu, dass die KH Versicherung und der Fahrer des gegnerischen Fahrzeugs in Anspruch genommen werden. Die Versicherung wegen der finanziellen Leistungsfähigkeit, der Fahrer, um ihn als Zeugen auszuschalten. Hingegen ist die Inanspruchnahme des Halters nur dann zwingend, wenn er auch der Fahrer des gegnerischen Fahrzeugs war, anderenfalls sollte der Halter zur Vermeidung der dann möglichen Widerklage nicht verklagt werden. 3

Mit Rücksicht auf diese Auswahlmöglichkeit des Geschädigten bestimmt § 422 BGB, dass die Erfüllung durch einen Gesamtschuldner auch die übrigen Gesamtschuldner im Verhältnis zum Geschädigten von der Leistungspflicht befreit. 4

§ 426 Abs. 2 BGB bestimmt, dass wenn ein Gesamtschuldner den Gläubiger befriedigt und er von den übrigen Gesamtschuldnern Ausgleichung verlangen kann, die Forderung des Gläubigers gegen die anderen Gesamtschuldner auf ihn übergeht. Neben dieser aus übergegangenem Recht geltend zu machenden Regressforderung gegen die übrigen Gesamtschuldner, entsteht dem leistenden Gesamtschuldner allerdings noch ein eigener Ausgleichsanspruch gem. § 426 Abs. 1 BGB gegen die übrigen Gesamtschuldner. Es handelt sich hier um Ausgleichsansprüche, die nebeneinander im Sinne einer Anspruchskonkurrenz bestehen.[2] 5

Die Ausgleichspflicht der Gesamtschuldner untereinander bildet das Korrektiv der auf den gesamten Schaden gehenden Haftung im Außenverhältnis. Es soll sichergestellt werden, dass jeder Schuldner im Innenverhältnis ausschließlich mit seinem Haftungsanteil belastet bleibt. Dabei tritt in der Regel an die in § 426 Abs. 1 BGB vorgesehene Ausgleichung nach Kopfteilen eine Verteilung unter Berücksichtigung des jeweiligen konkreten Verursachungsbeitrages. 6

Soweit § 17 StVG anwendbar ist, gilt diese Vorschrift als lex specialis und zwar auch insoweit, als Halter und Fahrer des Kfz selbst als Verletzte in Betracht kommen. Ist an dem Unfall ein Anhänger beteiligt, gilt § 19 StVG als Spezialvorschrift. Nach § 19 Abs. 4 Satz 2 StVG ist im Verhältnis der Halter des Zugfahrzeugs und des Anhängers zueinander nur der Halter des Zugfahrzeugs verpflichtet. Dies gilt nicht, soweit sich durch den Anhänger eine höhere Gefahr verwirklicht hat als durch das Zugfahrzeug allein; in diesem Fall hängt die Verpflichtung zum Ausgleich davon ab, inwieweit der Schaden vorwiegend von dem Zugfahrzeug oder dem Anhänger verursacht worden ist (§ 19 Abs. 4 Satz 3 StVG). Das Ziehen des Anhängers allein verwirklicht im Regelfall keine höhere Gefahr (§ 19 Abs. 4 Satz 4 StVG).[3] 7

## I. Voraussetzungen des Gesamtschuldnerausgleichs

Die Vorschriften, die sich mit der Ausgleichspflicht der Gesamtschuldner befassen, kommen nur insoweit zur Anwendung, als die einzelnen Beteiligten für den Schaden als Gesamtschuldner haften. Fehlt es im Hinblick auf von einem Schädiger geleistete Zahlungen an einem Gesamtschuldverhältnis, so erwächst ihm kein Ausgleichsanspruch gegenüber den anderen Beteiligten. Ein Gesamtschuldnerausgleich zwischen mehreren Personen setzt also immer voraus, dass eine Haftung aller gegen- 8

2 *OLG München* VersR 2008, 974 f.

3 Vgl. dazu *BGH* r+s 2024, 83 und für den Ausgleich zwischen dem Halter einer deutschen Zugmaschine und eines ausländischen Anhängers *BGH* VersR 2021, 572.

über dem Geschädigten besteht. Fehlt es daran, so kann ein Gesamtschuldnerausgleich nicht stattfinden.[4] In diesen Fällen ist dann auch kein Raum für die Annahme einer gestörten Gesamtschuld, da auch die gestörte Gesamtschuld zunächst gesamtschuldnerisch haftende Schuldner voraussetzt.[5]

9 Haftet von mehreren Schädigern einer nur im Rahmen der Höchstbeträge des § 12 StVG, so kann er auch über den Weg des Schadenausgleichs nicht über die Höchstgrenze in Anspruch genommen werden.[6] Allerdings sind die Haftungshöchstgrenzen im Rahmen einer auch verschuldensabhängingen Haftung z.B. gem. § 823 BGB nicht anzuwenden.[7]

## II. Selbstständiger Charakter des Ausgleichsanspruchs nach § 426 Abs. 1 BGB

10 Bei dem Ausgleichsanspruch zwischen Gesamtschuldnern handelt es sich um einen rechtlich selbstständigen Ausgleichsanspruch, der vom Forderungsübergang nach § 426 II BGB zu trennen ist. Der Ausgleichsanspruch des § 426 I BGB führt nach seiner Entstehung im Verhältnis zum Schadensersatzanspruch des Geschädigten ein rechtliches Eigenleben. Dies soll an den nachfolgend aufgeführten Beispielen verdeutlicht werden.

### 1. Vergleich

11 Ein Abfindungsvergleich stellt in der Regel einen Erlass der über den Abfindungsbetrag hinausgehenden Forderungen dar. Kommt ein solcher Vergleich zwischen dem Geschädigten und einem der Gesamtschuldner zustande, so fragt sich, ob dieser Abfindungsvergleich auch eine Erlasswirkung zu Gunsten der übrigen Gesamtschuldner entfaltet.

Schließt ein Verletzter einen Abfindungsvergleich mit nur mit einem von mehreren Gesamtschuldnern, so gilt für einen darin enthaltenen (Teil-)Erlass bestehender Forderungen § 423 BGB. Nach dieser Vorschrift wirkt ein zwischen einem Gläubiger und einem Gesamtschuldner vereinbarter Erlass auch für die weiteren Mitschuldner, wenn die Vertragsschließenden das ganze Schuldverhältnis aufheben wollten. Das Vorliegen eines entsprechenden – auf eine Gesamtwirkung des Erlasses gerichteten – übereinstimmenden Parteiwillens muss sich aus dem Inhalt der Willenserklärungen oder den ihre Abgabe begleitenden Umständen durch Auslegung ermitteln lassen; der begünstigte Gesamtschuldner trägt hierfür die Beweislast.[8]

Ob ein Vergleich eine Gesamtwirkung haben soll, ist durch Auslegung des Vertrags zu ermitteln. Im Zweifel kommt nach der Rechtsprechung des *BGH* einem Vergleich mit einem Gesamtschuldner grundsätzlich keine Gesamtwirkung zu. Eine Gesamtwirkung kann nur angenommen werden, wenn sich aus dem Vergleich ausdrücklich oder den Umständen nach ergibt, dass der Gläubiger den Willen hatte, auch gegenüber dem nicht am Vergleich beteiligten Gesamtschuldner auf weitergehende Ansprüche zu verzichten und ihn deshalb nicht mehr in Anspruch zu nehmen.[9]

War etwa der Vergleichspartner im Innenverhältnis zu den weiteren Gesamtschuldnern allein verpflichtet, so wirkt der Vergleich nach § 423 BGB auch zu Gunsten der weiteren Gesamtschuldner. War er aber im Innenverhältnis nicht verpflichtet, so hat der Vergleich nur Einzelwirkung für ihn selbst.[10]

Es ist daher zu empfehlen, im Abfindungsvergleich ausdrücklich zu regeln, ob die Parteien i.S.d. § 423 BGB das gesamte Schuldverhältnis aufheben und damit dem Abfindungsvergleich eine Erlasswirkung zu Gunsten aller Gesamtschuldner beimessen wollten.

4 *OLG Celle* PvR 2001, 282 mit Anm. *Schröder*.
5 *BGH* NJW 2021, 550.
6 *BGH* VersR 1964, 1145, 1147.
7 *OLG Celle* BeckRS 2007, 12333.
8 *LG Marburg* BeckRS 2015, 08669.
9 *BGH* NJW 2012, 1071.
10 Vgl. dazu MüKoBGB/*Heinemeyer* BGB § 423 Rn. 4 m.w.N.

So hatte das *OLG Düsseldorf* in seiner Entscheidung vom 11.05.2000[11] einen Sachverhalt zu entscheiden, in dem sich ein bei einem Motorradunfall Geschädigter in einem Abfindungsvergleich gegenüber dem Schädiger und nach dem Text des Vergleichs ausdrücklich auch gegen etwaige weitere Gesamtschuldner gegen Zahlung eines Geldbetrages als abgefunden erklärte. Der weitere Gesamtschuldner war der behandelnde Arzt des Geschädigten, dem bei der Behandlung der Unfallverletzungen des Geschädigten ein Behandlungsfehler unterlaufen war. Das *OLG* hat die Klage des Geschädigten gegen den behandelnden Arzt abgewiesen, der *BGH* hat die Revision nicht angenommen. Das *OLG* hat ausgeführt, dass sich der Geschädigte durch seinen Abfindungsvergleich mit dem Unfallschädiger weiterer Ansprüche gegen den Arzt begeben habe, wie bereits aus dem Wortlaut des Abfindungsvergleichs folge. Auch müsse bedacht werden, dass der Unfallschädiger den Abfindungsvergleich gerade mit der Absicht geschlossen habe, eine abschließende Zahlung zu erbringen, sodass auch weitere Gesamtschuldner des Geschädigten von dessen Wirkung umfasst werden, damit sich der Unfallschädiger neben der Zahlung der Vergleichssumme nicht weiteren Zahlungen aus Anlass der Inanspruchnahme im Wege eines möglichen Gesamtschuldnerausgleichs ausgesetzt sieht.

Wird kein Abfindungsvergleich geschlossen, sondern ein Vergleich der z.B. bei Vereinbarung einer Haftungsquote den Geschädigten begünstigt, sind die anderen Gesamtschuldner daran nicht gebunden, da es sich auch hier um einen Vertrag zulasten Dritter handeln würde. Eine belastende Wirkung kann ein Vergleich zwischen einem Schädiger und dem Geschädigten zum Nachteil der anderen Gesamtschuldner niemals haben. 12

## 2. Verjährung

Während sich die Verjährung des nach § 426 Abs. 2 BGB übergegangenen Anspruchs nach der Verjährung der übergegangenen Forderung richtet, unterliegt der Ausgleichsanspruch einer eigenen Verjährung. Hier handelt es sich üblicherweise um die regelmäßige Verjährung, die nach § 195 BGB drei Jahre beträgt. Eine Ausnahme gilt nur dann, wenn für das konkret zugrunde liegende Innenverhältnis eine abweichende Frist besteht, die dann vorgeht.[12] Fraglich ist, wann diese Verjährung beginnt. 13

Da sich die Verjährung des Ausgleichsanspruchs nach den allgemeinen Vorschriften des Verjährungsrechts bestimmt, beginnt die Verjährung des Ausgleichsanspruchs gem. § 199 BGB am Schluss des Jahres, in dem der Anspruch entstanden ist und der Gläubiger von den Anspruch begründenden Umständen und der Person des Schuldners Kenntnis erlangt hat oder ohne grobe Fahrlässigkeit hätte erlangen müssen. Ausreichend für den Verjährungsbeginn ist es dabei, dass der Gläubiger jedenfalls in der Lage wäre, eine Feststellungsklage zu erheben, es ist nicht erforderlich, dass er den Anspruch bereits beziffern kann.[13] 14

Dabei entsteht der Anspruch bereits in dem Zeitpunkt, in dem die mehreren Ersatzpflichtigen dem Geschädigten ersatzpflichtig werden, d.h. mit der Entstehung der Gesamtschuld im Außenverhältnis. Er besteht zunächst als Mitwirkungs- und Befreiungsanspruch und wandelt sich nach Befriedigung des Gläubigers in einen Zahlungsanspruch um. Unabhängig von seiner Ausprägung als Mitwirkungs-, Befreiungs- oder Zahlungsanspruch handelt es sich um einen einheitlichen Anspruch, der einer einheitlichen Verjährung unterliegt und mit der Begründung der Gesamtschuld entstanden ist.[14] 15

## 3. Selbstständige Rechtskraft

Die Selbstständigkeit des Ausgleichsanspruchs zeigt sich auch daran, dass er der selbstständigen Rechtskraft fähig ist. So ist es beispielsweise möglich, dass im Regressprozess zwischen den Gesamtschuldnern die Haftung des Ausgleichspflichtigen anders beurteilt wird als im vorausgegangenen Haftpflichtprozess, der das Außenverhältnis zum Geschädigten als Gegenstand hatte. So kann im 16

11 *OLG Düsseldorf* VersR 2002, 54.
12 MüKoBGB/*Heinemeyer* BGB § 426 Rn. 26.
13 *BGH* VersR 2017, 170.
14 *BGH* a.a.O.

Haftpflichtprozess ein Schuldner für haftpflichtig erklärt werden, den das Gericht im nachfolgenden Regressprozess nicht für haftpflichtig und damit auch nicht für ausgleichspflichtig hält. Das Urteil im Haftpflichtprozess erzeugt also keine präjudizielle Bindung.[15] Um diese zu erreichen, müssten sich die Gesamtschuldner jeweils untereinander den Streit verkünden, was auch die Hemmung der Verjährung des Ausgleichsanspruchs der Gesamtschuldner untereinander bewirken würde.

### 4. Keine Einwendungen aus dem Grundverhältnis

17 Die Selbstständigkeit des Ausgleichsanspruchs nach § 426 Abs. 1 BGB zeigt sich auch daran, dass dieser Ausgleichsanspruch nicht mit Einwendungen bekämpft werden kann, die das Grundverhältnis zum außenstehenden Dritten betreffen. Der in Regress genommene Gesamtschuldner kann also z.B. nicht einwenden, dass die von den übrigen Gesamtschuldnern beglichene Forderung des Dritten nicht fällig war. Ferner wird der Ausgleichsanspruch des Gesamtschuldners, der den Anspruch des Gläubigers erfüllt hat, auch nicht dadurch berührt, dass der Anspruch des Gläubigers gegen den anderen Gesamtschuldner verjährt ist[16] oder er sich hinsichtlich seiner Inanspruchnahme durch den Gläubiger auf die Einrede der Verjährung hätte berufen können.[17] Eine Durchbrechung dieses Grundsatzes kommt nur unter zwei Gesichtspunkten infrage, nämlich einer abweichenden vertraglichen Vereinbarung zwischen den Parteien oder aufgrund der Grundsätze von Treu und Glauben, insbesondere wenn die übrigen Gesamtschuldner die Zahlungen an den Dritten treuwidrig veranlassten und Einwendungen gegen die Forderung schuldhaft unterließen.[18]

## B. Der Freistellungsanspruch

18 Hat der ausgleichsberechtigte Gesamtschuldner noch keine Zahlungen erbracht, so erwächst diesem Gesamtschuldner bis zur Zahlung aus diesem Ausgleichsanspruch ein Freistellungsanspruch gegenüber den anderen zum Ausgleich verpflichteten Gesamtschuldnern, der sich erst im Fall der Zahlung an den Geschädigten in einen Zahlungsanspruch umwandelt.

19 Der schon vor einer Leistung an den Gläubiger bestehende Anspruch eines jeden Gesamtschuldners gegen die übrigen Gesamtschuldner, ihrem Haftungsanteilen entsprechend an der Befriedigung des Geschädigten mitzuwirken, kann in der Form des Freistellungsanspruchs bereits mit der Klage verfolgt und gem. § 887 ZPO vollstreckt werden. Aus § 887 Abs. 2 ZPO ergibt sich sodann die Möglichkeit, die übrigen Gesamtschuldner zu einem Vorschuss an den Gesamtschuldner zu zwingen, der den Freistellungsanspruch geltend macht.

20 Die Verjährung des Freistellungsanspruchs beginnt mit der Begründung der Gesamtschuld und der Kenntnis des ausgleichsberechtigten Gesamtschuldners von seiner Regressmöglichkeit.[19]

## C. Der Leistungsanspruch

21 Erst dann, wenn einer der Gesamtschuldner den Gläubiger befriedigt hat, wandelt sich der bis dahin bestehende Freistellungsanspruch gegen die übrigen Gesamtschuldner in Höhe des Haftungsanteils, der den Verantwortungsbeitrag des im Außenverhältnis leistenden Gesamtschuldners übersteigt, zu einem Anspruch des vorleistenden Gesamtschuldners auf Zahlung an sich.

### I. Grundsatz – Teilschuld im Innenverhältnis

22 Im Grundsatz stehen sich die Gesamtschuldner im Innenverhältnis als Teilschuldner gegenüber. Jeder Schuldner ist also nur zum Ausgleich seines Anteils entsprechend seinem Verursachungs- und

15 *BGH* VersR 1969, 1039; *BGH* VersR 2019, 496.
16 *BGH* VersR 2010, 396.
17 *BGH* VersR 2010, 397 (398) = NJW 2010, 435.
18 *OLG München* VersR 2008, 974 f.
19 *Klutinius* VersR 2008, 617 (618).

Verantwortungsbeitrag an den anspruchsberechtigten Gesamtschuldner verpflichtet. Die übrigen Gesamtschuldner sind nicht Gesamtschuldner des im Außenverhältnis leistenden Gesamtschuldners.[20] Bei Ausfall eines Gesamtschuldners z.B. wegen Zahlungsunfähigkeit, erhöht sich aber der Anteil der verbleibenden Gesamtschuldner und damit auch des Ausgleichsberechtigten entsprechend, dies folgt aus § 426 Abs. 1 S. 2 BGB.[21]

### II. Ausnahme – Gesamtschuld im Innenverhältnis

Ist der Ausgleichsberechtigte im Innenverhältnis von jeder Haftung freigestellt, so haften ihm die übrigen Gesamtschuldner hingegen auch im Innenverhältnis als Gesamtschuldner.[22] Gleiches gilt, wenn mehrere Gesamtschuldner eine Haftungseinheit bilden. Sie werden für den Ausgleich so behandelt, als wären sie eine Person und haften dann für die gemeinsame Quote gesamtschuldnerisch gegenüber dem ausgleichsberechtigten Gesamtschuldner.[23] Eine solche Haftungseinheit besteht immer dann, wenn sich das Verhalten mehrerer Schädiger in ein und demselben Verursachungsbeitrag ausgewirkt hat, dies kann beispielsweise bei Halter und Fahrer eines Kfz der Fall sein.[24] 23

## D. Der Forderungsübergang nach § 426 Abs. 2 BGB

Soweit ein Gesamtschuldner den Gläubiger befriedigt hat und die von ihm erbrachte Leistung über seinen Haftungsanteil im Innenverhältnis hinausgeht, geht die im Außenverhältnis befriedigte Forderung auf den leistenden Gesamtschuldner über (§ 426 Abs. 2 BGB). Neben dem oben behandelten Leistungsanspruch aus § 426 Abs. 1 BGB bietet sich also hier eine weitere Regressmöglichkeit des leistenden Gesamtschuldners gegenüber den anderen Gesamtschuldnern. Der übergegangene Anspruch kann für den Ausgleichsberechtigten Vorteile der Verzinsung, der örtlichen, sachlichen oder funktionalen Gerichtszuständigkeit, einer Schiedsklausel (§ 1029 ZPO) oder der rechtskräftigen Entscheidung (§ 325 ZPO) bieten. Günstig kann es auch sein, dass die übergegangene Forderung auf eine bessere Währung als der Ausgleichsanspruch nach § 426 Abs. 1 BGB lautet. Einen besonderen Vorteil bietet allerdings der Mitübergang von für den Gläubigeranspruch bestellten Sicherheiten.[25] 24

Durch diesen Forderungsübergang wächst der vorleistende Gesamtschuldner in die Rechtsstellung des ursprünglichen Gläubigers hinein und kann nunmehr aus übergegangenem Recht dessen Anspruch gegenüber den anderen Gesamtschuldnern in der Weise geltend machen, dass der eigene Verantwortungsbeitrag des Vorleistenden angerechnet wird, der Ausgleichsanspruch also lediglich in Höhe des Betrages besteht, den der Vorleistende über seinen eigenen Mithaftungsanteil hinaus aufgrund seiner gesamtschuldnerischen Haftung hinaus bezahlt hat. 25

In diesem Zusammenhang ist allerdings zu beachten, dass nur begründete Ersatzansprüche des Berechtigten gem. § 426 Abs. 2 BGB auf den vorleistenden Gesamtschuldner übergehen können. Zahlt er mehr, als im Außenverhältnis nach Sach- und Rechtslage tatsächlich geschuldet wird, so kann insoweit die Forderung nicht übergehen. Dem Vorleistenden fehlt also für den zu Unrecht gezahlten Teil der Forderung die Aktivlegitimation. 26

Haftet der im Außenverhältnis in Anspruch genommene vermeintliche Gesamtschuldner bereits im Außenverhältnis nicht, dann liegt kein Gesamtschuldverhältnis vor. Auch in diesem Fall findet ein Forderungsübergang nach § 426 Abs. 2 BGB nicht statt, sodass auch in diesem Fall die Aktivlegitimation für die Geltendmachung des befriedigten Anspruchs fehlt.[26] 27

20 BeckOK BGB/*Gehrlein* BGB § 426 Rn. 5 m.w.N.
21 BeckOK BGB/*Gehrlein* BGB § 426 Rn. 5 m.w.N.
22 BGHZ 17, 214 (222).
23 BGHZ 55, 344, 349 und BGHZ 61, 214 (220).
24 Vgl. *BGH* NJW 1966, 1262.
25 MüKoBGB/*Heinemeyer* BGB § 426 Rn. 43.
26 *BGH* VersR 2019, 496.

▶ **Praxistipp**

28 In der Regel ist die Geltendmachung des stärkeren Ausgleichsanspruchs nach § 426 Abs. 1 BGB zu empfehlen, da er nicht mit den Einwendungen bekämpft werden kann, die das Grundverhältnis betreffen und über eine vom Grundverhältnis unabhängige eigene Verjährungsfrist verfügt.

## E. Prozesskosten

29 Wird einer der Gesamtschuldner mit einem Prozess überzogen, so entsteht diesem wegen der ihm entstandenen Prozesskosten gegen die anderen Gesamtschuldner in der Regel kein Ausgleichsanspruch gem. § 426 BGB, da im Hinblick auf die ihm entstandenen Prozesskosten kein Gesamtschuldverhältnis besteht. Der *BGH* weist in diesem Zusammenhang allerdings zutreffend darauf hin, dass sich hier im Einzelfall aus besonderen Gründen auch abweichende Lösungen ergeben können.[27] Kriterien für etwaige abweichende Lösungen sind das Verhalten der einzelnen Gesamtschuldner zueinander im Fall der Inanspruchnahme durch den Gläubiger im Außenverhältnis und die Frage der tatsächlichen Einstandsverpflichtung im Innenverhältnis. Es sind hier Fallkonstellationen denkbar, die zu einer Kostenverteilung zwischen den Gesamtschuldnern und damit auch zu Ausgleichsansprüchen führen, wenn die alleinige Kostentragung des im Außenverhältnis in Anspruch genommenen Gesamtschuldners mit den Grundsätzen von Treu und Glauben nicht vereinbar ist.

30 So wäre es beispielsweise denkbar, einen Gesamtschuldner, der im Innenverhältnis ausschließlich eintrittspflichtig ist, mit den Kosten des Rechtsstreits jedenfalls mit zu belasten, wenn er durch sein Verhalten den Prozess gegen einen anderen im Innenverhältnis nicht ausgleichspflichtigen Gesamtschuldner provoziert hat,[28] wobei aber auch hier im Sinne einer Verteilung der Kosten nach Quoten, wie etwa bei der Annahme eines Mitverschuldens, die Frage geklärt werden muss, warum es der andere Gesamtschuldner überhaupt zum Prozess hat kommen lassen und den Gläubiger im Außenverhältnis nicht befriedigt hat, um die entstandenen Prozesskosten im Sinne einer Schadenminderung zu vermeiden. Umgekehrt wird man alle Gesamtschuldner im Rahmen ihres materiell gerechtfertigten Verantwortungsbeitrages für ausgleichspflichtig jedenfalls dann halten dürfen, wenn gegen einen von ihnen ein Musterprozess geführt worden ist und alle anderen damit einverstanden waren, die ihnen obliegende Leistung zunächst zurückzustellen, um die allgemein interessierende Rechtsfrage im Prozess endgültig klären zu lassen.

31 Befinden sich alle Gesamtschuldner im Verzug, wird aber nur einer von ihnen verklagt, so realisiert sich bei diesem Gesamtschuldner ein Risiko, dass jeden der Gesamtschuldner hätte treffen können. Auch hier kann es unbillig sein, lediglich den verklagten Gesamtschuldner die Kosten allein tragen zu lassen. Auch hier wird man bei der Kostenverteilung aber zu prüfen haben, warum der verklagte Gesamtschuldner nicht vor Prozessbeginn den Anspruch in voller Höhe befriedigt hat bzw. warum die anderen Gesamtschuldner ihren Beitrag zur Befriedigung des Gläubigers nicht vor oder während des Prozesses zur Verfügung gestellt haben, um den Rechtsstreit zu vermeiden bzw. die Kosten zu reduzieren.

▶ **Praxistipp**

32 Im Ergebnis sollte daher der strikte Grundsatz, dass dem in Anspruch genommenen Gesamtschuldner wegen der Prozesskosten gegen die anderen Gesamtschuldner grds. kein Ausgleichsanspruch gem. § 426 BGB zusteht, in jedem Einzelfall auf seine Angemessenheit überprüft und die Kosten ggf. abweichend davon verteilt werden.

---

27 *BGH* NJW 1974, 693 f.

28 Vgl. dazu z.B. *OLG München* BeckRS 2013, 197587 m.w.N.

## F. Voraussetzungen der Gesamtschuldnerschaft

Voraussetzung der Gesamtschuldnerschaft ist zunächst, dass sich der Anspruch des Gläubigers gegen mehrere Schuldner richtet (§ 421 BGB). Alle (Gesamt-)Schuldner müssen auf das Ganze verpflichtet sein, der Gläubiger darf allerdings nur berechtigt sein, die Leistung einmal zu fordern. 33

Die Pflichten der Gesamtschuldner müssen sich auf dasselbe Leistungsinteresse beziehen, dabei ist allerdings eine völlige Identität nicht erforderlich, es genügt eine an der Grenze zur inhaltlichen Gleichwertigkeit liegende besonders enge Verwandtschaft.[29] Diese Gleichstufigkeit fehlt z.B. dann, wenn aus Anlass eines Schadensfalls der eine Gläubiger Ersatz aus einem Versicherungsvertrag oder Teilungsabkommen, der andere aber aus Delikt schuldet. 34

Weitere Voraussetzung einer Gesamtschuld ist es, dass zwischen den (Gesamt-)Schuldnern eine Tilgungsgemeinschaft in dem Sinne bestehen muss, dass durch Erfüllung der einen Schuld auch die andere Schuld erlischt. Sie fehlt, wenn sich die Schulden im Rang unterscheiden, also die eine Schuld z.B. der Erfüllung eines Schadensersatzanspruchs und die andere der Erfüllung einer Unterhaltsverpflichtung dient oder zwischen der Haftpflichtversicherung eines Drittschädigers und dem lediglich aus Betriebsgefahr haftenden, das geleaste Fahrzeug haltenden Leasingnehmer.[30] Diese Gleichstufigkeit fehlt z.B. auch dann, wenn aus Anlass eines Schadensfalls der eine Gläubiger Ersatz aus einem Versicherungsvertrag oder Teilungsabkommen, der andere aber aus Delikt schuldet. So sind z.B. der deliktische Schädiger und der Kaskoversicherer des Geschädigten keine Gesamtschuldner, was dazu führt, dass bei der Beschädigung des gleichen Karosserieteils anlässlich verschiedener Schadenereignisse, der Geschädigte sowohl Leistungen des Kaskoversicherers als auch des deliktischen Schädigers beanspruchen kann.[31] Wäre der gleiche Schadenfall Anlass für die Leistung des Kaskoversicherers, bestünde zwar ebenfalls keine Gesamtschuld zwischen dem deliktischen Schädiger und der Kaskoversicherung, aufgrund des Anspruchsübergangs gem. § 86 VVG nach Leistung des Kaskoversicherers wäre jedoch dann die Aktivlegitimation des Geschädigten für die Durchsetzung der Ansprüche gegen den Schädiger entfallen. 35

Im Deliktsrecht finden sich in den §§ 830 ff. BGB diverse Vorschriften, die Fälle der Gesamtschuldnerschaft regeln. Sie bestimmen Gesamtschuldnerschaft im Außenverhältnis und regeln die Haftung im Innenverhältnis. 36

Darüber hinaus wird in § 840 BGB bestimmt, dass ein Mittäter (Dritter) im Innenverhältnis allein für den Schaden verantwortlich ist, wenn die Haftung des anderen sich lediglich aus den Bestimmungen der §§ 832 bis 838 BGB ergibt. 37

Haben mehrere Personen durch eine gemeinschaftlich begangene unerlaubte Handlung einen Schaden verursacht, dann ist gem. § 830 Abs. 1 S. 1 BGB jeder von ihnen im Verhältnis zum Geschädigten für den vollen Schaden verantwortlich. Das Gleiche gilt nach § 830 Abs. 1 S. 2 BGB wenn sich nicht feststellen lässt, wer von mehreren Beteiligten den Schaden verursacht hat. Anstifter und Gehilfen stehen haftungsrechtlich Mittätern gleich (§ 830 Abs. 2 BGB). 38

Über die Tatumstände des § 830 BGB hinaus bestimmt § 840 BGB eine gesamtschuldnerische Haftung auch für die Fälle, in denen derselbe Schaden durch nicht miteinander in Verbindung stehende Personen verursacht worden ist. Für das Verhältnis der Beteiligten untereinander gelten die Bestimmungen der §§ 426, 840 Abs. 2 und Abs. 3 sowie 841 BGB. 39

29 BGHZ 43, 227 (233).

30 *AG Heilbronn* DAR 2020, 637.

31 *BGH* VersR 2009, 1130.

## G. Haftungsprivilegien und Gesamtschuldnerschaft

### I. Einleitung

40 Haftungsprivilegien können auf einer vertraglichen Vereinbarung oder auf gesetzlichen Bestimmungen beruhen. Von besonderer Bedeutung im Haftpflichtrecht sind die gesetzlichen Haftungsprivilegien. Sie führen im unmittelbaren Verhältnis zwischen dem Schädiger und Geschädigten zu Haftungserleichterungen zugunsten des Schädigers oder sogar zu einem Haftungsausschluss. Haftungsprivilegien können sich aus den unterschiedlichsten Gründen wie z.B. einer wirtschaftlichen Gemeinschaft, einer besonderen Nähebeziehung oder wie im Fall der Haftungsprivilegien nach §§ 104 ff. SGB VII bei einem Arbeitsunfall u.a. daraus begründen, dass der Unternehmer für die Beiträge zur gesetzlichen Unfallversicherung aufkommt,[32] sodass er nur unter besonderen Voraussetzungen gleichwohl auf Schadensersatz in Anspruch genommen werden kann.

41 Haftungsprivilegien einzelner Gesamtschuldner können zu einer gestörten Gesamtschuld führen, sodass sich im Außenverhältnis zum Geschädigten eine Reduzierung des Anspruchs ergibt, den der Geschädigte geltend machen kann. Entsprechend soll daher an dieser Stelle auf einige für die Kfz Schadenregulierung bedeutsame Haftungsprivilegien eingegangen und das Rechtsinstitut der gestörten Gesamtschuld erläutert werden.

**▶ Praxistipp**

42 Mit der Einwendung eines Haftungsprivilegs des weiteren Gesamtschuldners hat der im Außenverhältnis grundsätzlich auf die volle Forderung haftende nicht haftungsprivilegierte Gesamtschuldner die Möglichkeit seine Haftung bereits im Außenverhältnis auf seinen im Innenverhältnis bestehenden Haftungsanteil und damit ggf. sogar auf null zu reduzieren. Damit vermeidet der nicht haftungsprivilegierte Gesamtschuldner eine über seinen Haftungsanteil hinausgehende Inanspruchnahme im Außenverhältnis. Da es sich bei der gestörten Gesamtschuld um einen für den nicht haftungsprivilegierten Gesamtschuldner günstigen Einwand handelt, hat er allerdings die Voraussetzungen der gestörten Gesamtschuld darzulegen und zu beweisen.[33]

### II. Einzelne Haftungsprivilegien

#### 1. Ehegatten (§ 1359 BGB)

43 Gem. § 1359 BGB haben Ehegatten bei der Erfüllung der sich aus dem ehelichen Verhältnis ergebenden Verpflichtungen einander nur für diejenige Sorgfalt einzustehen, welche sie in eigenen Angelegenheiten anzuwenden pflegen. Dieser erleichterte Haftungsmaßstab gilt jedoch nicht für das Verkehrsrecht.

44 Nach ständiger Rspr. des *BGH* kann ein Ehegatte, der vom anderen Ehegatten als Fahrzeugführer geschädigt worden ist, Schadensersatz verlangen, ohne dass eine Berufung auf den milderen Haftungsmaßstab des § 1359 BGB möglich wäre.[34] Begründet hat der *BGH* seine Auffassung damit, dass eine Haftungsprivilegierung, die sich auf eine personenbezogene Minderung der Sorgfaltsanforderung gründet, der Schutzfunktion des Haftpflichtrechts, der bei der Ausdehnung und Gefährlichkeit des Straßenverkehrs eine besondere Bedeutung zukommt, nicht gerecht würde.[35] Es ginge an Sinn und Zweck der Regelung vorbei, wenn sich der Ehegatte, der unter Verstoß gegen die Verkehrsvorschriften den anderen Ehegatten geschädigt hat, darauf berufen können soll, er pflege gewöhnlich in solcher Weise gegen Verkehrsvorschriften zu verstoßen, um dann auch bei einer Schadenszufü-

32 *Geigel/Wellner* Kap. 31 Rn. 4; s. dazu auch *Engelbrecht* in Handbuch Verkehrsrecht Kap. 15.
33 *OLG Zweibrücken* BeckRS 2023, 31268.
34 BGHZ 53, 352; BGHZ 61, 101 (105).
35 BGHZ 53, 352 (355, 357); *BGH* DAR 2009, 391; *LG Limburg* NJOZ 2021, 1435.

gung schwerster Art eine Haftungsfreistellung für sich in Anspruch nehmen zu können.[36] Nach der Rechtsprechung des BGH ist § 1359 BGB als Ausnahmevorschrift eng auszulegen und gilt daher für alle motorgetriebenen Fahrzeuge und damit z.B. auch für Motorboote nicht.[37]

Im Straßenverkehr haftet der Ehegatte somit nicht nur nach Maßgabe derjenigen Sorgfalt, die er auch in eigenen Angelegenheiten anzuwenden pflegt, sondern für die Verletzung der im Verkehr erforderlichen Sorgfalt allgemein. Bemüht sich der schädigende Ehegatte allerdings außerhalb des Schadensersatzrechtes anderweitig um Ausgleich, so ist seine Inanspruchnahme durch den geschädigten Ehegatten ausgeschlossen,[38] wenngleich der Schadensersatzanspruch bestehen bleibt. Aus § 1353 I 2 BGB, wonach die Ehegatten einander zu ehelichen Lebensgemeinschaft verpflichtet sind und sich gegenseitig Schutz und Fürsorge schulden, kann mithin die Rechtspflicht folgen, den Schadensersatzanspruch nicht geltend zu machen.[39] 45

Im Fall der Scheidung der Eheleute stellt sich die Frage, ob auch in diesem Fall der Anspruch nicht geltend gemacht werden darf, neu. Lebten die Eheleute schon vor dem schadenstiftenden Ereignis getrennt, lassen sich aus § 1353 I 2 BGB keine Bedenken gegen die Erhebung der Ersatzforderung herleiten.[40] Gleiches gilt, wenn es aus Anlass des von einem Ehegatten verschuldeten Unfalls zur Scheidung kommt, da es auch in dieser Situation nicht dazu kommen wird, dass die Eheleute zukünftig die Unfallfolgen im Rahmen einer gemeinsamen ehelichen Lebensgemeinschaft auffangen werden.[41] 46

Bestand zum Zeitpunkt des Unfalls allerdings die eheliche Lebensgemeinschaft und wird diese danach fortgesetzt, wobei sich der schädigende Ehegatte im Rahmen seiner wirtschaftlichen Möglichkeiten in einer der ehelichen Gemeinschaft angepassten Weise um einen anderweitigen Ausgleich des Schadens bemüht und scheitert die Ehe dann, kann damit der Schadensersatzanspruch nicht automatisch in voller Höhe durchgesetzt werden. Wie der *BGH* zutreffend ausführt, müsste es auf Unverständnis stoßen, wenn der Ehegatte alle Ersatzansprüche, die er gegen den anderen Ehegatten wegen verschuldeter Schadenszufügung im Laufe der Ehe erworben hat, ohne Rücksicht auf die früher unternommenen Anstrengungen zur gemeinsamen Überwindung des Schadens allein deshalb soll durchsetzen können, weil die Ehe geschieden wird.[42] Die uneingeschränkte Durchsetzbarkeit dieser Ansprüche sieht der *BGH* nur dann als gegeben an, wenn infolge der Scheidung die zuvor unternommenen Bemühungen zum anderweitigen Schadenausgleich wieder rückgängig gemacht werden.[43] Andernfalls ist zu untersuchen, ob diese Bemühungen auch über den Zeitpunkt der Scheidung hinaus fortwirken. Ist dies zu bejahen, so kann die Inanspruchnahme des Ehegatten nur insoweit erfolgen, als noch ein Bedürfnis nach Schadenausgleich fortbesteht. 47

Der Umstand, dass der Bestand der Schadensersatzforderung unberührt bleibt, führt nach ständiger Rspr. des *BGH* auch dazu, dass ein Zweitschädiger, der der Ehefrau im Außenverhältnis vollen Schadensersatz geleistet hat, gegen den schädigenden Ehegatten im Innenverhältnis einen von § 1359 BGB unberührten Ausgleichsanspruch hat, sich dieser Ausgleichsanspruch also lediglich nach den konkreten Verursachungsbeiträgen richtet.[44] Im Fall des Alleinverschuldens des Ehemannes haftet dieser also im Innenverhältnis zum Zweitschädiger trotz § 1359 BGB in voller Höhe. 48

Als Alternative zu dieser Vorgehensweise des *BGH* erscheint jedoch die Annahme der gestörten Gesamtschuld vorzugswürdig, also die Ansprüche der Ehefrau im Außenverhältnis gegen den Zweitschädiger nur in der Höhe zuzulassen, wie es dessen konkreten Verursachungsbeitrag entsprochen 49

36 BGHZ 53, 352 (356); *BGH* DAR 2009, 391.
37 *BGH* DAR 2009, 391.
38 Vgl. dazu z.B. *BGH* FamRZ 1988, 476 f.
39 *BGH* NJW 1988, 1208.
40 *BGH* a.a.O.
41 Vgl. BGHZ 63, 51 (58).
42 *BGH* NJW 1988, 1209.
43 *BGH* a.a.O.
44 BGHZ 35, 317.

hätte. Im Fall des Alleinverschuldens des Ehemanns hätte die Ehefrau vom Zweitschädiger nichts zu beanspruchen gehabt. Hintergrund ist die Überlegung, dass Ehegatten eine Lebens- und Wirtschaftsgemeinschaft bilden, in deren Rahmen die Eheleute im Fall der intakten Ehe auch die Mehraufwendungen gemeinsam tragen werden, die durch das Schaden stiftende Ereignis verursacht werden. Umgekehrt werden auch Schadensersatzleistungen der gemeinsamen »Haushaltskasse« zufließen. Die vom *BGH* vertretene Lösung führt nun dazu, dass der geschädigte Ehegatte Leistungen erhält, die er, wirtschaftlich betrachtet, dem gemeinsamen Familienvermögen zuführt, das sodann, wiederum wirtschaftlich gesehen, für den Ausgleich der Regressforderung des Zweitschädigers gegen den schädigenden Ehegatten verwendet werden muss. Selbst wenn hinter dem schädigenden Ehemann beim Autounfall eine Versicherung steht, die sodann in Anspruch genommen werden kann, vermag dieser zufällige Umstand nicht darüber hinwegzutäuschen, dass nach der Rspr. des *BGH* jedenfalls die Gefahr besteht, dass man, z.B. im Fall fehlenden Versicherungsschutzes, wirtschaftlich dem geschädigten Ehegatten mit der einen Hand gibt, was man ihm mit der anderen Hand wieder nimmt.

50 Ein entsprechendes Haftungsprivileg findet sich für gleichgeschlechtliche Lebenspartnerschaften in § 4 LPartG, sodass die oben genannten Überlegungen hier entsprechend gelten.

### 2. Familienprivileg nach § 116 Abs. 6 SGB X

51 Nach § 116 Abs. 1 SGB X gehen die Schadensersatzansprüche des Geschädigten auf die Sozialleistungsträger über, soweit diese aufgrund des Schadenereignisses Sozialleistungen zu erbringen haben, die mit den Schadensersatzansprüchen des Geschädigten kongruent sind. § 116 Abs. 6 SGB X bestimmt jedoch im Rahmen des sog. »Familienprivilegs«, dass bestimmte Personen von Regressansprüchen des Sozialversicherungsträgers verschont bleiben sollen. Dabei ist zu beachten, dass § 116 Abs. 6 SGB X mit Wirkung zum 01.01.2021 neu gefasst worden ist. Der wesentliche Unterschied zwischen dem neu gefassten Familienprivileg und der alten Fassung besteht darin, dass nunmehr ein Anspruchsübergang der Ansprüche des Geschädigten gegen den privilegierten Schädiger auf den Sozialversicherungsträger stattfindet, es dem Sozialversicherungsträger allerdings verwehrt ist, diesen Anspruch geltend zu machen. Damit kann der Geschädigte, anders als noch nach früherem Recht, keine Schadenersatzansprüche gegen den Schädiger geltend machen, die zu den Leistungen des Sozialversicherungsträgers kongruent sind und vom Sozialversicherungsträger diese Leistungen zusätzlich beanspruchen. Auf diese Weise hat der Gesetzgeber das Problem der Doppelentschädigung gelöst,[45] wobei der BGH die Möglichkeit der Doppelentschädigung nach altem Recht ohnehin bereits für den Fall verneint hatte, dass neben dem durch das Familienprivileg begünstigten Schädiger auch ein nicht privilegierter Schädiger gesamtschuldnerisch haftete.[46]

Eine durch die Neufassung des Gesetzes begründete wichtige Ausnahme von dem Verbot, dass der Sozialversicherungsträger die auf ihn übergegangenen Ansprüche nicht geltend machen darf, besteht immer dann, wenn der Schaden bei dem Betrieb eines Fahrzeugs entstanden ist, für das Pflichtversicherungsschutz besteht. In diesem Fall kann der Sozialversicherungsträger den Ersatzanspruch bis zur Höhe der zur Verfügung stehenden Versicherungssumme gegen den Haftpflichtversicherer geltend machen. Gegenüber dem Schädiger kann dieser Anspruch in voller Höhe geltend gemacht werden, wenn er den Schadenfall vorsätzlich verursacht hat, wobei auch nach der Neufassung des Gesetzes das Familienprivileg nach § 116 Abs. 6 SGB X für den vorsätzlich handelnden Schädiger ohnehin nicht gilt.

52 Für den Beitragsregress nach § 119 SGB X gilt das Familienprivileg des § 116 SGB X allerdings nicht.[47] Nach dieser Vorschrift regressieren Rentenversicherungsträger die Rentenversicherungsbeiträge vom Schädiger, die der Geschädigte unfallbedingt nicht mehr abführen kann. Der Rentenversicherungsträger fungiert hier als Treuhänder des Versicherten, um sicherzustellen, dass dieser später

45 Vgl. dazu zur alten Fassung des Familienprivilegs: *BGH* NJW 2001, 754.
46 Zur alten Rechtslage *BGH* NJW 2018, 1242.
47 *BGH* VersR 1989, 492.

Rentenleistungen erhält, die auch die Zeit der Schädigung umfassen. Ein Ausschluss des Beitragsregresses in einem solchen Fall würde die Familienkasse aufgrund des später eintretenden Rentenschadens belasten, sodass hier das Familienprivileg kontraproduktiv wäre.[48]

Anders, als in der alten Gesetzesfassung, ist das Familienprivileg nicht mehr auf Familienangehörige beschränkt, die mit dem Geschädigten zum Unfallzeitpunkt in häuslicher Gemeinschaft lebten. Es erfasst nach dem ausdrücklichen Gesetzeswortlaut nunmehr jeden Schädiger, der im Zeitpunkt des Schadensereignisses mit dem Geschädigten oder seinen Hinterbliebenen in häuslicher Gemeinschaft lebte. Auf die Frage, ob der Schädiger Familienangehöriger war oder nicht, kommt es nach dem Gesetzeswortlaut nicht mehr an. Damit hat der Gesetzgeber die zur alten Fassung bereits geltende Rechtsprechung[49] in geltendes Recht umgesetzt. Ferner kann ein Ersatzanspruch durch den Sozialversicherungsträger auch dann nicht geltend gemacht werden, wenn der Schädiger mit dem Geschädigten oder einem Hinterbliebenen nach Eintritt des Schadensereignisses die Ehe geschlossen oder eine Lebenspartnerschaft begründet hat und in häuslicher Gemeinschaft lebt. 53

Eine häusliche Gemeinschaft i.S.d. § 116 Abs. 6 SGB X liegt dann vor, wenn die Lebens- und Wirtschaftsführung auf Dauer in einem gemeinsamen Haushalt praktiziert wird, der Mittelpunkt des Lebens sich also in einem gemeinsam bewohnten Haus oder einer gemeinsamen Wohnung abspielt. Erforderlich ist über die gemeinsame Nutzung der Räume hinaus, die Realisierung einer Gemeinschaft im familiären und wirtschaftlichen Sinne.[50] Diese kann auch bei einer vorübergehenden Trennung z.B. aus beruflichen Gründen oder bei einer Unterbringung in einer Heilstätte fortbestehen.[51] Maßgeblich ist hier, ob die Eheleute diese räumliche Trennung auch mit einem Trennungswillen i.S.d. § 1567 BGB vollzogen haben oder die Lebens- und Wirtschaftsgemeinschaft trotz der räumlichen Trennung aufrechterhalten wollen. Fehlt es an einem Trennungswillen, so greift die Rechtfertigung des Familienprivilegs – Schutz des Familienfriedens und der gemeinsamen Haushaltskasse – auch in dieser Situation ein. 54

Auch eine noch fortbestehende Ehe schließt die Annahme einer nicht ehelichen Lebensgemeinschaft mit einer neuen Partnerin bzw. einem neuen Partner nicht generell aus. Auch hier ist eine Einzelfallbetrachtung vorzunehmen.[52]

Leben die Eltern eines Kindes getrennt und lebt das Kind z.B. hauptsächlich bei seiner Mutter, zahlt aber der Vater regelmäßig den geschuldeten Unterhalt und praktiziert den verabredeten oder ihm eingeräumten regelmäßigen Umgang mit dem Kind, der auch ein Verweilen des Kindes in seinem Haushalt umfasst, so kann sich auch dieser Elternteil auf das Familienprivileg berufen.[53] Allerdings kann im Einzelfall auch eine sporadische Beteiligung an den Haushaltskosten ausreichen, wenn dies aus besonderen Gründen, z.B. wegen Geldmangels, nach Absprache zwischen den nicht ehelichen Lebenspartnern erfolgt.[54] 55

Der Zweck des Familienprivilegs ist es, die häusliche Wirtschaftsgemeinschaft nicht zu belasten, da zu vermuten steht, dass andernfalls die Leistungen des Sozialversicherungsträgers nicht dazu verwandt werden, den Geschädigten zu unterstützen, sondern an den Sozialversicherungsträger zurückfließen würden, selbst wenn Schädiger und Geschädigter formal getrennte Personen sind. Ein weiterer Grund für die Schaffung des Familienprivilegs ist aber auch der Schutz des Familienfriedens; die in häuslicher Gemeinschaft lebenden Personen sollen nicht mit einem Streit über die Haftung des Schädigers zusätzlich belastet werden. Entsprechend greift das Familienprivileg daher im Grundsatz auch dann ein, wenn hinter dem Schädiger eine Haftpflichtversicherung steht, sodass sich der Schä- 56

48 Geigel/*Fischer/Haidn* Kap. 30 Rn. 85.
49 *BGH* VersR 2013, 520.
50 Geigel/*Fischer/Haidn* Kap. 30 Rn. 79 m.w.N.
51 Geigel/*Fischer/Haidn* a.a.O.
52 *OLG Karlsruhe* DAR 2010, 565.
53 BVerfG r+s 2011, 138.
54 *OLG Brandenburg* r+s 2017, 334.

diger auch in diesem Fall gegenüber dem Sozialversicherungsträger auf das Familienprivileg berufen kann.[55] Eine gesetzlich geregelte Ausnahme von diesem Grundsatz besteht nunmehr allerdings dann, wenn der Schaden beim Betrieb eines Fahrzeugs entstanden ist, für das Versicherungsschutz nach § 1 PflVG oder § 1 PflVAuslG besteht. In diesem Fall kann der Sozialversicherungsträger seinen Regressanspruch in Höhe der zur Verfügung stehenden Versicherungssumme geltend machen, wobei dies nach der Gesetzesbegründung nur gegen den Haftpflichtversicherer möglich sein soll.[56]

57 Die Voraussetzungen des Familienprivilegs müssen nach dem Wortlaut des § 116 Abs. 6 SGB X zum Zeitpunkt des Schadenereignisses vorliegen. Schließen Schädiger und Geschädigter nach Eintritt des Schadenfalls die Ehe und/oder leben z.B. als nicht eheliche Lebensgemeinschaft in häuslicher Gemeinschaft, so kann nach dem Wortlaut des § 116 Abs. 6 SGB X der Ersatzanspruch ebenfalls nicht (mehr) geltend gemacht werden. Dies bedeutet, dass sich in diesem Fall auch der Schädiger nachträglich auf das Familienprivileg berufen kann, der bereits rechtskräftig zum Schadensersatz an den Sozialleistungsträger verurteilt worden ist.[57] Soweit der Schädiger zuvor Schadensersatz an den Sozialleistungsträger erbracht hat, sind ihm diese Leistungen zurückzuerstatten.[58] Sind allerdings die Schadensersatzleistungen bereits vor der Eheschließung bzw. der Begründung der häuslichen Gemeinschaft im Rahmen der nicht ehelichen Lebensgemeinschaft vollständig erbracht, dann können diese nicht mehr vom Schädiger zurückgefordert werden.[59]

58 Zur alten Fassung des Gesetztes wurde die Auffassung vertreten, dass das Familienprivileg analoge Anwendung findet, wenn nach dem Unfall Familienangehörige eine häusliche Gemeinschaft begründen, z.B. der Sohn seinen verletzten Vater in seinen Haushalt aufnimmt, um ihn besser pflegen zu können.[60] Auch in dieser Situation entstehe eine schutzwürdige häusliche Lebens- und Wirtschaftsgemeinschaft, die nach der Ratio des § 116 Abs. 6 SGB X von Schadensersatzforderungen des Sozialleistungsträgers freizustellen sei. Diese Auffassung wird man im Hinblick auf die Neufassung des Gesetzes allerdings nicht mehr aufrechterhalten können. Der Gesetzgeber hat diese Vorschrift überarbeitet und das Familienprivileg lediglich zugunsten der Schädiger für anwendbar erklärt, die nach dem Schadenereignis mit dem Geschädigten oder einem Hinterbliebenen die Ehe geschlossen oder eine Lebenspartnerschaft begründet haben, um sodann in häuslicher Gemeinschaft zu leben. Der Fall, dass nach dem Schadenereignis eine häusliche Gemeinschaft begründet wird, ohne dass eine Ehe geschlossen oder eine Lebenspartnerschaft begründet wird, ist auch in der Neufassung des Gesetzes nicht vom Familienprivileg umfasst. Vor dem Hintergrund, dass diese Vorschrift durch den Gesetzgeber überarbeitet wurde, wird man jetzt nicht mehr von einer planwidrigen Regelungslücke auszugehen haben, wie man daran erkennen kann, dass der Gesetzgeber die Rechtsprechung des BGH zur Anwendbarkeit des Familienprivilegs auf die nichteheliche Lebensgemeinschaft übernommen hat, jedoch der oben dargestellten Auffassung nicht gefolgt ist.[61]

59 Gem. § 120 SGB X n.F. ist § 116 Abs. 6 SGB X n.F. nur auf Schadensereignisse nach dem 31.12.2020 anzuwenden; für frühere Schadensereignisse gilt das bis 31.12.2020 geltende Recht weiter.[62]

60 Sind ggü. dem Geschädigten mehrere Schädiger für den Schaden verantwortlich, von denen sich ein Schädiger auf das Familienprivileg berufen kann, so handelt es sich um einen Fall der gestörten Gesamtschuld. Dies hat zur Folge, dass der Sozialversicherungsträger vom nicht durch das Familienprivileg geschützten Schädiger nur den Teil des Schadens regressieren kann, der dessen Verantwort-

55 Vgl. *OLG Koblenz* VersR 2000, 1436 (Revision vom BGH nicht angenommen VI ZR 239/99) und bei *Halm* PvR 2001, 141.

56 Vgl. dazu Referentenentwurf zum Siebten Gesetzes zur Änderung des Vierten Buches Sozialgesetzbuch und anderer Gesetze vom 01.11.2019 Seite 120.

57 *BGH* NJW 1977, 108.

58 Str. vgl. *OLG Frankfurt* VersR 1985, 936; *Engelbrecht* in Handbuch Verkehrsrecht Kap. 30 Rn. 56.

59 *OLG Rostock* bei *Lang* in SVR 2008, 69 für die Eheschließung.

60 Geigel/*Fischer/Haidn* a.a.O. Rn. 82.

61 A.A. Geigel/*Fischer/Haidn* a.a.O. Rn. 81.

62 *BGH* NJW-RR 2022, 539.

lichkeit im Innenverhältnis entspricht. Andernfalls würde das Familienprivileg über den Umweg des Gesamtschuldnerausgleichs im Innenverhältnis umgangen.[63] Dem steht auch das Vorhandensein einer Kraftfahrthaftpflichtversicherung nicht entgegen.[64]

### 3. Haftungsprivilegien im Beamtenrecht

Wenn ein Bundesbeamter[65] verletzt wird, gewährt § 76 BBG dem Dienstherrn einen Regressanspruch gegen den Schädiger aus übergegangenem Recht. Nach dieser Vorschrift findet ein Anspruchsübergang im Umfang der kongruenten Leistungen auf den Dienstherrn statt.[66] Ein Familienprivileg enthält dieses Vorschrift nicht. Anders als bei der Neufassung des § 116 VI SGB X hat es der Gesetzgeber versäumt, die diesbezüglich in der Vergangenheit ergangene BGH-Rechtsprechung in den Gesetzestext aufzunehmen. Bereits im Jahr 1965 hatte der BGH jedoch entschieden, dass auch beim Anspruchsübergang im Beamtenrecht die Grundsätze des Familienprivilegs zur Anwendung gelangen.[67] In diesen Fällen hat der BGH einen Übergang der Schadensersatzansprüche gegen nahe Familienangehörige – in jenem Fall handelte es sich um einen noch minderjährigen Sohn des durch den betreffenden Verkehrsunfall verstorbenen Vaters – auf den Versorgungsträger im Rahmen einer analogen Anwendung des Familienprivilegs ausgeschlossen, so dass ein Regress des Dienstherrn nicht stattfinden konnte. Würde man sich trotz der Neufassung des § 116 VI SGB X weiterhin wörtlich an dieser BGH Rechtsprechung orientieren, so würde dies dazu führen, dass im Beamtenrecht der Anspruchsübergang weiterhin nicht stattfinden würde, die Ansprüche also beim geschädigten Beamten verblieben und er damit eine Doppelentschädigung beanspruchen könnte, wie dies zuvor auch im Rahmen der alten Fassung des § 116 VI SGB X für nicht den beamtenrechtlichen Vorschriften unterfallenden Geschädigten möglich war.[68] Der Beamte erhielte mithin z.B. Leistungen des Dienstherrn auf den Verdienstausfallschaden und könnte diesen mangels Anspruchsübergang weiterhin beim Schädiger geltend machen. Es wäre sicherlich zweckmäßig, diesen Widerspruch durch eine Anpassung der entsprechenden beamtenrechtlichen Regelungen zu beseitigen. Ggf. wird auch der BGH die Gelegenheit ergreifen, seine Rechtsprechung dahingehend klarzustellen, dass nunmehr auch die Neufassung des § 116 VI SGB X analog auf die beamtenrechtlichen Vorschriften anzuwenden ist, um diesen Widerspruch zu beseitigen. In diesem Sinne wird man jedenfalls die bisherige Rechtsprechung des BGH zu verstehen haben, nach der die Grundsätze des § 116 VI SGB X auch auf die beamtenrechtlichen Vorschriften zum Anspruchsübergang anzuwenden sind, so dass die Neufassung des § 116 VI SGB X ab dem 01.01.2021 analog auch für die beamtenrechtlichen Vorschriften gilt. Dies gilt auch für die Erweiterung des Familienprivilegs auf alle Schädiger, die bei nicht vorsätzlicher Schädigung mit dem Geschädigten oder seinen Hinterbliebenen in häuslicher Gemeinschaft lebten, oder die Schädiger, die mit dem Geschädigten oder einem Hinterbliebenen nach Eintritt des Schadensereignisses die Ehe geschlossen oder eine Lebenspartnerschaft begründet haben und in häuslicher Gemeinschaft leben. Ohnehin hatte das *OLG Nürnberg* das Familienprivileg im Rahmen des Art. 96 BayBG bereits auf die Partner der nicht ehelichen Lebensgemeinschaft angewendet.[69] 61

Bei einer Dienstfahrt kann der verletzte Beamte einen außerhalb des Dienstverhältnisses stehenden Schädiger (Dritten) nur insoweit auf Schmerzensgeld in Anspruch nehmen, als dieser im Verhältnis zu dem im öffentlichen Dienst beschäftigten Mitschädiger für den Schaden verantwortlich ist.[70] 62

63 Vgl. *OLG Düsseldorf* VersR 1969, 87 m.w.N.; *OLG Celle* BeckRS 2018, 2297; *BGH* NJW-RR 2022, 539.

64 *BGH* NJW-RR 2022, 539 (541).

65 Vergleichbare Vorschriften für Landesbeamte finden sich in den jeweiligen Beamtengesetzen der Länder, s. z.B. § 81 LBG NRW oder Art. 14 BayBG.

66 Vgl. dazu *Engelbrecht* in Handbuch Verkehrsrecht Kap. 32 Rn. 1 ff.

67 Vgl. BGHZ 43, 72 (77 f.).

68 Vgl. zu § 116 VI SGB X a.F. Halfmeier und Schnitzler VersR 2002, 11 f.; *OLG Köln* 15 U 179/15 VersR 2017, 969.

69 *OLG Nürnberg* NZV 2009, 287 zu Art. 96 BayBG.

70 BGHZ 94, 173.

Der BGH vertritt insoweit die Auffassung, dass bei einem Dienstunfall dem verletzten Beamten gegen seinen Dienstherrn gemäß § 46 Abs. 1 BeamtVG nur die Ansprüche auf Unfallfürsorge nach §§ 30 bis 43a BeamtVG zustehen. Weitergehende Ansprüche gegen einen öffentlich-rechtlichen Dienstherrn oder gegen die in dessen Diensten stehenden Personen kann der verletzte Beamte nach § 46 Abs. 2 BeamtVG nicht geltend machen. Dabei ist zu beachten, dass das Haftungsprivileg des § 46 II BeamtVG den Anspruchsübergang auf den Dienstherrn nicht hindert, es beschränkt nur die Ansprüche des geschädigten Beamten gegen den Dienstherrn und der in seinem Dienst stehenden Personen. Verletzt also z.B. ein Soldat einen anderen Soldaten, dann kann zwar nicht der geschädigte Soldat, wohl aber der Dienstherr aus übergegangenem Recht Regress nehmen. Begründet wird dies damit, dass § 46 Abs. 2 BeamtVG lediglich den Zweck hat, die dem Beamten zustehenden Ansprüche auf Unfallfürsorge zu umreißen, nicht aber Regelungen darüber zu treffen, ob und von wem dem Dienstherrn die Aufwendungen für die Unfallfürsorge zu erstatten sind.[71]

63 Hat sich der Unfall hingegen bei der Teilnahme am allgemeinen Verkehr ereignet oder hat der Schädiger den Unfall vorsätzlich herbeigeführt, so kann der verletzte Beamte selbst weitergehende Ansprüche auch gegen andere Beamte bzw. gegen deren Dienstherrn geltend machen. Dies folgt aus § 46 Abs. 2 S. 2 BeamtVG.

### 4. Haftungsprivilegien bei Arbeitsunfällen (§§ 104–106 SGB VII)

64 Weitere für die tägliche Regulierungspraxis bedeutende Haftungsprivilegien finden sich den §§ 104–106 SGB VII im Fall eines Arbeitsunfalls. Diese Haftungsprivilegien gelten ausschließlich für den Personen- nicht aber für den Sachschaden.

**▶ Praxistipp**

65 Diese im SGB VII »versteckten« Haftungsprivilegien sind auch für das Verkehrsrecht von erheblicher Bedeutung und werden vielfach übersehen. Es lohnt sich aber immer diese Haftungsprivilegien zu prüfen und damit als Schädiger ggf. die Haftung zu vermeiden. Auch aus der Sicht des Geschädigten ist es sinnvoll das Vorhandensein der Haftungsprivilegien zu prüfen, um das Risiko der Klageabweisung auf den Personenschaden zu vermeiden. Im Übrigen gibt das Vorhandensein eines Haftungsprivilegs immer den Hinweis auf einen ggf. eintrittspflichtigen öffentlichen Unfallversicherungsträger, wie z.B. Berufsgenossenschaften oder Unfallkassen, deren Leistungen ggf. sogar mehr wert sind als der Kampf um einen Schmerzensgeldanspruch, wenn der Unfallversicherungsträger z.B. eine Verletztenrente zahlen muss.

#### *a) Haftungsprivilegien nach §§ 104–105 SGB VII*

66 § 104 SGB VII regelt die Beschränkung der Haftung des Unternehmers[72] gegenüber geschädigten Beschäftigten, die für sein Unternehmen tätig sind oder in einer sonstigen die Versicherung begründenden Beziehung stehen.[73] Dabei sind Unternehmer nicht nur diejenigen, die ein gewerbliches oder kaufmännisches Unternehmen führen, sondern z.B. auch der private Halter eines Kfz.[74] § 105 SGB VII begründet eine Haftungsprivilegierung der Arbeitnehmer und der sog. »Wie – Beschäftigten« gem. § 2 Abs. 2 S. 1 SGB VII sowie weiterer im Unternehmen tätiger Personen[75] unter-

71 *BGH* NJW 2013, 2351 (2352).

72 Legaldefinition des Unternehmers s. § 136 Abs. 3 SGB VII.

73 Nach *BGH* VI ZR 141/13 VersR 2015, 193 greifen die Haftungsprivilegien nach §§ 104 ff. SGB VII auch gegenüber Leiharbeitnehmern ein.

74 Halm/Engelbrecht/Krahe/*Kornes*/Kap. 26. Rn. 16.

75 Vgl. ausführlich zum Kreis der erfassten Personen *Waltermann* NJW 2002, 1226 f. und *BGH* a.a.O. im Verhältnis zu Leiharbeitnehmern, dazu können auch unversicherte Personen zählen *LG Münster* r+s 2018, 392; *BGH* r+s 2017, 669 – Haftungsprivileg des Geschäftsführers nach § 105 SGB VII.

einander, wenn der Schadenfall durch Beschäftigte desselben Betriebs ausgelöst worden ist. Die §§ 104–105 SGB VII schließen die Haftung des Unternehmers bzw. der Arbeitskollegen für den Personenschaden untereinander und den Anspruchsübergang auf einen Sozialversicherungsträger nach § 116 SGB X aus, wenn durch den Schadenfall ein Versicherungsfall i.S.d. § 7 SGB VII, also ein Arbeitsunfall, eingetreten ist, sodass ein Sozialversicherungsträger leistungspflichtig ist. Der Haftungsausschluss im Fall des Arbeitsunfalls gilt im Verhältnis zum Geschädigten nur dann nicht, wenn der Versicherungsfall vorsätzlich oder auf einem nach § 8 Abs. 2 Nr. 1–4 SGB VII versicherten Weg herbeigeführt worden ist. Hier handelt es sich beispielsweise um den Weg vom Wohnort zur Arbeitsstätte und zurück (Wegeunfall). Im Verhältnis zum Sozialversicherungsträger greift diese Entsperrung jedoch nicht ein.[76]

Hintergrund dieser Haftungsprivilegierungen ist insbesondere der Umstand, dass der durch einen Arbeitsunfall geschädigte Versicherte eines Sozialversicherungsträgers bei Vorliegen eines Arbeitsunfalls für den erlittenen Personenschaden Leistungen dieses Sozialversicherungsträgers erhält. Diese Leistungen erhält er vom Sozialversicherungsträger, ohne darauf angewiesen zu sein, einen Schadensersatzanspruch nach den allgemeinen Rechtsvorschriften gegenüber dem Unternehmer oder seinem Arbeitskollegen begründen, beweisen und durchsetzen zu müssen. Das Vorliegen einer Verletzung im Zusammenhang mit einer betrieblichen Tätigkeit reicht aus, um den Anspruch gegen den Sozialversicherungsträger zu begründen. Dieser Anspruch ist auch dann durchsetzbar, wenn der Schädiger aus wirtschaftlichen Gründen überhaupt nicht in der Lage wäre, die teils erheblichen Aufwendungen z.B. für Heilbehandlungskosten, Rehabilitationsmaßnahmen oder Hinterbliebenenrenten zu zahlen. Diese Erleichterung wiederum ist durch Beiträge des Unternehmers finanziert, sodass unter diesem Gesichtspunkt die Freistellung des Unternehmers und der Arbeitskollegen von Schadensersatzansprüchen für den Personenschaden interessengerecht ist. 67

Das Haftungsprivileg erstreckt sich auch auf Angehörige und Hinterbliebene der Geschädigten. Diese Erstreckung reicht allerdings nur so weit als sich denkbare Ansprüche der Angehörigen und Hinterbliebenen wie z.B. der Unterhaltsschaden unmittelbar aus der Verletzung des unmittelbar Geschädigten ableiten. Das Haftungsprivileg erfasst daher auch das Hinterbliebenengeld nach § 844 III BGB.[77] Auf mittelbare Schäden der Angehörigen und Hinterbliebenen, wie z.B. das Schockschmerzensgeld, finden die Haftungsprivilegien keine Anwendung.[78] 68

*aa) Kein Haftungsprivileg nach §§ 104–105 SGB VII beim Wegeunfall – Abgrenzung zum haftungsprivilegierten Betriebsweg*

Einer der wichtigsten Fälle in denen die Frage einer Haftungsprivilegierung bei der Kfz Schadenregulierung relevant werden kann, ist der Unfall aus Anlass der Teilnahme am Straßenverkehr. § 104 Abs. 1 SGB VII und § 105 Abs. 1 SGB VII bestimmen, dass das Haftungsprivileg zum Nachteil des Geschädigten nicht gilt[79] wenn sich der Unfall auf einem nach § 8 Abs. 2 Nr. 1–4 SGB VII versicherten Weg ereignet hat. Von dieser Vorschrift sind u.a. die Wegeunfälle zum Arbeitsplatz und zurück, die Wegeunfälle im Zusammenhang mit der Unterbringung von Kindern wegen Berufstätigkeit oder die Wegeunfälle erfasst, die sich auf dem Weg von der beruflich notwendigen Zweitwohnung zur Familienwohnung ereignet haben. In all diesen Fällen greift das Haftungsprivileg im Verhältnis zwischen Schädiger und Geschädigtem nicht ein. Die fehlende Haftungsprivilegierung der reinen Wegeunfälle hat ihren inneren Grund darin, dass hier keine betrieblichen Risiken eine Rolle spielen, die ein Haftungsprivileg rechtfertigen würden.[80] 69

76 *BGH* zfs 2006, 203.
77 *BGH* VI ZR 3/21 BeckRS 2022, 4972.
78 *BGH* VersR 2007, 803.
79 Zum Nachteil des Sozialversicherungsträgers greift das Haftungsprivileg jedoch weiterhin ein – *BGH* zfs 2006, 203.
80 Vgl. auch Halm/Engelbrecht/Krahe/*Kornes* Kap. 26 Rn. 21.

70 Hingegen löst eine vom Arbeitgeber organisierte Fahrt zur Arbeit eine Haftungsprivilegierung aus, wenn es zu einem Unfall kommt.[81] Es handelt sich in diesem Fall um einen haftungsprivilegierten Betriebsweg, sofern die gemeinsame Fahrt der Arbeitskollegen selbst als Teil des innerbetrieblichen Organisations- und Funktionsbereichs erscheint.[82]

Dabei geht der Charakter einer betrieblichen Sammelfahrt auch nicht dadurch verloren, dass die Betriebsangehörigen die Fahrten mit dem vom Arbeitgeber zur Verfügung gestellten Kraftfahrzeug in Eigenregie organisieren.[83] Es entspricht, so der *BGH*, vielmehr einer modernen Unternehmensführung, die Einzelheiten der vom Betrieb eröffneten Beförderungsmöglichkeit den Arbeitnehmern zu überlassen, die dann vor Ort flexibel auf kurzfristig eingetretene Umstände reagieren können. Die Konsequenz ist dann bezogen auf den Geschädigten allerdings auch, dass er weder vom Arbeitgeber als Halter des Fahrzeugs noch von seinem Arbeitskollegen als Fahrer Schmerzensgeld verlangen kann. Dies gilt dann auch für die vom Arbeitgeber durchgeführte oder organisierte Rückfahrt von einer auswärtigen Montage in einem auf Betriebskosten gemieteten PKW.[84]

71 Dieser Rspr. folgt auch die des *BAG*. So hat das *BAG* entschieden, dass ein haftungsprivilegierter Betriebsweg dann vorliegt, wenn der Arbeitgeber durch einen Mitarbeiter seine Arbeitnehmer mit einem Betriebsfahrzeug von ihren Wohnungen abholen und zu den einzelnen Baustellen bringen lässt.[85] Dies gilt – nach einer weiteren Entscheidung des *BAG*[86] – erst recht dann, wenn der Arbeitgeber seinen Arbeitnehmern ein Fahrzeug zur Verfügung stellt, das mit Maschinen und Werkzeugen bestückt ist, die zur Durchführung der Arbeiten auf der auswärtigen Arbeitsstelle Verwendung finden.[87] Gleiches gilt auch für die Rückfahrt, wobei es unerheblich ist, ob der Arbeitgeber seine Mitarbeiter von der auswärtigen Betriebsstätte auf das Betriebsgelände oder unmittelbar nach Hause bringt.[88] Die Sperrwirkung der §§ 104 ff. SGB VII greift immer ein, sobald sich der Versicherte in den Bereich der betrieblichen Sphäre begibt bzw. sich dort befindet, also der betrieblichen Organisation des Unternehmers und dessen Ordnungsgewalt unterliegt und der Weg betrieblich veranlasst ist. Der Weg ist dann als betrieblich veranlasst anzusehen, wenn der Versicherte im betrieblichen Interesse innerhalb oder außerhalb der Betriebsstätte unterwegs ist, er mithin den Weg in Ausübung der versicherten Tätigkeit zurücklegt, dieser Teil der versicherten Tätigkeit ist und damit der Arbeit im Betrieb gleichsteht und ihr nicht lediglich vorausgeht. Unerheblich ist es beim Vorliegen dieser Voraussetzungen, dass die Fahrt auch mit dem privaten PKW hätte vorgenommen werden können und ob die Fahrt als Arbeitszeit bezahlt wurde.[89]

72 Ein Unfall auf einem Betriebsweg liegt nach diesen Grundsätzen erst recht dann vor, wenn zwei Arbeitnehmer auf dem Betriebsgelände unterwegs sind und es dabei zum Unfall kommt.[90] Der Unfall auf dem Betriebsweg beseitigt die Haftungsfreistellung nicht. Zu begründen ist dies damit, dass z.B. der Weg auf dem Werksgelände bis zum Werkstor bzw. der Weg im Rahmen eines auswärtigen Arbeitseinsatzes, der vom Arbeitgeber organisiert wird, wegen des engen Zusammenhangs mit der eigentlichen Arbeitsleistung noch eine betriebliche Tätigkeit darstellt. Der Arbeitnehmer steht hier noch in enger Berührung mit der Arbeitsleistung anderer Arbeitnehmer des Betriebs, hält

81 Vgl. *BGH* DAR 2004, 344; s. für den Schülerunfall *BGH* DAR 2001, 32 (33).

82 Dabei erstreckt sich die Bindungswirkung des § 108 SGB VII nicht auf die Frage, ob es sich um einen Unfall auf einem Betriebsweg oder um einen Wegeunfall handelt, so dass das Zivilgericht darüber selbst entscheiden kann *OLG Saarbrücken* BeckRS 2020, 36213.

83 *BGH* NJW 2004, 949 = NZV 2004, 193 = zfs 2004, 209; s. dazu auch *Engelbrecht* SVR 2004, 350.

84 *OLG Stuttgart* zfs 2002, 431 f. – Revision vom *BGH* durch Beschluss v. 07.05.2002 – VI ZR 349/01 – nicht angenommen.

85 *BAG* DB 2004, 656 = MDR 2004, 577.

86 *BAG* DAR 2004, 727.

87 Siehe dazu auch *BGH* DAR 2004, 342; *OLG Celle* NJW-RR 2019, 412; *OLG Celle* BeckRS 2020, 15587.

88 *BAG* VersR 2005, 1439 (1440).

89 Vgl. *BAG* DAR 2004, 727 (729); vgl. auch *BAG* VersR 2005, 1339.

90 *BAG* NJW 2001, 2039 = VersR 2001, 720.

sich noch in der Herrschaftssphäre des Arbeitgebers auf und unterliegt dessen Ordnungsgewalt.[91] Dieses Kriterium ist wesentlich, damit sich die Fahrt als Betriebsweg darstellt. Ein das Haftungsprivileg nicht auslösender Wegeunfall liegt damit nur dann vor, wenn der Geschädigte die Fahrt zu seiner Arbeitsstätte selbst organisiert hat, ohne sich dabei in irgendeiner Weise in die betriebliche Gefahrengemeinschaft und die betrieblichen Abläufe eingegliedert zu haben und es dabei zu einem Unfall im Straßenverkehr z.B. mit einem Arbeitskollegen kommt.[92]

Bei der Frage, ob sich der Unfall auf einem Betriebsweg ereignet hat, ist auf die Person des Geschädigten und nicht auf die Person des Schädigers abzustellen.[93] Erleidet der Geschädigte den Unfall auf einem Betriebsweg, so greift das Haftungsprivileg ein, befand sich der Geschädigte auf einem nach § 8 II SGB VII versicherten Weg, so greift das Haftungsprivileg nicht ein, unabhängig davon, bei welcher versicherten Tätigkeit sich der Schädiger befand.[94] 73

Dieses Ergebnis folgt aus dem Sinn der §§ 104, 105 SGB VII, die Unfälle, die sich nicht auf einem Betriebsweg ereignet haben, von der Haftungsprivilegierung ausnehmen. Dem Geschädigten sollen nämlich die Schadenersatzansprüche belassen werden, die ihm in einer Situation entstehen, in die er ohne betriebliche Tätigkeit auch als normaler Verkehrsteilnehmer hätte geraten können. Zu diesem Sinne der Vorschrift aber passt es nur, auf die Situation des Geschädigten und nicht auf die Person des Schädigers abzustellen.[95] 74

Der Beginn des nicht haftungsprivilegierten Weges wird in der Regel die Wohnung sein. Dieser häusliche Wirkungskreis wird verlassen mit Durchschreiten der Außenhaustür oder einer anderen Öffnung (Kellertür, Fenster), wenn sie eine Verbindung zur Wohnung auf der einen und eine Verbindung zum öffentlichen Weg auf der anderen Seite hat.[96] Der nicht haftungsprivilegierte Weg nach § 8 Abs. 2 Nr. 1 SGB VII endet mit Erreichen des Werksgeländes. 75

Zum Werksgelände zählt auch der nicht gesondert umfriedete Personalparkplatz, wenn er zum Betriebsgelände gehört und durch eine entsprechende Beschilderung als für die Allgemeinheit nicht zugängliches Privatgelände abgegrenzt ist.[97] Auch bei einem Unfall auf einem solchen Parkplatz greifen dann die Haftungsprivilegien der §§ 104 f. SGB VII ein. 76

Dabei muss der Personalparkplatz nicht zwingend dem Unternehmen zugeordnet sein, bei welchem Schädiger und Geschädigter arbeitsrechtlich angestellt sind. Auch bei sog. ausgelagerten Tätigkeiten kann es zu einem Unfall auf einem haftungsprivilegierten Betriebsweg kommen. Dies hat das *OLG Dresden*[98] bestätigt durch den *BGH*[99] für folgenden Sachverhalt zutreffend entschieden: 77

Zwei Mitarbeiterinnen eines Reinigungsunternehmens waren seit Jahren ständig für ihren Arbeitgeber zu Reinigungsarbeiten in einem bestimmten Hotel tätig. Sie durften daher den für die Öffentlichkeit aufgrund einer entsprechenden Beschilderung nicht zugänglichen hoteleigenen Personalparkplatz benutzen, auf dem es dann zu einem Unfall kam, da die schädigende Kollegin die Geschädigte beim Rückwärtsfahren mit dem PKW übersah und dabei verletzte. 78

Das *OLG* hat für diesen Fall der ausgelagerten Tätigkeit angenommen, dass der Hotelbetrieb der externen Reinigungskräfte aufgrund ihrer jahrelangen Tätigkeit dort zur Betriebsstätte geworden ist, sodass auf dessen räumliche und örtliche Verhältnisse bei der Frage der Haftungsbefreiung gem. 79

91 *BAG* a.a.O.
92 *Engelbrecht* in Handbuch Verkehrsrecht Kap. 15 Rn. 32.
93 Vgl. *BAG* DB 2004, 656 (657) = MDR 2004, 577.
94 Vgl. *Ricke* VersR 2002, 413 f.
95 Vgl. *Ricke* VersR 2002, 413 (414).
96 Vgl. *Nehls* SVR 2004, 409 (416).
97 Vgl. *OLG Dresden* r+s 2004, 479 bestätigt durch *BGH* VI ZR 334/04 DAR 2006, 201; *LG Mannheim* 5 O 316/13 VersR 2015, 1256; *OLG Brandenburg* 12 U 26/21 BeckRS 2022, 8715.
98 Vgl. *OLG Dresden* a.a.O.
99 *BGH* DAR 2006, 201 und bei *Lang* SVR 2006, 263.

§ 105 Abs. 1 SGB VII abzustellen sei.[100] Da der Hotelparkplatz aufgrund der vor Ort aufgestellten Beschilderung für die Öffentlichkeit nicht zugänglich war, hatte sich der Unfall auf einem Betriebsgelände ereignet. Dann aber greift das Haftungsprivileg des § 105 SGB VII ein.[101]

*bb) Kein Haftungsprivileg bei Nothilfe*

80 Wird jemand im Rahmen einer Nothilfe verletzt, so kann der Schädiger kein Haftungsprivileg für sich geltend machen, da Nothilfe kein Haftungsprivileg auslöst.[102] Nothilfe ist gem. § 2 Abs. 1 Nr. 13a SGB VII versicherte Tätigkeit. Sie wird definiert, als Hilfe bei Unglücksfällen, gemeiner Gefahr, Not oder als Hilfe aus einen erheblichen gegenwärtigen Gesundheitsgefahr. Entsprechend hat der *BGH* entschieden, dass derjenige, der nachts beim Wegschieben eines defekten unbeleuchteten PKW von der Fahrbahn mithilft, als Not- und nicht als Pannenhelfer tätig wird, wenn das Handeln auch subjektiv von der Vorstellung bestimmt ist, Not- und nicht Pannenhilfe zu leisten.[103] In dem der Entscheidung zugrunde liegenden Sachverhalt wurde der Geschädigte erst zu einem Zeitpunkt tätig, als es nur noch darum ging, das unbeleuchtete Fahrzeug wieder von der Straße zu entfernen, da eine sofortige Beseitigung dieses Verkehrshindernisses notwendig war, um Gefahren vom fließenden Verkehr abzuwenden. Die Tätigkeit des Wegschiebens war daher objektiv auf die Beseitigung einer gemeinen Gefahr gerichtet. Daher sei auch davon auszugehen, dass das Handeln des Geschädigten subjektiv von der Vorstellung bestimmt war, auf die Ausschaltung eines gemeingefährlichen Zustands hinzuwirken. In diesen Fällen wird der Helfer dann nicht für das »Unternehmen Fahrzeughaltung«, das nach §§ 104 ff. SGB VII haftungsprivilegiert ist, sondern für die Allgemeinheit tätig.

81 Einen weiteren Fall der Nothilfe hatte auch das *OLG Rostock* zu entscheiden, hier war der Geschädigte durch ein rückwärtsfahrendes Fahrzeug erfasst und verletzt worden, als er ein Kind aus dem Gefahrenbereich des rückwärtsfahrenden PKW gerettet hatte.[104]

82 Von der Nothilfe abzugrenzen, sind die Fälle der Mithilfe, bei denen nicht die Abwendung einer allgemeinen Gefahr das Motiv der Handlung ist. Nothilfe ist grds. subsidiär zur Mithilfe im Unternehmen,[105] die Mithilfe begründet ein Haftungsprivileg, die Nothilfe nicht. Ist die Mithilfe nur von untergeordneter Bedeutung, so liegt ein nicht haftungsprivilegierter Fall der Nothilfe vor.[106] Relevant wird diese Abgrenzung z.B. bei der Hilfe von im Straßenverkehr liegengebliebenen Kraftfahrzeugen, hier ist die Abgrenzung zur haftungsprivilegierten Pannenhilfen vorzunehmen.[107] Mit dieser Abgrenzung hatte sich das *Thüringer OLG*[108] zu befassen.

83 Der Schädiger war mit seinem PKW in einem Graben stecken geblieben. Der spätere Geschädigte hatte daraufhin seinen PKW zur Verfügung gestellt, damit das Fahrzeug des Schädigers aus dem Graben gezogen werden konnte. Nachdem der Wagen aus dem Graben gezogen worden war, wollte der Geschädigte das Abschleppseil zwischen den beiden Fahrzeugen lösen. Während er hiermit beschäftigt war, gab der Schädiger versehentlich Gas, sodass der Geschädigte von dem Wagen des Schädigers erfasst und verletzt wurde.

84 Das *OLG* hat ein Haftungsprivileg gem. § 104 SGB VII angenommen. Es hat ausgeführt, dass der Geschädigte wie ein Beschäftigter tätig geworden war, als er dabei behilflich war, das Fahrzeug aus dem Graben zu ziehen.

100 Vgl. *OLG Dresden* a.a.O. (480).

101 S. auch *LG Mannheim* VersR 2015, 1256, wonach die Qualifizierung eines Parkplatzes als Betriebsfläche nach §§ 104, 105 SGB VII keine vollständige Einfriedung voraussetzt.

102 *Engelbrecht* in Handbuch Verkehrsrecht Kap. 15 Rn. 90; vgl. dazu auch *BGH* DAR 2006, 321.

103 Vgl. *BGH* VersR 1996, 856.

104 Vgl. *OLG Rostock* r+s 2004, 481.

105 Vgl. Halm/Engelbrecht/Krahe//*Kornes* Kap. 26 Rn. 49.

106 Vgl. Halm/Engelbrecht/Krahe//*Kornes* a.a.O.

107 Vgl. dazu *LSG Thüringen* L 1 U 858/17 r+s 2019, 234 (236).

108 Vgl. *Thüringer OLG* NZV 2004, 466.

Voraussetzung dafür, den Geschädigten als einen »Wie-Beschäftigten« anzusehen, ist die Annahme, dass die Pannenhilfe nach der Verkehrsanschauung wirtschaftlich als Arbeit und nicht nur als bloße Freizeitbeschäftigung anzusehen ist. Eine Freizeitbeschäftigung würde eine Haftungsprivilegierung nämlich nicht auslösen. Nach Auffassung des *OLG* könne aber der Bergung eines in den Graben gerutschten PKW die Qualifizierung als ernsthafte, wirtschaftlich bedeutsame Arbeitstätigkeit nicht abgesprochen werden, da eine solche Hilfeleistung zum klassischen Betätigungsfeld gewerblicher Pannenhilfe- und Abschleppunternehmer gehöre. 85

Ferner ist Voraussetzung für die Annahme des Arbeitsunfalls, dass bei der zum Unfall führenden Tätigkeit des Verletzten kein Eigeninteresse im Vordergrund gestanden hat. In diesen Fällen wäre kein Arbeitsunfall und damit auch nicht die Möglichkeit der Haftungsprivilegierung gegeben, da alle privaten eigenwirtschaftlichen Tätigkeiten nicht in der gesetzlichen Unfallversicherung versichert sind.[109] Ein Fall mit Eigeninteresse liegt z.B. dann vor, wenn der Geschädigte das Fahrzeug des Schädigers anschiebt, damit der Geschädigte selbst wieder vorwärtskommt.[110] Zieht der Geschädigte den PKW aber, wie in dem vom *OLG* entschiedenen Fall, fremdnützig aus dem Graben, dann verfolgt er nur die Interessen des anderen Fahrzeughalters und kein Eigeninteresse.[111] 86

Weitere Voraussetzung für die Annahme eines Haftungsprivilegs ist es aber, dass der Unfall durch einen Unternehmer (§ 104 Abs. 1 SGB VII) verursacht worden ist bzw. sich in einem Unternehmen ereignet hat (§ 105 Abs. 1 SGB VII). 87

Das Vorliegen eines Unternehmens hat das *OLG* im vorliegenden Fall ebenfalls bejaht, da der Unternehmensbegriff im Unfallversicherungsrecht weder einen eingerichteten Gewerbebetrieb noch die Verfolgung wirtschaftlicher Interessen verlangt. Entsprechend ist auch der Halter eines privaten Kraftfahrzeuges Unternehmer i.S.d. § 104 SGB VII.[112] 88

**▶ Praxistipp**

Um die nicht haftungsprivilegierte Nothilfe einwenden zu können, ist also immer substantiiert vorzutragen, warum die Tätigkeit nicht den Interessen einer der beiden Beteiligten zu dienen bestimmt war, sondern der Abwendung einer allgemeinen Gefahr. Befindet sich das beschädigte Fahrzeug noch auf der Fahrbahn, so wird die Nothilfe näherliegen, als wenn das Fahrzeug sich am Straßenrand befindet und keine Gefahr mehr darstellt. 89

### *cc) Haftungsprivilegien bei der Mithilfe bei der Reparatur von Kraftfahrzeugen*

Versicherte, denen einen Haftungsprivileg gem. §§ 104 ff. SGB VII entgegengehalten werden kann, sind auch die sog. »Wie-Beschäftigten« gem. § 2 Abs. 2 SGB VII. Danach unterfallen Personen dem Versicherungsschutz des SGB VII, die wie nach § 2 Abs. 1 SGB VII Versicherte tätig werden, mit der Konsequenz, dass sich ihnen gegenüber der Schädiger auf ein Haftungsprivileg berufen kann. 90

Bringt z.B. der spätere Geschädigte seinen PKW in die Werkstatt, damit dieser dort einer Reparatur unterzogen wird, betätigt er sich helfend bei der Reparatur und erleidet dabei einen Unfall, so kann er der gesetzlichen Unfallversicherung des Werkstattbetriebes genauso wie ein dort beschäftigter Arbeitnehmer mit der Folge unterfallen, dass dem schädigen Unternehmer das Haftungsprivileg des § 104 SGB VII bzw. dem schädigenden Mitarbeiter der Werkstatt das Haftungsprivileg des § 105 SGB VII zugutekommt. Aber auch im umgekehrten Fall greift dann das Haftungsprivileg, wenn der Kunde als »Wie-Beschäftigte« den Unternehmer oder dessen Mitarbeiter schädigt; der Kunde 91

109 Vgl. Halm/Engelbrecht/Krahe/*Kornes* Kap. 26 Rn. 13.

110 Vgl. *BGH* VersR 1987, 384 f.; *OLG Düsseldorf* NJW – RR 2015, 1064; *OLG Oldenburg* r+s 2016, 373.

111 S. auch *LSG Stuttgart* DAR 2010, 658: Es handelt sich um einen Arbeitsunfall, wenn sich der Mieter beim Abschleppen des Mietfahrzeugs durch den Vermieter helfend betätigt.

112 Vgl. *BGH* NJW 1987, 1643 f.

kann sich dann gegenüber den Geschädigten wie ein regulärer Mitarbeiter der Werkstatt auf das Haftungsprivileg gem. § 105 SGB VII berufen.

92 Die Haftungsfreistellung kommt jedoch nur in Betracht, wenn der Verletzte eine dem Aufgabenbereich des Unfallbetriebs zuzuordnende Tätigkeit ausgeübt hat. Entscheidend ist die Zweckbestimmung der Arbeitsleistung. Steht bei ihr ein eigenwirtschaftliches Interesse des Verletzten im Vordergrund, wird der Versicherungsschutz auch dann nicht ausgelöst, wenn die Tätigkeit dem Unfallbetrieb nützlich war.[113]

93 Aus diesem Grund hat der *BGH* eine Haftungsprivilegierung des Unternehmers abgelehnt, der einen in der Werkstatt anwesenden Kunden verletzt hatte, nachdem dieser einer Aufforderung des Kfz-Meisters entsprechend den Wagen auf die Hebebühne gefahren hatte und beim anschließenden Zusehen bei der Reparatur verletzt worden war. In dieser Situation war der Geschädigte nicht mehr in einer den Unfallversicherungsschutz begründenden Weise für den Reparaturbetrieb tätig. Zum Zeitpunkt der Verletzung hielt sich der Geschädigte nur deshalb weiterhin in der Werkstatt auf, weil er bei der Reparatur zuschauen und seinen PKW von unten besichtigen wollte. Damit verblieb der Geschädigte im Werkstattraum ausschließlich aus persönlichem, seiner eigenwirtschaftlichen Sphäre zuzurechnendem Interesse als PKW-Halter und Kunde des Reparaturbetriebs. Er war dann nicht mehr wie ein Beschäftigter des Unfallbetriebs tätig, sodass ein Haftungsprivileg nicht eingreift.

94 Wirkt der Kunde aber an den Reparaturarbeiten mit, dann kann eine ein Haftungsprivileg auslösende Tätigkeit vorliegen. Einen solchen Fall hatte das *OLG Stuttgart*[114] zu entscheiden.

95 In dem vom *OLG* entschiedenen Fall betrieb der später durch den Kunden geschädigte Kfz-Meister eine PKW-Werkstatt. Aus Anlass der Durchführung von Prüfarbeiten bat der Kfz-Meister den Kunden, den Motor anzulassen. Dabei wurde der Kfz-Meister verletzt. Er nahm nunmehr den Kunden, den Halter und die hinter beiden stehende Kfz-Haftpflichtversicherung auf Schadensersatz wegen des erlittenen Personenschadens in Anspruch.

96 Das *OLG Stuttgart* hat die Klage wegen des Vorliegens eines Haftungsprivilegs abgewiesen und dies wie folgt begründet: Der Schädiger war im Betrieb der Kfz-Werkstatt wie ein Beschäftigter tätig. Mit dem Anlassen des Motors im Rahmen der Prüfarbeiten hatte er eine Tätigkeit übernommen, die Gegenstand der durch die Kfz-Werkstatt geschuldeten Prüfarbeiten war und daher ihrer Natur nach vom Unternehmer selbst oder von einem seiner Beschäftigten i.S.d. § 2 Abs. 1 Nr. 1 SGB VII hätte ausgeführt werden müssen. Dann aber war der Schädiger wie ein Beschäftigter in dem Unternehmen der Kfz-Werkstatt tätig und kommt damit in den Genuss der Haftungsprivilegierung nach § 105 SGB VII. Der verletzte Unternehmer konnte damit keinen Ersatz des erlittenen Personenschadens vom Schädiger verlangen. Ebenfalls als nach § 105 SGB VII haftungsprivilegiert hat das *OLG Stuttgart* eine Person angesehen, die im Rahmen der Hauptuntersuchung vom TüV Ingenieur aufgefordert wird, die Lichter ein- und auszuschalten und dabei eine Vorwärtsbewegung des PKW veranlasst, die den Prüfingenieur verletzt.[115]

97 Das Haftungsprivileg im Bereich der Reparatur von Kraftfahrzeugen hat weitreichende Folgen bis in den privaten Bereich hinein. So ist auch der Schädiger gem. § 104 SGB VII haftungsprivilegiert, der eine Testfahrt mit einem Motorrad unternimmt, um festzustellen, ob ein Bremsendefekt vorliegt.[116] Gleiches gilt auch für den, der gefälligkeitshalber an einem fremden Fahrzeug Wartungsarbeiten vornimmt und dabei verletzt wird,[117] gleiches gilt für Reparaturarbeiten an einem PKW, die aus Gefälligkeit erfolgen[118] oder wenn sich Fahrzeugführer untereinander mit einem Starthilfekabel

113 *BGH* VersR 1994, 579.
114 *OLG Stuttgart* VersR 2004, 68 mit Anm. *Völker*.
115 *OLG Stuttgart* zfs 2014, 139.
116 *OLG Hamm* VersR 2003, 192.
117 *OLG Köln* NZV 1994, 114.
118 *BGH* NJW 1987, 1643 = VersR 1987, 202.

Starthilfe gewähren,[119] oder bei fremdnütziger Pannenhilfe durch Anschieben.[120] Das Unternehmen, das die Haftungsprivilegierung auslöst, ist in diesem Zusammenhang die private Fahrzeughaltung.[121]

In diesem Zusammenhang ist aber grundsätzlich darauf hinzuweisen, dass Gefälligkeitsdienste nicht versichert und damit auch nicht haftungsprivilegiert sind.[122] Ob es sich um einen Gefälligkeitsdienst i.S.d. des SGB VII handelt, ist nicht danach zu beurteilen, ob die Tätigkeit entgeltlich oder unentgeltlich erfolgt, sondern danach, ob Hilfeleistungen der geleisteten Art füreinander allgemein üblich sind oder über dieses Maß privater Hilfe hinausgehen. Die ist immer dann der Fall, wenn die Tätigkeit ihrer Art nach von Personen verrichtet werden kann, die in einem dem allgemeinen Arbeitsmarkt zuzurechnenden Beschäftigungsverhältnis stehen und unter Umständen geleistet werden, dass sie einer Tätigkeit aufgrund eines Beschäftigungsverhältnisses ähnlich ist.[123] Dabei bedarf es auch nicht des Vorliegens eines arbeitnehmerähnlichen Abhängigkeitsverhältnisses, würde ein solches Abhängigkeitsverhältnis gefordert werden, so läge ein Beschäftigungsverhältnis und nicht eine Tätigkeit »wie« ein Beschäftigter vor.[124] 98

### *dd) Das Haftungsprivileg nach § 106 Abs. 3 SGB VII*

§ 106 Abs. 3 SGB VII dehnt die Haftungsprivilegierung auch auf Versicherte aus, die vorübergehend betriebliche Tätigkeiten auf einer gemeinsamen Betriebsstätte verrichten, jedoch nicht demselben Unternehmen angehören. Das verbindende und die Haftungsprivilegierung auslösende Merkmal ist also hier nicht die Zugehörigkeit zu einem gemeinsamen Unternehmen, sondern die Tätigkeit auf der *gemeinsamen Betriebsstätte* bei Zugehörigkeit zu verschiedenen Unternehmen. Dabei besteht Einigkeit, dass der Begriff der Betriebsstätte vom Begrifflichen her weiter ist als das eigentliche Betriebsgelände. Die Betriebsstätte im Sinne dieser Vorschrift ist überall dort, wo betriebliche Tätigkeit stattfindet.[125] 99

Das Haftungsprivileg greift aber – anders als bei §§ 104, 105 SGB VII – nur dann ein, wenn tatsächlich »Versicherte« tätig sind, d.h. Schädiger[126] und Geschädigter müssen der Sozialversicherung nach dem SGB VII unterfallen, wobei das Haftungsprivileg auch eingreift, wenn ein Unternehmer freiwillig oder kraft Satzung versichert ist.[127] Str. ist, ob Schädiger und Geschädigter beide der Deutschen Sozialversicherung angehören müssen, oder eine Versicherung in einem europäischen Sozialversicherungssystem ausreicht, damit das Haftungsprivileg eingreift.[128] Sind der Schädiger oder der Geschädigte nicht sozialversichert, ist also der Schädiger z.B. Beamter, so scheidet eine Haftungsprivilegierung des Schädigers gem. § 106 Abs. 3 SGB VII bereits aus diesem Grunde aus, da ein Beamter kein Versicherter i.S.d. Vorschrift ist.[129] Ist der Schädiger Beamter, so kann sich auch die Anstellungskörperschaft nicht auf ein Haftungsprivileg i.S.d. § 106 Abs. 3 SGB VII berufen, da Art. 34 GG im Rahmen der Amtshaftung nur zu einer Haftungsverlagerung führt, also in der Person des schädigenden Beamten zu prüfen ist, ob die Voraussetzungen für eine Haftung und damit 100

119 *OLG Düsseldorf* DAR 2013, 25.

120 *OLG Oldenburg* VersR 2016, 461; hingegen kein Haftungsprivileg wenn der das Fahrzeug anschiebende Geschädigte eigennützige Motive verfolgt *OLG Düsseldorf* NJW-RR 2015, 1064 – vergl. dazu auch Rn. 87 m.w.N.

121 *BGH* a.a.O.

122 Halm/Engelbrecht/Krahe/*Kornes* a.a.O., Kap. 26 Rn. 12.

123 *OLG Hamm* a.a.O.; verneint bei privater Starthilfe *OLG München* zfs 2009, 381.

124 Vgl. *OLG Hamm* a.a.O.

125 *Imbusch* VersR 2001, 547.

126 Vgl. dazu *BGH* zfs 2002, 473 f.; *BGH* zfs 2004, 356 f. und die Anm. von *Engelbrecht* SVR 2005, 146; *OLG Hamm* BeckRS 2019, 12694.

127 Vgl. *BGH* NJW 2008, 2916.

128 Bejahend *LG Ellwangen* 5 O 341/11 bei Lang SVR 2012, 381; *OLG Naumburg* 12 U 36/14 BeckRS 2015, 19835; *OLG Frankfurt/Main* 26 U 13/12 BeckRS 2013, 118463; a.A. *OLG München* 24 U 7166/22e – Revision zum *BGH* VI ZR 14/24 zugelassen.

129 *OLG Hamm* DAR 2001, 404.

auch für eine Haftungsprivilegierung gegeben sind, die dann ggf. mittelbar der Anstellungskörperschaft zugutekommen könnten.[130]

101 Im Übrigen aber fragt sich, wann eine »gemeinsame Betriebsstätte« und damit eine Haftungsprivilegierung gem. § 106 Abs. 3 SGB VII anzunehmen ist. Klassisch sind hier die Fälle, in denen einem LKW-Fahrer beim Entladen seines Fahrzeugs durch einen Mitarbeiter des zu beliefernden Unternehmens geholfen wird und es dabei zu einem Unfall kommt oder Schadenfälle verschiedener Zulieferer untereinander. Fraglich ist, ob in diesen Fällen die Haftungsprivilegierung eingreift.

102 In seiner Entscheidung vom 17.10.2000[131] hat der *BGH* klargestellt, dass der Begriff der gemeinsamen Betriebsstätte über die Fälle der Arbeitsgemeinschaft hinaus betriebliche Aktivitäten von Versicherten umfasst, die bewusst und gewollt bei einzelnen Maßnahmen ineinandergreifen, miteinander verknüpft sind, sich ergänzen oder unterstützen, wobei es ausreicht, dass die gegenseitige Verständigung stillschweigend durch bloßes Tun erfolgt.[132] Dabei kann sich die gemeinsame Betriebsstätte auf dem Gelände eines der beteiligten Unternehmen oder an einem dritten »neutralen« Ort befinden (Baustelle, öffentliche Straße während eines Ladevorgangs, LKW-Hof im Hafengelände).[133]

103 Nach dieser Rspr. unterfallen sog. parallele Tätigkeiten nicht dem Haftungsprivileg.[134] Parallele Tätigkeiten sind dann anzunehmen, wenn Versicherte verschiedener Unternehmen Tätigkeiten ausführen, die nicht ineinandergreifen und damit nur zufällig zur gleichen Zeit stattfinden. Kollidieren zwei zufällig zur gleichen Zeit auf einem Betriebsgelände anliefernde LKW dritter Firmen miteinander und werden die Fahrer verletzt, so greift die Haftungsprivilegierung nicht ein.[135] Der Umstand, dass beide LKW-Fahrer auf dem Betriebsgelände der Drittfirma tätig sind und damit gemeinsam auch deren geschäftlichen Interessen dienen, reicht als verbindendes Merkmal nicht aus.[136] Aus diesem Grund stellt auch die Tätigkeit in einem Logistikzentrum keine Tätigkeit auf einer haftungsprivilegierten gemeinsamen Betriebsstätte dar, wenn sich dort Mitarbeiter verschiedener Unternehmen zufällig begegnen und es dabei zu einem Unfall kommt.[137] Gleiches gilt, wenn ein LKW-Fahrer auf dem Betriebsgrundstück Ware anliefert und die Plane des LKW öffnet, um das Abladen zu ermöglichen. Nimmt er am Vorgang des Abladens selbst nicht teil, wird er aber gleichwohl durch den abladenden Gabelstapler verletzt, so greift eine Haftungsprivilegierung nicht ein, da die Tätigkeit des LKW-Fahrers mit der Anlieferung und Öffnung des LKW beendet war, da er seine Aufgabe, die Ware anzuliefern, erfüllt hatte.[138] An der für das Eingreifen einer Haftungsprivilegierung nach § 106 III SGB VI erforderlichen Absprache über eine ausdrückliche oder konkludente Zusammenarbeit fehlt es, wenn der Schädiger im Rahmen seiner persönlichen Anhörung nach § 141 ZPO angibt, die Hilfe des später Geschädigten nicht gewünscht zu haben.[139]

104 Grds. begründen vorbereitende Tätigkeiten, wie z.B. das Aufschließen von Räumlichkeiten, kein Haftungsprivileg.[140] Auch das das bloße Bereitstellen der Ware zur Abholung begründet noch keine gemeinsame Betriebsstätte.[141]

---

130 Vgl. dazu *BGH* a.a.O.

131 *BGH* NJW 2001, 443 s. dazu auch die Anm. von *Höher* in VersR 2001, 372.

132 *OLG Frankfurt/Main* Hinweisbeschluss BeckRS 2023, 19297.

133 *Leube* VersR 2005, 622.

134 *BGH* NJW 2001, 443 f.

135 S. dazu auch *OLG Hamm* VersR 2001, 339, bestätigt durch *BGH* VersR 2001, 372 ff. = zfs 2001, 206 f.

136 *BGH* DAR 2001, 247.

137 *OLG Celle* DAR 2016, 327; a.A. *OLG Frankfurt/Main* r+s 2019, 55.

138 *OLG Oldenburg* DAR 2001, 408, s.a. *OLG Köln* VersR 2002, 575 s. dazu auch die Anm. von *Engelbrecht* PvR 2002, 138 f.; *LG Aschaffenburg* bei *Lang* SVR 2005, 190; a.A. *OLG* Karlsruhe VersR 2003, 507.

139 *OLG Hamm* BeckRS 2019, 34448.

140 Vgl. dazu auch *BGH* zfs 2011, 320.

141 *BGH* VersR 2011, 882.

Unterstützt dagegen ein Mitarbeiter des Betriebes, welcher die Anlieferung erhält, den Fahrer des Lieferfahrzeugs beim Abladen und kommt es dabei zur Verletzung des Mitarbeiters des zu beliefernden Betriebes, dann liegen die Voraussetzungen der gemeinsamen Betriebsstätte und damit einer Haftungsprivilegierung nach § 106 Abs. 3 SGB VII vor.[142] In diesem Sinne ist auch ein Kranführer von der Haftung freigestellt, wenn im Zusammenwirken mit Arbeitern eines anderen Unternehmens Material zum Montageort geschafft wird, so wenn z.B. der Kranführer die Last absenkt und diese von dem später verletzten Mitarbeiter des anderen Unternehmens ausgehängt werden soll.[143] 105

Nach der Rechtsprechung des *BGH* darf das Merkmal des betrieblichen Zusammenwirkens aber auch nicht überspannt werden, um zu der Annahme einer gemeinsamen Betriebsstätte zu gelangen. So hat der *BGH* eine gemeinsame Betriebsstätte zwischen einem geschädigten Arbeiter und einem LKW Fahrer abgelehnt, wenn der LKW Fahrer zurücksetzt und der später Geschädigte zur Seite tritt, um dem LKW auszuweichen. Dieses Verhalten gehe nicht über das Verhalten hinaus, was von jedem anderen Passanten zu erwarten war. Daraus lasse sich kein bewusstes Miteinander im Arbeitsablauf oder zumindest tatsächlich aufeinander bezogenes Zusammenwirken zwischen Schädiger und Geschädigtem ableiten.[144] Entsprechend begründet auch der Umstand, dass entgegen geltender Unfallverhütungsvorschriften zeitgleich gearbeitet wird, kein Haftungsprivileg nach § 106 Abs. 3 SGB VII, wenn die Arbeiten nicht ineinandergriffen und keine Verständigung erfolgte.[145] 106

Wichtig ist, dass sich die Beurteilung der Frage, ob eine gemeinsame Betriebsstätte vorliegt, auf die konkrete Unfallsituation beziehen muss. Nur in diesem Fall besteht ein auf die Unfallsituation bezogenes betriebliches Zusammenwirken, welches nur die für die Haftungsprivilegierung notwendige Gefahrengemeinschaft begründen kann.[146] Es reicht damit nicht aus, wenn sich der Geschädigte z.B. auf dem Weg zu einer Arbeitsstelle befand, an welcher er später mit dem Schädiger zusammenarbeiten wollte.[147] 107

Dies folgt daraus, dass ein weiteres Kriterium zur Annahme einer gemeinsamen Betriebsstätte i.S.d. § 106 Abs. 3 SGB VII das Vorhandensein einer sog. Gefahrengemeinschaft ist. Eine das Haftungsprivileg des § 106 Abs. 3 SGB VII auslösende Gefahrengemeinschaft ist dadurch gekennzeichnet, dass typischerweise jeder der in enger Berührung miteinander Tätigen zum Schädiger und Geschädigten werden kann. Nur demjenigen, der als Schädiger von der Haftungsbeschränkung profitiert, kann es als Geschädigtem zugemutet werden, den Nachteil hinzunehmen, dass er selbst bei einer Verletzung keine Schadensersatzansprüche geltend machen kann.[148] Es reicht die Möglichkeit aus, dass es durch das enge Zusammenwirken wechselseitig zu Verletzungen kommen kann, selbst wenn eine wechselseitige Gefährdung zwar eher fernliegt, aber nicht völlig ausgeschlossen werden kann.[149] Eine solche Gefahrengemeinschaft besteht typischerweise aber nicht zwischen Fahrer und Beifahrer eines im Straßenverkehr genutzten Fahrzeugs, da allein der Beifahrer dem Risiko ausgesetzt ist, durch das Fahrverhalten des Fahrers zu Schaden zu kommen.[150] Auch der *BGH* verneint diese Gefahrengemeinschaft, wenn ein Versicherter beim Aussteigen aus einem im Werksverkehr eingesetzten Bus verletzt wird, da der Versicherte den Busfahrer nicht schädigen konnte bzw. die Gefahr, dass der Versicherte den Busfahrer beim Aussteigen schädigen konnte, rein theoretischer Natur war.[151] In diesem 108

142 Vgl. dazu z.B. *OLG Schleswig* 7 U 117/15 zfs 2017, 143 (144).
143 Vgl. dazu *OLG Brandenburg* r+s 2000, 373.
144 *BGH* VersR 2013, 460 (461).
145 *OLG Hamm* BeckRS 2016, 11653.
146 Vgl. *BGH* r+s 2012, 102.
147 *BGH* VersR 2013, 460 (461); s. dazu auch *BGH* VersR 2013, 862.
148 *Lang* SVR 2005, 371 (373) m.w.N.
149 *BGH* VersR 2008, 642 (644).
150 *OLG Stuttgart* MDR 2005, 336; s. dazu die Anm. von *Lang* SVR 2005, 270, in diesem Sinne auch *LG Frankfurt/Main* 2-23 O 311/13: Keine Gefahrengemeinschaft zwischen einem Pilot und einem Passagier eines Hubschraubers.
151 *BGH* VersR 2013, 862.

Sinne hat der *BGH* auch in seiner Entscheidung vom 23.09.2014[152] nochmals deutlich gemacht, dass zur Bejahung der Gefahrengemeinschaft eine »gewisse Verbindung zwischen den Tätigen bei den konkreten Arbeitsvorgängen in der konkreten Unfallsituation gegeben « sein muss.[153]

109 Ist der Schädiger nicht auf der gemeinsamen Betriebsstätte tätig, so greift die Haftungsprivilegierung des § 106 Abs. 3 Alt. 3 SGB VII ebenfalls nicht ein.[154] Die Haftungsfreistellung nach § 106 Abs. 3 Alt. 3 SGB VII kommt nur dem versicherten Schädiger zugute, der selbst auf der gemeinsamen Betriebsstätte i.S.d. § 106 Abs. 3 SGB VII eine vorübergehende betriebliche Tätigkeit verrichtet und dabei den Versicherten eines anderen Unternehmens verletzt.[155] Daher scheidet ein Haftungsprivileg für juristischen Personen i.S.d. § 106 Abs. 3 Alt. 3 SGB VII regelmäßig aus, da diese nicht selbst auf der gemeinsamen Betriebsstätte tätig werden können.[156] Sie können aber über die Annahme einer gestörten Gesamtschuld profitieren, wenn sie mit einem haftungsprivilegierten Schädiger als Gesamtschuldner haften. In diesem Fall ist ihre Inanspruchnahme im Außenverhältnis auf den Haftungsanteil im Innenverhältnis der Gesamtschuldner beschränkt.

**▶ Praxistipp**

110 Selbst wenn unter den oben dargestellten Gesichtspunkten ein Haftungsprivileg des Unternehmers ausscheidet, kann er mittelbar von dem ggf. gegebenen Haftungsprivileg seiner Mitarbeiter unter dem Gesichtspunkt der gestörten Gesamtschuld profitieren. Dies kann dazu führen, dass der Unternehmer schon im Außenverhältnis nicht haftet, es sei denn, ihn trifft ein eigenes Verschulden an dem streitgegenständlichen Unfall. Denkbar ist hier z.B. ein unfallursächliches Organisationsverschulden, welches sich z.B. in mangelhafter Überwachung des technischen Zustands des Fahrzeugs oder von Lenk- und Ruhezeiten ausdrücken kann, soweit insoweit ein kausaler Zusammenhang zum Unfallgeschehen besteht. Die Prüfung dieser Frage kann durchaus sinnvoll sein, besteht doch bei einem Haftungsprivileg der sonstigen Beteiligten aus Sicht des Geschädigten auf diese Weise ggf. die einzige Chance überhaupt Schadensersatzansprüche auf den Personenschaden jedenfalls anteilig geltend zu machen.

### *ee) Die Bedeutung des § 108 SGB VII*

111 *§ 108 SGB VII lautet:*

»(1) Hat ein Gericht über Ersatzansprüche der in den §§ 104 bis 107 SGB VII genannten Art zu entscheiden, ist es an eine unanfechtbare Entscheidung nach diesem Buch oder nach dem SGG in der jeweils geltenden Fassung gebunden, ob ein Versicherungsfall vorliegt, in welchem Umfang Leistungen zu erbringen sind und ob der Unfallversicherungsträger zuständig ist.

(2) Das Gericht hat sein Verfahren auszusetzen, bis eine Entscheidung nach Absatz 1 ergangen ist. Falls ein solches Verfahren noch nicht eingeleitet ist, bestimmt das Gericht dafür eine Frist, nach deren Ablauf die Aufnahme des ausgesetzten Verfahrens zulässig ist.«

112 Ziel dieser Vorschrift ist es, eine einheitliche Bewertung der für das Zivilverfahren erheblichen sozialrechtlichen Fragen sowohl im Zivilverfahren als auch im sozialrechtlichen Verfahren zu gewährleisten und damit divergierende Entscheidungen zu vermeiden.[157] Die Bedeutung dieser Vorschrift kann für den beratenden Anwalt des Geschädigten erheblich sein. Liegt bereits eine unanfechtbare Entscheidung des Unfallversicherungsträgers vor, dass ein Arbeitsunfall anzunehmen ist, so ist ein Streit darüber im Zivilverfahren nicht mehr möglich. Für den Bereich der Anwendung der §§ 104 ff.

152 *BGH* VersR 2014, 1395.
153 In diesem Sinne auch *OLG Naumburg* NJW-RR 2014, 1437.
154 *BGH* VersR 2001, 1028 ff. unter Aufhebung von *OLG Brandenburg* r+s 2000, 373; *BGH* VersR 2002, 1107; *BGH* VersR 2003, 70.
155 *BGH* VersR 2001, 1156, vgl. auch *Engelbrecht* PvR 2001, 365 (367).
156 Vgl. *OLG Jena* VersR 2003, 598 = r+s 2003, 85.
157 *BAG* NZA 2020, 745.

SGB VII steht damit das Vorliegen eines Versicherungsfalls fest und eröffnet dem Schädiger die Möglichkeit der Haftungsprivilegierung nach diesen Vorschriften. Dabei sei allerdings bereits an dieser Stelle darauf hingewiesen, dass die Aussetzungspflicht des § 108 SGB VII nur dann eingreift, wenn es um die Klärung sozialrechtlicher Vorfragen geht, die zum Eingreifen eines Haftungsprivilegs nach den §§ 104 ff. SGB VII führen können. Die bloße Frage, ob das Geschehen als Arbeitsunfall anzusehen ist, ist für sich alleine keine erhebliche Vorfrage für das Eingreifen eines Haftungsprivilegs, wenn ein solches ohnehin nicht in Betracht kommt,[158] also z.B. in den Fällen, in denen es lediglich darum geht, unbestreitbar nach § 116 SGB X übergegangene Ansprüche geltend zu machen. Kommt jedoch das Eingreifen eines Haftungsprivilegs in Betracht, dann ist § 108 II SGB VII auch hinsichtlich der Frage zu beachten, ob in einem sozialrechtlichen Verfahren die Frage nach dem Vorliegen eines Arbeitsunfalls bereits verbindlich geklärt ist. Dabei greift § 108 SGB VII auch dann ein, wenn dem unmittelbar in Anspruch genommenen Schädiger zwar kein Haftungsprivileg i.S.d. §§ 104 ff. SGB VII zugutekommen kann, jedoch Zweitschädiger vorhanden sind, denen ein Haftungsprivileg mit der Folge einer dann gestörten Gesamtschuld im Verhältnis zu dem in Anspruch genommenen Erstschädiger zustehen könnte,[159] die eine vollständige oder auch nur teilweise Abweisung der Klage gegen den in Anspruch genommenen Erstschädiger zur Folge haben kann. In diesem Fall ist auch das gegen den Erstschädiger gerichtete Verfahren so lange nach § 108 SGB VII auszusetzen, bis die Frage, ob die sozialrechtlichen Voraussetzungen einer möglichen Haftungsprivilegierung des Zweitschädigers vorliegen, sozialrechtlich geklärt sind. Dazu zählt dann z.B. die Frage, ob der Geschädigte »Versicherter« i.S.d. § 106 Abs. 3 SGB VII ist, da nur in diesem Fall dieses Haftungsprivileg überhaupt einschlägig sein kann.[160]

Bevor das Zivilgericht das Verfahren nach § 108 SGB VII aussetzten möchte, muss es allerdings klären, ob überhaupt eine Haftung des Schädigers vorliegt. Ist dies – ggf. nach Durchführung einer Beweisaufnahme – zu verneinen, so sind sozialrechtliche Vorfragen für die Entscheidung des Zivilverfahrens ebenfalls nicht relevant, da die Klage schon mangels Haftung des Schädigers abzuweisen ist.[161]

**▶ Praxistipp**

Fehlt in den Fällen, in denen ein Haftungsprivileg des Schädigers in Betracht kommt, diese unanfechtbare sozialrechtliche Entscheidung, so ist diese durch den Geschädigten vertretenen Anwalt zwingend herbeizuführen. Ansonsten besteht nämlich das Risiko, dass das Zivilgericht einen Versicherungsfall annimmt, damit dann in den Bereich der Haftungsprivilegien nach §§ 104 ff. SGB VII gelangt und die Ansprüche des Geschädigten rechtskräftig abweist. An diese Entscheidung des Zivilgerichts über die Annahme eines Versicherungsfalls sind jedoch weder der Unfallversicherungsträger noch das ggf. zu bemühende Sozialgericht gebunden. Käme man dort zu dem Ergebnis, dass kein Versicherungsfall und damit keine Leistungspflicht des Unfallversicherungsträgers vorliegt, so würde der Geschädigte bei dieser Vorgehensweise aus Anlass des Unfalls keinerlei Leistungen erhalten. 113

Der Geschädigte läuft also in dem Fall, in dem die Anwendung eines Haftungsprivilegs nach §§ 104 ff. SGB VII in Betracht kommt, Gefahr leer auszugehen, wenn die sozialrechtliche Frage des Vorliegens eines Versicherungsfalls nicht zuvor für das Zivilgericht verbindlich gegenüber dem Unfallversicherungsträger geklärt ist bzw. geklärt wird. 114

Dem entspricht es auch, dass § 108 SGB VII nicht als Einrede ausgestaltet ist, sondern durch die Zivilgerichte von Amts wegen zu beachten ist,[162] was dort jedoch in vielen Fällen übersehen wird. 115

158 *Horst und Katzenstein* VersR 2009, 165 (168) m.w.N.
159 *BGH* VI ZR 501/16, VersR 2017, 1014 (1015).
160 *BGH* a.a.O.
161 *BGH* VersR 2017, 1014 (1016); *OLG Saarbrücken* BeckRS 2020, 2591.
162 *BAG* a.a.O.

Dies nahm der *BGH* zum Anlass, in einer Entscheidung vom 20.04.2004[163] bereits in seinem Leitsatz wie folgt auszuführen:

»(1). Ein Zivilrechtsstreit ist nach § 108 Abs. 2 SGB VII von Amts wegen auszusetzen, wenn entscheidungserheblich ist, ob der Geschädigte zu den nach § 2 SGB VII versicherten Personen gehört.

(2) Eine Entscheidung darf erst dann ergehen, wenn eine Entscheidung des Unfallversicherungsträgers vorliegt, die auch dem als Schädiger in Anspruch genommenen gegenüber bestandskräftig ist.«

116 Der *BGH* stellt in dieser Entscheidung klar, dass § 108 SGB VII das Ziel verfolgt, durch eine Bindung von Gerichten außerhalb der Sozialgerichtsbarkeit an Entscheidungen der Unfallversicherungsträger und Sozialgerichte divergierende Beurteilungen zu vermeiden und damit eine einheitliche Bewertung der unfallversicherungsrechtlichen Kriterien zu gewährleisten. Deshalb ist die Aussetzung des Verfahrens durch das Zivilgericht zwingend und steht nicht im Ermessen des Gerichts. Da das Berufungsgericht in dem vom *BGH* entschiedenen Fall diese Vorschrift nicht beachtet hat, hatte der *BGH* das Urteil des *OLG* bereits aus diesem Grunde aufgehoben. Es hat dem Berufungsgericht aufgegeben zu klären, ob die Voraussetzungen des § 108 SGB VII vorliegen, da das Zivilverfahren erst nach dem Vorliegen dieser Voraussetzungen betrieben werden kann.[164]

117 In diesem Zusammenhang weist der *BGH* darauf hin, dass eine das Zivilgericht nach § 108 SGB VII bindende Entscheidung erst dann vorliegt, wenn sie gegenüber allen in dem Verfahren beklagten Schädigern bestandskräftig geworden ist. Dies ist damit nicht nur der Schädiger, sondern auch die hinter diesem stehende Kfz-Haftpflichtversicherung, gegen die ein Direktanspruch nach § 115 Abs. 1 VVG besteht. Liegt ihr gegenüber keine bestandskräftige Entscheidung vor, so hat dies zur Konsequenz, dass das Verfahren gem. § 108 Abs. 2 SGB VII auszusetzen ist. § 108 SGB VII ist dabei auch im Rechtsstreit des Arbeitgebers eines geschädigten Versicherten gegen den Schädiger anzuwenden.[165]

118 Nach der Rspr. des *BGH* setzt die für die Bindungswirkung nach § 108 SGB VII erforderliche Beteiligung des betroffenen Dritten stets voraus, dass dieser in Kenntnis des Verfahrens und dessen Auswirkungen auf seine eigene rechtliche Position darüber entscheiden kann, ob er an dem sozialrechtlichen Verfahren teilnehmen will oder nicht.[166] Entsprechend sind zwei Konstellationen zu unterscheiden:

119 Hat der Geschädigte ein sozialrechtliches Verfahren eingeleitet, so sind, falls noch nicht geschehen, der Schädiger und seine Kfz-Haftpflichtversicherung an dem Verfahren noch zu beteiligen. Diese Beteiligung regelt § 12 Abs. 2 SGB X. Zu beteiligen sind der Schädiger selbst und dessen Kfz-Haftpflichtversicherung, gegen die der Geschädigte den Direktanspruch nach § 115 VVG geltend machen kann. Besteht, wie z.B. bei einem durch einen Radfahrer oder Fußgänger verursachten Unfall kein Direktanspruch gegen die Haftpflichtversicherung des Schädigers, so ist diese Haftpflichtversicherung nicht zu beteiligen, sie ist an die gegenüber ihrem Versicherungsnehmer bestandskräftige Entscheidung gebunden.[167]

120 Hat der Geschädigte bisher kein sozialrechtliches Verfahren eingeleitet, so können die Schädiger, die von einem Haftungsprivileg nach §§ 104, 105 SGB VII profitieren wollen, dieses Verfahren selbst gem. § 109 SGB VII einleiten, um die Anerkennung als Arbeitsunfall und damit die Voraussetzungen für die Annahme eines Haftungsprivilegs zu erreichen. Diese sind dann wegen des von ihnen gestellten Antrags Beteiligte des sozialrechtlichen Verfahrens. Der Geschädigte ist in diesem Fall gem. § 12 Abs. 2 SGB X zu beteiligen. Antragsberechtigt nach § 109 SGB VII sind alle Personen, gegen die der Geschädigte unmittelbar Ansprüche verfolgen kann. Dies ist regelmäßig der Geschädigte und im Bereich der Kfz-Haftpflichtversicherung wegen § 115 VVG auch diese. Steht

163 Vgl. *BGH* r+s 2004, 344.
164 Vgl. dazu auch *OLG Bremen* SVR 2008, 105 bei *Lang*.
165 *BGH* VersR 2007, 1131.
166 *BGH* VersR 2008, 255.
167 *Engelbrecht* in Handbuch Verkehrsrecht Kap. 15 Rn. 61.

hinter dem Geschädigten keine Versicherung, gegen die der Geschädigte einen Direktanspruch verfolgen kann, so kann die Versicherung den Antrag nicht unmittelbar, sondern nur im Namen ihres Versicherungsnehmers stellen.

Ist der Schädiger nicht ordnungsgemäß an dem sozialrechtlichen Verfahren beteiligt, so ist das 121
Ergebnis dieses Verfahrens gegenüber dem Schädiger nicht bindend. Die Bindungswirkung eines etwaigen Bescheids gegenüber dem Schädiger tritt erst dann ein, wenn er auf Anfrage erklärt, an einer Wiederholung des Verfahrens kein Interesse zu haben oder keine Erklärung abgibt. Andernfalls wäre das sozialrechtliche Verwaltungsverfahren auf Antrag des Schädigers zu wiederholen und dessen Beteiligung nachzuholen.[168]

In vielen Fällen wird die Wiederholung des Verwaltungsverfahrens jedoch nicht möglich sein. Nur 122
wenn sich nach erfolgter Beteiligung die ursprünglich gegenüber dem Geschädigten getroffene belastende Entscheidung (Versicherungsfall abgelehnt) als fehlerhaft herausstellt, kann diese nach § 44 SGB X aufgehoben und das Verwaltungsverfahren wiederholt werden. Wurde dem Geschädigten gegenüber aber ein begünstigender Verwaltungsakt erlassen (insbesondere, wenn der Unfall als Versicherungsfall anerkannt wurde), so kann diese nur unter den Voraussetzungen des § 45 SGB X aufgehoben werden.

Die Voraussetzungen des § 45 SGB X werden aber regelmäßig nicht vorliegen, so dass eine Wie- 123
derholung des sozialrechtlichen Verfahrens mangels abweichender Entscheidungsmöglichkeit des Unfallversicherungsträgers nicht möglich und daher nicht durchführbar ist. Dies hat dann zur Folge, dass keine Bindungswirkung des Zivilgerichts i.S.d. § 108 SGB VII zu Lasten des nicht beteiligten Schädigers gegeben ist, so dass das Zivilgericht selbst entscheiden kann bzw. muss. In vielen Fällen wird daher § 108 SGB VII wegen der fehlenden Rechtswidrigkeit der sozialrechtlichen Entscheidung insoweit leerlaufen, als das Zivilverfahren wegen der fehlenden Möglichkeit das sozialrechtliche Verfahren zu wiederholen nicht ausgesetzt werden kann.

In allen Fällen zu beachten ist aber, dass eine Aussetzung nach § 108 SGB VII gar nicht notwendig 124
ist, wenn der Schädiger im sozialrechtlichen Verfahren zwar nicht beteiligt worden ist, die Entscheidung über das Vorliegen des Arbeitsunfalls ihn aber nicht in seinen Rechten beeinträchtigt, also neben der Qualifizierung als Arbeitsunfall keinen weiteren Regelungsgehalt hat. In diesen Fällen ist eine Benachteiligung des Schädigers nicht gegeben, im Gegenteil: Durch die Qualifizierung als Arbeitsunfall eröffnet sich ihm die Chance für ein Haftungsprivileg gem. §§ 104 ff. SGB VII.[169] Eine Benachteiligung des Schädigers, mit der Folge seiner Einbeziehung in das sozialrechtliche Verfahren, bestünde in diesen Fällen nur, wenn ihm mit dieser Entscheidung auch das Berufen auf ein entsprechendes Haftungsprivileg abgeschnitten werden würde, wie in dem Fall, in dem die Entscheidung des Sozialversicherungsträgers auch zugleich die verbindliche Klärung der Frage enthält, ob der Geschädigte den Unfall als Versicherter seines Stammbetriebs oder als Wie-Beschäftigter in einem fremden Unternehmen erlitten hat. Der Umstand, dass durch die Anerkennung als Arbeitsunfall eine Inanspruchnahme durch den Unfallversicherungsträger nach § 110 SGB VII möglich ist, stellt wegen der im Vergleich zu den allgemeinen zivilrechtlichen Vorschriften qualifizierten Anspruchsvoraussetzungen keinen Nachteil für den Schädiger dar, die zu einer Wiederholung des sozialrechtlichen Verfahrens zwingt.[170] Eine Aussetzung ist ferner dann nicht erforderlich, wenn die Entscheidung des Unfallversicherungsträgers erkennbar nicht zu beanstanden ist und die Wiederholung des sozialrechtlichen Verfahrens eine bloße Förmelei wäre.[171] Auch in den Fällen, in denen zwar ein Haftungsprivileg eingewandt wird, für dessen Voraussetzungen aber keine greifbaren Anhaltspunkte vorliegen, ist eine Aussetzung nach § 108 SGB VII nicht erforderlich.[172]

---

168 *BGH* zfs 2009, 678 (681) = NJW 2009, 3235 = VersR 2009, 1074.
169 Vgl. *OLG Zweibrücken* SP 2002, 127; *BAG* NZA 2020, 745 (750); *OLG Düsseldorf* I-13 U 82/19.
170 Vgl. BeckOGK/*Ricke* SGB VII § 108 Rn. 13.1.
171 *BGH* NZV 2013, 434 f.
172 *OLG Hamm* r+s 2013, 252.

125 Ist unter Beachtung dieser Grundsätze eine bestandskräftige Entscheidung gem. § 108 SGB VII ergangen, so hat das Zivilgericht die Frage des Vorliegens eines Arbeitsunfalls nicht mehr zu prüfen. Es hat dann bei der Beurteilung der Frage, ob ein Haftungsprivileg nach §§ 104, 105 SGB VII vorliegt, davon auszugehen, dass der Versicherte einen Arbeitsunfall erlitten hat. Nach der Rspr. des *BGH* umfasst die Entscheidung des Sozialversicherungsträgers sogar die verbindliche Klärung der Frage, ob der Geschädigte den Unfall als Versicherter seines Stammbetriebs oder als Wie-Beschäftigter in einem fremden Unternehmen erlitten hat.[173] Ein Haftungsprivileg ist dann im Zivilverfahren nur noch im Rahmen des § 106 SGB VII in der Variante der gemeinsamen Betriebsstätte zu prüfen.[174]

126 Das Zivilgericht hat bei Vorliegen einer bestandskräftigen Entscheidung i.S.d. § 108 SGB VII allerdings noch prüfen, ob das Haftungsprivileg nicht eingreift, weil der Arbeitsunfall vorsätzlich oder im Rahmen eines Wegeunfalls durch den Schädiger herbeigeführt wurde (§§ 104 Abs. 1 S. 1, 105 Abs. 1 S. 1 SGB VII)[175] oder sich eine Haftungsprivilegierung gem. § 106 Abs. 3 SGB VII deshalb nicht ergibt, weil sich der Arbeitsunfall nicht auf einer gemeinsamen Betriebsstätte ereignet hatte.[176]

127 Zu einer eigenen Entscheidung über die Frage, ob ein Versicherungsfall vorliegt, ist das Zivilgericht erst dann befugt, wenn nach den oben dargestellten Voraussetzungen das Verfahren tatsächlich nach § 108 SGB VII ausgesetzt werden muss, da eine Haftung des Schädigers in Betracht kommt, es auf die sozialrechtliche Vorfrage des Vorliegens eines Arbeitsunfalls ankommt und der Schädiger an dem sozialrechtlichen Verfahren auf Anerkennung des Unfalls als Arbeitsunfall nicht ordnungsgemäß beteiligt und daher in seiner Rechtsstellung benachteiligt worden ist bzw. eine solche Entscheidung noch aussteht. In diesen Fällen hat das Zivilgericht den Parteien gem. § 108 Abs. 2 S. 2 SGB VII eine Frist zu bestimmen, um ein sozialrechtliches Verfahren einzuleiten. Nach fruchtlosem Verstreichen dieser Frist ist die Aufnahme des Zivilverfahrens zulässig und das Zivilgericht befugt, über die Frage des Vorliegens eines Arbeitsunfalls zu entscheiden. Ist die Wiederholung des sozialrechtlichen Verfahrens hingegen wegen des Eingreifens des § 45 SGBX mangels Rechtswidrigkeit der getroffenen Entscheidung des Sozialversicherungsträgers nicht möglich, so ist das Verfahren nicht nach § 108 SGB VII auszusetzen. In diesen Fällen ist das Zivilgericht dann auch nicht an die Entscheidung im sozialrechtlichen Verfahren gebunden und kann und muss die sich im Zivilverfahren stellenden sozialrechtlichen Vorfragen selbst entscheiden.

128 Im Übrigen hindert § 108 SGB VII das Zivilgericht immer dann nicht an einer eigenen Entscheidung, wenn es im Zivilprozess zu dem Ergebnis gelangt, dass der Schädiger nicht zum Kreis der nach §§ 104 ff. SGB VII haftungsprivilegierten Personen gehört. In diesen Fällen bedarf es dann einer Entscheidung über die nach Sozialrecht zu beurteilende Frage, ob ein Arbeitsunfall vorliegt, nicht mehr.[177] Das Zivilgericht wird dann kein Haftungsprivileg annehmen. § 108 SGB VII ist damit nur dann beachtlich, wenn das Zivilgericht zu dem Ergebnis gelangt, dass der Schädiger zum Kreis der haftungsprivilegierten Personen gehört und die Klage daher bei Vorliegen eines Arbeitsunfalls abzuweisen wäre.

129 Das *OLG Hamburg*[178] und ihm folgend das *OLG Naumburg* sind in diesem Zusammenhang der Auffassung, dass eine Aussetzungspflicht nach § 108 SGB VII trotz unterlassener Beteiligung des Schädigers am sozialrechtlichen Verfahren nicht besteht, wenn der in den Schadenfall involvierte Sozialversicherungsträger den Aufwendungsersatzanspruch des § 110 SGB VII gegen den Schädiger geltend macht.[179] Begründet wird dies damit, dass der Anspruch aus § 110 SGB VII nicht das Verhältnis unmittelbar zwischen Geschädigtem und Schädiger, das zum Schutze des Versicherten

173 *BGH* r+s 2008, 308 mit kritischer Anm. *Lemcke* = VersR 2008, 820.
174 *BGH* zfs 2009, 678 (680).
175 *OLG Saarbrücken* BeckRS 2020, 36213; *BAG* NZA 2020, 745; *LAG Hessen* BeckRS 2022, 2159.
176 *BGH* VersR 2013, 460 (461).
177 Vgl. *OLG Oldenburg* r+s 2002, 65 f. m.w.N.
178 *OLG Hamburg* 1 U 108/08 BeckRS 2010, 29525.
179 *OLG Naumburg* 12 U 79/14 BeckRS 2015, 03357.

bezüglich einer Haftungsbeschränkung nur einheitlich beurteilt werden sollte, sondern allein das Verhältnis zwischen dem Unfallversicherungsträger und dem Schädiger betrifft.

### 5. Haftungsprivilegien bei Schulunfällen

§ 106 Abs. 1 Nr. 1–3 SGB VII erfasst durch den Verweis auf die in den § 2 Abs. 1 Nr. 2, 3 und 8 130
genannten Unternehmen auch Schulunfälle im Verhältnis der Versicherten untereinander, also z.B. das Verhältnis von Lehrern und Schülern. In diesen Fällen greift dann gem. § 106 Abs. 1 SGB VII das Haftungsprivileg des § 105 SGB VII ein. Sollen Ansprüche gegen den Schulträger geltend gemacht werden, so ist § 104 Abs. 1 SGB VII hingegen unmittelbar anwendbar und führt zu einem Haftungsprivileg des Schulträgers. Der Verweis des § 106 Abs. 1 SGB VII auf § 105 SGB VII erfasst nach seinem ausdrücklichen Wortlaut nur das Verhältnis der Versicherten untereinander (§ 106 Abs. 1 Nr. 1 SGB VII) bzw. gegenüber den Betriebsangehörigen desselben Unternehmens (§ 106 Abs. 1 Nr. 2–3 SGB VII).[180] Für den Anwendungsbereich des § 106 Abs. 1 Nr. 2–3 SGB VII bedeutet dies, dass sich die Haftungsprivilegierung nur auf das Verhältnis Schüler und Beschäftigte derselben Schule erstreckt, nicht aber auf das Verhältnis der Schüler zu sonstigen Beschäftigten gemeindlicher Betriebe. Diese haften den Schülern damit bei Schädigungen zivilrechtlich, der Schulträger hingegen wegen § 104 SGB VII auch über § 831 BGB nicht.[181] Soweit dann über die Grundsätze der Amtshaftung statt des unmittelbaren Schädigers doch der Schulträger haftet, begründet dies für den Schulträger kein Haftungsprivileg, da auch im Fall der Amtshaftung nur zu prüfen ist, ob sich der unmittelbare Schädiger selbst auf ein Haftungsprivileg berufen könnte, gäbe es die haftungsverlagernde Norm des Art. 34 GG nicht.[182]

Eine Ausnahme von der nicht gegebenen Haftungsprivilegierung der Mitarbeiter sonstiger gemeind- 131
licher Betriebe ist jedoch dann zu machen, wenn der Schulträger die Möglichkeit hat, den Mitarbeitern sonstiger gemeindlicher Betriebe im Hinblick auf die Durchführung der Schulveranstaltung Weisungen zu erteilen. In diesen Fällen lässt der *BGH* das Haftungsprivileg eingreifen, da in diesen Fällen die Mitarbeiter sonstiger gemeindlicher Betriebe als insoweit in den Schulbetrieb eingegliederte Betriebsangehörige betrachtet werden müssen.[183]

Fraglich ist, ob § 106 Abs. 1 Nr. 1 SGB VII auch dann eingreift, wenn die Schüler verschiedenen 132
Schulen angehören. § 106 Abs. 1 Nr. 1 SGB VII enthält anders als die Vorschriften des § 106 Abs. 1 Nr. 2 und 3 SGB VII keine Einschränkung dahingehend, dass nur Versicherte »desselben Unternehmens« durch diese Norm erfasst sind. Daraus ist zu schließen, dass die Haftungsprivilegierung immer dann eingreift, wenn Schüler verschiedener Schulen zusammentreffen und sich dabei verletzen.[184]

Voraussetzung für die Anwendbarkeit der Haftungsprivilegien nach § 106 SGB VII im Fall des 133
Schülerunfalls ist eine schulbezogene (Verletzungs-)Handlung. Eine schulbezogene Verletzungshandlung liegt immer dann vor, wenn sie mit der Schulsituation noch in einem engen Zusammenhang gestanden hat.[185] Insoweit gelten die noch zu den alten Vorschriften der §§ 636, 637 RVO entwickelten Rechtsgrundsätze fort. Danach ist darauf abzustellen, ob die Verletzungshandlung auf der engen typischen Gefährdung aus engem schulischen Kontakt beruht, dann liegt eine schulbezogene Handlung vor, oder ob sie nur bei Gelegenheit des Schulbesuchs erfolgt ist. Schulbezogen im Sinne dieser Rechtsprechung sind insbesondere Verletzungshandlungen, die aus Spielereien, Neckereien und Raufereien unter den Schülern hervorgegangen sind, ebenso Verletzungen, die in Neugier, Sensationslust und dem Wunsch, den Schulkameraden zu imponieren, ihre Erklärungen finden;[186] das-

180 *OLG Dresden* zfs 1999, 146 (148), s. dazu auch *Lemcke* r+s 2000, 221, 223; *BGH* DAR 2001, 32.
181 *Leube* VersR 2001, 1215 (1217).
182 *BGH* zfs 2002, 473 f.
183 Vgl. *BGH* NJW 2003, 1121.
184 Vgl. dazu *Lemcke* a.a.O.
185 *BGH* VersR 1992, 854 f.
186 *OLG Koblenz* NJW – RR 2013, 599.

selbe gilt für Verletzungen, die auf übermütigen und bedenkenlosen Verhaltensweisen in einer Phase der allgemeinen Lockerung der Disziplin – insbesondere in den Pausen oder auf Klassenfahrten oder nach Beendigung des Unterrichts oder während der Abwesenheit der Aufsichtsperson – beruhen. Da der Haftungsausschluss bei Schulunfällen den Schulfrieden und das ungestörte Zusammenleben von Lehrern und Schülern in der Schule gewährleisten soll, darf das Haftungsprivileg nicht eng ausgelegt werden.[187] Die innere schulische Verbundenheit erfordert allerdings stets, dass die konkrete Verletzungshandlung durch die Besonderheit des Schulbetriebs geprägt wird, was in der Regel eine enge räumliche und zeitliche Nähe zu dem organisierten Betrieb der Schule voraussetzt.[188]

134 So ist z.B. ein Unfall, der sich auf dem Schulhof bei der An- oder Abfahrt von zwei Schülern mit ihren Fahrzeugen ereignet, dem Schulbetrieb zuzuordnen. Er schließt daher eine Inanspruchnahme des schuldigen Mitschülers – auch auf Zahlung von Schmerzensgeld – aus, ohne dass es auf das Bestehen einer Haftpflichtversicherung ankommt.[189] Allerdings ist das Eingreifen des Haftungsprivilegs nicht auf ein Handeln auf dem Schulgelände beschränkt. So können auch Unfälle außerhalb des Schulgeländes schulbezogen sein, wenn sie auf die Vor- und Nachwirkungen des Schulbetriebs zurückzuführen sind. Die Anspannung durch den Schulbesuch muss sich nicht bereits beim Verlassen des Schulgrundstücks entladen.[190] Damit können auch Unfälle an einer 100 Meter vom Schulgelände entfernten Schulbushaltestelle noch dem Schulbetrieb zuzuordnen und damit zugunsten des Schädigers haftungsprivilegiert sein, selbst wenn sich die Schüler bereits auf dem Heimweg befanden.[191] Anders ist dies nach Auffassung des *BGH* zu beurteilen, wenn es nach dem Verlassen des Schulbusses auf der Heimfahrt zwischen Schülern zu einer Rauferei kommt und dabei einer der Schüler verletzt wird. Hier fehlt es an der notwendigen räumlichen und zeitlichen Nähe zum Schulbetrieb, sodass dem schädigenden Schüler kein Haftungsprivileg zugebilligt wurde.[192]

135 Auch beim Schülerunfall ist hinsichtlich des Eingreifens des Haftungsprivilegs zischen dem Unfall auf einem Betriebsweg, der die Haftungsprivilegierung auslöst, und dem nicht haftungsprivilegierten Wegeunfall zu unterscheiden. Übertragen auf die Schule bedeutet dies, dass der haftungsprivilegierte Betriebsweg der sog. Unterrichtsweg ist, also Wege zwischen der Schule und einem anderen Ort, an dem die Schulveranstaltung unter der Verantwortung der Schule stattfindet, so z.B. der Weg zu Sportstätten oder zum Museum, Schulwanderungen und Klassenfahrten.[193] Voraussetzung für diesen haftungsprivilegierten Weg ist aber, dass der Transport in den Schulbereich eingegliedert ist und damit integrierter Bestandteil der Organisation des Schulbetriebs ist, wie es auch der Fall sein kann, wenn Schüler auf Privatwagen durch einen Lehrer aufgeteilt werden.[194] Das Gleiche gilt entsprechend für Wege in Verbindung mit dem Besuch von Tageseinrichtungen für Kinder oder von Hochschulen.[195] Keine Betriebs- oder Unterrichtswege sind die unmittelbaren Wege von Versicherten zur Schule oder einem anderen als dem üblichen Ort der Tätigkeit und umgekehrt, wie z.B. der Treffpunkt zu einem Klassenausflug, da hier das andere Ziel an die Stelle des Betriebs oder der Schule tritt und es sich damit um einen privaten versicherten Weg gem. § 8 Abs. 2 SGB VII handelt, auf dem das Haftungsprivileg nicht eingreift.[196]

136 Durch die Entscheidung des *BGH* vom 12.10.2000 ist der Schülertransport mit einem schuleigenen Fahrzeug dem Werksverkehr gleichgestellt, sodass Schäden auf diesem Transport der Haftungsprivi-

187 *BGH* VersR 2008, 1407 (1408).
188 *BGH* VersR 1992, 854.
189 *LG Hanau* VersR 1980, 393.
190 *BGH* VersR 2008, 1407 (1409).
191 Vgl. *BGH* VersR 2008, 1407; vgl. dazu auch ausführlich *Engelbrecht* in Handbuch Verkehrsrecht, Kap. 15 Rn. 156 ff. und *Rolfs/Dieckmann* VersR 2010, 296.
192 Vgl. *BGH* VersR 1992, 854.
193 *OLG Stuttgart* NJW – RR 2017, 407.
194 Vgl. *LG Kassel* NZV 2006, 375; *OLG Stuttgart* a.a.O.
195 *Leube* VersR 2001, 1215 f. m.w.N.
196 *Leube* a.a.O.

legierung unterfallen.[197] Gleiches muss gelten, wenn der Schulträger einen Dritten mit dem Transport beauftragt oder die Busbeförderung im Rahmen des öffentlichen Personennahverkehrs organisiert.[198] In diesem Fall ist aber nur der Schulträger, z.B. bei Verletzung seiner Aufsichtspflicht haftungsprivilegiert, Fahrer und Fuhrunternehmer nicht, da diese nicht in den Schulbetrieb eingegliedert sind, sie haften also den beförderten Personen.[199] Diese Rspr. gilt auch nach der oben dargestellten Entscheidung des *BGH* vom 26.11.2002[200] ausdrücklich fort, wenn der Transportunternehmer bei der vertraglich geschuldeten Durchführung der Schülertransporte keinen allgemeinen Weisungen des Schulträgers oder der Schulverwaltung unterliegt.[201] Halter und Fuhrunternehmer können aber im Rahmen der Annahme einer gestörten Gesamtschuld von einer Haftungsprivilegierung des Schulträgers profitieren, wenn diesem ein Verschulden an dem Unfall zur Last fällt.[202]

### 6. Die Haftungsbeschränkung des § 1664 BGB im Verhältnis Eltern/Kind

§ 1664 begründet bei der Ausübung der elterlichen Sorge eine Haftungsbeschränkung zugunsten der Eltern. Gem. § 1664 Abs. 1 BGB haben die Eltern bei der Ausübung der elterlichen Sorge dem Kind gegenüber nur für die Sorgfalt einzustehen, die sie in eigenen Angelegenheiten anzuwenden pflegen. Sind für einen Schaden beide Eltern verantwortlich, so haften sie als Gesamtschuldner (§ 1664 Abs. 2 BGB). Die Vorschrift des § 1664 BGB hat damit zwei Funktionen. Sie ist im Verhältnis Eltern und Kind eine Anspruchsgrundlage des Kindes für einen selbstständigen Schadensersatzanspruch, daneben bildet sie für die Haftung der Eltern aus § 1664 BGB aber auch aus anderen z.B. deliktischen Anspruchsgrundlagen eine Haftungserleichterung zugunsten der Eltern, so dass Eltern bei Eingreifen dieses Haftungsprivilegs nur für Vorsatz, grobe Fahrlässigkeit und im Fall der Verletzung der eigenüblichen Sorgfalt haften.[203] Dies folgt aus §§ 276, 277 BGB. Dies bedeutet aber nicht, das Eltern nur für grobe Fahrlässigkeit haften. Sie haften auch im Fall der Verletzung der eigenüblichen Sorgfalt. Sie haften nur dann nicht, wenn sie nachweisen können, dass ihr Verhalten zum Schadenzeitpunkt der eigenüblichen Sorgfalt entsprach. Erst wenn dieser Nachweis geführt ist,[204] greift die Haftungsbeschränkung auf Vorsatz und grobe Fahrlässigkeit ein. Ferner führt das Haftungsprivileg nach § 1664 Abs. 1 BGB dazu, dass Eltern gegenüber ihrem Kind nicht aus Gefährdungshaftungstatbeständen, wie z.B. im Rahmen der Tierhalterhaftung, haften.[205] 137

Im Straßenverkehr gilt das Haftungsprivileg des § 1664 BGB nicht, wenn die Eltern das Kind in ihrer Eigenschaft als Führer eines Kraftfahrzeugs oder als sonstiger Verkehrsteilnehmer schädigen. Die Straßenverkehrsregeln lassen keinen Spielraum für individuelle Sorglosigkeit und niemand darf sich darauf berufen, er pflege sie gewöhnlich zu verletzen.[206] In diesem Fall haften die Eltern nach den allgemeinen Grundsätzen für die Schädigung ihres Kindes. Allerdings greift das Haftungsprivileg nach § 1664 BGB ein, wenn sich das Verschulden der Eltern[207] auch im Straßenverkehr in der bloßen Verletzung der Aufsichtspflicht erschöpft.[208] Nach §§ 276, 277 BGB haften die Eltern 138

197 *BGH* DAR 2001, 32 f.
198 Vgl. *OLG Celle* VersR 2006, 1086.
199 Vgl. *Leube* a.a.O.; *BGH* VersR 1982, 270.
200 *BGH* NJW 2003, 1121.
201 *BGH* NJW 2003, 1121 (1123).
202 Vgl. dazu *OLG Koblenz* DAR 2006, 689.
203 Grüneberg/*Diederichsen* § 1664 Rn. 1.
204 Vgl. dazu *OLG Köln* BeckRS 2024, 4504 und NJW-Spezial 2024, 233 mit Anm. *Figgener/Quaisser.*
205 *BGH* VersR 2021, 391.
206 MüKoBGB/*Huber* BGB § 1664 Rn. 10 m.w.N.
207 Eine Pflegemutter kann sich nicht auf § 1664 BGB berufen: *OLG Köln* 8 U 67/14 NJW RR 2016, 401.
208 *OLG Bamberg* NJW 2012, 1820 (1821) m.w.N.; *OLG Karlsruhe* NJW 2012, 3043; *OLG Karlsruhe* DAR 2009, 202 (203); *OLG Hamm* NJW 1993, 542; *OLG Köln* BeckRS 2024, 4504 und NJW-Spezial 2024, 233 mit Anm. *Figgener/Quaisser*; str. s, dazu die Anmerkung bei *Werkmeister* NJW 2012, 1822 und MüKoBGB/*Huber* BGB § 1664 Rn. 11 m.w.N.

oder das die Aufsichtspflicht verletzende Elternteil dann nur bei Vorsatz oder grober Fahrlässigkeit oder dann, wenn das schädigende Verhalten nicht der Sorgfalt entspricht, die die Eltern oder das schädigende Elternteil üblicherweise an den Tag zu legen pflegen. Maßgebend ist damit, welche Sorgfalt die Eltern außerhalb der Aufsichtspflicht über ihre Kinder normalerweise an den Tag legen. Das führt allerdings im Rechtsstreit zu der wenig angenehmen Situation, dass das Elternteil, dass die Haftungserleichterung für sich in Anspruch nehmen will, darlegen und gegebenenfalls sogar beweisen muss, dass er in eigenen Angelegenheiten ebenfalls sorglos und unüberlegt handelt.[209] Handelt es sich bei den Eltern aber um »generell sorgfältig handelnde Personen«, dann haften sie auch für einfache Fahrlässigkeit.[210] Dies führt dazu, dass das Haftungsprivileg in den meisten Fällen im Straßenverkehr leer laufen wird, da die Eltern in den wenigsten Fällen vortragen und beweisen werden, dass es sich bei ihnen um generell sorglos handelnde Personen handelt.[211] Anders ist dies nur dann, wenn ihr konkretes Verhalten das Gegenteil beweist, wenn also z.B. die Mutter, wie in dem vom *OLG Bamberg* entschiedenen Fall, zur Überquerung der Straße ansetzt, obwohl sich ein Auto nähert. Sie hat durch diese Verhalten gezeigt, in eigenen Angelegenheiten unsorgfältig zu handeln.[212] Das *OLG* hatte daher der leicht fahrlässig handelnden Mutter das Haftungsprivileg des § 1664 BGB zuerkannt.

**139** Ist neben den Eltern an der Entstehung des Schadens ein Drittschädiger beteiligt, so fragt sich, ob sich das Kind die Haftung seiner Eltern im Verhältnis zum Drittschädiger bereits im Außenverhältnis anspruchsmindernd zurechnen lassen muss oder ob der Ausgleich nur im Innenverhältnis zwischen den Gesamtschuldnern, also dem Drittschädiger und den Eltern zu erfolgen hat, so dass das Kind im Außenverhältnis einen ungekürzten Anspruch gegen den Drittschädiger geltend machen kann.

**140** Nach der Rspr. des *BGH* gilt, dass sich das geschädigte Kind ein Verschulden seiner Eltern außerhalb einer rechtlichen wie z.B. einer vertraglichen Sonderverbindung oder eines einem Schuldverhältnis ähnlichen Sonderrechtsverhältnisses nach §§ 254, 278 BGB nicht unmittelbar zurechnen lassen muss.[213] Außerhalb dieser rechtlichen Sonderverhältnisse fehlt die für die Zurechnung eines Verschuldens erforderliche Zurechnungsnorm. Es entspricht ständiger Rspr. des *BGH*, dass die in § 254 Abs. 2 BGB in Bezug genommene »entsprechende Anwendung des § 278 BGB« zwar anerkanntermaßen auch für § 254 Abs. 1 BGB gilt, nicht aber für außerhalb einer Verbindlichkeit bestehende, z.B. aus § 823 BGB abgeleitete Schadensersatzansprüche.[214] Ferner muss sich eine verletzte natürliche Person nicht das Verschulden ihres gesetzlichen Vertreters zurechnen lassen.[215] Damit muss sich ein im Straßenverkehr geschädigtes Kind ein Verschulden seiner Eltern im Verhältnis zu einem Drittschädiger nicht zurechnen lassen und kann gegen diesen seine Ansprüche ungekürzt verfolgen. Der Schädiger kann jedoch im Wege des Gesamtschuldnerausgleichs gegen die Eltern Regress nehmen.

**141** Eine Zurechnung des Mitverschuldens der Eltern erfolgt allerdings dann, wenn Kind und gesetzlicher Vertreter eine gemeinsam zu verantwortende Unfallursache gesetzt haben, ihre Handlungen also in einem gemeinsamen Verursachungsbeitrag vor dem eigentlichen Unfallgeschehen verschmolzen sind. Dann haftet das Kind unter dem Gesichtspunkt der Zurechnungseinheit auch für das Verhalten seines gesetzlichen Vertreters. Sie sind in diesem Fall wie eine einzige Person zu behandeln, wenn sie z.B. gemeinsam bei Dunkelheit eine Straße überqueren und es dabei zum Unfall kommt. Diese Haftung setzt jedoch auch ein dem Kind vorwerfbares Verhalten und damit insbesondere dessen Deliktsfähigkeit voraus.[216]

209 *OLG Karlsruhe* NJW 2012, 3043 (3044).
210 *OLG Karlsruhe* a.a.O.
211 S. dazu aber *OLG Saarbrücken* BeckRS 2022, 40173.
212 *OLG Bamberg* NJW 2012, 1820 (1821).
213 BGHZ 103, 338 (342).
214 *BGH* VersR 1975, 133 (134).
215 *OLG Naumburg* VersR 2009, 373 (374).
216 *Geigel/Knerr* Kap. 2 Rn. 35 m.w.N.; *BGH* VersR 1978, 735. daher m.E. unzutreffend *LG Deggendorf* VersR 1997, 492.

Scheitert eine unmittelbare Zurechnung des Verschuldens der Eltern nach den eingangs dargelegten Grundsätzen, so ist noch zu prüfen, ob eine mittelbare Zurechnung nach den Grundsätzen des gestörten Gesamtschuldnerausgleichs erfolgen kann. In diesen Fällen würde der Anspruch des Kindes im Außenverhältnis gegen den Schädiger in dem Umfang gekürzt, in dem der Schädiger einen Ausgleichsanspruch gegen den schädigenden Elternteil hätte. Ein gestörtes Gesamtschuldverhältnis aber liegt nur dann vor, wenn die Eltern vom Kind unmittelbar aufgrund des Bestehens eines Haftungsprivilegs nicht in Anspruch genommen werden könnten, dieses Privileg der Eltern aber durch den Regress des Drittschädigers gegen die Eltern umgangen werden würde. 142

Ein in diesem Sinne gestörtes Gesamtschuldverhältnis bestünde aber nur dann, wenn sich die Eltern auf die Haftungsbeschränkung des § 1664 BGB berufen können. In diesen Fällen kann das Kind nur den Drittschädiger, nicht aber die Eltern wegen des entstandenen Schadens in Anspruch nehmen. Für diese Fallkonstellation hat der *BGH* die Anwendung über die Grundsätze des gestörten Gesamtschuldnerausgleichs und damit auch die mittelbare Kürzung der Ansprüche des Kindes allerdings abgelehnt. Begründet wird dies damit, dass die Eltern wegen der Haftungsbeschränkung des § 1664 BGB gar nicht zum Kreis der Ersatzpflichtigen zählen und damit im Verhältnis zum Drittschädiger gar kein Gesamtschuldverhältnis besteht, das gestört werden könnte.[217] 143

Zu einer Kürzung der Haftung des Drittschädigers schon im Außenverhältnis gelangt der *BGH* hingegen in den Fällen, in denen Sozialversicherungsträger beim Drittschädiger Regress nehmen. Diese Kürzung erfolgt aufgrund des Familienprivilegs des § 116 Abs. 6 SGB X, wobei diese Rechtsprechung des BGH noch zu § 116 Abs. 6 SGB X a.F. ergangen ist. Nach der Neufassung dieser Vorschrift, die ab dem 01.01.2021 gilt, findet auch im Falle des Eingreifens des Familienprivilegs der Anspruchsübergang von Ansprüchen gegen den schädigenden Elternteil auf den Sozialversicherungsträger statt. Die übergegangenen Ansprüche gegen diesen können aber nur bis zur Höhe der zur Verfügung stehenden Versicherungssumme geltend gemacht werden, wenn der Schaden bei dem Betrieb eines Fahrzeugs entstanden ist, für das Pflichtversicherungsschutz besteht. Andernfalls ist die Geltendmachung dieser Ansprüche bei nicht vorsätzlicher Schädigung ausgeschlossen. Dies bedeutet, dass der Sozialversicherungsträger in diesen letztgenannten Fällen weiterhin die auf ihn übergegangenen Ansprüche nur gegen den Drittschädiger geltend machen kann, der sodann im Innenverhältnis gegen den die Aufsichtspflicht verletzenden Elternteil Regress nehmen könnte. Da mit einem solchen Ergebnis allerdings der Sinn des Familienprivilegs umgangen werden würde, kann der Sozialversicherungsträger nach den Grundsätzen des gestörten Gesamtschuldnerausgleichs lediglich die Haftungsquote von dem beteiligten Fahrzeugführer und dessen Haftpflichtversicherung regressieren, die seinem Mitverantwortungsanteil auch im Innenverhältnis entspricht.[218] 144

## 7. Haftungsprivilegien durch vertragliche Vereinbarung

Haftungsprivilegien können sich auch durch eine vertragliche Vereinbarung ergeben, die sich auch konkludent aus den Umständen ergeben kann. Da im Verkehrsrecht fast immer eine eintrittspflichtige Haftpflichtversicherung besteht, wird man eine solche Vereinbarung in der Regel nicht feststellen können, da eine Vereinbarung, die nicht den Schädiger, sondern seine Haftpflichtversicherung entlastet, in der Regel nicht dem Parteiwillen entsprechen wird.[219] Deshalb spricht das Bestehen einer Haftpflichtversicherung für den Schädiger in aller Regel gegen eine stillschweigende Haftungsbeschränkung. Allein daraus, dass sich jemand aus Gefälligkeit an das Steuer eines fremden Fahrzeugs setzt und eine andere Person mitnimmt, kann die Vereinbarung des Ausschlusses einer deliktischen Haftung keineswegs gefolgert werden.[220] 145

217 Vgl. BGHZ 103, 338 (347 f.).
218 *BGH* DAR 1980, 48 f., vgl. auch *BGH* VersR 1980, 938.
219 *BGH* VersR 1993, 1092 f.; *OLG Düsseldorf* zfs 2021, 432.
220 *BGH* a.a.O.

146 Vielmehr setzt die Annahme einer solchen Haftungsbeschränkung nach der Rspr. des *BGH* grundsätzlich voraus, dass für den Schädiger kein Versicherungsschutz besteht und diesen damit ein nicht hinzunehmendes Haftungsrisiko trifft.[221] Hinzukommen müssen dann aber immer noch besondere Umstände des Einzelfalls, die im konkreten Fall den Haftungsverzicht des Geschädigten naheliegen lassen.[222] Diese sind z.B. bei der Teilnahme an einer an ein Kraftfahrzeugrennen angelehnten Veranstaltung auf einer geschlossenen Rennstrecke angenommen worden.[223]

147 Einen anderen Fall, in dem ein solcher Haftungsverzicht in Betracht kommt, hatte das *OLG Stuttgart*[224] zu entscheiden. Zwei deutsche Medizinerinnen hatten gemeinsam den Entschluss gefasst, einen Teil des für ihre Ausbildung erforderlichen praktischen Jahres in Südafrika zu verbringen und für diesen Zeitraum einen Mietwagen angemietet, der von beiden abwechselnd gefahren werden sollte. Es kam zu einem Unfall, den eine der beiden Medizinerinnen verschuldet hatte und durch welchen die andere erheblich verletzt wurde.

148 Einen ausdrücklichen Haftungsverzicht hatten die Parteien nicht getroffen, da sie davon ausgegangen waren, bei Unfällen im Straßenverkehr umfassend versichert zu sein, was jedoch tatsächlich nicht der Fall war. Nach Auffassung des *OLG* war aus diesem Grund ein konkludenter Haftungsverzicht für durch einfache Fahrlässigkeit verursachte Unfälle anzunehmen. Hätten, so das *OLG*, beide Parteien den unzureichenden Versicherungsschutz gekannt, so wäre zwischen den Parteien billigerweise ein Haftungsausschluss vereinbart worden. Zur Begründung wird ausgeführt, dass beide durch die Anmietung des Mietwagens während des gemeinsamen Aufenthalts in Südafrika und der Teilnahme am dortigen Straßenverkehr eine Gefahrengemeinschaft gebildet hatten. Hätten sie den unzureichenden Versicherungsschutz gekannt, so hätte für beide kein vernünftiger Grund bestanden, sich aufgrund der oben beschriebenen Verbundenheit zugunsten der jeweils anderen dem Risiko einer persönlichen Haftung auszusetzen. Diese Auffassung des *OLG Stuttgart* ist im Revisionsverfahren durch den *BGH* bestätigt worden.[225]

## III. Haftungsprivilegien und gestörte Gesamtschuld

**▶ Praxistipp**

149 Das Institut der gestörten Gesamtschuld führt dazu, dass sich ein nicht haftungsprivilegierter Schädiger unmittelbar im Außenverhältnis das Haftungsprivileg seines haftungsprivilegierten Mitschädigers dahingehend zunutze machen kann, dass er im Außenverhältnis nur auf den Anteil haftet, der seinem Verschuldensanteil im Innenverhältnis entspricht. Dies kann dazu führen, dass auch der nicht haftungsprivilegierte Schädiger im Außenverhältnis nicht haftet, wenn ihn tatsächlich kein Verschulden an dem Schadenfall trifft und er z.B. nur aus Gefährdungshaftung haften würde. Dieses »mittelbare« Haftungsprivileg kann der Geschädigte dann nur unterlaufen, wenn er dem nicht haftungsprivilegierten Schädiger ein eigenes Verschulden, wie z.B. ein Organisationsverschulden, nachweisen kann.

150 Im Jahr 2003[226] hatte der *BGH* – folgenden Sachverhalt zu entscheiden:

Eine GbR betrieb einen Kurierdienst. Im Rahmen dieser Tätigkeit verletzte ein Gesellschafter der GbR beim Beladen eines LKW eines anderen Unternehmens den dort tätigen Fahrer. Es lag nach den zutreffenden Feststellungen des *BGH* eine gemeinsame Betriebsstätte gem. § 106 III SGB VII vor.

---

221 *OLG Frankfurt* 2 U 95/14 BeckRS 2016, 04325.

222 Vgl. dazu auch Junggesellenabschied mit einem nicht versicherten landwirtschaftlichen Fahrzeug *OLG Hamm* VersR 2008, 1219.

223 *OLG Düsseldorf* zfs 2021, 432 (433 m.w.N.).

224 *OLG Stuttgart* VersR 2008, 934.

225 *BGH* DAR 2009, 327.

226 *BGH* VersR 2003, 1260 = NJW 2003, 2984 = NZV 2003, 466 = SP 2003, 480.

Ferner war unstreitig, dass der Gesellschafter der GbR sozialversichert war, sodass dem Gesellschafter das Haftungsprivileg des § 106 Abs. 3 SGB VII zugebilligt wurde. Damit schied die persönliche Haftung des Gesellschafters für den Personenschaden des LKW-Fahrers aus. Zu klären war allerdings die Frage, ob eine Haftung der GbR für den Personenschaden des LKW-Fahrers gegeben war.

Der *BGH* hat eine Haftung der GbR unter Berufung auf die Grundsätze der gestörten Gesamtschuld **151** verneint. Die Grundsätze der gestörten Gesamtschuld greifen immer dann ein, wenn im Außenverhältnis mehrere Schädiger zwar haften würden, einem Schädiger im Außenverhältnis aber ein Haftungsprivileg zugutekommt, sodass der Geschädigte diesen Schädiger nicht in Anspruch nehmen kann. In dieser Situation wäre der Geschädigte dann darauf zu verweisen, den nicht haftungsprivilegierten Zweitschädiger in Anspruch zu nehmen. Würde dieser Zweitschädiger im Außenverhältnis im vollen Umfange haften, so hätte er im Innenverhältnis zum haftungsprivilegierten Schädiger diesem gegenüber einen Ausgleichsanspruch nach § 426 BGB. Dieser Innenregress würde dann das im Außenverhältnis bestehende Haftungsprivileg unterlaufen, sodass der haftungsprivilegierte Schädiger im Ergebnis doch haften würde. Um diese Situation zu verhindern, wird daher nach den Grundsätzen der gestörten Gesamtschuld die Haftung des Zweitschädigers auch im Außenverhältnis auf seinen Haftungsanteil im Innenverhältnis beschränkt, damit für den Innenregress und damit das Unterlaufen des Haftungsprivilegs kein Raum ist.[227]

Für den vom *BGH* zu entscheidenden Fall bedeutet dies, dass eine Haftung der GbR ausscheidet, **152** weil der GbR wegen des alleinigen fehlerhaften Handelns des Gesellschafters gegen diesen analog § 31 BGB einen Regressanspruch in voller Höhe zustehen und damit das Haftungsprivileg des haftungsprivilegierten Gesellschafters unterlaufen würde. Damit hätte die GbR im Innenverhältnis keinen Haftungsanteil zu tragen, sodass auch im Außenverhältnis keine Haftung der GbR begründet war, sodass das Haftungsprivileg des Gesellschafters auf diese Weise auch der GbR zugutekam.

Anders wäre dies aber zu beurteilen, wenn die GbR z.B. wegen eines Organisationsverschuldens **153** selbst haften würde. Dann wäre insoweit kein Haftungsprivileg zugunsten der GbR anzunehmen, da die GbR ein Eigenverschulden treffen würde und sie damit nach außen nach Maßgabe ihres Anteils im Innenverhältnis haften würde. Eine Haftung bestünde also etwa dann, wenn man der GbR vorzuwerfen hätte, dass sie durch eine Verletzung der ihr obliegenden Verkehrssicherungspflicht den Schaden jedenfalls mitverursacht hat. Dann wäre sie im Außenverhältnis nach Maßgabe des von ihr im Innenverhältnis zu tragenden Anteils haftpflichtig. Ein Haftungsprivileg steht ihr mangels eigener Tätigkeit nicht zu, da die GbR immer nur durch ihre Gesellschafter auf der gemeinsamen Betriebsstätte tätig werden, selbst also nicht handeln kann.[228]

Die Grundsätze der gestörten Gesamtschuld sind insbesondere in allen Fällen der gemeinsamen **154** Betriebsstätte i.S.d. § 106 Abs. 3 SGB VII zu beachten, in denen Schädiger mit und ohne Haftungsprivileg dem Geschädigten gegenüberstehen. So ist dies insbesondere bei Verkehrsunfällen zu prüfen, wenn z.B. ein Versicherter im Rahmen eines Arbeitsunfalls den Versicherten eines anderen Unternehmens auf einer gemeinsamen Betriebsstätte bei der Benutzung des firmeneigenen PKW schädigt und den Unternehmer nach § 7 StVG die Halterhaftung oder mangels Exkulpation die Haftung nach § 831 BGB trifft. Hier könnte man annehmen, dass diese Haftungstatbestände eine Haftung des Unternehmers begründen, da der bei dem Unfall nicht anwesend war. Zwar greift in diesen Fällen das Haftungsprivileg des § 106 Abs. 3 SGB VII zugunsten des Unternehmers nicht ein, nach den Grundsätzen der gestörten Gesamtschuld kommt es gleichwohl nicht zur Haftung des Unternehmers.

Dies hat der *BGH* in seinem Urt. v. 11.11.2003[229] grundlegend entschieden. Danach bleibt die Haf- **155** tung des nicht auf der gemeinsamen Betriebsstätte tätigen Unternehmers im Rahmen der gestörten Gesamtschuldverhältnisses auf die Fälle beschränkt, in denen ihn nicht nur die Haftung wegen ver-

227 *Engelbrecht* in Handbuch Verkehrsrecht Kap. 15 Rn. 144.
228 *Engelbrecht* a.a.O. Rn. 146.
229 Vgl. *BGH* NJW 2004, 951; *BGH* VersR 2005, 1397 f.

muteten Auswahl- und Überwachungsverschuldens gem. § 831 BGB, sondern eine eigene Verantwortlichkeit zur Schadensverhütung, etwa wegen der Verletzung von Verkehrssicherungspflichten oder wegen eines Organisationsverschuldens trifft.

156 Haftet der Unternehmer für seinen Verrichtungsgehilfen nach § 831 BGB, so regelt sich der Innenausgleich der beiden Gesamtschuldner nach § 840 BGB. Nach dieser Vorschrift aber haftet im Innenverhältnis nur der Handelnde, also hier der nach § 106 Abs. 3 SGB VII haftungsprivilegierte Arbeitnehmer. Würde man also den Unternehmer im Außenverhältnis haften lassen, so hätte er im Innenverhältnis wegen der Vorschrift des § 840 Abs. 2 BGB einen Ausgleichsanspruch gegen den Arbeitnehmer, sodass dessen Haftungsprivileg leerliefe. Nach den Grundsätzen der gestörten Gesamtschuld haftet der Unternehmer daher im Außenverhältnis nur mit dem Anteil, mit dem er auch im Innenverhältnis haften würde. Trifft den Unternehmer aber kein eigenes Verschulden, dann haftet er weder im Innen- noch im Außenverhältnis.

157 Dies gilt auch dann, wenn der Unternehmer als Halter lediglich nach § 7 StVG haftet, der Arbeitnehmer aber aus Verschuldenshaftung. Auch hier hat der *BGH* entschieden, dass in den Fällen, in denen auf der einen Seite nur eine Gefährdungshaftung, auf der anderen Seite jedoch erwiesenes Verschulden vorliegt, im Innenverhältnis derjenige den ganzen Schaden tragen soll, der nachweislich schuldhaft gehandelt hat.[230]

158 Die Beweislast für das Vorliegen eines Haftungsprivilegs, das dem nicht privilegierten Zweitschädiger die Möglichkeit eröffnet, sich auf die Grundsätze der gestörten Gesamtschuld zu berufen, und dafür, dass der Erstschädiger haftet und damit eine (gestörte) Gesamtschuld überhaupt besteht, trägt der Zweitschädiger, da es sich insoweit um eine für ihn günstige Tatsache handelt.[231] Er trägt ferner auch die Beweislast dafür, dass bei ihm kein im Rahmen der Abwägung der Verschuldensanteile im Innenverhältnis mit dem Erstschädiger zu beachtender Haftungsanteil verbleibt, der dann eine Haftung in diesem Umfang auch im Außenverhältnis begründen würde. Steht nur eine Haftung des Zweitschädigers aus einer Gefährdungshaftung im Raum, so ergibt sich keine Haftung des Zweitschädigers im Innenverhältnis, sodass es in diesem Fall auf die Frage einer Beweislastverteilung und damit auch nicht darauf ankommt, ob der Unabwendbarkeitsnachweis i.S.d. § 17 III StVG gelingt. Dies gilt aber nach der Rspr. des *BGH* nur dann, wenn das Verschulden des Erstschädigers erwiesen ist.[232] Ist dies nicht erwiesen, so haftet der Zweitschädiger auch im Außenverhältnis, wenn ihm der Unabwendbarkeitsnachweis nicht gelingt.[233]

## H. Der Ausgleich nach § 17 StVG im Innenverhältnis

159 Die Bestimmung des § 17 StVG normiert eine Ausgleichspflicht unter Gesamtschuldnern und stellt statt nach Kopfteilen wie bei § 426 Abs. 1 BGB, entscheidend darauf ab, inwieweit der Schaden »vorwiegend von dem einen oder dem anderen Teil verursacht worden ist«. Dabei ist die Verursachung nicht identisch mit dem Verschulden.[234]

160 Anwendbar ist § 17 StVG jeweils dann, wenn der Schaden durch mehrere Kraftfahrzeuge oder durch ein Kraftfahrzeug und ein Tier bzw. durch ein Kraftfahrzeug und eine Eisenbahn verursacht worden ist (vgl. dazu § 17 Abs. 4 StVG). Diese Abgrenzung bedeutet, dass Unfälle zwischen Kraftfahrzeugen und Fußgängern nicht nach § 17 StVG abzuwickeln sind, sondern dem Schadenausgleich nach § 254 Abs. 1 BGB unterliegen.[235]

230 Vgl. *BGH* NJW 2004, 951, 953; s.a. *OLG Dresden* r+s 2004, 479.
231 *OLG Zweibrücken* BeckRS 2023, 31268.
232 *BGH* DAR 2005, 506 = zfs 2006, 25 und bei *Lang* SVR 2006, 25.
233 *Engelbrecht* in Handbuch Verkehrsrecht Kap. 15 Rn. 153 f.
234 Handbuch Verkehrsrecht *Luckey* Kap. 1 Rn. 269.
235 *Engelbrecht* DAR 2021, 61 (63).

§ 17 StVG gilt damit als lex specialis und zwar auch insoweit, als Halter und Fahrer des Kfz selbst als Verletzte in Betracht kommen. Sofern nur einer der Gesamtschuldner der Gefährdungshaftung unterliegt, während der andere ausschließlich aus Verschulden haftet, kommt § 17 StVG hingegen nicht zur Anwendung. 161

Bei einer Schadenabwägung nach § 17 StVG dürfen nur solche Umstände berücksichtigt werden, von denen feststeht, dass sie für die Entstehung des Schadens ursächlich geworden sind. Dabei sind nur unstreitige oder bewiesen unfallkausale Ursachen in die Abwägung einzubeziehen.[236] 162

Bei der Haftungsabwägung im Innenverhältnis ist zunächst die von den beteiligten Fahrzeugen ausgehende Betriebsgefahr als Faktor zu berücksichtigen. Ferner ist zu prüfen, inwieweit ein Verschulden der beteiligten Fahrzeugführer die Betriebsgefahr des jeweiligen Fahrzeugs erhöht hat. 163

Die Betriebsgefahr wird nicht schon dadurch ausgeschlossen, dass ein Fahrzeug im Zeitpunkt des Unfalles gestanden hat. Auch ein derartiges Fahrzeug befindet sich, selbst wenn es über längere Zeit hinweg abgestellt worden ist, noch »in Betrieb« im Sinne von § 7 Abs. 1 StVG und kann zur Entstehung des Schadens beitragen. 164

Die normale Betriebsgefahr kann sich durch besondere Umstände, die sich im Hinblick auf die Schadenverursachung als gefahrenträchtig erwiesen haben, erhöhen.[237] So führt z.B. eine hohe Geschwindigkeit des unfallbeteiligten Fahrzeugs, auch wenn sie an der Unfallstelle nicht verboten war, zu einer Erhöhung der Betriebsgefahr. Bei Überschreiten der Richtgeschwindigkeit von 130 km/h auf der Autobahn kann sich ein Kraftfahrer, der in einen Unfall verwickelt wird, nicht auf die Unabwendbarkeit des Unfalls berufen, es sei denn, er kann beweisen, dass es auch bei Einhaltung der Richtgeschwindigkeit zu einem vergleichbaren Unfall mit ähnlichen Folgen gekommen wäre.[238] Begründet wird dies vom *BGH* damit, dass die Auslegung des Begriffs des unabwendbaren Ereignisses eine sich am Schutzzweck der Gefährdungshaftung ausrichtende Wertung verlange. Dabei dürfe sich die Prüfung nicht nur auf die Frage beschränken, ob der Fahrzeugführer in der Gefahrensituation wie ein Idealfahrer reagiert hat, sie sei vielmehr auch auf die Frage auszuweiten, ob ein Idealfahrer überhaupt in eine solche Gefahrenlage geraten wäre. Damit aber verlange § 7 Abs. 2 StVG a.F., jetzt § 17 Abs. 3 StVG, dass der Idealfahrer bei seiner Fahrweise auch die Erkenntnisse berücksichtige, die nach allgemeiner Erfahrung geeignet sind, Gefahrensituationen nach Möglichkeit zu vermeiden. Solche Erkenntnisse haben in der Autobahn-Richtgeschwindigkeits-Verordnung Ausdruck gefunden. Diese Erkenntnisse sind daher bei der Auslegung des Begriffs des unabwendbaren Ereignisses mit zu berücksichtigen.[239] Im Hinblick auf das Tragen von Schutzkleidung ist nicht nur darauf abzustellen, ob deren Nutzung gesetzlich vorgeschrieben war, sondern auch darauf, ob und inwieweit ein allgemeines Verkehrsbewusstsein besteht, zum eigenen Schutz eine bestimmte Schutzkleidung zu tragen. Besteht dieses Verkehrsbewusstsein nicht, fehlt es beim Nichttragen dieser Schutzkleidung an einem Mitverschulden des Verletzten.[240] 165

Obwohl die Betriebsgefahr bei einer Schadenausgleichung vorrangig als Haftungselement zu berücksichtigen ist, kann sie andererseits in den Hintergrund der Betrachtung treten und unberücksichtigt bleiben, wenn die Abwägung der Schadenursachen zu dem Ergebnis führt, dass den anderen Teil ein grobes Verschulden trifft bzw. die von ihm (ebenfalls) zu vertretende Betriebsgefahr seines Kfz über das normale Maß hinaus stark erhöht ist. Ein Schadenausgleich kommt also dann nicht in Betracht, wenn der Verursachungsanteil des einen Teils – sei es aufgrund seines Verschuldens oder der Betriebsgefahr – derart stark überwiegt, dass damit der Verursachungsbeitrag des anderen Teils völlig zurücktritt. 166

236 Handbuch Verkehrsrecht *Luckey* Kap. 1 Rn. 269.
237 *Luckey* a.a.O. Rn. 274 ff.
238 *BGH* DAR 1992, 257.
239 *BGH* a.a.O., 258.
240 Vgl. z.B. *OLG Celle* r+s 2024, 520.

167 Nach der Rspr. des *BGH* muss sich der Leasinggeber, der Eigentümer aber nicht Halter des Kfz ist, die Betriebsgefahr seines eigenen Fahrzeugs und sogar ein Verschulden des Fahrers nicht zurechnen lassen, da sich nach dem Wortlaut des § 17 Abs. 2 StVG nur der geschädigte Fahrzeughalter, nicht aber der davon verschiedene Fahrzeugeigentümer die Betriebsgefahr seines eigenen Fahrzeugs entgegenhalten lassen muss.[241] Wirkt also an der Entstehung des Fahrzeugschadens ein Mitverschulden des Leasingnehmers oder dessen Fahrers mit, so kann der Leasinggeber von dem anderen Unfallbeteiligten unabhängig davon vollen Schadensersatz verlangen.[242] Der Leasingnehmer wird nach Auffassung des *BGH* durch diese Konstruktion nicht ungerechtfertigt bessergestellt, da auch er mit dem anderen Unfallbeteiligten gegenüber dem Leasinggeber auf Schadensersatz für die Beschädigung des Fahrzeugs haftet. Ein Mitverschulden des Leasingnehmers oder dessen Fahrers kann dann im Innenverhältnis im Rahmen des Gesamtschuldnerausgleichs gem. § 426 BGB berücksichtigt werden.[243] Dies gilt allerdings nur, wenn den Leasingnehmer oder den Fahrer ein Verschulden am Zustandekommen des Unfalls trifft. Eine Inanspruchnahme des Leasingnehmers bzw. Halters ausschließlich aus § 7 StVG scheidet aus.[244] Ferner ist zu beachten, dass diese Grundsätze nur anzuwenden sind, wenn der Leasinggeber aus der Verschuldenshaftung nach §§ 823 ff. BGB gegen den Unfallgegner vorgeht. Macht der Leasinggeber Ansprüche nach § 7 StVG gegen den Unfallgegner geltend, erfolgt die Zurechnung des Verschuldens des Leasingnehmers bzw. des Fahrers nach § 9 StVG mit der Folge der Anspruchskürzung des Leasinggebers, da sich § 9 StVG auch auf den Eigentümer des Fahrzeugs erstreckt[245] Eine solche Zurechnung ist allerdings nur möglich, wenn ein Verschulden des Leasinggebers bzw. Fahrers des Leasingfahrzeugs feststeht,[246] kann ein solches Verschulden nicht bewiesen werden,[247] haftet der Unfallgegner aus der Gefährdungshaftung in voller Höhe, so dass z.B. bei einem Unfall, an dem zwei Leasingfahrzeuge beteiligt sind und der Unfallhergang nicht geklärt werden kann, jedem Leasinggeber ein voller Schadenersatzanspruch gegen den gegnerischen Leasinggeber zusteht.[248] Der zahlende Haftpflichtversicherer kann in diesem Fall auch keinen Regress gegen den Leasingnehmer und den Fahrer des vermeintlich schädigenden Leasingfahrzeugs nehmen.[249] Geht allerdings der Leasingnehmer in Prozessstandschaft für den Leasinggeber vor, dann kann dem Leasingnehmer nach den Grundsätzen von Treu und Glauben sein eigener bewiesener Mithaftungsanteil unmittelbar entgegengehalten werden, so dass er auch die Ansprüche des Leasinggebers nur im Umfang der Haftungsquote des Unfallgegners geltend machen kann.[250] Die gleichen Grundsätze geltend auch zu Gunsten des nichthaltenden Sicherungseigentümers.[251] Damit kann der Besitzer des Fahrzeugs im Wege der Prozessstandschaft bei einem unaufklärbaren Unfallgeschehen den fahrzeugbezogenen Sachschaden (Sachschaden, Minderwert, Sachverständigenkosten) in voller Höhe und eigene Ansprüche wie Nutzungsausfall, Kostenpauschale und den entstandenen Personenschaden allerdings nur mit einer Quote von 50 % geltend machen.[252]

168 Umgekehrt gilt, der Fahrer eines Kfz, der nicht zugleich Halter desselben ist, muss sich die einfache Betriebsgefahr des Fahrzeugs nur dann zurechnen lassen, wenn er seinerseits für Verschulden oder für vermutetes Verschulden gem. § 18 StVG haftet.[253]

---

241 BGHZ 87, 133 (138), kritisch dazu *Schmitz* NJW 1994, 301 f.; a.A. *LG Halle* VersR 2002, 1525 (1527), s.a. *Schmitz* NJW 2002, 3070; *BGH* VersR 2023, 851 (852).

242 *BGH* VersR 2007, 1387 und bei *Müller* SVR 2008, 17.

243 BGHZ 87, 133, 138; s. dazu auch Handbuch Verkehrsrecht *Müller* Kap. 6 Rn. 305; a.A. *AG Heilbronn* DAR 2020, 637.

244 Vgl. *BGH* DAR 2011, 198; *LG Frankfurt* r+s 2022, 44.

245 *Müller* DAR 2022, 61 (62).

246 *BGH* VersR 2023, 851 (852).

247 Wobei ein vermutetes Verschulden i.S.d. § 18 StVG nicht ausreicht.

248 *Heß* in Burmann/Heß/Hühnermann/Jahnke/Janker, Straßenverkehrsrecht § 9 StVG Rn. 9b.

249 *BGH* VersR 2023, 851.

250 *LG Heilbronn* r+s 2017, 438; *OLG Saarbrücken* VersR 2024, 439.

251 *BGH* DAR 2017, 460 (461) mit Anmerkung von Geiger; *BGH* r+s 2023, 265.

252 *BGH* a.a.O.; *BGH* VersR 2021, 183.

253 *BGH* VersR 2010, 268 = DAR 2010, 80.

Eine in diesem Zusammenhang besondere Fallkonstellation hatte der *BGH* beim Unfall eines Motorradpolizisten mit seinem Dienstmotorrad zu entscheiden. Dieser war durch das Verschulden von Fußgängern verunfallt und verletzt worden. Der Dienstherr machte nunmehr aus nach Beamtengesetz auf ihn übergegangene Schadensersatzansprüche geltend. Der *BGH* hat auch in dieser Entscheidung nochmals klargestellt, dass dem Polizeibeamten die einfache Betriebsgefahr seines Motorrades nicht entgegengehalten werden könne, da er nicht Halter des Motorrades gewesen sei und selbst an dem Unfall kein Verschulden trage. Allerdings müsse sich auch der Dienstherr die Betriebsgefahr des Motorrades nicht entgegenhalten lassen, da er nicht eigene, sondern übergegangene Ansprüche des Polizeibeamten geltend mache, die nicht durch die Anrechnung der Betriebsgefahr gemindert seien.[254] 169

254 *BGH* zfs 2010, 199 (200 f.).

# Teil 3 Sachschäden

# Kapitel 10 Reparaturschaden

## Schrifttum

*Baumbach/Lauterbach/Albers/Hartmann*, ZPO, 82. Aufl. 2024; *Geigel*, Der Haftpflichtprozess 29. Aufl. 2024; *Gelhaar/Thuleweit*, Das Haftpflichtrecht des Straßenverkehrs anhand der Rechtsprechung des Bundesgerichtshofes, 1969; *Gottwald*, Schadenszurechnung und Schadensschätzung, 1979; *Grüneberg*, BGB, 83. Aufl. 2024; *Hamann*, Methoden und Problematik der Schadenberechnung, 1972; *Himmelreich/Halm*, Handbuch des Fachanwalts Verkehrsrecht 7. Aufl. 2022; *Hofmann*, Haftpflichtrecht für die Praxis, 1989; *Krumme*, Straßenverkehrsgesetz, 1982; *Leßmann*, Die Vorteilsausgleichung bei dem Schadenersatz nach dem Bürgerlichen Gesetzbuch, 1958; *Meschkat/Nauert*, Betrug in der Kraftfahrzeugversicherung, 2008; *Neuwald*, Der zivilrechtliche Schadenbegriff und seine Weiterentwicklung in der Rechtsprechung, 1968; *Prölss*, Beweiserleichterungen im Schadenersatzprozess, 1966; *Rother*, Haftungsbeschränkung im Schadensersatzrecht, 1965; *Sanden/Völtz*, Sachschadenrecht des Kraftverkehrs 9. Aufl. 2011; *Schiemann*, Argumente und Prinzipien bei der Fortbildung des Schadenrechts, 1981; *von Staudinger*, Kommentar zum BGB, Neubearbeitung 2021, §§ 249-254; *Stiefel/Maier*, Kraftfahrtversicherung 19. Aufl. 2017; *Walter*, Die Regulierung des Kraftfahrzeugschadens 4. Aufl. 1973; *Weber*, Die Aufklärung des Kfz-Versicherungsbetruges, 1995; *Weigelt*, Kraftverkehrsrecht von A bis Z, Loseblatt; *Wussow*, Unfallhaftpflichtrecht 17. Aufl. 2021.

## Übersicht

## A. Reparaturkosten

1 Sofern am Kfz kein Totalschaden eingetreten sein sollte, hat der Ersatzpflichtige die unfallbedingt notwendigen Reparaturkosten im Sinne von § 249 Abs. 1 BGB zu erstatten. Für Schadensfälle nach dem 01.08.2002 gilt entgegen der früheren Regelung, dass die Umsatzsteuer nur dann erstattet wird, wenn und soweit sie tatsächlich angefallen ist (§ 249 Abs. 2 S. 2 BGB n.F.).

2 Über die Reparaturkosten im engeren Sinne hinaus, die zusammen mit dem merkantilen oder technischen Minderwert den unmittelbaren Schaden darstellen, ist auch der mittelbare Schaden in Form der schadenadäquaten Nebenkosten zu ersetzen. Dazu gehören beispielsweise etwaige Mietwagenkosten bzw. Reservehaltungskosten oder eine Entschädigung für entgangene Gebrauchsvorteile, ferner Verdienstausfall, Anwaltskosten, Finanzierungskosten, Gutachtenkosten und allgemeine Nebenkosten.

3 Von einem Sachschaden spricht man dann, wenn die als besonderes Rechtsgut geschützte Sache durch einen Unfall – im Sinne eines zum Ersatz verpflichtenden Ereignisses – beschädigt oder vernichtet worden ist. Entgegen einer zuweilen noch vertretenen Auffassung stellt sich auch der Verlust einer Sache – obwohl vom Gesetzgeber in dieser Erscheinungsform nicht erwähnt – als ersatzpflichtiges Ereignis, nämlich als ein Totalschaden in seiner geradezu »klassischen« Form, dar.

4 Der Anspruch ist auf jeden Fall beschränkt auf die tatsächlich angefallenen Reparaturkosten. Hat eine Werkstatt aufgrund Sondervereinbarung mit der Kaskoversicherung die Reparatur zu besonderen, rabattierten Preisen vorgenommen, kann sie nicht mit Abtretung vom Geschädigten einen Aufschlag bis zu ihrem Normalpreis vom Schädiger geltend machen.[1]

### I. Neuteile

5 Grundsätzlich hat der Geschädigte Anspruch darauf, dass die durch den Unfall deformierten Aggregate an seinem Kfz gegen fabrikneue genormte Ersatzteile ausgetauscht werden. Darüber hinaus kann er verlangen, dass es sich um die vom Herstellerwerk vertriebenen oder empfohlenen Teile (Originalteile) handelt. Dies gilt selbstverständlich nicht, wenn beispielsweise nur ein kleiner Blechschaden (Schramme oder Beule) entstanden ist und dieser sich durch Nacharbeiten des beschädigten Teiles (Ausbeulen oder Richten) in zumutbarer Weise unauffällig und nachhaltig beseitigen lässt.[2]

6 Dies gilt insbesondere bei den heute allgemein üblichen selbsttragenden Karosserien, die nicht mehr über Schraubteile verfügen, sondern bei denen die Neuteile eingeschweißt werden müssen. In diesem Fall kann gerade durch das Auswechseln eines Schweißteiles u.U. ein in den bis dahin integeren ausgewogenen Zustand nachhaltig eingreifender Gefügeschock entstehen, der beim Ausbeulen (Richten) vermieden worden wäre. Es ist daher im Einzelfall unter Berücksichtigung aller Gesichtspunkte sorgfältig zu prüfen, ob ein Neuteil erforderlich ist oder mit einem geringeren Eingriff in das Gefüge in zumutbarer Weise eine Nacharbeitung vollzogen werden kann. Die Frage der Zumutbarkeit hängt selbstverständlich auch vom Alter des Fahrzeugs und vom Vorhandensein etwaiger Vorschäden ab. Dabei sind ergänzend die Grundsätze der Schadenminderungspflicht zu beachten.

---

1 *OLG Koblenz* DAR 2022, 565.

2 *LG Nürnberg-Fürth* zfs 2003, 292; *LG Duisburg* DAR 2008, 346 (zur »Spot-Repair-Methode«).

Die Frage, ob Neuteile einzubauen sind, ist unabhängig von Prestigegesichtspunkten allein nach sachbezogenen Überlegungen zu entscheiden. Auch hier gilt der Grundsatz des Schadensersatzrechts, dass der Gläubiger durch einen Haftpflichtschaden weder ärmer noch reicher werden darf. Angestrebt ist lediglich eine Beseitigung des Schadens bzw. ein angemessener Wertausgleich in Höhe des zur Schadenbeseitigung erforderlichen Betrages. Allein die Tatsache, dass ein Hersteller den Austausch eines Teils empfiehlt, genügt nicht für die Feststellung der unfallbedingten Erforderlichkeit des Austauschs, wenn eine Beschädigung dieses Teils nicht nachgewiesen ist.[3] 7

## II. Tauschteile

Grundsätzlich bestehen für den Fall, dass ein typgerechtes und gleichwertiges, im Einzelfall zumutbares Ersatzteil vorhanden ist, gegen eine zeitwertgerechte Reparatur von Unfallfahrzeugen mit gebrauchten statt neuen Teilen weder im Bereich der Kfz-Haftpflichtversicherung noch im Bereich der Kaskoversicherung durchgreifende Bedenken. Denn der Einbau von Tauschteilen kann nicht nur von der Sache her gerechtfertigt, sondern geradezu geboten sein. Dies gilt insbesondere bei alten Fahrzeugen, weil nur auf diesem Wege – hier natürlich vornehmlich, soweit es sich um Verschleißteile handelt – Abzüge »neu für alt« vermieden werden können. Unter Tauschteilen versteht man die im Herstellerwerk oder einer renommierten Vertragswerkstatt in einem besonderen Prozess aufbereiteten Altteile.[4] Bei der Verwendung von aufbereiteten Tauschteilen kommt ein Abzug »neu für alt« in der Regel nicht in Betracht. 8

Die Schadensersatzleistung nach § 249 BGB soll die entstandenen Nachteile ausgleichen, der Zustand vor dem schadensauslösenden Unfallereignis soll wiederhergestellt werden. In Ansehung des Umstandes, dass die an einem Unfall beteiligten Fahrzeuge im Regelfalle Gebrauchtfahrzeuge mit gebrauchten Teilen sind, lässt sich der vorherige Zustand naturgemäß gerade durch den Einbau gebrauchter Ersatzteile wiederherstellen. Die Reparatur mit Gebrauchtteilen stellt nicht automatisch eine Billigstreparatur dar, sondern entspricht gerade bei älteren Kfz Wortlaut und Zweck des § 249 Abs. 1 BGB.[5] Auch der BGH hat zwischenzeitlich[6] ausdrücklich anerkannt, dass auch unter Verwendung von Gebrauchtteilen – entgegen den Vorgaben des Sachverständigen – eine fachgerechte Reparatur möglich ist. 9

Gleichwohl ergeben sich zum Teil bisher ungelöste Probleme sowohl in der rechtlichen als auch in der praktischen Umsetzung.[7] Voraussetzung für eine effiziente Kostenersparnis im Wege der Instandsetzung mit gebrauchten Ersatzteilen ist, dass die flächendeckende Versorgung mit funktionstüchtigen Ersatzteilen aller Art gesichert ist. Dies gilt nicht nur im Bereich der tatsächlich erfolgten Reparatur, bei der mit Blick auf die enormen Mietwagenkosten ein längeres Zuwarten der Reparaturwerkstatt nicht hinnehmbar ist, sondern auch für die fiktive Abrechnung, die nur dann auf Basis von Gebrauchtteilen erfolgen kann, wenn diese auch tatsächlich verfügbar sind. Nur dann kann das zwischen § 249 Abs. 1 und Abs. 2 S. 1 BGB bestehende Spannungsverhältnis gelöst werden. Hierbei bleibt festzuhalten, dass Anzahl der Teileanbieter und deren Bestand in den letzten Jahren erhebliche Zuwachsraten verzeichnen.[8] Da gleichwohl noch nicht von einer umfassenden Marktdurchdringung ausgegangen werden kann, dürfte die Frage, inwieweit eine Gebrauchtteile eine vollständige, fachgerechte Schadenbeseitigung darstellen, in erster Linie dann relevant werden, wenn der Geschädigte die Verwendung von Gebrauchtteilen zur Reduzierung der Reparaturkosten wünscht, um einen noch niedrigeren Totalschaden zu vermeiden. Dies wird insoweit von der Rechtsprechung 10

3 *OLG Hamm* NZV 2024, 398.

4 Vgl. hierzu die seit 01.04.1998 geltende Altautoverordnung.

5 *AG Hagen* DAR 2000, 411 m.w.N.; *OLG Oldenburg* DAR 2000, 359 = NZV 2000, 469.

6 NJW 2011, 669 = VersR 2011, 282 = DAR 2011, 133, so auch *OLG München* NZV 2010, 400.

7 *Reinking* zfs 1997, 81; *Otting* Jahrbuch Verkehrsrecht 1999, 182; *Pamer* DAR 2000, 151.

8 *Budel* zfs 2000, 89.

gebilligt.[9] Ein Verweis des Geschädigten durch den Schädiger auf eine (günstigere) Reparatur mit Gebrauchtteilen dürfte jedenfalls noch nicht gelingen.

11 Andere Gesichtspunkte sind jedoch maßgeblich, falls, wie etwa bei einem Tauschmotor, durch den Einbau eines Tauschteiles anstelle eines typischen Verschleißteiles eine echte Wertverbesserung eingetreten ist.

## III. Ganzlackierung

12 Auch insoweit gelten selbstverständlich die Grundsätze der Schadenminderungspflicht. Ob diese allerdings so weit geht, dass der Geschädigte verpflichtet ist, bei leichten Lackkratzern auf die Inanspruchnahme einer Werkstatt zu verzichten und die betreffenden Stellen mit einem Lackstift selbst auszubessern,[10] erscheint recht fragwürdig. Mit einer Folienbeschichtung statt einer Neulackierung muss sich der Geschädigte nicht zufriedengeben.[11] Selbst für den Fall, dass der Geschädigte berechtigterweise eine Neulackierung (Ganzlackierung) verlangen kann, muss er dabei bedenken, dass diese in aller Regel Abzüge »neu für alt« rechtfertigt.[12] Ist die Wiederherstellung der individuellen Lackierung mit einem besonders hohen, unverhältnismäßigen Aufwand verbunden, kann der Anspruch des Geschädigten auf einen Geldersatz beschränkt sein.[13]

13 Eine Teillackierung ist bei dem heutigen Stand der Reparaturtechnik selbst bei neuwertigen Fahrzeugen zuzumuten.[14] Wenn diese Lackierung fachmännisch ausgeführt wird, bleiben in der Regel keine Farbabweichungen zurück. Gerade bei neuen Fahrzeugen wird eine Teillackierung am ehesten zuzumuten sein, weil sie nicht zu einer Veränderung der ursprünglichen Farbwerte führt.[15] Lackierungskosten sind überhaupt nicht erstattungsfähig, wenn eine lackschadenfreie Ausbeultechnik angewendet werden kann.[16]

14 Eine Teillackierung ist auch bei einer möglichen geringfügigen Farbabweichung vor allem dann dem Geschädigten zuzumuten, wenn sein Kfz im Zeitpunkt des Unfalls bereits 5 Jahre alt war und schon mehrmals verschiedene Ganzlackierungen erhalten hat.[17] Eine Ganzlackierung zulasten des Schädigers wird insbesondere dann nicht in Betracht kommen, wenn eine Teillackierung technisch möglich gewesen wäre, ohne eine Wertminderung zu hinterlassen.[18]

15 Man kann den Anspruch auf eine Ganzlackierung nicht damit begründen, dass der Ursprungslack in seinen optischen und qualitativen Eigenschaften bereits soweit nachgelassen hat, dass durch eine Teillackierung eine erhebliche Farbabweichung eintreten würde. Gerade bei älteren Fahrzeugen, deren Lackierung bereits vor dem Unfall keinen optisch einheitlichen Gesamteindruck mehr vermittelt hat, wird es dem Geschädigten am ehesten zuzumuten sein, sich mit einer Teillackierung zu begnügen.[19]

9 *BGH* NJW 2015, 2958 = VersR 2015, 1267 = DAR 2015, 634; *LG Schweinfurt* DAR 2017, 206; *AG Marburg* NZV 2015, 550.
10 So aber das *AG Winsen/Luhe* zfs 1988, 313.
11 *LG Arnsberg* NZV 2002, 134.
12 Vgl. dazu *OLG Frankfurt* MDR 1965, 382; *OLG München* VersR 1970, 261; *Klimke* zfs 1972, 100 f.; Weigelt/*Sprenger* Kenn-Nr. 62701, 1983, S. 7; anders, die Anwendbarkeit des § 287 ZPO verkennend: *AG Solingen* zfs 2012, 698.
13 *OLG Jena* SVR 2017, 464.
14 Vgl. dazu *OLG München* VersR 1974, 65; *AG Goslar* zfs 1986, 325.
15 Vgl. dazu *LG Aachen* VersR 1972, 593.
16 *OLG Karlsruhe* DAR 2003, 559 = r+s 2003, 523; *LG Duisburg* DAR 2008, 346: *LG Saarbrücken* zfs 2011, 85.
17 Vgl. dazu *OLG Köln* VersR 1972, 754.
18 Vgl. dazu *OLG Düsseldorf* DAR 1974, 71; *OLG München* VersR 1975, 960.
19 Vgl. dazu *H.W. Schmidt* BB 1968, 1310.

16 Wenn (ausnahmsweise) Anspruch auf eine Ganzlackierung besteht, dann wird in aller Regel unter dem Gesichtspunkt des Vorteilsausgleichs ein Abzug »neu für alt« geboten sein.[20] Ein derartiger Abzug lässt sich nicht mit dem Hinweis kompensieren, dass die auf das Fahrzeug aufgetragene Volllackierung vom optischen Gesamteindruck und von der Qualität her weniger wertvoll sei als der Ursprungslack.[21] Man darf als Faustregel davon ausgehen, dass für jedes Betriebsjahr ein durchschnittlicher Abzug von 15 % unter dem Gesichtspunkt »neu für alt« gerechtfertigt ist. Dabei muss man allerdings insofern flexibel verfahren, als man den individuellen Erhaltungszustand – etwa beim gut gepflegten Garagenwagen – mit in die Betrachtung einbezieht und die mit dem fortschreitenden Alter einsetzende Degression der Abschreibungskurve berücksichtigt.[22]

## IV. Beipolierung

17 Nach den Erfahrungen der Praxis kann es mitunter zweckmäßig sein, die bei einer Teillackierung entstandenen Randzonen, insbesondere wenn es sich um eine Differenz in der Fülle des Decklackstandes handelt, durch eine sog. Beipolierung auszugleichen. Durch diese Beipolierung werden die toten Lackschichten abgenommen. Auf diese Weise wird gleichzeitig eine Übereinstimmung im Glanzgrad und im Farbton erzielt, die sich in etwa den Werten der Ursprungslackierung annähert.

18 Allerdings wird der zumeist nur gedachte Kostenaufwand für eine Beipolierung in der Praxis der Schadenregulierung häufig nur als Vorwand benutzt, um als Surrogat für einen – in der Regel nicht (mehr) entstandenen – Minderwert zu dienen, der mit Rücksicht auf das Alter des Kfz unter rechtlichen Aspekten nicht mehr durchzusetzen ist.[23] Beipolierungskosten sind nach den Erfahrungen der Praxis in der Regel nicht erstattungsfähig. Dies gilt insbesondere bei einem Kfz, das erst wenige Jahre alt ist. Beim heutigen Stand der Lackierungstechnik ist es ohne Weiteres möglich, eine Teillackierung ohne sichtbare Farbunterschiede vorzunehmen.

## V. Erneuerung von Sicherheitsgurten

19 Wenn der Zusammenstoß von Kraftfahrzeugen mit derart heftiger Wucht erfolgt ist, dass der Verdacht besteht, die Sicherheitsgurte könnten überdehnt worden sein, sodass sie mit Rücksicht auf die verloren gegangene Elastizität erneuert werden müssen, dann hat der Schädiger auch die dafür erforderlichen Kosten zu tragen. Dies gilt grundsätzlich auch für alle anderen Sicherheitssysteme (Gurtstraffer, Airbag etc.). Die Beweislast dafür, dass das Sicherheitssystem benutzt worden ist, also z.B. die Gurte im Unfallzeitpunkt angelegt waren, trägt grundsätzlich der Anspruchsteller.[24]

## VI. Desinfektionskosten

20 In Zeiten der Corona-Pandemie finden sich auf von Dritten zu erstattenden Reparaturrechnungen regelmäßig Material- und/oder Lohnkosten für eine Fahrzeugdesinfektion. Insoweit stellt sich die Frage, inwieweit solche Kosten als erforderlicher Reparaturaufwand ebenfalls schadenersatzpflichtig

---

20 Vgl. dazu *OLG Frankfurt* MDR 1965, 382; *H.W. Schmidt* VersR 1965, 747; BB 1968, 1310.

21 A.A. mit allerdings wenig überzeugender Begründung *H.W. Schmidt* VersR 1965, 747 (unter Bezugnahme auf *Ebert* DAR 1960, 248).

22 Vgl. dazu *Klimke* zfs 1972, 100 f.; *Klink* zfs 1972, 180 (mit Einschränkungen; als Erwiderung zu *Klimke* zfs 1972, 100); Weigelt/*Sprenger* Kenn-Nr. 62701, 1983, S. 7.

23 Vgl. dazu insbes. *OLG Düsseldorf* MDR 1965, 131 (Zubilligung eines merkantilen bzw. technischen Minderwerts unter Hinweis darauf *abgelehnt*, dass nur geringfügige Farbabweichungen entstanden sind, die sich durch eine etwaige Beipolierung leicht ausgleichen lassen); *OLG Karlsruhe* VersR 1973, 1169 (ebenfalls geringfügige Farbabweichungen); *AG Frankfurt/M.* r+s 1977, 12 (geringe Blechschäden); *AG Heidelberg* VersR 1978, 953 (L) = r+s 1978, 261 (das »gerade bei Beschädigung eines älteren Fahrzeugs eine Beipolierung für erforderlich hält«); – a.A. *AG Köln* VersR 1974, 1037 (das – zu Recht – bei einem 9 Jahre alten Pkw Kosten für eine Beipolierung versagt); – ebenso *AG Nürnberg* r+s 1978, 259; *AG Nordheim* VersR 1978, 477 (L: bei einem 6 Jahre alten Pkw).

24 Vgl. dazu *AG Goslar* VersR 1985, 275 (L) = DAR 1984, 295 f. = zfs 1984, 331.

sind. Soweit pandemiebedingt eine Desinfektion von Kontaktflächen eines Fahrzeugs sinnvoll ist, hat dies mit dem Unfall nichts zu tun und ist nicht erstattungsfähig. Allerdings führt die unfallbedingte Notwendigkeit der Reparatur zu einem Kontakt des Fahrzeugs mit anderen Personen (Werkstattmitarbeiter), die hieran arbeiten und im Zweifel schon zum Versetzen des Fahrzeugs auch in den Innenraum und dort an die Bedienteile, also die üblichen Kontaktflächen müssen. Insoweit erscheint es auf den ersten Blick einleuchtend, dass zum Schutz der Mitarbeiter vor und zum Schutz des Kunden nach einer Reparatur eine Desinfektion geboten ist und insoweit auch ein Unfallzusammenhang und somit eine Erstattungspflicht besteht, die daher in der Rechtsprechung auch häufig ohne nähere Prüfung angenommen wird.[25] Dies erweist sich bei einer genaueren Prüfung jedoch als unzutreffend.[26] Die einschlägigen Empfehlungen der zuständigen Berufsgenossenschaften sehen bei der Behandlung von Kundenfahrzeugen eine Desinfektion nicht vor, sondern vielmehr die Nutzung von Schutzfolien, wie sie bei der Nutzung von Kundenfahrzeugen schon zur Vermeidung von Verschmutzungen ohnehin und pandemieunabhängig üblich sind.[27] Durch Verwendung der Schutzfolien wird ein unmittelbarer Kontakt der Werkstattmitarbeiter mit den Bedienteilen des Fahrzeugs, so dass eine Desinfektion nicht erforderlich ist. Daneben wird zum Schutz vor Aerosolen eine Lüftung des Fahrzeuginneren empfohlen, was jedoch weder Material-, noch nennenswerten Lohnaufwand mit sich bringt, so dass auch dies nicht abrechnungsfähig ist. Eine Reinigung (nicht: Desinfektion) ist nur bei Fahrzeugen empfohlen, die zwischen verschiedenen Nutzern gewechselt werden (Leihwagen, Vorführwagen, zurückgegebener Leasingwagen). Hier ist eine Reinigung allerdings ohnehin stets geboten, so dass auch insoweit kein abrechnungsfähiger Sonderaufwand entsteht.

## VII. Endreinigung

21 In Reparaturrechnungen, die zur Begleichung durch einen ersatzpflichtigen Haftpflichtversicherer vorgesehen sind, findet sich auch immer wieder die Position einer »Endreinigung«. Diese wird teilweise für erstattungspflichtig gehalten, soweit sie dazu dient, reparaturbedingte Verschmutzungen zu beseitigen.[28] Demgegenüber ist zutreffend darauf hinzuweisen, dass die Berücksichtigung solcher Positionen nicht üblich ist, als der Werkstattunternehmer das Fahrzeug nicht verschmutzen darf und von ihm verursachte Verschmutzungen auf eigene Kosten zu beseitigen hat, dieser Aufwand ist in seinen Preisen einkalkuliert. Dies gilt erst recht, wenn nur im Sinne einer Serviceleistung eine allgemeine Fahrzeugreinigung bei Gelegenheit der Reparatur erfolgt, hier fehlt von vornherein jeder haftungsausfüllende Kausalzusammenhang.[29] Jedenfalls hat der Anspruchsteller, soweit diese Position streitig ist, substantiiert darzutun, warum sie im vorliegenden Fall aufgrund des Unfalls erforderlich war. Die bloße Tatsache, dass sich diese Position bereits im seinerseits eingeholten Schadengutachten befunden hat, genügt hierfür nicht.[30]

---

25 *LG Köln* DAR 2022, 346; *AG Heinsberg* DAR 2020, 695; *AG München* DAR 2021, 38; *AG Leverkusen* SVR 2021, 104; *AG Siegburg* DAR 2021, 159; differenzierend *AG Wolfratshausen* SVR 21, 105; *AG Bautzen* ZfS 2021, 624 (nicht vor der Reparatur, aber danach).

26 So auch *LG Stuttgart* VersR 2021, 517; *AG Heinsberg* NZV 2021, 587; *AG Bremen* SVR 2022, 109; *AG Hannover* SVR 2022, 30; *AG Stuttgart* SVR 2021, 309; *AG Kassel* SVR 2021, 352; *AG Aachen* SVR 2021, 426; *AG Münster* SVR 2022, 152; *AG Regensburg* SVR 2023, 194.

27 GB-C17: Ergänzung der Gefährdungsbeurteilung für Kfz-Elektrik-Werkstätten zum Schutz vor Infektionen mit dem Coronavirus der BG ETEM, S. 10; Coronavirus – Handlungshilfe für den Servicebereich im KFZ-Gewerbe der BGHM, S. 3.

28 *AG Bautzen* ZfS 2021, 624.

29 *AG Bremen* SVR 2021, 270.

30 *AG Düsseldorf* SVR 2021, 422.

## B. Fiktive Abrechnung der Reparaturkosten

Nach § 249 Abs. 2 S. 1 BGB schuldet der Schädiger Ersatz der Herstellungskosten bereits vor Durchführung der Reparatur und unabhängig von ihrem Vollzug.[31] Der Geschädigte ist also nicht verpflichtet, den Schaden an seinem Fahrzeug überhaupt beseitigen zu lassen, sondern er kann den Gegenwert der unfallbedingt – zur Herstellung – notwendigen Reparaturkosten unabhängig von der Durchführung vom Ersatzpflichtigen verlangen und ihn anderweitig nach freiem Belieben verwenden, da es sich insoweit um einen unmittelbaren Schaden handelt.[32] Dies wurde unter Berufung auf eine Entscheidung des VII. Zivilsenates des *BGH* zum Werkvertragsrecht vom *LG Darmstadt*[33] in Zweifel gezogen. Diese Entscheidung hat zwar großes Aufsehen erregt, ist jedoch vereinzelt geblieben, in der Berufungsinstanz »kassiert«[34] und schließlich auch zügig vom *BGH* widersprochen worden.[35] Zu ersetzen sind in diesem Fall dann die durchschnittlichen marktüblichen Herstellungskosten auf der Basis eines Kostenvoranschlages oder eines Sachverständigengutachtens, weil der Schaden des Anspruchstellers unter dieser Voraussetzung nicht »konkret« festgestellt werden kann.[36] Die Höhe des Schadensersatzes richtet sich in derartigen Fällen nach dem objektivierten Verkehrswert der Leistung (Bedarfsschaden). Eine Abrechnung des Schadensersatzanspruches auf Schätzungsbasis wird in der Regel dann erfolgen, wenn der Geschädigte auf die technisch mögliche und rechtlich zulässige Instandsetzung seines Kfz im Rahmen des ihm zustehenden Dispositionsrechts verzichtet[37] bzw. die Instandsetzungsarbeiten entweder in eigener Regie ausführt oder sie durch Freunde erledigen lässt.[38] Dieses Recht steht dem Eigentümer zu. Ein Leasingnehmer, der die Pflicht zur Instandsetzung des Leasingfahrzeuges gegenüber dem Leasinggeber und Eigentümer für jeden Schadensfall übernommen und im konkreten Schadensfall nicht erfüllt hat, kann nicht ohne Zustimmung des Eigentümers gemäß § 249 Abs. 2 Satz 1 BGB vom Schädiger statt der Herstellung die fiktiven Herstellungskosten verlangen.[39] 22

Eine Abrechnung auf Schätzungsbasis ist nur beim unmittelbaren Schaden (Sachschaden) zulässig. Der übrige (mittelbare) Schaden und der Personenschaden sind ausnahmslos konkret nach dem angefallenen Aufwand abzurechnen, der dem Geschädigten ohne Verletzung der Schadenminderungspflicht aus § 254 Abs. 2 BGB tatsächlich entstanden ist. 23

### I. Bemessungsgrundlagen

Der nach Schätzung abzurechnende Schaden kann durch Bezugnahme auf unterschiedliche Bemessungsgrundlagen ausgedrückt werden. Regelmäßig wird der Schaden durch den insoweit beweis- und veranlassungspflichtigen Gläubiger entweder durch Vorlegung eines Sachverständigengutachtens oder Kostenvoranschlags dargelegt. 24

31 Vgl. dazu BGHZ 61, 346 = NJW 1974, 34 = VersR 1974, 90 = DAR 1974, 17; NJW 1989, 3009 = DAR 1989, 340 = zfs 1989, 299; *KG* VRS 68, 85 (Lackierungskosten); *Klimke* zfs 1989, 253; *Gebhardt* zfs 1990, 145; zu den Einzelheiten auch: Himmelreich/Halm/*Pichler* Kap. 4 Rn. 250 ff.

32 Vgl. dazu *AG Lünen* DAR 2001, 410; weiter hierzu im Einzelnen *Grunsky* NJW 1983, 2465, 2468; *Berger* VersR 1985, 403; *Deichl* VersR 1985, 408.

33 DAR 2019, 47; r+s 2021, 476.

34 *OLG Frankfurt* DAR 2020, 33.

35 VersR 2020, 44.

36 Vgl. dazu beispielsw. *Neuwald* S. 59 ff.; *Hamann* S. 33 ff.; *Gotthardt* VersR 1975, 977 ff.; *Gottwald* 3. Teil § 7 Nr. 1.

37 Vgl. dazu *Klimke* DAR 1984, 39 f.; *Weber* VersR 1990, 934 ff.

38 Vgl. dazu BGHZ 54, 82, 84 = NJW 1970, 1454 = VersR 1970, 832; BGHZ 61, 56 = NJW 1973, 1647 = VersR 1973, 964; BGHZ 61, 346 = NJW 1974, 34 = VersR 1974, 90; BGHZ 66, 239 = NJW 1976, 1396 = VersR 1976, 874; *Grunsky* NJW 1983, 2465; DAR 1984, 268.

39 *BGH* VersR 2019, 499.

### 1. Sachverständigengutachten

25 Häufig wird dem Ersatzpflichtigen das Gutachten eines Kraftfahrzeugsachverständigen zum Nachweis für die Schadenhöhe vorgelegt. Derartige Gutachten werden in der Regel auch für den Fall der nachfolgenden Reparatur zum Zwecke der Beweissicherung beigezogen.

26 Auf diesem Wege genügt der Geschädigte seiner Substantiierungspflicht. Akzeptiert der Ersatzpflichtige die Feststellungen des Sachverständigen nicht, muss er gegen das Sachverständigengutachten substantiiert Einwendungen erheben. Allerdings verbleibt im Rahmen der fiktiven Abrechnung das Beweis- und Prognoserisiko beim Geschädigten. Er hat im Rahmen eines Rechtsstreits die Höhe des Schadens nachzuweisen und insoweit die Feststellungen des Gutachtens, auf die er sich beruft, zu beweisen. Sein (Privat-)Gutachten ist kein Beweis, sondern lediglich substantiierter Parteivortrag. Stellt sich nach Beweisaufnahme heraus, dass das Gutachten sachlich falsch war, so geht dies zulasten des Geschädigten.[40] Insoweit ist die in den Instanzgerichten gelegentlich geführte Diskussion über die Validität von »Prüfberichten« der Versicherer obsolet. Der Schädiger bzw. sein Versicherer ist nur zur Erhebung hinreichend substantiierter Einwendungen gehalten, dies kann rein schriftsätzlich oder auch durch Bezugnahme eines »Prüfberichts« erfolgen. Keinesfalls muss er ein »Gegengutachten« einholen, um den Vortrag des Geschädigten prozessual relevant in Zweifel zu ziehen.[41] Der Geschädigte, der den Fahrzeugschaden fiktiv auf Gutachtenbasis abrechnet, muss mit der Möglichkeit rechnen, dass die Erforderlichkeit des vom Gutachter ermittelten Geldbetrages noch im Prozess von der Gegenseite bestritten wird und sich bei der Überzeugungsbildung des Gerichts, ob der verlangte Geldbetrag der erforderliche Geldbetrag im Sinne des § 249 Abs. 2 Satz 1 BGB ist, ein geringerer zu ersetzender Betrag ergibt.[42]

27 Liegen außergerichtlich zwei divergierende Sachverständigengutachten vor und findet eine Reparatur tatsächlich nicht statt, kommt nur eine Verständigung der Parteien in Betracht. Kommt eine Einigung nicht zustande, wird die Frage der tatsächlich berechtigten Höhe der erforderlichen Reparaturkosten gerichtlich durch Beweisaufnahme aufzuklären sein, hierfür ist der Geschädigte beweispflichtig. Keineswegs kann der entstandene Schaden etwa dadurch kalkuliert werden, dass der Mittelwert der beiden Gutachten mit der Erwägung errechnet und angesetzt wird, dass beiden Gutachten der gleiche Beweiswert zufällt.[43]

28 Die fiktive Abrechnung auf Gutachterbasis ist weiter (jedenfalls für Schadensfälle seit dem 01.08.2002) eingeschränkt, als Umsatzsteuer vom Geschädigten nur dann verlangt werden kann, wenn und soweit sie tatsächlich angefallen ist (§ 249 Abs. 2 S. 2 BGB n.F.). Zudem gilt insoweit das Verbot der Kombination konkreter und fiktiver Schadenabrechnung im Sinne einer »Rosinentheorie«.[44]

### 2. Kostenvoranschlag

29 Ähnliche Überlegungen gelten für den Fall, dass der Gläubiger sich entschließt, die Höhe des Schadens durch einen Kostenvoranschlag nachzuweisen. Auch in diesem Fall sind dem Geschädigten die darin ausgewiesenen unfallbedingten Reparaturkosten zu ersetzen. Der Kostenvoranschlag kann jedenfalls dann der Regulierung (oder ohne erhebliches Bestreiten im Prozess der richterlichen Tatsachenfeststellung) zugrunde gelegt werden, wenn er nachvollziehbar ist und die einzelnen Preisansätze aufschlüsselt.[45]

30 Als Sachfolgeschaden erstattungsfähig ist auch die von den Reparaturwerkstätten zumeist erhobene »Schutzgebühr« für die Erstellung des Kostenvoranschlages, sie erspart dem Schädiger das sonst

40 *OLG Hamm* VersR 2001, 198.

41 So aber scheinbar: *LG Meiningen* DAR 2023, 221.

42 *BGH* NJW 2014, 3236 = DAR 2014, 647.

43 So aber *AG Offenbach* r+s 1982, 236.

44 S. Rdn. 62.

45 *LG Berlin* VersR 2002, 333.

erstattungsfähige Sachverständigenhonorar. Erfolgt die Reparatur nachfolgend, wird die Schutzgebühr regelmäßig auf die Reparaturkosten angerechnet. Ist sie zuvor seitens der KH-Versicherung reguliert worden, ist diese Ersparnis für den Geschädigten allerdings zu berücksichtigen. Sie kann etwa auf die nachzuregulierende Umsatzsteuer angerechnet werden. Erfolgt die Reparatur in einer anderen Werkstatt, sodass die Ersparnis durch Anrechnung der Kosten für den KVA nicht erzielt werden kann, kommt je nach den Umständen des Einzelfalls ein Verstoß gegen die Schadensminderungspflicht in Betracht.

## II. Einwendungen

### 1. Stundenverrechnungssätze

Auch bei fiktiver Reparaturkostenabrechnung und unterschiedlichen Werkstattstundensätzen bestimmen sich die erforderlichen Reparaturkosten nach den Stundenverrechnungssätzen der am Heimatort des Geschädigten ansässigen markengebundenen Vertragswerkstätten.[46] 31

Früher war hoch umstritten, inwieweit die KH-Versicherung den Geschädigten an eine andere Werkstatt mit günstigeren Stundensätzen verweisen kann.[47] Eine solche Verweisung ist jedenfalls dann möglich und für die Schadensberechnung beachtlich, wenn es sich bei der Alternativ-Werkstatt, auf die verwiesen wird, ebenfalls um eine markengebundene Fachwerkstatt handelt,[48] oder auch der Kostenvoranschlag, mit dem der Schaden fiktiv geltend gemacht wird, ebenfalls nicht von einer markengebundenen Fachwerkstatt stammt.[49] Mittlerweile ist durch den *BGH* geklärt worden, dass der Verweis des Schädigers auf eine günstigere und vom Qualitätsstandard gleichwertige Reparaturmöglichkeit in einer mühelos und ohne Weiteres zugänglichen freien Werkstatt mit geringeren Stundenverrechnungssätzen möglich ist, wenn der Geschädigte keine Umstände aufweist, die ihm eine Reparatur auch außerhalb einer markengebundenen Fachwerkstatt unzumutbar machen.[50] Bei einer entsprechenden Verweisung kommt es dann auf die konkreten Preise in der genannten Verweisungswerkstatt an, nicht hingegen auf Durchschnittspreise nicht markengebundener Fachwerkstätten. Auch wenn der Geschädigte den Schaden auf der Grundlage von Durchschnittspreisen geltend macht, bleibt eine Verweisung auf günstigere Reparaturkonditionen zulässig und erheblich.[51] Die Gegenansicht[52] verkennt, dass es im Rahmen der fiktiven Abrechnung und konkreter Verweisung nicht auf die Recherchemöglichkeiten des Geschädigten ankommt, als der Versicherer eine konkrete, dem Geschädigten zugängliche Werkstatt benannt hat. Durchschnittspreise sind demgegenüber nicht erheblich, da sie als statistisch ermittelte Rechengröße nicht den zur Wiederherstellung erforderlichen Betrag repräsentieren.[53] 32

46 *BGH* VersR 2003, 920 = DAR 2003, 373 = r+s 2003, 301; *OLG Düsseldorf* DAR 2008, 523; *LG Aachen* DAR 2002, 72; *LG Kassel* zfs 2001, 359; *LG Lübeck* zfs 2001, 456; *AG Königswinter* zfs 1995, 55; *AG Bühl* zfs 2001, 66; *AG Kelheim* zfs 2001, 312; *AG Hannover* zfs 2002, 434; *AG Aachen* NZV 2005, 588; *AG Hattingen* zfs 2005, 339 gegen *OLG Hamm* DAR 1996, 400.

47 Dafür *LG Münster* NZV 2008, 207; *AG Steinfurt* NZV 2007, 579; *AG Bad Freienwalde* NZV 2007, 579; dagegen *LG Bochum* zfs 2006, 205; *LG Wiesbaden* NZV 2008, 358; *AG Kiel* SVR 2006, 149; *AG Menden* VersR 2007, 223; *AG München* NZV 2007, 580.

48 *AG Menden* VersR 2007, 223; anders *AG Berlin-Mitte* SVR 2008, 143 (nur Durchschnitt aller örtlichen markengebundenen Werkstätten); *AG Dortmund* SVR 2008, 72 (nicht für jedermann zugängliche Sondertarife unbeachtlich), hierzu jedoch a.A. *LG Köln*, Urt. v. 29.01.2008 – 11 S 1/07 (n.v.).

49 *LG Göttingen* VersR 2008, 657.

50 *BGH* VersR 2010, 923 = r+s 2010, 302 = DAR 2010, 457.

51 *BGH* VersR 2019, 120.

52 A.A. ohne überzeugende Begründung: *OLG München* DAR 2014, 30; *LG Düsseldorf* DAR 2017, 200; *AG Essen* DAR 2011, 397; *AG Köln* DAR 2017, 277; *AG Gelsenkirchen* DAR 2017, 327.

53 *BGH* NJW 2003, 2086 = VersR 2003, 920.

33 Eine solche, einer Verweisung entgegen stehende Unzumutbarkeit liegt insbesondere vor bei Fahrzeugen bis zum Alter von drei Jahren.[54] Denn nach den Erwägungen des *BGH* muss sich der Geschädigte bei neuen bzw. neuwertigen Kraftfahrzeugen im Rahmen der Schadensabrechnung grundsätzlich nicht auf Reparaturmöglichkeiten verweisen lassen, die ihm bei einer späteren Inanspruchnahme von Gewährleistungsrechten, einer Herstellergarantie und/oder von Kulanzleistungen Schwierigkeiten bereiten könnten. Im Interesse einer gleichmäßigen und praxisgerechten Regulierung hat daher der *BGH* bei Fahrzeugen bis zum Alter von drei Jahren grundsätzlich keine rechtlichen Bedenken gegen eine (generelle) tatrichterliche Schätzung der erforderlichen Reparaturkosten nach den Stundenverrechnungssätzen einer markengebundenen Fachwerkstatt. Dies gilt auch bei gewerblich genutzten Fahrzeugen unabhängig von der Laufleistung des geschädigten Fahrzeugs.[55] Nicht geklärt ist insoweit allerdings, ob dies auch dann gilt, wenn das Fahrzeug bereits zuvor einen Schaden erlitten hatte, der nicht in einer markengebundenen Fachwerkstatt beseitigt wurde. Insoweit ist durchaus gut vertretbar, dass der Schädiger durch einen solchen Umstand eine Unzumutbarkeit der Verweisung für den Geschädigten widerlegen kann. Auch bei einem älteren Fahrzeug kann für den Geschädigten eine Verweisung auf nicht markengebundene Fachwerkstätten unzumutbar sein, weil für den Fall der Weiterveräußerung bei einem großen Teil des Publikums insbesondere wegen fehlender Überprüfungsmöglichkeiten die Einschätzung vorhanden ist, dass bei einer (regelmäßigen) Wartung und Reparatur eines Kraftfahrzeugs in einer markengebundenen Fachwerkstatt eine höhere Wahrscheinlichkeit besteht, dass diese ordnungsgemäß und fachgerecht erfolgt ist. Daher liegt auch dann Unzumutbarkeit vor, wenn der Geschädigte konkret darlegt und beweist, dass er sein Kraftfahrzeug bisher stets in der markengebundenen Fachwerkstatt hat warten und reparieren lassen.[56] Der *BGH* stellt insoweit entscheidend auf die Verkehrsanschauung ab, wonach die durchgehende Wartung bzw. Reparatur in einer Markenwerkstatt wertbildenden Einfluss hat und durch entsprechend höhere Preise für solche Gebrauchtfahrzeuge honoriert wird. Daher muss bei älteren Fahrzeugen auch sichergestellt sein, dass schon ein möglicher Vorbesitzer entsprechend stets bei Markenwerkstätten gewartet und repariert hat, und dies nicht erst seit Übernahme durch den jetzigen Eigentümer so gehandhabt wird.[57] Wenn eine entsprechende Handhabung durch den Vorbesitzer nicht sichergestellt war, hat dies für den jetzigen Eigentümer offenbar auch keine besondere Rolle bei der Kaufentscheidung gespielt, jedenfalls musste dies bei der Preisbildung keine Berücksichtigung zugunsten des Vorbesitzers spielen. Vor diesem Hintergrund steht es auch einer Unzumutbarkeit entgegen, wenn die Werkstatt, bei welcher der Geschädigte frühere Wartungen und Reparaturen durchführen ließ, vom Geschädigten unerkannt markenungebunden ist oder seine Markenbindung verlor.[58] Ebenso muss sichergestellt werden, dass auch tatsächlich alle Reparaturen und Wartungen in diesem Sinne bei markengebundenen Fachwerkstätten durchgeführt wurden. Das Auslassen turnusgemäßer Wartungen bzw. eine Reparatur in Eigenregie stehen einer Unzumutbarkeit der Verweisung entgegen.[59] Es soll aber genügen, wenn die bislang genutzte Werkstatt eine Markenbindung aufweist, die jedoch nicht der Marke des beschädigten Fahrzeugs entspricht.[60] Dies erscheint nur schwer nachvollziehbar, als die Markenbindung eine Spezialisierung auf die betroffene Marke zum Ausdruck bringt, die somit gerade nicht auf andere Marken übertragen werden kann. Soweit die Rechtsprechung des BGH so verstanden wird, dass eine Wartung und Reparatur in markengebundenen Werkstätten »bisher«, also bis zum Unfallzeitpunkt, für eine Unzumutbarkeit der Verweisung ausreicht und ein

54 *BGH* NJW 2010, 606 = VersR 2010, 225 = DAR 2010, 77; gegen Unzumutbarkeit bei älterem Fahrzeug auch *OLG Bremen* zfs 2011, 322; *OLG Frankfurt/Main* zfs 2011, 499.

55 *LG Saarbrücken* NZV 2011, 501; *AG Frankfurt* SVR 2012, 24.

56 *BGH* NJW 2010, 606 = VersR 2010, 225 = DAR 2010, 77; zur Darlegungslast auch *OLG Frankfurt/Main* zfs 2011, 499.

57 So auch *LG Lübeck* NZV 2010, 517, a.A. *AG Trier* SVR 2010, 183.

58 *OLG Saarbrücken* DAR 2021, 26.

59 *BGH* VersR 2017, 504; *LG Freiburg* r+s 2018, 165; *AG Hamburg-Altona* NZV 2012, 139; a.A. *LG Dortmund* DAR 2012, 22 (Einzelfallentscheidung).

60 *LG Trier* DAR 2023, 459 (Wartungen eines BMW in einer VW-Vertragswerkstatt).

Abweichen hiervon nach dem Unfall an der Unzumutbarkeit nichts ändert,[61] überzeugt dies vor dem Hintergrund der vom *BGH* betonten Verkehrsanschauung und des wertbildenden Effekts nicht. Ohnehin ist nicht ganz nachvollziehbar, warum die Vorgehensweise des Geschädigten bei früheren Gelegenheiten einer Verweisung entgegenstehen soll, wenn er durch fiktive Abrechnung und somit Verzicht auf eine Reparatur in einer markengebundenen Werkstatt gerade im zu beurteilenden Fall der Beschädigung sein fehlendes Interesse an dieser Form der Schadenbeseitigung nachgewiesen hat. Nach Einschätzung des Verfassers wäre zur Anerkennung eines entsprechenden Interesses des Geschädigten an einer höher angesehenen Reparatur in einer markengebundenen Werkstatt erforderlich, dass er eine solche auch hinsichtlich des zu beurteilenden Unfallschadens vornehmen lässt und diese konkret abrechnet.[62] Zudem soll auch bei nur sehr geringen Differenzen ein Verweis unzumutbar sein.[63] Dies dürfte allerdings kaum überzeugen. Solange Gleichwertigkeit der Reparaturleistung und gleiche Erreichbarkeit der Verweis-Werkstatt feststehen, was ohnehin Voraussetzung für die Verweisung ist, ist allein eine geringe Ersparnis kein nachvollziehbarer Grund für den Geschädigten, auf die Verweisung nicht einzugehen. Dies gilt umso mehr, als es sich um eine fiktive Abrechnung handelt, also letztlich gar kein anderes Verhalten des Geschädigten abverlangt wird.

Die Gleichwertigkeit der Verweiswerkstatt ist vom Schädiger darzulegen und zu beweisen, wobei 34 ihm der Beweismaßstab des § 287 ZPO zugutekommt.[64] Die Gleichwertigkeit der weiteren Reparaturmöglichkeit ist nach objektiven Gesichtspunkten wie Schadensumfang, Know-how und Wiederverkaufswert zu beurteilen.[65] Der Schädiger muss Angaben zu Meisterwerkstatt, Zertifizierung und Verwendung von Original-Ersatzteilen sowie Erfahrung bei Reparatur von Unfallfahrzeugen machen.[66] Insbesondere eine Zertifizierung der Verweisungswerkstatt (Eurogarant, Identica, ZKF) legt eine Gleichwertigkeit der Reparaturmöglichkeit nahe bzw. indiziert sie,[67] ohne jedoch Voraussetzung für eine Verweisung zu sein.[68] So liegt keine zumutbare anderweitige Reparaturmöglichkeit vor, wenn bei der Verweiswerkstatt Einschränkungen wie fehlende Richtbank, Fremdvergabe von Lackierarbeiten und eingeschränkter Hol- und Bringservice bestehen.[69] Etwas anderes gilt dabei allerdings, wenn solche Einschränkungen auch bei Markenwerkstätten der Region herrschen, was gerade bei der Fremdvergabe einzelner Arbeiten durchaus der Fall sein kann. Ein Verweis kommt auch dann nicht in Betracht, wenn die Verweiswerkstatt von dem vom Sachverständigen vorgegebenen Reparaturweg abweichen will.[70]

Nicht berücksichtigungsfähig ist der Verweis auf eine günstigere Reparaturmöglichkeit dann, wenn 35 er nicht auf allgemein zugänglichen Preisen, sondern auf Sonderpreisen aufgrund eines Rahmenabkommens mit der Haftpflichtversicherung beruht.[71] Sonderkonditionen des Reparaturbetriebs aus Vereinbarungen mit der Haftpflichtversicherung sind jedoch unschädlich, wenn die Versicherung nicht auf diese Sonderkonditionen verweist, sondern auf andere, allgemein zugängliche Konditionen dieser Werkstatt, die immer noch günstiger sind.[72]

61 So *AG Hannover* NZV 2019, 595.

62 Ebenso: *OLG Köln* VersR 2017, 964.

63 *AG Wesel* DAR 2008, 531 bei um weniger als 10 % geringeren Kosten.

64 *BGH* DAR 2010, 577 = VersR 2010, 1380 = r+s 2010, 437.

65 *AG Trier* NZV 2010, 403.

66 *OLG Düsseldorf* DAR 2008, 523; *LG Krefeld* NZV 2010, 580; *AG Weinheim* SVR 2012, 143; *AG Hamburg-Harburg* NZV 2013, 146.

67 *LG Saarbrücken* DAR 2014, 35.

68 *AG Essen* SVR 2014, 197.

69 *LG Osnabrück* NZV 2010, 251.

70 *LG Kiel* DAR 2010, 270.

71 *BGH* r+s 2010, 347 = VersR 2010, 1097 = DAR 2010, 509; *LG Lüneburg* NZV 2010, 94; anders zuvor noch *LG Aachen* NZV 2009, 509.

72 *BGH* VersR 2015, 861.; *LG Mannheim* NZV 2011, 349.

36 Eine allgemein gültige Grenze, ab welcher Entfernung eine Verweiswerkstatt nicht mehr zumutbar ist, kann nicht angegeben werden.[73] Entscheidend dürften die konkreten Verhältnisse des Geschädigten sein, insbesondere in ländlicher Gegend dürfte auch eine größere Entfernung zumutbar sein. Zudem dürfte in der Zumutbarkeitsbetrachtung auch mit zu berücksichtigen sein, welche Ersparnisse durch die Verweisungswerkstatt möglich sind. Je höher die Ersparnis ist, desto größer kann der zusätzliche Fahraufwand noch zumutbar sein. Grundsätzlich dürfte auch eine etwas größere Entfernung unschädlich sein, wenn ein kostenloser Hol- und Bringservice auch für den Geschädigten an seinem Wohnort angeboten wird, solange die Regionalität gewahrt bleibt.[74] Eine Unzumutbarkeit kann jedenfalls nicht vorliegen, solange eine Markenwerkstatt auch nicht in deutlich geringerer Entfernung zum Wohnort des Geschädigten liegt, was von diesem darzulegen ist.[75] Allerdings ist eine Verweisung nicht automatisch unzumutbar, wenn eine Markenwerkstatt näher liegt.[76] Bei einem deutlich längeren Weg und fehlendem kostenlosen Hol- und Bringdienst dürfte jedoch Unzumutbarkeit vorliegen.[77]

37 Soweit das *OLG Düsseldorf* entschieden hat,[78] dass eine solche Verweisung mit konkreten Darlegungen zur Gleichwertigkeit bereits vorprozessual gegenüber dem Geschädigten zu erfolgen habe, kann dies nicht überzeugen. Das *OLG* übersieht hierbei, dass die Verweisung eine Problematik der fiktiven Abrechnung ist. Eine tatsächliche Reparatur in einer markengebundenen Fachwerkstatt hat gerade nicht stattgefunden, sonst wäre der Einwand der Verweisung von vornherein unerheblich. Vor diesem Hintergrund ist auch ein möglicherweise vorprozessual gegebener »guter Glaube« des Geschädigten an die Richtigkeit der Sachverständigenkalkulation bzw. seiner Forderung nicht schutzwürdig. Der Schädiger bzw. sein Versicherer könnten die Verweisung mangels durchgeführter Reparatur sogar erstmals während des Prozesses erheblich vornehmen.[79] Erst recht beachtlich ist eine Verweisung daher dann, wenn vorprozessual »nur« die Adressen und Konditionen der Verweiswerkstätten angegeben werden und die Gleichwertigkeit behauptet wird. Der Geschädigte, der in dieser Situation den Differenzbetrag in fiktiver Abrechnung geltend macht, tut dies auf eigenes Risiko, dass es der Versicherung im Prozess gelingt, die Gleichwertigkeit der Reparaturmöglichkeit darzulegen und zu beweisen. Mittlerweile ist durch Urteil des *BGH* geklärt, dass eine solche Verweisung auch im Prozess noch möglich ist, solange prozessuale Verspätungsregeln dem nicht entgegenstehen.[80] Erst recht ist ein konkreter Kostenvoranschlag der Verweisungswerkstatt nicht erforderlich.[81]

38 Auch für im Ausland zugelassene Fahrzeuge richtet sich die Schadensberechnung nach deutschen Stundenverrechnungssätzen, wenn das Fahrzeug einer in Deutschland lebenden Person zur dauerhaften Nutzung überlassen wurde.[82] Wird das beschädigte Fahrzeug hingegen nach dem Unfall ins Ausland verbracht, sind nur die dort gültigen Sätze für die Schadensberechnung relevant.[83]

39 Der BGH hat klargestellt, dass die in den Stundensätzen enthaltenen Sozialversicherungsbeiträge auch im Rahmen der fiktiven Abrechnung nicht abgezogen werden müssen.[84]

---

73 Falsch daher *AG Frankfurt* zfs 2011, 26.
74 Nicht mehr bei *BGH* VersR 2015, 861; *LG Duisburg* SVR 2021, 466.
75 *BGH* NJW 2010, 2118 = VersR 2010, 923 = DAR 2010, 457; *LG Hagen* SVR 2012, 463.
76 Insoweit nicht ganz unproblematisch: *OLG Karlsruhe* zfs 2015, 623; *AG Solingen* NZV 2015, 498.
77 *OLG Düsseldorf* DAR 2020, 507.
78 DAR 2008, 523 = SP 2008, 340; ebenso *AG Hamburg-Barmbek* zfs 2012, 264.
79 Dies kann kostenmäßig zulasten der KH-Versicherung gehen, wenn der Geschädigte sich unmittelbar nach der Verweisung auf den geringeren Betrag beschränkt und den Rechtsstreit im Übrigen für erledigt erklärt (*LG Bonn* r+s 2016, 641; *AG Offenbach* r+s 2016, 643).
80 *BGH* VersR 2013, 876 = DAR 2013, 460 = NJW 2013, 2817; so schon *AG Mannheim* NZV 2011, 499; *AG Flensburg* SVR 2013, 231.
81 *AG Gelsenkirchen* SVR 2016, 31; *AG Essen* SVR 2016, 105; *AG Ratingen* SVR 2016, 106.
82 *OLG Düsseldorf* NZV 2008, 147.
83 *OLG Stuttgart* DAR 2014, 648; *LG Köln* VersR 2005, 1577.
84 *BGH* DAR 2013, 257 = VersR 2013, 637 = NJW 2013, 1732.

## 2. Verbringungskosten

Nach einigen Entscheidungen sind auch fiktive Verbringungskosten im Rahmen der Abrechnung auf Gutachterbasis als ersatzfähiger Schaden anzusehen und zwar selbst dann, wenn sich der Geschädigte entschlossen hat, auf die erforderliche Reparatur zu verzichten.[85] 40

Dem kann in dieser Allgemeinheit nicht gefolgt werden. Ersatzfähig sind auch im Rahmen der fiktiven Abrechnung nur diejenigen Aufwendungen, die zur Schadensbeseitigung erforderlich sind. Der Geschädigte ist zur Schadensgeringhaltung verpflichtet, sodass Verbringungskosten nur dann erstattungsfähig sind, wenn sie bei markengebundenen Vertragswerkstätten in der Region des Geschädigten tatsächlich anfallen. Die Erstattung fiktiver Verbringungskosten kommt nur dann in Betracht, wenn die örtlichen Vertragswerkstätten nicht über eine Lackieranlage verfügen und daher Verbringungskosten üblicherweise anfallen.[86] Insbesondere bei einer fiktiven Abrechnung ist es der KH-Versicherung möglich, den Geschädigten an eine andere gleichwertige Werkstatt zu verweisen, bei der eine Fahrzeugverbringung für Lackierungsarbeiten nicht erforderlich ist.[87] Insoweit gelten zur Gleichwertigkeit und Zumutbarkeit die gleichen Grundsätze wie oben unter Rdn. 33 ff. 41

## 3. Ersatzteilaufschläge

Ähnliche Erwägungen gelten für UPE-Aufschläge, die Reparaturfirmen zur Ausgleichung der Kosten fordern, die für die Bevorratung von Ersatzteilen anfallen, die sie nicht in Kommission erhalten. Auch wenn diese häufig ohne Weiteres auch fiktiv für erstattungsfähig gehalten werden,[88] dürfte es insoweit auf die regionale Üblichkeit dieser Aufschläge ankommen.[89] Auch insoweit sollte der KH-Versicherung die Möglichkeit offen stehen, den Geschädigten an eine gleichwertige Werkstatt zu verweisen, bei der diese Aufschläge nicht anfallen.[90] 42

---

85 *OLG Hamm* OLGR 1998, 91; *OLG Dresden* DAR 2001, 455; *LG Gera* DAR 1999, 550 = r+s 1999, 507; *LG Wiesbaden* DAR 2001, 36; *LG Rostock* DAR 2011, 641; *AG Bochum* DAR 1999, 509; *AG Bochum* NZV 1999, 518; *AG Leipzig* DAR 1999, 555; *AG Gronau* DAR 2000, 37; *AG Duisburg-Hamborn* DAR 2000, 411; *AG Bühl* zfs 2001, 66; *AG Neuss* zfs 2001, 211; *AG Kelheim* zfs 2001, 312; *AG Hannover* zfs 2002, 434; *AG Landstuhl* DAR 2002, 77; *AG Neumünster* zfs 2002, 179; *AG Regensburg* PVR 2002, 177; *AG Hamburg-Harburg* zfs 2005, 439; *AG Würzburg* zfs 2005, 289.

86 *OLG Düsseldorf* DAR 2002, 68 = NZV 2002, 87; *OLG Hamm* r+s 2013, 147; *OLG München* r+s 2014, 471; *OLG Frankfurt* NZV 2017, 27; *OLG Celle* r+s 2022, 111; *OLG München* DAR 2022, 454; *LG Paderborn* DAR 1999, 128; *LG Oldenburg* zfs 1999, 335; *LG Dortmund* zfs 2009, 265; *LG Hanau* NZV 2010, 574; *LG Memmingen* SVR 2019, 384; *AG Hamm* zfs 2001, 457; *AG Verden* zfs 2001, 18; *AG Ebersberg* SVR 2012, 426; *AG Amberg* DAR 2014, 649; *AG Frankfurt* SVR 2016, 77; *AG Ibbenbühren* DAR 2020, 338; *AG Überlingen* SVR 2023, 433; *Wagner* NZV 1999, 358; dagegen *Wortmann* NZV 1999, 503.

87 Ähnlicher Grundsatz bei *LG Hildesheim* NZV 2010, 575; *AG Schwabach* zfs 2002, 580; ebenso *LG Hagen* SVR 2012, 463; *LG Saarbrücken* DAR 2013, 520; 2014, 35; *AG Weinheim* SVR 2012, 143; *AG Hamburg-Harburg* NZV 2013, 146; *AG Flensburg* SVR 2013, 231; *AG Amberg* DAR 2014, 649; *AG Herne-Wanne* SVR 2015, 342; *AG Gelsenkirchen* SVR 2016, 31; *AG Ratingen* SVR 2016, 106; *AG Brackenheim* SVR 2016, 267.

88 *LG Wiesbaden* DAR 2001, 36; *LG Aachen* DAR 2002, 72; NZV 2005, 649; *AG Oranienburg, AG Darmstadt, AG Dortmund* alle in zfs 1999, 152; *AG Bochum* DAR 1999, 509; *AG Herborn* zfs 2000, 204; *AG Kelheim* zfs 2001, 312; *AG Neuss* zfs 2001, 211; *AG Landstuhl* DAR 2002, 77; *AG Hannover* zfs 2002, 434; *AG Karlsruhe* zfs 2002, 230; *AG Darmstadt* DAR 2005, 199; *AG Hamburg-Harburg* zfs 2005, 439; *AG Hamm* NZV 2005, 649; *AG Kiel* SVR 2005, 310; *AG Stuttgart* SVR 2005, 386; *AG Würzburg* zfs 2005, 289; *AG Hattingen* zfs 2005, 339; *AG Rüdesheim* NZV 2007, 245; *AG Berlin-Mitte* NZV 2008, 208.

89 *BGH* VersR 2019, 120; *OLG Düsseldorf* DAR 2002, 68; DAR 2008, 523; *OLG München* r+s 2014, 471; ZfS 2021, 493; DAR 2022, 454; *OLG Frankfurt* NZV 2017, 27; *OLG Celle* r+s 2022, 111; *LG Dortmund* zfs 2009, 265; *LG Hanau* NZV 2010, 574; *AG Mannheim* NZV 2007, 311; *AG Frankfurt/M.* DAR 2008, 92; *AG Wuppertal* zfs 2008, 199; *AG Überlingen* SVR 2023, 433.

90 *LG Saarbrücken* DAR 2013, 520; *AG Amberg* DAR 2014, 649; *AG Brackenheim* SVR 2016, 267.

### 4. Achsvermessung

43 Teilweise sind auch nur gedachte Kosten einer vorsorglich ins Auge gefassten optischen Achsvermessung[91] im Voranschlag ausgewiesen worden, weil sich eine denkbare Verzeihung des Achskörpers nicht mit letzter Sicherheit ausschließen lässt. Hierbei handelt es sich jedoch streng genommen nicht um Kosten zur Beseitigung des Schadens, sondern vielmehr um Kosten zur Feststellung des Schadens. Dies sind nur mittelbare oder Sachfolgeschäden, die – wie etwa Sachverständigenkosten – nicht fiktiv geltend gemacht werden können.[92]

### 5. Beilackierung

44 Häufig wird auch darüber gestritten, ob die ggfs. im Rahmen eines Schadengutachtens bzw. eines Kostenvoranschlags vorgesehenen Aufwendungen zur Beilackierung von beidem Unfallschaden nicht betroffenen Fahrzeugteilen auch fiktiv erstattungsfähig sind. Insoweit wird von Schädigerseite nicht zu Unrecht eingewandt, dass sich die Erforderlichkeit solcher Maßnahmen zur Farbangleichung erst während der tatsächlichen Durchführung der Reparatur herausstellt, wenn bzw. nachdem die schadenbetroffenen Fahrzeugteile lackiert wurden und festgestellt werden kann, ob sich eine Farbabweichung ergeben hat, die eine solche Beilackierung benachbarter Fahrzeugteile zur Farbangleichung erfordert. Entsprechend sind diese Aufwendungen nur erstattungsfähig, wenn sich die Beilackierung als tatsächlich notwendig erweist und dies feststellbar ist.[93] Dies hat der Geschädigte konkret darzutun, wofür ein Gutachten nicht ausreicht, wenn es hierzu keine gesonderten Ausführungen enthält.[94] Allerdings betrifft die Frage der Erforderlichkeit einer Beilackierung die schadensausfüllende Kausalität bzw. die Schadenhöhe, so dass insoweit das abgesenkte Beweismaß des § 287 ZPO gilt.[95]

### 6. Unzutreffende Werte

45 Eine Abrechnung auf der Basis eines Gutachtens oder Kostenvoranschlags ist nur so lange möglich, wie keine besseren und genaueren Erkenntnisquellen zur Verfügung stehen. Man muss sich dabei stets vor Augen halten, dass selbst die sorgfältigste Schätzung erfahrungsgemäß häufig durch die Praxis widerlegt wird.

46 Wenn die Reparatur zu einem späteren Zeitpunkt durchgeführt wird und dabei bestimmte Kosten anfallen, dann werden sie in der Regel an die Stelle der im Gutachten ausgewiesenen Werte treten. Es wäre sicherlich falsch, vor der Wirklichkeit auch dann noch die Augen zu verschließen und weiterhin mit fiktiven Werten zu operieren, wenn deutlich belastbarere, tatsächlich angefallene Werte zur Verfügung stehen.[96] Selbstverständlich gilt diese Regelung nur dann, wenn durch die Reparatur der Schaden am Kfz endgültig und ordnungsgemäß beseitigt worden ist. Unter dieser Prämisse kann sich keine der Parteien auf etwa abweichende Feststellungen im Gutachten berufen,[97] es sei denn, dass das im Verhältnis zur Schätzung billigere Reparaturergebnis allein darauf beruht, dass

91 Vgl. dazu *LG Essen* 19 O 144/87 v. 20.05.1987 (n.v.); *AG Bremen* 6 C 137/88 v. 28.09.1988 (n.v.).

92 *AG Duisburg* zfs 2002, 340.

93 *OLG Hamm* NJW-Spezial 2017, 394; *LG Bielefeld* SP 2014, 412; *LG Essen* SP 2014, 412; falsch hingegen, soweit *LG Memmingen* SP 2015, 301 auf das Prognoserisiko des Schädigers abstellt, als dieses im Rahmen der fiktiven Abrechnung beim Geschädigten verbleibt. Ähnlich *AG Passau* NZV 2024, 137.

94 *LG Köln* SVR 2016, 386; anders *LG Kiel* DAR 2010, 270, das ein einfaches Bestreiten eines entsprechenden Ansatzes im Gutachten nicht ausreichen lässt (was jedoch der Darlegungslast des Geschädigten nicht gerecht wird).

95 *BGH* DAR 2020, 21; *OLG München* ZfS 2021, 493.

96 Vgl. dazu *AG München* VersR 1978, 191 (bei einer »Gefälligkeitsreparatur«); *Berger* VersR 1985, 403; *Honsell/Harrer* JuS 1985, 161; *Steffen* VersR 1985, 605 (teils kritisch zur Rechtsprechung des *BGH*); – a.A. *LG Aachen* DAR 1983, 316.

97 Wegen näherer Einzelheiten dazu vgl. ergänzend auch *Klimke* DAR 1985, 214.

der Geschädigte sich überpflichtmäßigen Anstrengungen unterzogen oder sich mit einer geringeren Reparaturqualität zufriedengegeben hat.[98]

Die Beweislast für eine dahin gehende Behauptung obliegt voll dem Geschädigten.[99] Er muss im Einzelnen darlegen, welchen überpflichtmäßiger Anstrengungen er sich unterzogen oder welche Reparaturarbeiten die von ihm beauftragte Werkstatt entgegen den Intentionen des Sachverständigen nicht ordnungsgemäß durchgeführt hat. 47

*a) Schätzung zu gering*

Das Recht, die zunächst vorveranschlagten Reparaturkosten gegen den wirklichen Aufwand auszutauschen, nimmt der Geschädigte – zu Recht – für sich in Anspruch, wenn die effektiven Aufwendungen die im Gutachten ausgewiesenen Werte übersteigen. Er wird dann zutreffend[100] darauf hinweisen, dass die Prognose des Sachverständigen, der bekanntlich auch nach bestem Wissen und Gewissen nur eine Schätzung erstellt, nicht aber ein beide Parteien bindendes Schiedsurteil gefällt hat, sich im Nachhinein als falsch erwiesen habe und durch die Wirklichkeit widerlegt worden ist. Die gegenteilige Betrachtungsweise übersieht, dass dieser Einwand die Interessenlagen beider Parteien angemessen berücksichtigt und dass aus dem System keine »Einbahnstraße« werden darf.[101] Daher ist dem Geschädigten auch nach bereits erfolgter fiktiver Abrechnung durchaus auch noch ein Übergang auf die konkrete Schadenabrechnung möglich, wobei er sich dann erzielte Rabatte anrechnen lassen muss.[102] Dabei muss man ergänzend berücksichtigen, dass nach der »normativen Kraft des Faktischen« der Geschädigte ohnehin am »längeren Hebelarm« sitzt: Fällt die später durchgeführte Reparatur billiger aus, dann wird der Ersatzpflichtige, der bereits auf der Basis einer Schätzung reguliert hat, in der Regel davon nichts erfahren; ist jedoch ein höherer Betrag erforderlich, dann macht der Geschädigte, sofern inzwischen (ausnahmsweise) keine Verwirkung eingetreten sein sollte, mit Sicherheit Nachforderungen geltend. 48

Ergänzend muss in diesem Zusammenhang darauf hingewiesen werden, dass eine Erhöhung des Reparaturaufwandes, die allein darauf beruht, dass in der Zwischenzeit Lohnerhöhungen eingetreten oder die Materialkosten gestiegen sind, im Regelfall zulasten des Geschädigten geht, der mit der Durchführung der Instandsetzungsarbeiten zu lange gezögert und inzwischen ja auch Zinsen aus dem ihm überlassenen Kapital gezogen hat. Der Schädiger schuldet nach § 249 BGB den Betrag, der zur Beseitigung des Schadens am Tag des Schadeneintritts erforderlich ist. Eine andere Betrachtung wird nur dann durchgreifen können, wenn dieser Umstand in die Zurechnungssphäre des Ersatzpflichtigen fällt, beispielsweise dann, wenn der Geschädigte nicht über die erforderlichen Mittel verfügt, um die Reparatur früher durchführen zu lassen und der Ersatzpflichtige dem Gläubiger trotz Aufforderung keinen angemessenen Vorschuss zur Verfügung gestellt hat, oder die Erhöhung so kurzfristig nach dem Schaden eingetreten ist, dass eine vorherige Schadensbeseitigung nicht verlangt werden kann. Dies gilt nach der Rechtsprechung des BGH allerdings nur dann, soweit der Schädiger den Ersatzanspruch vor der Preiserhöhung bereits vollständig erfüllt hat. Ist eine solche Erfüllung noch nicht eingetreten, ist der für die Schadensbeseitigung erforderliche Betrag nach den Verhältnissen zum Zeitpunkt des Schlusses der mündlichen Verhandlung zu beurteilen, zwischenzeitliche Preiserhöhungen gehen also zulasten des Schädigers.[103] 49

Es kommt zuweilen vor, dass bei der Schadenabrechnung höhere Reparaturkosten eingesetzt werden, als sie dem ortsüblichen Niveau entsprechen. Falls die Instandsetzungsarbeiten bereits ausgeführt 50

98 Vgl. dazu *OLG Frankfurt* VersR 1972, 696.

99 Vgl. dazu BGHZ 61, 346 = NJW 1974, 34 = VersR 1974, 90; BGHZ 66, 239 = NJW 1976, 1396 = VersR 1976, 874.

100 Vgl. dazu die Garantenstellung des Schädigers Rdn. 172 ff.

101 Vgl. dazu *Seiwerth* DAR 1987, 374; *Klimke* zfs 1989, 253.

102 *BGH* VersR 2011, 1582 = NJW 2012, 50 = DAR 2012, 203.

103 *BGH* VersR 2020, 776.

sein sollten, wird der Geschädigte in aller Regel darauf verweisen, dass er dieses nachteilige Ergebnis nicht vermeiden konnte, da es nicht in seiner Macht stand, Einfluss auf die Kostenkalkulation und Preisgestaltung des von ihm ausgewählten Reparaturbetriebs zu nehmen. Dieses Problem lässt sich unter Hinweis auf § 254 Abs. 2 BGB nicht sachgerecht lösen, weil es insoweit nicht auf die Verwirklichung eines objektiven Tatbestands ankommt, sondern den Geschädigten an dieser Entwicklung ein Verschulden treffen muss, das in der Regel nicht nachzuweisen sein wird. Wenn der Gläubiger einigermaßen geschickt ist, wird er in nicht zu widerlegender Form darauf hinweisen, dass es sich bei der von ihm beauftragten Werkstatt um das Unternehmen seines besonderen Vertrauens handelt, bei dem er das Fahrzeug erworben hat und auch ansonsten – auf eigene Kosten – Reparaturarbeiten ausführen lässt. Rechtsdogmatisch überzeugend lässt diese Problematik sich jedoch unter Hinweis auf § 249 Abs. 2 S. 1 BGB n.F. lösen. Nach dieser Vorschrift schuldet der Ersatzpflichtige den zur Herstellung erforderlichen Betrag in Höhe des objektivierten Verkehrswerts der Leistung. Allerdings bleibt insoweit die Rechtsprechung des BGH zum subjektiven Erforderlichkeitsbegriff zu berücksichtigen, wonach bei der Bemessung des erforderlichen Betrages die ggfs. verminderten Erkenntnis- und Einflussmöglichkeiten des Geschädigten zu berücksichtigen sind, so dass Überhöhungen, die für ihn nicht erkennbar waren, auch erstattungsfähig sind.[104] Es ist allerdings zweifelhaft, ob ein solcher Fall vorliegt, wenn die Reparaturfirma ohne nachvollziehbaren Anlass Arbeiten jenseits der Ansätze des Sachverständigen vornimmt, als das Gutachten gerade eingeholt wurde, um dem Geschädigten eine Vorstellung davon zu vermitteln, welche Reparaturmaßnahmen zu welchen Kosten unfallbedingt erforderlich sind.

### b) Schätzung zu hoch

51 Etwas problematischer, aber im Prinzip nicht anders zu beurteilen ist der umgekehrte Fall, dass die tatsächlichen Reparaturkosten hinter dem vom Sachverständigen geschätzten Wert zurückbleiben. Mitunter versucht der Geschädigte, in dieser Situation mit zweierlei Maß zu messen, indem er erklärt, es komme allein auf die im Gutachten festgestellten Beträge im Sinne einer »echten« Wertersatzforderung an. Bei diesem Hinweis handelt es sich indes unter der Prämisse, dass der Schaden ordnungsgemäß beseitigt worden ist, um ein Scheinargument. Der Geschädigte wird bei objektiver Betrachtung auch in diesem Fall anerkennen müssen, dass die im Gutachten oder im Kostenvoranschlag ausgewiesenen Werte zu hoch und damit widerlegt sind.[105] Insoweit ist durch den *BGH* klargestellt worden, dass die tatsächlich angefallenen Kosten einer vollständigen, fachgerechten Reparatur die Obergrenze des Erstattungsanspruchs auch im Rahmen einer fiktiven Abrechnung sind. Der Geschädigte kann sich auf höhere Schätzungen des Sachverständigen nicht berufen.[106] Allerdings bleiben diese Ansätze relevant bei einer Eigenreparatur des Geschädigten oder eine unentgeltlichen Reparatur etwa durch Freunde oder Verwandte.[107]

52 Der *BGH*[108] vertritt hierzu allerdings die Auffassung, dass der Geschädigte weder nachzuweisen hat, dass er seinen Unfallwagen hat reparieren lassen, noch den Nachweis führen muss, auf welche Weise und in welchem Umfange die Reparatur durchgeführt worden ist. Er kann sich mit der Vorlage des Schätzungsgutachtens eines Kfz-Sachverständigen begnügen, wobei allerdings zu beachten ist, dass das Schätzgutachten dem zu beanspruchenden Schadensersatz für die Reparatur nicht bindend festlegt. Die Reparaturrechnung erlaubt eine genauere Bemessung des nach § 249 S. 2 BGB geschuldeten Ersatzbetrags. Daher treten an die Stelle der in einem Gutachten oder in einem Kostenvoranschlag geschätzten Werte die tatsächlichen Reparaturkosten, ohne dass dem Geschädigten insoweit ein Wahlrecht zusteht, welchen Weg der Abrechnung er bevorzugt. Voraussetzung ist allerdings, dass

104 *BGH* NJW 1974, 34; 2016, 3363.

105 Vgl. dazu *AG Berlin-Charlottenburg* zfs 1981, 39.

106 *BGH* VersR 2014, 214 = NJW 2014, 535 = DAR 2014, 143.

107 *OLG Koblenz* DAR 2015, 462; *LG Saarbrücken* DAR 2019, 466; anders *OLG Schleswig* DAR 2017, 145.

108 Vgl. dazu *BGH* NJW 1989, 3009 = VersR 1989, 1056 = DAR 1989, 340.

der Geschädigte sein Fahrzeug vollständig und fachgerecht hat reparieren lassen und keine überobligationsmäßigen Verzichte oder Einbußen ersichtlich sind. Nach diesseitiger Auffassung ist der Geschädigte, der die Reparatur durchgeführt hat, verpflichtet, die Höhe der dabei tatsächlich entstandenen Kosten ordnungsgemäß nachzuweisen und zu diesem Zweck die Reparaturkostenrechnung vorzulegen.[109] Weigert sich der Geschädigte trotz entsprechender, richtigerweise ergangener Auflage des Gerichts, die Reparaturrechnung vorzulegen, hat das Gericht nach sachverständiger Beratung einen Mindestschaden zu schätzen.[110] Ist ein den Mindestschaden übersteigender Betrag bereits reguliert, ist die Klage insgesamt unschlüssig und abzuweisen[111]

Die Annahme, bei durchgeführter Reparatur bestehe hinsichtlich der Schadensregulierung ein Leistungsverweigerungsrecht des Schädigers, bis die Reparaturrechnung vorgelegt und eine angemessene Prüfungsfrist abgelaufen sei, geht jedoch zu weit. Insoweit hat der *BGH*[112] zutreffend klargestellt, dass es nicht angeht, dem Geschädigten mangels Vorlage einer Reparaturkostenrechnung jeden Schadensersatz zu verweigern. Der Schädiger kann jedoch (auch ohne konkrete Kenntnis) eine günstigere Reparatur im Prozess behaupten und sich insoweit auf die (ihm ggfs. unbekannte) Reparaturrechnung gem. § 421 ZPO beziehen. 53

Im Prozess wird in der Regel unter Hinweis auf die inzwischen vollzogene Reparatur – neben den meist höheren Reparaturkosten – vom Geschädigten eine Entschädigung für entgangene Gebrauchsvorteile für die Ausfallzeit verlangt (insb. Nutzungsausfallentschädigung). Hierfür hat der Geschädigte die Durchführung der Reparatur nachzuweisen, was häufig und am Einfachsten durch Vorlage der Reparaturrechnung erfolgt. Da jedoch Nutzungsausfallentschädigung auch dann geschuldet wird, wenn die Reparatur vom Geschädigten selbst oder gratis von Bekannten durchgeführt wird, kann der Nachweis auch anderweitig, etwa durch eine gutachterliche Nachbesichtigung oder Lichtbilder geführt werden. Sofern der Geschädigte allerdings angefallene Umsatzsteuer geltend machen will, kann er dies nur durch Vorlage der Reparaturrechnung tun, aus der sich dann ggfs. ergibt, dass der Reparaturbetrag hinter der Schätzung des Sachverständigen zurückbleibt. 54

Selbst wenn es zur vorprozessualen Übermittlung der Reparaturkostenrechnung nicht kommt, sind die Möglichkeiten der KH-Versicherung bzw. des Schädigers nicht erschöpft, sich im Folgeprozess auf eine Überzahlung auf die Reparaturkosten zu berufen. Prozessuale Schwierigkeiten könnten sich allerdings daraus ergeben, dass Gegenstand dieses Prozesses lediglich die Nutzungsausfallentschädigung ist und dass man befürchtet, der Schädiger könne einen (prozessual unzulässigen) Ausforschungsbeweis in den Prozess hineintragen, wenn er erklärt, es müsse nunmehr der gesamte Schaden neu berechnet werden, aber gleichzeitig einräumen muss, dass ihm die Höhe der tatsächlichen Reparaturkosten nicht bekannt ist. Hierbei handelt es sich dabei allerdings um den Einwand, dass Reparaturkosten überzahlt seien und eine Aufrechnung des überzahlten Betrages gegen die noch zuzubilligende Nutzungsausfallentschädigung stattzufinden habe. Die Rechtsprechung geht davon aus, dass dann, wenn die an sich beweispflichtige Partei deutlich macht, dass der insoweit relevante Vorgang sich allein in der Wahrnehmungssphäre der Gegenpartei vollzogen hat und ihm – dem 55

---

109 *OLG München* VersR 1966, 1166 = VRS 31, 167; *OLG Hamburg* VersR 1971, 236; *OLG Oldenburg* VersR 1973, 379; NZV 1989, 148 (für den Fall, dass erhebliche Diskrepanzen zwischen Gutachten und Rechnung vorliegen); *OLG Stuttgart* VersR 1974, 374; *OLG Nürnberg* r+s 1989, 83; zfs 1989, 123; *OLG Köln* VersR 1988, 1165 = NZV 1988, 222 = zfs 1988, 171; *OLG Nürnberg* VersR 1990, 391; *AG München* NZV 2004, 591; *AG Trier* NZV 2002, 403; Staudinger/*Höpfner* § 249 BGB Rn. 240; *Köhnken* VersR 1979, 788; *Schiemann* DAR 1982, 309 (311 1. Sp.); *Hofmann* DAR 1983, 374 (376 1. Sp.); *Hofmann* S. 427 Rn. 27; *Köhler* FS für Larenz S. 349, 353; *Klimke* DAR 1985, 214; *Aul* MDR 1985, 991; *Seiwerth* DAR 1987, 374; – a.A. wohl *BGH* NJW 1989, 3009 = VersR 1989, 1056 = DAR 1989, 340; *LG Köln* VersR 2002, 334; *LG Potsdam* NZV 2002, 515; *AG Witzenhausen* PVR 2002, 262.

110 *OLG Schleswig* DAR 2017, 145.

111 *OLG Hamm* NZV 2017, 582.

112 Vgl. *BGH* NJW 1989, 3009 = VersR 1989, 1056 = DAR 1989, 340; anders *AG Trier* NZV 2002, 403.

Beweispflichtigen – die Kenntnis näherer Einzelheiten verschlossen ist, der Gegenpartei eine sekundäre Darlegungslast zufällt. Dann muss der Kläger des betreffenden Prozesses nach den Grundsätzen von Treu und Glauben die Reparaturkostenrechnung vorlegen und die Kosten des Rechtsstreits insoweit tragen, als er mit seinem Klagantrag wegen der Aufrechnung des Beklagten nicht durchdringt.

56 Die gegenteilige Betrachtungsweise würde zu dem mehr als unbefriedigenden Ergebnis führen, dass lediglich der Geschädigte auf der Basis der tatsächlichen Reparaturkosten abrechnen muss, der bislang noch nicht nach Schätzung liquidiert hat. Diese Betrachtungsweise würde darauf hinauslaufen, dass sämtliche Schäden zunächst einmal – in der Regel außergerichtlich – nach Schätzung liquidiert werden, um dem Geschädigten unter dem Eindruck der so relevant gewordenen Maximalvorstellungen eine gesicherte Position zu verschaffen, die sich im Prozess später nicht mehr angreifen lässt.

57 Sofern eine spätere Prüfung ergibt, dass die tatsächlichen Reparaturkosten hinter dem im Gutachten oder im Voranschlag geschätzten Betrag zurückbleiben, kann man zunächst einmal davon ausgehen, dass der erste Anschein zugunsten des Ersatzpflichtigen dafür spricht, dass der Schaden durch die inzwischen tatsächlich ausgeführte Instandsetzung ordnungsgemäß und endgültig beseitigt worden ist.[113] Die Beweislast für die gegenteilige Behauptung obliegt dem Geschädigten. Man wird in diesem Fall lediglich einzelne Schadenpositionen gegeneinander austauschen dürfen, wenn feststeht, dass dem Gläubiger eine bessere oder gründlichere Form der Schadenbeseitigung zugestanden hätte.[114] Dies gilt beispielsweise dann, wenn die an sich geschuldete Erneuerung eines Schadteils unterblieben ist und der Gläubiger sich mit Ausbeularbeiten zufriedengegeben hat bzw. wenn an sich eine Ganzlackierung notwendig gewesen wäre und der Geschädigte sich stattdessen mit einer Teillackierung begnügt hat. Diese Betrachtung kann indes dann keine Anwendung finden, wenn der Gläubiger anstelle der vom Sachverständigen vorgesehenen Neuteile in zumutbarerweise gebrauchte Ersatzteile bzw. Tauschteile hat einbauen lassen. In diesem Fall wird man sich an der Überlegung zu orientieren haben, dass auch die beschädigten Aggregate immerhin gebraucht – zuweilen sogar bereits angerostet – waren. Nach der neuesten Rechtsprechung ist auch eine Reparatur mit Gebrauchtteilen durchaus fachgerecht, sodass hierin allein kein überobligatorisches Opfer des Geschädigten zu sehen ist.[115]

58 Der Geschädigte braucht sich indes dann nicht auf die tatsächlich entstandenen Reparaturkosten verweisen zu lassen, wenn diese im Verhältnis zum Sachverständigengutachten oder Kostenvoranschlag lediglich deswegen hinter den geschätzten Werten zurückgeblieben sind, weil der Geschädigte besondere persönliche Bemühungen auf sich genommen hat, denen er sich auch mit Rücksicht auf § 254 Abs. 2 BGB nicht zu unterziehen brauchte.[116] Dies entspricht den Überlegungen zu dem Fall, dass der Gläubiger sich bewusst mit einem geringeren als dem ihm zustehenden Qualitätsstandard zufriedengibt.

59 Zusammenfassend lässt sich feststellen, dass nach gefestigter Auffassung eine Tätigkeit des Geschädigten den Ersatzpflichtigen dann nicht zu entlasten vermag, wenn diese aufgrund ihrer Form und ihres Inhalts (Umfangs) über die Schadenminderungspflicht des § 254 Abs. 2 Satz 1 BGB hinausgeht und sich für den Geschädigten als überobligationsmäßiges Verhalten darstellt.

60 Der Möglichkeit, später Korrekturen vorzunehmen, die dem Unterschied zwischen den vorab geschätzten und den tatsächlich angefallenen Reparaturkosten Rechnung tragen, sind indes aus Rechtsgründen gewisse Grenzen gesetzt. Auch insoweit gelten die das gesamte Schadensersatzrecht beherrschenden Grundsätze von Treu und Glauben (§ 242 BGB). Bestand zwischen den Parteien Einigkeit darüber, dass der Schaden abschließend ohne »konkrete« Nachweise allein auf der Grund-

---

113 Vgl. dazu *Klimke* DAR 1983, 214 – a.A. *LG Aachen* DAR 1983, 326.

114 Vgl. dazu *OLG Nürnberg* r+s 1989, 83.

115 *BGH* NJW 2011, 669 = VersR 2011, 282 = DAR 2011, 133, so auch *OLG München* NZV 2010, 400, s. Rdn. 8 ff.

116 Vgl. dazu, soweit es sich um den Grundgedanken handelt *BGH* VersR 1969, 469; NJW 1971, 836 = VersR 1971, 544; Grüneberg/*Grüneberg* Vor § 249 Rn. 70 – soweit es sich um überpflichtmäßiges *Verhalten* handelt.

lage eines Kostenvoranschlags oder eines technischen Gutachtens abgerechnet werden soll, dann sind beide Parteien an diese einvernehmlich vorgenommene Abrechnung gebunden.[117] Da bei rechtlich wertender Betrachtung insoweit ein Vergleich im Sinne von § 779 BGB vorliegt, kann keine der Parteien später einwenden, dass die tatsächlichen Reparaturkosten höher ausgefallen oder hinter dem zunächst vorveranschlagten Betrage zurückgeblieben sind. Dies dürfte jedoch die Ausnahme sein.

Eine spätere Korrektur wird auch dann gem. § 242 BGB nicht in Betracht kommen, wenn die Par- 61
teien sich zwar über die Form der Abrechnung auf Schätzungsbasis nicht expressis verbis verständigt haben, wenn aber nach anstandsloser Zahlung der Ersatzleistung – und sei es auch im Wege der »schlichten Abrechnung« – so viel Zeit verstrichen ist,[118] dass der Ersatzpflichtige nach der allgemeinen Lebenserfahrung vernünftigerweise annehmen durfte, die Angelegenheit werde durch die von ihm bewirkte Leistung endgültig erledigt sein.[119]

### 7. Kombination

Bemerkenswert in diesem Zusammenhang ist das von der Rechtsprechung anerkannte Verbot einer 62
Kombination von konkreter und fiktiver Schadenberechnung. Der Geschädigte kann den Schaden nur insgesamt entweder fiktiv oder konkret abrechnen. Ein Wechsel zwischen diesen Berechnungsarten für unterschiedliche Schadenspositionen, um sich jeweils die günstigste Variante »herauszupicken« (»Rosinentheorie«), ist nicht zulässig. So kann der Geschädigte nicht den Fahrzeugschaden fiktiv geltend machen und dann bei Nebenpositionen im Rahmen der konkreten Schadenbeseitigung entstandene Schadenvertiefungen geltend machen. Dies gilt für tatsächliche Verzögerungen im Rahmen des Fahrzeugausfallschadens[120] ebenso wie für besonders angefallene Kostenpositionen aufgrund der konkret vorgenommenen Schadenbeseitigung einschließlich der dort angefallenen Umsatzsteuer.[121] Der Geschädigte hatte zunächst die Reparaturkosten fiktiv auf Basis eines Sachverständigengutachtens geltend gemacht und nachträglich im Gutachten nicht aufgeführte Nachtragsreparaturkosten ersetzt verlangt. Diese verweigerte ihm jedoch das *OLG* zu Recht mit der Begründung, dass die geltend gemachten Nachtragsreparaturen auf eine nicht gerechtfertigte, dem Zweck des § 249 Abs. 2 S. 1 BGB nicht mehr entsprechende Besserstellung des Geschädigten hinausliefe. Dieser müsse sich daher entscheiden, ob er auch nach durchgeführter Reparatur am Sachverständigengutachten als Grundlage der Schadensberechnung festhalten oder nach Maßgabe der tatsächlichen Reparaturkosten abrechnen will. Auch hinsichtlich des Anfalls von Umsatzsteuer gilt, dass der Geschädigte sich an der gewählten fiktiven Schadensabrechnung jedenfalls dann festhalten lassen muss, wenn die konkreten Kosten einer tatsächlich erfolgten Schadensbeseitigung unter Einbeziehung der Nebenkosten den ihm aufgrund der fiktiven Schadensberechnung zustehenden Betrag nicht übersteigen; eine Kombination von fiktiver und konkreter Schadensabrechnung ist insoweit unzulässig.[122] Übersteigen die konkreten Kosten der tatsächlich getätigten Schadensbeseitigung einschließlich der Nebenkosten wie tatsächlich angefallener Umsatzsteuer den aufgrund der fiktiven Schadensabrechnung zustehenden Betrag, bliebe es dem Geschädigten – im Rahmen der rechtlichen Voraussetzungen für eine solche Schadensabrechnung und der Verjährung – unbenommen, zu einer konkreten Berechnung auf der Grundlage der tatsächlich vorgenommenen Ersatzbeschaffung überzugehen. Ebenso ist es im Gegenzug unzulässig, im Rahmen eines konkret abgerechneten Reparaturschadens nicht durchgeführte

---

117 Vgl. dazu *AG Schwelm* VersR 1984, 593 (L 4).

118 Vgl. dazu *OLG Hamburg* VersR 1980, 842 (Löschkosten).

119 Vgl. dazu *AG Berlin-Charlottenburg* zfs 1985, 39 (sogar – ohne Rücksicht auf die seitdem verstrichene Zeit *generell* für den Fall, dass der Geschädigte nach Schätzung abrechnet: zu weitgehend und daher bedenklich!).

120 *BGH* NJW 2003, 3480 = VersR 2004, 1575 = DAR 2003, 554; OLGR Hamburg 2005, 131; *OLG Nürnberg* NZV 2019, 536.

121 *BGH* NJW 2006, 2320; 2017, 1664; DAR 2022, 102; *OLG Köln* OLGR 2001, 287 = DAR 2001, 405.

122 *BGH* VersR 2017, 115; VersR 2018, 1530; *OLG München* DAR 2021, 90.

und abgerechnete Positionen mit der Erwägung zusätzlich geltend zu machen, diese seien im zuvor eingeholten Gutachten als erforderlich berücksichtigt worden.[123]

### III. Eigenreparatur

63 Es kommt nicht selten vor, dass der Gläubiger den Schaden an seinem Wagen selbst – ggf. unter Mitwirkung von Freunden und Bekannten – beseitigt. Er ist rechtlich nicht verpflichtet, dafür eine Reparaturwerkstatt in Anspruch zu nehmen, um dem Ersatzpflichtigen auf diese Weise einen konkreten Aufwand nachweisen zu können. Der Wertersatzanspruch im Sinne von § 249 Abs. 2 S. 1 BGB n.F. steht dem Gläubiger auch dann zu, wenn er die Schadenbeseitigung unterlässt.

64 Auch die in diesem Punkt nicht ganz konsequente Rechtsprechung – bis hin zum *BGH* – hat bewirkt, dass im Fall der Eigenreparatur eine ansonsten von der Rechtsordnung an sich nicht vorgesehene Subjektivierung des Schadenbegriffs eintritt, wobei es seltsamerweise darauf ankommt, in welcher Eigenschaft der Geschädigte den Schaden beseitigt.

#### 1. Privatmann

65 Recht einheitlich ist die Rechtsprechung, sofern es sich um einen Privatmann in seiner Eigenschaft als geschädigter »Freizeitbastler« handelt. Unter dieser Prämisse darf der Geschädigte den Betrag als Schadensersatz verlangen, den er üblicherweise an eine fremde Reparaturwerkstatt hätte zahlen müssen.[124] Dies gilt auch für einen Kaskoschaden.[125] Allerdings trägt der Geschädigte dann aber auch das Risiko, dass die Selbstreparatur sich als unzulänglich erweist.

66 Bei eigener Reparatur darf der Geschädigte demnach auf Gutachterbasis abrechnen. Diese Auffassung steht in Übereinstimmung mit der Rechtsprechung des *BGH*, der sich zunächst um eine Objektivierung[126] bemüht hat. Sie führt zu dem Ergebnis, dass bereits in dem durch das zum Ersatz verpflichtende Ereignis ausgelösten Bedarf ein Vermögensschaden erblickt wird,[127] für dessen rechtliches Schicksal es unerheblich ist, ob der Geschädigte ihn beseitigt oder nicht.[128]

67 Nach dem mit Wirkung zum 01.08.2002 neu eingeführten § 249 Abs. 2 S. 2 BGB n.F. kann der Geschädigte nur die tatsächlich angefallene Mehrwertsteuer verlangen. Daraus ergibt sich, dass die Erstattung der Mehrwertsteuer auch bei Rechnungen für Teilreparaturen und Rechnungen über gekaufte Ersatzteile erfolgt. Bis zur Höhe der Mehrwertsteuer gemäß Schadensgutachten bekommt der Privatmann diese daher erstattet, sofern er den Anfall der Umsatzsteuer durch entsprechende Belege nachweist.[129]

68 Zu durchaus unterschiedlichen Ergebnissen gelangt man bei Schadensfällen ab dem 01.08.2002, wenn der Geschädigte beispielsweise in Eigenregie repariert und fiktiv auf Totalschadenbasis abrechnen will. Diese Möglichkeit ist dem Geschädigten bei Vorliegen eines wirtschaftlichen Totalschadens

123 *BGH* DAR 2024, 144 (dort: Reinigungs- bzw. Desinfektionskosten).

124 Vgl. dazu BGHZ 54, 82, 84 = NJW 1970, 1454 = VersR 1970, 832; *BGH* NJW 1989, 3009; *Steffen* NJW 1995, 2059; Geigel/*Katzenstein* Kap. 3 Rn. 18.

125 Vgl. dazu *OLG Celle* zfs 1983, 21; *AG Köln* zfs 1984, 216.

126 Vgl. dazu beispielsw. folgende Entscheidungen *BGH* NJW 1956, 1234 = VersR 1956, 491 (Seereise-Fall); NJW 1958, 627 = VersR 1958, 176 (Stärkungsmittel); NJW 1963, 2020 = MDR 1963, 991 (Clubhaus); BGHZ 40, 345 = NJW 1964, 542 = VersR 1964, 225; NJW 1964, 717 = VersR 1964, 380 (Gebrauchsvorteile); NJW 1966, 589 = VersR 1966, 192 = DAR 1966, 78; BGHZ 45, 212 = NJW 1966, 1260 = VersR 1966, 497; NJW 1963, 2020 (Villengrundstück); NJW 1966, 1454 (Kraftfahrzeug); VersR 1967, 176 = DB 1967, 157 (Haushaltshilfe); NJW 1968, 491.

127 Vgl. dazu *BGH* NJW 1968, 1778 = VersR 1968, 803 = DAR 1968, 212; BGHZ 55, 146 = NJW 1971, 796 = VersR 1971, 444 (Behinderung in der Ausübung des Jagdrechts); *Zeuner* AcP 163, 380, 397.

128 Vgl. dazu *BGH* NJW 1997, 520; *KG* DAR 1980, 186 = VRS 57, 321; *LG München I* VersR 1973, 532; VersR 1981, 183 = zfs 1981, 120 (Letztere zu Taxi-Unternehmern).

129 *LG Frankfurt/Oder* DAR 2004, 453.

unbenommen. Aufgrund der neuen Rechtslage und der damit einhergehenden Unsicherheit der Rechtsanwendung ist jedoch weitestgehend unklar, in welcher Höhe sich der Geschädigte dann die nicht angefallene Mehrwertsteuer – ein Ersatzfahrzeug hat er ja nicht beschafft – anrechnen lassen muss. Die h.M. in Rechtsprechung und Literatur[130] vertritt die Auffassung, dass ein Abzug in Höhe von 19 % Mehrwertsteuer nicht in Betracht komme, weil bei dem Kauf von einem Kfz-Händler nicht der volle Verkaufspreis, sondern lediglich die sogenannte Händlerspanne der Mehrwertsteuer unterliegt. Aufgrund der sogenannten Differenzbesteuerung nach § 25a UStG hat der Händler nur die auf den Gewinn (Differenz Einkaufs-Verkaufspreis) entfallene Umsatzsteuer zu entrichten. Durchschnittlich ergibt sich daraus nach DAT – und Schwacke-Listen ein Umsatzsteueranteil von ca. 2 bis 2,5 % des Wiederbeschaffungswertes. Auch wenn ein Abstellen auf diese (fiktiven) Durchschnittswerte dogmatisch zweifelhaft erscheint,[131] ist diese Vorgehensweise mittlerweile allgemein anerkannt.

Nach der Rechtsprechung steht dem Unfallgeschädigten der Integritätszuschlag in Höhe von maximal 130 % des Wiederbeschaffungswertes auch dann zu, wenn er sein Fahrzeug in Eigenregie mit geringerem Geldaufwand wiederherstellt, als er bei einer Reparatur in einer Fachwerkstatt in Rechnung gestellt worden wäre.[132] Dies gilt allerdings nur, wenn der Geschädigte durch Vornahme der vollständigen Reparatur das Integritätsinteresse an dem Erhalt seines Fahrzeuges auch nachgewiesen hat, wobei eine nur provisorische oder nur laienhafte Instandsetzung (Billigreparatur) nicht ausreicht. Das Gleiche gilt, wenn er das Fahrzeug alsbald veräußert.[133] 69

## 2. Verkehrsbetrieb

Andere Grundsätze sollen jedoch nach den Vorstellungen des *BGH*[134] dann gelten, wenn Verhältnisse vorliegen, unter denen es verkehrsüblich und zumutbar ist, dass das geschädigte Unternehmen die Herstellungsarbeiten selbst – also in betriebseigener Werkstatt, zumindest jedoch unter Einsatz eigener Mitarbeiter – durchführt. Dies soll nach der Auffassung des *BGH* vornehmlich für einen Verkehrsbetrieb[135] gelten, dessen von ihm unterhaltene Werkstätten ausschließlich zur Instandset- 70

---

130 *LG Rottweil* DAR 2003, 422; *LG Osnabrück* DAR 2003, 321; *AG Brandenburg* DAR 2003, 423; *AG Kaiserslautern* DAR 2003, 423 f.; *Riedmeyer* DAR 2003, 159.

131 Siehe insoweit die 79. AL der Loseblattsammlung Rn. 740.

132 *BGH* VersR 1992, 710 = DAR 1992, 259 = NZV 1992, 273; *OLG Karlsruhe* DAR 1999, 313 = SP 1999, 271.

133 *OLG Hamm* OLGR 1999, 288; *OLG Hamm* OLGR 1998, 41; *OLG Düsseldorf* NZV 1996, 279; *OLG Hamm* r+s 1996, 101; *OLG Düsseldorf* r+s 1995, 416 = NZV 1995, 232; *OLG Hamm* NZV 1993, 432 = r+s 1993, 379; *von Gerlach* DAR 1994, 217.

134 Vgl. dazu insbes. BGHZ 54, 82, 84 = NJW 1970, 1454 = VersR 1970, 832; BGHZ 61, 56 = NJW 1973, 1647 = VersR 1973, 964; BGHZ 61, 346, 349 = NJW 1974, 34 = VersR 1974, 90; – ähnlich *BGH* NJW 1961, 729 = VersR 1961, 358 = MDR 1961, 403 (bei Eigenreparatur kann der Geschädigte neben dem Lohn- und Materialaufwand auch anteilige Gemeinkosten geltend machen); *OLG München* VersR 1966, 668 (Inhaber eines *voll ausgelasteten Kfz-Reparaturbetriebes* kann neben den reinen Selbstkosten auch Unternehmergewinn verlangen); *OLG Nürnberg* VersR 1970, 1164 (bei Reparatur in eigener Werkstatt kann der Geschädigte die reinen Selbstkosten verlangen, den Unternehmergewinn jedoch nur dann, wenn ihm durch die Eigenreparatur mit irreparablem Ergebnis ein gewinnbringender Fremdauftrag entgangen ist, den er sonst ausgeführt hätte); *OLG Celle* VersR 1978, 157 (258 1. Sp.); *KG* VersR 1979, 133 = r+s 1979, 107 (Beschränkung eines Tiefbau-Unternehmers der Kabelschäden in eigener Regie beseitigt hat, auf *Selbstkosten zuzüglich Gemeinkostenzuschlag*); *OLG Hamm* VersR 1991, 349; *OLG Düsseldorf* NZV 2022, 39; *AG Osnabrück* VersR 1977, 779 (Unternehmer muss Reparaturschaden am eigenen Pkw zu *Selbstkosten* abrechnen; zum Ausgleich des Unternehmergewinns ist ein Abzug von 25 % gerechtfertigt); – ähnlich auch Krumme/*Steffen* § 11 StVG Rn. 17; *Steffen* NJW 1995, 2059; Geigel/*Katzenstein* Kap. 3 Rn. 18.

135 Zur Ermittlung erstattungsfähiger Aufwendung, die dem geschädigten Unternehmen (hier: Deutsche Bahn AG) dadurch entstanden sind, dass die bei Kollision mit einem Kraftfahrzeug beschädigten Schienenfahrzeuge durch eigenes Personal unter Einsatz eigener Schlepperfahrzeuge in eigene Reparatur-

zung eigener Fahrzeuge bestimmt sind, der also keine entgeltlichen Fremdreparaturen durchführt und daraus Gewinne erzielt.

71 Damit ergibt sich nach der Auffassung des *BGH* der zur Herstellung erforderliche Betrag im Einzelfall aus den Aufwendungen, »die ein verständiger und wirtschaftlich denkender Eigentümer in der besonderen Lage des Geschädigten für eine zumutbare Instandsetzung zu machen hätte«.[136] Dabei müsste berücksichtigt werden, dass es Verhältnisse gibt, bei denen es verkehrsüblich und zumutbar sei, dass das geschädigte Unternehmen die notwendigen Herstellungsarbeiten zu Selbstkosten unter Einschluss von Gemeinkostenzuschlägen in eigener Regie ausführt. Unter Gemeinkosten versteht man die Aufwendungen, die ein Fremdbetrieb bei der Durchführung der Reparatur kalkulieren und dem Geschädigten in Rechnung stellen würde, nämlich Generalaufwand für Einrichtung des Betriebes, Abschreibungen, Verzinsung des Betriebskapitals, allgemeine Geschäftsunkosten sowie Verwaltungsaufwand.[137]

72 Diese Entscheidung stellt einen Bruch in der bisherigen Rechtsprechung dar. Man steht plötzlich vor dem nicht ohne Weiteres erklärbaren Phänomen, dass zwar dem »Freizeitbastler« ohne Rücksicht auf das weitere Schicksal der beschädigten Sache der objektivierte Verkehrswert der Leistung ersetzt werden soll,[138] dass dies nach unserer Rechtsordnung an sich selbstverständliche Ergebnis aber ausgerechnet denjenigen Anspruchstellern versagt werden soll, die üblicherweise ihre Reparaturen in eigener Regie ausführen und eigens zu diesem Zwecke moderne Werkstatteinrichtungen und geschultes Personal vorhalten.

73 Dieser Standpunkt des *BGH* ist deutlich von der Vorstellung geprägt, dass Betriebe der von ihm angesprochenen Art im Normalfall der gewerblichen Betätigung auf anderen Gebieten bei der Wartung ihrer eigenen Fahrzeuge keine Gewinne zu erzielen pflegen. Gleiches gilt für deren Reparatur nach selbstverschuldeten Unfällen oder schicksalhaften Defekten. Daraus folgert der *BGH*, dass dieses konsequenterweise auch dann der Fall sein müsse, wenn es sich um die Beseitigung der Schäden aus Anlass eines fremd verursachten Unfalls handelt. Soweit ein Betrieb Fahrzeuginstandhaltungen und -instandsetzungen ohne Gewinnabsicht zum Selbstkostenpreis durchführt, entspricht es der Wirtschaftlichkeit und somit der Erforderlichkeit, dies auch bei fremdverschuldeten Unfällen zu tun. Hierin liegt keine unbotmäßige Bevorzugung des Schädigers, sondern vielmehr die schadenersatzrechtlich gebotene Beschränkung des Ersatzanspruchs auf den zur vollständigen Schadenbeseitigung tatsächlich erforderlichen und getätigten Aufwand.

### 3. Gewerblicher Reparaturbetrieb

74 Die dargestellten Grundsätze[139] gelten nach den Vorstellungen des *BGH*[140] nicht ohne weiteres für gewerbliche Reparaturbetriebe, die im Allgemeinen Gewinne daraus ziehen, dass sie Instandsetzungs-

werkstatt überführt wurden, um die Schadensbeseitigung hier durchzuführen, vgl. *BGH* NJW 1983, 2815; *OLG München* VersR 1987, 361.

136 Vgl. dazu RGZ 99, 172, 182; *BGH* NJW 1951, 797 f.; 1964, 717; BGHZ 54, 82, 85 = NJW 1970, 1454 = VersR 1970, 832; BGHZ 61, 346 = NJW 1974, 34 = VersR 1974, 90; BGHZ 63, 182, 188 = NJW 1975, 160 = VersR 1975, 184; NJW 1975, 255 = VersR 1975, 261 f.; VersR 1976, 389 f.

137 *OLG Zweibrücken* VersR 2002, 1566 = DAR 2002, 359 m.w.H.

138 Vgl. dazu die Kritik von *Leonhard* VersR 1983, 415; – ferner die Empfehlung des Arbeitskreises V des 20. VGT 1982, 229 und die Kritik von *Klimke* dazu zfs 1982, 595.

139 Vgl. Rdn. 70 ff.

140 Vgl. dazu BGHZ 54, 82, 85 = NJW 1970, 1454 = VersR 1970, 832; vgl. jedoch BGHZ 61, 56 = NJW 1961, 729 = VersR 1961, 358 (Gemeinkosten bei Eigenreparatur eines Kfz); BGHZ 76, 216 = NJW 1980, 1518 = VersR 1980, 675 (maßgeblich ist der »Verkehrswert« der eingesetzten Arbeitskräfte ohne Rücksicht darauf, ob und inwieweit ein Mehraufwand an Lohn oder ein Entgang anderweitigen Verdienstes tatsächlich eingetreten sind); ebenso *OLG Celle* r+s 1987, 283 (Taxiunternehmer darf nur die Selbstkosten der eigenen Werkstatt berechnen); *Weber* DAR 1981, 61; a.A. *LG Bochum* VersR 1987, 78 (L) = DAR 1986, 295 = zfs 1986, 197 (gegen: BGHZ 54, 83, 87).

arbeiten für Fremde durchführen. Entsprechend hat der *BGH*[141] einem Reeder, der sich gewerbsmäßig auch mit der Reparatur von Schiffen befasst, über die reinen Selbstkosten hinaus einen Unternehmergewinn zugesprochen. Dies gilt jedenfalls, wenn keine Anhaltspunkte dafür bestehen, dass der Geschädigte infolge einer besonderen Beschäftigungslage in der fraglichen Zeit nicht in der Lage gewesen wäre, die Instandsetzungskapazität seines Betriebes anderweitig und bestimmungsgemäß gewinnbringend einzusetzen. Der Verzicht hierauf im Interesse des Schädigers wäre ebenfalls nicht zumutbar.[142] Dem Schädiger obliegt dabei die Beweislast hinsichtlich des Umstandes, dass die Instandsetzungskapazität der Reparaturwerkstatt des Geschädigten zum Zeitpunkt der Reparatur nicht ausgelastet gewesen war, sodass sie zumutbarerweise die Reparatur hätte selbst nicht durchführen lassen können. Allerdings trägt der geschädigte Betrieb eine sekundäre Darlegungslast zu den eigenen Reparaturkapazitäten und seiner Auslastung, hierzu hat er dezidiert vorzutragen.[143] Diese Grundsätze gelten allerdings nicht, wenn die Reparatur nicht durch die Eigentümerin selbst erfolgt, sondern vielmehr durch eine zwar geschäftlich verbundene, aber gleichwohl andere juristische Person erfolgt.[144]

In der vom *BGH* aufgezeigten Richtung gelangt man zwangsläufig zu dem ebenso verblüffenden 75
wie rechtsdogmatisch bedenklichen Ergebnis, dass das orts- und marktübliche Entgelt ohne Rücksicht auf die Form der Schadenbeseitigung und unter Verzicht auf weitere Nachweise ausschließlich dem »Freizeitbastler« zusteht, der die Reparatur selbst ausführt, oder dem Privatmann, der die Instandsetzung unterlässt. Alle Betriebe, die für die Ausführung von Reparaturarbeiten demgegenüber qualifiziert sind und dafür besondere Einrichtungen und geschultes Personal vorhalten, sollen sich jedoch – ggf. aufgestockt über § 252 BGB durch einen Zuschlag in Höhe des entgangenen Gewinns[145] mit den reinen Selbstkosten[146] begnügen.[147]

Als überholt ist jedoch die Auffassung anzusehen, der Geschädigte, der die an seinem Kfz entstande- 76
nen Unfallschäden in eigener Reparaturwerkstatt beseitigt, könne lediglich die reinen Selbstkosten verlangen, zu denen regelmäßig neben den angefallenen Material- und Lohnkosten auch anteilige Gemeinkosten gehören. Vielmehr darf der Geschädigte bei gewerblichem Reparaturbetrieb den üblichen Unternehmergewinn mitberechnen, sofern nicht die fehlende Auslastung seines Betriebs festgestellt werden kann.[148] Bei einer fehlenden Auslastung hingegen kann der Schädiger den geschädigten Betrieb auf die dortige Reparaturmöglichkeit verweisen, wenn dieser (z.B. nach Weiterveräußerung im unrepariertem Zustand) die Kosten einer Fremdreparatur fiktiv geltend macht.[149]

141 Vgl. dazu *BGH* VersR 1978, 243 = VRS 55, 30.

142 *BGH* VersR 1970, 832 = NJW 1970, 1454; *OLG Düsseldorf* VersR 1996, 71.

143 *BGH* VersR 2014, 256 = NJW 2014, 1376 = DAR 2014, 193; VersR 2023, 1041; *OLG Saarbrücken* r+s 2013, 520; *OLG Düsseldorf* NZV 2022, 39; *LG Hannover*, SP 2012, 364; *LG Mosbach* r+s 2023, 279; *AG Kassel* NZV 2014, 182.

144 *AG Bonn* NZV 2019, 313.

145 Vgl. dazu *LG Saarbrücken* zfs 1983, 267 (mit unzutreffenden Überlegungen zur Frage des Nachweises und mit Widersprüchen bezüglich des Problems der Nachholbarkeit); *AG Fürth* zfs 1983, 4.

146 A.A. *AG Karlsruhe* zfs 1983, 262 (sogar unter Einschluss der Mehrwertsteuer!).

147 Vgl. dazu BGHZ 54, 82, 84 = NJW 1970, 1454 (m.Anm. v. *Weber* LM Nr. 8 zu § 249 BGB) = VersR 1970, 832 (m.abl.Anm. v. *Klimke* VersR 1970, 902) = DAR 1970, 241 = MDR 1970, 751; *OLG München* VersR 1966, 668; *OLG Bremen* VersR 1967, 1161 (bestätigt durch: BGHZ 54, 82 = NJW 1970, 1454 = VersR 1970, 832); *OLG Nürnberg* VersR 1970, 1164; *LG Osnabrück* VersR 1977, 779; *AG Verden/Aller* r+s 1985, 249; a.A. jedoch *KG* DAR 1980, 186 = VRS 57, 321 (für Taxiunternehmer); *LG München I* VersR 1973, 532; 1981, 183 = zfs 1981, 120 (121); Empfehlung des Arbeitskreises V des 20. VGT VersR 1982, 229 m. krit. Anm. v. *Klimke* zfs 1982, 595 (allgemein reduzierter Lohnstundensatz).

148 *OLG Düsseldorf* NJW-RR 1994, 137; *AG Marl* NZV 2010, 525 (sonst wäre anderer Auftrag erledigt worden); a.A. *OLG Nürnberg* VersR 1970, 1164.

149 *BGH* VersR 2023, 1041.

### 4. Sonstiger Gewerbetreibender

77 An sich können bei konsequenter Anwendung der hier dargelegten Grundsätze auch für sonstige Gewerbetreibende keine abweichenden Maßstäbe gelten. Eine Besonderheit, die sehr häufig verkannt wird, ist in diesem Zusammenhang indes zu berücksichtigen. Es kommt nach den Erfahrungen der Praxis nicht selten vor, dass ein Unternehmer – beispielsweise Taxiunternehmer –, der sich ansonsten mit anderen Tätigkeiten als Reparaturarbeiten befasst, sein aus Anlass eines fremd verursachten Unfalls beschädigtes Kfz selbst repariert.

78 Wenn beispielsweise ein Taxiunternehmer zusammen mit seinem angestellten Kraftfahrer in der Zeit, in der er sonst seiner Erwerbstätigkeit hätte nachgehen müssen, sein eigenes unfallbeschädigtes Kfz repariert, dann wäre es sicherlich nicht gerechtfertigt, ihm neben dem (ungekürzten) Anspruch aus § 249 Abs. 2 S. 2 BGB auch den vollen Verdienstausfall zuzubilligen. Bei der gegebenen Sachlage steht fest, dass der Taxiunternehmer – unter Hinzuziehung seines von ihm weiter entlohnten Fahrers – im relevanten Zeitpunkt gewinnbringend andere Arbeiten ausgeführt hat. Dieser Fall ist ebenso zu beurteilen, wie wenn der Gläubiger die durch den zeitweiligen Ausfall seines Kfz freigewordene Zeit dazu benutzt hätte, um – ggf. in Erfüllung der ihm nach § 254 BGB obliegenden Schadensminderungspflicht – in zumutbarer Weise einer anderweitigen gewinnbringenden Tätigkeit, beispielsweise in seinem erlernten Beruf als Kfz-Schlosser, nachzugehen. Falls er gleichzeitig und nebeneinander die Ansprüche aus § 249 Abs. 2 S. 1 und § 252 BGB realisiert, würde er bezüglich der auf die Reparaturausführung entfallenden Arbeitsstunden eine doppelte Entschädigung erhalten.

79 Soweit es sich um die Höhe des Schadens handelt, bedeutet diese Erkenntnis, dass der Taxiunternehmer jedenfalls hinsichtlich der im Gutachten eines Sachverständigen geschätzten Lohnstunden für die Schadenbeseitigung keine Entschädigung aus entgangenem Gewinn erhält. Dies gilt in gleicher Weise auch für die Tätigkeit des von ihm zu Hilfsdiensten herangezogenen – vorübergehend »arbeitslos« gewordenen – Taxifahrers.

## IV. Überholende Kausalität

80 An sich kommt das Rechtsinstitut der überholenden Kausalität für Sachschäden nicht in Betracht. Bei Ersatzansprüchen für die Zerstörung einer Sache ist das hypothetische (weitere) Schicksal des zerstörten Gegenstands grundsätzlich unbeachtlich. Eine bereits vor Eintritt des zum Ersatz verpflichtenden Ereignisses vorhanden gewesene Schadenbereitschaft kann ebenso wie eine Schadenanlage – anders als beim Personenschaden – bei der Ermittlung des Sachschadens nur berücksichtigt werden, wenn durch sie der Wert der Sache bereits im Zeitpunkt der Zerstörung – also bei Eintritt des zum Ersatz verpflichtenden Ereignisses – gemindert war.[150] Insoweit handelt es sich also um ein Problem, das sich auf die Berechnung der Höhe des Schadens auswirkt. Dabei ist beispielsweise an den Fall zu denken, dass durch Fremdverschulden an einem Gebäude Totalschaden entstanden ist, das in absehbarer Zeit aus stadtplanerischen Gründen ohnehin hätte abgerissen werden müssen.

81 Diese zunächst etwas abstrakt erscheinende Problemstellung soll dem Praktiker anhand eines Beispiels erläutert werden: A und B kollidieren mit ihren Fahrzeugen im Kreuzungsbereich. Da über die Haftungsfrage zunächst keine Einigung erzielt werden kann, beschließt A, auf die an sich technisch mögliche und rechtlich zulässige Beseitigung des Schadens, die in der Einbeulung eines Kotflügels besteht, erst einmal zu verzichten. Einige Monate später entsteht an dem Fahrzeug dadurch Totalschaden, dass A mit dem noch immer unreparierten Kfz unter Alkoholeinfluss gegen einen Baum fährt und der Wagen dadurch vollständig verbrennt.

82 Nachdem im Zuge weiterer Ermittlungen die alleinige Ersatzpflicht von B feststeht, wendet dieser ein, er habe nach den Grundsätzen der »überholenden Kausalität« den Schaden schon deswegen nicht zu ersetzen, weil er A nicht mit unfallbedingten Aufwendungen belastet hat und weil der beschä-

150 Vgl. dazu *BGH* VersR 1960, 115.

digte Kotflügel, auch falls er heil geblieben wäre, durch das zweite Schadenereignis in gleicher Weise vernichtet worden wäre. Diese Auffassung hält jedoch einer kritischen Betrachtung nicht stand.

Der durch das erste Schadenereignis entstandene Ersatzanspruch kann durch den weiteren Gang der Dinge nicht mehr beeinträchtigt werden. Der objektivierte Verkehrswert der Leistung steht A demgemäß als Schadensersatz zu, und zwar unabhängig davon, welche Verfügungen – sei es im rechtlichen, sei es im tatsächlichen Bereich – er später über den beschädigten Gegenstand getroffen oder auch unterlassen hat.[151] 83

Noch deutlicher und überzeugender wird das Ergebnis, wenn man sich einmal, losgelöst vom konkreten Fall, vorstellt, dass der zum Totalschaden führende zweite Unfall nicht auf dem eigenen Verschulden von A beruht hätte, sondern durch einen Dritten verantwortlich herbeigeführt worden wäre. Der Schädiger hätte in jenem Fall bei unterstellter Kenntnis des Sachzusammenhanges mit Erfolg einwenden können, er schulde nur Ersatz des von ihm selbst verursachten Schadens, also den Wiederbeschaffungswert des Fahrzeugs unter Berücksichtigung des bereits vorhandenen Vorschadens. Ähnliche Überlegungen gelten auch für den Fall, dass für den zweiten Schaden ein Kaskoversicherer hätte eintreten müssen.[152] 84

## C. Minderwert

### I. Einführung

Etwa seit Beginn der fünfziger Jahre wendet die Regulierungspraxis den bis dahin für den Bereich des Kfz-Schadens nahezu unbekannten Begriff des merkantilen oder technischen Minderwertes – auch »Wertminderung« genannt – in zunehmendem Maße an.[153] Diese Schadenposition hat sich inzwischen durchgesetzt und ist keineswegs in ihrem Anwendungsbereich auf Kraftfahrzeuge beschränkt. 85

Die höchstrichterliche Rechtsprechung hat bereits in früheren Zeiten den Minderwert als erstattungsfähigen Schaden anerkannt. Er wurde beispielsweise bei Häusern nach Schwammbeseitigung zugesprochen, sofern einschlägige Objekte im Rechtsverkehr mit Rücksicht auf das Misstrauen potenzieller Käuferschichten geringer bewertet wurden. Dies galt insbesondere für den Fall, dass ein Wiederaufbrechen des Befalls befürchtet werden musste.[154] Nach der Auffassung des *OLG Bremen*[155] handelt es sich beim merkantilen Minderwert um einen Sachmangel im Sinne von § 459 BGB a.F. Als Sachmangel in diesem Sinne kommt auch der merkantile Minderwert eines Gebäudes in Betracht, sofern er die Verkehrschancen bzw. den Veräußerungserlös kürzt.[156] 86

Der Minderwert von Kraftfahrzeugen beruht auf der nach der Verkehrsanschauung begründeten Erfahrung, dass »Unfallwagen« im Fall ihres späteren Verkaufs oder ihrer anderweitigen Bewertung bzw. Verwertung geringer eingeschätzt werden als ansonsten gleichwertige Fahrzeuge ohne Vorschä- 87

---

151 Vgl. dazu *BGH* NJW 1961, 729 = VersR 1961, 83 = DAR 1961, 141; VersR 1970, 832; *OLG München* VersR 1966, 836; NJW 1967, 398 = VersR 1967, 483; *Groh* BB 1962, 620; *Klimke* VersR 1968, 537; – in etwas anderem Zusammenhang: VersR 1969, 981; zfs 1972, 187.

152 Vgl. dazu ausführl. *Klimke* zfs 1974, 132; VersR 1974, 1063, 1065.

153 Vgl. dazu insbes. *Geigel* NJW 1954, 601 ff.; *Rasehorn* NJW 1957, 1058; *Esser* MDR 1958, 726 ff.; *Dunz* NJW 1958, 1613 ff.; *Weimar* DAR 1961, 270 ff.; *Ruhkopf/Sahm* VersR 1962, 593 ff.; *Fabricius* JuS 1962, 224 ff.; *Haberkorn* VersR 1962, 208 ff.; *Bindhardt* VersR 1965, 18 (für Gebäudeschäden); *Nölke/Nölke* DAR 1972, 321; *Mahlberg* VersR 1974, 942 ff.; *Jordan* 13. VGT 75, 201, 209 ff.; *Darkow* VersR 1975, 207 ff.; DAR 1977, 62 ff.; *Schlund* BB 1976, 908 ff.; Geigel/*Katzenstein* Kap. 3 Rn. 102 ff.; *Sanden/Völtz* Rn. 193 ff.

154 Vgl. RGZ 85, 252; *RG* JW 1904, 140 (Minderwert eines restaurierten Bildes); RGZ 148, 154, 163 (Minderung des »Fassonwertes« eines Gewerbebetriebes durch Falschmeldungen der Presse); *RG* JW 1909, 275 (Wertminderung eines Wirtschaftsgartens durch Verschneiden von Kastanienbäumen und Sträuchern); *BGH* BB 1968, 1355; *OLG Celle* OLGR 1994, 234 (Wertminderung eines Hundes).

155 Vgl. dazu *OLG Bremen* MDR 1968, 1007.

156 Vgl. dazu *BGH* NJW 1971, 615 = MDR 1971, 385.

den.[157] Ob die daraus abgeleitete Besorgnis objektiv gerechtfertigt ist, ist in diesem Zusammenhang bei rechtlich wertender Betrachtung nicht von Bedeutung.

88 Die Abneigung breiter Käuferschichten gegen »Unfallwagen« beruht auf der Befürchtung, dass mit der Benutzung eines derartigen Kfz auch dann ein größeres Risiko verbunden sein kann, wenn der Wagen ohne äußerlich erkennbare Spuren sach- und fachgerecht instandgesetzt worden ist und sich im anschließenden Gebrauch bewährt hat. Befürchtet werden insbesondere verborgene Mängel, die zu einer erhöhten Stör- und Reparaturanfälligkeit[158] führen und damit Kosten auslösen, die sich nicht immer einer eindeutigen Verursachungsquelle zuordnen lassen. Bei nicht auszuschließenden Spätschäden kann der Eigentümer des Kfz in Beweisschwierigkeiten geraten.

89 Sofern die anspruchsbegründenden Voraussetzungen[159] vorliegen, ist der Schaden unabhängig von Verkaufsabsichten sofort auszugleichen. Der *BGH* hat in seinem Grundsatzurteil vom 03.10.1961[160] entschieden, dass für die Bemessung des Minderwerts unabhängig vom weiteren Schicksal des Fahrzeugs, insbesondere unabhängig von seiner etwaigen Weiterveräußerung, der Zeitpunkt der Beendigung der Instandsetzungsarbeiten maßgebend ist.[161] Auch dieser Standpunkt erscheint, soweit es sich um den Bemessungszeitpunkt handelt, noch immer zu eng. Nach dieser These würde der Geschädigte, der im Rahmen der ihm eingeräumten Dispositionsbefugnis nach § 249 S. 2 BGB zulässigerweise von einer Reparatur absieht, jedenfalls den merkantilen Minderwert – mangels Fälligkeit – nicht realisieren können. Tatsächlich ist die merkantile Wertminderung jedoch auch bei fiktiver Abrechnung des Reparaturschadens erstattungsfähig und mit dem Schadenereignis fällig.[162]

90 Nach der – zutreffenden – Auffassung des *BGH* kommt es nicht entscheidend darauf an, ob die Befürchtung potenzieller Käuferschichten, es könnten trotz ordnungsgemäßer Reparatur Restmängel am Fahrzeug verblieben sein, vor einem rational nachvollziehbaren Hintergrund tatsächlich begründet erscheint.[163] Es genügt vielmehr bereits die Tatsache, dass ein Kraftfahrzeug mit einem nicht unerheblichen Vorschaden im Rechtsverkehr in seinem Wert geringer eingeschätzt und bewertet wird als ein Kfz, das einen derartigen Unfall nicht erlitten hat.

91 Eine Wertminderung kommt hingegen nicht in Betracht, wenn an dem Fahrzeug ein Totalschaden eingetreten ist[164] oder das Fahrzeug unrepariert veräußert und durch Ersatzbeschaffung ersetzt wurde.[165]

157 Dazu BGHZ 27, 181 = NJW 1958, 1085 = VersR 1958, 435; BGHZ 35, 396 = NJW 1961, 2253 = VersR 1961, 1043.

158 Vgl. dazu *OLG Frankfurt* VersR 1981, 987 = zfs 1981, 356 (Fernmeldekabel der Deutschen Bundespost); *LG Rottweil* VersR 1980, 1126; Geigel/*Katzenstein* Kap. 3 Rn. 103.

159 Wegen der Zinspflicht vom Unfalltage an, die mit der sofortigen Fälligkeit in Zusammenhang steht, vgl. BGHZ 87, 38 = NJW 1983, 1614 = VersR 1983, 555 = DAR 1983, 223 = MDR 1983, 655; vgl. dazu auch: *Bötticher* VersR 1966, 301, 311; Weigelt/*Weber* Ordnungs-Nr. 62951, Stichw. »Nutzungsausfall, Erläuterungen 1«, S. 28.

160 Vgl. dazu BGHZ 35, 396 = NJW 1961, 2253 = VersR 1961, 1043 = DAR 1961, 334; vgl. in diesem Zusammenhang ergänzend: *BGH* NJW 1967, 552 = VersR 1967, 183 = DAR 1967, 82 = MDR 1967, 294; VersR 1969, 473; VersR 1981, 655; ebenso: Krumme/*Steffen* § 11 StVG Rn. 21.

161 *BGH* NJW 1997, 2595; *OLG Hamm* VersR 1998, 1525; *LG Zweibrücken* VersR 1992, 369; Geigel/*Katzenstein* Kap. 3 Rn. 105; Grüneberg/*Grüneberg* § 251 Rn. 14; vgl. dazu die Zitate in der vorigen Fn.; ferner *OLG Nürnberg* VersR 1964, 835; *OLG Bremen* VersR 1969, 525; *OLG Stuttgart* VersR 1978, 530; *Steindorff* JZ 1967, 630.

162 *LG Memmingen* SVR 2019, 384.

163 A.A. wohl *Riecker* VersR 1981, 517 (518 r.Sp.).

164 *AG Aschaffenburg* NZV 2013, 90.

165 *LG Duisburg* SVR 2015, 29; *AG Aschaffenburg* SVR 2013, 267.

## II. Kriterien

### 1. Erheblichkeit des Eingriffs

Es ist inzwischen anerkannt, dass eine merkantile Wertminderung lediglich dann entsteht und vom Ersatzpflichtigen auszugleichen ist, wenn es sich um einen nicht unerheblichen Eingriff in das bis dahin integere Gefüge des Kfz handelt.[166] Eine Erstattung des Minderwerts kommt demgegenüber also – negativ ausgedrückt – dann nicht in Betracht, wenn relativ geringe Blechschäden, die auch einen Gefügeschock mit an Gewissheit grenzender Wahrscheinlichkeit ausschließen, in einer renommierten Fachwerkstatt nach Wahl des Geschädigten durch Austausch der deformierten Aggregate gegen fabrikneue[167] genormte Ersatzteile[168] unauffällig und nachhaltig beseitigt worden sind. Richt- oder Schweißarbeiten führen im Zusammenhang mit einem reinen Blechschaden an nicht tragenden Fahrzeugteilen entgegen weitverbreiteter Auffassung weder zu einem technischen noch zu einem merkantilen Minderwert, soweit es sich um Bagatellschäden handelt.[169] 92

Es liegt auf der Hand, dass beispielsweise das Auswechseln einer verschrammten Stoßstange oder gar einer durch Schlageinwirkung zersplitterten Windschutzscheibe das betreffende Kfz nicht zum Unfallwagen »degradiert«. Demgegenüber schließt eine durch die Art der Schadenbeseitigung (Reparatur) eingetretene Wertverbesserung des Fahrzeugs das gleichzeitige Vorliegen eines Minderwerts nicht aus.[170] Allerdings kann eine Wertminderung ausgeschlossen sein, wenn kein typischer Unfallschaden vorliegt und das betroffene Fahrzeugmodell besonders wertstabil ist.[171] 93

### 2. Alter des Fahrzeugs/Vorschäden

Aber auch der zwischen dem Zeitpunkt der Erstzulassung des Kraftfahrzeugs und dem Eintritt des Unfalls verstrichene Zeitraum ist für die Frage, ob ein Minderwert zurückgeblieben oder auszugleichen ist, von rechtserheblicher Bedeutung. Bei der Schätzung des merkantilen Minderwertes sind alle Umstände des Einzelfalles zu berücksichtigen, insbesondere Fahrleistung, Alter, Zustand, Art des Schadens, gegebenenfalls Vorschäden, Anzahl der Vorbesitzer und eventuelle Wertverbesserun- 94

---

166 Vgl. dazu *BGH* NJW 1958, 1085; VersR 1961, 707; BGHZ 35, 396 = NJW 1961, 2253 = VersR 1961, 1043; Geigel/*Katzenstein* Kap. 3 Rn. 116.

167 Vgl. dazu *OLG Düsseldorf* zfs 1983, 5; *LG Stuttgart* DAR 2002, 458; *AG Gelnhausen* VersR 2005, 1303; anders *AG Chemnitz* zfs 2004, 262.

168 Vgl. dazu *LG Köln* VersR 1981, 45; *AG Nürnberg* VersR 1981, 891 = zfs 1981, 333.

169 Vgl. dazu insbes. *BGH* NJW 1958, 1058; VersR 1961, 707 (nur bei tragenden Teilen); BGHZ 35, 396 = NJW 1961, 2253 = VersR 1961, 1043 (nur bei tragenden Teilen); *AG Karlsruhe* VersR 1980, 102 = r+s 1980, 122 (bei einem Verhältnis 1:6 zwischen Reparaturkosten und Wiederbeschaffungswert, keine Richtarbeiten); VersR 1981, 544 (keine tragenden Teile); *AG Speyer* VersR 1980, 1035 = zfs 1981, 9 (Reparaturkosten: 443 DM); *AG Lübeck* r+s 1980, 172 (Fahrzeugkörper nicht betroffen); *AG Rastatt* r+s 1980, 259 (reine Blechschäden); *AG Nürnberg* VersR 1981, 891; *AG Pforzheim* VersR 1981, 990 (Schraubteile); *AG Simmern* zfs 1983, 265; *AG Sinzig* zfs 1984, 326; *AG Lörrach* zfs 1985, 42; *AG Miesbach* zfs 1985, 42; *AG Rastatt* VersR 1998, 650 (Bagatellschäden bei Reparaturkosten von unter 10 % des Neupreises); *AG Münster* zfs 2002, 527 (keine WM, wenn beschädigte Teile auswechselbar); *AG Rosenheim* SVR 2016, 222 (keine WM bei Auswechselung der Stoßstange); a.A. *OLG Karlsruhe* VersR 1973, 1169 (neues Fahrzeug ohne wesentliche Beeinträchtigung allerdings bei Ablehnung einer Neuwagenabrechnung); *LG Braunschweig* VersR 1983, 865 (L: für einen »Jahreswagen« bei Reparaturkosten von 1.700 DM an einem Kleinbus mit einem Neuwert von 20.000 DM: Minderwert »mindestens 500 DM«); *LG Saarbrücken* zfs 1983, 263 (50 DM Minderwert bei Reparaturkosten in Höhe von 782 DM an einem 4 Jahre alten Pkw); *AG Karlsruhe* VersR 1980, 345 = VS 1980, 174 (mit dem Pkw, der einen Wiederbeschaffungswert von 10.540 DM hatte, wurden bis zum Unfallzeitpunkt nur 6600 km zurückgelegt; die Reparaturkosten selbst betrugen 1.113 DM, der zugebilligte Minderwert demgegenüber 450 DM); *Hörl* zfs 1999, 46.

170 Vgl. dazu BGHZ 35, 396 = NJW 1961, 2253 = VersR 1961, 1043 – a.A. *LG Oldenburg* NZV 1990, 76; *OLG Karlsruhe* OLGR 1999, 2.

171 *OLG Frankfurt* VersR 2005, 1742 = DAR 2006, 23; anders: *LG Bonn* DAR 2011, 709.

gen durch die Reparatur.[172] Literatur und Rechtsprechung gingen früher im Allgemeinen davon aus, dass an Kraftfahrzeugen, die im vierten oder fünften Betriebsjahr[173] bzw. bei einer Laufleistung von mehr als 100000 km[174] einen Unfall erleiden, kein auszugleichender Minderwert mehr zurückbleibt, wobei diese Voraussetzungen angesichts der längeren Lebenserwartung modernerer Fahrzeuge heute so nicht mehr allgemein anerkannt sind.[175] Dies bedeutet, dass eine merkantile

172 *KG* NZV 1995, 312; Geigel/*Katzenstein* Kap. 3 Rn. 115.

173 Vgl. dazu *AG Delmenhorst* VersR 1986, 49 (L) = VS 1986, 73 (L, das einen Anspruch auf Ausgleichung eines Minderwerts lediglich bis zum Ende des *vierten* Zulassungsjahres zubilligt und in diesem Zusammenhang Bezug nimmt auf: *BGH* NJW 1980, 281; *OLG Stuttgart* VersR 1978, 529 = VRS 54, 97; *OLG Nürnberg* VersR 1980, 879 = DAR 1980, 216); – a.A. *OLG Düsseldorf* VersR 1988, 1026 = DAR 1988, 160 = zfs 1988, 42 (für ein Luxusfahrzeug mit der Erwägung, dass dieses noch über einen Wiederbeschaffungswert von 28.000 DM verfügt, über einen Preis also, »den viele Wagen neu nicht kosten«); *LG Nürnberg/Fürth* zfs 1986, 325; *AG Brake* DAR 1987, 155; *AG München* zfs 1986, 325.

174 Vgl. dazu beispielsw. *OLG Frankfurt* VersR 1978, 378; zfs 1984, 326; *KG* NZV 2005, 46 (keine WM, wenn Fahrzeug älter als fünf Jahre, auch wenn nur 43 tkm Laufleistung); *LG Ellwangen/Jagst* VersR 1978, 335 (L m.zust.Anm. v. *Schlund* VersR 1978, 630 = r+s 1978, 129)); *LG Freiburg* MDR 1979, 934 = zfs 1980, 24; *LG Kiel* VersR 1988, 47; *LG Stuttgart* zfs 1987, 204 (L); *AG Ottweiler* r+s 1977, 15; *AG Frankfurt/M.* r+s 1978, 14; 1981, 149; *AG Mettmann* VersR 1978, 303; *AG Lübeck* r+s 1980, 172; *AG Nürnberg* r+s 1981, 86 (Wertminderung bei reinen Blechschäden an 3 Jahre altem Kfz verneint); *AG Mannheim* zfs 1985, 328; *AG Delmenhorst* VersR 1986, 49; zfs 1986, 73; *AG Hamburg* zfs 1986, 198; *AG Münster* zfs 2002, 527; VGT 1975, 178 ff.; *Darkow* VersR 1975, 207; DAR 1977, 62; *Schlund* BB 1976, 908 ff.; *Sanden* NJW-Schriften 7 Rn. 200 f.; a.A. *OLG Saarbrücken* r+s 1980, 261 (Wertminderung an 4 Jahre altem Pkw bei Laufleistung von 90000 km anerkannt); r+s 1980, 33; *OLG Karlsruhe* VersR 1986, 1002 (L) = zfs 1986, 366 (L); *OLG Oldenburg* DAR 2007, 522 = NZV 2008, 158; *LG Heidelberg* zfs 1983, 73; *LG Koblenz* zfs 1983, 73; zfs 1983, 263; *LG Hanau* zfs 1983, 327; *AG Freudenstadt* VersR 1986, 983 = zfs 1986, 366; *AG Brake* DAR 1987, 155; *AG Villingen-Schwenningen* VersR 1992, 197; *AG Hohenstein-Ernstthal* zfs 2001, 19; *AG Hamburg-St. Georg* DAR 2004, 33; *AG Hamburg* SVR 2008, 427.

175 Vgl. dazu insbes. *OLG Celle* VersR 1973, 717; *OLG Frankfurt* VersR 1978, 378 = r+s 1978, 139 (Alter des Kfz 3 Jahre); DAR 1984, 318 (320 1. Sp.) = zfs 1984, 326; *LG Köln* VersR 1973, 727; *LG Kaiserslautern* r+s 1976, 14 (4 Jahre); *LG Karlsruhe* VersR 1976, 252 (L) = r+s 1976, 81 (5 Jahre); VersR 1978, 430 = r+s 1978, 151 (5 Jahre); *LG Ellwangen/Jagst* VersR 1978, 335 (L m.zust.Anm. v. *Schlund* VersR 1978, 630) = r+s 1978, 129 (Kfz älter als 5 Jahre); *LG Köln* r+s 1978, 259 (6 Jahre); *LG München I* VersR 1978, 476; *LG Freiburg* MDR 1979, 934 = zfs 1980, 24; *LG Offenburg* r+s 1980, 39 (4 1/2 Jahre); *AG Uelzen* VersR 1976, 156 = r+s 1975, 59 (älteres Kfz); *AG Essen* r+s 1976, 192 (älteres Fahrzeug mit Blechschäden); *AG Nürnberg* VersR 1976, 1100 = r+s 1977, 13 (41/2 Jahre); r+s 1981, 86 (3 Jahre, Blechschaden); *AG Wiesbaden* VersR 1977, 71; *AG Ottweiler* r+s 1977, 15; *AG Frankfurt/M.* VersR 1978, 192 = r+s 1978, 14 (5 Jahre, einschränkend); r+s 1981, 149 (5 Jahre oder älter); *AG Köln* r+s 1978, 15 (5 Jahre); r+s 1978, 259 (l.Sp.); *AG Berlin-Charlottenburg* r+s 1978, 15 (4 Jahre); r+s 1978, 172 (Taxi 11/2 Jahre); *AG Mettmann* VersR 1978, 303; *AG Pirmasens* r+s 1978, 172 (4 Jahre); *AG Sinzig* r+s 1983, 125 (kein Minderwert bei 10 Jahre altem Pkw mit 120000 km); zfs 1984, 326 (5 Jahre alter Pkw mit mehr als 100000 km); *AG Ludwigshafen* zfs 1985, 42; *AG Münster* zfs 2002, 527; *AG Frankfurt* SVR 2016, 177; *Jordan* VGT 1975, 178; *Darkow* VersR 1975, 207; DAR 1977, 62; *Schlund* BB 1976, 908; VersR 1978, 630 (älter als 5 Jahre); *Sanden/Völtz* NJW-Schriften 7 Rn. 200 f.; *Lange* unt. § 6 VI 2; – a.A. *KG* VersR 1975, 664 = *Darkow* DAR 1975, 227 (4 Jahre); VM 1979, 23 (5 Jahre); *OLG Saarbrücken* r+s 1980, 261 (Wertminderung an 4 Jahre altem Pkw mit einer Laufleistung von 90000 km anerkannt); r+s 1980, 33; *LG Köln* VersR 1977, 49 = r+s 1977, 39 (5 Jahre); *LG Koblenz* zfs 1983, 263 (400 DM Minderwert bei 5 Jahre altem Kfz mit 95000 km und 3.476 DM Reparaturkosten); *LG Heidelberg* zfs 1983, 73 (bei einem 5 Jahre alten Porsche mit einem Wiederbeschaffungswert von 21.800 DM: Minderwert: 150 DM); *LG Koblenz* zfs 1983, 73; *LG Gießen* zfs 1983, 326 (Minderwert in Höhe von 10 % der Reparaturkosten bei einem bereits 9 Jahre alten Pkw); *LG Kiel* DAR 2002, 318 (bei hoher Laufleistung »Hamburger Modell«); *LG Berlin* NZV 2010, 36 (Ausnahmefall bei 11 Jahre altem unfallfreien, nicht vorbeschädigten und scheckheftgepflegten Fahrzeug mit 180 tkm Laufleitung und einem erheblichen, nur knapp unter dem WBW von 7.950 € liegenden Schaden); *AG Rendsburg* zfs 2006, 90 (auch bei 5 Jahre altem Fz. mit 122000 Laufleistung); *AG Achern* NZV

Wertminderung bei einem älteren Fahrzeug heutzutage nicht ausgeschlossen ist.[176] Etwas anderes dürfte von vornherein bei Old- bzw. Youngtimern gelten, die durch den Unfall bzw. die Reparatur ihren Originalzustand verlieren.[177]

Weiter wird sich auf die Frage des Entstehens einer Wertminderung auswirken, wenn bereits gravierende Vorschäden vorhanden sind und ihrerseits einen – gleichgültig, ob seinerzeit entschädigungspflichtigen – Minderwert zurückgelassen haben. Dies gilt insbesondere dann, wenn die Vorschäden nicht ordnungsgemäß beseitigt worden sind bzw. der allgemeine Pflege- und Erhaltungszustand des Kfz bereits vor dem Unfall nur noch als mäßig bezeichnet werden konnte. Zum Teil wird sogar die Auffassung vertreten, dass bereits nach einem erheblichen Vorschaden durch einen weiteren Unfall ein Minderwert regelmäßig nicht mehr eintritt.[178] 95

### 3. Höhe der Reparaturkosten

Als Kriterium für die Bemessung eines merkantilen bzw. technischen Minderwerts knüpfen Rechtsprechung und Regulierungspraxis häufig an die Höhe der Reparaturkosten an.[179] Gegen diese Methoden bestehen nicht unerhebliche Bedenken, da die Höhe der Reparaturkosten für sich allein betrachtet kein geeigneter Gradmesser für die Bemessung des merkantilen Minderwerts sein kann. Richtig ist sicherlich der Ausgangspunkt der Betrachtung, dass ein geringer Reparaturkostenbetrag – zumindest prima facie – darauf schließen lässt, dass es sich lediglich um einen Bagatellschaden[180] handelt, der mangels Erheblichkeit des Eingriffs einen ausgleichsfähigen Minderwert nicht zurückgelassen hat. 96

Auch dieser Erfahrungssatz kann indes nur cum grano salis verstanden werden. Die geringe Höhe der Reparaturkosten könnte beispielsweise auch darauf beruhen, dass der Geschädigte sich entgegenkommenderweise mit Ausbeularbeiten begnügt hat, die zudem noch mit fachlich ungeeigneten Mitteln an seinem neuwertigen Kraftfahrzeug ausgeführt worden sind, obwohl ihm ein Neuteil – möglicherweise sogar verbunden mit einer Ganzlackierung – zugestanden hätte. Es liegt auf der Hand, dass in einem derartigen Fall die geringe Höhe der Reparaturkosten, die den Eintritt eines merkantilen, häufig sogar auch technischen Minderwerts gerade erst bewirkt hat, nicht zum Anlass genommen werden darf, den Ausgleich einer Wertminderung zu negieren oder sie verhältnismäßig geringer zu halten. 97

Auf der anderen Seite muss man – umgekehrt – berücksichtigen, dass auch ein ungewöhnlich hoher Reparaturkostenbetrag nicht stets eine sichere Aussage darüber enthält, dass eine Wertminderung begründet ist, noch weniger in welcher Höhe. Es kann nämlich der Fall vorliegen, dass Ersatzpflichtige ganz bewusst besonders hohe Reparaturkosten gerade deswegen in Kauf genommen haben, um einen sonst zurückbleibenden Minderwert mit Sicherheit zu vermeiden.[181] Dieser Fall kann beispiels- 98

---

2010, 302 (11 Jahre altes Fahrzeug in gutem Allgemeinzustand, WBW von 8.200 € und Nettoreparaturkosten von mehr als der Hälfte); *AG Norderstedt* (Acht Jahre altes Fahrzeug, Laufleistung 89 tkm, WBW 7.400 €, Reparaturkosten 7.000 €, Wertminderung 400 €).

176 Vgl. dazu ergänzend *BGH* VersR 2005, 284 = DAR 2005, 78 = r+s 2005, 86 = zfs 2005, 126; *OLG Celle* VersR 1973, 717; *LG Köln* VersR 1973, 727; r+s 1978, 259 (l.Sp.); *LG Karlsruhe* VersR 1976, 252 (L); *AG Uelzen* VersR 1976, 156 (L) = r+s 1975, 59; *LG München I* VersR 1978, 476; *AG Wiesbaden* VersR 1977, 71; a.A. *LG Saarbrücken* NZV 2013, 505; *AG Hamburg* zfs 2014, 82.

177 *OLG Düsseldorf* NZV 2012, 291; *AG Schwäbisch Gmünd* DAR 2021, 462.

178 Vgl. dazu *OLG Celle* VersR 1971, 717 (für den Fall, dass der Geschädigte auch ohne das betreffende Schadenereignis nicht in der Lage gewesen wäre, sein Kfz als »unfallfrei« anzubieten; *LG Köln* VersR 1973, 727; NJW 1975, 57 = VersR 1975, 546 f. = r+s 1975, 169; *LG Frankfurt/M.* r+s 1981, 127; *AG Friedberg* r+s 1980, 173; *AG Pforzheim* r+s 1980, 174; – a.A. *KG* VersR 1971, 647 = DAR 1971, 186 = MDR 1971, 661 = DB 1971, 813; VersR 1975, 664.

179 Vgl. dazu insbes. *OLG Bamberg* zfs 1983, 262 (15 % bei neuwertigem Kfz); *OLG Hamm* zfs 1983, 262 (10 % nicht übersetzt); *LG Duisburg* VS 1983, 232.

180 Vgl. dazu *AG Köln* VersR 1980, 176.

181 Vgl. dazu beispielsw. *LG Freiburg* MDR 1979, 934 = zfs 1980, 24; *Schmidt* DAR 1966, 130 f.

weise dann vorliegen, wenn der Haftpflichtversicherer des Schädigers damit einverstanden ist, die Reparatur unter Verwendung einer Rohbaukarosserie und unter Durchführung einer Ganzlackierung ausgeführt wird. Es wäre nicht sachgerecht, in diesem Fall einen Minderwert zuzubilligen und ihn etwa überdies noch undifferenziert an der Höhe der Reparaturkosten auszurichten. Es erscheint daher durchaus vernünftig, bei der Ermittlung der Wertminderung lediglich den Anteil der Reparaturkosten zu berücksichtigen, der sich auf den tatsächlichen Aufwand für Instandsetzungsarbeiten antragenden Bauelementen bezieht.

## 4. Bagatellschäden

99 Wie bereits an anderer Stelle betont, kommt die Zubilligung eines Minderwerts bei ausgesprochenen Bagatellschäden[182] – dabei wird es sich in aller Regel um Schäden an Schraubteilen handeln, die relativ leicht vom Fahrzeug getrennt und an das Kfz wieder angebaut werden können[183] – nicht in Betracht.[184] Unter Bagatellschäden versteht man auch Schäden, deren Beseitigung nur geringe Kosten verursachen bzw. keinen gravierenden Eingriff in das Gefüge des Fahrzeugs darstellen. Von einem Bagatellschaden wird man – bezogen auf den in diesem Zusammenhang allein interessierenden Minderwert – auch dann noch sprechen können, wenn aufwendige oder relativ kostspielige Teile eines Kraftfahrzeugs ausgewechselt werden, die ohne Substanzbeeinträchtigung von den übrigen Aggregaten leicht getrennt werden können.[185] Als Beispiel mag der Fall dienen, dass bei einem ausländischen »Straßenkreuzer« die mehrere Tausend Euro kostende entspiegelte und mit Spezialüberzug sowie mit eingezogenen Heizungsdrähten und einer Antenne ausgestattete Windschutzscheibe erneuert werden muss.

100 Unzutreffend wäre es allerdings, die Antwort auf die Frage, ob ein Minderwert im Rechtssinne entstanden und vom Ersatzpflichtigen auszugleichen ist, davon abhängig zu machen, ob eine Offenbarungspflicht[186] besteht.

101 Die Offenbarungspflicht geht zwar nach jetzt herrschender Auffassung außerordentlich weit.[187] Ihr unterliegen nach ständiger Rechtsprechung des *BGH* auch »reine Blechschäden« an einem Pkw, die inzwischen – ohne dass Unfallspuren zurückgeblieben sind – ausgebessert und damit neutralisiert worden sind.[188] Sie ist jedoch für die objektive Beurteilung, ob eine merkantile Wertminderung eingetreten ist, nicht von Bedeutung.

102 Ein merkantiler Minderwert wird insbesondere dann zu verneinen sein, wenn an einem Kraftfahrzeug lediglich leichte Blechschäden entstanden sind, die die Substanz des Fahrzeugs antragenden

---

182 Zum Begriff des Bagatellschadens vgl. *AG Speyer* VersR 1980, 1035 = zfs 1981, 9.

183 Vgl. dazu *AG Pforzheim* VersR 1981, 990 (L) = zfs 1981, 365.

184 Vgl. dazu *OLG Köln* VersR 1973, 627 (L) = DAR 1973, 71; *LG Frankfurt/M.* VersR 1973, 930; *LG Hannover* VersR 1973, 190 (L für den Fall, dass an einem *Vorführwagen* mit einer Fahrleistung von 600 km Reparaturkosten in Höhe von knapp 1.000 DM notwendig waren, bedenklich!); *LG Aachen* VersR 1978, 453 (zweifelnd, ob es eine »durch Tabellen oder Prozentsätze festlegbare Untergrenze« gibt); *AG Trier* VersR 1973, 731 (in Anlehnung an *OLG Stuttgart* VersR 1968, 908); *AG Schweinfurt* VersR 1973, 955 (Reparaturkosten von 190 DM bei fast neuem Pkw); *AG Köln* VersR 1976, 347; 1977, 70; *AG Nürnberg* VersR 1976, 476 (selbst für den Fall, dass das beschädigte Kfz noch neuwertig war); *AG Bremen* VersR 1978, 877 (verneint bei Einbeulung eines Kotflügels Minderwert selbst für den Fall, dass Schadstelle noch erkennbar war, bestätigt durch *LG Bremen* VersR 1978, 877); *AG Speyer* VersR 1980, 1035 = zfs 1981, 9; *AG Pforzheim* VersR 1981, 990 (L) = zfs 1981, 365; *AG Rastatt* VersR 1998, 650; *Notthoff* VersR 1995, 1399, 1403.

185 Vgl. dazu *AG Pforzheim* VersR 1981, 990 (L) = zfs 1981, 365.

186 Vgl. dazu *AG Adenau* VersR 1974, 869.

187 Vgl. dazu *LG Bremen* DAR 1984, 91 (92 l. Sp.).

188 Vgl. dazu insbes. *BGH* NJW 1982, 1396 = zfs 1982, 266 (267 l. Sp.) = LM Nr. 42 zu § 843 BGB (m.w.N.); VersR 1984, 46 (r. Sp. a.E.); NJW-RR 1987, 436.

Teilen nicht beeinträchtigt haben und auch die Möglichkeit eines sog. Gefügeschocks als ausgeschlossen erscheinen lassen.

Der merkantile Minderwert kann insbesondere auf folgenden Ursachen beruhen: Es können Anrisse im Material entstanden sein, die bei späterer Betriebsbelastung langsam fortschreiten. Die Materialfestigkeit kann infolge Kaltverformung mit nachfolgendem Richten beeinträchtigt worden sein. Reparaturschweißungen können Kerbwirkungen und andere Eigenschaften zur Folge haben, durch die die Tragfähigkeit der ausgebesserten Bauteile herabgesetzt wird. Der Verschleiß in Lagern und Gelenken kann sich erhöhen, wenn als Folge des Unfalls Passungenauigkeiten zurückbleiben. Verbindungsteile können sich gelöst haben, und der Korrosionsschutz kann an verborgenen Stellen schadhaft geworden sein.[189] 103

## 5. Höhe

Die Höhe der Wertminderung[190] ist, da es sich insoweit um ein Rechtsproblem handelt, nach freier tatrichterlicher Überzeugung gem. § 287 Abs. 1 ZPO im Wege der Schätzung zu ermitteln.[191] 104

Bei der Ermittlung des Minderwerts sind alle für den Verkaufswert maßgeblichen Umstände, insbes.: Alter, Fahrleistung, Erhaltungszustand, Marktsituation und Marktgängigkeit des Kfz gerade des betreffenden Typs sowie Art und Ausmaß der Schäden – zweckmäßigerweise getrennt – festzustellen und eine etwaige Wertverbesserung durch umfangreiche und erhebliche Erneuerungsarbeiten zu berücksichtigen.[192] 105

In der Mehrzahl aller Fälle wird der Minderwert rein rechnerisch geschätzt.[193] Eine allgemein anerkannte Schätzungsmethode für die Bemessung des merkantilen Minderwerts hat sich noch nicht durchgesetzt.[194] 106

Häufig wird übersehen, dass es sich bei der Frage nach der Entstehung eines merkantilen bzw. technischen Minderwerts und seiner Höhe um ein Rechtsproblem[195] handelt, das nach tatrichterlicher Würdigung zu entscheiden ist. Selbstverständlich kann das Gericht sich für die Wahrheitsfindung aller dafür geeigneten Erkenntnisquellen bedienen, so beispielsweise einen technischen Sachverständigen einschalten. Man muss sich jedoch der Tatsache bewusst bleiben, dass der Sachverständige kein die Parteien und das Gericht bindendes Schiedsurteil fällt, sondern seine Aufgabenstellung lediglich darin besteht, für das Gericht die Tatsachen aufzubereiten, die erforderlich sind, um im rechtlichen Bereich zu einer angemessenen Beurteilung zu gelangen. Andererseits besteht weitestgehend Einigkeit darüber, dass der individuellen Bemessung der merkantilen Wertminderung durch einen erfahrenen marktverbundenen technischen Sachverständigen der Vorzug gegenüber tabellarischen Werten zu geben ist.[196] Dies gilt insbesondere dann, wenn es sich um besondere Fahrzeugtypen handelt, wie z.B. ein Luxusfahrzeug, das ggfs. nach fachgerechter Instandsetzung ohne nennenswerten Preisabschlag 107

189 Vgl. dazu die Ausführungen von *Nölke* DAR 1972, 321.

190 Zum Problem der rechnerischen Ermittlung des merkantilen Minderwerts vgl. insbes. *LG Freiburg* VersR 1980, 366; *AG Ettlingen* VersR 1979, 1157; *AG Karlsruhe* VersR 1980, 494; *AG Bensheim* VersR 1980, 101; *LG Freiburg* VersR 1980, 366.

191 Vgl. dazu *AG Gelsenkirchen-Buer* zfs 1987, 204.

192 Vgl. dazu *OLG Nürnberg* VersR 1980, 875 (L) = DAR 1980, 216; *OLG Karlsruhe* VersR 1981, 886; *AG Essen* VersR 1987, 1154 (mit sehr eingehender Begründung nach allen Richtungen).

193 Vgl. dazu insbes. *OLG Hamm* zfs 1986, 324 f.; *LG Augsburg* zfs 1986, 325; *LG München I* zfs 1986, 325; *AG Kiel* SVR 2015, 32.

194 Vgl. dazu *OLG Düsseldorf* r+s 1988, 219 (220 – unter Hinweis auf Grüneberg/*Grüneberg* § 251 Rn. 17.

195 Vgl. dazu *AG Wiesbaden* VersR 1988, 253 (L).

196 *OLG Celle* zfs 1984, 5; *OLG Frankfurt* NZV 2017, 27; *LG Frankfurt/M.* zfs 2007, 266; *AG Velbert* SVR 2018, 302 anders: *LG München I* zfs 2013, 261.

verkauft werden kann oder aufgrund seines Sammlerwertes eine besonders hohe Wertminderung durch eine Reparatur erfahren kann.[197]

108 Für vorsteuerabzugsberechtigte Geschädigte war bislang streitig, ob von der Wertminderung noch die hierin enthaltene Umsatzsteuer abgezogen werden muss, als ein vorsteuerabzugsberechtigter Fahrzeughalter bei Veräußerung des Fahrzeugs auf den Erlös Umsatzsteuer abführen muss. Ist der Erlös unfallbedingt erniedigt (wie dies durch die Wertminderung ausgedrückt wird) und fällt hierdurch nur eine geringere Umsatzsteuer an, ist dies ein anzurechnender Vorteil.[198] Allerdings hat der BGH nunmehr klargestellt, dass die Wertminderung tatsächlich grundsätzlich und unabhängig von einer Vorsteuerabzugsberechtigung des Geschädigten anhand des fiktiven Nettoverkaufspreises vorzunehmen ist, als die enthaltene Umsatzsteuer entweder ein durchlaufender Posten ist (Unternehmer) oder gar nicht anfällt (Privatperson).[199]

## III. Arten des Minderwertes

### 1. Technischer Minderwert

109 Die wohl in überzeugendster Form einleuchtende Art des Minderwerts, die auch bereits nach der früheren Rechtsprechung einen sofort fälligen und zahlbaren Anspruch ausgelöst hatte, ist die sog. technische oder auch optische Wertminderung. Ihre Folgen fallen bereits offenkundig ins Auge, sodass diese Art des Minderwerts sich ohne weiteres auch im rationalen Bereich nachvollziehen lässt und demgemäß selbst dem flüchtigen Betrachter einleuchtet. Die technische Wertminderung kann beruhen auf einer Beeinträchtigung

– der Gebrauchsfähigkeit
– der Betriebssicherheit
– der Lebensdauer
– des äußeren Ansehens (optischen Gesamteindrucks).[200]

110 Zu derartigen Mängeln können – konkreter ausgedrückt – beispielsweise gehören

Schweißnahtspuren, jedoch nicht im Zusammenhang mit einem reinen Blechschaden an nicht tragenden Fahrzeugteilen[201]

– Passungenauigkeiten
– Formabweichungen
– Ausbeulspiegel
– Farbunterschiede[202] usw.

111 Ein technischer Minderwert wird sich zugleich auch immer als eine merkantile Wertminderung darstellen, sofern das betreffende Kfz überhaupt am allgemeinen Gebrauchtwagenmarkt teilnimmt, während der merkantile Minderwert nicht stets auf technischen Mängeln beruhen muss.

112 Bei dem heutigen Stand der Reparaturtechnik in einer renommierten Fachwerkstatt ist eine technische Wertminderung außerordentlich selten. Farbunterschiede lassen sich relativ leicht durch eine Beipolierung oder durch ein Anspritzen der Randzonen ausgleichen. Sollte dies im Einzelfall mit Rücksicht auf Veränderungen im Ursprungslack nicht möglich sein, dann wird eine technische Wertminderung ohnehin bereits mit Rücksicht auf das Alter des Fahrzeugs bzw. auf seinen Pflege-

---

197 *OLG Köln* VersR 1992, 973 = OLGR 1992, 215; *LG Heidelberg* DAR 2022, 639; *LG Köln* DAR 2024, 269; nach *OLG Jena* NZV 2004, 476 verbieten sich hier rein rechnerische Ermittlungen.

198 *LG Dortmund* SVR 2023, 266; *AG Düsseldorf* VersR 2020, 179; *AG Wipperfürth* VersR 2020, 1314; a.A. noch *AG München* DAR 2022, 700; *AG Aschaffenburg* NZV 2023, 473; *AG Gifhorn* ZfS 2023, 621.

199 *BGH* 16.07.2024 – VI ZR 188/22 und VI ZR 205/23 und VI ZR 239/23 und VI ZR 243/23.

200 Vgl. dazu *Himmelreich* NJW 1973, 673.

201 Vgl. dazu *LG Köln* VersR 1981, 45.

202 Vgl. *Nölke/Nölke* DAR 1972, 321.

und Erhaltungszustand nicht in Betracht kommen. Geringe Farbabweichungen bei Teillackierungen haben auf den Wert eines bereits 3 Jahre alten Pkw mit einer Fahrleistung von ca. 71000 km keinen bestimmenden Einfluss mehr und begründen daher keinen Anspruch auf Ausgleichung einer technischen Wertminderung.[203]

Auch fachlich und gut ausgeführte Beilackierungen begründen keinen Anspruch auf Ausgleichung eines Minderwertes.[204] Als oberste Grenze des technischen Minderwerts kommt ein Betrag infrage, der mit den Kosten identisch ist, die bei einer ordnungsgemäßen Schadenbeseitigung (beispielsweise Austausch des nur ausgebeulten Schadteiles gegen ein Neuteil, Ganzlackierung usw.) anfallen.[205] Davon abzusetzen ist – auch in diesem Fall – der Betrag, der auf eine dadurch etwa bewirkte Wertverbesserung unter dem Gesichtspunkt begründeter Abzüge »neu für alt« entfällt. 113

## 2. Merkantiler Minderwert

Der merkantile Minderwert,[206] der mitunter auch – etwas ungenau – als ideelle oder wirtschaftliche Wertminderung bezeichnet wird, ist vom *OLG Nürnberg* in seiner ansonsten nicht unbedenklichen Entscheidung vom 09.12.1958[207] recht treffend als »Odium eines Unfallwagens« charakterisiert worden. Etwas vereinfacht ausgedrückt kann man feststellen, dass eine merkantile Wertminderung sich in einer Minderung des Handelswerts ausdrückt.[208] Der *BGH* hat in seiner Grundsatzentscheidung vom 03.10.1961[209] unter ausdrücklicher Aufgabe seiner bisherigen Rechtsprechung die Rechtsgrundlagen für die Entstehung und Realisierung des Minderwerts eindeutig klargestellt. Er hat die Feststellung getroffen, dass es sich auch beim merkantilen Minderwert um einen Schaden handelt, der sofort in Erscheinung tritt und die Vermögenslage des Gläubigers nachteilig beeinflusst. Dieser Nachteil entsteht nicht erst bei der Veräußerung des Fahrzeugs, sondern werde auch bereits dann augenfällig, wenn es sich darum handelt, den Wert des Fahrzeugs in einem Vermögensstatus einzubeziehen, wie er beispielsweise im Vergleichs- oder Konkursverfahren notwendig werden könnte; auch bei einer anderweitigen Be- oder Verwertung des Kraftfahrzeugs (beispielsweise zum Zwecke der Verpfändung) trete der Minderwert deutlich sichtbar in Erscheinung. Es könne daher keinen rechtlich bedeutsamen Unterschied ausmachen, dass der Geschädigte sich entschließt, den nach dem Unfall weniger wertvollen Wagen weiter zu benutzen. Dieser Gesichtspunkt könne insbesondere nicht zu einer Entlastung des Schädigers führen. 114

Ebenso wenig bewirkt die sofortige Fälligkeit des merkantilen Minderwerts eine unangemessene Bereicherung des Gläubigers, da der Eigentümer, der seinen Wagen nach dem Unfall weiterbenutzt, sich mit einem Fahrzeug begnügt, dessen Wert nach der allgemeinen Verkehrsauffassung geringer ist als der eines unfallfrei gefahrenen Wagens. Dies gelte umso mehr, als dieser minderen Einschätzung nicht nur ein gefühlsmäßig zu erklärendes Vorurteil zugrunde liegt, sondern auf der aus Erfahrung gewonnenen Einsicht beruht, dass mit der Benutzung eines solchen Wagens durchaus auch dann ein größeres Risiko verbunden ist, wenn sich nach der Reparatur das Zurückbleiben eines technischen Mangels nicht feststellen lässt. Die Minderbewertung trage der größeren Schadenanfälligkeit erheblich geschädigter und anschließend reparierter Wagen sowie der Tatsache Rechnung, dass der Zusammenhang neuer Schäden mit dem Unfall oder einer unzureichenden Reparatur im Einzelfall nicht immer nachweisbar sein werde. Als Zeitpunkt für die Bemessung des merkantilen Minderwerts sei das Ende der unfallbedingten Instandsetzungsarbeiten maßgebend.[210] 115

203 Vgl. dazu *OLG Frankfurt* VersR 1978, 378.
204 Vgl. dazu *OLG Köln* DAR 1973, 71 = VersR 1973, 726 (L).
205 Vgl. dazu *Nölke/Nölke* DAR 1972, 321.
206 Kritische Betrachtungen bei *Schiemann*, 1. Teil III 3 S. 36.
207 *OLG Nürnberg* VRS 16, 401, 403.
208 *Darkow* VersR 1975, 207; *Walter* S. 44.
209 Vgl. dazu BGHZ 35, 396 = NJW 1961, 2253 = VersR 1961, 1043.
210 Vgl. dazu auch *BGH* NJW 1967, 552 = VersR 1967, 183 = DAR 1967, 82.

116 Damit erhebt der *BGH* die bereits an anderer Stelle erwähnte Verkehrsanschauung und den Handelsbrauch zum wesentlichen Kriterium für die Entstehung, aber auch für die Bemessung, eines merkantilen Minderwerts. Gemeint ist damit die Abneigung weiter Käuferkreise gegen Unfallwagen und der damit verbundene Versuch, in Verkaufsverhandlungen den Preis eines derartigen Fahrzeugs zu »drücken«. *Walter*[211] ist darin zuzustimmen, dass es nicht entscheidend darauf ankommen kann – *Walter* bezeichnet dies sogar als »gänzlich belanglos« –, ob der durch die Verkehrsanschauung begründete Handelsbrauch berechtigt oder zu missbilligen ist. In der Tat wird der Geschädigte in seinem Vermögen auch dadurch beeinträchtigt, dass sich jenseits eines rational nachvollziehbaren Hintergrunds eine ständige Übung gebildet hat, nach der Unfallwagen auch dann geringer bewertet zu werden pflegen, wenn mit Folgeschäden nicht gerechnet zu werden braucht.[212] Es kommt also nicht darauf an, ob nach der Art des Unfalls und der durchgeführten Reparatur ein Abzug rein sachlich und logisch gerechtfertigt ist, sondern nur darauf, ob die Mehrzahl der Kaufinteressenten einen derartigen Abzug vornimmt.[213]

117 Entgegen der von *Walter*[214] vertretenen – recht weitherzigen – Auffassung, ist indes bei rechtlich orientierter Betrachtungsweise davon auszugehen, dass eine merkantile Wertminderung nur dann berücksichtigt werden kann, wenn ihr nach Art und Schwere des Unfalls im Hinblick auf den Umfang der Reparaturarbeiten bei einigermaßen großzügiger Auslegung über die nicht immer in eindeutiger Form fixierbaren Handelsbräuche hinaus rechtliche Relevanz zukommt.

118 Es genügt also nicht jeder denkbar aufgegriffene Vorwand – und mag er sich auch von der Verkehrsauffassung zur »Verkehrsunsitte« entwickelt haben –, um selbst nach belanglosen Schäden den Versuch zu unternehmen, unter Hinweis darauf, dass das Kfz nunmehr zum »Unfallwagen« »degradiert« worden ist, einen Preisabschlag durchzusetzen, der bei näherer Betrachtung von der Sache her nicht gerechtfertigt ist und eher der Marktlage entspricht als der Verknüpfung mit einem voraufgegangenen Unfallschaden.

119 Vor dem Hintergrund immer perfekter werdender Schadensdiagnostik und Reparaturmethoden ist gegenüber der Anerkennung eines merkantilen Minderwertes, der leicht irrationale Züge trägt, zunehmend Skepsis geboten. Der Ausgleich einer merkantilen Wertminderung kommt demgemäß nicht in Betracht, wenn die Abneigung gegen Unfallwagen auf rein emotionalen Erwägungen beruht, die sich rationell nicht nachvollziehen lassen.[215] Ebenso bleibt festzuhalten, dass gem. § 253 BGB der Wert des Affektionsinteresses nicht zu ersetzen ist. Die Einbuße an bloßem Gefühlswert bleibt insoweit außer Betracht, als sie über einen – tatsächlich entstandenen und rechtlich zumindest in Ansatzpunkten nachvollziehbaren – merkantilen Minderwert hinausgeht.[216]

120 Andererseits muss jedoch noch einmal mit aller Deutlichkeit festgehalten werden, dass als Fehler (Sachmangel) im Sinne von § 459 Abs. 1 BGB nicht nur physische Eigenschaften der Sache, sondern auch die tatsächlichen und rechtlichen Verhältnisse in Betracht zu ziehen sind, die nach der Verkehrsauffassung Einfluss auf die Wertschätzung der Sache haben und sich damit als wertbildende Faktoren darstellen.[217] Fehler einer Sache im Sinne des § 459 Abs. 1 BGB ist auch der Mangel einer Eigenschaft, die sie haben muss, um zum gewöhnlichen Gebrauch vollkommen tauglich zu sein.[218] Fehler eines Gegenstandes kann auch eine Abweichung von der nach dem Vertragszweck voraus-

211 *Walter* S. 46.

212 A.A. wohl *Riecke* VersR 1981, 517.

213 *OLG Zweibrücken* JW 1934, 923; *LG Lübeck* NJW 1956, 553; *Walter* S. 46 (unter Hinweis auf *OLG Augsburg* JW 1931, 3386; *Pfennig* VersR 1956, 609); – vgl. dazu auch *Esser* MDR 1958, 726; – a.A. *Ruhkopf* VW 1955, 382.

214 *Walter* S. 46.

215 Vgl. dazu beispielsw. *LG Paderborn* VersR 1957, 743; *LG München* VersR 1958, 654.

216 Vgl. dazu *OLG Stuttgart* VersR 1959, 318, – in etwas anderem Zusammenhang: *LG Ravensburg* VersR 1956, 358.

217 BGHZ 27, 184: *OLG Köln* DAR 1965, 22; *OLG Bremen* DAR 1968, 268.

218 *BGH* MDR 1968, 224.

gesetzten Beschaffenheit sein. Dies bedeutet, dass der Fehler nach der subjektiven Anschauung der Parteien auch in der Untauglichkeit einer Sache im Hinblick auf den Vertragszweck liegen kann. Auch rechtliche und wirtschaftliche Beziehungen einer Sache zu ihrer Umwelt können daher Sachmängel begründen.[219] Beziehungen der Sache zur Umwelt sind Eigenschaften im Sinne des § 459 Abs. 2 BGB, wenn sie nach der Verkehrsanschauung für ihre Brauchbarkeit oder ihren Wert von Bedeutung sind. Voraussetzung ist allerdings, dass diese Beziehungen in der Beschaffenheit der Sache selbst ihren Grund haben, von ihr ausgehen, ihr auch für eine gewisse Dauer anhaften und nicht lediglich durch Heranziehung von Umständen in Erscheinung treten, die außerhalb der Sache und einer streng auf sie bezogenen Betrachtung liegen.[220]

Demgegenüber ist *Walter*[221] darin zuzustimmen, dass es nicht entscheidend darauf ankommen kann, ob das Verhalten breiter Käuferschichten, das zur Bildung einer Verkehrsanschauung beiträgt, sich im streng rationalen Sinne als »vernünftig« erweist. Die durch Handelsbrauch begründete Marktlage stellt sich als Faktum dar, an dem auch der Rechtsverkehr nicht vorbeigehen kann, und zwar auch dann nicht, wenn insoweit subjektive Gesichtspunkte Einfluss auf die wertbildenden Faktoren nehmen.[222] Der Anspruch auf Ersatz des merkantilen Minderwerts nach einem unfallbedingten größeren Schaden[223] wird nicht dadurch ausgeschlossen, dass die Reparatur des Kfz in jeder Beziehung technisch völlig einwandfrei ausgeführt worden ist. 121

## IV. Verhältnis zu Wertverbesserungen

Es kommt nicht selten vor, dass eine Reparatur nicht nur einen Minderwert hinterlässt, sondern gleichzeitig auch an bestimmten anderen verschleißabhängigen und -anfälligen Aggregaten Wertverbesserungen bewirkt.[224] In derartigen Fällen sind beide Rechnungsposten – einmal auf der Plus- und einmal auf der Minusseite – als besondere Schadenfaktoren zu Kontrollzwecken getrennt zu ermitteln und dann gegeneinander aufzurechnen.[225] Der sich daraus ergebende Saldo ist, falls sich aus der Verrechnung zugunsten des Geschädigten ein (überschießendes) »Guthaben« entwickelt, den Reparaturkosten zuzuschlagen bzw. dann, wenn die Wertverbesserungen »unter dem Strich« überwiegen, vom ausgleichsfähigen Schaden unter dem Gesichtspunkt des Vorteilsausgleichs abzusetzen. Nur in besonderen Ausnahmefällen kann man sich mit der pauschalen Feststellung begnügen, dass die durch die Art des Schadens und die Formen seiner Beseitigung entstandene Wertminderung durch gleichzeitig eingetretene Wertverbesserungen »schlicht um schlicht« kompensiert wird.[226] Bei einer derart pauschalen Feststellung, die – ihre Richtigkeit einmal unterstellt – sich als purer Zufall erweisen wurde, muss man zwangsläufig mit zwei gleichermaßen Unbekannten rechnen, deren substanzieller Gehalt sich nicht überprüfen lässt.[227] 122

219 BGHZ 16, 54 f.
220 *BGH* NJW 1972, 1658.
221 *Walter* S. 47.
222 *LG Essen* MDR 1965, 987, zu den wertbildenden Faktoren vgl. auch *Hörl* zfs 1991, 145 ff., 147.
223 In Abgrenzung zum Bagatellschaden Rdn. 99 ff.
224 Vgl. dazu *KG* DAR 1970, 157; 1971, 647; VersR 1971, 939; *LG Karlsruhe* VersR 1976, 252; *LG Stuttgart* DAR 1979, 306 = zfs 1980, 24.
225 Vgl. dazu *OLG München* VersR 1966, 1192 = VRS 32, 86; *LG Karlsruhe* VersR 1978, 430 (insoweit nicht unbedenklich); Weigelt/*Sprenger* Stichw.: »Neu für alt, Erläut. 1«, Kenn-Nr. 62701, 1983, S. 5.
226 Vgl. dazu beispielsw. *LG Frankenthal* zfs 1982, 203 (bei einem bereits 15 Jahre alten Kfz).
227 Vgl. dazu *KG* VersR 1971, 647; 1971, 939; *Walter* Regulierung S. 60; – zur Frage, ob der beim Weiterverkauf eines Gebäudestücks erzielte Erlös, der dem Wert des Grundstücks nach Maßgabe des zugesicherten Mietertrags entspricht, als Vorteil den durch das Fehlen der zugesicherten Eigenschaften entstandenen Schadenausgleich, vgl. *BGH* NJW 1981, 45 = MDR 1981, 128 = ZIP 1981, 86.

### V. Fälligkeit und Verzinsung

123 Nach der bereits an anderer Stelle wiedergegebenen Auffassung des *BGH*[228] ist für die Bemessung des merkantilen Minderwerts eines unfallbeschädigten Kraftfahrzeugs der Zeitpunkt der Beendigung der Instandsetzung maßgebend.[229]

124 Diese Frage hat – bei näherer Betrachtung – nur mittelbar mit dem an anderen Kriterien ausgerichteten Problem des Eintritts der Fälligkeit etwas zu tun. Auf der anderen Seite wird man jedoch berücksichtigen müssen, dass nach § 271 BGB die Fälligkeit im Zweifel sofort eintritt. In Verzug mit seinen Rechtsfolgen kann der Ersatzpflichtige jedoch erst dann kommen, wenn ihm ausreichend Gelegenheit gegeben worden ist, den – zuvor ordnungsgemäß belegten – Anspruch sowohl dem Grunde als auch der Höhe nach zu überprüfen. Der Umstand, dass nach Bürgerlichem Recht die Fälligkeit sofort eintritt, hat daher in diesem Zusammenhang nur geringe Bedeutung. Abgesehen davon wird man nach dem auch insoweit geltenden Grundsatz von Treu und Glauben (§ 242 BGB) davon ausgehen können, dass die Fälligkeit nicht vor dem Zeitpunkt eintreten kann, in dem eine Bezifferung des Schadens zumindest theoretisch möglich und rechtlich zulässig ist. Überdies muss der Gläubiger (Geschädigte) tatsächlich auch mitgeteilt haben, in welcher Höhe sich seine Vorstellungen bewegen und auf welche Überlegungen er sich dabei stützt.

125 Es ist heute anerkannten Rechts, dass die Fälligkeit des Schadensersatzanspruchs bereits im Zeitpunkt der Einwirkung des schädigenden Ereignisses auf ein geschütztes Rechtsgut eintritt. Bereits an anderer Stelle wurde deutlich gemacht, dass jedenfalls der unmittelbare Sachschaden sich sofort nach Eintritt des zum Ersatz verpflichtenden Ereignisses dem Grunde und der Höhe nach »verfestigt«. Wenn der *BGH* mit seiner Auffassung recht hätte, dass es für die Bemessung des merkantilen Minderwertes auf den Zeitpunkt der Beendigung der Instandsetzungsarbeiten am Kraftfahrzeug ankommt, dann würde derjenige Gläubiger einen Minderwert nicht geltend machen – zumindest nicht beziffern – können, der auf die Beseitigung des Schadens verzichtet, sei es, weil er den Wagen unrepariert weiterbenutzt oder im beschädigten Zustande veräußert.[230] Bereits diese einfache Überlegung deutet darauf hin, dass der vom *BGH* eingenommene Standpunkt, bei dem es sich ersichtlich um ein obiter dictum handeln dürfte, nicht Rechtens sein kann und aus Gründen, die in der Natur der Sache liegen, zu einem unbefriedigenden Ergebnis führen muss.

126 Es muss vielmehr an der bereits dargelegten und ausführlich begründeten Auffassung festgehalten werden, dass der Schaden ausschließlich in der Wertminderung besteht und diese sich in dem Betrage ausdrückt, um den das Kraftfahrzeug nach dem Unfall weniger wert war als in der »logischen Sekunde« vor dem Unfall. Das weitere Schicksal des Fahrzeugs und die vom Verfügungsberechtigten darüber getroffenen oder unterlassenen Dispositionen sind – abgesehen einmal von Beweisfragen, auf die sich ohnehin kein System aufbauen lässt – für den Umfang des ausgleichsfähigen Schadens ohne Bedeutung. Unzutreffend ist daher auch die Auffassung des *OLG Frankfurt*,[231] dass der merkantile Minderwert eines Fahrzeugs in der Differenz zwischen dem Wert des Wagens vor dem Unfall und nach der Durchführung der Reparatur besteht. Noch weniger ist der merkantile Minderwert notwendigerweise »die Differenz zwischen Verkaufspreis und Zeitwert beim Verkauf des Wagens«.[232] Die

228 Vgl. dazu *BGH* NJW 1967, 552 = VersR 1967, 183 = DAR 1967, 82 – a.A. *OLG Stuttgart* VersR 1961, 912 (Zeitpunkt der letzten mündlichen Verhandlung).

229 *OLG Karlsruhe* NJW-RR 1997, 1247 (bei Gebäude) vgl. dazu ergänzend auch *OLG Nürnberg* VersR 1964, 835; 1968, 505; *OLG München* DAR 1965, 78; VersR 1967, 89; VRS 31, 167; *OLG Köln* DAR 1972, 321; *LG Hamburg* NJW 1963, 1879 = VRS 64, 227; *AG Nürnberg* VersR 1967, 694; *AG Wiesbaden* VersR 1977, 71; Krumme/*Steffen* § 11 StVG Rn. 21 (Wiederinbetriebnahme des reparierten Kfz); *Walter* II 2 S. 50, 61.

230 In diesem Fall kein Ersatz des Minderwerts nach *AG Wolfsburg* DAR 2003, 79.

231 *OLG Frankfurt* VRS 39, 321.

232 *OLG Düsseldorf* VersR 1958, 890; 1959, 208.

hervorragende Bedeutung der Grundsatzentscheidung des *BGH* vom 03.10.1961[233] besteht doch gerade darin, dass es auf den Verkauf des Fahrzeugs als Kriterium für die Bemessung und Fälligkeit des Minderwertes nicht mehr ankommen soll. Ebenso wenig kann man in diesem Zusammenhang jedoch auf die Frage abstellen, ob und wann die Reparatur durchgeführt worden ist. Man sollte daher auch diesen letzten Schritt noch vollziehen und sich zu der Auffassung bekennen, dass der Minderwert im Zeitpunkt des Unfalles fällig und zahlbar wird und dass es auf tatsächliche Handlungen, wie beispielsweise Verkauf und Reparatur, in diesem Zusammenhang bei rechtlich orientierter Betrachtungsweise nicht ankommt.

Wenn man die Dinge so betrachtet, dann hat sich damit sogleich auch die Frage nach dem maßgeblichen Zeitpunkt für die Verzinsung beantwortet. Dann steht fest, dass die Zinspflicht nach § 849 BGB im Zeitpunkt des Unfalles beginnt. Zu dieser Auffassung hat sich auch der *BGH* bekannt.[234] 127

## VI. Nutzfahrzeuge

Die im Zusammenhang mit dem merkantilen Minderwert erörterten Grundsätze gelten – jedenfalls soweit es sich um die Begründung des Anspruchs handelt – im Prinzip allgemein auch für Nutzfahrzeuge,[235] sofern sie als Handelsobjekte in Betracht kommen und im Fall eines auf Unfall beruhenden Schadens im Rechtsverkehr geringer als unfallfreie Fahrzeuge bewertet werden. Sofern sich aus einer differenzierten Betrachtungsweise Abweichungen ergeben sollten, erfolgt die Korrektur über die Höhe des Anspruchs, die schon mit Rücksicht auf die unterschiedlichen Anschaffungskosten und Wiederbeschaffungswerte einer anderen Beurteilung bedarf, je nachdem, ob es sich um einen Pkw oder um ein Nutzfahrzeug[236] handelt. Bei Sonderfahrzeugen kann bezüglich des merkantilen Minderwerts eine davon abweichende Betrachtungsweise geboten sein. Soweit es sich um den technischen Minderwert handelt, ergeben sich auch bei Nutzfahrzeugen keine Abweichungen von der allgemein üblichen Beurteilung. Dies gilt jedenfalls für Fahrzeuge, die auf dem allgemeinen Gebrauchtwagenmarkt freihändig veräußert werden, und auch für Behördenfahrzeuge, wenn diese mit überschaubarem Aufwand für den privaten Gebrauch zugänglich gemacht werden können.[237] Eine differenziertere Betrachtungsweise ist jedoch erforderlich, falls Fahrzeuge dieser Art und Gattung üblicherweise versteigert werden. 128

Eine Einschränkung der hier dargelegten Gesichtspunkte soll nach der Auffassung des *OLG Stuttgart*[238] für funktionelle Nutzfahrzeugen gelten. Das *OLG Stuttgart* begründet diese – nicht unbedenkliche Auffassung damit, dass bei einem derartigen Nutzfahrzeug eine Abrechnung auf der Basis eines »unechten« Totalschadens nicht in Betracht kommt, weil diese Wagen »nach der Verkehrsauffassung nach ihrem funktionellen Gebrauchswert und nicht nach irrationalen Gesichtspunkten bewertet« werden. 129

Nach jetzt wohl vorherrschender Meinung[239] liegt ein zu ersetzender Schaden, auch soweit es sich um Nutzfahrzeuge handelt, in der Regel unabhängig von einer möglichen Verwertung des unfallbeschädigten Kfz auf dem Gebrauchtwagenmarkt schon darin, dass ein nicht unerheblich beschä- 130

---

233 Vgl. dazu BGHZ 35, 396 = NJW 1961, 2253 = VersR 1961, 1043 = DAR 1961, 334 = MDR 1962, 43.

234 Vgl. dazu BGHZ 8, 288, 298 = NJW 1953, 499; *BGH* VersR 1962, 548 = MDR 1962, 464 = VRS 22, 324; VersR 1964, 749 (in Ergänzung zu VersR 1961, 737), NJW 1965, 392.

235 *AG Trier* SVR 2007, 388.

236 Vgl. auch *OLG Hamm* OLGR 1998, 229 (zum Integritätsinteresse bei Nutzfahrzeugen).

237 *AG Dortmund* SVR 2017, 431 (Polizeifahrzeug).

238 Vgl. dazu *OLG Stuttgart* VersR 1983, 92; vgl. auch *LG Lübeck* r+s 1982, 18 (Zugmaschine); *OLG Schleswig* VersR 1979, 1037 (Bundeswehrfahrzeuge).

239 *BGH* VersR 1980, 46 = DAR 1980, 82 (Lkw); *OLG Stuttgart* VersR 1978, 529 (Gelenkomnibus); *OLG Köln* r+s 1982, 213 (Taxi); *KG* VersR 1988, 361 (Kraftdroschke); *LG Kiel* VersR 1988, 47 (Wohnmobil); *Riedmaier* VersR 1986, 728, 731.

digtes Fahrzeug reparaturanfälliger sein kann als ein nicht oder nur unwesentlich beschädigtes und aus dieser Befürchtung heraus im Rechtsverkehr geringer bewertet wird.

## 1. Allgemein

131 Ein merkantiler Minderwert ist grundsätzlich auch bei Nutzfahrzeugen als Teil des ausgleichsfähigen Schadens zu ersetzen, sofern und soweit sie als Handelsobjekte in Betracht kommen.[240] Dass diese Fahrzeuge später wirklich einmal verkauft werden, ist für die Begründung eines merkantilen Minderwertes ebenso wenig erforderlich wie beispielsweise bei Personenkraftwagen.

132 Nach vorherrschender Auffassung genügt es, dass der Geschädigte nach der Instandsetzung[241] – genauer gesagt: nach dem Unfall, da die Entstehung des Minderwerts sich nicht als Folge der Instandsetzung darstellt und diese bei rechtlich wertender Betrachtung auch nicht voraussetzt, sondern auf dem Unfall selbst beruht – ein Fahrzeug benutzt, das mit Rücksicht auf seine Eigenschaft als »Unfallwagen« im Rechtsverkehr geringer bewertet wird als ein unfallfreies Fahrzeug unter ansonsten in allen wesentlichen Punkten übereinstimmenden technischen Voraussetzungen. Auf das weitere Schicksal des Wagens kommt es also weder in rechtlicher noch in tatsächlicher Hinsicht an. Der Minderwert ist unabhängig von späteren Dispositionen, die der Eigentümer trifft oder auch unterlässt, in jedem Fall auszugleichen.[242]

133 Voraussetzung für die Zubilligung eines merkantilen Minderwerts bei Nutzfahrzeugen ist der im Einzelfall sorgfältig zu prüfende Gesichtspunkt, ob für Fahrzeuge dieser Art überhaupt ein ausreichend bestückter Gebrauchtwagenmarkt vorhanden ist. Dabei ist zu berücksichtigen, dass die merkantile Wertminderung ihre rechtliche Relevanz aus der Erwägung bezieht, dass vorbeschädigte Kraftfahrzeuge nach allgemeiner Anschauung im Rechtsverkehr geringer bewertet werden als unfallfreie Kfz. Es kommt also bereits im Vorfeld der Betrachtung sehr wesentlich darauf an, ob das betreffende Nutzfahrzeug im Rechtsverkehr überhaupt gehandelt wird – wobei in erster Linie auf seine Verkehrsfähigkeit abzustellen ist – und dass sich – ähnlich wie bei Pkw und Kombiwagen – eine rechtlich beachtliche und daher im Rechtsverkehr zu berücksichtigende Auffassung gebildet und durchgesetzt hat, die unfallbeschädigte Kfz geringer einschätzt als unbeschädigt gebliebene Exemplare. Auf die

240 Vgl. dazu insbes. *BGH* VersR 1959, 949 (5.600 DM Minderwert bei einem 2 Monate alten Kraftomnibus mit einer Fahrleistung von rd. 20000 km und einem Neupreis von rd. 60.000 DM); *BGH* NJW 1980, 281 = VersR 1980, 46 = DAR 1980, 16; *OLG Stuttgart* VersR 1959, 962 (schwere Schäden an einem 3,5t Lkw, 200 DM Minderwert bei einem Reparaturkostenbetrage von 1.250 DM); VersR 1969, 838 (1.600 DM für einen 16t Lkw mit einer Laufleistung von 250000 km, einem Zeitwert von 30.000 DM und einem Reparaturkostenbetrage von 14.500 DM); VersR 1978, 5 = r+s 78, 107 = VRS 54, 97; *OLG München* VersR 67, 69; r+s 78, 80 (Lkw); *KG* VersR 1973, 749; 1974, 786 = r+s 1974, 33 (2.500 DM Minderwert bei einem knapp 1 Jahr alten Lkw mit einem Zeitwert von 63.000 DM bei Reparaturkosten in Höhe von 5.474 DM); VM 1981, 72 (Fahrschulwagen); *OLG Oldenburg* VersR 1969, 1008; *OLG Köln* r+s 1982, 213 (Taxi, 41/2 Monate alt, 26453 km, 400 DM); *LG Berlin* VersR 1971, 675 (350 DM Minderwert bei einem 3 Monate alten Lkw mit einer Laufleistung von 3447 km, Reparaturkostenhöhe nicht bekannt); *LG Köln* VersR 1973, 713; *LG Aachen* r+s 1978, 108 = VRS 54, 99 (Omnibus); *LG Ellwangen/Jagst* VersR 1978, 335 (Behörden-Kfz); *LG Kiel* VersR 1979, 167 = r+s 1979, 85 (Bundeswehr-Lkw); *LG Rottweil* VersR 1980, 1126 = zfs 1981, 43 (Omnibus); *LG Kaiserslautern* r+s 1981, 126 (Lkw); *LG Nürnberg-Fürth* VersR 1982, 855 = zfs 1982, 330 (»normales« Behörden-Kfz); *AG Esslingen* VersR 1976, 1001 = r+s 1976, 260 (VW-Transporter mit einer Fahrleistung von 40000 km, Höhe des Minderwerts nicht bekannt); *AG Hanau* r+s 1977, 214 (Minderwett von 2.200 DM für einen Kraftomnibus mit einem Zeitwert von 16.000 DM); *Himmelreich* NJW 1973, 673 f.; *Schlund* BB 1976, 908; 1977, 910 (mit Einschränkungen); VersR 80, 415 (zugl. Anm. zu *BGH* NJW 80, 281 = VersR 80, 46 = DAR 80, 82; Geigel/*Katzenstein* Kap. 3 Rn. 104.

241 *BGH* NJW 1967, 552; VersR 1980, 46 (47 1. Sp.); *OLG Stuttgart* VersR 1969, 839; *KG* DAR 1971, 186.

242 Vgl. dazu insbes. BGHZ 35, 396 = NJW 1961, 2253 = VersR 1961, 1043 = DAR 1961, 334 = MDR 1962, 43; NJW 1967, 552; *OLG Stuttgart* VersR 1961, 912; *OLG München* DAR 1965, 78; *KG* VersR 1971, 647; 1971, 939; *OLG Celle* VersR 1974, 1032.

Größe des Gebrauchtwagenmarktes und die Höhe der dort erzielten Umsätze kommt es demgegenüber nicht entscheidend an, falls feststeht, dass Nutzfahrzeuge der betreffenden Art nicht nur ganz vereinzelt und ausnahmsweise gehandelt werden.

Daher ist die Zubilligung einer Entschädigung wegen eines merkantilen Minderwerts auch bei Behördenfahrzeugen[243] gerechtfertigt, »wenn nach Art und Umfang des Unfallschadens eine Erlösminderung wegen des Vorschadens eintreten würde«.[244] 134

Es ist im Einzelfall allerdings zu prüfen, ob auch Gebrauchtwagen dieser Art auf dem allgemeinen Markt »freihändig« veräußert werden oder ob sie einer öffentlichen Versteigerung unterliegen. 135

Es kommt allein darauf an, ob ein Schaden, je nach der Art der späteren Beurteilung, zu einem merkantilen Minderwert führen kann. Das bedeutet, dass bei Nutzfahrzeugen, die als Handelsobjekte überhaupt in Betracht kommen, entscheidend darauf abzuheben ist, in welcher Weise sie nach den speziell vorgeprägten Gewohnheiten des Geschädigten später veräußert zu werden pflegen. Nehmen diese Fahrzeuge am allgemeinen Gebrauchtwagenmarkt teil, d.h. werden sie üblicherweise »freihändig« veräußert, dann gelten die bereits dargestellten Grundsätze. Werden die Fahrzeuge üblicherweise jedoch unter Ausschluss aller Gewährleistungsansprüche »wie besichtigt« öffentlich versteigert, dann wird ein äußerlich nicht erkennbarer merkantiler Minderwert schon deswegen nicht in Betracht kommen, weil er den erzielbaren Veräußerungserlös nicht zu beeinflussen vermag. Andere Grundsätze können indes dann gelten, wenn der – nicht ordnungsgemäß beseitigte – Schaden bereits für den oberflächlichen Betrachter rein äußerlich zu erkennen ist, sodass die Kaufinteressenten diesen Umstand bei der Abgabe ihrer Gebote berücksichtigen. Dann allerdings tritt im Regelfall nicht nur ein merkantiler, sondern zugleich auch technischer Minderwert ein, für den die hier im Fall der öffentlichen Versteigerung dargestellten Einschränkungen selbstverständlich nicht gelten. 136

Als Handelsobjekt kommen Nutzfahrzeuge auch dann in Betracht, wenn die spätere Veräußerung lediglich zu einer Weiterverwendung für minderqualifizierte Zwecke führt. Dabei ist etwa an den Fall zu denken, dass ein für den Linienverkehr nicht mehr tauglicher Kraftomnibus künftig noch als »rollende Baubude« benutzt wird. Auch hier ist der Grundsatz festzuhalten, dass sofort nach Eintritt des Schadens ein merkantiler Minderwert entsteht, dessen Begründung und Höhe nicht etwa davon abhängen, dass Verkaufsabsichten bestehen, noch weniger davon, dass sie jemals realisiert werden.[245] 137

Nicht als Handelsobjekte gelten – negativ ausgedrückt – Fahrzeuge, für die kein Markt besteht und die im Rechtsverkehr daher nicht gehandelt zu werden pflegen. Dieser Grundsatz wird nicht dadurch infrage gestellt, dass ausnahmsweise doch einmal im Einzelfalle aus besonderen Gründen eine Veräußerung im Rahmen des bestimmungsgemäßen Verwendungszwecks erfolgt. Dabei handelt es sich lediglich um die Ausnahme, die die Regel bestätigt. Auch wenn Schienenfahrzeuge gelegentlich einmal weiterveräußert werden sollten – dies ist beispielsweise bei Straßenbahnen mit zusammenhängendem Gleisnetz für eine ganze Reihe von Großstädten im westdeutschen Raum der Fall –, werden sie dadurch gleichwohl nicht zum Handelsobjekt, weil als Abnehmer nur ein ganz eng begrenzter Käuferkreis infrage kommt, der die Auswahl allein nach sachbezogenen Gesichtspunkten trifft und sich dabei nicht von gefühlsmäßigen Abneigungen gegen »Unfallwagen« leiten lässt. Ein Minderwert kommt daher – neben den bereits erwähnten Schienenfahrzeugen insgesamt – nicht in Betracht bei- 138

243 Vgl. zu diesem Problemkreis insbes. *OLG Schleswig* VersR 1979, 1037 = zfs 1980, 25 (Bundeswehr-Lkw); *LG Ellwangen/Jagst* VersR 1978, 335; *LG Kiel* VersR 1979, 167 = r+s 1979, 85 (Bundeswehr-Lkw); *LG Dessau* DAR 2002, 72; *AG Köln* VersR 1977, 1042 = r+s 1977, 261.

244 *AG Köln* VersR 1977, 1042 = r+s 1977, 261; – ähnlich auch *LG Nürnberg-Fürth* NJW 1982, 2079 = VersR 1982, 885; a.A. *AG Mettmann* VersR 1978, 191; 1978, 383 = r+s 1978, 129 (Streifenwagen d. Polizei).

245 So aber *KG* VersR 1974, 786 (Lastzug); *KG* 12 U 2098/73 v. 08.04.1974 (n.v.: VW-Transporter, der als Campingwagen benutzt wurde); *KG* VersR 1975, 141 = DAR 1974, 270 (Mietwagen); *KG* 12 U 313/74 v. 10.06.1974 (n.v.: VW-Transporter als Kühlwagen).

spielsweise für Feuerlöschfahrzeuge, fahrbare Arbeitsmaschinen, Hebekräne, Panzerwagen der Bundeswehr, Hubschrauber, Bagger, Planierraupen und Krankentransportwagen der Feuerwehr[246] usw.

139 Für marktgängige Fahrzeuge, die als Handelsobjekte in Betracht kommen, werden allerdings andere Bewertungsmaßstäbe zu gelten haben, soweit es sich um die Höhe des Anspruchs handelt. Hier muss berücksichtigt werden, dass ein verständiger und wirtschaftlich denkender Käufer, auf den Literatur und Rechtsprechung entscheidend abstellen, beim Erwerb von Nutzfahrzeugen in erster Linie darauf Wert legt, dass die Wagen für den in Aussicht genommenen Gebrauch tauglich sind. Es liegt klar auf der Hand, dass beispielsweise eine ausgeheilte Verletzung bei einem Rennpferd anders beurteilt werden muss als bei einem »Ackergaul«. Man wird sich daher bei der Bemessung des merkantilen Minderwertes bei Nutzfahrzeugen mehr an »realen« Gesichtspunkten zu orientieren haben, weil insoweit keine Prestigegründe maßgeblich sind, sondern reine Zweckmäßigkeitserwägungen im Vordergrund der Betrachtung stehen. Ob die Grenze für die Zuerkennung eines merkantilen Minderwertes insoweit bei 50000 km liegt,[247] erscheint insbesondere dann zweifelhaft, wenn man berücksichtigt, dass dieser Wert bei viel benutzten gewerblichen Fahrzeugen (z.B. bei Wagen, die im gewerblichen Güterfernverkehr eingesetzt werden) bereits nach wenigen Monaten erreicht sein kann.

140 Andere Gesichtspunkte als bei Personenwagen werden bei der Bemessung der Schadenhöhe auch schon deswegen zu gelten haben, weil jede Anlehnung an die Reparaturkosten mit Sicherheit zu unzutreffenden Werten führt.

141 Soweit es sich um die Bemessung der Höhe der Wertminderung im Allgemeinen und zugleich in der Abgrenzung zum Minderwert für Pkw handelt, weist das *KG*[248] zutreffend darauf hin, dass »die Wertminderung im Handel mit gebrauchten Nutzfahrzeugen nicht so ausschlaggebend ist wie bei vor allem privaten Zwecken dienenden Pkw, weil bei Nutzfahrzeugen die Gefahr von Beschädigungen ohnehin größer ist und beim Erwerb und Reparaturaufwand steuerliche Überlegungen von entscheidendem Einfluss sind, während im privaten Bereich die Gefahr von verborgenen Schäden am Fahrzeug vom Käufer berücksichtigt wird«.

142 Ähnliche Überlegungen stellt das *LG Berlin*[249] an, wenn es darauf hinweist, dass der merkantile Minderwert bei Nutzfahrzeugen »häufig zu einer nicht mehr messbaren Größe zusammenschrumpft, weil die stärkere Inanspruchnahme dieser Fahrzeuge den Zeitwert regelmäßig rasch absinken lässt und dann der Umstand, dass das Fahrzeug einmal Unfallschäden gehabt hatte, gegenüber der allgemeinen Abnutzung keinen preisbildenden Faktor mehr abgibt«. Es handelte sich dabei um dieselbe Erscheinung wie bei Privatfahrzeugen, allerdings mit dem Unterschied, dass sie dort erheblich später eintritt. Prinzipiell ist auch in diesem Bereich davon auszugehen, dass der Argwohn der Käufer von Gebrauchtwagen bei Nutzfahrzeugen ebenfalls die Preise »drückt«,[250] und zwar auch dann, wenn durch die Reparatur die volle Betriebssicherheit wiederhergestellt worden ist.[251]

143 In einer anderen Entscheidung lässt sich das *KG*[252] von der Überlegung leiten, dass bei Nutzfahrzeugen der Markt wesentlich breiter aufgefächert ist als bei Pkw und dass sich das sog. »Odium des Unfallwagens« weniger in Preisverlusten niederschlägt als bei privaten Pkw.[253] Auch wenn es sich um eine fast neuwertige Kraftdroschke handele, sei der Umstand zu berücksichtigen, dass derartige Fahrzeuge auch ohne Unfall bereits nach kurzem Gebrauch einen erheblichen Wertverlust hinnehmen müssen.

---

246 *KG* VersR 1979, 260 = r+s 1979, 107; Grüneberg/*Grüneberg* 251 Rn. 15.
247 Vgl. dazu *OLG Köln* NJW 1973, 713.
248 Vgl. dazu *KG* VersR 1974, 786 (787 l. Sp.).
249 Vgl. dazu *LG Berlin* VersR 1971, 675.
250 Vgl. dazu *AG Köln* bei *Himmelreich* VersR 1971, 401.
251 Vgl. dazu *OLG Hamburg* VersR 1957, 322.
252 Vgl. dazu *KG* VersR 1988, 361.
253 Vgl. dazu auch *BGH* NJW 1980, 281 f. = VersR 1980, 46 f. = VRS 58, 1, 4.

## 2. Sonderfahrzeuge

### *a) Schienenfahrzeuge*

Ein merkantiler Minderwert wird unabhängig von der Höhe des Schadens in jedem Fall zu verneinen sein, wenn Fahrzeuge betroffen sind, die auf dem allgemeinen Markt nicht angeboten werden und für die es infolgedessen keinen Handelswert gibt. Als geradezu »klassisches« Beispiel darf in diesem Zusammenhang auf Lokomotiven und Güterwagen der Deutschen Bundesbahn sowie auf Straßenbahnzüge verwiesen werden. Derartige Fahrzeuge werden üblicherweise nicht verkauft, sondern bis zur Schrottreife oder jedenfalls so lange benutzt, bis ihr Einsatz unwirtschaftlich geworden ist. Ein merkantiler Minderwert kommt in diesem Bereich schon von »Haus aus« nicht in Betracht.[254] Bei derartigen Fahrzeugen fällt der »Aufhänger« für die Begründung des merkantilen Minderwertes, nämlich die Abneigung breiter Käuferschichten gegen Unfallwagen, weg. 144

Einen Anspruch auf Zuerkennung eines merkantilen Minderwertes hat beispielsweise das *OLG Köln* in seinem Urt. v. 25.04.1974[255] für einen mit einem Reparaturkostenaufwand von rd. 24.000 DM (12.000 €) bei einem »Zeitwert« von etwa 287.000 DM (143.000 €) ausgebesserten Straßenbahntriebwagen in Übereinstimmung mit der Vorinstanz verneint. Es ist zwar nicht damit getan, dass – wie das *OLG Köln* in Erwägung zieht – Instandsetzungsarbeiten an Straßenbahnfahrzeugen nach den Bestimmungen der BOStrab »gründlich und völlig durchgeführt« werden müssen. Dies geschieht im Regelfalle im Hinblick auf den nahezu perfekten Stand der heutigen Reparaturtechnik im Allgemeinen auch bei anderen Fahrzeugen. Die Ansicht des *OLG Köln*, die Minderbewertung von Unfallfahrzeugen in der Verkehrsauffassung beruhe auf der in der Praxis gemachten Erfahrung, dass Reparaturen nicht immer mit der nötigen Sorgfalt durchgeführt werden, dürfte vor dem Hintergrund der heutigen Schadensdiagnostik und Reparaturmethoden als überholt anzusehen sein.[256] 145

Im Ergebnis ist dem *OLG Köln* indes zuzustimmen, wenn es zu treffenderweise darauf hinweist, dass es einen Markt für gebrauchte Straßenbahnwagen, der dem Gebrauchtwagenmarkt für Pkw gleichwertig wäre, nicht gibt. Falls doch einmal im Einzelfalle ausnahmsweise ein Straßenbahnwagen veräußert werden sollte, dann – so führt das *OLG Köln* zutreffend weiter aus – würden im Gegensatz zum Handel mit Gebrauchtwagen, wie er sich überwiegend unter Laien vollzieht, sich Fachleute gegenübertreten, sodass der Käufer davon ausgehen könne, »dass die Unfallschäden gründlich und einwandfrei behoben und das Fahrzeug durch sachverständige Stellen auf seine absolute Betriebssicherheit untersucht und geprüft worden ist. Ein Verkauf aus zweiter oder dritter Hand und damit ein erheblicher Unsicherheitsfaktor ist ebenso ausgeschlossen wie die Gefahr einer Täuschung durch den Verkäufer«. 146

### *b) Baustellenfahrzeuge*

Besondere Maßstäbe werden dann anzulegen sein, wenn es sich um Fahrzeuge handelt, die einem extremen Verschleiß unterliegen, wie beispielsweise Lastkraftwagen, die überwiegend im Baustellenbetrieb eingesetzt sind, d.h. schwerste Lasten auf meist unwegsamem Gelände transportieren und die Ladung schließlich über eine besondere Vorrichtung in einer die Konstruktion des Wagens wenig schonenden Weise abkippen. Bei einem derartigen Verfahren lassen sich gravierende Mängel und Ermüdungserscheinungen im Material nicht vermeiden. Hinzu kommt, dass gerade beim Abkippen von Lasten auf unwegsamem oder gar unebenem Gelände sehr häufig auch innere Betriebsschäden mit der Neigung zu Verwindungen im Karosseriebereich entstehen. 147

254 Vgl. dazu *Klimke* RWP, »Eigentumsverletzung« 30. Forts.-Bl.
255 Vgl. dazu *OLG Köln* VersR 1974, 761.
256 Vgl. dazu *BGH* NJW 1961, 1571 = VersR 1961, 707.

*c) Fahrschulwagen*

148 Ähnliche Überlegungen gelten auch für Fahrschulwagen aus Gründen, die in der Natur der Sache liegen. Jedermann weiß, dass diese Fahrzeuge von einer Vielzahl ungeübter Benutzer bedient werden, die gerade auf diese Weise ihre ersten Erfahrungen sammeln und denen häufig Schalt- sowie sonstige Bedienungsfehler unterlaufen.[257] Aus der Eigenart des Einsatzes als Fahrschulwagen ergibt sich ferner, dass derartige Fahrzeuge auch äußerlich häufig bereits Spuren des Gebrauchs[258] erkennen lassen. Besonders gravierend ist natürlich der nachteilige Einfluss auf das »Innenleben« dieser Wagen, beispielsweise also auf Motor und Getriebe. Auch bei Fahrschulwagen wird sich ein merkantiler Minderwert zwar nicht generell ausschließen lassen; er muss jedoch ebenfalls auf Ausnahmefälle beschränkt bleiben und der Höhe nach geringer angesetzt werden als bei »normalen« Pkw.

149 So meint etwa das *OLG Köln*,[259] die mehrjährige ununterbrochene Nutzung eines Pkw als Fahrschulwagen stelle eine atypische Benutzung dar, die im Fall eines Verkaufs als Sachmangel offenbart werden müsse. Im Fall eines drei Jahre alten Fahrschulwagens des Fabrikats VW Golf mit einer Fahrleistung von knapp 90000 km ist beispielswiese ein merkantiler Minderwert in Höhe von 100 € zugestanden worden.[260]

*d) Motorräder*

150 Ein merkantiler Minderwert kann unter besonderen Umständen auch bei einem Unfallschaden an einem Motorrad zurückbleiben und vom Schädiger auszugleichen sein.[261] Da insoweit schon aus übergeordneten Gründen der Betriebs- und Verkehrssicherheit in der Regel alle beschädigten Teile durch verbürgt neue genormte Aggregate ersetzt werden, ist indes bei Motorrädern – sinngemäß auch bei Kleinkrafträdern – große Zurückhaltung geboten, wenn es sich um die Schätzung des merkantilen Minderwerts handelt. Bei Fahrrädern ist demgegenüber ein merkantiler Minderwert abzulehnen.[262]

## D. Beweislast

151 Nachfolgend sollen die Rechte und Pflichten sowohl des Gläubigers als auch des Schuldners unter besonderer Berücksichtigung der Verteilung der Beweislast behandelt werden.

### I. Geschädigter (Anspruchsteller)

#### 1. Schadensadäquanz

152 In erster Linie ist der Anspruchsteller beweispflichtig für die von ihm behauptete Schadenadäquanz, d.h. dafür, dass in seiner Person ein Schaden entstanden ist (Aktivlegitimation), der ursächlich auf einem Schadenereignis beruht, das in die Verantwortungs- und Zurechnungssphäre des Ersatzpflichtigen fällt und demgemäß von ihm zu vertreten ist.

153 Der Anspruchsteller hat also alle anspruchsbegründenden Tatsachen darzulegen und zu beweisen. Der Sachschaden besteht häufig auch darin, dass aus Anlass eines Unfalls ein Gegenstand in Verlust

257 Vgl. dazu *OLG Nürnberg* DAR 1986, 26 = MDR 1985, 675.
258 Insbesondere Schrammen und Einbeulungen.
259 *OLG Köln* OLGR 1996, 262 = VersR 1997, 1368; *OLG Nürnberg* VersR 1986, 821.
260 Vgl. dazu *KG* VersR 1982, 45 (L).
261 Vgl. dazu insbes. *OLG Köln* r+s 1979, 102 (relativ neues, nicht vorgeschädigtes Motorrad wird bei einem Unfall so stark beschädigt, dass umfangreiche Reparaturarbeiten von etwa einem Viertel des Neupreises entstehen); *LG Ulm* 1984, 1178 = zfs 1985, 44; *AG Karlsruhe* r+s 1976, 79; *AG Hochheim* r+s 1978, 173; *AG Frankfurt/M.* r+s 1980, 1153 = zfs 1981, 43; *AG Stuttgart-Bad Cannstadt* zfs 1982, 166 (für eine 1 Monat alte »Honda« CX 500/81 bei Reparaturkosten von 2.720 DM: Minderwert 400 DM); *Frank* MDR 1985, 720; – a.A. *AG Karlsruhe* r+s 1976, 79; *LG Aschaffenburg* VersR 1991, 355.
262 Vgl. dazu *LG Stade* r+s 1980, 193; *LG Oldenburg* VM 1999, 8.

geraten ist, z.B. eine mehr oder weniger wertvolle Armbanduhr. An diesen Nachweis werden von Haftpflichtversicherern und Gerichten besonders strenge Anforderungen gestellt. Die Glaubwürdigkeit der Angaben des jeweiligen Anspruchstellers sind sorgfältig zu prüfen, wobei natürlich zu berücksichtigen ist, dass der Geschädigte in derartigen Fällen meist nur Indiztatsachen, die für den unfallbedingten Verlust sprechen, wird beweisen können. Zumindest wird der Beweis erforderlich sein, dass er die in Verlust geratene Sache am Unfalltag mit sich geführt hat.

Zum Nachweis der Schadenadäquanz gehört auch die ordnungsgemäße Anzeige des Schadens beim Schädiger und seinem Haftpflichtversicherer, sofern der Geschädigte auf dessen gesamtschuldnerische Haftung zurückzugreifen wünscht. Nach § 119 VVG ist der Dritte, also der Geschädigte, verpflichtet, im Fall der Inanspruchnahme der KH-Versicherung dieser das Schadenereignis innerhalb von zwei Wochen schriftlich anzuzeigen. Die Beweislast für den Zugang beim Versicherer trägt der Dritte. Zu seinen Gunsten ist zu berücksichtigen, dass die 2 Wochen-Frist bereits durch Absendung der Anzeige gewahrt wird. In der Praxis der Schadenregulierung bestehen die KH in aller Regel nicht auf der Einhaltung dieser Frist, zumal es sich bei ihr weder um eine Not- noch um eine Ausschlussfrist handelt. Allerdings kann eine Verletzung der Anzeigepflicht eine Kürzung des Direktanspruchs nach § 254 BGB zur Folge haben. 154

Erforderlich ist weiter eine Schilderung des Sachverhalts. Dies bedeutet, dass der Schadenmeldung eine vollständige Darstellung des Tatbestands unter besonderer Berücksichtigung der zum Schaden führenden Verursachung beizufügen ist. Dafür kann selbstverständlich auch das von vielen KH herausgegebene »Kurzprotokoll« verwendet werden, das unmittelbar im Anschluss an den Unfall von beiden Beteiligten aufgenommen und unterzeichnet wird. Die Schilderung des Tatbestands soll die Gesichtspunkte erkennen lassen, auf die der Geschädigte im Einzelnen seine Ersatzansprüche stützt. Es ist zweckmäßig und erleichtert die Bearbeitung wesentlich, wenn dem KH, der mit den örtlichen Verhältnissen in der Regel nicht vertraut sein wird, eine Skizze der Unfallstelle übersandt wird. Die Skizze braucht durchaus nicht maßstabgerecht zu sein, sollte aber alle wesentlichen Gesichtspunkte, insbesondere die Stellung der Fahrzeuge und die von ihnen zuletzt eingehaltene Fahrtrichtung, erkennen lassen. 155

Weiterhin ist die Bezeichnung der Beweismittel erforderlich. Es hat insoweit wenig Sinn, sich mit der Bemerkung zu begnügen, dass Zeugen der Polizei bekannt sind. Deren Darstellung wird der KH in aller Regel erst kennenlernen, wenn er Gelegenheit gehabt hat, Einblick in die amtlichen Ermittlungsakten zu nehmen. Bis dahin können Wochen, mitunter sogar Monate, vergehen, die besser für die sinnvolle Schadenregulierung genutzt werden sollten. 156

## 2. Schadenshöhe

Der Gläubiger ist darüber hinaus auch für die Höhe des Schadens beweispflichtig, d.h. dass es sich um den zur Herstellung objektiv erforderlichen Betrag im Sinne von § 249 S. 2 BGB handelt. Nach § 119 Abs. 3 VVG ist der Anspruchsteller verpflichtet, im Rahmen der ihm zumutbaren Möglichkeiten angeforderte Belege beizubringen.[263] 157

Die in Literatur und Rechtsprechung vertretene Auffassung geht überwiegend dahin, dass es allein Aufgabe des Gläubigers ist, den Schadenumfang ordnungsgemäß darzulegen und zu beweisen und unter Berücksichtigung der Erforderlichkeit sachgerechte Dispositionen zu treffen.[264] Insbesondere ist der Gläubiger verpflichtet, seinen Anspruch ordnungsgemäß zu spezifizieren[265] und in nachprüf- 158

263 *Stiefel/Maier-Jahnke* § 119 VVG Rn. 53 ff.

264 Vgl. dazu insbes., soweit es sich um die *Veranlassungspflicht* des Geschädigten handelt: *BGH* DAR 1975, 109; *OLG Stuttgart* NJW 1960, 1463; *OLG Hamm* NJW 1962, 397 = VersR 1962, 555 = DAR 1962, 293; *OLG Celle* VersR 1962, 1212; 1968, 1195; *OLG Hamm* NJW 1964, 400; *KG* VersR 1971, 256; *OLG Stuttgart* VersR 1981, 1061 = r+s 1981, 260; *OLG Hamm* MDR 1984, 490 = DB 1984, 1521; zur Beweislast: Grüneberg/*Grüneberg* vor § 249 Rn. 128 ff.

265 *OLG Hamm* VersR 1957, 824; 1961, 118.

barer Form zu belegen.[266] Außerdem muss der Geschädigte dem Ersatzpflichtigen eine angemessene Bearbeitungs- und Regulierungsfrist einräumen.[267]

159 Weiterhin ist der Geschädigte im Rahmen der ihm obliegenden Beweispflicht gehalten, in analoger Anwendung des § 119 Abs. 3 VVG dem Ersatzpflichtigen alle ergänzenden Auskünfte zu erteilen, die dieser für eine ordnungsgemäße Schadenbearbeitung und -regulierung benötigt. Dazu gehört, dass er im Interesse einer schnellen Abwicklung – und damit letztlich in seinem eigenen Interesse – Rückfragen der KH unverzüglich beantwortet.

160 Diese Beweisanforderungen gelten grundsätzlich auch für den Fall eines Prozesses. Steht nicht fest, auf welche Ursache ein Unfall zurückzuführen ist, so kann u.U. aus der Art der schädigenden Einwirkung auf eine bestimmte Bedingung als Unfallursache geschlossen werden.[268] Im Übrigen besteht soweit feststeht, dass (irgendein) Schaden entstanden ist, auch bei der Prüfung der haftungsausfüllenden Kausalität die Möglichkeit der freien richterlichen Beweiswürdigung nach § 287 ZPO,[269] die eine Beweiserleichterung für den Kläger bedeutet und sich nicht nur auf die Höhe des Schadens, sondern auch auf die Frage des ursächlichen Sachzusammenhanges zwischen Unfall und Schaden erstreckt.[270]

## II. Ersatzpflichtiger

### 1. Mithaftung

161 Lässt sich ein Unfall durch mehrere Ursachen erklären und kommt nur bei einer dieser Ursachen ein Mitverschulden des Geschädigten in Betracht, dann muss der Ersatzpflichtige nachweisen, dass gerade diese bestimmte Ursache zum Unfall geführt hat.[271]

### 2. Abzüge bei der Schadenhöhe

162 Sofern der Ersatzpflichtige gegen eine sonst ordnungsgemäße Abrechnung Einwendungen erhebt, kann ihn im Einzelfall eine erhöhte Substantiierungslast treffen. Hiervon wird jedoch von den Gerichten in der Praxis zu häufig und in ungeeigneten Fällen Gebrauch gemacht, um eine unliebsame Beweisaufnahme zu verhindern. Grundsätzlich bleibt der Geschädigte für die Höhe des Schadens darlegungs- und beweisbelastet, der Schädiger kann den Tatsachenvortrag des Geschädigten hierzu auch einfach oder gar mit Nichtwissen bestreiten. Die Vorlage eines außergerichtlichen Sachverständigengutachtens ändert hieran nichts.

163 Den Schädiger trifft jedoch die Beweislast dafür, dass unter dem Gesichtspunkt des Vorteilsausgleichs Abzüge »neu für alt« vorzunehmen sind. Der Ersatzpflichtige muss in diesem Fall nachweisen, dass durch den Einbau von Neuteilen eine Wertverbesserung im Ganzen eingetreten ist und der Zweck des Vorteilsausgleichs eine Anrechnung erforderlich macht. Zieht der Ersatzpflichtige demgegenüber die Schadenadäquanz in Zweifel, dann ist es Sache des Geschädigten, den insoweit erforderlichen Nachweis zu führen.

266 *OLG Celle* VersR 1961, 1144; *OLG Karlsruhe* VersR 1965, 722; *OLG Hamm* VersR 1969, 741.
267 Vgl. dazu insbes. *OLG Karlsruhe* VersR 1965, 722; *OLG Hamm* VersR 1969, 741; VersR 1971, 187; *KG* DAR 1971, 215; *LG Nürnberg-Fürth* VersR 1969, 577; *LG Karlsruhe* VersR 1969, 865; *OLG Saarbrücken* AnwBl 1991, 343.
268 *BGH* VersR 1957, 446.
269 *BGH* VersR 1957, 665.
270 *BGH* VersR 1957, 446; 1959, 522; 1964, 408; 1968, 850; 1969, 160; 1969, 327; 1969, 801; NJW 1970, 1970 = VersR 1970, 924; zu § 287 ZPO bei der Betrugsabwehr: Meschkat/Nauert/*Staab* Rn. 285.
271 *BGH* VersR 1957, 445; *BGH* NJW 1994, 3102, 3105.

Wenn der Ersatzpflichtige einwendet, der Geschädigte habe die ihm nach § 254 Abs. 2 BGB obliegende Schadenminderungspflicht schuldhaft verletzt, ist er für diese Behauptung beweispflichtig, sofern nicht im Ausnahmefall eine Umkehrung der Beweislast nach Treu und Glauben eintritt.[272] 164

Unter bestimmten Voraussetzungen kann nach den das gesamte Schadensersatzrecht beherrschenden Grundsätzen von Treu und Glauben (§ 242 BGB) eine Verlagerung der Beweislast auf den Gläubiger eintreten, obwohl an sich der Ersatzpflichtige nach den an anderer Stelle genannten Vorschriften beweispflichtig wäre. Dies gilt z.B. für den Fall, dass der Ersatzpflichtige, da ihm nähere Einzelheiten trotz ausreichender Bemühungen nicht bekannt sind, sich mit der unsubstantiierten Behauptung begnügen muss, der Gläubiger sei zum Vorsteuerabzug berechtigt,[273] sodass die gesondert ausgewiesene Mehrwertsteuer demgemäß nicht zum ausgleichsfähigen Schaden gehört. Wenn man mit einer breiten Strömung in Literatur und Rechtsprechung davon ausgeht, dass es sich hier um einen Einwand handelt, der auf die Schadenminderungspflicht bzw. den Vorteilsausgleich abzielt, dann wäre an sich der Ersatzpflichtige für seine Behauptung beweispflichtig. Er vermag indes in die nach außen abgeschirmte Rechtssphäre des Gläubigers nicht einzudringen und die subjektiven Merkmale, die für oder gegen einen Vorsteuerabzug sprechen, nicht mit hinreichender Überzeugungskraft darzulegen. Aus diesem Grunde ist der Gläubiger nach Treu und Glauben (§ 242 BGB) verpflichtet, von sich aus die erforderlichen Auskünfte zu erteilen.[274] Im Zweifel hat er eine entsprechende Bescheinigung des Finanzamtes vorzulegen. Dies gilt insbesondere dann, wenn er sich selbst als »Kaufmann« bezeichnet.[275] Zum selben Ergebnis gelangt man im Übrigen auf einem angenehmeren und »eleganteren« Wege auch dann, wenn man die Möglichkeit zum Vorsteuerabzug nicht als Problem der Schadenminderung sieht, sondern als einen Faktor der (wertfreien) Schadenberechnung. 165

Dabei handelt es sich um eine Beweislastverteilung nach Einfluss- und Gefahrenbereichen mit dem Ergebnis, dass es gerechtfertigt und durchaus sinnvoll erscheint, die Beweislosigkeit demjenigen zuzurechnen, der allein den genauen Hergang aufzuklären vermag und überdies in der Lage ist, vorsorgliche Maßnahmen zur Schadenverhütung zu treffen und eine umfassende Sachaufklärung zu ermöglichen.[276] Insbesondere kann die Weigerung zu einer Partei ohne Weiteres möglichen Aufklarung vom Gericht im Rahmen der Beweiswürdigung bis zur Anwendung der Grundsätze der Beweisvereitelung berücksichtigt werden.[277] 166

Der Schädiger bzw. sein Versicherer trägt die volle Beweislast für die Behauptung, der Unfall sei vom Geschädigten provoziert worden. Bei einem provozierten Unfall wird das Fehlverhalten eines anderen Verkehrsteilnehmers absichtlich herbeigeführt oder zumindest bewusst ausgenutzt, um ein Unfallgeschehen zu erzwingen. Dabei kann sich die Überzeugungsbildung des Gerichts auch auf eine Vielzahl von typischen Umständen stützen, die in ihrem Zusammenwirken nach der Lebenserfahrung den Schluss zulassen, dass der Unfall vorsätzlich herbeigeführt worden ist. Indizien für einen provozierten Unfall sind insbesondere eine ungewöhnliche Unfallhäufigkeit, der Hergang des Unfallgeschehens wie z.B. unbegründetes, plötzliches Abbremsen auf freier Strecke und Abrechnung auf Gutachterbasis bei unzureichender Instandsetzung in Eigenregie.[278] Allein die häufige Verstrickung des Versicherungsnehmers oder seiner Familienmitglieder in andere Unfälle stellt indes kein 167

---

272 *BGH* NJW 1998, 3706 (keine Anschaffung eines Kfz für den Arbeitsweg als Bestandteil der Schadensminderungspflicht des Geschädigten).

273 Vgl. dazu *KG* VersR 1975, 450 f.; *LG Darmstadt* VersR 1979, 728; *AG Mainz* NJW 1979, 272.

274 *KG* VersR 1975, 450; *LG München* VersR 1983, 865.

275 Vgl. dazu *KG* VersR 1976, 391 (für Handelsgesellschaften); *LG Darmstadt* VersR 1979, 728 = r+s 1979, 217 (für Taxiunternehmer); DAR 1974, 158 f.

276 Vgl. dazu auch: *Prölss* S. 78; *Schwerdtner* NJW 1971, 1673, 1676; *BGH* NJW 1990, 3151 (Umfang und Grenzen der prozessualen Aufklärungspflicht).

277 Vgl. hierzu *Baumbach/Lauterbach/Albers/Hartmann* § 286 ZPO Rn. 79 ff.; § 141 Rn. 36.

278 *OLG Hamm* r+s 1998, 192; allgemein zu den Indizien für einen provozierten Unfall: Meschkat/Nauert/*Staab* Rn. 314.

ausreichendes Indiz für eine Unfallprovokation dar, wenn der konkrete Unfallablauf keine hinreichenden Anhaltspunkte für einen vorgetäuschten Unfall bietet.[279]

168 Eine Besonderheit bei der Überzeugungsbildung im Rahmen des § 287 ZPO kommt auch bei der Feststellung unerklärlicher inkompatibler Schäden am Unfallfahrzeug zum Tragen. Kommt der Sachverständige zu dem Ergebnis, dass nicht sämtliche Schäden, die das Fahrzeug aufweist, auf das Unfallereignis zurückzuführen sind und macht der Kläger zu den nicht kompatiblen Schäden keine Angaben bzw. bestreitet er das Vorliegen solcher Vorschäden, so ist ihm auch für diejenigen Schäden, die dem Unfallereignis zugeordnet werden könnten, kein Ersatz zu leisten.[280] Denn aufgrund dieses Vorschadens lässt sich nicht ausschließen, dass auch die kompatiblen Schäden durch das frühere Ereignis verursacht worden sind oder dass dort bereits erhebliche Vorschäden vorhanden waren. Es liegt keine überwiegende Wahrscheinlichkeit gem. § 287 ZPO vor, dass die Schäden auf den betreffenden Unfall zurückzuführen sind. Liegen unstreitig oder bewiesenermaßen Vorschäden im betroffenen Bereich vor und wurde die unfallbedingte Kausalität des geltend gemachten Schaden bestritten, hat der Geschädigte im Einzelnen auszuschließen, dass Schäden gleicher Art und gleichen Umfangs zuvor bereits vorhanden waren, hierfür ist im Einzelnen substantiiert zu Art und Umfang der Vorschäden und deren Reparatur vorzutragen, sonst ist auch eine richterliche Schätzung des Schadensumfangs nicht möglich und es scheidet auch hinsichtlich kompatibler Schäden ein Ersatzanspruch aus.[281] Dies ist allerdings nicht zu verwechseln mit dem Sonderfall, dass der vorprozessual für den Geschädigten tätige Sachverständige einen Schaden feststellt, der nach Überprüfung im Prozess gar nicht vorgelegen hat. Dann liegt kein Zweifelsfall vor und der tatsächlich eingetretene Schaden ist zu ersetzen.[282]

169 Eine hinsichtlich der Beweissituation vergleichbare Lage mit jedoch prozessualen Besonderheiten ergibt sich beim gestellten Unfall. Dies sind solche Verkehrsunfälle, bei denen sich zwei oder mehr Personen verabreden, um zum Nachteil der eintrittspflichtigen Haftpflichtversicherung kollusiv zusammenwirken. Wenn sich in einem Unfallgeschehen und seiner Vorgeschichte eine Mehrzahl typischer Verhaltensmuster ergeben, die auf einen gestellten Unfall hindeuten, kann der dem Haftpflichtversicherer obliegende Beweis einer einverständlichen Unfallmanipulation nach den Grundsätzen des Indizienbeweises als geführt anzusehen sein.[283] Insoweit ist keine isolierte Betrachtung der Umstände angezeigt. Ausschlaggebend ist ihr Zusammentreffen, die Art, wie sie sich aneinanderfügen und in der Gesamtschau eine Indizienkette bilden, die ernsthafte Zweifel an der planmäßigen Vorbereitung und Durchführung des scheinbaren Unfalls ausschließt, mögen die einzelnen Umstände isoliert betrachtet noch unverdächtig erscheinen.[284]

---

279 *OLG Köln* OLGR 1998, 242.

280 *OLG Köln* OLGR 1999, 251 = VersR 1999, 865 = NZV 1999, 378 = SP 1999, 228; *OLG Köln* r+s 1998, 191 m.Anm. *Lemcke*; *OLG Düsseldorf* DAR 2006, 324; r+s 2016, 96; *KG* DAR 2006, 323; NZV 2007, 520 = zfs 2007, 564; NZV 2008, 196; 2008, 297; r+s 15, 571; *OLG Hamm* NZV 2015, 549; *OLG Frankfurt* r+s 2016, 97; *LG Saarbrücken* zfs 2014, 500; *LG Münster* NZV 2015, 340; *LG Frankfurt* DAR 2016, 30; *LG Kassel* DAR 2016, 140; *AG Berlin-Mitte* SVR 2006, 344; ausführlich *Mauert/Neschkat/Staab* Rn. 286 ff. auch dazu, dass es insoweit nicht auf eine Arglist des Geschädigten ankommt; anders mit wenig überzeugender Begründung: *OLG Düsseldorf* DAR 2008, 344 (m.abl.Anm. *Halm*) = SVR 2008, 221 (m.abl.Anm. *Hörle*); einschränkend auch *LG Darmstadt* zfs 2008, 89 (aufgehoben durch *OLG Frankfurt/Main*, zitiert in folgender Fußnote).

281 *KG* zfs 2007, 564; NZV 2007, 520; 2008, 153; 2008, 196; 2008, 297; 2008, 356; zfs 2009, 20; NZV 2010, 348; 2010, 350; 2010, 579; 2010, 580; r+s 2015, 571; *OLG Frankfurt/Main* zfs 2008, 90; *OLG Hamm* NZV 2015, 549; *LG Flensburg* SVR 2008, 424; *LG Saarbrücken* zfs 2014, 500; *LG Frankfurt* DAR 2016, 30; *AG Meinerzhagen* zfs 2008, 498.

282 *OLG Köln* VersR 2011, 235.

283 *OLG München* NZV 1990, 32; *OLG Köln* OLGR 1992, 155; *OLG Köln* r+s 1995, 412; VersR 2014, 996; NZV 2017, 33; *OLG Hamm* zfs 1998, 167; *OLG Saarbrücken* SVR 2016, 463; *OLG Celle* NZV 2016, 275; *LG Duisburg* SVR 2017, 107; anders: *OLG Düsseldorf* OLGR 1996, 122; *Geyer* VersR 1989, 882; ausführlich zu den Indizien für einen gestellten Unfall: Mauert/Neschkat/*Staab* Rn. 291 ff.

284 *OLG Köln* OLGR 1992, 155.

170 Eine wichtige prozessuale Besonderheit ergibt sich beim Verdacht eines gestellten Unfalls aus dem Spannungsverhältnis zwischen dem angeblichen Schädiger und dessen Haftpflichtversicherer. Wegen der evidenten Interessenkollision können der an der Unfallmanipulation beteiligte Versicherungsnehmer und der eintrittspflichtige Haftpflichtversicherer nicht von ein und demselben Anwalt vertreten werden. In Fällen dieser Art kann der Versicherer in dem Haftpflichtprozess des angeblich Geschädigten gegen den angeblichen Schädiger dem Rechtsstreit aufseiten des Versicherungsnehmers als Streithelfer nach § 66 ZPO beitreten.[285] Das im Rahmen der Nebenintervention erforderliche rechtliche Interesse am Obsiegen einer Partei, hier also des Versicherungsnehmers, ergibt sich aus den mittelbaren Folgen des Haftpflichtprozesses auf den späteren Deckungsprozess.

171 Eine mittlerweile weit verbreitet auftretende Spielart wird als »Berliner Modell« bezeichnet. Unter einer Unfallmanipulation nach diesem Modell wird die vorsätzliche Beschädigung eines eigens zu diesem Zweck abgestellten Fahrzeuges durch einen entwendeten Pkw verstanden, der an Ort und Stelle zurückgelassen wird, um dessen Haftpflichtversicherer auf Gutachterbasis auf Schadensersatz in Anspruch zu nehmen.[286] Allein daraus, dass ein Fahrzeug entwendet, mit ihm ein Unfall verursacht und das Fahrzeug dann am Unfallort stehen gelassen wird, während der Unfallverursacher offenbar zu Fuß flieht, ergibt sich indes noch kein Indizienbeweis für das Vorliegen eines gestellten Unfalls.[287]

## III. Garantenstellung des Schädigers

172 In seiner Grundsatzentscheidung vom 29.10.1974 hat der *BGH*[288] die Auffassung vertreten, dass im Fall der Instandsetzung eines durch einen Unfall beschädigten Kraftfahrzeugs der Schädiger als Herstellungsaufwand im Sinne von § 249 S. 2 BGB prinzipiell auch die Mehrkosten schuldet, die ohne eigene Schuld des Geschädigten die von ihm beauftragte Werkstatt infolge unwirtschaftlicher oder unsachgemäßer Maßnahmen verursacht hat. Gleichzeitig hat der *BGH* in diesem Urteil die – konsequenterweise daran knüpfende – Feststellung getroffen, dass die beauftragte Werkstatt nicht Erfüllungsgehilfe sei und das »Prognoserisiko« grundsätzlich dem Ersatzpflichtigen als fortwirkende Folge seines haftbaren Verhaltens zur Last fällt.

173 Übergibt der Geschädigte das beschädigte Fahrzeug an eine Fachwerkstatt zur Instandsetzung, ohne dass ihn insoweit ein (insbesondere Auswahl oder Überwachungs-)Verschulden trifft, sind dadurch anfallende Reparaturkosten im Verhältnis des Geschädigten zum Schädiger aufgrund der subjektbezogenen Schadensbetrachtung auch dann vollumfänglich ersatzfähig, wenn sie etwa wegen überhöhter Ansätze von Material oder Arbeitszeit oder wegen unsachgemäßer oder unwirtschaftlicher Arbeitsweise der Werkstatt unangemessen, mithin nicht erforderlich im Sinne von § 249 Abs. 2 Satz 1 BGB sind;[289] in einem solchen Fall gegebenenfalls bestehende Ansprüche des Geschädigten gegen den Werkstattbetreiber spielen nur insoweit eine Rolle, als der Schädiger im Rahmen des Vorteilsausgleichs deren Abtretung verlangen kann.[290] Das Werkstattrisiko verbleibt damit – wie bei § 249 Abs. 1 BGB – auch im Rahmen des § 249 Abs. 2 Satz 1 BGB im Verhältnis des Geschädigten zum Schädiger beim Schädiger. Der Geschädigte muss sich zwar bei der Auftragserteilung sowie bei den weiteren Vorkehrungen für eine ordnungsmäßige, zügige Durchführung der Reparatur von wirtschaftlich vertretbaren, das Interesse des Schädigers an einer Geringhaltung des Schadens mit-

---

285 *BGH* DAR 1993, 225; *LG Köln* VersR 1993, 1095; Weber/*Lemcke* S. 662 ff.; *Freyberger* VersR 1991, 842.

286 *OLG Hamm* OLGR 1994, 236 = zfs 1995, 50; *OLG Frankfurt* zfs 1997, 6; *OLG Hamm* NZV 1997, 179; *Weber* S. 435, 466, 477; *Born* NZV 1996, 257, 259.

287 *OLG Köln* OLGR 2000, 164.

288 Vgl. dazu insbes. BGHZ 63, 183, 184 = NJW 1975, 160 = VersR 1975, 184 = DAR 1975, 109 = MDR 1975, 218; *BGH* NJW 1972, 1800 = VersR 1972, 1024 = DAR 1972, 276 = MDR 1972, 942; NJW 1974, 91 = VersR 1974, 143; NJW 1974, 34 = VersR 1974, 90; Grüneberg/*Grüneberg* § 249 Rn. 13.

289 Vgl. *BGH* NJW 2022, 2840; BGHZ 63, 182, 186.

290 Vgl. *BGH* NJW 2022, 2840 [; BGHZ 63, 182, 186.

berücksichtigenden Erwägungen leiten lassen, es darf aber nicht außer Acht gelassen werden, dass seinen Erkenntnis- und Einwirkungsmöglichkeiten bei der Schadensregulierung regelmäßig Grenzen gesetzt sind, dies vor allem, sobald er den Reparaturauftrag erteilt und das Unfallfahrzeug in die Hände von Fachleuten übergeben hat. Es würde dem Sinn und Zweck des § 249 Abs. 2 Satz 1 BGB widersprechen, wenn der Geschädigte bei Ausübung der ihm durch das Gesetz eingeräumten Ersetzungsbefugnis im Verhältnis zu dem ersatzpflichtigen Schädiger mit Mehraufwendungen der Schadensbeseitigung belastet bliebe, deren Entstehung seinem Einfluss entzogen ist und die ihren Grund darin haben, dass die Schadensbeseitigung in einer fremden, vom Geschädigten nicht kontrollierbaren Einflusssphäre stattfinden muss. Insoweit besteht kein Sachgrund, dem Schädiger das sogenannte Werkstattrisiko abzunehmen, das er auch zu tragen hätte, wenn der Geschädigte ihm die Beseitigung des Schadens nach § 249 Abs. 1 BGB überlassen würde. Die dem Geschädigten durch § 249 Abs. 2 Satz 1 BGB gewährte Ersetzungsbefugnis ist kein Korrelat für eine Überbürdung dieses Risikos auf ihn. Diese Grundsätze gelten auch für Rechnungspositionen, die sich auf – für den Geschädigten nicht erkennbar – tatsächlich nicht durchgeführte einzelne Reparaturschritte und -maßnahmen beziehen. Denn auch diese haben ihren Grund darin, dass die Schadensbeseitigung in einer fremden, vom Geschädigten nicht kontrollierbaren Einflusssphäre stattfinden muss.[291] Der aufgrund eines Verkehrsunfalls Geschädigte darf bei der Beauftragung einer Fachwerkstatt mit der Reparatur des Unfallfahrzeugs grundsätzlich darauf vertrauen, dass diese keinen unwirtschaftlichen Weg für die Schadensbeseitigung wählt und nur die objektiv erforderlichen Reparaturmaßnahmen durchführt. Er ist daher aufgrund des Wirtschaftlichkeitsgebots nicht gehalten, vor der Beauftragung der Fachwerkstatt zunächst ein Sachverständigengutachten einzuholen und den Reparaturauftrag auf dessen Grundlage zu erteilen.[292]

174 Freilich führen diese Grundsätze nicht dazu, die Reparaturkostenrechnung der Werkstatt dem nach § 249 Abs. 2 Satz 1 BGB für die Instandsetzung des Fahrzeugs geschuldeten Betrag ungeprüft gleichzusetzen. So haben selbstverständlich Reparaturen bei der Bemessung des erforderlichen Herstellungsaufwandes auszuscheiden, die nur bei Gelegenheit der Instandsetzungsarbeiten mitausgeführt worden sind.[293] Der Geschädigte trägt die Darlegungs- und Beweislast für das Vorhandensein und die Unfallbedingtheit der jeweiligen Fahrzeugschäden und dafür, dass die abgerechneten Instandsetzungsarbeiten Teil der Reparatur dieser Unfallschäden sind. Insoweit kann er sich weder auf das Werkstattrisiko noch auf eine sich als unzutreffend erweisende Einschätzung des von ihm eingeschalteten Privatgutachters berufen.[294] Ferner dürfen die dargestellten Bemessungsgrundsätze nicht dazu führen, dass sich – letztlich zum Schaden der Allgemeinheit – mangelndes Interesse der Vertragsbeteiligten an einer marktgerechten Abwicklung der Instandsetzung im Kostenniveau niederschlägt. An den vom Geschädigten zu führenden Nachweis, dass er wirtschaftlich vorgegangen ist, also bei der Beauftragung aber auch bei der Überwachung der Reparaturwerkstatt den Interessen des Schädigers an Geringhaltung des Herstellungsaufwandes Rechnung getragen hat, dürfen deshalb nicht zu geringe Anforderungen gestellt werden.[295] Grundsätzlich gilt der Grundsatz des Werkstattrisikos ebenfalls nicht, soweit der Geschädigte hinreichend sachkundig ist, um die Erforderlichkeit der in Rede stehenden Arbeiten zu beurteilen.[296] Sie sind daher insbesondere nicht bei einer Eigenreparatur durch eine geschädigte Fachwerkstatt anzuwenden.[297]

291 *BGH* NJW 2024, 2031 = VersR 2024, 441 = DAR 2024, 207 = r+s 2024, 327 = ZfS 2024, 249 = NZV 2024, 176; *BGH* VersR 2024, 445 = DAR 2024, 210 = r+s 2024, 332; *BGH* DAR 2024, 253 = r+s 2024, 338; *BGH* DAR 2024, 256 = r+s 2024, 338; *BGH* VersR 2024, 448 = DAR 2024, 144 = r+s 2024, 335.

292 *BGH* VI ZR 51/23.

293 Vgl. *BGH* NJW 2022, 2840; BGHZ 63, 182, 186; *LG Nürnberg-Fürth* r+s 2023, 91.

294 *BGH* VI ZR 253/22; VI ZR 239/22; VI ZR 38/22; VI ZR 266/22; VI ZR 51/23.

295 BGHZ 63, 182, 186; *BGH* VI ZR 253/22; VI ZR 239/22; VI ZR 38/22; VI ZR 266/22; VI ZR 51/23.

296 *BGH* VersR 2013, 1590 = DAR 2014, 81.

297 *AG Wesel* SVR 2022, 147.

Verlängert sich die Reparaturzeit dadurch, dass der Geschädigte das Fahrzeug in eine Werkstatt bringt, die wegen der Feiertage am Jahresende Betriebsferien macht, so muss er eine Kürzung der Ausfallzeit bzw. der auf jenen Zeitraum entfallenden Mietwagenkosten hinnehmen, wenn die Reparatur in einer anderen ortsansässigen Fachwerkstatt schneller hätte ausgeführt werden können.[298] Dies gilt auch bei Durchführung der Reparatur in einer nur nebenbei betriebenen Werkstätte.[299] Vor diesem Hintergrund erscheint es stark zweifelhaft, ob die Garantenstellung des Schädigers tatsächlich wie nach einer Entscheidung des *LG Mainz*[300] nicht dadurch beeinträchtigt werden soll, dass der Geschädigte den Reparaturauftrag an eine Tankstelle erteilt. 175

Soweit der *BGH* ausführt, dass die Grundsätze des Werkstattrisikos nicht dazu führen dürfen, dass sich – letztlich zum Schaden der Allgemeinheit – mangelndes Interesse der Vertragsbeteiligten an einer marktgerechten Abwicklung der Instandsetzung im Kostenniveau niederschlägt und an den weiterhin vom Geschädigten zu führenden Nachweis, dass er wirtschaftlich vorgegangen ist, also bei der Beauftragung aber auch bei der Überwachung der Reparaturwerkstatt den Interessen des Schädigers an Geringhaltung des Herstellungsaufwandes Rechnung getragen hat, deshalb nicht zu geringe Anforderungen gestellt werden dürfen, hat er dies weiter konkretisiert. So trifft den Geschädigten eine Obliegenheit zu einer gewissen Plausibilitätskontrolle der von der Werkstatt bei Vertragsschluss geforderten bzw. später berechneten Preise. Verlangt die Werkstatt bei Vertragsschluss Preise, die – für den Geschädigten erkennbar – deutlich überhöht sind, kann sich die Beauftragung dieser Werkstatt als nicht erforderlich im Sinne des § 249 Abs. 2 Satz 1 BGB erweisen (Auswahlverschulden). Ein Überwachungsverschulden kommt beispielsweise in Betracht, wenn die Rechnung – für den Geschädigten erkenn- bar – von einer Preisvereinbarung abweicht oder wenn die Werkstatt für den Geschädigten erkennbar deutlich überhöhte Positionen ansetzt.[301] Muss ein verständiger, wirtschaftlich denkender Geschädigter bei der vom Geschädigten durchzuführenden Plausibilitätskontrolle zu dem Schluss kommen, dass die streitbefangenen Kosten, wie sie von der Werkstatt in Rechnung gestellt wurden, deutlich überhöht und in dieser Höhe nicht ersatzfähig waren, kommt ein Ersatzanspruch nicht in Betracht, auch wenn sie bereits im Sachverständigengutachten enthalten waren. Dies gilt insbesondere dann, wenn sich dies bereits aus dem jedermann zur Verfügung stehenden alltägliche Erfahrungswissen ergibt.[302] 176

Auch das Prognoserisiko trägt grundsätzlich der Schädiger. Daher sind sowohl erfolglose Reparaturversuche vom Schädiger voll zu erstatten als auch solche Aufwendungen, die ein Sachverständiger zu Unrecht als erforderlich bezeichnet hat.[303] Ein derartiger Irrtum des technischen Sachverständigen, der nicht Erfüllungsgehilfe des Geschädigten ist,[304] stellt sich bei rechtlich wertender Betrachtung als adäquat und daher dem Ersatzpflichtigen als fortwirkende Konsequenz eines haftbaren Verhaltens zurechenbare Unfallfolge dar. Dies gilt wie bereits betont insoweit nicht, als tatsächlich Schäden vorhanden sind, die der Sachverständige lediglich fehlerhaft dem streitbefangenen Unfall zuordnet. 177

298 Vgl. dazu *LG Duisburg* r+s 1987, 163 (L) – ähnlich *OLG Stuttgart* VersR 1981, 106; *LG Hamburg* VersR 1973, 931; *LG Bochum* VersR 1980, 392; *AG Braunschweig* VersR 1972, 1061; *AG Köln* VersR 1976, 1099.

299 *OLG Frankfurt* VersR 1987, 1043.

300 Vgl. dazu *LG Mainz* zfs 1987, 168.

301 *BGH* NJW 2024, 2035 = DAR 2024, 325; NJW 2020, 1001; NJW 2018, 693; VersR 2016, 1133 jeweils zu Sachverständigenkosten, insoweit aber auch auf Reparaturkosten zu übertragen.

302 *BGH* NZV 2024, 442 – zu Kosten für Corona-Schutzmaßnahmen.

303 *LG Köln* NJW 1975, 57 = VersR 1975, 546; – a.A. jedoch *OLG Hamm* VersR 1975, 335 (das allein auf die *objektive* Erforderlichkeit abstellt); ähnlich wie *LG Köln*, *LG Hamburg* MDR 1968, 239 f.; *OLG Celle* NJW 1962, 398 = VersR 1962, 555; *OLG Karlsruhe* VersR 1965, 335 (für den Fall der von einem Sachverständigen empfohlenen, objektiv jedoch nicht gerechtfertigten Abrechnung auf Totalschadenbasis); *LG Coburg* Verkehrsrecht aktuell 6/2000, 90).

304 *LG Köln* NJW 1975, 57; Grüneberg/*Grüneberg* § 254 Rn. 55.

178 Folgerichtig sind die Kosten für einen Sachverständigen, die der Geschädigte zur Schadenfeststellung aufwendet, selbst dann zu erstatten, wenn sich das eingeholte Privatgutachten als falsch erweist.[305] Das Risiko des Fehlschlags der Kostenermittlung trägt grundsätzlich der Schädiger, solange den Geschädigten hinsichtlich der sorgfältigen Auswahl und zutreffenden Information des Gutachters kein Verschulden trifft. Hier kommt allerdings eine Haftung des Sachverständigen wegen des von ihm erstellten mangelhaften Gutachtens in Betracht.[306] Dem Auftraggeber steht bei einem mangelhaften Gutachten ein Schadensersatzanspruch zu, wenn der Sachverständige schuldhaft seine Sorgfaltspflicht aus dem Werkvertrag verletzt hat.[307] Während der Auftraggeber den Mangel und die Ursächlichkeit des Mangels für den eingetretenen Schaden – der z.B. in Form von geltend gemachten Prozesskosten eines teilweise verlorenen Schadensersatzprozesses vorliegen kann – zu beweisen hat, wird das Verschulden des Sachverständigen bei einem mangelhaften Gutachten vermutet. Indes kommt eine Haftung der Werkstatt bzw. des Geschädigten nicht in Betracht: Die Werkstatt hat sich lediglich der besseren Sachkunde des Gutachters gebeugt, und der Geschädigte hat sich auf beider Urteil verlassen.[308] Einem Geschädigten, der nach einem Unfall ein Sachverständigengutachten einholt, sind dessen Kosten jedoch dann nicht zu ersetzen, wenn es unbrauchbar war, weil dem Sachverständigen für die Bewertung wesentliche Informationen, insb. ein Vorschaden, nicht mitgeteilt worden sind.[309] Das Gleiche gilt, wenn dem Geschädigten ein Auswahlverschulden zur Last fällt.[310]

179 Insoweit war bis zuletzt streitig, inwieweit die Anwendung der Grundsätze des Werkstattrisikos davon abhängig ist, dass die Aufwendungen dem Geschädigten tatsächlich entstanden sind, er die in Rede stehende Reparaturrechnung also (bereits) bezahlt hat. Diese Frage hat der BGH zuletzt in fünf Entscheidungen am 16.01.2024[311] dahingehend beantwortet, dass die Anwendung der genannten Grundsätze zum Werkstattrisiko nicht voraussetzt, dass der Geschädigte die Reparaturrechnung bereits bezahlt hat. Soweit der Geschädigte die Reparaturrechnung nicht beglichen hat, kann er – will er das Werkstattrisiko nicht selbst tragen – die Zahlung der Reparaturkosten allerdings nicht an sich, sondern nur an die Werkstatt verlangen.[312] Zur Begründung führt der *BGH* aus, schon der Grundsatzentscheidung vom 29.10.1974 – VI ZR 42/73 – sei nicht zu entnehmen, dass das Werkstattrisiko nur dann beim Schädiger verbleiben soll, wenn der Geschädigte die Reparaturkosten bereits bezahlt hat. Der der Entscheidung zugrunde liegende Gedanke, dass dem Geschädigten dieses Risiko nicht überbürdet werden soll, wenn er die Reparatur selbst in Auftrag gibt, sei von der Begleichung der Reparaturkostenrechnung durch ihn unabhängig.[313] Zur Vermeidung einer Bereicherung des Geschädigten bei Nichtweiterleitung des gezahlten Betrages an die Werkstatt und zur Sicherung des Ausgleichs für den Schädiger durch die Abtretung von Ansprüchen gegen die Werkstatt könne eine Berufung auf das Werkstattrisiko allerdings nur erfolgen, wenn der Geschädigte Zahlung unmittelbar an die Werkstatt verlangt, nicht wenn er Zahlung an sich verlangt, wobei das Gericht den Geschädigten hierauf hinweisen muss.[314]

305 *OLG Hamm* r+s 1999, 279 = SP 1999, 248 = NZV 1999, 377.
306 *AG Gütersloh* DAR 1999, 410.
307 *Hörl* zfs 2000, 422; *Volze* zfs 1993, 217; *BGH* NJW-RR 1986, 485; *AG Frankfurt* r+s 1996, 185 (Gutachtervertrag als Vertrag mit Schutzwirkung für Dritte).
308 BGHZ 34, 355, 363 f.; *Weber* DAR 1979, 113, 115.
309 *OLG Hamm* r+s 1996, 183; r+s 1993, 102; *KG* SP 2004, 244; *OLG Saarbrücken* zfs 2003, 308; *AG Velbert* SP 2000, 178; *AG Essen* SP 2003, 77; *LG Passau* SP 2004, 351.
310 *OLG Hamm* DAR 1999, 313; *OLG Hamm* r+s 1996, 183; *LG Bochum* zfs 1994, 406.
311 *BGH* NJW 2024, 2031 = VersR 2024, 441 = DAR 2024, 207 = r+s 2024, 327 = ZfS 2024, 249 = NZV 2024, 176; *BGH* VersR 2024, 445 = DAR 2024, 210 = r+s 2024, 332; *BGH* DAR 2024, 253 = r+s 2024, 338; *BGH* DAR 2024, 256 = r+s 2024, 338; *BGH* VersR 2024, 448 = DAR 2024, 144 = r+s 2024, 335.
312 *BGH* VI ZR 253/22; VI ZR 239/22; VI ZR 38/22; VI ZR 266/22; VI ZR 51/23.
313 *BGH* VI ZR 253/22; VI ZR 239/22; VI ZR 38/22; VI ZR 266/22; VI ZR 51/23.
314 *BGH* VI ZR 253/22; VI ZR 239/22; VI ZR 38/22; VI ZR 266/22; VI ZR 51/23.

(Vollstreckungs-)Gläubiger bleibt auch in diesem Fall allein der Geschädigte. Die Werkstatt erhält lediglich eine Empfangszuständigkeit. Daher entfaltet das Urteil keine Rechtskraftwirkung gegenüber der Werkstatt. Mit vom Geschädigten abgetretenen Ansprüchen gegen die Werkstatt, die bei Zug-um-Zug-Verurteilung ohnehin erst mit der Zahlung an die Werkstatt auf den Schädiger übergehen, kann dieser ferner mangels Gegenseitigkeit der Ansprüche nicht gemäß § 387 BGB aufrechnen. Die Zahlung an die Werkstatt kann er auch nicht unter Berufung auf den dolo-agit-Einwand des § 242 BGB verweigern, da der Geschädigte als Gläubiger nichts verlangt, was er sofort an den Schädiger zurückzugeben hätte; denn der Geschädigte schuldet dem Schädiger nichts.[315] Der Werkstatt kann eine treuwidrige Rechtsausübung nicht vorgeworfen werden, da sie als bloße Empfängerin der Leistung kein Recht ausübt. Dem Schädiger bleibt die Möglichkeit, von der Werkstatt den etwa überzahlten Betrag zurückzufordern. Die Rechtslage stellt sich insoweit nicht anders dar als in den Fällen, in denen der Geschädigte die Werkstattrechnung vollständig beglichen hat und vom Schädiger Zahlung an sich, Zug um Zug gegen Abtretung etwaiger Ansprüche gegen die Werkstatt, verlangt.[316] 180

Soweit der Schädiger in diesem Sinne das Werkstattrisiko trägt, verbietet sich im Prozess über das Haftpflichtverhältnis zwischen Geschädigtem und Schädiger mangels Entscheidungserheblichkeit eine Beweisaufnahme über die objektive Erforderlichkeit der in Rechnung gestellten Reparaturkosten.[317] Ist eine Beweisaufnahme dennoch durchgeführt worden, kann von einem Verschulden des Geschädigten bei der Überwachung der Werkstatt nicht deshalb ausgegangen werden, weil der Geschädigte aufgrund des gerichtlich eingeholten Sachverständigengutachtens nunmehr Kenntnis davon hat, dass die in Rechnung gestellten Kosten (teilweise) objektiv nicht erforderlich sind. Die Grundsätze zum Werkstattrisiko würden in ihr Gegenteil verkehrt, würde mit dem Ergebnis einer nicht veranlassten, sich prozessual verbietenden Beweisaufnahme ein Überwachungsverschulden aufgrund nunmehr veränderter Erkenntnismöglichkeiten des Geschädigten begründet und dieser darauf verwiesen, diese neu gewonnenen Erkenntnisse selbst gegenüber der Werkstatt geltend zu machen. Mit einer diesbezüglichen Auseinandersetzung soll der Geschädigte gerade nicht belastet werden.[318] 181

Verlangt der Geschädigte allerdings Zahlung an sich selbst, obwohl er die Reparaturrechnung noch nicht ausgeglichen hat, hat er die unfallbedingte Erforderlichkeit dieses geltend gemachten Aufwands nachzuweisen und er trägt somit das Werkstattrisiko. Das gleiche soll auch gelten, soweit er vom Schädiger eine Freistellung von der Forderung der Werkstatt verlangt, als dann das Bestehen der Forderung der Werkstatt Anspruchsvoraussetzung sei.[319] Weiter geht der BGH davon aus, dass diese Belastung des Schädigers mit dem Werkstattrisiko bei unbezahlter Reparaturrechnung nicht bestehen bleibt, wenn der Geschädigte die Forderung an die Werkstatt abtritt. Nach § 399 Alt. 1 BGB kann eine Forderung nicht abgetreten werden, wenn die Leistung an einen anderen als den ursprünglichen Gläubiger nicht ohne Veränderung ihres Inhalts erfolgen kann. Eine solche Inhaltsänderung wird auch dann angenommen, wenn ein Gläubigerwechsel zwar rechtlich vorstellbar, das Interesse des Schuldners an der Beibehaltung einer bestimmten Gläubigerposition aber besonders schutzwürdig ist.[320] Dieser Rechtsgedanke greift hier insofern Platz, als sich der Geschädigte im Verhältnis zum Schädiger auch bei unbeglichener Rechnung auf das Werkstattrisiko berufen kann, wenn er Zahlung an die Werkstatt verlangt. Denn insoweit hat der Schädiger ein besonders schutzwürdiges Interesse daran, dass der Geschädigte sein Gläubiger bleibt. Allein im Verhältnis zu diesem ist nämlich die Durchführung des Vorteilsausgleichs in jedem Fall möglich, weil der Schadensersatzanspruch gegen den Schädiger und die im Wege des Vorteilsausgleichs abzutretenden – etwaigen – Ansprüche gegen die Werkstatt in einer Hand (beim Geschädigten) liegen. Dies ist nach der Abtretung der Schadensersatzforderung an die Werkstatt nicht mehr der Fall. Der Schädiger verlöre 182

315 *BGH* NJW 2023, 1361.
316 *BGH* VI ZR 253/22; VI ZR 239/22; VI ZR 38/22; VI ZR 266/22; VI ZR 51/23.
317 *BGH* NJW 2022, 2840.
318 *BGH* VI ZR 253/22; VI ZR 239/22; VI ZR 38/22; VI ZR 266/22; VI ZR 51/23.
319 *BGH* VI ZR 253/22; VI ZR 239/22; VI ZR 38/22; VI ZR 266/22; VI ZR 51/23.
320 St. Rspr., vgl. *BGH* NJW-RR 2020, 779; NJW 2010, 1074; BGHZ 96, 146, 148 f.

daher regelmäßig das Recht, seine eigene Zahlungsverpflichtung nur Zug um Zug gegen Abtretung der Ansprüche des Geschädigten gegen die Werkstatt zu erfüllen. Bei einer – wie hier – erfolgten Abtretung an die Werkstatt ist bei wertender Betrachtung zudem in den Blick zu nehmen, dass die Grundsätze zum Werkstattrisiko nach ihrer dogmatischen Herleitung nur dem Geschädigten, nicht aber der Werkstatt selbst zugutekommen sollen. Danach lässt sich die Option des Geschädigten, sich auch bei unbeglichener Rechnung auf das Werkstattrisiko zu berufen, nicht im Wege der Abtretung auf Dritte übertragen.[321]

183 Viele der im Rahmen dieser Entscheidungen aufgestellten bzw. wiederholten Grundsätze sind nachvollziehbar, gleichwohl überzeugt die Verfasser das Endergebnis nicht vollständig. Es ist sicherlich richtig, dass der Geschädigte durch das Schadenereignis und somit durch den Schädiger dazu gezwungen wurde, sein Fahrzeug in Reparatur und somit in die Hände der Werkstatt zu geben, so dass er sich der Kontrolle darüber begeben musste, was mit seinem Fahrzeug gemacht wird und welchen Aufwand die Werkstatt insoweit in Rechnung stellen würde. Insoweit ist es auch richtig, dass der Geschädigte nicht mit einer eigenen Auseinandersetzung mit der Werkstatt darüber belastet werden sollte, ob dies jeweils richtig gemacht wurde. Zutreffend hat der BGH insoweit auch das Risiko einer Bereicherung gesehen, wenn der Geschädigte insoweit Zahlung an sich selbst verlangen könnte. Schließlich ist es sicherlich auch völlig richtig, dass bei einer Anspruchsinhaberschaft der Werkstatt keinerlei Bedürfnis nach einer Anwendung des Werkstattrisikos besteht. Allerdings ist sicherlich nicht davon auszugehen, dass es nach dieser Klarstellung durch den BGH noch umfangreich zu solchen Abtretungen kommen wird, als die Werkstattbetriebe insoweit ihre Praxis sicherlich an die Rechtsprechung des BGH anpassen werden. Es ist für die Verfasser allerdings nicht überzeugend, warum der Geschädigte selbst eine Zahlung an die Werkstatt verlangen können soll. Soweit der BGH in diesem Zusammenhang ausführt, die Situation sei insoweit nicht anders, als wenn der Geschädigte die Reparaturrechnung bereits beglichen habe, ist dies u.E. nicht richtig. Die Zahlung auf die Reparaturrechnung führt zur Erfüllung des geltend gemachten Werklohnanspruchs der Werkstatt und somit dazu, dass die Einwendungen des Schädigers nur noch im Wege der Rückforderung gem. § 812 Abs. 1 BGB geltend gemacht werden können. Dies hat bedeutsame Nachteile für den Schädiger, als er im Rahmen eines solchen Rückforderungsprozesses umfassend darlegungs- und beweisbelastet dafür ist, dass die Zahlung ohne Rechtsgrund erfolgte, die beanstandete Maßnahme als nicht erforderlich, nicht durchgeführt oder überhöht abgerechnet wurde. Ist eine Zahlung hingegen noch nicht erfolgt, hat die Werkstatt nachzuweisen, dass ihr tatsächlich ein Werklohnanspruch zusteht, was aus Sicht der Verfasser auch angemessen ist.

184 Es ist nicht erkennbar, welches Interesse der Geschädigte an dieser Verschiebung der Darlegungs- und Beweislast zulasten des Schädigers haben soll. Das sicherlich berechtigte Interesse des Geschädigten, in eine Auseinandersetzung zwischen dem Schädiger und der Werkstatt über die Erforderlichkeit bzw. Angemessenheit einzelner Rechnungspositionen nicht hineingezogen zu werden, kann auch auf andere Weise sichergestellt werden, ohne dem Schädiger die Last einer Zahlung an die Werkstatt und somit die Darlegungs- und Beweislast bei einer Rückforderung von der Werkstatt aufzubürden. Der Geschädigte hat noch keine Zahlungen geleistet und somit keinen eigenen Aufwand gehabt, ist allerdings mit der Situation konfrontiert, dass sich die Werkstatt verkörpert in der Rechnung einer Werklohnforderung ihm gegenüber berühmt. Es scheint insoweit angemessen, in dieser Situation den Schädiger aus dem Haftpflichtverhältnis für verpflichtet zu halten, den Geschädigten gegen diese vermeintliche Werklohnforderung auf eigene Kosten zu verteidigen. Dabei sollte aber dem Schädiger die Möglichkeit offenstehen, ohne eine Zahlung an die Werkstatt in Form einer negativen Feststellungsklage gegen die Werkstatt, dass der geltend gemachte Werklohnanspruch tatsächlich aufgrund der eigenen Einwendungen nicht besteht. Bei einer solchen negativen Feststellungsklage bliebe es bei der allgemeinen Darlegungs- und Beweislastverteilung des berühmten Werklohnanspruchs,[322] die Werkstatt muss in Verteidigung gegen diese Klage also nachweisen, dass der Werklohnanspruch

321 Noch offen gelassen in *BGH* VI ZR 147/21; nunmehr geklärt durch *BGH* VI ZR 239/22; VI ZR 38/22.
322 *BGH* NJW 2012, 3294.

besteht. Die Einwendungen des Schädigers können so ohne Beteiligung des Geschädigten unmittelbar zwischen Schädiger (oder seiner Haftpflichtversicherung) und der Werkstatt geklärt werden. Nach der Lösung des *BGH* könnte eine Klärung nach den Darlegungs- und Beweislastregelungen des Werkvertrages wie angemessen nur dann erfolgen, wenn man davon ausginge, dass die Zahlung des Schädigers auf Verlangen des Geschädigten an die Werkstatt keine Erfüllungswirkung hat bzw. eine solche durch den Vorbehalt des Bestehens der Forderung ausgeschlossen wird, so dass dann auch im Rückforderungsprozess es bei der ursprünglichen Darlegungs- und Beweislastverteilung bliebe.[323] Hierfür würde sprechen, dass dies insbesondere bei Zahlungen »unter Zwang«, etwa zur Abwendung einer Zwangsvollstreckung oder eines sonstigen empfindlichen Übels, angenommen wird.[324] Inwieweit eine solche Zahlung ohne Erfüllungswirkung allerdings den Anspruch des Geschädigten erfüllt, ist so noch nicht geklärt.

## E. Schadenminderungspflicht

### I. Grundsätze

Bei dem in § 254 BGB normierten »Verschulden gegen sich selbst«, das anspruchsmindernd und in besonders krassen Fällen sogar anspruchsvernichtend wirken kann, kommt es nicht darauf an, ob der Geschädigte gegen eine Rechtspflicht verstoßen hat bzw. ob sein Verhalten von der Rechtsordnung, die im Allgemeinen die Beziehungen zu anderen (Dritten) regelt, missbilligt oder gar pönalisiert wird. Entscheidend ist lediglich, ob ihm ein Verhalten zur Last zu legen ist, dass – für ihn erkennbar – den Eintritt seines Schadens begünstigt oder seine Höhe mit der Folge nachteilig beeinflusst hat, dass dem Geschädigten deshalb vom Ersatzpflichtigen dieses Verhalten in billigenswerter Weise als Verschulden gegen sich selbst zugerechnet werden kann.[325] Die Bestimmung des § 254 Abs. 2 BGB legt in Form der Schadenminderungspflicht dem Geschädigten alle Maßnahmen auf, die nach allgemeiner Lebenserfahrung von einem ordentlichen Menschen angewendet werden müssen, um den Schaden abzuwenden oder geringer zu halten.[326] Die Vorschrift des § 254 Abs. 2 BGB normiert zwar eine Rechtspflicht, die indes zutreffender als Obliegenheit – noch zutreffender als Naturalobligation – bezeichnet werden sollte, weil es insoweit an dem für Rechtspflichten wesentlichen Kriterium der Einklagbarkeit – also an der Durchsetzbarkeit auch gegen den Willen des Betroffenen – mangelt.[327] Insoweit fehlen alle weiteren Konkretisierungen; sie erklärt mit ihrem Hinweis, § 278 BGB sei entsprechend anzuwenden, offenbar den Umfang der Schadenminderungsobligationen nicht. Nach § 254 BGB ist der Geschädigte also verpflichtet, den Schaden im Rahmen der ihm zumutbaren Möglichkeiten gering zu halten. Diese Vorschrift beruht auf den Rechtsgedanken, dass derjenige, der die Sorgfalt außer Acht lässt, die erforderlich erscheint, um sich selbst vor Schaden und sonstigen Nachteilen zu bewahren, eine Kürzung – in besonders krassen Fällen sogar den Verlust – seines Schadensersatzanspruchs hinnehmen muss.[328] Diese Bestimmung ist eine besondere Ausprägung des allgemeinen – das gesamte Schadensersatzrecht beherrschenden – Grundsatzes von Treu und Glauben (§ 242 BGB).[329] Es kommt in diesem Zusammenhang nicht entscheidend darauf an, was der Geschädigte nach seiner eigenen (subjektiven) Auffassung für erforderlich gehalten hat, um den Schaden abzuwenden oder zu mindern, sondern maßgeblich ist das Kriterium, wie ein verständiger Mensch handeln würde, um sich selbst vor vermeidbaren Schäden zu bewahren.[330] Die herrschende Meinung steht auf dem Standpunkt, dass nur derjenige Anspruchsteller seiner Schaden- 185

323 *BGH* NJW 2007, 1269.

324 *BGH* NJW 1983, 1111; 2003, 2014.

325 BGHZ 34, 355, 363 f.; *Weber* DAR 1979, 113 (115 r.Sp.).

326 *BGH* VersR 1965, 1173; *BGH* NJW 1989, 2290; *BGH* NJW 1996, 1958; *OLG Köln* VersR 1996, 121.

327 Vgl. dazu *Medicus* 17. VGT 1979, 57.

328 BGHZ 3, 46, 49; BGHZ 9, 316, 318 = VersR 1953, 243.

329 Vgl. dazu *BGH* NJW 1978, 2024 f. = VersR 1978, 923 f.; *BGH* NJW 1982, 168; *BGH* NJW 1996, 1958.

330 *BGH* NJW 1969, 2281 = VersR 1969, 1040; VersR 1970, 129; BGHZ 54, 82, 85 = NJW 1970, 1454; NJW 1972, 1800 = VersR 1972, 1024 = DAR 1972, 276; NJW 1979, 495, 497 = VersR 1979, 250,

minderungspflicht ordnungsgemäß genügt, der sich im konkreten Fall so verhält, als müsste er den Schaden im Ergebnis selbst tragen.[331] Diese Aussage kann jedoch nur cum grano salis[332] verstanden werden, da es weltfremd wäre, vom Gläubiger überpflichtmäßige Anstrengungen zu verlangen, die dem alleinigen Zweck dienen, die Ersatzpflicht des Schädigers einzuschränken.[333]

186 Falls der Geschädigte weiß, dass er den Schaden letztlich selbst zu tragen hat und bei konsequentem Verzicht auf alle nicht unbedingt erforderlichen Maßnahmen »in die eigene Tasche spart«, wird er sicherlich schon in seinem eigenen Interesse größere Anstrengungen und Entbehrungen auf sich nehmen, als man sie ihm billigerweise zumuten könnte, wenn er ohne eigenes Verschulden in einen – ausschließlich, möglicherweise sogar grobfahrlässig – fremd verursachten Unfall verwickelt wird. Da indes häufig nicht von vornherein feststeht, wer den Schaden im wirtschaftlichen Ergebnis zu tragen hat, kann es allerdings bereits das eigene wohlverstandene Interesse gebieten, den in jedem Fall sichersten Weg zu wählen. Andererseits darf man selbstverständlich das Anliegen des § 254 Abs. 2 BGB nicht aus dem Auge verlieren, das dahingeht, dass der Geschädigte bei ordnungsgemäßer Erfüllung seiner Obliegenheiten seine Aufwendungen grundsätzlich auf den Schädiger abwälzen darf. Es liegt daher nahe, den Geschädigten in diesem Zusammenhang zu verpflichten, nicht zu seinem eigenen Vorteil auf fremde Kosten großzügig sein zu dürfen.[334]

## II. Auswahl einer geeigneten Werkstatt

187 Neben der eigenverantwortlichen Prüfung des Schadensumfangs obliegt dem Geschädigten die Auswahl einer geeigneten Werkstatt.[335] Nur bei entsprechenden Anhaltspunkten besteht die Verpflichtung, vor Erteilung des Reparaturauftrages zunächst Kostenvoranschläge mehrerer miteinander konkurrierender Werkstätten einzuholen.[336] Dem Geschädigten steht also das Recht zu, nach eigenem Ermessen eine Werkstatt seiner Wahl mit der Durchführung der Reparaturarbeiten zu beauftragen. Davon zu trennen ist die im Bereich des § 254 BGB zu verortende Frage, ob der Geschädigte gegen seine Schadenminderungspflicht verstößt, wenn er die vom Kfz-Haftpflichtversicherer des Schädigers nachgewiesene preisgünstigere Reparatur in einer ortsansässigen Fachwerkstatt ablehnt. Statt des Angebots einer ortsansässigen Fachwerkstatt kommt auch in Betracht, dass der Versicherer die Transportkosten zur Fachwerkstatt übernimmt. Zwar hat der Geschädigte grundsätzlich das Recht, die Reparatur auch von einer teureren Werkstatt durchführen zu lassen. Dies darf jedoch nicht zulasten des Schädigers gehen.[337] Der Geschädigte muss daher die Mehrkosten selber tragen, die dadurch entstehen, dass er eine objektiv vorhandene billigere Möglichkeit der Schadenbeseitigung in schuldhafter Weise nicht nutzt.[338]

188 Dies gilt selbst dann, wenn sich der Geschädigte darauf beruft, er wolle die Reparatur in der (teureren) »Werkstatt seines Vertrauens« durchführen lassen. Hier ist zu berücksichtigen, dass es sich bei Kraftfahrzeugen um serienmäßig hergestellte Massenartikel handelt, die jede beliebige Vertragswerkstatt ordnungsgemäß reparieren kann, sodass es dem Gläubiger zuzumuten ist, auch eine andere Fachwerkstatt zu beauftragen. Dies gilt insbesondere dann, wenn das selbst gewählte Unternehmen

---

252 = VRS 56, 86, 88; *OLG München* VersR 1983, 468; NJW 1985, 2637 = DAR 1985, 347 = zfs 1985, 265.

331 Vgl. dazu BGHZ 3, 46, 49 = VersR 1952, 99; BGHZ 9, 316, 318 = VersR 1953, 243; NJW 1964, 717 = VersR 1965, 1173; NJW 1964, 1670 f.; NJW 1972, 1800 = VersR 1972, 1024 = DAR 1972, 276; VersR 1979, 250; *OLG Köln* VersR 1968, 782.

332 In diesem Sinne einschränkend *BGH* VersR 1976, 732, 734 = DAR 1976, 183; NJW 1982, 1518 f. = VersR 1982, 548 f. = VRS 63, 81 (83).

333 *BGH* DAR 1985, 347.

334 Vgl. *Medicus* 17. VGT 1979, 57 f.

335 Vgl. dazu *OLG Celle* NJW 1962, 398 = VersR 1962, 555 = MDR 1962, 404; *OLG Nürnberg* VersR 1968, 505; *LG Stuttgart* MDR 1967, 43; *Ruhkopf* VersR 1962, 930.

336 *OLG Koblenz* VersR 1964, 101.

337 Vgl. *LG Karlsruhe* DAR 1981, 357 = zfs 1982, 10.

338 *OLG Köln* VersR 1969, 1005.

erkennbar mit anderweitigen Aufträgen überlastet ist oder möglicherweise sogar zu diesem Zeitpunkt gerade Betriebsferien macht.

Dies ist dem Geschädigten auch nicht etwa deshalb nicht zuzumuten, weil der auf die Reparaturwerkstatt verweisende Versicherer im »Lager des Schädigers« stehe und der Geschädigte diesem nicht die Reparatur in dessen Hände geben müsse. Denn zum einen lässt sich das gegenüber dem Schädiger begründete Misstrauen nicht auf die vom Versicherer beauftragte Werkstatt übertragen. Dem Geschädigten stehen gegen die Werkstatt alle Gewährleistungsansprüche zur Seite. Zum anderen kann der Geschädigte lediglich den objektiv erforderlichen Betrag, also die Kosten der Reparatur in einer Fachwerkstatt, verlangen. 189

### III. Einschaltung eines Sachverständigen

Bei der Beschädigung einer Sache gehören die Aufwendungen für ein Sachverständigengutachten zur Ermittlung des Schadenumfangs zu den notwendigen Kosten der Wiederherstellung.[339] Die Kosten eines privaten Gutachtens sind immer dann als zur zweckentsprechenden Rechtsverfolgung oder -verteidigung anzusehen und vom unterlegenen Gegner zu erstatten, wenn die Partei sachverständiger Beratung bedarf, um ihrer Darlegungslast zu genügen. Allgemein anerkannt ist, dass die Kosten der Einholung eines Sachverständigengutachtens über den Schadensumfang, von Bagatellschäden abgesehen, im Rahmen des § 249 BGB grundsätzlich zu ersetzen sind.[340] Auch die Gutachterkosten, die ein Haftpflichtversicherer aufwendet, um den Verdacht eines gestellten Unfalls nachzuweisen, sind im nachfolgenden Rechtsstreit erstattungsfähig.[341] Nicht erstattungsfähig sind hingegen in der Regel die Kosten für ein vorgerichtlich eingeholtes verkehrsanalytisches Privatgutachten.[342] 190

Desgleichen verstößt der Geschädigte gegen seine Schadensminderungspflicht, wenn er bei einem Bagatellschaden ein Sachverständigengutachten einholt. Ab welcher Schadenshöhe ein solcher Bagatellschaden vorliegen soll, wird von der Rechtsprechung jedoch uneinheitlich beurteilt, heute in etwa bei 750 € gesehen. Jenseits der genauen Festlegung der Bagatellgrenze ist indes von entscheidender Bedeutung, ob einem normalen Geschädigten hinsichtlich der kostenmäßigen Beurteilung seines Schadens nicht die erforderliche Sachkunde fehlt. Teilweise wird daher die Auffassung vertreten, dass der Geschädigte nur dann gegen seine Schadensminderungspflicht verstößt, wenn die Geringfügigkeit des Schadens auch für einen Laien klar erkennbar war.[343] Diese Auffassung lässt indes unberücksichtigt, dass der Geschädigte im Zweifelsfall immer die Möglichkeit hat, zunächst bei seiner Werkstatt nachzufragen. Diese kann ihm regelmäßig sofort zumindest annäherungsweise den Schadensumfang mitteilen und auch Angaben dazu machen, ob wegen des Verdachts tiefer gehender Schäden eine Begutachtung angebracht ist.[344] Ausnahmsweise sind die Kosten eines eingeholten Gutachtens trotz Unterschreitung der Bagatellgrenze gleichwohl erstattungsfähig, wenn eine Werkstatt die Erstellung eines Kostenvoranschlages mit der Begründung verweigert, dass wegen der Möglichkeit verdeckter Schäden dies abgelehnt werde und Kostenvoranschläge nicht kostenlos erstattet werden könnten.[345] In diesem Fall genügt der Geschädigte seiner Schadensminderungspflicht, wenn er den beauftragten Sachverständigen um die Erstellung eines Kurzgutachtens mit minimalem Kostenaufwand bittet. 191

Die Aufgabe des Sachverständigen besteht darin, den Schadenumfang in einem Gutachten festzuhalten, auf angemessene Preisgestaltung und Reparaturausführung zu achten bzw. den zügigen Fortgang der Arbeiten und ihren Abschluss zu überwachen. Da der Sachverständige eine Kontrollfunktion gegenüber der Werkstatt ausüben soll, erscheint die zuweilen geübte Praxis recht bedenklich, dass 192

339 *BGH* r+s 1998, 9.
340 *Klimke* DAR 1984, 39, 42 m.w.N.
341 *OLG Frankfurt* OLGR 1996, 216.
342 *OLG Saarbrücken* OLGR 1998, 121; *OLG Nürnberg* zfs 2016, 465.
343 *AG Frankfurt/M.* PVR 2002, 337; *AG Mainz* NZV 2002, 193.
344 Vgl. *AG Sömmerda* NZV 2002, 512 = zfs 2002, 432.
345 *AG Dortmund* zfs 2002, 178.

die Werkstatt selbst »ihren« – meist einen ihr genehmen – Sachverständigen selbst aussucht. Der Auftrag sollte vielmehr stets vom Gläubiger oder seinem Rechtsvertreter erteilt werden. Es sollte außerdem Wert daraufgelegt werden, dass der Sachverständige das Fahrzeug selbst untersucht und sich nicht – wie dies zuweilen zu beobachten ist – damit begnügt, die im Kostenvoranschlag der Werkstatt enthaltenen Werte ohne eigenverantwortliche Wertung zu adaptieren.

193 Die Einschaltung eines qualifizierten, marktverbundenen Kfz-Sachverständigen dient auch dem Zweck, den Geschädigten insoweit zu unterstützen, als es sich darum handelt, seine Ansprüche aus dem Werkvertrag auf mangelfreie Reparatur zu den marktüblichen Preisen gegenüber der Werkstatt durchzusetzen.[346] Gleichwohl ist zu berücksichtigen, dass der von dem Geschädigten beauftragte Kfz-Sachverständige nicht Erfüllungsgehilfe des Geschädigten ist.[347]

### IV. Auswechseln unbeschädigter Teile

194 Streit über die angemessene Höhe der Reparaturkosten, d.h. den zur Herstellung erforderlichen Betrag im Sinne von § 249 Abs. 2 S. 1 BGB, entsteht insbesondere dann, wenn Teile, die durch den Unfall nicht beschädigt worden sind, im Zuge der Reparaturarbeiten ausgewechselt werden. Dies kann indes aus den verschiedensten Gründen erforderlich sein. So wird beispielsweise die Auswechselung nur eines Reflektors nicht zu einem befriedigenden Ergebnis führen, weil sich dadurch unterschiedliche Lichtwerte ergeben können und die Verkehrssicherheit beeinträchtigt wird. Es kann überdies der Fall eintreten, dass bestimmte Teile montagebedingt (beispielsweise wegen zu starker Unterrostungen) mit erneuert werden müssen, da die angrenzenden Neuteile sonst keinen sicheren und festen Halt finden. Derartige Kosten muss grundsätzlich der Schädiger erstatten. In diesen Fällen ist selbstverständlich die Frage zu prüfen, ob durch diese Form der Reparatur eine Wertverbesserung eingetreten ist, die im Wege des Vorteilsausgleichs durch angemessene Abzüge »neu für alt« zu kompensieren ist.

195 Um die Problematik des Abzugs »neu für alt« auszuschalten, kann die Reparatur mit gebrauchten Ersatzteilen wirtschaftlich sinnvoll und unter dem Gesichtspunkt der Schadensminderungspflicht rechtlich geboten sein.

196 Nicht erstattungsfähig sind demgegenüber z.B. Kosten für die Auswechselung (Erneuerung) einer durch den Unfall nicht beschädigten Windschutzscheibe, die allein dadurch zu Bruch gegangen ist, dass die mit der Reparatur beschäftigten Monteure sich die Werkzeuge gegenseitig zuwerfen.

### V. Dispositionspflicht des Geschädigten

197 Wie bereits an anderer Stelle zum Ausdruck gebracht, obliegt dem Geschädigten die volle Dispositionspflicht (Veranlassungspflicht). Das bedeutet, dass er sich vor Erteilung des Reparaturauftrages Gewissheit darüber zu verschaffen hat, dass die Instandsetzung sich im Hinblick auf die Relation zwischen Reparaturkosten und Wiederbeschaffungswert noch lohnt. Dazu gehören zwei Rechengänge: Einmal muss die Summe aus Reparaturkosten und Minderwert gebildet und der sich daraus ergebende Betrag der Differenz zwischen Wiederbeschaffungs- und Restwert gegenübergestellt werden. In diese Betrachtung sind ebenfalls die Nebenkosten, wie etwa Mietwagenkosten usw. einzubeziehen.[348]

198 Es ist in erster Linie Aufgabe des Geschädigten, zügig in sachgerechter Form darüber zu befinden, in welcher Weise der Unfallschaden abgewickelt werden soll. Grundsätzlich trägt er das Risiko für die Erteilung des Reparaturauftrages und das dabei zutage tretende Ergebnis, sofern unzutreffende Dispositionen, die zu einer Vermehrung der Kostenbelastung führen, auf seinem eigenen Verschul-

346 Vgl. dazu *OLG Nürnberg* VersR 1968, 505; *LG Bielefeld* VersR 1964, 784; *LG Hamburg* VersR 1971, 260.

347 *OLG Hamm* DAR 1997, 275; *AG Berlin-Mitte* DAR 2002, 459.

348 Vgl. dazu *OLG Stuttgart* NJW 1960, 1463; *LG Stuttgart* VersR 1968, 182 = DAR 1967, 272; *Walter* S. 33.

den beruhen. Demgegenüber ist der Geschädigte für unwirtschaftliche Maßnahmen der Werkstatt und eines von ihm beauftragten Kfz-Sachverständigen nicht verantwortlich, da diese Personen nicht zu seinen Erfüllungsgehilfen gehören.

## VI. Veräußerung des beschädigten Fahrzeugs

Es kommt in der Praxis der Schadenregulierung nicht selten vor, dass der Geschädigte nach einem Unfallschaden erklärt, die Weiterbenutzung des Kraftfahrzeugs sei ihm mit Rücksicht auf die Schwere der Einwirkung nicht zuzumuten; er wolle daher den Wagen dem Schädiger »zur Verfügung stellen« und von ihm die Differenz zwischen Wiederbeschaffungs- und Restwert verlangen. Die vorherrschende Rechtsprechung steht indes auf dem Standpunkt, dass die ordnungsgemäße Ausübung der Schadenminderungspflicht regelmäßig eine zumutbare Reparatur des beschädigten Kraftfahrzeugs gebietet, sofern nicht nach den allgemeinen Grundsätzen Totalschaden vorliegt. 199

Diese Frage ist stets unter Berücksichtigung der konkreten Umstände des Einzelfalles zu beantworten. Wenn der Geschädigte bereit ist, sich einen Wertunterschied anrechnen zu lassen, dann ist die Frage, ob ihm ein Neufahrzeug zusteht, nicht mehr ganz so problematisch. Bei der Abrechnung auf der Basis eines »unechten« (wirtschaftlichen) Totalschadens können sich u.U. Vorteile für beide Parteien ergeben: Der Gläubiger erhält dank der Übersättigung des Gebrauchtwagenmarktes innerhalb kürzester Frist ein unfallfreies Fahrzeug, während der Ersatzpflichtige lediglich die Differenz zwischen Wiederbeschaffungs- und Restwert zu erstatten braucht, die – bei geschickter Verwertung des Altwagens – oftmals geringer ist als die Summe aus Reparaturkosten und Minderwert. Der Ersatzpflichtige spart dabei in aller Regel einen Teil der sonst bei der Reparatur anfallenden Mietwagenkosten, hat demgegenüber aber die Kosten der Abmeldung des beschädigten Wagens und der Anmeldung des Ersatzfahrzeugs zu tragen. 200

Allerdings »funktioniert« diese Methode dann nicht, wenn es sich um ganz neue oder besonders alte Kraftfahrzeuge handelt, die auf dem Markt kaum angeboten werden und für die daher besondere Bewertungsmaßstäbe gelten.[349] Andere Grundsätze werden lediglich dann in Betracht kommen, wenn das betreffende Fahrzeug noch neuwertig war und an ihm gravierende Schäden entstanden sind. Ähnliche Überlegungen gelten für den Fall, dass der Geschädigte bereits vor dem Unfall ein fabrikneues Fahrzeug rechtsverbindlich bestellt hatte. 201

## VII. Zurechnungszusammenhang

Die vom Geschädigten beauftragte Reparatur-Werkstatt ist nicht Erfüllungsgehilfe des Gläubigers, sodass er sich Säumnisse der Werkstatt im Rahmen seiner Schadenminderungspflicht nicht aus § 254 Abs. 2 BGB über § 278 BGB wie eigenes Verschulden zurechnen lassen muss.[350] Die Schadenminderungspflicht gebietet es allerdings in jedem Fall, nach den Grundsätzen von Treu und Glauben (§ 242 BGB), dass der Geschädigte bei erkennbar fehlerhafter Reparaturleistung von der Werkstatt eine Beseitigung im Wege der Nachbesserung verlangt und seine Ansprüche aus dem Werkvertrag fristgemäß geltend macht[351] bzw. seine vertraglich begründeten Ansprüche an den Ersatzpflichtigen abtritt (§ 255 BGB). 202

349 Vgl. dazu beispw. *BGH* NJW 1966, 1454 = VersR 1966, 830; – ferner *OLG München* 1966, 986; *Klimke* VersR 1972, 356 f.

350 *BGH* NJW 1972, 1800 = VersR 1972, 1024 = DAR 1972, 276; BGHZ 61, 346 = VersR 1974, 90 = DAR 1974, 17; *OLG Düsseldorf* VersR 1977, 840; *OLG Stuttgart* VersR 1977, 88.

351 Vgl. dazu *KG* NJW 1971, 142; *LG Berlin* VersR 1964, 784; *LG Mainz* VersR 1972, 78; *Koller* NJW 1971, 1776 (der zu einem Kompromiss neigt).

## F. Vorteilsausgleich

### I. Allgemeine Überlegungen

203 Der Vorteilsausgleich[352] gilt als »Antipode der Wertminderung«[353] und stellt ein nicht im Gesetz geregeltes, sondern von der Rechtsprechung als Richterrecht entwickeltes Rechtsinstitut dar. Der Gesetzgeber hat ganz bewusst davon Abstand genommen, eine gesetzliche Regelung für die Anwendung des Vorteilsausgleichs (compensatio lucri et damni) zu treffen, sondern die Lösung der Judikatur überlassen.[354]

204 Noch immer streitig ist die Frage, ob es sich beim Vorteilsausgleich – insbesondere in der hier in erster Linie interessierenden Anwendungsform der Abzüge »neu für alt« – überhaupt um ein eigenständiges Rechtsinstitut oder um ein Randproblem der Schadenabrechnung überhaupt handelt.

205 Diese Frage ist durchaus nicht von nur akademischer Bedeutung, wie *Walter*[355] meint, sondern ihr fällt auch eine erhebliche praktische Bedeutung insofern zu, als eine unterschiedliche Beweislastregelung in Betracht kommt, je nachdem, ob es sich um ein Problem des Vorteilsausgleichs oder der (wertfreien) Schadenberechnung handelt. Dies gilt insbesondere für die am Anfang der Betrachtung stehende Frage nach der Kausalität, die bekanntlich der Gläubiger (Ersatzberechtigte) zu beweisen hat,[356] während die Beweislast für die Anwendung des Vorteilsausgleichs dem Ersatzpflichtigen obliegt.

206 Einigkeit besteht allerdings weitestgehend in der Beurteilung, dass der Schaden das wirtschaftliche Nettoergebnis des schädigenden Ereignisses darstellt, also die Differenz zwischen Vorteilen und Nachteilen oder – mit anderen Worten – die um den Vorteil geminderte schadenadäquate Vermögenseinbuße. Vereinfacht ausgedrückt lässt sich feststellen, dass der Schaden der Betrag ist, um den die wirtschaftlichen Nachteile die Vorteile überwiegen.[357] Die Anwendung des Vorteilsausgleichs beruht auf dem im Ergebnis unbestrittenen Grundsatz, dass der Geschädigte durch die ihm zufließende Ersatzleistung nicht ärmer, aber auch nicht reicher werden darf.

207 Der Vorteilsausgleich führt jeweils dann zu einer Schadenminderung, wenn der Vorteil mit dem Schadenereignis in einem inneren ursächlichen Zusammenhang steht, der Zweck des Schadensersatzes eine Anrechnung gebietet und dadurch keine ungerechtfertigte Entlastung des Schädigers eintritt.[358] Weiter von Bedeutung ist der Gesichtspunkt, dass Schaden und Vorteil durch dasselbe Ereignis ausgelöst worden sein muss.[359] Dies bedeutet, dass der Vorteil nach dieser Auffassung nicht durch eine selbstständige Ursache bewirkt worden sein darf.

352 Wegen näherer Einzelheiten dazu vgl. RGZ 146, 275; BGHZ 8, 326; BGHZ 10, 107 = NJW 1953, 1346; BGHZ 30, 29 = NJW 1959, 1078 = VersR 1959, 399; BGHZ 49, 56 = NJW 1968, 491; NJW 1979, 760 = VersR 1979, 323 = DAR 1979, 97; BGHZ 77, 151; *Gelhaar/Thuleweit* S. 242; *Sanden/Völtz* Rn. 210 ff.; Grüneberg/*Grüneberg* vor § 249 Rn. 67 ff.; Geigel/*Pardey* Kap. 9 Rn. 1 ff.; *BGH* NJW 1997, 250 f.; *BGH* NJW 1989, 2117; *BGH* NJW 1987, 2741.

353 *Sanden* NJW-Schriften 7 Rn. 210.

354 Vgl. dazu die Motive zum BGB (Amtliche Ausgabe Bd. II, 1888, S. 18 zum damaligen § 218); BGHZ 30, 29 = NJW 1959, 1078 = VersR 1959, 399.

355 *Walter* 2. Teil, II 2 (a.E.).

356 *BGH* NJW 1979, 760 f. = VersR 1979, 323, 325 = DAR 1979, 98.

357 *Böhmer* DAR 1951, 106; VersR 1954, 160; *Machleid* JZ 1952, 644; *Reinicke* MDR 1952, 460; *Werner* NJW 1955, 769; *Esser* MDR 1957, 522; *Leßmann* S. 1552; *Thiele* AcP 167, 132; Geigel/*Pardey* Kap. 9 Rn. 1.

358 BGHZ 8, 325 = VersR 1953, 148; BGHZ 10, 107 f. = VersR 1953, 320; BGHZ 30, 29 = NJW 1959, 1078; VersR 1959, 399; BGHZ 49, 56 = VersR 1966, 449; BGHZ 55, 329 = VersR 1971, 544; BGHZ 58, 15 = VersR 1972, 391; BGHZ 74, 103; *BGH* NJW 1987, 2741; *BGH* NJW 1989, 2117; *BGH* NJW 1997, 250.

359 BGHZ 8, 325, 329; BGHZ 10, 107 f. = VersR 1953, 320; BGHZ 30, 29, 39 = NJW 1959, 1078 = VersR 1959, 399; BGHZ 49, 56 = VersR 1966, 449; BGHZ 61, 62; *BGH* NJW 1976, 747 = VersR 1976, 471 = DAR 1976, 71; *BGH* NJW 1979, 760 = VersR 1979, 323 = DAR 1979, 97; *BGH* NJW 1980, 2187 = VersR 1980, 920.

Im Schrifttum wird das Kriterium der Adäquanz[360] – und sei es auch nur in ergänzender Funktion – häufig als sachfremd und ungeeignet bezeichnet.[361] Der 6. Zivilsenat des *BGH* hat diese Bedenken der Rechtslehre als berechtigt anerkannt, ohne allerdings diese Frage abschließend zu entscheiden.[362] 208

Als Einschränkung für die Anwendung des Vorteilsausgleichs ist – zumindest für bestimmte Anspruchsarten – in der neueren Rechtsprechung – im Anschluss an *Thiele*[363] sowie in Anlehnung an versicherungsrechtliche Überlegungen – der Gedanke entwickelt worden, dass nur solche Vorteile als anrechenbar in Betracht zu ziehen sind, die gerade mit dem geltend gemachten Nachteil in einem qualifizierten Sachzusammenhang stehen, der beide Kriterien – Vorteil und Nachteil – »gewissermaßen zu einer Rechnungseinheit verbindet«.[364] 209

Der *BGH* behandelt den Abzug »neu für alt« als einen Fall der Anwendung des Vorteilsausgleichs, indem er es in Übereinstimmung mit dem Reichsgericht für ausreichend hält, dass Schaden und Vorteil aus mehreren, der äußeren Erscheinung nach selbstständigen Ereignissen fließen, wenn nur sichergestellt ist, dass nach dem natürlichen Ablauf der Dinge das schädigende Ereignis allgemein geeignet war, derartige Vorteile auszulösen. Von Bedeutung ist ferner, dass der auf diese Weise hergestellte Sachzusammenhang nicht eine so lose Verbindung darstellen darf, dass er nach vernünftiger Lebensauffassung unberücksichtigt bleiben muss. In seiner Grundsatzentscheidung vom 24.03.1959 hat der *BGH*[365] die Auffassung vertreten, dass bei der Bemessung des Schadensersatzes für die Beschädigung oder Zerstörung einer durch Gebrauch und Zeitdauer im Wert gesunkenen oder schon vorher schadhaft gewordenen Sache grundsätzlich ein Abzug zwecks Berücksichtigung des Unterschiedes von Alt und Neu zu machen ist. Dies gelte – so meint der *BGH* weiter – auch für langlebige Wirtschaftsgüter. 210

Abzustellen ist weiterhin – unabhängig zunächst einmal von der Frage nach der Adäquanz[366] – nach Sinn und Zweck des Schadensersatzes. Es ist nach den Vorstellungen des *BGH* in diesem Zusammenhang zu prüfen, ob die Anrechnung des Vorteils dem »Sinn und Zweck der Schadenersatzpflicht entspricht«. Dazu sei eine Gesamtschau der Interessenlage[367] unter Einbeziehung der Frage nach den Grenzen der Zumutbarkeit[368] vorzunehmen. Einerseits sollte der Schadensersatz nicht zu einer wirtschaftlichen Bereicherung des Geschädigten führen, andererseits dürfe der Ersatzpflichtige nicht in unbilliger Weise begünstigt werden.[369] 211

Darüber hinaus ist zu prüfen, ob die Grundsätze von Treu und Glauben (§ 242 BGB) eine Anrechnung zulassen und ob die Anwendung des Vorteilsausgleichs unter Berücksichtigung der Verkehrssitte »der Natur der Sache und der Billigkeit« entspricht. 212

Von Bedeutung sind weiterhin die gegenseitige Interessenlage, die Gesamtumstände des Falls und das wirtschaftliche Ergebnis,[370] wobei – wie bereits dargelegt – eine schematische Behandlung nicht 213

---

360 St. Rspr., vgl. *BGH* NJW 1990, 1360.

361 Vgl. dazu grundlegend *Cantzler* AcP 156, 29 ff., 48 ff.; *Rother* S. 232; *Thiele* AcP 167, 193, 196; *Larenz* § 30 II a; *Rudloff* VersR 1979, 1153.

362 Vgl. dazu *BGH* NJW 1979, 760 = VersR 1979, 323 = DAR 1979, 97; *BGH* NJW 1980, 2187 = VersR 1980, 920.

363 *Thiele* AcP 167, 193, 202.

364 Vgl. dazu BGHZ 73, 109 = NJW 1979, 760 = VersR 1979, 323; ferner *BGH* WM 1970, 633, 637; *BGH* NJW 1990, 1360; *BGH* NJW 1984, 2457.

365 BGHZ 30, 29 = NJW 1959, 1078 = VersR 1959, 399.

366 *BGH* NJW 1990, 1360.

367 Vgl. dazu insbes. *BGH* NJW 1979, 760 = VersR 1979, 323 = DAR 1979, 97.

368 Vgl. dazu BGHZ 30, 29, 31 = NJW 1959, 1078 = VersR 1959, 399; BGHZ 49, 56, 62 = NJW 1968, 491 (»nicht gerechtfertigte Begünstigung«); NJW 1979, 760 = VersR 1979, 323 = DAR 1979, 97; Weigelt/*Sprenge* Stichw.: »Neu für Alt, Erläuterungen 1« Kenn-Nr. 62.701, 1983, S. 2; *Gelhaar/Thuleweit* S. 242; DAR 1952, 92; *Rudloff* FS Fritz v. Hippel S. 432.

369 BGHZ 8, 325, 329 = VersR 1953, 148; BGHZ 10, 107 f. = VersR 1953, 320; BGHZ 30, 29 f. = NJW 1959, 1078 = VersR 1959, 399; *Weber* DAR 1979, 133; *Walter* S. 69.

370 Vgl. dazu RGRK Vorbem. 5 vor § 249.

zulässig ist, sondern die Prüfung sich stets auf alle Umstände zu erstrecken hat, die dem konkreten Einzelfall sein ganz individuelles Gepräge gegeben haben.[371] Eine Anwendung des Vorteilsausgleichs ist insbesondere dann nicht zulässig, wenn sich aus § 242 BGB – also nach den Grundsätzen von Treu und Glauben – ergibt, dass in der Bewertung von Vorteil und Tat eine Anrechnung dem Gläubiger nicht zuzumuten ist.[372]

214 Eine Anwendung des Vorteilsausgleichs kommt für das Gebiet des Kfz-Schadens nach vorherrschender Meinung nur dann in Betracht, wenn am beschädigten Fahrzeug durch die besondere Form der Reparaturarbeiten eine Wertverbesserung im Ganzen[373] bewirkt worden ist,[374] wenn also für den Geschädigten gerade durch die eingebauten Neuteile oder eine Neulackierung in nennenswertem Umfang eine Wertsteigerung eingetreten ist, die sich für ihn wirtschaftlich günstig auswirkt.[375] Der Vorteil kann etwa dadurch entstehen, dass der Geschädigte Aufwendungen erspart, die er sonst – zu einem späteren Zeitpunkt – auf eigene Kosten hätte machen müssen, d.h. dann, wenn Teile ersetzt werden, die im Allgemeinen die Lebensdauer (Nutzungszeit) des Kfz nicht erreichen.[376]

215 Diesen Grundsatz verkennt offenbar das *KG*,[377] wenn es meint, dass auch beim Austausch geringwertiger Teile – das *KG* bezieht sich insoweit beispielhaft auf Anlasser, Glühbirnen, Radkugellager –, die im Laufe des »Fahrzeuglebens« mehrmals erneuert werden müssen, Abzüge »neu für alt« lediglich dann in Betracht kommen, wenn dadurch eine Wertverbesserung im Ganzen eintritt. Der Vorteil liegt auch hier in den ersparten Aufwendungen, weil der Zeitraum der notwendigen Erneuerung sich um die bisherige Nutzungsdauer des betreffenden Altteils verlängert.

216 Selbstverständlich sind Abzüge »neu für alt« auch dann gerechtfertigt, wenn der Wiederverkaufswert des Wagens durch die Form der Reparatur sich erhöht hat. Dies kommt insbesondere dann in Betracht, wenn sich bereits vor dem Unfall an den später schadenbedingt ausgewechselten Teilen Schrammen oder gar Einbeulungen befunden haben sollten. Dies gilt in ganz besonderem Maße natürlich dann, wenn typische Verschleißteile erneuert worden sind.

217 Zusammenfassend lässt sich feststellen, dass erste und selbstverständlichste Voraussetzung einer Anrechnung ist, dass das schädigende Ereignis mit dem Vorteil in einem inneren Sachzusammenhang steht, und zwar ihn adäquat verursacht hat.[378] Dieses Merkmal reicht jedoch nicht aus, um die Fälle auszuschalten, bei denen ein Vorteil nicht anzurechnen ist. Die Adäquanz ist daher lediglich die Mindestvoraussetzung für eine Anrechnung.[379]

218 Vielmehr muss in jedem Fall geprüft werden, ob dem Geschädigten die Anrechnung des Vorteils zuzumuten ist.[380] Nur der Vorteil ist anzurechnen, bei dem zwischen Schaden und Vorteil eine »Kor-

371 Vgl. dazu insbes. BGHZ 30, 29 = NJW 1959, 1078 = VersR 1959, 399; *OLG Hamburg* VersR 1952, 138 = MDR 1952, 224; *BGH* NJW 1996, 584.

372 Vgl. dazu insbes. BGHZ 10, 107 = NJW 1953, 1346; BGHZ 22, 72 = NJW 1957, 138 = VersR 1956, 796; BGHZ 30, 29 = NJW 1959, 1078 = VersR 1959, 399.

373 Vgl. dazu *KG* zfs 1985, 105 = VRS 68, 85.

374 Vgl. dazu *OLG Düsseldorf* DAR 1974, 215; *OLG Celle* VersR 1974, 1032; *LG Regensburg* zfs 1980, 256; *AG Landshut* NJW 1990, 1537 sowie *LG Hanau* DAR 1999, 365 (Keine messbare Wertsteigerung bei Zahnersatz); *Gaisbauer* VW 1973, 711; *Gelhaar/Thuleweit* S. 242; Wussow/*Kürschner/Schneider* § 19 Rn. 35; *Sanden/Völtz* Rn. 214; Grüneberg/*Grüneberg* vor § 249 Rn. 98 f.

375 Vgl. dazu *OLG Celle* VersR 1974, 1032; *AG Heidelberg* VersR 1978, 953 (L, Ersatz angerosteter Stoßstange durch Neuteil ist durch einen Abzug »neu für alt« in Höhe von 20 % kompensiert worden).

376 Vgl. dazu insbes. *KG* NJW 1971, 142 = VersR 1971, 547 = DAR 1971, 40.

377 Vgl. dazu *KG* VersR 1985, 272.

378 Vgl. dazu BGHZ 8, 325, 329; BGHZ 10, 107 f.

379 Vgl. dazu BGHZ 49, 56, 62; NJW 1979, 760 (insoweit nicht in BGHZ 73, 109 mit abgedruckt) = VersR 1979, 323 f. = DAR 1979, 97.

380 Vgl. dazu BGHZ 8, 325 f.

respondenz«[381] besteht.[382] Die Anrechnung des Vorteilsausgleichs muss nach Sinn und Zweck des Rechts auf Schadensersatz unter Berücksichtigung der Interessenlage der Beteiligten dem Geschädigten nach Treu und Glauben zugemutet werden können.[383]

Die Wertverbesserung kann auch auf einer Verlängerung der Lebensdauer beruhen.[384] Auch dabei handelt es sich um einen anrechenbaren wirtschaftlichen Vorteil, weil die in Aussicht genommene Ersatzbeschaffung um einen gewissen Zeitraum hinausgeschoben wird und damit nicht nur die Zinsen, sondern zugleich – über die sonst notwendigen Investitionen – auch die Abschreibungsraten für die in Aussicht genommene Ersatzbeschaffung erspart werden. 219

Eine Wertverbesserung kann ferner darin liegen, dass im Zuge der Reparaturarbeiten der inzwischen eingetretene technische Fortschritt Eingang in das Fahrzeug findet. Abzüge »neu für alt« werden jedoch insbesondere dann ausgeschlossen sein, wenn Teile der ursprünglichen Ausführung nicht mehr verfügbar sind und der Einbau der dem neuen Stand der Technik angepassten Teile keine nennenswerten Mehrkosten verursacht bzw. dem Geschädigten keinen abgrenzbaren Vorteil bringt. Das Gleiche gilt für die dem Geschädigten auf diesem Wege gegen seinen Willen aufgezwungenen Wertverbesserungen. Andere Gesichtspunkte werden indes dann gelten müssen, wenn die technisch verbesserten Ersatzteile gerade auf Wunsch des Anspruchstellers eingebaut worden sind, obwohl die dem ursprünglichen Zustand entsprechenden Aggregate noch verfügbar (lieferbar) waren. Dies gilt natürlich in ganz besonderem Maße dann, wenn inzwischen die Übergangsfrist für die Weiterbenutzung der den gesetzlichen Bestimmungen nicht mehr entsprechenden Teile abgelaufen ist und der Geschädigte durch die Reparatur ganz oder teilweise eine Anpassung an die derzeit gültigen gesetzlichen Bestimmungen erspart, die er sonst auf eigene Kosten hätte vollziehen müssen. 220

Der Vorteilsausgleich wird insbesondere dann zum Tragen kommen, wenn bei der Reparatur Neuteile eingebaut worden sind, die eine »echte« Wertverbesserung am Fahrzeug oder an seinen wesentlichen Teilen bewirkt haben.[385] Voraussetzung dafür ist allerdings, dass entweder eine Erhöhung des Fahrzeugwertes eingetreten ist oder der Eigentümer (Geschädigte) durch den reparaturbedingten Einbau von Neuteilen Aufwendungen erspart, die in absehbarer Zeit ohnehin aus verschleißbedingtem Anlass fällig gewesen und auf ihn zugekommen wären.[386] Dies gilt insbesondere dann, wenn lebenswichtige Teile, wie beispielsweise Motor, Kardanwelle, Achskörper usw., erneuert worden sind.[387] Dies schließt nicht aus, dass auch die Erneuerung von reinen Blechteilen zu einer echten Wertverbesserung des Kfz im Ganzen führen kann, die durch entsprechende Abzüge »neu für alt« zu kompensieren ist.[388] 221

Abzüge »neu für alt« sind demgegenüber – in negativer Abgrenzung – dann nicht zulässig, wenn im Zuge der Reparatur Teile erneuert worden sind, die im Zeitpunkt des Unfalles noch unbeschädigt waren und erfahrungsgemäß die restliche Lebensdauer (Nutzungszeit) des Kfz in der ursprünglichen Form überdauert hätten.[389] 222

Schließlich kann eine Wertverbesserung auch darin bestehen, dass aufgrund geänderter gesetzlicher Bestimmungen – nach Ablauf der im Regelfalle vom Gesetzgeber eingeräumten Übergangszeit – 223

381 Vgl. dazu *BGH* NJW-RR 1986, 1400 f. = VersR 1987, 70, 72 = DAR 1987, 17.

382 Vgl. dazu *BGH* NJW 1979, 760 = VersR 1979, 323 = DAR 1979, 97; NJW 1984, 979 = VersR 1984, 353 = DAR 1984, 114.

383 Vgl. dazu BGHZ 91, 357, 363 = NJW 1984, 2520 = VersR 1984, 936; – wegen der negativen Abgrenzung s. *BGH* NJW 1987, 2741 = VersR 1987, 1239; – vgl. dazu auch *Weber* DAR 1988, 181.

384 *BGH* NJW 1996, 584.

385 Vgl. dazu BGHZ 30, 29 = NJW 1959, 1078 = VersR 1959, 399; *OLG Oldenburg* VersR 1967, 566; *OLG Celle* VersR 1974, 1032.

386 BGHZ 30, 29 = NJW 1959, 1078 = VersR 1959, 399.

387 Vgl. dazu *Gräf* zfs 1955, 609; *Voss* VersR 1956, 143; *Walter* S. 73.

388 Vgl. dazu insbes. *Sanden/Völtz* Rn. 215 (insb. bei vorgeschädigten oder verrosteten Karosserieteilen).

389 Vgl. dazu insbes. *OLG Nürnberg* VersR 1964, 835; *KG* NJW 1971, 142; *LG Hannover* zfs 1981, 40; *LG Regensburg* zfs 1980, 296 (kein Abzug bei Einbau einer neuen Lenkung in »Jaguar« mit einer Laufleistung von bisher rd. 90 tkm).

die beschädigten Teile ohnehin hätten erneuert werden müssen, weil sie nicht den neuen Bau- und Ausrüstungsvorschriften entsprechen.[390] In diesem Fall ist es nicht erforderlich, dass eine Wertsteigerung im Ganzen eintritt.

## II. Typische Verschleißteile

224 Im Haftpflichtrecht beschränken die Abzüge »neu für alt« sich im Allgemeinen auf typische Verschleißteile; sie kommen also bei der Erneuerung langlebiger Karosserieteile nicht in Betracht.[391] Zu den Verschleißteilen gehören insbesondere:

- Motor
- Getriebe
- Auspuff[392]
- Kardanwelle
- Polster
- Batterie[393]
- Bereifung[394]
- Stirnräder
- Anlasser
- Glühbirnen
- Bremsbeläge[395]
- Zylinder
- Kolben.

225 Wird ein derartiges Teil aus schadenadäquatem Anlass gegen ein Neuteil ersetzt, dann ist in der Regel ein Abzug »neu für alt« gerechtfertigt, weil die ohnehin in absehbarer Zeit bevorstehende Ersatzbeschaffung um jenen Zeitraum hinausgeschoben wird, den das beschädigte Teil bereits benutzt worden ist.[396] Ein Abzug »neu für alt« kommt bei zeitwertgerechter Reparatur mit gebrauchten Ersatzteilen naturgemäß nicht in Betracht.

226 Als Kriterium dafür kommt allein der Gesichtspunkt in Betracht, ob der Geschädigte durch den Austausch von Verschleißteilen gegen fabrikneue, genormte Aggregate objektiv bereichert ist.[397] Es kommt demgegenüber nicht auf die Frage an, ob in diesem Zusammenhang ein Verschulden des Geschädigten vorliegt, beispielsweise etwa deswegen, weil er vermeintlich dadurch gegen seine Schadenminderungspflicht verstoßen hat, dass er nicht den Einbau von Altteilen veranlasst hat.[398]

---

390 *Werner* NJW 1955, 769, 772; *Walter* S. 74.

391 Vgl. dazu insbes. *OLG Celle* VersR 1974, 1032; *Gaisbauer* VW 1973, 711; *Sanden/Völtz* Rn. 215 f.

392 Vgl. dazu *OLG Celle* VersR 1974, 1032; *LG Hagen* 16 0 743/80 v. 16.12.1981 (n.v.); Weigelt/*Sprenger* Stichw.: »neu für alt, Erläut. 1« Kenn-Nr. 62.701, 1983, S. 6.

393 Vgl. dazu *OLG Celle* VersR 1974, 1032; *KG* bei *Darkow* DAR 1976, 225 (zu 1. 2); 12 U 3427/78 v. 07.01.1979 (n.v.); *LG Bonn* 1 0 178/79 v. 18.09.1979 (n.v.); Weigelt/*Sprenger* Stichw.: »neu für alt, Erläut. 1«, Kenn-Nr. 62.701, 1983, S. 6.

394 Vgl. dazu *OLG Nürnberg* VersR 1964, 835; *KG* NJW 1971, 142 = VersR 1971, 547 = DAR 1971, 40; *OLG Celle* VersR 1974, 1032; *AG Ludwigshafen* zfs 1981, 41; Weigelt/*Sprenger* Stichw.: »neu für alt, Erläut. 1«; Kenn-Nr. 62.701, 1983, S. 6.

395 Vgl. dazu *OLG Celle* VersR 1974, 132; Weigelt/*Sprenger* Stichw.: »neu für alt, Erläut. 1«, Kenn-Nr. 62.701, 1983, S. 6.

396 Vgl. dazu BGHZ 30, 29 = NJW 1959, 1078 = VersR 1959, 399; *KG* NJW 1971, 142; *OLG Celle* VersR 1974, 1032; Krumme/*Steffen* § 11 StVG Rn. 20.

397 Wussow/*Kürschner/Schneider* § 19 Rn. 35.

398 Hier ist zu prüfen, inwieweit die Instandsetzung mit gebrauchten Ersatzteilen unter Berücksichtigung der Beschaffungszeit – die bekanntlich auch Geld bedeutet – im wirtschaftlichen Ergebnis tatsächlich günstiger ist als die Instandsetzung mit Neuteilen.

Abzüge »neu für alt« werden unter bestimmten Voraussetzungen selbst bei Alt- oder Tauschteilen vorzunehmen sein. Dies gilt jedenfalls dann, wenn die ursprünglichen Teile bereits soweit verschlissen waren, dass die Tauschteile erheblich wertvoller sind. Bei Teilen, die üblicherweise nur im Tausch erneuert zu werden pflegen – wie beispielsweise Motor oder Getriebe –, sind Abzüge »neu für alt« in gleicher Weise wie bei Neuteilen vorzunehmen, da jene Teile im Werk soweit aufbereitet worden sind, dass sie Neuteilen nahezu entsprechen. Dies gilt auch für den sog. »Teilemotor«. 227

Andererseits muss festgehalten werden, dass Abzüge »neu für alt« nicht auf typische Verschleißschäden beschränkt sind. Sie können auch bei Karosserieschäden vorgenommen werden, wenn das beschädigte Blechteil entweder bereits mit unreparierten oder nicht fachmännisch beseitigten Vorschäden behaftet war bzw. starke An- oder Unterrostungen[399] aufwies und aus diesem Grunde ohnehin in absehbarer Zeit hätten erneuert werden müssen. Für den Regelfall lässt sich indes feststellen, dass durch die Erneuerung von Karosserieteilen im Zweifel keine Wertverbesserung eintritt.[400] Nimmt der Geschädigte zugleich eine Beseitigung des Unfallschadens wie auch unfallfremder Schäden vor, ist hinsichtlich solchen Aufwands, welcher der Beseitigung beider Schäden dienen, eine Vorteilsanrechnung vorzunehmen, deren Höhe sich nach dem Verhältnis der unfallbedingten zu den unfallfremden Reparaturkosten bemisst.[401] 228

## III. Höhe

### 1. Allgemein

Die Abzüge »neu für alt« werden, je nach dem Anteil des Verschleißes, der auf das beschädigte Teil eingewirkt hat, in der Regel von einem Sachverständigen[402] in Äquivalenzzahlen ermittelt, die sich auf die gesamte Nutzungsdauer unter Berücksichtigung des Pflege- und Erhaltungszustandes[403] beziehen. Hat beispielsweise ein durch Unfall total beschädigter Motor bereits 50000 km zurückgelegt, dann wird, wenn man eine normale Nutzungsdauer von 100000 km als Durchschnittswert unterstellt, durch den Einbau eines Tauschmotors eine Wertverbesserung eingetreten, die mit einem Abzug »neu für alt« in Höhe von rd. 50 % zu bemessen ist. Es muss also im Einzelfall geprüft werden, in welchem Anteil vom Anschaffungswert das total beschädigte Aggregat im Unfallzeitpunkt durch den bestimmungsgemäßen Gebrauch bereits abgenutzt war. 229

Eine Pauschalierung der Abzüge »neu für alt« in der Form, dass ein bestimmter Prozentsatz vom gesamten Rechnungsbetrag abgezogen wird, erscheint demgegenüber zu wenig differenziert und daher unzulässig. Diese Methode berücksichtigt nicht den Umstand, dass praktisch jedes einzelne Teil einem unterschiedlichen Verschleißkoeffizienten ausgesetzt ist.[404] 230

Ebenso wenig kommt es für die Ermittlung des verschleißbedingten Anteils darauf an, mit welchem Betrage der beschädigte Gegenstand noch zu Buche stand. Der Buchwert, dem in erster Linie steuerliche Bedeutung zukommt, ist kein Anhaltspunkt für den tatsächlichen Gebrauchs- oder Verkaufswert einer Sache.[405] Die Praxis der Schadenregulierung kennt eine derartige Differenzierung nicht und lässt die Frage unberücksichtigt, inwieweit Werterhöhungen des Wirtschaftsgutes dadurch eingetreten sind, dass durch die Form der buchmäßigen Abschreibung die Aktivseite der Bilanz erhöht wird. 231

399 Vgl. *AG Heidelberg* VersR 1978, 953; *Darkow* VersR 1972, 613, 617; *Gaisbauer* VW 1973, 711; Weigelt/*Sprenger* Stichw.: »neu für alt, Erläut. 1«, Kenn-Nr. 62.701, 1983, S. 5.

400 Vgl. *Walter* S. 80.

401 *OLG Stuttgart* DAR 2023, 270.

402 Vgl. dazu insbes. *Voss* DAR 1951, 19 f.; *Haberkorn* DAR 1959, 146; Weigelt/*Sprenger* Stichw.: »neu für alt, Erläut. 1«, Kenn-Nr. 62.701, 1983, S. 8.

403 *KG* NJW 1971, 142 = VersR 1971, 547 = DAR 1971, 40; *LG Berlin* VRS 17, 81 f.; *Voss* DAR 1951, 19; *Darkow* VersR 1972, 613; Weigelt/*Sprenger* Stichw.: »neu für alt, Erläut. 1«, Kenn-Nr. 62.701, 1983, S. 8.

404 Vgl. dazu *LG Berlin* VRS 17, 81; *Fischbach* DAR 1951, 107.

405 *Walter* S. 78.

232 Abzüge »neu für alt« sind – Ausnahme: Lackierung – lediglich von den Materialkosten vorzunehmen. Die Arbeitslöhne bleiben demgegenüber unberücksichtigt.

233 Die Lohnkosten werden bei der Bemessung der Abzüge »neu für alt« deswegen außer Betracht gelassen,[406] weil sie in gleicher Weise und in derselben Höhe auch dann angefallen wären, wenn anstelle des beschädigten Aggregates ein gleichwertiges Altteil eingebaut worden wäre, das keine Wertverbesserung bewirkt hätte.[407]

## 2. Lackierungskosten

234 Andere Grundsätze gelten – wie bereits angedeutet – bezüglich der Lackierung. In diesem Bereich entfallen etwa 90 bis 95 % des Gesamtpreises auf Arbeitslöhne (Entfernung der Chromteile, Abschleifen des Ursprungslacks, Abkleben der nicht zu lackierenden Teile, Grundierung, Lackierung, Entkleben und Montieren der Chromteile). Abzüge »neu für alt« sind hier allerdings regelmäßig nur im Fall einer Ganzlackierung zu vertreten.[408] Die Praxis zeigt, dass der Wiederverkaufswert eines Fahrzeugs in erster Linie durch den optischen Gesamteindruck geprägt wird, der seinerseits auf dem Zustand der Lackierung beruht.[409] Aus diesem Grunde ist eine Neulackierung im besonderen Maße geeignet, dem Geschädigten einen realen Wertzuwachs zu vermitteln,[410] der bei Fahrzeugen, die bereits einige Jahre alt sind, bei 50 % der Lackierungskosten liegen dürfte.[411]

## IV. Preisnachlässe

## 1. Rabatte

235 Es kommt im Zuge der Schadenregulierung nicht selten vor, dass dem Geschädigten bei der Inanspruchnahme von Reparaturleistungen oder bei der Anmietung bzw. beim Ankauf eines Ersatzfahrzeugs Rabatte gewährt werden. Dies geschieht häufig aufgrund der besonderen Geschäftstüchtigkeit des Geschädigten, mitunter aber auch aufgrund seiner persönlichen Beziehungen zu den Leistungsträgern. In diesem Zusammenhang erhebt sich dann die Frage, ob die Rabatte allein dem Geschädigten zugutekommen sollen oder ob er verpflichtet ist, sie an den Schädiger »weiterzugeben«.

236 Es bleibt zunächst als Grundsatz festzuhalten, dass der Geschädigte die Rabatte nicht für sich »vereinnahmen« darf, sondern verpflichtet ist, sich diese auf seinen Ersatzanspruch, den ja der Schädiger finanziert, anrechnen zu lassen. Dass Rabatte grundsätzlich an den Schädiger »weiterzugeben« sind, der den Schaden letztlich ja trägt, wird insbesondere dann deutlich, wenn man sich einmal den Fall vorstellt, dass der Geschädigte über keine eigenen Barmittel verfügt und den Ersatzpflichtigen deshalb – in zulässiger Weise – bittet, die Schäden unmittelbar im Verhältnis zu demjenigen auszugleichen, der Lieferungen und Leistungen im Interesse der Schadenbeseitigung erbracht hat. Der Ersatzpflichtige begleicht daraufhin die Fremdrechnungen der Reparaturwerkstatt und der gewerblichen Autovermietung in Höhe des jeweils abgerechneten Betrages. Es wäre unter diesen Umständen ein mehr als seltsames und unbefriedigendes Ergebnis, wenn der Geschädigte, nachdem die Dinge in seinem Sinne und seinem Wunsche entsprechend abgewickelt worden sind, nunmehr erneut den Ersatzpflichtigen in Anspruch nimmt und diesen bittet, ihm die in den Fremdrechnungen berücksichtigten Rabatte an ihn – den Geschädigten – bar auszuzahlen. Bei dieser Fallgestaltung wird in besonderem Maße deutlich, wie grotesk und unberechtigt das Anliegen des Geschädigten

406 Vgl. dazu *OLG Stuttgart* VersR 1958, 864; *LG Berlin* VRS 17, 81 f.; Weigelt/*Sprenger* Stichw.: »Neu für alt, Erläuterungen 1«, Kenn-Nr. 62701, 1983, S. 8.

407 *OLG Stuttgart* VersR 1958, 864; *LG Berlin* VRS 17, 81; *Walter* S. 79.

408 Vgl. dazu *AG Berlin-Charlottenburg* VersR 1985, 1052 (L).

409 Vgl. dazu *Sanden/Völtz* Rn. 220.

410 Vgl. *OLG München* VersR 1970, 261.

411 Wegen näherer Einzelheiten dazu vgl. insbes. *OLG Frankfurt* MDR 1965, 382 (5 Jahre altes Kfz mit einer Laufleistung von mehr als 60000 km); *H.W. Schmidt* VersR 1965, 746 f.; BB 1968, 1310; Weigelt/*Sprenger* Stichw.: »Neu für alt, Erläuterungen 1«, Kenn-Nr. 62701, 1983, S. 8.

ist. Es kann jedoch keinen rechtlich bedeutsamen Unterschied ausmachen, ob die Dinge in dieser Weise abgewickelt werden oder der Schädiger dem Geschädigten die von ihm kurzfristig verauslagten Rechnungspositionen erstattet.

Ein Teil der Auffassungen in Literatur und Rechtsprechung will für die Lösung der Frage, ob Rabatte anzurechnen sind, dahin unterscheiden, ob der Geschädigte (Kunde) einen allgemeinen Rechtsanspruch auf den Rabatt gehabt hat[412] oder ob es sich dabei um sog. »Freundschafts- bzw. Verwandtenrabatte« handelt. Das *OLG Hamm*[413] geht in diesem Zusammenhang davon aus, dass Rabatte lediglich dann anspruchs- bzw. schadenmindernd zu berücksichtigen seien, wenn auf sie bereits nach allgemeinen Grundsätzen ein Rechtsanspruch besteht. Es müsse sich daher um einen dem Schadenereignis adäquaten und im wirtschaftlichen Ergebnis anrechenbaren Vorteil handeln.[414] Anders sollen demgegenüber sog. »Freundschafts- oder Verwandtenrabatte« zu beurteilen sein, die nach der Lebenserfahrung lediglich freundschaftshalber und im Interesse besonderer persönlicher Beziehungen zum Begünstigten gewährt werden. Man geht insoweit davon aus, dass der Rabatt, der ja eine Verringerung der Handels- und Verdienstspanne des Verkäufers zu seinem eigenen Nachteil zur Folge hat, mit Sicherheit nicht gewährt werden würde, wenn Verkäufer oder sonstige Leistungsträger wüssten, dass der Rabatt nicht dem Begünstigten, sondern einem Dritten zugutekommt. Jede andere Betrachtungsweise würde, so meinen die Verfechter dieser Auffassung, gegen das Prinzip der rechtlichen Unbeachtlichkeit von Drittleistungen verstoßen. Nach dem BGH ist eine solche »normative Korrektur« der Schadenberechnung im Sinne einer hypothetischen Betrachtung ohne den tatsächlich gewährten Rabatt allerdings nur mit Zurückhaltung anzuwenden. Sie ist nur dann angebracht, wenn nach einer umfassenden Bewertung der gesamten Interessenlage, wie sie durch das schädigende Ereignis zwischen dem Schädiger, dem Geschädigten und gegebenenfalls dem leistenden Dritten besteht, sowie unter Berücksichtigung von Sinn und Zweck aller in Betracht kommenden Rechtsnormen die Differenzbilanz der Schadensentwicklung nicht gerecht wird.[415] Dies wird insbesondere dann nicht der Fall sein, wenn der Schadenfall nur den Anlass dazu gibt, eine allgemein bestehende Rabattmöglichkeit anzuwenden (hier: Werksrabatt). Der Geschädigte hat – gleich ob in fiktiver oder konkreter Schadenabrechnung – ihm ohne Weiteres offen stehende Rabattmöglichkeiten wahrzunehmen, solange diese Rabattmöglichkeiten ihm allgemein und nicht nur aufgrund des Unfallgeschehens zur Verfügung stehen.[416] Steht dem Geschädigten allerdings nur ein Großkundenrabatt hinsichtlich des Erwerbs von Neufahrzeugen zu, während die Geschädigte nur Anspruch auf die Ersatzbeschaffung eines Gebrauchtfahrzeugs hat, ist der Rabatt so lange nicht zu berücksichtigen, als nicht durch den Rabatt die Ersatzbeschaffung eines rabattierten Neufahrzeugs günstiger ist als die Beschaffung eines gleichwertigen Gebrauchtfahrzeugs.[417] 237

Es gilt der das gesamte Schadensersatzrecht beherrschende Grundsatz, dass der Eintritt eines Schadens dem Geschädigten keine neuen Einnahmequellen eröffnen und ihn nicht ohne Rechtsgrund 238

---

412 Diese Voraussetzung wird beispielsweise dann erfüllt sein, wenn es sich beim Geschädigten um ein größeres Unternehmen handelt, das im Rahmen seiner Einkaufsbedingungen grundsätzlich und für alle Fälle mit bestimmten Unternehmen Rabatte – insbesondere Mengenrabatte – vereinbart hat (vgl. dazu *LG Koblenz* zfs 1987, 170 für Rabatte der *Deutschen Bundesbahn für* die Reparatur eines ihrer Omnibusse).

413 Vgl. dazu *OLG Hamm* VersR 1977, 735; ebenso *OLG Karlsruhe* zfs 1989, 51 = VRS 75, 403; *OLG Stuttgart* VersR 1986, 217 = zfs 1986, 217 (m.w.N.); *LG Köln* DAR 1986, 294 = zfs 1986, 344; *LG Saarbrücken* NJW-RR 1988, 1178; zfs 1988, 397; *AG Gelnhausen* zfs 1988, 385.

414 Vgl. *AG Münster* VersR 1980, 688 (Rabatt bei Ersatzwagenbestellung nach Totalschaden); *AG Charlottenburg* zfs 1981, 39.

415 *BGH* VersR 2011, 1582.

416 *BGH* a.a.O. (Werksangehörigenrabatt); DAR 2020, 83 (Großkundenrabatt); DAR 2020, 619 (Rabatt für behinderte Menschen); *LG Karlsruhe* zfs 2017, 684 (Großkundenrabatt); *AG Hannover* SVR 2023, 188 (Großkundenrabatt); a.A. noch *AG Düsseldorf* SP 2015, 89 (Taxirabatt, für den jedoch nichts anderes gelten kann).

417 *OLG Stuttgart* VersR 2023, 517.

bereichern dürfe. Damit ist das grundlegende Prinzip unseres Schadensersatzrechts angesprochen, dass der Schaden um den gleichzeitig und aus demselben Anlass erlangten Vorteil geringer ist. Gewährt der Kfz-Handel beispielsweise beim Kauf eines Neufahrzeugs im Fall der Barzahlung allgemein einen Nachlass von 5 % des Listenpreises, muss sich der Geschädigte bei der Abrechnung seines Schadens auf Neuwagenbasis von seiner Ersatzforderung einen Abzug in gleicher Höhe gefallen lassen.[418] Abzulehnen ist daher die zuweilen in der Rechtsprechung[419] und Rechtslehre etwas undifferenziert vertretene Auffassung, dass der Geschädigte die ihm aus unfallbedingtem Anlass gewährten Rabatte in jedem Fall für sich selbst in Anspruch nehmen darf. Eine andere – davon streng zu trennende – Frage ist, ob der Geschädigte verpflichtet ist, sich im Interesse des Schädigers darum zu bemühen, dass ihm Rabatte gewährt und eingeräumt werden. In diesem Zusammenhang vertritt das *LG Hanau*[420] die Auffassung, im Fall eines Totalschadens brauche der Geschädigte sich bei der Anschaffung eines Ersatzfahrzeugs nicht um einen Rabatt zu bemühen. Dies sei ihm auch nicht zuzumuten, weil Handeln ohnehin nicht jedermanns Sache sei und zum anderen die Befürchtung bestehe, dass unter diesen Umständen etwaige – außerhalb der Garantie und Gewährleistung liegende – Kulanzregelungen bei Bagatellschäden nicht in Betracht kommen.

239 Die Frage nach der Rabattgewährung im Fall eines nach haftpflichtrechtlichen Gesichtspunkten abzuwickelnden Totalschadens stellt sich normalerweise schon deswegen nicht, weil es insoweit nicht auf die tatsächlichen Kosten für die Ersatzbeschaffung eines Kfz, sondern ausschließlich auf den Wiederbeschaffungswert ankommt. Das *LG Hanau* hat den von ihm beurteilten Sachverhalt lediglich deswegen für relevant gehalten, weil es von einem »unechten« Totalschaden an einem schwerbeschädigten fabrikneuen Kfz ausgegangen ist[421] und überdies von Abzügen für den bisherigen Gebrauch abgesehen hat. Im Übrigen vertritt die Rechtsprechung die Auffassung, dass eine Anrechnung des Rabatts insoweit lediglich im Rahmen der Zumutbarkeit zu erfolgen hat.[422] Ist ein Rabatt für den Geschädigten nur für Neufahrzeuge zugänglich, ist dies bei einem Totalschaden nur bei einem Anspruch auf Neuwagenabrechnung oder dann zu berücksichtigen, wenn durch den Rabatt der Neuwagenpreis unter den Wiederbeschaffungswert gedrückt wird.[423]

240 Demgegenüber wird die Auffassung vertreten, dass Zeit- und Mengenrabatte, die nach dem Handelsbrauch üblicherweise gewährt werden, vom Geschädigten in zumutbarer Weise – im konkreten Fall: bei der Anmietung eines für eine längere Urlaubsreise benötigten Ersatzfahrzeugs – auszuhandeln und an den Schädiger »weiterzugeben« sind.[424]

241 Sollte eine Schadenausgleichung in Betracht kommen und der Geschädigte aus anderen Gründen einen prozentual bemessenen Anteil am Gesamtschaden selbst zu tragen haben, dann sind anrechenbare Rabatte in dem jeweils maßgeblichen Quotenverhältnis auf Schädiger und Geschädigten gleichmäßig zu verteilen. Abzulehnen ist beispielsweise die hin und wieder vertretene Auffassung, dass die im Zusammenhang mit einer unfallbedingt notwendigen Ersatzanmietung gewährten Rabatte

418 *AG Münster* VersR 1980, 688 (L); – ähnlich *AG Berlin-Charlottenburg* zfs 1981, 39; *OLG München* VersR 1975, 916 (Personalrabatt des Arbeitgebers); *OLG Karlsruhe* DAR 1989, 106 (13 %iger Preisnachlass des Händlers); *OLG Hamm* VersR 1991, 349 (Händlereinkaufspreis); *AG Bünde* NZV 1993, 482 (11 %iger Rabatt für Beamte beim Dienstwagenkauf).

419 Vgl. dazu beispielsw. *LG Landshut* VersR 1978, 953 (L) = DAR 1978, 138 = r+s 1978, 261; *LG Aachen* DAR 1983, 326 (dazu abl.: *Klimke* DAR 85, 214); *OLG Celle* VersR 93, 624 (Werkstattangehörigenrabatt); *OLG Frankfurt* VersR 1995, 1450 (25 %iger Preisnachlass für Großkunden).

420 *LG Hanau* zfs 1982, 29.

421 Wegen dieser Problematik vgl. im Einzelnen Kap. 10 Rdn. 14 ff.

422 Vgl. dazu beispielsw. *BGH* VersR 1953, 320 (Personalrabatt des Arbeitgebers); *OLG Celle* VersR 1962, 187; *OLG München* VersR 1975, 916 (Personalrabatt des Arbeitgebers); *AG Köln* zfs 1985, 10 (Personalrabatt des Arbeitgebers).

423 *OLG Köln* NZV 2024, 299.

424 Vgl. dazu *OLG Stuttgart* VersR 1982, 559; – a.A. *LG Aachen* VersR 1985, 1052 (L).

nicht auf den Gesamtschaden zu verrechnen, sondern aufseiten des Geschädigten zum Ausgleich des Abzuges für eingesparte leistungsbezogene Betriebskosten des eigenen Fahrzeugs bestimmt sind.[425]

## 2. Skonti

Um eine besondere Form des Preisnachlasses handelt es sich bei den Skontoabzügen (Skonti). Unter dem Begriff Skonti[426] versteht man einen Nachlass von der vereinbarten Gegenleistung, den der Lieferant einer Ware oder der Unternehmer, der eine Dienstleistung erbringt, im Fall sofortiger Barzahlung – meistens innerhalb von 10 Tagen nach Rechnungserhalt – gewährt, also eine in Prozentsätzen ausgedrückte Preissenkung für vorzeitige oder rechtzeitige Bezahlung des Kaufpreises oder Werklohnes.[427] 242

Dem Kunden steht es, falls der betreffende Lieferant Skonto gewährt, frei, nach eigenem Ermessen entweder innerhalb von 10 Tagen die Ware oder Leistung nach Abzug des – im Handelsverkehr üblicherweise mit 2 oder 3 % bemessenen – Skontos zu bezahlen oder das ihm eingeräumte Zahlungsziel (zeitliche Limit) in der Weise zu nutzen, dass er erst nach Ablauf weiterer 20 Kalendertage zahlt. Dies bedeutet, dass der Kunde entweder innerhalb der üblicherweise gesetzten 10 Tage Frist unter Abzug des Skontos zahlt oder die Überweisung des gesamten Rechnungsbetrages innerhalb von 30 Tagen bewirkt. Entscheidet sich der Kunde dafür, die 30 Tage Frist voll auszunutzen, kann er selbstverständlich keine Abzüge mehr vornehmen. 243

Bei der an diese Definition des Handelsbrauchs anknüpfenden Frage, ob auch die durch Inanspruchnahme von Skonti erlangten Preisvorteile an den Schädiger weiterzugeben sind, könnte man zunächst auf den ersten Blick meinen, dass insoweit im Grunde genommen keine Unterschiede zum Rabatt bestehen. Diese Aussage ist sicherlich dann richtig, wenn man sie auf den Privatmann bezieht, der einen Rechtsanspruch auf das ihm zugesicherte Skonto hat und dem der Rechnungsbetrag zur freien Verfügung steht, d.h. dem auch im Fall sofortiger Barzahlung kein Nachteil in der Form entsteht, dass ihm Haben-Zinsen entgehen oder er gar Soll-Zinsen bezahlen muss. Wenn ein Privatmann also von seinem unverzinslich auf einem Girokonto angelegten frei verfügbaren Vermögen die Zahlung sofort bewirkt, ohne dass er in diesem Zusammenhang irgendwelche finanziellen Nachteile in Kauf nehmen muss, dann ist er verpflichtet, den durch die Inanspruchnahme von Skonto erlangten Preisvorteil voll an den Schädiger »weiterzugeben«. 244

Andererseits muss jedoch herausgestellt werden, dass der Schädiger auf diese Form der Sachbehandlung keinen Rechtsanspruch hat. Dies bedeutet, dass der Ersatzpflichtige gegen den Geschädigten auch dann keinen Vorwurf erheben kann, wenn dieser es – gleichgültig, aus welchen Gründen auch immer – vorzieht, dass ihm eingeräumte Zahlungsziel zu nutzen und den Rechnungsbetrag dann – in unserem Beispiel innerhalb von 30 Tagen nach Rechnungserhalt – voll zu bezahlen. Der Geschädigte kann sich also ohne Rücksicht auf die Belange oder Wünsche des Schädigers frei entscheiden, ohne dass er verpflichtet ist, unter Vorstreckung eigener Mittel die angebotene Skontogewährung in Anspruch zu nehmen. 245

Aus diesem Sachverhalt lässt sich insbesondere vonseiten des Ersatzpflichtigen auch kein auf § 254 Abs. 2 BGB gestützter Einwand ableiten. Diese Möglichkeit könnte man allenfalls dann in Betracht ziehen, wenn der Geschädigte innerhalb der ihm bei zugesagter Skontogewährung gesetzten Frist den Rechnungsbetrag bezahlt, gleichwohl aber den dadurch erlangten Vorteil in Form des Skontos nicht wahrnimmt. 246

Nimmt der Privatmann also ohne eigenen Nachteil und eigenes Zutun die ihm gewährte Möglichkeit des Skontoabzugs in Anspruch, dann muss er diesen Preisnachlass ebenso wie einen Rabatt an den Schädiger weitergeben, da die Schadensersatzleistung ihrer Zielrichtung nach nicht dazu bestimmt 247

425 Vgl. dazu *KG* VersR 1973, 257 (L).

426 Ital. »Abzug«.

427 Vgl. *OLG Nürnberg* BB 1963, 919; *Güntsch* BB 1982, 663.

ist, dem Geschädigten zu neuen Einnahmequellen zu verhelfen. Der Schaden ist also auch in diesem Fall um den gleichzeitig damit verbundenen Vorteil geringer.

248 Anders sind die Dinge allerdings dann zu betrachten, wenn der Geschädigte sich den Skontoabzug durch besondere Aufwendungen oder Vorkehrungen gewissermaßen »erkaufen«[428] muss. Dabei ist vornehmlich an einen Geschädigten zu denken, der beispielsweise einen Handelsbetrieb unterhält und seine Rechnungen mittels eines ihm von seiner Hausbank eingeräumten Dispositionskredits begleicht. Die Frage, ob es sinnvoll ist, einen Skontoabzug wahrzunehmen, beantwortet sich nach den »Spielregeln« des kaufmännischen Kalküls beispielsweise wie folgt:

249 Nehmen wir an, der Rechnungsbetrag lautet über insgesamt 1.000 €. Wenn der Kunde im Fall einer Barzahlung innerhalb von 10 Tagen 2 % Skonto abziehen darf, dann hat er insgesamt 20 € eingespart. Dies ist indes nur eine Seite der geschäftlichen Transaktion. Wenn der Kunde nicht über eigene flüssige Mittel verfügt und für die Bezahlung einen Dispositionskredit in Anspruch nehmen muss, für den er selbst 8 % Zinsen zu entrichten hat, dann muss er für die Skontogewährung 8 % Zinsen auf 1.000 €, für einen Zeitraum von 20 Tagen, insgesamt also einen Betrag von 4,44 €, aufwenden. Dieses Beispiel geht davon aus, dass der Kunde – wie üblich – am letzten Tage der ihm gewährten Frist zahlt und dass ihm sonst ein Zahlungsziel von weiteren 20 Tagen – insgesamt also 30 Kalendertage nach Rechnungserhalt – eingeräumt ist. Jeder vernünftige Kaufmann wird gern 4,44 € einsetzen, wenn er dafür 20 € erhält.

250 In diesem Fall kann der Schädiger indes die Ersatzleistung an den Geschädigten nicht in Höhe des von ihm selbst in Anspruch genommenen Skontos von – im Beispielsfalle – 20 € kürzen, sondern er muss ihm gleichzeitig auch seine Aufwendungen in Höhe von 4,44 € ersetzen, die erforderlich waren, um sich jenen Skontoabzug zu »erkaufen«.

## G. Umsatzsteuer

### I. Anfall

251 Für Schadensfälle ab dem 01.08.2002 schließt der nach § 249 Abs. 2 S. 1 BGB n.F. erforderliche Geldbetrag die Mehrwertsteuer gem. § 249 Abs. 2 S. 2 BGB n.F. nur mit ein, wenn und soweit sie tatsächlich angefallen ist. Diese Regelung gilt nur, wenn eine Herstellung der beschädigten Sache selbst oder die Beschaffung einer gleichartigen und gleichwertigen Ersatzsache möglich ist, mithin nicht im Fall der Schadenskompensation nach § 251 BGB. Die Neuregelung hat in der Praxis der KH-Schadensregulierung folgende Konsequenzen:

#### 1. Reparatur in Fachwerkstatt

252 Der Geschädigte lässt das Fahrzeug in einer Fachwerkstatt reparieren. Anschließend kann der Geschädigte unter Vorlage der Reparaturrechnung nachweisen, dass die Mehrwertsteuer angefallen ist.

253 Voraussetzung für die Abrechnung auf Reparaturkostenbasis ist, wie nach bisherigem Recht, dass das Fahrzeug des Geschädigten noch reparaturwürdig ist. Dies ist nach vorherrschender Rechtsprechung der Fall, wenn die Reparaturkosten den Wiederbeschaffungswert des beschädigten Kfz nicht um mehr als 30 % übersteigen.

254 Sofern die sogenannte Opfergrenze von 130 % nicht überschritten ist, darf sich der Geschädigte im Rahmen seiner Dispositionsfreiheit auch für die teurere Alternative der Reparatur entscheiden, solange er das beschädigte Fahrzeug fachgerecht instandsetzen lässt und tatsächlich auch weiter benutzen möchte. Stellen sich die Reparaturkosten auf mehr als 130 % des Wiederbeschaffungswertes, bleibt dem Geschädigten die Abrechnung auf Reparaturkostenbasis verwehrt.

428 Bzgl. der Errechnung und der maßgeblichen Formeln vgl. *Güntsch* BB 1962, 663.

Im Hinblick auf die Neuregelung des § 249 Abs. 2 S. 2 BGB n.F. stellt sich die Frage, ob im Rahmen der Ermittlung der Opfergrenze die Mehrwertsteuer entsprechend zu berücksichtigen ist. Nach der hier vertretenen Auffassung hat die Ermittlung der Opfergrenze bei einem nicht vorsteuerabzugsberechtigten Geschädigten auf Basis der Brutto-Beträge zu erfolgen. Denn bei der maßgeblichen ex ante-Betrachtung können nur die Beträge verglichen werden, die der Geschädigte im Rahmen der Schadensbeseitigung entweder durch Instandsetzung in einer Fachwerkstatt oder durch Wiederbeschaffung bei einem Kfz-Händler aufwenden müsste. Dies mit der Folge, dass vergleichend die Beträge einschließlich der Mehrwertsteuer zu berücksichtigen sind. Dies entspricht so auch der Rechtsprechung des *BGH*.[429] 255

Hierfür sprechen auch praktische Erwägungen. Zwar wäre es für die Berechnung der Reparaturkosten unproblematisch, von den Nettobeträgen auszugehen; hinsichtlich des geschätzten Reparaturkostenaufwandes bliebe die Mehrwertsteuer außer Ansatz, der verbleibende Minderwert ist immer ohne Mehrwertsteuer anzusetzen, denn dieser Betrag ist steuerneutral.[430] Für die Berechnung der Wiederbeschaffungskosten ist indes der Ansatz von Nettobeträgen durchaus problematisch, da die Mehrwertsteuer für den Regelfall der Ersatzbeschaffung bei einem Gebrauchtwagenhändler nur aus der Gewinnspanne des Händlers zu entrichten ist. Da die Höhe der Mehrwertsteuer also ohne Weiteres nur schwer zu bestimmen ist, erscheint es aus Gründen der Praktikabilität sinnvoll, bei der Ermittlung der Opfergrenze bei Reparaturkostenaufwand und Wiederbeschaffungswert die jeweiligen Brutto-Beträge vergleichend einander gegenüberzustellen. Dabei ist zu berücksichtigen, dass bei der Ermittlung der Opfergrenze zwar der Restwert außer Betracht bleibt, nicht aber der Minderwert. 256

## 2. Fiktive Abrechnung

Wenn der Geschädigte fiktiv auf Gutachterbasis abrechnet, hat er keinen Anspruch auf die Mehrwertsteuer. Der im Gutachten angegebene Ersatzbetrag ist um die ausgewiesene Mehrwertsteuer zu kürzen. 257

Entscheidet sich der Geschädigte im Rahmen seiner Dispositionsfreiheit, den Schaden fiktiv auf Gutachterbasis abzurechnen, ist er beschränkt auf die wirtschaftlich günstigere Alternative. Dabei sind die gutachterlich ermittelten Reparaturkosten (zzgl. Minderwert) dem Wiederbeschaffungsaufwand (Wiederbeschaffungswert abzgl. Restwert) vergleichend gegenüberzustellen. Insoweit ist bei einem nicht vorsteuerabzugsberechtigten Geschädigten die Wirtschaftlichkeitsbetrachtung anhand der Brutto-Beträge vorzunehmen, da es auch hier entscheidend auf die Frage der Schadensbeseitigungskosten insgesamt ankommt. Zu berücksichtigen ist, dass für den nicht vorsteuerabzugsberechtigten Geschädigten der Restwert steuerneutral ist. Dies gilt nicht für den vorsteuerabzugsberechtigten Geschädigten, da für diesen die Verkaufssumme des verunfallten Fahrzeuges eine steuerpflichtige Einnahme darstellt, mithin Mehrwertsteuer an das Finanzamt abzuführen ist. 258

Nimmt der Geschädigte (zunächst) eine fiktive Abrechnung vor und reguliert die Versicherung den so geltend gemachten Anspruch, ist der Geschädigte an diese Schadensberechnung nicht gebunden. Er kann sich vielmehr nachträglich noch zur Durchführung der Reparatur und zur Nachforderung dann fällig werdender Schadenspositionen (angefallene Mehrwertsteuer, ggfs. Nutzungsausfallentschädigung) entscheiden, solange zwischenzeitlich eingetretene Verjährung die Durchsetzbarkeit seines Anspruchs nicht hindert.[431] Er kann allerdings nur insgesamt entweder konkret oder fiktiv abrechnen, nicht etwa den Fahrzeugschaden fiktiv und Nebenforderungen konkret geltend machen.[432] Er kann daher insbesondere nicht den Fahrzeugschaden fiktiv geltend machen und dann die im Rahmen einer andersartigen Schadensbeseitigung (Ersatzbeschaffung, Teilreparatur) entstandene Umsatzsteuer zusätzlich ersetzt verlangen.[433] 259

429 *BGH* NJW 2009, 1340 = VersR 2009, 654.
430 *Lemcke* r+s 2002, 265.
431 *BGH* VersR 2007, 82 = DAR 2007, 138 = r+s 2007, 37 gegen *Lemcke* r+s 2002, 265.
432 *BGH* NJW 2006, 2320 = VersR 2006, 1088; NJW 2017, 1310 = VersR 2017, 115.
433 *BGH* DAR 2022, 202; DAR 2022, 446.

### 3. Teil- bzw. Billigreparatur

260 Wenn sich der Geschädigte nicht zu einer vollständigen Reparatur, sondern zu einer sogenannten Teil- oder Billigreparatur entschließt, ist umstritten, ob er die insoweit angefallene Mehrwertsteuer ersetzt verlangen kann. Dies wird in der Instanzrechtsprechung wohl überwiegend mit der Folge bejaht, dass der Geschädigte die Umsatzsteuer der Teilreparatur zusätzlich zu den Nettoreparaturkosten gem. Gutachten verlangen kann.[434] Dem wird allerdings entgegengehalten, dass insoweit eine unzulässige Kombination von fiktiver und konkreter Schadenabrechnung vorliegt. Der BGH hat diese Frage ausdrücklich offen gelassen, allerdings entschieden, dass bei vorgenommener vollständiger Reparatur der tatsächliche Aufwand den Schadenersatzanspruch begrenzt, also nicht mittels fiktiver Abrechnung ein höherer Betrag verlangt werden kann.[435]

### 4. Reparatur in Eigenregie

261 Wenn der Geschädigte die Reparatur in Eigenregie durchführt und zu diesem Zweck Ersatzteile erwirbt, erfolgt die Erstattung der Mehrwertsteuer nach Vorlage der Rechnungen für den Erwerb der Ersatzteile,[436] wobei der Anspruch begrenzt ist auf die gutachterlich ausgewiesene Mehrwertsteuer auf die Kosten einer vollständigen fachgerechten Reparatur. Nach allgemeinen Grundsätzen obliegt dem Geschädigten die Darlegungs- und Beweislast dafür, dass und in welchem Umfang Mehrwertsteuer angefallen ist. Die Vorlage zweifelhafter Rechnungen von Privatpersonen dürften regelmäßig der Nachweispflicht nicht genügen.

### 5. Ersatzbeschaffung

262 Wenn sich der Geschädigte bei einem reparaturwürdigen Fahrzeug zur Ersatzbeschaffung entschließt, kann er bis zur Höhe der Mehrwertsteuer gemäß Schadensgutachten die bei der Ersatzbeschaffung angefallene Mehrwertsteuer verlangen.[437] Denn nach der Rechtsprechung des *BGH* verliert der Geschädigte den Anspruch auf Bezahlung der Reparaturkosten nicht dadurch, dass er sein Fahrzeug veräußert und eine Ersatzbeschaffung vornimmt.[438] Er kann statt einer wirtschaftlich gebotenen Reparatur gleich-, minder- oder höherwertigen Ersatz beschaffen. Für die Frage des Ersatzes der Mehrwertsteuer kommt es indes nicht darauf an, welchen Weg der Geschädigte zur Schadensbehebung beschritten hat, sondern darauf, ob und inwieweit tatsächlich Mehrwertsteuer angefallen ist. Da allerdings nur die zur Wiederherstellung des ursprünglichen Zustandes erforderliche Mehrwertsteuer geschuldet wird, ist der Ersatz der angefallenen Mehrwertsteuer auf den Mehrwertsteuerbetrag begrenzt, der bei der wirtschaftlich günstigeren Reparatur angefallen wäre. Die Berechnung der Mehrwertsteuer ist unproblematisch, wenn sich der Geschädigte bei einem Kfz-Händler, mithin bei einem vorsteuerabzugsberechtigten Verkäufer, ein Neufahrzeug kauft. Aufgrund der Regelbesteuerung ist hier die Mehrwertsteuer in voller Höhe enthalten. Etwas anderes gilt jedoch für den Fall, dass der Geschädigte ein Gebrauchtfahrzeug als Ersatzfahrzeug oder gar ein solches von einer Privatperson erwirbt, wobei nur eingeschränkt oder gar keine Mehrwertsteuer anfällt. Handelt es sich um einen Reparaturschaden, kann die enthaltene Umsatzsteuer nur dann verlangt werden, wenn sie nachweisbar anfällt – auch im Rahmen einer Ersatzbeschaffung, und zwar unabhängig davon, ob der Geschädigte für das Ersatzfahrzeug mindestens den vom Sachverständigen festgestellten Wiederbeschaffungswert aufwendet.[439] Dagegen hat der *BGH* im Rahmen eines wirtschaftlichen Total-

434 *LG Bremen*, Urt. v. 24. Mai 2012 – 7 S 277/11 –, juris; *LG Düsseldorf*, Urt. v. 13. Dezember 2012 – 21 S 349/11 –, juris; *LG Stendal*, Urt. v. 21. Februar 2013 – 22 S 60/12 –, juris.

435 *BGH* NJW 2014, 535 = VersR 2014, 214; NJW 2017, 1310 = VersR 2017, 115.

436 *LG Frankfurt/O.* DAR 2004, 453; *LG Saarbrücken* DAR 2019, 466.

437 *BGH* r+s 2013; 203 = VersR 2013, 471 = NJW 2013, 1151; *LG Arnsberg* NZV 2011, 310; *LG Aschaffenburg* zfs 2011, 563; *LG Koblenz* DAR 2012, 464; *AG Tecklenburg* DAR 2008, 530.

438 *BGH* VersR 1985, 593 = NJW 1985, 2469 = DAR 1985, 218.

439 *BGH* NJW 2009, 3713 = VersR 1554 = DAR 2009, 689; *LG Oldenburg* DAR 2003, 563 = NZV 2004, 148; *AG Münster* SVR 2007, 262.

schadens klargestellt, dass auch die Ersatzbeschaffung eine Form der Schadensbeseitigung ist und bei einer Ersatzbeschaffung, deren Aufwand den Wiederbeschaffungswert jedenfalls erreicht, der Geschädigte deutlich gemacht hat, dass er eine vollständige Schadensbeseitigung wünsche. Inwieweit hierbei Mehrwertsteuer anfällt, ist ohne Bedeutung.[440] Dies gilt allerdings nicht, wenn der Kaufpreis des Ersatzfahrzeugs unter dem Netto-Wiederbeschaffungswert des beschädigten Fahrzeugs bleibt.[441]

Selbstverständlich bleibt es dem Geschädigten unbenommen, seinen Anspruch auf Schadensbehe- 263
bung an einen Dritten abzutreten. Es entspricht gängiger Praxis, dass sich die Reparaturwerkstatt den Schadensersatzanspruch des Geschädigten sicherungshalber abtreten lässt. Auch kommt bei Veräußerung des unreparierten Unfallfahrzeuges die Abtretung des Schadensersatzanspruches an den Käufer in Betracht. Im Fall der Sicherungszession steht der Reparaturwerkstatt gegen den Auftraggeber und Geschädigten ein Anspruch auf Begleichung der Reparaturkosten einschließlich Mehrwertsteuer zu. Da der sicherungshalber übertragene Schadensersatzanspruch des Geschädigten bei durchgeführter Reparatur die angefallene Mehrwertsteuer umfasst, steht auch der Reparaturwerkstatt als Zessionar gegenüber dem Schädiger respektive dessen KH-Versicherer der Bruttobetrag zu. Da die Reparaturwerkstatt den abgetretenen Schadensersatzanspruch des nicht vorsteuerabzugsberechtigten Geschädigten geltend macht, kommt es nicht darauf an, dass die Reparaturwerkstatt selbst zum Abzug der Vorsteuer berechtigt ist.

Wenn der Geschädigte das Unfallfahrzeug unrepariert veräußert, kann er die Reparaturkosten im 264
Rahmen der Wirtschaftlichkeitsbetrachtung – also nicht bis zur Opfergrenze – fiktiv auf Gutachterbasis abrechnen. Da bei fiktiver Abrechnung Mehrwertsteuer nicht anfällt, kann der Geschädigte nach § 249 Abs. 2 S. 2 BGB n.F. keine Mehrwertsteuer ersetzt verlangen. Sofern der Geschädigte seinen Schadensersatzanspruch an einen gleichfalls nicht vorsteuerabzugsberechtigten Erwerber abtritt und dieser das Fahrzeug in einer Fachwerkstatt reparieren lässt, fällt lediglich Mehrwertsteuer beim Käufer an. Nach der amtlichen Gesetzesbegründung (S. 57) soll daraus folgen, dass der Zessionar jetzt einen Anspruch auf Erstattung der Mehrwertsteuer hat. Dem wird in der Literatur[442] entgegengehalten, dass der Zessionar den Ersatzanspruch immer nur in dem Umfang erwerben könne, in dem dieser in der Hand des unmittelbar Geschädigten besteht; der Anspruch könne nicht nach der Abtretung ansteigen. Nach der hier vertretenen Auffassung greifen diese Bedenken letztlich nicht durch. Methodisch einwandfrei ist darauf abzustellen, dass es sich bei der Abtretung des Reparaturkostenanspruches um die Zession einer künftigen Forderung handelt. Dass die Abtretung auch künftiger Forderungen grundsätzlich möglich ist, ergibt ein Argumentum a fortiori aus § 185 Abs. 2 BGB.[443] Erforderlich ist nur, dass die Entstehung der Forderung zur Zeit der Abtretung möglich erscheint und die abgetretene Forderung bestimmt oder jedenfalls bestimmbar bezeichnet ist. Unbedenklich ist, dass sich die Abtretung auch auf die besonders ausgewiesene Mehrwertsteuer bezieht.[444] Durch die Abtretung erhöht sich also nicht der Schadensersatzanspruch; vielmehr wird von vornherein der künftige Reparaturkostenanspruch einschließlich Mehrwertsteuer abgetreten. Dies mit der Folge, dass auch dem Zessionar der Anspruch auf Mehrwertsteuer zusteht.

## II. Eigenleistungen

In diesem Zusammenhang ist für den Fall der gewerblichen Eigenreparatur der Grundsatz festzu- 265
halten, dass Schadensersatzleistungen nicht als Leistungen im Sinne von § 10 UStG zu betrachten sind und daher mangels des begriffsnotwendigen Merkmals des Leistungsaustauschs[445] von vornherein kein steuerbarer Umsatz entsteht. Anders verhalten sich die Dinge, wenn der Geschädigte

440 *BGH* VersR 2005, 994 = DAR 2005, 500 = r+s 2005, 349.
441 *BGH* VersR 2013, 1277 = DAR 2013, 571 = NJW 2013, 3719.
442 *Lemcke* r+s 2002, 265; *Heß* zfs 2002, 367.
443 Grüneberg/*Grüneberg* § 398 Rn. 11 m.w.N. zur Rspr.
444 *BGH* NJW-RR 1988, 1013.
445 Zum Begriff des *Leistungsaustauschs* im *Umsatzsteuerrecht* vgl. in Form des Versuchs einer systemgerechten Auslegung *Tehler* DStR 1983, 215 (der Verfasser gelangt – entgegen dem *BFH* – zu dem Ergebnis,

im Sinne der Rechtsprechung des *BFH*[446] den Schaden im Auftrage des Schädigers beseitigt. Wenn der Geschädigte als Unternehmer seinen eigenen Schaden selbst beseitigt, entsteht ebenfalls mangels Leistungsaustausches von vornherein keine Umsatzsteuer. Dies soll nach der Auffassung des *BFH* auch dann der Fall sein, wenn der Geschädigte vom Schädiger Wertersatz im Sinne von § 249 Abs. 2 S. 1 BGB verlangt. Der *BFH* vertritt die Auffassung, dass Grundlage der Zuwendung keine Leistung des Schädigers, sondern der Ausgleich des von ihm verursachten Schadens ist, sodass ein Leistungsaustausch nicht vorliegt.

## III. Vorsteuerabzugsberechtigung

266 Andere Grundsätze gelten selbstverständlich für den Fall, dass der Schädiger oder der Geschädigte die Beseitigung des Schadens einem Dritten überträgt. Es unterliegt keinem Zweifel, dass in diesem Fall ein Leistungsaustausch, beispielsweise zwischen Auftraggeber und Reparaturwerkstatt, stattfindet. In diesem Fall entsteht Umsatzsteuer, sodass sich dann lediglich noch die Frage erhebt, ob sie im Wege des Vorsteuerabzugs nach § 15 UStG gegenüber dem Finanzamt in der Form geltend gemacht werden kann, dass der Berechtigte auf diesem Wege seine eigene Steuerzahllast vermindert oder ob die Steuer als endgültiger Kostenfaktor bei dem Geschädigten verbleibt, der nicht zum Vorsteuerabzug berechtigt ist.

### 1. Grundsätze

267 Kann der Geschädigte in seiner Eigenschaft als Unternehmer im Sinne von § 15 UStG von der Gestaltungsmöglichkeit des Vorsteuerabzuges Gebrauch machen – diese Voraussetzung ist dann gegeben, wenn die beschädigte Sache zum Betriebsvermögen gehört und die Reparaturarbeiten demgemäß Lieferungen und Leistungen für den Unternehmensbereich im Sinne von § 15 UStG darstellen –, gehört die gesondert ausgewiesene Mehrwertsteuer nicht zum erstattungsfähigen Schaden.[447]

268 Auch wenn das betreffende Fahrzeug nicht zum Betriebsvermögen gehört, kann die Möglichkeit zum Vorsteuerabzug bestehen. Dies gilt beispielsweise für den Fall, dass ein Unternehmer im Sinne von § 15 UStG sein ansonsten privat genutztes Fahrzeug im Rahmen seiner unternehmerischen Tätigkeit einsetzt und auf einer derartigen Fahrt an einem Unfall beteiligt ist.

269 Die Möglichkeit zum Vorsteuerabzug besteht aber auch im umgekehrten Fall für den Unternehmer, der mit seinem zum Betriebsvermögen gehörenden Kfz auf einer im privaten Interesse durchgeführten Fahrt einen Unfall erleidet, soweit es sich um den steuerlich relevanten Tatbestand des Eigenverbrauchs (Selbstversorgung) im Sinne von § 1 Abs. 1 Ziff. 2 lit. b UStG 1967 handelt und keine Steuerbefreiung im Sinne von § 4 UStG vorliegt.

270 Tätigt der Unternehmer neben Umsätzen, die zum Ausschluss vom Vorsteuerabzug nach § 15 Abs. 2 UStG führen, auch Umsätze, bei denen ein derartiger Ausschluss nicht eintritt, sind die Vorsteuerbeträge des Unternehmens nach dem Verhältnis der zum Ausschluss vom Vorsteuerabzug führenden Umsätzen zu den übrigen Umsätzen in nicht abziehbare und abziehbare Vorsteuerbeträge aufzuteilen (§ 15 Abs. 3 UStG). Soweit es sich um nicht abziehbare Vorsteuerbeträge handelt, ist die Umsatzsteuer dem geschädigten Unternehmer in gleicher Weise wie einem Privatmann zu erstatten.[448]

271 Wie bereits an anderer Stelle dargelegt, kann nach der Rechtsprechung des *BGH*[449] der Fall eintreten, dass die für den Geschädigten übliche und zumutbare Art der Schadenbeseitigung ausnahmsweise

---

dass über die innere Verknüpfung von Aufwendungen und Leistungen lediglich das Verhalten des Verbrauchers entscheidet).

446 Vgl. *BFH* BStBl. III 1965, 303.

447 Vgl. *BGH* NJW 1972, 1460 = VersR 1972, 973 = DAR 1972, 275.

448 Vgl. dazu insbes. *Schaumburg/Schaumburg* NJW 1974, 1734 (1738 r. Sp.); *Streck* BB 1971, 1085 f.; 1972, 941 f.; *Klimke* VersR 1972, 903, 908; *Himmelreich* NJW 1973, 673, 677.

449 Vgl. dazu insbes. *BGH* NJW 1970, 1754 = VersR 1970, 832.

darin besteht, die Instandsetzung in betriebseigener Werkstatt selbst durchzuführen. In diesen Fällen wird es sich beim Geschädigten in aller Regel um einen Unternehmer im Sinne von § 15 UStG handeln, sodass die Umsatzsteuer nicht geltend gemacht werden kann.[450] Ohnehin sollte insoweit kein umsatzsteuerpflichtiger Leistungsaustausch vorliegen.

Problematisch ist die Frage der Vorsteuerabzugsberechtigung, soweit ein Leasingfahrzeug beschädigt wurde, dessen Leasinggeber (wie wohl fast immer) vorsteuerabzugsberechtigt ist, während der Leasingnehmer diese Möglichkeit nicht hat. Erfolgt die Reparatur durch den Leasinggeber, ist die Reparaturrechnung somit auf ihn ausgestellt, kann dieser die Vorsteuer anmelden, so dass ein entsprechender Vorteil anzurechnen ist. Zum Teil wird vertreten, dass dies in gleicher Weise gilt, wenn die Reparatur durch den Leasingnehmer erfolgt, als das Eigentum bei dem Leasinggeber liegt.[451] Richtigerweise dürfte allerdings darauf abzustellen sein, inwieweit der Leasingnehmer (wie wohl regelhaft) vertraglich gegenüber dem Leasinggeber dazu verpflichtet ist, die Reparatur auf eigene Kosten durchzuführen.[452] In diesem Fall ist die Reparatur auf eigene Kosten durch den Leasingnehmer erforderlich, um die weitere Nutzung des Fahrzeugs sicherzustellen. Insoweit ist der Leasingnehmer in seinem eigenen Recht auf Besitz an dem Fahrzeug betroffen, so dass er einen eigenen Schaden geltend machen kann. Dies ist insoweit anders zu beurteilen als bei einem Totalschaden an dem Leasingfahrzeug.[453] 272

Während die Möglichkeit, aufgewendete Umsatzsteuer steuermindernd zu berücksichtigen, ein anrechnungsfähiger Vorteil ist, soll im Gegensatz hierzu der Vorteil einer geschädigten Gebietskörperschaft, aufgrund der Schadenbeseitigung Umsatzsteuer (anteilig) einzunehmen, nach dem Sinn und Zweck des Schadenersatzes nicht anzurechnen sein.[454] Die Gebietskörperschaft muss dann insoweit auch nicht von einer Vollmacht Gebrauch machen, um die Schadenbeseitigungsarbeiten im Auftrag des (vorsteuerabzugsberechtigten) Schädigers vornehmen zu lassen, was diesen dann zu einer entsprechenden Ersparnis der Umsatzsteuer führen würde.[455] Auch soweit der Bund die Länder über § 19 Abs. 3 Satz 2 der Zweiten Allgemeinen Verwaltungsvorschrift für die Auftragsverwaltung der Bundesfernstraßen (2. AVVFStr) vom 11. Februar 1956 anweist, von einem Schädiger keine Umsatzsteuer zu erheben, kann ein Schädiger hierüber nur Rechte herleiten, wenn er eine entsprechende tatsächliche Verwaltungspraxis im Sinne einer Selbstbindung der Verwaltung beweist.[456] 273

## 2. Beweislast

Da die Vorsteuerabzugsberechtigung im Rahmen des Rechtsinstituts des Vorteilsausgleichs (Rdn. 203–250) Anwendung findet,[457] ist der Ersatzpflichtige (Schädiger) in vollem Umfange dafür beweispflichtig, dass für den Gläubiger dank der in seiner Person verwirklichten subjektiven Merkmale die Möglichkeit zum Vorsteuerabzug besteht. Der Schuldner muss überdies auch den Umfang des Vorteilsausgleichs, d.h. die Wirkungsbreite seines Einflusses auf die Höhe des Schadensersatzanspruchs, darlegen und zusätzlich nachweisen, dass auch die übrigen Voraussetzungen für die Anwendung des Vorteilsausgleichs erfüllt sind. Es liegt auf der Hand, dass damit sehr häufig vom Schuldner nahezu Unmögliches verlangt wird, weil er in die nach außen hin abgeschirmte Rechtssphäre des Gläubigers 274

450 Vgl. *BGH* NJW 1973, 1647; *Weber* NJW 1974, 213.

451 *OLG Stuttgart* NZV 2005, 309 (das *OLG* beruft sich auf *BGH* NZV 1993, 391, welches sich aber nicht mit einer Schadenersatzforderung, sondern einem vertraglichen Anspruch gegen einen Kaskoversicherer befasst); *AG Seesen* zfs 1993, 195.

452 So auch: *OLG Frankfurt* NZV 1998, 31; *LG Duisburg* SP 1998, 425; noch weitergehend: *LG Hanau* zfs 1993, 305; *AG Nürnberg* SP 1992, 208.

453 Hierzu: *BGH* NJW 1992, 553 = VersR 1992, 194.

454 *BGH* NJW 2004, 3557 = VersR 2004, 1468.

455 *BGH* NJW 2014, 2874 = VersR 2014, 849.

456 *BGH* a.a.O.

457 Vgl. *BGH* NJW 1972, 1460 = VersR 1972, 973 = DAR 1972, 275; BGHZ 61, 56 = NJW 1973, 1467 = VersR 1973, 964; *BGH* NJW 1982; 1964 = VersR 1982, 757 = DAR 1982, 270.

kaum einzudringen vermag und demgemäß aus eigenem Wissen mitunter gar nicht in der Lage ist, die Gesichtspunkte schlüssig vorzutragen, die sich als anspruchsmindernde Voraussetzungen für die Anwendung des Vorteilsausgleichs ergeben.

275 Dies gilt umso mehr, als im prozessualen Bereich nach den Grundregeln der ZPO ein Ausforschungsbeweis nicht statthaft ist. Die Rechtsprechung, die dieses Problem erkannt hat, versucht recht häufig, einen Kompromiss in der Weise zu finden, dass sie eine auf die Grundsätze von Treu und Glauben gestützte sekundäre Darlegungslast annimmt.[458] Zudem kann der Schädiger beantragen, dem Geschädigten die Vorlage beweiskräftiger Dokumente (z.B. Steuererklärungen, Jahresabschlüsse, Bilanzen) aufzugeben.

276 Zudem ist die Vorsteuerabzugsberechtigung auch im Rahmen der durch § 254 Abs. 2 BGB normierten Schadenminderungspflicht zu berücksichtigen. Dies bedeutet, dass in diesem Fall der Gläubiger gehalten ist, von der sich ihm darbietenden Gestaltungsmöglichkeit des Vorsteuerabzugs nach § 15 UStG Gebrauch zu machen, um damit die Voraussetzungen für die Anwendung des Vorteilsausgleichs zu schaffen. Es ist dem vorsteuerabzugsberechtigten Geschädigten auch durchaus zuzumuten, von dieser Gestaltungsmöglichkeit – im Interesse der Verwirklichung des Vorteilsausgleichs – Gebrauch zu machen.[459]

277 Eine Ausnahme von diesem Prinzip könnte für den Fall in Betracht kommen, dass der geschädigte Unternehmer nach einem fremdverschuldeten Totalschaden die Ersatzbeschaffung auf dem privaten Markt durchführen muss, da sich nur auf diese Weise ein den Bedürfnissen des Unternehmers gerecht werdendes Fahrzeug finden lässt. In diesem Fall wäre – insbesondere dann, wenn man der These vom Vorteilsausgleich folgt – der Unternehmer berechtigt, vom Ersatzpflichtigen zusätzlich die im Kaufpreis enthaltene Anschaffungs-Umsatzsteuer zu verlangen, die beim Ersterwerb des Fahrzeugs als echter Kostenfaktor entstanden ist und durch den Vorsteuerabzug – da der Ersterwerber eine Privatperson war – nicht neutralisiert werden konnte.

278 Unter der soeben dargelegten Prämisse müsste der Ersatzpflichtige ausnahmsweise auch einmal einem Unternehmer die im Kaufpreis enthaltene Umsatzsteuer ersetzen, da eine Möglichkeit zum Vorsteuerabzug mangels eines getrennten Umsatzsteuerausweises nicht besteht und damit der Vorteil, der unter normalen Umständen auszugleichen wäre, nicht eingetreten ist.

### IV. Abzug »neu für alt«

279 Sind unter dem Gesichtspunkt des Vorteilsausgleichs Abzüge »neu für alt« geboten, dann ist auch die auf die einzelnen Positionen entfallende Umsatzsteuer ebenfalls abzusetzen, da sie nach herrschender Meinung untrennbar zum Entgelt im Sinne von § 10 UStG gehört und der Geschädigte sonst ungerechtfertigt bereichert im Sinne von § 812 ff. BGB wäre, wenn der Ersatzpflichtige die Umsatzsteuer für eine Schadensposition, für die er aus Rechtsgründen nicht oder nur teilweise haftet, zu eigenen Lasten übernimmt, obwohl er die entsprechende Hauptforderung nicht schuldet. Der Abzug ist allerdings – mit Ausnahme des Aufwandes für die Lackierung – ebenfalls nur von den Materialkosten vorzunehmen.

### V. Schäden von Ausländern

280 Besondere Probleme entstehen, wenn Fahrzeuge durchreisender Ausländer – insbesondere von Touristen – in der Bundesrepublik Deutschland beschädigt werden. Die ausländischen Kraftfahrzeuge werden bei der Einreise in die Bundesrepublik Deutschland registriert, indem die Grenzbehörden

458 Vgl. *BGH* GRUR 1963, 270 f.; *KG* VersR 1975, 450 f. (für den Fall, dass es sich beim Geschädigten um einen Kaufmann und Inhaber eines Gewerbebetriebs handelt) – ferner *Schaumburg/Schaumburg* NJW 1974, 1734 (1738 l. Sp.); *Klimke* zfs 1973, 40 f.

459 Vgl. dazu *Streck* NJW 1970, 1550 (in einer Anmerkung zum Urteil des *LG Mainz*); BB 1971, 1085, 1087.

ein Zollvormerkverfahren durchführen. Wird die Reparatur in der Bundesrepublik Deutschland ausgeführt, wird für diese Arbeiten – wie allgemein üblich – Umsatzsteuer erhoben. Bei der Ausreise stellen die Zollbehörden auf Verlangen jedoch über diesen Tatbestand eine Bescheinigung aus. Die Werkstatt, die die Reparatur durchgeführt hat, ist verpflichtet, Zug-um-Zug gegen Aushändigung dieses sog. Ausführnachweises die zunächst in Rechnung gestellte Umsatzsteuer dem Ausländer zurückzuerstatten. In diesem Fall spricht man von einer sog. Entgeltberichtigung. Dies bedeutet, dass sich in diesem Fall die zunächst entrichtete Umsatzsteuer für den Ausländer kostenneutral verhält und demgemäß keinen Schaden im Rechtssinne darstellt. Zu ersetzen ist demgemäß lediglich der Nettobetrag, da der Ausländer gem. § 254 Abs. 2 BGB verpflichtet ist, von dem soeben dargestellten Verfahren Gebrauch zu machen.

Der Vorteil, dass die deutsche Umsatzsteuer im Wege der Entgeltberichtigung bei der Ausfuhr des Kfz nachträglich wieder entfällt, kann u.U. dadurch wieder neutralisiert werden, dass der Ausländer in seinem Heimatland für das in Deutschland gekaufte Kfz Umsatzsteuer – etwa in Belgien 25 % – entrichten muss, wenn er das Fahrzeug in sein Heimatland einführt und dort das Zulassungsverfahren betreibt. 281

In diesem Zusammenhang ist weiter zu berücksichtigen, dass Gastarbeiter, ausländische Studenten und Angehörige von Stationierungsstreitkräften in der Bundesrepublik Deutschland nach dem Einführungserlass zum Umsatzsteuergesetz 1967 und nach Art. 68 Abs. 3 des Zusatzabkommens zum NATO-Truppenstatut als Inländer gelten.[460] 282

Nach Art. 67 Abs. 3 lit. a ii des NATO-Zusatzabkommens[461] i.V.m. Art. 74 Abs. 2 und Abs. 3 lit. a sowie Abs. 4 sind Lieferungen und sonstige Leistungen an eine NATO-Truppe oder deren »ziviles Gefolge« von der Umsatzsteuer befreit. Dieser Steuervorteil kommt gemäß dem Rundschreiben des Bundesministers der Finanzen v. 19.03.1961 auch einzelnen Mitgliedern der Truppe zugute, wenn diese aufgrund einer von der amtlichen Beschaffungsstelle ausgestellten Bescheinigung – sog. Abwicklungsschein – in deren Namen und für deren Rechnung die Leistungen in Anspruch nehmen. Hierbei handelt es sich um Steuervorteile, die ausschließlich den NATO-Truppen und deren Angehörigen zugedacht sind, deren Wirtschaftsverkehr insoweit als exterritorial behandelt werden soll.[462] 283

### VI. Pauschalierter Vorsteuerabzug

Einige Berufsgruppen – insbesondere Land- und Forstwirte – sind nach § 24 UStG zum pauschalierten Vorsteuerabzug in der Weise berechtigt, dass sie die auf ihre Lieferungen und Leistungen entfallende Umsatzsteuer kurzerhand einbehalten und mit der ihnen selbst obliegenden Steuerschuld in der Form verrechnen dürfen, dass weder Leistungen an das Finanzamt noch Erstattungen durch das Finanzamt vorzunehmen sind. Dies bedeutet, dass ein Geschädigter, der am pauschalierten Vorsteuerabzug teilnimmt, vom Ersatzpflichtigen berechtigterweise die auf die Reparatur- und Mietwagenkosten entfallende Umsatzsteuer zusätzlich verlangen kann. 284

### VII. Restwert

Nach wie vor heftig umstritten in der Regulierungspraxis ist die Frage, ob der Geschädigte im Fall eines ihm von drittverursachender Seite zugefügten Totalschadens bei Verwertung des Bergerestes in eigener Regie für den bei der Veräußerung des beschädigten Kfz erzielten Erlös (Restwert) Umsatzsteuer erheben darf. Dabei ist die Lösung dieser Problematik denkbar einfach, wenn man sie mit den Maßstäben des Schadensersatzrechtes misst und das Umsatzsteuerrecht dabei ergänzend in die Betrachtung einbezieht. 285

460 Vgl. *Sanden/Völtz* Rn. 361.
461 Wegen näherer Einzelheiten dazu vgl. BGBl. 1961 II, 1218.
462 Vgl. dazu *AG Kaiserslautern* VersR 1987, 212 (unser Hinweis auf das NATO-Truppenstatut in Verbindung mit Anm. 67 ZA-NTS).

### 1. Privatfahrzeug

286 Handelt es sich bei dem beschädigten Kfz um ein Privatfahrzeug, kann die Umsatzsteuer bei der Ermittlung des ausgleichsfähigen (anrechenbaren) Restwerts schon deswegen außer Betracht bleiben, weil es sich insoweit nicht um einen umsatzsteuerpflichtigen Vorgang handelt. Dies gilt auch für den Fall, dass der geschädigte Privatmann sein totalbeschädigtes Kfz an einen Händler oder sonstigen Gewerbetreibenden veräußert, der seinerseits der Umsatzsteuerpflicht unterliegt.

### 2. Geschäftsfahrzeug

287 Ebenso verhält es sich – wenn auch mit etwas anderer Begründung – für den Fall, dass es sich bei dem totalbeschädigten Kfz um einen Firmenwagen handeln sollte, der zum Betriebsvermögen des Geschädigten gehört. Unter dieser Voraussetzung wird der Geschädigte, der sein Kfz selbst verwertet, zwar die bei der Veräußerung anfallende Mehrwertsteuer vom Käufer erheben und an das Finanzamt abführen müssen. Aus diesem Grunde darf ihm der auf die Steuer entfallende Differenzbetrag bei der Ermittlung des abzugsfähigen Restwerts nicht angelastet werden. Abzusetzen ist also bei beiden denkbaren Gestaltungsmöglichkeiten der Netto-Restwert, also der Erlös ohne Mehrwertsteuer.

## Kapitel 11 Totalschaden

### Schrifttum

*Böhme/Biela*, Kraftverkehr-Haftpflicht-Schäden 26. Aufl. 2018; *Grunsky*, Aktuelle Probleme zum Begriff des Vermögensschadens, 1968; *Himmelreich/Halm*, Handbuch des Fachanwalts Verkehrsrecht 7. Aufl. 2022; *Krumme*, Straßenverkehrsgesetz, 1982; *Palandt*, BGB, 80. Aufl. 2021; *Sanden/Völtz*, Sachschadenrecht des Kraftverkehrs 9. Aufl. 2011; *Reinking/Eggert*, Der Autokauf 15. Aufl. 2023; *Schweitzer*, Zur Praxis des Verkehrsunfallrechts in Hamburg, 1971; *Walter*, Die Regulierung des Kraftfahrzeugschadens 4. Aufl. 1973; *Weigelt*, Kraftverkehrsrecht von A bis Z, Loseblatt; *Wussow*, Unfallhaftpflichtrecht 17. Aufl. 2021; *Zinn/Richter*, Aktuelle Herausforderungen bei der Bemessung und Regulierung von Kfz-Haftpflichtschäden, 2008.

### Übersicht

## Einleitung

1 Im Gegensatz zum Reparaturschaden spricht man – als Rechtsbegriff – von einem Totalschaden, wenn die Wiederherstellung des beschädigten Kraftfahrzeuges entweder nicht möglich (technischer Totalschaden), unwirtschaftlich (wirtschaftlicher Totalschaden) oder dem Geschädigten nicht zuzumuten (unechter Totalschaden) ist. Liegt ein Totalschaden vor, dann ist der Gläubiger berechtigt, Schadensersatz in Geld zu fordern. Dies gilt insbesondere für den Fall, dass die Herstellung nicht möglich ist oder zur Entschädigung des Gläubigers nicht ausreicht (§ 251 Abs. 1 BGB). Ist die Herstellung demgegenüber nur mit unverhältnismäßigen Aufwendungen möglich, dann ist der Schuldner berechtigt, seinerseits den Gläubiger in Geld zu entschädigen (§ 251 Abs. 2 BGB).

## A. Begriffsbestimmungen

### I. Technischer Totalschaden

2 Von einem technischen Totalschaden spricht man dann, wenn entweder das beschädigte Kraftfahrzeug völlig zerstört ist oder wenn die Reparatur aus anderen Gründen unmöglich erscheint.

#### 1. Zerstörung

3 Totalschaden liegt ohne Frage in seiner markantesten Erscheinungsform vor, wenn das Kraftfahrzeug in einem solchen Maß zerstört ist, dass es nicht mehr wiederhergestellt werden kann. Dieser Fall wird beim heutigen Stand der Reparaturtechnik außerordentlich selten sein. Diese Voraussetzung könnte beispielsweise dann vorliegen, wenn das Kfz nach einem Brand völlig ausgeglüht ist.

#### 2. Unmöglichkeit der Reparatur

4 Von einem technischen Totalschaden kann auch dann gesprochen werden, wenn die Reparatur sich aus anderen Gründen als unmöglich erweist. Dieses ist beispielsweise dann der Fall, wenn bestimmte Ersatzteile weder beschafft noch nachgebaut werden können. Dieser Fall wird allerdings selten vorliegen.

### II. Wirtschaftlicher Totalschaden

5 Der wohl häufigste Fall des Totalschadens im Haftpflichtrecht liegt dann vor, wenn das Fahrzeug unter Einbeziehung wirtschaftlicher Erwägungen nicht mehr reparaturwürdig ist. Das Gleiche gilt – ebenfalls aus wirtschaftlich orientierter Sicht – dann, wenn die Reparatur einen derart langen Zeitraum in Anspruch nehmen würde, dass im Hinblick auf die dadurch entstehenden mittelbaren Sachfolgeschäden (beispielsweise erhebliche Mietwagenkosten, hoher Verdienstausfall usw.) ebenfalls von einem Totalschaden ausgegangen werden muss.

#### 1. Reparaturunwürdigkeit

6 Reparaturunwürdigkeit liegt vor, wenn die Wiederherstellung eines Kraftfahrzeugs bei einem Vergleich zwischen seinem Wiederbeschaffungswert und den notwendigen Reparaturkosten unter Einbeziehung der weiter unten dargelegten Grundsätze der wirtschaftlichen Betrachtungsweise mit einem vertretbaren Aufwand in zumutbarer Weise nicht möglich ist.[1] Von einer Reparatur ist regelmäßig abzusehen, wenn die Herstellung nur mit unverhältnismäßigen Aufwendungen im Sinne von § 251 Abs. 2 BGB möglich ist. Diese Voraussetzung dürfte dann vorliegen, wenn ein vernünftiger Geschädigter, der keinen Ersatzpflichtigen hinter sich weiß, bei Abwägung seiner Interessenlage und bei Orientierung an den Grundsätzen eines wirtschaftlichen Betrachters von einer Reparatur absehen würde. Um Missverständnisse zu vermeiden, sei bereits an dieser Stelle darauf hingewiesen, dass es

1 Vgl. dazu *OLG Düsseldorf* VersR 1974, 787; 1975, 429.

sich insoweit nicht um ein Problem der Schadenminderungspflicht, sondern der (wertfreien) Schadenberechnung handelt, so dass die Darlegungs- und Beweislast beim Geschädigten liegt.

Da die Frage nach der Vertretbarkeit der Instandsetzung sich nach dem Verhältnis zwischen der Summe aus Reparaturkosten und Minderwert einerseits und der Differenz zwischen Wiederbeschaffungs- und Restwert andererseits beantwortet, kann bei der allein sinnvollen wirtschaftlichen Betrachtungsweise ein wirtschaftlicher Totalschaden selbst bei relativ geringen Schäden vorliegen, wenn es sich um ein altes und gebrauchtes Kraftfahrzeug handelt. 7

## 2. Übermäßig lange Reparaturzeit

In die wirtschaftliche Betrachtungsweise einzubeziehen ist auch die Reparaturdauer. Ist beispielsweise ein in der Bundesrepublik selten vertretenes ausländisches Kraftfahrzeug so stark beschädigt worden, dass es nicht mehr verkehrssicher ist, und würde die Beschaffung von Ersatzteilen aus Übersee Wochen, vielleicht sogar Monate in Anspruch nehmen, ist offenkundig, dass auch in diesem Fall von einem wirtschaftlichen Totalschaden ausgegangen werden muss. Hierbei sind die Sachfolgeschäden (beispielsweise Mietwagenkosten, entgangener Gewinn oder entgangene Gebrauchsvorteile) gedanklich in die Vergleichsrechnung einzubeziehen. 8

Eine andere Betrachtung wird nur dann Raum greifen können, wenn es möglich ist, mit wirtschaftlich vertretbaren Mitteln während der Reparaturzeit ein sog. Interimsfahrzeug zu benutzen. Auf der anderen Seite können natürlich Schwierigkeiten bei der Ersatzbeschaffung eines vergleichbaren, zumindest aber zumutbaren Fahrzeugs (etwa lange Lieferfristen) dazu führen, dass selbst den Wiederbeschaffungswert erheblich übersteigende Reparaturkosten wirtschaftlich noch vertretbar sind. Dies gilt beispielsweise für Linienomnibusse und Straßenbahnfahrzeuge, für die es einen Gebrauchtwagenmarkt im Wesentlichen nicht gibt. Hinzu kommt, dass die Einzelanfertigung derartiger Fahrzeuge unverhältnismäßig hohe Kosten fordert, sodass in derartigen Fällen auch eine Reparatur, deren Kosten den Wiederbeschaffungswert bzw. den Gebrauchswert deutlich übersteigen, durchaus sinnvoll sein kann. 9

# III. »Unechter« Totalschaden

## 1. Besondere Interessenlage des Gläubigers (Neuwertigkeit)

Von einem »unechten« Totalschaden spricht man dann, wenn die Summe aus Minderwert und Reparaturkosten zwar geringer ist als die Differenz zwischen Wiederbeschaffungs- und Restwert, gleichwohl aber eine Instandsetzung nicht ernsthaft in Erwägung gezogen werden kann, weil sie dem Geschädigten nicht zuzumuten ist. Diese Form der Abwicklung kann dann in Betracht kommen, wenn die besondere Interessenlage des Gläubigers eine Abrechnung auf Totalschadenbasis erfordert[2] oder diese Handhabung zwischen den Parteien im Rahmen ihrer freien Dispositionsbefugnis vereinbart worden ist. 10

Es handelt sich dabei um die Fallgruppe, dass die Herstellung »nicht genügend« ist (§ 251 Abs. 1 BGB). Diese Voraussetzung wird stets dann vorliegen, wenn die Reparatur des beschädigten Fahrzeugs dem Geschädigten unter Berücksichtigung seiner besonderen Interessenlage nicht zugemutet werden kann.[3] Der Geschädigte kann insbesondere dann eine Abrechnung auf Totalschadenbasis verlangen, wenn sein im Zeitpunkt der Beschädigung noch neuwertiges[4] Kraftfahrzeug in seiner Substanz empfindlich beeinträchtigt worden ist, sodass ihm eine Weiterbenutzung des reparierten Wagens unter Übernahme der Reparaturkosten und Ausgleich des Minderwerts bei objektiver 11

2 Vgl. *OLG Nürnberg* NJW 1972, 2222 = VersR 1973, 92; *OLG Stuttgart* VersR 1976, 73; *OLG Schleswig* VersR 1976, 1183; *KG* VersR 1977, 155.

3 Vgl. *OLG Düsseldorf* VersR 1968, 605; *OLG Köln* VersR 1970, 334; *KG* VersR 1970, 471; *OLG Bremen* VersR 1970, 1159.

4 Zum Begriff »fabrikneu« im Vertragsrecht (§§ 459, 462 BGB) vgl. *OLG Düsseldorf* NJW 1982, 1156.

Abwägung seiner Interessenlage nicht zugemutet werden kann.[5] Dies gilt insbesondere für das Neu-

5 Abrechnung auf Totalschadenbasis bejaht, wobei zu bemerken ist, dass die einzelnen erklärenden Daten, soweit sie feststellbar sind, in folgender Reihenfolge erscheinen (Reparaturkosten/Minderwert/Alter/Fahrleistung): *BGH* NJW 1965, 1756 = VersR 1965, 901; NJW 1976, 1202 = VersR 1976, 732 f. = DAR 1976, 183; *BGH* NJW 1982, 433 = VersR 1982, 163 = DAR 1982, 120); *OLG Köln* VersR 1979, 655 (L) = DAR 1979, 111 = r+s 1979, 128 (bis 2000 km); zfs 1985, 357 (3 Tage alt: 348 km; umfangreiche Richt-, Ausbeul- und Schweißarbeiten; Leasing-Kfz); *OLG München* NJW 1982, 52 = DAR 1982, 70 = zfs 1982, 38 (Abrechnung auf Neuwagenbasis bis zu einer Fahrleistung von 3000 km bei erst geringer Gebrauchsdauer möglich, sofern das Kfz erheblich beschädigt wurde; diese Voraussetzung liegt vor, wenn die Reparaturkosten mehr als 30 % der Anschaffungskosten betragen); zfs 1983, 359 (RepK: 3.398 DM; Minderwert: 600 DM; 1 Monat: 865 km); DAR 1983, 79 = zfs 1983, 141; *KG* VersR 1977, 155 = DAR 1976, 241 (vgl. dazu auch: *Darkow* DAR 1977, 254) = r+s 1976, 238 (18.16,20 DM; 4 Tage: 52 km); NJW 1976, 429 (L) = VersR 1976, 861 = DAR 1976, 45; DAR 1976, 241 (RepK: ca. 2.000 DM; 4 Tage: 52 km); VersR 1981, 553 = DAR 1980, 371; (L: 3.734,29 DM; 5 Monate und 10 Tage: 1109 km); *OLG Bremen* VersR 1978, 236 = DAR 1978, 163 = r+s 1978, 107 (1.631,48 DM; 1 Woche: 632 km); *OLG Frankfurt/M.* VersR 1980, 235 (Unfall einen Tag nach Erstzulassung eines neuwertigen Kraftrades mit Reparaturkosten in Höhe von ca. 30 % des Wiederbeschaffungswerts; 204 km); VersR 1980, 335 (2 Monate: 2792 km); *OLG Nürnberg* NJW 1972, 2042 = VersR 1973, 549 (Motorrad); NJW 1975, 313 (L) = VersR 1975, 960 (1.247,75 DM; 9 Tage: 288 km); VersR 1975, 960; *OLG Nürnberg* NZV 1992, 277 (Rep: Kosten 8.200 DM; 1 Monat: 695 km); *OLG Karlsruhe* VersR 1974, 671 (4.346,93 DM: 788 km); VersR 1982, 961 (L) = DAR 1982, 230 = zfs 1982, 266 (2.892,26 DM; 16 Tage: 388 km: Baustellenfahrzeug, Lieferfrist für Neuwagen 3 Monate); VersR 1986, 349 (L) (11.040 DM; 40 % des Neupreises; 3 Monate: 943 km; maßgeblich ist die km-Leistung); *OLG Stuttgart* VersR 1976, 73 = r+s 1976, 58 (3.407,87 DM; 4 Monate: 1790 km); DAR 1981, 266 = zfs 1981, 202 = r+s 1981, 260 (2.574,48 DM; 3 Wochen: 443 km); *OLG Hamm* NJW 1981, 827 = VersR 1981, 788 = DAR 1981, 225; *OLG Bamberg* zfs 1983, 200 (RepK: 6.659 DM; Minderwert: 1.000 DM; 7 Tage: 313 km; DB 280 E); *Schmidt* DAR 1965, 4; *Ruhkopf* VersR 1965, 1034; *Henrichs* NJW 1967, 1943; *Maase* VersR 1968, 531; Wussow/*Zoll* Kap. 41 Rn. 70; Abrechnung auf Totalschadenbasis verneint: *BGH* VersR 1983, 658 = DAR 1983, 225 = zfs 1983, 268 (bei einem Fahrzeug der Luxusklasse mit einem Neupreis von 32.910 DM und einer Fahrleistung von 1914 km ist bei einem Reparaturaufwand von 7.250 DM eine Instandsetzung noch zumutbar); VersR 1984, 46 = r+s 1984, 15 (RepK: 2.290,68 DM; Minderwert 450 DM; 3 Wochen; 1300 km); *OLG Hamm* VersR 1973, 1072; NJW 1981, 827 = VersR 1981, 788 = DAR 1981, 220 (1050 km; 12 Tage; Differenz zwischen Neupreis und Restwert: rd. 20.000 DM); *OLG Köln* VersR 1970, 334 (2.781,20 DM; 5 Monate; 8800 km); *OLG Celle* VersR 1970, 957 (2.000 DM; 5342 km); VersR 1981, 67 = r+s 1981, 38 (4.628 DM; 23 Tage; 1320 km); zfs 1992, 300 (nur bei erheblichem Schaden und unter 1000 km); *OLG Schleswig* NJW 1971, 141 = VersR 1971, 455 (21 Tage; 829 km); VersR 1981, 562 = DAR 1981, 220 (geringfügige Blechschäden an Schraubteilen; 1 Tag; 201 km); *OLG Bamberg* VersR 1972, 828 = VersR 1972, 793 (L: 4 Wochen; 1748 km); zfs 1983, 262 = r+s 1983, 147 (RepK: 8.282 DM; Minderwert: 650 DM; 1618 km); zfs 1983, 200 = r+s 1983, 100 (RepK: 3.888 DM; Minderwert: 800 DM; 1242 km); *OLG Karlsruhe* VersR 1972, 769 (2.571 DM; 6000 km); VersR 1973, 1169 f.; VersR 1974, 150 (3.840 DM; 6 Wochen; 2118 km); VersR 1980, 486 = r+s 1980, 151 = zfs 1980, 205 (3 Monate; 5874 km); r+s 1981, 15 (3.800 DM; 19 Tage; 362 km); *OLG Frankfurt* VersR 1972, 1146 (8.615 DM; 6 Monate; 5958 km); NJW-RR 1986, 254 (entscheidend ist die bis zum Unfall zurückgelegte Fahrleistung); *KG* VersR 1973, 1070 (5 Monate; 8600 km); VersR 1975, 450 = DAR 1974, 158; NJW 1976, 429 = VersR 1976, 861 = DAR 1976, 45 (vgl. dazu auch: *Darkow* DAR 1976, 226) (3500 km; das erkennende Gericht hält allerdings in Ausnahmefällen auch bei einer Fahrleistung von über 3000 km eine Abrechnung auf Totalschadenbasis für durchaus möglich); VersR 1981, 553 = DAR 1980, 371 = zfs 1981, 43 (knapp 6 Monate; 1109 km); NJW-RR 1986, 1355 = zfs 1986, 385 = VRS 71, 241 (RepK: 7.784 DM; 3 Wochen; 3670 km); VersR 1988, 361 (Fahrleistung über 3000 km); VRS 91, 241 (1282 km, 2 Monate); VM 1992, 35 (1282 km, 2 Monate); *OLG München* VersR 1974, 65 (3 Wochen; 3184 km); zfs 1985, 167 (RepK: 1.886 DM; 9 Tage; 472 km); *OLG Oldenburg* r+s 1979, 147 (2.470 DM; 14 Tage; 2000 km); *OLG Zweibrücken* zfs 1981, 362 (3.300 DM; 1 Monat; 4317 km); *OLG Stuttgart* VersR 1983, 92 = zfs 1983, 75 (Nutzfahrzeug); *OLG Hamburg* VersR 1984, 243 (im Zusammenhang mit § 29 KVO; RepK: 4.000 DM; Minderwert 5.050 DM; neuwertig; Rohkarosserie); *OLG Nürnberg* VersR 1986, 98 (L) = DAR 1985, 386 (RepK 7.850 DM; Minderwert 1.150 DM; 21/2 Monate; 2325 km); VersR 1994, 1253 (8 Wochen; 813 km).

fahrzeug als Handelsware.

Literatur und Rechtsprechung ziehen die Grenze für die Neuwertigkeit, die eine Reparatur für den Geschädigten nicht zumutbar erscheinen lässt und ihn daher zum Ankauf eines fabrikneuen Fahrzeugs berechtigt, im Allgemeinen bei einem Alter von einem Monat und einer Fahrleistung bis 1000 km.[6] 12

Auf ein Neufahrzeug kann der Geschädigte dann nicht bestehen, wenn er darauf auch angesichts der nicht unverhältnismäßigen Mehrkosten, die damit für den Schädiger verbunden sind, nach den Umständen billigerweise (§ 242 BGB) hätte verzichten müssen. Ein derartiger Verzicht ist dem Geschädigten zuzumuten, wenn der Aufwand für einen vollen Ausgleich in keinem vertretbaren Verhältnis zu dem damit erlangten Vorteil stehen würde.[7] 13

In seinem grundlegenden Urt. v. 03.11.1981 hat der *BGH*[8] die überwiegend vertretene Auffassung gebilligt, dass im Allgemeinen ein Kfz lediglich bis zu einer Fahrleistung von 1000 km mit der Rechtsfolge als neuwertig bezeichnet werden kann und dass der Eigentümer eines derartigen Kfz sich bei gleichzeitigem Vorliegen erheblicher Schäden mit der Erstattung der notwendigen Reparaturkosten und dem Ausgleich eines technischen bzw. merkantilen Minderwerts nicht zufriedenzugeben braucht, weil ihm diese Form der »Herstellung« nicht zuzumuten ist. Der Geschädigte kann vielmehr unter den soeben dargelegten Voraussetzungen – also Neuwertigkeit und erheblicher Schadenumfang – von einem »unechten« Totalschaden ausgehen und unter Verzicht auf die technisch an sich mögliche Reparatur den Schaden auf Neuwagenbasis abrechnen. 14

Der *BGH* möchte jedoch die im Regelfalle aus Gründen der Praktikabilität gebilligte Begrenzung auf eine Fahrleistung von 1000 km nicht als starres Prinzip verstanden wissen, das Ausnahmen nicht zulässt. Er vertritt die Auffassung, dass unter besonderen Umständen auch jenseits einer Fahrleistung von 1000 km eine Abrechnung auf Neuwagenbasis durchaus noch in Betracht kommen könne, da unfallfreie Wagen mit einer derart geringen Fahrleistung auf dem Markt kaum angeboten werden. Bei der Zulassung derartiger Ausnahmefälle will der *BGH* allerdings eine »ziemlich enge Grenze« gesetzt und gewahrt wissen. Diese ergibt sich nach seiner Auffassung aus der Verkehrsanschauung und dem Wesen des Schadensersatzes unter Berücksichtigung der Grundsätze von Treu und Glauben (§ 242 BGB). Daraus folgt nach Auffassung des *BGH*, dass der »Schmelz der Neuwertigkeit« nach äußerstenfalls einer Fahrleistung von 3000 km oder einer Gebrauchsdauer von etwa einem Monat nicht mehr besonders zu Buche schlagen kann. 15

Nach der Auffassung des *BGH* kann bei einer Laufleistung zwischen 1000 und 3000 km nur bei Vorliegen ganz besonderer Umstände ausnahmsweise noch eine Abrechnung auf Neuwagenbasis in Betracht kommen. Voraussetzung dafür sei, dass bei objektiver Beurteilung der frühere Zustand 16

---

6 Vgl. dazu *BGH* VersR 1956, 489; NJW 1961, 763 = VRS 21, 81; NJW 1965, 1756 = VersR 1965, 901 = DAR 1965, 239; vgl. jedoch *BGH* NJW 1982, 433 = VersR 1982, 163 = DAR 1982, 120; – vgl. dazu auch *Weber* DAR 1982, 169, 180, 182; *OLG Düsseldorf* VersR 1974, 787 (mit Einschränkungen); *OLG Köln* VersR 1975, 933; 1976, 69; DAR 1979, 111 = VersR 1979, 655 (L) = r+s 1979, 1128 (Neuwertigkeit unter Hinweis auf *KG* VersR 1976, 181 noch bei einer Fahrleistung zwischen 1000 und 2000 km bejaht); *OLG Hamburg* VersR 1973, 970; *OLG Hamm* NJW 1968, 993; VersR 1973, 1072; *OLG München* VersR 1966, 1082; 1974, 65; *OLG Celle* NJW 1968, 1478 = VersR 1968, 1045; VersR 1970, 957 (Neuwertigkeit bei 5342 km verneint); VersR 1981, 67; *KG* NJW 1970, 1048 = VersR 1970, 471; VersR 1975, 450; 1977, 155 = DAR 1976, 241; *KG* VersR 1992, 195 (keine Neuwertigkeit bei 1282 km und 2 Monate alt); VersR 1971, 455; 1976, 1183; *OLG Koblenz* VersR 1971, 824; *OLG Bamberg* NJW 1972, 826 = VersR 1972, 973 (L); *OLG Frankfurt* VersR 1973, 672; 1973, 827; *OLG Karlsruhe* VersR 1973, 471; 1973, 1169; 1974, 671; VS 92, 12 (Neuwertigkeit verneint bei 3 Monate alt und 2018 km); *OLG Nürnberg* NJW 1975, 313 = VersR 1975, 960; *OLG Düsseldorf* VersR 1976, 69; *OLG Celle* r+s 2012, 567; *OLG Hamm* zfs 2018, 503 (nicht mehr neuwertig bei Alter von 6 Wochen und Laufleistung von 3.300 km); *LG Leipzig* SVR 2005, 384 (starre Grenze); Krumme/*Steffen* § 11 StVG Rn. 16.

7 Vgl. dazu *BGH* NJW 1976, 1202 = VersR 1976, 732 f. = DAR 1976, 183; *OLG Hamm* NJW 1981, 827 = VersR 1981, 788 = DAR 1981, 225.

8 *BGH* NJW 1982, 433 = VersR 1982, 163 = DAR 1982, 120.

durch die Reparatur auch nicht annähernd wiederhergestellt werden kann. Diese Voraussetzungen könnten vor allem dann vorliegen, wenn

- Teile beschädigt worden sind, die für die Sicherheit des Kfz von Bedeutung sind, und trotz ordnungsgemäßer Reparatur ein Unsicherheitsfaktor verbleibt
- nach durchgeführter Reparatur erhebliche Schönheitsfehler am PKW zurückbleiben (beispielsweise verzogene oder nicht mehr schließende Türen bzw. Kofferraum- oder Motorhaubendeckel, sichtbare Schweißnähte, Verformung bestimmter Fahrzeugteile usw.)
- ein Schaden eingetreten ist, der die Garantieansprüche des Eigentümers jedenfalls im Hinblick auf die Beweisführung gefährden kann, sofern der Haftpflichtversicherer des Schädigers nicht alsbald nach dem Unfall verbindlich seine Einstandspflicht für einen derartigen Fall anerkennt.

**17** Letztlich kann sich die Unzumutbarkeit der Weiterbenutzung bei einer Fahrleistung von 1000 km bis 3000 km allenfalls aus technischen oder ästhetischen Mängeln ergeben, die durch die Reparatur nicht beseitigt werden können.[9]

**18** Der zur Neupreisabrechnung berechtigende »Schmelz der Neuwertigkeit« wird ernsthaft nur ins Feld geführt werden können, wenn seit der Zulassung erst wenige Tage vergangen sind. Jedenfalls ist ein PKW nicht mehr als neuwertig anzusehen, wenn er im Unfallzeitpunkt bereits länger als einen Monat zugelassen war.[10] Für die Gebrauchsdauer eines Fahrzeuges ist der Zeitpunkt der Zulassung maßgeblich und nicht die Frage, an wie vielen Tagen seit der Zulassung das Fahrzeug tatsächlich genutzt worden ist.[11]

**19** Nach *OLG Hamm*[12] kann auch auf Neuwagenbasis abgerechnet werden, wenn das Neufahrzeug vor der Auslieferung mit einem serienmäßigen Bausatz (hier: Karosserieverbreiterung) umgestaltet wurde und bei dem Unfall (nach 20 Tagen und 212 km) im Wesentlichen die Umbauten beschädigt worden sind. Denn der Umbau nimmt dem Pkw nicht die Eigenschaft eines Neufahrzeuges. Durch den bereits vor der Auslieferung erfolgten Umbau hat das Fahrzeug zwar eine individuelle und von dem Standardtyp stark abweichende Ausstattung bekommen. Es blieb aber ein neues Fahrzeug, das durch den Händler in dem vereinbarten, vor der Zulassung herbeigeführten Zustand als Neufahrzeug ausgeliefert worden und als solches auch wieder zu beschaffen ist.

**20** Die Grundsätze für eine Schadensberechnung auf Neuwagenbasis sind auch dann anwendbar, wenn der geschädigte Pkw im Eigentum einer Leasinggesellschaft gestanden hat.[13]

**21** Die bisher ausgewertete Rechtsprechung bedeutet indes noch nicht, dass, sofern Neuwertigkeit in dem soeben dargelegten Sinne vorliegt, der Gläubiger (Geschädigte) auch geringe Schäden zum Anlass nehmen darf, um sich auf Kosten des Schädigers ein Neufahrzeug zu beschaffen. Als weiteres Kriterium kommt nämlich neben der Neuwertigkeit – wie bereits ausgeführt – zusätzlich auch die Erheblichkeit (Schwere) des Eingriffs in das bis dahin integere Gefüge des Kfz hinzu.

**22** Eine erhebliche Beschädigung wird man nach der allerdings nicht ganz einheitlichen Rechtsprechung annehmen können, wenn die Reparaturkosten mindestens 30 % der Anschaffungskosten, also des

---

9 *OLG Hamm* DAR 2000, 35 = NZV 2000, 170 = SP 2000, 13; *OLG Schleswig* SP 1998, 109; *OLG Braunschweig/LG Braunschweig* DAR 2011, 332 (Laufleistung 2.067 km, sicherheitsrelevante Teile beschädigt, 2.000 € Wertminderung); *LG Fulda* DAR 2000, 122; *LG Saarbrücken* zfs 2002, 282, Urt. v. 20.05.2011 – 13 S 27/11 (nicht bei wirtschaftlichem Totalschaden, wenn gleichwertiges Gebrauchtfahrzeug nach sachverständiger Feststellung beschafft werden kann).

10 *BGH* zfs 1982, 108; *OLG Karlsruhe* zfs 92, 12; *OLG Naumburg* zfs 1996, 134 = SP 1996, 212; *OLG Hamm* DAR 1994, 400 = r+s 1994, 338 = VersR 1995, 930; *OLG Nürnberg* VersR 1994, 1253 = NZV 1994, 430 = r+s 1994, 337; anders *AG Lampertheim* NJWE-VHR 1998, 130.

11 *LG Schweinfurt* VersR 2006, 425 = NZV 2006, 42.

12 *OLG Hamm* NZV 1996, 312 = OLGR 1996, 116.

13 *OLG Nürnberg* NJW-RR 1993, 919 = NZV 1994, 430 = r+s 1994, 337 = SP 1994, 314 = VersR 1994, 1253.

Neupreises, betragen.[14] Vertretbar ist es auch, wenn von Teilen der Rechtsprechung der Grenzwert der Reparaturkosten auf ca. 20–25 % des Wiederbeschaffungswertes gesetzt wird.[15]

Auch die genannte Größenordnung reicht jedoch nicht aus, falls sich herausstellen sollte, dass es sich im konkreten Fall um reine Blechschäden handelt. Bei dem heutigen Stand der Reparaturtechnik und einer sorgfältig durchgeführten Instandsetzung in einer renommierten Fachwerkstatt ist bei leichten bis mittleren Blechschäden deren einwandfreie Beseitigung bei Neufahrzeugen gewährleistet. Ein negativer nachhaltiger Einfluss auf das weitere Schicksal des Fahrzeuges ist bei ordnungsgemäßer Beseitigung der Schäden nicht zu befürchten. Dem Geschädigten ist grundsätzlich eine Weiterbenutzung des reparierten Unfallfahrzeuges zumutbar, wenn durch den Unfall ausschließlich Teile betroffen waren, durch deren spurenlose Auswechslung der frühere Zustand voll wieder hergestellt werden kann, und die Funktionstüchtigkeit und die Sicherheitseigenschaften des Fahrzeugs, insbesondere die Karosseriesteifigkeit und das Deformationsverhalten nicht beeinträchtigt sind.[16] 23

Sind die Voraussetzungen für die Schadenliquidation auf Neuwagenbasis erfüllt, kommt die Durchsetzung eines solchen Anspruchs nur dann in Betracht, wenn der Geschädigte tatsächlich ein neues Fahrzeug angeschafft hat.[17] In diesem Fall steht dem nicht vorsteuerabzugsberechtigten Geschädigten der Neuwagenkaufpreis zuzüglich Mehrwertsteuer zu. Die Darlegungs- und Beweislast für diese Neuanschaffung liegt bei dem Geschädigten.[18] Das neu angeschaffte Fahrzeug muss auch gleichwertig sein. Die Anschaffung eines Fahrzeugs einer geringeren Fahrzeug- und Preisklasse genügt nicht.[19] Allerdings hat der Geschädigte aufgrund der hohen hiermit verbundenen Aufwendungen bereits vor Anschaffung eines neuwertigen Ersatzfahrzeugs ein rechtliches Interesse daran, die Berechtigung zur Abrechnung auf Neuwagenbasis feststellen zu lassen; ein entsprechender Feststellungsantrag ist zulässig.[20] Allerdings ist das Interesse an einem Neufahrzeug jedenfalls dann widerlegt, wenn der Geschädigte das Unfallfahrzeug noch einen Zeitraum von sechs Monaten weiternutzt, wobei der Zeitraum der Schadenregulierung insoweit nicht mitberücksichtigen ist.[21] 24

In den übrigen Fällen geht die übereinstimmende Auffassung in Literatur und Rechtsprechung dahin, dass die Reparatur in Verbindung mit dem Ausgleich eines etwa entstandenen merkantilen bzw. technischen Minderwerts dem Geschädigten als angemessene Form der »Herstellung« im Sinne von § 249 S. 2 BGB durchaus zuzumuten ist.[22] Insoweit lässt sich jedenfalls für den Regelfall der Grundsatz aufstellen, dass dem Geschädigten bei Würdigung aller Umstände – die in diesem Fall 25

14 *BGH* VersR 1976, 732 f.; *OLG München* DAR 1982, 70; *OLG Celle* SP 1996, 280; *OLG Oldenburg* zfs 1997, 136 = SP 1997, 269; *AG Leipzig* DAR 2023, 633.

15 *OLG Bremen* VersR 1971, 912; *OLG Frankfurt* VersR 1980, 235 = zfs 1980, 146.

16 *OLG Hamm* NZV 2001, 478 = VersR 2002, 632 (nicht bei nur 3 Stunden Arbeitszeit, 417 DM Kosten); r+s 2012, 413; *OLG Celle* SP 1996, 280; NZV 2004, 586 (nicht wenn nur Montageteile auszutauschen); *OLG Dresden* SP 2001, 55; *OLG Hamburg* NZV 2008, 555 (ja bei nicht unerheblichen Richt- und Schweißarbeiten an der A-Säule); *OLG Nürnberg* DAR 2009, 37 = r+s 2009, 301 = NZV 2008, 559; *OLG Schleswig* NZV 2009, 298; *OLG Düsseldorf* SP 2009, 368; SVR 2010, 181; *OLG München* r+s 2010, 259; *LG Leipzig* SP 2000, 380; *LG Mönchengladbach* DAR 2006, 460 (anders bei Schweißarbeiten, die die Herstellergarantie entfallen lassen); *LG Wuppertal* SP 2010, 403; *LG Zwickau* SP 2010, 16; *LG Bochum* SP 2013, 255; Himmelreich/Halm/*Richter* Kap. 4 Rn. 664 ff.

17 *BGH* NJW 2009, 3022 = VersR 2009, 1092 = DAR 2009, 452; DAR 2020, 681; *OLG Nürnberg* zfs 1991, 45; *OLG München* r+s 2010, 259; *OLG Düsseldorf* DAR 2010, 704; 2012, 253; *LG Kassel* zfs 1992, 299; *LG Hagen* zfs 2007, 386; Wussow/*Zoll* Kap. 41 Rn. 75.

18 *KG* DAR 2010, 522.

19 *OLG München* NJW-Spezial 2010, 298.

20 *OLG Stuttgart* NZV 2018, 286; *LG Nürnberg*, Urt. v. 02.12.2010 – 8 O 4576/10.

21 *OLG Stuttgart* a.a.O.

22 Vgl. dazu im Einzelnen *BGH* NJW 1965, 1756 = VersR 1965, 901; NJW 1980, 1127 (besprochen von *Eisenhardt* JuS 1982, 170); NJW 1982, 433 = VersR 1982, 163 = DAR 1982, 120; *OLG Düsseldorf* VersR 1971, 745; 1971, 984; DAR 1974, 214; VersR 1976, 69; *OLG Karlsruhe* VersR 1972, 769; 1974, 150; *OLG Bamberg* NJW 1972, 828 = VersR 1972, 793; *OLG Frankfurt* VersR 1972, 1146; 1973, 672;

auch eine Art »negatives« Integritätsinteresse umfassen – die Weiterbenutzung des reparierten Kfz durchaus zugemutet werden kann.[23]

26 In diesem Zusammenhang muss allerdings darauf hingewiesen werden, dass die soeben zitierten Entscheidungen sich zum größten Teil mit der Frage befassen, unter welchen Voraussetzungen der Geschädigte ohne Wertausgleich ein Neufahrzeug beanspruchen kann. Nach diesseitiger Auffassung wäre der Gläubiger dadurch in jedem Fall bereichert.

27 Dieser Grundsatz überzeugt insbesondere dann, wenn man auf die z.T. parallel gelagerte Interessenlage im Vertragsrecht zurückgreift. Der Käufer eines Kfz, der im Wege des Schadensersatzes, der Wandlung des Kaufvertrages oder des Rechtsinstituts der ungerechtfertigten Bereicherung vom Verkäufer zu Recht die Rückabwicklung eines Kaufvertrages verlangt, muss sich vom Kaufpreis und den sonstigen Aufwendungen, deren Erstattung er grundsätzlich verlangen kann, eine Nutzungsentschädigung für die tatsächlich gezogenen Gebrauchsvorteile anrechnen lassen. Im Fall der Wandlung erfolgt dies nach den Vorschriften der §§ 437 Nr. 2, 346 Abs. 1 BGB.

28 Das Gleiche gilt, wenn wegen Unwirksamkeit oder Nichtigkeit eines Kaufvertrags eine Rückabwicklung und damit ein Ausgleich nach den bereits angesprochenen Grundsätzen der ungerechtfertigten Bereicherung (§ 818 Abs. 2 BGB) zu erfolgen hat. Soweit eine Schadensersatzpflicht des Verkäufers – z.B. aus §§ 311 Abs. 2, 437 Nr. 3 BGB – in Betracht kommt, mindert sich der Schaden ebenfalls im Wege des Vorteilsausgleichs um den Gegenwert der durch den Gebrauch des Kraftfahrzeugs gezogenen Nutzen.[24] Dies gilt, wie zu dem VW-Dieselskandal höchstrichterlich entschieden, sogar bei einer vorsätzlichen sittenwidrigen Schädigung gem. § 826 BGB.[25] Die in Literatur und Rechtsprechung zur Höhe des insoweit vorzunehmenden Abzugs vertretenen Auffassungen sind außerordentlich kontrovers.[26]

29 Ähnlich liegen die Dinge auch für das weite Feld des gesetzlichen Schadensersatzrechts, also jeweils dann, wenn es sich darum handelt, mit Rücksicht auf das geringe Alter des beschädigten Kfz und die Erheblichkeit des Eingriffs auf Neuwagenbasis abzurechnen. Auch insoweit muss der Geschädigte sich die mit seinem Fahrzeug bis zum Unfall zurückgelegte Wegstrecke unter dem Gesichtspunkt

---

*KG* VersR 1973, 1070 = DAR 1973, 43; *OLG Hamburg* VersR 1973, 354; 1973, 970; *OLG Hamm* VersR 1973, 1072; *OLG Köln* VersR 1975, 933; *LG Oldenburg* VersR 1982, 51; Krumme/*Steffen* § 11 StVG Rn. 15.

23 Vgl. dazu *OLG Düsseldorf* VersR 1962, 1111 (200 km); 1968, 605; *OLG Hamm* VersR 1963, 345; *OLG München* VersR 1966, 1082 (745 km); *OLG Schleswig* VersR 1967, 610; *OLG Nürnberg* VRS 16, 401; VersR 1973, 92 (das jedoch sehr stark auf die individuellen Bedürfnisse des Geschädigten abstellt); VersR 1973, 549 = DAR 1973, 44 (für ein Motorrad); *KG* NJW 1970, 1048 = VersR 1970, 471; *OLG Köln* VersR 1970, 334; *OLG Celle* VersR 1970, 957; *OLG Bremen* VersR 1970, 1159.

24 Vgl. dazu *Reinking/Eggert* Kap. 9 Rn. 268 ff.

25 *BGH* VersR 2021, 385; ZIP 2021, 700.

26 Dazu einige Beispiele: 1 % vom Anschaffungspreis pro gefahrene 1.000 km halten für angemessen: *OLG Hamm* NJW 1970, 2256; 28 U 131/81 (n.v.); *KG* DAR 1972, 372; DAR 1976, 45; *OLG Nürnberg* VersR 1978, 1027 (L) = DAR 1978, 198; *OLG Zweibrücken* VersR 1985, 601 (L) = DAR 1985, 59; *LG Bad Kreuznach* DAR 1979, 333; 0,67 % vom Anschaffungspreis je gefahrene 1.000 km billigen – unter Zugrundelegung einer potenziellen Gesamtfahrleistung von 150.000 km – zu: *BGH* NJW 1983, 2194 = DAR 1983, 322; *OLG Frankfurt* VersR 1981, 388; DAR 1981, 219 (0,75 %); *OLG Nürnberg* DAR 1980, 345; DAR 1985, 81; *OLG Köln* DAR 1981, 402.

des Vorteilsausgleichs zumindest in Höhe der eingesparten, leistungsbezogenen Betriebskosten unter allen Umständen als Eigenersparnis[27] anrechnen lassen.[28]

Für die Bemessung des anzurechnenden Vorteils bieten sich die vom ADAC herausgegebenen – alljährlich mit neuen Werten erscheinenden – Betriebskostentabellen, jedenfalls für die Rückabwicklung nach Bereicherungsrecht,[29] geradezu an.[30] 30

Zu dieser aufgeworfenen Fragestellung, inwieweit der durch Zubilligung eines Neufahrzeugs eingetretene Vorteil im Hinblick auf die bis dahin zurückgelegte Wegstrecke anzurechnen oder auszugleichen ist, liegen, soweit es sich um den gesetzlichen Schadensersatz – also die Abrechnung auf Neuwagenbasis – handelt, kaum Entscheidungen vor, weil die Gerichte nach den Erfahrungen der Praxis sehr häufig bis zu einer Fahrleistung von 1000 km Abzüge für eingesparte leistungsbezogene Betriebskosten nicht vornehmen. Jedenfalls nimmt auch die überwiegende Rechtsprechung wegen der Benutzung des Fahrzeugs einen Abzug für die gefahrenen Kilometer vor, wenn mehr als 1000 Fahrkilometer zurückgelegt worden sind.[31] Das *OLG Bremen*[32] schätzt den entsprechenden Wert – ebenfalls unter dem Gesichtspunkt der ungerechtfertigten Bereicherung – pauschal auf 0,10 DM für jeden gefahrenen Kilometer. Nach der Auffassung des *OLG Karlsruhe*[33] soll für je 100 km innerhalb des Wirkungsbereichs der ersten 5000 km ein Abzug von 0,2 % und für die weitere Fahrleistung ein Abzug von 0,1 % vorgenommen werden. 31

Es ist zwar richtig, dass Kraftfahrzeuge mit einer Laufleistung bis zu 10.000 km auf dem Gebrauchtwagenmarkt selten angeboten werden.[34] Insoweit kann man jedoch auf Vorführfahrzeuge zurückgreifen, die in aller Regel mit einem Tachostand zwischen 6.000 und 10.000 km zu einem Preisnachlass bis etwa 15 % angeboten werden. 32

27 Vgl. dazu *OLG Schleswig* VersR 1985, 373 = zfs 1985, 170 (unter Bezugnahme auf *Klimke* DAR 1984, 70); a.A. *BGH* NJW 1983, 2694 = VersR 1983, 758 (759 r.Sp., – vgl. dazu auch die krit. Anm. v. *Klimke* VersR 1984, 1123 [1125 r.Sp.]) – DAR 1983, 289 = zfs 1983, 297 = r+s 1983, 211 (L) – VRS 65, 244, der sich damit in Widerspruch zu seiner eigenen Rechtsprechung setzt: *BGH* NJW 1963, 1390 f. = VersR 1963, 931 f.; – Der *BGH* vertritt in seiner Entscheidung v. 14.06.1983 mit unzutreffenden Erwägungen (wegen näherer Einzelheiten dazu vgl. *Klimke* VersR 1984, 1123, 1126, l.Sp.) die Auffassung, dass jedenfalls bei einem Neuwagen Abzüge unter dem Gesichtspunkt des Vorteilsausgleichs in Höhe der eingesparten leistungsbezogenen Betriebskosten erst dann vorzunehmen seien, wenn mit dem Kfz insgesamt mehr als 1000 km zurückgelegt worden sind.

28 Wegen näherer Einzelheiten dazu vgl. insbes. *BGH* NJW 1982, 433 = VersR 1982, 163 = DAR 1982, 120; *OLG Düsseldorf* VersR 1958, 890; *OLG Stuttgart* VersR 1959, 318; *OLG Celle* VersR 1968, 1195 (Abzug von 500 DM für fast fabrikneuen Wagen der gehobenen Mittelklasse); *KG* DAR 1971, 295 = VersR 1972, 158 (L); NJW 1972, 769 = VersR 1972, 354 (355 r.Sp. m.w.N.); *OLG München* DAR 1982, 70 – zfs 1982, 38; *LG Freiburg* VersR 1981, 867; zfs 1981, 335; *Darkow* VersR 1972, 613; *Sanden/Völtz* Rn. 190; – a.A. *BGH* NJW 1983, 2694 = VersR 1983, 758 = DAR 1982, 289; *OLG Köln* VersR 1966, 1082; *OLG Schleswig* NJW 1971, 141; VersR 1971, 455; 1976, 1183; *OLG Koblenz* VersR 1971, 824 (L) = DAR 1971, 182; *OLG Nürnberg* NJW 1975, 313 = VersR 1975, 960; *OLG Stuttgart* NZV 2018, 286; *LG Freiburg* VersR 1975, 386; – die meisten Entscheidungen übergehen diesen Gesichtspunkt und nehmen zur Frage des Vorteilsausgleichs nicht Stellung.

29 Vgl. dazu *Klimke* DAR 1984, 69 Rn. 995.

30 Vgl. dazu insbes. *KG* VersR 1981, 867 = zfs 1981, 335 (freilich für den umgekehrten Fall, dass eine Abrechnung auf der Basis eines sog. »unechten« Totalschadens stattgefunden hat und es sich darum handelt, den Wettverlust des wieder instand gesetzten Unfallfahrzeugs zu ermitteln, den es durch die Weiterbenutzung bis zur Auslieferung des Neuwagens unter Übernahme des Altfahrzeugs durch den Schädiger erleidet); *Klimke* VersR 1972, 356 f.; DAR 1984, 69, 73; *Darkow* VersR 1972, 613, 615 – a.A. *OLG Schleswig* NJW 1971, 141 = VersR 1971, 455.

31 *BGH* DAR 1983, 289 = VersR 1983, 758 = zfs 1983, 297; *OLG Schleswig* VersR 1985, 373.

32 Vgl. dazu *OLG Bremen* DAR 1980, 373.

33 Vgl. dazu *OLG Karlsruhe* VersR 1982, 98 = DAR 1982, 230.

34 Vgl. dazu *OLG Düsseldorf* VersR 1962, 1111; *Schmidt* DAR 1965, 4 f.

33 Bei Abrechnung auf Neuwagen-Basis muss der Geschädigte sich einen etwaigen Preisnachlass, den er bei seinem Kfz-Händler erzielen kann, anrechnen lassen.[35]

34 Der Geschädigte ist grundsätzlich berechtigt, dem Schädiger respektive dessen Haftpflichtversicherung das Unfallfahrzeug zur Verwertung zur Verfügung zu stellen.[36] Er muss sich in diesem Fall den im Sachverständigengutachten veranschlagten Restwert nicht anrechnen lassen. Dies gilt jedoch dann nicht, wenn ihm aufgrund einer Mithaftung lediglich ein quotenmäßiger Schadensersatzanspruch zusteht. In diesem Fall steht ihm nur eine entsprechende Quote der Differenz zwischen dem Wiederbeschaffungswert und dem Restwert zu.[37] Voraussetzung für eine Neuwagenabrechnung ist das Angebot des Unfallfahrzeugs an die KH-Versicherung allerdings nicht.[38]

### 2. Vereinbarung

35 Da auch im Bereich des Schadensersatzrechtes volle Dispositionsfreiheit der Parteien besteht, kann zwischen ihnen selbstverständlich eine Abrechnung auf der Basis eines »unechten« Totalschadens auch vereinbart werden. Eine solche Vereinbarung wird insbesondere dann sinnvoll sein, wenn die Ersatzteilbeschaffung auf Schwierigkeiten stößt, weil sie beispielsweise im Ausland vollzogen werden müsste. Von einem »unechten« Totalschaden kann man beispielsweise auch dann unbedenklich ausgehen, wenn die Verwertung der Restteile zu einem ungewöhnlich günstigen Preis möglich ist und ein annähernd gleichwertiges Ersatzfahrzeug kurzfristig zur Verfügung steht.

36 Wenn die Bewertung der einzelnen Schadenpositionen (wie beispielsweise Wiederbeschaffungswert, Minderwert und Restwert) richtig vorgenommen wird und eine günstige Veräußerungsmöglichkeit für das Restfahrzeug besteht, macht es nach den Erfahrungen der Praxis keinen wesentlichen Unterschied aus, ob eine Reparatur erfolgt oder ob man sich auf der Basis eines »unechten« Totalschadens verständigt.

## B. Abgrenzung Totalschaden- bzw. Reparaturschadenabrechnung

37 Ob im Einzelfall ein Reparatur- oder ein (wirtschaftlicher) Totalschaden vorliegt, entscheidet sich nach der Höhe der zur Schadensbeseitigung erforderlichen Kosten im Verhältnis zum Wert des Fahrzeugs. Im Grenzbereich kommt es entscheidend darauf an, welche Entscheidungen der Geschädigte hinsichtlich seines beschädigten Fahrzeugs in der Folgezeit trifft und welche Kosten er geltend macht.

### I. Eindeutiger Reparaturschaden

38 Liegen die Reparaturkosten zuzüglich der insoweit mit zu berücksichtigenden merkantilen Wertminderung unter dem Wiederbeschaffungsaufwand, also der Differenz zwischen dem Wiederbeschaffungswert des beschädigten Fahrzeugs unmittelbar vor dem Unfall und seinem Restwert hiernach, liegt ein eindeutiger Reparaturschaden vor. Der Geschädigte kann selbst dann nur die Reparaturkosten geltend machen, wenn er sich zur Schadensbeseitigung durch Ersatzbeschaffung entscheidet. Etwas anderes gilt nur dann, wenn der Geschädigte durch ein Gutachten den Eindruck erhielt, es liege ein wirtschaftlicher Totalschaden vor, als das Prognoserisiko vom Schädiger zu tragen ist.[39]

### II. Abgrenzung unter dem Wiederbeschaffungswert

39 Liegen die Reparaturkosten inklusive Wertminderung über dem Wiederbeschaffungsaufwand, aber unterhalb des Wiederbeschaffungswertes, hängt die Beurteilung des Schadens von den weiteren

35 *OLG Karlsruhe* DAR 1989, 106.

36 *BGH* NJW 1983, 2694.

37 *OLG Köln* NZV 1993, 188 = VersR 1993, 374 = r+s 1993, 139; *AG Gießen* SP 1999, 200; *Böhme/Biela* Kap. 4 Rn. 43.

38 *KG* SVR 2005, 384.

39 *OLG Koblenz* ZfS 2022, 257.

Entscheidungen des Geschädigten ab. Die wirtschaftlichste Form der Schadensbeseitigung wäre die Ersatzbeschaffung, da hierdurch der geringste (Wiederbeschaffungs-)Aufwand entsteht. Dennoch kann der Geschädigte ein berechtigtes Interesse daran haben, den entstandenen Schaden nicht durch eine Ersatzbeschaffung zu beseitigen. Es ist insoweit zu beachten, dass nicht nur das Vermögensinteresse des Geschädigten geschützt ist, sondern – in begrenztem Umfang – auch sein Integritätsinteresse, also sein Interesse daran, dass sein Vermögen in der Zusammensetzung erhalten bleibt, in der es sich vor dem Schadenereignis befand. Geschützt ist daher auch das Interesse des Geschädigten, sein beschädigtes Fahrzeug zu behalten. Dies ist keineswegs ein immaterielles, regelmäßig gem. § 253 BGB nicht geschütztes Interesse, wie der *BGH* mehrfach klargestellt hat. Vielmehr sprechen durchaus auch materielle Gründe für ein Behalten des eigenen, hinsichtlich der Zuverlässigkeit bekannten Fahrzeugs gegenüber dem Erwerb eines neuen, hinsichtlich möglicher unerkannt bleibender Mängel unbekannten Fahrzeugs.

Dies setzt jedoch voraus, dass der Geschädigte tatsächlich sein Integritätsinteresse zum Ausdruck 40
bringt. Dies kann zum einen durch Vornahme der Reparatur geschehen. Der Geschädigte hat bis zum Erreichen des Wiederbeschaffungswertes Anspruch auf Ersatz tatsächlich aufgewandter Reparaturkosten.[40] Auch bei nachträglich – nach Abrechnung auf Totalschadenbasis – durchgeführter Reparatur ist in den Grenzen der Verjährung eine Nachforderung auf Reparaturkostenbasis möglich.[41] Auch fiktiv kann der Geschädigte – mit oder ohne Durchführung der (Eigen-)Reparatur – Reparaturkosten bis zum Wiederbeschaffungswert geltend machen, wenn er das Fahrzeug nach dem Unfall noch in nennenswertem Umfang weiternutzt. Nach der Rechtsprechung des *BGH* ist ein Zeitraum von sechs Monaten erforderlich.[42] Erfolgt ein Weiterverkauf erst später, spielt es auch keine Rolle, inwieweit der Geschädigte bei dem Weiterverkauf einen Gewinn gemacht hat.[43] Eine solche Weiternutzung setzt voraus, dass das Fahrzeug sich in verkehrssicherem bzw. jedenfalls verkehrstauglichem Zustand befindet.[44] Veräußert der Geschädigte das Unfallfahrzeug hingegen innerhalb dieser Frist, ist eine fiktive Geltendmachung von Reparaturkosten jenseits des Wiederbeschaffungsaufwands nicht möglich, insbesondere ist auch keine 70 %-Grenze anzuwenden.[45] Dies gilt auch, wenn der Verkauf auf Sorge vor einem Wertverlust aufgrund des Dieselskandals beruht.[46] Bis zum Ablauf der Sechs-Monats-Frist hat der Versicherer insoweit (anders bei der Abgrenzung oberhalb des WBW[47]) ein Leistungsverweigerungsrecht.[48]

Für die Frage der erstattungsfähigen Höhe des Fahrzeugschadens ist in diesem Grenzbereich somit 41
ein Vergleich zwischen der Summe aus Reparaturkosten und Wertminderung einerseits und dem Wiederbeschaffungsaufwand (Wiederbeschaffungswert abzüglich Restwert) erforderlich. Hat der Geschädigte das Unfallfahrzeug zeitnah nach dem Unfall veräußert, muss er zur fiktiven Geltend-

40 *BGH* VersR 2007, 379 = DAR 2007, 201 = r+s 2007, 122.

41 *BGH* NJW 2007, 67 = VersR 2007, 82 = DAR 2007, 138.

42 *BGH* VersR 2003, 918 = DAR 2003, 372 = r+s 2003, 303; VersR 2006, 989 = 2006, 1236 = DAR 2006, 441 = r+s 2006, 343; VersR 2008, 839 = DAR 2008, 387 = r+s 2008, 351; ähnlich zuvor schon *OLG Düsseldorf* VersR 2003, 520 = DAR 2001, 125 = zfs 2001, 111; *OLG Koblenz* SVR 2006, 140; *LG Ansbach* DAR 2001, 367; jetzt auch *LG Hagen/AG Meinerzhagen* VersR 2007, 1265; weitergehend *LG Gießen* DAR 2004, 153 = NZV 2004, 253.

43 *OLG Karlsruhe* NZV 2011, 199.

44 *BGH* NJW 2011, 667 = VersR 2011, 280; *OLG Stuttgart* NZV 2011, 82; *LG Bochum* SVR 2009, 31 (mit Unterscheidung zwischen »verkehrssicher« und »verkehrstauglich«); *OLG Hamburg* VersR 2015, 1181; *KG* DAR 2018, 142; *OLG Hamm* NZV 2024, 142; a.A. *OLG Karlsruhe* NZV 2010, 199.

45 *BGH* VersR 2005, 1257 = DAR 2005, 508 = r+s 2005, 393; VersR 2005, 1448 = DAR 2005, 617 = r+s 2005, 482; *OLG Koblenz* DAR 2020, 263; zuvor schon *OLG Düsseldorf* NZV 2004, 584; *OLG Hamm* r+s 2003, 479; anders noch *OLG Köln* r+s 2002, 115.

46 *OLG Hamm* zfs 2018, 625.

47 S. Rdn. 51.

48 *BGH* NJW 2011, 667 = VersR 2011, 280 = DAR 2011, 131; *OLG Hamm* OLGR 2009, 163 = SVR 2009, 181; allerdings hindert der Nichtablauf der 6-Monats-Frist nicht die Fälligkeit: *OLG München* ZfS 2024, 140.

machung von Reparaturkosten jedenfalls bei entsprechendem Einwand des Schädigers auch darlegen und beweisen, dass diese Reparaturkosten den Wiederbeschaffungsaufwand nicht überschreiten. Macht das seinerseits vorgelegte Gutachten keine Ausführungen zum Restwert und holt er diese auch anderweitig nicht nach, ist insgesamt kein Schaden festzustellen, die Klage unschlüssig.[49]

42 Entscheidet sich der Geschädigte dagegen für eine Ersatzbeschaffung, darf er selbst bei objektiv unzutreffender Schätzung der voraussichtlichen Reparaturkosten nach den Grundsätzen der Garantenstellung des Ersatzpflichtigen auf der Basis eines Totalschadens abrechnen, wenn ein vertrauenswürdiger Kfz-Sachverständiger ihm diesen Weg gewiesen hat.[50]

### III. Abgrenzung über dem Wiederbeschaffungswert (Integritätszuschlag)

43 Das Integritätsinteresse des Geschädigten wird noch weitergehender als oben dargestellt geschützt. Aufgrund des berechtigten Interesses des Geschädigten daran, sein Fahrzeug auch nach dem Unfall behalten zu dürfen, kann er einen Reparaturschaden unter bestimmten Voraussetzungen sogar geltend machen, wenn die voraussichtlichen Reparaturkosten über dem Wiederbeschaffungswert des Unfallfahrzeugs liegen, also eine Reparatur eigentlich unwirtschaftlich ist. Liegen die Voraussetzungen nicht vor, ist der Geschädigte vielmehr auf die Geltendmachung des Wiederbeschaffungsaufwands beschränkt. Dies gilt auch bei einem als »Unikat« anzusehenden Fahrzeug.[51]

44 Nach der allgemein anerkannten Rechtsprechung liegt der Integritätszuschlag bei 30 %, der Geschädigte kann sich also zu einer vollständigen und fachgerechten Reparatur auf Kosten des Schädigers entscheiden, wenn die Kosten nach der Schätzung des Sachverständigen nicht mehr als 130 % des Wiederbeschaffungswertes betragen. In besonderen Einzelfällen ist das Integritätsinteresse des Geschädigten nicht auf Reparaturkosten bis zu 130 % begrenzt, wenn das Summeninteresse des Schädigers weiter zurücktreten muss. Dies ist insbesondere bei vorsätzlichen Beschädigungen der Fall.[52] Die Grenze ist auch nicht ganz starr zu verstehen.[53] Allein die Eigenschaft des beschädigten Fahrzeugs als »Oldtimer« rechtfertigt jedoch keine signifikante Anhebung.[54]

45 Auch bei einem Unfallschaden an einem gewerblich genutzten Fahrzeug (beispielsweise Taxi) kann grundsätzlich unter Berücksichtigung eines Integritätszuschlags der vollständige Ersatz unfallbedingter Reparaturkosten verlangt werden, sofern diese 130 % des Wiederbeschaffungswertes nicht übersteigen.[55] Dies gilt auch bei Beschädigung von hochwertigen Fahrrädern.[56]

46 Um eine »modifizierte« Form der Opfergrenze kann es sich auch in dem Fall handeln, dass das unwirtschaftliche Verhältnis zwischen Wiederbeschaffungswert und Reparaturkosten in zunächst nicht ohne Weiteres voraussehbarer Weise auf sog. Prognosefehlern beruht, für die der Ersatzpflichtige im Rahmen der ihm von der höchstrichterlichen Rechtsprechung zugewiesenen Garantenstellung auch ohne eigenes Verschulden unter dem Gesichtspunkt des von ihm zu vertretenden Prognoserisikos einzustehen hat. Erteilt der Unfallgeschädigte den Reparaturauftrag aufgrund eines die Wirtschaftlichkeit bestätigenden Sachverständigengutachtens, das sich im Nachhinein insoweit als fehlerhaft erweist, als die Reparaturkosten in Wahrheit 130 % des Wiederbeschaffungswertes

---

49 *AG Recklinghausen* DAR 2020, 389.

50 Vgl. dazu *OLG Karlsruhe* VersR 1975, 335.

51 *BGH* NJW 2010, 2121 = VersR 2010, 785 = DAR 2010, 322.

52 *OLG Celle* NZV 2005, 144.

53 *OLG Düsseldorf* DAR 2008, 268 (bei Reparaturkosten von 132,19 % des WBW) unter Berufung auf *BGH* VersR 2005, 663.

54 *AG Kerpen* SVR 2009, 310 (bei 137,5 % des WBW) mit der zutreffenden Erwägung, dass die besondere Wertschätzung an dem Oldtimer-Fahrzeug bereits bei Ermittlung des WBW berücksichtigt ist.

55 *BGH* DAR 1999, 165; *OLG Düsseldorf* NZV 1997, 355 = r+s 1997, 286; *OLG Dresden* DAR 2001, 303 = NZV 2001, 346; *OLG Hamm* NZV 2001, 349; *OLG Celle* NJW-RR 2010, 600 = NZV 2010, 249 (für einen Sattelauflieger); anders *AG Görlitz* SP 1998, 164.

56 *OLG München* zfs 2019, 440.

deutlich übersteigen, geht das in dieser Weise verwirklichte Prognoserisiko zulasten des Schädigers.[57] Dies soll sogar dann gelten, wenn die Versicherung vor der Reparatur ein Gegengutachten vorlegt, aus dem sich etwas anderes ergibt.[58] Anders ist dies allerdings, wenn der Geschädigte die Fehlerhaftigkeit des Gutachtens schuldhaft – insbesondere durch falsche Auswahl eines Sachverständigen oder falsche Angaben gegenüber dem Sachverständigen – verursacht.[59] Wird ein Prognosefehler des Sachverständigen nach Zerlegung, aber vor Durchführung der Reparatur erkannt, wonach die Reparaturkosten tatsächlich doch über 130 % liegen, muss von der Reparatur Abstand genommen werden, dann ist nur der Wiederbeschaffungsaufwand erstattungsfähig, soweit nicht angesichts der bis dahin durchgeführten (und natürlich erstattungspflichtigen) Arbeiten nunmehr die Durchführung der Reparatur günstiger ist.[60] Ein Vertrauen auf die Angaben des Sachverständigen zur Durchführung einer Reparatur ist jedoch dann nicht gerechtfertigt, wenn der Sachverständige ausdrücklich keine Reparaturfreigabe erteilt, eine Reparatur ausdrücklich aus unwirtschaftlich bezeichnet und auf eine dezidierte Ermittlung der Reparaturkosten verzichtet, lediglich eine überschlägige Bezifferung vornimmt.[61] Andererseits genügt auch eine Einhaltung der 130 %-Grenze im Rahmen der tatsächlichen Kosten einer vollständigen und fachgerechten Reparatur, auch wenn die Kosten vom Sachverständigen höher geschätzt wurden.[62] Dies gilt allerdings nicht, wenn die 130 %-Grenze nur deshalb eingehalten wurde, weil dem Geschädigten durch die Reparaturfirma erhebliche und nicht näher erläuterte Rabatte gewährt worden sind.[63] Andererseits kann der Geschädigte auch auf das Vorliegen eines wirtschaftlichen Totalschadens nach entsprechendem Gutachten vertrauen und einen Totalschaden konkret abrechnen, auch wenn der KH-Versicherer nachträglich etwa durch eine Werkstattverweisung Zweifel an einem Totalschaden aufkommen lässt.[64]

Kosten für Notreparaturen, die keine Reparaturkosten im eigentlichen Sinne darstellen, können nicht zur Feststellung der Verhältnismäßigkeit zwischen Wiederbeschaffungswert und Reparaturaufwand herangezogen werden.[65] Insoweit muss man unterscheiden, ob die Notreparatur Teil der »eigentlichen« Reparatur ist und diese, ohne dass Mehrkosten entstehen, anteilig vorwegnimmt. Liegen diese Voraussetzungen vor, sind sie wie »normale« Reparaturkosten bei der Bemessung der Opfergrenze zu behandeln. Auch im Übrigen dürften sie bei der insoweit gebotenen wirtschaftlichen Betrachtungsweise rechnerisch eine Einheit bilden, sofern sie nicht nur ganz gering sind. Im letzteren Fall werden sie ohnehin kaum ins Gewicht fallen und die Opfergrenze nicht nennenswert beeinflussen. Abgesehen davon besteht die Gefahr, dass Manipulationen möglich sind, wenn man einen Teil der Reparaturkosten, die sich – insgesamt gesehen – wirtschaftlich nicht mehr lohnen, einer sog. »Notreparatur« zuordnet. Die Entscheidung des *LG München I* erscheint daher nicht unproblematisch. 47

Eine Opfergrenze wird dem Ersatzpflichtigen regelmäßig nur dann zuzumuten sein, wenn der Geschädigte schlüssig darlegt, dass er trotz Vorliegens eines wirtschaftlichen Totalschadens ein rechtlich beachtliches und von der Rechtsordnung daher geschütztes Interesse an der Instandsetzung seines Wagens hat. In diesem Fall werden jedoch nicht theoretisch ermittelte Werte, sondern nur die tatsächlich angefallenen Reparaturkosten erstattet, die der Gläubiger im Einzelnen konkret nachzuweisen hat.[66] Wenn der Geschädigte also auf der Basis Reparaturkosten fiktiv – nach Gutachten 48

57 *OLG Frankfurt* NZV 2001, 348; *KG* NZV 2005, 46; *OLG Schleswig* r+s 2015, 524; *OLG Hamm* DAR 2021, 328; *LG München I* NZV 2005, 587; *AG Hof* NZV 2002, 574; *AG Schwarzenbek* SVR 2017, 32.

58 *LG Saarbrücken* NZV 2015, 545; DAR 2017, 711.

59 *LG Köln* r+s 2016, 106 (dort verneint).

60 *OLG Bremen* zfs 2010, 499.

61 *OLG Celle* NZV 2018, 143.

62 *BGH* DAR 2022, 84; *OLG Dresden* DAR 2001, 303 = NZV 2001, 346; *OLG Frankfurt/M.* DAR 2003, 68; *LG Düsseldorf* NZV 2008, 562; *LG Hechingen* DAR 2021, 29.

63 *BGH* VersR 2011, 547 = DAR 2011, 252; *LG Bielefeld* NZV 2020, 317.

64 *LG Saarbrücken* DAR 2017, 711.

65 Vgl. dazu *LG München I* VersR 1984, 669.

66 Vgl. dazu *Klimke* VersR 1974, 1063, 1066 – a.A. *OLG Hamburg* VersR 1971, 944 (aufgehoben durch *BGH* NJW 1972, 1800 = VersR 1972, 1024 = DAR 1972, 276.

oder Kostenvoranschlag – abzurechnen wünscht oder unter Verzicht auf die Reparatur den Wagen in beschädigtem Zustande veräußert bzw. weiterbenutzt, dann kann er sich bezüglich der den Wiederbeschaffungswert etwa übersteigenden Kosten auf eine Opfergrenze nicht berufen.[67] Ein Integritätszuschlag kann seitens des Geschädigten vielmehr nur geltend gemacht werden, wenn er den entstandenen Schaden tatsächlich vollständig und fachgerecht wie vom Sachverständigen vorgesehen beseitigt bzw. beseitigen lässt.[68] Eine Teilreparatur kann bei einem solchen Fall, in dem die Kosten einer Gesamtreparatur bis zu 30 % über dem Wiederbeschaffungswert liegen, ebenfalls nur geltend gemacht werden, wenn diese Reparaturkosten konkret angefallen sind oder wenn der Geschädigte nachweisbar wertmäßig in einem Umfang repariert hat, der den Wiederbeschaffungsaufwand übersteigt.[69] Dies gilt allerdings nur, soweit die Reparaturkosten den Wiederbeschaffungswert nicht übersteigen. Solche Reparaturkosten sind nur erstattungsfähig, wenn der Unfallschaden insgesamt fachgerecht beseitigt wird. Bleiben die Reparaturkosten nur deshalb unter 130 % des Wiederbeschaffungswertes, weil sich der Geschädigte mit einer minderwertigen Reparaturqualität zufrieden gegeben hat (hier: Querträger nur instandgesetzt statt ausgetauscht, Verkleidung nicht richtig eingepasst und mit verbliebener Delle), ist nur der Wiederbeschaffungsaufwand erstattungsfähig.[70]

49 Für den Fall der sog. »Eigenreparatur« hat der *BGH* nunmehr klargestellt, dass der Geschädigte auch dann vom Schädiger die für eine Reparatur in einer Kundendienstwerkstatt erforderlichen Kosten verlangen kann, falls diese 130 % des Wiederbeschaffungswerts für ein gleichwertiges Fahrzeug nicht übersteigen und er durch Nachweis der in eigener Regie durchgeführten Reparatur sein Integritätsinteresse bekundet. In diesem Fall muss die Entstehung der geltend gemachten Instandsetzungskosten nicht im Einzelnen belegt werden,[71] die Reparatur muss aber vollständig und fachgerecht nach den Vorgaben des Sachverständigen durchgeführt sein.[72]

50 Der Integritätszuschlag hängt allerdings nicht davon ab, dass das verunfallte Fahrzeug nach den Richtlinien des Herstellers instandgesetzt wird. Auch ist darauf hinzuweisen, dass das Schadensgutachten jedenfalls die Reparaturmethode nicht verbindlich vorschreibt. Ob und inwieweit alternative Verfahren wie eine Reparatur mit Gebrauchtteilen genügen,[73] hängt zunächst von der technischen Würdigung des Reparaturergebnisses ab. Technische oder optische Defizite schaden nicht, wenn sie nach umfassender Bewertung der Interessenlage des Geschädigten mit Blick auf den Zustand des Fahrzeuges vor dem Unfall nicht entscheidend ins Gewicht fallen.[74] Die Geltendmachung des Inte-

---

67 Vgl. dazu *Klimke* VersR 1974, 1063, 1066, bestätigt durch BGHZ 66, 239 = NJW 1966, 1396 = VersR 1976, 874 = DAR 1976, 265; zfs 1992, 9 = NZV 1992, 66 = DAR 1992, 22 = VersR 1992, 61; im Ergebnis ebenso *OLG München* VersR 1980, 878 = zfs 1980, 302 = VRS 59, 81; *OLG Karlsruhe* r+s 1980, 61; *OLG Frankfurt* VersR 1981, 841 = zfs 1981, 335 = r+s 1981, 219; *OLG Köln* VersR 1991, 322; NZV 1994, 24 = VRS 86, 7; *OLG Stuttgart* VersR 1991, 993; *OLG Hamm* zfs 1995, 415; *LG Aachen* VersR 2002, 1387.

68 *BGH* VersR 2005, 663 = DAR 2005, 366 = r+s 2005, 172; VersR 2005, 665 = DAR 2005, 368 = r+s 2005, 175; *BGH* VersR 2015, 1267 = DAR 2015, 634; *KG* VersR 2018, 439; *OLG Saarbrücken* r+s 2018, 329.

69 *BGH* VersR 2010, 363 = DAR 2010, 133 = r+s 2010, 128; *LG Mainz* r+s 2017, 385.

70 *BGH* VersR 2012, 75 = DAR 2012, 139 = NJW 2012, 52.

71 *BGH* VRS 83, 91 = NZV 1992, 273 = DAR 1992, 259 = SP 1992, 136; *OLG Dresden* DAR 1996, 54; *OLG Hamm* VersR 2001, 257 = DAR 2002, 215 = NZV 2002, 272.

72 So ausdrücklich *BGH* VersR 2005, 663 = DAR 2005, 366; *OLG Düsseldorf* zfs 1995, 253; *OLG Karlsruhe* zfs 1997, 53; *OLG Hamm* NZV 2002, 272 = DAR 2002, 215 (entgegen *OLG Hamm* – 6. Zivilsenat – r+s 1998, 64 f.); *OLG Düsseldorf* DAR 2008, 269 (wenn Nachweis einer vollständigen und fachgerechten Reparatur misslingt); *LG Oldenburg* DAR 2002, 223.

73 So *OLG Celle* VersR 2001, 997; *LG Oldenburg* DAR 2002, 223; *LG Dresden* NZV 2005, 587; *LG Schweinfurt* DAR 2017, 206; *AG Lahr* NZV 2002, 81; *AG Marburg* NZV 2015, 550, anders *AG Trier* NZV 2009, 604.

74 *OLG Düsseldorf* VersR 2002, 629 = DAR 2001, 499 = NZV 2001, 475; *OLG München* NJW 2010, 1462 = DAR 2010, 268 = NZV 2010, 400; *LG Siegen* SP 1999, 272, s. aber BGH gem. Fn. 60, daher bedenklich: *LG Konstanz* NZV 2012, 550 (Tür instandgesetzt statt erneuert).

gritätszuschlags ist aber ausgeschlossen, wenn die erforderliche Reparatur zu einem erheblichen Teil nicht oder unzureichend bzw. nicht fachgerecht durchgeführt worden ist.[75] Lässt ein Geschädigter, wenn die vom Sachverständigen kalkulierten Reparaturkosten die 130 %-Grenze überschreiten, auf einem alternativen Reparaturweg reparieren und gelingt es ihm dabei nicht, das Fahrzeug zu Kosten innerhalb der 130 % Grenze vollständig und fachgerecht in einen Zustand wie vor dem Unfall zurückzuversetzen, kann er sich zur Begründung seiner Reparaturkostenforderung nicht auf ein unverschuldetes Werkstatt- oder Prognoserisiko berufen.[76] Zum Nachweis des Integritätsinteresses kann es daher auch nicht ausreichen, wenn der Geschädigte lediglich die Reparaturbestätigung eines Sachverständigen sowie ein Foto vorlegt.[77] Die Reparaturbestätigung eines Sachverständigen ist daher nicht ausreichend.[78]

Zur Wahrung des besonderen Integritätsinteresses gehört außer der Vornahme einer fachgerechten Reparatur auch, dass der Geschädigte sein Fahrzeug anschließend in nennenswertem zeitlichem Umfang behält und weiter nutzt. Ein Anspruch auf Reparaturkosten mit Integritätszuschlag besteht nur bei Weiternutzung des Unfallfahrzeugs von ebenfalls mindestens 6 Monaten.[79] Dieser Integritätszuschlag kommt somit dann nicht in Betracht, wenn der Geschädigte unmittelbar nach dem Unfall ein Ersatzfahrzeug anschafft und den beschädigten Wagen sofort nach der Reparatur veräußert.[80] Dagegen soll eine Leihe an Dritte, die das Fahrzeug neu auf sich anmelden und versichern, genügen, um das Integritätsinteresse auszudrücken.[81] Dies erscheint zweifelhaft, da es der Manipulation Tür und Tor öffnet und die Nutzung durch einen Dritten gerade kein besonderes Integritätsinteresse darstellt, es sei denn, es handelt sich um einen engen Verwandten, der im eigenen Haushalt des Geschädigten lebt. Allerdings schadet eine Pfändung und Versteigerung des Fahrzeugs vor Ablauf der 6-Monats-Frist nicht, als es sich hierbei nicht um eine freiwillige Aufgabe des Fahrzeugs handelt.[82] 51

Der Geschädigte soll bereits vor Durchführung der Reparatur diese über dem Wiederbeschaffungswert liegenden Reparaturkosten (sogar brutto!) geltend machen können, wenn der Geschädigte glaubhaft macht, das Fahrzeug reparieren zu wollen, allerdings mangels eigener Mittel noch keinen Reparaturauftrag erteilt zu haben, sofern sichergestellt ist, dass der Auftrag durchgeführt wird. Dies kann entweder dadurch geschehen, dass die Auftragserteilung bereits bedingt erfolgt ist oder die Werkstatt zusichert, die Reparatur auf Basis des Gutachtens durchzuführen.[83] Dies wird den strengen vom BGH aufgestellten Voraussetzungen für die Abrechnung einer eigentlich unwirtschaftlichen 52

75 *BGH* VersR 2007, 1244 = DAR 2007, 635 = r+s 2007, 433 = *OLG Köln* NZV 1999, 333; *OLG Karlsruhe* DAR 1999, 313; *OLG Stuttgart* VersR 2003, 1321 = DAR 2003, 176 = PVR 2003, 152.

76 *BGH* VersR 2007, 1244 = DAR 2007, 635 = r+s 2007, 433; *OLG München* NJW 2010, 1462 = DAR 2010, 268 = NZV 2010, 400.

77 *OLG Saarbrücken* SP 1999, 91; *OLG Köln* VersR 1993, 898; *OLG Hamm* SP 2000; *Balke* PVR 2002, 36 m.w.N. zur Rspr.

78 Vgl. dazu *Klimke* VersR 1974, 1063, 1066, bestätigt durch BGHZ 66, 239 = NJW 1966, 1396 = VersR 1976, 874; zfs 1992, 9 = DAR 1992, 22 = VersR 1992, 61; – im Ergebnis ebenso: *OLG München* VersR 1980, 878 = zfs 1980, 302 = VRS 59, 81; *OLG Karlsruhe* r+s 1980, 61; *OLG Frankfurt* VersR 1981, 841 = zfs 1981, 335 = r+s 1981, 219; *OLG Nürnberg* zfs 1983, 104; NZV 1990, 465; *OLG Köln* VersR 1991, 322; *BGH* NJW 1992, 1618; *OLG Köln* VersR 1993, 898; *LG Aachen* SP 1999, 416; anders *AG Herne* NZV 2004, 592.

79 *BGH* VersR 2008, 134 = DAR 2008, 79 = r+s 2008, 35; VersR 2008, 135 = DAR 2008, 81 = r+s 2008, 81; VersR 2008, 938 = r+s 2008, 307; *AG Langen* NZV 2008, 96; zuvor bereits *OLG Saarbrücken* MDR 1998, 1346; *OLG Düsseldorf* DAR 2001, 125 = zfs 2001, 1111; *KG* NZV 2002, 89 = DAR 2002, 121; anders noch *OLG Celle* NZV 2008, 242; *OLG Frankfurt* zfs 2008, 505; *LG Nürnberg-Fürth* zfs 2007, 444; *LG Trier* DAR 2007, 711; *LG Hamburg* DAR 2007, 707; *AG Trier* NZV 2008, 97; *AG Ettlingen* zfs 2008, 507; *AG Dortmund* zfs 2008, 507.

80 *OLG Hamm* NZV 2001, 349; *OLG Düsseldorf* VersR 2004, 1620.

81 *AG Stuttgart* DAR 2011, 470.

82 *OLG Düsseldorf* NZV 2020, 315.

83 *OLG München* NJW-RR 1999, 909; *OLG Oldenburg* DAR 2004, 226; *OLG Frankfurt* NJW-RR 2016, 278, zurecht skeptisch: *OLG Saarbrücken* r+s 2018, 329.

Form der Schadenbeseitigung nicht gerecht. Der Hinweis auf die Möglichkeit einer Vollstreckungsabwehrklage zum Schutz des Schädigers[84] wird der Manipulationsgefahr nicht gerecht, als der Schädiger nach Erfüllung eines solchen Urteils überhaupt keine Möglichkeit zur Überprüfung hat, ob eine solche Reparatur tatsächlich ausgeführt wurde. Diese Erleichterung für den Geschädigten ist auch in keiner Weise erforderlich, als er nach Zuerkennung des Wiederbeschaffungsaufwandes die Reparaturkosten immer noch nachfordern kann und über einen Feststellungsantrag oder ggfs. auch einen Freistellungsantrag seine Berechtigung zur Abrechnung der Reparaturkosten auch vorab rechtskräftig klären kann. Den Ablauf der 6-Monats-Frist darf die Versicherung nicht abwarten, bevor sie den über den Wiederbeschaffungsaufwand hinausgehenden Schaden reguliert.[85]

## IV. Eindeutiger Totalschaden

53 Liegen die Kosten für eine vollständige und fachgerechte Reparatur mehr als 30 % über dem Wiederbeschaffungswert, sind die Aufwendungen zur Schadensbeseitigung unverhältnismäßig im Sinne von § 251 Abs. 2 BGB, sodass ein wirtschaftlicher Totalschaden vorliegt.[86] In diesem Fall beschränkt die Ersatzleistung sich auf den Wiederbeschaffungsaufwand. Klargestellt hat der *BGH*, dass die zuweilen[87] vertretene Auffassung falsch ist, dass für den Fall, dass der Geschädigte trotz wirtschaftlichen Totalschadens die Reparatur mit einem erheblich höheren Aufwand durchgeführt hat, ihm anstelle der Reparaturkosten ein Betrag zusteht, der 130 % des Wiederbeschaffungswertes ausmacht.[88] Diese Grundsätze gelten nicht nur bei Beschädigung von privat genutzten PKW, sondern auch bei Beschädigung von Nutzfahrzeugen.[89] Sofern ein Totalschaden vorliegt, kommt als Grundlage für die Schadensersatzleistung ausschließlich die Differenz zwischen Wiederbeschaffungs- und Restwert in Betracht. Auch soweit es sich um den Sachfolgeschaden – also einen mittelbaren Sachschaden – handelt, tritt an die Stelle der fiktiven Reparaturzeit die häufig sehr viel kürzere Wiederbeschaffungsfrist.

54 Ebenso wenig ist es zulässig, die Reparaturkosten, die den Wiederbeschaffungswert deutlich übersteigen, willkürlich zu verkürzen, um auf diese Weise doch noch zu einer Abrechnung auf Reparaturbasis zu gelangen. Dies gilt insbesondere für den Fall, dass selbst die in dieser Weise verkürzten Reparaturkosten den Wiederbeschaffungswert noch deutlich übersteigen. Eine Einhaltung der 130 %-Grenze lediglich aufgrund der Gewährung eines Rabatts durch die Werkstatt genügt nicht, solange der Geschädigte nicht substantiiert dazu ausführt, worauf der Rabatt zurückzuführen ist.[90] Es ist vom *BGH* weder ausgeführt noch sonst wie ersichtlich, wie ein mehr oder weniger willkürlicher Rabatt überhaupt dazu in der Lage sein soll, die Frage der Wirtschaftlichkeit anders zu beurteilen

---

84 So *OLG München* a.a.O.

85 *BGH* VersR 2009, 128; *OLG Nürnberg* DAR 2008, 27; *OLG Frankfurt* zfs 2008, 505 (unter falscher rechtlicher Prämisse); *LG Hamburg* DAR 2008, 481; *LG Bielefeld* SVR 2008, 346; *LG Fulda* NZV 2009, 149; *AG Dortmund* zfs 2008, 507; *AG Ettlingen* zfs 2008, 507; anders noch *OLG Düsseldorf* r+s 2008, 216 = NZV 2008, 560.

86 Vgl. dazu *BGH* VersR 1962, 205 = DAR 1972, 276; NJW 1985, 2469 = VersR 1985, 593 f.; VersR 1985, 865 f.; *OLG München* VersR 1973, 714; 1975, 915 (ablehnend bei Überschreitung des Wiederbeschaffungswerts um 40 %); *OLG Stuttgart* VersR 1977, 88 = r+s 1977, 189; *OLG Düsseldorf* VersR 1977, 840; *OLG Nürnberg* zfs 1991, 48 = NZV 1990, 465; *OLG Frankfurt* zfs 1991, 46; *OLG Hamm* zfs 1991, 11; *OLG Köln* VersR 1991, 322 – zfs 1991, 159; *OLG Karlsruhe* zfs 1991, 12 (2 Entsch.); *LG Karlsruhe* VersR 1980, 729 (Überschreitung des Wiederbeschaffungswerts um 20 % gebilligt); *LG Bonn* zfs 1981, 200; *OLG Schleswig* VersR 1999, 202; *OLG Karlsruhe* DAR 1999, 313 = SP 1999, 271 = VersR 2000, 1556; *LG Duisburg* SP 1999, 125; *LG Aachen* SP 1999, 199.

87 Vgl. dazu insbes. *BGH* NJW 1972, 1800 = VersR 1972, 1024 = DAR 1972, 276; *OLG Nürnberg* VersR 1969, 289; – a.A. *OLG Hamburg* VersR 1971, 944 (aufgehoben durch *BGH* NJW 1972, 1800 = VersR 1972, 1024 = DAR 1972, 276; *OLG Hamm* zfs 1984, 198 (199 1. Sp.).

88 *BGH* VersR 2015, 1267 = DAR 2015, 634; daher falsch: *LG Limburg* NZV 2021, 159.

89 Vgl. *BGH* VersR 1999, 245; *OLG Hamm* VersR 1999, 330 sowie *OLG Düsseldorf* r+s 1997, 286 = SP 1997, 194; *BGH* VersR 1992, 61 = DAR 1992, 222 = NJW 1992; 302; *BGH* VersR 1992, 64 = DAR 1992, 25 = NJW 1992, 305; *LG Köln* SP 1998, 355; Grüneberg/*Grüneberg* § 249 Rn. 25.

90 *BGH* NJW 2011, 1435 = VersR 2011, 547 = DAR 2011, 252; *LG Bielefeld* NZV 2020, 317.

als der Sachverständige, der eine Überschreitung der 130 %-Grenze festgestellt hat. Weiter können nach hier vertretener Auffassung beispielsweise die Reparaturkosten nicht dadurch im Sinne von § 251 Abs. 2 BGB noch »annehmbar« gestaltet werden, dass man sich mit der Instandsetzung in einer »billigen« Werkstatt unter Verwendung von Altteilen begnügt, nur einen Teil der Reparaturkosten geltend macht bzw. selbst hohe Abzüge »neu für alt« ansetzt. In einem Sonderfall hat der BGH allerdings einem Geschädigten die Kosten einer tatsächlich durchgeführten vollständigen und fachgerechten Reparatur zugesprochen, obwohl der Sachverständige diese Kosten oberhalb der 130 %-Grenze geschätzt hatte.[91] Dem Geschädigten war es insoweit durch die Verwendung von Gebrauchtteilen gelungen, die Reparaturkosten unter den Wiederbeschaffungswert zu drücken. Der *BGH* hat ausdrücklich offengelassen, ob eine Reduzierung der Reparaturkosten »nur« unter die 130 %-Grenze, aber über dem WBW, ebenfalls genügen würde. Nachdem der *BGH* hiermit höchstrichterlich entschieden hat, dass auch mit der Verwendung von Gebrauchtteilen eine vollständige und fachgerechte Reparatur möglich ist, dürfte ein entsprechender Einwand auch der Schädigerseite offenstehen, um geltend gemachte Reparaturkosten zu drücken. Dies kann etwa bei der Beurteilung der Gleichwertigkeit einer anderen Reparaturmöglichkeit bei Verweisung durch den Schädiger eine erhebliche Rolle spielen.[92]

### V. Zusätzliche Gesichtspunkte

Bei der Frage, ob ein Totalschaden vorliegt bzw. auf dieser Basis abzurechnen ist, hat man sich wie dargestellt an den Grundsätzen der wirtschaftlichen Vernunft zu orientieren haben. Dabei ist auf das Verhalten eines Geschädigten abzustellen, der keinen Schädiger hinter sich weiß, sondern den Schaden im Ergebnis selbst tragen muss. Das bedeutet, dass in jedem Fall, in dem ein Totalschaden ernsthaft in Betracht zu ziehen ist, zwei unterschiedliche Rechengänge gegenübergestellt werden müssen, und zwar einmal die Aufwendungen im Fall der Reparatur (Summe aus Reparaturkosten und merkantilem Minderwert) und andererseits bei der Abrechnung auf Totalschadenbasis (Differenz zwischen Wiederbeschaffungs- und Restwert).[93] Es genügt also nicht, wenn man für diese Vergleichsrechnung die reinen Reparaturkosten isoliert dem Wiederbeschaffungswert gegenüberstellt. Diese Vergleichsbetrachtung ist – unabhängig von der Frage des Anfalls oder einer Vorsteuerabzugsberechtigung – anhand der Bruttowerte sowohl hinsichtlich Reparaturkosten als auch Wiederbeschaffungswert zu vollziehen,[94] und zwar ohne Berücksichtigung eines Abzugs Neu für Alt.[95] Die Nebenkosten können – mit Ausnahme der Ummeldekosten (Aufwendungen für Abmeldung des beschädigten Kfz und Neuzulassung eines Ersatzwagens), die ergänzend berücksichtigt werden müssen – im Regelfall außer Betracht bleiben, sofern sie bei beiden Gestaltungsmöglichkeiten in etwa gleich hoch sind und sich daher – zumindest annähernd – gegenseitig aufheben.[96] Sollten sich indes nennenswerte Abweichungen bei der Differenzierung der Ausfallzeit ergeben, müssten auch die Mietwagenkosten für die Reparaturdauer bzw. die Wiederbeschaffungsfrist in die Betrachtung mit einbezogen werden. Das Gleiche gilt für die Nutzungsausfallentschädigung bei gesonderter Betrachtung, je nachdem, ob man von einem Reparaturschaden oder von einem Totalschaden ausgeht. 55

In der Regel werden sich bei der Durchführung dieser beiden Rechengänge bezüglich der Nebenkosten in Form des (mittelbaren) Sachfolgeschadens keine besonderen Abweichungen ergeben. Etwas anderes gilt jedoch, wenn bestimmte Ersatzteile lange Lieferfristen haben und gebrauchte Ersatzteile, 56

91 *BGH* NJW 2011, 669 = VersR 2011, 282 = DAR 2011, 133.

92 S. hierzu Kap. 9 Rdn. 25 ff.

93 Vgl. dazu insbes. *BGH* NJW 1985, 2469 = VersR 1985, 593 f. = DAR 1985, 218; VersR 1985, 963 = DAR 1985, 319; VersR 1985, 865 = DAR 1985, 318; *OLG Nürnberg* NZV 1990, 465; *OLG Köln* zfs 1984, 297; *OLG Hamm* VersR 1985, 843; NZV 1991, 229.

94 *BGH* NJW 2009, 1340 = VersR 2009, 654 = DAR 2009, 323; *OLG Düsseldorf* DAR 2008, 268.

95 *OLG Bamberg* DAR 2018, 24.

96 Für die Einbeziehung der Nebenkosten haben sich ausgesprochen *KG* DAR 1970, 157, 159 = VersR 1970, 351 (L); *KG* zit. bei *Darkow* DAR 1974, 225, 228 unt. 1 Nr. 12 »Kraftfahrzeuginstandsetzung«; VersR 1976, 391.

die eine fachgerechte Reparatur gewährleisten, gleichfalls nicht zur Hand sind. Bei übermäßig langen Reparaturzeiten fallen die Mietwagenkosten erheblich geringer aus, wenn statt langen Wartens auf die Lieferung von Ersatzteilen kurzerhand von der Möglichkeit Gebrauch gemacht wird, auf der Basis eines wirtschaftlichen Totalschadens abzurechnen. Selbstverständlich muss der Schädiger unter dieser Voraussetzung zusätzlich die im Fall eines Totalschadens anfallenden Nebenkosten erstatten. In derartigen Fällen rechtfertigt die Vorschrift des § 251 Abs. 2 BGB die Anwendung des Begriffs des wirtschaftlichen Totalschadens mit der Folge, dass im Unfallhaftpflichtrecht regelmäßig eine Ersatzleistung in Geld zu leisten ist. Mitunter kann ein wirtschaftlicher Totalschaden auch dann anzunehmen sein, wenn die fiktive Abrechnung auf der Basis der gedachten Reparaturkosten sich im Ergebnis als unzulässige Rechtsausübung und damit als ungerechtfertigte Bereicherung des Geschädigten darstellen würde.

## C. Schadenminderungspflicht

### I. Grundzüge

57 Auch für den Bereich des Totalschadens gilt die Grundregel des § 254 Abs. 2 BGB, nach der der Geschädigte verpflichtet ist, unter Ausschöpfung aller sich ihm in zumutbarer Weise darbietenden Möglichkeiten den Schaden gering zu halten. Dazu gehört es insbesondere, dass er seiner Feststellungs- und Veranlassungspflicht ordnungsgemäß genügt und die für die Ersatzbeschaffung notwendigen Maßnahmen gleichzeitig einleitet.[97] Insbesondere dann, wenn die Reparaturkosten voraussichtlich den Wiederbeschaffungswert des beschädigten Kfz erreichen, hat der Geschädigte unverzüglich[98] die zur Feststellung des Sachverhalts erforderlichen Maßnahmen zu treffen, d.h. er braucht den Eingang des Gutachtens nicht abzuwarten, um die etwa notwendige Ersatzbeschaffung unverzüglich einzuleiten, sondern es genügt ein Telefongespräch mit dem Sachverständigen, um festzustellen, ob ein Totalschaden vorliegt.

58 Einen absoluten Ausnahmefall, der nicht verallgemeinert werden darf, behandelt das *OLG Köln* in seinem Urt. v. 29.11.1972.[99] In diesem Urteil hat das *OLG Köln* einer mittellosen und anderweitig verschuldeten Geschädigten aus Anlass eines Totalschadens eine Entschädigung für entgangene Gebrauchsvorteile (Nutzungsausfallentschädigung) während eines Zeitraumes von 321 Tagen zugesprochen, weil mit Rücksicht auf das säumige Verhalten des Schuldners die Ersatzbeschaffung nicht früher hätte durchgeführt werden können. Das *OLG Köln* hat dabei übersehen, dass der nach den *Tabellen von Sanden und Danner* berechnete Tagessatz im Wesentlichen Fixkosten enthielt, die die Anspruchstellerin mit Rücksicht auf die aus Anlass des Totalschadens veranlasste Abmeldung des Kfz eingespart hat.[100]

59 Zum anderen Extrem neigt offenbar das *LG Frankfurt/M.* in seinem Urt. v. 29.03.1977,[101] wenn es dem Geschädigten eine Nutzungsausfallentschädigung versagt, weil er das inzwischen reparierte Fahrzeug mangels verfügbarer Barmittel bei der Werkstatt nicht auslösen und wegen anderweitiger Verschuldung einen Kredit nicht aufnehmen konnte. Das *LG* vertritt insoweit die Auffassung, die bei der Kreditbeschaffung entstandenen Schwierigkeiten seien allein in der Person des Geschädigten begründet. Der Ersatzpflichtige habe nicht dafür ein Zustehen, dass der Geschädigte infolge erheblicher unfallunabhängiger Verschuldung von seiner Bank keinen weiteren Kredit erhalten hat. Dabei verkennt das *LG Frankfurt/M.* die Garantenstellung des Ersatzpflichtigen.

---

97 Vgl. dazu *OLG Celle* VersR 1961, 642; 1962, 1212; *OLG Oldenburg* VersR 1961, 956; 1967, 362; *OLG Köln* VersR 1962, 345; *OLG Hamm* NJW 1962, 397 = VersR 1962, 555; VersR 1962, 1017; *OLG Nürnberg* VersR 1963, 489; *OLG Düsseldorf* VersR 1963, 1085; 1965, 770; *LG Essen* VersR 1955, 586; *LG Aurich* VersR 1957, 50; *LG Braunschweig* VersR 1964, 419; *LG Hannover* VersR 1966, 114; *LG Köln* VersR 1969, 574.

98 Vgl. dazu *OLG Oldenburg* DAR 1963, 299; – a.A. *OLG Düsseldorf* DAR 1961, 306.

99 Vgl. dazu *OLG Köln* VersR 1973, 323 = DAR 1973, 97 = zfs 1973, 242.

100 *OLG München* NJW-RR 1999, 909.

101 Vgl. dazu *LG Frankfurt/M.* r+s 1979, 126.

Grundsätzlich steht dem Geschädigten jeweils eine angemessene Prüfungs- und Überlegungszeit sowie Wiederbeschaffungsfrist zu, die vier – sich z.T. überschneidende – Zeiträume umfassen. In dieser Frist sind folgende Maßnahmen zu treffen: 60
- Besichtigung durch Kfz-Sachverständigen, die bei Totalschäden in jedem Fall erforderlich ist
- Überlegungen des Anspruchstellers über die zweckmäßigste Form der Abwicklung
- Beschaffung eines Ersatzfahrzeugs und schließlich
- Zulassung des Ersatzfahrzeugs.

Wie bereits betont, ist jeder Sachverständige gern bereit, auf Wunsch des Auftraggebers vorab fernmündlich über das Ergebnis seiner Feststellungen zu berichten. Die Wiederbeschaffungsfrist, die häufig bei Weitem zu lang bemessen wird, verkürzt sich insbesondere dann auf wenige Tage, wenn es sich bei dem beschädigten Fahrzeug um ein gängiges Modell handelt, das auf dem Gebrauchtwagenmarkt in ausreichender Stückzahl und in allen vertretbaren Preislagen angeboten wird. 61

Die Schadenminderungspflicht kommt auch insoweit in Betracht, als das Restfahrzeug nicht nur unverzüglich, sondern auch so günstig wie möglich zu verwerten ist. Maßgeblich für die Abrechnung eines Totalschadens ist der tatsächlich erzielte Erlös bei der Veräußerung des beschädigten Kfz, sofern der Geschädigte dadurch nicht seine Schadenminderungspflicht verletzt hat. Sollte ein besonders günstiges Ergebnis der Veräußerung allein darauf beruhen, dass der Geschädigte überobligatorische Anstrengungen unternommen hat, so kommt es lediglich auf den angemessenen Restwert an. 62

Andererseits ist davon auszugehen, dass der Geschädigte seine Schadenminderungspflicht nicht verletzt, wenn er das Unfallfahrzeug bei einem renommierten Kraftfahrzeughändler beim Kauf eines Neuwagens in Zahlung gibt.[102] Generell ist darauf hinzuweisen, dass die in den Gutachten der technischen Sachverständigen enthaltenen Zahlen oftmals nur überschlägige Schätzungen darstellen. Der Geschädigte hat daher im Einzelfall auf Wunsch des Ersatzpflichtigen darzulegen und erforderlichenfalls nachzuweisen, welchen Erlös er bei der Veräußerung des Restfahrzeugs tatsächlich erzielt hat. Sofern es sich um ein Fahrzeug handelt, das dem Betriebsvermögen eines zum Vorsteuerabzug berechtigten Unternehmers zuzurechnen ist, ist die Umsatzsteuer aus dem Gesamtpreis herauszurechnen, da sie an das Finanzamt abgeführt werden muss. 63

Es kommt in der Praxis der Schadenregulierung mitunter vor, dass der Geschädigte dem Ersatzpflichtigen erklärt, es sei ihm trotz intensiver Bemühungen nicht gelungen, den vom Sachverständigen geschätzten Restwert tatsächlich zu erzielen. Er habe daher das Fahrzeug zu einem weitaus niedrigeren Betrag – mitunter kommt er dem Schrottwert nahe – aus der Hand geben müssen. Sofern der Geschädigte diese Behauptung zu beweisen vermag, kann ihm ebenfalls selbstverständlich nur der für den Bergerest tatsächlich erzielte Betrag angerechnet werden. 64

Die Schadenminderungspflicht gilt auch für Bergungs- und Abschleppkosten, die ebenfalls im Rahmen der zumutbaren Möglichkeiten gering zu halten sind. Die Abschleppkosten sind unter Berücksichtigung von § 254 Abs. 2 BGB lediglich bis zum nächstgelegenen geeigneten Unternehmen (Reparatur- oder Verschrottungsbetrieb) zulässig.[103] 65

Besondere Probleme bieten die Demontagekosten (Rdn. 223–224). Sie sind nur dann zu erstatten, wenn die Demontage nach der Beurteilung des technischen Sachverständigen notwendig ist, um den Schadenumfang ordnungsgemäß zu erfassen und unter der Oberfläche verborgene Mängel festzustellen. 66

## II. Abgrenzung zur Schadenberechnung

Wenn der Geschädigte in Unkenntnis der Tatsache, dass ein Totalschaden vorliegt oder in bewusster Missachtung dieses Faktums die Reparatur gleichwohl in Auftrag gibt und wenn ihm dadurch 67

102 Vgl. dazu *KG* NJW 1970, 1048 = VersR 1970, 471 = DAR 1970, 159.
103 *AG Dillenburg* SVR 2015, 308; *AG Stade* SVR 2015, 343; *AG Heidenheim* SVR 2015, 346.

Aufwendungen erwachsen, die in keinem vertretbaren Verhältnis zum Wiederbeschaffungswert des beschädigten Kfz stehen, handelt es sich – abgesehen einmal davon, dass dem Ersatzpflichtigen unter gewissen Voraussetzungen eine Garantenstellung zufallen kann, wenn den Geschädigten ein eigenes Verschulden an der unwirtschaftlichen Maßnahme nicht trifft – nicht um eine Verletzung der Schadenminderungspflicht, sondern um ein Problem der (wertfreien) Schadenberechnung. Diese Differenzierung stellt sich keineswegs nur als eine formaljuristische Spitzfindigkeit dar, sondern ihr kommt erhebliche faktische Bedeutung zu. Dies lässt sich beispielsweise und recht eindrucksvoll einem Fall entnehmen, den das *OLG München*[104] in zweiter Instanz zu entscheiden hatte.

68 Der dortige Kläger hatte die Reparatur seines im relevanten Zeitpunkt bereits 12 bis 13 Jahre alten Kfz zu einem Betrage ausgeführt, der etwa fünfmal so hoch war wie der Wiederbeschaffungswert. Der Ersatzpflichtige hatte sich im Prozess dahin eingelassen, dass dem Geschädigten eine Verletzung seiner Schadenminderungspflicht (§ 254 Abs. 2 BGB) zur Last fällt. Das *OLG München* hatte – ebenso wie die Vorinstanz – das krasse Missverhältnis erkannt, sich andererseits aber mit der Feststellung begnügt, es könne dahingestellt bleiben, ob der Geschädigte seine Schadenminderungspflicht verletzt habe, da ihm zumindest das nach § 254 Abs. 2 BGB im subjektivem Bereich erforderliche Verschulden nicht mit Sicherheit nachzuweisen sei. Dieses unbefriedigende Prozessergebnis beruht darauf, dass das erkennende Gericht nicht bemerkt hat, dass in Wahrheit ein Problem der (wertfreien) Schadenberechnung vorlag. Diese ist nach objektiven Gesichtspunkten vorzunehmen, sodass es in diesem Bereich nicht darauf ankommt, ob der Gläubiger die für die Schadenbewertung maßgeblichen Gesichtspunkte schuldhaft verkannt oder verletzt hat.

69 Eine im Ansatz ähnliche Problemstellung enthielt eine Entscheidung des *OLG Nürnberg*,[105] die darauf hinausläuft, dass entgegen ursprünglichen Erwartungen ein später zutage getretenes Missverhältnis dem Ersatzpflichtigen keinen auf § 254 Abs. 2 BGB gestützten Einwand verleiht. Selbst auf die Erwägung, dass die Reparaturwerkstatt nicht als »Verrichtungsgehilfe« des Geschädigten handelt, kommt es bei rechtlich orientierter Betrachtungsweise nicht an, wenn man ein Problem der Schadenberechnung annimmt.

## D. Höhe der Ersatzleistung

70 Besondere Schwierigkeiten ergeben sich in der Regulierungspraxis dann, wenn es darum geht, den Gegenstand der Ersatzleistung exakt zu umschreiben. Verständlicherweise hat der Gläubiger vom Wert seines Fahrzeugs häufig recht unrealistische Vorstellungen, die – zuweilen unbewusst – von subjektiven und emotional ausgerichteten Erwägungen beeinflusst werden. Es empfiehlt sich daher, in aller Regel für die Ermittlung des Fahrzeugwerts auf das Gutachten eines marktverbundenen technischen – nach Möglichkeit vereidigten – Kfz-Sachverständigen zurückzugreifen und überdies zu Kontrollzwecken die Notierungen des Gebrauchtwagenmarktes zu berücksichtigen. Besondere Zurückhaltung ist insoweit jedoch gegenüber Verkaufsanzeigen in Tageszeitungen geboten, weil die dort genannten Werte sich sehr häufig aus Gründen des kaufmännischen Kalküls an Optimalvorstellungen orientieren und ganz bewusst so viel »Luft« enthalten, dass ein gewisses Nachgeben ohne Substanzverlust möglich ist.

### I. Wiederbeschaffungswert

71 Übereinstimmung besteht jetzt wohl darüber, dass im Haftpflichtrecht als allein maßgebliche Bezugsgröße der Wiederbeschaffungswert in Betracht kommt. Darunter versteht man nach jetzt gängiger Definition die Summe, die der Geschädigte unter Berücksichtigung der individuellen Marktverhältnisse aufwenden muss, um sich ein gleichwertiges Ersatzfahrzeug unter Einschaltung eines seriösen Händlers zu beschaffen. Diese Grundsätze gelten ohne Einschränkung auch dann, wenn der Geschä-

104 Vgl. dazu *OLG München* DAR 1965, 271.
105 Vgl. dazu *OLG Nürnberg* DAR 1959, 45.

digte es aus subjektiven Gründen vorziehen sollte, sich – unter Ausgleichung der Wertdifferenz zu seinen Lasten – ein neues Fahrzeug anzuschaffen.[106]

Dabei ist der Wiederbeschaffungswert nach objektiven Maßstäben unter Berücksichtigung der Verhältnisse auf dem freien Markt im Zeitpunkt des Unfalls zu bemessen. Hat beispielsweise ein Kaskoversicherer ein hagelgeschädigtes Kfz auf Totalschadenbasis reguliert und dabei den Restwert mit 400 DM angesetzt und erleidet das noch unreparierte Fahrzeug danach einen Haftpflichtschaden, so ist für die Bestimmung des Wiederbeschaffungswerts nicht die Restwertfestsetzung des betreffenden Kaskoversicherers maßgeblich. Vielmehr ist der Wiederbeschaffungswert neu von einem technischen Sachverständigen zu ermitteln. Aus der großzügigen Abrechnung des Hagelschadens durch den Kaskoversicherer kann der später ersatzpflichtige Schädiger keine Einwendungen ableiten.[107] **72**

Bei der Auslegung des Begriffs »Wiederbeschaffungswert« in diesem Sinne haben sich in der Regulierungspraxis gewisse Schwierigkeiten ergeben, die darin ihren deutlich sichtbaren Niederschlag gefunden haben, dass von vielen Seiten versucht wird, diese Bezugsgröße durch immer neue Zuschläge aufzustocken. Der Wiederbeschaffungswert sollte daher in Nuancen in dem Sinne neu definiert werden, dass es sich dabei um den Preis handelt, den der Geschädigte selbst hätte aufwenden müssen, um sein eigenes Fahrzeug innerhalb der »logischen Sekunde« vor dem Unfall bei einem regionalen, seriösen Händler in voller Kenntnis aller rechtserheblichen Eigenschaften und sonstigen Wert bildenden Faktoren zu ortsüblichen und angemessenen Bedingungen – also unter Berücksichtigung der individuellen Marktsituation – zu erwerben.[108] Die Marktverhältnisse können örtlich und jahreszeitlich gewissen Schwankungen unterliegen. Sie richten sich nach dem Wechselspiel von Angebot und Nachfrage, das bekanntlich auf dem freien Markt den Preis bestimmt.[109] Dem Erfordernis nach der Regionalität der berücksichtigten Marktverhältnisse ist Rechnung getragen, wenn der Sachverständige Angebote in einem Umkreis von 300 km zum Fahrzeugstandort auswertet.[110] **73**

Es kommt unter diesen Umständen nicht auf ein gleichwertiges anderes Fahrzeug an, das es in dieser oder auch abgewandelter Form ohnehin nicht gibt. Zwar trifft diese Einschränkung auch auf das beschädigte Fahrzeug deswegen zu, weil es Totalschaden erlitten hat. Da es sich jedoch in beiden Fällen um eine nur gedachte Bezugsgröße handelt und da das Ziel dieser Betrachtung nicht auf die Sondierung der tatsächlichen Möglichkeiten einer angemessenen Ersatzbeschaffung, sondern lediglich auf die richtige Ermittlung des dafür erforderlichen Geldbetrages gerichtet ist, erscheint es sinnvoll, von dieser einzigen zutreffenden Bezugsgröße auszugehen. Bei dieser Bewertung sind selbstverständlich alle Eigenschaften des beschädigten Fahrzeugs zu berücksichtigen, soweit sie als Wert bildende Faktoren in Erscheinung treten. Dazu gehört beispielsweise u.a. auch die Eigenschaft, dass es sich bei dem beschädigten Wagen für den bisherigen Eigentümer um ein Fahrzeug handelt, das sich bis dahin in erster Hand befand.[111] Wertbildend in diesem Sinne ist selbstverständlich auch der Umstand, dass das Fahrzeug bereits mit einem Vorschaden behaftet war, sei dieser (in welcher Qualität auch immer) repariert oder nicht.[112] **74**

Hinsichtlich der Höhe des Wiederbeschaffungswertes ist der Geschädigte als Anspruchsteller darlegungs- und beweisbelastet. Der Darlegungslast wird er regelmäßig durch Vorlage eines eingeholten privaten Schadengutachtens nachkommen, welches sich zu dem Wiederbeschaffungswert verhält. Der Geschädigte wird seiner Darlegungslast nicht gerecht, wenn er zu relevanten wertbildenden Fakto- **75**

106 Vgl. dazu insbes. *BGH* NJW 1966, 1454 = VersR 1966, 830 = DAR 1966, 215; NJW 1978, 1373 = VersR 1978, 664 = DAR 1978, 281; *OLG Karlsruhe* VersR 1978, 776; – a.A. *OLG Celle* VersR 1964, 519 = DAR 1964, 191; *KG* NJW 1977, 735 = VersR 1966, 547 = DAR 1966, 79; *OLG Schleswig* VersR 1968, 1100.

107 Vgl. dazu *LG München I* r+s 1986, 156.

108 Vgl. dazu *Klimke* VersR 1974, 832, 834; NJW 1974, 2128; *Dittmann* DAR 1980, 6 ff.

109 Vgl. dazu *OLG Celle* VersR 1974, 579.

110 *AG Balingen* SVR 2024, 30.

111 Vgl. dazu ausführlicher *Klimke* NJW 1974, 2128 (2129 r. Sp.).

112 S. hierzu: *OLG Hamm* NZV 2015, 37; NZV 2016, 35.

ren nicht hinreichend vorträgt. Dies gilt insbesondere für den konkreten Zustand des beschädigten Fahrzeugs unmittelbar vor dem Unfall, insbesondere zur Wertminderung durch Alt-/Vorschäden.[113] Das Erfordernis zum substantiierten Vortrag zu den Vorschäden und der durch sie eingetretenen Wertminderung hinsichtlich des Fahrzeugs ist auch dann erforderlich, wenn die Vorschäden vom Unfallschaden abgrenzbar sind. Die Abgrenzbarkeit hilft dem Geschädigten nur hinsichtlich der Ermittlung der Reparaturkosten.[114]

76 Gewiss wird der Verkaufswert eines Fahrzeugs bereits durch die Tatsache der Zulassung auf den Ersterwerber um ca. 10 % – also überproportional – vermindert. Ebenso wenig lässt sich bestreiten, dass nach dem Handelsbrauch auf die ersten 2000 km – relativ gesehen – zugleich auch die höchste Abschreibung entfällt. Gleichwohl sind diese Gesichtspunkte im Verhältnis zum Schädiger für die Bemessung des Wiederbeschaffungswertes belanglos, weil der Gläubiger selbstverständlich sein Fahrzeug in diesem Stadium nicht verkauft hätte und weil durch den weiteren Gebrauch die Abschreibungsrate zunehmend gleichförmiger, d.h. per saldo linear verlaufen wäre und später sogar zu einer stetig degressiver verlaufenden Kurve geführt hätte. Dabei hätten sich dann für einen angemessenen Nutzungszeitraum – also aus der auf die Gebrauchsdauer in toto bezogenen Gesamtschau – verlässliche und vertretbare Durchschnittswerte ergeben, die insgesamt zu einem Ausgleich für die zu den einzelnen Zeiträumen unterschiedlich verlaufenden Abschreibungsraten geführt hätten.[115]

77 Wurde das Fahrzeug vor dem Unfall durch Installation eines sog. »Bodykit« umgerüstet, ist der Wiederbeschaffungswert selbst dann nicht durch Addition des Neupreises des Bodykits zu ermitteln, wenn ein Gebrauchtwagenmarkt nicht existiert und eine zeitwertgerechte Neubeschaffung des Bodykit nicht möglich ist. Vielmehr ist nur der Wiederbeschaffungswert des Fahrzeugs zuzüglich einer möglichen Werterhöhung durch die Installation des Bodykit erstattungsfähig.[116]

### II. Gebrauchswert

78 Gelegentlich ist auch noch von Gebrauchswert die Rede. Unter diesem Begriff wird der Wert verstanden, den die beschädigte Sache speziell für den Geschädigten nach allgemeinen wirtschaftlichen Gesichtspunkten hat.

79 Der Gebrauchswert kann als Bemessungsgrundlage für Fahrzeuge geeignet sein, für die es einen eigentlichen Gebrauchtwagenmarkt nicht gibt. Fehlt es bei Spezialfahrzeugen – beispielsweise LKW der Bundeswehr oder aber auch Straßenbahnen – an einem entsprechenden Markt, ist im Fall eines Totalschadens nicht vom Wiederbeschaffungswert, sondern vom Gebrauchswert auszugehen.[117]

80 Bezugsgröße ist der neue Wiederbeschaffungswert, der allerdings eine unveränderte technische Ausstattung voraussetzt. Falls der höhere Wiederbeschaffungswert auch technische Verbesserungen einschließt – und davon kann man in unserer kurzlebigen Zeit mit Sicherheit ausgehen – ist ein entsprechender Abzug vorzunehmen.[118] Das Gleiche gilt unter diesem Aspekt für eine etwa eingetretene Typenüberalterung. Außerdem muss festgestellt werden, ob zur Zeit des Unfalls Aufträge für eine größere Anzahl von Straßenbahntriebwagen vergeben worden sind. Dies bedeutet, man muss prüfen, ob vom Serienpreis oder von dem sehr viel teureren Herstellungspreis in Einzelanfertigung ausgegangen werden muss. Bei Spezialfahrzeugen kann auch auf den Wiederbeschaffungswert für das Grundfahrzeug zuzüglich fiktiver Umrüstungskosten abgestellt werden.[119]

113 *OLG Hamm* NZV 2021, 584.

114 *OLG Hamm* DAR 2022, 636.

115 Vgl. dazu *OLG Schleswig* NJW 1971, 141 = VersR 1971, 455; *OLG Stuttgart* VersR 1976, 766.

116 *OLG Düsseldorf* DAR 2022, 27.

117 Vgl. dazu insbes. *OLG Karlsruhe/Freiburg* VersR 1979, 776; – ähnlich *OLG Frankfurt* VersR 1985, 504 = zfs 1985, 200 (L).

118 *OLG Nürnberg* VersR 1976, 1167 D.

119 *OLG Hamm* ZfS 2022, 681 (dort: Kanalreinigungsfahrzeug).

Nachfolgend sollen, bezogen auf Nutzfahrzeuge, noch einige Beispiele aus der einschlägigen Rechtsprechung in Kurzform gegeben werden: Mit dem Wiederbeschaffungswert für Kraftomnibusse befasst sich das *OLG Nürnberg*,[120] mit Kraftfahrzeugen, die ganz allgemein gewerblichen Zwecken dienen, das *OLG Hamburg*[121] und speziell mit Lieferwagen das *OLG Schleswig*[122] und das *OLG Stuttgart*.[123] Wegen der besonderen Maßstäbe, die für sog. »Oldtimer« gelten, vgl. (Rdn. 155–159). 81

Vom Gebrauchswert kann beispielsweise auch dann ausgegangen werden, wenn an einem Luxuswagen mit noch relativ geringer Fahrleistung Totalschaden eintritt oder wenn der Marktwert eines besonders alten Fahrzeugs mit hoher Fahrleistung praktisch mit Null anzusetzen ist.[124] 82

Wie bereits betont muss auf den Gebrauchswert insbesondere bei Fahrzeugen zurückgegriffen werden, die nicht über einen regulären Gebrauchtwagenmarkt verfügen. Dies gilt nicht nur für Straßenbahnen, sondern auch für Linienomnibusse, die im Allgemeinen weder gebraucht gehandelt noch neu »vorkonfektioniert« und gewissermaßen »von der Stange« geliefert werden. Bei den wenigen Exemplaren, die auf dem Markt sind, handelt es sich durchweg um Reiseomnibusse, die mit Rücksicht auf besondere konstruktionsbedingt vorgegebene Merkmale den völlig andersgearteten Anforderungen des Linienverkehrs nicht entsprechen. Hinzu kommt, dass jeder Verkehrsbetrieb sich auf bestimmte Fahrzeugtypen, die seinen speziellen Bedürfnissen am besten entsprechen, eingestellt hat. Wenn plötzlich ein Kraftomnibus hinzukommt, der von einem anderen Hersteller stammt und anders ausgerüstet ist, dann wird dieser Wagen sich alsbald als »Sand im Getriebe« erweisen. 83

Dies gilt einmal bezüglich der Fahrgäste, die an bestimmte Fahrzeuge gewöhnt sind, zum anderen aber auch bezüglich der Mitarbeiter des Verkehrsbetriebes, die völlig andere Bedienungseinrichtungen vorfinden und sich jedes Mal erneut umstellen müssen. Hinzu kommt, dass auch die Materialpolitik geändert werden muss, weil sich in diesem Zusammenhang die Notwendigkeit ergibt, dass – unter Abkehr von dem allein Kosten sparenden Prinzip der Typenreinheit – Ersatzteile auch für dieses Fahrzeug auf Lager genommen und gehalten werden. Alle diese Gesichtspunkte, die nicht nur erhebliche Kosten verursachen, sondern überdies auch geeignet sind, die Verkehrssicherheit zu beeinträchtigen, führen zu dem Schluss, dass es einem Verkehrsbetrieb nicht zuzumuten ist, einen Gebrauchtwagen in Dienst zu stellen, wenn dieser mit den bereits vorhandenen Fahrzeugen von der Konstruktion und Ausstattung her nicht übereinstimmt. 84

Zusammenfassend lässt sich feststellen, dass auch der Gebrauchswert im Regelfalle keine für die Schadenregulierung geeigneten Erkenntnisse vermittelt. Auf diese Bezugsgröße wird allenfalls dann zurückzugreifen sein, wenn es sich um die Bewertung von Fahrzeugen handelt, die auf dem Markt nicht (mehr) bzw. nicht in ausreichender Anzahl angeboten werden oder nach denen eine so geringe Nachfrage besteht, dass sich ein eigentlicher Wiederbeschaffungswert nicht bilden lässt. Als weitere typische Beispiele kann man an Spezialfahrzeuge, aber auch sehr alte bzw. noch ganz neue Kraftfahrzeuge denken.[125] 85

### III. Vergleichswert

Der *BGH*[126] befasst sich sehr ausführlich mit der Frage, wie eine als »Unikat« von privater Seite hergestellte Bastelarbeit zu bewerten ist, die wegen fehlender Marktgängigkeit nicht über einen »eigentlichen« Wiederbeschaffungswert verfügt.[127] Entscheidend stellt der *BGH* insoweit darauf ab, 86

120 *OLG Nürnberg* VersR 1966, 988.
121 *OLG Hamburg* VersR 1960, 450; VersR 1960, 719.
122 *OLG Schleswig* NJW 1960, 2240.
123 *OLG Stuttgart* VersR 1973, 773.
124 *BGH* NJW 1966, 1454 = VersR 1966, 830 = DAR 1966, 215; *Ruhkopf* VersR 1962, 930; *H. W. Schmidt* VersR 1965, 962; NJW 1966, 717; *H.W. Schmidt* VersR 1968, 263.
125 Vgl. dazu auch *BGH* NJW 1966, 1454 = VersR 1966, 830 = DAR 1966, 215.
126 BGHZ 92, 85 (Rev.-Entsch. zu *OLG Köln* VersR 1983, 377) = NJW 1984, 2282 f. = VersR 1984, 966.
127 Vgl. dazu auch *Grunsky* S. 36.

ob die Verkehrsauffassung der Sache einen Geldwert beimisst[128] oder ob es sich um ein bloßes Liebhaberstück (§ 253 BGB) handelt.

87 Dies trifft nach Auffassung des *BGH* auch für Sachen zu, die nicht ohne Weiteres wieder »zu Geld zu machen« sind, die aber, wollte man sie für sich haben, Geld kosten würden, für Sachen also, die der Rechtsverkehr daher als in Geld kompensierbar betrachtet. Unzweifelhaft sei aus dieser Sicht heraus, dass das im konkreten Fall total beschädigte Modellboot keine »wertlose« Sache gewesen, sondern ein Stück, das nach der allgemeinen Verkehrsauffassung – trotz fehlender allgemeiner Marktgängigkeit – einen in Geld messbaren Vermögensstand darstellt und sich damit von solchen Gegenständen abhebt, denen der Rechtsverkehr gerade keinen Geldwert beimisst und die ihren ideellen Wert nur für den Eigentümer oder Besitzer haben.

88 Es müssten daher in derartigen Fällen mangels eines Marktwertes andere plausible Indikatoren gefunden werden, die den Geldwert bestimmen und deshalb Grundlage für eine Schätzung der wirtschaftlichen Vermögenseinbußen des Geschädigten für den Fall sein könnten, dass Totalschaden an der betreffenden Sache eintritt oder diese anderweitig in Verlust gerät.

89 Als Schätzungsgrundlage kann nach Auffassung des *BGH* der Vergleich mit anderen Objekten in Betracht kommen, die einen Marktwert (Marktpreis) haben. Dabei seien jedoch Abstriche notwendig, die sich insbesondere an folgenden Kriterien zu orientieren haben:
- fehlende Marktgängigkeit
- Unterschiede in Qualität und Quantität
- Gebrauchswert
- Erhaltungszustand.

90 Insoweit ist im Rahmen einer besonders freien richterlichen Schätzung (§ 287 ZPO) ein breiter Ermessensspielraum vorhanden.

## IV. Restwert

### 1. Berechnung

91 Der Wiederbeschaffungswert ist lediglich ein Berechnungsposten für den erstattungsfähigen Ersatzanspruch des Geschädigten bei einem wirtschaftlichen Totalschaden. Ein Ersatzanspruch besteht lediglich in Höhe des Wiederbeschaffungsaufwands, also dem Wiederbeschaffungswert des unbeschädigten Fahrzeugs unmittelbar vor dem Unfall abzüglich des Restwerts des beschädigten Fahrzeugs unmittelbar hiernach. Der Schaden des Geschädigten besteht von vornherein nur in dieser Höhe, die Ermittlung des zutreffenden Restwertes ist daher von vornherein eine Sache der Schadensberechnung. Die Verwertung des Unfallfahrzeugs steht in diesem Zusammenhang unter dem Gebot der Wirtschaftlichkeit, welches bereits bei der Frage der Schadensberechnung Berücksichtigung finden muss. Der Geschädigte hat im Rahmen des ihm Zumutbaren und unter Berücksichtigung seiner individuellen Erkenntnis- und Einflussmöglichkeiten sowie der gerade für ihn bestehenden Schwierigkeiten den wirtschaftlichsten Weg zu wählen.[129]

92 Nach der Rechtsprechung des *BGH* ist der Geschädigte bei dieser Verwertung nicht verpflichtet, Sondermärkte für Restwertaufkäufer etwa im Internet in Anspruch zu nehmen, er kann daher auch vom Schädiger nicht abstrakt auf diesen Sondermarkt verwiesen werden.[130] Daher leistet der Geschädigte dem Wirtschaftlichkeitsgebot Genüge, wenn er die Verwertung des Unfallfahrzeugs zu demjenigen Preis vornimmt, den ein von ihm eingeschalteter Sachverständiger als Wert auf dem all-

128 Die Vorinstanz (*OLG Köln* VersR 1983, 377) hatte dazu die Auffassung vertreten, dass lediglich Geldersatz im Sinne von § 251 Abs. 1 BGB in Betracht kommt, sodass der Verkehrswert festzustellen sei, der nach § 287 ZPO geschätzt werden könne und ausschließlich in den Materialkosten bestehe.

129 BGHZ 132, 373; VersR 1992, 457; VersR 1993, 769.

130 *BGH* VersR 1992, 457; VersR 1993, 769; VersR 2005, 381 = DAR 2005, 152 = r+s 2005, 124; kritisch hierzu *Zinn/Richter* S. 66.

gemeinen regionalen Markt ermittelt hat.[131] Der Sachverständige hat den auf dem regionalen Markt des Geschädigten gültigen Restwert zu ermitteln, Internet-Restwertbörsen muss er nicht berücksichtigen.[132] Etwas anderes gilt nur dann, wenn der Geschädigte mit diesen Sondermärkten vertraut ist.[133] Voraussetzung für eine solche Verwertung auf der Grundlage des vom Sachverständigen genannten Restwerts ist allerdings, dass sich aus dem Gutachten eine korrekte Restwertermittlung entnehmen lässt. Der Sachverständige hat als geeignete Schätzgrundlage für den Restwert insoweit im Regelfall drei Angebote auf dem maßgeblichen regionalen Markt zu ermitteln und diese in seinem Gutachten konkret zu benennen.[134] Erfolgt die Restwertermittlung fehlerhaft, ist auch die KH-Versicherung in den Schutzbereich des Gutachtervertrages einbezogen und kann aus eigenem Recht vertragliche Ansprüche gegen den Sachverständigen geltend machen.[135]

Diese Verwertung kann der Geschädigte ohne Rücksprache mit dem Schädiger oder seiner Haft- 93
pflichtversicherung vornehmen, dies begründet die Rechtsprechung mit seiner Stellung als Herr des Restitutionsgeschehens. Er ist daher weder verpflichtet, die Versicherung vor der Verwertung zu benachrichtigen, noch ihr das Gutachten zur Verfügung zu stellen oder eine Wartepflicht einzuhalten.[136] Dies gilt allerdings nur dann, wenn das Gutachten eine ordnungsgemäße Restwertermittlung erkennen lässt.[137] Ist diese Voraussetzung nicht gegeben, soll dies nur schädlich sein, wenn sich dies auf das Ergebnis der Restwertermittlung ausgewirkt hat.[138] Ein nach einer solchen Verwertung eingehendes Alternativangebot des Schädigers bzw. seiner Versicherung ist nach diesen Grundsätzen unbeachtlich. Etwas anderes gilt nach dem auch im Rahmen des gesetzlichen Schuldverhältnisses zwischen Geschädigtem und Schädiger bzw. dessen Versicherung geltenden § 242 BGB dann, wenn der Geschädigte selbst Veranlassung zu der Erwartung gegeben hat, er werde mit der Verwertung des Unfallfahrzeugs bis zu einem bestimmten Zeitpunkt zuwarten[139] oder wenn der Geschädigte nach der mit der Haftpflichtversicherung des Schädigers geführten Korrespondenz damit rechnen musste, dass diese ihm eine günstigere Verwendungsmöglichkeit in unmittelbarer zeitlicher Nähe nachweisen

131 *BGH* a.a.O.; VersR 2005, 1448 = DAR 2005, 617 = r+s 2005, 482, *LG Mannheim* zfs 2007, 687; *AG Stuttgart* NZV 2011, 309 = VersR 2011, 814.

132 *BGH* VersR 2005, 1448 = DAR 2005, 617 = r+s 2005, 482; *BGH* NJW 2009, 1265 – VersR 2009, 413 = DAR 2009, 196; *OLG Köln* DAR 2004, 703 = NZV 2005, 44 = SVR 2005, 28; *OLG Celle* SVR 2006, 424; *LG Koblenz* zfs 2005, 17 = NZV 2005, 46; *LG München II* DAR 2005, 287; *LG Frankfurt/M.* VersR 2006, 806; *LG Stuttgart* DAR 2017, 148; *AG Bad Homburg* zfs 2002, 528; *AG Landshut* zfs 2002, 433; *AG Homburg/Saar* zfs 2004, 212; *AG Oldenburg* zfs 2004, 512; *AG Rüdesheim* NZV 2004, 589; auch hierzu kritisch: *Zinn/Richter* S. 77.

133 *BGH* VersR 2019, 1235; *OLG Hamburg* PVR 2001, 362; dies soll nach *AG Bad Neustadt* DAR 2023, 705 nicht bei Finanzierungsbanken eines Autoherstellers gelten, woran doch gewisse Zweifel angebracht erscheinen.

134 *BGH* NJW 2010, 605 = VersR 2010, 130 = DAR 2010, 18; *LG München I* DAR 2015, 30.

135 *LG Erfurt* zfs 2011, 621; *LG Saarbrücken* zfs 2016, 623.

136 *BGH* a.a.O.; *OLG München* NZV 1992, 362; *OLG Hamm* NJW 1993, 404; r+s 2016, 264; *OLG Nürnberg* NJW 1993, 404; *OLG Oldenburg* SP 1993, 217; *OLG Düsseldorf* r+s 2004, 392 = NZV 2004, 584; VersR 2006, 1657; DAR 2016, 648; *OLG Köln* DAR 2015, 697; *OLG Koblenz* NZV 2023, 425; *LG Köln* DAR 2003, 226 = zfs 2003, 184; *LG Konstanz* zfs 2005, 491; *LG Mannheim* zfs 2007, 687; *LG Ingolstadt* VersR 2016, 1588; *LG Hamburg* zfs 2017, 267; *AG Hof* zfs 2002, 527; *AG Mülheim/Ruhr* SVR 2006, 230; *AG Bruchsal* zfs 2007, 569; *AG Bochum* DAR 2009, 209; *AG Stuttgart* DAR 2010, 651; *AG Kulmbach* DAR 2014, 473; *AG Ravensburg* NZV 2015, 137; a.A. noch *OLG Frankfurt* VersR 1992, 620; *OLG Köln* VersR 1968, 782; *KG* NJW-RR 1987, 16; *OLG Hamm* NZV 1992, 363; *LG Frankfurt/M.* VersR 1988, 822; 1989, 270; *LG Aachen* zfs 1990, 7; *LG Hagen* zfs 1990, 155; *LG Wuppertal* zfs 1991, 409; *LG Bochum* zfs 1991, 410; *LG Köln* zfs 2005, 491; *LG Hannover* DAR 2013, 654; *LG Saarbrücken* VersR 2016, 1457; *AG Hohenstein-Ernstthal* zfs 2004, 164; *AG Stuttgart* NZV 2011, 309; vgl. auch *Kempgens* NZV 1992, 307; *Kääb* NZV 1993, 465.

137 *BGH* NJW 2017, 953 = VersR 2017, 56; etwas anders: *AG Düsseldorf* NZV 2023, 329.

138 *OLG Frankfurt* NZV 2021, 371.

139 *OLG Düsseldorf* VersR 2006, 1657.

würde.[140] Jedenfalls wenn die Versicherung sich nur einen geringen konkreten Zeitrahmen vorbehält (z.B. zwei Wochen) und ausdrücklich auf die deutlich besseren Verwertungsmöglichkeiten hinweist, ist ein solches Zuwarten dem Geschädigten zuzumuten, gerade als mögliche negative Folgen eines solchen Zuwartens (höchstens denkbar in der Form, dass selbst der vom Sachverständigen geschätzte Restwert nicht mehr erzielbar ist) zulasten der Versicherung gehen.

94 Grundlage der Regulierung ist grundsätzlich der vom Geschädigten konkret erzielte Preis für das unfallgeschädigte Fahrzeug.[141] Ein gegenüber dem Gutachten höherer Restwert ist somit zugunsten des Schädigers zu berücksichtigen.[142] Da der *BGH* die Beweislast für einen höheren Restwerterlös dem Schädiger zugewiesen hat,[143] ist der Geschädigte nicht verpflichtet darzulegen, zu welchem Preis er tatsächlich die Fahrzeugreste veräußert hat. Es wird dem Schädiger bzw. dem Haftpflichtversicherer daher in den seltensten Fällen gelingen nachzuweisen, dass der Geschädigte die Fahrzeugreste zu einem höheren Preis veräußern konnte, als der Sachverständige in seinem Gutachten geschätzt hat. Der Schädiger befindet sich somit in der misslichen Position, einen Beweis über Umstände führen zu müssen, die sich nicht in seinem Kenntnis- und Verantwortungsbereich befinden. Diese (Um-)Verteilung der Beweislast wird somit in der Praxis dazu führen, dass der Geschädigte im Fall der Totalschadensabrechnung jedenfalls die – vom *BGH* nicht gewollte[144] – Möglichkeit hat, am Unfall zu »verdienen«.

95 Der Geschädigte ist allerdings verpflichtet, eine ihm vom Schädiger nachgewiesene Möglichkeit für eine ohne weiteres zugängliche günstigere Verwertung nicht ungenutzt zu lassen. Er muss sich daher unter dem Blickwinkel der Schadenminderungspflicht denjenigen Betrag anrechnen lassen, den er in zumutbarer Weise erzielen kann bzw. erzielt hätte.[145] Ein seriöses, bindendes Angebot eines Aufkäufers, welches die kostenlose Abholung des Fahrzeugs gegen Barzahlung beinhaltet, ist daher vom Geschädigten zur Vermeidung eines Verstoßes gegen die Schadensminderungspflicht anzunehmen.[146] Hierbei sind zumutbare Anstrengungen jedenfalls auch einige Telefonate – auch wenn der Haftpflichtversicherer nur die (Mobil-)Telefonnummer des Ankäufers und nicht dessen Adresse angegeben hat –, wenn dadurch eine günstigere Verwertung erzielt werden kann. Insoweit genügt die Zusendung an den Anwalt des Geschädigten, dessen Kenntnis ihm zuzurechnen ist.[147] Mehraufwand durch die Annahme eines solchen Angebotes (hier: erhöhte Standgebühren) gehen dann zulasten des Schädigers.[148] Es ist nicht erkennbar, warum dem Geschädigten in diesem Rahmen ein Restwertangebot eines Aufkäufers aus dem EU-Ausland (hier: Polen) unzumutbar sein soll.[149] Die

140 *LG Duisburg*, Urt. v. 28.06.2007 – 12 S 159/06; *AG Bad Schwartau* zfs 2009, 383; a.A. *AG Nürnberg* zfs 2009, 383 für einen allgemein gehaltenen Hinweis ohne Anhaltspunkt für ein tatsächlich geplantes oder bevorstehendes Angebot.

141 *BGH* a.a.O.; *Zinn/Richter* S. 63, 72.

142 *BGH* VersR 2005, 617 = DAR 2005, 152 = r+s 2005, 124; *BGH* VersR 2006, 1088 = DAR 2006, 496 = r+s 2006, 473; *BGH* NJW 2010, 2724 = VersR 2010, 1197 = DAR 2010, 510; *OLG Hamm* ZfS 2021, 561; *LG Dortmund* NZV 2009, 184; *AG Usingen* zfs 2001, 256; *AG Neumarkt* SVR 2016, 348.

143 Vgl. insbes. *BGH* DAR 1993, 251 = zfs 1993, 229.

144 Vgl. hierzu *BGH* zfs 1992, 8 = NZV 1992, 68 = DAR 1992, 25.

145 *BGH* DAR 2000, 159 = NJW 2000, 800 = VersR 2000, 467; *OLG Düsseldorf* r+s 1999, 24; *LG Düsseldorf* SP 2000, 416; *LG Mainz* zfs 1999, 239; *LG Gießen* DAR 2000, 269 = r+s 1999, 328; sicherlich falsch: *AG Kaiserslautern* DAR 2003, 424, wonach ein RW-Angebot der KH-Versicherung »unbeachtlich« ist.

146 *BGH* NJW 2010, 2722 = VersR 2010, 963 = r+s 2010, 350; *OLG Düsseldorf* r+s 2004, 392 = NZV 2004, 584; VersR 2008, 1231 = r+s 2008, 169 = NZV 2008, 353; *OLG Hamm* NJW-RR 2009, 320 = NZV 2009, 183; *LG Aachen* VersR 2002, 1387; *LG Erfurt* NZV 2007, 361; SVR 2021, 266; *AG Flensburg* zfs 2001, 210; *AG Brandenburg* DAR 2003, 423 = r+s 2003, 389; *AG Frankfurt/M.* NZV 2007, 361; *AG Lampertheim* SVR 2024, 190.

147 *OLG München* SVR 2012, 227; *LG Erfurt* DAR 2011, 640.

148 *LG Hannover* NZV 2011, 547.

149 So aber: *AG Zossen* VersR 2019, 1035.

insoweit angeführte Gefahr, sich im Rahmen einer rein theoretischen späteren Auseinandersetzung mit ausländischem Recht »herumschlagen« zu müssen, ist angesichts der Regelungen in Artt. 4 Abs. 1 a), 6 Abs. 1 Rom-I-Verordnung unbegründet.

Der Geschädigte, dem vom Kfz-Haftpflichtversicherer des Schädigers – das Gleiche gilt auch dann, wenn dieses Angebot auf Veranlassung des Versicherers von dritter Seite stammt, sofern es sich um eine ernsthafte Offerte handelt – ein verbindliches Angebot für die Übernahme des Restfahrzeuges unterbreitet worden ist, muss auf dieses Angebot eingehen, wenn es höher liegt als der vom Sachverständigen geschätzte bzw. von einem Händler angebotene Betrag. Soweit hier zum Teil eine weiter gehende Haftungsübernahmeerklärung vor Annahme des Restwertangebotes gefordert wird,[150] kann dem so in dieser Allgemeinheit nicht gefolgt werden. Der Geschädigte ist unabhängig von der Frage der Haftungsverteilung zur möglichst günstigen Verwertung verpflichtet. Der Hinweis des *KG* auf die Entscheidung *BGH* NJW 2007, 1674 führt nicht weiter, als es dort um den Fall ging, dass der Geschädigte das Fahrzeug weiternutzte, anstatt es zu veräußern. 96

Die Bemühungen der Versicherer um Reduzierung der Schadenhöhen durch Überprüfung der Restwerte und Einholung günstigerer Angebote ist jedoch durch eine weitere rechtliche Entwicklung gefährdet. Der Markenrechtssenat des BGH hat entschieden, dass nach Erstattung eines Gutachtens durch einen Sachverständigen im Auftrag eines Unfallgeschädigten über den Schaden an einem Unfallfahrzeug, das dem Haftpflichtversicherer des Unfallgegners vorgelegt werden soll, der Haftpflichtversicherer grundsätzlich nicht berechtigt sein soll, im Gutachten enthaltene Lichtbilder ohne Einwilligung des Sachverständigen in eine Restwertbörse im Internet einzustellen, um den vom Sachverständigen ermittelten Restwert zu überprüfen.[151] Hierdurch wird die Einholung von Restwertangeboten offenkundig beeinträchtigt, als der potenzielle Bieter ohne die Lichtbilder keinen visuellen Eindruck von den Unfallschäden bekommen kann. Es bleibt abzuwarten, ob hierdurch der Versuch, die Regulierungsaufwendungen ohne Beeinträchtigung schützenswerter Interessen des Geschädigten zu reduzieren, vollständig scheitern muss. 97

Weist der Schädiger respektive dessen Haftpflichtversicherung dem Geschädigten aber nicht konkret eine günstigere Verkaufsmöglichkeit nach, muss er sich mit der üblichen und angemessenen Verwertung des Fahrzeuges durch den Geschädigten begnügen.[152] Der bloße Hinweis auf eine preisgünstigere Möglichkeit der Verwertung, um deren Realisierung sich der Geschädigte erst noch bemühen muss, genügt nicht, um seine Obliegenheit zur Schadensminderung auszulösen. Der Schädiger bzw. seine Versicherung müssen jedenfalls die Kontaktdaten des Aufkäufers und die Dauer der Bindungsfrist seines Angebotes mitteilen.[153] Der Geschädigte muss auch nicht etwa besondere Anstrengungen unternehmen, um den vom Sachverständigen geschätzten Restwert zu erlösen. Er braucht insbesondere das Fahrzeug nicht in seine Einzelteile zu zerlegen, um dafür einen günstigeren als den sonst möglichen Preis zu erzielen.[154] Der Geschädigte kann grundsätzlich darauf vertrauen, dass der vom Sachverständigen geschätzte Restwert zutrifft.[155] Anderes gilt nach Auffassung des *BGH* aber dann, wenn der Geschädigte für die Fahrzeugreste einen über den vom Sachverständigen geschätzten Betrag liegenden Erlös erzielt hat, ohne dass er hierzu überobligatorische Anstrengungen unternommen hat. In diesem Fall muss sich der Geschädigte die Höhe des tatsächlich erzielten Erlöses anrechnen lassen, wobei allerdings der *BGH* die Beweislast dem Schädiger zugewiesen hat. 98

---

150 *KG* DAR 2010, 138 = NZV 2010, 300.

151 *BGH* NJW 2010, 2354 = VersR 2010, 1070 = DAR 2010, 575.

152 *BGH* NJW 1985, 2471 = VersR 1985, 736 = DAR 1985, 253; *BGH* DAR 2000, 159 = NJW 2000, 800 = VersR 2000, 467.

153 *OLG Jena* SVR 2008, 423.

154 *BGH* NJW 1985, 2471 = VersR 1985, 736 = DAR 1985, 253.

155 *BGH* NJW 1992, 903 = VersR 1992, 457 = DAR 1992, 172; *BGH* DAR 1993, 251 = NZV 1993, 305.

99 Auch ein zumutbares, die Schadensminderungspflicht des Geschädigten auslösendes Alternativangebot des Schädigers bleibt jedoch unberücksichtigt, wenn der Geschädigte im Rahmen seiner Stellung als Herr des Restitutionsgeschehens die Entscheidung trifft, anstatt der wirtschaftlich sinnvollen Ersatzbeschaffung das Fahrzeug wieder instand zu setzen und zu behalten. Selbst wenn diese Entscheidung nicht dazu führt, dass der Geschädigte einen Reparaturschaden geltend machen kann, weil die Reparaturkosten den Wiederbeschaffungswert (ggf. inkl. Integritätszuschlag) übersteigen, bleibt in diesem Fall, in dem der Totalschaden abstrakt berechnet werden muss, nicht ein Alternativ-Angebot des Schädigers, sondern vielmehr der zutreffend ermittelte regionale Restwert für die Schadensberechnung entscheidend.[156] Alternativ-Angebote sind nur berücksichtigungsfähig, wenn der Geschädigte tatsächlich die Entscheidung trifft, das Unfallfahrzeug zu veräußern. Anders ist dies allerdings zu beurteilen, wenn der Geschädigte das Fahrzeug nicht zur weiteren Nutzung behält, sondern lediglich zur Ersatzteilgewinnung. In diesem Fall nimmt er keine weitere Nutzung, sondern lediglich eine andere Form der Verwertung vor, die er bestmöglich durchzuführen hat. In diesem Fall hat er ein Restwertangebot der Versicherung anzunehmen.[157]

100 Im Rahmen seiner Schadenminderungspflicht aus § 254 Abs. 2 BGB ist der Geschädigte auch gehalten, den Schädiger bzw. dessen Haftpflichtversicherer zu unterrichten, wenn ihm eine Verwertung des Fahrzeugwracks zu dem vom Sachverständigen geschätzten Restwert auch nicht annähernd möglich ist. Der Schädiger bzw. dessen Haftpflichtversicherer müssen dann entweder den Geschädigten zur Verwertung des Fahrzeugwracks unter Schätzwert ermächtigen und ihm den Mindererlös als effektiven Schaden zusätzlich erstatten oder aber selbst das Wrack zum Schätzwert übernehmen bzw. selbst für die Verwertung des Fahrzeugwracks Sorge tragen.[158] Lässt er sich von dem Schädiger bzw. dessen Versicherung nicht helfen, sondern veräußert er sein Fahrzeug unter dem vom Sachverständigen geschätzten Restwert, läuft er Gefahr, dass die Versicherung dies nicht akzeptiert und im Rahmen eines Rechtsstreits ein höherer regional erzielbarer Restwert festgestellt wird. Allerdings soll insoweit der Schädiger die Beweislast tragen,[159] was angesichts der Tatsache, dass der zutreffende regionale Restwert zur Grundlage der neutralen, vom Geschädigten zu beweisenden Schadensberechnung gehört, zweifelhaft erscheint.

101 Sofern Straßenbahnwagen, Lokomotiven oder besonders alte Linienomnibusse so stark beschädigt werden, dass sie nicht mehr repariert werden können, wird der sicherlich noch vorhandene Schrotterlös in der Mehrzahl der Fälle durch die Demontagekosten in Verbindung mit den Aufwendungen für die Katalogisierung und Lagerhaltung voll aufgezehrt. Das Gleiche gilt für etwa erhalten gebliebene Einzelteile, weil nach den Erfahrungen der Praxis davon auszugehen ist, dass der im Zeitpunkt des »Ausschlachtens« theoretisch etwa noch vorhandene Zeitwert durch die Rückgewinnungskosten wieder neutralisiert wird. Zumindest sind die Rückgewinnungskosten von einem im Einzelfall etwa höheren Zeitwert (Restwert) abzusetzen.

102 Soweit der Geschädigte im Rahmen der Ersatzbeschaffung neben dem Restwert auch noch die zeitweise vom Staat ausgezahlte »Abwrackprämie« vereinnahmt hat, ist diese nicht zugunsten des

156 *BGH* VersR 2007, 1145 = DAR 2007, 325 = r+s 2007, 259; *OLG München* zfs 2017, 145; *AG Recklinghausen* NZV 2005, 424; a.A. noch *LG Darmstadt* r+s 2003, 439; daher falsch: *AG Stuttgart* SVR 2012, 232.

157 *LG Osnabrück* NZV 2020, 594.

158 Vgl. dazu *OLG Frankfurt* DAR 1985, 58 = zfs 1985, 325; *LG Ellwangen* NJW-RR 1987, 15; *OLG Köln* VersR 1968, 782 (übereilter Verkauf bedeutet Verstoß gegen die Schadenminderungspflicht); *KG* NJW 1972, 496 (Geschädigter kann das Wrack dem Schädiger zur Verfügung stellen); *OLG Düsseldorf* DAR 1974, 215 (Geschädigter darf beim Verkauf von dem Restwert ausgehen, den der Sachverständige geschätzt hat); *OLG Stuttgart* VersR 1974, 374 (der Umstand, dass der Geschädigte bei der Veräußerung seines Kfz ohne besondere Anstrengungen einen besonders günstigen Preis erzielt hat, kann in der Regel nicht zu einer entsprechend erhöhten Schadenberechnung führen); *OLG Nürnberg* VersR 1975, 455 (höherer Restwert ist auch bei Erwerb eines Neufahrzeugs zu berücksichtigen); *OLG Celle* VersR 1977, 1104 (Anrechnung des realisierbaren Restwerts).

159 *BGH* VersR 2005, 1448 = DAR 2005, 617 = r+s 2005, 482.

Schädigers in der Schadenberechnung zu berücksichtigen.[160] Zutreffend und überzeugend weist das *LG Chemnitz* darauf hin, dass die Zahlung der »Abwrackprämie« die Anschaffung eines Neufahrzeugs voraussetzt, die im Verhältnis des Geschädigten zum Schädiger eine überobligatorische Anstrengung darstellt.

## 2. Schadenausgleich

Bei voller Haftung des Ersatzpflichtigen dem Grunde nach wird der Restwert in der nach den vorerwähnten Grundsätzen ermittelten Höhe vom Wiederbeschaffungswert in Abzug gebracht. Den dann verbleibenden Betrag erhält der Geschädigte zum Ausgleich des ihm entstandenen Schadens. Soweit ausnahmsweise einmal der Geschädigte den Fahrzeugrest dem Ersatzpflichtigen[161] zur Verwertung in eigener Regie überlassen hat, erhält der Gläubiger den ungekürzten Wiederbeschaffungswert. **103**

Wenn – etwa über § 17 StVG – eine Schadensausgleichung zu erfolgen hat, ist der Restwert vor der Quotierung abzusetzen.[162] **104**

## 3. Verwertungspflicht

Nach der in seiner Grundsatzentscheidung vom 14.06.1983[163] noch einmal bekräftigten Auffassung des *BGH* ist davon auszugehen, dass der Geschädigte sich bei Beschädigung eines Neufahrzeugs auf seinen Ersatzanspruch grundsätzlich nicht den Restwert des total beschädigten Kfz anrechnen zu lassen braucht, sondern er vielmehr das Fahrzeug nach seiner Wahl auch dem Ersatzpflichtigen zur Verwertung in eigener Regie und auf eigenes Risiko übertragen kann. Von dieser Möglichkeit wird allerdings – wie gesagt – in der Praxis der Schadenregulierung so gut wie nie Gebrauch gemacht. Nach *BGH* soll selbst der Haftpflichtversicherer des Schädigers auf Wunsch des Geschädigten verpflichtet sein, das Restfahrzeug – also den Bergerest – entgegenzunehmen und ihn in eigener Regie zu verwerten.[164] Diese Auffassung erscheint bedenklich, wenn man berücksichtigt, dass der Haftpflichtversicherer gem. § 115 Abs. 1 S. 3 VVG lediglich Geld schuldet und dass die Verwertung von Fahrzeugen – ebenso wie die tätige Mithilfe bei der Ersatzbeschaffung oder Ersatzanmietung – für ihn »Sand im Getriebe« bedeutet, sodass diese Verpflichtung mit Sicherheit zu einer Erhöhung der Prämien in der Kfz-Haftpflichtversicherung führen müsste.[165] **105**

Ein weiterer Kritikpunkt gegen die Auffassung des *BGH* ergibt sich auch aus der Tatsache, dass nach der Systematik des StVG – wie überhaupt im Rahmen der vom Verschulden losgelösten Gefährdungshaftung – die Schadenausgleichung die Regel und Vollhaftung die Ausnahme darstellt. Es stellt sich dann die Frage, von welchem Mitverursachungsanteil an der (jeweils) »Geschädigte« berechtigt sein soll, sein Kfz nach einem Totalschaden dem jeweiligen Unfallgegner zur Verwertung in eigener Regie und auf eigenes Risiko gegen Zahlung des »vollen«, d.h. nur um die Mitverursachungsquote gekürzten Wiederbeschaffungswertes zur Verfügung zu stellen. Dieses Verfahren kann im Extremfall – bei unterstelltem Totalschaden an beiden Fahrzeugen und bei angenommener hälftiger Mit- **106**

---

160 *LG Chemnitz* zfs 2011, 25.

161 S. Rdn. 108; – vgl. dazu *OLG Hamburg* VersR 1974, 392; *OLG München* VersR 1983, 468 (469 l. Sp.); – a.A. *BGH* NJW 1983, 2694 = VersR 1983, 758 = DAR 1983, 289; *OLG Köln* VersR 1975, 933.

162 *BGH* NJW 1982, 1518 = VersR 1982, 597 = zfs 1982, 238; *OLG Köln* VersR 1993, 374 = r+s 1993, 139 = NZV 1993, 188.

163 Vgl. dazu *BGH* NJW 1983, 2694 = VersR 1983, 758 = DAR 1983, 289; *OLG Düsseldorf* r+s 2015, 470; *AG Gießen* SP 1999, 200.

164 Zum Meinungsstand: Für eine Verwertungspflicht des KH-Versicherers *OLG Köln* VersR 1975, 933; *LG Mainz* VersR 1977, 67 f.; *Marschall v. Bieberstein* Festschrift für Fritz Hauß, 1978, S. 241, 247; Weigelt/*Walter* Kennzahl 51001 S. 12; – Dagegen *OLG Hamburg* VersR 1974, 392; *OLG München* VersR 1983, 468; *Jordan* k+v 1972, 177, 188; 16. VGT 1978, 163, 188 ff.; VersR 1978, 688, 696; *Schweitzer* S. 18.

165 Vgl. dazu insbes. *Schweitzer* S. 18; *Jordan* 16. VGT 1978, 163, 188 ff.; – vgl. ferner auch *Jordan* k+v 1972, 177, 188.

verursachung – dazu führen, dass jeder Beteiligte dem Unfallgegner sein Fahrzeug »zur Verfügung stellt« und beide Beteiligte damit befasst sind, das ihnen »angediente« Fremdfahrzeug zu verwerten.

107 Zumindest diese Überlegungen sollten im Zusammenhang mit der bereits erwähnten Tatsache, dass das vom *BGH* rechtlich für zulässig gehaltene Verfahren in der Praxis der Schadenregulierung so gut wie niemals praktiziert wird, nachdenklich stimmen und die gegen diese Methode bestehenden Bedenken deutlich machen.

108 Wenn der Gläubiger in Übereinstimmung mit der Regulierungspraxis die Restteile selbst verwertet, so hat er dabei die bereits an anderer Stelle dargestellten Grundsätze der Schadenminderungspflicht, gem. § 254 Abs. 2 BGB zu beachten. Dies bedeutet, dass der Geschädigte gehalten ist, den vom Sachverständigen geschätzten Restwert zu realisieren. Sofern dem Geschädigten lediglich Gebote vorliegen sollten, die den geschätzten Restwert nicht unerheblich unterschreiten, sollte er vor einer beabsichtigten billigeren Veräußerung die Zustimmung des Ersatzpflichtigen bzw. dessen Kfz-Haftpflichtversicherers einholen, um sich später nicht dem Vorwurf auszusetzen, er habe sich nicht ausreichend um Interessenten bemüht und damit seine Schadenminderungspflicht verletzt.

109 Dem Geschädigten kann im Allgemeinen kein Vorwurf daraus gemacht werden, dass er sein Fahrzeug zu dem vom Sachverständigen geschätzten Restwert veräußert. Er ist nicht verpflichtet, dem Haftpflichtversicherer zuvor Gelegenheit zu geben, ihm ein besseres Angebot zu übermitteln.

110 Ist der Geschädigte selbst Kfz-Händler und verwertet er das ihm vom Ersatzpflichtigen zur Verfügung gestellte Restfahrzeug auf dessen Wunsch, so steht ihm dafür eine angemessene Vergütung[166] zu.[167] Andererseits hat er bei entsprechenden Fachkenntnissen diese umfassend zur bestmöglichen Verwertung des Unfallfahrzeugs einzusetzen.

111 Selbstverständlich steht es dem Ersatzpflichtigen bzw. dessen Haftpflichtversicherer frei, gegen Erstattung des vollen (ungekürzten) Wiederbeschaffungswertes die Fahrzeugreste in eigener Regie zu verwerten, falls nach seiner Überzeugung der Sachverständige den erzielbaren Veräußerungserlös zu gering angesetzt hat. Dies bedeutet, dass der Haftpflichtversicherer des Geschädigten nicht gehindert ist, selbst ein Restwertangebot bei professionellen Aufkäufern einzuholen, um dem Geschädigten dies zu übermitteln. Erreicht den Geschädigten dieses höhere Restwertangebot vor dem Verkauf des Fahrzeugrestes, so ist der Geschädigte in Beachtung der Schadenminderungspflicht gehalten, den Fahrzeugrest demjenigen zu verkaufen, der hierfür ein über das Sachverständigengutachten des Geschädigten hinausgehendes Angebot unterbreitet hat. Lässt der Geschädigte das höhere Restwertangebot unbeachtet, so ist der Schädiger bzw. sein Haftpflichtversicherer berechtigt, den Wiederbeschaffungswert um das von ihm eingeholte erhöhte Restwertangebot zu kürzen.[168]

112 Soweit es sich um die Rückgewinnungskosten handelt, kann in ganz seltenen Fällen im Zusammenhang mit dem Unfall bezüglich der Verwertung des beschädigten Kfz ein entgangener Gewinn entstehen.

113 Sofern bei der Verwertung des Restfahrzeugs Unterstellkosten (Standgeld) anfallen, hat der Ersatzpflichtige diese als Folge seines haftbaren Verhaltens zusätzlich zu tragen.[169] Dieser Fall kommt in der Praxis der Schadenregulierung allerdings außerordentlich selten vor. Im Regelfall werden Unterstellkosten nicht berechnet, weil die Stelle, die das Fahrzeug zunächst in Verwahrung nimmt – häufig wird es sich dabei um einen Kfz-Händler handeln –, sich im Zusammenhang mit dem weiteren Schicksal des Fahrzeugs einen Gewinn verspricht, der sich in Form einer Reparatur oder eines Neukaufs bzw. einer anderweitigen Verwertung realisieren lässt. Die Unterstellkosten müssen gem.

166 Vgl. dazu §§ 675, 612, 632 BGB.

167 Vgl. dazu *LG Zweibrücken* VersR 1980, 567, das im konkreten Fall als Vergütung etwa 10 % des erzielten Restwerts zugebilligt hat.

168 Vgl. dazu *LG Wuppertal* zfs 1991, 409; *LG Bochum* zfs 1991, 410; *LG Koblenz* r+s 1991, 342 (L) = zfs 1991, 412 (L).

169 Vgl. dazu *BGH* NJW 1983, 2694 = VersR 1983, 758 = DAR 1983, 289.

§ 254 Abs. 2 BGB auf einen angemessenen Zeitraum beschränkt werden, der als Teil der insgesamt in Betracht kommenden Wiederbeschaffungsfrist gilt.

## V. Zuschläge

Literatur und Rechtsprechung billigten zuweilen eine Reihe von Zuschlägen zu, die das ohnehin bereits in bunten Farben prächtig schillernde Haftpflichtrecht nicht gerade übersichtlicher gestalten. Am heftigsten umstritten war – bis zur Klärung durch den *BGH* – der sog. Risikozuschlag. 114

### 1. Risikozuschlag

Vereinzelt haben einige Gerichte dem Geschädigten einen Risikozuschlag zugesprochen. Dabei haben sie sich von der Überlegung leiten lassen, dass die Anschaffung eines Gebrauchtwagens mit Unsicherheitsfaktoren belastet ist. Immerhin könnte das Ersatzfahrzeug mit verborgenen Mängeln behaftet sein, die später zu einer erhöhten Reparaturanfälligkeit führen.[170] 115

In seinem Grundsatzurteil vom 17.05.1966[171] hat der *BGH* darauf hingewiesen, dass jedenfalls im Regelfalle eine Schätzung nach objektiven Wertmaßstäben zur Feststellung der wirtschaftlichen Gleichwertigkeit führt. Durch den Risikoaufschlag mag der Geschädigte in die Lage versetzt werden, einen ähnlichen Wagen nach einer gründlichen technischen Überprüfung von einem seriösen Gebrauchtwagenhändler zu erwerben und sich von diesem Händler für eine gewisse Zeit eine Werkstattgarantie geben zu lassen. Der *BGH* hat in seinem Urteil jedoch gerade nicht die Feststellung getroffen, dass der Schädiger verpflichtet sei, die für die technische Begutachtung und die für die Gewährung der Garantie erforderlichen Aufwendungen zusätzlich zu erstatten. Den Wiederbeschaffungswert hatte die Vorinstanz in der Weise ermittelt, dass sie auf den vom Sachverständigen festgestellten »Zeitwert« einen Zuschlag von rd. 15 % gewährt hat. 116

### 2. Kosten der Ersatzbeschaffung

Eine andere Strömung geht dahin, einen Pauschbetrag für die fiktiven Kosten der Ersatzbeschaffung zuzuerkennen. So sind neben der allgemein üblichen Unkostenpauschale von einigen Gerichten zusätzlich eine »Ummeldepauschale« oder auch fiktive Kosten für die Beschaffung der amtlichen Kennzeichen zugesprochen worden.[172] 117

Eine Einbeziehung der Kosten der Ersatzbeschaffung mag zwar einfach zu handhaben sein, sie übersieht jedoch, dass bezüglich der Nebenkosten eine gewisse Differenzierung geboten ist, je nachdem, ob sie sich bei näherer Betrachtung als Anteil des Substanzwertes darstellen oder ob es sich um Aufwendungen für die Wiederbeschaffung handelt. 118

Bei derartigen Nebenkosten muss auf eine konkrete Abrechnung schon deswegen Wert gelegt werden, weil sie nicht als »normativer« Schaden verstanden werden können, sondern lediglich dann als erstattungsfähig in Betracht kommen, wenn sie tatsächlich entstanden sind.[173] So können beispielsweise keine fiktiven Ummeldekosten zugesprochen werden, wenn nach einem wirtschaftlichen Totalschaden das beschädigte Kfz nach provisorischer Reparatur weiter benutzt wird.[174] Das Gleiche gilt für den Fall, dass der Geschädigte sich entschließt – gleichgültig aus welchen Gründen auch immer – auf die Ersatzbeschaffung überhaupt zu verzichten. 119

170 *OLG Stuttgart* NJW 1967, 252 = VersR 1967, 363; *OLG München* VersR 1964, 1138; *OLG Celle* VersR 1964, 519 = DAR 1964, 191; *OLG Düsseldorf* VersR 1965, 770; *OLG Frankfurt* VersR 1967, 411; 1968, 710; *OLG Schleswig* VersR 1968, 1100.

171 *BGH* NJW 1966, 1454 = VersR 1966, 830 = DAR 1966, 215.

172 *OLG Frankfurt* VersR 1974, 497; *AG Schleswig* zfs 1981, 237; *OLG Schleswig* zfs 1982, 104; *OLG Frankfurt* NJW 1982, 2198 = zfs 1982, 363.

173 *Klimke* VersR 1974, 823, 838.

174 *AG Köln* zfs 1984, 39.

120 Insoweit ist ergänzend zu berücksichtigen, dass für die Pauschalierung der mit der Ersatzbeschaffung bzw. Ummeldung verbundenen Kosten kein echtes Bedürfnis besteht, da diese Aufwendungen sich ohne besondere Mühe in praktikabler Form konkret nachweisen und belegen oder etwa im Internet recherchieren lassen.

### 3. Nachrangiger Eintrag im Kfz-Brief

121 Einen weiteren Zuschlag hatte das *OLG Köln*[175] im Fall eines Totalschadens zusätzlich zum Wiederbeschaffungswert bewilligt. Dieser Zuschlag ist als Ausgleich dafür gedacht, dass der Gläubiger sich bei der Ersatzbeschaffung mit einer nachrangigen Eintragung im Kfz-Brief abfinden muss. Dies soll nach der Auffassung des *OLG Köln* jedenfalls für denjenigen Gläubiger gelten, der seinen Pkw als Neuwagen erworben hat und der selbst für den Fall, dass die notwendige Ersatzbeschaffung ansonsten unter völlig gleich gelagerten Umständen vollzogen wird, nunmehr als zweiter Eigentümer des Gebrauchtwagens im Kfz-Brief eingetragen wird, während sich sein eigenes Fahrzeug bis zum Unfall in erster Hand befand. Im Fall der Weiterveräußerung des Gebrauchtwagens würde der Gläubiger – so meint das *OLG Köln* weiter – mit Rücksicht darauf, dass der Kfz-Brief jetzt eine Eintragung mehr enthält – ähnlich wie bei Unfallwagen, an denen ein Minderwert zurückgeblieben ist – einen Abschlag von dem »an sich« gerechtfertigten Erlös hinnehmen müssen, der auf dem Gebrauchtwagenmarkt in einer Größenordnung um 10 % bewertet wird. Diese Begründung, die auf Anhieb recht vernünftig klingt, hält gleichwohl einer kritischen Betrachtung nicht stand:

122 Der Wiederbeschaffungswert ist der Preis, den der Geschädigte selbst hätte aufwenden müssen, um sein eigenes Fahrzeug innerhalb der »logischen Sekunde« vor dem Unfall bei einem seriösen Händler in voller Kenntnis aller rechtserheblichen Eigenschaften und sonstigen Wert bildenden Faktoren zu ortsüblichen und angemessenen Bedingungen – also unter Berücksichtigung der individuellen Marktsituation – zu erwerben. So gehört zu diesen Kriterien selbstverständlich auch die Eigenschaft, dass es sich bei dem beschädigten Wagen für den bisherigen Eigentümer um ein Fahrzeug gehandelt hat, das sich in erster Hand befand.

123 Dieser Gesichtspunkt wird daher von dem Kfz-Sachverständigen bei der Ermittlung des Wiederbeschaffungswertes regelmäßig berücksichtigt. Der Wert eines Kfz wird nämlich im Rechtsverkehr nicht nur unter Berücksichtigung seiner technischen Eigenschaften und seines optischen Gesamteindrucks eingeschätzt, Wert bildender Faktor ist vielmehr auch die Zahl der Voreigentümer. Dies hat der *BGH* auch in seiner Entscheidung vom 07.03.1978[176] anerkannt, jedoch die Auffassung vertreten, dass dieser zusätzliche Schaden – im Gegensatz zum merkantilen Minderwert – nicht sofort fällig und messbar werde, sondern erst im Zeitpunkt der Veräußerung des im Anschluss an einen Totalschaden angeschafften Ersatzfahrzeuges ausgeglichen werden könne.

124 Einen »Zweithand-Zuschlag« lehnt der *BGH* zwar in dieser Entscheidung ab, er zeigt aber keinen in Regulierungspraxis und Rechtsprechung praktikablen Weg der Schadenregulierung auf. Das nach einem Unfall angeschaffte Ersatzfahrzeug wird nämlich oft erst viele Jahre nach dem ersten Unfall weiterveräußert, wenn es denn überhaupt angeschafft wurde. Im Wiederverkaufsfall müsste der Geschädigte zunächst einmal – u.U. viele Jahre nach dem ersten Unfall – konkret darlegen, welchen Preis er bei der Weiterveräußerung seines eigenen Fahrzeuges erzielt hätte, wenn es ihm möglich gewesen wäre, diesen Wagen als Ersthand-Fahrzeug anzubieten. Ferner müsste der Geschädigte den Nachweis führen, dass er diesen Erlös bei Weiterveräußerung seines Ersatzfahrzeuges nicht erzielt hat. Da mit einer derartigen Vergleichsberechnung der Nachweis eines Schadens kaum jemals

175 Vgl. dazu *OLG Köln* NJW 1974, 2128; VersR 1975, 162; ebenso *OLG Karlsruhe* NJW 1971, 1809; *LG Düsseldorf* r+s 1974, 21; *LG Duisburg* r+s 1976, 79; 1976, 123; *LG Hanau* DAR 1978, 16 = r+s 1977, 125; – a.A. *BGH* NJW 1978, 1373 = VersR 1978, 664 = DAR 1978, 281; *OLG Düsseldorf* NJW 1977, 719 = r+s 1974, 79; NJW 1977, 719 = VersR 1977, 672; *OLG Karlsruhe* r+s 1979, 230 (mit unscharfer Begründung).

176 Vgl. dazu *BGH* NJW 1978, 1373 = VersR 1978, 664 = DAR 1978, 281.

gelingen dürfte, erweist sich der Lösungsansatz des *BGH* als nicht praktikabel mit der Folge, dass de facto ein Schadensersatzanspruch mangels Nachweismöglichkeit untergeht. Die Auffassung des *BGH* erscheint somit als die am wenigsten geeignete aller denkbaren Lösungsmöglichkeiten und ist daher abzulehnen. Ein gerechter Ausgleich kann lediglich über die richtige Ermittlung des Wiederbeschaffungswertes erfolgen.

### 4. Für fehlgeleitete Investitionen

Teilweise wird ein Zuschlag für fehlgeleitete Investitionen (frustrierte Sonderaufwendungen) für den Fall diskutiert, wenn ein Fahrzeug unmittelbar nach einer aufwendigen und werterhöhenden Reparatur Totalschaden erleidet. Auch ein derartiger Zuschlag ist indes abzulehnen. Der Gesichtspunkt, dass der Kfz-Halter durch den inzwischen eingetretenen Totalschaden von den kurz vor Schadeneintritt vorgenommenen Investitionen nicht mehr den erwarteten Nutzen gehabt hat, führt nicht zu einer Erhöhung des Wiederbeschaffungswertes des Kfz. Es ist nämlich für einen wirtschaftlichen Totalschaden typisch, dass der Eigentümer des Fahrzeuges in seiner auf künftigen Nutzungen gerichtete Erwartungshaltung »frustriert« wird. Gerade deswegen hat er Anspruch auf Ausgleich des Schadens, der in dem Wiederbeschaffungswert als Summe aller Einzelteile zu sehen ist, die ansonsten – ohne das zum Ersatz verpflichtende Ereignis – als wirtschaftlich zusammenhängender Sachinbegriff noch hätten benutzt werden können. Daraus folgt, dass z.B. der Einbau eines Austauschmotors kurz vor Eintritt des Totalschadens zwar eine gewisse Erhöhung des Wiederbeschaffungswertes unter dem Gesichtspunkt der durch die Investition eingetretenen höheren Lebenserwartungen des Fahrzeuges rechtfertigt, nicht aber einen Zuschlag in Höhe der Investitionen. 125

### 5. Resttreibstoff im Tank

Eine »neue« Schadenposition hat das *AG Berlin-Charlottenburg*[177] »entdeckt«. Wenn Totalschaden an einem Kfz vorliegt und der Geschädigte nachweist, dass sich im Tank des Wagens noch Kraftstoff befindet, soll der Schädiger verpflichtet sein, den Gegenwert zusätzlich zum Wiederbeschaffungswert zu erstatten. Das *AG Berlin-Charlottenburg* weist in diesem Zusammenhang darauf hin, dass der Geschädigte für den Fall, dass er das Restfahrzeug verwertet, mit Sicherheit keinen Mehrerlös mit dem Hinweis erzielt, im Tank befinde sich noch Kraftstoff. Hierbei übersieht das *AG*, dass das Benzin durch den erlittenen Schaden regelmäßig nicht betroffen ist, also nicht als im Eigentum des Geschädigten (§ 823 BGB) stehende Sache beschädigt (§ 7 StVG) wurde (anders mag dies zu beurteilen sein, wenn der Tank durchschlagen wird, sodass das Benzin ausläuft). Selbst bei selbstständiger, getrennter Beurteilung kommt daher ein Erstattungsanspruch regelmäßig nicht in Betracht. Richtig dürfte allerdings ohnehin der Tankinhalt (unabhängig von seinem Umfang) im Wiederbeschaffungswert enthalten und nicht gesondert zu erstatten sein.[178] Ähnlich liegt der Fall bei Elektrofahrzeugen, wenn das beschädigte Fahrzeug (im Gegensatz zum angeschafften Ersatzfahrzeug) über eine kostenfreie Supercharger-Nutzung im Sinne einer kostenfreien Aufladung verfügte. Die insoweit mit der Aufladung entstehenden Stromkosten können nicht ersetzt verlangt werden, als dieser »Supercharger«-Vorteil im bereits erstatteten Wiederbeschaffungswert enthalten war.[179] 126

177 Vgl. dazu *AG Berlin-Charlottenburg* zfs 1989, 80; ebenso falsch: *LG Regensburg* NZV 2005, 49; *LG Kiel* SVR 2014, 22: *AG Erkelenz* SP 2009, 331; *AG Solingen* SVR 2013, 388; *AG Solingen* zfs 2015, 563; *AG Lünen* DAR 2017, 153.

178 Ebenfalls kritisch *OLG Düsseldorf* VersR 2017, 704; *LG Darmstadt* zfs 1990, 343; *AG Berlin-Mitte* SP 2010, 225; *AG Bernkastel* SVR 2017, 226; *AG Ingolstadt* SVR 2019, 387; *AG Bad Kissingen* SVR 2022, 108; *AG Bergisch Gladbach* SVE 274; *AG Geislingen* SVR 2023, 232; zu den Beweisschwierigkeiten *LG Magdeburg* VRR 2010, 242; *AG Weilburg* SP 2014, 91.

179 *OLG Düsseldorf* NJW-RR 2023, 1543; *LG Kleve* DAR 2022, 35.

### VI. Umsatzsteuer

127 Im Wesentlichen gelten die bereits für die Mehrwertsteuer im Zusammenhang mit dem Reparaturschaden dargelegten Grundsätze, sodass ergänzend auf die Ausführungen unter Kap. 10 Rdn. 251–287 verwiesen werden kann.

#### 1. Anfall der Umsatzsteuer

128 Durch die im Rahmen des zweiten Schadensrechtsänderungsgesetzes erfolgte Neuregelung des § 249 Abs. 2 S. 2 BGB wird die Mehrwertsteuer nur noch dann und in dem Umfang als Schadensersatz erstattet, als sie zur Schadensbeseitigung tatsächlich angefallen ist. Der Ersatz fiktiver Mehrwertsteuer wird mithin ausgeschlossen. Angefallen ist die Mehrwertsteuer, soweit sie der Geschädigte zur Wiederherstellung aus seinem Vermögen aufgewendet hat. Ob und in welcher Höhe dem Geschädigten Mehrwertsteuer im Rahmen der Abrechnung auf Totalschadenbasis erstattet wird, hängt entscheidend von der Frage ab, von welcher der ihm zur Seite stehenden Dispositionsmöglichkeiten der Geschädigte Gebrauch macht, also insbesondere ob er eine umsatzsteuerpflichtige Reparatur oder Ersatzbeschaffung vornimmt. Eine solche Ersatzbeschaffung liegt nicht vor, wenn das »Ersatzfahrzeug« bereits vor dem Unfall (als Zweitwagen vorgesehen) gekauft wurde und dann nach dem Unfall als Ersatzfahrzeug bestimmt und zugelassen wird.[180] Allerdings soll der Ankauf eines PKW als Ersatzbeschaffung für ein unfallbeschädigtes Motorrad angesehen werden können.[181] Auch eine umsatzsteuerpflichtige Ersatzbeschaffung durch Abschluss eines Leasingvertrages führt zum erstattungspflichtigen Anfall von Umsatzsteuer gem. § 249 Abs. 2 S. 2 BGB.[182]

129 Wenn der Geschädigte von einer Ersatzbeschaffung oder Reparatur des Fahrzeuges absieht und stattdessen den erforderlichen Geldbetrag verlangt, also fiktiv auf Gutachtenbasis abrechnet, so kann auch keine Mehrwertsteuer anfallen. Der Geschädigte muss sich daher den Abzug der Mehrwertsteuer gefallen lassen.[183] Die Höhe dieses Abzugs beträgt entgegen einer durchaus weitverbreiteten Ansicht nicht notwendigerweise 19 %. Vielmehr kann der Abzug auch lediglich 1,5 bis 3 % betragen, je nachdem in welcher Größenordnung in dem ermittelten Wiederbeschaffungswert Mehrwertsteuer enthalten ist. Dies richtet sich danach, ob Fahrzeuge wie das Unfallbeschädigte im Allgemeinen regelbesteuert, nur noch differenzbesteuert oder gar nur noch auf dem Privatmarkt zu erhalten sind. Diese Frage wird zunächst vom Sachverständigen einzuschätzen sein. Fehlen Feststellungen seitens des Sachverständigen, hat der Tatrichter hierzu unter Anwendung von § 287 ZPO nach überwiegender Wahrscheinlichkeit zu treffen.[184] Die Besteuerungsart ist also im jeweiligen Einzelfall zu prüfen.[185]

130 Gebrauchtfahrzeuge werden im Allgemeinen nur sehr jung regelbesteuert angeboten, daher kann bei entsprechend jungen Unfallfahrzeugen 19 % Umsatzsteuer in dem Wiederbeschaffungswert enthalten sein. Bei dem größten Teil der Gebrauchtfahrzeuge hingegen gilt vielmehr, dass lediglich ein Abzug in Höhe der fiktiven Differenzbesteuerung nach § 25a UStG in Betracht kommt. Die Differenzbesteuerung richtet sich nach der Differenz zwischen Einkaufs- und Verkaufspreis des Gebrauchtwagenhändlers. Diese sog. Händlerspanne wird, um eine wirtschaftliche und praktikable Schadensregulierung überhaupt möglich zu machen, von dem Gutachter ermittelt werden müssen. In der Regel wird bei solchen Fahrzeugen ein Abzug vom Wiederbeschaffungswert von 2 bis 2,5 % vorgenommen.[186]

---

180 *AG Aachen* DAR 2013, 584.

181 *LG Gießen* NZV 2013, 351.

182 *LG Saarbrücken* DAR 2020, 693.

183 *BGH* VersR 2004, 876 = DAR 2004, 379 = r+s 2004, 303; *LG Osnabrück* DAR 2003, 321; *LG Hildesheim* zfs 2003, 548 = NZV 2004, 146; noch anders *AG Weißwasser* DAR 2003, 468.

184 *BGH* VersR 2006, 987 = r+s 2006, 303 = DAR 2006, 439.

185 *OLG Rostock* DAR 2005, 632.

186 *OLG Köln* r+s 2005, 127; *LG Darmstadt* r+s 2003, 439; *LG Bochum* zfs 2004, 117 = NZV 2004, 298; *LG München I* SVR 2004, 192; *LG Frankenthal* zfs 2004, 17; *AG Brandenburg* DAR 2003, 423 = r+s 2003, 389; *AG Kaiserslautern* DAR 2003, 424; *AG Oldenburg* zfs 2003, 498; *AG Papenburg* DAR

Ab einem bestimmten, fortgeschrittenen Alter werden Gebrauchtfahrzeuge jedoch gar nicht mehr von gewerblichen Händlern angeboten, solche können dann regelmäßig nur noch auf dem Privatmarkt beschafft werden. In diesem Fall ist in dem Wiederbeschaffungswert keine Mehrwertsteuer enthalten und kann daher bei fiktiver Abrechnung auch nicht abgezogen werden.[187] Dann kann allerdings auch nicht zusätzlich Umsatzsteuer ersetzt verlangt werden, wenn der Geschädigte zu einem entsprechend höheren Preis unter Anfall von Umsatzsteuer eine Ersatzbeschaffung vornimmt.[188] **131**

Wenn sich der Geschädigte trotz wirtschaftlichen Totalschadens zur Reparatur seines Fahrzeuges entschließt, ist ihm, sofern er die Mehrwertsteuer durch Vorlage einer entsprechenden Rechnung nachweist, diese zu erstatten. Dabei ist der Anspruch der Höhe nach auf die Mehrwertsteuer beschränkt, die der Geschädigte ausweislich des Gutachtens für die Ersatzbeschaffung eines gleichwertigen Fahrzeuges aufwenden müsste. Dies gilt auch, wenn sich die Anschaffung eines gleichwertigen Ersatzfahrzeugs zunächst verzögert und zwischenzeitlich ein Interimsfahrzeug angeschafft werden muss.[189] Das Gleiche gilt auch für den Fall, dass sich der Geschädigte für eine Teil- oder Billigreparatur entscheidet. Auch wenn der Geschädigte in Eigenregie das Fahrzeug repariert, muss die Mehrwertsteuer bei Vorlage von Rechnungen über die erworbenen Ersatzteile erstattet werden. Sowohl hinsichtlich der Teil- oder Billigreparatur als auch hinsichtlich des Ersatzteilkaufs ist die Mehrwertsteuer angefallen. Die Erstattung ist in beiden Fällen der Höhe nach begrenzt auf die Mehrwertsteuer gemäß Schadensgutachten. Grundsätzlich gilt bei unwirtschaftlicher Reparatur, dass die Mehrwertsteuer nur bis zu der Höhe gefordert werden kann, wie sie bei der wirtschaftlich günstigeren Wiederherstellung angefallen wäre, und zwar unabhängig davon, ob bei dieser Abrechnung auf der Basis des wirtschaftlich günstigeren Weges ebenfalls das Entgelt für die Reparatur oder Ersatzbeschaffung (§ 10 Abs. 1 UStG) oder die Differenz zwischen Händlereinkaufs- und Händlerverkaufspreis (§ 25a UStG) als Bemessungsgrenze der Mehrwertsteuer zugrunde gelegt wird. **132**

Wenn sich der Geschädigte entschließt, ein Ersatzfahrzeug zu erwerben, ist gleichwohl gem. § 249 Abs. 2 S. 2 BGB n.F. nur die tatsächlich angefallene Mehrwertsteuer zu erstatten. Dies hängt entscheidend davon ab, ob ein Neufahrzeug gekauft wird oder ein Gebrauchtfahrzeug vom Händler oder schließlich ein Gebrauchtfahrzeug von Privat. Beim Neuwagenkauf wird die Mehrwertsteuer bis zur Höhe der in dem Schadensgutachten ausgewiesenen Mehrwertsteuer erstattet. Soweit im Wiederbeschaffungswert nur die Differenzsteuer enthalten war, ist somit auch nur diese erstattungsfähig.[190] Beim Kauf eines Gebrauchtwagens von Privat fällt keine Mehrwertsteuer an und ist daher grundsätzlich auch nicht erstattungsfähig.[191] Beim Kauf eines gebrauchten Ersatzfahrzeuges vom Händler ist zu unterscheiden, in welcher Höhe in dem Kaufpreis Mehrwertsteuer enthalten ist. Ist das Ersatzfahrzeug nur differenzbesteuert erworben worden, kann auch nur dieser Betrag ersetzt verlangt werden, auch wenn der Wiederbeschaffungswert den vollen Regelsatz enthält.[192] Bleibt der Gesamtaufwand der Ersatzbeschaffung (inkl. Umsatzsteuer) jedoch unter dem Netto-Wiederbeschaffungswert, kann auch die bei der Ersatzbeschaffung angefallene Umsatzsteuer nicht zusätzlich zum Netto-Wiederbeschaffungswert verlangt werden.[193] **133**

Etwas anderes gilt nur dann, wenn der Geschädigte ein Ersatzfahrzeug erworben und hierbei Aufwendungen getätigt hat, die den vom Sachverständigen ermittelten Brutto-Wiederbeschaffungswert erreichen bzw. übersteigen. In diesem Fall ist gleichgültig, ob in den Aufwendungen für das Ersatz- **134**

---

2003, 467; *AG Suhl* DAR 2003, 467; *AG Aachen* NZV 2004, 302; a.A. *AG Tauberbischofsheim* NZV 2004, 302; *AG Waiblingen* NZV 2004, 301.

187 *OLG Köln* VersR 2004, 928 = DAR 2004, 148 = NZV 2004, 297; *KG* NZV 2007, 409 (8 Jahre alt, 200000 km Laufleistung); *LG Essen* NZV 2004, 300 (12 Jahre alt).

188 *OLG Düsseldorf* r+s 2015, 470.

189 *AG Marl* NZV 2009, 144.

190 *BGH* VersR 2006, 238 = DAR 2006, 85 = NZV 2006, 190.

191 *LG Marburg* zfs 2005, 18; *AG Berlin-Mitte* r+s 2003, 439.

192 *BGH* VersR 2004, 927 = DAR 2004, 447 = r+s 2004, 305.

193 *LG Coburg* r+s 2011, 534; a.A. *LG Kiel* SVR 2014, 22.

fahrzeug Umsatzsteuer enthalten ist, auch bei einem Erwerb von Privat kann der Geschädigte eine Regulierung nach Brutto-Beträgen verlangen.[194]

135 Diese dargestellten Grundsätze gelten in gleicher Weise auch für Behördenfahrzeuge.[195]

## 2. Zur Differenzbesteuerung

136 Die Differenzbesteuerung wird bei allen Gebrauchtwaren, mithin auch bei gebrauchten Kraftfahrzeugen angewendet. Erwirbt ein Unternehmer derartige Gebrauchtwagen von einem nicht zum Vorsteuerabzug berechtigten Verkäufer mit der Absicht, diese gewerblich weiter zu veräußern, so kann er anstelle der Regelbesteuerung die Differenz zwischen Einkaufs- und Verkaufspreis nach § 25a UStG der Besteuerung zugrunde legen. Diese sog. Differenz- oder Margenbesteuerung hat den Vorteil, dass Doppelbesteuerung und damit Preisverteuerungen bei der Einschaltung gewerblicher Händler im An- und Verkauf weitestgehend vermieden werden. Nach § 25a Abs. 1 Nr. 2 UStG muss die Lieferung der Gegenstände an den gewerblichen Wiederverkäufer folgende Anforderungen erfüllen:
- Der Gegenstand muss im Inland oder im übrigen Gemeinschaftsgebiet erworben sein, das heißt, der Bezug erfolgt von einem Verkäufer, der innerhalb der Gemeinschaft ansässig ist.
- Der gewerbliche Wiederverkäufer darf für den Erwerb des Gegenstandes nicht zum Abzug der Vorsteuer berechtigt sein. Dieser Umstand liegt dann vor, wenn der Erwerb von einer Privatperson oder von einem steuerbefreiten Unternehmer erfolgt ist, bzw. der Verkäufer selbst als gewerblicher Wiederverkäufer die Differenzbesteuerung seinerseits angewandt hat.

137 Eine gemeinschaftsrechtliche Voraussetzung für die Definition des gebrauchten Fahrzeuges ergibt sich im Umkehrschluss aus der Definition neuer Fahrzeuge in § 1b Abs. 2 UStG. Danach liegt ein Gebrauchtfahrzeug dann vor, wenn das Landfahrzeug mehr als 6000 km zurückgelegt hat und seine erste Inbetriebnahme im Zeitpunkt des Erwerbs mehr als sechs Monate zurückliegt.

138 Die für den Gebrauchtwagenhandel wichtige Definition ist erforderlich, weil im innergemeinschaftlichen Warenverkehr die Anwendung der Differenzbesteuerung bei Fahrzeugen, die nicht mehr als 6000 km zurückgelegt haben oder nicht älter als sechs Monate sind, auf der Grundlage einer Sonderregelung ausgeschlossen ist.

139 Nach § 25a Abs. 1 Nr. 1 UStG können nur gewerbliche Wiederverkäufer von der Differenzbesteuerung Gebrauch machen. Darunter versteht man solche Unternehmer, die im Rahmen ihrer gewerblichen Tätigkeit üblicherweise Gegenstände zum Zwecke des Wiederverkaufes erwerben und sie sodann, gegebenenfalls nach Instandsetzung, wieder veräußern. Der Begriff Wiederverkäufer umfasst des Weiteren die Veranstalter öffentlicher Versteigerungen, die Gegenstände im eigenen Namen (auf eigene oder fremde Rechnung) versteigern. Öffentliche Versteigerer handeln im Sinne des Umsatzsteuerrechts wie Eigenhändler bzw. wie Kommissionäre, wenn sie die Versteigerung auf fremde Rechnung durchführen.

140 Bei Vorliegen der genannten Voraussetzungen kann der gewerbliche Wiederverkäufer daher abweichend von der Regelbesteuerung als Bemessungsgrundlage anstelle des Verkaufspreises die Differenz zwischen Einkaufspreis und Verkaufspreis abzüglich der in das Fahrzeug zum Zwecke der Weiterveräußerung getätigten Investitionen der Besteuerung zugrunde legen.

## 3. Vorsteuerabzugsberechtigung

141 Soweit der Geschädigte von der Gestaltungsmöglichkeit des Vorsteuerabzuges im Sinne von § 15 UStG Gebrauch machen kann, gehört auch im Fall des Totalschadens die gesondert ausgewiesene Mehrwertsteuer nicht zum ausgleichsfähigen Schaden.[196] Eine Benachteiligung des Geschäftsman-

194 *BGH* VersR 2005, 994 = DAR 2005, 500 = r+s 2005, 349; ebenso *AG Aachen* DAR 2004, 25–28; *AG Münsingen* DAR 2003, 466; *AG Bielefeld* NZV 2004, 147.
195 *OLG Köln* DAR 2005, 286 = SVR 2005, 346.
196 *BGH* NJW 1972, 1460.

nes gegenüber Privaten tritt durch dieses Prinzip jedoch nicht ein, da der Unternehmer bei der Anschaffung im wirtschaftlichen Ergebnis die ihm in Rechnung gestellte Mehrwertsteuer von seiner Umsatzsteuerschuld absetzen kann, das heißt, letztlich keine Mehrwertsteuer entrichten muss. Auch insoweit kommt lediglich ein Abzug der Differenzsteuer in Betracht, wenn nur noch diese in dem Wiederbeschaffungswert enthalten ist.[197] Der vorsteuerabzugsberechtigte Geschädigte ist auch nicht durch die Schadensminderungspflicht gehalten, ein regelbesteuertes Ersatzfahrzeug zu erwerben, wenn auf dem Markt gleichwertige Fahrzeuge überwiegend differenzbesteuert angeboten werden.[198]

Sofern das beschädigte Fahrzeug zum Betriebsvermögen des vorsteuerabzugsberechtigten Unterneh- 142
mers gehört, kann Ersatz der Mehrwertsteuer nicht beansprucht werden. Ebenso ist dann allerdings auch die Restwertveräußerung ein umsatzsteuerpflichtiges Geschäft, so dass auch der Restwert nur netto in die Schadenberechnung eingestellt werden kann.[199] Andere Grundsätze gelten indes dann, wenn es sich bei dem Geschädigten oder dem Verkäufer um einen »Kleinunternehmer« im Sinne von § 1 UStG handelt. In diesem Fall besteht die Möglichkeit zum Vorsteuerabzug nur dann, wenn der »Kleinunternehmer« für die Regelbesteuerung optiert hat (§ 19 Abs. 2 UStG). Hat der Kleinunternehmer von der Möglichkeit der Option keinen Gebrauch gemacht, ist er für den Bereich des Schadensersatzrechts – steuerlich gesehen – wie ein Privatmann zu behandeln. Ebenso kann ein Landwirt, der Umsatzsteuer gem. § 24 UStG pauschaliert abführt, die Umsatzsteuer unabhängig davon geltend machen, ob sie bei einer Ersatzbeschaffung angefallen ist.[200]

Bei Beschädigung eines Leasingfahrzeugs ist ein eingetretener Totalschaden anders zu beurteilen als 143
ein Reparaturschaden.[201] Bei einem Totalschaden wird der Leasingvertrag regelmäßig beendet. In diesem Fall ergibt sich ein vom Schädiger zu ersetzender »Haftungsschaden« des Leasingnehmers nicht daraus, dass er die Leasingraten zahlen und den Restwert ablösen muss. Ein Haftungsschaden kann vielmehr nur in Mehraufwendungen infolge der vorzeitigen Fälligstellung bestehen.[202] Auch die Kosten eines ersatzweise abgeschlossenen Leasingvertrags stellen keinen erstattungsfähigen Schaden dar.[203] Soweit der BGH insoweit auch entschieden hat, dass der Nutzungsschaden des Leasingnehmers auf den Wiederbeschaffungswert beschränkt ist, bedeutet dies nicht, dass der Fahrzeugschaden auch von dem Leasingnehmer als Nichteigentümer geltend gemacht werden kann und es in diesem Fall lediglich auf seine Vorsteuerabzugsberechtigung ankommt.[204] Insoweit wird verkannt, dass sich der eigene Schaden des Leasingnehmers auf den Entzug der Fahrzeugnutzung beschränkt, hinsichtlich der Substanz des Fahrzeugs besteht unter dem Gesichtspunkt des Rechts auf Besitz keine Anspruchsberechtigung des Leasingnehmers. Insoweit ist der Wiederbeschaffungswert nicht geeignet, den Schaden des Leasingnehmers zu bemessen, er ist lediglich die Obergrenze seines Schadens. Der Schaden hinsichtlich der Fahrzeugsubstanz ist beim Leasinggeber entstanden, so dass es für die Vorsteuerabzugsberechtigung auf seine Person ankommt.[205]

Die Frage der Vorsteuerabzugsberechtigung betrifft eine Frage des Vorteilsausgleichs, daher ist streng 144
genommen der Schädiger beweisbelastet. Bei Kaufleuten besteht eine – allerdings widerlegbare – Vermutung dahin, dass sie zum Vorsteuerabzug berechtigt sind. Zumindest trifft den Geschädigten eine sekundäre Darlegungslast, die sich bis zu einer Umkehrung der Beweislast verdichten kann.

197 *LG Hamburg* DAR 2008, 31.

198 *BGH* VersR 2009, 516 = DAR 2009, 197 = r+s 2009, 83 (bei einem Angebot von regelbesteuerten Fahrzeugen auf dem Markt von ca. 30 %); *LG Saarbrücken* NZV 2016, 388.

199 *OLG Jena* SVR 2010, 340.

200 *OLG Hamm* r+s 2007, 523 = NZV 2007, 360.

201 S. dazu: Kap. 10 Rdn. 272.

202 *BGH* NJW 1992, 553 = VersR 1992, 194.

203 *BGH* a.a.O.; daher falsch: *AG Berlin-Mitte* NZV 2004, 301.

204 So aber: *OLG Hamm* PVR 2001, 160; r+s 2003, 438; *LG Itzehoe* DAR 2002, 517; *LG München I* NZV 2002, 191; DAR 2012, 710, *AG Brandenburg* NZV 2011, 88; *AG Wittmund* DAR 2012, 389.

205 So auch: *OLG München* NZV 2015, 305; *LG Ravensburg* DAR 2002, 74; *AG Euskirchen*, Urt. v. 23. November 2011 – 13 C 335/11 –, juris.

145 Nicht im Rahmen des Vorteilsausgleichs berücksichtigungsfähig ist hingegen die Einnahme der anfallenden Umsatzsteuer durch den Staat. Wird eine staatliche Gebietskörperschaft geschädigt und fällt bei der Schadensbeseitigung Umsatzsteuer an, die schließlich jedenfalls anteilig auch wieder beim Geschädigten (Bund, Land, Kommune je nach aktuellem Aufteilungsschlüssel) eingeht, bleibt diese spätere Steuereinnahme bei der Schadensberechnung nach der nicht unbestrittenen Rechtsprechung des *BGH* außer Betracht.[206]

## E. Besondere Formen der Bewertung

146 Nachfolgend sollen einige Einzelfälle angesprochen werden, in denen der Grundsatz, dass der Geschädigte nur einen Gebrauchtwagen beanspruchen darf, in einigen besonders gelagerten Ausnahmefällen durchbrochen werden kann. Außerdem geht es hier um die Bewertung eines sog. Oldtimers, eines Wagens also, dem bereits ein gewisser Altertumswert zukommt und schließlich um die Fragen, die mit einem »versteckten Rabatt« im Zusammenhang stehen.

### I. Neufahrzeug als Handelsware

147 Es bedarf an sich keiner Frage, dass der geschädigte Anspruch auf ein fabrikneues Fahrzeug selbst bei nicht sehr erheblichen Beschädigungen erheben kann, wenn es sich bei dem beschädigten Wagen (noch) nicht um einen Gegenstand des täglichen Gebrauchs, sondern um eine zur erstmaligen Veräußerung bestimmte Handelsware handelt.[207] Diese Meinung gilt indes nur für neue bzw. neuwertige Fahrzeuge; damit ist klargestellt, dass ein Gebrauchtwagenhändler unter Hinweis auf diese Strömung, die ansonsten – d.h. unter normalen Umständen – zumutbare Reparatur nicht ablehnen darf.

148 Ein Neuwagen ist nur dann als fabrikneu zu bezeichnen, wenn er bei der Übergabe an den Käufer noch nicht benutzt worden ist und keine – allenfalls ganz unerhebliche, wenn auch behobenen – Schäden aufweist.[208] Dies bedeutet in der Umkehrung, dass einem Neuwagen dann die zugesicherte Eigenschaft der Fabrikneuheit fehlt, wenn er vor Auslieferung an den Käufer nicht ganz unerhebliche, wenn auch behobene Schäden erlitten hat. Dabei ist es gleichgültig, ob sich der Schaden beim Hersteller, auf dem Transport oder erst beim Händler ereignet hat.[209]

149 Diese Auffassung erscheint insofern etwas zu eng, als sie lediglich das – im Wesentlichen unbestrittene – Recht des Händlers betont. Es wird jedoch recht häufig der Fall eintreten, dass der Weg des Neukaufs über § 254 Abs. 2 BGB vom Schädiger sogar verlangt und als Teil der Schadenminderungspflicht geboten sein kann. Dies soll am nachfolgenden Beispiel des Vorführwagens näher erläutert werden. Es kann nämlich unter Berücksichtigung der Handelsspanne bzw. der Werksrabatte der Fall eintreten, dass der Ersatzpflichtige sich günstiger stellt, wenn er von vornherein die Abrechnung auf der Basis eines »unechten« (wirtschaftlichen) Totalschadens anstrebt. Dies gilt jedenfalls für den Fall, dass der Herstellungsaufwand (Reparaturkosten zzgl. Minderwert) geringer ist als Werksrabatt bzw. Handelsspanne.

---

206 *BGH* DAR 2005, 19 (m. abl.Anm. *Halm*) = r+s 2005, 125 = zfs 2005, 124; a.A. noch *LG Kaiserslautern* DAR 2004, 275; *AG Rockenhausen* SVR 2004, 35; hierzu auch *Halm* SVR 2004, 41; *Schwab* SVR 2004, 88; *Vehslage* SVR 2004, 325; s. Kap. 10 Rdn. 273.

207 Vgl. dazu insbes. *BGH* NJW 1961, 1571 = VRS 21, 81; NJW 1965, 1756 = VersR 1965, 901; VersR 1966, 489 = DAR 1966, 99 = VRS 30, 253; *OLG Köln* NJW 1962, 2107 = DAR 1963, 16; *OLG Düsseldorf* VersR 1962, 1111; *OLG Celle* NJW 1962, 396; *OLG Nürnberg* DAR 1963, 268; *OLG Hamburg* MDR 1964, 321; *OLG Oldenburg* DAR 1971, 324; *KG* NJW 1972, 496 = VersR 1972, 201 = DAR 1972, 43; *LG Köln* NJW 1961, 1583; zfs 1981, 299 (Vorführwagen); *LG Aachen* NJW 1978, 273; *H.W. Schmidt* DAR 1965, 2.

208 Vgl. dazu *BGH* NJW 1980, 2127 = BB 1980, 1235 f.

209 Vgl. dazu *OLG Nürnberg* BB 1985, 435.

## II. Vorführwagen

Eine Unterart des Neufahrzeugs als Handelsware stellt der Fall dar, dass der im Eigentum eines Kfz-Händlers befindliche noch neuwertige Vorführwagen auf einer Probefahrt beschädigt wird. Unter diesen Umständen wird möglicherweise sogar der Schädiger, wenn er alle rechtlichen Konsequenzen sorgfältig bedenkt, unter Hinweis auf die durch § 254 Abs. 2 BGB normierte Schadenminderungspflicht, insbesondere bei geringeren Schäden, besonderen Wert darauflegen, dass das Fahrzeug nicht repariert, sondern im beschädigten Zustande veräußert wird. Dieser Hinweis klingt auf Anhieb etwas paradox und soll daher nachfolgend noch näher erläutert werden.[210] 150

Diese Überlegung wird insbesondere dann deutlich, wenn man einmal von dem geradezu »klassischen« Fall ausgeht, dass es dem Händler gelingt, den nur leicht beschädigten Vorführwagen in unrepariertem Zustande zu einem Preise weiterzuveräußern, der – ohne Berücksichtigung der Mehrwertsteuer – den Einkaufspreis (Einstandspreis) übersteigt. In diesem Zusammenhang ist zu berücksichtigen, dass die von den Herstellerwerken gewährte Handelsspanne – abgestuft nach dem Umsatz – zwischen 16 und 22 % beträgt. Man kann sich sogar den Fall vorstellen, dass der zusätzliche Verkauf gerade dieses einen Vorführwagens den Händler in eine höhere Rabattgruppe bringt, in der ihm eine günstigere Handelsspanne gewährt wird. Die bis zum Verkauf des Fahrzeugs entstandenen Gemeinkosten des Händlers können dabei – etwas verallgemeinernd – außer Betracht bleiben, weil er in der Regel dadurch, dass er den Wagen im beschädigten Zustand veräußert, die sonst zu seinen Lasten anfallenden Serviceleistungen für Garantie- und Gewährleistungsansprüche sowie für die im Geschäftsverkehr üblichen Kulanzregelungen erspart.[211] 151

Das Gleiche gilt auch für die sog. »Entwachsungskosten«. Dabei soll selbstverständlich nicht verkannt werden, dass die soeben erwähnten Leistungen Teil der Handelsspanne und demgemäß in ihr enthalten sind. Sofern im Einzelfalle Zweifel auftreten sollten, muss – abweichend von der hier dargelegten »Faustregel« einer Verrechnung »schlicht um schlicht« – jeweils getrennt festgestellt werden, welche Kosten durch die bisherige Vorhaltung des Fahrzeugs entstanden sind und welche Aufwendungen künftig eingespart werden. Ein weiterer Rechnungsposten ist der ebenfalls anrechenbare Vorteil, der sich daraus ergibt, dass der Händler den Vorführwagen bislang in seinem Interesse aus eigenwirtschaftlichen Überlegungen benutzt hat.[212] Diese Kosten können auf der Basis der vom ADAC zusammengestellten Tabellen in der Broschüre »Was kostet der Geschäftswagen?« ermittelt werden. 152

Ein noch in der Hand des Herstellers befindliches Fahrzeug wird auf einer Überführungsfahrt durch einen fremd verursachten Verkehrsunfall nicht unerheblich beschädigt. Das Herstellerwerk weigert sich – zutreffend –, die Instandsetzung durchführen zu lassen und stellt den Wagen im unreparierten Zustande gegen Erstattung des Fabrikabgabepreises dem Schädiger zur Verfügung.[213] Dieser lässt das Fahrzeug auf eigene Kosten reparieren und veräußert es dann zu einem Betrage, der seine eigenen Aufwendungen (Fabrikabgabepreis und Reparaturkosten) selbst nach Gewährung eines angemessenen Minderwerts noch erheblich übersteigt. Hier tritt der paradoxe Fall ein, dass der Schaden dem Schädiger zu einem Gewinn verhelfen kann. 153

Es wird sich regelmäßig nicht beweisen lassen, dass der Schaden sich vom Substanzwert hinweg zum Verdienstausfall (§ 252 BGB) hin verlagert hat. Insoweit kann man davon ausgehen, dass der Händler unter normalen Umständen in der Lage ist, mit dem vorhandenen Bestand seine Aufträge ordnungsgemäß auszuliefern. Dies gilt umso mehr, als er sich normalerweise zum Einkaufspreis jede beliebige Menge von Neufahrzeugen beschaffen kann. Hinzu kommt, dass aus Gründen, die in der Natur der Sache liegen, verschiedene Käuferschichten angesprochen sind. Wer Neufahrzeuge kauft, wird sich im Allgemeinen nicht mit einem unfallbeschädigten Fahrzeug begnügen und dafür den in 154

210 Vgl. dazu ergänzend auch *Klimke* VersR 1977, 305; zfs 1977, 466.

211 A.A. wohl *LG Zweibrücken* VersR 1980, 567.

212 Vgl. die Formel des *LG Köln* zfs 1981, 299 (a.E.); – wegen der Besonderheiten des Vorführwagens und der daraus abzuleitenden Bewertungsprobleme.

213 Vgl. dazu *KG* NJW 1972, 201 = VersR 1972, 496 (unter Hinweis auf § 254 Abs. 2 BGB).

Aussicht genommenen Neukauf unterlassen. Nur dann würde bekanntlich dem Händler gerade durch die Veräußerung des beschädigten Wagens ein Neugeschäft mit irreparablem Ergebnis entgehen.

### III. Oldtimer

155 Bei der Frage, wie der Wert eines Oldtimers im Fall eines Totalschadens anzusetzen ist, ist zunächst streng zwischen Liebhaberwert (Affektionsinteresse) und Liebhaberpreis als besonderer Form des auf dem Liebhabermarkt erzielten Gegenwerts (Marktpreis) zu entscheiden. Es ist folgende Differenzierung vorzunehmen:

156 Von einem gemäß § 253 Abs. 1 BGB unbeachtlichen Affektionsinteresse spricht man dann, wenn lediglich der Geschädigte selbst seiner Sache eine besondere Wertschätzung beimisst und dabei zu einem Preis gelangt, der auf dem Markt dafür nicht erzielt werden kann. Genießt die betreffende Sache hingegen in Liebhaber- oder Sammlerkreisen eine allgemeine Wertschätzung mit der Folge, dass sie – wenn auch in einem eng begrenzten Kreis von Interessenten – gehandelt wird, dann entspricht diese Wertschätzung dem Marktpreis und damit dem Betrage, der für die unter rechtlichen Gesichtspunkten gebotene Ermittlung des der Schadensersatzleistung zugrundeliegenden Wertes maßgeblich ist.

157 Bei Oldtimern handelt es sich in aller Regel um Liebhaberfahrzeuge, die zum Teil bereits »museumsverdächtig« sind. Bei der Bewertung derartiger Fahrzeuge gelangt man nicht zu zutreffenden Ergebnissen, wenn man – wie sonst üblich – vom Anschaffungswert ausgeht und davon die durch den bisherigen Gebrauch eingetretenen Abschreibungen berücksichtigt. Ebenso unzutreffend wäre es, über die meist karge technische Ausstattung und den in aller Regel bescheidenen Komfort den Versuch seiner Gebrauchswertermittlung vorzunehmen.

158 Bei der Bestimmung des Wiederbeschaffungswertes eines Oldtimers wird man sich vielmehr an dem Preis zu orientieren haben, zu dem Oldtimer auf dem Liebhabermarkt gehandelt werden. Dieser kann u.U. ein Vielfaches des Betrages ausmachen, den man bei Anlegung wirtschaftlicher Maßstäbe für ein neuzeitliches Auto mit besserer Ausstattung und größerem Komfort ausgeben müsste.

159 Die Berücksichtigung eines auf dem Liebhabermarkt zu erzielenden Marktpreises bedeutet auch nicht die Berücksichtigung des Affektionsinteresses bei der Bestimmung des Wiederbeschaffungswertes eines Oldtimers.[214] Es handelt sich nämlich um einen echten Marktwert, der seine Eigenschaft nicht dadurch einbüßt, dass der Markt relativ eng begrenzt ist und nur von wenigen »Liebhabern« unter sich beschickt wird. Auch für andere Wirtschaftsgüter existieren nämlich Liebhabermärkte, z.B. für Antiquitäten oder Briefmarken. Auch im Fall der Zerstörung der »Blauen Mauritius« würde niemand auf die Idee kommen, als Schadensersatzbetrag lediglich den Wert des Papiers und des Drucks dieser Briefmarke zuzugestehen, obwohl sie für »Nicht-Liebhaber« lediglich ein Stück falsch bedrucktes Papier darstellt.

### IV. Subjektbezogene Formen der Wertbildung

#### 1. Versteckter Rabatt

160 Es kommt in der Praxis der Schadenregulierung zuweilen vor, dass ein geschädigter Anspruchsteller einwendet, der Wiederbeschaffungswert könne im konkreten Fall unter Berücksichtigung seiner besonderen Umstände deswegen nicht Regulierungsgrundlage sein, weil bereits vor dem Unfall ein rechtsgültiger Kaufvertrag über das (später) beschädigte Kraftfahrzeug geschlossen worden sei. In diesem Kaufvertrage, so wird der Geschädigte in aller Regel weiter darlegen, sei für das jetzt total beschädigte Kfz eine höhere Gegenleistung als der objektiv gerechtfertigte und vom technischen Sachverständigen in dieser Höhe festgestellte Wiederbeschaffungswert vereinbart worden. Durch den Unfall sei dem Geschädigten die Möglichkeit genommen, den Kaufvertrag ordnungsgemäß zu

214 Vgl. dazu *LG Berlin* VersR 1969, 431 = DAR 1969, 130.

erfüllen und damit den im Verhältnis zum angemessenen Wiederbeschaffungswert höheren Kaufpreis zu erzielen. Der Schädiger sei daher aus Rechtsgründen verpflichtet, als Teil des zu erstattenden Schadens auch die Differenz zwischen dem Wiederbeschaffungswert und dem vertraglich vereinbarten Kaufpreis zumindest unter dem Gesichtspunkt entgangenen Gewinns (§ 252 BGB) zu erstatten.[215]

Diese soeben angesprochene Differenz, die in der Rechtsprechung zuweilen auch als »subjektiver Mehrwert« bezeichnet wird, ist vom Schädiger zu ersetzen. Insoweit hat der *BGH*[216] ausgeführt, dass zu dem zu ersetzenden Schaden gem. § 252 BGB auch der nach dem gewünschten Verlauf der Dinge zu erwartende Gewinn gehöre. Die Durchsetzung des Schadensersatzanspruchs scheitert nach der Auffassung des *BGH*[217] auch nicht an § 254 BGB. Ein Verstoß gegen die Schadenminderungspflicht liege nicht schon darin, dass das Fahrzeug nach dem Verkauf und der Vereinbarung eines günstigen Preises vom bisherigen Eigentümer noch weiter benutzt worden sei. Ein derartiges Verhalten sei nicht ungewöhnlich, sondern sogar üblich. Der Ersatz des entgangenen Gewinnes kann also nicht mit dem Argument verweigert werden, der Geschädigte habe sich diesen selbst zuzuschreiben, weil er das bereits verkaufte Fahrzeug weiterbenutzt habe. 161

Dieser Auffassung ist grundsätzlich zuzustimmen. In der Praxis liegt allerdings die besondere Problematik nicht in der Beurteilung der soeben erörterten Rechtsfrage, sondern darin, dass geschädigte Anspruchsteller häufiger den Versuch unternehmen, mit Gefälligkeitsbescheinigungen von befreundeter Seite nach dem Unfall einen über den Wiederbeschaffungswert hinausgehenden Erlös durchzusetzen. Gegen derartige Erklärungen insbesondere von Privatpersonen, die möglicherweise dem Anspruchsteller auch noch nahe stehen, ist somit besondere Skepsis geboten.[218] 162

Hinzukommen noch einige weitere Gesichtspunkte, die in der Praxis der Schadenregulierung sehr häufig übersehen werden: Falls der Gläubiger sich zu seinen Gunsten auf einen bereits vorher vertraglich vereinbarten Festpreis beruft, dann sind im Fall offensichtlicher Reparaturunwürdigkeit die Kosten für das Gutachten eines Kfz-Sachverständigen nicht erstattungsfähig, da aus Gründen, die in der Natur der Sache liegen, seine Feststellungen keine neuen Erkenntnisse vermitteln konnten. Der Wiederbeschaffungswert steht nämlich unumstößlich fest, während die (gedachten) Reparaturkosten durch einen Voranschlag der Werkstatt nachgewiesen werden können, falls es dessen mit Rücksicht auf die unterstellte offenbare Reparaturunwürdigkeit überhaupt noch ankommt. 163

Hinsichtlich einer beabsichtigten Inzahlunggabe des beschädigten Fahrzeugs bei Erwerb eines Neufahrzeugs ist auch zu berücksichtigen, dass es jeder Fahrzeughändler als eine zwar unvermeidliche, aber dennoch für ihn unangenehme Belastung empfindet, wenn er bei der Lieferung eines fabrikneuen Fahrzeuges einen Gebrauchtwagen in Zahlung nehmen muss. Er ist infolgedessen geneigt, in den Fällen, in denen sich diese Notwendigkeit ausnahmsweise einmal nicht ergibt, dem Kunden auf andere Weise entgegenzukommen. Es tritt also oftmals bei derartigen Fallkonstellationen für den Geschädigten ein Vorteil ein, wenn er nach unfallbedingt eingetretenem Totalschaden an seinem Gebrauchtfahrzeug dies nun nicht mehr dem Kraftfahrzeughändler, bei dem er sein Neufahrzeug bestellt hat, in Zahlung geben kann. Dieser wird oftmals auch im Nachhinein noch bereit sein, seinem Kunden einen Zusatzvorteil zu gewähren, der dann dem entgangenen Gewinn gegenzurechnen wäre. Aus dieser Betrachtungsweise ergibt sich, dass der zunächst festgestellte Nachteil durch den gleichzeitig und aus demselben Anlass erwachsenen Vorteil nicht nur ausgeglichen, sondern möglicherweise sogar übertroffen wurde.[219] 164

215 Vgl. dazu insbes. *BGH* NJW 1982, 1748 = VersR 1982, 597 = DAR 1982, 271; *OLG Bremen* VersR 1969, 333; *OLG Stuttgart* NJW 1967, 252, 254 = VersR 1967, 363 (L); VersR 1973, 737; VersR 1980, 363 = zfs 1980, 17; *OLG Köln* NVZ 1994, 24.

216 Vgl. dazu *BGH* NJW 1982, 1748 = VersR 1982, 597 = DAR 1982, 271.

217 *BGH* a.a.O.; *LG Nürnberg-Fürth* VersR 1978, 383.

218 Vgl. dazu insbes. *KG* VersR 1976, 762; zfs 1984, 228; *OLG Karlsruhe* VersR 1980, 74 = zfs 1980, 84.

219 Vgl. dazu *LG Freiburg* VersR 1982, 455; – ebenso: *Klimke* VersR 1969, 692 f.

### 2. Andere Vorteile

165 Ist der Geschädigte Kfz-Händler und kann er daher sein Fahrzeug billiger – nämlich zum Einstandspreis – beziehen, dann muss er diesen Vorteil an den Schädiger mit der Folge weitergeben, dass der für die Abrechnung auf Totalschadenbasis maßgebliche Wiederbeschaffungswert mit dem Einstandspreis (Einkaufspreis) identisch ist.[220] Das Gleiche gilt für Betriebsangehörige von Herstellerwerken der Automobilindustrie bezüglich der ihnen zustehenden »Jahreswagen«.[221] Auch insoweit ist der Wiederbeschaffungswert lediglich nach dem Selbstkostenpreis zu bemessen, da der Ankauf eines neuen Fahrzeugs, auch soweit er durch einen Werkrabatt begünstigt wird, als adäquate Folge des zum Ersatz verpflichtenden Ereignisses gilt.[222] Dies gilt allerdings nur, wenn sich der Anspruch des Geschädigten auf ein Fahrzeug bezieht, für welches der Rabatt gewährt wird. Ist ein Rabatt nur für Neufahrzeuge zugänglich, besteht aber nur Anspruch auf ein gleichwertiges Gebrauchtfahrzeug, ist der Rabatt nur insoweit zu berücksichtigen, als die Ersatzbeschaffung eines rabattierten Neufahrzeugs günstiger ist als diejenige eines gleichwertigen Gebrauchtfahrzeugs.[223]

166 Eine andere Betrachtung kann bei Werksangehörigen indes dann gerechtfertigt sein, wenn ihnen dadurch ein echter Nachteil erwächst, dass sie beispielsweise im Unfallzeitpunkt noch keinen »Jahreswagen« beanspruchen können und daher auf ein »reguläres« Fahrzeug ausweichen müssen. Ähnliche Überlegungen werden dann anzustellen sein, wenn die »Jahreswagen« stets nach einjähriger Benutzung in etwa zu einem Preis veräußert worden wären, der dem eigenen Anschaffungswert entspricht, und wenn dieser »Rhythmus« durch das Schadenereignis durchbrochen wird.

167 Es wird also für die Schadenbemessung insoweit sehr entscheidend darauf ankommen, ob der Betriebsangehörige mit Rücksicht auf den Unfall – also gewissermaßen »außerplanmäßig« – einen weiteren »Jahreswagen« erhält. In diesem Fall kann für die Bemessung des Wiederbeschaffungswerts lediglich vom eigenen Anschaffungspreis ausgegangen werden. Besteht demgegenüber keine Möglichkeit, »außerplanmäßig« einen weiteren »Jahreswagen« zu erhalten, dann ist vom regulären Preis auszugehen, weil in diesem Fall der bei der Weiterveräußerung des »Jahreswagens« erzielte Gewinn dem Geschädigten entgeht.

168 Erleidet der Arbeitnehmer einer Automobilfirma mit einem sog. Jahreswagen einen Totalschaden und muss er den geldwerten Vorteil nachversteuern und die entsprechenden Sozialversicherungsbeiträge auch entrichten, ist ihm dieser Schaden nach Auffassung des *LG Braunschweig*[224] vom Schädiger zu ersetzen. Das *LG Braunschweig* stützt seine Auffassung darauf, dass im Zeitpunkt des Eintritts des Totalschadens die Jahresfrist noch nicht abgelaufen war und der Totalschaden mit dem Zeitpunkt der (vorzeitigen) Veräußerung des Jahreswagens mit der Rechtsfolge gleichzusetzen ist, dass eine Nachversteuerung bzw. Nachentrichtung an Beiträgen zu erfolgen hat.

### 3. Persönliche Gründe

169 Unbeachtlich sind demgegenüber andere subjektive, wertbildende Faktoren, wenn sie ihre Relevanz allein aus persönlichen Bindungen beziehen. Für den Fall, dass der Geschädigte sein Kraftfahrzeug dank besonderer persönlicher Geschicklichkeit und Verhandlungstaktik außerordentlich günstig erworben hat, ist er nicht verpflichtet, diesen Vorteil im Fall eines Totalschadens an »seinen« Schä-

---

220 Vgl. dazu BGHZ 10, 107 = VersR 1953, 320; 1975, 172; *OLG München* VersR 1975, 916; *OLG Celle* Sp 1995, 38.

221 Vgl. dazu *BGH* VersR 1975, 127 (für den Fall des Kaskoschadens, sofern die Neuwertvergünstigung nach § 13 Abs. 2 AKB in Anspruch genommen wird); *LG Köln* VersR 1980, 230; *Mittelmeier* VersR 1977, 1076; – a.A. *OLG Celle* VersR 1993, 624 = SP 1993, 217 f.; *LG Baden-Baden* VersR 1980, 35 = zfs 1980, 91; *OLG Braunschweig* DAR 1988, 167.

222 Vgl. dazu *OLG München* NJW 1975, 170; *OLG Karlsruhe* zfs 1990, 106; *OLG München* zfs 1990, 230; *OLG Karlsruhe* DAR 1989, 106; *Sanden/Völtz* Rn. 188.

223 *OLG Stuttgart* VersR 2023, 517; *OLG Köln* ZfS 2024, 18.

224 Vgl. dazu *LG Braunschweig* DAR 1988, 167.

diger weiterzugeben. Dies bedeutet, dass der Ersatzpflichtige sich auf den – besonders günstigen – Einkaufspreis eines derartigen Fahrzeugs nicht berufen kann, sondern den objektiv erzielbaren Wiederbeschaffungswert zu erstatten hat, der u.U. im Zeitpunkt des Schadens sogar höher liegen kann als der tatsächlich einmal gezahlte Anschaffungspreis.

Das Gleiche gilt für den Fall, dass der Geschädigte den Wagen mit Rücksicht auf seine persönlichen Bindungen zu einem nahen Angehörigen, Freund oder Arbeitgeber – ausgenommen hier wiederum unter besonderen Voraussetzungen der sog. »Jahreswagen« – besonders günstig erworben hat. Insoweit gilt analog der Grundsatz von der Unbeachtlichkeit freiwilliger Drittleistungen. Das Gleiche gilt, wenn der Geschädigte das Kraftfahrzeug ohne Gegenleistung erhalten (beispielsweise es in der Lotterie gewonnen, geerbt oder geschenkt bekommen) hat. Niemand würde ernsthaft auf den Gedanken kommen, dass in diesem Fall der Wiederbeschaffungswert mit Null anzusetzen ist und zu behaupten, dass durch den Unfall kein Schaden entstanden sei. 170

Selbstverständlich ist es – umgekehrt – ebenso unbeachtlich, wenn der Gläubiger behauptet, beim Ankauf des Fahrzeugs übervorteilt[225] worden zu sein oder wenn er sich zu Investitionen entschlossen hat, die in keinem vertretbaren Verhältnis zum Wert des Kfz standen. Diese Aspekte fallen nicht in die Verantwortungs- und Zurechnungssphäre des Schädigers, sodass der Ersatzpflichtige auch in diesen Fällen lediglich den nach objektiven Kriterien zu ermittelnden Wiederbeschaffungswert zu erstatten hat. 171

Die daran anschließende Frage nach dem bei der Verwertung des Restfahrzeuges erzielbaren Erlös (Restwert) ist ein Aspekt, zu dem der technische Kfz-Sachverständige aus seiner Sicht im Regelfall ohnehin nur theoretisch Stellung nehmen kann, weil es insoweit allein auf das Wechselspiel zwischen Angebot und Nachfrage auf dem Markt ankommt. 172

Zu berücksichtigen ist ferner, dass in allen Fällen, in denen der Geschädigte behauptet, er habe das – später total beschädigte – Kraftfahrzeug bereits vor dem Unfall rechtsverbindlich veräußert oder in Zahlung gegeben, Mehrwertsteuer auf den in dieser Weise »festgeschriebenen« Wiederbeschaffungswert auch dann nicht ersetzt verlangt werden kann, falls eine Möglichkeit zum Vorsteuerabzug für ihn nicht besteht. Der Grund für diese Betrachtung liegt darin, dass der Geschädigte auf diese Weise zugleich deutlich gemacht hat, dass die Mehrwertsteuer ohne Rücksicht auf das konkrete Schadenereignis in absehbarer Zeit ohnehin, und zwar zu seinen Lasten angefallen wäre. Sie ist also durch den betreffenden Unfall, der den Veräußerungszeitpunkt nur etwas vorverlegt hat, nicht ursächlich ausgelöst worden. 173

Das Gleiche gilt übrigens auch für die Kosten der Ummeldung – Abmeldung des beschädigten Kfz und Neuzulassung des Ersatzwagens , wie für alle im Zusammenhang mit der Ersatzbeschaffung entstehenden Nebenkosten überhaupt, weil auch diese Aufwendungen nach der bereits vorgezeichneten Entwicklung auf den Geschädigten ohnehin unfallunabhängig zugekommen wären. 174

Wird aus den Umständen überdies deutlich, dass bereits vor dem Unfall im Zusammenhang mit der Veräußerung des später total beschädigten Kfz ein verbindlicher Liefertermin (Zeitpunkt für die Übergabe an den Käufer) vereinbart worden ist, der vor dem Ende der Reparaturzeit oder der Wiederbeschaffungsfrist liegt, dann hat der Ersatzpflichtige den Ausfallschaden (beispielsweise Mietwagenkosten, Nutzungsausfallentschädigung oder Verdienstausfall), soweit er als Sachfolgeschaden auf dem Totalschaden beruht, nur bis zum Tage der vereinbarten Lieferung an den Dritten zu ersetzen. Der Grund für diese Betrachtungsweise besteht darin, dass der Geschädigte nach seinem eigenen Sachvortrag die Gebrauchsvorteile seines Kfz unfallunabhängig ohnehin nur noch hätte bis zum Liefertermin in Anspruch nehmen können. Wäre die Übergabe des verkauften Kfz beispielsweise für den Tag nach dem Unfall vorgesehen gewesen, so hätte der Ersatzpflichtige Mietwagenkosten unabhängig von der wirklichen Reparaturdauer oder Wiederbeschaffungsfrist lediglich für einen Tag zu erstatten. 175

225 *OLG Celle* VersR 1974, 1132.

176 Selten diskutiert wird die Frage, ob der Dritte (Käufer) auf vertraglicher Grundlage vom Geschädigten unter dem Gesichtspunkt des Verzuges einen ihm seinerseits entstandenen Ausfallschaden ersetzt verlangen kann. Indes werden die Voraussetzungen des Verzuges, insbesondere Verschuldens regelmäßig nicht vorliegen. Auch direkte Ansprüche zwischen dem Käufer und dem Ersatzpflichtigen scheiden aus, weil es an einem Rechtsverhältnis oder einer rechtlichen Sonderbeziehung für diese Person fehlt. Hinzu kommt, dass der Geschädigte auch nicht berechtigt ist, für seinen Vertragspartner – den Käufer – Ersatzansprüche im eigenen Namen geltend zu machen, da ihm insoweit die Aktivlegitimation fehlt. Er kann sich dabei weder auf das Rechtsinstitut der Drittschadensliquidation noch gar auf gewillkürte Prozessstandschaft berufen.

## F. Ersatzbeschaffung

### I. Grundsätze

#### 1. Anspruch auf Gebrauchtwagen

177 Grundsätzlich kann der Ersatzberechtigte im Fall eines Totalschadens nur einen Gebrauchtwagen beanspruchen. Dies gilt auch für den Geschädigten, der das Kfz beruflich benötigt,[226] sofern keiner der unter Rdn. 10–36 dargestellten Ausnahmefälle vorliegt. Dies gilt sowohl für die Bemessung des Anschaffungspreises als auch bezüglich des (mittelbaren) Sachfolgeschadens, der während etwaiger Lieferfristen entsteht.[227] Selbstverständlich steht es im freien Ermessen jedes Geschädigten, in welcher Weise er über die ihm zugewendete Ersatzleistung verfügt. Er braucht ihn durchaus nicht zweckgebunden »anzulegen«. Das bedeutet, dass er sich im Fall eines Totalschadens selbstverständlich nach seinem Belieben auch für ein Neufahrzeug entscheiden kann. Er muss dann jedoch die mit dieser Form der Ersatzbeschaffung verbundenen Mehrkosten – wie höheren Kaufpreis, längere Wiederbeschaffungsfrist, Überführungskosten usw. – selbst tragen.[228]

#### 2. Anspruch auf fabrikneues Fahrzeug

178 Nur in ganz seltenen Ausnahmefällen wird der Geschädigte zulasten des Ersatzpflichtigen ein fabrikneues Fahrzeug beanspruchen dürfen. Auch in diesen Fällen muss er sich stets anspruchsmindernd den Vorteil anrechnen lassen, den er aus der Benutzung des beschädigten Fahrzeugs bis zum Unfallzeitpunkt gezogen hat.[229]

179 Ein neues Fahrzeug wird als Gegenstand der Ersatzleistung insbesondere dann in Betracht kommen, wenn der beschädigte Wagen im Unfallzeitpunkt nicht als Gebrauchsgegenstand, sondern als Handelsobjekt diente. Das Gleiche gilt – hier sogar obligatorisch mit Rücksicht auf die Schadenminderungspflicht – für Vorführwagen und jeweils dann, wenn das beschädigte Fahrzeug noch als neuwertig zu bezeichnen war,[230] sodass mit Rücksicht auf die besondere Interessenlage des Geschädigten von einem »unechten« Totalschaden ausgegangen werden muss. Es muss sich außerdem um besonders schwere Schäden handeln, die einen erheblichen Eingriff in das bis dahin integere Gefüge des Kraftfahrzeugs darstellen und eine Weiterbenutzung des reparierten Wagens als unzumutbar erscheinen lassen. Davon wird beim Stande der heutigen Reparaturtechnik nur in ganz seltenen Ausnahmefällen auszugehen sein. Dabei bleibt der Grundsatz festzuhalten, dass allein Prestigegründe

226 Unzutreffend u.z.T. überholt *OLG Hamburg* VersR 1960, 450 u. 719; *OLG Celle* NJW 1962, 396 = VersR 1962, 1187; *LG Düsseldorf* NJW 1959, 1226 = VersR 1959, 964.

227 Vgl. dazu beispielsw. *OLG Celle* VersR 1963, 49; *KG* VersR 1971, 256; *LG München I* VersR 1965, 145; Krumme/*Steffen* § 11 StVG Rn. 16.

228 Vgl. dazu *BGH* VersR 1966, 830; *OLG Nürnberg* DAR 1963, 268; *OLG Hamburg* VersR 1964, 1175 = *LG München I* VersR 1965, 145; *LG Hannover* VersR 1968, 101; a.A. *LG Nürnberg-Fürth* VersR 1988, 252 (das meint, dem Geschädigten stehe ein freies Wahlrecht zu).

229 Vgl. dazu *KG* OLGR 1972, 404 = DAR 1972, 327.

230 Vgl. *OLG Bremen* VersR 1978, 236 (nicht unbedenklich, da nur auf das Alter abgestellt wird).

oder persönliche Vorurteile des Geschädigten nicht die mit der Ablehnung einer Reparatur und der Anschaffung eines neuen Ersatzfahrzeugs verbundenen höheren Kosten rechtfertigen.[231]

## II. Vorgezogene Ersatzbeschaffung

### 1. Vertragliche Bindung vor dem Unfall

Hatte der Geschädigte bereits vor dem Unfall durch rechtsgültigen Vertrag ein fabrikneues Kraftfahrzeug gekauft und hält die Lieferfrist sich in einem vertretbaren Rahmen,[232] so ist der Schädiger verpflichtet, bis zum Tage der Lieferung des Neufahrzeugs den mittelbaren Sachfolgeschaden (Mietwagenkosten, entgangene Gebrauchsvorteile bzw. entgangenen Gewinn) zu ersetzen.[233] Wenn der Gläubiger bereits vor dem Unfall ein Neufahrzeug bestellt hatte und demgemäß vertraglich zu seiner Abnahme auch nach dem Unfall verpflichtet bleibt, kann der Ersatzberechtigte nicht auf einen Gebrauchtwagen verwiesen werden. Es ist jedoch im Einzelfall sorgfältig zu prüfen, ob nicht die Beschaffung eines sog. Interimfahrzeugs zu empfehlen ist, wenn die Lieferfrist für das Neufahrzeug mehrere Wochen dauert und ein vorzeitiger Abruf des Wagens nicht möglich ist. 180

### 2. Folgen für den Gläubiger

Für den Fall, dass der Geschädigte bereits vor dem Unfall ein Neufahrzeug bestellt haben sollte, hat er selbstverständlich keinen Anspruch darauf, dass der Schädiger ihm im Fall eines Totalschadens die – sonst ausgleichsfähigen – Kosten für die Ummeldung sowie sonstige Nebenkosten überhaupt erstattet. Diese Aufwendungen stellen sich nicht als adäquate Folge des zum Ersatz verpflichteten Ereignisses dar, sondern sie beruhen auf dem unfallunabhängigen, freiwilligen Entschluss des Gläubigers, sich auf jeden Fall ein Neufahrzeug anzuschaffen. 181

Auch die bei der Ersatzbeschaffung anfallende Mehrwertsteuer ist dem Gläubiger selbst dann nicht zu erstatten, wenn er von der Gestaltungsmöglichkeit des Vorsteuerabzugs nach § 15 UStG keinen Gebrauch machen kann. Dies gilt auch bezüglich des Anteils, der dem Wiederbeschaffungswert des total beschädigten Fahrzeugs entspricht. Der Grund für diese Betrachtung liegt darin, dass sich auch die Mehrwertsteuer nicht als adäquate Folge des Unfalls darstellt, sondern auch ohne das zum Ersatz verpflichtende Ereignis aus Anlass der ohnehin in Aussicht genommenen Ersatzbeschaffung in gleicher Höhe angefallen wäre. 182

Unter Umständen wird der Schädiger auch nicht verpflichtet sein, Kosten für ein Sachverständigengutachten zu erstatten. Dies gilt jedenfalls dann, wenn offenkundig Totalschaden vorliegt und der Gläubiger vom Ersatzpflichtigen denjenigen Betrag erstattet verlangt, der ihm im Fall der bereits vereinbarten Inzahlungnahme vom Händler vertraglich zugesichert worden ist. Allein für die Feststellung des Restwerts bedarf es nicht der Einschaltung eines Sachverständigen, da es insoweit nicht auf 183

231 Vgl. dazu *BGH* VersR 1966, 489; *OLG Hamm* NJW 1968, 993 = VersR 1968, 675 (Neuwertigkeit bei einem Pkw mit einer Laufleistung von über 2000 km verneint); *OLG Düsseldorf* VersR 1970, 42; *OLG Köln* VersR 1970, 334 (Zumutbarkeit der Reparatur bei einem 5 Monate alten Kfz m. 8800 km Laufleistung u. ca. 2.800 DM Reparaturkosten bei einwandfrei möglicher Wiederherstellung bejaht); *OLG Stuttgart* VersR 1970, 631 (das die Auffassung des *OLG Hamm* VersR 1964, 1174 ablehnt, nach der der Gläubiger stets einen Neuwagen beanspruchen kann); *KG* VersR 1973, 1070 = DAR 1973, 43 (das die Reparatur eines 5 Monate alten Kfz mit einer Fahrleistung von 8600 km auch dann für zumutbar hält, wenn es sich um einen »Langzeit- und Dauerleistungswagen« – im konkreten Fall: Volvo – handelt).

232 Vgl. dazu *OLG Oldenburg* VRS 33, 83; *OLG München* VersR 1964, 442; VersR 1976, 1145 – DAR 1976, 156, 158; *OLG Hamm* NJW 1964, 406; *KG* VersR 1971, 256.

233 Vgl. dazu *OLG Hamm* VersR 1962, 1017 (dem diese Auffassung allerdings nur im Wege des Umkehrschlusses entnommen werden kann); *OLG Bremen* VersR 1969, 333; *OLG Celle* VersR 1974, 1032; *OLG München* VersR 1976, 1145 = DAR 1976, 156; *KG* VRS 54, 241 f. – a.A. *OLG Nürnberg* VersR 1976, 373 (L); *LG Augsburg* VersR 1972, 963.

rechnerische Daten, sondern ausschließlich auf den Erlös ankommt, der sich unter Berücksichtigung des Wechselspiels zwischen Angebot und Nachfrage auf dem liberalisierten Markt erzielen lässt.[234]

### 3. Interimsfahrzeug

184 Wenn zwischen dem Unfallzeitpunkt und dem Tage der Ersatzbeschaffung ein längerer Zeitraum liegt, dann ist mit Rücksicht auf die durch § 254 Abs. 2 BGB normierte Schadenminderungspflicht im Einzelfall sorgfältig zu prüfen, ob die Anschaffung eines sog. Interimsfahrzeugs geeignet ist, den dann in ungewöhnlicher Höhe drohenden Sachfolgeschaden in zumutbarer Weise gering zu halten.[235]

185 Nach der Auffassung des *OLG Frankfurt*[236] soll sogar der »ausgesprochene Vielfahrer« verpflichtet sein, von der ansonsten sachgerechten Ersatzanmietung abzusehen und stattdessen im Interesse der Schadenminderung auf ein Interimsfahrzeug zurückzugreifen. Dieser Standpunkt erscheint nicht unbedenklich, wie bereits an anderer Stelle dargelegt worden ist.[237]

## G. Nebenkosten

186 Soweit es sich um die Erstattungsfähigkeit von Nebenkosten handelt, ist jeweils streng zu differenzieren, ob sie als besondere Auslagen im Zusammenhang mit der Ersatzbeschaffung – also als (mittelbarer) Sachfolgeschaden – angefallen sind oder ob es sich um einen unmittelbaren Schaden handelt, der unter dem Gesichtspunkt der Eigentumsverletzung auf dem durch Substanzverzehr eingetretenen Wertverlust beruht. Der Grund für diese Differenzierung besteht darin, dass der unter dem Gesichtspunkt der Eigentumsverletzung zu erstattende Substanzwert nicht doppelt berücksichtigt werden darf. Dies wäre jedoch der Fall, wenn neben dem – richtig berechneten – Wiederbeschaffungswert zusätzlich noch einmal Kosten erstattet würden, die bereits im Wiederbeschaffungswert enthalten sind. Nur der unmittelbare Sachschaden kann als Wertersatzforderung im Sinne von § 249 BGB bzw. als Schadensersatz in Geld im Sinne von § 251 BGB ausgedrückt und auf dieser Grundlage im Zusammenhang mit den Folgen der Eigentumsverletzung ggf. auch »abstrakt« abgerechnet werden, während die sonstigen Nebenkosten, soweit sie dem mittelbaren Schaden (Sachfolgeschaden) zuzurechnen ist, nur dann erstattungsfähig ist, wenn sie in Form eines konkreten Aufwands tatsächlich entstanden sind und der Gläubiger (Geschädigte) sich diesem Aufwand ohne Verletzung der durch § 254 Abs. 2 BGB normierten Schadenminderungspflicht vorwurfsfrei unterziehen durfte.[238]

### I. Abmeldekosten

187 Unverzüglich, sobald der Totalschaden feststeht, ist das beschädigte Kfz im Hinblick auf die Schadenminderungspflicht bei der zuständigen Zulassungsstelle gegen Rückgabe des Kfz-Scheines (nicht: des Kfz-Briefes) und Entstempelung der amtlichen Kennzeichen abzumelden. Diese Kosten lassen sich anhand der amtlichen Gebührenordnung leicht ermitteln und durch entsprechende Quittungen der Zulassungsstelle konkret belegen. Für eine fiktive oder pauschale Geltendmachung besteht insoweit kein Raum.[239]

234 Vgl. dazu auch *Klimke* VersR 1973, 474 (476 l. Sp.).
235 *OLG Hamm* r+s 1991, 266; *OLG Oldenburg* VersR 1982, 1154 = zfs 1983, 43; Himmelreich/Halm/*Reinicke*, Kap. 5, Rn. 11.
236 Vgl. dazu *OLG Frankfurt* VersR 1980, 432; – ebenso – wenn auch offenbar als obiter dictum – wohl *BGH* NJW 1982, 1518 = VersR 1982, 548 = zfs 1982, 238.
237 Vgl. *OLG Frankfurt* VersR 1982, 859 (Interimsfahrzeug für Urlaubsfahrt).
238 Vgl. dazu insbes. *AG Hersbruck* VersR 1980, 780; *Kötz* VGT 1978, 193, 214 – so ausdrücklich unter Hinweis auf die Sonderregelung beim mittelbaren Schaden: *OLG Karlsruhe* VersR 1979, 384; – a.A. *OLG Frankfurt* VersR 1974, 497.
239 *KG* DAR 2004, 352; MDR 2007, 887; r+s 2019, 347; *OLG München* SVR 2017, 427; *LG Koblenz* SVR 2017, 470; *AG München* SP 2011, 222; *AG Dortmund* SP 2012, 185; *AG Geislingen* SVR 2022, 232; a.A. *AG Meinerzhagen* DAR 2019, 212.

## II. Neuzulassung des Ersatzwagens

Insoweit gelten ähnliche Grundsätze, wie für die Abmeldung des beschädigten Kfz. Die Kosten der Neuzulassung sind indes lediglich dann zu erstatten, wenn anstelle des total beschädigten Kfz tatsächlich ein anderes Fahrzeug amtlich zugelassen wird, wobei es – sowohl dem Grunde als auch der Höhe nach – gleichgültig ist, ob es sich dabei um einen Neuwagen oder um ein Gebrauchtfahrzeug handelt. Verzichtet demgegenüber der Geschädigte – gleichgültig, aus welchen Gründen auch immer – auf die in sein freies Ermessen gestellte Ersatzbeschaffung, so sind die gedachten Kosten der Neuzulassung auch unter dem Gesichtspunkt des »normativen« Schadens nicht ausgleichsfähig, da es sich insoweit um einen mittelbaren Schaden handelt.[240] 188

Auch diese Kosten sind vom Geschädigten also konkret zu belegen.[241] Häufig werden in der Praxis der Schadenregulierung die Ummeldekosten pauschal bemessen und gefühlsmäßig bei Weitem zu hoch eingeschätzt. Für eine derartige Schätzung besteht keine Veranlassung, da die entsprechenden Belege der Zulassungsstelle den für die Ummeldung aufgewendeten Betrag ohne besondere Schwierigkeiten exakt ausweisen. Beweispflichtig ist insoweit der Geschädigte, der nicht nur den Anspruchsgrund, sondern auch dessen Höhe nach den Grundsätzen der konkreten Schadenberechnung ordnungsgemäß darzulegen hat.[242] Er soll aber auch Anspruch auf die Kosten eines professionellen Dienstleisters zur Neuanmeldung des Fahrzeugs haben.[243] 189

Wenn der Geschädigte die Ersatzbeschaffung und somit den Anfall von Ummeldekosten belegt hat, ist grundsätzlich § 287 ZPO anwendbar, welches eines Schadensschätzung erlaubt. Insoweit sind die zugesprochenen (und z.T. von den Versicherungen akzeptierten) Pauschalen meist sehr großzügig, die tatsächlich von den Gemeinden verlangten Gebühren oft deutlich geringer. Die von anderen Gerichten zugesprochenen Pauschalen[244] für Abmeldung und Neuanmeldung eines Kfz nach einem Totalschaden können jedenfalls dann nicht Grundlage für die Schadensregulierung sein, wenn der Schädiger (bzw. seine Versicherung) nachweist, dass die tatsächlich anfallenden Gebühren niedriger sind. Die tatsächlich anfallenden Gebühren lassen sich heutzutage meist bereits im Internet recherchieren. Klar ist zudem, dass solche Nebenkosten nur dann erstattungsfähig sind, wenn überhaupt ein wirtschaftlicher Totalschaden vorliegt. Entscheidet sich der Geschädigte trotz Vorliegen eines eindeutigen Reparaturschadens zu einer Ersatzbeschaffung, sind insoweit entstandene Ummeldekosten nicht erstattungsfähig.[245] 190

## III. Amtliche Kennzeichen

Die amtlichen Kennzeichen gehören als integrierter Bestandteil des beschädigten Fahrzeugs, mit dem sie fest verbunden sind; sie sind infolgedessen im Wiederbeschaffungswert bereits enthalten. Die technischen Kfz-Sachverständigen gehen dabei von der »Faustregel« aus, dass der Wiederbeschaffungswert alle Fahrzeugteile erfasst, die mit dem Kfz fest verbunden – d.h. verschraubt oder verschweißt – sind. 191

Da die amtlichen Kennzeichen zum Fahrzeug gehören, wird der Geschädigte, der bei der Ersatzbeschaffung – im Regelfall – auf einen Gebrauchtwagen zurückgreift, diese ohne besondere Mehrkosten zusammen mit dem Fahrzeug erwerben und die Kennzeichen für die anschließende Wiederzulas- 192

---

240 Vgl. dazu insbes. *KG* DAR 2004, 352 = NZV 2004, 470; DAR 2007, 587; *AG Hersbruck* VersR 1980, 730 = zfs 1980, 303; *AG Nürnberg* VersR 1981, 586.

241 Vgl. dazu Fn. 2, zudem *OLG Karlsruhe* zfs 1989, 51 = VRS 75, 403; *LG Stade* NZV 2004, 254; *AG Köln* zfs 1984, 39; *AG Nürnberg* zfs 1988, 277.

242 *LG Kiel* SVR 2014, 22.

243 *AG Tostedt* NZV 2018, 385.

244 Vgl. dazu *OLG Hamburg* VersR 1986, 770 (70 DM); *OLG Naumburg* VersR 1998, 780 = DAR 1998, 18 (140 DM); *OLG Düsseldorf* NZV 2006, 415 (75 €); *LG Freiburg* VM 1999, 17 (80 €); *AG Kaiserslautern* DAR 2003, 424 (75 €).

245 *LG Koblenz* SVR 2011, 152.

sung verwenden können. Es entstehen insoweit auch keine Schwierigkeiten beim Straßenverkehrsamt (Zulassungsstelle für Kraftfahrzeuge), dass diese Kennzeichen ohne Weiteres dem Geschädigten zuteilt, es sei denn, das Ersatzfahrzeug wäre zuvor in einem anderen Ort zugelassen gewesen. Eine besondere »Sperrfrist« gibt es insoweit entgegen weitverbreiteter Auffassung – eine Ausnahme gilt lediglich für den Fall, dass eines der mit der amtlichen Plakette versehenen Kennzeichen verloren gegangen und nicht wiedergefunden worden ist – nicht. Dabei ist zu berücksichtigen, dass die vom Handel oder von Privatpersonen angebotenen Gebrauchtwagen entweder noch zugelassen sind, sodass eine Umschreibung ohne Weiteres erfolgen kann, oder jedenfalls nur vorübergehend abgemeldet wurden. Lediglich für Fahrzeuge, die – unter Einbeziehung des Kfz-Briefes – bei der Zulassungsstelle endgültig abgemeldet worden sind, kann das etwa noch am Fahrzeug befindliche amtliche Kennzeichen dem Antragsteller nicht ohne Weiteres zugeteilt werden, da insoweit eine Bearbeitungsfrist von etwa 6 Wochen beim Kraftfahrtbundesamt in Flensburg abgewartet werden muss. Diese Bearbeitungsfrist ist erforderlich, weil der Computer in Flensburg ansonsten eine »doppelte« Ausgabe des betreffenden Kennzeichens signalisiert.

## IV. Stempel und Prüfplaketten

193 Die Kosten für die amtlichen Stempel- und Prüfplaketten sind bei einem Fahrzeugschaden lediglich dann zu erstatten, wenn sie aus unfallbedingtem Anlass tatsächlich entstanden sind. Dies könnte bei einem Reparaturschaden etwa dann der Fall sein, wenn im Zusammenhang mit einem Auffahrschaden u.a. auch das amtliche Kennzeichen so stark beschädigt worden ist, dass es unansehnlich geworden ist und erneuert werden muss. In diesem Fall hat der Schädiger die Aufwendungen für Stempel- und Prüfplaketten zu ersetzen.

194 Sofern Totalschaden vorliegt und eine Umschreibung des Kfz, verbunden mit einer Neuzulassung des Ersatzwagens, erforderlich wird, entstehen Kosten für Stempel- und Prüfplaketten nur dann neu und sind vom Schädiger zu ersetzen, wenn das (gebrauchte) Ersatzfahrzeug zuvor an einem anderen Ort zugelassen war.

## V. TÜV-Untersuchung

195 Nicht erstattungsfähig sind demgegenüber etwaige Kosten, die durch eine technische Überprüfung des Fahrzeugs beim TÜV und seine Abnahme nach § 29 StVZO entstehen. Mit der Neuzulassung eines Gebrauchtwagens ist nicht zwangsläufig eine Vorführung und technische Überprüfung beim TÜV verbunden. Üblicherweise laufen die Vorführfristen unabhängig von der Benutzung des Kfz. Selbst für den Fall, dass das als Ersatz für den beschädigten Wagen erworbene Gebrauchtfahrzeug turnusmäßig früher beim TÜV vorgeführt werden muss, als dies bei der Weiterbenutzung des eigenen Wagens der Fall gewesen wäre, sind die dadurch entstehenden Mehrkosten für die TÜV-Untersuchung auch pro rata temporis nicht zu erstatten, da es insoweit allein auf die zutreffende Ermittlung des Wiederbeschaffungswerts für das eigene Fahrzeug ankommt und die Überprüfungsfristen dabei – insbesondere bei älteren Fahrzeugen – ganz erheblich als wertbildender Faktor bei der Bemessung des Wiederbeschaffungswerts berücksichtigt worden sind. In diesem Zusammenhang muss noch einmal deutlich gemacht werden, dass die Ersatzpflicht des Schädigers sich nicht auf das neue Fahrzeug (Ersatzfahrzeug) bezieht, weil ihm insoweit keine Garantenstellung zugunsten des Geschädigten erwächst.[246]

## VI. Brief- und Überführungskosten

196 Die Kosten für die Ausfertigung eines neuen Kfz-Briefes und für die Überführung vom Herstellerwerk zum Kunden sind nur demjenigen Geschädigten zu erstatten, dem im Verhältnis zum ersatzpflichtigen Anspruch auf ein fabrikneues Fahrzeug zusteht.[247] Dabei dürfte es sich um einen absoluten Aus-

246 Vgl. dazu insbes. *Klimke* VersR 1974, 832, 835.

247 Vgl. dazu *AG Emmendingen* VersR 1981, 844 (L: Leasing-Kfz).

nahmefall handeln, da der Geschädigte in der Regel Anspruch lediglich auf ein Gebrauchtfahrzeug hat. Soweit diese Kosten im Übrigen anfallen, weil der Geschädigte sich statt eines gleichwertigen Gebrauchtfahrzeugs ein Neufahrzeug anschafft, gehen diese Kosten (ebenso wie ein ggfs. längerer Ausfall) zu seinen Lasten, da sie nicht zur Schadensbeseitigung erforderlich waren (§ 249 BGB). Der Gebrauchtwagenmarkt ist so gesättigt, dass in jeder Region ein Gebrauchtfahrzeug ohne Anfall von Überführungskosten beschafft werden kann, sofern nicht ein ganz außergewöhnliches Fahrzeug in Rede steht, dass auch im gebrauchten Zustand nur sehr eingeschränkt erhältlich ist.[248]

## VII. Kfz-Steuer

Ein Verlust an Kfz-Steuer kann nach derzeit gültigen Rechtsvorschriften nicht eintreten. Wird ein 197 einheimisches Kraftfahrzeug vorübergehend stillgelegt oder endgültig aus dem Verkehr gezogen und wird dabei die Rückgabe oder Einziehung des Fahrzeugscheins (Zulassung) und die Entstempelung des Kennzeichens an verschiedenen Tagen vorgenommen, so ist der letzte Tag dieser Maßnahmen für die Dauer der Steuerpflicht maßgebend (§ 5 Abs. 4 KraftStG). Dies führt im Ergebnis zu einer taggenauen Erstattung der Kfz-Steuer. Daraus wiederum ergibt sich, dass mit der Abmeldung des Kfz bei der Zulassungsstelle und der Entstempelung der amtlichen Kennzeichen – beide Maßnahmen fallen in der Regel auf einen Tag – die nach Kalendertagen bemessene Steuerpflicht endet.

Die bereits zitierte Bestimmung des § 5 Abs. 4 KraftStG sieht weiter vor, dass das Finanzamt für 198 die Beendigung der Steuerpflicht einen früheren Zeitpunkt zugrunde legen kann, »wenn der Steuerschuldner glaubhaft macht, dass das Fahrzeug seit dem früheren Zeitpunkt nicht benutzt worden ist und dass er die Abmeldung des Fahrzeugs nicht schuldhaft verzögert hat«. Diese Regelung läuft im Ergebnis darauf hinaus, dass bei Totalschäden üblicherweise die Steuerpflicht mit dem Ablauf des Unfalltages endet, wenn der Geschädigte als Steuerpflichtiger durch das ohnehin in jedem Fall vorliegende Gutachten eines technischen Sachverständigen zur Überzeugung des Finanzamtes nachzuweisen vermag, dass der Wagen mit Rücksicht auf die Schwere der unfallbedingten Beschädigungen nicht mehr betriebs- und verkehrssicher war und daher seit dem Unfall nicht benutzt werden konnte. Auch wenn die Abmeldung des Kfz und die Entstempelung der amtlichen Kennzeichen erst einige Tage nach dem Unfall erfolgt, wird der Geschädigte diesen Umstand nicht als eine ihm zuzurechnende schuldhafte Verzögerung zu vertreten haben, weil man ihm zugestehen muss, dass er sich als technischer Laie zunächst einmal durch Hinzuziehung eines Fachmannes (technische Sachverständigen) in Verbindung mit der Werkstatt seines Vertrauens letzte Gewissheit darüber verschaffen musste, ob tatsächlich Totalschaden vorlag. Unter dieser Voraussetzung, die in der Praxis die Regel darstellen dürfte, erhält der Geschädigte die Kfz-Steuer praktisch vom Unfalltage an ersetzt.

Dieser Gesichtspunkt ist von Bedeutung nicht nur für die nach einem Totalschaden entstehenden 199 Nebenkosten, sondern auch für die Bemessung der Nutzungsausfallentschädigung, die zu einem wesentlichen Teil aus den »Generalunkosten« für das Kfz besteht. Die Kfz-Steuer wird also als Teil der Fixkosten mit Rücksicht auf den Totalschaden eingespart.

## VIII. Versicherungsprämie/Leasingraten

Mit der Abmeldung des beschädigten Kfz beim eigenen Haftpflichtversicherer entfallen das versi- 200 cherte Interesse und damit auch die Prämienpflicht. Im Allgemeinen entsteht insoweit dem Gläubiger (Geschädigten) ebenfalls kein zusätzlicher Schaden. Die Haftpflichtprämie, die der Versicherer im Voraus für die vereinbarte Periode erhalten hat, wird pro rata temporis auf neue Rechnung gutgebracht. Dieser Gesichtspunkt wird in der Praxis der Schadenregulierung allzu häufig übersehen. Auch die Haftpflichtprämie wird also als Teil der Fixkosten im Fall eines Totalschadens eingespart. Diese Kosten sind nicht durch den Unfall verursacht worden und sind daher nicht erstattungsfä-

248 Daher zweifelhaft *OLG Naumburg* NZV 2011, 342.

hig.[249] Gleiches gilt auch für die Leasingraten für das verunfallte Fahrzeug nach dem Unfall.[250] Etwas anderes kann unter dem Gesichtspunkt des Haftungsschadens allerdings für Mehrkosten durch die vorzeitige Fälligstellung wegen unfallbedingter Beendigung des Leasingvertrages gelten, nicht jedoch die Kosten für den Abschluss eines neuen Leasingsvertrages.[251]

## IX. Werkstattgarantie und technische Überprüfung

201 Die Kosten für eine Werkstattgarantie sind unter der Prämisse, dass auch für das eigene (total beschädigte) Kraftfahrzeug ebenfalls noch eine Garantie bestanden haben sollte – lediglich in diesem Fall wird die Fragestellung überhaupt rechtlich relevant –, im Wiederbeschaffungswert enthalten. Ein besonderer Zuschlag für eine Werkstattgarantie ist daher unter dieser Voraussetzung nicht zu gewähren, sofern der Wiederbeschaffungswert richtig berechnet worden ist.[252]

## X. Unterstellkosten (Standgeld)

202 Derartige Aufwendungen entstehen nach den Erfahrungen der Praxis außerordentlich selten. Sie werden im Allgemeinen aus Gründen des »Kundendienstes« von der betreffenden Werkstatt nicht berechnet. Sollten sie ausnahmsweise einmal in Rechnung gestellt worden sein, dann liegt die Vermutung nahe, dass der Geschädigte sie – häufig im Einvernehmen mit der Werkstatt – aus der Überlegung heraus, der Schädiger müsse schließlich derartige Aufwendungen doch erstatten – augenzwinkernd akzeptiert hat. Auch »echte« – also ernst gemeinte – Unterstellkosten werden in aller Regel im Fall der nachfolgenden Reparatur oder des bei der betreffenden Werkstatt vollzogenen Ankaufs eines Ersatzfahrzeugs voll angerechnet.[253] Diesen dem Schadenereignis adäquaten Vorteil muss der Geschädigte (Gläubiger) sich anrechnen lassen. Unterstellkosten werden allerdings mit Vorliebe von gewerblichen Abschleppbetrieben in Höhe eines Tagessatzes von 2,50 € bis 5 € berechnet. Dass derartige Sätze bei Weitem zu hoch sind, zumal die Fahrzeuge üblicherweise im Freien abgestellt werden, bedarf keiner Frage. Dieser Einwand ist jedoch dem Ersatzpflichtigen versagt, wenn der Geschädigte seinerseits diese offenbar branchenüblichen Kosten akzeptieren musste. Allerdings gebietet es die Schadenminderungspflicht, dass die Standzeit auf das unumgänglich notwendige Maß verkürzt wird. Fahrzeuge, die offensichtlich reparaturfähig sind, sollten nicht beim Abschleppdienst untergestellt, sondern sofort und in einem Zuge von der Unfallstelle zur Reparaturwerkstatt geschleppt werden. Durch dieses Verfahren werden nicht nur Unterstellkosten vermieden, sondern auch die Aufwendungen für eine erneute Schleppfahrt. Liegt erkennbar Totalschaden vor, dann sollte der

---

249 *OLG Saarbrücken* r+s 2023, 873.

250 *BGH* DAR 1991, 54; *OLG Saarbrücken* a.a.O.

251 *BGH* VersR 1992, 194.

252 Vgl. dazu *OLG Bamberg* VersR 1977, 724 = r+s 1977, 194 (Erstattungsfähigkeit nur in besonders gelagerten Ausnahmefällen); *OLG Frankfurt* VersR 1979, 452; r+s 1979, 192 (L: irreführend!); zfs 1985, 10; *LG Frankfurt* VersR 1978, 1114 = r+s 1979, 40; *LG Ludwigshafen* r+s 1979, 102; *LG Stuttgart* r+s 1979, 235; *LG Osnabrück* VersR 1980, 1082 = zfs 1981, 9; *LG Saarbrücken* zfs 1986, 103 = r+s 1986, 181; *LG Köln* DAR 1987, 22; *LG Köln* VersR 1987, 519 (L) = DAR 1987, 22; *LG Münster* zfs 1987, 136 (m.d. zutr. Hinweis, dass der Wiederbeschaffungswert eine volle Abgeltung darstellt und sonst ein versteckter Risikozuschlag gewährt werden würde); *AG Köln* VersR 1975, 1163; 1977, 138 = r+s 1977, 105; *AG Marburg* r+s 1977, 82; *AG Hanau* r+s 1978, 80; zfs 1985, 104 (L); *AG Duisburg* r+s 1979, 17; *AG Bad Schwalbach* r+s 1979, 192; *AG Nürnberg* VersR 1981, 586; *AG Wiesbaden* zfs 1985, 40 (m.w.N.); *Giesen* NJW 1979, 2065; *Jahnke* VersR 1987, 45; *Berger* VersR 1988, 106 (110 l.Sp.); *Sanden/Völtz* Rn. 178 ff.; a.A. *OLG Schleswig* SchlHAnz 1968, 118; *KG* 1968, 118; VersR 1973, 926; *OLG Frankfurt* NJW 1982, 2198 (L); *OLG Hamburg* VersR 1986, 770 (150 DM); *LG Koblenz* zfs 1980, 9 (das in bedenklicher Weise eine Beziehung zwischen der beim Kauf von privater Seite vermeintlich nicht entstandenen Umsatzsteuer und einer fehlenden technischen Überprüfung herstellt); *AG Albstadt* VersR 1976, 1098; 1977, 385 (L); *AG Ludwigshafen* r+s 1977, 15 (m.w.N.); *AG Hanau* r+s 1978, 80; *AG Freiburg* zfs 1980, 134; *AG Mannheim* zfs 1986, 103; *AG Köln* VRS 70, 241 (150 DM); Krumme/*Steffen* § 11 StVG Rn. 16; *Rädel* DAR 1984, 35.

253 Vgl. dazu *Klimke* VersR 1974, 1232, 1235.

Geschädigte darauf achten, dass der Wagen sofort zu einer Autoverwertung geschleppt wird. Durch das zwischenzeitliche Unterstellen bei Abschleppbetrieben entstehen unnützerweise (und daher nicht erstattungsfähig) Standgeld und weitere Schleppkosten.

## XI. Demontagekosten

Demontagekosten sind neben dem Wiederbeschaffungswert erstattungsfähig, soweit sie nach Auffassung des Kfz-Sachverständigen erforderlich sind, um den Schadenumfang (insbesondere bezüglich der Reparaturkosten, des Wiederbeschaffungs- und Restwertes) ordnungsgemäß zu erfassen und unter der Oberfläche verborgene Mängel festzustellen. Es ist daher unter Berücksichtigung der besonderen Verhältnisse des Einzelfalls streng zu unterscheiden, ob es sich beim Aufwand für die Demontage um Nebenkosten im Zusammenhang mit der technischen Begutachtung und damit der Feststellung des Schadenumfangs handelt oder ob die Zerlegung als vorbereitende Maßnahme für die in die Rechtssphäre des Gläubigers fallende Verwertung des Restfahrzeugs zu betrachten ist.[254] Die Demontagekosten gehen also zulasten desjenigen, der das Restfahrzeug verwertet, wenn sie in der Erscheinungsform der sog. Rückgewinnungskosten anfallen, d.h. notwendig waren, um die Restteile sinnvoll und wirtschaftlich nutzbringend zu verwerten. 203

## XII. Zeitungsinserate

Mitunter werden auch Kosten für Zeitungsinserate, die dazu dienen sollen, ein brauchbares Ersatzfahrzeug zu finden, in angemessener Höhe für erstattungsfähig gehalten. In diesem Zusammenhang muss darauf hingewiesen werden, dass diese Form der Ersatzbeschaffung nicht üblich ist, weil angesichts der Tatsache, dass der Gebrauchtwagenmarkt hoffnungslos übersättigt ist, Fahrzeuge jeder Spezies in ausreichender Zahl zur Verfügung stehen. Ein Blick in die Wochenendausgabe einer Tageszeitung oder ins Internet macht das krasse Missverhältnis zwischen Angebot und Nachfrage deutlich. Es erscheint daher überflüssig, in Form von Zeitungsanzeigen nach einem Gebrauchtwagen zu suchen. 204

Dies gilt unter Einbeziehung rechtsdogmatischer Überlegungen umso mehr, als der Wiederbeschaffungswert bekanntlich so bemessen ist, dass er den Verkaufspreis eines seriösen Händlers ausdrückt. Es wäre sicherlich nicht sachgerecht, daneben noch die Kosten für Zeitungsinserate gesondert zu erstatten. 205

## XIII. Fahrtkosten

Zu ersetzen sind demgegenüber die Fahrtkosten, soweit sie im Zusammenhang mit der Ersatzbeschaffung tatsächlich anfallen. Dazu gehören beispielsweise Fahrten zu einem Kfz-Händler, zur Zulassungsstelle, zur Agentur der Haftpflichtversicherung usw. Diese der Höhe nach ohnehin nur geringen Kosten werden aus Gründen der Praktikabilität pauschaliert, sie sind Bestandteil der anerkannten allgemeinen Unkostenpauschale. 206

## XIV. Verdienstausfall

Ausnahmsweise kann bei der Beschaffung des Gebrauchtwagens auch ein Erwerbsschaden im Sinne von § 252 BGB bzw. § 842 BGB entstehen. Dies gilt jedenfalls dann, wenn der Gläubiger in einem abhängigen Lohnverhältnis steht und nicht in der Lage ist, die Ersatzbeschaffung außerhalb seiner normalen Arbeitszeit zu vollziehen. Da es sich insoweit um die Anschaffung eines Vermögensstandes von erheblichem Wert handelt, kann dem Geschädigten nicht zugemutet werden, dass er die Ersatzbeschaffung durch Dritte (beispielsweise durch Familienangehörige) vollziehen lässt. Ist ein Verdienstausfall entstanden, dann hat ihn der Geschädigte durch eine entsprechende Bescheinigung seines Arbeitgebers ordnungsgemäß nachzuweisen. Ausgleichsfähig ist lediglich der Netto-Wert der entgangenen Arbeitsbezüge, also der Brutto-Betrag nach Abzug von Steuern und Sozialabgaben. 207

254 Vgl. dazu *Klimke* VersR 1974, 1134.

Tritt im Zuge der Ersatzbeschaffung ein Verlust an Freizeit ein, so handelt es sich dabei gem. § 253 Abs. 1 BGB nicht um einen ausgleichsfähigen Schaden. Die mitunter zeitaufwendige Abwicklung eines Verkehrsunfalls, in den man auch unverschuldet geraten sein kann, stellt sich in der heutigen Zeit (bedauerlicherweise) als allgemeines Lebensrisiko dar.

## XV. Vermittlungsprovision

208 Für die zusätzliche Erstattung einer Vermittlungsprovision[255] bleibt kein Raum, da der insoweit nach objektiven Kriterien ermittelte Wiederbeschaffungswert eine angemessene Gewinnspanne des Händlers und seiner betrieblichen Gemeinkosten bereits einschließt. Dies bedeutet, dass der Wiederbeschaffungswert so bemessen ist, dass der Geschädigte das Ersatzfahrzeug bei einem seriösen Händler seiner Wahl erwerben kann. Einer provisionspflichtigen Vermittlung durch Dritte bedarf es angesichts des gesättigten Gebrauchtwagenmarktes nicht.

## XVI. Umrüstungskosten

209 Es kommt in der Praxis der Schadenregulierung nicht selten vor, dass der Gläubiger eines Ersatzanspruchs nach einem Totalschaden neben dem Wiederbeschaffungswert die Kosten für das »Umrüsten« von einzelnen Bestandteilen oder Zubehör seines Kfz verlangt. Das Auswechseln von Teilen, die im total beschädigten Kraftfahrzeug erhalten geblieben sind und nunmehr in das statt seiner angeschaffte Ersatzfahrzeug eingebaut werden sollen, kann sich dabei, je nachdem, ob der Geschädigte den Umbau selbst durchführt oder von einer Fachwerkstatt vornehmen lässt, als zeit- und/oder kostenintensiv darstellen. Häufigste Fälle sind der Umbau der Musikanlage nebst Zubehör (Boxensysteme, CD-Wechsler, Antenne etc.) sowie der Umbau einer Anhängerkupplung. Die Teile selbst sind dabei als so genannte »Sonderausstattung« bereits bei der Ermittlung des Wiederbeschaffungswertes für das beschädigte Kfz berücksichtigt worden.

210 Diese Teile sind aber auch – unter umgekehrten Vorzeichen – Bestandteile des Restwerts, weil sie im total beschädigten Kfz vorhanden waren und insoweit erhalten geblieben sind. Es wäre daher falsch, dem Geschädigten zusätzlich die Umrüstungskosten zu erstatten,[256] da er sonst doppelt entschädigt werden würde. Wenn man ihm den – zutreffend ermittelten – Wiederbeschaffungswert zuwendet, dann ist er in der Lage, mit diesem Betrage ein gleichwertiges Kfz zu erwerben, in dem die betreffenden Teile bereits vorhanden sind. Zu einem noch unzutreffenderen Ergebnis würde es führen, wenn der Geschädigte, der den vollen Wiederbeschaffungswert erhalten und die Verwertung des Restfahrzeugs zulässigerweise dem Schädiger übertragen hat, überdies die umzugarnierenden Teile ohne besonderes Entgelt dem Restfahrzeug entnehmen würde. In diesem Fall würde er sogar dreifachen Schadensersatz erhalten.

211 Entscheidend kommt es für die Frage der Erstattungsfähigkeit darauf an, ob das umzurüstende Ausstattungsteil bei der Berechnung des Wiederbeschaffungswertes berücksichtigt wurde. Dies ist vom Sachverständigen nach Wirtschaftlichkeitsgesichtspunkten zu beurteilen sein, also danach, ob das Teil den Wiederbeschaffungswert überproportional steigert bzw. sein Wert in keinem Verhältnis zu den erforderlichen Demontagekosten steht.

## XVII. Reklamebeschriftung

212 Recht schwierige Rechtsprobleme ergeben sich im Zusammenhang mit der Frage, wie der Anspruchsteller nach einem Totalschaden angemessen zu entschädigen ist, wenn sein Kfz mit einer Reklamebeschriftung versehen war. Nach den Erfahrungen der Regulierungspraxis geht das Bestreben der Geschädigten in einem derartigen Fall allgemein dahin, die Kosten für das Auftragen der Reklamebeschriftung auf das Ersatzfahrzeug zusätzlich, also neben dem Wiederbeschaffungswert, zu verlangen.

255 Vgl. hierzu u.a. *OLG Karlsruhe* VersR 1964, 198.

256 Vgl. in diesem Sinne *LG Saarbrücken* zfs 1983, 267 (das derartige Kosten einem Handwerker als »Verdienstausfall« im Sinne von § 252 BGB zuspricht).

Eine Überprüfung zeigt dann häufig, dass die Kosten für das Auftragen der Reklamebeschriftung bereits im Wiederbeschaffungswert enthalten sind, weil der Geschädigte diese Kosten mit dem der Ermittlung des Wiederbeschaffungswerts beauftragten Sachverständigen durch Vorlegung einer entsprechenden Rechnung nachgewiesen hat.

Zunächst einmal ist die Auffassung des Geschädigten sicherlich im Prinzip richtig, dass sich – für ihn – der Substanzwert seines Kraftfahrzeugs – abgesehen einmal von dem erwarteten Gebrauchsnutzen – durch das Auftragen einer Werbeschrift erhöht. Wenn ein Geschäftsmann sich ein Nutzfahrzeug (beispielsweise Lieferkraftwagen) für 25.000 € anschafft und den Wagen dann mit einer Werbebeschriftung versieht, die 1.000 € zusätzlich kostet, dann besteht kein Zweifel, dass dem Betriebsvermögen ein Sachwert von 26.000 € zugeführt worden ist. Dabei handelt es sich zugleich, solange das betreffende Kfz noch neuwertig ist, auch um den Wiederbeschaffungswert im Rechtssinne. 213

Andere Grundsätze gelten indes für die Ermittlung des Restwertes. Da der Geschädigte auch ohne das zum Ersatz verpflichtende Ereignis im Fall einer normalen (»freihändigen«) Weiterveräußerung seines Firmenwagens einen angemessenen Abschlag dafür hinnehmen muss, dass dieser Wagen mit einer Reklamebeschriftung versehen ist, kann er im Fall eines fremdverschuldeten Haftpflichtschadens diesen Nachteil nicht auf den Schädiger überbürden. Der Geschädigte muss sich also damit abfinden, dass er auch ohne das zum Ersatz verpflichtende Ereignis in gleicher Weise wie bei der Weiterveräußerung seines Restfahrzeugs im Anschluss an einen fremd verursachten Totalschaden einen Abschlag von dem »an sich« angemessenen Preis allein deswegen hinnehmen muss, weil das Fahrzeug mit einer Werbebeschriftung versehen ist, die im Allgemeinen nach den Gepflogenheiten des Rechtsverkehrs, hier: des Fahrzeughandels, als »Negativwert« betrachtet wird. Abgesehen davon dürfte ein gewisser Ausgleich darin liegen, dass nach den Erfahrungen der Praxis nahezu alle Nutzfahrzeuge in irgendeiner Form mit einer Firmenaufschrift oder Werbebeschriftung versehen sind. Dies bedeutet, dass auch das gebraucht erworbene Ersatzfahrzeug in der Regel mit einer Reklamebeschriftung versehen sein wird und der Geschädigte den Wagen deswegen bereits mit einem angemessenen Abschlag erwerben kann. 214

Es bleibt also zunächst einmal der Grundsatz festzuhalten, dass im Fall eines Haftpflichtschadens der Gegenwert einer durch äußere Einflüsse noch nicht verbrauchten Werbeaufschrift in das Betriebsvermögen des Geschädigten eingeht und den Wiederbeschaffungswert seines Fahrzeuges erhöht. Insoweit ist davon auszugehen, dass die Reklamebeschriftung untrennbarer Bestandteil des Kraftfahrzeugs ist und rechtlich als wesentlicher Bestandteil der Sache im Sinne von § 93 BGB gilt, sodass sie zwangsläufig das tatsächliche und rechtliche Schicksal des Fahrzeugs teilt, mit dem sie fest verbunden ist. Der Wert der Reklamebeschriftung hat jedoch die Eigenschaft, mit zunehmendem Alter des Kfz und im Umfange seines Gebrauchs parallel zum Fahrzeugwert stetig in sich abzusinken und sich auf diesem Wege schließlich auf die Zahl Null zu reduzieren, wenn der Wagen bis zur Schrottreife benutzt wird.[257] 215

Wenn man den Wert der Werbeaufschrift dem unmittelbaren Schaden zurechnet, so ergeben sich im Grunde genommen gegenüber der üblichen Fahrzeugbewertung keine Besonderheiten. Dies bedeutet, dass der im Zeitpunkt des Unfalls noch vorhandene Wert der Reklamebeschriftung – nach Abzug eines angemessenen Anteils für den durch bisherigen Gebrauch eingetretenen Verschleiß – in den Wiederbeschaffungswert eingeht und dem Gläubiger unabhängig von seinen weiteren Dispositionen ersetzt wird, d.h. auch dann, falls er auf die Ersatzbeschaffung überhaupt verzichtet bzw. das andere Fahrzeug nicht mit einer Reklamebeschriftung versieht. Ordnet man die Reklamebeschriftung dem unmittelbaren Schaden zu, dann hat der Geschädigte selbstverständlich keinen Anspruch darauf, dass ihm die Aufwendungen, die dadurch entstehen, dass das Ersatzfahrzeug ebenfalls mit einer Reklamebeschriftung versehen wird, vom Schädiger zusätzlich erstattet werden. Falls dies geschieht, 216

257 Vgl. dazu auch die ähnl. ausgerichteten Überlegungen des *BGH* VersR 1961, 1043 zur Frage der Bewertung des technischen bzw. merkantilen Minderwerts.

würde in Höhe des in den Wiederbeschaffungswert eingegangenen Anteils des noch vorhandenen Werts der Reklamebeschriftung eine doppelte Entschädigung vorliegen.

## XVIII. Sonderlackierung

217 Ähnliche Überlegungen ergeben sich bei der Beurteilung der Frage, ob der Gläubiger die Kosten für eine etwa notwendige Sonderlackierung zusätzlich – das heißt über den Wiederbeschaffungswert hinaus – vom Schädiger ersetzt verlangen kann. Dieses Problem tritt vornehmlich bei Fahrzeugen auf, die einheitlich mit einer bestimmten Sonderlackierung, einer sogenannten Dienstlackierung versehen sind.[258] Beispielhaft sei auf Taxis, Dienstfahrzeuge der Deutschen Post, Streifenwagen der Polizei, Fahrzeuge der Bundeswehr, Kraftomnibusse als öffentliche Verkehrsmittel etc. hingewiesen.

218 Geht man von der Voraussetzung aus, dass derartige Fahrzeuge während der gesamten Nutzungsdauer üblicherweise nur eine einzige Sonderlackierung erhalten, die die Nutzungszeit (Einsatzzeit) der betreffenden Fahrzeuge – jedenfalls für gewerbliche Zwecke – überdauert, dann kann durch einen vorzeitigen Totalschaden auch, soweit es sich um die Lackierung handelt, sehr wohl ein zusätzlicher Ersatzanspruch entstehen. Dabei ist es im Prinzip gleichgültig, ob die – in der Regel fabrikneu erworbenen – Fahrzeuge von vornherein mit der für sie schließlich vorgesehenen »Dienstlackierung« versehen werden, die nicht auf die »normale« Lackierung aufgetragen wird, sondern – als Ursprungslackierung – an deren Stelle tritt. Bei diesem Problem handelt es sich lediglich um eine Frage der Bemessung des Wiederbeschaffungswerts. Die anteiligen Kosten der – durch den bisherigen Gebrauch noch nicht abgenutzten – Lackierung gehen in den Wiederbeschaffungswert ein. Gibt es ein zwingendes Erfordernis für eine Umlackierung, etwa aus Gründen der Einheitlichkeit bei Fahrzeugen einer Flotte, nicht, können die Kosten einer Umlackierung aus Gründen der Unverhältnismäßigkeit nicht erstattungsfähig sein, dann ist nur ein Wertersatz geschuldet.[259]

## XIX. Kreditkosten

219 Zuweilen wird von der Rechtsprechung die Auffassung vertreten, der Schädiger habe im Fall eines Totalschadens als Folge seines haftbaren Verhaltens auch die durch vorgezogene Investitionen ausgelösten Kreditkosten (Kreditzinsen und Kreditnebenkosten, beispielsweise Disagio) zu ersetzen.[260] Dabei denken die Vertreter dieser Auffassung vornehmlich an den Fall, dass der Eigentümer eines total beschädigten Kfz mit Rücksicht auf den Totalschaden eine erst für einen späteren Zeitpunkt vorgesehene Ersatzbeschaffung zeitlich vorzieht und deswegen im Zusammenhang mit der unfallbedingt notwendig gewordenen Ersatzbeschaffung in Höhe des den Wiederbeschaffungswert übersteigenden Anschaffungswertes Kreditkosten aufwenden muss[261] oder dass der Eigentümer eines unfallbeschädigten Kfz zur Vermeidung hoher Mietwagenkosten während der voraussichtlich länger dauernden Reparaturzeit sich im Interesse der Schadenminderung sogleich ein neues Fahrzeug beschafft.[262]

220 Dieser Auffassung kann nicht zugestimmt werden. Wenn der Wiederbeschaffungswert richtig berechnet worden ist, dann reicht dieser Betrag im Regelfalle für die notwendige Ersatzbeschaffung, d.h. für die Anschaffung eines gleichwertigen Gebrauchtwagens aus. Zieht der Geschädigte es stattdessen vor, sich – gleichgültig aus welchen Gründen auch immer – ein Neufahrzeug zu beschaffen, so liegt diese Disposition grundsätzlich allein in seinem eigenen Ermessen.[263] Er muss jedoch die damit verbundenen Mehrkosten selbst tragen, da diese nicht mehr adäquate Folge des vom Ersatzpflichtigen

258 *OLG Karlsruhe* zfs 1989, 51 (Dienstfahrzeug); *LG München* VersR 1988, 468 = DAR 1987, 384; *AG Düren* v. 29.08.2000 (46 C 330/99) in ADAJUR-Archiv.

259 *OLG Jena* SVR 2017, 464.

260 Vgl. dazu beispielsw. *LG Münster* VersR 1965, 670; *LG Hanau* zfs 1981, 332; – a.A. *OLG Bamberg* zfs 1981, 332 (333 l. Sp.); vgl. umfassend Himmelreich/Halm/*Müller*, Kap. 6, Rn. 101 ff.

261 Vgl. dazu *LG Hanau* zfs 1981, 332.

262 Vgl. dazu *LG Münster* VersR 1965, 670.

263 Vgl. dazu *BGH* NJW 1966, 1454 = VersR 1966, 830.

verursachten Unfalles ist. Etwas anderes gilt nur unter dem Gesichtspunkt des Verzuges, wenn der Schädiger die Ersatzleistung hinsichtlich des Fahrzeugschadens (insb. Wiederbeschaffungsaufwand) nicht rechtzeitig erbringt und hierdurch Kreditkosten anfallen.

## XX. Lichtbildkosten

Erstattungsfähig sind grundsätzlich auch die Kosten für die Anfertigung von Lichtbildern (Fotos), 221
sofern sie zur zweckentsprechenden Rechtsverfolgung oder Rechtsverteidigung notwendig sind. Dies ist beispielsweise dann der Fall, wenn aus besonderen Gründen Fotografien von der Unfallstelle oder vom Unfallfahrzeug gemacht worden sind.[264] Die Anfertigung von Lichtbildern ist im digitalen Zeitalter jedoch kaum noch mit Kosten verbunden, da Bilddateien sowohl Anwälten als auch Versicherungen elektronisch übermittelt werden können, ohne dass Kosten für die Entwicklung entstehen.

Kann ein Verkehrsteilnehmer durch Anfertigung von Farbaufnahmen die Verkehrsbehörde davon 222
überzeugen, dass die Ampelschaltung an einer Kreuzung fehlerhaft ist, so kann er Ersatz für diese Aufwendungen verlangen.[265]

## XXI. Rückgewinnungskosten

Bei den Rückgewinnungskosten, die mitunter anfallen, handelt es sich – genau genommen – nicht 223
um eine besondere Schadenposition, sondern um Aufwendungen, die unter gewissen Voraussetzungen im Zusammenhang mit der Verwertung des Restfahrzeugs, gelegentlich auch in Form von Demontagekosten oder als Aufwendungen beim »Umgarnieren« im Fall eines Totalschadens anfallen.

Derartige Kosten können durchaus – abgesehen einmal von dem Fall der »Umgarnierung« – den 224
Restwert mindern. Dies gilt jedenfalls dann, wenn das Restfahrzeug lediglich noch Schrottwert hat und der Geschädigte – wie allgemein üblich – die Verwertung, die in diesem Fall nur noch in einem Ausschlachten bestehen kann, übernimmt. Es wäre unter dieser Prämisse falsch, ihm dafür einen Restwert in Rechnung zu stellen, der der Summe der Zeitwerte der erhalten gebliebenen Einzelteile entspricht. Man muss den in dieser Weise ermittelten Restwert um die Rückgewinnungskosten (also um die Kosten der Demontage) kürzen und einen weiteren Abzug vornehmen, der sich aus dem Risiko der Lagerhaltung und der Wiederverwendbarkeit – insbesondere im Hinblick auf den Prozess der Typenüberalterung – ergibt.

## XXII. Verlust eines öffentlichen Zuschusses

Der unfallbedingte Verlust eines öffentlichen Zuschusses aus einem Investitionshilfeprogramm steht 225
mit dem haftungsbegründenden Ereignis nicht im erforderlichen Rechtswidrigkeitszusammenhang und ist daher nicht erstattungsfähig.[266]

Das *OLG Hamm* begründet diesen Rechtsstandpunkt mit der Erwägung, dass es sich bei dem 226
Zuschuss nach dem Investitionshilfeprogramm um eine im verkehrs- und wirtschaftspolitischen Bereich liegende öffentliche Förderungsmaßnahme handelt, auf die nach den Richtlinien kein Rechtsanspruch besteht, da Zuschüsse nur vergeben werden, soweit Haushaltsmittel vorhanden sind. Je nach der Höhe der verfügbaren Haushaltsmittel können die Voraussetzungen für die Gewährung jederzeit geändert werden. In Anbetracht dieser Gestaltungsform sei davon auszugehen, dass es

264 Soweit es sich um die Anfertigung von Fotos im Zusammenhang mit Sachverständigengutachten handelt, vgl. *OLG Düsseldorf* VersR 1986, 556 (L) = zfs 1986, 239 (L); – ähnlich *LG Kleve* zfs 1983, 6.

265 Vgl. dazu *LG Wiesbaden* VersR 1970, 751 = DAR 1970, 130 – in diesem Sinne auch *AG Rotenburg* VersR 1972, 80 (L: im Rahmen eines Unfallhaftpflichtprozesses können Farbaufnahmen der Unfallstelle bereits dann als erstattungsfähig angesehen werden, wenn die Bilder geeignet und erforderlich waren, das Parteivorbringen zu ergänzen und zu erläutern. Die Verwertung in einem Beweistermin ist in einem derartigen Fall nicht Voraussetzung für die Erstattungsfähigkeit).

266 Vgl. dazu *OLG Hamm* VersR 1984, 1051 = zfs 1985, 6.

sich bei dem Anspruch auf Zuschuss aus dem Investitionshilfeprogramm nicht um eine gesicherte Rechtsposition handelt, die dem geforderten Wirtschaftsgut als Wert prägende Eigenschaft anhaftet, sondern zu diesem nur eine mehr zufällige, äußere Verbindung hat.

### XXIII. Zollkosten

227 Bei der Berechnung des Wiederbeschaffungswerts eines im Inland bei einem Verkehrsunfall total beschädigten Kfz, das im Ausland zugelassen war, sind auch die Zollkosten für die Ausfuhr des Unfallfahrzeugs und die Einfuhr eines Ersatzwagens vom Schädiger zu erstatten.[267] Häufig dürfte es jedoch sinnvoller sein, das Fahrzeug unter Zollaufsicht zu verschrotten.

### XXIV. Zubehörkosten

228 Soweit das *AG Tostedt* einem Geschädigten zudem die Kosten für Warnweste, Warndreieck und Verbandskasten zugesprochen hat,[268] ist eine Rechtsgrundlage in keiner Weise erkennbar. Die Tatsache, dass diese Gegenstände für den Betrieb des Ersatzfahrzeugs erforderlich sind, genügt als Begründung hierfür erkennbar nicht, als sie auch bei Betrieb des Unfallfahrzeugs mitzuführen waren. Solange diese Zubehörteile bei dem Unfall nicht ebenfalls beschädigt wurden, können sie auch im Ersatzfahrzeug zum Einsatz kommen. Hatte der Geschädigte bis zum Unfall diese Zubehörteile nicht, beruht der Bedarf nicht auf dem Unfall.

267 Vgl. dazu *AG München* VersR 1985, 997 = zfs 1985, 361.
268 NZV 2018, 385.

# Kapitel 12 Fahrzeugausfallschaden

## Schrifttum

*Detlefsen*, Schadenersatz für entgangene Gebrauchsvorteile H. 39 der »Hamburger Reihe« 1969. *Geigel*, Der Haftpflichtprozess 29. Aufl. 2024; *Hentschel/König/Dauer*, Straßenverkehrsrecht 47. Aufl. 2023; *Himmelreich/Halm*, Handbuch des Fachanwalts Verkehrsrecht 7. Aufl. 2022; *Klein*, Bewertung der Erhebungs- und Auswertungsmethoden des Automietpreisspiegels der SCHWACKE-Bewertungs GmbH, 2007; *Sanden/Völtz*, Sachschadensrecht des Kraftverkehrs 9. Aufl. 2011; *Zinn*, Der Stand der Mietwagenpreise in Deutschland im Sommer 2007, 2008; *Balke*, Abzüge bei Nutzungsausfallentschädigung Alter, Fahrleistung, Erhaltungszustand SVR 2005, 218; *Bär*, Anspruch auf Nutzungsausfall und Schadensminderungspflicht des Geschädigten DAR 2001, 27; *Boetzinger*, Nutzungsausfall trotz fehlender Nutzungsmöglichkeit zfs 2000, 45; *Gruber*, Nutzungsausfall bei erloschener Betriebserlaubnis, NZV 1991, 303; *Halbgewachs*, Mietwagenkosten – ein Überblick NZV 1997, 467; *Halm/Fitz*, Versicherungsverkehrsrecht 2004/2005 SVR 2005, 254; *ders.*, Versicherungsverkehrsrecht 2005/2006 SVR 2006, 254; *ders.*, Versicherungsverkehrsrecht 2006/2007 SVR 2007, 413; *ders.*, DAR 2008, 507; *Hillmann III*, Der Nutzungsausfall, Streit ohne Ende zfs 2001, 341; *Kappus*, Der Verkehrsunfall in der anwaltlichen Beratungspraxis NJW 2008, 891; *Küppersbusch*, Nutzungsentschädigung 2006 NJW 2006, 19; *La Chevallerie*, Nutzungsausfallentschädigung für ältere Pkw und Oldtimer zfs 2007, 423; *Schulze*, Nutzungsausfallentschädigung – Zu Funktion und Grenze des § 253 BGB, NJW 1997, 3337; *Wenger*, Anspruch wegen Nutzungsausfall trotz Leihfahrzeugs? MDR 1997, 798; *Wenker*, Die Rechtsprechung zur Nutzungsausfallentschädigung VersR 2000, 1082.

## Übersicht

## Einleitung

1 Bisher war im Rahmen von Reparaturschaden und Totalschaden von den Ansprüchen die Rede, die sich aus Anlass der Beschädigung oder des Verlusts eines Kraftfahrzeugs unter dem Gesichtspunkt der Eigentumsverletzung ergeben. Inzwischen hat sich die Auffassung durchgesetzt, dass auch der Benutzbarkeit einer Sache ein eigenständiger, kommerzialisierter Vermögenswert zukommt, der den Substanzwert in sinnvoller Weise ergänzt. Durch die Beschädigung einer dem Gebrauch gewidmeten Sache offenbart der Schaden im Rechtssinne sich gleichzeitig in zwei Erscheinungsformen, und zwar einmal als Eigentumsverletzung unter dem Gesichtspunkt des Substanzverlustes (= unmittelbarer Schaden) und zum anderen als Besitzstörung in der Entziehung der durch die Sachnutzung vermittelten und durch das zum Ersatz verpflichtende Ereignis zeitweilig entzogenen Gebrauchsvorteile (= mittelbarer Schaden). Dieser mittelbare Schaden unterscheidet sich vom unmittelbaren Schaden dadurch, dass dieser als Sachfolgeschaden sich nicht gewissermaßen zwingend und unabweisbar aus der Eigentumsverletzung ableiten lässt, sondern jeweils auch menschliche Willensbetätigungen in Form vertretbarer – d.h. nicht gegen die Schadenminderungspflicht aus § 254 Abs. 2 BGB verstoßender – Entschlüsse umfasst. Er kann sich in den verschiedensten Erscheinungsformen darstellen, und zwar vornehmlich in den Reservehaltungskosten, in dem Bedarf zur Ersatzanmietung, also bezogen auf die Beschädigung eines Kfz in den Mietwagenkosten, in entgangenen Gebrauchsvorteilen bzw. in einem Erwerbsschaden (entgangener Gewinn).

## A. Besitzstörung

### I. Anspruchsgrundlage

2 Nach heutigem Rechtsverständnis wird der fehlerfrei erworbene und ausgeübte unmittelbare Besitz einem »sonstigen Recht« im Sinne von § 823 Abs. 1 BGB gleichgestellt[1] und wie ein dingliches Recht behandelt. In einem derartigen Fall kann sich die Ersatzpflicht des Schädigers auch auf einen sog. »Haftungsschaden« erstrecken.

3 Die unter dem Gesichtspunkt der Besitzstörung begründete Aktivlegitimation (Anspruchsberechtigung) setzt indes voraus, dass der Besitz an der beschädigten Sache bereits vor Eintritt des zum Ersatz verpflichtenden Ereignisses ordnungsgemäß eingeräumt worden ist. Bis zur Überlassung der Sache[2] steht dem potenziellen Besitzer lediglich ein obligatorisches – also rein schuldrechtlich begründetes, jedoch nicht dinglich wirkendes – Recht auf die Gebrauchsüberlassung (Besitzverschaffung) in Form der Gewährung der Sachnutzung zu. Rein obligatorische Rechte zählen im Gegensatz zu den dinglichen Rechten nicht zu den »sonstigen Rechten« im Sinne von § 823 Abs. 1 BGB,[3] sondern erzeugen Rechtswirkungen allein zwischen den Beteiligten.

4 Nach rechtsfehlerfrei vollzogener Besitzeinräumung indes ist es gleichgültig, ob Ansprüche aus Besitzstörung vom Eigen- oder Fremdbesitzer geltend gemacht werden. Insoweit genügt bereits ein rechtlich beachtlicher Mitbesitz. Lediglich in der Person des Besitzdieners entsteht insoweit kein Schaden.

5 Zunehmende Bedeutung gewinnt bei der Schadenregulierung der Begriff des Haftungsschadens. Darunter versteht man nach jetzt gefestigter Definition den Betrag, den der Besitzer kraft Gesetzes oder nach vertraglicher Vereinbarung als Folge einer Beschädigung oder Zerstörung der in seinem Besitz befindlichen Sache seinerseits als Schadensersatz an einen Dritten – in der Regel an den Eigentümer – leisten muss.[4] Diese Rechtsfigur kommt sehr häufig bei Mietwagen in Betracht, ist

---

1 Vgl. dazu: BGHZ 32, 194, 204 = VersR 1960, 530, 534 = DB 1960, 691; BGHZ 62, 243, 248 = VersR 1974, 860; VersR 1976, 943; NJW 1981, 750 = VersR 1981, 161 = DAR 1981, 85.

2 Besitzeinräumung durch Übergabe, beispielsw. i.S.d. § 536 BGB und den §§ 929 ff. BGB; – inklusive der im Gesetz vorgesehenen Übergabesurrogate.

3 Vgl. *Detlefsen* S. 95.

4 Vgl. dazu im Einzelnen st.Rspr. seit RGZ 59, 326; daneben BGHZ 32, 194, 204 = VersR 1960, 530, 534; BGHZ 62, 243, 248 = VersR 1974, 860; BGHZ 61, 346 = NJW 1974, 34 = VersR 1974, 90; VersR 1976, 943; VersR 1977, 227; NJW 1981, 750 = VersR 1981, 161 = DAR 1981, 85.

aber auch für das ständig breiter werdende Feld des Kfz-Leasing von erheblicher Bedeutung, und zwar jeweils dann, wenn die auf vertraglicher Grundlage entstandenen Schadensersatzansprüche zu einer anderen Bewertung führen als der gesetzliche Anspruch. Soweit die Ansprüche sich inhaltlich nach den Grundsätzen der Kongruenz decken, ergeben sich keine besonderen Schwierigkeiten, weil in diesem Bereich ein Gesamtschuldverhältnis im Sinne von § 421 BGB besteht. Der nach § 426 BGB zu vollziehende Schadenausgleich kann – ebenso wie beispielsweise ein Ausgleich nach § 17 StVG – im Innenverhältnis durchaus zu dem Ergebnis führen, dass der eine Teil mit Rücksicht auf das weitaus überwiegende Verschulden des anderen Teils oder die in seinem Bereich dominierende Betriebsgefahr im Rahmen der vom Verschulden losgelösten Gefährdungshaftung den Schaden im Ergebnis allein zu tragen hat.

6 Unproblematisch sind die Fälle, in denen der Besitzer, der nicht zugleich Eigentümer ist, lediglich die aus der Besitzstörung hervorgegangenen »klassischen« Ansprüche im Sinne eines mittelbaren Schadens (Sachfolgeschadens) geltend macht. Derjenige, der den Besitz unter Ausschluss des Eigentümers ausübt, ist ohnehin aus originärem Recht aktivlegitimiert, Schadensersatzansprüche, die sich aus der zeitweiligen Aufhebung der Nutzbarkeit einer Sache[5] ergeben, im eigenen Namen geltend zu machen. Die in Literatur und Judikatur behandelten Problemkreise beziehen sich im Wesentlichen auf die Fälle, in denen der Besitzer – sei es aufgrund einer ihm zur Last fallenden Mitverursachung oder sei es aufgrund vertraglicher Abmachung – für den Schaden dem Eigentümer gegenüber haftet bzw. mithaftet oder in denen der Besitzer die ihm nach »klassischer« Betrachtung unmittelbar »zugewachsenen« Ansprüche aus Sachfolgeschaden unmittelbar gegenüber dem Ersatzpflichtigen geltend macht.

7 Es stellt sich in diesem Zusammenhang die Frage, wie zu entscheiden wäre, wenn der Umfang des Schadens, der nach Haftpflichtgesichtspunkten ermittelt wird und für den der Schädiger haftet, geringer ist als der vom Besitzer im Verhältnis zum Eigentümer aufgrund vertraglicher Vereinbarung geschuldete Betrag.

8 Wenn der Mieter dann, nachdem er den Vermieter auf vertraglicher Basis saturiert hat, den ersatzpflichtigen Schädiger in Anspruch nimmt, so wird dieser in der Regel einwenden, dass er Schadensersatz lediglich in der Höhe zu leisten hat, die gesetzlich begründet ist, d.h. die auch dem Vermieter zugestanden hätte, wenn er mit seinen Ersatzansprüchen nicht an den Mieter, sondern unmittelbar an den Schädiger herangetreten wäre. In diesem Zusammenhang wird der Ersatzpflichtige sicherlich ergänzend einwenden, dass dem Mieter die Aktivlegitimation insoweit fehlt, als sich Differenzen bei der Bewertung des vertraglichen und des gesetzlichen Anspruchs in der Schadenshöhe ergeben und die nach diesen beiden Anspruchsarten ermittelten Schäden sich inhaltlich nicht decken. Insoweit habe sich ein gesetzlicher Forderungsübergang nicht vollzogen. Selbst eine Abtretungserklärung des Vermieters würde dem Mieter in dieser Situation nicht weiterhelfen, weil unter Berücksichtigung des Grundgedankens des § 399 BGB auf den Zessionar keine weiter gehenden Ansprüche übergehen können, als sie dem Vermieter (Zedenten) selbst nach Sach- und Rechtslage zugestanden hätten.

9 Man könnte an dieser Stelle einwenden, dass es sicherlich unbillig wäre, wenn der Mieter, der den Unfall möglicherweise ohne eigenes Verschulden erlitten hat, einen Teil der zur Beseitigung der Schäden erforderlichen Kosten selbst tragen müsste. Dies gilt insbesondere dann, wenn man berücksichtigt, dass der betreffende Mieter sich den – allgemein angewendeten – Regelungen des Mietvertrages nicht entziehen konnte und diese sich nicht als einen Verstoß gegen §§ 305 ff. BGB darstellen. Es wäre aber gleichermaßen unbillig, wenn der Ersatzpflichtige, der an dem betreffenden Rechtsverhältnis nicht mitgewirkt hat, allein deswegen, weil der Mieter sich auf für ihn ungünstige Vertragsbedingungen eingelassen hat, nunmehr einen weitaus höheren Betrag als Schadensersatz leisten muss.

5 Oder eines Rechts.

Der *BGH* geht in seiner Entscheidung vom 18.11.1980[6] in der Beurteilung des dem Besitzer zustehenden Anspruchs recht weit, wenn er die Auffassung vertritt, auch der Mieter einer Sache könne seinen Schadensersatzanspruch im Verhältnis zum Schädiger auf § 7 Abs. 1 StVG stützen, und dieser Anspruch umfasse auch bei rechtlich wertender Betrachtung »sonstige Rechte« im Sinne von § 823 Abs. 1 BGB. Den publizierten Entscheidungsgründen lässt sich jedoch nicht entnehmen, ob sich im konkreten Fall ein höherer Schadensersatzbetrag daraus ergeben hat, dass der Besitzer als Mieter dem Eigentümer des betreffenden Kfz auf vertraglicher Grundlage Ersatz schuldete. Im Übrigen ergibt sich daraus ja auch eine gewisse Konkurrenzsituation im Verhältnis zwischen Besitzer und Eigentümer, wie sie nachfolgend noch etwas eingehender behandelt wird. Der rechtmäßige Besitzer kann nicht ohne Weiteres in die Rechte des Eigentümers eingreifen und gewissermaßen an diesem »vorbei« im eigenen Namen Schadensersatzansprüche geltend machen, die nur unter dem Gesichtspunkt der Eigentumsverletzung auf Ersatz des unmittelbaren Schadens gerichtet sind und »eigentlich« nur dem Eigentümer zugestanden hätten. Insoweit erfordern die schutzwürdigen Interessen des Eigentümers schon unter diesem Aspekt eine gewisse Abgrenzung und Absicherung im Verhältnis zu demjenigen, der lediglich das Besitzrecht ausübt. Es erscheint daher angezeigt, an den bewährten Grundsätzen des Schadensersatzrechts festzuhalten und vom Besitzer, der im eigenen Namen Ansprüche aus Eigentumsverletzung geltend macht, zu erwarten, dass er die ihm obliegende Aktivlegitimation durch Bezugnahme auf einen rechtsgeschäftlichen oder gesetzlichen Forderungsübergang nachweist. 10

Hinsichtlich der Erstattungsfähigkeit des Schadens aus Besitzstörung im Allgemeinen (also bzgl. des Sachfolgeschadens wg. Fahrzeugausfall) ist zu berücksichtigen, dass der Schaden sich nicht bereits zwangsläufig aus der bloßen Beschädigung einer zum Gebrauch bestimmten benutzbaren Sache und aus der Aufhebung ihrer Gebrauchsfähigkeit ergibt. Von einem Schaden im Rechtssinne wird man erst dann sprechen können, wenn die Besitzstörung, d.h. die Beeinträchtigung des Rechts auf ungehinderten Gebrauch, mit einem deswegen unbefriedigt gebliebenen Bedarf zusammentrifft (Nutzungswille). 11

Es muss neben diesem Nutzungswillen auch die hypothetische Nutzungsmöglichkeit bestanden haben, d.h. die Entziehung der Gebrauchsvorteile muss dazu geführt haben, dass der Nutzungsberechtigte spürbar in seiner »wirtschaftlichen Bewegungsfreiheit« eingeengt worden ist. Dies bedeutet in der negativen Abgrenzung, dass ein Schaden aus Besitzstörung zu verneinen ist, wenn er eine Sache betrifft, die während der Reparaturdauer oder – im Fall des Totalschadens – während der Wiederbeschaffungszeit ohnehin nicht benutzt worden wäre, auch ggfs. aus lediglich subjektiven Gründen – also aus Gründen, die nicht mit der Vereitelung der Sachnutzung zusammenhängen – nicht benutzt worden ist. Das Gleiche gilt dann, wenn gesetzliche Hinderungsgründe dem Gebrauch der Sache entgegenstehen oder ihn einschränken.[7] 12

## II. Geschütztes Rechtsgut

Wie bereits an anderer Stelle dargelegt, handelt es sich bei dem ordnungsgemäß eingeräumten Besitz um ein geschütztes Rechtsgut, dessen Entziehung oder Störung Schadensersatzansprüche auslösen kann. Soweit es sich um den Eigenbesitz handelt, ergeben sich keine Besonderheiten gegenüber den Ansprüchen aus Eigentumsverletzung. Problematisch ist lediglich der aus Fremdbesitz abgeleitete Anspruch, während in der Person des Besitzdieners regelmäßig keine Ansprüche entstehen, es sei denn, dass insoweit das Rechtsinstitut der Schadenliquidation im Drittinteresse in Betracht kommt. Besitz als Form der rein tatsächlichen (gegenständlichen) Herrschaftsgewalt kann lediglich an Sachen und an Sachinbegriffen begründet werden. Der Besitzer kann die ihm zugewachsenen Ansprüche entweder über den Eigentümer oder unmittelbar gegen den Verletzer des geschützten Rechtsgutes 13

6 *BGH* NJW 1981, 750 = VersR 1981, 161 = DAR 1981, 85.

7 Beispiele: Entziehung der Fahrerlaubnis, gesetzliche Fahrverbote, Beschlagnahme des Fahrzeugs im Rahmen der Notstandsgesetze, Rationierung des Treibstoffes usw.

geltend machen.[8] Sofern es sich um Kfz-Unfälle handelt, kann sich auch der rechtmäßige Besitzer – beispielsweise ein Mieter – darauf berufen, dass ihm eigene deliktische Ansprüche aus § 823 Abs. 1 BGB sowie deliktsähnliche Ansprüche im Rahmen der Gefährdungshaftung beispielsweise aus § 7 Abs. 1 StVG im Rahmen des sog. Haftungsschadens, zustehen.[9] Allerdings muss er sich Ersparnisse aufgrund des Schadensereignisses anrechnen lassen, etwa wenn er berechtigt ist, die Fahrzeugmiete aufgrund unfallbedingter Mängel zu mindern.

### 1. Objektives Gebrauchsinteresse

14 Als geschütztes Rechtsgut kommt lediglich das objektive Gebrauchsinteresse an der Sachnutzung in Betracht. Im Rahmen dieser Überlegungen sollen entsprechend ihrer Zielrichtung kurzerhand die Ansprüche auf Wiederherstellung des früheren Besitzstandes und die Einwendungen aus dem Recht zum Besitz unberücksichtigt bleiben.

15 Schadensersatz unter dem Gesichtspunkt der Besitzstörung ist nur dann zu leisten, wenn der Gegenstand des Gebrauchs selbst beeinträchtigt worden ist und er aus diesem Grunde zeitweilig dem Nutzungsberechtigten zur Verwendung im Rahmen des bestimmungsgemäßen Gebrauchs nicht zur Verfügung steht. Die Entziehung der Sachnutzung muss also darauf beruhen, dass ein Kraftfahrzeug in seiner Substanz beschädigt worden ist bzw. sein Besitz aus anderen Gründen entzogen wurde und damit zugleich auch die Besitzrechte des Eigentümers oder eines sonstigen nutzungsberechtigten Dritten auf Dauer oder auf Zeit aufgehoben worden sind. Im Einzelfall ist sorgfältig zu prüfen, ob der Besitz unter Ausschluss des Eigentümers oder neben ihm ausgeübt wird, weil davon die Beantwortung der Frage abhängt, wer durch die Entziehung des Besitzrechts zur Geltendmachung von Schadensersatzansprüchen aktivlegitimiert ist bzw. ob u.U. Gesamtgläubigerschaft oder Gläubigerschaft zur gesamten Hand vorliegt.

16 Besitzstörung ist auch dann gegeben, wenn die Gebrauchsentziehung darauf beruht, dass das Kraftfahrzeug dem Nutzungsberechtigten zu Unrecht vorenthalten wird.

▶ **Beispiel:**

Der Dieb, der das Kraftfahrzeug durch Diebstahl (§ 242 StGB) oder durch unbefugten Gebrauch (§ 248b StGB) der Einflusssphäre des Nutzungsberechtigten entzieht, schuldet Schadensersatz nicht nur durch Herausgabe der Sache – also des Substanzwerts – an den Eigentümer, sondern auch durch Ausgleich der (mittelbaren) Folgen der Besitzstörung. Das bedeutet, dass er dem Nutzungsberechtigten eine Entschädigung für entgangene Gebrauchsvorteile gewähren bzw. die durch die Entziehung der Sachnutzung entstandenen Mietwagenkosten zu erstatten oder einen etwa dadurch entstandenen Verdienstausfall auszugleichen hat. Das Gleiche gilt für den Inhaber einer Kfz-Reparaturwerkstatt, der wegen einer vermeintlichen Werklohnforderung zu Unrecht ein Zurückbehaltungsrecht ausübt.

17 Wer seinem Vertragspartner den Besitz an versehentlich mitgelieferten Gegenständen rechtswidrig und schuldhaft entzieht, haftet aus dem Gesichtspunkt der positiven Vertragsverletzung sogar für die spätere Zerstörung der Gegenstände.[10] Die auf Besitzstörung aufbauende Rechtsprechung zur Nutzungsausfallentschädigung gilt sinngemäß auch für vertragliche Schuldverhältnisse und dortige Pflichtverletzungen.

### 2. Subjektives Gebrauchsinteresse

18 An sich gilt als Besitzstörung jede Beeinträchtigung des Besitzers in der Ausübung der tatsächlichen Sachherrschaft. Der Besitz kann daher grundsätzlich nicht nur durch Einwirkung auf die Sache,

8 Vgl. dazu *BGH* NJW 1981, 750 = VersR 1981, 161; *OLG Celle* VersR 1973, 281.
9 Vgl. dazu *BGH* NJW 1981, 750 = VersR 1981, 161 = DAR 1981, 85 (86 r.Sp.).
10 Vgl. dazu *BGH* VersR 1978, 350 (bei vorsätzlicher Besitzentziehung).

sondern auch durch Einwirkung auf den Besitzer selbst gestört werden. Dazu gehören insbesondere alle Handlungen, die eine ernstliche Beunruhigung des Besitzers über den ungestörten Fortbestand seines Besitzes hervorrufen können. Beschimpfungen, Bedrohungen oder Misshandlungen vermögen zwar seelisch auf den Besitzer, nicht jedoch weitgehend genug auf den Besitz an der Sache selbst einwirken, um als Besitzstörung angesehen zu werden. Diese Grundsätze gelten jedoch lediglich für das aus Vertrag abgeleitete Recht auf Abwehr einer widerrechtlichen Besitzstörung.

Für die Begründung von Schadensersatzansprüchen reichen demgegenüber diese Gesichtspunkte nicht aus. Kein Anspruch auf Ersatz für nicht gezogene Nutzung besteht dann, wenn der berechtigte Besitzer die ihm nach wie vor ohne Veränderung des Leistungsangebotes zur Verfügung stehenden Gebrauchsvorteile lediglich aus rein subjektiven Gründen, die allein in seiner Person liegen (wie z.B. Verletzungen), nicht wahrnehmen kann. Wenn die Sachnutzung durch Verletzung einer Person vereitelt wird, ist es gleichgültig, ob dieses Ergebnis auf unfallunabhängigen oder auf unfallbedingten Gründen[11] beruht. 19

Der Unterschied zu der Rechtsprechung, die eine Entschädigung für die zeitweilige Entziehung der Gebrauchsvorteile eines Kraftfahrzeugs gewährt, liegt in der Abgrenzung des geschützten Rechtsgutes. Es entspricht einem tragenden Grundsatz unserer Rechtsordnung, dass, um eine sonst eintretende »Ausuferung« von Schadensersatzansprüchen zu vermeiden, eine Entschädigung für entgangene Gebrauchsvorteile in der Erscheinungsform des Sachfolgeschadens nur für die am Gegenstand der Nutzung selbst entstandenen Schäden (objektiver Schaden) gewährt wird, obwohl die Schadensersatzansprüche auslösende Einwirkung auf eine Sache oder ein Recht nicht nur in der Erscheinungsform der unmittelbaren Einwirkung, sondern auch durch mittelbare Einflüsse – beispielsweise durch Entziehung oder Vorenthaltung des Besitzrechts bzw. Verletzung des Eigentums – erfolgen kann, indem sie die Benutzung der Sache oder des Rechts für den Geschädigten selbst im rein subjektiven Bereich unmöglich machen. 20

Man muss also aus rechtsdogmatischer Sicht streng trennen, ob die Vereitelung der Sachnutzung darauf zurückzuführen ist, dass der Gegenstand des Gebrauchs beschädigt bzw. rechtswidrig vorenthalten[12] worden ist oder ob die zum Gebrauch berechtigte Person mit der Rechtsfolge Schaden genommen hat, dass sie die ihr im objektiven Bereich unverändert zur Verfügung stehenden Nutzungsangebote aus subjektiven Gründen nicht wahrnehmen konnte.[13] Es gibt keinen Rechtssatz des Inhaltes, dass eine körperlich verletzte Person allein deswegen einen erstattungsfähigen Vermögensschaden erleidet, weil sie wegen ihrer Verletzungen die von ihrem Vermögen ausgehenden Gebrauchsvorteile nicht mehr wahrnehmen kann. 21

Ebenfalls eine entschädigungspflichtige Eigentumsverletzung[14] liegt nach Auffassung des *BGH*[15] dann vor, wenn durch Verschulden eines Verkehrssicherungspflichtigen ein Teil einer Uferbefestigung eingestürzt war und dies zur Folge hat, dass Schiffe, die sich zufälligerweise gerade in jenem Bereich befinden, »eingesperrt« werden und mit Rücksicht auf die dadurch eintretende Behinderung der freien Beweglichkeit kein taugliches Transportmittel mehr sind. Insoweit dürfte es sich allerdings um einen Grenzfall mit Ausnahmecharakter handeln. Dasselbe gilt etwa für den Fall, dass die Benutzbarkeit eines in einer Garage abgestellten Kfz etwa durch widerrechtlich ausgeführte Bauarbeiten vor der Garagenausfahrt für eine gewisse Zeit objektiv unmöglich gemacht wird.[16] 22

---

11 Vgl. dazu *BGH* NJW 1983, 1107 = VersR 1983, 392 = DAR 1983, 163 – a.A. *LG Köln* VersR 1968, 182 (L).

12 Vgl. *OLG Düsseldorf* VersR 1985, 91.

13 Vgl. BGHZ 55, 146 = NJW 1971, 796 = VersR 1971, 444; BGHZ 63, 203 = NJW 1975, 347 = VersR 1975, 239; BGHZ 85, 11, 13 = NJW 1982, 2304 = VersR 1982, 1074; *Weber* VersR 1983, 405.

14 Und damit zugleich auch eine Besitzstörung.

15 Vgl. dazu BGHZ 55, 153 = NJW 1986 = VersR 1986, 418.

16 Vgl. dazu BGHZ 63, 2002 = VersR 1975, 239; VersR 1975, 257.

23 Im Allgemeinen muss davon ausgegangen werden, dass bloße Verkehrsbehinderungen[17] lediglich das Vermögen als solches betreffen und daher einen entschädigungspflichtigen Schaden nicht auslösen. Dabei ist insbesondere an den geradezu »klassischen« Fall zu denken, dass zwei Lkw in einem Kreuzungsbereich zusammenstoßen und eines dieser Fahrzeuge mit Rücksicht auf die durch den Unfall eingetretene Betriebsunfähigkeit für eine gewisse Zeit die Kreuzung versperrt. Dies hat zur Folge, dass die sonst viel befahrene Kreuzung von Schienenfahrzeugen (Straßenbahnen), die dort in dichter Folge verkehren, für einige Stunden nicht mehr benutzt werden kann. Der betreffende Verkehrsbetrieb muss daher, um seiner ständigen Beförderungspflicht aus § 22 PBefG zu genügen, mit Omnibussen einen Schienenersatzverkehr einrichten, durch dessen Abwicklung ganz erhebliche Mehrkosten entstehen. Diese Kosten kann der Verkehrsbetrieb dem Schädiger[18] nicht anlasten, weil der Verkehrsbetrieb an dem betreffenden Unfall nicht beteiligt war und durch dessen Folgen lediglich seine allgemeinen Vermögensinteressen beeinträchtigt worden sind.[19] Soweit Vorschriften der StVO nach ihrem Sinn und Zweck den Straßenverkehr selbst vor Störungen schützen wollen, dienen sie dem öffentlichen Interesse und nicht auch den Vermögensinteressen derjenigen, die von einer Verkehrsstörung und der daraus folgenden Beschränkung der Nutzbarkeit der Straße besonders betroffen sind.[20]

24 Anders hätte der Fall sich verhalten, wenn in jenem Kreuzungsbereich eine Straßenbahn mit einem wartepflichtigen Lkw zusammengestoßen und dadurch eine Blockierung der Kreuzung eingetreten wäre. Unter dieser Voraussetzung hätte sich der pflichtgemäß eingerichtete Schienenersatzverkehr als Folge des Sachschadens dargestellt und zu einem erstattungsfähigen Schaden geführt. Das Gleiche gilt für den Fall, dass mit Rücksicht auf den von dritter Seite bewirkten Fahrdrahtbruch der Schienenverkehr unterbrochen und die dadurch eingetretene Zwangspause mit Kraftomnibussen überbrückt werden muss. Hier muss jedoch zusätzlich – bezogen auf die zeitliche Dauer der Behinderung – ein adäquater Kausalzusammenhang zum Schadenereignis in der Weise bestehen, dass der Sachschaden die unmittelbare Ursache für die Behinderung und deren Dauer darstellt.

25 Zu Unrecht hat daher das *AG Solingen*[21] einem Verkehrsbetrieb einen Anspruch auf Ersatz von Reservehaltungskosten zugesprochen, weil ein Pkw-Fahrer durch sein Verhalten im Straßenverkehr einen Linienomnibus zu einem derart harten Abbremsen (Notbremsung) veranlasst hat, dass dadurch ein Fahrgast verletzt worden ist und vom Notarzt im Omnibus an Ort und Stelle behandelt werden musste. Auch insoweit war dem betreffenden Verkehrsbetrieb lediglich ein allgemeiner Vermögensnachteil entstanden, der keinen erstattungsfähigen Schaden darstellt. Dabei war auch wenig mit der Überlegung gewonnen, dass die Bestimmung des § 1 StVO, gegen die der Verursacher der Notbremsung verstoßen hatte, ein Schutzgesetz im Sinne des § 823 Abs. 2 BGB darstellt. Das *AG Solingen* hat verkannt, dass allgemeine Vermögensinteressen im Rahmen von § 823 Abs. 2 BGB als Gegenstand der Ersatzleistung lediglich dann in Betracht kommen, wenn die betreffende Rechtsnorm – zumindest auch – dem Schutz des Vermögens dient.[22] Der *BGH*[23] hat jedoch wiederholt festgestellt, dass die Vorschriften der StVO keine Schutzgesetze zugunsten allgemeiner Vermögensinteressen darstellen.

17 Soweit es sich um die »Vermögensfunktionsstörung« handelt, vgl. *Brüggemeier* VersR 1984, 902.

18 Also demjenigen, der den Zusammenstoß im Kreuzungsbereich – beispielsw. durch Verletzung der Vorfahrt – schuldhaft verursacht hat.

19 *LG Dresden* ZfS 2021, 141.

20 *BGH* VersR 2015, 250 = DAR 2015, 137 (zu der Klage des Betreibers einer Autobahnraststätte, der aufgrund einer unfallbedingten Autobahnsperrung Gewinneinbußen zu beklagen hatte).

21 Vgl. dazu *AG Solingen* VersR 1983, 647 (m.zust.Anm. v. *Fahrbach* VersR 1987 (648 l.Sp.).

22 Vgl. *BGH* VersR 1974, 780 f.

23 Vgl. *BGH* zfs 1983, 130 = VRS 64, 168.

Ähnliche Überlegungen gelten für den Fall einer infolge Unfallverletzung des Berechtigten nicht ausgenutzten Monatskarte der Deutschen Bahn.[24] Dem Verletzten steht in einem derartigen Fall ein Schadensersatzanspruch schon deswegen nicht zu, weil er sich den Aufwendungen für den Erwerb einer Monatskarte ohne Bezug auf ein bestimmtes Schadenereignis unterzogen hat und es daher schon an einem adäquaten Zusammenhang zwischen den Aufwendungen und dem Unfall mangelt. Bei diesen Aufwendungen handelt es sich unter rechtlich wertender Betrachtung um notwendige Ausgaben,[25] denen sich der Arbeitnehmer unterziehen muss, um Einkünfte aus seiner Erwerbstätigkeit zu erzielen und sich diese – zur Unterhaltssicherung – zu erhalten. Diese Betrachtungsweise kann dazu führen, dass dem Verletzten die Aufwendungen für den Erwerb der Monatskarte nicht nur nicht zu erstatten sind, sondern dass er sich, sofern die Arbeitsunfähigkeit auch in den Folgemonaten angedauert haben sollte – im Gegenteil –, von seinem erstattungsfähigen Erwerbseinkommen sogar diejenigen Kosten anrechnen lassen muss, die er sonst für die täglichen Fahrten zwischen Wohnung und Arbeitsstelle hätte aufwenden müssen, die er jedoch mit Rücksicht auf seine Arbeitsunfähigkeit erspart hat. 26

Diese Grundsätze gelten beispielsweise auch für den Fall, dass ein Kind unfallbedingt während eines bestimmten Zeitraums den Kindergarten nicht besuchen konnte. Die dadurch weiterlaufenden Kindergartenbeiträge sind unter dem Gesichtspunkt »frustrierter« Aufwendungen nicht zu erstatten.[26] 27

## III. Verhältnis zwischen Besitzer und Eigentümer

Für die Frage, wer zur Geltendmachung von Schadensersatzansprüchen aktivlegitimiert ist, wenn Besitz und Eigentum auseinanderfallen, kommt es auf die vertragliche Gestaltung des Innenverhältnisses zwischen Besitzer und Eigentümer an. Wird das Besitzrecht zulässigerweise unter Ausschluss des Eigentümers ausgeübt, dann stehen Schadensersatzansprüche aus Besitzstörung allem dem berechtigten Besitzer zu. Im Fall von Mitbesitz beider ist zu prüfen, ob der – in der Praxis der Schadenregulierung recht seltene – Fall der Gläubigerschaft zur gesamten Hand oder Teilgläubigerschaft besteht. Kann der Schädiger nicht belastbar klären, wer von zwei Anspruchstellern tatsächlich aktivlegitimiert ist, kann er den geschuldeten Betrag hinterlegen, so dass die beiden vermeintlichen Anspruchsteller im Rahmen eines Prätendentenstreites ihre Aktivlegitimation gerichtlich klären können.[27] 28

Für das Verhältnis der einzelnen Mitbesitzer untereinander ist ergänzend die Bestimmung des § 866 BGB von Bedeutung. Nach dieser Vorschrift findet für den Fall, dass mehrere Personen eine Sache gemeinschaftlich besitzen, im Verhältnis der Mitbesitzer zueinander ein Besitzschutz insoweit nicht statt, als es sich um die Grenzen des dem Einzelnen zustehenden Gebrauchs handelt.[28] Erforderlich ist allerdings eine gewisse Gleichstufigkeit des Besitzes. Dies bedeutet, dass die Vorschrift des § 866 BGB auf die Rechtsverhältnisse zwischen mittelbaren und unmittelbaren Besitzern keine Anwendung findet. Eine weitere notwendige Abgrenzung ergibt sich daraus, dass ein Recht auf Mitbenutzung (gemeinsamer Gebrauch) als mindere Form dem Besitzschutz nicht gleichsteht und die Ansprüche aus Besitzstörung daher nicht auszulösen vermag. Ferner ist zu berücksichtigen, dass jedem einzelnen Mitbesitzer gegenüber Dritten ein unbeschränkter Besitzschutz (§§ 859–862, 867 BGB) zusteht. Allerdings kann der Mitbesitzer stets nur die Wiedereinräumung des Mitbesitzes und 29

24 Vgl. dazu in einem etwas anderen Zusammenhang, aber mit demselben Grundgedanken: *Klimke* VersR 1971, 883; zfs 1972, 187; bezüglich der Frage, unter welchen rechtlich bedeutsamen Voraussetzungen auch dem nicht berechtigten Besitzer Schadensersatz zusteht vgl. *Wiener* JuS 1970, 557; NJW 1971, 597 – bezüglich der Voraussetzungen, unter denen auf den Verdienstausfallschaden eine Ersparnis von Fahrtkosten zur Arbeitsstelle anzurechnen ist, vgl. *BGH* NJW 1980, 1787 = VersR 1980, 455.

25 Das Steuerrecht spricht insoweit von »Werbungskosten«.

26 Vgl. dazu *OLG Celle* r+s 1984, 205.

27 S. hierzu *BGH* MDR 1997, 331.

28 Vgl. dazu BGHZ 62, 243 = VersR 1974, 860 (861: Mitbesitz).

nicht die Gewährung des Alleinbesitzes fordern, weil er in diesem Fall durch die Beseitigung der Rechtsstörung bessergestellt würde.

30 Ist ein Fahrzeug beschädigt worden, welches der Ehemann geleast, seine getrenntlebende Ehefrau jedoch genutzt hat, ist diese gem. § 1357 BGB berechtigt, ein Ersatzfahrzeug im Namen beider Eheleute anzumieten.[29] Sie kann dann auch den Ersatzanspruch gegen den Schädiger im Namen beider Eheleute einziehen.

31 Konkurrieren die Ersatzansprüche in der Weise, dass lediglich der Eigentümer berechtigt war, die Nutzungen bzw. Früchte[30] zu ziehen, dann kann der Besitzer nur Leistung an den Eigentümer, dieser hingegen unbeschränkt Leistung an sich selbst verlangen. Umgekehrt gebührt die Leistung allein dem Besitzer, wenn er zum Besitz berechtigt ist und die Ersatzleistung an ihn sich in dem durch das Besitzrecht bestimmten Vertrauensrahmen hält. Insoweit kann daher der Besitzer Leistungen an sich selbst und der Eigentümer analog zu § 986 Abs. 1 S. 2 BGB zur Leistung an den Besitzer verlangen. In allen übrigen Fällen handelt es sich um gemeinschaftliche Forderungsberechtigte im Sinne von § 432 BGB.

32 Leistet der Schädiger ohne eigenes Verschulden oder infolge nur leichter Fahrlässigkeit an einen nicht oder nicht allein zum Empfang berechtigten Gläubiger, wird seine Interessenlage durch § 851 BGB hinreichend geschützt. Im Innenverhältnis hat dann zwischen Besitzer und Eigentümer ein Ausgleich nach § 816 BGB zu erfolgen. Die Beweislast für die Kenntnis oder grobfahrlässige Unkenntnis trifft den Ersatzberechtigten. Im Zweifelsfalle sollte man daher zur eigenen Sicherheit – um Doppelzahlungen zu vermeiden – vom Rechtsinstitut der Hinterlegung Gebrauch machen.

## IV. Vertragliche Gebrauchsüberlassung an Dritte

33 Der Anspruch auf Schadensersatz aus Besitzstörung wird in der Regel darauf beruhen, dass dem geschädigten Dritten die Sache vom Eigentümer zum Gebrauch überlassen worden ist. Es ist dabei zu unterscheiden, ob dies unentgeltlich in Form der Leihe oder entgeltlich in Form der Miete oder – seltener – der Pacht geschieht.

### 1. Unentgeltlich

34 Durfte der Besitzer die beschädigte Sache – beispielsweise ein Kraftfahrzeug – unentgeltlich nutzen, dann entsteht in seiner Person durch die Gebrauchsvereitelung mit Sicherheit ein Schaden, für den der Ersatzpflichtige einzustehen hat. Wird beispielsweise ein Firmenfahrzeug einem leitenden Angestellten zur Benutzung nach eigenem Belieben überlassen, so darf er auf Kosten des Schädigers während der Ausfallzeit ein Ersatzfahrzeug anmieten. Selbst dem Ehemann, dem lediglich Mitbesitz am Pkw seiner Ehefrau eingeräumt worden ist, steht das Recht auf Ersatzanmietung zu, da mit Rücksicht auf das eheliche Verhältnis davon ausgegangen werden kann, dass die Benutzung des Fahrzeugs im Interesse beider Ehegatten erfolgt.

35 Als Grundsatz kann davon ausgegangen werden, dass jeder verfügungsberechtigte Besitzer eines Pkw sich auf Kosten des Schädigers ein Ersatzfahrzeug anmieten darf, sofern er dadurch nicht gegen die durch § 254 Abs. 2 BGB normierte Schadenminderungspflicht verstößt. Es darf natürlich insgesamt für jedes beschädigte Fahrzeug nur ein Ersatzfahrzeug angemietet werden.

36 Der Schaden besteht in den Aufwendungen, die für die anderweitige Beschaffung der Gebrauchsvorteile (beispielsweise durch Ersatzanmietung) erforderlich sind. Ersparte Eigenkosten sind unter dem Gesichtspunkt des Vorteilsausgleichs gegenüber dem Besitzer lediglich dann abzusetzen, falls er im Verhältnis zum Eigentümer derartige Kosten zu tragen hatte. Anderenfalls ist der Anspruch des Eigentümers entsprechend zu kürzen, weil durch die zeitweilige Nichtbenutzung in seiner Person

29 *OLG Celle* NZV 2023, 519.

30 Gleichgültig ob Sach- oder Rechtsfrüchte.

ein Vorteil entsteht. Er erlangt ohne Rechtsgrund einen Vorteil, der zu einer Bereicherung führt. Diese ist gem. § 812 BGB auszugleichen. Auf keinen Fall darf die Teilung der Ansprüche, je nachdem, ob sie Eigentumsverletzung oder Besitzstörung betreffen, dazu führen, dass die Anwendung des Vorteilsausgleichs ganz unterbleibt.

## 2. Entgeltlich

Ist die Gebrauchsüberlassung demgegenüber entgeltlich – beispielsweise in der wohl häufigsten Form der Miete – erfolgt, dann ist im Einzelfalle unter Berücksichtigung des Innenverhältnisses zwischen Eigentümer und Besitzer zu prüfen, ob die vereinbarte Vergütung für die Gebrauchsüberlassung wegfällt oder weiter zu entrichten ist. Fällt die Vergütung weg, dann entsteht ein Schaden zunächst in der Person des Eigentümers. Er kann die entgangene Miete fordern, muss sich indes auf diesen Anspruch den Betrag anrechnen lassen, der durch die Nichtbenutzung an leistungsbezogenen Betriebskosten eingespart wird. Er wird sich u.U. auch den Einwand entgegenhalten lassen müssen, dass es ihm gerade mit Rücksicht auf das zum Ersatz verpflichtende Ereignis möglich gewesen ist, an den bisherigen Mieter ein anderes Fahrzeug zu vermieten, das sonst von keiner Seite in Anspruch genommen worden wäre und nutzlos herumgestanden hätte. Sofern es sich dabei um ein typengleiches Fahrzeug handelt und der Gegenwert der vereinbarten Miete gleich ist, tritt lediglich eine Verlagerung der Einkünfte von einem Vermögensgegenstand auf den anderen mit der Folge ein, dass ein Schaden nicht entsteht. Allerdings dürfte der Schädiger insoweit beweisbelastet sein, als eine gesetzliche Vermutung gem. § 252 BGB dafür besteht, dass der Vermieter den üblichen Gewinn aus dem Mietwagen erzielt. 37

Der Ersatzpflichtige kann in diesem Zusammenhang auch keine Einwendungen daraus ableiten, dass der Eigentümer nach versicherungsvertraglichen Grundsätzen zur entgeltlichen Überlassung seines Kraftfahrzeuges nicht berechtigt war oder seiner Anzeigepflicht aus § 14 GewO nicht nachgekommen ist.[31] Es kommt in diesem Zusammenhang nicht darauf an, ob und auf welchem Wege der Besitzer sich die ihm entzogene Nutzungsberechtigung anderweitig verschafft, da in seiner Person nicht der zu beurteilende Schaden entstanden ist. Ein Schaden des Mieters ist nur insoweit denkbar, dass er für ein unfallbedingtes Ersatzfahrzeug eine höhere Miete entrichten muss. Ein Anspruch besteht insoweit allerdings nur hinsichtlich der Differenz, als er sich die ersparte Miete mindernd anrechnen lassen muss. 38

Anders hingegen verhält es sich, wenn die für die Gebrauchsüberlassung vereinbarte Vergütung trotz Ausbleibens der Gegenleistung nach dem vertraglichen Innenverhältnis vom Benutzer weiter zu entrichten ist. In diesem Fall ist ihm ein Schaden entstanden, den der Gläubiger als Folge seines haftbaren Verhaltens zusätzlich zu erstatten hat. Der in seinem Besitzrecht beeinträchtigte Geschädigte kann nach seiner Wahl vom Ersatzpflichtigen den Betrag verlangen, den er für die Zeit, in dem ihm die Nutzungen des Fahrzeugs aus unfallbedingtem Anlass nicht zur Verfügung stehen, an den Eigentümer als vereinbarte Gegenleistung weiter entrichten muss. 39

Handelt es sich dabei um einen »Freundschaftspreis« und ist der mittelbar geschädigte Besitzer auf die Anmietung eines gleichwertigen Ersatzfahrzeugs angewiesen, dann muss der Schädiger den höheren Mietpreis erstatten. Bei der Anwendung des Vorteilsausgleichs in Höhe der eingesparten leistungsbezogenen Betriebskosten des beschädigten Fahrzeugs ist zu prüfen, wer nach dem vertraglichen Innenverhältnis derartige Kosten zu tragen hat. Dementsprechend ist ein Abzug entweder gegenüber dem Eigentümer oder dem Besitzer vorzunehmen. 40

31 Vgl. *LG Stuttgart* VersR 1972, 698.

## B. Reservehaltungskosten

41 Von Reservehaltungskosten[32] – auch Vorhaltekosten oder »Generalunkosten« – spricht man dann, wenn bestimmte Betriebe unter Aufwendung abgrenzbarer Mehrkosten über ihren normalen Planbedarf hinaus zusätzliche Fahrzeuge in Form einer Betriebsreserve anschaffen und einsatzbereit vorhalten, um die sonst nicht mögliche Aufrechterhaltung ihres Fahrbetriebs zu gewährleisten. Im Interesse dieser ständigen Betriebsbereitschaft kann es zweckmäßig – mitunter sogar geboten – sein, unter wirtschaftlich orientierten Gesichtspunkten eine sinnvolle Reservehaltung (Vorhaltung) von Fahrzeugen zu betreiben.

### I. Gründe für die Vorhaltung

42 Vornehmlich größere Betriebe werden für besonders gewerblich eingesetzte Nutzfahrzeuge in Form eines betriebswirtschaftlich vertretbaren Fahrzeugüberhanges Reservewagen zu den verschiedensten Zwecken bereithalten.

#### 1. Spezialfahrzeuge

43 Wenn normalerweise ein Fahrzeug ausfällt, dann lässt sich diese Lücke in aller Regel durch eine Ersatzanmietung schließen. Anders liegen die Dinge indes, wenn es sich um Spezialfahrzeuge handelt, die von gewerblichen Autovermietern üblicherweise nicht angeboten werden und sich mit einem wirtschaftlich vertretbaren Kostenaufwand auch sonst nicht kurzfristig beschaffen lassen. Dazu gehören etwa – um nur einige »klassische« Beispiele zu nennen – Lokomotiven und sonstige Schienenfahrzeuge (Eisenbahn- und Straßenbahnwagen), aber auch Kraftfahrzeuge mit Sonderausstattung, beispielsweise Linienomnibusse, Lösch-, Polizeifahrzeuge und Müllwagen,[33] ja u.U. sogar Bestattungswagen, Taxis und Fahrschulwagen. Falls ein derartiges Fahrzeug einmal ausfällt, wird es dem Halter oder dem sonstigen Nutzungsberechtigten in aller Regel nicht gelingen, sich die dadurch entzogenen Gebrauchsvorteile anderweitig wieder zu verschaffen. Um die dadurch sonst eintretenden Nachteile zu vermeiden, ist es erforderlich, über den allgemeinen Bedarf hinaus von jedem Typ einige Fahrzeuge in die Betriebsreserve einzustellen. Falls eine Vorhaltung nicht sinnvoll ist – sich beispielsweise aus wirtschaftlichen Gründen nicht lohnt –, kann der Geschädigte, dem es trotz zumutbarer Bemühungen nicht gelungen ist, ein für seine Zwecke geeignetes Ersatzfahrzeug anzumieten (oder für den eine solche Anmietung ebenfalls nicht wirtschaftlich ist), vom Schädiger die Ausgleichung seines Erwerbsschadens im Sinne von § 252 BGB verlangen.

#### 2. Öffentliche Interessen

44 Eine Vorhaltung wird insbesondere dann in Betracht kommen, wenn nicht allein betriebswirtschaftliche Interessen unter dem Gesichtspunkt eines gesunden Gewinnstrebens angesprochen sind, sondern wenn unabhängig davon das betreffende Unternehmen im Hinblick auf seine Monopolstellung der ständigen Betriebspflicht – etwa nach § 21 des PBefG – unterliegt. In diesem Fall unterliegt es nicht der freien innerbetrieblichen Disposition, ob es sinnvoller ist, unter Inkaufnahme eines Umsatzverlustes (Einnahmeausfalls) bestimmte Fahrten ersatzlos ausfallen zu lassen, sondern ein derartiger Betrieb muss kraft gesetzlicher Verpflichtung auch beim Ausfall einzelner Fahrzeuge unter Einhaltung des von der Genehmigungsbehörde festgesetzten Fahrplanes die stetige Betriebsbereitschaft gewährleisten.

45 Ähnliche Überlegungen gelten auch für andere dem öffentlichen Interesse dienende Einrichtungen, wie etwa Feuerwehr- oder Streifenwagen der Polizei, über Notarzt- und andere Krankenwagen bis hin zu Rettungshubschraubern oder Seenotrettungskreuzern. In diesen Fällen ist eine Reservehaltung auch dann geboten, wenn sie unter rein betriebswirtschaftlichen Aspekten an sich unrentabel ist.

32 Vgl. *Littbarski* BB 1980, 1448.
33 Vgl. dazu *AG Dillenburg* zfs 1982, 234.

## II. Betriebliche Interessen

Im Allgemeinen liegt die Reservehaltung überdies aber auch im betrieblichen Interesse. Es ist bekannt, dass Betriebe mit einem umfangreichen Fahrzeugpark nach den Gesetzen der Serie und der großen Zahl ständig mit (nicht notwendigerweise mit Unfällen zusammenhängende) Fahrzeugausfällen rechnen müssen. Diese Ausfälle enthalten einen Mechanismus, dem eine bestimmte Regelmäßigkeit innewohnt; sie lassen sich daher mit einiger Verlässlichkeit voraussehen. 46

Unter gewissen Voraussetzungen kann auch die durch § 254 Abs. 2 BGB normierte Schadenminderungspflicht eine betriebsnotwendige Reservehaltung gebieten. Man denke etwa an einen Unternehmer, der sich gewerbsmäßig mit dem Vertrieb von Tiefkühlkost befasst und zu diesem Zwecke eine Reihe von Spezial-Thermowagen unterhält. Dieser Unternehmer muss beispielsweise in der Lage sein, beim Ausfall eines seiner Spezialfahrzeuge die hochempfindliche Tiefkühlkost sofort in ein Reservefahrzeug umzuladen, damit die Ware nicht verdirbt. Falls der betreffende Unternehmer eine notwendige Reservehaltung unterlässt, kann er im Beispielsfall nicht den Gegenwert der verdorbenen Ware vom Schädiger ersetzt verlangen, sondern lediglich die (gedachten) Reservehaltungskosten, die bei ordnungsgemäßer Erfüllung der Schadenminderungspflicht entstanden wären. 47

### 1. Werkstattreserve

Im Vordergrund steht dabei die Notwendigkeit, eine ausreichende Werkstattreserve vorzuhalten, da nach den Erfahrungen der Praxis damit zu rechnen ist, dass stets einige Fahrzeuge – im Regelfalle etwa 10 bis 15 % – aus innerbetrieblichen Gründen ausfallen, beispielsweise im Rahmen der turnusmäßigen Wartung sowie zur Durchführung von Inspektionen, Haupt- und Zwischenuntersuchungen sowie zur Beseitigung von Verschleißschäden. 48

### 2. Unfallreserve

Gleichzeitig aber muss der Betrieb auch mit Fahrzeugausfällen rechnen, die auf Verkehrsunfällen beruhen. In diesem Bereich wiederum wird unterschieden zwischen selbst verursachten Schäden und Ausfällen, die in Rechtsgutverletzungen Dritter ihre Ursache haben. Sehr viele Unfälle werden – wie sich häufig erst sehr viel später nach Abschluss der amtlichen Ermittlungen herausstellt – von beiden Parteien – ggf. auch unter Beteiligung Dritter – verursacht. 49

### 3. Verkehrsspitzen

Für Verkehrsbetriebe kommt als Besonderheit noch hinzu, dass zusätzliche Reservefahrzeuge auch bereitgehalten werden müssen, um die ständige Einsatzbereitschaft auch zu Zeiten von Verkehrsspitzen – etwa Berufs- oder Schülerverkehr – und für besondere Veranstaltungen zu gewähren (Mehrleistungsreserve). Der Einsatz erfolgt dann in aller Regel in Form von außerfahrplanmäßigen Verstärkungszügen. 50

### 4. Kostenstellen

Es liegt auf der Hand, dass eine Reservehaltung, auch wenn sie betriebswirtschaftlich sinnvoll betrieben wird, d.h. sich an dem unumgänglich notwendigen Mehrbedarf orientiert, abgrenzbare Mehrkosten verursacht, die nach dem Umfang des Bedarfs und dem Zweck der Inanspruchnahme im Interesse einer exakten Erfolgskontrolle verschiedenen Kostenstellen zuzuordnen sind. Soweit es sich um die Werkstattreserve und um die Vorhaltung für eigenwirtschaftliche Zwecke – etwa zum Ausgleich für selbst verursachte Unfallschäden – handelt, werden die Reservehaltungskosten ohne Frage in die innerbetrieblichen Kalkulationen eingehen bzw. über Frachtentgelte und – hier allerdings nur mit Einschränkungen – Beförderungstarife vom Anbieter der Leistung auf den Abnehmer abgewälzt. 51

Anders hingegen verhält es sich mit den Kosten für Reservefahrzeuge, die zwar auch im betrieblichen Interesse bereitgehalten werden, jedoch – zumindest von der Anzahl her – allein dazu bestimmt sind, im Fall fremd verursachter Schäden eingesetzt zu werden. Insoweit erscheint es nicht gerecht- 52 fertigt, auch diese Kosten über die Kalkulation (Tarif- und Preisgestaltung) den Kunden anzulasten. Insoweit kann der Geschädigte unter den nachfolgenden Voraussetzungen Ersatz seitens des Schädigers verlangen.

## III. Anspruchsbegründende Voraussetzungen

### 1. Kriterien

53 In seiner Grundsatzentscheidung vom 10.05.1960 hat der *BGH*[34] eine Reihe von anspruchsbegründenden Voraussetzungen statuiert, um den Begriff der Reservehaltungskosten nach rechtlichen Kriterien abzugrenzen. Danach ist es erforderlich, dass der Gläubiger neben einem den vermehrten Bedarf in Zeiten erhöhter Inanspruchnahme deckenden Bestand an planmäßigen Fahrzeugen und über eine angemessene Werkstattreserve hinaus unter Aufwendung abgrenzbarer Mehrkosten zusätzliche Reservefahrzeuge angeschafft hat und bereithält, um beim Ausfall eines seiner Wagen infolge fremd verursachter Schäden die sonst nicht mögliche reibungslose Aufrechterhaltung seines Fahrbetriebes zu gewährleisten.[35]

54 Vom Geschädigten sind grundsätzlich zwei Tatsachen zu beweisen, und zwar die

– Notwendigkeit der Reservehaltung im Rahmen der betrieblichen Belange (Betriebsstruktur) und die
– Tatsächliche Vorhaltung (nicht unbedingt Einsatz) von Reservefahrzeugen als Folge der betrieblichen Notwendigkeit.

### 2. Notwendigkeit von Vorsorgemaßnahmen

55 Als vorrangige anspruchsbegründende Voraussetzung wird verlangt, dass die Vorsorgemaßnahmen im Rahmen der individuellen betrieblichen Struktur notwendig sind, um den sich sonst in anderen Bereichen – etwa auf dem Umwege über § 252 BGB – vollziehenden Eintritt eines höheren Schadens abzuwenden. Selbstverständlich kann sich die Notwendigkeit zur Vorhaltung von Ersatzfahrzeugen auch daraus ergeben, dass das Unternehmen unabhängig von wirtschaftlichen Überlegungen der ständigen Betriebspflicht unterliegt.

56 Es ist ferner erforderlich, dass die etwa notwendigen Maßnahmen zur Reservehaltung sich an den Grundsätzen eines ordnungsgemäßen Geschäftsbetriebes orientieren. Die oberste Grenze für die Erstattungsfähigkeit von Reservehaltungskosten stellen diejenigen Aufwendungen dar, die im Fall der Ersatzanmietung – wäre sie zulässig und möglich – entstanden wären. Nur demjenigen Betrieb stehen demgemäß Reservehaltungskosten zu, der sich – gemessen am Maßstab des § 254 Abs. 2 BGB – im Fall einer wirklich vollzogenen Ersatzanmietung sachgerecht verhalten, d.h. unter dieser Prämisse nicht gegen seine Schadenminderungspflicht verstoßen hätte.

57 Zusammenfassend lässt sich feststellen: Die Reservehaltung wird stets dann nach den Grundsätzen der Voraussehbarkeit und durch die Herstellung eines Zurechnungszusammenhanges auch im Sinne der Adäquanz eine sachgerechte Maßnahme darstellen, wenn ein größerer Betrieb aufgrund der durch sorgfältige Auswertung der Statistik gewonnenen Erfahrungen und Erkenntnisse nach Lage der Dinge auch künftig mit einer ins Gewicht fallenden Anzahl von drittverursachten Rechtsgutverletzungen rechnen muss, deren Folgen sich nur durch die Vorhaltung von Ersatzfahrzeugen abwenden lassen.

58 Eine – durch die jetzige Rechtsprechung eingeleitete – etwas schizophren anmutende Entwicklung kann sich allerdings dann ergeben, wenn der Geschädigte, der im Prozess oder im Zuge von außergerichtlichen Regulierungsverhandlungen vergeblich versucht hat, die anspruchsbegründenden Voraussetzungen für die Zubilligung von Reservehaltungskosten nachzuweisen, nach dem Misslingen dieser Bemühungen plötzlich erkennen muss, dass ihm nunmehr zwar keine Vorhaltekosten, dafür

34 BGHZ 32, 280.
35 Insoweit teilweise wieder aufgegeben seit *BGH* NJW 1978, 812.

aber eine sogar nicht unwesentlich höhere Schadensersatzleistung, nämlich eine Entschädigung für entgangene Gebrauchsvorteile zusteht. Er erhält in diesem Fall nach der Auffassung des *BGH*[36] über die reinen »Generalunkosten« des betreffenden Fahrzeugs – also über die Vorhaltekosten = Fixkosten – hinaus einen »maßvollen« Zuschlag, der dem Umstand Rechnung tragen soll, dass der Gebrauchsvorteil eines betriebsbereiten und einsatzfähigen Fahrzeugs im Rechtsverkehr zu treffenderweise höher eingeschätzt wird als der Gegenwert der Kosten, die erforderlich sind, um ein derartiges Fahrzeug bereitzuhalten. Vor diesem Hintergrund wird sich ein Streit zwischen den Unfallparteien meist dahingehend entwickeln, dass der Schädiger davon ausgeht, dass der Geschädigte eine Reservehaltung hätte vornehmen müssen, so dass sich der Ersatzanspruch auf die (geringeren) Reservehaltungskosten beschränkt.

### 3. Tatsächliche Vorhaltung

Weitere Voraussetzung für die Erstattungsfähigkeit der Reservehaltungskosten ist die tatsächliche 59
Vorhaltung eines Reservefahrzeugs. Hieran fehlt es, wenn die Geschädigte vorträgt, aufgrund des unfallbedingten Ausfalls des Fahrzeugs habe sie den Leasingvertrag eines anderen Fahrzeugs verlängert, um den Ausfall bis zur Auslieferung eines neuen, bereits vor dem Unfall bestellten Fahrzeugs zu überbrücken.[37] Hat der Geschädigte sich zur Überbrückung der Ausfallzeit nicht auf eine ggfs. vorgehaltene Reserve zurückgegriffen und sich diese somit nicht schadenmindernd ausgewirkt, sind Reservehaltungskosten nicht erstattungsfähig.[38]

### 4. Bestimmbarkeit

Besondere Schwierigkeiten hat der Rechtsprechung die Frage der Bestimmbarkeit (Identität) von 60
vorgehaltenen Reservefahrzeugen bereitet, die eng mit dem Problem der Austauschbarkeit verbunden ist. Ganz offensichtlich hatte der *BGH* sich zunächst ohne genaue Kenntnis der Erfordernisse der betrieblichen Praxis ein ganz bestimmtes Fahrzeug vorgestellt, das ausschließlich dazu bestimmt ist, den durch fremd verursachte Schäden eintretenden Ausfall zu überbrücken, und das zu keinem anderen Zwecke eingesetzt wird. Diese Intention wird deutlich, wenn der *BGH* an mehreren Stellen seines Urteils von »dem« Reservefahrzeug spricht und dann fortfährt, mit der Vorhaltung eines derartigen Wagens liege »ein Kapitalaufwand vor, der nach seinem Zweck nur auf die Beseitigung der zu erwartenden Schäden aus fremder Schuld gerichtet und wirtschaftlich gesehen auf die ganze Zeit zu beziehen ist, die der normalen Lebensdauer des in Reserve gestellten Fahrzeugs entspricht«.[39]

Es liegt auf der Hand, dass eine derartige Reservehaltung unwirtschaftlich wäre und zu einer erheb- 61
lichen Kostenbelastung führen müsste. So könnten beispielsweise Verkehrsbetriebe mit ihrem weitverzweigten Streckennetz und mehreren über ein großflächiges Stadtgebiet verteilten Betriebshöfen die Wagen nicht mehr austauschen, sondern müssten, um erhebliche Überführungskosten zu vermeiden, auf allen Betriebshöfen zumindest einen, sehr wahrscheinlich sogar mehrere Reservewagen von jedem Typ bereithalten.

Außerdem könnte man sich dann nicht mehr an auf Erfahrungen beruhenden Durchschnittswerten 62
orientieren, sondern man müsste den Maximalbedarf einplanen, um auch für den »schwärzesten« Tag gerüstet zu sein. Diese Betrachtung müsste – konsequent zu Ende gedacht – dazu führen, dass sich die Gesamtkosten aller mit dieser (verfehlten) Zielprojektion bereitgehaltenen Reservewagen auf die dann relativ geringe Zahl der Tage verteilen, an dem diese Wagen im Rahmen ihres bestimmungsgemäßen Vorhaltezwecks eingesetzt worden sind. Jeder Schädiger müsste dann den Anteil an den Gesamtkosten tragen, in dem die von ihm verursachte Ausfallzeit im Verhältnis zum Ganzen

36 *BGH* VersR 1971, 720.
37 *OLG Saarbrücken* r+s 2023, 873.
38 *OLG Celle* VersR 2024, 120.
39 Siehe auch *BGH* NJW 1961, 729 = VersR 1961, 358.

steht. Dies würde zu einer Art »Risikogemeinschaft aller Schädiger« führen, die in dieser Konstruktion unserer Rechtsordnung fremd sind.

63 Diese Methode würde nicht nur zu nicht praktikablen, sondern darüber hinaus auch zu geradezu unerträglichen Ergebnissen führen. Das Prinzip der Austauschbarkeit in Form einer Dynamisierung der Reservehaltung liegt daher – richtig verstanden – gerade auch im Interesse der Schädiger, weil nur diese Methode gewährleistet, dass jeder von ihnen ausschließlich mit dem Anteil am Schaden belastet wird, den er selbst verursacht hat. Bei genauerer Betrachtung muss man überdies auch feststellen, dass der Schädiger keineswegs unzumutbar in seinen Rechten beeinträchtigt wird, dass »sein« Reservewagen, dessen Einsatz er aus Anlass eines von ihm verursachten Unfalles zeitweilig veranlasst hat, gelegentlich im Interesse einer besseren Auslastung der Kapazitäten auch für andere betriebliche Zwecke Verwendung findet. Wenn die Jahreskosten dieses Wagens dann auf die Anzahl der potenziellen Einsatztage verteilt und der einzelne Schädiger pro rata temporis nur mit dem Anteil belastet wird, der der von ihm verursachten Ausfallzeit des beschädigten Fahrzeugs und demgemäß der von ihm veranlassten Einsatzzeit des Reservewagens entspricht, dann ist dies eine gleichermaßen, aber auch – in des Wortes doppelter Bedeutung – billige Lösung.

64 Erst in seinen beiden Grundsatzentscheidungen vom 10.01.1978 hat der *BGH*[40] sich nunmehr endgültig und expressis verbis unter Aufgabe seiner früheren Rechtsprechung zu dem allein wirtschaftlich sinnvollen Prinzip der Austauschbarkeit bekannt. Es müssen jetzt also nicht mehr bestimmte – vom übrigen Bestand deutlich abgegrenzte – Reservefahrzeuge vorhanden sein, sondern es genügt der Nachweis, dass das betreffende Unternehmen mit Rücksicht auf zu erwartende Rechtsverletzungen Dritter der Anzahl nach mehr Fahrzeuge in die Betriebsreserve eingestellt hat und bereithalten muss, als es für die Erfüllung betrieblicher Aufgaben benötigt hätte, wenn mit fremd verursachten Schäden und darauf beruhenden Ausfällen nicht gerechnet zu werden brauchte.

65 Die Regulierungspraxis ist – von wenigen Ausnahmen am Beginn der Entwicklung einmal abgesehen – dem *BGH* in seiner bis dahin recht engherzigen Auffassung nicht gefolgt, sondern hat bereits seit vielen Jahren den Standpunkt eingenommen, dass es genügt, wenn ein der Anzahl nach bestimmbarer Fahrzeugüberhang in der Betriebsreserve vorhanden ist, der ohne fremd verursachte Schäden entbehrlich wäre.[41]

## IV. Höhe

66 Der Anspruch auf Ersatz von Vorhaltekosten ist nur hinsichtlich der konkret unfallbedingt entstandenen Kosten der Reservehaltung. Zu diesen konkret unfallbedingt entstandenen, erstattet verlangten Kosten hat der Geschädigte konkret vorzutragen.[42]

### 1. Generalunkosten (Fixkosten)

67 Bei den Reservehaltungskosten handelt es sich um den betrieblichen Aufwand für die Anschaffung, Bereitstellung und Unterhaltung (Vorhaltung) von Ersatzfahrzeugen. Diese Erkenntnis bedeutet – auf eine etwas vereinfachte Formel gebracht –, dass die Reservehaltungskosten in etwa mit den (leistungsunabhängigen) Fixkosten (»Generalunkosten«) eines Fahrzeugs identisch sind, zu denen unter gewissen Voraussetzungen noch die turnusmäßig – innerhalb bestimmter zeitlicher Intervalle – ohne Rücksicht auf die Leistung anfallenden Kosten hinzutreten.

68 Zu den Generalunkosten gehören insbesondere die Kapitaldienstkosten (Aufwand für Verzinsung und Abschreibung des Anlagekapitals), und zwar sowohl für Fahrzeuge als auch für Unterstellräume und sonstige Stellflächen, ferner die anteiligen Kosten für die durch den bestimmungsgemäßen

40 Vgl. dazu *BGH* NJW 1978, 812 = VersR 1978, 374 = DAR 1978, 164; VersR 1978, 375; *OLG Koblenz* NZV 2015, 552; *AG Emmendingen* zfs 1980, 102; *AG Bonn* NZV 2019, 313; *Weber* DAR 1979, 113.

41 Vgl. dazu *Klimke* VersR 1976, 828; *LG Ingolstadt* DAR 2016, 337.

42 *OLG Celle* VersR 2024, 120; *OLG Saarbrücken* r+s 2023, 873.

Einsatz (Investition) eingetretene Bindung des betriebsnotwendigen Umlaufkapitals. Im Übrigen unterscheidet man zwischen leistungsabhängiger Gebrauchsabschreibung, die im Rahmen des Einsatzes durch die Abnutzung (den Verschleiß) des Fahrzeugs eintritt, und der gebrauchsunabhängigen Alterungsabschreibung. Diese beruht zunächst einmal auf Korrosionserscheinungen (Verwitterung, Durchrosten und Zersetzung der einzelnen Bestandteile des Fahrzeugs). Auch eine Beeinträchtigung durch vagabundierende Ströme wäre bei Schienenfahrzeugen denkbar. Weiter zu berücksichtigen ist die durch Typenüberalterung eintretende Entwertung des Anlageguts. Darunter versteht man den Wertverzehr durch den technischen Fortschritt, der zur Entwicklung wirtschaftlich kostengünstigerer und sicherheitstechnisch verbesserter Fahrzeuge führt. Außerdem kommt eine Abnutzung aufgrund von Bedarfsverschiebungen bei Nutzfahrzeugen in Betracht, die der Personenbeförderung dienen. Entscheidend dafür ist das von den Fahrgästen entwickelte Bedarfsprofil in Form von höheren Anforderungen an den Komfort und die Ausstattung der Fahrzeuge. Schließlich kommt noch bei Schienenfahrzeugen eine Abnutzung durch Verwendungsablauf in Betracht, sofern neue Triebwagen angeschafft werden, die mit den bisherigen Beiwagen von der technischen Ausstattung her nicht mehr korrespondieren.

Soweit es sich um die Kosten für Unterstellräume handelt, ist bei der Ermittlung des Kapitaldienstes zunächst einmal zu berücksichtigen, dass im Hinblick auf die unterschiedliche Lebensdauer von verschiedenen Einflussfaktoren auszugehen ist. Da der dem Unterstellplatz zuzurechnende Grundstücksanteil keinem Wertverzehr (Verschleiß) unterliegt, ist insoweit lediglich der Zinsdienst zu berücksichtigen. Soweit es sich um die auf dem betreffenden Grundstück errichteten Bauwerke handelt, die der Unterstellung von Fahrzeugen dienen, kann für die Bemessung des Zinsdienstes und der Abschreibungen von einer Lebensdauer zwischen 40 und 50 Jahren ausgegangen werden. Sollte es sich um Schienenfahrzeuge handeln, müssen auch die Kosten der zu den Unterstellräumen führenden Gleisanlagen wertanteilig – über die Anzahl der dort insgesamt abgestellten Fahrzeuge – in die Kostenrechnung eingehen. Man muss dabei zwischen gemeinsamen Schienensträngen (beispielsweise Gleisharfen) und den Abstellplätzen unterscheiden, die nur für ganz bestimmte Fahrzeuge vorgesehen sind. Für die Ermittlung des vollen Kapitaldienstes kann die Lebensdauer der Gleisanlagen mit etwa 25 Jahren angesetzt werden. 69

Zusätzlich sind indes die »Bewirtschaftungskosten« der Unterstellräume zu berücksichtigen. Dabei handelt es sich um den Kostenaufwand für Wartung, Instandhaltung, Beaufsichtigung, Beheizung und Beleuchtung. Diese Kosten setzen sich ausfolgenden primären Kostenarten zusammen: 70

Zunächst einmal sind die Arbeitskosten zu berücksichtigen. Darunter versteht man die Gehalts- und Lohnkosten für die Planung und Durchführung der Wartung und Instandhaltung des betreffenden Unterstellraums einschließlich aller Gehalts- und Lohnnebenkosten zuzüglich der als Kostenbestandteile geltenden Lohngemeinkosten. 71

Außerdem sind von Bedeutung die Betriebsmittelkosten. Dabei handelt es sich um Abschreibungskosten für Wartungs- und Instandhaltungsgeräte bzw. -werkzeuge, soweit sie höherwertig sind und im Zuge der Wartung und Instandhaltung des Unterstellraumes Verwendung finden. 72

Weiterhin von Bedeutung sind die Werkstoffkosten. Darunter versteht man Kosten für Material, Roh-, Hilfs- und Betriebsstoffe, soweit diese für die Wartung und Instandhaltung des Unterstellraums erforderlich sind. In Betracht kommen ebenfalls noch geringwertige Werkzeuge, die der Sofortabschreibung unterliegen. 73

Schließlich ist, sofern es sich um Verkehrsbetriebe handelt, als weiterer Rechnungsposten das unterschiedliche Auslastungsrisiko zu berücksichtigen. Da Verkehrsbetriebe ohne Rücksicht auf äußere Umstände einer ständigen Betriebspflicht unterliegen, müssen sie ihren Fahrzeugbestand so gestalten, dass sie bezüglich ihrer Einsatzbereitschaft selbst für den »schwärzesten« Tag gerüstet sind. Dies kann etwa ein Wintertag mit Glatteis sein, an dem sehr viele Fahrzeugausfälle aus witterungsbedingten Gründen zu verzeichnen sind. Gleichzeitig muss überdies berücksichtigt werden, dass an einen Verkehrsbetrieb – trotz starker Verdichtung des Winterfahrplans – in Form von Sonderfahrten erhöhte Anforderungen an die Leistungsbereitschaft des Unternehmens gestellt werden. Es liegt auf der 74

Hand, dass ein Verkehrsbetrieb, der sich in dieser Weise an Maximalvorstellungen orientieren muss, zu bestimmten Zeiten seine Reservefahrzeuge häufig nicht genügend auslasten kann. Dieses Risiko der ungenügenden Auslastung bewertet das *OLG Bremen* im Zusammenhang mit der Ermittlung der Einsatztage recht vorsichtig mit 12 %.[43]

75 Unberücksichtigt bleiben nach konventioneller Betrachtungsweise die leistungsbezogenen Betriebskosten, die durch den Einsatz des Reservewagens selbst entstehen, da diese Aufwendungen sich durch entsprechende Einsparungen am zeitweilig stillgelegten (beschädigten) Fahrzeug ausgleichen. Insoweit greift der Einwand des antizipierten (vorweggenommenen) Vorteilsausgleichs Raum. Ihm kann am einfachsten in der Form Rechnung getragen werden, dass man sich rein fiktiv die Kostenbelastung für ein ständig stehendes Fahrzeug vorstellt.

76 Die auch heute noch vorherrschende Regulierungspraxis geht davon aus, dass die Abschreibungskosten, die ansonsten bei rein betriebswirtschaftlich ausgerichteter Betrachtungsweise in einer Summe festgestellt und ausgewiesen werden, in abgrenzbare Aufwendungen[44] für leistungsbezogene Gebrauchsabschreibung einerseits und die nutzungsunabhängige Alterungsabschreibung andererseits aufzuspalten sind. Insoweit muss jedoch berücksichtigt werden, dass es auf die rein steuerliche Seite der gewählten Abschreibungsform nicht ankommt, sondern unter Einbeziehung schadensersatzrechtlicher Erwägungen allein auf den Zeitraum zwischen der Indienststellung und der Aussonderung des betreffenden Fahrzeugs.[45] Der Anteil der Alterungsabschreibung kann bei langlebigen Wirtschaftsgütern mit geringem Verschleiß – beispielsweise Schienenfahrzeugen – mit etwa 80–90 % der Bezugsgröße (Wiederbeschaffungs- oder Anschaffungswert) angenommen werden.

77 Wenn das betreffende Unternehmen seine Reservefahrzeuge allein auf der Grundlage des Zeitfaktors – beispielsweise also nach einem 5-jährigen Benutzungszeitraum – abschreibt, dann muss bei genauerer Betrachtung auch die leistungsbezogene Gebrauchsabschreibung in die Kostenrechnung für die Ermittlung der Vorhaltekosten eingehen. Diese Kosten werden zunächst zwar scheinbar dadurch erspart, dass eine Verlagerung im Verschleiß von dem zeitweilig ruhenden (beschädigten) Fahrzeug auf den statt seiner eingesetzten Reservewagen eintritt (Kap. 10 Rdn. 78). Dabei handelt es sich jedoch bei Licht besehen – wiederum bezogen auf das beschädigte Fahrzeug – nicht um einen echten Vorteil, weil die Leistung, die zunächst durch den unfallbedingten Werkstattaufenthalt nicht in Anspruch genommen worden ist, im Hinblick darauf, dass der Aussonderungszeitpunkt sich dadurch nicht um einen einzigen Tag verschiebt, später auch pro rata temporis nicht mehr nachgeholt werden kann. Das bedeutet, dass diese Leistung endgültig für das Unternehmen verloren geht und aus dem Bündel der potenziellen Nutzungsmöglichkeiten mit irreparablem Ergebnis ausscheidet.

78 Falls das betreffende Unternehmen jedoch entgegen der sonst üblichen Handhabung seine Fahrzeuge allein nach Leistung abschreibt und auf dieser Basis aussondert, können die Abschreibungsraten nicht in die Kostenberechnung einbezogen werden, da die zunächst ausgefallene Leistung später nachgeholt und das Fahrzeug erst dann ausgemustert wird.

79 Mit diesem Problem hat der *BGH* sich in seinen beiden Grundsatzentscheidungen vom 10.01.1978[46] nur am Rande befasst, da es sich in den beiden anstehenden Prozessen insoweit in erster Linie um ein Problem der tatrichterlichen Würdigung und Feststellung handelte. Die Vorinstanz (*OLG Bremen*) hatte entgegen des Vortrags der dortigen Klägerin angenommen, dass sie ihre Fahrzeuge nicht nach einem bestimmten Zeitplan – gewissermaßen »generationsweise« – aussondert, sondern sie »bis zur Erschöpfung ihrer technischen Nutzungsfähigkeit« einsetzt. Diese Feststellung war, da sie auf rein tatsächlichem Gebiet liegt, der Nachprüfung durch die Revisionsinstanz verschlossen. Ansonsten hat

43 VersR 1976, 665.

44 Nach herrschender dynamischer Bilanzauffassung sind Abschreibungen für Anlagegüter, die einem Wertverzehr unterliegen, periodifizierte erfolgswirksame Ausgaben (Aufwand).

45 Mit anderen Worten also: auf die betriebsbezogene Nutzungsdauer.

46 Vgl. dazu BGHZ 70, 199 = NJW 1978, 812 = VersR 1978, 374; VersR 1978, 375; *AG Emmendingen* zfs 1980, 102; *Weber* DAR 1979, 113 (132 r.Sp. oben).

auch der *BGH* sich bei früherer Gelegenheit in Übereinstimmung mit der herrschenden Regulierungspraxis zur Einbeziehung zumindest der leistungsunabhängigen Alterungsabschreibung bekannt.[47]

Der Kapitaldienst – darunter versteht man die Kosten, die durch den Kapitaleinsatz (Investition – Kapitalverwendung) entstehen – ist der Oberbegriff; unter dem Abschreibungen und Zinsen zusammengefasst werden. Er bezieht sich auf den Anschaffungswert, nach Meinung mancher Autoren – im Interesse der substanziellen Kapitalerhaltung – auf den Wiederbeschaffungswert. Dabei ist indes zu berücksichtigen, dass jedes Fahrzeug am Ende seiner bestimmungsgemäßen Nutzungsdauer noch einen gewissen Restwert repräsentiert, der für die Ermittlung des Kapitaldienstes abzusetzen ist. Auszugehen ist daher vom berichtigten Anschaffungswert. Es kann allerdings gerade bei Schienenfahrzeugen der Fall eintreten, dass am Ende der planmäßigen Laufzeit eine Verwertung in der sonst üblichen Form durch Veräußerung oder Weiterverwendung für minder qualifizierte Zwecke nicht möglich ist, weil sich für derartige Wagen keine Abnehmer finden. Das bedeutet, dass der Restwert allein im Schrotterlös besteht, der bei Schienenfahrzeugen häufig durch die Rückgewinnungskosten (Demontagekosten) aufgezehrt wird. 80

Bei der Berechnung des Zinsdienstes kann – unter Berücksichtigung der fortschreitenden Abschreibung – entweder vom halben Anschaffungswert oder vom mittleren Zinssatz ausgegangen werden. 81

Weiter ist zu berücksichtigen, dass auch ruhenden Fahrzeugen ein gewisses Maß an Wartung und Instandhaltung zuteilwerden muss. Die dadurch entstehenden Kosten gehen ebenso wie der Aufwand für die Pflege des – vorgestellt ruhenden – Fahrzeugs in die Kalkulation für die Reservehaltungskosten ein. Das Gleiche gilt für Unterstellkosten (Aufwendungen für die Beschaffung und Unterhaltung von Stellflächen) sowie für Steuern und Versicherungsprämien, soweit sie unabhängig von der Leistung des Fahrzeugs anfallen, um seine jederzeitige Betriebsbereitschaft zu gewährleisten. 82

Das *OLG Bremen* geht in seinem Urt. v. 18.06.1975[48] davon aus, dass die gesamten Vorhaltekosten (Jahreskosten) durch die Zahl 365 zu dividieren seien, um auf diesem Wege den für die Weiterberechnung maßgeblichen Tagessatz zu ermitteln, obwohl Linienomnibusse in der Regel aufgrund fälliger Wartungen bzw. Reparaturen etc. nur an ca. 300 Tagen des Jahres für den betrieblichen Einsatz zur Verfügung stehen. Dies begründet das *OLG Bremen* mit der Erwägung, dass auch der beschädigte Wagen, wenn er durch das zum Ersatz verpflichtende Ereignis nicht ausgefallen wäre, während der Reparaturzeit »nach der statistischen Wahrscheinlichkeit betriebsbedingt für die anteilige Dauer ausgefallen wäre«. Lediglich aus der Erwartung heraus, dass die Reservefahrzeuge nicht an allen Tagen voll ausgelastet sind, hat das *OLG Bremen* den Tagessatz um einen Zuschlag von 12 % aufgestockt. 83

Der *BGH* hat zu diesem Fragenkomplex lediglich in Form eines obiter dictum Stellung genommen und in diesem Zusammenhang die Auffassung vertreten, die Hilfserwägung der Vorinstanz sei nicht zu entkräften, »dass dann auch für das Unfallfahrzeug kein pausenloser Einsatz der Schadenberechnung unterlegt werden dürfte und daher das Ergebnis in etwa ebenso ausfallen müsste«.[49] 84

## 2. Turnusmäßig anfallende Kosten

Wenn – wie dargelegt – die Reservehaltungskosten im Allgemeinen den (leistungsunabhängigen) Fixkosten der Fahrzeughaltung entsprechen, die der *BGH* »Generalunkosten« nennt, so kommen für einzelne Betriebe doch einige Besonderheiten in Betracht, auf die noch kurz eingegangen werden soll. Bestimmte Unternehmen – insbesondere Verkehrsbetriebe – müssen nämlich Wartungs- und Instandhaltungsarbeiten an ihren Fahrzeugen in Form von Revisionen, Grund- und Zwischenuntersuchungen bzw. Generalüberholungen unabhängig von der Leistung turnusgemäß nach Ablauf bestimmter Zeiträume durchführen. Da diese Arbeiten im öffentlichen Interesse zwingend vorgeschrieben sind und der Erhaltung der Betriebs- und Verkehrssicherheit dienen, kann das Unternehmen sich dieser 85

47 Vgl. BGHZ 56, 214, 219 = VersR 1971, 720.
48 Vgl. dazu *OLG Bremen* VersR 1976, 665; so auch *OLG Celle* Urt. v. 13.04.2011 – 14 U 146/10.
49 Vgl. dazu *BGH* VersR 1978, 375.

Verpflichtung selbst für den Fall nicht entziehen, dass bestimmte Wagen nicht eingesetzt werden. Der entsprechende Aufwand ist demgemäß bei der Ermittlung der Reservehaltungskosten ebenfalls zu berücksichtigen. Dies kann indes nur zu einem bestimmten Anteil geschehen, weil erfahrungsgemäß gelegentlich dieser Unterhaltungsarbeiten auch Verschleißreparaturen aus Gründen eines wirtschaftlich sinnvollen Arbeitsablaufs mit durchgeführt werden. Da die Kosten für Wartung und Unterhaltung im Allgemeinen nicht gesondert erfasst werden, erscheint es als eine brauchbare Kompromisslösung, wenn man den Wert der turnusmäßigen Arbeiten, die sich von den Verschleißreparaturen ohnehin kaum trennen lassen, mit etwa 30 % der gesamten Jahreskosten ansetzt.

86 Eine weitere Besonderheit ergibt sich daraus, dass sich für Fahrzeuge von Verkehrsunternehmen, die Linienverkehr betreiben, im Hinblick auf turnusmäßige Unterhaltungsarbeiten der Werkstattaufenthalt noch weiter verlängert, sodass davon ausgegangen werden kann, dass diese Wagen an durchschnittlich nur 300 Tagen im Jahr für den betrieblichen Einsatz im Rahmen ihres bestimmungsgemäßen Verwendungszwecks zur Verfügung stehen.

87 Als Ausfalltage und damit als Multiplikator für den Tagessatz gilt der Zeitraum, der zwischen der Auswechslung des beschädigten Wagens und dem Einsatz des inzwischen wieder reparierten Fahrzeugs liegt. Auch unter normalen Umständen muss man mit bearbeitungsfreien Zeiträumen rechnen. Dazu gehören interne Überlegungen, die Begutachtung des Schadens und die Feststellung der Reparaturmöglichkeiten. Auch eine gut geführte Fremdwerkstatt wird mit den Instandsetzungsarbeiten erfahrungsgemäß nicht sofort beginnen können, sondern die Reparatur im Rahmen der vorhandenen Kapazitäten einplanen müssen.

88 Sofern das Fahrzeug in zumutbarer Weise auch nach dem Unfall noch eingesetzt werden kann, beginnt die Ausfallzeit erst mit der Überführung des Fahrzeugs zur Werkstatt. Es versteht sich von selbst, dass auch insoweit die Schadenminderungspflicht gilt. Das bedeutet, dass der Gläubiger eine seriöse, leistungsfähige Werkstatt mit der Durchführung der Reparaturarbeiten beauftragen und im Rahmen seiner Einflussmöglichkeiten auf zügige Erledigung hinwirken muss.[50]

## V. Einwendungen des Ersatzpflichtigen

89 Streitpunkte für die Berechnung von Reservehaltungskosten ergeben sich, bezogen auf die notwendige Ausfallzeit, häufig dann, wenn bestimmte Unternehmen Reparaturarbeiten üblicherweise in betriebseigener Werkstatt durchführen. Dann wird gern mit dem Einwand operiert, dass die Ausfallzeit im Verhältnis zum Schadenumfang zu lang bemessen ist. Die wichtigsten Einwendungen sollen hier kurz dargestellt werden.

### 1. Reihenfolge

90 Mitunter erwarten Schädiger, dass die von ihnen verursachten Unfallschäden bevorzugt beseitigt werden. Grundsätzlich muss natürlich zunächst unter dem Blickwinkel des § 254 BGB pflichtgemäß geprüft werden, ob unter Berücksichtigung der Auftrags- und Beschäftigungslage die Reparatur im eigenen Betrieb in angemessener Zeit ausgeführt werden kann oder ob die mögliche Beauftragung einer Fremdwerkstatt zu einer nennenswerten Verkürzung der Standzeit führt. Dabei müssen selbstverständlich auf der anderen Seite auch die zusätzlichen Kosten berücksichtigt werden, die durch das »Verbringen« (Überführen oder möglicherweise sogar Abschleppen) des Wagens in die Fremdwerkstatt entstehen. Die Kosten können insbesondere bei Schienenfahrzeugen erheblich sein, wenn keine spurgebundenen Verkehrswege zur fremden Werkstatt führen.

50 Vgl. dazu *BGH* NJW 1961, 797; 1964, 717 = VersR 1965, 1172; *OLG Stuttgart* NJW 1960, 1463; *OLG Celle* VersR 1962, 187; *OLG Koblenz* VersR 1964, 101; *OLG Hamm* NJW 1964, 406 (m.Anm. v. *Haase*); *OLG Schleswig* VersR 1967, 68; *OLG München* VersR 1968, 605; *OLG Düsseldorf* VersR 1970, 357.

Wenn das Unternehmen sich nach pflichtgemäßer Abwägung aller Möglichkeiten zur Reparatur im eigenen Betriebe entschließt, dann ist es keineswegs verpflichtet, der Beseitigung fremd verursachter Unfallschäden Vorrang vor den übrigen Arbeiten einzuräumen. Die Reparatur kann vielmehr nach sachbezogenen Gesichtspunkten eingeplant und im normalen Werkstattrhythmus durchgeführt werden. Auch bei der Inanspruchnahme eines Fremdbetriebes kann man schwerlich erwarten, dass die Arbeiten sofort in Angriff genommen werden. Demgemäß kann man von einem Unternehmer, der die Reparatur selbst durchführt, nicht verlangen, dass er alle übrigen Arbeiten zurückstellt. Ebenso falsch wäre es natürlich, mit Vorrang solche Schäden zu beseitigen, für die kein ersatzpflichtiger Dritter einzutreten hat. Es ist aber sicherlich nicht zu beanstanden, wenn das Unternehmen zeitraubende Großreparaturen zunächst zurückstellt, um vorrangig eine ganze Reihe kleinerer Schäden mit dem Ziele zu beseitigen, in möglichst kurzer Zeit möglichst viele Wagen dem betrieblichen Einsatz wieder zuzuführen, um einen sonst drohenden Engpass zu vermeiden. 91

## 2. Verschiebung der Reparatur

Nicht selten geht der Einwand ersatzpflichtiger Schädiger dahin, die Reparatur hätte mit Rücksicht auf § 254 Abs. 2 BGB zu einem späteren Zeitpunkt ausgeführt werden können, da es sich um einen recht geringen Schaden handelt. Dafür hätte sich – so meint der Schädiger weiter – der Zeitpunkt angeboten, in dem das Fahrzeug sich ohnehin zur Ausbesserung anderer Schäden oder zur Durchführung von Grund- bzw. Zwischenuntersuchungen in der Werkstatt befindet. Dieser Einwand zielt gleichermaßen auf die Höhe der Reservehaltungskosten (Gebrauchsvorteile) wie auch auf die Überführungskosten. Bei näherer Betrachtung vermag dieser Standpunkt nicht zu überzeugen. Dem Ersatzpflichtigen kann nicht gestattet werden, allein zu dem Zwecke, die ihm obliegende Ersatzleistung zu verkürzen, in den Betriebsablauf des Gläubigers bestimmend einzugreifen. Man wird vom Gläubiger nicht verlangen dürfen, innerbetriebliche Dispositionen, die sich vom organisatorischen Ablauf her bewährt haben, nur deswegen zu ändern, weil ein ersatzpflichtiger Schädiger dies wünscht. Weiter ist zu berücksichtigen, dass das legitime Interesse des Gläubigers verständlicherweise dahingeht, seine dem Betriebsvermögen zuzurechnenden Fahrzeuge – gewissermaßen die »Visitenkarte« seines Unternehmens – auch von der Optik her ständig in einem ordnungsgemäßen und gepflegten Zustand zu halten. Dies gilt im besonderen Maße natürlich dann, wenn die Fahrzeuge für die gewerbliche Personenbeförderung eingesetzt werden. Wohl niemand kann es einem Omnibus-, Straßenbahn- oder Taxiunternehmer zumuten, seinen Fahrgästen beschädigte Fahrzeuge anzubieten. 92

Wenn der betreffende Wagen den Vorstellungen des Schädigers entsprechend noch einige Zeit unrepariert eingesetzt wird, dann besteht die Möglichkeit, dass weitere Schäden eintreten, die möglicherweise eine exakte Abgrenzung zum Ursprungsschaden nicht mehr zulassen. Der Gläubiger gerät in diesem Fall in Beweisschwierigkeiten, weil er darzulegen hat, welche Schäden ursächlich auf den einzelnen Ereignissen beruhen. Auch daraus ergibt sich ein verständliches Interesse des Gläubigers, Schäden unverzüglich zu beseitigen. 93

Schließlich ist darauf hinzuweisen, dass durch die dem Gläubiger angeratene Methode nur in den seltensten Fällen eine wirkliche Kostenersparnis eintritt. Häufig wird sich der für die ordnungsgemäße Schadensbeseitigung erforderliche Zeitraum lediglich verschieben. Wenn beispielsweise Unfallschäden gelegentlich einer Inspektion oder einer Grundüberholung beseitigt werden, dann wird der dadurch notwendig werdende Werkstattaufenthalt sich schon deswegen entsprechend verlängern, weil mit der Beseitigung der Unfallschäden andere Handwerker beauftragt werden als mit der Durchführung von Wartungsarbeiten. Diese sind möglicherweise nicht sogleich verfügbar oder können bei Durchführung eines sinnvoll rationalisierten Zeit-Takt-Verfahrens erst dann mit ihren Arbeiten beginnen, wenn die Wartung durchgeführt ist. Gerade größere Betriebe pflegen die Abwicklung der einzelnen Arbeitsabläufe so einzurichten, dass Reparatur- und Wartungsarbeiten in verschiedenen Abteilungen durchgeführt werden. 94

Hinzu kommen die nach der Beseitigung von Lackschäden notwendigen Trocknungszeiten, die in jedem Fall dem Schädiger anzulasten sind. 95

## VI. Verhältnis zur Nutzungsausfallentschädigung

96 Es ist inzwischen anerkannt, dass der Gebrauchsvorteil eines Fahrzeuges höher zu bewerten ist als der Gegenwert der »Generalunkosten«, mit denen die Benutzbarkeit als geldwerter Vermögensvorteil »erkauft« und damit gewissermaßen »kommerzialisiert« wird. Dies gilt insbesondere dann, wenn es sich um Nutzfahrzeuge im Rahmen eines auf Gewinnerzielung ausgerichteten Gewerbebetriebs handelt. Demgemäß hat der *BGH* in einem Grundsatzurteil vom 18.05.1971,[51] das sich allerdings auf ein privat gehaltenes Fahrzeug bezieht, zu erkennen gegeben, dass er in gewisser Anlehnung an die Methode von Sanden und Danner einen Betrag, »der die gebrauchsunabhängigen Gemeinkosten (Vorhaltekosten) maßvoll übersteigt«, im Regelfalle für eine ausreichende Entschädigung hält. Leider hat der *BGH* sich nicht dazu geäußert, in welcher Höhe er sich den »maßvollen« Zuschlag vorstellt. Nach den Erfahrungen der Praxis dürfte es indes nicht zu beanstanden sein, wenn die »Generalunkosten« (Reservehaltungskosten) um einen Zuschlag in der Größenordnung zwischen 20 und 30 % aufgestockt werden.

97 Nach dieser Rechtsprechung hat die Versicherungswirtschaft und die Regulierungspraxis seit Jahren unbeanstandet eine Entschädigung für entgangene Gebrauchsvorteile (»Nutzungsausfallentschädigung«) für den Zeitraum gezahlt, in dem der Halter das Kfz aus Anlass eines fremd verursachten Schadensfalles während der notwendigen Ausfallzeit (Reparaturdauer oder Wiederbeschaffungsfrist) ersatzlos entbehren musste. Häufig wird jedoch dem Halter oder Eigentümer eines für gewerbliche Zwecke eingesetzten Nutzfahrzeugs eine Entschädigung für entgangene Gebrauchsvorteile mit der Begründung versagt, dass er den ihm aus Anlass des Fahrzeugausfalles entstandenen (mittelbaren) Folgeschaden lediglich in der Form abrechnen kann, dass er entweder die Kosten einer effektiv vollzogenen Ersatzanmietung geltend macht oder – insbesondere beim Ausfall eines Spezialfahrzeugs – nachweist, dass ihm aus unfallbedingtem Anlass ein Verdienstausfall (Erwerbsschaden) i.S.d. § 252 BGB entstanden ist.[52] Sofern größere Betriebe mit Rücksicht auf zu erwartende Rechtsgutverletzungen Dritter besondere Reservefahrzeuge vorhalten, um sie beim Ausfall eines ihrer Fahrzeuge aus Anlass eines fremd verursachten Unfalles einzusetzen, sollen diese Unternehmen im wirtschaftlichen Ergebnis lediglich den Ersatz der Reservehaltungskosten beanspruchen dürfen.[53] Dies gilt auch für Fahrzeuge der Bundeswehr.[54]

98 Von besonderem Interesse erscheint in diesem Zusammenhang die Entscheidung des *BGH* vom 14.10.1975.[55] In diesem Urteil hat der *BGH* einem Unternehmen, das sich mit dem Vertrieb von Möbeln befasst und zu diesem Zweck eine ganze Reihe von Spezialfahrzeugen mit Sonderaufbauten unterhält, eine Entschädigung für entgangene Gebrauchsvorteile mit der – sicherlich nicht zu beanstandenden – Begründung versagt, dass der Fuhrpark der dortigen Klägerin im relevanten Zeitpunkt nur zu etwas mehr als 50 % ausgelastet war. An diese Überlegung, die dem konkreten Fall sein ganz spezielles Gepräge gegeben hat, knüpft der *BGH* die Auffassung, dass im Hinblick darauf, dass ohnehin zahlreiche Fahrzeuge ungenutzt herumstanden, der Ausfall des beschädigten Wagens für die dortige Klägerin nicht fühlbar geworden ist und sie demgemäß nicht in ihrer »wirtschaftlichen Bewegungsfreiheit« eingeschränkt hat. Mit Rücksicht auf diese Erwägung konnte der *BGH* in jenem Verfahren die Frage dahingestellt sein lassen, ob und inwieweit seine Rechtsprechung zur Problematik der entgangenen Gebrauchsvorteile auch auf gewerblich eingesetzte Nutzfahrzeuge anzuwenden ist.

---

51 Vgl. dazu BGHZ 56, 214 = NJW 1971, 1692 = VersR 1971, 720 = DAR 1971, 211.

52 Vgl. dazu BGHZ 70, 199 = NJW 1978, 812 = VersR 1978, 374 = DAR 1978, 164; VersR 1978, 375; DAR 1985, 319; *OLG Stuttgart* VersR 1981, 361; vgl. dazu auch: *Weber* DAR 1986, 161; *BGH* NJW 1985, 1471 = DAR 1985, 253.

53 Vgl. insoweit z.B. *OLG Bremen* VersR 1976, 665.

54 Vgl. dazu *AG Würzburg* zfs 1980, 267.; soweit es sich um Nutzungsausfallentschädigung handelt.

55 Vgl. dazu *BGH* NJW 1976, 286 = VersR 1976, 170 = DAR 1976, 69 – auch ein Anspruch auf Verdienstausfall (Erwerbsschaden) hätte den konkreten Schadensnachweis erfordert, vgl. dazu *AG Rosenheim* NJW 1985, 2954 = VersR 1986, 376 (L).

Der *BGH* hat in jener Entscheidung – auf eine Kurzformel gebracht – den Standpunkt eingenommen, dass eine Entschädigung für entgangene Gebrauchsvorteile derjenige Anspruchsteller nicht verlangen kann, der im Zeitpunkt des Unfalles mindestens über ein weiteres ungenutztes Fahrzeug verfügt. Dies gelte – so meint der *BGH* ersichtlich – im Prinzip auch für den Fall, dass es sich bei jenem ungenutzten »Zweitfahrzeug« um einen Reservewagen handelt, den der Geschädigte aus anderem Anlass – etwa mit Rücksicht auf zu erwartende Rechtsgutverletzungen Dritter – vorsorglich in die Betriebsreserve eingestellt hat, um auf diese Weise den fremd verursachten Ausfall eines seiner Fahrzeuge zu kompensieren und damit seine Folgen im vermögensrechtlichen Bereich sinnvoll »aufzufangen«.[56] **99**

Wenn man diese Aussage isoliert betrachtet, könnte sie auf den ersten Blick einen Widerspruch zur Entscheidung des *BGH* vom 13.12.1965[57] enthalten. Der *BGH* hat es daher im Interesse der Klarstellung für angemessen gehalten, den unterschiedlichen Anwendungsbereich deutlich zu machen, indem er wörtlich ausführt: **100**

»Das angefochtene Urteil hat erwogen, ob sich dagegen« – gemeint ist: gegen die Versagung der auf das Nutzfahrzeug bezogenen Entschädigung für entgangene Gebrauchsvorteile – »aus dem Urteil des *BGH* vom 13.12.1965 – III ZR 62/64 – Bedenken ergeben könnten, hält aber dafür, dass diese Entscheidung auf den Besonderheiten des damals zu entscheidenden Falles beruht. Das trifft zu, denn die erwähnte Entscheidung wird wesentlich durch die Lage des Unternehmers eines Linienverkehrs mit Autobussen getragen, der schon vermöge der an ihn gestellten besonderen Anforderungen zur Haltung einer belastbaren Betriebskapazität gehalten ist.«[58] **101**

Damit will der *BGH* zum Ausdruck bringen, dass das Vorhandensein eines im relevanten Zeitpunkt nicht genutzten »Zweitwagens« – und sei es auch eines eigens für fremd verursachte Unfälle vorgehaltenen Reservefahrzeugs – im Allgemeinen gegen die Zubilligung einer Entschädigung für entgangene Gebrauchsvorteile sprechen mag, dass dieser Grundsatz – in Übereinstimmung mit der Entscheidung vom 13.12.1965 – für den Fall jedoch nicht gelten soll, dass es sich bei dem Geschädigten um einen Verkehrsbetrieb handelt, der seiner Struktur nach einzelne Fahrten weder ausfallen lassen darf noch verschieben kann, sondern mit Rücksicht auf die ihm gesetzlich obliegende ständige Betriebspflicht im Interesse der Aufrechterhaltung des Fahrplanes und einer jederzeit »belastbaren Betriebskapazität« zur Vorhaltung von Reservefahrzeugen genötigt ist. Auf diese Weise wird deutlich, dass der *BGH* seine Auffassung jedenfalls insoweit bestätigt, als es sich um den Anspruch eines Verkehrsbetriebes handelt. **102**

Der *BGH* hat in seinen beiden Grundsatzurteilen vom 10.01.1978[59] in Übereinstimmung mit den Vorinstanzen die Aufstockung der Vorhaltekosten um einen »maßvollen« Zuschlag im Sinne seiner früheren Rechtsprechung[60] mit der Begründung versagt, dass er bislang einen derartigen Anspruch nur den Haltern von ausschließlich privat genutzten Kfz zuerkannt habe.[61] Der *BGH* schließt in seinen beiden Entscheidungen im Prinzip eine Entschädigung für entgangene Gebrauchsvorteile in diesem Sinne auch für gewerblich eingesetzte Nutzfahrzeuge jedenfalls dann nicht aus, wenn mangels vorhandener Reservefahrzeuge der Ausfall zu einer spürbaren Beeinträchtigung der »wirtschaftlichen Bewegungsfreiheit« geführt hat. Diese Voraussetzung liegt nach den Vorstellungen des *BGH* beispielsweise dann vor, wenn der Halter eines Nutzfahrzeugs dessen Gebrauchsvorteile ersatzlos entbehren musste und die daraus erwachsenen Rechtsfolgen nur durch überobligationsmäßige Anstrengungen abwenden konnte. Im Gegensatz dazu vertritt der *BGH* die – zutreffende – Auffassung, dass der **103**

56 Vgl. dazu *OLG Frankfurt* zfs 1980, 41.
57 Vgl. dazu *BGH* NJW 1966, 589 = VersR 1966, 192 = DAR 1966, 78.
58 Vgl. *Steffen* DRiZ 1966, 51 f.
59 Vgl. dazu *BGH* BGHZ 70, 199 = NJW 1978, 812 = VersR 1978, 374; ähnlich *LG Mannheim* VersR 1978, 476.
60 BGHZ 56, 214 = NJW 1971, 1692 = VersR 1971, 720.
61 *BGH* a.a.O.

Anspruch auf Ersatz von Vorhaltekosten nicht davon abhängt, dass der Ausfall des beschädigten Fahrzeugs für den Geschädigten »fühlbar« geworden ist. Dabei handelt es sich, so meint der *BGH*, nicht um den Ersatz einer Entbehrung, »sondern um die Erstattung von Kosten, die gerade zur Vermeidung einer schadensrechtlich relevanten Entbehrung aufgewandt worden sind«.

104 Für eine über die Vorhaltekosten hinausgehende »Nutzungsentschädigung« ist nach der Auffassung des *BGH* jedenfalls dann kein Raum, wenn die durch den zeitweiligen Ausfall des beschädigten Wagens »gerissene Lücke« durch den Einsatz eines eigens für derartige Fälle vorgehaltenen Reservefahrzeugs »wirksam ausgefüllt werden konnte«. Dieser Fall sei im Grunde nicht anders zu beurteilen, »wie wenn der Klägerin ein ansonsten brachliegendes Zweitfahrzeug zur Verfügung gestanden hätte«. Ein »maßvoller« Zuschlag zu den Vorhaltekosten könne lediglich dann zugesprochen werden, wenn es sich darum handelt, »einen angemessenen Ausgleich für eine tatsächlich entstandene Gebrauchsentbehrung zu finden, die nicht ausgeglichen, sondern von dem Geschädigten unter Verzicht auf einen Mietwagen erduldet worden ist«. Die durch das Schadenereignis entstandene »Lücke« sei durch den Einsatz eines Reservewagens ausgefüllt und beseitigt worden, sodass ein weiterer Schaden durch Gebrauchsentbehrung nicht entstanden ist.

## C. Mietwagenkosten

### I. Anspruchsvoraussetzungen

#### 1. Gesetzliche Anspruchsgrundlagen

105 Die Erstattungsfähigkeit von Mietwagenkosten beruht auf dem Grundsatz, dass der Benutzbarkeit einer Sache ein eigenständiger kommerzieller Vermögenswert zufällt.[62] Durch die Beschädigung einer dem Gebrauch gewidmeten und dienenden Sache offenbart der Schaden sich zum einen als Eigentumsverletzung unter dem Gesichtspunkt des Substanzverlustes (= unmittelbarer Schaden) und zum anderen als Besitzstörung also in der Entziehung der durch die Sachnutzung vermittelten Gebrauchsvorteile (= mittelbarer Schaden).

106 Bereits die Tatsache, dass man diese Gebrauchsvorteile auf dem allgemeinen Markt durch Anmietung eines Ersatzfahrzeugs »kaufen« kann, macht deutlich, dass die Benutzbarkeit des eigenen Fahrzeugs – im Sinne einer ständigen Verfügbarkeit – eine »Ware« mit kommerziellem Einschlag ist, also einen eigenständigen kommerziellen Vermögenswert darstellt. Die Entziehung dieser Gebrauchsvorteile hat die Rechtsqualität eines Schadens mit vermögensrechtlichem Einschlag.

107 Daraus lässt sich allerdings nicht der Schluss ableiten, dass Mietwagenkosten »abstrakt« abgerechnet werden können. Sie müssen als mittelbarer Schaden vielmehr – im Gegensatz zum unmittelbaren Schaden – konkret nachgewiesen werden.[63] Sofern die Ersatzanmietung tatsächlich vollzogen worden ist, bilden in der Regel die Mietwagenkosten, die vom Geschädigten konkret nachzuweisen sind, einen bestimmenden Ausgangspunkt für die Schadenberechnung.[64] Die Höhe der Mietwagenkosten richtet sich also nach den vom Geschädigten im Rahmen der Erforderlichkeit ohne Verletzung seiner Schadenminderungspflicht konkret getroffenen Entscheidungen. Beim Ausfall eines Kfz kann der Schaden, je nach der konkreten Lage des Einzelfalles, sofern er sich überhaupt als Beeinträchtigung der »wirtschaftlichen Bewegungsfreiheit«[65] auswirkt, sich als Mietwagenkosten oder, wenn eine Möglichkeit zur Ersatzanmietung – wie beispielsweise etwa bei Spezialfahrzeugen – nicht besteht, als Verdienstausfall manifestieren. Zwischen diesen beiden Gestaltungsmöglichkeiten hat der Geschädigte indes kein Wahlrecht, sondern er muss sich gem. § 254 Abs. 2 BGB für die wirtschaftlich vernünftigere Form der Schadenbeseitigung entscheiden.

62 Vgl. dazu insbes. BGHZ 40, 346 = VersR 1964, 225 = VRS 26, 161.

63 Vgl. dazu insbes. BGHZ 66, 239 = NJW 1976, 1396 = DAR 1976, 265.

64 Vgl. dazu: BGHZ 45, 212 = NJW 1966, 1260 = VersR 1966, 497; *BGH* NJW 1969, 1477; *Klimke* NJW 1976, 1973.

65 Vgl. *BGH* NJW 1966, 589 = VersR 1966, 192 = BB 1966, 141.

Da der Schaden im Rechtssinne nicht im Verlust der Annehmlichkeiten besteht, die die Sachnutzung vermittelt, sondern auf der vorübergehenden Entziehung der ständigen Benutzbarkeit eines Kfz beruht, ist es völlig gleichgültig, ob das Ersatzfahrzeug für berufliche oder private Zwecke eingesetzt wird. Auch derjenige Geschädigte darf sich auf Kosten des Schädigers einen Ersatzwagen anmieten, dem die Benutzung seines Fahrzeuges ausschließlich Annehmlichkeiten, Kurzweil und Vergnügen – also immaterielle Werte – vermittelt.[66] Der Geschädigte darf das Ersatzfahrzeug zu denselben Zwecken einsetzen und im selben Umfange benutzen, in dem er auch sein eigenes Fahrzeug in Anspruch genommen hätte, soweit sich aus der ihm obliegenden Schadensminderungspflicht nicht etwas anderes ergibt. 108

Anspruchsbegründende Voraussetzungen für die Anmietung eines Ersatzfahrzeuges sind daher einmal das zum Ersatz verpflichtende Ereignis, das der Schädiger zu verantworten hat, und zum anderen die Tatsache, dass das Kfz während der Ausfallzeit nicht zur Benutzung im Rahmen seines bestimmungsgemäßen Verwendungszweckes zur Verfügung steht, sowie schließlich die Anmietung eines Ersatzfahrzeugs.[67] Allein die Beschlagnahme des eigenen Fahrzeugs nach einem Verkehrsunfall durch die Polizei hat jedoch noch nicht einen Anspruch auf Ersatz von Mietwagenkosten zur Folge.[68] 109

Anspruchsgrundlage für die Geltendmachung von Mietwagenkosten ist § 249 BGB. Nach dieser Vorschrift hat derjenige, der zum Schadensersatz verpflichtet ist, »den Zustand herzustellen, der bestehen würde, wenn der zum Ersatz verpflichtende Umstand nicht eingetreten wäre«.[69] 110

Der Anspruch auf Schadensersatz entsteht im Zeitpunkt des Eintritts des Schadenereignisses, wenn hierdurch bereits dem Gläubiger die Möglichkeit, sein Kfz jederzeit nach eigenem Belieben nutzen zu können, zeitweilig entzogen wird.[70] Dies gilt für den Fall, dass das Fahrzeug nach dem Unfall nicht mehr fahrbereit und verkehrssicher ist. Anderenfalls entsteht der Anspruch erst in dem Zeitpunkt, in dem mit der Beseitigung des Schadens (Reparatur in einer Werkstatt) begonnen wird, weil dann erst die Nutzungsmöglichkeit für die Zeit der Reparatur entfällt. 111

## 2. Anspruchsberechtigte

Als Anspruchsgrund für die Geltendmachung von Mietwagenkosten – bzw. eine Entschädigung für entgangene Gebrauchsvorteile – kommt grundsätzlich das Rechtsinstitut der Besitzstörung in Betracht. Dies wird regelmäßig der Eigenbesitz sein. Aktivlegitimiert für die Geltendmachung von Ansprüchen aus Besitzstörung kann aber auch der Fremdbesitzer sein. 112

### *a) Eigenbesitz*

Anspruchsberechtigt wird in der Regel der Eigentümer des Kraftfahrzeugs sein, dem zugleich auch der Besitz über das Kfz zusteht. Dies kann, muss aber nicht der Halter[71] sein. 113

Anspruchsberechtigt können auch mehrere Besitzer gleichzeitig sein, z.B. Eheleute oder Lebenspartner, jedoch nur nach dem Nutzungsrecht, das dem einen oder anderen jeweils eingeräumt ist. 114

66 Vgl. dazu z.B. BGHZ 56, 214 f. = NJW 1971, 1692 = VersR 1971, 720; *BGH* NJW 1974, 33; *BGH* NJW 1975, 40 = VersR 1975, 82.

67 Vgl. *BGH* NJW 1969, 1477.

68 *LG Erfurt* NZV 2006, 44.

69 Soweit es sich um Mietwagenkosten als Herstellungsaufwand i.S.v. § 249 S. 2 BGB handelt, vgl. insbes. BGHZ 61, 346 = NJW 1974, 34 (35: m. Zust. v. *Himmelreich* NJW 1974, 1897) = VersR 1974, 90 (m. teilw. krit. Anm. v. *Hartung* VersR 1974, 147) = DAR 1974, 17 = MDR 1974, 129 = VRS 46, 7 (insoweit in BGHZ 61, 346 nicht mit abgedruckt); NJW 1974, 91 = VersR 1974, 143; BGHZ 63, 182, 188 = NJW 1975, 160 = VersR 1975, 184, 186 = DAR 1975, 109, 111; NJW 1975, 255 = VersR 1975, 261; *Eggert* NJW 1975, 2018; *Born* VersR 1978, 777, 783; *Köhnken* VersR 1979, 788; *Weber* DAR 1985, 161 (165 l.Sp.).

70 Vgl. auch BGHZ 40, 345, 351 = NJW 1964, 542, 544.

71 Zur Haltereigenschaft vgl. u.a. *Hentschel/König/Dauer* § 7 StVG Rn. 14 (m.w.N.).

Nur insoweit und solange dem Nutzungsberechtigten die Nutzung entzogen ist, kann Ersatz für die Kosten der Anmietung eines Ersatzwagens verlangt werden. Es sind also nicht etwa die Kosten zweier Mietfahrzeuge bei Beschädigung eines gemeinschaftlich genutzten Kfz zu ersetzen. Bei privat gehaltenem Kfz wird in der Regel also der Eigentümer zugleich auch für die Geltendmachung von Ansprüchen aus Besitzstörung aktivlegitimiert sein.

*b) Fremdbesitz*

115 Aber auch derjenige, der nicht Eigentümer des Kfz ist, sondern das von diesem abgeleitete Besitzrecht aufgrund anderer Gestaltungsmöglichkeiten ausübt, kann für den Fall der Besitzstörung und damit der Beeinträchtigung der Gebrauchsmöglichkeiten des Kfz eigene (originäre) Schadensersatzansprüche geltend machen. Auch die Möglichkeit, den Wagen anderen Personen zur Verfügung zu stellen, wird nach allgemeiner Lebenserfahrung von den Gebrauchsmöglichkeiten eines Kfz erfasst.[72] Aktivlegitimiert zur Geltendmachung von Schadensersatzansprüchen ist dann der Fremdbesitzer, der es nutzt.

116 Ein Eigentümer kann sein Kfz auch in der Weise nutzen, dass er es vermietet. Bei einem Ausfall des Kfz kann und muss er seinen Schaden konkret berechnen, und zwar in Höhe des dann entstehenden Verdienstausfalls (Mietausfalls).

117 Nichts anderes gilt, »wenn der Eigentümer den Wagen dadurch nutzte, dass er ihn einem Dritten ohne Entgelt verlieh oder aus bloßer Gefälligkeit hatte überlassen wollen und diese Nutzungsmöglichkeit weiterhin gegeben war«.[73] Hat z.B. eine Person – auch wenn diese insoweit keine Unterhaltspflicht trifft – den Wagen für seine Ehefrau, Verlobte oder Freundin, beispielsweise auch für seinen studierenden Sohn, angeschafft und für dieses Kfz Steuern, Versicherung usw. offensichtlich aus »eigener Tasche« gezahlt, so hat ihn persönlich der Ausfall des Kfz in seinem Vermögen nachteilig betroffen. Ihm allein steht daher der Schadensersatzanspruch zu.[74]

118 Geschütztes Rechtsgut ist, soweit es sich um die Kosten der Ersatzanmietung handelt, das Rechtsinstitut der Besitzstörung. Der fehlerfrei erworbene und ausgeübte unmittelbare Besitz ist ein »sonstiges Recht« im Sinne von § 823 Abs. 1 BGB.

119 Dies gilt auch für den Fall, dass dem betreffenden Geschädigten lediglich Mitbesitz eingeräumt worden sein sollte. Soweit Mitbesitz vorliegt, sind die einzelnen Mitbesitzer Mitgläubiger gem. § 432 BGB.

120 Keine besonderen Probleme ergeben sich im Allgemeinen für denjenigen, der sein Benutzungsrecht als Mieter aus dem Rechtsinstitut der entgeltlichen Gebrauchsüberlassung ableitet. Ihm wird dann in aller Regel sein Vertragspartner – der Vermieter – ein anderes Kfz aus seinem eigenen Bestand zur weiteren Benutzung zur Verfügung stellen. Wenn es sich dabei um ein typengleiches Fahrzeug handelt, zahlt der Mieter ohne vermögensrechtlichen Nachteil dieselbe Miete weiter, die auch das beschädigte Kfz erfordert hätte. Ohne eine entsprechende Stellung eines Ersatzfahrzeugs kann der Mieter die Fahrzeugmiete mindern, sodass bei ihm kein Schaden entsteht. Im Allgemeinen wird daher dem Mieter kein Anspruch aus der Beschädigung des von ihm im Unfallzeitpunkt benutzten Kfz zustehen. Anders ist selbstverständlich die Rechtsposition des Vermieters zu beurteilen, dem als Eigentümer des Fahrzeugs ein Erwerbsschaden (Verdienstausfall = Mietausfall) mit vermögensrechtlichem Einschlag im Sinne von § 252 BGB entstehen kann.

*c) Abtretung*

121 Häufig kommt es vor, dass der Geschädigte nicht selbst die Mietwagenkosten vom KH-Versicherer erstattet erlangt, sondern das Mietwagenunternehmen unmittelbar auf der Grundlage einer Abtretung. Die Frage, ob und unter welchen Umständen der Geschädigte im Rahmen der Unfallregulie-

72 Vgl. *BGH* NJW 1974, 33 f. = VersR 1974, 171 f.
73 Vgl. dazu *BGH* NJW 1974, 33 f. = VersR 1974, 171 f.
74 Anders *AG Karlsruhe* NZV 2007, 418.

rung Ansprüche an gewerbsmäßige Autovermieter abtreten kann, war in Literatur und Judikatur für das alte RBerG weitestgehend geklärt. Die herrschende Meinung ging davon aus, dass Verträge für einen »Unfallhelfer« und die im Zusammenhang damit stehenden ergänzenden Rechtsgeschäfte – insbesondere Forderungsabtretungen, Einziehungsermächtigungen und Inkassomandate – nichtig sind. Ein solcher Verstoß gegen § 1 RBerG a.F. lag auch dann vor, wenn aus formellen Gründen ein Anwalt zwischengeschaltet worden ist.

In diesem Zusammenhang hat der BGH die Auffassung vertreten, § 1 Abs. 1 RBerG sei ein Schutz- 122
gesetz im Sinne von § 823 Abs. 2 BGB. Ein Verstoß gegen das Rechtsberatungsgesetz habe demgemäß die Nichtigkeit des gesamten Geschäftsbesorgungsvertrages einschließlich der Nebengeschäfte nach § 134 BGB zur Folge.

Der Anwaltsvertrag ist insbesondere dann unwirksam und demgemäß nichtig, wenn der Anwalt mit 123
dem Autovermieter und der Reparaturwerkstatt an einem verbotenen »Unfallhilfe-Geschäft« mitwirkt, bei dem er in Wahrheit nicht die Interessen des Geschädigten, sondern diejenigen des Autovermieters bzw. der Werkstatt wahrnimmt. Eine auf ausdrückliche Bitte des Geschädigten erfolgte Empfehlung des Mietwagenunternehmens hinsichtlich der Person des zu beauftragenden Anwalts ist jedoch unschädlich.

Es verstieß demgegenüber nicht gegen § 1 Abs. 1 RBerG a.F., wenn ein Mietwagenunternehmen 124
von seinen unfallgeschädigten Kunden, die ihm ihre Ansprüche auf Ersatz der Mietwagenkosten sicherungshalber abgetreten haben, einen Unfallbericht fertigen lässt und diesen zusammen mit der Aufforderung, die Mietwagenkosten zu begleichen, an den Haftpflichtversicherer des Schädigers weiterleitet, sofern nur klargestellt war, dass die Kunden zur Regulierung des Schadens und zur Durchsetzung ihrer übrigen Ersatzansprüche selbst tätig werden müssen. Vor einer gerichtlichen Geltendmachung des abgetretenen Haftpflichtanspruchs auf Ersatz der Mietwagenkosten muss seines des Mietwagenunternehmens zunächst außergerichtlich erfolglos versucht werden, den Geschädigten als Vertragspartner selbst in Anspruch zu nehmen – eine vorhergehende gerichtliche Geltendmachung gegen ihn ist jedoch nicht erforderlich.

Der Inhaber eines Mietwagen-Unternehmens oder einer Kfz-Reparaturwerkstatt, der es geschäfts- 125
mäßig übernimmt, für unfallgeschädigte Kunden die Schadenregulierung insgesamt durchzuführen, benötigte eine Erlaubnis nach dem RBerG. Dies galt auch dann, wenn er sich die gesamten Schadensersatzansprüche seiner Kunden erfüllungshalber abtreten lässt und die eingezogenen Beträge auf seine eigenen Ansprüche verrechnet. Ohne die nach dem RBerG erforderliche behördliche Erlaubnis war auch die Forderungsabtretung selbst nichtig. Dies gilt selbst für den Fall, dass der Mietwagen-Unternehmer sich die Schadensersatzansprüche seiner Kunden bis zur vollen Höhe der Mietwagenkosten abtreten lässt.

Mittlerweile ist das Rechtsgebiet durch das Rechtsdienstleistungsgesetz neugestaltet geworden. Die insoweit sich ergebenden Änderungen hat der BGH in mehreren Urteilen nunmehr weitgehend geklärt. Demnach ist die Einziehung einer an ein Mietwagenunternehmen abgetretenen Schadensersatzforderung des Geschädigten auf Erstattung von Mietwagenkosten gem. § 5 Abs. 1 Satz 1 RDG grundsätzlich erlaubt, wenn allein die Höhe der Mietwagenkosten streitig ist. Etwas anderes gilt jedoch, wenn die Haftung dem Grunde nach oder die Haftungsquote streitig ist oder Schäden geltend gemacht werden, die in keinem Zusammenhang mit der Haupttätigkeit stehen.[75] Eine vorherige Inanspruchnahme des Geschädigten ist auch dann nicht mehr erforderlich, wenn die Abtretung selbst noch vor Inkrafttreten des RDG erfolgte.[76] Liegen keine Umstände vor, aus denen ohne weiteres ersichtlich ist, dass es sich um einen Unfall handelt, bei dem die Einziehung einer abgetretenen Schadensersatzforderung durch ein Mietwagenunternehmen nicht erlaubt ist, ist die Abtretung nicht deshalb wegen eines Verstoßes gegen das Rechtsdienstleistungsgesetz unwirksam,

75 *BGH* NJW 2012, 1005 = VersR 2012, 458; VersR 2012, 1451; SP 2013, 13, DAR 2013, 325.
76 *BGH* NJW 2013, 62 = VersR 2012, 1409.

weil noch nicht feststeht, wie sich der Unfallgegner bzw. dessen Haftpflichtversicherer einlässt.[77] Entscheidend dürfte es daher darauf ankommen, ob Haftungseinwendungen zum Grund nach dem Unfallhergang oder den Einlassungen am Unfallort berechtigterweise nicht erwartet werden mussten.

126 Zudem kann die Wirksamkeit einer Abtretung zugunsten des Mietwagenunternehmens auch an § 307 Abs. 1 BGB scheitern, wenn die Abtretungsklausel unklar, missverständlich oder widersprüchlich ist. Darauf kann sich auch der KH-Versicherer berufen. Ebenso ist eine Abtretung dann unwirksam, wenn sie nicht hinreichend bestimmt ist. Dies gilt bei den hier in Rede stehenden Schadensersatzansprüchen insbesondere, wenn nur teilweise abgetreten werden (insb. »in Höhe der Mietwagenkosten«) und keine Reihenfolge hinsichtlich der einzelnen Schadenspositionen festgelegt ist.[78] Eine Formularklausel, welche eine Abtretung von Schadenersatzansprüchen zu Positionen, die mit der Dienstleistung des Zessionars nichts zu tun haben, vorsieht, ist allerdings auch bei Angabe einer entsprechenden Reihenfolge überraschend und benachteiligt den Kunden unangemessen, so dass sie unwirksam ist.[79] Eine Unwirksamkeit kann sich auch daraus ergeben, dass die Klausel unklare Bedingungen für eine Geltendmachung von Restansprüchen gegen den Mieter und die Frage aufstellt, ob, wann bzw. unter welchen Bedingungen dann der Schadenersatzanspruch an den Mieter rückabgetreten werden muss.[80] Dies ist gewährleistet, wenn die Klausel bestimmt, dass die Rückabtretung »im Umfang geleisteter Zahlungen Zug um Zug« erfolgt.[81] Ob eine unzureichende Bestimmbarkeit der abgetretenen Forderung mit der Folge der Unwirksamkeit der Abtretung auch daraus ergibt, dass im Rahmen des Abtretungsformulars die Felder für den Rechnungsbetrag und die Rechnungsnummer offen geblieben sind,[82] ist allerdings zweifelhaft. Es ist insoweit zu berücksichtigen, dass eine solche Abtretung regelmäßig (zulässig) bereits bei Abschluss des Mietvertrages und Übergabe des Fahrzeugs an den Mieter abgeschlossen wird, also zu einem Zeitpunkt, zu dem die Rechnungsnummer noch nicht vergeben und der Rechnungsbetrag noch nicht bekannt ist. Soweit die konkrete Anmietung, hinsichtlich derer die Abtretung gelten soll, bestimmbar bezeichnet ist, so dass nach Rechnungslegung klar definierbar ist, dass sich die Abtretung hierauf bezieht, sollte dies genügen. Die Werbung mit dem Angebot »bei unverschuldetem Unfall Abrechnung der Reparaturkosten mit gegnerischer Versicherung« ist nicht zulässig.

127 Im Gegenzug zu dieser Rechtsprechung versuchen Mietwagenunternehmen zum Teil, Haftpflichtversicherers rechtliche Hinweise zur Erstattung von Mietwagenkosten oder Hinweise auf günstige Mietwagenunternehmen als wettbewerbswidrige oder unzulässige Rechtsberatung zu untersagen. Dies dürfte jedoch nicht gelingen. Es ist seitens des BGH anerkannt, dass der erstattungspflichtige Haftpflichtversicherer bei der Beratung des Geschädigten mit dem Ziel der Begrenzung der schadensbedingten Aufwendungen eigene wirtschaftliche Interessen verfolgt und somit keine unzulässige Rechtsberatung ausübt.[83] Ein Hinweis auf günstige Angebote ist als Auslöser der Schadensminderungspflicht selbst bei nur dem Versicherer zugänglichen Sondertarifen ist für Ersatzanmietungen anerkannt,[84] so dass der Versicherer hierauf auch hinweisen können muss. Inwieweit der Geschädigte tatsächlich verpflichtet ist, auf dieses günstige Angebot einzugehen, hängt von der Zumutbarkeit des Angebots für ihn ab.

77 *BGH* NJW 2013, 1870 = VersR 2013, 730.
78 *BGH* NJW 2011, 2713 = VersR 2011, 1008.
79 *BGH* VersR 2016, 1330; ZfS 2017, 264.
80 *BGH* VersR 2020, 245; NJW 2020, 1888.
81 *BGH* VersR 2024, 246.
82 So *AG Mayen* SVR 2022, 144.
83 *BGH* VersR 2007, 1709.
84 *BGH* VersR 2019, 564.

### 3. Hypothetische Nutzungsmöglichkeit

#### a) Ausfall des Fahrzeugs

128 Der Anspruchsberechtigte kann nur dann Ansprüche im Zusammenhang mit der Anmietung eines Ersatzfahrzeugs geltend machen, wenn sein eigenes (beschädigtes) Kfz während jenes Zeitraumes tatsächlich ausgefallen ist, wenn also aus Gründen, die der Ersatzpflichtige zu vertreten hat, dem berechtigten Besitzer die Gebrauchsvorteile seines Kfz zeitweilig nicht zur Verfügung gestanden haben.

129 Dies ist grundsätzlich auch bei tatsächlich durchgeführter Eigenreparatur der Fall, allerdings dann nicht, wenn die Reparatur in Etappen unter Erhaltung der Betriebsbereitschaft – also beispielsweise abends – durchgeführt wird und der Geschädigte sein Fahrzeug nach Bedarf einsetzen kann.

130 Ist das beschädigte Kfz noch fahrbereit geblieben, d.h. auch nach dem Unfall noch uneingeschränkt betriebs- und verkehrssicher, so ist dem Geschädigten die Weiterbenutzung des Kfz bis zur Durchführung der notwendigen Reparaturarbeiten zuzumuten. Der Geschädigte verstößt gegen die ihm nach § 254 Abs. 2 BGB obliegende Schadenminderungspflicht, wenn er das Kfz dennoch in die Werkstatt gibt, obwohl er weiß oder durch vorherige Nachfrage hätte abklären können, dass er mit einer zügigen Instandsetzung derzeit nicht rechnen kann.[85]

#### b) Tatsächliche Hinderungsgründe

131 Ist der anspruchsberechtigte Besitzer an der Benutzung des beschädigten Kfz gehindert – beispielsweise deswegen, weil er mit Rücksicht auf seine körperliche Verfassung (Verletzung oder andere Krankheit) das Kfz ohnehin während des betreffenden Zeitraumes nicht hätte nutzen können bzw. dürfen – oder liegt während jenes Zeitraumes ein (objektives) Fahrbedürfnis nicht vor, dann darf der Geschädigte zulasten des Schädigers kein Ersatzfahrzeug anmieten. Es ist in diesem Zusammenhang gleichgültig, ob die Verletzung auf unfallunabhängigen oder unfallbedingten Gründen beruht.

132 Liegt ein tatsächlicher Hinderungsgrund nur zeitweilig vor, so besteht lediglich während dieses Zeitraumes keine Berechtigung zur Ersatzanmietung zulasten des Schädigers. Nach Wegfall des Hinderungsgrundes darf der Geschädigte selbstverständlich unter den allgemeinen Voraussetzungen ein Ersatzfahrzeug anmieten.

133 Hat der Geschädigte (Nutzungsberechtigte) keine erheblichen Verletzungen erlitten, sodass er gleichwohl ein Mietfahrzeug lenken kann und darf, ist er zur Ersatzanmietung ohne Weiteres berechtigt. Dies gilt z.B. auch dann, wenn wegen einer HWS-Verletzung eine »Halskrawatte« sowie Bettruhe verordnet waren, der Geschädigte gleichwohl gefahren ist.[86] Das Gleiche gilt für den Fall, dass die Verletzungen zwar etwas schwererer Natur sind, der Geschädigte jedoch unter Rückgriff auf einen einsatzbereiten Fahrer – der beispielsweise auch der Ehepartner sein kann – seinen notwendigen Fahrbedarf zu befriedigen vermag.

134 Sind mehrere Nutzungsberechtigte vorhanden, so wirken die tatsächlichen Hinderungsgründe nur für den jeweils Betroffenen. Dies bedeutet, dass die übrigen Nutzungsberechtigten sich zur Befriedigung eines in ihrer Person fortbestehenden Fahrbedürfnisses eines Mietwagens bedienen dürfen.[87]

135 Entsprechende Grundsätze gelten auch für den Fall, dass ein Dienstfahrzeug zur Verfügung steht.

#### c) Rechtliche Hinderungsgründe

136 Wäre es dem Nutzungsberechtigten aus Rechtsgründen auch ohne das zum Ersatz verpflichtende Ereignis nicht möglich gewesen, seinen Wagen zu benutzen, ist der Schädiger zur Erstattung von Mietwagenkosten insoweit nicht verpflichtet.

---

85 *AG Brühl* DAR 2012, 586.
86 *OLG Hamm* NJW-RR 1994, 793.
87 *OLG Düsseldorf* VersR 2012, 120.

137 Ist dem Nutzungsberechtigten während der Ausfallzeit seines eigenen (beschädigten) Kfz ein Fahrverbot auferlegt oder ist ihm sogar die Fahrerlaubnis entzogen worden, so steht fest, dass er für seine Person zur Ersatzanmietung nicht berechtigt ist.

138 Mietwagenkosten sind jedoch in diesem Fall zu erstatten, wenn mehrere Nutzungsberechtigte vorhanden sind, und bei Einzelnen keine solchen Hinderungsgründe vorliegen.

139 Für den Fall, dass das beschädigte Kfz bereits vor dem betreffenden Unfall nicht mehr verkehrssicher war, kann der Geschädigte Mietwagenkosten vom Ersatzpflichtigen erst ab dem Zeitpunkt verlangen, zu dem das Fahrzeug ohne den Verkehrsunfall (wieder) betriebsbereit gewesen wäre. Insoweit hat der Geschädigte nachzuweisen, dass und wann er ohne den Unfall das Fahrzeug wieder in einen betriebsbereiten Zustand versetzt hätte. Erst danach kann eine Ersatzanmietung zulasten des Schädigers erfolgen. Das Gleiche gilt für den Fall, dass das Kfz aus anderen Gründen – beispielsweise wegen eines Motorschadens – bereits vor dem Unfall nicht mehr fahrbereit war.

140 Auch bei gesetzlichen Fahrverboten, die z.B. aus Anlass allgemeiner Energie- oder Versorgungskrisen oder wegen Smog angeordnet worden sind, ist der Geschädigte aus Rechtsgründen an der Anmietung eines Ersatzfahrzeugs während des betreffenden Zeitraumes gehindert. Der Schädiger braucht daher im Regelfall insoweit keine Mietwagenkosten zu ersetzen, da auch für das eigene Kfz, wenn es unbeschädigt geblieben wäre, eine Nutzungsmöglichkeit ohnehin nicht bestanden hätte.[88]

141 Hat der Geschädigte das Ersatzfahrzeug bereits vor Inkrafttreten des gesetzlichen Fahrverbots angemietet, dann stellt sich die Frage, ob es ihm noch möglich ist, den Wagen – unter rechtswirksamer Kündigung des Mietvertrages – rechtzeitig vor dem Inkrafttreten des Fahrverbotes an den Vermieter zurückzugeben. Es ist ihm dabei nicht zuzumuten, eine Ordnungswidrigkeit oder gar eine strafbare Handlung lediglich deswegen zu begehen, um das Kfz wegen der durch § 254 Abs. 2 BGB normierten Schadenminderungspflicht auch noch nach Inkrafttreten des Fahrverbotes – also unzulässigerweise – zurückzugeben.

142 Ausnahmen von den unter Rdn. 140 dargelegten Grundsätzen können jedoch für den Fall gelten, dass das gesetzliche Fahrverbot sich – beispielsweise gestaffelt nach Endziffern – nur auf bestimmte Kalendertage erstreckt oder ein rechtlicher Hinderungsgrund nur an bestimmten Tagen besteht.

### *d) Eigener Zweitwagen*

143 Kann der Nutzungsberechtigte über einen im relevanten Zeitpunkt nicht voll ausgenutzten eigenen Zweitwagen verfügen und auf diese Weise den Ausfall des beschädigten Kfz in zumutbarer Form kompensieren, braucht der Ersatzpflichtige keine Mietwagenkosten zu erstatten.[89] Die Schadenminderungspflicht gebietet jedenfalls bei einer kürzeren Reparaturzeit den Rückgriff auf einen vorhandenen Zweitwagen. Der Geschädigte kann jedoch nicht auf einen innerhalb des Familienverbandes vorhandenen Zweitwagen verwiesen werden, wenn dieser im relevanten Zeitpunkt von anderen Familienmitgliedern benutzt wird.[90] Ersatz von Mietwagenkosten kann auch nicht verlangt werden, wenn dem Geschädigten gewerblich z.B. als Kraftfahrzeughändler ständig andere Fahrzeuge (Vorführwagen) zur Verfügung stehen.[91]

---

88 Vgl. dazu z.B. *KG* VersR 1976, 370 f.; *Klimke* DB 1974, Beil. 7 zu H. 12 S. 6.

89 Vgl. z.B. *BGH* NJW 1976, 286 = VersR 1976, 170 = DAR 1976, 69 (hinsichtlich Reservehaltungskosten und Nutzungsausfallentschädigung); auch zu Nutzungsausfall *OLG Düsseldorf* DAR 2008, 521; *KG* DAR 2008, 520; *OLG Celle* DAR 2023, 329; *LG Wuppertal* NZV 2008, 206 (jeweils Nutzung des PKW statt des ausgefallenen Motorrads); *LG Passau* SP 2010, 225; Himmelreich/Halm/*Reinicke* Kap. 5 Rn. 9.

90 Vgl. dazu *LG Nürnberg-Fürth* zfs 1987, 137; *LG Hamburg* zfs 1987, 137; *LG München I* DAR 2004, 155.

91 *OLG Köln* VRS 99, 18 = DAR 2000, 309 = PVR 2001, 361; ebenso *BGH* VersR 2008, 369 = r+s 2008, 127 = NZV 2008, 192.

Es soll einem Geschädigten auch nicht zumutbar sein, bei unfallbedingtem Ausfall eines Luxus-SUV (Bentley Bentayga W12) auf einen zusätzlich vorhandenen Sportwagen (McLaren 720) zu nutzen, weil dieser über einen eingeschränkten Laderaum und nicht über Winterreifen verfügte. Zudem soll es nicht zumutbar sein, ein vorhandenes, aber »nur bedingt fahrbereites« Fahrzeug instand zu setzen.[92] Dem kann allerdings in dieser Allgemeinheit nicht zugestimmt werden. Entscheidend dürfte ein Vergleich zwischen dem Aufwand sein, das weiter vorhandene Fahrzeug einsatzfähig zu machen (Beschaffung Winterreifen, Reparatur etc.), und den durch diesen Aufwand zu ersparenden (ex ante vorhersehbaren) Kosten der Ersatzanmietung. Verlängert sich nachträglich der Ausfallzeitraum in einem Umfang, der dann eine Instandsetzung des Zweitwagens wirtschaftlich sinnvoll macht, muss dies auch nachträglich in Betracht gezogen und durchgeführt werden. Ein eingeschränkter Laderaum des Zweitfahrzeugs kann der Zumutbarkeit des Einsatzes nur dann entgegenstehen, wenn der Geschädigte konkret dartut und nachweist, dass er im Ausfallzeitraum auf einen größeren Laderaum angewiesen war.[93] Man kann darüber diskutieren, ob eine Unzumutbarkeit des Einsatzes eines Zweitwagens vorliegt, wenn dieses als höchstwertiges Liebhaberfahrzeug nicht dem Schadenrisiko des Einsatzes für Alltagsfahrten ausgesetzt werden soll. Dann muss aber ein signifikanter Wertunterschied zwischen dem verunfallten Fahrzeug und dem Zweitwagen vorliegen, der ein unzumutbar höheres Risiko für den Geschädigten darstellen kann. Dies ist bei den hier betroffenen Fahrzeugen (verunfallter Bentley Bentayga, Neuwert ca. 210.000 €, Zweitwagen McLaren 720, Neuwert ca. 250.000 €) nicht erkennbar. 144

### e) Unentgeltlicher Ersatzwagen durch Dritte

Wird dem nutzungsberechtigten Anspruchsteller von einem Dritten – und sei es auch von einem nahen Angehörigen – ein Kfz während der Ausfallzeit kostenlos zur Verfügung gestellt, so kann er zwar keine Mietwagenkosten verlangen, da entsprechende Aufwendungen nicht entstanden sind und eine fiktive Erstattung nicht in Betracht kommt. 145

Mit Rücksicht auf die Rechtsgrundsätze über die Unbeachtlichkeit freiwilliger Drittleistungen, die im Zweifel nicht zur Entlastung des Schädigers bestimmt sind, kann der Anspruchsteller gleichwohl eine Nutzungsausfallentschädigung verlangen. 146

Auch auf eine unentgeltliche Bereitstellung des Ersatzwagens durch einen Dritten aufgrund wirksamer interner rechtsgeschäftlicher Beziehungen zum Geschädigten kann sich der Ersatzpflichtige insoweit nicht berufen.[94] 147

### f) Entgeltlicher Ersatzwagen durch Dritte

Vereinbart der Geschädigte für die Gebrauchsüberlassung ein Entgelt, so ist der Schädiger verpflichtet, dieses Entgelt zu erstatten, sofern es die sonst ortsüblichen angemessenen Mietwagenkosten nicht übersteigt. Dies gilt auch dann, wenn der Geschädigte einen Ersatzwagen von einem beliebigen Privatmann oder einem nahen Angehörigen rechtswirksam anmietet. 148

War der Dritte zu dieser entgeltlichen Gebrauchsüberlassung des Kfz nach versicherungsvertraglichen Grundsätzen nicht berechtigt oder war er seiner Anzeigepflicht gemäß den Bestimmungen der GewO nicht nachgekommen, berührt dies die Gültigkeit des abgeschlossenen Mietvertrags nicht. Allerdings stellt der Dritte dadurch möglicherweise wegen eines Verstoßes gegen die »Verwendungsklausel« seinen eigenen Deckungsschutz infrage. Der Mietvertrag wird dagegen keineswegs gemäß § 134 BGB nichtig. Es kommt lediglich darauf an, ob diese Aufwendungen objektiv erforderlich waren. 149

92 So *OLG Hamburg* NZV 2023, 422.

93 Ähnlich für eine fehlende Anhängerkupplung: *OLG Zweibrücken* DAR 2023, 272.

94 Vgl. *BGH* NJW 1975, 255 f.; anders für den ADAC-Schutzbrief: *LG Dresden* VersR 2010, 1331 = DAR 2010, 649.

150 Allerdings ist bei solchen »Verträgen« zur entgeltlichen Fahrzeugüberlassung von Privatpersonen, gerade Verwandten oder nahestehenden Personen, eine genaue Prüfung angebracht, ob diesem Vertrag ein tatsächliches Rechtsgeschäft zugrunde liegt. Die Manipulationsmöglichkeit zur »Aufbesserung« der Nutzungsausfallentschädigung bis zur Höhe üblicher Mietwagenkosten durch Vorlage eines »Schein-Mietvertrages« ist erheblich. Hier muss auch der zur Entscheidung berufene Richter ein gesundes Maß an Skepsis aufbringen, ob die geltend gemachten Aufwendungen tatsächlich entstanden sind. Zudem muss insoweit berücksichtigt werden, dass die Anmietung solcher nicht als Selbstfahrervermietfahrzeug versicherte und zugelassene Fahrzeuge in der Unterhaltung deutlich günstiger sind und daher nur eine deutlich niedrigere Miete angemessen und objektiv erforderlich. In der Rechtsprechung wird insoweit eine um 50 % gegenüber den gewerblichen Mietpreisen gekürzte Miete anerkannt.[95]

### 4. Nutzungswille

151 Ein Anspruch auf Ersatz von Mietwagenkosten setzt weiterhin ein (subjektives) Fahrbedürfnis voraus, d.h. einen Nutzungswillen, da sich sonst die Entziehung der beabsichtigten Nutzungsart nicht ausgewirkt hätte.

152 Dem Anspruchsberechtigten ist ein Ersatz nicht zuzubilligen, wenn der Geschädigte das beschädigte Fahrzeug ohne den Unfall in der fraglichen Zeit ohnehin nicht hätte nutzen wollen.

153 Der Nutzungswille muss sich jedoch nicht unbedingt auf den eigenen Gebrauch beschränken.[96] Ein anspruchsberechtigter Familienvater verfolgt mit der Anmietung eines Ersatzwagens regelmäßig (auch) den Zweck, dass seine Familienangehörigen – wie bisher – ständig ein Kfz zur Verfügung haben.[97] Ein in dieser Weise zum Ausdruck gebrachter Nutzungswille wird auch nicht dadurch aufgehoben, dass der Halter oder Eigentümer während der unfallbedingten Ausfallzeit nicht mit seinen Familienangehörigen zusammen ist, sondern sich auf Reisen befindet bzw. nicht selbst fahren kann.

154 Im Übrigen ist in der Anmietung eines Mietwagens und dessen tatsächlicher Benutzung eine – widerlegbare – Vermutung für das Vorhandensein eines Nutzungswillens zu sehen.[98] Da Mietwagenkosten nur konkret abgerechnet werden können, kann man Nutzungswille und -möglichkeit letztlich auch an der Mietwagenrechnung, insbesondere der mit dem Mietfahrzeug zurückgelegten Strecke ablesen. Die Anmietung eines Ersatzfahrzeugs, mit dem dann nur sehr wenige km gefahren werden, ist sicher nicht erforderlich und lässt auf fehlenden Nutzungswillen bzw. fehlende Nutzungsmöglichkeit schließen. Andererseits muss eine Rückgabe eines angemieteten Ersatzfahrzeugs nicht einen fehlenden Nutzungswillen für die dann noch folgende Ausfallzeit bedeuten, wenn der Geschädigte etwa aufgrund von Hinweisen seines Anwalts von der Möglichkeit einer Nutzungsausfallentschädigung erfährt und sich entschließt, die weitere Ausfallzeit auf diese Weise abzurechnen.[99]

155 Bei Anmietung von Nutzfahrzeugen kann zu berücksichtigen sein, dass an den Wochenenden ein Fahrbedürfnis nur in Ausnahmefällen anzunehmen ist.

## II. Dauer der Ersatzanmietung

156 Die Anmietung des Mietwagens hat sich einerseits auf die unumgänglich notwendige Prüfungs- und Überlegungszeit sowie andererseits zusätzlich auf die tatsächliche und objektiv erforderliche Ausfallzeit zu beschränken; bei Letzterer mithin im Fall der Instandsetzung auf die angemessene schadenadäquate Reparaturzeit, im Fall des Totalschadens auf die objektiv erforderliche Wiederbeschaf-

95 *BGH* NJW 1975, 684; *OLG Hamm* NJW-RR 1993, 1053; *LG Mainz* VersR 1975, 937; *LG Karlsruhe* ZfS 1989, 304; *AG Speyer* SVR 2020, 230.

96 Vgl. *BGH* NJW 1974, 33 f.

97 Vgl. *BGH* NJW 1974, 33 f.; *KG* DAR 2006, 151 = NZV 2006, 157.

98 *LG Karlsruhe* SVR 2006, 225.

99 *OLG Oldenburg* DAR 2024, 394.

fungsfrist. Welche Fristen angemessen sind, hängt von den Umständen des Einzelfalls ab, wobei stets die tatsächliche Ausfallzeit bis zur objektiv erforderlichen Ausfallzeit als Obergrenze maßgeblich ist.

### 1. Prüfungs- und Überlegungszeit

Dem Geschädigten kann zunächst eine Prüfungszeit zuzubilligen sein, innerhalb derer er anhand eines etwa erforderlichen Sachverständigengutachtens prüfen kann, ob eine Instandsetzung des beschädigten Kfz mit einem wirtschaftlich vertretbaren Aufwand in zumutbarer Weise möglich ist oder ob Totalschaden vorliegt. Dies gilt jedenfalls für die Fälle, in denen der Geschädigte ohne Kenntnis des konkreten Zahlenwerks nicht zu beurteilen vermag, ob ein Reparatur- oder Totalschaden vorliegt. 157

Steht wegen des offenkundigen Missverhältnisses zwischen Reparaturkosten und Wiederbeschaffungswert fest, dass ein Totalschaden vorliegt, muss der Geschädigte sich auf kürzestem Wege Gewissheit darüber verschaffen, mit welchem Wiederbeschaffungswert er für den dann notwendig werdenden Fall der Ersatzbeschaffung rechnen kann. Er muss dann die entsprechende Auskunft beim Sachverständigen so früh wie möglich telefonisch einholen, um eine mögliche Prüfungs- und Überlegungsfrist so kurz wie möglich zu halten. Da es insoweit bereits während der »Prüfungszeit« möglich und üblich ist, sich bereits einen Überblick über den Gebrauchtwagenmarkt zu verschaffen, verkürzt sich die Wiederbeschaffungszeit entsprechend, sodass neben der vollen Wiederbeschaffungszeit keine gesonderte Frist mehr zu berücksichtigen ist.[100] 158

Über die Prüfungszeit hinaus ist dem Geschädigten unter besonderen Umständen auch eine Überlegungszeit einzuräumen. Es gibt Fälle, in denen die vom Sachverständigen festgestellten – und vorab dem Geschädigten telefonisch mitgeteilten – Werte hart an der Grenze der Wirtschaftlichkeit liegen. Es stellt sich dann jeweils die unter Berücksichtigung der Daten und Fakten des Einzelfalles individuell zu prüfende Frage, ob – ggf. wirtschaftlicher – Totalschaden vorliegt oder aber eine Reparatur – ggf. unter Inanspruchnahme des Integritätszuschlags – noch sinnvoll und vertretbar erscheinen kann. Unter Umständen muss dann der Geschädigte auch noch für die Finanzierung oder Zwischenfinanzierung Sorge tragen, falls trotz des nach § 254 Abs. 2 BGB gebotenen und rechtzeitig erfolgten Hinweises der Ersatzpflichtige bzw. sein Haftpflichtversicherer weder zur zügigen Schadenregulierung noch zumindest zur Zahlung eines angemessenen Vorschusses bereit sein sollte. 159

Man kann nicht die Auffassung vertreten, der Geschädigte dürfe grundsätzlich zunächst einmal den Eingang des schriftlichen Sachverständigengutachtens abwarten, ehe er weitere Dispositionen trifft.[101] Wie bereits an anderer Stelle dargelegt, ist der Geschädigte im Interesse der Schadenminderung verpflichtet, unter Ausschöpfung aller ihm zumutbaren Möglichkeiten den Schaden gering zu halten. Dazu gehört insbesondere, sich am Tag nach der Besichtigung beim Sachverständigen nach dem Ergebnis seiner gutachterlichen Feststellungen bezüglich Reparaturkosten, Wiederbeschaffungswert und Restwert telefonisch zu erkundigen und die notwendigen Maßnahmen zu Reparatur bzw. Ersatzbeschaffung unverzüglich einzuleiten. 160

Insbesondere für den Fall, dass – für den Geschädigten deutlich erkennbar – außergewöhnlich hohe Mietwagenkosten zu erwarten sind, muss der Geschädigte sich unter Umständen mit einer Prüfungs- und Überlegungszeit von wenigen Tagen begnügen, so beispielsweise mit einer Zeitspanne von 2 Tagen bei einer fest gebuchten und daher nicht zu verschiebenden Urlaubsreise in den Orient mit etwa 10000 km Fahrt[102] oder etwa mit einem Zeitraum von 3–4 Tagen nach Eingang des schriftlichen Sachverständigengutachtens bei Lieferung eines schon vor dem Unfall gekauften Neuwagens. 161

---

100 So überzeugend *AG Hannover* SVR 2009, 34; zur Obliegenheit einer zügigen Veranlassung auch *AG Geislingen* SVR 2023, 232.

101 So aber *LG Potsdam* DAR 2003, 76; *LG Berlin* zfs 2007, 388; *LG Lüneburg* NZV 2016, 376 dagegen zu Recht *BGH* NJW 1986, 2945 = VersR 1986, 1208 = DAR 1986, 356.

102 Vgl. z.B. *OLG Nürnberg* VersR 1974, 677 f.

162 Normalerweise beläuft sich die Prüfungs- und Überlegungsfrist regelmäßig auf eine Zeitspanne von wenigen Kalendertagen,[103] falls die dem Geschädigten zur Verfügung stehenden Informationen nicht zu einer Verkürzung dieser Zeitspanne führen. Allerdings wird man eine zusätzliche Überlegungszeit nur in besonderen und besonders zu begründenden Einzelfällen zugestehen können, wenn aufgrund des festgestellten Schadens tatsächlich mehrere Wege der Schadensbeseitigung plausibel in Betracht kommen (s. Rdn. 159). Dabei findet auch der Umstand Berücksichtigung, dass die Feststellung des Schadenumfanges allein Sache des insoweit beweispflichtigen Geschädigten ist. Der Beginn der Wiederbeschaffungsfrist ist nicht identisch mit dem Beginn der an dieser Stelle besprochenen Prüfungs- und Überlegungszeit.

163 Eine Prüfungs- und Überlegungsfrist ist in der Regel nur dann zuzubilligen, wenn nach Lage der Dinge mit Totalschaden zu rechnen ist. Steht demgegenüber jedoch ohne Zweifel fest, dass das Kfz noch reparaturwürdig ist, dann ist im Interesse der Schadenminderung die Reparatur sofort und ein etwa benötigter Sachverständiger gleichzeitig zu beauftragen.

164 Die Werkstatt ist in diesem Fall anzuweisen, ausgebaute Schadteile aufzubewahren, damit sie erforderlichenfalls für die Besichtigung durch den Sachverständigen als Beweismittel zur Verfügung stehen. In jedem Fall ist der Reparaturauftrag unverzüglich (§ 121 BGB) zu erteilen, sobald der technische Sachverständige festgestellt hat, dass das beschädigte Kfz noch reparaturwürdig ist. Dieser kann dann ggf. auch für den Geschädigten den Reparaturauftrag erteilen, wenn er zuvor hierzu ermächtigt wurde.

165 Ist dem Geschädigten wegen der beim Unfall erlittenen Verletzungen vom Arzt Bettruhe verordnet worden, so ist nach den Umständen des Einzelfalls zu beurteilen, wann die Prüfungs- und Überlegungszeit für ihn beginnt. Das Gleiche gilt selbstverständlich auch für den Fall einer zufälligerweise in diesen Zeitraum fallenden unfallunabhängigen Erkrankung. In diesem Fall wird zu prüfen sein, welche Dispositionen der Geschädigte von seinem Krankenbett aus treffen kann und ob nicht eine dritte Person – beispielsweise ein Angehöriger, Bekannter oder Freund – ihm bei der Prüfung der notwendigen Sachzusammenhänge behilflich sein kann. Eine Gehbehinderung allein etwa vermag nicht zu einer Verlängerung der Überlegungszeit zu führen, weil die notwendigen Entscheidungen auch auf andere Weise getroffen werden können. Für die Beauftragung und Besichtigung eines Sachverständigen und einer Werkstatt ist eine persönliche Anwesenheit des Geschädigten nicht erforderlich, so dass eine Genesung des Geschädigten regelmäßig nicht abgewartet werden muss.

166 Auch insoweit gilt die durch § 254 Abs. 2 BGB normierte Schadenminderungspflicht. In diesem Rahmen gehört es beispielsweise zum Pflichtenkreis des Geschädigten, einen geeigneten technischen Sachverständigen zu beauftragen, der nicht bereits im Zeitpunkt der Erteilung des Auftrages durch anderweitige Aufträge oder Pflichten überlastet sein darf. Der Sachverständige sollte auch unverzüglich mit der Besichtigung des beschädigten Fahrzeugs und der Erstattung eines technischen Gutachtens zum Zwecke der Beweissicherung beauftragt werden. Außerdem sollte sichergestellt sein, dass er sein Gutachten in angemessener Zeit erstattet. Kfz-Sachverständige sind in aller Regel schnell verfügbar und können regelmäßig noch am Tag der Beauftragung eine Besichtigung vornehmen. Andernfalls müsste der Geschädigte erwägen, aufgrund der terminlichen Überlastung einen anderen Sachverständigen zu beauftragen (Auswahlverschulden).

167 Eine über die Prüfungs- und Überlegungsfrist hinausgehende Wartezeit, während der die Stellungnahme des Haftpflichtversicherers abgewartet wird, kann darüber hinaus dem Geschädigten nicht zugebilligt werden. Die Reparatur ist unabhängig von Äußerungen des Schädigers zu seiner Haftpflicht zügig zu veranlassen.[104] Etwas anderes gilt nur dann, wenn der Schädiger selbst – etwa durch ein Nachbesichtigungsverlangen – eine Verzögerung der Reparatur veranlasst.[105]

---

103 Vgl. u.a. *BGH* NJW 1975, 160, 162 = VersR 1975, 184 (186, 7 Tage); *OLG Köln* SP 2007, 13 (5 Kalendertage); *LG Lüneburg* NZV 2016, 376; *AG Gießen* zfs 1995, 93.

104 *OLG Celle* ZfS 2022, 152; *AG Gifhorn* DAR 2021, 519.

105 *OLG Celle* a.a.O.

Beauftragt der Geschädigte selbst von sich aus keinen Sachverständigen mit der Erstellung eines Gutachtens, sondern überlässt er dies dem Schädiger bzw. dessen Haftpflichtversicherer, so kann er nicht untätig bleiben und sich später darauf berufen, die Ersatzanmietung habe deswegen einen übermäßig langen Zeitraum erfordert, weil er erst relativ spät über den Haftpflichtversicherer des Unfallgegners davon Kenntnis erlangt hat, dass Totalschaden vorliegt. Die Beauftragung des Sachverständigen und die Notwendigkeit, aus seinem Gutachten unverzüglich die danach erforderlichen Dispositionen zu treffen, gehört ausschließlich zum Pflichtenkreis des Geschädigten. Diese Verpflichtung kann nicht auf den Haftpflichtversicherer des Unfallgegners abgewälzt werden. 168

Sofern dem Geschädigten vom Haftpflichtversicherer der Gegenseite eine Kopie des Sachverständigengutachtens übersandt bzw. die Expertise ihrem wesentlichen Inhalt nach mitgeteilt worden ist, muss er unverzüglich entscheiden, welcher Weg der Schadenbeseitigung (»Herstellung« oder Geldersatz) für ihn in Betracht kommt. Dies gilt insbesondere für den Fall, dass Totalschaden vorliegen sollte. Insoweit kann aus Sicht des Verfassers auch die Tatsache, dass die Haftung dem Grunde nach noch ungeklärt ist, an der Veranlassungspflicht des Geschädigten nichts ändern. Insbesondere erscheint es keinesfalls angezeigt, dem Geschädigten den Verzicht auf die Schadenbeseitigung mit der Folge eines exorbitant langen Ausfallzeitraums zu gestatten, da dieser zur Klärung der Unfallverantwortlichkeit ein selbständiges Beweisverfahren angestrengt und bis zu dessen Abschluss die Unfallschäden nicht beseitigt hat.[106] Eine die Haftung klärende Unfallrekonstruktion kann auch anhand einer Lichtbilddokumentation des entstandenen Schadenbildes erfolgen, eine eigene Inaugenscheinnahme des beschädigten Fahrzeugs selbst durch den Gerichtsgutachters ist nicht erforderlich und rechtfertigt daher ein mehrmonatiges Zurückstellen der Schadenbeseitigung nicht. 169

## 2. Ausfallzeit

Über die soeben behandelte Prüfungs- und Überlegungszeit hinaus ist dem Geschädigten ein zusätzlicher Zeitraum für die danach notwendigen Dispositionen, d.h. für die Erteilung des Reparaturauftrags und die Überwachung der Instandsetzung bzw. die nach einem Totalschaden etwa notwendig gewordene Ersatzbeschaffung zuzubilligen. Auch diese Maßnahmen gehören allein zum Pflichtenkreis des Geschädigten. 170

### *a) Reparaturzeit*

Die Mietwagenkosten sind regelmäßig für die angemessene[107] Zeit einer schadenadäquaten Reparatur zu erstatten. Erteilt der Geschädigte jedoch schuldhaft den Reparaturauftrag zu spät, so hat er die darauf beruhenden erhöhten Mietwagenkosten selbst zu tragen.[108] Lässt ein Geschädigter gelegentlich der Beseitigung von Kollisionsschäden gleichzeitig auch andere – nicht unfallbedingte – Arbeiten ausführen, so kann sich sein Anspruch auf Ersatz des ihm wegen der unfallbedingten Reparaturarbeiten entgangenen Gewinns im Zuge des Vorteilsausgleichs mindern.[109] Im Rahmen der fiktiven Abrechnung ist die Mietdauer von vornherein auf den Zeitraum einer objektiv angemessenen schadenadäquaten Reparaturdauer beschränkt, selbst wenn die tatsächlich durchgeführte Reparatur für den Geschädigten nicht zurechenbar länger gedauert hat.[110] Allerdings besteht ein Anspruch auch nur für den Zeitraum der tatsächlichen Reparatur, der konkret vom Geschädigten darzulegen und zu beweisen ist.[111] 171

In Einzelfällen kann es dazu kommen, dass die Reparaturarbeiten bereits abgeschlossen sind, der Geschädigte jedoch nicht in der Lage ist, das inzwischen fertiggestellte Kfz auszulösen, weil der 172

106 So aber: *OLG München* NZV 2015, 35.

107 Soweit es sich um die Reparaturzeit von sog. »Exoten« handelt, vgl. *BGH* VersR 1982, 548.

108 Vgl. dazu *BGH* NJW 1986, 2945 f. = VersR 1986, 1208 (1. Sp.).

109 Vgl. dazu *BGH* NJW 1982, 32 = VersR 1981, 1051 = MDR 1981, 996 = VRS 61, 40.

110 *OLG Hamm* SVR 2006, 423; *OLG Celle* r+s 2022, 111: Himmelreich/Halm/*Reinicke* Kap. 5 Rn. 19.

111 *OLG Saarbrücken* r+s 2015, 93; *AG Brackenheim* SVR 2016, 267.

Inhaber der Werkstatt von seinem gesetzlichen Unternehmerpfandrecht (Zurückbehaltungsrecht) Gebrauch macht und der Geschädigte mit eigenen Mitteln nicht in Vorlage treten kann. In diesem Fall muss der Geschädigte zunächst den Haftpflichtversicherer des Unfallgegners auf diese Situation und den möglichen Eintritt eines ungewöhnlich hohen Schadens durch Weiterbenutzung des Mietwagens hinweisen.[112] Sollte der Haftpflichtversicherer des Unfallgegners daraufhin keinen angemessenen Vorschuss leisten oder keine Kostenübernahmeerklärung abgeben, muss der Anspruchsteller im Interesse der Schadenminderung (§ 254 Abs. 2 BGB) alle zumutbaren Maßnahmen ausschöpfen, um die Mietwagenkosten möglichst gering zu halten.[113] Zu einer Vorfinanzierung, ggfs. auch in Form einer Kreditfinanzierung, ist er dann verpflichtet, wenn dies ohne besondere Einschränkung der gewohnten Lebensführung möglich ist.[114] Die Praxis zeigt, dass die einfachste und kostengünstigste Form der Kapitalbeschaffung die Überziehung des eigenen Girokontos darstellt. Die Weiterbenutzung des Mietwagens stellt die mit Abstand teuerste Form der Kapitalbeschaffung dar. Für fehlende Finanzierungsmöglichkeiten bzw. die Unzumutbarkeit des eigenen Kapitaleinsatzes des Geschädigten trägt dieser eine sekundäre Darlegungslast.[115] Insoweit stellt sich auch die Frage, ob der Geschädigte gehalten ist, zur Reduzierung der Ausfallzeit eine bestehende Vollkaskoversicherung in Anspruch zu nehmen. Dies hat der *BGH*[116] aus den Unterzeichner nicht überzeugenden Gründen abgelehnt, solange der Geschädigte nicht in einem Umfang mithaftet, der zu einem selbst zu tragenden Schaden jenseits des Rückstufungsschadens führt. Es ist zwar (natürlich) richtig, dass es Sache des Schädigers ist, den Schadenbeseitigungsaufwand zu tragen. Gleichwohl liegt es in der Natur der Sache, dass diese Regulierung des Schadens aufgrund der hierfür erforderlichen Ermittlungen einen gewissen Zeitraum benötigen kann, bei einem Streit über die Haftung kann dieser Zeitraum auch deutlich größer sein. Der bloße Hinweis darauf, dass eine Vorleistung des Geschädigten den Schädiger hinsichtlich der Mietwagenkosten entlastet, kann kein Argument gegen eine Obliegenheit zur Schadenminderung sein, als es in § 254 BGB gerade angelegt ist, dass der Geschädigte unter bestimmten Umständen auch an der Entlastung des Schädigers mitwirken muss. Es ist insoweit anerkannt, dass es dem Geschädigten zuzumuten ist, die Kosten der Instandsetzung aus eigenen Mitteln vorzustrecken, wenn dies ohne besondere Einschränkung der gewohnten Lebensführung möglich ist.[117] Dies ist aus hiesiger Sicht insbesondere dann der Fall, wenn der Geschädigte nicht einmal mit eigenen Mitteln in Vorlage treten muss, sondern »nur« seine eigene Vollkaskoversicherung in Anspruch nehmen muss. Eine besondere Einschränkung der gewohnten Lebensführung ist hiermit nicht verbunden. Soweit eine Inanspruchnahme der Vollkaskoversicherung mit Nachteilen für den Geschädigten verbunden ist (Rückstufungsschaden), hat er bei einer Haftung des Schädigers einen Anspruch auf Erstattung gegen diesen. Der bloße, zunächst rein theoretische Hinweis darauf, dass sich die Umsetzung einer solchen Inanspruchnahme in verfahrensrechtlicher Hinsicht als schwierig gestalten könne, weil der Geschädigte gehalten wäre, den für die Zukunft noch in der Fortentwicklung befindlichen Rückstufungsschaden zunächst im Wege der Feststellungsklage geltend zu machen, um ihn dann in den Folgejahren – regelmäßig nach vorheriger Korrespondenz mit dem Kaskoversicherer – jeweils zu beziffern und gegebenenfalls gerichtlich beim Schädiger einzufordern, macht dies nicht unzumutbar. Dies gilt aus Sicht des Verfassers jedenfalls dann, wenn ein recht hoher Ausfallschaden vorhersehbar ist, etwa weil die Parteien über die Haftung dem Grunde nach streiten und daher eine gerichtliche Klärung, jedenfalls eine längere Auseinandersetzung droht. Dann könnte sich eine Unzumutbarkeit nur aus besonderen, vom Geschädigten substantiiert darzustellenden Umständen ergeben, etwa wenn eine Inanspruchnahme der Vollkaskoversicherung eine

112 *OLG Düsseldorf* DAR 2012, 253; *OLG Köln* DAR 2012, 333; *OLG Frankfurt* SVR 2023, 381; *OLG Zweibrücken* DAR 2024, 217; *LG Saarbrücken* NZV 2014, 365.

113 *LG Saarbrücken* a.a.O.; a.A. *Bär* DAR 2001, 27, wonach der Geschädigte ohne Kostenübernahmebestätigung sogar einen Reparaturauftrag verzögern können soll; ebenso *LG Lüneburg* NZV 2013, 45.

114 *BGH* NJW 1974, 34; 2005, 1933; *OLG Zweibrücken* DAR 2023, 272.

115 *OLG Köln* a.a.O.

116 *BGH* VersR 2021, 386; ebenso *OLG Düsseldorf* VRR 2008, 67; *OLG Naumburg* MRW 2017, 49; *OLG Celle* r+s 2018, 616; a.A. nach diesseitiger Einschätzung zutreffend *KG* NZV 2019, 425.

117 S. Fn. 53.

ernstzunehmende Gefahr darstellen würde, dass die Vollkaskoversicherung den Schaden zum Anlass nimmt, das Versicherungsvertragsverhältnis zu kündigen. Dies wird in aller Regel schon angesichts der Möglichkeit, den Regulierungsaufwand gem. § 86 Abs. 1 VVG gegenüber dem Schädiger zu regressieren, nur in seltenen, konkret darzustellenden Ausnahmefällen anzunehmen sein.

Erst wenn alle zumutbaren Möglichkeiten für die Schadenminimierung ausgeschöpft sind, kann der 173
Fall eintreten, dass der Geschädigte ohne eigenes Verschulden, insbesondere ohne Verstoß gegen 254 Abs. 2 BGB, das Mietfahrzeug so lange weiterbenutzen muss und darf, bis ihm sein eigener Wagen wieder zur Verfügung steht. Dabei wird es sich in aller Regel um extreme Gestaltungsformen in ganz seltenen Ausnahmefällen handeln. Auf derartige Situationen, die nach den Erfahrungen der Praxis im Hinblick auf die Höhe der Mietwagenkosten letztlich Prozesse über mehrere Instanzen hinweg geradezu herausfordern, sollte man es zweckmäßigerweise gar nicht erst ankommen lassen.

Der Geschädigte muss regelmäßig selbst für eine unverzügliche Reparatur Sorge tragen.[118] Dies gilt 174
vor allem zur Urlaubszeit, wenn sonst zu befürchten ist, dass der Urlaub mit einem Mietwagen angetreten werden müsste. Insoweit ist ggf. auch eine provisorische Zwischenreparatur in Betracht zu ziehen.[119] Ansonsten gilt der allgemeine Grundsatz, dass der Geschädigte Anspruch auf Ersatz von Mietwagenkosten lediglich für die Dauer einer zügigen Durchführung der Reparaturarbeiten hat.

Demgegenüber geht eine Verzögerung der Reparatur, die lediglich durch arbeitsfreie Zeiträume an 175
Samstagen sowie Sonn- und Feiertagen eintritt, nicht zulasten des Geschädigten. Insoweit ist jedoch insbesondere dann, wenn es sich um eine »Kette« zusammenhängender Feiertage[120] handelt, sorgfältig zu prüfen, ob eine provisorische Reparatur bzw. eine Reparatur in Etappen nicht geeignet ist, die Ausfallzeit insgesamt nennenswert zu verkürzen.[121] Diese beiden Möglichkeiten bewirken sehr häufig, dass das Fahrzeug zunächst vorrangig in einen betriebs- und verkehrssicheren Zustand versetzt werden kann, sodass der Geschädigte danach in der Lage ist, in aller Ruhe mit der Werkstatt einen verbindlichen Reparaturtermin zu vereinbaren, zu dem etwa erforderliche Ersatzteile aufgrund rechtzeitiger Vordisposition bereits zur Verfügung stehen bzw. Schraubteile für die Reparatur vorbereitet und vorlackiert worden sind. Innerhalb der kurzen Zeit, die die Durchführung einer provisorischen Reparatur in Anspruch nimmt, können u.U. öffentliche Verkehrsmittel in Anspruch genommen bzw. kann auf ein Taxi zurückgegriffen werden. Grundsätzlich sind Reparaturarbeiten bei einem nach dem Unfall noch fahrbereiten und verkehrssicheren Fahrzeug erst dann zu beauftragen, wenn die unverzügliche Reparaturdurchführung sichergestellt ist, insbesondere alle erforderlichen Ersatzteile bestellt und eingetroffen sind und hinreichend freie Reparaturkapazitäten zur Verfügung stehen, dass keine unnötigen Verzögerungen entstehen.[122]

Verzögerungen infolge höherer Gewalt oder Betriebsstörungen[123] oder ähnliche Gründe hat der 176
Ersatzpflichtige zu vertreten, weil es sich – ohne eigenes Verschulden des Geschädigten – um typische Reparaturkosten handelt und die Werkstatt nicht Erfüllungs- oder Verrichtungsgehilfe des beauftragenden Geschädigten ist.[124] Bei Ersatzteil-Lieferschwierigkeiten ist der Geschädigte auch

---

118 *OLG Hamm* r+s 2002, 330 = DAR 2002, 312; *OLG Düsseldorf* r+s 2020, 101; *OLG Celle* ZfS 2022, 152; anders *LG Lüneburg* NZV 2013, 45.

119 Vgl. dazu *OLG Stuttgart* VersR 1981, 1061; *OLG Frankfurt/M.* VersR 2005, 1742; *LG Karlsruhe* VersR 1982, 562 = zfs 1982, 237.

120 Wie beispielsweise Weihnachten und Neujahr sowie die meist arbeitsfreien Tage dazwischen.

121 Himmelreich/Halm/*Reinicke* Kap. 5 Rn. 16.

122 Die Behauptung von *AG Geestland* DAR 2023, 42, dass die Reparaturtermine einseitig von Werkstätten vorgegeben werden, ist natürlich falsch. Kein Werkstattkunde ist verpflichtet, zu einem bestimmten Zeitpunkt einen Auftrag zu erteilen oder sein Fahrzeug abzugeben.

123 Beispielsweise durch Streiks, Aussperrungen, Ausbleiben von Fachkräften oder von Zulieferungen; – vgl. hierzu ergänzend Rdn. 282 (Schadenminderungspflicht).

124 Vgl. u.a. *BGH* NJW 1975, 160, 163 = VersR 1975, 184, 187 = DAR 1975, 109, 111; *LG Itzehoe* PVR 2001, 321; *LG München I* DAR 2004, 155; *AG Gifhorn* NZV 2007, 149 = DAR 2007, 91 = SVR

nicht gehalten, sich selbst um eine schnellere Beschaffung des fehlenden Ersatzteils zu bemühen.[125] Diese Gründe für einen über den objektiv erforderlichen Zeitraum einer Reparatur notwendigen Zeitbedarf hat der Geschädigte darzutun und zu beweisen.[126] Die Gegenmeinung des *AG Velbert*[127] dahingehend, dass der Schädiger eine schuldhafte Verzögerung durch den Geschädigten darlegen und beweisen müsse, den Geschädigten nur eine sekundäre Darlegungslast treffe, verkennt, dass insoweit nicht die Frage eines Verstoßes gegen die Schadensminderungspflicht zu beurteilen ist, sondern vielmehr die Frage des unfallbedingt erforderlichen Ausfalls des Fahrzeugs.

177 Im Einzelfall ist der Geschädigte dann allerdings gehalten, eine Notreparatur vorzunehmen.[128] Kann der Reparaturbeginn geplant werden, weil das unfallgeschädigte Fahrzeug zunächst weitergenutzt werden kann, gehen allerdings nur nicht vorherseh- bzw. unvermeidbare Verzögerungen zulasten des Schädigers. Auch insoweit überzeugt die Gegenmeinung des *AG Velbert*[129] nicht, dass ein Geschädigter nicht gehalten sein soll, sein Fahrzeug erst dann zur Reparatur zu geben, wenn alle Ersatzteile angeliefert (oder ihre Anlieferungen gesichert) sind und daher eine zügige Reparatur gewährleistet ist. Jedenfalls dann, wenn das Fahrzeug nach dem Unfall weiter nutzbar ist, gibt es keinen Grund, warum der Geschädigte seines nutzungsfähigen Fahrzeugs bereits begeben soll, wenn die zügige Durchführung der Reparatur nicht sichergestellt ist.

178 Unseriöse Reparaturfirmen setzen zuweilen für verhältnismäßig geringe Schäden unangemessen lange Reparaturzeiten an, um das aus eigenem Bestand gestellte Ersatzfahrzeug länger vermieten zu können. Mitunter besteht das Motiv auch darin, dass der Meister, der die Reparaturarbeiten plant und ausführt, für das von ihm vermittelte Mietfahrzeug eine höhere Provision bezieht. Solche Gründe gehen nicht zulasten des Schädigers, der Geschädigte hat sich an die Reparaturfirma zu halten. Jedenfalls ist er in analoger Anwendung des im § 255 BGB enthaltenen Rechtsgedankens verpflichtet, dem Ersatzpflichtigen seine etwaigen Schadensersatzansprüche gegen die Werkstatt abzutreten. Dem Ersatzpflichtigen steht dann insoweit nach § 273 BGB ein Zurückbehaltungsrecht bis zur Abtretung der möglichen Ansprüche zu.

179 Wer sich trotz Reparaturwürdigkeit des beschädigten Fahrzeugs ein Neufahrzeug anschafft, kann nicht die Mietwagenkosten bis zur Lieferung des Neuwagens verlangen, sondern nur für den Zeitraum einer objektiv angemessenen schadenadäquaten Reparaturdauer.[130]

### b) *Wiederbeschaffungsfrist*

180 Zur Prüfungs- und Überlegungszeit ist bei einem Totalschaden zusätzlich der Wiederbeschaffungszeitraum zuzubilligen, der bei jedem Fahrzeugtyp unterschiedlich lang ist. Die Anmietung eines Ersatzwagens darf nur für diejenige Zeit erfolgen, die zur Erlangung und Zulassung eines gleichwertigen Ersatzfahrzeugs erforderlich ist.

181 Wenn das beschädigte oder zerstörte Kfz noch neuwertig war und der Geschädigte einen Anspruch auf ein fabrikneues Fahrzeug hat, fällt die dann für dieses neue Kfz bestehende, oft längere Lieferfrist, wenn sie noch vertretbar ist, in den Risikobereich des Schädigers.

182 Schafft sich dagegen der Geschädigte ein Neufahrzeug an, obwohl er nur einen Anspruch auf einen gleichwertigen Gebrauchtwagen hat, so darf er sich nicht während der durch den Ankauf des neuen Kfz entstehenden längeren Lieferzeit auf Kosten des Ersatzpflichtigen einen Ersatzwagen anmieten.

---

2007, 181; *AG Norderstedt* NZV 2013, 145; *AG Würzburg* zfs 16, 683; Himmelreich/Halm/*Grabenhorst* Kap. 5 Rn. 26.

125 *OLG Düsseldorf* VersR 2021, 1052.

126 *BGH* VersR 2011, 643; *KG* NZV 2020, 100.

127 DAR 2024, 274.

128 *AG Annaberg* SP 2000, 383.

129 DAR 2024, 274.

130 *BGH* r+s 2003, 522 = DAR 2003, 554; *LG Saarbrücken* NZV 2015, 547; daher falsch: *AG Bonn* SVR 2016, 389.

Erstattet werden ihm dann nur die Mietwagenkosten, die für die Zeitspanne der Anschaffung eines gleichwertigen Gebrauchtwagens (oder eine Reparatur, wenn diese wirtschaftlich gewesen wäre) benötigt worden wären.[131]

Hatte der Geschädigte aber bereits vor dem Unfall ein neues Kfz verbindlich bestellt und ist er zu dessen Abnahme verpflichtet, so hat der Ersatzpflichtige die Mietwagenkosten bis zum Tage dessen Lieferung zu erstatten. Dies gilt jedenfalls dann, wenn der Geschädigte davon ausgehen kann, dass das neue Fahrzeug alsbald geliefert wird.[132] Zu prüfen ist jedoch bei vorhersehbar langer Lieferzeit, ob nicht im Zuge der Schadenminderungspflicht die Anschaffung eines Interimfahrzeugs in Betracht kommt.[133] Der Ausfall ist bis zur Lieferung des Neufahrzeugs zu erstatten, soweit diese Entschädigung die wirtschaftlichen Nachteile, die durch den Ankauf und Wiederverkauf eines Zwischenfahrzeugs zusätzlich entstehen würden, nicht wesentlich übersteigt. In einem solchen Fall kann dem Geschädigten Aufwand und Risiko, die mit dem An- und Verkauf eines Gebrauchtwagens verbunden sind, nicht zugemutet werden.[134] Der Geschädigte ist insoweit darlegungs- und beweisbelastet, dass der Kostenunterschied insoweit unwesentlich ist.[135] War nach dieser Prüfung die Anschaffung eines Interimfahrzeugs erforderlich und zuzumuten, sind die hiermit verbundenen Aufwendungen nur zu erstatten, wenn sie auch angefallen sind, nicht dagegen fiktiv.[136] 183

Da es sich beim Ankauf eines Kfz um einen Gegenstand von einigem Wert handelt, der nur in größeren Zeiträumen ersetzt zu werden pflegt, muss man dem Geschädigten einen angemessenen Zeitraum für die Wiederbeschaffung zubilligen. Dabei muss man ihm ferner zugestehen, dass er sorgfältig Vergleiche anstellt und zu diesem Zweck auch einige Probefahrten mit Fahrzeugen durchführt, die nach seinem Ermessen als Ersatzwagen in Betracht kommen könnten. Insofern ist ergänzend zu berücksichtigen, dass der Geschädigte in der Regel berufstätig ist und dass ihm, da er sich bei der Ersatzbeschaffung nur selten vollgültig vertreten lassen kann, nur ein begrenzter Zeitraum für seine Prüfungen und Überlegungen zur Verfügung steht. Es besteht in der Regel kein Anlass, die angemessene Wiederbeschaffungsfrist allein deswegen abzukürzen, weil es sich bei dem total beschädigten Kfz um ein bereits betagtes Fahrzeug handelt. Die reine Wiederbeschaffungsfrist zum Erwerb eines gleichwertigen Ersatzfahrzeugs nach einem Totalschaden beträgt in der Regel etwa 10–14 Tage.[137] Dieser Zeitraum reicht im Allgemeinen jedenfalls bei gängigen Typen in Anbetracht der oft vorliegenden Übersättigung des Gebrauchtwagenmarkts aus. Lediglich bei »ausgefallenen« Fahrzeugen wird ein längerer Zeitraum zuzubilligen sein, sofern oft die Ersatzbeschaffung im rein tatsächlichen Bereich mit Schwierigkeiten verbunden ist. Dabei ist allerdings zu berücksichtigen, dass lediglich der Zeitraum zur Beschaffung eines gleichwertigen Fahrzeugs erstattungsfähig ist, der Zeitraum zur Suche eines gleichen Fahrzeugs, das ohnehin vermutlich kaum zu finden sein wird, kann nicht ersetzt verlangt werden.[138] 184

Die Wiederbeschaffungsfrist beginnt in dem Zeitpunkt, in dem der Geschädigte Kenntnis davon erhält, dass eine Reparatur des beschädigten Kfz sich aus wirtschaftlichen Gründen nicht mehr lohnt und daher Totalschaden vorliegt. Dazu bedarf es durchaus nicht immer des in Auftrag gegebenen Sachverständigengutachtens. Mitunter steht von vornherein offenkundig fest, dass Totalschaden 185

131 *OLG Nürnberg* NZV 2019, 536.

132 *OLG Koblenz* DAR 2023, 331.

133 *BGH* NJW 2009, 1663 = VersR 2009, 697 = DAR 2009, 322 – ja bei neun Wochen Verzögerung; *OLG Celle* NJW 2008, 446 = VersR 2009, 276 = DAR 2008, 205 – noch nicht bei ex ante abzusehender 24 Tage längerer Ausfallzeit.

134 *BGH* NJW 2008, 915 = VersR 2008, 370 = DAR 2008, 139.

135 *BGH* a.a.O.; auch insoweit falsch: *AG Bonn* a.a.O.

136 *BGH* NJW 2009, 1663 = VersR 2009, 697 = DAR 2009, 322.

137 Vgl. dazu *KG* VersR 1987, 822 f. = zfs 1986, 237 = VRS 70, 432 (gängiges Fahrzeug in Großstadt; unter teilweiser Änderung der bisherigen Rechtsprechung); *LG Nürnberg-Fürth* zfs 1987, 328; *LG Freiburg* zfs 1989, 52 = VRS 75, 401.

138 *OLG Nürnberg* NZV 2019, 536.

vorliegt. Dann beginnt die Wiederbeschaffungsfrist mit dem Tage nach dem Unfall und nicht erst nach Vorliegen des Sachverständigengutachtens.

186 In anderen Fällen, in denen Zweifel bestehen könnten, erteilt der Sachverständige auf Wunsch in der Regel spätestens am Tag nach der Besichtigung eine telefonische Vorabinformation über die voraussichtliche Höhe von Wiederbeschaffungswert, Restwert und die Dauer der von ihm für angemessen erachteten Wiederbeschaffungsfrist. Dabei muss jedoch berücksichtigt werden, dass auch insoweit die Veranlassungspflicht beim Geschädigten liegt, der alle notwendigen Schritte dazu in die Wege zu leiten hat und sich nicht darauf verlassen darf, dass der Haftpflichtversicherer des Ersatzpflichtigen seinerseits tätig wird.

187 Es kann gelegentlich vorkommen, dass der Geschädigte aus finanziellen Gründen nicht in der Lage ist, die Ersatzbeschaffung in angemessener Zeit vorzunehmen. Dieser Fall kann beispielsweise dann eintreten, wenn ihm eigene finanzielle Mittel nicht zur Verfügung stehen und er infolge anderweitiger Überschuldung auch einen (weiteren) Kredit nicht erhält.[139] Fehlen also eigene Mittel, die der Geschädigte sonst in zumutbarer Weise zu verauslagen hat, dann muss er auf diesen Sachverhalt, d.h. über den auf seiner Seite bestehenden Kreditbedarf, unverzüglich den Ersatzpflichtigen hinweisen, und zwar so rechtzeitig, dass dieser noch einen Vorschuss leisten kann. Dieses Verhalten gebietet die durch § 254 Abs. 2 BGB normierte Schadenminderungspflicht. Sollte die Aufnahme eines Kredits möglich und zumutbar sein, werden bei an sich vorliegender mangelnder Kreditwürdigkeit unter Umständen auch ungünstige Finanzierungsbedingungen in Kauf zu nehmen sein. Lediglich dann, wenn auch auf diesem Wege die erforderlichen Geldmittel nicht beschafft werden können, wird der Geschädigte berechtigt sein, auf Kosten des Schädigers ein Ersatzfahrzeug anzumieten. Dies setzt allerdings voraus, dass er rechtzeitig auf die Gefahr des Eintritts eines besonders hohen Schadens hingewiesen und einen entsprechenden Vorschuss verlangt hat.[140] Er hat bereits mit der Anspruchsbegründung die Umstände und Gründe substantiiert darzulegen, die eine Verzögerung der Reparatur, insbesondere die Umstände, warum ihm eine Vorfinanzierung nicht möglich ist, belegen. Ein pauschaler Hinweis auf finanzielle Schwierigkeiten ist unzureichend.[141]

188 Ist der Geschädigte arbeitsunfähig – beispielsweise aufgrund einer unfallbedingten Verletzung –, beginnt die Wiederbeschaffungsfrist erst nach seiner Genesung, soweit es ihm nicht zumutbar ist, Vertrauenspersonen mit den ggfs. erforderlichen Erkundigungen des Marktes zu betrauen.

### 3. Grenzen der Anmietdauer

189 Der Anspruch auf Ersatz von Mietwagenkosten findet seine obere Grenze unter anderem in der mutmaßlichen Lebensdauer des beschädigten Kfz unter normalen Umständen, aber auch im Grundsatz der Verhältnismäßigkeit. Die Dauer der Ersatzanmietung zulasten des Schädigers kann aber auch dadurch begrenzt sein, dass das Kfz bereits vor dem Unfall verkauft worden ist und unmittelbar nach Eintritt des Schadens dem Erwerber übergeben werden sollte.

139 *OLG Naumburg* NJW 2004, 3191 = DAR 2005, 158 = NZV 2005, 198; *AG Essen* DAR 2007, 655, a.A. *AG Magdeburg* zfs 2009, 199 (keine Verpflichtung zur Kreditaufnahme).

140 *OLG Nürnberg* DAR 1981, 14 = zfs 1981, 77; *OLG Saarbrücken* NZV 1990, 388; *OLG Naumburg* NJW 2004, 3191 = DAR 2005, 158 = NZV 2005, 198; *KG* NZV 2009, 394; NZV 2010, 209 = MDR 2010, 79; *LG Frankfurt/Main* NJW-RR 1992, 1183; *LG Aachen* NZV 2017, 388.

141 *OLG Naumburg* SVR 2021, 31.

## III. Gegenstand der Ersatzanmietung

### 1. Größe und Typ

Der Geschädigte hat grundsätzlich nur Anspruch auf die Anmietung eines in Bezug auf den von ihm verfolgten Nutzungszweck möglichst typengleichen Fahrzeugs.[142] Dabei ist zu berücksichtigen, dass allein die Zusatzausrüstung des beschädigten Kfz (Unfallwagens) den Geschädigten grundsätzlich nicht berechtigt, auf Kosten des Schädigers ein Fahrzeug einer höheren Preisklasse anzumieten.[143] Andererseits braucht der Geschädigte sich bei einer normalen Ausfallzeit in der Regel auch nicht mit einem kleineren, d.h. leistungsschwächeren und weniger komfortablen – also insgesamt gesehen »billigeren« – Ersatzfahrzeug zu begnügen. 190

Dem Geschädigten sind diejenigen Kosten der Ersatzanmietung zu erstatten, die ein verständiger, wirtschaftlich denkender Mensch in der besonderen Lage des Geschädigten zum Ausgleich des ihm zeitweilig entzogenen Gebrauchsnutzens seines Fahrzeugs für erforderlich halten durfte.[144] 191

Der Geschädigte darf regelmäßig keinen ungleich leistungsstärkeren – also »teureren« – Wagen anmieten, es sei denn, dass ein annähernd gleichwertiges Ersatzfahrzeug während der zur Verfügung stehenden Zeit in zumutbarer Weise nicht zu beschaffen ist. Dieser Fall dürfte vor allem in Großstädten mit einem breit gefächerten Konkurrenzangebot allerdings außerordentlich selten vorkommen. 192

Ist ein gleichwertiges Mietfahrzeug nur zu einem besonders hohen Mietzins zu erhalten, darf der Geschädigte in der Regel ein derartiges Fahrzeug im Interesse der Schadenminderung nicht anmieten, sondern muss sich – jedenfalls für kurze Zeit – mit einem »bescheideneren« Wagentyp begnügen.[145] 193

Es widerspricht allerdings keinesfalls dem Sinn des Schadensersatzes, wenn der Geschädigte anstelle seines bereits recht »betagten« Kfz ein neues, vollwertiges Ersatzfahrzeug anmietet.[146] Auf eine Wertgleichheit im Sinne einer Übereinstimmung des Zeitwertes – oder ggf. auch des Wiederbeschaffungswertes – kommt es nicht an. 194

Ausschlaggebend für eine »Gleichwertigkeit« sind also weniger Zeitwert, Baujahr und Typ des Fahrzeugs. Gleichwertigkeit bedeutet vielmehr eine Übereinstimmung im Komfort, in der Größe, der Bequemlichkeit und in der Leistung.[147] Insoweit ist bei einem Normalfahrzeug – im Gegensatz zu einem Sportwagen – auch regelmäßig weniger die PS-Zahl bzw. kW-Stärke von Bedeutung, sondern der Nutzungszweck bzw. der mit der Anschaffung und Haltung des betreffenden Kfz beabsichtigte Gebrauchsnutzen. 195

Es ist nicht erkennbar, dass der Geschädigte durch die Anmietung eines neuwertigen Ersatzfahrzeuges gegenüber seinem u.U. fast wertlosen Altfahrzeug in einer Form bereichert ist, aus der man rechtliche Konsequenzen im Hinblick auf den Vorteilsausgleich ableiten könnte. Ferner kann auch der Umstand, dass die Mietwagenunternehmer aus Konkurrenzgründen fast nur neuwertige und 196

142 Vgl. hierzu u.a. *BGH* NJW 1970, 1120 = VersR 1970, 547 f.; NJW 1982, 1518 = VersR 1982, 548 = r+s 1982, 146.

143 Vgl. dazu *OLG Nürnberg* VersR 1981, 43 = DAR 1981, 14.

144 Vgl. dazu: BGHZ 54, 82, 85 = VersR 1970, 832 f.; BGHZ 61, 346, 349; VersR 1974, 90 f.; BGHZ 63, 182, 188 = VersR 1975, 184, 186; VersR 1975, 261 f.; VersR 1976, 389 f.; NJW 1982, 1518 = VersR 1982, 548 = zfs 1982, 238.

145 Vgl. dazu BGHZ 54, 82, 85 = VersR 1970, 832 f.; BGHZ 61, 346, 349; VersR 1974, 90 f.; BGHZ 63, 182, 188 = VersR 1975, 184, 186; VersR 1975, 261 f.; VersR 1976, 389 f.; NJW 1982, 1518 = VersR 1982, 548 = zfs 1982, 238; *OLG Celle* r+s 2021, 52; *LG Wuppertal* DAR 2012, 339; *LG München II* DAR 2013, 34; *AG Leverkusen* SP 2008, 439.

146 Vgl. *OLG Stuttgart* zfs 1989, 49; *OLG Hamm* zfs 1989, 49; *LG Darmstadt* VersR 1981, 662; *LG Heilbronn* VersR 1982, 784; *LG Köln* VersR 1987, 210; *AG Frankfurt/M.* VersR 1981, 692; *AG Düsseldorf* r+s 1985, 147; *AG Uelzen* VersR 1979, 336 = DAR 1979, 41 = MDR 1979, 139 (Opel Rekord 1, 9 1, anstelle eines Mercedes 220 D).

147 Vgl. dazu insbes. *OLG Karlsruhe* VersR 1974, 1005; *AG Wesel* NZV 2008, 463.

technisch einwandfreie Fahrzeuge anbieten, nicht zur Entstehung eines Vorteils führen, den der Geschädigte sich anrechnen lassen müsste.[148]

## 2. Sportwagen

197 Fährt der Geschädigte einen Sportwagen, so ist er durch den zeitweiligen Ausfall seines Kfz nicht in seinem Liebhaberinteresse (§ 253 BGB), sondern in dem Verlust der Sachnutzung beeinträchtigt.[149] Dies bedeutet, dass grundsätzlich der Ausfall eines Sportwagens nur durch die zeitweilige Anmietung eines Pkw mit annähernd gleicher Leistung ausgeglichen werden kann.

198 Bei Abwägung der Interessenlage besteht ein Anspruch auf Ersatz der Mietwagenkosten für den vollen Zeitraum und für ein in etwa typengleiches Ersatzfahrzeug. Ebenso wenig wie der Ersatzpflichtige dem Geschädigten entgegenhalten kann, er habe sich ein zu aufwendiges Fahrzeug zugelegt, sodass nur ein Teil der unfallbedingten Reparaturkosten zu erstatten seien, kann er ähnliche Einwendungen im Zusammenhang mit der Ersatzanmietung erheben. Etwas anderes gilt nur, wenn dies mit besonders hohen Mietwagenkosten verbunden ist.[150]

199 Steht ein derartiger Sportwagen als Mietfahrzeug jedoch nicht zur Verfügung, so muss der Geschädigte ein ähnliches bzw. gleichwertiges Fahrzeug anmieten. Er kann demgegenüber nicht einen Geldersatz für sein – vermeintlich beeinträchtigtes – Liebhaberinteresse verlangen.

## 3. Ausstattung und Komfort

200 Wie bereits betont, darf der Geschädigte zulasten des Ersatzpflichtigen grundsätzlich ein von Komfort und Ausstattung her möglichst typengleiches Ersatzfahrzeug anmieten.

201 Die Grenze wird durch die Unverhältnismäßigkeit der Aufwendungen gezogen, die das verkehrsübliche Maß nicht übersteigen dürfen. Dies wäre beispielsweise dann der Fall, wenn ein gleichwertiges Ersatzfahrzeug erst aus dem Ausland – beispielsweise aus Übersee – »eingeflogen« werden müsste und infolgedessen nur zu einer den verkehrsüblichen Satz erheblich übersteigenden Miete angeboten werden könnte. Es gibt jedoch keinen Erfahrungssatz des Inhalts, dass die Mietwagenkosten zum Wiederbeschaffungswert in einem vertretbaren Verhältnis stehen müssten.[151]

## 4. Nichtgewerbsmäßiges Mietfahrzeug

202 Es macht grundsätzlich keinen rechtlich bedeutsamen Unterschied, ob der Geschädigte das Ersatzfahrzeug bei einem gewerbsmäßigen Autovermieter oder bei einer Privatperson anmietet.[152] Entsprechend ist es auch unerheblich, ob das Fahrzeug als Selbstfahrervermietfahrzeug versichert ist.[153]

203 Im Zweifel ist anzunehmen, dass die Leistung eines Dritten nicht zur Entlastung des Schädigers bestimmt ist, sodass dieser sich auf die unentgeltliche Bereitstellung eines Ersatzfahrzeuges aufgrund interner rechtsgeschäftlicher oder auch nur freundschaftlicher Beziehungen zwischen dem Geschä-

148 So ausdrücklich *KG* DAR 1981, 56.

149 Vgl. dazu insbes. *BGH* NJW 1982, 1518 = VersR 1982, 548 = zfs 1982, 238.

150 *OLG Celle* r+s 2021, 52 (viermal so hohe Kosten wie in der höchsten Mietwagenkategorie).

151 A.A. *LG Köln* zfs 1987, 137 f.; VersR 1987, 210 = zfs 1987, 106 (m.w.N.); VersR 1988, 486 (L); *AG Düsseldorf* r+s 1985, 147.

152 Vgl. dazu *BGH* NJW 1975, 255 = VersR 1975, 261 f. = MDR 1975, 217 f. (Pkw der Ehefrau); *KG* bei *Darkow* DAR 1975, 281, 284; *KG* VersR 1978, 1072 = DAR 1979, 75; *LG Stuttgart* VersR 1972, 698 (Pkw des Schwiegervaters); *LG Aachen* VersR 1973, 286; *LG Bochum* VersR 1973, 381; *LG Mainz* NJW 1975, 1421 = VersR 1975, 937 (L) (Pkw von beliebigem Privatmann); *AG Alzey* VersR 1978, 144; *AG Paderborn* zfs 1985, 230; *Maase* VersR 1959, 883; *Weimar* VersR 1962, 400, 402; *Klimke* zfs 1975, 211.

153 *AG Zeven* DAR 2024, 35; *AG Rheine* DAR 2024, 99 (die *AG* sprechen von einer »Zulassung«, die Kategorie eines Selbstfahrervermietfahrzeug betrifft jedoch nicht die Fahrzeugzulassung, sondern die Kfz-Versicherung des Fahrzeugs).

digten und ihm nicht berufen kann.[154] Soweit Mietwagenkosten jedoch (wegen unentgeltlicher Leistung) nicht anfallen, kann der Geschädigte nur Nutzungsausfall verlangen.

Wird ein Ersatzfahrzeug indes von nahen Familienangehörigen (beispielsweise von der Ehefrau) angemietet, so ist im Einzelfall sorgfältig zu prüfen, ob es sich dabei tatsächlich um ein ernst gemeintes Rechtsgeschäft oder lediglich um eine Scheinvereinbarung handelt, die den Zweck verfolgt, dem Geschädigten bzw. dem betreffenden Angehörigen zu einem Gewinn zu verhelfen. Zweifel bestehen insbesondere dann, wenn beispielsweise der Ehemann, der über die von ihm zu tragenden Kosten für den ehelichen Aufwand bereits die »Generalunkosten« des von seiner Ehefrau gehaltenen Zweitwagens getragen hat, sich dessen ungeachtet jedoch im Rahmen des Mietvertrages bereit erklärt, diese Kosten über eine dem gewerblichen Mietzins entsprechende Entschädigung noch einmal zu übernehmen.[155] 204

An die Prüfung der Frage, ob der angeblich vereinbarte gewerbliche Mietzins tatsächlich den zur Herstellung »erforderlichen« Betrag im Sinne von § 249 BGB darstellt, sind nach der Lebenserfahrung besonders strenge Anforderungen zu stellen.[156] Sollten sich dabei Zweifel ergeben, dann ist der Entschädigungsbetrag nach § 287 ZPO vom Tatrichter frei zu schätzen.[157] Sofern konkrete Anhaltspunkte fehlen, erscheint ein Anteil von 50 % des gewerblichen Mietpreises angemessen.[158] Auf den in dieser Weise ermittelten Betrag muss der Geschädigte sich zusätzlich die eingesparten leistungsbezogenen Betriebskosten des eigenen Fahrzeugs anrechnen lassen. 205

Selbst für den Fall, dass der Geschädigte ausnahmsweise einmal darzulegen vermag, dass ihm die Beschaffung eines preiswerten Ersatzfahrzeugs nicht oder nur unter sehr erschwerten Voraussetzungen möglich war, stellen die Kosten einer gewerbsmäßigen Anmietung stets die obere Grenze des erstattungsfähigen Rahmens dar.[159] 206

Unfallbedingte Mietwagenkosten sind auch dann zu ersetzen, wenn der Geschädigte eine OHG ist und diese das Ersatzfahrzeug von einem Unternehmen erhalten hat, das einem ihrer Gesellschafter gehört.[160] 207

### IV. Höhe des Anspruchs – Tarifwahl (Normaltarif – Unfallersatztarif)

#### 1. Entwicklung der Rechtsprechung

Grundsätzlich darf der Geschädigte das Mietwagenunternehmen – ebenso wie auch die Reparaturwerkstatt – nach eigenem Belieben frei wählen. Er muss jedoch in seinem eigenen Interesse auf eine für ihn günstige Vertragsgestaltung achten.[161] Dies gilt insbesondere für den Fall, dass der Geschä- 208

---

154 Vgl. dazu *BGH* NJW 1975, 255 = VersR 1975, 261 f. = MDR 1975, 217 (Pkw der Ehefrau); *Zeuner* Gedächtnisschrift für Dietz (1973) S. 99, 123; AcP 163, 380, 395.

155 Vgl. dazu *AG Darmstadt und LG Darmstadt* (als Berufungsinstanz) in VersR 1982, 402.

156 Vgl. dazu *LG Darmstadt* VersR 1982, 402.

157 Vgl. dazu *BGH* NJW 1975, 255 = VersR 1975, 261 f. – MDR 1975, 217 f. (Wagen der Ehefrau); *KG* VersR 1978, 1072 = DAR 1979, 75 = r+s 1975, 107; *LG Aachen* VersR 1973, 286; *LG Mainz* NJW 1975, 1421 = VersR 1975, 937 (L) = zfs 1975, 531 = r+s 1975, 213; *LG Berlin* r+s 1979, 148.

158 *BGH* NJW 1975, 684; *OLG Hamm* NJW-RR 1993, 1053; *LG Mainz* VersR 1975, 937; *LG Karlsruhe* ZfS 1989, 304; *AG Speyer* SVR 2020, 230.

159 Vgl. dazu insbes. *BGH* NJW 1975, 255 = VersR 1975, 261 f. = MDR 75, 217 f.

160 Vgl. dazu *KG* VersR 1978, 1072 = DAR 1979, 75 = r+s 1979, 107.

161 Wegen näherer Einzelheiten dazu vgl. insbes. *BGH* NJW 1985, 2637 = VersR 1985, 1090 = DAR 1985, 347 = zfs 1985, 265; NJW 1985, 2639 = VersR 1985, 1092 = DAR 1985, 317 = VRS 69, 330; *OLG Düsseldorf* NJW 1969, 2051 = VersR 1970, 42; *OLG Karlsruhe* MDR 1975, 930; *OLG Stuttgart* VersR 1982, 559; *OLG Hamm* VersR 1982, 1073 = MDR 1982, 847 = zfs 1982, 363; *OLG München* VersR 1983, 1064; *OLG Bamberg* zfs 1987, 328; *OLG Koblenz* r+s 1988, 107; *LG Koblenz* r+s 1984, 147; *LG Duisburg* zfs 1985, 74; *LG Oldenburg* zfs 1985, 232; *LG München II* r+s 1986, 258 (L); VersR 1987, 271 (L); VersR 1987, 1228; *LG Essen* zfs 1985, 232; *LG Frankenthal* VersR 1986, 248 = zfs 1986, 139; *LG Hamburg* zfs 1987, 137; *LG Wiesbaden* zfs 1987, 137; *LG Osnabrück* zfs 1987, 328; *LG Pader-*

digte den Mietwagen erlaubterweise für eine Urlaubsreise[162] benutzen will und im Zuge der Ersatzanmietung mit besonders großen Fahrstrecken zu rechnen ist.[163]

209 Der Geschädigte darf im Hinblick auf die Erforderlichkeit der entstehenden Mietwagenkosten nicht auf das erstbeste Angebot[164] eingehen, sondern muss mindestens in groben Zügen Preisvergleiche anstellen[165] und einige Konkurrenzangebote[166] einholen, um alsdann nach sorgfältiger Abwägung der einzelnen Gesichtspunkte ein Fahrzeug zu handelsüblichen Bedingungen und zu marktüblichem Preis anzumieten.[167] Dabei ist insbesondere das Preis-/Leistungsverhältnis zu berücksichtigen, da die Mietpreise allein häufig noch keine unterscheidungskräftige Aussage enthalten. Der Geschädigte muss keine »Marktforschung« betreiben, gewisse Erkundigungen sind ihm allerdings durchaus zuzumuten.[168] Insbesondere hat der Geschädigte preisgünstige Pauschalangebote oder Mengenrabatte wahrzunehmen, die erfahrungsgemäß von jedem Vermieter ab einer bestimmten Leistungsmenge – in Bezug auf die Anmietzeit oder die zu fahrende Wegstrecke – angeboten wird.[169]

210 Die bedeutsamste Änderung der *BGH*-Rechtsprechung im Bereich der Mietwagenkosten – vielleicht sogar im Bereich der Kfz-Schadenregulierung insgesamt – betrifft die Tarifwahl bei Anmietung des Ersatzfahrzeugs, namentlich die Frage der Erstattungsfähigkeit des sog. Unfallersatztarifs. Bislang hielt der *BGH* eine Anmietung zum Unfallersatztarif grundsätzlich nicht für einen Verstoß gegen die Schadensminderungspflicht.[170] Dem sind die Instanzgerichte weitgehend gefolgt und hielten auch auf der Grundlage des Unfallersatztarifs errechnete Mietwagenkosten ohne Weiteres für erstattungsfähig.[171] Jedoch hatten bereits die Instanzgerichte zum Teil den Missbrauch dieser Grundsätze festgestellt, in denen Tarife abgerechnet wurden, die auch unter kaufmännischen Gesichtspunkten nicht mehr nachvollziehbar waren.[172] So etwa das *OLG Düsseldorf*:[173]

> »Unter kaufmännischen Gesichtspunkten ist kein anerkennenswerter Grund dafür zu erkennen, dass die Unfalltarife regelmäßig deutlich teurer sind als die Normaltarife. Soweit insoweit geltend gemacht wird, dies sei auf einen höheren Kapitaleinsatz bei Anmietung von Fahrzeugen im Schadenfall sowie auf

---

*born* r+s 1987, 342; *LG Trier* r+s 1988, 107 (L: jedenfalls bei längerer Mietdauer und hoher Kilometerleistung sollte von der Möglichkeit einer Pauschalpreisvereinbarung Gebrauch gemacht werden); *AG Darmstadt* VersR 1985, 1052 (L); *AG Karlsruhe* VersR 1988, 67; 1986, 199.

162 Vgl. dazu *OLG München* VersR 1983, 1064 (L); *LG Frankenthal* VersR 1986, 248 = zfs 1986, 139.

163 Vgl. dazu *OLG Stuttgart* DAR 1981, 292 = zfs 1981, 336.

164 Vgl. *OLG Hamm* r+s 1996, 24 = VersR 1996, 773; *OLG Düsseldorf* zfs 1991, 374.

165 Vgl. dazu *OLG Stuttgart* DAR 1994, 326 = zfs 1994, 206; *LG Düsseldorf* NJW-RR 1988, 37 (jedenfalls bei längerer Mietdauer; im Normalfall kein Verstoß gegen die Schadenminderungspflicht, wenn die Mietwagenkosten sich im Rahmen der Empfehlungen des HUK-Verbandes halten); *LG Wiesbaden* NJW-RR 1987, 858; *LG Duisburg* VersR 1983, 843.

166 Vgl. dazu *OLG Frankfurt* zfs 1991, 374; *OLG Köln* NZV 1993, 470 = NJW-RR 1993, 1053; *OLG Hamm* SP 1994, 118; NZV 1994, 358; *AG Kusel* r+s 1981, 85; *AG Ulm* r+s 1981, 147; *AG Krefeld* VersR 1982, 111 = r+s 1982, 216.

167 Vgl. dazu auch *LG Freiburg* zfs 1994, 404.

168 Vgl. *OLG Saarbrücken* zfs 1994, 289; *OLG Köln* VersR 1996, 121; *OLG Hamm* VersR 1996, 773 = r+s 1996, 24; a.A. *OLG Düsseldorf* DAR 2000, 403.

169 Vgl. dazu *OLG Hamm* VersR 1982, 1173 = zfs 1982, 363 = MDR 1982, 847; *OLG Düsseldorf* zfs 1991, 374; *LG Frankenthal* VersR 1986, 248; *LG Trier* VersR 1992, 205.

170 Vgl. dazu insb. *BGH* NJW 1985, 793 = VersR 1985, 285; NJW 1986, 2639 = VersR 1985, 1092 = DAR 1985, 1090 = DAR 1985, 347 = VRS 69, 325; NJW 1996, 1958 = zfs 1996, 293 = DAR 1996, 314 = MDR 1996, 793.

171 *OLG Köln* NZV 1993, 470 = NJW-RR 1993, 1053; *OLG Hamm* SP 1994, 118; *OLG Stuttgart* zfs 1994, 206 = DAR 1994, 326; *OLG Düsseldorf* DAR 2000, 403; *KG* NZV 2005, 46 = MDR 2005, 143; *LG Bayreuth* DAR 2004, 95.

172 *OLG Hamm* SP 1994, 118; *OLG Nürnberg* SP 1994, 119; *OLG München* VersR 1994, 1318 = NZV 1994, 359; *OLG Naumburg* 1996, 233; *OLG Jena* OLGR 2003, 316; *AG Wittlich* r+s 1988, 107; *AG Frankfurt* NZV 2002, 83; *AG Böblingen* VersR 2005, 522.

173 zfs 1991, 374.

das Mietausfallwagnis zurückzuführen, ist dem entgegenzuhalten, dass die Mietwagenunternehmen bei der Anmietung von Unfallersatzwagen in der Regel kein höheres, sondern eher ein niedrigeres Risiko übernehmen als bei Barmietkunden. In vielen Fällen, in denen dem geschädigten Mietwagenkunden ein vollständiger Schadensersatzanspruch gegen die gegnerische Haftpflichtversicherung zusteht, kann der Mietwagenunternehmer auf zwei Schuldner zurückgreifen. Selbst wenn Schadenersatzansprüche letztlich nicht bestehen sollten, bleibt dem Mietwagenunternehmer als Schuldner für die Mietwagenkosten sein unfallgeschädigter Kunde erhalten. Es ist nicht ersichtlich, inwieweit das Zahlungs- und Insolvenzrisiko bei unfallgeschädigten Kunden höher sein soll als bei solchen Kunden, die nicht aus Anlass eines Unfallschadens einen Mietwagen in Anspruch nehmen.«

Diesen überzeugenden Bedenken hat der *BGH* durch eine Änderung der Rechtsprechung Rechnung getragen. Der *BGH* hat zur Erstattungsfähigkeit des Unfallersatztarifs neue Grundsätze aufgestellt, die für die Instanzgerichte nicht ganz einfach umzusetzen waren. Der *BGH* war gehalten, seine Grundsätze in zahlreichen Entscheidungen zu verdeutlichen.[174] 211

174 *BGH* VI ZR 151/03 NJW 2005, 31 = VersR 2005, 239 = r+s 2005, 41 = DAR 2005, 21 = NZV 2005, 32 = SVR 2005, 62 = MDR 2005, 332; *BGH* VI ZR 300/03 NJW 2005, 135 = VersR 2005, 241 = zfs 2005, 75 = r+s 2005, 43 = DAR 2005, 73 = NZV 2005, 34 = SVR 2005, 147 = MDR 2005, 331; *BGH* VI ZR 74/04 NJW 2005, 1041 = VersR 2005, 568 = zfs 2005, 390 = r+s 2005, 217 = DAR 2005, 270 = NZV 2005, 301 = SVR 2005, 467; *BGH* VI ZR 160/04 NJW 2005, 1043 = VersR 2005, 569 = zfs 2005, 388 = r+s 2005, 216 = DAR 2005, 271 = NZV 2005, 302 = SVR 2005, 465; *BGH* VI ZR 37/04 NJW 2005, 1933 = VersR 2005, 850 = zfs 2005, 435 = r+s 2005, 351 = DAR 2005, 438 = NZV 2005, 357 = SVR 2006, 64 = MDR 2005, 1105; *BGH* VI ZR 9/05 NJW 2006, 360 = VersR 2006, 133 = r+s 2006, 215 = DAR 2006, 83 = NZV 2006, 139 = SVR 2006, 303 = MDR 2006, 686; *BGH* VI ZR 32/05 NJW 2006, 1508 = VersR 2006, 564 = zfs 2006, 384 = r+s 2006, 213 = DAR 2006, 380 = NZV 2006, 364 = SVR 2006, 264 = MDR 2006, 1106; *BGH* VI ZR 126/05 NJW 2006, 1506 = VersR 2006, 669 = zfs 2006, 385 = r+s 2006, 214 = DAR 2006, 378 = NZV 2006, 363 = SVR 2006, 334 = MDR 2006, 1105; *BGH* VI ZR 338/04 NJW 2006, 1726 = VersR 2006, 852 = zfs 2006, 505 = r+s 2006, 346 = DAR 2006, 381 = NZV 2006, 410 = SVR 2006, 338 = MDR 2006, 1107; *BGH* VI ZR 117/05 NJW 2006, 2106 = VersR 2006, 986 = zfs 2006, 684 = r+s 2006, 390 = NZV 2006, 463 = SVR 2006, 381; *BGH* VI ZR 161/05 NJW 2006, 1273 = VersR 2006, 1273 = zfs 2006, 686 = r+s 2006, 434 = DAR 2006, 681 = NZV 2006, 526 = SVR 2006, 383 = MDR 2007, 29; *BGH* VI ZR 237/05 NJW 2006, 2693 = VersR 2006, 1425 = zfs 2006, 682 = r+s 2006, 478 = DAR 2006, 682 = NZV 2006, 525 = SVR 2006, 422 = MDR 2007, 27; *BGH* VI ZR 243/05 NJW 2007, 422 = VersR 2007, 514 = zfs 2007, 332 = r+s 2007, 214 = DAR 2007, 261 = NZV 2007, 231 = SVR 2007, 146 = MDR 2007, 715; *BGH* VI ZR 18/06 NJW 2007, 1123 = VersR 2007, 515 = zfs 2007, 333 = r+s 2007, 215 = DAR 2007, 260 = NZV 2007, 232 = SVR 2007, 177 = MDR 2007, 714; *BGH* VI ZR 99/06 NJW 07, 1124 = VersR 07, 516 = zfs 07, 330 = r+s 2007, 306 = DAR 2007, 262 = NZV 2007, 179 = SVR 2007, 178 = MDR 2007, 713; *BGH* VI ZR 105/06 NJW 2007, 1449 = VersR 2007, 661 = r+s 2007, 341 = DAR 2007, 327 = NZV 2007, 351 = MDR 2007, 773; *BGH* VI ZR 36/06 NJW 2007, 1676 = VersR 2007, 706 = zfs 2007, 505 = r+s 2007, 342 = DAR 2007, 328 = NZV 2007, 290 = SVR 2007, 261 = MDR 2007, 948; *BGH* VI ZR 161/06 NJW 2007, 2758 = VersR 2007, 1144 = r+s 2007, 345 = DAR 2007, 510 = NZV 2007, 514 = SVR 2007, 421 = MDR 2007, 1255; *BGH* VI ZR 163/06 NJW 2007, 2916 = VersR 2007, 1266 = zfs 2007, 628 = r+s 2007, 476 = DAR 2007, 699 = NZV 2007, 563 = SVR 2007, 424 = MDR 2007, 1254; *BGH* VI ZR 27/07 NJW 2007, 3782 = VersR 2007, 1577 = zfs 2008, 22 = r+s 2008, 37 = DAR 2007, 700 = NZV 2008, 23 = SVR 2008, 67 = MDR 2007, 1420; *BGH* VI ZR 32/07 VersR 2008, 554 = DAR 2008, 388 = r+s 2008, 168 = zfs 2008, 326 = NZV 2008, 286 = SVR 2008, 261 = MDR 2008, 502; *BGH* VI ZR 164/07 NJW 2008, 1519 = VersR 2008, 699 = DAR 2008, 331 = r+s 2008, 258 = zfs 2008, 383 = NZV 2008, 339 = SVR 2008, 217; *BGH* VI ZR 226/07 DAR 2009, 325 = r+s 2009, 261 = SVR 2009, 27; *BGH* VI ZR 234/07 NJW 2008, 2910 = VersR 2008, 1370 = DAR 2008, 643 = zfs 2008, 622 = MDR 2008, 1154; *BGH* VI ZR 210/07 VersR 2009, 83 = r+s 2009, 37 = DAR 2009, 32 = NZV 2009, 23 = SVR 2009, 98 = MDR 2009, 82; *BGH* VI ZR 308/07 NJW 2009, 58 = VersR 2008, 1706 = DAR 2009, 29 = zfs 2009, 82 = r+s 2009, 38 = NZV 2009, 24 = SVR 2009, 96 = MDR 2009, 25; *BGH* VI ZR 134/08 VersR 2009, 801 = DAR 2009, 324 = r+s 2009, 481 = SVR 2009, 184; *BGH* VI ZR 112/09 VersR 2010, 494 = DAR 2010, 323 = r+s 2010, 173 = zfs 2010, 260 = NZV 2010, 239 = SVR 2010, 142 = MDR 2010, 438; *BGH* VI ZR 139/08 NJW 2010, 1445 = VersR 2010, 545 = DAR 2010, 383 = r+s 2010, 214 =

212 Danach hält der *BGH* grundsätzlich daran fest, dass eine Anmietung zum Unfallersatztarif nicht in jedem Fall einen Verstoß gegen die Pflicht zur Schadensgeringhaltung bedeutet, solange dies für ihn nicht ohne Weiteres erkennbar ist. Dieser Grundsatz kann jedoch in den Fällen keine uneingeschränkte Geltung beanspruchen, in denen sich ein Tarif für Ersatzmietwagen nach Verkehrsunfällen gebildet hat, der nicht mehr maßgeblich von Angebot und Nachfrage bestimmt wird, sondern vielmehr durch weitgehend gleichförmiges Verhalten der Anbieter geprägt ist, weil der Mieter kein eigenes wirtschaftliches Interesse an der Wahl eines bestimmten Tarifs hat, während der am Mietvertrag nicht beteiligte Haftpflichtversicherer zwar die Verpflichtungen aus diesem Vertrag wirtschaftlich zu tragen hat, auf die Tarifwahl jedoch keinen Einfluss nehmen kann.[175]

213 In diesem Fall kann der zur Herstellung erforderliche Geldbetrag i.S.d. § 249 BGB nicht ohne Weiteres mit dem Unfallersatztarif gleichgesetzt werden. Dies ist vielmehr nur dann der Fall, wenn und soweit ein solcher Tarif nach seiner Struktur als erforderlicher Aufwand zur Schadensbeseitigung angesehen werden kann, weil die Besonderheiten dieses Tarifs mit Rücksicht auf die Unfallsituation einen gegenüber dem Normaltarif höheren Preis aus betriebswirtschaftlicher Sicht rechtfertigen, weil sie auf Leistungen des Vermieters beruhen, die zu dem von § 249 BGB erfassten, für die Schadensbeseitigung erforderlichen Aufwand gehören.[176] Hierzu nennt der *BGH* beispielhaft die Vorfinanzierung des Mietzinses und ein erhöhtes Ausfallrisiko wegen unzutreffender Haftungseinschätzung der Mietvertragsparteien,[177] zudem wird insoweit auch die fehlende Planbarkeit des Unfalls und des darauf beruhenden Mietwagenbedarfs berücksichtigt.[178] Anknüpfungspunkt für die möglicherweise erforderliche Erhöhung ist der »Normaltarif«, also ein für Selbstzahler anwendbarer Tarif, der unter marktwirtschaftlichen Gesichtspunkten gebildet wurde.[179] Zur Beurteilung der Erforderlichkeit muss der Tatrichter jedoch nicht die Kalkulationsgrundlagen des konkreten Anbieters im Einzelnen betriebswirtschaftlich (nach entsprechendem Vortrag) nachvollziehen, vielmehr genügt – ggf. unter sachverständiger Beratung – eine generelle Einschätzung, ob etwaige Mehrleistungen und Risiken bei der Vermietung an Unfallgeschädigte generell einen erhöhten Tarif rechtfertigen, sodass zu den Kalkulationsgrundlagen auch kein substantiierter Vortrag erforderlich ist. Insoweit ist unter

---

zfs 2010, 381 = NZV 2010, 289 = SVR 2010, 144 = MDR 2010, 567; *BGH* VI ZR 7/09 VersR 2010, 683 = DAR 2010, 464 = r+s 2010, 211 = zfs 2010, 561 = SVR 2010, 178 = MDR 2010, 622; *BGH* VI ZR 6/09 NJW 2010, 2569 = VersR 2010, 1053 = DAR 2010, 462 = r+s 2010, 303 = NZV 2010, 556 = SVR 2010, 220 = SVR 2011, 24 = MDR 2010, 861; *BGH* VI ZR 293/08 VersR 2010, 1054 = DAR 2010, 467 = r+s 2010, 391 = zfs 2010, 565 = NZV 2010, 499 = SVR 2010, 336 = SVR 2011, 140 = MDR 2010, 860; *BGH* VI ZR 353/09 VersR 2011, 643 = DAR 2011, 250 = r+s 2011, 264 = NZV 2011, 333 = MDR 2011, 481; *BGH* VI ZR 300/09 NJW 2011, 1947 = VersR 2011, 769 = DAR 2011, 459 = r+s 2011, 265 = zfs 2011, 441 = MDR 2011, 769; *BGH* VI ZR 142/10 VersR 2011, 1026 = DAR 2011, 462 = r+s 2011, 356 = NZV 2011, 431 = MDR 2011, 845; *BGH* VI ZR 245/11 NJW 2013, 1870 = VersR 2013, 730 = r+s 2013, 460 = DAR 2013, 378 = NZV 2013, 383 = SVR 2014, 297 = MDR 2013, 648; *BGH* VI ZR 316/11 NJW 2013, 1539 = VersR 2013, 330 = r+s 2013, 149 = DAR 2013, 196 = NZV 2013, 233 = SVR 2013, 141 = MDR 2013, 334; *BGH* VI ZR 563/15 NJW 2016, 2402 = VersR 2016, 1071 = DAR 2016, 507 = r+s 2016, 431 = NZV 2016, 419 = MDR 2016, 881.

175 *BGH* VI ZR 151/03; VI ZR 300/03; VI ZR 74/04; VI ZR 160/04; VI ZR 37/04.

176 *BGH* VI ZR 151/03; VI ZR 300/03; VI ZR 74/04; VI ZR 160/04; VI ZR 37/04; VI ZR 9/05; VI ZR 32/05; VI ZR 126/05; VI ZR 338/04; VI ZR 117/05; VI ZR 161/05; VI ZR 161/06; VI ZR 163/06; VI ZR 27/07.

177 Zu diesen und anderen Begründungen für die erheblichen Preisaufschläge zu Recht überwiegend kritisch *LG München I* zfs 2005, 492; *LG Chemnitz* DAR 2007, 336; *LG Gießen* zfs 2006, 323; *LG Dresden* NZV 2007, 419; *AG Suhl* NZV 2006, 697; *AG Kiel* NZV 2007, 421; *AG Iserlohn* NZV 2007, 148; anders und wenig überzeugend *LG Arnsberg* zfs 2007, 506.

178 Hinsichtlich der einzelnen angeführten Gesichtspunkte, die einen zusätzlichen Aufwand bedeuten sollen, zu Recht kritisch: *Richter* SVR 2008, 446.

179 *BGH* VI ZR 151/03; VI ZR 300/03; VI ZR 74/04; VI ZR 160/04; VI ZR 37/04; VI ZR 99/06; VI ZR 105/06; VI ZR 27/07; *Richter* SVR 2008, 408 (Bezeichnung unerheblich).

Umständen auch ein pauschaler Aufschlag auf den Normaltarif gerechtfertigt.[180] Soweit ein solcher Zuschlag wegen Erforderlichkeit gerechtfertigt ist, hat sich weitgehend ein Zuschlag von 20 % in der Instanzrechtsprechung durchgesetzt.[181] Dieser ist jedoch nur auf die Grundkosten, nicht auch auf Nebenkosten zu erheben, soweit nicht auch insoweit Sonderleistungen ersichtlich sind.[182] Diese Problematik ist eine Frage der Erforderlichkeit des geforderten Schadensersatzes, daher trägt der Geschädigte die Darlegungs- und Beweislast.[183] Ohne Vortrag zur Erforderlichkeit kommt daher ein Aufschlag nicht in Betracht.[184]

Klar ist, dass Bedenken hinsichtlich der Erstattungsfähigkeit der Mietwagenkosten nicht gegeben **214**
sind, soweit sich diese im Rahmen des Normaltarifs halten.[185]

Insbesondere angesichts der Tatsache, dass diese Grundsätze des *BGH* auch rückwirkend gelten, also **215**
dem Geschädigten kein Vertrauensschutz zusteht,[186] ist es für den Geschädigten von erheblicher Bedeutung, welche Pflichten das Mietwagenunternehmen ihm gegenüber in Bezug auf die Tarifgestaltung hat. Die Instanzgerichte hatten vor dem Grundsatzurteil eine Ersatzpflicht der Versicherung für den Unfallersatztarif dadurch zu vermeiden versucht, dass die Wirksamkeit einer Vereinbarung des Unfallersatztarifs zwischen Geschädigtem und Mietwagenunternehmen verneint wurde.[187] Nach der Rechtsprechung des *BGH* sind für die Erstattungspflicht Erforderlichkeit und Zugänglichkeit wie hier dargestellt entscheidend, welche Rechte dem Geschädigten gegen das Mietwagenunternehmen zustehen hingegen nicht.[188]

Angesichts der Rechtsprechung des *BGH* von entscheidender Bedeutung ist jedoch, dass das Mietwa- **216**
genunternehmen gegenüber dem Geschädigten als seinem Vertragspartner umfassend hinweispflich-

---

180 *BGH* VI ZR 9/05; VI ZR 32/05; VI ZR 126/05; VI ZR 338/04; VI ZR 161/05; VI ZR 237/05; VI ZR 243/05; VI ZR 18/06; VI ZR 99/06; VI ZR 105/06; VI ZR 161/06; VI ZR 163/06; VI ZR 112/09; VI ZR 7/09.

181 Beispielsfälle: *BGH* VI ZR 234/07 (15 %); *OLG Köln* NZV 2007, 200 (20 %); DAR 2009, 33; SVR 2009, 384; MDR 2010, 986; SP 2010, 396 (10 %); NZV 2010, 614; *OLG Karlsruhe* VersR 2008, 92 (20 %); *OLG Frankfurt* OLGR 2007, 399 (20 %); SP 2010, 401; *OLG Jena* SP 2008, 223 (30 %); *OLG Saarbrücken* SP 2008, 223 (25 %); *OLG Karlsruhe* VersR 2008, 92 (20 %); *OLG Stuttgart* DAR 2009, 650; SP 2010, 368; *LG Freiburg* zfs 2008, 198 (20 %); *LG Würzburg* SVR 2007, 385 (20 %); *LG Bonn* NZV 2007, 362 (25 %); *LG Karlsruhe* NZV 2007, 650 (30 %); *LG Köln* NZV 2007, 82 (30 %); *LG Köln* NZV 2007, 82 (30 %).

182 *OLG Köln* NZV 2007, 199.

183 *BGH* VI ZR 151/03; VI ZR 300/03; VI ZR 74/04; VI ZR 160/04; VI ZR 37/04; VI ZR 126/05; VI ZR 338/04; insoweit ungenau: *OLG Köln* VersR 2014, 1268; *AG Hannover* NZV 2007, 477 zur Substantiierung der betriebswirtschaftlichen Rechtfertigung.

184 *OLG Karlsruhe* VersR 2008, 408 = NZV 2008, 456 = NJW-RR 2008, 1113; *OLG Jena* r+s 2009, 40; *LG Kempten* SP 2008, 371 = SVR 2008, 426 = NZV 2009, 82 = NZV 2009, 183; *LG Passau* SVR 2008, 106; *LG Lübeck* NJW-RR 2010, 378 = SVR 2009, 285; *LG Köln* SP 2010, 398; *LG Göttingen* NZV 2011, 250; *AG Sonneberg* SP 2009, 331; *AG Lahr* SP 2008, 440; *AG Leverkusen* SP 2008, 331; *AG Erlangen* SP 2008, 439; ähnlich auch *OLG Köln* SVR 2009, 384: Aufschlag nur, wenn entsprechender Sonderaufwand angefallen ist; und *OLG Köln* SP 2008, 218: kein Aufschlag, wenn Zugänglichkeit des Normaltarifs unstreitig; noch weiter gehender *OLG München* DAR 2009, 36: kein Zuschlag ohne Vortrag zur fehlenden Zugänglichkeit; ebenso *OLG Naumburg* SP 2011, 220; *OLG Köln* NZV 2009, 447: Zuschlag nur bei Eil- bzw. Notsituation.

185 *OLG Hamm* SP 2008, 218; *OLG Dresden* SP 2010, 17; *LG Freiburg* SP 2009, 295 – wobei die Problematik der Ermittlung des Normaltarifs bestehen bleibt, siehe dazu 4.

186 *LG Stuttgart* NZV 2005, 533; *LG Düsseldorf* VersR 2007, 125 = NZV 2007, 147; *AG Erfurt* zfs 2007, 384; anders *LG Karlsruhe* NZV 2006, 481.

187 *LG Hanau* VersR 2003, 1187; *LG Ravensburg* NZV 2005, 534 = SVR 2005, 189; *AG Böblingen* VersR 2005, 522; *AG Speyer* VersR 2003, 222; *AG Krefeld* SVR 2004, 393.

188 *BGH* VersR 2005, 241; *BGH* VersR 2005, 568; *BGH* VersR 2005, 569; VersR 2006, 852; VersR 2007, 1577; *BGH* Urt. v. 16.09.2008, VI ZR 226/07; *LG Bonn* zfs 2005, 497.

tig ist in Bezug auf die Vertragsgestaltung, insb. hinsichtlich der Tarifauswahl.[189] Nach der Rechtsprechung des *BGH* hat das Mietwagenunternehmen, das einem Unfallgeschädigten ein Fahrzeug zu einem Tarif anbietet, der deutlich über dem Normaltarif auf dem örtlich relevanten Markt liegt, und deshalb die Gefahr weckt, dass die Haftpflichtversicherung nicht den vollen Tarif übernimmt, den Mieter über diese Gefahr aufzuklären.[190] Ein Schadensersatzanspruch wegen Verletzung dieser Aufklärungspflicht ist nicht subsidiär gegenüber dem Schadensersatzanspruch gegen den KH-Versicherer, er kann nicht erst geltend gemacht werden, wenn feststeht, dass der KH-Versicherer den Unfallersatztarif nicht zahlen muss.[191]

### 2. Fehlende Zugänglichkeit des Normaltarifs

**217** Nach dieser Frage der unfallbedingten Erforderlichkeit des Unfallersatztarifs ist jedoch auf jeden Fall nach der neuen Rechtsprechung des *BGH* die Frage der »Zugänglichkeit« des Normaltarifs zu prüfen. Ohne Rücksicht auf die unfallbedingte Erforderlichkeit des Unfallersatztarifs besteht eine Erstattungsfähigkeit des Unfallersatztarifs, wenn und soweit dem Geschädigten der Normaltarif nicht zugänglich war.[192] Dann ist der geforderte Tarif nach gebotener subjektsbezogener Schadensbetrachtung erforderlich, den Geschädigten trifft die Darlegungs- und Beweislast.[193]

**218** Für die Feststellung des fehlenden Zugangs des Geschädigten zu einem niedrigeren Unfallersatztarif hat der Geschädigte zu beweisen, dass ihm unter Berücksichtigung seiner individuellen Erkenntnis- und Einflussmöglichkeiten sowie der gerade für ihn bestehenden Schwierigkeiten unter zumutbaren Anstrengungen auf dem in seiner Lage zeitlich und örtlich relevanten Markt kein wesentlich günstigerer Tarif zugänglich war.[194] Ein vernünftiger und wirtschaftlich denkender Geschädigte ist insoweit zu einer Nachfrage nach einem günstigeren Tarif schon unter dem Aspekt des Wirtschaftlichkeitsgebots gehalten, wenn er Bedenken gegen die Angemessenheit des ihm angebotenen Unfallersatztarifs haben muss, die sich aus dessen Höhe sowie der kontroversen Diskussion und der neueren Rechtsprechung zu diesen Tarifen ergeben können.[195] Keine Bedenken muss der Geschädigte hinsichtlich der geltend gemachten Höhe haben, wenn er zuvor bereits einen fremdverschuldeten Verkehrsunfall erlitten und in diesem Rahmen einen Ersatzwagen zu gleichen Konditionen angemietet hat, ohne dass es zu Beanstandungen seitens der Haftpflichtversicherung gekommen ist.[196] Dies soll auch bei einem nur moderat über dem Normaltarif liegenden Rechnungsbetrag gelten.[197]

---

189 So bereits *LG Mainz* NZV 2005, 646 = SVR 2006, 145; *LG Erfurt* zfs 2006, 87 = DAR 2006, 459 = NZV 2006, 213.

190 *BGH* NJW 2006, 2618 = VersR 2006, 1274 = zfs 2006, 621 = r+s 2006, 391 = DAR 2006, 571 = NZV 2006, 528 = SVR 2006, 384 = MDR 2006, 1103; *BGH* VersR 2007, 80; *BGH* NJW 2007, 1447 = VersR 2007, 1427 = r+s 2007, 304 = DAR 2007, 511 = NZV 2007, 236 = SVR 2007, 222 = MDR 2007, 949; *BGH* NJW 2007, 2181 = VersR 2007, 809 = r+s 2007, 347 = NZV 2007, 454 = SVR 2007, 260 = MDR 2007, 949; *BGH* NJW 2007, 2759 = VersR 2007, 1428 = r+s 2007, 476 = NZV 2007, 515 = SVR 2007, 425 = MDR 2007, 1188; *BGH*, Urt. v. 21.11.2007 – XII ZR 128/05.

191 *BGH* VersR 2008, 267.

192 *BGH* VI ZR 151/03; VI ZR 37/04; VI ZR 9/05; VI ZR 32/05; VI ZR 338/04; VI ZR 99/06; VI ZR 161/06; VI ZR 163/06; VI ZR 27/07; VI ZR 308/07.

193 *BGH* VI ZR 126/05; VI ZR 338/04; VI ZR 161/05; VI ZR 308/07; VI ZR 112/09; daher nicht immer Pauschalaufschlag: *Richter* SVR 2008, 408.

194 *BGH* VI ZR 37/04; VI ZR 9/05; VI ZR 32/05; VI ZR 126/05; VI ZR 338/04; VI ZR 117/05; VI ZR 161/05; VI ZR 237/05; VI ZR 18/06; VI ZR 99/06; VI ZR 105/06; VI ZR 27/07.

195 *BGH* VI ZR 37/04; VI ZR 9/05; VI ZR 126/05; VI ZR 117/05; VI ZR 161/05; VI ZR 237/05; VI ZR 243/05; VI ZR 99/06; VI ZR 105/06; Einzelfälle: VI ZR 308/07 (Hinweise der Vers. zur übl. Miethöhe); *OLG München* NZV 2006, 381 (Akademiker); *OLG Jena* SP 2008, 223; *LG Nürnberg-Fürth* VersR 2005, 1701 (Rechtsanwalt); *LG Dortmund* NZV 2006, 269; *AG Velbert* zfs 2005, 495; gegen Nachfrageobliegenheit noch *LG Osnabrück* zfs 2004, 359; *LG Aachen* DAR 2004, 655; *AG Aachen* SVR 2006, 230.

196 *OLG Dresden* VersR 2008, 1128 = DAR 2008, 521.

197 *OLG Dresden* NZV 2009, 204 (hier: 31 %).

Nach Lage des Einzelfalls kann es auch erforderlich sein, sich anderweitig – also bei Konkurrenzunternehmen – nach günstigeren Tarifen zu erkundigen.[198]

219 In diesem Zusammenhang kann es eine Rolle spielen, wie schnell der Geschädigte ein Ersatzfahrzeug benötigt[199] oder inwieweit auf dem ihm in seiner Lage offen stehenden Markt konkurrierende Unternehmen zur Verfügung stehen.[200] So kommt eine Anmietung zum Unfallersatztarif insbesondere infrage, wenn er auf eine sofortige Fortsetzung der durch den Unfall unterbrochenen Fahrt angewiesen ist.[201] Insoweit ist gerade in zeitlicher Hinsicht problematisch, ob der Geschädigte nicht zur Überbrückung bis zur Möglichkeit einer günstigeren Anmietung gehalten ist.[202] Allerdings ist bei einer nur kurzen zu erwartenden Reparaturdauer ein Wechsel des Mietwagens nicht zumutbar.[203] Allein das allgemeine Vertrauen darauf, der ihm vom Autovermieter angebotene Tarif sei derjenige, der »auf seine speziellen Bedürfnisse zugeschnitten« sei, genügt insoweit nicht.[204] Eine besonders lange Mietdauer kann für eine Nachfrageobliegenheit des Geschädigten sprechen,[205] eine kürzere allerdings nicht unbedingt dagegen.[206] Ggf. ist der Geschädigte gehalten, für einen günstigeren Tarif eine Deckungszusage der Versicherung einzuholen.[207] Allein die Tatsache, dass der in Anspruch genommene Mietwagenunternehmer nur einen überhöhten Tarif angeboten hat, spricht ohne eine besondere Eilsituation bei dem Geschädigten nicht für eine fehlende Zugänglichkeit.[208] Eine fehlende Kenntnis von den Tarifunterschieden kann wegen der grundsätzlich bestehenden Erkundigungspflicht nur in groben Ausnahmefällen wie besonderer Eilbedürftigkeit zu einer fehlenden Zugänglichkeit zum Normaltarif führen, auch bei Anmietung noch am Unfalltag nicht, wenn es sich hierbei um einen Werktag handelte.[209] Besondere Anforderungen an die Kenntnis der Marktbedingungen sind bei einem Taxiunternehmer zu stellen, dieser muss auch unabhängig von einem konkret eingetretenen Unfall die Möglichkeiten zur Ersatzanmietung und die Konditionen insoweit kennen.[210]

220 Eine Eil- bzw. Notsituation ist nicht gegeben, wenn unstreitig zur Anmietung ein Zeitraum von vier Stunden verblieb und der Geschädigte die Gelegenheit zu einem telefonischen Preisvergleich hatte.[211] Zwei Telefonate sind unzureichend.[212] Bei einer Anmietung am Folgetag ist eine solche Eil- oder Notsituation von Ausnahmefällen abgesehen nicht gegeben,[213] sie kann auch bei Anmietung

---

198 *BGH* VI ZR 37/04; VI ZR 9/05; VI ZR 126/05; VI ZR 126/05; VI ZR 117/05; VI ZR 161/05; VI ZR 237/05; VI ZR 243/05; VI ZR 99/06; VI ZR 210/07 (auch bei Einblick in Preislisten); *OLG Bamberg* SP 2006, 424.

199 *BGH* VI ZR 37/04; VI ZR 9/05; VI ZR 126/05; VI ZR 338/04; VI ZR 117/05; VI ZR 161/05; VI ZR 237/05; VI ZR 243/05; VI ZR 99/06; VI ZR 226/07; *AG Dillenburg* SVR 2006, 231.

200 *BGH* VI ZR 99/06; VI ZR 27/07; *LG Essen* SVR 2006, 228; *AG Köln* NZV 2006, 382.

201 *BGH* VI ZR 32/07.

202 *OLG München* NZV 2006, 381; *LG Aachen* NZV 2007, 419.

203 *BGH* VI ZR 134/08 für prognostizierte Reparaturdauer von 5 Tagen; *OLG Frankfurt* zfs 2013, 84; *LG Braunschweig*, Urt. v. 10.02.2009 – 7 S 404/08 (6 Tage); *LG Schweinfurt* NJW-RR 2009, 1254; anders *LG Köln* SP 2009, 188 bei 13 Tagen Anmietzeit.

204 *BGH* VI ZR 126/05; VI ZR 117/05; VI ZR 161/05; VI ZR 237/05; VI ZR 243/05; VI ZR 99/06; VI ZR 27/07; dagegen *LG Osnabrück* zfs 2004, 359; *LG Aachen* DAR 2003, 71.

205 *BGH* VI ZR 126/05; VI ZR 117/05; VI ZR 308/07.

206 *BGH* VI ZR 9/05; dagegen *LG Aachen* DAR 2003, 71; *AG Ettenheim* zfs 2003, 292; *AG Ahlen* zfs 2003, 450; *AG Dresden* zfs 2003, 452.

207 *BGH* VI ZR 117/05; VI ZR 237/05; VI ZR 36/06; bzw. Vorschuss *AG Essen* VersR 2006, 565.

208 *BGH* VI ZR 117/05; VI ZR 161/05; VI ZR 237/05; VI ZR 105/06; VI ZR 27/07; anders *LG Nürnberg-Fürth* VersR 2007, 81 = zfs 2006, 325; *LG Dortmund* DAR 2009, 466 bei Bezeichnung als »Normaltarif« nach entsprechendem Rechtsrat.

209 *BGH* VI ZR 237/05; VI ZR 99/06; VI ZR 6/09; *LG Chemnitz* SVR 2010, 104; gegen Zugänglichkeit bei Unkenntnis der Tarifstruktur noch *LG Stuttgart* NZV 2005, 533; *AG Ahlen* zfs 2003, 450.

210 *OLG München* NJW 2011, 936.

211 *BGH* VI ZR 6/09.

212 *BGH* VI ZR 300/09.

213 *BGH* VI ZR 117/05; VI ZR 164/07; VI ZR 245/11.

noch am Unfalltag fehlen.[214] Dagegen kann das Vertrauen auf eine Empfehlung der ihm vertrauten Fachwerkstatt kurz vor den Weihnachtsfeiertagen genügen, wenn der Geschädigte aus beruflichen Gründen dringend auf ein Fahrzeug angewiesen ist.[215] Ebenso kann eine Eilsituation vorliegen, wenn der Geschädigte noch vier geschäftliche Termine am Unfalltag hat, die mit einem Ersatzfahrzeug wahrgenommen werden müssen.[216] Eine Anmietung am 23.12. genügt für die Annahme einer Eil- bzw. Notsituation jedenfalls nicht.[217] Dagegen kann bei einer Anmietung unmittelbar nach dem Unfall am 2. Weihnachtsfeiertag eine fehlende Zugänglichkeit vorliegen.[218] Nicht haltbar ist dagegen sicherlich die Bewertung des *OLG Köln*, ein Normaltarif sei für einen »in Verkehrsunfallsachen gänzlich unerfahrenen« Geschädigten nicht zugänglich, wenn er einen Tag nach dem Unfall vor einem Wochenende ein Fahrzeug anmiete, solange eine Überteuerung »nicht ins Auge sprang« (bei 3.750 € netto für 20 Tage!).[219] Von einer solchen fehlenden Zugänglichkeit kann auch nicht ausgegangen werden, wenn der Geschädigte zunächst noch in der Lage war, dem Schädigerfahrzeug geistesgegenwärtig zu folgen, die polizeiliche Unfallaufnahme zu veranlassen, die Werkstatt aufzusuchen und mit dem Mietfahrzeug zu verlassen. Ein Geschäftstermin nach dem Unfall führt ebenfalls nicht zwingend zu einer Eilsituation, wenn die Unaufschiebbarkeit nicht dargetan ist und jedenfalls noch telefonische Anfragen möglich sind.[220] Hierzu genügt auch nicht, wenn die Geschädigte nach dem Unfall »müde und erschöpft« nach Hause kommt und am nächsten Morgen um 9.00 Uhr einen wichtigen Termin hat.[221] Der Hinweis auf eine »psychische und organisatorische Ausnahmesituation« als »Opfer eines Verkehrsverstoßes« dürfte insoweit wohl ebenfalls nicht genügen.[222] Dagegen kann eine fehlende Zugänglichkeit des Normaltarifs in Betracht kommen, wenn nach einem Unfall im ländlichen Bereich außerhalb der üblichen Geschäftszeiten, während andere Anbieter schon geschlossen haben, der Geschädigte dringend zurück muss und nicht festgestellt werden kann, dass er über eine Kreditkarte verfügt.[223] Dies gilt auch, wenn aufgrund einer geplanten und unmittelbar anstehenden Fahrt nur wenig Zeit für die Auswahl blieb und das Ersatzfahrzeug aufgrund des mit der geplanten Fahrt verfolgten Zwecks eine besondere Spezifikation aufweisen musste (hier: Transport von Türen durch einen Schreiner), insbesondere wenn keine Bedenken hinsichtlich der Höhe aufkommen mussten.[224] Wenn der Geschädigte als Notarzt beruflich und aufgrund von familiären Verpflichtungen gegenüber seiner pflegebedürftigen Mutter dringend auf ein Ersatzfahrzeug angewiesen war, genügt dies ebenfalls für eine fehlende Zugänglichkeit des Normaltarifs.[225]

221 Die Frage, ob der Geschädigte im Rahmen der Anmietung eine Vorfinanzierung leisten kann, betrifft die Problematik der Schadensminderungspflicht, inwieweit der Geschädigte einen angemessenen Aufschlag auf den Normaltarif vermeiden konnte. Mit der Erwägung, der Geschädigte lebe in beengten wirtschaftlichen Verhältnissen und verfüge über keine Kreditkarte, kann eine fehlende Zugänglichkeit des Normaltarifs und ein Verzicht auf dessen Ermittlung nicht begründet werden.[226]

214 *BGH* VI ZR 99/06; VI ZR 254/05.
215 *BGH* VI ZR 243/05.
216 *LG Schweinfurt* NJW-RR 2009, 1254.
217 *BGH* VI ZR 300/09.
218 *OLG Köln* DAR 2006, 691 = NZV 2007, 81 = NZV 2007, 202 = SVR 2006, 427.
219 *OLG Köln* SP 2007, 13.
220 *OLG Saarbrücken* SP 2008, 223.
221 *OLG Hamm*, Urt. v. 21.04.2008 – 6 U 188/07; ähnlich *OLG Karlsruhe* NZV 2010, 399 – Unfall um 14.15 Uhr, Anmietung am Folgetag.
222 So aber *AG Bochum* zfs 2013, 86.
223 *OLG Stuttgart* DAR 2009, 650 – insoweit inkonsequent, als gleichwohl nur Normaltarif + Zuschlag zugesprochen werden; ähnlich (fehlende Zugänglichkeit bei erforderlicher Anmietung außerhalb der Geschäftszeiten): *AG Hof* NZV 2007, 149 (Anmietung zur Nachtzeit); *AG Rotenburg/Fulda* NZV 2008, 255 (Anmietung nach 19.30 Uhr).
224 *OLG München*, Urteil v. 26.02.2010 – 10 U 4076/09.
225 *OLG Frankfurt* zfs 2013, 84 (das *OLG* bezieht sich insoweit falsch auf die ohne-weiteres-Zugänglichkeit, meint aber offenbar die allgemeine Zugänglichkeit).
226 Daher falsch: *OLG Bamberg* SP 2009, 19.

Dann mag ein angemessener Aufschlag auf den Normaltarif für die Vorfinanzierung durch die Autovermietung zugesprochen werden.

### 3. Ohne-weiteres-Zugänglichkeit des Normaltarifs

Dagegen kann die Frage der Erforderlichkeit des Unfallersatztarifs auch dann offenbleiben, wenn 222
feststeht, dass dem Geschädigten jedenfalls die kostengünstigere Anmietung eines entsprechenden Fahrzeugs zugemutet werden konnte, weil ihm in der konkreten Situation ein günstigerer Tarif, der in vollem Umfang seinen Bedürfnissen entsprach, »ohne weiteres« zugänglich war.[227] In diesem Fall ist eine Anmietung zum Unfallersatztarif ein Verstoß gegen die Schadensminderungspflicht gem. § 254 BGB. Insoweit ist der Schädiger darlegungs- und beweisbelastet, allerdings trifft den Geschädigten unter Umständen eine sekundäre Darlegungslast,[228] jedoch nicht von sich aus.[229]

Insoweit ist insbesondere die Frage zu klären, inwieweit der Geschädigte aus Schadensminderungs- 223
gründen gehalten ist, die Mietwagenkosten vorzufinanzieren (Kreditkarte, Euroscheckkarte, Kautionsstellung). Dies hängt von der wirtschaftlichen Möglichkeit bzw. Zumutbarkeit für den Geschädigten ab, die im Einzelnen vom Tatgericht festgestellt werden muss.[230] Eine Vorfinanzierung ist grundsätzlich zumutbar, wenn er die Kosten aus eigenen Mitteln vorstrecken kann, ohne besonders in der gewohnten Lebensführung eingeschränkt zu werden.[231] Steht dem Geschädigten etwa eine Kreditkarte zur Verfügung, dürfte deren Einsatz ohne besondere Umstände sicherlich zumutbar sein, als dieser Einsatz seine Lebensführung nicht beeinträchtigt.[232] Dies gilt selbst dann, wenn er diese bei dem Unfall und der Anmietung nicht bei sich führt.[233] Eine Zahlung im Wege der »Vorkasse« ist nur zumutbar, wenn der Rechnungsbetrag den Geschädigten nicht spürbar einschränkt. Eine Kreditaufnahme ist insoweit nicht zu verlangen.[234] Ist der Geschädigte zu einer Vorfinanzierung nicht in der Lage, ist ein entsprechender Aufschlag gerechtfertigt, dessen Höhe jedoch vom Geschädigten substantiiert dazulegen ist.[235] Die Beweislast liegt wie ausgeführt bei dem Schädiger. Dieser ist jedoch nicht verpflichtet, konkrete Anhaltspunkte darzulegen, die eine Vorfinanzierungsmöglichkeit durch den geschädigten Mieter nahelegen, denn die näheren Umstände der Anmietung des Unfallersatzfahrzeugs und die Verhältnisse des Geschädigten sind ihm in aller Regel unbekannt. Abhängig von den Umständen des Einzelfalls reicht die Behauptung, dass dem Geschädigten eine Vorfinanzierung der Mietwagenkosten möglich und zumutbar war, aus, um die sekundäre Darlegungslast der Geschädigten auszulösen.[236] Allerdings kann bei späterer Anmietung die eigene Möglichkeit der Vorfinanzierung auch durch eine bewiesene Bereitschaft der KH-Versicherung ersetzt

227 *BGH* VI ZR 32/05; VI ZR 237/05; VI ZR 18/06; VI ZR 36/06; VI ZR 161/06; VI ZR 163/06; VI ZR 27/07; *OLG Köln* Beschl. v. 13.10.2009 – 15 U 49/09 (kein Aufschlag, wenn »ohne-weiteres«-Zugänglichkeit unstreitig); ähnlich *OLG Karlsruhe* NZV 2010, 399; *LG Passau* SVR 2008, 106; daher falsch *AG Baden-Baden* SVR 2008, 141.

228 *BGH* VI ZR 37/04; VI ZR 36/06; VI ZR 234/07; VI ZR 112/09; VI ZR 139/08; etwas ungenau: *OLG Hamm* r+s 2011, 536.

229 *BGH* VI ZR 245/11.

230 *BGH* VI ZR 37/04; VI ZR 32/05; VI ZR 36/06.

231 *BGH* VI ZR 32/05; VI ZR 36/06; hierzu auch *OLG Bamberg* SP 2009, 330; *LG Hamburg* VersR 2003, 1186; *LG Aschaffenburg* NZV 2006, 601 (auch ohne Kreditkarte); *AG Hannover* SVR 2005, 113; *AG Gießen* NZV 2005, 534; *AG Mülheim* SP 2008, 440; weitergehend (gegen Erstattung von Finanzierungskosten) *OLG Bamberg* SP 2006, 424.

232 Anders: *OLG Köln* SVR 2011, 454.

233 *OLG Saarbrücken* SP 2008, 223; *LG Frankfurt* NZV 2009, 182.

234 *OLG Düsseldorf* VersR 2012, 120.

235 *BGH* VI ZR 117/05.

236 *OLG Köln* VersR 2014, 1268; für eine sekundäre Darlegungslast des Geschädigten auch: *BGH* VI ZR 112/09; *OLG Hamm*, Urt. v. 21.04.2008 – 6 U 188/07.

werden, hinsichtlich der Mietwagenkosten in Vorlage zu treten.[237] Insoweit dürfte der Geschädigte gehalten sein, bei der Versicherung nachzufragen, wenn er erst später eine Anmietung vornimmt.

224 Nach hiesiger Auffassung muss – kumulativ zu der Möglichkeit zur Vorfinanzierung oder Stellung einer Sicherheit – für eine »ohne weiteres«-Zugänglichkeit auch hinzukommen, dass die Anmietung nicht bereits am Unfalltag, sondern erst später erfolgt.[238] Dies folgt daraus, dass als Grundlage für den Aufschlag als unfallbedingter Sonderaufwand nicht nur die fehlende Vorkasse des Anmietenden und somit die Vorfinanzierung durch den Vermieter und ein höheres Ausfallrisiko in Betracht kommt (welche allein einen Aufschlag von i.d.R. 20 % auch nicht rechtfertigen könnten), sondern zudem auch die Tatsache, dass eine Unfallersatzanmietung im Gegensatz zu sonstigen Anmietungen stets plötzlich und nicht vorbereitbar erfolgt. Daher muss auch diese unfallbedingte Besonderheit ausscheiden, um zu einer »ohne-weiteres«-Zugänglichkeit des Normaltarifs für den Geschädigten zu kommen. Allerdings hat der BGH eine Einschätzung gebilligt, wonach dieser Gesichtspunkt einen unfallbedingten Aufschlag nicht rechtfertige, da eine flexible Gestaltung der Mietdauer auch im normalen Vermietungsgeschäft möglich sei und bei einer hohen Nachfrage keine Ertragseinbußen auf Seiten des Autovermieters bedeute, weil ein unvorhergesehen vorzeitig zurückgegebenes Fahrzeug weitervermietet werden könne.[239]

225 Eine Argumentation dahin gehend, dass auf einen Aufschlag auf den Normaltarif stets verzichtet werden kann, wenn mehrere Tage zwischen Unfall und Ersatzanmietung liegen,[240] also unabhängig von den wirtschaftlichen Verhältnissen, ist m.E. nicht möglich. Liegt hingegen »nur« eine dieser Voraussetzungen der »ohne-weiteres«-Zugänglichkeit (Möglichkeit der Vorfinanzierung; verzögerte Ersatzanmietung) vor, ist zu diskutieren, ob der Aufschlag auf den Normaltarif (der bei vollständiger »ohne-weiteres«-Zugänglichkeit ganz wegfiele) nicht nur geringer zu veranschlagen ist, da nicht das gesamte Spektrum des regelmäßigen unfallbedingten Sonderaufwands erforderlich gewesen ist.

226 Im Rahmen der »ohne-weiteres-Zugänglichkeit« ist der Geschädigte auch verpflichtet, ein ohne weiteres zugängliches und günstigeres Alternativangebot zur Anmietung eines Ersatzfahrzeuges durch die KH-Versicherung anzunehmen.[241] Nach der Rechtsprechung des BGH genügt insoweit ein Angebot des KH-Versicherers, ein günstiges Mietwagenangebot zu vermitteln, so dass eine entsprechend günstige Anmietmöglichkeit dem Geschädigten offenstand und ihm zugemutet werden kann.[242] Es genügt die Feststellung, dass die KH-Versicherung diese Vermittlung anbietet und bei entsprechendem Wunsch die Telefonnummer des Geschädigten an das Mietwagenunternehmen weitergebe.[243] Eine weitere Information zu den Übergabemodalitäten, wo sich das Fahrzeug befindet und wann dieses abgeholt werden kann, muss insoweit nicht erfolgen, weil dies sinnvollerweise zwischen dem Geschädigten und dem Mietwagenunternehmen geklärt werden kann.[244] Nach Einschätzung des Unterzeichners kann es hierbei nur auf die konkrete Anmietmöglichkeit ankommen, nicht darauf, ob diese Anmietmöglichkeit dem regionalen Normaltarif entspricht. Insoweit schadet es auch nicht, wenn der insoweit angebotene Tarif einer besonderen Vereinbarung zwischen dem KH-Versicherer

---

237 *OLG Köln* DAR 2012, 333; *LG Arnsberg* SP 2008, 440; *LG Erfurt*, Urt. v. 14.08.2008 – 1 S 92/08; *LG Gießen* SP 2010, 257; *LG Chemnitz* SP 2010, 256.

238 Ähnlich *LG Bielefeld* Urt. v. 19.12.2007 – 21 S 189/07.

239 *BGH* VI ZR 245/11.

240 So aber *OLG Hamburg* DAR 2009, 463; *OLG Köln* NZV 2009, 600; MDR 2010, 986; SP 2010, 396; SVR 2011, 454; *OLG Frankfurt* SP 2010, 401; *LG Fulda* NZV 2010, 91; *LG Ansbach* VersR 2011, 645 = DAR 2010, 470; *LG Karlsruhe* VRR 2010, 346; *AG Heinsberg* SP 2008, 188.

241 *LG Köln* Urt. v. 06.01.2009 – 29 O 97/08; *LG Nürnberg-Fürth* MRW 2009, Nr. 1, 5 (sogar nur bei Ankündigung eines Alternativangebots); hiergegen: *LG Dresden* SP 2010, 256; anders aus wettbewerbsrechtlichen Gründen: *LG Weiden* NZV 2009, 398 = NJW-RR 2009, 675 = SP 2009, 148; dagegen auch *OLG Hamburg* VersR 1997, 1549.

242 *BGH* VI ZR 563/15.

243 *BGH* a.a.O.

244 *BGH* a.a.O.; anders noch *AG Dortmund* MRW 2013, 58.

und dem Mietwagenunternehmen entspringt.[245] Auch auf solche Sondertarife, die dem Geschädigten nur aufgrund der Vermittlung der KH-Versicherung offenstehen, muss er sich verweisen lassen.[246] Die Entfernung der Mietwagenstation zum Geschädigten kann insoweit eine Rolle spielen,[247] dies allerdings nicht, wenn eine kostenfreie Zustellung und Abholung des Mietwagens Teil des Angebotes ist. Auch wenn die Übergabe eines Prospektes mit allgemeinen Angaben nicht ausreichen dürfte, ist nach der Entscheidung des *BGH* jedenfalls eine Forderung unzutreffend, es müsse ein konkretes Angebot unterbreitet werden, welches nur noch hätte angenommen werden müssen.[248] Nach klarer Entscheidung des *BGH* genügt das Angebot, ein günstiges Angebot zu vermitteln, wobei natürlich festgestellt werden muss, dass ein solches Angebot bei Vermittlungswunsch auch gemacht werden kann, was allerdings auch dadurch sichergestellt werden kann, dass bei fehlender Verfügbarkeit ein klassenhöheres Fahrzeug ohne Aufpreis gestellt wird.[249] Zur Annahme eines solchen Angebotes ist der Geschädigte auch dann verpflichtet, wenn die KH-Versicherung eine Haftung dem Grunde nach (noch) nicht zugestanden hat.[250]

### 4. Ermittlung des Normaltarifs

Nach einer eher vereinzelt gebliebenen Meinung ist der Normaltarif nach dem konkreten Tarif der gewählten Autovermietung für Selbstzahler zu bestimmen.[251] Dies dürfte allerdings schon deshalb kaum praktikabel sein, als häufig keine gesonderten Selbstzahler- und Unfallersatztarife angeboten werden. Diese Praxis würde wohl auch nur zu weiteren Manipulationen einladen. Dies dürfte wohl nur dann in Betracht kommen, wenn sich im Einzelfall ein entsprechend der Höhe nach plausibler Normaltarif feststellen lässt. 227

Daher ist auch nach der Rechtsprechung des *BGH* anerkannt, dass der Tatrichter in Ausübung seines Ermessens nach § 287 ZPO den Normaltarif anhand von Listen und Tabellen schätzen kann. Insoweit war zunächst der Automietpreisspiegel der EurotaxSchwacke GmbH (»Schwacke-Liste«) als Schätzgrundlage weit verbreitet. Nachdem allerdings die Bedeutung dieser Schwacke-Liste aufgrund der Änderung der Rechtsprechung des BGH in Bezug auf die Erstattungsfähigkeit von Unfallersatztarifen und der darauffolgenden Abrechnung der meisten Unfallersatzvermieter auf Grundlage dieses Preisspiegels signifikant zunahm, wurden – insbesondere nach der Neuauflage der Schwacke-Liste – erhebliche Einwände gegen die Erhebungsmethode laut, die zu einer Überhöhung der dort abgebildeten Preise führe. Als »Normaltarif« wird im Rahmen der Schwacke-Liste derjenige Preis angegeben, den die Autovermietungen auf entsprechende, offene Anfrage der EurotaxSchwacke GmbH zur Erhebung des Mietpreisspiegels selbst angeben. Da die Autovermietungen aufgrund der offenen Anfrage somit wissen, dass sie nicht auf eine Kundenanfrage reagieren und mit ihrer Antwort u.U. – wenn sie einen akzeptablen Preis nennen – Umsatz akquirieren, sondern vielmehr zur Erhebung einer Preisliste beitragen, von der auch sie mittlerweile wissen, dass sie für die Abrechnung im Unfallersatzgeschäft eine erhebliche Bedeutung hat (also sie umso mehr gegenüber Versicherern abrechnen können, je höher die in der Liste abgebildeten Preise sind), besteht ein erheblicher Anreiz dazu, nicht marktgerechte, sondern vielmehr überhöhte »Wunschpreise« anzugeben. Bei diesen Preisen handelt es sich also gerade nicht um solche, die »maßgeblich von Angebot und Nachfrage bestimmt« sind, weil vielmehr das Korrektiv der Nachfrageseite völlig ausgeblendet wird.[252] Schon unabhängig hiervon wurde der Schwacke-Liste bescheinigt, nicht nach den Regeln 228

245 Anders: *LG Bonn* NZV 2017, 237.
246 *BGH* VersR 2019, 564.
247 *AG München* DAR 2016, 468.
248 So aber *AG Berlin-Mitte* MRW 2017, 17; MRW 2017, 18.
249 *BGH* VI ZR 563/15.
250 *BGH* VersR 2019, 564.
251 *OLG Karlsruhe* NZV 2010, 399; *LG Passau* SVR 2008, 106.
252 So auch *Richter* VersR 2007, 620; *ders.* NZV 2008, 321; *Lüthe* zfs 2009, 2.

der wissenschaftlichen Marktforschung erstellt worden zu sein.[253] Dies gilt zum einen in Bezug auf die Verwendung des »Modus« als Lagemaß für die angegebenen Tarife. Der in der Liste angegebene Tarif als »Modus« ist nicht etwa der Durchschnittswert der angegebenen Mietpreise, sondern vielmehr derjenige einzelne Preis, der am häufigsten genannt wurde. Diese Angabe wurde auch nicht danach gewichtet, in welchem Umfang der jeweils Anbietende tatsächlich am Markt teilnimmt. Der Modus ist – insbesondere im Gegensatz zum Mittelwert – für die Wertbestimmung »gänzlich ungeeignet«.[254] Zudem ist die von Schwacke vorgenommene Erhebung von Mietpreisen in Regionen differenziert nach dreistelliger Postleitzahl repräsentativ nicht möglich, als in vielen so differenzierten Regionen keine hinreichenden Nennungen für eine repräsentative Erhebung zu erzielen sind.[255] Entscheidend für den Widerstand gegen die Schwacke-Liste war allerdings wohl, dass ein konkreter Vergleich mit der Marktwirklichkeit immer wieder ergeben hat, dass die dort angegebenen Preise zum Teil deutlich überhöht waren.[256]

229 Nachdem diese Einwände gegen die Schwacke-Liste immer massiver wurden, kam es schließlich im Auftrag des Gesamtverbandes der Deutschen Versicherungswirtschaft ab 2008 zur Erstellung des »Marktpreisspiegel Mietwagen Deutschland« durch das Fraunhofer Institut Arbeitswirtschaft und Organisation (»Fraunhofer-Liste«), welcher im Vergleich zur Schwacke-Liste zu zum Teil deutlich niedrigeren Werten kam. Auch gegen diese Erhebung werden – nunmehr vonseiten der Autovermieter – massive Einwendungen erhoben.[257] So seien die erhobenen Daten unzureichend und auf die »großen« Anbieter konzentriert, die gerade im Unfallersatzgeschäft keine große Rolle spielten. Die Preiserhebung sei zudem zu einem großen Teil im Internet erfolgt. Soweit der Erhebung eine Vorbuchungsfrist von einer Woche zugrunde lege, spiegele dies die typische Unfallsituation, in der gerade ganz kurzfristig unmittelbar nach einem Unfall ein Ersatzfahrzeug benötigt werde, nicht wieder. Zudem sei der örtlich relevante Markt nur unzureichend ermittelt worden, da die Mietwagenpreise nur nach zweistelligem Postleitzahlengebiet differenziert angegeben werden. Auch die anfallenden Nebenkosten seien nicht erhoben worden. Es wird sogar kritisiert, dass die Auswertung anhand der in der Mietwagenbranche üblichen ACRISS-Klassifikation erfolgt,[258] was in keiner Weise nachvollziehbar ist.

230 Diese Einwendungen gegen die Fraunhofer-Liste überzeugen nur sehr begrenzt.[259] Die telefonischen Erhebungen von Fraunhofer erfolgten gleichermaßen bei den »großen« und mittelständischen bzw. regionalen Anbietern. Letztere waren – ausgehend von ihrem allgemeinen Marktanteil – sogar überproportional vertreten. Soweit darauf abgestellt wird, dass das Unfallersatzgeschäft eine »Domäne« der mittelständischen Vermieter sei, hält der Verfasser dies für unerheblich, als beide Listen dazu dienen sollen, den »Normaltarif« zu ermitteln. Besonderheiten aufgrund der Unfallsituation sind nach der Rechtsprechung des *BGH* ggf. durch den beschriebenen Aufschlag auszugleichen. Inwieweit die Datenbasis von Fraunhofer tatsächlich geringer ist als die von Schwacke, dürfte mangels transparenter Angaben von Schwacke zu seiner Datenbasis kaum zu beantworten sein. Soweit gegen die Erhebung von Preisermittlungen im Internet Einwände erhoben werden, überzeugt auch dies nicht.

253 Hierzu im Einzelnen: *Klein*, Bewertung der Erhebungs- und Auswertungsmethoden des Automietpreisspiegels der SCHWACKE-Bewertungs GmbH, abrufbar im Internet, http://www.statistik.wiso.uni-erlangen.de/forschung/d0081.pdf.

254 So *Klein* a.a.O., S. 13 f.; ebenfalls kritisch *Richter* VersR 2007, 620 [621].

255 *Klein* a.a.O., S. 7 f.

256 Eigene Vergleiche durch *Richter* VersR 2007, 620 [622]; *ders.* NZV 2008, 321 [323]; *Zinn* Zum Stand der Mietwagenpreise in Deutschland im Sommer 2007, 2008; mit eigenen Erfahrungen argumentierend auch *AG Coburg* SVR 2009, 226; vernichtend auch die Beweisaufnahme in *AG Landstuhl* SVR 2012, 387.

257 Einzelheiten bei *Otting* SVR 2008, 444; *Braun* zfs 2009, 183; *Wenning* NZV 2009, 473.

258 *AG Bonn* ZfS 2024, 142.

259 Gegen diese Einwände auch *Quaisser* NZV 2009, 121; *Richter* VersR 2009, 1438; sehr ausführlich auch *OLG Köln* NJW-RR 2009, 1678 = NZV 2009, 600 = SP 2010, 17; hierauf Bezug nehmend und zitierend *OLG Hamburg* DAR 2009, 463 = r+s 2009, 299 = NZV 2009, 394.

Das Internet ist ein Vertriebsweg wie andere auch, der mittlerweile von einer Vielzahl von Bürgern, vermutlich sogar der Mehrheit, bei einer »normalen« (also nicht unfallbedingten) Buchung eines Mietwagens genutzt wird.[260] Keineswegs handelt es sich hierbei um einen »Sondermarkt«, dies hat auch der *BGH* im Rahmen der Entscheidungen zu Restwertbörsen so nicht entschieden. Vielmehr war dort die Frage, ob das Angebot eines speziellen Restwertaufkäufers, das überregional (wenn auch via Internet) ermittelt wurde, noch einen regional erzielbaren Restwert darstellen kann. Keineswegs hat der *BGH* den Vertriebsweg des Internets als für das Schadensersatzrecht ungeeignet verworfen. Der Vergleich der telefonischen zur Internet-Erhebung bei Fraunhofer hat im Übrigen auch keine signifikanten Abweichungen ergeben. Die Frage der zwei- oder dreistelligen Postleitzahlengebiete ist eine Frage der wissenschaftlichen Belastbarkeit der gemachten Angaben. Wie von *Klein*[261] nachgewiesen ist eine repräsentative Erhebung in einem dreistelligen Postleitzahlengebiet nicht möglich, sodass man entweder keine Angaben in dieser regionalen Spezialität macht (so Fraunhofer) oder nur unseriöse (so Schwacke). Es bleibt insoweit auch offen, in welchem Umfang innerhalb eines zweistelligen Postleitzahlengebietes überhaupt regionale Unterschiede preislich relevant auftreten, was zunächst substantiiert dazutun ist, bevor dies gegen die Anwendung der Fraunhofer-Liste spricht. Schon angesichts der Konkurrenzsituation auf doch örtlich eher begrenztem Raum dürfte dies – für das Normalgeschäft – eher ausscheiden. Der Hinweis auf die Vorbuchungsfrist, die zur Ausschaltung von Sondereffekten über das Wochenende dient und keineswegs stets eine Woche beträgt, trägt ebenfalls nicht, da wie bereits betont der Normaltarif zu ermitteln war. Inwieweit unfalltypische Besonderheiten zu berücksichtigen sind, ist eine Frage des Aufschlags.[262] Diesbezüglich ist allerdings darauf hinzuweisen, dass der Aufschlag für eine sofortige Verfügbarkeit in der Regel eher moderat ist.[263] Kosten für Nebenleistungen sind nur insoweit erstattungsfähig, als sie erforderlich waren und tatsächlich erbracht und abgerechnet wurden.[264] Diese Preise werden von Schwacke auch nur bundesweit ermittelt und sind daher nach der Argumentation der Fraunhofer-Kritiker mangels hinreichender Regionalität auch nicht zur Verwendung fähig. Ziel der Fraunhofer-Studie war die Ermittlung des Normaltarifs, zu dem ohnehin nur eingeschränkt erstattungsfähige Nebenkosten nicht gehören. Ob und wie diese zutreffend gem. § 287 ZPO geschätzt werden können, muss anderweitig geklärt werden.

Der BGH hat in diesen »Listen-Streit« nur sehr begrenzt eingegriffen und auf die große Freiheit des Tatrichters bei der Ermittlung des Normaltarifs nach § 287 ZPO hingewiesen. Grundsätzlich sei eine Ermittlung auf der Grundlage der Schwacke-Liste im Postleitzahlengebiet des Geschädigten,[265] auf der Grundlage der Fraunhofer-Liste oder durch eine Modifikation dieser Werte durch Zu- bzw. Abschläge oder dem arithmetischen Mittel der beiden Listen rechtsfehlerfrei möglich.[266] Bei Anwendung der Listen ist je nach vorhersehbarer Länge des Ausfalls auf Tages-, Mehrtages- oder Wochentarife abzustellen, nicht auf die Addition der Tagestarife.[267] Hingegen ist eine Schätzung auf der Grundlage der Tabelle für Nutzungsausfallsätze (*Sanden/Danner/Küppersbusch*) nicht möglich.[268] 231

260 *Stiftung Warentest* spricht in test 9/2011, S. 74 von einem Anteil von 84 % der Internetbuchungen, allerdings ermittelt durch eine nicht-repräsentative Internetumfrage.

261 S. Fn. 192.

262 *OLG Frankfurt* SP 2010, 401; *OLG Düsseldorf* VersR 2015, 1396.

263 Maximal 5 % nach *Fraunhofer*, Marktpreisspiegel Mietwagen Deutschland 2010, S. 105 f., insb. Abbildung 12.

264 Siehe hierzu Rdn. 263 f.

265 *BGH* VI ZR 117/05; VI ZR 237/05; VI ZR 99/06; VI ZR 105/06; VI ZR 161/06; VI ZR 163/06; VI ZR 27/07; *OLG München* NZV 2006, 692; *OLG Karlsruhe* VersR 2008, 92; ähnlich schon *LG Bonn* zfs 2005, 497.

266 *BGH* VI ZR 293/08; VI ZR 353/09; VI ZR 300/09.

267 *OLG Köln* NZV 2007, 199; *OLG Saarbrücken* SP 2008, 223; NZV 2010, 242; *LG Mönchengladbach* SP 2008, 112; *LG Bielefeld* NJW 2008, 1601 = NZV 2008, 352; *LG Freiburg* zfs 2008, 198; *LG Fulda* NZV 2010, 91.

268 *BGH* VI ZR 163/06; gegen *OLG München* DAR 1995, 254; *LG Freiburg* NJW-RR 1997, 1069; *AG Frankfurt* NZV 2002, 83.

232 Die dargestellten Einwendungen gegen diese Listen sind, soweit sie im Rahmen der gerichtlichen Auseinandersetzung gegen die Anwendung der betroffenen Tabelle geltend gemacht werden, nur beachtlich, wenn im Einzelnen aufgezeigt wird, dass geltend gemachte Mängel der Schätzungsgrundlage sich auf den zu entscheidenden Fall in erheblichem Umfang auswirken.[269] Insbesondere bei Darlegung konkreter günstigerer Angebote anderer Anbieter ist den aufgeworfenen Zweifeln an der Schätzgrundlage nachzugehen.[270] Ein solches Vergleichsangebot ist allerdings nicht zu berücksichtigen, wenn ein falscher Anmietzeitraum zugrunde lag (hier: Wochentarif, obwohl nicht von vornherein feststand, dass die Anmietzeit 8 Tage dauern würde).[271] Liegt ein solches konkretes Angebot vor, kann es vom Richter nicht mit Hinweis auf mögliche Werbezwecke abgetan werden, wenn Belastbarkeit des Angebots durch den Beweisantritt Sachverständigengutachten untermauert wurde.[272] Die Tatsache, dass die vorgelegten Vergleichsangebote (geradezu zwangsläufig) aus der Zeit nach der unfallbedingten Anmietung stammen, ist ebenfalls unerheblich, da es in der Zwischenzeit allerhöchstens zu Preissteigerungen gekommen ist.[273] Insbesondere sind insoweit auch Internet-Angebote berücksichtigungsfähig.[274] Soweit solche Angebote mit dem Hinweis auf eine enthaltene Vorbuchungsfrist verworfen werden,[275] ist wie oben darauf hinzuweisen, dass die Angebote zur Ermittlung des Normaltarifs dienen und es insoweit (noch) nicht auf die Besonderheiten der unfallbedingten Ersatzanmietung ankommt. Zudem ist nach den Untersuchungen von Fraunhofer auch eine signifikante Verteuerung nicht anzunehmen.

233 Die durch die Rechtsprechung des BGH sehr freigestellten Instanzgerichte haben sehr unterschiedlich geurteilt, wobei aufgrund zum Teil erheblicher Meinungsunterschiede zwischen verschiedenen Spruchkörpern selbst an einem Gerichtsort nicht sicher vorhergesagt werden kann, welcher Tarif zugesprochen werden würde. Angesichts der nicht unerheblichen Unterschiede zwischen den Erhebungen ist dies ein sicherlich unbefriedigender Zustand. Soweit die Instanzgerichte unter Hinweis auf ihre Freiheit trotz der vom BGH ausdrücklich betonten Gleichrangigkeit beider Schätzgrundlagen einseitig und ohne konkreten Vortrag des Geschädigten die Schwacke-Liste verwenden, ist dies auch im Rahmen einer Ermessensentscheidung zweifelhaft.[276] Die folgenden Entscheidungen sind zugunsten der genannten Erhebungsmethoden für den Normaltarif ergangen, wobei die Fälle, in denen »rein« Schwacke bzw. Fraunhofer oder deren arithmetisches Mittel angewenden wurden, auf OLG-Entscheidungen beschränkt wurden:

Für Schwacke: *OLG Karlsruhe* VersR 2008, 92; NZV 2010, 472; SVR 2012, 305; *OLG Köln* SP 2008, 218; NZV 2009, 447; SVR 2009, 384; Beschluss v. 13.10.2009 – 15 U 49/09; NZV 2010, 144; MDR 2010, 986; NZV 2010, 514; NZV 2010, 614; NZV 2011, 249; NZV 2011, 450; SVR 2011, 454; *OLG Stuttgart* DAR 2009, 650; *OLG Dresden* SP 2010, 17

269 *BGH* VI ZR 164/07; VI ZR 234/07; VI ZR 139/08 zur Schwacke-Liste; Kritik hieran anerkannt in *BGH* VI ZR 308/07.

270 *BGH* VI ZR 7/09, VI ZR 293/08, VI ZR 142/10 (drei Angebote); *OLG Hamm* Urt. v. 20.07.2011 – 13 U 108/10; *LG Bochum* VRR 2010, 68; *AG Lübben* SVR 2010, 341; *AG Bielefeld* SVR 2010, 306.

271 *BGH* VI ZR 139/08, *OLG Karlsruhe* NZV 2010, 472.

272 *BGH* VI ZR 353/09.

273 *BGH* VI ZR 300/09; VI ZR 316/11 so auch *OLG Hamburg* DAR 2009, 463 (in Bezug auf die Fraunhofer-Liste); *OLG Koblenz* DAR 2011, 327 (dann Schätzung nach diesen Angeboten möglich); SVR 2015, 299; *OLG Hamm* r+s 2011, 536; anders: *OLG Köln* NZV 2009, 447; NZV 2010, 144 (in Bezug auf Fraunhofer-Liste); *OLG Karlsruhe* NZV 2010, 472; *OLG Celle* VersR 2017, 313; *LG Lübeck* NJW-RR 2010, 378 = SVR 2009, 385; *LG Dortmund* SVR 2010, 105.

274 *BGH* VI ZR 316/11; *OLG Hamm* r+s 2011, 536; *LG Kempten* SP 2008, 371 = SVR 2008, 426 = NZV 2009, 82 = NZV 2009, 183; *LG Passau* NZV 2009, 81; *LG Braunschweig*, Urteil v. 13.01.2009 – 7 S 394/08; *AG Wolfenbüttel* SVR 2007, 387; anders: *LG Karlsruhe* NZV 2009, 230; *LG Nürnberg-Fürth* MRW 2009, Nr. 1, 5; *LG Dortmund* SVR 2010, 105; *LG Mönchengladbach* NZV 2010, 616; *AG Freiburg* SP 2008, 369.

275 *OLG Köln* Beschl. v. 13.10.2009 – 15 U 49/09; NZV 2010, 614; *OLG Karlsruhe* NZV 2010, 472.

276 So auch *Sander* VersR 2011, 460.

Für Fraunhofer: *OLG München* DAR 2009, 36; *OLG Köln* DAR 2009, 33; NZV 2009, 600; *OLG Jena* r+s 2009, 40; *OLG Bamberg* SP 2009, 330; *OLG Hamburg* DAR 2009, 463; *OLG Stuttgart* DAR 2009, 705; SP 2010, 368; *OLG Frankfurt* SP 2010, 401; *KG* DAR 2010, 642; *OLG Naumburg* SP 2011, 220; *KG* NZV 2011, 509; *OLG Koblenz* SVR 2015, 299 (wenn Schwacke durch Vergleichsangebote erschüttert); *OLG Düsseldorf* DAR 2015, 334

Für das arithmetische Mittel zwischen beiden Listen (»Fracke«): *OLG Saarbrücken* NZV 2010, 242; *OLG Köln* SP 2010, 396; NZV 2014, 314; *OLG Karlsruhe* BB 2011, 2114; *OLG Hamm* r+s 2011, 536; DAR 2016, 331; *OLG Zweibrücken* zfs 2014, 619; *OLG Bamberg* DAR 2015, 639; *OLG Celle* VersR 2017, 313; r+s 2018, 616; *OLG Düsseldorf* DAR 2019, 328; ZfS 2019, 495

Für Schwacke 2003 mit Inflationsaufschlag (unter Hinweis auf die z.T. erheblichen Preissteigerungen nach Bekanntwerden der Änderung der BGH-Rechtsprechung nach 2004): *LG Chemnitz* DAR 2007, 336 = NZV 2008, 96; SVR 2010, 104; SP 2010, 256; SP 2011, 115; *LG Dortmund* NZV 2008, 93 = zfs 2007, 565 = SVR 2007, 386; *LG Dresden* NZV 2008, 255; *LG Braunschweig*, Urt. v. 13.01.2009 – 7 S 394/08; *LG Hamburg* MRW 2009, Nr. 1, 18; *LG Siegen* NZV 2010, 146; *LG Ansbach* VersR 2011, 645 = DAR 2010, 470; *AG Erfurt* NZV 2009, 396

Für Fraunhofer mit Sicherheitsaufschlag: *OLG Saarbrücken* DAR 2023, 627; *LG Ansbach* SP 2011, 115; NZV 2011, 132 (+ 10 % Aufschlag für unfallbed. Sonderaufwand); *LG Rostock* SVR 2012, 380; *LG Hamburg* SVR 2016, 342; *AG Kehl* SVR 2011, 459; *AG Hamburg-St. Georg* SVR 2012, 390

Für Schwacke mit Sicherheitsabschlag: *LG Nürnberg-Fürth* DAR 2011, 589

Für Mittelwert der von den Parteien vorgelegten Vergleichsangebote mit Sicherheitsaufschlag: *OLG Hamm* VRR 17, Nr. 8; *AG Lahnstein* DAR 2014, 331; *AG Wittenberg* DAR 2024, 165

### 5. Haftungsfreistellung (Volldeckung)

Bei allen größeren Autovermietern besteht generell Versicherungsschutz in Form einer Fahrzeug-Vollversicherung (Vollkasko-Versicherung), jedoch meist mit einem Selbstbehalt zwischen 150 und 2.500 €. Die Unternehmen bieten gegen abgrenzbare Mehrkosten ihren Kunden darüber hinaus die Möglichkeit der weitergehenden bis gänzlichen Haftungsfreistellung an. Diese wirft besondere Probleme auf. Dies gilt zunächst einmal, soweit es sich um die Verteilung der Rechte und Pflichten im vertraglichen Innenverhältnis zwischen Mieter und Vermieter handelt, zum anderen aber auch bezüglich der Frage, inwieweit der Ersatzpflichtige als fortwirkende Folge seines haftbaren Verhaltens die abgrenzbaren Mehrkosten für die vom Geschädigten im Einzelfall ausdrücklich gewünschte Haftungsfreistellung (Volldeckung) nach schadensersatzrechtlichen Grundsätzen zu erstatten hat. 234

Die vom gewerblichen Autovermieter zusätzlich zum eigentlichen Mietpreis – also in Form von abgrenzbaren Mehrkosten – erhobenen Zuschläge sind ihrer Rechtsnatur nach dazu bestimmt, für den Fall eines während der Dauer der Ersatzanmietung (Vertragszeit) eintretenden Unfallschadens die vertragliche oder gesetzliche Haftung des Mieters gegenüber dem Vermieter auf Ausgleich des unmittelbaren Schadens am Mietwagen abzulösen, für den ein Dritter – gleichgültig ob aus rechtlichen oder wirtschaftlichen Gründen – nicht mit Erfolg in Anspruch genommen werden kann. 235

Soweit es sich um das vertragliche Innenverhältnis zwischen Vermieter und Mieter handelt, sei darauf hingewiesen, dass nach gefestigter Rechtsprechung der gewerbliche Vermieter von Kraftfahrzeugen, der dem Mieter gegen Zahlung eines besonderen Entgelts nach Art einer Versicherungsprämie für den Fall selbstverschuldeter Unfälle Haftungsfreistellung ohne Selbstbeteiligung verspricht, gehalten ist, diese Haftungsfreistellung nach dem Leitbild einer Kaskoversicherung auszugestalten.[277] Die 236

277 Vgl. dazu insbes. BGHZ 22, 109, 114 ff. = NJW 1956, 1915; VersR 1957, 124; BGHZ 65, 118, 120 = NJW 1976, 44 = VersR 1976, 61 = DAR 1976, 14; BGHZ 70, 304, 306 = NJW 1978, 495 = VersR 1978, 465; NJW 1981, 1211 = VersR 1981, 349 = DAR 1981, 88 = zfs 1981, 140; NJW 1982, 167 = VersR 1982, 134 = DAR 1982, 68 f. = zfs 1982, 108; DAR 1985, 321 = zfs 1985, 361; VersR 1985,

Volldeckung geht sogar in einem entscheidenden Punkt über den Wirkungsbereich der Kaskoversicherung hinaus, indem sie – üblicherweise nicht mitversicherten Folgeschaden – auch den Verdienstausfall des Autovermieters (Mietausfall) und die Wertminderung[278] umfasst. Die Vereinbarung einer Haftungsfreistellung nach Art einer Kaskoversicherung bedeutet jedoch nicht, dass damit zugleich auch alle Obliegenheiten nach den AKB mit der Folge als sinngemäß vereinbart gelten, dass der Mieter sich gegenüber dem Vermieter nicht auf eine Haftungsfreistellung berufen kann, wenn er eine Obliegenheit (hier: Aufklärungspflicht nach § 7 Abs. 1 AKB) verletzt.[279]

237 Die Haftungseinschränkung gilt – ähnlich wie beim Bestehen einer Kaskoversicherung – jedoch nicht für den Fall, dass der Mieter den Unfall durch Vorsatz (§ 81 Abs. 1 VVG n.F.) verursacht hat. Da die Haftungsfreistellung nach dem Leitbild der Kaskoversicherung auszugestalten ist, gilt für die grob fahrlässige Schadensverursachung (§ 81 Abs. 2 VVG n.F.) ebenso wie für die grob fahrlässige Verletzung von Obliegenheiten (§ 28 Abs. 2 S. 2 VVG n.F.) – insb. Unterlassen der geforderten polizeilichen Meldung – nach der VVG-Reform, die zum 01.01.2008 in Kraft getreten ist, dass die Haftungsfreistellung nur noch teilweise entsprechend dem Verschulden des Mieters eintritt. Auf diesen Umstand braucht der gewerbliche Autovermieter daher den Mieter nicht besonders hinzuweisen.[280] Ein Mitverschulden des gewerblichen Autovermieters aus § 254 Abs. 1 BGB unter Hinweis darauf, dass er seinen Kunden nicht auf die Möglichkeit zum Abschluss einer Volldeckung hingewiesen hat, entfällt daher.[281]

238 Soweit es sich um die Frage der Erstattung der abgrenzbaren Mehrkosten für die Volldeckung nach schadensersatzrechtlichen Grundsätzen – also im Außenverhältnis zwischen dem Geschädigten und »seinem« Ersatzpflichtigen – handelt, besteht in Literatur und Judikatur eine gewisse Übereinstimmung darüber, dass dem Geschädigten die Mehrkosten für die Haftungsfreistellung im Allgemeinen dann zuzubilligen sind, wenn der Aufwand dazu dient, dem Geschädigten bei der Benutzung des Mietwagens in etwa denselben Deckungsschutz zu vermitteln, wie er auch für das eigene (beschädigte) Kfz im Zeitpunkt des Unfalls bestanden hat.[282] Dies bedeutet, dass der Ersatzpflichtige die abgrenzbaren Mehrkosten für die Volldeckung stets dann zu erstatten hat, wenn auch für das eigene (beschädigte) Fahrzeug eine Vollkaskoversicherung bestanden hat.[283]

239 Besteht für das eigene Kfz keine Vollkaskodeckung oder ist dort ein (höherer) Selbstbehalt vereinbart, ergeben sich bei der Frage nach der Erstattungsfähigkeit der Aufwendungen für eine gleichwohl vereinbarte Volldeckung die unterschiedlichsten Auffassungen. Diese reichen von der völligen

1066 f.; *OLG Zweibrücken* VersR 1981, 962; *OLG Hamm* VersR 1982, 677 = DAR 1982, 128; VersR 1982, 860 = MDR 1982, 414; *OLG Köln* VersR 1982, 1151 = r+s 1983, 5; *OLG Celle* DAR 1984, 123 = r+s 1984, 93 (L); *OLG Schleswig* VersR 1984, 649; *OLG Frankfurt* VersR 1986, 495 (L); *OLG Karlsruhe* VersR 1988, 414 (L).

278 Vgl. dazu *BGH* NJW 1981, 1211 = VersR 1981, 349 = DAR 1981, 88 (89 1. Sp. a.E.) = zfs 1981, 140.

279 Vgl. dazu *OLG Schleswig* VersR 1984, 649.

280 Vgl. dazu *BGH* NJW 1974, 549 = VersR 1974, 492 = DAR 1974, 69 = MDR 1974, 484 = VRS 46, 241.

281 Vgl. dazu *OLG Hamm* VersR 1983, 377 = MDR 1982, 560.

282 Vgl. dazu BGHZ 61, 325 = NJW 1974, 91 = VersR 1974, 143 = DAR 1974, 45 = MDR 1974, 215 = VRS 46, 81; VersR 1974, 657; *OLG Schleswig* VersR 1975, 268; *KG* VersR 1977, 82 f. – DAR 1976, 155 f.; *LG München II* VersR 1974, 1115; *Klimke* VersR 1970, 792; NJW 1974, 725; VersR 1974, 901 (Anm.).

283 Vgl. *Sanden/Völtz* Rn. 296 ff.

Ablehnung[284] über bestimmte Quoten[285] bis hin zur grundsätzlichen Anerkennung, und zwar auch für den Fall, dass für das eigene Fahrzeug keine Vollkaskoversicherung bestanden hat.[286] Eine andere Richtung geht dahin, grundsätzlich sei die Hälfte zuzusprechen.[287]

Auch der *BGH* hat in einem Grundsatzurteil vom 06.11.1973[288] Stellung zu der Frage genommen, unter welchen rechtlich bedeutsamen Voraussetzungen diese abgrenzbaren Mehrkosten für eine »Volldeckung« als adäquate Unfallfolgen zu erstatten sind. Er betonte, dass sich die Frage nach der Erstattungsfähigkeit solcher Aufwendungen nicht mit einem vollen »Ja« oder einem uneingeschränkten »Nein« beantworten lasse. In einer weiteren Entscheidung vom 19.03.1974[289] setzt der *BGH* diese Rechtsprechung fort, zuletzt präzisiert mit der Entscheidung vom 15.02.2005.[290] 240

284 Vgl. u.a. *OLG München* OLGR 1973, 309; *LG Dortmund* 15 0 108/69 v. 05.11.1969 (n.v.); *LG Frankfurt* VersR 1971, 772; 1972, 77; *LG Köln* 7 0 367/71 v. 13.07.1972; 77 0 370/72 v. 03.10.1972; 77 0 266/72 v. 17.10.1972 (alle n.v.); *LG Aachen* (5. ZK) VersR 1973, 238; 1973, 678; *LG Kassel* VersR 1973, 331; *LG Nürnberg-Fürth* (9. ZK) VersR 1973, 555; 1973, 853; *LG Freiburg* (3. ZK) VersR 1973, 644, 646; 1974, 444 (abweich. v.d. 5. ZK des *LG Freiburg* MDR 1972, 323 = VersR 1972, 549 [L]); *LG Freiburg* 1 0 299/70 v. 08.06.1971; 1 0 480/71 v. 25.05.1972 (alle n.v.); *AG Mainz* VersR 1969, 825 (m.Anm. v. *Wussow*); *AG Frankfurt/M.* VersR 1970, 774; *AG Duisburg* 6 C 182/70 v. 04.05.1970; *AG Dortmund* 72 C 515/70 v. 05.03.1971; 47 C 767/69 v. 07.04.1970; *AG Düsseldorf* 42 C 238/71 v. 07.05.1971; *AG Stolberg* 3 C 243/71 v. 10.02.1972; *AG Ahlen* 14 C 174/71 v. 04.11.1972; *AG Bad Kissingen* C 131/72 v. 20.09.1972 (alle n.v.); *AG Freiburg* 5 C 351/72 v. 13.12.1972 (n.v.); *AG Nürnberg* VersR 1972, 285; *AG Opladen* VersR 1973, 334; *AG Koblenz* VersR 1973, 680; *AG Gelsenkirchen-Buer* VersR 1973, 730; *AG Lübeck* VersR 1974, 448; *AG Bremen* VersR 1974, 983; *AG München* VersR 1974, 987; *AG Heidelberg* VersR 1978, 953 (L); *AG Krefeld* VersR 1982, 811.

285 Vgl. u.a. *OLG Nürnberg* DAR 1964, 103 f.; VersR 1974, 679; *OLG Frankfurt* VersR 1971, 158 (L) = MDR 1970, 1009 = zfs 1981, 270; *OLG Schleswig* VersR 1974, 297; *OLG Bremen* VersR 1974, 371 f.; *LG Nürnberg-Fürth* (11. ZK) VersR 1965, 913; (8. ZK) 8 O 87/72 v. 19.04.1972 (n.v.); *LG Saarbrücken* VersR 1972, 309 (310: bei geringer Selbstbeteiligung von 400 DM); *LG Freiburg* (5. ZK) MDR 1972, 323 = VersR 1972, 549 (L), vgl. jedoch die davon abweich. Auffassung des *LG Freiburg* (3. ZK) VersR 1974, 444; *LG Hagen* VersR 1972, 549; *LG Köln* 17 O 495/71 v. 28.04.1972; 17 O 325/74 v. 25.10.1974; 2 0 55/71 v. 21.09.1972; 16 O 65/73 v. 17.04.1974 (alle n.v.); *LG Köln* (16. ZK) NJW 1973, 713 f.; VersR 1975, 145 (L); 16 O 244/74 v. 15.01.1975 (n.v.); (5. ZK) VersR 1975, 935 f.; *LG Aachen* 4 O 175/72 v. 18.10.1972; *LG Passau* 1 S 7/72 v. 10.05.1972 (beide n.v.); *LG Essen* VersR 1973, 287 (m.Anm. v. *Kempgens*); *LG Bielefeld* VersR 1973, 776; *LG Kiel* VersR 1975, 244 (L); *LG Duisburg* r+s 1982, 188; *AG Göppingen* VersR 1969, 937; *AG Köln* 141 C 1708/69 v. 08.10.1970; 92/70 v. 03.11.1970; 374/72 v. 11.10.1972 (alle n.v.); (Abt. 142) VersR 1973, 1129 f.; 143 C 57/72 v. 06.07.1972; 86/72 v. 30.11.1972 (beide n.v.); *AG Freiburg* (Abt. 1) VersR 1973, 974; 3 C.

286 Vgl. u.a. *OLG Nürnberg* DAR 1964, 103 f.; VersR 1974, 679; *OLG Frankfurt* VersR 1971, 158 (L) = MDR 1970, 1009 = zfs 1981, 270; *OLG Schleswig* VersR 1974, 297; *OLG Bremen* VersR 1974, 371 f.; *LG Nürnberg-Fürth* VersR 1965, 913; *LG Saarbrücken* VersR 1972, 309 (31: bei geringer Selbstbeteiligung von 400 DM); *LG Freiburg* (5. ZK) MDR 1972, 323 = VersR 1972, 549 (L), anders dagegen 3. ZK VersR 1974, 444; *LG Hagen* VersR 1972, 549; *LG Köln* NJW 1973, 713 f.; VersR 1975, 145 (L); VersR 1975, 935; *LG Essen* VersR 1973, 287 (m.Anm. v. *Kempgens*); *LG Bielefeld* VersR 1973, 776; *LG Kiel* VersR 1975, 244 (L); *LG Duisburg* r+s 1982, 188; *AG Göppingen* VersR 1969, 937; *AG Köln* VersR 1973, 1129; *AG Freiburg* VersR 1973, 974; *AG Breisach* MDR 1973, 135; *AG Karlsruhe* VersR 1981, 343 = r+s 1981, 108 f.; *AG Eschwege* DAR 1979, 335 = zfs 1980, 56; *AG Köln* NZV 2013, 45; *Schütz* VersR 1968, 124 f.; Himmelreich/Halm/*Reinicke* Kap. 5 Rn. 38.

287 Vgl. z.B. *OLG Schleswig* VersR 1975, 268; VersR 1975, 673 f.; *OLG Karlsruhe* VersR 1975, 526 f.; *OLG München* VersR 1976, 1145, 1147 = DAR 1976, 156, 159; r+s 1976, 257; *OLG Hamburg* VersR 1976, 371; *KG* VersR 1977, 82 ff. = DAR 76, 155 (156); *LG Nürnberg-Fürth* VersR 1965, 913; *LG München* II VersR 1974, 1115 f.; *LG München* I DAR 1977, 296 (297); *LG Landshut* DAR 1978, 138 f. = VersR 1978, 952 (L); *AG Pforzheim* zfs 1996, 135.

288 Vgl. dazu insbes. BGHZ 61, 325 (332) = NJW 1974, 91 (92 ff., 95) = VersR 1974, 143 (147) = DAR 1974, 45.

289 Vgl. dazu *BGH* VersR 1974, 657.

290 *BGH* VersR 2005, 568 = zfs 2005, 390 = DAR 2005, 270 = SVR 2005, 467.

241 Der *BGH* vertritt in diesem Zusammenhang die Auffassung: Das auf dem vorangegangenen Unfall – dem Anlass der Ersatzanmietung – beruhende Risiko, dem gewerblichen »Wagenvermieter auf Grund eines selbst verschuldeten oder zufälligen Unfalls haftpflichtig zu werden, ist an sich eine zurechenbare Folge des ersten Unfalls«.[291] Der *BGH* hält dieses Risiko für eine zurechenbare und somit adäquate Unfallfolge, für die der Unfallverursacher somit grundsätzlich einzustehen hat. Der *BGH* betont insoweit es liege »nahe, dass andererseits ein Geschädigter, der pflichtgemäß auf eine unwirtschaftliche Risikofreistellung verzichtet hat« (oder dem sich diese Möglichkeit gar nicht erst geboten hat),[292] »dann insoweit, als sich später ein typisch durch die Kfz-Miete bedingtes Mehr-Risiko verwirklichen sollte, die ihm daraus erwachsende Belastung als Folgeschaden gegenüber dem Schädiger zusätzlich geltend machen kann«.[293]

242 Dieses Kernproblem hat der *BGH* nicht abschließend entschieden, da der konkrete Fall dazu keinen Anlass gab. Aber schon gegen diese Intention werden in der Literatur[294] starke Bedenken erhoben, die schließlich in der Feststellung gipfeln, dass Unfälle mit dem angemieteten Ersatzwagen nebst sämtlichen daraus resultierenden Konsequenzen nicht als unmittelbare Folge des ersten Unfalls angesehen werden könnten, sondern von dem Mieter des Wagens als sog. »eigenes Lebensrisiko« getragen werden müssten.[295]

243 Dem *BGH* ist darin zuzustimmen, dass die Aufwendungen nur dann als objektiv erforderlich und die Erstattungsfähigkeit des vom Geschädigten bei Anmietung eines Ersatzwagens aufgewandten Haftungsbefreiungszuschlages nur dann u.U. als gerechtfertigt anzusehen sind, wenn dem Geschädigten durch diese Anmietung in einer vom Schädiger rechtlich zurechenbaren Weise u.a. ein generell abgrenzbares wirtschaftliches »Sonderrisiko« entstünde, m.a.W.: wenn einerseits die Benutzung eines Mietwagens generell mit einem messbaren oder messbar erhöhten »Haftpflichtrisiko« belastet wäre, das das bei der Benutzung des eigenen Wagens bestehende »Eigenrisiko« übersteigt, und wenn andererseits jene Aufwendungen für die Freistellung von der Haftung zur Abwendung dieses »Sonderrisikos« sowohl wirtschaftlich vertretbar als auch geeignet sind.[296]

244 Ob eine unfallbedingte Benutzung eines Mietwagens für den Geschädigten zu einem das »Eigenrisiko« übersteigenden »Haftpflichtrisiko«, also zu einem »Sonderrisiko«, führt, ist stark umstritten. Man wird stets im Einzelfall feststellen müssen, inwieweit die vom *BGH*[297] generell erörterten »Sonderrisiken« zutreffen. Nach Auffassung des *BGH* ist dieser Aufwand grundsätzlich erstattungsfähig, es sind jedoch im Einzelfall Abzüge unter dem Gesichtspunkt des Vorteilsausgleichs zu machen.[298] Insoweit bleibt es der tatrichterlichen Schätzung zugänglich, in welchem Umfang diese Zusatzgebühr erstattungsfähig ist.[299]

245 Ein Sonderrisiko wird zum Teil in der »schärferen Vertragshaftung« gesehen. Der Geschädigte setze sich als Mieter des Ersatzwagens den gegenüber dem Eigenrisiko erhöhten vertraglichen Schadens-

291 *BGH* NJW 1974, 91, 95.
292 Zusatzerwägung von: *Klimke* VersR 1974, 422, 427.
293 *BGH* NJW 1974, 91, 95.
294 Vgl. z.B. *Klimke* VersR 1974, 422, 427 f.; NJW 1974, 725 f.; zfs 1975, 426, 428.
295 Vgl. dazu insbes. *BGH* NJW 1971, 1980; 1975, 168; 1978, 1005; 1978, 421; 1979, 712; *LG München* r+s 1979, 231; *v. Caemmerer* DAR 1970, 283, 288; VersR 1971, 973, 975 ff.
296 Vgl. *BGH* NJW 1974, 91 ff. (92 u. 93); – vgl. auch *BGH* VersR 1974, 657; *OLG München* VersR 1976, 1145, 1147; *BGH* v. 06.11.1973 BGHZ 61, 325, 332 = NJW 1974, 91 (92 ff., 95) = VersR 1974, 143, 147 = DAR 1974, 45 = MDR 1974, 215 = DB 1974, 89 = VRS 46, 81 = DAR 1976, 156, 159; *Riedmaier* VersR 1977, 1.
297 BGHZ 61, 325, 332 = NJW 1974, 91 (92 ff., 95) = VersR 1974, 143, 147 = DAR 1974, 45.
298 *BGH* VersR 2005, 568 = zfs 2005, 390 = DAR 2005, 270 = SVR 2005, 467; ebenso *BGH* NJW 2006, 360 = VersR 2006, 133 = DAR 2006, 83.
299 *OLG Karlsruhe* VersR 2008, 408 = NZV 2008, 456 = NJW-RR 2008, 1113 – Erstattung nur zur Hälfte; ebenso: *LG Bielefeld* NJW 2008, 1601 = NZV 2008, 352; anders: *OLG Celle* SP 2010, 78 – kein Anlass zum Vorteilsausgleich.

ersatzansprüchen des Vermieters aus, indem er gegenüber dem Vermieter gem. § 280 Abs. 1 S. 2 BGB bereits für vermutetes Verschulden hafte, also sein fehlendes Verschulden nachweisen müsse. Insoweit liegt ein Sonderrisiko gegenüber dem allgemeinen (Lebens-)Risiko, mit dem eigenen Fahrzeug einen Schaden zu erleiden, nicht vor. Hinsichtlich des eigenen Eigentums trägt der Eigentümer die Gefahr sogar einer zufälligen Beschädigung, er hat vielmehr jedem Dritten gegenüber nachzuweisen, dass dieser für eine Beschädigung mit der Folge einer Ersatzpflicht verantwortlich ist. Der geschädigte Mieter haftet gegenüber dem Vermieter hingegen nicht für Zufall, muss »lediglich« sein fehlendes Verschulden nachweisen.

Es können sich allerdings u.U. auch erhöhte Risiken aus dem »Fahren als solchem« mit dem – für den Geschädigten oft ungewohnten – Mietfahrzeug, m.a.W. aus dessen »Benutzung« im faktischen und technischen Sinne, ergeben.[300] Der Wechsel des Fahrzeugs kann mitunter Risiken mit sich bringen, deren Ausgleich nicht jedem Fahrer gelingt. Diese sind jedoch höchst selten. Auch besteht kein allgemeiner Erfahrungssatz des Inhalts, dass gerade die einem Mietwagen eigentümlichen Umstände in einer nennenswerten Zahl von Fällen zum Schaden führen.[301] Mithin ist es gerechtfertigt, dass »diese an sich schon kaum allgemein messbare Risikovermehrung dem Schädiger bei der gebotenen wertenden Abgrenzung nicht mehr rechtspolitisch zugerechnet werden darf, weil ein Kraftfahrer auf solche Umstellung allgemein gewappnet sein muss«. Etwas anderes mag allenfalls in Sonderfällen gelten. 246

Auch hinsichtlich der Höhe des angerichteten Schadens kann sich bei Benutzung eines Mietwagens ein erhöhtes »Haftpflichtrisiko« ergeben, das den Geschädigten hinsichtlich seines eigenen Fahrzeugs nicht unbedingt in gleichem Umfange getroffen hätte. Mietfahrzeuge sind nämlich im Allgemeinen verhältnismäßig neu und nicht allzu stark abgenutzt, sodass sie oft einen hohen Wiederbeschaffungswert haben, der zu einem ungleich höheren Schaden führen kann.[302] Bei einem eigenen Fahrzeug mit stark abgesunkenem Wiederbeschaffungswert fällt der bei einem wirtschaftlichen Totalschaden abzurechnende Wiederbeschaffungsaufwand geringer aus, auch bei einem Reparaturschaden wird der erlittene Schaden durch den niedrigeren Wiederbeschaffungswert (ggfs. mit Integritätszuschlag) eher auf den Wiederbeschaffungsaufwand begrenzt. 247

Zudem ist zu beachten, dass der Geschädigte bei Beschädigung seines eigenen Fahrzeugs die freie Wahl hinsichtlich der Schadensbehebung hat. Er kann sich zur Kostenersparnis auf eine Billig- oder Teilreparatur beschränken oder bei kleineren Schäden ganz auf eine Reparatur verzichten, insbesondere wenn ein ersatzpflichtiger Dritter nicht zur Verfügung steht. Der Mietwagenunternehmer hat hingegen schon aufgrund der Markterwartung (neben der Ersatzbeschaffung) keine andere Wahl als eine vollständige, fachgerechte Reparatur durchzuführen. Somit ist sogar regelmäßig damit zu rechnen, dass der Integritätszuschlag in Anspruch genommen wird, was zu einer weiteren Erhöhung des Schadens führt. 248

Das teilweise so erhöhte wirtschaftliche »Sonderrisiko« bei der Mietwagenbenutzung fällt aber – wie der *BGH*[303] richtig hervorhebt – weg, wenn der Unfallwagen neuwertig war oder aus Repräsentationsgründen ebenso tadellos gepflegt sein musste wie üblicherweise ein Mietwagen. Insoweit kommt ein Abzug wegen Erlangung eines zurechenbaren Vorteils in Betracht, wenn das Unfallfahrzeug über keine entsprechende Kaskodeckung verfügte. 249

Im Ergebnis wird man Aufwendungen des Geschädigten für eine Haftungsfreistellung nur dann für erforderliche – und damit vom Schädiger zu ersetzende – Aufwendungen halten können, wenn für das eigene, unfallbeschädigte Fahrzeug eine Fahrzeug-Vollversicherung ohne Selbstbehalt oder mit geringerem Selbstbehalt als für das Mietfahrzeug abgeschlossen war oder bei einem Unfall ein deutlich höherer Schaden droht. 250

---

300 Vgl. z.B. *OLG München* VersR 1976, 1145, 1147 = DAR 1976, 1145, 1147 = DAR 1976, 156, 159; *AG Köln* VersR 1973, 1129 f.; *Himmelreich* NJW 1973, 673, 675 f.

301 Vgl. BGHZ 61, 325, 332 = NJW 1974, 91, 93 = VersR 1974, 143, 147 = DAR 1974, 45.

302 Vgl. BGHZ 61, 325, 332 = NJW 1974, 91 (93 r.Sp.) = VersR 1974, 143, 147 = DAR 1974, 45.

303 BGHZ 61, 325, 332 bis 334 = NJW 1974, 91, 95 = VersR 1974, 143, 147 = DAR 1974, 45.

251 Das Risiko bei der Benutzung eines Mietwagens besteht wie bereits erläutert nicht nur darin, dass im Fall eines selbst verschuldeten Unfalls die Substanz des fremden Fahrzeuges beschädigt wird, sondern dass gleichzeitig auch dem Vermieter die über § 252 BGB in gewerblicher Form »kommerzialisierten« Gebrauchsvorteile entgehen.

252 Regelmäßig kann der Vermieter sein beschädigtes Fahrzeug zeitweilig nicht mehr einsetzen oder durch ein anderes – nicht ausgebuchtes – Fahrzeug aus seinem Wagenpark ersetzen. Die Folge davon ist ein Verdienstausfall (Mietausfall).

253 Ob dem Geschädigten die Mehrkosten für eine Haftungsfreistellung gegenüber dem Vermieter für dessen Verdienstausfall bei Beschädigung oder Totalzerstörung des Mietfahrzeuges zu erstatten sind, ist ebenfalls umstritten. Der *BGH*[304] stellt zutreffend auf den Einzelfall ab und billigt nur dann auch insoweit einen Ersatz der Gebühren des Mietwagenunternehmers zu, als das abgewendete Haftpflichtrisiko das Eigenrisiko übersteigt, was der Geschädigte mit Tatsachenvortrag begründen muss. Er betont in seinem Grundsatzurteil vom 06.11.1973,[305] dass nach der privaten oder beruflichen Benutzung des eigenen Fahrzeugs zu differenzieren ist.

254 So meint der *BGH*: »Das Risiko, das dem Geschädigten beim Ausfall des eigenen Wagens droht, kommt dem Ausfall des gemieteten Wagens wertmäßig jedenfalls dann regelmäßig nicht gleich, wenn es sich um ein privat genutztes Fahrzeug handelt«.[306] Damit weist der *BGH* zunächst richtig darauf hin, dass auch dem Eigentümer die Verfügbarkeit seines Fahrzeuges »Geld« wert sei. Jedoch schon die verhältnismäßig geringfügige Entschädigung, die die Rechtsprechung im Regelfall bei fremdverschuldetem Nutzungsausfall zubillige, verdeutliche – wie der *BGH* zu Recht betont –, wie weit das wirtschaftliche Nutzungsinteresse am eigenen Wagen hinter dem Ertrag eines auf Gewinnerzielung abgestellten ständigen gewerblichen Einsatzes zurückbleiben kann. Aufgrund der Benutzung eines Mietwagens und damit letztlich aufgrund des vorhergegangenen Unfalls sei eine Erhöhung des »Ausfallrisikos« gegenüber dem beschädigten privat genutzten Fahrzeug und damit ein (generelles) »Sonderrisiko« festzustellen.

255 Bei Kraftfahrzeugen, die einer intensiven gewerblichen Nutzung dienen (Lieferwagen, Taxi usw.), bildet das Zurückbleiben des »Eigenrisikos« hinter der »Gefahr der Ausfallhaftung« gegenüber dem Vermieter des Mietwagens als »Sonderrisiko« eher eine vom Geschädigten im Einzelfall zu beweisende Ausnahme.[307]

256 Zu beachten ist jedoch, dass Autovermieter im Fall eines vom Mieter verursachten Schadens oft einen »Mietausfall« nicht geltend machen wird, manchmal ist dies bereits im Mietvertrag so festgeschrieben. Die Erstattungsfähigkeit hängt ferner davon ab, dass der Autovermieter ohne die Haftungsfreistellung seinem Schadensersatzanspruch eine Berechnung zugrunde legen würde, nach der er das Mietfahrzeug ohne die unfallbedingte Unterbrechung ständig zu dem für ihn günstigen Bedingungen als Mietwagen eingesetzt haben würde und er diese Voraussetzungen im Einzelnen auch nachweisen kann. Eine Pauschalierung des Schadens ist nicht zulässig.

257 Da die Beschränkung der Ersatzpflicht bei normalen Mietsätzen auf durchschnittlich etwa 500 € ohne besondere Mehrkosten häufig den Mietausfall mit umfasst, löst sich in diesen Fällen das Problem von selbst, sodass in der Regel in derartigen Fällen eine Erstattung der Aufwendungen für die Freistellung von der Haftung für Mietausfall entfällt.

258 Verzichtet der Autovermieter nicht auf die Geltendmachung von Mietausfall, haftet der Mieter vielmehr voll für diesen, so ist im Hinblick auf ein solch erhöhtes wirtschaftliches Risiko die Erstattung der Aufwendungen für eine Freistellung von der Haftung für Mietausfall bei privater Nutzung des

304 BGHZ 61, 325, 332 = NJW 1974, 91 ff. = VersR 1974, 143, 147 = DAR 1974, 45.
305 BGHZ 61, 325, 332 = NJW 1974, 91, 94 = VersR 1974, 143, 147 = DAR 1974, 45.
306 BGHZ 61, 325, 332 = NJW 1974, 91, 94 = VersR 1974, 143, 147 = DAR 1974, 45.
307 BGHZ 61, 325, 332 = NJW 1974, 91 ff. = VersR 1974, 143, 147 = DAR 1974, 45; – vgl. dazu insbes. *KG* VersR 1977, 82 f. = DAR 1976, 155 f.

unfallbeschädigten Fahrzeuges jedenfalls insoweit zu bejahen, als das Mietausfallrisiko höher ist als das Nutzungsausfallrisiko des eigenen Fahrzeugs. In dem Verhältnis, in dem der hypothetisch zu ersetzende Mietausfallschaden höher ist als der hypothetisch bei dem eigenen Fahrzeug entstehende Nutzungsausfall, sind entsprechende Aufwendungen zur Haftungsfreistellung erstattungsfähig.

## 6. Rechtsschutzversicherung

Hat der Geschädigte Rechtsschutz im Rahmen einer Verkehrs-Rechtsschutzversicherung gem. § 21 ARB, besteht Versicherungsschutz auch als Mieter jedes von dem Versicherungsnehmer als Selbstfahrer-Vermietfahrzeug zum vorübergehenden Gebrauch gemieteten Motorfahrzeuges zu Lande sowie Anhängers.[308] Der Geschädigte braucht daher keinen zusätzlichen Rechtsschutzvertrag für den Mietwagen abzuschließen; er kann folglich die Kosten einer solchen – zusätzlich für das Mietfahrzeug abgeschlossenen – Rechtsschutzversicherung vom Schädiger nicht ersetzt verlangen. Besteht für den Geschädigten lediglich Fahrer-Rechtsschutz nach § 22 ARB,[309] so ist er in dieser Rechtsschutz-Versicherungsform als Fahrer jedes (fremden) Motorfahrzeuges versichert, also auch und gerade als Fahrer eines Mietfahrzeuges. 259

Hat der Geschädigte für sein eigenes Fahrzeug lediglich eine Fahrzeug-Rechtsschutzversicherung nach § 22 ARB 75 bzw. 85 abgeschlossen, so sind nur Eigentümer, Halter, Mieter, Entleiher sowie die berechtigten Fahrer und Insassen dieses Fahrzeugs versichert. Hatte der Geschädigte eine solche Versicherung für sein eigenes Kfz abgeschlossen, kann er einen Rechtsschutz für den angemieteten Ersatzwagen nur dann erhalten, wenn er einen zusätzlichen Vertrag abschließt. In einem solchen Fall kann der Geschädigte, da sich eine eigene Fahrzeug-Rechtsschutzversicherung nicht auf das Fahren mit einem Mietwagen erstreckt, nur dann die Prämie für einen solchen zusätzlichen Versicherungsschutz hinsichtlich des angemieteten Wagens ersetzt verlangen, wenn er selbst für seinen eigenen Wagen eine solche Fahrzeug-Rechtsschutzversicherung abgeschlossen hatte. 260

Hatte der Geschädigte jedoch für sein beschädigtes Kfz keine Fahrzeug-Rechtsschutzversicherung abgeschlossen, so kann er die hierfür bei Anmietung des Ersatzwagens gezahlte Zusatzprämie nicht vom Ersatzpflichtigen erstattet verlangen. Diese Aufwendung war nicht objektiv erforderlich, weil insoweit kein messbares oder messbar erhöhtes »Sonderrisiko« bei der Ersatzwagenanmietung festzustellen ist. Das Risiko, für seine Vertretung bzw. Verteidigung vor Gericht zu sorgen, fällt in das für jeden Kraftfahrer gleichermaßen vorhandene sog. »allgemeine Lebensrisiko«. 261

## 7. Insassen-Unfall-Versicherung

Nur dann, wenn der Geschädigte sein eigenes Kfz gegen Insassenunfall versichert hatte, kann er den Betrag, den er für eine Insassen-Unfallversicherung beim Mietfahrzeug aufwenden muss, vom Ersatzpflichtigen ersetzt verlangen.[310] Ein »Sonderrisiko« lässt sich bei einer Ersatzwagenanmietung in diesem Zusammenhang nicht feststellen, da ein solches Risiko in den Bereich des »allgemeinen Lebensrisikos« fällt. 262

## 8. Gebühren für weitere Zusatzleistungen des Autovermieters

In Bezug auf Zusatzleistungen des Vermieters ist zu berücksichtigen, dass nur diejenigen Mietwagenkosten erstattungsfähig sind, die ein verständiger, wirtschaftlich denkender Mensch in der Lage des 263

---

308 § 21 Abs. 1 ARB 94 und ARB 2000.

309 § 22 Abs. 1 ARB 94 und ARB 2000, § 23 Abs. 1 ARB 85.

310 Vgl. auch *OLG München* r+s 1976, 258; *OLG Nürnberg* VersR 1977, 1016 (L); *OLG Frankfurt* zfs 1981, 270; *OLG Celle* SP 2010, 78; *LG Bielefeld* VersR 1973, 776; *LG Braunschweig*, Urteil v. 13.01.2009 – 7 S 394/08; *AG Bremen* zfs 1981, 44 = VersR 1980, 1153 (L) zfs 1981, 44; *Klimke* VersR 1970, 792, 796; *v. Caemmerer* VersR 1971, 973, 980; *Born* VersR 1978, 777, 780; *Sanden/Völtz* Rn. 304; *AG Heidelberg* VersR 1978, 953 (L); – a.A. *AG Augsburg* 2 C 1257/77 v. 08.03.1978 (n.v.); *AG Karlsruhe* VersR 1981, 343 = r+s 1981, 108; *AG Krefeld* VersR 1982, 811.

Geschädigten zum Ausgleich des Gebrauchsentzugs seines Fahrzeugs für erforderlich halten durfte. Auszugleichen sind nur solche Vorteile, die für den Gebrauch des Fahrzeugs von wesentlicher Bedeutung sind.[311] Soweit das Mietwagenunternehmen für die Zustellung und Abholung des Mietwagens zu bzw. bei dem Geschädigten eine gesonderte Gebühr verlangt, kann diese als zurechenbar und schadensadäquat erstattungsfähig sein.[312] Dies setzt jedoch substantiierten Vortrag des Geschädigten dazu voraus, dass diese zusätzlichen Kosten auch schadensbedingt erforderlich waren.[313] Darüber hinaus muss diese Gebühr auch tatsächlich angefallen sein, also das Fahrzeug tatsächlich gebracht und abgeholt worden sein.[314] Wenn dem Geschädigten ohne Weiteres eine Vermeidung dieser Kosten möglich ist, etwa wegen eines erreichbaren Alternativangebots ohne entsprechende Zusatzgebühren oder wegen eines Mietwagenangebots in unmittelbarer (fußläufiger!) Nähe seines Wohnorts oder seiner Arbeitsstelle, kann von ihm gem. § 254 Abs. 2 BGB verlangt werden, das wirtschaftlichere Angebot anzunehmen bzw. auf eine Zustellung zu verzichten.[315]

264 Die Kosten für einen 2. Fahrer sind ebenfalls erstattungsfähig, wenn das beschädigte Fahrzeug regelmäßig auch von einer weiteren Person genutzt wurde.[316] Auch dies setzt allerdings voraus, dass auch eine Nutzung des Mietfahrzeugs durch einen weiteren Fahrer mit dem Vermieter vereinbart wurde und auch tatsächlich erfolgt ist, was vom Geschädigten konkret darzulegen ist.[317] Zusätzliche Kosten für die Anmietung eines Automatikfahrzeugs sind grundsätzlich nur erstattungsfähig, wenn das eigene, beschädigte Fahrzeug ein Automatikgetriebe hat und dem Geschädigten etwa aufgrund einer körperlichen Einschränkung oder langjähriger Gewöhnung nicht zugemutet werden kann, für die kurze Zeit der Anmietung aus Schadensminderungsgründen auf ein Schaltgetriebe zu wechseln.[318] Dies gilt in gleicher Weise für Aufschläge für Navigationsgerät und Anhängerkupplung.[319] Die Kosten für »besondere Hygienemaßnahmen« sind nicht ersatzfähig, als sie jenseits der ohnehin erforderlichen Reinigung auch im Rahmen der Pandemie nicht erforderlich waren.[320]

265 Ein Zuschlag für Winterreifen wird in der Rechtsprechung kontrovers diskutiert, als ein verkehrssicherer Zustand des Mietwagens bereits im Grundtarif enthalten sein sollte.[321] Für diese Positionen gilt jedoch ebenfalls, dass eine Ersatzfähigkeit allenfalls dann in Betracht kommt, wenn eine entsprechende Zusatzgebühr regional üblich ist und nicht durch entsprechendes Ausweichen auf

311 *BGH* VersR 2012, 874 = DAR 2012, 326 = NJW 2012, 2026.

312 *OLG Köln* NZV 2007, 199; 2010, 514; 2010, 614; *LG Baden-Baden* zfs 2003, 16; *LG Bayreuth* DAR 2004, 94; a.A. *AG Stadthagen* VersR 2007, 707.

313 *BGH* NJW 2006, 360 = VersR 2006, 133 = DAR 2006, 139; *LG Frankenthal* SVR 2012, 310.

314 *BGH* VersR 2010, 683 = DAR 2010, 464 = r+s 2010, 211; VersR 2011, 643 = DAR 2011, 250 = r+s 2011, 264; *LG Braunschweig* Urt. v. 13.01.2009 – 7 S 394/08; *AG Coburg* NZV 2009, 396 = SVR 2009, 226.

315 *LG Hof* NZV 2008, 459.

316 *BGH* VersR 2011, 1026 = DAR 2011, 462 = MDR 2011, 845; *LG Bayreuth* a.a.O.; *LG Bonn* NZV 2010, 245; *LG Ansbach* VersR 2011, 645 = DAR 2010, 470.

317 *BGH* VersR 2011, 643 = DAR 2011, 250 = r+s 2011, 264; *OLG Köln* NZV 2007, 199; 2010, 514; *LG Bielefeld* Urt. v. 19.12.2007 – 21 S 189/07; *LG Braunschweig* Urt. v. 13.01.2009 – 7 S 394/08; *AG Stralsund* SVR 2014, 350.

318 So bei *LG Ansbach* VersR 2011, 645 = DAR 2010, 470.

319 Erstattungsfähig nach *OLG Köln* NZV 2010, 514; *LG Bielefeld* Urt. v. 19.12.2007 – 21 S 189/07.

320 *LG Wuppertal* ZfS 2022, 496.

321 Gegen Erstattungsfähigkeit: *OLG Köln* MDR 2010, 986; SVR 2011, 454; *OLG Stuttgart* SP 2010, 368; *AG Suhl* NZV 2010, 35; *LG Essen*, Urteil v. 13.01.2009 – 15 S 265/08; *LG Ansbach* SP 2011, 115; *LG Rostock* SVR 2012, 380; *LG Trier* NZV 2014, 231; *AG Passau* SVR 2009, 35 = SP 2009, 117; *AG Landstuhl* SVR 2012, 387; *AG Bremen* NZV 2014, 42; anders: *OLG Köln* NZV 2010, 614; 2011, 450; *LG Passau* NZV 2009, 81; *LG Landshut* NZV 2009, 397; *LG Arnsberg* NZV 2009, 397; *LG Bonn* NZV 2010, 245; 2011, 452; *LG Göttingen* NZV 2011, 250; *LG Köln* NZV 2014, 230; *AG Erfurt* NZV 2009, 396; *AG Landshut* NZV 2011, 135; *AG Siegburg* NZV 2011, 136; *AG Hamburg-St. Georg* SVR 2012, 391; *AG Celle* zfs 2013, 86; nicht erstattungsfähig bei Verschiebbarkeit der Reparatur: *AG Coburg* NZV 2009, 396 = SVR 2009, 226.

ein anderes Mietwagenunternehmen vermieden werden kann.[322] Zusatzkosten für die Anmietung eines Navigationssystems sind – jedenfalls bei längerer Anmietung – hinsichtlich ihrer Erforderlichkeit genau zu prüfen, als solche Kosten häufig die Kosten des Eigentumserwerbs an einem mobilen Navigationsgeräts deutlich übersteigen. Hier stellt sich die Frage der Wirtschaftlichkeit.[323] Bei kurzen Anmietdauer müsste geprüft werden, ob die Navigationsfunktion eines modernen Smartphones zur Überbrückung verfügbar und zumutbar ist. Auch hinsichtlich der Kosten einer Anhängerkupplung wäre substantiiert darzustellen, warum eine solche gerade im Zeitraum der Ersatzanmietung erforderlich war. Hatte das Unfallfahrzeug etwa eine Anhängerkupplung nur für Urlaubsreisen mit dem Campinganhänger und stand während der Ersatzanmietung ein solcher Urlaub nicht an, kann und muss der Geschädigte auf solche Zusatzkosten verzichten.

## V. Schadenminderungspflicht

Die allgemeinen Grundsätze der durch § 254 Abs. 2 BGB normierten Schadenminderungspflicht gelten auch bezüglich der Mietwagenkosten. Aus rechtsdogmatischer Sicht ist die Frage, ob das Korrektiv bereits bei der »Erforderlichkeit« im Sinne von § 249 S. 2 BGB anzusetzen oder die angemessene Lösung über § 254 zu suchen ist, nicht einfach zu beantworten. Die Erforderlichkeit wird dann als Kriterium heranzuziehen sein, wenn es sich um die Frage des wirtschaftlichsten Weges der Schadenbehebung handelt.[324] 266

Nach § 254 Abs. 2 BGB muss der Geschädigte, soweit ihm dies objektiv möglich und subjektiv zuzumuten ist, den Schaden geringhalten. Er muss sich daher nach Treu und Glauben (§ 242 BGB) so verhalten, wie ein verständiger, wirtschaftlich denkender Geschädigter in der besonderen Lage des Anspruchstellers gehandelt haben würde.[325] 267

Die Auffassung, der Geschädigte müsse sich so verhalten, als habe er den Schaden selbst zu tragen, bedeutet nicht, dass der Geschädigte verpflichtet ist, sich so zu verhalten, als müsse er den Schaden im Ergebnis aus seiner »eigenen Tasche« bezahlen.[326] Unzutreffend ist insbesondere – jedenfalls in dieser Verallgemeinerung – der zuweilen vertretene Rechtsstandpunkt, Mietwagenkosten seien nur insoweit erstattungsfähig als sie in einem vernünftigen Verhältnis zu den für die Reparatur des beschädigten Kfz anfallenden Kosten stehen.[327] 268

Die Ausfallzeit des beschädigten Kfz ist so weit wie möglich abzukürzen, damit die während dieser Zeit auflaufenden Mietwagenkosten – das Gleiche gilt für die während dieser Zeit etwa erstattungsfähige Nutzungsausfallentschädigung – geringgehalten werden. 269

Eine Verletzung der Schadenminderungspflicht aus § 254 Abs. 2 BGB hat lediglich dann Rechtsfolgen, wenn der Ersatzpflichtige überdies nachweist, dass der Geschädigte insoweit schuldhaft gehandelt hat.[328] Die Beweislast für eine schuldhafte Verletzung der Schadenminderungspflicht aus § 254 Abs. 2 BGB obliegt in vollem Umfang dem Ersatzpflichtigen, der sich auf diesen Tatbestand beruft. Dies bedeutet zugleich, dass alle Zweifel bei der Aufklärung eines Sachverhalts zu seinen Lasten gehen. Insoweit ist ergänzend zu berücksichtigen, dass im Rahmen der Abwägung nach § 254 270

---

322 *BGH* VersR 2013, 730 = DAR 2013, 378; *LG Bayreuth* a.a.O.; *AG Bernkastel-Kues* NZV 2012, 247.

323 Gleichwohl unkritisch zugesprochen von *KG* MRW 2014, 58; *OLG München* MRW 2017, 7.

324 Vgl. dazu insbes. BGHZ 66, 239 = NJW 1976, 1396 = VersR 1976, 874; VersR 1982, 548.

325 Vgl. dazu insbes. *BGH* NJW 1951, 797 f.; 1964, 717; BGHZ 54, 82, 85 = VersR 1970, 832 f.; BGHZ 61, 346, 349 = VersR 1974, 90 f.; BGHZ 63, 182, 188 = NJW 1975, 160 = VersR 1975, 184, 186; VersR 1975, 261 f.; VersR 1976, 389 f.; VersR 1982, 548.

326 Vgl. *BGH* VersR 1985, 283, 285 m.w.N.

327 So ausdrücklich für Nutzungsausfall *BGH* NJW 2005, 1044 = VersR 2005, 570 = zfs 2005, 573 = r+s 2005, 263 = DAR 2005, 265 = NZV 2005, 303 = MDR 2005, 683; dagegen *LG München I* NZV 2002, 573; *AG Frankfurt/M.* VersR 1981, 692; *AG München* VersR 1985, 300 = zfs 1985, 143.

328 Vgl. *BGH* NJW 1951, 797; VersR 1965, 1173; *OLG München* VersR 1976, 1145, 1147 = DAR 1976, 156 f.

BGB die Beweislastregel des § 280 Abs. 1 S. 2 BGB keine Anwendung findet.[329] Allerdings kann auch im Rahmen des § 254 BGB nach § 287 ZPO geschätzt werden, soweit es um die Kausalität des Mitverschuldens geht.[330] Zudem dürfte die objektive Verletzung einer Schadensminderungspflicht das Verschulden indizieren.

271 Demgegenüber obliegt dem Ersatzpflichtigen keine Verpflichtung in dem Sinne, dass er im Zweifel seinerseits darlegen muss, was er selbst getan hat, um den Schaden des Geschädigten gering zu halten. Die Schadenminderungspflicht trifft ausschließlich den Geschädigten im Rahmen der allein ihm obliegenden Veranlassungspflicht. Dies bedeutet mit Blick auf § 254 Abs. 2 BGB insbesondere, dass die Schadenminderungspflicht es dem Geschädigten verbietet, das wirtschaftliche Risiko eines zu erteilenden Kfz-Reparaturauftrages dadurch auf den Schädiger abzuwälzen, dass er von diesem bzw. dessen Haftpflichtversicherung zuvor eine Kostenübernahmeerklärung zu erlangen versucht. Entstehen durch das zu lange Abwarten des Geschädigten und durch die damit verbundene Verzögerung des Reparaturauftrags höhere Mietwagenkosten, hat diese Mehrkosten der Geschädigte zu tragen. Verfügt er nicht über ausreichende Mittel zur Auslösung des Fahrzeugs, muss er im Zweifel hierzu einen Kredit in Anspruch nehmen, dessen Kosten jedenfalls deutlich geringer sind als weitere Mietwagenkosten.[331]

272 Der Ersatzpflichtige seinerseits hat jedoch unter Berücksichtigung der Grundsätze von Treu und Glauben (§ 242 BGB) im Rahmen der sich ihm darbietenden Möglichkeiten dem Geschädigten – insbesondere dann, wenn dieser sich an den Schädiger bzw. seinen Haftpflichtversicherer wendet – bei einer ordnungsgemäßen Schadenabwicklung Hilfestellung zu leisten. Er ist insbesondere verpflichtet, den Schaden nach Ablauf einer angemessenen Bearbeitungsfrist unverzüglich zu regulieren, nachdem der Geschädigte den Schaden ordnungsgemäß beziffert und belegt hat.

273 Falls der Ersatzpflichtige die Schadenbeseitigung in eigener Regie übernommen haben sollte, könnte er sich im Verhältnis zum Geschädigten insoweit auf § 254 Abs. 2 BGB nicht berufen. Einem derartigen Hinweis würde der Einwand der Arglist entgegenstehen.

### 1. Erkundigungs- und Überwachungspflicht

274 Der Geschädigte ist regelmäßig nicht verpflichtet, nach einem Unfall bei zahlreichen Reparaturwerkstätten, Sachverständigen oder Mietwagenunternehmen umfassende Preisvergleiche anzustellen oder gar Erkundigungen darüber einzuziehen, welches Unternehmen ein gleichwertiges Ersatzfahrzeug zu den günstigsten Bedingungen bereithält. Der Geschädigte hat sich jedoch[332] – insbesondere während der Urlaubszeit – vor Erteilung des Reparaturauftrags zur Vermeidung unverhältnismäßig hoher Mietwagenkosten nach der Dauer der Instandsetzung und nach dem Zeitpunkt der Fertigstellung zu erkundigen. Ein noch voll verkehrs- und betriebssicheres Fahrzeug ist bis zu dem Zeitpunkt weiterzubenutzen, zu dem gewährleistet ist, dass die Reparaturarbeiten sofort begonnen und zügig durchgeführt werden. Unter Umständen muss er auch eine provisorische Zwischenreparatur in Betracht ziehen, um eine Nutzung des Fahrzeugs bis zur endgültigen Reparatur zu ermöglichen.[333] Dies gilt insbesondere für den Fall, dass Schwierigkeiten bei der Beschaffung von Ersatzteilen auftreten oder auch nur ernsthaft zu befürchten sind.

275 Der Geschädigte ist nicht verpflichtet, unter allen Umständen das billigste Ersatzfahrzeug anzumieten oder gar sich bei allen gewerblichen Autovermietungen am Ort nach deren Preisen und Konditionen zu erkundigen. Er braucht also keine Art »Marktforschung« zu betreiben, womit er

---

329 Vgl. BGHZ 46, 260 = NJW 1967, 622.

330 *BGH* NJW 1986, 2945 = VersR 1986, 1208 = DAR 1986, 356.

331 *OLG Naumburg* NJW 2004, 3191 = DAR 2005, 158 = NZV 2005, 198, s. Rdn. 172 ff.

332 *OLG Saarbrücken* NZV 2011, 85; a.A. und daher zu weitgehend *LG Koblenz* r+s 1984, 147; *AG Kusel* r+s 1981, 85; *AG Krefeld* VersR 1982, 811 = r+s 1982, 216; *AG Essen* r+s 1983, 255.

333 Vgl. dazu insbes. *OLG Stuttgart* VersR 1981, 1061; *OLG Frankfurt* VersR 2005, 1742 = DAR 2006, 123; *LG Karlsruhe* VersR 1982, 562 = zfs 1982, 237.

zweifellos überfordert wäre, muss aber ganz allgemein auf günstige Vertragsbedingungen achten. Es genügt, wenn der Geschädigte sich vergewissert, dass das Angebot des Mietwagenunternehmers nicht deutlich aus dem Rahmen fällt.[334] Dies bedeutet zugleich auch, dass er ein Fahrzeug nicht nach einem überhöhten Sondertarif (»Unfallersatztarif«) anmieten darf, soweit diese Zusatzkosten nicht erforderlich sind bzw. nicht aufgrund unfallbedingter Zusatzleistungen des Mietwagenunternehmens gerechtfertigt sind.

Wenn der Geschädigte nach einem fremdverschuldeten Kraftfahrzeugunfall einen Mietwagen für eine längere Zeit oder eine größere Strecke, z.B. für eine dreiwöchige Urlaubsreise, benötigt, darf er nicht das erstbeste Angebot annehmen, sondern muss Konkurrenzangebote einholen und ggf. beim KH-Versicherer nachfragen, und diesem die Gelegenheit geben, evtl. zu einem günstigen Pauschalpreis einen Mietwagen zu beschaffen. Die Anforderungen an den Geschädigten hinsichtlich der Auswahl des Mietwagenunternehmens steigen insoweit mit der Länge der voraussichtlichen Mietdauer und somit der voraussichtlichen Mietwagenkosten.[335] 276

Der Geschädigte muss sich hinsichtlich der Preisgestaltung und der Konkurrenzsituation der Autovermietungen am Ort einen groben Überblick verschaffen, soweit ihm dies in der konkreten Situation vor Anmietung (objektiv) möglich und (subjektiv) zumutbar ist. Ein oder zwei Konkurrenzangebote sind einzuholen, ferner wird eine Verpflichtung angenommen, sich hierbei nach verschiedenen Tarifen zu erkundigen. Unter mehreren vergleichbaren und in gleicher Weise zumutbaren Möglichkeiten muss der Geschädigte die für ihn vorteilhafteste auswählen.[336] 277

Sollte an bestimmten Tagen der Ausfallzeit ein Fahrbedürfnis des Geschädigten nicht bestehen – dies gilt insbesondere für gesetzliche Fahrverbote[337] und an arbeitsfreien Wochenenden bei gewerblich genutzten Fahrzeugen – ist der Geschädigte gem. § 254 Abs. 2 BGB verpflichtet, das Fahrzeug an den betreffenden Tagen zurückzugeben, sofern dies Kosten mindernd möglich ist, bzw. nur an Werktagen ein Fahrzeug anzumieten. 278

Der Geschädigte muss grundsätzlich eine möglichst in der Nähe seiner Wohnung befindliche Reparaturwerkstatt beauftragen, um längere Anmietzeiten zu vermeiden. Wer aus unfallbedingtem Anlass den Reparaturauftrag an eine wenig leistungsfähige Werkstatt, beispielsweise an einen »Ein-Mann-Betrieb«, erteilt, verletzt im Hinblick auf die dadurch ausgelösten Mietwagenkosten seine Schadenminderungspflicht.[338] Es ist allerdings nicht zu beanstanden, wenn ein Kfz ausländischen Fabrikats in der einzigen Vertragswerkstatt des betreffenden Orts repariert wird. Kommt der Geschädigte seiner Erkundigungspflicht insoweit nicht nach, so bedeutet dies in der Regel einen Verstoß gegen die durch § 254 Abs. 2 BGB normierte Schadenminderungspflicht. Er hat unter dieser Voraussetzung lediglich Anspruch auf Ersatz der Mietwagenkosten für den objektiv erforderlichen Reparaturzeitraum.[339] 279

Der Geschädigte ist überdies bei verbliebener Verkehrssicherheit oder Möglichkeit zur Notreparatur im Rahmen der ihm zumutbaren Möglichkeiten verpflichtet, mit der Reparaturwerkstatt einen verbindlichen Annahmetermin zu vereinbaren, zu dem gewährleistet ist, dass, ggf. nach vorheriger Beschaffung der für die Reparatur erforderlichen Ersatzteile, mit der Instandsetzung sofort begon- 280

334 So *BGH* NJW 1985, 2639 f.

335 Vgl. dazu *BGH* NJW 1985, 793 = VersR 1985, 285; NJW 1985, 2637 = VersR 1985, 1092 = r+s 1985, 217; NJW 1985, 2639; *OLG Stuttgart* VersR 1982, 559; DAR 1994, 326; *OLG Hamm* VersR 1982, 1173; DAR 1991, 3366 = zfs 1991, 377; *OLG Oldenburg* r+s 1991, 305 = zfs 1991, 377; *OLG München* VersR 1983, 1064; *OLG Frankfurt* zfs 1991, 374 (Nachfr. bei Vers.); *OLG Köln* VersR 1992, 182; *AG Altötting* VersR 2004, 1064.

336 Vgl. z.B. *OLG München* NJW 1994, 359; *OLG Köln* NJW-RR 1993, 1053; *OLG Nürnberg* VersR 1994, 235; *OLG Hamm* VersR 1994, 1441; a.A. *OLG Stuttgart* NZV 1994, 313; *OLG Frankfurt* NZV 1995, 479.

337 Vgl. dazu *LG Lübeck* VersR 1981, 1140.

338 Vgl. *OLG Frankfurt* zfs 1985, 322.

339 Vgl. auch z.B. *BGH* NJW 1975, 255 = VersR 1975, 261; *LG Karlsruhe* VersR 1982, 562.

nen werden kann und diese zügig durchgeführt wird.[340] Unterlässt er dies, so hat er die durch die Verzögerung entstandenen abgrenzbaren Mehrkosten selbst zu tragen.

281 Der Geschädigte muss sich von vornherein eine zügige Abwicklung der notwendigen Reparaturarbeiten – möglichst verbindlich – zusichern lassen. Er verstößt auch dann gegen seine Schadenminderungspflicht, wenn er – insbesondere natürlich für den Fall, dass das Fahrzeug noch betriebs- und verkehrssicher ist – ohne jede Voranmeldung eine beliebige Reparaturwerkstatt aufsucht und dort zwar um zügige Bearbeitung bittet, sich im Übrigen jedoch untätig verhält.[341]

282 Sofern das beschädigte Kfz noch fahrbereit und verkehrssicher ist, wird dem Geschädigten in der Regel eine Weiterbenutzung seines Wagens insbesondere für den Fall zuzumuten sein, dass die sofortige Erteilung eines Reparaturauftrages die Instandsetzungszeit über Gebühr verzögert.[342] Dies kann beispielsweise dann der Fall sein, wenn der Wagen über das arbeitsfreie Wochenende oder gar über eine Reihe von zusammenhängenden Feiertagen unbearbeitet in der Werkstatt steht, ferner wenn erst Ersatzteile beschafft werden müssen.

283 Unter dieser Voraussetzung ist der Geschädigte in Erfüllung der Schadenminderungspflicht gehalten, sein Fahrzeug zunächst weiterzubenutzen, um alsdann mit einer leistungsfähigen Reparaturwerkstatt verbindlich einen Annahmetermin zu vereinbaren, zu dem gewährleistet ist, dass die Instandsetzungsarbeiten unverzüglich (§ 121 BGB) in Angriff genommen und zügig durchgeführt werden. Dies setzt stets voraus, dass die für die Reparatur benötigten Ersatzteile, ggf. nach vorheriger Bestellung, vollständig zur Verfügung stehen.

284 Sofern es sich bei dem beschädigten Kfz um einen Wagen mit Schraubteilen handelt und Schäden in diesem Bereich eingetreten sind (z.B. Kotflügel), können die betreffenden Ersatzteile bereits in der Farbe des Fahrzeugs vorlackiert werden. Die notwendige Reparatur- und damit Ausfallzeit kann sich auf diese Weise auf nur einige Stunden für die Demontage des beschädigten Teils und die Montage des bereits lackierten Neuteils verkürzen.

285 Der Geschädigte ist u.U. verpflichtet, den jeweils beauftragten Reparaturunternehmer – ggf. unter erneuter Einschaltung des Kfz-Sachverständigen – unter Hinweis auf die bereits entstandenen Mietwagenkosten in angemessenen Zeitabschnitten auf unverzügliche Erledigung der Arbeit zu drängen und sich von ihrem Fortgang gegebenenfalls selbst zu überzeugen.[343] Er verstößt gegen das Wirtschaftlichkeitsgebot, wenn er die Schadenabwicklung vollständig aus der Hand gibt und sich um eine zügige Abwicklung nicht mehr kümmert.[344]

286 Bei größeren Reparaturarbeiten, die befürchten lassen, dass diese gelegentlich einmal unterbrochen werden, muss der Geschädigte sich regelmäßig, notfalls telefonisch, in angemessenen Zeitabständen bei der Reparaturwerkstatt erkundigen und, sofern dazu Anlass besteht, auf eine unverzügliche Ausführung der Arbeiten drängen.[345] Insoweit trägt der Geschädigte eine sekundäre Darlegungslast, welche Anstrengungen er unternommen hat, um eine zügige Reparatur zu erreichen.[346]

287 Hat sich der Unfall beispielsweise an einem Donnerstag ereignet, muss der Geschädigte damit rechnen, dass mit den Reparaturarbeiten doch erst am Montag der kommenden Woche begonnen wird,

---

340 Vgl. z.B. *KG* 12 U 2023/75 v. 05.04.1976 (bei *Darkow* DAR 1977, 256 [bezüglich Nutzungsausfallentschädigung]); *LG Aachen* VersR 1973, 753; *AG Augsburg* VersR 1975, 191; *AG Frankfurt/M.* r+s 1975, 232; *AG Köln* VersR 1976, 1099 f.; *AG Bad Bramstedt* VersR 1977, 656 (L 2); *AG Bonn* zfs 1980, 267.

341 Vgl. *LG Aachen* VersR 1973, 753.

342 *LG Berlin* VersR 2005, 847 = zfs 2004, 448 = NZV 2004, 635; *AG Köln* zfs 1984, 199; *AG Brühl* DAR 2012, 586; *AG Düsseldorf* SVR 2021, 424.

343 Vgl. dazu insbes. *OLG Celle* NJW 1962, 398; *OLG Düsseldorf* VersR 1969, 429; *LG Karlsruhe* VersR 1982, 562.

344 *OLG Düsseldorf* SVR 2018, 224.

345 *AG Wilhelmshaven* VersR 1980, 494 = zfs 1980, 205.

346 *OLG Saarbrücken* NZV 2011, 85; *AG Bautzen* ZfS 2021, 624.

weil die meisten Werkstätten kurz vor Beginn des Wochenendes überlastet und sehr häufig mit der Fertigstellung von Fahrzeugen befasst, die spätestens am Freitag gegen Betriebsschluss auszuliefern sind. Wenn das Kfz des Geschädigten noch fahrbereit ist, muss er den Wagen so lange weiterbenutzen, bis eine zügige Reparatur gewährleistet ist. Allerdings muss er nicht zwecks Erzielung einer kürzeren Reparaturzeit mit dem beschädigten Wagen fahren, wenn die Reparaturdauer sich im Rahmen der Vorgabe des Sachverständigen hält.[347]

Führt bei einem 14 Jahre alten Kfz ein Unfallschaden, der sich nicht auf die Verkehrssicherheit und Fahrbereitschaft auswirkt, zu einem wirtschaftlichen Totalschaden, so ist der Halter verpflichtet, die Zeit bis zur Anschaffung eines Ersatzfahrzeugs ggfs. durch Vornahme einer möglichen Notreparatur mit anschließender Weiterbenutzung des Kfz zu überbrücken. Mit der Anmietung eines Ersatzfahrzeugs für die Dauer der Wiederbeschaffungsfrist verstößt er in diesem Fall gegen seine Schadenminderungspflicht.[348] Keinesfalls kann der Geschädigte die Wiederbeschaffung einem Dritten überlassen und Verzögerungen hierbei dem Schädiger anlasten.[349] 288

Im Einzelfall kann es auch durchaus sinnvoll sein, das Kfz durch eine Notreparatur, d.h. durch eine provisorische Zwischenreparatur,[350] wieder soweit verkehrs- und betriebssicher herrichten zu lassen, dass es bis zum Beginn der eigentlichen (Haupt-)Reparatur oder, im Fall eines Totalschadens[351] ausnahmsweise, bis zur Lieferung eines Ersatzfahrzeugs weiterbenutzt werden kann.[352] Dies gilt insbesondere bei ausländischen Fabrikaten.[353] Einem Geschädigten ist es jedoch keineswegs zuzumuten, über Monate mit einem demolierten, notdürftig reparierten Fahrzeug zu fahren. 289

Für den Zeitraum, in dem das ursprünglich beschädigte Kfz nach Durchführung der notwendigen Instandsetzungsarbeiten wieder einsatzbereit war, braucht der Ersatzpflichtige grundsätzlich Mietwagenkosten nicht zu erstatten. Die Rückgabe des Mietwagens 2 Tage nach Abschluss der Reparaturarbeiten stellt jedoch dann keine Verletzung der Schadenminderungspflicht dar, wenn dem Geschädigten einen Tag vor Abschluss der Reparatur der Termin der Auslieferung des Kfz noch nicht genannt werden konnte und er am folgenden Tag das Fahrzeug mit Rücksicht auf eine inzwischen angetretene Dienstreise nicht abzuholen in der Lage war.[354] 290

Bei einem Totalschaden hat der Geschädigte auch die Ersatzbeschaffung zügig durchzuführen. Insoweit ist es sorgfaltswidrig, die Bemühung um die Beschaffung eines Ersatzfahrzeugs auf einen einzigen Händler zu konzentrieren. Eine hierdurch entstandene Überschreitung der im Gutachten ausgewiesenen Wiederbeschaffungsfrist ist nicht erstattungsfähig.[355] 291

## 2. Hinweispflicht bei hohem Schaden

Besondere Probleme bereiten Mietwagenkosten für Urlaubsreisen und Auslandsfahrten. Dazu hat der *BGH*[356] einige wichtige Grundsätze aufgestellt. Erleidet jemand auf einer längeren in das Aus- 292

347 Vgl. *OLG Düsseldorf* zfs 1991, 375.

348 Vgl. dazu *LG Aachen* r+s 1986, 182.

349 Falsch insoweit: *AG Haßfurt* zfs 2014, 265.

350 Vgl. dazu wegen näherer Einzelheiten *OLG Hamm* zfs 1985, 231; *OLG Frankfurt/M.* VersR 2005, 1742 = DAR 2006, 123; *LG Duisburg* VersR 1985, 554 = zfs 1985, 235; *LG Paderborn* zfs 1985, 231 f.

351 Vgl. *OLG Stuttgart* VersR 1981, 1061 = r+s 1981, 260; *LG Coburg* r+s 1984, 40; *LG Nürnberg-Fürth* zfs 1992, 49.

352 Vgl. dazu insbes. *BGH* VersR 1982, 548; *OLG Stuttgart* VersR 1981, 1061 = zfs 1982, 11 (insbesondere zur Urlaubszeit); *LG Kiel* zfs 1980, 363; *LG München I* VersR 1984, 669 (Notreparatur kurz vor Antritt einer Urlaubsreise zur Wiederherstellung der Fahrbereitschaft); *AG Hamburg* r+s 1980, 193; *AG Köln* r+s 1985, 296.

353 Vgl. *OLG Köln* VersR 1977, 747; *LG Hamburg* r+s 1987, 196.

354 Vgl. dazu *LG Dortmund* VersR 1980, 175 = zfs 1980, 113.

355 *AG Bad Kissingen* SVR 2022, 108.

356 Vgl. dazu *BGH* NJW 1985, 793 = VersR 1985, 285; NJW 1985, 2637 = VersR 1985, 1092; NJW 1985, 2639.

land führenden Reise Totalschaden an seinem Kraftfahrzeug, so ist er grundsätzlich berechtigt, die Reise fortzusetzen und auf Kosten des Schädigers ein Mietfahrzeug in Anspruch zu nehmen. Er kann dabei insbesondere nicht auf die »abstrakte« Nutzungsausfallentschädigung verwiesen werden. Es ist ebenfalls für die Prüfung der Frage der Erforderlichkeit der Mietwagenkosten ohne Bedeutung, ob diese per Saldo höher sind als die Wiederbeschaffungskosten. Diese Grundsätze erklären sich damit, dass der Geschädigte, der auf einer Urlaubsreise oder unmittelbar vor ihrem Antritt einen größeren Kfz-Schaden erleidet, sich damit gewissermaßen in einer Zwangslage befindet.

**293** Dabei ist insbesondere ergänzend zu berücksichtigen, dass es dem Geschädigten außerhalb seines Wohnsitzes häufig nicht möglich sein wird, bei einer fremden Zulassungsstelle die Neuzulassung eines Ersatz- oder Interimfahrzeugs zu betreiben. Häufig wird dieser Versuch daran scheitern, dass die »fremde« Zulassungsstelle sich für örtlich unzuständig erklärt, sodass der Geschädigte unter Aufwendung zum Teil erheblicher Mehrkosten zu seinem Wohnsitz zurückkehren müsste, um dort die Zulassung zu betreiben.

**294** Auch das *OLG München*[357] und das *OLG Stuttgart*[358] haben in diesem Zusammenhang den Standpunkt eingenommen, ein Gastarbeiter sei grundsätzlich berechtigt, die Urlaubsfahrt in die Türkei mit einem Mietwagen anzutreten. Er könne nicht auf die Anschaffung eines Interimsfahrzeugs verwiesen werden. Ebenso wenig sei es ihm zuzumuten, die bereits in allen Einzelheiten fest vor geplante Urlaubsreise um 1 oder 2 Wochen zu verschieben, um sich inzwischen ein geeignetes Gebrauchtfahrzeug zu beschaffen. Auf das Verhältnis zwischen dem Wiederbeschaffungswert einerseits und den zu erwartenden Mietwagenkosten andererseits komme es[359] nicht an. Der Geschädigte sei jedoch in Erfüllung der ihm obliegenden Schadenminderungspflicht gehalten, für das Mietfahrzeug einen möglichst günstigen Tarif auszuhandeln.

**295** Derartige Grundsätze gelten insbesondere dann, wenn die bereits in allen Einzelheiten fest geplante Fahrt unaufschiebbar[360] und der Ankauf eines Ersatzfahrzeugs entweder in angemessener Zeit nicht möglich oder dem Geschädigten nicht zuzumuten war, mit anderen Worten: wenn die Fahrt bereits fest gebucht war und es dem Geschädigten nicht ohne größere Anstrengungen und höhere Kosten möglich bzw. zuzumuten war, die Reise zu verschieben. Dies gilt auch für beruflich bedingte Reisen. Der Geschädigte muss den Ersatzpflichtigen in der Regel in derartigen Fällen aber auf das Entstehen eines besonders hohen Schadens hinweisen.[361] Dies gilt in gleicher Weise, wenn der Geschädigte ohne Vorschussleistung des Haftpflichtigen bzw. seines Versicherers wirtschaftlich nicht in der Lage ist, die Reparatur bzw. Ersatzbeschaffung vornehmen zu lassen.[362] Diese Verpflichtung ergibt sich unmittelbar aus § 254 Abs. 2 BGB. Bei Verstoß gegen diese Hinweispflicht kommt es allerdings nur dann zu einer Anspruchskürzung, wenn sich dies auf die Schadenhöhe ausgewirkt hat. Davon ist nicht auszugehen, wenn auch bei einem Hinweis eine Vorschussleistung der Versicherung wegen der Bearbeitungszeit nicht früher angekommen wäre[363] oder aufgrund eines Streits zur Haftung dem Grunde nach nicht zu erwarten war.[364]

357 Vgl. dazu *OLG München* VersR 1983, 1064 = zfs 1984, 9.
358 Vgl. dazu *OLG Stuttgart* VersR 1982, 559 = DAR 1981, 292 = zfs 1981, 336; ähnlich *LG Nürnberg-Fürth* r+s 1985, 13.
359 Siehe auch *BGH* NJW 1985, 2637 = VersR 1985, 1092 = zfs 1985, 265; NJW 1985, 2639.
360 Vgl. dazu: *OLG Karlsruhe* VersR 1981, 885 = zfs 1981, 336 (Unfall am Tage der Abreise in die Türkei bei nachfolgender säumiger Regulierung durch das Amt für Verteidigungslasten).
361 Vgl. dazu: *OLG Köln* VersR 1979, 965.
362 *BGH* NJW 2005, 1044 = VersR 2005, 570 = DAR 2005, 265; *OLG Nürnberg* DAR 1981, 14 = zfs 1981, 77; *OLG Saarbrücken* NZV 1990, 388; *OLG Naumburg* NJW 2004, 3191 = DAR 2005, 158 = NZV 2005, 198; *KG* NZV 2009, 394; NZV 2010, 209 = MDR 2010, 79; *LG Frankfurt/Main* NJW-RR 1992, 1183; *AG Lahr* DAR 2001, 172.
363 *LG Bielefeld* NJW 2008, 1601 = NZV 2008, 352.
364 *LG Düsseldorf* SP 2008, 398.

Wie bereits ausgeführt, wird es dem Geschädigten, der sich in einer Zwangslage befindet, häufig nicht möglich sein, auf ein Interimsfahrzeug[365] zurückzugreifen oder sich unterwegs einen gebrauchten Ersatzwagen zu beschaffen. 296

Selbstverständlich gilt auch für diesen Fall im Rahmen der zumutbaren und darstellbaren Möglichkeiten die durch § 254 Abs. 2 BGB normierte Schadenminderungspflicht. Muss mit besonders hohen Mietwagenkosten gerechnet werden, sind dem Geschädigten auch besondere Anstrengungen zur Geringhaltung des Schadens zuzumuten. Insoweit ist auf die Situation am Ort des Unfalls abzustellen und auf die Lage, in der der Geschädigte sich unmittelbar nach dem Unfall befindet. Es ist immer eine Frage des Einzelfalls, was dem Geschädigten zugemutet werden kann. Eine schematische oder generalisierende Betrachtungsweise ist in derartigen Fällen nicht möglich. Es ist stets auf die konkreten Umstände abzustellen, die dem Einzelfall sein ganz spezielles Gepräge gegeben haben. Diese besonderen (insb. Hinweis-)Pflichten des Geschädigten bei besonders hohem drohenden Schaden gelten nicht nur bei einer anstehenden Urlaubsreise, sondern auch beispielhaft dann, wenn aufgrund dem Geschädigten bekannt werdender Lieferschwierigkeiten mit einer ungewöhnlich langen Reparaturdauer zu rechnen ist.[366] 297

Vor dem Hintergrund der Entscheidungen des *BGH*[367] erscheint die von Instanzgerichten[368] geäußerte Auffassung bedenklich, dass die Mietwagenkosten in einem vernünftigen Verhältnis zu den Reparaturkosten stehen müssen. 298

### 3. Garantierte Kilometer-Mindestabnahme

Der Geschädigte verstößt gegen die ihm nach § 254 Abs. 2 BGB obliegende Schadenminderungspflicht, wenn er ein Ersatzfahrzeug mit der Zusage einer garantierten Kilometer-Mindestabnahme anmietet, obwohl er voraussehen konnte, dass er das Mietfahrzeug nach einem gewöhnlichen Verlauf der Dinge im Durchschnitt nur für eine erheblich geringere Wegstrecke benötigt. Die weitaus meisten Mietwagenunternehmer machen die Mindestabnahme nicht mehr zur Bedingung. Dem Geschädigten ist also durchaus zuzumuten, erforderlichenfalls Erkundigungen darüber einzuziehen, wo bzw. zu welchen Bedingungen eine Ersatzanmietung ohne das Erfordernis der Mindestabnahme möglich ist. 299

Hat der Geschädigte sich unter Verletzung seiner Minderungspflicht auf die Vereinbarung einer Mindestabnahme eingelassen, dann braucht ihm der Schädiger lediglich die Mietwagenkosten zu erstatten, die auch bei einer Abrechnung auf der Basis der mit dem Mietwagen effektiv zurückgelegten Wegstrecke entstanden wären. 300

### 4. Interimsfahrzeug

Wenn zwischen dem Unfallzeitpunkt und dem Tag der Ersatzbeschaffung ein längerer Zeitraum liegt, ist mit Rücksicht auf die durch § 254 BGB normierte Schadenminderungspflicht im Einzelfall sorgfältig zu prüfen, ob die Anschaffung eines sog. »Interimsfahrzeugs« geeignet ist, den drohenden Sachfolgeschaden in zumutbarer Weise möglichst gering zu halten.[369] 301

365 Vgl. dazu *LG Münster* zfs 1986, 328.

366 *OLG Zweibrücken* DAR 2024, 217.

367 Vgl. dazu *BGH* NJW 1985, 2637 = VersR 1985, 1092 = zfs 1985, 265; NJW 1985, 2639; *BGH* NJW 2005, 1044 = VersR 2005, 570 = DAR 2005, 265.

368 Vgl. dazu *OLG Köln* VersR 1979, 965; – ähnlich *OLG München* NZV 1994, 359; *LG Hamburg* VersR 1980, 879 = zfs 1980, 333; *LG Köln* VersR 1992, 621 (Mietwagenkosten mehr als doppelt so hoch wie Totalschadensbetrag); *LG Hechingen* VersR 1982, 609 (L) = zfs 1982, 237; *LG Freiburg* DAR 1984, 153 = zfs 1984, 232.

369 Vgl. dazu insbes. *BGH* NJW 1982, 1516 = VersR 1982, 548 = zfs 1982, 238; *OLG Oldenburg* VersR 1982, 1154; *OLG Frankfurt* VersR 1978, 452 (nur unter ganz besonders gelagerten Umständen zumutbar); VersR 1980, 432 = zfs 1980, 205 (für »Vielfahrer«); VersR 1982, 859 = zfs 1982, 330 (Interims-

302 Ein Interimsfahrzeug kann insbesondere dann in Betracht kommen, wenn der Geschädigte bereits vor dem Unfall verbindlich ein Neufahrzeug bestellt hat[370] und den bis zum Tage der vereinbarten Lieferung liegenden Zeitraum überbrücken muss, da eine vorzeitige Lieferung nicht möglich ist, oder eine bereits fest eingeplante Reise nicht mehr absagen oder umdisponieren kann.[371] Gleiches kann jedoch auch bei vorhersehbar langer Reparatur oder vorhersehbar langer Dauer der Aufklärung über die Haftung (bei widerstreitenden Angaben der Unfallbeteiligten) gelten. Es kann im Einzelfall einen Verstoß gegen die Schadenminderungspflicht bedeuten, wenn der Geschädigte sich mit Mietwagenkosten belastet, die voraussehbar die Höhe der Reparaturkosten überschreiten, anstatt für die Reparaturzeit vorübergehend ein Interimsfahrzeug zu kaufen.[372] Soweit substantiierte Darlegungen dazu gefordert werden, welches Fahrzeug zu welchem Preis zumutbar als Interimslösung hätte erworben werden können,[373] sollten die Anforderungen nicht überspannt werden. Da es sich nur um eine Zwischenlösung handelt, sollten auf dem gesättigten Gebrauchtwagenmarkt allgemein bekannt hinreichende Möglichkeiten bestehen.

303 Ob die Anschaffung eines Interimsfahrzeugs kostengünstiger ist als die Benutzung eines Mietwagens und deshalb zur Schadenminderung geboten erscheint, kann regelmäßig erst dann beurteilt werden, wenn das tatsächliche Schadenausmaß feststeht, d.h. die notwendigen Reparaturkosten bekannt sind und die Reparaturdauer (bzw. die Wiederbeschaffungsdauer) abzusehen ist.[374] Allerdings muss beachtet werden, dass die Entscheidung, ob ein Interimsfahrzeug angeschafft wird, vom Geschädigten getroffen werden muss, bevor die Reparatur bzw. Ersatzbeschaffung vorgenommen wurde. Daher bleibt die ex-ante-Sicht maßgeblich.[375] Ist für den Geschädigten allerdings (hier: aufgrund der Corona-Pandemie, aber auch denkbar etwa aufgrund von anderen Lieferschwierigkeiten) absehbar, dass die Reparatur nur deutlich verzögert ausgeführt werden kann, macht auch dies die Abwägung eines Interimsfahrzeugs erforderlich.[376]

304 Es wird sehr oft ein reines Rechenexempel darstellen, ob die Anschaffung eines Interimsfahrzeugs sich lohnt.[377] Um diese Frage sorgfältig prüfen zu können, empfiehlt es sich, für beide denkbaren Gestaltungsmöglichkeiten getrennte Rechengänge vorzunehmen. Man muss zunächst prüfen, welchen Aufwand ein Mietfahrzeug nach Abzug der eingesparten leistungsbezogenen Betriebskosten erfordert. Diese Summe ist dem Differenzbetrag gegenüberzustellen, der sich als Kostenbelastung aus der Anschaffung und Weiterveräußerung des Interimsfahrzeugs ergeben würde. Hinsichtlich der Erreichbarkeit eines Interimsfahrzeugs ist allerdings zu beachten, dass dieses nicht zwangsläufig gleichwertig mit dem beschädigten Fahrzeug sein muss. Ein fehlendes Angebot eines gleichwertigen Fahrzeugs macht die Beschaffung eines Interimsfahrzeugs nicht unzumutbar; es genügt, dass das erhältliche Fahrzeug für den alltäglichen Gebrauch in der Zwischenzeit bis zur endgültigen Schadensbehebung geeignet ist.[378]

305 Die Anschaffung eines Interimsfahrzeugs ist dem Geschädigten mit Rücksicht auf die damit verbundenen Risiken nur im Ausnahmefall zuzumuten. Das Versäumnis, ein Interimsfahrzeug anzuschaf-

---

fahrzeug für Auslandsurlaub nicht zuzumuten); *OLG Düsseldorf* VersR 1978, 452; *KG* VRS 54, 241; Himmelreich/Halm/*Reinicke* Kap. 5 Rn. 11.

370 Vgl. dazu insbes. *OLG München* VersR 1976, 1145 = DAR 1976, 156; *KG* VersR 1977, 82 = DAR 1976, 155; – a.A. wohl *OLG Hamburg* VersR 1960, 450; *OLG Celle* DAR 2008, 205 = NZV 2008, 145 (Interimsfahrzeug unzumutbar bei nur 24 zu überbrückenden Ausfalltagen).

371 Vgl. dazu *OLG Düsseldorf* VersR 1976, 891; *OLG Frankfurt* VersR 1982, 859 (Urlaubsreise ins Ausland mit Interimsfahrzeug nicht zuzumuten).

372 Vgl. dazu *AG Mülheim/Ruhr* VersR 1987, 893 = zfs 1987, 330 (L).

373 So *OLG Hamm* Urt. v. 19.02.2010 – 9 U 147/09; auch bei *AG Bonn* SVR 2016, 389 bleibt unklar, welche Darlegungen für erforderlich gehalten werden.

374 Vgl. dazu *OLG Köln* VersR 1987, 1047 = DAR 1987, 82.

375 So wohl auch *OLG Celle* NJW 2008, 446 = VersR 2009, 276 = DAR 2008, 205.

376 *OLG Schleswig* DAR 2024, 511.

377 Vgl. dazu *OLG Köln* VersR 1987, 1047 = DAR 1987, 82.

378 *OLG Schleswig* DAR 2024, 511.

fen, kann daher nicht vorgeworfen werden, wenn die tatsächlich entstandenen Mietwagenkosten die Kosten der Anschaffung eines Interimsfahrzeugs nicht wesentlich übersteigen.[379] Auch bei zu erwartenden höheren Kilometerleistungen und entsprechend hohen Kosten des Mietwagens verstößt ein Geschädigter nicht gegen seine Schadenminderungspflicht, wenn ihm nicht zugemutet werden kann, ein Interimsfahrzeug zu erwerben oder auf andere Beförderungsmöglichkeiten auszuweichen.[380]

Liegen die rechtlichen Voraussetzungen für die Anschaffung eines Interimsfahrzeugs vor und ist ein solches Interimsfahrzeug angeschafft worden, ist der Ersatzpflichtige, in dessen Interesse diese besondere Form der Sachbehandlung liegt, verpflichtet, dem Geschädigten die abgrenzbaren Mehrkosten zu erstatten sowie zusätzliche Nachteile und Risiken auszugleichen, die im Zusammenhang mit der Anschaffung und späteren Wiederveräußerung des Interimsfahrzeugs stehen. Eine fiktive Erstattung solcher Aufwendungen, wenn ein Interimsfahrzeug gar nicht angeschafft worden ist (insb. obwohl dies eigentlich erforderlich gewesen wäre), scheidet aus.[381] Dazu gehören insbesondere nach den Grundsätzen von Treu und Glauben: 306

- die mit Anschaffung, Zulassung und dem Wiederverkauf verbundenen Aufwendungen[382]
- ein etwaiger überproportionaler Weiterveräußerungsverlust[383]
- etwa erforderliche Finanzierungskosten[384]
- etwaige Sachverständigenkosten.[385]

Auch ein während der Benutzung des Interimsfahrzeugs zufällig – ohne Verschulden des Gläubigers – eintretender Motorschaden ist eine adäquate Folge des Unfalls und fällt daher in den Zurechnungs- und Verantwortungsbereich des Ersatzpflichtigen.[386] Dies gilt übrigens für alle Risiken, soweit sie nicht auf das eigene Kfz – wäre es erhalten geblieben – ebenfalls eingewirkt hätten. 307

Als Interimsfahrzeug kann u.U. auch ein größeres Kfz als das eigene genommen werden.[387] Dies gilt insbesondere dann, wenn dem Geschädigten vom Händler, bei dem er ein Neufahrzeug bestellt hat, nur ein größeres Kfz zur Verfügung gestellt werden konnte. Insoweit spielt der Gesichtspunkt der Typengleichheit nicht eine derart entscheidende Rolle wie bei der Anmietung eines Ersatzfahrzeugs, weil in diesem Bereich die Anmietung eines größeren Kfz zwangsläufig mit unverhältnismäßig höheren Kosten verbunden ist. Demgegenüber kann es unter Umständen sogar vorteilhaft sein, ein größeres Interimsfahrzeug zu erwerben, weil derartige Wagen sehr häufig preiswerter und schneller zu finden sind, als kleinere und daher von den Betriebskosten her preisgünstigere Kfz. 308

Selbstverständlich muss der Geschädigte sich den im Fall der Weiterveräußerung erzielbaren Erlös für das Interimsfahrzeug auf den Schadensersatzanspruch anrechnen lassen. Demgegenüber kommt eine Anrechnung des ersparten Betriebsrisikos nicht in Betracht,[388] da insoweit lediglich eine Verlagerung eintritt, sodass ein Unterschied im Verhältnis zu dem Risiko, das auch bei der Benutzung des eigenen Kfz auf dieses eingewirkt hätte, nicht erkennbar ist. Falls der Geschädigte das Interimsfahrzeug selbst veräußert, ist er gem. § 254 Abs. 2 BGB verpflichtet, das Fahrzeug bestmöglich zu verwerten. 309

379 *BGH* VersR 2008, 370 = zfs 2008, 201 = r+s 2008, 82; *OLG Celle* NJW 2008, 446 = VersR 2009, 276 = DAR 2008, 205.

380 Vgl. dazu *OLG Frankfurt* VersR 1982, 859; – ähnlich *OLG Stuttgart* VersR 1982, 559 = r+s 1982, 149 (Zubilligung eines Mietwagens, auch wenn damit 8300 km zurückgelegt werden).

381 *BGH* NJW 2009, 1663 = VersR 2009, 697 = DAR 2009, 322.

382 Vgl. dazu *OLG Frankfurt* MDR 1965, 481; *OLG München* VersR 1976, 1145, 1147 = DAR 1976, 156, 158.

383 Vgl. dazu: *OLG Frankfurt* MDR 1965, 481; VersR 1978, 452 (zurückhaltend); VersR 1980, 432 = zfs 1980, 205 (für »Vielfahrer«); *OLG München* VersR 1976, 1145 = DAR 1976, 156, 158; *OVG Berlin* VersR 1977, 779; *OLG Oldenburg* VersR 1982, 1154 = zfs 1983, 43 = r+s 1983, 16.

384 Vgl. dazu *OLG Frankfurt* a.a.O.; *OLG München* a.a.O.; *OVG Berlin* a.a.O.

385 Vgl. dazu *OLG Frankfurt* MDR 1965, 481; *OLG München* a.a.O.

386 Vgl. dazu *OLG Düsseldorf* VersR 1976, 891.

387 Vgl. dazu *OLG Hamburg* VersR 1975, 910 (L).

388 Vgl. dazu *OLG Düsseldorf* VersR 1976, 891 f.

Er kann sich indes auch damit begnügen, den Weg des geringsten Widerstandes zu wählen und dem Ersatzpflichtigen das Kfz gegen zusätzliche Erstattung der Abmeldekosten zur Verfügung stellen.

310 In beiden Fällen muss der Geschädigte denjenigen Teil der leistungsunabhängigen Gebrauchsabschreibung und der nutzungsunabhängigen Alterungsabschreibung selbst tragen, der auch bei der Weiterbenutzung des eigenen Fahrzeugs entstanden wäre.[389] Das bedeutet, dass der Ersatzpflichtige nicht den gesamten Weiterveräußerungsverlust (Differenz zwischen An- und Verkaufspreis) für das Interimsfahrzeug zu tragen hat. Derjenige Teil, der auf die durch den bestimmungsgemäßen Gebrauch eingetretene Abnutzung entfällt und in Form einer entsprechenden Wertminderung in gleicher Höhe und im selben Umfange auch auf das eigene Fahrzeug eingewirkt hätte, ist nicht adäquate Folge des Unfalles und daher unter dem Gesichtspunkt, dass es sich insoweit um normale Betriebskosten handelt, vom Geschädigten selbst zu tragen.[390]

311 Sollte während der Benutzung des Interimsfahrzeugs auf dem Gebrauchtwagenmarkt ein Preisverfall eingetreten sein, dann geht der damit verbundene Weiterveräußerungsverlust zulasten des Geschädigten, sofern dieses Risiko auch auf sein eigenes Kfz wertmindernd eingewirkt hätte, falls das zum Ersatz verpflichtende Ereignis nicht eingetreten wäre. Unter denselben Voraussetzungen darf der Geschädigte umgekehrt einen etwa durch erhöhte Nachfrage entstandenen Preisvorteil für sich behalten, ohne sich den Mehrerlös auf andere Schadenpositionen anrechnen zu lassen.

## 5. Taxibenutzung

312 Wenn der Geschädigte vorauszusehen vermag, dass er mit dem Mietfahrzeug nur relativ geringe Wegstrecken zurückzulegen hat, dann ist er gem. § 254 Abs. 2 BGB verpflichtet, auf die Ersatzanmietung überhaupt zu verzichten und im Bedarfsfalle auf die Inanspruchnahme von Taxis oder öffentlicher Verkehrsmittel zurückzugreifen.

313 Dies gilt auch für den Fall, dass der Geschädigte darauf hinweist, dass er auch sein eigenes Kfz bislang nur für die Überbrückung relativ geringer Entfernungen eingesetzt hatte,[391] sofern ihm die Benutzung von Taxis den Umständen nach möglich und zuzumuten ist.[392] Eine Verletzung der Schadenminde-

389 Vgl. dazu *OLG Hamburg* VersR 1975, 910 (L); *OLG Frankfurt* VersR 1978, 452; – a.A. wohl *OLG München* VersR 1976, 1145, 1147 = DAR 1976, 156 (missverständlich: keine Anrechnung der normalen Abnutzung, die durch den bestimmungsgemäßen Gebrauch eintritt).

390 Vgl. dazu *OLG Hamburg* VersR 1975, 910 (L); *Klimke* zfs 1977, 213; – a.A. wohl *OLG München* VersR 1976, 1145, 1147 = DAR 1976, 156, 158.

391 Vgl. dazu *LG Paderborn* VersR 1981, 585; – a.A. *AG Köln* DAR 1980, 90 = zfs 1980, 146 (bei unterdurchschnittlichen Fahrstrecken mit eigenem Kfz).

392 Vgl. dazu z.B. *OLG München* DAR 1992, 344 = NZV 1992, 362 (unter 20 km täglich); *LG Düsseldorf* ZfV 1970, 383; *LG Aachen* MDR 1972, 323; *LG Schweinfurt* VersR 1974, 919; *LG Bückeburg* r+s 1975, 80; *LG Bochum* VersR 1976, 299; *LG München I* DAR 1977, 296; *LG Karlsruhe* VersR 1978, 263; *LG Wiesbaden* VersR 1983, 671 = zfs 1983, 269 (Verletzung der Schadenminderungspflicht liegt vor, wenn der Geschädigte für 16 Tage ein Ersatzfahrzeug anmietet, dieses jedoch nur alle 2 Tage für kurze Strecken benutzt); *LG Köln* zfs 1987, 328; *AG Augsburg* VersR 1975, 191; *AG Amberg* VersR 1975, 548; *AG Köln* VersR 1975, 621; *AG Dannenberg* MDR 1977, 577 (kleinere Wegstrecken); *AG Berlin-Charlottenburg* VersR 1982, 52 = zfs 1982, 80 (tägliche Fahrten zwischen Wohnung und Arbeitsstelle 16 km bei Bestehen günstiger öffentlicher Verkehrsverbindungen); *AG Kassel* VersR 1982, 53 (L) = zfs 1982, 80 (Fahrstrecke durchschnittlich 14 km täglich); *AG Osnabrück* SP 2009, 404 (13 km täglich); *AG Saarlouis* SP 2010, 117 (unter 20 km täglich); *AG Homburg* SP 2010, 224 (unter 20 km täglich); *AG Dresden* SP 2010, 224 (sogar bei 34 km täglich, wenn Mietwagenkosten doppelt so hoch wie geschätzte Taxikosten); *AG Neuss* SP 2010, 224 (5 km täglich) – a.A. *LG Heilbronn* VersR 1981, 791 = zfs 1981, 302 (das erkennende Gericht hält es für unbedenklich, dass in 23 Tagen auf dem Wege zwischen Wohnung und Arbeitsstelle nur 443 km zurückgelegt worden sind; *LG Heilbronn* ist der Meinung, dass ein krasses Missverhältnis zwischen den Mietwagenkosten in Höhe von 1.272 DM und den fiktiven Taxikosten in Höhe von 758 DM nicht besteht. Es führt dazu im Übrigen aus, die »sparsame Benutzung des Mietwagens« dürfe nicht zu einer Benachteiligung des Geschädigten führen).

rungspflicht aus § 254 Abs. 2 BGB liegt beispielsweise dann vor, wenn ein Wehrpflichtiger mit dem Mietwagen lediglich zur Kaserne fährt, dort aber den Mietwagen die Woche über stehen lässt.[393]

Steht aufgrund der vorstehenden Grundsätze fest, dass der Geschädigte durch die Anmietung eines Ersatzfahrzeugs gegen seine Schadensminderungspflicht verstoßen hat, ist der Ersatzanspruch auf fiktive Taxikosten nach dem tatsächlich bestehenden Fahrbedarf beschränkt. Insbesondere kann der Geschädigte nicht hierüber hinaus für eine längere Ausfallzeit Nutzungsausfallentschädigung geltend machen.[394] Der Geschädigte hat den Gebrauchsverlust durch Anmietung eines Ersatzfahrzeugs überbrückt, sodass für eine fiktive Entschädigung des Nutzungsausfalls kein Raum besteht. Soweit der Geschädigte tatsächlich Nutzungswille hinsichtlich des beschädigten Fahrzeugs hatte, wird er durch Ersatz fiktiver Taxikosten entschädigt. Wenn der entstandene Ausfall durch fiktive Taxikosten ausgeglichen werden kann, ist eine darüber hinausgehende Entschädigung nicht geschuldet, als weitergehender Nutzungswille nicht bestand.[395] 314

Bei der Prüfung der Frage, ob ein Ersatzfahrzeug angemietet werden durfte oder gem. § 254 Abs. 2 BGB allenfalls ein Taxi hätte benutzt werden müssen, ist nicht auf die bisher mit dem beschädigten Kfz im Tagesdurchschnitt zurückgelegten Kilometer abzustellen, sondern auf den tatsächlichen Fahrbedarf während des Ausfalls des eigenen Kfz. Der Ersatzpflichtige kann keinen Einwand daraus ableiten, dass der Geschädigte mit dem angemieteten Ersatzfahrzeug einen – gleichgültig aus welchen Gründen auch immer – höheren Fahrbedarf befriedigt hat. Auf der anderen Seite ist ihm jedoch der Einwand nicht versagt, dass der Geschädigte während der Ausfallzeit seines eigenen Kfz nur einen unterdurchschnittlichen Fahrbedarf zu befriedigen hatte. 315

Die herrschende Meinung in Literatur und Rechtsprechung geht im Regelfalle davon aus, dass bei einer auf den Zeitraum der Ersatzanmietung bezogenen durchschnittlichen Fahrleistung von weniger als 20 km täglich die Anmietung eines Ersatzfahrzeuges sich als Verstoß gegen die Schadenminderungspflicht darstellt.[396] Bei besonders teuren Fahrzeugen (hier: Porsche 911 Carrera) kann die Grenze auch höher liegen.[397] 316

393 Vgl. dazu *AG Schweinfurt* zfs 1985, 12 (der Geschädigte hatte im konkreten Fall mit dem Mietwagen in 3 Wochen nur 50 km zurückgelegt).

394 A.A. *BGH* DAR 2013, 194; *OLG Frankfurt* VersR 1992, 620; *OLG Hamm* DAR 2001, 458 = NZV 2002, 82; SVR 2018, 224.

395 Ebenso *OLG München* DAR 1992, 344 = NZV 1992, 362.

396 Vgl. dazu insbes. *KG* 12 U 1262/72 v. 05.02.1973 (bei *Darkow* DAR 1974, 225, 229); VersR 1977, 82 f. = DAR 1976, 155; *OLG Karlsruhe* VersR 1975, 1012 = r+s 1976, 17 (bedenklich); *OLG Hamm* DAR 2001, 458 = NZV 2002, 82; SVR 2018, 224; *LG Düsseldorf* VersR 1970, 357; *LG Darmstadt* VersR 1972, 434; *LG Aachen* VersR 1972, 594; *LG Karlsruhe* VersR 1972, 869; 1978, 263 (L) = r+s 1978, 108 (28 km in 4 Tagen zum Preise von 251 DM); *LG Köln* VersR 1974, 893 = r+s 1974, 34; VersR 1975, 145 (L); *LG Schweinfurt* VersR 1974, 919 = r+s 1974, 60; *LG Bückeburg* r+s 1975, 80; *LG Bochum* VersR 1976, 299 = r+s 1976, 104; *LG Freiburg* r+s 1976, 258; *LG Baden-Baden* zfs 2003, 17 (nicht mehr bei knapp 40 km täglich); *AG Bremen* VersR 1968, 980; *AG Nürnberg* VersR 1971, 947; *AG Düsseldorf* VersR 1972, 950; *AG Köln* VersR 1973, 1129; r+s 1979, 236; *AG Augsburg* VersR 1975, 191 = r+s 1975, 82; *AG Amberg* VersR 1975, 548, 169; *AG Dannenberg* VersR 1977, 577, 175; *AG Regensburg* r+s 1978, 215; *AG Duisburg* r+s 1978, 215; *AG Biberach* r+s 1979, 18 (141 km in 14 Tagen); *AG Mülheim* r+s 1980, 172 (262 km in 14 Tagen); *AG Frankfurt/M.* r+s 1980, 63; *AG Berlin-Charlottenburg* VersR 1982, 52 = zfs 1982, 80 (durchschnittlich 16 km zwischen Wohnung und Arbeitsstelle trotz bestehender günstiger öffentlicher Verkehrsverbindungen); *AG Kassel* VersR 1982, 53 (L) = zfs 1982, 80 (durchschnittlich 14 km täglich); *AG Berlin-Mitte* VersR 2005, 521; *Himmelreich* VersR 1973, 1130 f.; NJW 1973, 673, 678; *Klimke* VersR 1975, 622; *Riedmaier* VersR 1977, 1, 6; – a.A. *LG München I* DAR 1977, 296 (14 km täglich!); VersR 1978, 335 = r+s 1978, 20; *LG Arnsberg* VersR 1980, 779 = zfs 1980, 302 = r+s 1980, 217; *LG Heilbronn* VersR 1981, 791 = zfs 1981, 302 (443 km in 23 Tagen); *Born* VersR 1978, 777, 786; *AG Bremen* NZV 2013, 451 (44 km in 5 Tagen!).

397 *LG Wuppertal* NJW 2012, 1971.

317 Die gegenteilige Auffassung wird in der Mehrzahl der Fälle damit begründet, der Geschädigte habe durch den Ausfall seines Kfz in der Regel einen Anspruch auf die Benutzung eines gleichwertigen Ersatzfahrzeuges erworben und brauche grundsätzlich keine Einschränkungen bezüglich seiner Bequemlichkeit hinzunehmen und auf den Vorteil, ständig ein einsatzbereites Kfz zur Verfügung zu haben, nicht zu verzichten.[398]

318 Diese Auffassung kann jedoch nicht zum Grundsatz erhoben werden, weil sie gegen Treu und Glauben (§ 242 BGB) und gleichzeitig auch gegen die Schadenminderungspflicht (§ 254 Abs. 2 BGB) verstößt. Das Recht auf Ersatzanmietung findet vielmehr dann seine Grenze, wenn dadurch Kosten entstehen, die bei vernünftiger wirtschaftlicher Betrachtungsweise unsinnig hoch erscheinen. So führt beispielsweise eine kurze Wartezeit im Fall der Taxibenutzung allein noch nicht dazu, diesen Weg der Schadensbehebung als unzumutbar erscheinen zu lassen.

319 In der Regel hat der Geschädigte seinen tatsächlichen Fahrbedarf – ex ante – abzuschätzen und dem sich daraus ergebenden voraussichtlichen Bedarf den ungefähren Kostenaufwand im Fall einer Ersatzanmietung bzw. Taxibenutzung gegenüberzustellen. Je nach dem Ergebnis dieser Gegenüberstellung muss der Geschädigte sich gem. § 254 Abs. 2 BGB für den wirtschaftlich vernünftigeren Weg im Interesse der Geringhaltung des Ausfallschadens entscheiden. Demgegenüber stellt es sich nicht als Erfüllung der Schadenminderungspflicht dar, wenn nach erfolgter Ersatzanmietung die Anzahl der Fahrten und die dabei zurückgelegten Wegstrecken auf das allernotwendigste Maß reduziert werden.

320 Auch dann, wenn sich der Fahrbedarf während der unfallbedingt notwendigen Ausfallzeit nicht genau abschätzen lässt, weil er nicht immer voraussehbaren Schwankungen unterliegt, ist die Grenze für die Zulässigkeit einer Ersatzanmietung jedenfalls dort anzunehmen, wo die Mietwagenkosten in deutlichem Missverhältnis zu den Kosten stehen, die bei der Benutzung eines Taxis entstanden wären. Gerade dann, wenn der Fahrbedarf auch ansonsten gering ist und sich keine von diesem Erfahrungsrichtwert abweichenden Prognosen für die Zukunft stellen lassen, gebietet es die Schadenminderungspflicht, auf die generelle und undifferenzierte Anmietung eines Ersatzfahrzeuges zu verzichten. Sollte wider Erwarten dann doch plötzlich ein größerer Fahrbedarf auftreten, kann der Geschädigte jederzeit ohne Beeinträchtigung seiner Interessenlage auf die Möglichkeit einer Ersatzanmietung zurückgreifen. In der Regel wird man jedoch von dem zumeist der Mietwagenrechnung zu entnehmenden Umfang der Mietwagennutzung ausgehen können. Der Geschädigte wird substantiiert darzutun haben, wenn sich der Fahrbedarf nach Anmietung auch unvorhersehbaren Gründen spürbar reduziert hat.

321 In Ausnahmefällen ist es dem Geschädigten jedoch aus persönlichen oder beruflichen Gründen nicht zuzumuten, darauf zu verzichten, dass ihm ständig ein einsatzbereites Kfz zur Verfügung steht. Liegen derartige Ausnahmefälle vor, sind dem Geschädigten die Kosten einer Ersatzanmietung auch dann zu erstatten, wenn sie im Einzelfall in einem Missverhältnis zu den Aufwendungen stehen, die bei der Inanspruchnahme von Taxis entstanden wären.[399] Ein derartiger Ausnahmefall liegt beispielsweise vor, wenn der Geschädigte seinen Pkw beruflich benutzt und darauf angewiesen ist, dass ihm ständig ein fahrbereites Kfz zur Verfügung steht, z.B. bei Rufbereitschaft.[400] Das Gleiche gilt für einen praktizierenden Arzt, der, wenn auch nur gelegentlich, Krankenbesuche durchführen muss. Einen solchen Ausnahmefall hat der Geschädigte substantiiert darzulegen.[401]

322 Auch Handelsvertretern, insbesondere dann, wenn sie Warenproben oder umfangreiche Musterkollektionen mit sich führen müssen, ist die Bewältigung ihrer beruflichen Tätigkeit mithilfe eines

398 Vgl. dazu *OLG Karlsruhe* VersR 1974, 1005 f.; 1975, 1012; *OLG Nürnberg* MDR 1976, 489; *LG Köln* VersR 1974, 893; 1976, 145 (L); vgl. dazu auch *KG* VersR 1977, 82 = DAR 1976, 155; *LG Nürnberg-Fürth* VersR 1974, 507; *LG Freiburg* r+s 1976, 258; *LG Karlsruhe* VersR 1978, 263; *Schmidt* DAR 1970, 293, 301; Himmelreich/Halm/*Reinicke* Kap. 5 Rn. 9.

399 *BGH* DAR 2013, 194.

400 Vgl. dazu *OLG Karlsruhe* VersR 1972, 567.

401 *BGH* DAR 2013, 194.

Taxis nicht zuzumuten. In derartigen Fällen wird in der Regel, ebenso wie beim Verkaufsfahrer, eine ausreichende Zahl von Kilometern anfallen, die die Notwendigkeit der Inanspruchnahme eines Ersatzfahrzeugs deutlich macht.

Auch wenn eine Mutter täglich 6 verhältnismäßig kurze Fahrten zur Schule, zum Kindergarten und zur Bewältigung der für den Familienbedarf notwendigen Einkäufe unternimmt, ist ihr u.U. eine Taxibenutzung, die im Hinblick auf die damit zwangsläufig verbundenen Wartezeiten sicherlich ohnehin nicht ganz billig sein dürfte, auch dann nicht zuzumuten, wenn sie im Durchschnitt täglich nur 19 km fährt.[402] 323

### 6. Öffentliche Verkehrsmittel

Vom Geschädigten kann grundsätzlich nicht erwartet werden, dass er während der unfallbedingten Ausfallzeit seines Kfz auf dessen Benutzung ersatzlos verzichtet und stattdessen mit Rücksicht auf den Schädiger auf ein öffentliches Massenverkehrsmittel »umsteigt«.[403] Derartige überobligatorische Anstrengungen kann und darf man vom Geschädigten in dieser Situation billigerweise nicht erwarten. Er kann daher auch nicht auf ein öffentliches Verkehrsmittel mit der alleinigen Begründung verwiesen werden, dass dieses billiger als ein Mietwagen ist und die beanspruchten Mietwagenkosten insgesamt mit den anderen vom Ersatzpflichtigen zu erbringenden Leistungen den Zeitwert (Wiederbeschaffungswert) des beschädigten Kfz deutlich übersteigen.[404] 324

Nur sehr selten wird es nach Abwägung der besonderen Interessenlage dem Geschädigten zuzumuten sein, von der Anmietung eines Ersatzfahrzeugs oder der Benutzung eines Taxis Abstand zu nehmen und ein öffentliches Verkehrsmittel zu benutzen. Eine Verweisung auf öffentliche Verkehrsmittel könnte zumutbar sein, wenn der Geschädigte innerhalb feststehender Zeit einen ganz bestimmten Ort zu ganz bestimmtem Zweck erreichen muss und von der Unfallstelle zu diesem Ort bequeme und schnelle Zugverbindungen bestehen, während die Anmietung eines Ersatzfahrzeuges oder die Benutzung eines Taxis besonders hohe Kosten verursachen würde. 325

### 7. Vergleich zum Verdienstausfall

Bei der gewerblichen Nutzung eines Fahrzeugs ist vor Anmietung eines Ersatzfahrzeugs ein Vergleich zwischen dem durch den Fahrzeugsausfall entstehenden Verdienstausfall und den entstehenden Mietwagenkosten zu machen. Übersteigen die Mietwagenkosten den entstehenden Verdienstausfall erheblich oder kann der Fahrbedarf weitgehend durch den Rest der Fahrzeugflotte aufgefangen werden, hat der Geschädigte auf eine Anmietung zu verzichten.[405] Immaterielle Gebrauchsvorteile spielen bei einer gewerblichen Nutzung keine Rolle und berechtigen insoweit nicht zur Ersatzanmietung. Im Gegenzug ist ein Geschädigter zur Ersatzanmietung verpflichtet, wenn durch den Fahrzeugausfall ein Verdienstausfall droht, der die entstehenden Mietwagenkosten übersteigt. Im Rahmen des Vergleichs kann es aber auch eine Rolle spielen, inwieweit eine Ersatzanmietung erforderlich ist, um eine Betriebsschließung insgesamt zu vermeiden und den guten Ruf des Unternehmens zu wahren.[406] 326

---

402 Vgl. dazu *LG Köln* VersR 1974, 893; vgl. auch *LG Schweinfurt* VersR 1974, 919; *LG Aachen* MDR 1972, 323; *LG Darmstadt* VersR 1972, 474; *LG Stendal* NJW 2005, 3787 = NZV 2006, 42.

403 Vgl. dazu insbes. *OLG Karlsruhe* VersR 1974, 1005 f.; *Riedmaier* VersR 1977, 1, 6.

404 Vgl. dazu insbes. *OLG Karlsruhe* VersR 1974, 1005 f.; *OLG Frankfurt/M.* VersR 1982, 859; *LG Saarbrücken* VersR 1972, 309; *LG Nürnberg-Fürth* VersR 1974, 507; – a.A. *OLG Stuttgart* VersR 1977, 44 (bei Reise ins Ausland mit ca. 7500 km in 38 Tagen statt Mietwagen nach Auffassung des erkennenden Gerichts Benutzung der Deutschen Bundesbahn zumutbar).

405 Für ein Taxifahrzeug: *KG* zfs 2004, 560 = NZV 2005, 146; *OLG Frankfurt/Main* SP 2007, 104; *LG Kiel* PVR 2003, 12; *AG Hannover* zfs 2002, 477; *AG Hamburg* SP 2008, 400; *AG Erfurt* SP 2009, 369; großzügiger *LG Wiesbaden* SP 2011, 258 nur wenn Anmietung »geradezu unvertretbar« (nicht bei Mietwagenkosten von 3.500 € und entgangenem Umsatz von 2.050 €).

406 *LG Lübeck* NZV 2021, 480; *LG Bonn* NZV 2022, 249.

Es ist vor diesem Hintergrund nicht bereits dann auf eine Ersatzanmietung zu verzichten, wenn der entgangene Gewinn nur geringfügig niedriger ist als die Kosten der Ersatzanmietung.

327 Diese Vergleichsüberlegung kann nur dort angestellt werden, wo sich der durch die Nutzung des Fahrzeugs entstehende Verdienst ermitteln lässt.[407] Dies ist nur dort der Fall, wo der Verdienst unmittelbar von der Nutzung des Fahrzeugs als Transportmittel abhängig ist. Die Vergleichsüberlegung muss bei der Nutzung als Geschäftswagen für die Geschäftsführung, für einen Handelsvertreter oder einen Freiberufler scheitern. Insoweit gelten die allgemeinen, oben dargestellten Grundsätze. Ist der mit der Nutzung des Fahrzeugs verbundene Verdienst hingegen ermittelbar (insb. Taxi), hat der Geschädigte diesen Verdienst bereits vorgerichtlich auf Aufforderung der KH-Versicherung darzustellen, um die Erstattungsfähigkeit der Mietwagenkosten nachzuweisen.[408]

### 8. Pflicht zur Anmietung eines »kleineren« Ersatzwagens

328 Die Anmietung eines kleineren Kfz kann unter dem Gesichtspunkt der Verhältnismäßigkeit sogar geboten sein, wenn ein gleichwertiges Fahrzeug nur zu einem ganz besonders hohen Mietzins zu erhalten ist.[409] Eine solche Pflicht besteht allerdings nicht allein wegen des hohen Alters des eigenen Fahrzeugs.[410]

## VI. Abzüge unter dem Gesichtspunkt des Vorteilsausgleichs

### 1. Ersparte leistungsbezogene Betriebskosten

329 Greift der Geschädigte unfallbedingt während der notwendigen Ausfallzeit auf ein von ihm angemietetes Fahrzeug zurück, so erspart er für die Zeit der Benutzung des Mietwagens in jedem Fall die leistungsbezogenen Betriebskosten des eigenen Fahrzeugs. Legt er mit dem Mietwagen eine Wegstrecke von mehr als 1000 km zurück, dann tritt ein weiterer Vorteil in Form des eingesparten (natürlichen) Verschleißes ein. Diese geldwerten Vorteile, die darauf beruhen, dass das sonst – ohne den konkreten Unfall – benutzte und abgenutzte eigene Kfz zulasten des Ersatzpflichtigen geschont worden ist, muss der Geschädigte sich unter dem Gesichtspunkt des Vorteilungsausgleichs anspruchsmindernd anrechnen lassen. Auch insoweit gilt der Grundsatz, dass der Geschädigte durch die im Zusammenhang mit einem Schadenereignis stehende Ersatzleistung nicht ärmer, aber auch nicht reicher werden darf. Die von Literatur und Rechtsprechung[411] entwickelten Grundsätze tragen dem Umstand Rechnung, dass auch in diesem Bereich der Schaden um den Vorteil geringer ist. Diese Grundsätze gelten selbst für den Fall, dass die nach Durchführung des Abzuges verbleibende Differenz hinter dem Tagessatz der Nutzungsausfallentschädigung zurückbleiben sollte.[412]

330 Im Fall eines Totalschadens werden regelmäßig – zumindest pro rata temporis – auch die leistungsunabhängigen Fixkosten des Fahrzeugs – die zuweilen auch als »Generalunkosten« oder »Vorhaltekosten (Reservehaltungskosten)« bezeichnet werden – erspart. In diesem Zusammenhang stellt sich die Frage, ob und unter welchen Voraussetzungen der Ersatzpflichtige dem geschädigten Anspruchsteller oder einem Dritten im Fall einer zulässigerweise vollzogenen Ersatzanmietung den Einwand des Vorteilsausgleichs in Höhe der eingesparten leistungsunabhängigen Betriebskosten erheben kann, wenn der Gläubiger selbst über kein eigenes Kraftfahrzeug verfügt. Dies trifft insbesondere für den

---

407 Zur Berechnung bei einem Taxifahrzeug *KG a.*a.O.

408 *LG Konstanz* SVR 2020, 63.

409 Vgl. dazu z.B. *BGH* NJW 1967, 552 f. = VersR 1967, 183 f.; *OLG Hamburg* VersR 1965, 1182; *OLG Köln* VersR 1967, 1081; *OLG Köln* NJW 1967, 570; *OLG Oldenburg* VersR 1969, 956 (L) = DAR 1969, 185; *OLG Celle* r+s 2021, 52; *AG Karlsruhe* VersR 1984, 1179.

410 *OLG Hamm* NZV 2001, 217; *LG Bayreuth* DAR 2004, 94; a.A. *AG Frankfurt/M.* VersR 1981, 692.

411 Vgl. dazu insbes. *BGH* NJW 1966, 1260; VersR 1969, 828; *OLG Düsseldorf* DAR 1961, 306; *OLG München* VersR 1964, 932.

412 *KG* DAR 1971, 10.

Nutzer eines Leasing-Fahrzeuges[413] zu, der seine Berechtigung zur Anmietung eines Ersatzfahrzeugs und seine Aktivlegitimation zur Geltendmachung der darauf beruhenden Ersatzansprüche im eigenen Namen nicht auf Eigentumsverletzung stützt, sondern sie aus der rechtswidrigen Störung des ordnungsgemäß erworbenen und ausgeübten Besitzes ableitet.

Es wäre unbefriedigend, wenn der Eigentümer gegen die Anwendung des Vorteilsausgleichs einwenden könnte, er habe kein Ersatzfahrzeug angemietet und benutzt, während andererseits der berechtigte Benutzer (Besitzer) sich darauf beruft, dass in seiner Person Einsparungen schon deswegen nicht eingetreten sind, weil er selbst über kein eigenes Kraftfahrzeug verfügt. Diese Argumentation würde darauf hinauslaufen, dass der ohne Frage eingetretene Vorteil zulasten des Ersatzpflichtigen allein deswegen nicht ausgeglichen werden kann, weil mit Rücksicht auf vertragliche Rechtsbeziehungen, auf deren Begründung und Verwirklichung der Ersatzpflichtige keinen Einfluss hat, die ursprünglich einheitliche Rechtsstellung des Gläubigers (Eigenbesitzers) in zwei unterschiedliche Rechtsgüter und zwei verschiedene Berechtigte aufgespalten worden ist. Sinn und Zweck des Vorteilsausgleichs gebieten aber, dass der Ersatzpflichtige aus dieser rein zufälligen Konstellation heraus nicht mit Kosten belastet werden darf, die er billigerweise nicht zu tragen hat und im Normalfall auch nicht zu tragen braucht. Ohne Frage hat der Eigentümer, der sein Fahrzeug einem Dritten zum eigenen Gebrauch überlassen hat, damit gerechnet, dass sein Fahrzeug während des relevanten Zeitraumes benutzt und auch abgenutzt wird. Der Eigentümer ist also dadurch, dass der von ihm in Kauf genommene Verschleiß auf Kosten eines anderen – des Schädigers – nicht eingetreten ist, ohne Rechtsgrund bereichert. Das Korrektiv ist durch § 812 BGB zu erreichen mit dem Ergebnis, dass der Fahrzeugeigentümer sich die eingesparten leistungsbezogenen Betriebskosten unter dem Gesichtspunkt des notwendigen Ausgleichs einer ungerechtfertigten Bereicherung anrechnen lassen muss, die bestehende Rechtsverhältnisse oder Sonderbeziehungen zwischen den Beteiligten nicht voraussetzt. 331

## 2. Konkrete Vorteile und ihre Bemessung

Soweit es sich um die unter dem Gesichtspunkt des Vorteilsausgleichs zu berücksichtigenden eingesparten leistungsbezogenen Betriebskosten handelt, hat der *BGH*[414] in seiner Grundsatzentscheidung vom 10.05.1963 klargestellt, dass die variablen Betriebskosten, die jedem Kfz-Halter fortlaufend entstehen, sich aufgrund allgemeiner Erfahrungen zuverlässig ermitteln und auf Fahrkilometer aufschlüsseln lassen, wobei sich nach den einzelnen Wagentypen unterschiedliche Pauschalbeträge ergeben, die bei durchschnittlichen Verhältnissen brauchbare Anhaltspunkte für die erforderliche Schätzung geben. 332

Diese leistungsbezogenen Betriebskosten, die der Geschädigte durch die zeitweilige Stilllegung seines eigenen Fahrzeugs während der Reparaturzeit bzw. der Wiederbeschaffungsfrist erspart, lassen sich konkret[415] nach folgenden Komponenten ermitteln: 333

- Verbrauch an Motoröl (Ölverbrauch bzw. Minderung der Viskosität, also einschließlich Ölwechsel und Schmierstoffe)
- Reifenverschleiß (Abrieb)
- anteilige Reparaturkosten
- anteilige Aufwendungen für Inspektionen.[416]

Abzüge aus dem Gesichtspunkt des Vorteilsausgleichs hinsichtlich einer ersparten Wertminderung (leistungsbezogenen Gebrauchsabschreibung) sind nicht vorzunehmen, weil diese mit dem »erspar- 334

413 Vgl. hierzu BGHZ 87, 133 = VersR 1983, 656 = DAR 1983, 224; NJW 1986, 1044 = VersR 1986, 169; *Reinking* DAR 1982, 45.
414 Vgl. dazu *BGH* NJW 1963, 1399 f. = VersR 1963, 931 f. = DAR 1963, 270.
415 Vgl. dazu insbes. *BGH* NJW 1963, 1399 f. = VersR 1963, 931 f. = DAR 1963, 270; *AG Freiburg* zfs 1980, 297; *AG Schweinfurt* zfs 1980, 298; *AG Karlsruhe* zfs 1980, 333; VersR 1983, 254.
416 Vgl. dazu *BGH* a.a.O.; *AG Freiburg* a.a.O.; *AG Schweinfurt* a.a.O.; *AG Karlsruhe* a.a.O.

ten Verschleiß« identisch ist, und erst nach einer mit dem Mietwagen zurückgelegten Wegstrecke von mehr als 1000 km messbar wird.

335 Regelmäßig werden durch die Ersatzanmietung nicht die Kosten für Waschen und Pflege eingespart, da der Geschädigte im Zweifel auch den Mietwagen waschen lassen wird. Die festen Betriebskosten (Generalunkosten) werden im Regelfalle nicht erspart, da sie üblicherweise weiterlaufen. Eine Ausnahme gilt lediglich für den Fall des Totalschadens. Auch bezüglich des Kraftstoffverbrauchs treten kaum Einsparungen auf, weil diese Kosten auch bei der Benutzung des Mietwagens in ähnlicher Höhe anfallen.

336 Auch für den Fall, dass der Geschädigte ein deutlich kleineres Ersatzfahrzeug angemietet haben sollte und lediglich deswegen im Verhältnis zum eigenen Wagen mit einer geringeren Treibstoffmenge auskommt, kann ihm dieser Gesichtspunkt im Wege des Vorteilsausgleichs nicht entgegengehalten werden, da er sich diesen Vorteil durch Verzicht auf Annehmlichkeiten und Bequemlichkeiten selbst erkauft hat. Er hat damit gewissermaßen in die »eigene Tasche gespart«, indem er sich überobligatorischer Anstrengungen unterzogen hat. Umgekehrt kann der Geschädigte jedoch einen höheren Treibstoffverbrauch vom Schädiger ersetzt verlangen, falls er gezwungenermaßen auf ein Fahrzeug ausweichen musste, das mehr Kraftstoff verbraucht als das eigene.

337 Die Berechnung der eingesparten leistungsbezogenen Betriebskosten erfolgt auf der Grundlage der mit dem angemieteten Ersatzfahrzeug tatsächlich zurückgelegten Wegstrecke. Diese lässt sich den Rechnungen der Autovermieter ohne Weiteres entnehmen. Abzusetzen von den sich daraus ergebenden Werten sind indes die Kosten für die Abholung und Rückführung des Mietwagens, da diese Aufwendungen auf unfallbedingtem Anlass beruhen und ohne das zum Ersatz verpflichtende Ereignis – bei der Benutzung des eigenen Kfz – nicht entstanden wären. Die eingesparten leistungsbezogenen Betriebskosten sind also im Wesentlichen unabhängig von der Dauer der Ersatzanmietung, sondern richten sich ausschließlich nach der mit dem Mietfahrzeug – anstelle des eigenen Kfz – zurückgelegten Fahrstrecke.[417]

### *a) ADAC-Tabelle*

338 Brauchbare Anhaltspunkte für die konkrete Ermittlung der eingesparten leistungsbezogenen Betriebskosten bieten die vom ADAC alljährlich neu herausgegebenen ADAC-Betriebskosten-Tabellen, getrennt nach Geschäfts- und Privatwagen. In diesen Tabellen werden mit großer Akribie alle gängigen Fahrzeugtypen und ihre Varianten – geordnet nach den einzelnen Herstellern – erfasst.[418]

339 Soweit die Versicherungswirtschaft konkrete Abzüge vornimmt, stützt sie sich dabei in erster Linie auf die Tabellen des ADAC, von denen auch der *BGH*[419] meint, dass sie recht zuverlässige Anhaltspunkte für die Ermittlung der leistungsbezogenen Betriebskosten bieten.

### *b) Pauschalabzüge nach Prozentsätzen*

340 Der überwiegende Teil der Rechtsprechung bemisst die Einsparungen nach Prozentsätzen der Mietwagenkosten. Diese Berechnungsmethode steht nicht völlig im Einklang mit den Vorschriften der §§ 249 BGB, 287 ZPO. Sie ist auch nicht völlig mit den Intentionen des *BGH*[420] in Einklang zu bringen. Ferner führt der Pauschalabzug nicht selten zu Ergebnissen, die den Geschädigten benachteiligen[421] und auch zu den Einsparungen des Geschädigten in keinem überzeugenden Verhältnis stehen, weil nämlich der Hauptteil der Mietwagenkosten aus der Grundgebühr besteht und der

417 So auch *AG Bremen* NZV 2013, 451.
418 Vgl. dazu auch *AG Karlsruhe* VersR 1983, 254 = zfs 1983, 141.
419 Vgl. dazu *BGH* NJW 1963, 1399 f. = VersR 1963, 931 f. = DAR 1963, 270.
420 Vgl. dazu *BGH* NJW 1963, 1399 f. = VersR 1963, 931 f. = DAR 1963, 270.
421 Vgl. dazu insbes. *OLG München* VersR 1982, 377 (L); *AG Schweinfurt* VersR 1973, 955 f.; *AG Wiesbaden* VersR 1983, 629.

Anteil der Kilometer-Kosten mitunter gering ist. Ferner wird von der Rechtsprechung bei diesem Pauschalabzug auch nicht unterschieden zwischen den eingesparten »leistungsbezogenen Betriebskosten« und dem ersparten »Verschleiß«. Es gibt auch keine einheitliche Handhabung hinsichtlich der Größenordnung der vorzunehmenden Abzüge, diese bewegen sich in der Rechtsprechung zwischen 3 %[422] über 5 %[423] und 10 %[424] bis zu 15 %.[425] Der *BGH* hat diese Form der Schätzung gebilligt und die Höhe des prozentualen Abschlags zur Tatrichterfrage erklärt. Eine Klärung durch ihn wird es insoweit wohl nicht geben.[426] Er betont nur, dass eine solche Ersparnis eintritt und auch durch Abzug zu berücksichtigen ist.[427]

Höhere Abzüge nimmt die Rechtsprechung bei gewerblich genutzten Fahrzeugen vor.[428] Dies dürfte sachgerecht sein, da diese intensiver genutzt werden als Privatfahrzeuge und die Höhe der Mietwagenkosten wie dargelegt nur unzureichend die Intensität der Nutzung wiedergibt. 341

In der Rechtsprechung wird der »(natürliche) Verschleiß« oft mit den »leistungsbezogenen Betriebskosten« verwechselt. Es herrscht hier eine Begriffsverwirrung, die aber in der Praxis keine allzu große Bedeutung hat. 342

Der *BGH*[429] stellt sich beim »ersparten Verschleiß« den Fall vor, dass das eigene Fahrzeug im Hinblick auf die zeitweilige Benutzung des Mietwagens im Wiederverkaufsfall mit einer geringeren Fahrleistung (Tachostand) angeboten werden kann und wegen dieser »ersparten Wertminderung« durch Nichtabnutzung einen entsprechend höheren Preis erzielen wird. 343

Er betont in seiner Entscheidung mithin zutreffend, dass sich ein ersparter Verschleiß erst ab einer nicht gefahrenen Fahrstrecke von etwa 1000 km als messbarer Vorteil auswirkt.[430] 344

422 *OLG Stuttgart* NJW-RR 1994, 921 = zfs 1994, 206 = DAR 1994, 326; *OLG Nürnberg* VersR 2001, 208 = DAR 2000, 527 = MDR 2000, 1245; *OLG Köln* SP 2007, 13 (4 %); *LG Baden-Baden* zfs 2001, 18 (4 %); *LG Bayreuth* DAR 2004, 94; *LG Aachen* DAR 2004, 655; *LG Hof* NZV 2008, 459; *LG Ansbach* NZV 2011, 132; *LG Kiel* NZV 2012, 246; *LG Zweibrücken* zfs 2014, 622; *AG Ahlen* zfs 2003, 450; *AG Ingolstadt* SVR 2019, 387 z.T. unter Hinweis auf *Meinig* DAR 1993, 281.

423 *OLG Karlsruhe* VersR 2008, 408 = NZV 2008, 456 = NJW-RR 2008, 1113; BB 2011, 2114; *OLG Celle* SP 2010, 78; *OLG Stuttgart* SP 2010, 368; *OLG Düsseldorf* DAR 2015, 334; r+s 2020, 101; *OLG Zweibrücken* zfs 2014, 619; *LG Freiburg* DAR 1994, 404; *LG Frankenthal* SVR 2012, 310; *AG Karlsruhe* zfs 2002, 230; *AG Stralsund* SVR 2014, 350; *AG Speyer* SVR 2020, 230.

424 Vgl. dazu *OLG München* VersR 1976, 1145, 1147 = DAR 1976, 156, 159; *OLG Düsseldorf* r+s 1978, 62; *OLG Hamm* VersR 2001, 206 = DAR 2001, 79 = NZV 2001, 217; Urt. v. 21.04.2008 – 6 U 188/07; Urt. v. 19.02.2010 – 9 U 147/09; *OLG Köln* DAR 2006, 691 = NZV 2007, 81 *OLG Celle* DAR 2008, 205; *OLG Jena* SP 2008, 223; *OLG Dresden* NZV 2009, 204; SP 2010, 17; *OLG Koblenz* SVR 2015, 299; *LG Ravensburg* NJW-RR 1994, 796; *LG Freiburg* VersR 1992, 250 = r+s 1990, 122 = NZV 1990, 235; *LG Baden-Baden* zfs 2003, 17; *LG Fulda* NZV 2010, 91; *LG Braunschweig* NZV 2012, 244; *LG Frankenthal* SVR 2017, 222; *AG Heidelberg* VersR 1978, 953 (L); *AG Köln* NZV 2013, 45; *AG Villingen-Schwenningen* SVR 2021, 271; *Kalb* zfs 2001, 486.

425 Vgl. dazu *OLG Köln* NJW-RR 1993, 913; *KG* VersR 1989, 56; NZV 2005, 46 = MDR 2005, 143; DAR 2010, 642; *LG Berlin* VersR 2005, 847 = zfs 2004, 448 = NZV 2004, 635; *AG Sinsheim* VersR 1980, 441; *AG Offenbach* r+s 1982, 236; *AG Krefeld* VersR 1982, 587; *AG Usingen* r+s 1983, 210; *AG Bamberg* r+s 1985, 13; *AG Nürnberg* VersR 1981, 586; zusammenfassend Geigel/*Katzenstein* Kap. 3 Rn. 169 ff.

426 *BGH* NJW 1996, 1958; VersR 2010, 683 = DAR 2010, 464 = r+s 2010, 211; NJW 2010, 1445 = VersR 2010, 545 = DAR 2010, 383 (akzeptiert einen 10 %-Abzug).

427 *BGH* VersR 2010, 683 = DAR 2010, 464 = r+s 2010, 211.

428 Für Miettaxis *KG* NZV 2005, 146 (25 % Abzug); *OLG Hamm* DAR 2001, 165 = NZV 2001, 218 (20 % Abzug); *LG Konstanz* SVR 2020, 63; *LG Bonn* NZV 2022, 249 [25 % Abzug]; anders *OLG Celle* VersR 2009, 276 bei »vollständig abgeschriebenem Fahrzeug«; *LG Nürnberg-Fürth* NZV 2016, 340.

429 *BGH* NJW 1963, 1400 = VersR 1963, 932.

430 *BGH* NJW 1963, 1400 = VersR 1963, 932.

### 3. Abzüge bei geringer Fahrleistung

345 Ist der Geschädigte mit dem Mietfahrzeug während des Ausfalls seines Kfz nur relativ kurze Strecken gefahren, so erhebt sich die Frage, ob auch bei kurzzeitiger Stilllegung des beschädigten eigenen Kfz bzw. dann, wenn mit dem Kfz nur kleinere Wegstrecken überbrückt worden sind,[431] von den Mietwagenkosten Abzüge aus dem Gesichtspunkt des Vorteilsausgleichs vorzunehmen sind. Von einem Abzug kann jedenfalls nur dann abgesehen werden, wenn die unterbliebene Eigennutzung nach den Umständen des konkreten Falles keine fühlbaren Ersparnisse gebracht hat.

346 Es ist nicht zu bestreiten, dass die beweglichen Betriebskosten fortlaufend entstehen und sich vom ersten Fahrkilometer[432] an zuverlässig errechnen lassen. Entscheidend ist nur, ob dem Geschädigten stets ein Abzug dieses zum Teil tatsächlichen geringen Vorteils zuzumuten ist oder ob es sich bei geringen Beträgen um einen so minimalen Vorteil handelt, dass ein Abzug dem Geschädigten nicht zumutbar ist.

347 Dieses Problem wird in der Rechtsprechung unterschiedlich gehandhabt. Ein Teil der Rechtsprechung nimmt bis zu einer Größenordnung von bis zu 1000 km keine Abzüge vor.[433] Vereinzelt wird in der Rechtsprechung auch[434] lediglich mit einem pauschalen Hinweis auf eine »geringe Eigennutzung« – gemeint ist wohl: geringe Kilometerleistung – ein anrechenbarer Vorteil verneint. Demgegenüber werden von einem Teil der Rechtsprechung schon Abzüge vom ersten Fahrkilometer an vorgenommen.[435]

### 4. Abzüge bei Anmietung eines »kleineren« Ersatzwagens

348 Wird ein »kleineres« Kfz, also ein Ersatzfahrzeug mit schwächerer Leistung und geringerem Komfort, angemietet, begnügt sich beispielsweise der Geschädigte mit einem Mercedes 200 anstelle seines beschädigten Mercedes 280, so steht grundsätzlich ein derartiger »Komfortverzicht« der Anwendung des Vorteilsausgleichs unter dem Gesichtspunkt der ersparten leistungsbezogenen Betriebskosten des eigenen Fahrzeugs eigentlich nicht entgegen.[436] Ein »Komfortverzicht« kann schon deswegen nicht die Anwendung des Vorteilsausgleichs beeinträchtigen, weil auch bei Anmietung eines »kleineren« Ersatzwagens die leistungsbezogenen Betriebskosten des eigenen Kfz, ohne Rücksicht auf Typ, Größe oder Klasse des angemieteten Fahrzeugs, in einem Umfange eingespart werden, der durch die Wahl des Ersatzfahrzeugs in keiner Weise beeinflusst wird. Bei der Anmietung eines »kleineren« – d.h. leistungsschwächeren oder weniger komfortablen – Ersatzwagens bemessen sich die im Wege des Vorteilsausgleichs abzusetzenden leistungsbezogenen Betriebskosten allein logischerweise nach dem zeitweilig stillliegenden eigenen (beschädigten) Fahrzeug des Geschädigten, nicht jedoch nach dem Typ des tatsächlich angemieteten »kleineren« Ersatzfahrzeugs.

---

431 Vgl. dazu insbes. *LG Duisburg* VersR 1983, 843 = r+s 1982, 188; *LG Baden-Baden* VersR 1983, 592; *AG Bochum* VersR 1983, 572 (L) = DAR 1982, 404; a.A. *AG Albstadt* VersR 1983, 693 = zfs 1983, 269 (413 km in 9 Tagen).

432 *LG Duisburg* VersR 1983, 843 = r+s 1982, 188.

433 Vgl. hierzu *AG Karlsruhe-Durlach* VersR 1981, 565 = zfs 1981, 302 (bei weniger als 1000 km keine messbare Ersparnis); *AG Karlsruhe-Durlach* VersR 1979, 874; VersR 1979, 384 = r+s 1979, 128 (kein Abzug bei 695 km); VersR 1981, 765 = zfs 1981, 302.

434 Vgl. z.B. *OLG Frankfurt* zfs 1981, 270; *AG Emmendingen* VersR 1980, 464 = zfs 1980, 205.

435 Vgl. z.B. *AG Karlsruhe* VersR 1980, 832 = zfs 1980, 333; *AG Frankfurt/M.* r+s 1981, 193; *AG Augsburg* r+s 1981, 16; *AG Nürnberg* r+s 1981, 16; *AG Kusel* r+s 1981, 85; *AG Bremen* NZV 2013, 451 (vermittelnd) – a.A. *LG Duisburg* VersR 1970, 379 = MDR 1970, 505 (Mietdauer 3 Tage); *AG Emmendingen* VersR 1980, 464 (Mietwagenbenutzung für nur wenige Tage); *AG Karlsruhe-Durlach* VersR 1981, 565 (459 km) = zfs 1981, 242; *AG Albstadt* VersR 1983, 693 = zfs 1983, 269 (413 km in 9 Tagen).

436 *LG Baden-Baden* zfs 2001, 17; a.A. *LG Baden-Baden* zfs 2003, 16 (gleiche Kammer!).

Allerdings wird zwischenzeitlich relativ einheitlich in der Rechtsprechung angenommen, dass bei Anmietung eines klassentieferen Ersatzfahrzeugs eine Vorteilsanrechnung unterbleibt.[437] Dies dürfte wohl in erster Linie Zumutbarkeitserwägungen geschuldet sein, um einem Geschädigten zumindest die Möglichkeit zu eröffnen, durch eine eigene Verzichtsentscheidung zu verhindern, mit einem Teil der Mietwagenrechnung belastet zu werden. Hiergegen ist allerdings angesichts der Tatsache, dass bei Durchführung des Vorteilsausgleichs auch Wertungsgesichtspunkte ausdrücklich eine Rolle spielen, kaum etwas zu erinnern. 349

Dies gilt umso mehr, als in Anlehnung an eine frühere – seit 1993 nicht mehr gültige – Empfehlung des (damaligen) HUK-Verbandes heute noch eine entsprechende, weitverbreitete Überzeugung vorherrscht, insoweit bestehe bei einem entsprechenden Verzicht ein Anspruch darauf, die ersparten Eigenaufwendungen unberücksichtigt zu lassen. Die Geschäftsgrundlage dieses Verzichts wäre sozusagen weggefallen, wenn die Rechtsprechung – wie bereits betont dogmatisch eigentlich zutreffend – den Vorteilsausgleich gleichwohl durchführen würde. 350

### 5. Abzüge im Fall des Totalschadens

Im Fall eines Totalschadens kann der Geschädigte – dies gilt insbesondere für den Fall, dass er über längere Zeit hinweg berechtigterweise einen Mietwagen benutzt – neben den leistungsbezogenen Betriebskosten auch die nutzungsunabhängigen Fixkosten seines eigenen Fahrzeuges ganz oder teilweise ersparen. Dazu gehören insbesondere folgende Komponenten: 351

- leistungsunabhängige Alterungsabschreibung
- Zinsendienst
- Kfz-Steuer
- Kfz-Haftpflichtversicherung
- Prämien zur Kaskoversicherung
- Prämien zur Insassen-Unfallversicherung.

Auch insoweit ist selbstverständlich der Einwand des Vorteilsausgleichs berechtigt. Derartige Ersparnisse treten aber nur dann ein, wenn der Geschädigte unverzüglich, nachdem er Kenntnis davon erhalten hat, dass Totalschaden vorliegt, sein Fahrzeug bei den zuständigen Stellen abmeldet. Dazu ist er mit Rücksicht auf § 254 Abs. 2 BGB verpflichtet. Sollte er die Schadenminderungspflicht verletzen, dann muss er sich im Verhältnis zum Ersatzpflichtigen (Schädiger) so behandeln lassen, als wäre er – der Geschädigte – seinen Verpflichtungen ordnungsgemäß nachgekommen. Insoweit ist zu berücksichtigen, dass die nicht verbrauchte Kfz-Steuer in voller Höhe erstattet wird und die Versicherungspflicht mit dem Wegfall des versicherten Interesses, regelmäßig also zu dem Zeitpunkt endet, in dem der betreffende Versicherer Kenntnis vom Totalschaden erlangt und ihm die Abmeldung bei der Kfz-Zulassungsstelle ordnungsgemäß nachgewiesen wird. Bei einem Totalschaden ist somit ein höherer Abzug gerechtfertigt, auch wenn sich eine solche Unterscheidung in der Rechtspraxis sich noch nicht durchgesetzt hat. 352

## VII. Beweislast

Bei der Beurteilung der Frage der Beweislast hinsichtlich der Mietwagenkosten unter Einschluss der Abzüge unter dem Gesichtspunkt des Vorteilsausgleichs geht es regelmäßig darum, ob aus einem vorhandenen konkreten Haftungsgrund ein Schaden entstanden und wie hoch dieser ausgefallen ist. Hierbei kann das Gericht unabhängig von der Beweislast unter Würdigung aller Umstände gemäß § 287 ZPO nach freier Überzeugung entscheiden. 353

437 *BGH* r+s 2013, 203; DAR 2013, 378; *OLG Celle* NJW-RR 1993, 1052; *OLG Nürnberg* NZV 1994, 357; *OLG Hamm* VersR 1999, 769 = r+s 1999, 194 = NZV 1999, 379; *OLG Stuttgart* DAR 2009, 650; *LG Kaiserslautern* zfs 2012, 83; Himmelreich/Halm/*Reinicke* Kap. 5 Rn. 37; anders hingegen *OLG Saarbrücken* OLGR 2000, 306.

354 Hinsichtlich der anspruchsbegründenden Voraussetzungen trifft die Beweislast stets den Geschädigten. Dies gilt sowohl hinsichtlich der Dauer und des Gegenstands der Ersatzanmietung als auch bezüglich der Höhe der Mietwagenkosten, insbesondere hinsichtlich des Gebots der Wirtschaftlichkeit des Aufwands (Erforderlichkeit).

355 Der Geschädigte trägt auch die Beweislast hinsichtlich seiner Anspruchsberechtigung. Hat z.B. eine Geschädigte, die zur Unfallzeit und danach verreist war, einen Ersatzwagen nicht selbst angemietet, sondern hat dies ihr Bekannter getan und bleibt es ungeklärt, welche näheren Bedingungen für das Nutzungsverhältnis ihres Bekannten gegolten haben, so stehen ihr, wenn sie selbst den Ersatzwagen noch nicht einmal gefahren hat, mangels hinreichender Darlegung ihrer Anspruchsberechtigung insoweit Schadensersatzansprüche nicht zu.[438]

356 Hinsichtlich der Dauer der Ersatzanmietung, insbesondere bei ungewöhnlich langer Reparaturzeit, trifft den Geschädigten die Darlegungs- und Beweislast. Dies gilt etwa für die Frage, ob der von ihm geplante Urlaubsbeginn tatsächlich unaufschiebbar gewesen ist.[439]

357 Auch hinsichtlich der Höhe des Anspruchs ist der Geschädigte, soweit dies in seine Sphäre fällt, darlegungs- und beweispflichtig, wenn insoweit Streit besteht. So hat der Geschädigte im Hinblick auf die »Erforderlichkeit« des Aufwands zur Schadenbeseitigung u.a. den Nachweis zu führen, dass die Anmietung des Ersatzwagens nur gegen Zahlung des Tarifs gewerblicher Mietwagenunternehmen zu erreichen war.

358 Bei einer mit höheren Mietwagenkosten verbundenen verspäteten Lieferung eines annähernd gleichwertigen Ersatzfahrzeugs im Fall eines Totalschadens hat der Geschädigte im Einzelnen unter Beweisantritt darzulegen, dass, wann und in welcher Weise er sich in Ausübung der ihm obliegenden Schadenminderungspflicht nach dem Unfall um ein gleichwertiges gebrauchtes Ersatzfahrzeug bemüht hat, dass diese Bemühungen vergeblich geblieben sind und wie lange die Lieferzeit für ein gebrauchtes oder ggf. für ein neues Ersatzfahrzeug betragen hat.[440] Dem Ersatzpflichtigen obliegt es dann, ebenfalls im Einzelnen unter Beweisantritt Tatsachen zu behaupten, aus denen sich ergibt, dass entweder ein gleichwertiges gebrauchtes Ersatzfahrzeug überhaupt und schneller zu erhalten gewesen wäre und dass er den Geschädigten hierauf hingewiesen hat oder dass die Lieferfrist nicht den vom Geschädigten behaupteten Zeitraum umfasst hätte.[441]

359 Beruft sich der Ersatzpflichtige hinsichtlich der Abzüge unter dem Gesichtspunkt des Vorteilsausgleichs darauf, dass dem Geschädigten aus dem Schadenereignis Vorteile entstanden seien, die dieser sich anrechnen lassen müsse, steht ihm der Prima-facie-Beweis zur Seite. Die Darlegungs- und Beweislast trifft den Geschädigten dergestalt, dass er dartun muss, er habe (ausnahmsweise) entgegen den allgemeinen Erfahrungen bei der Anmietung des Ersatzwagens während des Ruhens seines Kfz keinen konkreten Vorteil erhalten. Ist der Sachverhalt, aus dem sich der ersparte Vorteil ergibt, unstreitig oder bewiesen, so muss ein eventueller Abzug »von Amts wegen« berücksichtigt werden, da es sich um eine Frage der Schadenberechnung handelt.

360 Wendet der Ersatzpflichtige ein, der Geschädigte habe gegen die Schadenminderungspflicht verstoßen, dieser habe bestimmte Pflichten nicht erfüllt und dadurch sei ein vermeidbar hoher Schaden entstanden, so trägt er die Beweislast sowohl dafür als auch für den Einwand des Mitverschuldens überhaupt.

361 Wendet allerdings der Geschädigte ein, den Ersatzpflichtigen treffe z.B. hinsichtlich einer zu langen Regulierungs- oder Bearbeitungszeit ein Verschulden oder auch Mitverschulden, obliegt die Beweislast dafür dem Geschädigten.

---

438 Vgl. hierzu *OLG Zweibrücken* VersR 1974, 274.
439 Vgl. z.B. *LG Köln* VersR 1977, 48; *Riedmaier* VersR 1977, 1, 6; *Born* VersR 1978, 777 f.
440 Vgl. dazu *KG* VersR 1973, 1145 f.
441 Vgl. dazu *KG* VersR 1973, 1145 f.

Bei Anmietung eines Ersatzfahrzeugs mit einer Mindestabnahme von beispielsweise 100 km täglich 362
muss der Schädiger substantiiert darlegen, die Anmietung eines Ersatzfahrzeugs durch den Geschädigten wäre auf der Basis der tatsächlich gefahrenen Kilometer wesentlich preisgünstiger gewesen. Eine Berufung lediglich auf Auskünfte anderer gewerblicher Autovermietungen, ohne gleichzeitig darzutun, wie viel ein derartiger Mietwagen bei der Abrechnung nach tatsächlich gefahrenen Kilometern gekostet hätte, ist prozessual unzulässig.[442]

## D. Nutzungsausfallentschädigung (Entgangene Gebrauchsvorteile)

### Schrifttum

*Balke*, Abzüge bei Nutzungsausfallentschädigung Alter, Fahrleistung, Erhaltungszustand SVR 2005, 218; *ders.*, Nutzungsausfallentschädigung und Vorhaltekosten SVR 2012, 406, 450; 2013, 54; *Bär*, Anspruch auf Nutzungsausfall und Schadensminderungspflicht des Geschädigten DAR 2001, 27; *Boetzinger*, Nutzungsausfall trotz fehlender Nutzungsmöglichkeit zfs 2000, 45; *Detlefsen*, Schadenersatz für entgangene Gebrauchsvorteile H. 39 der »Hamburger Reihe« 1969; *Eilfer*, Dauer der Nutzungsausfallentschädigung zfs 2013, 663; *Engel/Ehlscheid*, Die fiktive Abrechnung nach einem Verkehrsunfall, DAR 2020, 321; *Fielenbach*, Nutzungsausfallentschädigung bei gewerblich genutzten Kraftfahrzeugen NZV 2013, 265; *ders.*, Fühlbarkeit und Schadenminderungspflicht bei der Nutzungsausfallentschädigung NZV 2015, 272; *Geigel*, Der Haftpflichtprozess 28. Aufl. 2020; *Hillmann III*, Der Nutzungsausfall, Streit ohne Ende zfs 2001, 341; *Himmelreich/Halm*, Handbuch des Fachanwalts Verkehrsrecht 7. Aufl. 2021; *Kappus*, Der Verkehrsunfall in der anwaltlichen Beratungspraxis NJW 2008, 891; *Klein*, Bewertung der Erhebungs- und Auswertungsmethoden des Automietpreisspiegels der SCHWACKE-Bewertungs GmbH, 2007; *Krämer*, Nutzungsausfallentschädigung ohne Nachweis einer Ersatzbeschaffung bei Totalschaden zfs 2016, 124; *Küppersbusch*, Nutzungsentschädigung 2006 NJW 2006, 19; *La Chevallerie*, Nutzungsausfallentschädigung für ältere Pkw und Oldtimer zfs 2007, 423; Meyer-Näser, Nutzungsausfallentschädigung bei vorhandenem Zweitwagen, NJW-Spezial 2020, 649; *Pichler-Gieser*, Nutzungsausfall auch bei gewerblicher Nutzung SVR 2017, 98; *Schulte*, Die Dauer des Anspruchs auf Nutzungsausfallentschädigung im Totalschadensfall zfs 2016, 423; *Vater*, Die Nutzungsausfallerstattung bei gewerblichen Fahrzeugen und Mietwagennutzung SVR 2017, 168; *Wolf*, Anforderungen an die Nutzungsausfallentschädigung NJW-Spezial 2019, 393.

### I. Anspruchsbegründende Voraussetzungen

#### 1. Gesetzliche Anspruchsgrundlagen

Verzichtet der Geschädigte auf die Anmietung eines Ersatzfahrzeuges, so steht ihm nach ständiger 363
Rechtsprechung für die entgangenen Gebrauchsvorteile ein Schadensersatzanspruch zu, die sogenannte Nutzungsausfallentschädigung. Die dogmatische Begründung dieses Anspruches ist dabei nicht selbsterklärend.

Ausgangspunkt der rechtlichen Bewertung ist die Differenzhypothese; dabei wird der Zustand, der 364
durch das Schadensereignis eingetreten ist, mit der Situation verglichen, die ohne dieses Vorkommnis bestehen würde. Ein Vermögensschaden ist danach zu bejahen, wenn der tatsächliche Vermögenswert geringer ist als der Wert, den das Vermögen ohne das Schadensereignis haben würde.[443] Aber auch wenn nach dieser Berechnung keine Vermögensminderung eingetreten ist, hat die Rechtsprechung für bestimmte Fallgruppen Ausnahmen zugelassen.[444]

Der Große Zivilsenat des *BGH* hat die bis dahin uneinheitliche Rechtsprechung durch klare Regeln 365
ersetzt:[445] Maßgeblich ist danach, ob ein Eingriff in solche Lebensgüter stattgefunden hat, deren ständige Verfügbarkeit für eine eigenwirtschaftliche Lebensführung des Berechtigten von erheblicher Bedeutung ist.

442 Vgl. dazu *LG Bochum* VersR 1973, 381 f.
443 BGHZ 99, 196.
444 Grundlegend hierzu BGHZ 98, 212.
445 BGHZ 98, 212.

366 Der Anspruch auf Nutzungsausfallentschädigung ergibt sich daher nicht aus § 249 BGB, sondern aus richterlicher Rechtsfortbildung. Mittlerweile ist die Nutzungsausfallentschädigung gewohnheitsrechtlich anerkannt[446] und wird nahezu von allen[447] an der Regulierung von Verkehrsunfällen Beteiligten so praktiziert. Als Schaden mit vermögensrechtlichem Einschlag fällt die Einschränkung der Benutzbarkeit nicht unter die Sperrklausel des § 252 BGB und rechtfertigt einen Anspruch auf Geldentschädigung i.S.v. § 249 S. 2 BGB.

367 Nutzungsausfallschaden kommt für Wirtschaftsgüter nur in Betracht, wenn deren Einsatz eigenwirtschaftlich nach dem Vermögen erfassbar und damit vergleichbar mit der vermögensvermehrenden, erwerbswirtschaftlichen Verwendung des Wirtschaftsgutes ist. Durch dieses Kriterium wird eine Ausweitung der Ersatzpflicht auf Nichtvermögensschäden vermieden.[448] Ein ersatzfähiger Vermögensschaden ist zu bejahen, wenn der Geschädigte mit der Anschaffung (Kauf oder Leasing) des Fahrzeugs vermögenswerte Aufwendungen getätigt hat und sich damit die Nutzungsmöglichkeit erkauft hat.[449] Damit ist die Verfügbarkeit eines Kraftfahrzeugs als Vermögenswert einzuordnen. Begrenzt wird der Anspruch durch das Erforderlichkeitsmerkmal des § 249 Abs. 2 S. 1 BGB und die Verhältnismäßigkeitsschranken des § 251 Abs. 2 BGB.[450] Beim Nutzungsausfallschaden handelt es sich jedoch nicht um einen zwangsläufig eintretenden Schaden infolge der Beschädigung eines Kfz; vielmehr hängt sein Vorliegen von engen Voraussetzungen ab.

## 2. Anspruchsberechtigung

368 Die Geltendmachung des Nutzungsausfalls setzt eine Nutzungsberechtigung voraus. Dies kann der Eigenbesitz oder der Fremdbesitz sein.

### *a) Eigenbesitz*

369 Regelmäßig wird bei einem privaten Kfz der Eigentümer zugleich Besitzer sein, der damit für die Geltendmachung von Ansprüchen aus entzogener Nutzung aktivlegitimiert ist. Bei mehreren Besitzern können auch mehrere Personen anspruchsberechtigt sein, wobei der Umfang des eingeräumten Nutzungsrechtes für den Ersatzanspruch des einzelnen ausschlaggebend ist.[451]

### *b) Fremdbesitz*

370 Hat der Eigentümer vor dem schädigenden Ereignis das Kfz einem Dritten zum entgeltlichen oder unentgeltlichen Gebrauch überlassen, so steht diesem Dritten ein eigener Anspruch aus Besitzstörung zu.[452] Einschränkend hierzu das *KG*,[453] welches einen Anspruch auf Nutzungsausfallentschädigung in einem solchen Fall davon anhängig macht, dass zwischen dem Fahrzeugeigentümer und dem Dritten vor dem Unfall eine Vereinbarung über die Nutzung getroffen worden ist. Dem Eigentümer verbleiben nur dann eigene Ansprüche wegen entgangener Gebrauchsvorteile, wenn er sich einen Mitbesitz vorbehalten hat. Handelt es sich bei diesen mitberechtigten Personen um nahe Familienangehörige, so spricht der erste Anschein dafür, dass das Besitzrecht neben dem Eigentümer, also gemeinschaftlich mit diesem ausgeübt wird.[454]

446 Grüneberg/*Grüneberg* § 249 Rn. 40; Himmelreich/Halm/*Grabenhorst* Handbuch Kap. 5 Rn. 67; *Herz* NJW-Spezial 2011, 201; *AG Ratzeberg* BeckRS 2013, 03311.
447 A.A. *LG Darmstadt* SVR 2019, 264.
448 *BGH* DAR 2008, 465; a.A. *Schulze* NJW 1997, 3337.
449 *OLG Düsseldorf* NJW 2008, 1964.
450 *BGH* NJW 2008, 915.
451 *BGH* NJW 1975, 922.
452 *LG Berlin* MDR 2001, 630; *Riedmeyer* DAR 2012, 742.
453 NZV 2006, 157.
454 *AG Wiesbaden* zfs 1991, 235.

Damit könnte jeder Mitberechtigte einen eigenen Ersatzanspruch für den Zeitraum geltend machen, in dem er unter Ausschluss der anderen Mitbesitzer das Fahrzeug hätte nutzen können. Da aber auch bei einem großen Nutzerkreis das Fahrzeug stets nur einmal und in zeitlicher Abfolge genutzt werden kann, erhöht sich in solchen Konstellationen nicht der Ersatzanspruch gegen den Schädiger. Dies ist insbesondere dann der Fall, wenn das Fahrzeug einem nahen Angehörigen dauerhaft überlassen worden ist, sodass der Eigentümer das Fahrzeug nahezu gar nicht nutzen konnte.[455] 371

### 3. Hypothetische Nutzungsmöglichkeit

Der Geschädigte kann wegen der entgangenen Gebrauchsvorteile seines Kfz nur dann Ersatz verlangen, wenn das Kfz aufgrund des Schadensereignisses tatsächlich ausgefallen ist und er während dieser Zeit das Fahrzeug hätte nutzen können, wollen und dürfen. Dies setzt zunächst eine hypothetische Nutzungsmöglichkeit voraus. 372

#### *a) Ausfall des Kfz*

Nur bei einem Fahrzeug, das vor dem Unfall einsatzfähig war, kann der Ausfall der Nutzung erstattungsfähig sein. Voraussetzung ist somit eine fühlbare Entbehrung der Nutzungsmöglichkeit.[456] Daher muss das Fahrzeug zugelassen[457] und fahrtüchtig gewesen sein. Stand die Zulassung unmittelbar bevor und wird sie innerhalb der reparaturbedingten Ausfallzeit vollzogen, besteht von diesem Tage an bis zum Ende der Ausfallzeit ein Anspruch auf Nutzungsentschädigung. Bei einer Ersatzbeschaffung für ein unfallbeschädigtes Kfz, das unmittelbar vor der Zulassung stand, wird Nutzungsausfall ab dem Tag der geplanten Zulassung gezahlt. Beweispflichtig ist hierfür der Anspruchsteller. 373

Ausschlaggebend ist der tatsächliche Wegfall der Nutzungsmöglichkeit wegen der Durchführung der unfallbedingten Reparatur oder wegen einer Ersatzbeschaffung.[458] Dieser ist jedoch gerade nicht gegeben, wenn das Fahrzeug zum Zeitpunkt des Unfalls bereits so vorbeschädigt war, dass es nicht mehr verkehrssicher war.[459] 374

Kein Anspruch auf Nutzungsausfallentschädigung entsteht dadurch, dass die Vollkaskoversicherung die Auszahlung der geschuldeten Versicherungsleistung verzögert, da es an einer unmittelbaren Einwirkung auf das Fahrzeug selbst fehlt.[460]

Ist das Kfz nach dem schädigenden Ereignis noch fahrbereit, also uneingeschränkt betriebs- und verkehrssicher, ist dem Geschädigten die Weiterbenutzung bis zur Durchführung der Reparaturarbeiten zuzumuten.[461] Dies gilt selbst dann, wenn das Fahrzeug wegen seines geringen Wertes als wirtschaftlicher Totalschaden gilt: Diese rechtliche Einordnung sagt nichts über die Fahrbereitschaft aus. Nur wenn der Geschädigte weiß oder wissen muss, dass mit einem zeitnahen Instandsetzen nicht zu rechnen ist, und gibt er sein fahrbereites Fahrzeug dennoch in die Werkstatt, verstößt er gegen seine Schadensminderungspflicht. Dasselbe gilt, wenn die Fahrbereitschaft im Wege einer geringfügigen Notreparatur wiederhergestellt werden kann, beispielsweise durch Austausch der Leuchtmittel.[462] Der Anspruch auf Nutzungsausfallentschädigung entfällt bei Weiternutzung des unreparierten Fahrzeugs selbst dann, wenn das Kfz zwar fahrbereit, aber nicht verkehrssicher ist.[463] Auch wenn der Geschädigte irrig davon ausgeht, dass sein beschädigtes Fahrzeug noch fahrbereit ist 375

455 *OLG Brandenburg* SVR 2007 Heft 6 VII nur Ls.
456 *OLG Stuttgart* BeckRS 2010, 11513; *Fielenbach* NZV 2015, 272.
457 *Gruber* NZV 1991, 303.
458 *LG Dessau* SP 1999, 422.
459 *LG Stralsund* SP 2007, 259; *AG Düsseldorf* VRR 2012, 305.
460 *OLG Hamm* r+s 2011, 154.
461 *AG Dortmund* SP 2013, 436; *AG Essen* SP 2014, 164; *AG Brühl* DAR 2012, 586; *LG Detmold* SVR 2012, 349; *OLG München* MDR 2010, 993; Herz NJW-Spezial 2011, 201.
462 *OLG Düsseldorf* BeckRS 2008, 85; *LG Berlin* BeckRS 2010, 17648.
463 *Halm/Fitz* SVR 2007, 413.

und es weiter nutzt, steht ihm kein Anspruch auf Nutzungsausfallentschädigung zu:[464] Denn durch die Weiternutzung entsteht gerade kein Vermögensschaden.

376 Die Wiederherstellung der Gebrauchsmöglichkeit kann durch eine Fremdreparatur, eine Eigenreparatur oder eine Ersatzbeschaffung erfolgen.[465] Dass einer dieser Wege vom Geschädigten beschritten wurde, ist vom Geschädigten unter Beweis zu stellen.[466] Die Vorlage einer Originalrechnung ist gerade nicht Bedingung für die Geltendmachung der Nutzungsausfallentschädigung.[467] Dass das Fahrzeug wieder instand gesetzt worden ist, kann auch durch entsprechende Bilder nachgewiesen werden;[468] anders soll dies aber sein, wenn sich das Fahrzeug nach dem Unfall noch in verkehrssicherem, fahrfähigem Zustand befunden hat.[469] Nicht nur im Bestreitensfall kann das Kfz kostenpflichtig einem Sachverständigen zur Nachbesichtigung vorgeführt werden; hierfür anfallende Kosten trägt der Schädiger, sofern sich dabei die Reparatur gemäß Gutachten ergibt und die Bestätigung aus Rechtsgründen erforderlich gewesen ist.[470] Die fiktive Abrechnung ist beim Nutzungsausfallschaden nach überwiegender Meinung nicht möglich.[471] Einschränkend wird dazu auch die Ansicht vertreten, dass die Nutzungsausfallentschädigung für den Fall fiktiv abgerechnet werden kann, wenn nach einem Totalschaden mit nicht mehr fahrbereiten Pkw die Ersatzbeschaffung eines Fahrzeugs nicht nachgewiesen wurde.[472]

▶ **Praxistipp:**

377 Wird das Fahrzeug in Eigenregie instandgesetzt, so kann der Nachweis des Nutzungsausfalls durch Bilder vom reparierten Fahrzeug erbracht werden. Insbesondere wenn die Versicherung dies nicht anerkennt, kann das Fahrzeug auf deren Kosten wiederum dem Sachverständigen, welcher das Schadensgutachten erstellt hat, zur Bestätigung der durchgeführten Reparatur vorgeführt werden.

### *b) Tatsächliche Hinderungsgründe*

378 Eine Entschädigung für entgangene Gebrauchsvorteile kommt dann nicht in Betracht, wenn der Nutzungsberechtigte aus tatsächlichen Gründen nicht in der Lage war, sein Fahrzeug zu nutzen. Voraussetzung für die Gewährung einer Nutzungsausfallentschädigung ist nämlich der Nutzungswille und die – zumindest hypothetische – Nutzungsmöglichkeit.[473]

379 Keine Nutzungsausfallentschädigung ist für den Zeitraum einer polizeilichen Beschlagnahme des Kfz zu gewähren, und zwar selbst dann nicht, wenn diese Maßnahme in einem adäquaten Kausalzusammenhang mit dem betreffenden Unfall steht.

380 Ist der allein Nutzungsberechtigte infolge der Unfallverletzung oder durch Ortsabwesenheit zeitweilig verhindert, sein Kfz zu nutzen, so liegt ein derartiger tatsächlicher Hinderungsgrund nur für den Zeitraum vor, in dem die Möglichkeit der Nutzung des Kfz ausgeschlossen war.[474] Eine andere

464 *OLG München* NJOZ 2011, 406.
465 *Kappus* NJW 2008, 891.
466 *OLG München* BeckRS 2010, 7227; *OLG Frankfurt* NZV 2010, 525.
467 *LG Saarbrücken* NZV 2015, 547.
468 *AG Berlin-Mitte* SVR 2010, 304.
469 *Balke* SVR 2010, 305 m.w.N.
470 *OLG Düsseldorf* NJW-Spezial 2015, 331; vgl. hierzu auch *BGH* DAR 2017, 264 bei ansonsten unzulässiger Vermischung von fiktiver und konkreter Schadensabrechnung: Entscheidend ist, weshalb die kostenpflichtige Nachbesichtigung erfolgt; vgl Anm. *Almeroth* NJW 2017, 1664 m.w.N.
471 *AG Aurich* SVR 2006, 231; *LG* Koblenz SVR 2011, 152; *AG Limburg* SVR 2010, 108; *AG Berlin-Mitte* SVR 2010, 304; a.A. *AG Mayen* Az. 2B C 659/08.
472 *AG Berlin-Mitte* SP 2010, 16; *AG Halle*, Az: 91 C 1976/12.
473 *OLG Düsseldorf* BeckRS 2008, 11936.
474 *OLG Stuttgart* SP 1996, 350; *LG Gießen* SP 1998, 167; *LG Ingolstadt* SP 2012, 224; *AG Starnberg* SP 1999, 276; *Balke* SVR 2010, 305; *OLG Frankfurt/Main* NJW-RR 2024, 771.

Ansicht vertritt hierzu *Boetzinger*,[475] wonach auf den Zeitpunkt des Unfallgeschehens abzustellen ist: In diesem hatte der Geschädigte unzweifelhaft den Nutzungswillen, weshalb es keinen Unterschied mache, ob der Geschädigte aufgrund eines selbstständigen Entschlusses auf die Anmietung eines Fahrzeugs verzichtet oder weil er aus gesundheitlichen Gründen nicht in der Lage ist, ein Fahrzeug zu führen. Anders liegt der Fall jedoch, wenn der Nutzungsberechtigte nicht so erheblich verletzt ist, so dass er sich von einem Anderen fahren lassen könnte. Unter dieser Prämisse steht dem Geschädigten eine eigene Nutzungsausfallentschädigung zu.

▶ Praxistipp:

Auch im Fall eines gebrochenen linken Beins kann ein Pkw mit Automatikgetriebe noch selbst 381
geführt werden, sodass hier kein Hinderungsgrund gegeben ist.

Der Geschädigte kann trotz verletzungsbedingter Nutzungsbehinderung in seinen Nutzungsmög- 382
lichkeiten auch dann beeinträchtigt sein, wenn er das Kfz in der Weise nutzt, dass er es Dritten zur Verfügung stellen wollte. Dann muss das beschädigte Kfz entweder zu diesem Zweck angeschafft worden sein oder es müssten sich entsprechend konkrete Gebrauchsgewohnheiten und -absichten gebildet haben. Von derartigen Gewohnheiten und Absichten kann nicht bei der lediglich abstrakten Möglichkeit ausgegangen werden, dass Verwandte oder Bekannte das betreffende Fahrzeug hätten benutzen können. Vielmehr sind strenge Anforderungen an die Darlegung der Nutzungsmöglichkeit durch Dritte zu legen.[476]

▶ Praxistipp:

In einem so gelagerten Fall sollte der Anwalt möglichst genau belegen, dass entsprechende 383
Vereinbarungen bereits vor dem Unfall getroffen wurden.

Unzweifelhaft ist der Nutzungswille aber gegeben, wenn das Familienfahrzeug auch vom Ehepartner 384
oder Lebensgefährten gefahren wird, wovon bei nur einem vorhandenen Pkw bei mehreren Fahrerlaubnisbesitzer im Haushalt ausgegangen werden kann.

*c) Rechtliche Hinderungsgründe*

War dem Anspruchsberechtigten eine Benutzung eines unbeschädigten Kfz aus Rechtsgründen nicht 385
möglich und stehen damit rechtliche Hinderungsgründe auch der Benutzung eines Mietwagens entgegen, so kann er für den betreffenden Zeitraum keine Entschädigung für entgangene Gebrauchsvorteile verlangen, da es insoweit an der anspruchsbegründenden Voraussetzung der – zumindest hypothetischen – Nutzungsmöglichkeit mangelt.

Ist gegen den Geschädigten zeitweilig ein Fahrverbot verhängt oder ist ihm gar die Fahrerlaubnis 386
entzogen worden, entfällt der Anspruch auf Nutzungsausfallentschädigung.[477] Er kann sich aber, sofern dies unabhängig vom Unfall plausibel ist, in seinem Pkw auch von Dritten fahren lassen. In der Person des Berechtigten liegende, somit also rein subjektive Hinderungsgründe können im Übrigen nur seinen eigenen Ansprüchen aus Nutzungsausfall entgegenstehen; bei weiteren Nutzungsbefugten bleibt deren Ersatzanspruch unberührt.

Rechtliche Hinderungsgründe, die nicht den Fahrberechtigten, sondern das Fahrzeug betreffen, 387
können durch zwangsweise Stilllegung des Fahrzeuges oder durch Beendigung des Haftpflichtschutzes eintreten. In diesen Fällen ist das Fahrzeug zwar vorhanden, darf aber von keiner Person im öffentlichen Straßenverkehr benutzt werden. Sofern der rechtliche Hinderungsgrund durch das Schadensereignis (Verkehrsunsicherheit nach Unfall) bedingt ist, schließt dies den Ersatzanspruch

475 Zfs 2000, 45.
476 *AG Gummersbach* SVR 2011, 309; *OLG Düsseldorf* NZV 2012, 83; *OLG Koblenz* r+s 2014, 46.
477 *AG Berlin-Mitte* SP 2007, 185.

natürlich nicht aus. Ein rechtlicher Hinderungsgrund ist auch bei Fahrzeugen mit Saisonzulassung bei Ablauf des Saisonkennzeichens gegeben, da das Fahrzeug ab diesem Zeitpunkt – unabhängig vom Unfall – nicht mehr hätte genutzt werden können.[478]

*d) Eigener Zweitwagen*

388 Eine Entschädigung für entgangene Gebrauchsvorteile kann der Nutzungsberechtigte nicht verlangen, wenn ihm während der Ausfallzeit ein nicht voll ausgenutzter eigener Zweitwagen zur Verfügung steht.[479] Die Schadensminderungspflicht gebietet in solchen Fällen den Rückgriff auf einen vorhandenen und nutzungsbereiten Zweitwagen;[480] so stand im entschiedenen Fall dem Geschädigten neben dem beschädigten Ferrari noch ein Porsche 911 als Zweitwagen zur Verfügung. Dasselbe soll gelten, wenn dem Geschädigten als Autohändler bei Ausfall des privaten Pkw Verkaufsfahrzeuge zur Verfügung stehen.[481] Der Geschädigte kann jedoch nicht auf einen Zweitwagen innerhalb des Familienverbundes verwiesen werden, wenn dieses Kfz im relevanten Zeitraum von anderen Familienmitgliedern benutzt wird.

*e) Kostenlose Ersatzwagenstellung durch Dritte*

389 Stellt ein Familienangehöriger oder der Arbeitgeber dem Geschädigten aufgrund der besonderen persönlichen Beziehungen während der Ausfallzeit einen Ersatzwagen unentgeltlich zur Verfügung, so braucht der Geschädigte sich diesen Vorteil im Verhältnis zum Ersatzpflichtigen nicht anrechnen zu lassen, sondern kann eine (abstrakte) Entschädigung für entgangene Gebrauchsvorteile verlangen. Insoweit gilt der Grundsatz der Unbeachtlichkeit freiwilliger Drittleistungen.[482] Anders ist der Fall zu beurteilen, wenn ein Autohaus oder Fahrzeughersteller gerade nicht aufgrund einer besonderen persönlichen Beziehung einen Vorteil gewähren möchte, ohne den Schädiger dadurch zu entlasten, sondern ihm aus anderen Erwägungen ein kostenloses Fahrzeug zur Verfügung stellt. Dies kann bspw. der Fall sein, um lange Lieferzeiten von Ersatzteilen oder die Zeit der Ersatzbeschaffung zu überbrücken, also die Kundenbindung und Imagepflege im Vordergrund stehen. Das Gleiche gilt auch für die Stellung eines Überbrückungsfahrzeugs zum Sonderpreis. Dafür spricht auch das Argument, dass der Dritte sich den Anspruch auf Ersatz der Mietkosten vom Geschädigten abtreten lassen kann.[483]

*f) Zusätzliche Entschädigung bei Anmietung eines vom Typ her kleineren und weniger komfortablen Ersatzwagens?*

390 Hat der Geschädigte während der Ausfallzeit ein kleineres und weniger komfortables Ersatzfahrzeug angemietet, so begründet der in der Abgrenzung zum eigenen Kfz liegende Komfortverzicht für sich allein betrachtet noch keinen Anspruch auf eine zusätzliche, neben die Erstattung angefallener Mietwagenkosten tretende Entschädigung für entgangene Gebrauchsvorteile. In der Anmietung eines kleineren bzw. weniger komfortablen Kfz liegt keine zusätzliche Benachteiligung mit vermögensrechtlichem Einschlag. Die Anmietung eines kleineren Kfz kann unter dem Gesichtspunkt der

478 *OLG Stuttgart* BeckRS 2010, 11513; *BGH* NJW 2018, 1393 m. Anm. *Filthaut.*

479 *BGH* VersR 1976, 170 mit Anm. *Klimke;* VersR 1976, 828; *OLG Brandenburg* SP 1998, 167; *OLG Frankfurt/M.* SP 1999, 347; *OLG Düsseldorf* SVR 2012, 261; *OLG Celle* DAR 2016, 465; *LG Osnabrück* BeckRS 2019, 41156; *Meyer-Näser* NJW-Spezial 2020, 649; *LG Flensburg* BeckRS 2023, 49133.

480 *OLG Jena* NJW-RR 2004, 1030; *BGH* NJW 2023, 47; ebenso *OLG Frankfurt/Main* NJW 2022, 3083, Ford statt Porsche; anders *OLG Hamburg* NZV 2023, 423: McLaren statt Bentley.

481 *OLG Düsseldorf* BeckRS 2012, 21325; *LG Nürnberg* SP 2005, 200.

482 *Wenger* MDR 1997, 798; *BGH* NJW 1970, 1120; *AG Rendsburg* BeckRS 2002, 11182; *OLG Stuttgart* DAR 2010, 468; *BGH* NJW 2013, 3719; kritisch hierzu *Fielenbach* NZV 2015, 272; *OLG Saarbrücken* r+s 2017, 668; *OLG Düsseldorf* zfs 2022, 17.

483 *OLG Jena* NZV 2009, 388; *LG Gera* BeckRS 2009, 26531; a.A. *AG Hamburg-Barmbek* NJOZ 2017, 1006.

Verhältnismäßigkeit sogar geboten sein, wenn ein gleichwertiges Fahrzeug nur zu besonders hohen Kosten zu erhalten wäre.

Eine davon abweichende Beurteilung ist lediglich dann gerechtfertigt, wenn dem Geschädigten durch die Benutzung des billigeren Mietwagens gerade mit Rücksicht auf den von ihm in Kauf genommenen Komfortverzicht oder eine sich daraus ergebende Leistungsdifferenz eine spürbare wirtschaftliche Beeinträchtigung mit vermögensrechtlichem Einschlag entstanden ist.[484] Dies gilt auch, wenn das angemietete Ersatzfahrzeug den besonderen Bedürfnissen des Geschädigten im Hinblick auf den mit der Ersatzanmietung verfolgten Nutzungszweck nicht ausreichend gerecht geworden ist. Die obere Grenze für eine besondere Entschädigung – sollte sie im Ausnahmefall tatsächlich einmal begründet sein – stellt jedoch die Differenz der Nutzungspauschale des beschädigten Kfz zu der Ausfallpauschale dar, die für einen Typus des angemieteten Fahrzeuges zu zahlen gewesen wäre. 391

Wenn die Anmietung eines wesentlich einfacheren Ersatzfahrzeugs nach Berücksichtigung der unter dem Gesichtspunkt des Vorteilsausgleichs gebotenen Abzüge hinter dem Betrag einer Entschädigung für entgangene Gebrauchsvorteile zurückbleibt, ist der Geschädigte berechtigt, statt der Mietwagenkosten die Nutzungsausfallentschädigung ersetzt zu verlangen.[485] Vorstellbar ist dies bei einfachen Werkstattwägen, die gegen eine geringe Pauschale zum Erhalt der Mobilität vermietet werden. Oftmals ist dabei die Fahrleistung auf 30 bis 50 km je Tag beschränkt. Eine geringe Fahrleistung des gemieteten Fahrzeuges ist bei geltend gemachtem Nutzungsausfall – anders als bei der Geltendmachung von Mietwagenkosten – unschädlich und führt folglich nicht zu Abzügen des Erstattungsbetrages.[486] Auch nach *OLG Düsseldorf*[487] ist beim Vergleich zwischen dem beschädigten Fahrzeug und dem Ersatzfahrzeug nicht nur auf das Grundbedürfnis der Mobilität abzustellen; vielmehr richtet sich der Wert des Kfz nach Marke, Typ, Ausstattung, Alter und Erhaltungszustand. 392

## 4. Nutzungswille

Ein Anspruch des Geschädigten auf eine Entschädigung für entgangene Gebrauchsvorteile setzt – neben der zumindest hypothetischen Nutzungsmöglichkeit – auch ein subjektives Fahrbedürfnis, also einen Nutzungswillen voraus. Dies bedeutet, dass eine Entschädigung für entgangene Gebrauchsvorteile dann nicht zuzubilligen ist, wenn der Geschädigte sein Kfz ohne den Unfall während der Ausfallzeit ohnehin nicht hätte nutzen wollen. 393

### *a) Fahrbedürfnis*

Die Lebenserfahrung spricht dafür, dass zumindest in der Person des Halters bzw. eines sonstigen Nutzungsberechtigten während des unfallbedingten Ausfalls des Kfz ein Fahrbedürfnis vorhanden war.[488] Nach dem *LG Leipzig* wird der Nutzungswille grundsätzlich vermutet.[489] Andererseits zeigt sich, dass privat genutzte Fahrzeuge nicht pausenlos im Einsatz sind. Nutzungsausfallentschädigung wird daher nicht gewährt, wenn in Intervallen repariert wird, sodass der Verlust der Nutzungsmöglichkeit für den Geschädigten nicht spürbar geworden ist. Ähnlich soll es sich nach Auffassung des *AG Oldenburg*[490] bei einem Bagatellschaden verhalten, der die Verkehrs- und Betriebssicherheit nicht beeinträchtigt und bei dem zumutbarer Weise der Schaden bei einer ohnehin fälligen Reparatur oder Inspektion beseitigt werden kann. 394

484 *BGH* VersR 1967, 183; *Halbgewachs* NZV 1997, 497; *Fielenbach* NZV 2015, 272.
485 *BGH* NJW 1970, 1120; *AG Esslingen* SVR 2023, 187.
486 *BGH* NJW 2013, 194.
487 NJW 2008, 1964.
488 *OLG Düsseldorf* BeckRS 2008, 00085.
489 BeckRS 2009, 88469; ebenso *AG Gifhorn* SVR 2007, 181.
490 VersR 1979, 1042.

▶ **Praxistipp:**

395 Auch wenn der Geschädigte kurz nach dem Unfall eine Urlaubsfernreise antritt, ist die Beeinträchtigung während der Reisedauer nicht spürbar, sodass für diese Zeit keine Nutzungsausfallentschädigung verlangt werden kann.

396 Fährt der Geschädigte entsprechend seinen vorgeprägten Gewohnheiten nur an bestimmten Tagen oder zu bestimmten Zeiten, so kann in der Regel nur für diese Zeiträume eine Nutzungsausfallentschädigung geltend gemacht und gewährt werden. Dies gilt z.B. für den sog. Sonntagsfahrer, der sein Kfz werktags in der Garage stehen lässt: Er kann nur für die Tage an den Wochenenden, an denen er seinen Wagen sonst benutzt hätte, eine Entschädigung für entgangene Gebrauchsvorteile verlangen.[491] Derartige Schlüsse auf die Lebensgewohnheiten können allerdings nicht pauschal gemacht werden, sondern setzen konkrete Ausführungen des Anspruchsgegners voraus. In der Praxis stellt sich das Erforschen des Nutzungswillens zum Zweck der Entschädigungsreduzierung als zu aufwendig und daher unwirtschaftlich dar. Aus einer Reparaturbeauftragung erst 14 Tage nach Reparaturfreigabe kann nicht auf das Fehlen des Nutzungswillens geschlossen werden.[492] Aus der vorzeitigen Rückgabe eines Mietwagens kann nicht geschlossen werden, dass der Anspruchsberechtigte keinen über den Zeitraum hinausgehenden Nutzungswillen gehabt hat.[493] Auch eine kurzzeitig verzögerte Anmietung eines Ersatzfahrzeugs führt nicht zu diesem Ergebnis, so das *AG Minden* für einen Zeitraum von 22 Tagen.[494] In der saisonalen Zulassung eines Fahrzeugs kann das Fehlen des Nutzungswillens am Fahrzeug für die übrige Zeit vermutet werden.[495]

*b) Totalschaden*

397 Grundsätzlich steht dem Geschädigten eine Entschädigung für entgangene Gebrauchsvorteile auch für den Fall zu, dass an seinem Kfz ein wirtschaftlicher Totalschaden eingetreten ist. Beim Totalschaden ist Voraussetzung für den Anspruch, dass der Nutzungswille durch eine zeitnahe Ersatzanschaffung belegt wird.[496] Einen konkreten Nutzungsausfall verneint das *AG Essen*[497] mit Rücksicht darauf, dass der Geschädigte sich erst 6 Monate nach dem Unfall ein Ersatzfahrzeug angeschafft hat. Ebenso *AG Köln*[498] für einen Zeitraum von 7 Monaten bis zur Anschaffung eines Ersatzfahrzeugs, *AG Bergheim*[499] bei knapp 10 Monate und *AG Gummersbach*[500] bei 18 Monaten, woran auch die Anschaffung eines deutlich höherwertigen Fahrzeugs nichts ändern soll. Dagegen beweist nach *LG Braunschweig*[501] bereits die Tatsache, dass der Geschädigte zum Unfallzeitpunkt im Besitz eines Fahrzeugs gewesen ist, dessen Nutzungswille; dieser wird durch eine nicht zeitnahe, sondern erst späte Anschaffung eines Ersatzfahrzeugs nicht beseitigt. Ein Ersatzbeschaffungszeitraum von 13 Monaten kann ausreichend sein,[502] zumal wenn dem Geschädigten in der Zwischenzeit ein Fahrzeug aus der

491 *Hillmann* zfs 2001, 341.
492 A.A. *AG Köln* SP 2012, 293.
493 *OLG Düsseldorf* VRR 2007, 269.
494 BeckRS 2010, 07664.
495 *OLG Stuttgart* DAR 2010, 468.
496 *LG Dessau* SP 1999, 422; *AG Neubrandenburg* SP 1999, 276; *AG Duisburg* SP 2007, 105; *AG Schondorf* SP 2006, 173; *LG Hanau* SP 2009, 293; *LG Heilbronn* SVR 2012, 423; *LG Köln* SP 2012, 367; a.A. *LG Nürnberg-Fürth* DAR 2000, 72; *AG Hanau* zfs 1995, 415; *AG Andernach* BeckRS 2012, 02805: Bereits die Tatsache, dass der Geschädigte zum Unfallzeitpunkt Eigentümer eines Kfz war, belegt seinen Nutzungswillen. Vgl zum Meinungsstreit Anm. *Balke* SVR 2016, 108 m.w.N.
497 SVR 2016, 108.
498 SP 2009, 403.
499 BeckRS 2011, 00456.
500 VRR 2010, 403; ebenso *OLG Frankfurt/Main* BeckRS 2013, 22600.
501 NZV 2006, 41; *Halm* SVR 2006, 254.
502 *OLG Brandenburg* BeckRS 2012, 25102.

Verwandtschaft zur Verfügung stand.[503] Schafft sich der Geschädigte jedoch kein Ersatzfahrzeug an, so ist kein Nutzungswille gegeben.[504] Etwas anderes soll beim Verzicht auf eine Ersatzanschaffung gelten, wenn der Geschädigte durch eine intensive Nutzung des Mietwagens seinen Nutzungswillen dokumentiert hat.[505] Wenn der Nutzungswille ohne Ersatzanschaffung nachgewiesen werden kann, entfällt der Anspruch auf Nutzungsausfallentschädigung nicht.[506]

*c) Entschädigung trotz Mietwagen oder Taxi*

Der Anspruch auf Entschädigung für entgangene Gebrauchsvorteile ist an sich für jeden einzelnen Tag unter Berücksichtigung der gerade an diesem Tage vorliegenden konkreten Situation zu ermitteln. So kann es sein, dass im Zuge des dem Geschädigten innerhalb der Grenzen des § 254 Abs. 2 BGB zustehenden Wahlrechts an einzelnen Tagen eine Ersatzanmietung erforderlich war, während der Geschädigte an anderen Tagen entweder auf die bedarfsgerechte Inanspruchnahme von Taxen zurückgreifen konnte bzw. in der Lage war, auf die Gebrauchsvorteile seines Kfz ersatzlos zu verzichten. Der Geschädigte darf für einzelne Tage Mietwagenkosten abrechnen, während er an anderen Tagen lediglich die Taxikosten ersetzt bekommt beziehungsweise eine Ausfallpauschale in Anspruch nimmt.[507] 398

Wenn der Ausfallschaden auf diese Weise konkret ermittelt wird, bleibt für eine anderweitige oder gar zusätzliche Entschädigung kein Raum. Es ist damit nicht richtig, dass die pauschal zu berechnende Nutzungsausfallentschädigung den Mindestschaden darstellt. Dies gilt beispielsweise auch für den Fall, dass der Geschädigte die anstehenden Fahrten unter Benutzung von Taxen ausführen konnte. Er hat dann seinen ganz persönlichen Ausfallschaden nach der konkretesten aller denkbaren Erscheinungsformen abgerechnet. Somit wäre es unzutreffend, ihm einen zusätzlichen Betrag bis zum Gegenwert der entgangenen Gebrauchsvorteile zuzubilligen, wenn die Taxikosten abzüglich der eingesparten Betriebskosten des eigenen Fahrzeuges hinter dem Tagessatz der Nutzungsausfallentschädigung zurückbleiben. Vor Geltendmachung gering angefallener Kosten sollte daher geprüft werden, ob die Inanspruchnahme der Nutzungsausfallentschädigung finanziell günstiger ist: Wird auf die Erstattung angefallener Kosten für Taxi oder Mietwagen zugunsten der Nutzungsausfallentschädigung verzichtet, ist dies im Rahmen der Entschädigung unschädlich. 399

Aus der unterlassenen Ersatzanmietung oder Inanspruchnahme von Taxen kann gerade nicht der Schluss gezogen werden, dass während der Ausfallzeit weder Nutzungswille noch Nutzungsmöglichkeit als anspruchsbegründende Voraussetzungen für die Geltendmachung einer Nutzungsausfallentschädigung bestanden haben. Benutzt der Geschädigte indes nur an einzelnen Tagen ein Taxi bzw. einen Mietwagen oder gibt er das Mietfahrzeug vorzeitig zurück, werden in der Praxis gleichwohl oftmals negative Rückschlüsse auf Nutzungswillen und Nutzungsmöglichkeit während des restlichen Zeitraumes gezogen. Das Gleiche gilt für den Fall der trotz ordnungsgemäßer Regulierung etwas verzögerten Ersatzbeschaffung, die mitunter als Negativ-Indiz für die nur geringe Wertschätzung der Gebrauchsvorteile des eigenen Kfz herangezogen wird. 400

## 5. Gewerblich genutzte Kfz

Der *BGH* hat seine Rechtsprechung nicht anhand gewerblich genutzter Fahrzeuge, sondern privat genutzter Pkw entwickelt. So beschränkt er ausdrücklich seine allgemeinen Erwägungen auf die Verfügbarkeit von Fahrzeugen außerhalb des gewerblichen Bereichs und verneint die Übertragbarkeit der entwickelten Grundsätze zum privat genutzten Pkw auf den gewerblich genutzten Lkw.[508] 401

503 *AG Berlin-Mitte* SP 2006, 319.

504 *OLG Hamm* BeckRS 2002, 00325; *LG Kaiserslautern* DAR 2013, 517.

505 *LG Karlsruhe* SVR 2006, 225; *AG Geldern* SP 2014, 20.

506 *KG* NZV 2004, 470; *AG Linden* SP 2005, 419; *OLG Düsseldorf* NZV 2003, 379.

507 *OLG Schleswig* SVR 2006, 32; *Vater* SVR 2017, 168.

508 *BGH* DAR 1976, 69; bestätigt durch *BGH* SVR 2014, 220 und SVR 2019, 296.

Insbesondere bei Taxen kann daher der Verdienstausfall nicht abstrakt anhand der Tabellen von *Sanden/Danner/Küppersbusch/Lang* bestimmt werden, sondern es ist auf den konkret zu berechnenden entgangenen Gewinn abzustellen.[509] Dies gilt nach dem *BGH* auch dann, wenn der Unternehmer ein gleichwertiges Ersatzfahrzeug zum Freundschaftspreis anmietet; eine weiter gehende Nutzungsausfallentschädigung ist neben den gezahlten Mietkosten schon mangels fühlbarer Beeinträchtigung nicht zu gewähren.[510] Anders *OLG Naumburg*,[511] wonach jedenfalls in den Fällen, in denen kein Ersatzfahrzeug angemietet worden ist und somit wesentlich höhere Kosten vermieden worden sind, als Mindestschaden Nutzungsausfallentschädigung zu gewähren ist. Das Gericht begründet dies damit, dass auch beim gewerblich genutzten Fahrzeug Fallgestaltungen denkbar sind, in denen trotz Nutzungsausfall keine Einnahmeverluste entstehen.

402 Beim Ausfall eines Nutzfahrzeuges, das unmittelbar der Erzielung eines Gewerbeertrags dient, kann der Schaden nicht auf der Basis der Vorhaltekosten abgerechnet werden; insofern kommt ausschließlich ein Verdienstausfall, also ein im Einzelnen nachzuweisender Erwerbsschaden i.S.v. § 252 BGB, in Betracht. Der *BGH*[512] geht davon aus, dass sich bei einem unmittelbar der Erbringung gewerblicher Leistungen dienenden Nutzfahrzeug die Gebrauchsentbehrung unmittelbar in einer Minderung des Gewerbeertrags niederschlägt, und zwar entweder durch den Entgang von sonst zu erwartenden Einnahmen (§ 252 BGB) oder über die mit einer Ersatzbeschaffung verbundenen Ausgaben. Soweit dies zutreffe, hat der Geschädigte den Gewerbeentgang konkret zu berechnen.[513] Die Möglichkeit der abstrakten Berechnung des Entbehrungsschadens bedeute insoweit keine Wahlmöglichkeit, sondern tritt hilfsweise da ein, wo es infolge besonderer persönlicher Anstrengungen oder Verzicht des Geschädigten nicht zu einem Niederschlag im Gewerbeertrag gekommen ist. Der Verdienstausfall kann auch nicht abstrakt in Höhe der Tagessätze aus der Tabelle *Sanden/Danner/Küppersbusch/Lang* geltend gemacht werden.[514] Diese Ansicht vertritt das *OLG Stuttgart*[515] in dem Fall, dass ein Unternehmer sich nach der Beschädigung des Geschäftsfahrzeugs überobligatorisch behilft und daher keinen konkreten Ausfallschaden nachweisen kann. Der Anspruch auf Schadensersatz wird durch § 252 Abs. 2 BGB begrenzt.[516]

Wird das Fahrzeug jedoch nicht unmittelbar wie beispielsweise ein Taxi oder ein Nutzfahrzeug zur Gewinnerzielung genutzt, so kann nach Ansicht des *OLG Düsseldorf*[517] die Geltendmachung einer Nutzungsausfallentschädigung nach der Tabelle *Sanden/Danner/Küppersbusch/Lang* in Betracht kommen. Denn auch in diesen Fällen kann es zu einer spürbaren Beeinträchtigung des betrieblichen Ablaufs kommen.[518] Dieser Ansicht hatte sich der *BGH* zunächst grundsätzlich angeschlossen. In seiner Entscheidung[519] führte er aus, dass es in den Fällen, in denen kein bezifferbarer Verdienstausfall gegeben ist, dem Geschädigten grundsätzlich nicht verwehrt sei, Nutzungsausfallentschädigung geltend zu machen. Dies gelte, soweit ein fühlbarer wirtschaftlicher Nachteil für den Geschädigten eingetreten ist. Entscheiden musste der *BGH* die Frage dort jedoch nicht, da die Voraussetzungen im konkreten Fall nicht vorlagen. Auch in der neueren obergerichtlichen Rechtsprechung zeigt sich vermehrt eine Tendenz dahin gehend, auch bei gewerblich genutzten Fahrzeugen, welche nicht der direkten Gewinnerzielung dienen, einen Anspruch auf Nutzungsausfallentschädigung zu gewähren, wenn der Wegfall der Nutzung sich nicht unmittelbar in einer Minderung des Gewinns niederschlägt

509 BGHZ 70, 199; *KG* NZV 2007, 244; *OLG Bremen* VRR 2008, 347; *AG Heidelberg* SP 2014, 342.
510 DAR 2008, 140.
511 NJW 2008, 2511 mit Anm. *Berg*; *Halm/Fitz* DAR 2008, 517; a.A. *LG Erfurt* NJOZ 2020, 81.
512 BGHZ 70, 199; *Pichler-Gieser* SVR 2017, 98.
513 *BGH* SVR 2008, 138; *OLG Düsseldorf* NZV 1999, 472; NJW 2002, 971.
514 *OLG Karlsruhe* VersR 1992, 67; *KG* NZV 2007, 244.
515 DAR 2007, 33.
516 *BGH* DAR 2005, 21; NZV 2005, 135; *OLG Hamm* DAR 2001, 359.
517 OLGR 2001, 453.
518 Auch *OLG Stuttgart* NZV 2005, 309; NZV 2007, 414; *OLG Schleswig* OLGR 2005, 601; SVR 2006, 221; *Hillmann* zfs 2001, 341; vgl auch Empfehlung des Verkehrsgerichtstags NZV 1993, 102.
519 VRR 2008, 142.

und dennoch für das Unternehmen ein fühlbarer wirtschaftlicher Nachteil eingetreten ist.[520] Dem ist der BGH[521] nunmehr teilweise entgegengetreten, indem er zumindest in den Fällen, in denen die wirtschaftlichen Auswirkungen des Gebrauchsverzichtes quantifiziert werden können, die Differenzierung zwischen unmittelbarer und mittelbarer Gewinnerzielung aufgibt.

▶ **Praxistipp:**

Kann daher bei einem gewerblich, aber nicht unmittelbar zur Gewinnerzielung genutzten Fahrzeug der konkrete Gewinnentgang nicht bestimmt werden, so ist weiterhin zu prüfen, ob die Voraussetzungen für die Geltendmachung von Nutzungsausfallentschädigung vorliegen. 403

Auch für die eintrittspflichtige Versicherung kann bei gewerblich genutzten Fahrzeugen diese Abrechnung anhand der genannten Tabellen interessant sein, da dadurch die aufwendige und kostenintensive Ermittlung des Gewinnentgangs durch einen Steuerberater vermieden werden kann.

Einem Gewerbebetrieb ist es nicht versagt, Reservehaltungskosten als Vorhaltekosten geltend zu machen, sofern die anspruchsbegründenden Voraussetzungen vorliegen.[522] Dem steht auch nicht entgegen, dass im Zeitpunkt des Unfalls der Betrieb über eine größere Anzahl ungenutzter weiterer Fahrzeuge verfügt. Einwendungen dieser Art gehen schon deswegen fehl, weil dem Schädiger die Reservehaltungskosten lediglich pro rata temporis für den Zeitraum in Rechnung gestellt werden, in dem das betroffene Fahrzeug unfallbedingt ausgefallen ist. Hinzu kommt, dass gerade bei Nutzfahrzeugen langfristige Dispositionen getroffen werden müssen, sodass eine unterschiedliche Auslastung des Fahrzeugparks nicht zu einer Verkürzung eines an sich begründeten Anspruchs auf Ersatz von Reservehaltungskosten führt. 404

Handelt es sich um Nutzfahrzeuge, die für private Zwecke üblicherweise nicht genutzt werden, ist für arbeitsfreie Tage keine Nutzungsausfallentschädigung zu gewähren. Dies gilt jedoch dann nicht, wenn es sich bei dem Firmenfahrzeug um einen Lieferwagen oder Pkw handelt, der dem Unternehmer auch an den arbeitsfreien Wochenenden für private Zwecke nach freiem Belieben zur Verfügung steht und der anstelle eines privaten Pkw benutzt wird. 405

Ähnliche Überlegungen können dann zum Tragen kommen, wenn dem Geschäftsführer oder einem sonstigen leitenden Angestellten ein arbeitsvertragliches Recht auf Benutzung des Firmenwagens und gleichzeitig auch unmittelbarer Besitz bereits vor dem Unfall an dem Firmenwagen eingeräumt worden ist. Unter dieser Voraussetzung ist der Berechtigte wegen der widerrechtlichen Störung eines bereits vor Eintritt des Schadens rechtsfehlerfrei erworbenen und ausgeübten Besitzes aus eigenem Recht zur Geltendmachung von Schadensersatzansprüchen im Sinne einer Nutzungsausfallentschädigung aktivlegitimiert. 406

Bei gemischter Nutzung, also sowohl gewerblicher als auch privater, kann für den Zeitraum der üblichen privaten Nutzung eine Ausfallentschädigung geltend gemacht werden; für die übrige Zeit muss der konkrete Gewinnausfall dargelegt werden.[523] Dies kann anhand der steuerlichen Aufteilung geschehen,[524] wobei die Nutzungsausfallentschädigung stets eine Betriebseinnahme darstellt, wenn der Entnahmewert gemäß § 6 Abs. 1 Nr. 4 S. 2 EStG mit der 1 %-Methode statt quotal mittels Fahrtenbuch ermittelt wird.[525] 407

---

520 *OLG Köln* NZV 1995, 401; *OLG Stuttgart* NZV 2007, 414; *OLG München* DAR 2009, 703; *OLG Rostock* BeckRS 2009, 88813; *OLG Düsseldorf* NJW-RR 2010, 687; *AG Bremen* NJW-RR 2009, 1252; *OLG Zweibrücken* zfs 2015, 141 m. Anm. *Diehl*; *Vater* SVR 2017, 168.

521 *BGH* NJW 2019, 1064.

522 *BGH* NJW 1967, 286; *OLG Koblenz* NJW-RR 2015, 85.

523 *OLG Jena* NJW-RR 2004, 1030; *LG Dortmund* SVR 2023, 266.

524 Himmelreich/Halm/*Grabenhorst* Handbuch Kapitel 5 Rn. 70.

525 *BFH* DAR 2016, 477.

### 6. Behördenfahrzeuge

408 Nach der Auffassung einiger Gerichte[526] steht der Behörde ein Anspruch auf Nutzungsausfallentschädigung zu, wenn sich der Verzicht des Fahrzeugs bei der Behörde als fühlbarer wirtschaftlicher Nachteil auswirkt. Voraussetzung ist, dass eine Nutzung sonst beabsichtigt und möglich gewesen wäre. Diese Rechtsprechung gibt Anlass zu Bedenken. So vertritt das *LG Frankfurt/Main*[527] die Auffassung, dass beim Ausfall eines Funkstreifenwagens dem Halter keine Entschädigung für entgangene Gebrauchsvorteile zusteht: Eine große Behörde müsse sich darauf einstellen, dass Fahrzeuge durch technische Mängel oder Verkehrsunfälle ausfallen. Sie sei daher verpflichtet, einen so ausreichenden Fahrzeugpark zu unterhalten, dass ein ordnungsgemäßer ununterbrochener Betrieb jederzeit gewährleistet ist. Auch nach Ansicht des *OLG Hamm*[528] treten die vom *BGH* geforderten Auswirkungen in dieser Form nur bei Privatpersonen auf. Zutreffender Weise ist stets am Einzelfall zu prüfen, ob das betreffende Fahrzeug nicht ebenso gut ersatzlos ausfallen konnte, ohne dass der Verfügungsberechtigte dadurch in seiner wirtschaftlichen Bewegungsfreiheit eingeengt war. Eine Nutzungsausfallentschädigung hätte das klagende Land lediglich dann erhalten können, wenn es behauptet und nachgewiesen hätte, dass von den vorgehaltenen Reservefahrzeugen im relevanten Zeitpunkt keines verfügbar war.

Nach dem *OLG Köln*[529] muss zumindest eine fühlbare Beeinträchtigung des Behördenbetriebs von der Behörde dargelegt und nachgewiesen werden.[530]

409 Nach der Auffassung des *AG Würzburg*[531] muss die Bundeswehr sich mit der Erstattung von Vorhaltekosten begnügen. Der *BGH* hat Nutzungsausfall für einen Krankentransportwagen der Bundeswehr, der während der Reparaturzeit ohnehin nicht benutzt worden wäre, zutreffend abgelehnt.[532] Nicht unbedenklich ist dagegen die Auffassung des *LG Frankfurt/Main*,[533] auch beim Ausfall eines Bundeswehrfahrzeuges sei grundsätzlich eine Nutzungsausfallentschädigung zu zahlen, sofern ein fühlbarer wirtschaftlicher Nachteil vorliegt. Dieser fehle, wenn von einer anderen Behörde ein Kfz während der Ausfallzeit zur Verfügung gestellt worden ist. Diese Auffassung ist abzulehnen, weil sie dem Prinzip, dass dem Schädiger unentgeltliche Drittleistungen nicht zugutekommen sollen, widerspricht. Im Ergebnis ist der Entscheidung jedoch zuzustimmen, weil der Bundeswehr durch den Ausfall eines ihrer Fahrzeuge in Friedenszeiten kein fühlbarer wirtschaftlicher Nachteil entsteht.

410 Für den Ausfall des Dienstfahrzeugs eines Försters kann nach dem *VG Kassel*[534] keine Nutzungsentschädigung verlangt werden.

### 7. Zweiräder

411 Für einen Entschädigungsanspruch kommt es insbesondere bei motorisierten wie nichtmotorisierten Zweirädern darauf an, ob die Fahrzeuge als tägliches Beförderungsmittel oder als Sportgerät zur Freizeitgestaltung genutzt werden.[535] Soweit es sich um ein Sportgerät wie ein Rennrad oder ein Mountainbike handelt, fehlt es dann an einem messbaren wirtschaftlichen Schaden, wenn das Fahrrad nur in der Freizeit zu sportlichen Zwecken genutzt wird.[536] Handelt es sich dagegen um ein

---

526 *OLG München* NZV 1990, 348; *OLG Düsseldorf* NZV 2005, 309.
527 Zfs 1983, 202.
528 NZV 2004, 472.
529 SVR 2005, 346.
530 Ebenso *OLG München* NZV 1990, 348; *OLG Stuttgart* NZV 2005, 309; *LG Darmstadt* SP 2014, 164.
531 Zfs 1980, 287; vgl. dazu auch *OLG Koblenz* VersR 1982, 808.
532 NJW 1985, 2471.
533 Zfs 1986, 137.
534 Entscheidung v. 08.04.2008 – 1 E 1404/07.
535 Gilt auch für unfallbeschädigtes Trike, *LG Nürnberg-Fürth* NJW-RR 1999, 467; *AG Schwabach* SVR 2013, 196.
536 *AG Wetzlar* SP 1999, 313.

Gebrauchsfahrrad als Beförderungsmittel im Alltag, hat die Benutzbarkeit einen wirtschaftlichen Wert, der als Ausfallschaden reguliert werden muss.[537]

Beim Kraftrad muss der Halter zur Anspruchsbegründung darlegen, dass das Motorrad zur ständigen Nutzung wie ein Pkw gehalten wird.[538] Die tägliche Angewiesenheit und der tägliche Nutzungswille sind für die vermögenserhebliche Entbehrung entscheidend[539] und sind dann nicht gegeben, wenn ein Pkw als Ersatzfahrzeug zur Verfügung steht.[540] Wird ein Motorrad neben einem Pkw nur aus sportlichem Interesse oder zur Freizeitgestaltung verwendet, handelt es sich bei der unfallbedingten Nutzungseinbuße um einen immateriellen Schaden, der nicht erstattungsfähig ist.[541] Aus einer Zulassung des Motorrades mit Saisonkennzeichen (§ 9 Abs. 3 FZV) kann nicht auf die Verwendung als Hobbyfahrzeug geschlossen werden.[542] Nach einer Entscheidung des *OLG Düsseldorf*[543] kann für ein Motorrad auch dann Nutzungsausfallentschädigung geltend gemacht werden, wenn ein Ersatzfahrzeug in Form eines Pkw zur Verfügung gestanden hat. Dies wird damit begründet, dass das Motorrad im zu entscheidenden Fall nicht nur zu Freizeitzwecken genutzt wurde; ferner kann der spezifische Gebrauchsvorteil eines Luxusmotorrads nicht durch einen Zweitwagen ersetzt werden. Nutzungsausfall kann allerdings nur während des Zulassungszeitraums bestehen. Da Motorräder häufig nur bei guten Witterungsverhältnissen und am Wochenende gefahren werden, müssen an den Nachweis des Nutzungswillens strengere Anforderungen gestellt werden, zumal wenn neben dem Krad auch auf einen Pkw zugegriffen werden kann.[544] Dies kann jedoch auch dazu führen, dass der Ausfallzeitraum auf die »sonnigen« Tage beschränkt wird, wobei dies eine Frage der konkreten Schadensbetrachtung ist.[545] 412

## 8. Sonderfahrzeuge

Für den vorübergehenden Verlust eines Wohnwagens kann ohne konkreten Nachweis des erlittenen materiellen Schadens kein Nutzungsausfall geltend gemacht werden. Die abstrakte Entschädigung für den Nutzungsausfall hat der *BGH*[546] für Wohnwagen versagt, da die Einsatzmöglichkeiten und Zwecke nicht mit dem Pkw zu vergleichen sind. Die jederzeitige Benutzbarkeit eines Wohnwagens stellt danach keinen unentbehrlichen Bestandteil allgemeiner Bedürfnisse dar, der es rechtfertigt, eine Entschädigung ohne konkreten Schadensnachweis zuzusprechen. 413

Auch ein Wohnmobil dient regelmäßig Urlaubs- und Erholungszwecken. Die Frage, ob im Fall der unfallbedingten Entziehung der Nutzung ein ersatzfähiger Vermögensschaden im Sinne einer abstrakt berechneten Nutzungsausfallentschädigung zusteht, hat der *BGH*[547] im Grundsatz verneint. Nutzungsausfallersatz kommt nur bei Sachen in Betracht, auf deren ständige Verfügbarkeit die eigenwirtschaftliche Lebenshaltung typischerweise ausgerichtet ist und bei denen die Nutzungseinbußen an objektiven Maßstaben gemessen werden können. Anders verhält es sich, wenn das Wohnmobil 414

537 *KG* NZV 1994, 393; *AG Lörrach* DAR 1994, 501; *LG Lübeck* SVR 2012, 142; *LG Heilbronn* SVR 2014, 186 m. Anm. *Diehl*; a.A. *LG Hamburg* NZV 1993, 33; *AG Stade* NZV 2021, 376 differenziert zwischen Schulweg und Arbeitsweg.

538 *BGH* NJW 2018, 1393; *LG Kassel* SP 1997, 364; *AG Hamm* VersR 1993, 987; *LG München* DAR 2004, 155; *Halm/Fitz* SVR 2005, 254.

539 *OLG Saarbrücken* NZV 1990, 312; *LG München* DAR 2004, 155; a.A. *AG München*, v. 18.10.2002 – 343 C 18936/02.

540 *LG Köln* BeckRS 2011, 04707; *BGH* SVR 2012, 139; *LG Wuppertal* NJW 2008, 206.

541 *LG Kassel* SP 1997, 364; *AG Berlin-Mitte* SP 1999, 276; *LG Koblenz* SP 2005, 17; *LG Gießen* SP 2007; *LG Wuppertal* SP 2008, 331; *LG Karlsruhe* BeckRS 2008, 24566; *AG Rheinberg* VRR 2009, 148; *BGH* SVR 2012, 139.

542 *BGH* NJW 2018, 1393; a.A. *Wenker* VersR 2000, 1082.

543 NJW 2008, 1964; a.A. *LG Wuppertal* NZV 2008, 206.

544 *LG Heidelberg* SP 1994, 14.

545 *BGH* NJW 2018, 1393.

546 VersR 1983, 298.

547 DAR 2008, 465; *OLG Frankfurt/Main* BeckRS 2001, 25312.

anstelle eines Pkw für alltägliche Transportaufgaben eingesetzt wird.[548] Bei einer bereits geplanten Urlaubsreise ist eine konkrete Schadensberechnung vorzunehmen.[549]

415 Auch gut gepflegte Oldtimer sind regelmäßig Zweitfahrzeuge, die nicht als normales Verkehrs- und Beförderungsmittel genutzt benutzt werden. Sollte dies ausnahmsweise nachweislich doch der Fall sein, besteht Anspruch auf Nutzungsausfall.[550] Unproblematisch gehen von einem Anspruch auf Nutzungsausfallentschädigung *LG Ellwangen*[551] und *LG Dortmund*[552] aus.

416 Da es sich bei Rettungswagen, welche von gemeinnützigen Vereinen verwendet werden, weder um privat noch gewerblich genutzte Kraftfahrzeuge handelt, kann der Wegfall der Gebrauchsmöglichkeit einen erstattungsfähigen Vermögensschaden darstellen, insbesondere dann, wenn der Verein auf eine kostenintensivere Anmietung eines Ersatzfahrzeugs verzichtet.[553]

417 Auch der Ausfall eines Elektrorollstuhls gibt einen Anspruch auf Ersatz der entgangenen Nutzung.[554] Hierbei ist zu beachten, dass ein Gehbehinderter auf seinen maschinell betriebenen Rollstuhl in höherem Masse angewiesen ist als der Nichtbehinderte auf seinen Pkw.[555]

## II. Dauer des Nutzungsausfalls

418 Grundsätzlich gelten dieselben Grundsätze, wie sie bereits im Zusammenhang mit den Mietwagenkosten im Einzelnen erörtert worden sind.

### 1. Schadensermittlung

419 Bei der Dauer der Nutzungsentbehrung ist zunächst der sog. Schadensermittlungszeitraum zu berücksichtigen, also der Zeitraum, welchen der Sachverständige für die Begutachtung des Fahrzeugs und Erstellung des Gutachtens benötigt.[556] Verzögerungen bei der Gutachtenerstellung, welche vom Geschädigten nicht zu verantworten sind, gehen dabei zulasten des Schädigers,[557] ebenso wie ein ausnahmsweise notwendiges Beweissicherungsverfahren.[558] Zu einer Verlängerung des Schadensermittlungszeitraums führt auch das Verlangen einer Gegenüberstellung durch die Versicherung des Unfallverursachers.[559] Versucht der Geschädigte im Rahmen seiner Schadensminderungspflicht, im Vorfeld bei der Versicherung abzuklären, ob auf ein teures Gutachten verzichtet werden kann, und benötigt die Versicherung für die Abgabe der geforderten Stellungnahme mehrere Tage, so geht auch dies zulasten des Schädigers.[560]

548 *OLG Hamm* VersR 1990, 864; *OLG Hamburg* SVR 2020, 21; *OLG Celle* NZV 2004, 471; *LG Frankfurt/Main* BeckRS 2019, 11945.
549 *Hillmann III* zfs 2001, 341.
550 *OLG Düsseldorf* VersR 1998, 911; *AG Berlin-Mitte* SP 1999, 167; *AG Düsseldorf* SP 1997, 327; *OLG Karlsruhe* DAR 2013, 28; *OLG Düsseldorf* NJW-RR 2011, 898; 2012, 545; *OLG Celle* DAR 2016, 465.
551 SVR 2011, 105.
552 SP 2006, 213.
553 *OLG Naumburg* NJW-RR 2009, 1187; *Halm/Fitz* DAR 2010, 440; *LG Dessau-Roßlau* SVR 2012, 308; *LG Halle/Saale* SVR 2013, 26.
554 Himmelreich/Halm/*Grabenhorst* Handbuch Kapitel 5 Rn. 88.
555 *LG Hildesheim* NJW-RR 1991, 798.
556 *OLG Düsseldorf* NJOZ 2011, 353; DAR 2020, 142; *OLG Stuttgart* BeckRS 2010, 11513; *AG Stuttgart* SVR 2012, 232; *AG Hamburg-Wandsbek* SVR 2014, 198; *AG Rheinbach* DAR 2020, 339.
557 *AG Berlin-Mitte* SP 2010, 117; *AG Köln* DAR 2012, 588.
558 *LG Dortmund* BeckRS 2010, 21808; *OLG München* NZV 2015, 35.
559 *OLG München* DAR 2009, 703.
560 *AG Baden-Baden* vom 02.03.2009 – 19 C 239/08.

## 2. Prüfungs- und Überlegungszeit

Dem Geschädigten ist eine Prüfungszeit zuzubilligen, um nach Vorlage des Sachverständigengutachtens das weitere Vorgehen zu überdenken.[561] Die Entscheidung, ob die Reparatur eines stark beschädigten Kfz wirtschaftlich sinnvoll ist, setzt grundsätzlich die schriftliche und damit allein verlässliche Aussage des Gutachters voraus. Nur dann, wenn es sich offenkundig um einen Totalschaden handelt oder die Reparaturwürdigkeit außer Frage steht, wird die Entscheidungsfindung über das weitere Vorgehen zumutbarer Weise schon vor dem Vorliegen des Gutachtens stattfinden können.[562] Die zuzubilligende Überlegungsfrist beträgt zwischen drei[563] und zehn Tagen.[564] Kommt das Gutachten jedoch zu dem Ergebnis, dass es sich um einen wirtschaftlichen Totalschaden handelt und entschließt sich der Geschädigte dennoch zu einer aus wirtschaftlichen Gesichtspunkten unsinnigen Reparatur, soll er für den Zeitraum zwischen Erhalt des Gutachtens und dem Reparaturbeginn keine Nutzungsausfallentschädigung verlangen können.[565] Auch die Beauftragung des Gutachters erst nach anwaltlicher Beratung stellt keinen Verstoß gegen § 254 Abs. 2 BGB dar.[566] 420

## 3. Ausfallzeit

Über die Prüfungs- und Überlegungszeit hinaus steht dem Geschädigten zusätzlich eine Entschädigung für entgangene Gebrauchsvorteile während der notwendigen Zeit des eigentlichen Ausfalls zu, und zwar während der unfallbedingt notwendigen Reparaturdauer oder – im Fall des Totalschadens – während der erforderlichen Wiederbeschaffungsfrist.[567] Im Gutachten des Sachverständigen wird der Aufwand kalkuliert, den eine Fachwerkstatt zur Schadensbeseitigung betreiben muss. Bei erkennbar überlanger Reparaturdauer besteht ggf. die Verpflichtung zur Anschaffung eines Interimsfahrzeuges. Für die tatsächliche Dauer der Reparatur ist der Geschädigte beweispflichtig. Der einfache Nachweis, dass die Reparatur erfolgt ist, reicht nicht notwendigerweise aus.[568] 421

Werden die Unfallfolgen im Zusammenhang mit einem Werkstattaufenthalt aus anderen Gründen beseitigt, so beschränkt sich der Anspruch auf die unfallbedingte Verzögerung. Entschließt sich der Geschädigte zur Anschaffung eines Neufahrzeuges anstelle einer möglichen Reparatur, so ist die vom Sachverständigen ermittelte Reparaturdauer zugrunde zu legen.[569] Verzögerungen bei der Instandsetzung gehen zulasten des Schädigers,[570] ggf. Zug-um-Zug gegen Abtretung möglicher Ansprüche gegen die Werkstatt,[571] sofern dem Geschädigten kein Vorwurf bei der Auswahl der Werkstatt zu machen und keine Notreparatur zur Wiederherstellung der Fahrbereitschaft zumutbar ist.[572] Auch erhebliche Verzögerungen infolge von Lieferschwierigkeiten bei Ersatzteilen gehen zulasten des Schä- 422

561 *BGH* NJW 2013, 1151; *OLG Saarbrücken* SVR 2007, 341; MDR 2007, 1190; *OLG Düsseldorf* NJW-Spezial 2008, 427; *OLG Nürnberg* SVR 2019, 455; *LG Saarbrücken* NJW-RR 2018, 27; gilt explizit auch bei fiktiver Abrechnung, vgl. *OLG München* zfs 2012, 493.

562 *OLG München* BeckRS 2011, 13732; *OLG Düsseldorf* BeckRS 2008, 85; *Halm/Fitz* DAR 2008, 427; a.A. *AG Esslingen* NJW-RR 2019, 349.

563 *LG Wiesbaden* zfs 1995, 215; *AG Kirchhain* v. 19.03.2010 – 7 C 59/09; *AG Stuttgart* SVR 2012, 232.

564 *AG Gießen* zfs 1995, 93; *AG Wiesbaden* SVR 2013, 194.

565 *OLG Stuttgart* DAR 2010, 468.

566 *LG Saarbrücken* DAR 2011, 592.

567 *OLG Naumburg* NJW 2007, 3191; *LG Saarbrücken* NZV 2015, 547.

568 *OLG Frankfurt a.M.* NZV 2010, 525; *OLG Schleswig* NJW-RR 2024, 363; *AG Dülmen* SVR 2024, 189.

569 *LG Berlin* DAR 1992, 264; *AG Siegburg* SP 1994, 186; *OLG Koblenz* SVR 2012, 228; *LG Saarbrücken* NJW-RR 2020, 275.

570 *OLG Köln* DAR 1999, 264; *LG Bielefeld* DAR 1995, 486; *AG Herne* BeckRS 2011, 06031; *AG Gifhorn* NZV 2007, 149; *AG Würzburg* zfs 2016, 683 m. Anm. Diehl; *AG Velbert* DAR 2024, 274.

571 *LG Dessau-Roßlau* BeckRS 2011, 12747.

572 *OLG Köln* DAR 1999, 264; *LG Chemnitz* SP 2000, 166; *OLG Oldenburg* DAR 2024, 394; *OLG Zweibrücken* DAR 2024, 217.

digers.[573] Erfolgt die Reparatur durch den Geschädigten selbst, so gehen Verzögerungen zu seinen Lasten.[574] Diese Verzögerung geht nicht zulasten des Schädigers, der allein für den objektiv notwendigen Aufwand der Schadensbeseitigung einzustehen hat; der erstattungsfähige Nutzungsausfall bemisst sich deshalb bei nachgewiesener Reparatur in Eigenregie aus der im Gutachten zugrunde gelegten kalkulierten Reparaturdauer.[575] Bei der Eigenreparatur können sich die Reparaturdauer und damit der Nutzungsentzug insbesondere deshalb erheblich verlängern, weil die Arbeiten von Laien durchgeführt werden. Der im Gutachten berechnete Aufwand stellt auf eine Markenwerkstatt mit entsprechender Zugriffsmöglichkeit auf Ersatzteile ab.[576] Dem Geschädigten steht zwar grundsätzlich ein Wahlrecht zwischen fiktiver und konkreter Abrechnung des Schadens zu. Dabei kann er auch von einer Wahl Abstand nehmen und die andere Abrechnungsart wählen. Nicht möglich ist jedoch, die Abrechnungsarten (fiktive Abrechnung auf Gutachtenbasis, längerer Nutzungsausfall aufgrund realer Reparaturdauer) zu vermischen.[577]

**▶ Praxistipp:**

423 Soweit eine Verzögerung bei Eigenreparatur eintritt, obliegt es dem Anwalt, eine erneute Berechnung im Rahmen einer Gegenüberstellung der Kosten nach Gutachten (fiktive Reparaturkosten und fiktive Ausfallzeit) und den konkreten Reparaturkosten und der tatsächlichen Ausfallzeit vorzunehmen und gegebenenfalls zur konkreten Schadensabrechnung zu raten.

424 Strittig ist, ob der Geschädigte den Schaden vorfinanzieren muss. Die überwiegende Rechtsprechung lehnt eine generelle Verpflichtung des Geschädigten ab.[578] Sofern mangels eigener Mittel und wegen fehlender Kreditwürdigkeit ein Vorschuss für die Reparatur angemahnt wird, dieser aber nicht oder verzögert gezahlt wird, kann sich hierdurch der erstattungspflichtige Nutzungsausfall verlängern.[579] Nach *OLG Saarbrücken*[580] ist es dem Geschädigten zumutbar, die Kosten aus eigenen Mittel vorzustrecken, wenn er dadurch seine gewöhnliche Lebensführung nicht einschränken muss. Ebenso kann es zu einer Verlängerung der Nutzungsausfalldauer durch die Weigerung der Versicherung auf Gewährung eines Vorschusses zur Auslösung des reparierten Fahrzeuges kommen.[581]

Der Geschädigte hat nach herrschender Meinung den Schädiger frühzeitig auf seine schlechte finanzielle Lage aufmerksam zu machen, er ist wegen seiner Schadensminderungsobliegenheit gemäß § 254 BGB also verpflichtet, den Schädiger unverzüglich darüber in Kenntnis zu setzen hat, dass er den Schaden nicht vorfinanzieren kann.[582] Die Mindermeinung führt dagegen an, dass niemand seine eigene Kreditunwürdigkeit angeben muss.[583] Nur ausnahmsweise ist eine Vorfinanzierung

573 *OLG Düsseldorf* VRR 2008, 67.
574 *OLG Düsseldorf* DAR 2006, 269; BeckRS 2005, 14693.
575 *OLG Düsseldorf* DAR 2006, 269; *LG Saarbrücken* NJW-RR 2015, 1437.
576 *OLG Hamm* SVR 2006, 423.
577 Himmelreich/Halm/*Richter* Handbuch Kap. 4 Rn. 96.
578 *OLG Düsseldorf* zfs 1998, 379; VRR 2008, 68; *AG Magdeburg* zfs 2009, 199; *LG Koblenz* BeckRS 2014, 03258; *LG Aachen* BeckRS 2012, 10077; *AG Altena* SVR 2017, 229.
579 *OLG Düsseldorf* VersR 1998, 911; *AG Regensburg* SP 1995, 406; *BGH* NJW 2005, 1044; *OLG Brandenburg* VRR 2008, 27; *OLG Düsseldorf* VRR 2007, 269; *OLG Naumburg* DAR 2005, 158; *Bär* DAR 2001, 27; *OLG Brandenburg* VRR 2008, 27; *OLG München* NJOZ 2011, 406; *OLG Karlsruhe* NZV 2011, 546; *OLG Zweibrücken* DAR 2023, 272.
580 SVR 2007, 341.
581 *OLG Düsseldorf* VRR 2007, 270.
582 *OLG Brandenburg* VRR 2008, 27; *OLG München* NJOZ 2011, 406; *OLG Brandenburg* VRR 2011, 146; BeckRS 2019, 707; *LG Karlsruhe* BeckRS 2011, 05446; *KG* NZV 2010, 209; *OLG Karlsruhe* BeckRS 2011, 20723; *LG Hamburg* NJW 2012, 3191; *OLG Brandenburg* SP 2013, 99; *OLG Karlsruhe* VRR 2011, 463; *OLG Naumburg* SVR 2021, 31; *LG Konstanz* NJW-RR 2023, 600.
583 *OLG Düsseldorf* VRR 2008, 68.

angezeigt, wenn der Geschädigte mühelos einen Kredit aufnehmen kann und ihm dies im Einzelfall auch zumutbar ist.[584]

▶ **Praxistipp:**

Zur Vermeidung von Anspruchskürzungen wegen eines Verstoßes gegen die Schadensminderungspflicht sollte die Versicherung frühzeitig und eindeutig über die mangelnden Mittel für eine Vorfinanzierung hingewiesen und ein Vorschuss gefordert werden. Im Streitfall kann der Geschädigte im Rahmen einer sekundären Darlegungslast gehalten sein nachzuweisen, dass ihm der Zugang zu Krediten versagt war. **425**

In diesem Zusammenhang war früher strittig, ob der Geschädigte im Rahmen seiner Schadenminderungspflicht gehalten ist, den Schaden über seine Vollkaskoversicherung abzuwickeln.[585] Dies wurde vom BGH[586] verneint, da Sinn und Zweck der Vollkasko nicht die Entlastung des Schädigers und auch deren Inanspruchnahme nicht frei von rechtlichen und finanziellen Risiken ist. Anders stellt sich dies bei naheliegendem Mitverschulden und daher Teilhaftung dar.

Hat der Geschädigte bereits vor dem Unfall ein neues Fahrzeug bestellt und wollte er das nunmehr totalbeschädigte Fahrzeug nur noch bis zu dessen Lieferung benutzen, so kann nach dem *BGH*[587] für diesen Zeitraum Nutzungsausfallentschädigung geltend gemacht werden; dabei ist auf den Grundsatz der subjektbezogenen Schadensbetrachtung abzustellen. Der Anspruch auf Ersatz des Nutzungsausfalls ist aber nur gerechtfertigt, wenn dieser die Kosten für die Anschaffung eines Interimsfahrzeugs nicht wesentlich übersteigt. Ist jedoch im Fall des vor dem Unfall bestellten Neufahrzeuges gerade aus wirtschaftlicher Sicht nicht vertretbar, die Nutzungsausfallentschädigung über den vom Sachverständigen festgestellten Wiederbeschaffungszeitraum hinaus zu gewähren, so kommt auch ein auf die fiktiven Kosten für die Anschaffung eines Interimsfahrzeugs begrenzter Anspruch auf Nutzungsentschädigung nicht in Betracht.[588] Da diese Anschaffungskosten vermögensrechtlich gerade nicht eingetreten sind, führt ein solcher Anspruch anderenfalls zu einem Verstoß gegen das Bereicherungsverbot.[589] Besteht aufgrund des geringen Alters und der geringen Fahrleistung des fabrikneuen Unfallfahrzeuges Anspruch auf Neuwagenbeschaffung, so sind die Kosten des Nutzungsausfalls nicht durch die Kosten begrenzt, die bei Anmietung eines Fahrzeuges zum Langzeittarif entstanden wären.[590] **426**

Kommt keine Instandsetzung des Fahrzeuges in Betracht, benennt der Sachverständige eine für angemessen erachtete Wiederbeschaffungsdauer; diese ist abhängig von der Marktlage und von der regionalen Verfügbarkeit vergleichbarer Fahrzeuge. Üblicherweise wird eine Wiederbeschaffungsdauer von 14 Tagen angenommen.[591] Hierbei sind bei Spezialfahrzeugen auch erforderliche Umbaumaßnahmen am Ersatzfahrzeug zu berücksichtigen.[592] Nicht in Betracht kommt jedoch bei der Beschädigung eines alten Fahrzeugs mit hoher Laufleistung ein Anspruch auf Nutzungsausfallentschädigung für den Zeitraum der Bestellung eines Neuwagens.[593] Die Gleichwertigkeit des Fahr- **427**

---

584 *OLG Düsseldorf* VRR 2008, 68; *OLG Brandenburg* VRR 2008, 27; *AG Minden* BeckRS 2010, 07664; *LG Leipzig* BeckRS 2009, 88469.

585 Bejahend: *OLG Naumburg* DAR 2005, 152; *OLG München* VersR 1984, 1054; verneinend: *OLG Düsseldorf* VRR 2008, 68.

586 *BGH* DAR 2021, 196.

587 NJW 2008, 915.

588 *BGH* r+s 2009, 263; *OLG Koblenz* DAR 2023, 331.

589 Kritisch Richter SVR 2009, 405.

590 *OLG Koblenz* SVR 2012, 228.

591 *LG München I* SP 1996, 82; *AG Bonn* SVR 2016, 389; *AG Esslingen* NJW-RR 2019, 349; *LG Saarbrücken* NZV 2015, 547.

592 *LG Essen* BeckRS 2010, 03726.

593 *LG Frankfurt/Oder* NJW 2010, 3455.

zeuges bezieht sich dabei auf den allgemeinen Typ, die Ausstattung sowie die Motorleistung und somit ausschließlich auf Ausstattungsmerkmale, welche Vermögenswert besitzen. Unbeachtlich sind dabei daher Merkmale wie identischer Typ, Farbe oder einzelne spezielle Ausstattungsmerkmale;[594] ebenso der Wunsch, stets ein Fahrzeug aus erster Hand zu fahren.[595] Kommt es bei Vorliegen eines wirtschaftlichen Totalschadens zur Verzögerung bei der Abwicklung des Verkaufs des beschädigten Fahrzeugs an den vom Versicherer benannten Aufkäufer, so geht dies zulasten des Schädigers.[596]

### III. Höhe der Nutzungsausfallentschädigung

428 Die Höhe des Anspruchs ist gemäß § 287 ZPO zu schätzen.

#### 1. Auffassung des BGH

429 In mehreren Entscheidungen hat sich der *BGH* zur Höhe der Nutzungsausfallentschädigung geäußert.[597] Er unterscheidet zwischen der konkreten und abstrakten Berechnung, die er als pauschalierte Methode verstanden wissen möchte.

430 In seinem Urteil vom 18.05.1971[598] hat der *BGH* eine von der Systematik her grundlegend andere Betrachtungsweise verfolgt, als er betonte, eine angemessene und ausreichende Entschädigung lasse sich regelmäßig nur durch einen maßvollen Zuschlag zu den leistungsunabhängigen Generalunkosten (Vorhaltekosten) eines Kfz erreichen.

431 Dabei billigt der *BGH*[599] die kombinierte Methode von *Sanden/Danner/Küppersbusch/Lang* und hält sie als Schätzungsgrundlage für allgemein geeignet.[600] Weiterhin betont er, dass der Zuschlag zu den Vorhaltekosten, den diese Berechnung mit genügender Deutlichkeit ausweise, der Sachlage im Ergebnis gerecht werde. Ein konkretes Berechnungsschema wird von der Rechtsprechung nicht geliefert; vielmehr überlässt der *BGH* diese Berechnung weiterhin ausdrücklich der Praxis.[601]

#### 2. Methode von Sanden/Danner/Küppersbusch/Lang

432 Die mit Abstand weiteste Verbreitung zur Ermittlung der Nutzungsausfallentschädigung hat die Methode von *Sanden/Danner/Küppersbusch/Lang* gefunden. Die Autoren legen ihren Berechnungen die durchschnittlichen Pkw-Mietsätze zugrunde. Hiervon ziehen sie diejenigen Kosten ab, welche bei der privaten Nutzung eines Fahrzeugs gerade nicht anfallen (Verwaltungskosten, Provisionen des Autovermieters, Gewinnspanne). Insoweit greifen die Autoren auf die regelmäßig aktualisierten Mietpreisspiegel zurück.

433 Die Tabellenwerte liegen damit je nach Fahrzeugtyp 200 %–400 % über den Vorhaltekosten, was im Durchschnitt etwa 25 bis 30 % der Kosten einer gedachten Ersatzanmietung als Entschädigung für entgangene Gebrauchsvorteile entspricht.[602] PKW, Geländewagen und Transporter sind in die Klassen A bis L eingeteilt, wobei der Tagessatz mit einer Entschädigung von 23,– bis 175 € festgelegt ist.

434 Seit ihrem Erscheinen 1966 werden die Tabellen von *Sanden/Danner/Küppersbusch/Lang* von der Versicherungswirtschaft bei der außergerichtlichen Schadenregulierung, aber auch in der Spruchpraxis der Gerichte durchgängig angewendet. Die Methode von *Sanden/Danner/Küppersbusch/Lang* geht von praktikablen Durchschnittswerten aus und erspart dem Anwender im Einzelfall kompli-

594 *LG Rostock* NJOZ 2010, 667.
595 *LG Frankfurt/Oder* NJW 2010, 3455.
596 *LG Hannover* NZV 2011, 547.
597 BGHZ 45, 212; NJW 1969, 1477; NJW 1979, 1120.
598 BGHZ 56, 214.
599 NJW 2005, 1044.
600 *OLG Brandenburg* BeckRS 2008, 09567.
601 DAR 1986, 353.
602 Grüneberg/*Grüneberg* § 249 Rn. 43.

zierte Berechnungen. Bei Fahrzeugen mit spezieller oder behindertengerechter Ausstattung kann im Wege der richterlichen Schätzung gemäß § 278 ZPO ein Zuschlag auf den Tabellenwert vorgenommen werden.

### 3. Ältere Unfallfahrzeuge

Ob und unter welchen Voraussetzungen bei älteren Fahrzeugen Abzüge vom aktuellen Ausfallsatz gerechtfertigt sind, wird in der Rechtsprechung uneinheitlich behandelt. Vereinzelt wird die Ansicht vertreten, das abstrakte Fahrzeugalter rechtfertige für sich keine Reduzierung der Nutzungsentschädigung.[603] Etwas anderes soll nur bei verschlissenen Fahrzeugen mit stark eingeschränktem Nutzwert gelten.[604] 435

Dabei wird allerdings übersehen, dass Komfort und Sicherheit trotz regelmäßiger Wartung und gutem Pflegezustand nicht einem neuwertigen Fahrzeug derselben Klasse entsprechen. Die technische Zuverlässigkeit nimmt im Alter ab, die Ausstattung neuerer Fahrzeuggenerationen verbessert sich. 436

Nachdem verschiedene Ansichten über die Einstufung älterer Fahrzeuge[605] zu einer uneinheitlichen Anwendung der Tabellenwerte führten, empfehlen mittlerweile auch *Sanden/Danner/Küppersbusch/Lang*[606] eine Herabstufung der älteren Fahrzeuge. Die Fahrzeuge werden in Gruppen »bis fünf Jahre«, »älter als fünf, aber jünger als zehn Jahre« und »älter als zehn Jahre« eingestuft. Dabei erfolgt jeweils eine Herabstufung um eine Gruppe in der Tabelle. Dieser Ansicht hat sich nunmehr auch der *BGH* angeschlossen und erklärt die Tabelle auch für ältere Fahrzeuge als praktikabel.[607] Dies soll selbst dann gelten, wenn das Fahrzeug nicht mehr in der Tabelle aufgeführt ist.[608] Für die Herabstufung um eine Gruppe erst ab einem Fahrzeugalter von acht Jahren tritt *La Chevallerie*[609] ein. Das *LG Arnsberg*[610] bejaht dies ebenfalls für ein 21 Jahre altes Fahrzeug mit der Begründung, dass trotz zunehmendem Fahrzeugalter lediglich die entgangene Fortbewegung- und Transportmöglichkeit eine Rolle spielt und daher nicht allein aufgrund eines hohen Fahrzeugalters von einer weiteren Einschränkung des Nutzungswertes ausgegangen werden kann; daher keine Herabstufung auf die reinen Vorhaltekosten. Für den Ersatz lediglich der Vorhaltekosten bei einem 21 Jahre alten Privatfahrzeugs hingegen *AG Schmallenberg*.[611] 437

### 4. Gewerbliche Fahrzeuge

Dem Halter gewerblich genutzter Fahrzeuge zur unmittelbaren Ertragserzielung ist es – anders als bei privat genutzten Kfz – grundsätzlich versagt, seinen Schaden pauschal zu berechnen.[612] Vielmehr bemisst sich sein Schaden nach dem entgangenen Gewinn, den Kosten für ein vorgehaltenes Reservefahrzeug oder den konkret angefallenen Mietwagenkosten.[613] In der Tabelle von *Sanden/Danner/Kuppersbusch/Lang* sind auch die Vorhaltekosten für Pkw, Geländewagen und Transporter 438

603 *KG* NZV 1993, 478; *AG Schweinfurt* DAR 1999, 556; *AG Bonn* zfs 1998, 379; *AG Dorsten* zfs 2001, 69; Hillmann zfs 2001, 341.

604 *LG Düsseldorf* DAR 1991, 183.

605 *Balke* SVR 2005, 218.

606 Vorwort S. 4; vgl. auch Küppersbusch NJW 2006, 19.

607 DAR 2005, 265; NJW 2005, 1044; *OLG Saarbrücken* MDR 2007, 1190; *OLG Celle* BeckRS 2008, 08201; *OLG Düsseldorf* BeckRS 2008, 17727; *AG Stuttgart* SVR 2012, 232; *AG Wiesbaden* SVR 2013, 194.

608 *BGH* zfs 2005, 126; *OLG Düsseldorf* BeckRS 2008, 00085; VRR 2007, 270; *AG Berlin-Mitte* VersR 2008, 1275.

609 Zfs 2007, 423; *OLG Frankfurt/Main* NJW-RR 2024, 771.

610 NJOZ 2011, 596; ebenso *AG Potsdam* SP 2013, 298.

611 SP 2010, 259.

612 A.A. *AG Düsseldorf* SP 2000, 384; *AG Paderborn* zfs 2001, 69.

613 *OLG Hamm* MDR 2000, 1246 *OLG Brandenburg* VRR 2011, 146; *KG* NJOZ 2011, 592 und *AG München* SP 2011, 22; *AG Kusel* SP 2009, 403.

angegeben, die bei der Schadensregulierung gewerblich genutzter Kfz ohne ersatzweise Anmietung anzusetzen sind.

439 Die Ermittlung der Betriebs- und Vorhaltekosten für Fahrzeuge im Güterkraftverkehr – also für Lkw, Anhänger und Sattelauflieger – erfolgt in der Tabelle von *Danner/Echtler/Halm*. Diese erstmals 1978 erschienene Berechnung ist aufgegliedert nach Nutzungsdauer und Einsatzart. Als Vorhaltekosten gilt die Gesamtheit der Kosten, die durch das Vorhalten eines Fahrzeugs entstehen. Dazu zählen die Zinsen des für die Anschaffung verwendeten Kapitals, die Aufwendungen zum Erhalt der Einsatzfähigkeit des Fahrzeugs sowie der Wertverlust aufgrund der Alterung.[614] Dabei kann der Geschädigte auch Vorhaltekosten geltend machen, wenn er kein gesondertes Reservefahrzeug bereithält; ausreichend ist die Berücksichtigung der Vorhaltekosten in der allgemeinen Betriebsreserve, sodass die Reservehaltung insoweit erhöht ist.[615]

Bei gewerblich genutzten Fahrzeugen, bei welchen sich der Wegfall der Nutzung weder unmittelbar noch mittelbar in einer Minderung des Gewinns niederschlägt, aber dennoch für das Unternehmen ein fühlbarer wirtschaftlicher Nachteil eingetreten ist, ist eine Nutzungsausfallentschädigung nach der Tabelle von *Sanden/Danner/Küppersbusch/Lang* auch nach BGH[616] nicht ausgeschlossen.

### 5. Krafträder

440 Das Werk von *Sanden/Danner/Küppersbusch/Lang* enthält seit 1976 auch eine Nutzungsentschädigung für Mofa, Kleinkrafträder, Leichtkrafträder und Krafträder. Dabei sind die Krafträder den Klassen A bis J mit 10 bis 76 € zugeordnet. Voraussetzung der Entschädigung ist neben einer alltäglichen Nutzung insbesondere das Fehlen verfügbarer anderer Kraftfahrzeuge beim Geschädigten.

### 6. Wohnmobile

441 Die Tabelle von *Sanden/Danner/Küppersbusch/Lang* zur Nutzungsentschädigung für Wohnmobile ist letztmalig 1997 erschienen. Die Nutzungsentschädigung wurde errechnet unter Berücksichtigung von Fahrzeugneupreis, durchschnittlichem Mietpreis und jahreszeitlich verschiedener Einsatzzeit. Die Tabelle wurde wegen geringer Nachfrage nicht fortgeführt, da Nutzungsausfall für Wohnmobile nur ausnahmsweise gezahlt wird, wenn die Nutzung als Alltagsfahrzeug nachgewiesen ist. Für den Fall, dass tatsächlich die Voraussetzungen für den Anspruch auf Entschädigung der Nutzungsentziehung vorliegen, wird als Richtwert 50 % des Mietpreises für ein vergleichbares Fahrzeug abzüglich der ersparten Eigenaufwendungen empfohlen.[617]

**▶ Praxistipp:**

442 Wird das Wohnmobil während einer Urlaubsreise beschädigt, können als weitere Schadenspositionen Übernachtungskosten in einem Hotel in Betracht kommen.

### 7. Oldtimer

443 Bei der Höhe der Entschädigungspauschale ist der immaterielle Wert nicht mit einem Liebhaberzuschlag zu berücksichtigen.[618] Die Beweislast für die Angewiesenheit auf eine ständige Angewiesenheit mangels verfügbarem Zweitwagen trägt der Geschädigte.[619] Da bei der Nutzungsentschädigung

614 Himmelreich/Halm/*Grabenhorst* Handbuch Kapitel 5 Rn. 89.
615 Himmelreich/Halm/*Grabenhorst* HandbuchKapitel 5 Rn. 90; *OLG Celle* VersR 2024, 120.
616 NJW 2019, 1064; *LG Flensburg* BeckRS 2023, 43467.
617 Kuhn DAR 2008, 466; a.A.: *OLG Celle* NZV 2004, 471: Gruppe A.
618 *OLG Düsseldorf* zfs 1995, 217; SP 1998, 211; *AG Berlin-Mitte* SP 1999, 167; a.A. *LG Dortmund* SP 2006, 213.
619 *OLG Düsseldorf* zfs 2012, 261; *OLG Celle* DAR 2016, 465; *OLG Karlsruhe* DAR 2013,28; *OLG Düsseldorf* NJW-RR 2011, 898; 2012, 545; *OLG Celle* DAR 2023, 329.

allein auf den Gebrauchswert als Beförderungsmittel abzustellen ist, kommt eine Reduzierung des Tagessatzes angesichts der altersbedingten Sicherheits- und Komforteinbußen in Betracht:[620] Danach spielt das Alter gerade keine Rolle, da keine Weiterentwicklung und Verbesserung des Fahrzeugtyps mehr stattfindet. Unstrittig ist das allerdings nicht: Nach einer Entscheidung des *LG Berlin*[621] ist bei einem Oldtimer ein vergleichbares Modell des Herstellers auszuwählen und ein Abzug von zwei Gruppen vorzunehmen. Das *OLG Schleswig*[622] wiederum hält bei einem mehr als 25 Jahre alten Fahrzeug nurmehr die Vorhaltekosten für ersatzfähig, wobei es die Vorhaltekosten aus der Tabelle *Sanden/Danner/Küppersbusch/Lang* aufgrund des Alters des Fahrzeugs gemäß § 287 ZPO deutlich reduziert.

## IV. Schadenminderungspflicht

Die allgemeinen Grundsätze der in § 254 BGB normierten Schadenminderungspflicht gelten auch für das Rechtsinstitut der Nutzungsausfallentschädigung. Nur derjenige kann eine Entschädigung für entgangene Gebrauchsvorteile beanspruchen, der sich unter den gleichen Voraussetzungen wie im Fall der Ersatzanmietung wie ein verständiger, wirtschaftlich denkender Geschädigter in der besonderen Lage des Anspruchstellers verhalten haben würde. Zur Schadensminderungspflicht gehört auch, dass der Geschädigte den Reparaturauftrag unverzüglich erteilt, sodass sich der Nutzungsausfallzeitraum nicht unnötigerweise verlängert.[623] Ist bekannt, dass die Werkstatt nicht zeitnah mit der Instandsetzung beginnen wird, sind vor deren Beauftragung Erkundigungen bei anderen zumutbaren Werkstätten einzuholen. 444

▶ Praxistipp:

Ist zur Klärung von Haftungsfragen im Rahmen der Beweissicherung eine Unfallrekonstruktion notwendig, so kann mit der Erteilung des Reparaturauftrags ausnahmsweise zugewartet werden, wenn der Schädiger die Haftungsverteilung bezweifelt hat. 445

Der Geschädigte ist grundsätzlich verpflichtet, ein Interimsfahrzeug zur Vermeidung unverhältnismäßiger Kosten anzuschaffen, wenn ein sehr langer Nutzungsausfall voraussehbar ist.[624] Kann der Geschädigte die Erstattung von Mietwagenkosten wegen zu geringer Fahrleistung aufgrund § 254 BGB nicht ersetzt bekommen, steht es ihm frei, stattdessen Nutzungsausfall geltend zu machen.[625] 446

Die früher vertretene Position,[626] der Geschädigte habe durch die von ihm vollzogene Ersatzanmietung den vorübergehenden Verlust der Gebrauchsmöglichkeit seines beschädigten Kfz wirtschaftlich ausgeglichen, sodass für eine Nutzungsausfallentschädigung kein Raum mehr bleibe, verfängt nicht, wenn dem Geschädigten die entstandenen Mietwagenkosten gerade nicht ersetzt werden. 447

Die Erstattung von Mietwagenkosten wird in der Praxis versagt, wenn insgesamt nur eine geringe Wegstrecke zurückgelegt wird. Anstelle eines Ersatzwagens wird stattdessen überwiegend der Nutzungsausfall erstattet.[627] 448

Dabei ist der richtige Umgang mit dem konkret bezifferten Schadensersatzanspruch auf Zahlung angefallener Mietwagenkosten bei Unverhältnismäßigkeit aufgrund geringer Fahrleistung heikel: Einerseits soll der Schädiger nicht übervorteilt werden, andererseits soll der Geschädigte nicht für seine Ehrlichkeit über die Relevanz des Nutzungsausfalls bestraft werden. Der Ansatz, dass mit dem 449

620 *OLG Düsseldorf* VersR 1998, 911; *LG Dortmund* SP 2006, 213; *LG Ellwangen* SVR 2011, 105; a.A. *AG Düsseldorf* SP 1997, 327; *OLG Celle* DAR 2016, 465.
621 DAR 2008, 706.
622 SVR 2006, 32.
623 *OLG Saarbrücken* MDR 2007, 1190; SVR 2007, 312; *OLG Brandenburg* SVR 2007, 299.
624 *OLG Schleswig* NZV 1990, 150; *Richter* SVR 2010, 49.
625 *BGH* NJW 2013, 194.
626 *LG Wuppertal* SP 1993, 79; *LG Bielefeld* DAR 1995, 486; *LG Göttingen* SP 1995, 373.
627 *BGH* NJW 2013, 1149; *AG Schwabach* BeckRS 2023, 18215.

Zahlungsbegehren konkludent auch die hilfsweise Erstattung des Nutzungsausfalls nach *Sanden/Danner/Küppersbusch/Lang* umfasst ist, trägt beiden Aspekten hinreichend Rechnung.

450 Es erscheint dagegen nicht sachgerecht, wenn der Ersatzpflichtige unter Berücksichtigung der sich aus der Mietwagenkostenrechnung ergebenden gefahrenen Nutzkilometer – die Überführungsstrecke für das Abholen und Zurückbringen des Mietwagens ist dabei jedoch abzusetzen – dem dadurch zutage getretenen tatsächlichen Fahrbedarf in der Weise Rechnung trägt, dass er dem Geschädigten die Kosten ersetzt, die bei bedarfsgerechter Inanspruchnahme von Taxis insgesamt entstanden wären.[628] Diese Fiktion verkennt, dass die Nutzungsentschädigung die Nutzbarkeit des eigenen Fahrzeuges kompensiert und losgelöst ist von jedem Nachweis eines konkreten unaufschiebbaren Fahrbedarfes.

## V. Beweislast

451 Der Anspruch auf Ersatz für entgangene Gebrauchsvorteile bei Nichtnutzung eines Mietwagens setzt voraus, dass der Geschädigte darlegt und ggf. auch unter Beweis stellt, in welchem Umfang er sein Kfz während der Ausfallzeit benutzen hätte können, wenn das zum Ersatz verpflichtende Ereignis nicht eingetreten wäre. Ein Nutzungsausfall tritt zwar regelmäßig ein; auch für einen generellen Nutzungswillen des Geschädigten spricht die Lebenserfahrung.[629] Allerdings reicht dafür der Beweis des ersten Anscheins nicht aus, da man insoweit nicht zwingend von einem typischen Geschehensablauf ausgehen kann, der das Fehlen einer spürbaren Beeinträchtigung z.B. durch eine Flugreise des allein Berechtigten rein spekulativ erscheinen lässt. Daher sind die anspruchsbegründenden Voraussetzungen vom Geschädigten zumindest schlüssig darzulegen.[630]

452 Anders als beim Mietwagen kommt es bei der Nutzungsausfallentschädigung gerade nicht auf die mutmaßlich gefahrenen Kilometer an. Allerdings muss der Anspruchsteller die anspruchsbegründenden Voraussetzungen in der Weise darlegen, dass er zumindest seinen Nutzungswillen und die hypothetische Nutzungsmöglichkeit schlüssig vorträgt und im Bestreitensfall unter Beweis stellt.

453 Ein pauschales Bestreiten des Ersatzpflichtigen, der Geschädigte sei in der Zeit, für die er eine Nutzungsausfallentschädigung geltend macht, abwesend oder in sonstiger Weise an der Benutzung seines Kfz verhindert gewesen, ist bei schlüssigem Vortrag des Geschädigten nicht ausreichend. Insoweit muss der Schädiger substantiierte Gesichtspunkte vortragen, die überzeugend gegen eine – in der Person des Geschädigten liegende oder anderweitige – Nutzungsmöglichkeit sprechen.

# E. Verdienstausfall wegen Fahrzeugschaden

### Schrifttum

*Balke*, Schadenspositionen von A bis Z: Mühewaltungen und Zeitaufwand bei der Schadenregulierung, SVR 2019, 208; *ders.*, Nutzungsausfallentschädigung und Vorhaltekosten, SVR 2013, 54; *Berger*, Zur Berechnung des entgangenen Gewinn beim Ausfall einer Kraftdroschke VersR 1963, 514; *Born*, Schadensersatz bei Ausfall gewerblicher genutzter Kraftfahrzeuge NZV 1993, 1; *Buschbell/Höke*, Straßenverkehrsrecht 5. Aufl. 2020; *Enzinger*, Frustrierte Aufwendungen und mittelbarer Schaden, DAR 2015, 489; *Filthaut/Piontek/Kayser*, Haftpflichtgesetz 10. Auflage 2019; *Finke*, Schadenersatz für den verletzten Fahrlehrer FS 2006, Heft 5, 40; *Geigel*, Haftpflichtprozess 29. Aufl. 2024; *Grüneberg*, Zum Anspruch auf Erstattung der Mietwagenkosten bei unfallbedingtem Ausfall eines Taxis NZV 1994, 135; *Hartung*, Steuern beim Personenschaden VersR 1986, 308; *Himmelreich/Halm* Handbuch des Fachanwalts Verkehrsrecht 7. Aufl. 2021; *Kendel*, Maßnahmen zur Regulierung des Erwerbsschadens bei Selbständigen und Freiberuflern zfs 2007, 372; *Klimke*, Ersatzansprüche eines Taxifahrers im Falle eines Haftpflichtschadens VersR 1973, 397; *Knobbe-Keuk*, Möglichkeiten und Grenzen abstrakter Schadensberechnung VersR 1976, 401; *von Koppenfels-Spies*, Richtungswechsel in der Rechtsprechung zur Vorteilsausgleichung VersR 2005, 1511; *Leng*, Rechtsfragen beim Taxi DAR 2001, 43; *Ruhkopf/Brock*, Ist § 34 EStG bei der Beurteilung von Haftpflichtansprüchen wegen Gewinnentgangs von

628 So aber *LG München I* SP 2005, 386.
629 *OLG Düsseldorf* BeckRS 2008, 00085.
630 *OLG München* DAR 2014, 40; *OLG Hamm* NZV 2023, 171.

Freiberuflern und Gewerbetreibenden zu berücksichtigen? VersR 1973, 781; *Reitenspiess*, Ersatz bei Ausfall gewerblich genutzter Fahrzeuge DAR 1993, 142; *Roß*, Erwerbsschaden des Nichtselbständigen NZV 1999, 276; *Schönberg*, Der Ausfallschaden bei Unfall mit gewerblich genutztem Fahrzeug NJW-Spezial 2021, 393; *Spengler*, Berechnung des Verdienstausfalls von Kraftdroschken-Haltern nach Verkehrsunfällen VersR 1972, 1008; *Spickhoff*, Einfluss des Zivilrechts auf den Vermögensbegriff im Strafrecht JZ 2002, 970; *Staudinger*, Vorteilsausgleich, Kausalität und das Wesen der Schadensersatzpflicht NJW 1955, 769; *Stürner*, Der Erwerbsschaden und seine Ersatzfähigkeit JZ 1984, 412.

## I. Grundsätze

Sofern der Verdienstausfall auf einem Personenschaden beruht, ist nicht bereits durch die Beeinträchtigung der Arbeitskraft ein Schaden im Sinne der §§ 249, 252, 842, 843 BGB eingetreten. Diese stellt für sich allein betrachtet gerade keinen erstattungsfähigen Vermögenswert dar,[631] sondern der Schaden im Rechtssinn entsteht erst durch den Ausfall oder die Beeinträchtigung der sonst tatsächlich erzielten Arbeitsleistung und durch die dadurch ursächlich herbeigeführte Einkommensminderung.[632] Daher bemisst sich hier der Schadensersatzanspruch nicht etwa anteilig nach der prozessualen Höhe einer Minderung der Erwerbsfähigkeit auf dem allgemeinen Arbeitsmarkt, sondern ausschließlich nach dem tatsächlich eingetretenen unfallbedingten Verdienstausfall.[633] 454

Beruht der Verdienstausfall dagegen auf der Beschädigung eines Kraftfahrzeugs, gelten andere Grundsätze. Vom Erwerbsschaden zu trennen ist der Anspruch auf Entschädigung für entgangene Gebrauchsvorteile, der sich gerade nicht auf einen Erwerbsschaden bezieht, sondern lediglich eine angemessene Entschädigung für die jederzeitige Benutzbarkeit eines Fahrzeuges vermittelt.[634] 455

Im Allgemeinen wird sich ein Verdienstausfall durch die Anmietung eines gleichwertigen Ersatzfahrzeugs vermeiden lassen, die bei gewerblich eingesetzten Nutzfahrzeugen unter dem Gesichtspunkt der durch § 254 Abs. 2 BGB normierten Schadenminderungspflicht geradezu geboten sein kann. Anders verhält es sich in den Fällen, in denen Spezialfahrzeuge beschädigt werden, die sich nicht oder nur unter erheblichen Schwierigkeiten und Kosten anmieten lassen und deren Ausfall auch nicht durch einen Reservewagen ausgeglichen werden kann. 456

Nach vorherrschender Rechtsprechung ist ein entgangener Gewinn im Grundsatz auch dann zu ersetzen, wenn dem Geschädigten nur eine tatsächliche Erwerbsaussicht (Gewinnchance) dauerhaft entgangen ist.[635] 457

Ein tatsächlich zu erwartender Gewinn ist aber dann nicht ersatzfähig, wenn er nur durch die Verletzung eines gesetzlichen Verbots hätte erzielt werden können.[636] Entscheidend ist, ob das Gesetz sich nicht nur gegen den Abschluss des Rechtsgeschäfts wendet, sondern auch gegen seine privatrechtliche Wirksamkeit und damit gegen seinen wirtschaftlichen Erfolg.[637] Selbst die Tatsache, dass eine Handlung unter Strafe gestellt oder als Ordnungswidrigkeit mit Buße bedroht ist, bewirkt nicht stets die Nichtigkeit des Rechtsgeschäfts. 458

Nicht unumstritten ist die Frage, ob der durch Schwarzarbeit[638] erzielte Gewinn im Fall seines unfallbedingten Wegfalls vom Schädiger zu ersetzen ist. Die überwiegende Meinung stellt darauf ab, dass 459

631 *BGH* NJW 2008, 2185; Geigel/*Knerr* Kap. 3 Rn. 111.
632 *BGH* NJW 2018, 864.
633 *BGH* VersR 1978, 1170; *OLG Köln* SP 2000, 229.
634 *KG* NJOZ 2011, 592.
635 *BGH* VersR 1986, 596; *AG Köln* SP 1998, 168.
636 *BGH* NJW 1980, 775; DAR 1986, 222.
637 *BGH* NJW 1981, 1204; NJW 1983, 109.
638 *BGH* VersR 1986, 596; NJW 1990, 2542; *LG Oldenburg* VersR 1988, 1245.

ein Vertrag über Schwarzarbeit gegen ein gesetzliches Verbot verstößt und daher gem. § 134 BGB nichtig ist, sodass Schadensersatzansprüche auf diesen Tatbestand nicht gestützt werden können.[639]

460 Dem liegt der Gedanke zugrunde, dass der Verletzte aus Rechtsgründen gehindert sein soll, einen entgangenen Gewinn geltend zu machen, den er nur mit rechtswidrigen Mitteln hätte erzielen können. Der Geschädigte darf also im Wege des Schadensersatzes keinen Ausgleich für einen Gewinn erlangen, dessen Erzielung andere gesetzliche Vorschriften gerade verbieten wollen.[640]

461 Mit einem besonderen Problem des Verdienstausfalles hat der *BGH* sich befasst.[641] Gemeint ist damit nicht der als Sachfolgeschaden mittelbar entgangene Gewinn im Sinne von § 252 BGB für die Zeit, in der der Geschädigte sein gewerblich genutztes Fahrzeug nicht einsetzen konnte und in der auch eine Ersatzanmietung eines Taxis, Lastkraftwagens oder eines Fahrschulwagens nicht möglich war; vielmehr ist der Verdienstausfall angesprochen, der dem Fahrzeug unmittelbar anhaftet und in seinem Substanzwert begründet liegt.

462 Mit dieser Problematik hatte sich der *BGH* bereits bei früherer Gelegenheit[642] in einem Fall befasst, in dem ein Autohändler sein Kfz nachweislich bereits vor dem Unfall zu einem Betrag veräußert hatte, der den später vom Sachverständigen festgestellten Wiederbeschaffungswert erheblich überstieg. Der *BGH* hat insoweit die Auffassung vertreten, dass die Differenz zwischen dem an sich gerechtfertigten Wiederbeschaffungswert und dem höheren Verkaufspreis dem Geschädigten zusätzlich als Verdienstausfall zusteht.[643] Nach *OLG Celle* sind wegen der Gefahr manipulierter Kaufverträge strenge Anforderungen an den Nachweis eines behaupteten Gewinns zu stellen.[644]

### 1. Abstrakte Berechnung

463 Nach § 252 BGB umfasst der zu ersetzende Schaden auch den entgangenen Gewinn. Als entgangen gilt nach der Legaldefinition des § 252 BGB der Gewinn, »welcher nach dem gewöhnlichen Lauf der Dinge und nach den besonderen Umständen, insbesondere nach den getroffenen Anstalten und Vorkehrungen, mit Wahrscheinlichkeit erwartet werden konnte«. Diese Bestimmung verschafft dem Geschädigten nicht nur eine im Rahmen von § 287 ZPO liegende Beweiserleichterung,[645] sondern sie gibt ihm auch die Möglichkeit, den Schaden nach der sog. abstrakten Berechnungsmethode zu ermitteln.[646]

464 Damit genügt bereits der Nachweis einer gewissen Wahrscheinlichkeit,[647] die nicht schon bei Eintritt des zum Ersatz verpflichtenden Ereignisses bestanden haben muss. Es reicht also aus, dass nach dem gewöhnlichen Verlauf der Dinge der behauptete Gewinn ohne Hinzutreten des zum Ersatz verpflichtenden Ereignisses erzielt worden wäre.[648] Die Umstände, aus denen sich die Wahrscheinlichkeit der behaupteten Gewinnerwartung ableiten lassen, hat der Geschädigte gleichwohl darzulegen und im Fall des Bestreitens auch zu beweisen.[649] Es reicht daher nicht aus, diesen Nachweis allein nach den Grundsätzen der durchschnittlichen Auslastung zu führen.[650] Gelangt das Gericht zu der Überzeugung, dass nach dem gewöhnlichen Lauf der Dinge ein Gewinn tatsächlich entgangen

639 *BGH* VersR 1986, 596; *OLG Köln* VersR 1979, 382; *KG* VersR 1972, 467; *LG Zweibrücken* zfs 1983, 229; a.A. *BGH* VersR 1967, 1068.
640 *Spickhoff* JZ 2002, 970.
641 *BGH* NJW 1983, 2694; *Klimke* VersR 1984, 1123.
642 NJW 1982, 1748 mit abl. Anm. *Giesen* JR 1982, 450.
643 Vgl. zum Verkauf eines Leasingfahrzeuges *AG Offenbach* SP 1997, 256.
644 *OLG Celle* SP 1992, 71; *AG Schwelm* SP 1999, 204.
645 *BGH* MDR 1998, 595; Grüneberg/*Grüneberg* § 252 Rn. 4; *LG München I* NZV 1998, 35.
646 *OLG Hamm* SP 1999, 340.
647 BGHZ 2, 310, 314; BGHZ 29, 411, 393; Himmelreich/Halm/*Grabenhorst* Handbuch Kap. 5 Rn. 108 – vgl. jedoch krit. differenzierend: *Knobbe-Keuk* VersR 1976, 401.
648 *BGH* DAR 1990, 98.
649 *BGH* NJW 1964, 661; *LG Karlsruhe* VersR 1979, 968; *OLG Hamm* DAR 1997, 56.
650 A.A. *LG Darmstadt* VersR 1967, 840.

ist, so obliegt dem Ersatzpflichtigen der Gegenbeweis dafür, dass gerade in diesem Fall durch die besondere Gestaltung der einzelnen Umstände ein Gewinn gleichwohl nicht erzielt worden wäre. Dabei sind keine allzu strengen Anforderungen zu stellen.[651]

Auch wenn in dem Monat, in dem ein Nutzfahrzeug unfallbedingt zeitweilig nicht eingesetzt werden konnte, der trotz des Ausfalls erzielte Gewinn dem im Betrieb sonst festgestellten monatlichen Durchschnittsgewinn entsprach, kann dann ein Anspruch auf Ersatz des entgangenen Gewinns bestehen, wenn ohne den Ausfall ein überdurchschnittlicher Gewinn erzielt worden wäre. Der entgangene Gewinn ist in diesem Fall unter Berücksichtigung aller Umstände – auch der Schwankungsbreite der in mehreren Vergleichsmonaten erzielten Gewinne – nach § 287 ZPO frei zu schätzen.[652] Erforderlich ist dabei, dass der Geschädigte die Anknüpfungstatsachen für eine Schadensschätzung vorträgt, also beispielsweise die Auslastung des Fahrzeugs vor dem Unfall.[653] 465

Lässt sich der Gewinn nach § 252 BGB nicht konkret ermitteln, weil sich nachträglich nicht mehr feststellen lässt, welche Frachtaufträge von dem zeitweilig ausgefallenen Nutzfahrzeug ausgeführt worden wären, können Beweisschwierigkeiten nicht nur bezüglich der konkreten Berechnung eintreten.[654] Dies gilt insbesondere für den Fall, dass der entgangene Gewinn sich auch nicht mehr abstrakt durch die Ermittlung des in einem bestimmten Zeitraum von mehreren Monaten erzielten Durchschnittsgewinns errechnen lässt. 466

Eine abstrakte Berechnung ist insbesondere dann nicht möglich, wenn die Monatsergebnisse und Tagesumsätze erheblichen Schwankungen unterliegen. Werden in einem Zeitabschnitt überdurchschnittliche Umsätze erzielt, kann eine gewisse Wahrscheinlichkeit dafür sprechen, dass die in den angrenzenden Zeiträumen zu erzielenden Umsätze unter dem Durchschnitt liegen und eben in diesen Zeitabschnitten ein – abstrakt berechneter – durchschnittlicher Umsatz nicht mit Wahrscheinlichkeit zu erwarten ist.[655] 467

Bei der Anwendung der abstrakten Methode ist daher Zurückhaltung geboten. Wird das für die Abrechnung des Verdienstausfalls an sich maßgebliche Gesamtbetriebsergebnis allzu sehr von unwägbaren Zufallsergebnissen beeinflusst, dann lässt sich daraus auch im Wege freier Beweiswürdigung keine abstrakte Schätzung mehr ableiten. Insbesondere in den Fällen, in denen nicht unfallkausale Faktoren in Betracht kommen, kann das Gericht den Verdienstausfall nicht mehr schätzen; es ist vielmehr gehalten, einen Sachverständigen einzusetzen.[656] 468

## 2. Konkrete Berechnung

Beim Haftpflichtschaden sind die Gesichtspunkte zu prüfen, die dem betreffenden Fall sein individuelles Gepräge gegeben haben. Diese Betrachtung lauft im Ergebnis auf eine konkrete Berechnung des Verdienstausfalls auch für Sachschäden hinaus, so wie sie für Personenschäden geboten ist. Dort richtet sich die Höhe des Verdienstausfalles gemäß § 249 BGB nach dem medizinisch festgestellten Grad der abstrakten Minderung der Erwerbsfähigkeit; dieser Grundsatz gilt auch dann, wenn der Schadensumfang vom Gericht nach § 287 ZPO geschätzt wird.[657] 469

Der geschädigte Eigentümer eines Kraftfahrzeugs kann den mit einem Unfall und seinen Folgen im Zusammenhang stehenden Zeitverlust jedoch nicht als Stundenlohn in Rechnung stellen, sondern nur die unmittelbar mit dem Unfallgeschehen im Zusammenhang stehenden Auslagen wie Telefon- 470

651 Himmelreich/Halm/*Grabenhorst* Handbuch Kap. 5 Rn. 95.
652 BGHZ 30, 16.
653 *LG Magdeburg* VRR 2010, 346.
654 *BGH* DAR 1997, 193; *OLG Hamm* DAR 1997, 56.
655 *OLG Bremen* zfs 1980, 333; *LG Saarbrücken* zfs 2001, 108.
656 *KG* NZV 2005, 148; VersR 2004, 1567; VRS 106, 407.
657 *OLG Köln* NZV 1997, 311.

gespräche oder Reisekosten.[658] Dies gilt auch, wenn der Betroffene für Fahrten zur Werkstatt unbezahlten Urlaub genommen hat:[659] Aufgewendete Freizeit stellt keine ersatzfähige Schadensposition dar.[660] Die in Eigenregie erbrachte Reparatur als solche bleibt jedoch ersatzfähig.[661]

471 Die am Personenschaden ausgerichteten Grundsätze lassen sich auch auf den Bereich des Sachschadens übertragen, wenn ein neu gegründetes Geschäft nicht weitergeführt werden kann, weil das einzige Fahrzeug einen Totalschaden erlitten hat und der Geschädigte die Kosten der Ersatzbeschaffung nicht vor der Schadenregulierung durch die Haftpflichtversicherung aufbringen kann.

472 Zwar eröffnet § 252 BGB gewisse Beweiserleichterungen; dennoch müssen alle konkreten Gesichtspunkte berücksichtigt werden, die im Zeitpunkt der letzten mündlichen Verhandlung bekannt sind.[662] Dies gilt auch für die Frage, ob zunächst entgangene Aufträge in zumutbarer Weise später nachgeholt werden können.

### 3. Nachholbarkeit

473 Häufig wird es dem Unternehmer möglich sein, durch zumutbare Maßnahmen die zunächst unfallbedingt entgangenen Geschäfte später nachzuholen. Unter dieser Voraussetzung tritt ein entgangener Gewinn von vornherein nicht ein,[663] es sei denn, dass die Nachholung das Ergebnis überpflichtmäßiger Anstrengungen sein sollte.[664]

474 Der freiberuflich tätige Anspruchsteller wird im Zuge der konkreten Schadenberechnung im Einzelnen darzulegen haben, dass ihm ein Verdienst in nicht nachholbarer Form entgangen ist.[665] Bei größeren Betrieben und Behörden spricht ein gewisser Erfahrungssatz dafür, dass sie in der Lage waren, die Aufträge trotz des zeitweiligen Ausfalls des beschädigten Kfz unter vermehrtem Einsatz der verbliebenen Kapazitäten und in zumutbarer Weise zu bewältigen. Das Gleiche gilt für den Fall, dass auf andere betriebliche Reserven zurückgegriffen werden konnte oder durch internes Umdisponieren eine Umschichtung der vorliegenden Aufträge dergestalt möglich war, dass die auf Gewinnerzielung gerichteten Tätigkeiten zu einem späteren Zeitpunkt ohne überpflichtmäßige Anstrengungen nachgeholt werden konnten.[666]

475 Mit dem Problem der Nachholbarkeit befasste sich auch der *BGH* im Zusammenhang mit dem Ausfall eines Fahrschulwagens.[667] Wesentlich erscheint dabei der Gesichtspunkt, dass Schäden in Form entgangenen Gewinns – insbesondere bei Freiberuflern – dann endgültig nicht eintreten, wenn die zunächst unfallbedingt entgangenen Geschäfte später in zumutbarer Weise nachgeholt werden können. Eine Anrechnung der nachgeholten Leistungen auf den Anspruch aus § 252 BGB wird dann zu erfolgen haben, wenn die Tätigkeit des Geschädigten nicht über die Schadenminderungspflicht aus § 254 Abs. 2 BGB hinausgeht, es sich also nicht um überpflichtmäßige Anstrengungen handelt.

476 Ist die Erwerbstätigkeit durch eine körperliche Schädigung gemindert, so ist bis zu einer Minderung von 20 % davon auszugehen, dass diese grundsätzlich kompensierbar ist.[668]

658 *Balke* SVR 2019, 208 m.w.N.
659 *AG Wiesbaden* SVR 2008, 73.
660 Geigel/*Knerr* Kap. 3 Rn. 111; *AG Limbach/Lahn* SP 2010, 190.
661 Himmelreich/Halm/*Richter* Handbuch Kap. 4 Rn. 320.
662 Geigel/*Pardey* Kap. 4 Rn. 60.
663 *AG Leverkusen* zfs 1986, 102.
664 Geigel/*Pardey* Kap. 4 Rn. 70, 128.
665 *BGH* NJW 1971, 1136; *OLG Hamm* VersR 1976, 298.
666 Geigel/*Pardey* Kap. 4 Rn. 128.
667 NJW 1971, 837; vgl. hierzu auch *Filthaut/Piontek/Kayser/Piontek* § 10 Rn. 34.
668 *KG* NZV 2005, 305; SVR 2008, 14; VersR 2006, 661; *OLG München* BeckRS 2007, 12189; *Halm/Fitz* SVR 2006, 254.

477 Nach Auffassung des *BGH* soll es auf diese Differenzierung nicht ankommen. Die Frage nach der Zumutbarkeit beantwortet sich daraus, ob dem Anspruchsteller gem. § 254 Abs. 2 BGB die Rechtspflicht obliegt, die ausgefallenen Stunden in einer ihm möglichen Form nachzuholen. Dabei gilt, dass die mit dem Schadenereignis verbundenen günstigen Umstände nur dann zu berücksichtigen sind, wenn die Anrechnung dem Zweck des Schadensersatzes entspricht und den Schädiger nicht in unbilliger Weise entlastet.[669]

478 Weiterhin hat der *BGH* dargelegt, dass der Anspruchsteller die schadenmindernde Tätigkeit abweichend von anderen Fällen[670] im Ergebnis nicht zusätzlich zu seiner ihm ohnehin obliegenden Arbeitsleistung erbracht, sondern dafür die Arbeitsleistung eingesetzt hat, die durch das Schadenereignis während der Reparaturzeit freigestellt worden ist, sodass lediglich eine zeitliche Verschiebung von Leistungen eingetreten ist.

479 Sofern es sich um einen kurzfristigen Fahrzeugausfall handelt und der Geschädigte die ausgefallene Zeit tatsächlich nachgeholt hat, spricht ein Erfahrungssatz, der sich zu einem prima-facie-Beweis verdichten kann, für die Zumutbarkeit. Der Geschädigte hätte daher zu beweisen, dass entgegen dem Anschein bestimmte, im Einzelnen substantiiert darzulegende Gesichtspunkte gleichwohl gegen eine Zumutbarkeit und für überpflichtmäßige Anstrengungen sprechen, sodass ein Schaden aus § 252 BGB tatsächlich entstanden ist.

### 4. Vorteilsausgleich

480 Auch für den Bereich des Verdienstausfalles gelten die Grundsätze des Vorteilsausgleichs. Der Geschädigte muss sich also auf seinen Anspruch aus § 252 BGB alle Aufwendungen anrechnen lassen, die er im Zusammenhang mit einem Sachschaden erspart hat.[671] Ohne weiteren Nachweis können als berufsbedingte Ersparnis 10 % angesetzt werden.[672] Dazu gehören für den Bereich des Sachschadens in erster Linie die durch die zeitweilige Stilllegung des beschädigten Kfz ersparten leistungsbezogenen Betriebskosten.[673] Zu den eingesparten Betriebskosten gehören ggf. auch die an Kraftfahrer und Beifahrer weitergezahlten Löhne, falls es sich um nicht fest angestellte Aushilfskräfte handelt oder die Möglichkeit bestanden hat, diese Mitarbeiter anderweitig nutzbringend einzusetzen.

481 Unter den Vorteilsausgleich fallen auch die Fahrtkosten zwischen Wohnung und Arbeitsstelle, soweit der Geschädigte diese mit Rücksicht auf unfallbedingte Verletzungen erspart.[674] Die Höhe der ersparten berufsbedingten Aufwendung kann vom Gericht geschätzt werden. Dabei ist jedoch kein genereller Prozentsatz anzuwenden; dieser ist vielmehr vom konkreten Einzelfall abhängig.[675]

482 Besondere Bedeutung hat der Vorteilsausgleich, wenn der Geschädigte ganz bewusst höhere Fahrtkosten in Kauf nimmt, weil eine auswärtige Beschäftigung bessere Verdienstmöglichkeiten bietet. Unter dieser Prämisse ist der Schädiger verpflichtet, das auf diese Weise erlangte höhere Einkommen zu ersetzen.[676] In gleicher Weise ist der Schädiger verpflichtet, etwaige Steuernachteile des Geschädigten, die durch den Fortfall abzugsfähiger Werbungskosten entstehen, bei der Bemessung der ersparten Fahrtkosten zu berücksichtigen. In diesem Fall ist der Vorteil um den gleichzeitig eingetretenen steuerlichen Nachteil geringer.

669 *Von Koppenfels-Spies* VersR 2005, 1511; *LG Frankfurt* VersR 1980, 55.
670 *BAG* NJW 1968, 221.
671 *OLG Saarbrücken* NZV 2007, 469; *von Koppenfels-Spies* VersR 2005, 1511.
672 *Roß* NZV 1999, 276; *OLG Schleswig* BeckRS 2024, 16992; nach *OLG Düsseldorf* 1 U 21/13 nur 5%; nach *OLG Hamm* NZV 2001, 218 sind dies 20 %, nach *AG Hamburg* BeckRS 2017, 154838 sogar 25 %.
673 *Born* NZV 1993, 1.
674 *BGH* NJW 1980, 1787; *OLG Celle* SP 2006, 96; *OLG Hamm* r+s 1999, 372.
675 *OLG Celle* MDR 2007, 985; SP 2006, 96.
676 *BGH* VersR 1979, 622.

483 Dem Geschädigten obliegt es, seinen Verdienstausfall darzutun und im Einzelnen zu beweisen. Bei der Schadenberechnung sind unfallbedingte Steuerersparnisse des Geschädigten in aller Regel zugunsten des Schädigers zu berücksichtigen.[677] Der Schädiger genügt seiner Substantiierungspflicht, wenn er darlegt, bei welchen Steuerpositionen der Geschädigte unfallbedingt Vorteile erlangt hat. Unabhängig davon, ob die Steuerersparnis als bloßer Faktor der Schadenberechnung oder als ein auszugleichender Vorteil anzusehen ist, muss der Geschädigte wegen der Nähe zu den in seiner Sphäre liegenden Umständen die Darlegungs- und Beweislast tragen.[678]

484 Grundsätzlich kann der Erwerbsschaden nach dem Bruttoverdienst berechnet werden, weil auch eine Schadensersatzrente wegen Erwerbsschadens (§ 842 BGB) nach § 24 Nr. 1 lit. a EStG der Einkommensteuer unterliegt.[679] Diese als Ersatz für entgangene Einnahmen gewährten Entschädigungen tragen einen vom Geschädigten abzuführenden Steueranteil in sich, da sie unter die »Einkünfte« im Sinne von § 2 Abs. 1 EStG fallen.[680] Nach der Rechtsprechung[681] wird ein auf den Schaden anrechenbarer Steuervorteil grundsätzlich durch die den Geschädigten hinsichtlich der Schadensersatzleistung als Einkommenssurrogat treffende Steuerpflicht ausgeglichen, ohne dass die Beträge im Einzelfall festgestellt zu werden brauchen.[682]

### *a) Umsatzsteuer*

485 Die Mehrwertsteuer ist für die Ermittlung des Verdienstausfalles irrelevant; sie stellt sich für die Unternehmer lediglich als durchlaufender Posten dar. Dies hat mit der Frage nach dem Vorsteuerabzug im Sinne von § 15 UStG nichts zu tun.

486 Die z.B. in den Beförderungseinnahmen enthaltene Mehrwertsteuer beim Verdienstausfall als Einkommenssurrogat entsteht gar nicht erst und muss auch nicht abgeführt werden, wenn die Einnahme nicht durch gewerbliche Arbeitsleistung erzielt, sondern im Wege des Schadensersatzes gewährt wird. Schadensersatzleistungen stellen nach gefestigter Auffassung keinen steuerbaren Umsatz dar, weil es insoweit an dem dafür maßgeblichen Kriterium des Leistungsaustausches mangelt.

487 Sofern der Unternehmer indes gemäß § 19 UStG die Umsatzsteuer (Mehrwertsteuer) als verdeckten Kostenbestandteil erhebt und nicht berechtigt ist, sie offen auszuweisen, muss der Anteil am Umsatz konkret ermittelt werden. Er dürfte im Durchschnitt etwa 7,5–8 % betragen.

### *b) Einkommensteuer*

488 Der Unternehmer muss die ihm als Einkommenssurrogat zum Ausgleich des entgangenen Gewinns (§ 252 BGB) zufließende Ersatzleistung nach § 24 Ziff. 1 lit. a EStG versteuern, da nach dieser Bestimmung zu den gewerblichen Einkünften (Betriebseinnahmen) auch die Entschädigung gehört, die als Ersatz für entgangene oder entgehende Einkünfte gewährt wird. Bei außerordentlichen Einkünften ist auf Antrag die darauf entfallende Einkommenssteuer nach einem ermäßigten Steuersatz zu bemessen. Dieser ermäßigte Steuersatz beträgt die Hälfte des durchschnittlichen Steuersatzes, der sich ergeben würde, wenn die Einkommensteuertabelle auf den Gesamtbetrag der zu versteuernden Einkünfte anzuwenden wäre. Nach § 34 Abs. 2 Ziff. 2 EStG gehören zu den tarifbegünstigten Einkünften auch Entschädigungen im Sinne von § 24 Ziff. 1 EStG.

677 Geigel/*Pardey* Kap. 4 Rn. 102.
678 *BGH* NJW 1987, 1814.
679 *Filthaut/Piontek/Kayser/Piontek* § 10 Rn. 34.
680 *Hartung* VersR 1986, 308.
681 *BGH* VersR 1970, 223; *Hartung* VersR 1986, 308.
682 *BGH* DAR 1994, 273; *OLG München* NZV 1999, 513.

Voraussetzung für die Anwendbarkeit der Ausnahmevorschrift des § 34 EStG ist, dass es sich um eine außerordentliche Entschädigung handelt, die der Steuerpflichtige zum Ausgleich eines unfreiwillig erlittenen Schadens erhält.[683] 489

Nach einer Entscheidung des *BFH*[684] ist die Entschädigung im Sinne von § 24 Ziff. 1 EStG weit zu fassen und immer dann gegeben, wenn »wirtschaftlich ein Ersatz für den Verlust steuerpflichtiger Einnahmen geleistet wird, d.h., wenn der zu einer bei dem Empfänger einkommensteuerpflichtigen Leistung Verpflichtete sich von seiner Verpflichtung durch die Gewährung einer Entschädigung befreit und der Berechtigte dadurch den Schaden, der ihm durch den Verlust der steuerpflichtigen Einkünfte entsteht, als abgegolten ansehen muss«. Das bedeutet, dass eine Entschädigung in dem hier gemeinten Sinn unmittelbar durch den Verlust steuerpflichtiger Einnahmen bedingt sein muss. Er darf nicht auf anderen Umständen beruhen und muss an die Stelle von einkommensteuerpflichtigen Einkünften treten. Die als Einkommenssurrogat gewährte Entschädigung muss also dazu bestimmt und dafür geeignet sein, einen Schaden auszugleichen, der entstehen würde, wenn die bisherigen Einnahmen ersatzlos weggefallen wären. 490

Sofern die hier dargestellten Kriterien erfüllt sind, müsste sich der Geschädigte den Vorteil leistungsmindernd anrechnen lassen, der sich daraus ergibt, dass er die ihm zufließende Ersatzleistung im Sinne von § 252 BGB als außerordentliche Einkünfte tarifbegünstigt nach § 34 Abs. 2 Ziff. 2 EStG zu versteuern hat.[685] Gleichwohl vertritt der *BGH* die Auffassung, dass dieser Vorteil zugunsten des Schädigers nicht zu berücksichtigen ist.[686] 491

Bei der Berechnung des Erwerbsschadens sind Steuerersparnisse des Geschädigten zu berücksichtigen, sofern der Zweck der Steuervergünstigungen einer Entlastung des Schädigers nicht entgegensteht.[687] Dies bedeutet, dass der Geschädigte die Schadensersatzzahlung als Einkommen zu versteuern hat und der Schädiger verpflichtet ist, ihm die darauf entfallende Steuer zu ersetzen. 492

### c) Gewerbesteuer

Ein weiterer anrechenbarer Vorteil kann für den geschädigten Unternehmer dadurch eintreten, dass die im Wege der Surrogation zufließende Ersatzleistung nicht zum Gewerbeertrag gehört und demzufolge darauf Gewerbeertragsteuer nicht geschuldet wird.[688] 493

Auf der anderen Seite ist jedoch zu berücksichtigen, dass Gewerbeertragsteuer für den Unternehmer eine Betriebsausgabe darstellen würde, die vom steuerpflichtigen Einkommen abgesetzt werden kann und daher die Einkommensteuer bzw. Körperschaftsteuer mindert. Tatsächlich gezahlte Gewerbesteuer mindert also als Betriebsausgabe die Bemessungsgrundlage für die Einkommensteuer.[689] 494

Aus rechtlicher Sicht ist zu unterscheiden, ob die dem Steuerpflichtigen im Wege der Surrogation zufließende Ersatzleistung sich auf einen zugefügten körperlichen Schaden bezieht oder ob sie auf dem Ausfall einer dem betrieblichen Gebrauch gewidmeten Sache (Betriebseinrichtung) beruht. 495

Nur wenn sich der Ausfall des Gewerbeertrages als Folge eines Körperschadens darstellt, den der Unternehmer in seiner Person erlitten hat, gehört die ihm zufließende Ersatzleistung des Schädigers (§ 252 BGB) nicht zum steuerpflichtigen Gewerbeertrag, weil sie nicht als unmittelbarer Ertrag aus dem Betrieb stammt. In diesem Fall unterliegt das Einnahmesurrogat daher nicht der Gewerbesteuer. 496

683 *BFH* BStBl. 1971 II, 263; *BFH* BStBl. 1970 II, 683; a.A. *KG* NJW 1976, 1268.
684 BStBl. 1953 III, 57.
685 Dazu insbes. *Spengler* VersR 1972, 1008; *Ruhkopf/Brock* VersR 1973, 781 ff.; *Klimke* VersR 1973, 397; a.A. *KG* VersR 1972, 960; 1973, 768 m. krit. Anm. v. *Späth* VersR 1973, 130.
686 BGHZ 74, 103; NJW 1980, 1788.
687 *BGH* NJW-RR 1986, 1216.
688 *BFH* DAR 1979, 246; *Klimke* VersR 1973, 397.
689 Insoweit unrichtig daher die Entscheidungen des *BGH* VersR 1979, 519 und des *KG* VersR 1972, 960; vgl. dazu Knobbe/*Keuk* Bilanz- und Unternehmenssteuerrecht § 11a II Anm. 3.

Die dadurch eintretende steuerliche Entlastung ist als ein dem Schaden kongruenter Vorteil bei der Ermittlung des Verdienstausfalls in Form eines entsprechenden Abzuges zu berücksichtigen.[690]

497 Aus Gründen der Praktikabilität sollte versucht werden, auch insoweit über einen ausgewogenen Erfahrungsrichtwert zu einem Durchschnittssatz zu gelangen. Wenn man die Umsatzsteuer gesondert betrachtet, dann ergibt sich bei gleichzeitiger Einbeziehung der von *Spengler*[691] ermittelten Werte für die zusammengerechneten Anteile an Einkommen- und Gewerbesteuer folgende Steuerersparnis, die jeweils auf den Gesamtumsatz zu beziehen ist:

– für den Fall, dass der Unternehmer ausschließlich selbst fährt: 10 %
– für den Fall, dass der Unternehmer und der angestellte Fahrer je eine Schicht fahren: 7 %
– für den Fall, dass das Fahrzeug in 2 Schichten nur von angestellten Fahrern bedient wird: 4 %.

### 5. Besonderheiten

498 Besonderheiten bei der Abrechnung von Verdienstausfall können sich dann ergeben, wenn der Unternehmer den Auftrag zwar nachgeholt, sich jedoch wegen schwankender Tagespreise die Kalkulationsgrundlage zum Nachteil geändert hat. Dies gilt beispielsweise für den Fall, dass ein Heizölhändler vor Eintritt des Unfalles Aufträge zum jeweiligen Tagespreis entgegengenommen und die Lieferung zu Festpreisen vereinbart hat. Falls der Tankwagen unfallbedingt einige Tage ausfällt, wird es dem betreffenden Gewerbetreibenden möglicherweise gelingen, die vorliegenden Aufträge unter vermehrtem Einsatz der verbliebenen Kapazitäten zufriedenzustellend abzuwickeln. Wenn jedoch die Heizölpreise in der Zwischenzeit gestiegen sind und der Händler über keine Bevorratungsmöglichkeiten verfügt, muss er das Öl selbst unmittelbar vor der Auslieferung zum höheren Tagespreis einkaufen und zum früher vereinbarten Festpreis liefern. Die Differenz zwischen dem vereinbarten Festpreis und dem tatsächlich aufzuwendenden Tagespreis hat der Schädiger als fortwirkende Folge seines haftbaren Verhaltens trotz zumutbarer Nachholung der Aufträge zu ersetzen.

## II. Frustrierte Aufwendungen

499 Unter frustrierten Aufwendungen versteht man betriebsbezogene Kosten, die auch aus Anlass eines Schadensfalles nicht erspart werden, sondern wegen des Wegfalls des durch sie erkauften Nutzens leerlaufen. Sie hat der Schädiger zusätzlich unter dem Gesichtspunkt der Zweckvereitelung zu erstatten, sofern nicht ausnahmsweise – wofür der Schädiger beweispflichtig wäre – auch insoweit ein anrechenbarer Vorteil eingetreten ist. Wenn man bei der Berechnung des Verdienstausfalls vom Brutto-Umsatz ausgeht und von ihm die eingesparten Aufwendungen bzw. die nachgeholten Leistungen absetzt, so entspricht dies nicht bereits dem Verdienstausfall, da zusätzlich noch die frustrierten Aufwendungen enthalten sind.

500 Zu den frustrierten Aufwendungen, die der Schädiger gleichermaßen zu ersetzen hat, gehören insbesondere die Fixkosten der Fahrzeughaltung,[692] die anteiligen betrieblichen Gemeinkosten und schließlich auch die Fahrerlöhne, sofern der Fahrer – und ggf. auch der Beifahrer – während des unfallbedingten Ausfalls seines Fahrzeugs nicht einer anderen nutzbringenden Tätigkeit zugeführt werden konnte.

### 1. Generalunkosten des Fahrzeugs

501 Darunter versteht die Rechtsprechung die Fixkosten der Fahrzeughaltung. Diese Kosten werden in der Regel durch den kurzfristigen Ausfall eines betrieblichen Zwecken dienenden, gewerblich eingesetzten Nutzfahrzeugs nicht erspart. Lediglich dann, wenn ein Totalschaden vorliegt und das Fahrzeug abgemeldet wird, werden auch die Fixkosten eingespart.

690 *BFH* BFHE 1984, 258; *KG* VersR 1976, 888; *Falk* VersR 1975, 90.
691 VersR 1972, 1008.
692 *LG Berlin* SP 1997, 292; *Grüneberg* § 252 Rn. 6.

Zu den Generalunkosten gehören insgesamt folgende Komponenten: 502
- leistungsunabhängige Alterungsabschreibung unter Einschluss des Wertverlusts
- Kapitaldienst (Verzinsung und Abschreibung des Anlagenkapitals)
- Steuern (beispielsweise Kfz-Steuer und Gewerbekapitalsteuer)
- Versicherungsprämien (beispielsweise in der Haftpflicht-, Kasko-, Insassen-, Unfall- und Rechtsschutzversicherung)
- Kosten für Abstellräume (Garagen) oder sonstige Stellflächen.

## 2. Anteilige Gemeinkosten

Zu den frustrierten Aufwendungen gehören auch die anteiligen betrieblichen Gemeinkosten.[693] Sie 503 werden in Form eines Zuschlages (Aufschlages) auf den Produktivlohn (Fertigungslohn) erhoben und betragen je nach Kalkulation zwischen 180 % (Selbstkosten) und 320 % (unter Einschluss einer angemessenen Gewinnspanne).

## 3. Fahrerlöhne

In den Werten, die nach den oben aufgestellten Grundsätzen ermittelt werden, ist in der Regel auch 504 der Fahrerlohn oder die geldwerte Leistung eines selbstfahrenden Unternehmers enthalten;[694] derartige Aufwendungen dürfen also nicht doppelt erstattet werden. Hiergegen lassen sich im Regelfall keine Einwendungen erheben, weil es sich bei dem Betrag, den der Unternehmer für seine eigene Arbeitsleistung erhält, um den typischen Fall des entgangenen Unternehmergewinns im Sinne von § 252 BGB handelt.

Eine abweichende Beurteilung würde dann Raum greifen, falls der Unternehmer verletzt worden ist 505 und aus Anlass des Unfalls von einem Sozialversicherungsträger Barleistungen erhält. Das Gleiche gilt für den Fall, dass der angestellte Kraftfahrer körperliche Verletzungen erleidet und aus diesem Grunde arbeitsunfähig wird.[695]

Soweit es sich um den verletzten Fahrer handelt, müssen Löhne und Lohnnebenkosten bei der 506 Berechnung des ausgleichsfähigen Erwerbsschadens ausgeklammert werden. Das Gleiche gilt auch für den Fall, dass der unverletzt gebliebene Kraftfahrer auf andere Weise nutzbringend eingesetzt werden konnte,[696] also an einen anderen Unternehmer ausgeliehen oder auf ein anderes Fahrzeug desselben Unternehmers umgesetzt worden ist.

Auch jede andere gewinnbringende Tätigkeit des angestellten Kraftfahrers im eigenen oder fremden 507 Betrieb muss sich der Unternehmer anrechnen lassen. Dabei ist zu berücksichtigen, dass in dem ermittelten Verdienstausfall des Unternehmers der Bruttolohn zuzüglich aller sonstigen Leistungen des Arbeitgebers wie etwa Arbeitgeberanteile zur Kranken- und Rentenversicherung enthalten sind.

Der Lohnanteil des angestellten Kraftfahrers hat im Fall seiner unfallbedingten Verletzung bei der 508 Berechnung des Erwerbsschadens im Sinne von § 252 BGB auch dann außer Betracht zu bleiben, wenn der Fahrer keine Barleistungen von einem Sozialversicherungsträger erhält, sondern der Arbeitgeber ihm Lohnfortzahlung gewährt. Dieser übergegangene Anspruch ist als Forderung sui generis gesondert geltend zu machen. Dies gilt auch für den Fall, dass ein Betrieb als Kleinunternehmer wegen seiner Aufwendungen aus Lohnfortzahlung einen Erstattungsanspruch gegen den Träger der Ausgleichskasse richten kann.

Sofern auf Seiten des Unternehmers in seiner Eigenschaft als Kfz-Halter eine mitwirkende Verursa- 509 chung vorliegt, könnte der Lohnanteil dann voll geltend gemacht werden, wenn für den verletzten

693 *Klimke* NJW 1974, 81.
694 *LG Oldenburg* r+s 1982, 171.
695 *Klimke* VersR 1973, 397.
696 *OLG Stuttgart* VersR 1981, 361.

Fahrer unter erleichterten Voraussetzungen der Entlastungsbeweis aus § 18 Abs. 1 StVG geführt, d.h. die gesetzliche Schuldvermutung widerlegt werden kann.

510 Der Unternehmer bzw. der bei ihm angestellte Kraftfahrer können verpflichtet sein, beim Ausfall ihres Fahrzeugs andere Tätigkeiten auszuüben, sofern der Ersatzpflichtige ihnen anderweitige Erwerbsmöglichkeiten nachweist. So wäre denkbar, dass sich der Ersatzpflichtige den zeitweilig arbeitslos gewordenen Fahrer ausleiht und ihn verpflichtet, nunmehr für ihn – den Schädiger – Fahrten durchzuführen. Selbstverständlich muss es sich dabei um vergleichbare und zumutbare Ersatzbeschäftigungen handeln.

511 Ebenfalls nicht unproblematisch erscheint der Aspekt, dass auch der angestellte Fahrer nach § 254 Abs. 2 BGB zur Schadenminderung in dem Sinne verpflichtet sein kann, dass er ggf. eine Anstellung als Aushilfsfahrer annehmen muss. Zutreffend ist hier die Auffassung, dass der Kraftfahrer bezüglich des Erwerbsschadens des Unternehmers im Verhältnis zum Schädiger nicht als Erfüllungsgehilfe des allein geschädigten Unternehmers auftritt. Nach einem Urteil des *OLG Nürnberg*[697] ist es dem selbstständigen Taxiunternehmer oder seiner im Betrieb mitarbeitenden Ehefrau nicht ohne weiteres zumutbar, ihren Erwerbsschaden bei unfallbedingtem Ausfall ihres Taxis durch vorübergehende Annahme einer abhängigen Tätigkeit zu mindern.

## III. Sonderfahrzeuge

512 Ein Verdienstausfall im Bereich des Sachschadens tritt meist dann ein, wenn Sonderfahrzeuge beschädigt werden, falls nicht ausnahmsweise die Möglichkeit zur Ersatzanmietung besteht oder auf ein in der Betriebsreserve vorgehaltenes Fahrzeug zurückgegriffen werden kann. Im Regelfall sind derartige Fahrzeuge jedoch so selten oder es handelt sich um Wagen kleinerer Unternehmen, sodass sich auch eine Reservehaltung unter betriebswirtschaftlichen Aspekten nicht lohnt.

### 1. Taxi

513 Grundsätzlich kommt es bei einem freiberuflich tätigen Unternehmer nicht auf das Äquivalent der ihm aus schadenadäquatem Anlass ausgefallenen Arbeitszeit, sondern allein auf das Gesamtbetriebsergebnis an. Der Anspruch auf Ersatz des Verdienstausfalls setzt voraus, dass der Taxiunternehmer die Unfallschäden tatsächlich hat beseitigen lassen und dass der Wagen während der Reparaturzeit im Rahmen seines bestimmungsgemäßen Verwendungszwecks nicht eingesetzt werden konnte.

Der insoweit nach der Differenztheorie zu ermittelnde Erwerbsschaden kann entweder in einer Verringerung der Einnahmen (Überschüsse) oder in einer Erhöhung der Betriebsausgaben – beispielsweise durch zusätzliche Aufwendungen für Ersatzkräfte oder Fahrzeuge – bestehen.

514 Beim Ausfall eines Taxis kann also kein abstrakter Verdienstausfall zugebilligt werden; der Ausfallschaden ist vielmehr konkret zu berechnen.[698] Daher können für die Schadensberechnung auch nicht die Tagessätze aus der Tabelle von *Sanden/Danner/Küppersbusch/Lang* zugrunde gelegt werden.[699] Eine Entschädigung auf abstrakter Berechnungsgrundlage ist für den Halter des Nutzfahrzeugs auch dann nicht zulässig, wenn er in der Lage gewesen wäre, den Fahrer des betreffenden Kfz auf einem anderen Fahrzeug einzusetzen.[700] Demgemäß ist der Verdienstausfall auch durch Zeugenaussagen oder durch Vorlage einer Bescheinigung der Taxi-Vereinigung nicht zu beweisen.

515 Diesen Gesichtspunkt berücksichtigt das *OLG Celle*,[701] wenn es die ersparten Aufwendungen im Zusammenhang mit dem Fahrerlohn mit 40 % bewertet und einen weiteren Abzug für Betriebs-

697 VersR 1973, 721.

698 Grundlegend *Born* NZV 1993, 1; *OLG Köln* SP 2004, 128; *AG München* SP 2011, 22; *LG Düsseldorf* r+s 2012, 152.

699 *KG* NZV 2007, 244; NJOZ 2011, 592.

700 *OLG Stuttgart* VersR 1981, 361.

701 R+s 1987, 283.

und Pflegekosten von 30 % für angemessen hält. Das *OLG Celle* ist ferner der Auffassung, dass ein weiterer Abzug von 10 % bei einem Taxi-Großunternehmer deshalb vorzunehmen sei, weil der Ausfall eines Taxis durch verstärkten Einsatz der anderen Fahrzeuge weitestgehend ausgeglichen werden könnte. Nach dem *AG Kassel* sind vom entgangenen Gewinn für ersparte Betriebskosten und Mehrwertsteuer 30 % abzuziehen,[702] während das *KG* einen Abzug von 25 % für angemessen erachtet.[703] Ebenso möglich ist der Ansatz der konkret berechneten Betriebskosten pro Kilometer.[704]

Nach der Auffassung des *KG*[705] ist auch dann, wenn bereits vor dem Unfall ein neues Taxi fest bestellt worden war, Verdienstausfall lediglich während der (hier 31-tägigen) Instandsetzungsdauer zu zahlen, wenn das bestellte Neufahrzeug erst 49 Tage nach dem Unfall ausgeliefert wird. 516

Ein Taxiunternehmer kann die durch den Unfall entzogene Leistungskapazität nur unter eng begrenzten Voraussetzungen zu einem späteren Zeitpunkt noch ausgleichen. So kann der Taxiunternehmer beispielsweise nur in geringem Umfange freie Tage verschieben und die dadurch gewonnene Zeit für die Ausführung von Reparaturen verwenden. Außerdem ist er in der Lage, im Fall seines verletzungsbedingten Ausfalls einen Aushilfsfahrer einzustellen. 517

Für voll ausgerüstete Taxis als Mietwagen wird üblicherweise ein Grundpreis pro Tag sowie ein variabler Preis je nach der Fahrleistung verlangt. Wird ein Taxi als Ersatzfahrzeug angemietet, dann muss die für den Geschäftssitz des Unternehmens zuständige Straßenverkehrsbehörde eine Ersatzurkunde mit den Daten des gemieteten Fahrzeugs ausstellen. Dafür wird eine Ummeldegebühr erhoben, die bei Beendigung der Mietzeit und Rückgabe der Ersatzurkunde noch einmal anfällt. 518

Der Verdienstausfall wird in der Regel auf der Grundlage des Brutto-Umsatzes ermittelt und durch die Bescheinigung des zuständigen Finanzamtes oder eines Steuerberaters nachgewiesen.[706] Um Zufallsergebnisse auszuschalten, sollte man auf einen längeren Vergleichszeitraum – zweckmäßigerweise auf ein Quartal – zurückgreifen. Dabei sollte es sich um einen vergleichbaren Zeitraum des Vorjahres handeln. 519

Selbstverständlich kann man auch die Umsätze eines vollen Kalenderjahres[707] heranziehen und dafür auf die Bilanz bzw. den Steuerbescheid zurückgreifen. Gleichgültig, welchen Abrechnungsmodus man anwendet, sollte stets darauf geachtet werden, dass längere arbeits- und einkommensfreie Zeiträume außer Betracht bleiben, da sonst das Gesamtbild verfälscht werden könnte. 520

Aus dem Umsatz muss als nichtschadensadäquate Bezugsgröße die darin enthaltene Umsatzsteuer herausgerechnet werden,[708] weil sie mangels Leistungsaustauschs auf die an die Stelle des Einkommens tretende Entschädigungsleistung nicht erhoben wird. 521

Das auf diese Weise ermittelte Zwischenergebnis ist auf die Anzahl der auf jenen Vergleichszeitraum entfallenden Einsatztage bzw. -schichten zu verteilen. Dabei ist darauf zu achten, dass die Einsatztage nicht mit den Kalendertagen identisch sind, weil Taxiunternehmer insbesondere dann, wenn das Fahrzeug nur mit einem Fahrer besetzt werden kann, in der Regel mindestens einen freien Tag pro Woche einzulegen haben. Hinzu kommen weitere Fahrzeugausfälle in Form von Zwangspausen, die sich aus den verschiedensten Gründen ergeben. Stets ist darauf zu achten, dass auf dieselbe Bezugsgröße zurückgegriffen wird. So wäre es falsch, den bereinigten Umsatz durch die Zahl der in das betreffende Quartal tatsächlich fallenden Einsatztage zu dividieren und für die Ermittlung des Erwerbsschadens den Quotienten später mit der Anzahl der ausgefallenen Kalendertage zu multiplizieren. 522

702 NZV 1997, 362.
703 NJOZ 2005, 1673.
704 *LG Magdeburg* SVR 2010, 346.
705 VersR 1976, 1159.
706 *Leng* DAR 2001, 43; *OLG Düsseldorf* DAR 2018, 204.
707 *OLG Köln* SP 2004, 128.
708 *OLG Köln* SP 2004, 128.

523 Aus Gründen der Praktikabilität können jedoch die eingesparten leistungsbezogenen Betriebskosten des eigenen Kfz sowie das ersparte Betriebsrisiko und die sich aus der abweichenden rechtlichen Beurteilung des Einkommenssurrogats ergebenden Steuervorteile in der Weise erfasst werden, dass man kurzerhand einen Erfahrungssatz von 50 % vom bereinigten Netto-Umsatz abzieht.[709] Dieser Satz ist insbesondere dann angemessen, wenn der Taxifahrer auf ein anderes Kfz umgesetzt werden konnte oder wenn es sich um einen Aushilfsfahrer handelt, der nur bei wirklichem Bedarf beschäftigt und bezahlt wird.

524 Kann der Unternehmer jedoch anhand eines exakten Einsatzplanes nachweisen, dass er den festangestellten Fahrer des ausgefallenen Taxis nicht auf andere Fahrzeuge umsetzen konnte, so sind die aufgewendeten Lohnkosten vom Schädiger auch in voller Höhe zu ersetzen.[710]

525 *Berger*[711] bietet eine vereinfachte Faustformel an, indem er die Auffassung vertritt, dass die jeweils um die Umsatzsteuer bereinigten Bruttoeinkünfte um 30 % im Wege des Vorteilsausgleichs zu kürzen sind. Diese Methode berücksichtigt jedoch nicht den steuerlichen Vorteil.

526 Das *AG Berlin-Charlottenburg*[712] will die durchschnittlichen Brutto-Tageseinnahmen um 30 % für ersparte Unterhaltungskosten und 7,5 % für ersparte Umsatz- und Gewerbesteuer kürzen. Auch diese Methode dürfte sich als unzulänglich erweisen, weil sie die genannten Steuern falsch bewertet und die Kürzung der auf die Schadensersatzleistung entfallenden Einkommensteuer unberücksichtigt lässt. Wenn man auf eine stark vereinfachende Kurzformel Wert legt, dann bietet sich ein Abzug in Höhe von etwa 50 % als brauchbarer Kompromiss an. Für den Fall jedoch, dass die Fahrerlöhne unberücksichtigt bleiben können, würde ein weit höherer Abzug gerechtfertigt sein.

527 Abweichungen ergeben sich bezüglich des Lohnanteils des angestellten Kraftfahrers, falls dieser verletzt worden ist oder während des Ausfallzeitraumes unfallunabhängig erkrankt. In diesem Fall muss der Fahrerlohn einschließlich der sich auf ihn beziehenden Gemeinkosten unberücksichtigt bleiben, weil er im Fall der unfallbedingten Verletzung als selbstständiger Anspruch eines neuen Gläubigers aus einem anderen Rechtsgrund in Erscheinung tritt, während im Fall der sonstigen Erkrankung kein Schaden eintritt, sodass der Schädiger den Einwand der mangelnden Verursachung bzw. der überholenden Kausalität erheben kann.[713]

528 Festzuhalten bleibt, dass der Taxiunternehmer lediglich einen Sachschaden erlitten hat und demgemäß als adäquaten Folgeschaden seinen Verdienstausfall allein für den Zeitraum der reinen Reparaturzeit (im Fall des Reparaturschadens) oder für die notwendige Wiederbeschaffungsfrist (im Fall des Totalschadens) verlangen kann. Dies gilt auch dann, wenn das wiederhergestellte Fahrzeug mit Rücksicht auf die noch fortdauernde Arbeitsunfähigkeit des (einzigen) Kraftfahrers in der Zwischenzeit nicht mehr eingesetzt werden kann.[714]

529 Ergänzend sei noch darauf hingewiesen, dass auch die Grundsätze des Rechtsinstituts der Schadenliquidation im Drittinteresse auf die hier vorliegende Problemstellung nicht anwendbar sind und dass der Anspruch sich auch nicht auf einen unerlaubten Eingriff in einen eingerichteten und ausgeübten Gewerbebetrieb stützen lässt,[715] da es insoweit an dem unabdingbaren Kriterium des unmittelbaren, betriebsbezogenen Eingriffs mangelt.[716]

709 Nach Ansicht des *AG Hamburg* 25 % BeckRS 2017, 154838.
710 *AG Berlin-Mitte* SP 2006, 67.
711 VersR 1963, 514.
712 VersR 1975, 1016.
713 *Leng* DAR 2001, 43.
714 *BGH* NJW 1979, 2244; *LG Zweibrücken* VersR 1981, 990.
715 *LG Zweibrücken* zfs 1981, 360; *BGH* DAR 2009, 31.
716 *Klimke* VersR 1973, 397.

## 2. Fahrschulwagen

Besondere Probleme ergeben sich, wenn ein Fahrschulwagen aus unfallbedingtem Anlass zeitweilig ausfällt. Oftmals werden in der Praxis die ausgefallenen Fahrstunden in Höhe des mit dem Fahrschüler vereinbarten Bruttobetrages in Rechnung gestellt. Diese Methode ist falsch, da sie den insoweit gebotenen Vorteilsausgleich unberücksichtigt lässt. Außerdem kommt es für die Frage des Erwerbsschadens nicht entscheidend auf die Anzahl der ausgefallenen Fahrstunden an, weil auch insoweit allein das Brutto-Betriebsergebnis von Bedeutung ist. 530

Dem Inhaber einer Fahrschule stehen im Rahmen seiner Dispositionsbefugnis Möglichkeiten zur Verfügung, die Ausfallzeit auf andere Weise zu kompensieren, indem er beispielsweise die zunächst ausgefallene Leistung in zumutbarer Weise später nachholt. Als zumutbare Maßnahme der innerbetrieblichen Disposition bietet sich z.B. die Möglichkeit an, theoretischen Unterricht vorzuziehen und auf diese Weise die Zeit bis zur Reparaturfertigstellung des Fahrschulwagens sinnvoll zu überbrücken. Auch bei der Beschädigung eines Fahrschulwagens sind weitere Übungsfahrten nach einer provisorischen Zwischenreparatur zuzumuten, wenn das ansonsten noch betriebs- und verkehrssichere Fahrzeug lediglich leichte Schäden aufweist. 531

Der zunächst eingetretene Erwerbsschaden kann, sofern der Inhaber der Fahrschule sich bei der Nachholung der Stunden nicht überpflichtmäßiger Anstrengungen unterzogen hat, später wieder wegfallen.[717] Ein Verdienstausfall tritt insbesondere dann nicht ein, wenn bereits vor dem Unfall die betreffende Fahrschule mit Aufträgen ohnehin nicht voll ausgelastet war und demgemäß noch über freie Kapazitäten verfügt hat.[718] 532

Nach § 12 FahrlG darf die tägliche Gesamtdauer des praktischen Fahrunterrichts durch einen Fahrlehrer nicht mehr als 495 Minuten betragen; die Fahrten müssen durch Pausen von angemessener Dauer unterbrochen werden. Der Inhaber einer Fahrschule wird dagegen einen Verdienstausfall dann mit Erfolg geltend machen können, wenn er in schlüssiger Form nachzuweisen vermag, dass er ausfallbedingt Fahrschüler als Neukunden nicht annehmen konnte, die er sonst mit den ihm zur Verfügung stehenden Kapazitäten ausgebildet hätte. Wird bei dem Unfall der angestellte Fahrlehrer so stark verletzt, dass er ausfällt, so kann der Verdienstausfall auch nicht in Höhe der Einnahmen der entfallenen Fahrstunden dieses Fahrlehrers geltend gemacht werden, sondern allenfalls der weitergezahlte Lohn des Fahrlehrers.[719] 533

Das bedeutet, dass dem Inhaber einer Fahrschule in der Regel nur dann ein Verdienstausfall entsteht, wenn der Fahrschulwagen längerfristig ausfällt. Dann ist ihm jedoch in der Erfüllung der ihm obliegenden Schadenminderungspflicht in aller Regel eine Ersatzanmietung möglich und zuzumuten. Selbstverständlich muss der Schädiger abgrenzbare Mehrkosten, die durch den Einbau und die spätere Demontage des doppelten Pedalwerks entstehen, in voller Höhe zusätzlich erstatten. 534

Sofern eine Ersatzanmietung möglich war, sind die leistungsbezogenen Betriebskosten des zeitweilig ausgefallenen Fahrschulwagens schadensmindernd zu berücksichtigen. Insoweit kann von einem Erfahrungssatz in Höhe von 25 % ausgegangen werden.[720] 535

## 3. Lastkraftwagen

Auch bezüglich des Schadens, der einem Fuhrunternehmer durch zeitweiligen unfallbedingten Ausfall eines Lastkraftwagens entsteht, kommt es auf das Gesamtbetriebsergebnis an. Es genügt also 536

717 *LG Frankfurt/M.* VersR 1980, 55; *AG Bremen* zfs 1980, 84; a.A. *LG Ravensburg* VersR 1972, 284; *LG Itzehoe* r+s 1982, 213; *AG Groß-Gerau* VersR 1978, 879.

718 *LG Hagen* NJW 1963, 765 spricht einen Aufschlag von 50 % für Nachholfahrten am Sonntag zu.

719 *Finke* FS 2006 Heft 5, 40; *KG* BeckRS 2013, 21878.

720 So *AG Hamburg* BeckRS 2017, 154838 zum Taxi.

nicht, dass lediglich die Ausfallzeit des beschädigten Lastzugs angegeben und der Höhe nach von theoretischen Durchschnittsfrachterträgen ausgegangen wird.[721]

537 Entscheidend ist die Frage, in welcher Höhe durch den Ausfall des Lastzuges ein Erwerbsschaden mit irreparablem Ergebnis entstanden ist. Ein derartiger Schaden entsteht dann nicht, wenn der Fuhrunternehmer bereits vor dem Unfall nicht voll ausgelastet war und die vorhandenen Aufträge mit den verbliebenen Kapazitäten ordnungsgemäß abgewickelt werden konnten. Trifft diese Voraussetzung nicht zu, dann ist zu prüfen, ob der Verdienstausfall nicht durch innerbetriebliche Disponierungen bzw. durch zumutbare Nachholung und zeitliche Verschiebung von Aufträgen vermieden werden konnte.

538 Wegen der unterschiedlichen Auslastung gerade gewerblich genutzter Fahrzeuge lassen sich unfallbedingte Ausfallschäden nicht pauschalieren. Es bedarf vielmehr einer konkreten Berechnung des Ausfallschadens im Einzelfall. Dabei kann auf die gewöhnliche Gewinnerwartung, wie sie sich im konkreten Fall abstrakt darstellt, wie auch auf die Schadensermittlung nach § 287 ZPO zurückgegriffen werden. Reservehaltungskosten können nur dann ersetzt verlangt werden, wenn der Geschädigte nachweist, dass er tatsächlich Reservefahrzeuge bereithält und diese zur Überbrückung des Ausfalls eingesetzt hat.[722]

539 Ist nachweisbar ein Verdienstausfall durch nachteilige Veränderung des Gesamtbetriebsergebnisses eingetreten, errechnet sich der Erwerbsschaden aus den Bruttofrachterträgen. Die Überprüfung der Angaben ist oft außerordentlich schwierig, wenn die Buchführung der Fuhrunternehmer unzureichend ist bzw. versucht wird, mit Hilfe von Gefälligkeitsbescheinigungen eine überhöhte Ersatzleistung zu erlangen.

540 Der beste Nachweis besteht darin, dass der Geschädigte darlegt, welche Frachtaufträge er sonst hätte ausführen können, die ihm wegen des Ausfalls seines Fahrzeugs entgangen sind.

541 Besonderheiten bei der Anwendung des Vorteilsausgleichs kommen dann in Betracht, wenn es sich um Lastkraftwagen handelt, die überwiegend im Baustellenbetrieb eingesetzt werden. Da diese Fahrzeuge sehr häufig einer besonderen Beanspruchung ausgesetzt sind, unterliegen sie einem überdurchschnittlichen Verschleiß. Im Hinblick darauf erscheint es geboten, im Fall einer Ersatzanmietung die eingesparten leistungsbezogenen Betriebskosten des eigenen Fahrzeugs mit einem Erfahrungssatz von 35 % anzusetzen.

542 War eine Ersatzanmietung in zumutbarer Form nicht möglich und ist der Verdienstausfall ordnungsgemäß nachgewiesen, dann gilt als Faustformel, dass etwa 2/3 der nachgewiesenen Frachtumsätze auf eingesparte Betriebskosten entfallen, sodass etwa 1/3 der Bezugsgröße vom Schädiger zu ersetzen ist.

### 4. Bestattungsfahrzeuge

543 Die Besonderheit besteht hier darin, dass Bestattungsfahrzeuge im Allgemeinen nicht angemietet werden können. Im Fall eines Totalschadens muss berücksichtigt werden, dass für Bestattungsfahrzeuge lediglich ein ganz kleiner Gebrauchtwagenmarkt besteht und dass die angebotenen Fahrzeuge oftmals nicht sofort verfügbar sind, sondern sich noch im Einsatz befinden. Da Bestattungsfahrzeuge nicht serienmäßig gebaut werden, sind die Lieferfristen für Neuwagen weit länger als für Serienmodelle. Die Schadenminderungspflicht kann es daher gebieten, unter Berücksichtigung der langen Lieferfristen sowohl für Gebraucht- als auch für Neufahrzeuge eine Reparatur selbst dann in Auftrag zu geben, wenn sie unter normalen Umständen unwirtschaftlich wäre.

544 Sofern im Zusammenhang mit dem Ausfall eines Bestattungsfahrzeugs ein Erwerbsschaden im Sinne von § 252 BGB zu ersetzen ist, gelten folgende Besonderheiten: Die Nichtbenutzbarkeit des Fahrzeugs selbst, das im Allgemeinen nur kurze Fahrstrecken zurücklegt, ist nur ein geringer Teil des

721 *LG Bad Kreuznach* VersR 1960, 480; *LG München I* SP 1995, 143; *AG Brilon* SP 1998, 214.
722 *OLG Düsseldorf* r+s 1985, 65; vgl. *Reitenspiess* DAR 1993, 142.

Schadens. Der eigentliche Nachteil besteht für den Bestattungsunternehmer darin, dass er alle im Zusammenhang mit der Beerdigung stehenden Lieferungen und Leistungen nicht ausführen kann und dass ihm dadurch erhebliche Einnahmen entgehen. Der Leichentransport selbst ist dabei von untergeordneter Bedeutung. Alle Lieferungen und Leistungen müssen jedoch als Einheit betrachtet werden, weil sie ohne den Betrieb des Fahrzeugs nicht möglich sind. Sofern der Schädiger für Verdienstausfall in dem hier dargelegten Sinne einzustehen hat, muss der Gläubiger im Einzelnen nachweisen, welche Aufträge mit welchem Leistungsumfang entgangen sind.

Es liegt in der Natur der Sache, dass die Vergütung, die dem Unternehmer sonst auf vertraglicher 545
Basis zugeflossen wäre, nicht genau beziffert, sondern nur in groben Annäherungswerten geschätzt werden kann. Insoweit wird man – unter Berücksichtigung der Unternehmensstruktur – auf Durchschnittswerte zurückgreifen müssen. Davon abzusetzen sind die eingesparten Eigenkosten in Höhe der Einstandspreise für Lieferungen. Es kommt also auf die Differenz zwischen Einstandspreis und Verkaufspreis an.

### 5. Mietwagen

Besondere Schwierigkeiten bereitet die Ermittlung des auf dem Ausfall eines Selbstfahrer-Vermiet- 546
wagens beruhenden Verdienstausfalls.[723] Darunter versteht man Fahrzeuge, die von gewerblichen Autovermietungen bereitgehalten und den Kunden zur selbstständigen Benutzung gegen Entgelt überlassen werden.

Auch für Mietwagenunternehmen gilt der Grundsatz, dass ein Verdienstausfall lediglich dann entsteht 547
und zu erstatten ist, wenn das Bruttobetriebsergebnis aus schadensadäquatem Anlass nachteilig und mit irreparablem Ergebnis beeinflusst wird. Trotz der Möglichkeit, unter gewissen Voraussetzungen den Erwerbsschaden im Sinne von § 252 BGB auch abstrakt abzurechnen, bestehen grundsätzliche Bedenken dagegen, den Verdienstausfall für Mietwagen nach Durchschnittswerten bzw. nach dem Grad der statistisch nachgewiesenen Auslastung zu ermitteln.[724]

Die Möglichkeit der Verschiebung oder Nachholung von Aufträgen ist begrenzt, wenn der Kunde 548
das von ihm angemietete Ersatzfahrzeug sofort benötigt. Da Mietwagenunternehmen indes stets über eine gewisse Betriebsreserve verfügen, besteht in der Regel die Möglichkeit, im Wege der Disponierung auf ein anderes – nicht gebuchtes – Fahrzeug desselben Unternehmers zurückzugreifen, das ohne den Unfall in jenem Zeitraum nicht hätte vermietet werden können. Dem Kunden wird dann notfalls ein Fahrzeug der höheren Klasse zum Preis des von ihm gewünschten Typs angeboten.

Dies bedeutet, dass in der Regel nicht der Nachweis genügt, dass ein bestimmtes Fahrzeug ausge- 549
fallen ist und dass ein anderer Wagen desselben Typs nicht zur Verfügung gestanden hat. Gerade bei unvollständiger Auslastung des Fahrzeugparks wird es kaum vorkommen, dass mit Rücksicht auf den zeitweiligen – meist kurzfristigen – Ausfall eines Mietwagens ein Mietinteressent abgewiesen wird und damit ein gewinnbringender Auftrag nicht ausgeführt werden kann. Insbesondere bei großen Autovermietern ist diese Kompensation möglich.[725]

Falls der Geschädigte gegenteilige Behauptungen aufstellen sollte, muss das Mietwagenunterneh- 550
men genau darlegen, welche Aufträge mit welchem Leistungsvolumen und irreparablem Ergebnis entgangen sind, weil auch die Möglichkeit, auf ein anderes Fahrzeug in zumutbarer Weise auszuweichen, nicht bestanden habe. Falls im Einzelfall ein Erwerbsschaden zu erstatten ist, sind im Wege des Vorteilsausgleichs die eingesparten leistungsbezogenen Betriebskosten des betreffenden Kfz wie auch sonst bei der Benutzung eines Mietwagens nach einem fremd verursachten Schaden abzusetzen.

---

723 *AG Karlsruhe-Durlach* VersR 1981, 1088; *AG Neustadt a.d.W.* VersR 1981, 1089.

724 *AG Köln* SP 1995, 143; *LG Siegen* VersR 1988, 1045; *AG Karlsruhe-Durlach* VersR 1981, 1088; a.A. *LG Darmstadt* zfs 1985, 45; *AG Neustadt a.d.W.* VersR 1981, 1089; *OLG Hamburg* SP 1998, 356.

725 *AG Frankfurt/M.* SP 2005, 95; *AG Neunkirchen* VersR 1988, 1246; *AG Köln* BeckRS 2009, 14203.

## IV. Schadenminderungspflicht

551 Die Grundsätze der Schadenminderungspflicht gelten auch für den Bereich des durch Sachschaden entstandenen Verdienstausfalles. Nachfolgend sollen die Besonderheiten aufgezeigt werden.

### 1. Einsatz vorgehaltener Reservefahrzeuge

552 Sofern es sich um Großbetriebe oder um Unternehmen mit Spezialfahrzeugen handelt, wird sich der Ausfall eines Fahrzeuges sehr häufig durch den Einsatz eines in der Betriebsreserve bereitgehaltenen Fahrzeugs ausgleichen lassen. Das Gleiche gilt für den Fall, dass ohnehin aus unfallunabhängigen Gründen nicht alle Fahrzeuge voll ausgelastet waren. In diesem Fall ist dann die Verlagerung von Kapazitäten in zumutbarer Weise möglich.

553 Falls ein eigenes Ersatzfahrzeug mit Rücksicht auf fremdverursachte Schäden in der Betriebsreserve bereitgehalten und eingesetzt werden kann, hat der Schädiger in aller Regel lediglich die Reservehaltungskosten zu erstatten.[726] Eine Entschädigung für entgangene Gebrauchsvorteile wird der Anspruchsteller lediglich dann verlangen können, wenn er über keine Betriebsreserve verfügt und den Ausfall seines Fahrzeuges ohne Ersatzanmietung unter Inkaufnahme überpflichtmäßiger Anstrengungen kompensiert hat.

554 Durch den möglichen Einsatz eines typengleichen Reservefahrzeugs wird ein Erwerbsschaden im Sinne von § 252 BGB in jedem Fall vermieden. Der Geschädigte kann es sich nicht aussuchen, ob er Reservehaltungskosten, Verdienstausfall oder eine Nutzungsausfallentschädigung geltend machen will. Er muss vielmehr den jeweils in Betracht kommenden Schaden konkret nachweisen und belegen.[727]

555 Dies führt zur Erstattungsfähigkeit von Reservehaltungskosten beim Einsatz eines eigens dafür vorgehaltenen Ersatzfahrzeugs statt Schadensersatzanspruch, falls ein Fahrzeug eingesetzt wird, das im Hinblick auf den Auftragsbestand und unter Berücksichtigung der betrieblichen Struktur sowie der vorhandenen Kapazitäten ohnehin nicht anderweitig benötigt worden wäre.

### 2. Innerbetriebliche Umdisponierung

556 Mitunter kann der Verdienstausfall auch dadurch vermieden werden, dass in Erfüllung der Schadenminderungspflicht betriebliche Umdisponierungen getroffen und die vorhandenen Aufträge unter verstärkter Auslastung der verbliebenen Kapazitäten abgewickelt werden. In diesem Fall wird der lediglich drohende Erwerbsschaden in zumutbarer Weise neutralisiert.[728] Zu diesen Dispositionen gehören auch eine anderweitige Verteilung von Leistungsangeboten und die Nachholung von Aufträgen.

557 Mitunter kann es auch sinnvoll sein, ein mit Rücksicht auf einen ungenügenden Auftragsbestand vorübergehend abgemeldetes Betriebsfahrzeug aus dem eigenen Fuhrpark wieder zuzulassen und anstelle des beschädigten Wagens während der Reparaturzeit einzusetzen. Selbstverständlich hat der Schädiger in diesem Fall zusätzlich die durch die An- und Abmeldung entstehenden abgrenzbaren Mehrkosten zu ersetzen.[729] Dies gilt jedoch nicht für die Betriebskosten, weil insoweit lediglich eine Verlagerung vom ausgefallenen Fahrzeug auf das Ersatzfahrzeug eintritt.

### 3. Inanspruchnahme von Fremdunternehmen

558 Zur Vermeidung eines Verdienstausfalles kann es unter Umständen auch sinnvoll und geboten erscheinen, auf die Dienste eines Fremdunternehmers zurückzugreifen. Dies gilt insbesondere dann,

---

726 BGHZ 70, 199; VersR 1978, 375; *AG Bremen* SP 1998, 216; *OLG Koblenz* NZV 2015, 552.

727 *AG Dresden* SP 1997, 111; *AG Recklinghausen* SP 1993, 15; *AG Halle-Saalekreis* SP 1999, 167; *OLG Köln* NZV 1997, 311; *LG Köln* SP 1996, 388; *AG Vechta* SP 1997, 259; *OLG Oldenburg* BeckRS 2014, 20396.

728 *OLG Hamm* r+s 1995, 18.

729 *KG* BeckRS 2007, 08720.

wenn man von der Prämisse ausgeht, dass gerade bei längerem Ausfall eines Fahrzeugs nicht nur bestimmte Aufträge entgehen, sondern auch die Gefahr besteht, dass langjährige Kunden nach einer Abweisung dauerhaft zur Konkurrenz wechseln. Eine Inanspruchnahme von Fremdunternehmen wird insbesondere bei Transportunternehmern in Betracht kommen, falls eine Ersatzanmietung, die sich stets als billigere und wirtschaftlichere Lösung darstellt, nicht in Betracht kommen sollte.

Auf Fremdunternehmen wird dann zurückzugreifen sein, wenn es sich um Sonderfahrzeuge handelt, 559 die sich nicht oder nur unter sehr erschwerten Bedingungen anmieten lassen. Dies gilt beispielsweise für Fahrzeuge, die sog. Transportbeton befördern.

Der Schädiger hat im Fall einer möglichen Inanspruchnahme von Fremdunternehmen die Kosten 560 des Fremdunternehmers zu erstatten, sofern sie den ortsüblichen Konditionen entsprechen. Abzusetzen sind indes die am eigenen Fahrzeug eingesparten leistungsbezogenen Betriebskosten, die auf dem üblichen Wege zu ermitteln sind. Dazu gehören auch Fahrerlöhne, falls die Möglichkeit bestanden hat, das eigene Personal während der Ausfallzeit entweder auf das Fremdfahrzeug umzusetzen oder sonst in nutzbringender Weise zur Bewältigung anderer betrieblicher Aufgaben einzusetzen.

## 4. Ersatzanmietung

Sofern sich der Schaden durch Ersatzanmietung abwenden lässt, ist diese Maßnahme in Erfüllung 561 der durch § 254 Abs. 2 BGB normierten Schadenminderungspflicht geboten. Daraus lässt sich der Grundsatz ableiten, dass in diesem Fall ein Verdienstausfall, soweit er auf der zeitweiligen Verhinderung der Kfz-Nutzung beruht, regelmäßig nur bis zur Höhe der Aufwendungen zu erstatten ist, die im Fall einer pflichtgemäß vollzogenen Ersatzanmietung angefallen wären.[730] Dabei darf zunächst davon ausgegangen werden, dass ein Mietwagen innerhalb kürzester Frist zur Verfügung steht, sofern es sich nicht um Spezialfahrzeuge handelt.

Unzutreffend erscheint demgegenüber der Umkehrschluss, dass Mietwagenkosten dann nicht mehr 562 erstattungsfähig sind, wenn sie einen sonst eintretenden Verdienstausfall übersteigen. Die Grenze für den Anspruch auf Naturalrestitution wird auch bei Überbrückung des Ausfalls eines ausschließlich gewerblich genutzten Kfz durch Ersatzanmietung nicht schon durch den anderenfalls entgangenen Gewinn, sondern durch die Unverhältnismäßigkeit der Mietwagenkosten bestimmt.[731]

Obergrenze des Schadensersatzanspruches ist insoweit also nicht der entgangene Verdienst, sondern 563 vielmehr § 251 Abs. 2 BGB.[732] Somit sind die Kosten eines Miettaxis nur zu ersetzen, wenn die Anmietung eine unternehmerisch vertretbare Maßnahme darstellt.[733] Auch gegenüber dem entgangenen Gewinn erheblich höhere Miettaxikosten sind grundsätzlich zu erstatten, weil das Interesse des Taxiunternehmers an der Aufrechterhaltung der vollen Leistungskapazität seines Unternehmens berechtigt ist.[734]

Abzuwägen ist das Interesse des Unternehmers an der ungestörten Fortführung seines Betriebes, an 564 seinem guten Ruf und seiner Dispositionsfreiheit für den Wagenpark gegen die Höhe der entstandenen Miettaxikosten.[735] Maßgeblich für die Beurteilung sind Fahrten für Stammkundschaft und feste Fahrten sowie Fahrten zu umsatzstarken Anlässen wie Messen und Silvester.[736] Wird dann die Grenze der Unverhältnismäßigkeit im Sinne von § 251 Abs. 2 BGB nicht überschritten, so muss

730 *OLG Hamm* r+s 1995, 18.

731 *BGH* NJW 1985, 793; *OLG Nürnberg* NZV 1991, 115.

732 Himmelreich/Halm/*Grabenhorst* Handbuch Kap. 5 Rn. 102.

733 Himmelreich/Halm/*Grabenhorst* Handbuch Kap. 5 Rn. 94; *OLG Schleswig* BeckRS 2024, 16992.

734 *OLG Hamm* NZV 1997, 310; *AG Hagen* SP 1996, 49; *LG Paderborn* SP 1996, 282; *LG Coburg* SP 1996, 386; *AG Leipzig* SP 1997, 290; *AG Kassel* NZV 1997, 362; *Balke* SVR 2013, 54 m.w.N.

735 *OLG Köln* zfs 1993, 82; *OLG Hamm* NZV 1993, 392; *LG Coburg* zfs 1993, 192; *LG Nürnberg-Fürth* DAR 1991, 186.

736 Himmelreich/Halm/*Grabenhorst* Handbuch Kap. 5 Rn. 103; *KG* zfs 2004, 560.

davon ausgegangen werden, dass die Mietwagenkosten im Sinne des § 249 S. 2 BGB zur Herstellung erforderlich waren.

565 Allgemeine Regelsätze sind dabei jedoch nicht zu berücksichtigen; maßgeblich sind ausschließlich die schützenswerten Interessen des Geschädigten im Einzelfall.[737] Dies hat der *BGH*[738] nochmals klargestellt.

566 Bei der Beurteilung, ob im Einzelfall von einer Verhältnismäßigkeit auszugehen ist, kommt es auf einen Vergleich zwischen den Mietkosten für das Ersatzfahrzeug einerseits und dem drohenden Verdienstausfall andererseits an; dieser Gesichtspunkt stellt aber nur einen unter vielen innerhalb der anzustellenden Gesamtbetrachtung des Interesses an der ungestörten Fortführung seines Betriebes dar.

567 In gleicher Weise sind auch sonstige schutzwürdige Belange zu berücksichtigen, nämlich
- Umsatzgröße und -entwicklung des Unternehmens
- Dauer seines bisherigen Bestehens
- Anzahl der dem Unternehmen zur Verfügung stehenden und betriebenen Taxis
- Auslastungsgrad der Fahrzeuge und der Fahrer
- Personal- und Kostenstruktur des Unternehmens
- Zusammensetzung der Kundschaft
- Marktstruktur (Großstadt oder ländlicher Raum)
- Kooperationsmöglichkeiten mit anderen Taxibetrieben
- Umfang und Dauer der Reparatur des Unfallfahrzeuges
- Geschäftsaussichten während der Reparaturzeit (Hochsaison, Kongresse etc.).

568 Nach Auffassung des *BGH* ist daher im Normalfall, in dem für eine durchschnittliche Reparaturzeit ein Ersatztaxi angemietet wird, dessen Auslastung sich im betriebsüblichen Rahmen hält, kein Anlass gegeben, den Ersatz von Mietwagenkosten gemäß Marktpreis im Hinblick auf § 251 Abs. 2 BGB zu versagen. Insbesondere könne nicht eine Regelgrenze in Höhe des Doppelten des Verdienstausfallschadens[739] als gerechtfertigt angesehen werden.

569 Als unvertretbare unternehmerische Entscheidung, deren Nichtvorliegen der Geschädigte darzulegen und zu beweisen hat,[740] ist die Inanspruchnahme eines Miettaxis vom *OLG Nürnberg* bei einem Verhältnis von 2,9 zu 1 zwischen den Mietwagenkosten und dem entgangenen Gewinn angesehen worden.[741]

570 Das *LG Coburg* hat seine frühere Auffassung dahin gehend revidiert, welche die Anmietung eines Ersatztaxis für unwirtschaftlich gehalten hat, wenn die Mietwagenkosten mehr als das Doppelte des entgangenen Gewinns betragen.[742] Das *OLG München* hat bei Miettaxikosten in Höhe von mehr als dem 4-fachen des entgangenen Gewinns eine Überschreitung der Grenze des § 251 Abs. 2 BGB angenommen.[743] Das *KG* hat festgehalten, dass auch unter dem Aspekt der Aufrechterhaltung des Betriebsablaufs eine Überschreitung des zu erwirtschaftenden Gewinns durch die Mietwagenkosten um 410 % übersteigen auch aus unternehmerischer Sicht nicht hinnehmbar ist.[744] Auch hat das *AG Kassel* bei einem Taxiunternehmen mit 19 Taxen bei einem dreitägigen Ausfalls eines Taxis

---

737 *BGH* NJW 1993, 3321; NJW-RR 1994, 607; NZV 1994, 21.
738 DAR 1994, 16.
739 NZV 1993, 102, 104; vgl. auch *Grüneberg* NZV 1994, 135.
740 *OLG Köln* NZV 1997, 1819.
741 NJW-RR 1990, 984; vgl. dazu auch *OLG Hamm* NZV 1997, 310; r+s 1995, 18; *AG Hagen* SP 1996, 49; *LG Paderborn* SP 1996, 282; *LG Coburg* SP 1996, 386; *AG Leipzig* SP 1997, 290; *OLG Köln* NZV 1997, 181; *AG Melsungen* SP 1997, 400; *AG München* SP 1998, 57; *OLG Celle* SP 1995, 245; *LG Nürnberg-Fürth* NJW-RR 1999, 464; *LG München I* NZV 2000, 88; *LG Göttingen* SP 2000, 315.
742 Zfs 1993, 192.
743 VRS 85, 1.
744 NJOZ 2005, 1673; vgl. auch *LG München I* (370 %) NZV 2000, 88; *OLG Celle* (350 %) NZV 1999, 209.

die Anmietung eines Ersatztaxis als unverhältnismäßig angesehen, wenn dabei die Mietkosten den entgangenen Gewinn um das Fünffache übersteigen.[745]

Den Ersatz von Miettaxikosten zugebilligt hat das *OLG Köln* in einem Fall, in dem der entgangene Gewinn etwa 60 % der Mietwagenkosten betragen hätte.[746] Der Senat hat insoweit klargestellt, dass entsprechend den vom *BGH*[747] aufgestellten Grundsätzen den Miettaxikosten der nach den tatsächlich mit dem Mietwagen ausgeführten Einsätzen errechnete Einnahmeausfall gegenüberzustellen sei, weil die mit dem Mietwagen erzielten Einnahmen dem Umsatzverlust des Unfallfahrzeuges entsprechen. Von diesen Einnahmen sind die ersparten leistungsbezogenen Betriebskosten[748] sowie der nicht eingetretene Verschleiß des beschädigten Taxis in Form der Eigenersparnisse abzuziehen.[749] 571

745 NZV 1997, 362.
746 Zfs 1993, 82; ebenso *LG Kassel* SP 2000, 237.
747 NJW 1985, 283.
748 Himmelreich/Halm/*Grabenhorst* Handbuch Kap. 5 Rn. 103.
749 15 % nach *OLG Köln* zfs 1993, 82; *LG Kassel* SP 2000, 237; *KG* NJOZ 2005, 1673; Himmelreich/Halm/Grabenhorst Handbuch Kap. 5 Rn. 77; *OLG Köln* SP 2007, 13; a.A. *LG Nürnberg-Fürth* NZV 2016, 340: 3 % bis max. 10 % m.w.N.

# Kapitel 13 Gutachtenkosten

## Schriftum (Aufsätze und sonstige Literatur)

*Bellardita*, Die Erstattungsfähigkeit von Sachverständigenkosten im Lichte der Rechtsprechung, DAR 2015, 127; *Birkeneder*, Zur aktuellen Entwicklung der Sachverständigenkosten bei Unfällen, unter Einbeziehung der urheberrechtlichen Problematik bei der Verwertung von Gutachten durch Versicherer, VRR 2012, 164; *Diederichsen*, Die Rechtsprechung des BGH zum Haftpflichtrecht, DAR 2014, 301; *Diehl*, Anmerkung zu BGH v. 26.04.2016, zfs 2016, 565; *Engelke*, Der Kfz-Sachverständige in der Unfallregulierung – Anforderungen der Kfz-Haftpflichtversicherer an den vom Geschädigten beauftragten Kfz-Sachverständigen, NZV 2012, 365; *Göbel*, Die Vergütung des Sachverständigen in Verkehrsunfallsachen, NZV 2006, 512; *Halm/Fitz*, Versicherungsverkehrsrecht 2004/2005, SVR 2005, 254; *ders.*, Versicherungsverkehrsrecht 2006/2007 SVR 2007, 413; *ders.*, Versicherungsverkehrsrecht 2007/2008, DAR 2008, 507; *ders.*, Versicherungsverkehrsrecht 2015/2016, DAR 2016, 437; *ders.*, Versicherungsverkehrsrecht 2016/2017, DAR 2017, 438; *Hansens*, Der Streitwert im Verkehrsunfallhaftpflichtprozess, zfs 2007, 311; *Heßeler*, Anmerkung zu BGH v. 26.04.2016, NJW 2016, 3097; *Kääb*, Anmerkung zu BGH v. 01.06.2017, FD-StrVR 2017, 393311; *Kääb/Jandel*, Zum Ersatz von Sachverständigenkosten bei objektiv unrichtigem Gutachten, NZV 1992, 16; *ders.*, Sachverständigenhonorare – ein Fass ohne Boden?, NZV 1998, 268; *Kuhn*, Schadenmanagement durch Versicherer – Gefahr für den Geschädigten?, NZV 1999, 229; *Meinel*, Die Verpflichtung zum Ersatz von Sachverständigenkosten beim Kfz-Unfall, VersR 2005, 201; *Möckel*, Sachverständigenkosten und Bagatellschaden, NJW Spezial 2015, 457; *Notthoff*, Nebenkosten im Rahmen der Unfallschadenregulierung, VersR 1995, 1399 Dr. Oehler, Die Rechtsprechung des BGH zum Haftpflichtrecht im Straßenverkehr, DAR 2024, 421 ff.; *Otting*, Die Sachverständigenkosten bei der Schadensregulierung von Verkehrsunfällen unter Berücksichtigung der Rechtsprechung, VersR 1997, 1328; *Poppe*, Erstattbarkeit der Gutachterkosten bei anteiliger Mithaftung, DAR 2005, 669; *Roß*, Rechtliche Probleme bei Kfz-Sachverständigengutachten NZV 2001, 321; *Schäfer*, Anmerkung zu BGH vom 17.12.2019, NJW 2020, 1003; *Schepers*, Die BGH-Rechtsprechung zum Ersatz der Sachverständigenkosten nach einem Verkehrsunfall, SVR 2020, 288; *Sieger*, Sachverständigenkosten – Quo Vadis?, DAR 2017, 181; *Stöber*, Umfang der Ersatzpflicht von Sachverständigenkosten bei Mitverschulden des Geschädigten, DAR 2011, 625; *Trost*, Die Sachverständigenkosten bei der Schadensregulierung von Verkehrsunfällen unter Berücksichtigung der Rechtsprechung, VersR 1997, 537; *Vuia*, Die Erstattungsfähigkeit von Sachverständigenkosten insbesondere nach Verkehrsunfällen, NJW 2013, 1197; *ders.* Anmerkung zu BGH v. 01.06.2017, NJW 2017, 2406; *Walter*, Gutachterkosten im Verkehrsunfallprozess, SVR 2006, 168; *Wittschier*, Anmerkung zu BGH v. 19.07.2016, NJW 2016, 3365; *Woitkewitsch*, Erstattungsfähigkeit von Sachverständigenkosten, MDR 2020, 386; *Wortmann*, Die Schadensregulierung bei Verkehrsunfällen – insbesondere die Sachverständigenkosten, VersR 1998, 1204; *Zur*, Schadenersatz bei Bestehen von Vorschäden am Fahrzeug, DAR 2024, 442

## Schrifttum (Kommentare/Handbücher)

*Berz/Burmann*, Handbuch des Straßenverkehrsrechts Band 1, Werkstand 48. EL August 2023; *Burmann/Heß*, Handbuch des Straßenverkehrsrechts, Band 1, Stand: Dez. 2023; *Buschbell*, Münchener Anwaltshandbuch Straßenverkehrsrecht, 5. Aufl. 2020; *Geigel*, Der Haftpflichtprozess, 28. Aufl. 2020; *Himmelreich/Halm*, Handbuch des Fachanwalts Verkehrsrecht, 7. Aufl. 2022; *Münchener Kommentar zum BGB*, 9. Aufl., 2021 ff.

## Übersicht

## Einleitung

Der BGH hat mit seiner Entscheidung vom 12.03.2024 zum sogenannten »Sachverständigenrisiko«, die an die Vorläuferentscheidungen zum Werkstattrisiko anknüpft, die Rechte des Geschädigten gestärkt.[1] 1

Nach dieser Entscheidung wird die Regulierungspraxis zeigen müssen, ob die Höhe der erforderlichen Gutachtenkosten bei der Unfallschadenregulierung nahezu ebenso streitig bleibt, wie die Höhe der erforderlichen Mietwagenkosten.

Die Gutachtenkosten sind in der Regel bereits entstanden, bevor das anwaltliche Mandat erteilt wird. Problematisch und durchaus unübersichtlich ist diese Schadenposition bislang auch deswegen, weil die meisten Rechtsstreitigkeiten in die sachliche Zuständigkeit der Amtsgerichte fallen. Daraus ergibt sich eine umfangreiche und kaum überschaubare Kasuistik.[2] Beck-online-Abfragen zum Stichwort »Sachverständigenkosten« ergeben mehr als 10.000 Treffer. 2

Dabei ist die Beauftragung eines Gutachtens für den Geschädigten grundsätzlich nicht nur sinnvoll, vielmehr ist sie schlichtweg erforderlich. 3

Sachverständigengutachten dienen nämlich neben der objektiven Ermittlung der Schadenhöhe auch der Beweissicherung.[3] Ohne sachverständige Hilfe vermag der Geschädigte die Voraussetzungen der vollständigen Restitution – insbesondere die Darlegung des Anspruchs auf Geldersatz – in aller Regel nicht zu schaffen.[4] 4

Nach ständiger Rechtsprechung des *BGH* gehören die Kosten des Gutachtens zum unmittelbar mit dem Schaden verbundenen und auszugleichenden Vermögensnachteil (i.S.d. § 249 Abs. 1 BGB), soweit die Begutachtung zur Geltendmachung erforderlich und zweckmäßig ist (§ 249 Abs. 2 S. 1 BGB).[5] 5

## A. Bagatellschadengrenze

Der Erstattungsanspruch des Geschädigten setzt nach § 249 Abs. 2, S. 1 BGB voraus, dass der zu ersetzende Geldbetrag »erforderlich« ist. 6

1 *BGH* DAR 2024, 325 ff.
2 *Bellardita* DAR 2015, 127.
3 *Wortmann* VersR 1998, 1204.
4 *Geigel* Kap. 3 Rn. 118.
5 *BGH* NJW RR 1989, 956; *BGH* NJW 2005, 356; *BGH* DAR 2012, 201; *BGH* DAR 2014, 194; *BGH* DAR 2014, 578; *BGH* DAR 2016, 451; *BGH* DAR 2016, 969; *BGH* DAR 2017, 361; *BGH* DAR 2018, 674.

7 In der Rechtsprechung hat sich nach wie vor keine feste Schadengrenze herausgebildet, ab der die Beauftragung eines Sachverständigen als grundsätzlich erforderlich gelten kann (sogenannte »Bagatellschadengrenze«).

## I. Schadenhöhe des Bagatellschadens

8 Aufgrund stetig ansteigender Reparaturkosten ist in der Rechtsprechung eine Tendenz zur Anpassung bei der Bewertung der Bagatellschadengrenze festzustellen.

9 Die Bagatellschadengrenze kann derzeit in einer Spanne zwischen 700 € – 1.000 € verortet werden. Der BGH hat in 2004 die Kosten eines Gutachtens bei einem Schaden in Höhe von 727,37 € als erstattungsfähig bewertet.[6] Die nachfolgende Darstellung veranschaulicht die unterschiedlichen gerichtlichen Bewertungen der Bagatellschadengrenze.

10 **600 €**

*AG Gelsenkirchen* SP 2000, 143; *AG Hannover* SP 2004, 281;

*AG Königs Wusterhausen* SP 2016, 20

11 **bis zu 700 €/700 €**[7]

*AG Augsburg* SP 2016, 420; *AG Bad Homburg* NZV 2007, 426; *AG Dresden* SP 2011, 158;

*AG Essen* SP 2015, 205; *AG Hamburg-Barmbek* BeckRS 2013, 00856;

*AG Hannover* SP 2012, 121; *AG Kiel* NZV 2012, 190; *AG Prüm* SP 2001, 178;
*LG Coburg* BeckRS 2011, 03405; *LG Düsseldorf* SP 2009, 25

12 **700 € – 800 €**

*AG Hamburg* 33a C 336/15 juris; *AG Hamm* DV 2012, 168; *AG Nürnberg* zfs 2014, 3;
*LG Stuttgart* NZV 2009, 289;

*OLG München* BeckRS 2015, 15458; *OLG München* BeckRS 2016, 04574;

*AG Nürnberg* BeckRS 2019, 14669

13 **1.000 €**

*AG Gummersbach*, 11 C 175/22 (NRWE; Rechtsprechungsdatenbank NRW)

*LG Münster*, 12 O 15/19 (NRWE; Rechtsprechungsdatenbank NRW)(

Beide Entscheidungen enthalten allerdings den – zutreffenden – Hinweis, dass die Umstände des Einzelfalls ein Abweichen von diesem Richtwert rechtfertigen.[8]

14 In Teilen der Rechtsprechung wird die Bagatellschadengrenze erheblich höher angesetzt, und zwar bis zu 1.500 €[9]

Diese hohen Schadengrenzen werden damit begründet, dass auch ein Laie zwischen substantiellen Schäden am Kfz und reinen Blechschäden unterscheiden,[10] ebenso die Fahrfähigkeit und Verkehrs-

6 *BGH* DAR 2005, 148.
7 So auch: *Birkeneder* VRR 2012, 164.
8 So auch: *Oetker*, Münchener Kommentar zum BGB, zu § 249 Rn. 399.
9 *AG München* SVR 2014, 429; *AG Siegen* SP 1999, 67; *AG Sömmerda* NZV 2002, 512.
10 *AG München* SP 2000, 247.

sicherheit beurteilen könne.[11] Auch wird mit der Preisentwicklung seit 2004 (also dem Beurteilungszeitpunkt der BGH-Entscheidung aus 2004) argumentiert.[12]

Diese Argumentation kann aber aus tatsächlichen Gesichtspunkten in Ansehung der Komplexität des modernen Fahrzeugbaus und mit Blick auf die grundsätzlichen Überlegungen des BGH nicht durchgreifen (Ausnahme wohl: offensichtlich nur oberflächliche Schäden, z.B. an der Lackierung). Zutreffend führt der BGH nämlich aus, dass zum Zeitpunkt des Gutachtenauftrages nicht bekannt ist, ob der später ermittelte Schaden einen bestimmten Betrag überschreitet.[13] 15

Allein an der Schadenhöhe orientierte und starre Grenzwerte sind bei der Bewertung der Bagatellschadenhöhe letztlich unbrauchbar.[14] Es muss vielmehr auf den konkreten Schadensfall abgestellt werden, insbesondere auf das »äußere Erscheinungsbild«.[15] 16

Diese Wertung lässt auch der *BGH* erkennen, verweist aber darauf, dass »der später ermittelte Schadensumfang im Rahmen der tatrichterlichen Würdigung nach § 287 ZPO oft ein Gesichtspunkt für die Beurteilung sein kann, ob eine Begutachtung tatsächlich erforderlich war oder nicht«.[16] 17

Eine Mindermeinung hält die Einholung eines Gutachtens für nicht erforderlich, wenn der Geschädigte von vornherein eine Reparatur in einer Fachwerkstatt beabsichtigt.[17] 18

Diese Auffassung lässt allerdings die wichtige Beweissicherungsfunktion des Gutachtens völlig außer Betracht.

Sofern der Fahrzeugschaden direkt feststellbar unter der Bagatellgrenze liegt, es also auch für den Laien ausgeschlossen werden kann, dass er sachverständiger Beratung bedarf,[18] ist die Vorlage eines Kostenvoranschlages samt Lichtbildern ausreichend. Die Ersatzpflicht entstehender Kosten des Voranschlages selbst ist strittig. Diese ist aber grundsätzlich zu bejahen, wenn dem Voranschlag eine tatsächlich getroffene Vergütungsvereinbarung zugrunde liegt (§ 632 Abs. 3 BGB). Der Kostenvoranschlag dient schließlich der Schadenermittlung, die Kosten müssen deshalb vom Schädiger ersetzt werden.[19] 19

## II. Erkennbarkeit des Bagatellschadens

Der geschädigte Laie ist i.d.R. nicht in der Lage, das Ausmaß des Schadens einzuschätzen. Ebenso wenig ist ihm die Rechtsprechung zur Bagatellschadengrenze bekannt.[20] 20

Bevor anwaltliche Beratung erfolgen kann, ist deshalb oft auch bei geringen Schäden ein kostenauslösendes Gutachten bereits beauftragt. 21

Die Schädigerseite ersetzt dann die Gutachtenkosten nicht, die Zahlungsverweigerung wird mit der Bagatellschadengrenze begründet. 22

Der BGH stellt darauf ab, ob ein verständiger und wirtschaftlich denkender Mensch »nach *seinen Erkenntnissen und Möglichkeiten die Einschaltung eines Sachverständigen für geboten erachten durfte«* 23

---

11 *AG Siegen* SP 1999, 67.

12 *AG Bautzen* BeckRS 2019, 34813.

13 *BGH* DAR 2005, 148.

14 *LG Nünberg-Fürth* NZV 2009, 244; *AG Hattingen* BeckRS 2017, 117384, *Sanden/Völtz* Rn. 229/230, *Meinel* VersR 2005, 201.

15 *LG Nünberg-Fürth* NZV 2009, 244; *AG Kiel* NJW RR 2012, 232, *AG Bochum* SP 2010; 232.

16 *BGH* DAR 2005, 148.

17 *AG Oberhausen* SP 2004, 231; so wohl auch Himmelreich/Halm/*Müller* Handbuch Fachanwalt Verkehrsrecht, Kap. 6, Rn. 141.

18 *BGH DAR* 2005, 148; *Geigel* Kap. 3 Rn. 119.

19 *AG Neuss* SP 2007, 437; *LG Hildesheim* DAR 2009, 654; *Notthoff* VersR 1995, 1399; s.a. Kap. 16 Rdn. 60 ff. (Sonstige Nebenkosten).

20 Himmelreich/Halm/*Müller* Handbuch Fachanwalt Verkehrsrecht, Kap. 6 Rn. 146.

(sog. subjektbezogene Schadenbetrachtung).[21] Dabei ist – s.o. – auf eine *»ex-ante«* Bewertung abzustellen, da der Geschädigte bei der Beauftragung des Gutachtens ja noch keine Kenntnis von der – erst später ermittelten – Schadenhöhe hatte.[22]

24 Liegt auch für den Laien vom Schadenbild her erkennbar nur ein geringer Schaden vor (kleiner Kratzer, kleine Delle, Unfall mit geringster Kollisionsgeschwindigkeit), muss dem Geschädigten bewusst sein, dass ein Gutachten nicht erforderlich ist.[23]

25 An die Erkennbarkeit sind keine strengen Maßstäbe zu stellen.[24] Allerdings kann von jedem fachlich qualifizierten Sachverständigen die Kenntnis der Bagatellschadenproblematik erwartet werden.

26 Als Konsequenz der sog. subjektbezogenen Schadensbetrachtung ist dem Geschädigten eigenes Fachwissen bei der Beurteilung von Fahrzeugschäden (im Sinne der Bagatellschadengrenze) zuzurechnen.

27 Verweist der gegnerische Versicherer in Kenntnis des Schadenbildes darauf, dass kein Gutachten benötigt wird und ein Kostenvoranschlag zur Abrechnung ausreicht, ist im Bagatellschadenbereich natürlich von einem gleichwohl beabsichtigten Gutachten abzuraten.[25] Wenn der gegnerische Versicherer nicht ausdrücklich darauf hinweist, dass ein Gutachten nicht benötigt wird und den Geschädigten auffordert, Beweismittel wie Fotos oder einen Kostenvoranschlag beizubringen, darf dieser die Kosten für die Erstellung eines Gutachtens für erforderlich halten. Der Laie unterscheidet nämlich i.d.R. nicht zwischen der Fertigung eines Gutachtens und der Einholung eines Kostenvoranschlages.[26]

28 Einer generellen Aufforderung des gegnerischen Versicherers, die Schadenabrechnung lediglich auf Basis eines Kostenvoranschlages vorzunehmen, ist entgegenzuhalten, dass zumeist kein Fall des Bagatellschadens vorliegt.[27] Bei schwierigen Beschädigungen (mögliche versteckte Schäden) ist es dem Geschädigten nicht zuzumuten, zunächst einen Kostenvoranschlag zu veranlassen und erst im Falle der späteren Entdeckung weiterer Schäden bei Reparaturdurchführung ein Gutachten zu beauftragen.[28]

29 Im Falle der fiktiven Schadenabrechnung auf Basis eines bloßen Kostenvoranschlages würden im Übrigen versteckte Schäden zu Lasten des Geschädigten unentdeckt bleiben. Der Geschädigte würde unbewusst auf eine vollständige Entschädigung verzichten.

30 Bei älteren Fahrzeugen niedrigerer Fahrzeugklassen kann bereits eine Beschädigung im Bereich der Bagatellschadengrenze zu einem Totalschaden führen.

Neben der – zumindest überschlägigen – Bemessung der Reparaturkosten ist dann auch eine Bewertung des Wiederbeschaffungs- und des Restwertes erforderlich.

31 Die Ermittlung dieser Werte erfolgt ausschließlich durch einen Sachverständigen. Der Geschädigte kann nur mit einem Gutachten der ihm hinsichtlich der Schadenhöhe obliegenden Nachweis- und Beweislast Genüge tun. Die Sachverständigenkosten sind dementsprechend zu erstatten[29] (siehe auch Rdn. 43).

21 *BGH* NJW 1970, 1454.
22 *BGH* DAR 2005, 148; Burmann/Heß/*K. Schneider* 5 c, Rn. 70.
23 *AG Aachen* BeckRS 2010, 01693; *AG Berlin-Mitte* SP 2007, 370; *AG Essen* SP 2004, 64; *AG Herne.* 5 C 100/10 juris; *Meinel* VersR 2005, 201; *Möckel* NJW Spezial 2015, 457, *AG Nürnberg* BeckRS 2019, 14669.
24 *BGH* DAR 2005, 148; *OLG München* BeckRS 2015, 15458; *LG Saarbrücken* NZV 2014, 91.
25 So auch: Himmelreich/Halm/*Müller* Handbuch Fachanwalt Verkehrsrecht, Kap. 6 Rn. 147.
26 *AG Berlin-Mitte* SP 2008, 156.
27 Siehe Rdn. 9–15.
28 So wohl auch: *Geigel* Kap. 3 Rn. 119.
29 *LG Darmstadt* NZV 2015, 41; Buschbell/Höke MAH § 24, Rn. 110) a.A. *AG Trier* SP 2011, 264: Der WBW lasse sich auch kostenlos im Internet ermitteln.

### 1. Praxistipp für die Schadenabwicklung

Ist das Mandat bereits vor Erstellung eines Kostenvoranschlages oder eines Gutachtens erteilt, kann zunächst die Werkstatt zu einer mündlichen Schadensschätzung gebeten werden. 32

Je nach Ergebnis sollte die Frage eines Bagatellschadens oder eines Totalschadens und damit die Frage nach der Beauftragung eines Sachverständigen geklärt sein. Befindet sich das Kfz nicht in einer Werkstatt, kann ein Sachverständiger dahingehend beauftragt werden, bei Vorliegen eines Bagatellschadens eine sog. Kleinschadenfeststellung (im Sinne eines kostenpflichtigen Kostenvoranschlages) zu fertigen. 33

Durch sog. Schadensteuerung versuchen Versicherer den Geschädigten eine Begutachtung durch einen eigenen/eigenbeauftragten Gutachter anzudienen.[30] 34

Das maßgebliche Interesse des Versicherers liegt hier in der möglichen Ermittlung eines – wirtschaftlichen – Totalschadens bzw. der Ermittlung eines überregionalen Restwertes. Diese Vorgehensweise birgt das Risiko, dass der Geschädigte die ihm zustehende Herrschaft über das Restitutionsverfahren verliert. 35

Hat der Schädiger bereits einen eigenen Gutachter beauftragt, ist der Geschädigte gleichwohl berechtigt, einen qualifizierten Gutachter seiner Wahl mit der Erstellung des Schadengutachtens zu beauftragen.[31] 36

Der Geschädigte verstößt auch nicht gegen die ihm obliegende Schadenminderungspflicht, wenn er trotz einer Vorgabe des Schädigers (ein vom Schädiger benanntes Büro erstelle ein Gutachten zum Festpreis von 280 €) einen selbst gewählten Gutachter beauftragt und hierbei höhere Gutachtenkosten entstehen.[32]

### 2. Fälle der Mithaftung des Geschädigten

Nach ganz herrschender Rechtsprechung unterliegt der Erstattungsanspruch der Sachverständigenkosten im Fall des KH-Schadens der Mithaftungsquote.[33] 37

Im Fall einer offensichtlichen Mithaftung kommt in Betracht, den gegnerischen Versicherer – auch mit der Begründung der Schadenminderung – zu einer Begutachtung zu dessen Kosten aufzufordern. Dies gilt insbesondere bei einem möglichen Eintritt eines Totalschadens. 38

Bei einer ohnehin beabsichtigten, von der Schadenhöhe zulässigen Reparatur kann in einem solchen Fall auch zunächst auf einen Kostenvoranschlag einer Werkstatt samt Lichtbildern abgestellt werden. Auf eine mögliche spätere Geltendmachung versteckter Schäden sowie einer Wertminderung sollte vorab hingewiesen werden. 39

Veranlasst der Versicherer die Begutachtung, scheidet eine – grundsätzlich nach §§ 670, 675 BGB mögliche – quotale Rückforderung von Kosten aus, sofern kein vorheriger ausdrücklicher Hinweis hierauf erteilt wurde. Ohne Hinweis ist das Verhalten des Versicherers nach §§ 133, 157 BGB so auszulegen, dass keine Rückforderung erfolgen wird.[34] 40

30 *Wortmann* VersR 1998, 1204; *Kuhn* NZV 1999, 229.

31 *AG Papenburg*, Urteil vom 03.06.20 – 3 C 28/20 –, juris m.w.N.

32 *AG Rosenheim* 14.05.2018 – 13 C 1969/17 (IWW Abruf = Nr. 201818).

33 *BGH DAR* 2012, 139; *OLG Düsseldorf* NJW Spezial 2011, 297; *OLG Dresden* BeckRS 2011, 16655; *OLG Hamm* DAR 2012, 20; Sanden/*Völtz* Rn. 328; *Birkeneder* VRR 2012, 164; a.A.: *OLG Frankfurt/Main* SP 2011, 255; *OLG Rostock* DAR 2011, 263; *AG Siegburg* NJW 2010, 2289; *Poppe* DAR 2005, 669; *Stöber* DAR 2011, 625.

34 Himmelreich/Halm/*Müller* Handbuch Fachanwalt Verkehrsrecht Kap. 6 Rn. 164.

### III. Wertminderung

41 In Teilen der Rechtsprechung wird vertreten, dass bei Eintritt eines Bagatellschadens allein zur Bemessung einer Wertminderung kein Gutachten beauftragt werden darf.[35]

42 Da es sich bei der Wertminderung um eine erstattungsfähige Schadenposition handelt, muss dem Geschädigten jedoch eine fachliche Prüfmöglichkeit zugestanden werden.[36] Ohne Gutachten würde bei fiktiver Schadenabrechnung eine Wertminderung nicht festgestellt und auch nicht substantiiert geltend gemacht werden können.

43 Der Geschädigte sollte jedoch in Betracht ziehen, den Auftrag an den Sachverständigen ausschließlich auf die Ermittlung der Wertminderung zu beschränken.

44 Da es zur Ermittlung der Wertminderung eine Vielzahl von Berechnungsmethoden gibt, sollte die Berechnung auch nicht allein dem Schädiger (z.B. auf Basis eines Kostenvoranschlages oder einer Rechnung)[37] überlassen werden.

45 Ist der Geschädigte nämlich nicht Mitglied eines Automobilclubs, der ihm die Möglichkeit einer unabhängigen Beratung zur Wertminderung eröffnet, könnte er eine Berechnung des Versicherers nicht unabhängig überprüfen lassen.

## B. Unbrauchbares Gutachten

46 Die Gutachtenkosten sind dem Geschädigten grundsätzlich auch dann zu erstatten, wenn sich das Gutachten als inhaltlich falsch herausstellt und die Unbrauchbarkeit nicht auf den Geschädigten zurückzuführen ist.[38]

47 Die Gegenauffassung vertritt, dass dem Geschädigten – auch wenn er die Unbrauchbarkeit des Gutachtens nicht zu vertreten hat – gleichwohl kein Erstattungsanspruch zustehen soll.[39]

48 Dem unverschuldet Verunfallten kann aber das Risiko der Durchsetzung eines eigenen Regressanspruchs gegen den Gutachter – über §§ 631 ff. BGB – nicht aufgebürdet werden.[40]

49 Nach herrschender Rechtsprechung sind folglich auch die Kosten eines fehlerhaften Gutachtens grundsätzlich vom Schädiger zu ersetzen.[41]

50 Dies gilt auch dann, wenn das Gutachten nicht zur Feststellung der richtigen Schadenhöhe herangezogen werden kann.[42]

51 Auch im Fall der Abtretung des Anspruchs auf Erstattung von Sachverständigenkosten an den Gutachter ist die Erstattungspflicht grundsätzlich zu bejahen.[43]

---

35 *AG Gießen* SP 2006, 115; *AG Karlsruhe* r+s 1980, 129.

36 *AG Bielefeld* VersR 1972, 163.

37 So aber: Himmelreich/Halm/*Müller* Handbuch Fachanwalt Verkehrsrecht Kap. 6 Rn. 150.

38 *OLG Düsseldorf* 1 U 64/17, juris; *OLG Köln* BeckRS 2012, 16737; *OLG Düsseldorf* DAR 2006, 324; *OLG Hamm* NZV 2001, 433; *OLG München* NZV 2006, 261; *OLG Saarbrücken* MDR 2003, 685; *LG Frankfurt* DAR 2016, 30; *Berz/Burmann/Schneider* 5 c, Rn. 30; Geigel §§ 249, 250, Rn. 250; *Vuia* NJW 2013, 1197; Kääb/Jandel NZV 1992, 16.

39 *AG Velbert* SP 2001, 248; *LG Köln* VersR 1973, 727; *Trost* VersR 1997, 537; *Engelke* NZV 2012, 365.

40 *OLG Hamm* r+s 1999, 279; Himmelreich/Halm/*Müller* Handbuch Fachanwalt Verkehrsrecht Kap. 6 Rn. 166.

41 *OLG Düsseldorf* DAR 2006, 324; *OLG Hamm* NZV 2001, 433; *OLG München* NZV 2006, 261; *OLG Saarbrücken* MDR 2003, 685; *LG Frankfurt* DAR 2016, 30.

42 *OLG Düsseldorf* SP 2008, 259; *OLG Düsseldorf* DAR 2006, 324; *OLG München* NZV 2006, 261; *LG Stuttgart* SP 2008, 198.

43 *LG Nürnberg-Fürth* DAR 2004, 155; Halm/*Fitz* SVR 2005, 254.

Der Sachverständige ist nämlich Erfüllungsgehilfe des Schädigers, nicht des Geschädigten.[44] 52

Auch eine teilweise Kürzung der Sachverständigenkosten kann nach den obigen Ausführungen nicht in Betracht kommen.[45] 53

Allerdings ist nach erfolgter Zahlung der Gutachtenkosten der Sachverständige ggf. dem Regress des Schädigers ausgesetzt.[46] 54

Ist noch keine Zahlung erfolgt, so besteht ein Anspruch des Geschädigten gegenüber dem Schädiger, ihn von Ansprüchen des Sachverständigen freizustellen (§ 257 BGB).[47] Dieser Freistellungsanspruch wandelt sich bei endgültiger und dauerhafter Zahlungsverweigerung des Schädigers grundsätzlich gemäß § 250 BGB in einen Zahlungsanspruch.[48] Allerdings ist die aktuelle Entscheidung des *BGH* zum »Sachverständigenrisiko« zu beachten. Ist noch keine oder nur eine teilweise Zahlung auf die Sachverständigen erfolgt, sollte der Geschädigte im Prozess die Zahlung an den Sachverständigen beantragen[49] (unten Rdn. 119 ff.). 55

## I. Verschulden des Geschädigten am fehlerhaften Gutachten

Die Gutachtenkosten sind nicht zu erstatten, wenn dem Geschädigten ein (Mit-)Verschulden an der Erstellung des fehlerhaften Gutachtens anzulasten ist.[50] Die Darlegungs- und Beweislast liegt gemäß der allgemeinen Regeln beim Schädiger.[51] 56

### 1. Verschulden bei der Auswahl des Sachverständigen

Wählt der Geschädigte schuldhaft einen ungeeigneten Sachverständigen, hat er keinen Anspruch auf Erstattung der Gutachtenkosten.[52] 57

Für den Fall, dass der Sachverständige für den Geschädigten erkennbar überhöhte Preise verlangt, kann der Geschädigte nur Ersatz der tatsächlich erforderlichen Kosten verlangen.[53] 58

Wann ein solches Auswahlverschulden vorliegen soll, wird unterschiedlich definiert. 59

#### *a) Bezeichnung »Sachverständiger«*

Die Bezeichnung des »Sachverst*ändigen«* als Berufsbild ist gesetzlich nicht geschützt. 60

Das KfSachvG regelt ausschließlich die Tätigkeit des zur Fahrzeugüberwachung bestellten Sachverständigen. 61

Allein anhand der Berufsbezeichnung ist dem Geschädigten also eine Qualifikationsbewertung nicht möglich. 62

44 *KG* SP 2004, 244; *OLG Naumburg* NZV 2006, 546; *AG Köln* zfs 1980, 296; 1986, 360; a.A.: Kääb/*Jandel* NZV 1992, 16.
45 A.A.: *AG Duisburg* SP 2005, 27.
46 *OLG Hamm* r+s 1996, 183; *LG Stuttgart* zfs 1992, 51; *Trost* VersR 1997, 537.
47 *OLG Rostock* OLG Report 2009, 137; *OLG Hamm* NZV 1999, 377; *LG Saarbrücken* NZV 2014, 91; *LG Saarbrücken* zfs 2013, 682; *AG Gütersloh* SP 2004, 352; *AG Lebach* SP 2006, 24.
48 *BGH* NJW RR 2011, 910; *BGH* NJW 1992, 2221; *LG Saarbrücken* NZV 2014, 91; *LG Berlin* SP 2006, 76.
49 *BGH* DAR 2024, 325 ff.
50 *BGH* NJW 1993, 1849; *OLG Koblenz* VersR 2016, 671; Halm/*Fitz* DAR 2016, 437; *Vuia* NJW 2013, 1197; a.A.: *Walter* SVR 2006, 168.
51 *BGH* NJW 1993, 1849.
52 *OLG Hamm* r+s 1996, 183; *OLG München* NJW 2010, 1462; *KG* SP 2005, 209; *AG Dortmund* DAR 2006, 283; *AG Lebach* SP 2006, 24.
53 *BGH* DAR 2024, 325 ff.

63 Auch wenn die meisten Sachverständigen über eine fundierte fachliche Ausbildung (Kfz-Meister, Ingenieurstudiengang) verfügen, gibt es aber auch solche, die nicht über eine Ausbildung aus dem Bereich des Kfz-Handwerkes verfügen.

64 Die Beauftragung eines öffentlich bestellten und vereidigten Sachverständigen enthebt den Geschädigten sicherlich dem Vorwurf eines Auswahlverschuldens.[54] Der *BGH* stellt allerdings allgemeiner gehalten darauf ab, dass der Geschädigte grundsätzlich berechtigt ist, einen »qualifizierten« Gutachter seiner Wahl zu beauftragen.[55]

*b) Empfehlung durch die Werkstatt*

65 Zweifel im Sinne eines Auswahlverschuldens müssen sich dem Geschädigten nicht bereits bei einer Empfehlung oder einer Beauftragung des Sachverständigen durch die Werkstatt aufdrängen.[56] Ist der Inhaber der Werkstatt – für den Geschädigten erkennbar – allerdings selbst auch Sachverständiger, ist ein Auswahlverschulden i.d.R. zu bejahen.[57]

66 Hinsichtlich des Maßes an Misstrauen, aus dem sich ein Auswahlverschulden ergeben kann, werden teilweise Zweifel gefordert, »die *sich geradezu aufdrängen*«.[58]

67 Richtigerweise dürfte ein Auswahlverschulden dann vorliegen, wenn die Ungeeignetheit des Sachverständigen für den Geschädigten – der ja Laie ist – offensichtlich ist.[59]

68 Einem geschädigten Laien dürfte ein Auswahlverschulden folglich nur selten anzulasten/nachzuweisen sein.

*c) Öffentlich bestellter und vereidigter Sachverständiger*

69 Zu streng und abzulehnen ist die Auffassung, dass stets ein Auswahlverschulden vorliegt, wenn kein öffentlich bestellter und vereidigter Gutachter beauftragt wird.[60]

70 Hierzu ist wiederum auf den *BGH* zu verweisen: Der Geschädigte ist berechtigt, einen »qualifizierten Gutachter *seiner Wahl*« zu beauftragen. Eine weitere Konkretisierung nimmt der BGH nicht vor.[61]

### 2. Nichtangabe von Informationen durch den Geschädigten

71 Wird das Gutachten auf einer vom Geschädigten (mit-)verantworteten unvollständigen Tatsachenbasis erstellt, besteht kein Erstattungsanspruch.[62]

72 Der Geschädigte muss den Gutachter über alle Umstände informieren, die für die Erstellung des Gutachtens wesentlich sind.[63]

73 Dies gilt natürlich insbesondere für – auch reparierte – Vorschäden,[64] da diese sich sowohl auf den Wiederbeschaffungs- als auch den Restwert oder die Wertminderung auswirken können. Auch

54 *OLG München* NJW 2010, 1462; *AG Dortmund* DAR 2006, 283; *LG Düsseldorf* zfs 2000, 538.
55 *BGH DAR* 2007, 263; *BGH DAR* 2014, 81; *Bellardita* DAR 2015, 127.
56 *BGH* vom 16.01.2024 – VI ZR 51/23; *BGH* NJW 2000, 2108; *OLG Hamm* NZV 2001, 433.
57 *LG Freiburg* SP 2013, 377; *Bellardita* DAR 2015, 127.
58 *OLG Hamm* NZV 2001, 433.
59 *LG Köln* NZV 1998, 35; *Himmelreich/Halm/Müller* Handbuch Fachanwalt Verkehrsrecht Kap. 6 Rn. 198.
60 So aber: *LG Essen* zfs 1980, 331; zur Ablehnung: Kääb/*Jandel* NZV 1992, 16.
61 *BGH DAR* 2007, 263; *Wartmann* VersR 1998, 1204.
62 *OLG Düsseldorf* r+s 2013, 46; *OLG Koblenz* DS 2016, 60; *OLG Köln* DAR 2012, 368; *Bellardita* DAR 2015, 127.
63 *OLG Düsseldorf* r+s 2013, 46; *OLG Köln* DAR 2012, 638; *AG Mainz* SP 2005, 249; Burmann/Heß/*K. Schneider* 5 c Rn. 72.
64 *OLG Düsseldorf* r+s 2013, 43; *OLG Köln* DAR 2012, 638; *OLG München* NZV 2006, 261; *KG* DAR 2004, 352; *Halm/Fitz* SVR 2005, 254.

nach dem grundlegenden Beschluss des *BGH* vom 06.06.2023,[65] mit dem eindeutige Hinweise zur Handhabung von Vorschäden im Prozess gegeben wurden, bleibt die Thematik der Erfassung von Vorschäden und der daraus resultierenden Folgen für die Regulierung in der Praxis nach wie vor von Bedeutung.[66]

Gleichermaßen besteht die Pflicht, Alter und Laufleistung des Kfz korrekt anzugeben.[67] 74

Fahrzeugschäden werden in Fällen der fiktiven Schadensabrechnung häufig durch Schädigerversicherer an das Hinweis- und Informationssystem der deutschen Versicherungswirtschaft »informa HIS GmbH« zum Schutz vor missbräuchlicher Inanspruchnahme gemeldet. 75

Der Geschädigte soll den Gutachter auch über den Unfallhergang in Kenntnis setzen. Diesem ist dann – auch im Interesse eines korrekten/fehlerfreien Gutachtens – eine gewisse Plausibilitätsprüfung möglich.[68] 76

Die Beweislast für das Vorliegen eines Informationsverschuldens obliegt dem Schädiger.[69] Bei gravierenden Vorschäden, die auch ein Laie erkennen kann, kommt zu dessen Lasten die Anscheinsbeweiswirkung in Betracht.[70] 77

## II. Gefälligkeitsgutachten

Erstellt der Sachverständige ein Gefälligkeitsgutachten mit »gesch*önten* Werten«, verliert der Geschädigte den Erstattungsanspruch, wenn er an der überhöhten Bewertung mitgewirkt hat.[71] 78

Ohne eigene Mitwirkung behält er den Anspruch, es sei denn, die überhöhte Bewertung ist offensichtlich.[72] 79

## III. Rechtsfolgen

Ist ein Verschulden des Geschädigten nachgewiesen, entfällt der gesamte Anspruch auf Erstattung der Sachverständigenkosten,[73] selbst wenn das Gutachten nur teilweise unrichtig ist. 80

# C. Höhe der Kosten der Begutachtung selbst

Da es – s.o. Rdn. 60–62 – kein gesetzliches Berufsbild für Schadengutachter gibt, existiert auch keine gesetzliche Gebührenordnung. Die Höhe der Sachverständigenkosten wird dementsprechend immer wieder in Streit gestellt. 81

Die rechtliche Grundlage des Vergütungsanspruchs des Sachverständigen gegenüber dem Auftraggeber ist eine werkvertragliche.[74] Der zuvor bestehende Streit zur rechtlichen Einordnung ist seit der grundlegenden Entscheidung des 10. Senates des *BGH* beendet. 82

65 *BGH* DAR 2023, 557.
66 *Zur* DAR 2024, 442 ff.
67 *LG Passau* SP 2004, 351; *AG Ulm* VersR 2006, 1379; *Halm/Fitz* SVR 2007, 413.
68 So auch: *Himmelreich/Halm/Müller* Handbuch Fachanwalt Verkehrsrecht Kap. 6 Rn. 175.
69 *OLG Düsseldorf SP* 2008, 378; *AG Mainz* SP 2005, 249.
70 *AG Köln* SP 2008, 378; a.A.: *OLG Düsseldorf* SP 2008, 259.
71 *OLG München* NZV 2006, 261; *OLG Saarbrücken* zfs 2003, 308.
72 *LG Regensburg* NZV 2005, 49; *AG Bamberg* VersR 1979, 168.
73 *OLG Saarbrücken* zfs 2003, 308; *AG Dortmund* DAR 2006, 284; *AG Frankfurt*, SVR 2006, 427; *AG Ulm* VersR 2006, 1379.
74 *BGH DAR* 2006, 451; *Birkeneder* VRR 2012, 164.

## I. Ausdrückliche Vergütungsvereinbarung

83 In Ansehung der neueren BGH-Rechtsprechung erlangt die Frage einer – wirksam – abgeschlossenen Vergütungsvereinbarung zwischen Geschädigtem und Sachverständigen eine immer erheblichere Bedeutung.[75]

84 Sofern die AGB eines Sachverständigen lediglich pauschale Angaben zu allgemeinen Abrechnungsmaßstäben enthalten, lässt sich hieraus für den Laien keine Vergütung erkennen.[76]

85 Wird aber in der Auftragserteilung auf eine Honorartabelle Bezug genommen, ergeben sich daraus die konkreten Zahlen, sodass dem Geschädigten beim Abschluss der Honorarvereinbarung eine Beurteilung der Plausibilität der Gutachtenkosten ohne weiteres möglich ist.[77] Das Vorliegen einer wirksamen Honorarvereinbarung unter Bezugnahme auf den Honorarbereich der BVSK-Befragung 2015 wird bejaht, auch wenn dem Sachverständigen insoweit in dem von HB V vorgegebenen Rahmen ein Ermessen eingeräumt wird.[78]

## II. Taxe

86 Ohne eine wirksame Vergütungsvereinbarung eröffnet § 632 Abs. 2 Alt. 1 BGB zunächst einen Rückgriff auf eine »taxm*äßige*« Vergütung. Mangels einer verbindlichen Gebührenordnung für Schadensachverständige kann aber bei der Bewertung der Höhe der Gutachtenkosten auf eine solche Taxe nicht abgestellt werden.[79]

## III. Übliche Vergütung

87 Bei Fehlen einer Vergütungsvereinbarung sowie einer taxmäßigen Vergütung ist zu prüfen, ob bei der Begutachtung von Sachschäden auf eine übliche Vergütung nach § 632 Abs. 2 Alt. 2 BGB abgestellt werden kann.

88 Der *BGH* führt aus, dass sich bei Sachverständigenkosten eine Üblichkeit über eine im Markt verbreitete Berechnungsregel ergeben kann.[80]

89 Die *»übliche Vergütung«* ist hiernach nicht auf einen festen Satz oder Betrag beschränkt, bewegt sich vielmehr innerhalb einer bestimmten Bandbreite.[81]

90 Eine Abrechnung der Sachverständigenkosten nach Zeitaufwand kann grundsätzlich als übliche Vergütung in Betracht gezogen werden.[82]

91 Jedoch rechnet der wohl ganz überwiegende Teil der Sachverständigen die Gutachtenkosten pauschaliert nach der Höhe des Sachschadens ab.[83]

92 Gegen diese Berechnungsmethodik hat der *BGH* keine Bedenken angemeldet.[84]

---

75 *BGH* NJW 2020, 1001; *BGH* NJW 2019, 430; *Schäfer* NJW 2020, 1003; *Sieger* DAR 2017, 181; *Wittschier* NJW 2016, 3365.

76 *BGH VersR* 2007, 218; *LG Wiesbaden* SP 2003, 108; *LG Bayreuth* SP 2003, 2014; a.A.: *LG Berlin* SP 2006, 76; *AG Unna* SP 2004, 64; *AG Wiesbaden* SP 2004, 314.

77 *LG Coburg* vom 08.04.2022 – 33 S 17/22, BeckRS 2022, 45475.

78 *LG Freiburg* 24.11.2016 – 3 S 145/16, juris.

79 *BGH DAR* 2006, 451.

80 *BGH DAR* 2006, 451; *BGH DAR* 2017, 316.

81 *BGH DAR* 2006, 451; *BGH DAR* 2017, 316; *Göbel* NZV 2006, 512.

82 Die *DEKRA* rechnet nach sog. Abrechnungsmodulen, somit nach Zeitaufwand ab; *Buschbell* MAH § 24 Rn. 113.

83 *LG Halle* zfs 2006, 91; Kääb/*Jandel* NZV 1998, 268; *Roß* NZV 2001, 321; Halm/*Fitz* DAR 2008, 507.

84 *BGH VersR* 2006, 1131; *BGH DAR* 2007, 263.

Bei der nach Schadenhöhe pauschalierten Abrechnung der Sachverständigenkosten finden allerdings in der Praxis keine einheitlichen Berechnungsmethoden auf Basis bestimmter verbindlicher Tabellen statt.[85] 93

Gebührenordnungen von Verbänden sind ebenso wenig als *»üblich«* anzusehen, wie Tabellenmodelle von Versicherern.[86] 94

Die Anwendung von unterschiedlichen Tabellenmodellen bringt mit sich, dass bei gleicher Schadenhöhe je nach angewendeter Tabelle deutliche Kostenunterschiede bestehen.[87] 95

Im Rechtsverhältnis zwischen Geschädigtem (Auftraggeber) und Gutachter trägt Letzterer die Beweislast für die Üblichkeit der Vergütung.[88] 96

## IV. Billiges Ermessen

Der *BGH* erteilt den Erwägungen der Instanzgerichte, mangels erkennbarer üblicher Vergütung die Bemessung der Gutachtenkosten nach §§ 315, 316 BGB – also nach »billigem *Ermessen*« – vorzunehmen, eine Absage.[89] 97

Kann tatsächlich auf eine *»übliche Vergütung«* i.S.d. § 632 Abs. 2 BGB nicht abgestellt werden, sind nämlich die Regeln der ergänzenden Vertragsauslegung vorrangig vor einer Anwendung der §§ 315, 316 BGB heranzuziehen.[90] 98

Ist dann überhaupt noch auf das billige Ermessen zurückzugreifen, muss beachtet werden, dass der Sachverständige einen eigenen Ermessensspielraum hat.[91] Das Gericht ist erst dann zu einer eigenen Vergütungsfestsetzung berufen, wenn der Gutachter die Billigkeitsgrenzen überschreitet.[92] 99

Der *BGH* hat mehrfach betont, dass der Sachverständige, der für Routinegutachten sein Honorar orientiert an der Schadenshöhe angemessen pauschaliert, die Grenzen des ihm vom Gesetz eingeräumten Gestaltungsspielraums nicht überschreitet.[93] Billigkeitserwägungen werden dementsprechend kaum in Betracht zu ziehen sein. 100

## V. Angewendete Abrechnungsverfahren

Bei der überwiegend angewendeten Abrechnung der Sachverständigenkosten, welche sich an der Höhe des Fahrzeugschadens orientiert, liegt die Höhe der Sachverständigenkosten in einem Spektrum von 10 % – 25 % des Fahrzeugschadens. 101

Bei Vorliegen eines Totalschadens wird auf den Wiederbeschaffungswert ohne Berücksichtigung des Restwertes abgestellt.[94] 102

# D. Nebenkosten des Gutachtens

Neben dem Grundhonorar werden üblicherweise zusätzlich Nebenkosten berechnet. 103

85 *AG Marl* SP 1999, 177; *Meinel* VersR 2005, 201.
86 *LG Duisburg* zfs 1990, 9; *AG Köln* zfs 1990, 346; *Buschbell* MAH § 24 Rn. 114; *Göbel* NZV 2006, 512.
87 *AG Gronau* SP 2008, 270; *AG München* SP 1999, 287; *Diehl* zfs 2016, 565; *Roß* NZV 2001, 321.
88 *BGH VersR* 2007, 218; *Göbel* NZV 2006, 512.
89 *BGH VersR* 2007, 218.
90 *BGH DAR* 2006, 451.
91 *AG Holzminden* SP 2000, 32.
92 *BGH DAR* 2006, 451; Himmelreich/Halm/*Müller* Handbuch Fachanwalt Verkehrsrecht Kap. 6 Rn. 209.
93 *BGH VersR* 2006, 1131; *BGH DAR* 2007, 263.
94 *Roß* NZV 2001, 321.

104 Es handelt sich vornehmlich um die Fahrtkosten zur Fahrzeugbesichtigung, Foto-, Porto-, Telefonkosten sowie Schreibgebühren.[95] Teilweise werden auch Kosten für die Restwertermittlung oder der EDV-Kalkulation zusätzlich berechnet.

105 Liegt keine wirksame Vergütungsvereinbarung vor, gilt für die Bemessung der Nebenkosten exakt die Prüfreihenfolge, wie beim Grundhonorar (Rdn. 83 ff.).

106 Als Orientierungspunkt haben Teile der Rechtsprechung auf die vom BVSK ab 2015 veröffentlichten Sätze abgestellt,[96] ebenso auf das JVEG.[97]

107 Zu beachten ist, dass im Vergleich zu zurückliegenden BVSK-Honorarbefragungen im Befragungsergebnis 2015 erstmals konkrete Nebenkostenwerte zu finden sind, die den Schreib- und Fotokosten des JVEG nahezu entsprechen.[98] Die Nebenkostenwerte (netto) in der BVSK-Tabelle 2022 sind – unverändert seit 2015 – wie folgt:

*Fahrtkosten 0,70 €/km; Fotokosten 2,00 €/Lichtbild und 0,50 €/Bild beim 2. Fotosatz;*

*Porto/Telefon 15,00 € pauschal: Schreibkosten 1,80 €/Seite und 0,50 €/Kopie*

108 Der *BGH* betont stets, dass den Instanzgerichten nach § 287 ZPO ein eigener Beurteilungsspielraum zusteht,[99] der sich auch am JVEG (wohlgemerkt: betreffend die Nebenkosten der Gutachtenrechnung) als Orientierungshilfe ausrichten kann.[100] Die in der BVSK Honorarbefragung 2011 aufgeführten Nebenkosten können allerdings keine Schätzgrundlage sein, da diese unklare Vorgaben hinsichtlich der Nebenkosten macht.[101]

109 Schadensersatzrechtlich sind auch überhöhte Nebenkosten zu erstatten, zumindest soweit die Überhöhung nicht erkennbar war.[102] Das hat der *BGH* grundsätzlich und bei Beachtung der in der Entscheidung vom 12.03.2024 genannten »Spielregeln« nochmals bestätigt.[103]

## E. Ausgestaltung der Kostennote

110 Die Ausgestaltung der Abrechnung des Gutachters muss sowohl hinsichtlich des Grundhonorars als auch der Nebenkosten nachprüfbar sein.[104]

111 Bei der Abrechnung nach Schadenhöhe muss das zugrundeliegende Berechnungsmodell dargelegt werden. Der Einblick in die zugrunde liegenden Honorartabellen muss so detailliert sein, dass sich die Berechnung substantiiert nachvollziehen lässt.[105]

112 Bei der Abrechnung nach Stundensatz muss erkennbar sein, welcher Stundensatz angewendet und wie viel Zeit zu diesem Satz berechnet wurde.[106]

95 Beispielhaft abgebildet i.d. *BVSK-Honorarbefragungen* (Abruf über www.bvsk.de).
96 *KG DAR* 2015, 524; *LG Coburg* SP 2015, 247; *LG Baden-Baden* SP 2013, 86; a.A.: *OLG Dresden* SP 2014, 201.
97 *LG Saarbrücken* 19.12.2014 BeckRS 2015, 02163; *LG Saarbrücken* 29.07.2013 BeckRS 2013, 15583.
98 *Heßeler* NJW 2016, 3097.
99 *BGH* DAR 2013, 378; *BGH* DAR 2013, 22.
100 *BGH* DAR 2016, 451.
101 *BGH* DAR 2018, 676.
102 *BGH* DAR 2016, 451; *BGH* DAR 2014, 195; *Diederichsen* DAR 2014, 301.
103 *BGH* DAR 2024, 345 ff.
104 *OLG Naumburg* NZV 2006, 546; *AG Castrop-Rauxel* SP 2006, 222; *AG Riesa* SP 2006, 185; *AG Gütersloh* SP 2004, 352.
105 *AG Riesa* SP 2006, 185; *AG Bad Schwalbach* SP 2003, 214; *AG Völklingen* SP 2000, 142.
106 *AG Mettmann* SP 2001, 66; *AG Bergisch-Gladbach* SP 2000, 286; *AG Brühl* SP 1999, 432.

## F. Überhöhte/Nicht nachprüfbare Rechnung

Die Ausführungen zu Rdn. 46–51 gelten auch für den Fall einer überhöhten bzw. nicht nachprüfbaren Rechnung. Der Geschädigte hat grundsätzlich einen Erstattungsanspruch gegenüber dem Schädiger. **113**

Der BGH spricht aber ein mögliches Überwachungsverschulden des Geschädigten an, beispielhaft wenn die Rechnung des Gutachters -für den Geschädigten erkennbar- von der Honorarvereinbarung abweicht oder wenn der Sachverständige für den Geschädigten erkennbar überhöhte Nebenkosten angesetzt hat. **114**

Der Geschädigte kann dann nur Ersatz der für die Erstattung des Gutachtens tatsächlich erforderlichen Kosten verlangen, deren Höhe der Tatrichter gemäß § 287 ZPO zu bemessen hat.[107] **115**

Ist die Zahlung der Rechnung noch nicht erfolgt, hat der Geschädigte zwar grundsätzlich einen Freistellungsanspruch.[108] **116**

Es muss aber unbedingt beachtet werden, dass der Geschädigte bei formaler Geltendmachung des »Freistellungsanspruchs« die Grundsätze des >> Sachverständigenrisikos << nicht für sich in Anspruch nehmen kann (Rdn. 119 ff., insbes. Rdn. 125).

## G. Der Erstattungsanspruch der Gutachtenkosten im Prozess

Der *BGH* hat stets herausgestellt, dass der Anspruch des Geschädigten auf Erstattung der Sachverständigenkosten nicht nach der vertraglichen Beziehung des Geschädigten zum Sachverständigen, sondern ausschließlich nach schadensersatzrechtlichen Gesichtspunkten beurteilt werden muss.[109] Entsprechend der subjektbezogenen Schadenbetrachtung ist der Geschädigte nicht verpflichtet, vor Beauftragung eines Sachverständigen eine Marktforschung im Sinne von Preisvergleichen anzustellen.[110] Es verbleibt aber das Risiko, dass er ohne nähere Erkundigung einen Sachverständigen beauftragt, der sich im Nachhinein als zu teuer erweist.[111] **117**

### I. Darlegungslast des Geschädigten

Entsprechend der allgemeinen Regeln obliegt es grundsätzlich dem Geschädigten, die Erforderlichkeit der Sachverständigenkosten § 249 Abs. 2 S. 1 BGB darzulegen. **118**

Der *BGH* stellt darauf ab, dass nicht lediglich der vom Sachverständigen in Rechnung gestellte Betrag, vielmehr der vom Geschädigten in Übereinstimmung mit der Rechnung und der ihr zugrunde liegenden Preisvereinbarung tatsächlich erbrachte Aufwand einen Anhalt zur Bestimmung des zur Herstellung erforderlichen Betrages im Sinne von § 249 Abs. 2 S. 1 BGB bildet.[112] Der Geschädigte genügt der ihn treffenden Darlegungslast somit regelmäßig durch die Vorlage der von ihm – unter Berücksichtigung der obigen Aspekte – beglichenen Rechnung des Sachverständigen. Ein einfaches Bestreiten des Schädigers hinsichtlich der Erforderlichkeit des ausgewiesenen Rechnungsbetrages zur Schadensbehebung reicht dann grundsätzlich nicht mehr aus, um die geltend gemachte Schadenhöhe in Frage zu stellen.[113]

107 *BGH* DAR 2024, 324 ff.

108 *OLG Rostock* OLG Report 2009, 134; *OLG Hamm* NZV 1999, 377; *LG Saarbrücken* NZV 2014, 91; *LG Saarbrücken* zfs 2013, 682; *AG Lebach* SP 2006, 24; *AG Gütersloh* SP 2004, 352.

109 *BGH* DAR 2016, 451; *BGH* DAR 2014, 578 jew. mit weit. Nachweisen; *Otting* VersR 1997, 1328.

110 *BGH* NZV 2007, 455; *BGH* DAR 2016, 451; *BGH* DAR 2014, 194.

111 *BGH* NZV 2007, 455; *BGH* DAR 2016, 451; *BGH* DAR 2014, 194.

112 *BGH* NJW 2020, 1001; *BGH* DAR 2020, 193; *BGH* DAR 2017, 316.

113 *BGH* NJW 2020, 1001; *BGH* DAR 2020, 193; *BGH* DAR 2017, 316.

## II. Sachverständigenrisiko

119 Mit dem Urteil vom 12.03.2024 hat der *BGH* klargestellt, dass die Grundsätze zum Werkstattrisiko, die der Senat in seinen Urteilen vom 16.01.2024 für möglicherweise überhöhte Kostenansätze einer Werkstatt für die Reparatur des beschädigten Fahrzeugs fortentwickelt hat, auch für möglicherweise überhöhte Kostenansätze eines Sachverständigen gelten, den der Geschädigte mit der Begutachtung seines Fahrzeuges zur Ermittlung des unfallbedingten Schadens beauftragt hat.[114]

120 Wesentlicher Ansatz der Anwendbarkeit der Grundsätze zum Werkstattrisiko auf das »Sachverständigenrisiko« ist, dass den Erkenntnis- und Einwirkungsmöglichkeiten des Geschädigten nicht nur im werkvertraglichen Verhältnis mit einer Reparaturwerkstatt, vielmehr auch im ebenfalls werkvertraglichen Verhältnis mit einem Kfz-Sachverständigen Grenzen gesetzt sind.[115]

121 Der Geschädigte kann die vom *BGH* definierten Grundsätze des »Sachverständigenrisikos« für sich in Anspruch nehmen,

- wenn er selbst die kompletten Sachverständigenkosten gezahlt hat und diese im Prozess geltend macht (das Werkstattrisiko = Sachverständigenrisiko gilt zugunsten des Geschädigten insoweit »erst recht«),

aber auch

- wenn der Geschädigte die Gutachterrechnung noch nicht beglichen hat, Zahlung im Prozess allerdings nicht an sich, sondern an den Gutachter verlangt.[116]

122 Wird die (restliche) Zahlung der Gutachtenkosten an den Sachverständigen verlangt, will der Geschädigte erkennbar das Sachverständigenrisiko nicht selbst tragen.

123 Auch in den oben genannten Konstellationen, in denen das Sachverständigenrisiko dem Geschädigten zugutekommt, ist natürlich nach wie vor die Unfallkausalität der Gutachtenkosten erforderlich. Es darf kein Auswahlverschulden, ebenso wenig ein Überwachungsverschulden des Geschädigten vorliegen[117] (s.a. Rdn. 65, Rdn. 114).

124 Obgleich sowohl der X. wie auch der III. Senat des *BGH* den Gutachtenvertrag als Vertrag mit Schutzwirkung zugunsten Dritter bewertet haben,[118] ist die Zahlung der Gutachtenkosten »Zug-um-Zug« gegen Abtretung etwaiger, das Sachverständigenrisiko betreffende Ansprüche des Geschädigten gegen den Gutachter zu beantragen.

Die Abtretung kann der Schädiger nach der Entscheidung des BGH zum Sachverständigenrisiko (welches an die Entscheidungen zum Werkstattrisiko anknüpft) im Rahmen des Vorteilsausgleichs verlangen.[119]

125 Verlangt der Geschädigte bei nicht vollständig bezahlter Rechnung allerdings Zahlung an sich oder geht der Gutachter selbst aus abgetretenem Recht gegen den Schädiger vor, greifen die Grundsätze des Sachverständigenrisikos zugunsten des Geschädigten/des Zessionars nicht.

Gleiches gilt, falls der Geschädigte seinen Anspruch auf Freistellung von den Gutachtenkosten geltend machen. Es wird dann nämlich die Berechtigung der Forderung, von der er freizustellen ist und damit die werkvertragliche Beziehung zwischen Geschädigtem und Gutachter zur Prüfung gestellt.

114 *BGH* DAR 2024, 325 ff.
115 *Oehler* DAR 2024, 421 ff. (433 f.).
116 *Oehler* DAR 2024, 421 ff. (433 f.).
117 *BGH* DAR 2016, 451 ff.; *BGH* DAR 2024, 325 ff.
118 *BGH* NJW 1995, 392; *BGH* NJW 2001, 514.
119 *Oehler* DAR 2024, 421 ff.

In diesen Fallkonstellationen verbleibt damit die Beweislast hinsichtlich der Erforderlichkeit der geltend gemachten Gutachtenkosten beim Anspruchsteller. Das ist das Resultat aus den Entscheidungen des BGH zum Sachverständigenrisiko/Werkstattrisiko.[120]

▶ **Fazit:**

126 Bei einer erforderlichen gerichtlichen Geltendmachung nicht gezahlter/gekürzter Gutachtenkosten ist zu empfehlen, dass der Geschädigte entweder die vollen Sachverständigenkosten aus eigenen Mitteln vorlegt oder Zahlung an den Sachverständigen beantragt. In beiden Konstellationen – Zug-um-Zug gegen Abtretung etwaiger Überzahlungsansprüche des Geschädigten gegen den Gutachter.

127 Fehlt es an einer Preisvereinbarung zwischen Geschädigtem und Sachverständigem, kann die oben (s. Rdn. 118) dargestellte Indizwirkung entfallen. Ohne Preisvereinbarung ist das Gericht dann zur Bewertung der *»üblichen Vergütung«* aufgerufen (s.o. Rdn. 87–96).

Wie bereits ausgeführt, hat der Abschluss einer rechtlich wirksamen Vergütungsvereinbarung zwischen Geschädigtem und Sachverständigem eine immer größere Relevanz. Dass eine – wirksame (Rdn. 83 ff.)[121] – Vereinbarung sowohl bezogen auf das Grundhonorar wie auch auf die Nebenkosten getroffen wird, ist folglich dringend geboten.[122]

128 Die Zahlung der Gutachtenkosten, die nicht durch den Geschädigten, vielmehr nach Abtretung aufgrund einer Factoring-Vereinbarung an den Gutachter erfolgt, ist nicht geeignet, einen Anhalt zur Bestimmung des zur Herstellung erforderlichen Betrages i.S.d. § 249 Abs. 2 S. 1 BGB zu geben.[123] Eine solche Zahlung hat keine Aussagekraft im Hinblick auf die besonderen Umstände bzw. die möglicherweise beschränkten Erkenntnismöglichkeiten des Geschädigten. Sie belastet den Geschädigten auch nicht unmittelbar selbst.[124]

129 Zahlt aber der vom Geschädigten beauftragte Rechtsanwalt auf eine vom Geschädigten mit dem Sachverständigen geschlossene Honorarvereinbarung, liegt in dieser Zahlung die Erfüllung der vom Geschädigten selbst eingegangenen Verpflichtung. Die durch den Rechtsanwalt des Geschädigten ausgeglichene Rechnung stellt also dann wiederum ein Indiz für die Erforderlichkeit i.S.d. § 249 Abs. 2 S. 1 BGB dar.[125] Ebenso sind natürlich die Grundsätze des Sachverständigenrisikos anwendbar.

130 Auch wenn der Geschädigte einen vollständigen Ausgleich der schädigerseits gekürzten Gutachtenkosten erst **nach** der Kürzung vornimmt, ändert dies nichts an den obigen Grundsätzen. Das ergibt sich eindeutig aus dem Sachverhalt, der dem Urteil des *BGH* vom 17.12.2019 zugrundelag (der Schädiger kürzt, hiernach wird die restliche Zahlung durch den Geschädigten/dessen Rechtsanwalt an den Gutachter geleistet).[126]

## III. Aufklärungspflicht des Sachverständigen

131 Ein Sachverständiger, dessen Honorar das ortsübliche Honorar um ca. 60 % überschreitet, hat gegenüber dem Geschädigten eine Aufklärungspflicht.[127] Der Geschädigte ist bei einer solchen Überschreitung dem Risiko der Regulierungsverweigerung des Schädigers ausgesetzt. Hierüber hat

120 *BGH* DAR 2024, 253 ff.; *BGH* DAR 2024, 210 ff.
121 Hierzu: *LG Wuppertal*, NZV 2019, 102; *Halm/Fritz* DAR 2020, 424.
122 *Wittschier* NJW 2016, 3365; *Sieger* DAR 2017, 181.
123 *BGH* DAR 2020, 193.; *BGH* DAR 2024, 325 ff.
124 *BGH* DAR 2020, 193; *Schepers*, SVR 2020, 288.
125 *BGH* NJW 2020, 1002 mit Anm. *Schäfer*.
126 *BGH* NJW 2020, 1002.
127 *BGH* 01.06.2017 BeckRS 2017, 114667.

der Sachverständige Kenntnis, sodass Treu und Glauben eine diesbezügliche Aufklärung durch den Sachverständigen gebieten.[128]

132 Der *BGH* betont, dass dem Geschädigten, der eine solche Gutachtenrechnung beglichen hat, ein Erstattungsanspruch aus dem Gesichtspunkt der subjektbezogenen Schadenbetrachtung zusteht (s.o. Rdn. 117/118). Diese Zahlung soll aber nicht den wegen der Verletzung der Aufklärungspflicht schadensersatzpflichtigen Gutachter entlasten, sodass dem Schädiger der Regress eröffnet ist.[129]

Der BGH stellt (s.o. Rdn. 124)auf eine Abtretung etwaiger Überzahlungsansprüche des Geschädigten gegenüber dem Sachverständigen an den Schädiger ab.[130]

## IV. Klage des Sachverständigen auf (restliche) Vergütung

133 Zur Aktivlegitimation des Sachverständigen bei eigener Klage auf Zahlung (restlicher) Sachverständigenvergütung gegen den Schädiger bedarf es zunächst einer wirksamen Abtretung von Ansprüchen des Geschädigten an den Gutachter.[131] Insbesondere muss die Abtretung hinreichend bestimmbar sein.[132] Zu weitgehend ist jedenfalls eine formularmäßig vereinbarte Abtretungsklausel, nach der der Geschädigte zur Sicherung des Sachverständigenhonorars auch Ansprüche auf Wertminderung, Nutzungsausfall pp. abtritt.[133]

134 Der Verwender einer Formularklausel über die Abtretung des Anspruchs des Geschädigten auf Erstattung des Sachverständigenhonorars muss einerseits die tatbestandlichen Voraussetzungen und Rechtsfolgen so genau beschreiben, dass für ihn keine ungerechtfertigten Beurteilungsspielräume entstehen. Der Vertragspartner soll andererseits ohne fremde Hilfe möglichst klar und einfach seine Rechte und Pflichten feststellen können, damit er die rechtliche Tragweite der Vertragsbedingungen bei Vertragsabschluss hinreichend erfassen kann und nicht von der Durchsetzung seiner Rechte abgehalten wird.[134]

135 Klagt der Sachverständige aus abgetretenem Recht, kann er sich als Zessionar nicht auf das Sachverständigenrisiko berufen[135]

136 Es fehlt dann auch an der Indizwirkung betreffend die Erforderlichkeit der Gutachtenkosten, die nur aus einer erfolgten Zahlung der Rechnung resultiert.[136] Auch eine Abtretung der Sachverständigenkosten, die erfüllungshalber vorgenommen wird, hat nicht die durch eine tatsächliche Zahlung bewirkte Indizwirkung.[137] Entfällt diese, sind die Sachverständigenkosten wieder auf ihre Üblichkeit zu überprüfen. Der *BGH* verweist hierzu mit Blick auf die Instanzgerichte stets auf § 287 ZPO und darauf, dass es nicht Aufgabe des Revisionsgerichtes sei, dem Tatrichter eine bestimmte Berechnungsmethode vorzugeben.[138]

128 *BGH* 01.06.2017 BeckRS 2017, 114667; *Kääb* FD-StrVR 2017, 393311.
129 *BGH* 01.06.2017 BeckRS 2017, 114667.
130 *BGH* a.a.O.; *BGH* DAR 2024, 325 ff., *Oehler* DAR 2024, 421 ff. (434).
131 *BGH* DAR 2018, 615; *BGH* NJW 2011, 2713; vgl. auch *BGH* DAR 2012, 327 (zur Abtretung bei der Geltendmachung von Mietwagenkosten).
132 *BGH* NJW 2011, 2713.
133 *BGH* DAR 2016, 646.
134 *Oehler* DAR 421 ff. (435 f.) unter Bezugnahme auf die Entscheidungen *BGH* 23.01.2024 – VI ZR 357/22 sowie VI ZR 230/22 und *BGH* 10.10.2023 – VI ZR 257/22.
135 *BGH* DAR 2024, 325 ff.
136 *BGH* DAR 2017, 316; *BGH* NJW 2016, 3092.
137 *BGH* DAR 2016, 696; *Wittschier*, NJW 2016, 3092.
138 *BGH* DAR 2016, 696 m.w. Nachw.

### V. Exkurs

Nimmt der vom Geschädigten beauftragte Sachverständige an einer vom Schädiger veranlassten Nachbesichtigung[139] oder Gegenüberstellung[140] der Unfallfahrzeuge teil, besteht ein Erstattungsanspruch der hierbei anfallenden Kosten (arg.: subjektbezogene Schadenbetrachtung sowie der Grundsatz der »Waffengleichheit«). 137

Bei fiktiver Schadenabrechnung sind die Kosten des Sachverständigen für eine Reparaturbescheinigung nicht erstattungsfähig. Es liegt eine unzulässige Kombination aus fiktiver und konkreter Schadenberechnung vor.[141] Der *BGH* lässt aber eine Erstattungsfähigkeit für den Fall als möglich anklingen, dass die Bestätigung *»aus Rechtsgründen«* zur Schadenabrechnung erforderlich ist (z.B. Nachweis des Integritätsinteresses).[142] 138

Belegt die Reparaturbestätigung im Übrigen keine fachgerechte Instandsetzung entsprechend des Schadengutachtens, besteht selbstverständlich kein Erstattungsanspruch.[143]

## H. Prozessuales

Die Sachverständigengebühren sind hinsichtlich der Höhe des Beschwerdegegenstandes der Berufung gemäß § 511 Abs. 2 Nr. 1 ZPO mit einzubeziehen. Es handelt sich nicht um eine bloße Nebenforderung, die nach § 4 Abs. 1 ZPO nicht zu berücksichtigen wäre.[144] 139

139 *AG Kaiserslautern*, zfs 2014, 559.
140 *LG Hamburg*, DAR 2016, 139.
141 *BGH* DAR 2017, 264.
142 *BGH DAR* 2017, 264; *Halm/Fritz* DAR 2017, 438.
143 *LG Stuttgart* SVR 2017, 111.
144 *BGH* DAR 2007, 430; *OLG Oldenburg* SVR 2007, 350; *Hansens* zfs 2007, 311.

# Kapitel 14 Rechtsanwaltskosten

## Übersicht



## Einleitung

1 In diesem Kapitel werden die nach dem Rechtsanwaltsvergütungsgesetz (RVG) für die Kfz-Schadenregulierung relevanten Vergütungstatbestände und die Möglichkeiten dargestellt, die aus Anlass der Kfz-Schadenregulierung beim Geschädigten angefallenen Anwaltskosten vom Schädiger erstattet zu erhalten.[1] Dabei ist der Begriff der Erstattungsfähigkeit nicht im Sinne der prozessualen Vorschriften (§§ 91 ff. ZPO), sondern nach den Grundregeln des Schadensersatzrechts zu verstehen. »Erstatten«

1 Vgl. zur Erstattung von Rechtsanwaltskosten im Ausland allgemein *Neidhardt* DAR 2000, 341, *Nissen* DAR 2009, 764 + DAR 2013, 568 (mit tabellarischer Übersicht über die Erstattungsfähigkeit der Anwaltskosten in Europa); s. ergänzend zum Vorgehen bei RS Anfragen bei Auslandsunfällen *Floßmann-Rischke* DAR 2009, 763 und *AG Heinsberg* SVR 2013, 387: Danach sind die Anwaltskosten eines für die Regulierung eingeschalteten deutschen Anwalts nach dem deutschen RVG erstattungsfähig, wenn dem Grunde nach Anspruch auf Ersatz der Anwaltskosten nach der ausländischen Rechtsordnung besteht. Dabei kann eine 1,5-fache Gebühr angemessen sein.

bedeutet also, dass die entsprechenden Anwaltskosten – als Teil des Gesamtschadens und damit als eine Schadensposition unter mehreren – vom Schädiger im Rahmen des ihm aus Rechtsgründen zur Last fallenden Verantwortungsbeitrags dem Geschädigten zu ersetzen sind.

Hinsichtlich der Erstattungsfähigkeit der Anwaltskosten ist zwischen der Entstehung der Gebühren 2 im vertraglichen Innenverhältnis zwischen Rechtsanwalt und Mandant und ihrer Erstattungsfähigkeit im Außenverhältnis durch den Schädiger zu differenzieren. Das bedeutet, dass die Anwaltskosten im Verhältnis zwischen Anwalt und Mandant zunächst entstanden sein müssen, ehe die daran anknüpfende Frage zu prüfen ist, ob der Schädiger diese Kosten im Rahmen der ihm obliegenden Ersatzpflicht zu erstatten hat. Dabei ist zu beachten, dass nicht alle Anwaltskosten, die im Innenverhältnis entstanden sind, auch tatsächlich dem Schädiger angelastet werden können. Korrekturen sind beispielsweise immer dann erforderlich, wenn die Sach- und Rechtslage dies erfordert, insbesondere also dann, wenn dem Geschädigten aus materiell-rechtlichen Gründen kein Schadensersatz gegen Schädiger zusteht oder wenn der Geschädigte Ersatz nur in Höhe eines Anteils z.B. wegen eines Mitverschuldens verlangen kann.

Eine Kürzung der erstattungsfähigen Anwaltskosten kann auch dadurch eintreten, dass der Geschä- 3 digte gegen die ihm nach § 254 Abs. 2 BGB obliegende Schadensminderungspflicht verstoßen hat. Der Grundsatz der Schadensminderungspflicht bedeutet für die Erstattungsfähigkeit von Anwaltskosten, dass grundsätzlich nur die gesetzlichen Gebühren erstattet werden können. Die Gebühren einer Honorarvereinbarung sind vom Schädiger nicht zu erstatten, da es dem Geschädigten zuzumuten ist, sich eines Rechtsanwaltes zu bedienen, der bereit ist, das Mandat zu den gesetzlichen Gebühren zu übernehmen. Fraglich könnte dies allenfalls dann sein, wenn der Geschädigte keinen Anwalt findet, der bereit ist, das Mandat zu den gesetzlichen Gebühren zu bearbeiten. Auch in diesem Fall vertritt die Rspr. allerdings die Auffassung, dass nur die gesetzlichen Gebühren und nicht etwa die Gebühren der Honorarvereinbarung erstattungsfähig sind.[2] Diese Auffassung ist im Ergebnis damit zu rechtfertigen, da es sicherlich in jedem Fall möglich sein wird, einen Anwalt zu finden, der bereit ist, nach Maßgabe der gesetzlichen Gebühren zu arbeiten.

## A. Anspruchsvoraussetzungen

### I. Adäquate Folge eines Sach- oder Personenschadens

Auch für den Bereich der Anwaltskosten gilt der Grundsatz, dass eine Erstattung in der Regel lediglich 4 dann zu erfolgen hat, wenn diese sich als adäquate Folge eines Sach- oder Personenschadens darstellen.

Adäquate Folge eines Verkehrsunfalls können in diesem Rahmen zunächst die Anwaltskosten sein, 5 die einem Geschädigten dadurch entstanden sind, dass dieser einen Rechtsanwalt damit beauftragt hatte, Ansprüche gegen eine private Unfallversicherung durchzusetzen. Zu den ersatzpflichtigen Aufwendungen des Geschädigten zählen grundsätzlich alle durch das Schadenereignis erforderlich gewordenen Rechtsverfolgungskosten, soweit diese aus der Sicht des Geschädigten zur Wahrnehmung seiner Rechte erforderlich und zweckmäßig waren.[3] Dies ist bei der Inanspruchnahme der privaten Unfallversicherung z.B. dann der Fall, wenn der Geschädigte aus Mangel an geschäftlicher Gewandtheit oder aus sonstigen Gründen, wie z.B. erhebliche unfallbedingte Verletzungen, nicht in der Lage ist, den Schaden bei seinem Unfallversicherer selbst zu melden.[4] Ist für den Geschädigten ein Betreuer bestellt, dann kommt es allerdings darauf an, ob der Betreuer in der Lage war, den Schaden ohne anwaltliche Hilfe bei der Unfallversicherung anzumelden. Wenn dies der Fall war, scheidet ein Kostenersatz aus.[5] Auch die Kosten einer Strafanzeige können vom Schädiger ersetzt verlangt werden, wenn ein verständiger Geschädigter ebenfalls ein Strafverfahren eingeleitet hätte

2 So auch *Niebling* zfs 2013, 250 (251). \.
3 *BGH* VersR 2006, 521 f. = NJW 2006, 1065; *BGH* DAR 2012, 140 (141).
4 *BGH* VersR 2006, 521 f.
5 *BGH* zfs 2020, 523.

und es sich um eine angemessene Reaktion handelt,[6] wie dies z.B. nach einer Strafanzeige nach einer Verkehrsunfallflucht der Fall sein kann, wenn nur mit polizeilicher Hilfe der Schädiger ermittelt werden kann. Ein Erstattungsanspruch von Rechtsanwaltskosten besteht in der Regel allerdings nicht für die Einholung einer Kostendeckungszusage bei einer ggf. bestehenden Rechtsschutzversicherung, da der Geschädigten in der Regel dazu selbst in der Lage ist und dazu anwaltliche Hilfe im Normalfall nicht erforderlich ist.[7] So könne der Geschädigte nach der Rechtsprechung des BGH z.B. auch den von seinem Anwalt gefertigten Klageentwurf selbst an die Rechtsschutzversicherung übermitteln, dazu bedarf er anwaltlicher Hilfe selbst dann nicht, wenn sich der Schädiger mit der Zahlung in Verzug befinde und daher Klage geboten sei.[8] Ohnehin spreche – so der BGH – »viel dafür«, dass es sich bei der Einholung einer Deckungszusage, die vom Rechtsschutzversicherer anstandslos erteilt werde, nicht um eine gebührenrechtlich eigenständig zu vergütenden Tätigkeit handele, sondern diese Tätigkeit durch die Beauftragung zur Schadenregulierung mit umfasst und von den dortigen Gebühren abgegolten sei. »Erwägenswert« sei im Übrigen, so der *BGH*, dass der Rechtsanwalt seinen Mandanten vor Einholung der Kostendeckungszusage darüber belehren müsse, dass er eine gesonderte Gebühr für die Kostendeckungsanfrage abrechnen wolle und mangels Belehrung ein Gebührenanspruch schon im Innenverhältnis nicht durchsetzbar sei.[9]

6 Nach diesen Grundsätzen sind daher auch die Rechtsanwaltskosten für die Geltendmachung des Unfallschadens beim Kaskoversicherer nicht zu erstatten, wenn der Geschädigte seinen Schaden dort lediglich anmelden muss und keine Anhaltspunkte dafür ersichtlich sind, dass der Kaskoversicherer seiner Leistungsverpflichtung gegenüber dem Geschädigten – seinem Versicherungsnehmer – nicht nachkommen wird.[10] Auch der Umstand, dass eine Quotenvorrecht des Geschädigten zu berücksichtigen ist, rechtfertigt für sich genommen, keinen Kostenersatz.[11]

## 1. Aus originärem Recht

7 Handelt es sich bei den entstandenen Anwaltskosten allerdings um eine adäquate Folge des Sach- und/oder Personenschadens, dann entspricht es herrschender Meinung, dass der Geschädigte einer unerlaubten Handlung einen originären materiellen Schadensersatzanspruch hat, der die Kosten der notwendigen Rechtsverfolgung und damit auch einen Anspruch auf Ersatz der entstandenen Rechtsanwaltskosten umfasst.[12] Dieser Anspruch besteht unabhängig davon, ob sich der Schädiger zum Zeitpunkt der Beauftragung des Anwalts bereits in Verzug befand, er deckt also auch die Kosten des Anwalts für die erstmalige Anspruchsanmeldung ab. Hintergrund dieses Anspruchs des Geschädigten ist der Gedanke, dass sich der Geschädigte einer unerlaubten Handlung immer eines juristischen Beistands bedienen dürfen soll, da nur dieser in der Lage ist, alle Schadensersatzansprüche des Geschädigten zu erkennen und diese zu realisieren. Die Rspr. macht von diesem Grundsatz nur in eng begrenzten Fällen eine Ausnahme, nämlich immer dann, wenn bei einem einfach gelagerten Schadensfall die Haftung nach Grund und Höhe derart klar ist, dass aus der Sicht des Geschädigten kein Anlass zu Zweifeln an der Ersatzpflicht des Schädigers besteht, wobei in jedem Einzelfall auf die subjektiven Erkenntnismöglichkeiten des Geschädigten abgestellt werden muss.[13] In diesem Zusammenhang hat der BGH jedoch klargestellt, dass aufgrund der vielfältigen Versuche der Kraft-

6 *Niebling* a.a.O.

7 *BGH* NJW 2011, 1222 (1224); die z.T. abweichende Rechtsprechung – s. z.B. die Entscheidungen in zfs 2010, 520 ff. – dürfte damit überholt sein.

8 *BGH* DAR 2012, 140 (141).

9 *BGH* a.a.O.

10 *BGH* VersR 2012, 998 (999) = NJW 2012, 2194.

11 *BGH* r+s 2017, 494.

12 Vgl. z.B. BGHZ 30, 154; *BGH* DAR 1995, 67; Himmelreich/Halm/*Fabian* Kap. 42 Rn. 84.

13 Vgl. *Höfle* DAR 1995, 69; s.a. *AG Balingen* zfs 2002, 299 (kein Anwaltskostenersatz für eine Mietwagenfirma nach einfach gelagertem Auffahrunfall) mit ablehnender Anm. *Madert*, ebenso *AG Saarbrücken* in PvR 2003, 265; a.A. *AG Darmstadt* zfs 2002, 300 und *AG Bernkastel-Kues* zfs 2003, 2001, die sich für eine Erstattungsfähigkeit der Anwaltskosten auch einer Mietwagenfirma aussprechen.

fahrzeughaftpflichtversicherer jedenfalls Kürzungen bei der Höhe des Schadensersatzanspruchs vorzunehmen, bei einem Verkehrsunfall, an dem zwei Fahrzeuge beteiligt waren, davon auszugehen ist, dass es sich regelmäßig nicht mehr um einen einfach gelagerten Schadensfall handelt, so dass selbst ein großes, international tätiges Autovermietungsunternehmen unmittelbar einen Rechtsanwalt einschalten und vom Unfallgegner Ersatz der Anwaltskosten verlangen kann.[14] Einen einfach gelagerten Sachverhalt, für den die Erforderlichkeit anwaltlicher Hilfe noch zu verneinen wäre, gibt es damit grds. nicht mehr.[15] Aber auch dann, wenn davon auszugehen sein sollte, dass ein Geschädigter zunächst selbst in der Lage wäre, seine Ansprüche durchzusetzen, kann der Geschädigte – auch eine Behörde – die weitere Bearbeitung des Schadensfalls auf Kosten des Schädigers einem Rechtsanwalt übertragen, wenn die erste Anmeldung nicht zur unverzüglichen Regulierung des Schadens führt.[16]

Gerade für Privatpersonen besteht damit immer die Möglichkeit, sich mit der Folge des Kostenersatzes durch den Schädiger anwaltlicher Hilfe zu bedienen. In diesem Fall kann auch kein Verstoß gegen die dem Geschädigten obliegende Schadenminderungspflicht angenommen werden, wenn er z.B. die Einholung eines Gutachtens oder die Erteilung eines Reparaturauftrags erst nach Rücksprache mit seinem Anwalt erteilt und ihm dadurch z.B. ein um diese Zeitspanne verlängerter Nutzungsausfallschaden entsteht.[17] 8

Aber auch für einen Privatmann kann sich der Sachverhalt so darstellen, dass die Einschaltung eines Anwalts nicht über den gesamten Zeitraum der Schadenregulierung erforderlich ist. Das *AG Wiesbaden* hatte sich mit einem Sachverhalt zu befassen, in welchem die Geschädigte nach einem Unfall einen Dauerschaden erlitten hatte und fortwährend Aufwendungen für eine krankengymnastische Heilbehandlung anfielen. Die Haftung des Schädigers war geklärt, geklärt war auch die Erstattungsfähigkeit der Kosten durch den Schädiger, es war also nur noch notwendig, die tatsächlich entstandenen Kosten gegenüber dem Schädiger anzumelden. In dieser Situation sah das *AG Wiesbaden* in der Übersendung der einzelnen Rechnungen nur noch eine Routineangelegenheit, die auch für geschäftlich unerfahrene Personen ohne Weiteres zu bewältigen war. Entsprechend war nach Auffassung des *AG* die Einschaltung eines Anwalts nicht erforderlich und der Schädiger für dessen Kosten nicht ersatzpflichtig.[18] 9

Ist der Geschädigte damit fast ausnahmslos berechtigt, einen Anwalt seines Vertrauens zulasten des Ersatzpflichtigen zu beauftragen, dann hat der Schädiger als fortwirkende Folge seines haftbaren Verhaltens die Anwaltskosten auch während des Zeitraums zu ersetzen, der zwischen der Entstehung der Anwaltskosten – zunächst im vertraglichen Innenverhältnis – durch die Beauftragung des Anwalts und dem Zugang des Anspruchsschreibens beim Geschädigten oder seinem Haftpflichtversicherer liegt. 10

Die Erstattungsfähigkeit besteht auch dann fort, wenn die Schadensersatzleistung im Zeitpunkt der Beauftragung des Anwalts bereits auf dem Konto des Geschädigten eingegangen sein sollte, ohne dass dieser bisher in zumutbarer Weise davon Kenntnis nehmen konnte. Dies bedeutet in der negativen Umkehrung, dass der Geschädigte zulasten des Ersatzpflichtigen lediglich dann keinen Anwalt beauftragen darf, wenn er positive Kenntnis vom Eingang einer angemessenen Ersatzleistung hat oder diese ihm zuverlässig zu einem bestimmten Zeitpunkt in Aussicht gestellt worden ist. Selbst dann aber ist der Geschädigte berechtigt, sich zumindest für die Prüfung der Höhe des – zuvor von ihm allein geltend gemachten und nur von ihm bezifferten – Schadens eines Anwalts seines Vertrauens zu bedienen, sodass auch insoweit ein Kostenerstattungsanspruch besteht. 11

14 *BGH* DAR 2020, 83 (87 f.); s. dazu auch Schneider DAR 2020, 174.
15 *AG Hamburg* DV 2018, 149; *AG Köln* DV 2018, 183.
16 *BGH* DAR 1995, 67; *AG Hamburg* zfs 2001, 272.
17 *LG Saarbrücken* DAR 2011, 592.
18 *AG Wiesbaden* in PvR 2003, 59.

### 2. Aus übergegangenem Recht

12 Jeweils dann, wenn der Schadensersatzanspruch des unmittelbar Geschädigten auf einen Dritten übergegangen ist, kann sich eine doppelte Problemstellung ergeben. Es stellt sich zunächst einmal die Frage, ob der Geschädigte, der ursprünglich seinen Anwalt auch mit der Geltendmachung dieser übergegangenen Ersatzansprüche beauftragt hat, berechtigt ist, die dadurch entstandenen Anwaltskosten vom Schädiger ersetzt zu verlangen, wenn der Anspruch zum Unfallzeitpunkt oder später – gleichgültig aus welchen Gründen auch immer – auf einen anderen übergegangen ist. Des Weiteren stellt sich die Frage, ob der Dritte selbst seinerseits bereits vor Eintritt des Verzuges – ebenso wie auch der Geschädigte dies hätte tun können oder möglicherweise bereits getan hat – einen Anwalt seines Vertrauens mit der Realisierung der Forderungen beauftragen darf.

#### *a) Rechtsgeschäftlicher Forderungsübergang*

13 Ein rechtsgeschäftlicher Forderungsübergang wird häufig darauf zurückzuführen sein, dass der Geschädigte seine Schadensersatzansprüche an einen Dritten, wie beispielsweise Reparaturwerkstatt oder Mietwagenunternehmen abtritt. Im Regelfall wird eine solche Abtretung als Sicherungsabtretung vollzogen, obgleich im wirtschaftlichen Ergebnis der Effekt einer Vollabtretung erreicht werden soll, da die Mietwagenunternehmen oder Reparaturwerkstätten ihre Ansprüche aufgrund der Abtretung unmittelbar gegenüber den Haftpflichtversicherern geltend machen.

14 Zu beachten ist in diesem Zusammenhang, dass es durch die Abtretung im Grundsatz nicht zu einer Erhöhung der anfallenden Anwaltskosten kommen darf. Dies bedeutet, dass nicht sowohl der Geschädigte (Zedent) als auch der Zessionar Anwaltskosten für die gleiche Forderung geltend machen dürfen. Etwas anderes gilt allerdings dann, wenn auf Seiten des Geschädigten der Anwalt mit der Durchsetzung auch der abgetretenen Schadensersatzansprüche befasst war, und sich der Schädiger mit der Regulierung entweder gegenüber dem Zessionar oder auch dem Geschädigten gegenüber in Verzug befindet. In diesem Fall ist auch der Zessionar nicht daran gehindert, einen eigenen Anwalt mit der Realisierung seiner Forderung entweder gegenüber dem Geschädigten oder aber dem Haftpflichtversicherern des Schädigers zu beauftragen. Werden durch den Verzug des Schädigers weitere Anwaltskosten ausgelöst, so hat der Schädiger diese Kosten zu tragen. Er hat sie entweder gegenüber dem Zessionar zu ersetzen, der einen eigenen Anwalt mit der Geltendmachung seiner Forderungen beauftragt hat oder aber gegenüber dem Geschädigten, sollte der Zessionar ihm gegenüber aus Verzug vorgegangen sein. Die damit eingetretene Schadenserhöhung hätte der eintrittspflichtige Schädiger vermeiden können, wenn er rechtzeitig reguliert hätte.

#### *b) Gesetzlicher Forderungsübergang*

15 Andere Grundsätze gelten, wenn es sich um einen gesetzlichen Forderungsübergang[19] handelt, der bewirkt, dass die Schadensersatzansprüche des Geschädigten bereits zum Unfallzeitpunkt auf den neuen Gläubiger übergehen, der meist ein Sozialversicherungsträger sein wird.

16 Der *BGH* hat in seinem Grundsatzurteil vom 13.11.1961[20] einem Sozialversicherungsträger, der von vornherein einen Anwalt damit beauftragt hatte, die kraft Gesetzes auf ihn übergegangenen Schadensersatzansprüche des Verletzten im Regresswege geltend zu machen, einen Kostenerstattungsanspruch vor Eintritt des Verzuges nicht zugesprochen. Zur Begründung hat er ausgeführt, dass der Rechtsübergang nach Art und Höhe auf die Schäden begrenzt sei, die in der Person des Versicherten selbst erwachsen sind. Eine weitere Begrenzung ergibt sich überdies durch die Art und Höhe der vom Sozialversicherungsträger nach Gesetz und Satzung an den Versicherten zu gewährenden Leistungen. Bei den Anwaltskosten handelt es sich also nicht um Leistungen, die der Sozialversiche-

19 Z.B. nach § 116 SGB X.
20 Vgl. dazu *BGH* NJW 1962, 202.

rungsträger seinem Versicherten zu gewähren hat, sondern um den eigenen Bearbeitungsaufwand des Sozialversicherungsträgers.

Diese Grundsätze sind jedoch nur zur Beurteilung der Frage heranzuziehen, ob sich Sozialversicherungsträger unmittelbar, d.h. für das erste anwaltliche Aufforderungsschreiben, der Hilfe eines Anwalts bedienen können, um sodann die durch seine Beauftragung entstandenen Kosten beim Schädiger abzurechnen. Dies ist nach der vorzitierten Rspr. des *BGH* zu verneinen. Befindet sich der Schädiger allerdings in Verzug, so kann auch der Sozialversicherungsträger einen Anwalt mit der Durchsetzung seiner Interessen beauftragen und die dadurch entstehenden Anwaltskosten als Verzugsschaden geltend machen. 17

Ein weiterer Fall des gesetzlichen Forderungsübergangs ist der Übergang des Verdienstausfallschadens des Geschädigten auf dessen Arbeitgeber, im Rahmen des Entgeltfortzahlungsgesetzes. Auch hier stellt sich die Frage, ob der Arbeitgeber die mit der Durchsetzung dieses Anspruchs verbundenen Anwaltskosten geltend machen kann. 18

Orientiert man sich an der Rspr. des *BGH* zu der Frage, ob Sozialversicherungsträger unmittelbar Ersatz der Anwaltskosten verlangen können, ohne sich zunächst selbst um die Durchsetzung der Schadensersatzansprüche zu bemühen und folgt man dem *BGH* darin, dass er dies unter anderem deshalb ablehnt, weil es sich bei den Anwaltskosten nicht um Leistungen handele, die der Sozialversicherungsträger seinen Versicherten zu gewähren hat, so kann für den Anspruchsübergang auf den Arbeitgeber des Geschädigten nichts anderes gelten. Auch diesem ist ohne das Vorliegen der Voraussetzungen des Verzuges der unmittelbare Kostenersatz zu versagen.[21] 19

**▶ Praxistipp**

Ist zweifelhaft, ob die Anwaltskosten unmittelbar ersatzfähig sind, so sollten durch eine entsprechende schriftliche Mahnung mit Zugangsnachweis die Voraussetzungen des Verzugs und damit eine Anspruchsgrundlage für den Ersatz von Anwaltskosten geschaffen werden. 20

## II. Verzug

Sobald Verzug eingetreten ist, darf jeder Geschädigte, und zwar gleichgültig, ob er seine Aktivlegitimation aus originärem oder übergegangenem Recht ableitet, für die Geltendmachung, Bearbeitung und Durchsetzung begründeter Ansprüche auf Kosten des Ersatzpflichtigen einen Anwalt seines Vertrauens beauftragen.[22] Das bedeutet, dass auch der neue Gläubiger (Zessionar) einen eigenen Kostenerstattungsanspruch erwirbt, wenn der Schuldner sich mit der ihm obliegenden Leistung im Verzug befindet. Dabei ist allerdings zu beachten, dass der Schädiger durch eine Schadensaufstellung mit der Aufforderung, den bezifferten Schaden bis zu einem bestimmten Zeitpunkt zu zahlen nach Ablauf der gesetzten Frist nicht automatisch in Verzug gerät. Die bloße Aufforderung, die Ansprüche bis zu einem bestimmten Zeitpunkt zu regulieren, stellt keine Mahnung im Sinne des § 286 Abs. 1 BGB dar, sondern begründet zunächst nur die Fälligkeit der Forderung. Es wird durch eine Fristsetzung im Anspruchschreiben auch keine Leistungszeit im Sinne des § 286 Abs. 2 Nr. 1 BGB bestimmt. Eine Leistung, für die »eine Zeit nach dem Kalender bestimmt ist«, kann nur durch eine entsprechende Vereinbarung und nicht durch eine einseitige Bestimmung durch den Gläubiger, also auch nicht durch eine Fristsetzung im Anspruchschreiben, erfolgen. Um den Schädiger wirksam in Verzug zu setzen, bedarf es mithin nicht nur einer ordnungsgemäß spezifizierten und nachprüfbar belegten Schadenaufstellung, sondern einer sich anschließenden Mahnung. Überdies steht einem Haftpflichtversicherer bei der Regulierung eines Unfallschadens eine angemessene Frist zur Prüfung von Grund und Umfang der Ersatzpflicht zu.[23] Ein automatischer Verzugseintritt gemäß § 286 Abs. 3 21

21 Vgl. *Schneider* DAR 2009, 236 (237); *AG Essen* BeckRS 2015, 03585; *Nugel* VRR 2014, 309.
22 *BGH* DAR 2012, 140 (141); *BGH* NJW 2015, 3793.
23 *OLG Karlsruhe* BeckRS 2024, 2463 Rn. 17; s. auch nachfolgend Rdn. 22.

BGB greift nicht ein, da keine Entgeltforderung vorliegt und Schadensersatzansprüche durch § 286 Abs. 3 BGB gerade nicht erfasst werden.[24] Allerdings befindet sich ein Haftpflichtversicherer, auch bei einem Unfall im Inland ohne Beteiligung eines ausländischen Fahrzeugs, nach § 3a PflVG automatisch dann in Verzug, wenn er nicht binnen drei Monaten ab Zugang des spezifizierten Anspruchsschreibens bei unstreitiger Ersatzpflicht und beziffertem Schaden ein Regulierungsangebot vorlegt.[25] Weitergehende oder früher einsetzende Schadensersatzansprüche aus Verzug bleiben unberührt.[26]

22 Verzug tritt trotz Fälligkeit und Mahnung jedoch gem. § 286 Abs. 4 BGB nicht ein, wenn die Leistung infolge eines Umstandes unterbleibt, den der Schuldner nicht zu vertreten hat. Dies ist dann der Fall, wenn dem Schädiger keine angemessene Zeit für die rechtliche Prüfung der anspruchsbegründenden Voraussetzungen gewährt worden ist. Dabei beginnt diese Prüfungsfrist erst, wenn dem Haftpflichtversicherer ein spezifiziertes Anspruchschreiben zugegangen ist, dem auch kurze Angaben zum Unfallhergang aus Sicht des Anspruchstellers zu entnehmen sind.[27] Die einem Versicherer zuzugestehende Bearbeitungszeit beträgt bei einfach gelagerten Sachverhalten ab Zugang des spezifizierten Anspruchsschreibens im Regelfall drei[28] bis sechs Wochen,[29] wobei die ggf. vom Versicherer als erforderlich angesehene Einsicht in die polizeiliche Unfallakte oder die Ermittlungsakte grundsätzlich keinen Einfluss auf die Dauer dieser Frist hat.[30] Jedenfalls ist ein Verzug des Haftpflichtversicherers nach Ablauf einer Prüfungsfrist von sechs Wochen nicht mehr dadurch ausgeschlossen, dass er bis zu diesem Zeitpunkt noch keine Einsicht in die amtlichen Ermittlungsakten hat nehmen können. Der Haftpflichtversicherter kann sich über seinen Versicherungsnehmer bzw. etwaige mitversicherte Personen über den Sachverhalt unterrichten.[31] Selbst wenn der Unfallverursacher zum Unfallzeitpunkt bewusstlos war, gilt nichts anderes, da dann die Haftung aus der Betriebsgefahr gegeben ist.[32] Die Entscheidung der Eintrittspflicht von einer vorherigen Einsicht in die amtlichen Ermittlungsakten abhängig zu machen, ist grds. nicht geboten bzw. erforderlich, zumal mit einer Akteneinsicht erfahrungsgemäß oft erst nach Monaten zu rechnen ist und ein entsprechendes Zuwarten den berechtigten Interessen des Geschädigten an einer raschen Regulierung zuwiderlaufen würde. Ferner besteht die Möglichkeit den Sachverhalt durch ein Telefonat mit dem zuständigen Polizeiposten, der den Unfall aufgenommen hat, in groben Zügen zu klären und jedenfalls in Vorschussleistungen einzutreten.[33] Anders ist dies aber dann, wenn der den Geschädigten vertretende Anwalt durch den Haftpflichtversicherer um Beschaffung eines Ermittlungsaktenauszugs gebeten wird und sich der Anwalt darauf einlässt oder die Beschaffung der Akte anbietet, da dann nach Treu und Glauben davon auszugehen sei, dass die Regulierung bis zum Eingang der Akten und der Möglichkeit diese zu prüfen gestundet ist.[34] Etwaige Obliegenheitsverletzungen des Versicherungsnehmers, wie beispielsweise die Nichtanzeige des Schadens, führen ebenfalls nicht dazu, dass sich diese Bearbeitungszeit verlängert, wenn die Versicherung auch ohne diese Anzeige über die

24 *OLG Frankfurt/M.* NJW-RR 2018, 1432 (1433); *OLG Dresden* FD-StrVR 2020, 434338.

25 Prölss/Martin/*Klimke*, PflVG § 3a Rn. 1.

26 Prölss/Martin/*Klimke*, PflVG § 3a Rn. 4.

27 *OLG Saarbrücken* VersR 2018, 733.

28 Für durchschnittlich drei Wochen *OLG Düsseldorf* NJW-RR 2008, 114; max. 4 Wochen *OLG München* DAR 2010, 644; *OLG Frankfurt/M.* NJW-RR 2018, 1432; *LG Stuttgart* DAR 2018, 155; *LG Nürnberg – Fürth* DAR 2020, 335 (337); zwischen drei und vier Wochen *LG Zweibrücken* 2 O 104/15 zfs 2016, 198; s. auch *OLG Saarbrücken* 4 U 148/15 r+s 2017, 209 (210); vier bis sechs Wochen *OLG Karlsruhe* r+s 2024, 142.

29 *OLG Köln* SVR 2012, 459; *OLG Stuttgart* SVR 2014, 145; *OLG Koblenz* BeckRS 2011, 09722; *OLG Frankfurt* VersR 2015, 1373 (vier bis sechs Wochen).

30 *OLG München* DAR 2010, 644, *LG Zweibrücken* a.a.O.; a.A. *OLG Koblenz* VersR 2016, 1269, wenn der Schädiger so schwer verletzt ist, dass er keine Auskunft geben kann.

31 Ausnahme: *OLG Koblenz* VersR 2016, 1269, wenn der Schädiger so schwer verletzt ist, dass er keine Auskunft geben kann.

32 *OLG Koblenz* VersR 2020, 1512.

33 *OLG Stuttgart* SVR 2014, 145; *OLG Saarbrücken* BeckRS 2011, 17422.

34 *OLG Frankfurt* VersR 2015, 1373; *OLG Dresden* FD-StrVR 2020, 434338.

notwendigen Informationen zur Regulierung des Schadens verfügt. Die nach den oben aufgestellten Grundsätzen zu berechnende Frist beginnt erst mit dem Zugang eines spezifizierten Anspruchsschreibens.[35] Handelt es sich um einen Verkehrsunfall mit Beteiligung eines ausländischen Schädigers, so ist die in § 3a PflVG genannte Regulierungsfrist von drei Monaten lediglich als spätester Zeitpunkt genannt, nicht aber als allgemeine Regulierungsfrist. Die Regulierung durch den Versicherer bzw. Regulierungsbeauftragten hat unverzüglich, d.h. ohne schuldhaftes Zögern zu erfolgen. Auch bei einem ausländischen Schädiger ist insoweit ein Zeitraum von sechs[36] bis acht Wochen ausreichend.[37] Hinzukommt allerdings noch der Zeitraum, den das Deutsche Büro Grüne Karte benötigt, um den maßgeblichen ausländischen Haftpflichtversicherer zur ermitteln. Dabei hält sich ein Zeitraum von zwei Wochen im Rahmen des Vertretbaren.[38]

Auf die oben dargestellten Prüfungsfristen kommt es allerdings dann nicht an, wenn ein Haftpflicht- 23
versicherer nach einen Verkehrsunfall auf mehrere Anwaltsschreiben des Unfallgegners gar nicht reagiert. In diesem Fall befindet er sich nicht nur in Verzug, sondern gibt auch regelmäßig Veranlassung zur Erhebung einer Klage, da der Geschädigte bei einer fehlenden Reaktion auf mehrere Anwaltsschreiben nicht mehr darauf vertrauen kann, dass der Haftpflichtversicherer zu einer zügigen Schadensregulierung in der Lage und bereit ist.[39] Es ist nämlich zu erwarten, dass ein Haftpflichtversicherer jedenfalls binnen 10 Tagen reagiert und mitteilt, wie und gegebenenfalls mit welchem Ermittlungs- und Zeitbedarf die weitere Bearbeitung des Haftpflichtfalls beim Versicherer erfolgt. Dabei kann diese Zwischennachricht auch den Zweck verfolgen, dem Geschädigten mitzuteilen, welche Unterlagen zur Prüfung noch benötigt werden oder welche Ermittlungen abzuwarten sind. Unterbleibt dies trotz mehrerer Aufforderungen, so muss der Geschädigte nicht mehr damit rechnen, dass sich der Haftpflichtversicherer zeitnah um eine Klärung der Anspruchsvoraussetzungen bemühen wird, so dass er Anlass zur Klage gegeben hat, ohne dass er dann im Prozess noch ein sofortiges Anerkenntnis gemäß § 93 ZPO abgeben kann.[40] Dies gilt selbstverständlich auch dann, wenn eine dem Haftpflichtversicherer zuzugestehende Prüfungsfrist abgelaufen ist. Auch dann ist ihm das sofortige Anerkenntnis gemäß § 93 ZPO verwehrt, wobei die Beweislast dafür, dass die Voraussetzungen des § 93 ZPO vorliegen, beim Haftpflichtversicherer liegen.[41] Auch die schlichte Erklärung des Haftpflichtversicherers er sei »regulierungsbereit« reicht jedenfalls dann nicht aus, wenn der Geschädigte darum gebeten hat, dass der Versicherer seine Einstandspflicht für den Unfall dem Grunde nach bestätigt. Eine generelle Regulierungsbereitschaft sage nämlich nichts über die Bereitschaft zur Haftung im Einzelfall aus.[42]

Hat der Haftpflichtversicherer außergerichtlich lediglich frei verrechenbare Vorschüsse gezahlt, so 24
ist insoweit mangels Leistungsbestimmung keine Tilgungswirkung eingetreten. Der Geschädigte kann daher den vollen Betrag seiner Forderung ohne Berücksichtigung der Vorschüsse gerichtlich geltend machen, der Haftpflichtversicherer hat dann in Höhe der ohne Tilgungsbestimmung geleisteten Zahlungen die Kosten des Rechtsstreits zu tragen, wenn er erstmals im Prozess eine Tilgungsbestimmung vornimmt.[43]

---

35 *LG Halle* SVR 2009, 463; *Balke* SVR 2009, 457 m.w.N.
36 *AG Heinsberg* SVR 2012, 465; *OLG Saarbrücken* VersR 2018, 696.
37 *LG Nürnberg-Fürth* DAR 2020, 335.
38 *LG Saarbrücken* NJW-RR 2016, 1503.
39 *OLG Karlsruhe* DAR 2020, 260; *LG Hildesheim* zfs 2024, 19.
40 *OLG Karlsruhe* a.a.O.
41 *OLG Karlsruhe* a.a.O.
42 *LG Stuttgart*, Beschl. v. 14.06.2023 – 2 T 56/23.
43 *OLG München* SVR 2016, 470.

## III. Eigene Angelegenheiten des Anwalts

25 Auch der Rechtsanwalt, der sich in eigenen Angelegenheiten außergerichtlich vertritt, hat für seine Tätigkeit einen Anspruch auf Vergütung.[44] Ausgangspunkt der Überlegungen muss zunächst die Erkenntnis sein, dass ein Anwalt, der, wenn auch in eigener Sache, seine Berufstätigkeit entfaltet, Anspruch auf eine Vergütung für diese Berufstätigkeit hat.[45]

26 Einschränkend wird teilweise vertreten, dass dem Rechtsanwalt bei der Regulierung eigener Angelegenheiten nur dann ein Erstattungsanspruch hinsichtlich der entstandenen Gebühren gegen den Unfallgegner zusteht, wenn auch ein anderer Geschädigter, der selbst kein Jurist ist, einen Anwalt mit seiner Vertretung beauftragt hätte.[46] Das bedeutet, dass auch der Rechtsanwalt, der eigene Schadenangelegenheiten selbst bearbeitet und die ihm zustehenden Ersatzansprüche selbst reguliert, für diese Tätigkeit vom Ersatzpflichtigen die Erstattung von Anwaltskosten in derselben Höhe verlangen kann, wie sie im Fall der Wahrnehmung fremder Interessen entstanden und zu erstatten wären.[47] Letztlich kann diese Einschränkung jedoch nicht überzeugen. Von einem Kfz Meister, der seinen von einem Dritten beschädigten Wagen repariert, wird wohl auch nicht verlangt, dass er dies unentgeltlich tut.[48] Der Anwalt ist ebenfalls nicht verpflichtet, seine Dienstleistung dem Schädiger kostenlos zur Verfügung zu stellen.[49]

27 Soweit die Voraussetzungen für die Gewährung von Prozesskostenhilfe vorliegen, kann der Rechtsanwalt allerdings nicht seine Selbstbeiordnung, sondern nur die Beiordnung eines anderen Rechtsanwalts verlangen.[50] Anders kann sich die Situation hingegen darstellen, wenn ein Rechtsanwalt über eine zu seinen Gunsten bestehende Rechtsschutzversicherung verfügt und diese in Anspruch nimmt. Hier kann die Auslegung der Bedingungen ergeben, dass der Rechtsschutzversicherer auch die Gebühren und Auslagen für eine anwaltliche Selbstvertretung erstatten muss.[51]

## IV. Kosten für die Abwehr von Ansprüchen

### 1. Außergerichtliche Abwehr deliktsrechtlicher Ansprüche

28 Nach der Rspr. des *BGH* begründet die unberechtigte Inanspruchnahme wegen einer Geldforderung nicht ohne Weiteres einen materiellen Kostenerstattungsanspruch des in Anspruch Genommenen hinsichtlich der für die außergerichtliche Abwehr des Anspruchs aufgewendeten Anwaltskosten.[52] Der *BGH* stellt klar, dass es zum allgemeinen Lebensrisiko gehört, mit unberechtigten Ansprüchen konfrontiert zu werden, entsprechend kommt ein materieller Kostenerstattungsanspruch nur dann in Betracht, wenn es eine ausdrückliche materielle Anspruchsgrundlage gibt.[53] Solche Anspruchsgrundlagen können vertraglicher aber auch deliktischer Natur sein. Die unberechtigte Geltendmachung von Ansprüchen allein schafft aber noch keine Sonderverbindung, die einen solchen Anspruch begründen könnte. Auch § 638 BGB, der vom *BGH* als Anspruchsgrundlage im Bereich des gewerblichen Rechtsschutzes für die Erstattung von Anwaltskosten angesehen wurde, kann nach Auffassung des *BGH* außerhalb des gewerblichen Rechtsschutzes als Anspruchsgrundlage keine

44 *AG Königstein i. Ts.* DAR 2018, 358.
45 *Madert* zfs 2003, 37 f.
46 *AG Fulda* DAR 1999, 270; *LG Dresden* r+s 2022, 290 für den von ihm entschiedenen Fall verneint; *AG Bamberg* BeckRS 2023, 22741; *AG Berlin-Mitte* BeckRS 2023, 19237.
47 Vgl. u.a. *Gerold/Schmidt* § 1 RVG Rn. 276 m.w.N.; *AG Halle* bei *Fromm* und *Schmidtke* SVR 2010, 267.
48 *Madert* zfs 2003, 38 m.w.N.; vgl. dazu auch *BGH* BeckRS 2017, 116549 Ziff. 8.; *AG Königstein i. Ts.* DAR 2018, 358; *AG Köln* DV 2018, 183.
49 Vgl. u.a. *Gerold/Schmidt* § 1 RVG Rn. 276 m.w.N.; *Madert* zfs 2003, 38 m.w.N.
50 *BAG* NJW 2008, 604.
51 *BGH* NJW 2011, 232 (234).
52 *BGH* VersR 2007, 507.
53 *BGH* a.a.O., 508.

Anwendung finden. Damit kann nach der Rspr. des *BGH* im Deliktsrecht ein materieller Kostenerstattungsanspruch bei ungerechtfertigter Inanspruchnahme nur unter den Voraussetzungen der § 823 Abs. 2 BGB oder § 826 BGB gegeben sein, da nur nach diesen Anspruchsgrundlagen ein Vermögensschaden zu ersetzen ist.[54]

Entsprechend ist nach der Rspr. des *BGH* entweder zu prüfen, ob die ungerechtfertigte Inanspruchnahme den Tatbestand des § 826 BGB erfüllte oder ob ein unberechtigter Anspruch in betrügerischer Absicht geltend gemacht wurde, was einen Anspruch nach § 823 Abs. 2 BGB i.V.m. § 263 StGB auslösen würde. Eine lediglich fahrlässige unberechtigte Geltendmachung eines Anspruchs löst damit im Deliktsrecht keine Haftung für die angefallenen Anwaltskosten aus; dies wäre nur im Rahmen vertraglicher Beziehungen möglich.[55] 29

▶ **Praxistipp**

In der Regel wird der Anwalt seinen Mandanten darauf hinzuweisen haben, dass im Außenverhältnis die Kosten für die Abwehr von Ansprüchen bei außergerichtlicher Tätigkeit nicht erstattungsfähig sind. 30

### 2. Vertragsverhältnis

Andere Grundsätze gelten dann, wenn es sich um ein Vertragsverhältnis handelt. Liegen die Voraussetzungen des Schadensersatzanspruches nach § 280 BGB vor, so sind die aus dem schädigenden Verhalten resultierenden Anwaltskosten ersatzfähig.[56] In diesem Sinne hat das *AG Düsseldorf* entschieden, dass die unberechtigte Kündigung durch den Versicherer eine Vertragsverletzung darstellt. Beauftragt der Versicherungsnehmer einen Anwalt mit der Abwehr der unberechtigten Kündigung, so hat der Versicherer die dadurch entstehenden Kosten grundsätzlich zu erstatten.[57] Voraussetzung des Anspruchs nach § 280 BGB ist jedoch, dass die Vertragspartei, die einen unberechtigten Anspruch geltend macht, dies auch hätte erkennen können. Dies ist aber nicht schon der Fall, wenn die von ihr eingenommene Rechtsposition nicht berechtigt ist, sondern erst, wenn sie diese Rechtsposition auch nicht als plausibel ansehen durfte.[58] 31

## V. Mehrere Anwälte

Grundsätzlich sind lediglich die Kosten eines Anwalts erstattungsfähig. Dies bedeutet, dass jede Partei, und zwar selbst dann, wenn es sich um eine schwierige Spezialmaterie handelt, sich mit der Einschaltung eines Anwalts begnügen muss. Ausnahmen von diesem Grundsatz können dann in Betracht kommen, wenn es sich um Streitgenossen oder um die Einschaltung eines Verkehrsanwalts (Korrespondenzanwalts) handelt. 32

### 1. Streitgenossenschaft

Mehrere Personen können gem. § 59 ZPO als Streitgenossen gemeinschaftlich klagen oder verklagt werden. Fraglich ist, ob sich jeder Streitgenosse eines eigenen Anwalts mit der Folge bedienen darf, dass der unterliegende Gegner sämtliche Anwaltskosten der obsiegenden Streitgenossen erstatten muss. 33

Jeder Streitgenosse kann grundsätzlich für sich einen Prozessbevollmächtigten bestellen und Kostenerstattung verlangen.[59] Streitgenossen, die in der ersten Instanz einen gemeinsamen Rechtsanwalt hatten, können mit dieser Folge in der zweiten Instanz jeder einen Anwalt mandatieren. Dieser 34

54 *BGH* a.a.O., 509.

55 Vgl. dazu *BGH* DAR 2008, 203 – bei unberechtigter Geltendmachung von Gewährleistungsansprüchen.

56 *BGH* VersR 2007, 507 f.

57 *AG Düsseldorf* zfs 1992, 279.

58 *BGH* VersR 2009, 1378.

59 *BGH* BeckRS 2017, 116549.

Kostenerstattungsanspruch kann aber entfallen, wenn die Bestellung eines Anwalts für jeden Streitgenossen rechtsmissbräuchlich ist.[60] Dies ist immer dann der Fall, wenn feststeht, dass für die Beauftragung verschiedener Prozessbevollmächtigter kein sachlicher Grund besteht.[61]

35 In diesem Sinne hat das *OLG Köln* entschieden,[62] dass Streitgenossen unter Kostengesichtspunkten verpflichtet sein können, einen gemeinsamen Prozessbevollmächtigten zu bestellen, wenn ein interner Interessenwiderstreit zwischen den einzelnen Streitgenossen weder besteht noch zu besorgen ist und nach der rechtlichen oder tatsächlichen Ausgestaltung der Streitgenossenschaft kein sachliches Bedürfnis für die Zuziehung eines eigenen Anwalts erkennbar ist. Eine solche Konstellation wird in den meisten Fällen anzunehmen sein, wenn nach einem Verkehrsunfall Halter, Fahrer und Haftpflichtversicherer gemeinsam mit der Behauptung verklagt werden, für den Unfall Schadensersatz leisten zu müssen.[63]

36 Ist allerdings zu befürchten, dass der Haftpflichtversicherer die Interessen seines Versicherungsnehmers nicht ausreichend vertreten wird oder wenn sich bei einem bereits tätigen Rechtsanwalt ein Interessenkonflikt ergibt, wie z.B. in den Fällen in denen der Versicherungsnehmer Widerklage erhebt und sowohl Schädiger, als auch Geschädigter bei derselben Haftpflichtversicherung versichert sind, kann er einen eigenen Anwalt seines Vertrauens einschalten.[64] Gleiches gilt in den Fällen, in denen der eigene Haftpflichtversicherer einen gestellten Unfall vermutet und daher für den eigenen Versicherungsnehmer keinen Anwalt beauftragt.[65] In diesen Fällen ist die Haftpflichtversicherung aber verpflichtet, den Versicherungsnehmer und mitversicherte Personen von den entstehenden Anwaltskosten freizustellen, selbst wenn der Haftpflichtversicherer diesen als Streithelfer beigetreten ist und auf diesem Wege Klageabweisung beantragt hat.[66] Zwar basiert diese Entscheidung des *BGH* noch auf § 151 VVG a.F., da § 101 VVG jedoch sachlich identisch ist, ist das Urteil auch auf Verträge anwendbar, für die das aktuelle VVG gilt.[67] Auch eine Kumulation besonderer Umstände kann die Beauftragung einzelner Anwälte rechtfertigen, so z.B., wenn die Deckungssumme der Haftpflichtversicherung für das Volumen des Schadens nicht ausreicht und die den Beklagten zur Last gelegten Haftungstatbestände auf einer unterschiedlichen Beteiligung an dem Sachverhalt des Rechtsstreits beruhte.[68]

37 Die gleichen Grundsätze gelten auch bei der Gewährung von Prozesskostenhilfe. Soweit der Haftpflichtversicherer den Versicherungsnehmer im Prozess vertritt, bedarf dieser keiner PKH.[69] Steht aber der Vorwurf der Unfallmanipulation im Raum und vertritt der Haftpflichtversicherer den Versicherten nicht, dann ist diesem für die Beiordnung eines eigenen Rechtsanwalts Prozesskostenhilfe zu gewähren.[70]

**▶ Praxistipp**

38 In der Kfz-Schadenregulierung ist das Bestehen einer eintrittspflichtigen Haftpflichtversicherung die Regel, sodass für die Einschaltung eines eigenen Anwalts kein Bedürfnis besteht. Die Tätigkeit zur Abwehr von Schadensersatzansprüchen sollte daher nur in Abstimmung mit dem KH-Versicherer einheitlich für alle Streitgenossen erfolgen.

39 Im Fall der Klagerücknahmen ist jedoch immer die gesetzliche Folge der Kostentragung des Klägers nach § 269 Abs. 3 S. 2 ZPO zu beachten, ein entgegen gerichteter materiell-rechtlicher Anspruch

60 Vgl. Baumbach/*Lauterbach* § 100 ZPO Rn. 60.
61 *BGH* NJW 2012, 319.
62 *OLG Köln* VersR 1993, 1378.
63 *OLG Karlsruhe* VersR 1999, 465; *LG Mannheim* DAR 2003, 143; a.A. *OLG Frankfurt/M.* zfs 1981, 276 und *OLG Hamburg* DAR 2003, 36; *OLG Saarbrücken* BeckRS 2012, 03572.
64 *OLG Stuttgart* VersR 2021, 199.
65 *OLG Karlsruhe* VersR 1999, 465.
66 *BGH* NJW 2011, 377.
67 *Hering* SVR 2011, 234.
68 *OLG Celle* zfs 2001, 423.
69 Musielak/*Voit*/Fischer ZPO § 114 Rn. 3.
70 *BGH* VersR 2010, 1472 = zfs 2010, 569.

auf Kostenerstattung kommt nicht in Betracht, wenn der Sachverhalt der zu der Kostenentscheidung nach § 269 Abs. 3 S. 2 ZPO geführt hat, unverändert bleibt.[71] Die Frage der Erforderlichkeit der Einschaltung mehrerer Anwälte wird nicht geprüft, da die Voraussetzungen des § 91 ZPO wegen der Rücknahme der Klage offen bleiben müssen.[72] Stellt z.B. der beklagte Fahrer, der nicht Versicherungsnehmer ist und einen eigenen Anwalt mit der Wahrnehmung seiner rechtlichen Interessen beauftragt hat, Kostenantrag, nachdem die beklagte Versicherung nach Rechtshängigkeit die Klageforderung ausgeglichen und erklärt hat, keinen Kostenantrag zu stellen, so sind ihm die entstandenen Kosten seines Prozessbevollmächtigten gleichwohl zu erstatten. Eine Bindungswirkung an die Erklärung der Versicherung besteht nicht. Wenn der Fahrer nicht zugleich Halter und damit Versicherungsnehmer der beklagten Haftpflichtversicherung ist, hat die Erklärung der Haftpflichtversicherung keinen Kostenantrag stellen zu wollen, keine Bindungswirkung i.S.d. AKB.[73]

Waren Streitgenossen in einem Prozess, in dem ein Streitgenosse obsiegt hat und ein anderer unterlegen ist, durch einen gemeinsamen Anwalt vertreten, so kann der obsiegende Streitgenosse grundsätzlich nur den seiner Beteiligung am Rechtsstreit entsprechenden Anteil der Anwaltskosten von seinem Prozessgegner verlangen. Seine entgegenstehende Rspr. hat der *BGH* insoweit aufgegeben.[74] Die Streitgenossen sind Gläubiger nach Kopfteilen.[75] 40

## 2. Verkehrsanwalt und unterbevollmächtigter Terminvertreter

### *a) Einleitung*

Beim Verkehrsanwalt handelt es sich um den Anwalt, dessen Tätigkeit auf die Führung des Verkehrs der Partei mit dem Verfahrensbevollmächtigten beschränkt ist. Er nimmt die Informationen vonseiten des Mandanten entgegen, filtert, ordnet und sortiert diese nach den für den Prozess wesentlichen Kriterien und gibt diese an den Verfahrensbevollmächtigten weiter, der die entsprechende schriftsätzliche Verwertung bei Gericht vornimmt. Diese Tätigkeit eines Anwalts dürfte allerdings die absolute Ausnahme geworden sein, da im Inland eine anwaltliche Tätigkeit an allen Amts-, Land- und Oberlandesgerichten möglich ist. Denkbar ist sie allerdings noch in Verfahren, in denen der Verkehrsanwalt bei dem zuständigen Gericht nicht postulationsfähig ist, z.B. bei zivilrechtlichen Revisionsverfahren beim *BGH* oder wo die notwendigen Rechtskenntnisse zur sachgerechten Prozessführung fehlen, z.B. bei ausländischen Gerichten. Die zusätzlichen Kosten eines Verkehrsanwalts sind aber nur im Ausnahmefall erstattungsfähig.[76] Gem. VV 3400 erhält der Verkehrsanwalt eine Gebühr in Höhe der dem Verfahrensbevollmächtigten zustehenden Verfahrensgebühr, höchstens aber 1,0, bei Betragsrahmengebühren höchstens 500 €. Die gleiche Gebühr entsteht auch dann, wenn im Einverständnis mit dem Auftraggeber mit der Übersendung der Akten an den Rechtsanwalt des höheren Rechtszuges gutachterliche Äußerungen verbunden sind. 41

In der Kfz-Schadenregulierung von erheblicher Relevanz ist die Tätigkeit eines weiteren Anwalts als unterbevollmächtigter Terminvertreter. Beschränkt sich der Auftrag auf die Terminvertretung, so erhält der unterbevollmächtigte Terminvertreter nach VV 3401 eine Gebühr in Höhe der Hälfte der dem Verfahrensbevollmächtigten zustehenden Verfahrensgebühr und die Terminsgebühr gem. VV 3402 in Höhe der dem Verfahrensbevollmächtigten zustehenden Terminsgebühr. Diese Terminsgebühr beträgt nach VV 3104 1,2. Damit erhält der unterbevollmächtigte Terminvertreter die halbe Verfahrensgebühr nach VV 3100 in Höhe von 1,3, also eine 0,65 Gebühr, hinzukommt die Terminsgebühr nach VV 3104 in Höhe von 1,2. Letztlich erhält der Unterbevollmächtigte also eine Gebühr in Höhe von 1,85. Der Prozessbevollmächtigte erhält nur noch die Verfahrensgebühr nach VV 3100 mit 1,3. 42

71 *BGH* zfs 2011, 567.
72 Musielak/Voit/*Foerste* ZPO § 269 Rn. 11.
73 *LG Freiburg* bei *Schröder* SVR 2008, 186 f.
74 *BGH* VersR 2004, 489; *BGH* VersR 2006, 808; *OLG Koblenz* zfs 2014, 225.
75 *OLG Dresden* BeckRS 2021, 59908.
76 Vgl. dazu ausführlich Musielak/Voit/*Flockenhaus* ZPO § 91 Rn. 27–32 m.w.N.

43 Wird eine überörtlich tätige Sozietät beauftragt, könnte man ebenfalls die Frage nach dem Anfall der oben dargestellten Gebühren stellen, da auch hier verschiedene Anwälte an verschiedenen Orten mit der Bearbeitung des Falles befasst sind. Allerdings ist bereits unter der Geltung der BRAGO entschieden worden, dass in diesen Fällen weitere Gebühren nicht entstehen. Diese Rspr. beruht im Wesentlichen auf der Erwägung, dass es der Verkehrsanschauung entspricht, dass ein Mitglied einer Anwaltssozietät namens der Sozietät handelt, wenn er ein ihm angetragenes Mandat annimmt, also nicht nur sich verpflichtet, sondern alle Sozietätsmitglieder. Dies gilt auch für eine überörtliche Sozietät.[77] Allerdings sind die Reisekosten eines Sozius an einen auswärtigen Gerichtsort nach der Rspr. des *BGH* selbst dann erstattungsfähig, wenn die überörtliche Sozietät dort ein Büro unterhält.[78]

*b) Erstattungsfähigkeit*

44 Der Anfall von (zusätzlichen) Gebühren und Auslagen nach dem RVG setzt zunächst voraus, dass der Verkehrsanwalt oder der unterbevollmächtigte Terminsvertreter von der Partei selbst oder durch den Hauptbevollächtigten im Namen seiner Partei mandatiert wurde und nicht von dem Prozessbevollmächtigten im eigenen Namen als dessen Erfüllungsgehilfe.[79] Wird daher z.B. der Unterbevollmächtigte nur im Auftrag des Hauptbevollmächtigten tätig, dann kann nur die Terminsgebühr so geltend gemacht werden, als hätte der Hauptbevollmächtigte im Auftrag seiner Partei den Termin selbst wahrgenommen. Die Vergütung des Terminsvertreters kann in diesem Fall auch nicht als Auslagen des Hauptbevollmächtigten geltend gemacht werden,[80] wobei sich die Vergütung des Terminsvertreters in diesem Fall nach dessen Vereinbarung mit dem Hauptbevollmächtigten bestimmt.[81] Begründet wird diese Auffassung damit, dass die Kosten für die Terminswahrnehmung ansonsten doppelt geltend gemacht würden.[82] Ist aber z.B. der Unterbevollmächtigte von der Partei selbst oder durch den Hauptbevollmächtigten im Namen der Partei mandatiert worden, fallen in der Regel Mehrkosten an.[83] Deren Erstattungsfähigkeit richtet nach § 91 ZPO. Diese Vorschrift stellt auf die zur zweckentsprechenden Rechtsverfolgung notwendigen Kosten ab.

45 Ausgangspunkt der Betrachtung ist der Umstand, dass jeder Anwalt an jedem Amts- und Land- und Oberlandesgericht im Bundesgebiet tätig werden kann. Damit ist die Beauftragung eines Anwalts z.B. am Wohnsitz des Geschädigten, insbesondere wenn sie in der Hoffnung auf eine außergerichtliche Regulierung erfolgt, aus der Sicht des Geschädigten zunächst nicht unangemessen,[84] sondern naheliegend. Auch die Zuziehung eines in der Nähe ihres Wohn- oder Geschäftsorts ansässigen Rechtsanwalts durch eine an einem auswärtigen Gericht klagende oder verklagte Partei stellt im Regelfall eine Maßnahme zweckentsprechender Rechtsverfolgung oder Verteidigung dar.[85] Dies gilt deshalb, weil die Partei zunächst einen in der Nähe ihres Wohnsitzes befindlichen Anwalt aufsuchen wird, um mit diesem die weitere Vorgehensweise abzustimmen und den Sachverhalt zu besprechen. Dabei ist der Anwalt darauf angewiesen, dass er von seiner Partei über den maßgeblichen Tatsachenstoff informiert wird, was im Regelfall nur in einem persönlichen mündlichen Gespräch erfolgen kann.[86] Damit sind auch die Reisekosten dieses am Sitz der prozessbeteiligten Partei tätigen Rechtsanwalts zum auswärtigen Gerichtsort stets erstattungsfähig.[87] Dies gilt selbst dann, wenn die Reisekosten die

77 *KG Berlin* Rechtspfleger 2000, 85; *OLG Brandenburg* MDR 1999, 635 m.w.N.; *OLG München* MDR 1995, 752.

78 *BGH* NJW 2008, 2122.

79 Musielak/Voit/*Flockenhaus* ZPO § 91 Rn. 26a; *BGH* zfs 2023, 461.B; *BGH* DAR 2024, 476.

80 *BGH* zfs 2023, 461; *OLG München* zfs 2022, 639.

81 *Hansens* zfs 2022, 465.

82 *BGH* DAR 2024, 476.

83 *Hansens* zfs 2022, 464 f.

84 Vgl. *OLG Düsseldorf* MDR 2001, 475; *OLG Frankfurt/M.* MDR 2000, 1215 f.; *OLG Düsseldorf* DAR 2002, 431.

85 *BGH* VersR 2004, 352 f.

86 *BGH* NJW 2003, 898 f.

87 *BGH* DAR 2006, 118; *BGH* zfs 2008, 226.

Kosten eines unterbevollmächtigten Terminsvertreters übersteigen.[88] Sie sind nicht notwendig auf die Kosten beschränkt, die durch die Beauftragung eines unterbevollmächtigten Terminsvertreters entstanden wären.[89] Zwar hat der BGH mit seiner Entscheidung vom 10.07.2012 ausgeführt, dass im Rahmen einer ex ante Betrachtung durch die auswärtige Partei zu prüfen ist, ob die Beauftragung eines Unterbevollmächtigten am Gerichtsort oder die mutmaßlich anfallenden Reisekosten des Hauptbevollmächtigten günstiger sind.[90] Allerdings dürfe die Partei ihr berechtigtes Interesse verfolgen und die zur vollen Wahrnehmung ihrer rechtlichen Belange erforderlichen Maßnahmen ergreifen.[91] Kostenrechtlich ist die vertretende Partei daher stets berechtigt, sich durch ihren Hauptbevollmächtigten vertreten zu lassen, selbst wenn dadurch höhere Reisekosten angefallen wären, als durch die Beauftragung des Unterbevollmächtigten.[92] Alternativ zu diesen Reisekosten sind die Kosten eines unterbevollmächtigten Rechtsanwalts als Terminvertreter am Prozessgericht immer dann erstattungsfähig, wenn sie im Rahmen einer ex ante Betrachtung vor dem Termin[93] die Reisekosten des ursprünglich beauftragten Anwalts nicht wesentlich übersteigen,[94] wobei z.B. auch zu berücksichtigten ist, dass ex ante mit zwei Terminen zu rechnen war.[95] Eine unwesentliche Überschreitung ist unschädlich, wobei der *BGH* eine Überschreitung der Kosten für den Unterbevollmächtigten um 1/10 im Verhältnis zu den Reisekosten als unerheblich ansieht.[96] Entsprechend sind die Kosten eines Unterbevollmächtigten bis zu einem Betrag von 110 % der fiktiven Reiskekosten des Hauptbevollmächtigten zur Terminswahrnehmung zu erstatten.[97] Stellt sich erst nach dem Termin z.B. durch den Anfall einer Vergleichsgebühr heraus, dass die Kosten des Unterbevollmächtigten nunmehr um mehr als 10 % höher sind, als die Reisekosten des Hauptbevollmächtigten, sind auch diese Kosten erstattungsfähig, wenn die vertretene Partei vor dem Termin davon ausgehen durfte, dass die Kosten des Unterbevollmächtigten die Reisekosten des Hauptbevollmächtigten nicht um mehr als 10 % übersteigen.[98] Auch in diesem Zusammenhang ist zu beachten, dass die Kosten des unterbevollmächtigten Terminsvertreters nur festgesetzt werden können, wenn dieser durch die Partei selbst beauftragt worden ist und im Kostenfestsetzungsverfahren eine Kostenrechnung des Unterbevollmächtigten vorgelegt wird, die an die Partei selbst gerichtet ist. Nur dann kann der unterbevollmächtigte Rechtsanwalt seine Vergütung nach § 10 RVG einfordern. Es reicht nicht aus, wenn der Hauptbevollmächtigte diese Gebühren in seine Abrechnung bzw. den Kostenfestsetzungsantrag einstellt.[99]

Ist der mandatierte Rechtsanwalt hingegen weder am Sitz der ihn beauftragenden Partei noch am Gerichtsort tätig, nimmt aber gleichwohl den für ihn auswärtigen Termin wahr, stellt sich die Frage, ob die daraus resultierenden und zusätzlich zu den gesetzlichen Gebühren anfallenden Reisekosten erstattungsfähig sind. 46

Ist die Beauftragung eines weder am Sitz der Partei noch am Gerichtsort ansässigen Rechtsanwalts i.S.d. § 91 Abs. 2 S. 1 Hs. 2 ZPO notwendig, können die erstattungsfähigen Reisekosten nicht auf die Kosten beschränkt werden, die einem am vom Gericht am weitesten entfernten Ort im Gerichtsbezirk ansässigen Rechtsanwalts entstanden wären.[100] Fraglich ist damit, ob die Beauftragung eines Rechtsanwalts an einem dritten Ort für die zweckentsprechende Rechtsverfolgung i.S.d. § 91 ZPO

88 *BGH* zfs 2008, 226; *BGH* zfs 2014, 344 (345).
89 *BGH* DAR 2006, 118 = NJW RR 2005, 1662.
90 *BGH* zfs 2012, 645 mit Anmerkung Hansens.
91 *BGH* a.a.O. (646); bestätigt durch *BGH* zfs 2014, 344 (345).
92 *BGH* zfs 2014, 344 (345).
93 *BGH* zfs 2012, 645 mit Anmerkung Hansens; *BGH* zfs 2014, 344 (345).
94 *BGH* NJW 2003, 898 f.
95 Musielak/Voit/*Fischer*, ZPO § 91 Rn. 26.
96 *BGH* NJW 2003, 898 (901); *BGH* zfs 2023, 461 (462).
97 *BGH* VersR 2015, 909.
98 *BGH* zfs 2014, 344 (345).
99 *BGH* VersR 2012, 737 = zfs 2011, 582 mit Anmerkung Hansens; *BGH* zfs 2023, 461 (462) mit Anmerkung *Hansens*.
100 *BGH* zfs 2021, 700 (701); *BGH* zfs 2022, 700.

notwendig war, so dass dessen Reisekosten in vollem Umfang erstattet werden müssen. Hier hat der BGH folgende Grundsätze aufgestellt:[101]

Hat die Partei ihren Sitz innerhalb des Gerichtsbezirks in dem der Rechtsstreit zu führen ist, ist die Beauftragung eines außerhalb des eigenen Gerichtsbezirks tätigen Anwalts in der Regel nicht notwendig. In diesen Fällen kann die Partei Reisekosten für den am dritten Ort tätigen Anwalt nur insoweit beanspruchen, als sie entstanden wären, wenn sie einen Rechtsanwalt mit Niederlassung am weitest entfernt gelegenen Ort innerhalb des Gerichtsbezirks mandatiert hätte. Eine Ausnahme gilt dann, wenn sich die Notwendigkeit der Beauftragung eines außerhalb des Gerichtsbezirks der Partei tätigen Rechtsanwalts aus der Komplexität der jeweiligen Rechtsstreitigkeit ergibt oder weil mehrere gleichgelagerte Rechtsstreitigkeiten bei verschiedenen Gerichten zu führen sind und die Partei aus diesem Grund die Wahrnehmung ihrer Belange durch einen Rechtsanwalt als sachdienlich ansehen kann. So ist eine Partei nicht gehalten, für die Vielzahl von im gesamten Bundesgebiet zu führenden ähnlich gelagerten Prozessen jeweils gesondert einen Prozessbevollmächtigten am Prozessort zu beauftragen und neu zu instruieren.[102] Auch die Beauftragung eines spezialisierten auswärtigen Rechtsanwalts ist ausnahmsweise notwendig, wenn ein vergleichbarer ortsansässiger Rechtsanwalt nicht beauftragt werden kann.[103]

47 Bei der Kostenerstattung kann es auch auf die tatsächliche Organisation des Unternehmens der Partei ankommen und nicht darauf, ob durch einen andere Organisation Mehrkosten bei der Führung eines Rechtsstreits hätten vermieden werden können. Dabei ist dann auch zugunsten der erstattungsberechtigten Partei zu berücksichtigen, dass Rechtsfälle nur am Hauptsitz des Unternehmens bearbeitet werden, selbst wenn das Unternehmen über mehrere eine gerichtliche Zuständigkeit begründende Niederlassungen verfügt.[104] Reisekosten eines an einem dritten Ort tätigen Rechtsanwalts können daher auch dann in voller Höhe abgerechnet werden, wenn dieser Anwalt örtlich dort tätig ist, wo die Bearbeitung des Sachverhalts durch die Prozesspartei unternehmensintern erfolgt, selbst wenn das Unternehmen an diesem Ort weder seinen Hauptsitz noch eine Zweigniederlassung unterhält. Damit handelt es sich tatsächlich nicht um einen an einem »dritten« Ort tätigen Rechtsanwalt, sondern um einen am Ort der außergerichtlichen Bearbeitung tätigen Anwalt. Verfügt ein bundesweit tätiger Versicherer an verschiedenen Orten über solche »Hausanwälte«, dann muss er dieses am jeweiligen Gerichtsort allerdings auch mandatieren, wenn die Erforderlichkeit einer besonderen Spezialisierung eines Rechtsanwalts am dritten Ort nicht ersichtlich ist.[105]

48 Damit hat die auswärtige Partei mithin folgende Möglichkeiten, die Termine vor dem auswärtigen Gericht wahrnehmen zu lassen. Sie kann entweder einen Terminvertreter vor Ort beauftragen. Dessen zusätzliche Kosten sind erstattungsfähig, soweit diese die ersparten Reisekosten des ursprünglichen Prozessbevollmächtigten nicht wesentlich – um mehr als 10 % – übersteigen. Sie kann aber auch einen an ihrem Geschäftssitz ansässigen Prozessbevollmächtigten zum Termin entsenden, dessen Kosten dann in voller Höhe erstattungsfähig sind,[106] selbst wenn diese die Kosten der Beauftragung eines unterbevollmächtigten Rechtsanwalts übersteigen. Letztlich kann sie auch einen an einem dritten Ort tätigen Rechtsanwalt beauftragen. Dessen Reisekosten sind maximal in der Höhe zu erstatten, die einem am Sitz der prozessbeteiligten Partei tätigen Rechtsanwalt entstanden wären, es sei denn, dass die Beauftragung des Anwalts am dritten Ort i.S.d. § 91 ZPO erforderlich war. In diesem Fall sind dessen Reisekosten in voller Höhe erstattungsfähig.

49 Wird der Termin nach der Beauftragung des Unterbevollmächtigten aufgehoben, so sind die bis dahin entstandenen Kosten des Unterbevollmächtigten erstattungsfähig, wenn bei der Beauftragung des Unterbevollmächtigten davon ausgegangen werden durfte, dass der Termin stattfindet und die

101 *BGH* zfs 2021, 700 (701).
102 *KG* VersR 2008, 271 f.; *BGH* zfs 2021, 700 (701); *BGH* zfs 2022, 700.
103 *BGH* zfs 2021, 700 (701).
104 *OLG München* VersR 2009, 1095 (1096).
105 *LG Rostock* r+s 2024, 45.
106 Vgl. *Hansen* zfs 2008, 227 f. und *KG* VersR 2008, 271.

Kosten des Unterbevollmächtigten bei Durchführung des Termins erstattungsfähig gewesen wären.[107] Dies gilt auch dann, wenn der Unterbevollmächtigte bereits vor der Anberaumung des Termins beauftragt wurde, der Termin nachfolgend jedoch entfällt.[108]

**Praxistipp**

50 Sollen Reisekosten und Abwesenheitsentgelt des Anwalts zum auswärtigen Termin geltend gemacht werden, so ist nach den oben dargestellten Grundsätzen darzulegen, warum die Teilnahme des Anwalts nach § 91 ZPO notwendig war. Gleiches gilt auch, wenn die zusätzlichen Kosten für die Einschaltung eines Unterbevollmächtigten geltend gemacht werden sollen. Dabei ist allerdings zu beachten, dass die Reisekosten eines Anwalts, der seine Kanzlei im Gerichtsbezirk hat, allerdings an einem anderen Ort als das Gericht oder seinem Wohnort, stets ohne Notwendigkeitsprüfung zu erstatten sind, da in diesen Fällen § 91 II ZPO eine Notwendigkeitsprüfung nicht vorsieht.[109]

51 Die Kosten eines ausländischen Rechtsanwalts zur Wahrnehmung eines im Ausland stattfindenden Termins zur Beweisaufnahme können erstattungsfähig sein. In einem solchen Fall greift der Grundsatz des § 91 Abs. 2 S. 2 ZPO, nach dem die Kosten mehrerer Rechtsanwälte im Regelfall nur bis zu der Höhe der Kosten eines Rechtsanwalts zu erstatten sind, nicht ein. Allerdings ist die Erstattungspflicht auf die Kosten beschränkt, die ein deutscher Rechtsanwalt für den Termin hätte abrechnen können.[110]

## VI. Vertreter des Anwalts

### 1. Juristisches Personal

52 Nach § 5 RVG wird die Vergütung für eine Tätigkeit, die der Anwalt nicht persönlich vornimmt, dann nach dem RVG bemessen, wenn der Anwalt durch einen anderen Rechtsanwalt, seinen allgemeinen Vertreter, einem Assessor bei einem Rechtsanwalt oder einen ihm zur Ausbildung zugewiesenen Referendar (Stationsreferendar) vertreten wird. Aus der abschließenden Regelung des § 5 RVG folgt im Übrigen, dass für Personen, die dem in § 5 RVG genannten Personenkreis nicht angehören, nicht nach dem RVG liquidiert werden darf.

### 2. Büropersonal

53 Dies gilt in ganz besonderem Maße natürlich für das nicht juristische Hilfspersonal, insbesondere das Büropersonal unter Einschluss des Bürovorstehers. Dieser Personenkreis kann, wenn er für den Anwalt tätig wird, selbst für den Fall, dass der Mandant in dieser Form der Erledigung seiner Angelegenheiten zustimmt, keine Gebühren nach dem RVG berechnen. Dies gilt auch für einen in der Anwaltskanzlei beschäftigten Referendar, der nicht Stationsreferendar ist. Für die von diesem Personenkreis ausgeübte Tätigkeit müsste die angemessene Vergütung nach § 612 BGB[111] bemessen werden. Ist eine Vergütung für die erbrachten Leistungen mit dem Auftraggeber nicht vereinbart, so hat sie der Anwalt in Ermangelung einer üblichen Vergütung (Taxe) nach §§ 315, 316 BGB zu bestimmen.

# B. Der Mehrvertretungszuschlag nach VV 1008

## I. Die Entstehungsvoraussetzungen

54 Nach VV 1008 erhöht sich die Verfahrensgebühr (VV 3100) oder die Geschäftsgebühr (VV 2300) durch den Beitritt jedes weiteren Auftraggebers um je 0,3 oder um 30 % bei Festgebühren, bei

107 *OLG Nürnberg* zfs 2008, 528 m. Anm. *Hansens.*

108 *OLG Celle* 2 W 163/13 NJOZ 2015, 415.

109 *LG Bonn* 30 O 3/15 DAR 2016, 296.

110 Vgl. *BGH* VersR 2006, 386 = DAR 2005, 596 und bei *Hardung* SVR 2005, 425; *BGH* NJW 2005, 1373.

111 Vgl. *Gerold/Schmidt* § 5 RVG Rn. 11 m.w.N.

Betragsrahmengebühren erhöhen sich der Mindest- und der Höchstbetrag um 30 %. Dies gilt bei Wertgebühren nur, soweit der Gegenstand der anwaltlichen Tätigkeit derselbe ist. Die Erhöhung wird nach dem Betrag berechnet, an dem die Personen gemeinschaftlich beteiligt sind. Mehrere Erhöhungen dürfen einen Gebührensatz von 2,0 nicht übersteigen; bei Festgebühren dürfen Erhöhungen das Doppelte der Festgebühr und bei Betragsrahmengebühren das Doppelte des Mindest- und Höchstbetrags nicht übersteigen.

55 Sinn des Mehrvertretungszuschlags ist es die vermutete Mehrbelastung des Anwalts durch das Vorhandensein mehrerer Auftraggeber auszugleichen, Voraussetzung für die Anwendbarkeit der VV 1008 ist jedoch nicht, dass im Einzelfall tatsächlich eine Mehrbelastung eintritt oder ob eine solche typischerweise zu erwarten ist.[112] Zu beachten ist, dass lediglich derjenige Anwalt die Erhöhung beanspruchen darf, der mehrere Auftraggeber – gleichgültig, ob auf der Aktiv- oder Passivseite oder als Streithelfer[113]– vertritt. Das bedeutet, dass der Anwalt, der seinen (einzigen) Mandanten gegen mehrere auf der Gegenseite stehende Streitgenossen vertritt, dafür keinen Mehrvertretungszuschlag erhält.

56 Mehrere Erhöhungen dürfen den Betrag von zwei vollen Gebühren nicht übersteigen, damit ist lediglich der Gegenwert der reinen Erhöhungen – also ohne Hinzurechnung der Verfahrens- oder Geschäftsgebühr – gemeint.

57 Ist der Gegenstand der mehreren Aufträge derselbe, so erfolgt die Erhöhung dadurch, dass der Gebührensatz der Ausgangsgebühr um 0,3 für jeden zusätzlichen Auftraggeber erhöht wird. Durch diesen feststehenden Erhöhungsfaktor von 0,3 wird die Gebühr unabhängig vom Gebührensatz der Ausgangsgebühr, die für den ersten Auftraggeber entsteht, um diesen Faktor erhöht.[114] Dies sei an folgenden Beispielen erläutert:

58 Außergerichtliche Geltendmachung

59 Ein RA wird beauftragt für zwei Gesamtgläubiger 5.000,00 € geltend zu machen. Er fordert den Schuldner außergerichtlich zur Zahlung auf. Die volle Gebühr 1,0 beträgt 334,00 €. Zur Verdeutlichung der Abrechnung soll für die außergerichtliche Tätigkeit vom Anfall einer 0,75 Geschäftsgebühr ausgegangen werden. Maßgeblich für die Abrechnung ist natürlich immer die tatsächliche Ausgangsgebühr nach VV 2300, also ein Gebührenansatz zwischen 0,5 bis 2,5.

60 Der Mehrvertretungszuschlag ist wie folgt abzurechnen:

Tab. 1

| | |
|---|---|
| 0,75 Geschäftsgebühr aus 5.000,00 € | 250,50 € |
| 0,3 aus 1,0 der vollen Gebühr aus 5.000,00 € | 100,20 € |
| Summe: | 350,70 € |

61 **Gerichtliche Geltendmachung in der ersten Instanz**

62 Hätte der Anwalt unmittelbar geklagt, so ergäbe sich folgende Abrechnung:

Tab. 2

| | |
|---|---|
| 1,3 Verfahrensgebühr nach VV 3100 | 434,20 € |
| 0,3 Erhöhungsgebühr nach VV 1008 | 100,20 € |
| Summe: | 534,40 € |

112 *BGH* NJW 1984, 2296; *BVerwG* NJW 2000, 2288 f. m.w.N.
113 *BGH* NJW 2010, 1377 (1378), wobei aber immer Personenverschiedenheit bestehen muss.
114 *Volpert* RVG Professionell 2004, 46; vergl. dazu auch Himmelreich/Halm/*Fabian* Kap. 42. Rn. 21 ff.

**Abrechnung in der Berufungsinstanz** 63

Tab. 3 64

| | |
|---|---|
| 1,6 Verfahrensgebühr nach VV 3200 | 534,40 € |
| 0,3 Erhöhungsgebühr nach VV 1008 | 100,20 € |
| Summe: | 634,60 €. |

Bezüglich der Erhöhung liegt im Innenverhältnis der Auftraggeber zum Anwalt kein Gesamtschuldverhältnis vor. Jeder Auftraggeber schuldet vielmehr nach § 7 Abs. 2 RVG dem gemeinsamen Anwalt die Gebühren und Auslagen lediglich in der Höhe, die angemessen wäre, wenn nur er allein dem Anwalt einen Auftrag erteilt hätte. Das bedeutet, dass keiner der Auftraggeber im Prozessfalle beispielsweise – und sei es auch nur gesamtschuldnerisch – 1,6 schuldet. Sind zwei Auftraggeber vorhanden, so schuldet jeder von ihnen gesamtschuldnerisch 1,3. Zahlt A seinen Anteil von 1,3, so kommt diese Zahlung dem Streitgenossen B gem. § 422 BGB in der Form zugute, dass dieser – unbeschadet einer etwaigen Ausgleichung im Innenverhältnis – nur noch 0,3 zu zahlen hat.[115] Hinsichtlich der übrigen Gebühren besteht allerdings ein Gesamtschuldverhältnis der Auftraggeber.[116] 65

Der Umstand, dass kein Gesamtschuldverhältnis bezogen auf die Erhöhungsgebühr vorliegt, kann dazu führen, dass der Anwalt hinsichtlich der Erhöhungsgebühr wirtschaftlich einen Nachteil erleidet. Zahlt der Auftraggeber A die von ihm geschuldeten Gebühren ohne den Mehrvertretungszuschlag, dann kann der Anwalt weitere Gebühren von diesem nicht verlangen. Weitere Gebühren, nämlich den Mehrvertretungszuschlag, schuldet dann nur der zweite Auftraggeber B. Ist dieser vermögenslos, so fällt der Anwalt wirtschaftlich mit der weitergehenden Forderung aus. 66

Voraussetzung für die Anwendung des Mehrvertretungszuschlags ist das Vorliegen »derselben Angelegenheit« i.S.d. § 7 Abs. 1 RVG. 67

Klagen mehrere Beteiligte an einem Verkehrsunfall jeweils gesonderte Ansprüche gegen den Unfallverursacher ein, so kommt es nicht zur Erhöhung der Verfahrensgebühr, sondern zur Streitwertaddition (§ 22 Abs. 1 RVG), da es sich nicht um dieselbe Angelegenheit i.S.d. VV 1008 handelt. Zur Streitwertaddition kommt es aber nur, wenn dem Anwalt ein Gesamtmandat zur gemeinschaftlichen Vertretung aller Personen übertragen worden ist. Beauftragt hingegen jeder Mandant, den Anwalt gesondert, dann ist jedes Mandat eine eigene Angelegenheit und kann dann einzeln abgerechnet werden.[117] 68

Eine Mehrheit von Auftraggebern im Sinne des § 7 Abs. 1 RVG liegt dagegen vor, wenn in Verkehrsunfallsachen ein Rechtsanwalt neben der Haftpflichtversicherung auch den Halter oder Fahrer vertritt. Die Gebühr ist auch dann erstattungsfähig, wenn der Versicherungsnehmer keinen selbstständigen Auftrag erteilt hat.[118] Kein Mehrvertretungszuschlag fällt hingegen an, wenn der Rechtsanwalt für seine Partei und zugleich für diese als Streithelferin einer anderen Partei tätig ist, wie dies z.B. der Fall sein kann, wenn der Rechtsanwalt auf Beklagtenseite den Haftpflichtversicherer, nicht aber auch den Versicherungsnehmer vertritt, sondern insoweit nur als Streithelfer tätig wird.[119] In diesem Fall vertritt der Anwalt nicht mehrere Personen, sondern stets nur seinen Auftraggeber, also z.B. den beklagten Versicherer als beklagte Partei und Streithelfer des beklagten Versicherungsnehmers. Den Versicherungsnehmer aber vertritt der Rechtsanwalt gerade nicht, sodass ihm auch kein Mehrvertretungszuschlag zusteht. 69

115 Himmelreich/Halm/*Fabian* Kap. 42. Rn. 26.
116 *BGH* VersR 2004, 489 f.
117 Vgl. dazu *Schneider* DAR 2020, 57.
118 *OLG Oldenburg* AnwBl. 1993, 529.
119 *BGH* NJW 2010, 1377 = zfs 2010, 166 m.Anm. *Hansens*.

### II. Die Erstattung des Mehrvertretungszuschlags und dessen Berücksichtigung im Kostenfestsetzungsverfahren

70 Haben die Streitgenossen ganz oder teilweise gewonnen und sind die Kosten in voller Höhe erstattungsfähig, so fragt sich, ob jeder der Streitgenossen nur den Anteil festgesetzt erhält, den er auch im Innenverhältnis zu tragen hat oder ob ein Streitgenosse den gesamten Anspruch unabhängig von seiner Verpflichtung im Innenverhältnis festsetzen lassen kann.

71 Diese Frage ist durch den *BGH* höchstrichterlich geklärt.[120] Der *BGH* hat entschieden, dass in einem Prozess, in dem ein Streitgenosse obsiegt hat und ein anderer unterlegen ist, der obsiegende Streitgenosse nur den seiner Beteiligung am Rechtsstreit entsprechenden Bruchteil der Anwaltskosten von seinem Prozessgegner erstattet verlangen kann, wenn beide gemeinschaftlich durch einen Anwalt vertreten waren.[121] Die Streitgenossen sind Gläubiger nach Kopfteilen.[122] Der *BGH* begründet seine Rechtsauffassung u.a. damit, dass diese Art der Kostenfestsetzung zunächst der im Verfahren getroffenen Kostengrundentscheidung entspricht, die nicht durch eine anderweitige Kostenfestsetzung unterlaufen werden dürfe. Auch entspreche diese Auffassung § 91 ZPO; notwendig in diesem Sinne seien auch nur die Kosten, mit denen der Streitgenosse auf Dauer in seinem Vermögen belastet werde. Im Übrigen werde durch diese Auffassung das unbillige Ergebnis vermieden, dass der im Verhältnis zum unterlegenen Streitgenossen obsiegende Teil zunächst auch dessen Kosten zu tragen habe, um diesen später auf Rückerstattung in Regress zu nehmen.

## C. Der Gegenstandswert

72 Der Gegenstandswert ist die Bemessungsgrundlage der Anwaltsgebühren. Hier ist jedoch zwischen dem Gegenstandswert zu differenzieren, den der Anwalt bei der Abrechnung seiner Gebühren gegenüber seinem Auftraggeber zugrunde legen kann und dem Gegenstandswert, der angesetzt werden darf, wenn es darum geht, die angefallenen Anwaltsgebühren als Schadensersatz bei der Gegenseite geltend zu machen. Diese Differenzierung ist bei Verkehrsunfallsachen sehr häufig anzutreffen. So können nur die Gebühren aus dem Gegenstandswert gegenüber dem Schädiger abgerechnet werden, der sich aus der Summe der Schadensersatzleistungen ergibt, die vom Schädiger tatsächlich erbracht werden (sog. Regulierungsstreitwert), der Gebührenanspruch des Anwalts gegenüber seinem Mandanten bestimmt sich hingegen aus dem Gegenstandswert der Ansprüche, die der Anwalt im Auftrag seines Mandanten tatsächlich geltend gemacht hat oder geltend machen sollte. Dies bedeutet, dass nicht sämtliche Gebührenansprüche, die im Innenverhältnis entstanden sind, auch im Außenverhältnis vom Schädiger zu erstatten sind.

▶ **Praxistipp**

73 Auf diese Diskrepanz ist der Mandant durch den Rechtsanwalt hinzuweisen, da der Geschädigte eines Verkehrsunfalls in der Regel die Auffassung vertritt, nach einem unverschuldeten Unfall keine Rechtsanwaltskosten übernehmen zu müssen.

### I. Begriff

74 Mit dem Gegenstandswert befasst sich § 23 RVG. Nach dieser Vorschrift bestimmt sich der Gegenstandswert in gerichtlichen Verfahren nach den für die Gerichtsgebühren geltenden Wertvorschriften, also nach den Bestimmungen des Gerichtskostengesetzes (GKG). Darunter versteht man alle Verfahren, die vor einem ordentlichen Gericht anhängig sind. Unter diesen Begriff fällt auch die anwaltliche Tätigkeit gegenüber dem Rechtspfleger und auch im Verhältnis zum Gerichtsvollzieher im Rahmen der Zwangsvollstreckung (§ 25 RVG).

120 *BGH* VersR 2004, 489; *BGH* VersR 2006, 808.
121 So auch *OLG Celle* BeckRS 2017, 156743.
122 *OLG Dresden* BeckRS 2021, 59908.

Die für die Gerichtsgebühren maßgeblichen Vorschriften gelten nach § 23 Abs. 1 S. 3 RVG auch für anwaltliche Tätigkeiten, die einem gerichtlichen Verfahren vorausgehen. Darunter versteht man in erster Linie für den hier interessierenden Bereich außergerichtliche Verhandlungen. Dies bedeutet, dass für bürgerliche Rechtsstreitigkeiten grundsätzlich die Vorschrift des § 48 GKG und über § 48 GKG auch die Vorschriften der §§ 3–9 ZPO gelten.[123] 75

Abweichende Regelungen, nach denen für anwaltliche Tätigkeiten in einem gerichtlichen Verfahren oder für außergerichtliche Vertretung die für die Gerichtsgebühren maßgeblichen Wertvorschriften nicht gelten, finden sich für den Bereich der Unfallschadenregulierung in VV 1009 für die Hebegebühr. 76

## II. Der »erstattungsfähige« Gegenstandswert

Dem Erstattungsanspruch des Geschädigten hinsichtlich der ihm entstandenen vorgerichtlichen Anwaltskosten ist im Verhältnis zum Schädiger grundsätzlich der Gegenstandswert zugrunde zu legen, der der berechtigten Schadensersatzforderung entspricht.[124] Dabei gehören zu dem erstattungsfähigen Gegenstandswert auch die Beträge, die der Schädiger aufgrund von Abtretungen unmittelbar an Dritte, wie z.B. Sachverständige, Mietwagenunternehmer oder Werkstätten zahlt.[125] Dies gilt auch dann, wenn der Sachverständige durch die gegnerische Haftpflichtversicherung beauftragt wurde.[126] Dabei bleibt es auch, wenn zunächst Kosten angemeldet werden, die der Schädiger zwar zu zahlen verpflichtet wäre, diese Zahlungen jedoch nicht erbringt und diese dann z.B. durch einen Versicherers des Schädigers erbracht werden.[127] Werden durch den Rechtsanwalt zunächst die Reparaturkosten einer markengebundenen Fachwerkstatt geltend gemacht und muss der Versicherer nach einem Verweis auf eine gleichwertige Ersatzwerkstatt nur die geringeren Reparaturkosten zahlen, so sind die Anwaltskosten nur aus dem Wert der geringeren Reparaturkosten zu ersetzen.[128] Bei einem Totalschaden ermittelt sich der Streitwert stets aus der Differenz zwischen Wiederbeschaffungs- und Restwert, da in Höhe des verbleibenden Restwerts kein Schaden entstanden ist.[129] Keine Berücksichtigung bei der Bemessung des Regulierungsstreitwerts finden solche Beträge, die von vornherein durch Dritte zu zahlen sind, den Geschädigten also niemals belasten, wie z.B. auf Sozialversicherungsträger übergegangene Ansprüche oder Ansprüche auf Entgang des Verdienstausfallschadens die nach § 6 EntGFG auf den Arbeitgeber übergegangen sind.[130] 77

Dieser Grundsatz gilt sowohl für den gerichtlichen als auch den außergerichtlichen Bereich, sodass nur der berechtigt geforderte Betrag einen Kostenerstattungsanspruch auslöst. Während man diesen Grundsatz im Gerichtsverfahren durch die Bildung einer Kostenquote realisiert, wird dieser Grundsatz im außergerichtlichen Bereich durch die Erstattungsfähigkeit nur der Anwaltskosten umgesetzt, die sich aus dem »Regulierungsstreitwert« ergeben. Der tatsächliche Gebührenanspruch des Anwalts gegenüber seinem Mandanten, der sich an dem gesamten geltend gemachten Betrag orientiert, bleibt davon unbeeinträchtigt. 78

## III. Der unbezifferte Klageantrag

Im Fall des zulässigen unbezifferten Klageantrags richtet sich die Erstattungsfähigkeit der entstandenen Anwaltskosten nach der durch das Gericht festgesetzten Kostenquote. Hier ist aber die besondere Vorschrift des § 92 Abs. 2 ZPO zu beachten. Nach dieser Vorschrift kann das Gericht einer Partei 79

---

123 Vgl. *Gerold/Schmidt* § 23 RVG Rn. 3.

124 *BGH* DAR 2008, 176 mit Anm. *Schneider*; Halm/Engelbrecht/Krahe/*Euler* Kap. 25 Rn. 332.

125 *Schneider* DAR 2009, 236 f.

126 *AG Stuttgart-Bad Cannstatt* bei *Pichler* SVR 2011, 264.

127 *Schneider* a.a.O. 237.

128 *BGH* NJW 2018, 935 und NJW 2018, 937.

129 *BGH* NJW 2017, 3588.

130 *Schneider* a.a.O. 237.

die gesamten Prozesskosten auferlegen, wenn der Betrag der Forderung der anderen Partei von der Ausübung des richterlichen Ermessens abhängig war. Im Regelfall wird dies bei der Geltendmachung von Schmerzensgeldforderungen der Fall sein, da hier die Höhe des zu zahlenden Schmerzensgeldes häufig in das Ermessen des Gerichts gestellt wird, um das Kostenrisiko zu senken.

80 Dabei ist jedoch zu beachten, dass die Rspr. dem Kläger der Schmerzensgeldforderung bei der Formulierung des Klageantrags nicht völlig freie Hand lässt. Die beschränkte Zulassung unbezifferter Leistungsanträge befreit nicht von dem Gebot des § 253 Abs. 2 Nr. 2 ZPO, einen bestimmten Antrag zu stellen. Es reicht nicht aus, nur die tatsächlichen Feststellungs- und Schätzgrundlagen anzugeben. Der Kläger muss auch die Größenordnung des geltend gemachten Anspruchs so genau wie möglich angeben. Das Gericht und der Gegner müssen wissen, welchen Umfang letztendlich der Streitgegenstand haben soll. Andernfalls ist die Klage unzulässig.[131]

81 Eine zweite Beschränkung bei der Freiheit des Klägers, die Höhe der Schmerzensgeldforderung in das Ermessen des Gerichts zu stellen, findet sich im Hinblick auf ein etwaiges Rechtsmittel gegen ein die Klage abweisendes Urteil. Hat der Kläger ein angemessenes Schmerzensgeld unter Angabe einer Betragsvorstellung verlangt und hat das Gericht ihm ein Schmerzensgeld in eben dieser Höhe zuerkannt, so ist er durch das Urteil nicht beschwert und kann es nicht mit dem alleinigen Ziel eines höheren Schmerzensgeldes anfechten. Will sich der Kläger die Möglichkeit eines Rechtsmittels offenhalten, so muss er auch aus diesem Grund den Betrag nennen, den er auf jeden Fall zugesprochen haben will und bei dessen Unterschreitung er sich nicht als befriedigt ansehen würde.[132]

82 Ist der Streitwert in diesen Grenzen feststellbar, so kann das Gericht von der Möglichkeit des § 92 Abs. 2 ZPO Gebrauch machen und auch bei teilweisem Unterliegen der Höhe nach, die Kosten in voller Höhe dem Beklagten auferlegen, wobei sich allerdings die vom Kläger geäußerten Vorstellungen in vertretbaren Grenzen gehalten haben müssen.[133] Anders verhält es sich lediglich dann, wenn der Kläger in bestimmten Punkten die anspruchsbegründenden Behauptungen nicht zu beweisen vermag und ihm deswegen ein geringeres Schmerzensgeld zugesprochen wird. In diesen Fällen ist § 92 Abs. 2 ZPO nicht anzuwenden. Ebenso, wenn sich die Schmerzensgeldforderung aufgrund eines Mitverschuldens des Klägers reduziert.

## IV. Rentenansprüche

83 Wird wegen der Verletzung oder der Tötung eines Menschen ein Rentenanspruch geltend ist der Streitwert von wiederkehrenden Rentenleistungen nach § 48 GKG i.V.m. § 9 ZPO zu berechnen ist. Maßgeblich ist nunmehr der 3,5-fache Wert des einjährigen Bezugs. Hinzukommen die bei Einreichung der Klage fälligen Beträge.[134]

## V. Feststellungsansprüche

84 Der Streitwert für einen Feststellungsanspruch soll in der Regel geringer zu bewerten sein als für einen entsprechenden Leistungsanspruch (Zahlungsanspruch). Nach der Rechtsprechung des BGH ist für den Streitwert des Feststellungsanspruch ein Abschlag von 20 % gegenüber dem Leistungsanspruch vorzunehmen.[135] Hintergrund dieses Abschlags ist der Gedanke, dass das Klageziel eines Feststellungsantrags hinter dem eines Leistungsantrags zurückbleibt, weil ein Feststellungsurteil nicht zu einer Erledigung der rechtlichen Streitpunkte zur Höhe des Schadens führt und der Kläger das Risiko einer Realisierung der zunächst nur festgestellten Forderung trägt.[136] Ob dieser Abschlag allerdings gerechtfertigt ist, darf bezweifelt werden. Immerhin trägt der Rechtsanwalt bei einem

131 *BGH* NJW 1982, 340.
132 *BGH* DAR 1999, 215 = VersR 1999, 902; *BGH* r+s 2016, 485.
133 S. dazu *Gerlach* VersR 2000, 525 (528) m.w.N.
134 *Schneider und Thiel* AnwBl. 2013, 259 (269).
135 *BGH* BeckRS 2020, 26875.
136 *BGH* a.a.O.

Feststellungsantrag, der die künftigen Schäden seines Mandanten absichern soll, das volle Haftungsrisiko und nicht etwa nur ein z.B. auf den 3,5-fachen Jahresbetrag reduziertes Risiko. Warum diesem Haftungsrisiko dann aber durch eine doppelte Gebührenkürzung – zum einen auf den 3,5 fachen Jahresbetrag und zum anderen um weitere 20 % – Rechnung getragen wird, ist nicht einzusehen. Auch das Argument, der Feststellungstenor sei nicht vollstreckungsfähig, vermag nicht zu überzeugen, weil sich aus diesem Tenor ja zukünftige Ansprüche ergeben, die dann ggf. ohne dass es einer Vollstreckung und weiterer anwaltlicher Hilfestellung bedarf durchgesetzt werden können.

## VI. Einschaltung der Kaskoversicherung

Die Abrechnung des Unfallschadens unter Einbeziehung des Kaskoversicherers ist vor allen Dingen bei einem Mitverschulden des Geschädigten von Interesse,[137] da sich – von den Fällen etwaiger Leistungsfreiheit wegen Vorsatz oder Leistungskürzungen wegen grober Fahrlässigkeit abgesehen –, der Kaskoversicherer nicht auf ein Mitverschulden gegenüber seinem Versicherungsnehmer berufen kann. Im Gegenteil: Der Kaskoversicherer hat in diesen Fällen zu seinen eigenen Lasten dem VN ein Quotenvorrecht zu gewähren (§ 86 Abs. 1 S. 1 VVG). Allerdings wird der Kaskoversicherer auch dann eingeschaltet, wenn sich die Regulierung des Fahrzeugschadens aus Sicht des Geschädigten zu lange hinzieht. Reguliert dann der Kaskoversicherer kann der Geschädigte vom Haftpflichtversicherer des Schädigers verlangen, dass dieser den geschuldeten Schadenersatz an die Kaskoversicherung zahlt, damit diese den Versicherungsvertrag wieder schadenfrei führt und die Rückstufung aufgehoben wird.[138] In beiden Fällen stellt sich die Frage, ob und aus welchem Streitwert der Haftpflichtversicherer des Geschädigten die daraus resultierenden Anwaltskosten zu übernehmen hat. Hier ist zwischen den Kosten für die Einschaltung der Kaskoversicherung und den Kosten für die Geltendmachung des Schadenersatzanspruchs gegen die Haftpflichtversicherung des Schädigers zu differenzieren. 85

Schaltet der Geschädigte im Rahmen der Unfallschadenregulierung einen Rechtsanwalt ein und beauftragt diesen, die Ansprüche auch gegen den eigenen Kaskoversicherer geltend zu machen, so steht dem Rechtsanwalt für diese Tätigkeit ein Gebührenanspruch gegen seinen Auftraggeber zu.[139] Fraglich ist aber, ob diese Gebühren auch vom Schädiger erstattet verlangt werden können. Für eine solche Erstattung würde sprechen, dass der Schädiger durch den von ihm jedenfalls mit verursachten Unfall Anlass auch für die Einschaltung des Kaskoversicherers gegeben hat. Allerdings ist nach der Rechtsprechung des BGH auch insoweit der Gedanke der Schadenminderungspflicht des Geschädigten zu beachten. In diesem Sinne hat der BGH entschieden, dass der Geschädigte jedenfalls dann keinen Erstattungsanspruch hinsichtlich der Rechtsanwaltsgebühren hat, wenn es sich um einen einfach gelagerten Schadenfall handelt und keine Anhaltspunkte erkennbar sind, dass der Kaskoversicherer seine versicherungsvertraglich geschuldeten Leistungen nicht erbringen wird. In diesem Fall können daher die Rechtsanwaltskosten, die durch die Einschaltung des Kaskoversicherers entstanden sind, nicht von der Gegenseite erstattet verlangt werden.[140] Auch der Umstand, dass ein Quotenvorrecht in Betracht kommt, reicht nicht aus, um einen Gebührenanspruch gegen den Schädiger zu begründen.[141] Damit kann Kostenersatz vom Schädiger bzw. seiner Haftpflichtversicherung nur in den Fällen verlangt werden, in denen die Rechtslage kompliziert ist und/oder die Kaskoversicherung sich hinsichtlich der von ihrzu erbringenden Leistungen in Verzug befindet und daher aus diesem Grund die Einschaltung eines Rechtsanwalts erforderlich geworden ist. Wurde der Rechtsanwalt verfrüht eingeschaltet, um den Anspruch gegenüber der Kaskoversicherung geltend zu machen, führt dies allerdings nicht zu einem Ausschluss des Gebührenanspruchs, wenn sich die 86

137 Zur Abrechnung bei der Verweisung nach § 117 III 2 VVG bei notleidendem Haftpflichtversicherungsverhältnis s. *Schneider* DAR 2014, 492 ff.

138 *Schneider* DAR 2022, 656.

139 *Schneider* DAR 2022, 656 (657).

140 *BGH* NJW 2012, 2194.

141 *BGH* r+s 2017, 494.

Einschaltung des Anwalts im weiteren Verlauf der Schadenregulierung als berechtigt erweist, da die Geschäftsgebühr mit jeder (weiteren) Erfüllung des Gebührentatbestands neu entsteht (§ 14 Abs. 1 RVG). Allerdings kann sie der Anwalt maximal bis zu einem Gebührenrahmen von 2,5 fordern (§ 15 RVG), so dass nach § 287 ZPO der Umfang des vom Schädiger erstattungsfähigen Gebührenanteils zu schätzen ist.[142] Denkbar ist damit auch die volle Erstattungsfähigkeit der Anwaltskosten durch die Gegenseite, selbst wenn der Anwalt zunächst zu früh eingeschaltet worden war.

87 Befindet sich der Kaskoversicherer in Verzug, so hat der Geschädigte auf jeden Fall einen Anspruch auf Ersatz aller durch die Einschaltung der Kaskoversicherung entstandenen Kosten.[143] Zu begründen ist dies damit, dass der Schädiger und der Kaskoversicherer in dieser Situation auf die Gebühren als Gesamtschuldner haften, der Kaskoversicherer hat durch den Verzug Anlass zur Beauftragung des Anwalts gegeben, der Schädiger durch den Schadenfall. So wie damit auch der Kaskoversicherer aus Verzug[144] für die Anwaltskosten aufzukommen hat, gilt dies aus dem Rechtsgrund z.B. der unerlaubten Handlung auch für den Schädiger. Befindet sich hingegen nur der Haftpflichtversicherer mit seiner Leistung in Verzug, reicht dies allein nicht aus, damit der Geschädigte Ersatz für die Gebühren erhält, die dadurch angefallen sind, dass er einen Anwalt mit der Geltendmachung des Schadens bei seiner Kaskoversicherung beauftragt.[145] Auch hier kann Kostenersatz für die durch die Einschaltung des Kaskoversicherers angefallenen Rechtsanwaltsgebühren erst dann verlangt werden, wenn Anhaltspunkte dafür erkennbar sind, dass der Kaskoversicherer seine versicherungsvertraglich geschuldeten Leistungen nicht erbringen wird oder die Rechtslage so kompliziert ist, dass anwaltliche Unterstützung auch hinsichtlich der Einschaltung des Kaskoversicherers erforderlich ist.

88 Im Verhältnis zur Kaskoversicherung reicht die Gesamtschuld aber nur soweit, wie auch vom Kaskoversicherer Erstattung der Anwaltskosten verlangt werden kann. So hat der Kaskoversicherer der Höhe nach nicht die Anwaltskosten zu ersetzen, die aus Schadensersatzforderungen resultieren, die mit den vom Kaskoversicherer geschuldeten Leistungen nicht kongruent sind. Beispielsweise hat sich der Kaskoversicherer an Anwaltskosten nicht zu beteiligen, die aus der Geltendmachung von Schmerzensgeld resultieren.

89 Auch umgekehrt stellt sich die Frage, ob der Geschädigte Anwaltskosten übernehmen muss, wenn der Kaskoversicherer Leistungen erbringt, die der Schädiger nicht schuldet, so z.B. im Fall des Mitverschuldens des Geschädigten, das sich gegenüber dem Schädiger, nicht aber gegenüber dem Kaskoversicherer in einer Kürzung der Ansprüche ausdrückt. Diese Frage stellt sich insbesondere deshalb, weil der Geschädigte in dieser Situation die Kaskoversicherung in Anspruch nehmen wird, um unter Ausnutzung des Quotenvorrechts den gesamten Sachschaden zu erhalten, während ihm dieser im Verhältnis zum Schädiger eben nicht in dieser Höhe zustehen würde. In diesem Fall hat der Geschädigte keinen Kostenerstattungsanspruch gegen den Schädiger im Hinblick auf die erfolgte Einschaltung des Rechtsanwalts zur Durchsetzung der Ansprüche gegen den Kaskoversicherer, da die Kaskoversicherung nur eingeschaltet wurde, um den Anteil des Schadens zu regulieren, für den der Schädiger gerade nicht haftet. Es handelt sich damit bei der Einschaltung des Kaskoversicherers nicht um eine adäquate Folge des durch den Schädiger verursachten Schadens.[146]

90 Neben der Frage, ob der Schädiger Kostenersatz für die Rechtsanwaltsgebühren schuldet, die aus der Beauftragung des Anwalts zur Regulierung des Schadens durch die Kaskoversicherung entstehen, ist noch prüfen in welcher Höhe der Haftpflichtversicherer den Ersatz der Anwaltskosten schuldet, weil der Anwalt auch damit beauftragt war, die Schadenersatzansprüche des Geschädigten zu regulieren.[147]

142 *BGH* r+s 2017, 494.
143 *LG Kaiserslautern* DAR 1993, 196.
144 *AG Recklinghausen* zfs 1991, 199.
145 *LG Saarbrücken* SVR 2016, 349.
146 *BGH* r+s 2017, 494.
147 Vgl. dazu ausführlich *Schneider* DAR 2022, 656.

Wird der Anwalt erst beauftragt, nachdem die Kaskoversicherung bereits reguliert hat, bemisst sich der Gebührenstreitwert nur noch aus dem durch die Kaskoversicherung nicht regulierten Schaden, also z.B. in Höhe der Selbstbeteiligung, Nutzungsausfall, Kostenpauschale und ggf. dem Höherstufungsschaden. Werden diese Positionen ersetzt, schuldet der Haftpflichtversicherer die aus diesem Regulierungsstreitwert resultierenden Anwaltsgebühren. 91

War der Anwalt mit der Schadenregulierung bereits beauftragt, bevor die Kaskoversicherung in Anspruch genommen wurde und verlangt der Anwalt nach der Regulierung durch die Kaskoversicherung, dass der Schädiger den vollen Schadenersatz an die Kaskoversicherung leistet, um den Vertrag schadenfrei zu stellen, bemisst sich der Gebührenstreitwert der vom Schädiger zu ersetzenden Anwaltskosten nach dem Wert des Schadens, den der Haftpflichtversicherer an den Geschädigten und die Kaskoversicherung geleistet hat.[148] 92

Entsprechend ist im Falle des Mitverschuldens des Geschädigten vorzugehen. Wird der Anwalt erst nach der Einschaltung der Kaskoversicherung mit der Regulierung des Schadens beauftragt, errechnet sich der Streitwert der vom Schädiger zu erstattenden Gebühren aus dem Betrag, den der Schädiger nach der Einschaltung der Vollkaskoversicherung unter Berücksichtigung des Quotenvorrechts noch zu regulieren hatte. War der Anwalt mit der Schadenregulierung bereits beauftragt, bevor die Kaskoversicherung in Anspruch genommen wurde und verlangt der Anwalt nach der Regulierung durch die Kaskoversicherung, dass der Schädiger den um das Mitverschulden gekürzten Schadenersatz an die Kaskoversicherung leistet, bemisst sich der Gebührenstreitwert der vom Schädiger zu ersetzenden Anwaltskosten nach dem Wert des Schadens, den der Haftpflichtversicherer an den Geschädigten und die Kaskoversicherung geleistet hat. Hinzukommt auch in diesem Fall der Wert des Höherstufungsschadens. 93

## D. Einzelne Gebühren

### I. Die Geschäftsgebühr

#### 1. Entstehung und Abgeltungstatbestände

Die Geschäftsgebühr findet sich in VV 2300 bzw. 2301. Maßgeblich für die Kfz-Schadenregulierung ist der Grundtatbestand des VV 2300. Sie fällt für die außergerichtliche Tätigkeit des Anwalts an, die in der Vorbemerkung 2.3 III wie folgt definiert wird: 94

> »Die Geschäftsgebühr entsteht für das Betreiben des Geschäfts einschließlich der Information und für die Mitwirkung bei der Gestaltung eines Vertrages.«

Nach VV 2300 beträgt der Gebührenrahmen 0,5 bis 2,5, wobei eine Gebühr von mehr als 1,3 nur dann gefordert werden kann, wenn die Tätigkeit umfangreich oder schwierig war. 95

Diese Gebühr stellt die allgemeine Abgeltung für die Tätigkeit des Anwalts dar, soweit für spezielle Tätigkeiten nicht noch besondere Gebühren ausgelöst werden. 96

Neben dem Grundtatbestand des VV 2300 werden in den VV 2301 ff. Sondertatbestände der Geschäftsgebühr geregelt. Beschränkt sich z.B. der Auftrag auf Schreiben einfacher Art, so ermäßigt sich die Gebühr gem. VV 2302 auf 0,3. Dagegen erhöht sich die Geschäftsgebühr gem. VV 2303 auf 1,5 bei der Vertretung vor einer durch die Landesjustizverwaltung eingerichteten oder anerkannten Gütestelle. 97

Die Geschäftsgebühr gilt auch sämtliche Nebentätigkeiten des Anwaltes ab, wie beispielsweise Einsicht in die amtlichen Ermittlungsakten, die persönlichen Erörterungen mit dem Mandanten und die Erteilung von Ratschlägen. Unter den Abgeltungsbereich fällt auch die Korrespondenz des Anwalts mit seinem Mandanten, mit der Gegenpartei oder mit Dritten. Mit der Geschäftsgebühr werden auch die Schreibauslagen für Abschriften und Ablichtungen abgegolten, die der Anwalt von seinen 98

148 *Schneider* a.a.O.

Schriftsätzen für die eigene Partei anfertigt, ohne dass es dabei auf die Anzahl des Schreibwerkes und die Zahl der Mandanten ankommt. Die schriftliche Übersetzung von Schriftsätzen und gerichtlichen Entscheidungen durch einen Prozessbevollmächtigten einer der deutschen Sprache nicht mächtigen Partei fällt allerdings nicht unter den Abgeltungsbereich der Geschäftsgebühr.[149]

99 Die Geschäftsgebühr entsteht mit der ersten Tätigkeit des Anwalts nach Erhalt des Auftrags, also regelmäßig mit der Entgegennahme des Mandates bzw. der ersten Information. Die Geschäftsgebühr ist eine Grundgebühr, die in allen Angelegenheiten anfallen muss, deren Erledigung durch die Gebühren nach VV 2300 ff. abgegolten wird.

### 2. Die Anrechnung der Geschäftsgebühr im Klageverfahren

100 Ist der Rechtsanwalt für den Geschädigten eines Unfalles zunächst außergerichtlich tätig und erreicht hier eine teilweise Regulierung des Schadens, ist er aber gezwungen, den Restschaden gerichtlich geltend zu machen, so ist zu beachten, dass das RVG nur eine teilweise Anrechnung der Geschäftsgebühr auf die Verfahrensgebühr vorsieht. Insoweit bestimmt die Vorb. 3 VV Abs. 4, dass in den Fällen, in denen wegen desselben Gegenstands eine Geschäftsgebühr nach den Nr. 2300 bis 2303 entstanden ist, diese Gebühr zur Hälfte, höchstens aber mit einem Gebührensatz von 0,75 auf das gerichtliche Verfahren angerechnet wird, wobei sich nicht die Geschäftsgebühr, sondern die Verfahrensgebühr entsprechend vermindert.[150] Dabei erfolgt die Anrechnung nach dem Wert, der in das gerichtliche Verfahren übergegangen ist.[151] Der Rechtsanwalt kann die Gebühr nach VV 2300 daher nur einmal und nicht aus den jeweils niedrigeren Teilgegenstandswerten der außergerichtlichen Regulierung und der einzuklagenden Forderung verlangen.[152] In diesem Rahmen kann die Geschäftsgebühr auch anteilig auf die in zweiter Instanz entstandene Verfahrensgebühr angerechnet werden, sofern sie nicht bereits auf die erstinstanzlich verdiente Verfahrensgebühr angerechnet worden ist.[153] Fällt die Geschäftsgebühr für die vorgerichtliche Tätigkeit des Rechtsanwalts mehrfach an und werden die vorgerichtlich geltend gemachten Ansprüche im Wege objektiver Klagehäufung in einem einzigen gerichtlichen Verfahren verfolgt, so dass die Verfahrensgebühr nur einmal anfällt, sind alle entstandenen Geschäftsgebühren in der tatsächlichen Höhe anteilig auf die Verfahrensgebühr anzurechnen.[154] Liegen zwischen Beendigung der außergerichtlichen Vertretung und dem Auftrag zur Einreichung der Klage mehr als zwei Kalenderjahre, wird die Geschäftsgebühr nicht mehr angerechnet (§ 15 Abs. 5 S. 2 RVG).[155]

101 Ergänzend zu Vorb. 3 VV Abs. 4 bestimmt § 15a RVG:

> »(1) Sieht dieses Gesetz die Anrechnung einer Gebühr auf eine andere Gebühr vor, kann der Rechtsanwalt beide Gebühren fordern, jedoch nicht mehr als den um den Anrechnungsbetrag verminderten Gesamtbetrag der beiden Gebühren.
>
> (2)[156] Sind mehrere Gebühren teilweise auf dieselbe Gebühr anzurechnen, so ist der anzurechnende Betrag für jede anzurechnende Gebühr gesondert zu ermitteln. Bei Wertgebühren darf der Gesamtbetrag der Anrechnung jedoch denjenigen Anrechnungsbetrag nicht übersteigen, der sich ergeben würde, wenn eine Gebühr anzurechnen wäre, die sich aus dem Gesamtbetrag der betroffenen Wertteile nach dem höchsten für die Anrechnungen einschlägigen Gebührensatz berechnet. Bei Betragsrahmengebühren darf der Gesamtbetrag der Anrechnung den für die Anrechnung bestimmten Höchstbetrag nicht übersteigen.

149 Vgl. zur Verfahrensgebühr *OLG Brandenburg* zfs 2024, 463.
150 *OLG München* BeckRS 2017, 104890.
151 Vgl. *BGH* zfs 2024, 223 wenn außergerichtlich geltend gemachte Nebenforderungen den alleinigen Gegenstand des gerichtlichen Verfahrens bilden.
152 *BGH* SVR 2014, 474.
153 *BGH* DAR 2012, 295.
154 *BGH* NJW 2017, 1821.
155 *AG Stralsund* DAR 2024, 299.
156 Eingefügt mit Wirkung zum 01.01.2021; s. dazu *Schneider* DAR 2021, 2 (3).

(3) Ein Dritter kann sich auf die Anrechnung nur berufen, soweit er den Anspruch auf eine der beiden Gebühren erfüllt hat, wegen eines dieser Ansprüche gegen ihn ein Vollstreckungstitel besteht oder beide Gebühren in demselben Verfahren gegen ihn geltend gemacht werden.«

Aus Absatz 3 dieser Vorschrift folgt, dass der Rechtsanwalt im Kostenfestsetzungsverfahren die unverminderte Verfahrensgebühr zur Kostenfestsetzung anmelden kann, auch wenn auf die Verfahrensgebühr eine Geschäftsgebühr anzurechnen ist.[157] § 15a Abs. 3 RVG stellt damit klar, dass sich diese Anrechnung im Verhältnis zu Dritten nicht auswirkt. Beide Gebührenansprüche können also jeweils in voller Höhe geltend gemacht werden, wobei der Rechtsanwalt insgesamt nicht mehr als den Betrag verlangen kann, der sich aus der Summe der beiden Gebühren nach Abzug des anzurechnenden Betrags ergibt.[158] Entsprechendes regelt § 55 Abs. 5 S. 2 ff. RVG für das Kostenfestsetzungsverfahren im Rahmen der Prozesskostenhilfen: 102

»Der Antrag hat die Erklärung zu enthalten, ob und welche Zahlungen der Rechtsanwalt bis zum Tag der Antragstellung erhalten hat. Bei Zahlungen auf eine anzurechnende Gebühr sind diese Zahlungen, der Satz oder der Betrag der Gebühr und bei Wertgebühren auch der zugrunde gelegte Wert anzugeben. Zahlungen, die der Rechtsanwalt nach der Antragstellung erhalten hat, hat er unverzüglich anzuzeigen.« 103

**▶ Praxistipp:**

Die Regelung des § 15a RVG ermöglicht gleichwohl, dass die Geschäftsgebühr in voller Höhe als materiell-rechtlicher Schaden eingeklagt werden kann, dass aber andererseits das Entstehen einer vorgerichtlichen Geschäftsgebühr den Gegner nicht im Rahmen der gerichtlichen Kostenerstattung entlastet, sodass sich der Kläger aussuchen kann, ob er den materiell-rechtlichen Kostenerstattungsanspruch oder die prozessuale Erstattung geltend macht.[159] Zu empfehlen ist aber, dass die Geschäftsgebühr nach VV 2300 als materieller Schadensersatzanspruch in voller Höhe, auf jeden Fall aber in Höhe des Anrechnungsbetrags eingeklagt wird, da nur so der volle Gebührenerstattungsanspruch des obsiegenden Mandanten insgesamt, also durch ein Urteil und einen Kostenfestsetzungsbeschluss, tituliert ist. Für die Geltendmachung der vollen Gebühr des VV 2300 bereits im Klageverfahren spricht in diesem Zusammenhang aber, dass diese dann ab Eintritt der Verzugsvoraussetzungen zu verzinsen ist, während bei Geltendmachung im Kostenfestsetzungsverfahren die Gebühr erst ab dem Zeitpunkt des Kostenfestsetzungsantrags zu verzinsen ist.[160] 104

**▶ Beispiel:**

Der Rechtsanwalt hatte eine 1,3 Geschäftsgebühr nach VV 2300 und nachfolgend eine 1,3 Verfahrensgebühr nach VV 3100 verdient. Diese Gebühren stehen ihm gesondert gegen seinen Auftraggeber zu. Er darf aber nach § 15a Abs. 1 RVG nicht mehr verlangen, als die Summe der beiden Gebühren vermindert um den Anrechnungsbetrag, also 1,3 + 1,3 – 0,65 = 1,95. Im Kostenfestsetzungsverfahren würde aber max. die Gebühr nach VV 3100 in Höhe von 1,3 festgesetzt. Offen blieben mithin noch 0,65, die der Mandant ebenfalls vom Gegner verlangen kann, sodass es insoweit der Titulierung des materiellen Schadensersatzanspruchs bedarf. Klagt der Anwalt hingegen die volle Geschäftsgebühr als materiell-rechtlichen Anspruch ein, so werden 1,3 durch Urteil tituliert, im Kostenfestsetzungsverfahren werden dann die weiteren 0,65 tituliert. 105

157 *BGH* NJW 2009, 3101 = zfs 2009, 646 m. Anmerkung *Hansens*; *BGH* NJW 2010, 1375.

158 Dies gilt auch dann, wenn der Anwalt einen abgetretenen Anspruch geltend macht und außergerichtlich den Zedenten und gerichtlich den Zessionar vertritt – *BGH* zfs 2012, 163.

159 *Schneider* DAR 2009, 535 (357).

160 *Jungbauer* DAR 2009, 672 (673).

106 Die als materiell rechtlicher Schadensersatzanspruch geltend zu machende Geschäftsgebühr führt jedoch nicht zu einer Erhöhung des Streitwerts, wenn diese mit der Hauptforderung verfolgt wird.[161] Hingegen sind die geltend gemachten vorprozessualen Anwaltskosten als streitwerterhöhender Hauptanspruch zu berücksichtigen, wenn die Hauptforderung nicht (mehr) Prozessgegenstand ist, z.B. weil der geltend gemachte Hauptanspruch übereinstimmend für erledigt erklärt worden ist.[162] Die Rechtsanwaltskosten werden immer dann zum streitwerterhöhenden eigenständigen Anspruch, wenn der zugrunde liegende Hauptanspruch nicht oder nicht mehr Prozessgegenstand ist. So sind die Rechtsanwaltskosten z.B. dann ein eigenständiger, der Streitwert erhöhender Anspruch, wenn Rechtsanwaltskosten gerichtlich verfolgt werden, die aus einem außergerichtlich befriedigten Hauptsacheanspruch resultieren, der – anders als die Rechtsanwaltskosten – nicht mehr rechtshängig gemacht wurde,[163] oder in den Fällen, in denen nur noch über die Höhe der Anwaltskosten oder deren Erstattungsfähigkeit gestritten wird. Geht z.B. das Gericht in der ersten Instanz davon aus, dass die Rechtsanwaltskosten nur nach der 1,3 fachen Geschäftsgebühr anzusetzen sind, während der Kläger die 1,5 fache Geschäftsgebühr verfolgt oder hält das Gericht der ersten Instanz z.B., die Anwaltskosten für die Einschaltung des Kaskoversicherers nicht für erstattungsfähig, verfolgt der Kläger diese Kosten aber im Berufungsverfahren weiter, dann sind diese Anwaltskosten streitwerterhöhend.[164]

107 Die im Verkehrshaftpflichtprozess neben anderen Schadensersatzpositionen eingeklagten Kosten eines vorprozessual eingeholten Sachverständigengutachtens und die Unkostenpauschale sind regelmäßig keine Nebenforderungen, die bei der Berechnung des Streitwerts und der Beschwer außer Betracht bleiben.[165] Die den Streitwert nicht erhöhende Nebenforderung zeichnet sich nämlich dadurch aus, dass sie in einem Abhängigkeitsverhältnis zur Hauptforderung steht.[166] Dies ist bei den Kosten für ein außergerichtlich eingeholtes Sachverständigengutachten, der Kostenpauschale und anderen Schadensersatzpositionen, wie z.B. Mietwagenkosten, Nutzungsausfall etc. der Fall.[167]

### 3. Bemessung des Gebührenrahmens

108 VV 2300 sieht für die Geschäftsgebühr einen Gebührenrahmen zwischen 0,5 bis 2,5 vor. Ferner gibt VV 2300 selbst einige Anhaltspunkte, wie der Gebührenrahmen in Einzelfällen zu bestimmen ist. So kann eine Gebühr von mehr als 1,3 nur gefordert werden, wenn die Tätigkeit umfangreich oder schwierig war. Beschränkt sich der Auftrag auf Schreiben einfacher Art, so beträgt die Gebühr nach VV 2302 nur 0,3. Schreiben einfacher Art i.S.d. VV 2302 sind solche, die weder schwierige rechtliche Ausführungen noch größere sachliche Auseinandersetzungen enthalten.

109 Weiter Anhaltspunkte zur Bemessung des Gebührenrahmens liefert § 14 Abs. 1 RVG. Nach dieser Vorschrift bestimmt der Rechtsanwalt die Gebühr im Einzelfall unter Berücksichtigung aller Umstände, vor allem des Umfangs und der Schwierigkeit der anwaltlichen Tätigkeit, der Bedeutung der Angelegenheit sowie der Einkommens- und Vermögensverhältnisse des Auftraggebers nach billigem Ermessen. Ein besonderes Haftungsrisiko des Anwalts kann bei der Bemessung herangezogen werden.

110 In diesem Rahmen bemisst der Anwalt seine Gebühr selbst. Sie muss jedoch der Billigkeit entsprechen, da sie ansonsten gem. § 315 Abs. 3 BGB im Verhältnis zwischen ihm und seinem Mandanten nicht verbindlich ist. Gleiches ergibt sich aus der Vorschrift des § 14 Abs. 1 S. 4 RVG, nach

---

161 *BGH* zfs 2007, 284; *BGH* VersR 2007, 1713; *BGH* NJW 2020, 3174.
162 *BGH* VersR 2008, 557.
163 *BGH* VersR 2009, 806; *LG Frankfurt/Main* Der Verkehrsanwalt 2009, 118 m.Anm. *Politycki*; *BGH* NJW 2020, 3174.
164 *BGH* DAR 2013, 575.
165 *BGH* NJW 2007, 1752 und bei *Schröder* SVR 2007, 349 f.
166 *Schröder* a.a.O., 350.
167 Vgl. *Schröder* a.a.O.

deren Inhalt die Gebühr durch einen Dritten nicht zu ersetzen ist, wenn sie unbillig ist. Die Toleranzgrenze ab deren Erreichen von einer Unbilligkeit der Gebühr ausgegangen wird, liegt bei einer Überschreitung von mehr als 20 %.[168] Allerdings bedeutet dies nicht, dass die Erhöhung der 1,3 fachen Regel-Geschäftsgebühr auf eine 1,5 fache Gebühr der gerichtlichen Überprüfung entzogen und durch den Dritten zu erstatten ist.[169] Auch in dem Fall einer entsprechenden Überschreitung hat der Rechtsanwalt die Gründe für die Überschreitung der 1,3 Gebühr darzulegen und zu beweisen. Ist die Gebühr nicht unbillig, so muss sie an den Anwalt gezahlt werden, ist sie unbillig, so wird sie auf die angemessene Gebühr reduziert.

Für den Fall der außergerichtlichen Regulierung ist zu beachten, dass § 14 Abs. 1 S. 4 RVG nicht 111 einschlägig ist, da Dritte im Sinne dieser Vorschrift Beteiligte sind, die aufgrund einer Kostenentscheidung einem anderen dessen Gebühren und Kosten zu erstatten haben.[170] Für den Fall der außergerichtlichen Schadenregulierung verbleibt es bei der Anwendung des § 315 Abs. 3 BGB mit der Folge, dass der Anwalt im Verhältnis zu seinem Mandanten und damit auch gegenüber dem Dritten, gegen den er den materiellen Kostenerstattungsanspruch seines Mandanten durchsetzt, im Zweifel nachweisen muss, dass seine Gebühr nicht unbillig ist, während im Rahmen der Anwendung des § 14 Abs. 1 S. 4 RVG der erstattungspflichtige Dritte die Unbilligkeit der Gebühr darlegen und beweisen muss.[171] Ansonsten ergeben sich jedoch keine weiteren praktischen Unterschiede zwischen den Regelungsbereichen der beiden genannten Vorschriften im hier genannten Bereich.

Aus VV 2300 ergibt sich, dass eine höhere Gebühr als 1,3 nur dann gefordert werden kann, wenn 112 die Tätigkeit umfangreich oder schwierig war. Das bedeutet, dass die Gebühr von 1,3 als Schwellengebühr für den Durchschnittsfall angesehen werden kann, von der bei über- oder unterdurchschnittlichem Aufwand nach oben oder unten abgewichen werden kann, soweit das VV nicht bereits selbst in den 2300 ff. VV eine entsprechende Gebühr vorgibt. Dabei hat der Gesetzgeber ab einer Gebühr von mehr als 1,3 die Bemessungskriterien auf den Umfang und die Schwierigkeit der anwaltlichen Tätigkeit beschränkt; die anderen in § 14 Abs. 1 S. 1 RVG genannten Kriterien kommen bei einer Gebührenhöhe über 1,3 nicht mehr zur Anwendung.[172]

Im Regelfall wird aber die Gebühr von 1,3 die angemessene Gebühr bei der Regulierung von 113 Unfallsachen im außergerichtlichen Bereich sein. In diesem Sinne hat auch der *BGH* entschieden, dass es nicht unbillig ist, wenn ein Rechtsanwalt für seine Tätigkeit bei einem durchschnittlichen Verkehrsunfall eine Geschäftsgebühr von 1,3 bestimmt.[173] Allerdings ist dem im *BGH* Verfahren klagenden Anwalt gleichwohl lediglich eine Gebühr nach 1,0 zugesprochen worden, da der *BGH* nach den im Revisionsverfahren bindenden Feststellungen von einem unterdurchschnittlichen Fall ausgegangen war.[174]

Im Grundsatz aber hat der *BGH* anerkannt, dass die Regulierung des durchschnittlichen Verkehrs- 114 unfalls die Abrechnung der Gebühr in Höhe von 1,3 rechtfertigt. Nach den Feststellungen des *BGH* entspricht es den Vorstellungen des Gesetzgebers, dass in durchschnittlichen Fällen die Schwellengebühr von 1,3 eine Regelgebühr darstellt.[175] Ist der Fall aber unterdurchschnittlich, weil z.B. eingehende Ausführungen zur Unfallsituation oder zur Rechtslage durch den Anwalt nicht gemacht wurden und gleichwohl eine Regulierung durch den Haftpflichtversicherer erfolgte, dann ist auch der Aufwand des Anwalts unterdurchschnittlich und nicht mit dem Ansatz von 1,3 zu vergüten. Nach anfänglichem Streit hat sich damit in der Rspr. inzwischen die 1,3 Geschäftsgebühr für die Abwicklung

168 BeckOK RVG/*v. Seltmann* RVG § 14 Rn. 13 m.w.N.
169 *BGH* DAR 2013, 238.
170 *Gerold/Schmidt* § 14 RVG Rn. 7.
171 BeckOK RVG/*v. Seltmann* RVG § 14 Rn. 49 m.w.N.
172 *Jungbauer* DAR 2008, 737.
173 *BGH* DAR 2007, 234 = VersR 2007, 265; so auch *OLG München* MittbBl der Arge VerkR 2006, 175.
174 Siehe dazu die Anm. von *Hartung* SVR 2007, 92.
175 *BGH* DAR 2007, 234 f.

eines durchschnittlichen Verkehrsunfalls etabliert.[176] Will der Anwalt eine höhere Gebühr abrechnen, so muss er darlegen und beweisen, dass die Arbeitsleistung schwierig und umfangreich war.[177]

115 So hat z.B. das *AG Karlsruhe* eine Geschäftsgebühr von 1,5 als angemessen angesehen, wenn der Anwalt auch noch die Korrespondenz mit der Mietwagenfirma und zwei Telefonate führte und damit im von ihm entschiedenen Fall die Abrechnung einer 1,7 Geschäftsgebühr zugelassen, da diese die Gebühr von 1,5 nicht um mehr als 20 % überschritten habe und damit nicht unbillig gewesen sei.[178] Bei Verkehrsunfällen mit Personenschäden kommt der Ansatz einer 1,8 Gebühr in Betracht.[179] Nach *LG Zweibrücken* ist die Berechnung einer 2,5 Geschäftsgebühr, also der Höchstgebühr für die Regulierung eines Verkehrsunfalls, bei dem drei Familienmitglieder des Auftraggebers zu Tode gekommen sind und bei dem Schmerzensgeld-, Haushaltsführungs- und Unterhaltsansprüche zu ermitteln und geltend zu machen waren, nicht unbillig.[180]

116 Auch der Umstand, dass eine Besprechung mit einem Dritten geführt worden ist, ist bei der Bemessung der Gebühr zu berücksichtigen, da Bemessungskriterium für den Gebührenrahmen des VV 2300 zwischen 0,5 und 2,5 gem. § 14 Abs. 1 RVG auch der Umfang der anwaltlichen Tätigkeit ist. Damit kann schon allein die Tatsache, dass eine Besprechung geführt worden ist, die Erhöhung der Gebühr auf 1,8 rechtfertigen.[181] Der Umfang der anwaltlichen Tätigkeit bezieht sich im Wesentlichen auf den tatsächlichen zeitlichen Aufwand des Anwalts bei der Bearbeitung des konkreten Mandats. Es wird die Auffassung vertreten, dass ein zeitlicher Aufwand von drei Stunden durchschnittlich sei. So können zur Bemessung der Gebühr z.B. das Aktenstudium, das Studium von Rechtsprechung und Literatur, der Aktenumfang, Besprechungen mit dem Mandanten oder Zahl und Umfang der Schriftsätze zu berücksichtigen sein. Auch die Aufklärung technischer Fragen, die eingeschränkte Erreichbarkeit des Mandanten im Ausland, notwendige Fremdsprachenkenntnisse, die Komplexität von Haftungsgrund und – höhe und eine mangels höchstrichterlicher Rechtsprechung unklare Rechtslage sind berücksichtigungsfähig. Auch eine telefonische Besprechung, in der eine Gesamtlösung unter Einbeziehung aller im Streit stehenden Aspekte erörtert wurde, kann eine Erhöhung rechtfertigen.[182]

117 Ferner können sich auch andere Umstände ergeben, die eine Erhöhung auf einen Gebührensatz von 1,8 rechtfertigen, so z.B. bei schweren Verletzungen und der Ermittlung des Verdienstausfalls eines Selbstständigen.[183] Auch die Teilnahme an einem Termin zur Gegenüberstellung der Fahrzeuge zur Unfallrekonstruktion kann die Abrechnung der 1,8 Gebühr rechtfertigen.[184]

**▶ Praxistipp**

118 **Es empfiehlt sich auch bei der Abrechnung der 1,3 Gebühr immer kurz die geleistete Tätigkeit zu beschreiben, um auf jeden Fall der Ansatz der 1,3 Gebühr gegenüber dem erstattungspflichtigen Dritten zu rechtfertigen und zu erläutern. Dies gilt erst recht, wenn eine Gebühr oberhalb des Satzes von 1,3 geltend gemacht werden soll.**

176 Vgl. z.B. *LG Dortmund* zfs 2006, 663 oder *LG Bochum* SP 2005, 428.
177 *AG Mülheim* r+s 2007, 87; *Willems* in Handbuch Verkehrsrecht, Kap. 42 Rn. 69.
178 *AG Karlsruhe* AGS 2007, 185; s. dazu auch *AG Kempen* zfs 2005, 3009.
179 *OLG Düsseldorf* NJOZ 2020, 19.
180 *LG Zweibrücken* zfs 2008, 708 mit Anmerkung *Hansens.*
181 *OLG Köln* DAR 2022, 717.
182 *OLG Köln a.a.O.*
183 *LG Saarbrücken* RVGR 2005, 146.
184 *AG Ansbach* NZV 2007, 147.

## II. Besondere Terminsgebühren

### 1. Die Terminsgebühr nach Teil 3 Vorbemerkung 3 III Ziffer 2

119 Nach der Vorbemerkung 3 Teil 3 III Ziffer 2 entsteht eine Terminsgebühr dann, wenn der Rechtsanwalt an einer Besprechung ohne Beteiligung des Gerichts mitwirkt, die auf die Erledigung oder Vermeidung des Verfahrens gerichtet ist. Dies gilt nicht für Besprechungen mit dem Auftraggeber. Voraussetzung für den Anfall der Gebühr ist lediglich, dass der Anwalt bereits einen unbedingten Klageauftrag erhalten hat. Sie fällt unabhängig davon an, ob die Besprechung zu einem positiven Abschluss führt oder scheitert und die Angelegenheit dann streitig geklärt werden muss.[185]

120 Nicht ausreichend ist allerdings ein allgemeines Gespräch über die grundsätzliche Bereitschaft oder abstrakte Möglichkeit einer außergerichtlichen Erledigung. Auch Gespräche über Verfahrensabsprachen, mit deren Befolgung eines Beendigung des Verfahrens nicht verbunden ist, wie etwa Gespräche über eine bloße Zustimmung zum Ruhen des Verfahrens, lösen eine Terminsgebühr nicht aus.[186] Die Gebühr wird aber immer ausgelöst, wenn es sich um eine auf die Erledigung des Verfahrens gerichtete Besprechung handelt, die sich auch auf mehrere Parallelverfahren erstrecken kann.[187] Damit kann z.B. der Rechtsanwalt, der nach Prozessauftrag eine gütliche Einigung der Parteien erreicht, ohne die Klage bereits eingereicht zu haben, den gleichen betragsmäßigen Gebührenanfall verzeichnen, wie im Fall einer Einigung nach Einreichung der Klage, da die Terminsgebühr in beiden Fällen anfällt und die ggf. auf 0,8 reduzierte Verfahrensgebühr nach VV 3100 durch die auf 1,5 erhöhte Einigungsgebühr nach VV 1000 kompensiert wird.[188] Diese Gebühren fallen entsprechend auch aufseiten des Beklagtenvertreters an, wenn die Besprechung der Abwehr des Anspruchs dient und der Kläger seinem Prozessbevollmächtigten unbedingten Klageauftrag erteilt hat.[189]

121 Auch die telefonische Anregung der Klagerücknahme kann die Terminsgebühr nach der Vorbemerkung 3 Teil 3 III Ziffer 2 auslösen,[190] wobei es nicht darauf ankommt, ob der Anruf tatsächlich für die spätere Klagerücknahme ursächlich war.[191] Die Gebühr fällt ferner dann an, wenn der Gegner eine auf die Erledigung des Verfahrens gerichtete Erklärung zwecks Prüfung und Weiterleitung an seine Partei entgegen nimmt.[192] Ausreichend ist, dass sich in dieser Besprechung der Gesprächspartner an einer außergerichtlichen Erledigung des Rechtsstreits interessiert zeigt, ein Meinungsaustausch ist nicht erforderlich. Es genügt, wenn der Gegner sich auf das Gespräch einlässt und die auf die Erledigung des Rechtsstreits zur Kenntnis nimmt und deren Prüfung zusagt, die Gebühr fällt nur dann nicht an, wenn der Gegner von vornherein ein sachbezogenes Gespräch oder eine gütliche Einigung ablehnt.[193] Die Terminsgebühr wird auch ausgelöst, wenn sich die Parteien über die Modalitäten der Beendigung des Rechtsstreits einigen, die in einer Erledigungserklärung münder.[194] Erforderlich für den Anfall der Terminsgebühr ist auf jeden Fall eine Besprechung, der Austausch von E-Mails reicht nicht aus.[195]

122 Die Besprechung muss nicht notwendig mit dem gegnerischen Prozessbevollmächtigten geführt werden. Die Gebühr kann auch bei einem Gespräch mit der Gegenpartei oder mit einem ihrer Mit-

185 *Willems* in Handbuch Verkehrsrecht, Kap. 42 Rn. 126 m.w.N.; *KG* DAR 2012, 733 (734); *BGH* NJW-RR 2007, 286.
186 *BGH* zfs 2014, 286.
187 *BGH* NJW 2007, 2858.
188 S. dazu das Berechnungsbeispiel bei *Jungbauer* DAR 2008, 750 (751).
189 *OLG Koblenz* zfs 2010, 42.
190 *OLG Koblenz* 14 W 415/15 zfs 2015, 644.
191 *OLG* Koblenz NJW 2005, 2162 f.
192 *BGH* zfs 2007, 285 (L) mit Anm. *Madert; Willems* in Handbuch Verkehrsrecht, Kap. 42 Rn. 128; *OLG Stuttgart* 8 W 286/11 VersR 2014, 852.
193 Vgl. *Madert* zfs 2007, 286 zu *BGH* a.a.O.
194 *BGH* zfs 2010, 286.
195 *BGH* zfs 2009, 705 m.Anm. *Hansens* = VersR 2010, 85.

arbeiter erfolgen, selbst wenn diese im Gerichtsverfahren nicht postulationsfähig wären.[196] Erforderlich ist aber stets ein Gespräch mit dem Prozessgegner oder einem Dritten. Besprechungen mit dem Richter reichen hierfür nicht aus.[197]

123 Die Terminsgebühr nach Vorbem. 3 Teil 3 III fällt unabhängig davon an, ob für das Verfahren eine mündliche Verhandlung vorgeschrieben ist.[198] Die Regelung der Vorbem. 3 III RVG ist jedoch im Hinblick auf das Anfallen der Terminsgebühr nicht abschließend. Weitere Fälle, in denen ebenfalls ohne die tatsächliche Durchführung einer mündlichen Verhandlung oder sogar ohne eine Besprechung die Terminsgebühr anfallen kann, finden sich in VV 3104 I, so z.B. in dem Fall, in dem die Parteien (außergerichtlich) einen Vergleich geschlossen haben und anschließend den Rechtsstreit übereinstimmend für erledigt erklärt haben, so dass das Gericht nur noch die Kostenentscheidung nach § 91a ZPO zu treffen hat.[199]

## 2. Die Gebühr nach Nr. 1010 VV RVG

124 Mit Nr. 1010 VV RVG hat der Gesetzgeber eine weitere Terminsgebühr als Zusatzgebühr für besonders umfangreiche Beweisaufnahmen in Angelegenheiten eingeführt, in denen sich die Gebühren nach Teil 3 richten und mindestens drei gerichtliche Termine stattfinden, in denen Sachverständige oder Zeugen vernommen werden. Die Gebühr entsteht für den durch besonders umfangreiche Beweisaufnahmen anfallenden Mehraufwand. Voraussetzung für den Anfall dieser Gebühr ist damit, dass in mindestens drei gerichtlichen Terminen Sachverständige oder Zeugen vernommen werden. Der besondere Umfang muss nach dem Wortlaut des Gesetzes nicht in der Vernehmung der Zeugen oder Sachverständigen bestehen, er wird vielmehr bereits dadurch indiziert, dass es zu drei Terminen zur Beweisaufnahme gekommen ist.[200] Dem entspricht es, wenn nach Durchführung des Sachverständigen- und/oder Zeugenbeweises das Gericht nach den zwingenden Vorgaben des § 448 ZPO in einem dritten Termin von Amts wegen eine – dem Zeugenbeweis ohnehin ähnelnde – Parteivernehmung vornehmen musste.[201] Voraussetzung zum Anfall dieser Gebühr ist allerdings, dass tatsächlich drei Termine stattfinden, in denen Sachverständige oder Zeugen vernommen werden. Der von einem gerichtlich bestellten Sachverständigen anberaumte Ortstermin ist kein Termin in diesem Sinne und zählt damit nicht zu den die Gebührenerhöhung auslösenden Terminen des VV 1010.[202] Auch eine entsprechende Anwendung dieser Vorschrift auf andere Fälle umfangreicher Beweisaufnahmen scheidet aus.[203]

125 Ob der Anwalt auch an allen Terminen teilnehmen muss, um die Zusatzgebühr zu erhalten, ist noch nicht geklärt.[204] Hier wird man abwarten müssen, wie die Rechtsprechung entscheidet.

126 Zu beachten ist ferner, dass die Termine in derselben Angelegenheit i.S.d. § 15 II RVG anfallen müssen. Dies bedeutet, die drei Termine müssen im selben Rechtszug anfallen. In Verfahren mit einer Zurückverweisung stellen die Verfahren vor und nach der Zurückverweisung nach § 21 I RVG jeweils gesonderte Angelegenheiten dar. Damit kann die Gebühr nach VV 1010 in diesen Fällen nur festgesetzt werden, wenn die geforderten drei Termine entweder vor oder aber nach der Zurückverweisung entstanden sind.[205]

---

196 Vgl. *Madert* zfs 2007, 286 mit Nachweisen zur *BGH* Rspr.

197 *OVG Münster* BeckRS 2014, 46998; *OLG Bamberg* NJOZ 2024, 823.

198 *Jungbauer* DAR 2013, 552; *Reck* in AnwBl 2013, 253 (254); *Schneider/Thiel* AnwBl 2013, 259 (265).

199 Vgl. dazu z.B. *OLG Köln* zfs 2016, 525 mit Anmerkung *Hansens*; *Schneider* DAR 2022, 56 (57).

200 BeckOK RVG/*Hofmann*, RVG 1010 Rn. 2; Mayer, *Kroiß*, RVG Rn. 5.

201 Mayer, *Kroiß* a.a.O.

202 *OLG München* zfs 2020, 467.

203 *OLG Hamburg* BeckRS 2024, 2520.

204 Keine Teilnahmepflicht nach *Schneider/Thiel* AnwBl. 2013, 259 (263); dafür *Jungbauer* DAR 2013, 549 (553).

205 *Jungbauer* a.a.O.

### III. Einigungsgebühr

Nach VV 1000 entsteht die Eingungsgebühr für die Mitwirkung beim Abschluss eines Vertrages, durch den der Streit oder die Ungewissheit der Parteien über ein Rechtsverhältnis beseitigt wird (VV 1000 Abs. 1 Nr. 1), es sei denn, der Vertrag beschränkt sich ausschließlich auf ein Anerkenntnis oder Verzicht (vgl. VV 1000 Abs. 1 a.E). Auch Ratenzahlungsvereinbarungen bei gleichzeitigem vorläufigen Verzicht auf die gerichtliche Geltendmachung oder bei bereits titulierten Forderungen auf die Zwangsvollstreckung lassen diese Einigungsgebühr entstehen (VV 1000 Abs. 1 Nr. 2). Ein bestimmtes Formerfordernis besteht nicht, der Vertrag kann also auch mündlich oder sogar stillschweigend geschlossen werden. 127

Die Gebühr entsteht auch für die Mitwirkung bei Vertragsverhandlungen, es sei denn, dass diese für den Abschluss des Vertrages i.S.d. VV 1000 Abs. 1 nicht ursächlich war. In diesem Zusammenhang wird in der Vorbemerkung 1 zu VV 1000 klargestellt, dass diese Gebühr auch im Rahmen einer Beratungstätigkeit nach § 34 RVG anfallen kann. Führt die Beratung des Anwalts also zu einem Einigungsvertrag, so hat er zusätzlich die Gebühr nach VV 1000 verdient. 128

Kommt eine Einigung im Sinne des VV 1000 Abs. 1 Nr. 1 außergerichtlich zustande, so beträgt die Gebühr 1,5 (VV 1000). Ist über den Gegenstand der Einigung ein anderes gerichtliches Verfahren als ein selbstständiges Beweisverfahren anhängig, so beträgt die Gebühr 1,0 (VV 1003), in Berufungs- und Revisionsverfahren und in den in den Vorbemerkungen 3.2.1 und 3.2.2 genannten Beschwerde- und Rechtsbeschwerdeverfahren beträgt die Gebühr 1,3 (VV 1004). Der Streitwert einer Ratenzahlungsvereinbarung i.S.d. VV 1000 Abs. 1 Nr. 2 beträgt nach § 31b RVG 50 % des Anspruchs. 129

Voraussetzung für den Anfall der Einigungsgebühr ist kein gegenseitiges Nachgeben i.S.d. § 779 BGB. Die Einigungsgebühr fällt bereits dann an, wenn durch einen Vertrag zwischen den Parteien der Streit oder die Ungewiessheit über ein Rechtsverhältnis beseitigt wird.[206] Gleichwohl fällt die Einigungsgebühr nicht durch jedes Verhalten des Schuldners oder Gläubigers an, welches geeignet ist, den Streit der Parteien zu beenden. Dies ergibt sich zunächst deutlich aus VV 1000 Abs. 1 a.E., wo klargestellt wird, dass ein ausschließliches Anerkenntnis oder ein ausschließlicher Verzicht keine Einigungsgebühr auslösen. Für die Schadenregulierung bedeutet dies: 130

Beziffert ein Geschädigter seine Ansprüche und wird nur ein Teil davon reguliert, so liegt auch dann keine Einigung i.S.d. VV 1000 Abs. 1 Nr. 1 vor, wenn der Geschädigte nachfolgend erklärt, er werde sich mit dem gezahlten Betrag zufriedengeben und keine weiteren Ansprüche mehr verfolgen. Hier liegt ein ausschließlicher Verzicht i.S.d. Abs. 1 VV 1000 a.E. vor, der keine Einigungsgebühr rechtfertigt. Erst recht liegt keine Einigung i.S.d. VV 1000 Abs. 1 Nr. 1 vor, wenn der Schädiger zahlt, was der Geschädigte gefordert hat, hier handelt es sich um ein ausschließliches Anerkenntnis, das keine Einigungsgebühr auslöst. 131

Kommt es aber nicht zu einem ausschließlichen Verzicht oder Anerkenntnis, sondern bestand zunächst Streit zwischen den Parteien, der dann einvernehmlich beigelegt wird, dann ist die Einigungsgebühr angefallen. So wird die Einigungsgebühr immer dann ausgelöst, wenn sich die Parteien nach zunächst streitiger Auseinandersetzung im Interesse einer schnellen gütlichen Erledigung auf eine bestimmte Geldsumme einigen. 132

Auch die Abgabe einer Abfindungserklärung löst eine Einigungsgebühr aus[207] und zwar auch dann, wenn die Abfindungssumme dem Betrag entspricht, den der Geschädigte ohne das Angebot einer Abfindungserklärung ursprünglich gefordert hat. In diesem Fall erhält der Geschädigte zwar den Betrag, den er gefordert hat, sodass insoweit aufseiten des Schädigers ausschließlich ein Anerkenntnis vorliegt. Durch die Abfindungserklärung verzichtet der Geschädigte aber auf die Geltendmachung 133

206 *Willems* in Handbuch Verkehrsrecht, Kap. 42 Rn. 8.

207 *Buschbell*, Straßenverkehrsrecht, Teil D. Haftungs- und Schadensrecht § 33 Rn. 45.

weiterer Ansprüche, sodass die Ungewissheit der Parteien hinsichtlich zukünftiger Ansprüche beseitigt wird. Es liegt damit ein Gesamtvergleich über den gesamten Schaden vor.[208] Eine Einigungsgebühr entsteht auch dann, wenn die Gegenseite nach Klageerhebung zahlt, um die Rücknahme der Klage bittet, für diesen Fall anbietet keinen Kostenantrag zu stellen und der Kläger dieses Angebot annimmt.[209] Die Einigung liegt hier darin, dass der Kläger die Klage zurücknimmt, statt den Rechtsstreit für erledigt zu erklären, was dann eine Kostenentscheidung des Gerichts erfordern würde.[210] In diesem Fall fällt zusätzlich die Terminsgebühr nach VV 3104 I Nr. 1 an, was häufig übersehen wird, da es für die Terminsgebühr nach VV 3104 Nr. 1 eines schriftlichen Vertrages nicht bedarf.[211] Diese ist – anders als möglicherweise die Einigungsgebühr – auf jeden Fall erstattungsfähig.[212]

134 Der Anwalt erhält die Einigungsgebühr zunächst dann, wenn er beim Abschluss des Einigungsvertrages mitwirkt. Dazu reicht es aus, wenn er z.B. einen Einigungsvorschlag prüft und die eigene Partei im Hinblick auf diesen Vorschlag berät, die persönliche Anwesenheit des Anwalts beim Vergleichsschluss ist nicht erforderlich, auch nicht die persönliche Verhandlung mit der Gegenseite. Ferner ausreichend ist auch die Mitwirkung bei den Vertragsverhandlungen über die Einigung, es sei denn, dass die Mitwirkung des Anwalts für die spätere Einigung nicht ursächlich war (VV 1000 Abs. 2).

135 VV 1000 Abs. 3 bestimmt, dass die Einigungsgebühr bei einem unter einer aufschiebenden Bedingung oder unter dem Vorbehalt des Widerrufs geschlossenen Vertrag erst dann anfällt, wenn die Bedingung eingetreten ist oder der Vertrag nicht mehr widerrufen werden kann.

136 Wird der Einigungsvertrag jedoch später durch eine Verfall- oder Verwirkungsklausel gegenstandslos, fällt dadurch die verdiente Einigungsgebühr nicht wieder weg. Ein solcher Fall liegt z.B. dann vor, wenn der Schuldner die im Vergleich übernommenen Ratenzahlungen nicht einhält und deswegen die gleichzeitig vereinbarte Verfallklausel nicht wirksam wird.

137 Bei der Frage in welcher Höhe die angefallene Einigungsgebühr von der Gegenseite erstattet werden muss, ist zwischen dem im Prozess und dem außergerichtlich geschlossenen Einigungsvertrag zu differenzieren. Im Prozess ist maßgeblich für den Streitwert der Einigungsgebühr der Wert sämtlicher auch ggf. nicht rechtshängiger Ansprüche, über die sich die Parteien verglichen haben. Die Erstattungsfähigkeit der Kosten ist sodann über eine Kostenquote auszudrücken, die berücksichtigt, in welchem Verhältnis Unterliegen und Obsiegen zueinanderstehen. Unberührt bleibt natürlich auch hier die mögliche abweichende Einigung der Parteien.

138 Im außergerichtlichen Verfahren gibt es hingegen keine Kostenquote, sodass der Schädiger nur die Erstattung der Einigungsgebühr aus dem Betrag schuldet, den er auch bezahlt hat. Dabei sind sämtliche Zahlungen des Schädigers – also nicht nur die Schlusszahlung – zu berücksichtigen, wenn alle Ansprüche durch die Einigung erledigt werden sollten. Im Fall einer nur teilweisen Einigung hingegen bleiben bei der Berechnung der Einigungsgebühr bereits gezahlte Entschädigungen außer Betracht, wenn diese nicht mehr Gegenstand der Einigung waren.[213]

139 Werden außergerichtlich oder in der gleichen Instanz vor Gericht mehrere Einigungsverträge geschlossen, die jeweils den Streitgegenstand teilweise erledigen, so entsteht nach § 15 Abs. 3 RVG nur eine Einigungsgebühr nach dem zusammengerechneten Gegenstandswert aller Vergleiche. Hinsichtlich der Frage der Erstattungsfähigkeit der Gebühr durch die Gegenseite ist auch hier wieder ausschließlich auf die Beträge abzustellen, die der Schädiger zu zahlen hatte.

208 *Buschbell* a.a.O.

209 Vgl. z.B. *AG München* Der Verkehrsanwalt 2009, 165; *AG Coburg* 15 C 3269/20; a.A *AG Heinsberg* SVR 2012, 145; *OLG München* BeckRS 2010, 18489.

210 *AG Coburg* DAR 2022, 55.

211 *Schneider* DAR 2022, 56 (57).

212 *Schneider* DAR 2022, 56 (58).

213 *AG Göttingen* DAR 2000, 285 = zfs 2001, 131.

Einigen sich die Parteien, nachdem sie sich bereits in der Hauptsache geeinigt haben, anschließend auch über die Kosten, so steht dem Anwalt dafür keine besondere Einigungsgebühr zu, da ein Zusammenhang zu der Einigung in der Hauptsache besteht. Bezieht sich die Einigung jedoch ausschließlich auf die Kosten, so sind die Kosten Bemessungsgrundlage für die Höhe der Einigungsgebühr. Wird hingegen ein Rechtsstreit übereinstimmend für erledigt erklärt, ohne dass eine Einigung über die Kosten erfolgt ist, die deshalb dem Gericht überlassen wird, so fällt eine Einigungsgebühr an. Einigungsgegenstand ist in einem solchen Falle die gesamte Streitsache, da über sie keine Entscheidung mehr getroffen werden muss.[214] 140

## IV. Rat, Erstberatung, Gutachten und Mediation

Wird der Rechtsanwalt im Verlauf der Regulierung nicht zum Bevollmächtigten bestellt, sondern lediglich um einen Rat, eine Auskunft und/oder ein Gutachten gebeten, so entsteht keine Geschäftsgebühr nach VV 2300. 141

Für einen mündlichen oder schriftlichen Rat oder eine Auskunft (Beratung), die nicht mit einer anderen gebührenpflichtigen Tätigkeit zusammenhängen, für die Ausarbeitung eines schriftlichen Gutachtens und für die Tätigkeit als Mediator soll der Rechtsanwalt gem. § 34 Abs. 1 RVG auf eine Vergütungsvereinbarung mit seinem Mandanten hinwirken, soweit in Teil 2 Abschnitt 1 des Vergütungsverzeichnisses keine Gebühren bestimmt sind. Wenn keine Vereinbarung getroffen worden ist, erhält der Rechtsanwalt Gebühren nach den Vorschriften des bürgerlichen Rechts. 142

Voraussetzung für die Anwendung des § 34 RVG ist, dass der Mandant den Anwalt tatsächlich ausschließlich um eine Beratung bittet. Hat der Mandant dem Anwalt hingegen unmittelbar Vertretungsvollmacht erteilt und ergibt sich im Laufe des vorbereitenden Gesprächs den Eindruck, das keine hinreichenden Erfolgsaussichten bestehen und deswegen eine weitere Tätigkeit nicht erfolgt, dann ist diese Tätigkeit bereits nach Maßgabe der VV 2300 ff. abzurechnen. 143

Eine Beratung liegt dann vor, wenn es dem Mandanten lediglich auf das Ergebnis der Untersuchungen und Überlegungen des Anwalts ankommt. Legt der Mandant jedoch aus rechtlicher Sicht Wert darauf, den Lösungsweg, der zu einem bestimmten Ergebnis geführt hat, zu erfahren oder gar gedanklich nachzuvollziehen und wünscht er dabei die rechtlichen Erwägungen des Anwalts im Einzelnen kennenzulernen, dann wird der dem Anwalt erteilte Auftrag sehr wahrscheinlich auf ein Gutachten gerichtet sein. Die Grenzen sind jedoch fließend, da auch ein schriftlich erteilter Rat in aller Regel eine – wenn auch kurze – Begründung aus rechtlicher Sicht enthalten wird und jedes Gutachten aus Gründen, die in der Natur der Sache liegen, sich zugleich auch als Rat darstellen wird. 144

Die Höhe der Gebühr bestimmt sich nach der getroffenen Vergütungsvereinbarung, ist diese nicht getroffen nach dem BGB. Hier ist § 315 BGB einschlägig, danach ist die Leistung durch einen der Vertragsschließenden nach billigem Ermessen zu bestimmen. Der die Vergütung Bestimmende ist nach § 14 RVG der Rechtsanwalt. Trifft dieser eine unbillige Bestimmung, so wird die Vergütung gem. § 315 III 2 BGB durch Urteil getroffen. Am einfachsten ist es, die ortsüblichen Stundensätze heranzuziehen. Hier dürfte feststehen, dass die durchschnittliche Anwaltsstunde mind. 200 € netto kostet.[215] Zu beachten sind die Obergrenzen des § 34 Abs. 1 S. 3 RVG. Danach darf für die Ausarbeitung eines Gutachtens oder die Beratung maximal eine Gebühr von 250 € und für eine Erstberatung maximal 190 € berechnet werden, wenn sich diese Tätigkeiten auf einen Verbraucher beziehen. Bereits die Auskunft des Anwalts, wie hoch die vom Mandanten erfragten Prozesskosten bei einer gerichtlichen Auseinandersetzung ausfallen werden, stellt eine Erstberatung nach § 34 RVG dar. Es ist nach der Verkehrssitte nicht davon auszugehen, dass Rechtsanwälte kostenlose Beratungen durchführen.[216] Dabei genügt eine Rechnung für die Beratungsleistung nur dann den Anforderun- 145

214 *OLG Köln* BeckRS 2016, 09168.
215 BeckOK RVG/*v. Seltmann* RVG § 34 Rn. 10.
216 *AG Brühl* NZG 2009, 435.

gen des § 10 RVG, wenn die gesetzliche Grundlage für die Abrechnung in der Rechnung aufgeführt wird, also die Vorschriften §§ 34 RVG, 675, 612 BGB genannt sind.[217]

146 Für die Bemessung der Gebühr nach § 34 Abs. 1 RVG gilt § 14 Abs. 1 RVG entsprechend. Dies bedeutet, dass es z.B. auch im Rahmen der Erteilung eines Rates oder einer Auskunft auf die Bedeutung der Angelegenheit, den Umfang und den Grad der Schwierigkeit der anwaltlichen Tätigkeit sowie auf die Vermögens- und Einkommensverhältnisse des Auftraggebers ankommt. Dabei muss die Abrechnung der Beratung nicht zwingend günstiger sein als die Führung des Geschäfts. Die Würdigung eines Verkehrsunfalls, insbesondere die Frage, ob ein Anscheinsbeweis entkräftet werden kann, kann auch nicht zwingend als besonders einfach erachtet werden. Der Streitwert ist ebenfalls im Rahmen der Bestimmung des Haftungsrisikos zu berücksichtigen.[218]

147 Fraglich ist, ob bei der Gebühr nach § 34 RVG auch der Mehrvertretungszuschlag nach VV 1800 Anwendung finden kann. Letztlich bestehen jedoch keine Bedenken, den Mehrvertretungszuschlag anzuwenden, um der erhöhten Mehrbelastung und Verantwortung des Anwalts bei der Beratung mehrerer Auftraggeber Rechnung zu tragen.[219] Damit erhöht sich auch bei der Erstberatung gem. VV 1008 der Höchstbetrag um 30 %, wobei mehrere Erhöhungen einen Gebührensatz von 2,0 nicht übersteigen dürfen.

148 Voraussetzung für die Anwendung des § 34 RVG ist jedoch in jedem Fall, dass der Rat oder die Auskunft nicht mit einer anderen gebührenpflichtigen Tätigkeit zusammenhängt. Ansonsten geht die Gebühr nach § 34 RVG in den nach anderen Vorschriften verdienten Gebühren auf, wenn nichts anderes vereinbart ist, sodass der Rat oder die Auskunft sich im Ergebnis als gebührenfreies Nebengeschäft darstellt.

## V. Zwangsvollstreckung

149 Nach VV 3309 erhält der Rechtsanwalt für seine Tätigkeit in der Zwangsvollstreckung eine Gebühr in Höhe von 0,3, soweit für einzelne Tätigkeiten nichts anderes bestimmt ist.

150 Von der Anwendung des VV 3309 sind die im Unterabschnitt 4 und 5 des Abschnitts 3 Teil 3 des Vergütungsverzeichnisses (VV 3311 bis 3323) geregelten Angelegenheiten ausgenommen. Dies bedeutet, dass durch VV 3309 die Tätigkeit des Anwalts insoweit nicht geregelt wird, als dieser in Verfahren der Zwangsversteigerung und der Zwangsverwaltung sowie im Insolvenzverfahren, Verteilungsverfahren nach der schifffahrtsrechtlichen Verteilungsordnung und in Verfahren nach dem Unternehmensstabilisierungs- und -restrukturierungsgesetz tätig wird.

151 Aus § 19 RVG ergibt sich, welche Angelegenheiten im Einzelnen von der Gebühr des VV 3309 umfasst sind, also keine gesondert zu vergütende Angelegenheit darstellen. Keine besonderen Angelegenheiten sind gem. § 19 RVG z.B.:

- die erstmalige Erteilung der Vollstreckungsklausel, wenn deswegen keine Klage erhoben wird (§ 19 Nr. 13 RVG),
- die Erteilung des Notfrist- oder Rechtskraftzeugnisses (§ 19 Nr. 9 RVG),[220]
- die Zustellung des Urteils, der Vollstreckungsklausel und der sonstigen in § 750 ZPO erwähnten Urkunden (§ 19 Nr. 16 RVG),
- die Bestimmung eines Gerichtsvollziehers (§§ 827 Abs. 1, 854 Abs. 1 ZPO) oder eines Sequesters (§§ 848, 855 ZPO) – Vgl. insoweit § 19 Abs. 2 Nr. 3 RVG,
- die Anzeige der Absicht, die Zwangsvollstreckung gegen eine juristische Person des öffentlichen Rechts zu betreiben (§ 19 Abs. 2 Nr. 4 RVG),
- die einer Verurteilung vorausgegangene Androhung von Ordnungsgeld (§ 19 Abs. 2 Nr. 5 RVG)

217 *AG Remscheid* BeckRS 2015, 07469.
218 *AG Siegburg* BeckRS 2015, 18019.
219 Str.; s. dazu die Übersicht bei HK-RVG/Klaus Winkler RVG § 34 Rn. 116.
220 BeckOK RVG/*v. Seltmann* RVG § 19 Rn. 19.

– die Aufhebung einer Vollstreckungsmaßnahme (§ 19 Abs. 2 Nr. 6 RVG).

Alle übrigen Angelegenheiten der Zwangsvollstreckung gelten als besondere Angelegenheiten, die eine weitere Gebühr entstehen lassen. Dies gilt insbesondere für die in § 18 Nr. 6–20 RVG ausdrücklich genannten Angelegenheiten. 152

### 1. Vorbereitungshandlungen und die Androhung der Zwangsvollstreckung

War der Anwalt bisher in der Angelegenheit nicht mandatiert, so wird die Gebühr des VV 3309 mit der Entgegennahme des Zwangsvollstreckungsmandates ausgelöst. War der Anwalt bereits im Erkenntnisverfahren tätig, so entsteht die Gebühr des VV 3309, wenn der Anwalt die Zwangsvollstreckung androht. Erstattungsfähig ist diese Gebühr dann, wenn der Schuldner nach dem Inhalt des Titels zur Leistung verpflichtet war und ihm auch die zur Leistung erforderliche Zeit gelassen worden war. Diese Zeitspanne ist in jedem Einzelfall individuell zu bestimmen.[221] So ist die anwaltliche Zahlungsaufforderung dann verfrüht, wenn sie zu einem Zeitpunkt erfolgt, in dem noch Verhandlungen über die Modalitäten der Zahlung geführt werden.[222] In der Regel dürfte die Gebühr allerdings nach 2 Wochen vergeblichen Wartens auf die fällige Zahlung durch den Schuldner entstehen. 153

Für die Erstattungsfähigkeit der Gebühr nach VV 3309 ist es aber nicht erforderlich, dass die Voraussetzungen der Zwangsvollstreckung wie z.B. Zustellung des Titels oder Hinterlegung der Sicherheitsleistung bereits vorliegen, da diese den Schuldner nicht an der nach Vorliegen des Titels gebotenen unverzüglichen freiwilligen Leistung hindern. 154

### 2. Höhe der Gebühr

VV 3309 bestimmt eine Gebühr in Höhe von 0,3 für die Tätigkeit im Zwangsvollstreckungsverfahren, wobei die VV 3311 ff. höhere Gebühren für das Verfahren der Zwangsversteigerung bzw. Zwangsverwaltung vorsehen. Die Gebühr nach VV 3309 ist im Zwangsvollstreckungsverfahren obligatorisch und im Ergebnis unabhängig davon, ob sich der Auftrag vor der Durchführung von Zwangsvollstreckungsmaßnahmen wieder erledigt, da insoweit kein abweichender Gebührentatbestand wie z.B. in VV 3101 vorgesehen ist. 155

Auch in den Verfahren der Zwangsvollstreckung, Zwangsversteigerung und Zwangsverwaltung kann eine Erhöhung der Gebühr dadurch eintreten, dass der Anwalt auf der Aktivseite mehrere Mandanten vertritt, die als Gesamtgläubiger oder Gläubiger zur gesamten Hand die Zwangsvollstreckung gemeinsam betreiben. In diesem Fall erhält der Anwalt den Mehrvertretungszuschlag aus VV 1008.[223] 156

Neben den oben genannten Gebühren kann in den in VV 3310 bzw. VV 3312 genannten Fällen auch eine Terminsgebühr entstehen. Diese Gebühren entstehen jedoch ebenfalls nur in Höhe von jeweils 0,3 (VV 3310) bzw. 0,4 (VV3312), wobei eine Ermäßigung durch vorzeitige Erledigung (VV 3101) oder nicht streitige Verhandlung (VV 3105) nicht in Betracht kommt. Dies folgt daraus, dass die Gebühren der VV 3100 bis 3106 nach der Vorbemerkung 3.1 Abs. 1 unter dem Vorbehalt stehen, dass in den nachfolgenden Abschnitten des Teil 3 keine besonderen Gebühren bestimmt sind, was aber für die Zwangsvollstreckung mit VV 3309 ff. der Fall ist. 157

Auch Ratenzahlungsvereinbarungen bei gleichzeitigem vorläufigen Verzicht auf die gerichtliche Geltendmachung oder bei bereits titulierten Forderungen auf die Zwangsvollstreckung lassen diese Einigungsgebühr entstehen (VV 1000 Abs. 1 Nr. 2). Ein bestimmtes Formerfordernis besteht nicht, der Vertrag kann also auch mündlich oder sogar stillschweigend geschlossen werden. Der Streitwert einer Ratenzahlungsvereinbarung i.S.d. VV 1000 Abs. 1 Nr. 2 beträgt nach § 31b RVG 50 % des Anspruchs. 158

221 Vgl. *Gerold/Schmidt* VV 3309 Rn. 96.
222 *LG Saarbrücken* NJW-RR 2010, 491.
223 *Willems* in Handbuch Verkehrsrecht, Kap. 42 Rn. 168.

159 Der Gegenstandswert im Zwangsvollstreckungsverfahren im Übrigen bestimmt sich nach § 25 RVG. Dieser ist für jedes einzelne Vollstreckungsverfahren gesondert zu bestimmen, ggf. erzielte Zahlungen sind also in Abzug zu bringen. Nach § 18 I Nr. 1 RVG bildet grds. jede Vollstreckungshandlung eine besondere Angelegenheit.

### 3. Anrechnung im Fall der Erteilung des Vollstreckungsauftrages

160 Sofern bereits durch die Zahlungsaufforderung in Verbindung mit der Vollstreckungsandrohung die Geschäftsgebühr nach VV 3309 entstanden sein sollte, findet eine Anrechnung für den Fall statt, dass der Schuldner trotz Aufforderung nicht zahlt und der Vollstreckungsauftrag daher tatsächlich erteilt werden muss. In diesem Fall fällt die Gebühr also bei tatsächlicher Ausführung der angedrohten Zwangsvollstreckungsmaßnahme nicht nochmals an.

161 § 18 I Nr. 1 RVG bestimmt zwar, dass jede einzelne Vollstreckungsmaßnahme eine eigene Angelegenheit ist. Dies gilt allerdings nicht, wenn die einzelnen Teilakte der Vollstreckung in einem inneren Zusammenhang stehen und der jeweils nächste Akt sich als Fortsetzung der vorausgehenden Vollstreckungshandlung darstellt. So wird beispielsweise nur eine Angelegenheit angenommen, wenn der Vollstreckungsauftrag wegen des Wohnungswechsels des Schuldners neu gestellt werden muss.[224]

162 Jeweils gesonderte Gebühren nach VV 3309 fallen jedoch an, wenn der Anwalt zunächst die Mobiliarvollstreckung in der Wohnung des Schuldners versucht und nachdem diese erfolglos ausgefallen ist, die Vollstreckung im Geschäftslokal des Schuldners betreibt.

163 Eine besondere Angelegenheit liegt auch dann vor, wenn der Anwalt nach zunächst fruchtloser Zwangsvollstreckung nach Ablauf einer angemessenen Zeit einen neuen Zwangsvollstreckungsauftrag gegen den Schuldner erteilt, weil nunmehr die begründete Hoffnung besteht, zu diesem Zeitpunkt die Ansprüche realisieren zu können.

164 Dasselbe gilt, wenn der Anwalt mehrere Vollstreckungshandlungen einleiten muss, um die Ansprüche seines Mandanten zu realisieren, insbesondere dann, wenn nach fruchtlosem Verlauf der Mobiliarvollstreckung eine Forderungspfändung in Form eines Pfändungs- und Überweisungsbeschlusses erfolgt, bzw. wenn der Anwalt beantragt, dem Schuldner die eidesstattliche Versicherung zur Offenbarung seines Vermögens abzunehmen.

## E. Nebenkosten

165 Neben den Gebühren kann der Rechtsanwalt auch Ersatz seiner Auslagen verlangen. Insoweit ist der Ersatz der Auslagen in Teil 7 des Vergütungsverzeichnisses bestimmt. Dabei weist allerdings die Vorbemerkung 1 zu Teil 7 darauf hin, dass im Grundsatz mit den Gebühren auch die allgemeinen Geschäftskosten abgegolten sind. In Teil 7 werden dann als Ausnahme von diesem Grundsatz die Geschäftskosten aufgeführt, die der Anwalt neben seinen Gebühren vom Auftraggeber verlangen kann.

### I. Auslagen für Porto und Telefon

166 Nach VV 7001 hat der Rechtsanwalt Anspruch auf Ersatz der bei der Ausführung des Auftrags für Post- und Telekommunikationsdienstleistungen zu zahlenden Entgelte. Er kann nach seiner Wahl anstelle der tatsächlich entstandenen Kosten nach VV 7002 aber auch einen Pauschsatz fordern, der 20 % der gesetzlichen Gebühren beträgt, in derselben Angelegenheit und in gerichtlichen Verfahren in demselben Rechtszug jedoch höchstens 20 €, dieser Wert gilt einheitlich für alle Tätigkeiten nach dem RVG. Dabei reicht die Kommunikation mit elektronischen Medien per E-Mail, Skype, Videotelefonie, Mobiltelefon etc. für den Anfall der Pauschale nach VV 7002 aus, so dass diese mit jeder von einem Rechtsanwalt ausgehenden Nutzung dieser Medien anfällt.[225]

---

224 Vgl. dazu *Gerold/Schmidt* VV 3309 Rn. 39 m.w.N.
225 *OLG Frankfurt* 18 W 195/16 zfs 2017, 463.

Ist der Pauschsatz nicht ausreichend, so kann der Anwalt die tatsächlich entstandenen Kosten abrechnen. Selbst eine Nachforderung ist zulässig, wenn der Anwalt zunächst den Pauschsatz geltend gemacht hat und erst später feststellt, dass seine tatsächlichen Auslagen höher sind.[226] 167

Der Pauschbetrag kann in jeder Angelegenheit gesondert berechnet werden, im gerichtlichen Verfahren für jeden Rechtszug (Instanz).[227] Der Begriff der »Angelegenheit« bestimmt sich nämlich auch im Rahmen von VV 7002 nach den §§ 16 – 18 RVG. Dabei gilt auch das einem Prozess vorgeschaltete Stadium außergerichtlicher Verhandlungen als eine eigene Angelegenheit, sofern dem Anwalt nicht bereits ein Prozessauftrag erteilt worden ist. Ist dieser Auftrag bereits erteilt, so gehören die außergerichtlichen Verhandlungen zum Rechtszug der ersten Instanz (vergl. § 19 I 2 Nr. 2 RVG). Vertritt der Rechtsanwalt den Mandanten sowohl im gerichtlichen Mahnverfahren als auch im folgenden Prozess, kann die Auslagenpauschale Nr. 7002 RVG VV für Post- und Telekommunikationsleistungen ebenfalls zweimal geltend gemacht werden.[228] 168

## II. Fotokopiekosten

Nach VV 7000 kann der Anwalt Ersatz der für Fotokopien entstandenen Kosten in folgenden Fällen geltend machen: 169

- für Ablichtungen aus Behörden- und Gerichtsakten, soweit deren Herstellung zur sachgemäßen Bearbeitung der Rechtssache geboten war,[229]
- für Ablichtungen zur Zustellung oder Mitteilung an Gegner oder Beteiligte und Verfahrensbevollmächtigte aufgrund einer Rechtsvorschrift oder nach Aufforderung durch das Gericht, die Behörde oder sonst das Verfahren führende Stelle, soweit hierfür mehr als 100 Ablichtungen zu fertigen waren,
- für Ablichtungen für die notwendige Unterrichtung des Auftraggebers, soweit hierfür mehr als 100 Ablichtungen zu fertigen waren,
- in sonstigen Fällen nur, wenn sie im Einverständnis mit dem Auftraggeber zusätzlich, auch zur Unterrichtung Dritter, angefertigt worden sind und
- für die Überlassung von elektronisch gespeicherten Dateien anstelle der oben genannten Abschriften und Ablichtungen.

Die Höhe der Pauschalen ist unmittelbar im Vergütungsverzeichnis geregelt, sie beträgt nach VV 7000 für die ersten 50 abzurechnenden Seiten 0,50 € und für jede weitere Seite 0,15 €. Gesonderte Gebühren bestehen für Farbkopien, hier können für die ersten 50 abzurechnenden Seiten 1 € und für jede weitere Seite 0,30 € geltend gemacht werden. Für die Überlassung der Datei beträgt die Gebühr 1,50 €, wobei für in einem Arbeitsgang erstellte Dateien nicht mehr als insgesamt 5 € abgerechnet werden dürfen. Werden zum Zweck der Überlassung von elektronisch gespeicherten Dateien Dokumente im Einverständnis mit dem Auftraggeber zuvor von der Papierform in die elektronische Form übertragen, beträgt die Dokumentenpauschale nach Nr. 2 nicht weniger, als die Dokumentenpauschale im Fall der Nr. 1 betragen würde. Hat der Anwalt also z.B. vom Gegner eine einfache Abschrift der Klageerwiderung erhalten und übersendet der Anwalt diese auf Wunsch des Mandanten als Datei, dann kann er diese Kosten nach VV 7000 Nr. 1 geltend machen, während die Übersendung der einfachen Abschrift keine Fotokopiekosten ausgelöst hätte.[230] Hintergrund ist der Umstand, dass das Einscannen eines in Papierform vorliegenden Schriftstücks denselben Arbeitsaufwand auslöst, wie die Fertigung einer Fotokopie. 170

226 *OLG Stuttgart* NJW 1970, 287.

227 BeckOK RVG/Sommerfeldt/*Sommerfeldt* RVG 7002 Rn. 5.

228 *AG Salzwedel* JurBüro 2008, 88.

229 Worunter auch der Ausdruck einer in digitalisierter Form überlassenen Gerichtsakte fällt – *OLG Nürnberg* 2 Ws 98/17 DAR 2017, 492.

230 *Schneider/Thiel* AnwBl. 2013, 259 (268).

171 Die Vorschrift des VV 7000 nimmt durch ihre ausdrücklichen Regelungen die notwendige Abgrenzung von den Fotokopiekosten vor, die zu den durch die Geschäftsgebühr abgegoltenen Kosten zählen und für die der Anwalt keinen Kostenersatz beanspruchen kann und den Kopiekosten, für die nach VV 7000 Kostenersatz beansprucht werden kann.

172 Bezüglich der Erstattungsfähigkeit der Kosten nach § 91 ZPO gilt, dass die Kosten für Fotokopien nur dann durch den unterliegenden Gegner erstattungsfähig sind, wenn der Anwalt einen Anspruch auf Vergütung gegen seine eigene obsiegende Partei hat, anderenfalls entfällt auch die Erstattungspflicht durch den Gegner.[231]

### III. Reisekosten

173 Gem. VV 7003 bis 7006 sind dem Rechtsanwalt für Geschäftsreisen als Reisekosten die Fahrtkosten und sonstige Auslagen anlässlich einer Geschäftsreise zu erstatten, sofern sie angemessen sind; ferner erhält er ein Tage- und Abwesenheitsgeld. Eine Geschäftsreise liegt vor, wenn das Reiseziel außerhalb der Gemeinde liegt, in der sich die Kanzlei oder die Wohnung des Rechtsanwalts befindet.

174 Gem. VV 7003 sind bei Benutzung eines eigenen Kraftfahrzeugs zur Abgeltung der Anschaffungs-, Unterhaltungs- und Betriebskosten sowie der Abnutzung des Kraftfahrzeuges 0,42 € für jeden gefahrenen Kilometer zu erstatten. Hinzukommen gem. VV 7006 die durch die Benutzung des Kraftfahrzeugs aus Anlass der Geschäftsreise regelmäßig anfallenden baren Auslagen, insbesondere der Parkgebühren, soweit sie angemessen sind. Bei der Benutzung des PKW ist der Anwalt nicht verpflichtet, den kürzesten Weg zu wählen. So ist der Anwalt insbesondere nicht verpflichtet, eine kürzere Wegstrecke zu fahren, wenn er dafür mehr Zeit benötigt als bei Benutzung einer längeren aber verkehrsgünstigeren Strecke. Angefangene Kilometer sind auf volle Kilometer aufzurunden.[232]

175 Bei Benutzung anderer Verkehrsmittel werden dem Anwalt die tatsächlichen Aufwendungen erstattet, soweit sie angemessen sind (VV 7004).

176 Der Anwalt darf das für ihn bequemste und zeitlich günstigste Verkehrsmittel wählen, diese Wahl ist auch für die Erstattungspflicht maßgeblich, sofern die Aufwendungen nicht als unverhältnismäßig erscheinen. Der Rechtsanwalt darf in diesem Rahmen die Geschäftsreisen grds. mit dem eigenen Kraftfahrzeug unternehmen. Damit ist zum Ausdruck gebracht, dass die entstehenden Kosten notwendig sind. Dem Anwalt kann also nicht mehr vorgerechnet werden, dass die Reisekosten billiger ausgefallen wären, wenn er anstatt seines Kraftfahrzeugs ein öffentliches Verkehrsmittel benutzt hätte.[233]

177 Bei der Benutzung der Eisenbahn darf der Anwalt die erste Wagenklasse in Anspruch nehmen. Ebenso steht es ihm selbstverständlich frei, aus Zeitersparnis auf besondere zuschlagspflichtige Züge zurückzugreifen. Dabei sind Reisekosten im sog. »Flexpreis-Tarif« stets erstattungsfähig, der Anwalt muss sich nicht auf Sparangebote verweisen lassen.[234] Soweit der Anwalt durch den Einsatz einer Bahncard die Reisekosten mindert, sind deren Anschaffungskosten allerdings in den allgemeinen Geschäftskosten des Anwalts enthalten und damit nicht im konkreten Fall anteilsmäßig erstattungsfähig.[235] Anders ist dies einzuschätzen, wenn die Bahncard für ein länger andauerndes Verfahren angeschafft worden ist und sich der Erwerb bereits nach wenigen Fahrten amortisiert hat.[236]

178 Am auswärtigen Zielort darf der Anwalt, der die Reise nicht mit seinem Pkw angetreten hat, Taxis nutzen und die dadurch entstandenen Kosten ebenfalls seinem Mandanten berechnen. Bei größeren

231 *BGH* NJW 2003, 1127 f.
232 *LG Rostock* NJW-Spezial 2009, 715.
233 *Gerold/Schmidt* VV 7003 Rn. 18.
234 *BVerwG* zfs 2019, 585 zu den Reisekosten eines sonst. Verfahrensbeteiligten mit Anm. *Hansens* zu den Reisekosten des Anwalts.
235 *OVG Münster* NJW 2006, 1897; *OLG Karlsruhe* JurBüro 2000, 145.
236 *OLG Celle* BeckRS 2020, 37874.

Entfernungen wird auch eine Flugreise nicht zu beanstanden sein, wenn sie geeignet ist, Zeit zu sparen und damit den Anspruch auf Ersatz von Tage- und Abwesenheitsgeldern deutlich zu verkürzen.[237]

Hat der Rechtsanwalt die Reise gebucht und entfällt der Termin, so sind auch die Stornokosten zu ersetzen, selbst dann, wenn der Rechtsanwalt die Reise frühzeitig gebucht hat, um z.B. Spartarife mit hohen Stornokosten in Anspruch zu nehmen. Voraussetzung für die Erstattungsfähigkeit ist nur, dass der Rechtsanwalt bei Buchung der Reise davon ausgehen durfte, dass der Termin tatsächlich stattfindet.[238] In diesem Zusammenhang trifft allerdings das Gericht die Amtspflicht, den Rechtsanwalt rechtzeitig von der Aufhebung des Termins zu informieren. Kann nicht sichergestellt werden, dass die schriftlich verschickte Terminsaufhebung den Prozessbevollmächtigten rechtzeitig erreicht, muss er vorab telefonisch oder per Telefax darüber unterrichtet werden. Ein Verstoß gegen diese Amtspflicht kann zu einem Amtshaftungsanspruch nach § 839 BGB in Verbindung mit Art. 34 GG führen.[239] Besteht allerdings ein Kostenerstattungsanspruch gegen den unterlegenen Prozessgegner, so müssen die Kosten der vergeblichen Anreise dort im Rahmen des Kostenfestsetzungsverfahrens geltend gemacht werden, da der Amtshaftungsanspruch subsidiär ist.[240] 179

Nach VV 7005 erhält der Anwalt neben den Fahrtkosten auch Tage- und Abwesenheitsgeld, das von der ratio legis her zunächst dazu bestimmt ist, einen Ausgleich für die Mehrausgaben unterwegs zu verschaffen. Zum anderen soll das Tage- und Abwesenheitsgeld eine Entschädigung dafür sein, dass der Anwalt mit Rücksicht auf die Geschäftsreise seine sonstigen Anwaltsgeschäfte nicht ausüben konnte und dadurch einen Verdienstausfall erlitten hat. 180

Als Tage- und Abwesenheitsgeld erhält der Rechtsanwalt bei einer Geschäftsreise von nicht mehr als 4 Stunden 30 €, von mehr als 4 bis 8 Stunden 50 € und von mehr als 8 Stunden 80 €; bei Auslandsreisen kann zu diesen Beträgen ein Zuschlag von 50 % berechnet werden. Dabei steht die Höhe des Auslandszuschlags im pflichtgemäßen Ermessen des Anwalts. Die Übernachtungskosten sind in Höhe der tatsächlichen Aufwendungen zu erstatten, soweit sie angemessen sind (VV 7006). 181

Maßgeblich für die Berechnung von Tage- und Abwesenheitsgeld ist der Zeitraum, der zwischen dem Verlassen der Wohnung bzw. des Geschäftsraums (Kanzlei) des Anwalts und seiner Rückkehr, entweder in der Wohnung oder in die Geschäftsräume, liegt. Ausgangspunkt der Reise und Ort der Rückkehr müssen dabei nicht übereinstimmen. 182

Dient die Geschäftsreise der gleichzeitigen Erledigung mehrerer Angelegenheiten, so sind die dabei entstandenen Reisekosten sowie Tage- und Abwesenheitsgelder nach dem Verhältnis der Kosten zu verteilen, die bei gesonderter Ausführung der einzelnen Geschäfte entstanden wären (vgl. Vorbem. zu Teil 7 VV Abs. 3). 183

## IV. Hebegebühr

### 1. Entstehung

Nach VV 1009 erhält der Anwalt eine Hebegebühr, wenn er für seinen Mandanten Zahlungen vereinnahmt und diese an ihn weiterleitet. Sie wird für die Auszahlung oder Rückzahlung von entgegengenommenen Geldbeträgen erhoben, ebenso wie für die Ablieferung oder Rücklieferung von Wertpapieren oder sonstigen Kostbarkeiten. Sie entsteht nicht, soweit Kosten an ein Gericht oder eine Behörde weitergeleitet oder eingezogene Kosten an den Auftraggeber abgeführt oder eingezogene Beträge auf die Vergütung verrechnet werden (vgl. Abs. 5 zu VV 1009). 184

Die Hebegebühr nach VV 1009 soll dem Anwalt eine Entschädigung für die verantwortungsvolle und aus dem Rahmen seiner sonstigen Tätigkeit herausfallende Abwicklung des Zahlungsverkehrs 185

237 *LG Lüneburg* zfs 1993, 387 (L); s.a. *LG Freiburg* NJW 2003, 3359.
238 *Hansens* zfs 2008, 529 (530); *LG Potsdam* 12 T 53/16 zfs 2017, 466.
239 *OLG Dresden* NJW 2018, 2274.
240 *OLG Dresden* AnwBl 2018, 874.

und die damit verbundene Verwaltung von Geldern gewähren. Dies bedeutet zugleich, dass die Tätigkeiten, die die Hebegebühr auslösen, durch die Regelgebühren nicht mit abgegolten werden.

186 Von der Ausnahme des Abs. 5 zu VV 1009 (Weiterleitung von Kosten an ein Gericht oder eine Behörde) abgesehen, kommt es für die Entstehung der Hebegebühr nicht darauf an, an wen der Anwalt die Zahlung leistet. Dies muss nicht unbedingt der Mandant sein, sondern die Zahlung kann auch – im Einverständnis des Auftraggebers – einem Dritten zufließen. Der Anwalt hat lediglich darauf zu achten, dass die Leistung demjenigen zufließt, den sein Mandant als berechtigten Empfänger bezeichnet hat.

▶ **Praxistipp**

187 Die Hebegebühr wird in vielen Fällen allerdings nicht geltend gemacht, obwohl ein Grund für diese Zurückhaltung nicht erkennbar ist. Auch die Weiterleitung von Fremdgeld bedeutet einen Aufwand für den Rechtsanwalt und damit auch das Entstehen von Kosten. Im Übrigen übernimmt der Anwalt die Gewähr für die Weiterleitung des Betrages an den richtigen Empfänger und trägt damit auch ein entsprechendes Haftungsrisiko, welches die Erhebung dieser Gebühr rechtfertigt.

## 2. Erstattungsfähigkeit

188 Die Erstattungsfähigkeit der Hebegebühr ist nach allgemeinen schadensersatzrechtlichen Grundsätzen zu beurteilen. Das bedeutet, dass die Hebegebühr nur erstattungsfähig ist, wenn die Einschaltung des Anwalts zum Empfang der Zahlung erforderlich war und nicht gegen die dem Geschädigten obliegende Schadenminderungspflicht verstößt.

189 Grundsätzlich wird es im Bereich der Kfz Schadenregulierung nicht erforderlich sein, dass der Anwalt für den Geschädigten die von der Gegenseite gezahlten Ersatzleistungen vereinnahmt,[241] damit ist auch die Erstattungsfähigkeit der Hebegebühr ausgeschlossen. Sie ist auch dann nicht erstattungsfähig, wenn der Anwalt Zahlung an sich verlangt, ohne zugleich auf die Entstehung der Hebegebühr hinzuweisen, sodass die Erstattungsfähigkeit im Regelfall zu verneinen ist, wenn der Anwalt im Anspruchsschreiben zunächst nur seine eigene Kontonummer mitteilt.[242] Hingegen hat der BGH die Erstattungsfähigkeit der Hebegebühr ausdrücklich bejaht, wenn die Einschaltung des Anwalts zur Zahlungsabwicklung erforderlich ist. Dies war in dem vom BGH entschiedenen Konstellation deshalb der Fall, weil die Wirksamkeit des Vergleichs von der fristgerechten Zahlung der Vergleichssumme abhing und daher der fristgerechte Zahlungseingang durch den Rechtsanwalt als Organ der Rechtspflege überwacht wurde. Hingegen würde die bloße Vereinbarung im Vergleich die Vergleichssumme an den Prozessbevollmächtigten der Beklagten zu zahlen noch nicht ausreichen, um eine Hebegebühr auszulösen.[243]

190 Hat hingegen die Versicherung des Geschädigten an den Anwalt des Schädigers gezahlt, ohne von diesem dazu aufgefordert worden zu sein, so hat sie bei Zahlung an den Anwalt auch die dadurch ausgelöste Hebegebühr zu ersetzen.[244] Dies gilt auch dann, wenn die Forderung ihren Grund in einer Legalzession hat.[245]

---

241 *AG Rostock* NZV 1997, 524; *Madert* zfs 1997, 147 f.
242 *AG Krefeld* zfs 1992, 351.
243 *BGH* NJW 2007, 1535 (1536).
244 *AG Steinfurt* zfs 1996, 72; *AG Rostock* NZV 1997, 524; *AG Wiesbaden* zfs 1993, 387 (L); Halm/Engelbrecht/Krahe/*Euler* Kap. 25 Rn. 335 m.w.N.
245 *AG Gronau* zfs 1997, 147.

Die Hebegebühr zählt auch zu den Prozesskosten und kann damit gem. § 103 ZPO festgesetzt und auch nach § 788 ZPO eingezogen werden, wenn es erforderlich war, dass der Rechtsanwalt die Geldbeträge eingezogen und abgeliefert hat.[246] 191

## F. Umsatzsteuer

### I. Grundsätze

Der Rechtsanwalt hat gem. VV 7008 Anspruch auf Ersatz der auf seine Vergütung entfallenden Umsatzsteuer. Dies betrifft zum einen die Rechtsanwaltsgebühren, aber auch den Ersatz von Auslagen, die nicht ausdrücklich in Teil 7 VV-RVG als Auslagentatbestand aufgeführt sind.[247] Daher ist auch auf die Aktenversendungspauschale Umsatzsteuer zu erheben.[248] Bei der Aktenversendungspauschale handelt es sich nicht um einen durchlaufenden Posten, der nicht der Umsatzsteuer unterliegt, da der Rechtsanwalt gem. § 28 Abs. 2 GKG selbst Kostenschuldner der Aktenversendungspauschale ist.[249] Die auf die Aktenversendungspauschale entfallende Umsatzsteuer zählt deshalb zur gesetzlichen Vergütung des Rechtsanwalts und ist auch durch eine bestehende Rechtsschutzversicherung zu erstatten.[250] Der Rechtsanwalt kann diese gesondert in Rechnung stellen, sie unterfällt weder den durch die Geschäftsgebühr nach § 15 RVG abgegoltenen allgemeinen Geschäftsunkosten des Rechtsanwalts, noch ist sie von der Post und Telekommunikationspauschale abgedeckt.[251] 192

Bei ausländischen Mandanten darf ein deutscher Rechtsanwalt gem. § 3a Abs. 4 Nr. 3, Abs. 3 S. 1 und 3 UStG seinem ausländischen Mandanten, sofern dieser Unternehmer oder außerhalb des Gebietes der EG ansässige Privatperson ist, keine deutsche Umsatzsteuer in Rechnung stellen. Umgekehrt ist der Anwalt für eine im Inland erbrachte Tätigkeit auch dann umsatzsteuerpflichtig, wenn der private Auftraggeber in einem EG Land wohnhaft ist.[252] 193

Die Erstattungsfähigkeit der in der Gebührenrechnung enthaltenen Umsatzsteuer durch den erstattungspflichtigen Dritten richtet sich auch hier nach rein schadensersatzrechtlichen Grundsätzen. Ist der Auftraggeber zum Vorsteuerabzug berechtigt, so kann er die an den Anwalt gezahlte Umsatzsteuer nicht als Schaden vom Gegner ersetzt verlangen, da er die gezahlte Umsatzsteuer im Rahmen des Vorsteuerabzugs selbst erstattet erhält. Der zum Vorsteuerabzug berechtigte Auftraggeber kann also nur die Nettogebühren des Anwalts erstattet verlangen. Besteht keine Vorsteuerabzugsberechtigung, so sind vom Schädiger die Gebühren inklusive der Umsatzsteuer zu erstatten. 194

Besteht eine Vorsteuerabzugsberechtigung, so ist zu prüfen, ob diese für den gesamten geltend gemachten Schaden anzunehmen ist. Dies ist z.B. bei Schmerzensgeldforderungen, die für einen Unternehmer geltend gemacht werden, nicht der Fall. Da es sich bei der Schmerzensgeldforderung um einen höchstpersönlichen Anspruch des Unternehmers handelt, besteht insoweit keine Vorsteuerabzugsberechtigung. 195

Fällt die anwaltliche Tätigkeit in einen Zeitraum in dem verschiedene Umsatzsteuersätze gelten, weil sich der Mehrwertsteuersatz ändert, also z.B. wie zum 01.01.2021 von 16 % auf 19 % erhöht, fragt sich, welchen Mehrwertsteuersatz der Anwalt abzurechnen hat. Diese Frage richtet sich ausschließlich nach dem Umsatzsteuergesetz. Das Umsatzsteuergesetz stellt auf den Zeitpunkt oder den Zeitraum der Leistung ab. Da es sich bei der anwaltlichen Tätigkeit in der Regel um eine Dauertätigkeit handelt, ist das Ende des Leistungszeitraums maßgeblich. Dieser Zeitpunkt entspricht in der Regel dem Zeitpunkt der Fälligkeit i.S.d. § 8 Abs. 1 S. 1 RVG, also der Beendigung oder Erledigung des 196

246 *OLG Düsseldorf* zfs 1999, 178 (L).
247 *OVG Lüneburg* NJW 2010, 1392 (1393).
248 *BGH* DAR 2011, 356.
249 *OVG Lüneburg* NJW 2010, 1392 (1393); *BGH* DAR 2011, 356.
250 *BGH* DAR 2011, 356.
251 *BGH* a.a.O.
252 *Gerold/Schmidt* VV 7008 Rn. 25.

Mandats.[253] Fällt also das Ende des Leistungszeitraums in den Zeitraum, in welchem der höhere Steuersatz gilt, so ist dieser für die komplette Leistung abzurechnen. Da gem. § 19 Abs. 1 Nr. 14 RVG auch die Kostenfestsetzung und die Einforderung der Vergütung zum Rechtszug gehören, ist damit der zu diesem Zeitpunkt geltende Steuersatz maßgeblich.

197 Etwas anderes gilt nur, wenn auch Teilfälligkeiten eintreten können. Teilfälligkeiten können gem. § 8 Abs. 1 S. 2 RVG in gerichtlichen Verfahren eintreten. In diesen Fällen kann es dann ggf. zu unterschiedlichen Steuersätzen kommen.[254] Ein solcher Fall ist z.B. dann gegeben, wenn ein Versäumnisurteil ergangen ist und zu einem späteren Zeitpunkt über den Einspruch mündlich verhandelt wird. Da mit dem Versäumnisurteil eine Kostenentscheidung ergangen ist, liegt insoweit eine fällige Teilleistung vor, die eigenständig und damit mit dem zu diesem Zeitpunkt aktuellen Steuersatz abgerechnet werden kann, selbst wenn anschließend bis zur Beendigung des Verfahrens noch weitere mit höherer Umsatzsteuer belegte Leistungen anfallen.[255]

## II. Die Umsatzsteuer in der Kostenfestsetzung

198 Unproblematisch kann zunächst die obsiegende Partei die ihr entstandene Umsatzsteuer gegen die unterlegene Partei festsetzen lassen, wenn die obsiegende Partei nicht zum Vorsteuerabzuge berechtigt ist.

199 Nach § 104 Abs. 2 S. 3 ZPO genügt für die Festsetzung der Umsatzsteuer die Erklärung des Antragstellers, dass er nicht zum Vorsteuerabzug berechtigt ist. Die Richtigkeit dieser Erklärung ist im Kostenfestsetzungsverfahren nicht zu prüfen.[256] Dies bedeutet im Umkehrschluss, dass bei Fehlen dieser Erklärung die Umsatzsteuer nicht festgesetzt wird, sodass nach zutreffender Ansicht die Erklärung nach § 104 Abs. 2 S. 3 ZPO nicht zum Vorsteuerabzug berechtigt zu sein, Voraussetzung für die Festsetzung der Umsatzsteuer ist.[257] Dabei muss die Erklärung so abgegeben werden, wie das Gesetz sie vorsieht, allein die Anmeldung der Umsatzsteuer reicht auch als konkludente Erklärung i.S.d. § 104 Abs. 2 S. 3 ZPO nicht aus.[258]

200 In diesem Zusammenhang hat der *BGH* eine insbesondere für das Verkehrshaftpflichtrecht wichtige Entscheidung getroffen. Der Kläger hatte gegen den nicht zum Vorsteuerabzug berechtigten Fahrer, ein zum Vorsteuerabzug berechtigtes Mietwagenunternehmen und gegen den Kraftfahrthaftpflichtversicherer geklagt, der – wie regelmäßig der Fall – nicht zum Vorsteuerabzug berechtigt war. Da der Kläger unterlegen war, musste er nach der Entscheidung des *BGH* den verklagten Streitgenossen die angefallene Umsatzsteuer auf die Anwaltskosten in voller Höhe erstatten. Auf den Umstand, dass einer der Streitgenossen zum Abzug der Vorsteuer berechtigt war, kam es nicht an, da der nicht zum Vorsteuerabzug berechtigte Haftpflichtversicherer im Innenverhältnis die gesamten Kosten des gemeinsam beauftragten Anwalts zu tragen hatte.[259]

## III. Eigene Angelegenheiten des Anwalts

201 Wird ein Rechtsanwalt in eigener Sache tätig, so ist zu unterscheiden, ob es sich um ein Innengeschäft oder um ein Außengeschäft handelt. Nur wenn der Rechtsstreit eine private Angelegenheit betrifft, kann der Anwalt mit Erfolg Erstattung der Mehrwertsteuer von der unterlegenen Partei verlangen, dagegen nicht bei einer Eigenvertretung in einem berufsbezogenen Rechtsstreit.[260]

253 *Schneider* NJW 2007, 325.
254 *Schneider* NJW 2007, 325.
255 Vgl. mit Berechnungsbeispielen *Schneider* NJW 2007, 326 f.
256 *Saarländisches OLG* OLGR 1998, 432 m.w.N.
257 Vgl. *Gerold/Schmidt* VV 7008 Rn. 58.
258 *Gerold/Schmidt* a.a.O. Rn. 59.
259 Vgl. *BGH* DAR 2006, 237.
260 *BGH* NJW RR 2005, 363; vgl. auch *Gerold/Schmidt* VV 7008 Rn. 27 f.

Gem. § 1 Abs. 1 Nr. 1 UStG unterliegen der Umsatzsteuer nur die Umsätze, die aus Lieferungen und sonstigen Leistungen erzielt werden, die ein Unternehmer im Inland gegen Entgelt im Rahmen seines Unternehmens ausführt. Seit dem Beschluss des *BFH* vom 09.11.1976[261] ist geklärt, dass kein zu versteuernder Umsatz gem. § 1 Abs. 1 UStG vorliegt, wenn im Zusammenhang mit der Tätigkeit des in eigener (berufsbezogener) Sache auftretenden Rechtsanwalts Gebühren und Auslagen anfallen. Es handelt sich hier um keine Leistung im Sinne des UStG, da der Anwalt nicht zur Mehrung eines fremden Vermögens tätig wird. Erbringt der Rechtsanwalt aber keine umsatzsteuerpflichtige Leistung, so hat er auch keine Umsatzsteuer abzuführen und kann daher auch deren Festsetzung nicht verlangen.[262] 202

Etwas anderes gilt für den Fall, dass ein Rechtsanwalt in einer für ihn privaten Sache tätig wird. Unter dieser Voraussetzung entstehen nämlich infolge des Abzugsverbots des § 12 Nr. 3 EStG Kosten in Höhe der an das Finanzamt abzuführenden Umsatzsteuer für den Eigenverbrauch (Entnahmen). Nach der ausdrücklichen Regelung des § 3 Abs. 1b Nr. 1 UStG sind solche Eigenverbrauchsumsätze zu versteuern, die der Unternehmer aufgrund von Leistungen für außerhalb des Unternehmens dienende Zwecke erzielt.[263] In diesem Fall kann dann auch der in eigener privater Sache tätige Anwalt die von ihm abzuführende Umsatzsteuer festsetzen lassen. Bemessungsgrundlage ist in den Fällen des Eigenverbrauchs nicht das Entgelt, sondern die dem Unternehmer für die Ausführung seiner Leistung entstehenden Selbstkosten. Diese Bemessungsgrundlage muss nach § 287 ZPO geschätzt werden.[264] Sie beträgt in der Regel 50 % des Nettoentgelts, wenn keine höhere Belastung nachgewiesen wird.[265] 203

261 *BFH* NJW 1977, 408.
262 *OLG Köln* BeckRS 2018, 6561.
263 *OLG Düsseldorf* OLGR 1994, 75.
264 *LG Berlin* NJW RR 1998, 931.
265 *LG Berlin* a.a.O.

# Kapitel 15 Finanzierungskosten

## Übersicht

## Einleitung

In der Praxis der Schadenregulierung kommt es häufig vor, dass der Geschädigte nach einem fremd verursachten Verkehrsunfall finanziell nicht in der Lage ist, die zur Schadenbeseitigung erforderlichen Mittel sowie die in Zusammenhang mit dem Unfall stehenden sonstigen Kosten selbst aufzubringen. Er ist darauf angewiesen, sich den notwendigen Finanzbedarf anderweitig zu beschaffen. Die Frage der Finanzierung stellt sich insbesondere bei den Reparaturkosten bzw. im Fall eines Totalschadens beim Erwerb eines Ersatzwagens. Auch die Mietwagenkosten überschreiten oft die finanziellen Möglichkeiten des Geschädigten. Ist es diesem nicht möglich, die entstehenden Kosten vorzustrecken, so entsteht nicht selten Streit darüber, wer die durch die Aufnahme eines Kredits erwachsenen Kosten zu tragen hat. 1

Laut *BGH* zählen zum Herstellungsaufwand i.S.d. § 249 Abs. 2 BGB auch die Kosten für die Inanspruchnahme von Fremdmitteln durch den Geschädigten, um sein beschädigtes Fahrzeug instandsetzen und Mietwagenkosten zahlen zu können.[1] Nach BGH kann der Geschädigte vom Schädiger jedoch nach § 249 Absatz 2 Satz 1 BGB als erforderlichen Herstellungsaufwand nur die Kosten erstattet verlangen, die vom Standpunkt eines verständigen, wirtschaftlich denkenden Menschen in der Lage des Geschädigten zur Behebung des Schadens zweckmäßig und notwendig erscheinen. Er ist nach dem Wirtschaftlichkeitsgebot gehalten, im Rahmen des ihm Zumutbaren den wirtschaftlicheren Weg der Schadensbehebung zu wählen, sofern er die Höhe der für die Schadensbeseitigung aufzuwendenden Kosten beeinflussen kann. Allerdings ist bei der Beurteilung, welcher Herstellungsaufwand erforderlich ist, auch Rücksicht auf die spezielle Situation des Geschädigten, insbesondere auf seine Erkenntnis- und Einflussmöglichkeiten sowie auf die möglicherweise gerade für ihn bestehenden Schwierigkeiten zu nehmen.[2] Voraussetzung ist, dass die Herstellung nur durch Aufnahme von Fremdmitteln möglich oder zuzumuten ist. Entscheidungen des *AG Münster*[3] sowie des *LG Erfurt*,[4] des *LG Kassel*[5] und des *OLG Köln*[6] basieren auf diesem Rechtsgrundsatz. Der BGH nimmt in seinem Urt. v. 19.04.2005 im Zusammenhang mit Mietwagenkosten ebenfalls Bezug auf seine frühere Entscheidung[7] 2

Die mit der Erstattungsfähigkeit von Finanzierungskosten zusammenhängenden Rechtsprobleme stellen sich, wenn sog. »Unfallhelfer« sich darum bemühen, möglichst umfänglich an Verkehrsunfällen finanziell zu partizipieren.[8] 3

Die früher geforderte Voraussetzung für die Erstattung von Finanzierungskosten, dass sich der Schuldner, also der Schadensersatzpflichtige, mit der ihm obliegenden Leistung in Verzug befand, wird nicht mehr gefordert. 4

Versicherungsgesellschaften bemühen sich in der Regel um eine schnelle und weitgehend unbürokratische Schadenregulierung. Nicht zuletzt auch im eigenen finanziellen Interesse sollen Finan- 5

1 *BGH*, BGHZ 61, 346, NJW 1974, 34, VersR 1974, 90, DAR 1974, 17, MDR 1974, 129, VRS 46, 7.
2 Vgl. *BGH*, Urt. v. 22.07.2014 – VI ZR 357/13, NJW 2014, 3151; BGB § 249 Art und Umfang des Schadensersatzes, *Oetker*, MüKoBGB, 8. Aufl. 2019, Rn. 404–406.
3 *AG Münster*, Urt. v. 11.11.2002 – 8 C 4297/02, BeckRS 2013, 5801.
4 *LG Erfurt*, Urt. v. 14.08.2008 – 1 S 92/08, BeckRS 2011, 10331.
5 *LG Kassel*, Urt. v. 08.01.2009 – 1 S 116/08, BeckRS 2010, 10364.
6 *OLG Köln*, Urt. v. 12.07.1985 – 22 U 40/85, r+s 1985, 264.
7 *BGH*, Urt. v. 19.04.2005 – VI ZR 37/04, DAR 2005, 438.
8 *Knerr, Geigel*, Haftpflichtprozess, 27. Aufl. 2015, 3 Kapitel Schadensersatz wegen Beschädigung oder Zerstörung von Sachen, Rn. 107–108; *BGH*, Urt. v. 06.11.1973 – VI ZR 194/71, NJW 1974, 50.

zierungskosten erst gar nicht entstehen. Insbesondere Schadenschnelldienste sowie die Arbeit mit Reparaturkosten-Übernahmeerklärungen sollen helfen, dieses Ziel zu erreichen. Vermehrt kommen Versicherungen nach einem Unfall kurzfristig auf den Geschädigten zu und bieten ihm an, die Schadenabwicklung für ihn zu übernehmen. Sie benennen Abschleppunternehmen, Werkstätten und Mietwagenunternehmen, mit denen sie zusammenarbeiten. Auf die Erstellung eines Sachverständigengutachtens wird in der Regel verzichtet beziehungsweise wird angeboten, dass ein vom Versicherer benannter Sachverständiger das Gutachten erstellt. Auch in diesen Fällen sollte sich der Geschädigte anwaltlich beraten lassen, damit alle seine Ansprüche erfüllt werden. Der BGH hat allerdings entschieden, das ein Mietwagenangebot ders Versicherers akzeptiert werden muss.[9]

## A. Grundsätzliches

### I. Bedeutung für die Versicherungswirtschaft

6 In Zeiten hoher Zinsen und ständig steigender Reparatur- und sonstiger unfallbedingter Kosten wird die Entstehung von Finanzierungskosten auch in Zukunft nicht zu vermeiden sein. Die Werkstattkosten steigen schneller als die allgemeine Inflation. Während der Verbraucherpreis-Index von 2017 bis 2022 um rund 14 % gestiegen ist, haben Werkstätten ihre Stundensätze um 28 % erhöht, Lackierereien sogar um 30 %.[10] Nicht unberücksichtigt bleiben sollte in diesem Zusammenhang allerdings, dass letztendlich die Risikogemeinschaft aller Haftpflichtversicherten, d.h. die Gesamtheit aller Kfz-Halter über die Prämie diese Kosten im wirtschaftlichen Ergebnis zu tragen hat.

7 Keineswegs kann in heutiger Zeit davon ausgegangen werden, dass jeder Fahrzeughalter über ausreichende finanzielle Reserven verfügt, die es ihm ermöglichen, die durch einen von ihm unverschuldeten Verkehrsunfall eintretenden finanziellen Folgen selbst auszugleichen und dabei gleichzeitig seine sonstigen finanziellen Bedürfnisse des täglichen Lebens nicht zu beeinträchtigen.

8 Sowohl im Berufs- als auch im Privatleben ist das eigene Kfz nahezu unverzichtbarer Bestandteil unseres Alltags geworden. Die Anzahl der PKW nimmt gerade im Privatbereich erheblich zu. Die Zahl der Fahrzeughalter, die sich ihren PKW gerade noch leisten können, nimmt zu. Oftmals sind sie nur unter großen finanziellen Schwierigkeiten und unter einem gewissen Konsumverzicht in anderen Bereichen in der Lage, die mit der Anschaffung des Autos und Betrieb verbundenen Kosten aufzubringen.

9 Folglich sind zahlreiche Fahrzeughalter im Fall eines Reparatur- bzw. eines Totalschadens gezwungen, den dadurch entstehenden Kapitalbedarf mit Fremdmitteln zu finanzieren. Dies lässt sich nur vermeiden, wenn der ersatzpflichtige Haftpflichtversicherer seinerseits den Schaden zügig reguliert, wobei neben der Gewährung von Vorschüssen auch Reparaturkostenübernahmeerklärungen in Betracht kommen.

### II. Abwägung der Interessenlage

10 Im Sinne einer sachgerechten Abwägung ist neben den dargestellten Interessen des Geschädigten mithin auch die Interessenlage des Ersatzpflichtigen zu berücksichtigen.

#### 1. Situation des Geschädigten

11 Ein Verkehrsunfall lässt sich nicht einplanen und voraussehen. Er pflegt immer zum »ungünstigsten« Zeitpunkt einzutreten. Der durch ihn entstehende Kapitalbedarf ist nicht immer sofort mit eigenen frei verfügbaren Mitteln zu befriedigen. Schnell sind selbst bei vermeintlich kleinen Schäden Reparaturkosten von einigen Tausend Euro aufzuwenden. Der Geschädigte muss, da er generell zur Schadenminderung verpflichtet ist, unverzüglich die zur Ermittlung der Schadenhöhe notwendigen

---

9 *BGH*, Urt. v. 12.02.2019 – VI ZR 141/18, NJW 2019, 2538.

10 Quelle:GDV.

Feststellungen treffen und die erforderlichen Maßnahmen veranlassen. Dies kann bei Schäden bis ca. 1.000 € (Bagatellschadenbereich) über einen Kostenvoranschlag einer Werkstatt geschehen. Bei höheren Schäden oder im Falle eines zu befürchtenden wirtschaftlichen Totalschadens sollte ein Sachverständigengutachten eingeholt werden. Dessen Kosten müssen bei unverschuldeten Unfällen von der gegnerischen Haftpflichtversicherung übernommen werden.

Dem Geschädigten ist es z.B. bei einem erlittenen Kfz-Totalschaden nicht gestattet, erst abzuwarten, 12
bis ihm der gegnerische Haftpflichtversicherer die erforderlichen Mittel für die Beschaffung eines Ersatzwagens zur Verfügung stellt, und sich so lange – über die im Gutachten dargelegte Wiederbeschaffungsdauer hinaus – einen Mietwagen zu nehmen.[11] Er muss sich vielmehr im Rahmen der von ihm zu erfüllenden Maßnahmen aktiv um die Beschaffung der finanziellen Mittel zum Erwerb eines Ersatzwagens bemühen, ggf. einen Überziehungskredit in Anspruch nehmen oder einen Finanzierungskredit vereinbaren.[12]

Im Fall eines Reparaturschadens muss er – im Rahmen der ihm allein obliegenden Veranlassungs- 13
pflicht – unverzüglich den Reparaturauftrag an eine geeignete Werkstatt erteilen. Ist er zur Zahlung der zu erwartenden Reparaturkosten nicht in der Lage, muss er dies der Versicherung umgehend mitteilen und um Vorschusszahlung oder Reparaturkostenübernahmebestätigung ersuchen.[13]

Für den Fall, dass der Geschädigte auf sein Kraftfahrzeug auch nicht vorübergehend verzichten 14
kann, wird er i.d.R. ein Ersatzfahrzeug anmieten müssen. Die dadurch entstehenden Kosten schuldet zunächst der Gläubiger (der Geschädigte) als Vertragspartner des Mietwagenunternehmens. Er steht somit vor der Frage, wie er bei der Rückgabe des Mietwagens den auftretenden Kapitalbedarf befriedigen soll. Entschließt sich der Gläubiger in dieser Situation, mangels eigener verfügbarer Mittel, den Mietwagen weiter zu benutzen, sieht er sich dem Vorwurf ausgesetzt, seine Schadenminderungspflicht schuldhaft verletzt zu haben. Er muss sich entgegenhalten lassen, dass die Weiterbenutzung eines Mietwagens über die Dauer der voraussichtlichen Wiederbeschaffung hinaus die mit Abstand teuerste Finanzierungsmöglichkeit darstellt, die jedoch hätte abgewendet werden können, wenn der Geschädigte sich rechtzeitig um die Finanzierung des Unfallschadens bemüht hätte.[14] Etwas anderes gilt allerdings, wenn er den Versicherer des Schädigers darauf hingewiesen hatte, dass er nicht in der Lage ist, den Schaden aus eigenen Mitteln vorzufinanzieren, weshalb er um die Zahlung eines entsprechenden Vorschusses ersucht.[15]

Im Hinblick auf die Bezahlung der Reparaturkosten weiß der Geschädigte, dass ihm das reparierte 15
Fahrzeug im Regelfall, aufgrund des der Werkstatt zustehenden Unternehmerpfandrechts nach § 647 BGB, nur dann herausgegeben wird, wenn er die vollen Instandsetzungskosten bei der Abholung entrichtet oder entsprechende Sicherheiten stellt. Da die Reparatur selbst häufig nur wenige Tage in Anspruch nimmt und im Regelfall bereits beendet ist, bevor der Kfz-Haftpflichtversicherer des Ersatzpflichtigen eine Zahlung geleistet hat, besteht auch hier gegenüber der Werkstatt das Problem der Bezahlung der Rechnung.

Nimmt der Gläubiger zur Bezahlung der Mietwagen- oder Reparaturrechnung einen Kredit auf, 16
so kann ihm dies unter Umständen unter Hinweis auf § 254 Abs. 2 BGB vorgehalten werden. Der Geschädigte befindet sich mithin in einem Interessenkonflikt, der für ihn nicht ohne Weiteres sachgerecht zu lösen ist, zumal es ihm meistens an »Erfahrungen« bei der Schadenregulierung fehlen

11 *OLG Saarbrücken*, Urt. v. 14.09.2017 – 4 U 82/16, r+s 2018, 329.
12 *AG Wiesbaden* VersR 1987, 1028; vgl. *AG Münster*, Urt. v. 11.11.2002 – 8 C 4297/02, BeckRS 2013, 5801.
13 *AG Lichtenfels*, Urt. v. 26.03.2014 – 2 C 556/12, BeckRS 2014, 20019; *OLG Naumburg*, Urt. v. 15.06.2017 – 9 U 3/17, BeckRS 2017, 142735; *OLG Brandenburg*, Urt. v. 27.02.2020 – 12 U 86/18, NJW-RR 2020, 668.
14 Vgl. *AG Mettmann*, Urt. v. 02.04.2012 – 25 C 175/11, BeckRS 2013, 01013; *OLG Brandenburg*, Urt. v. 30.08.2007 – 12 U 60/07, BeckRS 2008, 09567.
15 *OLG Naumburg*, Urt. v. 15.06.2017 – 9 U 3/17, BeckRS 2017, 142735.

dürfte. Er muss dann nachweisen, dass er über keine freien Geldmittel verfügt, die zur Zahlung verwendet werden könnten. Zur Vermeidung von Problemen bei der Abrechnung von Kreditzinsen sollte der Geschädigte den Schädiger und seinen Versicherer darauf hinweisen, dass er nicht in der Lage ist, den Schaden aus eigenen Mitteln vorzufinanzieren, weshalb er Schadenzinsen und Finanzierungskosten geltend machen wird, wenn nicht innerhalb einer kurzen gesetzten Frist ein Vorschuss in Höhe der zu erwartenden Reparaturkosten angewiesen wird.

## 2. Situation des Ersatzpflichtigen

17 Zu berücksichtigen ist andererseits die Situation des Ersatzpflichtigen, insbesondere also die Interessenlage des gegnerischen Kfz-Haftpflichtversicherers.

18 In der Praxis kommt es häufig vor, dass der Schädiger die vorgeschriebene Schadenanzeige, die er seinem KH-Versicherer gemäß E.1 Musterbedingungen AKB 2008[16] innerhalb einer Woche zuzuleiten hat, nicht vollständig, nicht rechtzeitig oder überhaupt nicht erstattet. Dieses Problem kann, muss aber keineswegs seinen Grund in einer bösen Absicht des Versicherungsnehmers oder in einer beabsichtigten verzögerten Schadenregulierung haben. Nicht selten möchte sich der rechtsunkundige Schädiger nach Einschaltung seiner Verkehrsrechtsschutzversicherung erst anwaltlicher Beratung im Zusammenhang mit dem Ausfüllen der Schadenanzeige bedienen. Allein dadurch tritt eine gewisse zeitliche Verzögerung ein. Ein Versicherungsnehmer, der für die Schadenanzeige einen längeren Zeitraum benötigt, verletzt durch sein Verhalten im Verhältnis zum Kfz-Haftpflichtversicherer nicht unbedingt vertragliche Obliegenheiten.[17] Etwas anderes gilt bei vorsätzlicher Verletzung dieser Obliegenheit.[18] Hat der Geschädigte den Versicherer auf die Erforderlichkeit der Finanzierung hingewiesen und liegen die entsprechenden Voraussetzungen für die Erforderlichkeit vor, kann sich der Versicherer allerdings nicht auf die fehlende Schadenmeldung seines Versicherungsnehmers berufen. Der Geschädigte kann im Rahmen der Schadenminderungspflicht einen Finanzierungskredit aufnehmen.[19]

19 Darüber hinaus sind auch die Angaben des Versicherungsnehmers in der Schadenanzeige nicht immer richtig und vollständig. Sowohl die allgemeine menschliche Unzulänglichkeit als auch die eigene Interessenlage führen dazu, dass insbesondere der Schadenverursacher nicht selten geneigt ist, sein (Fehl-)Verhalten in einem möglichst günstigen Licht erscheinen zu lassen. Der eigene Verursachungsbeitrag wird verharmlost dargestellt, und die Unfallfolgen werden bagatellisiert. Dies ist umso weniger verständlich als der Kfz-Haftpflichtversicherer leistet, gleich ob es um kleine oder große Schadenbeträge geht. Der Versicherungsnehmer braucht nicht zu befürchten, wegen eines Fehlverhaltens im Zusammenhang mit der Unfallverursachung Schwierigkeiten zu bekommen.

20 Der Versicherungsnehmer lässt sich häufig von der Überlegung leiten, dass er sich durch eine vom wirklichen Sachverhalt abweichende Darstellung u.U. einer ordnungs- oder strafrechtlichen Verantwortung entziehen könnte und evtl. sogar die negativen Folgen einer Höherstufung im Schadensfreiheitsrabatt vermeiden könnte.

21 Obwohl in seltenen Fällen der Sachverhalt allerdings tatsächlich zunächst nicht klar, ist, entsteht in letzter Zeit vermehrt der Eindruck, dass viele Versicherungsnehmer ihre Schadenanzeige aus Nachlässigkeit deutlich verspätet oder überhaupt nicht abgeben, in der irrigen Meinung, sie hätten den Unfall nicht verschuldet. Die Schadenanzeige wird dann erst nach mehrfacher Erinnerung durch den Versicherer abgegeben, wodurch sowohl für den Geschädigten als auch den ersatzpflichtigen KH-Versicherer unnötig Zeit verloren geht. Verkannt wird hierbei häufig von den Versicherungsneh-

---

16 Abschnitt E (Obliegenheiten nach dem Versicherungsfall), AKB 2015, Unverbindliche Musterbedingungen des Gesamtverbandes der Deutschen Versicherungswirtschaft e.V.-GDV.

17 *Klimke*, VersR 1973, 881, 888.

18 *LG Wiesbaden*, Urt. v. 07.09.2006 – 9 O 39/06.

19 *LG Karlsruhe*, VersR 1978, 474: nach 18 Tagen; vgl. *LG Frankfurt/Oder*, Urt. v. 18.07.2016 – 72 O 10/15, BeckRS 2016, 114814.

mern, dass eine Obliegenheitsverletzung[20] vorliegt, wenn die Schadenanzeige verspätet, unvollständig oder wider besseres Wissen ein unrichtiger Sachverhalt dargestellt wird. Bestimmt der Vertrag, dass der Versicherer bei Verletzung einer vom Versicherungsnehmer zu erfüllenden vertraglichen Obliegenheit nicht zur Leistung verpflichtet ist, ist er leistungsfrei, wenn der Versicherungsnehmer die Obliegenheit vorsätzlich verletzt hat. Im Fall einer grob fahrlässigen Verletzung der Obliegenheit ist der Versicherer berechtigt, seine Leistung in einem der Schwere des Verschuldens des Versicherungsnehmers entsprechenden Verhältnis zu kürzen; die Beweislast für das Nichtvorliegen einer groben Fahrlässigkeit trägt der Versicherungsnehmer.[21]

Eine Verpflichtung zur Leistung bleibt bestehen, wenn die Verletzung der Obliegenheit weder für 22
den Eintritt oder die Feststellung des Versicherungsfalles noch für die Feststellung oder den Umfang der Leistungspflicht des Versicherers ursächlich ist. Dies gilt allerdings nicht, wenn der Versicherungsnehmer die Obliegenheit arglistig verletzt hat.[22]

Voraussetzung für die vollständige oder teilweise Leistungsfreiheit des Versicherers bei Verletzung 23
einer nach Eintritt des Versicherungsfalles bestehenden Auskunfts- oder Aufklärungsobliegenheit ist, dass der Versicherer den Versicherungsnehmer durch gesonderte Mitteilung in Textform auf diese Rechtsfolge hingewiesen hat.[23]

Der Versicherer ist trotz seines guten Willens und aller seiner Bemühungen im Hinblick auf die 24
Wahrheitsfindung häufig gar nicht in der Lage, den Schaden zügig zu regulieren oder ggf. einen angemessenen Vorschuss zu zahlen. Darüber hinaus muss er unter dem Aspekt der vertraglichen Treue- und Fürsorgepflicht auch die Belange seines Versicherungsnehmers im Auge behalten, der ein berechtigtes Interesse daran hat, seinen Schadenfreiheitsrabatt nach Möglichkeit nicht zu verlieren und einen u.U. eintretenden Rückstufungsschaden abzuwenden.

Der Kfz-Haftpflichtversicherer ist in dieser Situation darauf angewiesen, anhand von objektiven 25
Erkenntnisquellen den wahren Sachverhalt zu erforschen. Da Rückfragen beim Versicherungsnehmer häufig ebenfalls nicht weiterhelfen und nicht die gewünschte Beschleunigung bringen, wird meist auf die Befragung von Zeugen und die Einsichtnahme in die amtlichen Ermittlungsakten zurückgegriffen.

Da die angeschriebenen Zeugen häufig keine Eile mit der Rücksendung des »Zeugenfragebogens« 26
haben und auch die Ermittlungsbehörden meist mehrere Wochen brauchen, um Akteneinsicht zu gewähren, vergeht viel Zeit. Der Zeitraum ist oft länger als die Reparatur dauert oder die Ersatzbeschaffung in Anspruch nimmt, sodass der unfallbedingte Kapitalbedarf des Geschädigten sehr häufig zu einem Zeitpunkt gegeben ist, in dem der Kfz-Haftpflichtversicherer noch gar keine verlässliche Aussage oder eine Prognose über die Sach- und Rechtslage zu treffen in der Lage ist.

Deutlich wird hier einerseits das Bedürfnis des Geschädigten, möglichst rasch den Schaden reguliert 27
zu bekommen und somit die zur Schadenbeseitigung notwendigen finanziellen Mittel bereitgestellt zu erhalten, und andererseits das ebenso berechtigte Interesse des KH-Versicherers, zunächst die Sach- und Rechtslage zu prüfen, um dann eine vertretbare Schadenregulierung durchzuführen. Dem Haftpflichtversicherer wird üblicherweise eine Prüfungsfrist von vier bis sechs Wochen eingeräumt.[24] Daneben ist das Verhalten des KH-Versicherers davon geprägt, im Interesse der Risikogemeinschaft aller Versicherten dem steigenden Kreditbedürfnis und damit dem auch in dieser Richtung wachsenden Schadenbedarf entgegenzuwirken.[25] Sache des Geschädigten ist es, ggf. über den von ihm

20 KRB-4120ZO (0/011), 05.20, Versicherungsbedingungen für Ihre Kfz-Versicherung (AKB) (KRB 4120/01), 3.3.
21 § 28 Abs. 2 VVG (Fassung 01.01.2008).
22 § 28 Abs. 3 VVG (Fassung 01.01.2008).
23 § 28 Abs. 4 VVG (Fassung 01.01.2008).
24 *OLG Koblenz*, Beschl. v. 10.09.2020 – 12 W 326/20, NJOZ 2021, 1109.
25 *Himmelreich*, NJW 1973, 978.

eingeschalteten Anwalt eine polizeiliche Ermittlungsakte anzufordern und die sich hieraus ergebenden Erkenntnisse dem gegnerischen Versicherer mitzuteilen. Erfahrungsgemäß erhält der Anwalt des Geschädigten schneller Zugriff auf die Ermittlungsakte als der gegnerische Versicherer. Sollten Zeugen vorhanden sein, empfiehlt es sich, diese seitens des Geschädigten zu bitten, die Zeugenaussage umgehend zu erstellen. Der Kfz-Haftpflichtversicherer kann sich nicht darauf berufen, dass er noch keine Einsicht in die polizeiliche Ermittlungsakte bekommen hat und deshalb auch noch nicht übe seine Zahlung entscheiden kann. Die Versicherung handelt für ihren Versicherungsnehmer und ist auch dafür verantwortlich, wenn dieser den Schaden nicht rechtzeitig meldet.[26]

## B. Rechtsnatur des Anspruchs

28 Nach einem Urteil des *BGH* und der daran anknüpfenden stellen Finanzierungskosten eine allgemeine Schadensposition dar, die ihre Rechtsgrundlage unmittelbar in § 249 BGB hat.[27]

### I. Verzugsfolge

29 Verzug tritt nach § 284 BGB grundsätzlich erst dann ein, wenn der Schuldner eine fällige Leistung trotz Mahnung nicht erbringt. Weitere Voraussetzung ist, dass der Schuldner die Leistungsstörung schuldhaft herbeigeführt und demgemäß i.S.v. § 285 BGB zu vertreten hat. Außerdem ist in diesem Zusammenhang zu berücksichtigen, dass der Verzug nicht vor Ablauf einer angemessenen Prüfungs- und Bearbeitungsfrist eintreten kann. Bei der Abwicklung von Verkehrsunfällen gestehen die Gerichte für die Prüfung in der Regel einen Zeitraum von vier bis sechs Wochen zu. Erst anschließend tritt Verzug ein[28, 29].

### II. Adäquater Sachfolgeschaden

30 Die seit der o.g. *BGH*-Entscheidung herrschende Meinung besagt, dass es sich bei den Finanzierungskosten um eine Schadenposition unter mehreren handelt, die als adäquate Unfallfolge ihre Rechtsgrundlage unmittelbar aus § 249 BGB bezieht, ohne dass es insoweit auf eine vom Schuldner zu vertretende Leistungsstörung (Verzug) ankommt.[30] Gemäß § 849 BGB besteht die Zinspflicht des Schädigers für Totalschäden oder Wertminderung beginnend ab dem Unfalltag.[31]

31 Nach Ansicht des *BGH* ist Anknüpfungspunkt und damit Anspruchsgrundlage unmittelbar der durch die Beschädigung des Unfallfahrzeugs entstandene Schaden, den der Gläubiger nach § 249 S. 2 BGB auf Kosten des Ersatzpflichtigen beseitigen kann. Der Ersatzanspruch richtet sich nach dem Ausmaß der Beschädigung des Unfallfahrzeugs, insbesondere nach dem zu seiner Wiederherstellung erforderlichen Geldbetrag.[32] Der Ersatzpflichtige hat dem Gläubiger laut *BGH* die Mittel für diejenigen Maßnahmen zur Schadenbeseitigung zur Verfügung zu stellen, die ein verständiger Fahrzeugeigentümer in der besonderen Lage des Geschädigten machen würde.[33]

32 Grundsätzlich schuldet der ersatzpflichtige Schädiger den nach dem erforderlichen Aufwand objektiv bemessenen Betrag, und zwar ohne Rücksicht darauf, wie der Geschädigte ihn verwendet. Er muss ihn nicht einmal für die Behebung des Schadens aufwenden. Dies gilt auch für solche Fälle,

---

26 *Geiger*, May, Vogt, Straßenverkehrsrecht, 1. Aufl. 2016, Unfallschadenabwicklung – Sachschaden, Nr. 45; *OLG München*, Beschluss v. 29.07.2010 – 10 W 1789/10, DAR 2010, 644.

27 *BGH*, BGHZ 61, 346; so auch *OLG Düsseldorf*, SP 1997, 365; BGB § 249 BGB Art und Umfang des Schadensersatzes, *Kuhnert*, Haus, Krumm, Quarch, Gesamtes Verkehrsrecht, 2. Aufl. 2017, Rn. 118–128.

28 *OLG Koblenz*, Beschluss v. 18.02.2015 – 12 U 757/14, SVR 2015, 309; *OLG Celle*, Urt. v. 23.07.2019 – 14 U 180/18, SVR 2019, 343.

29 *OLG Koblenz*, Beschl. v. 10.09.2020 – 12 W 326/20, NJOTZ 2021, 1109.

30 *BGH*, BGHZ 61, 346.

31 *BGH*, NJW 1965, 392.

32 *BGH*, BGHZ 61, 346 f.

33 *BGH*, BGHZ 54, 82, 84; NJW 1970, 1454 (m.w.N.); VersR 1970, 832.

in denen der Geschädigte die Instandsetzung (»Herstellung«) bereits veranlasst hat und der vom Schädiger nach § 249 S. 2 BGB geschuldete Betrag zur Deckung bereits entstandener Aufwendungen des Geschädigten herangezogen wird.[34]

Allerdings bildet nach der Auffassung des *BGH* der tatsächliche Aufwand – im Nachhinein gesehen – oft einen Anhalt zur Bestimmung des zur Herstellung »erforderlichen« – zunächst – zu bemessenden – Betrages i.S.v. § 249 S. 2 BGB.[35] Die Bestimmung des zur Herstellung erforderlichen Betrages hat auf die besonderen Umstände des Geschädigten, mitunter auch auf seine beschränkten Erkenntnismöglichkeiten, abzustellen, die sich häufig im tatsächlich aufgewendeten Betrage niederschlagen. Dieser Betrag ist jedoch nicht – was allzu häufig übersehen wird – der zu ersetzende Schaden. Insbesondere kann deshalb die Berechnung des Schadens nicht von etwaigen rechtlichen Mängeln der zu seiner Beseitigung tatsächlich eingegangenen Verbindlichkeiten abhängig gemacht werden.[36] Liegt der tatsächliche Reparaturaufwand unter dem Wiederbeschaffungswert, muss der Schädiger diesen Reparaturkostenbetrag bezahlen.[37] Allerdings kommt eine fiktive Schadensabrechnung an Hand der geschätzten Reparaturkosten auf Gutachtenbasis nur in Betracht, wenn der Geschädigte sein Kfz in der Regel mindestens sechs Monate weiterbenutzt und es zu diesem Zweck – falls erforderlich – verkehrssicher repariert. Auch eine teilweise Reparatur mit diesem Ergebnis ist ausreichend.[38] Ansonsten ist – bei fiktiver Schadensabrechnung – nur der Wiederbeschaffungsaufwand ersatzfähig (etwa *BGH* NJW 2003, 2085 [2086]; 2006, 2179 Rn. 8 ff.; 2008, 1941 Rn. 8 ff.; NJW-RR 2010, 377 Rn. 6; *Wellner* NJW 2012, 7 [13]; *Lüthe* ZfS 2010, 422 [423 f.]). Dies gilt selbst dann, wenn die Reparatur mit Neuteilen im Fall des wirtschaftlichen Totalschadens den Wiederbeschaffungswert um mehr als 30 % übersteigen würde, durch die Reparatur mit Gebrauchtteilen aber darunter bleibt.[39] Lediglich bei erfolgter Reparatur mit Gebrauchtteilen kann auf der Basis der Reparaturkosten, trotz wirtschaftlichem Totalschaden abgerechnet werden, wenn die Kosten den Wiederbeschaffungswert hierdurch um nicht mehr als 30 % übersteigen.[40] 33

Zum Herstellungsaufwand i.S.v. § 249 S. 2 BGB zählen darüber hinaus die Kosten für die einen Kredit zur Finanzierung der Reparaturkosten und ggf. auch zur Anmietung eines Ersatzfahrzeugs für die Dauer des unfallbedingt notwendigen Ausfalls, soweit dem Geschädigten die Herstellung nur durch Aufnahme von Fremdmitteln möglich oder zuzumuten ist.[41] 34

Dem Geschädigten ist es nach Auffassung des *BGH* nicht zuzumuten, den Schuldner erst in Verzug zu setzen, weil sonst sein Recht, die Schadenbeseitigung selbst vorzunehmen – anstatt sie vom Schädiger vornehmen zu lassen –, dem Sinn des Gesetzes zuwiderlaufen würde.[42] Oft kann geraume Zeit vergehen, bis der Ersatzpflichtige in der Lage ist, die erforderlichen Mittel zur Verfügung zu stellen, ohne dass daraus ein Vorwurf gegen ihn abgeleitet werden kann.[43] Die Frist zur Überprüfung hängt von den jeweiligen Umständen des Falles ab. Sie kann vier bis sechs Wochen, aber auch nur vierzehn Tage betragen.[44] 35

34 *BGH*, BGHZ 54, 82, 84.
35 Vgl. *OLG München*, Urt. v. 17.12.2020 – 24 U 4397/20, NJW-RR 2021, 340.
36 *BGH*, BGHZ 61, 346, 348.
37 *BGH*, Urt. v. 05.12.2006 – VI ZR 77/06, DFAR 2007, 201; BGB § 249 Art und Umfang des Schadensersatzes, *Jahnke*, Burmann, Heß, Hühnermann, Jahnke, Straßenverkehrsrecht, 26. Aufl. 2020, Rn. 53–64.
38 BGB §§ 249, 250, *Katzenstein*, Geigel, Haftpflichtprozess, 28. Aufl. 2020, Rn. 55–58.
39 *BGH*, Urt. v. 14.12.2010 – VI ZR 231/09, SVR 2011, Heft 5, 1788 m. Anm. Linke.
40 *Almeroth*, Almeroth, Schdensersatz bei Verkehrsunfällen, 1. Aufl. 2023, C. Sachschaden, Rn. 618.
41 *BGH*, BGHZ 61, 346, 348; BGB § 249 Art und Umfang des Schadensersatzes, *Oetker*, MüKoBGB, 8. Aufl. 2019, Rn. 404–406; *OLG Düsseldorf*, Urt. v. 09.04.2019 – 1 U 139/18, NJOZ 2020, 812.
42 BGHZ 61, 346, 348.
43 BGHZ 61, 346, 349.
44 *LG Aachen*, Anerkenntnisurt. v. 21.10.2021 – 4 O 63/21, NJOZ 2022, 525.

36 Zudem hat auch der Schädiger ein Interesse daran, die Herstellungskosten so niedrig wie möglich zu halten. Ihm liegt daran, dass der Geschädigte die zur Schadenbeseitigung (»Herstellung«) notwendigen Maßnahmen sofort trifft.

37 Müssen zu diesem Zwecke Fremdmittel in Anspruch genommen werden und werden dadurch Kreditkosten ausgelöst, sind diese mit Rücksicht auf den schadenursächlichen Zusammenhang mit der »Herstellung« des beschädigten Kfz bei der Bemessung des vom Ersatzpflichtigen nach § 249 S. 2 BGB bereits mit der Entstehung des Unfallschadens geschuldeten Betrage zu berücksichtigen.[45] Dem entspricht es auch, dass die Kosten einer derartigen Finanzierung durchweg dem Schädiger angelastet werden, und zwar ohne dass die besonderen Voraussetzungen des Schuldnerverzuges vorliegen müssen oder darzulegen sind.[46]

38 Nach einem Urteil des *BGH* kann dem Geschädigten jedoch zugemutet werden, dass er verfügbare eigene Mittel einsetzt. Der Schutz des Geschädigten gegen einen vom Verhalten des Schädigers ausgehenden »Verzögerungsschaden« soll sich dann grundsätzlich nach den Vorschriften über den Verzug richten.[47]

39 Ob zumindest dann ausnahmsweise auch eine Entschädigung für nachweislich geopferte Kapitalnutzung (Zinsverluste etc.), soweit diese bereits vor Eintritt des Verzuges kostenwirksam geworden ist, gewährt werden kann, wenn sich die Möglichkeit, den Schuldner in Verzug zu setzen, über Gebühr verzögert, hat der *BGH* seinerseits nicht entschieden. Es ist jedoch davon auszugehen, dass auch in derartigen Fällen der Ersatzpflichtige eine Entschädigung für Finanzierungskosten oder anderweitige Zinsverluste nach § 249 BGB beanspruchen kann. Da eine Verteilung dieser Kosten, die im Einzelfall durchaus sachgemäß sein können und deren Einsatz u.U. auch im Interesse des Ersatzpflichtigen liegt, nur zwischen den beiden Parteien dieses Rechtsverhältnisses möglich ist, erscheint es eher gerechtfertigt, den Ersatzpflichtigen mit den Folgelasten der ohne Verzug entstandenen Finanzierungskosten oder entgangenen Zinsen zu belasten als den Geschädigten. Ihm sind diese Umstände nicht zuzurechnen. Er hat lediglich versucht, im Rahmen der allein ihm obliegenden Verpflichtung zum Handeln die für die Schadenbeseitigung erforderlichen Mittel bereitzustellen. Nach der Rechtsprechung muss allerdings ein Geschädigter, dessen Einkommen es gestattet, ohne unzumutbare Einschränkungen der gewohnten Lebensführung die Schadenbeseitigung zu finanzieren, zunächst selbst für die anfallenden Kosten aufkommen. Finanziert er den Schaden, nur weil ein anderer haftet, sind die entstehenden Finanzierungskosten nicht zu erstatten.[48] Der Einsatz von Mitteln, welche für den Notfall gespart sind, kann vom Geschädigten nicht gefordert werden.[49] Denkbar ist jedoch die Inanspruchnahme einer bestehenden Vollkaskoversicherung.[50] Unter diesen Umständen wird jedoch der Rückstufungsschaden vom Schädiger zu ersetzen sein.[51]

40 Obwohl dieser Gesichtspunkt zwar unmittelbar nichts mit der Fälligkeit des dem Geschädigten zustehenden Schadensersatzanspruches zu tun hat, ist der Geschädigte Schuldner der Kosten der von ihm im Rahmen der Schadenbeseitigung in Anspruch genommenen Leistungen. Er muss sie sofort ausgleichen. Dies gilt insbesondere hinsichtlich der Reparaturkosten-, der Mietwagenkosten-

---

45 *BGH*, BGHZ 61, 346, 349; NJW 1974, 34.

46 *OLG Stuttgart*, NJW 1959, 50 f.; *OLG München*, VersR 1966, 548; *OLG Schleswig*, VersR 1967, 68; *OLG Oldenburg*, DAR 1969, 185 f.; *OLG Düsseldorf*, NJW 1969, 2051; *OLG Celle*, VersR 1973, 353.

47 BGHZ 61, 346; *BGH*, Urt. v. 06.11.1973 – VI ZR 27/73, NJW 1974, 34.

48 *OLG Celle*, VersR 1973, 353; *AG Pforzheim*, VersR 1975, 193; *AG Neuburg/Donau*, VersR 1975, 625; *LG Karlsruhe*, VersR 1978, 263; VersR 1975, 620; *LG Freiburg*, VersR 1974, 1134; *AG Ludwigshafen*, r+s 1979, 235; *AG Düsseldorf*, r+s 1979, 235; *AG Karlsruhe*, r+s 1979, 235; *AG Bude*, zfs 1980, 270 = VersR 1980, 658; vgl. *OLG Köln*, Hinweis Beschl. v. 11.10.2012 – 22 U 48/12, BeckRS 2013, 08922; *OLG Düsseldorf*, Urt. v. 09.04.2019 – 1 U 139/18, NJOZ 2020, 812.

49 *OLG Köln* VersR 1973, 323; *LG Köln* VersR 1974, 67.

50 Geiger, May/Vogt, Lexikon Straßenverkehrsrecht, 1. Aufl. 2016, Unfallschadenabwicklung – Sachschaden, Nr. 46.

51 *Almeroth*, Almeroth, Schadensersatz nach Verkehrsunfall, 1. Aufl. 2023, C. Sachschaden, Rn. 673.

und der Gutachterkostenrechnung. Auch im Fall eines Totalschadens ist gerade im Hinblick auf die Schadenminderungspflicht eine unverzügliche Ersatzbeschaffung erforderlich.

Für die Einordnung der Finanzierungskosten als Sachfolgeschaden wird gelegentlich darauf hingewiesen, dass es sich bei der Schadensersatzleistung um eine Bringschuld (Schickschuld) i.S.d. § 270 BGB handelt.[52] Der Gläubiger dürfe daher erwarten, dass das Geld in seine Einflusssphäre gelangt; er sei hingegen nicht verpflichtet, seine Zeit einzusetzen, um die Leistung beim Kfz-Haftpflichtversicherer des Unfallgegners abzuholen.[53] Der Gläubiger könne vielmehr verlangen, dass ihm jene Position verschafft werde, die er innegehabt hätte, wenn das zum Ersatz verpflichtende Ereignis nicht eingetreten wäre (§ 249 BGB). Dieser Auffassung kann indes – zumindest in dieser Verallgemeinerung – nicht beigetreten werden. 41

Auch insoweit gelten die Grundsätze von Treu und Glauben (§ 242 BGB), nach denen es dem Ersatzberechtigten – insbesondere dann, wenn dieser anwaltlich vertreten wird – zuzumuten ist, sich aktiv darum zu bemühen, dass die ihm zustehende Ersatzleistung in seine Einfluss- und Dispositionssphäre gelangt. Außerdem ist dabei der bereits an anderer Stelle dargestellte Grundsatz zu berücksichtigen, dass nach § 3 Nr. 1 des Pflichtversicherungsgesetzes das Gesamtschuldverhältnis sich, soweit es den Kfz-Haftpflichtversicherer einbezieht, lediglich auf den Geldanspruch bezieht. Dies bedeutet, dass der Kfz-Haftpflichtversicherer, der bei Schäden dieser Größenordnung, die eine Finanzierung notwendig machen, wohl stets eingeschaltet ist, die ihm obliegende Geldleistung lediglich dem Gläubiger zur Verfügung zu stellen hat. Er braucht ihm also das Geld nicht gewissermaßen »ins Haus« zu bringen. 42

Wenn der Ersatzpflichtige allerdings trotz entsprechenden Hinweises auf die Notwendigkeit einer Kreditaufnahme den Schaden erst mehr als 3 Monate nach dem Unfall reguliert, dann muss er die dadurch notwendig gewordenen Kreditkosten unter allen rechtlich denkbaren Gesichtspunkten ersetzen.[54] 43

### III. Verzinsung nach § 249 BGB

#### 1. Allgemein

Die Rechtsprechung hat die in der Entscheidung des *BGH*[55] dargelegten Grundsätze nicht nur bestätigt, sondern noch weiter fortgeführt. Der Ersatzpflichtige muss als Folge seines haftbaren Verhaltens unabhängig von den Voraussetzungen des Verzugs Zinsen spätestens von dem Zeitpunkt an entrichten, in dem der Ersatzpflichtige mit Leistungen im Rahmen der Schadensbeseitigung in Vorlage getreten ist. Dabei dürfte es sich regelmäßig um den Zeitpunkt handeln, in dem er z.B. die Reparaturkosten-, die Mietwagenkosten- oder die Gutachterkostenrechnung bezahlt, d.h. den dafür erforderlichen Geldbetrag aus eigenen Mitteln aufgebracht hat. 44

In diesem Zusammenhang wäre es auch unbillig, wenn der Geschädigte (Gläubiger) den Nachteil in Form (zumindest) eines Zinsverlustes selbst tragen sollte. Er hat praktisch ein Geschäft des Ersatzpflichtigen besorgt, der die von dem Geschädigten zu veranlassende Schadenbeseitigung finanzieren muss. Es ist daher sachgerecht, dem Ersatzpflichtigen, auch ohne Vorliegen der Verzugsvoraussetzungen diesen Aufwand ebenfalls als Folgeschaden zuzurechnen. 45

Im Einzelfall bedeutet dieses, dass der Geschädigte nicht nachweisen muss, allein aus unfallbedingten Gründen einen Kredit aufgenommen zu haben und dafür bestimmte Finanzierungskosten entrich- 46

52 *Himmelreich*, NJW 1973, 978 f.

53 *AG München*, VersR 1972, 59.

54 *AG Ettlingen*, VersR 1982, 1157; *OLG Köln*, VersR 1977, 937 f.; vgl. *Almeroth*, MüKoStVR, 1. Aufl. 2017, BGB § 254 Mitverschulden, Rn. 36–40.

55 *BGH*, BGHZ 61, 346.

ten zu müssen. Dies gilt insbesondere für Unternehmen, die nicht selten ständig mit Fremdmitteln arbeiten und deren Kapitalbedarf somit Gerichts bekannt und daher nicht mehr beweisbedürftig ist.[56]

47 Eine Zinsabrechnung auf dieser Basis kann auch demjenigen privaten Geschädigten nicht versagt werden, der den zur Schadenbeseitigung erforderlichen Betrag beispielsweise seinen eigenen Ersparnissen entnommen hat und bis zur »Auffüllung« seiner Rücklagen auf die Verzinsung des Anspruchs verzichten muss.[57]

### 2. Schadenpositionen, die bereits Zinsen enthalten

48 Nach Ansicht einiger Gerichte ist eine Verzinsung nach § 249 BGB dann abzulehnen, wenn es sich um Schadenpositionen handelt, die ihrerseits bereits teilweise aus Zinsen bestehen.[58] Dabei ist insbesondere etwa an Reservehaltungskosten (Vorhaltekosten) zu denken, aber auch an »Generalunkosten«. Dieser Standpunkt lässt sich rechtsdogmatisch allenfalls mit der – allerdings durch nichts gerechtfertigten – Befürchtung begründen, sonst gegen das Verbot des § 248 BGB zu verstoßen und Zinseszinsen zuzusprechen. Abgesehen davon, dass lediglich eine derartige Vereinbarung nichtig wäre, die zudem noch »im Voraus« getroffen sein müsste, liegt in der Verzinsung des Anspruchs aus § 249 BGB, auch soweit dieser (teilweise) aus Zinsen besteht, schon deswegen kein Verstoß gegen § 248 BGB, weil die Zinspositionen i.d.R. für eine abgeschlossene Periode, die in der Vergangenheit liegt, geltend gemacht werden.

49 Dies bedeutet, dass die Zinsen prozessual nicht als Nebenforderung zu betrachten sind, sondern als Hauptforderung geltend gemacht werden. Selbst auf die überwiegend aus Kreditzinsen bestehenden Finanzierungskosten können Zinsen verlangt werden, wenn der Ersatzpflichtige diese Kosten nicht aus eigenen Mitteln begleichen konnte und der Ersatzpflichtige sich mit seiner Leistung insoweit in Verzuge befindet.[59]

### 3. Sonstige Schadenpositionen

50 Insbesondere bei sonstigen Schadenspositionen schuldet der Ersatzpflichtige im Regelfalle bereits eine Verzinsung nach § 249 BGB vom Zeitpunkt der Vorleistung des Gläubigers an, wenn dieser aufgrund seiner persönlichen Verhältnisse den Schadenbedarf nur unter Rückgriff auf eigene Mittel oder durch Aufnahme eines Kredits abdecken konnte.[60]

## IV. Verzinsung nach § 849 BGB

51 Teilweise wird in der Rechtsprechung und in der Rechtslehre die Verpflichtung des Schädigers, Finanzierungskosten auch ohne Verzug zu erstatten, auf die Bestimmung des § 849 BGB gestützt. Nach dieser Vorschrift kann der Geschädigte, wenn »wegen der Entziehung der Sache der Wert oder wegen der Beschädigung einer Sache die Wertminderung zu ersetzen« ist, die Verzinsung »von dem Zeitpunkt an verlangen, welcher der Bestimmung des Wertes zugrunde gelegt wird.«

52 § 849 BGB setzt keine Haftung aus unerlaubter Handlung voraus, sondern gilt auch für den Fall der Gefährdungshaftung.

53 Nach Ansicht des *OLG München* kommt § 849 BGB auch in den Fällen zur Anwendung, in welchen sich der durch den Unfall Geschädigte anstelle seines zerstörten Wagens einen neuen besorgt und

56 *BGH*, VersR 1965, 479, 481; *OLG Hamburg*, MDR 1974, 930; *KG*, VersR 1974, 36; *OLG Celle*, VersR 1975, 1009; 1978, 94; *OLG Bremen*, VersR 1976, 665; *OLG Zweibrücken*, VersR 1977, 45; *OLG Frankfurt* a.M., VersR 1981, 987 f.; *OLG Hamm*, VersR 1979, 191; vgl. *OLG Dresden*, Urt. v. 30.06.2010 – 7 U 313/120m, BeckRS 2011, 16655.

57 Vgl. *OLG Köln*, Urt. v. 20.03.2012 – 15 U 170/11, BeckRS 2012, 1113.

58 *OLG Bremen*, VersR 1976, 665.

59 Vgl. *BGH*, Az. III ZR 28/05.

60 *OLG Karlsruhe*, VersR 1974, 761.

der Schädiger zögert, ihm die hierbei entstehenden Kosten zu ersetzen. Finanziert der Geschädigte deshalb den Ersatzwagen durch eine Bank, so kann er vom Schädiger über die Regelung des § 849 BGB hinaus auch ohne Mahnung den Ersatz der Finanzierungskosten beanspruchen. Gleiches gilt laut *OLG München* für die Finanzierung der Reparatur des Wagens und der Abschleppkosten.[61]

## V. Verzinsung nach § 812 BGB

Eine Verzinsung kommt auch aus § 812 BGB unter dem Gesichtspunkt der ungerechtfertigten Bereicherung in Betracht. Dies gilt für die Fälle, in denen der Ersatzpflichtige aus von ihm zu vertretenden Gründen die Leistung, die er nach Sach- und Rechtslage an sich hätte sofort bewirken, jedenfalls aber zu einem früheren Zeitpunkt hätte erbringen müssen, bis zu einem späteren Zeitpunkt zurückhält. Zumindest widerspricht es dem Grundsatz von Treu und Glauben (§ 242 BGB), wenn der Ersatzpflichtige, mit dem Geld, das eigentlich schon zu einem früheren Zeitpunkt dem Gläubiger (Geschädigten) zugestanden hätte, ohne rechtfertigenden Grund weiterarbeiten konnte, um entweder sich selbst die mit zusätzlichen Kosten verbundene Aufnahme von Fremdmitteln zu ersparen oder ggf. Zinsen aus dem Kapital zu ziehen. Er ist also gegenüber dem Zustand, der bei rechtzeitiger Leistung eingetreten wäre, um die fortlaufende Nutzung des Kapitals bzw. die eingesparten Kapitalzinsen »bereichert«. 54

# C. Anspruchsbegründende Voraussetzungen

## I. Erforderlichkeit der Aufwendungen

Der Ersatzpflichtige hat dem Geschädigten die Mittel für diejenigen Maßnahmen der Schadenbeseitigung zur Verfügung zu stellen, die »ein verständiger, wirtschaftlich denkender Fahrzeugeigentümer in der besonderen Lage des Geschädigten« treffen würde.[62] 55

Den nach dem erforderlichen Aufwand objektiv bemessenen Betrag schuldet der Ersatzpflichtige, »ohne Rücksicht darauf, wie der Geschädigte ihn verwendet und ob er im konkreten Fall für Schadenbeseitigung tatsächlich mehr oder weniger aufwendet«.[63] 56

Dieses gilt auch für die Fälle, in denen der Geschädigte »eine Instandsetzung bereits veranlasst hat« und der vom Schädiger nach § 249 S. 2 BGB geschuldete Betrag zur Deckung bereits gemachter Aufwendungen des Geschädigten verwendet wird.[64] 57

Dabei »bildet der tatsächliche Aufwand – ex post gesehen – oft einen Anhalt zur Bestimmung des zur Herstellung erforderlichen – ex ante zu bemessenden – Betrages i.S.v. § 249 S. 2 BGB«, wobei auf die besonderen Umstände des Geschädigten, mitunter auch auf seine beschränkten Erkenntnismöglichkeiten, Bedacht zu nehmen ist.[65] 58

Demnach kann der Geschädigte die Finanzierungskosten lediglich in Höhe des im Rahmen der Schadenbeseitigung tatsächlich erforderlichen Betrages verlangen. Legt der Geschädigte ein Gutachten vor, kann es sein, dass der gegnerische Versicherer die dort bezifferten Reparaturkosten durch ein Institut überprüfen lässt und zu einem weitaus geringeren Wert kommt. Insbesondere ist dies der Fall, wenn das Gutachten die Stundensätze einer markengebundenen Werkstatt übernommen hat, es aber weitaus günstigere Fachwerkstätten in der näheren Umgebung des Geschädigten gibt. 59

61 *OLG München*, VersR 1966, 548; so auch *OLG Nürnberg*, VersR 1965, 247; vgl. *Kuhnert*, Haus, Krumm, Quarch, Gesamtes Verkehrsrecht, 1, Aufl. 2014, BGB § 249, Art und Umfang des Schadensersatzes, Rn. 118.128.
62 *BGH*, BGHZ 54, 82, 84; NJW 1970, 1454; BGHZ 61, 346 f.; NJW 1974, 34.
63 *BGH*, BGHZ 54, 82, 84; NJW 1970, 1454; BGHZ 61, 346 f.; NJW 1974, 34.
64 *BGH*, BGHZ 54, 82, 84; NJW 1970, 1454.
65 *BGH*, BGHZ 54, 82, 84; NJW 1970, 1454.

Die höheren Kosten werden in diesem Fall nur dann übernommen, wenn die Reparaturen auch in der Markenwerkstatt ausgeführt werden.[66]

60 Nach Ansicht des *BGH*[67] wird es dem Geschädigten z.B. bei kleineren Unfallschäden zuzumuten sein, keinen Kredit aufzunehmen, da sich der Eigentümer, bevor er sein Kfz reparieren lässt, von vornherein in seinen Vermögensdispositionen darauf einstellt. Legt der Geschädigte allerdings dar, dass er nicht in der Lage war, die Reparaturkosten aus eigenen, liquiden Mitteln aufzubringen, sind auch in diesem Fall Finanzierungskosten zu erstatten.[68] Ein Verzicht auf die Aufnahme eines Kredits kann aber durchaus auch bei größeren Schäden gefordert werden, wenn es sich beispielsweise um ein Firmenfahrzeug handelt oder das Einkommen des Geschädigten es zulässt, d.h. er auf eigene, frei verfügbare Mittel zurückgreifen kann, die er, ohne selbst wirtschaftliche Nachteile zu erleiden, aus seinem Vermögen zeitweilig entbehren kann.

## 1. Reparaturkosten

61 Hauptsächlich werden Fremdmittel i.d.R. zur Durchführung der Reparatur benötigt. Die Reparaturwerkstatt gibt meist den instand gesetzten Wagen nur gegen sofortige Barzahlung aller Reparaturkosten heraus. Bis zu diesem Zeitpunkt übt sie ihr gesetzliches Zurückbehaltungsrecht aus § 647 BGB (Unternehmerpfandrecht) aus.[69] Nur ausnahmsweise wird es dem Geschädigten möglich sein, aufgrund guter Kontakte zu seiner »Hauswerkstatt« oder wegen seiner persönlichen Kreditwürdigkeit das Fahrzeug gegen Rechnung zu erhalten oder mit der Werkstatt Ratenzahlungen zu vereinbaren.

62 Sofern eine Kostenübernahmeerklärung des Ersatzpflichtigen nicht existiert und die Werkstatt nicht bereit ist, die Abtretung des Anspruchs als hinreichende Sicherheit zu akzeptieren, bleibt dem Geschädigten meist nichts anderes übrig, als einen Kredit aufzunehmen, um seiner Schadenminderungspflicht nachzukommen. Gerade dann, wenn der gegnerische Kfz-Haftpflichtversicherer keinen angemessenen Vorschuss leistet oder keine Reparaturkostenübernahmeerklärung abgibt, ist der Gläubiger nicht nur berechtigt, sondern sogar verpflichtet, sich rechtzeitig um die Aufnahme eines Kredits zu bemühen. Verfügt der Geschädigte über eine Kreditkarte, kann auch deren Einsatz erforderlich werden.

63 Andernfalls könnte der Vorwurf des Mitverschuldens gemacht werden, wenn das reparierte Fahrzeug nicht ausgelöst und hierdurch z.B. zusätzliche Mietwagenkosten entstehen. Das Gleiche gilt sinngemäß auch für die Nutzungsausfallentschädigung.

64 Bei den i.d.R. vorrangig zu finanzierenden Reparaturkosten, muss es sich um tatsächlich entstandene Kosten handeln. Der Geschädigte kann Finanzierungskosten grundsätzlich nur verlangen, wenn er eine Reparaturrechnung vorlegt, die Reparatur nachweist oder den Kauf eines anderen Fahrzeugs durch Rechnung belegt. Fordert der Geschädigte in zumutbarer Weise eine Vorschusszahlung bzw. die Abgabe eines Anerkenntnisses gegenüber der Reparaturwerkstatt und kommt der Schädiger dem in zumutbarer Zeit nicht nach, geht dies zulasten des Schädigers. Insofern ist im Rahmen der Schadenminderungspflicht der Grundgedanke des § 279 BGB, nach dem es den Schuldner nicht entlastet, wenn er kein Geld hat, anzuwenden.[70]

## 2. Mietwagenkosten

65 Neben den Reparaturkosten wird der Geschädigte häufig auch hinsichtlich der Mietwagenkosten Kapital benötigen. In der Praxis geben jedoch die Autovermieter den Mietwagen nicht selten

66 *BGH*, Urt. v. 22.06.2010 – VI ZR 302/08, NZV 2010, 554; *BGH*, Urt. v. 07.02.2017 – VI ZR 182/16, NZV 2017, 374.

67 *BGH*, BGHZ 54, 82, 84; NJW 1970, 1454.

68 *AG Bernburg*, SP 1996, 389.

69 *LG Flensburg*, Urt. v. 14.4.023 – 7 O 175/22, BeckRS 2023, 47497.

70 *AG Lahr*, DAR 2001, 172; *LG Koblenz*, Urt. v. 19.11.2007 – 5 O 371/07.

gegen eine entsprechende Abtretungserklärung ohne weitere Sicherheit heraus. I.d.R. berechnet der Vermieter unter diesen Umständen jedoch den gegenüber dem »Normaltarif« erheblich höheren »Unfallersatztarif«. Zwischenzeitlich ist die Rechtsprechung sehr restriktiv geworden, wenn es darum geht, diese Mietwagenkosten zuzusprechen. Die Nachweispflicht, dass die Anmietung zum »Unfallersatzarif« erforderlich war, weil eine Anmietung zum Normaltarif nicht gegeben oder nicht möglich war, wird von der Rechtsprechung sehr hoch angesetzt.[71]

Muss der Mieter eine Kaution hinterlegen, weil er zum »Normalttarif« anmietet, ist es zumutbar, diese bei fehlenden Eigenmitteln im Kreditwege zu finanzieren oder den Haftpflichtversicherer auf diesen Umstand aufmerksam zu machen.[72] 66

### 3. Nutzungsausfallentschädigung

Anders ist die Situation bei der Nutzungsausfallentschädigung. Hierfür sind keine besonderen Aufwendungen notwendig. Nach Ansicht des *OLG Karlsruhe* verursacht »der Nutzungsausfall keine Kosten und kann daher auch nicht finanziert werden«.[73] 67

Theoretisch denkbar wäre allerdings der Einwand des Geschädigten, er hätte zwar wegen der Nutzungsausfallentschädigung normalerweise keinen Kredit aufgenommen, das Kreditvolumen insgesamt hätte jedoch geringer gehalten werden können, wenn auch der fällige Anspruch auf Entschädigung für entgangene Gebrauchsvorteile ordnungsgemäß und rechtzeitig erfüllt worden wäre. Da dies nicht geschehen ist, habe der Geschädigte seine geringen Eigenmittel an deren Stelle investieren und daher im Übrigen einen Kredit aufnehmen müssen. Diese Ansicht ist jedoch nicht haltbar. Über die Kreditaufnahme hat der Geschädigte die Möglichkeit, den Schaden zu beseitigen. Für diese Zeit erhält er die Nutzungsausfallentschädigung. Nutzungsausfall verursacht keine Kosten und kann daher auch nicht finanziert werden. 68

### 4. Gutachtenkosten

Auch die Gutachtenkosten gehören zu den Schadenpositionen, die u.U. finanziert werden müssen.[74] Zwar wird teilweise behauptet, kleinere Nebenkosten,[75] wie beispielsweise die Gutachtenkosten, seien im Hinblick auf ihre relativ geringe Höhe aus eigenen Mitteln des Geschädigten bereitzustellen. Im Rahmen der Gesamtbetrachtung des Unfallschadens können aber auch Sachverständigenkosten, die i.d.R. mehrere Hundert Euro ausmachen können, dazu führen, dass auch die Gutachtenkosten mit fremden Mitteln finanziert werden müssen. 69

### 5. Abschleppkosten

Abschleppkosten zählen zu dem Schadenaufwand, der ggf. finanziert werden muss.[76] Sie entstehen meistens erst, wenn es sich um einen erheblichen Fahrzeugschaden handelt, der das Kfz fahrunfähig macht. Die Summe aller schadenadäquaten Aufwendungen ist deshalb sicherlich nicht gering zu veranschlagen. In der Gesamtbetrachtung können dem Geschädigten die Mittel zur Vorfinanzierung durchaus fehlen. Sie müssen im Rahmen der Schadenminderungspflicht finanziert werden. 70

71 Vgl. *BGH*, DAR 2006, 83; DAR 2006, 378; DAR 2006, 381; DAR 2006, 438; DAR 2006, 681; *BGH*, Urt. v. 19.02.2008 – VI ZR 32/07, r+s 2008, 168 *BGH*, Urt. v. 09.03.2010 – VI ZR 6/09, NJW 2010, 2569.

72 *OLG Frankfurt a.M.*/VRS 89, 4 f.; zfs 1995, 389.

73 *OLG Karlsruhe*, VersR 1974, 761.

74 *BGH* NJW 1974, 34 f.; *OLG Karlsruhe* VersR 1975, 526; vgl. *BGH*, Urt. v. 19.07.2016 – VI ZR 491/15, r+s 2017, 108.

75 *AG Nürnberg*, VersR 1975, 192 f.

76 *OLG München*, VersR 1966, 548; *LG Potsdam*, Urt. v. 28.08.2012 – 3 O 250/10, BeckRS 2012, 210765.

### 6. Wertminderung

71 Wie die Nutzungsausfallentschädigung muss auch die Wertminderung nicht finanziert werden. Hieran ändert auch die Tatsache, dass die Wertminderung sofort fällig wird und außerdem vom Tage des Unfalls an nach § 849 BGB zu verzinsen ist, nichts. Ein Geschädigter, der den zu finanzierenden Schadenbedarf auch auf den Minderwert ausdehnt, verstößt gegen seine Schadenminderungspflicht, weil insoweit keine Finanzierungslücke entstanden sein dürfte.[77]

72 Dieser Fall könnte lediglich dann eintreten, wenn der Gläubiger sich entschließt, unter Verzicht auf die an sich rechtlich zulässige und technisch mögliche Reparatur das Fahrzeug im beschädigten Zustand zu verkaufen, um sich einen gleichwertigen Gebrauchtwagen anzuschaffen. Hier kann ein zusätzlicher Bedarf in Höhe des Minderwertes dadurch eintreten, dass das unreparierte Fahrzeug verkauft bzw. in Zahlung gegeben wird. Der Geschädigte, der sich zur Schadenbeseitigung auf dieser Basis entschließt, muss eine sofortige Werteinbuße auch in Höhe des Minderwertes hinnehmen. Dieser Betrag zählt deshalb zum Schadenbedarf. Dieser Überlegung könnte man allerdings entgegenhalten, dass der Geschädigte, der im Rahmen der ihm durch § 249 S. 2 BGB vermittelten Dispositionsmöglichkeiten in dieser Weise vorgeht, bei der Veräußerung des unreparierten (beschädigten) Kfz auch den Restwert realisiert, den er sonst – ohne das zum Ersatz verpflichtende Ereignis – nicht erlöst hätte. Bei dieser Betrachtungsweise wird der Minderwert sich häufig durch Verrechnung gegen den Restwert ausgleichen.

73 Zu berücksichtigen ist ferner, dass der Geschädigte, der unter Verzicht auf die rechtlich zulässige und technisch mögliche Reparatur sein Fahrzeug veräußert, gleichwohl aber seinen Schaden auf der Basis der gedachten (fiktiven) Reparaturkosten abzurechnen wünscht, an sein Wahlrecht gebunden ist. Er kann sie nicht wieder selbst infrage stellen. Etwas anderes gilt, wenn der Geschädigte gegenüber der Versicherung »vorläufig« abrechnet und auf die Möglichkeit einer anderen Entscheidung hinweist.

74 Gravierender erscheint insoweit schon der Gesichtspunkt, dass der Kreditbedarf insgesamt gesehen geringer ausgefallen wäre, wenn der Ersatzpflichtige die (sofort fällige) Wertminderung unverzüglich nach Schadeneintritt ausgeglichen hätte. Dieser Aspekt führt zwar zu einer Verzinsung des Minderwertes aus § 849 BGB vom Unfalltage an, reicht aber ebenfalls nicht aus, um eine Finanzierung des mehr oder minder imaginär gebliebenen Minderwertes zu rechtfertigen, sondern er macht nur deutlich, dass bezüglich der anderen Schadenpositionen eine uneingeschränkte Finanzierung notwendig geworden ist.

### 7. Ersatzbeschaffung nach Totalschaden

75 Sofern ein Totalschaden eingetreten ist und der Geschädigte sich ein gleichwertiges Ersatzfahrzeug beschaffen muss, ist, ebenso wie bei den Reparaturkosten, sehr häufig eine Finanzierung notwendig.[78] Finanzierungskosten können auch dann ersetzt werden, wenn der Geschädigte ein gleichartiges Ersatzfahrzeug nicht sogleich erhalten kann und sich zur Überbrückung der Zeit bis zur Lieferung des bestellten Fahrzeugs ein anderes Fahrzeug kaufen und später wieder verkaufen muss.[79]

77 *Klimke*, VersR 1973, 881, 886.

78 *OLG Nürnberg*, VersR 1965, 247; *OLG München*, VersR 1966, 548; vgl. *OLG Düsseldorf*, Az. I-1 U 110/07, LexisNexis LNR 2007, 45583; *AG Wiesbaden*, VersR 1987, 1028; *LG Leipzig*, Urt. v. 09.01.2009 – 7 O 1019/08, BeckRS 2009, 88469.

79 *OLG Frankfurt a.M.*, MDR 1965, 481; *OLG Frankfurt a.M.*, MDR 1965, 481; Richter, Interimsfahrzeug und Fahrzeugausfallschaden, SVR 2010, Heft 2, 49; *LG Saarbrücken*, Urt. v. 23.09.2016 – 13 S 53/16, NJW-RR 2017, 355.

## II. Einsatz eigener Mittel

Verfügt der Geschädigte selbst über ausreichend liquide Mittel, die er kurzfristig zur Schadenbeseitigung einsetzen kann, um den schadenadäquaten Kapitalbedarf zu überbrücken, ist er verpflichtet, zunächst diese Mittel einzusetzen, bevor er den Schaden fremd finanziert.[80] **76**

### 1. Allgemeine Erwägungen

Nach Ansicht des *BGH*[81] sind die Kreditzinsen und -kosten i.S.v. § 249 S. 2 BGB nur zu erstatten, wenn und insoweit sie ein verständiger, wirtschaftlich denkender Kraftfahrzeugeigentümer in der besonderen Lage des Geschädigten aufgewendet haben würde. Ob und inwieweit es gerechtfertigt ist, zur Beseitigung des Schadens Fremdmittel einzusetzen, hängt überwiegend von Art und Ausmaß der Beschädigung des Kfz sowie von den Umständen ab, in denen der Geschädigte durch den Schaden betroffen wird. Entscheidend sind seine wirtschaftlichen Verhältnisse.[82] **77**

So ist es ihm beispielsweise nach Meinung des *BGH* zuzumuten, die Kosten der Instandsetzung des Kraftfahrzeugs und den übrigen Kapitalbedarf für die mittelbaren Schäden ohne Rückgriff auf einen Bankkredit aus eigenen Mitteln vorzustrecken, wenn dies ohne besondere Einschränkung der gewohnten Lebensführung des Geschädigten möglich ist.[83] **78**

Zwar komme der Einsatz besonderer Fähigkeiten oder von Freizeit des Geschädigten bei der Beseitigung des Schadens im Allgemeinen nicht dem Schädiger zugute.[84] Daraus könne aber nicht gefolgert werden, dass der Geschädigte nicht verpflichtet sei, mit eigenen Geldmitteln im Interesse der Schadenminderung vorübergehend in Vorlage zu treten. **79**

Soweit der Gesetzgeber dem Geschädigten das Recht einräumt, seinen Schaden nach eigenem Ermessen selbst zu beheben und den hierfür erforderlichen Aufwand vom Schädiger zu fordern, nehme er auch in Kauf, dass der Geschädigte mit dem Aufwand ggf. vorübergehend in Vorlage tritt.[85] **80**

Bei sog. »Bagatellschäden« oder kleineren Unfallschäden ist es dem Geschädigten zuzumuten, von einer Kreditaufnahme abzusehen.[86] Hinsichtlich der Höhe des Schadens lässt sich allerdings keine starre Grenze ziehen. Maßgebend sind vielmehr die finanziellen Verhältnisse des Geschädigten und seine »wirtschaftliche Bewegungsfreiheit«. So kann beispielsweise bei einem Schaden von mehr als 1.000 € nicht ohne Weiteres von einem Bagatellschaden ausgegangen werden, den der Geschädigte ohne Schwierigkeiten zunächst aus »eigener Tasche« bezahlen könne.[87] **81**

Andererseits kann es dem Geschädigten auch durchaus zugemutet werden, bei größeren Schäden in Vorlage zu treten, insbesondere wenn sein Einkommen dieses zulässt.[88] **82**

---

80 *OLG Nürnberg*, DAR 1964, 103; VersR 1965, 247; *OLG Celle*, VersR 1973, 353; *OLG Köln*, VersR 1975, 1107; *KG*, VersR 1975, 909; *OLG Zweibrücken*, VersR 1981, 343; *LG Kassel*, NJW 1972, 1995; *LG Köln*, VersR 1974, 67; 1976, 741; *LG Freiburg*, VersR 1974, 1134; *LG Karlsruhe*, VersR 1975, 620; VersR 1978, 263; *Geiger*, May, Vogt, Lexikon Straßenverkehrsrecht, 1. Aufl. 2016, Unfallschadenabwicklung – Sachschaden, Nr. 46; BGB § 254 Mitverschulden, *Oetker*, MüKoBGB, 8. Aufl. 2019, Rn. 97–101.

81 *BGH*, BGHZ 54, 82, 84; BGHZ 61, 346, 349 f.

82 *OLG Karlsruhe*, zfs 1989, 83; *AG Rostock*, SP 1995, 243; *LG Berlin*, SP 1996, 83.

83 *BGH*, BGHZ 61, 346, 350; *OLG Celle*, VersR 1973, 353.

84 *BGH*, BGHZ 54, 82, 84.

85 *BGH*, BGHZ 54, 82, 84; *AG Bernburg*, SP 1996, 389.

86 *AG Pforzheim*, VersR 1975, 193.

87 *AG Gütersloh*, r+s 1983, 258: Schaden über 1.000 €; *AG Freiburg*, VersR 1982, 962: 2.500 €.

88 *BGH*, NJW 1974, 34 f.; vgl. Almeroth, MüKoStVR, 1. Aufl. 2017, BGB § 249 Art und Umfang des Schadensersatzes, Rn. 355–356.

83 Anderer Auffassung ist das *LG Gießen.*[89] Danach ist der Geschädigte i.d.R. unter dem Gesichtspunkt der Schadenminderung nicht gehalten, eigene Mittel einzusetzen oder durch Kreditaufnahme Mittel zu gewinnen, um den Schaden zu beheben. Dies kann von ihm nur ausnahmsweise verlangt werden, wenn derartige Mittel für ihn frei verfügbar sind oder ein Kredit leicht zu beschaffen ist oder ihn die Kreditbeschaffung nicht empfindlich belastet. Ansonsten kann er für die durch fehlendes Kapital veranlasste Ausfallzeit vom Schädiger Mietwagenkosten bzw. Nutzungsausfallentschädigung verlangen. Vom Geschädigten kann auch nicht verlangt werden, alle Mittel einzusetzen, die er für Notfälle zurückgelegt hat.[90] Unzumutbar ist es auch, dass die geschädigte Ehefrau auf Geldmittel ihres Ehemanns zurückgreift.[91]

## 2. Abwägungsfaktoren

84 Das *OLG Zweibrücken*, das weitestgehend der Auffassung des *BGH* folgt, vertritt die Auffassung, der Geschädigte habe grundsätzlich die Kosten der Schadenbeseitigung aus eigenen Mitteln vorzustrecken, wenn dies ohne Einschränkung seiner gewohnten Lebensführung möglich sei.[92] Dies gilt vor allem dann, wenn das Einkommen des Geschädigten ihm gestattet, den Schaden ohne unzumutbare Einschränkung der gewohnten Lebensführung zu finanzieren. Nimmt eine solche Person einen Finanzierungskredit auf, verstößt sie gegen die Schadenminderungspflicht.[93]

85 Diesem Standpunkt widerspricht Hartung in gewisser Weise, wenn er ausführt, es sei »nicht bloß auf die gewohnte Lebensführung« abzustellen, sondern z.B. bei einem wirtschaftlich Tätigen auch auf die bei ihm »übliche Führung seines Geschäfts«. Auch andere Umstände könnten die Inanspruchnahme eigener Mittel für den Geschädigten unzumutbar erscheinen lassen.[94]

86 Dem *OLG Zweibrücken* ist darin zuzustimmen, dass die Beweislast dafür, dass kurzfristig entbehrliche Mittel nicht vorhanden sind, beim Geschädigten (Gläubiger) liegt.[95]

87 In der Praxis ist es für den Ersatzpflichtigen nahezu immer unmöglich, Feststellungen hinsichtlich der Möglichkeit des Einsatzes eigener frei verfügbarer finanzieller Mittel des Geschädigten zu treffen, weil es sich hierbei regelmäßig um Vorgänge handelt, die sich außerhalb der Einfluss- und Wissenssphäre des Schädigers vollziehen.

88 Da der Einsatz eigener finanzieller Mittel häufig die Aufnahme eines Kredits überflüssig macht, hängt von der Bejahung eines derartigen Einsatzes gleichzeitig auch die Beantwortung der Frage ab, ob die Inanspruchnahme eines Kredits objektiv überhaupt erforderlich und wirtschaftlich vertretbar ist. Da die »Erforderlichkeit« zu den anspruchsbegründenden Voraussetzungen gehört, obliegt die Beweislast bereits insoweit dem Anspruchsteller.[96]

## 3. Zinsverlust

89 Sofern der Gläubiger in unzumutbarer Weise im Interesse der Schadenminderung eigene liquide Mittel einsetzt, um den erlittenen Schaden vorzufinanzieren, müssen ihm die dadurch entgangenen Zinsen auch dann, wenn die Voraussetzungen des Verzuges nicht erfüllt sein sollten, als adäquate

89 *LG Gießen*, VersR 1988, 1044.
90 *OLG Köln*, VersR 1973, 323; *LG Köln*, VersR 1974, 67.
91 *AG Karlsruhe*, VersR 1982, 53.
92 *OLG Zweibrücken*, VersR 1981, 343; r+s 1981, 108; *AG Rostock*, SP 1996, 319.
93 *OLG Celle*, VersR 1973, 353; *AG Pforzheim*, VersR 1975, 193; *AG Neuburg/Donau*, VersR 1975, 625; *LG Karlsruhe*, VersR 1975, 620; *LG Freiburg*, VersR 1974, 1134.
94 *Hartung*, VersR 1974, 147 f.
95 *OLG Zweibrücken*, VersR 1981, 343; *AG Nürnberg*, VersR 1976, 600.
96 Vgl. *OLG Düsseldorf*, Urt. v. 03.07.2006 – I-1 U 204/05, BeckRS 21016, 14308.

Schadenfolge erstattet werden.[97] Hiervon ist zum Beispiel auszugehen, wenn er zu diesem Zwecke den erforderlichen Geldbetrag seinem Sparkonto entnimmt oder dieses sogar auflöst.[98]

Das Gleiche gilt für die (Soll-)Zinsen, die durch eine Überziehung des eigenen Girokontos anfallen. Allerdings muss der Geschädigte die Kausalität der Überziehung nachweisen.[99] 90

### 4. Zumutbarkeit

Wie bereits dargelegt muss der Einsatz eigener Mittel für den Geschädigten unter Berücksichtigung seiner finanziellen Verhältnisse zumutbar sein. Eine starre Grenze hinsichtlich der Höhe des vom Geschädigten selbst vorzufinanzierenden Schadens und die Unterteilung in »große« oder »kleine« Schäden verbietet sich, weil diese Begriffe ebenfalls relativ sind und sich an den besonderen wirtschaftlichen Verhältnissen des Geschädigten zu orientieren haben. 91

#### *a) Privatmann*

Verfügt der Geschädigte über ein über dem Durchschnitt liegendes monatliches Nettoeinkommen, so wird es ihm u.U. zumutbar sein, auch einmal einen Schaden mit ca. 1.500 € zunächst aus eigenen flüssigen Mittel kurzfristig im Interesse der Schadenbeseitigung vorzufinanzieren.[100] Eine Schematisierung verbietet sich allerdings, da es neben dem monatlichen Einkommen ganz entscheidend auch auf die sonstigen wirtschaftlichen Verhältnisse ankommt (z.B. laufende Kredite, Unterhaltsverpflichtungen). 92

Bei einem erheblichen Sachschaden ist dem Geschädigten ein Einsatz eigener finanzieller Mittel nur dann zuzumuten, wenn er über sofort frei verfügbare Geldmittel zur Begleichung des Schadens verfügt oder sich diese ohne besondere Schwierigkeiten beschaffen kann.[101] Der Einsatz eigener Mittel ist nur dann zuzumuten, wenn der Geschädigte diese ohne Beeinträchtigung seines normalen Lebenszuschnitts abzweigen kann. Ohne Beeinträchtigung seines sowie der seiner Familie angemessenen Unterhalts und ohne schon getroffene finanzielle Dispositionen zu ändern oder geplante Ausgaben zurückzustellen, muss der Geschädigte kurzfristig die benötigten Geldmittel entbehren und anderweitig investieren können.[102] 93

#### *b) Geschäftsmann*

Sofern ein Unternehmen geschädigt ist, gelten andere Grundsätze bezüglich der Zumutbarkeit der kurzfristigen Vorlage frei verfügbarer Mittel. Bei einem wirtschaftlich Tätigen ist im Wesentlichen auf die »bei ihm übliche Führung seines Geschäfts« abzustellen. Im Verhältnis zum Privatmann ist lediglich bezüglich des Rahmens zu differenzieren, innerhalb dessen sich ein Geschädigter unter Berücksichtigung der speziell ihm vorgegebenen wirtschaftlichen Verhältnisse bewegt. 94

Bei oberflächlicher Betrachtungsweise ist meist zu vermuten, dass ein Wirtschaftsunternehmen schon eher als ein Privatmann über liquide Eigenmittel verfügt und dass es einem wirtschaftlich tätigen Unternehmen zumutbar sein dürfte, kurzfristig auch größere Beträge im Interesse der Schadenminderung vorzufinanzieren.[103] 95

---

97 *Almeroth*, Almeroth, MüKo zum StVR, 1. Aufl. 2023, BGB § 249 Art und Umfang des Schadensersatzes, Rn. 355.

98 *Almeroth*, MüKoStVR, 1. Aufl. 2017, BGB § 249 Art und Umfang des Schadensersatzes, Rn. 355–356.

99 *LG Köln*, Urt. v. 17.06.2009 – 12 O 3/09, BeckRS 2011, 01811; BGB § 284 Ersatz vergeblicher Aufwendungen, *Ernst*, MüKoBGB, 8. Aufl. 2019, Rn. 21.

100 *BGH*, NJW 1974, 34, 36; *OLG Celle*, VersR 1963, 49; NJW 1973, 353; *OLG Nürnberg*, VersR 1963, 489; 1965, 246; vgl. *LG Düsseldorf*, Urt. v. 17.12.2007 – I-1 U 110/07, BeckRS 2008, 00085.

101 *Klimke*, VersR 1973, 881, 890; *Himmelreich*, NJW 1973, 978 f.; BGB § 254 Mitverschulden, *Oetker*, MüKoBGB, 8. Aufl. 2019, Rn. 97–101.

102 *OLG Nürnberg*, VersR 1965, 246; *OLG Celle* VersR 1973, 353.

103 Vgl. *OLG Naumburg*, Urt. v. 15.06.2017 – 9 U 3/17, BeckRS 2017, 142735.

96 Demgegenüber vertritt das *OLG Köln*[104] den Standpunkt, dass auch ein geschädigtes Unternehmen – im vorliegenden Fall handelte es sich um eine OHG – ohne weiteres Fremdmittel in Anspruch nehmen dürfe, weil bekannt ist, dass gerade Firmen nur z.T. mit eigenen Mitteln arbeiten und diese »kostbar« sind. Ein derartiges Unternehmen ist deshalb nicht verpflichtet, die kostbaren Eigenmittel für fremd verursachte Unfälle einzusetzen.

97 Im tatsächlichen Wirtschaftsleben zeigt sich jedoch, dass eine zunehmende Zahl von Unternehmen ständig mit Bankkrediten arbeitet. Der Nachweis, nicht über genügend liquide Eigenmittel zur Finanzierung der Schadenbeseitigungskosten zu verfügen, ist deshalb auch im geschäftlichen Bereich zunehmend häufiger geführt. In Klagen genügt deshalb oftmals der Hinweis, dass der Kläger mit Bankkredit in bestimmter Höhe arbeitet und hierfür einen bestimmten Zinssatz zu zahlen hat.

### 5. Liquidität

98 Erforderlich ist ferner, dass es sich um flüssige Mittel handelt, die entweder sofort verfügbar sind oder ohne besondere Schwierigkeiten beschafft werden können. Es muss sich dabei also um Geld handeln, das der Geschädigte ohne nennenswerte Beeinträchtigung seines allgemeinen Lebenszuschnitts kurzfristig entbehren kann.[105]

99 Nicht zumutbar für den Geschädigten ist es beispielsweise, Wertpapiere zu einem ungünstigen Zeitpunkt unter dem Kurswert zu verkaufen. Ebenfalls kann nicht verlangt werden, dass er wertvolle Gegenstände (z.B. Schmuck, Möbel usw.) veräußert.[106]

### 6. Rücklagen

100 Bei der Prüfung der Frage, ob ein Kreditbedarf des Geschädigten zu bejahen oder ihm zuzumuten ist, eigene finanzielle Mittel einzusetzen, muss in besonderem Maße berücksichtigt werden, dass die Zumutbarkeit lediglich dann zu bejahen ist, wenn der Geschädigte die Mittel »ohne besondere Einschränkung seiner gewohnten Lebensführung« abzweigen kann.[107]

101 Dies bedeutet, dass der Geschädigte nennenswerte Einschränkungen in seinen vorgeprägten Lebensgewohnheiten allein im Interesse des Ersatzpflichtigen nicht hinzunehmen braucht und auch nicht verpflichtet ist, bereits getroffene finanzielle Dispositionen entscheidend zu ändern bzw. fest eingeplante Ausgaben zurückzustellen.

102 Auch auf kleinere Rücklagen oder Ersparnisse, etwa den sog. »Notgroschen«, braucht der Geschädigte nicht zurückzugreifen. Es ist dem Geschädigten darüber hinaus nicht zuzumuten, sämtliche ihm zur Verfügung stehenden Mittel einzusetzen und damit sämtliche Reserven für plötzlich eintretende Notfälle des täglichen Lebens aufzulösen.[108]

## III. Hinweispflicht

### 1. Kreditbedarf

103 Der Geschädigte, der nicht in der Lage ist, den für die Schadenbeseitigung erforderlichen Kapitalbedarf durch Einsatz eigener verfügbarer Mittel zu decken, ist verpflichtet, den Schädiger bzw. dessen Kfz-Haftpflichtversicherer unverzüglich hiervon zu unterrichten. Er muss ihm mitteilen, dass er den Schaden vorfinanzieren muss und die entsprechenden Zinsen und Kosten berechnet werden, falls

104 *OLG Köln*, NJW 1973, 713, 716.

105 *OLG Karlsruhe*, zfs 1989, 83; *AG Rostock*, SP 1995, 243; *AG Bernburg*, SP 1996, 389; *LG Berlin*, SP 1996, 83.

106 BGB § 249 BGB Art und Umfang des Schadensersatzes, *Kuhnert*, Haus, Krumm, Quarch, Gesamtes Verkehrsrecht, 2. Aufl. 2017, Rn. 151–155.

107 *BGH*, NJW 1974, 34; *OLG Celle*, VersR 1973, 353.

108 *OLG Köln*, VersR 1973, 323 f.; *LG Köln*, VersR 1974, 67; *KG*, DAR 2010, 138; vgl. *AG Mettmann*, Urt. v. 02.04.2012 – 21 C 175/11, NZV 2013, 92.

dieser nicht rechtzeitig einen angemessenen Vorschuss zur Verfügung stellt oder in anderer Weise dafür sorgt, dass bei der Auslösung des reparierten Unfallwagens bzw. bei der Rückgabe des Mietfahrzeugs für den Geschädigten keine Kosten entstehen.[109]

Die Hinweispflicht gehört zu den anspruchsbegründenden Voraussetzungen, weil der Gläubiger (Geschädigte) verpflichtet ist, die Erforderlichkeit von Fremdmitteln i.S.v. § 249 Abs. 2 BGB darzulegen und zu beweisen.[110] **104**

*a) Grund*

Zunächst genügt der Hinweis an den Schädiger bzw. dessen Haftpflichtversicherung, dass ausreichende Mittel für die Auslösung des reparierten Fahrzeugs bzw. für die Anmietung eines Ersatzwagens nicht zur Verfügung stehen.[111] Der Geschädigte muss außerdem eine Frist für die Zahlung eines Vorschusses oder einer anderen den Geschädigten von der Zahlungspflicht befreienden Handlung setzen. Diese sollte die Möglichkeit für den Schädiger bzw. dessen Haftpflichtversicherung berücksichtigen, Erkundigungen zum Schaden einzuholen. Je nach Sachlage sollte die Frist mindestens zwei Wochen betragen. Gerichte räumen Versicherungen allerdings Fristen zur Prüfung auch zwischen vier und sechs Wochen ein. Außerdem muss der Geschädigte seinen (vorläufigen) Finanzbedarf dokumentieren, indem er z.B. einen Kostenvoranschlag oder ein Gutachten vorlegt. Damit hat der Geschädigte zunächst seiner Hinweispflicht Genüge getan. Der Haftpflichtversicherer des Schädigers kann sich auf diese Situation einstellen und die ihm notwendig erscheinenden Dispositionen treffen. Voraussetzung für die Erstattung von Finanzierungskosten ist, dass der Geschädigte den Schädiger rechtzeitig informiert, dass er nicht in der Lage ist, den Schaden aus eigenen Mitteln vorzufinanzieren.[112] **105**

Der Geschädigte muss den Schädiger auf seine Mittellosigkeit und die fehlende Möglichkeit, Kredit zu bekommen, hinweisen, um seinen Anspruch auf Übernahme von Mietwagenkosten bzw. Nutzungsausfallentschädigung auch über den Zeitraum der Fertigstellung seines Fahrzeugs hinaus zu wahren. Dies stellt eine Ausnahme zu dem Grundsatz dar, dass Nachteile, die durch verspätete Ersatzleistungen des Schädigers entstehen, auch zu dessen Lasten gehen sollen. Unterlässt der Geschädigte den Hinweis auf seine Mittellosigkeit, der Ausfluss seiner Schadenminderungsobliegenheit ist, sodass der Gegner auch nicht die Gelegenheit hat, den Schaden durch Zahlung unter Vorbehalt abzuwenden, ist es dem Geschädigten zumutbar, seine Kaskoversicherung in Anspruch zu nehmen, um den Schaden so gering wie möglich zu halten.[113] **106**

Der Kfz-Haftpflichtversicherer ist aufgrund dieser ihm zugegangenen Mitteilung in der Lage, eine Kostenübernahmebestätigung abzugeben bzw. von sich aus im Interesse der Beweissicherung tätig zu werden. Unterlässt er dies, muss er Finanzierungskosten zahlen.[114] **107**

*b) Höhe*

Der Geschädigte muss dem Schädiger die ungefähre Größenordnung des Schadens und seines Kapitalbedarfs bekannt geben. Dies ist die Voraussetzung für einen Vorschuss in angemessener Höhe. **108**

---

109 *BGH*, BGHZ 61, 346; *LG Halle*, SP 2000, 386; *AG Gelsenkirchen-Buer*, SP 2004, 377; *LG Konstanz*, SP 2005, 18; *OLG Düsseldorf*, Urt. v. 08.11.2011 – 1 U 14/11, DAR 2012, 253; vgl. *Schroeder*, Beck'sche Online-Formulare Verkehrsrecht, 3. Edition 2017, Stand 01.05.2017, 1.3.1.1. Erstes Anschreiben an die gegnerische Versicherung (Bestellungsschreiben) nach Verkehrsunfall.

110 Vgl. *OLG Schleswig*, Urt. v. 04.01.2022 – 7 U 59/21, BeckRS 2022, 7533.

111 *OLG Düsseldorf*, Urt. v. 29.09.2020 – I-1 U 294/19, VersR 2021, 457.

112 *LG Konstanz*, SP 2005, 18; *Jahnke*, Burmann, Heß, Hühnermann, Jahnke, Janker, Straßenverkehrsrecht, 26. Aufl. 2020, BGB § 254 Mitverschulden, Rn. 278–310a.

113 *LG Bautzen*, SP 1997, 472; *LG Saarbrücken*, NJW 2014, 2292.

114 Vgl. *AG Freising*, Urt. v. 11.09.2015 – 5 C 261/125, BeckRS 2015, 20126; *LG Chemnitz*, Urt. v. 26.01.2006 – 6 S 276/05, BeckRS 2011, 09655.

Er muss Belege (z.B. Kostenvoranschlag, Sachverständigengutachten) vorlegen, die dem Kfz-Haftpflichtversicherer eine Prüfung ermöglichen.[115]

## 2. Rechtzeitigkeit

109 Die Mitteilung an den Ersatzpflichtigen muss rechtzeitig erfolgen,[116] d.h. so rechtzeitig, dass er in die Lage versetzt wird, bis zum Abschluss der Reparaturarbeiten wirksame Dispositionen zu treffen, um eine sonst notwendige Fremdfinanzierung zu vermeiden. Sinnvoll ist eine Gleichsetzung des Begriffs »rechtzeitig« mit dem Inhalt des Begriffs »unverzüglich«. Hierdurch wird erreicht, dass die Mitteilung an den Ersatzpflichtigen ohne schuldhaftes Zögern i.S.v. § 121 BGB erfolgen muss. Sinnvoll ist es, den Bedarf der Fremdfinanzierung gleich mit der Schadenmeldung anzukündigen und dabei eine Frist zur Zahlung eines Vorschusses oder zur Abgabe einer Kostenübernahmeerklärung zu setzen. Sollte ein Kostenvoranschlag oder Gutachten bereits vorliegen, müssen diese Unterlagen gleichzeitig zur Verfügung gestellt werden. Ansonsten muss die Fristsetzung nach Zusendung dieser Unterlagen erfolgen.

110 Der Geschädigte hat folglich unmittelbar nach dem Unfall seine finanziellen Mittel und Möglichkeiten darauf hin zu überprüfen, ob diese es zulassen, den durch den Unfall ausgelösten Kapitalbedarf vorzufinanzieren. Dies gilt hauptsächlich für den Fall, dass die Art des Schadens unverzügliche Dispositionen erfordert wie z.B. beim Totalschaden der notwendigen Anmietung eines Mietwagens. Das Gleiche gilt auch für den Reparaturschaden, sofern der Wagen nicht mehr fahrbereit ist, sodass Ausfallkosten anfallen.

111 Weniger eilig ist die Mitteilung des Geschädigten, wenn sein Fahrzeug nach dem Unfall noch voll betriebs- und verkehrssicher ist. Solange der Geschädigte seinen Wagen weiterbenutzt, bis er beispielsweise einen günstigen Reparaturzeitraum mit »seiner« Werkstatt vereinbart hat, entstehen keine Ausfallschäden i.S.v. Sachfolgeschäden. Der Geschädigte sollte hier allerdings die Reparatur erst in Auftrag geben, wenn er davon ausgehen kann, dass die Finanzierung der insoweit entstehenden Kosten gesichert ist.

112 Dem Ersatzpflichtigen ist es auf der anderen Seite zuzumuten, dem Geschädigten statt einer Überweisung entweder sofort eine Kostenübernahmeerklärung zu erteilen oder ihm einen Verrechnungsscheck zukommen zu lassen.

113 Hierbei ist zu berücksichtigen, dass es sich bei dem zu erstattenden Geldbetrag um eine Schickschuld i.S.d. § 270 BGB, nicht jedoch um eine Holschuld handelt.[117] Das bedeutet, dass der Ersatzpflichtige sich keineswegs damit begnügen darf, den Geschädigten aufzufordern, das Geld bei ihm abzuholen.

114 Der Geschädigte darf seinerseits abwarten, bis die Kostenübernahmeerklärung vorliegt oder der Geldbetrag sich auf seinem Konto befindet.[118] Dem Geschädigten ist es nicht zuzumuten, seine Freizeit oder gar seine Arbeitszeit zu opfern, um das Geld beim Ersatzpflichtigen abzuholen.[119]

115 U.U. kann eine Freistellungs- bzw. Kostenübernahmeerklärung durch den Ersatzpflichtigen auch fernmündlich erfolgen. Sinnvollerweise geschieht dies gegenüber dem Reparaturunternehmer bzw. dem Autovermieter direkt. Von diesen Maßnahmen ist der Geschädigte zweckmäßigerweise unverzüglich zu unterrichten, damit er etwa bereits eingeleitete Bemühungen zur Erlangung eines Kredits noch einstellen kann.

---

115 *BGH*, VersR 1984, 73; BGHZ 243, 337; *AG Nürnberg*, VersR 1973, 631; VersR 1980, 1130; r+s 1981, 17; *AG München*, VersR 1973, 1128; *AG Schweinfurt*, VersR 1973, 955; *AG Aachen*, VersR 1975, 95; *AG Neuenkirchen*, VersR 1976, 80; *AG Freiburg*, r+s 1980, 63.

116 *LG München I*, zfs 1991, 304; *AG Dortmund*, BeckRS 2011, 26122; *OLG Karlsruhe*, Urt. v. 28.04.2000 – 14 U 242/98; *OLG Jena*, Urt. v. 15.05.2012 – 4 U 661/11, NZS 2012, 800.

117 *Himmelreich*, NJW 1973, 978 f.

118 *AG München*, VersR 1973, 59.

119 *BGH*, BGHZ 54, 82, 86.

## IV. Belege

116 Es genügt nicht, dass der Geschädigte von sich aus als vermeintlichen Kreditbedarf eine ihm angemessen erscheinende Summe nennt, sondern er muss bereits im Vorstadium der Verhandlungen bzw. der Bitte um Überweisung eines Vorschusses den auf seiner Seite entstandenen Schaden zumindest glaubhaft machen.[120]

117 Als Mindesterfordernis wird vom Geschädigten, neben einer ordnungsgemäßen Schadensschilderung, erwartet, dass er den voraussichtlichen unfallbedingten Schadenbedarf durch Kostenvoranschlag oder Gutachten nachweist.[121] Sollten diese Unterlagen noch nicht vorliegen bei Schadenmeldung, kann auch die Übersendung von Bildern des unfallgeschädigten Fahrzeugs fürs Erste genügen.

### 1. Kostenvoranschlag

118 Sofern es sich um einen Sachschaden unter 750 € handelt,[122] der die Einschaltung eines Sachverständigen im Interesse der Schadenminderung nicht rechtfertigt, genügt die Übersendung eines Kostenvoranschlages einer Fachwerkstatt. Es empfiehlt sich, diesen Kostenvoranschlag so genau und spezifiziert wie möglich erstellen zu lassen. Im Rahmen der allgemeinen Kostensteigerung sieht das *AG Arnsberg* den Grenzbetrag für einen Bagatellschaden bei 1.000 €.[123] Maßgeblich für die Frage, ob der Geschädigte einen Sachvberständigen einschalten durfte, sind jedoch immer die Umstände des jeweiligen Falls.[124] Es ist darauf abzustellen, ob der Geschädigte als Laie die Schadenhöhe überhaupt richtig einschätzen konnte.[125] Insofern ist es immer wichtig, sich mit der diesbezüglichen Rechtsprechung des für die Schadenregulierung zuständigen Gerichts auseinanderzusetzen. Hier kann die Einschaltung eines Rechtsanwalts/einer Rechtsanwältin hilfreich sein.

### 2. Sachverständigengutachten

119 Ein Kostenvoranschlag kann auch für den Fall genügen, dass bereits auf den ersten Blick erkennbar sein sollte, dass die Ausführung der Reparatur wirtschaftlich zu vertreten ist. Die Werkstattpraxis sieht zwischenzeitlich jedoch oftmals vor, dass kein Kostenvoranschlag erstellt, sondern ein Gutachten für erforderlich angesehen wird. Sollte angesichts der ungünstigen Relation zwischen den gedachten Reparaturkosten und dem Wiederbeschaffungswert ein »echter« (konstruktiver oder wirtschaftlicher) Totalschaden i.S.v. § 251 Abs. 2 BGB vorliegen, kommt es nicht auf die Höhe der Reparaturkosten, sondern allein auf den Wiederbeschaffungswert an. Der Laie ist in der Regel nicht in der Lage, entsprechende Schätzungen anzustellen. Unter diesen Umständen ist ein Sachverständigengutachten erforderlich. Hierbei spielt die »Bagatellschadensgrenze« keine Rolle.[126] Die Kosten für das Sachverständigengutachten müssen bei unverschuldeten Unfällen von der gegnerischen Versicherung getragen werden.

---

120 U.a. *AG Stuttgart*, VersR 1973, 632; *AG München*, VersR 1973, 1128; *AG Schweinfurt*, VersR 1973, 955; *AG Aachen*, VersR 1975, 95; *AG Neuenkirchen*, VersR 1976, 80; *AG Nürnberg*, VersR 1976, 600; VersR 1980, 1130; *AG Freiburg*, r+s 1980, 63; *KG*, LexisNexis LNR 1994, 23176; *OLG Düsseldorf*, LexisNexis LNR 2007, 45583.

121 *AG Bremen*, Urt. v. 02.09.2016 – 25 C 96/16, BeckRS 2016, 112289.

122 Die Grenze für die Annahme eines »Bagatellschadens« wird regional unterschiedlich gezogen. In manchen Regionen gehen Versicherungen und Gerichte davon aus, dass der »Bagatellschaden« bis ca. 1.100 € anzunehmen ist. Vor Einschaltung eines Sachverständigen sollte hierzu unbedingt Rechtsrat bei einem kompetenten Anwalt eingeholt werden; vgl. *AG Berlin*-Mitte, SP 2009, 28.

123 *AG Arnsberg*, Urt. v. 07.12.2016 – 14 C 213/15, BeckRS 2016, 123209.

124 Vgl. *AG Gummersbach*, Urt. v. 14.10.2023 – 11 C 175/22, BeckRS 2023, 17817.

125 *Vuia*, Die Erstattungsfähigkeit von Sachverständigenkosten insbesondere nach Verkehrsunfällen, NJW 2013, 1197.

126 *AG Offenbach*, BeckRS 2013, 15685; *LG Darmstadt*, Urt. v. 05.07.2013 – 6 S 34/13, NJW 2014, 237.

120 Auch bei Schäden in einer Größenordnung über 750 bis 1.000 €[127] reicht ein Kostenvoranschlag i.d.R. nicht aus, sodass ein Gutachten eines qualifizierten technischen Sachverständigen vorgelegt werden sollte. Hinsichtlich dessen Auswahl ist der Geschädigte in seiner Entscheidung frei. In vielen Fällen kommt bei höheren Reparaturkosten eine Wertminderung in Betracht, welche ebenfalls vom Sachverständigen festgelegt wird. Im Gutachten wird auch i.d.R. zur Gruppe Stellung genommen, die für den Nutzungsausfall maßgeblich ist. Legt ein Geschädigter lediglich einen Kostenvoranschlag vor, so ist zu befürchten, dass eine ihm bei höheren Schäden möglicherweise zustehende Wertminderung nicht bezahlt wird. Viele Geschädigte wissen nicht, dass ihnen eine solche unter Umständen zusteht und beanspruchen deshalb auch keine. Das Original des Gutachtens sollte sogleich an den Haftpflichtversicherer des Schädigers übersandt werden. Die Kosten für das Sachverständigengutachten müssen bei unverschuldeten Unfällen von der gegnerischen Versicherung getragen werden.[128]

121 Erst wenn der Geschädigte die Verpflichtung zum Schadennachweis ordnungsgemäß erfüllt hat und der Haftpflichtversicherer auf die Erforderlichkeit der Vorfinanzierung hingewiesen wurde, wird er – bei gleichzeitigem Vorliegen der sonstigen anspruchsbegründenden Voraussetzungen – mit einem angemessenen Vorschuss des Haftpflichtversicherers des Unfallgegners bzw. mit Maßnahmen rechnen können, die ihn von der auf ihn zukommenden Kostenlast freistellen.

## V. Vorschüsse

122 Der Ersatzpflichtige ist aus Rechtsgründen verpflichtet, dem Geschädigten auf Anforderung einen angemessenen Vorschuss zur Verfügung zu stellen, um damit den auf dem Unfall beruhenden Schadenbedarf zu decken.[129]

123 Eine derartige Vorauszahlung ist dem Ersatzpflichtigen jedenfalls dann zuzumuten, wenn bereits eine erste Prüfung der Sach- und Rechtslage ergibt, dass der Ersatzpflichtige für den Unfall zumindest nicht unerheblich (mit) verantwortlich ist.

124 Der Ersatzpflichtige hat dabei das Recht, den Vorschuss ohne Präjudiz für die Sach- und Rechtslage und unter dem gleichzeitigen Vorbehalt der Rückforderung zu leisten. Die formelhafte Klausel »ohne Anerkennung einer Rechtspflicht« bedeutet nach Ansicht des *OLG Koblenz* allerdings keinen die Rückforderung rechtfertigenden Vorbehalt. Insbesondere gilt dies, wenn die Klägerin ihren Vorbehalt, der sich auf spätere Mehrforderungen des Geschädigten bezieht, gleichzeitig dahin erläutert hat, dass die Verrechnung auf »alle Ersatzansprüche« vorbehalten bleibt.[130] Die Meinungen zu dieser Formulierung sind unterschiedlich.[131]

125 Kommt eine spätere Rückzahlung von vornherein nicht in Betracht, wird der Vorschuss meist als »Vorauszahlung zur späteren Verrechnung im Rahmen einer dem Schuldner vorbehaltenen Zweckbestimmung« (§ 366 Abs. 1 BGB) deklariert werden, um die sonst eintretende gesetzliche Verrechnungsvorschrift nach § 366 Abs. 2 BGB zu vermeiden.

126 Dem Geschädigten ist ein Vorbehalt zuzumuten. Er muss, unbeschadet seiner Rechte aus § 266 BGB, nach den Grundsätzen von Treu und Glauben (§ 242 BGB) einen derartigen Vorschuss annehmen. Dieses gilt auch dann, wenn der Vorschuss hinter den Vorstellungen des Geschädigten zurückbleibt.[132]

---

127 Die Grenze für die Annahme eines »Bagatellschadens« wird regional unterschiedlich gezogen. In manchen Regionen gehen Versicherungen und Gerichte davon aus, dass der »Bagatellschaden« bis ca. 1.100 € anzunehmen ist. Vor Einschaltung eines Sachverständigen sollte hierzu unbedingt Rechtsrat bei einem kompetenten Anwalt eingeholt werden. Er kennt die regionalen Verhältnisse.

128 Vgl. *BGH*, Urt. v. 29.10.2019 – VI ZR 104/19, r+s 2020, 11; *LG Koblenz*, Urt. v. 09.05.2012 – 12 S 267/11, DS 2012, 406.

129 *LG Berlin*, SP 1996, 83; *BGH*, DAR 2005, 265; *AG Düsseldorf*, BeckRS 2009, 14072.

130 *OLG Koblenz*, Urt. v. 20.09.1983 – 3 U 1636/82, DAR 1984, 21.

131 *OLG Karlsruhe*, Urt. v. 14.01.2019 – 1 U 25/18, DAR 2019, 57.

132 *Klimke*, VersR 1973, 881, 889.

### 1. Anforderung

Die Aufnahme eines Kredits wird somit i.d.R. nicht mehr in Betracht kommen, wenn der Ersatzpflichtige nach einer entsprechenden Anforderung des Geschädigten und nach Glaubhaftmachung der Schadenhöhe eine Vorauszahlung in angemessener Höhe leistet, die den voraussichtlichen vom Schädiger verursachten Schadenbedarf deckt.[133] 127

Fordert der Geschädigte keinen Vorschuss an und wendet der Ersatzpflichtige gegenüber dem Anspruch auf Ersatz von Finanzierungskosten später ein, der Gläubiger habe durch die sofortige Aufnahme eines Kredits gegen die durch § 254 Abs. 2 BGB normierte Schadenminderungspflicht verstoßen, kommt es nach Ansicht einiger Gerichte entscheidend auf das nachfolgende Verhalten des Ersatzpflichtigen an. 128

### 2. Wegfall der Ursächlichkeit

Zunächst ist die vom Ersatzpflichtigen erklärte Leistungsbereitschaft maßgebend.[134] Dabei soll es ausreichen, dass der Ersatzpflichtige Abschlagszahlungen leistet.[135] Voraussetzung hierfür ist eine rechtzeitige Schadenmitteilung.[136] 129

Die Hinweispflicht des Geschädigten kann nachträglich dadurch entfallen, dass sich aus der schleppenden Regulierung des Haftpflichtversicherers ergibt, dass er auch im Fall einer rechtzeitigen Anforderung einen Vorschuss nicht in angemessener Frist gezahlt hätte. Dann kann dem Geschädigten eine Verletzung der Hinweispflicht – insbesondere bei kurzen Reparaturzeiten – nicht mit Erfolg entgegengehalten werden.[137] 130

Reguliert der Ersatzpflichtige beispielsweise erst später als drei Monate nach dem Unfall, muss er die dadurch notwendig gewordenen Kreditkosten auch dann ersetzen, wenn der Gläubiger (Geschädigte) den unfallbedingt eingetretenen Schadenbedarf nicht oder nicht rechtzeitig[138] mitgeteilt hat.[139] Unter diesen Umständen hat der Geschädigte auch für diesen Zeitraum Anspruch auf Nutzungsausfallentschädigung.[140] 131

Steht fest, dass der Ersatzpflichtige auch im Fall eines rechtzeitigen Hinweises des Geschädigten untätig geblieben wäre, kann er sich nach Treu und Glauben auf den fehlenden Hinweis nicht berufen. Der Geschädigte, der sich seinerseits darauf beruft, dass die Verletzung der Hinweispflicht unbeachtlich ist, muss die Gründe hierfür voll beweisen. 132

## D. Schadenminderung

Nachfolgend sollen die Möglichkeiten sowohl des Geschädigten als auch des Ersatzpflichtigen dargestellt werden, um die Aufnahme von fremden Geldmitteln zu vermeiden und damit den Schaden zu mindern. Der in diesem Zusammenhang im Folgenden verwendete Begriff »Schadenminderung« ist nicht streng rechtsdogmatisch zu verstehen und soll ausnahmslos unter § 254 Abs. 2 BGB subsumiert werden. 133

---

133 *AG Oberhausen*, VersR 1976, 768; *Zeycan*, Haus, Krumm, Quarch, Gesamtes Verkehrsrecht, 2. Aufl. 2017, BGB § 254 BGB Mitverschulden, Rn. 92.
134 *BGH*, NJW 1997, 3447; vgl. *OLG Naumburg*, Urt. v. 23.11.2017 – 3 U 30/17, BeckRS 2017, 160201.
135 *AG Münster*, VersR 1972, 1086.
136 *LG Karlsruhe*, VersR 1975, 620 = r+s 1975, 192; *AG Oberhausen*, VersR 1976, 768 = r+s 1976, 215; *AG Aachen*, r+s 1977, 124.
137 *LG Darmstadt*, VersR 1970, 93; *AG Hanau*, MDR 1971, 925.
138 Rdn. 109.
139 *AG Ettlingen*, VersR 1982, 1157.
140 *KG*, DAR 2010, 138.

## I. Vorbemerkungen

### 1. Grundsatz

134 Grundsätzlich genügt nur derjenige Anspruchsteller seiner Schadenminderungspflicht ordnungsgemäß, der sich so verhält, als hätte er den Schaden letztendlich selbst zu tragen.[141]

135 Der Geschädigte verstößt gegen die ihm obliegende Schadenminderungspflicht auf jeden Fall dann, wenn er zur Finanzierung des erlittenen Schadens einen Kredit nur deswegen aufnimmt, weil dieser ihm durch sog. »Unfallhelfer« angeboten worden ist. Die Inanspruchnahme eines Kredits über einen »Unfallhelferring« kann ein echtes Kreditbedürfnis regelmäßig nicht positiv beeinflussen.[142]

136 Sofern er Reparatur- und sonstige Kosten ohne besondere Einschränkung seiner gewohnten Lebensführung aus eigenen Mitteln vorstrecken kann, sind die Kosten der Kreditaufnahme keine erforderlichen Aufwendungen i.S.v. § 249 BGB.[143]

### 2. Überpflichtmäßiges Verhalten

137 Aus Billigkeitsgründen muss ein unschuldig in einen Verkehrsunfall verwickelter Geschädigter zur Schadenminderung keine besonderen Anstrengungen und Entbehrungen auf sich nehmen. Er muss beispielsweise auf ein »eigentlich« benötigtes Mietfahrzeug oder auf ein Ersatzfahrzeug im Fall eines Totalschadens nicht verzichten. Es reicht aus, wenn er wirtschaftlich vernünftig handelt und seine Belange an den Maßstäben eines ordentlichen Kaufmanns orientiert.[144] Meistens wird darauf abgestellt, wie der Geschädigte handeln würde, wenn er den Schaden selbst finanzieren müsste.[145]

### 3. Beweislast

138 Der Geschädigte muss beweisen, dass seine Kreditaufnahme in der angegebenen Höhe tatsächlich stattgefunden hat und dass die Aufwendungen hierfür objektiv erforderlich und wirtschaftlich vernünftig waren. Bei der Beweislast handelt es sich um eine anspruchsbegründende Voraussetzung für die Erforderlichkeit der Kreditaufnahme.[146]

139 Demgegenüber liegt die Beweislast dafür, dass der Geschädigte gegen die ihm nach § 254 Abs. 2 BGB obliegende Schadenminderungspflicht schuldhaft verstoßen hat, beim Ersatzpflichtigen.[147] Vermehrt wird dem Geschädigten im Zusammenhang mit der Anmietung eines Fahrzeugs zum sog. »Unfallersatztarif« die Verpflichtung auferlegt, die Erforderlichkeit der Anmietung zu diesem gegenüber dem »Normaltarif« erheblich höheren Tarif zu beweisen.[148]

140 Eine Umkehrung der Beweislast kann jedoch dann eintreten, wenn der Gläubiger behauptet, er habe ungünstige Finanzierungsbedingungen in Kauf nehmen müssen, nachdem er sich vergeblich um

141 *BGH*, NJW 1964, 717; DAR 2005, 617; vgl. *LG Detmold*, SP 2012, 294.

142 *BGH*, Urt. v. 06.11.1973 – 6 ZR 194/71, DAR 1974, 43; vgl. *OLG Naumburg*, Urt. v. 29.10.2019 – 1U 142/19, SVR 2021, 31.

143 *LG Düsseldorf*, VersR 1984, 897; zfs 1984, 331; *LG Berlin*, SP 1996, 83; *AG Bude*, zfs 1980, 270; vgl. Oetker MüKoBGB, 8. Aufl. 2019, BGB § 249 Art und Umfang des Schadensersatzes, Rnrn. 273; Almeroth, Münchener Kommentar zum StVR, 1. Aufl. 2017, BGB § 254 Mitverschulden, Rn. 509–51; *Balke*, Nutzungsausfallentschädigung und Vorhaltekosten, SVR 2012, 450.

144 *Klimke*, VersR 1973, 881, 889.

145 *AG Köln*, Urt. v. 17.12.2019 – 268C 153/18, BeckRS 2019, 47622.

146 Vgl. *Stein*, Die Darlegungs- und Beweislast im Zivilprozess – Ein Überblick, JuS 2016, 896.

147 *KG*, DAR 1976, 241; WJ 2007, 2; *AG Nürnberg*, NZV 2006, 14b *Griebenow*.

148 *LG Aachen*, SP 2006, 250; *BGH*, DAR 2006, 83; vgl. *BGH*, NZV 2005, 32; vgl. *Almeroth*, Münchener Kommentar zum StVR, 1. Aufl. 2017, BGB § 249 Art und Umfang des Schadensersatzes, Rn. 256–266; BGB § 249 Art und Umfang des Schadensersatzes, *Oetker*, MüKoBGB, 8. Aufl. 2019, Rn. 430–436; *AG Detmold*, Urt. v. 14.09.2018 – 8 C 520/15, NJOZ 2019, 918; 90. Schadensminderungspflicht, *Just*, Reisert, Balke, Reisert, Schulz-Merkel, Regulierung von Verkehrsunfällen 2. Aufl. 2021, Rn. 33.

einen günstigen Kredit bemüht habe.[149] Soweit es sich um die Einrede der Arglist handelt, nämlich die Behauptung des Geschädigten, der Ersatzpflichtige hätte auch bei unverzüglicher Mitteilung nicht rechtzeitig reagiert, ist dafür der Geschädigte beweispflichtig.

## II. Möglichkeiten des Ersatzpflichtigen

Auch dem Ersatzpflichtigen, bei dem es sich regelmäßig um einen Kfz-Haftpflichtversicherer handelt, bieten sich einige Möglichkeiten, die Kosten einer Fremdfinanzierung zu vermeiden. 141

### 1. Unverzügliche Anzeige beim Haftpflichtversicherer

Zunächst ist vom Schadenverursacher zu verlangen, dass er seine Obliegenheiten gegenüber seinem eigenen Haftpflichtversicherer ordnungsgemäß erfüllt und die vorgeschriebene Schadensanzeige unverzüglich dem Versicherer zuleitet. Die Schadenanzeige ist binnen einer Woche abzugeben und muss wahrheitsgemäß sowie vollständig ausgefüllt sein. Anderenfalls läuft der Versicherte Gefahr, wegen Verletzung vertraglicher Obliegenheiten seinen Deckungsschutz zu verlieren.[150] 142

Dies gilt auch dann, wenn zunächst Streit über die Schadenverursachung besteht und die Sach- und Rechtslage noch abschließend geklärt werden muss. Da bei Schadenfällen einer Größenordnung, in der eine Finanzierung in Betracht kommt, der Aufwand vom Gewicht her i.d.R. in die Zuständigkeit des Haftpflichtversicherers fällt, kann der Schädiger sich nicht unter Hinweis darauf, dass er zur Erhaltung seines Schadenfreiheitsrabatts den Ersatzanspruch ggf. aus eigenen Mitteln regulieren wolle, auf diese nur für Bagatellschäden geltenden »Sonderbedingungen« berufen. Meistens fordern Versicherer sogar bei »Bagatellschäden«, welche der Schädiger selbst zu regulieren beabsichtigt, die entsprechende Schadenmeldung, zumindest informativ. Dies gilt insbesondere dann, wenn der Geschädigte seine Ansprüche direkt beim Versicherer geltend gemacht hat. Versicherungsnehmer übersehen in diesem Zusammenhang oft, dass die meisten Versicherer ihren Versicherungsnehmern die Möglichkeit einräumen, bei Bagatellschaden nach Abschluss der Regulierung den an den Geschädigten bezahlten Betrag an die Versicherung innerhalb von sechs Monaten zurückzuzahlen, um so gestellt zu werden wie ohne Schaden. 143

### 2. Zügige Schadenregulierung

Der Ersatzpflichtige ist verpflichtet, sich um eine zügige Schadenregulierung zu bemühen, die nicht zuletzt in seinem eigenen Interesse liegen dürfte. Er ist verpflichtet, die ihm vorliegenden Unterlagen unverzüglich zu prüfen und sich zu bemühen, evtl. bestehende Zweifel durch entsprechende Rückfragen zu klären. Zahlt er den Hauptschaden innerhalb von drei Wochen nach dem Unfall, besteht für den Geschädigten i.d.R. kein Anspruch auf Finanzierungskosten.[151] In der Regel erhält der Versicherer eine Überprüfungsfrist bei einfachen Fällen von zwei bis vier Wochen.[152] Bei einfach gelagerten Fällen ist auch eine kürzere Frist ausreichend.[153] 144

### 3. Kostenübernahmeerklärung

#### *a) Inhalt*

Häufig ist es auch für den Geschädigten am einfachsten, wenn der gegnerische Haftpflichtversicherer bereit ist, eine Kostenübernahmeerklärung (Freistellungserklärung) abzugeben. Bei ihr handelt es 145

149 *Himmelreich*, NJW 1973, 978 f.; a.A. *OLG Celle*, VersR 1973, 281.

150 Vgl. »die Bayerische«, Allgemeine Bedingungen für die Kfz-Versicherung (AKB 2019), E.

151 *AG Nürnberg* VersR 1975, 192; vgl. *Jahnke*, Burmann/Heß/Hühnermann/Jahnke/Janker, Straßenverkehrsrecht, 24. Aufl. 2016, BGB § 249 Art und Umfang des Schadensersatzes.

152 *LG Zweibrücken*, Urt. v. 16.10.2015 – 2 O 104/15, ZFS 2016, 198; *OLG Celle*, Urt. v. 23.07.2019 – 14 U 180/18, SVR 2019, 343.

153 *LG Meiningen* (4. Zivilkammer), Urt. v. 15.01.2015 – (36) 4 S 54/14, BeckRS 2015, 12269.

sich vom Rechtscharakter her um eine Garantie i.S.e. Art selbstschuldnerischer Bürgschaft mit dem Inhalt, die unfallbedingt notwendigen Reparaturkosten unabhängig von der Gestaltung der Sach- und Rechtslage zu übernehmen.[154] Mit Rücksicht auf den rechtlich sehr weitgehenden Charakter der Kostenübernahmeerklärung sollte und wird der Schaden in der Praxis seiner Größenordnung nach zumindest in groben Zügen abgegrenzt, was i.d.R. dann möglich ist, wenn der Geschädigte entsprechende Belege (Kostenvoranschlag, Sachverständigengutachten) vorgelegt hat. Der Geschädigte sollte bei solchen Erklärungen darauf achten, dass tatsächlich nur die Reparaturkosten umfasst sind, andere Positionen wie zum Beispiel die Wertminderung aber direkt ihm gegenüber ausgeglichen werden.

146 Der Geschädigte darf mit der Durchführung einer Reparatur eines Fahrzeuges allerdings nicht so lange warten, bis die Kfz-Haftpflichtversicherung bestätigt, dass sie die Reparaturkosten tragen wird.[155] Hat der Geschädigte den Reparateur verpflichtet, mit dem Reparaturbeginn zu warten, bis die Reparaturkostenübernahmeerklärung der Versicherung vorliegt, hat dieser keinen Vergütungsanspruch, wenn er mit der Reparatur beginnt, bevor diese Erklärung vorliegt.[156]

147 Da die umrissene Größenordnung nicht als absolutes Limit gilt, wird der Versicherer aufgrund der ihm von der Rechtsprechung zugewiesenen Garantenstellung auch Beträge übernehmen müssen, die den vorveranschlagten Betrag maßvoll übersteigen. Darüber hinaus ist im Interesse einer doppelten Begrenzung notwendig, dass durch die Kostenübernahmeerklärung lediglich unfallbedingte Aufwendungen erfasst werden. Allerdings müssen auch Beträge übernommen und bezahlt werden, die später im Wege des Vorteilsausgleichs durch entsprechende Abzüge (z.B. »neu für alt«) abgesetzt oder mit anderen Schadenpositionen verrechnet werden können. Die Werkstatt muss ihre Rechnung ohne Abzüge bezahlt bekommen.[157] Sollte ein Abzug »neu für alt« in Betracht kommen, muss der Versicherer dies mit dem Geschädigten abrechnen.

148 In der Praxis wird teilweise mit Freistellungserklärungen gearbeitet, wenn das beschädigte Fahrzeug zur Feststellung des Schadenumfanges beim sog. Schadenschnelldienst des gegnerischen Haftpflichtversicherers vorgeführt wird.

149 Trotz der Kostenübernahmeerklärung ist die Rechnung auf den Geschädigten selbst auszustellen. Auch bei Vorsteuerabzugsberechtigten Geschädigten muss die Mehrwertsteuer, obwohl der Haftpflichtversicherer sie letztlich nicht zu tragen hat, grundsätzlich zunächst einmal an die Werkstatt überwiesen werden. Es kann jedoch auch eine Vereinbarung des Inhalts getroffen werden, dass der Haftpflichtversicherer lediglich die Beträge zahlt, die ihm letztlich endgültig zur Last fallen. Dann müsste sich der Geschädigte verpflichten, die vom Haftpflichtversicherer – im wirtschaftlichen Ergebnis zu Recht – nicht übernommene Mehrwertsteuer (Umsatzsteuer) selbst an die Werkstatt zu zahlen.

*b) Reparaturkosten*

150 Eine Kostenübernahmeerklärung hinsichtlich der Reparaturkosten kommt einer selbstschuldnerischen Bürgschaft gleich. Der Haftpflichtversicherer wird sie nur dann abgeben, wenn die Haftung zu 100 % feststeht.

151 Nachvollziehbar dürfte daher der vom Haftpflichtversicherer in seine Kostenübernahmeerklärung aufgenommene Vorbehalt sein, dass diese sich ausschließlich auf nachweisbar unfallbedingte Schäden eines bestimmten Unfalles bezieht.

154 *AG Aachen*, r+s 1977, 124; *OLG Düsseldorf*, BeckRS 2006, 07424; vgl. Jahnke, Burmann/Heß/Hühnermann/Jahnke, Straßenverkehrsrecht, 26. Aufl. 2020, BGB § 249 Art und Umfang des Schadensersatzes, Rn. 434–439a.

155 *AG Zehdenick*, SP 2005, 275.

156 *LG Frankfurt a.M.*, Urt. v. 26.10.2010 – 2 01 S 206/09.

157 *LG Siegen*, Urt. v. 24.08.2010 – 8 O 45/10, BeckRS 2011, 19107.

Wenn eine rechtsgültige Kostenübernahmeerklärung vorliegt, wird dem Geschädigten nach Abschluss der Reparaturarbeiten das reparierte Fahrzeug ausgehändigt. Das gesetzliche Unternehmerpfandrecht (§ 647 BGB) greift nicht. Die Rechnung geht an die Kfz-Haftpflichtversicherung. 152

Die Kostenübernahmeerklärung bietet für den unmittelbaren Schädiger noch einen weiteren Vorteil: Sollte er, aus welchen Gründen auch immer, den Schaden selbst regulieren und handelt es sich bei ihm um einen zum Vorsteuerabzug berechtigten Unternehmer, kann er im Einverständnis mit dem Geschädigten selbst den Reparaturauftrag erteilen und die Werkstatt bitten, die Rechnung auf ihn, den ersatzpflichtigen Schädiger, auszustellen. Auf diese Weise kann der Schädiger dann die Vorsteuer abziehen, sodass der Mehrwertsteuer in diesem Fall ein kostenneutraler Charakter zukommt. 153

*c) Mietwagenkosten*

Die o.g. Erwägungen gelten vom Prinzip her auch für die Übernahme von Mietwagenkosten. 154

## 4. Vorauszahlungen

Die Aufnahme eines Kredits erübrigt sich auch dann, wenn der Haftpflichtversicherer nach einer entsprechenden Mitteilung des Gläubigers und nach Glaubhaftmachung der Schadenhöhe eine Vorauszahlung auf den voraussichtlich anstehenden Schadenbedarf in angemessener Höhe leistet. Der Haftpflichtversicherter ist unter Berücksichtigung der anspruchsbegründenden Voraussetzungen rechtlich verpflichtet, dem Gläubiger auf Verlangen unverzüglich einen angemessenen Vorschuss zur Verfügung zu stellen.[158] 155

*a) Vorschuss*

Wird von der Möglichkeit einer Kostenübernahmeerklärung kein Gebrauch gemacht, erfolgt üblicherweise die Vorauszahlung in Form eines angemessenen Vorschusses.[159] Insbesondere kommt dieser Weg in Betracht, wenn zumindest eine überwiegende Mithaftung des Ersatzpflichtigen unstreitig ist und lediglich noch die Frage einer Mitverursachung seitens des Gläubigers geklärt bzw. die Schadenhöhe geprüft werden muss. 156

Der Vorschuss kann durchaus großzügiger ausfallen, z.B. im Fall eines Reparaturschadens unter Berücksichtigung des vom Ersatzpflichtigen zu zahlenden merkantilen oder technischen Minderwerts. Auch der Ersatz von Anwaltskosten kommt als Äquivalent für eine sonstige Überzahlung in Betracht. Entsprechende Positionen sollte der Geschädigte bereits in seinem Anspruchsschreiben angeben. 157

Vorschüsse werden i.d.R. stets »ohne jedes Präjudiz für die Sach- und Rechtslage« geleistet und mit einem Vorbehalt der Rückforderung bzw. anderweitigen Verrechnung versehen. 158

*b) Darlehen*

Sollte die Sach- und Rechtslage noch weitgehend ungeklärt sein, lässt sich andererseits aber die Möglichkeit, dass der betreffende Haftpflichtversicherer letztlich doch für den Schaden ersatzpflichtig sein sollte, nicht mit Sicherheit ausschließen, dann dürfte es sich in besonderen Fällen empfehlen, dem Geschädigten ein Darlehen zu gewähren. Dies bietet sich insbesondere dann an, wenn dadurch ein sonst eintretender größerer Schaden vermieden werden kann. 159

158 *OLG Nürnberg*, DAR 1964, 103; *OLG Düsseldorf*, VersR 1976, 51; *KG*, DAR 1976, 241; *OLG Köln*, VersR 1975, 1107; VersR 1977, 937; *OLG Zweibrücken*, VersR 1981, 343; *LG Koblenz*, VersR 1974, 705; *LG Freiburg*, VersR 1974, 1134; *LG Tübingen*, VersR 1976, 476; vgl. *LG Frankfurt a.M.*, SP 2001, 55; *AG Düsseldorf*, SP 2002, 64.

159 Vgl. *LG Darmstadt*, Urt. v. 24.10.2018 – 23 O 356/17, r+s 2019, 173.

160 Für den Fall der Darlehensgewährung müssen natürlich ausreichende Sicherheiten gestellt werden, da evtl. damit gerechnet werden muss, dass das gesamte Darlehen nach endgültiger Prüfung der Sach- und Rechtslage berechtigterweise zurückgezahlt werden muss.

161 Insoweit empfiehlt es sich, eine in das freie Ermessen des Haftpflichtversicherers gestellte sofortige Fälligkeit des Darlehens – ggf. mit Unterwerfung des Darlehensnehmers unter die sofortige Zwangsvollstreckung i.S.v. § 794 Abs. 1 Nr. 5 ZPO – zu vereinbaren und außerdem zur dinglichen Absicherung einen Sicherungs-Übereignungsvertrag zu schließen.

162 Dabei ist zu berücksichtigen, dass nur bestimmte Gegenstände (z.B. ein bestimmtes Kraftfahrzeug) rechtswirksam übereignet werden können. Die Zulassungsbescheinigung Teil II (Kraftfahrzeugbrief) für das aus Mitteln des Haftpflichtversicherers reparierte oder neu beschaffte Kfz sollte der Haftpflichtversicherer in Besitz nehmen.

163 Da die übereignete Sache in aller Regel beim bisherigen (und neuen) Besitzer verbleibt, muss zum Zwecke einer wirksamen Eigentumsübertragung außerdem ein Übergabesurrogat (z.B. die Übertragung von Ansprüchen) vereinbart werden.

164 Es empfiehlt sich außerdem, die auf dem Kapitalmarkt jeweils üblichen Zinsen zu vereinbaren, die dem Geschädigten bezüglich des Betrages erlassen werden können, den der Haftpflichtversicherer nach Sach- und Rechtslage letztlich als ihm obliegende Ersatzleistung schuldet.

## III. Möglichkeiten des Geschädigten

165 Auch dem Geschädigten selbst stehen einige Möglichkeiten zur Verfügung, um die Fremdfinanzierung eines schadenbedingt ausgelösten Kapitalbedarfs abzuwenden. Der einfachste und günstigste Weg ist zunächst der bereits an anderer Stelle erörterte Einsatz eigener Mittel. Nachfolgend soll nunmehr dargestellt werden, in welcher Weise der Geschädigte zur Geringhaltung des Schadens auch für den Fall beitragen kann, dass ihm eigene frei verfügbare Mittel zur Überbrückung des Kapitalbedarfs nicht zur Verfügung stehen.

### 1. Kontoüberziehung

166 Als einfachster und mittlerweile sehr häufiger Weg zur Finanzierung kommt die zeitweilige Überziehung des eigenen Girokontos in Betracht. Zwar werden »Überziehungskredite« oder »Dispositionskredite« meist, je nach Zinslage, gegen relativ hohe Zinsen gewährt, dennoch bestehen auch Vorteile. Zum einen fallen keine Nebenkosten an, zum anderen hat der Geschädigte den Vorteil, dass nur der Betrag verzinst zu werden braucht, der über das eigene Guthaben hinausgeht. Dies bedeutet zugleich, dass Eingänge auf dem Konto im Zeitpunkt der Gutschrift gewissermaßen sofort die Sollseite entlasten. Die Kreditsumme und damit die Zinsen werden unmittelbar gemindert.[160] Der Geschädigte muss den Nachweis erbringen, dass er zur Finanzierung des Unfallschadens einen Dispositionskredit in Anspruch genommen hat.[161]

167 Ein weiterer wirtschaftlicher Vorteil liegt darin, dass nur für den Zeitraum der tatsächlichen Inanspruchnahme des Darlehens Zinsen gezahlt werden müssen. Meist werden von den Geldinstituten ohne besondere Formalitäten Überziehungskredite gewährt, deren Höhe oft ein Mehrfaches der regelmäßigen monatlichen Einkünfte auf dem Girokonto betragen. Darüber hinaus kann dieser Kreditrahmen, je nach Absprache und bisherigem Verlauf der Geschäftsbeziehungen, auch noch

160 *AG Frankenthal*, Urt. v. 09.10.2015 – 3a C 143/15, BeckRS 2015, 19724; *LG Gera*, Urt. v. 08.10.2008 – 1 S 394/07, BeckRS 2010, 13413.

161 *LG Erfurt*, Urt. v. 07.09.2010 – 10 O 516/09, BeckRS 2011, 10365; *KG*, Urt. v. 25.05.1998 – 12 U 3288/95, BeckRS 2013, 21837.

erweitert werden. Diese äußerst preisgünstige Form der Finanzierung sollte daher im Interesse der Schadenminderung nach Möglichkeit genutzt werden.[162]

Auch ein Kontokorrent-Konto, bei dem es sich – rechtlich gesehen – um eine laufende Rechnung zwischen der Bank und ihrem Kunden in der Weise handelt, dass sich beide Parteien ihre Forderungen gegenseitig stunden und in regelmäßigen Zeitabschnitten – meist halbjährlich – die einzelnen Rechnungsposten gegeneinander aufrechnen, eignet sich für eine gelegentliche Überziehung.[163] 168

Zum Thema der Kontoüberziehung betont der *BGH*:[164] »Hat der Geschädigte ein Kontokorrentkonto bei einem Geldinstitut, so kann von ihm die Inanspruchnahme eines ihm hierdurch möglichen Kredits oder eines seinem Gehaltskonto eingeräumten Dispositionskredits erwartet werden.« 169

Laut *KG Berlin* kann der Geschädigte nach der ständigen Rechtsprechung des Senats derartige Kreditkosten stets nur dann geltend machen, wenn er zuvor seiner aus § 254 Abs. 1 S. 1 1. Alt. BGB abzuleitenden Mitteilungspflicht nachgekommen ist und den Schädiger rechtzeitig von seinem Kreditbedarf in Kenntnis gesetzt hat.[165] 170

## 2. Stundung

Einer Überziehung des eigenen Girokontos bzw. des Rückgriffs auf ein Kontokorrentkonto bedarf es dann nicht, wenn die im Zusammenhang mit der Schadenbeseitigung in Anspruch genommenen Dienstleistungsbetriebe (z.B. Reparaturwerkstatt, Autovermietung) bereit sind, die gegen den Geschädigten auf vertraglicher Basis begründete Forderung zunächst (kurzfristig) zu stunden. Dazu werden die Dienstleistungsbetriebe insbesondere dann bereit sein, wenn der Geschädigte die Sach- und Rechtslage glaubhaft macht und seinen Anspruch zur Sicherung abtritt. Vor allem gute Kunden kommen oftmals in den Genuss der Stundung. 171

Wenn es dem Geschädigten möglich ist, sich unter Ausnutzung seiner besonderen Kreditwürdigkeit oder seiner persönlichen und geschäftlichen Beziehungen die Reparatur- und Mietwagenkosten stunden bzw. sich ein Zahlungsziel einräumen zu lassen, ist er verpflichtet, im Rahmen des Zumutbaren von dieser Möglichkeit Gebrauch zu machen.[166] 172

Dies gilt insbesondere bei größeren Unternehmen, denen eine sofortige Barzahlung i.d.R. ohnehin nicht abverlangt wird. Sie erhalten die Möglichkeit, zu einem späteren Zeitpunkt nach Rechnungserhalt zu zahlen.[167] 173

Eine denkbare Form der Stundung kann auch die Bezahlung der Reparatur- oder Mietwagenkosten mittels Kreditkarte sein. In einem derartigen Fall wird die »Zahlung« üblicherweise dadurch geleistet, dass der Inhaber der Kreditkarte die Richtigkeit der auf ihn ausgestellten Rechnung durch seine Unterschrift anerkennt. Der Gegenwert wird ihm dann – u.U. erst Wochen später – mit einer Sammelaufstellung in Rechnung gestellt, ohne dass dafür besondere Kreditkosten anfallen.[168] Insbesondere im Zusammenhang mit Mietwagenkosten sieht der *BGH* die Möglichkeit, mit der 174

162 *BGH*, BGHZ 61, 346; *OLG Nürnberg*, VersR 1965, 247 f.; 1968, 505, 507; *OLG Düsseldorf*, NJW 1969, 2051; *OLG Celle*, VersR 1973, 353; *OLG Schleswig*, VersR 1967, 68; vgl. *OLG Dresden*, BeckRS 2011, 16655.

163 *LG Saarbrücken*, Urt. v. 14.02.2014 – 13 S 189/13, NJW 2014, 2292; *LG Saarbrücken*, Urt. v. 07.04.2017 – 13 S 167/16, NJOZ 2018, 221.

164 *BGH*, BGHZ 61, 346.

165 *KG*, LexisNexis LNR 1994, 23176; vgl. *OLG Düsseldorf*, BeckRS 2008, 00085.

166 *LG Karlsruhe*, VersR 1975, 620; *AG Stuttgart*, VersR 1972, 893; *AG Nürnberg*, VersR 1973, 652; *Himmelreich*, NJW 1973, 978 f.; *Klimke*, VersR 1973, 881, 890.

167 *OLG Stuttgart*, VersR 1972, 893.

168 Vgl. *Janeczek*, Janeczek, Roth, Verkehrsrecht, 5. Aufl. 2022, Rn. 107.

Kreditkarte zu zahlen, als notwendig an, um nicht den – teuren – »Unfallersatztarif« in Anspruch nehmen zu müssen.[169]

175 Außer im Fall der Bezahlung per Kreditkarte stellt sich jedoch stets die Frage nach der Zumutbarkeit. Man wird vom Geschädigten keineswegs erwarten dürfen, dass er im Interesse des Ersatzpflichtigen unter Offenbarung seiner finanziellen Verhältnisse um eine Stundung geradezu »bettelt«. Eine Verpflichtung, von der Möglichkeit einer Stundung Gebrauch zu machen, besteht für den Geschädigten nur dann, wenn er die Stundung ohne besondere Schwierigkeiten und persönliche Nachteile erreichen kann. Dies ist üblicherweise der Fall, wenn er auch ansonsten Wartungs- und Instandsetzungsarbeiten regelmäßig erst nach Rechnungserhalt bezahlt. Erfahrungsgemäß sind Werkstätten eher zur Stundung bereit, wenn der Geschädigte anwaltschaftlich vertreten ist und wenn von dieser Seite erklärt wird, dass der Unfallgegner zu 100 % haftet. Die Stundung wird seitens der Werkstatt in der Regel dadurch gewährt, dass sie sich eine Abtretungserklärung unterschreiben lässt, die sie berechtigt, direkt mit der gegnerischen Versicherung abzurechnen. Eine solche Abtretungserklärung sollte auf die Reparaturkosten beschränkt und keinesfalls pauschal erteilt werden.[170]

## 3. Vereinbarung von Ratenzahlungen

176 Ähnlich verhält es sich, wenn der Geschädigte ohne größere Schwierigkeiten mit dem Dienstleistungsbetrieb eine Vereinbarung treffen kann, den Rechnungsbetrag in Raten zu tilgen. Unterschreibt der Geschädigte in der Werkstatt eine Ratenzahlungsvereinbarung, stellt dies ein abstraktes Schuldanerkenntnis dar.[171] So ist beispielsweise im Fall eines Totalschadens die Anschaffung eines Ersatzfahrzeugs gegen vereinbarte Ratenzahlungen wesentlich günstiger als die längerfristige Anmietung und Benutzung eines Mietwagens.[172]

177 Sofern im Fall der vereinbarten Ratenzahlungen Zuschläge erhoben werden, muss der Ersatzpflichtige diese zusätzlichen Mehrkosten als eine Art »modifizierte« Finanzierungskosten auch ohne Verzug als adäquate Folge des von ihm verursachten Sachschadens erstatten.

178 Selbstverständlich muss ein Zahlungsziel ausgenutzt werden. So ist es beispielsweise nicht üblich, dass der Geschädigte bereits bei Erteilung eines Reparaturauftrages eine Vorauszahlung leistet. Zahlung wird erst nach Abschluss der Arbeiten und ordnungsgemäßer Rechnungsstellung gefordert. Derjenige Geschädigte der bereits von vornherein einen Kredit beantragt, um der Reparaturwerkstatt einen – im Geschäftsverkehr nicht üblichen – Vorschuss zu leisten, verstößt deshalb gegen seine Schadenminderungspflicht.[173]

## 4. Abtretung

179 Sehr häufig lässt sich eine Finanzierung auch dadurch vermeiden, dass der Geschädigte, meist im Zusammenhang mit der Stundung, seine (begründeten) Schadensersatzansprüche gegen den Ersatzpflichtigen bzw. dessen Haftpflichtversicherer an den von ihm beauftragten Dienstleistungsbetrieb (Reparatur- oder Mietwagenunternehmen) abtritt.[174] Derartige Abtretungserklärungen werden insbesondere dann als ausreichende Sicherheit angesehen, wenn dem neuen Gläubiger das Recht eingeräumt wird, die Zession offenzulegen und wenn es sich um einen seiner Verursachung nach eindeutigen Schadenfall handelt.[175]

169 *BGH*, DAR 2006, 380; DAR 2006, 438; DAR 2007, 328; DAR 2010, 464.

170 Vgl. *LG Bonn*, Urt. v. 29.07.2015 – 5 S 20/15, BeckRS 16, 15637; *AG Stuttgart*, Urt. v. 12.03.2012 – 43 C 6165/08, BeckRS 2012, 17272.

171 *AG Dortmund*, Urt. v. 20.06.2023 – 434 C 1775/23, SVR 2024, 32.

172 Vgl. *LG Schwerin*, Urt. v. 30.08.1996 – 6 S 157/95, BeckRS 2009, 16442.

173 *AG Neuburg/Donau*, VersR 1975, 625.

174 BGB § 249 Art und Umfang des Schadensersatzes, *Jahnke*, Burmann, Heß, Hühnermann, Jahnke, 26. Aufl. 2020, Rn. 434–439a.

175 Vgl. *BGH*, Urt. v. 26.04.2022 – VI ZR 147/21, NJW 2022, 2840.

Insbesondere liegt keine erlaubnispflichtige Besorgung einer fremden Rechtsangelegenheit durch die alleinige Verwendung des von dem Zentralverband Deutscher Kraftfahrzeuggewerbe e.V. (ZDK) empfohlenen Formulars »Reparatur-Übernahmebestätigung« vor.[176] Das Unternehmen besorgt nicht die rechtlichen Angelegenheiten seines Unfallgeschädigten Kunden, sondern eine eigene, wenn es ihm hauptsächlich auf die Verwirklichung der ihm durch die Abtretung eingeräumten Sicherheit ankommt. Die im Voraus vom Kunden erteilte Ermächtigung wird aufgrund einer fehlerhaften Reparatur nicht unwirksam.[177] 180

Erfolgt nach einem Verkehrsunfall im Rahmen einer Reparaturkosten-Übernahmebestätigung eine Abtretung von Schadensersatzansprüchen des Geschädigten an das Reparaturunternehmen auf der Grundlage einer Bestätigung der Haftpflichtversicherung des Unfallgegners, nach der die Versicherung Zahlung auf den Schadensersatzanspruch »nach ordnungsgemäßer Durchführung der Reparatur« direkt an den Reparaturbetrieb leisten wird, ist die Durchführung der Reparatur aufschiebende Bedingung für das Wirksamwerden der Abtretung. Stellt sich in einem solchen Fall nach Übergabe der Reparaturkosten-Übernahmebestätigung an den Reparaturbetrieb heraus, dass ein wirtschaftlicher Totalschaden vorliegt, kann die Haftpflichtversicherung nur dann befreiend an den Reparaturbetrieb zahlen, wenn der Geschädigte gesondert in eine Leistung an den Reparaturbetrieb zum Zweck der Erfüllung einwilligt.[178] 181

Dies gilt auch, wenn der Ersatzpflichtige zudem eine Kostenübernahmeerklärung erteilt hat und somit dem Inhaber des in Anspruch genommenen Dienstleistungsbetriebs zusätzliche Sicherheit geboten wird. Auch hier wird deutlich, dass Finanzierungskosten sich insbesondere dann vermeiden lassen, wenn beide Beteiligte, Geschädigter und Ersatzpflichtiger, bereit sind, im gemeinsamen Interesse der Schadenminderung zusammenzuarbeiten. Entscheidende Vorarbeiten in dieser Richtung hat die mit der Schadenregulierung beauftragte Anwaltskanzlei zu leisten. Die Reparaturkostenübernahmeerklärung stellt kein deklaratorisches Schuldanerkenntnis dar.[179] 182

Der Geschädigte sollte den Inhalt der Reparaturkostenübernahmeerklärung genau studieren. Insbesondere muss er darauf achten, dass die Erklärung tatsächlich auf die Reparaturkosten beschränkt ist. Eine pauschale Abtretung verpflichtet den Versicherer, auch z.B. die Wertminderung an den Reparaturkostenbetrieb auszuzahlen. 183

## 5. Inanspruchnahme eines Kaskoversicherers

Eine weitere, allerdings nicht ganz unproblematische Moglichkeit zur Vermeidung von Kosten einer Fremdfinanzierung besteht darin, auf die eigene Kaskoversicherung zurückzugreifen. In diesem Zusammenhang stellt sich allerdings die Frage, ob der Ersatzpflichtige die dem Geschädigten durch die Inanspruchnahme des Kaskoversicherers entstehenden Nachteile zu ersetzen hat.[180] 184

Dies bedeutet, dass der Geschädigte in erster Linie prüfen muss, auf welchem Wege geringere Kosten entstehen. Er muss also dem geschätzten Betrag der wahrscheinlich anfallenden Kreditkosten die Nachteile gegenüberstellen, die durch den Verlust des Schadenfreiheitsrabatts entstehen. Eine entsprechende Rückfrage beim Kaskoversicherer über den zu erwartenden Rückstufungsschaden kann allerdings nur die aktuelle Situation wiederspiegeln. So kann ein Fahrzeugwechsel oder aber auch eine Änderung in Typ- oder Regionalklasse sowie allgemeine Prämienerhöhungen und ein weiterer Unfallschaden bei dieser Auskunft nicht berücksichtigt werden. 185

---

176 Vgl. KRAFTHAND, Reparaturkosten-Übernahmeerklärung, Stand 02/2019.

177 *OLG Düsseldorf* SP 2006, 389; zu Mietwagenkosten vgl. *BGH* DAR 2005, 563; DAR 2006, 14.

178 *LG Frankfurt a.M.*, Urt. v. 25.08.2004 – 2/1 S 8/04, NJW 2004, 3430.

179 *Wimber*, Burmann, Heß, Hühnermann, Jahnke, Straßenverkehrsrecht, 28. Aufl. 2024, BGB § 249 Art und Umfang des Schadensersatzes, Rn. 434.

180 *LG Aachen*, BeckRS 2009, 22124; *AG Erkelenz*, Urt. v. 10.04.2014 – 15 C 408/13, BeckRS 2014, 19046; vgl. *Gebert*, Holl, Mester, Ersatz des Rückstufungsschadens in der KFZ-Haftpflicht und in der Kaskoversicherung, r+s 2020, 121.

186 Nach einem Urteil des *OLG Dresden* ist der Geschädigte nicht verpflichtet, seine bestehende Vollkaskoversicherung zur Verringerung des Schadens einzusetzen. Es besteht keine diesbezügliche Obliegenheit.[181] Hingegen muss der Geschädigte nach einem Urteil des *OLG Naumburg* die Vollkaskoversicherung in Anspruch nehmen, wenn wegen des bestehenden wirtschaftlichen Totalschadens die Nutzungsausfallentschädigung höher als der Fahrzeugwert wäre.[182]

187 Besteht der einzige Grund für die Inanspruchnahme des Kaskoversicherers darin, eine sonst notwendig werdende Aufnahme eines Fremdkredits zu vermeiden, hat der Ersatzpflichtige die dadurch ausgelösten Nachteile als Kosten der gebotenen Schadenminderung zu ersetzen, falls dies der wirtschaftlich sinnvollere Weg ist und der Geschädigte ihm zunächst ausreichende Gelegenheit gegeben hat, in die Schadenregulierung durch Zahlung eines Vorschusses einzutreten.[183] Unterlässt der Geschädigte den Hinweis auf seine Mittellosigkeit, der Ausfluss seiner Schadenminderungsobliegenheit ist, sodass der Gegner auch nicht die Gelegenheit hat, den Schaden durch Zahlung unter Vorbehalt abzuwenden, ist es dem Geschädigten zumutbar, seine Kaskoversicherung in Anspruch zu nehmen.[184]

188 Anders verhält es sich jedoch dann, wenn die Inanspruchnahme des Kaskoversicherers vornehmlich im Interesse des Geschädigten liegt, beispielsweise also dann, wenn er über die Kaskoversicherung ein Neufahrzeug ersetz bekommt, während der Kfz-Haftpflichtversicherer lediglich den Wiederbeschaffungswert bezahlen muss.

189 Der Unfallgeschädigte erhält Kreditkosten nicht ersetzt, wenn er seine Schadenminderungspflicht verletzt, indem er seinen Kaskoversicherer nicht in Anspruch nimmt, obwohl ihm von Anfang an klar ist, dass er aus Rechtsgründen einen erheblichen – weit über den Verlust des Schadenfreiheitsrabatts hinausgehenden – Teil seines Schadens selbst tragen muss.[185] Unter diesen Umständen kommt eine Abrechnung nach dem Quotenvorrecht in Betracht.

190 Meist wird es sich jedoch bei der Finanzierung des Schadenbedarfs über die eigene Kaskoversicherung mit Rücksicht auf den dann eintretenden Rückstufungsschaden um keine sachgerechte Lösung handeln. Gerade bei Unfällen im Ausland ist dies jedoch oftmals die einzige Möglichkeit, um den Schaden schnell reguliert zu bekommen. In diesen Fällen werden der Rückstufungsschaden und der Selbstbehalt in manchen Ländern mit ausgeglichen.[186] Der Geschädigte sollte diese Frage mit einem im Unfallland zugelassenen Rechtsanwalt klären.

### 6. Arbeitgeberdarlehen (Vorschüsse)

191 In bestimmten Fällen ist der Arbeitgeber des Geschädigten bereit, die notwendigen Reparatur- und Mietwagenkosten durch Gewährung eines Lohn- oder Gehaltsvorschusses zinslos vorzustrecken. Dies gilt insbesondere dann, wenn das Kraftfahrzeug auch im dienstlichen Interesse gehalten wird, beispielsweise um dem Arbeitnehmer die Ausübung seines Berufes zu ermöglichen oder zu erleichtern. Grundsätzlich sollte auch dieser Weg der Finanzierung im Interesse der Schadenminderung in Betracht gezogen und in zumutbarer Weise wahrgenommen werden.[187]

181 *OLG Dresden*, Urt. v. 04.05.2012 – 1 U 1797/11, BeckRS 2013, 08003; *BGH*, Urt. v. 17.11.2020 – VI ZR 569/19, NJW 2021, 694.

182 *OLG Naumburg*, Urt. v. 19.02.2004 – 4 U 146/03, NJW 2004, 3191.

183 *BGH*, BGHZ 61, 346; *BGH*, VersR 1976, 1066; *LG Schwerin*, SP 1996, 416; vgl. WJ 1977, 172; *OlG Schleswig*, Urt. v. 04.01.2022 – 7 U 59/21, BeckRS 2022, 7533; *Lemcke*, Der Ersatz des Rückstufungsschadens, NJW-Spezial 2013, 393.

184 *LG Bautzen* SP 1997, 472; so auch *AG Bautzen* SP 1997, 329.

185 *OLG München*, VersR 1984, 1054; zfs 1984, 136.

186 Vgl. *Huber*, MüKo zum StVR, 1. Aufl. 2019, Österreich, 3. Inanspruchnahme der Kaskoversicherung, Rn. 326; *Müller-Trawinsky*, Bachmeier, Regulierung von Auslandsunfällen, 3. Aufl. 2022, § 2 Sachschäden, Rn. 128–131.

187 *Reisert*, Balke, Reisert, Quarch, Regulierung von Verkehrsunfällen, 60. Kreditkosten (auch Finanzierungskosten), Rn. 8–11; *AG Ludwigshafen*, Urt. v. 20.07.1990 – 2d 36/90.

Soweit es sich um die Frage der Zumutbarkeit handelt, sollte der Arbeitnehmer bedenken, dass er gegenüber seinem Arbeitgeber vertragliche Vorleistungen erbringt. So sollte von vornherein keine »Peinlichkeit« aufkommen, wenn der Arbeitgeber seinem Mitarbeiter im Bedarfsfalle einmal aus einem finanziellen Engpass hilft. 192

Andererseits wird man jedoch auch Verständnis für den Geschädigten aufbringen müssen, der sich aus persönlichen Gründen scheut, seinen Arbeitgeber um einen Vorschuss zu bitten. Versichert er beispielsweise glaubhaft, dass er noch niemals einen Vorschuss in Anspruch genommen hat, wird man ihm diesen Weg auch nicht im Fall eines fremd verursachten Schadens und im alleinigen Interesse des Ersatzpflichtigen zumuten können.[188] Diese Möglichkeit des Arbeitgeberdarlehens dürfte eher seltener vorkommen. 193

### 7. Sonstige Vorschüsse

In diesem Zusammenhang ist an die Gewährung von sonstigen Vorschüssen und Abschlagszahlungen zu denken, die dem Geschädigten aus anderen Rechtsverhältnissen zustehen, und zwar auch dann, falls er auf sie im strengeren Sinne einen Rechtsanspruch nicht erheben kann. Vornehmlich werden hier aber auch diejenigen Zuschüsse in Betracht kommen, die der Ersatzpflichtige dem Geschädigten aus Anlass des Unfalles nach der bereits an anderer Stelle erörterten Rechtslage zu gewähren hat. 194

Nach Ansicht des *AG Karlsruhe*[189] ist es einer geschädigten Ehefrau im Rahmen der Schadenminderungspflicht nicht zuzumuten, die Finanzierung des anfallenden Schadenbedarfs über das Gehaltskonto ihres Ehemannes abzuwickeln. Bei rechtlich orientierter Betrachtungsweise handelt es sich um den Eingriff in die Rechtssphäre eines Dritten. Ebenso unzutreffend wäre es in diesem Zusammenhang, auf die Unterhaltspflicht des Ehemannes zurückzugreifen, die gewiss nicht dem Zweck dienen kann, den Ersatzpflichtigen finanziell zu entlasten. 195

## IV. Günstige Vertragsbedingungen

Sofern für den Geschädigten keine Möglichkeiten zur Abwendung einer Fremdfinanzierung bestehen und er daher einen Kredit von dritter Seite in Anspruch nehmen muss, hat er gem. § 254 Abs. 2 BGB auf für ihn günstige Vertragsbedingungen zu achten.[190] Dieses bedeutet allerdings nicht, dass der Geschädigte, insbesondere dann, wenn der Kreditbedarf nicht übermäßig hoch ist und das benötigte Darlehen nur für verhältnismäßig kurze Zeit benötigt wird, verpflichtet ist, sämtliche Konkurrenzangebote aller in Betracht kommender Kreditinstitute einzuholen. Es genügt regelmäßig, dass der Geschädigte den Kredit bei einem »normalen« und seriösen Bankinstitut aufnimmt. Die Anfrage bei der Hausbank ist unter diesen Umständen ausreichend. Der Geschädigte sollte bei der Anfrage darauf hinweisen, dass er einen Kredit sucht, den er innerhalb der vereinbarten Kreditdauer vorzeitig zurückzahlen kann. 196

In diesem Zusammenhang steht dem Geschädigten in einem gewissen Rahmen die freie Auswahl der Kreditinstitute zu, sofern er dabei zumindest in groben Zügen[191] auf eine für ihn günstige Vertragsgestaltung achtet.[192] Er braucht nicht unter allen Umständen bei dem allergünstigsten Kreditinstitut ein Darlehen aufzunehmen oder in unzumutbarer Weise Erkundigungen einzuholen.[193] 197

188 *Klimke*, VersR 1973, 881, 893.

189 *AG Karlsruhe*, VersR 1982, 53.

190 *OLG Nürnberg*, VersR 1965, 247; *AG Gütersloh*, r+s 1983, 258 f.

191 *OLG Nürnberg*, VersR 1977, 1016.

192 *OLG Nürnberg*, VersR 1968, 505; *OLG Düsseldorf*, NJW 1969, 2051; VersR 1976, 51; r+s 1977, 124; *OLG Karlsruhe*, VersR 1974, 761; *LG Karlsruhe*, VersR 1974, 761; VersR 1975, 620.

193 *Himmelreich*, NJW 1973, 978 f.

198 Er muss sich jedoch »wirtschaftlich vernünftig«[194] verhalten, d.h. nach Treu und Glauben (§ 242 BGB) so, wie eine »verständige, wirtschaftlich denkende Person in der besonderen Lage des Geschädigten« gehandelt hätte.[195] Nimmt der Geschädigte den Kredit bei der Bank auf, bei der er auch sonst Kunde ist, verhält er sich innerhalb des hier abgesteckten Rahmens.

199 Hat der Geschädigten ausnahmsweise keine »Hausbank« oder »Geschäftsbank«, muss er sich zumindest einen objektiv möglichen und subjektiv zumutbaren Überblick über die Konditionen der einzelnen Kreditinstitute verschaffen und in Fällen offensichtlich überhöhter Angebote unter mehreren vergleichbaren Möglichkeiten die für ihn vorteilhafteste Form zu wählen. Ist die Kreditsumme nicht übermäßig hoch und das Darlehen von kurzer Dauer, braucht der Geschädigte bei überraschend notwendig werdender Kreditaufnahme allerdings keine Vergleiche der Konditionen verschiedener Kreditinstitute anzustellen.[196] Zur Abfrage bei den Banken empfiehlt sich der Hinweis darauf, dass es sich um einen kurzfristigen Kredit zur Unfallschadenregulierung handelt.

200 In Fällen, in denen der Geschädigte wegen anderweitiger Überschuldung einen Kredit von einem der ansonsten in Betracht kommenden Bankinstitute nicht erhalten wird, sieht er sich unter dem Druck der Verhältnisse u.U. auch gezwungen, die Hilfe eines sog. »Kreditvermittlers« in Anspruch zu nehmen und dessen ungünstigen Konditionen zuzustimmen. Die höheren Zinsen müssen unter diesen Umständen erstattet werden. Der Geschädigte verletzt seine Schadenminderungspflicht nicht. Er muss allerdings den Versicherer des Unfallgegners darauf hinweisen, dass er nicht in der Lage ist, den Schaden aus eigenen Mitteln vorzufinanzieren und dass er wegen anderer laufender Kredite keinen Kredit bei seiner Hausbank aufnehmen kann, weshalb er die Hilfe eines Kreditbvermittlers in Anspruch nehmen muss. Wird dieser Hinweis mit der Forderung einer Vorschusszahlung mit Terminangabe verbunden, ist der Versicherer verpflichtet, die Mehrkosten zu tragen, wenn er keinen Vorschuss anweist. Als wirtschaftliches Teilstück eines Verfahrens zur Entlastung des Unfallgeschädigten von der gesamten, auch rechtlichen Schadenabwicklung ist jedoch ein Kreditvertrag, mit dem eine Bank die Finanzierung des Unfallschadens übernimmt, wegen Verstoßes gegen das Rechtsdienstleistungsgesetz nichtig, wenn die Bank im Zusammenwirken mit den anderen Unfallhelfern die Schadensersatzforderungen des Unfallgeschädigten einzieht, ohne sie sich abtreten zu lassen. Die mit der organisierten Unfallhilfe verbundenen Möglichkeiten eines Konflikts zwischen den entgegengesetzten Interessen der Beteiligten und die Gefahr einer Benachteiligung des Geschädigten widersprechen dem Schutzzweck des Rechtsdienstleistungsgesetzes, das eine sachgemäße Besorgung fremder Rechtsangelegenheiten gewährleisten soll. Um den Gesetzeszweck zu erreichen und Gesetzesumgehungen entgegenzuwirken, ist die Folge der Nichtigkeit eines solchen Geschäfts nicht auf einzelne Vertragsteile beschränkt.[197]

## V. Tilgungszeiträume

201 Hinsichtlich der Laufzeit des Kreditvertrages, insbesondere seines Beginns und seines Endes, ergeben sich bei beanspruchten Krediten eine ganze Reihe von Problemen.

### 1. Beginn des Kreditvertrages

202 Im Hinblick auf § 254 Abs. 2 BGB ist es dem Geschädigten nicht gestattet, aus eigenem Antrieb und ohne sich mit dem Ersatzpflichtigen in Verbindung zu setzen einen Kreditantrag zu stellen. Der Geschädigte, der auf den bloßen Verdacht hin, es könnten im geeigneten Zeitpunkt keine flüssigen Mittel für die Finanzierung des Schadenbedarfs vorhanden sein, gewissermaßen ins »Blaue hinein« einen Kreditantrag stellt, verstößt gegen die ihm durch § 254 Abs. 2 BGB auferlegte Schadenmin-

194 *BGH*, BGHZ 61, 346.
195 *BGH*, BGHZ 54, 82, 84.
196 *OLG Nürnberg*, VersR 1977, 1016.
197 *BGH*, DAR 2004, 319 bei *Diederichsen*; *OLG München*, NJW-RR 2002, 1489.

derungspflicht. Dies gilt in besonderem Maße für den Geschädigten, der den Kreditantrag bereits am Tag des Unfalls stellt.[198]

Der Geschädigte muss vielmehr zunächst grob die Höhe des unfallbedingten Kapitalbedarfs feststellen und dann prüfen, ob ein Einsatz eigener Mittel in Betracht kommt. Sollte dies nicht der Fall sein, müssen die sonstigen Möglichkeiten geprüft werden, die dem Geschädigten zur Vermeidung einer Fremdfinanzierung zur Verfügung stehen. Angesichts ihrer besonderen Wichtigkeit sollen diese hier noch einmal, sozusagen als »Checkliste«, genannt werden: 203
- Überziehung des eigenen Girokontos
- Ausnutzung der Möglichkeiten eines Kontokorrentkontos
- Stundung der Rechnung von Dienstleistungsträgern
- Abtretung des Schadensersatzanspruchs
- Vereinbarung von Ratenzahlungen
- Inanspruchnahme des eigenen Kaskoversicherers
- Arbeitgeberdarlehen oder -vorschüsse
- Sonstige Vorschüsse.

Erst wenn diese Möglichkeiten nicht infrage kommen und auch der Ersatzpflichtige nicht zu erkennen gibt, dass er bereit oder in der Lage ist, von den ihm zur Verfügung stehenden Möglichkeiten im Interesse der Schadenminderung Gebrauch zu machen, muss die Aufnahme eines kommerziellen Fremdkredits in Erwägung gezogen werden. Dafür stehen dem Geschädigten meist einige Tage zur Verfügung, nämlich der Zeitraum, der erforderlich ist, um die Reparaturarbeiten am beschädigten Kfz durchzuführen bzw. sich mithilfe eines Sachverständigen Gewissheit darüber zu verschaffen, ob Totalschaden vorliegt und welche Angebote auf dem Gebrauchtwagenmarkt im Interesse einer zügigen Ersatzbeschaffung genutzt werden können. 204

Der Darlehensvertrag sollte also erst dann beginnen, wenn der Darlehensbetrag tatsächlich benötigt wird. Dies wird i.d.R. der Zeitpunkt sein, in dem die Reparaturarbeiten beendet werden und die Werkstatt die Herausgabe des reparierten Fahrzeugs ohne Bezahlung verweigert bzw. in dem, im Fall eines Totalschadens, das Ersatzfahrzeug bezahlt werden muss. 205

## 2. Inanspruchnahme des Darlehens

Ein weiteres, im Hinblick auf § 254 Abs. 2 BGB maßgebliches Datum, ist der Zeitpunkt der tatsächlichen Inanspruchnahme des Darlehens, also der Auszahlung des Darlehensbetrages. Häufig muss Bargeld gar nicht bezahlt werden, wenn die Reparaturwerkstatt sich zur Herausgabe des instand gesetzten Kfz bereit erklärt, sobald ihr der rechtsbeständige Abschluss eines Darlehensvertrages nachgewiesen ist und der Anspruch auf Auszahlung des Darlehensbetrages bis zur Höhe der Reparaturkosten abgetreten wurde.[199] Unter dieser Voraussetzung lässt sich der Zeitpunkt der tatsächlichen Inanspruchnahme des Darlehensbetrages im Interesse der Schadensminderung noch etwas weiter hinauszögern, ohne dass dem Geschädigten dadurch Nachteile entstehen. 206

Sofern noch vor Auszahlung des Betrages ein angemessener Vorschuss des Ersatzpflichtigen beim Geschädigten eingeht, muss dieser seinen Kreditantrag zurückziehen bzw. darf er das Darlehen nicht in Anspruch nehmen. Sollten dadurch Kosten entstanden sein, die mit Sicherheit niedriger als die Kosten eines tatsächlich in Anspruch genommenen Kredits sind und stellt sich heraus, dass der Geschädigte bei der Beantragung des Darlehens sachgerecht gehandelt hat, muss der Ersatzpflichtige ihn von den Stornogebühren des Bankinstituts bzw. von der Summe freizustellen, die dieses berechtigterweise als Schadensersatz wegen Nichterfüllung verlangt.[200] Eine Kreditbearbeitungsge- 207

198 Vgl. *LG Tübingen*, Urt. v. 26.02.1975 – 1 O 121/74, BeckRS 2009, 16459.
199 Vgl. *OLG Düsseldorf*, Urt. v. 03.07.2006 – I-1U 204/05, BeckRS 16, 14308.
200 Vgl. *OLG Brandenburg*, Urt. v. 12.01.2011 – 7 U 158/09, BeckRS 2011, 02110.

bühr ist allerdings dann nicht zu erstatten, wenn der Geschädigte den Kredit von seiner Hausbank ohne besondere Bearbeitungsgebühr bekommen hätte.[201]

208 Häufig wird das Darlehen dem Antragsteller in der Form gewährt, dass dieser durch sog. »Abrufschecks« über den vereinbarten Darlehensbetrag verfügen kann. Dies sollte ebenfalls erst im Bedarfsfalle geschehen, wobei die üblichen Banklauffristen, die u.U. mehrere Tage in Anspruch nehmen können, Darlehenszinsen ersparen. Dabei sollte in Betracht gezogen werden, dass sich auch mit den in Anspruch genommenen Dienstleistungsbetrieben durch Stundungsvereinbarungen der Fälligkeitstermin hinausgeschoben werden kann und damit der vereinbarte Darlehensbetrag erst später abgerufen werden muss. Oftmals sind Werkstätten bereit, die Forderung zu stunden, wenn ein Rechtsanwalt eingeschaltet ist und feststeht, dass der gegnerische Versicherer zahlen muss.

### 3. Begrenzung der Laufzeit im Rahmen der Voraussehbarkeit

209 Die Schadenminderungspflicht gebietet es, dass der Geschädigte im Rahmen der Voraussehbarkeit die Laufzeit eines von ihm beantragten Darlehens von vornherein den bestehenden Möglichkeiten anpasst, da im Fall vorzeitiger Tilgung erfahrungsgemäß nur ein Bruchteil der durch Verzicht auf eine längere Inanspruchnahme nicht verbrauchten Kreditkosten erstattet wird. So müssen auf alle Fälle mögliche Vorfälligkeitszahlungen vereinbart werden.[202] Leistet der Versicherer unter diesen Umständen einen Vorschuss, wird die Kreditsumme vermindert, die Finanzierungskosten werden hierdurch reduziert. Eine solche Vereinbarung wird mit der das Darlehen gebenden Bank möglich sein, wenn bei Abschluss des Vertrages darauf hingewiesen wird, dass es sich um einen Unfallfinanzierungskredit handelt, bei dem die Schuld des Unfallgegners zu 100 % feststeht.

210 Der Geschädigte darf seine Dispositionen also nicht ohne Weiteres darauf einrichten, wie die Dinge sich verhalten würden, wenn der Ersatzpflichtige überhaupt keine Leistung erbringt und der Geschädigte ohne Hilfe von »außen« den Kredit ausschließlich selbst und aus eigenen Mitteln zurückzahlen muss. Er würde deshalb sicher nicht im Rahmen seiner Schadensminderungspflicht handeln, wenn er von vornherein einen Kredit mit einer zweijährigen Laufzeit aufnehmen würde, obwohl mit einer weitaus schnelleren Abrechnung des Schadens durch die Versicherung zu rechnen ist.[203]

211 Andererseits sollte er sich durch eine besondere Vereinbarung mit dem Kreditgeber die Möglichkeit vorbehalten, zu einem späteren Zeitpunkt die Raten zu »strecken« bzw. den Tilgungszeitraum auszudehnen. Hieran hat der Geschädigte ein eigenes Interesse. Häufig zeigt sich, dass der Geschädigte die Sach- und Rechtslage unzutreffend eingeschätzt hat und er mit Leistungen des Ersatzpflichtigen nicht oder jedenfalls bei Weitem nicht in dem zunächst angenommenen Umfange rechnen kann.

212 Auf der anderen Seite muss dem Geschädigten aber auch gestattet werden, den Tilgungszeitraum so zu bemessen, dass er die einzelnen Rückzahlungsraten unter Berücksichtigung seiner ganz persönlichen Verhältnisse ohne übermäßige Einschränkung seines gewohnten Lebensstandards aufbringen kann.

213 I.d.R. wird es genügen, den Kredit auf eine Laufzeit von sechs Monaten zu begrenzen. Auf Wunsch sind die Kreditinstitute in der Praxis bereit, gegen relativ geringe Mehrkosten einzelne Raten auszusetzen bzw. den Tilgungszeitraum insgesamt zu strecken.

### 4. Vorzeitige Rückzahlung

214 Gemäß § 254 Abs. 2 BGB ist der Geschädigte verpflichtet, ihm zufließende Schadensersatzleistungen, auch in Form von Vorschüssen, unverzüglich für die Tilgung des offenen Restkredits zu verwenden. Die durch die vorzeitige Rückzahlung ersparten Aufwendungen sind bei der Berechnung des ausgleichsfähigen Schadens von den erstattungsfähigen Finanzierungskosten abzusetzen.

---

201 *OLG Karlsruhe* VersR 1979, 40.

202 Vgl. *BGH*, Urt. v. 01.07.1997 – XI ZR 197/96, NJW 1997, 287; Redaktion beck-aktuell, Nachrichten Pressemitteilungen, Fachnews, becklink 2002179.

203 Offensichtlich gegenteilige Auffassung *OLG Celle*, VersR 1973, 281.

215 Der Geschädigte verstößt gegen die Schadenminderungspflicht, wenn er die ihm von seiner Kaskoversicherung geleistete Zahlung nicht zur Rückzahlung des Darlehens nutzt, das er zur Schadenbeseitigung benötigt hat.[204]

216 Allerdings ist es dem Geschädigten, der bereits einige kleinere Schadenspositionen aus eigenen Mitteln verauslagt hat, gestattet, eingehende Vorschüsse für sich zu verwenden. Er kann seine finanzielle Situation verbessern, wenn er seine eigene »wirtschaftliche Bewegungsfreiheit« allzu sehr eingeengt hat, indem er zunächst bestimmte Positionen aus eigenen Mitteln finanziert hat.

## VI. Dauer der Ersatzanmietung/Nutzungsausfallentschädigung

217 Wie bereits erörtert, sollte die Anmietung eines Ersatzwagens auf den unumgänglich notwendigen Zeitraum beschränkt werden.[205] Nur in diesem Rahmen kann auch Nutzungsausfallentschädigung gefordert werden. Die Erfahrungen aus der Praxis zeigen, dass es bei einer Benutzung des Mietwagens über den unfallbedingt notwendigen Zeitraum hinaus zu erheblichen Problemen bei der Schadenregulierung kommt.

218 Sollte z.B. die längere Anmietung eines Ersatzwagens deshalb notwendig sein, um eine Finanzierungslücke zu schließen, die sich mit anderen Möglichkeiten, die dem Geschädigten zur Verfügung stehen, nicht abwenden lässt, muss der Geschädigte unbedingt gem. § 254 Abs. 2 BGB den Ersatzpflichtigen auf diese ungewöhnliche Ausweitung der Schadenhöhe hinweisen. Dies gilt auch, wenn sich die Reparaturdauer erheblich verlängert und der Geschädigte dies nicht zu vertreten hat. Unter diesen Umständen muss der Schädiger auch für eine Dauer von 71 Tagen eine Nutzungsausfallentschädigung zahlen.[206] Es liegt dann bei ihm, für Abhilfe zu sorgen, falls er sich später nicht dem Vorwurf aussetzen will, er habe sich untätig verhalten und dadurch selbst zur Erhöhung des Schadens beigetragen.

219 Verfügt der Geschädigte über einen Zweitwagen, muss er diesen nutzen. Er hat in diesem Fall keinen Anspruch auf eine Nutzungsausfallentschädigung.[207]

220 Hat der Geschädigte nicht die Geldmittel, um die Kosten der Reparatur zu bezahlen und ist er zudem kreditunwürdig, kann er vom Schädiger auch über die Reparaturzeit hinaus Ersatz des Nutzungsausfalls verlangen, wenn er den Schädiger über seine finanzielle Situation rechtzeitig informiert hat.[208] Zwar kommt ein Ersatzanspruch von Nutzungsausfall bzw. Mietwagenkosten über die übliche Reparaturdauer hinaus nur in Betracht, wenn die Reparaturkosten so hoch sind, dass der Geschädigte sie nicht aus eigenen Mitteln bezahlen kann und die Aufnahme eines Kredits in dieser Höhe ihm weder möglich noch zumutbar ist. Wenn der Schädiger ihm in einem solchen Fall trotz Aufforderung keinen Vorschuss gewährt, hat er für die Zeit Nutzungsausfall bzw. Mietwagenkosten zu ersetzen, in der der Geschädigte nicht in der Lage ist, die Reparaturkosten zu begleichen.[209]

## VII. Annahme von Teilleistungen

221 Ein vernünftig und wirtschaftlich denkender Geschädigter nimmt auch Teilleistungen des Ersatzpflichtigen an. Dies gilt auch deshalb, weil sich gezahlte Teilleistungen u.U. später durchaus als Vollleistung erweisen können.

204 *OLG Koblenz*, VersR 1984, 896.

205 Vgl. § 8 Sonstige materielle Schadenspositionen, *Schneider*, Schneider, Das verkehrsrechtliche Mandat, Band 2: Verkehrszivilrecht, 8. Aufl. 2020, Rn. 192.

206 *AG Hamburg-Barmbeck*, Urt. v. 17.11.2016 – 810 C 558/15, NJOZ 2017, 1006.

207 *LG Flensburg*, Urt. v. 14.09.2023 – 7 O 74/22, BeckRS 2023, 49133.

208 *OLG Naumburg*, Urt. v. 29.10.2019 – 1 U 142/19, SVR 2021, 31.

209 *KG*, VM 1994, 5; *LG Aachen*, NZV 2013, 452: Nutzungsausfallentschädigung für 565 Tage; *KG*, DAR 2010, 138: Nutzungsausfallentschädigung für ca. drei Monate; Knerr, *Geigel*, Haftpflichtprozess, 27. Aufl. 2015, 3. Kapitel. Schadensersatz wegen Beschädigung oder Zerstörung von Sachen, Rn. 95–102.

222 Dies gilt insbesondere dann, wenn durch derartige Teilleistungen der Geschädigte, der über keine eigenen Mittel verfügt, bei der Abdeckung des durch den Unfall ausgelösten Kapitalbedarfs finanziell entlastet wird.

223 Auch die Anwendung des § 266 BGB, die von dem allgemeinen Grundsatz von Treu und Glauben (§ 242 BGB) beherrscht wird, gebietet es dem Geschädigten, eine Teilleistung dann nicht abzulehnen, wenn ihm deren Annahme bei verständiger Würdigung der besonderen Lage des Ersatzpflichtigen und seiner eigenen schutzwürdigen Interessen zuzumuten ist.[210]

224 Die Bestimmung des § 266 BGB soll im Allgemeinen den Gläubiger davor schützen, dass er durch Teilleistungen des Schuldners belästigt wird. Der Gläubiger muss eine derart meist geringfügige »Belästigung« jedoch nach Treu und Glauben dann hinnehmen, wenn aufseiten des Schuldners (Ersatzpflichtigen) ein erhebliches und berechtigtes Interesse vorhanden und für den Gläubiger erkennbar ist, aus ganz bestimmten vertretbaren Gründen seine Schuld in Teilen zu tilgen. In diesen Fällen muss eine Abwägung der Interessen des Gläubigers gegen die Interessen des Schuldners stattfinden.[211]

225 Ein Geschädigter verstößt insbesondere dann gegen die durch Treu und Glauben geprägte Pflicht zur Annahme zumutbarer Teilleistungen, wenn ihm eigene frei verfügbare Mittel für die Finanzierung des Schadenbedarfs nicht zur Verfügung stehen und er sonst einen Kredit aufnehmen muss.[212]

226 Die Annahmepflicht gilt für den Geschädigten auch dann, wenn der Ersatzpflichtige bei der Überweisung eines Vorschusses den einschränkenden Vorbehalt machen sollte, die Leistung erfolge »ohne jedes Präjudiz für die Sach- und Rechtslage«. Das Gleiche gilt für den Fall, dass der Ersatzpflichtige gegenüber dem Geschädigten erklärt, der Vorschuss werde unter dem Vorbehalt der Rückzahlung bzw. anderweitigen Verrechnung geleistet. Der Geschädigte ist durch einen derartigen Vorbehalt nicht unzumutbar beschwert. Unbeschadet seiner Rechte aus § 266 BGB wird er nach den Grundsätzen von Treu und Glauben gerade in derartigen Fällen, in denen er selbst um einen Vorschuss oder anderweitige Finanzhilfe gebeten hat, verpflichtet sein, Teilleistungen des Ersatzpflichtigen anzunehmen. Diese sind unter den dargestellten Umständen nicht unzulässig.[213] Bei diesem Sachverhalt kommt auch eine Umkehrung der Beweislast über § 363 BGB nicht ernsthaft in Betracht.

## E. Höhe des Anspruchs

227 Die Höhe des Anspruchs auf Ersatz von Finanzierungskosten bedarf einer sorgfältigen Überprüfung. Dieses gilt insbesondere dann, wenn die Kreditaufnahme durch besondere Umstände dem Grunde nach zwar gerechtfertigt war, durch die Finanzierung jedoch unverhältnismäßige Kosten entstanden sind. In erster Linie steht insoweit der Einwand der mangelnden Schadenäquivalenz im Raum, der sich entweder auf die nicht gerechtfertigte Höhe der Kreditsumme oder auf eine übermäßige Ausdehnung des Tilgungszeitraums beziehen kann.

### I. Rechtsnatur

228 Finanzierungskosten sind regelmäßig ein Sachfolgeschaden i.S.e. mittelbaren Schadens. Dies bedeutet, dass der Umfang und die Höhe des Schadens bei seinem Eintritt noch nicht feststehen, sondern von vertretbaren Willensentscheidungen abhängen, die der Geschädigte ohne Verletzung der durch

210 *OLG Nürnberg*, DAR 1964, 103, 105; *AG Bad Segeberg*, BeckRS 2012, 04299.

211 *OLG Hamm*, VersR 1957, 824; *OLG Düsseldorf*, NJW 1965, 1763; vgl. BGB § 266 Teilleistungen, *Schulze*, Schulze, Bürgerliches Gesetzbuch, 10. Auflage 2019, Rn. 1–6; *AG Essen*, Urt. v. 27.06.2007 – 29 C 49/06, DAR 2007, 655 (Entschädigung für 168 Tage).

212 *OLG Nürnberg*, DAR 1964, 103, 105.

213 *OLG Hamm*, VersR 1957, 824; 1971, 966; *OLG Nürnberg*, VersR 1964, 834; VersR 1965, 1184; *OLG Düsseldorf*, NJW 1965, 1763; *OLG Stuttgart*, VersR 1972, 488; *LG Köln*, VersR 1966, 966; *LG Augsburg*, VersR 1968, 1152; *LG München I*, VersR 1969, 744¸ BGB § 266 Teilleistungen, *Schulze*, Schulze, Bürgerliches Gesetzbuch, 10. Auflage 2019, Rn. 1–6.

§ 254 Abs. 2 BGB normierten Schadenminderungspflicht getroffen hat. Der Finanzierungsaufwand lässt sich also, im Gegensatz zu den Reparaturkosten und dem Minderwert, nicht gewissermaßen »abstrakt« in Höhe des zur Herstellung objektiv erforderlichen Betrages, also in Höhe des objektivierten Verkehrswertes der Leistung ausdrücken. Der Ersatz der Finanzierungskosten setzt vielmehr einen in der Person des Geschädigten entstandenen Aufwand voraus, der in einer schadenbedingten Minderung des Vermögens seinen deutlich sichtbaren Niederschlag gefunden haben muss.

### 1. Tatsächliche Kosten

Daraus ergibt sich, dass Finanzierungskosten sich nur auf den tatsächlichen Schadenbedarf beziehen können, also im Zusammenhang mit der Deckung eines sonst unbefriedigt bleibenden Kapitalbedarfs entstanden sein müssen. Finanzierungskosten werden regelmäßig in vertretbarerweise und erstattungsfähiger Form in Zusammenhang mit den Reparatur- oder Mietwagenkosten stehen. Das Gleiche gilt auch für die Gutachtenkosten sowie die Abschleppkosten und im Fall einer notwendigen Ersatzbeschaffung nach einem Totalschaden. Die Erstattung der Finanzierungskosten hängt immer davon ab, dass der Geschädigte der Versicherung des Unfallgegners seine fehlende Zahlungsmöglichkeit angibt und um Vorschuss ersucht. Aus eigenem Antrieb muss der Geschädigte zu seinen eigenen finanziellen Möglichkeiten keine konkreten Angaben machen.[214] Finanzierungskosten können auch im Zusammenhang mit Heilbehandlungskosten anfallen, wenn Maßnahmen getroffen werden, die zur schnelleren Heilung beitragen, aber nicht von einer bestehenden Krankenkasse übernommen werden. 229

### 2. Normative Kosten

Anders liegen die Dinge, wenn es sich um den sog. normativen Schaden handelt, dessen Erstattungsfähigkeit in Höhe des objektivierten Verkehrswertes der Leistung weder bestimmte Aufwendungen noch anderweitige Ausgaben erfordert. Als typische Beispiele seien der merkantile oder technische Minderwert sowie das Schmerzensgeld genannt. 230

Zwar mag das vorübergehende Ausbleiben des Gegenwerts für diese Positionen bzw. die nicht rechtzeitige Leistung des Ersatzpflichtigen unerfreulich und beklagenswert sein. Beim Schmerzensgeld führen beharrliche Weigerungen des Versicherers trotz eines bestehenden Anspruchs zu einer Erhöhung des Schmerzensgeldes.[215] Selbst ein hartnäckiger Verzug des Schuldners gibt jedoch keinen vertretbaren Anlass, z.B. in Höhe des Schmerzensgeldes einen Bankkredit in Anspruch zu nehmen oder eine andere Finanzierungsform zu wählen. Beim Minderwert allerdings kann sich unter besonderen Umständen ggf. durchaus einmal die Notwendigkeit zur Finanzierung ergeben. Denkbar ist dies, wenn der Geschädigte mit Rücksicht auf besondere Umstände des Falles von der rechtlich zulässigen und technisch möglichen Reparatur absieht, um das Kfz im beschädigten Zustand zu veräußern bzw. in Zahlung zu geben und auf der Basis der fiktiven Reparaturkosten abrechnet. Unter diesen Umständen wird sich im Zeitpunkt der Veräußerung des beschädigten Kfz der bis dahin als wirtschaftlicher Schaden bereits vorhandene und auch sofort fällige, jedoch zunächst latente Minderwert realisieren und als einen bestimmten Bedarf auslösende Schadenposition »verfestigen«. 231

## II. Zusammensetzung der Kosten

Nicht selten wird in der Praxis in undifferenzierter Art und Weise von Kredit oder Finanzierungskosten als Sammelbegriff gesprochen. Dabei bleibt häufig unberücksichtigt, dass die Finanzierungskosten sich aus zahlreichen Einzelpositionen zusammensetzen. 232

214 Vgl. *OLG Düsseldorf*, Urt. v. 03.07.2006 – I-1 U 204/05, BeckRS 2016, 14308; *BGH*, Urt. v. 06.11.1973 – VI ZR 27/73, NJW 1974, 34; *Halm, Fitz*, Versicherungsverkehrsrecht 2020/2021, DAR 2021, 422; *OLG Düsseldorf*, Urt. v. 29.09.2020 – 1 U 294/19, BeckRS 2020, 41175.

215 *OLG Nürnberg*, Urt. v. 22.12.2006 – 5 U 1921/06, NZV 2007, 301; *OLG Köln*, BeckRS 2013, 17648; vgl. *Schleswig-Holsteinisches OLG*, Urt. v. 02.07.2020 – 7 U 264/19, SVR 2021, 66.

233 Zu ihnen gehört nicht nur der Aufwand, der durch die Aufnahme von Fremdmitteln (z.B. Darlehen) entsteht. Vielmehr zählen hierzu auch Zinsverluste, die dem Gläubiger eines Schadensersatzanspruchs dadurch entstehen, dass er in zumutbarer Weise frei verfügbare eigene Mittel einsetzt, um die an sich dem Ersatzpflichtigen obliegende Leistung vorzufinanzieren.[216]

234 Äußerst vielfältig sind die einzelnen Bestandteile des Kreditvolumens, also des nach Aufnahme eines Kredits zurückzuzahlenden Betrages, der üblicherweise aus Gründen der Praktikabilität in einer – auf einzelne Raten verteilten – Summe ausgewiesen wird.

235 Den einzelnen Positionen kann nach den Grundsätzen der kausalen Adäquanz u.U. ein eigenständiges rechtliches Schicksal zufallen, sodass es schon im Hinblick auf die unterschiedlich zu beurteilende Erstattungsfähigkeit einer Differenzierung nach einzelnen Schadenpositionen bedarf.

### 1. Bearbeitungsgebühr

236 Sobald der Geschädigte einen Kreditantrag stellt und dieser angenommen wird, entsteht i.d.R. sofort und unabhängig vom weiteren Verlauf der Angelegenheit eine Bearbeitungsgebühr (Antragsgebühr), die entweder aus einem festen Betrag besteht oder in einem prozentualen Anteil der Darlehenssumme ausgedrückt wird. Die Art der Berechnung ist von Bedeutung, wenn der Schuldner mangelnde Schadenadäquanz einwendet und wenn dann im Einzelnen geprüft werden muss, in welcher Weise die Kosten für die gesamte (überhöhte) Kreditsumme auf Gläubiger und Schuldner bis zur Zahlung des vom Unfallverursacher geschuldeten Betrages (»pro rata temporis«) oder wertanteilig aufzuteilen ist.

237 Ferner ist die Bearbeitungsgebühr für die Frage von Bedeutung, zu welchem Zeitpunkt der Geschädigte den berechtigterweise beantragten Kredit zulasten des Ersatzpflichtigen tatsächlich in Anspruch nehmen darf.[217]

238 Eine Kreditbearbeitungsgebühr ist dann nicht erstattungsfähig, wenn der Geschädigte den Kredit von seiner Hausbank ohne besondere Bearbeitungsgebühr bekommen hätte.[218]

### 2. Auskunftsgebühr

239 In der Regel erheben die Kreditinstitute eine sog. »Auskunftsgebühr«, die meist in einem Festbetrag besteht. Diese gilt Kosten ab, die dem Finanzierungsinstitut dadurch entstehen, dass es eine Kreditauskunft einholt, um die persönlichen bzw. finanziellen Verhältnisse des (potenziellen) Kreditnehmers zu überprüfen.

240 Oftmals genügt Banken eine »Selbstauskunft«, die der Kreditnehmer über seine Person (Einkommens- und Vermögensverhältnisse) erteilt und deren Richtigkeit er versichern muss. Für die Überprüfung der Selbstauskunft fällt meist eine geringere oder gar keine Gebühr an. Dieses Verfahren wendet die Hausbank an, wenn bei ihr der Kredit beantragt wird.

### 3. Darlehensvaluta (Kreditsumme)

241 Im Rahmen eines Kreditvertrages besteht der zurückzuzahlende Betrag in erster Linie aus dem Betrage, der als nominelle Kreditsumme vereinbart worden ist. Mitunter ist die Kreditsumme der Höhe nach nicht mit dem Kreditnehmer tatsächlich gewährten Darlehen identisch.

242 Manche Kreditinstitute räumen für die Bemessung des Zinssatzes dem Kreditnehmer einen gewissen Ermessensspielraum ein. Die Korrektur erfolgt dann über den Auszahlungskurs, d.h. das Finanzie-

216 BGB § 249 Art und Umfang des Schadensersatzes, Oetker, MüKoBGB, 8. Aufl. 2019, Rn. 405.
217 *OLG Köln*, VersR 1975, 1107; *LG Freiburg*, VersR 1974, 1134; *LG Köln*, VersR 1975, 145.
218 *OLG Karlsruhe*, VersR 1979, 40; *OLG Karlsruhe*, Urt. v. 12.05.1978 – 10 U 267/76, BeckRS 2009, 18824.

rungsinstitut führt den Ausgleich durch eine Verkürzung des Nennwertes (Disagio) herbei.[219] Das Disagio ist, jedenfalls bei längerfristigen Krediten, Korrektiv auch für den Zeitraum der vereinbarten Zinsfestschreibung.

Bei rechtlich wertender Betrachtung hat der Ersatzpflichtige – also der Schuldner eines Schadensersatzanspruchs – mit der Darlehensvaluta, die unter mehreren Aspekten mit dem tatsächlichen Schaden in aller Regel nicht übereinstimmt, nichts zu tun. Er schuldet nicht die Rückzahlung der Darlehenssumme schlechthin oder gar die Befreiung von der mit dem Darlehensvertrag eingegangenen Verbindlichkeit, sondern er hat lediglich nach den Grundsätzen der kausalen Adäquanz und auch der kongruenten Schadendeckung die ihm nach Sach- und Rechtslage obliegende Leistung zu erbringen. Diese kann allerdings auch in den Zinsen und sonstigen Nebenkosten für die Darlehensgewährung bestehen.[220] 243

## 4. Restschuldversicherung

Bei Geringverdienern, die keine banküblichen Sicherheiten für die Rückzahlung eines Kredits bereitstellen könnten, werden Kredite regelmäßig nur unter der Verpflichtung zum Abschluss einer den Kredit verteuernden Restschuldversicherung bewilligt.[221] Weist der Geschädigte nach, das er ohne den Abschluss einer Restschuldversicherung keinen Kredit bekommen hätte, müssen die hierfür aufgewendeten Kosten vom Schädiger erstattet werden. 244

## 5. Kreditzinsen

Zu den Finanzierungskosten im eigentlichen Sinne gehören vornehmlich die mit dem Kreditinstitut vereinbarten Zinsen. Diese werden, insbesondere bei Darlehen mit kurzen Laufzeiten, häufig mit einem auf den Kalendermonat bezogenen Zinssatz ausgedrückt. Um den nominellen Jahreszins zu ermitteln muss dieser Zinssatz (Zinsfuß) mit der Zahl 12 (Monate) multipliziert werden. 245

Aber auch diese Zahl sagt noch nichts über die Höhe der wirklichen Zinsbelastung. Dabei ist zu berücksichtigen, dass – anders als bei der Annuität, deren Wesen darin besteht, dass die durch fortschreitende Tilgung ersparten Zinsen den dadurch progressiv steigenden Rückzahlungsraten anwachsen – der Zinssatz unabhängig vom Stand der Rückzahlung stets vom Ursprungskapital erhoben wird.[222] 246

Dies hat zur Folge, dass bei den letzten Raten die Zinsbelastung deutlich höher sein wird als das noch geschuldete Restdarlehen. Eine weitere Verschiebung zulasten des Kreditnehmers ergibt sich aus dem bereits erwähnten Disagio, weil er im Grunde genommen Geld verzinsen und sogar »zurückzahlen« muss, welches er nie erhalten hat. 247

Im Interesse einer besseren Transparenz und zum Schutze des Schuldners sind die Finanzierungsinstitute verpflichtet, im Rahmen ihrer »Auszeichnungspflicht« die Höhe der Effektivbelastung anzugeben.[223] Diese allein enthält eine sichere Aussage darüber, mit welchen Nebenkosten der Schuldner insgesamt durch die Darlehenssumme belastet ist.[224] 248

219 Vgl. *BGH*, Urt. v. 16.02.2016 – XI ZR 454/14, Wolters Kluwer online.
220 *LG Hanau* Urt. v. 22.12.1980 – 3 O 95/80, BeckRS 2008, 14810.
221 *OLG Düsseldorf*, Urt. v. 29.09.2020 – 1 U 294/19, BeckRS 2020, 41175.
222 *BGH*, Urt. v. 23.05.1995 – XI ZR 129/94, NJW 1995, 2286; *OLG Stuttgart*, Urt. v. 15.04.2003 – 8 O 587/02, BeckRS 2003, 153013.
223 Vgl. *BGH*, Urt. v. 01.06.1989 – I ZR 60/87, Wolters Kluwer online.
224 Vgl. *Harte-Bavendamm, Henning-Bodewig*, »UWG«, 3. Aufl. 2013, *Weidert, Völker*, PAngV § 6 Kredite Rn. 9 ff.; *Rink*, Effektiver Jahreszins – eine effektive Information?, VuR 2011, 12.

## 6. Verzugszinsen

249 Werden dem Geschädigten von seinem Finanzierungsinstitut Verzugszinsen in Rechnung gestellt, so verstoßen diese Zinsen regelmäßig gegen das Zinseszinsverbot des § 289 BGB und sind daher schon deshalb nicht erstattungsfähig.[225] In aller Regel sind Kreditgebühren nämlich als Zinsen zu werten, weil die Kreditgebühr eine Vergütung für die Überlassung des Darlehenskapitals darstellt. Allerdings kann auch bezüglich der Zinsforderung Verzug eintreten und können entgegen § 289 BGB Verzugszinsen gefordert werden, wenn der Gläubiger der in diesem Fall erhöhten Darlegungs- und Beweisverpflichtung entspricht, dass ihm durch die Nichtzahlung ein Schaden entstanden ist.[226]

250 Nicht selten wird das Verbot des § 289 BGB allerdings von den Finanzierungsinstituten dadurch umgangen, dass nicht besondere Zinsen auf die Restschuld berechnet werden, sondern dass der Zinssatz sich allgemein erhöht, oftmals um 2 % über den jeweils vereinbarten Zinssatz hinaus oder in Anlehnung an den jeweiligen Basiszinssatz der Deutschen Bundesbank.[227]

251 Auf diese hier nur der Vollständigkeit halber angesprochenen Gesichtspunkte wird es indes im Verhältnis zum Ersatzpflichtigen ohnehin nicht ankommen, weil dieser nicht verpflichtet ist, die finanziellen Folgen »aufzufangen«, die der Geschädigte dadurch veranlasst oder verursacht hat, dass er mit der ihm obliegenden Leistung in einen von ihm zu vertretenden (§ 285 BGB) Verzug gekommen ist. Der Eintritt des Verzuges lässt sich i.d.R. durch eine den Verhältnissen angepasste Wahl der Ratenhöhe in Abhängigkeit zu ihrer Laufzeit verhindern. Sollten dennoch unvorhergesehene Schwierigkeiten bei der Bedienung des Kreditvertrages eintreten, hat diese jedenfalls der Schädiger bzw. Ersatzpflichtige in aller Regel nicht zu vertreten.

252 Etwas anderes könnte dann ausnahmsweise gelten, wenn sich z.B. der Geschädigte im wohlbegründeten Vertrauen auf eine möglichst baldige Schadenregulierung relativ hoch verschuldet hat und er dann die eingegangene Ratenzahlungsverpflichtung deswegen nicht einhalten kann, weil gleichzeitig auch ein unfallbedingter Verdienstausfall entstanden ist, auf den der Ersatzpflichtige ebenfalls keine oder nur unzureichende Zahlungen leistet.

## 7. Mahnkosten

253 Sollte der Kreditnehmer mit den vereinbarten Rückzahlungsraten in Verzug kommen, ist das Finanzierungsinstitut i.d.R. kraft vertraglicher Vereinbarung berechtigt, kostenpflichtige Mahnungen auszusprechen.[228] Die Rechtswirkung dieser Mahnungen besteht nach dem Inhalt des Kreditvertrages darin, dass dem Kreditnehmer von einem vereinbarten Zeitpunkt an zusätzliche Nachteile, wie beispielsweise die soeben erörterten Verzugszinsen entstehen. Die Mahnung kann auch mit dem Ausspruch der Kündigung verbunden werden, wenn zu dem in der Mahnung festgesetzten Frist nicht bezahlt wird.[229]

## 8. Prozess- und Zwangsvollstreckungskosten

254 Das Kreditvolumen im weiteren Sinne kann sich auch dadurch erhöhen, dass nach Eintritt des Verzugs die aufgrund einer besonderen Vereinbarung unter dieser Prämisse zur sofortigen Rückzahlung in einer Summe fällig gewordene Restschuld vom Finanzierungsinstitut geltend gemacht wird. Da der säumige Vertragskunde i.d.R. zur Rückzahlung nicht in der Lage sein dürfte, bedeutet dies, dass meist Klage gegen den Kreditnehmer erhoben und aus dem dann ergehenden Schuldtitel gegen ihn

---

225 *OLG Hamm*, NJW 1973, 1002; *BGH*, LexisNexis LNR 2000, 18527; vgl. jedoch *BGH*, LexisNexis LNR 1993, 14948, wonach Zinseszinsen nach Verzugssetzung gefordert werden können; BGB § 289 Zinseszinsverbot, *Ernst*, MüKoBGB, 8. Aufl. 2019, Rn. 6, 7.

226 *LG Karlsruhe*, BeckRS 2012, 07982.

227 *OLG Hamm*, Urt. v. 05.04.2005 – 21 U 149/04, NJW 2005, 2238.

228 BGB § 286 Verzug des Schuldners, *Ernst*, MüKoBGB, 8. Aufl. 2019, Rn. 111, 112.

229 *OLG Karlsruhe*, Urt. v. 19.11.2013 – 9 U 43/12, MDR 2014, 139.

die Zwangsvollstreckung betrieben wird. Insbesondere durch die Vollstreckungsmaßnahmen können ganz erhebliche Kosten entstehen. In diesen Fällen erhebt sich die Frage, ob der aufgrund des Verkehrsunfalles Ersatzpflichtige als adäquate Folge seines haftbaren Handelns dem Geschädigten und Schuldner des Kreditvertrages auch derartige Nachteile zu ersetzen hat.

Davon kann nur in besonders gelagerten Ausnahmefällen ausgegangen werden. Dies gilt auch dann, 255
wenn man die Auffassung vertritt, dass die Erstattung von Finanzierungskosten selbst keinen Verzug des haftpflichtigen Schadenverursachers voraussetzt, sondern sich als Sachfolgeschaden im Sinne einer adäquaten Unfallfolge darstellt.

Die Mehrkosten, die dadurch entstehen, dass der Kreditvertrag selbst Not leidend wird, sind nicht 256
ohne Weiteres dem Ersatzpflichtigen anzulasten, sondern fallen zumindest auf den ersten Blick in die Zurechnungs- und Verantwortungssphäre des Geschädigten, der als Kreditnehmer seine eigenen vertraglichen Verpflichtungen gegenüber dem Finanzierungsinstitut nicht erfüllt hat. Nur er dürfte in der Lage sein, seine persönlichen Verhältnisse zutreffend zu beurteilen und im Rahmen seiner vorgegebenen Möglichkeiten die richtige Disposition zu treffen.

Unter diesen Umständen ist der Ersatzpflichtige für solche Folgelasten nur ganz ausnahmsweise und 257
lediglich dann verantwortlich, wenn er die Schadenregulierung in einer für den Geschädigten nicht voraussehbaren Weise über Gebühr verzögert. Außerdem muss der Geschädigte durch den Unfall zugleich auch ein Erwerbsschaden erleiden, der ihn in einer nicht sofort erkennbaren Form an der ordnungsgemäßen Erfüllung seiner Verbindlichkeiten aus dem Darlehensvertrag hindert.

### III. Wirtschaftliche Vertretbarkeit

Hat der Geschädigte nach Ansicht des *BGH*[230] in vertretbare Weise auf eine Fremdfinanzierung 258
zurückgreifen müssen, schuldet der Schädiger von mehreren möglichen Finanzierungsarten nur die Kosten der »wirtschaftlichen Finanzierung«. Auf diese Weise wird aber auch die dem Ersatzpflichtigen als Folge seines haftbaren Verhaltens zuzurechnende Höhe der schadenadäquaten Aufwendungen festgeschrieben.

### IV. Schadenadäquanz

Laut *BGH*[231] liegt die Ursächlichkeit im Sinne einer nicht hinwegdenkbaren Ursache (»conditio 259
sine qua non«) schon bereits darin, dass das Fahrzeug durch das zum Ersatz verpflichtende Ereignis beschädigt worden ist und die Reparaturwerkstatt den Wagen üblicherweise nur gegen sofortige Barzahlung der vollen Reparaturkosten herausgibt.

Dieser Gesichtspunkt genügt nach der Auffassung des *BGH*, um den ursächlichen Sachzusammen- 260
hang zwischen dem Unfall und dem sich daraus ergebenden Schaden herzustellen.[232] Bei der sich folgerichtig daran anschließenden Prüfung der Voraussehbarkeit vertritt der *BGH* die Auffassung, dass die Folgen der schädigenden Handlung adäquat und daher dem Ersatzpflichtigen zuzurechnen sind, »denn diese Folgen sind nicht nur unter ganz besonders eigenartigen, unwahrscheinlichen und nach dem regelmäßigen Verlauf der Dinge außer Betracht zu lassenden Umständen eingetreten«. Der Einwand der mangelnden Adäquanz kann sich jedoch auch auf die in diesem Abschnitt besonders erörterte Höhe des Anspruchs auf Ersatz von Finanzierungskosten beziehen.

#### 1. Zinsen

Nicht selten kommt es in der Praxis der Schadenregulierung vor, dass der Geschädigte aus Gründen 261
der eigenen wirtschaftlichen Interessen das Kreditvolumen über den durch den Unfall ursächlich ausgelösten Kapitalbedarf hinaus von sich aus erweitert.

230 *BGH*, BGHZ 54, 82, 84; BGHZ 61, 346; vgl. *OLG Düsseldorf*, MDR 1983, 401.
231 *BGH*, VersR 1963, 1161.
232 *BGH*, VersR 1963, 1161.

262 Dieses ist beispielsweise dann der Fall, wenn der Geschädigte sich ohne unfallbedingte Veranlassung entschließt, auf die rechtlich an sich zulässige und technisch mögliche Reparatur zu verzichten, um das Fahrzeug im beschädigten Zustand beim Erwerb eines Neuwagens in Zahlung zu geben. Er muss dann die über den unfallbedingt notwendigen Reparaturaufwand hinausgehenden Mehrkosten unter dem Gesichtspunkt mangelnder Schadenadäquanz selbst tragen und kann natürlich auch für die auf diesem Wege eintretende Erhöhung des Kreditvolumens vom Ersatzpflichtigen keinen Ausgleich verlangen.[233]

*a) Erhöhter Kapitalbedarf*

263 Sofern der Geschädigte in seinem Interesse einen im Verhältnis zum ausgleichsfähigen Schaden höheren Kredit aufnimmt, schuldet der Ersatzpflichtige Zinsen lediglich auf den Teil des Kredits, welcher der Höhe des von ihm verursachten Schadens entspricht.[234]

264 Dieser Schaden besteht in den Reparaturkosten des beschädigten Kfz bzw. für den Fall, dass ein wirtschaftlicher Totalschaden vorliegen sollte, in dem Wiederbeschaffungsaufwand (Wiederbeschaffungswert des beschädigten Kfz abzüglich Restwert). Liegen die Reparaturkosten innerhalb von 130 % des Wiederbeschaffungswerts müssen auch die hierfür aufzuwendenden Finanzierungskosten erstattet werden, wenn die Reparatur ausgeführt wird.[235]

265 Hierbei bleiben »sachfremde« Positionen unberücksichtigt, die aus Rechtsgründen einer Finanzierung nicht bedürfen. Da der Geschädigte im Allgemeinen nicht berechtigt ist, für Schmerzensgeld oder Minderwert einen Kredit aufzunehmen, lässt sich dieses Ergebnis zulasten des Ersatzpflichtigen auch nicht auf dem Umwege erreichen, dass diese Beträge zur Mitfinanzierung eines erheblich aufwendigeren Neufahrzeugs, auf das der Geschädigte aus Rechtsgründen keinen Anspruch hat, eingesetzt werden. Maßgeblich ist insoweit der Grundsatz der kongruenten Schadendeckung, die bezüglich sämtlicher Einzelpositionen vorliegen muss.

*b) Schadenausgleichung*

266 Vergleichbar verhält es sich, wenn der Geschädigte den gesamten Unfallschaden finanziert, obwohl der Ersatzpflichtige ihm davon mit Rücksicht auf einen nach § 17 StVG zu vollziehenden Schadenausgleich nur eine bestimmte Quote zu ersetzen hat.

267 Sofern vom Kreditvolumen her keine Korrekturen erforderlich sind, ergeben sich keine besonderen Schwierigkeiten. In diesem Fall können nämlich die vollen Finanzierungskosten bei der Ermittlung des ausgleichsfähigen Gesamtschadens mit der Rechtsfolge Berücksichtigung finden, dass der Ersatzpflichtige sich an dem in dieser Weise ermittelten Schadenbetrage mit einer seinem Verantwortungsbeitrage entsprechenden (Mithaftungs-)Quote beteiligt.[236]

268 Sollte zugleich auch die Höhe der Darlehenszinsen durch eine nicht schadensadäquate Ausweitung des Kreditvolumens nachteilig beeinflusst worden sein, müssten die Zinsen zeit- und wertanteilig auf den Betrag ermittelt werden, den der Anspruchsgegner unter Berücksichtigung seiner Haftungsquote aus Rechtsgründen letztlich schuldet. Auch insoweit sind nur diejenigen Positionen zu berücksichtigen, für die der Geschädigte in vertretbarer Weise Kredit aufgenommen hat.

233 *Klimke*, Ersatz von Finanzierungskosten aus Anlass eines Haftpflichtschadens, VersR 1973, 881.

234 *OLG Frankfurt a.M.*, VersR 1973, 672; *OLG Köln*, VersR 1974, 761; VersR 1975, 1107; *OLG Karlsruhe*, VersR 1975, 626 f.

235 Vgl. *BGH*, DAR 2005, 266; DAR 2005, 268.

236 VVG § 86 VVG Übergang von Ersatzansprüchen, *Link*, Moos, Haus, Krumm, Quarch, Gesamtes Verkehrsrecht, 2. Aufl. 2017, Rn. 9–11; *Franzke*, Das Quotenvorrecht bei der Abwicklung von Verkehrsunfällen, NJW 2020, 1870.

### 2. Nebenkosten

Eine andere Betrachtungsweise ist dann geboten, wenn es sich um die Nebenkosten handelt. Hier muss allerdings im Interesse eines sachgerechten Ergebnisses zwischen wertabhängigen Belastungen und Fixkosten, also wertunabhängigen Belastungen unterschieden werden.[237] 269

#### *a) Wertabhängige Belastungen*

Nebenkosten, die nach einem bestimmten Prozentsatz der Kreditsumme erhoben werden, können bezüglich der Schadenadäquanz wie Kreditzinsen behandelt werden. 270

#### *b) Wertunabhängige Belastungen (Fixkosten)*

Sofern die Nebenkosten nicht von der Höhe der Kreditsumme abhängen, spricht man von wertunabhängigen Belastungen oder Fixkosten. Dabei ist zu prüfen, auf wessen Seite das überwiegende Interesse an der Kreditaufnahme bestanden hat. Liegt die Mithaftungsquote des Ersatzpflichtigen unter 50 %, dann fallen die Fixkosten nach dem Veranlassungsprinzip allein dem Geschädigten zur Last, während sie im Fall einer vom Ersatzpflichtigen zu vertretenden überwiegenden Verursachung allein zu dessen Lasten gehen.[238] 271

Sollte eine Schadenteilung von 50:50 stattfinden, sind die wertunabhängigen Fixkosten zur Hälfte zu erstatten. Ähnliche Grundsätze gelten, soweit sie das Veranlassungsprinzip betreffen, auch für den Fall, dass das besondere Individualinteresse des Geschädigten an einer Finanzierung sich vom Gewicht her aus der Ausweitung des Kreditvolumens, also aus der Höhe der finanzierten Summe, ergibt. 272

Dabei ist zu berücksichtigen, dass beide Gestaltungsformen – also Korrekturen dem Grunde nach und zur Höhe – auch gleichzeitig und nebeneinander denkbar sind. In diesem Fall kommt nicht eine Quotierung der Fixkosten in Betracht. Es hat vielmehr eine wertbezogene Interessenabwägung im Verhältnis der Summenanteile zueinander zu erfolgen. 273

## F. Pflicht zur Kreditaufnahme

Neben dem bislang dargestellten Recht des Geschädigten, zulasten »seines« Schuldners einen Kredit aufzunehmen, ist auch der Fall denkbar, dass der Geschädigte im Hinblick auf § 254 Abs. 2 BGB die Pflicht hat, sich die für die Auslösung des reparierten Fahrzeugs oder, im Fall eines Totalschadens, die für die Ersatzbeschaffung notwendigen Mittel auf dem Kapitalmarkt zu beschaffen. 274

### I. Voraussetzungen

Eine Verpflichtung zur Kreditaufnahme wird sich i.d.R. dann ergeben, wenn nur auf diesem Wege ein größerer Schaden vermieden werden kann.[239] Dies gilt beispielsweise insbesondere dann, wenn der Geschädigte im Fall eines Totalschadens nicht in der Lage ist, eine relativ geringe Differenz zwischen Wiederbeschaffungswert und Restwert aufzubringen und stattdessen aber durch die nicht gerechtfertigte Weiterbenutzung eines Mietwagens Kosten verursacht, die u.U. ein Vielfaches des eigentlichen Fahrzeugschadens ausmachen.[240] 275

### II. Zumutbarkeit der Verschuldung

Regelmäßig wird die Aufnahme eines Kredits dem Geschädigten auch zuzumuten sein, sofern nicht besondere Umstände vorliegen, für die er beweispflichtig wäre. Nachdem die Aufnahme von Krediten 276

---

237 *Klimke*, Ersatz von Finanzierungskosten aus Anlass eines Haftpflichtschadens, VersR 1973, 881.
238 *Klimke*, Ersatz von Finanzierungskosten aus Anlass eines Haftpflichtschadens, VersR 1973, 881.
239 *BGH*, VersR 63, 1161.
240 *OLG Oldenburg*, VersR 1967, 362; *Himmelreich* NJW 1973, 978, 980.

einen Schufa-Eintrag mit sich bringt, kann eine Person, die weitere Kredite aus anderen als Unfallgründen benötigt, unter Umständen schlechter gestellt sein als eine ohne entsprechenden Eintrag.[241]

277 Insbesondere dann, wenn sonst ein unverhältnismäßig hoher Folgeschaden eintreten würde, ist der Geschädigte verpflichtet, alle ihm zumutbaren und möglichen Maßnahmen zu treffen, um auf anderem Wege die Ausweitung des Schadens zu verhindern.

278 Die Frage nach der Zumutbarkeit der Kreditaufnahme lässt sich nicht schematisch beantworten. Die konkrete Situation muss jeweils individuell geprüft werden.

## III. Mangelnde Kreditwürdigkeit

### 1. Kreditvermittlungsgebühr

279 Erhält der Geschädigten wegen anderweitiger Überschuldung trotz intensiver Bemühungen keinen Kredit, fallen die dadurch entstehenden Nachteile, für die der Geschädigte beweispflichtig ist, als Sachfolgeschaden dem Ersatzpflichtigen zur Last. Der Geschädigte muss den Ersatzpflichtigen aus Gründen der Schadenminderungspflicht auf diesen Umstand hinweisen.[242] Im Interesse der notwendigen Schadensminderung kann er gezwungen sein, auf weniger seriöse Finanzierungsmethoden zurückzugreifen.

### 2. Inkaufnahme ungünstiger Bedingungen

280 Grundsätzlich ist der Geschädigte im Rahmen von § 254 Abs. 2 BGB verpflichtet, bei der Kreditaufnahme auf für ihn günstige Vertragsbedingungen zu achten. Unter der Voraussetzung, dass er »an sich« kreditunwürdig ist und selbst bei Anlegung großzügiger Maßstäbe Schwierigkeiten bei der Aufnahme eines Darlehens hat, wird er in dieser Situation, auch ungünstigere Kreditbedingungen zulasten des Ersatzpflichtigen in Kauf nehmen dürfen. Dies kann ihm nicht als eigenes Verschulden angelastet werden.

281 Die Erstattung kann der Ersatzpflichtige lediglich in dem relativ seltenen Fall verweigern, dass die Finanzierungskosten den Folgeschaden übersteigen, der sonst, bei Verzicht auf den Kredit, eingetreten wäre.

### 3. Kreditversicherung

282 Auch die Kosten einer von Finanzierungsinstituten in derartigen Fällen regelmäßig verlangten Kreditversicherung muss bei mangelnder Kreditwürdigkeit der Ersatzpflichtige erstatten, wenn feststeht, dass der Geschädigte sonst kein Darlehen erhalten hätte.[243] Man wird dann dem Geschädigten auch keinen Vorwurf daraus machen können, dass er sich für die Beschaffung eines Kredites an Institute gewandt hat, die im Geschäftsverkehr als weniger seriös gelten, dafür aber in der Wahl ihrer Vertragspartner keine besonders strengen Anforderungen stellen. Voraussetzung ist jedoch auch hierfür die Mitteilung an den Schädiger, dass der Schaden nicht aus eigenen Mitteln vorfinanziert werden kann und deshalb Vorschusszahlung gefordert wird zur Vermeidung von Folgekosten und Zinsen.

### 4. Folgeschaden

283 Sollte ein Kredit selbst unter ungünstigen Bedingungen nicht zu erlangen sein – die Beweislast dafür obliegt, da es sich insoweit um einen Ausnahmetatbestand handelt, dem Geschädigten –, muss der Ersatzpflichtige zwangsläufig die dadurch als mittelbare Folgeschäden weiter entstehenden Nachteile

241 Https://www.nr-kurier.de/artikel/85551-der-schufa-eintrag--was-er-bedeutet-und-was-er-fuer-folgen-hat.

242 *LG Düsseldorf*, VersR 1955, 221.

243 *Brömmelmeyer*, Informations- und Beratungspflichten in der Restschuldversicherung, VersR 2015, 1460.

in Kauf nehmen.[244] Dies ist zum Beispiel die Erforderlichkeit einer längeren Mietwagenbeanspruchung, wenn der Schädiger oder sein Versicherer nicht entsprechende Vorschüsse leistet. Um negative Konsequenzen für beide Parteien zu vermeiden, sollten diese sich um eine flexible Lösung bemühen.

Sind die Reparaturkosten so hoch, dass der Geschädigte sie nicht aus eigenen Mitteln bezahlen kann, ist ihm die Aufnahme eines Kredits in dieser Höhe weder möglich noch zuzumuten und gewährt der Schädiger trotz Aufforderung keinen Vorschuss, hat dieser auch für die Zeit eine Nutzungsausfallentschädigung zu zahlen, in der das reparierte Fahrzeug mangels Bezahlung der Reparaturrechnung von der Werkstatt – in Ausübung des Unternehmerpfandrechts – nicht herausgegeben wird.[245] 284

244 *AG Gelsenkirchen-Buer*, Urt. v. 15.01.2004 – 23 C 527/03, BeckRS 2009, 14116.

245 *OLG Frankfurt* a.M., DAR 1984, 318; *BGH*, DAR 2005, 265 bei langer Verzögerung der Zahlung durch die Versicherung selbst in dem Fall, dass die Nutzungsausfallentschädigung den Wiederbeschaffungswert des Unfallwagens übersteigt; *OLG Karlsruhe*, BeckRS 2011, 20723: länger als 90 Tage; *LG Saarbrücken*, Urt. v. 14.02.2014 – 13 S 189/13, NJW 2014, 2292; *OLG Dresden*, Urt. v. 30.06.2010 – 7 U 313/10, BeckRS 2011, 16655.

# Kapitel 16 Sonstige Nebenkosten

## Schrifttum (Kommentare/Handbücher)

*Anders/Gehle*, ZPO, 83. Aufl. 2025; *Bachmeier*, Das Mandat in Verkehrszivilsachen, 1. Aufl. 1999; *Bachmeier*, Verkehrszivilsachen, 2. Auflage 2010; *Bachmeier/Müller/Rebler*, Verkehrsrecht-Kommentar, 3. Aufl. 2017; *Balke/Just/Reisert/Schulz-Merkel*, Regulierung von Verkehrsunfällen, 2. Aufl. 2020; *Berz/Burmann*, Handbuch des Straßenverkehrsrechts, Stand: 48. EL, August 2023; *Burmann/Heß/Hühnermann/Jahnke*, Straßenverkehrsrecht, 28. Aufl. 2024; *Buschbell/Höke*, Münchener Anwaltshandbuch Straßenverkehrsrecht, 5. Aufl. 2020; *Freymann/Wellner*, jurisPK-StrVerkR, 2. Aufl. 2023; *Geigel*, Der Haftpflichtprozess, 29. Aufl. 2024; *Germelmann/Matthes/Prütting*, Arbeitsgerichtsgesetz, 10. Aufl. 2022; *Greger/Zwickel*, Haftungsrecht des Straßenverkehrs, 6. Auflage 2021; *Haus/Krumm/Quarch*, Gesamtes Verkehrsrecht, 3. Aufl. 2022; *Hentschel/König*, Straßenverkehrsrecht, 48. Aufl. 2025; *Himmelreich/Halm*, Handbuch Verkehrsrecht, 7. Aufl. 2022; *Jahnke*, Der Verdienstausfall im Schadensersatzrecht, 4. Aufl. 2015; *Jahnke/Burmann*, Handbuch Personenschadensrecht, 2. Aufl. 2022; *Küppersbusch/Höher*, Ersatzansprüche bei Personenschaden, 14. Aufl. 2024; *Lütkes/Bachmeier/Müller/Rebler*, Straßenverkehr, Losebl.-Kommentar; *Moll*, Münchener Anwaltshandbuch Arbeitsrecht, 6. Aufl. 2025; *Ludovisy/Eggert/Burhoff*, Praxis des Straßenverkehrsrechts, 6. Aufl. 2015; *Sanden/Völtz*, Sachschadenrecht des Kraftverkehrs, 9. Aufl. 2011.

## Schrifttum (Aufsätze und Literatur)

*Balke*, Schadenspositionen von A bis Z: Mühewaltungen und Zeitaufwand bei der Schadenregulierung SVR 2019, 208; *Balke*, Die Prüfungs- und Bearbeitungsfrist des Kfz-Haftpflichtversicherers, SVR 2009, 457; *Balke*, Die Auslagenpauschale im Verkehrsrecht – Teil 1, SVR 2013, 372 – Teil 2, SVR 2013, 413; *Balke*, Schadenspositionen von A bis Z: Abschleppkosten, SVR 2015, 253; *Bosch*, Zulässigkeit und Grenzen des Einsatzes verdeckter Ermittlungsmethoden durch den Versicherer, VersR 2017, 1119; *Domisch/Scharnetzki*, Zur Ersatzfähigkeit der Kosten der Mühewaltung, VersR 2022, 411; *Eggert*, Der Ersatz von Abschleppkosten im Haftpflichtschadensfall – ein Update, VA 2021, 24; *Eggert*, Die Warnpflicht des Geschädigten gemäß § 254 Abs. 2 S. 1 BGB nach einem Haftpflichtschaden, VA 2012, 114f.; *Fricke*, Der Detektiv als Informant des Versicherers – Zulässigkeit und Grenzen, VersR 2010, 308f.; *Frölich*, Erstattung von Detektivkosten im Arbeitsrecht, NZA 1996, 464; *Günther*, Einsatz von Sachverständigen in »Dubioschäden« durch den Sachversicherer, DS 2006, 259; *Heinrich*, Unfall-Auslagenpauschale jetzt 30 €? – Ein Plädoyer, DAR 2013, 298; *Kappus*, Der Verkehrsunfall in der anwaltlichen Beratungspraxis, NJW 2008, 13; *Klimke*, Anmerkung zu BGH III ZR 35/74, VersR 1977, 134; *Lemcke*, Der Ersatz des Rückstufungsschadens, NJW-Spezial 2013, 393; *Lepke*, Detektivkosten als Schadenersatz im Arbeitsrecht, DB 1985, 1231; *Lipp*, Eigene Mühewaltungen bei außergerichtlicher Rechtsverfolgung – ersatzfähige Einbuße oder Nachteil im eigenverantwortlichen Pflichtenkreis des Betroffenen?, NJW 1992, 1913; *Merrath*, Erstattungsfähigkeit von Schadenermittlungskosten, SVR 2008, 334; *Moser*, Haken beim Hakenrisiko? NZV 2022, 454; *Müller*, Zum Kostenersatzanspruch gegen den Fahrzeughalter nach Feuerwehreinsätzen, VersR 2022, 606; *Nugel*, Zur Bestimmung der zu ersetzenden Abschleppkosten nach einem Verkehrsunfall, zfs 2014, 370; *Richter*, Die Nebenkostenpauschale beim Schadensersatz, SVR 2006, 47; *Richter*, Checkliste für Unfallregulierung mit der Kaskoversicherung, SVR 2010, 217; *Richter*, Zur Prüfungs- und Bearbeitungsfrist des Kfz-Haftpflichtversicherers, SVR 2016, 50; *Schwab*, Statt § 19 der Zweiten Allgemeinen Verwaltungsvorschrift für die Auftragsverwaltung der Bundesfernstraßen – rechtswidrige Praxis in der Bundesauftragsverwaltung bei der Geltendmachung von Schadensersatz, VersR 2012, 1229; *Staab*, Rückstufungsschaden in der Kaskoversicherung bei Haftungsquoten, DAR 2007, 349; *Tomson*, Prämiennachteile als unfallbedingter Schaden, VersR 2007, 923; *Will*, »Finderlohn« bei Fahrerflucht, MDR 1976, 6; *Wilms*, Kasko-Regulierung ist stets zumutbar, DAR 2013, 252.

## Übersicht

## A. Allgemeine Nebenkosten

Aus Gründen der Praktikabilität werden die allgemeinen Nebenkosten in aller Regel durch einen Pauschalbetrag (sog. allgemeine Auslagenpauschale bzw. Aufwendungspauschale) ausgedrückt, der sich je nach der örtlichen Rechtsprechung unterscheidet. Es ist umstritten,[1] ob die Nebenkostenpauschale neben Privatpersonen auch Gewerbetreibenden und der öffentlichen Hand zusteht. Es wird in der Kommentarliteratur[2] und Rechtsprechung[3] auch die Meinung vertreten, dass bei der öffentlichen Hand oder einem gewerblich tätigen Geschädigten, der ein großes, deutschlandweit tätiges Unternehmen betreibt, die Auslagenpauschale unter normale Büro- und Geschäftstätigkeit fällt, die nicht gesondert abgerechnet werden kann. 1

Bei der Beschädigung von Straßeneinrichtungen, die im Eigentum des Bundes stehen, hat der Bund den Ländern in § 19 Abs. 2 d) AVVFStr vorgegeben, dass nur eine Abrechnung von Auslagen (u.a. Porto, Telefon usw.) in tatsächlicher Höhe vorzunehmen ist. Die Zahlung einer Auslagenpauschale im Bereich der Auftragsverwaltung der Bundesfernstraßen kommt somit nicht in Betracht.[4]

Die Schätzung des Pauschalbetrages erfolgt, sofern es zu einem Prozess über dessen Höhe kommt, durch die Gerichte nach § 287 ZPO. Dabei muss der Geschädigte als Kläger im Regelfall nicht 2

1 Bejahend *OLG Zweibrücken*, Urt. v. 03.09.2014 – 1 U 162/13 (Landesbetrieb Mobilität Rheinland-Pfalz); *LG Heidelberg*, Urt. v. 18.02.2015 – 4 S 10/14 – juris Rn. 47 (Autobahnmeisterei); *LG Dessau*, DAR 2002, 72; *AG Dresden*, Urt. v. 04.09.2020 – 101 C 2049/20 (Nahverkehrsbetrieb); ebenso *Katzenstein* in: Geigel, Kap. 3 Rn. 217.

2 *Jahnke* in: Burmann/Heß/Hühnermann/Jahnke, Straßenverkehrsrecht, 28. Aufl. 2024, § 249 BGB Rn. 249 f., 253.

3 *LG Frankenthal*, Urt. v. 16.09.2013 – 4 O 303/12 (Landesbetrieb Mobilität Rheinland-Pfalz); *AG Halle/Saale*, Urt. v. 14.03.2013 – 93 C 1744/12.

4 Ausführlich *Schwab* VersR 2012, 1229.

näher im Detail darlegen, aufgrund welcher Umstände die Pauschale angefallen ist, z.B. welche Telefonate er mit wem geführt hat.[5]

3 Eine Abrechnung der konkret angefallenen, nachstehend erörterten Nebenkosten ist in der Praxis erfahrungsgemäß nur sehr schwer möglich und für den Normalfall nicht nötig, da sie sehr aufwendig mit Quittungen einzeln belegt werden müssten.[6] Oftmals ist die pauschale Abrechnung für den Geschädigten günstiger, da er weniger konkrete Aufwendungen hatte, als ihm pauschal vergolten werden.

4 Sollten ausnahmsweise einmal aus besonderen Gründen doch höhere Kosten entstanden sein, dann müssten sie nach den Grundsätzen der konkreten Schadenberechnung ordnungsgemäß spezifiziert und nachgewiesen, zumindest aber in substantiierter Form glaubhaft gemacht werden. Daher sollte hier, wenn dieser Sonderfall absehbar ist, der Mandant schon in der Erstberatung darauf hingewiesen werden, von Anfang an alle Quittungen zu sammeln und gegebenenfalls z.B. Fahrtstrecken genau zu notieren.

5 Hier gilt dann im Prozess der Strengbeweis nach § 286 ZPO,[7] der nur so erfüllt werden kann. Die Nebenkostenpauschale ist hinsichtlich der Höhe des Beschwerdegegenstandes der Berufung nach § 511 Abs. 2 Nr. 1 ZPO mit einzubeziehen. Es handelt sich nicht um eine nicht berücksichtigungsfähige Nebenforderung nach § 4 Abs. 1 ZPO.[8]

### I. Auslagen für Porto und Telefon

6 Nebenkosten entstehen in jedem Fall, und zwar unabhängig davon, ob das beschädigte Kfz repariert wird oder ob es sich um einen Totalschaden handelt. Es müssen Briefe gewechselt und telefonische Rückfragen gehalten oder Faxe gesendet werden. Ebenso muss das Fahrzeug zur Reparatur in die Werkstatt gebracht werden. Eine Ausnahme kann dann gelten, wenn der Geschädigte selbst Rechtsanwalt ist und die Nebenkosten bereits über seine anwaltliche Gebührenrechnung nach dem VV RVG abrechnet.[9] Zudem ist zu beachten, dass der eintretende Verlust an Freizeit nach herrschender Auffassung nicht erstattungsfähig ist (s. Rdn. 23).

7 Die Höhe der durch die Gerichte zugesprochenen Auslagenpauschalen fällt unterschiedlich aus und bewegt sich in einem Rahmen bis zu ca. 50 €.[10] In der Regel dürften 20 € bis 25 €[11] anzusetzen sein. Die Zuerkennung einer darüber hinausgehenden Auslagenpauschale von z.B. 30 €[12] ist in der Rechtsprechung eher eine Ausnahme. Für eine höhere Nebenkostenpauschale wird immer wieder die allgemeine Geldentwertung und Kostensteigerung angeführt. Eingetretenen Preissteigerungen in Bezug auf Energiekosten (wie z.B. bei Fahrten zur Reparaturwerkstatt oder zum Anwalt) stehen aber kaum noch messbare Vermögenseinbußen durch Telekommunikationskosten gegenüber, nachdem sich in der Praxis weitgehend Flatrate-Tarife durchgesetzt haben und ein Großteil der Kommunikation mittlerweile auch rein elektronisch geführt wird (z.B. Gutachtensversand per e-mail) und deshalb für gewöhnlich Portokosten im nennenswerten Umfang nicht mehr anfallen.[13] Für eine

5 *Müller* in: Himmelreich/Halm, Handbuch Verkehrsrecht, Kap. 6 Rn. 294.; *Balke* in: Lütkes/Bachmeier/Müller/Rebler, Straßenverkehr, Losebl.-Kommentar, § 12 StVG, C2 »Sonstige Nebenkosten« Rn. 1.

6 *AG Pforzheim*, SP 2003, 421.

7 *Müller* in: Himmelreich/Halm, Handbuch Verkehrsrecht, Kap. 6 Rn. 296.

8 *BGH*, DAR 2007, 430.

9 *Richter* SVR 2006, 47.

10 Ausführlich mit umfangreicher Rechtsprechungsübersicht *Balke* SVR 2013, 372 ff., 413 ff.

11 *Kappus* NJW 2008, 892.

12 *Heinrich* DAR 2013, 298.

13 *OLG Brandenburg*, Urt. v. 14.10.2021 – 12 U 89/21; *OLG Celle*, Urt. v. 16.06.2021 – 14 U 152/20, dazu *Figgener/Quaisser* NJW-Spezial 2021, 426; *LG Lübeck*, Urt. v. 19.12.2023 – 10 O 38/23; *AG Bayreuth*, Urt. v. 21.04.2015 – 103 C 1683/14.

generelle Erhöhung der im Verkehrsrecht üblichen Auslagenpauschale besteht kein Anlass.[14] Bei der Schätzung des Pauschalbetrages nach § 287 ZPO sollte indes aus Vereinfachungsgründen lediglich darauf abgestellt werden, ob ein Bagatellschaden in Form eines einfachen Sachschadens oder ein größerer Fahrzeugschaden gegebenenfalls mit zusätzlichem Personenschaden vorliegt. Nachfolgend eine Übersicht zur aktuellen Rechtsprechungspraxis:[15]

5 € 8

*LG Karlsruhe*, Urt. v. 25.02.2011 – 6 O 350/10, WKRS 2011, 22633.

15 € 9

*AG Berlin-Mitte*, Urt. v. 08.09.2004 – 103 C 3221/03, SP 2005, 60.

*AG Bremen*, Urt. v. 17.02.2006 – 9 C 465/05, SP 2006, 213.

*AG Hamburg-St. Georg*, Urt. v. 17.04.2007 – 912 C 348/06, SP 2007, 437.

*AG Osnabrück*, Urt. v. 12.11.2002 – 66 C 148/02, SP 2003, 64.

*LG Halle/Saale*, Urt. v. 28.06.2012 – 4 O 774/11, DAR 2012, 707.

20 € 10

*AG Ahrensburg*, Urt. v. 23.11.2022 – 49 C 827/21, SVR 2023, 231.

*AG Bad Liebenwerda*, Urt. v. 08.11.2013 – 11 C 82/13, SP 2014, 62.

*AG Bad Oeynhausen*, Urt. v. 14.02.2007 – 20 C 285/06, SP 2008, 156.

*AG Bensheim*, Urt. v. 14.02.2007 – 6 C 1272/05, SP 2007, 437.

*AG Bergheim*, Urt. v. 22.01.2013 – 28 C 122/12, SP 2013, 260.

*AG Berlin-Mitte*, Urt. v. 13.11.2013 – 21 C 3114/13, SP 2014, 62.

*AG Bernau*, Urt. v. 07.04.2011 – 10 C 709/10, SP 2011, 442.

*AG Böblingen*, Urt. v. 21.07.2004 – 20 C 1238/04, SP 2005, 60.

*AG Bottrop*, Urt. v. 21.12.2005 – 8 C 394/05, SP 2006, 213.

*AG Bremen*, Urt. v. 08.03.2012 – 5 C 0198/10, SP 2012, 296.

*AG Bremerhaven*, Urt. v. 02.12.2008 – 57 C 1009/08.

*AG Buxtehude*, Urt. v. 01.06.2011 – 31 C 898/10, SP 2011, 442.

*AG Demmin*, Urt. v. 24.01.2006 – 17 C 153/05, SP 2006, 213.

*AG Dinslaken*, Urt. v. 12.01.2005 – 34 C 231/04, SP 2005, 167.

*AG Duisburg*, Urt. v. 04.11.2011 – 33 C 1016/11, SP 2012, 296.

---

14 So ausdrücklich *OLG Hamm*, Urt. v. 07.11.2023 – 7 U 131/22, Rn. 15; *KG* NJW-RR 2022, 679; *OLG Celle*, Urt. v. 16.06.2021 – 14 U 152/20; *OLG München*, Urt. v. 06.12.2019 – 10 U 2554/19 und *OLG München*, Urt. v. 09.03.2018 – 10 U 3204/17; *OLG Brandenburg*, Urt. v. 17.06.2019 – 12 U 179/18; *KG*, Urt. v. 18.02.2019 – 22 U 138/17; *LG München I*, Urt. v. 20.03.2020 – 19 O 4857/18, Rn. 64: »Das Gericht wiederholt gebetsmühlenartig, dass die Auslagenpauschale 25,- Euro beträgt«; *LG Oldenburg*, Urt. v. 06.05.2019 – 18 S 351/18; *LG Potsdam*, Urt. v. 05.10.2018 – 6 O 476/17; *LG Frankfurt/M.*, Urt. v. 27.06.2018 – 2 – 20 O 306/16; *LG Dresden* NJOZ 2017, 1004; *LG Aachen*, Urt. v. 01.09.2016 – 2 S 72/16; *AG Rheinbach*, Urt. v. 24.03.2021 – 26 C 193/16; *AG Brandenburg a.d.H.* NJW-RR 2016, 283 und NZV 2012, 339; *AG Düsseldorf*, Urt. v. 30.07.2015 – 235 C 11335/14.

15 Weitere Fundstellen aus der älteren Rechtsprechung siehe *Balke* in: Himmelreich/Halm/Staab, 4. Aufl. 2018 Rn. 7a ff.; *Bergmann* in: Himmelreich/Halm/Staab, 3. Aufl. 2015, Rn. 7a ff.

*AG Duisburg-Ruhrort*, Urt. v. 30.08.2002 – 8 C 147/02, SP 2002, 393.

*AG Düsseldorf*, Urt. v. 05.07.2012 – 51 C 14792/11, SP 2013, 81.

*AG Eisleben*, Urt. v. 13.10.2005 – 21 C 351/04, SP 2006, 106.

*AG Erfurt*, Urt. v. 25.08.2005 – 4 C 911/05, SP 2005, 386.

*AG Eschweiler*, Urt. v. 18.03.2016 – 21 C 193/15, SVR 2016, 437.

*AG Essen*, Urt. v. 29.04.2014 – 25 C 46/13, juris.

*AG Hamburg-Altona*, Urt. v. 10.06.2022 – 315a C 153/20, SVR 2023, 192.

*AG Hamburg-Barmbek*, Urt. v. 20.04.2023 – 822 C 123/20, SVR 2023, 463.

*AG Hamburg-Barmbek*, Urt. v. 17.11.2016 – 810 C 558/15, BeckRS 2016, 112827.

*AG Hamburg-Blankenese*, Urt. v. 18.10.2011 – 532 C 392/10, BeckRS 2011, 24898.

*AG Hamburg-Harburg*, Urt. v. 19.02.2021 – 643 C 164/20, IWW Nr. 220814.

*AG Hamburg-St. Georg*, Urt. v. 18.04.2012 – 921 C 295/10, SP 2012, 296.

*AG Hamburg-Wandsbek*, Urt. v. 15.02.2011 – 716 C 349/10, BeckRS 2011, 06437.

*AG Heinsberg*, Urt. v. 21.08.2006 – 16 C 99/05, SP 2007, 148.

*AG Iserlohn*, Urt. v. 13.03.2006 – 45 C 137/05, SP 2006, 286.

*AG Mannheim*, Urt. v. 15.09.2009 – 3 C 7/08, SP 2010, 111.

*AG München*, Urt. v. 27.06.2011 – 331 C 29216/10, SP 2012, 117.

*AG Neubrandenburg*, Urt. v. 25.02.2016 – 103 C 724/15.

*AG Neumünster*, Urt. v. 05.01.2022 – 32 C 166/21.

*AG Neu-Ulm*, Urt. v. 01.10.2004 – 4 C 951/04, SP 2005, 18.

*AG Niebüll*, Urt. v. 02.11.2016 – 10 C 63/16.

*AG Norden*, Urt. v. 17.03.2006 – 5 C 765/05, SP 2006, 213.

*AG Norderstedt*, Urt. v. 15.06.2016 – 42 C 33/13, SchlHA 2017, 25.

*AG Norderstedt*, Urt. v. 23.06.2014 – 42 C 419/12, DV 2014, 184.

*AG Oldenburg (Holstein)*, Urt. v. 10.01.2022 – 35 C 27/17.

*AG Pforzheim*, Urt. v. 14.08.2007 – 2 C 205/07, SP 2008, 263.

*AG Remscheid*, Urt. v. 29.05.2012 – 7 C 42/12, SP 2013, 81.

*AG Reutlingen*, Urt. v. 01.07.2011 – 14 C 213/11, SP 2011, 442.

*AG Rostock*, Urt. v. 15.06.2023 – 46 C 378/15, DV 2023, 150, 153.

*AG Schwarzenbek*, Urt. v. 15.09.2021 – 2 C 44/20, BeckRS 2021, 33927.

*AG Schwerin*, Urt. v. 14.10.2005 – 11 C 2668/04, SP 2006, 213.

*AG Soest*, Urt. v. 18.02.2005 – 14 C 182/04, SP 2005, 309.

*AG Solingen*, Urt. v. 23.02.2018 – 12 C 46/18, juris.

*AG Titisee-Neustadt*, Urt. v. 19.07.2004 – 11 C 50/04, SP 2005, 202.

*AG Tübingen*, Urt. v. 08.03.2003 – 1 O 11/03, SP 2005, 60.

*AG Wiesbaden*, Urt. v. 07.10.2010 – 6 O 89/10, NZV 2011, 92.

*AG Zehdenick*, Urt. v. 17.06.2004 – 62 C 134/03, SP 2005, 275.

*LG Berlin*, Urt. v. 01.02.2023 – 46 S 55/22, BeckRS 2023, 3584.

*LG Berlin*, Urt. v. 07.06.2018 – 41 O 193/16, NZV 2019, 261.

*LG Bremen*, Urt. v. 24.05.2012 – 7 S 277/11, juris.

*LG Dessau-Roßlau*, Urt. v. 31.01.2014 – 4 O 749/12, NJOZ 2014, 746.

*LG Detmold*, Urt. v. 12.02.2014 – 10 S 107/13, SP 2014, 331.

*LG Erfurt*, Urt. v. 07.09.2010 – 10 O 516/09, BeckRS 2011, 10365.

*LG Freiburg i.Br.*, Urt. v. 06.07.2015 – 11 O 41/15, DV 2017, 124.

*LG Hamburg*, Urt. v. 27.09.2022 – 302 O 245/19, BeckRS 2022, 33004.

*LG Hamburg*, Urt. v. 23.09.2022 – 331 O 134/21, BeckRS 2022, 32974.

*LG Hamburg*, Urt. v. 28.02.2019 – 323 O 188/17, NZV 2019, 427.

*LG Heidelberg*, Urt. v. 18.02.2015 – 4 S 10/14, NJOZ 2015, 585.

*LG Heilbronn*, Urt. v. 01.06.2004 – 2 O 710/03, SP 2005, 13.

*LG Itzehoe*, Urt. v. 04.06.2023 – 10 O 419/21, BeckRS 2023, 7202.

*LG Itzehoe*, Urt. v. 24.11.2020 – 3 O 178/19, BeckRS 2020, 32803.

*LG Karlsruhe*, Urt. v. 16.02.2007 – 3 O 285/06, WKRS 2007, 55509.

*LG Kiel*, Urt. v. 26.02.2019 – 1 S 67/18, NZV 2019, 370.

*LG Kiel*, Beschl. v. 10.12.2018 – 1 S 67/18, BeckRS 2018, 34650.

*LG Lübeck*, Urt. v. 26.09.2024 – 3 O 193/22, BeckRS 2024, 30144.

*LG Lübeck*, Urt. v. 19.12.2023 – 10 O 38/23, BeckRS 2023, 48981.

*LG Magdeburg*, Urt. v. 09.02.2012 – 9 O 1536/10, BeckRS 2012, 07759.

*LG Mönchengladbach*, Urt. v. 06.11.2007 – 5 S 47/07, SP 2008, 156.

*LG Münster*, Urt. v. 06.10.2010 – 6 S 60/10, WKRS 2010, 37154.

*LG Potsdam*, Urt. v. 05.10.2018 – 6 O 476/17, juris.

*LG Potsdam*, Urt. v. 01.06.2018 – 6 O 382/17, juris.

*LG Stendal*, Urt. v. 28.04.2011 – 22 S 84/10, SP 2012, 117.

*LG Tübingen*, Urt. v. 08.03.2003 – 1 O 11/03, SP 2005, 60.

*LG Wuppertal*, Urt. v. 22.03.2012 – 4 O 278/11, SP 2013, 81.

*KG*, Urt. v. 25.11.2021 – 22 U 46/21, NJW-RR 2022, 679.

*KG*, Urt. v. 10.02.2021 – 25 U 160/19, juris.

*KG*, Urt. v. 21.02.2019 – 22 U 122/17, NJW-RR 2019, 992.

*OLG Brandenburg*, Urt. v. 25.09.2023 – 12 U 209/22, BeckRS 2023, 29361.

*OLG Brandenburg*, Urt. v. 20.01.2022 – 12 U 61/21, BeckRS 2022, 2625.

*OLG Bremen*, Urt. v. 13.03.2013 – 1 U 13/12, NJW 2013, 2206.

*OLG Hamm*, Urt. v. 20.10.2005 – 27 U 37/05, DAR 2006, 275.

*OLG Karlsruhe*, Urt. v. 30.05.2012 – 1 U 193/11, NZV 2012, 437.

*OLG Oldenburg*, Urt. v. 21.03.2012 – 3 U 69/10, NZV 2012, 440.

*OLG Schleswig*, Urt. v. 06.02.2024 – 7 U 94/23, BeckRS 2024, 1525.

*OLG Schleswig*, Urt. v. 28.11.2013 – 7 U 158/12, NJOZ 2014, 985.

*Thüringer OLG*, Urt. v. 26.10.2011 – 7 U 1088/10, BeckRS 2013, 04879.

11 21 €

*AG Dinslaken*, Urt. v. 26.07.2001 – 30 C 48/01, NJW-RR 2001, 1682.

*AG Dorsten*, Urt. v. 26.01.2005 – 8 C 235/04, SP 2005, 167.

*AG Essen*, Urt. v. 20.01.2006 – 11 C 434/05, SP 2006, 213.

*AG Lüdenscheid*, Urt. v. 07.12.2004 – 95b C 150/03, SP 2005, 167.

12 25 €

*AG Aachen*, Urt. v. 08.05.2014 – 100 C 597/13, WKRS 2014, 29757.

*AG Ahaus*, Urt. v. 12.08.2010 – 15 C 18/10, SP 2011, 140.

*AG Ahrensburg*, Urt. v. 23.11.2022 – 49 C 827/21, SVR 2023, 231.

*AG Aichach*, Urt. v. 07.03.2021 – 101 C 742/20, IWW.

*AG Altötting*, Urt. v. 01.03.2021 – 1 C 31/21, IWW.

*AG Amberg*, Urt. v. 29.01.2009 – 2 C 1232/08, BeckRS 2009, 26809.

*AG Ansbach*, Urt. v. 16.02.2018 – 4 C 707/17, juris.

*AG Arnstadt*, Urt. v. 17.06.2015 – 22 C 276/14, BeckRS 2015, 11123.

*AG Aue*, Urt. v. 28.10.2005 – 1 C 435/05, SP 2006, 286.

*AG Bad Homburg v.d.H.*, Urt. v. 01.07.2008 – 2 C 364/08 (19), BeckRS 2010, 20690.

*AG Bad Neuenahr-Ahrweiler*, Urt. v. 13.06.2012 – 32 C 915/11, SP 2012, 295.

*AG Bad Segeberg*, Urt. v. 08.11.2012 – 17a C 256/10, NJW-RR 2013, 864.

*AG Bayreuth*, Urt. v. 21.04.2015 – 103 C 1683/14, BeckRS 2015, 12609.

*AG Bergisch Gladbach*, Urt. v. 29.07.2016 – 63 C 508/15, BeckRS 2016, 115006.

*AG Bochum*, Urt. v. 21.10.2014 – 40 C 325/13, SP 2015, 158.

*AG Bonn*, Urt. v. 05.11.2013 – 109 C 59/13, SP 2014, 62.

*AG Bonn*, Urt. v. 21.12.2010 – 106 C 216/10, SP 2011, 231.

*AG Borken*, Urt. v. 16.06.2011 – 12 C 16/11, WKRS 2011, 25834.

*AG Borna*, Urt. v. 31.08.2018 – 9 C 1051/16.

*AG Brandenburg a.d.H.*, Urt. v. 27.05.2022 – 31 C 290/20, BeckRS 2022, 11542.

*AG Braunschweig*, Urt. v. 22.02.2022 – 117 C 1155/20, BeckRS 2022, 3509.

*AG Bremen*, Urt. v. 03.03.2011 – 9 C 366/10, BeckRS 2011, 08290.

*AG Bruchsal*, Urt. v. 22.12.2016 – 6 C 234/15.

*AG Buchen*, Urt. v. 09.07.2010 – 1 C 103/09.

*AG Buxtehude*, Urt. v. 07.05.2021 – 31 C 44/21, BeckRS 2021, 10497.

*AG Cham*, Urt. v. 09.02.2011 – 1 C 923/10.

*AG Dachau*, Urt. v. 30.01.2013 – 3 C 1146/10, BeckRS 2013, 100001.

*AG Demmin*, Urt. v. 08.11.2005 – 17 C 153/05, SP 2006, 106.

*AG Dessau*, Urt. v. 03.05.2007 – 4 C 736/05, SP 2008, 263.

*AG Dortmund*, Urt. v. 29.05.2018 – 425 C 9258/17, NJW-RR 2018, 1295.

*AG Dortmund*, Urt. v. 03.11.2015 – 425 C 5001/17, BeckRS 2016, 12607.

*AG Dresden*, Urt. v. 04.09.2020 – 101 C 2049/20, juris.

*AG Dresden*, Urt. v. 31.07.2019 – 101 C 1160/19, NJOZ 2020, 1162.

*AG Duderstadt*, Urt. v. 09.02.2011 – 11 C 311/10, BeckRS 2014, 13274.

*AG Duisburg*, Urt. v. 16.10.2013 – 50 C 779/12, SP 2014, 157.

*AG Duisburg-Hamborn*, Urt. v. 05.01.2007 – 8 C 425/06, SP 2007, 438.

*AG Düren*, Urt. v. 29.06.2011 – 44 C 117/11, SP 2012, 25.

*AG Düsseldorf*, Urt. v. 30.07.2015 – 235 C 11335/14, SVR 2015, 426.

*AG Ebersberg*, Urt. v. 09.08.2012 – 2 C 745/11, SVR 2012, 426.

*AG Eilenburg*, Urt. v. 20.04.2007 – 4 C 54/07, BeckRS 2008, 05970.

*AG Eisenach*, Urt. v. 06.06.2013 – 54 C 1032/10, SP 2014, 62.

*AG Emden*, Urt. v. 17.01.2007 – 5 C 858/06 (11), SP 2007, 438.

*AG Erkelenz*, Urt. v. 10.05.2013 – 8 C 99/10.

*AG Eschweiler*, Urt. v. 25.07.2016 – 25 C 12/16, juris.

*AG Essen*, Urt. v. 13.01.2016 – 20 C 254/15, SVR 2016, 108.

*AG Essen-Borbeck*, Urt. v. 23.03.2016 – 23 C 46/15.

*AG Essen-Steele*, Urt. v. 02.02.2011 – 8 C 350/08, SP 2011, 283.

*AG Euskirchen*, Urt. v. 23.11.2011 – 13 C 335/11, SP 2012, 296.

*AG Flensburg*, Urt. v. 30.09.2020 – 65 C 191/18, SVR 2021, 70.

*AG Frankenthal*, Urt. v. 26.06.2020 – 3c C 61/19.

*AG Frankenthal*, Urt. v. 29.09.2016 – 3a C 176/15, SP 2016, 401.

*AG Frankfurt/M.*, Urt. v. 18.12.2015 – 29 C 3336/13 (85), DV 2016, 235.

*AG Frankfurt/M.*, Urt. v. 19.10.2015 – 32 C 2787/15 (48), SVR 2017, 314.

*AG Freudenstadt*, Urt. v. 15.03.2018 – 4 C 196/17, SVR 2021, 307.

*AG Friedberg/H.*, Urt. v. 16.09.2011 – 2 C 518/11, SP 2012, 117.

*AG Fürstenfeldbruck*, Urt. v. 19.01.2016 – 6 C 1624/15, BeckRS 2016, 04992.

*AG Fürth*, Urt. v. 21.05.2015 – 310 C 306/15.

*AG Geilenkirchen*, Urt. v. 11.12.2008 – 2 C 110/08.

*AG Geldern*, Urt. v. 07.01.2011 – 3 C 224/09, SP 2011, 319.

*AG Gelsenkirchen*, Urt. v. 05.02.2009 – 32 C 92/08, BeckRS 2009, 44418.

*AG Germersheim*, Urt. v. 08.03.2012 – 1 C 473/11, SP 2012, 294.

*AG Gießen*, Urt. v. 11.08.2011 – 47 C 223/10, WKRS 2011, 42909.

*AG Goslar*, Urt. v. 31.01.2019 – 4 C 304/17, BeckRS 2019, 41167.

*AG Greifswald*, Urt. v. 27.10.2016 – 45 C 14/16.

*AG Grevenbroich*, Urt. v. 15.10.2012 – 9 C 255/11, SP 2013, 81.

*AG Groß-Gerau*, Urt. v. 29.10.2013 – 61 C 28/12 – (14), SP 2014, 62.

*AG Gronau*, Urt. v. 27.09.2012 – 1 C 148/11, WKRS 2012, 36123.

*AG Gummersbach*, Urt. v. 24.05.2013 – 19 C 50/12, WKRS 2013, 49157.

*AG Hagen*, Urt. v. 24.05.2017 – 16 C 176/16.

*AG Halle/Saale*, Urt. v. 12.12.2018 – 99 C 1978/17, DV 2019, 178.

*AG Halle/Saale*, Urt. v. 28.07.2016 – 92 C 2155/16.

*AG Hameln*, Urt. v. 21.12.2022 – 32 C 43/21, BeckRS 2022, 06437.

*AG Hamm*, Urt. v. 24.04.2013 – 24 C 43/11, SP 2013, 260.

*AG Hanau*, Urt. v. 08.07.2020 – 39 C 218/17 (19).

*AG Hannover*, Urt. v. 25.10.2012 – 513 C 2356/11, SP 2013, 81.

*AG Hannover*, Urt. v. 09.11.2011 – 425 C 5099/10, SP 2012, 296.

*AG Hassfurt*, Urt. v. 24.11.2021 – 1 C 195/21, IWW.

*AG Hattingen*, Urt. v. 22.01.2015 – 5 C 260/13, juris.

*AG Hechingen*, Urt. v. 13.03.2019 – 6 C 233/18.

*AG Heidelberg*, Urt. v. 17.07.2015 – 21 C 43/15, SVR 2015, 424.

*AG Heidelberg*, Urt. v. 12.02.2014 – 30 C 383/13, SP 2014, 165.

*AG Heilbronn*, Urt. v. 12.08.2020 – 10 C 1221/20, BeckRS 2020, 20213.

*AG Heinsberg*, Urt. v. 26.10.2016 – 36 C 40/15, BeckRS 2016, 19645.

*AG Hersbruck*, Urt. v. 26.11.2009 – 2 C 474/09, BeckRS 2010, 24861.

*AG Hildesheim*, Urt. v. 07.08.2008 – 47 C 119/08, NJW 2008, 3365.

*AG Holzminden*, Urt. v. 26.04.2017 – 10 C 185/16.

*AG Ibbenbüren*, Urt. v. 17.06.2015 – 3 C 91/15, NJW-RR 2015, 1439.

*AG Ingolstadt*, Urt. v. 31.08.2010 – 11 C 1203/10, SP 2011, 141.

*AG Iserlohn*, Urt. v. 31.01.2018 – 40 C 164/15.

*AG Jena*, Urt. v. 15.08.2006 – 22 C 793/05, SP 2006, 427.

*AG Kaiserslautern*, Urt. v. 19.02.2014 – 4 C 514/13, BeckRS 2014, 06351.

*AG Karlsruhe*, Urt. v. 01.10.2013 – 7 C 469/12, SP 2014, 62.

*AG Kassel*, Urt. v. 21.04.2015 – 435 C 5128/12, NZV 2016, 225.

*AG Kassel*, Urt. v. 19.07.2007 – 40 C 66/07, SP 2008, 263.

*AG Kehl*, Urt. v. 12.12.2011 – 4 C 586/10, WKRS 2011, 35357.

*AG Kerpen*, Urt. v. 07.12.2007 – 21 C 184/07, SP 2008, 156.

AG *Kiel*, Urt. v. 28.06.2016 – 110 C 76/16, NJOZ 2016, 1842.

*AG Kirchhain*, Urt. v. 26.04.2018 – 7 C 2/18, BeckRS 2018, 45973.

*AG Koblenz*, Urt. v. 28.06.2013 – 411 C 2278/12, SP 2013, 432.

*AG Köln*, Urt. v. 24.07.2017 – 264 C 164/15.

*AG Königs-Wusterhausen*, Urt. v. 23.08.2006 – 9 C 171/06, SP 2007, 148.

*AG Krefeld*, Urt. v. 01.02.2012 – 1 C 113/11, SP 2012, 330.

*AG Landau/Pfalz*, Urt. v. 25.08.2011 – 4 C 236/11.

*AG Landau/Pfalz*, Urt. v. 16.05.2007 – C 160/06, SP 2008, 156.

*AG Landstuhl*, Urt. v. 23.02.2011 – 3 C 604/10, WKRS 2011, 12829.

*AG Langenfeld*, Urt. v. 06.07.2007 – 31 C 194/06, SP 2008, 156.

*AG Leipzig*, Urt. v. 07.12.2012 – 118 C 7315712, SP 2013, 260.

*AG Lemgo*, Urt. v. 30.11.2011 – 20 C 144/11, WKRS 2011, 37457.

*AG Leverkusen*, Urt. v. 14.07.2015 – 24 C 585/14, NZV 2016, 479.

*AG Lingen/Ems*, Urt. v. 16.05.2011 – 12 C 1282/11, zfs 2012, 135.

*AG Lörrach*, Urt. v. 30.09.2011 – 6 C 877/11, DV 2012, 39.

*AG Lüneburg*, Urt. v. 08.06.2006 – 12 C 493/05, SP 2006, 427.

*AG Lünen*, Urt. v. 09.09.2016 – 8 C 305/15, juris.

*AG Ludwigshafen*, Urt. v. 13.05.2005 – 2a C 444/04, juris.

*AG Magdeburg*, Urt. v. 08.01.2014 – 150 C 427/12, SP 2014, 165.

*AG Mannheim*, Urt. v. 20.02.2020 – 3 C 4445/19, juris.

*AG Marburg*, Urt. v. 01.12.2020 – 9 C 481/19 (81), BeckRS 2020, 36004.

*AG Marl*, Urt. v. 17.07.2017 – 24 C 57/17.

*AG Mettmann*, Urt. v. 02.06.2016 – 20 C 96/14, NJW-RR 2016, 1433.

*AG Moers*, Urt. v. 04.06.2014 – 561 C 428/13.

*AG Mühlheim/Ruhr*, Urt. v. 03.04.2012 – 10 C 1772/10, SP 2012, 296.

*AG München*, Urt. v. 16.09.2016 – 322 C 2647/16, WKRS 2016, 35003.

*AG Münster*, Urt. v. 07.03.2014 – 28 C 1237/13, SP 2014, 165.

*AG Neuburg a.d. Donau*, Urt. v. 13.03.2014 – 3 C 330/13.

*AG Neuss*, Urt. v. 03.07.2013 – 101 C 4127/12, SP 2014, 62.

*AG Nordhausen*, Urt. v. 14.07.2011 – 22 C 476/10, SP 2012, 117.

*AG Nördlingen*, Urt. v. 28.10.2011 – 1 C 932/10, SP 2012, 117.

*AG Norderstedt*, Urt. v. 15.06.2016 – 42 C 33/13, SchlHA 2017, 25.

*AG Nürnberg*, Urt. v. 09.10.2009 – 35 C 4501/09, BeckRS 2010, 24863.

*AG Nürnberg*, Urt. v. 28.09.2009 – 33 C 690/09, zfs 2010, 324.

*AG Oberhausen*, Urt. v. 19.04.2013 – 35 C 666/12, SP 2014, 62.

*AG Obernburg*, Urt. v. 24.04.2014 – 1 C 138/12, SP 2014, 341.

*AG Offenbach/Main*, Urt. v. 26.01.2007 – 340 C 80/05, SP 2007, 438.

*AG Otterndorf*, Urt. v. 30.10.2013 – 2 C 181/13, DV 2014, 24.

*AG Ottweiler*, Urt. v. 17.01.2014 – 2 C 118/13 (78), juris.

*AG Paderborn*, Urt. v. 29.04.2013 – 58 C 27/13, SP 2014, 62.

*AG Pinneberg*, Urt. v. 05.05.2015 – 62 C 29/15, SP 2015, 411.

*AG Pirna*, Urt. v. 25.02.2016 – 12 C 601/15, BeckRS 2016, 137589.

*AG Rastatt*, Urt. v. 27.05.2016 – 16 C 230/15, SVR 2016, 388.

*AG Ratingen*, Urt. v. 20.03.2018 – 11 C 52/17, BeckRS 2018, 5846.

*AG Recklinghausen*, Urt. v. 14.05.2013 – 19 C 41/13, SP 2014, 62.

*AG Rendsburg*, Urt. v. 19.08.2010 – 18 C 187/10, BeckRS 2011, 18762.

*AG Rheinbach*, Urt. v. 24.03.2021 – 26 C 193/16, BeckRS 2021, 10434.

*AG Rheinberg*, Urt. v. 28.03.2013 – 11 C 195/11, SP 2013, 336.

*AG Rheine*, Urt. v. 26.02.2019 – 4 C 167/18, juris.

*AG Rottweil*, Urt. v. 02.05.2016 – 1 C 19/16, DV 2016, 235.

*AG Rudolstadt*, Urt. v. 04.09.2014 – 3 C 134/14, DV 2014, 232.

*AG Rüsselsheim*, Urt. v. 16.10.2016 – 3 C 5397/14 (37).

*AG Saarbrücken*, Urt. v. 01.06.2016 – 3 C 446/14.

*AG Salzwedel*, Urt. v. 04.04.2013 – 31 C 432/12, WKRS 2013, 56555.

*AG St. Goar*, Urt. v. 27.03.2007 – 3 C 279/06, SP 2007, 438.

*AG St. Ingbert*, Urt. v. 29.12.2014 – 9 C 49/14, BeckRS 2016, 00657.

*AG Schwabach*, Urt. v. 13.08.2008 – 2 C 436/07, juris.

*AG Schwandorf*, Urt. v. 19.04.2023 – 2 C 263/22, IWW.

*AG Siegburg*, Urt. v. 23.02.2007 – 116 C 115/06, juris.

*AG Siegen*, Urt. v. 27.04.2007 – 12 C 479/06, SP 2007, 438.

*AG Solingen*, Urt. v. 19.02.2021 – 11 C 354/19, BeckRS 2021, 19738.

*AG Spaichingen*, Urt. v. 14.09.2018 – 2 C 101/17, juris.

*AG Stade*, 30.03.2021 – 63 C 789/20, BeckRS 2021, 6627.

*AG Stockach*, Urt. v. 13.05.2014 – 1 C 43/14, DV 2014, 178.

*AG Stralsund*, Urt. v. 12.03.2003 – 11 C 1283/02, NZV 2003, 290.

*AG Strausberg*, Urt. v. 17.08.2010 – 10 C 62/10, SP 2011, 140.

*AG Sulingen*, Urt. v. 05.05.2015 – 3 C 177/14, SP 2016, 186.

*AG Überlingen*, Urt. v. 20.03.2018 – 1 C 94/17, SVR 2020, 394.

*AG Uelzen*, Urt. v. 21.12.2006 – 13 C 5493/06, SP 2007, 438.

*AG Ulm*, Urt. v. 23.07.2009 – 7 C 2140/08, WKRS 2009, 44915.

*AG Vechta*, Urt. v. 29.06.2022 – 11 C 516/20, BeckRS 2022, 33298.

*AG Velbert*, Urt. v. 14.01.2021 – 11 C 6/19, BeckRS 2021, 928.

*AG Waiblingen*, Urt. v. 05.11.2004 – 14 C 1066/04, SP 2005, 167.

*AG Weiden*, Urt. v. 01.06.2011 – 2 C 204/11, juris.

*AG Weißenburg i. Bay.*, Urt. v. 31.10.2013 – 2 C 441/12, juris.

*AG Wesel*, Urt. v. 13.06.2017 – 30 C 124/15.

*AG Wetter (Ruhr)*, Urt. v. 06.01.2017 – 9 C 156/16, BeckRS 2017, 101739.

*AG Wetzlar*, Urt. v. 25.02.2014 – 30 C 1479/12, SP 2014, 165.

*AG Wiesbaden*, Urt. v. 31.10.2013 – 91 C 668/12 – (20), SP 2014, 62.

*AG Witten*, Urt. v. 07.10.2004 – 2 C 936/04, SP 2005, 167.

*AG Wittmund*, Urt. v. 17.07.2008 – 4 C 177/08, juris.

*AG Wolfratshausen*, Urt. v. 31.01.2023 – 5 C 504/22, DV 2023, 156, 157.

*AG Wolfsburg*, Urt. v. 14.09.2011 – 12 C 102/11, zfs 2011, 683.

*AG Wolgast*, Urt. v. 09.06.2006 – 1 C 442/05, SP 2006, 427.

*AG Wuppertal*, Urt. v. 08.08.2013 – 33 C 445/12, SP 2014, 62.

*AG Zeitz*, Urt. v. 15.05.2018 – 4 C 328/17, BeckRS 2018, 16921.

*LG Aachen*, Urt. v. 21.10.2021 – 4 O 63/21, jurisPR-VerkR 09/2022.

*LG Arnsberg*, Urt. v. 02.08.2017 – I – 3 S 198/16, NJW-RR 2017, 1178.

*LG Aschaffenburg*, Urt. v. 24.07.2014 – 23 S 21/14, BeckRS 2014, 15414.

*LG Aurich*, Urt. v. 06.01.2011 – 2 O 698/10, DAR 2011, 205.

*LG Bad Kreuznach*, Urt. v. 25.07.2014 – 3 O 28/12, NJW-RR 2015, 227.

*LG Bielefeld*, Urt. v. 09.11.2015 – 8 O 281/14, SVR 2016, 302.

*LG Bochum*, Urt. v. 15.07.2017 – 2 O 246/17, juris.

*LG Bonn*, Urt. v. 30.10.2023 – 9 O 19/22, BeckRS 2023, 31580.

*LG Braunschweig*, Urt. v. 21.10.2023 – 6 O 1025/23, BeckRS 2023, 28801.

*LG Bremen*, Beschl. v. 18.01.2022 – 4 S 148/20, BeckRS 2022, 821.

*LG Bückeburg*, Urt. v. 01.03.2011 – 2 S 41/10, NZV 2012, 135.

*LG Darmstadt*, Urt. v. 17.07.2023 – 3 O 304/21, BeckRS 2023, 43719.

*LG Dessau-Roßlau*, Urt. v. 31.01.2014 – 4 O 749/12, NJOZ 2014, 746.

*LG Detmold*, Urt. v. 02.07.2014 – 12 O 210/12, WKRS 2014, 18416.

*LG Dortmund*, Urt. v. 11.04.2013 – 4 S 70/11, SP 2013, 260.

*LG Dresden*, Urt. v. 02.09.2016 – 6 O 244/16, NJOZ 2017, 1004.

*LG Düsseldorf*, Urt. v. 09.06.2023 – 16 O 248/22, juris.

*LG Düsseldorf*, Urt. v. 28.08.2015 – 1 O 142/14.

*LG Duisburg*, Urt. v. 14.06.2017 – 1 O 58/16.

*LG Ellwangen*, Urt. v. 07.12.2023 – 6 O 57/21, BeckRS 2023, 50815.

*LG Erfurt*, Urt. v. 19.09.2019 – 10 O 925/18, BeckRS 2019, 29922.

*LG Essen*, Urt. v. 08.04.2022 – 9 O 126/19, juris.

*LG Flensburg*, Urt. v. 02.11.2017 – 7 S 21/17.

*LG Frankfurt/M.*, Urt. v. 06.08.2020 – 2-24 O 143/19, BeckRS 2020, 20585.

*LG Frankfurt/Oder*, Urt. v. 15.03.2021 – 14 O 50/17, BeckRS 2021, 46713.

*LG Fulda*, Urt. v. 16.06.2015 – 3 O 670/14, WKRS 2015, 41182.

*LG Gera*, Urt. v. 12.11.2021 – 3 O 721/20, BeckRS 2021, 36459.

*LG Gießen*, Urt. v. 28.01.2016 – 5 O 212/15, WKRS 2016, 16837.

*LG Göttingen*, Urt. v. 13.09.2017 – 1 S 110/15, BeckRS 2017, 145246.

*LG Hagen*, Urt. v. 19.10.2015 – 4 O 267/13, WKRS 2015, 39431.

*LG Heidelberg*, Urt. v. 15.04.2020 – 4 S 11/19, DAR 2020, 632.

*LG Heilbronn*, Urt. v. 31.01.2023 – 5 O 329/19, juris.

*LG Hildesheim*, Urt. v. 09.03.2007 – 5 O 213/05, SP 2008, 156.

*LG Ingolstadt*, Urt. v. 07.12.2011 – 51 O 1715/10, SP 2012, 224.

*LG Kaiserslautern*, Urt. v. 14.06.2013 – 3 O 837/12, DAR 2013, 517.

*LG Karlsruhe*, Urt. v. 30.05.2022 – 10 O 243/19, BeckRS 2022, 50563.

*LG Karlsruhe*, Urt. v. 23.12.2016 – 19 S 65/15, BeckRS 2016, 112291.

*LG Kassel*, Urt. v. 14.12.2016 – 6 O 253/15, SVR 2017, 309.

*LG Kassel*, Urt. v. 09.02.2010 – 9 O 468/07, SVR 2011, 106.

*LG Kleve*, Urt. v. 23.12.2016 – 5 S 146/15, NJOZ 2018, 493.

*LG Koblenz*, Urt. v. 02.05.2017 – 5 O 63/16, SVR 2017, 470.

*LG Koblenz*, Urt. v. 30.06.2015 – 6 S 86/15, NJOZ 2016, 637.

*LG Köln*, Urt. v. 19.04.2024 – 14 O 65/21, BeckRS 2024, 9011.

*LG Köln*, Urt. v. 13.02.2024 – 30 O 411/22, juris.

*LG Konstanz*, Urt. v. 26.02.2016 – 2 O 290/14, DV 2016, 106.

*LG Konstanz*, Urt. v. 16.01.2013 – 6 O 197/12 B, NJW-RR 2013, 399.

*LG Landshut*, Urt. v. 19.05.2011 – 54 O 3397/09.

*LG Leipzig*, Urt. v. 20.09.2016 – 7 O 707/16.

*LG Limburg/Lahn*, Urt. v. 23.08.2019 – 1 O 239/17, DV 2019, 169.

*LG Lübeck*, Urt. v. 22.11.2013 – 6 O 22/13, SP 2014, 188.

*LG Lüneburg*, Urt. v. 26.10.2016 – 6 O 46/15.

*LG Lüneburg*, Urt. v. 07.04.2015 – 9 S 104/14, NJW-RR 2015, 979.

*LG Magdeburg*, Urt. v. 06.10.2011 – 10 O 1030/11 – 233, WKRS 2011, 231860.

*LG Magdeburg*, Urt. v. 18.11.2010 – 9 O 1376/10, BeckRS 2011, 04834.

*LG Mainz*, Urt. v. 27.01.2017 – 1 O 116/16, r+s 2017, 385.

*LG Mannheim*, Urt. v. 13.02.2014 – 10 S 71/13, DV 2014, 168.

*LG Memmingen*, Urt. v. 08.01.2019 – 33 O 1276/17, BeckRS 2019, 5015.

*LG Mönchengladbach*, Urt. v. 11.04.2008 – 11 O 157/05, SP 2008, 263.

*LG München I*, Urt. v. 20.03.2020 – 19 O 4857/18, BeckRS 2020, 26354.

*LG München I*, Urt. v. 31.10.2018 – 17 O 5549/17, BeckRS 2018, 33893.

*LG Münster*, Urt. v. 11.05.2023 – 8 O 136/22, VersR 2024, 27.

*LG Nürnberg-Fürth*, Urt. v. 18.09.2024 – 8 O 4990/23, BeckRS 2024, 24175.

*LG Nürnberg-Fürth*, Urt. v. 27.12.2023 – 8 O 6661/22, BeckRS 2023, 39451.

*LG Oldenburg*, Urt. v. 06.05.2019 – 18 S 351/18, NZV 2020, 53.

*LG Osnabrück*, Urt. v. 29.03.2022 – 1 O 1867/20, r+s 2022, 280.

*LG Passau*, Urt. v. 24.01.2017 – 4 O 577/15, SVR 2017, 311.

*LG Ravensburg*, Urt. v. 31.01.2014 – 6 O 302/13, BeckRS 2014, 23868.

*LG Ravensburg*, Urt. v. 09.01.2014 – 2 O 242/13, BeckRS 2014, 23993.

*LG Regensburg*, Urt. v. 25.11.2003 – 1 O 348/03, NZV 2005, 49.

*LG Rostock*, Urt. v. 18.10.2012 – 1 S 41/12, SP 2013, 81.

*LG Rottweil*, Urt. v. 28.09.2016 – 1 S 27/16, WKRS 2016, 29886.

*LG Saarbrücken*, Urt. v. 22.12.2023 – 13 S 34/23, zfs 2024, 200.

*LG Saarbrücken*, Urt. v. 20.01.2023 – 13 S 60/22, BeckRS 2023, 367.

*LG Schweinfurt*, Urt. v. 12.09.2016 – 23 S 11/16, NJW 2016, 3456.

*LG Siegen*, Urt. v. 01.12.2021 – 1 O 399/20, IWW.

*LG Stade*, Urt. v. 28.11.2006 – 1 S 47/06, juris.

*LG Stade*, Urt. v. 02.03.2004 – 1 S 45/03, NZV 2004, 254.

*LG Stuttgart*, Urt. v. 14.03.2018 – 5 S 6/18.

*LG Trier*, Urt. v. 17.12.2019 – 6 O 49/18, BeckRS 2019, 45114.

*LG Tübingen*, Urt. v. 11.04.2012 – 5 O 80/11, NZV 2013, 449.

*LG Tübingen*, Urt. v. 04.03.2011 – 3 O 175/10, SP 2012, 117.

*LG Ulm*, Urt. v. 07.10.2010 – 6 O 89/10, WKRS 2010, 37895.

*LG Wiesbaden*, Urt. v. 23.12.2021 – 2 O 1096/20, BeckRS 2021, 54952.

*LG Wuppertal*, Urt. v. 08.04.2022 – 3 O 156/20, IWW.

*LG Zweibrücken*, Urt. v. 06.09.2016 – 1 O 85/16.

*LG Zwickau*, Urt. v. 09.05.2012 – 7 O 716/11, juris.

*OLG Bremen*, Urt. v. 26.09.2018 – 1 U 14/18, BeckRS 2018, 24860.

*OLG Celle*, Urt. v. 13.03.2024 – 14 U 122/23, BeckRS 2024, 7994.

*OLG Celle*, Urt. v. 16.06.2021 – 14 U 152/20, BeckRS 2021, 15005.

*OLG Dresden*, Urt. v. 29.04.2022 – 1 U 2506/20, BeckRS 2022, 42072.

*OLG Dresden*, Urt. v. 20.08.2014 – 7 U 1876/13, NJW-RR 2015, 409.

*OLG Düsseldorf*, Urt. v. 07.03.2017 – I – 1 U 97/16, WKRS 2017, 11486.

*OLG Düsseldorf*, Urt. v. 09.12.2014 – I – 1 U 92/14, WKRS 2014, 39402.

*OLG Frankfurt/M.*, Urt. v. 22.06.2022 – 17 U 21/22, juris.

*OLG Frankfurt/M.*, Urt. v. 16.07.2020 – 22 U 205/19, NJW 2020, 3325.

*OLG Frankfurt/M.*, Urt. v. 09.06.2020 – 22 U 70/18, juris.

*OLG Hamm*, Urt. v. 07.11.2023 – 7 U 131/22, BeckRS 2023, 48958.

*OLG Hamm*, Urt. v. 23.09.2022 – 7 U 93/21, r+s 2023, 226.

*OLG Koblenz*, Urt. v. 16.11.2020 – 12 U 207/19, NJW-RR 2021, 280.

*OLG Koblenz*, Urt. v. 05.07.2021 – 12 U 764/20, BeckRS 2021, 26771.

*OLG Köln*, Urt. v. 26.08.2019 – 22 U 134/17, BeckRS 2019, 29967.

*OLG Köln*, Urt. v. 10.11.2016 – 7 U 91/16, WKRS 2016, 32618.

*OLG München*, Urt. v. 11.05.2022 – 10 U 2165/21, BeckRS 2022, 11748.

*OLG München*, Urt. v. 06.04.2022 – 10 U 627/21, BeckRS 2022, 7013.

*OLG Nürnberg*, Urt. v. 05.11.2020 – 13 U 2653/18, BeckRS 2020, 31265.

*Saarländisches OLG*, Urt. v. 05.07.2024 – 3 U 16/24, BeckRS 2024, 16771.

*Saarländisches OLG*, Urt. v. 03.05.2024 – 3 U 13/23, BeckRS 2024, 10790.

*OLG Stuttgart*, Urt. v. 30.06.2014 – 5 U 28/14, NZV 2015, 139.

*OLG Stuttgart*, Urt. v. 21.04.2010 – 3 U 218/09, DAR 2010, 468.

*OLG Zweibrücken*, Urt. v. 20.07.2008 – 1 U 19/08, SP 2009, 175.

*BGH*, Urt. v. 18.10.2011 – VI ZR 17/11, SP 2011, 436.

*BGH*, Urt. v. 17.10.2006 – VI ZR 249/05, NZV 2007, 27.

*BGH*, Urt. v. 30.11.2004 – VI ZR 365/03, NZV 2005, 139.

13 26 €

*AG Coburg*, Urt. v. 28.06.2022 – 12 C 259/22, BeckRS 2022, 15046.

*AG Coburg*, Urt. v. 09.05.2022 – 11 C 769/22, DV 2022, 151.

*AG Meinerzhagen*, Urt. v. 27.02.2012 – 4 C 299/11, r+s 2012, 538.

*AG Saarlouis*, Urt. v. 13.10.2010 – 24 C 1917/09, SVR 2011, 184.

*LG Frankfurt/O.*, Urt. v. 13.05.2004 – 15 S 309/03, DAR 2004, 206.

*LG Hagen*, Urt. v. 23.09.2009 – 10 S 228/08, VersR 2010, 1512.

*OLG Frankfurt/M.*, Urt. v. 28.01.2014 – 16 U 103/13, NZV 2014, 454.

30 € 14

*AG Augsburg*, Urt. v. 22.02.2005 – 14 C 4897/04, SVR 2005, 348.

*AG Bad Kissingen*, Urt. v. 09.03.2021 – 72 C 383/20, NJW-RR 2021, 897

*AG Bad Neustadt/Saale*, Urt. v. 16.02.2005 – 1 C 5/05, zfs 2005, 310.

*AG Dachau*, Urt. v. 02.09.2008 – 3 C 748/08, NJW-RR 2009, 678.

*AG Frankenthal*, Urt. v. 09.02.2023 – 3a C 303/22, NJOZ 2024, 8.

*AG Frankfurt/M.*, Urt. v. 06.02.2012 – 32 C 1718/11, SP 2012, 295.

*AG Hassfurt*, Urt. v. 24.11.2021 – 1 C 195/21, IWW.

*AG Karlsruhe*, Urt. v. 24.07.2012 – 8 C 90/11, SP 2013, 81.

*AG Kelheim*, Urt. v. 28.01.2003 – 1 C 294/02, DAR 2003, 178.

*AG Kulmbach*, Urt. v. 08.05.2014 – 70 C 678/13, SP 2015, 90.

*AG Landau*, Urt. v. 16.05.2007 – C 160/06, SP 2008, 263.

*AG Landshut*, Urt. v. 25.09.2009 – 1 C 1079/09, NZV 2011, 135.

*AG Landshut*, Urt. v. 14.04.2008 – 3 C 163/08, SP 2008, 263.

*AG Potsdam*, Urt. v. 06.02.2020 – 24 C 234/19, BeckRS 2020, 4411.

*AG Schwäbisch-Hall*, Urt. v. 06.05.2010 – 6 C 20/10, NZV 2011, 207.

*AG Schweinfurt*, Urt. v. 11.10.2021 – 3 C 513/21, BeckRS 2021, 36894.

*AG Schweinfurt*, Urt. v. 20.01.2021 – 1 C 905/20, BVSK-Newsletter.

*AG Sonthofen*, Urt. v. 03.09.2018 – 1 C 428/18, BeckRS 2018, 21979.

*AG Starnberg*, Urt. v. 28.02.2007 – 2 C 2213/06, DAR 2007, 593.

*AG Suhl*, Urt. v. 14.09.2016 – 1 C 544/15, DV 2017, 135.

*AG Traunstein*, Urt. v. 19.12.2012 – 311 C 329/11, SP 2013, 260.

*AG Würzburg*, Urt. v. 24.05.2022 – 30 C 1164/21, DV 2022, 142.

*AG Würzburg*, Urt. v. 22.11.2018 – 17 C 2813/17.

*LG Dresden*, Urt. v. 17.12.2009 – 7 O 1942/09, VersR 2011, 641.

*LG Ellwangen*, Urt. v. 16.12.2011 – 2 O 274/10, SP 2012, 296.

*LG Landshut*, Urt. v. 02.04.2007 – 12 S 236/07, SP 2007, 267.

*LG Traunstein*, Urt. v. 22.01.2018 – 3 O 1748/16.

*OLG Naumburg*, Urt. v. 13.12.2018 – 4 U 28/18, DV 2019, 168.

*OLG Naumburg*, Urt. v. 08.11.2018 – 3 U 37/18, juris.

*OLG Stuttgart*, Urt. v. 26.10.2006 – 3 O 195/05, NJOZ 2007, 4514.

53,13 € 15

*LG Lübeck*, Urt. v. 13.12.2019 – 4 O 218/18 (50 € maximal).

*AG Düsseldorf*, Urt. v. 02.09.2002 – 231 C 2066/01, DAR 2003, 322 (für einen Taubstummen).

## II. Fahrtkosten

16 Unfallbedingte Fahrtkosten, wie sie beispielsweise für Wege zum Anwalt oder zur Reparaturwerkstatt anfallen, werden im Allgemeinen durch die Auslagenpauschale mit umfasst.[16]

17 Lediglich dann, wenn längere Wege zu überbrücken sind, die zu auswärtigen Zielen führen, werden nach den Erfahrungen der Regulierungspraxis Fahrtkosten gesondert in Rechnung gestellt.[17] Sie können in diesem Fall ohne weiteres konkret festgestellt und nachgewiesen werden, gegebenenfalls ist hier auch ein Beleg durch die Tankquittungen möglich.

18 Sofern der Geschädigte durch den Unfall zugleich jedoch auch körperliche Verletzungen erlitten hat und aus diesem Grunde arbeitsunfähig ist, muss im Wege des Vorteilausgleichs berücksichtigt werden, dass er durch das Schadenereignis die Kosten für die ansonsten werktäglich anfallenden Fahrten zwischen Wohnung und Arbeitsstelle erspart hat.[18] Dabei handelt es sich um einen dem Schadenereignis adäquaten und daher anrechenbaren Vorteil.

19 Erstattungsfähig sind also lediglich »echte« abgrenzbare Mehrkosten, die im Einzelfall konkret nachzuweisen sind. Sofern das Kfz eines Geschädigten außerhalb seines üblichen Wirkungskreises – dabei wird es sich in der Regel um den Wohnsitz als Mittelpunkt seiner Lebensinteressen handeln – Schaden nimmt und am Unfallort repariert werden muss, werden häufig die Kosten für die Rückfahrt zum Ausgangspunkt (Wohnort) in Rechnung gestellt.

20 Auch insoweit ist jedoch zu berücksichtigen, dass lediglich abgrenzbare Mehrkosten erstattungsfähig sind. Dies bedeutet, dass der Geschädigte sich auf die ihm durch die Rückfahrt oder den Rückflug tatsächlich entstandenen Kosten den Betrag anrechnen lassen muss, der auch bei der Benutzung des eigenen Kfz an leistungsabhängigen Betriebskosten entstanden wäre.

21 Ebenfalls nicht von der Auslagenpauschale umfasst sind die im Rahmen eines Personenschadens notwendigen Fahrtkosten zu ambulanten medizinischen Behandlungen. Diese können separat geltend gemacht werden.[19]

22 Erstattungsfähig sind bei der Benutzung des eigenen Pkw lediglich die reinen Betriebskosten (Verbrauch an Benzin und Öl, nicht aber darüber hinaus anteilig die sonstigen festen Kosten der Fahrzeughaltung, wie z.B. Kfz-Steuer u.ä.).[20] Für die Ermittlung dieser Kosten kann auf die Betriebskostenberechnungen aus den Datenbanken des ADAC e.V. zurückgegriffen werden, die dieser für seine Mitglieder erstellt. Die notwendigen Fahrtkosten können durch das Gericht dabei nach § 287 ZPO geschätzt werden. In der Rechtsprechung werden dem Geschädigten für die Fahrt mit dem eigenen Pkw in Anlehnung an §§ 60 SGB V, 43 SGB VII, 53 SGB IX i.V.m. § 5 Abs. 1 Ziff. 1 BReiseKG häufig ein Betrag von 0,20 €/km zugesprochen.[21] In der Literatur und teilweise auch

16 *OLG Köln*, VersR 1992, 719; *AG Wolfenbüttel*, Urt. v. 25.05.2023 – 19 C 66/21, Rn. 11; *Müller* in: Himmelreich/Halm, Handbuch Verkehrsrecht, Kap. 6 Rn. 281.

17 *AG Wolfenbüttel*, Urt. v. 12.10.2021 – 17 C 82/21; *AG Gronau*, DAR 2000, 37.

18 *BGH*, NJW 1980, 1787 [für den beamtenrechtlichen Bereich]; *OLG Brandenburg*, Urt. v. 27.04.2023 – 12 U 65/21, Rn. 24; *OLG München*, Urt. v. 25.10.2019 – 10 U 3171/18; *Saarländisches OLG*, Urt. v. 03.12.2015 – 4 U 157/14; *OLG Celle*, Urt. v. 14.04.2010 – 14 U 38/09 m. Anm. *Balke* SVR 2011, 143f.; vgl. auch *Balke* in: Balke/Just/Reisert/Schulz-Merkel, Kap. 7, Stichwort 111 Rn. 3 m.w.N.; *Jahnke*, § 10 Rn. 39 f.; *Arnau* in: Jahnke/Burmann, 4. Kapitel, Rn. 502 ff.

19 Vgl. *OLG Frankfurt/M.*, Urt. v. 06.06.2012 – 15 U 178/09; *Küppersbusch*/Höher Rn. 229; siehe auch *Balke* in: Lütkes/Bachmeier/Müller/Rebler, § 10 StVG, Rn. 14.

20 *KG*, SP 2010, 147; *Vatter* in: Jahnke/Burmann, Kapitel 4, Rn. 138f.

21 *OLG Naumburg*, SP 2007, 354f.; *OLG München*, Urt. v. 14.07.2006 – 10 U 2623/05 (0,21 €/km); *OLG Celle*, Urt. v. 15.01.2004 – 14 U 293/01; *OLG Hamm* VersR 2000, 66 und DAR 1998, 317 und VersR 1996, 1513; *LG Münster*, Urt. v. 18.11.2009 – 12 O 287/09 und r+s 1997, 460; *LG Baden-Baden*, Urt. v. 29.02.2008 – 2 O 257/06; *LG Dortmund*, Urt. v. 22.07.2004 – 15 O 154/99; *LG Kassel*, SP 2005, 410; *LG Koblenz*, SP 2002, 91; *LG Kleve*, SP 1999, 375.

der Rechtsprechung[22] wird in Anlehnung an § 5 Abs. 2 Ziff. 1 JVEG a.F. aber auch ein Betrag von 0,25 €/km für angemessen gehalten. Die steuerrechtlich akzeptierten Kilometerpauschalen sind im Schadensersatzrecht nicht anwendbar.[23]

## III. Zeitverlust

Die Mühewaltung des Gläubigers bei der Rechtswahrung und Rechtsgeltendmachung gehört zum ureigenen Aufgaben- und Verantwortungsbereich des Gläubigers und liegt außerhalb des Schutzzwecks der Haftung des Schädigers.[24] Nichts anderes gilt, wenn er dafür Dritte (z.B. Angestellte, Schadensmanager[25]) einsetzt.[26] Sofern durch Maßnahmen zur Schadenbearbeitung und -regulierung des Geschädigten ein Verlust an Freizeit eintritt, steht ihm dafür mit Rücksicht auf die Sperrklausel des § 253 BGB ein Ersatzanspruch nicht zu.[27] 23

Bei der nutzlos vertanen oder zweckentfremdet eingesetzten Freizeit handelt es sich nämlich nicht um ein geschütztes Rechtsgut, sondern um einen immateriellen Wert, für den die Rechtsordnung nur in den dafür ausdrücklich vorgesehenen Fällen eine Entschädigung vorsieht. Der für die Reparaturabwicklung oder Wiederbeschaffung eines Fahrzeugs betriebene Zeitaufwand kann generell nicht vom Schädiger ersetzt verlangt werden,[28] da ihm kein messbarer Vermögenswert zukommt.[29] Aufwendungen an Zeit, die sich nicht konkret in der Vermögenssphäre niederschlagen, sind nach ständiger Rechtsprechung im Rahmen deliktischer Beziehungen nicht ersatzfähig. Aufwendungen wegen der Befassung mit einem angeblichen Schaden sind dem eigenen Rechtskreis zuzurechnen.[30] Deshalb ist der Zeitaufwand etwa für die Teilnahme an der polizeilichen Unfallaufnahme, für die Aussage als Zeuge,[31] für den Transport bzw. die Überführung eines Unfallfahrzeugs,[32] für die Überwachung der Instandsetzung, für die Rechnungsprüfung,[33] für die Suche und den Erwerb eines Ersatzfahrzeugs,[34] für die An- und Abmeldung beim Straßenverkehrsamt[35] etc. nicht vom Schädiger zu ersetzen.[36] 24

---

22 *BGH*, VersR 2010, 268; *OLG Bamberg*, Urt. v. 19.12.2023 – 5 U 314/22, Rn. 77; *OLG Düsseldorf*, NJW-RR 2021, 1537; *OLG Frankfurt/M.*, NJW 2020, 3325 Rn. 77; *OLG Hamburg*, Urt. v. 08.11.2019 – 1 U 155/18 m. Anm. *Siegel* SVR 2020, 220; *OLG Naumburg*, NZV 2016, 318; *OLG München*, Urt. v. 11.09.2015 – 10 U 1455/13; *OLG Celle*, Urt. v. 12.02.2014 – 14 U 113/13; *OLG Karlsruhe*, NZV 2012, 437; *LG Detmold*, Urt. v. 04.07.2016 – 12 O 108/13; *LG Darmstadt*, Urt. v. 06.11.2015 – 1 O 296/11 m. Anm. *Balke* SVR 2016, 62 f.; *LG Konstanz*, Urt. v. 16.01.2013 – 6 O 197/12 m. Anm. *Balke* SVR 2013, 190 f.; *AG Mönchengladbach*, Urt. v. 04.07.2024 – 29 C 258/20; siehe auch *Balke* in: Lütkes/Bachmeier/Müller/Rebler, § 10 StVG, Rn. 14 mit weiteren Rechtsprechungsnachweisen.

23 *OLG Hamm*, NJW-RR 1995, 599; 0,30 €/km ausdr. ablehnend *OLG Hamburg*, Urt. v. 08.11.2019 – 1 U 155/18; *Balke* in: Balke/Just/Reisert/Schulz-Merkel, Kap. 7, Stichwort 34 Rn. 2; a.A. *OLG Karlsruhe*, VersR 2006, 515.

24 *BGH*, NJW 1980, 119; *AG Bremen*, NJOZ 2015, 414.; siehe auch *Balke* SVR 2019, 208f.; *Balke* in: Balke/Just/Reisert/Schulz-Merkel, Kap. 7, Stichwort 115 Rn. 2.

25 Vgl. *OLG Frankfurt/M.*, r+s 2014, 204.

26 *BGH*, VersR 2020, 1540, Rn. 45; *BGH*, NJOZ 2020, 300, Rn. 19; BGHZ 75, 230.

27 Vgl. *BGH*, NJW 1976, 1256; *AG Mainz*, SP 2010, 82; *Sanden/Völtz* Rn. 164; zusammenfassend *Lipp* NJW 1992, 1913.

28 *OLG Brandenburg*, NJW-RR 2019, 542 m. Anm. *Balke* SVR 2019, 257f.; *LG München II*, Urt. v. 09.04.2020 – 10 O 3894/17; *AG Königs Wusterhausen*, Urt. v. 08.07.2020 – 4 C 858/20 Rn. 5; a.A. wohl *Domisch/Scharnetzki* VersR 2022, 411.

29 *OLG Stuttgart* v. 19.06.2013 – 3 U 1/13; *OLG Oldenburg*, VersR 2009, 797, 800.

30 *LG Braunschweig*, Urt. v. 06.05.2014 – 7 S 238/13, juris.

31 *AG Waiblingen*, VersR 1977, 922.

32 *LG München II*, Urt. v. 09.04.2020 – 10 O 3894/17; *AG Köln*, VersR 1981, 743.

33 *OLG Düsseldorf*, Urt. v. 21.12.2005 – I – 15 U 44/05, WKRS 2005, 35310.

34 *OLG Oldenburg*, VersR 2009, 797; *OLG Stuttgart*, SP 1996, 350f.

35 *LG Mönchengladbach*, Urt. v. 21.10.1987 – 5 S 89/87.

36 *Freymann/Rüßmann* in: Freymann/Wellner, jurisPK-StrVerkR, 2. Aufl., § 249 Rn. 242; a.A. wohl *Domisch/Scharnetzki* VersR 2022, 411.

Gleiches gilt im Rahmen der Personenschadenregulierung auch für das Aufsuchen eines Arztes[37] zur Untersuchung und Behandlung oder sonstige zeitaufwendige Heilbehandlungsmaßnahmen (z.B. Physiotherapie, Krankengymnastik usw.). Auch die dafür eingesetzte Freizeit ist nicht erstattungsfähig. Auch der Verzicht auf Urlaub in diesem Zusammenhang ist nicht als Schaden zu ersetzen,[38] was erfahrungsgemäß bei den Mandanten auf Unverständnis stößt. Denn der Zeitaufwand für die Regulierung eines Verkehrsunfalls ist Ausdruck des allgemeinen Lebensrisikos und wird daher grundsätzlich nicht ersetzt.[39]

Nur dann, wenn in einem einzelnen konkreten Schadensfall der Umfang der Schadensregulierung ausnahmsweise einen solch ungewöhnlich hohen Aufwand erfordert, dass dieser nicht mehr mit üblichen persönlichen Bemühungen bewältigt werden kann, kann es einen Ausgleichsanspruch geben.[40]

Der Zeitaufwand von Angehörigen für Fahrten des Verletzten zu Arztbesuchen oder medizinischen Behandlungen ist ebenfalls nicht erstattungsfähig.[41] Auch Hilfestellungen eines Ehepartners, die unterhalb der Schwelle professioneller Pflegeleistungen liegen, sind nicht erstattungsfähig.[42] Gleiches gilt auch für den Zeitverlust, der Eltern infolge der Begleitung ihres verletzten Kindes zu einer medizinischen Behandlung entsteht. Auch dieser Zeitverlust ist als Einbuße ihrer Freizeit im Sinne eines Vermögensschadens nicht zu ersetzen.[43] Ebenso ist auch eine vermehrte elterliche Zuwendung gegenüber ihrem Kind, selbst wenn sie mit erheblichem Zeitaufwand verbunden ist, als solche nicht erstattungsfähig.[44]

25 Sollte ausnahmsweise einmal ein Verlust von Arbeitszeit vorliegen,[45] dann gelten die bereits an anderer Stelle dargelegten Grundsätze über die Erstattungsfähigkeit eines schadenadäquaten Verdienstausfalles. Allerdings muss im Vorfeld der Betrachtung die Frage gestellt werden, ob durch das »Verbringen« des Pkw zur Reparatur und seine spätere Abholung überhaupt ein Verdienstausfall entstehen musste. So können Fahrzeuge beispielsweise bereits vor Beginn der eigentlichen Arbeitszeit in der Reparaturwerkstatt abgegeben werden. Außerdem erhebt sich die Frage, ob das »Verbringen« nicht ein Dritter (beispielsweise ein Familienangehöriger) hätte besorgen können.

26 Dieser Gesichtspunkt gewinnt insbesondere dann an Bedeutung, wenn der (verletzte) Geschädigte im Zusammenhang mit der Geltendmachung einer Entschädigung für entgangene Gebrauchsvorteile einwendet, dass auch seine Ehefrau und andere erwachsene Angehörige des Familienverbandes über einen Führerschein verfügen und das beschädigte Kfz gelegentlich mitzubenutzen pflegen.

27 Im Allgemeinen wird es einem Arbeitnehmer möglich sein, das beschädigte Kfz zu einem Zeitpunkt in die Reparaturwerkstatt zu überführen und es wieder abzuholen, zu dem kein Verdienstausfall entsteht.[46] Ein Geschädigte kann seinen Verdienstausfall, der ihm durch unbezahlten Urlaub entstanden ist, den er für die Verbringung seines Fahrzeugs in die Reparaturwerkstatt und die spätere Abholung seines Fahrzeugs genommen hat, daher nicht als Schaden aus dem Verkehrsunfallereignis geltend

37 *OLG Oldenburg*, VersR 2009, 797.

38 *Notthoff* in: Ludovisy/Eggert/Burhoff, Straßenverkehrsrecht, Teil 4 E. IV Rn. 693.

39 *OLG Schleswig*, NJW-RR 2020, 800.

40 Zusammenfassend *OLG Frankfurt/M.*, SP 2014, 128f.; *LG Braunschweig*, Urt. v. 06.05.2014 – 7 S 238/13.

41 *BGH*, VersR 1989, 188; *OLG Oldenburg*, VersR 2009, 797, 799; *KG*, VRS 115, 5–12; *OLG Koblenz*, VersR 1981, 887; *LG Regensburg*, Urt. v. 19.10.2007 – 3 O 1263/06 (4) m. Anm. *Siegel* SVR 2008, 305f.

42 *OLG Celle*, Urt. v. 12.02.2014 – 14 U 113/13 m. Anm. *Balke* SVR 2014, 339 f.; siehe auch *OLG Oldenburg*, VersR 2009, 797f.

43 *OLG Frankfurt/M.*, VersR 2000, 607; *Vatter* in: Jahnke/Burmann, Handbuch Personenschadenrecht, 4. Kap. Rn. 175.

44 *BGH*, JZ 1989, 344 mit zust. Anm. *Grunsky* = JR 1989, 236 mit abl. Anm. *Schlund*.

45 *OLG Frankfurt/M.*, NJW 1976, 1320; *Weber* DAR 1981, 161.

46 *Saarländisches OLG*, r+s 1982, 214.

machen.[47] Für die Zeit, die zur Vorführung des beschädigten Fahrzeugs bei einem Sachverständigen zwecks Begutachtung aufgewendet wird, besteht ebenfalls kein Anspruch auf Ersatz eines Erwerbsausfallschadens.[48] Sollte bei der Prüfung der Frage eines Erwerbsschadens festgestellt werden, dass ausnahmsweise keine Möglichkeit bestanden hat, einen Verdienstausfall zu vermeiden, ist, sofern der Geschädigte in einem abhängigen Arbeitsverhältnis steht, der Lohnausfall für die versäumte Arbeitszeit unter Berücksichtigung eines angemessenen Zeitbedarfs nach dem um die Steuern und Sozialabgaben geminderten Nettobetrag auszugleichen.

Bei freiberuflich Tätigen (Selbstständigen) muss geprüft werden, ob ein Erwerbsschaden (Gewinnentgang) i.S.v. § 252 BGB mit irreparablem Ergebnis eingetreten ist, d.h. ob nicht die Möglichkeit bestanden hat, die aus Anlass des Unfalles versäumte Dienst- oder Werkleistung in zumutbarer Weise nachzuholen. Dies gilt insbesondere mit Rücksicht darauf, dass das »Verbringen« und Abholen des Kfz jeweils nur relativ kurze Zeiträume in Anspruch nimmt. 28

Gleiches wie für Privatpersonen gilt grundsätzlich auch für die geltend gemachten Personalkosten eines Selbständigen oder Freiberuflers, wenn er eigene Mitarbeiter mit der Verbringung des beschädigten Fahrzeugs in die Werkstatt betraut.[49] Andere Grundsätze werden jedoch dann zu gelten haben, wenn eine Überführung nur unter Aufwendung abgrenzbarer Mehrkosten möglich war.[50] 29

## IV. Schadenbearbeitungskosten von Betrieben und Behörden

Bearbeitungskosten sind nach der herrschenden Rechtsprechung nur dann zu ersetzen, wenn der Gläubiger den ihm obliegenden Nachweis führen kann, dass er eigens mit Rücksicht auf zu erwartende Verletzungshandlungen Dritter ganz bestimmte Personen innerhalb seines Unternehmens ständig und ausschließlich mit der Bearbeitung fremd verursachter Eigenschäden beauftragt hat und wenn er überdies schlüssig darlegen kann, dass dadurch abgrenzbare Mehrkosten entstanden sind, die sich eindeutig vom allgemeinen betrieblichen Verwaltungsaufwand trennen lassen. 30

Diesen außerordentlich strengen Nachweis können in der Praxis nicht einmal Großunternehmen wie beispielsweise die Bahn AG oder die Post AG führen, obwohl beide Institutionen über eigene Schadenreferate verfügen.[51] Daher sind Kosten, die durch das Überführen unfallgeschädigter Kfz durch eigenes Personal in die Werkstatt und zurück entstehen, als Gemeinkosten nicht erstattungsfähig.[52] 31

## V. Dolmetscherkosten

Es kommt zuweilen vor, dass es sich bei dem Geschädigten um einen ausländischen Staatsangehörigen handelt, der die deutsche Sprache nicht oder nicht so ausreichend beherrscht, dass er aus eigener Kenntnis der Dinge seine Rechte angemessen wahrnehmen könnte. In diesem Zusammenhang stellt sich in Verbindung mit der Schadenregulierung die Frage, ob die Aufwendungen des Ausländers für die Hinzuziehung eines Dolmetschers oder Übersetzers einen ausgleichsfähigen Schaden in der Erscheinungsform der notwendigen Kosten einer angemessenen Rechtsverfolgung oder 32

47 *OLG Celle*, VersR 1977, 1104; *AG Wiesbaden*, Urt. v. 18.09.2007 – 93 C 2235/07 m. Anm. *Richter* SVR 2008, 73.

48 *AG Limburg/Lahn*, SP 2010, 190 bestätigt von *LG Limburg/Lahn*, Beschl. v. 17.12.2009 – 3 S 184/09; *LG München I*, VersR 1985, 1150.

49 *LG Hamburg*, Urt. v. 23.09.2022 – 331 O 134/21, Rn. 32; *LG Düsseldorf*, Urt. v. 28.08.2015 – 1 O 142/14; *AG Dillenburg*, Urt. v. 12.03.2015 – 5 C 475/14 m. Anm. *Richter* SVR 2015, 260f.; *AG Osterholz-Scharmbeck*, r+s 1978, 16 (Deutsche Bundespost).

50 Vgl. *AG Freiburg i.Br.*, DAR 1999, 554.

51 *BGH*, NJW 1969, 1109; *BGH*, VersR 1976, 857; *Dauer* in: Hentschel/König/Dauer § 12 StVG Rn. 7; *LG Hannover*, Urt. v. 10.05.2022 – 20 O 241/19, Rn. 34 (Notfallmanagement nach Bahnunfall); *LG Koblenz*, DAR 2014, 193; vgl. auch *LG Frankfurt/M.*, Urt. v. 03.06.2013 – 2 – 27 O 413/12 zum Leasingunternehmen.

52 *LG Hamburg*, Urt. v. 23.09.2022 – 331 O 134/21, Rn. 32; *AG Osterholz-Scharmbeck*, r+s 1978, 16 (Deutsche Bundespost).

-verteidigung darstellen. Hier ist zwischen der außergerichtlichen Schadenregulierung und einem Prozess zu unterscheiden.

33 Es ist im Allgemeinen außergerichtlich allein Sache des Ausländers, auf eigene Kosten dafür Sorge zu tragen, dass ihm die erforderlichen Sprachkenntnisse vermittelt werden,[53] die er benötigt, um die Vorgänge im Gastland richtig zu verstehen und zu beurteilen.

34 Außergerichtlich können die notwendigen Dolmetscher- und Übersetzungskosten im Einzelfall für einen die deutsche Sprache nicht beherrschender Ausländer, der durch einen Verkehrsunfall geschädigt wird, Aufwendungen sein, die für die sachgerechte Verfolgung seiner Schadensersatzansprüche notwendig sind.[54] Hier empfiehlt es sich, für den Geschädigten in tatsächlicher Hinsicht darzulegen wie seine Sprachkenntnisse sind und welche Dokumente der Übersetzer im Einzelnen übersetzt hat.[55]

35 Es muss zwischen durchreisenden Ausländern und jenen differenziert werden, die sich seit vielen Jahren in Deutschland aufhalten, wobei Letzteren nach der Rechtsprechung die Kosten außergerichtlich nicht pauschal zugesprochen werden, sondern im Einzelfall geprüft wird.[56] Bei bereits lange im Inland wohnhaften Ausländern ist – wie dargelegt – zunächst davon auszugehen, dass diese selbst dafür Sorge tragen müssen, dass sie im Gastland in dessen Sprache kommunizieren können.

36 Eine andere Beurteilung gilt, wenn es zu einem Prozess kommt: hier werden Dolmetscherkosten grundsätzlich als erstattungsfähige Kosten angesehen.[57] Das Gericht muss von sich aus prüfen, ob nicht schon frühzeitig ein Dolmetscher hinzuzuziehen ist. Ebenso wird das Gericht im Rahmen seines Schätzungsermessens prüfen, welchen Umfang und Schwierigkeitsgrad Regulierung und Schriftverkehr hatten und in welchem Umfang Übersetzungen notwendig waren.[58] Dabei braucht sich der Geschädigte nicht auf die Sprachkenntnisse seines Anwalts verweisen zu lassen.[59] Hier besteht also eine klare Regelung, wie sie bei der außergerichtlichen Inanspruchnahme eines Dolmetschers fehlt.

## VI. Ermittlungskosten

### 1. Zeugensuche

37 Der Schädiger hat als fortwirkende Folge seines haftbaren Verhaltens dem Geschädigten die von ihm aufgewendeten Kosten für die Aufklärung des Sachverhalts und für sonstige sachdienliche Ermittlungen in angemessener Höhe zu erstatten. Darunter fallen beispielsweise auch die Kosten für eine Zeitungsanzeige, die notwendig war, um einen nach einem Unfall weitergefahrenen – insbesondere flüchtigen – Beteiligten ausfindig zu machen und die gegen ihn begründeten Ersatzansprüche durchsetzen zu können.[60]

38 Das Gleiche gilt für den Fall, dass der Geschädigte sich ohne eigenes Verschulden in Beweisnot befindet und er in einer Zeitungsanzeige Zeugen sucht,[61] um seine Forderungen gegen den Schädiger durchzusetzen, der den Grund des Anspruchs bestreitet. Ein solches Vorgehen ist dem Mandanten oft kurzfristig zu raten, da die Praxis zeigt, dass sich häufig auch bei auf erste Sicht aussichtslosen Unfallsituationen (außerorts nachts etc.) häufig noch Augenzeugen melden und damit die Schadenregulierung außergerichtlich und auch gerichtlich doch noch Erfolg versprechend betrieben werden kann.

---

53 *AG Darmstadt*, DAR 1978, 327 – Fragebögen für theoretische Fahrerlaubnisprüfung.

54 *AG Viersen*, zfs 1991, 48; *AG Herford*, zfs 1992, 242.

55 *K. Schneider* in: Berz/Burmann, 5 C III 3 ee Rn. 89; *AG Freudenstadt*, Urt. v. 20.03.2014 – 4 C 479/13 zu den Übersetzungskosten einer schriftlichen Zeugenaussage.

56 *OLG Hamm*, DAR 1997, 57.

57 *LG Paderborn*, zfs 1991, 197; *LG Bielefeld*, NZV 1991, 316; *LG Bielefeld*, zfs 1992, 95; *OLG Oldenburg*, SP 1992, 96; *LG Bochum*, NJOZ 2003, 288; *BVerfG*, NJW 2004, 50.

58 *OLG Hamm*, zfs 1989, 125.

59 *K. Schneider* in: Berz/Burmann, 5 C III 3 ee Rn. 89.

60 *AG Bad Vilbel*, zfs 1993, 331.

61 *LG Mönchengladbach*, NZV 2004, 206; siehe auch *Hamann/Kuhn* in: Buschbell/Höke, § 24 Rn. 195.

Andere Grundsätze gelten indes für den Fall, dass der Geschädigte durch eigenes vorwerfbares bzw. zurechenbares Verhalten seine Beweisnot selbst verschuldet hat. Diese Auffassung kommt beispielsweise dann zum Zuge, wenn der Geschädigte es unterlässt, vorhandene feststellungsbereite Augenzeugen zu notieren. Ähnliche Überlegungen gelten für den Fall, dass der Geschädigte es nach einem Verkehrsunfall in einem öffentlichen Verkehrsmittel aus Gleichgültigkeit unterlässt, unter gleichzeitiger Angabe seiner vollen Personalien das Betriebspersonal über den Unfall zu unterrichten. 39

Hat der Geschädigte also seine Beweisnot selbst zu vertreten, dann kann er die Kosten von Zeitungsanzeigen für die Ermittlung von Zeugen nicht vom Schädiger ersetzt verlangen. Entscheidungen, wo hier die Grenze bei einem normalen Unfall zu ziehen ist, sind bisher – soweit ersichtlich – nicht ergangen: So dürfte es in der Praxis dem durchschnittlichen Geschädigten nicht vorwerfbar sein, dass er nach (oder gegebenenfalls selbstgefährdend noch vor) der Absicherung der Unfallstelle nicht sofort die Passanten anspricht, noch eher er die Daten des anderen Unfallbeteiligten gesichert hat. Auch hier wären die Kosten von Zeitungsanzeigen zu erstatten. 40

### 2. Belohnungen und Prämien

Grundsätzlich ist in dem Zusammenhang mit der Zeugenermittlung oder anderen Sachverhaltsfeststellungen auch daran zu denken, dass – wie in anderen Rechtsbereichen auch – nach einem Verkehrsunfall Belohnungen ausgelobt werden.[62] Erstattungsfähig ist daher auch grundsätzlich im Bereich des Verkehrsunfalls die nach einer Grundsatzentscheidung des *BGH*[63] nach einem Ladendiebstahl fällige »Fangprämie« – hier abgestuft nach dem Wert der entwendeten Waren –, soweit die Prämie sich in angemessener Höhe hält.[64] 41

Soweit es um die Höhe der Belohnung geht, hat das *OLG Koblenz*[65] zutreffend darauf hingewiesen, der jeweils angemessene Betrag richte sich nach der Bedeutung der Sache, der Höhe des Streitwerts (Gegenstandswerts) und nach dem Verhalten des Ersatzpflichtigen. Es gibt bisher fast keine Entscheidungen betreffend eine Belohnung nach einem Verkehrsunfall. 42

Das *AG München*[66] begrenzt die auszulobende Belohnung, die der Schädiger als fortwirkende Folge seines haftbaren Verhaltens innerhalb der Grenzen der Adäquanz und des Rechtswidrigkeitszusammenhangs zu ersetzen hat, auf bis zu 10 % des tatsächlich entstandenen Schadens. Das *AG Lemgo*[67] hält es für angemessen, aber auch ausreichend, die Höhe der erstattungsfähigen Auslobungskosten auf etwa ein Viertel des tatsächlich entstandenen Sachschadens zu begrenzen. Diese Quoten dürften zwar generell für die Beratung des Mandanten und dessen Unterstützung bei der Auslobung einer Belohnung ein Anhaltspunkt sein. Dennoch können sie im Einzelfall überschritten werden, wenn eine besondere Beweisnot vorliegt. 43

### 3. Detektivkosten

Zu den Ermittlungskosten im weiteren Sinne können auch die Aufwendungen für die Einschaltung eines Detektivs zählen.[68] Derartige Maßnahmen sind im Zuge von Schadensregulierungen aufseiten des Geschädigten jedoch außerordentlich selten. 44

62 *AG Lemgo*, SP 2011, 178; *AG Bad Vilbel*, zfs 1993, 331; *AG Iserlohn*, zfs 1985, 104.
63 *BGH*, NJW 1980, 119.
64 *LG Braunschweig*, NJW 1976, 1640; *OLG Hamburg*, NJW 1977, 1347; *Will* MDR 1976, 6 f.
65 *OLG Koblenz*, DAR 1975, 73.
66 *AG München*, DAR 1980, 372.
67 *AG Lemgo*, SP 2011, 178.
68 *Lepke* DB 1985, 1231 [Arbeitsrecht]; *BGH*, NZV 2011, 440; *OLG Koblenz*, NJW-RR 1999, 1158; zum Thema Detektiv siehe auch *Bosch* VersR 2017, 1119f.; *Fricke* VersR 2010, 308f.

45 Daher muss hier auf die im Versicherungsrecht und im Arbeitsrecht diesbezüglich entwickelten Grundsätze[69] zurückgegriffen werden, da es in diesen beiden Rechtsbereichen schon häufiger zur Beauftragung eines Privatermittlers kommt, um Sachverhalte aufzuklären.

46 Besteht so z.B. der konkrete Tatverdacht einer strafbaren Handlung gegen einen Mitarbeiter, kann ein Detektiv eingeschaltet werden, um die vertragswidrige und unerlaubte Handlung des Mitarbeiters im Arbeitsrecht nachzuweisen.[70] Hierfür ist der Arbeitgeber im Kündigungsschutzprozess beweispflichtig, er muss das Vorliegen der entsprechenden Pflichtverletzung durch den Arbeitnehmer darlegen.

47 Es müssen also schon Verdachtsmomente bei der Erteilung des Auftrags an den Detektiv vorliegen, die nicht anders überprüft werden können.[71] Solche Fälle sind in der Unfallregulierung eher selten.

48 So können Detektivkosten jedoch in Ausnahmefällen gerechtfertigt sein, wenn die dringende Befürchtung besteht, dass das Verhalten des Geschädigten (Anspruchstellers) darauf ausgerichtet ist, den Ersatzpflichtigen über den wahren Umfang des Schadens zu seinem Nachteil zu täuschen.[72] Hier wäre z.B. ein Einsatz von Detektiven im Bereich des Kfz-Haftpflichtschadens[73] denkbar, wenn der Versicherer manipulierte Unfälle vermutet.

49 Die Kosten der reinen Überprüfung von Lackproben eines Fahrzeugs in Fällen des unerlaubten Entfernens vom Unfallort werden jedoch nach Meinung des *AG Celle* nicht ersetzt.[74] Diese Begründung kann in der Praxis nicht nachvollzogen werden, da häufig nicht spezialisierte Polizeidienststellen bei der Verkehrsunfallfluchtermittlung im Strafverfahren keine entsprechende kriminaltechnische Überprüfung veranlassen und es beim bloßen Augenschein der Lackproben bleibt, sodass dann im Zivilprozess eine Beweisnot vorliegen kann, die nur durch eine Untersuchung zu beheben ist.

50 Außergerichtlich können die Detektivkosten als adäquate Folge des schädigenden Verhaltens aus den Gesichtspunkten der positiven Vertragsverletzung bzw. unerlaubten Handlung ersatzpflichtig sein[75] und wären daher zu erstatten.

51 Im Zivilprozess sehen der *BGH* und die *OLGs* die Erstattungsfähigkeit von Detektivkosten in Abhängigkeit von der prozessuale Situation und der Beweislage als erstattungsfähig an.[76]

52 Auch insoweit gelten aber die Grundsätze der Schadenminderungspflicht. Die Kosten müssen prozessbezogen und notwendig sein.[77] Es müssen die Ermittlungen des Detektivs nicht nur in den Prozess eingebracht werden, vielmehr sind Detektivkosten zur Beschaffung von Beweismitteln nur festsetzungsfähig, wenn das mithilfe des Detektivs beschaffte Beweismittel prozessual auch verwendet werden darf.[78]

53 Es kann aber auch eine Erstattung als Vorbereitungskosten zur Rechtsverteidigung in Betracht kommen, wenn die Partei damit rechnen muss, dass sich ein konkreter Rechtsstreit abzeichnet.

54 Die Detektivkosten sind nur dann als notwendige Kosten der Rechtsverfolgung oder Rechtsverteidigung erstattungsfähig, wenn die mit der Beauftragung des Detektivs erstrebten Feststellungen aus

69 *Frölich* NZA 1996, 464.
70 *Moll* § 41 Rn. 108.
71 *Germelmann/Matthes/Prütting*, Arbeitsgerichtsgesetz, 10. Aufl. 2022, § 12a Rn. 25; *KG* NJOZ 2003, 2019.
72 *OLG Karlsruhe*, zfs 1982, 17.
73 Siehe z.B. *Saarländisches OLG*, r+s 2020, 542; *KG*, Urt. v. 20.06.2016 – 25 U 68/15, juris; *OLG Hamburg*, VersR 2003, 615.
74 *AG Celle*, zfs 1998, 41.
75 *Moll* § 41 Rn. 108.
76 *BGH*, NJW 2013, 2668; *BGH*, NJW 1990, 2060; *BGH*, DAR 1981, 85; *BAG*, NJA 1998, 1334; *OLG Köln*, NZV 2016, 576; *OLG Bremen*, NJW 2016, 509; *OLG Hamm*, SP 2007, 267; *LG Bremen*, Beschl. v. 16.11.2015 – 1 T 417/15, juris.
77 *Frölich* NZA 1996, 465.
78 Vgl. *BGH*, NJW 2013, 2668.

sachverständiger Sicht zur Führung eines Rechtsstreits erforderlich waren[79] und andere – einfachere und billigere – Möglichkeiten zur Beschaffung des Beweismaterials nicht zur Verfügung gestanden haben.[80] Darauf ist aus anwaltlicher Sicht schon bei der Beauftragung des Detektivs zu achten.

In den Fällen der Einschaltung eines Detektivs nach einem Verkehrsunfall wird aber überwiegend von einer Notwendigkeit auszugehen sein, da hier meist die üblichen Ermittlungsmöglichkeiten des Geschädigten bzw. seines Rechtsanwalts ausgeschöpft sein dürften und der Detektiv die Ultima Ratio ist. 55

So wird die Einschaltung im Verkehrsrecht erst dann erfolgen, wenn andere Beweismittel wie Zeugenaufrufe oder -aussagen sowie Sachverständigengutachten zum Unfallhergang nicht zum gewünschten Erfolg geführt haben. 56

Kann durch die Beauftragung eines Detektivs ein Versicherungsbetrug aufgeklärt werden, so werden die Kosten für einen Detektiv nach § 91 ZPO für erstattungsfähig angesehen.[81] Dabei ist die Rechtsproblematik der nach § 91 ZPO erstattungsfähigen Sachverständigenkosten mit denen der Kosten für die Beauftragung von privaten Ermittlern vergleichbar.[82] 57

Auch wenn im Rahmen des zivilprozessualen Kostenfestsetzungsverfahrens die Erstattungsfähigkeit von Detektivkosten abgelehnt wird, kann dennoch ein materieller Kostenerstattungsanspruch bestehen (s. Rdn. 50), der in einem gesonderten Gerichtsverfahren geltend gemacht werden kann.[83] 58

Die Höhe der Detektivkosten richtet sich zunächst nach dem vereinbarten Honorarsatz, sofern dieser sich im Rahmen üblicher Konditionen bewegt. Dabei sind auch Nebenkosten und Auslagen erstattungsfähig, die beim Betrieb einer Detektei anfallen. Hier sollte sich der im Verkehrsrecht tätige und mit diesem Themenkreis weniger befasste Rechtsanwalt gegebenenfalls von Kollegen aus anderen Rechtsbereichen beraten lassen, die häufiger die Dienste von Privatermittlern in Anspruch nehmen, denn hier sind Angemessenheit und Erforderlichkeit streng zu prüfen.[84] 59

## B. Schutzgebühr für Kostenvoranschläge

Der Kostenvoranschlag ist in § 632 Abs. 3 BGB gesetzlich geregelt. Nach dieser Vorschrift ist der Kostenvoranschlag im Zweifel nicht zu vergüten, wenn die Parteien nichts anderes vereinbart haben. 60

Hier ist daher im Rahmen der Schadenregulierung genauer die Vereinbarung zwischen dem Geschädigten und der Kfz-Reparaturwerkstatt zu prüfen, ob ein Anspruch auf die Schutzgebühr für den Kostenvoranschlag tatsächlich entstanden ist. Nach Ansicht des *AG Landsberg am Lech*[85] ist eine entsprechende Vergütungsvereinbarung nichtig, wenn die Kosten für einen Kostenvoranschlag bezüglich der Bezifferung des Schadens aus einem Verkehrsunfall weit über dem Doppelten des ortsüblichen Betrages liegen. 61

Die Kfz-Reparaturwerkstätten vereinbaren mit dem Kunden meistens schriftlich, dass für ihre mit der Ausstellung eines Kostenvoranschlags verbundene Arbeit eine sog. »Schutzgebühr« – meist i.H.v. 10 % der veranschlagten Reparaturkosten oder nach der effektiv aufgewandten Arbeitszeit berechnet – zu bezahlen ist. 62

Anlass dazu gibt der Umstand, dass viele Geschädigte eine Reparatur gar nicht in der Werkstatt in Auftrag geben wollen, sondern die Instandsetzung selbst durchführen möchten und daher die Arbeit 63

79 *Hamann/Kuhn* in: Buschbell/Höke § 24 II 10 Rn. 195.
80 *OLG Schleswig*, VersR 1987, 1226; *LG Mönchengladbach*, NVZ 2004, 206.
81 *BGH*, NJW 2013, 1823 Rn. 5; *OLG Köln*, NZV 2016, 576; *OLG Hamm*, SP 2007, 267; *OLG Köln*, MDR 2012, 1439 zum Darlegungsumfang im Rahmen des Kostenfestsetzungsverfahrens.
82 *Günther* DS 2006, 263 mit Rechtsprechungsübersicht; siehe auch *OLG Bremen*, NJW 2016, 509 Rn. 3.
83 *Günther* DS 2006, 263.
84 *Frölich* NZA 1996, 466.
85 *AG Landsberg am Lech*, DAR 2009, 277.

der Werkstatt – mit erkennbar steigendem Trend – lediglich dazu »missbrauchen«, um eine beweiskräftige Unterlage für die Schadenabrechnung nach Schätzung zu erhalten.[86]

### I. Reparatur wird in Werkstatt durchgeführt

64 Wird die Reparatur jedoch anschließend bei der den Kostenvoranschlag erstellenden Werkstatt durchgeführt, werden die Kostenvoranschlagskosten üblicherweise auf die Reparaturkosten voll angerechnet. Nach einer Ansicht wären auch in diesem Fall die Kosten für die Erstellung eines Kostenvoranschlags notwendige Rechtsverfolgungskosten gemäß § 249 Abs. 2 S. 1 BGB, da der Geschädigte nicht schlechter gestellt werden darf, als wenn er die Reparatur unterlässt.[87] Nach anderer Meinung ist die Gebühr zu verrechnen, wenn sie bereits zuvor vom Kfz-Haftpflichtversicherer an den Geschädigten gezahlt wurde.[88]

### II. Reparatur wird nicht oder eigenständig durchgeführt

65 Unterbleibt die Reparatur, wie dies erfahrungsgemäß in zahlreichen Fällen geschieht, ist es durchaus umstritten, ob die Gebühr für den Kostenvoranschlag erstattungsfähig ist:

66 Erstattungsfähig:

*AG Aachen*, Urt. v. 03.02.1995 – 85 C 390/94, DAR 1995, 295.

*AG Ahlen*, Urt. v. 15.05.2007 – 3 C 26/07.

*AG Berlin-Mitte*, Urt. v. 17.03.2004 – 6 C 281/03, SP 2004, 281.

*AG Bochum*, Urt. v. 20.12.2000 – 45 C 435/00, SP 2001, 133.

*AG Bochum*, Urt. v. 11.04.2000 – 40 C 578/99, SP 2000, 236.

*AG Bochum*, Urt. v. 12.06.1985 – 65 C 173/85, DAR 1985, 355.

*AG Böblingen*, Urt. v. 28.01.2014 – 2 C 2391/13.

*AG Bonn*, Urt. v. 05.10.2019 – 1 O 165/18.

*AG Bremerhaven*, Urt. v. 02.12.2008 – 57 C 1009/08.

*AG Deggendorf*, Urt. v. 29.01.2019 – 1 C 824/18

*AG Deggendorf*, Urt. v. 16.12.1986 – C 692/86, zfs 1987, 236.

*AG Dortmund*, Urt. v. 07.12.2001 – 133 C 11521/91, BeckRS 2008, 08989.

*AG Dortmund*, Urt. v. 06.01.1986 – 115 C 455/85, zfs 1986, 72.

*AG Duisburg-Ruhrort*, Urt. v. 18.06.1996 – 10 C 110/96, SP 1996, 319.

*AG Düsseldorf*, Urt. v. 23.07.1996 – 50 C 7037/96, zfs 1996, 374.

*AG Essen*, Urt. v. 17.08.2005 – 29 C 170/05, BeckRS 2008, 07295.

*AG Essen*, Urt. v. 08.12.1989 – 10 C 538/89, zfs 1990, 156.

*AG Frankfurt/M.*, Urt. v. 29.10.2012 – 31 C 1384/12 (23).

*AG Goslar*, Urt. v. 31.01.2019 – 4 C 304/17, BeckRS 2019, 41167.

*AG Gelsenkirchen-Buer*, Urt. v. 13.03.2015 – 9 C 319/14, juris.

---

86 Hamann in: Buschbell/Höke, § 42 Rn. 33; *Merrath* SVR 2008, 334.

87 *AG Böblingen*, Urt. v. 28.01.2014 – 2 C 2391/13; *AG Stuttgart*, Urt. v. 10.06.2011 – 18 C 1575/11; *AG Augsburg*, SP 2005, 348.

88 Kuhnert in: Haus/Krumm/Quarch, BGB § 249 Rn. 99.

*AG Hamburg-St. Georg*, Urt. v. 28.04.2016 – 913 C 322/14, SVR 2016, 304.

*AG Hamburg-St. Georg*, Urt. v. 15.09.2015 – 925 C 126/15, DV 2015, 248.

*AG Heidelberg*, Urt. v. 22.06.2012 – 21 C 357/11.

*AG Kirchhain*, Urt. v. 26.04.2018 – 7 C 2/18.

*AG Köln*, Urt. v. 06.02.2012 – 262 C 208/11.

*AG Köln*, Urt. v. 30.03.2006 – 266 C 38/05, BeckRS 2007, 05592.

*AG Mainz*, Urt. v. 16.05.1997 – 70 C 725/96, zfs 1998, 132.

*AG Neuss*, Urt. v. 09.01.2007 – 79 C 1886/06.

*AG Neuss*, Urt. v. 05.01.2006 – 70 C 4249/05, SP 2006, 174.

*AG Neuss*, Urt. v. 09.04.1999 – 39 C 75/98, SP 1999, 311.

*AG Oberhausen*, Urt. v. 15.06.1988 – 39 C 60/88, zfs 1988, 279.

*AG Recklinghausen*, Urt. v. 17.09.1985 – 13 C 559/85, BeckRS 2008, 23119.

*AG Rheinberg*, Urt. v. 28.03.2013 – 11 C 195/11, SP 2013, 336.

*AG Schwabach*, Urt. v. 19.04.2016 – 8 C 1489/15, DV 2016, 215.

*AG Stuttgart*, Urt. v. 10.06.2011 – 18 C 1575/11.

*AG Traunstein*, Urt. v. 14.11.1997 – 319 C 1886/97, zfs 1998, 111.

*AG Weilheim*, Urt. v. 07.03.2008 – 9 C 001/07, SP 2008, 333.

*LG Hamburg*, Urt. v. 28.06.2016 – 323 O 46/15, juris.

*LG Hildesheim*, Urt. v. 04.09.2009 – 7 S 107/09, DAR 2009, 651.

*LG Paderborn*, Urt. v. 07.05.1998 – 1 S 30/98.

*OLG München*, Urt. v. 06.04.2022 – 10 U 627/21, BeckRS 2022, 7013.

Nicht erstattungsfähig: 67

*AG Aachen*, Urt. v. 24.11.1992 – 7 C 494/92, SP 1993, 49.

*AG Augsburg*, Urt. v. 06.02.1990 – 4 C 5031/89, zfs 1990, 227.

*AG Augsburg*, Urt. v. 12.02.1987 – 2 C 5902/86, zfs 1987, 106.

*AG Berlin-Mitte*, Urt. v. 18.11.2011 – 109 C 3278/10, SP 2012, 185.

*AG Bielefeld*, Urt. v. 25.08.1999 – 15 C 518/19.

*AG Duisburg-Hamborn*, Urt. v. 02.06.1992 – 7 C 237/92, zfs 1992, 267.

*AG Euskirchen*, Urt. v. 03.08.1983 – 17 C 383/83, zfs 1983, 293.

*AG Fürth/Odenwald*, Urt. v. 27.04.2016 – 1 C 721/15, juris.

*AG Hannover*, Urt. v. 19.12.2013 – 525 C 10630/13.

*AG Lünen*, Urt. v. 09.09.1999 – 7 C 460/99.

*AG Prüm*, Urt. v. 13.01.1993 – 6 C 604/92, zfs 1993, 337.

*AG Witten*, Urt. v. 04.11.2010 – 2 C 1531/09.

*LG Aachen*, Urt. v. 08.01.1983 – 3 S 365/81, zfs 1983, 292.

### III. Kostenvoranschlag anstelle eines Gutachtens

68 Wird der Kostenvoranschlag eingeholt, obwohl der Sachschaden oberhalb der Bagatellschadengrenze liegt und daher ein Sachverständigengutachten hätte erstellt werden können, gelten zwar auch die o.g. Grundsätze.

69 Hier werden dem Schädiger jedoch die weitaus höheren Kosten des Sachverständigengutachtens erspart, sodass in diesem Fall die Gebühr für den Kostenvoranschlag erstattungsfähig ist, wenn der Kostenvoranschlag hinreichend substantiiert und beweiskräftig ist.[89] Gegebenenfalls muss der Rechtsanwalt diesbezüglich in seinen Anwaltsschreiben entsprechende Argumente vortragen.

## C. Verbringungskosten

70 Nachfolgend werden die Schadenpositionen behandelt, die mit der »Verbringung« des beschädigten Fahrzeugs, d.h. seiner Bergung, seinem Abschleppen und seiner Überführung weg vom Unfallort entstehen. Die zuletzt genannte Position hat zusätzlich auch noch Bedeutung für die Hin- und Rückführung des Mietwagens.

### I. Bergungskosten

71 Von »Bergung« in dem hier gemeinten Sinne spricht man jeweils dann, wenn ein Kfz aus Anlass eines Unfalles in eine Lage geraten ist, aus der es sich mit eigener Kraft – d.h. unter Einsatz der bestimmungsgemäßen Antriebskräfte des Motors – nicht mehr befreien kann. Dieser Fall liegt beispielsweise dann vor, wenn das Kfz nach einem Zusammenstoß in einen Graben oder gar in einen Bach abgekippt ist. Ferner kann dieser Fall stets dann eintreten, wenn der Wagen vom festen Untergrund abgekommen ist und die Räder nicht mehr fassen (»durchdrehen«). Die Bergung wird in aller Regel mit einem Kranwagen durchgeführt. Die dadurch entstehenden Kosten sind dem Geschädigten als eine Schadenposition unter mehreren zu erstatten, sofern die Bergung des Fahrzeugs aus schadenadäquatem Anlass geboten bzw. erforderlich war.[90]

72 Da die Bergung häufig durch die Feuerwehr[91] erfolgt, stellt sich in der Praxis die Frage, ob die dafür entstehenden öffentlich-rechtlich begründeten Kosten durch die Kfz-Haftpflichtversicherung des Unfallverursachers zu erstatten sind, da deren Leistung nach den AKB auf privatrechtliche Ansprüche begrenzt ist. Die herrschende Meinung bejaht dennoch die Erstattung aus neben dem öffentlich-rechtlichen Anspruch meist noch bestehenden privatrechtlichen Gründen[92] oder aber unter dem Gesichtspunkt der Rettungskosten.[93]

### II. Abschleppkosten

73 Wenn in der Praxis der Schadenregulierung bezüglich der Bergungskosten im Allgemeinen keine Probleme entstehen, wird erfahrungsgemäß sehr häufig die Frage streitig sein, ob Abschleppkosten zu erstatten sind, gegebenenfalls für welche Entfernung und in welcher Höhe.[94]

---

89 *Jahnke* in: Burmann/Heß/Hühnermann/Jahnke, BGB § 249 Rn. 166; *Hamann/Kuhn* in: Buschbell/Höke § 24 Rn. 126; *BGH*, NJW 2005, 356; *LG Hildesheim*, NZV 2010, 34; *AG Rheinberg*, SP 2013, 336.

90 Zur örtsüblichen Vergütung siehe z.B. *AG Heidelberg*, Urt. v. 21.12.2020 – 25 C 176/20, dazu *Nugel* jurisPR-VerkR 4/2021 Anm. 2.; *AG Frankfurt/M.*, Urt. v. 12.03.2020 – 30 C 246/19 (71), dazu *Gutt* jurisPR-VerkR 16/2020 Anm. 2; *AG Burgwedel*, Urt. v. 04.03.2020 – 7 C 410/19; *AG Lüneburg*, Urt. v. 11.12.2017 – 50 C 330/17; *AG Neuss*, Urt. v. 01.06.2015 – 70 C 1071/15, juris; *AG Moers*, Urt. v. 07.11.2014 – 563 C 338/14, juris; *AG Viersen*, Urt. v. 24.10.2014 – 32 C 245/14, juris.

91 Zum Kostenersatzanspruch gegen den Fahrzeughalter nach Feuerwehreinsätzen siehe *Müller* VersR 2022, 606.

92 *BGH*, DAR 2007, 269.

93 *BGH*, DAR 2007, 269.

94 Ausführlich *Knauf/Lutz* NJW-Spezial 2023, 521; *Moser* NZV 2022, 454 f.; *Eggert* VA 2021, 24 f.; *Balke* SVR 2015, 253 ff.; *Müller* in: Himmelreich/Halm, Handbuch Verkehrsrecht, Kap. 4 Rn. 2 ff.; zur Höhe der zu ersetzenden Abschleppkosten *Nugel* zfs 2014, 370.

Das Abschleppen eines auf der Straße befindlichen Kfz wird in der Regel dann erforderlich sein, wenn es mit eigener Kraft nicht mehr bewegt werden kann oder darf.[95] Die zuletzt angesprochene Alternative liegt dann vor, wenn die Antriebskräfte des Fahrzeugs zwar noch funktionsfähig sind, der Wagen sich aber nicht mehr in einem verkehrssicheren Zustand befindet. 74

Im Rahmen des § 249 Abs. 2 BGB ist einzig der erforderliche Geldbetrag zu erstatten, also die Aufwendungen, die ein verständiger, wirtschaftlich denkender Mensch in der Lage des Geschädigten für zweckmäßig und notwendig halten durfte,[96] wobei den Geschädigten eine Schadenminderungspflicht aus § 254 Abs. 2. Satz 1 BGB trifft.[97] Ein Geschädigter ist nicht verpflichtet, vor einem Abschleppvorgang »Marktforschung« dergestalt zu betreiben, ob die Preise des Abschleppunternehmens marktüblich sind oder nicht.[98] Streit entsteht in der Regulierungspraxis dabei sehr häufig in der Beurteilung der Frage, ob der Geschädigte aus Gründen der Schadenminderung (§ 254 Abs. 2 BGB) verpflichtet war, die notwendige Schleppfahrt auf den nächsten geeigneten Bestimmungsort zu beschränken oder ob er das Fahrzeug – dies kommt insbesondere dann in Betracht, wenn er sich auf einer größeren Reise befindet – bis zu seinem Wohnort zurückführen darf. Eine allgemeingültige Rechtsprechung gibt es zu diesem Problemkreis nicht. Es kommt jeweils auf den konkreten Einzelfall an.[99] 75

Liegt der Tätigkeit des Abschleppunternehmens eine Preisvereinbarung mit dem Geschädigten zugrunde, ist dieser im Rahmen seiner vertraglichen Beziehung mit dem Abschleppunternehmen zur Zahlung der vereinbarten Vergütung für das Abschleppen seines Fahrzeuges verpflichtet.[100] 76

Da im Rahmen des § 249 Abs. 2 Satz 1 BGB die besonderen Umstände des Geschädigten, mitunter auch seine möglicherweise beschränkten Erkenntnismöglichkeiten, zu berücksichtigen sind, wird der vom Geschädigten tatsächlich aufgewendete Betrag zur Begleichung der ihm gestellten Rechnung als Indiz dahingehend angesehen, dass es sich bei diesen aufgewendeten Kosten unter Berücksichtigung der beschränkten Erkenntnismöglichkeiten des Geschädigten um erforderliche Herstellungskosten im Sinne des § 249 Abs. 2 Satz 1 BGB handelt.[101] Die Abtretung des dem Geschädigten zustehenden Schadensersatzanspruchs erfüllungshalber an ein Abschleppunternehmen stellt insoweit allerdings noch keine Bezahlung der Rechnung dar.[102]

Hat der Geschädigte dagegen die ihm gestellte Rechnung noch nicht bezahlt, hat er tatsächlich noch keinen Aufwand gehabt, der als Anhaltspunkt für die Erforderlichkeit herangezogen werden könnte. Allein die vom Abschleppunternehmer erstellte Rechnung genügt nicht, um die den Geschädigten treffende Darlegungslast des § 249 Abs. 2 Satz 1 BGB zu erfüllen. Diese vom BGH im Zusammenhang mit der Erstattung von Sachverständigenkosten[103] entwickelten Grundsätze gelten auch für die Vergütung der Tätigkeit eines Abschleppunternehmens.[104]

Liegt dagegen keine Preisvereinbarung zwischen dem Geschädigten und dem Abschleppunternehmen vor, schuldet der Geschädigte dem Abschleppunternehmen gemäß § 632 Abs. 2 BGB die übliche

95 Siehe *AG Elmshorn*, zfs 2014, 432; sehr bedenklich aber *AG Halle/Saale*, Urt. v. 11.06.2014 – 102 C 1948/12 m. krit. Anm. *Balke* SVR 2014, 433f. (Fzg. hatte Beschädigung am Stoßfänger, war lt. SV-Gutachten aber noch fahrfähig und verkehrssicher).

96 Vgl. *BGH*, NJW 1992, 1619; *BGH*, NJW 1974, 34; *BGH*, NJW 1970, 1454.

97 Vgl. *BGH*, NJW 1985, 794; *BGH*, NJW 1975, 160.

98 *LG Freiburg i.Br.*, DV 2020, 111f.

99 Ebenso *Bachmeier*, Verkehrszivilsachen, 2. Aufl., § 8 Rn. 363; vgl. auch *AG Dillenburg*, Urt. v. 14.11.2014 – 50 C 271/14 m. Anm. *Balke* SVR 2015, 308f.

100 *LG Stuttgart*, Urt. v. 30.11.2017 – 5 S 293/16.

101 Vgl. *OLG Bamberg*, Urt. v. 25.08.2020 – 5 U 118/20.

102 *OLG Bamberg*, Urt. v. 25.08.2020 – 5 U 118/20.

103 *BGH*, NJW 2020, 1148; *BGH*, NJW 2019, 430; *BGH*, NJW 2016, 3092.

104 A.A. *AG Starnberg*, Urt. v. 28.04.2023 – 2 C 60/23; *AG München*, DAR 2022, 101, wonach der Schädiger unabhängig von der beglichenen Rechnung das »Hakenrisiko« zu tragen habe.

Vergütung, die kraft Gesetzes als vereinbart anzusehen ist.[105] Dies wird bei Abschleppvorgängen häufig der Fall sein, da das Abschleppunternehmen meistens von der Polizei angefordert wird. Regelmäßig werden am Unfallort vor der Durchführung des Abschleppvorgangs keine Preisvereinbarungen getroffen, da im Interesse aller Unfallbeteiligten das Abschleppunternehmen gehalten ist, die Straße möglichst schnell zu räumen. Mangels Vorliegen einer Preisvereinbarung schuldet der Geschädigte dem Abschleppunternehmen somit die übliche Vergütung und kann gegenüber dem Abschleppunternehmen bei einer überhöhten Forderung den Einwand der Unangemessenheit der geltend gemachten Vergütung erheben.[106] Die übliche Vergütung, die der Geschädigte an das Abschleppunternehmen zu zahlen verpflichtet ist, stellt den objektiv erforderlichen und ersatzfähigen Herstellungsaufwand im Sinne des § 249 Abs. 2 Satz 1 BGB dar.[107] Die ortsübliche Vergütung ist ggf. gemäß § 287 ZPO vom Gericht zu schätzen, wobei sich der Tatrichter in anerkannten Tabellen (z.B. Preis- und Strukturumfragen im Bergungs- und Abschleppgewerbe des Verbandes der Bergungs- und Abschleppunternehmen e.V.) enthaltener Erfahrungswerte bedienen kann.[108] Eine Abschlepprechnung liegt z.B. deutlich oberhalb der üblichen Vergütung, wenn zusätzlich zu der Pauschale für das eingesetzte Fahrzeug nebst Fahrer auch noch eine gesonderte Abrechnung pro Kilometer erfolgt, der Abladevorgang und damit verbundene Sicherungsmaßnahmen pauschal doppelt abgerechnet werden und er erhobene »Sonntagszuschlag« sich nicht nur auf die Personalkosten, sondern auch auf die Kosten des Abschleppfahrzeuges bezieht.[109]

77 Mit Rücksicht auf die durch § 254 Abs. 2 BGB normierte Schadenminderungspflicht bestehen grundsätzlich erhebliche Bedenken dagegen, dass ein Fahrzeug über größere Entfernungen abgeschleppt wird.[110] In der Regel hat der Geschädigte nach der Rechtsprechung lediglich Anspruch auf Erstattung der Abschleppkosten für das Verbringen in die nächstgelegene geeignete Werkstatt.[111] Geeignet in diesem Sinne ist jede unfallortnahe Vertragswerkstatt, da im Reparaturfall davon auszugehen ist, dass jede Vertragswerkstatt in der Lage ist, eine Reparatur fachgerecht durchzuführen.[112]

---

105 *LG Stuttgart*, Urt. v. 30.11.2017 – 5 S 293/16; *AG Heidelberg*, Urt. v. 21.12.2020 – 25 C 176/20 dazu *Nugel* jurisPR-VerkR 4/2021 Anm. 2.

106 *AG Böblingen*, Urt. v. 09.12.2020 – 20 C 460/20.

107 *BGH*, zfs 2014, 73.

108 *BGH*, NJW 2017, 1875; *BGH*, NJW 2016, 3092; so auch *AG Heidelberg*, Urt. v. 21.12.2020 – 25 C 176/20 dazu *Nugel* jurisPR-VerkR 4/2021 Anm. 2.; *AG Frankfurt/M.*, Urt. v. 12.03.2020 – 30 C 246/19 (71) dazu *Gutt* jurisPR-VerkR 16/2020 Anm. 2; *AG Burgwedel*, Urt. v. 04.03.2020 – 7 C 410/19; *AG Lüneburg*, Urt. v. 11.12.2017 – 50 C 330/17; *AG Düsseldorf*, zfs 2014, 381; *AG Ratingen*, Urt. v. 29.11.2013 – 9 C 292/13 m. Anm. *Balke* SVR 2014, 239; *AG Moers*, Urt. v. 22.08.2013 – 563 C 193/13; *AG Neuss*, Urt. v. 18.12.2013 – 85 C 3350/13; *AG Neuss*, Urt. v. 12.09.2012 – 85 C 3163/12; vgl. auch *Moser* NZV 2022, 454.

109 *AG Buxtehude*, Urt. v. 27.01.2023 – 31 C 377/22, dazu *Nugel* jurisPR-VerkR 5/2023 Anm. 1.

110 *OLG Köln*, NZV 1991, 429; *AG Darmstadt*, SP 1998, 165; *AG Herborn*, SP 1999, 166.

111 *OLG Köln*, VersR 1992, 719; *LG Ellwangen*, Urt. v. 15.02.2012 – 2 O 340/11; *LG Würzburg*, SP 1999, 19; *AG Langenfeld*, Urt. v. 02.06.2017 – 12 C 66/17 m. Anm. *Balke* SVR 2017, 354f.; *AG Erding*, Urt. v. 30.09.2016 – 1 C 158/16 m. Anm. *Balke* SVR 2017, 147; *AG Ahlen*, Urt. v. 06.11.2015 – 30 C 494/14 m. Anm. *Balke* SVR 2016, 432f.; *AG Stade*, Urt. v. 04.05.2015 – 61 C 233/15; *AG Heidenheim*, Urt. v. 11.12.2014 – 4 C 1133/14 m. Anm. *Balke* SVR 2015, 346f. und *Gutt* jurisPR-VerkR 14/2015 Anm. 2; *AG Dillenburg*, Urt. v. 14.11.2014 – 50 C 271/14 m. Anm. *Balke* SVR 2015, 308f.; *AG Steinfurt* SP 2014, 309; *AG Neuss*, Urt. v. 18.12.2013 – 90 C 3350/13; *AG Nienburg*, Urt. v. 28.11.2012 – 6 C 678/12; *AG Herborn*, SP 1999, 166; ebenso *Knauf/Lutz* NJW-Spezial 2023, 521; *Nugel* zfs 2014, 370f.

112 *LG Bielefeld*, Urt. v. 26.10.2022 – 21 S 58/22; *AG Frankfurt/M.*, Urt. v. 12.03.2020 – 30 C 246/19; *AG Siegburg*, Urt. v. 14.04.2016 – 124 C 7/16; *AG Ahlen*, Urt. v. 06.11.2015 – 30 C 494/14 m. Anm. *Balke* SVR 2016, 432f.; *AG Stade*, Urt. v. 04.05.2015 – 61 C 233/15 m. Anm. *Balke* SVR 2015, 343f.; *AG Heidenheim*, Urt. v. 11.12.2014 – 4 C 1133/14 m. Anm. *Balke* SVR 2015, 346f.; *AG Neuss*, Urt. v. 18.12.2013 – 90 C 3350/13; *AG Ratingen*, Urt. v. 29.11.2013 – 9 C 292/13 m. Anm. *Balke* SVR 2014, 239; *AG Wiesbaden*, Urt. v. 18.08.1993 – 96 C 465/93; ebenso *Knauf/Lutz* NJW-Spezial 2023, 521.

Auf ein besonderes Vertrauensverhältnis zur »Heimatwerkstatt« kann sich ein Geschädigter nicht berufen, denn bei Fahrzeugen der Serienproduktion spielen solche subjektiven Komponenten für die Sachgerechtigkeit der Überprüfung und Reparatur keine Rolle.[113]

Die Darlegungs- und Beweislast dafür, dass das Fahrzeug zur nächstgelegenen Werkstatt bzw. nächsten noch zumutbaren Fach- bzw. Vertragswerkstatt abgeschleppt worden ist, liegt – dennoch – beim Geschädigten.[114] Er muss somit im Zweifelsfall beweisen, dass die Werkstatt, zu der er sein Fahrzeug hat abschleppen lassen, die nächstgelegene gewesen ist oder dass es sich nur um einen geringen, dem Schädiger zumutbaren Mehraufwand handelt.[115] 78

### 1. Erkennbarer Totalschaden

Falls jedoch – von vornherein erkennbar – ein Totalschaden vorliegt oder zu befürchten ist, ist ein Abschleppen in jedem Fall lediglich bis zum nächsten Verwertungsbetrieb zulässig.[116] 79

Hier kommt es nicht darauf an, dass das Kfz in eine Werkstatt gebracht wird, die das besondere Vertrauen des Geschädigten genießt.[117] Denn das Verwerten des verbliebenen Restwertes oder gar das Verschrotten des Kfz kann, nach erfolgter Begutachtung durch einen Sachverständigen, vom Betriebsgelände des Abschlepperunternehmens aus erfolgen. 80

Gleiches gilt beim Abschleppen eines Totalschadens zunächst auf den Hof des Abschleppdienstes und dann mit einer zweiten Schleppfahrt zu einer Kfz-Werkstatt. Auch hier liegt i.d.R. ein Verstoß gegen die Schadenminderungspflicht vor, sodass die weiteren Abschleppkosten nicht zu erstatten sind.[118] Ereignet sich der Unfall allerdings außerhalb der Werkstattöffnungszeiten (z.B. sonntags[119] oder nachts[120]) und muss das verunfallte Fahrzeug deshalb zunächst beim Abschleppunternehmer zwischengelagert werden, muss der Schädiger auch die weitere Abschlepprechnung zur Reparaturwerkstatt übernehmen.[121] Dies gilt auch, wenn der Fahrzeugführer an der Unfallstelle nicht mehr handlungsfähig war, die Polizei den Abschleppauftrag erteilte und das Fahrzeug dann vorsorglich erst einmal zum Betriebsgelände des Abschleppunternehmers transportiert wurde.[122] 81

---

113 Vgl. *AG Siegburg*, Urt. v. 14.04.2016 – 124 C 7/16; vgl. *Knauf/Lutz* NJW-Spezial 2023, 521; a.A. wohl *AG Ingolstadt*, Urt. v. 06.08.2020 – 10 C 813/20; *AG Rosenheim*, Urt. v. 12.05.2017 – 8 C 90/17.

114 *Müller* in: Himmelreich/Halm, Handbuch Verkehrsrecht, Kap. 6 Rn. 4.

115 Vgl. *AG Duisburg*, SP 2007, 105; *Balke* SVR 2015, 253 f.; *Müller* in: Himmelreich/Halm, Handbuch Verkehrsrecht, Kap. 6 Rn. 4.

116 *LG Stuttgart*, Urt. v. 15.06.2011 – 8 O 434/11; *LG Würzburg*, SP 1999, 19; *LG Bayreuth*, zfs 1990, 8; *AG Pforzheim*, Urt. v. 22.01.2010 – 8 C 131/09; *AG Hildesheim*, NZV 1999, 212; vgl. auch *Sanden/Völtz*, Rn. 222.

117 *AG Emmendingen*, VRS 107, 162.

118 *LG Krefeld*, SP 2001, 97; *AG Krefeld*, SP 2000, 278 bedenklich daher *AG Mühldorf a. Inn*, Urt. v. 25.07.2013 – 1 C 180/13, welches einen Verstoß gegen § 254 BGB ablehnt, obwohl das Risiko eines Totalschadens angesichts der im Urteil genannten Schadenshöhe von 1211,76 € für Reparaturkosten, SV-Gebühren, Wertminderung und Auslagenpauschale offensichtlich nicht vorlag.

119 So im Fall des *LG Stade*, Beschl. v. 19.07.2019 – 4 S 63/18; *LG Lüneburg*, NJW-RR 2015, 979; *LG Detmold*, Urt. v. 16.01.2009 – 12 O 248/07.

120 *AG Esslingen*, Urt. v. 01.06.2011 – 4 C 1825/10.

121 *LG Schweinfurt*, Urt. v. 14.12.2023 – 22 O 720/22; *LG Stade*, Beschl. v. 19.07.2019 – 4 S 63/18; *LG Lüneburg*, NJW-RR 2015, 979; *LG Detmold*, Urt. v. 16.01.2009 – 12 O 248/07; *AG Halle/Saale*, Urt. v. 11.06.2014 – 102 C 1948/12 m. krit. Anm. *Balke* SVR 2014, 433f.; *AG Esslingen*, Urt. v. 01.06.2011 – 4 C 1825/10.

122 *AG Burgwedel*, Urt. v. 04.03.2020 – 7 C 410/19; ähnlich *LG München II*, Urt. v. 05.04.2018 – 10 O 4251/15.

82 Auch das Abschleppen zum weit entfernt gelegenen Wohnort, nur um es dort vor Ort und nicht in der Nähe der Unfallstelle von einem Sachverständigen begutachten zu lassen, ist ein Verstoß gegen die Schadenminderungspflicht.[123]

83 In Ausnahmefällen kann jedoch, ohne dass dem Geschädigten ein Verstoß gegen seine Schadensminderungspflicht aus § 254 Abs. 2 BGB anzulasten ist, auch ein Abschleppen bis zum Heimatort des Geschädigten zu ersetzen sein, wenn andernfalls entsprechende oder höhere Kosten entstehen würden.[124] Entsprechende bzw. höhere Kosten sind z.B. dann gegeben, wenn Fahrtkosten zum späteren Abholen des Fahrzeugs oder der Ladung[125] entstehen würden oder wenn bei besonderen Fahrzeugen (z.B. mit speziellen Aufbauten) von einer erforderlichen Sachkunde der Heimatwerkstatt für die Reparatur auszugehen ist.[126] Aber auch hierbei ist zu berücksichtigen, dass Abschleppkosten zur Heimatwerkstatt dann nicht erstattungsfähig sind, wenn spätere Abholkosten bedeutend günstiger gewesen wären als das Abschleppen bis zur Heimatwerkstatt.[127] Zu berücksichtigen ist bei der Vergleichsbetrachtung aber auch, dass die Mühewaltungen des Geschädigten bei der Abwicklung des Schadens zu seinem ureigenen Aufgabenkreis zählen.[128] Der für die Schadenabwicklung oder für den Transport bzw. die Überführung eines Unfallfahrzeugs[129] betriebene Zeitaufwand kann generell nicht vom Schädiger ersetzt verlangt werden,[130] da ihm kein messbarer Vermögenswert zukommt.[131] Nichts anderes gilt, wenn der Gläubiger dafür Dritte (z.B. Angestellte, Schadensmanager) einsetzt.[132]

84 Häufig ist jedoch zum Zeitpunkt des Abschleppens der Rechtsanwalt noch nicht beauftragt und kann daher noch nicht beratend eingreifen, sodass zu Beginn des Mandats diese Kosten oft bereits entstanden sind.

85 Erleidet ein Fahrzeug bei einem fremd verursachten Unfall etwa 400 km vom Wohnsitz des Halters entfernt einen Totalschaden, so ist dem Halter zuzumuten, den vom Sachverständigen ermittelten Restwert des beschädigten Kfz durch Veräußerung am Unfallort zu realisieren.[133] Dies gilt erst Recht, wenn die Abschleppkosten ein Vielfaches dessen betragen, was an eventuellen Standgebühren am ursprünglichen Abstellort angefallen wären.[134]

86 Unternimmt der Halter derartige Verwertungsbemühungen nicht, so kann er vom Schädiger nicht den Ersatz der Abschleppkosten verlangen, die durch das Abschleppen des Kfz vom Unfallort zu seinem Wohnsitz entstanden sind, da in diesem Fall von einem Verstoß gegen die Schadenminde-

123 *KG*, NZV 2007, 409 »Abschleppen von Berlin nach Ingolstadt«; *AG Hildesheim*, NZV 1999, 212; a.A. *AG Meißen*, Urt. v. 29.05.2019 – 115 C 405/18.

124 *OLG Köln*, VersR 1992, 719; *LG Bayreuth*, ZfS 1990, 8; *AG Wiesloch*, Urt. v. 28.08.2020 – 1 C 183/19; *AG Siegburg*, Urt. v. 14.04.2016 – 124 C 7/16; *AG Herborn*, SP 1999, 166; *AG Kulmbach*, ZfS 1990, 8; vgl. auch *Zwickel* in: Greger/Zwickel, § 27 Rd. 27.52.

125 *LG Saarbrücken*, Urt. v. 29.10.2020 – 6 O 187/20 »Service-Fahrzeug mit Werkzeug und Material«.

126 Vgl. *OLG Köln*, VersR 1992, 719; *AG Siegburg*, Urt. v. 14.04.2016 – 124 C 7/16; ebenso *Sanden/Völtz*, Rn. 222.

127 *AG Ratingen*, Urt. v. 29.11.2013 – 9 C 292/13 m. Anm. *Balke* SVR 2014, 239; ausführlich auch *AG Steinfurt* SP 2014, 309.

128 Ausführlich dazu *Balke* SVR 2019, 208 f.

129 *LG München II*, Urt. v. 09.04.2020 – 10 O 3894/17; *AG Köln* VersR 1981, 743.

130 *OLG Brandenburg*, NJW-RR 2019, 542 m. Anm. *Balke* SVR 2019, 257f.; *LG München II*, Urt. v. 09.04.2020 – 10 O 3894/17; *AG Königs Wusterhausen*, Urt. v. 08.07.2020 – 4 C 858/20 Rn. 5.; a.A. wohl *AG Meißen*, Urt. v. 29.05.2019 – 115 C 405/18; *AG Siegburg*, Urt. v. 14.04.2016 – 124 C 7/16.

131 *OLG Oldenburg*, VersR 2009, 797, 800; vgl. auch *OLG Stuttgart*, Urt. v. 19.06.2013 – 3 U 1/13.

132 BGHZ 75, 230.

133 *AG Hildesheim*, NZV 1999, 212.

134 *OLG München*, Endurteil. v. 08.07.2020 – 10 U 3947/19: Für die Abschleppkosten von 1.205 € hätte das Fahrzeug 150 Tage verwahrt werden können.

rungspflicht auszugehen.[135] In all diesen Fällen ist daher zu prüfen, ob der Mandant als technischer Laie bereits am Schadensort oder bei der Beauftragung weiterer Schleppfahrten erkennen konnte, dass er mit der Beauftragung gegen seine Schadenminderungspflicht verstößt. In vielen Fällen wird gegenüber der gegnerischen Kfz-Haftpflichtversicherung gut begründet werden können, dass der Laie konkret vor Ort den Schadenumfang nicht ermessen konnte.

### 2. Transport zur Prüfung, ob ein Totalschaden vorliegt

Falls die Frage nach der Reparaturfähigkeit eines Kfz überhaupt relevant werden sollte, würde es auf sie nur dann ankommen, wenn eine Instandsetzung ernsthaft überhaupt in Aussicht genommen ist und sich in der Nähe der Unfallstelle keine dafür geeignete Werkstatt befindet. Um dies durch eine Sachverständigenbegutachtung klären zu lassen, kann das Fahrzeug in eine Fachwerkstatt am Unfallort geschleppt werden.[136] Wenn bei einem Nutzfahrzeug die Feststellung, ob Totalschaden vorliegt oder nicht, nur in einer weiter entfernt gelegenen Fachwerkstatt getroffen werden kann, so hat das *OLG Frankfurt/M.*[137] für die Entschädigungspflicht des Kaskoversicherers (unter dem Gesichtspunkt des Aufwendungsersatzes) angenommen, dass die Transportkosten dorthin auch dann zu erstatten sind, wenn sich nachträglich die Unwirtschaftlichkeit der Reparatur herausstellt und der Geschädigte den Totalschaden am Unfallort nicht erkennen und demgemäß das Abschleppen des Fahrzeugs den Umständen nach für geboten halten durfte. Dieser Rechtsgedanke kann auf das Schadensersatzrecht übertragen werden. Auch hier wäre wiederum entsprechend durch den Rechtsanwalt vorzutragen, warum die Reparatur zunächst in Aussicht genommen und dann letztendlich doch davon Abstand genommen wurde. 87

### 3. Transport in nächste Fach-/Vertragswerkstatt

Auf den ersten Blick bedenklich erscheint – zumindest in dieser Verallgemeinerung – die zuweilen geäußerte Auffassung, der Geschädigte könne grundsätzlich die Abschleppkosten vom Unfallort zum Sitz einer von ihm ständig in Anspruch genommenen Werkstatt ersetzt verlangen, wenn das beschädigte Kfz reparaturfähig ist und die Abschleppkosten in einem angemessenen Verhältnis zu den Reparaturkosten stehen.[138] 88

In diesem Zusammenhang wird jedoch auch die Auffassung vertreten, der Geschädigte müsse grundsätzlich die nächste Reparaturwerkstatt aufsuchen.[139] Er dürfe jedoch die Reparaturwerkstatt seines Vertrauens mit der Durchführung der Instandsetzungsarbeiten beauftragen, wenn dadurch nicht entgegen den Grundsätzen von Treu und Glauben (§ 242 BGB) für den Schädiger erhebliche Nachteile entstehen.[140] 89

Zumindest dürfte dies jedoch für die Inanspruchnahme der nächsten Fach- bzw. Vertragswerkstatt gelten, sodass sich der Geschädigte nicht auf die nächste beliebige Werkstatt verweisen lassen muss.[141] Der Geschädigte hat – und dazu ist ihm insbesondere bei neueren Fahrzeugen auch zu raten – einen Anspruch auf eine Reparatur in der nächstgelegenen Fach- bzw. Vertragswerkstatt, 90

---

135 *KG*, NZV 2007, 409 »Abschleppen von Berlin nach Ingolstadt«; *LG Stuttgart*, Urt. v. 15.06.2011 – 8 O 434/11 »Abschleppen über 375 km zur Heimatwerkstatt«; *LG Würzburg*, SP 1999, 19; *AG Heidenheim*, Urt. v. 11.12.2014 – 4 C 1133/14 m. Anm. *Balke* SVR 2015, 346f.; *AG Pforzheim*, Urt. v. 22.01.2010 – 8 C 131/09; *AG Weiden*, Urt. v. 16.11.2007 – 1 C 489/07; *AG Krefeld*, SP 2000, 278; *AG Hamburg*, SP 1995, 402; *AG Köln*, r+s 1985, 295; *AG Birkenfeld*, VersR 1984, 196; a.A. *AG Halle/Saale*, Urt. v. 15.09.2011 – 96 C 1725/10 m. krit. Anm. *Balke* SVR 2012, 109f.

136 *LG Köln*, VersR 1974, 1232; *AG Wiesbaden*, zfs 1994, 87; *LG Würzburg*, SP 1999, 19.

137 *OLG Frankfurt/M.*, NVersZ 2002, 319.

138 *König* in: Hentschel/König § 12 StVG, Rn. 28; *OLG Celle*, VersR 1996, 1196; *OLG Hamm*, VersR 1970, 43; *LG Würzburg*, SP 1999, 19.

139 *OLG Köln*, VersR 1992, 719; *AG Wiesbaden*, zfs 1994, 87.

140 *AG Kulmbach*, zfs 1990, 8; *LG Bayreuth*, zfs 1990, 8.

141 *Sanden/Völtz* Rn. 137; *OLG Köln*, NZV 1991, 429; *LG Würzburg*, SP 1999, 19; *AG Herborn*, SP 1999, 166.

die z.B. zum Erhalt von möglichen Ansprüchen aus Durchrostungsgarantien oder der erfolgreichen Abwicklung von späteren Kulanzfällen führt.[142] Als geeignet in diesem Sinne ist jede unfallortnahe Vertragswerkstatt anzusehen, da im Reparaturfall davon auszugehen ist, dass jede Vertragswerkstatt in der Lage ist, eine Reparatur fachgerecht durchzuführen.[143] Auf ein besonderes Vertrauensverhältnis zur »Heimatwerkstatt« kann sich ein Geschädigter nicht berufen, denn bei Fahrzeugen der Serienproduktion spielen solche subjektiven Komponenten für die Sachgerechtigkeit der Überprüfung und Reparatur keine Rolle.[144]

91 Werden höhere Abschleppkosten teilweise durch unstreitig geringere Reparaturkosten wieder aufgewogen und durfte der Geschädigte als Dauerkunde eine bessere Behandlung und auch bequemere Durchführung von Nachreparaturen erwarten, so erscheint es nicht unangemessen, wenn er die bereits sein Vertrauen besitzende Werkstatt beauftragt.[145] Der Umstand, dass das beschädigte Fahrzeug in der Heimatwerkstatt angeschafft wurde, reicht als »vernünftiger Grund« allerdings nicht aus.[146] Einen generellen Anspruch darauf, dass der Geschädigte sein Fahrzeug an seinen Heimatort holen darf, gibt es jedenfalls nicht.

92 Für den Fall, dass der Geschädigte selbst die Schleppfahrt vornimmt, stehen ihm dafür lediglich die Selbstkosten zu, die etwa mit 1 € pro Kilometer zu veranschlagen sind.[147]

### 4. Weite Transportstrecken

93 Ein Verstoß gegen die Schadenminderungspflicht liegt erkennbar vor, wenn ein unfallbeschädigtes Kfz über eine Entfernung von mehreren hundert Kilometer hinweg abgeschleppt wird.[148] Dies dürfte auch einem Laien noch vor der anwaltlichen Beratung erkennbar sein.

94 Auch die Überführungskosten eines in der Türkei total beschädigten Kfz von dort bis in die Bundesrepublik Deutschland sind nicht erstattungsfähig.[149] Hier stehen selbst bei höherwertigen Fahrzeugen die Transportkosten in einem eklatanten Missverhältnis zum Fahrzeugwert, was dem Geschädigten schon bei der Auftragserteilung klar sein dürfte.

### 5. Prozessuale Geltendmachung

95 Abgesehen von der Auseinandersetzung um die Erforderlichkeit eines Abschleppvorgangs entsteht in der Regulierungspraxis immer häufiger auch Streit über die Höhe des vom Schädiger bzw. seiner Kfz-Haftpflichtversicherung zu ersetzenden Aufwandes des vom Geschädigten eingeschalte-

---

142 *OLG Köln*, NZV 1991, 429.

143 *AG Siegburg*, Urt. v. 14.04.2016 – 124 C 7/16; *AG Ahlen*, Urt. v. 06.11.2015 – 30 C 494/14 m. Anm. *Balke* SVR 2016, 432f.; *AG Stade*, Urt. v. 04.05.2015 – 61 C 233/15; *AG Heidenheim*, Urt. v. 11.12.2014 – 4 C 1133/14 m. Anm. *Balke* SVR 2015, 346f.; *AG Neuss*, Urt. v. 18.12.2013 – 90 C 3350/13; *AG Ratingen*, Urt. v. 29.11.2013 – 9 C 292/13 m. Anm. *Balke* SVR 2014, 239; *AG Wiesbaden*, Urt. v. 18.08.1993 – 96 C 465/93.

144 Vgl. *AG Siegburg*, Urt. v. 14.04.2016 – 124 C 7/16; vgl. *Knauf/Lutz* NJW-Spezial 2023, 521; a.A. wohl *AG Ingolstadt*, Urt. v. 06.08.2020 – 10 C 813/20; *AG Rosenheim*, Urt. v. 12.05.2017 – 8 C 90/17.

145 *Müller* in: Himmelreich/Halm, Handbuch Verkehrsrecht, Kap. 6 Rn. 3.

146 *AG Pfaffenhofen*, Urt. v. 22.12.2017 – 1 C 710/17 m. Anm. *Balke* SVR 2018, 305f.; *AG Stade*, Urt. v. 04.05.2015 – 61 C 233/15 m. Anm. *Balke* SVR 2015, 343f.; *AG Dillenburg*, Urt. v. 14.11.2014 – 50 C 271/14 m. Anm. *Balke* SVR 2015, 308f.; a.A. *AG Rosenheim*, Urt. v. 12.05.2017 – 8 C 90/17; *AG Mülheim a.d.R.*, Urt. v. 26.02.2015 – 23 C 1690/14 m. Anm. *Balke* SVR 2016, 176f.

147 *AG Lingen*, zfs 1986, 360; inflationsbedingt ist 1 € anzusetzen, so *Müller* in: Himmelreich/Halm, Handbuch Verkehrsrecht, Kap. 6 Rn. 15.

148 *KG*, NZV 2007, 409 »Abschleppen von Berlin nach Ingolstadt«; *LG Stuttgart*, Urt. v. 15.06.2011 – 8 O 434/11 »Abschleppen über 375 km zur Heimatwerkstatt«; *LG Würzburg*, SP 1999, 19; *AG Birkenfeld*, zfs 1984, 103; *AG Wiesbaden*, zfs 1994, 87; anders *OLG Düsseldorf*, r+s 2021, 601 »Abschleppen von Polen zum Wohnsitz in Deutschland« nach polnischem Recht.

149 *Müller* in: Himmelreich/Halm, Handbuch Verkehrsrecht, Kap. 6 Rn. 6.

ten Abschleppunternehmers.[150] Grundsätzlich muss der Geschädigte vor der Beauftragung eines Abschleppunternehmers im Rahmen der Schadenbeseitigung keine Marktforschung nach dem günstigsten Anbieter betreiben.[151] Dem Schädiger bzw. dessen Kfz-Haftpflichtversicherer verbleibt jedoch die Möglichkeit, eine Verletzung der Schadenminderungspflicht durch den Geschädigten nach § 254 Abs. 2 BGB nachzuweisen; gelingt dies nicht, so kann der Geschädigte Ersatz bereits ausgeglichener Abschleppkosten verlangen.[152] Sofern der Geschädigte die Abschleppkosten noch nicht ausgeglichen hat, kann dieser lediglich Freistellung von der vom Abschleppunternehmer erhobenen Verbindlichkeit verlangen.[153]

### III. Überführungskosten

#### 1. Beschädigtes Kfz

Erstattungsfähig sind grundsätzlich auch die Aufwendungen, die durch die Überführung[154] des beschädigten Kfz zur Werkstatt und zurück entstehen und – ohne Fixkostenanteile, die unfallunabhängig in jedem Fall und in gleicher Höhe entstehen – zu Selbstkosten abzurechnen sind.[155] Insoweit kann auf die Betriebskostentabellen des ADAC e.V. zurückgegriffen werden. 96

Üblicherweise werden die relativ geringen Überführungskosten, wenn sie einem Privatmann entstanden sind, in der allgemeinen Nebenkostenpauschale zusammengefasst und nicht besonders berechnet.[156] Der Grund für diese Handhabung besteht darin, dass der wesentliche Kostenfaktor bei der Abrechnung von Überführungskosten in den Personalaufwendungen besteht, während die eigentlichen Sachkosten – insbesondere bei Pkw – kaum ins Gewicht fallen. 97

Demgemäß entstehen nach den Erfahrungen der Praxis Schwierigkeiten bei der Geltendmachung von Überführungskosten im gewerblichen Bereich. Gemeint ist damit der Fall, dass Betriebe oder Behörden die Überführung des beschädigten Kfz zu einer Fremdwerkstatt – und seine anschließende Rückholung nach Beendigung der Reparaturarbeiten – durch betriebseigenes Personal durchführen lassen. 98

Eine recht breite Auffassung in Literatur und Judikatur[157] vertritt insoweit den Standpunkt, dass der Geschädigte lediglich die reinen Sachkosten – darunter versteht man die leistungsbezogenen Betriebs- 99

---

150 Dazu ausführlich *Nugel* zfs 2014, 370 ff.; siehe z.B. *OLG Celle*, MDR 2013, 1340; *LG Baden-Baden*, Urt. v. 02.02.2015 – 2 O 285/14; *AG Böblingen*, Urt. v. 09.12.2020 – 20 C 460/20; *AG Lüneburg*, Urt. v. 11.12.2017 – 50 C 330/17; *AG Mönchengladbach-Rheydt*, Urt. v. 04.03.2016 – 15 C 459/15; *AG Neuss*, SP 2014, 379; *AG Neu-Ulm*, Urt. v. 12.08.2014 – 7 C 676/14; *AG Otterndorf*, Urt. v. 22.11.2013 – 2 C 300/13; *AG Stade*, Urt. v. 10.01.2012 – 61 C 946/11; *AG Leipzig*, Urt. v. 07.01.2011 – 107 C 5961/10; *AG Esslingen*, Urt. v. 01.06.2011 – 4 C 1825/10.

151 *OLG Celle*, MDR 2013, 1340 zu den Abschleppkosten; vgl. *BGH*, DAR 2014, 194 zu den Sachverständigenkosten.

152 *Nugel* zfs 2014, 374.

153 *Nugel* zfs 2014, 375 zur prozessualen Umsetzung des Freistellungsbegehrens.

154 Zu den Überführungskosten beschädigter Eisenbahnwagons siehe *LG Hannover*, Urt. v. 10.05.2022 – 20 O 241/19, Rn. 29.

155 *OLG Dresden*, NZV 2001, 346; *OLG Stuttgart*, NZV 2015, 139 (zur günstigeren Reparatur nach Slowenien); *BGH*, NJW 2006, 1088; *OLG Frankfurt/M.*, Urt. v. 19.03.2015 – 13 U 152/13; *LG Saarbrücken*, Urt. v. 19.05.2017 – 13 S 185/16; *AG Weimar*, SP 2007, 185; *AG Hamburg*, SP 2005, 416 (jeweils zu Überführungskosten bei Ersatzbeschaffung); *LG Duisburg*, Urt. v. 06.03.2015 – 2 O 205/12 (ablehnend bei Ersatzbeschaffung statt Reparatur); *LG Saarbrücken*, NZV 2015, 547 (Ablehnung bei fiktiver Abrechnung); vgl. auch *BGH*, NJW 1983, 2815 (Aufwendungen der DB bei beschädigten Zügen, Triebwagen, Lokomotiven).

156 *AG Aschaffenburg-Alzenau*, r+s 1983, 239.

157 *OLG Köln*, r+s 1978, 149; *OLG Köln*, VersR 1979, 166; *OLG Köln*, VersR 1982, 585; vgl. auch *AG Bayreuth*, VersR 2013, 1440.

kosten für das zu überführende Fahrzeug, also Abnutzung der Reifen, Treibstoff und Motoröl – ersetzt verlangen kann.[158]

100 Dieser Standpunkt wird damit begründet, dass die daneben anfallenden Lohnkosten schon deswegen nicht erstattungsfähig seien, weil der Geschädigte das mit der Überführung beauftragte Personal bereits vor dem konkreten Unfall eingestellt hat und auch ohne das zum Ersatz verpflichtende Ereignis in gleicher Weise hätte entlohnen müssen.

101 Die Überführungsfahrten dienen jedoch der Schadenbeseitigung. Die Selbstkosten, die dem Geschädigten durch Einsatz von Personal für diese Fahrten entstehen, sind nach richtiger Auffassung erstattungsfähige Herstellungskosten im Sinne des § 249 Abs. 2 S. 1 BGB.[159] Die Zuerkennung eines solchen Anspruchs setzt jedoch die Feststellung voraus, dass dem Betrieb oder der Behörde durch die jeweilige Überführungsfahrt tatsächlich ein Schaden erwachsen ist. Zur Darlegung eines solchen Schadens kann sich der Anspruchsteller nicht darauf berufen, dass er im Rahmen der Schadensbeseitigung Leistungen erbracht hat, für die in seinen Geschäftsbedingungen oder innerdienstlichen Vorschriften über Leistungen für Dritte bestimmte Vergütungen vorgesehen sind. Es geht hier nicht um Ansprüche auf Vergütung von Dienstleistungen; vielmehr kann der Anspruchsteller nur die Kosten der jeweiligen Schadensbeseitigung beanspruchen. Dieser Anspruch beschränkt sich nach der Rechtsprechung des BGH auf die dem Betrieb oder der Behörde erwachsenen unfallbedingten Selbstkosten.[160] Diese Kosten sind nicht zu verwechseln mit den (Personal-)Aufwendungen außergerichtlicher Mühewaltung zum Zwecke der Schadenregulierung; diese dienen gerade nicht der Schadenbeseitigung selbst, sondern vielmehr der Durchsetzung von Schadenersatzansprüchen.

## 2. Mietwagen

102 Erstattungsfähig sind auch die Aufwendungen, die bei der Überführung (Hin- und Rückführung) eines angemieteten Ersatzfahrzeugs entstehen.[161] Dieses wird häufig am Unfallort angemietet und dann entweder am Reparaturort oder am Heimatort zurückgegeben.

103 Insoweit ermitteln sich die vom Ersatzpflichtigen zu erstattenden leistungsbezogenen Betriebskosten nach dem mit dem Kfz-Vermieter vereinbarten Kilometersatz zuzüglich der vom Geschädigten selbst aufgebrachten Treibstoffkosten.

104 Bei dieser Form der Überführungskosten kann ein Abzug für Einsparungen am eigenen Kfz nicht vorgenommen werden, da es sich insoweit um abgrenzbare Mehrkosten handelt und Einsparungen in diesem Bereich nicht eingetreten sind. Die Generalunkosten sind ebenfalls nicht zu berücksichtigen, da sie in den Mietwagenkosten bereits enthalten sind und mit Rücksicht darauf, dass diese Kosten am eigenen (beschädigten) Kfz nicht eingespart werden, ohnehin nicht Gegenstand des Vorteilsausgleichs sein können.

105 Diese Betrachtungsweise läuft im wirtschaftlichen Ergebnis darauf hinaus, dass der umrissene Teil der Mietwagenkosten vom Ersatzpflichtigen voll zu erstatten ist. Diese beziehen sich nicht nur auf die Überführung des Mietfahrzeugs im engeren Sinne, sondern voll erstattungsfähig sind auch alle weiteren Kosten für Fahrten, die aus allein unfallbedingten Gründen entweder mit dem eigenen Kfz oder mit dem Mietwagen durchgeführt worden sind und sonst – ohne das zum Ersatz verpflichtende Ereignis – nicht angefallen wären.

106 Dazu gehören beispielsweise Fahrten zum Arzt[162] und zur Unterrichtung des Anwalts.

158 *AG Aschaffenburg*, VRS 80, 364; *AG Köln*, VersR 1981, 743; *AG Regensburg*, zfs 1981, 741.
159 *BGH*, NJW 1983, 2815; vgl. auch *Zwickel* in: Greger/Zwickel, § 27 Rn. 27.53.
160 Vgl. *BGH*, NJW 1983, 2815; zur Schadensberechnung *OLG München*, VersR 1987, 361 m. Anm. *Kunz.*
161 *Bachmeier*, Verkehrszivilsachen, § 8 Rn. 405.
162 *LG Lüneburg*, zfs 1984, 37.

107 Steht von vornherein fest, dass der Mietwagen an einem anderen Ort als dem, an dem er angemietet worden ist, zurückgegeben werden soll, dann muss der Geschädigte im Interesse der Schadenminderung den kostensparenden Weg der Einwegmiete wählen, die von größeren – überregional tätigen – Autovermietungen angeboten wird. Rückführungskosten eines Mietwagens sind unter diesen Umständen nicht »erforderlich« i.S.v. § 249 Abs. 2 S. 1 BGB, sodass der Ersatzpflichtige sie nicht zu erstatten braucht.[163]

108 Der Fall, dass das Mietfahrzeug in voraussehbarer Weise an einem anderen Ort zurückgegeben werden muss, liegt beispielsweise dann vor, wenn der Geschädigte mit seinem eigenen Kfz in größerer Entfernung von seinem Heimatort Totalschaden erleidet und sein Wagen daher aus Gründen der Kostenminderung am Unfallort verschrottet wird.

109 Anders liegen die Dinge, wenn die »Verbringung« des Mietwagens lediglich deswegen erforderlich wird, weil der Geschädigte mit dem Mietfahrzeug in zunächst nicht voraussehbarer Weise einen so erheblichen Schaden erleidet, dass eine Weiterbenutzung des Kfz nicht möglich ist und der Mietwagen an dem Ort, an dem der Schaden eingetreten ist, repariert werden muss. Unter dieser Voraussetzung sind dem Geschädigten – sofern eine anderweitige Ersatzmöglichkeit nicht besteht – auch die abgrenzbaren Mehrkosten für die Abholung und Rückführung des Mietwagens zu erstatten.

## IV. Auswechselungskosten

### 1. Fahrzeug

110 Eine besondere Form der Verbringungskosten stellen die Aufwendungen für das Auswechseln des beschädigten Fahrzeugs dar, die vornehmlich im Zusammenhang mit der Beschädigung öffentlicher Verkehrsmittel anfallen können. Auch das Auswechseln des Fahrzeuges dient letztlich der Schadensbeseitigung. Davon zu unterscheiden ist die Blockierung des Fahrwegs eines Zuges oder einer Straßenbahn durch ein verunfalltes Fahrzeug. Die Kosten eines insoweit eingerichteten Schienenersatzverkehrs, Dispatcherkosten, eine Anfahrtspauschale, die Kosten eines Gleismeisters oder Kosten für eingesetzte Ersatzbusse sind nach einem Urteil des BGH[164] vom Schädiger zu erstatten.[165]

111 Eine Auswechselung wird regelmäßig dann erforderlich sein, wenn das Fahrzeug mit Rücksicht auf das zum Ersatz verpflichtende Ereignis den Erfordernissen der Betriebs- und Verkehrssicherheit nicht mehr in jeder Beziehung entspricht. Für die Auslösung dieses Kriteriums bedarf es nicht einmal besonders schwerer Schäden, die ein Auswechseln erforderlich machen. So kann man sich beispielsweise durchaus den Fall vorstellen, dass an einem Straßenbahntriebwagen oder Kraftomnibus eine Blinkvorrichtung in der Weise beschädigt wird, dass eine ordnungsgemäße Funktion nicht mehr gewährleistet ist.

112 Das Fahrzeug muss daher im Hinblick auf die zeitweilige Aufhebung der Verkehrssicherheit unverzüglich aus dem Verkehr gezogen werden, falls es nicht möglich sein sollte, durch Herbeirufen eines sogenannten Unfallhilfswagens über Funk eine zumindest provisorische Notreparatur vorzunehmen.

113 Die abgrenzbaren Mehrkosten entstehen regelmäßig dadurch, dass zusätzliches Personal ein anderes Fahrzeug – in der Regel desselben Typs – vom nächst erreichbaren Betriebshof abholen und zur Unfallstelle bringen muss. Dasselbe Personal wird dann dort den beschädigten Zug übernehmen und ihn mit der gebotenen Sorgfalt ohne Fahrgastbedienung einrücken lassen, d.h. der zuständigen Betriebs- oder Hauptwerkstatt zur Durchführung der unfallbedingten Reparaturen überstellen.[166]

---

163 *AG Miesbach*, zfs 1983, 298; *AG Schweinfurt*, zfs 1985, 12.

164 *BGH*, NJW 2022, 3789 m. krit. Anm. *Greger* NZV 2023, 42; ähnlich krit. *Hager* JA 2023, 249; siehe auch *Mäsch* JuS 2023, 685; *OLG Dresden*, Urt. v. 22.10.2020 – 8 U 946/20; *LG Dresden*, Urt. v. 08.12.2023 – 3 S 526/20.

165 A.A. *LG Dresden*, Urt. v. 30.10.2020 – 3 S 92/20 m. Anm. *Balke* SVR 2021, 420; *LG Hannover*, zfs 2006, 558 m. Anm. *Diehl*; *AG Essen*, SP 2003, 103; vgl. auch *AG Sonthofen*, SP 2010, 356.

166 Vgl. *LG Stralsund*, Urt. v. 10.01.2024 – 7 O 154/20, Rn. 43.

114 Für eine Kostenrechnung sind zunächst einmal die Personalaufwendungen zu berücksichtigen, die nach der für die Auswechselung beanspruchten Zeit zu berechnen sind. Falls angefangene Überführungszeiten nach einem Tarifvertrag nur nach vollen Stunden abgerechnet werden können, hat der Schädiger auch diesen Mehraufwand jedenfalls dann zu erstatten, wenn das Personal im Anschluss an die Überführungsfahrt einer anderen sinnvollen Beschäftigung im betrieblichen Interesse nicht zugeführt werden kann.

115 Das Gleiche gilt für den Fall, dass für die – beispielsweise zu später Stunde – erforderlich gewordene Auswechselung Überstundenzuschläge gezahlt werden müssen bzw. Mehrkosten für übertarifliche Leistungen – etwa an Sonn- und Feiertagen – anfallen.

116 Außerdem sind auch die Sachkosten für das Ersatzfahrzeug zu erfassen und zu Selbstkosten nach der Länge der Überführungsstrecke, die insoweit doppelt zu berücksichtigen ist, abzurechnen.

### 2. Fahrer

117 Es kann allerdings auch der Fall eintreten, dass der Fahrer des betreffenden Linienfahrzeugs durch den Unfall körperlich verletzt wird und daher im Interesse einer sicheren Fortsetzung des Beförderungsvorganges abgelöst werden muss. Sollte der Fahrerwechsel im Zusammenhang mit der gleichzeitigen Auswechselung des beschädigten Fahrzeugs durchgeführt werden, sind neben den in diesem Zusammenhang bereits dargestellten Kosten zusätzlich noch die Lohnkosten für einen Ersatzfahrer in Rechnung zu stellen, und zwar bis zu dem Zeitpunkt, in dem der verletzte Fahrer ohne den Unfall planmäßig seinen Dienst beendet hätte.

118 Dabei muss zusätzlich darauf geachtet werden, dass nicht eine weitere Überschneidung eintritt, die sich daraus ergeben könnte, dass dem verletzten Fahrer, sollte Arbeitsunfähigkeit auf Dauer festgestellt werden, vom Zeitpunkt des Unfalles an Lohnfortzahlung auf Kosten und zulasten des Schädigers zu gewähren ist.

## D. Rückstufungsschaden

119 Von einem Rückstufungsschaden spricht man dann, wenn der aufgrund eines vorangegangenen Unfalles leistungspflichtig gewordene Haftpflichtversicherer und/oder Vollkaskoversicherer seinen Versicherungsnehmer in eine für diesen ungünstigere Schadenfreiheitsklasse zurückstuft.[167] Eine solche Rückstufung ist in fast allen Versicherungsverträgen bzw. den jeweiligen Allgemeinen Bedingungen für die Kfz-Versicherung (AKB) vorgesehen. Die negative Auswirkung der Rückstufung auf die Höhe der Versicherungsprämie kann vertraglich, z.B. durch die Vereinbarung eines sogenannten Rabattretters, abgemildert werden.

120 Beim mitverschuldeten Unfall kann der Geschädigte den Rückstufungsschaden beim Unfallgegner bzw. dessen Kfz-Haftpflichtversicherer – im Rahmen der Haftungsquote – geltend machen; beim durch den Unfallgegner allein verschuldeten Unfall nur ausnahmsweise. Ein Rückstufungsschaden kann zwar grundsätzlich sowohl in der eigenen Kfz-Haftpflichtversicherung, als auch in der Vollkaskoversicherung entstehen. Jedoch ist vom Unfallgegner grundsätzlich nur der Rückstufungsschaden in der Vollkaskoversicherung zu erstatten.[168]

121 Ganz allgemein lässt sich sagen, dass man den Rückstufungsschaden selbst nicht isoliert betrachten, d.h. nicht ausschließlich auf das betreffende Versicherungsjahr beziehen darf, sondern, um zu sachgerechten Ergebnissen zu gelangen, auch die gesamte weitere Entwicklung des Versicherungsvertrages im Auge behalten muss. Dabei ist zu berücksichtigen, dass in aller Regel einige Jahre[169] vergehen, bis der frühere Status wieder erreicht ist.[170] Dies kann je nach Versicherungsbedingungen

167 *Müller* in: Himmelreich/Halm, Handbuch Verkehrsrecht, Kap. 6 Rn. 358.
168 *Lemcke* NJW-Spezial 2013, 393.
169 *AG Göttingen*, VersR 1980, 1153.
170 *Klimke* VersR 1977, 134.

und deren Gestaltung zum Teil auch zehn oder mehr Jahre dauern, sodass hier immer eine Berechnung des Rückstufungsschadens durch die Versicherung angefordert werden sollte, um die konkrete Schadenhöhe beurteilen zu können.[171]

## I. Haftpflichtversicherung

Ein Rückstufungsschaden in diesem Bereich kann dann eintreten, wenn im Fall einer Mithaftung des Geschädigten der eigene Haftpflichtversicherer für die Befriedigung der berechtigten Ansprüche des Unfallgegners – und sei es auch nur teilweise – in Anspruch genommen wird. 122

Der dadurch eintretende Nachteil ist nach vorherrschender Auffassung bereits aus rechtsdogmatischer Sicht nicht erstattungsfähig, weil es sich insoweit um einen reinen Vermögensschaden handelt und das Vermögen als solches im Allgemeinen – von wenigen Ausnahmen abgesehen – nicht zu den geschützten Rechtsgütern gehört.[172] 123

Um einen erstattungsfähigen Sachfolgeschaden handelt es sich beim Verlust des Schadenfreiheitsrabattes in der Haftpflichtversicherung schon deswegen nicht, weil derselbe schädliche Erfolg auch dann eingetreten wäre, wenn lediglich das fremde Fahrzeug Schaden genommen hätte bzw. eine andere Person verletzt worden wäre oder der Unfall auf mittelbarer Beteiligung beruht.[173] Der Verlust bzw. die Minderung des Schadenfreiheitsrabattes in der Kfz-Haftpflichtversicherung ist also nicht Folge des vom Unfallgegner verursachten Schadens am Fahrzeug des Geschädigten, sondern allein ursächliche Folge des vom Geschädigten (mit-)verursachten Fremdschadens am Fahrzeug des Unfallgegners und somit alleinige Folge des eigenen Fehlverhaltens des Geschädigten selbst. 124

Auf § 823 Abs. 1 BGB, eine Bestimmung, die absolute Rechte schützt, kann dabei nicht zurückgegriffen werden, weil insoweit, als es sich um die Rechtsnatur des Rückstufungsschadens handelt, eine rechtlich relevante Beeinträchtigung weder unter dem Gesichtspunkt der Eigentumsverletzung noch der Besitzstörung vorliegt. Daher muss der Versicherungsnehmer diesen Rückstufungsschaden in jedem Fall selbst tragen und erhält ihn nicht ersetzt. 125

## II. Vollkaskoversicherung

Ist eine (Mit-)Haftung des Unfallgegners gegeben, so ist der Rückstufungsschaden in der Vollkaskoversicherung regelmäßig eine Folge des vom Unfallgegner (mit-)verursachten, unfallbedingten Eigenschadens am Fahrzeug des Geschädigten, da die Vollkaskoversicherung regelmäßig alleine wegen des eigenen Mitverursachungs- bzw. Mithaftungsanteils in Anspruch genommen wird, für den der Unfallgegner nicht haftet, oder weil der unfallgegnerische Kfz-Haftpflichtversicherer den Schaden nicht bzw. nicht rechtzeitig ausgleicht.[174] 126

Bei Inanspruchnahme der Vollkaskoversicherung mit der Folge eines Rückstufungsschadens ist zu unterscheiden, ob eine vollständige Haftung des Schädigers vorliegt oder aber eine eigene Mithaftung anzunehmen ist. 127

### 1. Vollständige Haftung des Schädigers

Ist eine vollständige Haftung des Unfallverursachers gegeben, besteht für den Geschädigten eigentlich kein Grund, seine eigene Vollkaskoversicherung in Anspruch zu nehmen,[175] da er davon ausgehen 128

171 *Richter* SVR 2010, 217.
172 *Müller* in: Himmelreich/Halm, Handbuch Verkehrsrecht, Kap. 6 Rn. 378; *Katzenstein* in: Geigel, BGB § 249 Rn. 223; vgl. auch *OLG München*, MDR 2018, 667 m. Anm. *Almeroth* NZV 2018, 332.
173 *AG Heinsberg*, SP 2004, 55; *AG Düsseldorf*, SP 2004, 307; *LG Wuppertal*, SP 2005, 199; *BGH*, NJW 2006, 2397.
174 *BGH*, NJW 2018, 1598; *BGH*, NJW 2007, 66; *BGH*, NJW 2006, 2397.
175 *Tomson* VersR 2007, 923.

kann, seinen Schaden vollständig und fristgemäß von dem Kfz-Haftpflichtversicherer des Unfallverursachers erstattet zu bekommen.

129 Daher ist in dieser Fallkonstellation zunächst einmal davon auszugehen, dass ohne weitere hinzutretende Umstände ein Verstoß des Geschädigten gegen seine Schadenminderungspflicht vorliegt bzw. es nicht um einen erforderlichen Herstellungsaufwand nach schadensersatzrechtlichen Maßstäben geht.[176] Der Geschädigte muss den Schaden daher zunächst einmal bei dem Kfz-Haftpflichtversicherer der Gegenseite geltend machen.

130 Bietet der Kfz-Haftpflichtversicherer unverzüglich die Regulierung an und zahlt dann z.B. nach Einreichung der Schadenbelege umgehend, ist eine Inanspruchnahme der Vollkaskoversicherung nicht notwendig und der daraus entstehende Schaden wegen Verstoßes gegen die Schadenminderungspflicht nicht ersatzpflichtig.[177]

131 Es gibt jedoch wie nachstehend dargestellt Umstände, die dazu führen können, dass unter Berücksichtigung der wirtschaftlichen Verhältnisse und der Mobilitätsinteressen des Geschädigten eine Inanspruchnahme der Vollkaskoversicherung auch bei vollständiger Haftung der Gegenseite erforderlich und damit der Rückstufungsschaden erstattungsfähig ist.[178]

*a) Verzögerungen bei der Schadenregulierung des unfallgegnerischen Kfz-Haftpflichtversicherers*

132 In der täglichen Schadenbearbeitung kommt es häufig zu Verzögerungen der Auszahlung des Schadenbetrages, weil der Kfz-Haftpflichtversicherer die Haftung erst nach Einsicht in die polizeilichen Ermittlungsakten, nach Einholung eines (weiteren) Sachverständigengutachtens oder von (weiteren) Zeugenaussagen anerkennen will. Nach der Rechtsprechung[179] ist nach Ablauf eines angemessenen Prüfungszeitraums grundsätzlich eine Inanspruchnahme der Vollkaskoversicherung möglich.

133 Die Länge des Zeitraumes, den der Versicherer verstreichen lassen kann, ist dabei abhängig von den konkreten Umständen des Einzelfalls. Ist z.B. eine aufwendige Sachverhaltsermittlung notwendig oder hat der Fall Auslandsbezug,[180] kommen längere Fristen in Betracht, die der Geschädigte zunächst abwarten muss. Der unfallgegnerische Kfz-Haftpflichtversicherer kann jedoch nach Ablauf einer angemessenen Prüfungsfrist von ca. vier bis sechs Wochen auch dann mit der Schadensregulierung in Verzug kommen, wenn er bis zu diesem Zeitpunkt noch keine Einsicht in die amtliche Ermittlungsakte nehmen konnte.[181]

*aa) Verzögerung ohne Vorschussleistung*

134 Grundsätzlich ist also im Normalfall von einem Zeitraum von etwa vier bis acht Wochen auszugehen, den der Kfz-Haftpflichtversicherer zur Prüfung der Sach- und Rechtslage zur Verfügung hat.[182]

---

176 *OLG Hamm*, VersR 1993, 1544; *OLG Karlsruhe*, NJW-RR 1990, 929; *LG Stuttgart*, VersR 1988, 1074.

177 *OLG Stuttgart*, VersR 1987, 65; vgl. auch *Horst* in: Geigel, Kap. 2, BGB § 254 Rn. 82.

178 *BGH*, NJW 1976, 1846; *OLG Stuttgart*, VersR 1987, 65.

179 *OLG Hamm*, r+s 1992, 376; *OLG Karlsruhe*, NZV 1990, 431; *OLG Frankfurt/M.*, r+s 1981, 61; vgl auch *Ziegenhardt* NJW-Spezial 2021, 201; *Richter* SVR 2016, 50; *Balke* SVR 2009, 457.

180 *OLG Karlsruhe*, SP 2003, 391; *OLG Hamm*, r+s 1992, 376; *LG Saarbrücken*, NJW-RR 2016, 1503; *LG Berlin*, DAR 2016, 655; *AG Rüsselsheim*, Urt. v. 16.10.2016 – 3 C 5397/14 (37); *AG Nagold*, SP 2013, 265.

181 *OLG Stuttgart*, DAR 2013, 708 m. Anm. *Balke* SVR 2014, 145; a.A. *OLG Celle*, Urt. v. 23.07.2019 – 14 U 180/18 m. Anm. *Balke* SVR 2019, 343 f.; *OLG Koblenz*, VersR 2016, 1269; *KG*, VersR 2009, 1262.

182 *OLG Hamm*, Beschl. v. 19.10.2021 – 7 W 11/21 (4 Wochen) m. Anm. *Gutt* NZV 2022, 344; *OLG Hamm*, Beschl. v. 28.10.2020 – 7 U 58/20 (4 bis 6 Wochen); *OLG Dresden*, Beschl. v. 26.10.2020 – 4 W 640/20 (4 bis 6 Wochen); *OLG Koblenz*, Beschl. v. 10.09.2020 – 12 W 326/20 (4 bis 6 Wochen); *OLG Frankfurt/M.*, NJW-RR 2018, 1432; *OLG Köln*, NZV 2013, 42.

Dabei muss er auch die Möglichkeit in Betracht ziehen, gegebenenfalls zunächst nur einen Vorschuss zu leisten.[183] Daher sollte der Geschädigte bzw. sein Rechtsanwalt entsprechend angemessene Fristen zur Schadenregulierung setzen und gegebenenfalls auch – was zu selten in der Praxis geschieht – einen Vorschuss auf die Schadensersatzleistung anfordern.

Dies trifft gerade dann zu, wenn die Haftung dem Grunde nach geklärt ist, aber noch andere Schadensersatzpositionen als der Fahrzeugschaden wie z.B. Schmerzensgeld oder Haushaltsführungsschaden offen sind. Auch hier ist oft ein nochmaliger Hinweis an den Sachbearbeiter sinnvoll, in dem dieser auf die an sich klare Haftungslage hingewiesen wird. **135**

Erfolgt in diesen Fällen keine Vorschusszahlung oder aber auch keine Endabrechnung des Fahrzeugschadens, kann der Geschädigte seine Vollkaskoversicherung in Anspruch nehmen.[184] **136**

### *bb) Missverhältnis zwischen Rückstufungsschaden und Fahrzeugschaden*

Trotz Verzögerungen bei der Schadenregulierung wird eine Vollkaskoabrechnung nicht infrage kommen, wenn der Rückstufungsschaden höher ist als der eigentliche Fahrzeugschaden, da dann ein Verstoß gegen die Schadenminderungspflicht vorliegt. Es sollte vorab eine Rückstufungsschadenberechnung bei der eigenen Vollkaskoversicherung angefordert werden, um diesen Betrag, der sich zum Teil – wie ausgeführt – über zehn Jahre oder mehr berechnet, genau zu kennen. Aufgrund der Vielzahl von Tarifmodellen ist eine Ermittlung nur noch durch die Versicherung möglich, früher verfügbare allgemeine Rückstufungsschadentabellen können nicht mehr herangezogen werden. **137**

### *cc) Mögliche Vorfinanzierung des Schadens durch Kredite*

Ebenso muss der Geschädigte zunächst alle ihm zumutbaren und nahe liegenden Alternativen zur Inanspruchnahme der Vollkaskoversicherung prüfen. Im Einzelfall kann der Geschädigte auch zur Aufnahme eines Kredits zur Zwischenfinanzierung verpflichtet sein, wenn er sich einen Kredit ohne Schwierigkeiten (z.B. durch ein Kontokorrentkonto oder Dispokredit auf dem Gehaltskonto[185]) beschaffen kann, die Rückzahlung ihn nicht über seine wirtschaftlichen Verhältnisse hinaus belastet[186] und die Kreditkosten erheblich unter dem ansonsten entstehenden Vermögensschaden liegen.[187] Häufig liegt jedoch schon eine Überschuldung des Geschädigten vor, sodass diese Alternative nicht mehr gegeben ist. **138**

### *dd) Information des Versicherers vor Inanspruchnahme der Kaskoversicherung*

Ist eine solche Vorfinanzierung – z.B. aufgrund des Bezuges von ALG 2 – nicht möglich, muss der Kfz-Haftpflichtversicherer zunächst auf diesen Umstand[188] hingewiesen werden, dass beabsichtigt ist, die Vollkaskoversicherung in Anspruch zu nehmen.[189] Hier ist die Vorlage einer entsprechenden Bankbestätigung hilfreich, um den Nachweis der fehlenden Kreditwürdigkeit nachvollziehbar zu erbringen. **139**

So wird dem Kfz-Haftpflichtversicherer die Möglichkeit gegeben zu prüfen, ob er ohne Anerkennung einer Rechtspflicht einen Vorschuss oder ein zinsfreies Darlehen leisten will.[190] Leider kommt es in **140**

183 *OLG Hamm*, r+s 1992, 376; *LG Chemnitz*, SP 2004, 237.
184 *OLG Frankfurt/M.*, r+s 1981, 61.
185 *AG Staufen*, Urt. v. 23.07.2019 – 2 C 396/18, DV 2019, 185f.
186 *BGH*, NJW-RR 2006, 394; *BGH*, NJW 1989, 290, 291.
187 *KG*, Beschl. v. 02.07./24.08.2015 – 22 U 244/14; *OLG Düsseldorf*, NJW-RR 2010, 687 ff.; *OLG Düsseldorf*, VersR 1998, 911.
188 Ausführlich zur Warnpflicht des Geschädigten gem. § 254 Abs. 2 S. 1 Alt. 1 BGB siehe *Eggert* VA 2012, 114f.
189 *LG Aachen*, DAR 2000, 36.
190 *OLG Hamm*, r+s 1992, 376.

der Praxis selten zu solchen Zahlungen, da die Sachbearbeiter in den Versicherungen den Abrechnungsaufwand, gegebenenfalls aber auch das Ausfallrisiko eines Darlehens scheuen.

141 Wird dieser Hinweis durch den Geschädigten unterlassen, ist der Rückstufungsschaden aber dennoch vom Kfz-Haftpflichtversicherer zu ersetzen, wenn im Nachhinein kein Ursachenzusammenhang dieses Unterlassens zur Regulierungsverzögerung besteht.[191] Dabei hat die späte Regulierung durch den Versicherer Indizwirkung gegen diesen, wenn es um den Ursachenzusammenhang geht.

*ee) Darlegungs- und Beweislast für die Erforderlichkeit der Inanspruchnahme der Vollkaskoversicherung*

142 Umstritten ist immer noch, wer für die Darlegung der Gründe, die zu einer erstattungspflichtigen Inanspruchnahme der Vollkaskoversicherung berechtigen, beweispflichtig ist.

143 So wird die Auffassung vertreten, dass der Schädiger dafür beweispflichtig ist, dass der Geschädigte seine Vollkaskoversicherung in Anspruch genommen hat, ohne dafür vom Schädiger veranlasst worden zu sein und daher gegen seine Schadenminderungspflicht verstoßen hat.[192]

144 Zutreffend ist jedoch die Meinung, dass der Geschädigte beweisen muss, dass die Inanspruchnahme der Vollkaskoversicherung erforderlich im Sinne von § 249 Abs. 2 S. 1 BGB war.[193]

145 So handelt es sich beim Rückstufungsschaden rechtlich um eine nach dieser Vorschrift zu erstattende Position. Die Umstände zur Höhe des Herstellungsaufwandes sind daher nach der Rechtsprechung unter diese Position zu subsumieren.[194]

146 Es kommt daher auch nicht auf einen Verzug der Versicherung nach §§ 286 ff. BGB hinsichtlich des Höherstufungsschadens an, da es sich bei der Erstattung des Rückstufungsschadens wie ausgeführt um einen eigene Schadenposition handelt.[195]

147 Daher sind in der konkreten Schadenabwicklung durch den Rechtsanwalt nur die äußeren Umstände darzulegen, die die Inanspruchnahme des Vollkaskoversicherers notwendig gemacht haben.[196] Mehr muss er gegenüber der Versicherung nicht vortragen. In der Praxis gibt es aber hier wenig Streit, ob die Inanspruchnahme rechtmäßig war.

*b) Inanspruchnahme wegen Neuwagenentschädigung*

148 Nimmt der Geschädigte die Vollkaskoversicherung in Anspruch, weil er nach deren Bedingungen – anders als nach den konkret in diesem Fall vorliegenden Voraussetzungen im Schadensersatzrecht (Reparaturkosten und Wertminderung) – hier einen Ersatz in Form der Kosten eines Neuwagens erhält, ist der daraus entstehende Rückstufungsschaden und die gegebenenfalls anfallende Selbstbeteiligung nicht erstattungsfähig.[197] Dennoch kann diese Variante im Einzelfall trotz des verbleibenden Rückstufungsschadens sowie der Selbstbeteiligung für den Versicherungsnehmer interessant sein, da neuerdings wieder Versicherungsverträge mit sehr langfristigen Neuwagenklauseln (zum Teil mehr als 12 Monate) angeboten werden. Gerade bei hochwertigen Fahrzeugen mit hoher Laufleistung an der oberen Fristgrenze kann sich ein solches Vorgehen lohnen.

191 *AG Münster*, VersR 2001, 781.

192 *OLG Hamm*, VersR 1993, 1544; *AG Münster*, VersR 2001, 781.

193 *Müller* in: Himmelreich/Halm, Handbuch Verkehrsrecht, Kap. 6 Rn. 371.

194 *BGH*, NJW 1975, 160.

195 *BGH*, NJW 1966, 654; *BGH*, NJW 1976, 1846.

196 *Müller* in: Himmelreich/Halm, Handbuch Verkehrsrecht, Kap. 6 Rn. 363.

197 *OLG Koblenz*, NZV 2007, 463; *OLG Celle*, SP 1995, 303; *LG Chemnitz*, SP 2004, 237; *LG Oldenburg*, SP 1996, 284; *LG Bremen*, r+s 1992, 377.

### c) *Vertragsentlastende Rückzahlung*

Nimmt der Geschädigte die Vollkaskoversicherung zur Vor- bzw. Zwischenfinanzierung in Anspruch, so gilt nach den Musterbedingungen AKB 2015 des GDV (Stand 17. April 2024) gemäß Abschnitt I.4.1.2 Absatz c AKB: »Trotz Meldung eines Schadenereignisses gilt der Vertrag als schadenfrei, wenn … der Schädiger oder dessen Haftpflichtversicherung uns unsere Entschädigung in vollem Umfang erstattet.« Ergibt sich also für den Vollkaskoversicherer eine Regressmöglichkeit gegen den Schädiger oder dessen Kfz-Haftpflichtversicherung, so wird die Rückforderung durch diesen geltend gemacht und – falls sie in vollem Umfang (Musterbedingungen) oder je nach konkret vereinbarten AKB teilweise erfolgreich ist – der Vertrag wieder als schadenfrei eingestuft.[198] **149**

## 2. Mithaftung des Geschädigten (Haftungsquote)

Liegt eine quotenmäßige Mithaftung des Geschädigten vor, sodass durch die Inanspruchnahme der Vollkaskoversicherung auch der Eigenhaftungsanteil des Geschädigten abgedeckt wird, war die Erstattungsfähigkeit des Rückstufungsschadens lange umstritten. **150**

Der *BGH*[199] bejahte bereits früher einen solchen Erstattungsanspruch des Geschädigten in diesem Fall. **151**

Nach anderer Ansicht jedoch war hier der eigene Haftungsanteil des Geschädigten dafür maßgeblich, dass die Vollkaskoversicherung zum Schadenausgleich in Anspruch genommen wird und dadurch der Rückstufungsschaden eintrat. **152**

Dies ergab sich nach dieser Auffassung auch aus der Parallele zur Inanspruchnahme der Vollkaskoversicherung z.B. aufgrund einer vereinbarten Neuwagenklausel (s. unter Rdn. 148), um so in den Genuss einer höheren Entschädigungsleistung zu kommen.[200] **153**

Mit seinen Entscheidungen vom 25.04.2006[201] und 26.09.2006[202] zu diesem Themenkreis hat der *BGH* für Rechtsklarheit gesorgt und ausdrücklich klargestellt, dass auch bei einer Mithaftung des Geschädigten die Vollkaskoversicherung sofort ohne weiteres Abwarten in Anspruch genommen werden und dann der Rückstufungsschaden ersetzt verlangt werden kann.[203] Für die Ersatzfähigkeit des Rückstufungsschadens ist es insoweit auch unerheblich, ob der Geschädigte die Regulierung der Kfz-Haftpflichtversicherung seines Unfallgegners für dessen Haftungsanteil abwartet und sich erst dann an seinen Kaskoversicherer wendet oder ob er dies sogleich hinsichtlich des Gesamtschadens tut und danach der Schaden quotenmäßig ausgeglichen wird.[204] **154**

Hier ist also anders als in den unter Rdn. 140 dargestellten Fällen der alleinigen Haftung des Unfallgegners kein Hinweis an dessen Kfz-Haftpflichtversicherer notwendig, ebenso wenig muss die Regulierungsbereitschaft des Kfz-Haftpflichtversicherers abgewartet werden.[205] **155**

Auch kommt es hier für den Ersatz des Rückstufungsschadens nicht auf die verzögerte Schadenbearbeitung durch den Kfz-Haftpflichtversicherer an.[206] **156**

198 *Wilms* DAR 2013, 252.
199 *BGH*, NJW 1966, 654; *LG Aachen*, DAR 2000, 36; *AG Marburg*, SP 2000, 92.
200 *OLG Saarbrücken*, zfs 1986, 71; *LG Schweinfurt*, zfs 1986, 71; *LG Osnabrück*, zfs 1986, 264; *OLG Hamm* zfs 1992, 48; *LG Bremen*, VersR 1993, 710; *AG Münster*, VersR 2001, 781.
201 *BGH*, NJW 2006, 2397.
202 *BGH*, NJW 2007, 66.
203 Siehe auch *LG Bremen*, Beschl. v. 28.01.2022 – 4 S 148/20; *LG Saarbrücken*, Urt. v. 23.12.2020 – 13 S 117/20; *AG München*, DAR 2017, 154; *AG Rüdesheim*, Urt. v. 04.09.2014 – 3 C 208/14.
204 *BGH*, NJW 2018, 1598.
205 *Staab* DAR 2007, 349.
206 *K. Schneider* in: Berz/Burmann, 5 C III 3 e Rn. 92.

157 Der Geschädigte nimmt im Fall seiner Mithaftung seine eigene Versicherung vielmehr aufgrund der erweiterten Schadenabdeckung in Anspruch. Bei dieser Motivlage spielt es keine Rolle, wie schnell die Mitteilung des gegnerischen Kfz-Haftpflichtversicherers zur Regulierungsbereitschaft erfolgt.[207]

158 Daher ist in diesen Fällen auch der Rückstufungsschaden als Schadensersatzposition geltend zu machen.[208] Auch aus diesem Grund ist die Inanspruchnahme der eigenen Vollkaskoversicherung bei einer Mithaftung des anderen Unfallbeteiligten nach dem Quotenvorrecht für den Mandanten eine interessante Abrechnungsvariante, da je nach Haftungsquote ein hoher Schadensbetrag erreicht werden kann. Zudem hat der Schädiger die dem Geschädigten entstandenen Rechtsanwaltsgebühren gemäß der Haftungsquote zu erstatten.[209] Dies wird in der Praxis häufig durch die beratenden Rechtsanwälte übersehen, die gegebenenfalls auch die Schwierigkeit der Berechnung des Quotenvorrechts überschätzen.

### 3. Prozessuale Geltendmachung

159 Die prozessuale Geltendmachung eines Rückstufungsschadens gestaltet sich in der Praxis schwierig, da zwischen dem zum Zeitpunkt der Geltendmachung bereits eingetretenen und dem noch in der Zukunft anfallendem Schaden unterschieden werden muss.[210]

160 Während der bereits eingetretene Schaden beziffert werden kann, hängt der weitere Schaden vom Verlauf des Versicherungsvertragsverhältnisses ab.[211] Hier kommt es sowohl auf die konkreten Rückstufungstabellen als auch auf weitere Umstände an, wie lange noch Vollkaskoversicherungsschutz besteht.

161 Daher kann der erst in Zukunft eintretende Rückstufungsschaden nur mit einer Feststellungsklage geltend gemacht werden,[212] was in der Praxis leider von manchen Rechtsanwälten immer noch übersehen wird. Zudem ist in der Klage eine genaue Bezeichnung des Versicherungsvertrages notwendig,[213] um auch einen Bezug zu den verwendeten Versicherungsbedingungen und insbesondere den Rückstufungstabellen zu ermöglichen.

162 Der Vollkaskoversicherer kann den zukünftigen Rückstufungsschaden auf Basis der aktuellen Fahrzeugdaten genau berechnen. Es steht jedoch nicht fest, ob dieser Gesamtbetrag in Zukunft auch realisiert werden wird, da der Geschädigte seine Vollkaskoversicherung kündigen, ein anderes Fahrzeug anschaffen, sich das Tarifgefüge ändern oder aber auch der Versicherer gewechselt werden kann.[214]

163 Ebenso kann der Schadenverlauf durch weitere Schäden beeinflusst werden.[215] Diese führen nach den regulär vereinbarten Tarifbedingungen meist zu erheblichen weiteren Rückstufungen, die finanziell einschneidend sind.

164 Ein besonderer Problemfall ist bei vielen neueren Versicherungsverträgen der sogenannte Rabattretter in der Vollkaskoversicherung. Hier wird der Versicherungsnehmer zwar im Fall eines Unfalles in eine schlechtere Schadenfreiheitsklasse eingestuft, die Versicherungsprämie verändert sich jedoch aktuell nicht. Dies ist erst dann der Fall, wenn der Versicherungsnehmer ein weiteres Mal seine Vollkaskoversicherung in Anspruch nimmt. So würde es in der Situation der ersten Inanspruchnahme an einem Vermögensschaden mangeln, der »Rabattretter« wäre aber verloren.[216]

---

207 *BGH*, NJW 2007, 66.
208 *Müller* in: Himmelreich/Halm, Handbuch Verkehrsrecht, Kap. 6 Rn. 377.
209 *LG Darmstadt*, zfs 2008, 673.
210 *Müller* in: Himmelreich/Halm, Handbuch Verkehrsrecht, Kap. 6 Rn. 379.
211 *Sanden/Völtz* Rn. 160.
212 *BGH*, NJW 2006, 2397; *LG München I*, SP 1997, 472; *LG Kassel*, SP 2000, 168; *AG Siegburg*, SP 2005, 412; *Bachmeier* Mandat, Rn. 227.
213 *BGH*, NJW 1992, 1035.
214 *Müller* in: Himmelreich/Halm, Handbuch Verkehrsrecht, Kap. 6 Rn. 380.
215 *BGH*, NJW 1992, 107; *LG München I*, SP 1997, 472; *LG Darmstadt*, zfs 1983, 40.
216 *Müller* in: Himmelreich/Halm, Handbuch Verkehrsrecht, Kap. 6 Rn. 381.

Hier könnte von dem Kfz-Haftpflichtversicherer der Gegenseite eingewandt werden, dass aktuell kein Feststellungsinteresse besteht. Dennoch besteht auch nach Ablauf der dreijährigen Verjährungsfrist für Schadensersatzansprüche das Risiko eines weiteren Vollkaskoschadens, der erst dann zur Rückstufung und somit zum Schaden führt. 165

Das Interesse des Geschädigten ist somit nur dann ausreichend gewahrt, wenn ihm die sofortige Feststellungsklage mit dem Inhalt eröffnet ist, dass der Schädiger verpflichtet wird, im Fall eines weiteren Vollkaskoschadens den Rückstufungsschaden zu erstatten.[217] Hierauf sollte der beauftragte Rechtsanwalt auch Frist wahrend bestehen und gegebenenfalls diesen Anspruch gerichtlich durchsetzen. 166

Ein Feststellungsinteresse ist schon bei der konkreten Gefahr eines Vermögensschadens gegeben,[218] sodass auch bei Vorliegen eines Rabattretters eine entsprechende Feststellungsklage erhoben werden kann. 167

---

217 *Müller* in: Himmelreich/Halm, Handbuch Verkehrsrecht, Kap. 6 Rn. 381.
218 *Anders* in: Anders/Gehle, ZPO, § 256 Rn. 31.

# Teil 4 Personenschäden

## Kapitel 17 Schadensersatzansprüche beim Personenschaden

### Schrifttum

*Burmann/Heß/Hühnermann/Jahnke*, Straßenverkehrsrecht 26. Aufl. 2020; *Drees*, Schadenberechnung bei Unfällen mit Todesfolge, 2. Aufl. 1994; *Geigel*, Haftpflichtprozess, 28. Aufl. 2020; *Gerhardt/v. Heintschel-Heinegg/Klein* Handbuch des Fachanwalts Familienrecht, 11. Aufl. 2018; *Jahnke*, Unfalltod und Schadenersatz, 2. Aufl. 2012; *Jahnke*, Der Verdienstausfall im Schadenersatz, 4. Aufl. 2015; *Halm/Engelbrecht/Krahe*, Handbuch Fachanwalt Versicherungsrecht 6. Aufl. 2018; *Himmelreich/Halm*, Handbuch Fachanwalt Verkehrsrecht 6. Aufl. 2016; *Küppersbusch/Höher*, Ersatzansprüche bei Personenschaden, 13. Aufl. 2020; *Meschkat/Nauert*, Betrug in der Kraftfahrzeugversicherung 2008; *Palandt*, Kommentar zum BGB, 80. Aufl., 2021; *Schwintowski/Brömmelmeyer*, Praxiskommentar zum VVG, 3. Aufl. 2017; *Staudinger/Halm/Wendt*, Fachanwaltskommentar Versicherungsrecht, 2. Aufl. 2017.

### Aufsätze

*Ansorge*, Haftung bei Sturz von Fahrgästen im Linienbus, NJW-Spezial 2023, 393 ff.; *Aukle*, Sturz im Bus – verschiedene Fallkonstellationen, SVR 2020, 366 ff.; *Bähring/Burmann/Jahnke/Liborius*, Sozialrechtlich beschränkte Überprüfung von Krankenhausrechnungen und zivilrechtliche Konsequenz – Ein Überblick, NZV 2024, 158 ff.; *Bähring/Quaisser*, Angehörigenprivileg und die Tücken in der KHSchadenregulierung, NJW-Spezial 2024, 393 ff.; *Balke*, Die Erstattung von Beerdigungskosten SVR 2023, 41 ff.; *Balke*, Haushaltsführungsschaden – wenn das Unfallopfer nicht mehr staubsaugen kann, SVR 2024, 3; *Balke*, Die Folgen des Nichtanlegens des Sicherheitsgurtes gemäß § 21a Abs. 1 StVO, SVR 2021, 170 ff.; *Balke*, Haushaltsführungsschaden Teil 1 und 2, SVR 2006, 321 ff. und 361 ff.; *Balke*, Fehlendes Tragen eines Fahrradhelms stellt keinen Mitverschuldensbeitrag dar, SVR 2023, 253 f.; *Balke*, Die Erstattungsfähigkeit von Beerdigungskosten, SVR 2009, 132 ff.; *Balke*, Der Haushaltsführungsschaden, SVR 2011, 372 ff.; *Balke*, Schadenpositionen von A-Z, Besuchskosten, SVR 2014, 338 ff.; *Bernau*, Die Aufsichtshaftung über Minderjährige im Straßenverkehr, DAR 2021, 121 ff.; *Bieback*, Das neue Anfrageverfahren bei Feststellung der Sozialversicherungspflicht, BB 2000, 873; *Binkert*, die »Drittwirkung« rechtsvernichtender und rechtshemmender Ereignisse im Reglungskontext des § 116 SGB X, VersR 2015, 955 ff.; *Bock*, Stundensätze beim Haushaltsführungsschaden, SVR 2020, 171 ff.; *Born*, Zwischen Luxus und Askese – Neues beim Unterhalt im Falle gehobener Lebensverhältnisse, NJW 2021, 421 ff.; *Born*, Das neue Unterhaltsrecht, NJW 2008, 1 ff.; *Burmann/Jahnke*, Die Neufassung des Angehörigenprivilegs des § 116 VI SGB X zu, 01.01.2021, NZV 2020, 621 ff.; *Car*, Rentenkürzungsschaden: Karlsruhe und Kassel Locuta, causa non finita, VersR 2018, 522 ff.; *Dabitz*, Besteuerung von Erwerbsschadenersatz bei Personenschäden, zfs 2016, 364 ff.; *Dahm*, Häusliche Gemeinschaft und nichteheliche Lebensgemeinschaft, NZV 2008, 280; *Delank*, Sind nichteheliche Partner im Verkehrs- und Versicherungsrecht den ehelichen Partnern gleichzustellen, zfs 2007, 183 f.; *Diederichsen*, BGH-Haftpflichtrecht, DAR 2010, 301 ff.; *Diederichsen*, Die Rechtsprechung des BGH zum Haftpflichtrecht, DAR 2013, 301; *Diederichsen*, Die Rechtsprechung zum Haftpflichtrecht, DAR 2014, 301, 309; *Diederichsen*, Ansprüche naher Angehöriger von Unfallopfern, NJW 2013, 641 ff.; *Ehinger*, Elternunterhalt – Gesetzliche Voraussetzungen und Beschränkungen der Inanspruchnahme durch Rechtsprechung und Gesetzgebung, NJW 2008, 2465 ff.; *Engelbrecht*, Die Auswirkungen des Sozialrechts auf die Unfallschadenregulierung DAR 2020, 671 ff.; *Filthaut*, die neuere Rechtsprechung zur Schadenshaftung des Omnibusunternehmers und -fahrers, NZV 2015, 265 f. und NZV 2017, 513 ff.; *Freymann*, Der Erwerbsschaden bei Kindern und Jugendlichen, DAR Extra 2013, 752 ff.; *Geipel*, Der Vollbeweis durch das Unwahrscheinliche? – Widerspruch, Logik oder die vergessene Lehre vom Individualanscheinsbeweis? – zfs 2007, 363 f.; *Halm/Fitz*, Versicherungsverkehrsrecht 2020/2021, DAR 2021, 422 ff.; *Halm/Fitz*, Versicherungsrecht 2012/2013, DAR 2013, 447 ff.; *Halm/Fitz*, Versicherungsrecht 2013/2014, DAR 2014, 439 ff.; *Hilbert*, Verjährung im Regress des Sozialversicherungsträgers, NJW-Spezial 2023, 9 ff.; *Horak*, der Verdienstausfall des Selbständigen, DAR Extra 2013, 762 ff.; *Huber*, Haushaltsführung und Pflegedienstleistung durch Angehörige, DAR 2010, 677 ff.; *Huber*, Behinderungsbedingter Umbau – hat es der Schlossherr besser? Besprechung BGH VI ZR 83/04, NZV 2005, 620 f.; *Hufnagel*, Fahrradhelmpflicht auf dem Umweg über den Mitverschuldenseinwand bei Verkehrsunfällen, DAR 2007, 280; *Jahnke*, Zweiräder und ähnliche Objekte im Straßenverkehr: Deckung, Haftung, Mitverantwortung, NZV 2019, 601 ff.; *Jahnke*, Schadenersatzansprüche und deren Versteuerung, NJW Spezial 2009, 601 f.; *Jahnke*, Steuern und Schadenersatz, r+s 1996, 205 ff.; *Jahnke*, Selbstschädigendes Verhalten beim Erwerbsschaden, r+s 2007, 271 ff.; *Jahnke*, Versorgungsschaden in der nicht-ehelichen Lebensgemeinschaft nach einem Unfall, NZV 2007, 329 ff.; *Jahnke/Vatter*, Das sozialrechtliche Angehörigenprivileg beim Arbeitsunfall im Familienkreis, NJW 2016, 1477; *Kemper*,

Masterstudium und Unterhaltsberechtigung, NZFam 2015, 250 ff.; *Kendel*, Maßnahmen zur Regulierung des Erwerbsschadens bei Selbständigen und Freiberuflern, zfs 2007, 372 ff.; *Kofler*, Masterstudiengang und Zweitstudium im Unterhaltsrecht, FamFR 2012, 433 ff.; *Kraft*, Mitverschulden des Beifahrers bei Alkoholisierung des Fahrzeugführers, NZV 2014, 245 f.; *Kreuter-Lange*, Die Vertretung nicht geschäftsfähiger Personen im Schadenfall – Auszahlung größerer Summen durch den Anwalt an die Eltern, DAR 2019, 185; *dies.*, Das Kind im Straßenverkehr, SVR 2013, 41 ff. und Das Kind im Straßenverkehr – ein Update, SVR 2016, 167 – 169; *dies.*, Haftungs- und versicherungsrechtliche Fragen im Rahmen der Personenbeförderung – ein Überblick über die Rechtsprechung, DAR 2016, 478 ff.; *Kreuter-Lange/Schwab*, Haftungs- und Versicherungsfragen beim Busfernverkehr, DAR 2015, 67 ff.; *Lang*, Der Haushaltsführungsschaden im Verletztenfall – eine sehr wichtige und interssante Schadensposition, DAR 2022, 301 ff.; *Lang*, Das Reha-Management – Eine Erfolgsgeschichte für alle Beteiligten in NZV 2008, 19; *Lang/Jahnke*, (Keine) Anrechnung von Leistungen der Sozialversicherungsträger beim Angehörigenprivileg nach § 116 Abs. 6 SGB X, VersR. 2017, 927 ff.; *Langenick/Lang*, Aktuelle Probleme beim Beitragsregress für unfallbedingt in Werkstätten für behinderte Menschen tätige Personen, NZV 2019, 569 ff.; *Liborius*, Näheverhältnis und angemessene Höhe beim Hinterbliebenengeld, NJW Spezial 2021, 9 f.; *Lutz*, Verdienstausfall eines Selbstständigen nach Verkehrsunfall, NJW-Spezial 2024, 521 ff.; *Macke*, Der Unterhaltsschaden zwischen Schadensersatzrecht und Familienrecht, NZV 1989, 249 ff.; *Mückl, Hiebert*, Anspruch auf leidensgerechten Arbeitsplatz – Was ist noch zumutbar?, NZA 2010, 1259 ff.; *Nickel/Schwab*, Stundensätze beim Haushaltsführungsschaden, zuletzt in SVR 2018, 454 ff.; SVR 2007, 17 ff.; *dies.*, Stundensätze beim Haushaltsführungsschaden 2008/2009, SVR 2009, 286 ff.; *dies.*, Stundensätze beim Haushaltsführungsschaden 2010, SVR 2010, 11 ff.; *dies.*, Stundensätze beim Haushaltsführungsschaden 2016, SVR 2017, 132 ff.; *Nickel/Schwab*, Stundensätze beim Haushaltsführungsschaden 2018, SVR 2018, 454 ff.; *Pardey*, Der Haushaltsführungsschaden bei Tötung, SVR 2018, 121 ff.; *Pardey/Schulz-Borck*, Angemessene Entschädigung für die zeitweise oder dauernde, teilweise oder vollständig vereitelte unentgeltliche Arbeit im Haushalt, DAR 2002, 289; *Quaisser*, Haushaltsführungsschaden – Früher, heute und in Zukunft, NJW-Spezial 2024, 329 ff.; *Reiserer/Freckmann*, Scheinselbständigkeit – heute noch ein schillernder Rechtsbegriff, NJW 2003, 180; *Richter*, Die Entwicklung der sozialen und privaten Pflegeversicherung 2020/21, NJW 2022, 666 ff.; *Ruhkopf-Book*, Über die Haftpflichtansprüche körperlich verletzter freiberuflich tätiger Personen und Gewerbetreibender wegen Gewinnentgang Teil I, VersR 1970, 690; *ders.*, Über die Haftpflichtansprüche körperlich verletzter freiberuflich tätiger Personen und Gewerbetreibender wegen Gewinnentgang Teil II, VersR 1972, 114; *Scheffen*, Erwerbsausfallschaden bei verletzten und getöteten Personen (§§ 842–844 BGB), VersR 1990, 926 ff.; *Schlegel*, Einkommen der Eltern und Arbeitslosenhilfe der Kinder, NJW 1989, 2800 ff.; *Schotten*, Mithaftung ohne Fahrradhelm, SVR 2012, 161 ff.; *Seier*, Aufsichtspflicht von Eltern gegenüber ihren minderjährigen Kindern – Inhalt und Umfang ihrer Verantwortung, FuR 2020, 674 ff.; *Siedler*, Helmpflicht für Radfahrer?, NZV 2023, 551 ff.; *Steffen*, Ersatz von Fortkommensnachteilen und Erwerbsschäden aus Unfällen vor Eintritt in das Erwerbsleben, DAR 1984, 1 f.; *Wellner*, Anspruchsbeschränkungen und Anspruchsblockaden beim verkehrsrechtlichen Haftpflichtschaden, NJW 22016, 1681 ff.; *Wenker*, Verkehrsunfälle mit Todesfolge, VersR. 2014, 680 ff.; *Wessels*, Die Rechtsprechung des BGH zum Haftpflichtrecht im Straßenverkehr, DAR 2022, 422 ff.; *Wessel*, Anmerkungen zum Haushaltsführungsschaden im Verletzungsfall, DAR 2020, 429 ff.

**Übersicht**

## Einleitung/Allgemeines zur Beweislast

Grundsätzlich hat derjenige, der durch eine unerlaubte Handlung einen Körperschaden[1] erleidet, Anspruch auf Ersatz der daraus resultierenden Schäden. Der Anspruch auf Schmerzensgeld[2] ist weithin bekannt. Die weniger bekannten, dafür aber manchmal umso wichtigeren Positionen wie 1

1 Zum Beweismaßstab des § 286 vs. § 287 bei mehreren Primärverletzungen vgl. *BGH* v. 26.07.2022 – VI ZR 58/21 und v. 19.01.2019 – VI ZR 113/17.

2 Vgl. insoweit Kap. 17 Schmerzensgeld in diesem Buch *Jäger/Luckey* in FA Verkehrsrecht, Kap. 8 und 9 ausführlich.

Erwerbsschaden, Ersatz von vermehrten Bedürfnissen etc. ergeben sich aus den §§ 844, 845 BGB, 10, 11 StVG. Diese Ansprüche sollen nachfolgend behandelt werden. Zu beachten sind hierbei einzelne Anspruchsübergänge und Beschränkungen. Auch diese Ansprüche werden nur entsprechend der Haftungsquote ersetzt. Zu beachten ist insbesondere, dass der Geschädigte, der einen Personenschaden geltend machen will, damit beweisbelastet ist.[3] Er muss zum einen den Unfallhergang beweisen, der geeignet ist, diesen behaupteten Personenschaden herbeizuführen. Außerdem ist er verpflichtet, den Umfang des Personenschadens, d.h. die erlittenen Verletzungen nach den Grundregeln des § 286 ZPO zu beweisen.[4] Gegebenenfalls treffen den Geschädigten entsprechende Mitwirkungspflichten.[5] Erst, wenn der Beweis einer Verletzung gelungen ist, kommen dem Geschädigten hinsichtlich des Umfangs der Verletzung Beweiserleichterungen zugute.[6] Er muss eventuelle Ausweitungen der Verletzungen nur noch nach den Regeln des § 287 ZPO erbringen. Allerdings ist der Geschädigte ggf. verpflichtet, mehrere voneinander unabhängige Beschwerden (HWS-Schleudertrauma und Knieschädigung) jeweils mit dem Beweismaß des § 286 ZPO zu beweisen.[7] Besonderes Augenmerk verdient dabei die Beurteilung der Kausalität unfallbedingter Beschwerden bei bestehenden Vorschädigungen.[8] Auch berufsspezifische Risiken sind ggf. zu berücksichtigen und ggf. die Zurechenbarkeit des Schadens zu prüfen.[9]

Im Rahmen der streitigen Auseinandersetzung kann dies nur durch Gutachter gelingen, dabei sind diejenigen Gutachter abzulehnen, die im Vorfeld schon mit der Bewertung des Schadenfalls befasst waren.[10]

Besonderheiten sind bei Kindern zu beachten. Dies trifft nicht nur die Sicherung der Ansprüche des Kindes und die Haftung der Aufsichtspflichtigen,[11] sondern auch die Frage der Vertretung.[12]

## A. Mithaftung im Rahmen des Personenschadensersatzes

2 Grundsätzlich ist hier auf die Kapitel 6 und 8 dieses Buches zu verweisen.[13] Zum Bereich Haftung soll nur insoweit Stellung genommen werden, als neben den allgemeingültigen Erwägungen noch Besonderheiten in der Regulierung des Personenschadens auftreten. Einen Sonderfall betraf eine Ent-

3 *BGH* v. 17.09.2013 – VI ZR 95/13, SP 2013, 428 (zum Ersatz von Behandlungskosten bei nicht bewiesener Verletzung); *OLG Saarbrücken* v. 12.04.2011 – 4 U 282/10, SP 2011, 321; *OLG Celle* v. 13.04.2011 – 14 U 137/09, SP 2011, 287 f. (Verkehrsunfall und Schlaganfall); *KG* v. 07.06.2010 – 12 U 161/09, SP 2010, 392 (zeitlicher Abstand von 6 Tagen zwischen Unfall und ärztlicher Hilfe); *LG Duisburg* v. 21.03.2011 – 2 O 7/09 (Nachweis einer Bandscheibenverletzung nach Auffahrunfall).

4 Zur Abgrenzung von Primär- und Folgeverletzung lesenswert *OLG Hamm* v. 07.09.2023 – 24 U 168/16; *OLG Schleswig* v. 11.10.2022 – 7 U 24/22 zu unstreitiger HWS-Verletzung und nach 4 Monaten auftretender Aortendissektion, für die der Vollbeweis gem. § 286 ZPO zu erbringen ist, *OLG Nürnberg* v. 05.11.2020 – 13 U 2653/18; *OLG Hamm* v. 20.10.2016 – 6 U 170/14 (eine Arztdiagnose reicht zum Beweis der Kausalität nicht aus); *OLG Brandenburg* v. 07.07.2016 – 12 U 131/15.; *OLG Köln* v. 19.02.2014 – 16 U 99/10, NZV 2014, 557 ff. zur Abgrenzung zu § 287 ZPO.

5 *BGH* v. 22.02.2017 – VI ZR 289/14.

6 *BGH* v. 26.07.2022 – VI ZR 58/21.

7 *BGH* v. 29.01.2019 – VI ZR 113/17.

8 *OLG Köln* v. 19.02.2014 – 16 U 99/10, SP 2014, 224 f.; *OLG Hamm* v. 30.11.2010 – I-9 U 19/10 zum Beweismaß für Unfallfolgen.

9 *BGH* v. 17.04.2018 – VI ZR 237/17 (Psychische Erkrankung des Polizeibeamten nach Amoklauf ist dem Täter zuzurechnen, allerdings muss auch die ggf. vorhandene Schadenanfälligkeit berücksichtigt werden, *OLG Hamm*, Beschl. v. 15.03.2018 – 7 U 4/18.

10 *BGH*, Beschl. v. 13.12.2016 – VI ZB 1/16 (für das selbst. Beweissicherungsverfahren).

11 *BGH* v. 19.02.2021 – VI ZR 210/18.

12 *BGH* v. 19.02.2021 – VI ZR 210/18; *Bernau*, DAR 2021, 121 ff. zur Frage der Aufsichtshaftung; *Kreuter-Lange*, DAR 2019, 185 m.w.H. zur Frage der ordnungsgemäßen Vertretung: *Kreuter-Lange*, SVR 2013, 41 ff. und SVR 2016, 167–169 (zur Frage der Haftung und Aufsichtspflicht).

13 *Luckey* in Handbuch FA Verkehrsrecht, Kap. 1; *Euler/Kornes/Kreuter/Kreuter* in FA Versicherungsrecht, Kap. 25 Rn. 115.

scheidung des BGH, der gar nicht so selten ist: Wird ein am Fahrzeugdiebstahl beteiligter Sozius bei der anschließenden Fahrt verletzt, entfällt ein Anspruch auf Schadenersatz gegen den Versicherer.[14] Auch eine Verletzung der Schadenminderungspflicht kann zu Kürzungen der Ansprüche führen. Diese werden bei den jeweiligen Ansprüchen dargestellt.[15]

### I. (Mit-)Verursachung des Verkehrsunfalls

Soweit den Geschädigten als Fahrzeugführer, Radfahrer oder Fußgänger nach allgemeinen Regeln (z.B. wegen Vorfahrtsverletzung, Nichtbeachtung von Verkehrszeichen, Nichtbeachten von Verkehrsregeln o.Ä.) eine Mithaftung trifft, ist diese anspruchsmindernd zu berücksichtigen. 3

### II. Haftung aus der Betriebsgefahr

Auch wenn der Verletzte als Führer eines KFZ den Unabwendbarkeitsnachweis gem. §§ 7, 17, 18 StVG nicht führen kann, trifft ihn eine Mitverantwortlichkeit an dem eingetretenen Schaden, der sich anspruchsmindernd auf alle Ansprüche auswirkt.[16] 4

### III. Mithaftung des Versicherungsnehmers als Insasse in seinem KFZ

Grundsätzlich kann der Versicherungsnehmer, der als Insasse in seinem eigenen KFZ geschädigt wird, gesamtschuldnerische Schadensersatzansprüche sowohl gegen seine eigene KH-Versicherung[17] richten (§ 7 StVG spricht nur von höherer Gewalt, der Insasse kann sich daher aussuchen, welchen von zwei oder mehr KH-Versicherern er in Anspruch nimmt) wie auch gegen eine evtl. vorhandene Versicherung eines weiteren Unfallbeteiligten. Allerdings muss sich der Versicherungsnehmer die Betriebsgefahr seines Fahrzeuges bzw. die Mithaftung seines Fahrers auch auf seine Schadensersatzansprüche anrechnen lassen.[18] 5

Kommt der Fahrer des Versicherungsnehmers wegen eines geplatzten Reifens von der Fahrbahn ab und wird dabei der Halter als Insasse verletzt, besteht kein Anspruch gegen den KH-Versicherer! Der Anspruch des Halters auf Schadensersatz gegen seine eigene KH-Versicherung resultiert letztlich aus dem Verschulden des Fahrers. Trifft den Fahrer aber an dem Unfall kein Verschulden, so entfällt die Haftung aus § 823 BGB, im Rahmen der Haftung aus der Betriebsgefahr sind aber Gläubiger und Schuldner dann identisch und der Halter muss sich anspruchsmindernd die Betriebsgefahr des eigenen Fahrzeuges entgegenhalten lassen. Es besteht daher insoweit kein Anspruch![19] 6

### IV. Gurtanlegepflicht

Die Gurttragepflicht ist gesetzlich normiert und inzwischen weithin anerkannt. Gleichwohl kommt es immer wieder zu schweren Verletzungen, weil der Gurt nicht angelegt wurde. Der Schädiger kann sich dann zwar nicht mit dem Hinweis aus der Schadensersatzpflicht stehlen, dass mit angelegtem Sicherheitsgurt der Verletzte gar keinen Personenschaden erlitten hätte. Allerdings ist der Anspruch entsprechend zu kürzen, wenn der Nachweis gelingt, dass diese Verletzungen bei angelegtem Sicher- 7

---

14 *BGH* v. 27.02.2018 – VI ZR 109/17.

15 Statt aller: *OLG Schleswig* v. 21.02.2019 – 7 U 134/16 (Nichtbehandlung einer Depression kann zur Kürzung des Anspruchs auf Verdienstschadenersatz führen).

16 *OLG München* v. 06.12.2019 – 10 U 854/18.

17 Der VN ist mit seinen Ansprüchen auf Ersatz des Personenschadens auch nicht gem. A.1.5.6, S. 2 AKB ausgeschlossen.

18 *BGH* v. 08.01.1957 – VI ZR 271/55, VersR 1957, 198; *LG Karlsruhe* r+s 1985, 268; *Heß* in Burmann/Heß/Hühnermann/Jahnke/Heß, § 9 StVG Rn. 20, Ansprüche des Halters nur bei Verschulden des Fahrers.

19 *Burmann/Heß/Hühnermann/Jahnke/Heß* § 9 StVG Rn. 20, Ansprüche des Halters nur bei Verschulden des Fahrers; *ders.* § 8 Rn. 5 m.w.H.

heitsgurt nicht eingetreten wären.[20] Auch eine Sitzposition, die die Wirkung eines (angelegten) Sicherheitsgurtes nahezu aufhebt, führt zu einer Mithaftung.[21] Die Rechtsprechung geht hier je nach Schwere der Verletzungen (und Schutzwirkung des Gurtes) von Quoten bis 40 % aus.[22] Ist der Geschädigte von der Gurtanlegepflicht befreit, kann ein Mithaftungseinwand wohl nicht eingewendet werden.[23] Allerdings soll eine nicht angeschnallte Insassin für die Schäden, die sie dadurch der vor ihr sitzenden Beifahrerin ggf. zugefügt haben könnte, nicht verantwortlich sein, wenn die Abwägung der Verursachungsanteile eindeutig zu Lasten des Unfallverursachers im gegnerischen Kfz gehe, weil es an dem für die Anwendung einer Gesamtschuld erforderlichen Zurechnungszusammenhang zwischen Schutzgesetz und Rechtsgutsverletzung fehle.[24]

8 Einem Mithaftungseinwand kann dann nur begegnet werden, als der Geschädigte nachweisen muss, dass er die gleichen Verletzungen auch unter Beachtung der Gurtpflicht erlitten hätte.[25] Beurteilt werden kann diese Frage nur durch einen medizinischen oder biomechanischen Sachverständigen.[26] Dies dürfte aber nur in Ausnahmefällen möglich sein.[27] In Betracht kann hier auch eine Aufsichtspflichtverletzung durch die Eltern kommen, die dafür Sorge tragen müssen, dass Kinder[28] angeschnallt bleiben.[29]

## V. Sorgfaltspflichten gegen sich selbst

9 Unter dem Gesichtspunkt der Beachtung der Sorgfaltspflichten gegen sich selbst muss der Geschädigte deren Missachtung ggf. auch im Schadensersatz anspruchskürzend hinnehmen. Daraus allein ergibt sich schon die Pflicht, geeignete Schutzmaßnahmen zu ergreifen, um eine Selbstschädigung zu vermeiden. Hierzu gehören verschiedene Punkte, die zu beachten der Verletzte nicht per Gesetz verpflichtet ist, deren Beachtung ihm aber schon aus Gründen des Selbstschutzes angelegen sein sollte.[30] So kann auch von einem Beifahrer in einem Kfz erwartet werden, dass er bei rücksichtsloser und gefahrträchtiger Fahrweise des Fahrers diesen zu langsamerer Fahrweise auffordert.[31]

20 *Schleswig-Holsteinisches OLG*, Beschl. v. 04.03.2021 – 7 U 2/20 30%; *OLG Koblenz*, Beschl. v. 15.12.2020 – 12 U 864/20: 30 %; *OLG Rostock* v. 25.10.2020 – 5 U 55/17, 1/3Mithaftung; *OLG Koblenz*, Beschl. v. 07.01.2020 – 12 U 518/19 m. Anm. *Figgener*, 1/3 Mithaftung; *OLG München* v. 25.10.2019 – 10 U 3171/18, NJW Spezial 2019, 745; 30 % Mithaftung; *OLG Celle* v. 18.07.2020 – 14 U 25-18 Mithaftung 40 % wegen fehlendem Gurt bei SVT-Regress; *OLG München* v. 07.06.2013 – – 10 U 193/12, SP 2013, 399; *OLG Celle* v. 07.06.2013 – 10 U 1931/13, SVR 2014, 138 ff.; *OLG Naumburg*, v. 27.02.2008 – 6 U 71/07; *OLG Brandenburg* v. 07.12.2006 – 12 U 109/06; so auch *Euler/Kornes/Kreuter* in FA Versicherungsrecht, Kap. 25 Rn. 115; *Balke* SVR 2021, 170 ff.

21 *OLG München* v. 12.01.2018 – 10 U 2718/15 (40 %).

22 *BGH* v. 28.02.2012 – VI ZR 10/11 (Jurion); *OLG Celle* v. 08.07.2020 – 14 U 25/18 (40 % für den Regress des UVT). *OLG Koblenz* v. 15.12.2020 – 12 U 864/20 (30 %); *Halm/Fitz* DAR 2021, 422, 423.

23 Zu den Voraussetzungen für die Befreiung vgl. *OVG Lüneburg* v. 26.02.2015 – 12 LA 137/14, DV 2015, 160 f.

24 *OLG Köln* v. 27.08.2024 – 3 U 81/23.

25 *BGH* v. 12.12.2000 – IV ZR 411/99, r+s 2001, 190 ff. m.w.H.; *OLG Naumburg* – Az. 6 U 71/07 = DAR 2008, 380 (L).

26 *OLG München* v. 25.10.2019 – 10 U 3171/18, NJW Spezial 2019, 745.

27 Z.B. *OVG Lüneburg* v. 26.02.2015 – 12 LA 137-14.

28 Wegen der weiteren haftungsrechtlichen Details vgl. Jäger, Kap. 5 in diesem Buch.

29 *OLG Hamm* v. 05.11.2013 – 5 RBS 153/13, SVR 2013, 342 m. Anm. Balke.

30 *Jahnke*, NZV 2019, 601 ff. m.w.H. zu besonderen Fallkonstellationen bei Zweiradunfällen.

31 *OLG Braunschweig* v. 24.06.2021 – 7 U 1404/19.

### 1. Tragen von Schutzkleidung, Helmtragepflicht

Auch das Tragen von Schutzkleidung bei Krad- und Motorradfahrern ist wichtig, auch wenn es dafür keine gesetzliche Verpflichtung gibt.[32] In vielen Fällen überstehen allerdings entsprechend mit Schutzkleidung gesicherte Zweiradfahrer Unfälle mit leichteren Verletzungen oder gar unverletzt. In jedem Fall schützt die Schutzkleidung vor Schürfwunden und ggf. auch vor Prellungen, ein Schutz vor Frakturen wird in aller Regel zu verneinen sein[33] Eine Mithaftung wegen Nichttragen von Motorradschuhen wird verneint unter Hinweis auf die verschiedenen Formen von Motorradschuhen mit oder ohne Schutzkappen etc.[34] Tw. verneint die Rspr.[35] eine Mithaftung unter Hinweis darauf, dass es ein allgemeines Verkehrsbewusstsein nicht gäbe, dieser Auffassung ist eine Absage zu erteilen, da bereits in den Fahrschulen darauf hingewiesen wird, welchen Schutz die richtige Kleidung bietet. In anderen Ländern führt dies ohne weiteres zu einer Anspruchskürzung um 25 %.[36] 10

Besondere Bedeutung erlangt hier die Helmtragepflicht, § 21a StVO.[37] Wichtig ist dabei auch der korrekte Sitz des Helmes, damit dieser nicht im Unfallgeschehen durch auftretende Fliehkräfte vom Kopf geschleudert wird. Auch hier ist – ähnlich wie bei der Gurtanlegepflicht eine Mithaftung von ca. 1/3 gegeben.[38] 11

### 2. Helmpflicht bei Radfahrern

Problematisch ist die Frage der Mithaftung von Radfahrern wegen nicht angelegtem Helm. Die Rechtsprechung zu diesem Thema ist eher uneinheitlich.[39] Auch wenn außerhalb von Deutschland (vor allem in Skandinavien) die Helmpflicht auch für Radfahrer gilt und die Schutzwirkung des Fahrradhelms unbestritten ist, wird diese Pflicht nicht dem Freizeitfahrer,[40] sondern nur den Radsportlern[41] auferlegt. Hier sollte geprüft werden, ob bei dem gegenständlichen Unfall der Helm vor den erlittenen Verletzungen hätte schützen können. Das *OLG Celle* geht nicht von einer allgemeinen Helmpflicht für Radfahrer aus, will aber bei besonderen Dispositionen (z.B. besonders sportlicher Fahrweise, altersbedingtem Risiko etc.) im Einzelfall eine Helmpflicht auch für den Fahrradfahrer 12

32 Vgl. insoweit *OLG Brandenburg* v. 23.07.2009 – 12 U 29/09, welches dieses auch beim Schmerzensgeld berücksichtigt. *OGH* v. 12.10.2015 – 2 Ob 119/15 nimmt 25 % Mitverschulden an.

33 *LG Köln* v. 15.05.2013 – 18 O 148/09 (Jurion), geht von 25 % Abzug wegen nicht getragener Schutzkleidung aus; a.A. *LG Heidelberg* v. 13.03.2014 – 2 O 203/13, NZV 2014, 466 f.; Halm/Fitz DAR 2014, 439, 440.

34 *OLG Celle* v. 13.03.2024 – 14 U 122/23; *OLG Brandenburg* v 14.12.2023 – 12 U 107/23 mit Anm. *Quaisser/Figgener*, NJW-Spezial 2024, 171; *OLG München* v. 19.05.2017 – 10 U 4256/16, NJW 2017, 490; *OLG Nürnberg* v. 09.04.2013 – 3 U 1897/12 (ADAJUR Dok-Nr. 101459); *LG Heidelberg* v. 13.03.2014 – 2 O 203/13.

35 *OLG Düsseldorf* v. 24.09.2019 – 1 U 82/18; *LG Frankfurt* v. 07.06.2018 – 2-015 118-17, zfs 2019, 81 ff. a.A. z.B. *OGH Wien* v. 12.10.2015 – 2 Ob 119-15.

36 *OGH Wien* v. 12.10.2015 – 2 Ob 119/15m, ZVR 2016, 24 f.

37 *OLG Nürnberg* DAR 1989, 296 = r+s 1989, 182 + 274 (30 %). Keine Ausnahme wegen religiöser Hinderungsgründe, *BVerwG* v. 04.07.2019 – 3 C 24/17.

38 *OLG Hamm* v. 18.01.2013 – 9 U 23/12 (Jurion); *OLG Hamm* MDR 2000, 1190 = r+s 2000, 458.

39 *BGH* v. 17.06.2014 – VI ZR 281/13, VersR 2017, 974 m. abl.Anm. *Meier* und *Jocham*, VersR 2014, 1167 f.; Pro Helmpflicht: *OLG Schleswig* v. 05.06.2013 – 7 U 11/12, zfs 2014, 258 m. Anmerkung Habbe; nachfolgend *BGH* v. 17.06.2014 – VI ZR 281/13, der zumindest für die Vergangenheit eine Mithaftung abgelehnt hat.; *Schotten*, Mithaftung ohne Fahrradhelm, SVR 2012, 161 ff.; *Hufnagel* Fahrradhelmpflicht auf dem Umweg über den Mitverschuldenseinwand bei Verkehrsunfällen DAR 2007, 280; *OLG Nürnberg* NZV 1999, 472; *LG Bonn* v. 11.12.2014 – 18 O 388/12, NZV 2015, 395 f.; *Halm/Fitz* DAR 2014, 439, 440; *Wellner*, NJW 2014, 1681, 1684; *Rütten* Anm. zu *BGH* v. 174.06.2014 – VI ZR 281/13, SVR 2014, 441 ff., m.w.H.

40 *OLG Nürnberg* v. 20.08.2020 – 13 U 1187/20; *OLG Hamm* v. 04.08.2017 – I-9 U 173/16; *OLG Düsseldorf* NJW-RR 2006, 1616 f.; *OLG Düsseldorf* v. 18.01.2007, SP 2007, 347.

41 So *OLG Saarbrücken* DAR 2008, 210 m. Anm. *Schubert* für den sportlich ambitionierten Radfahrer.

außerhalb des Radrennsportes ausweiten.[42] Leider hat der *BGH*[43] sich zumindest für Schäden bis 2011 auf den Standpunkt gestellt, dass der nicht getragene Helm nicht zu einer Mithaftung des Radfahrers führt. Damit hat er aber leider nicht bedacht, dass auch die nicht pflichtversicherten Schädiger das Risiko einer erheblich höheren Schadenersatzleistung zu tragen haben. Dieser Formulierung haben sich leider auch andere Gerichte ohne weitere Überprüfung der aktuellen Verkehrssituation und den aktuellen Forschungsergebnissen zu eigen gemacht. Differenzierter wird es von *OLG Celle* betrachtet, das die Helmpflicht von der persönlichen Disposition (Unerfahrenheit aber auch besonderer Risikobereitschaft) abhängig machen will.[44]

13 Nach jüngsten Forschungen der BAST ist die Bereitschaft, einen Fahrradhelm zu tragen, deutlich angestiegen und liegt inzwischen (2022) bei rd. 40 %.[45]

14 Bei E-Bikes ist ein Mitverschulden zu berücksichtigen, wenn kein Helm getragen wird.[46] Es ist insbesondere zu beachten, dass mit Pedelecs ohne Weiteres Geschwindigkeiten jenseits der 25 km/h erreicht werden können, bei denen als Führer eines Mofas zwingend ein Helm vorgeschrieben wäre![47] Folgerichtig wurde auch vom *LG Bonn* eine Mithaftung eines S-Pedelec-Fahrers wegen Nichttragens des Helmes angenommen.[48]

15 Auch wenn es keine Pflicht zum Helmtragen für Radfahrer gibt, kann dennoch haftungsrechtlich eine Mithaftung vorliegen, insbesondere, wenn der Helm vor den erlittenen (häufig schweren) Schädelverletzungen geschützt hätte.[49]

16 Insbesondere bei Kindern stellt sich auch die Frage, ob nicht die Aufsichtspflicht durch die Eltern verletzt wurde.[50]

17 Keine Mithaftung eines Radfahrers ist gegeben, wenn er Klickpedale verwendet und sich aus diesen nicht rechtzeitig lösen kann.[51]

### 3. Kopfstütze

18 Grundsätzlich ist inzwischen jedes Kraftfahrzeug mit einer Kopfstütze ausgerüstet, um schwerwiegende Verletzungen der Halswirbelsäule, die früher häufig zu Lähmungen führten, zu vermeiden. Aber die beste Kopfstütze kann ihre Wirkung nicht entfalten, wenn sie nicht richtig eingestellt ist. Grundsätzlich ist jeder Insasse eines Kfz, nicht nur der Fahrer, gehalten, die Kopfstütze seines Sitzes so einzustellen, dass die Oberkante der Kopfstütze mit seinem Kopf abschließt und nicht im Fall eines Heckaufpralls im wahrsten Sinne des Wortes zu einem »Genickbrecher« wird.[52]

### 4. Businsasse

19 Grundsätzlich hat jeder Insasse in einem Kfz – also auch in einem Kraftomnibus – Anspruch auf Ersatz des ihm entstandenen Schadens gegen den Busfahrer und den Halter. Allerdings sind seine Ansprüche auf Sachschadenersatz ggf. beschränkt durch Allgemeine Beförderungsbedingungen. Der einsteigende Fahrgast muss sich über Beschaffenheit des Einstiegs vergewissern.[53] Darüber hinaus ist

42 *OLG Celle* v. 12.02.2014 – 14 U 113/13, NZV 2014, 305 ff. m.w.H. zum Streitstand.
43 *BGH* v. 17.06.2014 – VI ZR 281/13, SP 2014, 219.
44 *OLG Celle* v. 12.02.2014 – 14 U 113/13, DAR 2014, 199 ff.
45 *Siedler*, NZV 2023, 551, 554 m.w.H.
46 *LG Bonn* v. 11.12.2014 – 18 O 388/12, SVR 2015, 304 f.
47 Vgl. ausführlich hierzu *Siedler*, NVZ 2023, 551 ff. m.w.H.
48 *LG Bonn*, Teilurt. v. 11.12.2014 - 18 O 388/12.
49 *Balke*, SVR 2023, 253 bietet einen Überblick über die aktuelle Rspr.
50 *OLG München* v. 24.03.2016 – 10 U 3730/14, NJW-Spezial 2016, 362 f.
51 *OLG Schleswig* v. 28.09.2021 – 7 U 29/19.
52 *AG Köln* SP 2000, 380 Mithaftung 40 % wegen fehlerhaft eingestellter Kopfstütze.
53 *OLG Köln* Beschl. v. 04.05.2015 – 7 W 19/15.

er als Fahrgast verpflichtet, sich jederzeit sicheren Halt zu verschaffen.[54] Die Rechtsprechung hierzu ist sehr beförderungsbetrieb- und fahrerfreundlich.[55] Der Busfahrer kann allerdings gleichwohl aus der Betriebsgefahr haften.[56] Auch bei schwerbehinderten Fahrgästen ist nicht zwingend von einer besonderen Rücksichtnahmepflicht des Busfahrers auszugehen.[57] Ein Rollator alleine begründet noch keine gesteigerte Sorgfaltspflicht des Fahrers.[58] Es ist damit zu rechnen, dass während der Fahrt ruckartige Bewegungen des Fahrzeugs auftreten können, dies begründet keine Eintrittspflicht für den Sturz eines Fahrgastes.[59] Auch ältere Fahrgäste sind verpflichtet, sich umgehend festen Halt zu verschaffen, sofern dies nicht möglich ist, müssen sie den Busfahrer darauf hinweisen.[60] Allerdings ist bei einem Verkehrsverstoß des Fahrers von einer Mithaftung auszugehen.[61]

### 5. Alkoholisierter Verletzter

Die Alkoholisierung des Verletzten kann in der Bewertung der Eintrittspflicht eine große Rolle 20
spielen. So wird auch bei Fußgängern u.U. eine Alleinhaftung bejaht, wenn dieser stark alkoholisiert verunfallt.[62]

## VI. Alkoholisierter oder führerscheinloser Fahrer

Das Mitfahren mit einem alkoholisierten Fahrer kann zu einer Anspruchskürzung der Ansprüche 21
der Insassen führen.[63] Auch die Fahrt mit einem führerscheinlosen Fahrer kann zur Anspruchskürzung führen.[64] Auch der Einwand, man sei selbst alkoholisiert gewesen, verfängt nach Auffassung des *Schleswig-Holst. OLG* nicht, da der Mithaftungsvorwurf daran anknüpft, dass man sich selbst in einen Zustand versetzt hat, der die Einsichtsfähigkeit einschränkt.[65]

Zu beachten ist insoweit auch, dass der alkoholisierte Geschädigte, etwa, wenn ihn ein Mitverschulden an dem Schadenfall trifft, häufig auch Sanktionen im Sozialversicherungsrecht zu befürchten hat, weil ihm der Unfallversicherungsschutz aberkannt werden kann, wenn sich die Alkoholisierung auf den Schadeneintritt ausgewirkt hat.[66]

---

54 § 4 BefBedV; u.a. *OLG Celle* v. 26.06.2018 – 14 U 70/18; *OLG Hamm* v. 17.02.2017 – I-11 U 21/16; *OLG Frankfurt am Main*, v. 17.11.2015 – 12 U 16/14, Entkräften des Anscheinsbeweises ist möglich; *Geigel/Horst*, Kap. 2 Rn. 15; *Kreuter-Lange*, DAR 2016, 478 ff.

55 *Aukle* SVR 2020, 366 ff.; *Kreuter-Lange/Schwab* DAR 2015, 67 ff. m.w.H.

56 *OLG München* v. 20.12.2019 – 10 U 3110/17.(20 %); *OLG Hamm* v. 28.02.2018 11 U 108/17 (Aussteigenlassen eines Fahrgastes außerhalb der Haltestelle und nachfolgender Unfall mit weiterem Linienbus – Haftung 50 % für beide Busfahrer – 50 % der Fahrgast); *Ansorge*, NJW-Spezial 2023, 393; *Filthaut*, NZV 2017, 513 ff. mit w.H.; *Kreuter-Lange*, DAR 2016, 478 ff.; *Filthaut*, NZV 2015, 265 f.

57 *OLG Hamm* Beschl. v. 28.02.2018 – 11 U 57/17.

58 *OLG Hamm* v. 29.04.2022 – 11 U 198/21, Haftung 1/3 zu Lasten des Busfahrers!.

59 *OLG Dresden* v. 03.11.2017 – 1 I 62/16(2) (Straßenbahn).

60 *KG*, Hinweisbeschluss v. 07.09.23 – 22 U 61/22.

61 *OLG Schleswig* v. 25.04.2023 – 7 U 125/22, Verstoß gegen § 9 Abs. 3 StVO – nicht genügend vorsichtig beim Linksabbiegen, bei der Notbremsung stürzt ein Fahrgast – Quote 50 %!.

62 *OLG Jena* v. 15.06.2017 – 1 U 540/16 2,0 ‰; *OLG Hamm* v. 17.04.2015 – 9 U 34/14.

63 *OLG Brandenburg* VRR 2007, 468–469; *OLG Hamm* NZV 2006, 85, *LG Lübeck* v. 22.11.2023 – 9 O 118/21 (Mitfahrt bei der sichtlich alkoholisierten Lebensgefährtin des Vaters – 2,0 Promille; *LG Bielefeld* v. 01.09.2014 – 6 O 71/13, VersR 2015, 1157 geht von 25 % Anspruchskürzung aus; Geigel/Horst, Kap. 2 Rn. 12, 13; *Kraft*, NZV 2014, 245 f.

64 *OLG Brandenburg* VRR 2007, 468–469.

65 *Schleswig-Holsteinisches OLG*, Beschl. v. 04.03.2021 – 7 U 2/20, Mithaftung 1/3, der nicht angelegte Gurt wurde nicht weiter bewertet, da insoweit eine Fürsorgepflicht des alkoholisierten Fahrers angenommen wurde.

66 *BSG* v. 30.04.1991 – 2 RU 11/90, NZA 1992, 93 ff.

Auch ein alkoholisierter Radfahrer muss sich, selbst wenn die Promillegrenzen wie bei Kfz nicht gelten,[67] ggf. eine Mithaftung entgegenhalten lassen.

## VII. Haftungsbeschränkungen nach den §§ 104 ff. SGB VII

22 Neben den obigen Mithaftungs- und Anspruchskürzungstatbeständen kommen auch die gesetzlichen in Betracht. So ist der Anspruch auf Schadenersatz gegen einen Arbeitskollegen oder den Arbeitgeber nach den §§ 104 ff. SGB VII ausgeschlossen, wenn sich der Unfall während der Ausübung der beruflichen Tätigkeit ereignete.[68] In diesen Fällen kann auch bei Vorhandensein eines zweiten – mithaftenden – Schädigers der Anspruch des Verletzten begrenzt sein. Die Erstattung der Ansprüche folgt dann den Regeln der gestörten Gesamtschuld und der Verletzte kann von dem nicht privilegiert Haftenden nur dessen Anteil an der Schadensentstehung ersetzt verlangen.

## VIII. Mithaftung der Erziehungsberechtigten

23 Nach der Reform des Schadenersatzrechts und Einführung des § 828 II BGB sind Kinder bis 10 Jahre vor Regress- und Haftungsansprüchen Geschädigter dann geschützt, wenn sich der Unfall im öffentlichen Verkehrsraum ereignete und ein Kfz beteiligt war.[69] Diese Regelung entbindet die Eltern nicht von der Pflicht, auf die Kinder einzuwirken und diese zu mündigen Verkehrsteilnehmern zu erziehen.[70] Unter familienrechtlichen Gesichtspunkten kommt § 1664 Abs 1 zur Anwendung mit dem Maßstab der Sorgfalt in eigenen Angelegenheiten.[71] Diese familienrechtliche Erleichterung kommt Pflegeeltern nicht zugute.[72] Dies kann mit Blick auf die straßenverkehrsrechtlichen Besonderheiten zu Spannungen führen. Den Eltern kann ggf. eine Aufsichtspflichtverletzung[73] zur Last gelegt werden, die nicht nur zu einer Mithaftung der Eltern führen kann, sondern auch dazu, dass schon in der Mandatierung des Anwaltes Besonderheiten zu beachten sind. So ist die ordnungsgemäße Mandatierung eines Anwaltes grundsätzlich nur durch beide Erziehungsberechtigte möglich.[74] Trifft einen Erziehungsberechtigten eine Mitverantwortung am entstandenen Schaden (eigenes Verschulden im Verkehrsunfall oder Aufsichtspflichtverletzung) kann eine ordnungsgemäße Mandatierung nicht mehr erfolgen, da der Anwalt in einen Interessenkonflikt[75] gerät. Üblicherweise ist in diesen Fällen das Jugendamt einzuschalten, damit die Interessen des Kindes gewahrt bleiben.[76]

24 Zu beachten ist, dass in den Fällen des § 828 Abs. 2 BGB die Verletzung der Aufsichtspflicht durch die Eltern dem verletzten Kind nicht als »eigenes Verschulden« entgegengehalten werden kann und dadurch seine Ansprüche verkürzt werden. Der Aufsichtspflichtige haftet dann mit dem Schädiger und dessen Versicherer als Gesamtschuldner. Zu Zeiten des Familienprivilegs[77] kam es dann zu einer

67 Z.B. *OLG Karlsruhe* v. 15.10.2020 – 2 Rv 35 Ss 175/20.

68 *Engelbrecht*, DAR 2020, 671 ff.; wegen der Details vgl. Kapitel 9 zu den Haftungsprivilegien.

69 Vgl. hierzu Kap. 5 in diesem Buch, *Kreuter-Lange*, SVR 2013, 41 ff. und SVR 2016, 167–169 m.w.H.

70 *OLG München* v. 24.03.2016 – 10 U 3730/14 (6-jähriger Radfahrer).

71 *Seier*, FuR 2020, 674 ff. m.w.H.

72 *OLG Köln* v. 13.08.2015 – 8 U 67/14.

73 *OLG Koblenz* v. 20.07.2015 – 12 U 83/15 (2 1/2-jähriges Kind Haftung Kfz 25 %- Eltern 75 % für die Schäden am Kfz).

74 *Kreuter-Lange*, DAR 2019, 185 m.w.H. zur Problematik.

75 *BGH* v. 10.01.2019 – IX ZR 89/18.

76 *OLG Brandenburg* Beschl. v. 10.09.2020 – 9 WF 198/20 (Befugnisse des Ergänzungspflegers); *OLG Köln* Beschl. v. 12.10.2017 – 5 U 59/17; *Kreuter-Lange*, DAR 2019, 185 f.; a.A. *AG Ludwigsburg* v. 17.07.2014 – 11 F 954/15, dies scheint aber angesichts möglicher weitreichender Folgen nicht angemessen. Vgl. auch *BGH* v. 27.09.1968 – VI ZR 201/66 zu den möglichen Schadenersatzansprüchen des Geschäftsunfähigen gegen seinen Vormund; sowie *Euler*, Handbuch FA Versicherungsrecht, Kap. 25 I Rn. 325 f.

77 *BGH* v. 07.12.2021 – VI ZR 1189/20 (auch mit Hinweisen zur gestörten Gesamtschuld zw. Fahrer und Halter und KH-VR); vgl. hierzu auch *Bähring/Quaisser*, NJW-Spezial 2024, 393 ff.

gestörten Gesamtschuld im Bereich des Sozialversicherungsrechts, § 116 Abs. 6 SGB X.[78] Seit der Reform des § 116 Abs. 6 kommt es u.a. darauf an, ob der Aufsichtspflichtige (etwa wegen Nichtüberwachung der Gurtanlegepflicht) KH-Versicherungsschutz genießt. Verletzt aber bspw. Der gemeinsam mit dem Kind radfahrende Aufsichtspflichtige[79] seine Verpflichtungen, kommt es nach wie vor zu einem Ausschluss des Regresses, soweit es den Anteil des aufsichtspflichtigen Familienangehörigen betrifft.[80]

Im Übrigen wurden vom BGH schon Grundsätze zum Umfang der Aufsichtspflicht über Kinder dargestellt.[81] Hierbei handelte es sich um Fälle, die der privaten Haftpflichtversicherung unterfallen. Die Grundsätze können jedoch auf die Kinder im Straßenverkehr übertragen werden. Hier ist sicherlich eine größere Verpflichtung der Aufsichtspflichtigen[82] zu fordern, solange die Kinder noch nicht schulpflichtig sind. Mit der Schulpflicht sollten die Wege zur Schule und nach Hause geübt werden.[83] Im Rahmen der Grundschulzeit erfolgt Ende der 3. Grundschulklasse eine Verkehrserziehung. Mit dem Erlangen des sog. Fahrradführerscheins können dem Kind bei Geeignetheit weitere Freiräume eingeräumt werden. Es kommt dabei nicht darauf an, ob die Eltern im Allgemeinen ihrer Aufsichtspflicht genügen, sondern es ist auf den konkreten Schadenfall abzustellen.[84] Auch das Aussteigenlassen eines Kindes kann zu einer Mithaftung von Fahrer und Halter führen, wenn gewisse Sorgfaltspflichten nicht beachtet werden.[85] 25

## IX. Bei dem Betrieb des Kfz tätig, § 8 Ziffer 2 StVG

Gemäß § 8, 2. Alternative StVG (§ 8 Ziff. 2 StVG n.F.) greift die Gefährdungshaftung nicht ein gegenüber betriebstätigen Personen. Dies bezieht nicht nur den Fahrer des Fahrzeuges ein, sondern jeden, der sich freiwillig den besonderen Gefahren des Kraftfahrzeuges aussetzt und diese Gefahren selbst herbeiführt und verwirklicht. Auf den rechtlichen Grund des Tätigwerdens beim Betrieb kommt es nicht an, so dass es ausreicht, wenn – faktisch – der Betrieb mittels Anweisung geleitet wird.[86] Es sind alle diejenigen, die sich bei dem Betrieb des Kfz betätigen, also alle Führer,[87] Einweiser, Bediener, Belader, Helfer[88] etc. bei Schäden, die sie währen dieser Tätigkeit erleiden, in den Schutzbereich des Kfz einbezogen und verlieren damit ihren Anspruch auf Schadenersatz. Erforder- 26

78 *BGH* v. 07.12.2021 – VI ZR 1189/20 (auch mit Hinweisen zur gestörten Gesamtschuld zw. Fahrer und Halter und KH-VR).
79 *AG Düsseldorf* v. 03.09.2021 – 37 C 557/20 (6-jähriger Radfahrer kollidiert mit einem parallel fahrenden PKW, weil er einem auf dem Radweg abgestellten Kfz ausweicht).
80 Zu weiteren Problemen *Bähring/Quaisser*, NJW-Spezial 2024, 393 ff., m.w.H.
81 *BGH* v. 24.03.2009 – VI ZR 199/08, für ein 7-jähriges Kind auf dem Parkplatz (2 Std. ohne Aufsicht sind grds. nicht zu beanstanden, das Kind haftet allein für die von ihm verursachten Kratzer, allerdings hätte sein 5 Jahre alter Freund mehr Aufsicht bedurft [Kontrollzeitraum 15–30 min]) – *BGH* v. 24.03.2009 – VI ZR 51/08; *LG Hamburg*, Urt. v. 03.12.2021 – 302 O 147/20 (5-jähriges Kind kollidiert mit 76-jähriger Fußgängerin).
82 *BGH*, Urt. v. 19.01.2021 – VI ZR 194/18 – Aufsichtspflicht über einen 2-Jährigen (Pferdeanhängerfall) der *BGH* weist die alleinige Verantwortung den Eltern zu! *OLG Hamm*, Urt. v. 21.11.2023 – 26 U 79/23 (2-jähriges Kind auf dem Laufrad) m. Anm. *Quaisser-Figgener*, NJW-Spezial 2024, 267 f.
83 *AG Zeitz* v. 29.05.2018 – 4 C 22/18, mit dem Kettcar auf dem Tankstellengelände, eine Aufsichtspflichtverletzung wurde bejaht.
84 *Quaisser-Figgener*, NJW-Spezial 2024, 267 f. *Bernau*, DAR 2024, 121 ff. bietet einen Überblick über die aktuelle Rechtsprechung.
85 *OLG Hamm* v. 27.12.2024 – 7 U 132/23 skizziert die erforderlichen Maßnahmen, die von der Fahrzeugführerin beachtet wurden und verneint folgerichtig die Haftung der KH-Versicherung.
86 *OLG Stuttgart* v. 08.10.2003 – 9 U 67/03.
87 *LAG Rheinland-Pfalz*, Urt. v. 11.01.2023 – 7 Sa 151/22 (Fahrzeugführer beschädigt sein eigenes auf dem Parkplatz abgestelltes Kfz).
88 *OLG Hamm* v. 07.03.2023 – I-7 U 130/22.

lich ist allerdings ein zeitlicher Zusammenhang mit dem Betrieb des Kfz, ist z.B. die Bergung des Kfz bereits abgeschlossen, kommt ein Zusammenhang mit dem Betrieb des Kfz nicht mehr in Betracht.[89]

27 § 8 Abs. 2 StVG gilt auch bei der Beschädigung des eigenen Fahrzeuges (Kl. parkt behindertengerecht umgebautes Kfz des Bekl. aus und beschädigt sein eigenes Fahrzeug).[90]

28 Diese Einschränkung gilt nur dann nicht, wenn der Beifahrer lediglich befördert wird.[91] Auch der Beifahrer kann, wenn er Einfluss auf die Fahrtstrecke nimmt und die Zurverfügungstellung des Betriebes erst ermöglicht hat, unter diese Regelung fallen.[92] Ebenso greift der Ausschluss, wenn der Beifahrer ins Lenkrad greift.[93]

## B. Erwerbsschaden

29 Der bei einem Verkehrsunfall Verletzte hat grundsätzlich nach den §§ 823, 842, 843 BGB i.V.m. §§ 249 BGB; § 10 Abs. 2 StVG Anspruch auf Ersatz des ihm entstandenen Erwerbsschadens. Allein der Verlust seiner Arbeitsfähigkeit ist noch kein erstattungsfähiger Schaden. Vielmehr ist auch erforderlich, dass der Verletzte durch diesen Verlust der Arbeitsfähigkeit gleichzeitig einen Schaden in seinem Vermögen dadurch erleidet, dass er seine Arbeitskraft verletzungsbedingt nicht verwerten kann.[94] Der Geschädigte ist gehalten, die Auswirkungen der von einem Sachverständigen festgestellten MdE auf sein Erwerbseinkommen konkret darzulegen und ggf. zu beweisen.[95] Ein Anspruch auf fiktiven Verdienstschadenersatz besteht nicht.[96] Es ist nicht zwingend erforderlich, dass der Geschädigte dieses Einkommen tatsächlich vor dem Unfall erzielt hatte. Es reicht die Aussicht auf ein Einkommen aus.[97] Der Erwerbsschaden ist gem. § 843 BGB grundsätzlich als Schadensersatzrente (d.h. monatlich) zu erstatten. Es können aber auch andere Vereinbarungen, z.B. vierteljährliche Zahlungen o.Ä.) getroffen werden. Einen Anspruch auf Abfindung des Schadens hat der Geschädigte nur in Ausnahmefällen, § 843 Abs. 3 BGB.

### I. Grundlagen

30 Bei der Prüfung des Erwerbsschadens ist zwischen den einzelnen Berufsgruppen zu differenzieren, da unterschiedliche Folgen zu beachten sind. Hierbei ist auch die Dauer der Entgeltfortzahlung durch den Arbeitgeber zu beachten. Während dieser Zeit erleidet der Verletzte in aller Regel keinen Verdienstschaden. Durch die geleistete Entgeltfortzahlung geht der Ersatzanspruch insoweit auf den Arbeitgeber über.[98] Abweichungen vom EfzG können sich hinsichtlich der Dauer der Entgeltfortzahlung auch aus Tarifverträgen und Betriebsvereinbarungen ergeben. Ein Einkommensverlust tritt im Zeitraum der Entgeltfortzahlung durch den Arbeitgeber deshalb bei dem Verletzten nicht ein. Auch in den Sozialversicherungen erleidet der Verletzte keine Nachteile, da für die Dauer der Arbeitsunfähigkeit alle Beiträge entsprechend der Haftungsquote weitergezahlt werden. Wichtig ist auch, ob es sich um einen Arbeits- oder Arbeitswegeunfall handelte, oder nicht. Es gibt entscheidende Unterschiede in den Leistungen.[99]

---

89 *OLG Saarbrücken*, Urt. v. 12.07.2024 – 3 U 59/23; *OLG Celle* v. 18.11.2020 – 14 U 84/20.
90 *BGH* v. 12.01.2021 – VI Z R 662/20.
91 *OLG Celle* v. 16.12.2020 – 14 U 77/19.
92 *Saarl. OLG* v. 21.04.2009 – 4 Z 395/08, str.
93 *LG Memmingen* v. 15.09.2023 – 32 O 1552/22.
94 *BGH* v. 20.03.1984 – VI ZR 14/82, NJW 1984, 1811. Daran fehlt es im Sabbatjahr – *OLG Stuttgart* v. 21.06.2018 – 13 U 55/17.
95 *OLG Düsseldorf* NJW 2011, 1152.
96 *OLG München* v. 25.03.2020 – 10 U 6603/19.
97 *BGH* v. 28.01.1986 – VI ZR 151/84, VersR 1986, 596 = NJW 1986, 1486.
98 Wegen der Details vgl. unten Rdn. 429 ff.
99 Vgl. hierzu ausführlich *Engelbrecht*, DAR 2020, 671 ff. mit Hinweis auf die einzelnen Leistungen.

### 1. Anspruchsvoraussetzungen

Der Verletzte ist infolge des Unfallereignisses in seiner Arbeitsfähigkeit mindestens vorübergehend beeinträchtigt. 31

### 2. Beweislast

Der Geschädigte ist für den Erwerbsschaden beweispflichtig. Zum einen trifft ihn hinsichtlich der haftungsbegründenden Kausalität die Beweislast nach § 286 ZPO (Strengbeweis).[100] Das bedeutet, dass er sowohl die Kausalität des Unfallereignisses (für die erlittene Verletzung[101]) für den daraus resultierenden, vorgetragenen Erwerbsschaden als auch dessen Höhe beweisen muss.[102] Ein allein zeitlicher Zusammenhang reicht nicht aus.[103] Er muss alle Unterlagen vorlegen, die notwendig sind, um den behaupteten Erwerbsschaden nachvollziehen und berechnen zu können.[104] Hierbei kommen dem Geschädigten die Beweiserleichterungen der §§ 252 S. 2 BGB, 287 ZPO zugute (Nachweis einer gewissen Wahrscheinlichkeit), auch hinsichtlich möglicher weiterer Entwicklung.[105] Hat sich allerdings der Geschädigte zu einem anderen Tätigkeitsfeld entschlossen und war der Unfall nur noch der äußere Anlass zu dieser Entschließung, kann eine Zurechenbarkeit des Erwerbsschadens entfallen.[106] 32

Allerdings muss er sich auch alle Umstände entgegenhalten, die seine Erwerbsfähigkeit unfallunabhängig eingeschränkt hätten. Dies können neben Vorerkrankungen[107] auch Erkrankungen sein, die nach dem Unfall – ohne von diesem verursacht worden zu sein – eintreten (Herzinfarkt oder Bandscheibenvorfall), Fälle der sog. überholenden Kausalität.[108] Auch der Konkurs des Arbeitgebers oder die Aufgabe der Firma seines Arbeitgebers aus anderen Gründen muss sich der Verletzte als schadenmindernd anrechnen lassen.[109] Auf objektiv falsche Krankschreibungen darf ein Geschädigter sich nicht verlassen.[110] 33

Soweit der Verletzte einen zweiten Unfall erleidet und es sich nicht mehr klären lässt, welcher Unfall für die Erwerbsunfähigkeit ursächlich war, haftet der Erstschädiger, wenn die Folgen des Erstunfalles durch den Zweitunfall nur verstärkt wurden.[111] Hat hingegen der Zweitunfall ebenfalls Auswirkungen auf die Erwerbsfähigkeit, haftet der Zweitschädiger (ggf. mit dem Erstschädiger zusammen als Gesamtschuldner) auf den Verdienstschadensersatz.[112] 34

---

100 Zu Beweismaß und Beweislast vgl. in Meschkat/Nauert/*Staab*, Rn. 247 ff. mit grundlegenden Hinweisen; *Geipel*, zfs 2007, 363 f.

101 *KG* SP 2010, 392 zum Erfordernis des zeitlichen Zusammenhangs zwischen Unfall und Verletzung der bei sechs Tagen nach dem Unfall nicht gegeben ist.

102 Zu den Anforderungen an den Nachweis der Kausalität zwischen Unfall und Verletzung vgl. *OLG Düsseldorf* v. 12.04.2011 – I-1 U 151/10 (HWS); *OLG Düsseldorf* v. 05.10.2010 – I-1 U 244/09, SP 2011, 181.

103 *OLG München* v. 03.06.2021 – 10 U 6121/19.

104 *BGH* v. 22.11.2016 – VI ZR 40/16, der Arbeitgeber kann auch Ersatz der Ergebnisbeteiligung während der Dauer der Arbeitsunfähigkeit verlangen; *OLG Brandenburg* v. 17.05.2018 – 12 U 169/16, auch hins. entgangener Boni muss plausibel vorgetragen werden.

105 *OLG Köln* v. 09.08.2013 – 19 U 137/09, ein Zurückgreifen auf die Entwicklung der Eltern ist nur erforderlich, wenn noch keine konkreten Anhaltspunkte in der Person des Verletzten vorliegen.

106 *BGH* v. 14.11.2017 – VI ZR 92/17, auch zur Beweislastverteilung hinsichtlich einer möglichen Zäsur.

107 *BGH* v. 09.11.2010 – VI Z R 300/08; *OLG Schleswig*, Beschl. v. 11.01.2021 – 7 U 111/20 (Bandscheibenvorfall); *OLG Schleswig* v. 10.01.2019 – 7 U 74/13 (zur Anrechnung auch auf den Verdienstschaden); *OLG Hamm*, Beschl. v. 13.04.2018 – 7 U 4/18 (Berücksichtigung von Vorschäden; *OLG Köln* v. 19.02.2014 – 16 U 99/10, SP 2014, 226; *OLG Schleswig* v. 24.04.2008 – 7 U 81/06.

108 *OLG Schleswig*, Urt. v. 19.03.2024 – 7 U 93/23.

109 Vgl. z.B. *OLG Karlsruhe* r+s 1989, 358 f.

110 *OLG Dresden* v. 13.07.2022 – 1 U 2039/21.

111 *BGH* v. 20.11.2001 – VI ZR 77/00 in VersR 2002, 200; *OLG Saarbrücken* SVR 2004, 384.

112 *BGH* v. 20.11.2001 – VI ZR 77/00 in VersR 2002. 200 = NJW-RR 2002, 527.

35 Ist der Geschädigte vor dem Unfall einer Erwerbstätigkeit nachgegangen, kann der Nachweis des Erwerbsschadens im Zweifel unproblematisch durch Vorlage der Gehaltsabrechnungen oder Einkommensteuererklärungen erfolgen. Die weitere berufliche Entwicklung kann ggf. entsprechend einer Vergleichsperson ermittelt werden.[113] Der Geschädigte muss konkrete Anhaltspunkte vortragen, warum er welche berufliche Entwicklung genommen hätte und diese ggf. beweisen.[114] Dabei kommt es bei der Prognose der weiteren beruflichen Entwicklung insbesondere auf den beruflichen Werdegang vor dem Schadenfall an.[115] Erzielte der Verletzte vor dem Unfall durchgehend ein regelmäßiges Einkommen, ist davon auszugehen, dass dies ohne den Unfall auch in der Zukunft so gewesen wäre. Auch der Nachweis von Einkommenserhöhungen ist möglich.[116]

36 Allerdings steht es dem Schädiger frei, nachzuweisen, dass sich das Einkommen in der Zukunft verringert hätte oder gar weggefallen wäre (z.B. bei Schwangerschaft und anschließender Elternzeit, Konkurs des Arbeitgebers und nachfolgende Arbeitslosigkeit o.Ä.).[117] Auch wirtschaftliche Schwankungen sind zu berücksichtigen, so ist insbesondere bei Kleinbetrieben nicht davon auszugehen, dass diese sich an Tarifverträge halten.

37 Hat der Geschädigte vor dem Unfall nicht oder nicht regelmäßig gearbeitet, ist auch für die Prognose nicht davon auszugehen, dass eine durchgehende Erwerbstätigkeit in der Zukunft gegeben gewesen wäre. Vielmehr ist dann auf das Alter des Verletzten abzustellen. Bei relativ jungen Geschädigten kann ohne nähere Anhaltspunkte[118] nicht angenommen werden, dass diese bis zum Erreichen des Rentenalters keiner Erwerbstätigkeit mehr nachgehen würden,[119] während bei älteren Geschädigten dies durchaus angesichts der Gesamtumstände auf dem Arbeitsmarkt wahrscheinlich ist.[120] Hilfreich können Auskünfte der örtlichen Arbeitsämter sein.

Bei jüngeren Kindern gestaltet sich die Prognose des zukünftigen Erwerbsschadens schwierig, es ist auf die Qualifikation und die Berufe der Eltern abzustellen, dabei sind ggf. sich ergebende weitere Anhaltspunkte aus der Entwicklung zwischen Schädigung und Schadenermittlung über die bestehenden Fähigkeiten zur Erwerbstätigkeit, ohne den Schadenfall mit einzubeziehen.[121] Hat das Kind schon die weiterführende Schule erreicht, kann seine Entwicklung anhand der Zeugnisse nachvollzogen werden, wobei auch insoweit noch das Elternhaus Berücksichtigung finden sollte,[122] da gerade in der Pubertät erhebliche Schwankungen in den schulischen Leistungen möglich sind.

### 3. Schadenminderungspflicht

38 Ist die Arbeitsfähigkeit durch den Schadenfall dauerhaft eingeschränkt, treffen den Geschädigten besondere Verpflichtungen, den Schaden gering zu halten, § 254 Abs. 2 BGB. Er muss die ihm ver-

---

113 *BGH* v. 10.07.2007 – VI ZR 192/06, VersR 2007, 1536 f. für den Sozialversicherungsregress für entgangene Beiträge.

114 *BGH* v. 20.04.1999 – VI ZR 65/98, VersR 2000, 233.

115 *BGH* v. 12.01.2016 – VI ZR 491/14, NJW-Spezial 2016, 169 ff. m. Anm. Heß; *BGH* v. 06.10.1987 – VI ZR 155/86, NJW-RR 1988, 66; *BGH* v. 24.01.1995 – VI ZR 354/93, NJW 1995, 2227; *LG Magdeburg* v. 07.03.2012 – 11 O 1544/11.

116 Vgl. *Küppersbusch/Höher*, a.a.O., Rn. 50 ff. ausführlich zu dieser Frage, vgl. auch unten Rdn. 103 ff.

117 *BGH* v. 29.05.1969 – III ZR 143/67, VersR 1969, 802.

118 *OLG Rostock*, Urt. v. 11.06.2021 – 5 U 55/17 zu Ziffer 23, 24.

119 *BGH* v. 09.11.2010 – VI ZR 300/08; *BGH* v. 10.07.2007 – VI ZR 192/06, VersR 2007, 1536 f. für den Sozialversicherungsregress für entgangene Beiträge; *BGH* v. 14.01.1997 – VI ZR 366/95, NZV 1997, 222 = VersR 1997, 366. Fehlt es an entsprechendem Vortrag, kann zumindest bei jungen Geschädigten nicht angenommen werden, dass diese ein Leben lang erwerbslos blieben, eine Schätzung kann zulässig sein, *OLG Düsseldorf* v. 10.08.2021 – 1 U 68/19, NJW-Spezial 2021, 618.

120 *OLG Hamm* SP 2000, 194 nimmt einen 10 %igen Abschlag vor, der aber m.E. in heutiger Zeit großer Arbeitslosigkeit nicht angemessen ist.

121 *BGH* v. 05.10.2010 – VI ZR 186/08, r+s 2010, 528.

122 *KG*, Urt. v. 23.08.2023 – 25 U 141/19, zur Frage der Wahrscheinlichkeit des Medizinstudiums bei Akademiker-Eltern.

bleibende Arbeitskraft schadenmindernd einbringen[123] und ggf. auch eine Teilzeitstelle annehmen.[124] Dabei sollte zunächst versucht werden, den ursprünglichen Arbeitsplatz, ggf. mit Umgestaltungen, wieder aufzunehmen. Dem Geschädigten kommt die Reform des SGB IX zugute. Der Arbeitgeber muss versuchen, den Verletzten mit seiner Behinderung auf einen leidensgerechten Arbeitsplatz in seinem Unternehmen umsetzen, § 84 Abs. 2 SGB IX, er muss ein betriebliches Eingliederungsmanagement (BEM) einrichten und betreiben.[125] Sein Recht, den Arbeitnehmer zu kündigen wird dadurch eingeschränkt.[126] Scheitert dieser Versuch und der Verletzte kündigt die Stelle, kann dies ein Verstoß gegen die Schadenminderungspflicht darstellen, eine einvernehmliche Aufhebung des Arbeitsvertrages, wenn die Arbeit die vorhandene Schmerzsymptomatik verstärkt ist kein Verstoß gegen die Schadenminderungspflicht.[127]

Allerdings ist der Verletzte verpflichtet, durch eine geeignete andere Erwerbstätigkeit den Schaden 39 zu mindern, wenn die Tätigkeit zumutbar ist. Dies kann beispielsweise durch Aufnahme einer Teilzeitarbeit, einer Ersatztätigkeit oder Umschulung in einen geeigneten[128] anderen Beruf geschehen. Auch die Aufnahme eines früher ausgeübten – leidensgerechten – Berufes kann verlangt werden,[129] auch wenn dafür noch Fortbildungsmaßnahmen erforderlich werden.[130] Ggf. kann auch die Ausübung einer Heimarbeit zu fordern sein.[131] Der Geschädigte kann vom Schädigerversicherer auch durch Einschaltung eines Rehabilitationsdienstes im Erhalt bzw. in der Wiedererlangung einer Arbeitsstelle unterstützt werden. In aller Regel wird dies ohne Aufforderung angeboten, ggf. kann auch bei dem Versicherer nachgefragt werden.

Den Geschädigten treffen dabei besondere Pflichten:[132] Er muss im Rahmen des § 287 ZPO nach- 40 weisen, dass er sich um eine neue Stelle bemüht hat,[133] während der Schädiger nachweisen muss, dass der Geschädigte eine zumutbare Ersatztätigkeit nicht aufgenommen hat.[134] Um das Bemühen im Sinne der Rechtsprechung zu dokumentieren, reicht es nicht aus, sich beim Arbeitsamt arbeitssuchend zu melden und auf Angebote von dort zu hoffen. Vielmehr muss sich der Verletzte auch aktiv um Stellen bemühen.[135]

---

123 *BGH* v. 19.05.2011 – IX ZB 224/09 zum Umfang des Engagements eines Arbeitssuchenden! Ebenso *OLG Schleswig* v. 07.09.2021 – 7 U 134/21, mit weiteren Ausführungen auch zur Schadenminderungspflicht der Verletzten; *OLG Hamm*, Beschl. v. 17.05.2016 – 9 W 27/15.

124 *OLG Hamm*, Urt. v. 28.10.2022 – I-9 U 33/21; *OLG Düsseldorf* v. 06.04.2021 – 1 U 62/20 (Ausführungen zum erreichbaren Arbeitsmarkt und Tätigkeit als Bürokraft für ehem. Busfahrer); *OLG Düsseldorf* 14.03.2005 – I-1 U 149/04; *BGH* v. 24.02.1983 – VI ZR 59/81, VersR 1983, 488; *OLG Düsseldorf* r+s 2003, 37 (Rev. nicht angenommen); vgl. auch *Euler/Kornes/Kreuter*, FA Versicherungsrecht, Kap. 25 Rn. 204 f.; *Euler* in: FA Verkehrsrecht, Kap. 10 Rn. 5.

125 *BAG* 2 AZR 565/14; *BVerwG* v. 05.06.2014 – 2 C 22/13 (Jurion) gilt auch für Beamte.

126 *Mückl/Hiebert* NZA 2010, 1259 f.

127 *OLG Frankfurt* zfs 2002, 20; *KG* NZV 2002, 95.

128 *BGH*, Beschl. v. 14.11.2017 – VI ZR 92/17, der Geschädigte muss darauf achten, dass nicht ein ungeeigneter Beruf die Möglichkeit von weiteren Schäden in sich birgt.

129 Vgl. hierzu auch *OLG Saarbrücken* v. 13.11.2013 – 5 U 359/12, VersR 2014, 1194 (für die BUZ).

130 *OLG Saarbrücken* r+s 2010, 162 f. (LKW-Fahrerin zur Verwaltungsangestellten).

131 *OLG Saarbrücken* v. 02.09.2020 – 5 U 1/20.

132 Ausführlich dazu *BGH* VersR 1979, 424.

133 *BGH* v. 19.05.2011 – IX ZB 224/09 zum Umfang des Engagements eines Arbeitssuchenden; *BGH* v. 26.09.2006 – VI ZR 124/05, VersR 2007, 76 f. = r+s 2007, 39 f.; *BGH* v. 23.01.1979 – VI ZR 103/78. VersR 1979, 425; *OLG Frankfurt* NZV 1991, 188.

134 *BGH* v. 01.12.1970 – VI ZR 88/69, VersR 1971, 348; *BGH* v. 13.06.1972 – VI ZR 83/71, VersR 1972, 975; *OLG Köln* NZV 2000, 293 = SP 2000, 46.

135 *BGH* v. 19.05.2011 – IX ZB 224/09 zum Umfang des Engagements eines Arbeitssuchenden!.

41 Auch der Abbruch einer Umschulungsmaßnahme aus anderen als medizinischen Gründen (unfallbedingt oder unfallunabhängig) kann als Verstoß gegen die Schadenminderungspflicht gelten.[136] Ebenso ist der Geschädigte gehalten, medizinisch zumutbare Behandlungen durchzuführen.[137]

*a) Zumutbare Tätigkeiten*

42 Wenn der Geschädigte nicht arbeitet, ist die Frage der Erstattung von Erwerbseinbußen zu prüfen. Dabei kommt es u.a. auch darauf an, ob der Geschädigte ihm grundsätzlich zumutbare Tätigkeiten ausgeschlagen hat. An die Prüfung der Zumutbarkeit sind dabei strenge Anforderungen gestellt. Es sind die gesamten Umstände der besonderen Lage des Verletzten heranzuziehen. Insbesondere Alter, Persönlichkeit, Ausbildung und bisherige Lebensstellung des Verletzten sind zu berücksichtigen. Ihn trifft hierbei die Pflicht, sich ernstlich darum zu bemühen, die verbliebene Arbeitskraft nutzbringend zu verwerten. Ggf. kann auch die Ausübung einer Heimarbeit zu fordern sein.[138] Die mangelnde Bereitschaft des Verletzten, sich um anderweitigen Verdienst zu bemühen, kann bereits eine Verletzung der ihm obliegenden Schadenminderungspflicht bedeuten.[139] Die Folge ist, dass ihm ein erzielbares, aber wegen Verstoßes gegen die Schadenminderungspflicht nicht erzieltes Einkommen angerechnet wird.[140] U.u. kann auch ein fiktiver Verdienst in Abzug gebracht werden.[141]

43 Arbeitet der Geschädigte, ist grundsätzlich von der Zumutbarkeit der ausgeübten Tätigkeit auszugehen.[142] Ausnahmen bestehen nur dann, wenn es sich um überobligationsmäßige Anstrengungen handelt.[143]

44 Grundsätzlich kann auch einem Selbstständigen zugemutet werden, seine Firma so umzugestalten, dass er sie weiterführen kann. Dies hat jedoch u.U. dann im Tatsächlichen seine Grenzen, wenn ein »Einmann-Betrieb« gegeben ist, der lediglich Hilfsangestellte für den Verkauf beschäftigt, alle sonstigen Tätigkeiten aber allein ausführt.[144] Schadensersatzrechtlich kann die Einstellung einer Hilfskraft für schwere Tätigkeiten schadenmindernd geboten sein, der Verlust durch die Einstellung der Ersatzkraft kann dann vom Schädiger als Verlust im Netto-Reinertrag ersetzt verlangt werden.

45 Arbeitet der Geschädigte hingegen nach dem Unfall nicht, werden strengere Anforderungen an die Zumutbarkeit gestellt. Wird dabei ein Verstoß gegen die Schadenminderungspflicht festgestellt, ist das erzielbare Einkommen auf den Erwerbsschaden anzurechnen.[145] Die Rechtsprechung zur Berufsunfähigkeitsversicherung ist auf das Schadensersatzrecht nicht zu übertragen, da dort der Verletzte selbst für seine Berufsunfähigkeit – in aller Regel gerade in dem von ihm ausgeübten Beruf – vorsorgt. Gerade im Schadensersatzrecht wird auch vom Geschädigten erwartet, eventuelle Weiterbildungsangebote wahrzunehmen, um den Schaden gering zu halten.[146] Anders als in einer privaten Unfallversicherung, in der ein Bezug auf die bisherige Lebensstellung in den Bedingungen vereinbart sein kann,[147] ist der Geschädigte im Schadenersatzrecht zur Mithilfe und Verwertung seiner Arbeitskraft

---

136 *OLG Hamm* SP 2000, 159.

137 *OLG Schleswig* v. 21.02.2019 – 7 U 134/16.

138 *OLG Saarbrücken* v. 02.09.2020 – 5 U 1/20.

139 *BGH* v. 23.01.1979 – VI ZR 203/78, VersR 1979, 425 f.

140 *BGH* v. 26.09.2006 – VI ZR 124/05, r+s 2007, 39; *OLG Hamm* 23.11.2004 – 9 U 203/03, SVR 2006, 67.

141 *Wessels*, DAR 2022, 422, 433 f. m.H.a. *BGH* – VI ZR 91/19.

142 *BGH* v. 19.10.1993 – VI ZR 56/93, NZV 1994, 63 = r+s 1994, 58; *OLG Hamm* r+s 1994. 416, 417; Zur Aufgabe einer zumutbaren Tätigkeit vgl. *OLG Nürnberg* SP 1998, 422; *OLG Hamm* SP 2000, 159; zur Aufgabe einer unfallbedingt nicht mehr zumutbaren Tätigkeit *OLG Frankfurt* zfs 2002, 20.

143 *BGH* v. 19.10.1993 – VI ZR 56/93.

144 *OLG Düsseldorf* r+s 1998, 478 f. für einen Bäckermeister, der led. Verkäuferinnen beschäftigte. Diese Entscheidung erging für die Berufsunfähigkeitsversicherung.

145 *BGH* v. 26.09.2006 – VI ZR 124/05, r+s 2007, 39.

146 Anders in der BU-Versicherung, vgl. *OLG Koblenz* r+s 2003, 73.

147 *BGH.* v. 08.02.2012 – IV ZR 287/10 (Jurion); *OLG Karlsruhe.* v. 30.12.2011 – 12 U 140/11 (Jurion).

ggf. auch in einem anderen Beruf verpflichtet. Wird allerdings von der Bundesagentur für Arbeit die Nichtvermittelbarkeit festgestellt, ist eine Verletzung der Schadenminderungspflicht nicht gegeben.[148]

*b) Umschulung (berufliche Rehabilitation)*

Sofern der Verletzte seinen erlernten Beruf zu den bisherigen Bedingungen nicht mehr ausüben kann, kommt eine Umgestaltung des Arbeitsplatzes in Betracht, die ggf. die Weiterbeschäftigung bei seinem bisherigen Arbeitgeber am gleichen Arbeitsplatz ermöglicht. Hierzu ist der Arbeitgeber nach SGB IX verpflichtet, um die Integration behinderter Arbeitnehmer zu fördern;[149] § 84 Abs. 2 SGB IX. Er muss ein betriebliches Eingliederungsmanagement (BEM) einrichten und betreiben. Auch eine Umsetzung mit Unterstützung von Arbeitsberatern innerhalb des Beschäftigungsbetriebes kann die Wiedereingliederung in das Erwerbsleben ermöglichen. Dabei kann das Akzeptieren einer Kündigung oder gar Schließung eines Vergleichs vor dem Arbeitsgericht ein Verstoß gegen die Schadenminderungspflicht darstellen. Der Schädiger ist dann nicht mehr für die daraus resultierenden Schäden eintrittspflichtig.[150] 46

Gelingt auch dieses nicht, steht die Frage einer Umschulung im Raum. Im Rahmen der Schadenminderungspflicht[151] obliegt es dem Geschädigten, auch seine verbliebene Arbeitskraft einzusetzen. Hierzu kann es erforderlich sein, dass er sich in einen geeigneten Beruf umschulen lässt und bei den entsprechenden Vorbereitungen aktiv mitwirkt.[152] Ist wegen der unfallbedingten Verletzungen die Umschulung in einen gleichwertigen Beruf nicht möglich, kann auch die Umschulung in einen höherwertigen Beruf erforderlich werden.[153] 47

Erfolgt die Umschulung in einen höherwertigen Beruf allerdings auf Wunsch des Verletzten, ohne dass es hierfür unfallbedingte Gründe gäbe, sind nur die Kosten der Umschulung in einen gleichwertigen Beruf zu erstatten.[154] Für die Prognose ist dabei erforderlich, dass es »handfeste Erwartungen für den Erfolg der Rehabilitationsmaßnahme gibt«.[155] Ein Anspruch auf Erstattung der Kosten einer Umschulung besteht dann nicht, wenn auch ohne den Unfall die Umschulung schon geplant war und die Entscheidung zur Änderung des beruflichen Lebensweges vom Geschädigten getroffen worden war. Dies gehört dann in die Sphäre seines Lebensrisikos.[156] Nach Durchführung der Umschulung ist das Unfallopfer auch verpflichtet, einen zumutbaren Arbeitsplatz zu suchen.[157] 48

Die Erstattung von Umschulungskosten für den Geschädigten wird sich in aller Regel auf den Ersatz der Differenz im Verdienstschaden während der Maßnahme beschränken, da die Maßnahmekosten selbst überwiegend von den Sozialversicherungsträgern getragen werden. 49

---

148 *OLG Celle* v. 31.05.2023 – 14 U 134/20 (Folge-Entscheidung zu *BGH* – VI ZR 152/21).

149 *BAG* 13.08.2009 – 6 AZR 330/08, BB 2009, 2533; *OLG Hamm* SP 2000, 159; durch die Reform des SGB IX ist der Arbeitgeber verpflichtet, auf Langzeitkranke aktiv zuzugehen und mit diesen die Wiedereingliederung ins Erwerbsleben aktiv anzugehen; vgl. insoweit auch *Nickel* in Himmelreich/Halm, FA Verkehrsrecht, Kap. 27 Rn. 11.

150 *BGH* v. 31.07.2004 – VI ZR 315/03; *OLG Hamm* SP 2000, 159; *OLG Oldenburg* r+s 2007, 303, m. Anm. *Jahnke* Selbstschädigendes Verhalten beim Erwerbsschaden, r+s 2007, 271 ff.

151 *OLG Koblenz* VersR 1979, 964; *OLG München* VersR 1986, 669.

152 *OLG Hamm* SP 2000, 159 Abbruch der Maßnahme als Verletzung der Schadenminderungspflicht, *OLG Koblenz* VersR 1979, 964.

153 *BGH* v. 26.02.1991 – VI ZR 149/90, VersR 1991, 596 für eine krisenfestere Stellung; *BGH* v. 04.05.1982 – VI ZR 175/80, VersR 1982, 767 = NJW 1982, 1638 zur Abwendung höheren Verdienstschadens.

154 *BGH* v. 02.06.1987 – VI ZR 198/86, VersR 1987, 1239.

155 *BGH* v. 25.05.1982 – VI ZR 203/80, VersR 1982, 791 = NJW 1982, 2321; *BGH* v. 04.05.1982 – VI ZR 175/80, VersR 1982, 767 = NJW 1982, 1638.

156 *BGH* v. 26.02.1991 – VI ZR 149/90, VersR 1991, 596; *LG Osnabrück* r+s 1990, 237.

157 *OLG Schleswig* v. 09.01.2014 – 7 U 83/13, (Jurion) = NJW Spezial 2014, 202.

50 Dies sind die Bundesanstalt für Arbeit, die Berufsgenossenschaften und die Rentenversicherungsträger, in dem Bestreben, die Reintegration des Verletzten zu beschleunigen, auch immer häufiger die Versicherer der Schädiger.

51 – Umschulung durch die Bundesanstalt für Arbeit
Die Bundesanstalt für Arbeit wird häufig erst tätig, wenn sich nach langer Arbeitsunfähigkeit des Verletzten das Ende des Krankengeldbezuges abzeichnet und dieser dann Arbeitslosengeld beantragt. Die tatsächliche Praxis hat dabei gezeigt, dass die Arbeitsberater häufig überlastet und mit der Situation überfordert sind, dass hier auch leidensgerechte Arbeitsvermittlung erfolgen muss. Erhält der Verletzte hingegen gar keine Leistungen von dort, weil er wegen fehlender Bedürftigkeit auch nicht den Regeln von Hartz IV unterfällt, hat die Bundesanstalt für Arbeit überhaupt kein Interesse an einer kostenintensiven Maßnahme, durch die sie eine Einsparung von Ausgaben (wegen fehlender Leistungspflicht) nicht erreichen kann.

– Umschulung durch die Berufsgenossenschaft
Erleidet der Verletzte den Unfall auf einem berufsgenossenschaftlich geschützten Weg, wird sich die Berufsgenossenschaft wegen ihrer im SGB VII verankerten Pflicht, alles zur Wiederherstellung der Arbeitsfähigkeit Erforderliche zu veranlassen, aktiv um eine Wiedereingliederung des Verletzten in die Arbeitswelt bemühen.

– Umschulung durch den Rentenversicherungsträger
Auch der Rentenversicherungsträger kommt als Träger von Umschulungsmaßnahmen in Betracht. Der Rentenversicherungsträger kommt jedoch häufig, wie auch die Bundesanstalt für Arbeit, erst dann zum Zuge, wenn der Krankengeldbezug ausläuft und eine Rente wegen vollständiger oder teilweiser Erwerbsunfähigkeit beantragt wird. Auch wenn wegen zunehmend leerer Rentenkassen die Hürden für die Erlangung von Erwerbsunfähigkeitsrenten erhöht wurden, werden häufig nach entsprechenden Rehabilitationsmaßnahmen (Kuren) Renten auf Zeit bewilligt, die dann oftmals in Renten auf Dauer umgewandelt werden, ohne dass eine Reintegration eines arbeitswilligen Verletzten gelingt.

– Berufliche Rehabilitation durch den KH-Versicherer des Schädigers
Da Bundesagentur für Arbeit und Rentenversicherungsträger häufig erst nach Ende des Krankengeldbezuges tätig werden, ist wertvolle Zeit verstrichen. Deshalb haben die Versicherer begonnen, im Zusammenwirken mit den Sozialversicherungsträgern unter Einschaltung von privaten Rehabilitationsdiensten dem Geschädigten ebenfalls die Reintegration in das Erwerbsleben zu ermöglichen. Diese Unterstützung ist oft effektiver und schneller als die der öffentlichen Stellen.[158]
Die Maßnahmen reichen hierbei von der Unterstützung des Verletzten durch einen berufskundlichen Berater bei der leidensgerechten Umgestaltung des Arbeitsplatzes, Kontakt mit dem Arbeitgeber zur Erreichung einer Umsetzung innerhalb des Betriebes auf einen leidensgerechten Arbeitsplatz bis hin zur Findung von neuen Berufsfeldern (ggf. auch Umschulung) im Zusammenwirken mit den Sozialversicherungsträgern. Keinesfalls wird der Versicherer im Alleingang eine Umschulung anstreben, ohne auch die sonstigen Träger mit einzubinden.

– Unter Schadenminderungsgesichtspunkten ist der Geschädigte gehalten, an den Umschulungsmaßnahmen aktiv mitzuwirken. Aber auch nach Auffassung des VGT 2008 soll es dem Geschädigten nicht zum Nachteil gereichen dürfen, wenn er eine vom Versicherer vorgeschlagene Rehabilitationsmaßnahme nicht verfolgt. Dennoch sollte der Geschädigte, der selbst am Meisten von der Maßnahme und der Wiedereingliederung in das Erwerbsleben profitiert, eine angebotene Rehabilitationsmaßnahme annehmen.[159]

158 *Nickel* in Himmelreich/Halm FA Verkehrsrecht, Kap. 27 m.w.N.

159 Vgl. insoweit VGT Goslar 2008, Empfehlung des AK 1 zu Personenschadenmanagement, ADAJUR Dok.-Nr. 75023; *Lang* Das Reha-Management – Eine Erfolgsgeschichte für alle Beteiligten, NZV 2008, 19.

Die Kosten für die Umschulungen (auch durch Sozialversicherungsträger) sind vom Schädiger (ggf. entsprechend der Haftungsquote) zu tragen.[160] Dies gilt aber nur dann, wenn nicht die Umschulung am Markt und den Fähigkeiten des Verletzten vorbei erfolgte und dieser dann nach erfolgreicher Umschulung keinen Arbeitsplatz findet (und dies von vornherein vorherzusehen war) oder die Umschulung gar erfolglos blieb.[161] 52

Erleidet der Verletzte durch die Umsetzung bei seinem Arbeitgeber auf einen leidensgerechten Arbeitsplatz oder die Umschulung in eine leidensgerechte Tätigkeit einen Minderverdienst, ist dieser entsprechend der Haftungsquote erstattungsfähig, ein Quotenvorrecht des Verletzten besteht insoweit nicht.[162] Zusätzlich zu der Differenz zu dem vorherigen Einkommen ist ggf. auch die möglicherweise entstehende Differenz in der Altersrente, sofern ein Regress der Beiträge durch den Rentenversicherer nicht erfolgt, zu erstatten.[163] Im Rahmen der hypothetischen Betrachtung zwischen Soll-Verlauf (ohne den Unfall) und dem Ist-Verlauf (nach dem Unfall) sind ersparte Eigenkosten (geringere Fahrtkosten als im Soll-Verlauf, Bekleidung, zweiter Wohnsitz), weitergezahlte Stipendien,[164] ersparte Ausbildungskosten und ggf. ersparter Wehr- oder Zivildienst[165] anzurechnen. Nicht anrechenbar hingegen sind BaFöG-Leistungen jedenfalls dann, wenn sie dem Verletzten ausschließlich als Darlehen gewährt werden. Auch ein Mehrverdienst nach der Qualifizierung ist nicht im Wege des Vorteilsausgleichs zu berücksichtigen.[166] 53

### *c) Sonstige Eingliederungshilfen*

Neben der allseits bekannten – oben beschriebenen – Umschulung kommen aber auch sonstige Eingliederungshilfen in Betracht. So können sowohl der Sozialversicherungsträger als auch die KH-Versicherung des Schädigers durch eine Eingliederungsbeihilfe einen Arbeitsplatz beschaffen, der dem Verletzten sonst nicht zur Verfügung gestanden hätte. Dabei sind verschiedene Modelle möglich. Es können für einen befristeten Zeitraum die vollen Lohnkosten einschließlich Beiträgen zur Sozialversicherung (sog. Brutto/Brutto-Leistungen), gestaffelte Beteiligungen an den Lohnkosten oder Pauschalen vereinbart werden. In jedem Fall sollte aber – auch im Interesse des Verletzten – darauf bestanden werden, dass der zukünftige Arbeitgeber einen unbefristeten Arbeitsvertrag ausstellt und auch nach Ablauf der Förderungszeiten verpflichtet ist, den Verletzten für einen Mindestzeitraum weiter zu beschäftigen. Die Praxis hat gezeigt, dass sonst die Gefahr besteht, dass der Arbeitsplatz unmittelbar nach Ablauf der Förderung aus betriebsbedingten Gründen gekündigt wird. Werden solche Eingliederungshilfen vom Sozialversicherungsträger gezahlt, sind sie erstattungsfähig, wenn der Verletzte ohne diese Unterstützung einen Arbeitsplatz nicht erhalten hätte. Es kommt dabei – wie bei den Sachkosten für die Umschulung – nicht auf das Vorliegen eines kongruenten Erwerbsschadens in gleicher Höhe an.[167] 54

---

160 Vgl. insoweit Rdn. 46 ff.

161 *BGH* v. 25.05.1982 – VI ZR 203/80, VersR 1982, 791 = NJW 1982, 2321; *BGH* v. 04.05.1982 – VI ZR 175/80, VersR 1982, 767 = NJW 1982, 1638.

162 *BGH* v. 28.04.1992 – VI ZR 360/91, NZV 1992, 313 = VersR 1992, 886.

163 *Küppersbusch/Höher* a.a.O. Rn. 171.

164 Nach *BGH* (XII ZR 62/99) v. 03.05.2001, NJW 2001, 2259 sind Stipendien wohl zu den Einkünften zu zählen, so auch die Entscheidungen der Sozialgerichte (so *BSG* BeckRS 1997 30001324), die bei der Feststellung der Ansprüche auf Kindergeld auch Stipendien zu den Einkünften des Kindes zählen, soweit diese nicht – wie die Sozialhilfe nur nachrangig gewährt werden (vgl. insoweit *OLG Oldenburg* BeckRS 1999 300062304 zur Berechnung des Unterhaltsanspruchs bei nachrangig gewährten Stipendien); ebenso *LG Hannover* v. 10.08.2023 – 6 O 38/18, Kindergeld sei auf Unterhalt anzurechnen, wenn es an verbliebenen Ehegatten fällt zu 50 %(!), wenn es nicht zum Betreuungsunterhalt verwendet wird, d.h. in der Gesamtheit ist es abzuziehen.

165 *OLG Köln* VersR 1998, 507; *OLG Hamm* VersR 2000, 234.

166 *Küppersbusch/Höher* a.a.O. Rn. 175 f.

167 *OLG Köln* VersR 1985, 94; *OLG Celle* VersR 1988, 1252; *OLG Köln* zfs 1988, 43; *OLG Frankfurt* r+s 1992, 199.

### *d) Werkstatt für Behinderte*

55 Ist der Verletzte infolge der Unfallfolgen auf dem allgemeinen Arbeitsmarkt nicht mehr einsetzbar und wird in einer Behindertenwerkstatt tätig, sind die Kosten hierfür als vermehrte Bedürfnisse grundsätzlich zu erstatten,[168] unabhängig davon, ob sich diese Tätigkeit wirtschaftlich lohnt oder nicht, da die Arbeit nicht allein zur Erzielung von Einkünften dient, sondern nach Auffassung der Rechtsprechung auch von wesentlicher Bedeutung für das Selbstwertgefühl ist.[169] Dabei ist aber – auch wenn die Wirtschaftlichkeit nicht alleine von Bedeutung ist, auf die Zumutbarkeit abzustellen.[170] Zu beachten ist auch, dass der Anspruch des Verletzten auf Ersatz des Verdienstschadens nicht auf die Bundesagentur für Arbeit übergeht, auch wenn diese die Kosten für die Maßnahme in der Werkstatt für Behinderte trägt.[171] Der Geschädigte behält insoweit seinen Anspruch, die Einkünfte aus der WfB sind dem Verdienstschaden zwar kongruent, aber nicht anrechenbar.

56 Der Verletzte erzielt dort nur ein sehr geringes Arbeitseinkommen, befindet sich aber während der Arbeitszeit dort unter Aufsicht. Dies kann dazu führen, dass ein Haushaltsführungsschaden oder Pflegeaufwand sich erheblich reduziert. Einen Rentenschaden erleidet der Verletzte dann nicht mehr: Die Behindertenwerkstatt führt für den dort Tätigen aus dem sehr niedrigen Einkommen Beiträge ab. Der Bund stockt diese durch Beitragszahlungen erheblich auf, die er bei dem Schädiger nach § 179 Abs. 1a SGB VI regressiert.[172] Hierbei ist darauf zu achten, dass der Regress den ersatzpflichtigen Schaden nicht übersteigt, der Regress nach § 119 SGB X orientiert sich an dem mutmaßlichen Einkommen des Verletzten ohne das schädigende Ereignis.[173] Sollte der Beitragsschaden die Zahlung des Bundes übersteigen, regressiert die DRV die Differenz nach § 119 SGB X. Ist der Beitragsregress durch die DRV durchgeführt, ist ein weiterer Regress des Sozialhilfeträgers nicht mehr zulässig.

### *e) Überobligationsmäßige Anstrengungen*

57 Arbeitet der Verletzte auch dann, wenn ihm eine Tätigkeit nicht zuzumuten ist, so ist es unbillig, dem Schädiger den Lohn für die überobligatorische Anstrengung zugutekommen zu lassen, sodass das Einkommen nicht auf den Verdienstschaden anzurechnen ist.[174] Bei Arbeit trotz fehlender Arbeitspflicht (»überobligatorische Anstrengung«) kann es zum Raubbau an der Gesundheit kommen. Dabei ist häufig die Frage der Zumutbarkeit der Arbeiten im Streit.[175] Sofern durch die Fortführung einer nicht leidensgerechten Tätigkeit, die nicht dem noch möglichen Belastungsgrad entspricht, weitere gesundheitliche Schäden entstehen, oder der Heilungsprozess verzögert wird, kann der Schädiger ebenfalls den Verstoß gegen die Schadenminderungspflicht[176] einwenden. Unter Umständen verliert der Verletzte dann den Anspruch auf Ersatz von Verdienstschaden.[177] Diese Fälle sind aber in der Praxis eher selten.

---

168 *BGH* v. 11.06.1991 – VI ZR 307/90, NZV 1991, 387; *OLG Hamm* v. 22.01.2021 – 11 U 67/20; *OLG Hamm* v. 22.12.2016 – 9 U 198/15.; *OLG Hamm* v. 22.12.2016 – 9 U 198/15. Vgl. auch *Langenick/Lang* NZV 2019, 569 ff. m.w.H.

169 *OLG Hamm* VersR 1992, 459.

170 Vgl. insoweit *Küppersbusch/Höher*, a.a.O.; Rdn. 124.

171 *BGH* v. 30.06.2015 – VI ZR 379/14.

172 *BGH* v. 16.06.2015 – VI ZR 416/14, VersR. 2015, 1140 ff.; v. 01.07.2014 – VI ZR 546/13, SP 2014, 334 ff. – auch zum Zeitpunkt des Anspruchsübergangs. *Langenick/Lang* NZV 2019, 569 ff. m.w.H.

173 *OLG Karlsruhe* v. 08.10.2014 – 7 U 87/14, Juris.

174 *BGH* VersR 1974, 142 f.; *BGH* IV ZR 123/98 in NVersZ 1999, 514 f. = NJW-RR 1999, 1111 zum Einsatz von Kapital bei Betriebsorganisation und Zahlung einer Berufsunfähigkeitsrente.

175 *BGH* v. 11.10.2000 – IV ZR 208/99, NVersZ 2001, 404 = NJW 2001, 1943.

176 *BGH* v. 25.09.1973 – VI ZR 97/71, VersR 1974, 142; *OLG Oldenburg* r+s 2007, 271 ff. m. Anm. *Jahnke* zu selbstschädigendem Verhalten beim Erwerbsschaden.

177 *Jahnke* Der Verdienstausfall im Schadensersatz, Kap. 9 Rn. 3 ff.

### 4. Vorteilsausgleich

Der Geschädigte hat während seiner Erwerbstätigkeit Ausgaben, die er während des Krankenstandes erspart. Diese Vorteile, die mit dem Erwerbsschaden in einem sachlichen Zusammenhang stehen, muss sich der Geschädigte anrechnen lassen, wenn diese den Schädiger nicht unbillig entlasten.[178] 58
Im Einzelnen sind dies:

- ersparte Kosten der Arbeitskleidung,
- ersparte Verpflegungsmehraufwendungen wegen sog. Montagetätigkeit,
- ersparte Kosten der doppelten Haushaltsführung,[179]
- ersparte Fahrtkosten zur Arbeitsstätte (wobei nicht nur der Benzinverbrauch, sondern auch alle sonstigen Kosten des KFZ in Anrechnung gebracht werden können),[180]
- ersparte berufsbedingte Aufwendungen, die pauschal in Abzug gebracht werden können,[181]
- ersparte Ausbildungskosten sind dem Erwerbsschaden ebenfalls kongruent und können in Abzug gebracht werden.[182] Ebenso können höhere Ausbildungskosten vom Schädiger ersetzt verlangt werden, wenn sie sachlich gerechtfertigt sind und nicht von unfallunabhängigen Ursachen getragen werden,
- auch die Eigenanteile beim stationären Aufenthalt sind dem Erwerbsschaden kongruent.[183] Für den Zeitraum des stationären Aufenthaltes werden Zuzahlungen bis zum 28. Tag vom Patienten gefordert. Ersparte Verpflegungsaufwendungen können aber auch darüber hinaus in Abzug gebracht werden, wenn der stationäre Aufenthalt länger andauert. Sie sind als Vorteilsausgleich für ersparte Eigenaufwendungen zu Hause vom möglicherweise bestehenden Erwerbsschaden in Abzug zu bringen. Für die Dauer der Entgeltfortzahlung sind diese ersparten Eigenkosten beim Arbeitgeber abzuziehen. Während des Krankengeldbezuges werden sie beim Verletzten direkt in Abzug gebracht. Ein weiterer Abzug (weil z.B. die ersparten Eigenkosten so hoch sind, dass auch ein Abzug bei der KK möglich wäre) kann dann gegenüber der Krankenkasse geltend gemacht werden. Ein Abzug auch bei Arbeitgeber und Krankenkasse ist zulässig, da der Anspruch auf die Rechtsnachfolger nur insoweit übergehen kann, als er in der Person des Verletzten besteht. Auch ein Rentner muss sich die ersparten häuslichen Verpflegungskosten anrechnen lassen.[184]
- Ersparte Steuern Soweit der Verletzte Krankengeld oder Verletztengeld erhält, mindert sich seine Steuerschuld infolge der Steuerfreiheit von Sozialleistungen. Diesen Vorteil muss sich der Verletzte ebenfalls gegenrechnen lassen.[185] Auch eine Verletztenrente ist nur mit ihrem Ertragsanteil zu versteuern, sodass sich insoweit ein weiterer Vorteil ergibt.[186]
- Sämtliche Rentenleistungen der Sozialversicherungsträger (Vorruhestandsrenten,[187] Erwerbsunfähigkeitsrenten, Verletztenrenten) sind dem Verdienstschaden kongruent und daher anrechenbar.

---

178 *BGH* v. 16.01.1990 – VI ZR 170/89, NZV 1990, 225 m.w.H.

179 *OLG Bamberg* VersR 1967, 911; *OLG Hamm* NZV 1989, 271 zur doppelten Haushaltsführung bei der Tötung von Ausländern (in Deutschland und im Heimatland), welche beide das Einkommen mindern; *BGH* v. 22.01.1980 – VI ZR 198/78, VersR 1980, 455 der vom *BGH* angesprochene Konsumverzicht dürfte insoweit aber nicht vorliegen.

180 *BGH* v. 22.01.1980. VI ZR 198/78, VersR 1980, 455; *OLG Saarbrücken* v. 03.12.2015 – 4 U 157/14.

181 *OLG München* v. 26.03.2019 – 24 U 2290/18 10 % Ersparnis; *LG Hamburg* v. 32.10.2016 – 306 O 141/16 (Fahrtstrecke nicht vorgetragen, pauschal 5 % ggf. ausreichend); *OLG Celle* 14 U 58/05, MDR 2007, 985 = SP 2006, 96 = VRS 110, 82, 5–10 % Pauschalabzug abhängig vom Einzelfall (Fahrtkostenaufwand) angemessen; *OLG Naumburg* SP 1999, 90; *OLG Dresden* 11 U 2940/00 (Juris) 5 % Abzug; *LG Tübingen* zfs 1992, 82 10 % Abzug.

182 *Küppersbusch/Höher* a.a.O., Rn. 178, 179.

183 So schon *BGH* v. 03.04.1984 – VI ZR 253/82, der Schädiger ist nur verpflichtet, die Mehrkosten in Form der Heilbehandlung zu tragen, nicht aber die Verpflegung des Verletzten.

184 *LG Augsburg* zfs 1991, 335.

185 *BGH* v. 26.02.1980 – VI ZR 2/79, VersR 1980, 529.

186 *BGH* v. 24.09.1985 – VI ZR 65/84, VersR 1986, 162.

187 *BGH* v. 07.11.2000 – VI ZR 400/99, VersR 2001, 196 = r+s 2001, 110 = NJW 2001, 1274.

59 Grundsätzlich können die ersparten berufsbedingten Aufwendungen auch pauschal abgezogen werden. Die Höhe des Abzugs ist dabei eher uneinheitlich,[188] aufgrund der Gesamtumstände dürften aber 5 % im Mittel angemessen sein. Aufgrund der steigenden Benzinkosten ist – abhängig von der Entfernung zur Arbeitsstätte und den gewählten Transportmitteln – ggf. auch von einer höheren Ersparnis auszugehen.

60 Als Vorteil ist auch anzurechnen die Verwertung der verbleibenden Arbeitskraft im Haushalt. Streitig ist, ob die Abfindung des Arbeitgebers nach einer unfallbedingten Aufhebung des Arbeitsvertrages im gegenseitigen Einvernehmen angerechnet werden kann.[189]

61 Nicht anrechenbar sind

- Abfindungen des Arbeitgebers im Kündigungsschutzprozess,[190] wobei aber die Abfindungen bei einvernehmlicher Vertragsaufhebung angerechnet werden.[191]
- Bei Betriebsrenten ist dies nicht geklärt, die Rente ist wohl dann als Vorteilsausgleich anzurechnen, wenn eine Abtretung von möglichen Ersatzansprüchen im Arbeitsvertrag oder Pensionsvertrag nicht vorgesehen ist.[192]
- Leistungen aufgrund persönlicher Schadensvorsorge sind nach einhelliger Auffassung der Rechtsprechung nicht anrechenbar, da dies den Schädiger unbillig entlasten würde. Dazu gehören insbesondere Leistungen aus privaten Summenversicherungen (Unfallversicherung,[193] Lebensversicherung,[194] privaten Krankenversicherung hinsichtlich des Krankentagegeldes),[195] die Leistungen von Zusatzversorgungskassen, die weder Sozialversicherungsträger i.S.d. § 116 SGB X noch private Schadensversicherer i.S.d. § 86 VVG sind.[196]

## 5. Berechnung des zu erstattenden Erwerbsschadens

62 Grundsätzlich hat der Geschädigte Anspruch auf die Erstattung des unfallbedingten Erwerbsschadens. Die Berechnung bereitete in der Vergangenheit vielfach Probleme. Es bestand ein Theorienstreit, ob der Ersatz nach der Bruttolohn-Theorie oder nach der modifizierten Nettolohn-Theorie[197] zu erfolgen hat. Dieser Theorienstreit ist für die Praxis jedoch von untergeordneter Bedeutung, da beide Theorien bei richtiger Handhabung zum wirtschaftlich gleichen Ergebnis kommen müssen.[198]

63 Unter Bruttolohn ist das Einkommen eines Arbeitnehmers vor Abzug von Lohn- und Kirchensteuer und einschließlich der Arbeitnehmerbeiträge zur Sozialversicherung zu verstehen. Nach der Bruttolohn-Theorie ist vom Bruttoeinkommen auszugehen. Ersparte Steuern und Beiträge werden im Wege des Vorteilsausgleichs berücksichtigt.[199]

---

188 *OLG München* v. 26.03.2019 – 24 U 2219/18 (10 %); *LG Hamburg* v. 32.10.2016 – 306 O 141/16 (Fahrtstrecke nicht vorgetragen, pauschal 5 % ggf. ausreichend); *OLG Celle* 14 U 58/05, MDR 2007, 985 = SP 2006, 96 = VRS 110, 82, 5–10 % Pauschalabzug abhängig vom Einzelfall (Fahrtkostenaufwand) angemessen; *OLG Naumburg* SP 1999, 90; *OLG Dresden* 11 U 2940/00 (Juris) 5 % Abzug; *LG Tübingen* zfs 1992, 82 10 % Abzug.

189 *BGH* v. 30.05.1989 – VI ZR 193/88, NZV 1989, 345 (für die Anrechnung); *BGH* v. 16.01.1990 – VI ZR 170/89, VersR 1990, 495 gegen die Anrechnung.

190 *BGH* v. 16.01.1990 – VI ZR 170/89, NZV 1990, 225; *OLG Hamm* r+s 1994, 416, 417, SP 1999, 340.

191 *BGH* v. 30.05.1989 – VI ZR 193/88, NVZ 1989, 345.

192 *Küppersbusch/Höher* Rn. 85.

193 *BGH* v. 15.02.1968 – II ZR 101/65, VersR 1968, 361 = NJW 1968, 837 ff.

194 *BGH* v. 19.12.1978 – VI ZR 218/76, VersR 1979, 323.

195 *BGH* v. 15.05.1984 – VI ZR 184/82, VersR 1984, 690.

196 *BGH* v. 26.09.1979 – IV ZR 94/78, VersR 1979, 1120 (Rheinische ZVK); *OLG Frankfurt* VersR 2000, 1523 (Versorgungsanstalt der Post).

197 *OLG Hamm* v. 18.01.2022 – 7 U 100/20.

198 *BGH* v. 15.11.1994 – VI ZR 194/93, NJW 1995, 389 = BGHZ 127, 391.

199 *BGH* v. 19.09.1974 – III ZR 73/72, VersR 1975, 37; *OLG Frankfurt/M.*, Beschl. v. 14.05.2020 – 11 U 152/19; *OLG Hamm* VersR 1985, 1194; *OLG Frankfurt* zfs 1992, 297.

Als Nettolohn wird das Einkommen bezeichnet, welches dem Erwerbstätigen nach Abzug der Steuern und der Sozialversicherungsbeiträge verbleibt. Die modifizierte Nettolohn-Theorie stellt auf dieses Einkommen ab. Der Geschädigte erleidet wegen der Anspruchsübergänge nach §§ 116, 119 SGB X keine Nachteile, da er in der gesetzlichen Krankenversicherung während seiner Arbeitsunfähigkeit beitragsfrei versichert ist. Sowohl die Krankenkasse als auch der Rentenversicherer regressieren nach §§ 116, 119 SGB X die entgangenen Beiträge, sodass auch ein Rentenschaden nicht entstehen kann. 64

### 6. Erstattungsfähige Positionen

Nachfolgend sind die erstattungsfähigen Positionen des Erwerbsschadens in alphabetischer Reihenfolge dargestellt. 65

Volle Ersatzpflicht besteht bei: 66

- Arbeitslohn oder Gehalt (auch Ausbildungsvergütung) eines unselbstständig Erwerbstätigen, dieser ist netto zu erstatten abzüglich der kongruenten Leistungen wie Krankengeld, Verletztengeld, Übergangshilfe, Verletztenrente, Erwerbsunfähigkeitsrente ggf. zzgl. der auf diese Ausgleichszahlung entfallenden Steueranteile (Lohnersatzleistungen unterliegen nicht der Steuerpflicht, sie verändern lediglich den Steuersatz). Bei Ehegatten ist die anfallende Steuer zu ersetzen, auch wenn eine Zusammenveranlagung erfolgte.[200]
- Arbeitslosengeld
- Arbeitslosenhilfe in der bisher bekannten Form gibt es nicht mehr, die Unterstützung von Langzeitarbeitslosen erfolgt nach Bedürftigkeit. Sofern der Verletzte aufgrund des Unfalles seine Stelle verliert, erhält er zunächst Arbeitslosengeld, welches vollumfänglich dem Erwerbsschaden kongruent ist und damit auch auf diesen angerechnet wird.[201] Die Leistungen nach SGB II (Hartz IV) hingegen haben eher Sozialhilfecharakter, sodass diese nur eingeschränkt (soweit die Unterstützung für den Verletzten erfolgt) erstattungsfähig sind. In aller Regel wird – soweit ein Anspruch gegen einen Schädiger besteht und durchsetzbar ist, ein Anspruch auf Gewährung von Hartz IV nicht bestehen.
- Ausfall von Eigenleistungen beim Hausbau oder bei Renovierungsarbeiten (auch beispielsweise Reparaturarbeiten,[202] Malern und Tapezieren, Gartenarbeiten), dabei ist nur der Lohn des beauftragten Handwerkers zu erstatten, nicht aber das Material (das ansonsten selbst beschafft werden müsste). Unkritisch sind die Fälle, in denen ein Handwerker mit der Durchführung der Arbeiten beauftragt wurde und die Rechnung vorgelegt wird.[203] Problematisch sind die Fälle, in denen die Arbeiten dann nach dem Unfall nicht durchgeführt wurden. Hier ist zunächst der Nachweis der Unfallbedingtheit der Aufgabe des Vorhabens zu prüfen. Dies wird jedenfalls dann nur schwer möglich sein, wenn den Verletzten bei dem Unfall ein Mitverschulden trifft und deshalb die Maßnahme ganz abgebrochen wird.
- Fortkommensschaden (z.B. wegen verspätetem Eintritt ins Erwerbsleben; Karriereknick);[204]
- Gewinn eines Selbstständigen auch hier ist nur der Verlust im Netto-Reinertrag nach Steuern erstattungsfähig.
- Gewinnbeteiligung eines Gesellschafters;
- Haushaltsführungsschaden, soweit dieser Erwerbscharakter hat[205]
- Nachteile in den Sozialversicherungen Nachteile in den Sozialversicherungen entstehen weder in der Krankenversicherung (beitragsfrei weiter versichert, § 224 Abs. 1 SGB V, bzw. die BG

200 *BGH* v. 08.06.2021 – VI ZR 924/20.

201 Vgl. hierzu unten Erwerbsschaden als Arbeitsloser, Rdn. 136 ff.

202 *BGH* v. 06.06.1989 – VI ZR 66/88, NZV 1989, 387 = VersR 1989, 857.

203 *BGH* v. 06.06.1989 – VI ZR 66/88, NZV 1989, 387; *OLG Hamm* NZV 1989, 72; *OLG Köln* VersR 1991, 111; *OLG Zweibrücken* NZV 1995, 315 = r+s 1995, 300.

204 *BGH* v. 07.02.2002 – VI ZR 401/01, DAR 2002, 501–504.

205 Wegen der Details vgl. Rdn. 170 ff.

zahlt die Beiträge weiter) noch in der Rentenversicherung (Beitragsregress nach § 119 SGB X[206]). Bezogen auf die Arbeitslosenversicherung könnte dem Verletzten u.U. ein Schaden entstehen, da er weitere Beiträge zur Arbeitslosenversicherung nur aus dem Krankengeld zahlt. Es können dem Verletzten im Fall einer Arbeitslosigkeit Verluste in der Höhe des Arbeitslosengeldes entstehen. Eine freiwillige Höherversicherung ist jedoch im SGB III nicht vorgesehen und somit nicht möglich. Sollte sich der Schaden verwirklichen, ist die Differenz zwischen dem tatsächlichen und dem fiktiven Arbeitslosengeld ausgleichen. Auch die Beiträge zur Pflegeversicherung werden aus dem Krankengeld gezahlt. Minderbeiträge im Verhältnis zum Brutto-Lohn trägt die Krankenkasse alleine.

- Nebeneinkünfte[207]
  soweit diese schon vor dem Unfall erzielt und nachgewiesen wurden (keine Einkünfte durch Schwarzarbeit!).
- Rentenminderung
  = unfallbedingte Schmälerung d. Altersruhegeldes, welche aber wegen des Regresses der RVT nach §§ 116, 119 SGB X nicht eintreten dürfte, da der Geschädigte gestellt wird, als ob er voll seine Beiträge eingezahlt hätte.
- Steuernachteile
  Auf das Krankengeld sind keine Steuern zu bezahlen, sodass ein Schaden insoweit nicht besteht. Aber die Krankengeldleistungen werden auf das sonstige Einkommen aufaddiert, um den Steuersatz zu ermitteln, sodass letztlich doch ein Steuerschaden entstehen kann.
- Entgangene Lohnerhöhungen
  Lohnerhöhungen, die der Geschädigte vielleicht erhalten hätte, ohne die Erkrankung, sind im Krankengeld nicht berücksichtigt, da die gesetzliche Krankenversicherung die Einkünfte des Kalenderjahres vor dem Unfall als Basis nimmt, nicht aber zukünftige Leistungen. Diese können den Verdienstschaden daher erhöhen.
- Entgangene Sonderzahlungen/-Leistungen
  Weihnachts- oder Urlaubsgeld werden bei der Krankengeldzahlung berücksichtigt, sodass dem Verletzten hierbei kein großer Schaden entstehen kann. Auch Gratifikationen, Prämien, Sachbezug, vermögenswirksame Leistungen, Kontoführungsgebühren, Mitarbeiterrabatte etc. können im Rahmen des Verdienstschadensersatzes geltend gemacht werden, wenn diese aufgrund der unfallbedingten Verletzungen nicht mehr gewährt werden.
- Sonderleistungen des Arbeitgebers
  dies können z.B. Kost und Logis sein, aber nur dann, wenn diese nicht als Aufwendungsersatz gezahlt werden. Problematisch sind die Vereinbarungen bei Zeitarbeitsunternehmen, die eine sog. Auslöse erstatten. Diese wird dem Mitarbeiter als fester Einkommensbestandteil angetragen, damit er einem niedrigeren Grundlohn zustimmt, aber netto in etwa das erhält, was er wünscht. Die Auslöse ist in ihrem Charakter eher ein Zuschuss des Arbeitgebers zu vermehrten berufsbedingten Aufwendungen (Verpflegung, Fahrtkosten etc.). Nicht bedacht wird, dass im Fall der Krankheit genau diese Position schon vom Arbeitgeber nicht im Rahmen der Lohnfortzahlung erstattet wird, weil die Grundlage – berufsbedingte Aufwendungen – wegfällt.

---

206 *BSG* v. 13.12.2017 – B 13 R 3/17 R; ein Abschlag von der Regelaltersrente ist nicht zulässig, wenn die Beiträge vollständig vom Schädiger regressiert wurden; ein Rentenverkürzungsschaden wegen vorgezogener Altersrente ist nicht erstattungsfähig, da der Kraftfahrzeug-Haftpflicht-Versicherer die Beiträge gem. Haftung voll an die DRV erstattet, *BGH* v. 20.12.2016 – VI ZR 664/15 m. Anm. *Jahnke* [Juris], wenn der Geschädigte diese wegen Arbeitslosigkeit beantragt. Nachteile wegen Scheidung und Durchführung des Versorgungsausgleiches sind nicht zu berücksichtigen, da sie nicht unfallkausal sind, *OLG Frankfurt* Beschl. v. 05.01.2015 – 7 U 275/13, DV 2015, 99 f.; Car VersR 2018, 522 ff. zur Rechtslage. Versäumt der Rentenversicherer den Regress, steht dem Geschädigten diesem gegenüber ein Anspruch auf Schadenersatz zu, *OLG Bamberg*, Beschl. v. 04.09.2017 – 5 U 63/17.

207 Zu den Voraussetzungen vgl. *BGH* v. 17.02.1998 – VI ZR 342/96; DAR 1998, 349 zum Nebenverdienst als Fußballtrainer.

- Versicherungsrechtliche Nachteile
  Prämienerhöhungen oder Verlust der Beitragsrückerstattung wegen der Unfallverletzungen in der privaten Krankenversicherung,[208] Risikozuschläge in der Lebensversicherung[209] und sonstigen Versicherungen.[210]
- Trinkgeld
  ist zu erstatten, wenn es als fester Gehaltsbestandteil anzusehen ist und entsprechend versteuert wird. Ein nicht versteuertes Einkommen ist nicht zu erstatten, vgl. insoweit unten zu »Schwarzarbeit«.

Grundsätzlich ist nur der konkret eingetretene Vermögensschaden erstattungsfähig, nicht allein die abstrakte Einschränkung der Arbeitskraft. Das bedeutet, dass nicht die prozentuale abstrakte Erwerbsminderung als solche entscheidend ist, sondern nur der tatsächlich entstandene wirtschaftliche Schaden. In der Regel wird sich eine Minderung der Erwerbsfähigkeit von 20 bis 30 % nicht auf den konkreten Arbeitsverdienst auswirken.[211] Soweit der in seiner Erwerbsfähigkeit geminderte Geschädigte von seinem Arbeitgeber voll weiter beschäftigt wird, entsteht diesem ein Verdienstschaden nicht. 67

## 7. Teilweise erstattungsfähige Einkünfte

Neben den erstattungsfähigen Einkünften gibt es auch solche, die teilweise erstattungsfähig sind. 68
- Auslösung, steuerfrei erstattete Spesen,[212] Trennungsentschädigung, Erschwerniszulage[213]
  Ein Ersatz dieser Positionen ist nur dann möglich, wenn der Geschädigte nachweist, dass er die erhaltenen Beträge nicht oder nur teilweise für die erhöhten Lebenshaltungskosten aufgewendet hätte.[214]
- Ministerialzulage
  sie ist nur zum Teil erstattungsfähig, da sie teilweise auch für den erhöhten Aufwand als Ministeriums-Mitarbeiter dient.[215]
- Einkünfte als Prostituierte
  Streitig ist, wann entgangene Einkünfte, die auf sittenwidrigem Erwerb beruhen, erstattungspflichtig sind.[216] Zu erstatten sind sie wohl dann, wenn die Einnahmen versteuert werden.

## 8. Nicht erstattungsfähige Einkünfte

Bei entgangenen Einkünften, die unter Verstoß gegen gesetzliche Verbote erzielt wurden, wird danach unterschieden, ob nicht nur die Vornahme des Rechtsgeschäftes missbilligt wird – dann bleibt es bei der Ersatzpflicht – oder ob auch die zivilrechtliche Wirksamkeit verhindert werden soll.[217] 69

---

208 *OLG Köln* NJW-RR 90, 1179.

209 *BGH* v. 15.05.1984 – VI ZR 184/82, NJW 1984, 2627; *OLG München* NJW 1974, 1203; *OLG Zweibrücken* NZV 1995, 315 = r+s 1995, 300 (Risikozuschlag bei LV).

210 *BGH* v. 15.05.1984 – VI ZR 184/82, NJW 1984, 2627 (private Krankentagegeldversicherung); *LG Wuppertal* SP 1997, 9 (Berufsunfähigkeitsversicherung).

211 Vgl. hierzu auch: *BGH* v. 02.02.1965 – VI ZR 275/63, VersR 1965, 489; *BGH* v. 24.10.1978 – VI ZR 142/77, VersR 1978, 1170; *OLG Bamberg* VersR 1986, 1027.

212 Vgl. hierzu auch *LSG Sachsen* v. 18.07.2013 – L3 AS 910/13 ZVW (Jurion) zur Anrechenbarkeit bei Beantragung von Leistungen zur Sicherung des Lebensunterhaltes.

213 *LG Kassel* NJW-RR 1987, 799.

214 *OLG München* zfs 1984, 173, ablehnend *OLG Nürnberg* VersR 1968, 976; *OLG Düsseldorf* VersR 1972, 695; *LG Düsseldorf* SP 2000, 415, eine Erstattung zwischen 33 und 50 % *OLG Saarbrücken* VersR 1977, 727; *OLG Hamm* VersR 1983, 927.

215 *Küppersbusch/Höher* a.a.O., Rn. 43 m.w.H.

216 Beispiel Prostituierte *BGH* v. 06.07.1976 – VI ZR 122/75, VersR 1976, 941; *OLG Düsseldorf* VersR 1985, 149; a.A. *OLG Hamburg* VersR 1977, 85.

217 Vgl. grundlegend *BGH* v. 28.01.1986 – VI ZR 151/84, VersR 1986, 596.

70 Nicht erstattungsfähig sind:
- Einkünfte aus Schwarzarbeit, wenn sie unter Verstoß gegen das Gesetz zur Bekämpfung der Schwarzarbeit erzielt wurden.[218]
- Einkünfte, die unter Umgehung des Personenbeförderungsgesetzes erzielt wurden.
- Einkünfte, die unter Verstoß gegen die Arbeitszeitverordnung erzielt wurden.[219]
- Freizeit, die wegen des Unfallereignisses eingebüßt wurde[220] (Arztbesuche, Zeitaufwand zur Abwicklung des Schadens etc.)
- Urlaubsbeeinträchtigungen[221]
- Verlust von Bestechungsgeldern.[222]

## 9. Anrechenbare Einkünfte/Entgeltfortzahlung/Krankengeld/Verletztengeld

71 Während der ersten sechs Wochen Arbeitsunfähigkeit erhält der Verletzte Entgeltfortzahlung nach dem EntgFG, ein Verdienstschaden entsteht in dieser Zeit für den Verletzten in aller Regel nicht. Nach Beendigung der Entgeltfortzahlung erhält der gesetzlich versicherte Verletzte Krankengeld durch die Krankenkasse (§ 44 SGB V) bzw. (in einem Arbeitsunfall) Verletztengeld durch die Berufsgenossenschaft (§ 45 SGB VII) für längstens 78 Wochen, wobei die Entgeltfortzahlung auf diesen Zeitraum angerechnet wird.

72 Das Krankengeld beträgt 70 % des regelmäßig erzielten Arbeitsentgeltes, jedoch höchstens 90 % vom Nettolohn (§ 47 Abs. 1 SGB V), pro Tag erhält der Verletzte 1/30 dieses Betrages. Da die Abzüge für Sozialversicherungen und Steuern höher sind als 20 % entspricht das Krankengeld 90 % des Nettolohnes. Das Krankengeld wird vom Brutto-Lohn bis zur Beitragsbemessungsgrenze ermittelt wird. Bei freiwillig in der gesetzlichen Krankenversicherung versicherten Geschädigten ist daher u.U. von einem höheren Restschaden auszugehen. Es wird monatlich berechnet und in 1/30 ausgezahlt (für 360 Tage im Jahr). Da aus dem Krankengeld auch Beiträge zur Arbeitslosen und Rentenversicherung gezahlt werden, fällt das Krankengeld in der Regel geringer aus als 90 % des Netto-Lohnes.

73 Erleidet der Verletzte einen berufsgenossenschaftlich versicherten Arbeits- oder Wegeunfall, so erhält er von der BG Verletztengeld, welches 80 % vom Brutto, max. aber das Netto-Gehalt beträgt), pro Tag erhält der Verletzte 1/30 dieses Betrages. Da auch hier noch die Beiträge zur Sozialversicherung – wie beim Krankengeld – abgeführt werden, kann ein Schaden des AS verbleiben.

74 Das Krankengeld/Verletztengeld ist eine dem Verdienstschaden kongruente Leistung, sodass der Schadensersatzanspruch bis zur Höhe der Leistung auf die Krankenkasse übergeht. Es handelt sich um einen gesetzlichen Übergang zum Unfallzeitpunkt, der Geschädigte kann hierüber nicht mehr verfügen. Eine Abfindung der Ansprüche des Geschädigten berührt die Ansprüche der gesetzlichen Krankenkasse nicht. Dem Verletzten selbst verbleibt ein Anspruch auf Erstattung des Verdienstschadens in der Differenz, die dann konkret berechnet werden muss.

75 Da Krankengeld und Verletztengeld in 1/30 ermittelt werden, ist auch der monatliche Netto-Verdienst entsprechend zu ermitteln, um die Vergleichbarkeit zu gewährleisten.

76 Soweit der Verletzte Krankengeld aus der privaten Krankenversicherung erhält, ist diese Leistung nicht anrechenbar, da der Verletzte hier selbst Vorsorge in Form einer Summenversicherung getroffen hat. Diese Eigenvorsorge soll den Schädiger nicht entlasten. Allerdings findet dann auch kein Übergang auf die pKV statt. Diese kann ihre Zahlungen auf Krankentagegeld nicht regressieren!

218 *OLG Hamm* NJW 1960, 448; *LG Oldenburg* NJW-RR 1988, 1496.
219 *BGH* v. 28.01.1986 – VI ZR 151/84, VersR 1986, 596.
220 *BGH* v. 09.03.1976 – VI ZR 98/75, VersR 1976, 857; *OLG Köln* NStZ-RR 1997, 125 ff.
221 *BGH* v. 11.01.1983 – VI ZR 222/80, VersR 1983, 392.
222 *BGH* 14.07.1954 – VI ZR 260/53, VersR 1954, 498 (sittenwidrige Einnahmen).

### 10. Steuern auf den Erwerbsschadensersatz

Grundsätzlich muss der Verletzte diejenigen Leistungen, die er auf den Verdienstschaden – egal ob er angestellt oder selbstständig tätig ist, zur Einkommensteuer anmelden. Der Schaden des Verletzten besteht darin, dass er dieses eigentliche »Netto-Einkommen« noch versteuern muss, sein Einkommen wird daher unmittelbar um die zu zahlende Steuer gemindert. Vor Fälligkeit der Steuerschuld hat der Geschädigte nur einen Feststellungsanspruch.[223] Den auf die Lohnersatzleistungen entfallenden Anteil der Steuer kann er vom Schädiger ersetzt verlangen, jedoch nur in der Höhe, wie die Steuer angefallen ist.[224] Einen Anspruch auf fiktive Erstattung von Steuerschaden besteht nicht.[225] Die Steuer ist nach der Einkommensteuertabelle zu berechnen[226] und orientiert sich an der Lebenssituation, wie sie auch ohne den Unfall gewesen wäre.[227] 77

Danach bleibt es im rechnerischen Ergebnis gleich, ob nach der Bruttolohn-»Theorie« bzw. modifizierten Nettolohn-»Theorie« Abrechnung erfolgt. Entscheidend ist, dass nach beiden Berechnungsmethoden Steuerbeträge, soweit sie wegen des Schadens nicht mehr anfallen, aus dem Schadensersatzanspruch ausgegrenzt werden.[228] Soweit der Verletzte Mitglied einer Kirche ist und damit kirchensteuerpflichtig, besteht auch Anspruch auf Ersatz der auf den Verdienst anfallende Kirchensteuer.[229] Da auch bei dem Selbstständigen nur der Verlust im Netto-Reinertrag auszugleichen ist, fallen auf diese Zahlungen weder Umsatzsteuer[230] noch Gewerbesteuer[231] an. Nicht anrechenbar sind die Pauschalbeträge für Körperbehinderung nach § 33b EStG.[232] Da das Steuerrecht inzwischen sehr komplex geworden ist, empfiehlt sich in diesen Fällen, die Angelegenheit einem Steuerberater zu übergeben, der den Erwerbsschadensersatz dann zur sog. »Einmalversteuerung« anmeldet. 78

### 11. Erwerbsschaden und Mithaftung

Trifft den Verletzten ein Mitverschulden an dem Schadensfall, ist auch der Erwerbsschaden nur quotiert zu erstatten. Gleiches gilt nicht auch für den Anspruch auf Steuererstattung, da die Steuer ja nur aus dem vom Versicherer gezahlten Erwerbsschaden anfällt! 79

### 12. Erwerbsschaden und Nachteile in der Sozialversicherung

Details zu Erwerbsschäden und Nachteilen in der Sozialversicherung s.a. unten VII. (Rdn. 136 ff.), VIII (Rdn. 154 ff.) und XI. (Rdn. 157 ff.). 80

In der Krankenversicherung ist der Verletzte während der Dauer der Arbeitsunfähigkeit beitragsfrei mitversichert. Während der Arbeitslosigkeit werden die Kosten für die Krankenversicherung

223 *OLG München* v. 14.10.2016 – 10 U 2269/16 (auch zur Verjährungshemmung wiederkehrender Leistungen; *OLG Oldenburg* zfs 1992, 82.

224 *BGH* v. 24.09.1985 – VI ZR 65/84, NJW 1986, 245; *OLG München* NZV 1999, 513 = r+s 1999, 417 maßgeblich ist der Steuersatz in dem Jahr, in dem die Entschädigung fließt.

225 Zum Grundsätzlichen: *BGH* v. 15.11.1994 – VI ZR 194/93, VersR 1995, 104 = r+s 1995, 61; *OLG München* NZV 1999, 513 = r+s 1999, 417.

226 Berechnungsbeispiele auch im Zusammenwirken mit Gewerbesteuer bietet *Dabitz*, zfs 2016, 384 ff.

227 *Wessels*, DAR 2022, 422, 429 f. mit Hinweis auf *BGH* – VI ZR 924/20.

228 *BGH* v. 19.10.1982 – VI ZR 56/81, VersR 1983, 149; *BGH* v. 15.11.1994 – VI ZR 194/93, VersR 1994, 104 f.; *Jahnke* NJW-Spezial 2009, 601.

229 Im Gegensatz zu *BGH* v. 29.09.1987 – VI ZR 293/86, VersR 1988, 183 kann heutzutage nicht zwingend davon ausgegangen werden, dass der Verletzte der Kirchensteuerpflicht unterlag. Dieser Nachweis ist daher von ihm zu führen.

230 *BGH* v. 10.02.1987 – VI ZR 17/86, VersR 1987, 668; v. 21.11.1991 – VII ZR 4/90, NJW-RR 1992, 411.

231 BFHE 1984, 258; *BGH* v. 23.01.1979 – VI ZR 4/77, VersR 1979, 519; *BGH* v. 10.02.1987 – VI ZR 17/86, VersR 1987, 668.

232 *BGH* v. 30.05.1958 – VI ZR 90/57, VersR 1958, 528; *BGH* v. 10.11.1987 – VI ZR 290/86, VersR 1988, 464.

grundsätzlich von der Bundesanstalt für Arbeit – also auch für den Zeitraum, der auf die »Entgeltfortzahlung« entfällt (sechs Wochen) – getragen. Nach den ersten sechs Wochen ist der Arbeitslose beitragsfrei krankenversichert.

81 Der Rentenversicherer (DRV oder Bundesknappschaft) regressiert die entgangenen Beiträge, sodass bei 100 %iger Eintrittspflicht des Schädigers ein Rentenschaden nicht verbleiben kann, da die Beiträge aus dem Entgelt vor dem Unfall regressiert werden.

### 13. Erwerbsschaden und Verletztenrente

82 Wenn der Verletzte wieder arbeitet, aber unfallbedingt einen Minderverdienst erleidet und zur gleichen Zeit wegen der unfallbedingten Verletzungen eine Verletztenrente von der Berufsgenossenschaft erhält, ist diese im Wege des Vorteilsausgleichs auf den Minderverdienst anzurechnen. Zu beachten ist, dass die Verletztenrente auch den beruflichen Entwicklungsmöglichkeiten angepasst werden kann.[233] Ein möglicher Anspruch auf Ersatz des Minderverdienstes geht dann auf die Berufsgenossenschaft über.

### 14. Grenzen der Erstattungsfähigkeit des Verdienstschadens

83 Auch der Lebenslauf des Verletzten spielt bei der Erstattung des Verdienstschadens eine Rolle. War beispielsweise der Verletzte vor dem Unfall auch nur unregelmäßig beschäftigt, kann eine volle Erstattung des Verdienstschadens nicht verlangt werden.[234] In diesen Fällen ist auch von einem früheren Renteneintritt auszugehen.[235] Auch bei dem Verletzten, der vor dem Unfall einer Erwerbstätigkeit nachging, können sich Veränderungen beispielsweise dadurch ergeben, dass sein Arbeitgeber in Konkurs geht, oder die Firma schließt und sein Arbeitsplatz dadurch wegfällt.[236] Wenn der Verletzte dann in der Region nur unter Gehaltseinbußen einen neuen Arbeitsplatz gefunden hat oder hätte finden können, ist die Erstattung des Verdienstschadens ggf. der Höhe nach beschränkt.

## II. Erwerbsschaden als Angestellter/Arbeiter

### 1. Vorübergehende Erwerbsunfähigkeit

84 Der unselbstständig tätige (Arbeiter oder Angestellte)[237] erhält grundsätzlich nach § 3 EntgFG im Krankheitsfalle für längsten 42 Tage (sechs Wochen) Entgeltfortzahlung wegen derselben Krankheit innerhalb eines Kalenderjahres nach den Grundregeln des § 4 EntgFG, dieses entspricht in aller Regel dem Brutto-Lohn. Abweichungen können sich nur bei Schichtzeiten ergeben. In diesen ersten sechs Wochen der Arbeitsunfähigkeit hat der Verletzte daher keinen Schaden. Tritt Arbeitsfähigkeit innerhalb dieser Zeit ein, entfällt der Verdienstschaden, erst nach Überschreiten dieses Zeitraumes kann der Verletzte einen Verdienstschaden, der in der Differenz zwischen Kranken- oder Verletztengeld und Netto-Einkommen liegt, erleiden. Hierbei sind jedoch die ersparten berufsbedingten Aufwendungen entsprechend zu berücksichtigen.

85 Der Nachweis der Erwerbsunfähigkeit ist durch Sachverständige zu erbringen, diese Fragestellungen sind dem Zeugenbeweis entzogen.[238] Allein die Vorlage von Arbeitsunfähigkeitsbescheinigungen reicht zum Nachweis nicht aus.[239]

---

233 Vgl. hierzu auch *BayLSG* (L 17 U 13/02) v. 04.12.2003 (Juris).

234 *BGH* v. 17.01.1995 – VI ZR 62/94, NZV 1995, 183 = VersR 1995, 422; *OLG Hamm*, VersR 2002, 732 (Kürzung um 40 %); *OLG Frankfurt/M.* VersR 1979, 920.

235 *OLG Hamm* SP 2000, 194.

236 *OLG Karlsruhe* r+s 1989, 358.

237 Auch ein vermeintlich selbstständiger Handelsvertreter kann dann als Arbeitnehmer bewertet werden, wenn das Einkommen der letzten sechs Monate durchschnittlich 1 000 € betragen hat, *BGH* v. 12.02.2008 – VIII ZB 51/06, r+s 2008, 311 f.

238 *OLG Frankfurt a. M.* v. 23.02.2021 – 14 U 231/18.

239 *OLG Dresden* v. 31.05.2016 – 4 U 980/14.

### 2. Dauerhafte Erwerbsunfähigkeit

Wenn der Verletzte infolge des Unfalles auf Dauer ganz oder teilweise erwerbsunfähig ist, erhält er von dem Träger der Rentenversicherung eine Erwerbsunfähigkeitsrente. Diese ist deutlich geringer als das Netto-Einkommen, sodass auf Dauer[240] ein erstattungsfähiger Verdienstschaden gegeben sein kann. Hierbei sind ebenfalls die ersparten berufsbedingten Aufwendungen in Abzug zu bringen. 86

Da es zwei Möglichkeiten von Erwerbsunfähigkeitsrente gibt, muss differenziert werden: Erleidet der Verletzte eine Minderung der Erwerbsfähigkeit auf Dauer, die seine Leistungsfähigkeit derart einschränkt, dass er nicht mehr vollschichtig tätig sein kann, erhält er eine Rente wegen teilweiser Erwerbsminderung, er ist dann gehalten, seine verbleibende Arbeitskraft schadenmindernd einzusetzen. Nicht erzielte Einkünfte können dann wegen Verstoßes gegen die Schadengeringhaltungspflicht schadenmindernd gegengerechnet werden. Geht der Verletzte weiter einer Erwerbstätigkeit nach, hat er weiter berufsbedingte Aufwendungen, wie Fahrtkosten etc., sodass ein Abzug insoweit unzulässig ist. 87

### 3. Erwerbsunfähigkeitsrente und Verletztenrente

Hat der AS einen Arbeitswege- oder Arbeitsunfall erlitten, erhält er neben der Erwerbsunfähigkeitsrente auch eine Verletztenrente der Berufsgenossenschaft (abhängig von der MdE[241] auf Dauer), so dass bei einer MdE von 100 % auf keinen Fall ein Verdienstschaden bleibt. In aller Regel erhält der AS bei Zusammentreffen der beiden Rentenformen mindestens 130 % seines Nettoeinkommens. Auch wenn er nur eine teilweise Erwerbsminderung vorliegt, und die Verletztenrente nur entsprechend gekürzt ausgezahlt wird, sollte der Minderverdienst – wenn überhaupt – nur gering ausfallen. 88

## III. Erwerbsschaden als Beamter oder Soldat

Der Verdienstschaden des Beamten ist nur in Ausnahmefällen zu bejahen, da er nach dem Alimentationsprinzip unterhalten wird. Ist der Beamte aufgrund der Unfallverletzungen nur vorübergehend (wobei dieser Begriff durchaus dehnbar ist) nicht mehr in der Lage, seinen Dienstverpflichtungen nachzukommen, zahlt der Dienstherr die Bezüge trotzdem weiter. Ein Ersatzanspruch des Beamten besteht somit nicht. 89

Ein Schaden kann nur dann in der Person des Beamten entstehen, wenn er auf absehbare Zeit nicht dienstfähig werden wird und deshalb in den einstweiligen oder vorzeitigen (endgültigen) Ruhestand versetzt wird. Eine Ausnahme besteht nur, wenn es sich um Beamte im Schichtdienst (Polizei) oder um Soldaten mit Auslandseinsätzen handelt. Dort kann das Gehalt durchaus variieren.[242] 90

### 1. Versetzung in den Ruhestand

Wird ein Beamter wegen der Unfallfolgen vorzeitig in den Ruhestand versetzt, erhält er Versorgungsbezüge. Sie betragen nicht mehr als 75 % der Dienstbezüge, sodass ein Einkommensverlust verbleiben kann. Auch hier sind die ersparten berufsbedingten Eigenaufwendungen anspruchsmindernd zu berücksichtigen. 91

Bei der Berechnung werden zunächst die fiktiven Nettodienstbezüge ermittelt. Die Differenz zwischen tatsächlichen und fiktiven Nettodienstbezügen ist auszugleichen. Zusätzlich hat der Schädiger die aufgrund der Entschädigungsleistungen abzuführenden Steuern zu erstatten. 92

»Bei vorzeitiger Pensionierung eines Beamten nach einem Unfall kann die von der zuständigen Verwaltungsbehörde getroffene Entscheidung über die Dienstunfähigkeit – mit Ausnahme reiner Willkür – nicht von den ordentlichen Gerichten auf ihre Berechtigung nachgeprüft werden; ob jedoch die wegen Dienst-

240 Bis zum Erreichen der Altersrente, *BGH* v. 30.05.1989 – VI ZR 193/88, VersR 1989, 855 f.
241 Minderung der Erwerbsfähigkeit.
242 *BGH* v. 27.10.2015 – VI ZR 183/15, VersR 2015, 1569 f.

unfähigkeit ausgesprochene Pensionierung eine adäquate Unfallfolge war, ist durch die Verwaltungsentscheidung nicht bindend festgestellt. Sollte der Schädiger Anhaltspunkte für eine Pensionierung haben, die nicht eine adäquate Unfallfolge darstellt, so kann er für die Klärung dieser Frage die Zivilgerichte in Anspruch nehmen. Wird z.B. anlässlich des Unfalles eine bis dahin verborgene Krankheit entdeckt und der Verletzte deshalb früher in den Ruhestand versetzt, als es sonst geschehen wäre, so ist der daraus dem Verletzten entstehende Schaden nicht zu ersetzen.«[243]

93 Im Gegensatz zu dieser Entscheidung steht eine aktuelle Entscheidung des BGH,[244] die die Bindungswirkung des Verwaltungsaktes der Versetzung in den Ruhestand auf den Zeitraum der adäquaten Unfallfolge beschränkt. Eine solche Entscheidung wirkt nicht gegenüber denjenigen, die an dem Verfahren nicht beteiligt waren und denen kein rechtliches Gehör gewährt wurde. Eine Bindungswirkung im späteren Schadenersatzprozess entfällt daher. Könnte ein dienstunfähiger Beamter bei anderweitiger Verwendung Dienstfähigkeit erlange, ist eine zwangsweise Ruhestandsversetzung rechtswidrig.[245] Für die Berufsunfähigkeitsversicherung wurde jetzt entschieden, dass die Versetzung in den Ruhestand jedenfalls nicht bedeutet, dass der Beamte tatsächlich vollständig berufsunfähig ist,[246] schadenersatzrechtlich bedeutet dies, dass das Restleistungsvermögen anzurechnen ist.

Erhält der Beamte infolge des Unfalles beamtenrechtliche »Unfallausgleichszahlungen« sind diese nicht kongruent dem zivilrechtlichen Schadensersatzanspruch des Beamten, da diese lediglich pauschalierter Ersatz möglicher unfallbedingter Mehraufwendungen sind, die im konkreten Fall nicht unfallbedingt nachgewiesen werden konnten.[247] Soweit bei dem Beamten eine Mehrung der Bedürfnisse besteht, kann ein Anspruchsübergang erfolgen.

## 2. Schadenminderungspflicht

94 Bei einem Beamten ist bei einer vorzeitigen Pensionierung nicht von vornherein Erwerbsunfähigkeit zu unterstellen. Aufgrund seiner Schadenminderungspflicht ist der Beamte deshalb gegenüber dem Schädiger – nicht gegenüber dem Dienstherrn – verpflichtet, seine verbliebene Arbeitskraft einzusetzen. Unterlässt er dies, sind die entgangenen Bezüge um die erzielbaren Einkünfte zu kürzen. Ebenso ist der Dienstherr verpflichtet, eine anderweitige Verwendung des Beamten in der Behörde zu prüfen und ggf. eine Versetzung einzuleiten. Wird ein Beamter in den Ruhestand versetzt, ohne vorab eine anderweitige Verwendung des Beamten innerhalb der Behörde zu prüfen, ist diese Versetzung rechtswidrig.[248]

95 Aufgrund des Quotenvorrechtes[249] ist der Abzug jedoch zunächst beim Anspruch des Dienstherrn vorzunehmen und nur der Teil, der darüber hinausgeht, beim Anspruch des Beamten selbst.[250] Für eine Verletzung der Schadenminderungspflicht ist der Schädiger beweispflichtig. Jedoch muss der Beamte darlegen, welche Bemühung er unternommen hat, einen Arbeitsplatz zu finden.[251] Hierfür genügt es nicht, sich arbeitssuchend zu melden, vielmehr muss er selbst Stellenanzeigen aufgeben und sich auf Anzeigen bewerben.

96 Erst wenn diese Bemühungen nicht zum Erfolg führen, muss der Schädiger nachweisen, dass der Beamte bestimmte Einkünfte hätte erzielen können.

---

243 *BGH* v. 07.06.1968 – VI ZR 1/67, VersR 1968, 800; zur Vertiefung dieses Themas vgl. ggf. die Entscheidung des *OLG Frankfurt* v. 22.10.1992 = NZV 1993, 471.

244 *BGH* v. 16.03.2021 – VI ZR 773/20.

245 *VGH Bayern* v. 26.09.2019 – 3 BV 2302/17.

246 *BGH* v. 31.05.2023 – IV ZR 58/22.

247 *BGH* v. 17.11.2009 – VI ZR 58/08; *Diederichsen* DAR 2010, 301, 306.

248 *OVG Rheinland-Pfalz* v. 24.08.2020 – 2 A 10143/20; *VGH Bayern* v. 26.09.2016 – 3 BV 2302/17.

249 *BGH* v. 06.10.2022 – VI ZR 377/21 zum Quotenvorrecht des Beamten.

250 *BGH* v. 24.02.1983 – VI ZR 59/81, VersR 1983, 488.

251 *BGH* v. 23.01.1979 – VI ZR 103/78, VersR 1979, 424.

### 3. Quotenvorrecht des Beamten

Der Schädiger hat selbstverständlich auch beim Ersatzanspruch nur den Schadensanteil zu erstatten, der seinem Haftungsanteil entspricht. Nach § 76 S. 3 BBG darf der übergegangene Anspruch jedoch nicht zum Nachteil des Beamten geltend gemacht werden, sodass dieser ein Quotenvorrecht hat. Es geht nur der Anteil des Ersatzanspruches über, der nicht zur Deckung des beim Beamten verbliebenen Schadens benötigt wird. 97

Hierzu folgendes Beispiel: 98

Den Finanzbeamten Müller trifft ein Mitverschulden an dem Unfall in Höhe von 50 %, die Versetzung in den Ruhestand war unfallbedingt erforderlich. Wie sind die Entschädigungsleistungen im Schadenfall zu verteilen?

Tab. 1 99

| | | |
|---|---|---|
| Bruttobezüge vor dem Unfall | | 3000,00 € |
| Nettobezüge vor dem Unfall | | 2500,00 € |
| | | |
| Versorgungsbezüge = 75 % der Dienstbezüge | brutto | 2250,00 € |
| davon erhält der Beamte | netto | 2000,00 € |
| | | |
| Nettobezüge vor dem Ruhestand | | 2500,00 € |
| Nettobezüge im Ruhestand | | 2000,00 € |
| Verdienstschaden des Beamten | | 500,00 €. |

Der Beamte erhält bei 100 % Haftung insgesamt (Rentenzahlung des Landes und Direktschaden des verletzten Beamten) 2500,00 €. 100

Tab. 2 101

| | | |
|---|---|---|
| Aufgrund der Mithaftung beschränkt sich die maximale Entschädigung auf 50 % des erstattungsfähigen Schadens bei 100 %iger Haftung | | 1250,00 € |
| Der Beamte erhält aufgrund des Quotenvorrechtes (Differenz zwischen Nettobezugen und Netto-Pension) | | 500,00 € |
| Der Dienstherr erhält somit nur noch die Differenz | | 750,00 € |

## IV. Erwerbsschaden als Angestellter im öffentlichen Dienst

Der im öffentlichen Dienst tätige Verletzte hat die gleichen Rechte, wie der sonstige abhängig beschäftigte Verletzte auf Erstattung seines Verdienstschadens. Die Besonderheit besteht allein darin, dass der Angestellte im öffentlichen Dienst – abhängig von der Dauer der Betriebszugehörigkeit – bis zu sechs Monate durch die Tarifverträge im öffentlichen Dienst Entgeltfortzahlung erhält. Diese Regelung verlängert aber nicht den Zeitraum der Krankengeldzahlung. Die Zeit des Krankengeldbezuges verkürzt sich dann entsprechend. 102

## V. Erwerbsschaden als Auszubildender, Schüler oder Student

Bei verletzten Kindern, Schülern, Auszubildenden oder Studenten ist ein Erwerbsschaden in aller Regel nicht unmittelbar gegeben. Allerdings besteht die Möglichkeit, dass aufgrund der unfallbedingt erlittenen Verletzungen eine Verzögerung im Schulabschluss eintritt oder gar die Aufnahme 103 einer Erwerbstätigkeit vollständig unmöglich wird. Es ist eine Prognose abzugeben, wie das weitere berufliche Leben ohne den Unfall verlaufen wäre.[252]

### 1. Verspäteter Eintritt in das Erwerbsleben

104 Soweit der Verletzte wegen des Unfalles den Schulabschluss oder Studienabschluss nicht zum vorgegebenen Zeitpunkt ablegen kann, besteht die Möglichkeit, dass er einen Verdienstschaden erleidet, weil ihm ein Jahr (Schüler, Auszubildender) oder ein oder mehrere Semester (Student) Erwerbstätigkeit fehlen. Dabei sind der Soll-Verlauf und der Ist-Verlauf gegenüberzustellen. Der Verletzte muss nachweisen, dass er ohne den Unfall zum einen in der vorgegebenen Zeit den Abschluss erlangt hätte und außerdem unmittelbar nach dem Unfallereignis eine Ausbildungsstelle oder eine Arbeitsstelle erlangt hätte.[253] Hierbei kommen ihm aber Beweiserleichterungen zugute, der Verletzte muss nicht die genauen Tatsachen angeben, die zwingend auf das Bestehen und den Umfang eines Schadens schließen lassen.[254] §§ 252 BGB, 287 ZPO mindern die Darlegungslast,[255] ausreichend ist, wenn genügend Anhaltspunkte für eine Schadenschätzung erbracht werden.[256] Dabei sind ggf. auch die Umstände, die nach dem Unfallereignis eingetreten sind, heranzuziehen.[257] Erstattungsfähig sind dabei sowohl die entgangene Ausbildungsvergütung für die Zeit der Verzögerung wie der entgangene Arbeitslohn für diesen Zeitraum, der Minderverdienst wegen entgangener Einkommenssteigerungen wie auch Schwierigkeiten bei der Stellenfindung infolge veränderter Arbeitsmarktsituationen.[258]

### 2. Geändertes Berufsziel

105 Wenn der Geschädigte aufgrund des Unfalles seinen eigentlichen Ausbildungsweg wegen der unfallbedingt erlittenen Verletzungen nicht weiterverfolgen kann, ist ein möglicherweise daraus entstehender Schaden ebenfalls zu erstatten. Es gibt hier drei Möglichkeiten:

– Gleichwertiger Ausbildungsberuf
  Der Geschädigte wählt einen anderen Lehrberuf, der die gleichen Anforderungen stellt wie der ursprüngliche Beruf (hinsichtlich Schulausbildung) und gleiche Verdienste bietet. Es entsteht dem Geschädigten durch die veränderte Berufswahl kein Schaden, ausgenommen der evtl. daneben bestehende Verzögerungsschaden.
– Höherwertiger Ausbildungsberuf
  Aufgrund des Schadenfalls ergreift der Geschädigte statt des ursprünglich angestrebten Handwerksberufs eine höherwertige Ausbildung zum Techniker mit besseren Verdienstmöglichkeiten. Es verbleibt – abgesehen von dem Verzögerungsschaden – kein weiterer Schaden, da er sogar einen höheren Verdienst erzielt. Zu erstatten ist hier nur der Schaden, der während der Ausbildung bezogen auf den ursprünglichen Ausbildungsberuf entsteht. Zu beachten ist, dass nicht das Absolvieren eines Studiums geschuldet ist, wenn ursprünglich ein Lehrberuf angestrebt war. Entschließt sich der Geschädigte zu einem Studium, so ist hier ggf. eine vergleichsweise Erledigung sinnvoll.
– Geringwertigerer Ausbildungsberuf:
  Ist der Verletzte aber aufgrund der Unfallverletzungen gezwungen, eine geringwertigere Ausbildung einzuschlagen, ist ihm der daraus resultierende Minderverdienst zu erstatten.

252 *OLG Köln* v. 09.08.2013 – 19 U 137/09.
253 *KG* NZV 2006, 207 ff. zum Berufseintritt eines Studenten.
254 *BGH* 05.05.1970 – VI ZR 212/68, VersR 1968, 970.
255 *BAG* NJW 1972, 1437 f.; zu Beweismaß und Beweislast vgl. *Staab* in Meschkat/Nauert Rn. 247 ff. mit grundlegenden Hinweisen; *Geipel* Der Vollbeweis durch das Unwahrscheinliche? – Widerspruch, Logik oder die vergessene Lehre vom Individualanscheinsbeweis? – zfs 2007, 363 f.
256 *BGH* v. 15.03.1988 – VI ZR 81/87, NJW 1988, 3016, 3017; *BGH* v. 06.07.1993 – VI ZR 228/92, NJW 1993, 2673; *BGH* v. 17.02.1998 – VI ZR 342/96, NJW 1998, 1633, 1635.
257 *BGH* v. 16.03.2004 – VI ZR 138/03., NJW 2004, 1945, 1947.
258 Vgl. insoweit *Steffen* DAR 1984, 1 ff.; *Küppersbusch/Höher* a.a.O. Rn. 169.

### 3. Völlige Aufhebung der Erwerbsfähigkeit

Problematisch ist in aller Regel die Vorhersage einer durch den Unfall nun gar nicht mehr möglichen beruflichen Entwicklung. Der Verletzte muss grundsätzlich auch den möglichen Zukunftsschaden entsprechend den Anforderungen der §§ 252 BGB, 287 ZPO substantiiert darstellen.[259] Hierbei sind die bis dato vorhandenen schulischen Unterlagen heranzuziehen. Soweit diese den vom Verletzten angestrebten Berufswunsch als realistisch erscheinen lassen, kann ein entsprechender Anspruch geltend gemacht werden. Soweit beispielsweise aber eine Ausbildung, die ein Hochschulstudium erfordert, vorgetragen wird, muss sich der Verletzte ggf. auch an seinen schlechten Schulnoten messen lassen. 106

Sind Kinder im Vorschul- bzw. Grundschulalter verletzt worden, bereitet die Prognose häufig erhebliche Schwierigkeiten. Diesen Verletzten wird in Rechtsprechung und Literatur ein sog. Schätzbonus zugesprochen.[260] Eine Schätzung kann unter Bewertung des häuslichen Umfeldes (Ausbildung der Eltern und evtl. vorhandener Geschwister) vorgenommen werden.[261] So hat das *LG Münster* bei einer 9-jährigen Schülerin den Verlauf Realschule mit anschließender Ausbildung zur Industriekauffrau als möglichen Werdegang angenommen: 107

> »Als Indizien können das durchweg aus Nichtakademikern bestehende familiäre Umfeld der Verletzten herangezogen werden, sowie der Umstand, dass ihre schulisch gute Schwester einen Realschulabschluss und eine anschließende Ausbildung anstrebt und auch die Tatsache, dass die Verletzte selbst den Wunsch geäußert hat, einen nichtakademischen Beruf zu erlernen. Dem steht nicht entgegen, dass die Verletzte in der Grundschule eine gute Schülerin war, die auch den Anforderungen eines Gymnasiums gewachsen wäre…«[262]

Erleidet das verletzte Kind einen berufsgenossenschaftlich versicherten Unfall, wird der Träger der gesetzlichen Unfallversicherung die Prognose des weiteren Werdeganges berücksichtigen müssen und daran auch seine Erwerbsunfähigkeits- oder Erwerbsminderungsrente orientieren.[263] 108

## VI. Erwerbsschaden als Selbstständiger

### 1. Allgemeines

Gerade bei den Selbstständigen muss noch einmal verdeutlicht werden, dass nicht die Arbeitsunfähigkeit als solche einen ersatzfähigen Schaden darstellt, sondern die damit verbundene Vermögensbeeinträchtigung. Der Schaden verwirklicht sich durch eine Gewinnminderung[264] und kann nicht auf Basis einer fiktiven Ersatzkraft geltend gemacht werden.[265] Dabei ist der geschädigte Selbstständige gehalten, den Schädiger bei Ermittlung des zu erstattenden Schadens die geeigneten Unterlagen/Nachweise vorzulegen.[266] Er ist gehalten einen schlüssigen Vortrag der Ausgangs- und Anknüpfungstatsachen zu erbringen, damit eine hypothetische Prognose der unfallbedingt entgangenen Einnahmen möglich wird.[267] Dazu gehören u.a. eine Kalkulation der regelmäßigen Einnahmen, aber auch 109

259 *OLG Celle*, zfs 2008, 16 ff., lesenswert zur Frage der Anforderungen an die Möglichkeit.

260 *Freymann*, Der Erwerbsschaden bei Kindern und Jugendlichen, DAR Extra 2013, 752; *Scheffen* VersR 1990, 926 ff.; *OLG Karlsruhe* VersR 1989, 1101 (8 Jahre); *OLG Frankfurt* VersR 1989, 48 (7 Jahre); *OLG Stuttgart* VersR 1999, 630 (10 Jahre).

261 *BGH* v. 09.11.2010 – VI ZR 300/08.

262 *LG Münster* v. 10.06.2011 – 016 O 280/10: ADAJUR-Dok.-Nr. 95103.

263 LSG Bayern v. 18.06.2015 – L 2 U 440/11 auch zur Anpassung der Rentenzahlungen an die Entwicklung.

264 *Lutz* NJW-Spezial 2024, 521 f. auch zur Schadensermittlung.

265 *BGH* v. 31.03.1992 – VI ZR 143/91, VersR 1992, 973; *OLG Saarbrücken* VersR 2000, 985; *OLG Oldenburg* VersR 1998, 1285.

266 *BGH* v. 19.09.2017 – VI ZR 530/16 (Zahnarzt); *OLG Karlsruhe* v. 20.01.2014 – 1 U 33/13, SVR 2014, 433 f. Ein Zeitraum von mehreren Jahren ist für die Prognose erforderlich.

267 *OLG Schleswig*, Beschl. v. 20.06.2024 – 7 U 10/24; *OLG Celle* v. 09.09.2009 – 14 U 41/09.

der Ausgaben inkl. Steuerlasten.[268] Ohne solche wird eine Regulierung nicht möglich sein.[269] Eine Schätzung ist insoweit nicht zulässig.[270]

Besonderes Augenmerk sollte dabei denjenigen Geschädigten geschenkt werden, die zwar vorgeblich selbstständig sind, aber nur einen Auftraggeber[271] haben. Diese unterfallen häufig der Regelung über die »Scheinselbstständigkeit« und sind eigentlich sozialversicherungspflichtig tätig. Hierzu gibt es eine Vielzahl von sozialgerichtlichen Entscheidungen.[272] Von besonderer Bedeutung ist die Frage dann, wenn sich der Unfall auf einem berufsgenossenschaftlich versicherten Weg ereignete und der Geschädigte bei ordnungsgemäßer Anmeldung Anspruch auf Leistungen aus der gesetzlichen Unfallversicherung hätte. Zu beachten ist, dass der Arbeitgeber beweisbelastet ist, ob es sich um eine sozialversicherungsfreie oder – pflichtige Tätigkeit handelt[273]

## 2. Ermittlung des Schadens

110 Die Ermittlung der Gewinnminderung bereitet häufig Probleme und kann i.d.R. nicht ohne einen entsprechenden Sachverständigen festgestellt und nachgewiesen werden. Üblicherweise können zur Feststellung der Einbußen im Unternehmen des Verletzten die Bilanzen, die Umsatzsteuervoranmeldungen oder die Einkommensteuerbescheide der letzten drei Jahre vor dem Unfallereignis herangezogen werden,[274] auch um Prognosen zu erstellen.[275] Aus diesen kann bei kurzer Arbeitsunfähigkeit des Selbstständigen der entgangene Gewinn auch ohne zeitaufwendiges Sachverständigengutachten ermittelt werden. Durch die Betrachtung eines Zeitraumes von mehreren Jahren (ideal sind 5 Jahre) können sowohl die Entwicklung des Unternehmens wie auch die saisonalen und konjunkturellen Besonderheiten eines Unternehmens entsprechend berücksichtigt werden.[276]

111 Anhand dieser Unterlagen sollte die Entwicklung

Tab. 3

| | | | |
|---|---|---|---|
| – | des Umsatzes | = | Brutto-Entgelt für erwirtschafteten Lieferungen und Leistungen, |
| – | Rohgewinn | = | Umsatz abzüglich Aufwendungen für Roh-, Hilfs- und Betriebsstoffe sowie für bezogene Waren, |
| – | Kosten | = | fixe und variable Kosten, |

- die funktionelle und organisatorische Eingliederung des Verletzten im Betrieb sowie
- konkrete Behinderung des Geschädigten

ermittelt werden.

268 *OLG Schleswig*, Beschl. v. 20.06.2024 – 7 U 10/24.

269 Vgl. hierzu auch *Kendel* Maßnahmen zur Regulierung des Erwerbsschadens bei Selbstständigen und Freiberuflern zfs 2007, 372 ff.

270 *OLG München* v. 12.10.2018 – 10 U 1905/17.

271 *LSG Baden-Württemberg* v. 26.07.2016 – L 11 R 5180/13 (»selbstständiger Berater«).

272 *LSG Berlin-Brandenburg* v. 23.09.2020 – L 26 BA 5/20 (Logopädin als Honorarkraft); *LSG Hessen* v. 24.11.2016 – L 1 KR 57/16 (trotz eigenem Kfz bei Weisungsgebundenheit und Eingliederung im Betrieb nicht selbstständig!), *LSG Baden-Württemberg*, v. 20.10.2015 – L 11 R 3898/14 (LKW-Fahrer ohne eigenen LKW); *LSG Baden-Württemberg*, 26.07.2016 – L 11 R 3845/15 (fehlt es an der Weisungsgebundenheit, kann trotz Eingliederung eine selbstständige Tätigkeit gegeben sein); *LSG Baden-Württemberg*, 27.07.2016 – L 5 R 2554/15 (Kriterien für die Selbstständigkeit eines Fitness-Trainers);.

273 *SG Leipzig* v. 06.10.2020 – S 8 BA 5/19 (Betriebsprüfung).

274 *Ruhkopf-Book* VersR 1970, 690 und VersR 1972, 114.

275 *BGH* v. 30.06.2010 – IV ZR 163/09, VersR 2010, 1171 f.; *BGH* v. 27.10.1998 – VI ZR 322/97, VersR 1999, 106 f.; *BGH* v. 16.01.1985 – IVb ZR 59/83, NJW 1985, 909.

276 *BGH* v. 15.07.1997 – VI ZR 208/96, VersR 1997, 1154.

Es ist zu prüfen, ob nicht die entgangenen Aufträge nachgeholt wurden/werden können.[277] Auch bei Bauingenieuren gilt dies, es kommt zur Bewertung des Ausfallschadens nicht darauf an, welche Leistungen er nach der HOAI nicht erbringen kann.[278]

Diese Auswertung der Unterlagen hinsichtlich der oben genannten Entwicklungen und die Schätzung des entgangenen Gewinnes sind in der Regel einem Steuerfachmann, Betriebs- oder Volkswirt zu überlassen. Dabei stellt das Netto-Einkommen eines Selbstständigen immer der Betrag dar, der dem Selbstständigen nach Abzug der Betriebskosten,[279] Abgaben und Steuern verbleibt.[280] Im Rahmen der §§ 252 BGB, 287 ZPO kann bei unrentabler Arbeit des Betriebes unterstellt werden, dass der Geschädigte Arbeitnehmer geworden wäre und ihm daher zumindest ein Arbeitnehmereinkommen entgangen ist.[281] Dies dürfte zumindest bei jungen Geschädigten auch heute möglich sein.

Problematisch ist die Ermittlung von Gewinneinbußen bei neu gegründeten Unternehmen, da dort 112
noch keine zuverlässigen Daten über die Umsätze vorliegen. Hier kommen dem Geschädigten die Beweiserleichterungen des § 287 ZPO besonders zugute.[282] Gerade bei kurzer Arbeitsunfähigkeit ist der Steuerbescheid nicht aussagekräftig, da er keine Auskunft über einzelne Zeiträume geben kann, sondern immer nur über das komplette Jahr. Es sind daher an die Beweisführung besondere Anforderungen zu stellen.[283]

Bei länger andauernder Arbeitsunfähigkeit oder gar dauerhafter Einschränkung oder Aufhebung der 113
Erwerbsfähigkeit wird zur Schadenermittlung ein Sachverständiger unerlässlich sein.

Der Verletzte muss sich ebenfalls schadenmindernd verhalten und alles tun, um die Gewinnmin- 114
derung so gering wie möglich zu halten.[284] Anders als der abhängig Beschäftigte hat der Selbstständige ein besonderes Interesse an der Aufrechterhaltung seines Betriebes. Er muss sich daher wie ein wirtschaftlich vernünftig denkender Kaufmann verhalten. Er kann den Schaden durch verschiedene Maßnahmen geringhalten. Soweit durch betriebliche Umorganisation[285] ein Schadeneintritt nicht vermieden werden konnte, kommen verschiedene weitere Möglichkeiten in Betracht.

Arbeitete der Betrieb schon vor dem Unfall nicht rentabel, soll nach Auffassung des *BGH*[286] unter- 115
stellt werden, dass der geschädigte Unternehmer mindestens einen Angestelltenvertrag mit den entsprechenden Einkünften erzielt hätte. Dies trifft m.E. die heutige wirtschaftliche Lage insbesondere bei älteren Verletzten nicht. Die Einstellungschancen sind dann mehr als schlecht, sodass nicht ohne weiteres von solchen Prämissen ausgegangen werden kann. Diese Annahme kann bestenfalls bei einem jüngeren Verletzten die Basis für die weiteren Prognosen sein.[287]

---

277 *BGH* v. 15.07.1997 – VI ZR 208/96, VersR 1971, 544.

278 *LG Hannover* v. 28.08.2012 – 14 = 341/06 (Jurion.).

279 Der Geschädigte ist verpflichtet, auch hinsichtlich der ggf. ersparten Aufwendungen konkrete Angaben zu machen, *OLG München* v. 08.07.2016 – 10 U 3138/15.

280 *OLG Dresden* v. 28.11.2013 – 7 U 26/13 (n. rskr.); VersR 2014, 364; *Horak*, der Verdienstausfall des Selbständigen, DAR Extra 2013, 762 ff.

281 *BGH* v. 01.10.1957 – VI ZR 214/56, VersR 1957, 750.

282 *BGH* v. 06.07.1993 – VI ZR 228/92, VersR 1993, 1284; *BGH* v. 16.03.2004 – VI ZR 138/03, SVR 2004, 379; *OLG Hamm* NZV 1994, 109; *OLG Karlsruhe* VersR 1998, 1256; Zu Beweismaß und Beweislast vgl. *Staab* in Meschkat/Nauert Rn. 247 ff. mit grundlegenden Hinweisen, *Geipel* Der Vollbeweis durch das Unwahrscheinliche? – Widerspruch, Logik oder die vergessene Lehre vom Individualanscheinsbeweis? – zfs 2007, 363 f.

283 *LG Köln* SP 2010, 430.

284 Zur Schadenminderungspflicht bei Beschäftigung eines Rechtsanwaltes auf Stundenhonorarbasis bei 6-wöchigem Ausfall des Inhabers der Kanzlei vgl. *LG Regensburg* SVR 2008, 305 f.

285 *OLG Koblenz* VersR 1991, 194.

286 *BGH* v. 01.10.1957 – VI ZR 214/56, VersR 1957, 750.

287 *BGH* v. 03.03.1998 – VI ZR 385/96, VersR 1998, 772.

### 3. Einstellung einer Ersatzkraft

116 Die Kosten der Ersatzkraft können dann als Mindestschaden erstattungsfähig sein, wenn der Verletzte tatsächlich eine Ersatzkraft eingestellt hat, die Rechtsprechung unterstellt, dass das Betriebsergebnis mindestens das durch die Ersatzkraft erwirtschaftete Ergebnis erreicht hätte.[288] Der verletzte Unternehmer stellt eine Ersatzkraft für die Dauer seiner Arbeitsunfähigkeit ein, um das Unternehmen fortzuführen und den Schaden gering zu halten.[289] Erforderlich ist allerdings, dass der Gewinnentgang dadurch verringert oder vermieden wird.[290] Die Kosten für die Ersatzkraft können nur eingeschränkt ersetzt verlangt werden, da der Anspruch auch in diesem Fall auf die Gewinnminderung beschränkt ist. Bei kürzerer Arbeitsunfähigkeit können allerdings die Kosten der Ersatzkraft – ggf. um einen pauschalen Abzug für den durch diesen erwirtschafteten Umsatz und die durch die Kosten der Ersatzkraft ersparten Steuern[291] gekürzt erstattet werden. Im Fall der längeren Arbeitsunfähigkeit sollte diese Schadensersatzposition durch einen Sachverständigen ermittelt werden. Es ist dabei auch zu klären, ob diese Ersatzkraft nicht auch ohne den Unfall eingestellt worden wäre. Soweit die Ersatzkraft – weil Familienmitglied oder Mitglied einer Sozietät – unentgeltlich tätig wird, darf dies den Schädiger nicht entlasten, sodass in diesem Fall die Kosten einer Ersatzkraft auf Basis des Netto-Lohnes (also nach Abzug von Steuern und Sozialabgaben) zur Schätzgrundlage gemacht werden können.[292] Soweit die Mehrarbeit durch Überstunden der verbleibenden Mitarbeiter kompensiert wird, schmälert deren Überstundenabgeltung durch höhere Personalkosten den Ertrag und wird in diesem Rahmen in der Form der Gewinnminderung dem Schadensersatz zugeführt. Ein weiterer Anspruch auf Erstattung der gezahlten Überstundenvergütungen erfolgt daher nicht.[293]

### 4. Fiktive Einstellung einer Ersatzkraft

117 Ein Anspruch auf Abrechnung der Kosten für eine fiktive Ersatzkraft besteht nicht.[294] Ergeben sich jedoch Probleme bei der Ermittlung des Gewinnausfalls, insbesondere bei kleinen Handwerksbetrieben, in denen der Verletzte voll mitarbeitet, kann es sich anbieten, zur Vereinfachung der Abrechnung für kurze Zeiträume den Lohn einer Ersatzkraft w.o. anzusetzen.

### 5. Besonderheit landwirtschaftliche Betriebe

118 In der Landwirtschaft wird bei Verletzung und Ausfall eines Landwirtes ein Betriebshelfer von der Landwirtschaftlichen Krankenkasse gestellt.[295] Damit kann in diesen Betrieben ein Umsatzausfall, der einen Gewinnentgang nach sich zöge, nur eingeschränkt entstehen. Der Anspruch auf Ersatz der Kosten der Ersatzkraft geht auf die Landwirtschaftliche Krankenkasse über. Sie kann die Ansprüche auf Ersatz der Kosten nur geltend machen, soweit ein Gewinnentgang entstanden ist oder durch die Ersatzkraft vermieden wurde.

### 6. Reduzierte Weiterführung des Betriebes

119 Auch der Mindergewinn durch nur eingeschränkte Weiterführung des Betriebes ist zu erstatten. Hier sind ebenfalls saisonale wie konjunkturelle Besonderheiten zu berücksichtigen.

288 *BGH* v. 10.12.1996 – VI ZR 268/95, NJW 1997, 941; Palandt/*Grüneberg* § 252 Rn. 14.
289 *OLG Koblenz* VersR 1991, 194 (der Geschädigte ist hierzu verpflichtet).
290 *BGH* v. 07.12.1993 – VI ZR 152/92, VersR 1994, 316 f.; *OLG Celle* r+s 2006, 42 f.
291 *Küppersbusch/Höher* a.a.O. Rn. 43.
292 Vgl. insoweit *OLG Oldenburg* NJW-RR 1993, 798, der Abschlag erfolgte, weil die Tätigkeit nicht sozialversicherungsrechtlich erfasst wird.
293 *OLG Saarbrücken* NZV 2007, 469 f.
294 *BGH* v. 31.03.1992 – VI ZR 143/91, VersR 1992, 973.
295 *SG Osnabrück* v. 03.12.2020 – S 19 U 191/19, allerdings erfolgen Leistungen auch nur für einen landwirtschaftlichen Betrieb (hier abgelehnt für Fleischerei) gem. §§ 54, 55 SGB VII.

### 7. Entgangener Auftrag

In Einzelfällen kann auch der Ersatz eines entgangenen Auftrages (z.B. bei Architekten) in Betracht kommen. Hierbei sind aber auch die zu erwartenden Mehrausgaben in Abzug zu bringen. Nicht das Auftragsvolumen (das dem Umsatz hinzugerechnet wird) sondern der entgangene Gewinn ist zu erstatten. Dabei sind allerdings hohe Anforderungen hinsichtlich des Nachweises zu stellen, da dort die Gefahr von Manipulationen besonders groß ist.[296] 120

### 8. Betriebsaufgabe

Soweit der Verletzte wegen der Unfallfolgen seinen Betrieb aufgeben musste, ist ihm der vollständige Gewinnentgang zu ersetzen. Hiervon abzuziehen sind aber die Erlöse aus der Verwertung seines Betriebs.[297] 121

### 9. Schadenminderungspflicht des Selbstständigen

Der Selbstständige ist ebenfalls zur Schadenminderung verpflichtet. Dies bedeutet, dass er von den oben dargestellten Möglichkeiten die wirtschaftlichste wählen muss und natürlich auch die ihm verbleibende Arbeitskraft schadenmindernd einsetzen muss. Dies kann auch bedeuten, dass er eine angestellte Tätigkeit aufnehmen muss, wenn diese leidensgerecht ist.[298] 122

### 10. Vorteilsausgleich

Im Wege des Vorteilsausgleichs muss sich der Selbstständige alles das anrechnen lassen, was er infolge des Unfalles an kongruenten (d.h. dem Erwerbsschaden entsprechenden Leistungen) von Sozialversicherungsträgern erhält. Dies können sein: Krankengeld der gesetzlichen Krankenkasse, das Verletztengeld[299] der Berufsgenossenschaft, das Übergangsgeld des Rentenversicherungsträgers, Arbeitslosengeld wie auch die Verletztenrente der Berufsgenossenschaft und die Erwerbsunfähigkeitsrente der DRV.[300] 123

### 11. Geschäftsführer einer GmbH

Der Geschäftsführer einer GmbH ist regelmäßig dort angestellt und erhält ein Gehalt,[301] sodass insoweit die Regeln wie bei den sonstigen abhängig Beschäftigten gelten. Erhält der Geschäftsführer neben seinem Gehalt noch Anteile am Umsatz, so gelten die gleichen Regeln wie bei dem Gesellschafter einer GmbH.[302] Der Gesellschafter-Geschäftsführer unterfallen nur dann nicht der Sozialversicherungspflicht, wenn sie 124

> »… mindestens 50 vH der Anteile am Stammkapital halten oder ihnen bei geringerer Kapitalbeteiligung nach dem Gesellschaftsvertrag eine »echte«/»qualifizierte« Sperrminorität eingeräumt ist. Eine

---

296 *OLG Düsseldorf* NJW-RR 1990, 608 f.; *KG* VersR 2004, 483; vgl. auch *BGH* v. 09.12.1987 – IVa ZR 155/86, NJW-RR 1988, 410 f. zur Substantiierung.

297 *OLG Saarbrücken* NZV 2007, 469 = zfs 2007, 325f für die vorzeitige Aufgabe einer Apotheke.

298 *OLG Celle* r+s 2006, 513.

299 Vgl. zum Übergang des Anspruchs auf die Berufsgenossenschaft *BGH* v. 23.02.2010 – VI ZR 331/08, r+s 2010, 217 ff.

300 *BGH* v. 05.02.1986 – VI ZR 229/84, VersR 1986, 698 (Sterbegeld); *BGH* v. 01.12.1981 – VI ZR 203/79, VersR 1982, 291 (EU-Rente des Selbstständigen), *BGH* v. 11.05.1976 – VI ZR 51/74, VersR 1976, 756 und *OLG Hamburg* SP 1998, 315 (für Träger der Krankenkassen); *OLG Oldenburg* zfs 1996, 332 (Übergang der Leistungen Berufsgenossenschaft); *OLG Hamm* r+s 2002, 505.

301 *OLG München* v. 15.09.2017 – 10 U 739/16, er erleidet im Falle der Gehaltsfortzahlung keinen Schaden.

302 Zum allein vertretungsberechtigten Geschäftsführer einer GmbH vgl. *LG Aachen* v. 19.01.2012 – 2 S 380/11, SP 2012, 147, EntgFG ist nicht anwendbar.

»echte«/»qualifizierte« Sperrminorität setzt danach voraus, dass sie nicht auf bestimmte Angelegenheiten der Gesellschaft begrenzt ist, sondern uneingeschränkt die gesamte Unternehmenstätigkeit umfasst.«[303]

## 12. Gesellschafter

125 Der Gesellschafter einer GmbH kann Ansprüche geltend machen wegen der unfallbedingten Schmälerung seines Gewinnanteils,[304] wenn die Gesellschaft Gewinn erwirtschaftete, bzw. seiner Beteiligung am Kapitalkonto, wenn die Gesellschaft keinen Gewinn erzielte.[305] Diese Pflicht trifft auch den Geschäftsführer, der Alleingesellschafter einer GmbH ist.[306]

126 Erstattungsfähig sind daneben bei einer juristischen Person mit mehreren Gesellschaftern:
- Verminderung der Gewinnbeteiligung (aufgrund einer nach dem Unfall getroffenen Vereinbarung)[307]
- echte Tätigkeitsvergütung (bei Fortzahlung dieser durch die Gesellschaft muss der Geschädigte den Anspruch an die Gesellschaft abtreten), der Gesellschafter ist dann wie jeder sonstige Angestellte zu behandeln, sofern es sich nicht um verdeckte Gewinnausschüttungen handelt (die steuerliche Bewertung kann dabei ein Indiz für die Einordnung als Tätigkeitsvergütung oder versteckte Gewinnausschüttung sein)
- Kosten für Ersatzkraft (Nachweis!)

127 Nicht erstattungsfähig sind bei einer juristischen Person mit mehreren Gesellschaftern
- Mehrarbeit der anderen Gesellschafter
- sog. »unechte« Tätigkeitsvergütung, die die Gesellschaft als verdeckte Gewinnausschüttung nutzt[308]
- Ein Gesellschafter, der lediglich sein Kapital zur Verfügung stellt und keine weitere Tätigkeit für die Gesellschaft entrichtet, kann durch seinen unfallbedingten Ausfall keinen Erwerbsschaden erleiden.
- Schäden der Gesellschaft (auch der GbR) und von anderen Gesellschaftern dieser Gesellschaft sind mittelbare Schäden und als solche nicht zu erstatten.[309]

128 Zum Nachweis sind die Gesellschafterverträge und die nach dem Unfall getroffenen Vereinbarungen vorzulegen.[310]

## 13. Ein-Mann-GmbH bzw. Ich-AG

129 Die Besonderheit besteht hier darin, dass der Geschäftsführer der GmbH auch durch den Schaden am Vermögen der Gesellschaft alleine getroffen wird. Grundsätzlich ist das aus der GmbH gezahlte Gehalt erstattungsfähig, ohne dass ein Nachweis des Gewinnausfalls erfolgen muss.[311] Hier ist daher neben dem Anspruch auf Ersatz des entgangenen Gehaltes (soweit ein solches tatsächlich gezahlt wurde[312] und nicht »Privatentnahmen« zur Sicherung des persönlichen Bedarfes getätigt wurden) der Gewinnentgang der GmbH zu erstatten.[313]

---

303 *BSG*, 19.06.2019 – B 12 KR 4/19; *LSG Baden-Württemberg* v. 17.10.2019 – L 7 BA 704/18.
304 *BGH* v. 06.10.1964 – VI ZR 156/63, VersR 1964, 1243.
305 *BGH* v. 03.04.1962 – VI ZR 162/61, VersR 1962, 622.
306 *OLG Jena*, Beschl. v. 17.05.2022 – 7 U 1262/21.
307 Vgl. insbesondere *Küppersbusch/Höher* a.a.O. Rn. 154 ff. m.w.N.
308 *BGH* VersR 1977, 863; VersR 1992, 1410.
309 Vgl. hierzu *OLG Koblenz* v. 28.11.2011 – 5 U 547/11, VersR 2012, 533; *BGH* v. 21.11.2000 – VI ZR 231/99, VersR 2001, 649; *BGH* v. 07.12.1993 – VI ZR 152/92, VersR 1994, 316.
310 *BGH* v. 31.03.1992 – VI ZR 143/91 – VersR 1992, 973 und *BGH* v. 16.06.1992 – VI ZR 264/91, VersR 1992, 1410.
311 *OLG Bamberg* v. 28.03.2023 – 5 U 122/22 m.w.H. zu frustrierten Aufwendungen.
312 *OLG Hamm* zfs 1996, 11.
313 *BGH* v. 13.11.1973 – VI ZR 53/72, VersR 1974, 335; *BGH* v. 05.07.1977 – VI ZR 44/75, VersR 1977, 863; *BGH* v. 08.02.1977 – VI ZR 249/74, VersR 1977, 374.

Erstattungsfähig sind ggf. auch die Kosten einer Ersatzkraft (nicht fiktiv). 130

## 14. Scheinselbstständige nach § 7 Abs. 4 SGB IV

Im Zuge der Auslagerung von Arbeitskräften in die Selbstständigkeit und Beschäftigung dieser Mitarbeiter als freie Mitarbeiter[314] ohne Anspruch auf Sozialleistungen wurden die Regeln über die Scheinselbstständigkeit[315] entwickelt. Diese sind auch im Schadensersatzrecht zu prüfen, da der Verletzte, wenn er unter die Regeln der Scheinselbstständigkeit fällt, gegen seinen Arbeitgeber die gleichen Ansprüche hat, wie ein abhängig Beschäftigter. Die Frage, ob eine Scheinselbstständigkeit[316] vorliegt, orientiert sich dabei gem. § 7 Abs. 1 S. 2 SGB IV an folgenden Punkten: 131

- Der Mitarbeiter führt weisungsgebundene Tätigkeiten aus.[317]
- Er führt die Arbeiten generell in den Räumlichkeiten des Auftraggebers durch.[318]
- Er ist in eine Arbeitsorganisation eingegliedert.
- Sonderfall Fitnesstrainer: ist dieser zwar als »freier Mitarbeiter« gegen Rechnungsstellung und ohne Urlaubs- oder Entgeltfortzahlungsanspruch im Krankheitsfall tätig, kann eine selbständige Tätigkeit nicht angenommen werden, wenn der Kundenkreis sich ausschließlich aus den Mitgliedern des Studios ergibt.[319]
- Dagegen spricht ein relativ hohes Honorar einer Honorarkraft, das die Eigenvorsorge ermöglicht, für eine selbstständige Tätigkeit derselben.[320]

Wesentliche Personenkreise, die von der Scheinselbstständigkeit betroffen werden, sind Kurierfahrer, Auslieferungsfahrer, ggf. auch Handwerker und Programmierer, aber auch Franchisenehmer.[321] 132

Zuständig für die Klärung der Frage, ob eine Scheinselbstständigkeit vorliegt, ist im Rahmen eines Anfrageverfahrens[322] gem. § 7a SGB IV ausschließlich der DRV-Bund. Anfrageberechtigt sind die Beteiligten, freier Mitarbeiter und Beschäftigungsstelle bzw. Auftraggeber. Allerdings können auch die äußeren Rahmenbedingungen zur Klärung dieser Frage herangezogen werden.[323] 133

Soweit die Annahme der Scheinselbstständigkeit bejaht wird, hat dies erhebliche Auswirkungen auch auf die Schadenregulierung: der Verletzte wird behandelt wie ein abhängig Beschäftigter, der in den Genuss sämtlicher Sozialleistungen kommt (gesetzliche Krankenversicherung, Unfallversicherung, u.U. auch wenn schon vorher oder unter Einrechnung der Tätigkeit als Scheinselbstständiger die Wartezeiten erfüllt sind – DRV in Form von Rentenleistungen). Unverständlicherweise weigern sich Geschädigte, dabei mitzuarbeiten, obwohl ihnen ein Schaden auf einem versicherten Weg den Schutz der Berufsgenossenschaft vermitteln könnte! 134

Auch bei erst späterer Feststellung der Scheinselbstständigkeit erfolgt der Forderungsübergang nach § 116 SGB X im Unfallzeitpunkt, es kann daher vom Schadensersatzverpflichteten wohl kaum eine 135

---

314 Streitigkeiten über die Beendigung eines solchen Arbeitsverhältnisses sind daher nicht vor den Zivilgerichten, sondern vor dem Arbeitsgericht zu klären. *BAG* NJW 1996, 2948.

315 *LSG Bayern* v. 23.01.2003 – L 4 KR 111/00, LNR 2003, 13306; *BGH* v. 21.10.1998 – VIII ZB 54/97, VersR 1999, 249.

316 *BSG* v. 29.07.2015 – B 12 KR 23/13 R m. Anm. Stotz, Juris (JM 2016, 199).

317 *OLG Hamm* VersR 2001, 1411; *LSG Hessen*, v. 24.11.2016 – L 1 KR 57/16, auch wenn er ein eigenes Fahrzeug dafür einsetzt; *LSG Baden-Württemberg* v. 26.07.2016 – L 11 R 5180/13; vgl. aber auch *LSG Baden-Württemberg*, v. 26.07.2016 – L 11 R 3845/15, das nicht zwingend eine selbständige Tätigkeit auch bei Eingliederung ausschließt.

318 *LSG Berlin-Brandenburg* v. 15.12.2015 – L 9 KR 82/13.

319 *LSG Baden-Württemberg* v. 27.07.2016 – L 5 R 2554/15.

320 *BSG* v. 31.03.2017 – B 12 R 7/15.

321 *BAG* ZIP 1997, 2208; *BGH* v. 16.10.2002 – VIII ZB 27/02, NJW-RR 2003, 278; s.a. oben Fn. 178, 179.

322 *Bieback* Das neue Anfrageverfahren bei Feststellung der Sozialversicherungspflicht, BB 2000, 873; *Reiserer/Freckmann* »Scheinselbständigkeit – heute noch ein schillernder« Rechtsbegriff, NJW 2003, 180.

323 *BGH* v. 06.02.2001 – VI ZR 339/99, NZV 2001, 210 f. = r+s 2001, 285.

gutgläubige Leistung von übergegangenen Schadensersatzpositionen an den nicht aktivlegitimierten Verletzten erfolgen.[324]

## VII. Erwerbsschaden als Arbeitsloser

136 Auch ein Arbeitsloser kann einen Verdienstschaden erleiden. Dieser kann sich unterschiedlich darstellen:

### 1. Unfallbedingter Verlust des Arbeitsplatzes

137 Verliert der Verletzte unfallbedingt den Arbeitsplatz, ist ihm der Einkommensverlust selbstverständlich auszugleichen. Nach Wiedereinstellung bei einem anderen Arbeitgeber kann ein Minderverdienst auftreten, der dann wie oben ausgeführt abzurechnen ist. Bei Arbeitslosigkeit zahlt das Arbeitsamt Arbeitslosengeld, wenn vorher ausreichend Beiträge gezahlt wurden (§§ 123 ff. SGB III: Der Verletzte muss mindestens 1 Jahr in den letzten 3 Jahren Arbeitslosenversicherungsbeiträge gezahlt haben). Das Arbeitslosengeld variiert, beträgt für Arbeitslose, die mindestens 1 Kind haben oder deren Ehepartner mindestens 1 Kind hat, 67 %, für die sonstigen 60 % des Nettolohns (§ 129 SGB III). Diese Leistung des Arbeitsamtes ist dem Verdienstschaden kongruent und somit beim Anspruch des Geschädigten anzurechnen. Die Differenz zwischen dem Arbeitslosengeld (zzgl. evtl. gezahlter Verletztenrente) und dem Nettolohn ist dem Geschädigten zu erstatten.

### 2. Verlust der Arbeitslosengeldzahlung

138 Der Verlust von Arbeitslosengeld gehört ebenfalls zu den erstattungsfähigen Positionen.

139 Dabei ist aber zu berücksichtigen, dass der Verletzte im Fall der Arbeitslosigkeit zunächst vom Arbeitsamt Entgeltfortzahlung und danach Krankengeld in Höhe des Arbeitslosengeldes erhält (§ 126 SGB III), sodass ein erstattungsfähiger Schaden bei ihm selbst nicht verbleibt. Soweit die Bundesanstalt für Arbeit während der ersten 6 Wochen »Leistungsfortzahlung bei Arbeitsunfähigkeit« nach § 126 Abs. 1 S. SGB III gewährt, kann diese den grundsätzlich dem Arbeitslosen nach normativer Betrachtung zustehenden Anspruch auf Erwerbsschaden, der gem. § 116 SGB X auf die Bundesagentur für Arbeit übergegangen ist, beim Schädiger regressieren.[325]

140 Nach 6 Wochen Arbeitsunfähigkeit hat der Arbeitslose Anspruch auf Krankengeld (§ 44 Abs. 1 i.V.m. § 49 Abs. 1, Nr. 3a SGB V). Das Krankengeld entspricht in der Höhe dem Arbeitslosengeld (§ 47b SGB V), sodass der Verletzte keinen Einkommensverlust erleidet. Die Dauer ist hier ebenfalls auf 78 Wochen begrenzt.

141 Hat der Geschädigte vor dem Unfall sein Arbeitsverhältnis selbst gekündigt, so hat er eine Sperrfrist von 12 Wochen (gemäß § 144 SGB III), in denen er keinen Anspruch auf Arbeitslosenunterstützung hat. Dennoch ist er in dieser Zeit krankenversichert. Während früher nach 6 Wochen die Krankenkasse Krankengeld leisten musste (§ 155 Abs. 2 S. 2 AFG), ruht nunmehr gem. § 49 Abs. 1 Nr. 3 SGB V auch der Anspruch gegenüber der Krankenkasse.

142 Etwas anderes kann nur gelten, wenn der Geschädigte nachweist, dass er ohne den Unfall eine Arbeitsstelle angetreten hätte. An den Nachweis sind hohe Anforderungen zu stellen, da die Gefahr von Manipulationen hoch ist. Gelingt der Nachweis, besteht Anspruch auf Erstattung der Differenz zwischen Krankengeld und Arbeitslosengeld.

143 Erleidet ein Arbeitsloser auf dem Weg zu einem Vorstellungsgespräch einen Unfall, so ist das ein Arbeitsunfall. Das Arbeitsamt tritt in diesem Fall an die Stelle der Berufsgenossenschaft. Der Arbeitslose erhält Verletztengeld in Höhe des Arbeitslosengeldes. Der Wegeunfall hat keinen Einfluss auf

324 *BGH* v. 08.07.2003 – VI ZR 274/02, NJW 2003, 3193.
325 *BGH* v. 08.04.2008 – VI ZR 49/07, r+s 2008, 356 f. m. Anm. *Lemcke*.

die Leistung des Arbeitsamtes. Hätte der arbeitslose Verletzte die Stelle erhalten, trifft ihn erhebliche Darlegungslast. So muss er möglichst konkret vortragen, um eine Prognose zu ermöglichen.[326]

### 3. Arbeitslosengeld II/Sozialhilfe

Problematisch sind die Fälle, in denen der Verletzte Leistungen nach dem sog. Hartz IV erhält. 144
Seit 2005 werden Arbeitslosengeld II und Sozialhilfe gemeinsam ausgezahlt. Der Empfänger von ALG II erhält nur dann Leistungen nach dem SGB II für Arbeitssuchende, wenn er bedürftig ist. Es ist nicht Voraussetzung, dass er eine Arbeitsstelle hatte. Demnach besteht ein Anspruch auf Ersatz von Erwerbsschaden nur, wenn der Nachweis geführt wird, dass der Verletzte unfallbedingt eine Arbeitsstelle nicht antreten konnte.[327] Als Erwerbsschaden ist auch der Verlust des ALG II wegen des verletzungsbedingten Wegfalls seiner Erwerbsfähigkeit.[328] Im Fall der Erkrankung erhält der Verletzte gem. SGB II seit 2005 keine Leistungen mehr nach dem ALG II, vielmehr erhält er Vorschüsse von der Bundesagentur für Arbeit auf das Übergangsgeld oder Verletztengeld. Wenn ein Anspruch gegen die DRV oder eine Berufsgenossenschaft nicht besteht, wird Sozialhilfe nach dem SGB XII für zeitweilig nicht erwerbsfähige Personen gewährt. Ein Ersatzanspruch kann dann vom Verletzten nur in Höhe der Differenz zwischen entgangenem ALG II und der Sozialhilfe bestehen.

ALG II – Empfänger dürfen kein Vermögen haben, das würde die Bedürftigkeit entfallen lassen. 145
Wenn der Verletzte schon vor dem Unfall ALG II erhalten hat, besteht kein Anspruch auf Verdienstschaden. Erhält er infolge des Unfalles ALG II, stellt sich die Frage, warum er nicht vorher Arbeitslosengeld erhalten hat. Erhält er nach dem Unfall zunächst Arbeitslosengeld und danach Arbeitslosengeld II (oder Hartz IV), besteht von seiner Seite Anspruch auf Erstattung des vollständigen Verdienstschadens, der aber wegen des Anspruchsübergangs nach § 33 SGB II auf die Leistungsstelle um die Zahlung des Sozialamtes gemindert. Grundsätzlich ist der Schädiger gehalten, den Verdienstschaden so zu erstatten (nach Klärung der Eintrittspflicht), sodass eine Zahlung von Arbeitslosengeld II entbehrlich wird. Eine Abfindung der Differenz zwischen Hartz IV und dem Netto-Lohn kommt jedenfalls nicht in Betracht, da dann sofort die Bedürftigkeit entfiele und der Verletzte von dort keine Leistungen mehr erhielte. Der Sozialhilfeempfänger darf nicht über Vermögen verfügen, § 90 SGB XII.

Zu den nicht anrechenbaren Beträgen gehört das Schmerzensgeld.[329] 146

Ist der Verletzte nicht in der Lage, seinen Lebensunterhalt durch Erwerbstätigkeit zu sichern, erhält 147
er Leistungen vom Sozialhilfeträger nach dem SGB XII zur Ermöglichung eines Lebens in Würde, wobei diese nachrangig gewährt wird.

Der Sozialversicherungsträger wird nur dann eintrittspflichtig, wenn dem Geschädigten keine Mög- 148
lichkeiten zur Verfügung stehen, seinen Lebensunterhalt anderweitig zu sichern. Die Leistungsvoraussetzungen ergeben sich aus dem »Gesetz über die bedarfsorientierte Grundsicherung« (GSiG), welches seit dem 01.01.2003 gilt. Das GSiG gilt nach § 68 SGB I als besonderer Teil des SGB, sodass alle Vorschriften des SGB X anwendbar sind (§ 37 SGB I) und somit auch der gesetzliche Forderungsübergang nach § 116 SGB X Geltung hat.[330]

Anspruchsberechtigt ist jeder Volljährige, der dauerhaft i.S.d. § 43 SGB VI voll erwerbsgemindert ist 149
oder Menschen ab dem 65. Lebensjahr. Rentenrechtliche Voraussetzungen müssen nicht vorliegen.

326 *OLG Frankfurt* v. 13.11.2014 – 2 U 236/13.

327 Vgl. auch *BGH* v. 19.09.2013 – III ZR 374/12, VersR 2013, 1050; *OLG Celle* v. 27.06.2012 – 14 U 193/10, VersR 2013, 1052.

328 *BGH* v. 25.06.2013 – VI ZR 128/12; vgl. auch *Diederichsen*, Die Rechtsprechung zum Haftpflichtrecht DAR 2014, 301, 309.

329 *BVerwG* v. 19.05.1995 – 5 C 22/93, NJW 1995, 3001; *VGH Mannheim* NJW 1994, 212.

330 Zum Zeitpunkt des Anspruchsübergangs vgl. unten Rdn. 465 ff.

150 Voraussetzung für den Anspruch ist ausschließlich, dass jemand nicht in der Lage ist, seinen Lebensunterhalt aus eigenem Einkommen oder Vermögen zu bestreiten. Die Leistungshöhe entspricht derjenigen bei der Hilfe zum Lebensunterhalt nach dem BSHG. Der Geschädigte bleibt aber trotz des Anspruchsübergangs berechtigt, seine Ansprüche beim Schädiger geltend zu machen.[331]

151 Trifft den Geschädigten ein Mitverschulden, kann er ggf. noch Anspruch auf Gewährung von Sozialhilfe haben. Ein Übergang findet in diesem Fall nicht statt, wenn der Versicherer schon den auf ihn entfallenden Haftungsanteil erstattet hat. Erhält der Geschädigte wegen ungeklärter Haftungslage zunächst Sozialhilfe, hat er unmittelbar das Sozialamt über Leistungen des Schädigers zu informieren, will er sich nicht der Gefahr einer Strafanzeige wegen Betruges aussetzen.

### 4. Nachteile in der Sozialversicherung

152 Die Kosten für die Krankenversicherung trägt während der Arbeitslosigkeit grundsätzlich das Arbeitsamt – also auch für den Zeitraum, der auf die »Entgeltfortzahlung« entfällt (sechs Wochen). Nach den ersten sechs Wochen Arbeitsunfähigkeit ist der Arbeitslose beitragsfrei krankenversichert.

153 Für die Rentenversicherung gilt Folgendes: Vor dem Unfall zahlte das Arbeitsamt aus 80 % des vorherigen Bruttolohnes Rentenversicherungsbeiträge an den Rentenversicherungsträger. Diese Leistungen werden im Rahmen der ersten sechs Wochen weitergezahlt (§ 166 Nr. 2, § 170 Abs. 1 Nr. 2b SGB VI). Nach den sechs Wochen werden die Rentenversicherungsbeiträge durch die Krankenkasse aus dem Krankengeld gezahlt. Bezog der Verletzte schon vor dem Unfall Leistungen aus ALG II, besteht kein Anspruch auf Zahlungen in die Rentenversicherung.[332] Etwas anderes gilt nur, wenn der Geschädigte im Unfallzeitpunkt erwerbsfähig war. Dies muss der Rentenversicherungsträger beweisen.[333] Wird nach Arbeitslosigkeit eine Erwerbsunfähigkeitsrente rückwirkend auch auf den Zeitraum der Arbeitslosigkeit gewährt, erfolgt der Innenausgleich zwischen DRV und Bundesagentur für Arbeit. Die Bundesagentur hat dabei keinen weitergehenden Anspruch auf von ihr gezahlte (höhere Beiträge) an die Krankenkasse, da sie nach Bewilligung der Rente nicht mehr aktiv legitimiert ist.[334]

## VIII. Verdienstschaden während der Altersteilzeit

154 Die Altersteilzeit wird in Deutschland gerne wahrgenommen. Der Angestellte erhält vom Arbeitgeber für einen bestimmten Zeitraum nur noch die Hälfte des Gehaltes, der Rest (sog. Aufstockungsbetrag) wird dem Arbeitnehmer vom Arbeitsamt erstattet, sodass dem Mitarbeiter selbst nur ein geringer Verlust entsteht. Dafür verpflichtet sich der Arbeitnehmer, für die Hälfte des vereinbarten Zeitraumes voll zu arbeiten (aktive Phase) und ist in der zweiten Hälfte der Altersteilzeit freigestellt (passive Phase). Wird der Mitarbeiter innerhalb der aktiven Phase wegen eines Unfalles verletzt, entsteht ihm selbst kein Schaden, solange er innerhalb der gesetzlichen Lohnfortzahlung wieder arbeitsfähig wird. Danach erhält er Krankengeld (gem. § 10 AltTZG wird dann die Zahlung u.U. von der Bundesagentur für Arbeit voll übernommen, sodass ein Schaden bei dem Verletzten eigentlich nicht verbleiben dürfte). Der Arbeitgeber kann allerdings nur das Gehalt ersetzt verlangen, welches er tatsächlich an den Arbeitnehmer ausgezahlt hat. Wie die Fälle zu bewerten sind, in denen der Verletzte so lange arbeitsunfähig erkrankt ist, dass die Altersteilzeitvereinbarung aufgehoben wird, ist nicht geklärt. Soweit der Verletzte nicht mehr arbeitsfähig wird, ist er vom Schädiger entsprechend der Haftung so zu stellen, als habe die Altersteilzeit-Vereinbarung Bestand. Wird der Verletzte wiederhergestellt und kann seiner Tätigkeit weiter nachkommen, entsteht ihm kein messbarer Schaden in Form des Erwerbsschadens.

155 Bei Verletzungen in der passiven Phase interessiert es den Arbeitgeber ohnehin nicht mehr, ob der Mitarbeiter arbeitsfähig oder arbeitsunfähig ist, da der Arbeitgeber ohnehin Lohn ohne Arbeit

331 *BGH* v. 12.12.1995 – VI ZR 271/94, VersR 1996, 349.
332 *LG Erfurt* v. 17.06.2011 – 9 O 1855/10 (n.v.).
333 *OLG Stuttgart* v. 27.11.2013 – 9 U 179/12.
334 *LG Coburg* v. 25.09.2018 – 32 S 21/18.

erstatten muss. Problematisch sind die Fälle der länger andauernden Arbeitsunfähigkeit über den Zeitraum, wobei aber auch hier nach § 10 AltTZG kein Schaden des Verletzten verbleiben dürfte.

## IX. Anspruchsübergänge/Kongruente Leistungen

Im Rahmen des Erwerbsschadens sind die Leistungen Dritter im Rahmen des Vorteilsausgleichs zu berücksichtigen. Die folgenden Leistungen Dritter sind dem Erwerbsschaden kongruent und sind daher anzurechnen: 156

### 1. Auf den Arbeitgeber

Der Arbeitgeber leistet während der ersten sechs Wochen Arbeitsunfähigkeit (42 Kalendertage) Lohnfortzahlung, § 4 EFZG. Zur Lohnfortzahlung ist er verpflichtet, unabhängig davon, aus welchem Grund der Arbeitnehmer erkrankte. Damit der Schädiger nicht unbillig entlastet wird, wird ein dem Mitarbeiter zustehender Schadensersatzanspruch gegen einen Schädiger gem. § 6 EFZG auf den Arbeitgeber übergeleitet. Der Anspruchsübergang erfolgt im Zeitpunkt der Leistung des Arbeitgebers. Der Arbeitgeber ist beweisbelastet hinsichtlich der Unfallbedingtheit der Arbeitsunfähigkeit.[335] Insbesondere bei Personen, die schon berufsbedingt höheren Risiken ausgesetzt sind, ist eine psychische Gesundheitsschädigung nicht ohne weiteres dem Schädiger zuzurechnen, eine detailgenaue Prüfung der Diagnosen ist zwingend erforderlich, um unfallbedingte von unfallfremden Ursachen zu trennen.[336] Grundsätzlich darf er sich auf die Krankschreibung verlassen.[337] Allerdings bedeutet dies nur, dass der Arbeitnehmer nicht in der Lage ist, seiner Erwerbstätigkeit nachzukommen, die Information, aus welchem Grund der Arbeitnehmer nicht erwerbsfähig ist, wird dem Arbeitgeber nicht mitgeteilt. M.E. können daher alle Einwände gegen die Unfallbedingtheit der Krankschreibung auch dem Arbeitgeber entgegengehalten werden. Dieser müsste auch ohne Unfall nach den Regeln des EFZG Entgeltfortzahlung gewähren. Auf eine objektiv falsche Arbeitsunfähigkeitsbescheinigung darf sich der Geschädigte nicht verlassen, ggf. verliert er dann seinen Anspruch auf Verdienstschadenentgang.[338] 157

Der Arbeitgeber kann gem. § 6 EFZG den vollen Lohn ersetzt verlangen. Dies beinhaltet zum einen den Brutto-Lohn,[339] zum anderen auch die Arbeitgeberanteile zur Sozialversicherung, zusätzliche Zahlungen an Pensionskassen.[340] Außerdem kann er das anteilige Urlaubsentgelt[341] (= Lohnfortzahlung während des Urlaubes, den der Arbeitnehmer tatsächlich genommen haben muss!)[342] und das anteilige Urlaubsgeld[343] (Sonderzuwendung) ersetzt verlangen, die Formel hierfür lauten wie folgt:[344] 158

---

335 *OLG Hamm* v. 04.02.2013 – I-6 U 89/11 (n. veröffentl.); *LG Saarbrücken* v. 15.07.2016 – 13 S 51/16, SVR 2016, 344 f.; *LG Nürnberg-Fürth* v. 27.11.2015 – 8 S 1900/15; *LG Fulda* v. 14.04.2011 – 1 S 142/09, SP 2011, 235.

336 *BGH* v. 08.12.2020 – VI ZR 19/20 m. Anm. *Burmann/Jahnke* r+s 2021, 170 ff., lösen dieses Problem über den erforderlichen Zurechnungszusammenhang.

337 *BGH* v. 16.10.2001 – IV ZR 408/00, NZV 2002, 28 = VersR 2001, 1521; *OLG Hamm* r+s 2002, 505.

338 *OLG Dresden* v. 13.07.2022 – 1 U 2039/21.

339 *BGH* v. 27.04.1965 – VI ZR 124/64, VersR 1965, 620; *BGH* v. 18.05.1965 – VI ZR 262/63, VersR 1965, 786; *BGH* v. 18.06.1973 – III ZR 155/70, VersR 1973, 1028.

340 *BGH* v. 07.07.1998 – VI ZR 241/97, NZV 1998, 457 = VersR 1998, 1253.

341 *BGH* v. 04.07.1972 – VI ZR 114/71, VersR 1972, 1057; *BGH* v. 28.01.1986 – VI ZR 30/85, VersR 1986, 650.

342 *OLG Stuttgart* NJW-RR 1988, 151.

343 *BGH* v. 13.08.2013 – VI ZR 389/12; *LAG Baden-Württemberg* v. 27.07.2011 – 13 Sa 15/11 verneint eine Übergangsfähigkeit von Urlaubsgeld und Urlaubsentgelt, da der Anspruch des Arbeitnehmers unabhängig von seiner Arbeitsfähigkeit oder Arbeitsunfähigkeit besteht; *BGH* v. 28.01.1986 – VI ZR 30/85, VersR 1986, 650.

344 *BGH* – VI ZR 389/12, der die Formel in Kenntnis der anders lautenden Entscheidungen des *BAG* und *BGH* – VI ZR 114/71 angepasst hat, so dass nur die jährlichen Arbeitstage anzusetzen sind.

$$\frac{\text{Urlaubsentgelt brutto} \times \text{Krankheitstage (Kalendertage)}}{\text{(Jahresarbeitstage (253) abzgl. Urlaubstage (Kalendertage)}}$$

**Abb. 1: Formel für Ersatz des Urlaubsentgelts gem. § 6 EFZG**

159 **Beiträge zur Urlaubskasse oder ZVK**

Wenn nicht schon Urlaubs- und Weihnachtsgeld regressiert wurden, sind diese Beiträge zu erstatten:[345] Dies sind Beiträge für die Sozialkassen, also Urlaubskasse (18,1 % der Brutto-Lohnsumme) Beiträge für einen Lohnausgleich (3,3 % der Brutto-Lohnsumme) während der Winterperiode, (Zeit zwischen Weihnachten und Neujahr, die generell arbeitsfrei ist), auch Kapital-(Lebens-)Versicherungen als zusätzliche Altersversorgung im Baugewerbe.

Der Arbeitgeber hat die geltend gemachten Lohnnebenkosten konkret zu belegen. Der Hinweis auf eine pauschale (prozentuale) Höhe der Lohnnebenkosten ist nicht ausreichend.

160 **Ersatz des Weihnachtsgeldes**

Auch das Weihnachtsgeld[346] oder sonstige Gratifikationen können nach folgender Formel regressiert werden:

$$\text{Anteiliges Weihnachtsgeld} = \text{Weihnachtsgeld} \times \frac{\text{Krankheitstage}}{\text{365 Kalendertage jährl. - Urlaubstage}}$$

**Abb. 2: Weihnachtsgeldregress**

161 Ebenfalls erstattungsfähig sind die vermögenswirksamen Leistungen.[347] Auch Rückstellungen für betriebliche Altersversorgung können regressiert werden.[348] Der Schädiger kann von dem Regress die Positionen in Abzug bringen, die er auch beim Verletzten direkt im Wege des Vorteilsausgleichs abziehen kann (ersparte Fahrtkosten, ersparte Verpflegungskosten während des stationären Aufenthaltes (soweit die Zuzahlungszeit überschritten wird etc.).[349] Ebenfalls in Abzug zu bringen sind die Leistungen, die der Arbeitgeber eines Kleinbetriebes, der am Umlageverfahren der Krankenkassen teilnimmt, von dort erhält. Dies sind i.d.R. 80 % vom Brutto-Lohn, sodass er nur noch die restlichen 20 % des Brutto-Lohnes sowie die vollen Arbeitgeberanteile zur Sozialversicherung verlangen kann. Der Rest wird von der Krankenkasse als Rechtsnachfolgerin des Arbeitgebers (nicht nach § 116 SGB X!) beim Schädiger regressiert, der Übergang erfolgt daher gem. § 86 VVG.

162 Als Faustregel kann gelten: Alle die Zuwendungen des Arbeitgebers, die dem Arbeitnehmer persönlich zugutekommen und auf der Gehaltsabrechnung ihm persönlich zugewendet werden, sind erstattungsfähig. Soweit der Arbeitnehmer aber Aufwendungen hat aus eigenen wirtschaftlichen Interessen (Gestaltung des Arbeitsplatzes als solchem) oder aufgrund sozialer Verpflichtungen (wie z.B. Beiträge zur Unfallversicherung, Lohnsummensteuern, Ausgaben für berufliche Weiterbildung etc.)[350] können diese nicht ersetzt verlangt werden. Insbesondere die Ermittlungen der Handwerkskammern zu den Kosten eines Arbeitsplatzes, die in Summe zu einem Kostenfaktor von bis zu 185 % des Brutto-Lohnes kommen, sind nicht als Basis für den Regress beim Schädiger geeignet, da dort auch die vom Arbeitgeber zur Bereitstellung des Arbeitsplatzes getätigten Aufwendungen berück-

345 *BGH* – VI ZR 30/85, VersR 1986, 650.
346 *BGH* v. 07.05.1996 – VI ZR 102/95, NJW 1996, 2296 f.; *BGH* v. 29.02.1972 – VI ZR 192/70, VersR 1972, 566.
347 *LG Mannheim* VersR 1974, 605.
348 *BGH* – VI ZR 241/97, NJW 1998, 3276.
349 Vgl. insoweit Rdn. 212 f.
350 Ausführlich hierzu *Küppersbusch/Höher* Rn. 113 f.

sichtigt werden. Sie sind sicher ein geeignetes Mittel zur betriebswirtschaftlichen Auswertung für den Arbeitgeber, nicht aber für den Regress.

Einen Anspruch auf Erstattung der Kostenpauschale hat der Arbeitgeber nicht, da er nicht aus eigenem 163 Recht, sondern nur aus übergegangenem Recht Ansprüche anmelden kann und der Grundgedanke des § 249 BGB nur für den unmittelbar Geschädigten gilt.[351] Gleiches gilt für die Anwaltskosten, die nur erstattungsfähig sind, wenn sich der Schädiger im Verzug mit der Leistung befindet.[352]

## 2. Auf den öffentlich-rechtlichen Dienstherren

Soweit der Geschädigte im öffentlichen Dienst tätig ist und dort nach TVÖD entlohnt wird, richtet 164 sich der Anspruchsübergang nach § 6 EFZG, ist der Geschädigte aber Beamter, so geht der Anspruch auf Ersatz der Ansprüche aus der Weiterzahlung der Bezüge nach § 76 BBG auf den Dienstherren im Unfallzeitpunkt über. Wird ein Beamter in den Ruhestand versetzt, ohne vorab eine anderweitige Verwendung des Beamten innerhalb der Behörde zu prüfen, ist diese Versetzung rechtswidrig.[353]

## 3. Auf die gesetzliche Krankenkasse

Der Anspruchsübergang auf die gesetzliche Krankenkasse richtet sich nach § 116 SGB X und 165 erfolgt im Unfallzeitpunkt, sodass der in der gesetzlichen Krankenkasse versicherte Geschädigte zu keinem Zeitpunkt über diesen Anspruch verfügen kann. Dabei kommt es nicht darauf an, ob der Geschädigte als Pflichtmitglied oder freiwillig in der gesetzlichen Krankenkasse versichert war. Die Krankenkasse regressiert im Bereich Erwerbsschaden nur die Krankengeldzahlungen und die entgangenen Kranken- und Pflegekassenbeiträge sowie die aus dem Krankengeld an die Rentenversicherung und Arbeitslosenversicherung erbrachten Beiträge nach den §§ 116, 119 SGB X. Auch diesen Ansprüchen können alle Einwendungen, die im Wege des Vorteilsausgleichs dem Arbeitnehmer entgegengehalten werden können, in Abzug gebracht werden, soweit der Vorteil des Arbeitnehmers seinen verbleibenden Verdienstschaden übersteigt, da nur insoweit ein Anspruch – auch im Wege der Legalzession – übergehen kann, als er in der Person des Verletzten besteht.

## 4. Auf die Berufsgenossenschaft/Träger der gesetzlichen Unfallversicherung

Soweit es sich bei dem Unfall um einen berufsgenossenschaftlich versicherten Arbeits- oder Arbeits- 166 wegeunfall handelte, ist die Berufsgenossenschaft eintrittspflichtig, sie erbringt ebenfalls als gesetzlicher Sozialversicherungsträger Leistungen, der Anspruch auf Ersatz von Verletztengeld und Beiträgen zu den Sozialversicherungen geht ebenfalls gem. § 116 SGB X im Unfallzeitpunkt auf die Berufsgenossenschaft über. Auch diesen Ansprüchen können alle Einwendungen, die im Wege des Vorteilsausgleichs dem Arbeitnehmer entgegengehalten werden können, in Abzug gebracht werden, soweit der Vorteil des Arbeitnehmers seinen verbleibenden Verdienstschaden übersteigt, da nur insoweit ein Anspruch – auch im Wege der Legalzession – übergehen kann, als er in der Person des Verletzten besteht. Zu beachten sind insbesondere die Haftungsausschlüsse nach §§ 104 ff. SGB VII, die dazu führen, dass auch die Berufsgenossenschaft keine Ansprüche gegen den Schädiger oder dessen Kraftfahrzeug-Haftpflicht-Versicherung geltend machen kann. Eine Ausnahme gilt nur, wenn dem Schädiger die vorsätzliche oder grob fahrlässige Herbeiführung[354] des Versicherungsfalles vorgeworfen werden kann. Die Entscheidung zur groben Fahrlässigkeit in der Fahrzeugversicherung können hier nicht herangezogen werden.

Soweit die Unfallversicherung ihre Eintrittspflicht anerkannt hat, entfaltet diese Entscheidung gem. 167 § 108 SGB VII Bindungswirkung auch für die Zivilgerichte,[355] diese Entscheidung ist vorher ein-

351 Grüneberg/*Grüneberg* § 249 Rn. 79.

352 U.a. *AG Dortmund* NZV 2001, 383 m.w.H.

353 *OVG Rheinland-Pfalz* v. 24.08.2020 – 2 A 10143/20.

354 *BGH* v. 18.02.2014 – VI ZR 51/13, zfs 2014, 441 ff., dies ist in aller Regel gegeben, wenn gegen elementare Unfallverhütungsvorschriften verstoßen wird.

355 *BGH* v. 12.06.2007 – VI ZR 70/06.

zuholen, ggf. auch einfach in dem Verfahren vorzutragen und unter Beweis zu stellen, sonst droht Aufhebung und Aussetzung des Verfahrens, bis die Entscheidung der Sozialgerichtsbarkeit unanfechtbar wurde![356] Eine Bindungswirkung entfällt lediglich dann, wenn eine Ablehnung des Unfallversicherungsträgers unter Hinweis auf die zivilrechtliche Haftung des Schädigers gegeben sei.[357]

### 5. Träger der Sozialhilfe

168 Erhält der Verletzte Sozialhilfe, geht der Anspruch auf Ersatz – zumindest, soweit es die Person des Verletzten betrifft – auf den Sozialhilfeträger über. War der Verletzte vor dem Unfall erwerbstätig und erhält nun infolge des Unfalles der Sozialhilfe, kann der Sozialhilfeträger die Aufwendungen für den Verletzten zurückfordern. Er kann dabei auch die Aufwendungen fordern, die für die Bedarfsgemeinschaft (Ehefrau und Kinder) angefallen sind, wenn der Verletzte aus seinem Einkommen auch den Unterhalt seiner Familie bestritten hätte. Auch diesen Ansprüchen können alle Ansprüche, die im Wege des Vorteilsausgleichs dem Arbeitnehmer entgegengehalten werden können, in Abzug gebracht werden, soweit der Vorteil des Arbeitnehmers seinen verbleibenden Verdienstschaden übersteigt, da nur insoweit ein Anspruch – auch im Wege der Legalzession – übergehen kann, als er in der Person des Verletzten besteht. Ein Anspruchsübergang erfolgt nur hinsichtlich der kongruenten Leistungen.[358] Der Anspruchsübergang erfolgt im Unfallzeitpunkt, auch wenn der Träger der Sozialhilfe erst zu einem späteren Zeitpunkt eintrittspflichtig wird. Die Verjährung der Ansprüche läuft auch ab diesem Zeitpunkt.[359]

### 6. Träger der Grundsicherung

169 Eine Legalzession ist in § 116 SGB X auf den Träger der Grundsicherung nicht vorgesehen. Er ist gerade kein Sozialhilfeträger. Ein Regress gegen den Schädiger ist diesem dann nicht möglich. Allerdings kann er sich m.E. Schadensersatzansprüche abtreten lassen.

### 7. Auf den Rentenversicherer

170 Soweit der gesetzliche Rentenversicherer (DRV Bund, Länder, Bundesknappschaft etc.) wegen der unfallbedingt erlittenen Verletzungen einen Beitragsschaden erleidet durch die geringeren Beitragszahlungen aus dem Krankengeld, geht der Anspruch auf Ersatz des Beitragsschadens nach § 119 SGB X ebenfalls im Unfallzeitpunkt auf den Rentenversicherer über.[360]

171 Wenn der Rentenversicherer Lohnersatzleistungen (Übergangsgeld) zahlt, sind diese Zahlungen dem Erwerbsschaden kongruent. Es gilt das oben Gesagte. Der Rentenversicherer regressiert neben dem Übergangsgeld auch die Sozialversicherungsbeiträge hieraus nach § 116 SGB X. Zusätzlich regressiert er entgangene Rentenversicherungsbeiträge nach § 119 SGB X aus der Differenz zwischen den Lohnersatzleistungen und dem ursprünglichen Bruttoeinkommen.

172 Auch wenn der Verletzte infolge des Unfalles Erwerbsunfähigkeitsrente erhält, ist diese dem Erwerbsschaden kongruent. Da Rentenbezieher unter bestimmten Voraussetzungen pflichtversichert (§ 5 Abs. 1 Nr. 11 SGB V, wenn Anspruch auf Rente aus der gesetzlichen Rentenversicherung besteht) in der Krankenversicherung der Rentner sind, werden auch diese Beiträge regressiert.

173 Auch diesen Ansprüchen können alle Einwendungen, die im Wege des Vorteilsausgleichs dem Arbeitnehmer entgegengehalten werden können, in Abzug gebracht werden, soweit der Vorteil des

356 *BGH* v. 30.05.2017 – VI ZR 501/16, hier wurde das offenbar vergessen!.

357 *OLG Jena* v. 03.03.2021 – 2 U 1192/19, es wird aber nicht berücksichtigt, dass der Kläger bei dem Betrieb des Kfz gem. § 8 Ziffer 2 StVG tätig war.

358 *BGH* v. 30.06.2015 – VI ZR 379/14.

359 *OLG Stuttgart* Beschl. v. 30.10.2019 – 10 U 467/19.

360 Ein Rentenverkürzungsschaden wegen vorgezogener Altersrente ist nicht erstattungsfähig, da der Kraftfahrzeug-Haftpflicht-Versicherer die Beiträge gem. Haftung voll an die DRV erstattet, *BGH* v. 20.12.2016 – VI ZR 664/15 m. Anm. *Jahnke* (Juris), wenn der Geschädigte diese wegen Arbeitslosigkeit beantragt.

Arbeitnehmers seinen verbleibenden Verdienstschaden übersteigt,[361] da nur insoweit ein Anspruch – auch im Wege der Legalzession – übergehen kann, als er in der Person des Verletzten besteht. Will der Rentenversicherer Ansprüche wegen entgangener Beiträge geltend machen, muss er nachweisen, dass der im Zeitpunkt des Unfalls ALG II beziehende Geschädigte erwerbsfähig war.[362]

## C. Haushaltsführungsschaden

### I. Grundlagen

Ist die den Haushalt führende Person infolge eines von dem Unfallgegner zu verantwortenden Unfalls vorübergehend oder auf Dauer ganz oder teilweise nicht zur Haushaltsführung in der Lage, kann sie den Unfallgegner wegen dieses Ausfalls aus § 843 Abs. 1 BGB auf Schadensersatz in Anspruch nehmen.[363] Voraussetzung ist, dass die Beeinträchtigung nicht nur unerheblich ist.[364] Dieser Anspruch steht allein der verletzten Person zu. Wird ein Haushaltsführungsschaden auch für die Versorgung Anderer beansprucht, ist erforderlich, dass eine gesetzliche (Unterhalt[365]) oder vertragliche Pflicht zur Haushaltsführung besteht, eine bloße sittliche Verpflichtung zur Versorgung eines hochbetagten Elternteils reicht nicht aus.[366] 174

Der Ehegatte erwirbt keinen Ersatzanspruch aus § 845 BGB wegen entgangener Dienste. Die Tätigkeit für die Familie steht einer Erwerbstätigkeit gleich, die verletzte Ehefrau erleidet selbst einen Erwerbsausfallschaden, ihr allein steht ein Ersatzanspruch wegen Erwerbsausfalls zu, Ehemann und Kinder sind nur mittelbar geschädigt. (Anders im Fall der Tötung, dort erhalten die Hinterbliebenen eigene Ansprüche aus § 844 BGB). 175

#### 1. Anspruchsinhaber

Anspruchsinhaber ist immer die verletzte haushaltsführende Person. Es kommt nicht darauf an, dass sie den Haushalt allein führt. Anders als im Unterhaltsrecht wird weniger auf die gesetzliche Verpflichtung zur Leistung abgestellt als vielmehr auf die tatsächlich im Haushalt vorgenommene Aufteilung der Arbeiten. In einer Familie können die unterschiedlichen Tätigkeiten im Haushalt aufgeteilt sein, § 1356 BGB gibt keine Regel vor. Problematisch sind die Fälle, in denen die haushaltsführende Ehefrau im Fahrzeug des Ehegatten durch dessen Verschulden geschädigt wird. Wird sie nur verletzt, bleibt sie Anspruchsinhaberin, wird sie hingegen getötet und der Ehegatte fordert auch entgangene Haushaltsführung, kommt es zur Konfusion, d.h. der Vereinigung von Forderung und Schuld in einer Person.[367] Dass hier – entgegen dem üblichen Erlöschen des Anspruchs – gleichwohl ein Anspruch des Verursachers gegen seine eigene Kraftfahrzeug-Haftpflicht-Versicherung bestehen bleiben soll, mutet seltsam an.[368] 176

Auch Kinder können – soweit sie tatsächlich im Haushalt mithelfen – Anspruch auf Erstattung von Haushaltsführungsschaden haben, jedenfalls dann, wenn sie nicht nur gelegentlich und in geringem Umfange mithelfen.[369] Dem Ehemann, der allein berufstätig ist, steht nur in Ausnahmefällen ein

361 *BGH* v. 20.12.2016 – VI ZR 664/15 m. Anm. *Jahnke* (Juris).
362 *OLG Stuttgart* v. 27.11.2013 – 9 U 179/12, r+s 2014, 51.
363 *Nickel/Schwab* SVR 2007, 17; SVR 2009, 286 und SVR 2010, 12; 2017, 132 ff.; zul. SVR 2017, 132 ff.; *Halm/Fitz* Versicherungsrecht 2012/2013, DAR 2013, 447, 451.
364 *LG Duisburg*, Urt. v. 21.02.2023 – 1 O 260/201.
365 *Brandenburgisches OLG* v. 13.10.2016 – 12 U 180/15.
366 *Schleswig-Holsteinisches OLG* v. 03.04.2018 – 11 U 93/17.
367 *Schwintowski/Brömmelmeyer* § 100 VVG Rn. 38 für die Haftpflichtversicherung.
368 H/K/S/Schwab, § 114 Rn. 57 ff. m.w.H.; a.A. Schwintowski/Brömmelmeyer/*Huber* § 115 VVG Rn. 16.
369 So *Parday/Schulz-Borck* DAR 2002, 289., vgl. aber insoweit ablehnend *KG*, Urt. v. 23.08.2023 – 25 U 141/19.

Anspruch auf Ersatz des Haushaltsführungsschadens zu.[370] Auch das noch im elterlichen Haushalt lebende volljährige Kind kann bei einer Verletzung einen Haushaltsführungsschaden erleiden.[371]

177 Ewas anderes gilt hinsichtlich der Eingetragenen Lebenspartnerschaft. § 5 LPartG nimmt zwar Bezug auf §§ 1360 ff., da dort aber nur der Bar-Unterhalt angesprochen wird, ist die Frage des Haushaltsführungsschadens nicht herauszulesen. Für den Fall der Tötung des Partners wird diese Pflicht abgelehnt, sodass im Zweifel auch für die Verletzung nichts anderes gelten kann. Mit der Gleichstellung der eingetragenen Partnerschaft zur Ehe und der Möglichkeit der gleichgeschlechtlichen Ehe entfällt diese Differenzierung.

178 Gleiches gilt auch für die Nichteheliche Lebensgemeinschaft.[372] Grundsätzlich gibt es auch hier keine unterhaltsrechtliche Verpflichtung[373] zur Leistung von Naturalunterhalt. Wurde aber wegen gemeinsamer Kinder z.B. die Haushaltsführung des einen vereinbart und der andere Teil leistet dafür den Bar-Unterhalt, kann im Ausnahmefall auch insoweit von einer Einbeziehung der NELG auch für den Haushaltsführungsschaden ausgegangen werden.[374] Bei einer NELG besteht nur Anspruch auf den entgangenen »eigenwirtschaftlichen« Haushaltsführungsschaden in Form der vermehrten Bedürfnisse, nicht aber auf Ersatz des weggefallenen Fremdschadens.[375] Sicher sind die gemeinsamen Kinder in die Berechnung des Haushaltsführungsschadens einzubeziehen.[376]

## 2. Haushaltsführungsschaden: vermehrte Bedürfnisse oder Erwerbsschaden?

179 Der Haushaltsführungsschaden umfasst die eigene Versorgung und die Betreuung und Versorgung der übrigen Familienmitglieder. Der Ausfall der eigenen Versorgung gehört in die Schadengruppe der vermehrten Bedürfnisse. Der Ausfall bei der Versorgung und Betreuung der übrigen Familienmitglieder gehört in die Schadengruppe Erwerbsausfall-(Betreuungs-)Schaden.[377] Hier kommt es nicht auf das gesetzlich Geschuldete, sondern auf den vor dem Unfall tatsächlich erbrachten Umfang der Arbeitsleistung im Haushalt an. Auszugehen ist vom tatsächlichen Arbeitsaufwand.

180 Soweit der Verletzte für die Familienangehörigen tätig wird, ist die Haushaltstätigkeit dem Erwerbsschaden zuzuordnen, da die Tätigkeit fremdwirtschaftlich ist. Diese Differenzierung ist nur dann erforderlich, wenn von Sozialversicherungsrenten gezahlt werden und diese wegen eines fehlenden Erwerbsschadens so nicht übergangsfähig sind.

181 Die Rentenversicherer leiten dann den Anspruch des Verletzten, soweit dieser dem Erwerbsschaden kongruent ist, über und regressieren den Haushaltsführungsschaden. Wegen des Übergangs der Ansprüche nach § 116 SGB X im Unfallzeitpunkt ist hier eine Doppelzahlung zu befürchten. Der Übergang ist nur insoweit ausgeschlossen, als ein überschießender Schaden des Verletzten über den Erwerbsschaden hinaus besteht. Erhält der Verletzte aber Verletztenrente von der Berufsgenossenschaft[378] und eine Rente von der DRV, erhält er in aller Regel mehr an Rentenleistungen, als er vor dem Unfallereignis als Nettoeinkommen hatte. Trifft dieser Fall mit der Erbringung fremdwirtschaftlicher Leistungen im Haushalt zusammen, kann der Verletzte wegen des Überganges nach § 116 SGB X über diesen Teil des Haushaltsführungsschadens nicht mehr verfügen, sondern muss

370 *OLG Oldenburg* VersR 1983, 890 (Hausmannsentschädigung).

371 *OLG Saarbrücken* v. 01.06.2017 – 4 U 122/16, NJW Spezial 2017, 489.

372 Ausführlich dazu *OLG Düsseldorf* NZV 2007, 40 f. m.w.H.; vgl. auch *Wessel*, DAR 2020, 429, 430; *Jahnke* NZV 2007, 329, 333; *Delank* zfs 2007, 183 ff.

373 *KG* SVR 2011, 102, das den in einer NELG Lebenden als Alleinstehenden behandelt.

374 *LG Offenburg* v. 08.10.2014 – 2 O 169/14 (als Erwerbsschaden).

375 *OLG Düsseldorf* v. 27.04.2009 – I-1 U 95/08; *Lang* DAR 2022, 301, 307.

376 *OLG Karlsruhe* v. 07.02.2023 – 25 U 46/21 – eine NELG mit einem neuen Partner ist trotz bestehender Ehe möglich, auch zur Frage der Berücksichtigung gemeinsamer Kinder in der NELG.

377 *Brandenburg. OLG* v. 13.10.2016 – 12 U 180/15, SVR 2017, 103 ff.

378 *BGH* v. 04.12.1984 – VI ZR 117/83, NJW 1985, 735.

diese Differenz aus dem überschießenden Teil der Renten bestreiten. Auch eine Kongruenz mit dem Krankengeld wurde bejaht.[379]

### 3. Beeinträchtigung im Haushalt

Voraussetzung ist, dass der durch einen Verkehrsunfall verletzte Geschädigte in seiner Haushaltsführung beeinträchtigt ist. Als maßgebliche Größe für die Bewertung des Umfangs der Beeinträchtigung wird die Minderung der Erwerbsfähigkeit gerne herangezogen. Dabei ist zu beachten, dass die Minderung der Erwerbsfähigkeit im Haushalt (MdH) nicht der MdE auf dem allgemeinen Arbeitsmarkt oder der im Beruf des Geschädigten gleichzusetzen ist, die aus dem Sozialversicherungsrecht stammen.[380] Sie ist in aller Regel deutlich geringer, da die Haushaltstätigkeit eine Vielzahl von Bewegungsabläufen umfasst, die auch mit einer ansonsten vorhandenen körperlichen Beeinträchtigung erledigt werden können. Dabei wird unterschieden zwischen den Leitungs- und Organisationsfunktionen und einzelnen Tätigkeiten im Haushalt. Das Ausmaß der körperlichen Beeinträchtigungen ist abhängig von den Unfallverletzungen, dem Heilungsverlauf und dem ggf. eingetretenen Dauerschaden.[381] Ggf. ist auch Kompensation durch entsprechende technische Hilfsmittel möglich.[382] 182

Das Ausmaß der körperlichen Beeinträchtigung wird i.d.R. für verschiedene Zeiträume unterschiedlich sein. Dann muss auch der Haushaltsführungsschaden für die entsprechenden Zeiträume jeweils gesondert ermittelt werden. 183

▶ **Beispiel:**

Fraktur linker Unterarm, 8 Wochen Heilungsdauer. Die Verletzte hat 6 Wochen einen Gips getragen. 2 weitere Wochen war der Arm vermindert belastungsfähig, danach ist die volle Arbeitsfähigkeit wiederhergestellt. 184

Eine hilfreiche Einschätzung des Prozentsatzes der Beeinträchtigungen bieten die Tabellen 6 und 6a von Reichenbach/Vogel. Dort sind die einzelnen anfallenden Tätigkeiten aufgelistet und die Beeinträchtigungen bei den verschiedenen Verletzungen festgehalten. Tabelle 6 enthält für 59 typische Unfallverletzungen die jeweilige konkrete Behinderung in der Haushaltsführung prozentual aufgelistet. Hier findet sich der durchschnittliche Grad der haushaltsspezifischen Arbeitsunfähigkeit bei unfalltypischen Verletzungen. Liegen mehrere Verletzungen gleichzeitig vor, ist eine Gesamtbetrachtung anzustellen (i.d.R. unter der Summe der Einzelbeeinträchtigungen). Die MdE von 20 % ist kompensierbar,[303] eine MdE unter 20 % begründet i.d.R. keine haushaltsspezifische Arbeitsunfähigkeit.[384] Bei einer MdE unter 10 % ist die haushaltsspezifische Arbeitsunfähigkeit nie gegeben.[385] Ein Haushaltsführungsschaden ist auch dann nicht gegeben, wenn die Beeinträchtigungen im Haushalt beschränkt sind auf Überkopfarbeiten und schwere Arbeiten, die schon vor dem Unfall durch den Ehegatten übernommen wurden.[386] Erforderlich ist der Vortrag, welche Tätigkeiten konkret nicht mehr erbracht werden 185

379 *OLG Hamm* r+s 2001, 506.

380 *OLG Düsseldorf* v. 05.10.2010 – I-1 U 244/09, NZV 2011, 305 ff.; *OLG München* SVR 2006, 180; *OLG Hamm* NZV 2002, 570; *Balke* SVR 2006, 361, 363.

381 *OLG Hamm*, NZV 2002, 570.

382 *OLG Brandenburg* v. 17.06.2019 – 12 U 179/18 (verlangt außerdem ausführliche Darstellung der Tätigkeiten, die nach dem Unfall nicht mehr ausgeübt werden können). *Quaisser* NJW-Spezial 2024, 329 ff. stellt anschaulich die Entwicklung der Haushaltstätigkeit dar.

383 *OLG Hamm* SVR 2011, 145.

384 10 % haushaltsspezifische Arbeitsunfähigkeit bleibt generell unberücksichtigt: *OLG Karlsruhe* OLGR 1998, 213; 20 % haushaltsspezifische Arbeitsunfähigkeit bleibt i.d.R. unberücksichtigt: *KG* VersR 2005, 237; *OLG München* zfs 1994, 48; *OLG Düsseldorf* DAR 1988, 24; 40 % MdE auf dem allgemeinen Arbeitsmarkt ergeben max. 10–20 % Einschränkung im Haushalt, die durch technische Mittel weitgehend kompensiert werden können. *OLG Köln* SP 2000, 306 f.

385 *LG München I* v. 10.07.2015 – 17 O 13445/13, SP 2016, 188 Umorganisation ist möglich.

386 *OLG Hamm*, SVR 2011, 145 f.

können, eine Umorganisation im Aufgabenbereich darf nicht dazu führen, dass die anderen Haushaltsmitglieder mehr im Haushalt leisten müssen als vor dem Unfall.[387] Zu beachten ist insbesondere auch, dass die Gliedertaxe der Unfallversicherung oder der Grad der Behinderung (GdB) nicht zur Ermittlung der Beeinträchtigung im Haushalt herangezogen werden können, da beide auf anderen Grundlagen basieren. Keine Beeinträchtigung in der Haushaltsführung liegt vor, wenn die haushaltsführende Person lediglich länger für die Verrichtungen benötigt, aber alle Arbeiten ausführen kann.[388]

186 Bei stationärem Aufenthalt des Geschädigten kann ein Haushaltsführungsschaden nur in Ausnahmefällen entstehen. Dabei ist zu differenzieren zwischen dem allein lebenden Geschädigten, dem nur insoweit ein Schaden entsteht, als z.B. die Wäsche gewaschen und ggf. Blumen gegossen werden müssen. Der Aufwand dürfte max. bei 2–3 Stunden/Woche liegen.[389] Gleiches gilt bei einem Zweipersonenhaushalt, in dem beide Teile zu gleichen Teilen berufstätig ist, da dann der Verlust der Haushaltsführung durch den Verletzten durch die Ersparnis der Tätigkeit für den Verletzten kompensiert wird.

Etwas anderes gilt in einem Mehrpersonenhaushalt, ein Haushaltsführungsschaden wird unter Berücksichtigung der Mithilfepflichten der anderen Familienmitglieder zu erstatten sein.[390]

## II. Schadenminderungspflicht

187 Der Geschädigte ist auch im Haushalt zur Schadengeringhaltung verpflichtet. Er kann also bei leichteren Verletzungen, die schnell abklingen, verpflichtet sein, die anfallenden Arbeiten im Haushalt umzuorganisieren, um die Kosten gering zu halten. Es kann von dem Geschädigten verlangt werden, dass er bestimmte Tätigkeiten verschiebt oder bis zur Ausheilung zurückstellt oder die Aufgabenverteilung im Haushalt neu definiert.[391] Der Geschädigte kann auch verpflichtet sein, arbeitssparende Geräte anzuschaffen, die den Verletzungen und Einschränkungen des Geschädigten Rechnung tragen. Die Kosten hierfür hat der Schädiger zu tragen (ggf. inkl. Verbrauchskosten – Strom).[392] Der Geschädigte ist verpflichtet, sich aller Hilfsmittel der heutigen Technik zu bedienen, um seiner Verpflichtung nach § 254 BGB nachzukommen.

## III. Fiktive oder konkrete Abrechnung

188 Der Ausfall in der Haushaltsführung kann konkret abgerechnet werden oder aber, wenn sich der Verletzte mit Familienangehörigen behilft, fiktiv geltend gemacht werden. Es kommt dabei nicht darauf an, ob Mann oder Frau verletzt wurde, sondern allein auf die Frage der Einschränkung im Haushalt und der vom Verletzten vor dem Unfall ausgeführten Tätigkeiten. In beiden Fällen ist aber konkreter Vortrag zu Umfang und Ausgestaltung des Haushaltes sowie der Beeinträchtigungen erforderlich.[393]

### 1. Konkrete Abrechnung

189 Sofern der Verletzte für die Haushaltstätigkeit eine Ersatzkraft beschäftigt, sind die Kosten zu übernehmen, die auf die unfallbedingte Beeinträchtigung im Haushalt entfällt. Es gibt verschiedene Möglichkeiten der Einstellung einer Ersatzkraft:

– Die Ersatzkraft wird von der Krankenkasse des Verletzten gestellt.

387 *OLG Saarbrücken* v. 20.04.2023 – 3 U 7/23, 15 % MdE.
388 *KG*, Beschl. v. 26.07.2007 – 22 U 124/05.
389 *OLG Frankfurt* v. 23.11.2023 – 26 U 61/22, geht von 0,5 h/Woche aus.
390 *Küppersbusch/Höher* a.a.O. Rn. 200, wobei bei völligem Ausfall der haushaltsführenden Person (z.B. bei stationärem Aufenthalt) die gleichen Regeln gelten wie bei der Ermittlung des Naturalunterhaltes!.
391 *KG* VersR 2005, 237; *OLG Koblenz* VersR 2004, 1011 und *OLG Düsseldorf* VersR 2004, 120; *OLG Hamm* NZV 2002, 570 f. nur eingeschränkte Pflicht zur Umorganisation.
392 *OLG Köln* SP 2000, 306 f.
393 *OLG Nürnberg* v. 23.12.2015 – 12 U 1263/14, zfs 2016, 497 f.; *OLG Köln* v. 12.12.2014 – 19 U 39/14, NZV 2015, 505 f.

Es besteht dann in der Person des Verletzten kein Anspruch auf Ersatz, da insoweit ein Anspruchsübergang nach § 116 SGB X auf die gesetzliche Krankenversicherung stattfindet. Allerdings wird von der Krankenkasse eine Ersatzkraft nur eingeschränkt zur Verfügung gestellt, z.B. wenn in dem Haushalt Kinder unter 8 Jahre leben, die nicht anderweitig betreut werden können, aber auch, wenn aufgrund einer schweren Erkrankung vorübergehend der Haushalt nicht geführt werden kann.[394] Wegen des Anspruchsübergangs im Unfallzeitpunkt sind die Ansprüche zunächst gegen die Krankenkasse zu richten, wenn die Voraussetzungen vorliegen. Auch die landwirtschaftlichen Krankenkassen stellen auf Anforderungen sog. Betriebshelfer zur Verfügung, wenn die Bäuerin verletzt wird.

– Der Geschädigte stellt eine Haushaltshilfe ein und beschäftigt diese sozialversicherungspflichtig. Dann sind auch die nachgewiesenen Beiträge zu den Sozialversicherungen zu erstatten, wenn nur der unfallbedingte Ausfall ausgeglichen wird. Ansonsten ist anteilig zu kürzen.
– Die Abrechnung von Quittungen aus der Nachbarschaft kann angesichts des Risikos, der Schwarzarbeit Vorschub zu leisten, nicht ernsthaft empfohlen werden.

## 2. Fiktive Erstattung

Der Haushaltsführungsschaden kann fiktiv, d.h. auf Basis der Kosten einer Ersatzkraft abgerechnet werden. 190 Dann werden aber nur die Netto-Löhne erstattet ohne Steuern und Sozialabgaben. Üblicherweise richtet sich der Stundensatz nach dem Lohn einer Putzfrau, nicht nach dem Lohn einer ausgebildeten Fachkraft, weshalb folgerichtig auch maximal bzw. die Tarifgruppe E 1 des TVÖD netto zu erstatten ist.[395] Die Rechtsprechung ging bisher von einem durchschnittlichen Netto-Lohn von zwischen 6 und 10 € aus,[396] während bei Anwendung der Tabellen von *Schulz-Borck/Hofmann* – jetzt Pardey – sich der Lohn bei 8–9 € netto bewegt. In seiner Entscheidung bestätigt der *BGH* jetzt zum einen, dass eine Orientierung an Brutto-Löhnen nur erfolgen kann, wenn tatsächlich eine Ersatzkraft konkret eingestellt wird (die auch entsprechend sozialversichert ist!). Wird darauf – wie in der Regel – verzichtet, besteht nur Anspruch auf Abrechnung des Netto-Lohnes. Eine Anwendung des Mindestlohnes ist zulässig und der Bezug auf das JVEG als Basis ist ungeeignet.[397] Angesichts der Vielzahl der Stellen, die mit Stundenlöhnen bis zu 7 €/Std. netto entlohnt werden, ist diese Entwicklung für eine vergleichsweise einfache Tätigkeit nicht weiter hinzunehmen. Zu Recht wird daher zur Ermittlung des zu erstattenden Stundenlohnes u.a. auf die Tarifverträge des Deutschen Hausfrauenbundes oder der Gewerkschaft Nahrung, Genussmittel, Gaststätten (NGG), die beide dem Thema näher sind, als der TVÖD, zurückgegriffen, und diese für den Vergleich herangezogen.[398] Die Löhne dort sind zum einen nach Tätigkeitsbereichen (bis hin zur qualifizierten Hauswirtschafterin) gestaffelt, zum anderen gelten je nach Bundesland andere Tarifverträge, sodass auch die regionalen Besonderheiten berücksichtigt werden. Üblicherweise dürfte ein Stundenlohn von 6 € bis

394 Zu den Grenzen vgl. ausführlich *LSG Baden-Württemberg* v. 25.04.2023 – L 11 KR 386/23.

395 *BGH* v. 17.10.2000 – VI ZR 313/99, r+s 2001, 21 f.; *OLG Düsseldorf*, Urt. v. 27.04.2021 – 1 U 38/20, schätzt 12 € netto, verkennt aber auch, dass ein Ersatz lediglich für die groben Arbeiten geschuldet ist, so dass der Mindestlohn ausreichend wäre! *OLG Rostock* zfs 2003, 233, welches für die fiktive Abrechnung einer Ersatzkraft BAT X annimmt, die Tarife des Deutschen Hausfrauenbundes wurden dem BGH noch nicht vorgetragen.

396 Die BGen erstatten derzeit 8,25 €/Std. für die Haushaltshilfe. *OLG Celle* Beschl. v. 02.11.2015 – 1 W 147/15; *OLG Koblenz* v. 11.05.2015 – 12 U 798/14, SVR 2015, 3020f und *OLG München* v. 21.03.2014 – 10 U 1750/13 erstatten 8,00 €/Std.; *OLG Hamm* v. 26.06.2014 – 26 U 60/13 (Beck) erstattet 7,20 €/Std.; *OLG Schleswig* zfs 1995, 10; *OLG Düsseldorf* VersR 1992, 1418 (5–6 €); *OLG Oldenburg* SP 2001, 196, *OLG Hamm* SP 2001, 376; *OLG Köln* SP 2000, 306 u.a. 15 DM = 7,5 €; *LG Tübingen* (Urt. v. 15.09.2022 – 5 O 29/21 (10 €) und v. 27.10.2015 – 5 O 155/14 orientiert sich fälschlicherweise an § 21 JVEG; *KG* NZV 2005, 92; *LG München* SP 2005, 52; *LG Coburg* v. 01.12.2010 – 12 O 541/08 (7 €); *LG Landshut* SP 2010, 430 (8 €); *LG Bonn* SP 2010, 251 (8 €).

397 *BGH* v. 05.11.2024 – VI ZR 12/24.

398 Vgl. insoweit Stundensätze beim Haushaltsführungsschaden, SVR 2007, 17 ff., zuletzt SVR 2018, 454 ff.; *Balke* Haushaltsführungsschaden SVR 2006, 321; *ders.* SVR 2011, 372 f.

max. 8 € netto angemessen sein,[399] Ausnahmen können sich aber regional ergeben. Der BAT/TVÖD wird dem Aufgabenbereich im Haushalt, der im Wesentlichen nach Anweisungen zu erfüllen sein wird, nicht gerecht.[400] Die Tarifverträge des Deutschen Hausfrauenbundes sind – da sie sich auch an den im Haushalt erforderlichen Tätigkeiten orientieren und in verschiedene Anforderungsstufen aufgeteilt werden, BAT deswegen vorzuziehen, weil er sich genau mit den im Haushalt anfallenden Tätigkeiten einer ausgebildeten Kraft befasst. Diese hat eine Lehre als Hauswirtschafterin ggf. mit Meisterprüfung abgeschlossen und ist die »Superhausfrau«, die sowieso alles noch viel besser kann als diejenigen Personen, die als »Haushaltshilfen« »eingestellt« werden.

Wenn im Rahmen des VGT die Anerkennung von Stundenlöhnen ab 5 € für die fiktive Abrechnung kritisiert wurde,[401] wird gerade verkannt, dass eine Ersatzkraft ja nicht eingestellt wurde. Es ist dem Geschädigten zu keinem Zeitpunkt verwehrt, eine Ersatzkraft gegen Bezahlung einzustellen. In aller Regel sind nur die schweren Arbeiten umzuorganisieren, während die Leitungsfunktion der haushaltsführenden verletzten Person erhalten bleibt, daher sind die mittleren Brutto-Gehälter des TVÖD nicht angemessen.[402]

### IV. Berechnung

191 Grundsätzlich ist bei der Berechnung auf die konkreten Beeinträchtigungen des Verletzten im Haushalt abzustellen.[403] Der Geschädigte muss im Einzelnen darlegen, welche Tätigkeiten, die er vor dem Unfall verrichtete, nun wegen des Unfalles nicht mehr oder nicht mehr vollständig ausgeführt werden können.[404] Zwar ist eine Schätzung des Aufwandes anhand von Tabellen möglich, aber der bloße Verweis auf eine pauschale prozentuale Minderung der Erwerbsfähigkeit oder der Fähigkeit zur Haushaltsführung reicht nicht aus.[405] Diese Tabellen können eine Plausibilitätsprüfung ermöglichen,[406] aufgrund schwerwiegender Unstimmigkeiten sind sie aber zur alleinigen Bewertung ungeeignet.[407] Zutreffend ist als Basis für den Umfang des Erstattungsanspruchs Tab. 1 von *Schulz/Borck/Hofmann* anzuwenden.[408]

#### 1. Grundlagen für die Schätzung

192 Streit besteht hinsichtlich der Frage, auf welcher Grundlage eine Schätzung durch den erkennenden Richter erfolgen sollte.

Der freien Schätzung aufgrund eigener Erfahrungswerte »welche Beträge für die eigene Putzfrau im Bekanntenkreis gezahlt werden« ist eine Absage zu erteilen. Die in dieser juristischen Grauzone der Schwarzarbeit im Haushalt gezahlten Beträge sind nicht akzeptierbar.

Nachvollziehbarer sind daher Tarifwerke, die pauschaliert aufgrund von bestimmten Tätigkeitsgruppen und Fähigkeiten einen Stundenlohn für eine sozialversicherungspflichtige Tätigkeit vorgeben. welcher Tarifvertrag zur Berechnung des Schadenersatzes herangezogen werden soll, BAT, TVÖD,

399 *OLG München* v. 10.03.2021 – 10 U 176/20 (8 €), *OLG Koblenz* v. 11.05.2015 – 12 U 798/14; *OLG München* v. 14.06.2013 – 10 U 3314/12.

400 *OLG Dresden* SP 2008, 292 ff.; *OLG Frankfurt* Beschl. v. 29.10.2008 – 22 W 64/08.

401 So z.B. *Huber* DAR 2010, 677, 681.

402 Insoweit falsch *OLG Düsseldorf* v. 27.04.2021 – I-1 U 38/20 geht von 12 € Netto(!) aus.

403 *OLG Celle* SP 2008, 7 f.

404 *OLG Koblenz* v. 15.01.2024 – 12 U 1257/21; *OLG Celle* v. 08.07.2020 – 14 U 27/20, konkrete Darlegung ist erforderlich; Bock SVR 2020, 171 ff. zum erforderlichen Vortrag.

405 *OLG Celle* SP 2007, 428 f.

406 *OLG Dresden* v. 29.05.2020 – 22 Z 699/19.

407 Hierzu ausführlich *OLG Celle* v. 26.06.2019 – 14 U 154/18.

408 *OLG Celle* SVR 2011, 149, da Tabelle 8 nur auf Befragungen basiert und subjektive Einschätzungen wiedergibt; vgl. dazu auch Anm. *Balke* SVR 2011, s. 152, 153; a.A. *BGH* v. 03.02.2009 – VI ZR 183/08, SVR 2009, 222. Zur historischen Entwicklung vgl. in diesem Buch in der 4. Auflage, Kap. 18 von Nickel/Schwab, Rn. 19 ff.

Deutscher Hausfrauenbund (DHB) oder der Tarifvertrag der NGG. Der BAT als Vorläufer des TVÖD wurde lange Zeit als Maßstab für die Schätzung herangezogen. Allerdings sind die Tätigkeiten, die einer Eingruppierung zugrunde liegen, nicht mit dem Anforderungsprofil im Haushalt in Einklang zu bringen. Schon in der 6. Auflage des Werkes wiesen Schulz-Borck-Hofmann auf die Tarifverträge des DHB und der NGG hin, die im Tätigkeitsprofil den Anforderungen im Haushalt entsprechen. Aufgrund der Sachnähe dieser Tarifpartner ist deren Tarifverträgen der Vorzug zu geben.[409] Die Verträge betreffen insgesamt einen Personenkreis von mehr als 250.000 Personen! Damit ist dem Erfordernis der Rechtsprechung des BAG[410] an die Mächtigkeit der Tarifpartner zweifellos genüge getan. Die Tarifparteien schließen seit Jahrzehnten einen einheitlichen Manteltarifvertrag auf Bundesebene und regionale Entgelttarifverträge auf Ländereben.

Die einzelnen Tarifwerke sowohl des deutschen Hausfrauenbundes wie auch der NGG stellen zum einen auf die Ausbildung der Hauswirtschaftskraft ab, zum anderen werden die Tätigkeiten in Anforderungsprofilen zusammengefasst und dann einer Einstufung zugeführt. Es wird unterschieden zwischen den Tätigkeiten, die nur auf Anweisung unselbstständig ausgeführt werden, ob Kinder im Haushalt vorhanden sind oder nicht, ob eine selbstständige Haushaltsführung erforderlich ist, oder nur »Hilfsleistungen« wie Putzen und Wäsche waschen.

Die wesentlichen Tarifmerkmale finden sich in den Vergütungsgruppen II und IV:

– Vergütungsgruppe II:

| | |
|---|---|
| Ausbildung: | Tätigkeiten, für die keine einschlägige berufliche Ausbildung, jedoch Vorkenntnisse verlangt werden. Die Arbeiten werden nach jeweiliger Einzelanweisung ausgeführt. |
| Kenntnisse/Erfahrung: | Vorkenntnisse sind Kenntnisse, die aufgrund der hauswirtschaftlichen Tätigkeit im eigenen Haushalt erworben werden. |
| Tätigkeitsbeispiele: | Hilfe im Haushalt, Hilfe im Garten, persönliche Assistenz, Kinderbetreuung, Tätigkeiten zur Pflege und Instandhaltung/Überwachung von Gebäuden und deren technischen Einrichtungen, Fahren, Pflegen und Instandhaltung von Personenkraftwagen. |

– Vergütungsgruppe IV:

| | |
|---|---|
| Ausbildung: | Tätigkeiten, für die eine abgeschlossene fachbezogene Schulausbildung oder eine einschlägige abgeschlossene Berufsausbildung oder anderweitig erworbene gleichwertige Kenntnisse Voraussetzung sind. Die Arbeiten werden im Rahmen eines umfassenden Arbeitsverhältnisses selbstständig ausgeführt. |
| Kenntnisse/Erfahrung: | Anderweitig erworbene gleichwertige Kenntnisse sind Kenntnisse, die durch eine langjährige Tätigkeitserfahrung in fremden Haushalten erworben wurden und den Kenntnissen einer Berufsausbildung gleichzusetzen sind. |
| Tätigkeitsbeispiele: | Hauswirtschafterin, Koch/Köchin, Betreuung und Versorgung von Kindern, Tätigkeiten zur persönlichen Assistenz, Tätigkeiten zur Pflege und Instandhaltung/Überwachung von Gebäuden und deren technischen Einrichtungen, Fahren, Pflegen und Instandhaltung von Personenkraftfahrzeugen (mit einer dem Aufgabenfeld entsprechenden Ausbildung). |

Hinsichtlich des Stundenlohnes sind üblicherweise die Tarife anzusetzen, die in Fachkreisen (Dt. Hausfrauenbund, Tarif NGG[411]) angesetzt werden. Der TVÖD ist nicht einschlägig. Zu beachten 193

409 Dies entspricht auch der Empfehlung des 48. VGT: »Ist der Zeitbedarf festgestellt, sollte der Stundensatz für die Schadensschätzung auf der Grundlage eines einschlägigen Tarifvertrages ermittelt werden.«.

410 *BAG* v. 05.10.2010 – 1 ABR 88/09, NJW 2011, 1386; *BAG* v. 28.03.2006 – 1 ABR 58/04, BAGE 117, 308; *LAG Hamm* v. 23.09.2011 – 10 TaBV 14/11.

411 *LG Darmstadt* v. 06.11.2015 – 1 O 296/11, SVR 2016, 62 f.

ist, dass auch der vielzitierte Mindestlohn[412] als Brutto-Lohn zu versteuern ist. Die Netto-Löhne entsprechen dann durchaus den Netto-Löhnen der Tarifverträge des DHB und der NGG. Maßgeblich ist die ortsübliche Vergütung.[413] Diese können in bundesweiten Tarifen nicht hinreichend abgebildet werden. Eine Übersicht über die Tarife finden sich bei Nickel/Schwab.[414] Auf einen weiteren Abdruck dieser Tabellenwerke wird verzichtet, da die Veränderungen der Tarife durch unterschiedliche Anpassungszeiten dem Aktualitätsanspruch nicht mehr gerecht werden können.

Höhere Stundenlöhne sind nur zu erzielen, wenn die Grenzen des Minijobs (aktuell trotz anderslautender Bestrebungen in der Politik noch immer 450 EUR/Monat), nicht überschritten werden, da dann keine Steuern und Sozialabgaben vom Stundenlohn abgezogen werden. Zu beachten ist aber, dass bei dauerhaften Beeinträchtigungen von mehr als 47 h/Monat (ausgehend vom Mindestlohn 9,50 EUR brutto) diese Grenze erreicht ist, dies entspricht ca. 1,6 Std. Hausarbeit pro Tag! Der Netto-Stundenlohn auf Basis Mindestlohn 9,50 EUR beträgt bei einer wöchentlichen Arbeitszeit von 40 h (9,5 €*40h*4,3) netto bei Steuerklasse 1 im Jahr 2021 1.210,33 €, also netto (1210,33/4,3/40h) 7,03 EUR. Die Arbeitgeberanteile auf den Lohn sind nur dann zu erstatten, wenn deren Anfall tatsächlich nachgewiesen wurde, die Ersatzkraft also tatsächlich sozialversicherungspflichtig beschäftigt wurde. Bei fiktiver Abrechnung besteht hierauf kein Anspruch.

Die Rechtsprechung zu den Stundenlöhnen ist uneinheitlich. In der Gerichtspraxis werden diese Tarife wegen der sachlichen Nähe zum Tätigkeitsbereich im Haushalt inzwischen immer häufiger herangezogen.

Für die Tarifwerke des Deutschen Hausfrauenbundes haben sich entschieden:

*OLG Frankfurt*;[415] *LG Darmstadt*;[416] auch in Sozialgerichtsbarkeit[417] und bei Arbeitsgerichten[418] werden diese Tarife angewendet.

Der *BGH* hat schon 1982 die Anwendung des TVÖD gerügt, weil er nicht genug auf örtliche Besonderheiten eingeht.[419]

*OLG Oldenburg* stellt auf den Tarif des DHB ab unter Berücksichtigung der Tätigkeitsmerkmale des Tarifs der NGG.[420]

## 2. Dauer und Umfang der Erstattung

194 Der Haushaltsführungsschaden ist so lange zu erstatten, wie eine entsprechende Behinderung der Haushaltstätigkeit besteht. Es kann im Einzelfall auch eine dauerhafte Entschädigung geleistet werden. Nach höchstrichterlicher Rechtsprechung ist eine Erstattung des Haushaltsführungsschadens längstens bis zum 75. Lebensjahr vorgesehen, danach geht man davon aus, dass der Haushalt ohnehin nicht mehr ohne Hilfe bewältigt werden kann.[421] Ein darüber hinausgehender Haus-

412 *OLG Bamberg*, Urt. v. 28.03.2023 – 5 U 122/22; zu den Details bei Mindestlohn vgl. *Moll* MDR 2015, 125 ff. Aktuell beträgt der Mindestlohn ab 01.01.2024: 12,41 €/brutto!.

413 *OLG Düsseldorf* v. 16.03.1987 – 1 U 42/86.

414 U.a. »Stundensätze im Haushaltsführungsschaden«, SVR 2018, 41–43; *Nickel/Schwab* SVR 2018, 454, Nickel SVR 2014, 17; *Nickel/Schwab* SVR 2010, 11 *Nickel/Schwab*, SVR 2007, 17.

415 *OLG Frankfurt/M.* v. 29.10.2008 – 22 W 64/08 m. Anm. *Balke* in VRR 2009, 106; m. Anm. *Luckey* zfs 2009, 611 f.

416 *LG Darmstadt* v. 06.11.2015 – 1 O 296/11.

417 *BSG* v. 21.12.1980 – 4 RJ 97/78; *LSG Schleswig-Holstein* v. 18.10.2005 – L 7 RJ 11/04; *SG Karlsruhe* v. 10.04.2013 – S 12 R 4856/11.

418 *LAG Rheinland-Pfalz* v. 10.01.2008 – 2 Sa 615/07.

419 *BGH* v. 08.06.1982 – VI ZR 314/80.

420 *OLG Oldenburg* v. 02.12.1976 – 3 U 36/76., ebenso *OLG Stuttgart* v. 03.11.1976 – 13 U 44/76.

421 Zuletzt u.a. *OLG Rostock* zfs 2003, 233, welches für die fiktive Abrechnung einer Ersatzkraft BAT X annimmt; *OLG Schleswig* OLGR 2005, 311 berechnet bis zum 70. Lebensjahr; *OLG Schleswig* BeckRS

haltsführungsschaden wird nur im Ausnahmefall zu erstatten sein.[422] Ob dies aber angesichts der immer älter werdenden Bevölkerung weiter aufrechterhalten werden kann, ist fraglich.[423] Zwar ist grundsätzlich zu ermitteln, welche Leistungen im Haushalt erbracht wurden und welche Behinderungen im Haushalt aufgrund des Unfalles bestehen, aber für die Ermittlung der Kosten ist auch zu berücksichtigen, welche Zeit eine professionelle Ersatzkraft zur Haltung des Standards dieses Haushaltes benötigte.[424] Ebenso ist auch die Ausstattung des Haushaltes mit technischem Gerät zu berücksichtigen.[425] Der Verletzte kann dabei wählen, ob er den Haushaltsführungsschaden in Form einer monatlichen Rente erhalten möchte, oder sich ggf. frühzeitig abfinden lässt. Dabei ist die im Alter nachlassende Arbeitskraft[426] sowie die nach Pensionierung des Ehegatten eintretende Mithilfepflicht entsprechend zu berücksichtigen.

Ein Anspruch auf Erstattung von Haushaltsführungsschaden besteht dann nicht mehr, wenn wegen des Alters und unfallunabhängiger Einschränkungen der eigene Haushalt aufgegeben wird und die Geschädigte in den Haushalt des Sohnes zieht.[427]

Soweit in der Haushaltsführung ein Dauerschaden entstanden ist, ist auch zu berücksichtigen, dass 195
bei Urlaubsreisen ein Haushaltsführungsschaden ohnehin nicht anfällt.[428] Auch Erkrankungen der Hausfrau aus anderen als den unfallbedingten Gründen sind zu berücksichtigen.

Bei der Kapitalisierung des fiktiven Haushaltsführungsschadens ist in aller Regel ein Zuschlag für Lohnsteigerungen nicht vorgesehen, bei langen Laufzeiten kann allerdings eine moderate Dynamisierung angesetzt werden.

Das von Nickel/Schwab entwickelte Prüfschema hilft bei der Abrechnung[429]: 196

Die Anforderungen an die Darstellung des Haushaltsführungsschadens haben sich im Laufe der Zeit erheblich verändert: War es zunächst zulässig, sich auf Tabellenwerke zu berufen,[430] fordert die Rechtsprechung inzwischen zu Recht, dass konkret vorgetragen wird, welche Tätigkeiten im Haushalt vor dem Unfall durchgeführt wurden und welche dieser Tätigkeiten nach dem Unfall nicht mehr möglich sind.[431] Dabei reicht es nicht, auf die bekannten Tabellenwerke hinzuweisen, sondern es ist erforderlich, auch anhand der körperlichen Beeinträchtigungen darzulegen, welche Beeinträchtigung welche Tätigkeiten behindert.[432] Auch auf die technische Ausstattung des Haushaltes ist insoweit einzugehen, Umdisponierungen müssen vorgenommen werden bzw. es muss dargelegt werden, warum eine Umorganisation gerade nicht möglich ist. Dies gilt umso mehr, je leichter die Verletzung ist. Prozentuale Abschläge entsprechend dem Heilverlauf ersetzen den konkreten Vortrag nicht.[433]

---

2005, 30357539 bis 65. Lj. wegen fortschreitender angeborener Muskelsteife; a.A. *OLG Koblenz* v. 18.04.2016 – 12 U 996/15 m. Anm. *Wenker* (Juris).

422 *LG Gießen* SP 2010, 394 für einen 81-jährigen, der vor dem Unfall Haus und Hof alleine bzw. mit Ehefrau bewirtschaftet und gepflegt hat.

423 *OLG Frankfurt/M.* vom 24.03.2020 – 22 U 82/18; erachtet die Begrenzung nicht mehr als angemessen.

424 Z.B. *OLG Hamm* NVZ 2002, 570, s.a. Tabellen 6 und 6a nach *Reichenbach/Vogel.*

425 *OLG Frankfurt/M.* v. 16.07.2020 – 22 U 205/19; *OLG Frankfurt/M.* v. 18.10.2018 – 22 U 97/16 (zu den inzwischen hochtechnischen Küchenmaschinen).

426 *BGH* v. 07.05.1974 – VI ZR 10/73, VersR 1974, 1016.

427 *LG Bremen* v. 01.03.2023 – 4 O 1047/22.

428 *OLG Schleswig* OLGR 2005, 311 zieht einen Monat ab; *OLG Schleswig* 7 U 124/01 (Juris) zieht 11 Wochen für Urlaub ab!.

429 Vgl. insoweit in der 4. Aufl. zu Kapitel 18 Rn. 58.

430 Schulz/Borck/Hoffmann(vormals) jetzt Pardey a.a.O. Tabellen zur Berechnung des Haushaltsführungsschaden.

431 *OLG Koblenz* v. 15.01.2024 – 12 U 1257/21; *Balke* SVR 2024, 3, 6.

432 *OLG Brandenburg* v. 06.07.2023 – 12 U 28/22.

433 *OLG Brandenburg*, Urt. v. 06.07.2023 – 12 U 28/22.

Soweit in dem Haushalt Tiere vorhanden sind, sind diese in aller Regel dem Hobby zuzurechnen, so dass diese ggf. im Rahmen des Schmerzensgeldes zu berücksichtigen sind. Kann ein Hund nur noch 75 min anstelle von vorher 90 min. ausgeführt werden, liegt hierin kein erstattungsfähiger Schaden.[434]

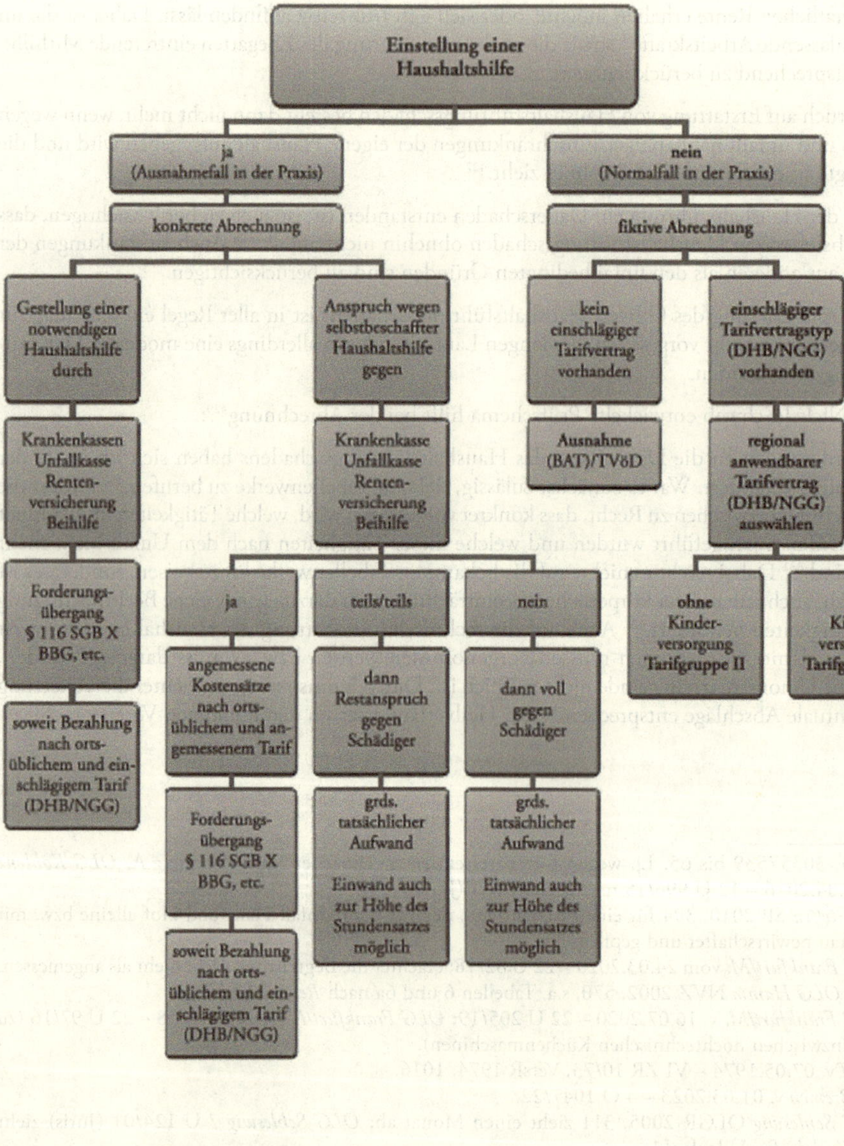


**Abb. 3: Berechnungsschema für die Ermittlung des Haushaltsführungsschaden**

434 *OLG Koblenz* v. 01.03.2021 – 12 U 1297/20.

### 3. Alleinstehender

Ein alleinstehender Geschädigter kann ebenfalls einen Schaden in der Haushaltsführung erleiden. Da er Leistungen im Haushalt ausschließlich zur Befriedigung seiner eigenen Bedürfnisse erbringt, ergibt sich sein Anspruch auf Ersatz von Aufwendungen (auch fiktiv) nur aus der Vermehrung seiner Bedürfnisse. 197

Für den Zeitraum stationärer Aufenthalte besteht nur ein eingeschränkter Anspruch auf Ersatz von Haushaltsführungsschaden, der sich bestenfalls im Lüften der Wohnung, Gießen von Blumen und ggf. auch Besorgen von Kehrwochen o.Ä. mit 2–3 Stunden pro Woche (15 % des eigentlichen Aufwandes[435]) erschöpfen dürfte.[436] Soweit der Geschädigte sich nicht oder nicht mehr in stationärer Behandlung befindet, gelten die allgemeinen Regeln zur Bewertung des ihm entstandenen Schadens. 198

### 4. Familie

Wird die haushaltsführende Person in einer Familie geschädigt, entsteht auch während des stationären Aufenthaltes dieser Person ein Schaden in der Haushaltsführung, der aber zu kürzen ist um den Anteil für die eigene Versorgung, die vom Krankenhaus übernommen wird. 199

Es ist zu trennen zwischen dem Teil der Haushaltsführung, der ausschließlich der Befriedigung der eigenen Bedürfnisse des haushaltsführenden Verletzten dient und dem Teil der Hausarbeit, der für die anderen Familienmitglieder – also fremdwirtschaftlich und damit vergleichbar einer Erwerbstätigkeit – erbracht wird. Auch bei der Erstattung des Haushaltsführungsschadens sind Leistungen Dritter zu berücksichtigen. Der Aufwand der Haushaltsführung für die Familie unterfällt dem Erwerbsschaden,[437] sodass insoweit Kongruenz besteht. Soweit die eigenen Bedürfnisse befriedigt werden, handelt es sich um vermehrte Bedürfnisse, es kann daher Kongruenz mit Pflegekosten bestehen. Dabei erfolgt die Berechnung der Anteile i.d.R. nach Kopfteilen.[438] Bei einem 4-Personen-Haushalt ist also von 3/4 Anteil Erwerbstätigkeit und 1/4 Anteil vermehrte Bedürfnisse auszugehen. 200

Diese Unterscheidung wird im Normalfall nicht von Bedeutung sein, wenn lediglich kürzere Zeiten von Arbeitsunfähigkeiten zu bewerten sind. Allerdings wird die Trennung dann wichtig, wenn der Verletzte infolge des Unfalles Erwerbsunfähigkeits- oder Verletztenrenten erhält, die betragsmäßig über den entstandenen Verdienstschaden hinausgehen. 201

▶ **Beispiel:**

Haushaltsführungsschaden 1000 € monatlich im 4 Personenhaushalt, die verletzte Person hat 1/4 Eigenbedarf (= 250,00 €), sie erhält eine Erwerbsunfähigkeitsrente von 600,00 €. Ein Verdienstschaden wegen eingeschränkter Erwerbsfähigkeit liegt nicht vor. Im Wege des Vorteilsaugleichs sind damit die Rentenzahlungen zum Teil auf den Haushaltsführungsschaden, zumindest soweit dieser fremdwirtschaftliche Bedürfnisse befriedigt, anrechenbar. 202

Der Vorteilsausgleich wird wie folgt durchgeführt:

Tab. 4

| | | |
|---|---|---|
| Eigener Bedarf (Keine Anrechnung der Rente) | | 250,00 € |
| Erwerbsschaden (Restl. Haushaltsführung): | 750,00 € | |
| Verletztenrente | – 600,00 € | |
| Verbleibender Schaden | | + 150, 00 € |
| Der Verletzte erhält insgesamt | | 400,00 € |

435 *OLG Nürnberg* v. 23.12.2015 – 12 U 1263/14.

436 *OLG Oldenburg* v. 20.06.2008 – 11 U 3/08, BeckRS 2009, 12544; *OLG Nürnberg* v. 20.06.2008 – 11 U 3/08; *OLG Frankfurt* SVR 2009, 223 erachtet 2 Std./Woche für angemessen.

437 *OLG Stuttgart* v. 31.01.2013 – 19 U 148/12.

438 *OLG Saarbrücken* v. 31.01.2013 – 4 U 349/11-110.

### 5. Pflegebedürftiger Angehöriger

203 Wird ein Angehöriger im Haushalt versorgt, der pflegebedürftig ist und Pflegegeld erhält, ist dieser Aufwand dem Haushaltsführungsschaden nicht hinzuzurechnen.[439] Der Angehörige erhält Pflegegeld von der Pflegekasse, um damit seinen Pflegebedarf zu finanzieren. Wurde die Pflege durch die verletzte Person durchgeführt, kann sie bestenfalls bei Ausfall das entgangene Pflegegeld als Verdienstschaden geltend machen. Allerdings ist zu beachten, dass dafür das Pflegegeld auch tatsächlich an die verletzte Person gezahlt wurde, ein Anspruch auf die Weitergabe des Pflegegeldes besteht nicht, wenn die Pflege aufgrund einer engen familiären Bindung erfolgte.[440] Der Pflegebedürftige wird dann das Pflegegeld einsetzen, um seine Pflege anderweitig sicher zu stellen.[441] Der Ausfall der Pflege ist ein mittelbarer Schaden des Pflegebedürftigen, der vom Schädiger nicht zu ersetzen ist, da hier der Pflegebedürftige unfallunabhängig der Pflege bedarf. Genau dafür erhält der Pflegebedürftige aber Leistungen der Pflegekasse, um die Pflege (durch wen auch immer) sicher zu stellen. Allerdings kann in der Person des Verletzten ein Verdienstschaden entstehen durch den Verlust des »Pflegehonorars«.[442] Dieser ist dann entsprechend zu ersetzen.

### 6. Berechnungsbeispiel Haushaltsführungsschaden

204 Aus der Zahl der vor dem Unfall geleisteten Wochenstunden und aus der unfallbedingten prozentualen Behinderung errechnet sich die Zahl der auszugleichenden Wochenstunden. Zur Ermittlung der Stundenzahl sind die Werte von Tabelle 1 und 8 von *Pardey* – vormals *Schulz-Borck-Pardey* heranzuziehen. Unter Berücksichtigung der konkreten Behinderung/Beeinträchtigung im Haushalt nach den Tabellen 6 und 6a nach *Pardey* wird der unfallbedingte Ausfall im Haushalt ermittelt.

▶ **Beispiel:**

205 Im Haushalt der Verletzten fallen wöchentlich 40 Arbeitsstunden an. Davon werden etwa 60 % durch die Verletzte, der Rest von den Familienangehörigen erledigt. Ihr Anteil am Haushalt liegt also bei 24 Std./Woche. Bei einer haushaltsspezifischen Beeinträchtigung der Arbeitsfähigkeit von 50 % besteht bei voller Haftung Anspruch auf Ersatz von 12 Wochenstunden. Ausgehend von einer Beeinträchtigung für den Zeitraum von 6 Wochen ergibt sich damit folgende Rechnung:

12 Std./Woche × 6 Wochen = 72 ersatzfähige Stunden

Der Ersatzbetrag bemisst sich nach dem erforderlichen Kostenaufwand für die Beschäftigung einer »gleichwertigen« Ersatzkraft, gleichgültig ob sie tatsächlich eingestellt worden ist oder ob man sich anderweitig beholfen hat. Ausgehend von den Werten des Deutschen Hausfrauenbundes ist bei Tätigkeiten im Haushalt in der Tarifgruppe 1 und 2 (Arbeiten nur nach Anweisungen) je nach Bundesland von einem durchschnittlichen Brutto-Stundenlohn maximal in der Höhe des Mindestlohnes auszugehen. Sind genauere Angaben hinsichtlich der Verteilung der Tätigkeiten nicht gegeben, kann auch zur Aufteilung auf die einzelnen Familienmitglieder der prozentuale Anteil aus der Tabelle 8 von *Pardey* herangezogen werden.[443]

---

439 *OLG Brandenburg* v. 13.10.2016 – 12 U 180/15, SVR 2017, 103 ff., wenn nicht ein besonderer Unterhaltsanspruch besteht.

440 *OLG Dresden*, Beschl. v. 11.11.2019 – 4 U 1243/19.

441 Zum Pflegegeld vgl. unten Rdn. 228–230.

442 *OLG Hamm* NJW 1996, 3016; *LG Paderborn* v. 16.09.1999 – 3 O 86/99.

443 *BGH* v. 22.05.2012 – VI ZR 157/11, nimmt Tabelle 1 für den Zeitbedarf und Tabelle 8 für die Aufteilung der Anteile der einzelnen Familienmitglieder. *OLG Hamm* v. 06.04.2017 – 6 U 2/16 nimmt für einen durchschnittlichen Haushalt Tabelle 1 Anspruchsstufe 2.

## D. Vermehrte Bedürfnisse

Gemäß § 843 BGB ist demjenigen, bei dem infolge einer Verletzung des Körpers oder der Gesundheit eine Vermehrung der Bedürfnisse eingetreten ist, Schadensersatz durch Entrichtung eine Geldrente zu leisten. Statt einer Rente kann gemäß § 843 Abs. 3 BGB der Verletzte eine Abfindung in Kapital verlangen, wenn ein wichtiger Grund vorliegt. Hieraus könnte man ablesen, dass es sich bei vermehrten Bedürfnissen nur um solche Aufwendungen handelt, die regelmäßig wiederkehren. So definiert der *BGH* vermehrte Bedürfnisse auch als ständig wiederkehrende Aufwendungen, die »den Zweck haben, diejenigen Nachteile auszugleichen, die dem Verletzten infolge dauernder Beeinträchtigung seines körperlichen Wohlbefindens entstehen«.[444] Dies bedeutet aber nicht, dass alle Aufwendungen des Geschädigten zu ersetzen sind, damit er wie vor dem Unfall uneingeschränkt seinen persönlichen Neigungen in der Freizeitgestaltung nachgehen kann. Eine solche Einschränkung in seiner persönlichen Freizeitgestaltung unterfällt den immateriellen Schäden und ist mit dem Schmerzensgeld auszugleichen.[445] Neben den ständig wiederkehrenden Leistungen fallen unter die vermehrten Bedürfnisse auch die Aufwendungen, die nur selten oder einmal im Leben anfallen (beispielsweise Hausumbaukosten,[446] technische Hilfsmittel etc.), wenn sie geeignet sind, die Nachteile auszugleichen. Der Geschädigte hat bei diesen Positionen nicht einen Renten-, sondern einen Kapitalanspruch. Es gibt drei Hauptgruppen, nämlich Pflege- und Mehrbedarf bei der Eigenversorgung, Kleidermehrbedarf und behinderungsbedingter Bedarf an Hilfsmitteln (insbesondere PKW); sowie die (Um) Baukosten für ein Haus/Wohnung. 206

### I. Fahrtkosten

Der Geschädigte hat Anspruch auf Ersatz der unfallbedingt angefallenen Fahrtkosten zu den Ärzten, ambulanten Behandlungen etc. Dabei sind die reinen Betriebskosten erstattungsfähig. Diese können entweder anhand des verwendeten Fahrzeuges oder aber pauschal ermittelt werden. Es erfolgt die Erstattung der gefahrenen km.[447] Weder die km-Pauschalen des Finanzamtes noch die km-Pauschalen im Rahmen der Reisekostenabrechnungen sind erstattungsfähig. Die Erstattung von Tankquittungen ist nicht möglich. § 53 Abs. 4 SGB IX i.V.m. § 5 Abs. 1 BRKG sieht 0,20 EUR je km für die kürzeste Strecke vor. In aller Regel handelt es sich bei dieser Position nicht um sog. wiederkehrende Leistungen.[448] Außerdem hat er Anspruch auf die Erstattung der Besuchskosten im Krankenhaus. Dies sind keine Ansprüche der Familienangehörigen, die den Verletzten besuchen![449] 207

### II. Zuzahlungen zu Heilbehandlungen und Arzneimitteln

Bei den unfallbedingt erforderlichen Arzneimitteln besteht Anspruch auf Erstattung der Zuzahlungen. Einkommensabhängig kann die Zuzahlung erlassen werden, auch Kinder sind von den Zuzahlungen befreit. Bei BG-Unfällen entfällt diese Position. 208

Die Zuzahlungen zu den ambulanten Heilbehandlungen (i.d.R. 10 % des Rechnungsbetrages) sind erstattungsfähige Mehraufwendungen, in aller Regel jedoch keine sog. wiederkehrende Leistungen.[450] Zahlung erfolgt nach Vorlage der entsprechenden Rechnungen. 209

Kinder werden zuzahlungsfrei behandelt. 210

---

444 *BGH* v. 25.09.1973 – VI ZR 49/72, VersR 1974, 162.

445 *OLG Koblenz* v. 07.11.2011 – 12 U 480/10, VersR 2013, 725 m. Anm. *Luckey* (Aufnahme des Reitsports 25 Jahre nach dem Unfall bei Unterschenkelamputation und prothetischer Versorgung).

446 *OLG Frankfurt* v. 10.09.2021 – 4 U 195/18.

447 *OLG Nürnberg* DAR 2001, 366; *LG Dortmund* VersR 2000, 1115; *OLG München* v. 14.07.2006 – 10 U 2623 (Juris) rechnet mit 0,21 € ab.

448 *OLG Oldenburg* v. 28.08.2018 – 2 U 66/18.

449 *OLG Köln* v. 26.07.2017 – 5 U 9/17.

450 *OLG Oldenburg* v. 28.08.2018 – 2 U 66/18.

211 Erwachsenen können die Zuzahlungen bei entsprechender Bedürftigkeit erlassen werden (Antrag bei der Krankenkasse). Bei BG-Unfällen entfällt diese Position bei dem Geschädigten.

## III. Zuzahlungen zum stationären Aufenthalt

212 Jeder Volljährige muss bei einem stationären Krankenhausaufenthalt bis zum 28. Tag eine Zuzahlung von derzeit 10 € zahlen. Die Zuzahlungen zum stationären Aufenthalt sind wegen ersparter Eigenkosten (Essen, Trinken, Wasser etc. zu Hause) in mindestens gleicher Höhe nicht zu übernehmen.[451]

213 Ersparte Verpflegungskosten sind dem Verdienstschaden kongruent und können daher – soweit der stationäre Aufenthalt länger als die Zuzahlungsdauer andauert, beim Entgeltfortzahlungsregress, danach bei dem Verdienstschaden (soweit ein solcher nach Abzug der ersparten berufsbedingten Aufwendungen verbleibt) oder beim Krankengeld gegengerechnet werden. Bei Beamten oder Rentnern können diese Aufwendungen bei der Krankenkasse oder Berufsgenossenschaft abgezogen werden.[452]

214 Auch die Zuzahlungen zum Kuraufenthalt sind wegen ersparter Eigenkosten in mindestens gleicher Höhe nicht zu übernehmen. Dabei können die ersparten Eigenkosten aber – abhängig vom Einkommen des Verletzten differieren. Ggf. kann der Geringverdiener über die Krankenkasse auch eine Befreiung vom Eigenanteil beantragen. Bei Kindern wird ein Eigenanteil nicht erhoben!

## IV. Mehrkosten beim stationären Aufenthalt

215 Telefonkosten[453] sind in angemessenem Umfang zu übernehmen, Kosten zur Vertreibung der Langeweile,[454] also auch für Fernseher, sind nicht zu erstatten (Unterhaltung ist nicht geschuldet), Kosten für Bücher und Zeitschriften entfallen ebenfalls.[455] Kosten für Kleidung, Trainingsanzüge etc., sind unter Abzug des Vorteilsausgleichs zu erstatten, wenn nicht davon ausgegangen werden muss, dass diese Kleidungsgegenstände auch unfallunabhängig vorhanden sind (Unterwäsche). Kleinere Trinkgelder oder Geschenke für das Personal sind ebenfalls zu übernehmen. Kosten für Verpflegung (auch als Besuchsgeschenke)[456] sind nicht erstattungsfähig, da die Verpflegung im Krankenhaus vollumfänglich und ausreichend ist.

## V. Besuchskosten naher Angehöriger

216 Bei Krankenhausaufenthalten kann der Verletzte unter dem Stichwort »Besuchskosten« folgende Positionen geltend machen.

– Betreuung eines Kindes[457] oder einer Pflegebedürftigen, allerdings nur dann, wenn diese Kosten auch tatsächlich aufgewendet wurden und ein Verstoß gegen die Schadenminderungspflicht nicht vorlag (Krankenbesuch zu Zeiten der Kindergarten- oder Schulbetreuung, auch ist zunächst die Möglichkeit unentgeltlicher Betreuung durch Nachbarn oder Familie wahrzunehmen).
– Verdienstausfall des Besuchenden ist nur in Ausnahmefällen erstattungsfähig, wenn eine Umorganisation nicht möglich ist und Freistellung nur durch unbezahlten Urlaub möglich ist.[458]
– Haushaltsführungsschaden des Besuchenden ist nicht zu übernehmen, da i.d.R. davon ausgegangen werden kann, dass die Tätigkeiten im Haushalt nachgeholt werden können.

451 *BGH* v. 18.05.1965 – VI ZR 262/63, VersR 1965, 786. *OLG Hamm* v. 06.04.2017 – 6 U 2/16.
452 Zur Berechnung vgl. *Küppersbusch/Höher* a.a.O., Rn. 242.
453 *OLG Hamm* DAR 1998, 317 m.w.H.
454 *OLG Düsseldorf* VersR 1995, 548 für Telefon zusätzlich zur Erstattung täglicher Besuchskosten der Mutter.
455 *OLG Köln* VersR 1989, 1309.
456 *BGH* v. 19.02.1991 – VI ZR 171/90, NZV 1991, 225 = VersR 1991, 559.
457 *BGH* v. 24.10.1989 – VI ZR 263/88, VersR 1989, 1308.
458 *BGH* v. 21.05.1985 – VI ZR 201/83, VersR 1985, 784; *OLG Hamm* DAR 1998, 317 zu Angestellten und flexibler Arbeitszeit.

- Verpflegungsmehraufwand für den Besuchenden ist nur in Ausnahmefällen zu erstatten, jedenfalls dann nicht, wenn die Möglichkeit besteht, selbst Verpflegung mitzunehmen.
- Fahrtkosten der wirtschaftlichsten Beförderungsart im üblichen Rahmen sind zu übernehmen. Soweit das KFZ benutzt wird, sind nur die reinen Betriebskosten zu erstatten, dabei ist zu beachten, dass nicht die Regeln über die Erstattung von Reisekosten oder gar die Pauschalen des Steuerrechtes zur Anwendung kommen. Es kann zur Berechnung die Regelung des § 5 JVEG angewendet werden (0,25 € je km). Allerdings sieht § 53 Abs. 4 SGB IX i.V.m. § 5 Abs. 1 BRKG nur 0,20 EUR je Kilometer für die kürzeste Strecke vor.

Die oben genannten Positionen für Besuche kann der Geschädigte nur für seine »nächsten« Angehörigen (enge persönliche Verbundenheit) geltend machen.[459] Es handelt sich hierbei um eigene Ansprüche des Verletzten.[460] 217

Besuchskosten sind nur dann erstattungsfähig, wenn sie zur Heilung des Verletzten notwendig und erforderlich sind.[461] Der Nachweis ist, wenn sich die Besuchskosten über dem üblichen Rahmen von 2–3 Besuchen pro Woche bewegen,[462] ggf. durch Attest des behandelnden Krankenhauses zu führen. Bei berufsgenossenschaftlich versicherten Unfällen erstattet die BG die erforderlichen Besuchskosten. Was von dort nicht übernommen wird, ist nicht erforderlich. 218

## VI. Hilfsmittel

Auch bei Hilfsmitteln (Schanz'sche Krawatte, Gehhilfen, Rollator, Rollstuhl etc.) sind vom Verletzten Eigenanteile zu zahlen, die erstattungsfähig sind. Die Zuzahlung beträgt derzeit i.d.R. 10 %. Bei besonderer Bedürftigkeit kann der Verletzte auch von der Krankenkasse die Befreiung beantragen. 219

## VII. Kleidermehrverschleiß

Sicher wird bei leichten Verletzungen ein Kleidermehrverschleiß nicht gegeben sein. Erleidet der Geschädigte aber eine Verletzung, die das Tragen eines Hilfsmittels (Korsett bei Wirbelsäulenverletzungen, Schienen oder Prothesen etc.) erforderlich macht, wird auch die Kleidung durch die mechanische Reizung mehr beansprucht. Es kann hier also ein Schadensersatzanspruch gegeben sein. Ist beispielsweise bei einer Fraktur u.a. Unterwassergymnastik erforderlich, kann ein zusätzlicher Badeanzug erforderlich werden. 220

## VIII. Rasenmähen, Gartenarbeit

Diese Tätigkeiten unterfallen dem Haushaltsführungsschaden, der ggf. durch Gartenanteile erhöht wird, sie sind daher dort mit zu bewerten.[463] 221

## IX. Eigenleistungen beim Hausbau, Hausumbau, Renovierungsarbeiten

Grundsätzlich sind solche Mehraufwendungen erstattungsfähig, wenn der Geschädigte diese Arbeiten vor dem Unfall selbst ausgeführt hat. Im Rahmen der Prüfung ist u.a. darauf abzustellen, wie viel der Verletzte vor dem Unfall gearbeitet hat. Erhebliche berufsbedingte Abwesenheiten lassen daran zweifeln, dass daneben noch Eigenleistungen in nennenswertem Umfang hätten erbracht werden 222

459 *Balke* SVR 2015, 338 ff.

460 *OLG Köln* v. 26.07.2017 – 5 U 9/17 zum Beratungsverschulden bei fehlerhafter Belehrung, dass dies Ansprüche der Eltern seien.

461 *OLG München* VersR 1981, 560 zweimal wöchentlich bei schwerverletztem Kind (Jugendlichem). Abhängig vom Alter ist das heute angesichts der Möglichkeit, auch im Krankenhaus zu übernachten, um ganztägig beim Kind zu bleiben, wohl nicht mehr haltbar. *OLG Koblenz* VersR 1981, 887 für den fast 18 jährigen Verletzten 2 Mal wöchentlich Besuche, der Zeitaufwand ist nicht erstattungsfähig!.

462 *OLG Hamm* DAR 1998, 317.

463 *BGH* v. 29.03.1988 – VI ZR 87/87, NZV 1989, 387.

können.[464] Für den Fall, dass zukünftige Leistungen beim Hausbau ersetzt verlangt werden sollen, ist erforderlich, dass eine überwiegende Wahrscheinlichkeit für die behauptete Weiterentwicklung des Lebensweges spricht.[465] Zu erstatten ist nur der nachgewiesene, tatsächlich angefallene[466] Arbeitslohn. Materialien wären unfallunabhängig auch zu beschaffen sein.[467] Ggf. ist ein Abzug von 20 % der Kosten als Vorteilsausgleich für die durch die Fremdvergabe erhaltene Garantie bei mangelhafter Ausführung und Ersparnis der eigenen Zeit, die für Anderes verwendet werden kann, vorzunehmen.[468]

### X. Beitragsrückerstattung in der privaten Krankenversicherung

223 Der privat krankenversicherte Geschädigte kann – wenn er wegen der unfallbedingten Verletzungen die private Krankenkasse in Anspruch genommen hat, den daraus resultierenden Schaden in der Beitragsrückerstattung ersetzt verlangen, wenn der Schädiger allein für den Schadenfall haftet. In den Fällen der Mithaftung entfällt dieser Anspruch, da der Verletzte wegen des verbleibenden Teils im Zweifel ohnehin seine Krankenkasse in Anspruch genommen hätte.

### XI. Haushaltsführungsschaden als Teil der persönlichen verm. Bedürfnisse

224 Der Haushaltsführungsschaden[469] ist Teil der vermehrten Bedürfnisse des Verletzten, soweit es um die Befriedigung seiner eigenen Bedürfnisse geht. D.h., lebt der Verletzte allein, so entsteht der Anspruch auf Erstattung des im entstandenen Haushaltsführungsschadens allein als Vermehrung der persönlichen Bedürfnisse. Alle Tätigkeiten, die der Verletzte im Haushalt ausübt, kommen allein ihm zugute. Dies hat weitreichende Konsequenzen: Zum einen entfällt für den Verletzten die Möglichkeit, durch Umorganisation des Haushaltes[470] (Verteilen der Aufgaben auf andere Familienmitglieder) den Haushaltsführungsschaden zu reduzieren. Zum anderen wird er nur ausnahmsweise in der Lage sein, bei schwereren Verletzungen ohne fremde Hilfe auszukommen. Darüber hinaus reduziert sich der Haushaltsführungsschaden bei stationärem Aufenthalt des Verletzten erheblich. Es verbleiben bestenfalls geringe Ansprüche für das Waschen der Wäsche, ggf. Pflanzen oder Haustiere[471] versorgen, Kehrwoche o.Ä.

### XII. Behindertengerechter Mehrbedarf

225 Zusätzlich zu den sonstigen Ansprüchen hat der Verletzte auch Anspruch gegen den Schädiger auf Erstattung der Kosten, die zur Kompensation einer bleibenden Behinderung dienen.

– Automatikfahrzeug
  Am bekanntesten ist der Anspruch auf Erstattung der Mehrkosten für ein Automatikfahrzeug. Dabei sind nicht die Anschaffungskosten dieses Fahrzeuges zu erstatten, sondern lediglich der Mehrpreis, den ein Automatikfahrzeug gegenüber einem KFZ mit Schaltgetriebe kostet. Auch der Umbau eines KFZ in ein behindertengerechtes Fahrzeug kann geschuldet sein[472] (z.B. für Rollstuhlfahrer). Hinzukommen können auch erhöhte Betriebskosten, soweit ein größeres Fahr-

464 *OLG Karlsruhe* v. 13.03.2020 – 1 U 16/18, es müssen konkrete Anhaltspunkte vorhanden sein, dass das Vorhaben tatsächlich angegangen worden wäre und der Verletzte Eigenleistungen erbracht hätte.

465 *OLG Frankfurt* v. 22.08.2012 – 4 U 35/12, vgl. auch *BGH* v. 06.06.1989 – VI ZR 66/88, VersR 1989, 857; v. 04.10.1989 – VI ZR 263/88, VersR 1989, 1308.

466 *LG Dortmund* SP 2008, 15 f., der Kläger hatte auf Basis des Kostenvoranschlages abrechnen wollen, obwohl er dann die Arbeiten mithilfe von Kollegen fertigstellte.

467 *BGH* v. 29.03.1988 – VI ZR 87/87, NZV 1989, 387.

468 *OLG Frankfurt* v. 10.09.2021 – 4 U 195/18, lässt unberücksichtigt, dass Kl. nicht alleiniger Eigentümer war, hinsichtlich der anderen Miteigentümer handelt es sich um einen nicht erstattungsfähigen mittelbaren Schaden!.

469 Vgl. insoweit oben zu Rdn. 174 ff.

470 *OLG Saarbrücken* v. 25.07.2013 – 4 U 244/12.

471 *OLG Celle* v. 16.12.2020 – 14 U 108/20.

472 *BSG* v. 23.08.2013 – B 8 SO 24/11, es besteht auch ein Anspruch gegen den Träger der Sozialhilfe (ADAJUR Dok-Nr. 104401).

zeug unfallbedingt erforderlich wird.[473] Dabei ist aber daran zu denken, dass auch hier im Fall der Eintrittspflicht der Berufsgenossenschaft von dort auch diese Position mit übernommen wird. Die gesetzliche Krankenkasse hingegen ist zur Erstattung dieser Kosten nicht verpflichtet,[474] da dieser Umbau nicht zur Befriedigung eines Grundbedürfnisses (ähnlich wie ein Rollstuhl) dient;

- Elektronische Schreibhilfe[475] oder gar ein Computer können ebenfalls erstattungsfähig sein;
- Orthopädische Schuhe (nach Abzug eines Vorteilsausgleichs);
- Prothesen etc.;[476]
- Fördermaßnahmen, die zur Annäherung des Standes dienen, der bei normaler Entwicklung erreicht worden wäre, sind ebenfalls erstattungsfähig;[477]
- Nachhilfeunterricht oder gar Privatlehrer können ebenfalls erstattungsfähig sein;
- Bei erheblichen Dauerschäden, die es erfordern, dass der Verletzte eine Begleitperson benötigt, sind auch diese Kosten erstattungsfähig.[478]

## XIII. Umbaukosten

Der unfallbedingt Behinderte hat ggf. auch Anspruch auf Umbaukosten seines Hauses, wenn er es infolge der Behinderung nicht oder nur noch eingeschränkt nutzen kann.[479] Dabei reicht der mögliche Anspruch vom Einbau behindertengerechter Türen bis hin zu dem Einbau einer Hilfe, die Stockwerke des Hauses zu überwinden.[480] Es ist auf den wirtschaftlich denkenden Geschädigten abzustellen. Nicht jede Maßnahme ist angemessen. Abzustellen ist auf die persönlichen Lebensumstände des Geschädigten. Lebte dieser in einem Haus, sind die konkret anfallenden Umbaukosten, die in dem persönlichen vom Geschädigten gewählten Lebensumfeld zu übernehmen.[481] Da dieser Anspruch nur einmal besteht, sollte sichergestellt sein, dass dieser Umbau auch dem Verletzten zugutekommt, auch wenn § 554a BGB grundsätzlich dem Mieter einen Anspruch auf Zustimmung zu baulichen Veränderungen gegen den Vermieter gibt.[482] Die Erstattung von Kosten für einen Anbau oder Neubau eines Hauses kommen nur ausnahmsweise in Betracht, der Vermögenszuwachs ist entsprechend zu bereinigen.[483] Wohnte der Verletzte zur Miete, ist aus Schadenminderungsgründen an den Umzug in eine behindertengerechte Wohnung zu denken, die daraus resultierenden Mehrkosten sind zu erstatten.[484] 226

## XIV. Häusliche Pflegekosten

Der pflegebedürftige Verletzte hat Anspruch auf Ersatz der unfallbedingt entstandenen Pflegekosten. Er ist dabei verpflichtet, den unfallbedingten Mehrbedarf entsprechend zu belegen. Durch die Gutachten des medizinischen Dienstes zur Ermittlung des Pflegebedarfs werden hinreichend Hinweise 227

473 *BGH* 18.02.1992 – VI ZR 367/90, VersR 1992, 618.
474 *BSG* zfs 1998, 307 (L).
475 *BGH* v. 19.05.1981 – VI ZR 108/79, VersR 1982, 238.
476 *OLG Köln* r+s 1989, 400.
477 *OLG Bamberg* VersR 2005, 1593 (geistig behindertes Kind).
478 *BGH* v. 10.03.2020 – VI ZR 316/19; *OLG Frankfurt* SP 2008, 11 ff.
479 Grundsätzlich dazu *BGH* v. 19.05.1981 – VI ZR 108/79, NJW 1982, 757 ff.; *Huber* Behinderungsbedingter Umbau – hat es der Schlossherr besser? Besprechung *BGH* v. 12.07.2005 – VI ZR 83/04, NZV 2005, 620 f.
480 Aufzug *OLG Frankfurt* VersR 1990, 912; *LG Freiburg* v. 04.02.2001 ADAJUR Dok.-Nr. 50189.
481 *BGH* v. 12.07.2005 – VI ZR 83/04, NZV 2005, 629 f.
482 MüKo-BGB/*Bieber* § 554a Rn. 7.
483 *Küppersbusch/Höher* Rn. 265 m.w.H., zuletzt *LG Koblenz* – 2 O 268/06, das als unfallbedingten Mehrbedarf einen Pflegeraum, Therapieraum, Badezimmer, Betreuerbad- und Schlafzimmer, etc. anerkannte (n.r.).
484 *OLG Köln* VersR 1992, 506; *OLG München* VersR 2003, 518; *OLG Stuttgart* VersR 1998, 366 wobei größere Wohnflächen im Wege des Vorteilsausgleichs zu korrigieren sind.

gegeben. Anhand von detaillierten Fragebögen wird die Hilfsbedürftigkeit des Verletzten ermittelt und der Stundenbedarf für die Hilfe festgelegt.

228 Es sind die Kosten zu erstatten, die bei der konkreten Pflege anfallen, wobei sich der Bedarf nach der vom Geschädigten gewählten Lebensgestaltung richtet.[485] Dabei kann der Schwerstgeschädigte nicht auf den Umzug in ein Heim verwiesen werden, er hat einen Anspruch auf angemessene Pflege in vertrauter Umgebung.[486] Erstattungsfähig sind der Brutto-Lohn einer eingestellten Pflegekraft bzw. die Kosten des Pflegedienstes. Die Erforderlichkeit der Aufwendungen ist zu prüfen, ein Anspruch auf Ersatz der Mehrkosten der häuslichen Pflege ist jedenfalls dann nicht mehr gegeben, wenn die Kosten in keinem Verhältnis zu der Pflegequalität stehen, beispielsweise, weil die Heimunterbringung ca. 5.000 €, die tatsächliche Pflege mit professionellen Hilfskräften aber nahezu 21.000 € gekostet hatte, wobei hier nach Prüfung des konkreten Bedarfs die Kosten ermittelt wurden.[487] Die Leistungen der Pflegekassen sind in Abzug zu bringen. Soweit die Pflege ausschließlich durch die Familie erbracht wird, soll dies den Schädiger nicht entlasten. Zwar wird nicht auf die Kosten einer professionellen Pflegekraft abzustellen sein, aber ein angemessener Ausgleich wird von der Rechtsprechung zuerkannt.[488] Es kommt dabei nicht darauf an, ob der pflegenden Person tatsächlich ein Verdienstschaden entstanden ist.[489] Es ist zur Ermittlung des Erstattungsbetrages sowohl die reine Pflege wie auch die ggf. medizinisch indizierte Bereitschaftspflege zu erstatten.[490] Dabei ist die Leistung der Pflegekasse ebenfalls zu berücksichtigen. Zur Bemessung des Erstattungsanspruchs kann auch der Verdienstausfall des pflegenden Elternteils herangezogen werden.[491]

229 Zu beachten ist, dass Teile der Pflege anderen Schadensersatzansprüchen – wie dem Haushaltsführungsschaden – kongruent sein können und daher insoweit entsprechend berücksichtigt werden müssen.[492]

## XV. Kosten des Pflegeheims

230 Ist der Verletzte dauerhaft pflegebedürftig infolge des Unfalls, kommt auch die Unterbringung in einem Pflegeheim in Betracht. Diese Kosten sind grundsätzlich erstattungsfähig, gemindert um den Vorteilsausgleich für die ansonsten anfallenden Kosten für eine Wohnung. Da die Heimrechnungen in Kosten für die Pflege, die Wohnung und Verpflegung aufgeteilt werden, können die Abzüge ohne weiteres festgestellt werden. Ein Abzug der vorher innegehabten Wohnung (tatsächlich oder fiktiv) kommt nicht in Betracht.[493]

---

485 *BGH* v. 08.11.1977 – VI ZR 117/75, VersR 1978, 149; *OLG Stuttgart* VersR 1998, 366; vgl. auch zur unterstützenden Hilfe beim Pflegemanagement durch Reha-Dienstleister *Nickel* in Himmelreich/Halm FA Verkehrsrecht, Kap. 27 Rn. 12.

486 *OLG Koblenz* VersR 2002, 244.

487 *OLG Bremen* NJW-RR 1999, 1115 ff.

488 *BGH* v. 09.04.2019 – VI ZR 377/12, der zu leistende Schadenersatz soll sich nach dem Netto-Lohn einer vergleichbaren entgeltlichen Pflegekraft richten. (ggf. auch für eine Pflegehilfskraft); *KG* v. 11.12.2017 – 20 U 19/14 (10 €/Std.); *OLG Hamm* r+s 1995, 182 (DM 15,00 je Stunde für die nicht besonders ausgebildete pflegende Mutter); *OLG Hamm* NZV 1994, 68 (20 DM).

489 *BGH* v. 09.04.2019 – VI ZR 377/17; aber auch nicht darauf, dass u.U. ein höherer Brutto-Lohn hätte erzielt werden können, so *KG* v. 11.12.2017 – 20 U 19/14.

490 Zuletzt *OLG Koblenz* 2 350 € VersR 2002, 244.

491 *OLG Bamberg* VersR 2005, 1593.

492 Das Zubereiten der Mahlzeit gehört zum Haushaltsführungsschaden, während das Füttern in den Bereich Pflege fällt. Auch soweit Hilfe zum täglichen Leben (einkaufen etc.) in den Pflegebedarf aufgenommen wurde, besteht Kongruenz mit dem Haushaltsführungsschaden.

493 *OLG Hamm* NZV 2001, 474.

### XVI. Kosten Fitnessstudio

Die Kosten für den unfallbedingten Besuch im Fitnessstudio können im Einzelfall ausnahmsweise erstattungsfähig sein.[494] 231

### XVII. Nutzlose Aufwendungen als Schadenposition

Infolge der Unfallverletzungen kommt es häufig dazu, dass der Verletzte einzelne Sachen in seiner Freizeit nicht nutzen kann. Dabei kann es sich um das Abonnement in einem Sportstudio,[495] Mitgliedsbeitrag im Sportverein etc. handeln. Einheitlich ist die Rechtsprechung in Fällen nur vorübergehendem Ausfall. Solche Zeiten werden nicht als erstattungsfähig angesehen, da es eine Art Nutzungsausfall von Vermögenswerten nicht gibt (auch der Nutzungsausfall erfordert einen konkret messbaren Schaden am Gegenstand der Nutzung – bekannt bei Kfz-Schäden).[496] Außerdem ist in der Schadenregulierung häufig im Streit, ob Aufwendungen des Verletzten, die infolge des Unfalles nutzlos werden, ebenfalls erstattungsfähig sind. Diese Positionen werden üblicherweise als »frustrierte Aufwendungen« bezeichnet.[497] Die Rechtsprechung des *BGH* ist zwar grundsätzlich der Auffassung, dass nicht in jedem Fall im deliktischen Schadensersatzrecht diese Kosten zu übernehmen seien, ist aber bei konkret darstellbaren Kosten wie dem Abbruch einer Urlaubsreise oder dem infolge des Unfalles unmöglich gewordenen Urlaubsantritt durchaus bereit, diese Kosten zu erstatten.[498] Dabei sollte aber berücksichtigt werden, dass zunächst die evtl. vorhandene Reiserücktrittsversicherung in Anspruch genommen werden kann, für diese kommt es auf die Klärung der Eintrittspflicht nicht an! 232

Einen Ersatz für entgangene Urlaubsfreude lehnt der *BGH* allerdings ab, da die Grundsätze des Reisevertragsrechts und der daraus resultierenden Schadensersatzansprüche wegen Schlechterfüllung nicht auf das deliktische Schadensersatzrecht zu übertragen sind und Ursache für den »entgangenen Genuss« gerade nicht das Fehlverhalten des Reiseveranstalters war.[499] Eine solche unfallbedingte Beeinträchtigung kann allenfalls in geringem Umfang im Schmerzensgeld berücksichtigt werden.[500] Auch Theaterkarten oder Konzertkarten, die infolge des schädigenden Ereignisses nicht genutzt werden können, sind in Höhe der Kosten der Karte zu ersetzen.[501] 233

## E. Ersatzansprüche im Fall der Tötung eines Menschen

Die Ansprüche, die infolge der Tötung eines Menschen entstehen können, richten sich nach §§ 844 Abs. 2 BGB, 10 Abs. 2 StVG. Dabei ist zu unterscheiden zwischen den unmittelbar aus der Tötung resultierenden Ansprüchen wie Bestattungskosten und dem nachfolgenden, mittelbaren Schaden, dem Unterhaltsanspruch des Hinterbliebenen. Dies ist im Übrigen der einzige Anspruch auf Ersatz eines mittelbaren Schadens, den das Gesetz kennt.[502] 234

---

494 *OLG Köln* SP 2000, 234.

495 *BGH* v. 22.02.1973 – III ZR 22/71, VersR 1971, 444.

496 Vgl. insoweit Grundsatzurteil des *BGH* v. 15.12.1970 – VI ZR 120/69, NJW 1971, 796 (Jagdpacht).

497 *OLG Bamberg* v. 28.03.2023 – 5 U 122/22, zu den frustrierten Aufwendungen; Grüneberg/*Grüneberg* Übersicht 19 ff. vor § 249 bzw. § 249 Rn. 61; *OLG Celle* SP 1997, 9 (Wohnungsmiete, Aerobic-Training und fehlgeschlagene Führerscheinausbildung sind nicht erstattungsfähig).

498 U.a. *BGH* v. 30.05.1978 – VI ZR 199/76, VersR 1978, 838 m.w.H. zu den frustrierten Aufwendungen; bejahend bei weiteren zusätzlichen Aufwendungen *BGH* v. 1405.1976 – V ZR 157/74, VersR 1976, 956; für den Urlaub *BGH* v. 22.02.1973 – III ZR 22/71, NJW 1973, 747; *LG Bremen* v. 13.05.2013 – 7 O 1759/12.

499 *BGH* v. 11.01.1983 – VI ZR 222/80, VersR 1983, 392.

500 Wegen der Details vgl. dort, u.a. *OLG Köln* NJW 1974, 561.

501 Grüneberg/*Grüneberg* § 249 BGB Rn. 71.

502 Eine Zusammenfassung bietet *Wenker*, Verkehrsunfälle mit Todesfolge, VersR 2014, 680 ff.

## I. Unfall und Tod ereignen sich zeitgleich

235 Wird der Geschädigte bei dem Unfallereignis sofort getötet, bestehen im Personenschaden nur die nachfolgend aufgeführten Ansprüche auf Erstattung der ggf. versuchten Heilbehandlung, der Bestattungskosten und ggf. ein Anspruch auf Unterhaltsschadensersatz. Daneben möglicherweise bestehende Ansprüche auf Ersatz des Fahrzeugschadens fallen in die Erbmasse und stehen den Erben zu. Diese Schadensersatzansprüche sind nicht Gegenstand dieses Kapitels. Auch die Frage eines Schmerzensgeldes wird an anderer Stelle erörtert.[503] Dabei ist zu differenzieren zwischen dem Schmerzensgeld, welches dem Getöteten evtl. zusteht, weil er den Unfall noch kurze Zeit überlebte, dem Schockschaden[504] der Hinterbliebenen und dem seit 22.07.2017 eingeführten Hinterbliebenengeld, welches aufgrund persönlicher Nähe zum Verstorbenen gem. § 844 Abs. 3 BGB beansprucht werden kann.[505] Auf eine besondere gesundheitliche Beeinträchtigung kommt es dabei nicht an.[506] Die Beträge hierbei differenzieren der Höhe nach, abhängig vom Grad der Verwandtschaft und der Beziehung.[507] Dabei soll es aber im Falle einer Haftungsprivilegierung ebenfalls ausgeschlossen sein.[508] Nicht Verschwägerte i.S.v. § 1590 Abs. 1 BGB sollen keinen Anspruch haben.[509] Bei Trennung von Ehegatten ist nicht mehr von einem Näheverhältnis i.S.v. § 844 Abs. 3 S 2 BGB auszugehen.[510] Zu beachten ist auch, dass ein Haftungsausschluss nach §§ 104 ff. SGB VII auch den Anspruch auf Hinterbliebenengeld ausschließt.[511]

## II. Unfall und Tod fallen auseinander

236 Fallen aber Unfall und Unfalltod zeitlich auseinander, ergeben sich neben dem Anspruch auf Schmerzensgeld eine Vielzahl von Problemen:

### 1. Kausalzusammenhang zwischen Unfall und Todesfall

237 Verstirbt der Geschädigte in kurzem Abstand zum Unfallereignis, ist der Nachweis des Kausalzusammenhanges problemlos möglich. Schwierigkeiten bereiten aber die Fälle, in denen der Tod erst in größerem zeitlichem Abstand zum Unfallereignis eintritt. Oft ist streitig, ob der Todesfall auf den Unfall zurückzuführen ist. In diesen Fällen kommt den Rechtsnachfolgern/Hinterbliebenen die Beweiserleichterung des § 287 ZPO[512] zugute, es reicht dann eine erhebliche Wahrscheinlichkeit[513] oder die Mitursächlichkeit der unerlaubten Handlung[514] aus.

238 Allerdings ist u.U. trotz der Mitursächlichkeit der unerlaubten Handlung und des Vorliegens des Kausalzusammenhangs der haftungsrechtliche Zurechnungszusammenhang zu prüfen. Insbesondere in den Fällen, in denen der Geschädigte nach einem eigentlich leichten Unfallereignis sich so

---

503 Vgl. insoweit Kap. 19 Rdn. 98, 255 ff.

504 *Diederichsen*, NJW 2013, 641 ff.

505 Wegen der Details vgl. *Jaeger/Luckey*, Kap. 19 Rdn. 229 ff. m.w.H. zur aktuellen Rspr; *OLG Celle* v. 24.08.2022 – 14 U 22/22, zu dem Verhältnis zwischen Schockschaden und Hinterbliebenengeld.

506 *OLG Koblenz*, 31.08.2020 – 12 U 870/20; Liborius, NJW Spezial 2021, 9f zum Näheverhältnis.

507 *OLG Schleswig* v. 23.02.2021 – 7 U 149/20 (Vater 10.000 €); *LG Leipzig* v. 08.11.2019 – 05 O 758/19 (15.000 € für Vater bzw. Mutter). *LG Tübingen* v. 17.05.2019 – 3 O 108/18 (12.000 € Witwe, je 7.500 € Kinder, 5.000 € Bruder des Getöteten).

508 *OLG Koblenz* v. 21.12.2020 – 12 U 711/20 verneint Ausschluss nach §§ 104 ff. SGB VII (analog Schockschaden-Rspr des BGH), --> zugelassene Revision anhängig *BGH* – VI ZR 3/21.

509 *LG Limburg* v. 22.03.2019 – 2 O 177/18.

510 *LG Traunstein* v. 11.02.2020 – 1 O 1047/19.

511 *BGH* – VI ZR 3/21; *Wessels* DAR 2022, 422, 424 f.

512 Zu Beweismaß und Beweislast vgl. *Staab* in Meschkat/Nauert, Betrug in der Kraftfahrtversicherung 2008, Rn. 247 ff. mit grundlegenden Hinweisen; *Geipel* Der Vollbeweis durch das Unwahrscheinliche? – Widerspruch, Logik oder die vergessene Lehre vom Individualanscheinsbeweis? – zfs 2007, 363 f.

513 *BGH* v. 22.09.1992 – VI ZR 293/91, VersR 1993, 55 = r+s 1993, 14.

514 *OLG Hamburg* OLGR 2005, 101.

erregt mit dem Schädiger auseinandersetzt, dass er infolge einer bestehenden Vorschädigung einen Schlaganfall erleidet, ist der Zurechnungszusammenhang mit dem Unfallereignis zu verneinen.[515]

### 2. Ansprüche des Verstorbenen/der Hinterbliebenen

Wird ein Kausalzusammenhang und der haftungsrechtliche Zurechnungszusammenhang bejaht, ist zu trennen zwischen den Ansprüchen des Getöteten, die er während der Überlebenszeit selbst gem. §§ 823 BGB, 7 StVG erworben hatte (Schmerzensgeld, Verdienstschaden, Heilbehandlungskosten etc.) und den durch den Todesfall entstehenden Ansprüchen auf Ersatz der Bestattungskosten und des ggf. entstandenen Unterhaltsschaden.[516] 239

Die eigenen Ansprüche, die der Verstorbene zu Lebzeiten erworben hat, gehen, soweit sie noch nicht oder nicht vollständig reguliert sind, in die Erbmasse ein und fallen damit nur den Erben gem. § 1922 BGB zu,[517] die ggf. nicht mit den unterhaltsberechtigten Personen identisch sind.[518] In diesem Fall sollte ein Erbschein zum Nachweis der Berechtigung vorgelegt/angefordert werden. Die Ansprüche der Hinterbliebenen unterhaltsberechtigten Personen ergeben sich aus §§ 844 ff. BGB, 10 StVG. 240

## III. Kosten für die versuchte Heilung

Gem. §§ 844 BGB, 10 Abs. 1 StVG sind auch die Kosten der versuchten Heilung sowie die sonstigen Schadensersatzansprüche während der Zeit des Überlebens nach dem Unfall zu erstatten. Dies bedeutet, dass der seinen Unfallverletzungen erlegene Geschädigte zunächst Anspruch auf Ersatz von Schmerzensgeld,[519] Heilbehandlungskosten,[520] vermehrten Bedürfnissen[521] und Erwerbsschaden[522] für den Zeitraum des Überlebens hat. 241

## IV. Bestattungskosten

Die Bestattungskosten sind nach § 844 Abs. 1 BGB demjenigen zu erstatten, der verpflichtet ist, die Bestattung durchzuführen.[523] Dies ist in aller Regel der Erbe, § 1968 BGB. Neben diesem können auch sonstige unterhaltspflichtige Personen (Unterhaltspflichtige, § 1615 Abs. 2 BGB, Ehegatte § 1360a Abs. 3 BGB, nicht aber der geschiedene Ehegatte) hierfür zuständig sein. Begleicht ein naher Verwandter die Bestattungskosten, so hat er einen Anspruch gegen den KH Versicherer des Schädigers aus GoA.[524] 242

### 1. Kosten für die eigentliche Bestattung

Erstattungsfähig sind nicht nur die notwendigen Kosten der Bestattung, sondern alle Kosten, die mit der standesgemäßen Bestattung im Zusammenhang stehen.[525] Dabei ist § 844 BGB eng auszulegen.[526] Es kommt insbesondere auf die Herkunft, Lebensverhältnisse (wirtschaftliche Stellung, 243

---

515 *BGH* v. 06.06.1989 – VI ZR 241/88, VersR 1989, 923; vgl. aber auch *OLG Hamm* r+s 1997, 65; *BGH* v. 01.08.2002 – III ZR 277/01, NJW 2002, 3172 = VersR 2003, 67 (Selbstmord einer Polizeibeamtin nach systematischem Mobbing) *BGH* v. 10.06.1958 – VI ZR 120/57, NJW 1958, 1579 = VersR 1958, 547 (Selbstmord nach Schädelverletzung).
516 Vgl. insoweit unten F. Rdn. 250 ff.
517 U.a. *OLG Hamm* r+s 2000, 458.
518 *BGH* v. 22.09.1992 – VI ZR 293/91, VersR 1993, 55 = r+s 1993, 14.
519 Vgl. insoweit Kap. 19 (Schmerzensgeld) in diesem Buch.
520 Vgl. insoweit Rdn. 241.
521 Vgl. insoweit Rdn. 206 ff., 242 f.
522 Vgl. insoweit Rdn. 29 ff.
523 *Jaeger* in Himmelreich/Halm FA Verkehrsrecht, Kap. 13 Rn. 124.
524 *LG Mannheim* NZV 2007, 367; *Balke* SVR 2023, 41 f. m.w.H.
525 *OLG Naumburg*, VersR 2005, NZV 2005, 530 ff.; *OLG Düsseldorf* VersR 1995, 195.
526 *BGH* v. 04.04.1989 – VI ZR 97/88, VersR 1989, 853.

Einkommen) des Getöteten an.[527] Darüber hinaus ist auch der Kulturkreis des Getöteten mit den evtl. bestehenden Besonderheiten angemessen zu berücksichtigen,[528] dazu können dann u.U. auch die Flugkosten zur Bestattung in der Türkei sowie der Transport der Trauergesellschaft in zwei Bussen erforderlich sein.[529] Was standesgemäß ist, wird unterschiedlich geprüft. Teilweise wird auf die Höhe der Einzelkosten[530] abgestellt, sinnvoll dürfte aber die Höhe der Gesamtkosten[531] der Bestattung sein, da es ja auch auf die wirtschaftliche Situation des Getöteten ankommt. Auch die Gesamtschau der Bestattungskosten enthebt nicht von der Prüfung der einzelnen Positionen.

244 Erstattungsfähig sind grundsätzlich die folgenden – alphabetisch geordneten Positionen:

- Bestattung als solche[532]
- Blumen, Kränze[533]
- Erbschein[534]
- Erstbepflanzung der Grabstellen
- Feuerbestattung
- Gebühren für ein Einzelgrab[535]
- Gebühren, gemeindliche und kirchliche für die Bestattung
- Grabeinfassung, bei Anlage eines Familiengrabes ggf. nur anteilig, wenn dies nicht der wirtschaftlichen Lebensstellung des Getöteten entspricht[536]
- Grablaterne[537]
- Grabstein, ein Doppelgrabstein wird zur Hälfte erstattet (analog der Doppelgrabstätte)[538]
- Sterbeurkunde
- Traueranzeigen (nicht aber die Erinnerungsanzeigen nach 6 Monaten bzw. Jahren)
- Trauerfeier[539]
- Trauerkleidung in angemessenem Umfang[540]
- Überführung[541]
- Umbettung, wenn der bisherige Friedhof nach einigen Jahren aufgegeben wird[542]

527 *BGH* v. 20.09.1973 – III ZR 148/71, NJW 1973, 2103; *OLG Düsseldorf* VersR 1995, 1195.

528 *BGH* v. 20.09.1973 – III ZR 148/71, NJW 1973, 2103.

529 *KG* DAR 1999, 115 (wegen weiterer Beerdigungskosten) = NZV 1999, 329 ff.

530 *OLG Düsseldorf* NJW-RR 1995, 1161 f. (Grabstein, Graburne und Grabvase in Höhe von DM 4.000 erstattungsfähig, nicht – wie gefordert – 15.000 DM).

531 *OLG Hamm* NJW-RR 1994, 155 (Gesamtaufwand von 15.000 DM für eine Beerdigung im gutbürgerlichen Mittelstand als Obergrenze).

532 *BGH* v. 20.09.1973 – III ZR 148/71, NJW 1973, 2103 = VersR 1974, 140; *LG Hamburg* VersR 1979, 64.

533 Nicht erstattungsfähig sind die weiteren Kosten der Grabpflege, *LG Rottweil* VersR 1988, 1246; Schmuck für Allerheiligen, Jahresgedächtnisschmuck etc.

534 Jedenfalls dann, wenn die Versicherung ihn grundlos verlangt, *LG Nürnberg* VersR 1984, 196.

535 *BGH* v. 20.09.1973 – III ZR 148/71, NJW 1973, 2103 = VersR 1974, 140 (Doppelgrabstelle).

536 *OLG München* NJW 1968, 252 (gibt die volle Erstattungspflicht dem Schädiger auf, weil dies der Lebensstellung des Getöteten entsprach).

537 *Küppersbusch/Höher* a.a.O. Rn. 452.

538 *Balke*, SVR 2009, 133, (m.w.N.), tw. wird auch der volle Grabstein anerkannt.

539 *KG* NZV 1999, 329; *LG Stuttgart* zfs 1985, 166.

540 Wobei hier ersparte Eigenkosten wegen der Weiterverwendung dieser Kleidung zu berücksichtigen sind, *BGH* v. 20.12.1972 – IV ZR 171/71, VersR 1973, 224; *OLG Hamm* VersR 1982, 961 (50 %); *LG Düsseldorf* VersR 1967, 985 (40 % Abzug); *OLG Celle* zfs 1987, 229 (20 % Abzug).

541 *OLG Karlsruhe* VersR 1954, 12; Überführungskosten eines Gastarbeiters sind nur dann erstattungsfähig, wenn dieser sich nur vorübergehend in Deutschland aufgehaltenen hatte und in guten wirtschaftlichen Verhältnissen (die eine Überführung ins Herkunftsland auch ohne sonstigen Ersatzpflichtigen ermöglicht hätten) *LG Gießen* DAR 1984, 151; *Geigel/Münkel* Haftpflichtprozess, Kap. 8 Rn. 10 ff. m.w.H.

542 *OLG München* NJW 1974, 703.

– Verdienstausfall für den Tag der Beerdigung, u.U. auch für einen Vorbereitungstag.[543]

Auf diese erstattungsfähigen Positionen ist ein evtl. vom Arbeitgeber oder im Rahmen eines Wege- oder Arbeitsunfalls von der Berufsgenossenschaft gezahltes Sterbegeld anzurechnen. 245

Nicht erstattungsfähig hingegen sind 246

- Doppelgrab[544]
- Doppelgrabstein[545]
- Erbschein,[546] es sei denn, er wurde vom Versicherer ausdrücklich angefordert
- Familiengrab[547]
- Frustrierte Aufwendungen wie etwa Zahlungen für eine gebuchte und nicht angetretene Reise[548]
- Grabpflege über die Erstbepflanzung hinaus
- Lichtbilder (vom Grab, Begräbnis)
- Nachlassverwaltung
- Reisekosten
- Sperrmüllkosten für Wohnungsauflösung[549]
- Testamentseröffnung
- Umschreibung von Grundstücken, Fahrzeugen etc.
- Umbettungskosten, die entstehen, weil in einem anderen Teil des Friedhofes größere Gestaltungsmöglichkeiten hinsichtlich der Grabstätte bestehen[550]
- Verwaltungsgebühren, z.B. für die Ausstellung einer Steuerkarte für den hinterbliebenen Ehegatten
- Wartungs- und Unterhaltungskosten für den Grabstein.

## 2. Schadensersatz wegen entgangener Dienste

Nach § 845 BGB kann auch Ersatz wegen entgangener Dienste, so z.B. Mithilfe von Kindern im Haushalt etc. verlangt werden. Hier ist zu differenzieren: Wurde ein Ehegatte getötet, wird die entgangene Hilfe im Haushalt über den Naturalunterhalt[551] gelöst, § 845 kommt nicht zur Anwendung. Zur Anwendung kommt diese Vorschrift auch, wenn in der Landwirtschaft ein Kind getötet wird. Dort wird die unentgeltliche Mithilfe auf dem elterlichen Hof als sog. entgangener Dienst geltend gemacht. Sie gilt so lange als familienrechtlich geschuldete Dienstleistung, als im Gegenzug die Eltern für Kost und Logis des Kindes auf dem Hof aufkommen und das Kind dem elterlichen Hausstand angehört.[552] Dies kann jedoch bei den erwachsenen auf dem Hof lebenden Kindern nur noch insoweit gelten, als sie einer eigenen Erwerbstätigkeit nicht nachgehen.[553] Problematisch ist dies u.U. bei der Tötung des zukünftigen Hoferben, der in dem elterlichen Betrieb die Ausbildung zum Landwirt absolviert oder absolviert hat. Hier ist grundsätzlich davon auszugehen, dass seine Tätigkeiten letztlich dem eigenen Weiterkommen (Hofübernahme) dienen und damit eigenwirtschaftlich 247

543 *OLG Hamm* DAR 1956, 217. Da aber in aller Regel beim Tod naher Angehöriger (Eltern, Kinder, Ehegatte) Sonderurlaub gewährt wird, ist ein weiter gehender Anspruch der Hinterbliebenen nicht gegeben. Ein gleicher Anspruch des Arbeitgebers wegen Teilnahme von Arbeitskollegen an der Trauerfeier besteht allerdings nicht, *OLG Hamburg* VersR 1967, 666.

544 *Balke*, SVR 2009, 133 (m.w.N.), ggf. ist die Grabstätte anteilig zu erstatten.

545 *Balke*, SVR 2009, 133 (m.w.N.), tw. wird auch der volle Grabstein anerkannt.

546 *LG Duisburg* v. 05.09.2005 – 02 O 143/03.

547 Auch wenn ein Doppelgrab oder Familiengrab gewählt wird, kann Kostenübernahme nur anteilig oder entsprechend den Kosten für ein Einzelgrab verlangt werden, vgl. insoweit oben.

548 *BGH* v. 04.04.1989 – VI ZR 97/88, VersR 1989, 853.

549 *LG Duisburg* v. 05.09.2005 – 02 O 143/03.

550 *Balke*, SVR 2009, 132.

551 Vgl. hierzu Rdn. 270 ff.

552 *OLG Nürnberg* VersR 1992, 188; *OLG Celle* VersR 1991, 1291.

553 *BGH* v. 07.10.1997 – VI ZR 144/96, VersR 1998, 466, *OLG Celle* r+s 1997, 160: keine Dienstverpflichtung bei Absolvieren einer Lehre in Fremdbetrieb.

sind. Das »Leisten von Diensten« ist damit mindestens nachrangig. Auch wenn der »Altenteiler« eines landwirtschaftlichen Betriebes getötet wird, kann ggf. die Prüfung des Schadensersatzes wegen entgangener Dienste erforderlich werden, wenn und soweit dieser noch zu Mitarbeiten familienrechtlich verpflichtet war.[554] Soweit in der Übergabevereinbarung eine Mithilfepflicht vertraglich festgehalten wurde, ist ein Schadensersatz wegen entgangener Dienste ausgeschlossen, da dann eine dem Arbeitsvertrag ähnliche Regelung getroffen wurde. Auch die eventuellen Verluste aus der Veräußerung des Hofes nach dem Tod des Bauern sind als mittelbarer Schaden nicht unfallbedingt zu ersetzen, da die Erben die Erbmasse in ihrem Bestand so hinnehmen müssen, wie sie beschaffen ist.[555]

### 3. Eigenleistungen des Getöteten

248 Häufig kommt es vor, dass der Getötete neben seiner beruflichen Tätigkeit auch im häuslichen Umfeld handwerklich tätig war. Entgangene Arbeitsleistungen insoweit sind – soweit sie in der Zukunft anfallen mögen, dem Haushaltsführungsschaden ggf. zuzurechnen.[556] Sind konkrete Arbeiten von erheblichem Umfang geplant, stellt sich ohnehin die Frage, welchen zeitlichen Rahmen der Getötete überhaupt für diese Arbeiten zur Verfügung hatte.[557] Darüber hinaus besteht nur dann ein Anspruch, wenn dieser bereits im Todesfall bestanden hat und damit vererblich war.[558]

### 4. Tötung eines Ausländers

249 Grundsätzlich richtet sich auch der Schadensersatzanspruch des ausländischen Geschädigten nach dem Recht des Tatortes, also bei einem Verkehrsunfall auf deutschem Boden nach deutschem Recht (lex loci). Dies bedeutet, dass im Fall der Tötung eines Ausländers auf deutschem Boden deutsches Schadensersatzrecht zur Anwendung kommt. Infolgedessen können dessen Hinterbliebene nach deutschem Recht Schadensersatz verlangen mit der Besonderheit, dass ggf. auch kulturelle Besonderheiten[559] entsprechend berücksichtigt werden müssen.

## F. Unterhaltsschaden

250 Die Grundlagen des Unterhaltsschadens ergeben sich aus §§ 844 Abs. 2 BGB, 10 Abs. 2 StVG. Danach hat der Schädiger im Fall der Tötung denjenigen Unterhalt zu leisten, denen der Getötete aufgrund Gesetzes[560] zum Unterhalt verpflichtet war, § 844 Abs. 2 S. 1 BGB. Vom Unterhaltsanspruch sind sowohl der Barunterhaltsanspruch als auch der Naturalunterhaltsanspruch umfasst.

### I. Grundlagen

251 Das deutsche Schadensersatzrecht kennt grundsätzlich keinen mittelbaren Schaden,[561] hiervon ausgenommen ist nur der Unterhaltsanspruch nach §§ 844 Abs. 2 S. 1 BGB, 10 Abs. 2 StVG. Dieser Unterhaltsanspruch der Hinterbliebenen muss aber auf einer gesetzlichen Grundlage fußen. Es

554 *BGH* v. 21.11.2000 – VI ZR 231/99, DAR 2001, 159 = r+s 2001, 245 = VersR 2001, 648 zur Erstattungsfähigkeit von entgangenen Diensten in der Landwirtschaft.

555 *BGH* v. 21.11.2000 – VI ZR 231/99, DAR 2001, 159 = r+s 2001, 245 = VersR 2001, 648; etwas anderes würde natürlich gelten, wenn der Landwirt den Unfall überlebt und den Hof unfallbedingt veräußert hätte. Dann wäre der Verlust ggf. schadensersatzrechtlich zu erstatten (aber nur dem Geschädigten!).

556 Vgl. oben Rdn. 222, 226.

557 *OLG Koblenz* v. 12 U 1400/05, BeckRS 2008, 06956 (n.r.).

558 *BGH* v. 22.06.2004 – VI ZR 112/03, r+s 2004, 434.

559 *LG Krefeld* v. 15.11.2018 – 3 O 373/16 (Reisekosten zu Beerdigung sind nicht erstattungsfähig).

560 *BGH* v. 22.06.2004 – VI ZR 112/03, r+s 2004, 434 = VersR 2004, 1192 (Renovierungsarbeiten an fremdem Haus als mittelbarerer Schaden).

561 Mittelbare Geschädigte haben zwar selbst keinen direkten Schaden bei dem Unfallereignis erlitten, erleiden aber infolge des Unfalles einen Vermögensschaden. Vgl. hierzu *BGH* v. 21.11.2000 – VI ZR 231/99, DAR 2001, 159 = r+s 2001, 245 = VersR 2001, 648.

reicht nicht aus, dass der Verletzte ohne gesetzliche Verpflichtung Unterhalt geleistet hat, um einen Ersatzanspruch auszulösen. Eventuelles Mitverschulden des Geschädigten[562] wirkt sich auch auf den Unterhaltsanspruch der Hinterbliebenen aus, ebenso wird ein Verschulden des Unterhaltsberechtigten an der Tötung anspruchsmindern berücksichtigt.[563]

## 1. Voraussetzungen des Unterhaltsanspruchs

Voraussetzung für den Unterhaltsanspruch ist daher zum einen, dass der Unterhaltsverpflichtete durch einen Verkehrsunfall getötet wurde und Ersatzpflicht nach den §§ 823 ff. BGB und/oder 7 ff. StVG gegeben ist.[564] Zum anderen muss der Getötete nach den §§ 1363–1369 bzw. 1569–1586b BGB zum Unterhalt verpflichtet gewesen sein. 252

Dabei reicht aber die Unterhaltsverpflichtung nur so weit, wie der Getötete überhaupt in der Lage war, diese Unterhaltsleistungen zu erbringen, ohne selbst bedürftig zu werden, § 1603 BGB. 253

## 2. Grenzen des Unterhaltsanspruchs

Der Höhe nach ist der Unterhaltsanspruch begrenzt durch die Leistungspflicht,[565] die Leistungsfähigkeit[566] des Getöteten, § 1603 BGB, sowie die Durchsetzbarkeit der Ansprüche. Auch bei möglicherweise zukünftig entstehenden Unterhaltsansprüchen ist auf die Leistungsfähigkeit des Verstorbenen abzustellen.[567] 254

Darüber hinaus ist dieser Unterhaltsanspruch zeitlich begrenzt auf die mutmaßliche Lebensdauer des Getöteten,[568] diese wird nach der statistischen Lebenserwartung ermittelt, die auf Tabellen des Statistischen Bundesamtes fußt. Dabei sind auch die Besonderheiten in der Person des Getöteten, evtl. Vorversterbensrisiko oder auch bei Gastarbeitern die ggf. andere/niedrigere Lebenserwartung in ihren Heimatländern unterhaltsrechtlich zu berücksichtigen. Die Berechnung des Unterhaltes auf Basis des Netto-Erwerbseinkommens kann zeitlich längstens bis zum Erreichen des Rentenalters, welches nach Auffassung des *BGH* derzeit bei 65 Jahren liegt,[569] erfolgen und in dieser Höhe verlangt werden, mit Eintritt in den Rentenbezug verändern sich die Einkommen und damit entfällt u.U. ein zusätzlicher Anspruch gegen den Schädiger auf Unterhalt (unter Berücksichtigung der fortgezahlten Hinterbliebenenrenten).[570] Auch die Gefahr des Stellenverlustes muss in der weiteren Entwicklung des Unterhaltsschadens berücksichtigt werden (Konkurs des Arbeitgebers als Beendigungsgrund). 255

Nicht unberücksichtigt bleiben kann auch das statistische Risiko des Vorversterbens der Unterhaltsberechtigten.[571] Der Unterhaltsanspruch des hinterbliebenen Ehegatten endet spätestens mit 256

562 *OLG Hamm* v. 23.09.1996 – 6 U 7/94 (unfallbedingter Freitod).

563 *OLG Köln* v. 16.10.1990 – 15 U 46/90 (Ehemann als Beifahrer wird bei von Ehefrau mit verursachtem Verkehrsunfall tödlich verletzt).

564 Auch hier sind jedoch die Haftungsausschlüsse nach den §§ 104 ff. SGB VII zu berücksichtigen. Die Unterhaltspflicht wird in diesen Fällen von der Berufsgenossenschaft durch Zahlung von Hinterbliebenenrenten übernommen!.

565 *BGH* v. 04.11.2003 – VI ZR 346/02 in VersR 2004, 75 = NJW 2004, 358 = NZV 2004, 23; *LSG Niedersachsen-Bremen* v. 21.01.2016 – L 6 AS 1200/13 (Sozialhilfe für den Unterhaltsverpflichteten muss nicht für den Kindesunterhalt eingesetzt werden.

566 *BGH* v. 15.06.2004 – VI ZR 60/03, NZV 2004, 514 = VRS 107, 251 = VersR 2004, 1147; *BGH* v. 23.04.1974 – VI ZR 188/72, VersR 1974, 906; *OLG Köln* v. 26.07.2017 – 11 U 16/17; *OLG Bremen* FamRZ 1990, 403; *OLG Hamm* NZV 2006, 85 = zfs 2006, 256.

567 *OLG Hamm* v. 23.11.2012 – 9 U 179/11.

568 *BGH* v. 24.04.1990 – VI ZR 183/89, NZV 90, 307 = VersR 1990, 907.

569 *BGH* v. 25.04.2006 – VI ZR 114/05, VersR 2006, 1081 f.; *BGH* v. 27.01.2004 – VI ZR 342/02, VersR 2005, 653; diese Grenze wird aber in Zukunft unter Berücksichtigung des Renteneintrittsalters 67 verschoben werden müssen.

570 *BGH* v. 24.01.2004 – VI ZR 342/02, r+s 2004, 342.

571 Vgl. insoweit auch *Küppersbusch/Höher* a.a.O. Rn. 864 m.w.N.

seiner Wiederverheiratung.[572] Der neue Ehepartner ist dann unterhaltsverpflichtet. Es kommt dabei nicht darauf an, ob und wie die Ehegatten ihre familienrechtliche Pflicht zum Unterhalt erfüllen.[573]

257 Der Unterhaltsanspruch von Kindern endet – wie der familienrechtliche Unterhalt – mit Abschluss der Ausbildung, im Fall eines Studiums spätestens mit dem 27. Lebensjahr.[574] Ebenfalls keine Berücksichtigung findet ein möglicher künftiger Unterhaltsanspruch eines Kindes bei Tötung eines Elternteils, wenn zu diesem Zeitpunkt ein Unterhaltsanspruch nicht besteht.[575]

258 Die Mitverursachung oder Mithaftung des Getöteten begrenzt den Schadensersatzanspruch der Hinterbliebenen gem. § 846 BGB[576] genauso, wie ein Haftungsausschluss nach §§ 104 ff. SGB VII zum Ausschluss des Unterhaltsschadensersatzes führt.[577] Besondere Schwierigkeiten ergeben sich, wenn sowohl der Unterhaltsverpflichtete als auch der Unterhaltsberechtigte für den Tod des Unterhaltsverpflichteten mitverantwortlich sind. Dann sind beide Anteile anspruchsmindernd zu berücksichtigen.[578] Diese Anspruchskürzung gilt aber nur für die Witwe/den Witwer, nicht für die hinterbliebenen Kinder, diese müssen sich lediglich das Mitverschulden des Getöteten anrechnen lassen.[579]

### 3. Schadenminderungspflicht/Mitarbeitspflicht des Hinterbliebenen

259 Wie im familienrechtlichen Unterhaltsrecht trifft den Hinterbliebenen auch im Schadensersatzrecht eine Mitarbeitspflicht, soweit ihm dies möglich und zumutbar ist.[580] Die Zumutbarkeit der Mitarbeitspflicht der Witwe/des Witwers unterliegt dabei allgemeinen schuldrechtlichen Grundsätzen. Die familienrechtlich entwickelten Grundsätze sind nach bisheriger Rechtsprechung nicht anzuwenden.[581] Dabei ist zu berücksichtigen, dass bei minderjährigen Kindern die Altersgrenzen niedriger sind als im bisherigen Unterhaltsrecht.[582] Nach dieser Reform kann nicht eine Arbeitspflicht bis zum Abschluss der Schulausbildung der Kinder (Abitur, d.h. über das 18. Lebensjahr hinaus) verneint werden unter Hinweis auf die Betreuungspflicht des Kindes.[583] Inwieweit sich das geänderte (familienrechtliche) Unterhaltsrecht[584] auf diese Rechtsprechung auswirken wird, bleibt abzuwarten.

## II. Anspruchsberechtigte

260 Anspruchsberechtigte im Unterhaltsschadensersatz sind
- die Ehegatten, §§ 1360 und 1360a BGB;
- die Partner einer eingetragen Lebenspartnerschaft, (§§ 5, 12 LPartG gibt den Lebenspartnern gegenseitige Unterhaltsansprüche analog §§ 1360 ff. BGB). Dabei gilt hinsichtlich der gleichgeschlechtlichen eingetragenen Lebenspartnerschaft zu beachten, dass grundsätzlich diese Partner jeder für sich verpflichtet sind, für ihren Unterhalt zu sorgen. Dann sind die eigenen Einkünfte

---

572 *BGH* v. 16.02.1970 – III ZR 183/68, VersR 1970, 522, 524; *OLG Stuttgart* VersR 1993, 1536.

573 Vgl. hierzu *BGH* v. 25.04.2004 – XII ZR 189/04, NJW 2007, 2412.

574 *OLG Köln* VersR 1990, 1285; *OLG Stuttgart* VersR 1993, 1536.

575 *OLG Hamm* v. 23.11.2012 – I-9 U 179/11.

576 *BGH* v. 27.06.1961 – VI ZR 205/60, NJW 1961, 1966.

577 *OLG Frankfurt* OLGR 2003, 441.

578 *OLG Köln* VersR 1992, 894.

579 *OLG Köln* VersR 1992, 894.

580 *BGH* v. 26.09.2006 – VI ZR 124/05, r+s 2007, 39 = NZV 2007, 29; *BGH* v. 19.06.1984 – VI ZR 301/82, NJW 1984, 2520 = *BGH* VersR 1984, 936.

581 *OLG Düsseldorf* r+s 1987, 45 f.; Rev. nicht angenommen (VI ZR 7/86 v. 02.12.1986); vgl. aber auch *OLG Koblenz* v. 10.02.2016 – 7 WF 120/16, das eine Mitarbeitspflicht ggf. auch während des Trennungsjahres schon bejaht.

582 *OLG Hamm* NZV 2008, 570 für die Arbeitspflicht d. Witwe; *OLG Düsseldorf* Fachdienst Familienrecht 2008, 264753 = NJW Spezial 2008, 708 = FDR 2008, 530 bei 6-jährigem Kind ist eine Halbtags-Tätigkeit anzusetzen.

583 So fälschlicherweise *OLG Hamm* NZV 2008, 570.

584 Handbuch FamR/*Gerhardt*, Kap. 6 Rn. 356–360 zur zumutbaren Erwerbstätigkeit.

des Hinterbliebenen im Wege des Vorteilsausgleichs zu berücksichtigen. Nur in Ausnahmefällen (Krankheit, besondere Vereinbarung etc.) kann dann eine Unterhaltspflicht bestehen. Hat ein Lebenspartner ohne einen der Gründe der §§ 12 und 16 LPartG nicht gearbeitet, wird man eine Verpflichtung zur Aufnahme einer Erwerbstätigkeit annehmen und den erzielbaren Betrag einsetzen können. Einen Anspruch auf Ersatz des Naturalunterhaltes bei Tötung des Haushaltsführenden soll es hingegen nicht geben, § 5 LPartG spricht von der Verpflichtung zum Lebenspartnerschaftsunterhalt durch »ihre Arbeit und ihr Vermögen«;

- Partner aus nichtehelichen Lebensgemeinschaften hingegen haben weder einen Anspruch auf Bar-Unterhalt noch auf Natural-Unterhalt, hier kann bestenfalls ein Unterhaltsanspruch der gemeinsamen nichtehelichen Kinder bestehen. Bei Aufhebung dieser Partnerschaft kommt § 16 LPartG zur Anwendung;[585]
- die ehelichen und nichtehelichen Kinder, §§ 1602 ff. BGB, welche nach der Regelung des § 1615a BGB auch auf die nichtehelichen Kinder anzuwenden sind. Es erfolgt insoweit eine Gleichstellung; soweit sie nicht über ein eigenes Einkommen verfügen. Sie müssen nach § 1602 Abs. 2 BGB zur Durchsetzung von Unterhaltsansprüchen gegen die Eltern sich das eigene Einkommen anrechnen lassen und die Bedürftigkeit nachweisen. Grundsätzlich besteht ein Anspruch bis zum Ende der Ausbildung. Dazu gehört auch der ggf. anschließende Masterstudiengang.[586] Daher sind die Einkünfte, die Waisen erzielen, auf den Unterhaltsschadensersatzanspruch anzurechnen (z.B. Ausbildungsbeihilfe, Erträgnisse der eigenen Erbschaft – nur, wenn der Getötete nicht der Erblasser war, Bafög oder Stipendium, wenn es auch ohne den Unfall gezahlt wurde oder worden wäre, auch die Waisenrenten von DRV und Berufsgenossenschaften sind anzurechnen);
- die Eltern des Getöteten grundsätzlich unterhaltsberechtigt sein, da auch sie Verwandte in gerader Linie gem. § 1601 BGB sind;
- auch der geschiedene Ehegatte, der Unterhaltsleistungen erhielt, hat ggf. einen Anspruch auf Unterhaltsleistungen, jedenfalls dann, wenn dieser im Scheidungsverfahren ausgesprochen wurde und sich dort noch keine eine Abänderungsklage rechtfertigenden Umstände ergeben haben;[587]
- bei getrenntlebenden Ehepartnern bzw. wenn deutliche Anhaltspunkte für das Scheitern der Ehe vorliegen, besteht nur noch ein eingeschränkter Unterhaltsanspruch,[588] der sich an dem geänderten Unterhaltsrecht messen lassen muss.
- der Partner der nichtehelichen Lebensgemeinschaft, der Betreuungsunterhalt gem. § 1615 BGB beanspruchen kann.[589]

261 Kein Anspruch auf Unterhalt besteht bei

- Nichtehelichen Lebensgemeinschaften,[590]
- Nicht eingetragenen Lebenspartnerschaften,
- Verlobten.[591]

262 Wichtige Voraussetzung für die Entstehung des Unterhaltsschadensersatzanspruch ist, dass das Unterhaltsverhältnis bereits im Unfallzeitpunkt bestanden hat, es reicht nicht aus, wenn dieses Verhältnis

585 *BGH* v. 05.05.2002 – XII ZR 132/02, NJW 2004, 2305; vgl. hierzu auch *EuGH* v. 01.04.2008 – C-267/06, NJW-Spezial 2008, 308.

586 Vgl. u.a. *OLG Celle* Beschl. v. 02.02.2010 – 15 WF 17/10, NJW-RR 2010, 1229, da diese als einheitliche Ausbildung anzusehen sind; *OLG Brandenburg* Beschl. v. 14.12.2010 – 10 UF 161/10, NJW-RR 2011, 725 f.; *Kemper* NZFam 2015, 250, 253 f.; *Kofler* FamFR 2012, 433, 434 zum Zweitstudium im Unterhaltsrecht.

587 *BGH* v. 06.02.2008 – XII ZR 14/06, NJW 2008, 1663, 1668.

588 *OLG Hamm* VersR 1992, 511.

589 *BGH* v. 05.07.2006 – XII ZR 11/04, NJW 2006, 2687 = MDR 2006, 1229; *Jahnke* Versorgungsschaden in der nicht-ehelichen Lebensgemeinschaft nach einem Unfall NZV 2007, 329 ff.

590 *BGH* v. 13.02.1996 – VI ZR 318/94, DAR 1996, 357.

591 *OLG Frankfurt* VersR 1984, 449.

seine Begründung nach dem Unfallereignis aber vor dem Todesfall erfahren hat,[592] z.B. Hochzeit oder Schwangerschaft.

### III. Unterhaltsformen

263 Es wird zwischen zwei Arten von Unterhalt unterschieden, dem Barunterhalt und dem Naturalunterhalt. Die einzelnen unterhaltsberechtigten Familienmitglieder sind Teilgläubiger,[593] es ist für jeden einzelnen der persönliche Unterhaltsbedarf, ggf. nach Natural- und nach Barunterhalt unterschieden zu ermitteln. Dabei kann abhängig vom Alter der Bedarf an Barunterhalt steigen, der an Naturalunterhalt aber gleichzeitig sinken.

264 Allerdings sind die Ansprüche dergestalt miteinander verbunden, dass als Obergrenze das Einkommen (für den Barunterhalt) bzw. die Leistungsfähigkeit des Getöteten (für den Naturalunterhalt) gelten.

#### 1. Barunterhalt

265 Der Barunterhalt stellt die Unterstützung aus dem verfügbaren Einkommen des Unterhaltsverpflichteten dar. Der zu leistende Barunterhalt ermittelt sich aus dem Netto-Einkommen des Verletzten und ihm ggf. sonst zur Verfügung stehenden Zuwendungen. Im Unterhaltsrecht hat sich eine pauschalierte Berechnung der Unterhaltsansprüche etabliert,[594] die aber für die schadensersatzrechtliche Unterhaltsermittlung nicht herangezogen werden kann. Hier sind die tatsächlichen Gegebenheiten zu berücksichtigen und der Berechnung zugrunde zu legen, der Unterhaltsanspruch der Hinterbliebenen kann dabei nicht weitergehen als die Leistungsfähigkeit des Getöteten gegeben war.[595] Die Unterhaltsberechtigten sind dabei verpflichtet, die entsprechenden Parameter für die Unterhaltsberechnung vorgetragen und nachgewiesen werden.[596]

266 Zu dem Netto-Einkommen gehören

- alle Gehaltsbestandteile einschl. Überstundenvergütung und Zulagen, Gratifikationen, Urlaubs- und Weihnachtsgeld sowie sonstige Einmalzahlungen wie Treueprämie,[597]
- Sachbezüge (Nutzung des Dienstwagens gegen Gehaltsverzicht,[598] Werkswohnung u.ä.),
- Steuerrückerstattungen,[599]
- Renten, die dem Unterhaltsbedarf dienen sind ebenfalls zu erstatten. Dazu gehören
  - die Kriegsbeschädigten-Rente,[600]
  - die Rente der Berufsgenossenschaft,[601]
  - Grundrenten, soweit sie nicht zur Sicherung eines konkreten Mehrbedarfs dient,[602]
  - Schwerbeschädigten- und Pflegezulage,[603]

---

592 *BGH* v. 13.02.1996 – VI ZR 318/94, r+s 1996, 311 = NJW 1996, 1674.

593 *BGH* v. 23.11.1971 – VI ZR 241/69, VersR 1972, 176.

594 *BGH* v. 30.08.2006 – XII ZR 138/04, NJW Spezial 2006, 538.

595 *OLG Koblenz* 12 U 1400/05 BeckRS 2008, 06956 (n.r.); *OLG Brandenburg* BeckRS 2008, 14677 v. 17.07.2008 (n.r.).

596 *OLG München* v. 23.06.2021 – 10 U 5138/20.

597 *BGH* v. 27.10.1970 – VI ZR 64/69, VersR 1971, 152.

598 *OLG Hamm* zfs 1996, 211: Berücksichtigung aber nur Netto, da der Getötete das Gehalt ebenfalls hätte versteuern und der Sozialversicherung zuführen müssen.

599 *BGH* v. 20.03.1990 – VI ZR 129/89, VersR 1990, 748.

600 *BGH* v. 22.05.1960 – VI ZR 131/59, NJW 1960, 1615.

601 *OLG Braunschweig* VersR 1979, 1124. Dies ist m.E. nur eingeschränkt zu übernehmen, da der Verletzte die BG-Rente als Ausgleich für eine Beeinträchtigung der Erwerbsfähigkeit erhält. Konkretisiert sich dieser Minderverdienst aber nicht und der Verletzte kann trotz der MdE im rentenberechtigten Umfang einer vollen Erwerbstätigkeit nachgehen.

602 *BGH* v. 21.01.1981 – IVb ZR 548/80, NJW 1981, 1313; a.A *BGH* v. 12.01.2016 – VI ZR 491/14 – Grundrente nach § 31 BVG ist nicht dem Erwerbsschaden kongruent und daher nicht gem. OEG regressierbar.

603 *BGH* v. 16.09.1981 – IVb ZR 674/80, NJW 1982, 41.

- Nebenverdienste (angemeldet und versteuert),
- Vermögenserträgnisse, die tatsächlich zum Familienunterhalt verwendet wurden,
- sowie bei unentgeltlicher Mitarbeit im Familienbetrieb: nicht das tatsächlich vereinbarte, sondern dass der Arbeitsleistung entsprechende »wirkliche« Arbeitseinkommen,[604]
- von dem Netto-Einkommen sind allerdings auch die berufsbedingten Aufwendungen (Fahrtkosten, Arbeitskleidung etc.,[605] doppelte Haushaltsführung)[606] in Abzug zu bringen. Sie mindern – wie die Aufwendungen für Vermögensbildung[607] – das dem Unterhalt zur Verfügung stehende Einkommen.[608]

Von dem Einkommen sind die Positionen abzusetzen, die dem Familienunterhalt nicht zur Verfügung stehen. Dies können Lohnpfändungen sein, aber auch Unterhaltsleistungen aufgrund vorangegangener Ehen. 267

Im Rahmen der Unterhaltspflicht ist zwischen dem gesetzlich geschuldeten und dem tatsächlich geleisteten Barunterhalt zu unterscheiden: So kann es zwar sein, dass der Getötete seinem Bruder Unterhaltszahlungen hat zukommen lassen, aber wegen fehlender gesetzlicher Verpflichtung diese im Todesfalle nicht zu übernehmen sind. Auch kann dieser Unterschied dann von Bedeutung sein, wenn beide Elternteile barunterhaltspflichtig sind, aber nur ein Elternteil den Barunterhalt erbringt.[609] 268

Bei der Ermittlung des schadensersatzrechtlich geschuldeten Unterhalts können die familienrechtlichen Grundregeln allerdings nur eingeschränkt angewendet werden, da im Familienrecht immer von der Führung zweier Haushalte und einem Mindestselbstbehalt des getrenntlebenden Ehegatten ausgegangen werden muss. Dies ist in den Fällen der Tötung eines Partners einer intakten Familie nicht der Fall, sodass diese Grenzen keine Anwendung finden können.[610] Auch ist nur das Einkommen im Unfallzeitpunkt bekannt, eine Anpassung anhand späterer tatsächlicher Gegebenheiten ist nicht möglich, sondern kann nur im Rahmen einer Erwerbsprognose erfolgen. 269

## 2. Naturalunterhalt

Wird der oder die Haushaltsführende getötet, ist der daraus resultierende Haushaltsführungsschaden (Naturalunterhalt) in die Unterhaltsberechnung mit einzustellen und dem Naturalunterhalt hinzuzurechnen. 270

---

604 *BGH* v. 22.11.1983 – VI ZR 22/82, VersR 1984, 353; zur Berechnung muss aber als Vergleichsgrundlage nicht ein fiktiver Stundenlohn, sondern der Gewinn des Unternehmens abzgl. Rücklagen für Investitionen (*BGH* v. 03.12.1966 – VI ZR 75/65, VersR 1967, 259) und abzgl. Rücklagen für Vermögensbildung (*BGH* v. 20.02.1968 – VI ZR 76/66, VersR 1968, 770), dann erfolgt Schätzung des Anteils am Gewinn nach anteiliger Arbeitsleistung. In aller Regel kommt dies aber nur in landwirtschaftlichen Betrieben vor, hier ist zu berücksichtigen, dass zum einen von der LAK ggf. Unternehmenshelfer zur Verfügung gestellt werden, sodass ein Schaden u.U. nicht mehr verbleibt, bzw. die Frage der Verpflichtung zur Erstattung entgangener Dienste zu klären ist.

605 *OLG Koblenz* 12 U 1400/05 BeckRS 2008, 06956 (n.r.); *OLG Brandenburg* BeckRS 2008, 14677 v. 17.07.2008 (n.r.).

606 *OLG Hamm* NZV 1989, 271 zur doppelten Haushaltsführung bei der Tötung von Ausländern (in Deutschland und im Heimatland), welche beide das Einkommen mindern.

607 *Born*, NJW 2021, 425, 426 zur Grenze bei besonders hohen Einkünften.

608 *OLG Brandenburg* BeckRS 2008, 14677 v. 17.07.2008.

609 *BGH* v. 06.10.1992 – VI ZR 305/91, VersR 1993, 56 = r+s 1993, 18; *OLG Düsseldorf* NZV 1993, 473 (die getrenntlebende Ehefrau erbringt neben dem Naturalunterhalt auch den Barunterhalt für die gemeinsamen Kinder, der getrenntlebende Vater leistet – obwohl leistungsfähig – nicht. Bei Tötung der Ehefrau kann sich der getrenntlebende Ehegatte nicht auf dieses Unterhaltsmodell zurückziehen, sondern ist zur Leistung verpflichtet.).

610 Vgl. insoweit auch *Macke* Der Unterhaltsschaden zwischen Schadensersatzrecht und Familienrecht, NZV 1989, 249 ff.; *BGH* VersR 1987, 1243.

271 Der Naturalunterhalt wird als Haushaltsführung oder Betreuungsleistungen[611] erbracht. Grundsätzlich sind die Eheleute einander zu gegenseitigen Unterhaltsleistungen verpflichtet, § 1360 BGB. Wie der Unterhalt erbracht wird, hängt von den Vereinbarungen zwischen den Eheleuten ab. Das Gesetz selbst gibt nur Rahmenbedingungen vor, die durch tatsächliche oder stillschweigende Absprachen der Eheleute ausgefüllt werden können. Dabei ist aber zu berücksichtigen, dass die Eheleute den gesetzlichen Rahmen zwar ausfüllen, aber nicht erweitern können. Die Vereinbarung könnte z.B. lauten: der eine Teil sorgt für den Barunterhalt beider Eheleute durch seine Erwerbstätigkeit, während der andere Partner seinerseits für die Haushaltsführung sorgt und damit seinen Anteil in der Form des Naturalunterhaltes erbringt. Da beide Eheleute gleichwertig gem. § 1360 BGB zum Unterhalt der Familie beitragen müssen, kann die Vereinbarung, dass beide Eheleute einer Erwerbstätigkeit nachgehen und die Ehefrau zusätzlich noch allein den Haushalt führt weder vor dem Gesetz noch schadensersatzrechtlich Bestand haben. Auch die Mithilfepflicht von Kindern im Haushalt ist dann im Lichte des § 844 BGB zu bewerten.

272 Zu beachten ist, dass der Anspruch auf Betreuungsunterhalt bei Kindern mit Vollendung des 18. Lebensjahres endet.[612]

273 Der Anspruch auf Leistung von Naturalunterhalt reicht nur so weit, als der Getötete dazu in der Lage war.[613] Dabei sind auch die tatsächlichen Lebensumstände (Arbeitszeit und Arbeitsweg) zu bewerten, um zu ermitteln, welchen Umfang ein Betreuungsunterhalt noch hätte haben können.[614] Ähnlich wie beim Erwerbsschaden ist eine Zukunftsprognose erforderlich, die ggf. auch den Anspruch zeitlich einschränken kann.

274 Die Bemessung des Naturalunterhaltes kann sich in Ermangelung besserer Anhaltspunkte an den Leistungen für eine Pflegestelle, die nach dem Jungendwohlfahrtgesetz gezahlt werden, orientieren. Dies dient aber nicht als alleinige Grundlage[615] zur Ermittlung des Betreuungsunterhaltes. Diese kann auch durch persönliche Umstände erhöht sein.

275 Zur Bewertung der Höhe wird in der Rechtsprechung der BAT herangezogen. Im Hinblick auf die Tarifverträge des Deutschen Hausfrauenbundes, die in ihren Tarifverträgen auch Unterschiede hinsichtlich der Anforderungen an die Tätigkeit aufweisen und die einzelnen Aufgaben in den Tätigkeitsstufen darstellen, ist die Abrechnung der Haushaltshilfe nach diesen Werten sachgerecht.[616]

## IV. Fixe Kosten

276 Die fixen Kosten mindern das frei verfügbare Einkommen des Getöteten. Sie sind daher zunächst von dem Einkommen in Abzug zu bringen, um den standesgemäßen Lebensunterhalt zu sichern.[617]

---

611 *BGH* v. 25.04.2006 – VI ZR 114/05 = r+s 2006, 519 = *BGH* VersR 2006, 1081; Zu den Voraussetzungen der Gewährung von Naturalunterhalt vgl. *BGH* v. 25.11.1987 – VIb ZR 109/86, NJW-RR 1988, 582; *Brandenburgisches OLG* 10 WF 40/08 zur Erwerbstätigkeitspflicht und zum Familienunterhalt, BeckRS 2008, 14675, wobei der *BGH* den zusammenlebenden Eltern durchaus einen Vertrauenstatbestand zugesteht, wobei die hier in Rede stehenden gemeinsamen Kinder im zu bewertenden Zeitraum nicht alle schulpflichtig waren!.

612 *BGH* v. 09.02.2002 – XII ZR 34/00, NJW 2002, 2026 = MDR 2002, 826 (Familiensenat), der Haftpflichtsenat tw. a.A. *BGH* v. 25.04.2006 – VI ZR 114/05 VersR 2006, 1081 = r+s 2006, 519 m. abl. Anm. *Bliesener*.

613 *OLG Köln* NJWE-VHR 1996, 152 (wegen Trunksucht war Getötete nicht in der Lage, den Haushalt zu führen); *OLG Hamm* NZV 2006, 85.

614 *OLG Koblenz* – 12 U 1400/05 BeckRS 2008, 06956 (n.r.).

615 *BGH* v. 15.10.1985 – VI ZR 55/84, NJW 1986, 715, 717; *BGH* v. 22.01.1985 – IV ZR 71/82, NJW 1985, 1460.

616 *Nickel/Schwab* zuletzt SVR 2018, 454 ff.; SVR 2007, 17 ff. m.w.H., vgl. auch oben Rdn. 190.

617 *BGH* v. 02.12.1997 – VI ZR 142/96, NZV 1998, 149; *BGH* v. 31.05.1988 – VI ZR 116/87, VersR 1988, 954; *BGH* v. 23.06.1987 – VI ZR 188/86, VersR 1987, 1241; *BGH* v. 01.10.1985 – VI ZR 36/84, VersR 1986, 39; *BGH* v. 11.10.1983 – VI ZR 251/81, VersR 1984, 79.

Sie sind konkret zu beziffern und nachzuweisen.[618] Da die Hinterbliebenen nach § 844 Abs. 2 BGB Einzelgläubiger sind, sind die fixen Kosten auf die einzelnen Hinterbliebenen zu verteilen. Bei einem verbleibenden Zweipersonenhaushalt (ein Erwachsener, ein Kind) wurde die Verteilung 2/3 zu 1/3 nicht beanstandet, bei einem verbleibenden drei Personenhaushalt (ein Erwachsener, zwei Kinder ist die Verteilung 50 %/25 %/25 % angemessen und dem jeweiligen Unterhaltsbetrag zuzuschlagen. Fallen Kinder aus der Unterhaltsberechnung heraus, weil sie selbst erwerbstätig sind und ein Unterhaltsschaden nicht mehr gegeben ist, werden die dadurch »freiwerdenden fixen Kosten« den verbleibenden Hinterbliebenen zugeschlagen. Ggf. ist ein Umzug in eine kleinere Wohnung zumutbar.

Zu den fixen Kosten gehören alle nicht personengebundenen, festen Kosten der Haushaltsführung, die vom Unterhaltsverpflichteten geschuldet wurden, vor dessen Tod erbracht wurden und auch nach seinem Tod, ggf. reduziert, weiterlaufen.[619] 277

Hierzu gehören insbesondere: 278
- Energiekosten: Strom, Gas oder Öl;
- Informationsbedarf: Telefongrundgebühr, Zeitungen, Radio und Fernsehgebühren;
- Kindergartenbeiträge;[620]
- Kosten für das Familienfahrzeug (Steuern, Versicherung,[621] Garage, eingeschränkt Abschreibung und Rücklagen, soweit er von der ganzen Familie genutzt wurde. Standen zwei PKW zur Verfügung, entfällt der PKW des Getöteten, ggf. ist er unter Schadenminderungsgesichtspunkten zu veräußern und die ersparten Kosten sind im Wege des Vorteilsausgleichs anzurechnen;
- Kosten für die Wohnung:

Miete, Nebenkosten, Rücklagen für Schönheitsreparaturen, Instandsetzungskosten für Wohnung und Beschaffungskosten für Wohnungseinrichtung;[622]
- Zinsen für die Finanzierung der Wohnung,[623] nicht aber der Abtrag der Finanzierung (= Vermögensbildung[624]), maximal bis zur Höhe einer fiktiven Mietwohnung;[625] aber auch die Eigenheim- und Kinderzulagen sind zu berücksichtigen[626]
- Nebenkosten (Müllabfuhr, Schornsteinfeger etc.);
- Versicherungsbeitrag zu den Familienversicherungen, die den Schutz der Familie sicherstellen (Hausrat-, Wohngebäude-, Privathaftpflicht-, Rechtsschutzversicherung u.ä.,[627] wenn der Versicherungsschutz nach dem Tod weiter aufrechterhalten wird;[628]
- Wasserkosten;

618 *OLG München* v. 23.06.2021 – 10 U 5138/20.

619 *BGH* v. 31.05.1988 – VI ZR 116/87, VersR 1988, 954; *OLG Frankfurt/M.* SP 1999, 267 ff. (ausführlich); *Küppersbusch/Höher* Rn. 335 ff.

620 *BGH* v. 02.12.1997 – VI ZR 142/96, VersR 1998, 333; *BGH* v. 03.07.1984 – VI ZR 42/83, VersR 1984, 961.

621 *BGH* v. 31.05.1988 – VI ZR 116/87, VersR 1988, 954.

622 *BGH* v. 31.05.1988 – VI ZR 116/87, VersR 1988, 954; *OLG Hamm* VersR 1983, 927; r+s 1992, 413.

623 *BGH* v. 22.06.2004 – VI ZR 112/03, VersR 2004, 1192 ff.; *BGH* v. 25.04.2006 – VI ZR 114/05, VersR 2004, 75 (Eigenheim- und Kinderzulage können dem Einkommen zugerechnet werden, dürfte in der heutigen Zeit schwer möglich sein, da sich die Förderung für Eigenheime grundlegend geändert hat.

624 *OLG Hamm* v. 06.06.2008 – 9 U 123/05, NZV 2008, 570 zur Vermögensbildung und Absicherung von Unterhaltsberechtigten.

625 *BGH* v. 02.12.1997 – VI ZR 142/96, r+s 1998, 153 = VersR 1998, 333; v. 31.05.1988 – VI ZR 116/87, NZV 1988, 136 ff.; nach *OLG Nürnberg* NZV 1997, 439 sind fiktive Mietkosten überhaupt nicht zu berücksichtigen; *OLG Koblenz* 12 U 1400/05 BeckRS 2008, 06956 (n.r.); *OLG Brandenburg* v. 17.07.2008 – BeckRS 2008, 14677 (n.r.).

626 *BGH* v. 04.11.2003 – VI ZR 366/02, NJW Spezial 2004, 162 ff. = NJW 2004, 358 ff.

627 *BGH* v. 31.05.1988 – VI ZR 116/87, VersR 1988, 954; *OLG Frankfurt/M.* SP 1999, 267 ff.

628 *BGH* v. 31.05.1988 – VI ZR 116/87, VersR 1988, 954.

- Rücklagen für Kfz oder Wohnungseinrichtung können grundsätzlich nur dann geltend gemacht werden, wenn diese in der Vergangenheit ebenfalls gebildet wurden, auf das Familienbudget ist abzustellen.[629]

279 Voraussetzung ist insbesondere, dass sich diese Kosten aus der Unterhaltsverpflichtung des Verstorbenen ergeben.

280 Zu den fixen Kosten gehören insbesondere nicht:
- Variable Betriebskosten des PKW (Benzin etc.),
- Aufwendungen für Vermögensbildung, sei es die Kapital bildende Lebensversicherung[630] oder auch die Kosten für vermietete Eigentumswohnungen etc., die im Gegensatz das verteilbare Einkommen mindern,[631]
- Schulgeld,[632] Kosten für Nachhilfe;[633]
- Kosten für den Erwerb eines Eigenheims,[634]
- Rücklagen für die Instandsetzung des Eigenheims,[635]
- Personengebundene Kosten,[636]
- Gewerkschaftsbeiträge,[637]
- Kranken- und Unfallversicherungsbeiträge,[638]
- Versicherungen für ein Grundstück sind nicht erstattungsfähig,[639]
- Vereinsbeiträge,[640]
- Tilgung der Grundstückshypothek (hier können Zinskosten nur bis max. zur Höhe der Kosten einer fiktiven Wohnung erstattet werden).[641]

281 Die Höhe der fixen Kosten ist grundsätzlich von den Geschädigten nachzuweisen, ggf. kann beweiserleichternd[642] nach § 287 ZPO geschätzt[643] und von pauschalen Beträgen zwischen 30 – und 40 %[644] ausgegangen werden.[645] Da aber die Fixen Kosten grundsätzlich durch die Vorlage der entsprechenden Buchungsbelege ohne Schwierigkeiten möglich ist, ist für eine pauschalierte Abrechnung oder gar Schätzung kein Raum. Sollten die Belege nicht vorgelegt werden, empfiehlt es sich eher, die einzelnen Unterhaltsanteile etwas anzuheben.[646]

---

629 *OLG Koblenz* 12 U 1400/05 BeckRS 2008, 06956 (n.r.) Rücklagen für ein Auto wurden abgelehnt, weil in der Vergangenheit nicht gebildet, weil auch nach dem Budget der Familie dafür kein Geld vorhanden war!.

630 Ausgenommen aber, wenn ein Selbstständiger eine Lebensversicherung sowohl zur Altersvorsorge wie auch zur Sicherung der Unterhaltsberechtigten vorhält, *OLG Hamm* v. 06.06.2008 – I-9 U 123/05, 9 U 123/05.

631 *OLG Brandenburg* v. 17.07.2008, BeckRS 2008, 14677.

632 *OLG Hamburg* DAR 1988, 96.

633 *OLG Hamm* v. 06.06.2008 – I-9 U 123/05, 9 U 123/05.

634 *BGH* v. 03.07.1984 – VI ZR 42/83, VersR 1984, 961.

635 *BGH* v. 02.12.1997 – VI ZR 142/96, VersR 1998, 333 = *BGH* NZV 1998, 149.

636 *OLG Zweibrücken* SP 1994, 313.

637 *BGH* v. 02.12.1997 – VI ZR 142/96, VersR 1998, 333.

638 *OLG Zweibrücken* SP 1994, 213.

639 *Küppersbusch/Höher* a.a.O. Rn. 338.

640 *OLG Hamburg* DAR 1988, 96.

641 *BGH* v. 03.07.1984 – VI ZR 42/83, VersR 1984, 961; *BGH* v. 05.12.1989 – VI ZR 276/88, NZV 1990, 185; *OLG Hamm* r+s 1992, 413.

642 Zu Beweismaß und Beweislast vgl. *Staab* in Meschkat/Nauert Rn. 247 ff. mit grundlegenden Hinweisen; *Geipel* Der Vollbeweis durch das Unwahrscheinliche? – Widerspruch, Logik oder die vergessene Lehre vom Individualanscheinsbeweis? – zfs 2007, 363 f.

643 *BGH* v. 31.05.1988 – VI ZR 116/87, VersR 1988, 954.

644 *Eckelmann/Nehls* Schadensersatz bei Verletzung und Tötung, S. 115.

645 So zumindest *Schulz-Borck/Hofmann*, S. 16; a.A. *Küppersbusch/Höher* a.a.O., Rn. 337, so auch *Jahnke*, Kap. 6 Rn. 185.

646 Vgl. insoweit Rdn. 305.

Verbrauchsabhängige fixe Kosten wie Strom und Wasser können sich verringern und sind dann in der gekürzten Höhe zu berücksichtigen. Auch kann der Umzug in eine kleinere Wohnung zumutbar sein.[647] 282

Die fixen Kosten sind dem einzelnen Hinterbliebenen zuzurechnen, da diese nach § 844 BGB keine Gesamtgläubiger, sondern Einzelgläubiger sind.[648] 283

Soweit sich die fixen Kosten durch den Todesfall verringert haben, sind in der Unterhaltsberechnung vom Netto-Einkommen die fixen Kosten vor dem Unfall in Abzug zu bringen, das restliche Einkommen ist zu verteilen und sodann werden die veränderten fixen Kosten dem verteilten Einkommen zugeschlagen. 284

## V. Anrechnung von Einkünften

Grundsätzlich sind – wie schon oben erwähnt – die erzielten Einkünfte der Hinterbliebenen schadenmindernd anzurechnen. Außerdem ist Kindergeld zu 50 % auf Unterhalt anzurechnen, wenn es an den verbliebenen Ehegatten fällt, wenn es nicht zum Betreuungsunterhalt verwendet wird, d.h. in der Gesamtheit ist es abzuziehen.[649] 285

### 1. Anrechnung von Hinterbliebenenrenten

Die Anrechnung von Hinterbliebenenrenten jedenfalls der gesetzlichen Sozialversicherungsträger (Rentenversicherer, Unfallversicherer) ist zulässig, da sie dem Einkommen des Verstorbenen kongruent sind und damit den verbleibenden Unterhaltsanspruch der Hinterbliebenen mindern.[650] Diese Renten entlasten den Schädiger nicht, da sie von den Sozialversicherungsträgern ebenfalls regressiert werden. Die Frage, ob betriebliche Hinterbliebenenrenten anzurechnen sind, die nicht aufgrund gesetzlicher, sondern aufgrund privater Altersvorsorge[651] im Todesfall an die Hinterbliebenen ausgezahlt werden, unterhaltsrechtlich zu berücksichtigen sind, ist derzeit nicht geklärt. Das *Brandenburgische OLG* hat die Anrechnung nicht vorgenommen und die Revision zugelassen.[652] 286

### 2. Anrechnung des Einkommens nach dem Todesfall

Die Hinterbliebenen haben insoweit Anspruch auf Unterhalt, als sie bedürftig sind. Dabei ist ein Erwerbseinkommen schadenmindernd anzurechnen. 287

Haben die Hinterbliebenen Einkünfte aus Erbschaften (nicht aus der Hinterlassenschaft des Getöteten), sind diese – weil sie die Bedürftigkeit mindern – schadenmindernd einzusetzen. Soweit die Witwe den Betrieb des Getöteten weiterführt, sind diese Einkünfte – auch wenn sie aus dem unfallbedingten Erbe resultieren, schadenmindernd zu berücksichtigen.[653] 288

Häufig im Streit ist die Frage, wann die Hinterbliebenen zur Aufnahme einer Erwerbstätigkeit verpflichtet sind. Grundsätzlich gilt auch bei Kindern, dass die nach Abschluss der Schule aufgenommene Erwerbstätigkeit, die den Unterhaltsanspruch gegen die Eltern mindern würde, auch den 289

647 *BGH* v. 03.07.1984 – VI ZR 42/83, VersR 1984, 961.

648 *BGH* v. 23.11.1971 – VI ZR 241/69, VersR 1972, 176.

649 *LG Hannover* v. 10.08.2023 – 6 O 38/18.

650 Zuletzt u.a. *OLG Düsseldorf*, 15.12.2020 – 1 U 35/20.

651 Grundsätzlich soll eigene Vorsorge den Schädiger nicht entlasten, *Küppersbusch/Höher*, a.a.O. Rn. 434; Staudinger/*Röthel* a.a.O. § 844 Rn. 222; MüKo-BGB/*Wagner* § 844 Rn. 75.

652 *BGH* v. 01.12.2009 – VI ZR 221/08 (Aufhebung und Zurückverweisung, da die Frage der Anspruchsübergänge – gesetzlich oder vertraglich – nicht hinreichend geklärt waren), Vorinstanz: *OLG Brandenburg* v. 17.07.2008 – 12 U 46/07; a.A. *OLG Hamm* r+s 1992, 413 (ohne dieses Thema zu bearbeiten).

653 *BGH* 19.03.1974 – VI ZR 19/73, NJW 1974, 1236 = VersR 1974, 700; *BGH* v. 19.12.1978 – VI ZR 218/76, VersR 1979, 323; *OLG Frankfurt* VersR 1991, 595 (sog. Quellentheorie: die Quelle sprudelt weiter, es hat sich lediglich die Inhaberschaft geändert).

Unterhaltsanspruch gegen den Schädiger mindert. Aus Gründen der Schadenminderungspflicht ist eine Erwerbstätigkeit aufzunehmen, soweit dies dem Hinterbliebenen zuzumuten ist und der Schädiger dadurch nicht unbillig entlastet wird.[654] Hier wird sich auch die Änderung des Unterhaltsrechtes auswirken. Es wird im Familienrecht das selbstbestimmte Leben des Ehepartners nach der Ehe gefördert und nur noch eingeschränkt ein Ehegattenunterhalt gewährt. Soweit der Witwe eine Arbeitstätigkeit zuzumuten ist, und sie dieser Arbeitspflicht nicht nachkommt, kann das fiktive Einkommen anspruchsmindernd in Anrechnung gebracht werden.[655]

290 Geht die Witwe nach dem Unfall einer Erwerbstätigkeit nach, sind die daraus erzielten Einkünfte anspruchsmindernd zu berücksichtigen.[656] Eine Einstellung dieses Einkommens in die Unterhaltsschadenberechnung, wie sie teilweise in der Literatur[657] gefordert wird, ist nur dann sachgerecht, wenn die Arbeitsaufnahme ohnehin schon geplant und in die Wege geleitet war. Hieran sind aber besondere Darlegungs- und Beweisanforderungen zu knüpfen.

### 3. Einkommen aufgrund überobligationsmäßiger Anstrengung

291 Häufig ist im Streit, inwieweit Einkünfte Unterhaltsberechtigter auf den Unterhaltsschaden angerechnet werden dürfen. In aller Regel entstammen die Entscheidungen dem Familienrecht, wobei die Reform des Familienrechts und des Unterhaltsrechts sich auch auf die Schadenregulierung nicht unerheblich auswirken dürften.

292 Bei der Ermittlung der Mitarbeitspflicht der Witwe wird auf das Alter der zu betreuenden Kinder abgestellt. Eine ggf. ausgeübte Erwerbstätigkeit ist jedenfalls dann unterhaltsrechtlich nicht zu bewerten, wenn die Tätigkeit wegen des Alters der Kinder überobligationsmäßig ist.[658] Ggf. ist in diesen Fällen nur ein Teil der Einkünfte anspruchsmindernd zu berücksichtigen. In aller Regel wird mindestens von einer teilweisen Arbeitspflicht dann ausgegangen werden müssen, wenn die Kinder in die Grundschule gehen.

### 4. Ersparter Unterhalt an den Getöteten

293 Waren die Hinterbliebenen ihrerseits dem Getöteten zum Unterhalt verpflichtet (regelmäßig in der Doppelverdienerehe, aber auch in der Alleinverdienerehe hinsichtlich des Naturalunterhaltes[659] gegeben) sind die ersparten Unterhaltsbeiträge dem Unterhaltsanspruch im Rahmen des Vorteilsausgleiches gegenüberzustellen.

## VI. Unterhaltsschaden ausländischer Hinterbliebener

294 Wurde bei dem Verkehrsunfall ein Ausländer getötet, ist zu beachten, dass ein Unterhaltsanspruch nur dann gegeben ist, wenn in dessen Heimatland ebenfalls ein Unterhaltsrecht vorgesehen ist, § 18 EGBGB. Dies ist im Einzelfall zu prüfen. Soweit dort nur ein Anspruch wegen entgangener Dienste entsprechend § 845 BGB vorgesehen ist, ist auch nur dieser zu erstatten. Ggf. können dort weitere

654 *BGH* v. 11.02.1969 – VI ZR 240/67, VersR 1969, 469; *BGH* v. 06.04.1976 – VI ZR 240/74, VersR 1976, 877; *BGH* Nichtannahmebeschl. v. 02.12.1986 – VI ZR 7/86, r+s 1987, 45 ff. m.w.N. (Berufstätigkeit trotz eines Kleinkindes); *OLG Düsseldorf* Halbtagstätigkeit bei 6-jährigem Kind, FDR 2008, 530 = FD-FamR 2008, 264753.

655 *BGH* v. 26.09.2005 – VI ZR 124/05, r+s 2007, 39 = NZV 2007, 29; *BGH* v. 19.06.1984 – VI ZR 301/82, VersR 1984, 936, *OLG Düsseldorf* NZV 1993, 473.

656 *OLG Nürnberg* NZV 1997, 439.

657 *Drees* a.a.O., S. 56 f.

658 *BGH* v. 22.01.2003 – XII ZR 186/01, NJW 2003, 1181 ff.; *BGH* v. 26.09.2006 – VI ZR 124/05, r+s 2007, 39; *OLG Karlsruhe* 2 UF 107/03, NJW 2004, 859 f.

659 Vgl. hinsichtlich der Anspruchskongruenz zwischen Naturalunterhalt und Witwenrente *OLG Saarbrücken* v. 28.03.2013 – 4 U 400/11, SP 2013, 394.

Unterhaltsberechtigte außer den Kindern hinzutreten. Aber auch insoweit gilt, dass der Unterhaltsanspruch nur so weit reichen kann, wie der Getötete leistungsfähig war.

Es kommt auch hier entscheidend darauf an, wann der Getötete planmäßig wieder in sein Heimatland zurückgekehrt wäre.[660] Auch wenn die ganze Familie sich in Deutschland aufhielt, ist in den überwiegenden Fällen davon auszugehen, dass nicht das gesamte Einkommen auf den Unterhalt verwendet wurde, sondern vielmehr auch Rückstellungen für die spätere (mit Renteneintritt) erfolgende Rückkehr ins Heimatland. 295

## VII. Tod des unterhaltspflichtigen Kindes

Der Schadensersatzanspruch bei Tötung eines unterhaltspflichtigen Kindes, richtet sich ebenfalls nach § 844 Abs. 2 BGB. Zu ersetzen ist nur der gesetzlich geschuldete Unterhalt im Rahmen der §§ 1601 ff. BGB. Es ist dabei auf die tatsächlichen Verhältnisse, nämlich die Frage der Bedürftigkeit der Eltern sowie die finanziellen Möglichkeiten des Kindes abzustellen.[661] Unproblematisch sind alle die Fälle, in denen von den Kindern bereits Unterhalt geleistet wird. Allerdings ist unabhängig von der Höhe der geleisteten Unterhaltszahlungen die Obergrenze der gesetzlich geschuldete Unterhalt. Zahlte ein Kind also höhere Beträge, als es eigentlich verpflichtet war, entfällt insoweit ein Erstattungsanspruch. 296

Richtungsweisend ist dabei die Entscheidung des *BVerfG*:[662] Grundsätzlich kann von Kindern nicht verlangt werden, den Anteil ihrer Einkünfte, der für die eigene Altersvorsorge zurückgestellt wurden, zu verbrauchen, um den Unterhaltsbedarf der Eltern zu befriedigen. 297

Zu beachten ist, dass es entscheidend auf die Leistungsfähigkeit des Verwandten ankommt. Ihm muss in jedem Fall die Möglichkeit bleiben, sein Leben standesgemäß zu führen. Die daneben erforderliche Bedürftigkeit des Angehörigen muss zeitgleich vorliegen. Leider hat auch der *BGH* in diesen Fällen keine eindeutige Aussage getroffen, wie viel von den Kindern als Unterhalt verlangt werden kann, wenn die Eltern (z.B. wegen Pflegebedürftigkeit) bedürftig werden. 298

## VIII. Verteilung der Einkünfte auf die Familienangehörigen

Die Verteilung des Familieneinkommens auf die einzelnen Familienmitglieder richtet sich grundsätzlich nach den individuellen Bedürftigkeiten, gleichwohl wird davon auszugehen sein, dass den Erwachsenen (Eltern) der größere Anteil verbleibt, die Bedürfnisse der Kinder werden als geringer zu bewerten sein. Dabei sind die Anteile der Eheleute am Familieneinkommen grundsätzlich gleich zu bewerten, eine Ausnahme ist nur zugunsten des Alleinverdieners zugelassen.[663] Auch wird der Aufwand des Erwachsenen durch den außerdem erforderlichen berufsbedingten Aufwand höher sein als der des Hausmannes/der Hausfrau, sodass sich insoweit Unterschiede ergeben. 299

Inzwischen haben sich feste Quoten durchgesetzt, wie die Einkünfte innerhalb der Familie aufzuteilen sind.[664] Diese Quoten können als Grundlage für die Berechnung dienen: 300

660 *OLG Stuttgart* 5 U 63/78 v. 23.04.1979.

661 *BGH* v. 09.03.2016 – XII ZR 639/14; *OLG Oldenburg*, v. 19.01.2011 – 5 U 48/10; *Ehinger* Elternunterhalt – Gesetzliche Voraussetzungen und Beschränkungen der Inanspruchnahme durch Rechtsprechung und Gesetzgebung NJW 2008, 2465 ff.

662 *BVerfG* (1 BvR 1508/96) NJW 2005, 1927 = SVR 2005, 343.

663 *BGH* v. 16.09.1981 – IVb ZR 674/80, NJW 1982, 41.

664 Vgl. insoweit *BGH* v. 15.10.1985 – VI ZR 55/84, VersR 1986, 264; *BGH* v. 23.09.1986 – VI ZR 46/85, VersR 1987, 156 und *BGH* v. 22.06.2004 – VI ZR 112/03, 507 (kinderlose Witwe, Witwe und 1 Waise); *BGH* v. 05.12.1989 – VI ZR 276/88, VersR 1990, 317 (Witwe, 2 Waisen; *BGH* v. 31.01.1984 – VI ZR 150/82, VersR 1984, 389, Witwe, 3 Waisen).

## IX. Berechnungsbeispiele

301 Anhand von Berechnungsbeispielen soll versucht werden, die vorgenannten Grundsätze zu verdeutlichen:

### 1. Alleinverdiener

302 Der Getötete war der Alleinverdiener der Familie, die Witwe war nicht erwerbstätig, eine Abstufung wegen des Alters der Kinder erfolgt nicht. Die Berechnung erfolgt hier mit fixen Kosten.

303 Dabei ist wie folgt vorzugehen:

Zunächst wird das Einkommen der Familie ermittelt, ggf. werden Abzüge für den Eigenverbrauch (z.B. Fahrten zur Arbeit etc.) oder für die Vermögensbildung vorgenommen.[665] Die fixen Kosten werden ausgesondert, sodann wird das verbleibende Einkommen abhängig von der Anzahl der Familienmitglieder nach den nachfolgenden Anteilen, welche von der Rechtsprechung ermittelt wurden, verteilt. Sodann werden die fixen Kosten den einzelnen Familienmitgliedern anteilig zugeschlagen.

304 Tab. 5

| Familienmitglieder | Getötete/r | Witwe/r | 1 Waise | 2 Waisen | 3 Waisen |
|---|---|---|---|---|---|
| Kinderlos[1] | 55 | 45 | | | |
| Witwe/r, 1 Kind | 45 | 35 | 20 | | |
| Witwe/r, 2 Kinder | 40 | 30 | 15 | 15 | |
| Witwe/r, 3 Kinder | 34 | 27 | 13 | 13 | 13 |
| Witwe/r, 4 Kinder | 35 | 25 | Je Kind 10 % Anteil | | |

1 Die Quoten variieren: 60:40 % (*BGH* v. 06.04.1976 – VI ZR 240/74, VersR 1976, 877 [als Regelfall] und *BGH* v. 16.12.1986 – VI ZR 192/85, VersR 1987, 507, nicht mehr als Regelfall, es wurden hier 47,5 % für die Witwe anerkannt) d.h. 45 % als Mittel für die Witwe ist wohl vertretbar, so auch *OLG Hamm* r+s 1992, 413; *OLG Düsseldorf* NZV 1993, 473 quotiert 60:40 %.

305 Wird die Berechnung ohne fixe Kosten durchgeführt, können die Quoten erhöht werden:[666]

Tab. 6

| Familienmitglieder | Getötete/r | Witwe/r | 1 Waise | 2 Waisen | 3 Waisen |
|---|---|---|---|---|---|
| Kinderlos | 50 | 50 | | | |
| Witwe/r, 1 Kind | 40 | 40 | 20 | | |
| Witwe/r, 2 Kinder | 40 | 35 | 15 | 15 | |
| Witwe/r, 3 Kinder | 30 | 34 | 12 | 12 | 12 |
| Witwe/r, 4 Kinder | 30 | 30 | Je Kind 10 % Anteil | | |

306 Anteile an den Fixkosten können wie folgt verteilt werden:

Tab. 7

| Familienmitglieder | Witwe/r | 1 Waise | 2 Waisen | 3 Waisen |
|---|---|---|---|---|
| Kinderlos[1] | 100 | | | |

665 *Küppersbusch/Höher* a.a.O. Rn. 333 m.w.H.; *Euler* FA VersicherungsRecht, Kap. 23 Rn. 112 f.
666 Vgl. insoweit *Küppersbusch/Höher* Rn. 351 f.; dies erspart in jedem Fall viel Arbeit bei dem Nachweis der fixen Kosten im Einzelnen.

| Familienmitglieder | Witwe/r | 1 Waise | 2 Waisen | 3 Waisen |
|---|---|---|---|---|
| Witwe/r, 1 Kind | 66,67 | 33,33 | | |
| Witwe/r, 2 Kinder | 50 | 25 | 25 | |
| Witwe/r, 3 Kinder | 40 | 20 | 20 | 20 |
| Witwe/r, 4 Kinder | 40 | Je Kind 15 % Anteil | | |

1 Die Quoten variieren: 60:40 % (*BGH* v. 06.04.1976 – VI ZR 240/74, VersR 1976, 877 [als Regelfall] und *BGH* v. 16.12.1986 – VI ZR 192/85, VersR 1987, 507, nicht mehr als Regelfall, es wurden hier 47,5 % für die Witwe anerkannt) d.h. 45 % als Mittel für die Witwe ist wohl vertretbar, so auch *OLG Hamm* r+s 1992, 413; *OLG Düsseldorf* NZV 1993, 473 quotiert 60:40 %.

Dabei ist zu beachten, dass mit dem Auszug der einzelnen Kinder sich die Berechnung des Unterhaltsschadens verändert. Die Anteile an den Fixkosten verschieben sich, ggf. ist nach Auszug der Kinder der Umzug in eine kleinere Wohnung zuzumuten. 307

Der *BGH* hat in der Vergangenheit verschiedene Berechnungsbeispiele eingeführt, die in Details differieren, aber zum gleichen Ergebnis kommen. Dies sind die »verfeinerte« Methode[667] und die etwas einfachere Berechnungsmethode,[668] die zum gleichen Ergebnis kommen. Die Unterschiede in der Berechnung liegen in dem Ansatz der fixen Kosten. 308

Später wurde auch die »schlichte« Methode[669] entwickelt. Eine Differenz in der Berechnung nach letzterer Methode ergibt sich nur, wenn den Getöteten eine Mithaftung trifft und der hinterbliebene Ehegatte einer Erwerbstätigkeit nachgeht, da dann das Vorrecht des Hinterbliebenen am eigenen Einkommen nicht berücksichtigt wird. 309

Der Übersichtlichkeit halber soll hier die schlichte Methode dargestellt werden, da sich Unterschiede beim Alleinverdiener nicht ergeben. 310

▶ **Berechnungsbeispiel: Alleinverdiener wird getötet, keine Kinder:**

**Tab. 8 Grundlagen** 311

| | Einkommen vor dem Unfall |
|---|---|
| Getöteter | 3000 € |
| Hinterbliebener | 0 € |
| Fixe Kosten | 800 € |

**Tab. 9 schlichte Berechnung**

| | |
|---|---|
| Familieneinkommen (= Einkommen des Getöten) | 3000 € |
| Abzgl. Fixe Kosten | 800 € |
| Verteilbares Einkommen | 2200 € |
| Anteil des Verstorbenen (60 %) | 1320 € |
| Anteil des Hinterbliebenen 40 % | 880 € |
| Zzgl. fixe Kosten | 800 € |
| Entgangener Barunterhalt | 1680 € |

667 *BGH* v. 22.03.1983 – VI ZR 67/81, VersR 1983, 726, 728.

668 *BGH* v. 11.10.1983 – VI ZR 251/81, VersR 1984, 79 und *BGH* v. 03.07.1984 – VI ZR 42/83, VersR 1984, 961, 963.

669 *BGH* v. 23.06.1994 – III ZR 167/93, NZV 1994, 475.

Hiervon sind Hinterbliebenenrenten der Berufsgenossenschaft und des Deutschen Rentenversicherers abzusetzen. Daneben wird nach dem neuen Unterhaltsrecht zu prüfen sein, ob den Hinterbliebenen jetzt eine Arbeitspflicht trifft, welchen den Unterhaltsanspruch mindern würde.

▶ **Berechnungsbeispiel: Alleinverdiener wird getötet, 1 Kind:**

Tab. 10

| | Einkommen vor dem Unfall |
|---|---|
| Getöteter | 3000 € |
| Hinterbliebener | 0 € |
| Kind | 0 € |
| Fixe Kosten | 800 € |

Tab. 11

| | |
|---|---|
| Familieneinkommen (= Einkommen des Getöten) | 3000 € |
| Abzgl. Fixe Kosten | 800 € |
| Verteilbares Einkommen | 2200 € |
| Anteil des Verstorbenen (45 %) | 990 € |
| Anteil des Hinterbliebenen (35 %) | 770 € |
| Anteil Waise (20 %) | 440 € |
| Zzgl. Fixe Kosten | 800 € |

**Unterhaltsschaden**

Tab. 12

| | | |
|---|---|---|
| Hinterbliebener | 700 € + Anteil an fixen Kosten 2/3 = 533,33 = | 1203,33 € |
| Waise | 440 € + Anteil an fixen Kosten 1/3 = 266,67 = | 706,67 € |

Auch hiervon sind Hinterbliebenenrenten und Waisenrenten abzusetzen, ebenso ist die Mitarbeitspflicht der Hinterbliebenen zu prüfen.

An der Art der Berechnung ändert sich auch bei mehreren Kindern wenig, die geänderten Quoten gem. der Aufstellung oben sind zu verwenden und die Fixkosten auf die weiteren Familienangehörigen zu verteilen.

## 2. Tod des Alleinverdieners und Mithaftung

312 In diesem Fall unterscheidet sich die Berechnung nicht von der obigen, ausgenommen, dass der Unterhaltsschadensersatz entsprechend der Mithaftung des Getöteten quotiert wird.

▶ **Berechnungsbeispiel: Alleinverdiener wird getötet, keine Kinder, Mithaftung 50 %:**

313 Tab. 13

| | |
|---|---|
| Einkommen vor dem Unfall | |
| Getöteter | 3000 € |
| Hinterbliebener | 0 € |
| Fixe Kosten | 800 € |

Tab. 14

| | |
|---|---|
| Familieneinkommen (= Einkommen des Getöten) | 3000 € |
| Abzgl. Fixe Kosten | 800 € |
| Verteilbares Einkommen | 2200 € |
| Anteil des Verstorbenen (60 %) | 1320 € |
| Anteil des Hinterbliebenen 40 % | 880 € |
| Zzgl. Fixe Kosten | 800 € |
| Unterhaltsschaden | 1680 € |
| Abzgl. Mithaftungsanteil des Getöteten | – 840 € |
| Zu erstattender Unterhaltsschaden | 840 € |

Hiervon sind Hinterbliebenenrenten der Berufsgenossenschaft und des Deutschen Rentenversicherers abzusetzen. Daneben wird nach dem neuen Unterhaltsrecht zu prüfen sein, ob den Hinterbliebenen jetzt eine Arbeitspflicht trifft.

▶ **Berechnungsbeispiel: Alleinverdiener wird getötet, 1 Kind, Mithaftung 50 %:**

Tab. 15 314

| | |
|---|---|
| Einkommen vor dem Unfall | |
| Getöteter | 3000 € |
| Hinterbliebener | 0 € |
| Kind | 0 € |
| Fixe Kosten | 800 € |

Tab. 16

| | |
|---|---|
| Familieneinkommen (= Einkommen des Getöten) | 3000 € |
| Abzgl. Fixe Kosten | 800 € |
| Verteilbares Einkommen | 2200 € |
| Anteil des Verstorbenen (45 %) | 990 € |
| Anteil des Hinterbliebenen (35 %) | 770 € |
| Anteil Waise (20 %) | 440 € |
| zzgl. fixe Kosten | 800 € |

Auch hiervon sind Hinterbliebenenrenten und Waisenrenten abzusetzen, ebenso ist die Mitarbeitspflicht des Hinterbliebenen zu prüfen. Bei der Mitarbeitspflicht des Hinterbliebenen ist dann aber auch sein »Quotenvorrecht«[670] hinsichtlich des eigenen Verdienstes zu berücksichtigen. Dieser wird dann zunächst wie beim mitarbeitenden Hinterbliebenen auf den ausgefallenen Unterhaltsanteil verrechnet.

An der Art der Berechnung ändert sich auch bei mehreren Kindern wenig, die geänderten Quoten gem. der Aufstellung oben sind zu verwenden und die Fixkosten auf die weiteren Familienangehörigen zu verteilen.

670 *OLG Brandenburg* v. 17.07.2008, BeckRS 2008, 14677; *Jahnke* Unfalltod und Schadensersatz Rn. 219.

### 3. Naturalunterhaltsschaden = Tötung der Nur-Hausfrau

315 Wurde bei einem Unfall die Nur-Hausfrau getötet, besteht Anspruch auf Erstattung von Naturalunterhaltsschaden, d.h. Ersatz der Leistung von Unterhalt in Form von Haushaltsführung und Betreuung kann geltend gemacht werden.

316 Dabei kommt es – wie auch sonst bei Geltendmachung von Haushaltsführungsschäden – nicht darauf an, ob tatsächlich eine Ersatzkraft angestellt wurde. Die Ansprüche sind auch fiktiv anhand des Nettolohnes einer vergleichbaren Ersatzkraft geltend zu machen.[671] Hierzu können die Tabellen des Deutschen Hausfrauenbundes herangezogen werden, die abhängig von den Anforderungen die Leistungen von Hauswirtschaftshilfen bis hin zur Hauswirtschafterin in Tarifgruppen mit Tätigkeitsbeschreibungen einstufen.[672] Häufig werden die Arbeiten in der Familie anders aufgeteilt, ohne dass es zur Anstellung einer Ersatzkraft kommt, so dass vorwiegend eine fiktive Abrechnung des Naturalunterhaltes erfolgt. Hierbei kommt es weniger auf die tatsächlich geleisteten Arbeiten sondern auf den gesetzlich geschuldeten Umfang der Tätigkeit an. Unter Berücksichtigung der Mitarbeitspflichten der sonstigen Familienmitglieder ist die Tätigkeit der haushaltsführenden Person zu ermitteln. Dabei ist zu beachten, dass die getötete Hausfrau nicht nur die anderen Familienmitglieder im Rahmen ihrer Tätigkeit versorgte, sondern auch sich selbst, sodass dieser Anteil in Abzug zu bringen ist. Es ist daher vom reduzierten Haushalt auszugehen.[673]

317 Soweit es die Unterhaltsansprüche des Ehegatten betrifft, werden diese dem ersparten Barunterhaltsanspruch des Getöteten gegenübergestellt. Ein Unterhaltsschaden verbleibt insoweit in aller Regel nicht. Anders aber bei noch anspruchsberechtigten Kindern, dort verbleibt ggf. ein Schaden, der aber durch Waisenrenten der DRV u.U. kompensiert wird (soweit die Nur-Hausfrau dort entsprechende Anwartschaften erworben hat). Die Berechnung erfolgt grundsätzlich nach der Tabelle 1[674] von *Pardey* unter Berücksichtigung der um 1 Person reduzierten Haushalt. Wegen der Synergieeffekte im Mehrpersonenhaushalt ist der Aufwand nicht anhand der Anzahl der Familienmitglieder zu quotieren. Problematisch ist die Einstufung der Haushalte in die einzelnen Anspruchsstufen. Dabei wird das Gros der Haushalte in die Anspruchsstufe 2 einzustufen sein als mittlerer Anspruchsstufe. Der Anteil angehobenen und höheren Anspruchsstufe in der Haushaltsführung dürfte eher gering sein und wäre entsprechend durch die Hinterbliebenen zu belegen.

318 Heiratet der Witwer wieder, entfällt sein Anspruch auf Unterhalt. Soweit allerdings auch in der zweiten Ehe Kinder der ersten Ehe versorgt werden, mindert dies den Schadensersatzanspruch der Kinder nicht, da diese Ehe nicht den Schädiger entlasten soll.[675]

▶ **Berechnungsbeispiel:**

319 Vier-Personenhaushalt, Vater voll erwerbstätig, Nur-Hausfrau wird getötet.

Tab. 17

| | | |
|---|---|---|
| Tabelle 1, Anspruchsstufe 2, reduzierter Vier-Personenhaushalt | = | 49 Std. |
| Anteil des Hinterbliebenen Vaters 50 % | = | 24,5 Std. |
| Anteil der Kinder jeweils 25 %, also je | = | 12,75 Std. |

**Damit ergeben sich folgende Ansprüche:**

671 Vgl. hierzu insoweit die Ausführungen zum Haushaltsführungsschaden, Rdn. 190 ff.; *BGH* v. 08.02.1983 – VI ZR 201/81, NJW 1983, 1425; *BGH* v. 09.03.1988 – VI ZR 87/87, r+s 1988, 169 = VersR 1988, 490.

672 *OLG Dresden* SP 2008, 292; vgl. auch oben Rdn. 190 ff.

673 Vgl hierzu auch *Parday*, SVR 2018, 121 ff. m.w.H.

674 Die sich an den Bedarfszeiten im Haushalt orientiert und damit den gesetzlich geschuldeten Aufwand beziffert.

675 Vgl. insoweit *OLG Stuttgart*, VersR 1993, 1536; *OLG Dresden*, SP 2008, 292, 294.

Tab. 18

| | |
|---|---|
| Vater: | 24,5 Std. Anspruch Haushaltsführungsschaden abzgl. ersparter Barunterhaltsleistungen |

**ein Anspruch verbleibt i.d.R. nicht**

Tab. 19

| | |
|---|---|
| je Kind: | 12,75 Std. Haushaltsführungsschaden abzgl. erhaltener Halbwaisenrenten |

Für die Ermittlung des monatlichen Bedarfes ist dieser Wert mit 4,3 zu multiplizieren.

Ausgehend von einem Netto-Einkommen von 3.000 € und fixen Kosten in Höhe von 1.000 € und der Quotierung (40/30/15/15) ergibt sich folgende Berechnung:

Tab. 20

| | |
|---|---|
| Einkommen | 3000 € |
| Fixe Kosten | 1000 € |
| Verteilbares Einkommen | 2000 € |
| Anteil des Hinterbliebenen | 800 € |
| Anteil der Getöteten | 600 € |
| Anteil der Kinder je | 150 € |

Tab. 21

| | |
|---|---|
| Ausfall Haushaltsführung 49 × 5 € × 4,3 | = 1054 € |
| Anteil des Hinterbliebenen Ehegatten | 527 € |
| Abzgl. Vorteilsausgleich | – 600 € |

Nach Abzug des Vorteilsausgleichs verbleibt bei dem hinterbliebenen Ehegatten ein Schaden nicht mehr. Lediglich bei den Kindern kann ein Schaden, der aber um eventuell erhaltene Halbwaisenrenten vermindert wird, entstehen.

## 4. Doppelverdienerehe

Soweit beide Ehegatten erwerbstätig waren, ist zu differenzieren nach dem Umfang der Erwerbstätigkeit: 320

Waren beide Ehegatten mit den gleichen Arbeitszeitanteilen berufstätig, so kommt nur ein Ausgleich des Barunterhaltes in Betracht, da die Ehegatten beide gleichermaßen auch zur Erbringung von Naturalunterhalt verpflichtet waren. Es kann daher allenfalls ein Barunterhaltsschaden bestehen, der aber um den ersparten Barunterhalt zu kürzen ist. 321

▶ **Beispiel:**[676]

Tab. 22 322

| | |
|---|---|
| Einkommen Getöteter: | 2000 € (57 % des Familieneinkommens) |
| Einkommen Witwe | 1500 € (43 % des Familieneinkommens) |
| Familieneinkommen | 3500 € |
| abzgl. Fixe Kosten | 1000 € |

676 *BGH* v. 11.10.1983 – VI ZR 251/81, VersR 1984, 79 ff.; *BGH* v. 03.07.1984 – VI ZR 42/83, VersR 1984, 961 ff.

Tab. 23

| | |
|---|---|
| Einkommen des Getöteten | 2000 € |
| abzgl. Anteil an den Fixkosten | – 570 € |
| verteilbares Einkommen | 1430 € |
| Anteil Hinterbliebenen 50 % | 715 € |
| zzgl. entgangener Fixkostenanteil | +570 € |
| Unterhaltsanspruch des Hinterbliebenen | 1285 € |
| Einkommen des Hinterbliebenen | 1500 € |
| abzgl. Fixkostenanteil | – 430 € |
| verteilbares Einkommen | 1070 € |
| ersparter Unterhaltsbeitrag 50 % | – 535 € |
| Anspruch auf Barunterhalt | 750 € |

Etwas anderes gilt hingegen, wenn die Wochenarbeitszeiten differieren, weil nur ein Ehegatte in Vollzeit erwerbstätig war:

Soweit der Vollzeit arbeitende Ehegatte getötet wurde, kommt allenfalls eine Ermittlung des Verlustes im Bereich des Barunterhaltes in Betracht, dem aber der ersparte Naturalunterhalt gegengerechnet werden muss. Wurde hingegen der in Teilzeit beschäftigte und daneben mit der Haushaltsführung befasste Ehegatte getötet, ist eher von einem Verbleiben eines Naturalunterhaltsschadens auszugehen als von dem eines Barunterhaltsschadens, da dort der ersparte Unterhalt vorteilsausgleichend angerechnet wird.

▶ **Berechnungsbeispiel:**

323 Auswirkung von Mithaftung bei Doppelverdienerehe:

Haftung des Schädigers 70 %:

Tab. 24

| | |
|---|---|
| Einkommen Getöteter: | 2000 € (57 % des Familieneinkommens) |
| Einkommen Witwe | 1500 € (43 % des Familieneinkommens) |
| Familieneinkommen | 3500 € |
| abzgl. Fixe Kosten | 1000 € |

Tab. 25

| | |
|---|---|
| Einkommen des Getöteten | 2000 € |
| abzgl. Anteil an den Fixkosten | – 570 € |
| verteilbares Einkommen | 1430 € |
| Anteil Hinterbliebenen 50 % | 715 € |
| zzgl. entgangener Fixkostenanteil | + 570 € |
| Unterhaltsanspruch des Hinterbliebenen | 1285 € |
| Haftungsquote 70 % | 899,50 € |
| Ausfall wegen Mithaftung 30 % = 385,50 € | |
| Einkommen des Hinterbliebenen | 1500 € |
| abzgl. Fixkostenanteil | – 430 € |
| verteilbares Einkommen | 1070 € |
| ersparter Unterhaltsbeitrag 50 % | – 535 € |
| Ausfall wegen Mithaftung 30 % | + 385,50 € |

| | |
|---|---|
| Vorteilsausgleich | – 149,50 € |
| Anspruch auf Barunterhalt | 750 € |

**Beachte:** Das eigene Einkommen des Hinterbliebenen ist wegen des Quotenvorrechtes nur insoweit anspruchsmindernd zu berücksichtigen, als es den Ausfall durch die Mithaftung übersteigt.[677]

### 5. Rentnerehepaar

Sind beide Ehepartner Rentner, so ist grundsätzlich von einer Verpflichtung zur hälftigen Haushaltsführung auszugehen, es kommt nicht auf die tatsächliche Verteilung, sondern vielmehr auf das unterhaltsrechtlich Geschuldete an.[678] Selbst wenn in diesen Fällen der Ehemann nach den Erhebungen von *Pardey*, Tabelle 8 nur etwa 1/3 der Hausarbeit erbringt, so ist dies nicht im Sinne von § 1360 BGB geschuldet. 324

Es ist wie folgt zu differenzieren: 325

Verstirbt der alleinige Rentenbezieher, erhält der Hinterbliebene Witwen- oder Witwerrenten vom DRV, die auf den Unterhaltsanspruch anzurechnen sind.[679] Angesichts der Quoten aus dem Unterhaltsrecht für den Alleinverdienerhaushalt (60:40) zugunsten des alleinigen Verdieners und unter Berücksichtigung der Tatsache, dass der hinterbliebene Ehegatte ca. 60 % der Rente als Hinterbliebenenrente erhält, kann ein Barunterhaltsanspruch beim Hinterbliebenen nicht bestehen. Der Unterhaltsanspruch, soweit er ohne die Rentenleistungen bestünde, geht gem. § 116 SGB X im Unfallzeitpunkt auf den Rentenversicherer über.

Waren beide Ehegatten vor dem Renteneintritt erwerbstätig und beziehen Altersrente, so erhält der hinterbliebene Ehegatte ebenfalls eine, ggf. wegen der eigenen Rente gekürzte Witwen-/Witwerrente. Bei der Berechnung eines möglichen Unterhaltsschadens ist dann der ersparte Barunterhalt dem entgangenen Barunterhalt gegenzurechnen, sodass ggf. ein Unterhaltsschaden ebenfalls nicht verbleibt.[680] 326

Wird der früher nicht erwerbstätige Ehegatte getötet, so besteht ein Anspruch auf Barunterhaltsersatz bei dem Hinterbliebenen ohnehin nicht, ein Anspruch auf entgangenen Naturalunterhalt besteht nicht, da beide Ehegatten den Haushalt gleichermaßen besorgen müssen. Selbst wenn ein solcher Anspruch in geringem Umfang zu bejahen wäre, würde dieser durch den ersparten Barunterhalt kompensiert. 327

Soweit häufig die Pflege des Ehegatten als den Naturalunterhalt erhöhender weiterer Anspruch gefordert wird, ist darauf hinzuweisen, dass der Anspruch auf Pflege ein mittelbarer Anspruch ist, der nicht unterhaltsrechtlich geschuldet ist. Vielmehr erhält der Pflegebedürftige zur Sicherstellung seines Pflegeaufwandes Leistungen aus der Pflegekasse. Eine Einrechnung in den Unterhaltsschaden ist nicht zulässig.[681] 328

## X. Auswirkungen des neuen Unterhaltsrechts seit 01.01.2008

Das Unterhaltsrecht wurde in der Vergangenheit weitgehend reformiert. Zunächst wurden eheliche und nichteheliche Kinder gleichgestellt in ihrem Anspruch auf Unterhalt. Jetzt werden die Kinder – egal ob ehelich oder unehelich, aus erster oder zweiter oder dritter Ehe – gleichgestellt. Sie stehen jetzt im ersten Rang und erst, wenn deren Unterhaltsansprüche befriedigt sind, können 329

677 *BGH* v. 22.03.1983 – VI ZR 67/81, VersR 1983, 726; *OLG Hamm* NZV 2004, 43.
678 Vgl. insoweit Palandt/*Sprau* § 844 Rn. 8 ff. zum Ehegattenunterhalt; PWW/*Medicus* § 844 Rn. 6 ff.
679 *OLG Düsseldorf* v. 15.12.2020 – 1 U 35/20.
680 Zur Anrechnung der Witwenrente: *OLG Düsseldorf* v. 15.12.2020 – 1 U 35/20; *BGH* v. 09.03.1971 – VI ZR 173/69, NJW 1971, 936 f.
681 Vgl. insoweit auch Rdn. 203.

weitere nachrangige, Unterhaltsansprüche geltend gemacht und befriedigt werden, §§ 1582, 1609 BGB. Geschiedene Ehegatten haben in Rang 2 Ansprüche dann auf Unterhaltsleistungen, wenn sie wegen der Betreuung von Kindern unterhaltsberechtigt sind.

330 Es stellt sich die Frage, ob nach dem Eintritt in das Kindergartenalter nicht schon aus dem neuen Unterhaltsrecht ggf. eine Arbeitspflicht der geschiedenen Ehefrau in Teilzeit hergeleitet werden kann. Der neu geschaffene Basisunterhalt des § 1570 Abs. 1 BGB n.F. sieht einen Basisunterhalt für die Betreuung in den ersten drei Lebensjahren des Kindes vor. Eine Verlängerung ist nur dann möglich, wenn das Kindeswohl dies erfordert. Gedacht ist dabei an die unter den Folgen einer Scheidung besonders leidenden Kinder, die dann persönlicher Betreuung bedürfen. Die Unterhaltsleistungen für den betreuenden Elternteil sind jedoch zeitlich befristet.

331 Diese Neuregelung bedeutet in letzter Konsequenz, dass geschiedene Ehefrauen nicht zwingend Anspruch auf Unterhalt haben, sondern unabhängig von ihrem Anspruch auf Gewährung von Betreuungsunterhalt dann verpflichtet sind, ihren Lebensunterhalt selbst zu bestreiten, wenn die Einkünfte des Ehegatten schon nicht ausreichen, um den ersten Rang (also den Kindesunterhalt) zu bedienen.[682]

## XI. Arbeitspflicht des Hinterbliebenen

332 Für die Frage, ob die Hinterbliebenen arbeitspflichtig im Sinne des Schadensersatzrechtes sind, kommt es entscheidend auf deren Alter, Leistungsfähigkeit, sonstige Lebensverhältnisse, frühere Erwerbstätigkeit und Ausbildung an. Man kann sicher bei jungen, arbeitsfähigen und kinderlosen Hinterbliebenen von einer Arbeitspflicht ausgehen. Im Hinblick auf die derzeitige wirtschaftliche und arbeitsmarktpolitische Situation wird man nicht mehr unbedingt dann eine Arbeitspflicht verneinen können, wenn eine »sozial niedrigere« Arbeit ausgeführt werden könnte (die Entscheidung des BGH[683] stammte aus den 60er Jahren).

333 Soweit minderjährige Kinder dem Haushalt angehören, ist auf deren Alter abzustellen. Von einer Pflicht zur vollen Erwerbstätigkeit in Anlehnung an das bis 2007 geltende Unterhaltsrecht wird man nicht vor dem 12.–14. Lebensjahr des jüngsten Kindes ausgehen können. Etwas anderes gilt allerdings für Teilzeittätigkeiten. Wenn der Arbeitspflicht nachgekommen wird, ist diese im Wege des Vorteilsausgleichs zu berücksichtigen, das Netto-Einkommen wird in vollem Umfang vom Unterhaltsanspruch in Abzug gebracht, es sei denn, der Hinterbliebene weist nach, dass die Tätigkeit auch ohne den Tod des Unterhaltsverpflichteten aufgenommen worden wäre. In diesen Fällen ist unter Berücksichtigung des neuen Einkommens des Hinterbliebenen eine neue Unterhaltsberechnung erforderlich unter Einbezug des erzielten Verdienstes im Familieneinkommen. Wird eine Tätigkeit trotz Verpflichtung nicht aufgenommen, handelt es sich um eine Verletzung der Schadenminderungspflicht, die zu einer Anrechnung des erzielbaren Einkommens führt.[684]

334 Die Neufassung des Unterhaltsrechts hat auch entscheidende Bedeutung für den schadensersatzrechtlich geschuldeten Unterhalt. Jedenfalls wird man für die Zukunft von einer Arbeitspflicht des hinterbliebenen Ehegatten mindestens ab Eintritt der Kinder in die Schule ausgehen müssen, da dies dann unterhaltsrechtlich ebenfalls verlangt werden kann.[685] Auch wird sich eine Mitarbeitspflicht immer dann fordern lassen, wenn die Kinder ohnehin in aushäusiger Betreuung (Kindergarten, Schule) mindestens zeitweise untergebracht sind. Eine Erwerbstätigkeit des hinterbliebenen Ehegatten wird dann nur noch in Ausnahmefällen schadensersatzrechtlich als überobligationsmäßig anzusehen sein.

---

682 Vgl. hierzu insbesondere *Born* NJW 2008, 1 ff.

683 *BGH* v. 11.02.1969 – VI ZR 240/67, VersR 1969, 469; *BGH* v. 06.04.1976 – VI ZR 240/74, VersR 1976, 877.

684 *BGH* v. 19.06.1984 – VI ZR 301/82, VersR 1984, 936.

685 *OLG Düsseldorf* FD-FamR 2008, 264753 = FDR 2008, 530.

## XII. Steuerschaden der Hinterbliebenen

Ob auf die Hinterbliebenenrenten Steuern zu zahlen sind, ist nicht zweifelsfrei geklärt. So hat der *BFH* entschieden, dass Mehrbedarfsrenten gem. § 843 BGB nicht zu versteuern sind.[686] In Anlehnung an diese Entscheidung wurden inzwischen auch die Hinterbliebenenrenten als nicht steuerpflichtig bewertet.[687] 335

## XIII. Arbeitslose Kinder im elterlichen Haushalt

Grundsätzlich richtet sich der Unterhalt der Kinder nach der Frage ihrer Bedürftigkeit. Diese ist immer dann nicht gegeben, wenn diese über ein eigenes ausreichendes Einkommen verfügen. Problematisch sind die Fälle, in denen das Kind zwar eine Ausbildung abgeschlossen hat, einer Erwerbstätigkeit nachgegangen war und dann arbeitslos wird. Soweit Ansprüche auf Arbeitslosengeld erworben wurden, ist weiterhin keine Bedürftigkeit gegeben, da das Arbeitslosengeld unabhängig von der eigenen Bedürftigkeit des Erwerbslosen erstattet wird. Bestand aber ein Anspruch auf Arbeitslosengeld nicht, oder ist der Leistungszeitraum überschritten und es wird nur noch ALG II gewährt bzw. abgelehnt wegen mangelnder Bedürftigkeit unter Hinweis auf die »Bedarfsgemeinschaft« mit den Eltern, stellt sich die Frage, wie diese Kinder im Rahmen des Unterhaltsschadensersatzes zu bewerten sind.[688] Diese Frage ist nach wie vor nicht wirklich geklärt, da zivilrechtlich (im Rahmen des Familienrechts) das arbeitslose Kind – um einen Unterhaltsanspruch zu erhalten, für die Rechtsprechung jede Arbeit annehmen und sich intensiv um Arbeit bemühen muss, daran scheitert nahezu jeder Unterhaltsanspruch.[689] Diese Kinder sind daher im Rahmen der Unterhaltsberechnung nicht zu berücksichtigen. 336

## XIV. Zusammentreffen von eigenen Ansprüchen und Unterhaltsansprüchen

Häufig kommt es vor, dass bei einem Verkehrsunfall mehrere Personen geschädigt werden, die sich in einem KFZ befinden. So kann es auch zum Zusammentreffen von Unterhaltsschäden und eigenen Ansprüchen aus Personenschaden sowie ererbten Ansprüchen kommen. Es ist sauber zu trennen zwischen den eigenen Ansprüchen des Hinterbliebenen aus der erlittenen Verletzung, den ererbten Ansprüchen auf Ersatz des Schadens des Getöteten (Fahrzeugschaden, evtl. Schmerzensgeld und Verdienstschaden etc.) sowie dem Unterhaltsschadensersatzanspruch. Eine Trennung der einzelnen Ansprüche hilft der Übersichtlichkeit und erleichtert insbesondere die Geltendmachung der Ansprüche bei Mithaftung des Verletzten.[690] 337

▶ **Beispiel:**

Der A befährt mit seiner Frau die Bundesstraße mit deutlich überhöhter Geschwindigkeit (140 km/h). Im Fahrzeug befindet sich seine Frau als Beifahrerin. Infolge der Vorfahrtsverletzung des B wird A getötet und Frau A schwer verletzt. Das Fahrzeug erleidet Totalschaden. 338

Unterstellt man nun eine Mithaftung von 50 % ergibt sich folgende Konstellation:

Direkte Ansprüche des A wegen der erlittenen Verletzungen: wegen der sofortigen Tötung keine Ansprüche aus Personenschaden, lediglich Ansprüche wegen des Fahrzeugschadens. Diese gehen gem. Haftungsverteilung in die Erbmasse über und werden zu 50 % erstattet.

---

686 *BFH* v. 25.10.1994 – VIII R 79/91, VersR 1995, 856, vgl. auch allgemein zu steuerrechtlichen Fragen *Jahnke* Steuern und Schadensersatz r+s 1996, 205 ff.

687 *BFH* v. 16.11.2008 – X R 31/07, die Schadensersatzrente nach § 844 Abs. 2 BGB unterliegt nicht der Einkommenssteuerpflicht; *FinG Rheinland-Pfalz*, Urt. v. 05.07.2007 – 4 K1535/05 (Juris); offengelassen wurde die Frage in *BGH* v. 02.12.1997 – VI ZR 142/96, VersR 1998, 333 = r+s 1998, 153.

688 *Schlegel* Einkommen der Eltern und Arbeitslosenhilfe der Kinder NJW 1989, 2800 ff.

689 Vgl. *Grüneberg/Brudermüller* § 1602 Rn. 5 ff. zur Erwerbsobliegenheit m.w.N., PWW-*Soyka* § 1602 Rn. 2 ff.; HandbuchFamR/*Gerhardt*, Kap. 6 Rn. 356 ff.

690 *OLG Hamm* r+s 1995, 176 = VersR 1995, 454.

Auch den Anspruch auf Ersatz der Bestattungskosten und möglichen entgangenen Unterhalt kann Frau A nur nach der Haftungsquote ersetzt verlangen.
Anders hingegen bei ihren eigenen Ansprüchen wegen der erlittenen Verletzungen: Sie kann ihre Ansprüche sowohl bei B und dessen KH-Versicherer wie auch bei A's Versicherung anmelden und wird dort hinsichtlich ihrer eigenen Schadensersatzansprüche aus gesamtschuldnerischer Haftung 100 % ersetzt erhalten, wenn sie nicht selbst ein Mitverschulden[691] trifft.

## G. System der Sozialversicherungen

339 Das Sozialgesetzbuch ist in 12 Teile untergliedert, diese behandeln die möglichen Leistungen der einzelnen Sozialversicherungsträger sowie das Verwaltungsverfahren in SGB X, welches für alle Teile gilt.

340 Tab. 26

| | |
|---|---|
| SGB I | Allgemeiner Teil |
| SGB II | Grundsicherung für Arbeitssuchende |
| SGB II | Arbeitsförderung |
| SGB V | Gemeinsame Vorschriften für die Sozialversicherung |
| SGB V | Gesetzliche Krankenversicherung |
| SGB VI | Gesetzliche Rentenversicherung |
| SGB VII | Gesetzliche Unfallversicherung |
| SGB VIII | Kinder- und Jugendhilfe |
| SGB IX | Rehabilitation und Teilhabe behinderter Menschen |
| SGB X | Verwaltungsverfahren |
| SGB XI | Soziale Pflegeversicherung |
| SGB XII | Sozialhilfe |

341 In der Schadenregulierung kommen am häufigsten die Vorschriften des SGB V, VI und VII hinsichtlich der Leistungen von gKV, Pflegeversicherung, DRV und BG sowie die Übergangsvorschriften des SGB X zur Anwendung. Nachfolgend soll – getrennt nach Leistungsumfang und Übergang auf die einzelnen Bereiche eingegangen werden.[692]

Da in aller Regel mehrere Sozialversicherungsträger und auch der Sozialhilfeträger zuständig sein können, ist es erforderlich, die Anspruchsübergänge zu betrachten und zu beachten.[693]

## H. Heilbehandlungskosten, Leistungsumfang

342 Grundsätzlich hat der unfallbedingt Verletzte auch Anspruch auf Ersatz der Heilbehandlungskosten.[694] Gemäß §§ 823 Abs. 1 BGB, 11 StVG, 249 S. 2 BGB hat der Verletzte Anspruch auf Ersatz der tatsächlich entstandenen und angemessenen Kosten aller erforderlichen Heilbehandlungsmaßnahmen.[695] Dabei ist zu beachten, dass der Verletzte auch hinsichtlich der Heilbehandlungen den

691 Vgl. insoweit oben Rdn. 1 ff.
692 Da der Leistungsumfang und die Übergangsfähigkeit durchaus auseinanderfallen können! Vgl. hierzu auch *BGH* v. 20.09.2011 – VI ZR 337/10 zu den Kongruenzen.
693 *BGH* v. 27.01.2015 – VI ZR 54/14 m. Anm. *Lang* (Juris).
694 Zu den Eigenanteilen vgl. unten Rdn. 350 ff., 361, 364.
695 Zur Erforderlichkeit grds. *BGH* v. 23.09.1969 – VI ZR 69/68, VersR 1969, 1040; *BGH* v. 11.11.1969 – VI ZR 91/68, VersR 1970, 129.

Unfallzusammenhang »dem Grunde nach« nach den Regeln des § 286 ZPO beweisen muss.[696] Fehlt es an dem erforderlichen Zusammenhang zwischen Unfall und behaupteter Verletzung, sind auch die Kosten für Heilbehandlung, Fahrtkosten etc. nicht zu erstatten.[697]

Im Rahmen des Sozialversicherungssystems ist nach aktueller Rechtslage grundsätzlich Ziel der Regierung gewesen, dass jedermann in einer gesetzlichen oder in einer privaten Krankenkasse (zu den Mindestanforderungen) krankenversichert ist. Der Zugang zum Basistarif der privaten Krankenversicherung ist allerdings Empfängern von Grundsicherung verwehrt, insoweit besteht keine Aufnahmepflicht[698] Soweit der Verletzte in einer gesetzlichen Krankenversicherung (egal ob als Pflichtmitglied oder freiwillig) oder im Rahmen der gesetzlichen Unfallversicherung versichert ist, geht der Anspruch auf Ersatz der Heilbehandlungskosten nach § 116 SGB X im Unfallzeitpunkt auf die Krankenkasse/Berufsgenossenschaft über. Ein Anspruch des Verletzten bleibt nur, soweit eine Erstattung von Aufwendungen durch die Krankenkasse nicht erfolgt. (Das wohl bekannteste Beispiel ist der Zahnersatz: unabhängig, wodurch ein Zahnersatz erforderlich wurde, erhält der Versicherte nur einen Anteil der erforderlichen Aufwendungen.) Hinsichtlich des Restes ist er weiter aktivlegitimiert. Bei dem gesetzlich oder berufsgenossenschaftlich versicherten Verletzten verbleiben grundsätzlich keine Heilbehandlungskosten, da die Heilfürsorge der gesetzlichen Krankenkassen und Unfallversicherungsträger als ausreichend angesehen wird. Gem. § 116 SGB X gehen sämtliche Ansprüche insoweit zum Unfallzeitpunkt über. 343

Da sich Unterschiede zwischen den Leistungen der gesetzlichen Krankenkasse, der ggf. im Rahmen eines Arbeitsunfalls eintrittspflichtigen Berufsgenossenschaft und der privaten Krankenkasse ergeben, sollen diese drei Versicherer getrennt behandelt werden, um die Übersichtlichkeit zu gewährleisten. Allen Sozialversicherungsträgern obliegt die Pflicht, ihre Forderungen durch Belege nachzuweisen, die auch Aufschluss über den Unfallzusammenhang geben.[699] Dabei trifft den Sozialversicherungsträger die gleiche Beweislast wie den Geschädigten selbst.[700] Auch die eingeschränkte sozialrechtliche Prüfmöglichkeit[701] des Krankenversicherers bei Krankenhäusern ändert hieran nichts. 344

## I. Gesetzliche Krankenkassen

Unabhängig davon, ob es sich um die AOKen, die Ersatzkrankenkassen oder Betriebskrankenkassen einzelner Unternehmen handelt, richtet sich der Leistungsumfang aller Kassen nach dem SGB V. Ziel der Heilbehandlung soll sein, den Gesundheitszustand wiederherzustellen und die dazu erforderlichen Heilbehandlungskosten zu erstatten. Wo eine Wiederherstellung nicht möglich ist, ist eine Linderung der Beschwerden Ziel der Behandlung, § 1 SGB V. Teilweise bestehen Teilungsabkommen zwischen den gesetzlichen Krankenkassen und den Versicherungen, die aber in aller Regel nur die Haftungsprüfung ersetzen, nicht aber die Kausalitätsprüfung, diese Auslegung ist regelmäßig im Streit.[702] Die dort vereinbarten Anmeldefristen sind Ausschlussfristen.[703] 345

Der Leistungsumfang der Krankenkassen ergibt sich insbesondere aus den §§ 27–52 SGB V. Soweit einzelne Kassen Sonderleistungen über den gesetzlichen Rahmen hinaus aufgrund besonderer Pro- 346

696 Zu Beweismaß und Beweislast vgl. *Staab* in Meschkat/Nauert Rn. 247 ff. mit grundlegenden Hinweisen; *Geipel* Der Vollbeweis durch das Unwahrscheinliche? – Widerspruch, Logik oder die vergessene Lehre vom Individualanscheinsbeweis? – zfs 2007, 363 f.

697 *BGH* v. 10.05.2015 – VI ZR 8/14 zum Ursachenzusammenhang von Erkrankung und fehlender Therapiebereitschaft; *OLG Hamm* r+s 2003, 434 bei streitiger HWS.

698 *BGH* v. 16.07.2014 – IV ZR 55/14.

699 *BGH* v. 09.07.2024 – VI ZR 252/23 (für die gesetzliche Krankenkasse), der SVT muss die zeitliche und die sachliche Kongruenz seiner Leistungen belegen.

700 *BGH* v. 09.07.2024 – VI ZR 252/23; *LG Krefeld*, Urt. v. 11.04.2024 – 3 S 12/23.

701 *Bähring/Burmann/Jahnke/Liborius* NZV 2024, 158 ff.

702 *OLG München*. v. 29.02.2024 – 1 U 1471/23, bestätigt die Pflicht, den Kausalzusammenhang zwischen Unfallereignis und Aufwendungen zu belegen; a.A. *OLG Bamberg* v. 21.03.2023 – 5 U 54/22.

703 *OLG Celle* v. 27.07.2022 – 14 U 18/22.

gramme gewähren, geht der Anspruch auf Ersatz dieser Zusatzleistungen ebenfalls im Unfallzeitpunkt auf sie über.

### 1. Heilbehandlungskosten, §§ 27–29 SGB V

347 Nach den §§ 27, 28, 29 SGB V sind die Kosten für ärztliche, zahnärztliche und kieferorthopädische Behandlungen zu übernehmen, die zur Wiederherstellung der Gesundheit erforderlich sind. Die gesetzlichen Krankenkassen erstatten die erforderlichen Aufwendungen der Heilbehandlung, die dem allgemein anerkannten Stand der medizinischen Erkenntnisse entsprechen und den medizinischen Fortschritt berücksichtigen. Lehnt die Krankenkasse eine Behandlungsmethode ab und verweigert die Kostenübernahme, so stellt sich zunächst die Frage, warum diese Behandlung abgelehnt wurde. Sofern die Erfolgschancen einer solchen Behandlung nicht gesichert sind, kann versucht werden, eine Kostenübernahme im Rahmen des Sozialgerichtsverfahrens zu erzwingen. Da die Krankenkasse im Zweifel die Erforderlichkeit dieser Behandlung bestreiten wird, ist sie auch nicht vom Schädiger zu übernehmen.

348 Auch die Kosten für erfolglose Behandlungsmethoden sind erstattungspflichtig, sofern sie sich im erforderlichen und angemessenen Rahmen bewegen, das Prognoserisiko hierfür trägt der Schädiger.

349 Der Geschädigte muss im Rahmen der gesetzlichen Bestimmungen und abhängig von seiner Vermögenslage und seinem sonstigen Gesundheitszustand Eigenanteile und Zuzahlungen zu den Behandlungen und Arzneimitteln erbringen. Ermäßigungen (bei chronisch Kranken) und vollständige Befreiung (einkommensabhängig) sind auf Antrag möglich. Kinder sind in der derzeit geltenden Form des SGB V von den Zuzahlungen befreit. Hinsichtlich dieser Eigenanteile bleibt der Verletzte aktivlegitimiert, ggf. empfiehlt sich bei Schwerverletzten, einen entsprechenden Antrag auf Erlass zu stellen.

### 2. Arznei- und Verbandsmittel, § 31 SGB V

350 Erforderlichenfalls werden Arzneimittel abzüglich eines Eigenanteils (abhängig von den verordneten Medikamenten) erstattet. Kosten für Verbandsmittel werden von der gesetzlichen Krankenkasse nur bei Verbandswechsel beim Arzt erstattet. Verbandsmaterialien, die der Verletzte zu Hause zur Selbstversorgung der Wunde benötigt, werden von der Krankenkasse nicht erstattet.

### 3. Heil- und Hilfsmittel, §§ 32, 33 SGB V

351 Heilmittel (Massagen, Krankengymnastik, Ergotherapie etc.) und Hilfsmittel (Brillen, Gehhilfen etc.) werden von der gesetzlichen Krankenkasse nur eingeschränkt übernommen, entweder im Rahmen pauschalierter Zuzahlungen (wie bei der Brille) oder unter Berücksichtigung von Eigenanteilen. Gegebenenfalls kommt auch die Leihe durch die Krankenkasse (bei einem Rollstuhl, der nur vorübergehend benötigt wird) in Betracht. In jedem Fall sollte davon Abstand genommen werden, ohne die Einschaltung der Krankenkasse solche Hilfsmittel auf »eigene Rechnung« zu besorgen, da dann die Kostenübernahme wegen des Anspruchsübergangs im Unfallzeitpunkt auf die Krankenkasse durch den Schädiger nicht erfolgen kann. Der Geschädigte ist hinsichtlich dieser Kosten nicht aktivlegitimiert!

### 4. Krankengeld, § 44 SGB V

352 Daneben zahlt die Krankenkasse Krankengeld für die Dauer der Arbeitsunfähigkeit, maximal 78 Wochen ab dem ersten Tag der Arbeitsunfähigkeit, Zeiten der Entgeltfortzahlung werden angerechnet, sodass die Krankengeldzahlung erst ab dem 43. Tag der Arbeitsunfähigkeit einsetzt. Das Krankengeld beträgt ca. 70 % vom Brutto-Lohn, max. aber 90 % des Netto-Lohns. Zum Brutto-Lohn gehören auch Überstundenzulagen und Schichtzulagen, soweit diese in den letzten drei Monaten vor dem Unfallereignis regelmäßig angefallen sind. Ausgegangen wird vom Durchschnittswert. Vom Krankengeld werden Beiträge zur Sozialversicherung entrichtet.

Hiervon sind noch die Beiträge zur Renten- und Arbeitslosenversicherung abzusetzen, so dass auch hier dem Geschädigten ein Schaden (aber nur ein geringer) verbleiben kann. 353

Die Zahlung von Krankengeld endet, wenn 354
- der Verletzte ist wieder arbeitsfähig ist oder
- der Verletzte erwerbsunfähig wird, § 50 Abs. 1 Nr. 1 SGB V oder
- die Höchstdauer von 78 Wochen seit Eintritt der Erwerbsunfähigkeit überschritten ist, § 48 Abs. 1 SGB V. In diesem Fall kann der Geschädigte entweder Arbeitslosengeld beantragen oder Erwerbsunfähigkeitsrente, hat er auf beides keinen Anspruch, bleibt der Schädiger entsprechend der Quote allein verpflichtet. Soweit der Geschädigte Leistungen vom Sozialhilfeträger erhält, geht der Anspruch auf diesen über.

Da der Verletzte nur bei vollständiger Arbeitsunfähigkeit Krankengeld erhält, ist dieses voll übergangsfähig und kann vom Schädiger regressiert werden, wenn der Verletzte vor dem schädigenden Ereignis erwerbstätig war. Hatte der Verletzte aber schon vor dem Unfall keine Einkünfte (weil er sich schon im Krankengeldbezug befand und diese Krankheit nach wie vor andauert) ist ein Übergang wegen fehlendem Schaden bei dem Verletzten nicht möglich, das Krankengeld kann dann nicht regressiert werden. 355

### 5. Beiträge zur Sozialversicherung aus dem Krankengeld

Die gesetzliche Krankenkasse entrichtet – wie ein Arbeitgeber – aus dem Brutto-Krankengeld Beiträge zur Sozialversicherung (Rentenversicherung, Arbeitslosenversicherung). In der Krankenversicherung und Pflegeversicherung ist der Verletzte für die Dauer der Arbeitsunfähigkeit beitragsfrei versichert. Die entgangenen Beiträge werden gem. § 119 SGB X bei dem Schädiger regressiert. 356

### 6. Entgeltfortzahlungsersatz nach dem AAG

Die gesetzlichen Krankenkassen sind nach dem AAG verpflichtet, Arbeitgebern mit max. 30 Beschäftigten 80 % des Lohnes zu erstatten, wenn der Arbeitnehmer erkrankt. Der Anspruch auf Ersatz dieser Aufwendungen geht nicht nach § 116 SGB X auf die KK über, vielmehr erfolgt die Leistung durch die Krankenkasse nach § 1 AAG nur, wenn der Arbeitgeber gem. § 5 AAG seine Ansprüche auf Erstattung der geleisteten Entgeltfortzahlung an die Krankenkasse abtritt. 357

### 7. Fahrtkosten

Die Krankenkasse übernimmt die Fahrtkosten nur eingeschränkt, wenn der Erkrankte nicht in der Lage ist, die Strecke ohne Krankentransport zu bewältigen. Eine Erstattung gefahrener Kilometer (wie bei der BG) kennt das SGB V nicht. 358

### 8. Häusliche Krankenpflege, § 37 SGB V

Häusliche Krankenpflege wird nur dann erstattet, 359
- wenn der Verletzte im Krankenhaus behandelt werden müsste, aber dies nicht durchführbar ist,
- wenn die Dauer des stationären Aufenthaltes so verkürzt werden kann und
- wenn eine Pflege durch Familienangehörige nicht im erforderlichen Umfang sichergestellt werden kann (vgl. insoweit § 37 Abs. 3 SGB V).

### 9. Haushaltshilfe, § 38 SGB V

Eine Haushaltshilfe wird von der gKV nur dann ersetzt, wenn sich ein minderjähriges Kind (bis 12. Lebensjahr) oder ein behindertes Kind im Haushalt befindet, welches auf Hilfe angewiesen ist. 360

### 10. Krankenhausbehandlung, stationäre und ambulante Rehabilitation, §§ 39, 40 SGB V

Auch die Kosten für medizinisch indizierte stationäre Behandlungen werden von der Krankenkasse übernommen. Der Verletzte muss allerdings für den Zeitraum von max. 28 Tagen (je Kalenderjahr) täglich eine Zuzahlung von derzeit 10 € je Tag leisten. Diese Zuzahlung zum stationären Aufenthalt 361 kann nicht beim Schädiger geltend gemacht werden, da mindestens in gleicher Höhe ersparte Eigenkosten (Verpflegung, erspartes Wasser, Strom etc.) bestehen, mit denen Aufrechnung erklärt wird.[704]

## II. Gesetzliche Unfallversicherung/Berufsgenossenschaften, SGB VII

362 Auch die Berufsgenossenschaft übernimmt die Kosten der Heilbehandlung. Die Leistungen gehen allerdings weiter als die der gesetzlichen Krankenkassen, da im SGB VII festgehalten ist, dass alle zur Wiederherstellung der Arbeitsfähigkeit erforderlichen Maßnahmen zu ergreifen sind. Daneben fallen auch keine Zuzahlungen – weder zu Arzneimitteln, Behandlungskosten oder stationären Aufenthalten an, es werden zudem Fahrtkosten zu den Behandlungen erstattet. Im Fall des Todes des Geschädigten, zahlt die Berufsgenossenschaft Sterbegeld sowie Hinterbliebenenrenten.

Auf die Besonderheiten im Falle eines Arbeitsunfalles im Zusammenhang mit den Haftungsausschlüssen sei auf das Kap. 4 Rdn. 225 ff. verwiesen. Ein besonders kreativer Antritt einer Unfallkasse, im Rahmen des Regresses nach § 110 SGB VII über § 111 SGB VII einen Fuhrparkleiter als Repräsentant des Unternehmens zu bezeichnen, wurde vom *BGH* eine Absage erteilt.[705] Dabei ist zu beachten, dass die Bundesagentur für Arbeit gerade nicht zu dem von § 110 SGB VII umfassten Kreis der Sozialversicherungsträger gehört.[706]

363 Die Leistungen der Berufsgenossenschaften gehen weiter als die der gesetzlichen Krankenkassen. Ihr Ziel ist es, die Arbeitsfähigkeit des Verletzten wiederherzustellen. Alle erforderlichen Maßnahmen sind daher von der BG zu erstatten, der Verletzte ist nicht aktivlegitimiert, soweit die Kosten von der Berufsgenossenschaft übernommen werden. Dies gilt auch für den ansonsten privat versicherten Verletzten, da der Anspruchsübergang auf die Berufsgenossenschaft nach § 116 SGB X im Unfallzeitpunkt erfolgt, die private Krankenkasse den Anspruch aber erst nach Leistung an oder für ihren Versicherten (§ 86 VVG) erhält. Da der Anspruch auf die PKV erst nach Leistung übergeht, kann der privat Versicherte auch nicht wählen, welchen Versicherungsträger er in Anspruch nimmt. Wählt er gleichwohl privatärztliche Behandlung, ist diese wegen fehlender Erforderlichkeit im Fall eines berufsgenossenschaftlich versicherten Unfalles wegen des bereits erfolgten Überganges auf die gesetzlichen Träger der Unfallversicherung nicht erstattungsfähig. Teilweise ist in den Fällen der Zuständigkeit der gesetzlichen Unfallversicherung die Leistung der privaten Krankenversicherung ausgeschlossen.[707]

### 1. Eigenanteile

364 Entgegen den Regelungen des SGB V sieht das SGB VII keine Eigenanteile des Verletzten – weder zu den Arznei- und Verbandsmitteln, Heil- oder Hilfsmitteln, noch zum stationären Aufenthalt[708] oder zu ambulanten Behandlungen vor.

### 2. Fahrtkosten, Reisekosten § 43 SGB VII

365 Zusätzlich erstattet die Berufsgenossenschaft die Fahrtkosten sowohl für den Verletzten zu den Behandlungen wie auch die Besuchskosten von Angehörigen (Ehefrau), soweit diese medizinisch erforderlich waren. Werden diese von der BG nicht übernommen, waren sie nicht erforderlich und können auch nicht von dem Schädiger ersetzt verlangt werden.

---

704 *LG Paderborn* v. 15.02.2008 – 2 O 383/03; LNR 2008, 36510; *LG Leipzig* v. 02.08.2002 – 03 O 4972/01, LNR 2002, 29351.

705 *BGH* v. 11.06.2024 – VI ZR 133/23.

706 *BGH* v. 17. 10.2017 – VI ZR 477/16.

707 *LG Stade* v. 25.02.2016 – 3 O 85/15, VersR 2017, 874 f.

708 Die ersparten Verpflegungskosten in Höhe von 10 €/Tag können dem Geschädigten gegenüber bei der Abrechnung des Erwerbsschadens gegengerechnet werden, da sie diesem kongruent sind.

### 3. Verletztengeld, § 47 SGB VII

Anstelle des Krankengeldes tritt das Verletztengeld, welches gem. § 47 Abs. 2 SGB VII 80 % vom Brutto-Gehalt, maximal aber das Netto-Gehalt beträgt. Zur Ermittlung des Netto-Gehaltes legt die BG alle Einkünfte – auch die Nebeneinkünfte der Verletztengeldermittlung zugrunde. Das Verletztengeld wird – wie das Krankengeld – für die Dauer von insgesamt 78 Wochen gezahlt. Die Dauer der Entgeltfortzahlung wird darauf angerechnet. Das Verletztengeld ist dem Erwerbsschaden kongruent, und kann daher vom Geschädigten – wie das Krankengeld regressiert werden.[709] 366

Hiervon sind noch die Beiträge zur Renten- und Arbeitslosenversicherung abzusetzen, sodass auch hier dem Geschädigten ein Schaden (aber nur ein geringer) verbleiben kann. Die Auszahlung erfolgt über die Krankenkassen. 367

### 4. Verletztenrente, §§ 56 ff. SGB VII; Hinterbliebenenrenten im Todesfall

Verbleibt dem Verletzten ein Dauerschaden von mehr als 20 % MdE, erhält er eine Verletztenrente. Basisbetrag für die Vollrente sind 80 % des Brutto-Jahreslohnes. Dieser wird dann entsprechend der MdE prozentual ermittelt und ausgezahlt. Der Verletzte erhält diese Rente lebenslang, unabhängig von der Entstehung eines Verdienstschadens. Deshalb kann es durchaus sinnvoll sein, die Anerkennung als Arbeitsunfall (ggf. auch als Arbeitswegeunfall) im Wege des Sozialgerichtsverfahrens durchzusetzen. Zu beachten ist allerdings, dass die Verletztenrente dem Verdienstschaden kongruent ist und dementsprechend zuerst auf den möglicherweise entstehenden Verdienstschaden angerechnet wird und erst, wenn diese Rente nicht ausreicht, weiterer Schadensersatz gefordert werden kann. 368

Außerdem zahlt die Berufsgenossenschaft auch Hinterbliebenenrenten an Witwe und Waisen im Falle eines versicherten Unfalles. Dazu können auch Verwandte in aufsteigender Linie gehören, die vor dem Unfall Leistungen von dem Verstorbenen für ihren Unterhalt erhalten haben.[710]

## III. Private Krankenversicherung

Der Leistungsumfang der privaten Krankenversicherung richtet sich allein nach dem Krankenversicherungsvertrag zwischen den Parteien. Einen bestimmten Leistungskatalog gibt es insoweit nicht, ablehnende Entscheidungen der privaten Krankenkasse bezüglich Kostenübernahme von Behandlungen können daher auch nicht von der Sozialgerichtsbarkeit überprüft werden, der Versicherte ist auf den Zivilrechtsweg angewiesen. 369

Der Verletzte ist – im Gegensatz zur gesetzlichen Krankenversicherung – nicht verpflichtet, seine private Krankenversicherung in Anspruch zu nehmen. Da der Anspruch auf die Krankenkasse erst im Zeitpunkt der Leistung an den Versicherten nach § 86 VVG übergeht, kann der Versicherte selbst seinen Anspruch auch bei dem Schädiger einfordern. Dies macht jedoch nur dann Sinn, wenn es sich um leichtere Verletzungen handelt, die nur eine kurze Heilbehandlung zur Folge haben. Soweit ein stationärer Aufenthalt erforderlich ist, wird es sich immer empfehlen, die Behandlungen über die Krankenkasse abzurechnen, die dann wiederum Regress nimmt. In diesen Fällen kann der Verletzte die möglicherweise entfallende Beitragsrückerstattung als Schaden ersetzt verlangen. 370

Krankengeld wird von der Privaten Krankenkasse nur dann erstattet, wenn dies vertraglich vereinbart wurde. Da das Krankentagegeld in der privaten Krankenkasse als Summe vereinbart wird und sich nicht zwingend am Netto-Gehalt des Versicherten orientiert (es kann höher oder niedriger sein) ist es nicht auf den Verdienstschaden anzurechnen. Es handelt sich insoweit um private Vorsorgeleistungen des Verletzten, die den Schädiger nicht entlasten dürfen.[711] Teilweise werden in der PKV 371

709 *BGH* v. 23.02.2010 – VI ZR 331/08, r+s 2010, 217 ff.
710 *SG Braunschweig*, 15.05.2014 – S 14 U 91/13.
711 *BGH* v. 04.07.2001 – IV 307/00, NVersZ 2001, 457; *BGH* v. 15.05.1984 – VI ZR 184/82, VersR 1984, 690.

auch Subsidiaritätsklauseln vereinbart, wonach ein Anspruch gegen die PKV nicht besteht, wenn ein berufsgenossenschaftlich versicherter Unfall gegeben ist.[712]

372 Treffen private Krankenversicherung und berufsgenossenschaftlich versicherter Unfall zusammen, ist davon auszugehen, dass der Geschädigte hinsichtlich der Heilbehandlungskosten nicht mehr aktiv legitimiert ist, da der Anspruchsübergang auf die gesetzlichen Sozialversicherungsträger, also auch die Berufsgenossenschaft im Unfallzeitpunkt stattfindet, § 116 SGB X. Daher können diese Fälle auch zulässigerweise von der PKV ausgeschlossen werden.[713]

## IV. Sonderfälle

373 Nachfolgend sollen die Fälle behandelt werden, in denen eine Erstattung zumindest streitig ist.

### 1. Alternative Medizin

374 Die Erstattung der Kosten für alternative Behandlungsmethoden ist problematisch. Teilweise erstatten Krankenkassen die Kosten für Heilpraktiker[714] und homöopathische Behandlungen, soweit diese medizinisch erforderlich waren. Dann geht der Anspruch insoweit auf die Krankenkasse über. Wird die Kostenübernahme allerdings von der Krankenkasse abgelehnt, weil diese Behandlung nicht erforderlich war, wird auch der Haftpflichtversicherer sich wegen der fehlenden Aktivlegitimation des Verletzten hinsichtlich der Behandlungskosten und der fehlenden Unfallbedingtheit ebenfalls an diesen Kosten nicht beteiligen. Sonstige alternative Heilbehandlungen können nach Ausschöpfung der Möglichkeiten der Schulmedizin[715] ggf. erstattungsfähig sein, wenn sie auf nachvollziehbarem medizinischem Ansatz beruhen und geeignet sind, mit hinreichender Wahrscheinlichkeit mindestens die Linderung der Beschwerden zu erreichen.[716]

### 2. Privatärztliche Behandlung als gesetzlich Krankenversicherter

375 In Betracht kommen hier neben den allseits bekannten Ein- und Zweibett-Zimmerzuschlägen die privatärztlichen Behandlungen durch niedergelassene Ärzte. Bezogen auf den stationären Aufenthalt hat der Verletzte dann einen Anspruch auf Ersatz, wenn er bei einem selbst verschuldeten Unfall diese Zimmerbelegung auch auf eigene Kosten gewählt hätte.[717] Dies ist i.d.R. nicht gegeben. Hat der Geschädigte allerdings eine private Krankenzusatzversicherung abgeschlossen, die insoweit in Vorleistung trat, sind die Kosten zu erstatten.[718] Der Anspruchsübergang richtet sich nach § 86 VVG. Der Versuch vieler niedergelassener Mediziner, die Unfallbehandlung als private Behandlung abzurechnen, ist vor allem im Bereich der Zahnmedizin im Vormarsch. Auch hier gilt, es ist zunächst die Grundversorgung, die die gesetzlichen Krankenkassen erstatten, zu erstatten. Die darauf entfallenden Zuzahlungen werden nach Durchführung der Maßnahme und Rechnungsvorlage zu erstatten sein. Soweit bessere Ausführung als die Basisversorgung der gesetzlichen Krankenkasse gewünscht oder angeboten wird, ist zu prüfen, wie die Zähne des Verletzten ansonsten versorgt sind. War ansonsten auch nur die Basisversorgung gewählt, besteht auch kein weiterer Anspruch,[719] hat der Verletzte hingegen die vorherigen Versorgungen in höherem Umfang selbst getragen, sind diese ebenfalls vom Schädiger zu übernehmen. Grundsätzlich gilt auch hier, dass der Verletzte keinen Gewinn aus dem Schadenfall ziehen darf. Eine Abrechnung auf Basis des Heil- und Kostenplans ist nicht möglich, allerdings wird bei Bedarf einer Kostenübernahmezusage nichts im Wege stehen.

712 *LG Stade* v. 25.02.2016 – 3 O 85/15.
713 *LG Stade* v. 25.02.2016 – 3 O 85/15.
714 *OLG Braunschweig* r+s 1991, 199; *KG* VersR 2001, 178.
715 *KG* NZV 2004, 42.
716 U.a. *OLG Düsseldorf* r+s 1995, 113; *OLG Saarbrücken* VersR 2002, 1015 (für pKV); *OLG Karlsruhe* NZV 1999, 210 (Akupunktur).
717 *BGH* v. 12.07.2005 – VI ZR 83/04, NZV 2005, 629.
718 *Küppersbusch/Höher* a.a.O. Rn. 231.
719 Vgl. hierzu grundlegend zum Anspruch des gesetzlich Versicherten *OLG Düsseldorf* VersR 1991, 884.

Soweit der gesetzlich Krankenversicherte nach der Reform der gesetzlichen Krankenversicherungen von der Möglichkeit der Tarifwahl Gebrauch gemacht hat, sind ihm etwaige Mehrkosten auf Nachweis zu erstatten (ähnlich wie dem privat Krankenversicherten, der Anspruch auf Ersatz der unfallbedingt entfallenen Beitragsrückgewähr geltend machen kann.) 376

### 3. Kosmetische Operationen

Kosmetische Operationen werden, wenn sie unfallbedingt erforderlich sind, von der Krankenkasse übernommen. Sollte die Kostenübernahme von der Krankenkasse abgelehnt werden, ist zunächst das Widerspruchsverfahren durchzuführen. Der Schädiger hat ggf. abgelehnte, aber unfallbedingt erforderliche Maßnahmen nach deren Durchführung zu erstatten.[720] Einen Anspruch auf Erstattung fiktiver Operationskosten wird von der Rechtsprechung zu Recht verneint.[721] 377

### 4. Heilbehandlungskosten im Ausland

Soweit der im Inland Verletzte Heilbehandlungskosten im Ausland ersetzt verlangt, besteht darauf kein Anspruch,[722] da im Inland hinreichend Kapazitäten vorhanden sind. Ausnahmen können lediglich dann bestehen, wenn bei schwer Schädel-Hirn-Verletzten besondere Therapieformen wie z.B. die Delphintherapie angeboten werden. Aber auch hier besteht nicht unbegrenzt Anspruch gegen den Schädiger bzw. dessen Haftpflichtversicherung auf Ersatz. 378

Soweit sich der Unfall im Ausland ereignete, sei auf das Kapitel 22, Auslandsschaden, verwiesen, da der Schadensersatzanspruch des Verletzten sich dann nach dem jeweiligen Landesrecht richtet. 379

## V. Schadenminderungspflicht im Rahmen der Heilbehandlung

Der Geschädigte ist verpflichtet, erforderliche Heilbehandlungsmaßnahmen durchzuführen. Auch eine stationäre psychiatrische Behandlung kann zumutbar sein, wenn damit eine wesentliche Verbesserung möglich ist.[723] Eine Verpflichtung zur Duldung von Operationen besteht allerdings nur in einfach gelagerten Fällen,[724] oder wenn eine wesentliche Verbesserung des Gesundheitszustandes[725] möglich ist oder sogar Aussicht auf Heilung besteht. Soweit eine Operation ohne besonderes Gefahrenpotenzial (das übliche Risiko bei operativen Eingriffen muss deutlich überschritten sein) möglich ist, ist der Verletzte aus Schadenminderungsgründen[726] verpflichtet, diese durchführen zu lassen. Unterlässt der Verletzte eine objektiv gebotene Heilbehandlung (Psychotherapie bei PTBS), trifft ihn ein Mitverschulden wegen Verletzung der Schadenminderungspflicht.[727] 380

## I. Pflegekosten

Ist der Geschädigte infolge des Unfalles nicht in der Lage, sich selbst zu versorgen, fallen ggf. Pflegekosten an. Erfolgt die häusliche Pflege durch Angehörige und handelt es sich um kurze Zeiträume (etwa, bis der Verletzte wieder genesen ist), werden eventuell entstehende Mehraufwendungen über die vermehrten Bedürfnisse erstattet. Diese Art von Pflegekosten dürfte allerdings nur in Ausnahmefällen entstehen. Häufiger wird sich die im Sprachgebrauch untechnisch auch Pflege genannte Unterstützung im Haushalt abspielen (Einkaufen, Wäsche waschen und ggf. auch Zubereitung von Nahrung). Werden weitere Unterstützungsleistungen – auch im Rahmen der Körperpflege auch 381

720 Vgl. hierzu auch *Jaeger* in Himmelreich/Halm FA Verkehrsrecht, Kap. 13 Rn. 2.
721 *BGH* v. 14.01.1986 – VI ZR 48/85, VersR 1986, 550; *LG Dortmund* v. 09.08.2018 – 21 O 67/15 (Zahnarzt).
722 *BGH* v. 23.09.1969 – VI ZR 69/68, VersR 1969, 1040.
723 *BGH*, Urt. v. 21.09.2021 – VI ZR 91/19.
724 *BGH* v. 15.03.1994 – VI ZR 44/93, r+s 1994, 217.
725 *BGH* v. 15.03.1994 – VI ZR 44/93, r+s 1994, 217 MdE nur noch 15 % statt 25 %.
726 *OLG Hamm* VersR 1992, 1120 f.
727 *OLG Schleswig* v. 31.01.2023 – 7 U 134/16; *OLG Köln* v. 18.08.2023 – 7 U 21/23.

nach dem stationären Aufenthalt erforderlich, ist zunächst die gesetzliche oder private Pflegekasse eintrittspflichtig. Die Erstattung von Pflegekosten richtet sich nach §§ 11 ff. SGB XI, für den Kraftfahrzeugschaden zusätzlich nach §§ 823, 844 BGB. Hierbei sind folgende Punkte zu beachten:

## I. Pflege in stationärer Unterbringung

### 1. Pflege im Krankenhaus

382 Solange sich der Verletzte in stationärer Krankenhausbehandlung befindet, wird dort die unfallbedingt erforderliche Pflege im Rahmen der Heilbehandlung geleistet. Pflegekosten darüber hinaus fallen nicht an.

### 2. Pflege durch Angehörige während Krankenhaus-Aufenthaltes

383 Eine zusätzliche Pflege des Verletzten durch Familienangehörige während des stationären Aufenthaltes ist – zumindest in Deutschland – nach dem derzeitigen Standard nicht erforderlich. Die Pflege durch das Krankenhauspersonal ist ausreichend.

### 3. Pflegekosten in der stationären Rehabilitationsmaßnahme

384 Da auch in den Rehabilitationsmaßnahmen (Anschlussheilbehandlungen von der Krankenkasse bzw. Rehabilitationsmaßnahmen zur Erhaltung der Arbeitsfähigkeit) eine stationäre Unterbringung in Einrichtungen mit Pflegepersonal erfolgt, fallen auch dort keine zusätzlichen Pflegekosten an.

## II. Pflegebedarf

385 Ist der Verletzte infolge des Unfalles dauerhaft auf Unterstützung im häuslichen Bereich angewiesen, hat er Anspruch auf Ersatz dieser Kosten. Zunächst aber ist der Umfang der Pflegebedürftigkeit festzustellen. Dies erfolgt durch den medizinischen Dienst der Krankenkassen, welcher im Bedarfsfalle schon von den behandelnden Ärzten im Krankenhaus eingeschaltet wird. Von dem medizinischen Dienst wird anhand eines allumfassenden Fragebogens festgestellt, welche Tätigkeiten der Verletzte noch selbstständig ausführen kann, bei welchen Tätigkeiten er Hilfe oder Unterstützung benötigt und welche Tätigkeiten der Geschädigte gar nicht mehr selbst ausführen kann. Dabei wird auch der Grad der Hilfebedürftigkeit festgestellt. Die Pflegestufen orientieren sich am Zeitbedarf, der durch eine professionelle Pflegekraft für die Hilfe des Verletzten aufgewendet werden müsste, es wird eine Pflegestufe festgestellt. Diese Feststellung stellt einen Verwaltungsakt dar, gegen den Rechtsmittel nach dem SGB XI zulässig sind. Üblicherweise wird die Pflegebedürftigkeit in regelmäßigen Abständen (ca. zwei Jahre) geprüft und ggf. den veränderten Umständen angepasst. Sollte sich der Umfang der Pflege, beispielsweise durch eine Verschlechterung des Zustandes des Verletzten, verändern, kann jederzeit eine Prüfung der Pflegestufe beantragt werden.

386 Tab. 27; § 15 SGB XI a.F.

| Pflegestufe | Täglicher Hilfebedarf (Zeitaufwand) |
|---|---|
| Pflegestufe 1 | Mindestens einmal täglich Hilfe für zwei pflegerische Verrichtungen, Aufwand mindestens 90 min/Tag, Pflege mehr als 45 min/Tag |
| Pflegestufe 2 | Mindestens dreimal täglich Hilfe zu verschiedenen Tageszeiten bei Pflege und zusätzlich Hilfe bei hauswirtschaftlicher Versorgung, Zeitaufwand insgesamt. 3 Std. mindestens 2 Std. für Pflege |
| Pflegestufe 3 | Hilfe wird rund um die Uhr benötigt, auch nachts mindestens 1-mal, mehrmals wöchentlich Hilfe bei hauswirtschaftlicher Versorgung mindestens 5 Stunden tägl., Pflegeaufwand mind. 4 Std./Tag |

Durch die Reform der Pflegebewertung wird jetzt in Pflegegraden von 1–5 unterschieden, wobei nach einem Punktesystem vorgegangen wird. Dabei wird die Mobilität mit 10 %, kognitive und kommunikative Fähigkeiten mit 15%, die Selbstversorgungsfähigkeit mit 40%, die Bewältigung mit krankheits- und therapiebedingten Anforderungen mit 20% sowie die Gestaltung des Alltags und soziale Kontakte mit 15% in die Bewertung einfließen.

| Pflegegrad/Leistungen[728] | 1 | 2 | 3 | 4 | 5 |
|---|---|---|---|---|---|
| Pflegegeld | Kein Anspruch | 332 € p.m./347 € | 573 € p.m./599 € | 765 € p.m./800 € | 947 € p.m./990 € |
| Pflegesachleistungen | Kein Anspruch | 761 € p.m./796 € | 1.432 € p.m./1.497 € | 1.778 € p.m./1.859 € | 2.200 € p.m./2.299 € |
| Verhinderungspflege | Kein Anspruch | 1.612 € p.a./1.685 € | 1.612 € p.a./1.685 € | 1.612 € p.a./1.685 € | 1.612 € p.a./1.685 € |
| Kurzzeitpflege | Kein Anspruch | 1.774 € p.a./1.854 € | 1.774 € p.a./1.854 € | 1.774 € p.a./1.854 € | 1.774 € p.a./1.854 € |
| Entlastungsbetrag | 125 € p.m./131 € | 125 € p.m./131 € | 125 € p.m./131 € | 125 € p.m./131 € | 125 € p.m./131 € |
| Tages- oder Nachtpflege | Kein Anspruch | 689 € p.m./721 € | 1.298 € p.m./1.357 € | 1.612 € p.m./1.685 € | 1.995 € p.m./2.085 € |
| Pflegehilfsmittel zum Verbrauch | Bis zu 40 € p.m./42 € | Bis zu 40 € p.m./42 € | Bis zu 40 € p.m./42 € | Bis zu 40 € p.m./42 € | Bis zu 40 € p.m./42 € |
| Technische Hilfsmittel | Ja | Ja | Ja | Ja | Ja |
| Hausnotruf | Bis zu 25,50 € p.m. | Bis zu 25,50 € p.m. | Bis zu 25,50 € p.m. | Bis zu 25,50 € p.m. | Bis zu 25,50 € p.m. |
| Wohnraumanpassung | Bis zu 4.000 €/ 4.180 € pro Maßnahme | Bis zu 4.000 €/ 4.180 € pro Maßnahme | Bis zu 4.000 €/ 4.180 € pro Maßnahme | Bis zu 4.000 €/ 4.180 € pro Maßnahme | Bis zu 4.000 €/ 4.180 € pro Maßnahme |
| Pflegeberatung und Beratungseinsatz | ja | ja | ja | ja | ja |
| Pflegekurse für Angehörige | ja | ja | | ja | ja |
| Pflegeunterstützungsgeld | ja | ja | ja | ja | ja |
| Wohngruppenzuschuss | 214 € p.m./224 € | 214 € p.m./224 | 214 € p.m./224 € | 214 € p.m./224 € | 214 € p.m./224 € |
| Digitale Pflegeanwendungen[729] | Bis 50 € p.m. | Bis 50 € p.m. | Bis 50 € p.m. | Bis 50 € p.m. | Bis 50 € p.m. |
| Vollstationäre Pflege im Heim | 125 € p.m./131 € | 770 € p.m./805 € | 1.262 € p.m./1.319 € | 1.775 € p.m./1.855 € | 2.005 € p.m./2.096 € |

Dabei gehören zu den pflegerischen Tätigkeiten u.a. Körperpflege, Duschen, Baden, Zahn- und Mundhygiene, Kämmen, Rasieren, Darm- und Blasenentleerung, Hilfe bei Mobilität wie auch die Zubereitung von Nahrung und das Verabreichen der Nahrung. 387

Zu den hauswirtschaftlichen Tätigkeiten gehören Spülen, Einkaufen, Kochen, Reinigen der Wohnung, Wäsche wechseln, Wäsche und Kleidung waschen, ggf. auch Beheizen der Wohnung. 388

Da auch dieser Ersatzanspruch gem. § 116 SGB X auf die gesetzlichen Kranken- und Pflegekassen übergeht, ist der Verletzte nicht aktivlegitimiert, soweit er Pflegekosten geltend macht. Er ist gehalten, zunächst den Weg über den Antrag bei der Krankenkasse ggf. unter Beschreitung des Sozialgerichtsweges zu gehen. 389

728 Quelle: www.pflege.de/pflegekasse-pflegerecht/pflegegrade Stand 2024 / 2025.
729 *Richter* NJW 2022, 666, 668.

### III. Pflegekosten

390 Der Verletzte kann den Ersatz der unfallbedingt angefallenen Pflegekosten verlangen. Es stehen ihm dabei verschiedene Wege zur Verfügung.

#### 1. Konkrete Abrechnung der Pflege

391 Die Pflege wird durch professionelles Pflegepersonal durchgeführt, egal ob ambulant zu Hause oder stationär im Pflegeheim. Der Geschädigte kann die Kosten des Pflegeheims abzüglich ersparter Eigenkosten für Unterkunft und Verpflegung und abzüglich der kongruenten Leistungen der Pflegekasse ersetzt verlangen. Auch im Pflegeheim kann zusätzliche Betreuung und Pflege durch den Ehegatten erstattungsfähig sein.[730]

392 Bei der häuslichen Pflege durch angestellte Pfleger ist die Erforderlichkeit des betriebenen Aufwandes zu prüfen.[731] Dabei ist zu beachten, dass die Qualität der Pflege in angemessenem Verhältnis zu den Kosten stehen muss. Nach der Rechtsprechung wird die häusliche Pflege – auch mit höherem Kostenaufwand – jedenfalls bei Kindern bis zum Abschluss der Ausbildung akzeptiert, aber auch dabei muss hinsichtlich der Kosten Maß gehalten werden.[732] Dabei gehen die Beträge, die anerkannt werden – abhängig vom Bedarf und vom Aufwand der Pflege – von 300 DM bis hin zu 9.000 €.[733]

#### 2. Fiktive Abrechnung der Pflege

393 Solange der Verletzte im häuslichen Umfeld gepflegt werden kann, wird diese Pflege häufig von Angehörigen übernommen, ohne dass hier konkrete Rechnungen vorgelegt werden können.[734] Dieser Aufwand ist dann fiktiv zu ermitteln.[735] Dabei kann mangels entsprechender Ausbildung m.E. nicht der Stundensatz der professionellen Pflegekraft eingesetzt werden. Vielmehr könnte hier in Anlehnung an die Sätze des deutschen Hausfrauentarifvertrages eine pauschale Erstattung möglich sein.[736] Es ist aber zu berücksichtigen, dass der zu Pflegende von der gesetzlichen Pflegekasse Pflegegeld erhält, welches als kongruente Leistung anzurechnen ist. Haftungsrechtlich ist zu beachten, dass dann bei Schädigung des zu Pflegenden im Rahmen der Pflege ein Haftungsausschluss nach §§ 104 ff. SGB VII greifen kann.[737] Je nach Qualifikation der Pflegenden kann auch der TVÖD Pflege herangezogen werden.

394 Der Pflegebedürftige erhält das pauschale Pflegegeld entsprechend der Pflegestufe. Zusätzlich wird Verhinderungspflege in einer stationären Einrichtung für längstens 4 Wochen übernommen, damit die pflegende Person sich erholen kann. Da in aller Regel die Kosten der stationären Pflege höher sind als der von der Pflegekasse gezahlte Kostenersatz der Verhinderungspflege, ist der Mehrbetrag nach Haftungsquote ebenfalls vom Schädiger zu übernehmen, soweit Kostendeckung durch die Pflegekasse nicht erreicht werden kann.

---

730 *OLG Stuttgart* v. 12.05.2021 – 4 U 358/20.

731 *BGH* v. 28.08.2018 – VI ZR 518/16.

732 *OLG Bremen* VersR 1999, 1030 erkennt monatlichen Aufwand für häusliche Pflege in Höhe von umgerechnet 9.000 € statt der geforderten umgerechnet 21.000 € an bei professioneller und familiärer Pflege zu Hause.

733 *OLG Koblenz* beispielsweise in VersR 2002, 244 spricht für 14 Std. Bereitschaftspflege (bloße Anwesenheit) und 7 Stunden tats. Pflegeleistungen 2.350 € monatlich zu.

734 *BGH*, Beschl. v. 09.04.2019 – VI ZR 377/17, unentgeltlich erbrachte Pflege ist angemessen abzugelten, unabhängig davon, ob diese einen Verdienstausfall erlitten haben.

735 *KG* v. 11.12.2017 – 20 U 19/14, geht für Berlin von ca. 10 €/Std. aus.

736 *Nickel/Schwab* SVR 2018, 454 ff. m.w.H.

737 *Jahnke/Vatter* NJW 2016, 1477 m.w.H.

### 3. Behindertenwerkstatt

Bei Behinderten kann auch – je nach Art der Behinderung – die Aufnahme einer Beschäftigung in einer Behindertenwerkstatt in Betracht kommen. Soweit die Behinderten sich dort aufhalten, wird der Pflegeaufwand/Betreuungsaufwand gemindert. 395

### 4. Sonderfall behinderte Kinder

Bei behinderten Kindern/Jugendlichen ist zu beachten, dass auch diese der Schulpflicht unterliegen und zumindest in dieser Zeit des Schulbesuches Pflegekosten üblicherweise nicht anfallen, da erforderliche Pflege dann vom Schulträger erbracht wird. Ebenso ist – abhängig vom Alter des Kindes – zu berücksichtigen, dass auch unfallunabhängig Betreuungs- und Pflegezeiten anfallen. 396

## IV. Leistungen der gesetzlichen Pflegekasse

Zu unterscheiden ist zwischen den Leistungen, die der Verletzte erhält, der den Unfall während seiner Freizeit erleidet (diese richten sich nach dem SGB XI) und dem berufsgenossenschaftlich versicherten Verletzten (die sich an SGB VII orientieren). 397

Der Verletzte, der nicht berufsgenossenschaftlich abgesichert ist, erhält von der Pflegekasse Pflegegeld und Pflegeersatzleistungen (kombiniert oder alternativ). Diese sind der Höhe nach begrenzt und reichen in den meisten Fällen nicht aus, um den tatsächlichen Bedarf zu decken. 398

### 1. Pflegegeld der Pflegekasse, §§ 28 ff. SGB XI

Der Pflegebedürftige erhält – nachdem er vom medizinischen Dienst begutachtet wurde und eine Pflegebedürftigkeit festgestellt wurde – Pflegegeld. Dabei wird in drei Kriterien erstattet: Pflegestufe 1–3. Bei Pflegestufe 3 ist eine Pflege zu Hause kaum mehr möglich, sodass der Verletzte in aller Regel in einem Pflegeheim untergebracht wird. 399

### 2. Pflegesachleistungen, §§ 28 ff. SGB XI

Neben dem Pflegegeld, welches der Pflegebedürftige von der Pflegekasse erhält, um die erforderliche Pflege selbst sicher zu stellen, kann er auch die Erstattung der Kosten für die Pflege (den Pflegedienst) als sogenannten Pflegesachkostenersatz verlangen. Auch die Pflegesachleistungen orientieren sich an den Pflegestufen, §§ 36, 37 SGB XI. Die Beträge werden jährlich angepasst und sind u.a. auf der Seite des Bundesgesundheitsministeriums zu finden: https://www.bundesgesundheitsministerium.de/pflegegeld.html. 400

Eine Kombination aus Pflegegeld und Pflegesachleistungen ist ebenfalls möglich, dabei wird der Betrag, der für Pflegesachleistungen ausgegeben wurde, in Relation zu dem Gesamtbetrag gesetzt und der verbleibende Prozentsatz (% nicht verbrauchte Pflegesachleistungen) anteilig aus dem Pflegegeld an die häuslich pflegende Person gezahlt. 401

**▶ Beispiel:**

Der Verletzte wird in Pflegegrad 3 eingestuft, er erhält Pflegesachleistungen vom Pflegedienst, es werden 768,00 € pro Monat in Rechnung gestellt. Dies sind 59 % des Höchstbetrages, der für Pflegesachkosten (1.298 € gesamt) erstattet wird. Damit erhält der Pflegebedürftige noch 41 % des Pflegegeldes (545 € gesamt), mithin 223,45 €, um dies für die häusliche Pflege zu verwenden. 402

Wird der Verletzte in stationärer Pflege untergebracht, erhält er ab 01.01.2021 gem. § 43 SGB XI in der Pflegegrad 2 monatlich 698 €, in Pflegegrad 3 monatlich 1.298 € und in Pflegegrad 4 monatlich 1.612 €. Als Härtefall in Pflegegrad 5 erhält der Verletzte ab 01.01.2012 monatlich 1.995 €. Auch diese Beträge werden jährlich geprüft und angepasst. Auf den Seiten der gesetzlichen Krankenkassen können diese nachvollzogen werden. 403

Ein Sonderfall liegt vor, wenn der Pflegegeldempfänger einen Unfall erleidet, der über einen gesetzlichen Unfallversicherer abgedeckt ist. Dann ruht der Anspruch auf Pflegegeld gegen die Pflegekasse, solange er unfallbedingt von dort Leistungen empfängt.[738]

## V. Pflegeleistungen der Berufsgenossenschaft

404 Im Gegensatz zu den oben dargestellten Leistungen der gesetzlichen Krankenkasse sind die Leistungen der Berufsgenossenschaft der Höhe nach nicht begrenzt. Erstattet wird der erforderliche Aufwand für die Pflege. Allerdings wird auch von der Berufsgenossenschaft eine Erhebung der Pflegebedürftigkeit durchgeführt. Ein Restschaden bei dem Verletzten verbleibt – bezogen auf die Pflegekosten – nicht.

## VI. Pflegeleistungen der privaten Pflegekassen

405 Die Leistungen der privaten Pflegekassen entsprechen denjenigen der gesetzlichen Krankenkassen.

## VII. Kongruenz zum Haushaltsführungsschaden

406 Die Pflegeleistungen sind demjenigen Teil des Haushaltsführungsschadens kongruent, die den eigenwirtschaftlichen Anteil betreffen.[739] Der alleinlebende Geschädigte kann also neben der Erstattung der Pflegekosten nicht zwingend noch Ersatz des Haushaltsführungsschadens verlangen, jedenfalls dann nicht, wenn er wegen der Pflegebedürftigkeit in einem Heim untergebracht ist.

## VIII. Besuchskosten naher Angehöriger

407 Hält sich der Pflegebedürftige im Heim auf, sind auch in angemessenem Rahmen die Besuchskosten naher Angehöriger zu erstatten. Hierbei ist abzugrenzen zu dem üblicherweise stattfindenden Besuch im Rahmen der sozialen Verpflichtungen.

## IX. Schadenminderungspflicht des Pflegebedürftigen

408 Der Pflegebedürftige ist ebenfalls gehalten, den Schaden gering zu halten. Dies bedeutet, dass auch bei Auswahl der Pflege gewisse Grenzen gesetzt werden. Insbesondere ist abzuwägen zwischen den Kosten der häuslichen Pflege durch Pflegedienste und den Kosten der Einstellung von Pflegepersonal durch den Verletzten. Diese Entscheidung muss aber im Einzelfall getroffen werden. Die Entscheidungen der Gerichte geben ungefähre Anhaltspunkte für die Angemessenheit von Pflegekosten.[740] Der vom *OLG Bremen*[741] ausgeurteilte Betrag dürfte hierbei an der absoluten Obergrenze liegen. Der erstattungsfähige Schaden bemisst sich dabei nach den Dispositionen, die ein verständiger Geschädigter in seiner besonderen Lage treffen würde, allerdings gibt es keine Regel, die die Erstattungspflicht des Schädigers auf das doppelte oder ein sonstiges Vielfaches der Heimunterbringung begrenzen würde.[742]

409 Der Pflegebedürftige ist gehalten, vorhandene Hilfsmittel zu nutzen, um so weit als möglich selbstständig und eigenständig leben zu können. Hierbei können sowohl Rehabilitationskliniken als auch Rehabilitationsdienste dem Geschädigten behilflich sein. Da die Entwicklung neuerer Technologien

---

738 *LSG Rheinland-Pfalz* v. 04.02.2016 – L 5 P 45/15.

739 *BGH* v. 08.10.1996 – VI ZR 247/95, DAR 1997, 66; die Aufteilung des Haushalts kann nach Kopfteilen erfolgen, um den eigenwirtschaftlichen Teil zu ermitteln: *BGH* v. 04.12.1984 – VI ZR 117/83, DAR 1985, 119.

740 *OLG Koblenz* VersR 2002, 244: für 7 Stunden Pflegeleistungen und weitere 14 Stunden »Pflegebereitschaft« 2.350 €; *OLG Bremen* VersR 1999, 1030 hingegen bei pflegebedürftigem Kind, das volljährig geworden war, welches bei stationärer Unterbringung einen Bedarf von umgerechnet 5.000 € hätte, für häusliche Pflege aber umgerechnet 21.000 € Pflegeleistungen verlangte, erhielt für die häusliche Pflege 9.000 € zugesprochen.

741 *OLG Bremen* VersR 1999, 1030.

742 *BGH* v. 28.08.202187 – VI ZR 518/16.

immer weiter fortschreitet, kann auch durch geeignete technische Hilfsmittel, wie z.B. elektronische Impulse zur Steuerung der Blasenentleerung bei Querschnittgelähmten, eine erhöhte Selbstständigkeit, die auch dem Verletzten zugutekommt, erreicht werden. Die Kosten hierfür sind ggf. von dem Schädiger zu übernehmen. Auch die Unterstützung durch vom Schädiger angebotene Rehabilitationsdienste sollte angenommen werden, da die Optimierung der Pflege nicht zuletzt dem Verletzten zugutekommt.[743]

## J. Leistungsumfang der Rentenversicherungsträger

410 Der Leistungsumfang der Rentenversicherer ist an unterschiedliche Voraussetzungen geknüpft, sodass vorliegend unterschieden werden muss.

### I. Gesetzliche Rentenversicherung, DRV und Bundesknappschaft

411 Der Leistungsumfang der gesetzlichen Rentenversicherungen ergibt sich aus dem SGB VI und gilt für alle in der gesetzlichen Rentenversicherung Versicherte, unabhängig davon, ob sie (wie die meisten) Pflichtversicherte oder (in selteneren Fällen) freiwillig in der gesetzlichen Rentenversicherung versichert sind.

#### 1. Leistungen zur Teilhabe, §§ 9 ff. SGB VI

412 Zwischen den Leistungen für medizinische Rehabilitationen (Kuren), Leistungen zur Teilhabe am Arbeitsleben und ergänzende Leistungen muss unterschieden werden.

413 Die gesetzlichen Rentenversicherer erbringen Leistungen zur medizinischen Rehabilitation nur, wenn es um die Erhaltung der Arbeitskraft geht, ohne dass akut eine Erkrankung vorliegt (§ 13 SGB VI). Soweit der Geschädigte noch akut erkrankt ist, sind die Krankenkassen/Berufsgenossenschaften für die medizinische Rehabilitation zuständig. Dabei ist nach dem Gesetzestext Rehabilitation vor Verrentung zu stellen und vorrangig der Erhalt der Arbeitskraft anzustreben. Es ist erforderlich, dass die medizinische Rehabilitation geeignet ist, entweder

- bei Gefährdung der Arbeitskraft, diese wieder vollständig herzustellen, oder zumindest die teilweise Wiederherstellung zu erreichen,
- bei geminderter Erwerbsfähigkeit, diese wieder zu verbessern, möglichst vollständig herzustellen, oder
- bei teilweiser Erwerbsminderung ohne Aussicht auf Verbesserung, die Erhaltung der Arbeitskraft zu erreichen.

414 Sind Verbesserungen/Erhaltung der Arbeitskraft als Ziel nicht (mehr) erreichbar, werden im Zweifel Rehabilitationsmaßnahmen von der DRV nicht mehr gewährt.

415 Um eine medizinische Rehabilitation zu erhalten, ist erforderlich, dass der Versicherte mindestens in den letzten zwei Jahren vor der Antragstellung sechs Monate Pflichtbeiträge in die Rentenversicherung für eine versicherte Tätigkeit eingezahlt hat, § 11 Abs. 2 Nr. 1 SGB VI. Allerdings haben auch Kinder ggf. einen Anspruch gegen die DRV auf Gewährung einer Rehabilitationsmaßnahme, die u.U. auch einen Übergang des Erstattungsanspruchs auf die DRV zur Folge haben können, auch wenn die Reha-Maßnahme auf Antrag des Vaters erfolgte.[744]

416 Die Leistungen zur Teilhabe am Arbeitsleben richten sich nach den §§ 33 ff. SGB IX und sind für Behinderte und von Behinderung bedrohte Versicherte gedacht, deren Arbeitsfähigkeit und Wiedereingliederung in das Erwerbsleben das Ziel ist. Die Leistungen zur Teilhabe umfassen neben der Umgestaltung des Arbeitsplatzes ggf. auch Umschulungs- und Ausbildungsmaßnahmen. Ebenso

743 *Nickel* in Himmelreich/Halm FA Verkehrsrecht, Kap. 27 Rn. 12.
744 *BGH* v. 19.01.2021 – IV ZR 125/20.

kommen Leistungen an den Arbeitgeber in Betracht, die der Wiedereingliederung dienen (Eingliederungshilfen oder Ausbildungsbeihilfen).

417 Für die Leistungen zur Teilhabe am Arbeitsleben sind höhere Wartezeiten erforderlich: d.h. der Versicherte muss mindestens die Wartezeit von 15 Jahren erfüllt haben oder eine Rente wegen Erwerbsminderung beziehen, zu beachten ist, dass diese Wartezeiten auch durch die Beitragsregresse der DRV beim Schädiger angefüllt werden und ggf. nach Jahren der Schadenregulierung erreicht werden können.

418 Leistungen nach dem SGB VI sind ausgeschlossen, wenn die Versicherten wegen eines Arbeitsunfalls oder Einsatzunfalls oder einer Berufskrankheit gleichartige Leistungen von einem anderen Rehabilitationsträger verlangen können (z.B. gesetzliche Unfallversicherungen), § 12 SGB VI. Gleichfalls besteht kein Anspruch mehr, wenn Altersrente von wenigstens 2/3 der Vollrente beantragt wurden.

419 Soweit der Verletzte in einer medizinischen oder von dem DRV initiierten Rehabilitationsmaßnahme keine Einkünfte erzielt, erhält er Übergangsgeld (§ 20 SGB VI), welches der Höhe nach dem Krankengeld entspricht.

420 Während stationärer Maßnahmen hat der Versicherte einen Eigenanteil zu erbringen, der den Regelungen der gesetzlichen Krankenkassen entspricht, §§ 32 Abs. 1 SGB VI i.V.m. § 40 SGB V. Dieser Eigenanteil ist wegen ersparter Aufwendungen in mindestens gleicher Höhe vom Schädiger nicht zu übernehmen. Die Kosten der Maßnahmen werden, ggf. gemindert um die Mithaftung des Versicherten beim Schädiger geltend gemacht.

## 2. Rente wegen (teilweiser) Erwerbsminderung

421 Ist der Versicherte infolge einer Erkrankung oder eines sonstigen Umstandes in seiner Erwerbsfähigkeit ganz oder teilweise gemindert, wird gem. § 43 SGB VI bis zum Erreichen der Altersgrenze Rente wegen vollständiger oder teilweiser Erwerbsminderung gezahlt, wenn die allgemeine Wartezeit von fünf Jahren erfüllt ist sowie in den letzten fünf Jahren vor Eintritt der Erwerbsunfähigkeit mindestens für drei Jahre Pflichtbeiträge für eine versicherte Tätigkeit erbracht wurden, dabei zählt auch der Beitragsregress der DRV mit. Allerdings kann eine solche Rente bei vorsätzlicher Herbeiführung des Versicherungsfalles (Fahren unter Alkoholgenuss und ohne Fahrerlaubnis) versagt werden.[745]

## 3. (vorgezogene) Altersrente

422 Die Regelaltersrente richtet sich nach § 35 SGB VI und wird mit dem Erreichen des 67. Lebensjahres (neu) und nach Erfüllen der allgemeinen Wartezeit gewährt. Übergangsregelungen für die Jahrgänge vor 1960 ermöglichen den früheren Renteneintritt. Gemäß § 36 wird Altersrente für langjährig Versicherte gewährt, wenn diese das 67. Lebensjahr vollendet und eine Wartezeit von 35 Jahren erfüllt haben. Eine vorzeitige Altersrente ist erst mit Erreichen des 63. Lebensjahres möglich. Außerdem gelten für Schwerbehinderte gem. § 37 andere Zeiten, diese können mit Vollendung des 62. Lebensjahrs die vorzeitige Altersrente beantragen. Der normale Anspruch setzt Vollendung des 65. Lebensjahres voraus.

423 Im Schadensersatzrecht sind die vorgezogenen Altersrenten, die unfallbedingt in Anspruch genommen werden, von Bedeutung. Wird ganz normal nach Erfüllung der Wartezeiten Altersrente beantragt, besteht ein Anspruch auf Erstattung von weiterem Verdienstschaden in aller Regel nicht mehr, da die DRV die ansonsten vom Versicherten zu erbringenden Beiträgen beim Schädiger regressiert.[746]

745 *SG Gießen* v. 26.02.2014 – S 4 R 158/12 (Jurion).
746 Vgl. insoweit Rdn. 458.

### 4. Hinterbliebenenrenten (Renten wegen Todes)

Die DRV zahlt Renten an die Witwen und Waisen gem. §§ 46 ff. SGB VI aus. Die Witwen oder Witwer, die nicht wieder geheiratet haben, haben dann Anspruch auf die sog. Große Witwenrente, wenn sie ein eigenes Kind oder ein Kind des Versicherten unter 18 Jahren erziehen, das 47. Lebensjahr vollendet haben oder erwerbsgemindert sind, § 46 Abs. 2 SGB VI. Ein Anspruch besteht nicht bei kurzer Ehe (weniger als ein Jahr), wenn die Annahme gerechtfertigt ist, dass die Heirat nur zur Sicherung der Hinterbliebenenversorgung geschlossen wurde. 424

Die Waisen haben gem. § 48 SGB VI so lange Anspruch auf Halbwaisenrente, wenn sie noch einen unterhaltspflichtigen Elternteil haben (ohne Berücksichtigung von dessen wirtschaftlicher Möglichkeit). Voraussetzung ist auch hier, dass der Versicherte die allgemeine Wartezeit erfüllt hatte. 425

### 5. Rentenhöhe

Die Rentenhöhe richtet sich zum einen nach den eingezahlten Pflichtbeiträgen, zum anderen nach der Dauer der Einzahlung, § 63 SGB VI. Dabei sind §§ 89 ff. SGB VI zu beachten, wonach bei Zusammentreffen von Renten und Einkommen gem. §§ 92 ff. SGB VI ggf. Kürzungen hinzunehmen sind, wenn mehrere Renten zusammentreffen. 426

## II. Berufsständische Rentenversicherer

Berufsständige Versorgungsträger haben eigene Satzungen, aus denen sich Leistungsumfang und Leistungshöhe ergeben, ein möglicher Forderungsübergang ist dort geregelt. 427

# K. Gesetzlicher Forderungsübergang

Im Rahmen des Schadensersatzrechtes sind verschiedene Anspruchsübergänge normiert, die je nach Vorschrift im Unfallzeitpunkt oder zum Zeitpunkt der Leistung des Dritten auf diesen übergehen. Je nach Art der Leistung und Art des Überganges ergeben sich Besonderheiten, die nachfolgend dargestellt werden sollen. Der Anspruch geht immer nur so über, wie er in der Person des Verletzten gegen den Schädiger besteht. Eine Mithaftung ist daher anspruchsmindernd zu berücksichtigen. Voraussetzung ist bei allen Anspruchsübergängen, dass kongruente Schadensersatzansprüche in der Person des Verletzten bestehen.[747] Daher sind die Regress nehmenden Anspruchsinhaber verpflichtet, den Kausalzusammenhang mit den Anforderungen des § 286 ZPO zwischen schädigendem Ereignis und den getätigten Aufwendungen nachzuweisen.[748] 428

## I. Anspruchsübergang auf den Arbeitgeber

Der Arbeitgeber kann die Leistungen, die er aufgrund eines Unfalles an seinen Mitarbeiter erbringt, vom Schädiger ersetzt verlangen in dem Umfang, wie der Geschädigte einen Ersatzanspruch gegen den Schädiger hat. Grundlage hierfür ist § 6 EFZG. 429

### 1. Entgeltfortzahlung des Arbeitgebers

Der Arbeitgeber ist gesetzlich gehalten, dem unverschuldet Kranken sein Gehalt weiter zu zahlen, § 3 EfzG. Die gesetzliche Verpflichtung zur Entgeltfortzahlung endet nach sechs Wochen, tarifvertraglich können aber längere Fristen vereinbart werden. 430

---

747 Eine ausführliche Übersicht über die sachlichen Kongruenzen vgl. *Küppersbusch/Höher* a.a.O. Rn. 602 m.w.H.

748 *OLG Hamm*, Urt. v. 16.05.2023 – 26 U 99/22; *LG Krefeld*, Urt. v. 11.04.2024 – 3 S 12/23.

### 2. Anspruchsübergang

431 Im Zeitpunkt der Zahlung erfolgt der Anspruchsübergang auf den Arbeitgeber. Der erste Anspruchsübergang ist schon damit erfolgt, dass der Arbeitgeber das Entgelt im Krankheitsfall weiterzahlt. Der Übergang erfolgt immer, soweit er Entgelt fortgezahlt hat.

432 Es kann natürlich ein Anspruch auf den Arbeitgeber nur insoweit übergehen, als er in der Person des Geschädigten besteht. Der Arbeitgeber muss daher alle Einwendungen, die dem Geschädigten gegenüber erhoben werden, gegen sich gelten lassen. Dazu gehört neben der Mithaftung auch der Abzug ersparter berufsbedingter Eigenkosten.

### 3. Besonderheiten

433
- Tarifvertragliche Bestimmungen
- Im BAT und den Tarifverträgen des öffentlichen Dienstes ist abhängig von der Dauer der Betriebszugehörigkeit eine längere Lohnfortzahlung (max. ein halbes Jahr) vorgesehen.
- Arbeitsvertragliche Besonderheiten

Außerdem kann im Rahmen der Betrieblichen Zusatzvereinbarungen verabredet worden sein, dass die Differenz zwischen Krankengeld und Netto-Lohn vom Arbeitgeber auch über die Dauer der Entgeltfortzahlung hinaus erstattet wird. Die Höhe des Zuschusses zum Krankengeld kann von der Dauer der Betriebszugehörigkeit abhängen. Diesen Luxus leisten sich in aller Regel nur größere Unternehmen. Grundsätzlich gehen auch insoweit die Ansprüche auf Ersatz des Verdienstschadens auf den Arbeitgeber über. Dieser Übergang kollidiert jedoch mit dem Übergang des Anspruchs nach § 116 SGB X auf den gesetzlichen Krankenversicherer, Rentenversicherer oder die Berufsgenossenschaft, der gleichzeitig Zahlung von Krankengeld, Übergangsgeld oder Verletztengeld erbringt. Diese Ansprüche gehen im Gegensatz zu dem Anspruch des Arbeitgebers im Unfallzeitpunkt über und gehen daher dem Regress des Arbeitgebers vor.

Soweit ein Schaden des Verletzten nach der Zahlung des Krankengeldes oder Verletztengeldes verbleibt, wird dieser auf den Arbeitgeber übergeleitet. Ein Anspruch des Verletzten auf weitere Zahlungen kann dann nur insoweit bestehen, als nach Abzug der ersparten Eigenkosten und der Anrechnung der Leistungen des Arbeitgebers noch ein Restschaden besteht.

- Grenzen
  Die Grenze des Arbeitgeberregresses ist begrenzt auf die erstattungsfähigen Positionen, darüber hinaus wird sein Regressanspruch auch durch die mögliche Mithaftung des AS begrenzt. Auch sind ggf. ersparte Eigenkosten in Abzug zu bringen.
- Kleinbetriebe unter 30 Mitarbeiter
  Bei Kleinbetrieben unter 30 MA bestehen Ansprüche nach dem Aufwendungsausgleichsgesetz (AAG). Der Arbeitgeber kann von der Krankenkasse 80 % des Lohnes + die darauf entfallenden Beiträge zur Sozialversicherung erstattet verlangen, wenn der Arbeitnehmer erkrankt (egal aus welchem Grund), § 1 AAG. Um die Leistungen nach dem AAG zu erhalten, muss der Arbeitgeber den auf ihn übergegangenen Erstattungsanspruch insoweit an die Krankenkasse abtreten, § 5 AAG, ein Anspruchsübergang nach § 116 SGB X erfolgt nicht. Es besteht dann bei dem Arbeitgeber nur noch ein Anspruch auf die Arbeitgeberanteile zur Sozialversicherung sowie 20 % des Brutto-Lohnes, § 1 AAG.
- Geringfügig Beschäftigte
  Bei geringfügig Beschäftigten wird, obwohl eigentlich auch dort ein Anspruch besteht, eine Entgeltfortzahlung nur in Ausnahmefällen gewährt. Soweit dies erfolgt, geht der Anspruch auf den Arbeitgeber über.
- Beschäftigte in der aktiven Phase der Altersteilzeit
  Soweit der Arbeitgeber bei dem Verletzten in der aktiven Phase der Altersteilzeit Entgeltfortzahlung gewährt, kann ein Anspruch nur in der Höhe bestehen, wie tatsächlich Zahlungen erfolgen, also in Höhe des reduzierten Gehaltes. Eine Erstattung des ursprünglichen vollen Gehaltes kommt nicht in Betracht, da Obergrenze des Übergangs der Schaden des Verletzten

ist, dieser erhält aber nur das reduzierte Gehalt, sodass nur insoweit sein Schaden gegeben ist. Nach § 10 AltTZG erhält der Arbeitgeber aber u.U. von dem Arbeitsamt die Leistungen ersetzt.

– Erforderliche Unterlagen
  Um die Höhe und die Dauer der Entgeltfortzahlung zu belegen, empfiehlt sich die Vorlage folgender Unterlagen: Arbeitsunfähigkeitsbescheinigungen;[749] Lohn- bzw. Gehaltsabrechnungen des Geschädigten, die die letzten Monate vor dem Unfall sowie die Monate der Entgeltfortzahlung betreffen. Zu beachten ist, dass das Vorliegen einer Arbeitsunfähigkeitsbescheinigung allein noch keinen Anspruch des Arbeitgebers auf Ersatz des gezahlten Entgeltes begründet. Es muss der Unfallzusammenhang nachgewiesen werden. Der Beweiswert der Arbeitsunfähigkeitsbescheinigung bestätigt lediglich eine Erkrankung.[750]

### 4. Erstattungsfähige (regressierbare) Positionen

Der Arbeitgeber muss die einzelnen Positionen, die er geltend machen will, im Detail spezifizieren. 434
Eine pauschale Abrechnung der Lohnnebenkosten unter Hinweis auf die Ermittlungen der einzelnen Innungen über die Kosten des einzelnen Arbeitsplatzes können nicht verwendet werden, da dort auch unternehmerische Risiken sowie die Bereitstellung des Arbeitsplatzes berücksichtigt werden. Im Einzelnen können folgende Positionen berücksichtigt werden:

– Brutto-Lohn
– Zum Brutto-Lohn gehört auch das Überstundenentgelt, wenn es vor Beginn der Arbeitsunfähigkeit über mindestens 3 Monate hinweg gezahlt worden ist und die geleistete Mehrarbeit mithin Teil der regelmäßigen Arbeitszeit war (§ 4 Abs. 1 S. 3 EFZG).
– Arbeitgeberanteile zur Sozialversicherung
– Zusätzlich zum eigentlichen Arbeitsentgelt muss der Schädiger auch die Arbeitgeberanteile zur Krankenversicherung, Pflegeversicherung, Rentenversicherung und Arbeitslosenversicherung.
– Urlaubsgeld und Urlaubsentgelt
  Unter Urlaubsentgelt ist der während des gesamten Jahresurlaubs fortgezahlte Brutto-Lohn inklusive Sozialversicherungsbeiträge des Arbeitgebers zu verstehen. (Bruttotageslohn × Urlaubs–(Kalender-)tage zzgl. Sozialversicherungsbeiträge) Weihnachts- und Urlaubsgeld (auch Gratifikation oder 13. und 14. Monatsgehalt genannt), das nach neuer Rechtsprechung wie folgt berechnet[751] wird:

$$\frac{\textit{Urlaubsentgelt brutto} \times \textit{Krankheitstage (Kalendertage)}}{\textit{(Jahresarbeitstage (253) abzgl. Urlaubstage (Kalendertage)}}$$

**Abb. 4: Formel Berechnung Urlaubsgeld**

– Wenn nicht schon Urlaubs- und Weihnachtsgeld regressiert wurden, sind diese Beiträge zu erstatten. Beiträge für die Sozialkassen, also Urlaubskasse (18,1 % der Brutto-Lohnsumme) Beiträge für einen Lohnausgleich (3,3 % der Brutto-Lohnsumme) während der Winterperiode,[752] (Zeit zwischen Weihnachten und Neujahr, die generell arbeitsfrei ist), Kapital– (Lebens-)Versicherungen als zusätzliche Altersversorgung im Baugewerbe.
– Weihnachtsgeld/Sonderzahlungen/Gratifikationen

---

749 Allerdings begründet eine Arbeitsunfähigkeitsbescheinigung allein keine Beweislastumkehr, *LG Fulda* VersR 2012, 365 f.

750 *BGH* v. 23.06.2020 – VI ZR 435/19 (der Arbeitgeber muss darlegen, dass die erkrankte Arbeitnehmerin einen Anspruch auf Ersatz des Verdienstschadens hat), *LG Saarbrücken* v. 15.07.2016 – 13 S 51/16.

751 *BGH* – VI ZR 389/12, der die Formel in Kenntnis der anders lautenden Entscheidungen des *BAG* und *BGH* – VI ZR 114/71 angepasst hat, so dass nur die jährlichen Arbeitstage anzusetzen sind.

752 *BGH* – VI ZR 30/85, VersR 86, 650.

Weihnachtsgeld, sonstige Sonderzahlungen oder Gratifikationen, die an ein Erbringen einer Arbeitsleistung geknüpft sind,[753] und die trotz der Arbeitsunfähigkeit ausgezahlt werden, können anteilig regressiert werden. Die Formel[754] hierfür lautet:

$$\frac{\textit{Weihnachtsgeld brutto x Krankheitstage (Kalendertage)}}{\textit{(Jahresarbeitstage (253) abzgl. Urlaubstage (Kalendertage)}}$$

**Abb. 5: Formel Regress Weihnachtsgeld**

- Sonstige Leistungen des Arbeitgebers
- Soweit sonstige Leistungen, die Gehaltsbestandteil sind (und dem AN direkt und ausschließlich zugutekommen), sind dann erstattungsfähig, wenn sie konkret dem einzelnen Mitarbeiter zugeordnet sind und ihm alleine zugutekommen.
  - Vermögenswirksame Leistungen
  - Zusätzliche betriebliche Altersversorgung

(ggf. durch Gehaltsverzicht)

- Kindergartenbeiträge[755]

Wenn Kindergartenbeiträge als Gehaltsbestandteil auf der Gehaltsabrechnung erscheinen, sind sie mitzuübernehmen, da sie dem einzelnen Mitarbeiter zugutekommen.

- Firmenwagen etc.

  Wenn der Firmenwagen dem Mitarbeiter zur Verfügung gestellt wurde gegen Gehaltsverzicht oder als – Gehaltsbestandteil stellt dies ebenfalls eine erstattungsfähige Position dar.

435 Nicht erstattungsfähige Positionen

436 Nicht vom Übergang des § 6 EFZG erfasst werden Aufwendungen, die der Arbeitgeber im eigenen Interesse oder aufgrund gesetzlicher Verpflichtung macht.

- Winterbau-Umlage
- Nicht erstattungsfähig ist die Winterbauumlage[756] (2 % der Brutto-Lohnsumme für im Winter zusätzlich zu beschaffende Geräte etc.
- Beiträge zur Berufsgenossenschaft.[757]
- ZVK für das Bau-Gewerbe
- Beiträge zur ZVK für das Bau-Gewerbe sind dann nicht erstattungsfähig,[758] wenn Urlaubs- und Weihnachtsgeld bereits geltend gemacht wurden.
- Kosten des Arbeitsplatzes, für Weiterbildung,[759] entgangener Gewinn.
- Kosten für die Ersatzkraft, die während der Erkrankung des Mitarbeiters eingestellt wurde. Hier handelt es sich um einen mittelbaren Schaden,[760] der nicht neben der Lohnfortzahlung für den erkrankten Mitarbeiter geltend gemacht werden kann. Durch die Erstattung der Entgeltfortzahlung hat der Arbeitgeber keine Mehrkosten für die Ersatzkraft mehr.
- Lohnsummensteuer.[761]
- Auslagenpauschale für Ansprüche aus übergegangenem Recht.[762]

---

753 *BGH* v. 22.11.2016 – VI ZR 40/16.

754 *BGH* v. 07.05.1996 – VI ZR 102/95, r+s 1996, 309.

755 *Büttner* Die Entwicklung des Unterhaltsrechts bis Anfang 1999, NJW 1999, 2315, 2323.

756 *BGH* v. 28.01.1986 – VI ZR 30/85, VersR 1986, 650.

757 *BGH* v. 11.11.1975 – VI ZR 128/74, VersR 1976, 340.

758 *BGH* v. 28.01.1986 – VI ZR 30/85, VersR 1986, 650.

759 *LG Karlsruhe* VersR 1983, 1065.

760 *LG Berlin* v. 25.06.2012 – 44 O 112/12.

761 *OLG Koblenz* VersR 1975, 1056.

762 Vgl. Palandt/*Grüneberg* a.a.O. § 249 Rn. 79 (der Anspruch kann nur insoweit übergehen, als er in der Person des Geschädigten besteht, d.h. kein eigener Anspruch eines Abtretungsgläubigers auf Zahlung einer eigenen Auslagenpauschale!

– kalkulatorische (lohngebundene) Kosten.
– Arbeitsschutzmaßnahmen.
– Rechtsanwaltskosten des Arbeitgebers,[763] es sei denn, der Schädiger ist in Verzug.[764]
– Zusatzurlaub für Schwerbehinderte.[765]

### 5. Einwendungen gegen den Anspruch des Arbeitgebers

Dem Arbeitgeber können alle Einwendungen entgegengehalten werden, die auch bei den Ansprüchen des Verletzten zu berücksichtigen sind: 437
– Ersparte Eigenkosten des Geschädigten während des stationären Aufenthaltes,[766]
– Mitverschulden,
– Verjährung
wobei es auf die Kenntnis des Verletzten als Rechtsvorgänger für den Lauf der Verjährungsfrist ankommt,
– Familienprivileg
analog § 86 VVG (kein Regress, wenn Schädiger und Geschädigter verwandt sind und in häuslicher Gemeinschaft leben),[767]
– Haftungsausschluss nach den §§ 104 ff. SGB VII.

## II. Anspruchsübergang auf den ö-r Dienstherren, § 76 BBG

Der ö-r Dienstherr leitet die kongruenten[768] Schadensersatzansprüche des verletzten Beamten nach den §§ 87 f. BBG auf sich über. Auch hier kann der Anspruch nur insoweit übergehen, als er in der Person des Verletzten besteht. Die Besonderheit im Beamtenrecht ist, dass der Dienstherr neben der Fortzahlung der Bezüge auch die Heilfürsorge für den Beamten (zumindest anteilig, abhängig vom Familienstand) trägt. Der Regress der Dienstbezüge, die nach dem Alimentationsprinzip gewährt werden, umfasst den Brutto-Betrag[769] nebst anteiligem Weihnachtszuwendungen[770] und Urlaubsgeld.[771] 438

Aufwendungen für die Heilbehandlung des verletzten Beamten regressiert der Dienstherr entsprechend seinem Anteil, der nicht erstattete Betrag wird vom Verletzten entweder selbst oder über die private Krankenkasse regressiert werden. 439

Der Anspruchsübergang erfolgt im Unfallzeitpunkt.[772] 440

## III. Anspruchsübergang nach §§ 86 VVG, 5 AAG

Der Anspruchsübergang auf die privaten Krankenkassen und Pflegekassen erfolgt nach § 86 VVG. Der Ersatzanspruch des Versicherungsnehmers aus einem Schadenfall geht auf den Versicherer über, der Ansprüche seines Versicherungsnehmers aufgrund vertraglicher Vereinbarung erfüllt. Der Übergang erfolgt, soweit der Versicherer geleistet hat, und dem Versicherten kein Schaden mehr verbleibt, ansonsten hat der Verletzte ein Quotenvorrecht. Der Anspruchsübergang ist daneben durch ein eventuelles Mitverschulden des Geschädigten der Höhe nach begrenzt. 441

763 Palandt/*Grüneberg* § 249 Rn. 56.
764 *Burmann/Heß/Hühnermann/Jahnke/Jahnke* a.a.O. § 249 BGB Rn. 379 ff. m.w.N.
765 *BGH* v. 09.10.1979 – VI ZR 269/78, VersR 1980, 82.
766 *BGH* v. 03.04.1984 – VI ZR 253/82, VersR 1984, 583.
767 Wegen der Details vgl. unten Rdn. 476, auch *BVerfG* v. 12.10.2010 – 1 BVL 14/09, SP 2011, 63 auch für den nicht in häuslicher Gemeinschaft lebenden Elternteil.
768 Vgl. hierzu auch *Euler/Kornes/Kreuter* in Halm/Engelbrecht/Krahe FA Versicherungsrecht, Kap. 25 Rn. 285.
769 *BGH* v. 30.06.1964 – VI ZR 81/63, VersR 1964, 1042.
770 *BGH* v. 29.02.1972 – VI ZR 192/70, VersR 1972, 566.
771 *BGH* v. 04.07.1972 – VI ZR 88/71, VersR 1972, 1056.
772 *BGH* v. 15.03.1988 – VI ZR 163/87, VersR 1988, 614.

442 Auch in den Verträgen der privaten Krankenkasse ist in aller Regel ein sog. Aufgabeverbot enthalten.[773] Dieses resultiert aus der Regelung des § 86 Abs. 3 VVG, wonach der Versicherungsnehmer nicht auf seinen Anspruch gegen einen Schädiger verzichten darf, ohne dass es seine eigenen Ansprüche gegen seinen Versicherer gefährdet.[774]

443 Der Anspruchsübergang auf die gesetzlichen Krankenkassen nach § 5 AAG erfolgt, wie bei § 86 VVG im Zeitpunkt der Leistung durch Abtretung, ein gesetzlicher Forderungsübergang liegt gerade nicht vor.

444 Der Anspruchsübergang ist auch auf die Fahrerschutzversicherung möglich, soweit diese Leistungen erbringt. In Höhe der Leistungen der Fahrerschutzversicherung gehen die Ansprüche auf diese über.[775]

## IV. Anspruchsübergang auf die Träger der gesetzlichen Sozialversicherungen gem. §§ 116 SGB X, 119 SGB X

445 In Fällen des Schadensersatzrechts regelt § 116 SGB X für die Träger der Sozialversicherungen den Anspruchsübergang gem. § 116 SGB X in aller Regel im Unfallzeitpunkt.[776] Auf den Zeitpunkt der Leistungserbringung kommt es dabei nicht an.[777] Träger der Sozialversicherung sind die gesetzlichen Krankenkassen, die gesetzlichen Unfallversicherer oder Berufsgenossenschaften, die Deutsche Rentenversicherung des Bundes und der Länder, die Bundesknappschaft sowohl als Kranken-/Pflegekasse wie auch als Rentenversicherer, die Bahnunfallkasse, die Rentenversicherung der Deutschen Bahn und die Bundesanstalt für Arbeit. Die Ansprüche der Sozialversicherungsträger gehen nach §§ 116 SGB X hinsichtlich der Leistungen und nach § 119 SGB X hinsichtlich der entgangenen Beiträge (für Kranken-, Pflege-, Rentenversicherung) über.[778] Für die Bewertung, auf wen ein Schadenersatzanspruch nach § 116 SGB X übergegangen ist, kommt es darauf an, wer im Außenverhältnis zur Erbringung der jeweiligen Leistungen verpflichtet ist, nicht aber darauf, ob im Innenverhältnis Ausgleichs- oder Erstattungsansprüche bestehen.[779] Bei den Sozialversicherungsträgern, deren Eintrittspflicht nicht an das Bestehen eines Sozialversicherungsverhältnisses (wie z.B. bei gesetzlichen Krankenkassen, gesetzlichen Unfallversicherungen und DRV/Knappschaft) gebunden ist, ist für den Anspruchsübergang erforderlich, dass nach den konkreten Umständen des Einzelfalls eine Leistungspflicht ernsthaft in Betracht kommt.[780]

Die Fälligkeitsregeln des § 14 Abs. 1 VVG sind dabei gem. § 115 VVG nicht auf die Direktansprüche Dritter anwendbar.[781]

446 Erforderlich für die Geltendmachung von Ansprüchen auch der Sozialversicherer ist, dass in der Person des versicherten Verletzten oder Getöteten überhaupt ein Anspruch auf Schadensersatz bestanden hat.[782] Dabei kommt es nicht darauf an, dass unmittelbar Aufwendungen bei dem Sozialversicherungsträger entstanden sind. Allein die Möglichkeit, dass Aufwendungen unfallbedingt erforderlich

773 *OLG Hamm* v. 15.06.2016 – 20 U 164/15, VersR 2016, 1233 f. auch zu den Obliegenheiten insoweit.

774 *BGH* v. 16.12.2021 – IX ZR 223/20, ein Anwalt, der bei einer Vergleichsabfassung mitwirkt, muss dafür Sorge tragen, dass der Vergleichstext vollständig und richtig niedergelegt wird und keiner weiteren Auslegung bedarf, lesenswert zu den Wirkungen des Vergleichs mit Vollabgeltungsklausel.

775 *OLG Koblenz* v. 12.08.2013 – 12 U 1095/12 – DAR 2013, 578 m. Anm. *Schwab*; *Schwab*, Fahrerschutzversicherung zu dem Verhältnis zum Schädiger vgl. dort S. 26 ff.

776 *BGH* v. 18.10.2022 – VI ZR 1177/20; *BGH* v. 24.02.1983 – VI ZR 243/80, VersR 1983, 536; *BGH* v. 14.07.1967 – V ZR 120/64, NJW 1967, 2199; *OLG Koblenz* v. 05.11.2013 – 3 U 421/13, zfs 2014, 79 f.

777 *BGH* v. 19.01.2021 – VI ZR 125/20 (für Leistungen der DRV für eine Kinderheilbehandlung).

778 Zu den Konkurrenzen der verschiedenen Träger von Sozialversicherung und Sozialhilfe vgl. *BGH* v. 27.01.2015 – VI ZR 54/14 m. Anm. *Lang* (Juris); *OLG Hamm* v. 23.11.2020 – 6 U 27/19.

779 *BGH* v. 17.09.2019 – VI ZR 437/18.

780 *BGH* v. 18.10.2022 – VI ZR 1177/20.

781 *OLG Stuttgart* v. 25.07.2024 – 2 U 26/23.

782 *Binkert*, VersR 2015, 955 ff., auch zu den Zuständigkeiten verschiedener Sozialversicherungsträgern.

werden können, reicht aus.[783] Nur dieser Anspruch kann übergehen. Damit ist für alle Sozialversicherungsträger im Fall der Mithaftung des Geschädigten der Ersatzanspruch in Höhe des Mitverschuldens des Verletzten begrenzt.

Soweit es um den Regress von Barleistungen geht, ist der Anspruch der Sozialversicherungsträger auch der Höhe nach auf den Anspruch des Verletzten begrenzt. Dies hat – insbesondere beim Zusammentreffen von Verletztenrente und EU-Rente erhebliche Bedeutung. Bei Zusammentreffen beider Rentenarten übersteigt die Summe der Renten in aller Regel den bei dem Verletzten entstandenen Verdienstschaden. Daher ist eine Quotierung nach Anteilen erforderlich, die beiden SVT sind Gesamtgläubiger.[784] Vielfach leiten dann sowohl BG als auch DRV die Ansprüche des Verletzten auf Ersatz des Haushaltsführungsschadens, soweit er fremdwirtschaftlich ist, auf sich über. In diesem Fall besteht keine Aktivlegitimation mehr bei dem Verletzten. Dabei ist es unerheblich, ob der Verletzte in der gesetzlichen Sozialversicherung pflichtversichert oder freiwillig versichert ist. Auch bei den freiwillig Versicherten sind die Barleistungen der SVT anspruchsmindernd zu berücksichtigen.[785] 447

Dieser Anspruchsübergang im Unfallzeitpunkt bedeutet, dass der in der gesetzlichen Sozialversicherung versicherte Geschädigte zu keinem Zeitpunkt über diese Ansprüche verfügen kann. Er kann auch nicht die Zahlung von Beiträgen an den Rentenversicherer verlangen. Die Aktivlegitimation entfällt. 448

Soweit der Sozialversicherungsträger mit dem KH-Versicherer ein Teilungsabkommen abgeschlossen hat, infolgedessen es nicht auf die Haftungsprüfung ankommen soll und das eine Quote vorschreibt, bedeutet dies nicht, dass der Sozialversicherungsträger nicht den Nachweis der Unfallbedingtheit seiner Aufwendungen führen muss.[786] Erfolgt gar der Regress nach Sach- und Rechtslage, ist der Krankenversicherer gehalten, den Nachweis des Unfallzusammenhangs nach § 286 ZPO zu beweisen, der Ausdruck von Groupern als Nachweis für die getätigten Aufwendungen reicht nicht.[787] 449

### 1. Übergangsfähigkeit von Krankenkassenleistungen

Grundsätzlich geht der Anspruch auf Erstattung der von der Krankenkasse erbrachten Sachleistungen (für die Heilbehandlung) wie auch der Ersatzanspruch von Barleistungen (Krankengeld) gem. § 116 SGB X auf den Krankenversicherer über. Hinsichtlich der Heilbehandlungskosten ist lediglich der Unfallzusammenhang mit der Grunderkrankung zu belegen.[788] Es ist in aller Regel davon auszugehen, dass geeignete Maßnahmen der Heilbehandlung eingeleitet wurden. Anders als bei der Mitbehandlung von unfallfremden Erkrankungen gehen eventuelle Fehler in der (durch den Unfall erforderlich gewordenen) Heilbehandlung durch das aufnehmende Krankenhaus zu Lasten des Schädigers,[789] ihm bleibt dann nur der Regress gegen das Krankenhaus aus insoweit durch Regulierung übergegangenen Anspruch. Ggf. ist eine Abtretung der Ansprüche erforderlich. 450

783 *BGH* v. 24.02.1983 – VI ZR 243/80, VersR 1983, 536; *BGH* v. 14.07.1967 – V ZR 120/64, NJW 1967, 2199.

784 *BGH* v. 03.12.2002 – VI ZR 304/01, VersR 2003, 390.

785 *BGH* v. 25.02.1986 – VI ZR 229/84, VersR 1986, 698 (Sterbegeld); *BGH* v. 01.12.1981 – VI ZR 203/79, VersR 1982, 291 (EU-Rente des Selbstständigen); *BGH* v. 11.05.1976 – VI ZR 51/74, VersR 1976, 756 (für Träger der Krankenkassen); *OLG Oldenburg* zfs 1996, 332 (Übergang der Leistungen Berufsgenossenschaft); *OLG Hamm* r+s 2002, 505.

786 *BGH* v. 12.06.2007 – VI ZR 110/06, r+s 2007, 407; *OLG Koblenz* v. 21.08.2017 – 12 U 1102/16 m. Anm. *Lang* in JurisPR-VerkR22–2017.

787 *OLG Stuttgart* v. 19.12.2023 – 12 U 17/23.

788 Kein Anspruch besteht gegen den Schädiger bzw. dessen Versicherer, wenn es gerade nicht zu einer Gesundheitsschädigung gekommen ist, *AG Hamburg* v. 28.05.2021 – 7 C 264/19.

789 *OLG Naumburg*, Urt. v. 06.07.2023 – 9 U 125/22 (analoge Anwendung des für die Sachschäden entwickelten Werkstattrisikos für diesen Fall). Dagegen *Bähring/Liborius* Anm. zu *OLG Naumburg*: Werkstattrisiko – Keine Übertragung auf Behandlungskostenregress, NJW-Spezial 2024, 73; aber *BGH* – VI ZR 252/23 widerspricht dieser Analogie: Durch die Legalzession wird die Darlegungs- und Beweislast nicht verändert.

Hinsichtlich des Krankengeldes ist neben dem Unfallzusammenhang zwischen Verletzung und Aufwendungen weiterhin erforderlich, dass der Verletzte in mindestens gleichem Umfang einen Verdienstschaden erlitten hat. War der Verletzte vor dem Unfallereignis berufstätig und nicht im Krankenstand, ist der Übergang unproblematisch entsprechend der Haftung gegeben. Ist der Verletzte hingegen schon im Krankenstand und erhält Krankengeld oder ist arbeitslos, ist ein Übergang nur ab dem Zeitpunkt möglich, indem der Verletzte (ohne den Unfall) genesen wäre oder eine Stelle angetreten hätte. Der Übergang kann auch bei dem Erwerbstätigen dann nur eingeschränkt erfolgen, wenn dieser beispielsweise als Berufspendler erhebliche Fahrtkosten hatte, die den Nettoverdienst so schmälern, dass das Krankengeld diesen Betrag übersteigt.

451 Die entgangenen Krankenkassenbeiträge werden nach § 116 Abs. 1 S. 2 SGB X dem Schädiger ebenfalls in Rechnung gestellt, allerdings nur in der Höhe, wie sie aus dem Krankengeld anfallen.[790] Der Ausgleich findet statt, obwohl es sich eigentlich insoweit nur um einen mittelbaren Schaden der Krankenkasse handelt. Der Verletzte selbst erleidet keinen Schaden, da er während jeder Erkrankung mit Krankengeldbezug beitragsfrei weiterversichert wird, § 224 SGB V. Der Ersatzanspruch ist allerdings beschränkt ausschließlich auf die Zeiten der Krankengeldzahlungen. Erhält der Verletzte andere Leistungen (Übergangsgeld, Verletztengeld) o.ä. kann ein Regress der entgangenen Beiträge durch die Krankenkasse nicht geltend gemacht werden. Auch im Fall eines unfallbedingten Minderverdienstes kann ein weiterer Krankenkassenbeitrag (ähnlich wie beim Beitragsregress der DRV) nicht gefordert werden.

## 2. Übergangsfähigkeit der Leistungen der Berufsgenossenschaft

452 Auch auf die Berufsgenossenschaft gehen die Ansprüche auf Ersatz der unfallbedingt erforderlichen Sachleistungen (Heilbehandlungen) gem. § 116 SGB X über, der Kausalzusammenhang zwischen Unfallereignis und Verletzung ist dabei vom Verletzten zu führen. Gelingt dies nicht, kann auch auf die leistende BG ein Anspruch (der nicht besteht) nicht übergehen.

453 Bezogen auf die Barleistungen (das Verletztengeld, Verletztenrente, Sterbegeld) stellt sich der Übergang wie oben beim Krankengeld dar: Soweit der erwerbstätige Verletzte Verletztengeld erhält, ist dieses unzweifelhaft in Höhe des dem Verletzten entstandenen Verdienstschadens zu ersetzen.[791] Ist der Verdienstschaden des Verletzten geringer als das gezahlte Verletztengeld (wegen erheblicher ersparter berufsbedingter Aufwendungen),[792] kann der Anspruch nur in der Höhe übergehen, wie er in der Person des Verletzten bestand. Ggf. wird daher der Regress zu kürzen sein.

454 Soweit die BG aber infolge einer dauerhaften Schädigung des Verletzten eine Verletztenrente erbringt, ist die Erstattung nur dann möglich, wenn aufseiten des Verletzten tatsächlich ein Verdienstschaden infolge der unfallbedingt erlittenen Verletzungen verbleibt.

▶ **Beispiel:**

455 Der Verletzte erleidet unfallbedingt einen Dauerschaden, es verbleibt eine dauerhafte Minderung der Erwerbstätigkeit von 30 %. Der Verletzte kann aber, da er eine Bürotätigkeit ausübt, seiner Erwerbstätigkeit nach Genesung vollschichtig nachgehen. Ein Verdienstschaden entsteht in der Person des Verletzten daher nicht. Ein Übergang des Anspruches auf Ersatz der Verletztenrente kann daher wegen fehlendem Schaden nicht erfolgen. Die Verletztenrente kann daher nicht regressiert werden.

Ein Beitragsregress der Berufsgenossenschaft ist nicht gegeben, da die Beiträge von den Arbeitgebern erhoben werden und dort in den Gemeinkosten anzusiedeln sind.

790 *Küppersbusch/Höher* a.a.O. Rn. 626.

791 Zu der Ermittlung des Verdienstschadens eines Selbstständigen vgl. *BGH* v. 23.02.2010 – VI ZR 331/08, r+s 2010, 217 ff.

792 Vgl. oben Rdn. 58 ff.

### 3. Übergang auf den Rentenversicherungsträger

456 Soweit der Rentenversicherer Sachleistungen in Form von Rehabilitationsmaßnahmen oder Leistungen zur Teilhabe am Arbeitsleben gewährt, geht der Anspruch nach § 116 SGB X über. Eine Beschränkung des Übergangs kann sich dabei nur in der Form der Mithaftung des Verletzten oder ersparten Eigenkosten (z.B. bei Sicherheitsschuhen) ergeben. Der Forderungsübergang kann frühestens mit dem Eintritt des Geschädigten in die gesetzliche Rentenversicherung erfolgen.[793]

457 Gewährt der Rentenversicherer Barleistungen in Form von Übergangsgeld während einer Rehabilitationsmaßnahme oder einer Umschulung ist wohl – wenn der Unfallzusammenhang nachgewiesen ist und auch eine geeignete Maßnahme[794] gewählt wurde, der Aufwand sowohl hinsichtlich der Sach- wie auch der Barleistungen im Rahmen der Haftungsquote erstattungsfähig. Bei den Barleistungen ist noch die Übergangsfähigkeit der Höhe nach zu prüfen (ggf. erhebliche ersparte berufsbedingte Aufwendungen).

458 Daneben zieht[795] der Rentenversicherer gem. § 119 SGB X die ihm durch die verminderte Krankengeldzahlung entgangenen Beiträge für den Verletzten ein, sodass dem Verletzten ein Rentenschaden nicht entsteht.[796] Bei geringfügig Beschäftigten werden keine Beiträge vom Arbeitgeber abgeführt, wenn der Beschäftigte selbst Beiträge an die DRV aus dem Beschäftigungsverhältnis zuzahlt, um Anwartschaften zu erwirtschaften, führt dies nicht zu einem Anspruchsübergang nach § 119 SGB X.[797]

459 Verbleibt eine dauerhafte Erwerbsminderung bei dem Geschädigten, die dazu führt, dass er nur noch halbschichtig (bis 4 Stunden) oder gar nicht mehr erwerbstätig sein kann, erhält er Erwerbsunfähigkeitsrente wegen teilweiser oder vollständiger Erwerbsminderung, abhängig von seinen vor dem Unfall erfolgten Beitragszahlungen. Während des Rentenbezuges wird der Rentenbeitragsregress bis zum Ende der geschätzten Arbeitszeit des Verletzten durchgeführt und dieser damit gestellt, als habe er bis zum Renteneintrittsalter gearbeitet.[798] Versäumt der Rentenversicherer den Regress, steht dem Geschädigten diesem gegenüber ein Anspruch auf Schadenersatz zu.[799]

460 Im Todesfalle werden Waisenrenten und unter bestimmten Voraussetzungen auch Witwenrenten gezahlt. Dabei ist ein konkreter Schaden des Rentenversicherers nicht erforderlich.[800]

461 Wird der unfallbedingt Geschädigte nach seiner Umschulung in ein Beamtenverhältnis aufgenommen, so bleibt ihm hinsichtlich des eventuellen Minderverdienstes ein Beitragsschaden in der gesetzlichen Rentenversicherung.[801] Da mit dem Eintritt in das Beamtenverhältnis dem Verletzten neben dem Anspruch gegen die DRV auch ein Anspruch gegen den Staat auf Pension zusteht, stehen beide Rentenanwartschaften gleichberechtigt gegenüber. Vorteilsausgleichend muss sich der Verletzte, der

---

793 *BGH* v. 24.04.2012 – VI ZR 329/10 (Jurion).

794 Vgl. hierzu auch *BGH* v. 21.09.2021 – VI ZR 91/19, es liegt keine Verletzung der Schadenminderungspflicht vor, wenn der Geschädigte an therapeutischen Maßnahmen mit fragwürdigen Erfolgsaussichten nicht teilnimmt, folgerichtig kann auch der Regress solcher Maßnahmen hinterfragt und ggf. abgelehnt werden!.

795 Er fungiert dabei als Treuhänder für den Geschädigten.

796 Ein Rentenverkürzungsschaden, wie ihn *OLG Bamberg* NZV 2007, 629 und *OLG Braunschweig* v. 27.10.2015 – 7 U 61/14 zum Inhalt haten, kann aufgrund der heute regressierten Beiträge eigentlich nicht mehr entstehen, wenn eine 100 %ige Haftung des Schädigers besteht. Selbstverständlich bleibt bei Mithaftung des Verletzten ein nicht gedeckter Teil des Beitragsausfalls.

797 *OLG Schleswig* v. 07.09.2021 – 7 U 134/21, mit weiteren Ausführungen auch zur Schadenminderungspflicht der Verletzten; *OLG Brandenburg*, Beschl. v. 27.11.2018 – 12 U 69/18.

798 *BSG* v. 13.12.2017 – B 13 R 3/17 R: Jedenfalls darf, wenn der Schädiger die vorzeitig bezogene Rente voll ausgeglichen hat, keine Kürzung der Altersrente bei dem Rentenbezieher mehr erfolgen, es darf mithin keinen Rentenverkürzungsschaden mehr geben.

799 *OLG Bamberg*, Beschl. v. 04.09.2017 – 5 U 63/17.

800 *BGH* v. 09.03.1971 – VI ZR 173/69, NJW 1971, 936 f. (Tötung eines Altersrentners).

801 *BGH* v. 18.12.2007 – VI ZR 278/06, NZV 2008, 392.

seiner Pflicht nach § 254 BGB zur Schadengeringhaltung durch Aufnahme einer leidensgerechten Tätigkeit nachgekommen ist, diese neuerliche Anwartschaft anrechnen lassen.[802] Da ein Vorteilsausgleich hinsichtlich der möglichen Anwartschaften schwer zu ermitteln ist, ist der Beitragsschaden aus dem Minderverdienst zu ermitteln. Der Einzug erfolgt über die DRV, der Geschädigte ist insoweit ebenfalls nicht aktivlegitimiert.

462 Für den Anspruchsübergang nach §§ 116, 119 SGB X kommt es nicht darauf an, zu welchem Zeitpunkt der Rentenversicherer Leistungen erbringt. Allerdings muss er sich die Kenntnis des Verletzten dann für den Lauf der Verjährungsfristen anrechnen lassen, wenn der Verletzte zum Unfallzeitpunkt nicht Mitglied einer gesetzlichen Rentenversicherung (Kind, Schüler, Student) war.

463 Schließt der Rentenversicherer einen Abfindungsvergleich, der etwa den Beitragsschaden nicht vollständig deckt, oder ist der Regress des Beitragsschadens gar verjährt, weil der Rentenversicherer trotz Kenntnis die erforderlichen Maßnahmen nicht eingeleitet hat, so sind die Sozialgerichte zuständig. Der Versicherte kann seine Ansprüche gegen den gesetzlichen Rentenversicherer dort geltend machen.[803]

464 War der Geschädigte in einer Behindertenwerkstatt untergebracht, wurden von dort für ihn Beiträge nach §§ 162 Nr. 2 SGB VI, 179 Abs. 1a SGB VI aus einem fiktiven monatlichen Einkommen, welches mindestens 80 % der Bezugsgröße betragen muss. Die Bezugsgröße ergibt sich aus § 18 SGB IV und beträgt für das Jahr 2021 jährlich für die Bundesländer West 39.480 €, monatlich 3.290 €, für die Bundesländer Ost jährlich 37.380 €, monatlich 3.115 €. Soweit der Verletzte ohne den Unfall ein höheres Brutto-Einkommen erzielt und damit auch höhere Beiträge abgeführt hätte, wird die Differenz beim Schädiger regressiert. Der Bund muss auch hier den Anspruchsübergang und das Vorliegen eines kongruenten Schadens nachweisen.[804] Der Anspruchsübergang erfolgt nur in der Höhe, wie der Geschädigte ohne den Unfall Beiträge hätte einzahlen können.

## V. Anspruchsübergang auf den Sozialhilfe-Träger

465 Der Anspruchsübergang richtet sich, soweit der arbeitssuchende Verletzte Leistungen zur Sicherung des Lebensunterhaltes erhält, nach § 33 SGB II. Ansonsten richten sich die Leistungen des Sozialhilfeträgers nach § 114 SGB XII zur Ermöglichung eines Lebens in Würde, wobei diese nachrangig gewährt wird. Zu beachten ist, dass die Leistungen gem. § 114 SGB XII nur in dem Teil übergangsfähig sind, als sie dem Verletzten zugutekommen. Soweit Leistungen auch für Familienangehörige gewährt werden, findet ein Übergang nicht statt. Bei arbeitssuchenden Sozialhilfeempfängern kann auch der Anspruchsübergang der Leistungen für die unterhaltsberechtigte Bedarfsgemeinschaft übergehen, wenn davon auszugehen ist, dass der Verletzte im Fall einer Erwerbstätigkeit den Unterhalt aus seinem Einkommen bestritten hätte.

466 Ein Anspruchsübergang hinsichtlich der Leistungen des Sozialhilfe-Trägers ist zudem bezogen auf die Hilfe zum Lebensunterhalt nur dann gegeben, wenn der Verletze unfallbedingt von dort Leistungen erhält. Der Übergang erfolgt bereits in dem Zeitpunkt, in dem die Eintrittspflicht des Sozialhilfeträgers erkennbar wird und mit ihr ernsthaft zu rechnen ist.[805] Soweit der Sozialhilfeträger für den bereits Leistungen empfangenden geschädigten Aufwendungen für Heilbehandlungen hatte, geht der Anspruch ebenfalls gem. § 116 Abs. 5 SGB X auf den Sozialhilfeträger über.

467 Der Geschädigte bleibt aber trotz des Anspruchsübergangs berechtigt, seine Ansprüche beim Schädiger geltend zu machen.[806] Hat der Geschädigte sich abfinden lassen, bevor erkennbar wurde, dass

802 *BGH* v. 18.12.2007 – VI ZR 278/06, NZV 2008, 392, 394 m.w.H.
803 *BGH* v. 02.12.2003 – VI ZR 243/02, r+s 2004, 175 = VersR 2004, 492.
804 *BGH* v. 02.12.2003 – VI ZR 192/06, VersR 2007, 1536 = r+s 2007, 478.
805 *BGH* v. 25.06.1996 – VI ZR 117/95, VersR 1996, 1126; *BGH* v. 12.12.1995 – VI ZR 271/94, r+s 1996, 102.
806 *BGH* v. 24.09.1996 – VI ZR 315/95, VersR 1996, 349.

eine Eintrittspflicht des Sozialhilfeträgers – beispielsweise für die Unterbringung in einer Behindertenwerkstätte – gegeben sein könnte, kann ein Anspruchsübergang auf den Sozialhilfeträger nicht mehr stattfinden.[807] Gleiches gilt, wenn sich ein anderer SVT mit kongruenten Ansprüchen hat abfinden lassen.[808]

## VI. Anspruchsübergang auf die Bundesagentur für Arbeit

Erbringt die Bundesagentur für Arbeit Leistungen aufgrund einer unfallbedingten Arbeitslosigkeit, so sind diese Beträge dem Erwerbsschaden kongruent und können gem. § 116 SGB X ebenfalls vom Schädiger zurückgefordert werden. Auch Sachleistungen, wie z.B. die Umschulungsmaßnahmen können regressiert werden. Diese Fälle sind eher unproblematisch. Aufgrund der Höhe des Arbeitslosengeldes wird auch von der Übergangsfähigkeit dieser Leistungen auszugehen sein. 468

Problematisch sind die Fälle, in denen der Verletzte zum Unfallzeitpunkt bereits Leistungen von der Bundesagentur erhalten hat. Dabei ist wie folgt zu unterscheiden: Erhält der Verletzte Arbeitslosengeld und die Bundesagentur für Arbeit kann nachweisen, dass der Verletzte infolge der unfallbedingten Erkrankung einen Arbeitsplatz nicht antreten konnte, kann sie – wie ein Arbeitgeber die »Entgeltfortzahlung« vom Schädiger regressieren.[809] Kein Schaden und damit kein Übergang von Ansprüchen auf die Bundesagentur ist gegeben bei arbeitsunwilligen Arbeitslosen oder denjenigen, die arbeitslos ohne Arbeitslosengeldbezug sind. 469

## VII. Verjährung der Ansprüche aus übergegangenem Recht

Obwohl an anderer Stelle ausführlich zur Frage der Verjährung Stellung genommen wird, soll doch auf die Besonderheiten der Verjährung insoweit Stellung genommen werden, als es die Ansprüche aus übergegangenem Recht betrifft. Ein zentraler Punkt bei der Verjährung ist die Kenntnis vom Schaden und vom Schädiger. Die Feststellung bereitet in der Praxis häufig Schwierigkeiten. Vor der Reform des Zivilrechts galt § 852 BGB a.F. für die Verjährung der Ansprüche aus unerlaubter Handlung, sodass die Ansprüche innerhalb von drei Jahren ab Schadendatum (wenn dieses der Kenntnis des Geschädigten gleichzusetzen war) verjährten. Die Reform brachte mit dem § 199 Abs. 1 Nr. 2 BGB den Lauf der Verjährungsfrist zum Schluss des Jahres, in dem sich der Schaden ereignete. Auch hier kommt es auf die Kenntnis des Verletzten vom Schaden und vom Schädiger an. 470

### 1. Verjährung der Anspruchsübergänge nach §§ 86 VVG; 6 EFZG

Es handelt sich um eigene Ansprüche des Verletzten, die erst nach Leistung durch den jeweiligen Versicherer auf diesen übergehen. Daher kommt es zur Prüfung der Frage der Verjährung auf den Stand und die Kenntnis des Verletzten an. Sind in seiner Hand die Ansprüche bereits verjährt, kann trotz Leistung des Arbeitgebers oder Versicherers nur noch ein bereits verjährter Anspruch übergehen. Ein Regress kann daher nicht mehr erfolgen. 471

### 2. Verjährung der Ansprüche von Sozialversicherungsträgern und öffentlich-rechtlichem Dienstherren, §§ 116, 119 SGB X; 76 BBG

Der öffentlich-rechtliche Dienstherr, der gleichzeitig die Fortzahlung der Bezüge im Krankheitsfall und die Heilfürsorge erbringt, hat in aller Regel nahezu gleichzeitig mit dem Geschädigten Kenntnis vom Schaden und dem Schädiger, sodass hier Besonderheiten im Rahmen der Verjährung nicht zu beachten sind. 472

807 *BGH* v. 01.07.2014 – VI ZR 546/13, SP 2014, 334 ff.; (Anspruchsübergang im Zeitpunkt der Leistungserbringung nach § 179 SGB VI); *OLG Hamm* v. 17.08.2009 – I-13 U 109/08; 13 U 109/08.

808 *OLG Hamm* v. 23.11.2020 – 6 U 27/19.

809 *BGH* v. 08.04.2008 – VI ZR 49/07, VersR 2008, 2185, es bleibe wegen des Lohnersatzcharakters des Arbeitslosengeldes ein normativer Schaden bei dem Arbeitslosen, der auf die Bundesagentur übergehen konnte. = r+s 2008, 356 f. mit Anm. *Lemcke*.

473 Anders ist dies bei den Sozialversicherungsträgern: Da die kongruenten Schadensersatzansprüche des Verletzten auf den Sozialversicherungsträger schon zum Unfallzeitpunkt übergehen, kommt es nach einhelliger Rechtsprechung für den Lauf der Verjährung nicht auf die Kenntnis des Verletzten, sondern auf die Kenntnis des Sozialversicherungsträgers an. Hier wird von der Rechtsprechung wegen der organisatorischen Trennung zwischen Leistungs- und Regressabteilung differenziert und ausschließlich auf die Kenntnis der Regressabteilung abgestellt.[810] Dabei ist nach neuerer Rechtsprechung, wegen der Regelung des § 199 BGB »Grobfahrlässige Unkenntnis[811]« auch zu prüfen, warum die Regressabteilung erst spät von dem Schadenfall erfahren hat. Soweit es dem Schädiger und seinem Haftpflichtversicherer gelingt, ein grobes Organisationsverschulden nachzuweisen, kommt es zur Bewertung der Verjährung nicht mehr auf die Kenntnis der Regressabteilung an, sondern auf den möglichen Zeitpunkt der Kenntnisnahme.[812] Dem Sozialversicherungsträger wird damit ein Schutzschirm durch die Rechtsprechung gereicht, der bei ordnungsgemäßer Organisation der Geschäftsabläufe nicht erforderlich wäre.[813]

474 Ohne Kenntnis verjähren die Direktansprüche des Sozialversicherungsträgers gegen den KH-Versicherer gem. § 3 Nr. 3 PflVG a.F. bzw. § 115 Abs. 2 VVG n.F. innerhalb von zehn Jahren. Dies bedeutet aber nicht die Verjährung von Ansprüchen gegen den Schädiger (Versicherungsnehmer und/oder Fahrer), diese verjähren ohne Kenntnis nach wie vor innerhalb von 30 Jahren. Bei gesundem Versicherungsverhältnis haben Fahrer/Versicherungsnehmer einen Freistellungsanspruch gegen den KH-Versicherer aus dem geschlossenen Vertrag. Verjährungsfristen sind insoweit nicht vorgesehen. Der Sozialversicherungsträger muss daher seine Ansprüche gegen die versicherte Person richten. Gelingt ihm dies wegen Tod der versicherten Person/Personen oder wegen Auflösung der versicherten Firma nicht, geht der Anspruch unter. Soweit nur noch der Halter in Anspruch genommen werden kann, sind die Haftungshöchstgrenzen des § 12 StVG zu beachten.[814]

## VIII. Ausschluss des Anspruchsübergangs

475 Ein Anspruchsübergang kann nach den §§ 104 ff. SGB VII (insoweit vgl. dort), § 86 VVG und § 116 Abs. 6 SGB X (Familienprivileg) ausgeschlossen sein, obwohl grundsätzlich eine Haftung besteht:

### 1. Familienprivileg gem. §§ 86 VVG

476 Grundsätzlich gilt, dass der Versicherer Ansprüche aus übergegangenem Recht nach § 86 VVG nicht gegen die mit dem Versicherten in häuslicher Gemeinschaft lebenden Schädiger geltend machen kann (nach § 67 VVG a.F. nicht gegen den im Haushalt des VN lebenden Familienangehörigen).[815] Die alte Regelung war klar auf die Familienangehörigen beschränkt, die Erweiterung im Rahmen der VVG-Reform auch auf die sonstigen in häuslicher Gemeinschaft mit dem Versicherten lebenden Personen führt zu einem Abgrenzungsproblem. Wie soll von Seiten des Versicherers nun geprüft werden, ob es sich um eine bloße Wohngemeinschaft handelt, die nicht den Schutz des § 86 VVG genießt,

---

810 *Lang*, Verjährung wiederkehrender Leistungen, speziell von Beiträgen zur Rentenversicherung gem. § 119 SGB X, Anm. zu *OLG Hamm* v. 11.03.2016 – I-9 U 40/15.

811 Vgl. hierzu m.w.H. zur Rspr. *LG Bielefeld* v. 30.11.2010 – 2 O 479/09.

812 Die Entscheidung des *BGH* v. 28.11.2006 – VI ZR 196/05 r+s 2007, 123 m. Anm. *Lemcke* richtete sich noch nach dem § 852 BGB a.F. in dem ein solches Organisationsverschulden nicht vorgesehen war!.

813 *BGH* v. 18.10.2022 – VI ZR 1177/20 mit krit. Anm. v. *C. Burmann*, r+s 2023, 93, auch hier wurde eine grob fahrlässige Versäumnis der Behörde verneint! Vgl. ebenso *Hilbert*, NJW-Spezial 2023, 9 ff. Zur Berechnung der Verjährungsfristen vgl. *BGH* v. 25.07.20174 – VI ZR 433/16.

814 Vgl. insoweit Kap. 22 Rdn. 731 ff.

815 *OLG Naumburg* weitet das Familienprivileg schon nach § 67 VVG auf die Nichteheliche Lebensgemeinschaft aus, weil sich diese Gemeinschaft in dem zu entscheidenden Fall eheähnlich verfestigt habe; *OLG Naumburg*, r+s 2008, 144 ff.; vgl. hierzu bestätigend *BGH* v. 22.04.2009 IV ZR 160/07, der die Haftungsprivilegierung bestätigt; *Delank* zfs 2007, 183 f.; *Jahnke* NZV 2007, 329 ff.; Halm/Staudinger/Wendt/*K. Schneider* § 86 VVG Rn. 52.

oder ob eine nichteheliche Lebensgemeinschaft[816] vorliegt. Auch die Kinder des Lebensgefährten, so sie mit in dieser häuslichen Gemeinschaft leben, sind geschützt. Diese Regelung soll dem Schutz der Familie und auch letztlich dem Schutz des Geschädigten dienen, der ansonsten Gefahr liefe, dass die Entschädigungsleistungen über die Familienkasse letztlich im Regresswege wieder zurück zum Versicherer liefen. Aus diesem Grund hat das *BVerfG* auch das getrenntlebende Elternteil in diesen Schutzbereich mit aufgenommen.[817] Diese Regelung findet sich auch in § 116 Abs. 6 SGB X.

## 2. Familienprivileg im SGB, § 116 Abs. 6 SGB X

**Regelung bis zum 31.12.2020:** Der Anspruchsübergang von Schadenersatzansprüchen auf den Sozi- 477
alversicherungsträger und damit auch der Regress des Sozialversicherungsträgers ist ausgeschlossen, wenn der Schädiger – ggf. auch der Mitschädiger – als Familienangehöriger in häuslicher Gemeinschaft mit dem Verletzten lebt.[818] Von dieser Regelung ist auch das nicht im Haushalt lebende Elternteil des Geschädigten umfasst.[819] Um den Regress auszuschließen, reicht es aus, wenn irgendwann nach dem Schadenfall die häusliche/ggf. eheliche Gemeinschaft begründet wird. Ein Wiederaufleben des Regresses nach der Beendigung der Gemeinschaft ist nicht im Gesetz verankert. Das einmalige Vorliegen des Familienprivileges reicht daher aus. Auch wenn ein zweiter Schädiger vorhanden ist, kann kein Anspruch des SVT gegen den privilegierten Schädiger übergehen,[820] es gelten die Regeln der gestörten Gesamtschuld. Entgegen der Regelung im § 86 VVG ist der sonstige in häuslicher Gemeinschaft mit dem Geschädigten lebende Schädiger nicht geschützt.[821] Nach neuerer Rechtsprechung des BGH soll das Familienprivileg analog auch auf nichteheliche Lebensgemeinschaften angewendet werden.[822] Auch der Regress nach § 110 SGB VII gegen einen grob fahrlässig handelnden Schädiger wird durch das Familienprivileg eingeschränkt.[823]

Nach derzeitiger Rechtsprechung wird das Familienprivileg des § 116 Abs. 6 SGB X nicht analog 478
auf § 119 angewendet mit der Begründung, es handele sich bei den Renten-Beitrags-Ansprüchen nach § 119 SGB X um eigene Ansprüche des Geschädigten, die der RVT nur für diesen einzieht.[824] Problematisch dürfte dies dann werden, wenn hinter dem Schädiger – wie in den sonstigen Schadenfällen des privaten Bereichs häufig der Fall – keine leistende Haftpflichtversicherung steht und der Verletzte zwar zum Ausgleich seiner Erwerbsunfähigkeit Renten erhält – und diese bei dem privilegierten Schädiger nicht regressiert werden können (wegen § 116 Abs. 6 SGB X), er aber gleichzeitig einen Beitragsschaden in nicht unerheblicher Höhe jährlich erhält, der dann von dem insoweit nicht mehr privilegierten Schädiger zurückverlangt würde. Mit diesem Regress des DRV würde dann die Familienkasse des Geschädigten doch belastet und der Zweck, den Geschädigten vor Belastungen der Familienkasse (wenn auch durch den Umweg der Pfändung des Familienangehörigen) zu schützen, unterlaufen. Die Schadensersatzleistungen (Rentenzahlungen), die eigentlich den Schaden des Verletzten ausgleichen sollen, werden so doch wieder zur Schadenregulierung verwendet. Das kann so nicht beabsichtigt gewesen sein. Der Verletzte wird damit doppelt gestraft.

816 *Brandenburg. OLG* v. 18.08.2016 – 12 U 134/15 m. Anm. Lang (Juris) auch für getrenntlebende Eltern des geschädigten Kindes.

817 *BVerfG* v. 12.10.2010 – 1 BVL 14/09, SP 2011, 63.

818 *BGH* v. 17.10.2017 – VI ZR 423/16, vgl. aber hierzu auch die Ausf. v. auch *Lang/Jahnke* VersR 2017, 927 ff. zur Frage des Bereicherungsverbotes bei ausgeschlossenem Regress wegen des Familienprivilegs.

819 *BVerfG* v. 12.10.2010 – 1 BVL 14/09, SP 2011, 63.

820 *BGH*, Beschl. v. 16.08.2016 – IV ZR 497/15; (Vorinstanz *OLG Koblenz* v. 20.07.2015 – 19 U 948/14); *OLG Köln* v. 01.09.2016 – 15 U 179/15, VersR 2017, 969 ff. vgl. auch Lang/Jahnke VersR 2017, 927 ff. zur Frage des Bereicherungsverbotes bei ausgeschlossenem Regress wegen des Familienprivilegs.

821 *Dahm* NZV 2008, 280 will diese Regelung auch auf § 116 SGB X ausweiten.

822 *BGH* v. 05.02.2013 – VI ZR 274/12 (Jurion); *Diederichsen*, Die Rechtsprechung des BGH zum Haftpflichtrecht, DAR 2013, 301, 303; ebenso *OLG Köln* v. 09.05.2012 – 16 U 48/11, SP 2012, 287.

823 *Jahnke/Vatter* NJW 2016, 1477 ff. m.w.N.

824 *BGH* v. 24.01.1989 – VI ZR 130/88, VersR 1989, 492, zuletzt *LG Stuttgart* r+s 2008, 402.

479 Aufgrund der Entscheidung des BGH[825] v. wurde festgestellt, dass der fehlende Anspruchsübergang zur Folge hat, dass der Geschädigte Inhaber seiner Ansprüche bleibt und diese ohne Vorteilsanrechnung fordern kann. Diese – im Verhältnis zu durch nicht privilegierte Schädiger Geschädigte – Ungleichbehandlung wurde jetzt durch die Reform des § 116 Abs 6 SGB X beseitigt.[826] Ein Anspruchsübergang soll dort erfolgen, wo hinter dem Schädiger ein eintrittspflichtiger Haftpflichtversicherer steht.

### 3. Familienprivileg im Beamtenrecht

480 Da es im Beamtenrecht eine vergleichbare Regelung hinsichtlich des Regresses nicht gab, wurde nach der Rechtsprechung § 67 VVG a.F. analog auf den Regress des Dienstherrn angewendet.[827] Durch die Änderung des VVG ist davon auszugehen, dass auch die Weiterungen des § 86 VVG n.F. auf den Regress des Dienstherrn angewendet werden.

### 4. Quotenvorrecht des Verletzten

481 Auch ein bestehendes Quotenvorrecht des Verletzten kann den Übergang eines Ersatzanspruchs auf den Sozialversicherungsträger bzw. den öffentlich-rechtlichen Dienstherren oder Arbeitgeber verhindern. Dies ist immer dann der Fall, wenn dem Verletzten noch ein ungedeckter Schaden, z.B. wegen Mithaftung verbleibt. Dann kann der Verletzte zunächst Befriedigung an sich verlangen, nur der dann noch verbleibende Betrag kann auf den Dienstherren oder Sozialversicherungsträger übergehen. Dabei gibt es dieses Quotenvorrecht sowohl im Bereich der Entgeltfortzahlung, § 6 Abs. 3 EFZG, wie auch im Beamtenrecht, § 76 BBG,[828] und dem Sozialversicherungsrecht, § 116 Abs. 3 SGB X oder den sonstigen Versicherungen gem. § 86 Abs. 1 S. 2 VVG.

482 Hinsichtlich des Quotenvorrechts gem. § 6 Abs. 3 EFZG ist zu beachten, dass im Rahmen der Entgeltfortzahlung innerhalb der ersten 6 Wochen nach dem Unfallereignis ohnehin bei dem Verletzten ein Schaden nicht mehr verbleibt. Danach erhält dieser Krankengeld, erbringt der Arbeitgeber in dieser Zeit weitere Leistungen an seinen Mitarbeiter, so können diese nur übergehen, soweit ein Schaden in der Person des Verletzten noch besteht.

483 Das Quotenvorrecht[829] des Beamten nach § 76 S. 3 BBG kommt nur eingeschränkt zum Tragen: Solange der Beamte nicht in den Stand der Dienstunfähigkeit kommt und damit vorübergehend oder dauerhaft Pension bezieht, erhält er seine Bezüge ungekürzt fortgezahlt. Ein Erwerbsschaden entsteht daher nicht. Erhält er hingegen Pension, weil er vorübergehend in den einstweiligen Ruhestand versetzt wurde, besteht eine Differenz zwischen der Pension und seinen vorherigen Netto-Bezügen, sodass ggf. ein Quotenvorrecht ausgeübt werden kann.

484 Der privat Versicherte hat ebenfalls ein Quotenvorrecht gegenüber seiner Krankenversicherung: Auch der Anspruchsübergang nach § 86 VVG kann nicht zum Nachteil des Versicherten geltend gemacht werden!

485 Auch dem gesetzlich Versicherten steht ein Quotenvorrecht zu, § 116 Abs. 2 SGB X, der Anspruchsübergang erfolgt nur insoweit als er nicht zum Ausgleich der Ansprüche des Geschädigten erforderlich ist. Hierbei sind aber die Grenzen des § 116 Abs. 3 SGB X zu beachten, die das Quotenvorrecht des Geschädigten dann ablehnen, wenn ihn an dem eingetretenen Schaden ein Mitverschulden trifft.

---

825 *BGH* v. 28.11.2000 – VI ZR 352/99, nachfolgend bei allein haftendem Fremdschädiger *BGH* v. 17.10.2017 – VI ZR 423/16.

826 *Burmann/Jahnke* NZV 2020, 621 ff.

827 *BGH* v. 08.01.1965 – VI ZR 234/63, VersR 1965, 386 = NJW 1965, 907.

828 In den LBG der Länder finden sich gleichlautende Vorschriften.

829 Vgl. hierzu auch *Euler/Kornes/Kreuter* in Halm/Engelbrecht/Krahe FA Versicherungsrecht, Kap. 25 Rn. 287.

(Dies ist insbesondere dann ein Problem, wenn der Verletzte einen Schadensersatzanspruch nur auf § 7 StVG in den Grenzen des § 12 StVG stellen kann).[830]

### 5. Gestörte Gesamtschuld

Waren bei dem Schadenfall mehrere Schädiger beteiligt und ist einer der Schädiger privilegiert (sei es wegen §§ 104 ff. SGB VII, oder Familienprivileg) kann der Gesamtschuldnerausgleich im Innenverhältnis nicht mehr durchgeführt werden, da der privilegierte Schädiger auch dem Zweitschädiger die Privilegierung entgegenhalten kann. Der Zweitschädiger würde bei vollem Ausgleich der Forderung dann über Gebühr belastet, da er im Innenverhältnis keinen Ausgleich erhielte. Folglich haftet der nicht privilegierte Zweitschädiger auch nur in dem Umfang, den er im Innenverhältnis zu vertreten hätte.[831] Wegen dieser Störung im Gesamtschuldverhältnis kann auch auf den Sozialversicherungsträger nur der Teil des Anspruches übergehen, den der Zweitschädiger zu vertreten hat. **486**

Das Familienprivileg wurde im SGB X durch die Änderung des § 116 Abs. 6 S. 3 SGB X für die KH-Versicherung seit dem 01.01.2021 herausgenommen, wenn der Schädiger über eine dem Pflichtversicherungsgesetz entsprechende Kraftfahrzeughaftpflichtversicherung verfügt. Bis zum 31.12.2020 gilt die alte Rechtslage.[832] **487**

## IX. Sachschadensersatz im Rahmen des Personenschadensersatz

Grundsätzlich sind auch im Rahmen des Personenschadens sonstige Sachschäden erstattungsfähig. Es handelt sich hierbei um die persönlichen Gegenstände des Geschädigten, die ggf. bei einem Unfall beschädigt werden können. Allen ist gemein, dass auch insoweit nur der Zeitwert zu erstatten ist. Ist für diese Gegenstände ein Gebrauchtwarenmarkt vorhanden, kann man sich daran orientieren. Als Hilfe dienen u.a. auch Internetportale. Der weitverbreitete Irrglaube, bei Kleiderschäden müsse der Neupreis der Ersatzkleidung erstattet werden, findet in der Rechtsprechung keine Unterstützung. Auch bei Motorradkleidung[833] und beschädigter Brille ist nur der Zeitwert zu erstatten.[834] Bei Brillen ist überdies zu berücksichtigen, dass im Rahmen eines berufsgenossenschaftlich versicherten Unfallereignisses die Kosten für neue Brille als »Hilfsmittel« im Sinne von § 27 Abs. 2 SGB VII ebenfalls ersetzt werden. Gerade, wenn für die beschädigten Gegenstände keine Belege vorhanden sind, ist die Schätzung erforderlich. Dabei ist zu berücksichtigen, dass gerade für Kleider im Second Hand Geschäft nur ein Bruchteil des Neupreises erstattet wird. Ein Abzug von 20 % o.Ä. ist keinesfalls der Praxis angemessen. **488**

---

830 Vgl. hierzu auch *Euler/Kornes/Kreuter* in Halm/Engelbrecht/Krahe FA Versicherungsrecht, Kap. 25 Rn. 72; *Kreuter*, Kap. 22 Rdn. 807 ff., 822.

831 St. Rspr. u.a. *BGH* v. 30.052017 – VI ZR 501/16, VersR 2017, 1014 ff. zur Frage der Zuständigkeit der Gerichtsbarkeit und der gest. Gesamtschuld; *BGH* v. 23.03.1993 – VI ZR 164/92, VersR 1993, 841 = r+s 1993, 324.

832 Vgl. statt aller *BGH* v. 07.12.2021 – VI ZR 1189/20, zur alten Rechtslage, eine Analogie des neu gefassten § 116 Abs. 6 S. 3 für Schäden vor dem 31.12.2020 ist nicht vorgesehen.

833 *OLG München* v. 26.06.2015 – 10 U 2581/13 Neupreis; a.A. *OLG Frankfurt* v. 08.02.2011 – 22 U 162/08 (ADAJUR-Dok.-Nr. 94899); *OLG Karlsruhe* v. 21.09.2009 – 15 U 71/08, VersR 2011, 491.

834 *LG Tübingen*, Urt. v. 15.09.2022 – 5 O 29/21, wenn wegen Sehstärkenveränderung ohnehin eine neue Brille hätte angeschafft werden müssen (Bekl. hatte 200 € erstattet); *OLG Nürnberg* v. 23.12.2015 – 12 U 1263/14; *LG Augsburg* zfs 2013, 24 geht von einer ca. 5-jährigen Nutzungsdauer aus. *LG Münster* v. 13.05.2009 – 1 S 8/09, NZV 2009, 513.

489 Unter Berücksichtigung der gesetzlichen Forderungsübergänge ergeben sich folgende Kongruenzen:

| Forderung des Verletzten | Leistungen der gesetzlichen Krankenkasse | Leistungen ges. Pflegekasse | Leistungen der gesetzlichen Unfallversicherung | Leistungen der DRV | Leistungen der Privaten Krankenkasse |
|---|---|---|---|---|---|
| Schmerzensgeld | Nein | | Nein – es sei denn Regress nach § 110 SGB VII | Nein | Nein |
| Haushaltsführung als Teil der verm. Bedürfnisse | § 38 SGB V | | § 42 SGB VII | Ggf. Ja | Ggf. ja, soweit von pKV gewährt und regressiert wird |
| Haushaltsführung als fremdwirtschaftliche Tätigkeit | § 38j SGB V; Krankengeld | | § 42 SGB VII Verletztengeld, Verletztenrente | Erwerbsunfähigkeitsrente, Übergangsgeld | Ggf. ja, soweit von pKV gewährt und regressiert wird |
| Heilbehandlung | Ja | | Ja | Ja | Ja |
| Erwerbsschaden[835] | Ja | | Ja | Ja | Nein (Summenversicherung) |
| Pflegekosten | Leistungen der KK für häusl. Krankenpflege; | Pflegegeld Pflegesachleistungen | Pflegegeld Pflegesachleistungen | Nein | Pflegegeld Pflegesachleistungen |
| Vermehrte Bedürfnisse | Umbaukosten | Pflegehilfsmittel | Umbaukosten | | Umbaukosten Pflegehilfsmittel |

835 *BGH* v. 17.10.2017 – VI ZR 423/16.

# Kapitel 18 Schätzgrundlagen für den Haushaltsführungsschaden

Die Inhalte dieses bis zur 4. Auflage von Hans-Josef Schwab und Vera Nickel verantworteten Kapitels werden nunmehr in Kapitel 17 behandelt. 1

## Kapitel 19 Schmerzensgeld

### Schrifttum

*Arntz*, Das Schmerzensgeld im Licht der empirischen Glücksvorschung NJW 2017, 3329; *Bach*, Das Leben ist kein Schaden, NJW 2019, 1915; *Born*, Frankenstein oder Pretty Women: Gleiches Recht für alle? Die Auswirkungen von Geschlecht und Alter auf die Höhe des Schmerzensgeldes, NZV 2016, 545; *Diederichsen*, Die Rspr. des BGH zum Haftpflichtrecht, DAR 2003, 241; *ders.*, Neues Schadensersatzrecht: Fragen der Bemessung des Schmerzensgeldes und seiner prozessualen Durchsetzung VersR 2005, 433; *Fischinger*, Zur Hemmung der Verjährung durch Verhandlungen nach § 203 BGB VersR 2005, 1641; *Geigel*, Der Haftpflichtprozess 29. Aufl. 2024; *Hacks/Wellner/Häcker/Klein*, Schmerzensgeldbeträge 2024 42. Aufl. 2023; *v. Gerlach*, Die prozessuale Behandlung von Schmerzensgeldansprüchen VersR 2000, 525; *Himmelreich/Halm*, Handbuch des Fachanwalts Verkehrsrecht 7. Aufl. 2020; *Hohlbein*, Nicht vollstreckbares Schmerzensgeld – eine Gerechtigkeitslücke, VersR 2020, 1162; *Huber*, Höhe des Schmerzensgeldes und ausländischer Wohnsitz des Verletzten NZV 2006, 169; *ders.*, (Warum) soll der Haftpflichtversicherer vom Wegfall der Sozialleistung profitieren?, NZV 2008, 431; *ders./Kadner Graziano/Luckey*, Hinterbliebenengeld, 2018; *Jaeger*, Vorteile und Fallstricke des neuen Adhäsionsverfahrens VRR 2005, 287; *ders.*, Höchstes Schmerzensgeld – ist der Gipfel erreicht? VersR 2009, 159; *ders.*, Die Rechtsprechung zu Schmerzensgeldforderungen bei Körperschäden im Rahmen von Urlaubsreisen, RRa 2010, 58; *ders.*, Bemessung des Schmerzensgeldes nach den wirtschaftlichen Verhältnissen des Schädigers, VRR 2011, 404; *ders.*, Schmerzensgeld bei Todesangst, VersR 2015, 1345; *ders.*, Einfluss der Niedrigzinsphase auf die Bemessung des Schmerzensgeldes, VersR 2019, 577; *ders.*, Schmerzensgeldbemessung nach Amputation, DAR 2020, 710; *ders.*, Einheitliches Schmerzensgeld – Fluch oder Segen?, VersR 2022, 282; *ders.*, Bewertung von Dauerschäden bei der Bemessung des Schmerzensgeldes, VersR 2022, 921; *ders.*, Schockschaden und Hinterbliebenengeld – die neue Sicht des BGH, JR 2023, 477; *Jaeger/Luckey*, Schmerzensgeld 12. Aufl. 2024; *Knöpfel*, Billigkeit und Schmerzensgeld AcP 155 (1956), 135; *Leenen*, Die Neuregelung der Verjährung JZ 2001, 552; *ders.*, Die Neugestaltung des Verjährungsrechts durch das Schuldrechtsmodernisierungsgesetz DStR 2002, 34; *Luckey*, Personenschaden, 3. Aufl. 2022; *ders.*, Talking 'bout my generation – der Einfluss des Alters des Verletzten auf die Schmerzensgeldbemessung, VRR 2011, 406; *ders.*, Schmerzensgeldbemessung – ist Billigkeit berechenbar?, JR 2019, 311; *ders.*, Aktuelles zur Schmerzensgeldklage – zwischen »tag-« und »scheingenau« NJW 2019, 3361; *ders.*, Zur taggenauen Berechnung eines Schmerzensgeldanspruchs DAR 2022, 324; *Mansell*, Die Neuregelung des Verjährungsrechts NJW 2002, 89; *Marburger* Verjährung bei Ansprüchen aus § 116 SGB X, VersR 2010, 876; *Motzel*, Geltendmachung und Verwendung von Schadensersatz wegen Gesundheitsschäden als Aspekt elterlicher Vermögenssorge, FamRZ 1996, 844; *Müller*, Spätschäden im Haftpflichtrecht VersR 1998, 129; *dies.*, Das reformierte Schadensersatzrecht VersR 2003, 1; *Nixdorf*, Mysterium Schmerzensgeld NZV 1996, 89; *Pauker*, Die Berücksichtigung des Verschuldens bei der Bemessung des Schmerzensgeldes VersR 2004, 1391; *Prechtel*, Das Adhäsionsverfahren ZAP 2005, Fach 22, 399; *Schellenberg*, Regulierungsverhalten als Schmerzensgeldfaktor VersR 2006, 878; *Schwintowski/Schah Sedi/Schah Sedi*, Handbuch Schmerzensgeld 2. Aufl. 2020; *Slizyk*, Schmerzensgeld 2024 – Handbuch und Tabellen 20. Aufl. 2024; *Straub/Biller-Bomhardt*, Schmerzensgeld bei Verletzung oder Tötung eines Tieres, NJW 2021, 118; *von Schönfeldt*, Vom Glück und dem Recht – zur Relevanz der modernen Glücksforschung für das Schmerzensgeldrecht, r+s 2019, 639; *Ziegler/Ehl*, Bein ab – Arm dran. Eine Lanze für höhere Schmerzensgelder in Deutschland JR 2009, 1.

### Übersicht

## A. Schmerzensgeld – Allgemeines

1 Der Anspruch auf Schmerzensgeld ist kein gewöhnlicher Schadensersatzanspruch, sondern ein Anspruch eigener Art mit einer doppelten Funktion: Er soll dem Geschädigten einen angemessenen Ausgleich für diejenigen Schäden bieten, die nicht vermögensrechtlicher Art sind (»Ausgleichsfunktion«) und zugleich dem Gedanken Rechnung tragen, dass der Schädiger dem Geschädigten Genugtuung schuldet für das, was er ihm angetan hat (»Genugtuungsfunktion«).[1] Es handelt sich um Ersatz des immateriellen, also des Nichtvermögensschadens. Unter dem Schaden, der nicht Vermögensschaden ist, sind Beeinträchtigungen des körperlichen und seelischen Wohlbefindens zu verstehen, also etwa körperliche Schmerzen, Sorgen wegen der Zukunft, die Beeinträchtigung der Lebensfreude wegen körperlicher Verunstaltung oder durch notwendig gewordenen Verzicht auf lieb gewonnene Beschäftigungen.[2]

## I. Haftungstatbestände

2 Seit der Reform des Schadensrechts durch das 2. Schadensersatzrechtsänderungsgesetz zum 01.08.2002 ist das Schmerzensgeld nicht mehr im § 847a.F. BGB geregelt, sondern in § 253 Abs. 2 BGB, in dem bestimmt ist:

3 »Ist wegen einer Verletzung des Körpers, der Gesundheit, der Freiheit oder der sexuellen Selbstbestimmung Schadensersatz zu leisten, kann auch wegen des Schadens, der nicht Vermögensschaden ist, eine billige Entschädigung in Geld gefordert werden.«

1 *BGH* BGHZ 18, 149 = NJW 1955, 1675.
2 Geigel/*Pardey* S. 215.

Die bisherige Regelung des § 847a.F. BGB setzte für die Gewährung von Schmerzensgeld den objektiven und subjektiven Tatbestand einer unerlaubten Handlung voraus. Dazu rechneten alle Anspruchsgrundlagen aus §§ 823 ff. BGB. In der Regel setzen diese Haftungstatbestände Verschulden voraus, sei es auch nur vermutetes Verschulden wie in § 831 Abs. 1 BGB. Das hatte zur Folge, dass bei Verkehrsunfällen der Ersatz des Sachschadens relativ problemlos über die Gefährdungshaftung des § 7 StVG abgewickelt werden konnte, im Prozess aber gleichwohl das Verschulden des Beklagten geklärt werden musste, um seine Haftung auf Schmerzensgeld zu erreichen. 4

Die Ziele einer Vereinfachung des Haftungsrechts durch Gefährdungshaftungstatbestände wurden somit früher im Bereich des Schmerzensgeldes nicht verwirklicht. 5

Durch die Stellung des § 253 Abs. 2 BGB im allgemeinen Teil hat der Gesetzgeber erreicht, dass in allen Fällen, in denen Schadensersatz für die dort genannten Rechtsgutsverletzungen zu leisten ist, als Teil des geschuldeten Schadensersatzes auch ein Schmerzensgeld geschuldet ist.[3] Für einen Anspruch auf Schmerzensgeld ist lediglich eine (vertragliche oder deliktische) Anspruchsgrundlage[4] erforderlich. Das bedeutet: 6

## II. Schmerzensgeld bei Vertragsverletzungen

Alle Schadensersatzansprüche aus Vertrag umfassen auch das Schmerzensgeld, wenn die in § 253 Abs. 2 BGB genannten Rechtsgüter verletzt wurden.[5] Dies führte zu einem weiteren Bedeutungsverlust des Deliktsrechts, zumal die vertragliche Haftung AGB sicher ist, vgl. § 309 Nr. 7a BGB. Wenngleich nicht alle Vertragsarten gleichermaßen für Fälle mit verkehrsrechtlichem Bezug relevant sind, seien gleichwohl der Vollständigkeit wegen genannt die 7

- § 611 BGB: der Schutzbereich des Anwaltsvertrags umfasst i.d.R. nicht Personenschäden des Mandanten.[6]
- § 618 BGB: Fürsorgepflichtverletzung des Arbeitgebers;
- § 630a BGB: Für die Arzthaftung entfällt die Differenzierung zwischen außervertraglicher und vertraglicher Haftung, sodass u.a. bei Regressen wegen ärztlicher Behandlungsfehler der Gesamtschuldnerausgleich erleichtert wird; regelmäßig gibt es auch kein Schmerzensgeld für die Kündigung eines Behandlungsvertrags durch den Zahnarzt.[7]
- § 651f BGB: Haftung bei Reisemangel: Unfall wegen zusammenbrechenden Balkons;[8] Unfall bei einer Jeepsafari;[9] Unfall wegen unzureichend abgesicherter Ansaugpumpe im Hotelpool;[10] bei Sturz über eine Stufe zwischen Zimmer und Flur[11] oder bei Sturz im Schwimmbad[12]).

---

3 Konsequenterweise ist der Schmerzensgeldanspruch daher auch von § 110 SGB VII umfasst, *BGH* NJW 2006, 3563.

4 Zu den Anspruchsgrundlagen insgesamt ausführlich *Jaeger/Luckey* Rn. 27–114.

5 Wo es an einer solchen Verletzung fehlt, kann trotz Vertragsbeziehung kein Schmerzensgeldanspruch begründet werden, vgl. *OLG Brandenburg* NJW-RR 2005, 253 f. zum alten Recht: Eine Hochzeitsgesellschaft wurde vorzeitig aufgelöst, weil das bestellte Feuerwerk »irrlichterte« und einige Gäste verletzte. Das (körperlich unversehrte) Hochzeitspaar hat nach altem wie neuem Recht mangels Verletzung eines Rechtsguts der §§ 847a.F., 253 Abs. 2 BGB keinen Schmerzensgeldanspruch.

6 *BGH* NJW 2009, 3025: eine Haftung des Anwalts für Gesundheitsschäden einer Mandantin nach einem anwaltlichen Beratungsfehler (»Dauerpanik« nach der falschen Rechtsauskunft, die private Haftpflicht decke die verursachten Schäden von 600.000 € nicht) kommt daher nicht in Betracht.

7 *KG* MedR 2010, 35. Dieser ist, da Dienste höherer Art geschuldet sind, jederzeit kündbar. Nur bei einer Kündigung zur Unzeit ist Schadensersatz (und Schmerzensgeld) denkbar, § 627 BGB; dies setzt aber voraus, dass die vom Patienten benötigten Dienste nicht auch anderweitig beschafft werden können, etwa bei Monopolstellung des Arztes.

8 *OLG Köln* RRA 2007, 65; *Jaeger/Luckey* Rn. 69.

9 *OLG Köln* RRA 2005, 161 (zum alten Recht; dieser Fall wäre nun über § 278 BGB lösbar).

10 *OLG Köln* VersR 2006, 941.

11 *OLG Hamm* NJW-RR 2010, 129.

12 *OLG Köln* RRa 2009, 133; dazu *Jaeger* RRa 2010, 58.

- §§ 437 Nr. 3, 634 Nr. 4, 280 Abs. 1 BGB: Kauf- und werkvertragliche[13] Gewährleistung: Schmerzensgeld für fehlerhafte Tätowierung;[14] Mangelfolgeschäden: der Airbag platzt während der Fahrt, der Fahrer verursacht einen Unfall.[15]
- § 536a BGB: Mietmängel mit Garantiehaftung für anfängliche Mängel,[16] auch zugunsten der in den Schutzbereich des Mietvertrages einbezogenen Dritten.[17]
- §§ 311 Abs. 2, 241 Abs. 2, 280 Abs. 1 BGB: Haftung für vor- und nachvertragliche Schäden.[18]

8 Damit sind zugleich für Schmerzensgeldansprüche die vertragsrechtlichen Besonderheiten der Zurechnung von Erfüllungsgehilfenverschulden nach § 278 BGB, die Beweislastumkehr des § 280 Abs. 1 S. 2 BGB und die mögliche Einbeziehung Dritter in den Vertrag nach den Grundsätzen des Vertrags mit Schutzwirkung für Dritte anwendbar.

### III. Schmerzensgeld bei Gefährdungshaftung

9 Grundsätzlich ergibt sich schon aus der geschilderten systematischen Stellung des § 253 Abs. 2 BGB, dass auch in Fällen von Gefährdungshaftung Schmerzensgeld geschuldet ist. Dennoch sind in zahlreichen Sondergesetzen[19] entsprechende Klarstellungen eingefügt worden. Schmerzensgeld wird somit in Fällen der Gefährdungshaftung u.a. gewährt bei

- Straßenverkehrsunfällen: §§ 7, 11 StVG
- Bahn- und Energieanlagenhaftung: § 6 HaftPflG[20]
- Produkthaftungsfällen: §§ 1, 8 ProdHaftG.[21]

**▶ Praxistipp:**

10 Gerade bei Schäden aufgrund fehlerhafter Autoteile kann also auch ein Anspruch aus § 1 ProdHaftG auf Schmerzensgeld gerichtet sein. Ersatz wird allerdings nur gewährt, soweit eine andere Sache als das fehlerhafte Produkt beschädigt wird, § 1 Abs. 1 S. 2 ProdHaftG.

Folgende Punkte sind allerdings vom ProdHaftG weiterhin nicht erfasst und können daher nur über die deliktische Produzentenhaftung aus §§ 823, 253 Abs. 2 BGB entschädigt werden:

- Ersatzansprüche generell für die ersten 500 Euro bei Sachschäden (ausgeschlossen nach § 11) und
- Ansprüche oberhalb der Haftungshöchstgrenzen sowie
- Ersatzansprüche wegen Verletzung der Produktbeobachtungspflicht (nicht geregelt im ProdHaftG).

---

13 *OLG Saarbrücken* MDR 2010, 919 (Schmerzensgeld aus Werkvertrag mit Schutzwirkung zugunsten Dritter).

14 *OLG Karlsruhe* NJW-RR 2009, 743; *AG Bocholt*, Urt. v. 24.02.2006 – 4 C 121/04 n.v.

15 Etwa *OLG Köln* SP 2004, 295 (zum alten Recht).

16 Z.B. Schmerzensgeld für Schimmelbefall der Wohnung, *KG* OLGR 2006, 559; auch *LG Saarbrücken* MietRB 2010, 132: Haftung aus vermutetem Verschulden des Vermieters für eine Legionellenpneumonie des Mieters aufgrund Legionellenbefalls des Wassersystems der Wohnung.

17 *BGH* NJW 2010, 3152 (Angestellte des Mieters).

18 Vgl. auch *Jaeger/Luckey* Rn. 47 ff.

19 Seltener sind die ebenfalls klarstellend geänderten § 87 AMG (Arzneimittelhaftung), §§ 11, 36 LuftVG (Flugzeugunfälle), § 32 S. 2 GenTG, § 13 UmweltHaftG, § 52 Abs. 2 BGSG, § 20 BesatzungsSchG, § 29 Abs. 2 AtomG, 117 BBergG.

20 Exemplarisch *OLG Karlsruhe* MDR 2010, 747: Haftung nach § 2 HaftPflG wegen eines hochgeschleuderten Gullydeckels.

21 Vgl. auch *BGH* NJW 2006, 1589: Haftung aus § 3 Abs. 1 S. 2 Gerätesicherheitsgesetz bei Schnittverletzungen an den scharfen Metallkanten einer Tapetenkleistermaschine; *BGH* VersR 2009, 1125: Haftung für fehlerhaften Airbag.

Durch die Erstreckung der Gefährdungshaftung auf Schmerzensgeldansprüche ist diese nicht mehr nur juristischer »Durchlaufposten« bei der Abwicklung von Personenschäden auf dem Weg zum Deliktsrecht. Die Limitierung der Gefährdungshaftung auf Höchstbeträge (etwa: §§ 12, 12a StVG, § 10 ProduktHaftG, §§ 9, 10 HaftpflG, § 8 BundesdatenschutzG, § 117 BBergG, §§ 37, 46, 50 LuftverkehrsG) zwingt aber weiterhin – nämlich wenn es um Ansprüche jenseits der Haftungshöchstgrenzen geht – zum Rückgriff auf das Deliktsrecht, auch wenn diese im Zuge der Euroumstellung z.T. erheblich angehoben wurden. 11

Es ist streitig, ob § 253 Abs. 2 BGB analoge Anwendung auf Aufwendungsersatzansprüche nach § 670i.V.m. § 683 S. 1 oder § 906 Abs. 2 S. 2 BGB finden kann. Nachdem (anders als vor 2002[22]) der Anspruch vom Verschulden entkoppelt ist, dürfte nichts mehr gegen eine Anwendung jedenfalls bei § 670 BGB sprechen.[23] Für § 906 Abs. 2 S. 2 BGB hat der *BGH*[24] einen Anspruch auf Schmerzensgeld mit der Begründung verneint, es handele sich hier um einen Ausgleich für vermögenswerte Nachteile aufgrund der Eigentums- oder Besitzstörung, aber keinen Schadensersatzanspruch. 12

## IV. Verjährung

### 1. Beginn der Verjährung

BGB § 195: Die regelmäßige Verjährungsfrist beträgt drei Jahre, § 195 BGB; die Verjährungsfrist beginnt am Schluss des Jahres, 13
- in dem der Anspruch entstanden ist und
- der Gläubiger Kenntnis[25] hatte oder
- ohne grobe Fahrlässigkeit hätte haben müssen
- von den anspruchsbegründenden Umständen und
- der Person des Schuldners (§ 199 BGB).

Für Schadensersatzansprüche gelten Höchstfristen: 14
- § 199 Abs. 2 BGB: bei Verletzung des Lebens, des Körpers, der Gesundheit oder Freiheit verjähren Ansprüche ohne Rücksicht auf Entstehung und Kenntnis in 30 Jahren von dem den Schaden auslösenden Ereignis an.
- § 199 Abs. 3 BGB: sonstige Schadensersatzansprüche verjähren ohne Rücksicht auf Kenntnis in zehn Jahren von ihrer Entstehung an beziehungsweise in 30 Jahren von dem den Schaden auslösenden Ereignis an.
- § 199 Abs. 4 BGB: Andere Ansprüche als Schadensersatzansprüche verjähren ohne Rücksicht auf Kenntnis in maximal zehn Jahren.

Das sind z.B. vertragliche Ansprüche, Ansprüche aus Vertragsstrafe, ungerechtfertigter Bereicherung oder auf Zahlung von Nutzungsentschädigung.

Für die Verjährung von Ansprüchen nach dem Straßenverkehrsgesetz (§ 14 StVG), dem Haftpflichtgesetz und dem Luftverkehrsgesetz finden die für die unerlaubte Handlung geltenden Verjährungsvorschriften des BGB entsprechende Anwendung. Das ist insoweit irreführend, als es nach der Neufassung des § 852 BGB keine besonderen Vorschriften über die Verjährung von Ansprüchen aus unerlaubter Handlung mehr gibt, sodass die Bestimmungen der §§ 194 ff. BGB gelten. 15

22 *BGH* BGHZ 52, 115.

23 *Jaeger/Luckey* Rn. 65 f. Offengelassen von *BGH* NJW 2015, 2885.

24 *BGH* NJW 2010, 3160. Hier hatten Eigentümer geklagt, auf deren Grundstück es wegen eines benachbarten Steinkohlebergbaus zu Erschütterungen kam; sie begehrten Schmerzensgeld für eine hierdurch verursachte Phobie und psychosomatische Beschwerden.

25 In einem Fall sexuellen Missbrauchs Minderjähriger hat *BGH* VersR 2013, 246 Kenntnis des Missbrauchs jedoch verneint, weil der Geschädigte – nach dem Ergebnis einer Begutachtung – das Geschehen völlig verdrängt und daher keine Kenntnis (mehr) gehabt habe.

Die Ansprüche aus Produkthaftung (§ 1 ProdHaftG) und die allgemeine deliktische Haftung nach § 823 BGB können indes ein unterschiedliches Verjährungsschicksal erleiden. Zwar ist die allgemeine Produzentenhaftung, die maßgeblich von richterrechtlich entwickelten Beweiserleichterungen geprägt war, seit Inkrafttreten des Produkthaftungsgesetzes etwas in den Hintergrund gerückt, und die Verjährung ist auf den ersten Blick vergleichbar (§ 12 ProdHaftG ordnet ebenfalls eine dreijährige Verjährung an, für die »im übrigen« [Absatz 3] die Vorschriften des BGB gelten). Gleichwohl bestehen gravierende Unterschiede:

So beginnt die Regelverjährung des BGB (neben weiteren Voraussetzungen) erst im Schluss des Jahres, in dem der Anspruch entstanden ist, § 199 Abs. 1 BGB. Die Verjährung nach § 12 ProdHaftG beginnt aber »taggenau«. Zudem genügt leicht fahrlässige Unkenntnis für den Verjährungsbeginn nach § 12 ProdHaftG – anders § 199 BGB, bei dem erst grobe Fahrlässigkeit schadet.

Auch die Hemmung durch Verhandlungen, die in beiden Fällen denkbar ist (§ 203 BGB, § 12 Abs. 2 ProdHaftG) unterscheidet sich im Zeitpunkt der Beendigung, die nach § 12 Abs. 2 ProdHaftG wieder »taggenau« eintritt, wohingegen § 203 BGB noch eine »Ablauffrist« von drei Monaten gewährt.

Eine spezialgesetzliche Höchstfrist für den Direktanspruch nach § 115 VVG bestimmt § 115 Abs. 2 S. 2 VVG (10 Jahre nach Schadenseintritt); nach § 197 Abs. 1 S. 1 BGB gilt zudem eine 30-jährige Verjährungsfrist für Schadensersatzansprüche, die auf der vorsätzlichen Verletzung des Lebens, des Körpers, der Gesundheit, der Freiheit oder der sexuellen Selbstbestimmung beruhen.

▶ **Hinweis:**

Der Anspruch auf Feststellung des Rechtsgrundes einer Forderung aus vorsätzlich begangener unerlaubter Handlung[26] verjährt (anders als der Antrag auf Feststellung der Ersatzpflicht!) nach Ansicht des *BGH*[27] nicht nach den Vorschriften, die für die Verjährung des Leistungsanspruchs gelten! Er ist also »unverjährbar« und kann (natürlich mit Sinnhaftigkeit nur, wenn der Zahlungsantrag seinerseits noch nicht verjährt, etwa weil durch Vollstreckungsbescheid tituliert, ist) stets geltend gemacht werden.

Rechtskräftig festgestellte Ansprüche verjähren in 30 Jahren, § 197 Abs. 1 Nr. 3 BGB. Damit ist insbesondere auch das Feststellungsurteil gemeint.[28] Nach der Rechtsprechung ist zudem eine neuerliche Feststellungsklage möglich, um diejenigen Ansprüche verjährungsfest zu machen, die erst nach Ablauf der »ersten« 30 Jahre überhaupt geltend gemacht werden können.[29]

Hierbei muss aber auch die Regelung des § 197 Abs. 2 BGB beachtet werden, wonach »regelmäßig wiederkehrende Leistungen« weiterhin – auch bei Existenz eines Feststellungstitels – in der Regelverjährung (§ 195 BGB) verjähren, beginnend mit dem Schluss des Jahres, in welchem der konkrete Anspruch entstand. Dies kann Erwerbsschadens- und Mehrbedarfsrenten betreffen.

Ob auch die Schmerzensgeldrente unter § 197 Abs. 2 BGB fällt, ist offen. Die Kommentarliteratur ist divergent.[30] Der BGH[31] hat eine (obiter) Feststellung des Berufungsgerichts, das Schmerzensgeld

26 Mit dieser Feststellung können Privilegierungen in Einzelzwangsvollstreckung (§ 850f Abs. 2 ZPO) und Insolvenz (keine Restschuldbefreiung bei deliktischen Ansprüchen) erreicht werden.

27 *BGH* MDR 2011, 122.

28 »Es wird festgestellt, dass die Beklagten gesamtschuldnerisch verpflichtet sind, dem Kläger allen weiteren Schaden aus dem Unfallereignis vom… zu ersetzen.«.

29 *BGH* MDR 2018, 594. Dies kann z.B. den Fall betreffen, dass ein minderjähriges Unfallopfer im Alter von 10 Jahren einen Feststellungstitel erstreitet, ein Erwerbsschaden aber natürlich auch noch anfällt, wenn er 40 Jahre ist (und der erste Titel »ausläuft«).

30 Müko-Grothe, 9. Aufl. (2021), § 197, Rn. 29: gegen Anwendbarkeit von § 197 Abs. 2 BGB; Staudinger-Peters/Jacoby (2019), § 197, Rn. 66: für § 197 Abs. 2 BGB, da die Rente für den Ausgleich der in dieser Periode erlittenen Schmerzen diene.

31 *BGH* NJW 2001, 1063.

sei ein einheitlicher Anspruch auch dann, wenn dieser durch Rente erfüllt werde, und falle daher nicht unter § 197 Abs. 2 BGB, unbeanstandet gelassen. Für die (insoweit aber artähnliche) Rente aus Ausopferung hat er ausgeführt:[32]

> »Wenn die Summe entweder durch Einmalzahlung oder durch wiederkehrende Zahlungen geleistet werden kann, handelt es sich nur um eine besondere Form der Erfüllung eines einheitlichen Anspruchs, nicht um wiederkehrende Leistungen nach § 197 Abs. 2 BGB.«

Diese Überlegungen gelten gleichermaßen für die Schmerzensgeldrente.

Zäsur ist die Rechtskraft des Feststellungstitels: Alle Leistungen, die bis zum Eintritt der formellen Rechtskraft des Feststellungsurteils fällig werden, sind von der 30-jährigen Verjährung umfasst, alle erst danach fällig werdenden (man begründet dies aus dem Wortlaut, »künftig«) verjähren ihrerseits trotz rechtskräftigen Feststellungstitels[33] in der kurzen Verjährungsfrist.[34]

Weiterhin gilt § 15 StVG. Dieser sieht die Verwirkung von Ansprüchen vor, wenn der Ersatzberechtigte nicht innerhalb von zwei Monaten, nachdem er vom Schaden und der Person des Ersatzpflichtigen Kenntnis erhalten hat, dem Ersatzpflichtigen den Unfall anzeigt. Anders als die Verjährung ist dies keine Einrede; vielmehr ist die Verwirkung von Amts wegen zu beachten, sie führt zum Verlust des Anspruchs. 16

## 2. Kenntnis und grobfahrlässige Unkenntnis

Die regelmäßige Verjährungsfrist beträgt nach § 195 BGB drei Jahre und beginnt gem. § 199 Abs. 1 BGB am Ende des Jahres, in dem der Anspruch entstanden ist und der Gläubiger von den den Anspruch begründenden Umständen und der Person des Schuldners Kenntnis erlangt hat oder ohne grobe Fahrlässigkeit hätte erlangen müssen. Kenntnis von Schadensumfang und Schadenshöhe ist nicht erforderlich. 17

Der aus einer unerlaubten Handlung fließende Gesamtschaden ist ein einheitlicher Anspruch, nicht eine Mehrheit einzelner Schäden. Die Verjährung beginnt daher mit Kenntnis des Schadens im Allgemeinen, wobei es nicht darauf ankommt, dass der Geschädigte die einzelnen Schadenspositionen übersieht, er umfasst alle Schadensfolgen, die als möglich vorauszusehen sind. Nur für Spätfolgen, die nicht voraussehbar waren und sich unerwartet einstellen, beginnt ab Kenntnis oder grob fahrlässiger Unkenntnis der Spätfolgen eine neue Verjährungsfrist zu laufen. Eine solche Kenntnis von Spätfolgen besteht schon dann, wenn Fachkreise sie überhaupt als mögliche Folge kennen; weder ist eine Kenntnis des Geschädigten noch eine Vorhersehbarkeit des konkreten Eintritts nötig.[35] 18

Vertiefung:

Im Arzthaftungsrecht liegt positive Kenntnis eines Arzthaftungsfehlers nicht schon dann vor, wenn dem Patienten lediglich der negative Ausgang einer ärztlichen Behandlung bekannt ist, da dieser seinen Grund in diversen Ursachen haben kann. Er muss vielmehr auch auf einen ärztlichen Behandlungsfehler für diesen Ausgang schließen können.[36] Die Frist des § 199 Abs. 1 Nr. 2 BGB beginnt nicht zu laufen, bevor nicht der Patient als medizinischer Laie Kenntnis von Tatsachen erlangt, aus denen sich ergibt, dass der Arzt von dem üblichen medizinischen Vorgehen abgewichen ist oder Maßnahmen nicht getroffen hat, die nach ärztlichem Standard zur Vermeidung oder Beherrschung von Komplikationen erforderlich gewesen wären.[37] Grobe Fahrlässigkeit liegt vor, wenn das Unterlassen nach den Gründen bzw. eines möglichen ärztlichen Fehlverhaltens als Ursache für Beschwer-

32 *BGH* VersR 1957, 450.

33 Ohne diesen Titel wären aber z.B. Erwerbsschadensansprüche fünf Jahre nach dem Unfall ohnehin bereits deshalb verjährt, weil das Stammrecht verjährt wäre.

34 *BGH* NJW-RR 1989, 215.

35 *OLG Brandenburg* NZV 2008, 1555.

36 *BGH* VersR 2001, 108.

37 *BGH* VersR 2001, 108; *OLG Koblenz* VersR 2011, 759.

den nach einer Behandlung aus der Sicht eines verständigen und auf seine Interessen bedachten Patienten unverständlich erscheint.[38] Hierbei besteht keine generelle Obliegenheit des Geschädigten, im Interesse des Schädigers an einem möglichst frühzeitigen Beginn der Verjährungsfrist Initiative zur Klärung eines Schadenshergangs zu entfalten. Ob der Geschädigte aktiv ermitteln muss, hängt nach dem BGH[39] von den Umständen des Einzelfalles ab.[40]

19 Wird zeitnah mit dem Unfall eine Verletzung festgestellt, die Spätschäden nach sich ziehen kann, beginnt auch insoweit die Verjährungsfrist zu laufen,[41] auch dann, wenn der Verletzte selbst erst später von den medizinischen Feststellungen Kenntnis erlangt.

20 Einen Sonderfall hat der *BGH*[42] zur Amtshaftungsklage kreiert und ausgeführt, bei einem Anspruch aus § 839 BGB könne die Verjährung erst beginnen, wenn der Geschädigte wisse, dass die Amtspflichtverletzung widerrechtlich und schuldhaft erfolgt sei und deshalb zum Schadensersatz verpflichte. Dabei genüge zwar im Allgemeinen, dass der Verletzte die tatsächlichen Umstände kenne, die eine schuldhafte Amtspflichtverletzung als naheliegend, eine Amtshaftungsklage mithin als so aussichtsreich erscheinen lasse, dass dem Verletzten die Erhebung der Klage zugemutet werden könne, so der *BGH* (III ZR 302/00).[43]

21 Dagegen setze § 852 Abs. 1 BGB a.F. aus Gründen der Rechtssicherheit und Billigkeit grundsätzlich nicht voraus, dass der Geschädigte aus den ihm bekannten Tatsachen auch die zutreffenden rechtlichen Schlüsse ziehe. Jedoch könne die Rechtsunkenntnis im Einzelfall bei unsicherer und zweifelhafter Rechtslage den Verjährungsbeginn hinausschieben. Dies müsse erst recht gelten, wenn sich die Beurteilung der Rechtslage in der höchstrichterlichen Judikatur ändere.

22 Zu diesen Voraussetzungen hat der *BGH*[44] in zwei grundlegenden Entscheidungen zur (Amts-)Haftung eines Notars eingehend Stellung genommen und insbesondere ausgeführt, dass der Anspruchsteller das Instrument der Streitverkündung nur in rechtlich einfach gelagerten Fällen zur Hemmung der Verjährung nutzen müsse, nicht dagegen bei schwieriger Rechtslage. Würde man vom Anspruchsteller auch bei schwieriger Rechtslage verlangen, dem Notar den Streit zu verkünden, führe dies im Ergebnis dazu, die Aufforderungen an die Kenntnis des Verletzten vom Fehlen einer anderweitigen Ersatzmöglichkeit zu dessen Nachteil herabzusetzen.

23 Auch in einer weiteren Entscheidung stellt der *BGH*[45] unter Bezugnahme der zur Amtshaftung ergangenen Entscheidungen auf die Kenntnis der anspruchsbegründenden Tatsachen und der Person des Schuldners und nicht auf die zutreffende rechtliche Würdigung ab.

24 Auf mangelnde Kenntnis des gesetzlichen Vertreters eines Geschädigten hat der *BGH*[46] abgestellt in einem Fall, in dem sich die anspruchsbegründenden Umstände und die Person des Schuldners nicht ohne Weiteres aus den Ermittlungsakten und der Anklageschrift ergaben. Die Bewertung der darin enthaltenen Tatsachenangaben war offen und die Rechtsverfolgung begegnete ohne weitere Abklärung außergewöhnlich hohen Feststellungsschwierigkeiten.

38 *BGH* VersR 2010, 214.
39 *BGH* VersR 2010, 214.
40 Vgl. zu dieser Problematik ferner: *OLG Bamberg* VersR 2014, 748 = GesR 2014, 277 = MedR 2014, 656 m. Anm. *Jaeger*; *OLG Naumburg*, Urt. v. 06.03.2014 – 1 U 84/13.
41 *OLG Frankfurt* SP 2003, 379.
42 *BGH* Az. III ZR 346/03 NJW 2005, 429 = NZV 2005, 84.
43 *BGH* BGHZ 150, 172, 186 m.w.N.
44 *BGH* VersR 2006, 373; *BGH* NJW-RR 2007, 277.
45 *BGH* MDR 2008, 615.
46 *BGH* MDR 2005, 211: Die Mutter eines 14 Jahre alten Mädchens hat nicht schon dann Kenntnis vom sexuellen Missbrauch des Kindes durch den Lebensgefährten der Mutter, wenn das Kind dies behauptet, sondern erst dann, wenn im Strafverfahren die Glaubwürdigkeit des Kindes und die Schuld des Täters festgestellt sind.

Für die Kenntnis ist maßgebend, dass der »Richtige« Kenntnis hat.[47] 25

Das ist 26
- bei Geschäftsunfähigen und Minderjährigen der gesetzliche Vertreter,
- bei Vertretung durch einen Anwalt auch die Kenntnis des Anwalts,
- bei juristischen Personen die Kenntnis des gesetzlichen Vertreters,[48]
- im Todesfall der Rechtsnachfolger, es sei denn, der Getötete hatte bereits Kenntnis.

Bei Behörden und öffentlichen Körperschaften ist entscheidend die Kenntnis des zuständigen Bediensteten der verfügungsberechtigten Behörde;[49] verfügungsberechtigt sind die Behörden, denen die Entscheidungskompetenz für die zivilrechtliche Verfolgung von Schadensersatzansprüchen zukommt.[50] Im Falle des Forderungsübergangs nach § 116 SGB X kommt es auf den für Regressansprüche zuständigen Bediensteten der Behörde an;[51] dieser muss dann aber auch für die regressierende Behörde tätig geworden sein. Wenn also ein und derselbe Mitarbeiter für Kranken- und Pflegekasse arbeitet, ist für den Regress der Pflegekasse erst die Kenntnis schädlich, die er bei Befassung des Pflegefalles erlangt – auch wenn er den gleichen Unfall bereits zuvor für die Krankenkasse betreute.[52] 27

Der Ersatzanspruch geht i.F.d. § 116 SGB X bereits im Unfallzeitpunkt auf die Behörde über, da für die Zession schon die »weit entfernte Möglichkeit« des Leistungseintritts genügt. Nur bei einer sog. »Systemänderung« geht der Anspruch erst mit Inkrafttreten der Gesetzesänderung über.[53]

### 3. Hemmung der Verjährung

#### *a) Hemmung durch Verhandlungen, § 203 BGB*

Die Verjährung wird gehemmt, solange zwischen dem Schuldner und dem Gläubiger Verhandlungen über den Anspruch oder die den Anspruch begründenden Umstände schweben. Die Hemmung dauert an, bis eine Seite die Fortsetzung der Verhandlungen verweigert. Verhandlungen hemmen die Verjährung hinsichtlich des Lebenssachverhalts, aus dem Rechte hergeleitet werden – dabei wird der Lebenssachverhalt grundsätzlich in seiner Gesamtheit verhandelt, bei dem Verkehrsunfall also in Bezug auf Heilungskosten, Schmerzensgeld, Verdienstausfall, Sachschäden, Vermögensschäden.[54] Beschränkungen des Verhandlungsgegenstandes sind möglich, müssen aber deutlich zum Ausdruck gebracht werden;[55] es gelten strenge Maßstäbe, so kann etwa die eine oder die andere Seite bestimmte Ansprüche als nicht verhandelbar oder verfolgt darstellen. Hierbei handelt es sich jedoch um eine Ausnahme, an die strenge Anforderungen zu stellen sind. Im Allgemeinen kann der Berechtigte 28

47 *Marburger* VersR 2010, 876 (877).

48 *BGH* VersR 1991, 815 = NJW 1991, 2350; *OLG München* VersR 1996, 63 f.

49 *BGH* VersR 1986, 917; *BGH* VersR 1992, 627; *BGH* VersR 1997, 635; *BGH* NJW 2000, 1411. Hier liegt grobfahrlässige Unkenntnis etwa dann vor, wenn ein Strafverfahren zwar durch mehrere Sachstandsanfragen begleitet wird, auf die Abschlussmitteilung der Staatsanwaltschaft hin die Behörde die Sache aber nicht weiterverfolgt, *OLG Saarbrücken* OLGReport 2008, 817.

50 *BGH* VersR 2009, 989.

51 *BGH* VersR 1967, 974; *BGH* VersR 1967, 1072. Dazu auch *BGH* NJW 2012, 447: es kommt auf die Kenntnis des Beschäftigten der Regressabteilung an; ein grobfahrlässiges Unterlassen der Leistungsabteilung, die aufgrund individueller Fehler die (per Dienstanweisung angeordnete) Weiterleitung des Vorgangs an die Regressabteilung unterließ, ist, da § 166 BGB nicht anwendbar ist, der Regressabteilung nicht zurechenbar; und bietet auch keinen Anlass für die Annahme eines Organisationsmangel. Auch *BGH* NJW 2012, 2644, wonach grobfahrlässige Unkenntnis der Leistungsabteilung nicht zur schädlichen Kenntnis der Regressabteilung führt; dies gilt erst, wenn diese selbst die ihr zugeleiteten Unterlagen der Leistungsabteilung unzureichend prüft oder erkennbar ist, dass Organisationsanleitungen unzureichend sind oder missachtet werden, so dass die Informationen von der Leistungsabteilung verzögert.

52 *BGH* NJW 2011, 1799.

53 *BGH* NJW 2011, 2357.

54 Staudinger-Peters/Jacoby, § 203, Rn. 14.

55 *BGH* NJW 1998, 1142.

davon ausgehen, dass Verhandlungen sämtliche Einzelansprüche zum Gegenstand haben sollen.[56] So führt ein Verhandeln über die den Ansprüchen zugrunde liegenden Umstände dazu, dass sämtliche möglicherweise resultierende Ansprüche, ungeachtet dessen, ob sie bereits geltend gemacht wurden, gehemmt werden.[57]

29 Da die Verjährungsfrist grundsätzlich erst am Schluss des Jahres beginnt, in dem der Anspruch entstanden ist, wirken sich Hemmungstatbestände, die bereits vor dem Beginn der Verjährungsfrist wieder enden (z.B. Verhandlungen), auf die Verjährungsfrist **nicht** aus.[58]

30 Verhandlungen beginnen, wenn der Berechtigte Ansprüche stellt und der Gegner sich auf Verhandlungen einlässt. Der Begriff ist weit auszulegen.[59]

31 Es zählt jeder Meinungsaustausch zwischen den Parteien, sofern der in Anspruch genommene nicht sofort erkennbar macht, dass er jeden Schadensersatz ablehnt. Schon die Frage des Schuldners, ob und gegebenenfalls welche Ansprüche geltend gemacht werden sollen, lässt einen Meinungsaustausch beginnen. Es genügt, dass über die den Ansprüchen zugrunde liegenden Umstände verhandelt wird – dies hemmt dann sämtliche möglicherweise resultierenden Ansprüche, ungeachtet dessen, ob sie bereits geltend gemacht wurden.[60]

▶ Hinweis:

32 Es ist streitig, ob die Hemmungswirkung bereits mit dem Datum der Anspruchstellung eintritt[61] (wie überwiegend angenommen) oder erst mit dem Zeitpunkt beginnt, in dem sich die Gegenseite auf Verhandlungen einlässt.[62]

33 Wann das Schweben der Verhandlungen endet, wann also eine Partei deren Fortsetzung verweigert, ist Tatfrage. Die bloße Ablehnung des letzten Vorschlags ist noch nicht als Verweigerung der Fortsetzung der Verhandlungen zu deuten. Vielmehr muss eindeutig zum Ausdruck kommen, dass die Fortsetzung der Verhandlungen abgelehnt wird.

▶ Hinweis:

34 Die Wiederaufnahme abgebrochener Verhandlungen führt nicht zu einer auf den Beginn der Verhandlungen rückwirkenden Hemmung.[63]

35 Das Einschlafen der Verhandlungen kann in diesem Sinne gedeutet werden, wenn bis zu dem Zeitpunkt, zu dem eine Antwort des Gegners[64] spätestens zu erwarten gewesen wäre, keine Antwort mehr erfolgt.[65] Hierbei ist irrelevant, ob der Schuldner oder der Gläubiger durch Untätigbleiben die Verhandlungen »einschlafen« lässt.[66]

56 *OLG Stuttgart* VersR 2009, 80.
57 *BGH* MDR 2014, 891.
58 *BGH* VersR 2017, 903.
59 *Fischinger* VersR 2005, 1641, 1643.
60 *BGH* MDR 2014, 891.
61 *BGH* VersR 1959, 34; *BGH* VersR 1962, 615; *OLG Frankfurt* VersR 1966, 1056; *OLG Hamburg* VersR 1991, 1263; *OLG Hamm* VersR 1997, 1112.
62 *OLG Brandenburg*, Urt. v. 22.11.2006 – 4 U 58/06, n.v.; *LG München* I MedR 2011, 514 (unbeanstandet von *OLG München*, Urt. v. 15.09.2011 – 1 U 909/11, n.v.).
63 *BGH* MDR 2017, 199.
64 *BGH* VersR 2017, 165.
65 Im Interesse der Rechtssicherheit begrüßenswert, aber unter Vernachlässigung der Einzelfallbetrachtung bejaht das *OLG Dresden* VersR 2011, 894 m.Anm. *Luckey* das Einschlafen regelmäßig nach einmonatiger Untätigkeit der Parteien. Ebenso *KG* KGR 2008, 368; *OLG Hamm* AnwBl 2013, 665. Kürzer *OLG Hamm* BauR 2015. 1676: 2 Wochen.
66 *BGH* VersR 2017, 165.

**Hinweis:**

Der Beginn von Verhandlungen wird schnell bejaht, das Ende der Verhandlungen nur, wenn es deutlich/unmissverständlich erklärt wurde. Der Schädiger sollte darauf achten, zur Vermeidung von Unsicherheiten über die Verjährungshemmung eine Ablehnung klar und eindeutig zu erklären und die Verhandlungen nicht einfach »einschlafen« zu lassen. Für den Beginn der Verhandlungen trägt der Anspruchsteller die Beweislast. Der Schädiger muss auch daher alles daransetzen, den Anspruch eindeutig zurückzuweisen. Ansonsten gelingt es dem Gläubiger, die Verjährungshemmung einseitig durchzusetzen. 36

Bezüglich des Endes der Verhandlungen trägt der Schuldner die Beweislast. Er sollte auch deshalb die Verhandlungen nicht einfach einschlafen lassen, weil dann nicht eindeutig feststeht, wann die Hemmung endet. Das bedeutet Rechtsunsicherheit.

Beim Wiederaufleben der Verhandlungen[67] kann der Lauf der Verjährungsfrist erneut gehemmt werden. Diese Hemmung endet aber durch die Weigerung des Versicherers, die Verhandlungen fortzusetzen oder dadurch, dass der Anspruchsteller selbst die Verhandlungen einschlafen lässt.[68] 37

Andererseits bleibt die Verjährung wegen schwebender Vergleichsverhandlungen gehemmt, wenn der in Anspruch Genommene erklärt hat, bis zu einem bestimmten Zeitpunkt auf die Einrede der Verjährung zu verzichten.[69] Die Verhandlungen der Parteien wurden über diesen Zeitpunkt hinaus fortgesetzt. Der *BGH*[70] entschied, dass ein Verjährungsverzicht eine sich aus den gesetzlichen Vorschriften ergebende Hemmung der Verjährung nicht berührt. Sinn und Zeck des Verjährungsverzichts sei es, die Möglichkeit einer gerichtlichen Auseinandersetzung offen zu halten, was aber auf die sich aus dem Gesetz ergebende Hemmung keine Auswirkungen habe. Der Begriff des Verhandelns sei weit zu fassen, ein Abbruch der Verhandlungen müsse wegen des damit verbundenen Endes der Hemmung klar und eindeutig erklärt werden. Eine bloße Verneinung der Einstandspflicht genüge diesen strengen Anforderungen nicht. 38

Besonders trickreich verhielt sich ein Schuldner, der im Dezember 2004 mit dem Gläubiger über einen Verzicht auf die Einrede der Verjährung verhandelte und schließlich am 28.12.2004 die Verzichtserklärung abgab, sich jedoch einen Widerruf dieser Erklärung vorbehielt und im Januar 2005 von dem Widerrufsrecht Gebrauch machte. Hier war zum einen während der Verhandlungen über eine Erklärung zum Verjährungsverzicht die Verjährungsfrist gehemmt, zum anderen griff aber § 203 BGB ein mit der Folge, dass nach dem Ende der Hemmung jedenfalls eine 3-Monatsfrist lief.[71] 39

Ähnlich der *BGH*,[72] der ausdrücklich festgestellt hat, dass bei einem Widerrufsvergleich die Verjährung der von dem Vergleich erfassten Ansprüche gemäß § 203 S. 1 BGB bis zur Erklärung des Widerrufs gehemmt ist. 40

### *b) Hemmung durch Rechtsverfolgung, § 204 BGB*

Neben Verhandlungen hemmen Rechtsverfolgungsmaßnahmen die Verjährung, § 204 BGB. Wird die Rechtsverfolgung vor Beginn der Verjährungsfrist eingeleitet, tritt die Hemmungswirkung dann zeitgleich mit dem Beginn dieser Frist ein.[73] 41

67 Hierzu s.o. Rdn. 28–74.
68 *Diederichsen* DAR 2003, 241, 243.
69 *Diederichsen*, DAR 2005, 301 f.
70 *BGH* NJW 2004, 1654.
71 *OLG Karlsruhe* MDR 2006, 1392.
72 *BGH* MDR 2005, 1153 = NJW 2005, 2004.
73 *BGH* BGHZ 52, 47 (48); *BGH* NJW-RR 2011, 305.

42 Die Verjährung wird unter anderem gehemmt durch Erhebung einer Klage auf Zahlung eines unbezifferten Schmerzensgeldes. Im Urt. v. 10.10.2002 hat der *BGH*[74] bei einem nicht bestimmt bezifferten Schmerzensgeldanspruch die Angabe einer höheren Größenordnung in zweiter Instanz nicht als Änderung des Streitgegenstandes i.S.d. § 253 Abs. 2 Nr. 2 ZPO angesehen. Der Kläger hatte erstinstanzlich ein Schmerzensgeld von mindestens 15.000 DM verlangt. Das *LG* sprach ihm 10.000 DM zu. In der Berufungsinstanz forderte der Kläger ein Schmerzensgeld von mindestens 60.000 DM. Das Berufungsgericht sprach dem Kläger 15.000 DM zu und hielt den weiteren Schmerzensgeldanspruch zu Unrecht für verjährt.

43 Zwar muss der Kläger nach der Rspr. des *BGH*, um dem Bestimmtheitserfordernis des § 253 Abs. 2 ZPO zu genügen, auch bei unbezifferten Leistungsanträgen nicht nur die tatsächlichen Grundlagen, sondern auch die Größenordnung des geltend gemachten Betrages so genau wie möglich angeben. Die Ausübung des richterlichen Ermessens wird allerdings durch die Angabe des Mindestbetrages nach oben nicht begrenzt, solange der Kläger für sein Begehren keine feste Obergrenze setzt.[75]

44 Deshalb ist der den Streitgegenstand bildende prozessuale Anspruch nicht durch die Angabe der Größenordnung begrenzt. Hätte der Kläger den Antrag in zweiter Instanz unverändert weiterverfolgt, wäre der Richter nicht gehindert gewesen, ihm ein über den genannten Betrag hinausgehendes Schmerzensgeld zuzusprechen.

45 Ähnlich entschied das *OLG Hamm*[76] zugunsten eines Klägers, der in erster Instanz ein Schmerzensgeld in einer Größenordnung von 50.000 DM bis 60.000 DM verlangt und Nebenkosten, die den damals geltenden Beschwerdewert überstiegen, geltend gemacht hatte. Das *LG* hatte dem Schmerzensgeldbegehren in Höhe von 150.000 DM stattgegeben, den Anspruch auf Zahlung der Nebenkosten jedoch abgewiesen. Der Kläger verfolgte in der Berufung den Anspruch auf Zahlung der Nebenkosten weiter und begehrte über das Schmerzensgeldkapital hinaus zusätzlich eine Schmerzensgeldrente in Höhe von 200 € monatlich.

46 Die Berufung war zulässig, weil der Kläger bezüglich der Nebenkosten beschwert war. Ein weiteres Schmerzensgeld konnte er daneben in der zweiten Instanz geltend machen, weil er den Klageantrag in der Hauptsache erweiterte, ohne dass eine Klageänderung vorlag. Eine solche Klageerweiterung aufgrund des bisherigen Vortrages ist ohne weiteres zulässig. Spricht aber das Gericht den vom Kläger als Mindestbetrag geltend gemachten Schmerzensgeldanspruch in voller Höhe zu, ist der Kläger nicht beschwert und kann deshalb nicht mit dem alleinigen Ziel in die Berufung gehen, ein höheres Schmerzensgeld zu erlangen.

47 Hat der Anwalt Zweifel, ob er mit dem geltend gemachten Schmerzensgeldbetrag richtigliegt, kann es anwaltstaktisch sinnvoll sein, daneben einen weiteren – unschlüssigen – Anspruch geltend machen, der mindestens etwas mehr als den zweifachen Betrag der Beschwer ausmacht. Lehnt das Gericht diesen Antrag ganz oder teilweise ab, verbleibt die Möglichkeit der Berufung und der Klageerweiterung bezüglich des Schmerzensgeldes. Auf das absehbare Unterliegen hinsichtlich dieses Anspruchs müssen Mandant und/oder Rechtsschutzversicherung natürlich hingewiesen werden.

48 Dennoch machte der Anwalt in zweiter Instanz vor dem *OLG Hamm* einen weiteren Fehler, denn er hätte beantragen müssen, dem Kläger eine Schmerzensgeldrente zuzusprechen, deren Höhe in das Ermessen des Gerichts gestellt wird, die aber mindestens 200 € monatlich betragen solle. Möglicherweise hätte das *OLG Hamm* dem Kläger dann eine höhere Rente als die beantragte von 200 € zuerkannt.

74 *BGH* BGHReport 2003, 64 (III ZR 205/01); hierzu auch *Diederichsen* VersR 2005, 433, 439.
75 *BGH* NJW 1996, 2425; *Diederichsen*, DAR 2003, 241, 245.
76 *OLG Hamm* zfs 2005, 122.

Die Verjährung wird bei Erhebung einer Teilklage für den nicht geltend gemachten Teil nicht gehemmt. Auch die Erhebung einer negativen Feststellungsklage (bzw. die Verteidigung dagegen) führt nicht zu einer Hemmung, weil es auf die **aktive** Anspruchsverfolgung ankommt.[77] 49

**Hinweis:**

Hier liegt noch das weitere Risiko, dass die Zustellung eines Mahnbescheids, mit dem ein Teilbetrag aus mehreren Einzelforderungen geltend gemacht wird, die Verjährung nicht hemmt, wenn eine genaue Aufschlüsselung der Einzelforderungen unterblieben ist und die Individualisierung erst nach Ablauf der Verjährungsfrist im anschließenden Streitverfahren nachgeholt wird.[78] 50

Wegen der rechtlichen Selbstständigkeit des Schmerzensgeldanspruchs im Verhältnis zu den auf Ersatz des materiellen Schadens gerichteten Ansprüchen wird die Verjährung durch Erhebung einer Klage auf Ersatz des Vermögensschadens nicht gehemmt (§ 204 Abs. 1 Nr. 1 BGB. Dies ist anders, wenn die Leistungsklage den Ersatz von Vermögens- und Nichtvermögensschaden umfasst. 51

Im Grundsatz gilt zudem, dass mit einer unbeschränkten Schmerzensgeldklage alle Schadensfolgen aus der Körper-/Gesundheitsverletzung abgegolten sind, die 52

- bereits eingetreten und objektiv erkennbar sind, oder
- deren Eintritt vorhersehbar war und bei der Entscheidung berücksichtigt werden können.

Andererseits werden nur mögliche Spätfolgen bei der Bemessung des Schmerzensgeldes nicht berücksichtigt, weil ihr Eintreten ungewiss ist. Diesem Dilemma kann der Verletzte mit einer offenen Teilklage begegnen, die der *BGH*[79] als zulässig erachtet. 53

Mit der Zulässigkeit einer solchen Teilklage ist der Verletzte aber keinesfalls gesichert. Er läuft Gefahr, dass einer späteren Klage auf Zahlung eines weiteren Schmerzensgeldes zwar nicht die Rechtskraft der früheren Entscheidung entgegensteht, dieser weitergehende Anspruch aber verjährt ist.[80] Deshalb ist dem Anwalt dringend zu empfehlen, bei inhaltlich begrenzter Leistungsklage (Teilklage) zugleich eine Feststellungsklage zu erheben, oder die Verjährung möglicher Spätfolgen durch Vereinbarung zu verhindern. Eine negative Feststellungsklage (des vermeintlichen Schuldners gerichtet darauf, das Nichtbestehen der Forderung festzustellen) führt aber ebenso wenig wie die Verteidigung des Gläubigers hiergegen zu einer Hemmung der Verjährung des Anspruchs des Gläubigers.[81] 54

Auch das Prozesskostenhilfeverfahren hemmt die Verjährung, nach dem eindeutigen und insoweit auch nicht auslegungsfähigen[82] Wortlaut des Gesetzes aber nur, wenn der Antrag dem Gegner bekannt gegeben wird. Die bloße Einreichung des Antrags genügt daher nicht zur Hemmung der Verjährung;[83] da teilweise vertreten wird, bei erfolglosen PKH-Anträgen bedürfe es keiner Zustellung an den Gegner, sollte der Anwalt in diesem Fall zugleich ausdrücklich die Bekanntgabe des Antrags beantragen und hierzu auf § 204 Abs. 1 Nr. 14 BGB verweisen. Einem solchen Antrag darf sich das Gericht nicht verschließen.[84] 55

Das *OLG Oldenburg*[85] hat ferner eine Verjährungshemmung nach § 204 Abs. 1 Nr. 14 BGB verneint, wenn der Prozesskostenhilfeantrag missbräuchlich – weil in Kenntnis fehlender Bedürftigkeit – gestellt ist.

77 *OLG Rostock*, Urt. v. 10.05.2022 – 5 U 173/19, unveröffentlicht.
78 *BGH* NJW 2009, 56.
79 *BGH* NJW 2004, 1243.
80 *OLG Frankfurt* SP 2003, 379.
81 *BGH* MDR 2012, 1365.
82 *BGH* VersR 2008, 1119 (1120).
83 *BGH* VersR 2008, 1119 (1120).
84 *BGH* VersR 2008, 1119 (1120).
85 *OLG Oldenburg* FamRZ 2010, 1098.

Ob neben der Einreichung des PKH-Antrags auch die Erklärung über die persönlichen und wirtschaftlichen Verhältnisse rechtzeitig eingereicht werden muss, wird uneinheitlich beurteilt: während etwa das *OLG Nürnberg*[86] annimmt, dass ein fristgerecht eingereichter und demnächst (hier: 12 Tage später) bekannt gegebener Antrag auch dann die Verjährung hemmt, wenn der Kläger die Erklärung erst später nachreicht, vertreten das *OLG Hamm*[87] und das *OLG Schleswig*[88] die Auffassung, die Bekanntgabe sei nicht rechtzeitig erfolgt, wenn der Antragsteller es versäumt, diese Erklärung zu den Akten zu reichen.

56 Die Zustellung eines Mahnbescheids hemmt ebenfalls die Verjährung, § 204 Abs. 1 Nr. 3 BGB. Diese Wirkung tritt bereits mit dem Eingang des Mahnantrages ein, wenn die Zustellung demnächst erfolgt, § 167 ZPO. Der BGH[89] hat – darüber hinausgehend – eine Verjährungshemmung trotz unwirksamer Zustellung des Mahnbescheids (Umzug, Ummeldung, aber noch Namensschilder an altem Wohnsitz und Zustellung dort) angenommen, wenn der Anspruchsinhaber für die wirksame Zustellung alles aus seiner Sicht erforderliche getan hat, der Anspruchsgegner in unverjährter Zeit von dem Erlass des Mahnbescheids und seinem Inhalt Kenntnis erlangt hat und die Wirksamkeit der Zustellung ebenfalls in unverjährter Zeit in einem Rechtsstreit geprüft wird (hier: Einspruchsverfahren gegen Vollstreckungsbescheid, von welchem der Schuldner im Rahmen der Vollstreckung erstmalig Kenntnis erlangte, in unverjährter Zeit).

57 Die Zustellung einer Streitverkündung wirkt nach § 204 Abs. 1 Nr. 6 BGB verjährungshemmend. Nach der Rechtsprechung des BGH[90] ist für diese Wirkung aber erforderlich, dass die Streitverkündung zulässig ist. Dies gilt selbst dann, wenn der Streitverkündete dem Rechtsstreit beitritt. Zwar treten in diesem Fall die prozessualen Wirkungen des § 68 ZPO ein, ohne dass im Folgeprozess die Zulässigkeit der Streitverkündung geprüft werden müsste. Für die verjährungshemmende Wirkung gilt die aber nicht. Der Beitritt des Streitverkündeten entbindet das Gericht des Folgeprozesses nicht von der Prüfung der Zulässigkeit der Streitverkündung.[91]

### *c) Hemmung nach § 115 Abs. 2 VVG*

58 Nach § 115 Abs. 2 VVG[92] ist die Verjährungsfrist nach Anmeldung des Anspruchs an den Versicherer bis zum Zugang von dessen Entscheidung in Textform gehemmt (vgl. auch allgemein § 15 VVG). Einer solche Entscheidung bedarf es nach dem Gesetz nur nach der ersten Anmeldung, um die Hemmung der Verjährung zu beenden. Die Vorgängernorm des § 3 Nr. 3 PflVG sprach noch von einer »schriftlichen« Entscheidung; dies wurde im Zuge der Änderung des VVG an die neuen Medienformen angepasst. An die Anmeldung des Ersatzanspruchs sind nur geringe inhaltliche Anforderungen zu stellen; es reicht aus, wenn nur ein Anspruch von mehreren geltend gemacht

---

86 *OLG Nürnberg* VersR 2010, 1468: Grund ist u.a., dass diese Erklärung dem Gegner ohnehin nicht zugeleitet wird.

87 *OLG Hamm*, Urt. v. 02.02.2012 – 5 U 110/11, n.v.

88 *OLG Schleswig* OLGR 2009, 393.

89 *BGH* NJW-RR 2010, 1438: weil Sinn und Zweck des § 204 Abs. 1 Nr. 3 – nämlich die Information des Schuldners in unverjährter Zeit – gewahrt sei und eine erneute Zustellung eine »unnötige Förmelei« bedeuten würde.

90 *BGH* NJW 2008, 519.

91 *BGH* NJW 2008, 519 (520). Eine Streitverkündung kann z.B. unzulässig sein, wenn sich aus der Streitverkündungsschrift nicht hinreichend klar ergibt, wegen welcher Pflichtverletzung der Streitverkündete wofür haften soll, *OLG Hamm* IBR 2011, 183.

92 Die Regelung entspricht weitgehend der alten Fassung des § 3 Nr. 3 S. 3 PflVG, der im Zuge der VVG-Novelle 2008 (BGBl. I, 2631 v. 21.09.2007) aufgehoben wurde. Das neue VVG trat zum 01.01.2008 in Kraft und ist auf ab diesem Zeitpunkt abgeschlossene Verträge anwendbar. Auf Altverträge findet das neue Recht grundsätzlich erst ein Jahr später, also ab dem 01.01.2009 Anwendung. Ausnahme: Bei Eintritt eines Versicherungsfalls bis zum 31.12.2008 bestimmen sich die daraus ergebenden Rechte und Pflichten weiterhin nach dem alten VVG.

wird.[93] Wenn aber von verschiedenen Schadenspositionen nur einzelne »beschieden« werden, ist die Verjährung hinsichtlich der nicht von der Versicherung erwähnten weiterhin gehemmt.[94] Zu beachten ist, dass nicht nur die schriftliche Ablehnung, sondern auch die positive Entscheidung des Versicherers, Ansprüche regulieren zu wollen, die Hemmung beendet und die Verjährung wieder in Gang setzt.[95] So kann auch der Abschluss eines Abfindungsvergleichs mit einem Vorbehalt für Spätschäden dazu führen, dass die durch die Anmeldung der Ansprüche eingetretene Hemmung entfällt, weil die Angelegenheit (trotz des Vorbehalts für die Zukunft!) abgeschlossen ist.[96]

In Ausnahmefällen kann auf eine schriftliche Entscheidung auch verzichtet werden.[97] Wird z.B. 59
zeitnah mit dem Unfall eine Verletzung festgestellt, die Spätschäden nach sich ziehen kann, beginnt auch insoweit die Verjährungsfrist zu laufen. Das *OLG Frankfurt*[98] entschied einen Fall, in welchem nach einem Verkehrsunfall im Jahr 1990 in einem ärztlichen Gutachten als vorläufige Diagnose ein schweres HWS-Schleudertrauma und ein dringender Verdacht auf eine Hirnstammkontusion festgestellt wurden. Noch 1990 reichte der Verletzte Klage auf Zahlung eines Schmerzensgeldes i.H.v. 1.500 DM ein. Die Beklagte zahlte daraufhin einen (in der Entscheidung nicht genannten) Betrag und der Kläger nahm die Klage zurück. Mit seiner Behauptung, er habe erst Ende Oktober 1998 von der 1990 festgestellten Hirnstammkontusion erfahren, wurde er nicht gehört. Die Hemmung der (drei Jahre dauernden) Verjährungsfrist gem. § 3 Nr. 3 S. 3 PflVG a.F. endete mit der Klagerücknahme; eine schriftliche Entscheidung des Versicherers wurde als »leere Förmelei« nicht mehr gefordert.

#### *d) Hemmung im Adhäsionsverfahren*

Eine Hemmung der Verjährung tritt im (bislang praktisch eher seltenen) Adhäsionsverfahren, also der 60
Geltendmachung von zivilrechtlichen Ansprüchen als »Annex« eines Strafprozesses bereits dadurch ein, dass der Antrag gem. § 404 Abs. 1 StPO angebracht wird. Der Zustellung des Antrages an den Schädiger gem. § 404 Abs. 1 S. 3 StPO und der Anordnung und Durchführung einer Hauptverhandlung bedarf es für die verjährungshemmende Wirkung nicht. Dies ergibt sich aus dem eindeutigen Wortlaut des § 404 Abs. 2 StPO, wonach bereits die Antragstellung, der Eingang des Antrags bei Gericht, »dieselbe Wirkung wie die Erhebung der Klage im bürgerlichen Rechtsstreit« hat.[99]

Das Adhäsionsverfahren ist durch das Opferrechtsreformgesetz[100] in den §§ 403 bis 406c StPO 61
grundlegend geändert worden. Durch die Änderungen soll dem Adhäsionsverfahren eine höhere Praxisrelevanz verliehen werden, es soll aus seiner Bedeutungslosigkeit herausgeholt werden.

Nunmehr bietet das Adhäsionsverfahren dem Geschädigten ein einfaches und kostengünstiges Ver- 62
fahren, einen vollstreckbaren Titel zu erlangen; er kann im Strafverfahren seine zivilrechtlichen Ansprüche, insbesondere Schadensersatzansprüche wegen Beschädigung des Kfz, Ansprüche aus Personenschaden und Schmerzensgeldansprüche durchsetzen. Was allerdings bleiben wird, ist die Feststellung, dass diese Ansprüche i.d.R. nicht optimal von Strafverteidigern geltend gemacht wer-

93 *BGH* VersR 1985, 1141; *OLG Frankfurt* MDR 2011, 538.
94 *OLG Celle* Verkehrsrecht Aktuell 2008, 183 = NJW-Spezial 2009, 10 (geltend gemacht wurde Schmerzensgeld und materielle Schäden; die Versicherung antwortete mit dem Hinweis, ein Schmerzensgeld von 7.500 € werde gezahlt, der darüberhinausgehende Betrag sei »nicht begründet«; materielle Ansprüche wurden nicht erwähnt. Damit waren diese nicht verjährt, da keine Entscheidung hierüber ergangen war.). Ebenso *OLG Düsseldorf* NJW-RR 2005, 819.
95 *BGH* VersR 1991, 878; *OLG Rostock* VersR 2003, 363.
96 *OLG Rostock* NJW-Spezial 2011, 169.
97 Da ohne formwirksame endgültige Entscheidung die Verjährung an sich dauerhaft gehemmt wäre, bleibt in diesen Fällen nur der Einwand der Treuwidrigkeit, vgl. *OLG Naumburg* MDR 2008, 450; *OLG Hamm* NJW 2014, 1458.
98 *OLG Frankfurt* SP 2003, 379.
99 *OLG Rostock* OLGR 2000, 47 (zum alten Verjährungsrecht).
100 Gesetz vom 24.06.2004, BGBl. I, 1354, in Kraft seit dem 01.09.2004.

den können und dass der oder die entscheidenden Strafrichter sich in der nicht immer bekannten zivilrechtlichen Materie betätigen müssen.

63 Gerade was das Schmerzensgeld angeht, muss das Gericht zumindest über das Schmerzensgeld entscheiden und kann hierüber eine Entscheidung nicht wie früher nahezu problemlos verweigern.

64 Die übrigen Schadensersatzansprüche allerdings können dann unentschieden bleiben, wenn sich der Antrag auch unter Berücksichtigung der berechtigten Belange des Antragstellers zur Erledigung im Strafverfahren nicht eignet. Das ist insbesondere dann der Fall, wenn seine weitere Prüfung das Verfahren erheblich verzögern würde (§ 406 Abs. 1 S. 4, 5 StPO). Teilweise wird befürchtet, dass es manchem Strafrichter nicht schwer fallen wird, diese Voraussetzungen zu begründen.[101]

65 Zu bedenken ist auch, dass weder der Versicherer des Geschädigten noch die gegnerische Haftpflichtversicherung unmittelbar am Adhäsionsverfahren beteiligt werden können. Deshalb ist das Adhäsionsverfahren insbesondere für Verkehrsdelikte ungeeignet, zumal eine Verurteilung ohne Verschulden allein aus dem Gesichtspunkt der Gefährdungshaftung i.d.R. nicht in Betracht kommt. Der Geschädigte kann jedenfalls seinen Direktanspruch gegen den Haftpflichtversicherer nicht durchsetzen, sodass ihm zum Adhäsionsverfahren nicht geraten werden kann.[102]

66 Andererseits sieht § 406 Abs. 1 S. 6 StPO vor, dass bei der Geltendmachung eines Anspruchs auf Zahlung von Schmerzensgeld das Gericht nur dann von einer Entscheidung absehen darf, wenn der Antrag unzulässig und soweit er unbegründet erscheint. Das bedeutet, dass das Gericht nicht schon dann von einer Entscheidung über das Schmerzensgeld absehen darf, wenn die Bescheidung des Antrags das Verfahren verzögern würde, eine Begründung, auf die bei der früheren gesetzlichen Regelung häufig zurückgegriffen wurde.[103]

**▶ Praxistipp:**

67 Von der Möglichkeit, nach einem Verkehrsunfall den Schmerzensgeldanspruch im Adhäsionsverfahren geltend zu machen, ist eher abzuraten. Einmal kann der Anwalt des Geschädigten nicht immer davon ausgehen, dass Strafrichter sich mit der Rspr. zum Personenschaden und zum Schmerzensgeld hinreichend befasst haben, zum andern werden sie sich mit diesen Fragen erst beschäftigen, wenn alle Feststellungen zur Schuld des Täters getroffen sind. Das ist häufig erst unmittelbar vor oder nach den Plädoyers der Fall. Bis auf den Anspruch auf Zahlung von Schmerzensgeld können und werden sie die Entscheidung mit der Begründung verweigern, das Verfahren eigne sich nicht.

Bezeichnend ist, dass es im Adhäsionsverfahren keine Entscheidungen in Verkehrsstrafsachen gibt, die veröffentlicht wurden. Im Adhäsionsverfahren werden in der Regel nur Schmerzensgeldansprüche nach einer Körperverletzung oder Vergewaltigung geltend gemacht.

68 Auch zur Höhe sind die von den Strafkammern im Adhäsionsverfahren ausgeurteilten Schmerzensgelder unzureichend.

69 Das *LG Landau* verurteilte den Angeklagten wegen Vergewaltigung in zwei Fällen, davon in einem Fall in Tateinheit mit sexuellem Missbrauch eines Kindes, zu einer Gesamtfreiheitsstrafe von sechs Jahren und sechs Monaten und sprach der Adhäsionsklägerin ein Schmerzensgeld i.H.v. nur 5.000 € zu, was der *BGH*[104] nicht beanstandete.

70 Das *LG Wiesbaden* verurteilte den Angeklagten wegen Vergewaltigung in zwei Fällen und zur Zahlung eines Schmerzensgeldes i.H.v. 2.500 €. Der *BGH*[105] meinte dazu vollmundig: Da die Höhe

101 Weiner/Ferber/*Weiner* Rn. 9 ff.
102 *Prechtel* ZAP 2005, Fach 22 S. 399.
103 *LG Mainz*, Beschl. v. 25.06.1997 – 301 Js 24.998/96– 1 Ks, n.v.
104 *BGH* Urt. v. 29.07.2003 – 4 Str 222/03, n.v.
105 *BGH* Urt. v. 03.07.2003 – 4 Str 173/03, n.v.

des Schmerzensgeldes durch den Antrag, »ein angemessenes Schmerzensgeld« zuzusprechen, in das Ermessen des Gerichts gestellt wurde, ist in der Zuerkennung eines Betrages von 2.500 € von einem vollen Erfolg der Antragstellerin im Adhäsionsverfahren auszugehen.

Das *LG Erfurt* verurteilte den Angeklagten wegen Vergewaltigung und wegen versuchter Nötigung zu einer Gesamtfreiheitsstrafe von fünf Jahren und sechs Monaten sowie zur Zahlung eines Schmerzensgeldes von 10.000 € an die Nebenklägerin. Der *BGH*[106] hob das Urteil wegen einer Verfahrensrüge auf. 71

Das *LG Wuppertal* verurteilte den Angeklagten wegen unter anderem wegen Vergewaltigung zu einer Gesamtfreiheitsstrafe von vier Jahren und sprach im Adhäsionsverfahren der Nebenklägerin ein Schmerzensgeld von 5.000 € zu. Auch diese Entscheidung bestätigte der *BGH.*[107] 72

Die Zahl der Entscheidungen, die im Adhäsionsverfahren viel zu niedrige Schmerzensgelder aussprechen, ließe sich fortsetzen. Entscheidungen mit auch nur als vertretbar zu bezeichnenden angemessenen Schmerzensgeldern sind bislang nicht bekannt. 73

► **Hinweis:**

Soweit – trotz der Schutzvorschrift des § 167 ZPO – Bedenken an einer rechtzeitigen Zustellung der zivilrechtlichen Klage (§§ 253 Abs. 1, 261 Abs. 1 ZPO, § 204 Nr. 1 BGB) bestehen, mag es allerdings angeraten sein, die Hemmung der Verjährung mittels einer Antragstellung in einem laufenden Strafprozess zu erreichen. 74

### 4. Neubeginn der Verjährung

Die Verjährung wird nicht nur gehemmt, sondern beginnt neu, wenn der Schuldner den Anspruch des Gläubigers anerkennt oder wenn er eine Vollstreckungshandlung vornimmt, § 212 BGB. Hierbei ist zu beachten, dass (vergleichbar der Hemmung[108]) der Neubeginn nicht eintritt, wenn zum Zeitpunkt der Abgabe des Anerkenntnisses die Verjährung noch gar nicht zu laufen begonnen hatte.[109] 75

► **Hinweis:**

Das bedeutet aber nur, dass die kurze Verjährungsfrist von drei Jahren neu zu laufen beginnt. 76

Zudem hat nur ein Anerkenntnis, was in unverjährter Zeit abgegeben wurde, diese Wirkung; gibt der Schuldner ein Anerkenntnis zu einem Zeitpunkt ab, zu dem die Forderung bereits verjährt ist, kann das Anerkenntnis die Verjährung nicht nach § 212 BGB neu beginnen lassen.[110] Die bereits eingetretene Verjährung kann nicht beseitigt werden. Allenfalls kann das Anerkenntnis als (konkludenter) Verzicht auf die Verjährungseinrede aufgefasst werden; hierzu ist aber erforderlich, dass der Schuldner den Eintritt der Verjährung kannte.[111]

Aus Schuldnersicht ist sinnvoll, ein Anerkenntnis explizit auf die noch nicht verjährten Forderungen zu begrenzen, um die Diskussion über etwaige konkludente Einredeverzichte gar nicht erst aufkommen zu lassen:

»Die Forderungen… werden anerkannt, soweit sie zum (heutiges Datum) noch nicht verjährt sind«.

---

106 *BGH* Urt. v. 21.05.2003 – 2 Str 112/03, n.v.

107 *BGH* NStZ 2003, 480 – 3 Str 435/03.

108 Dazu oben Rn. 30.

109 *BGH* NJW 2013, 1430. Das macht aber auch Sinn – ansonsten würde das (ja an sich gläubigerfreundliche) Anerkenntnis zu einer Verkürzung der Verjährung führen, die an sich ja erst zum Schluss des Jahres begönne, dann aber bereits mit Zugang des Anerkenntnisses zu laufen anfinge.

110 *OLG Celle* NJW-Spezial 2010, 717.

111 *OLG Celle* NJW-Spezial 2010, 717.

77 Zu beachten ist, dass jede Zahlung eines Versicherers grundsätzlich ein Anerkenntnis darstellt, das einen Neubeginn der Verjährung auslöst.[112] Dieses Anerkenntnis erfasst zulasten des Versicherungsnehmers (§ 10 Abs. 5 AKB) auch den Teil der Ansprüche, für den der Versicherer nicht einzustehen hat, weil er die Deckungssumme übersteigt.[113]

▶ Hinweis:

78 Ist die Schadensersatzpflicht tituliert festgestellt worden und verjährt daher nach 30 Jahren, gehen Teile der Rechtsprechung[114] davon aus, dass eine Zahlung, die einen Neubeginn der Verjährung auslöst, dann konkret diese 30-jährige Verjährung neu zum Laufen bringt. Eine Versicherung kann sich daher zumal bei der Schädigung jugendlicher Verletzter nicht darauf einrichten, nach 30 Jahren sei »Schluss«; vielmehr kann diese Frist durch Hemmungen oder Neubeginnstatbestände (denkbar ist auch eine an vor Verjährungsende erneut erhobene Feststellungsklage,[115] deren Feststellungsinteresse sich dann aus der bald ablaufenden 30-Jahres-Frist des alten Titels begründet) hinausgeschoben werden.[116]

## 5. Vereinbarungen zur Verjährung

79 Nach § 202 BGB sind sowohl Erleichterungen, als auch Erschwerungen der Verjährung zulässig. So kann z.B. die Verjährung durch Rechtsgeschäft auf 30 Jahre ausgedehnt werden. Der – oft erklärte – »Verzicht auf die Einrede der Verjährung« bedeutet aber nur, dass für den definierten Zeitraum die Einrede nicht erhoben werden wird; der Verzicht bedeutet also nicht eine gleichzeitige Hemmung der Verjährung, die (wenn nicht ausdrücklich anders vereinbart) ansonsten weiterläuft.[117]

80 Sind sich die Parteien einig, dass eine Ersatzpflicht auch für künftige Schäden besteht, kann also ein Feststellungsurteil durch eine vertragliche Vereinbarung ersetzt werden. Die Wirkung eines Feststellungsurteils lässt sich dann dadurch erreichen, dass der Schädiger beziehungsweise sein Haftpflichtversicherer den Schmerzensgeldanspruch schriftlich anerkennt und das Anerkenntnis vom Geschädigten angenommen worden ist. Dazu reicht aber ein einfaches Anerkenntnis i.S.d. § 208 BGB a.F., das lediglich die – dreijährige – Verjährungsfrist neu beginnen lässt, nicht aus. Der »schlichte« Vorbehalt in einer Abfindungsvereinbarung, wonach »Nachforderungen für … vorbehalten bleiben«, sorgt also zwar dafür, dass diese Ansprüche nicht »wegverglichen« sind, führt aber noch nicht gleichzeitig zu einer Verjährungsabrede.[118]

81 In dem Anerkenntnis muss vielmehr zum Ausdruck kommen, dass es einem erstrebten Feststellungsurteil gleichsteht, dass das Anerkenntnis ein Feststellungsurteil ersetzen soll. Fehlt ein solcher Zusatz, handelt es sich nur um ein einfaches Anerkenntnis, mit dem die Verjährungsfrist nur neu beginnt,

112 *BGH* VersR 1960, 949; *BGH* VersR 2004, 1278. Erfüllt der Schädiger daher einen Einzelanspruch, etwa durch weitere Zahlung einer Mehrbedarfsrente, stellt dies eine Leistung auf den Gesamtanspruch dar, dessen Verjährung dann neu beginnt. Das *OLG Köln*, Beschl. v. 05.08.2009 – 5 W 23/09, unveröffentlicht, verweist aber zu Recht darauf, dass die Leistung eines Einzelanspruchs nur Anerkenntniswirkung auf den Gesamtanspruch, nicht aber auf weitere spätere Einzelansprüche hat; die (gesondert, § 197 Abs. 2 BGB!) laufende Verjährung einzelner wiederkehrender Leistungen beginnt also nicht dadurch neu, dass Einzelansprüche erfüllt werden (d.h. Zahlung für Januarbetrag hat keine Wirkung auf Verjährung des Februarbetrags).

113 *BGH* MDR 2005, 90; *BGH* NJW 2008, 2776.

114 *OLG Celle* NJW 2008, 1088 (1089). Kritisch NJW-Spezial 2008, 331. Offen (lediglich feststellend, dass Zahlungen mit Anerkenntniswirkung über die 30-Jahres-Frist Ansprüche bestehen lassen) *BGH* VersR 2009, 230.

115 *BGH* MDR 2018, 594.

116 *OLG Celle* NJW 2008, 1088.

117 *BGH* VersR 2004, 656; *BGH* NJW 2014, 2267; *BGH* VersR 2021, 265.

118 *OLG Schleswig* NJW 2023, 528.

während ein gerichtlich festgestellter Anspruch oder ein dem Feststellungsausspruch gleichstehendes Anerkenntnis gem. §§ 201, 197 Abs. 1 Nr. 3 BGB, erst in 30 Jahren verjährt.

▶ **Formulierungsvorschlag:**

**Mit Wirkung eines am xx.xx.xxxx rechtskräftigen Urteils stellen die Parteien fest, dass der Versicherer verpflichtet ist, einen hier nicht abgefundenen weiteren Schmerzensgeldbetrag zu zahlen, wenn es zu einer unfallbedingten … (z.B. Amputation) kommen sollte.** 82

## 6. Sicherung von Spätfolgen durch Feststellungsklage

### *a) Anwendungsbereiche der Feststellungsklage*

Für die Frage der Verjährung ist es wichtig zu sehen, dass der Schmerzensgeldanspruch als Einheit begriffen wird. Das gilt sowohl für die Höhe als auch für die künftige Entwicklung, also auch für Schäden, die noch gar nicht eingetreten sind und deren Eintritt ungewiss ist. Der Schmerzensgeldanspruch umfasst also auch Spätschäden, deren Eintritt möglich und vorhersehbar ist. Vorhersehbarkeit liegt allerdings dann nicht vor, wenn sich aus ganz leichten Verletzungen, bei denen generell keine Folgeschäden zu erwarten sind,[119] schwere Folgezustände ergeben oder wenn atypische Verletzungsfolgen auftreten, mit denen nach dem Verletzungsbild nicht gerechnet werden konnte.[120] 83

Dabei kommt es nicht darauf an, ob der Verletzte selbst die Spätfolgen als möglich vorausgesehen hat oder hätte voraussehen können. Maßgeblich ist die Sicht eines Mediziners. Sind Spätfolgen aus medizinischer Sicht nicht auszuschließen, können nur die Feststellungsklage oder ein Anerkenntnis in Form einer Vereinbarung zwischen dem Verletzten und dem Versicherer die Verjährung verhindern. Bei der Beurteilung der Vorhersehbarkeit ist die Rspr. streng.[121] So wird vertreten, dass schwere Verletzungen fast immer die Befürchtung von Spätschäden nach sich ziehen mit der Folge, dass die Verjährung ab dem ersten Schaden beginne.[122] 84

▶ **Hinweis:**

Aus diesem Grund muss in allen Fällen, in denen Spätfolgen nicht von vornherein ausgeschlossen werden können, neben der Leistungsklage zugleich eine Feststellungsklage erhoben werden, durch die festgestellt werden soll, dass sich die Haftung des Schädigers auch auf künftige immaterielle Schäden erstreckt.[123] Dann greift § 197 Abs. 1 Nr. 3 BGB ein, wonach rechtskräftig festgestellte Ansprüche in 30 Jahren verjähren. 85

### *b) Insbesondere: das Feststellungsinteresse*

Deshalb hat der Verletzte ein berechtigtes Interesse an der alsbaldigen Feststellung der Einstandspflicht, wenn die Möglichkeit, die Gefahr künftiger Schäden besteht, die derzeit mit der Gewährung eines einheitlichen Schmerzensgeldes nicht ausgeglichen werden können. Das nach § 256 ZPO geforderte Feststellungsinteresse und die Verjährung stehen in einem inneren Zusammenhang. 86

Das rechtliche Interesse i.S.d. § 256 ZPO kann nur dann verneint werden, wenn aus der Sicht des Geschädigten bei vernünftiger Betrachtung kein Grund ersichtlich ist, mit Spätfolgen wenigstens zu rechnen.[124] Auf die Wahrscheinlichkeit des späteren Schadenseintritts kommt es hingegen nicht 87

---

119 *BGH* VersR 1967, 1092, 1094; *BGH* VersR 1973, 371.

120 *OLG Köln* OLGR 1993, 54 = NJW-RR 1993, 601; *OLG Hamburg* VersR 1978, 546.

121 *BGH* VersR 1982, 703; *BGH* VersR 1983, 735.

122 *LAG Rheinland-Pfalz*, Beschl. v. 02.04.2012 – 8 Ta 60/12, u.v., unter Hinweis auf *OLG Zweibrücken* VersR 1994, 1439.

123 Vgl. ausführlich Rdn. 381–388.

124 *BGH* MDR 2001, 448.

an.[125] Lediglich wenn z.B. ein Sachverständiger an später eintretende Folgen nicht einmal zu denken brauchte, werden diese von der Rechtskraft nicht erfasst.[126]

88 Das *OLG Celle*[127] hat ein Feststellungsinteresse bejaht bei einer Bänderruptur im Fußgelenk, weil selbst dann, wenn das Behandlungsergebnis gut sei, ein rupturiertes Band erfahrungsgemäß eine »Schwachstelle« bleibe mit der Folge der erhöhten Verletzungsanfälligkeit, sodass die Gefahr weiterer Schäden bestehe.

*c) Begründetheit der Feststellungsklage*

89 Begründet ist der Feststellungsantrag schon dann, wenn Spätschäden mit einer gewissen Wahrscheinlichkeit entstehen können, wenn mit dem späteren Eintritt von Schadensfolgen überhaupt, wenn auch nur entfernt, gerechnet werden kann. Dabei kommt es nicht darauf an, ob der Verletzte selbst diese Spätschäden vorhersehen kann; entscheidend ist vielmehr, ob ein Mediziner, also ein Fachmann, aufgrund des Schadensbildes mögliche Spätschäden nicht ausschließen kann.[128]

90 Kurz gefasst: Ist die Feststellungsklage zulässig, dann ist sie auch begründet; denn die Argumente, die für die Zulässigkeit sprechen, müssen auch zur Begründetheit führen.[129]

*d) Prozessuale Besonderheiten*

91 Kann der Kläger mit der Klage überhaupt noch keinen auf Leistung gerichteten Antrag stellen, muss er zur Hemmung der Verjährung eine Feststellungsklage erheben. Er ist bei zulässig erhobener Feststellungsklage nicht zum Übergang zur Leistungsklage verpflichtet, auch dann nicht, wenn er den Anspruch im Laufe des Rechtsstreits beziffern kann.[130] Allerdings ist es dem Kläger unbenommen, im Laufe des Verfahrens von der Feststellungsklage zur Leistungsklage überzugehen, wenn die Voraussetzungen gegeben sind. Übersieht er dabei Spätfolgen, sind sie von der ursprünglichen Feststellungsklage nicht mehr erfasst.

92 Eine Berufung trotz obsiegenden Urteils allein zum Zweck der Klageerweiterung oder des Übergangs vom Feststellungs- auf einen Leistungsantrag ist unzulässig.[131]

93 Erweist sich die Leistungsklage als unbegründet, entspricht aber der Erlass eines Feststellungsurteils dem Interesse des Klägers, kann das Gericht dem im Leistungsbegehren enthaltenen Antrag auf Feststellung auch dann stattgeben, wenn er nicht ausdrücklich hilfsweise gestellt worden ist.[132]

94 Der zusätzliche Feststellungsantrag ist der sicherste Weg, den der Anwalt zur Vermeidung der Verjährung beschreiten muss, will er sich nicht einem späteren Regress aussetzen.

95 Hier muss auf die Tendenz der Gerichte hingewiesen werden, mit der Zulässigkeit der Feststellungsklage engherzig zu verfahren, was aber nicht die Billigung des *BGH* findet.[133]

**▶ Hinweis:**

96 Dem muss der Anwalt vorsorglich energisch entgegentreten. Dem Antrag wird das erstinstanzliche Gericht stattgeben, wenn der Anwalt Spätschäden nennt und diese durch Sachverstän-

125 *BGH* VersR 2018, 120; *BGH* VRS 140, 225 (2021).
126 *OLG Schleswig* Urt. v. 23.01.2002 – 9 U 4/01 n.v.
127 *OLG Celle* OLGR 2001, 162 – 9 W 21/01.
128 Dazu *v. Gerlach* VersR 2000, 525, 531 f.; *OLG Celle* OLGR 2003, 264.
129 *V. Gerlach* VersR 2000, 525, 532.
130 *BGH* r+s 2012, 461; *BGH* NJW-RR 2016, 759.
131 *BGH* VersR 1992, 1110; *Müller* VersR 1998, 129, 136.
132 *Müller* VersR 1998, 129, 136.
133 Vgl. die Nachweise bei *v. Gerlach* VersR 2000, 525, 529.

digengutachten unter Beweis stellt. Kaum ein Richter wird diesem Beweisantritt nachgehen, sondern sogleich das Feststellungsinteresse bejahen und der Feststellungsklage stattgeben.

## V. Schutzumfang

Für einen Anspruch ist Voraussetzung, dass eines der in § 253 Abs. 2 BGB genannten Rechtsgüter verletzt ist. Eine »*Bagatellgrenze*«, die minimale Verletzungen von einem Schmerzensgeldanspruch ausnimmt, ist nicht ins Gesetz aufgenommen worden: zwar war eine solche zunächst vorgesehen, um ein sprunghaftes Ansteigen der Haftpflichtprämien zu verhindern. Grundsätzliche Haftungserweiterungen (insbes. Anhebung der Ersatzleistungen für Schwerstverletzte) wurden aber durch Haftungsbegrenzungen z.T. ausgeglichen. Die Praktizierung einer Bagatellgrenze bleibt daher wie bisher der Rspr. vorbehalten, welche auch schon vorher bei geringfügigen Verletzungen ein Schmerzensgeld abgelehnt hatte.[134] 97

Nicht von § 253 Abs. 2 BGB umfasst ist das Leben als solches. Es gibt also kein Schmerzensgeld für Tod, sondern allenfalls für die vorangegangenen Schmerzen; dieses können dann die Erben geltend machen.[135] Auch Verwandte erhalten nur Schmerzensgeld, wenn ihr Schock über den Tod des nahen Angehörigen pathologischen Charakter (= Gesundheitsbeschädigung) annimmt (sog. Schockschaden[136] für die dann eigene [!] Rechtsgutverletzung). Für den Verlust des Angehörigen als solchen ist ein Hinterbliebenengeld, § 844 Abs. 3 BGB,[137] geschuldet. 98

Ebenfalls nicht von § 253 Abs. 2 BGB umfasst ist das allgemeine Persönlichkeitsrecht. Die Rspr. arbeitete schon nach altem Recht ohnehin nicht mehr mit einer Analogie zu § 847 BGB a.F., sondern erkannte das allgemeine Persönlichkeitsrecht als sonstiges Recht i.S.d. § 823 Abs. 1 BGB an und gewährte Entschädigung in Geld wegen Verletzung des allgemeinen Persönlichkeitsrechts über eine wegen Artt. 2 Abs. 1, 1 Abs. 1 GG verfassungsrechtlich gebotene Reduktion des § 253 Abs. 1 BGB. An dieser Lösung hat die Schadensrechtsreform nichts geändert. 99

## VI. Bemessungsumstände/»Tabellen«

Die Bemessung des angemessenen Schmerzensgeldes erfolgt unter Berücksichtigung aller den konkreten Fall kennzeichnenden Besonderheiten. 100

### 1. Bemessungsumstände

Für die Verletzung der in § 253 Abs. 2 BGB genannten Rechtsgüter ist eine »billige Entschädigung in Geld« zu leisten. Bei der Bemessung des für eine Verletzung angemessenen Schmerzensgeldes sind Ausgleichs- und Genugtuungsfunktion, die zwei Elemente des Schmerzensgeldanspruchs, relevant, die der *BGH* in der hierzu richtungsweisenden Entscheidung des großen Zivilsenats aus dem Jahr 1955[138] wie folgt umreißt: 101

> »Der Anspruch auf Schmerzensgeld... ist kein gewöhnlicher Schadensersatzanspruch, sondern ein Anspruch eigener Art mit einer doppelten Funktion: Er soll dem Geschädigten einen angemessenen Ausgleich für 102

134 Ausführlich *Jaeger/Luckey* Rn. 21–26. Plastisch auch *BGH* NJW 1993, 2173: eine 1cm lange Platzwunde, die die Klägerin erlitt, als sie sich in einer unwillkürlichen Schreckreaktion auf NATO-Tiefflieger auf die Wiese warf, ist eine entschädigungslos hinzunehmende Bagatellverletzung. Anders dagegen das *LG Frankfurt* NJW 2002, 2253, das einem Benutzer der DB AG ein Schmerzensgeld in Höhe von 400 € zuerkannte, weil dieser sich zwei Stunden mit einem dringenden Bedürfnis quälen musste, da keine funktionsfähige Toilette im Zug war.

135 Ausführlich Rdn. 253–292.

136 Ausführlich Rdn. 207–228.

137 Ausführlich Rdn. 229 ff.

138 *BGH* BGHZ 18, 149 = NJW 1955, 1675.

diejenigen Schäden bieten, die nicht vermögensrechtlicher Art sind, und zugleich dem Gedanken Rechnung tragen, dass der Schädiger dem Geschädigten Genugtuung schuldet für das, was er ihm angetan hat.«

103 Diese beiden Funktionen, nämlich Ausgleich der erlittenen Schäden (Ausgleichsfunktion) und Genugtuung für das Erlittene (Genugtuungsfunktion) haben im Grundsatz auch heute noch Gültigkeit bei der Bemessung von Schmerzensgeldern.[139]

*a) Ausgleichsfunktion*

104 Der Umfang des Schadens, das Ausmaß der konkreten Beeinträchtigung, sind für die Bemessung des Schmerzensgeldes in *erster Linie* ausschlaggebend. Diesen Gesichtspunkt hat der *BGH* schon in einer Entscheidung von 1952[140] hervorgehoben. Beeinträchtigungen sind nicht nur Körperschäden im eigentlichen Sinne, etwa der Verlust des Augenlichtes oder die Unfähigkeit zum Springen und Laufen nach einer Amputation. Es sind auch subjektive Empfindungen, die soziale und berufliche Stellung, die nicht selbstständigen Krankheitswert erreichen müssen, wenn eine Verletzung von Körper und/oder Gesundheit, die sog. Primärverletzung, vorliegt. Auch der Beschluss des großen Senats vom 06.07.1955[141] sieht im Ausgleich eine wesentliche, wenn auch nicht die einzige Funktion des Schmerzensgeldes. Das Ausmaß der Lebensbeeinträchtigung stehe bei der Bemessung des Ausgleichs an erster Stelle; die Größe, Heftigkeit und Dauer der Schmerzen bleibe vor der Genugtuung die wirtschaftliche Grundlage für die Bemessung der Entschädigung.

105 Kriterien zur Bemessung des Schmerzensgeldes sind daher etwa:
- Schmerzen
- Schwere der Verletzungen
- Verletzungsbedingtes Leiden (Verlauf des Heilungsprozesses)
- Dauer des Leidens; Dauerschäden (Verlust von Gliedern; Behinderungen[142]).

106 Eine Geldsumme, die als Ausgleich gezahlt wird, soll es nach dem historischen Verständnis der Ausgleichsfunktion dem Verletzten ermöglichen, sich Annehmlichkeiten und Erleichterungen zu verschaffen[143] oder einer Liebhaberei nachzugehen, die ihm bisher nicht zugänglich war. Es soll nicht einmal ausgeschlossen sein, dass der Verletzte Befriedigung einfach durch den Besitz der Geldsumme empfindet und dadurch von seinen Schmerzen abgelenkt wird. Die Entschädigung soll ihm die Möglichkeit geben, sein seelisches Gleichgewicht wieder zufinden, soweit die Schwere seiner Verletzung und seines Leidens dies überhaupt gestattet.[144] Das bedeutet aber nicht, dass der Geschädigte darlegen muss, wie er mit dem Schmerzensgeldbetrag umgehen will.

107 In der Entscheidung vom 06.07.1955[145] hat der *BGH* zwar die Bedeutung der Ausgleichsfunktion deutlich herausgestellt, er hat aber dann doch wieder auf den Gesichtspunkt der Buße oder Genugtuung zurückgegriffen. Hierzu heißt es, das alleinige Abstellen auf den Ausgleichsgedanken sei unmöglich, weil immaterielle Schäden sich nie und Ausgleichsmöglichkeiten nur beschränkt in Geld ausdrücken ließen. In Fällen weitgehender Zerstörung der Persönlichkeit sei ein Ausgleich in dem Sinne nicht möglich, weil der Verletzte subjektiv das Bewusstsein seiner Schädigung nicht besitze. Aus diesem Grund ist die Entscheidung allgemein so verstanden worden, dass die Ausgleichsfunktion des Schmerzensgeldes das Bewusstsein des Geschädigten von der Beeinträchtigung voraussetzt.[146]

108 Dabei wurde übersehen, dass in diesen Fällen vom Verletzten eine Genugtuung erst recht nicht empfunden werden konnte. In den Fällen der völligen Zerstörung der Persönlichkeit mussten folg-

139 Ausführlich zu beiden Funktionen des Schmerzensgeldes *Jaeger/Luckey* Rn. 996 ff.
140 *BGH* BGHZ 7, 223, 225.
141 *BGH* BGHZ 18, 149 = NJW 1955, 1675.
142 *BGH* VersR 1988, 1034.
143 *RG*, Urt. v. 14.06.1934 – VI 126/34 n.v.
144 *Jaeger/Luckey* Rn. 997.
145 *BGH* BGHZ 18, 149 = NJW 1955, 1675.
146 *Müller* VersR 1993, 909, 912 m.w.N.

lich sowohl die Ausgleichsfunktion als auch die Genugtuungsfunktion nach damaligem Verständnis gleichermaßen ins Leere laufen.

In neueren Entscheidungen des *BGH* wird die Ausgleichsfunktion daher wesentlich *weiter* verstanden.[147] Er lässt das Erfordernis fallen, dass von einem Ausgleich nur die Rede sein könne, wenn der Verletzte die Beeinträchtigung auch empfinde. Die Beeinträchtigung bestehe in diesen Fällen nämlich gerade in der mehr oder weniger vollständigen Zerstörung der Persönlichkeit, was bei der Bemessung des Ausgleichs zu berücksichtigen sei. 109

Möglicherweise kann sich bei einem solchen erweiterten Verständnis der Ausgleichsfunktion die Genugtuungsfunktion als entbehrlich erweisen.[148] Im Urteil des *BGH* aus dem Jahr 1992[149] wird sie nur noch unter dem Blickpunkt erwähnt, dass sie bei den die Empfindungsfähigkeit ausschließenden Schwerstschäden keine Rolle spielen könne. Ob sie bei anderen Fallgruppen, in denen der Schadensausgleich ohnehin im Vordergrund steht, noch eine eigenständige Bedeutung hat, erscheint jedenfalls bei fahrlässigen Rechtsverletzungen fraglich.[150] 110

### *b) Genugtuungsfunktion*

Die geschichtliche Entwicklung des Schmerzensgeldes zeigt, dass lange vor dem Inkrafttreten des BGB die herrschende Meinung für einen reinen Entschädigungscharakter des Schmerzensgeldes eintrat.[151] Moralisierende oder strafrechtliche Gesichtspunkte sollten bei der Bestimmung der zivilrechtlichen Folgen unerlaubten Handelns unberücksichtigt bleiben. 111

Bis zur Entscheidung des großen Zivilsenats vom 06.07.1955[152] war es daher einhellige Auffassung, dass ein Schmerzensgeldanspruch ausschließlich Ausgleichsfunktion haben sollte. 112

Die Genugtuungsfunktion rückt das Schmerzensgeld in die Nähe der Strafe, sodass es eine irrationale Funktion erhält. Das Schmerzensgeld soll nach dieser Lehre die Verbitterung des Verletzten über das ihm angetane Unrecht besänftigen und seine Gefühle vom Gefühl des Hasses und dem Wunsch nach Vergeltung entlasten. Allerdings geht auch die Genugtuungslehre nicht davon aus, dass das Schmerzensgeld alleine der Genugtuung dienen soll, es soll die Kompensation nur erleichtern; denn Verbitterung oder Hass sind keine ausschlaggebenden rechtlichen Argumente.[153] 113

Sein hauptsächliches Anwendungsgebiet hat die Genugtuungsfunktion bei (vorsätzlichen) Straftaten oder verzögerter Regulierung durch die Haftpflichtversicherung. 114

#### *aa) Vorsätzliche Straftaten*

Vorsätzliche Straftaten sind im Verkehrsunfallrecht eher selten; die überwiegende Zahl der Verkehrsunfälle geschieht fahrlässig. Da für das Bestehen des Anspruchs auf Schmerzensgeld nach der Änderung des § 253 Abs. 2 BGB kein Verschulden mehr erforderlich ist, dürfte eine schmerzensgelderhöhende Wirkung nur fahrlässigen Verhaltens ohnehin kontraproduktiv sein; würde das Verschulden nämlich bei der Höhe des Schmerzensgeldes gleichwohl berücksichtigt, wäre die erwünschte Rationalisierung nicht eingetreten.[154] Gleichwohl kann bei grober Fahrlässigkeit und starker Rücksichtslosigkeit eine 115

147 *BGH* BGHZ 120, 1.
148 *Müller* VersR 1993, 909, 913; *Küppersbusch* Rn. 274.
149 *BGH* BGHZ 120, 1 = NJW 1993, 781.
150 *Müller* VersR 1993, 909, 913.
151 *RG* RGZ 8, 117 f.
152 *BGH* BGHZ 18, 149 = NJW 1955, 1675.
153 *Jaeger/Luckey* Rn. 1003.
154 *Jaeger/Luckey* Rn. 1199 ff. (inbes. Rn. 1201).

Berücksichtigung geboten sein. So ist auch in der Arzthaftung die Genugtuungsfunktion zwar selten – immerhin will der Arzt ja im Regelfall heilen – aber doch denkbar.[155]

Andererseits entfällt der Genugtuungsaspekt nicht etwa deshalb, weil der Schädiger strafrechtlich verurteilt wurde.[156]

116 Die Rspr.[157] vertritt daher die Auffassung, dass jedenfalls eine fahrlässige Begehung die Höhe des Schmerzensgeldes nicht beeinflusst, um die Verkehrsunfallprozesse und die Abwicklung über §§ 7 StVG, 253 Abs. 2 BGB nicht mit Verschuldenserwägungen zu »belasten«.

*bb) Verzögerte Regulierung*

117 Häufiger ist die Erhöhung des Schmerzensgeldes wegen verzögerter Regulierung.[158] In diesem Fall wird die Ausnutzung der wirtschaftlichen Machtstellung[159] durch den Ersatzpflichtigen, die Herabwürdigung des Verletzten, die Nichtberücksichtigung seiner durch die Verletzung herbeigeführten existenzbedrohenden Situation usw. durch einen Zuschlag zu dem an sich geschuldeten Schmerzensgeld »bestraft«, um dem Geschädigten einen Ausgleich dafür zu verschaffen, dass der Ersatzpflichtige den Ausgleich insgesamt verzögert hat. Ein solcher Zuschlag wird gewährt, weil die Rspr. unterstellt, dass durch ein verzögerliches Regulierungsverhalten das Leid des Verletzten erhöht wird, sodass diese zusätzlich entstandene Beeinträchtigung auch zusätzlich zu entschädigen, also ein zusätzlicher Ausgleich zu gewähren ist.[160]

**Hinweis:**

Da es um den Ausgleich des weiteren Leidens des Verletzten geht, erfolgt keine Berücksichtigung verzögerter Regulierung, wenn bei einem ererbten Ersatzanspruch die Regulierungsverhandlungen erst nach dem Tod stattfanden.[161] Mit vergleichbarer Begründung hat das OLG Köln[162] den Umstand verzögerter Regulierung bei der Verletzung eines Babies für unbeachtlich gehalten, weil das Kind nicht in der Lage sei, die hierin liegende Kränkung zu erfassen. Aus diesem Grund hat es das OLG Saarbrücken[163] für erforderlich gehalten, dass der Geschädigte vorträgt, warum die Regulierung »verzögert« gewesen sein und die verzögerte Zahlung **schutzwürdige Interessen** des Geschädigten verletzt haben solle, wenn er eine Berücksichtigung beim Schmerzensgeld erreichen will.

---

155 *BGH* NJW 2022, 1443; nicht allerdings immer schon dann, wenn ein grober Behandlungsfehler vorliegt.

156 *BGH* VersR 1995, 351; *Ludovisy/Kuckuk* S. 391.

157 Beispielhaft *OLG Celle* VersR 2005, 91. In diese Richtung (»Zurücktreten der Genugtuungsfunktion« im Verkehrsrecht) auch *OLG Düsseldorf* VersR 1996, 1508. Zustimmend etwa Himmelreich/Halm/*Luckey* Kap. 8 Rn. 32; Kritisch und ablehnend Geigel/*Pardey* S. 237. Differenzierend Geigel/*Kunschert* S. 880: Berücksichtigung umso eher, je gravierender das Verschulden ist. Kritisch *Diederichsen* VersR 2005, 433, 435; *Müller* VersR 2003, 1, 4; *Pauker* VersR 2004, 1391, 1395.

158 Kritisch zu dieser Fallgruppe insgesamt *Schellenberg* VersR 2006, 878.

159 Deswegen kommt bei der Vorenthaltung kleinerer Beträge die Annahme von Regulierungsverzögerung regelmäßig nicht in Betracht. So hat das *OLG Brandenburg* SP 2011, 141, Regulierungsverzögerung in einem Fall verneint, wo vier Monate lang der Betrag von 5.000,00 € nicht gezahlt wurde: es gehe bei dieser Summe »nicht um eine Existenzbedrohung« der Klägerin, aufgrund derer sie auf eine unverzügliche Zahlung angewiesen sei. Ebenso *OLG Saarbrücken*, Urt. v. 07.06.2011 – 4 U 451/10, unveröffentlicht: »Die Schwere der Verletzungen und die Höhe des zuzuerkennenden Schmerzensgeldes sind zu gering, um eine psychische Beeinträchtigung des Klägers durch den verzögerten Ausgleich der vollen Schadensersatzleistung plausibel erscheinen zu lassen«.

160 *Jaeger/Luckey* Rn. 1013 ff.

161 *OLG Koblenz* NJW-RR 2008, 1055.

162 *OLG Köln*, VersR 2016, 937.

163 *OLG Saarbrücken* NJW 2011, 933.

Letztlich ist daher auch denkbar – so etwa das *OLG Hamm*[164] – die Erhöhung des Schmerzensgeldes bereits aus der Ausgleichsfunktion abzuleiten. Maßgebend ist, ob – etwa bei einfacher Rechtslage – die Zahlung des Schmerzensgeldes grundlos besonders lange hinausgezögert worden ist.[165]

Dabei ist es selbstverständlich, dass gerade Versicherer sorgfältig beobachten, wie sie den zu leistenden Schadensersatz möglichst geringhalten können. Insbesondere wenn ein hoher Zinsschaden oder wenn hohe Kosten der Rechtsverfolgung drohen, werden sie diese Positionen durch hohe Teilzahlungen zu reduzieren suchen. Eine verzögerliche Regulierung liegt daher nicht schon dann vor, wenn der Ersatzpflichtige sich aus nachvollziehbaren Gründen – und nicht nur »ins Blaue« – hinein – gegen eine Schadensersatzforderung zur Wehr setzt. Dieses Recht, eine seiner Auffassung nach zum Grund und/oder Höhe unbegründete Ersatzforderung gerichtlich überprüfen zu lassen, darf einem Versicherer nicht dadurch beschnitten werden dass er mit höherem Schmerzensgeld bestraft wird, weil sich seine (zulässigen) Einwände nicht halten lassen.[166] Eine Regulierungsverzögerung liegt somit ebenfalls nicht schon dann vor, wenn sich der Versicherer im Prozess auf Umstände beruft, die er letztlich nicht beweisen kann.[167] 118

Eine Erhöhung setzt also ein über das Maß der »üblichen« Rechtsverteidigung hinausgehendes ablehnendes Verhalten der Versicherung voraus. So hat das *OLG Naumburg*[168] das Regulierungsverhalten eines Versicherers bei der Bemessung des Schmerzensgeldes berücksichtigt, weil dieser vorprozessual ein Schmerzensgeld in ersichtlich unzureichender Höhe angeboten und im Prozess verfahrensverzögernde unzutreffende Einwände gegen die Schmerzensgeldhöhe erhoben hatte. Das *OLG Nürnberg*[169] spricht bei vorprozessualer Zahlung von (nur) 2.000 € trotz klarer Haftung und eines Schmerzensgeldbetrags von letztlich 35.000 € von »Zermürbungsversuchen« der Versicherung. Das *OLG München*[170] hielt – bei »eindeutigem Unfallgeschehen« und einer Vielzahl schwerer Verletzungen, die vom Senat mit 100.000,00 € Schmerzensgeld bemessen wurden – den vorprozessual gezahlten Betrag von (immerhin) 35.000,00 € für »offensichtlich zu niedrig« und nahm ein »kleinliches Regulierungsverhalten« an. Auch das völlige Fehlen von Abschlagszahlungen über einen Zeitraum von vier Jahren trotz klarer Haftungslage kann den Vorwurf verzögerter Regulierung begründen.[171] Das *OLG Schleswig*[172] erhöhte den »an sich« angemessenen Betrag von 60.000,00 € um weitere 10.000,00 €, weil trotz Differenzen der gesamtschuldnerisch haftenden Beklagten nur über den Innenausgleich über sieben Jahre keinerlei Zahlungen geleistet worden waren, und wertete dies als »hartnäckige Verweigerung«. 119

Den Vorwurf grundlos herabwürdigenden Sachvortrags behandelt ein Urteil des *OLG Nürnberg*,[173] welches dem Verletzten eine zusätzliche Genugtuung gewährt, weil die Beklagte dem Kläger grundlos 120

164 *OLG Hamm* OLGR 2003, 167.

165 *Müller* VersR 1993, 909, 916; Der *BGH* VersR 2005, 1559 hat zwar die Frage offengelassen, ob ein verzögerliches Regulierungsverhalten bei der Bemessung des Schmerzensgeldes Berücksichtigung finden kann, er hat die Frage aber ausdrücklich nicht verneint; zur Schmerzensgeldbemessung bei verzögerlichem Regulierungsverhalten vgl. auch *OLG Köln* VersR 2007, 259.

166 *OLG Dresden* VersR 2001, 868. Sehr weitgehend daher *OLG Naumburg* VersR 2002, 1569 und *OLG Nürnberg* VersR 1998, 731, die den Versicherer bereits dann für verzögerte Regulierung haften lassen, wenn sich seine verfahrensverzögernden Einwände letzten Endes als unzutreffend erweisen.

167 *OLG Brandenburg* NZV 2010, 154.

168 *OLG Naumburg* VersR 2002, 1569; so auch *OLG Naumburg* NJW-RR 2002, 672.

169 *OLG Nürnberg* VersR 2007, 1137. Vergleichbar *LG Coburg* Versr 2011, 534, wo der Geschädigte – obwohl ein schwerer Behandlungsfehler unstreitig war – auch zehn Jahre nach der Operation nur 30.000,00 € erhalten hatte. Die Kammer hielt fest, sie könne »dieses Regulierungsverhalten nur mit Unverständnis zur Kenntnis nehmen«, und verurteilte zu 130.000,00 €.

170 *OLG München* NJW-Spezial 2010, 617.

171 *KG* MDR 2010, 1318.

172 *OLG Schleswig*, Urt. v. 23.02.2011 – 7 U 106/09, u.v.

173 *OLG Nürnberg* VersR 1997, 1108 f.

entgegengehalten hatte, er sei bei dem Unfall mit 0,5 bis 0,8 ‰ alkoholisiert gewesen. Eine solche Prozessführung gehe über eine verständliche Rechtsverteidigung hinaus.

121 Zum Verhalten im Prozess und dem Leugnen einer Einstandspflicht entschied der 19. Zivilsenat des *OLG Köln*,[174] dass ein Schädiger, der seine Verantwortung über einen Zeitraum von fünf Jahren geleugnet hatte, wegen dieses Verhaltens ein höheres Schmerzensgeld zu zahlen habe.

122 Denkbare Indizien sind ferner[175]

- das vorsätzliche und »arglistige« Ablehnen einer Einstandspflicht
- das Hinauszögern der Regulierung
- den herabwürdigenden Prozessvortrag und zuletzt
- die unzureichende vorprozessuale Zahlung.

123 Die Gerichte differieren in den »Zuschlägen«, die wegen verzögerter Regulierung zuerkannt werden. Häufig ist auch eine quotenmäßige Bestimmung des »Zuschlags« nicht möglich, weil aufgrund der Rechtsnatur des Schmerzensgeldes als einheitliche Entschädigung für den konkreten Einzelfall richtigerweise in der Bemessung die Summe nicht aufgespalten werden darf in den »an sich« geschuldeten und den »erhöhten« Betrag. Wo Gerichte sich gleichwohl zu dem Maß der Erhöhung äußern, bewegt sich diese von 25 % bis 50 %.[176]

## 2. Beispiele

124 Kriterien, die bei der Bemessung des Schmerzensgeldes von der Rspr. berücksichtigt werden, sind etwa:

- Art der erlittenen Verletzungen
- Intensität der Schmerzen
- Umfang und Anzahl operativer Maßnahmen, evtl. stationäre Behandlung und Therapie
- Heilungsverlauf, etwaige Komplikationen, zusätzliche Therapieerfordernisse[177]
- Alter des Geschädigten[178]
- Dauer und Grad der Minderung der Erwerbstätigkeit (MdE)
- etwaige Dauerschäden (berufliche Beeinträchtigungen, Behinderungen, Verlust von Gliedern, Einschränkungen im Sexualleben)
- psychische Beeinträchtigungen,[179] u.a. durch entstellende Narben
- Verminderung der Heiratschancen
- etwaige Geburtsprobleme durch Beckenverletzungen
- psychische Schäden wie Angstzustände, Wesensveränderungen
- Einschränkung der Berufswahl
- entgangene Lebensfreuden, wie z.B. Sport; Autofahren etc.

174 *OLG Köln* OLGR 2003, 214 (19 U 102/02).

175 *OLG Naumburg* SVR 2004, 315.

176 *OLG Köln* NJW-RR 2002, 962: 25 %; *OLG Naumburg* NZV 2002, 459: 1/3; *OLG Frankfurt* NJW 1999, 2447 f.: 50 %; *OLG Naumburg* SVR 2004, 315: 50 %. Geigel/*Pardey* S. 238, plädiert für eine Erhöhung um maximal 20 %. Sehr angreifbar hat *OLG Schleswig*, Urt. v. 23.02.2011 – 7 U 196/09, unveröffentlicht, ein Schmerzensgeld von 60.000,00 € ausdrücklich um 10.000,00 € für Regulierungsverzögerung erhöht, obwohl die Klägerin keinen unbezifferten Antrag, sondern (nur) Zahlung von 60.000,00 € verlangt hatte. Die Klägerin hatte noch den weiteren Fehler gemacht, trotz eines Unfalls aus Mai 2004 Zinsen erst ab Rechtshängigkeit (20.12.2007) zu verlangen, weil die Inverzugsetzung unterblieben war, und hier letztlich mehr an Zinsen verschenkt, als sie an Zuschlag bekommen hat.

177 *Ludovisy/Kuckuk* S. 393.

178 Dazu Rdn. 309. S. auch *OLG Köln* ZfS 2011, 259: Ein und dieselbe Beeinträchtigung wird nicht in jedem Lebensalter als gleich gravierend empfunden. Etwa *OLG Saarbrücken* OLGR 2006, 819: Ein Krankenhausaufenthalt wird im kindlichen Alter als besonders belastend empfunden. Vgl. auch *Jaeger/Luckey* Rn. 1082 ff.; *Luckey* VRR 2011, 406.

179 Etwa auch *LG Bochum* NJOZ 2011, 33: Psychische Beeinträchtigungen einer schwangeren Geschädigten (19. SSW) nach leichten Beckenverletzungen wegen der Sorge um das ungeborene Kind.

– entgangene Urlaubsfreuden.[180]

▶ **Hinweis:**

Im Deliktsrecht besteht ansonsten kein Schadensersatzanspruch wegen entgangenen Urlaubs.[181] Anders dagegen im Reiserecht, wo ein derartiger Anspruch gegeben ist (§ 651f Abs. 2 BGB).

– »Weihnachtszuschlag« für durch das schädigende Ereignis verdorbene Feiertage[182]
– Regulierungsverzögerung auf Versichererseite (zögerliche Regulierung, Zermürbungstatik) kann zur Erhöhung des Schmerzensgeldes führen[183]

▶ **Hinweis:**

Regulierungsverzögerung liegt auch dann vor, wenn ein völlig unzureichender Vorschussbetrag entrichtet wird.

– Maß des Verschuldens auf Schädigerseite; eine strafrechtliche Verurteilung führt aber nicht dazu, dass das Schmerzensgeld nun geringer ausfallen würde.[184]

Mindernd bei der Bemessung zu berücksichtigen sind: 125

– Mitverschulden
Vertiefung: aufgrund der Rechtsnatur des Schmerzensgeldes als einheitliche Entschädigungssumme für die konkret erlittene immaterielle Beeinträchtigung darf keine »Addition« oder »Quotelung« stattfinden. Das heißt, bei Verletzung mehrerer Körperteile wird nicht etwa für jede Verletzung gesondert ein Betrag festgelegt und dann addiert, sondern ein einheitlicher Betrag für das Gesamtbild der Verletzungen ausgeworfen. Ebenso wird – häufig bei Verkehrsunfällen – bei einem Mitverschulden des Klägers nicht etwa abstrakt ein »angemessenes« Schmerzensgeld festgelegt und dieses sodann quotal gekürzt, sondern es wird ein Betrag zuerkannt, der bereits »unter Berücksichtigung des Mitverschuldens« gebildet wurde. Dass dies in der Praxis dennoch häufig durch Quotelung geschieht, liegt auf der Hand.

▶ **Antragsbeispiel (Mitverschulden):**

»Es wird festgestellt, dass die Beklagten gesamtschuldnerisch dem Kläger den infolge des Unfalls entstandenen und noch entstehenden immateriellen Schaden zu ersetzen haben, wobei zu berücksichtigen ist, dass den Kläger hinsichtlich der Unfallursache ein Mitverschulden von 1/3 trifft«.

– Gefälligkeitsfahrt.[185]

---

180 *BGH* NJW 1975, 40; *BGH* NJW 1980, 1947.
181 *BGH* NJW 1983, 1107.
182 *LG Itzehoe* zfs 1983, 261: 150 €.
183 *BGH* VersR 1970, 134; *OLG Braunschweig* zfs 1995, 90; *OLG Köln* SP 1995, 267.
184 Hierzu auch *OLG Frankfurt* OLGR 1998, 257: Selbst die »Selbstjustiz« von Freunden des Opfers einer Schlägerei, die sich danach den Täter »vornehmen«, führt nicht zum Entfallen der Genugtuungsfunktion.
185 Str. *BGH* NJW 1955, 1175; dagegen *OLG Hamm* RuS 1998, 236. Die Berücksichtigung bei der Bemessung des Schmerzensgeldes hat nichts mit der (streitigen) Frage zu tun, wie dem Grunde nach für Unfälle bei Gefälligkeitsfahrten gehaftet wird: nach altem § 8a StVG wurde nämlich gegenüber einem Fahrzeuginsassen nicht aus StVG gehaftet (Ausnahme nur: entgeltliche Beförderung). Um in den Fällen eines Unfalls bei Gefälligkeitsfahrten oder Fahrgemeinschaften gleichwohl eine – als billig empfundene – Haftung des Fahrers zu erreichen, hat der BGH § 823 BGB angewandt und sämtliche von der Literatur für die Haftungseinschränkung bei Gefälligkeitsfahrten entwickelten Vorschläge (insbes.: analoge Anwendung der §§ 521, 599 BGB; stillschweigender Haftungsausschluss) verworfen (*BGH* BGHZ 30, 40, 46; *BGH* BGHZ 43, 72, 76). Das Problem ist durch die Neufassung des § 8a StVG zum 01.08.2002 entschärft; nunmehr wird gegenüber jedem Insassen aus §§ 7, 18 StVG gehaftet mit der Möglichkeit der Vereinbarung eines Haftungsausschlusses im nichtgewerblichen Bereich.

### 3. Sonderproblem: wirtschaftliche Verhältnisse der Beteiligten

126 Seit der Entscheidung des großen Zivilsenats im Jahr 1955[186] ist anerkannt, dass die wirtschaftlichen Verhältnisse beider Beteiligten als eine der möglichen Grundlagen der Bemessung des Schmerzensgeldes berücksichtigt werden können.[187] Die Vereinigten großen Senate des BGH haben formuliert, die Berücksichtigung sei »nicht von vornherein ausgeschlossen«.[188] Hierbei muss unterschieden werden:

- die wirtschaftliche Leistungsfähigkeit des Schädigers kann zu berücksichtigen sein.[189] Hat dieser keinen Haftpflichtversicherungsschutz, kann seine finanzielle Leistungsfähigkeit die Höhe des Schmerzensgeldes beeinflussen.[190] Grundsätzlich gilt aber, dass die beiderseitigen Vermögensverhältnisse nur ausnahmsweise für den Anspruch von Belang sind.[191] Mittellosigkeit befreit nicht von der Ersatzpflicht;[192] tritt eine Haftpflichtversicherung ein, kommt es auf die (geringe) Leistungsfähigkeit des Schädigers ohnehin nicht an.[193] Die (schlechten) wirtschaftlichen Verhältnisse des Schädigers dürfen also nicht automatisch zu einer Kürzung des Schmerzensgeldes führen;[194] und das Bestehen einer Haftpflichtversicherung kann nicht bedeuten, dass der Schmerzensgeldanspruch überhaupt erst entsteht oder höher ausfällt (allenfalls kann es [relativ im Vergleich zur versicherungsfreien Situation] »höher« ausfallen, weil es nicht mit Blick auf desolate Vermögensverhältnisse aus Billigkeitsgründen zu mindern ist).[195] Es gilt, dass das Schmerzensgeld Schadensersatz ist; es ist dazu bestimmt, dem Verletzten für die erlittenen körperlichen und seelischen Leiden einen Ausgleich zu geben. Mögen die wirtschaftlichen Verhältnisse des Schädigers dazu führen, dass es im unteren Bereich des Angemessenen angesiedelt wird, jedenfalls bei Vorsatztaten darf es auf die wirtschaftlichen Verhältnisse des Schädigers in der Regel nicht ankommen.[196] Daher kann insbesondere der Rechtsprechung der Strafsenate des BGH nicht

---

186 *BGH* BGHZ 18, 149 = NJW 1955, 1675.

187 *Küppersbusch* Rn. 278; *Müller* VersR 1993, 909, 916; *Diederichsen* VersR 2005, 433, hält es auch heute noch für geboten, im Rahmen der Billigkeit die wirtschaftlichen Verhältnisse des Schädigers und des Verletzten zu berücksichtigen. Zur Begründung verweist sie auf o.g. BGH-Entscheidung und auf die die frühere Bedeutung der §§ 829 und 1300 BGB. A.A. *Knöpfel* AcP 155 (1956), 135, 149, weil bei Berücksichtigung der wirtschaftlichen Verhältnisse des Schädigers die Höhe des Schmerzensgeldes vom Zufall abhängen würde.

188 *BGH* VersR 2017, 180.

189 *BGH* RuS 1993, 180 f.; *BGH* VersR 1993, 585; in der Entscheidung *BGH* BGHZ 7, 223, 225 hatte der *BGH* noch ausgeführt, dass bei der Bemessung der Höhe des Schmerzensgeldes die Vermögensverhältnisse des Verpflichteten nicht zu berücksichtigen seien und dass es auf das Bestehen einer Haftpflichtversicherung zugunsten des Verpflichteten nicht ankomme. Diese Auffassung des *BGH* hat der große Zivilsenat in der Entscheidung vom 06.07.1955 (BGHZ 18, 149) aufgegeben und ausdrücklich ausgeführt, dass die wirtschaftlichen Verhältnisse des Schädigers, insbesondere eine Haftpflichtversicherung, zu berücksichtigen seien. Dazu auch *Jaeger/Luckey* Rn. 1360 ff.; *Ludovisy/Kuckuk* S. 394.

190 *OLG Hamburg* VersR 1980, 1029 f.; *OLG Celle* OLGR 2003, 62; Geigel/*Pardey* S. 239 – a.A. *OLG Hamm* VersR 1998, 1392: eine Verminderung des Schmerzensgeldanspruchs bei bestehenden familiären Beziehungen zwischen dem Schädiger und dem Verletzten (Vater/Sohn) komme auch dem Haftpflichtversicherer des Vaters zugute. Vgl. auch *OLG Köln* VersR 2002, 65; *OLG Stuttgart* NJW-RR 1998, 534. Das Fehlen einer Haftpflichtversicherung kann zu einem niedrigeren Schmerzensgeld führen, *OLG Hamm* RuS 2002, 501.

191 *BGH* NJW 1995, 1438.

192 *OLG Köln* VersR 2002, 65.

193 *BGH* NJW 1993, 1531.

194 Die Berücksichtigung der wirtschaftlichen Verhältnisse eines vermögenslosen Schädigers darf jedenfalls nicht dazu führen, dass von der Verhängung eines Schmerzensgeldes ganz abgesehen oder nur ein symbolisches, der Tat und ihren Folgen unangemessenes Schmerzensgeld verhängt wird, vgl. *OLG Köln* VersR 2002, 65.

195 Bei dieser Betrachtung geriete man in einen Widerspruch zum versicherungsrechtlichen Trennungsprinzip. Dieses besagt, dass die Eintrittspflicht des Versicherers dem jeweiligen Schadensersatzanspruch zu folgen hat und nicht umgekehrt. Vgl. *Nixdorf* NZV 1996, 89 f. m.w.N.

196 *KG Berlin* KGR 2004, 510, 513.

gefolgt werden, wenn Tatrichter korrigiert werden, weil diese bei Straftaten wie Vergewaltigung und Körperverletzung die Vermögensverhältnisse des Täters nur unzureichend ermittelt hätten.

– Die wirtschaftlichen Verhältnisse des Verletzten sind grundsätzlich für die Bemessung irrelevant. Dass ein Grundsatz »höheres Schmerzensgeld bei höherem Einkommen« nicht richtig sein kann,[197] folgt schon daraus, dass einem vielfachen Millionär durch ein noch so hohes Schmerzensgeld kein Ausgleich gewährt werden könnte. Schon das *Reichsgericht*[198] hat hervorgehoben, dass ein Gericht den Grundsatz der Gleichheit und Billigkeit verletzt, wenn es wegen einer entstellenden Augenverletzung ein Schmerzensgeld in Höhe von 125000 RM mit der Begründung zuspricht, dass »die Klägerin als Tochter eines reichen Mannes bei ihrer guten körperlichen und geistigen Veranlagung ohne die Schädigung die größten Anforderungen an das Leben hätte stellen können«. Ein Schmerzensgeld kann aber auch nicht völlig versagt werden, weil der Reiche durch materielle Güter so »abgestumpft« ist, dass ihm ein Vermögenszuwachs nicht die geringste Freude bereiten könnte.[199] Nicht gefolgt werden kann daher der Auffassung,[200] »besonders günstige Vermögensverhältnisse des Geschädigten könnten etwa die Ausgleichsfunktion zurücktreten lassen und seine schlechte wirtschaftliche Lage könne zu einer Erhöhung des Schmerzensgeldes führen«.

Besondere wirtschaftliche Lebensumstände des Verletzten sind daher von der Rspr. nur vereinzelt bei der Bemessung berücksichtigt worden. Ist der Verletzte Ausländer[201] und beabsichtigt er, in sein Heimatland mit geringem Standard zurückzukehren, so genügt nach Ansicht des *OLG Köln* auch bei schweren Verletzungen ein verhältnismäßig geringes Schmerzensgeld, um ihm dort den Aufbau einer Existenz zu ermöglichen und den erlittenen Schaden auszugleichen.[202] Umgekehrt hat das *KG Berlin*[203] jedoch ein höheres Schmerzensgeld für einen US-Amerikaner mit der Begründung abgelehnt, dass bei der Bemessung von Schmerzensgeldansprüchen, die deutschem Recht unterliegen, der Umstand nicht zu berücksichtigen ist, dass es nach dem Recht des Heimatlandes einen nach hiesigem Verständnis besonders hohen Ausgleich gibt. Auch das *OLG Koblenz*[204] hat einem in der BRD lebenden US-Amerikaner ein höheres Schmerzensgeld verweigert und ihm nicht das Gefühl erspart, er werde durch das im Vergleich zu dem in den USA weitaus höheren Schmerzensgeldniveau »rückständige« deutsche Rechtssystem benachteiligt. 127

Ein anderer Gesichtspunkt, nämlich das (hohe) Preisniveau im Raum Frankfurt/M., in dem der Kläger wohnte, ist bei der Bemessung des Schmerzensgeldes vom *OLG Frankfurt*[205] herangezogen worden. Unter Berufung auf den Ausgleichsgedanken führt das *OLG Frankfurt* aus, ein Schmerzensgeldbetrag müsse jedenfalls so bemessen sein, dass er dem Geschädigten auf Dauer die Möglichkeit gebe, materielle Bedürfnisse, wenn auch nicht in uneingeschränktem Maße, so doch soweit zu befriedigen, dass er wenigstens in diesem Bereich keine Entbehrungen auf sich nehmen müsse und 128

---

197 So schon *RG* JW 1925, 2599 mitzustimmender Anm. von *Blume*. Das *RG* meint, die guten Vermögensverhältnisse der Familie der Geschädigten dürften allenfalls zu deren Nachteil, zu deren Ungunsten, berücksichtigt werden; s.a. *Berger* VersR 1977, 877, 879 und *Huber* NZV 2006, 169, 173.

198 *RG* JW 1925, 2599 Nr. 11.

199 *Knöpfel* AcP 155 (1956), 135, 145 f.

200 *Budewig/Gehrlein* S. 446, mit Nachweisen aus der früheren Rspr.

201 Nach *BGH* BGHZ 93, 214, 218; *BGH* BGHZ 119, 137, 142 sind die wirtschaftlichen Gegebenheiten am gewöhnlichen Aufenthaltsort des Verletzten zu beachten.

202 *OLG Köln* zfs 1994, 47: geringeres Kaufkraftniveau und geringeres Einkommen in Polen – Kürzung um 25 %. Zustimmend *Huber* NZV 2006, 169, 173, da das Schmerzensgeld sonst zum »unverdienten Glücksfall« werde, welcher die »Sippe für Jahrzehnte« miternähre. Allerdings hat das *OLG Düsseldorf* NJW 2008, 530, einem polnischen Geschädigten die fiktive (!) Sachschadensabrechnung nach deutschen Preisen zuerkannt. Und der *BGH* NZV 2008, 451 sieht in den niedrigen Lebenshaltungskosten in Polen keinen Grund die nach § 115 Abs. 3 ZPO maßgebenden Vermögensbeiträge herabzusetzen.

203 *KG Berlin* VersR 2002, 1567, der *BGH* hat die Revision durch Beschl. v. 09.04.2002 – VI ZR 280/01 – nicht angenommen.

204 *OLG Koblenz* SP 2002, 239.

205 *OLG Frankfurt* OLGR 1994, 29.

in dem Bewusstsein einer materiell gesicherten Existenz leben könne, um die Entbehrungen, die sich für die Dauer des Lebens aufgrund der Querschnittslähmung einstellten, wenigstens auf diese Weise »auszugleichen«. Das zuerkannte Schmerzensgeld von 200.000 € sei zu einem solchen Ausgleich in jedem Fall erforderlich. Hierbei sei auch das (hohe) Preisniveau im Raum Frankfurt/M., in dem der Kläger wohne, zu berücksichtigen.[206]

## VII. Umgang mit Präjudizien im Schmerzensgeldrecht

### 1. Vorgaben der Rechtsprechung

#### *a) Allgemeines*

129 Grundsätzlich ist es Sache des Tatrichters, alle für die Höhe des Schmerzensgeldes maßgeblichen Umstände zu erfassen und zu berücksichtigen. Hierbei unterliegt er der vollen Kontrolle durch das Berufungsgericht.[207] Er muss jedoch darlegen, dass er sich bei der Ausübung seines Ermessens um ein angemessenes Verhältnis der Entschädigung zu Art und Dauer der Verletzung bemüht hat. Wenngleich grundsätzlich für bestimmte Verletzungen keine festen Bewertungskategorien (»Gliedertaxe«) zugrunde zu legen sind, muss der Tatrichter doch jedenfalls dann, wenn er von den üblichen Bemessungssätzen abweichen will, den besonderen Grund hierfür darlegen.[208] Den Orientierungsrahmen – nicht ein starres Schema[209] – für den Tatrichter bilden Urteile vergleichbarer Fälle; die Praxis arbeitet mit Schmerzensgeldtabellen,[210] in denen Vergleichsentscheidungen aufgelistet sind.

130 Es besteht jedoch keine Bindung an diese Entscheidungen. Sie bilden nicht etwa für die Bemessung des Schmerzensgeldes eine obere und untere Grenze; ebenso wenig legen die Schmerzensgeldtabellen mit den zitierten Präjudizien einen Rahmen fest, der das richterliche Ermessen begrenzt. Pointiert formuliert das *OLG Frankfurt*:[211]

> »Eine unkorrigierte Übernahme der ausgewiesenen Beträge älterer Entscheidungen verbietet sich. Vielmehr ist zu Gunsten der Geschädigten die seit dem Entscheidungszeitpunkt verstrichene Geldentwertung ebenso zu berücksichtigen, wie die allgemeine Tendenz, bei der Bemessung von Schmerzensgeld höhere Beträge zuzusprechen als noch in früheren Zeiten«

Schmerzensgeldtabellen sind Mittel der Information und der *Rechtsfindung*, haben nur informativen Charakter und erlauben es dem Richter, die Präjudizien zu verwerfen und den aus der Tabelle ersichtlichen Rahmen zu verlassen.[212] Ob die Entscheidung anerkannt wird, hängt von der Überzeugungskraft der Argumente ab. Hierbei ist insbesondere der »darin enthaltenen Vergleichbarkeit« mit Bedenken zu begegnen, wenn etwa für den Massenfall der HWS-Verletzung Tabellen zu Beträgen von 100 € bis 10.000 € in Schritten zu 50 € Nachweise enthalten.

#### *b) Alternativmodell »taggenaues Schmerzensgeld«*

131 Bislang nur das *OLG Frankfurt*[213] ist bei der Schmerzensgeldbemessung einen neuen Weg gegangen und hat dieses »taggenau« berechnet – unter Zugrundelegung eines abstrakt berechneten »Tages-

---

206 In ähnlicher Weise hat das *LG München I* NJW-RR 2001, 1246 u.a. auf die Preise für ein Einfamilienhaus im Raum München abgestellt.

207 *BGH* MDR 2006, 1123: auch nach dem neuen Berufungsrecht i.d.F. der ZPO-Novelle 2002 unterliegt die Bemessung des Schmerzensgeldes der vollen und nicht eingeschränkten Prüfung durch das Berufungsgericht. Dem folgend *OLG Köln* VersR 2008, 364.

208 Geigel/*Pardey* S. 239; *Küppersbusch* Rn. 280; *Müller* VersR 1993, 909, 916.

209 Himmelreich/Halm/*Luckey* Kap. 8 Rn. 49.

210 In der Praxis werden derzeit überwiegend eingesetzt die »ADAC-Schmerzensgeldtabelle« von *Hacks/Wellner/Häcker*, »Schmerzensgeld von Kopf bis Fuß« von *Slizyk* und »Schmerzensgeld« von *Jaeger/Luckey*.

211 *OLG Frankfurt* NJW-RR 2009, 1684.

212 *KG Berlin* KGR 2003, 140, 142; *KG Berlin* KGR 2004, 510, 512.

213 *OLG Frankfurt* MDR 2018, 1492. Dem folgend *LG Frankfurt*, Urt. v. 17.07.2019 – 2-24 O 246/16, unveröffentlicht.

betrages« und eines Vervielfältigungsfaktors und unter Hinweis auf das Werk »Handbuch Schmerzensgeld« (Schwintowski/Schah Sedi/Schah Sedi). Es führt aus:

»Der Senat hält allerdings einen Vergleich mit anderen Entscheidungen, sowie auch die Berücksichtigung aller Umstände, insbesondere auch des Alters der Verletzten und der Dauer der Beeinträchtigungen im Wege einer pauschalen Betrachtung für unzureichend, um den Umfang der Beeinträchtigungen eines Verletzten gleichmäßig und auch für Geschädigte voraussehbar zu berechnen. Die Erfahrungen des Senats zeigen, dass die Bemessung eines Schmerzensgeldes in geradezu extremer Art und Weise von der persönlichen Situation des erkennenden Richters, den Vorstellungen, die der Rechtsanwalt des Geschädigten äußert und auch von dem Landstrich abhängt, in dem sich das Gericht befindet. Diese Umstände lassen es für die außergerichtliche Rechtsberatung nahezu unmöglich erscheinen, einen tatsächlich angemessenen Betrag zu errechnen, hinsichtlich dessen auch mit einem Klageerfolg gerechnet werden kann. Insbesondere die lange Dauer einer Beeinträchtigung wird oftmals durch die Gerichte unterschätzt, wie sich an vielen Beispielen aus der Schmerzensgeldtabelle Hacks/Wellner/Häcker erkennen lässt, wo zwar das Alter der Verletzten dargestellt wird, aber die Dauer der Auswirkung lediglich in kurzen Andeutungen erkennbar ist, insbesondere keine eigene Kategorie der Bemessung darstellt.

(…)

Der Senat berechnet deshalb vorliegend das Schmerzensgeld auch nach den Kriterien, die in dem »Handbuch Schmerzensgeld« (Schwintowski/Schah Sedi, Schah Sedi, 2013) zugrunde gelegt sind. Darin wird zunächst davon ausgegangen, dass eine taggenaue Berechnung des Schmerzensgeldes insoweit möglich ist, als die unterschiedlichen Behandlungsstufen und Stufen der Schadensfolgen berücksichtigt werden können. Dafür sind entsprechende Zeitabschnitte maßgeblich. Weiterer Ausgangspunkt ist, insoweit wird auf die ausführliche Darstellung in dem Buch Bezug genommen, die Annahme, dass der Schmerz und die Beeinträchtigung zunächst für jeden Menschen gleich sind, also weder nach dem Einkommen noch nach dem persönlichen Status unterschiedlich bewertet werden dürfen.

(…)

Nach der darin befindlichen Tabelle ist bei den Beeinträchtigungen des Klägers, ebenso wie von diesem angenommen, von einer 50prozentigen Beeinträchtigung auszugehen, so dass sich als Tagessatz nach der Bemessung im »Handbuch Schmerzensgeld« ein Betrag von 50 % des Betrages von 186,91 € täglich ergibt, der als Tagessatz von 7 % des Bruttonationaleinkommens angenommen wird. Dies macht für den Zeitraum vom 13. März bis 27. April 2014 (46 Tage) einen Betrag von 4.298,93 € aus. Für den Zeitraum vom 28. April bis 31. Juli 2014 sind, nach den glaubhaften Angaben des Klägers, 25 % Minderung anzusetzen, so dass sich bei 95 Tagen und einem Tagessatz von 46,72 € ein Gesamtbetrag von 4.438,40 € ergibt. Aufaddiert ergeben diese Beträge eine Gesamtsumme von 11.674,44 €.

Das System des taggenauen Schmerzensgeldes bleibt an dieser Stelle allerdings nicht stehen, sondern sieht auf einer zweiten Stufe individuelle Zu- und Abschläge vor. Dabei können besondere Umstände des Falles in erhöhender wie in vermindernder Art und Weise berücksichtigt werden. Dies könnte vorliegend zum Beispiel darin liegen, dass es noch weitere längerfristige Beeinträchtigungen gegeben hat und die Gefahr einer Arthrose durchaus realistisch ist. Auf der anderen Seite sind solche Auswirkungen in gewisser Weise auch schon durch die lange Dauer der Beeinträchtigung miterfasst.

Ebenso erscheinen die Prozentsätze, wie sie auf Seite 67 des »Handbuchs Schmerzensgeld« von Schwintowski u.a. aufgelistet sind, keinesfalls zwingend und könnten auch deutlich geringer angesetzt werden.

Für den Senat ist allerdings diese Herangehensweise unter verschiedenen Aspekten vorzugswürdig: Eine gewisse schematische Herangehensweise dürfte die außergerichtliche Schmerzensgeldregulierung etwas vereinheitlichen und auch eine bessere gemeinsame Basis für die Schätzung des adäquaten Schmerzensgeldes geben. Dies könnte auf Dauer dazu führen, dass bei langfristigen Beeinträchtigungen deutlich höhere Schmerzensgelder ausgeworfen werden, während bei geringen Beeinträchtigungen die Schmerzensgelder deutlich vermindert werden könnten, jeweils im Verhältnis zu den heute ausgeurteilten Schmerzensgeldbeträgen.

Angesichts des Umstands, dass auch die von dem Geschädigten genannte Untergrenze des Schmerzensgeldes durchaus einen Anhaltspunkt für den von ihm als adäquat angesehenen Betrag geben kann, kommt der Senat bei Berücksichtigung einerseits vergleichbarer Entscheidungen und andererseits einer taggenauen Berechnung zu dem Ergebnis, dass vorliegend ein Gesamtbetrag von 11.000,00 € angemessen, aber auch ausreichend ist, um die vom Kläger erlittenen Beeinträchtigungen einschließlich zukünftiger wahrscheinlicher Schäden abzudecken.«.

132 Die Bemessung nach der »taggenauen« Methode geht also davon aus, dass – ausgehend von dem Monatsdurchschnittsbruttoverdienst – die Beeinträchtigung je nach Behandlungsstufen prozentual und pro Tag berechnet werden kann. Hierbei erfolgt die Berechnung dergestalt, dass auf der ersten Stufe der »Tagessatz« ermittelt wird. Die Prämisse ist, dass der Aufenthalt auf der Intensivstation mit den höchsten Beeinträchtigungen einhergeht, der Aufenthalt zuhause mit den geringsten:

133 Es liegt auf der Hand, dass eine solcherart pauschalierte Betrachtung den Vorwurf provoziert, es werde »über einen Kamm geschert«, zumal die Anknüpfung an das Monatsbrutto eine letztlich willkürlich gewählte Bemessungsgröße ist. Nicht nur diverse Oberlandesgerichte haben sich daher gegen die taggenaue Bemessung ausgesprochen, etwa das *OLG Düsseldorf*,[214] das *OLG Celle*,[215] das *KG*,[216] das *OLG München*[217] oder das *OLG Brandenburg*.[218] Auch andere Senate des *OLG Frankfurt* hatten der »taggenauen« Bemessung einer Absage[219] erteilt. Gleichwohl hat der 22. Senat des *OLG Frankfurt*[220] an der »taggenauen« Bemessung – in modifizierter Form – zunächst festgehalten, bis der *BGH*[221] (auf die Revision gegen eine »taggenaue« Bemessungsentscheidung des *OLG Frankfurt*) dann der »taggenauen« Bemessung eine Absage erteilt und wie folgt formuliert hat:

*»Maßgebend für die Höhe des Schmerzensgeldes sind im Wesentlichen die Schwere der Verletzungen, das durch diese bedingte Leiden, dessen Dauer, das Ausmaß der Wahrnehmung der Beeinträchtigung durch den Verletzten und der Grad des Ver-schuldens des Schädigers. Dabei geht es nicht um eine isolierte Schau auf einzelne Umstände des Falles, sondern um eine Gesamtbetrachtung aller Umstände des Einzelfalls. Dabei ist in erster Linie die Höhe und das Maß der entstandenen Lebensbeeinträchtigung zu berücksichtigen. Auf der Grundlage dieser Gesamtbetrachtung ist eine einheitliche Entschädigung für das sich insgesamt darbietende Schadensbild festzusetzen, die sich jedoch nicht streng rechnerisch ermitteln lässt.*

214 *OLG Düsseldorf* ZfS 2019, 378 (1 U 66/18).

215 *OLG Celle* VersR 2019, 1157 (14 U 154/18).

216 *KG*, Urt. v. 22.05.2019 – 25 U 118/18, unveröffentlicht, die hiergegen erhobene Nichtzulassungsbeschwerde wurde zurückgewiesen, *BGH*, Beschl. v. 14.07.2020 – VI ZR 249/19, unveröffentlicht; *KG*, Urt. v. 09.09.2019 – 22 U 35/18, unveröffentlicht.

217 *OLG München* ZfS 2020, 200 (10 U 3171/18).

218 *OLG Brandenburg*, Urt. v. 16.04.2019 – 3 U 8/18, unveröffentlicht. Die hiergegen erhobene Nichtzulassungsbeschwerde wurde zurückgewiesen, *BGH*, Beschl. v. 24.08.2020 – VI ZR 240/19, unveröffentlicht.

219 So hat das *OLG Frankfurt*, Beschl. v. 14.04.2020 – 15 W 18/20, sogar im erleichterten Maßstab des Prozesskostenhilfeverfahrens eine taggenaue Berechnung für erfolglos gehalten und ausgeführt: »Demgegenüber verkennt die Klägerin die vom Landgericht aufgezeigten Grundlagen zur Bemessung des Schmerzensgeldes nach § 253 Abs. 2 BGB, indem sie der Auffassung ist, die Schmerzensgeldberechnung sei demgegenüber »taggenau« vorzunehmen. Soweit sie sich dazu auf ein Urteil des *OLG Frankfurt* stützt, handelt es sich nämlich um eine Mindermeinung, der, soweit ersichtlich, bisher kein Oberlandesgericht gefolgt ist und der auch der Senat schon deshalb nicht folgt, weil es nach der Rechtsprechung des Bundesgerichtshofes im Hinblick darauf, dass es sich bei dem Schmerzensgeld nach § 253 Abs. 2 BGB um einen einheitlichen Anspruch handelt, unzulässig ist, das Schmerzensgeld nach Zeitabschnitten mit Addition zu einem Gesamtbetrag zu bemessen.«.

220 *OLG Frankfurt* ZfS 2020, 6/7 (22 U 34/19): In Ansehung der geäußerten Kritik, aber auch der verbreiteten Zustimmung bleibt der Senat bei dem Prinzip der taggenauen Berechnung, modifiziert sie allerdings hinsichtlich der einzelnen Prozentsätze (…) Der Senat betont, dass es ihm nicht um eine Scheingenauigkeit, sondern um eine Plausibilitätskontrolle zur Berücksichtigung der die Betroffenen besonders belastenden Dauerschäden geht, die bei der Bewertung des Schmerzensgelds in besonderem Maße Berücksichtigung finden müssen, soweit keine Schmerzensgeldrente verlangt wird. Ebenso *OLG Frankfurt*, Urt. v. 16.07.2020 – 22 U 205/19, unveröffentlicht.

221 *BGH* ZfS 2022, 252 (zu *OLG Frankfurt*, Urt. v. 04.06.2020 – 22 U 244/19). Ebenso auch *BGH* NJW 2022, 1957.

*Diesen Grundsätzen wird die vom Berufungsgericht vorgenommene ›taggenaue Berechnung‹ des Schmerzensgeldes nicht gerecht. Die schematische Konzentration auf die Anzahl der Tage, die der Kläger auf der Normalstation eines Krankenhauses verbracht hat und die er nach seiner Lebenserwartung mit der dauerhaften Einschränkung voraussichtlich noch wird leben müssen, lässt wesentliche Umstände des konkreten Falles außer Acht. So bleibt unbeachtet, welche Verletzungen der Kläger erlitten hat, wie die Verletzungen behandelt wurden und welches individuelle Leid bei ihm ausgelöst wurde. Gleiches gilt für die Einschränkungen in seiner zukünftigen individuellen Lebensführung. Auch die Anknüpfung an die statistische Größe des durchschnittlichen Einkommens trägt der notwendigen Orientierung an der gerade individuell zu ermittelnden Lebensbeeinträchtigung des Geschädigten nicht hinreichend Rechnung. Das Berufungsgericht wird daher erneut über die Höhe des Schmerzensgeldes zu befinden haben.«*

### c) Bemessung und Vergleichsentscheidungen

Der *BGH* fordert also weiterhin, dass der Tatrichter sich mit den für die Bemessung des Schmerzensgeldes maßgeblichen Umständen auseinandersetzt und die tatsächlichen Grundlagen seiner Schätzung und ihre Auswirkungen darlegt.[222] Diesen Anforderungen wird **nicht** genügt, wenn **lediglich abstrakt** allgemeine Beurteilungskriterien aufgezählt und im Tatbestand die Verletzungen festgestellt werden, ohne dass ausgeführt wird, wie diese Verletzungen und die sonstigen tatsächlichen Fallumstände im Rahmen der Schmerzensgeldbemessung zu bewerten sind.[223] 134

Nach den Grundsätzen der Entscheidung des großen Zivilsenats[224] sind bei der Bemessung des Schmerzensgeldes alle Begleitumstände aufseiten des Schädigers und des Geschädigten zu berücksichtigen. Für die Höhe sind maßgebend der Grad der Beeinträchtigung bzw. Verletzung (wie Größe, Heftigkeit, Dauer der Schmerzen, Leiden und Entstellungen), die im Vordergrund stehen. Ferner müssen berücksichtigt werden das Maß des Verschuldens und die wesentlichen Verhältnisse der Beteiligten. 135

Der *BGH* postuliert, dass bei den unter dem Gesichtspunkt der Billigkeit zu berücksichtigenden Umständen die Rücksicht auf Größe, Heftigkeit und Dauer der Schmerzen und Leiden stets das ausschlaggebende Moment zu bilden hat. Der angerichtete immaterielle Schaden, die Lebensbeeinträchtigung, stehe im Verhältnis zu den anderen zu berücksichtigenden Umständen immer an der Spitze.[225] Im Übrigen – so der *BGH* weiter – lasse sich ein Rangverhältnis der zu berücksichtigenden Umstände nicht allgemein aufstellen, weil diese Umstände ihr Maß und Gewicht für die vorzunehmende Ausmessung der billigen Entschädigung erst durch ihr Zusammenwirken im Einzelfall erhielten. Es sei daher auf den jeweiligen Einzelfall abzustellen.[226] 136

In welchem Maße die angeführten und sonst noch in Betracht kommenden Umstände die Bemessung des Schmerzensgeldes beeinflussen, ist dabei unter dem Gesichtspunkt der Billigkeit zu ermitteln. 137

Dass diese Bemessung sich an vergleichbaren Entscheidungen orientiert, hat der *BGH* nicht nur zugelassen, sondern sogar ausdrücklich eingefordert: da immaterielle Schäden in Geld überhaupt nicht unmittelbar messbar sind, müssten die durch Übereinkunft der Rspr. bisher gewonnenen Maßstäbe in der Regel den Ausgangspunkt für die tatrichterlichen Erwägungen zur Schmerzensgeldbemessung bilden.[227] Ein Urteil, was auf eine Orientierung an den sonst von der Rspr. bei der Bemessung des Schmerzensgeldes angewandten Maßstäben verzichtet, wäre »bedenklich«.[228] 138

Was unter der Schwere der Verletzungen und unter der Dauer des verletzungsbedingten Leidens genau zu verstehen ist, bleibt in vielen Entscheidungen offen. Ebenso wenig wird darin erläutert, 139

222 *BGH* VersR 1988, 943; *BGH* VersR 1992, 1410.
223 *BGH* VersR 1992, 1410.
224 *BGH* BGHZ 18, 149 = NJW 1955, 1675.
225 *BGH* BGHZ 18, 149, 154 = NJW 1955, 1675.
226 *BGH* BGHZ 18, 149, 156 = NJW 1955, 1675, 1678.
227 *BGH* VersR 1970, 134.
228 *BGH* VersR 1970, 134.

ob unter »Leiden« der körperliche und/oder der seelische Schmerz verstanden wird. Gerade deshalb ist in der Klage verstärktes Augenmerk auf eine umfassende Schilderung des bemessungsrelevanten Sachverhalts zu legen. Eine gerichtliche Hinweispflicht, dass dieser noch nicht ausreicht, existiert nicht! Das *OLG München*[229] führt dazu aus:

»Dass die Partei, die vor Gericht einen Schmerzensgeldanspruch geltend macht, dem Gericht auch darzulegen hat, in welchem Umfang sie Schmerzen erlitten hat, ist kein Umstand, auf den das Gericht eine anwaltlich vertretene Partei hinweisen muss. Dass die Darlegungen den geltend gemachten Schmerzensgeldanspruch der Höhe nach nicht zu rechtfertigen vermögen, ist ebenfalls in dieser Pauschalität nicht tauglicher Gegenstand eines richterlichen Hinweises, zumal sich das Gericht, das einen Hinweis in dieser Form erteilt, möglicherweise dem Vorwurf der Gegenpartei ausgesetzt sehen kann, das Gebot der Unparteilichkeit zu verletzen, denn Ziel eines solchen Hinweises kann allein sein, weiteren Sachvortrag zu veranlassen«.

**140** Es ist bemerkenswert, wie dürftig die Begründungen fast aller Entscheidungen zum Schmerzensgeld ausfallen, soweit es um die Höhe des Schmerzensgeldes geht. In der Regel werden die Verletzungen und deren Folgen emotionslos dargestellt. Dabei werden schwerste Schädigungen neben Bagatellverletzungen (Schädelhirntrauma neben multiplen Prellungen oder Hautabschürfungen) genannt. Es folgt sodann die »Summe«, und der Spruch, »dass dem Gericht ein Schmerzensgeld in Höhe von X-tausend DM/Euro angemessen erscheint«. Die Aussage, dass das ausgeurteilte Schmerzensgeld »angemessen *ist*«, findet sich fast nie.

Umso wichtiger ist daher, die Klageschrift so zu verfassen, dass auch ein »Richter im Erledigungsdruck« sich noch gedanklich in die Psyche des Geschädigten hineinversetzen kann. Zu schildern sind plastische Folgen der konkreten Beeinträchtigungen, die Empathie wecken können und die Beteiligten zwingen, die Leiden und den Verzicht an Lebensfreude etwa einer Querschnittslähmung emotional nachzuempfinden.[230]

## 2. Wichtige Vergleichskriterien

**141** Wie bei der Berücksichtigung von Vergleichsfällen zu verfahren ist, ergibt sich aus gerichtlichen Entscheidungen etwa des *OLG Köln*,[231] des *KG*[232] oder des *OLG Frankfurt*.[233] Danach sind bei der Ermittlung des angemessenen Schmerzensgeldes unter Heranziehung der durch die Rspr. entschiedenen Vergleichsfälle

- der Zeitablauf seit diesen Entscheidungen zu berücksichtigen;
- zugunsten des Geschädigten ist die seit früheren Entscheidungen eingetretene Geldentwertung ebenso in Rechnung zu stellen wie die in der Rspr. zu beobachtende
- Tendenz, bei der Bemessung des Schmerzensgeldes nach gravierenden Verletzungen großzügiger zu verfahren als früher.[234]

**142** Ein gerichtlicher Kardinalfehler wäre daher, die in Präjudizentscheidungen für vergleichbare Fälle zuerkannten Beträge sogar ungerechtfertigt zu unterschreiten. Hierzu führt das *OLG Celle* aus:[235]

**143** »Die bei vergleichbaren Verletzungen und Verletzungskombinationen gezahlten Schmerzensgelder sind für den Richter ein unverzichtbarer Anhaltspunkt, an dem er sich bei der Entwicklung der eigenen Angemessenheitsvorstellungen nicht nur orientieren kann, sondern muss (so auch MüKo/Stein § 847 BGB Rn. 18)… Die praktisch weitgehende Anlehnung der Rspr. an die auf der Zusammenstellung von Entscheidungen beruhenden Schmerzensgeldtabellen ist deshalb unumgänglich. Das Schmerzensgeld muss

229 *OLG München* GuP 2014, 40.
230 So zu Recht *Jaeger*, VersR 2009, 159 (164).
231 *OLG Köln* VersR 1992, 1013.
232 *KG* KGR 2004, 356 f.
233 *OLG Frankfurt* NJW-RR 2009, 1684: »Eine unkorrigierte Übernahme der ausgewiesenen Beträge älterer Entscheidungen verbietet sich.«.
234 *KG* KGR 2003, 140, 142.
235 *OLG Celle* OLGR 2001, 162.

sich am allgemeinen Schmerzensgeldniveau orientieren und vergleichbare Verletzungen müssen annähernd gleiche Schmerzensgelder zur Folge haben.«

Zu dieser Klarstellung sah sich das *OLG Celle* veranlasst, weil das Landgericht einer Klägerin Prozesskostenhilfe für den Antrag auf Zahlung eines angemessenen Schmerzensgeldes nur für einen Betrag in Höhe von 250 € gewährt hatte; die Klägerin hatte eine Außenbandruptur erlitten, die zunächst (vier Wochen) mit einem Unterschenkelliegegips und anschließend (acht Wochen) mit einer Schiene versorgt wurde. Die Klägerin hatte behauptet, auch anschließend sei sie 10–20 % erwerbsunfähig und monatelang auf Gehhilfen angewiesen gewesen. Das *OLG Celle* bewilligte der Klägerin Prozesskostenhilfe für einen Antrag auf Zahlung von 2.500 €, das Zehnfache der vom Landgericht zuerkannten Summe. 144

Entscheidend über den Erfolg oder Misserfolg bei der Anwendung einer Tabelle ist daher zunächst das *Auffinden richtiger »Typen«* als Präjudizien, sodann die richtige *Übertragung* dieser Präjudizien auf den gegenwärtigen Fall. So ist der Betrag, der einem erwachsenen Verletzten zugebilligt worden ist, nur bedingt übertragbar auf die Verletzung eines Kindes oder eines jugendlichen Geschädigten. Ein Urteil, in welchem z.B. ein Nasenbeinbruch nach vorsätzlicher Körperverletzung beurteilt wird, unterscheidet sich von einer identischen, aber nur fahrlässig – etwa bei Sturz vom Rad – herbeigeführten Verletzung. 145

Schmerzensgeldentscheidungen, die älter als zehn Jahre sind, sind häufig schon wegen der Geldentwertung nicht mehr aussagekräftig.[236] Es ist gleichwohl nicht zu übersehen, dass ein einmal in eine Tabelle eingegangenes Urteil sich mit all seinen Unzulänglichkeiten in der Praxis fortsetzt und sich so gewissermaßen durch spätere Urteile »verewigt«. Auch gilt zu bedenken, ob bei Berufungsurteilen nur der Beklagte Berufung eingelegt hat; in einem solchen Fall ist das Gericht gehindert, über das in der ersten Instanz zuerkannte Schmerzensgeld hinauszugehen, selbst wenn es für zu niedrig erachtet wird,[237] zuletzt, dass die Vielzahl außergerichtlich wie gerichtlich geschlossener Vergleiche in einer »Urteilssammlung« naturgemäß nicht auftauchen kann, auch die dort vereinbarten Summen aber das Schmerzensgeldgefüge in der Regulierung abbilden.[238] 146

Hinzu tritt, dass in solchen Entscheidungen vielfach noch (irrig) der Antrag als Obergrenze des vom Gericht zuzusprechenden Betrages angesehen wurde,[239] der Antrag aber seinerseits sich i.d.R. schon aus Gründen anwaltlicher Vorsicht an Präjudizien orientiert, die wiederum noch älter waren – und die wegen des Kostenrisikos bei Teilunterliegen nicht überschritten wurden.[240] 147

Dennoch machen die Gerichte von der Möglichkeit, die klägerische Betragsvorstellung zu überschreiten, oft keinen Gebrauch.[241] 148

236 *KG* OLGR 2006, 749 (751). Hier kann allenfalls mit einer Preisindexanpassung gearbeitet werden, die jedoch die Tendenz der Gerichte zur großzügigeren Schmerzensgeldbemessung gerade bei Schwerstschädigungen nicht abbilden kann, vgl. *Ludovisy/Kuckuk* S. 396.

237 Hierauf weist *Jaeger* VersR 2009, 159 (161) zu Recht hin.

238 *Ziegler/Ehl* JR 2009, 1 (3).

239 (Erst) seit *BGH* VersR 1996, 990 = NJW 1996, 2425 ist klargestellt, dass das Gericht bei einem unbezifferten Schmerzensgeldantrag auch Summen über die Klägervorstellung hinaus zuerkennen kann.

240 Obgleich § 92 Abs. 2 Nr. 2 ZPO eine volle Kostentragung des Beklagten ermöglicht, wenn der vorgestellte Betrag bis ca. 25 % abweicht; eine Norm, die leider oft übersehen wird.

241 So z.B. *OLG Hamm* zfs 2005, 122, das dem Kläger über den genannten Mindestbetrag von 50.000 bis 60.000 DM hinaus ein Schmerzensgeld in Höhe von insgesamt 150.000 DM zubilligte. Demgegenüber hat das *KG* VersR 2006, 1366 mit Anm. *Jaeger* ausgeführt, dass der Klägerin der geltend gemachte Schmerzensgeldanspruch in Höhe von 50.000 € zustehe. Die Klägerin hatte aber nicht beantragt, ihr ein Schmerzensgeld von 50.000 € zuzuerkennen, sondern sie hatte ein Schmerzensgeld begehrt, das 50.000 € nicht unterschreiten sollte, sodass das *KG* »nach oben« freie Hand hatte. In den Entscheidungsgründen des *KG* kommt das Wort »Ermessen« nicht vor, und es fehlt jede Darstellung vergleichbarer Entscheidungen.

149 Daraus folgt: Da die Gerichte die Rspr. des *BGH* aus dem Jahr 1996 nicht immer umsetzen, muss der Anwalt mit der Klage auf Zahlung des Schmerzensgeldes den Antrag auf Streitwertfestsetzung verbinden. Dann kann er erkennen, ob das Gericht sich der Möglichkeit bewusst ist, den in der Klage genannten Mindestbetrag beliebig zu überschreiten. Fehlt diese Erkenntnis, kann ein höherer Streitwert mit der Beschwerde durchgesetzt werden.

### 3. Checkliste für die Schmerzensgeldbemessung

#### *a) Schmerzen*[242]

150
- Körperliche Schmerzen
- Art, Dauer und Heftigkeit
- Dauerschmerzen
- Beweis:
- Anhörung des Verletzten
- Wiedergabe medizinischer Gutachten
- Vorlage von Lichtbildern/Augenscheineinnahme
- Seelische Schmerzen
- Aufgrund Schadensentstehung
- Schrecksituation/Erlebnis der Verletzung/Bewusstlosigkeit
- Während ärztlicher Behandlung
- (Todes-)Ängste/Krankenhausaufenthalt/Sorge und Depressionen/Suchtgefahr aufgrund schmerzstillender Mittel
- Nach der Behandlung:
- Verlust/Beeinträchtigung von Organen oder Körperteilen/Berufsbeeinträchtigung oder -unfähigkeit/Entstellung/Schamgefühle, Depressionen/Suizidale Tendenzen

#### *b) Schwere der Verletzungen*

151
- Körperschäden
- Schmerzen
- Heilbehandlungsmaßnahmen
- Dauerfolgen

#### *c) Verletzungsbedingtes Leiden*

152
- Alter des Verletzten
- Wissen um die Schwere der Verletzung
- Sorge um eigenes Schicksal und das der Familie
- Verlauf des Heilungsprozesses
- Lange Dauer des Krankenhausaufenthaltes

#### *d) Dauerschäden*

153
- Berufliche Nachteile
- Minderung der Erwerbsfähigkeit
- Berufswunschvereitelung
- Einschränkungen bei Freizeitaktivitäten, Sport
- Einschränkungen im Sexualleben
- Verlust von Gliedern, Organen, Funktionen
- Behinderungen

242 Für eine ausführliche Darstellung nebst Checklisten muss auf *Jaeger/Luckey* dort insbes. Rn. 1389, verwiesen werden.

- Entstellungen
- Narben

*e) Schweres Verschulden des Schädigers*

- Vorsatz 154
- grobe Fahrlässigkeit/rücksichtsloser Tathergang

## B. Schmerzensgeld – Sonderfälle

### Schrifttum

*Bachmeier*, Die aktuelle Entwicklung bei der HWS-Schleudertrauma-Problematik DAR 2004, 421; *Backu*, Schmerzensgeld bei Verkehrsunfallschäden in Frankreich, Spanien und Portugal DAR 2001, 587; *Born/Rudolf/Becke*, Die Ermittlung des psychischen Folgeschadens – der »BoRuBeck-Faktor« NZV 2008, 1 ff.; *Castro*, HWS-Distorsion und Erforderlichkeit eines Sachverständigengutachtens SVR 2007, 451; *Castro/Hein/Kalthoff/Becke/Wagner/Castro*, Neueste Erkenntnisse aus Crashtests mit Probanden, NZV 2016, 110; *Castro/Hein/Lespien/Mazzotti*, Die interdisziplinäre Begutachtung am Beispiel »HWS-Schleudertrauma« NZV 2013, 525; *Claussen*, Medizinische neurootologische Wege zum Lösen von Beweisfragen beim HWS-Schleudertrauma DAR 2001, 337 ff.; *Clemens/Hack/Schottmann/Schwab*, Psychische Störungen nach Verkehrsunfällen – Implikationen für das Personenschadenmanagement DAR 2008, 9 ff.; *Dahm*, Die Behandlung von Schockschäden in der höchstrichterlichen Rechtsprechung NZV 2008, 187 ff.; *Dannert*, Rechtsprobleme bei der Feststellung und Beurteilung unfallbedingter Verletzungen der Halswirbelsäule NZV 1999, 453; *Diederichsen*, Die Rechtsprechung des BGH zum Haftpflichtrecht DAR 2004, 301; *dies.*, Die Rechtsprechung des BGH zum Haftpflichtrecht DAR 2006, 301; *dies.*, Die Rechtsprechung des BGH zum Haftpflichtrecht DAR 2008, 301 ff.; *Ebbing*, Ausgleich immaterieller Schäden ZGS 2003, 223; *Eggert*, HWS-Verletzungen in der aktuellen gerichtlichen Praxis, Verkehrsrecht aktuell 2004, 204; *Erdmann*, Schleuderverletzung der Halswirbelsäule, Erkennung und Begutachtung, 1973; *Geier*, Neugewichtung bei den Schadensersatzleistungen für Personen- und Sachschäden? zfs 1996, 321; *Gräf/Reif*, »Echte« und »unechte« Schockschäden im Lichte der aktuellen BGH-Rechtsprechung JuS 2023, 633; *v. Hadeln/Zuleger*, Die HWS-Verletzung im Niedriggeschwindigkeitsbereich NZV 2004, 273; *Halm*, Überschreitung der 1 Millionen-Schmerzensgeldgrenze DAR 2001, 430; *Halm/Scheffler*, Schmerzensgeldrente und Abänderungsklage nach § 323 ZPO DAR 2004, 71; *Haupfleisch*, Forderung aus der Praxis für menschengerechten Schadensersatz DAR 2003, 403; *Heß*, Das Schmerzensgeld zfs 2001, 532; *Huber*, Schmerzensgeld ohne Schmerzen bei nur kurzzeitigem Überleben im Koma – eine sachlich gerechtfertigte Transferierung von Vermögenswerten an die Erben NZV 1998, 345; *Huber/Kadner Graziano/Luckey*, Hinterbliebenengeld 2018; *M. Huber*, Psychische Unfallfolgen SVR 2008, 1 ff.; *Jaeger*, Höchstes Schmerzensgeld – ist der Gipfel erreicht?, VersR 2009, 154; *ders.*, Höhe des Schmerzensgeldes bei tödlichen Verletzungen im Lichte der neueren Rechtsprechung des BGH VersR 1996, 1177; *ders.*, Schmerzensgeldbemessung bei Zerstörung der Persönlichkeit und bei alsbaldigem Tod MDR 1998, 450; *ders.*, Entwicklung der Rechtsprechung zum HWS-Schleudertrauma VersR 2006, 1611; *ders.*, Rechtsprechung zum Schockschaden kehrt zur Normalität zurück VersR 2023, 358; *ders.*, Schockschaden und Hinterbliebenengeld – die neue Sicht des BGH JR 2023, 477; *Jaeger/Luckey*, Schmerzensgeld 12 Aufl. 2024; *Jaeger/Luckey*, Das neue Schadensersatzrecht 2002 (zitiert: *Jaeger/Luckey*, Schadensersatzrecht); *Janssen*, Das Angehörigenschmerzensgeld in Europa und dessen Entwicklung ZRP 2003, 156; *Kern*, Schmerzensgeld bei totalem Ausfall aller geistigen Fähigkeiten und Sinnesempfindungen in: Festschrift für Wolfgang Gitter 1995, S. 454; *Kuhn*, HWS-Verletzungen in der Schadensregulierung DAR 2001, 344; *Kuklinski*, Das HWS-Trauma, Ursachen, Diagnose und Therapie, Aurum Verlag 2007; *Leibholz/Rinck/Hesselberger*, Grundgesetz Stand 2006; *Lemcke*, Unfallbedingte HWS-Beschwerden und Haftung r+s 2003, 177; *Lieberwirth*, Das Schmerzensgeld 3. Aufl. 1965; *Löhle*, Verletzung der HWS neuester Stand zfs 2000, 524; *Luckey*, Zur Feststellung eines sog. Schockschadens und zur Entschädigung für Trauer DAR 2023, 202; *ders.*, Zur Zurechnung der psychischen Beeinträchtigung eines Polizeibeamten bei Verwirklichung eines berufsspezifischen Risikos VersR 2021, 464; *Ludolph*, Die Bedeutung des ersten Verletzungserfolgs für das sogenannte Schleudertrauma SP 2005, 86; *Ludovisy*, Rechtsprechungsübersicht zum Straßenverkehrsrecht ZAP, Fach 9 R, S. 245 ff.; *Mazzotti/Castro*, Bedarf es zur Beurteilung des HWS-Schleudertraumas eines medizinischen Sachverständigen? NZV 2002, 499 Fn. 32; *dies.*, Die Belastbarkeit des Fahrzeugführers NZV 2008, 16 ff.; *Mazzotti/Kandaouroff/Castro*, »Out of position« – ein verletzungsfördernder Faktor für die HWS bei der Heckkollision? Gibt es neue Erkenntnisse? NZV 2004, 561; *Mergner*, Kausalitätsprobleme bei HWS-Distorsion und Bandscheibenvorfall, NZV 2011, 326 ff.; *Müller*, Das reformierte Schadensersatzrecht. VersR

2003, 1; *dies.*, Besonderheiten der Gefährdungshaftung nach dem StVG VersR 1995, 489; *dies.*, Zum Ausgleich des immateriellen Schadens nach § 847 BGB VersR 1993, 909; *dies.*, Aktuelle Fragen des Haftungsrechts zfs 2005, 54 ff.; *Nehls*, Kapitalisierung und Verrentung von Schadensersatzforderungen zfs 2004, 193; *Nehlsen-v. Stryk*, Schmerzensgeld ohne Genugtuung JZ 1987, 119; *Nixdorf*, Mysterium Schmerzensgeld NZV 1996, 89; *Notthoff*, Voraussetzungen der Schmerzensgeldzahlung in Form einer Geldrente VersR 2003, 966; *Odersky*, Schmerzensgeld bei Tötung naher Angehöriger; *Rehm/Häcker*, der anwaltliche Vortrag bei der Bemessung des Schmerzensgeldes sowie des Hinterbliebenengeldes DAR 2022, 529; *Rochow*, Psychische Schäden als Unfallfolge ACE 2008, 3 f.; *Scheffen*, Tendenzen bei der Bemessung des Schmerzensgeldes für Verletzungen aus Verkehrsunfällen, ärztlichen Kunstfehlern und Produzentenhaftung ZRP 1999, 189; *ders.*, Umdenken im Haftungsrecht, NZV 1995, 218; *Schmid*, Neue Haftungsrisiken bei Personenschäden im Luftfahrtbereich VersR 2002, 26; *Schmidt*, Schockschäden Dritter und adäquate Kausalität MDR 1971, 538; *Schmitt*, Vorsätzliche Tötung und vorsätzliche Körperverletzung JZ 1962, 389; *Semrau/Staub*, Leichte HWS-Verletzung, ein Update – oder auch nicht? DAR 2016, 691; *Staab*, Psychisch vermittelte und überlagerte Schäden VersR 2003, 1216; *Steffen*, Das Schmerzensgeld im Wandel eines Jahrhunderts, DAR 2003, 201; *ders.*, Schmerzensgeld bei Persönlichkeitsrechtsverletzungen durch Medien – Ein Plädoyer gegen formelhafte Berechnungsmethoden bei der Geldentschädigung NJW 1997, 10; *ders.*, Die Aushilfeaufgaben des Schmerzensgeldes in: Festschrift für Odersky 1996, S. 723; *Vorndran*, Schmerzensgeld für Hinterbliebene bei Tötung naher Angehöriger ZRP 1988, 293; *Wedig*, Harmlosigkeitsgrenze bei HWS-Verletzungen DAR 2003, 393; *Wessel*, HWS-Schleudertrauma und Verkehrsunfall ZfS 2012, 364; *Wessel/Castro*, Ein Dauerbrenner: Das »HWS-Schleudertrauma« – Haftungsfragen im Zusammenhang mit psychisch vermittelten Gesundheitsbeeinträchtigungen VersR 2000, 284; *Zwickel*, Mehr als fünf Jahre Hinterbliebenengeld – geklärte und offene Fragen MDR 2023, 880.

## I. Das HWS-Schleudertrauma als Körperverletzung

### 1. Einleitung

155 Bei Verletzungen der Halswirbelsäule (HWS) nach einem Autounfall werden dem Schweregrad nach i.d.R. drei Gruppen unterschieden.[243]

**► Kategorisierung von HWS-Verletzungen**

156 Grad I: Leichte Fälle mit Nacken-Hinterkopfschmerz und geringer Bewegungseinschränkung der HWS, kein röntgenologisch oder neurologisch abnormer Befund, u.U. längere Latenzzeit.

Grad II: Mittelschwere Fälle mit röntgenologisch feststellbaren Veränderungen der HWS (z.B. Gefäßverletzungen oder Gelenkkapseleinrissen), Latenzzeit max. 1 Stunde.

Grad III: Schwere Fälle mit Rissen, Frakturen, Verrenkungen, Lähmungen und ähnlich schweren Folgen, keine Latenzzeit.

#### *a) Wie entsteht ein HWS-Schleudertrauma?*

157 HWS-Verletzungen entstehen typischerweise, aber nicht nur, bei Unfällen mit Heckaufprall; Auslöser können auch Frontal-, Seiten- oder Mischkollisionen sein. Gleichzeitig oder posttraumatisch kann es zu Verletzungen der BWS und der LWS kommen (Kombinationsfälle).[244]

243 In Anlehnung an *Erdmann* S. 72 ff.; krit. dazu: *Schmidt/Senn/Wedig/Baltin/Grill* S. 3, bezeichnen diese Einteilung als völlig überholt, weil *Erdmann* die Auffassung vertreten habe, ein Schleudertrauma ohne röntgenologisch nachweisbaren Schaden heile innerhalb weniger Wochen folgenlos aus. Ausführlich dazu auch *Dannert* NZV 1999, 453, 456 m.w.N.

244 *Eggert* Verkehrsrecht aktuell 2004, 204 ff.

*b) Beweislast und Beweismaß*

Bestreitet der Schädiger/Versicherer die Existenz der behaupteten HWS-Verletzung und/oder den ursächlichen Zusammenhang mit dem Unfall, trifft den Anspruchsteller in beiden Punkten die Beweisführungspflicht und die Beweislast. Oft führt der Beklagtenvortrag, der Unfall habe »allenfalls zu einer HWS-Verletzung 1. Grades« geführt, die »nach einer Woche folgenlos ausgeheilt« sei und für die »die vorprozessuale Zahlung von … völlig hinreiche«, zu einer im Ergebnis **unstreitig** kausalen (jedenfalls) HWS-Verletzung 1. Grades und zur Anwendbarkeit von § 287 ZPO für die weiteren streitigen Schäden. Bestreitet der Beklagte nur manche der behaupteten Verletzungen (hier: nur die HWS; Nacken- und Kopfschmerzen blieben unwidersprochen), kann auch dies zur Annahme einer unstreitigen Primärverletzung führen.[245] Teilweise wird schon eine vorprozessuale Zahlung der Versicherung als Anerkenntnis einer Verletzung gewertet[246] (was aber nicht möglich ist, wenn ausdrücklich ohne Anerkennung einer Rechtspflicht gezahlt wurde.[247] Bleibt die Zahlung der Versicherung aber soweit hinter den Forderungen zurück, dass der Anspruchsteller davon ausgehen muss, dass die Zahlung nur zur Vermeidung weiterer Auseinandersetzungen erfolgt ist, kann er nicht von einem Anerkenntnis ausgehen.[248] 158

Insoweit gilt das strenge Beweismaß des § 286 ZPO, das einen für das praktische Leben brauchbaren Grad von Gewissheit verlangt.[249] Die Feststellung der haftungsausfüllenden Kausalität und damit der Ursächlichkeit des Unfalls für alle weiteren (Folge-)Schäden einschließlich der Frage einer unfallbedingten Verschlimmerung von Vorschäden richtet sich hingegen nach § 287 ZPO; hier kann zur Überzeugungsbildung eine überwiegende Wahrscheinlichkeit genügen.[250] 159

▶ **Hinweis:**

Wo also einmal eine Primärverletzung unstreitig oder nachgewiesen ist, müssen Folgeschäden nur mit dem Maßstab des § 287 ZPO bewiesen werden![251] Während der BGH hierzu zunächst vertreten hatte, die Anwendung des § 287 ZPO sei nicht auf Folgeschäden einer Verletzung beschränkt, sondern umfasse neben einer festgestellten oder unstreitigen Verletzung des Körpers i.S. des § 823 Abs. 1 BGB entstehende weitere Körperschäden aus derselben Schädigungsursache,[252] unterscheidet er nunmehr: (nur) die Frage, ob eine Primärverletzung weitere Gesundheitsbeeinträchtigungen zur Folge hatte, ist nach § 287 ZPO zu beweisen. Werden indes unabhängig von der Primärverletzung weitere, aus der Verletzungshandlung herrühren- 160

245 *BGH* VersR 2021, 1497.

246 So auch *KG* NZV 2010, 624: vorprozessuale Zahlung von 500 € als Anerkenntnis der HWS-Verletzung.

247 *KG* r+s 2011, 350.

248 *KG* r+s 2011, 350.

249 So *BGH* VersR 2008, 644, unter Hinweis auf BGHZ 53, 245, 255 f.; *BGH* VersR 1989, 758 f., VersR 2000, 503, 505; *BGH* NJW 1993, 935, 937.

250 So *BGH* VersR 2008, 644, unter Hinweis auf *BGH* VersR 1986, 1121, 1122 f.; *BGH* VersR 1987, 310; *BGH* VersR 1993, 55 f. und *BGH* VersR 1998, 1153 f.

251 Grundlegend *BGH* NJW 2019, 2092; weiter *BGH* NJW 2004, 2828; *OLG Saarland* SP 2005, 268 (Stummer Bandscheibenvorfall als Folgeschaden); *OLG München* r+s 2006, 474 (leichte HWS-Zerrung als Primärschaden; *OLG Frankfurt* ZfS 2009, 323 (Bandscheibenvorfall nach HWS-Verletzung). Oft führt der Beklagtenvortrag, der Unfall habe »allenfalls zu einer HWS-Verletzung 1. Grades« geführt, die »nach einer Woche folgenlos ausgeheilt« sei und für die »die vorprozessuale Zahlung von…völlig hinreiche«, zu einer im Ergebnis unstreitig kausalen (jedenfalls) HWS-Verletzung 1. Grades und zur Anwendbarkeit von § 287 ZPO für die weiteren streitigen Schäden! So auch *KG* NZV 2010, 624: vorprozessuale Zahlung von 500,00 € als Anerkenntnis der HWS-Verletzung; abzugrenzen aber nach *KG* r+s 2011, 350: Bleibt die Zahlung der Versicherung so weit hinter den Forderungen zurück, dass der Anspruchsteller davon ausgehen muss, dass die Zahlung nur zur Vermeidung weiterer Auseinandersetzungen erfolgt ist, kann er nicht von einem Anerkenntnis ausgehen.

252 So explizit *BGH* VersR 2009, 69. Etwa *OLG Frankfurt* ZfS 2009, 323: Bandscheibenvorfall nach unstreitiger HWS-Verletzung; *OLG München* NJW 2011, 396 (397): Tinnitus nach HWS-Verletzung.

de Verletzungen behauptet, unterfallen diese dem Maßstab des § 286 ZPO.[253] Im Fall hatte der Kläger eine HWS-Verletzung erlitten; eine Verletzung des Knies stand im Streit. Der BGH stellt klar, dass (nur) weitere streitige Folgen der HWS-Verletzung nach § 287 ZPO zu beurteilen seien; das Knie habe mit der Wirbelsäule nichts zu tun, eine Verletzung müsse daher nach § 286 ZPO bewiesen werden. Das also eine Verletzung (hier: HWS) nachgewiesen war, bedeutet nicht, dass alle anderen Verletzungen nur nach § 287 ZPO bewiesen werden müssten (so allerdings der *BGH* zuvor; auf diese Rechtsprechungsänderung ist auch bei der Heranziehung sonstiger Judikatur zu achten!).

161 Es liegt auf der Hand, dass bei Verletzungen der HWS mit dem Schweregrad I die Diagnosemöglichkeiten erheblich eingeschränkt sind, weil bildgebende Verfahren per definitionem keine Erkenntnisse liefern.[254] Deshalb werden insbesondere leichte Verletzungen der HWS in der Rspr. unterschiedlich behandelt. Der BGH[255] hat gleichwohl – auf den Einwand der Revision hin, wegen der typischen Beweisprobleme bei einem leichten HWS-Trauma sei die analoge Anwendung des § 287 ZPO geboten – diese Argumentation abgelehnt und festgehalten, dass es für den Nachweis der Primärverletzung bei dem Maßstab des § 286 ZPO verbleibe; wenn hier Beweisschwierigkeiten bestünden, gehe dies – wie stets – zu Lasten des beweisbelasteten Geschädigten. Nicht alle Gerichte gehen so offen mit den Darlegungsproblemen fehlender objektivierbarer Verletzungen um wie das *OLG Saarbrücken*,[256] welches ausführt:

»Würde man diese Unzulänglichkeit der objektivierbaren Tatsachenfeststellung ausreichen lassen, um durchgreifende Zweifel an der Glaubhaftigkeit der Tatsachenschilderung zu wecken, wäre es jedem Anspruchsteller versagt, für die in Rede stehenden Gesundheitsbeeinträchtigungen Schmerzensgelder durchzusetzen. Das vermag nicht zu überzeugen. Vielmehr muss das gemäß § 286 Abs. 1 ZPO zu beachtende Beweismaß der eingeschränkten Aussagekraft objektiver Erkenntnismethoden Rechnung tragen: Ist das medizinisch-technische Erfahrungswissen zum sicheren Nachweis leichtgradiger Verletzungsfolgen der hier in Rede stehenden Art nicht in der Lage, so begegnet es keinen Bedenken, wenn das Gericht die volle forensische Überzeugung von der Wahrheit der zu beweisenden Tatsache insbesondere auf die Glaubhaftigkeit und Plausibilität des Klägervortrags stützt.«

Konsequenterweise lässt das *OLG Saarbrücken*[257] auch für den Maßstab des § 287 ZPO (erst Recht) die Glaubhaftigkeit und Plausibilität des Klägervortrages ausreichen. Im Gegensatz dazu hat etwa das *OLG München*[258] eine Entscheidung schon deshalb aufgehoben, weil man dort dem Klägervortrag gefolgt war – Parteivortrag sei kein Beweismittel und mache vor allem die Einholung eines Gutachtens nicht entbehrlich.

## 2. Harmlosigkeitsgrenze

162 Um der Nachweisschwierigkeiten Herr zu werden, hatte sich die These entwickelt, dass bei kollisionsbedingten Geschwindigkeitsänderungen von bis zu 10 km/h[259] – zeitweise bis zu 15 km/h – dann

253 *BGH* VersR 2019, 694.
254 *Castro* SVR 2007, 451.
255 *BGH* NJW 2004, 777.
256 *OLG Saarbrücken* NJW-RR 2011, 178.
257 *OLG Saarbrücken* SP 2015, 260.
258 *OLG München* NJW-Spezial 2016, 618.
259 Gerichte verneinen die Möglichkeit eines HWS-Syndroms bei bestimmten Geschwindigkeiten: 10 km/h: *AG Bielefeld* SP 2002, 418 und *AG Wetzlar* SP 2002, 384; *OLG Hamburg* OLGR 2003, 6; 11 km/h bei einem Frontaufprall: *OLG Hamm* SP 2002, 383 – dieser 6. Zivilsenat des *OLG Hamm* sieht im Unfallereignis auch keinen Anlass, psychische Reaktionen mit Krankheitswert hervorzurufen; anders der 13. Zivilsenat des *OLG Hamm* SP 2002, 381; 13 km/h: *AG Hamburg-Wandsbek*, Urt. v. 20.10.1999 – 714A C 178/99 – SP 2001, 14, 15; 15 km/h: *LG Aachen* SP 2001, 92. Weitere Nachweise bei *Halm* PVR 2003, 145; *Eggert* Verkehrsrecht aktuell 2004, 204, 206.

etwas rückläufig mit etwa 13 km/h – allein unter biomechanischen Aspekten normalerweise keine Körperverletzung eintreten könne (sog. Harmlosigkeitsgrenze).[260]

### 3. Medizinische Beurteilung

#### *a) HWS-Verletzungen auch bei Geschwindigkeitsänderungen unterhalb der Harmlosigkeitsgrenze möglich – Rechtsprechung des BGH*

Die Schmerzensgeldprozesse führten dann regelmäßig zur Einholung eines Unfallrekonstruktionsgutachtens und zur Klageabweisung, wenn die anstoßbedingte Geschwindigkeitsveränderung unter der »Harmlosigkeitsgrenze« lag. Erst 2003 hat der BGH dann in einer Grundsatzentscheidung festgehalten, dass die Unfallursächlichkeit für HWS-Verletzungen auch bei Geschwindigkeitsänderung unterhalb der Harmlosigkeitsgrenze nicht schlechthin ausgeschlossen ist.[261] Insbesondere spielen dabei **163**

- die Körpergröße,
- die Sitzposition und
- vorhandene Gesundheitsstörungen des Verletzten eine Rolle.[262]

In der Literatur hat die *BGH*-Entscheidung nicht nur Zustimmung gefunden.[263] Von verschiedenen Autoren[264] wird die Auffassung vertreten, dass sich aufgrund der *BGH*-Entscheidung keine grundsätzliche Änderung bei der Beurteilung von HWS-Verletzungen im Niedriggeschwindigkeitsbereich ergeben habe. Klargestellt habe der *BGH* nur, dass sich in diesen Fällen eine schematische Betrachtungsweise verbiete und somit immer der Einzelfall mit seinen individuellen Besonderheiten zu würdigen sei.

#### *b) Belastbarkeit der Fahrzeuginsassen*

Die Bedeutung der Belastbarkeit der Fahrzeuginsassen für die Entscheidung, ob diese ein HWS-Schleudertrauma erlitten haben können, haben – als Folge der *BGH*-Entscheidung – auch die Autoren erkannt, die in der Vergangenheit stets entscheidend auf die Differenzgeschwindigkeit und damit auf die Harmlosigkeitsgrenze abgestellt haben. **164**

Wird ein Fahrzeug verzögert oder beschleunigt, so handelt es sich um eine kollisionsbedingte Geschwindigkeitsänderung. Dies ist eine sehr grobe Beschreibung der Belastung eines Fahrzeuginsassen, weil es sich nicht etwa um einen Messwert handelt, der am Fahrzeuginsassen selbst ermittelt wird, sondern um einen Wert, der letztlich nur die Belastung des Fahrzeugs beschreibt. Letztlich ist für die Belastung der Halswirbelsäule nicht der Δv-Wert der Fahrgastzelle maßgeblich, sondern beispielsweise Beschleunigungen im Bereich des Kopfes, der Brustwirbelsäule, Zugkräfte im Hals und dergleichen mehr.[265] Für die Messung der Belastung des Fahrzeuginsassen ist ferner die Einwirkungsrichtung von besonderer Bedeutung, da es nicht gleichgültig ist, ob die Geschwindigkeitsänderung direkt von hinten oder möglicherweise unter einem bestimmten Winkel von hinten oder von der Seite oder schräg von vorn einwirkt. In all diesen Fällen ist die Belastung der Fahrzeuginsassen grundverschieden.[266] Schließlich spielt auch die Kollisionsdauer eine Rolle. **165**

Bleibt man bei der Heckkollision, so spielt zunächst die Körpergröße der Fahrzeuginsassen eine Rolle. **166**

---

260 *Löhle* zfs 2000, 524; *Becke/Castro/Hein/Schimmelpfennig* NZV 2000, 225; *OLG Hamm* DAR 1998, 392 = VersR 1999, 990; *AG Köln* SP 2002, 383 unter Berufung auf *Löhle* zfs 1997, 441; kritisch dazu: *Schmidt/Senn/Wedig/Baltin/Grill* S. 129 ff.

261 *BGH* VersR 2003, 474.

262 *AG Norderstedt* DAR 1998, 396.

263 Vgl. die eingehende Besprechung *Diederichsen* DAR 2004, 301; vgl. auch *Staab* VersR 2003, 1216 in einer sehr eingehenden Analyse der *BGH*-Entscheidung und *v. Hadeln/Zuleger* NZV 2004, 273.

264 *V. Hadeln/Zuleger* NZV 2004, 273, 277; *Staab* VersR 2003, 1216; *Lemcke* r+s 2003, 177 (185); *Eggert* Verkehrsrecht aktuell 2004, 204 (205 unten); *Bachmeier* DAR 2004, 421.

265 *Born/Rudolf/Becke* NZV 2008, 1 (4).

266 *Born/Rudolf/Becke* NZV 2008, 1(4) m.w.N.

167 Sie ist ein Faktor, der für die Beurteilung einer möglichen HWS-Verletzung von Bedeutung ist. Hier spielen aber auch die Größe des Innenraums des Fahrzeugs, die Art und Einstellung der Sitze (Lehnen), die Art und Einstellung der Kopfstützen und die Körperhaltung des Insassen eine große Rolle.[267] Das gilt in besonderem Maß für die Seitenkollision, wenn das Fahrzeug flach gestaltet ist und schon bei sehr geringer Belastung in Querrichtung ein Kopfanstoß erfolgen kann mit der Folge einer seitlichen Abknickung der Halswirbelsäule.

168 Auf großen Widerstand ist in der Literatur die Aussage des *BGH* gestoßen, die Sitzposition des Verletzten spiele für die Entscheidung, ob bei einem Heckaufprall im Harmlosigkeitsbereich eine HWS-Verletzung eintreten könne, eine besondere Rolle. Dabei liegt es auf der Hand, dass in Zukunft die Sitzposition zur Beurteilung der biomechanischen Belastung der Fahrzeuginsassen herangezogen werden wird.[268] Die Sitzposition kann für den Fahrzeuginsassen ungünstig, aber auch günstig sein. So hat eine Untersuchung ergeben, dass bei stark vorgebeugter Sitzposition die Belastung der Halswirbelsäule des Fahrzeuginsassen besonders gering sein kann.[269]

169 Der BGH[270] hat seine Rechtsprechung sodann für ein Frontalkollision innerhalb der Harmlosigkeitsgrenze ergänzt. Erneut hat er die sog. Harmlosigkeitsgrenze als ungeeignet bezeichnet, um eine Verletzung der HWS trotz entgegenstehender konkreter Hinweise auf eine entsprechende Verletzung generell auszuschließen. Dass bei einem Zusammenstoß im Frontbereich andere Erkenntnisse gelten müssten, als bei einem Heckanstoß, hat er nicht gesehen und erneut betont, dass gesicherte medizinische Erkenntnisse dahingehend fehlten, dass HWS-Verletzungen bei Unfällen mit niedriger Anstoßgeschwindigkeit bei einem Frontalzusammenstoß sehr unwahrscheinlich oder gänzlich unmöglich seien. Die kollisionsbedingte Geschwindigkeitsänderung durch den Zusammenstoß zweier Fahrzeuge sei nicht die einzige Ursache eines HWS-Syndroms, vielmehr seien hierfür eine Reihe weiterer gewichtiger Faktoren ausschlaggebend, etwa die konkrete Sitzposition des Fahrzeuginsassen oder auch die unbewusste Drehung des Kopfes. Gleiches dürfte daher auch für die Seitenkollision gelten.[271]

170 Bei geringer Differenzgeschwindigkeit sollte beim Sachverständigen hinterfragt werden, ob bei der Beurteilung der Verletzungsmöglichkeiten auch der Sitzposition des Verletzten Rechnung getragen worden sei, wie es der *BGH* (schräg nach rechts oben gewendeter Kopf, um eine Ampel zu beobachten) vorgegeben hat.[272]

171 Zur Beurteilung der Belastbarkeit der Fahrzeuginsassen sind Feststellungen zu vorhandenen Gesundheitsstörungen unverzichtbar, weil eine geringe Differenzgeschwindigkeit ein HWS-Schleudertrauma gerade bei vorgeschädigter HWS nicht ausschließt.

172 Auch in der Rspr. wird der Gesundheitszustand des Verletzten bei der Beurteilung eines möglichen HWS-Schleudertraumas beachtet.

173 Das *OLG Stuttgart*[273] hat eine beim Verletzten bestehende Veränderung der knöchernen Band- und Bandscheibenstrukturen dafür verantwortlich gemacht, dass bei ihm durch eine bloße Schonhal-

267 *Born/Rudolf/Becke* NZV 2008, 1, 4.
268 *Born/Rudolf/Becke* NZV 2008, 1, 4.
269 *Born/Rudolf/Becke* NZV 2008, 1, 4 m.w.N.
270 *BGH* VersR 2008, 1126; zu dieser Entscheidung: *Burmann/Heß*, NZV 2008, 481.
271 Das *LG Dortmund* zfs 2013, 142 hat – sachverständig beraten – hierzu festgehalten, dass es sich bei einer Seitenkollision nicht um eine Standardsituation handle. Insoweit seien aus der Literatur keine Grenzwerte bekannt, die das Vorliegen einer Verletzung wahrscheinlich machten, denn zur Seitenkollision gebe es keine entsprechend durchgeführten Versuche, die eine Aussage hierzu erlauben würden. Vielmehr sei gerade die seitlich verletzte HWS verletzungsanfälliger, da eine seitliche Ausgleichsbewegung die symmetrisch aufgebaute Haltemuskulatur, die dazu diene die Wirbelsäule gerade zu halten, stärker belaste.
272 *Ludovisy* ZAP, Fach 9 R, S. 245, 249.
273 *OLG Stuttgart* NZV 2004, 582.

tung eine muskuläre Dysbalance auftrat, die zu den beklagten Beschwerden führte. Auf dieser Basis konnte sich der Senat von der Ursächlichkeit des Unfalls für die geklagten Beschwerden und somit von der Arbeitsunfähigkeit des Verletzten überzeugen. Weil der Gesundheitsstatus für die Beurteilung, ob ein Unfallbeteiligter ein Schleudertrauma erlitten hat, wichtig ist, sind *Mazozzi/Castro*[274] und *Castro* in ihrer jüngsten Aussage zuzustimmen, soweit sie gefordert haben, zur Klärung dieser Frage, immer ein medizinisches Gutachten einzuholen.

Soweit bereits Gesundheitsstörungen des Fahrzeuginsassen festzustellen sind, können diese dazu führen, die Ansprüche auf Schadensersatz und/oder Schmerzensgeld zu mindern. Das gilt allerdings nur, wenn festgestellt werden kann, dass der Verletzte auch ohne den Unfall gleichartige oder ähnliche Gesundheitsschäden erlitten hätte, ein Umstand, der von den Gerichten nicht immer beachtet wird. 174

Schon lange ist in der Rspr.[275] des *BGH* anerkannt, dass der Schädiger keinen Anspruch darauf hat, so gestellt zu werden, als habe er einen in jeder Hinsicht völlig gesunden Menschen geschädigt. Beruht der Schaden danach also auf einer schon vorhandenen Krankheitsanlage und wird diese durch den Unfall ausgelöst (aktiviert), liegt grundsätzlich ein ausreichend adäquater Kausalzusammenhang vor. 175

Das *OLG Saarbrücken*[276] billigt dem Verletzten trotz vorgeschädigter Wirbelsäule das volle Schmerzensgeld zu. Das Gericht stellte fest, dass der Kläger unfallbedingt ein HWS-Schleudertrauma 1. Grades erlitten hatte und dass vor dem Unfall bereits degenerative Veränderungen der Wirbelsäule vorlagen. Die Beweisaufnahme ergab, dass der Kläger vor dem Unfall keine Beschwerden hatte, dass die Veränderungen der Wirbelsäule »klinisch stumm« waren. Der Senat verneinte eine Herabsetzung des Schmerzensgeldes, weil eine sichere Aussage darüber, ob und wann der stumme Bandscheibenvorfall ohne das Unfallereignis aktiviert worden wäre, nicht möglich sei. 176

Der *BGH*[277] hält es zwar für zulässig, bei der Bemessung des Schmerzensgeldes zu berücksichtigen, dass die zum Schaden führende Handlung des Schädigers nur eine bereits vorhandene Schadensbereitschaft in der Konstitution des Verletzten ausgelöst hat und die Gesundheitsbeeinträchtigungen Auswirkungen dieser Schadensanfälligkeit sind.[278] In einem solchen Fall trifft der Unfall zwar keinen gesunden, aber doch einen – im Vergleich zum derzeitigen Zustand – beschwerdefreien Menschen. 177

Im Rahmen der haftungsausfüllenden Kausalität ist nach § 287 ZPO die wahrscheinliche Entwicklung maßgebend. Gelingt es dem Schädiger, konkrete Anhaltspunkte dafür aufzuzeigen, dass Fehlentwicklungen gleichen Ausmaßes auch ohne den Unfall eingetreten wären, können Abschläge aufgrund der besonderen Schadensanfälligkeit gemacht werden.[279] 178

▶ Hinweis:

Ergeben sich keine konkreten Anhaltspunkte für einen negativen Verlauf, muss der Richter im Rahmen der Wahrscheinlichkeitsprognose einen gleichbleibenden Zustand zugrunde legen. Die verbleibende Unsicherheit, die jeder gesundheitlichen Prognose innewohnt, darf sich nicht schmerzensgeldmindernd auswirken. 179

Der einmal festgestellte Kausalzusammenhang zwischen dem Unfall und bestimmten Beschwerden entfällt nicht durch bloßen Zeitablauf. Der Schädiger kann aber gegebenenfalls nachweisen, dass ab einem bestimmten Zeitpunkt tatsächlich eine überholende Kausalität eingetreten wäre; alle Unsicherheiten insoweit gehen zulasten des Schädigers. 180

---

274 *Mazozzi/Castro* NZV 2002, 499 ff.

275 *BGH* NJW 1956, 1108; *BGH* VersR 1986, 812 = NJW 1986, 2762; *BGH* VersR 1996, 990 = NJW 1996, 2426.

276 *OLG Saarbrücken* SP 2005, 268.

277 *BGH* VersR 1997, 122.

278 *BGH* NJW 1962, 243; *BGH* VersR 1968, 648 (650); *BGH* VersR 1970, 281 (284); *BGH* VersR 1970, 1110; *BGH* VersR 1981, 1178 (1180); *Born* OLGR 2003, K 4.

279 *Born* OLGR 2003, K 4.

**Hinweis:**

181 Der Schädiger (Haftpflichtversicherer) sollte geltend machen, dass aufgrund der Vorschäden auch ohne den Unfall das Schadensbild jedenfalls in absehbarer Zeit demjenigen entsprochen hätte, welches nach dem Unfall vorliegt.

**Hinweis:**

182 Der Verletzte dagegen sollte sich darauf berufen, dass auch ein Sachverständiger nicht sicher sagen könnte, dass dieselben Beschwerden auch ohne den Unfall zeitnah eingetreten

### 4. Der Beweis des HWS-Schleudertraumas

#### a) Indizwirkung der Differenzgeschwindigkeit

183 Bei geringer Differenzgeschwindigkeit kann durchaus bezweifelt werden, dass beim Verletzten ein HWS-Schleudertrauma aufgetreten ist. Es darf nicht der Eindruck entstehen, als sei die Differenzgeschwindigkeit bedeutungslos für die Beurteilung der Frage, ob ein HWS-Schleudertrauma vorliegt.

184 Aber: Die Indizwirkung der Differenzgeschwindigkeit kann in zwei Richtungen gehen:
- Ist die Differenzgeschwindigkeit > 15 km/h, kann dies ein Indiz für eine unfallbedingte Verletzung sein,[280] dann greift u.U. sogar ein Anscheinsbeweis zugunsten des Verletzten ein.
- Umgekehrt kann eine geringe Differenzgeschwindigkeit indiziell gegen eine Verletzung sprechen.

185 Das bedeutet, dass bei geringer Differenzgeschwindigkeit durchaus bezweifelt werden kann, dass beim Verletzten ein HWS-Schleudertrauma aufgetreten ist. Indizwirkung[281] kommt dem zu, aber das bedeutet nicht, dass der Verletzte nicht die Möglichkeit hätte, diese indizielle Wirkung durch Zeugnis des behandelnden Arztes und durch Zeugen aus seinem Umfeld zu widerlegen.

#### b) Nachweismöglichkeiten des HWS-Schleudertraumas

186 *Eggert*[282] sieht folgende Nachweismöglichkeiten für den Verletzten, wenn es keinen objektiven Befund einer HWS-Verletzung gibt:
- unfallanalytisches Gutachten zur biomechanischen Belastung,
- ärztliches Gutachten – Orthopädie, Unfallchirurgie, Neurologie, Psychologie,
- Zeugenaussagen – Fahrzeuginsassen, Angehörige, Bekannte, Kollegen,
- Feststellungen des Hausarztes beziehungsweise behandelnder Ärzte – Atteste und Arztberichte oder deren Aussagen als sachverständige Zeugen,
- Fotos vom Unfallfahrzeug,
- Parteianhörung nach den §§ 141, 287 ZPO – Parteivernehmung nach § 448 ZPO.[283]

#### c) Ärztliche Atteste

187 Der *BGH*[284] hat anerkannt, dass einem ärztlichen Attest ein eigenständiger Beweiswert zukommt und dass es eines unter mehreren Indizien für den Zustand des Geschädigten nach dem Unfall sein kann und dass es dem Tatrichter die Überzeugungsbildung von einem HWS-Schleudertrauma ermöglichen kann. Allerdings meint der BGH immer noch, dass das ärztliche Attest alleine schwerlich zum Beweis der Kausalität genügen könne. Er führt aus:

280 *KG* NZV 2004, 460.
281 So auch *Staab* VersR 2003, 1216, 1221.
282 *Eggert* Verkehrsrecht aktuell 2004, 204, 206.
283 So auch *OLG Saarbrücken* NZV 2011, 340.
284 *BGH* NJW 2008, 2845. Ebenso *BGH* VersR 2021, 1497.

»Da der Arzt, der einen Unfallgeschädigten untersucht und behandelt, diesen nicht aus der Sicht eines Gutachters betrachtet, sondern ihn als Therapeut behandelt, steht für ihn die Notwendigkeit einer Therapie im Mittelpunkt, während die Benennung der Diagnose als solche für ihn zunächst von untergeordneter Bedeutung ist. Deshalb sind zeitnah nach einem Unfall erstellte ärztliche Atteste für den medizinischen Sachverständigen eher von untergeordneter Bedeutung. Eine ausschlaggebende Bedeutung wird solchen Diagnosen im Allgemeinen jedenfalls nicht beizumessen sein. Im Regelfall wird das Ergebnis einer solchen Untersuchung nur als eines unter mehreren Indizien für den Zustand des Geschädigten nach dem Unfall Berücksichtigung finden können.«.

Als Revisionsinstanz hat er aber wenig Möglichkeiten, die auf einem ärztlichen Attest beruhenden tatsächlichen Feststellungen des Instanzgerichts in Zweifel zu ziehen, auch dann, wenn die Überzeugungsbildung des Tatrichters (nur) auf einem Attest beruht. – Es ist alles eine Frage der Begründung zur Überzeugungsbildung des Richters. So hat der BGH in einer Entscheidung die Zeugenvernehmung des behandelnden Arztes ausnahmsweise als Beweis für die Ursächlichkeit genügen lassen, aber ausdrücklich darauf hingewiesen, dass die Revision nicht gerügt hatte, dass die Einholung eines medizinischen Gutachtens (welches nach der BGH-Rechtsprechung geboten gewesen wäre) unterblieben war.[285]

**Praxistipp**

- Ein Verletzter, der bis zum Unfall keine akuten Beschwerden hatte, muss lediglich nachweisen, dass er nach dem Unfall unter Beschwerden leidet. Für die Feststellung, dass die in der Folgezeit geklagten Beschwerden auf den Unfall zurückzuführen sind, gilt der Beweismaßstab des § 287 ZPO, nicht des § 286 ZPO. Es ist Sache des Schädigers, nachzuweisen, dass die nach dem Unfall geklagten Beschwerden genau jetzt oder zu einem späteren Zeitpunkt und genau im selben Umfang auch ohne den Unfall eingetreten wären. 188
- Ergeben sich keine konkreten Anhaltspunkte für einen negativen Verlauf, muss der Richter im Rahmen der Wahrscheinlichkeitsprognose einen gleichbleibenden Zustand zugrunde legen. Die verbleibende Unsicherheit, die jeder gesundheitlichen Prognose innewohnt, darf sich nicht schmerzensgeldmindernd auswirken.
- Der sichere Weg bei der Geltendmachung von Schmerzensgeldansprüchen wegen eines HWS-Syndroms nach einem Auffahrunfall verlangt es, dass der Verletzte – trotz der gegenteiligen Bestrebungen der Gesundheitsreform – so oft wie möglich zum Arzt geht und jede ihm angebotene Möglichkeit von Heilbehandlungsmaßnahmen wahrnimmt.
- Er sollte ferner den Arbeitgeber, Arbeitskollegen, Familie und Freunde über seine Beschwerden informieren, damit er sie als Zeugen benennen kann.
- Das Gericht muss unbedingt auf die Beweiserleichterung des § 287 ZPO im Bereich der haftungsausfüllenden Kausalität hingewiesen werden. Steht die Körperverletzung oder Gesundheitsverletzung fest, ist zur Feststellung des Kausalzusammenhangs keine an Sicherheit grenzende Wahrscheinlichkeit (§ 286 ZPO) erforderlich, sondern eine überwiegende (höhere bzw. deutlich höhere) Wahrscheinlichkeit ist ausreichend.[286]

## 5. Ersatzfähigkeit von Schadensermittlungskosten

Es ist im Schadensersatzrecht allgemein anerkannt, dass auch Schadensermittlungskosten dem Schädiger zur Last fallen. 189

Die Frage ist, ob das auch für die Kosten ärztlicher Behandlung gilt, wenn ein HWS-Schleudertrauma letztlich nicht nachgewiesen werden kann. 190

---

285 *BGH* NJW 2008, 2845. Hierauf stellt auch *Lemcke*, r+s 2008, 399, ab. Ähnlich *Burmann/Heß*, NZV 2008, 481 (484): offenbar war beklagtenseits kein Sachverständigenbeweis angeboten worden.

286 Vgl. *OLG Hamm* DAR 1995, 74.

191 Der BGH[287] hat hierzu – im Sinne der bereits in den Vorauflagen vertretenen Auffassung – festgehalten, es brauche zwar eine nachgewiesene Körperverletzung, wolle man die Arztkosten zusprechen, es gebe keine »Verdachtsschadenskosten«. Der Begriff der »Körperverletzung« sei aber weit auszulegen und umfasse jeden unbefugten, weil von der Einwilligung des Rechtsträgers nicht gedeckten Eingriff in die Integrität der körperlichen Befindlichkeit. Damit konnte der BGH in dem Fall, in dem zwar gutachterlich eine HWS-Verletzung ausgeschlossen war, die Arztkosten gleichwohl zusprechen, weil (insoweit unstreitig) Halsschmerzen bestanden, was als Körperverletzung hinreiche.

## II. Schock

### 1. Einleitung

192 Unter einem Schockschaden, vom *Reichsgericht* auch Fernwirkungsschaden genannt, versteht man im Allgemeinen die seelische Erschütterung, die ein bei einem Unfall selbst nicht Verletzter erleidet durch
- das Miterleben des Unfalls,
- den Anblick von Unfallfolgen oder
- die Nachricht von einem Unfall und seinen Folgen.

193 Ein Schockschaden ist ein psychischer Schaden, der durch eine Konfrontation mit einem plötzlichen, lebensbedrohlichen oder Angst einjagenden Geschehnis entsteht und eine Person dadurch so erschreckt, dass die psychischen Folgen das Leben des Opfers negativ beeinflussen.

194 Ein so definierter Schockschaden kann unterschiedliche Personen treffen. Dabei ist zu unterscheiden, welches Ereignis den Schockschaden ausgelöst hat. In der Vergangenheit wurde ein Schockschaden in der Regel nur in Zusammenhang mit der Tötung oder schwerwiegenden Verletzung eine nahen Angehörigen diskutiert, z.B. nach dem Absturz der Concorde in Paris, dem Bundesbahnunglück bei Eschede oder dem Seilbahnunglück von Cavalese.

195 In jüngerer Zeit werden aber auch Menschen als Opfer eines Schockschadens gesehen, die bei schweren und schwersten Katastrophen durch Verletzungen und/oder durch seelische Erschütterungen schwer betroffen sind. Nach terroristischen Anschlägen, Naturkatastrophen (Tsunami) oder Unfällen mit zahlreichen Toten und Verletzten wird immer wieder davon berichtet, dass auch nicht (körperlich) Verletzte psychologisch und seelsorgerisch betreut werden. Auf diese Personen ist die Betreuung jedoch nicht beschränkt, sie wird erstreckt auf die Helfer vor Ort, die nicht selten nach geleisteter Hilfe an unmittelbare Unfallopfer selbst der psychologischen Betreuung bedürfen.

196 Ein Schockschaden kann deshalb eintreten:
a) bei Unfallbeteiligten, die selbst körperlich nicht verletzt wurden,
b) bei Unfallhelfern und Betreuern, die nach dem Ende der unmittelbaren Anspannung auf das Geschehene/Erlebte reagieren,
c) bei Angehörigen, die durch den Tod oder die Verletzung des (nahen) Angehörigen mit einem psychischen Schaden reagieren.

197 Zu den Geschädigten der Gruppe b) gab es bis Mitte 2007 keine Rspr. Für die drei Fallgruppen gilt jedoch allgemein:

Derjenige, der einen Schock erlitten hat, macht keinen Drittschaden, sondern grundsätzlich einen eigenen Gesundheitsschaden geltend.[288] Zum Schadensausgleich gehört wie bei allen Gesundheitsverletzungen ein Schmerzensgeld.

198 Die seelische und nervliche Belastung durch und infolge eines Schocks hängt u.a. davon ab, wie sensibel der betroffene Dritte reagiert. Erst eine gewisse Schadensanfälligkeit kann überhaupt zu einem

287 *BGH* NJW 2013, 3634.

288 *Schmidt* MDR 1971, 538, 538; *Deubner* JuS 1971, 622 f.; so auch für das österreichische Recht: *Danzl/Gutiérrez-Lobos/Müller* S. 177.

Schaden führen. Diese Schadensanfälligkeit kann dann Anlass sein, das Schmerzensgeld niedriger anzusetzen, als es ohne Prädisposition auffallen würde.[289]

So hat das *OLG Köln*[290] bei der Bemessung des Schmerzensgeldes bei einem Schock nach dem Tod eines Ehemannes berücksichtigt, dass der Schock die Ehefrau zu einer Zeit traf, in der sie sich bereits in einer instabilen psychischen Verfassung befunden habe. 199

## 2. Schockschaden

### *a) Schockschaden eines Unfallopfers bei eigenen Verletzungen*

Auch der (körperlich) Verletzte selbst kann einen Schock erleiden, der aber dann als Teil seines Körperschadens anzusehen ist. Liegt eine Körperverletzung vor, muss dem zusätzlich eingetretenen Schock kein eigenständiger Krankheitswert zukommen; er ist vielmehr als ein Kriterium bei der Bemessung des Schmerzensgeldes zu berücksichtigen. 200

So der 6. Zivilsenat des *OLG Hamm*,[291] einem Verkehrsunfallopfer ein höheres Schmerzensgeld zugebilligt, weil die beste Freundin bei dem Unfall ums Leben gekommen war. Das Unfallopfer litt darunter, ohne dass die psychische Beeinträchtigung einen selbstständigen Krankheitswert erreichte. Weil das Unfallopfer aber selbst verletzt worden sei, sei Voraussetzung für ein Schmerzensgeld wegen der zusätzlichen Beeinträchtigung nicht, dass diese selbstständigen Krankheitswert habe.[292] 201

In anderen Fällen, in denen ein Primärschaden eingetreten ist, wird seelisches Leid beispielsweise bei der Bemessung des Schmerzensgeldes berücksichtigt, wenn verzögerliches Regulierungsverhalten vorliegt.[293] 202

### *b) Schockschaden bei Helfern und Betreuern*

Auch Unfallhelfern und Betreuern kann ein Schmerzensgeld im Grunde nicht versagt werden. 203

Der VI. Zivilsenat des *BGH* hat allerdings entschieden, dass ein Geisterfahrer nicht für posttraumatisches Belastungssyndrom von Polizeibeamten haftet.[294] Ein Geisterfahrer hatte einen Frontalzusammenstoß. Beide Fahrzeuge fingen Feuer und sämtliche Insassen verbrannten. Die beiden Polizeibeamten (zufällig an der Unfallstelle) mussten dies mit ansehen, ohne helfen zu können. Die Vorinstanzen hatten eine Haftung des Versicherers des Geisterfahrers verneint, weil die Tätigkeit der Polizeibeamten unter deren allgemeines Lebensrisiko falle. 204

Der *BGH* begründete etwas anders: 205

Eine Haftung des Schädigers kommt bei einer psychischen Gesundheitsbeeinträchtigung, die auf das Miterleben eines schweren Unfalls zurückzuführen ist, regelmäßig nicht in Betracht, wenn der Geschädigte nicht selbst unmittelbar am Unfall beteiligt war.[295] Trotz psychischer Störungen von Krankheitswert könne zwar eine Verletzung der Gesundheit im Sinne des § 823 BGB vorliegen.

---

289 *BGH* NJW 2023, 983.

290 *OLG Köln* RRa 2007, 65.

291 *OLG Hamm* r+s 1999, 21.

292 Diese Einstellung erinnert an die Rspr. zum Nachweis eines HWS-Schleudertraumas (§§ 286, 287 ZPO). Gelingt dem Verletzten der Nachweis der Primärverletzung, werden durch den Unfall ausgelöste psychische Schäden bei der Bemessung des Schmerzensgeldes auch dann berücksichtigt, wenn sie keinen selbstständigen Krankheitswert erreichen.

293 *Danzl/Gutiérrez-Lobos/Müller* S. 162 Fn 418; *OLG Köln* VersR 2007, 259.

294 *BGH*, VersR 2007, 1093. In *BGH*, VersR 2018, 829 (VI ZR 237/17) wurde eine psychische Erkrankung eines Polizisten nach einem Einsatz wegen eines Amoklaufs in einer Schule zwar dem Amokläufer zugerechnet; der BGH stellte aber auf den Einzelfall und – § 242 BGB – auf den Umstand ab, dass das Verbreiten von Angst und Schrecken gerade Ziel des Täters gewesen sei und dieser daher (vorliegend) für die Folgen einstehen müsse.

295 *Diederichsen* DAR 2008, 301.

Die Gesundheitsbeeinträchtigungen könne dem Schädiger aber nicht zugerechnet werden. Eine Haftung des Unfallverursachers sei nur in den Fällen anerkannt, in denen der Geschädigte als direkt am Unfall Beteiligter infolge einer psychischen Schädigung eine schwere Gesundheitsstörung erlitten habe. Maßgeblich für die Zurechnung sei in diesen Fällen gewesen, dass der Schädiger dem Geschädigten die Rolle eines unmittelbaren Unfallbeteiligten aufgezwungen habe und dieser das Unfallgeschehen psychisch nicht verkraften konnte. Hier seien die Polizeibeamten an dem eigentlichen Unfallgeschehen nicht beteiligt gewesen. Sie seien eher wie zufällige Zeugen anzusehen, für die ein solches Ereignis dem allgemeinen Lebensrisiko zuzurechnen sei.

206 Die Fallgruppen a) und b) bieten noch eine weitere Besonderheit:

Während es bei der Gruppe c) um die Verletzung oder den Verlust eines nahen Angehörigen geht, sodass Trauer und Mitleid eine Rolle spielen, sind Menschen der Gruppe a) in der eigenen Person betroffen und die der Gruppe b) sind zunächst nur mittelbar betroffen, weil bei dem Unfall unmittelbar nur Dritte (Fremde) verletzt wurden. Daher hatte auch das *OLG Celle*[296] einem bei einem Unglücksfall eingesetzten Berufsretter, der eine posttraumatische Belastungsstörung erlitt, einen Anspruch mit dem Argument versagte, es habe sich ein Berufsrisiko verwirklicht. Noch weitergehend (weil hier eine persönliche Betroffenheit des Klägers bestand) hatte das *OLG Schleswig*[297] eine Zurechnung einer Anpassungsstörung eines Rettungssanitäters verneint, als bei einem Einsatz ein Gastank explodierte und seine Freunde verletzt wurden; auch hier handele sich um ein entschädigungslos hinzunehmendes berufsspezifisches Risiko, Schwerverletzte bei Einsätzen zu sehen. Inzwischen hat der *BGH* klargestellt, dass ein solches – entschädigungslos hinzunehmendes – »Berufsrisiko« von Polizisten, Rettungssanitätern usw. zu verneinen ist.[298] Der Umstand, dass diese berufsbedingt bestimmten Risiken ausgesetzt seien, bedeute nicht, dass sie diese stets hinnehmen müssten. Der *BGH* führt aus:

> »Das Risiko einer psychischen Gesundheitsverletzung eines Polizeibeamten ist bei der gebotenen wertenden Betrachtung jedenfalls bei unmittelbarer aufgezwungener Beteiligung an einem traumatisierenden Geschehen auch bei Verwirklichung eines berufsspezifischen Risikos dem Schädiger zuzuordnen. Auch wenn es zur Ausbildung und zum Beruf von Polizeibeamten gehört, sich auf derartige Belastungssituationen vorzubereiten, mit ihnen umzugehen, sie zu bewältigen und zu verarbeiten, gebietet dies nicht, ihnen beim dennoch erfolgenden Eintritt einer psychischen Erkrankung den Schutz des Deliktsrechts zu versagen.«

### c) Schockschaden aufgrund von Verletzung oder Tod eines nahen Angehörigen

207 Weil der Verlust eines Angehörigen nicht in § 253 Abs. 2 BGB genannt ist, gilt im Grundsatz, dass es nach deutschem Recht kein »Angehörigenschmerzensgeld« gibt (zu dem 2017 eingeführten Hinterbliebenengeld vgl. unten), auch wenn die beim Verkehrsgerichtstag 2012 in Goslar kontrovers diskutiert wurde. Hierzu haben sich *Huber*,[299] *Schwintowski/Schah*[300] und *Luckey*[301] geäußert. Vor allem der Blick auf das europäische Ausland zeigte, dass viele Rechtsordnungen ein Angehörigenschmerzensgeld bereits kennen. Auch in Österreich sind Trauerschmerz und Schockschäden durch Zahlung eines Schmerzensgeldes auszugleichen.[302]

208 Allerdings kann sich die Entschädigung für den Schockschaden wie ein Schmerzensgeld für den Verlust des nahen Angehörigen auswirken. Erleidet nämlich ein Angehöriger bei einem schweren Unfall einen kausalen, also nachvollziehbaren Schock oder psychische Beeinträchtigungen, kann dies eine Verletzung der Gesundheit sein, die einen (eigenen) Schmerzensgeldanspruch auslöst.

296 *OLG Celle*, VersR 2006, 1376. Die Nichtzulassungsbeschwerde hiergegen hat der *BGH* (VI ZR 108/05) zurückgewiesen.
297 *OLG Schleswig* NJW-RR 2019, 1118.
298 *BGH* VersR 2021, 328.
299 *Huber*, Kein Angehörigenschmerzensgeld de lege lata, NZV 2012, 5.
300 *Schwintowski/Schah*, ZfS 2012, 6.
301 *Luckey*, SVR 2012, 1; *Luckey* Rn. 1110 f.
302 *Kramer*, Trauerschmerz und Schockschäden in der aktuellen Judikatur, Zivilrecht 2008, 44.

Nachdem der *BGH*[303] und die *Oberlandesgerichte*[304] in der Vergangenheit für die die Ersatzfähigkeit von Schockschäden stets gefordert hatten, dass nicht nur eine Gesundheitsbeeinträchtigung beim Hinterbliebenen, sondern vielmehr **Gesundheitsschäden** vorliegen müssten, die nach **Art und Schwere** den Rahmen dessen **überschreiten**, was an Beschwerden bei einem solchen Erlebnis aufzutreten pflege (es genügte also nicht, dass aus medizinischer Sicht eine Verletzung der Gesundheit gegeben ist, man forderte eine Trauer **über das normale Maß**[305]), hat der *BGH*[306] diese Einschränkung nunmehr **aufgegeben** und wie folgt formuliert: 209

»Nach ständiger Senatsrechtsprechung können psychische Störungen von Krankheitswert eine Gesundheitsverletzung im Sinne des § 823 Abs. 1 BGB darstellen. Dieser Grundsatz hat nach der bisherigen Senatsrechtsprechung, die auch das Berufungsgericht seiner Entscheidung zugrunde gelegt hat, im Bereich der sogenannten »Schockschäden« allerdings eine gewisse Einschränkung erfahren. Danach begründen seelische Erschütterungen wie Trauer oder seelischer Schmerz, denen Betroffene beim Tod oder einer schweren Verletzung eines Angehörigen erfahrungsgemäß ausgesetzt sind, auch dann nicht ohne weiteres eine Gesundheitsverletzung im Sinne des § 823 Abs. 1 BGB, wenn sie von Störungen der physiologischen Abläufe begleitet werden und für die körperliche Befindlichkeit medizinisch relevant sind. Psychische Beeinträchtigungen sollen in diesen Fällen nur dann als Gesundheitsverletzung im Sinne des § 823 Abs. 1 BGB angesehen werden, wenn sie pathologisch fassbar sind und über die gesundheitlichen Beeinträchtigungen hinausgehen, denen Betroffene beim Tod oder einer schweren Verletzung eines nahen Angehörigen in der Regel ausgesetzt sind.

(…)

Der Senat hält diese Änderung im Sinne einer konsequenten Gleichstellung von physischen und psychischen Beeinträchtigungen im Rahmen des § 823 Abs. 1 BGB für geboten. Soweit der Senat zur Begründung seiner bisherigen Rechtsprechung die in den §§ 844, 845 BGB zum Ausdruck kommende Wertung herangezogen hat, wonach Beeinträchtigungen, die allein auf die Verletzung eines Rechtsguts bei einem Dritten zurückzuführen sind, mit Ausnahme der in diesen Vorschriften genannten Fälle ersatzlos bleiben, steht diese Wertung einer Gleichbehandlung von physischen und psychischen Beeinträchtigungen nicht entgegen. In den Fällen sogenannter »Schockschäden« ist Grundlage der Haftung nicht die Verletzung eines Rechtsguts bei einem Dritten, sondern eine eigene – psychische – Gesundheitsverletzung des Anspruchstellers.

Zudem sieht der Senat die Gefahr, dass der nach der bisherigen Senatsrechtsprechung bei der Prüfung des Vorliegens einer Gesundheitsverletzung in Form eines »Schockschadens« anzustellende Vergleich zwischen der Beeinträchtigung des Anspruchstellers und der zu erwartenden Reaktion von Angehörigen in vergleichbarer Lage zu unbilligen Ergebnissen führen kann. Dies wird exemplarisch deutlich, wenn als Auslöser des »Schockschadens« eine vorsätzliche Straftat in Rede steht. Es wäre schon für sich genommen unbillig, etwa im Falle einer besonders schwerwiegenden Straftat, die bei nahen Angehörigen des Opfers mittelbar eindeutig pathologische psychische Beeinträchtigungen (etwa schwere Depressionen) verursacht hat, diese deshalb nicht als tatbestandsmäßige Gesundheitsverletzung im Sinne des § 823 Abs. 1 BGB anzusehen, weil sie im Regelfall als Reaktion auf vergleichbare Straftaten zu erwarten sind. Darüber hinaus würde es zu Wertungswidersprüchen führen, in derartigen Fällen eine Gesundheitsverletzung zu verneinen, diese aber umgekehrt bei mittelbarer Verursachung einer psychischen Beeinträchtigung von Krankheitswert durch eine geringfügige Straftat deshalb zu bejahen, weil sie bei Angehörigen in vergleichbarer Lage regelmäßig nicht auftritt.

Dem der bisherigen Senatsrechtsprechung zugrundeliegenden und berechtigten Anliegen, die Haftung für lediglich mittelbar verursachte psychische Beeinträchtigungen – insbesondere bei lediglich fahrlässiger Herbeiführung – nicht ins Uferlose auszuweiten, kann bei sorgfältiger Prüfung der haftungsbegründenden Merkmale des § 823 Abs. 1 BGB in anderer Weise als durch einschränkende Voraussetzungen hinsichtlich des Tatbestandsmerkmals der Gesundheitsverletzung Rechnung getragen werden. So ist etwa im Blick zu behalten, dass eine Haftung für psychische Beeinträchtigungen, die als Primärschaden geltend gemacht werden, nur in Betracht kommt, wenn die Beeinträchtigung selbst Krankheitswert besitzt und

---

303 *BGH* NJW 1989, 2717.
304 Etwa *OLG Naumburg* NJW-RR 2005, 900; *OLG Celle* MDR 2008, 1101.
305 *BGH* VersR 1996, 990.
306 *BGH* VersR 2023, 392 (VI ZR 168/21).

insoweit das strenge Beweismaß des § 286 ZPO gilt, das die volle Überzeugung des Tatrichters erfordert. Auch bedarf der Zurechnungszusammenhang gerade in Fällen psychischer Gesundheitsbeeinträchtigungen einer gesonderten Prüfung.

Im Übrigen kann im Einzelfall bei geringfügigen Verletzungen des Körpers oder der Gesundheit ohne wesentliche Beeinträchtigung der Lebensführung und ohne Dauerfolgen ein Schmerzensgeld gegebenenfalls versagt werden, wenn es sich nur um vorübergehende, im Alltagsleben typische und häufig auch aus anderen Gründen als einem besonderen Schadensfall entstehende Beeinträchtigungen des Körpers oder des seelischen Wohlbefindens handelt. Damit sind Beeinträchtigungen gemeint, die sowohl von der Intensität als auch der Art der Verletzung her nur ganz geringfügig sind und üblicherweise den Verletzten nicht nachhaltig beeindrucken, weil er schon aufgrund des Zusammenlebens mit anderen Menschen daran gewöhnt ist, vergleichbaren Störungen seiner Befindlichkeit ausgesetzt zu sein.«

210 Zusammenfassend ist also für ein »Schockschadensschmerzensgeld« neben einer Beeinträchtigung des Hinterbliebenen von Krankheitswert noch erforderlich,[307] dass

– der Schock sich nicht als allgemeines Lebensrisiko darstellt und
– es sich um **nahe Angehörige** des Opfers handelt.

211 Dies gilt auch für psychische Schäden aufgrund der Tötung des **Haustieres.** Der *BGH*[308] führt aus:

»Derartige Beeinträchtigungen bei der Verletzung oder Tötung von Tieren, mögen sie auch als schwerwiegend empfunden werden und menschlich noch so verständlich erscheinen, gehören zum allgemeinen Lebensrisiko und vermögen damit Schmerzensgeldansprüche nicht zu begründen.«

**▶ Praxistipp:**

Wenn aber der **Hinterbliebene** selbst **Körperschäden** erlitten hat (etwa, weil beide Partner bei dem Unfallereignis betroffen waren, bei welchem der eine starb), kann bei der Bemessung der Höhe seines Schmerzensgeldes (als einer der maßgebenden Faktoren) **ohne weitere Einschränkung** berücksichtigt werden, dass der Ehegatte bei dem (gleichen) Unfall **starb.**[309]

212 Eine rechtliche Grundlage für die Beschränkung des Kreises der Anspruchsberechtigten fehlt. Zwar spricht manches dafür, dass bei Verletzung entfernter Angehöriger eine Gesundheitsbeschädigung des mittelbar Betroffenen wenig wahrscheinlich ist (angebunden wird für die Kausalzurechnung ja an die »verständige Reaktion« eines Schocks bei Erhalt der Todesnachricht), andererseits lässt sich eine Beschränkung des Personenkreises dem Wortlaut des § 823 Abs. 1 BGB nicht entnehmen.[310]

Als Angehöriger wird wohl auch der (gleichgeschlechtliche?) **Lebensgefährte** und der **Partner einer Liebesbeziehung** (wie lange muss die Beziehung bestehen?) anzusehen sein, nicht aber eine sonstige Bezugsperson, wie z.B. Pflegeeltern oder Lehrer. Einzusehen ist das nicht.

### *aa) Trauerschmerz mit Krankheitswert*

213 Die Frage, ob dem Trauerschmerz ein eigener Krankheitswert zukommt, ist medizinisch nicht ohne Weiteres zu beantworten. Aus psychiatrischer Sicht gilt beim Verlust eines nahen Angehörigen zumindest ein Zeitraum von sechs Monaten als »natürliche« Trauer und nicht als Krankheit. Ende des 19. Jahrhunderts und bis nach dem 2. Weltkrieg hielt man allgemein ein Trauerjahr ein. Erst wenn sich die Dauer der Depression über diese Zeitspanne hinaus erstreckt, spricht man von einer krankhaften Reaktion.[311] Diese Betrachtung zeigt, dass der von der Rspr. geforderte eigenständige Krankheitswert willkürlich ist.

307 *BGH* VersR 2023, 392.

308 *BGH* VersR 2012, 634.

309 So geschehen etwa bei *OLG Hamm* VersR 2002, 499: die Klägerin erlitt u.a. ein Thoraxtrauma, der Ehegatte verstarb bei dem gleichen Unfall. Nicht nur die körperlichen Schäden, sondern auch der Verlust des Partners wurden bei der Bemessung ihres Schmerzensgeldes berücksichtigt.

310 So auch *Bischoff* MDR 2004, 557 (558).

311 *Danzl/Gutiérrez-Lobos/Müller* S. 168 ff.

#### bb) Darlegung und Beweis

Die Beweislast für die Voraussetzungen des Schmerzensgeldanspruchs hat der mittelbar verletzte Angehörige. Streitig sind meist das Vorliegen einer Gesundheitsverletzung und die Kausalität. Für die Beweisführung kommt es i.d.R. auf ein medizinisches Gutachten an. 214

Für den Verletzten ist im Rahmen der Rspr. eine zeitnahe Untersuchung wichtig; ohne diese wird man psychische Schäden später kaum zuordnen können. Der Geschädigte, der eher verschlossen ist, nicht zum Arzt geht und sich auch seinen Angehörigen nicht mitteilt, dürfte später Beweisprobleme bekommen – ein Umstand, der zugleich Anlass gibt, die Rechtsprechung und deren Suche nach einer »Trauer von Krankheitswert« kritisch zu hinterfragen. Ersatz soll eben nicht nur der wohlsituierte Bürger erhalten, der sich auf die Couch des Psychiaters legt, durch seelische Wellnesseinrichtungen tingelt und Psychopharmaka schluckt, sondern auch der weniger gut Situierte, der ebenso trauert, der solche Therapien aber nicht in Anspruch nimmt, weil er alle Hände voll zu tun hat, dass das Leben weitergeht. 215

#### d) Beispiele aus der Rechtsprechung

In der Öffentlichkeit bekannt geworden ist ein Unfall, bei dem Eltern durch einen Verkehrsunfall ihre drei Kinder verloren haben. Das *LG* billigte dem Vater ein Schmerzensgeld i.H.v. insgesamt 35.000 € zu, der Mutter insgesamt 20.000 €. Das ***OLG Nürnberg***[312] hat diese Beträge als ausreichend und angemessen bestätigt, der *BGH* hat die Revision der Kläger, die ein wesentlich höheres Schmerzensgeld begehrten, nicht angenommen. Diese Entscheidung ist wiederholt in Beziehung gesetzt worden zu Fällen der Persönlichkeitsrechtsverletzung (Fall: Caroline von Monaco) und kritisiert worden.[313] 216

Das *BVerfG* hat die Verfassungsbeschwerde der Eltern nicht angenommen.[314] Es hat (völlig zu Recht) den Vergleich mit Fällen der Verletzung des allgemeinen Persönlichkeitsrechts nicht gelten lassen und die Auffassung des *BGH* bestätigt, dass der geltend gemachte Anspruch aus § 847 BGB a.F. von dem besonderen Entschädigungsanspruch wegen Verletzung des Persönlichkeitsrechts zu unterscheiden sei, und dass zwischen den beiden Fallkonstellationen sachlich begründete Unterschiede bestünden, die eine unterschiedliche Behandlung rechtfertigten.[315] Die Entscheidung des *BVerfG* enthält jedoch einen deutlichen Hinweis, die Entschädigungssummen für beide Fallgruppen nicht zu sehr auseinander laufen zu lassen. Das kann natürlich nur gelten, soweit die Entschädigung für den immateriellen Schaden gewährt wird, nicht aber, soweit kommerzielle Aspekte (Gewinnabschöpfung aus der Vermarktung des Persönlichkeitsrechts) darin enthalten sind.[316] 217

Auch das *LG Köln*[317] sprach den Eltern und zwei Geschwistern eines 11 Jahre alten Jungen, der in Griechenland im Schwimmbad einer Hotelanlage ertrunken war, mit je 20.000 € für den psychischen Schaden ein relativ hohes Schmerzensgeld zu. 218

Eines der höchsten Schmerzensgelder sprach das *OLG Frankfurt*[318] zu, welches eine landgerichtliche Bemessung von 100.000 € bestätigte. Die Klägerin fuhr mit ihrem PKW vor ihrem mit dem Motorrad fahrenden Ehemann, als sie plötzlich das Vorderlicht des Motorrades neben sich schlingern sah. Da sie ihren Mann nicht mehr sah, hielt sie an und fand das Motorrad in einem Sprinter stecken, wohingegen sie von ihrem Mann zunächst nur einen Schuh fand. Schließlich fand sie ihn unter dem 219

312 *OLG Nürnberg* VersR 1997, 328 (L); zfs 1995, 370 f. = NZV 1996, 367.

313 *Wagner* VersR 2000, 1305 ff.

314 *BVerfG* VersR 2000, 897 = NJW 2000, 2187.

315 So auch *Steffen* NJW 1997, 10.

316 *Müller* VersR 2003, 1 (5).

317 *LG Köln* NJW-RR 2005, 704; die Berufung der Beklagten zum *OLG Köln* VersR 2006, 941 und die Revision beim *BGH* VersR 2006, 1653 hatten keinen Erfolg. Für den Tod des Kindes selbst waren vorprozessual an die Mutter aus eigenem (ererbten) Recht und aus abgetretenen Recht des Ehemannes 15.000 € gezahlt worden.

318 Vgl. *OLG Frankfurt* VersR 2018, 560.

Führerhaus eines vor dem Sprinter zum Stehen gekommenen Sattelschleppers, stark blutend und leblos. Sie sah noch die »Nulllinie« des EKG der Rettungskräfte. Die Klägerin erlitt eine inzwischen 12 Jahre andauernde posttraumatische Belastungsstörung mit zahlreichen ambulanten und stationären psychiatrischen Behandlungen. Sie leidet weiter unter Depressionen. Zu ihren im Unfallzeitpunkt 2 Jahre und 6 Monate alten Kindern ist sie entfremdet, sie hat diese angeschrien und geschlagen, was ihr stets danach leidtat. Die Kinder sind bei der Großmutter, die inzwischen auch das Sorgerecht innehat. Die Klägerin lebt in einer Einrichtung für betreutes Wohnen; sie hat mehrfach monatlich Suizidgedanken, ritzt sich und hat Halluzinationen. Soziale Kontakte bestehen nicht mehr.

220 Einen Sonderfall bildet der Tod eines Arbeitnehmers auf einem Betriebsweg. Dem Arbeitnehmer selbst steht gemäß. §§ 104 ff. SGB VII kein Schmerzensgeldanspruch zu, der auf die Erben übergehen könnte. Erleidet jedoch die Ehefrau aufgrund des Unfalltodes des Ehemanns einen Schock, ist ihr Schmerzensgeldanspruch nach diesen Bestimmungen nicht ausgeschlossen.[319] Der Umstand, dass die Unfallversicherung nicht für jede Schadensart einen Ausgleich vorsieht, rechtfertigt nicht die Erstreckung des Haftungsausschlusses auf Schockschäden nicht versicherter Angehöriger, weil der Ausschluss von Ersatzansprüchen durch die §§ 104, 105 SGB VII durch das Leistungssystem der gesetzlichen Unfallversicherung nicht kompensiert wird, was sonst der Fall ist. So treten in Fällen der Tötung eines versicherten Angehörigen und Hinterbliebenen unfallversicherungsrechtliche Ansprüche gemäß §§ 39 Abs. 2, 54, 55 bzw. 63 ff., 69 SGB VII an die Stelle der Ansprüche aus den §§ 844, 845 BGB. Fehlt aber eine Kompensation mit Ansprüchen gegen die Unfallversicherung, gibt es keine Rechtfertigung für einen Ausschluss solcher Ansprüche.[320]

*e) Kausalität*

221 Auch die Kausalität der Verletzungshandlung für die Gesundheitsverletzung des mittelbar betroffenen Angehörigen ergibt sich in Anwendung der Adäquanztheorie. Sie ist zu bejahen, wenn nach der Lebenserfahrung die Beeinträchtigung des mittelbar Betroffenen zu erwarten ist. Das ist bei Tötungsdelikten und bei schwerer Körperverletzung immer der Fall, auch wenn die Tat nur fahrlässig begangen wurde.

222 Das gilt nicht nur bei einem Schockschaden, den ein naher Angehöriger erleidet, sondern auch dann, wenn ein Helfer oder Betreuer das Unfallgeschehen nicht verkraftet; denn nach der Verursachung eines schweren Verkehrsunfalls mit erheblichem Personenschaden liegt es nach der Lebenserfahrung nicht fern, dass dritte Personen die in das Unfallgeschehen einbezogen werden, einen Schockschaden erleiden (Adäquanz).

223 Keine bloße Bagatelle

Weitere Voraussetzung der Rspr. ist, dass der Anlass für den Schock verständlich erscheinen muss, d.h. der Anlass muss geeignet sein, bei einem durchschnittlich Empfindenden eine entsprechende Reaktion auszulösen. Auch hier werden gewichtige psychopathologische Ausfälle von einiger Dauer gefordert,[321] die bei tödlicher[322] oder schwerer Verletzung des Unfallopfers[323] angenommen worden sind.

224 Allerdings kann sich der Schädiger auch in diesem Rahmen nicht dadurch entlasten, dass er sich auf besondere Schadensanfälligkeit des Geschädigten beruft. Auch bei einem – ohne vorhergehende körperliche Verletzung eintretenden – Schockschaden des Verletzten muss der Schädiger das Risiko einer Verschlechterung des Gesundheitszustandes des Geschädigten tragen, wenn dieser – wie etwa im Lokführer-Fall[324] – durch mehrere Vorunfälle psychisch bereits so geschwächt ist, dass ein erneu-

319 *BGH* VersR 2007, 803 = DAR 2007, 511 = NJW-RR 2007, 1395 = NZV 2007, 453.
320 *Diederichsen* DAR 2008, 301, 304.
321 *KG* NZV 2002, 38.
322 *BGH* VersR 1986, 240.
323 *OLG Hamm* NZV 1998, 413.
324 *OLG Hamm* NZV 2002, 36.

ter – weniger schwerer – Unfall sozusagen »das Fass zum Überlaufen« bringt und beim Geschädigten zum endgültigen psychischen Zusammenbruch und zur Berufsunfähigkeit führt.

Innerhalb der psychischen Gesundheitsverletzungen nach Art der Verursachung und der Nähe zum körperlich Verletzten zu differenzieren, ist allerdings in keiner Weise gesetzlich vorgesehen. Der allgemeine Grundsatz, dass der Ersatzpflichtige den Geschädigten so nehmen muss, wie er ist, gilt für psychische Schäden ebenso wie für somatische. Die Herkunft des Schocks sollte daran ebenso wenig etwas ändern wie die labile Verfassung des Verletzten. 225

*f) Schadenminderungspflicht, Mitverschulden*

Schließlich ist zu berücksichtigen, dass der Getötete aus Verschulden oder Gefährdung mitverantwortlich gewesen sein kann; dies muss sich der Angehörige jedoch entgegen halten lassen.[325] Zwar wird dem Angehörigen das Mitverschulden des Verletzten nicht über § 846 BGB (unmittelbar oder analog) angerechnet, er muss es sich jedoch nach § 242 BGB entgegen halten lassen. Sieht man genauer hin, so haften für den Schockschaden offenbar beide, Verletzter und Getöteter.[326] Auch dieser Rspr. des *BGH* treten *Schmidt*[327] und *Deubner*[328] entgegen, denn der unmittelbar verletzte Angehörige muss sich ein Mitverschulden des Opfers nicht zurechnen lassen. Insbesondere die Bestimmung des § 846 BGB als Ausnahmeregelung biete keine hinreichende der Analogie fähige Basis für ein solches Vorgehen. Das BGB kennt keine Sippenverantwortlichkeit. 226

*g) Schlussfolgerungen*

Was sich im Rahmen des Haftungsgrundes in Gestalt einer erweiterten Zurechnung auf den ersten Blick dramatisch anhören mag, wird im Rahmen der Höhe deutlich relativiert; denn der *BGH* lässt sowohl beim materiellen[329] als auch beim immateriellen Schaden[330] Abschläge aufgrund besonderer Schadensanfälligkeit zu. Hier kann der Geschädigte nur versuchen, im Fall der Vorschädigung (im Sinne einer Reaktionsdisposition ohne aktuelle Auffälligkeiten) entgegenzuhalten, dass vor dem Unfall Beschwerdefreiheit vorgelegen hat;[331] der Schädiger muss dann konkrete Anhaltspunkte dafür darlegen, dass Fehlentwicklungen vergleichbaren Ausmaßes auch ohne den Unfall aufgetreten wären.[332] 227

Dass sich die Rspr. bei der Zubilligung von Schmerzensgeld für einen Schockschaden schwer tut, ergibt sich aus den zuerkannten Beträgen. Selbst bei Tötungsdelikten, bei denen man jedenfalls bisher um einen Ansatz für die Genugtuungsfunktion nicht herumkommt, bewegt sich das Schmerzensgeld auf niedrigem Niveau. 228

## III. Hinterbliebenengeld

Nachdem auf Ebene der Gesetzgebung zuletzt 2002 – im Rahmen der Überlegungen zur Novellierung des Schadensrechts (2. SchRÄngG, 01.08.2002) – ein »Schmerzensgeld im Todesfall« nicht den Weg ins BGB gefunden hatte, fand sich im Koalitionsvertrag der aktuellen Bundesregierung (CDU/SPD) recht überraschend folgendes Postulat: 229

> »Menschen, die einen nahen Angehörigen durch Verschulden eines Dritten verloren haben, räumen wir als Zeichen der Anerkennung ihres seelischen Leids einen eigenständigen Schmerzensgeldanspruch ein, der sich in das deutsche System des Schadensersatzrechts einfügt«.

---

325 *BGH* NJW 1971, 1883; *KG* VersR 1999, 504.
326 *Deutsch* Rn. 913, 917.
327 *Schmidt* MDR 1971, 540.
328 *Deubner* JuS 1971, 622, 625, 626.
329 *BGH* NZV 1998, 65.
330 *BGH* NZV 1996, 353; *BGH* VersR 1997, 122 = NJW 1997, 455 = NZV 1997, 69; *BGH* NJW 2023, 983.
331 *BGH* VersR 1997, 122 = NJW 1997, 455 = NZV 1997, 69; *OLG Hamm* OLGR 2000, 232.
332 *OLG Hamm* NZV 2002, 37.

230 In Gesetzgebungsinitiativen schlug sich dies zunächst nicht nieder; der Absturz der Germanwings-Maschine (24.03.2015) führte aber erneut ins öffentliche Bewusstsein, dass die Schadenssummen deutschen Rechts erkennbar unzureichend erscheinen konnten, wenn es darum ging, eine solche Tragödie auch nur ansatzweise »angemessen« zu regulieren.

231 Auf Antrag der Fraktion Bündnis 90/GRÜNE (BT-Drucks. 18/5099 v. 10.06.2015) kam es dann in der gleichen Legislaturperiode aus anderer politischer Richtung zu einem Vorstoß, die Haftungsnormen dahingehend zu erweitern, dass auch den Hinterbliebenen ein eigener Schmerzensgeldanspruch gegen denjenigen zusteht, der den Tod eines nahen Angehörigen schuldhaft herbeigeführt hat; der Antrag führt hierzu aus:

»Im Falle des Todes einer nahestehenden Person haben Hinterbliebene und Angehörige nach deutschem Recht keinen Anspruch auf Schmerzensgeld. Anders als viele andere europäische (und weitere) Rechtsordnungen gewährt das deutsche Recht kein Schmerzensgeld für erlittene Seelenqualen, die Angehörige durch den Verlust eines/einer Angehörigen erleiden. Nur in Ausnahmefällen, in denen Angehörige als Folge des erlittenen Verlusts eine eigene Erkrankung oder eine schwere seelische Erschütterung (»Schockschaden«) nachweisen können, steht ihnen ein Schadensersatz, z.B. nach § 823 Abs. 1 BGB, zu. Hier verlangt die Rechtsprechung aber immer, dass die medizinisch erfassbaren Auswirkungen nach Art und Schwere deutlich über die gesundheitlichen Beeinträchtigungen hinausgehen, denen nahe Angehörige bei Todesnachrichten erfahrungsgemäß ausgesetzt sind (BGHZ 56, 163). Aber der Trauerschaden, den eine Person infolge des Todes eines nahen Angehörigen erleidet, ist in Deutschland nach der derzeitigen Rechtslage nicht ersatzfähig. In vielen anderen europäischen Ländern ist ein Angehörigenschmerzensgeld, zum Teil mit festen Entschädigungssummen, vorgesehen. Auch die Grundregeln des Europäischen Vertragsrechts sehen in ihren (rechtlich unverbindlichen) Empfehlungen immaterielle Verluste von Angehörigen als relevanten Schaden an. Die Koalitionsfraktionen haben angekündigt, die Rechtslage in Deutschland zu ändern. Im Koalitionsvertrag steht dazu: »Menschen, die einen nahen Angehörigen durch Ver-schulden eines Dritten verloren haben, räumen wir als Zeichen der Anerkennung ihres seelischen Leids einen eigenständigen Schmerzensgeldanspruch ein, der sich in das deutsche System des Schadensersatzrechts einfügt.« Nach dem Absturz der Germanwings-Passagiermaschine am 24. März 2015 haben die Fluggesellschaften Germanwings und Lufthansa den Hinterbliebenen der Opfer eine finanzielle Überbrückungshilfe von jeweils bis zu 50.000 Euro zur Verfügung gestellt. Einen einklagbaren Anspruch auf ein eigenes Schmerzensgeld hätten die Hinterbliebenen nach deutschem Recht allerdings bislang nicht.

Der Deutsche Bundestag fordert die Bundesregierung auf, einen Gesetzesentwurf vorzulegen mit dem

1. die §§ 253, 823 BGB dahingehend erweitert werden, dass auch den Hinterbliebenen ein eigener Schmerzensgeldanspruch gegen denjenigen zusteht, der den Tod eines nahen Angehörigen schuldhaft herbeigeführt hat;
2. in den Fällen der Gefährdungshaftung der gesetzliche Schadensersatzanspruch, insbesondere in § 833 BGB, § 7 StVG, § 1 HaftpflichtG, § 33 LuftVG, § 1 UmwHG, § 1 ProdHaftG, § 84 AMG, § 25 AtomG, § 32 GenTG, § 22 WHG und § 29 BJagdG, ebenfalls um ein Schmerzensgeld für Hinterbliebene erweitert wird;
3. das Opferentschädigungsgesetz dahingehend ergänzt wird, dass auch Hinterbliebene im Falle der Zahlungsunfähigkeit des Verursachers einen Anspruch gegen den Staat nach diesem Gesetz geltend machen können.

Begründung:

Das deutsche Schadensersatzrecht weist im Hinblick auf die Hinterbliebenen eine Lücke auf, die weder dem Gerechtigkeitsempfinden entspricht, noch im internationalen Vergleich üblich und angemessen ist. Für den Verursacher oder die Verursacherin bzw. dessen/deren Versicherer ist es in bestimmten Konstellationen bisher wirtschaftlich günstiger, wenn der oder die Verletzte so stark beeinträchtigt ist, dass er oder sie keine Schmerzen mehr empfinden kann oder eben verstirbt, als wenn dieser/diese bei Bewusstsein bleibt und mit Beeinträchtigungen überlebt. Die strikte Ausrichtung des Schadensersatzes an dem Schmerzempfinden des Verletzten lässt den Schmerz des Verlustes der Hinterbliebenen im Falle des Todes vollständig unberücksichtigt. Mit einer entsprechenden Erweiterung der zivilrechtlichen Anspruchsgrundlage bei widerrechtlichen Verletzungen von Leib und Leben, § 823 Abs. 1 und 2, S. 253 BGB, lässt sich ein solcher Anspruch der Hinterbliebenen im BGB einführen und klarstellen. Auch in den gesetzlich geregelten Fällen der Gefährdungshaftung gelten dieselben Überlegungen. Die Gefährdungshaftung beruht auf dem Gedanken, dass jemand, der zu seinem oder ihrem eigenen Nutzen einen gefährlichen

Betrieb eröffnet und unterhält, die Schäden tragen soll, die in Verwirklichung eben genau dieses Risikos bei anderen eintreten. Die angemessene Höhe des Schmerzensgeldes sollte wie bisher auch im Einzelfall durch die Gerichte festgesetzt werden. Bei der Bemessung des Anspruchs im Einzelfall ist auch jeweils der Verwandtschaftsgrad und die Nähe des oder der Angehörigen mit zu berücksich-tigen. Die bislang üblicherweise angewandten Schmerzensgeldtabellen haben sich bewährt. Auch wenn die in anderen Ländern geltenden Pauschalsummen auf den ersten Blick höher ausfallen können, ist dort die Durchsetzung häufig deutlich schwieriger als die von Schadensersatzansprüchen nach deutschem Recht. Es gibt daher keinen überzeugenden Grund, von der bisherigen Systematik des deutschen Schadensersatzrechts im Falle des Hinterbliebenenschmerzensgeldes abzuweichen.«

Am 24.09.2015 (Plenarprotokoll 18/124) wurde der Antrag im Bundestag erörtert, wobei indes nichts wesentlich neues vorgebracht wurde; abgesehen davon, dass man wechselseitig die Urheberschaft beanspruchte, wurde allgemein z.B. zur Höhe nur bekundet, es solle sich im »maßvollen Rahmen« der bisher in den Schmerzensgeldtabellen zum Ausdruck gekommenen Judikatur halten, was nicht die Hoffnung sät, dass es zu »Quantensprüngen« in der Bemessung wird kommen können. Der Schwerpunkt liegt eindeutig darin, in den Anspruchsvoraussetzungen auf das Merkmal eines kausal verursachten Gesundheitsschadens verzichten zu können. In der 206. Sitzung am 01.12.2016 wurde der Antrag gleichwohl abgelehnt, wie es die Beschlussempfehlung des Ausschusses (BT-Drucks. 18/10076) vorsah – Grund hierfür war, dass zwischenzeitlich ein Referentenentwurf des Bundesministeriums für Justiz vorlag, welcher die Einführung eines »Hinterbliebenengelds« (also nicht schon für schwere Verletzungen!) vorsah. Am 18.05.2017 ist das Gesetz einstimmig beschlossen worden. Es ist nun in § 844 ein Absatz 3 eingefügt wie folgt: 232

»Der Ersatzpflichtige hat dem Hinterbliebenen, der zur Zeit der Verletzung zu dem Getöteten in einem besonderen persönlichen Näheverhältnis stand, für das dem Hinterbliebenen zugefügte seelische Leid eine angemessene Entschädigung in Geld zu leisten. Ein besonderes persönliches Näheverhältnis wird vermutet, wenn der Hinterbliebene der Ehegatte, der Lebenspartner, ein Elternteil oder ein Kind des Getöteten war.«

## 1. Gesetzesbegründung

Der Referentenentwurf führt zur Begründung aus: 233

»§ 844 Absatz 3 BGB-E regelt den Anspruch auf Hinterbliebenengeld für den Bereich der unerlaubten Handlungen des BGB. Wer durch eine solche unerlaubte Handlung den Tod eines Menschen verursacht, hat nach § 844 Absatz 3 BGB-E den Hinterbliebenen, die zu dem Getöteten in einem besonderen persönlichen Näheverhältnis standen, für das durch die Tötung zugefügte seelische Leid eine angemessene Entschädigung in Geld zu leisten. Liegen sowohl die Voraussetzungen auf Ersatz eines »Schockschadens« nach § 823 Absatz 1 in Verbindung mit 253 Absatz 2 BGB vor als auch die Voraussetzungen nach § 844 Absatz 3 BGB-E, geht der Anspruch auf Ersatz des Schockschadens dem Anspruch auf Hinterbliebenengeld vor bzw. letztgenannter geht in erstgenanntem auf. Insbesondere soll die gesetzliche Einräumung des Anspruchs auf Hinterbliebenengeld nicht dazu führen, dass ein (weitergehender) Anspruch auf Erstattung des Schockschadens – bei Vorliegen der Voraussetzungen – ausgeschlossen wäre. Daneben gibt es Fälle, in denen sowohl §§ 823 ff. in Verbindung mit § 253 Absatz 2 BGB als auch §§ 823 ff. BGB in Verbindung mit § 844 Absatz 3 BGB-E eigenständige Bedeutung insofern zukommt, als nur die Voraussetzungen einer der beiden Anspruchsgrundlagen erfüllt sind. Für §§ 823 ff. BGB in Verbindung mit § 844 Absatz 3 BGB-E gilt dies etwa, wenn die besonderen von der Rechtsprechung entwickelten Voraussetzungen für den Ersatz von Schockschäden, etwa eine medizinisch fassbare Gesundheitsbeeinträchtigung als Folge des Todes des nahen Angehörigen, nicht vorliegen. Für §§ 823 ff. in Verbindung mit § 253 Absatz 2 BGB ist dies anzunehmen, wenn die Voraussetzungen der Rechtsprechung für den Ersatz von Schockschäden vorliegen, aber der Anwendungsbereich der § 823 ff. BGB in Verbindung mit § 844 Absatz 3 BGB-E in persönlicher oder sachlicher Hinsicht nicht eröffnet ist, weil beispielsweise die besonders nahestehende Person schwer verletzt überlebt hat.

Ein mitwirkendes Verschulden des Getöteten ist nach § 846 BGB bei der Geltendmachung eines Anspruchs auf Hinterbliebenengeld zu berücksichtigen. Gleiches gilt für eine von dem Getöteten zu verantwortende Betriebsgefahr (zu § 846 BGB allgemein: Wagner, in: Münchener Kommentar zum BGB, 6. Aufl. 2013, § 846 Rn. 6). Es gelten für den Anspruch im Übrigen die Regelungen zur Deliktsfähigkeit (§§ 827, 828 BGB) und zur Gesamtschuld (§ 840 BGB). Der Anspruch ist nicht höchstpersönlich, sondern übertragbar und vererbbar. Anwendung finden die für Schadensersatzansprüche geltenden Verjährungsregelungen: Der Anspruch auf Hinterbliebenengeld verjährt nach § 197 Absatz 1 Nummer 1 BGB bei einer vorsätzlichen Tötung nach 30 Jahren. Im Übrigen gilt für Hinterbliebenengeldansprüche die dreijährige Regelverjährung nach § 195 BGB und die dreißigjährige Höchstverjährungsfrist nach § 199 Absatz 2 BGB.

Ebenso gelten für den Anspruch auf Hinterbliebenengeld diejenigen Vorschriften außerhalb des BGB, die an das Vorliegen einer Schadensersatzverpflichtung anknüpfen. Dies betrifft insbesondere Regelungen des Versicherungsvertragsgesetzes und des Pflichtversicherungsgesetzes, die sich auf eine Haftpflicht wegen Tötung beziehen.

Zu Satz 1

§ 844 Absatz 3 Satz 1 BGB-E bestimmt, dass der Ersatzpflichtige dem Hinterbliebenen, der zur Zeit der Verletzung zu dem Getöteten in einem besonderen persönlichen Näheverhältnis stand, für das zugefügte seelische Leid eine angemessene Entschädigung in Geld zu leisten hat. Anspruchsberechtigt sind die Hinterbliebenen, die zur Zeit der Verletzung zu dem Getöteten in einem besonderen persönlichen Näheverhältnis standen. Dieses liegt regelmäßig vor, wenn nahe Familienangehörige betroffen sind. Dazu zählen der Ehegatte, der Lebenspartner, die Eltern und die Kinder des Getöteten. Für diese enthält Satz 2 eine gesetzliche Vermutung des besonderen persönlichen Näheverhältnisses. Anspruchsberechtigt können daneben andere Personen sein, die jedoch die Umstände, aus denen sich ihr besonderes persönliches Näheverhältnis zum Getöteten ergibt, darlegen und gegebenenfalls beweisen müssen. Für das Vorliegen eines besonderen persönlichen Näheverhältnisses ist die Intensität der tatsächlich gelebten sozialen Beziehung erheblich. Die Beziehung muss eine Intensität aufweisen wie sie in den in Satz 2 aufgeführten Fällen typischerweise besteht. Die Verbundenheit zwischen dem Getöteten und seinen Hinterbliebenen muss folglich den gesetzlich vermuteten besonderen persönlichen Näheverhältnissen entsprechen. Wenn dies vorliegt, können zum Beispiel Partner einer ehe- oder lebenspartnerschaftsähnlichen Gemeinschaft, Verlobte (auch im Sinne des Lebenspartnerschaftsgesetzes), Stief- und Pflegekinder sowie Geschwister des Getöteten zum Kreis der Anspruchsberechtigten gehören. Das besondere persönliche Näheverhältnis zwischen dem Getöteten und dem Hinterbliebenen muss bereits zur Zeit der Verletzung bestanden haben. Es kommt auf die Verletzung des unmittelbar Betroffenen an, die zu dessen Tod führte. Tritt der Tod nicht sofort. sondern mit zeitlicher Verzögerung als mittelbare Folge einer durch die unerlaubte Handlung beigebrachten Körperverletzung ein, muss das besondere persönliche Näheverhältnis zur Zeit der Körperverletzung bestanden haben. Insoweit lehnt sich § 844 Absatz 3 BGB-E an § 844 Absatz 2 BGB an, so dass die dazu entwickelten Grundsätze zur Auslegung herangezogen werden können. Jeder Hinterbliebene hat in vollem Umfang Anspruch auf ein Hinterbliebenengeld, soweit er die Anspruchsvoraussetzungen erfüllt. In vielen Fällen fremdverursachter Tötung werden daher mehrere Hinterbliebene anspruchsberechtigt sein. Anspruchsgegner ist derjenige, der die unerlaubte Handlung begangen hat oder zum Beispiel im Fall des § 833 BGB für die Gefahrenquelle verantwortlich ist, und dadurch den Tod eines Menschen und das seelische Leid der Hinterbliebenen verursacht hat.

Der Anspruch auf Hinterbliebenengeld nach § 844 Absatz 3 BGB-E setzt voraus, dass ein Mensch durch eine unerlaubte Handlung im Sinne der §§ 823 ff. BGB getötet wurde. Einen Anspruch auf Hinterbliebenengeld können demnach unerlaubte Handlungen nach § 823 Absatz 1 BGB sowie § 823 Absatz 2 BGB in Verbindung mit das Leben schützenden Schutzgesetzen (wie z.B. die §§ 211, 212 oder 222 StGB) auslösen, ebenso aber auch Fälle der §§ 831, 832, 833, 836 und 839 BGB. Ein Anspruch nach § 844 Absatz 3 BGB-E besteht nur dann, wenn sämtliche Voraussetzungen der betreffenden unerlaubten Handlung vorliegen, d.h. in der Person des Anspruchsgegners müssen die haftungsbegründenden Voraussetzungen einer der deliktsrechtlichen Haftungen nach den §§ 823 ff. BGB erfüllt sein. Sofern die Haftung des Verantwortlichen für eine unerlaubte Handlung ausgeschlossen oder begrenzt ist (z.B. nach § 831 Absatz 1 Satz 2 BGB), unterliegt auch der Entschädigungsanspruch diesen Einschränkungen. Durch seine unerlaubte Handlung muss der Anspruchsgegner den Tod des unmittelbar Betroffenen verursacht haben. Die Feststellung der Kausalität der unerlaubten Handlung für die Tötung kann problematisch sein, wenn der Tod nicht sofort, sondern erst mit zeitlicher Verzögerung als mittelbare Folge einer durch die unerlaubte Handlung beigebrachten Körperverletzung eintritt. Ebenso wie Ansprüche aus den §§ 823 ff., 844 BGB entsteht der Anspruch auf Hinterbliebenengeld dem Grunde nach bereits mit Zufügung der Körperverletzung (vgl. dazu allgemein: BGH, Urteil vom 13. Februar 1996 – VI ZR 318/94, NJW 1996, 1674). Auch wenn die unerlaubte Handlung für den Tod kausal war, kann die Haftung des Verantwortlichen unter Zurechnungsgesichtspunkten einzuschränken sein. Der Tod des unmittelbar Betroffenen muss sich auch unter Zugrundelegung der Kriterien der Adäquanz sowie des Schutzzwecks der Norm als Folge der unerlaubten Handlung darstellen (vgl. zu § 844 BGB: Wagner, in: Münchener

Kommentar zum Bürgerlichen Gesetzbuch, 6. Aufl. 2013, § 844 Rn. 15). Dieser Zusammenhang wird umso zweifelhafter, je größer der zeitliche Abstand zwischen Körperverletzung und Todeseintritt ist (vgl. zu § 844 BGB: Röthel, in: Staudinger, Kommentar zum Bürgerlichen Gesetzbuch, Neubearbeitung 2015, § 844 Rn. 44). Der Anspruchsgegner muss rechtswidrig und schuldhaft gehandelt haben, soweit dies für die jeweilige unerlaubte Handlung vorausgesetzt wird. Erfordert die unerlaubte Handlung schuldhaftes Verhalten, so genügt es ebenso wie im Rahmen des § 844 Absatz 1 und 2 BGB, wenn sich das Verschulden des Anspruchsgegners auf die Herbeiführung einer Körperverletzung bezieht (vgl. BGH, Urteil vom 13. Februar 1996 – VI ZR 318/94, NJW 1996, 1674). Es kommt deshalb auch nicht darauf an, ob der Tod zur Zeit der Körperverletzung schon vorhersehbar war (vgl. Röthel, in: Staudinger, Kommentar zum Bürgerlichen Gesetzbuch, Neubearbeitung 2015, § 844 Rn. 43; Wagner, in: Münchener Kommentar zum Bürgerlichen Gesetzbuch, 6. Aufl. 2013, § 844 Rn. 15). Besondere Verschuldensmaßstäbe, z.B. nach den §§ 1359 und 1664 Absatz 1 BGB, sind zu berücksichtigen. Ein Anspruch auf Hinterbliebenengeld setzt auch voraus, dass der Hinterbliebene infolge der Tötung seelisches Leid empfunden hat. Das Gesetz schränkt den Begriff des seelischen Leids bewusst nicht ein und sieht insbesondere kein Mindestmaß vor. In aller Regel wird das für den Anspruch vorausgesetzte besondere persönliche Näheverhältnis zum Getöteten indizieren, dass der Hinterbliebene infolge der Tötung seelisches Leid empfindet. Nur bei einem Hinterbliebenen, der keine innere Beziehung zum Getöteten hatte oder aus besonderen Gründen dessen Tod nicht als Verlust empfindet, wird dies nicht der Fall sein. Und nur wenn der Hinterbliebene seelisches Leid empfindet, dieses allerdings nicht aus der Tötung herrührte, kann es ausnahmsweise an der notwendigen Kausalität zwischen Tötung und seelischem Leid fehlen. In solchen Fällen hat der Anspruchsgegner die Möglichkeit, die Indizwirkung zu widerlegen. Sind die Voraussetzungen des § 844 Absatz 3 BGB-E erfüllt, besteht ein Anspruch auf Zahlung einer angemessenen Entschädigung in Geld. Die Bestimmung der Anspruchshöhe wird im Streitfall den Gerichten überlassen. Das Gesetz gibt Ziel und Zweck des Hinterbliebenengeldes vor: Es soll für das zugefügte seelische Leid geleistet werden. Bewertungen des verlorenen Lebens oder des Verlustes des besonders nahestehenden Menschen für den Hinterbliebenen können nicht in die Bemessung einfließen. Für die Bestimmung der Anspruchshöhe sind Erwägungen der Angemessenheit zu Grunde zu legen. § 287 der Zivilprozessordnung ist anzuwenden. Die Höhe des Schmerzensgeldes bei Schockschäden und die insoweit von der Rechtsprechung entwickelten Grundsätze könnten eine gewisse Orientierung geben. Dabei ist allerdings zu berücksichtigen, dass der Anspruch auf Hinterbliebenengeld keine außergewöhnliche gesundheitliche Beeinträchtigung voraussetzt. Soweit der Anspruch auf Hinterbliebenengeld im Rahmen von Amtshaftungsansprüchen nach § 839 BGB in Verbindung mit Artikel 34 GG geltend gemacht wird, kann die Rechtsprechung des Europäischen Gerichtshofs für Menschenrechte zu berücksichtigen sein. Wenn es um eine mögliche staatliche Mitverantwortung für den Todesfall geht, muss nahen Angehörigen eines Getöteten eine Geldzahlung in angemessener Höhe für das ihnen aus dem Todesfall entstandene Leid verschafft werden (EGMR, Urteil vom 13. März 2012, Reynolds./.Großbritannien, Nr. 2694/08, Rn. 60 ff. m.w.N.; EGMR, Urteil vom 17. März 2005, Bubbins./.Großbritannien, Nr. 50196/99, Rn. 166 ff.; EGMR, Urteil vom 3. April 2001, Keenan./.Großbritannien, Nr. 27229/95, Rn. 125 ff.).

Zu Satz 2

Nach Satz 1 steht das Hinterbliebenengeld nur Hinterbliebenen zu, die zur Zeit der Verletzung zu dem Getöteten in einem besonderen persönlichen Näheverhältnis standen. Das einen Anspruch auf Hinterbliebenengeld rechtfertigende besondere persönliche Näheverhältnis liegt regelmäßig vor, wenn nahe Familienangehörige betroffen sind. Satz 2 enthält deshalb eine (widerlegliche) gesetzliche Vermutung für die Fälle, in denen eine formale familienrechtliche Beziehung zwischen dem Hinterbliebenen und dem Getöteten bestand. Die Bedeutung des Begriffs »Hinterbliebener« in anderen Regelungsbereichen bleibt hiervon unberührt. Die Vermutung greift, wenn der Hinterbliebene ein Ehegatte, ein Lebenspartner im Sinne des § 1 Absatz 1 des Lebenspartnerschaftsgesetzes (LPartG), ein Elternteil oder ein Kind – in der Regel ein leibliches oder adoptiertes Kind – des Getöteten war. In diesen Fällen stellt die familienrechtliche Beziehung ein Indiz dafür dar, dass sich der Hinterbliebene und der Getötete auch in tatsächlicher Hinsicht persönlich besonders nahestanden. Damit soll soweit wie möglich vermieden werden, dass diejenigen Hinterbliebenen, die zum Getöteten in einer formalen familienrechtlichen Beziehung nach Satz 2 standen, die Tatsachen, aus denen sich die Existenz eines besonderen persönlichen Näheverhältnisses ergibt, vor Gericht darlegen und gegebenenfalls auch noch beweisen müssen. Die Vermutung kann vom Anspruchsgegner im Einzelfall widerlegt werden (§ 292 ZPO). Dies kann Fälle betreffen, in denen zwischen dem Getötetem und einem nach Satz 2 privilegierten Anspruchsteller nur noch ein formales familienrechtliches Band bestand, oder auch wenn die Ehegatten oder eingetragenen Lebenspartner getrennt lebten und die Voraussetzungen des § 1933 BGB bzw. des § 10 Absatz 3 LPartG vorlagen.

Nach diesen Vorschriften ist der überlebende Ehegatte bzw. Lebenspartner vom Erbrecht ausgeschlossen, wenn zur Zeit des Todes die Voraussetzungen für die Scheidung der Ehe oder Aufhebung der Lebenspartnerschaft gegeben waren und der Getötete die Scheidung der Ehe bzw. Aufhebung der Lebenspartnerschaft beantragt oder ihr zugestimmt hatte oder wenn der Getötete berechtigt war, die Aufhebung der Ehe zu beantragen, und den Antrag gestellt hatte. In diesen Konstellationen wäre es nicht gerechtfertigt, dem überlebenden Ehegatten oder Lebenspartner einen Anspruch auf Hinterbliebenengeld zu gewähren, wenn nicht ausnahmsweise zwischen ihm und dem Getöteten gleichwohl noch ein besonderes persönliches Näheverhältnis bestand. Es soll so vermieden werden, dass dem formal Verwandten, der kein besonderes persönliches Näheverhältnis zu dem Getöteten mehr unterhielt, ein Anspruch auf Hinterbliebenengeld als unerwarteter Vorteil zukommt. Daneben sollen mit Blick auf heute gelebte verschiedene Familiensituationen (z.B. sog. »Patchwork«-Familien) auch Personen anspruchsberechtigt sein, die mit dem Getöteten nicht in einer formalen familienrechtlichen Beziehung nach Satz 2 standen. Dies kann gegeben sein, wenn zwischen dem Hinterbliebenen und dem Getöteten eine besondere, tatsächlich gelebte soziale Beziehung bestand, die in ihrer Intensität den in Satz 2 aufgeführten Beziehungen entspricht. Besteht keine formale familienrechtliche Beziehung wie in den Fällen des Satzes 2, kann das Vorliegen eines besonderen persönlichen Näheverhältnisses allerdings nicht generell unterstellt werden, sondern muss nach Satz 1 dargelegt und gegebenenfalls bewiesen werden.«

## 2. Kommentierung

### *a) Allgemeines*

234 Für alle Verletzungen ab dem 22.07.2017 sieht die Norm vor, dass den Hinterbliebenen ein Hinterbliebenengeld – eine »angemessene Entschädigung in Geld« zu zahlen sei, wenn ein besonderes persönliches Näheverhältnis besteht. Die Norm schafft erstmals im deutschen Recht einen originären Anspruch für die Hinterbliebenen[333] eines Todesfalls, die bislang nur, wenn sie (in Gestalt des Trauerschmerzes) eigene Gesundheitsbeeinträchtigungen darlegen konnten, ein Schmerzensgeld für Schockschäden erhalten konnten.

### *b) Tatbestand*

235 Der Tatbestand erfordert eine (deliktische) Verantwortlichkeit für die Tötung eines Menschen. Im reinen Vertragsrecht gilt § 844 BGB nicht. Hier ist kritisiert worden, dass eine Regelung im allgemeinen Teil des Schadensrechts sinniger, weil umfassender, gewesen wäre.[334] Parallele Regelungen finden sich aber in § 86 Abs. 3 AMG, § 32 Abs. 4 GenTG, § 7 Abs. 3 ProdHaftG, § 12 Abs. 3 Umwelt-HaftG, § 28 Abs. 3 AtomG, § 10 Abs. 3 StVG, § 5 Abs. 3 HaftPflG und § 35 Abs. 3 LuftVG. Für die Kausalität der haftungsbegründenden Handlung zum Todeseintritt gilt gleiches wie bei § 844 Abs. 2 BGB.

236 Weiter ist erforderlich, dass der Hinterbliebene zu dem Getöteten in einem »**besonderen persönlichen Näheverhältnis**« stand, und zwar im Zeitpunkt der Verletzung. Dies wird (§ 844 Abs. 3 S. 2 BGB) **gesetzlich vermutet** für den Ehegatten bzw. (eingetragenen) Lebenspartner, die Kinder und Eltern. Zwar steht der Beweis des Gegenteils offen, dürfte aber schwerlich gelingen, allenfalls dann, wenn z.B. die Ehepartner zur Zeit der Verletzung bereits länger in Trennung gelebt hatten.[335] Die Vermutung ist aber z.B. widerlegt, wenn die »Beziehung zu den Getöteten gerade in den Jahren vor deren Tod als schwierig und nicht eng im Sinne eines regelmäßig gelebten persönlichen Kontakts und besonderen persönlichen Näheverhältnisses gestaltet hatte«.[336] Keinesfalls sollte der Haftpflicht-

333 Ob auch der Nasciturus anspruchsberechtigt ist, ist streitig – § 844 Abs. 2 S. 2 BGB erwähnt ihn, Abs. 3 aber gerade nicht. Ablehnend daher *OLG München* FamRZ 2021, 1839.

334 *Huber/Kadner Graziano/Luckey*, Hinterbliebenengeld (2018), § 1 Rn. 46.

335 So hat das *LG Traunstein*, Urt. v. 11.02.2020 – 1 O 1047/19, unveröffentlicht, ein Näheverhältnis für widerlegt erachtet, wenn – bei Versterben der Ehefrau – die Partner sich bereits vier Jahre vor dem Unfall getrennt hatten, der Ehemann eine neue Beziehung eingegangen war und der Scheidungsantrag bereits ein Jahr rechtshängig.

336 *BGH*, Beschl. v. 18.05.2020 – 6 StR 48/20, unveröffentlicht.

prozess Schauplatz des öffentlichen »Waschens schmutziger Wäsche« und der Nachforschung nach Details des Intimlebens auch und gerade des Verstorbenen werden.[337] Nach dem Wortlaut offen ist, ob das Näheverhältnis auch noch im Zeitpunkt des Todes bestehen muss (etwa: Entfremdung der Eheleute nach Verletzung des Geschädigten).

Sonstige Hinterbliebene müssen ein Näheverhältnis darlegen. Hierfür ist eine Nähebeziehung erforderlich, die an Intensität den in S. 2 genannten Situationen ähnlich ist; die Gesetzesbegründung[338] nennt nichteheliche Lebensgemeinschaften, Stief- und Pflegekinder oder Geschwister. **Maßstab** für den Nachweis einer **besonderen emotionalen Nähebeziehung** ist also die **harmonische Familie**, die typischerweise im **Verbund einer Haushaltsgemeinschaft** zusammenlebt. Nur wenn die Beziehung zu einer in § 844 Abs. 3 S. 2 BGB nicht privilegierten Person **annähernd die gleiche Qualität** erreicht wie in einer harmonischen Familie, soll auch diese anspruchsberechtigt sein. Indiziell kann etwa auf die Art und Qualität des Kontaktes oder auf das Bestehen eines Haushaltsverbunds abgestellt werden. So hat das *LG München II*[339] ein Näheverhältnis der Schwiegertochter zur Schwiegermutter angenommen, weil dem Familienband im nordafrikanischen Lebensraum, aus dem sowohl die Getötete als auch die Klägerin angehörten, erhebliche Bedeutung zukomme und die Klägerin, die der deutschen Sprache nicht mächtig war, auf Kommunikation mit arabisch sprechenden Verwandten angewiesen gewesen sei. Auch das *OLG Koblenz*[340] ordnet die Schwiegermutter (bei Tod der Schwiegertochter) als anspruchsberechtigt ein. Demgegenüber hat das *LG Limburg* ein Näheverhältnis zwischen den Ehegatten zweier Geschwister abgelehnt.[341] Das **stärkste Indiz** ist der **gemeinsame Haushaltsverbund**; darüber hinaus kommen in Betracht häufige gemeinsame Unternehmungen oder Reisen, Besuche oder intensive Kommunikation.[342] 237

### *c) Rechtsfolge*

Anspruchsfolge ist eine »angemessene Entschädigung in Geld« für »das seelische Leid«, was die Frage der **Bemessung** aufwirft. Da im Gesetzgebungsverfahren insoweit kein Konsens zu erzielen war, hat der Gesetzgeber nicht einmal die Bandbreite des Ersatzes angegeben; dem Verfahren ist lediglich zu entnehmen, dass Beträge in der Größenordnung von 30.000 € bis 60.000 € nicht mehrheitsfähig waren.[343] Der Bezug auf das »seelische Leid« könnte in dem Sinne verstanden werden, dass das konkrete Leid entschädigt werden solle; dies wäre aber mit Blick auf die Gesetzesbegründung, einen gegenüber dem Schockschaden (bei dem es denknotwendig auf die Bemessung des konkret erlittenen Schocks als eigenem Gesundheitsschaden ankommt) eher kontraproduktiv. 238

Wünschenswert wäre daher eine eher **pauschale Bemessung**. Eine solche hätte den Vorteil, den Hinterbliebenen den ansonsten zum Vortrag des seelischen Leids erforderlichen »Seelenstriptease« zu ersparen und würde auch die erwartbare Unbilligkeit vermeiden, gerade denjenigen geringer zu entschädigen, der still und ohne attestierbare therapeutische Hilfe leidet, dem aber ebenso wie demjenigen, der eine Vielzahl eloquenter Therapeuten aufsucht, ein Angehöriger genommen wurde. Insoweit sollte der Fokus mehr auf dem Verlust eines Angehörigen als solchem liegen, der – wenngleich naturgemäß ohnehin nicht finanziell kompensierbar – solcherart einer pauschalen Bemessung eher zugänglich wäre. Die finanzielle Belastung der Versicherer bliebe angesichts dessen, dass die Zahl der Todesfälle im Straßenverkehr seit Jahren konstant unter 4.000 liegt (und hierbei noch nichts über die Haftungsquote, § 846, gesagt ist) ohnehin überschaubar und selbst für die Regulierung 239

337 *Huber/Kadner Graziano/Luckey*, Hinterbliebenengeld (2018), § 1 Rn. 68.

338 BT-Drucks. 18/11397, S. 13.

339 *LG München II* SVR 2020, 274.

340 *OLG Koblenz* MDR 2021, 168.

341 *LG Limburg* SVR 2020, 346: Der Vortrag, »viel gemeinsame Zeit verbracht und große Teile der Freizeitgestaltung und des familiären Alltags gemeinsam begangen zu haben«, genügte zur Darlegung eines Näheverhältnisses nicht.

342 *Huber/Kadner Graziano/Luckey*, Hinterbliebenengeld (2018), § 1 Rn. 74, 75.

343 *Fechner* DRiZ 2017, 84.

aller deutschen Verkehrstodesfälle eines ganzen Jahres immer noch deutlich hinter den (materiellen und immateriellen) Kosten für die Regulierung auch nur eines Schwerstschadensfalles zurück.

240 Die Gesetzesbegründung legte die Bemessung in die Hände der Judikatur, geht aber (in der Kostenschätzung) von 10.000 €[344] Hinterbliebenengeld aus und verweist darauf, dass das – tatbestandlich vorausgesetzte – Näheverhältnis regelmäßig ein seelisches Leid aufgrund des Todesfalles indiziere.[345] Das *OLG Schleswig*[346] hat den Betrag von 10.000 € daher durchaus zu Recht nicht als »eine Obergrenze, sondern Anker, Richtschnur und Orientierungshilfe für die Bemessung im Einzelfall« bezeichnet.

241 Die **Grundsatzentscheidung** zur Bemessung des Hinterbliebenengeldes vom BGH[347] führt aus:

»Das Berufungsgericht ist allerdings zutreffend davon ausgegangen, dass bei der Festsetzung der Hinterbliebenenentschädigung nicht lediglich eine schematische Bemessung vorgenommen werden darf, sondern die konkrete seelische Beeinträchtigung des betroffenen Hinterbliebenen zu bewerten ist und hierbei die Besonderheiten des jeweiligen Einzelfalles zu berücksichtigen sind. Die Bestimmungen in § 844 Abs. 3 BGB und § 10 Abs. 3 StVG gewähren einen Anspruch auf Ersatz eines Nichtvermögensschadens. Sie sehen für immaterielle Nachteile – die seelischen Beeinträchtigungen, die durch den Verlust einer geliebten Person eintreten wie insbesondere Trauer und Niedergeschlagenheit – eine »angemessene Entschädigung in Geld« vor. Insoweit entsprechen sie den in § 253 Abs. 2 BGB, § 15 Abs. 2 Satz 1 AGG geregelten Ansprüchen auf Ersatz immateriellen Schadens.

(…)

Wie das Berufungsgericht weiter zutreffend angenommen hat, sind bei der Bemessung der Hinterbliebenenentschädigung ähnlich wie beim Schmerzensgeld sowohl der Ausgleichs- als auch der Genugtuungsgedanke zu berücksichtigen. Die Entschädigung soll dem Hinterbliebenen einen gewissen Ausgleich bieten für die seelischen Beeinträchtigungen, die durch den Tod einer geliebten Person eintreten; auch wenn ein echter Ausgleich nicht möglich ist, soll mit der Entschädigung das mit dem Verlust des Angehörigen verbundene seelische Leid wenigstens gelindert werden. Zugleich soll die Hinterbliebenenentschädigung aber auch dem Gedanken Rechnung tragen, dass der Schädiger dem Hinterbliebenen für das, was er ihm durch die Herbeiführung des Todes einer geliebten Person angetan hat, Genugtuung schuldet.

(…)

Vor dem Hintergrund dieser Erwägungen sind maßgebend für die Höhe der Hinterbliebenenentschädigung im Wesentlichen die Intensität und Dauer des erlittenen seelischen Leids und der Grad des Verschuldens des Schädigers. Wie das Berufungsgericht zu Recht angenommen hat, lassen sich dabei aus der Art des Näheverhältnisses, der Bedeutung des Verstorbenen für den Anspruchsteller und der Qualität der tatsächlich gelebten Beziehung indizielle Rückschlüsse auf die Intensität des seelischen Leids ableiten.

(…)

Durchgreifenden rechtlichen Bedenken begegnen aber die Erwägungen des Berufungsgerichts zum Verhältnis der Hinterbliebenenentschädigung zum Schmerzensgeld wegen eines sogenannten Schockschadens.

Es ist revisionsrechtlich auch nicht zu beanstanden, dass das Berufungsgericht den in dem Gesetzentwurf der Fraktionen der CDU/CSU und SPD genannten Betrag in Höhe von 10.000 € (BT-Drucks. 18/11397, S. 11) als Orientierungshilfe und nicht als Obergrenze für die Bemessung der Hinterbliebenenentschädigung angesehen hat. Die Revision wendet sich aber mit Erfolg gegen die Annahme des Berufungsgerichts, die Bemessung der Höhe der Hinterbliebenenentschädigung könne unabhängig von der Höhe des Schmerzensgeldes erfolgen, das dem Hinterbliebenen zustände, wenn das von ihm erlittene seelische Leid die Qualität einer Gesundheitsverletzung hätte; die Hinterbliebenenentschädigung sei im Ausgangspunkt insbesondere nicht niedriger als das Schmerzensgeld zu bemessen.

Die Einführung eines Anspruchs auf Hinterbliebenengeld diente dem Zweck, den Hinterbliebenen für immaterielle Beeinträchtigungen unterhalb der Schwelle einer Gesundheitsverletzung einen Anspruch auf

344 Dagegen *Müller* VersR 2017, 321 (324); ausführlich *Jaeger* VersR 2017, 1041 (1056).
345 BT-Drucks. 18/11397, S. 14.
346 *OLG Schleswig* DAR 2021, 332.
347 *BGH* VersR 2023, 256.

angemessene Entschädigung in Geld einzuräumen. Die Entschädigung soll seelisches Leid lindern, das diese Schwelle nicht erreicht. Dementsprechend wird in dem Gesetzentwurf darauf hingewiesen, dass bei der Anspruchsbemessung die Höhe des Schmerzensgeldes bei Schockschäden zwar eine gewisse Orientierung geben könne, dabei allerdings zu berücksichtigen sei, dass der Anspruch auf Hinterbliebenengeld keine Rechtsgutsverletzung voraussetze (vgl. BT-Drucks. 18/11397, S. 14); der für die Tötung Verantwortliche habe dem Hinterbliebenen unabhängig vom Nachweis einer medizinisch fassbaren Gesundheitsbeeinträchtigung eine Entschädigung für dessen seelisches Leid zu leisten (vgl. BT-Drucks. 18/11397, S. 8).

Zur Vermeidung von Wertungswidersprüchen muss deshalb der dem Hinterbliebenen im Einzelfall zuerkannte Betrag im Regelfall hinter demjenigen zurückbleiben, der ihm zustände, wenn das von ihm erlittene seelische Leid die Qualität einer Gesundheitsverletzung hätte.

Rechtsfehlerhaft hat das Berufungsgericht schließlich angenommen, das Hinterbliebenengeld müsse sich der Höhe nach in das Gesamtgefüge der europäischen Rechtsprechung zum Schmerzens- und Hinterbliebenengeld einfügen. Die Frage, welcher Betrag »angemessen« ist, um das dem Hinterbliebenen zugefügte seelische Leid gemäß § 844 Abs. 3 BGB, § 10 Abs. 3 StVG in Geld zu entschädigen, kann - wie bei der Bemessung des einem Geschädigten gemäß § 253 Abs. 2 BGB zustehenden Schmerzensgelds - nur in Ansehung der in Deutschland geltenden Lebensverhältnisse und der deutschen Gesamtrechtsordnung beantwortet werden. Abgesehen von den unterschiedlichen Lebensverhältnissen ist der Ersatz materieller und immaterieller Schäden in den europäischen Staaten rechtlich unterschiedlich ausgestaltet. Ein Vergleich mit dem Recht anderer Länder ist wenig aussagekräftig, wenn er nicht die gesamte Rechtsordnung in den Blick nimmt, sondern sich auf die punktuelle Herausnahme und isolierte Betrachtung einzelner Schadenspositionen und Einzelaspekte der verschiedenen Regulierungssysteme beschränkt.«

Die Entscheidung bringt zu den Bemessungsfaktoren – die letztlich vom Schmerzensgeld bis in die Formulierungen hinein übernommen wurden – wenig überraschendes, hält aber zwei aus Geschädigtensicht »üble« Überraschungen parat: 242
- Dass das Hinterbliebenengeld niedriger sein müsse als das Schockschadensschmerzensgeld, weil es an einer Gesundheitsverletzung fehle, ist formaljuristisch vertretbar, ignoriert aber den Willen (auch) des Gesetzgebers, gerade den Verlust des Angehörigen als eigenständige Beeinträchtigung zu begreifen und zu kompensieren, weil dies eben vorher nicht der Fall war. Wer dies ernst nimmt, gibt – wie eingangs ausgeführt – bereits für den Verlust eines geliebten Menschen eine »angemessene« Entschädigung
- Sogar diametral zur Gesetzesbegründung verhält sich der Schluss, wonach nicht auf die Rechtsordnungen von Nachbarländern geschaut werden darf: gerade doch auch zur Angleichung an das dortige (»europäische«) Regulierungsniveau (so die Gesetzesbegründung!) ist das Hinterbliebenengeld doch eingeführt worden.

Für den Anwalt bleibt gleichwohl nur, vorrangig einen Schockschaden vorgetragen (der *BGH* hat ja parallel die Anforderungen hierfür gesenkt, s. Rdn. 209 ff.) und in besonderem Maße Trauer und Leid zu schildern. Auch wenn genau diese Folge ja wieder vernachlässigt, dass jede(r) Hinterbliebene anders trauert und so wieder das Risiko droht, besonders extrovertiert klagende Angehörige zu bevorteilen. Immerhin ist es auch von Relevanz, wenn der Unfalltod mittelbare Belastungen des Hinterbliebenen (hier: psychische Auffälligkeiten des autistischen Bruders nach Tod des Vaters belasten auch die Tochter unmittelbar, die diesen nun ausgesetzt ist) mit sich bringt.[348] Dass finanzielle Einbußen durch Wegfall väterlicher Zuwendungen eintreten, hat indes keine Bemessungsrelevanz, sondern wird – als potentiell materieller Schaden – nur über § 844 Abs. 2 BGB ersetzt.[349] 243

In der Judikatur zeigt sich zu Beträgen folgendes Bild: 244

Das *LG Tübingen*[350] hat in einer der ersten Entscheidungen zu § 844 Abs. 3 BGB der Ehefrau des Getöteten unter Hinweis auf eine 30-jährige Ehe 12.000 € zugebilligt, den Kindern einheitlich 7.500 € (weil ihnen nicht zu vermitteln sei, warum die Kinder in Haushaltsgemeinschaft mit

348 *BGH* MDR 2023, 908.
349 *BGH* MDR 2023, 908.
350 *LG Tübingen* DAR 2019, 468; dazu *Huber* VersR 2020, 385.

dem Getöteten mehr bekommen sollten als die anderen Kinder) und dem Bruder (der mit dem Getöteten mehrfach Motorrad-Urlaubsfahrten unternommen hatte) 5.000 €. Das *LG Wiesbaden*[351] hat – unter Verweis auf die Gesetzesbegründung und dem Umstand, dass der Schockschadensrechtsprechung eine wichtige Orientierungsfunktion zukomme – für den Verlust der Ehefrau nach 40-jähriger Ehe 10.000 € Hinterbliebenengeld angenommen. Ebenso hat das *OLG Koblenz*[352] für den Verlust des 20 Jahre alten Sohnes, der bei der getrennt lebenden Kindesmutter lebte, 10.000 € angesetzt, das *OLG Köln*[353] für den Tod einer volljährigen, aber noch im elterlichen Haushalt lebenden Tochter 12.000 €. Das *LG Mannheim*[354] hat im Adhäsionsverfahren Tochter und Mutter einer ermordeten Frau jeweils 10.000 € Hinterbliebenengeld zuerkannt. Für den Unfalltod des Vaters hat das *OLG Schleswig*[355] einer Tochter, die noch 2 Jahre danach u.a. an Schlafstörungen litt, 10.000 € zuerkannt. Das *LG Paderborn*[356] hat für den Tod des volljährigen Sohnes 8.000 € zugesprochen, erneut das *OLG Koblenz*[357] 8.000 € für den Tod der Schwiegertochter.

245 Das *LG Leipzig*[358] hat den Eltern einer bei einem LKW-Unfall getöteten 16-Jährigen jeweils 15.000 € Hinterbliebenengeld (Betragsvorstellung war 30.000 €) zugebilligt und die Beträge – unter Hinweis auf die Entscheidung des *LG Tübingen* – wie folgt gerechtfertigt:

> »Dabei ist vorliegend berücksichtigt, dass die Kläger ihre Tochter verloren haben durch einen Verkehrsunfall, den der Fahrer des Lkws schuldhaft verursachte, diese dabei von dem Lkw überrollt wurde und schwere Verletzungen erlitt, noch kurze Zeit bei Bewusstsein war und gerichtsmedizinisch untersucht wurde und die Kläger um diese Umstände und das, wenn auch kurze Leiden ihrer minderjährigen Tochter wissen. Berücksichtigt ist auch, dass sie ihr einziges Kind, ein spätes Wunschkind war und für die Eheleute, die 1997 von Kasachstan nach Deutschland umsiedelten, einen wesentlichen Lebensinhalt und Bezugspunkt zu einem sozialen Umfeld war«.

246 Ebenfalls 15.000 € wurden einer Tochter zugesprochen, deren 45 Jahre alte Mutter in einer von Eifersucht geprägten Beziehung vom Lebenspartner getötet wurde.[359] Das *LG Düsseldorf*[360] hat – allerdings ohne jede Begründung und zudem in einem Fall, in welchem richtigerweise, weil die Tötung vor dem Inkrafttreten des § 844 Abs. 3 BGB geschehen war, ein Hinterbliebenengeld intertemperoral bereits ausschied – dem Ehemann eines Arzthaftungsopfers 25.000 € zugebilligt.

247 Das *LG München II*[361] hat dem (48 Jahre alten) Sohn einer getöteten Fußgängerin 5.000 € zugebilligt, seiner Ehefrau – der Schwiegertochter – 3.000 €. Das *AG Passau*[362] hat für Großeltern nach dem Tod des Enkels jeweils 5.000 € vorgerichtliche Zahlung für ausreichend erachtet.

248 Das *LG Osnabrück*[363] hat in einem Strafprozess dem Vater eines Jugendlichen, der nach gemeinsamen Drogenkonsum ausgeraubt und getötet worden war, ein Hinterbliebenengeld von 2.000 €

351 *LG Wiesbaden* SVR 2020, 142.
352 *OLG Koblenz* r+s 2020, 659.
353 *OLG Köln* DAR 2022, 451.
354 *LG Mannheim*, Urt. v. 15.07.2020 – 1 Ks 400 Js 35919/19, unveröffentlicht.
355 *OLG Schleswig* DAR 2021, 332.
356 *LG Paderborn*, Urt. v. 31.01.2020 – 4 O 372/19, unveröffentlicht.
357 *OLG Koblenz* MDR 2021, 168 bei besonders enger Beziehung »einem Mutter-Tochter-Verhältnis gleichzusetzen«.
358 *LG Leipzig*, Urt. v. 08.11.2019 – 05 O 758/19, unveröffentlicht.
359 *LG Regensburg*, Urt. v. 16.12.2020 – Ks 103 Js 28875/19, unveröffentlicht. Das Gericht stellte darauf ab, dass der Tochter – die fremd in Deutschland war und sonst keine Kontakte hatte – durch eine Vorsatztat die Mutter genommen worden war.
360 *LG Düsseldorf*, Urt. v. 26.07.2018 – 3 O 250/15, unveröffentlicht. In der Berufungsinstanz (*OLG Düsseldorf* 8 U 72/18) wurde das Urteil aufgehoben und die Sache zurückverwiesen.
361 *LG München II*, Urt. v. 17.05.2019 – 12 O 4540/18, unveröffentlicht.
362 *AG Passau*, Urt. v. 03.12.2019 – 11 C 721/19, unveröffentlicht: Tod der 13 Monate alten Enkeltochter; Urt. v. 22.11.2019 – 16 C 722/19: Tod des 5 Jahre alten Enkels. Nach Hinweisbeschlüssen des *LG Passau* vom 08.05.2020 (3 S 99/19; 3 S 3/20) wurden die Berufungen hiergegen zurückgenommen.
363 *LG Osnabrück*, Urt. v. 09.01.2019 – 3 KLs 4/18, unveröffentlicht.

zugesprochen, was der *BGH*[364] ohne weitere Ausführungen zur Höhe billigte. Demgegenüber hat das *LG Darmstadt* der Tochter einer von ihrem Ehemann im Affekt getöteten Mutter im Adhäsionsverfahren 20.000 € Hinterbliebenengeld zugesprochen,[365] das *LG Rottweil* sprach im Adhäsionsverfahren einer Mutter, deren ehemaliger Partner das gemeinsame, 6 Jahre alte Kind ebenso getötet hatte wie ihren neuen Lebensgefährten und eine Cousine, Beträge von 10.000 € (für Bruder und Sohn), 20.000 € (hinterbliebene minderjährige Kinder) und 30.000 € (für die Mutter) zu.[366]

Bei **mehreren Haftungsschuldnern** besteht eine gesamtschuldnerische Verantwortlichkeit, § 840. 249
Gibt es nach einem **Todesfall mehrere Hinterbliebene**, hat jeder einen individuellen Anspruch nach Abs. 3, dessen Höhe nicht von der Existenz weiterer Anspruchsberechtigter abhängt. Die Entschädigungssumme wird also nicht »pro Todesfall«, sondern »pro Hinterbliebenen« geleistet. Im Falle **mehrerer Todesfälle** nach einem Haftungsereignis (etwa: beide Eltern des Hinterbliebenen sterben bei einem Verkehrsunfall) steht dem Hinterbliebenen für jeden Getöteten ein gesonderter Anspruch zu, es gibt keinen »Mengenrabatt« (str.).

*d) Konkurrenzen*

Problematisch ist auch das **Konkurrenzverhältnis** des Hinterbliebenengeldes zum **Schockschaden-Schmerzensgeld**. 250
Zwar gibt es Konstellationen, in denen nur einer der beiden Ansprüche greift, so klammert § 844 Abs. 3 BGB Ansprüche wegen einer Verletzung des Angehörigen bewusst aus (hier ist man auf den Schockschaden angewiesen), umgekehrt greift nur § 844 Abs. 3 BGB ein, wenn es im Todesfall an einer Gesundheitsbeeinträchtigung der Hinterbliebenen fehlt. Oftmals allerdings werden beide Ansprüche tatbestandlich nebeneinander verwirklicht sein. Die Gesetzesbegründung führt hierzu aus:

> »Liegen sowohl die Voraussetzungen auf Ersatz eines »Schockschadens« nach § 823 Absatz 1 in Verbindung mit 253 Absatz 2 BGB vor als auch die Voraussetzungen nach § 844 Absatz 3 BGB-E, geht der Anspruch auf Ersatz des Schockschadens dem Anspruch auf Hinterbliebenengeld vor bzw. letztgenannter geht in erstgenanntem auf. Insbesondere soll die gesetzliche Einräumung des Anspruchs auf Hinterbliebenengeld nicht dazu führen, dass ein (weitergehender) Anspruch auf Erstattung des Schockschadens – bei Vorliegen der Voraussetzungen – ausgeschlossen wäre.«

Was indes »in diesem aufgehen« bedeuten soll, zumal, wenn Ansprüche **übersteigender Höhe** aus 251
Schockschaden möglich bleiben sollen, ist nicht ganz klar.[367] Wenn der Anspruch auf Hinterbliebenengeld als subsidiär verstanden wird, müsste vorrangig ein Anspruch auf Schockschaden verfolgt werden, obgleich dieser in der Durchsetzung ungleich schwerer darzutun ist. Umgekehrt kann der Geschädigte »Geld verlieren«, wenn nur der Anspruch auf Hinterbliebenengeld verfolgt wird, ohne dass ein (nach der Ansicht des *BGH*[368] ja regelmäßig höherer) Schockschaden geltend gemacht wird – wegen der unterschiedlichen tatbestandlichen Folgen muss dies nicht zwingend als ein Streitgegenstand verstanden werden. Zuletzt kann der Kläger bei Einreichung der Klage auch gar nicht beurteilen, ob der Schockschadensanspruch tatsächlich »weiter ginge« als das Hinterbliebenengeld, liegt doch die Bemessung in beiden Fällen im richterlichen Ermessen. Der Kläger wird daher regelmäßig gehalten sein, seinen Antrag auf beide Ansprüche zu stützen.

Fällt das Hinterbliebenengeld mit einem Anspruch aus übergegangenem Recht wegen **baldigen** 252
**Todes** zusammen, dürfte beides kumulativ verlangt werden.

Es handelt sich um zwei unterschiedliche Ansprüche oftmals auch unterschiedlicher aktivlegitimierter Personen (Erben müssen nicht notwendig Hinterbliebene sein und umgekehrt), die unterschiedli-

364 *BGH*, Beschl. v. 08.01.2019 – 3 StR 529/18, unveröffentlicht.
365 https://www.hessenschau.de/panorama/frau-erstochen-rentner-muss-knapp-acht-jahre-ins-gefaengnis,urteil-darmstadt-102.html.
366 *LG Rottweil*, Urt. v. 26.06.2018 – 1 Ks 10 Js 10802/17, unveröffentlicht.
367 Pointiert daher *Jaeger* VersR 2017, 1041 (1055): »unschlüssig und nicht durchdacht«.
368 *BGH* VersR 2023, 256.

ches Leid (des Getöteten und der Hinterbliebenen) zu kompensieren versuchen. Eine Anrechnung beider Ansprüche aufeinander erschiene daher unrichtig.

## IV. Leben und Tod

### 1. Tod

253 Bei einem Unfall kann der Tod »sofort« oder sehr schnell eintreten. Wird beispielsweise die Verbindung des Gehirns zum Körper getrennt oder reißen die Gefäße zum Herzen, tritt der Tod »sofort« ein, die Hirnströme erlöschen alsbald.

#### *a) Kein Schmerzensgeld für Tod*

254 Auch § 253 BGB gewährt kein Schmerzensgeld für die Verletzung des Lebens, worin er sich mit § 847 BGB a.F. deckt. Anders als in § 823 Abs. 1 BGB wird in § 253 Abs. 2 BGB »das Leben« nicht genannt. Das ist richtig, denn derjenige, dem das Leben genommen wird, erleidet selbst keinen ersatzfähigen Schaden. Die Bestimmung des § 823 Abs. 1 BGB ist insoweit offenkundig unrichtig, als sie davon spricht, dass derjenige, der vorsätzlich oder fahrlässig das Leben eines anderen rechtswidrig verletzt, »dem anderen« zum Ersatz des daraus entstehenden Schadens verpflichtet ist.[369]

255 So hat das *OLG Karlsruhe*[370] (zum alten Recht) entschieden, dass die Erben einer Frau, die bei einer Bootsfahrt über Bord gegangen, dann gegen einen Dalben geschleudert und dabei verletzt worden war, keinen Anspruch auf Schmerzensgeld haben. Das Gericht war davon überzeugt, dass die Verletzte unmittelbar, nachdem sie über Bord geschleudert wurde, im Wasser verstorben ist.

256 Schon zuvor wurde in der Rspr. ein Schmerzensgeldanspruch verneint in den Fällen, in denen der Tod infolge der Verletzung sofort oder sehr schnell eintrat.[371]

#### *b) Kein Schmerzensgeld, aber Hinterbliebenengeld für den Tod naher Angehöriger*

257 Dass ein Bedürfnis besteht, auch für den (Unfall-)Tod jedenfalls den Hinterbliebenen einen immateriellen Ausgleichzu zahlen, zeigte sich auch daran, dass die Deutsche Bahn AG den Erben der Opfer des ICE-Unglücks bei Eschede (unter Betonung der Freiwilligkeit der Leistung) bislang je 15.000 € gezahlt hat.[372] Die durchschnittliche Entschädigung lag bei 125.000 € und im Fall Brühl bei 50.000 €. Dagegen zahlte der EU-Staat Italien (mit Rechtsanspruch auf Kapital) je Opfer des Seilbahnunglückes von Cavalese 1,9 Mio. Euro.[373]

258 Zwar sind die gesetzlichen Regelungen innerhalb Europas keineswegs einheitlich[374] und es bestehen zahlreiche Besonderheiten im Einzelnen. Hinterbliebenenschmerzensgeld wird aber gewährt in der Schweiz, in Frankreich, in Belgien, in Spanien, in Italien, in Griechenland und in Großbritannien.[375] Aus dem Lager derjenigen, die das Angehörigenschmerzensgeld grundsätzlich ablehnen, sind mit Österreich und Schweden bereits zwei maßgebliche Vertreter zum Lager derjenigen gewechselt, die einen Ersatz für Trauerschaden anerkennen.

---

369 *V. Bar* Karlsruher Forum 2003 S. 11 Fn. 4.

370 *OLG Karlsruhe* VersR 2001, 1123.

371 *OLG Düsseldorf* r+s 1997, 159; *OLG Düsseldorf* zfs 1996, 253; *OLG Koblenz* OLGR 2001, 50; *OLG München* OLGR 2000, 352; *LG Nürnberg-Fürth* r+s 1994, 418 f.; *Deutsch/Ahrens* Rn. 483; *Heß* zfs 2001, 532 f.

372 *Schmid* VersR 2002, 26 (28); *Mayenburg* VersR 2002, 278 (282).

373 *Nehls* zfs 2004, 193.

374 *Backu* DAR 2001, 587; in Österreich sieht der *OGH Wien* NZV 2002, 26, zugunsten der trauernden Angehörigen den Anspruch auf Schmerzensgeld wegen ihrer seelischen Beeinträchtigungen auch ohne eigene Gesundheitsschädigung als begründet an, wenn der Schädiger vorsätzlich oder grob fahrlässig gehandelt hat.

375 *Ebbing* ZGS 2003, 223 (227).

Nach deutschem Recht wird erst seit 2017 ein Hinterbliebenengeld als immaterielle Entschädigung für die Tötung eines Menschen geschuldet.[376] Dieser Anspruch kompensiert nicht den Tod (dem Getöteten kann ja auch keine Kompensation mehr zufließen), sonden den Verlust der Angehörigen. Hinterbliebene haben (nur dann) einen Anspruch auf Schmerzensgeld, wenn durch den Verlust des Angehörigen bei dem Hinterbliebenen eine Beeinträchtigung mit Krankheitswert aufgetreten ist, nämlich eine Störung der Gesundheit i.S.d. § 253 BGB. 259

## 2. Schmerzensgeld bei tödlichen Verletzungen

Anders ist die Rechtslage, wenn der Verletzte noch eine gewisse – wenn auch nur kurze – Zeit gelebt hat. Die Todesangst und/oder die Erkenntnis einer deutlich verkürzten Lebenserwartung können einen Schmerzensgeldanspruch begründen oder deutlich erhöhen.[377] Insofern ist mit den Rechtsgütern Körper und Gesundheit auch das durch beide repräsentierte Leben geschützt. Dies gilt aber nur dann, wenn die Leidenszeit bis zum Versterben eigenen – bemessungsrelevanten – Charakter hat, da ja nicht der Tod als solche, sondern die Zeit bis zum Tod ein (in der Person des Unfallopfers entstehendes) Schmerzensgeld begründet, was dann auf die Erben übergeht. 260

Durch Gesetz vom 14.03.1990 – in Kraft seit dem 01.07.1990 – wurde die Regelung des § 847 Abs. 1 S. 2 BGB gestrichen. Nach dieser Bestimmung ging der Schmerzensgeldanspruch nur dann auf die Erben des Verletzten über, wenn er rechtshängig gemacht oder durch Vertrag anerkannt worden war. Nach Streichung dieser Sonderregel ist das Schmerzensgeld, wie sonstige vermögensrechtliche Ansprüche auch, vererblich.[378] 261

### *a) Die Entscheidung des BGH zum Schmerzensgeld bei baldigem Tod*

Die Entscheidung des *BGH* vom 12.05.1998 zum Schmerzensgeld bei baldigem Tod[379] und die dazu ergangenen Besprechungen[380] dürften dazu beigetragen haben, die Grundlagen für die Schmerzensgeldbemessung dieser eigenständigen Fallgruppe zu klären und Bemessungskriterien herauszuarbeiten. 262

Die Entscheidung beruht auf folgendem Sachverhalt: Die Eltern des Klägers verunglückten mit dem PKW. Der Vater erlitt u.a. ein Schädelhirntrauma ersten Grades. Er war unmittelbar nach dem Unfall bei Bewusstsein und ansprechbar, erhielt nach etwa 20 Minuten ein schmerzstillendes Medikament und wurde kurz darauf in ein künstliches Koma versetzt. Er starb neun Tage nach dem Unfall. Die Mutter des Klägers erlitt so schwere Verletzungen, dass sie bei durchgehender Empfindungslosigkeit etwa eine Stunde nach dem Unfall verstarb. 263

Das *OLG* bestätigte für den Vater ein Gesamtschmerzensgeld von 14.000 € und für die Mutter ein Schmerzensgeld i.H.v. 1.500 €. 264

Der *BGH* hat die auf Zahlung weiteren Schmerzensgeldes gerichtete Revision zurückgewiesen. 265

In den Leitsätzen der Entscheidung heißt es, dass die Bemessung des Schmerzensgeldes bei einer Körperverletzung, an deren Folgen der Verletzte alsbald verstirbt, eine Gesamtbetrachtung der immateriellen Beeinträchtigung unter besonderer Berücksichtigung von Art und Schwere der Verletzungen, des hierdurch bewirkten Leidens und dessen Wahrnehmung durch den Verletzten wie auch des Zeitraums zwischen Verletzung und Eintritt des Todes erfordert und dass ein Anspruch auf Schmerzensgeld zu verneinen sein kann, wenn die Körperverletzung nach den Umständen des Falles

---

376 *Müller* DRiZ 2003, 167.

377 *Huber* NZV 1998, 345, 353.

378 Anderes gilt aber nach *BGH* NJW 2014, 2871 für das Persönlichkeitsrecht, wegen dessen höchstpersönlichen Charakters der Anspruch auf Geldentschädigung nach Persönlichkeitsrechtsverletzung nicht vererblich sein soll.

379 *BGH* MDR 1998, 1029 (mit Anm. *Jaeger*) = NZV 1998, 370 = VersR 1998, 1034.

380 *Huber* NZV 1998, 345; *Jaeger* MDR 1998, 450.

gegenüber dem alsbald eintretenden Tod keine abgrenzbare immaterielle Beeinträchtigung darstellt, die aus Billigkeitsgesichtspunkten einen Ausgleich in Geld erforderlich macht.

*b) Tod nach zehn Tagen im Koma – Schmerzensgeld 14.000 €*

**266** Die erste Aussage betrifft den Tod des Vaters. Hierzu führt der *BGH* in den Gründen u.a. aus, dass maßgebend für die Höhe des Schmerzensgeldes nach wie vor die bekannten Kriterien der Entscheidung des Großen Zivilsenats des *BGH*[381] sind, nämlich im Wesentlichen

- die Schwere der Verletzungen,
- das durch diese bedingte Leiden,
- dessen Dauer,
- das Ausmaß der Wahrnehmung der Beeinträchtigung durch den Verletzten und
- der Grad des Verschuldens des Schädigers.

**267** Der Umstand, dass die Verletzungen so schwer waren, dass der Verletzte nur kurze Zeit überlebt hat, sei selbst dann schmerzensgeldmindernd zu berücksichtigen, wenn der Tod gerade durch das Schadensereignis verursacht worden sei.[382] Eine abweichende Betrachtungsweise sei nicht gerechtfertigt, falls sich der Verletzte bis zu seinem Tode durchgehend oder überwiegend in einem Zustand der Empfindungsunfähigkeit oder Bewusstlosigkeit befunden habe. Die fehlende Empfindungsfähigkeit des Vaters des Klägers sei die Folge des künstlichen Komas als einer Heilmaßnahme, die mit einer Zerstörung der Persönlichkeit nichts zu tun habe.

**268** Mit Rücksicht darauf, dass nach der ständigen Rechtsprechung des *BGH* keine gesonderten Schmerzensgeldbeträge für die unterschiedlichen Bewusstseinsphasen des Verletzten angesetzt werden dürfen, vielmehr die Leidenszeit einer Gesamtbetrachtung zu unterziehen und auf dieser Grundlage eine einheitliche Entschädigung für das sich insgesamt darbietende Schadensbild festzusetzen ist, darf die Zeit, in der sich der Vater des Klägers im künstlichen Koma befand, nicht nur symbolisch in die Bemessung des Schmerzensgeldes einbezogen werden. Auch diese Zeit ist bei der Bemessung des Schmerzensgeldes berücksichtigt worden, führte aber nicht zur Zuerkennung eines höheren Schmerzensgeldes als 14.000 €.

*c) Tod nach einer Stunde – Schmerzensgeld nicht mehr als 1500 €*

**269** Zu der zweiten Aussage des *BGH*, die den Tod der Mutter betrifft, ist in den Gründen u.a. ausgeführt, dass die Zubilligung eines Schmerzensgeldes nicht stets voraussetze, dass der Geschädigte die ihm zugefügten Verletzungen empfunden habe. Vielmehr könne nach den Grundsätzen des Senatsurteils vom 13.10.1992[383] in den Fällen schwerster Schädigung eine ausgleichspflichtige immaterielle Beeinträchtigung gerade darin liegen, dass die Persönlichkeit ganz oder weitgehend zerstört und hiervon auch die Empfindungsfähigkeit des Verletzten betroffen sei.

**270** Der Fall hat aber mit den Fällen, in denen die immaterielle Beeinträchtigung gerade darin besteht, dass der Geschädigte mit ihr weiterleben muss, nichts zu tun. Hier geht es nämlich darum, ob der das Bewusstsein des Verletzten auslöschenden Körperverletzung gegenüber dem alsbald und ohne zwischenzeitliche Wiedererlangung der Wahrnehmungsfähigkeit eintretenden Tod überhaupt noch die Bedeutung einer abgrenzbaren immateriellen Beeinträchtigung zukommt. Dies ist jedoch nach Ansicht des *BGH* für einen Anspruch auf Schmerzensgeld vorauszusetzen, weil § 847 BGB a.F. weder für den Tod noch für die Verkürzung der Lebenserwartung (wohl aber für die Erkenntnis, dass der Tod bald eintreten wird und/oder dass die Lebenserwartung verkürzt ist) eine Entschädigung vorsieht.

---

381 *BGH* VersR 1955, 615 = NJW 1955, 1675 = BGHZ 18, 149.

382 *BGH* MDR 1998, 1029 (mit Anm. *Jaeger*) = NZV 1998, 370 = VersR 1998, 1034; *BGH* MDR 1976, 752 = VersR 1976, 660, 662 m.w.N.

383 *BGH* BGHZ 120, 1 (8) = MDR 1993, 123.

Es kommt deshalb darauf an, ob die Körperverletzung gegenüber dem nachfolgenden Tod eine immaterielle Beeinträchtigung darstellt, die nach Billigkeitsgrundsätzen einen Ausgleich in Geld erforderlich macht. Das kann ebenso wie in Fällen, in denen die Verletzung sofort zum Tode führt, selbst bei schwersten Verletzungen dann zu verneinen sein, wenn diese bei durchgehender Empfindungslosigkeit des Geschädigten alsbald den Tod zur Folge haben, und der Tod nach den konkreten Umständen des Falles, insbesondere wegen der Kürze der Zeit zwischen Verletzung und Tod sowie nach dem Ablauf des Sterbevorgangs derart im Vordergrund steht, dass eine immaterielle Beeinträchtigung durch die Körperverletzung als solche nicht fassbar ist und folglich auch die Billigkeit keinen Ausgleich in Geld gebietet. 271

Der *BGH* hat damit – wenn auch nicht abschließend – erkennen lassen, dass eine Überlebenszeit von einer Stunde eher dem Sterbevorgang zuzurechnen sein dürfte mit der Folge, dass eine immaterielle Beeinträchtigung durch die Körperverletzung als solche nicht fassbar ist und folglich auch die Billigkeit keinen Ausgleich in Geld gebietet. 272

▶ **Hinweis:**

Kläger waren die Erben der tödlich verunglückten Eltern. Diese hatten Revision eingelegt mit dem Ziel, ein höheres Schmerzensgeld zu erhalten. Der *BGH* war nur berufen, über eine Erhöhung des Schmerzensgeldes zu entscheiden. Es stand ihm nicht zu, das Schmerzensgeld herabzusetzen. 273

In der Begründung der Entscheidung macht der *BGH* allerdings deutlich, dass er den Betrag von 14000 Euro als zu hoch ansieht und dass er der Mutter des Klägers kein Schmerzensgeld zugebilligt hätte. Beides hätte er allerdings auch bei einer Revision der Beklagten auf der Grundlage seiner bisherigen Rspr. kaum ändern können, weil die Bemessung des Schmerzensgeldes Aufgabe des Tatrichters ist. Nur in Ausnahmefällen, wenn der Tatrichter »daneben« gegriffen hat, kann der *BGH* korrigieren.

Deshalb sind *BGH*-Entscheidungen immer unter diesem Gesichtspunkt zu lesen und auszuwerten. Die Tatsache, dass der *BGH* ein zuerkanntes Schmerzensgeld »bestätigt« hat, bedeutet nicht, dass es der Höhe nach »richtig« ist. 274

*d) Dauer des Sterbevorgangs – Sekundentod*

Ist diese Entscheidung des *BGH* nun das »letzte Wort«? Dauert der Sterbevorgang eine Stunde? Oder gibt es gar den »Sekundentod«[384] mit der Folge, dass auch für ganz kurze Zeiträume des Überlebens bis zum Tod ein Schmerzensgeld zu zahlen ist? 275

Die bisherige Rspr. bietet dazu u.a. folgende Entscheidungen an: 276

Übersicht: Schmerzensgeld bei baldigem Tod

– *Unmittelbar eintretender Tod – kein Schmerzensgeld* 277

---

384 *Lemcke* Anm. zu *OLG Düsseldorf* r+s 1996, 228 (230), führt dazu aus, dass jeder bei einem Unfall Getötete zwischenzeitlich, mindestens eine juristische Sekunde, ein »Verletzter« ist. Mit einer Tötung konkurriert deshalb auch immer eine Körperverletzung, die jedoch hinter jener als subsidiär zurücktritt, weil und soweit ihr Unrechtsgehalt in dem der Tötung bereits mitenthalten ist; so auch Schönke/Schröder/*Eser* § 212 Rn. 18; für den Regelfall so auch Tröndle/*Fischer* § 211 Rn. 50; *Schmitt* JZ 1962, 389. Würde man in jedem Fall der Tötung für die vorangegangene Körperverletzung einen Schmerzensgeldanspruch zubilligen, wäre das mit dem Willen des Gesetzgebers nicht vereinbar, wie sich aus der unterschiedlichen Fassung der §§ 823 und 847 a.F. BGB ergibt. Stirbt der Verletzte sofort, ist Verletzung und Tod ein einheitlicher Vorgang, wobei der Tod im Vordergrund steht. *Huber* NZV 1998, 345 (348).

Das *OLG Karlsruhe*[385] nimmt unter Hinweis auf eine Entscheidung eines anderen Senats des *OLG Karlsruhe*[386] die Abgrenzung danach vor, ob die Körperverletzung nach den Umständen des Falles gegenüber dem alsbald eintretenden Tod eine abgrenzbare immaterielle Beeinträchtigung darstellt, die aus Billigkeitsgesichtspunkten einen Ausgleich in Geld erforderlich macht. Es hat einen Schmerzensgeldanspruch verneint, weil die Mutter der Kläger, unmittelbar nachdem sie von Bord einer Motoryacht gegen einen Dalben geschleudert wurde und dabei Verletzungen erlitten hatte, im Wasser verstarb.

278 – Das *OLG Düsseldorf*[387] verweigerte den Erben eines 32 Jahre alten Motorradfahrers ein Schmerzensgeld. Der Erblasser erlitt schwere Schädelverletzungen, verlor das Bewusstsein und starb 2 ca. Stunden später, ohne das Bewusstsein wiedererlangt zu haben. Der Senat vermochte eine immaterielle Beeinträchtigung durch die vorangegangene Körperverletzung nicht zu bejahen.

279 – Das *LG Erfurt*[388] sah keine immaterielle Beeinträchtigung bei einem Unfallopfer, das den Unfall 45 Minuten überlebte, in dieser Zeit aber bewusstlos und wahrnehmungsunfähig war.

280 – Tod nach 10 Sekunden – Schmerzensgeld 10.000 €

Die Klägerin nimmt den Beklagten aus einem Flugunfall in Anspruch, bei dem ihr Ehemann tödlich verunglückt ist. Der Beklagte ist Eigentümer, Halter und Pilot des verunglückten Flugzeugs.

Zur Begründung hat das Gericht ausgeführt, es sei davon auszugehen, dass der Erblasser durch die während der mindestens 10 Sekunden dauernden Absturzphase durch die damit verbundene Todesangst eine psychische Gesundheitsschädigung erlitten habe. Diese Feststellung habe das LG aufgrund der allgemeinen Lebenserfahrung treffen können. Dass einen Menschen in einer Situation, in der ihm der in Kürze eintretende Tod als unausweichlich erscheinen muss, erhebliche Todesangst befällt, die ihn durch ihre psychischen Auswirkungen in seinem gesundheitlichen Befinden stark beeinträchtigt, sei der Normalfall.

281 – Überlebenszeit sieben Minuten – Schmerzensgeld 1.000 €

Das *OLG Rostock*[389] hält im Rahmen einer PKH-Entscheidung die Verletzung, die nach sieben Minuten zum Tode führt, für entschädigungspflichtig, wenn auch »nur« mit einem Betrag von 1.000 €. Die Entscheidung des *BGH*[390] (Tod der Eltern, Mutter nach einer Stunde, Vater nach neun Tagen) wird dabei nicht angesprochen. Eine Zeitspanne von sieben Minuten muss wohl dem Sterbevorgang zugerechnet werden, denn dieser dauert immer eine gewisse Zeit.[391]

282 – Überlebenszeit 31/2 Stunden – Schmerzensgeld

Wie lange der Sterbevorgang wirklich dauert, kann wohl kaum generell beantwortet werden. Eine Überlebenszeit von 31/2 Stunden dürfte aber nicht alleine dem Sterbevorgang zugerechnet werden können. Dementsprechend hat das *OLG Hamburg*[392] ein Schmerzensgeld zuerkannt.

283 – Überlebenszeit ein Tag – Schmerzensgeld 5.000 €

Ein Schüler, Nichtschwimmer, wurde bewusstlos auf dem Boden eines Schwimmbades gefunden. Er starb am nächsten Tag.[393]

284 – Überlebenszeit fünf Tage bzw. acht Tage im Koma – Schmerzensgeld 5.000 €

Für fünf Tage und für acht Tage Koma ist ein Schmerzensgeld i.H.v. jeweils 5.000 € zuerkannt worden.[394] Das *OLG Köln*, Arzthaftungssenat, hat zur Bemessung des Schmerzensgeldes darauf hingewiesen, dass nach der jüngeren Rspr. bei schwerster Beeinträchtigung gerade für die weitgehende Zerstörung der Persönlichkeit des Patienten ein Schmerzensgeld zu leisten ist; es wäre

---

385 *OLG Karlsruhe* VersR 2001, 1123.
386 *OLG Karlsruhe* OLGR 1997, 20 = r+s 1998, 375.
387 *OLG Düsseldorf*, Urt. v. 14.01.2008 – I-1 U 79/06, unveröffentlicht.
388 *LG Erfurt* r+s 2010, 532.
389 *OLG Rostock* OLGR 2000, 67.
390 *BGH* NZV 1998, 370 = VersR 1998, 1034 = r+s 1998, 332.
391 *OLG Düsseldorf* r+s 1996, 228.
392 *OLG Hamburg* OLGR 1999, 206.
393 *KG* VersR 2000, 734 = NJW-RR 2000, 242.
394 *OLG Köln* VersR 2000, 974 und *OLG Schleswig* VersR 1999, 632 = NJW-RR 1998, 1404.

vom Ergebnis her in höchstem Maße unbefriedigend, einen Anspruch auf Zahlung eines Schmerzensgeldes zu versagen, weil der Verletzte so schwer verletzt ist, dass er den Verfall seiner Persönlichkeit nicht mehr bewusst wahrnehmen kann. Zusätzlich hat das *OLG Köln* berücksichtigt, dass nicht ausgeschlossen werden konnte, dass der Patient trotz seines Zustandes gelitten hat, und im Rahmen der Genugtuungsfunktion, dass das beklagte Krankenhaus versucht hatte, die wahre Todesursache zu verschleiern.

- Überlebenszeit 32 Tage – Schmerzensgeld 15.000 € **285**
  In Kenntnis der *BGH*-Entscheidung[395] und unter Berufung auf *Jaeger*[396] hält das *OLG Hamm*[397] ein Schmerzensgeld i.H.v. 15.000 € für einen Verletzten für angemessen, der 32 Tage nach dem Unfall verstarb. Die Besonderheit des Falles lag darin, dass das schwer verletzte Unfallopfer 32 Tage auf der Intensivstation verbringen musste und während dieser Zeit ansprechbar und über seinen Zustand orientiert war.[398] Ein anderer Senat des *OLG Hamm*[399] hat den Betrag von 15.000 € bei Tod nach Organversagen acht Tage nach dem Unfall zuerkannt, dessen Opfer zumindest phasenweise Schmerzempfindungen hatte.
- 5 Wochen Koma – Schmerzensgeld 67.500 € **286**
  hielt das *OLG Düsseldorf*[400] für einen 51/2 Jahre alten Jungen für ausreichend, der infolge eines ärztlichen Behandlungsfehlers nach einer Injektion das Bewusstsein verlor und ins Koma fiel. Der Haftpflichtversicherer zahlte vorprozessual diesen Betrag von 67.500 €. Die Klage der Eltern auf Zahlung eines weiteren Schmerzensgeldes i.H.v. mindestens 57.500 € wurde abgewiesen, das Gericht wies nicht darauf hin, dass das freiwillig gezahlte Schmerzensgeld weit über dem angemessenen und üblichen Betrag lag.

#### *e) Bemessungskriterien für Schmerzensgeld bei baldigem Tod*

Es stellt sich die Frage, welche Bemessungskriterien für die Höhe des Schmerzensgeldes in den Fällen des baldigen Todes des Verletzten heranzuziehen sind. Erneut hat der *BGH*[401] formelhaft herausgestellt, dass für die Höhe des Schmerzensgeldes im Wesentlichen maßgebend sind: **287**

- Schwere der Verletzungen,
- Leiden (Schmerzen) und deren Dauer,
- das Ausmaß der Wahrnehmung der Beeinträchtigung durch den Verletzten und
- das Verschulden des Schädigers.

**▶ Übersicht:**

Anwendung der Bemessungskriterien bei baldigem Tod des Verletzten nach einem Verkehrsunfall **288**

- Schwere der Verletzungen: Verletzungen, die alsbald, sei es in Minuten, Stunden oder Tagen zum Tode führen, sind wohl immer sehr schwer und dürften kaum unterschiedlich zu gewichten sein.[402]

---

395 *BGH* NZV 1998, 370 = VersR 1998, 1034.

396 *Jaeger* VersR 1996, 1177 (1180).

397 *OLG Hamm* r+s 2000, 458 = MDR 2000, 1190.

398 Vgl. ferner: *OLG Düsseldorf* MDR 1996, 915 = NJW 1997, 806: 750 € bei einer Überlebenszeit von drei Stunden; *KG* NJW-RR 1995, 91: 2.400 € bei Überlebenszeit von einem Tag. Dabei spielt das Wissen um das bevorstehende Ende ebenso wie die Furcht des Verletzten vor dem Tod eine für die Bemessung des Schmerzensgeldes bedeutsame Rolle.

399 *OLG Hamm* SP 2001, 268.

400 *OLG Düsseldorf* OLGR 1998, 31.

401 *BGH* VersR 1998, 1034 und schon in der Entscheidung des großen Zivilsenats, VersR 1955, 615 = NJW 1955, 1675 = BGHZ 18, 149.

402 *BGH* VersR 1998, 1034.

- Die durch die Verletzungen bedingten Schmerzen sind i.d.R. zu vernachlässigen, weil die schwer Verletzten entweder sofort sediert werden oder nach sehr kurzer Zeit bewusstlos sind oder in ein künstliches Koma versetzt werden.[403]
- Ausschlaggebend ist bisher für die Höhe des Schmerzensgeldes die Dauer der Schmerzen und des Leidens. Die Schmerzensgeld-Beträge liegen danach für fünf oder acht Tage Koma bei 5000 € und für neun Tage Koma bei 14000 € (ein Betrag, den der *BGH* für zu hoch ansieht).
- Dagegen kann der Verletzte – auch ohne Schmerzen – erheblich leiden, wenn er (sediert) bei Bewusstsein ist und über seinen Zustand, insbesondere den baldigen Tod, informiert wurde. Dieses Leid(en) muss in die Schmerzensgeldbemessung einfließen.
- Ob und in welchem Umfang die Wahrnehmung der Beeinträchtigung durch den Verletzten, sein Leiden die Höhe des Schmerzensgeldes beeinflussen, ist nach der Entscheidung des *BGH*[404] (Tod der Eltern, s.o.) völlig offen.
- das *OLG Koblenz*[405] hat einen Zuschlag wegen verzögerter Regulierung bei einem ererbten Schmerzensgeldanspruch verneint, bei dem die Regulierung erst nach dem Tod des Verletzten begann. Der Geschädigte selbst sei durch die verzögerte Regulierung nicht mehr betroffen.

**289** Obwohl er die Wahrnehmung als maßgebend für die Höhe des Schmerzensgeldes bezeichnet, führt er später aus, es dürften keine gesonderten Schmerzensgeldbeträge für die unterschiedlichen Bewusstseinsphasen des Verletzten angesetzt werden, vielmehr sei die Leidenszeit einer Gesamtbetrachtung zu unterziehen und auf dieser Grundlage eine einheitliche Entschädigung für das sich insgesamt anbietende Schadensbild festzusetzen. In diesem Fall war die fehlende Wahrnehmung des Verletzten nicht unmittelbare Unfallfolge, sondern beruhte darauf, dass der Verletzte durch die behandelnden Ärzte in ein »künstliches Koma« versetzt worden war. Es erscheint selbstverständlich, dass dies dem Schädiger nicht zugutekommen darf, zumal das Koma, in das der Verletzte versetzt wurde, eine »Heilmaßnahme« war und nicht auf der Zerstörung seiner Persönlichkeit beruhte. Richtig ist auch, dass das Schmerzensgeld in jeder Entscheidung nur für den zu beurteilenden Sachverhalt ermittelt werden kann und nicht etwa Beträge »mit« und »ohne« Koma vorgerechnet werden dürfen. Dennoch müssen die Wahrnehmung der Schmerzen und die Situation des bevorstehenden Todes durch den Verletzten sich in der Höhe des Schmerzensgeldes widerspiegeln.

### *f) Auswertung der Rechtsprechung zur Höhe des Schmerzensgeldes*

**290** Übersicht: Schmerzensgeld bei Bewusstlosigkeit – Tabelle[406]

| Jahr der Entscheidung und Fundstelle | Art der Verletzung | zuerkanntes Schmerzensgeld in € |
|---|---|---|
| 1977: *OLG Schleswig* Urt. v. 26.04.1977 – Az. 9 U 92/75 – VersR 1978, 353 | Tod nach 6 Wochen Bewusstlosigkeit | 2.500 |
| 1978: *OLG Koblenz* Urt. v. 16.10.1978 – Az. 12 U 2/77 – VersR 1979, 873 | Tod eines 18 Jahre alten Mädchens nach 3 Monaten, Schädelhirntrauma | 10.000 |

403 *BGH* VersR 1998, 1034, nach 20 Minuten Schmerzstillung, 15 Minuten später künstliches Koma; *OLG Rostock* OLGR 2000, 67, Tod nach sieben Minuten.
404 *BGH* VersR 1998, 1034.
405 *OLG Koblenz* VersR 2008, 923 (924).
406 Die Tabelle enthält auch ältere Entscheidungen, sodass die Entwicklung zur Höhe des Schmerzensgeldes deutlich wird.

| Jahr der Entscheidung und Fundstelle | Art der Verletzung | zuerkanntes Schmerzensgeld in € |
|---|---|---|
| 1980: *LG Saarbrücken* Urt. v. 12.02.1980 – Az. 3 O 417/79 – zfs 1980, 330 | Tod einer jungen Frau nach 18 Tagen nach schwerem Schädelhirntrauma | 2.500 |
| 1980: *LG München II* Urt. v. 28.05.1980 – Az. 4 O 3770/79 – VersR 1981, 69 | Tod nach 12 Tagen ohne Bewusstsein | 5.000 |
| 1981: *LG Kaiserslautern* Urt. v. 27.05.1981 – Az. 4 O 5/81 – zfs 1982, 261 | Tod nach 11 Tagen ohne Bewusstsein | 10.000 |
| 1981: *BGH* Urt. v. 03.01.1981 – Az. VI ZR 180/79 – BGHZ 80, 8 | Tod eines Schwerstverletzten nach Verkehrsunfall | 1.750 |
| 1984: *OLG Koblenz* Urt. v. 22.10.1984 – Az. 12 U 290/84 – VRS (1984) 67, 409 | Tod eines 17 Jahre alten Jungen nach Hirnverletzung mit 19 Tage dauernder Bewusstlosigkeit, kein erhebliches Verschulden des Schädigers | 2.500 |
| 1985: *LG Saarbrücken* Urt. v. 25.10.1985 – Az. 10 O 379/84 n.v. | Tod eines jungen Mannes nach 3 Wochen bei dauernder Bewusstlosigkeit | 5.000 |
| 1987: *OLG Schleswig* Urt. v. 22.10.1987 – Az. 5 U 88/86 – VersR 1988, 523 | Tod nach 16 Tagen ohne Bewusstsein | 3.750 |
| 1988: *OLG Hamm* Urt. v. 19.04.1988 – Az. 27 U 279/87 – NJW-RR 1988, 1301 | Tod einer Frau nach 3 Tagen an den Folgen einer Schädel- und Hirnverletzung | 2.500 |
| 1989: *LG Aachen* Urt. v. 03.08.1989 – Az. 2 O 97/89 – zfs 1990, 121 | Tod nach 11 Tagen, Schädelhirntrauma, 1/3 Mitverschulden | bei Vollhaftung rechnerisch 6.000 |
| 1993: *AG Aurich* Urt. v. 18.05.1993 – Az. 12 C 45/93 – SP 1993, 315 | Tod eines Mädchens durch Ertrinken in einem PKW bei Bewusstlosigkeit | 500[1] |
| 1993: *LG Heilbronn* Urt. v. 16.11.1993 – Az. 2 O 2499/92 – VersR 1994, 443 | Tod wenige Minuten nach einem Herzstich | 5.000 |
| 1994: *KG* Urt. v. 25.04.1994 – Az. 22 U 2282/93 – NJW-RR 1995, 91 | Kurzzeitiges Überleben nach einem Verkehrsunfall bei Bewusstlosigkeit bei ¼ Mitverschulden | 2.400, bei Vollhaftung: 3.200 |
| 1994: *OLG Stuttgart* Urt. v. 02.05.1994 – Az. 20 U 69/94 – VersR 1994, 736 = NJW 1994, 3016 | Tod nach 31/2 Stunden | 1.250 |
| 1997: *OLG Karlsruhe* Urt. v. 12.09.1997 – Az. 10 U 121/97 – OLGR 1997, 20 | Überlebenszeit für einen bewusstlosen Mann von 10 Minuten | Jedenfalls nicht mehr als 1.500 |
| 1997: *OLG Hamm* Urt. v. 21.01.1997 – Az. 9 U 161/96 – NZV 1997, 233 | Tod nach 1 Stunde Bewusstlosigkeit, Mitverschulden 50 %. | 1.250 |
| 1998: *BGH* Urt. v. 12.05.1998 – Az. VI ZR 182/97 – VersR 1998, 1034 | Tod nach einer Stunde Bewusstlosigkeit | 1.500 |

| Jahr der Entscheidung und Fundstelle | Art der Verletzung | zuerkanntes Schmerzensgeld in € |
|---|---|---|
| 1998: *LG Gera* Urt. v. 29.05.1998 – Az. 6 O 303/97 – NZV 1999, 473 | Tod nach 12 Tagen (2 Tage bei Bewusstsein) | 3.500 |
| 1998: *OLG Schleswig* Urt. v. 14.05.1998 – Az. 7 U 87/96 – VersR 1999, 632 = NJW-RR 1998, 1404 | Tod nach 7 Tagen ohne Bewusstsein | 5.000 |
| 1999: *OLG Braunschweig* Urt. v. 27.05.1999 – Az. 8 U 45/99 – DAR 1999, 404 | Tod nach 23 Tagen nach einem Verkehrsunfall im künstlichen Koma | 10.000 |
| 1999: *AG Spandau* Urt. v. 15.04.1999 – Az. 9 C 613/98 – SP 2000, 87 | Tod nach Körperverletzung und 4 Tagen Koma | 2.500 |
| 2002: *OLG Bremen* Urt. v. 26.03.2002 – Az. 3 U 84/01 – VersR 2003, 779 | Tod 3 Tage nach der Geburt infolge eines ärztlichen Behandlungsfehlers | 5.112,92 |
| 2013: *LG Wuppertal* Urt. v. 04.01.2013 – Az. 2 O 407/10 – MDR 2014, 214 | Tod 9 Tage nach einem Verkehrsunfall | 5.600 € |
| 2009: *OLG Frankfurt* Urt. v. 14.09.2009 – Az. 1 U 309/08, VRR 2009, 402 | Tod Motorradfahrer 2 Stunden nach Verkehrsunfall | 6.000 € |

1 Beim Tod durch Ertrinken handelt es sich möglicherweise um den eigentlichen Sterbevorgang, aber wäre das Kind doch noch in letzter Sekunde gerettet worden, hätte es für die erlittenen Qualen ebenfalls ein Schmerzensgeld bekommen.

**291** Bei einer anderen Gruppe von Entscheidungen fällt auf, dass Schmerzensgelder von mindestens 5.000 € – eher 10.000 € bis 15.000 € –, gelegentlich aber auch mehr – zuerkannt wurden und werden, wenn der Verletzte mindestens noch einige Wochen bei Bewusstsein war und oft unter erheblichen Schmerzen gelitten hat. Wenn im Folgenden nichts zu Schmerzen gesagt ist, dürfte davon ausgegangen werden können, dass die moderne Medizin die Schmerzen des Verletzten weitgehend ausgeschaltet hatte. Die Beeinträchtigung des Verletzten bestand in diesen Fällen eher darin, dass er sein Schicksal kannte und über den baldigen Tod informiert war.

**292** Übersicht: Tod des Verletzten nach einigen Wochen – Tabelle

| Jahr der Entscheidung und Fundstelle | Art der Verletzung | Zuerkannt in € |
|---|---|---|
| 1978: *OLG Saarbrücken* Urt. v. 22.12.1978 – Az. 3 U 191/77 – VersR 1980, 242 | Tod nach 7 Wochen, phasenweise starke Schmerzen, qualvoller Todeskampf | 10.000 |
| 1980: *OLG München* Urt. v. 04.07.1980 – Az. 10 U 1923/80 n.v. | Tod eines 40 Jahre alten Mannes nach 16 Tagen, erhebliche Schmerzen, Bewusstsein, sterben zu müssen, ¼ Mitverschulden | 6.000 |
| 1982: *OLG Nürnberg* Urt. v. 02.03.1982 – Az. 11 U 2998/81 – VersR 1983, 469 | Tod einer Frau nach 21/2 Monaten, Schmerzen und seelischen Belastungen | 5.000 |
| 1985: *LG Koblenz* Urt. v. 20.02.1985 – Az. 5 O 97/84 – zfs 1987, 262 | Tod einer Frau nach 51/2 Wochen, war sich der Situation voll bewusst | 3.000 |

| **Jahr der Entscheidung und Fundstelle** | **Art der Verletzung** | **Zuerkannt in €** |
|---|---|---|
| 1985: *OLG Koblenz* Urt. v. 09.12.1985 – Az. 12 U 394/85 n.v. | Tod einer 57 Jahre alten Frau nach 4 Wochen, Kenntnis der Situation | 3.000 |
| 1987: *OLG Karlsruhe* Urt. v. 24.04.1987 – Az. 10 U 219/84 – VersR 1988, 59 | Tod 4 Wochen nach Verkehrsunfall, bewusstes Erleben des Zustandes, 40 % Mitverschulden | 5.000 rechnerisch 12.500 |
| 1989: *LG Münster* Urt. v. 11.10.1989 – Az. 16 O 279/89 n.v. | Tod einer 27 Jahre alten Frau nach 13 Monaten schweren Leidens | 25.000 |
| 1990: *KG* Urt. v. 03.12.1990 – Az. 12 U 5356/89 n.v. | Tod einer 66 Jahre alten Frau nach 24 Tagen, sediert, aber nicht komatös | 7.500 |
| 1990: *OLG Schleswig* Urt. v. 05.12.1990 – Az. 9 U 165/88 – VersR 1992, 714 | Unfallursächlicher Tod eines 82 Jahre alten Mannes nach knapp 2 Jahren bewussten Leidens | 25.000 |
| 1991: *OLG Frankfurt* Urt. v. 15.01.1991 – Az. 8 U 178/89 – zfs 1991, 150 | Tod eines jungen Mannes nach 13/4 Jahren, Koma bis zum Tod | 12.500 |
| 1991: *LG Ellwangen* Urt. v. 08.01.1991 – Az. 4 O 192/90 n.v. | Tod nach 98 Tagen Intensivstation mit Bewusstsein | 15.000 |
| 1991: *OLG Köln* Beschluss v. 14.11.1991 – Az. 2 W 186/91 – VersR 1992, 197 | Tod nach ½ Jahr, vorsätzliche Tötung einer Frau, Verurteilung des Täters wegen Mordes | 20.000 |
| 1993: *OLG Köln* Urt. v. 02.06.1993 – Az. 13 U 18/93 – r+s 1994, 13 | Tod eines 51/2 Jahre alten Kindes nach 11/4 Jahr an den Folgen eines apallischen Syndroms (Funktionsausfall des Gehirns) | 30.000 |
| 1993: *LG Dortmund* Urt. v. 22.07.1993 – Az. 15 W 157/92 n.v. | Unfall, Tod nach 18 Monaten bei Bewusstlosigkeit | 60.000 |
| 1993: *OLG Saarbrücken* n.v. | Tod nach 7 Wochen Leidensweg auf Intensivstation | 10.000 |
| 1994: *LG Augsburg* Urt. v. 23.03.1994 – Az. 7 S 3483/93 – r+s 1994, 419 | Unfalltod nach 30 Minuten, Verletzter war bei Bewusstsein und hat vor Schmerzen geschrieen, Mitverschulden 30 % | 1.500 |

## V. Schwerste Verletzungen

### 1. Vorbemerkung

Das Schmerzensgeld für schwerste Verletzungen fällt in jüngerer Zeit deutlich höher aus als früher. 293
Diese Entwicklung ist als sehr erfreulich zu bezeichnen. Die dafür angegebenen Begründungen überzeugen. Die Anhebungen der Höchstbeträge wird dem weitverbreiteten Anliegen gerecht, schwere und schwerste Personenschäden sehr viel großzügiger auszugleichen, als dies bisher und vor allem früher der Fall war und damit dem Personenschaden im Vergleich zum Sachschaden ein steigendes

Gewicht beizumessen. In Deutschland liegt der Anteil des für den Sachschaden geleisteten Aufwandes sehr viel höher als der für Personenschaden.[407]

294 Eine Klage auf Zahlung von Schmerzensgeld in Fällen schwerster Verletzungen sollte sich deshalb unbedingt an den zuletzt zuerkannten Beträgen orientieren und im Einzelfall gegebenenfalls ein noch höheres Schmerzensgeld anstreben. Das Kostenrisiko für den Verletzten ist dabei kalkulierbar, wenn der Kläger einen Mindestbetrag nennt, im Übrigen die Höhe des Schmerzensgeldes in das Ermessen des Gerichts stellt, aber auf die Tendenz der Rspr. zu höherem Schmerzensgeld bei schwersten Verletzungen hinweist und Entscheidungen zum Beleg anführt.

295 Ein Antrag auf Streitwertfestsetzung schafft dann Klarheit über die Vorstellung des Richters/Spruchkörpers von der Höhe des zu erwartenden Schmerzensgeldes, wenn sich der Sachvortrag des Klägers in vollem Umfang als zutreffend erweist.

296 Die Streitwertfestsetzung klärt auch, ob dem Gericht die Entscheidung des *BGH* aus dem Jahr 1996 bekannt ist, wonach der vom Kläger genannte Mindestbetrag vom Gericht beliebig überschritten werden darf.

297 Immer wieder sollten Richter darauf hingewiesen werden, dass sie bei der Bemessung des Schmerzensgeldes eine große Verantwortung tragen. Sie können sich die Entscheidung durch Benutzung von Entscheidungssammlungen und durch EDV erleichtern, abwälzen können sie die Verantwortung dadurch nicht. Der dem Richter eingeräumte Ermessensspielraum muss künftig schmerzensgelderweiternd gerecht genutzt werden.[408]

298 In jüngster Zeit werden besonders hohe Schmerzensgeldbeträge beifolgenden Fallgestaltungen zuerkannt:

- schwere innere Verletzungen nach einem Verkehrsunfall,
- hohe Querschnittslähmung,[409]
- Zerstörung der Persönlichkeit.

Im Jahr 2005 lag der höchste bekannt gewordene Schmerzensgeldbetrag bei **520.000 €.**[410] Im Jahr 2006 wurde eine Entscheidung des *LG Kiel*[411] aus dem Jahr 2003 veröffentlicht, in der ein Schmerzensgeld i.H.v. 500.000 € zuzüglich einer monatlichen Rente von 500 € zuerkannt worden war, sodass sich ein Kapitalbetrag von rund **614.000 €** ergab. Ein 3 1/2 Jahre alter Junge hatte infolge eines Verkehrsunfalls eine Querschnittslähmung ab dem 1. Halswirbel erlitten. Er konnte nicht sprechen, kaum Schlucken und musste immer wieder beatmet werden. Er weinte häufig, insbesondere, wenn er seine Spielkameraden draußen spielen hörte.

Und auch dieser Betrag wurde, wenn auch nur geringfügig, durch das *OLG Zweibrücken*[412] überboten, das einem schwerst hirngeschädigt geborenen Kind 500.000 € Schmerzensgeldkapital zuzüglich einer Schmerzensgeldrente von inzwischen monatlich 500 € mit einem Kapitalwert von rd. 119.000 €, also insgesamt **619.000 €** zubilligte. Im Jahr 2019 hat das *LG Gießen*[413] **800.000 €** für einen Fall zugebilligt, in welchem ein 17 Jahre alter Kläger durch eine etwa 25-minütige Sauerstoffunterversorgung während einer Operation einen schweren hypoxischen Hirnschaden erlitt und nun an einem apallischen Syndrom und einer spastischen Tetraparese mit Epilepsie, Blindheit, Verlust des Sprechvermögens und rezidivierendem Erbrechen leidet, also schwersten körperlichen und gesundheitlichen Dauerschäden mit der Folge maximaler Einschränkung und Pflegebedürftig-

407 *Scheffen* ZRP 1999, 189 ff. und *Scheffen* NZV 1995, 218 ff.
408 *Berger* VersR 1977, 877, 881.
409 *OLG Stuttgart* VersR 1998, 1169 – 100.000 € und 250 € Schmerzensgeldrente bei Tetraspastik und inkomplettem Locked-in-Syndrom bei 70 % Mitverschulden des Verletzten.
410 *LG Kleve* zfs 2005, 235.
411 *LG Kiel* VersR 2006, 279 m. Anm. *Jaeger*.
412 *OLG Zweibrücken* OLGR 2008, 721.
413 *LG Gießen* VersR 2020, 630.

keit. Das *OLG Oldenburg*[414] hat im Jahr 2020 erneut einen Betrag von **800.000 €** für angemessen gehalten, als es die landgerichtliche Bemessung für schwerste körperliche Beeinträchtigungen eines Kindes aufgrund einer bakteriellen Meningitis mit der Folge körperlicher Schwerstbehinderung und psychischer Auffälligkeiten als Teil einer Traumafolgenstörung bestätigt hat. Und das *LG Limburg*[415] hat im Jahr 2021 erstmalig **1 Mio €** Schmerzensgeld zuerkannt in einem Fall, in dem ein 1 Jahr altes Kind nach dem Verschlucken eines Apfels bei einem Krankenhausaufenthalt schwerste Hirnschäden erlitten hatte.

Es liegt auf der Hand, dass bei solch schweren Gesundheitsverletzungen zur Begründung des Schmerzensgeldes nicht zum Vergleich auf ältere Entscheidungen zurückgegriffen werden darf. Bei diesen Verletzungen kann man aus jeder Schmerzensgeldtabelle getrost alle Entscheidungen streichen, die älter als zwei oder drei Jahre sind. Jedenfalls müssen die früher zugesprochenen Beträge sehr deutlich angehoben werden. Hier müssen Richter und Rechtsanwälte den Blick nach vorn richten. 299

Selbst die Schmerzensgeldbeträge aus jüngsten Entscheidungen müssen überboten werden, beruhen diese doch wieder auf einem Vergleich mit früheren Entscheidungen, deren Schmerzensgeldausspruch nach der bis heute vertretenen Auffassung der Rspr. nur in vertretbarem Umfang überboten werden durfte. Um hier zu angemessenen Beträgen zu gelangen, muss auch auf die jüngste Schmerzensgeldentscheidung ein deutlicher Aufschlag erfolgen. 300

## 2. Zerstörung der Persönlichkeit

Bis zur Entscheidung vom 13.10.1992 vertrat der *BGH*[416] die Auffassung, dass bei Zerstörung der Persönlichkeit des Verletzten, bei weitgehendem Verlust der Wahrnehmungs- und Empfindungsfähigkeit, nur ein symbolisches Schmerzensgeld geschuldet werde.[417] 301

Bei einer Zerstörung der Persönlichkeit infolge schwerster Hirnverletzung hat der *BGH* ursprünglich nur den Sühne-Charakter des Schmerzensgeldes berücksichtigt und sich darauf beschränkt, dem Schädiger ein fühlbares Geldopfer aufzuerlegen. Fehlendes Leiden nach körperlicher oder seelischer Beeinträchtigung ist also bei der Bemessung der Höhe des Schmerzensgeldes mindernd berücksichtigt worden. 302

Diese Auffassung hat der *BGH* aufgegeben[418] und dazu ausgeführt: 303

> »Das Berufungsgericht verkürzt die Funktion des Schmerzensgeldes, wenn es selbst in Fällen, in denen die Persönlichkeit fast vollständig zerstört oder ihr, wie hier, durch ein Verschulden des Geburtshelfers die Basis für ihre Entfaltung genommen worden ist, dem Empfinden dieses Schicksals die zentrale Bedeutung für die Bemessung des Schmerzensgeldes beilegt und gerade diesen Zustand, der die besondere Schwere der zu entschädigenden Beeinträchtigung für den Betroffenen ausmacht, zum Anlass für eine entscheidende Minderung des Schmerzensgeldes nimmt. Fälle, in denen der Verletzte durch den weitgehenden Verlust der Sinne in der Wurzel seiner Persönlichkeit getroffen worden ist, verlangen nach einer eigenständigen Bewertung. Eine Reduzierung des Schmerzensgeldes auf eine lediglich symbolhafte Entschädigung hält der Senat nach erneuter Prüfung nicht mehr für gerechtfertigt und gibt seine bisherige Rspr. auf.«

In Fällen, in denen die Zerstörung der Persönlichkeit durch den Fortfall der Empfindungsfähigkeit geradezu im Mittelpunkt steht, ist daher ein Schmerzensgeld nicht nur als symbolischer Akt der Wiedergutmachung gerechtfertigt; vielmehr stellt die Einbuße der Persönlichkeit, der Verlust an personaler Qualität infolge der Verletzung schon für sich einen auszugleichenden immateriellen Schaden dar, unabhängig davon, ob der Betroffene die Beeinträchtigung empfindet oder nicht. 304

414 *OLG Oldenburg* VersR 2020, 1468.
415 *LG Limburg* MedR 2021, 1090 (1 O 45/15).
416 *BGH* VersR 1993, 327 = NJW 1993, 781 = r+s 1993, 781; vgl. auch die bald danach ergangene *BGH*-Entscheidung, VersR 1993, 585 und im Anschluss an die *BGH*-Entscheidung *OLG Nürnberg* VersR 1994, 735; vgl. auch *Müller* VersR 1993, 909 (911).
417 *BGH* VersR 1976, 660 = NJW 1976, 1147; *BGH* VersR 1982, 880.
418 *BGH* VersR 1993, 327 = NJW 1993, 781.

### 3. Ausgeprägte Hirnleistungsstörung und Lähmung

305 Erleidet ein Verkehrsteilnehmer infolge eines Verkehrsunfalls ein offenes Schädelhirntrauma, leidet er infolgedessen an ausgeprägten Hirnleistungsstörungen und spastischer Lähmung aller Glieder, ist dies ein Zustand, der ein besonders hohes Schmerzensgeld rechtfertigt.

306 Es fällt jedoch auf, dass das Schmerzensgeld in diesen Fällen oft niedriger ausfällt als in den Fällen der völligen Zerstörung der Persönlichkeit, in denen der Geschädigte nie Empfindungen gehabt hat und auch künftig nichts empfinden wird.

### 4. Hohe Querschnittslähmung

307 Es fällt auf, dass das Schmerzensgeld »bei unfallbedingter Reduktion auf primitivste Existenzzustände«, bei Verlust der Persönlichkeit, unter Umständen höher ausfallen kann als das Schmerzensgeld bei hoher Querschnittslähmung.[419] Bei hoher Querschnittslähmung gibt es Zustände, in denen der Verletzte nur noch den Kopf bewegen kann und auf Unterstützung bei der Atmung angewiesen ist. Er kann in Panik geraten und häufig unter extremer Existenzangst leiden. Unter diesen Gesichtspunkten muss das Schmerzensgeld an sich höher ausfallen als bei Verlust der Persönlichkeit.

308 Schon 1992 hat das *OLG Düsseldorf*[420] bei schwerster Querschnittslähmung eines 36 Jahre alten Mannes unterhalb des Halswirbels C 3 ein Schmerzensgeld (Kapital und Rente) von rd. 300.000 € zugesprochen (Kapital 225.000 €, Rente 375 €), ohne dass der aus der Rspr. ersichtliche Rahmen gesprengt werde.

## VI. Alter des Verletzten

309 Das Alter des Verletzten kann sowohl auf die Höhe des Schmerzensgeldes, als auch auf die Höhe der Schmerzensgeldrente und den sich daraus zu errechnenden Kapitalwert einen Einfluss haben.

310 Die Schmerzempfindlichkeit des Verletzten ist von dessen Alter unabhängig. Es kann nicht gesagt werden, dass jugendliche Personen Schmerzen weniger empfinden, als ältere und umgekehrt kann nicht gesagt werden, dass Erwachsene und ältere Personen weniger schmerzempfindlich sind. Auch bei einem Kleinkind, bei dem das Schmerzerlebnis (angeblich) nicht so in der Erinnerung haften bleiben soll wie bei einem Erwachsenen, ist das Schmerzensgeld nach herrschender Meinung nicht geringer zu bemessen als bei einem Erwachsenen. Andererseits hat das *OLG Köln*[421] eine Schmerzensgelderhöhung wegen **verzögerter Regulierung** bei einem neugeborenen Kind (welches aufgrund eines von der Krankenschwester verschuldeten Sturzes vom Wickeltisch verletzt worden war) abgelehnt, weil das Kind altersbedingt nicht in der Lage sei, eine in der Regulierungsverzögerung liegende Kränkung als solche zu erfassen. Eine gesonderte Genugtuung hierfür scheide daher aus.

311 Dagegen werden Krankenhausbehandlungen zumindest bei Kindern, Jugendlichen und betagten Personen häufig als besonders belastend empfunden. Auch die Wahrnehmung der Heilbehandlung ist bei Kindern deutlich anders als bei Jugendlichen und Erwachsenen. Es ist unmittelbar einleuchtend, dass Kleinkinder entsetzlich leiden, wenn sie aus der häuslichen Umgebung herausgenommen werden. Es fehlt der räumliche Bezugspunkt der »eigenen« Wohnung, die gewohnte Umgebung von Kita, Tagesmutter oder Kindergarten und erst recht sämtliche Freunde, mit denen das Kind sonst täglichen Umgang pflegt. Auch und gerade die Eltern sind – gerade in den Zeiten von Krankheit und Schmerzen – für das stationär aufgenommene Kind vielfach nicht greifbar. Dies kann zu schweren psychischen Störungen führen. Hinzu tritt, dass das Zeitempfinden kleinerer Kinder noch nicht soweit entwickelt ist, dass etwa die Aussage eines »nur« zweiwöchigen Krankenhausaufenthaltes für sie verständlich wäre. Ältere sind besonders belastet durch die Gewöhnung bei der Benutzung von Hilfsmitteln, Gehhilfen, Rollstuhl u.a. Manche seelischen Belastungen – z.B. Heiratschancen,

419 Vgl. *Jaeger* VersR 2009, 159.
420 *OLG Düsseldorf* VersR 1993, 113.
421 *OLG Köln* VersR 2016, 937.

Familienplanung, berufliche Aufstiegschancen – treten bei älteren Menschen in den Hintergrund. Andererseits kann eine an sich banale Verletzung eines »wackeligen«, aber rüstigen Rentners der Umstand sein, der ihn – nach stationärem Aufenthalt, entsprechenden Muskelschwund, evtl. Infektionen etc. – dauerhaft »aus der Bahn« wirft und zum Pflegefall werden lässt. Jedenfalls die Furcht davor, dass Verwirrtheitszustände nach Operationen oder Komplikationen eintreten, dass die Unabhängigkeit verloren geht, man nicht mehr nach Hause kann und ins Heim muss, ist stets präsent.

Das Alter des Verletzten ist somit ein wichtiges Kriterium bei der Bemessung des Schmerzensgeldes, es muss als besonderes Bemessungskriterium anerkannt und berücksichtigt werden.[422] 312

## VII. Kapital und Rente

### 1. Vorbemerkung

Nach der Rspr. ist regelmäßig ein Kapitalbetrag geschuldet. Daneben kann – aber nur bei entsprechendem Antrag des Klägers – ein Teil des Schmerzensgeldes als Rente gewährt werden. Eine Schmerzensgeldrente kommt neben einem Kapitalbetrag i.d.R. nur bei schweren[423] oder schwersten Dauerschäden in Betracht.[424] Eine Schmerzensgeldrente wird nur gewährt, wenn ein erheblicher Dauerschaden vorliegt, wenn die Beeinträchtigungen des Verletzten sich immer wieder erneuern und immer wieder als schmerzlich empfunden werden.[425] Eine Rente entspricht dem »Zeitmoment des Leidens« am ehesten. Solange der Verletzte unter den Verletzungen leidet, soll er eine immer wiederkehrende Entschädigung für immer wiederkehrende Lebensbeeinträchtigungen erhalten.[426] 313

Was unter schweren und schwersten Dauerschäden zu verstehen ist, wird nicht recht deutlich. Der *BGH* hat den Verlust des Geruchs- und Geschmacksinns – zu Recht – genügen lassen.[427] 314

### 2. Keine Bagatellrenten

Die Gewährung von Schmerzensgeldrenten i.H.v. 25 bis 50 € monatlich wird von der Rspr. mehrheitlich abgelehnt und dürfte auch dem Zweck des Schmerzensgeldes, einen spürbaren Ausgleich für entgangene Lebensfreude zu ermöglichen, nicht gerecht werden.[428] Monatliche Renten von 50 € widersprechen der Grunderwägung für die Zubilligung einer Rente überhaupt.[429] 315

Eine gewisse Richtgröße, von der an eine Rente anzusetzen sein kann, kann der kapitalisierte Betrag von 100.000 € sein.[430] Es kann auch an eine Grenze bei einer dauerhaften MdE von mindestens 40 % gedacht werden. 316

Eine Rente ist zu versagen, wenn der Verletzte während des Rechtsstreits stirbt. Dann steht den Erben nur ein Kapitalbetrag zu.[431] 317

---

422 *Danzl/Gutiérrez-Lobos/Müller* S. 89 m.w.N.

423 So z.B. schon *Gelhaar* NJW 1953, 1281 f., der die Rspr. des *BGH* auswertet; vgl. ferner: *BGH* MDR 1976, 1012 = VersR 1976, 967 (969); *OLG Frankfurt* VersR 1992, 621.

424 *BGH* NJW 1994, 1592; *OLG Hamm* VersR 1990, 865.

425 *BGH* BGHZ 18, 149 (167); *BGH* MDR 1959, 568; *OLG Frankfurt* VersR 1983, 545 und *OLG Frankfurt* VersR 1992, 621. So zuletzt: *OLG Stuttgart* VersR 2001, 1560.

426 *KG* VersR 1979, 624; an sehr strenge Voraussetzungen knüpft *Notthoff* VersR 2003, 966 die Gewährung einer Schmerzensgeldrente, die nur in Ausnahmefällen gewährt werden soll.

427 *BGH* VersR 1976, 967.

428 *OLG Thüringen* SP 2002, 415; das *OLG Nürnberg* VersR 1997, 1540, sprach allerdings einem 16-Jährigen ein Schmerzensgeld i.H.v. 22.500 € und zusätzlich eine monatliche Rente von 50 € zu – Kapitalwert 10000 bis 11.000 €.

429 *Geigel/Pardey* Kap. 7 Rn. 14.

430 *Geigel/Pardey* Kap. 7 Rn. 14.

431 *OLG Köln* NJW-RR 2003, 308.

### 3. Kapitalwert der Rente

318 Der *BGH* achtet darauf, dass Kapital und (Kapitalbetrag der) Rente in einem ausgewogenen Verhältnis stehen und insgesamt die bisher in der Rspr. zuerkannten Kapitalbeträge nicht übersteigen.[432] Die in dieser Entscheidung angestellten Berechnungen dürften jedoch einen Denkfehler enthalten, soweit der *BGH* beanstandet, dass das einer 16-Jährigen zuerkannte Schmerzensgeld (Rente von 150 € monatlich = rd. 33.500 € plus Kapital 12.500 €) »zu reichlich« und deshalb durch das Revisionsgericht korrekturfähig sei. Das Schmerzensgeld für einen jungen Menschen, der schwere Dauerschäden erlitten hat (u.a. Verlust des Geruchs- und des Geschmackssinns) ist notwendigerweise um ein Mehrfaches höher als für einen alten Menschen, bei dem sich (auch) die Kapitalisierung der Rente weitaus weniger auswirkt und der die Beeinträchtigungen (nur noch) wenige Jahre zu (er-)tragen hat.[433]

### 4. Argumente gegen die Rente

*a) Schmerzensgeldrente nur bei Schwerstschäden*

319 Wiederholt wird eine Schmerzensgeldrente verneint, weil als Voraussetzung schwerste und nicht nur schwere Schäden gefordert werden[434] oder weil der Verletzte sich an die Verletzung gewöhnt habe.[435] Diese Einschränkung ist nicht gerechtfertigt. Auch weniger extreme Verletzungen können immer wieder als schmerzlich empfunden werden. Möglicherweise beruht die Forderung nach »schwerster Verletzung« auf der Entscheidung des *BGH* vom 04.06.1996.[436] In dem dieser Entscheidung zugrunde liegenden Fall hatte die zehn Jahre alte Klägerin, die bei einem Unfall schwer verletzt worden war, neben einem Schmerzensgeldkapital eine Schmerzensgeldrente eingeklagt. Das *LG* hatte die Beklagten zur Zahlung von Kapital und Rente verurteilt, das *OLG* hatte der Klägerin lediglich ein Schmerzensgeldkapital zugesprochen, aber nicht auf eine Rente erkannt. Der *BGH* führt dann aus, dass die einmalige Kapitalzahlung der Normalfall sei; bei schwersten Dauerschäden komme indes eine Schmerzensgeldrente neben einem Kapitalbetrag in Betracht.[437] Möglicherweise handelt es sich um ein obiter dictum, weil die Klägerin ja schwerste Verletzungen erlitten hatte.

320 Unverständlicher Weise verweigerte das *OLG Hamm*[438] einer 70 Jahre alten Frau, die bei einem Verkehrsunfall schwerste Verletzungen erlitt, rd. ½ Jahr im Krankenhaus behandelt wurde und schwere Dauerschäden davongetragen hat, die beantragte Schmerzensgeldrente mit der Begründung, eine Schmerzensgeldrente komme in erster Linie bei jungen Menschen in Betracht, deren weitere gesundheitliche Entwicklung noch nicht überschaubar sei und die aus der normalen Lebensbahn geworfen worden seien. Bei einer alten Frau, die vielleicht 10 % ihres restlichen Lebens im Krankenhaus verbringen musste und nun schwer behindert ist, dürften diese Voraussetzungen ohne Weiteres vorliegen.

321 Auch das *OLG Oldenburg*[439] griff daneben, als es einem 33 Jahre alten Mann neben einem Schmerzensgeldkapital von 120.000 € eine monatliche Schmerzensgeldrente von nur 150 € zubilligte, die einen Kapitalwert von rd. 30.000 € hat. Der Kläger hatte bei einem Verkehrsunfall schwere Schädelverletzungen davongetragen. Aus einem jungen Mann, der voll im Leben stand, Fußball spielte, jung verheiratet war und gerade erst ein Haus gebaut hatte, war ein Proband geworden, der der ständigen Beaufsichtigung und Pflege bedurfte. Potenz und Libido waren erloschen, sodass er ständig fürchtete, seine Frau werde ihn verlassen. Er litt unter Wortfindungsstörungen und rannte mit

432 *BGH* VersR 1976, 967 (969); *BGH* VersR 1986, 59; *OLG Thüringen* zfs 1999, 419.
433 So z.B. *BGH* VersR 1991, 350.
434 *OLG Hamm* SP 2001, 267.; *OLG Düsseldorf* SP 2001, 200.
435 *OLG Düsseldorf* SP 2001, 200.
436 *BGH* NJWE-VHR 1996, 141.
437 So auch *BGH* NJW 1994, 1592 (1594).
438 *OLG Hamm* SP 2001, 267.
439 *OLG Oldenburg* SP 2002, 56.

dem Kopf gegen die Wand, schlug mit den Fäusten gegen den Kopf, um die Worte, die er nicht fand, herauszuprügeln.

Ein Gesamtschmerzensgeld in Höhe von 150.000 € ist ebenso unangemessen wie die sehr geringe Rente.

*b) Interessen der Versicherungswirtschaft*

Die Versicherungswirtschaft hat am Abschluss der Schadensfälle ein enormes wirtschaftliches Interesse und ist schon deshalb gegen eine Rentenzahlung neben Schmerzensgeldkapital. Dieses Interesse ist (natürlich) kein beachtliches Argument gegen die Zubilligung einer Schmerzensgeldrente. Es ermöglicht es dem Richter aber, einen für den Verletzten günstigen Vergleich herbeizuführen, weil der Versicherer dadurch den Fall abschließen kann. 322

▶ **Hinweis:**

Aber Achtung: Wenn Zukunftsschäden, die auch einen weiteren Schmerzensgeldanspruch begründen können, nicht auszuschließen sind, sollte nicht zu einem Vergleich zum Ausgleich aller gegenseitigen Ansprüche geraten werden. 323

*c) Störung des Rechtsfriedens*

Es wird der Einwand erhoben, dass durch die Rentenzahlung die Störung des Rechtsfriedens aufrechterhalten werde, weil sowohl der Schädiger als auch der Geschädigte fortlaufend an das schädigende Ereignis erinnert würden. 324

Für den Schädiger sei dies eine unnötige Härte. Es ist fraglich, ob dieser Einwand zieht. Er überzeugt jedenfalls nicht, wenn ein Versicherer für den Schädiger eintritt. Für den Geschädigten gilt dies schon deshalb nicht, weil dieser nicht durch die monatliche Überweisung, sondern durch die fortdauernde Beeinträchtigung an das schädigende Ereignis erinnert wird. Die monatliche Rente erinnert ihn allenfalls daran, wie wenig seine körperliche Unversehrtheit »wert« ist. 325

Dieser Einwand wird berechtigterweise bei der Erörterung des Abfindungsvergleichs gebracht. Hier kann es auch für den Geschädigten vorteilhaft sein und Auswirkungen auf den Heilungsprozess haben, wenn er die mit jeder Regulierung verbundenen Belastungen und Risiken durch einen Vergleich beenden kann. 326

*d) Schutz der Versichertengemeinschaft*

Auf den Schutz der Versichertengemeinschaft hat der *BGH*[440] im Jahr 1985 abgestellt, als er sich gegen die Festsetzung eines unter Berücksichtigung des Kapitalwertes der Rente zu reichlich bemessenen Schmerzensgeldes aussprach. 327

Er befürchtete, dass solche Entscheidungen Eingang in Tabellen finden könnten, an denen die Praxis sich orientiert; dies würde zu einer Aufblähung des allgemeinen Schmerzensgeldgefüges beitragen, die der Versichertengemeinschaft nicht zugemutet werden dürfe. 328

Auch in der Entscheidung des *BGH* zur Abänderungsklage[441] taucht dieser Schutzgedanke zugunsten der Versicherer wieder auf. Bei der Entscheidung über eine Abänderungsklage müsse auch berücksichtigt werden, ob die Zahlung einer höheren Rente dem Schädiger billigerweise zugemutet werden könne. 329

---

440 *BGH* VersR 1986, 59: Bei deutlichem Überschreiten der Beträge, die von der Rspr. bisher in vergleichbaren Fällen zuerkannt worden sind, bedarf das einer ausreichenden Begründung, die u.a. erkennen lässt, dass (der Tatrichter) sich der Bedeutung seiner Entscheidung und seiner Verantwortung gegenüber der Gemeinschaft aller Versicherten bewusst ist.

441 *BGH* VersR 2007, 961.

### e) *Vorsterblichkeitsrisiko bei Schwerstverletzten*

330 Als völlig verfehlt wird das Argument des Vorsterblichkeitsrisikos bei Schwerstverletzten – insbesondere Gehirngeschädigten – für eine Rente neben dem Kapitalbetrag abgelehnt.[442] Zwar trifft es zu, dass sich z.B. das bei der Geburt geschädigte Kind der schweren Dauerschäden nicht immer wieder neu und schmerzlich bewusst werden kann. Weil aber ein erhebliches Vorsterblichkeitsrisiko besteht, wäre gerade eine Rentenzahlung neben dem Schmerzensgeldkapital geboten, damit das verletzte Kind nicht nach Rechtskraft des Urteils in ein Pflegeheim abgeschoben wird, dort alsbald verstirbt und die Erben das volle Schmerzensgeldkapital »kassieren«.[443] Da aber nur der Kläger den Antrag auf Zahlung einer Schmerzensgeldrente neben dem Schmerzensgeldkapital stellen kann, sind den Versicherern und dem Gericht die Hände gebunden, wenn die Eltern des schwerst hirngeschädigt geborenen Kindes keinen Rentenantrag stellen.

### f) *Sonderfall*

331 Es gibt aber auch andere Fälle, in denen eine Schmerzensgeldrente geradezu geboten ist. Ertaubt z.B. ein Säugling infolge eines Behandlungsfehlers, so ist überhaupt nicht abzusehen, wie die Geldwertentwicklung sein wird. Neben einem Schmerzensgeldkapital muss ihm eine Schmerzensgeldrente mit der Möglichkeit der Abänderungsklage zugebilligt werden, damit er auch mit fortschreitendem Alter überhaupt noch eine angemessene Entschädigung erhält.

## 5. Abänderungsklage

332 Für junge Menschen kann eine Rente günstiger sein, wenn die Möglichkeit der Abänderungsklage nach § 323 ZPO bejaht wird.[444]

333 Ob eine zuerkannte Schmerzensgeldrente im Wege der Abänderungsklage nach § 323 ZPO später erhöht werden kann, ist nicht unbestritten.[445] Der *BGH*[446] setzt dies (obiter dictum) als selbstverständlich voraus, indem er einem jungen Geschädigten im Hinblick auf die Laufzeit der Rente die Möglichkeit zur Anpassung an die veränderten Verhältnisse nach § 323 ZPO zubilligt. Dies sei aber, so der *BGH*, bei einer unter 25 % liegenden Steigerung des Lebenshaltungskostenindexes noch nicht der Fall, womit eine Anpassung einer Rente de facto ausscheidet. Auch die Verschlimmerung des Leidens, eine bedeutsame Verbesserung der wirtschaftlichen Verhältnisse aufseiten des Schädigers, eine exorbitante Änderung der in der Praxis vorgestellten Wertgrößen zum Schmerzensgeld oder gravierende Veränderungen des Lebenshaltungskostenindex sollen im Wege der Abänderungsklage geltend gemacht werden können.[447]

## 6. Dynamische Schmerzensgeldrente

334 Die Gewährung einer »dynamischen« Schmerzensgeldrente, z.B. durch Koppelung mit dem amtlichen Lebenshaltungskostenindex, hat der *BGH*[448] verneint.

---

442 *OLG Celle*, Urt. v. 23.02.1998 – 1 U 1/97, unveröffentlicht.

443 *OLG Köln* VersR 1998, 244 hält eine Aufteilung 1/3 Kapital und 2/3 Rente für angemessen. Dabei ist zu berücksichtigen, dass der 5. Zivilsenat des *OLG Köln* einen hohen Rentenanteil insbesondere dann befürwortet, wenn das Schmerzensgeld schwerst hirngeschädigt geborenen Kindern zu zahlen ist. Dadurch werde vermieden, dass diese Kinder nach der Rechtskraft des Urteils in ein Heim abgeschoben würden, wo das Sterblichkeitsrisiko wesentlich erhöht sei. Durch die hohe Rente bestehe für die Angehörigen ein besonderes Interesse, den Rentenberechtigten möglichst lange am Leben zu erhalten. Diesem Gedanken widmet sich auch *Huber* NZV 1998, 345, 351; vgl. auch *Notthoff* VersR 2003, 966 f., der eine Bereicherung der Erben als dem Billigkeitscharakter des Schmerzensgeldes zuwiderlaufend ansieht.

444 Vgl. das Kap. Unfälle von Kindern und Minderjährigen im Straßenverkehr Kap. P Rdn. 138–150.

445 Vgl. *Notthoff* VersR 2003, 966, 970.

446 *BGH* VersR 1976, 967 (969).

447 *Halm/Scheffler* DAR 2004, 71 f. m.w.N.

448 *BGH* VersR 1973, 1067 = NJW 1973, 1653 f.; vgl. auch *Notthoff* VersR 2003, 966, 969, der meint, dass die Schmerzensgeldrente keinesfalls dynamisiert werden dürfe, weil der Wert der Gesundheit und

Eine solche dynamische Rente würde die Funktion der Rente als eines billigen Ausgleichs in Geld nicht gewährleisten. Auf eine »dynamische« Schmerzensgeldrente habe der Verletzte schon deshalb keinen Anspruch, weil es im pflichtgemäßen Ermessen des Tatrichters stehe, ob er die Zubilligung einer Rente überhaupt für angemessen halte. Gegen eine »dynamische« Schmerzensgeldrente spreche auch, dass das Urteil das Schmerzensgeld im Grundsatz endgültig feststellen solle. Genau das wäre das Argument gegen die Zulässigkeit einer Abänderungsklage, die der *BGH* aber problemlos als zulässig ansieht. 335

Gegner der Dynamisierung[449] machen ferner geltend, eine Dynamisierung könne dem Schädiger unter Berücksichtigung volkswirtschaftlicher Argumente nicht zugemutet werden. Die Geldentwertung wirke sich auch auf die wesentlichen Verhältnisse des Schädigers aus und mit zunehmender Geldentwertung bestehe die Gefahr, dass die Haftungshöchstgrenzen erreicht würden. Dem Schädiger könne doch nicht zugemutet werden, noch nach Jahren sein Einkommen aufgrund der monatlichen Schmerzensgeldrente nunmehr etwa auf die Pfändungsgrenzen zu beschränken. Eine solche Folgerung missachtet die Interessen des Verletzten. Der Schädiger soll seine Schuld bezahlen. Er ist nicht zu bedauern, weil ihm die Flucht in die Pfändungsgrenze lästig sein könnte. 336

Diese Argumentation, wenn sie denn je zutreffend war, überzeugt heute nicht (mehr). Oft ist abzusehen, dass Schmerzensgeldrenten über Jahrzehnte hinweg gezahlt werden müssen. Mit einer Abänderungsklage mag der Geschädigte zwar eine gewisse Steigerung erreichen, dies aber nur in großen zeitlichen Abständen und mit Sicherheit nicht i.H.d. Steigerung der Lebenshaltungskosten. Das weitere Argument des *BGH*,[450] eine dynamische Schmerzensgeldrente könne dem Schädiger wirtschaftlich unter Berücksichtigung allgemeiner volkswirtschaftlicher Gesichtspunkte nicht zugemutet werden, ist heute ebenfalls nicht mehr gültig. 337

**▶ Praxistipp:**

- Eine Schmerzensgeldrente neben einem Schmerzensgeldkapital wird nur zuerkannt, wenn sie vom Kläger beantragt[451] wird. 338
- Ob ein Antrag auch auf Schmerzensgeldrente gestellt werden soll, lässt sich nicht allgemein verbindlich beantworten, das hängt vom Einzelfall ab. Ein Antrag auf Schmerzensgeldrente kann sinnvoll sein, um die Vergleichsbereitschaft des hinter dem Schädiger stehenden Haftpflichtversicherers zu erhöhen. Kommt es nicht zu dem angestrebten Vergleich, kann der Kläger den Antrag immer noch auf Zahlung eines Schmerzensgeldkapitals (ohne Rente) umstellen, wenn der Kapitalbetrag der Rente relativ hoch ist.
- Sinnvoll ist ein Antrag auch, wenn der Verletzte schon älter ist, der Kapitalbetrag der Rente also relativ gering ist.
- Riskant ist ein Antrag auf Schmerzensgeldrente, wenn der Verletzte jung ist. Zwar mag nach längerer Zeit eine Abänderungsklage möglich sein, zunächst aber fällt die Rente (meist) niedrig aus, weil der Kapitalbetrag der Rente relativ hoch ist, z.B. bei schwerst hirngeschädigt geborenen Kindern, bei denen die Lebenserwartung vermutlich nur wenige Jahre beträgt. Zu erwägen bleibt jedoch, dass die Rente derzeit eine Verzinsung von 62/3 % vor Steuern für die gesamte Dauer der Laufzeit garantiert (s.u. Abschnitt VII.).

---

des seelischen Wohlbefindens inkommensurabel seien, eine Regel, an die sich § 253 BGB aber gerade nicht hält.

449 *Notthoff* VersR 2003, 966, 969.

450 *BGH* VersR 1973, 1067 = NJW 1973, 1653.

451 *Geigel/Pardey* Kap. 7 Rn. 19 und 26; *BGH* NJW 1998, 3411; *Haupfleisch* DAR 2003, 403, 405, schlägt vor, dass eine Schmerzensgeldrente nicht nur vom Antrag des Klägers abhängen dürfe, sondern auch auf Antrag des Beklagten zuerkannt werden können soll.

## 7. Kapitalisierung

339 Um eine angemessene Rente zusprechen zu können, ist es geboten, die zuerkannte Rente zu kapitalisieren. Hierfür ist die Zeit maßgeblich, die der Geschädigte die Rente erhalten wird, vereinfacht gesagt also der Rest seines Lebens. Um einen Kapitalbetrag errechnen zu können, wird daher auf die vom statistischen Bundesamt herausgegebenen Sterbetabellen[452] zurückgegriffen, mithilfe derer die Restlebenszeit prognostiziert werden kann. Die Summe des zuerkannten Schmerzensgeldkapitals und des Kapitalwertes der Rente ergibt das zuerkannte Schmerzensgeld.

340 Erfreulicherweise wurde bis vor einigen Jahren bei Schmerzensgeldrenten mit einem Kapitalisierungszinssatz von 5 % gerechnet und nicht mit einem der Zinslage entsprechenden Zinssatz, der aktuell maximal rd. 2 oder 3 % und lange Jahre eher 0 % beträgt. Ein Zinssatz von 5 % hatte zur Folge, dass der Kapitalwert der Rente deutlich niedriger ausfällt als bei einem niedrigeren Zinssatz.[453] Diese Praxis wird angegriffen, wenn es darum geht, eine Rente zu kapitalisieren und in einem Betrag auszuzahlen; hier wirkt sich der hohe Zinssatz so aus, dass der auszuzahlende Betrag viel zu niedrig ausfällt. Aus diesem Grund hat der Verkehrsgerichtstag 2019 die Empfehlung ausgesprochen, Vergleichssummen mit maximal 3 % abzuzinsen; selbst wenn auch dies angesichts einer nunmehr nahezu jahrzehntelangen Nullzinsphase keine Rendite ist, die der Geschädigte realistisch erreichen kann. Bei der Errechnung des Kapitalwertes des Schmerzensgeldes wirkt sich dies umgekehrt aus, sodass die Geschädigten einen bisher nicht erkannten – jedenfalls nicht diskutierten – Vorteil erfahren,[454] denn durch einen zu hohen Zinssatz errechnet sich ein zu niedriger Kapitalwert, der – bei Zubilligung einer Rente – vom Restkapital abgezogen wird. Wird weiter berücksichtigt, dass auf die Schmerzensgeldrente keine Kapitalertragsteuer (ab 2009 25 %) erhoben wird, bedeutet dies früher wirtschaftlich eine Verzinsung von 6 2/3 % nach Steuern, eine Rendite, die ohne jede Verwaltungsaufwand für die Dauer der Laufzeit der Rente sicher und als recht hoch anzusehen ist. All dies ist Vergangenheit, denn bei der Ermittlung des Kapitalwertes der Schmerzensgeldrente nach einem Zinssatz von 2 % ist der Multiplikator der Jahresrente nicht mehr rd. 20, sondern fast 40. Das bedeutet für den Anwalt: Keinen Antrag auf Schmerzensgeldrente neben dem Schmerzensgeldkapital stellen.

341 Die nachfolgende Tabelle dient zur Kapitalisierung von Renten. Ihr liegt der regelmäßig angesetzte Langzeitzins von 5 % zugrunde.[455] Zur Berechnung ist zunächst der Monatsbetrag der angemessenen Rente mit zwölf (Jahressumme) und dann mit dem sich aus der Tabelle ergebenden Multiplikator zu multiplizieren.

**▶ Beispiel:**

342 Ein 25 Jahre alter Geschädigter soll eine monatliche Rente von 350 Euro erhalten. Aus der Tabelle (25 Jahre, männlich) ergibt sich ein Multiplikator von 19,208.

343 Berechnet wird mithin: 350 € × 12 × 19,208 = 80.673,60 € kapitalisiert.

| Sterbetafel | Verzinsung 5 % | | Sterbetafel | Verzinsung 5 % | |
|---|---|---|---|---|---|
| Lebensalter | männlich | weiblich | Lebensalter | männlich | weiblich |
| 0 | 20,444 | 20,588 | 46 | 16,311 | 17,365 |
| 1 | 20,427 | 20,574 | 47 | 16,105 | 17,195 |

452 Im Internet erhältlich unter http://www.destatis.de.

453 Dazu auch *Jaeger* VersR 2020, 1191.

454 *Nehls* zfs 2004, 193 ff. Ohne Begründung rechnet der 9. Zivilsenat des *OLG Hamm* VersR 2003, 780 = DAR 2003, 172, mit 4 %, wodurch sich der Kapitalwert der Rente um 25 % erhöht.

455 Der *BGH* hat Zinsen von 5 % bis 5,5 % als Langzeitzins für akzeptabel gehalten. Weitergehende ausführliche Zinstabellen zur Kapitalisierung von Renten finden sich etwa bei *Xanke* und *Küppersbusch* oder Luckey und in der Zeitschrift VersR, 2004, 1528 ff.

| Sterbetafel | Verzinsung 5 % | | Sterbetafel | Verzinsung 5 % | |
|---|---|---|---|---|---|
| Lebensalter | männlich | weiblich | Lebensalter | männlich | weiblich |
| 2 | 20,400 | 20,554 | 48 | 15,888 | 17,174 |
| 3 | 20,370 | 20,532 | 49 | 15,667 | 16,837 |
| 4 | 20,339 | 20,509 | 50 | 15,435 | 16,646 |
| 5 | 20,307 | 20,484 | 51 | 15,197 | 16,446 |
| 6 | 20,272 | 20,459 | 52 | 14,948 | 16,240 |
| 7 | 20,236 | 20,432 | 53 | 14,695 | 16,026 |
| 8 | 20,199 | 20,404 | 54 | 14,431 | 15,803 |
| 9 | 20,159 | 20,374 | 55 | 14,163 | 15,569 |
| 10 | 20,117 | 20,343 | 56 | 13,884 | 15,328 |
| 11 | 20,074 | 20,311 | 57 | 13,597 | 15,077 |
| 12 | 20,028 | 20,276 | 58 | 13,306 | 14,817 |
| 13 | 19,980 | 20,231 | 59 | 13,004 | 14,546 |
| 14 | 19,929 | 20,203 | 60 | 12,694 | 14,262 |
| 15 | 19,876 | 20,164 | 61 | 12,380 | 13,974 |
| 16 | 19,821 | 20,122 | 62 | 12,059 | 13,673 |
| 17 | 19,764 | 20,079 | 63 | 11,734 | 13,362 |
| 18 | 19,704 | 20,034 | 64 | 11,408 | 13,043 |
| 19 | 19,643 | 19,987 | 65 | 11,075 | 12,714 |
| 20 | 19,580 | 19,937 | 66 | 10,740 | 12,380 |
| 21 | 19,512 | 19,885 | 67 | 10,399 | 12,032 |
| 22 | 19,442 | 19,830 | 68 | 10,062 | 11,675 |
| 23 | 19,368 | 19,773 | 69 | 9,727 | 11,314 |
| 24 | 19,290 | 19,712 | 70 | 9,386 | 10,943 |
| 25 | 19,208 | 19,649 | 71 | 9,041 | 10,568 |
| 26 | 19,123 | 19,583 | 72 | 8,692 | 10,185 |
| 27 | 19,034 | 19,514 | 73 | 8,338 | 9,798 |
| 28 | 18,939 | 19,440 | 74 | 7,988 | 9,403 |
| 29 | 18,840 | 19,364 | 75 | 7,640 | 9,006 |
| 30 | 18,737 | 19,284 | 76 | 7,304 | 8,607 |
| 31 | 18,628 | 19,200 | 77 | 9,966 | 8,208 |
| 32 | 18,515 | 19,112 | 78 | 6,647 | 7,822 |
| 33 | 18,397 | 19,019 | 79 | 6,321 | 7,430 |
| 34 | 18,272 | 18,923 | 80 | 6,010 | 7,041 |
| 35 | 18,142 | 18,821 | 81 | 5,685 | 6,647 |
| 36 | 18,007 | 18,716 | 82 | 5,383 | 6,271 |
| 37 | 17,866 | 18,606 | 83 | 5,106 | 5,907 |
| 38 | 17,719 | 18,490 | 84 | 4,480 | 5,557 |

| Sterbetafel | Verzinsung 5 % | | Sterbetafel | Verzinsung 5 % | |
|---|---|---|---|---|---|
| Lebensalter | männlich | weiblich | Lebensalter | männlich | weiblich |
| 39 | 17,565 | 18,370 | 85 | 4,594 | 5,230 |
| 40 | 17,406 | 18,244 | 86 | 4,360 | 4,903 |
| 41 | 17,241 | 18,112 | 87 | 4,148 | 4,586 |
| 42 | 17,068 | 17,975 | 88 | 3,949 | 4,295 |
| 43 | 16,890 | 17,831 | 89 | 3,782 | 4,032 |
| 44 | 16,705 | 17,682 | 90 | 3,647 | 3,782 |
| 45 | 16,510 | 17,527 | | | |

## C. Prozessrecht

### Schrifttum

*Diederichsen*, Die Rechtsprechung des BGH zum Haftpflichtrecht DAR 2003, 241; *dies.*, Die Rechtsprechung des BGH zum Haftpflichtrecht DAR 2004, 301; *dies.*, Die Rechtsprechung des BGH zum Haftpflichtrecht, DAR 2005, 301; *dies.*, Neues Schadenersatzrecht; Fragen der Bemessung des Schmerzengeldes und seiner prozessualen Durchsetzung VersR 2005, 433; *Euler*, Der Abfindungsvergleich SVR 2005, 10; *Gerken*, Probleme der Anschlussberufung nach § 524 ZPO NJW 2002, 1095; *v. Gerlach*, Die prozessuale Behandlung von Schmerzensgeldansprüchen VersR 2000, 525; *Grunsky*, Der Tatsachenstoff im Berufungsverfahren nach der Reform der ZPO NJW 2002, 800; *Jaeger*, Klageantrag bei der Geltendmachung von Schmerzensgeld, MDR 1996, 888; *ders.*, Kapitalisierung von Renten im Abfindungsvergleich VersR 2006, 597 und 1328; *ders.*, Vorteile und Fallstricke des neuen Adhäsionsverfahrens VRR 2005, § 287 ZPO; *Jaeger/Luckey*, Schmerzensgeld 12. Aufl. 2024; *Kornes*, Flexibler Realzins statt 5 %-Tabellenzins r+s 2003, 485 und r+s 2004, 1 ff.; *Lang*, Der Abfindungsvergleich beim Personenschaden VersR 2005, 894 ff.; *Langenick/Vatter*, Aus der Praxis für die Praxis: Die aufgeschobene Leibrente – ein Buch mit sieben Siegeln? NZV 2005, 10 ff.; *Luckey*, Personenschaden, 3. Aufl. 2022; *ders.*, Neues Schadensersatzrecht – neue Probleme? PVR 2005, 44; *Müller*, Spätschäden im Haftpflichtrecht VersR 1998, 129; *dies.*, Zum Ausgleich des immateriellen Schadens nach § 847 BGB VersR 1993, 909; *Nehls*, Kapitalisierung und Verrentung von Schadensersatzforderungen zfs 2004, 193; *ders.*, Der Abfindungsvergleich beim Personenschaden SVR, 2005, 161 ff.; *ders.*, Kapitalisierung von Schadensersatzrenten VersR 1981, 407; *Steffen*, Das Schmerzensgeld im Wandel eines Jahrhunderts DAR 2003, 201.

## I. Verfahrensrechtliche Besonderheiten

### 1. Beweislast

344 Grundsätzlich gilt, dass der Geschädigte den Nachweis zum Grund und zur Höhe des Schadens führen muss.

#### *a) Beweismaß des § 286 ZPO*

345 Der Geschädigte muss für die Rechtsgutverletzung durch den Schädiger, für die haftungsbegründenden Kausalität gem. § 286 ZPO den sog. Voll- oder Strengbeweis führen. Das bedeutet, dass der Richter vom Ergebnis der Beweisaufnahme überzeugt sein muss; weniger als die Überzeugung von der Wahrheit, bloßes Glauben, Wähnen, für-wahrscheinlich-Halten, reichen nicht aus.

346 Mehr als die Überzeugung wird aber nicht gefordert, absolute, über jeden Zweifel erhabene Gewissheit ist nicht erforderlich. Für den Richter genügt die persönliche Gewissheit, die den Zweifeln Schweigen gebietet, ohne sie völlig auszuschließen.

Besondere Bedeutung hat die Beweislast bei der Geltendmachung von Schadensersatzansprüchen nach einem behaupteten HWS-Schleudertrauma[456] oder aus einem Schockschaden.[457] 347

Dabei ist zu berücksichtigen, dass sich schwierige Beweislagen ohne Eingriff in das Beweisrecht häufig dadurch lösen lassen, dass auf den Anscheinsbeweis, die Beweislastumkehr oder auf tatsächliche Vermutungen zurückgegriffen werden kann. 348

Die Regeln des Anscheinsbeweises greifen ein bei einem typischen Geschehensablauf, der in eine typische Gefährdung mündet und dabei einen typischen Schaden hervorruft. Verstößt der Geschädigte gegen ein Schutzgesetz, greift der Anscheinsbeweis ein, wenn sich gerade die Gefahr verwirklicht hat, der das Schutzgesetz entgegenwirken sollte. 349

Greift ein Anscheinsbeweis ein, muss der Schädiger diesen entkräften und darlegen und beweisen, dass ein atypischer Geschehensablauf vorliegt. 350

#### *b) Beweismaß des § 287 ZPO*

Die Bestimmung ist anwendbar auf die Höhe von Schadensersatz- und sonstigen vermögensrechtlichen Ansprüchen, deren Aufklärung unverhältnismäßig schwierig ist; ferner gilt nach der Rechtsprechung des BGH[458] der erleichterte Maßstab des § 287 ZPO für den Nachweis weiterer Verletzungen nach der Primärverletzung. Nach dieser Bestimmung tritt an die Stelle des Vollbeweises das Ermessen des Gerichts. Dabei wird in Kauf genommen, dass die richterliche Schätzung unter Umständen mit der Wirklichkeit nicht übereinstimmt. Das Gericht kann und muss gelegentlich bei besonderer Schwierigkeit des Schadensnachweises zur Schätzung eines bloßen Mindestschadens greifen. 351

Die Schätzung ist allerdings unzulässig, wenn greifbare Anhaltspunkte für eine Schätzung fehlen, wenn etwa die unfallbeteiligten Fahrzeuge verschrottet sind und verwertbare Lichtbilder fehlen. Dann würde eine Schätzung des Schadensumfangs völlig in der Luft hängen. 352

## II. Die Schmerzensgeldklage

### 1. Gerichtsstand

Zunächst ist zu klären, aus welchem Rechtsgrund der Schmerzensgeldanspruch hergeleitet wird, aus Vertrag, unerlaubter Handlung oder Gefährdungshaftung. Überlegungen zum Gerichtsstand sind insbesondere dann angebracht, wenn mehrere Beklagte als Gesamtschuldner in Anspruch genommen werden sollen. 353

Der Kläger hat z.B. die Wahl, einen Beklagten am allgemeinen Gerichtsstand, § 12 ZPO, oder am besonderen Gerichtsstand der unerlaubten Handlung, § 32 ZPO, zu verklagen. Nach Einfügung des § 17 Abs. 2 GVG ist in der Rechtsprechung allgemein anerkannt, dass an dem gewählten Gerichtsstand der Rechtsstreit unter allen in Betracht kommenden rechtlichen Gesichtspunkten zu entscheiden ist.[459] 354

### 2. Kläger

Kläger ist i.d.R. der Verletzte selbst, bei Klagen in Zusammenhang mit einer unfallbedingten Tötung die Hinterbliebenen (§ 844 Abs. 3 BGB), die Erben (§ 1922 BGB für das Schmerzensgeld für baldigen Tod) oder die Angehörigen (für das Schockschadensschmerzensgeld). Natürlich kann auch ein Dritter aus abgetretenem Recht klagen, insoweit bestehen keine Besonderheiten. Die Eröffnung 355

456 Rdn. 155–191.

457 Rdn. 192–228.

458 *BGH* NJW 2019, 2092, der zudem seine (ältere) Rechtsprechung zur Frage, wann eine weitere Verletzung als »Folgeverletzung« anzusehen ist, einschränkt auf die aus der Erstverletzung resultierenden Folgen.

459 Der *BGH* (NJW 2003, 828) hat dies ausdrücklich bestätigt. S. auch *Luckey* PVR 2005, 44, 45.

eines Insolvenzverfahrens über das Vermögen des Klägers führt zur Unterbrechung des Prozesses, § 240 ZPO.[460]

### 3. Klagegegner – Beklagter

356 Die Klage ist gegen den Schädiger zu richten. Beruht der Körperschaden auf einem Verkehrsunfall, müssen i.d.R. Fahrer, Halter und Versicherer als Gesamtschuldner verklagt werden. Außerhalb des Anwendungsbereichs von § 115 VVG besteht kein (klagbarer) Direktanspruch gegen die Haftpflichtversicherung des Gegners.

### 4. Inhalt des Anspruchs

357 Der Schmerzensgeldanspruch ist unteilbar. Der Anspruch ist i.d.R. für Vergangenheit und Zukunft geltend zu machen. Unter bestimmten Voraussetzungen ist es allerdings zulässig, eine Schmerzensgeldteilklage zu erheben, wenn z.B. die Schadensfolgen für die Zukunft noch nicht überschaubar sind. In diesem Fall ist es dem Verletzten gestattet, neben der Leistungsklage eine Feststellungsklage für künftige Beeinträchtigungen zu erheben.

358 In einem solchen Fall hat der Geschädigte auch die Wahl, ob er hinsichtlich etwaiger Zukunftsschäden einen immateriellen Vorbehalt machen will (aufgedeckte Teilklage) oder ob er einen alle immateriellen Zukunftsschäden umfassenden Feststellungsantrag stellen will.[461]

### 5. Klageantrag

359 Der Klageantrag bei der Geltendmachung von Schmerzensgeldansprüchen hat Rspr. und Literatur jahrzehntelang beschäftigt. Dabei ging es einmal darum, ob ein unbezifferter Klageantrag dem Bestimmtheitserfordernis des § 253 Abs. 2 Nr. 2 ZPO gerecht wird, zum anderen aber auch darum, ob und wie aufgrund eines unbezifferten Klageantrages der Streitwert beziffert werden konnte. Diese beiden Fragen und die in der Diskussion dazu vorgetragenen Argumente sind im Laufe der Entwicklung auf die weitere Frage erstreckt worden, ob dem Kläger, der außerhalb des Klageantrags (der auf Zahlung eines angemessenen, in das Ermessen des Gerichts gestellten Betrages lautet) in der Klagebegründung oder in der Angabe des Streitwertes einen bestimmten Schmerzensgeldbetrag nennt, wegen der Bindung des Gerichts an den Antrag, § 308 ZPO, auch ein darüber hinausgehender Betrag zuerkannt werden dürfe.

360 Auf diese Frage hat der *BGH*[462] im Jahr 1996 die Antwort gegeben,
- dass der Kläger eine Größenordnung für das Schmerzensgeld nennen muss, damit die Zuständigkeit des Gerichts und nach dessen Entscheidung die Höhe der Beschwer des Klägers festgestellt werden können,
- dass der Kläger dem Gericht die tatsächlichen Grundlagen vortragen muss, die die Feststellung der Höhe des Klageanspruchs ermöglichen, um den Streitwert zu schätzen, und
- dass der Kläger nicht verpflichtet ist, die Größenordnung des Schmerzensgeldes nach oben zu begrenzen, weil der Beklagte seine Interessen durch Antrag auf Streitwertfestsetzung selbst wahren kann.

361 – Hält der Kläger den Antrag nicht nach oben offen, er einen bestimmten Schmerzensgeldbetrag nennt. ohne die Höhe des Schmerzensgeldes in das Ermessen des Gerichts zu stellen, wird ihm

460 *AG Kassel* ZInsO 2014, 1352.
461 So schon *OLG Saarbrücken* zfs 2005, 287.
462 *BGH* VersR 1996, 990 = NJW 1996, 2425; vgl. dazu die Besprechung: *Jaeger* MDR 1996, 888. Für *Steffen* DAR 2003, 201 (205), gibt es keinen Grund darauf hinzuweisen, dass der *BGH* dem Richter heute »sogar gestatte«, ein wesentlich höheres Schmerzensgeld zuzuerkennen als den genannten Mindestbetrag; der *BGH* folgte damit (endlich) einer seit Langem von – allerdings nur wenigen – Oberlandesgerichten vertretenen Rechtsauffassung.

der im Antrag genannte Betrag zugesprochen. Ausdrücklich hat das *LG Stuttgart*[463] ausgeführt, es könne dem Kläger nicht mehr als die beantragten 20.000 € zuerkennen, weil es daran durch den bestimmten Klageantrag (§ 308 ZPO) gehindert sei.

▶ **Praxistipp:**

Hier lauern vielfältige Gefahren wie Verjährung, Präklusion durch Rechtskraft oder Verlust von Rechtsmitteln.[464] 362

Es genügt, wenn der Kläger eine Größenordnung für das Schmerzensgeld nennt, damit die Zuständigkeit des Gerichts und nach dessen Entscheidung die Höhe der Beschwer des Klägers festgestellt werden kann.

Es genügt, dass der Kläger dem Gericht die tatsächlichen Grundlagen vorträgt, die für die Bemessung des Schmerzensgeldes von Bedeutung sind.

Der Kläger ist nicht verpflichtet, die Größenordnung des Schmerzensgeldes nach oben zu begrenzen, weil das Gericht bei einem Klageantrag, der die Höhe des Schmerzensgeldes in das Ermessen des Gerichts stellt, die vom Kläger genannte Größenordnung überschreiten darf.[465] Auf diese Weise lässt sich das Kostenrisiko für den Kläger begrenzen, ohne dass er einen Teil seines Anspruchs aufgibt.

Bei bestimmtem Klageantrag, der die Höhe des Schmerzensgeldes nicht in das Ermessen des Gerichts stellt, besteht die Gefahr, dass ein Teil des begründeten Anspruchs verloren geht.

Durch die Angabe der Größenordnung läuft der Kläger andererseits Gefahr, das erstinstanzliche Urteil mangels Beschwer nicht mit der Berufung angreifen zu können, wenn ihm ein der angegebenen Größenordnung entsprechender Betrag zugesprochen worden ist.

## 6. Zulässigkeit einer Teilklage

Die Frage der Zulässigkeit einer Teilklage auf Zahlung von Schmerzensgeld korrespondiert mit 363
den Voraussetzungen der Feststellungsklage. Im Grundsatz gilt, dass das Schmerzensgeld aufgrund einer ganzheitlichen Betrachtung der den Schadensfall prägenden Umstände unter Einbeziehung der absehbaren künftigen Entwicklung des Schadensbildes zu bemessen ist. Mit dem auf eine unbeschränkte Klage insgesamt zuzuerkennenden Schmerzensgeld werden nicht nur alle bereits eingetretenen, sondern auch alle erkennbaren und objektiv vorhersehbaren künftigen unfallbedingten Verletzungsfolgen abgegolten.[466] Lässt sich jedoch nicht endgültig sagen, welche Änderungen des gesundheitlichen Zustandes noch eintreten können, so hat es schon das *RG*[467] für zulässig erachtet, den Betrag des Schmerzensgeldes zuzusprechen, der dem Verletzten zum Zeitpunkt der Entscheidung mindestens zusteht und später den zuzuerkennenden Betrag auf die volle Summe zu erhöhen, die der Verletzte aufgrund einer ganzheitlichen Betrachtung der für den immateriellen Schaden maßgeblichen Umstände beanspruchen kann, wenn sich nicht endgültig sagen lässt, welche Änderungen des gesundheitlichen Zustandes noch eintreten können. Dieser Auffassung des *RG* hat sich der *BGH* angeschlossen. Er hat für den Fall, dass mit dem Eintritt weiterer Schäden zu rechnen ist, die letztlich noch nicht absehbar sind, das Feststellungsinteresse für die Feststellung der Ersatzpflicht zukünftiger immaterieller Schäden bejaht, wenn aus der Sicht des Geschädigten bei verständiger Würdigung Grund besteht, mit dem Eintritt eines weiteren Schadens wenigstens zu rechnen.[468] In einem sol-

463 *LG Stuttgart* NJW-RR 2004, 888 = NZV 2004, 409, insoweit aber jeweils nicht abgedruckt.
464 *V. Gerlach* VersR 2000, 525.
465 Dazu *Jaeger* MDR 1996, 888.
466 *BGH* NJW 2004, 1243.
467 *RG* Warn. Rspr. 1917 Nr. 99, 143.
468 *BGH* VersR 2001, 874 = MDR 2001, 448; *BGH* VersR 2001, 876.

chen Fall bedarf es der (offenen) Teilklage nicht, weil der Geschädigte seinen (weiteren) Anspruch auch durch eine Feststellungsklage für die künftig zu erwartenden Beeinträchtigungen sichern kann.

364 Gegen die Zulässigkeit einer (offenen) Teilklage im Übrigen bestehen allerdings keine rechtlichen Bedenken. Ist die Höhe des Anspruchs im Streit, kann grundsätzlich ein ziffernmäßig oder sonst wie individualisierter Teil davon Gegenstand einer Teilklage sein, sofern erkennbar ist, um welchen Teil des Gesamtanspruchs es sich handelt. Macht der Kläger nur einen Teilbetrag eines Schmerzensgeldes geltend und verlangt er bei der Bemessung der Anspruchshöhe nur die Berücksichtigung der Verletzungsfolgen, die bereits im Zeitpunkt der letzten mündlichen Verhandlung eingetreten sind, ist eine hinreichende Individualisierbarkeit gewährleistet.

365 Das *OLG Düsseldorf*[469] hat diese Antragsvarianten wie folgt zusammengefasst:

*»Der Grundsatz der Einheitlichkeit des Schmerzensgeldes gebietet es, die Höhe des der Geschädigten zustehenden Schmerzensgeldes aufgrund einer ganzheitlichen Betrachtung der den Schadensfall prägenden Umstände unter Einbeziehung der absehbaren künftigen Entwicklung des Schadensbildes zu bemessen. Verlangt ein Geschädigter für erlittene Körperverletzungen **uneingeschränkt** ein Schmerzensgeld, so werden durch den Klageantrag alle diejenigen Schadensfolgen erfasst, die entweder bereits eingetreten und objektiv erkennbar waren oder deren Eintritt jedenfalls vorhergesehen und bei der Entscheidung berücksichtigt werden konnte. Lediglich **solche Verletzungsfolgen, die zum Beurteilungszeitpunkt noch nicht eingetreten waren und deren Eintritt objektiv nicht vorhersehbar war**, an die auch ein mit der Beurteilung des Ausmaßes und der voraussichtlichen weiteren Entwicklung eines Schadens beauftragter Sachverständiger nicht zu denken brauchte, die aber entgegen aller Wahrscheinlichkeit schließlich doch eingetreten sind, mit denen also nicht oder nicht ernstlich gerechnet werden musste und die deshalb zwangsläufig bei der Bemessung des Schmerzensgeldes unberücksichtigt bleiben müssen, werden von dem Klageantrag nicht umfasst und **können deshalb die Grundlage für einen Anspruch auf weiteres Schmerzensgeld und Gegenstand eines Feststellungsantrags sein**. Entscheidend ist demnach, ob ein Geschädigter nach objektiven Maßstäben die konkrete Möglichkeit hatte, den zukünftigen Eintritt einer bestimmten Verletzungsfolge bei der Verfolgung seines Schmerzensgeldanspruchs zu berücksichtigen. Er muss nach Einholung sachkundigen Rats in der Lage sein, zu entscheiden, ob er eine uneingeschränkte Klage erhebt und dabei den Eintritt der Verletzungsfolge als schmerzensgelderhöhenden Faktor geltend macht, **oder ob er das Risiko, dass das Gericht die Verletzungsfolge bei der Entscheidung nicht oder nicht in ausreichendem Maße berücksichtigt, dadurch vermeidet, dass er seine Schmerzensgeldforderung im Wege der offenen Teilklage auf die im Zeitpunkt der mündlichen Verhandlung eingetretenen Verletzungsfolgen beschränkt und sich so die Möglichkeit einer erneuten Klage für den Fall offen hält, dass die Verletzungsfolge tatsächlich eintritt.**«*

**▶ Achtung Haftungsfalle:**

Wird in einem **Vergleich** ein **Vorbehalt** für die Nachforderung von Schmerzensgeld bei zukünftigem Eintritt weiterer Schäden vereinbart, sollte klar gefasst werden, wann dieser Vorbehalt greifen soll. Die häufige Bezugnahme auf »Nachforderungsmöglichkeiten nach der BGH-Rechtsprechung« (welche?) oder eine Klausel wie »Die Parteien sind sich darüber einig, dass dieser Vergleich zwischen ihnen hinsichtlich etwaiger zukünftiger Schmerzensgeldansprüche wie ein Urteil wirkt«[470] lassen offen, was genau gemeint ist (hier: ein Urteil nach offener Teilklage? Ein Urteil nur mit Feststeller?).

## 7. Beschwer des Klägers

366 Konsequenzen hat die Angabe der Größenordnung für die Beschwer des Klägers: Hat der Kläger ein angemessenes Schmerzensgeld unter Angabe einer Betragsvorstellung verlangt und hat das Gericht ihm ein Schmerzensgeld in eben dieser Höhe zuerkannt, so ist er durch dieses Urteil nicht beschwert und kann es nicht mit dem alleinigen Ziel eines höheren Schmerzensgeldes anfechten. Spricht also

469 *OLG Düsseldorf* VersR 2022, 326.

470 *OLG Bremen*, Urt. v. 08.07.2021 – 5 U 62/20, unveröffentlicht, hat diese Klausel NICHT so ausgelegt, dass eine offene Teilklage gemeint sei; eine Nachforderung war daher nur bei unvorhersehbaren Spätschäden möglich, obwohl unsicher ist, ob die Parteien – gerade auch die Geschädigte – (nur) das gewollt hatten.

das Gericht den Betrag zu, den der Kläger als der Größenordnung nach angemessen oder als Mindestbetrag genannt hat, ist der Kläger nicht beschwert.[471] Er ist nur beschwert, wenn das Gericht einen Schmerzensgeldbetrag zuerkennt, der unter diesem Betrag liegt. Die Angabe eines Mindestbetrages hat nicht zur Folge, dass das nach der Vorstellung des Klägers in Wirklichkeit angemessene Schmerzensgeld diesen Betrag immer überschreiten müsste. Eine klagende Partei ist durch eine gerichtliche Entscheidung nur insoweit beschwert, als diese von dem in der unteren Instanz gestellten Antrag zum Nachteil der Partei abweicht, ihrem Begehren also nicht voll entsprochen worden ist. Erhält der Kläger das zugesprochen, was er mindestens verlangt hat, besteht kein Anlass, den Zugang zur Rechtsmittelinstanz mit dem Ziel der Durchsetzung einer höheren Klageforderung zu eröffnen.[472]

Nennt der Geschädigte in der Klagebegründung jedoch einen bestimmten Betrag und wird dieser Betrag zuerkannt, kann er gleichwohl beschwert sein, wenn sich aus seinem sonstigen Klagevortrag eine erkennbare höhere Mindestvorstellung des verlangten Schmerzensgeldes ergibt.[473] **367**

▶ Hinweis:

Der Kläger ist selbst dann nicht beschwert, wenn das Gericht den Betrag zuspricht, den der Kläger als Mindestbetrag genannt hat, dabei aber – anders als der Kläger selbst – von einem Mitverschulden des Klägers ausgeht.[474] **368**

Eine Beschwer des Klägers liegt nicht einmal dann vor, wenn das objektiv Angemessene um ein Vielfaches höher liegt als vom Kläger angegeben, z.B. 75000 Euro oder mehr statt der vom Kläger genannten und vom Gericht zuerkannten 20000 Euro.[475] Das bedeutet, dass eine Beschwer selbst dann zu verneinen ist, wenn der Kläger und das Instanzgericht das Angemessene verfehlen, das Gericht also von seinem Ermessen einen unrichtigen Gebrauch macht. Der Fehler des Gerichts kann nach Auffassung des *BGH* ohne Vorliegen einer Beschwer nicht durch ein Rechtsmittelverfahren korrigiert werden.

▶ Hinweis:

Will sich der Kläger die Möglichkeit der Berufung oder der Revision erhalten, muss er die Größenordnung so präzise wie möglich angeben und deutlich machen, dass er mit einer Unterschreitung nicht einverstanden sein wird.[476] **369**

Hat der Kläger aber in erster Instanz eine Größenordnung genannt, die im Urteil unterschritten wurde, so ist er insoweit beschwert.[477] Der Kläger ist in einem solchen Fall nicht gehindert, in der Berufungsinstanz neben dem ursprünglich verlangten Betrag im Wege der Klageerweiterung einen höheren Betrag geltend zu machen. Das ist nicht einmal eine Änderung des Streitgegenstandes i.S.d. § 253 Abs. 2 ZPO, sodass daran auch keine selbstständigen verjährungsrechtlichen Folgen geknüpft werden können.[478] **370**

471 *BGH* VersR 2004, 1018 = NJW-RR 2004, 863; *BGH* NZV 1996, 194.
472 *BGH* VersR 2004, 70 = NJW-RR 2004, 102; *Diederichsen* DAR 2004, 301, 318 m.w.N.
473 *OLG Hamm* VersR 1998, 1392.
474 *BGH* NJW 2002, 212 = MDR 2002, 49.
475 *BGH* VersR 1983, 1160 m.w.N.; *BGH* NJW 1992, 311 = VersR 1992, 374.
476 *BGH* BGHZ 140, 335 = VersR 1999, 902; *v. Gerlach* VersR 2000, 525, 527.
477 *BGH* NJW 2002, 3769 = VersR 2002, 1521. Wird die Berufung gegen ein solches Urteil als unzulässig verworfen, ist diese Entscheidung zwar krass falsch, aber unanfechtbar, auch nicht mit einem im Gesetz nicht vorgesehenen Rechtsmittel wegen greifbarer Gesetzwidrigkeit, *OLG Hamm* r+s 2000, 286, eine Entscheidung, gegen deren Verfassungsmäßigkeit ernsthafte Zweifel bestehen.
478 *BGH* NJW 2002, 3769 = VersR 2002, 1521.

371 Ist nämlich der Anspruch durch die Angabe einer Größenordnung nicht begrenzt, weil das Gericht diese Größenordnung im Urteil überschreiten darf, so ist auch der Streitgegenstand durch die Angabe der Größenordnung nicht begrenzt und es liegt keine (verdeckte) Teilklage vor.

## 8. Checkliste für Klageantrag und Beschwer

372 – Vorprozessual muss der Schmerzensgeldanspruch frühzeitig in Verzug begründender Weise geltend gemacht, d.h. auch beziffert werden.
– Der Schmerzensgeldanspruch kann als einheitlicher Anspruch grundsätzlich nicht im Wege der Teilklage geltend gemacht werden.[479]
– Im Prozess ist ein angemessenes Schmerzensgeld (nebst Zinsen[480]) unter Angabe eines Mindestbetrages zu fordern.
– Das Gericht sollte unbedingt darauf hingewiesen werden, dass es über diesen Mindestbetrag (auch ganz erheblich) hinausgehen darf.
– Das Gericht sollte auch auf die Bestimmung des § 92 Abs. 2 ZPO hingewiesen werden, also darauf, dass bei einer Unterschreitung des vom Kläger genannten Mindestbetrages in gewissen Grenzen der Beklagte die gesamten Kosten des Rechtsstreits zu tragen hat.
– Weil bei dieser Verfahrensweise die Beschwer fehlt, wenn der Mindestbetrag zugesprochen wird, muss der Kläger ein gewisses Prozessrisiko eingehen, indem er einen hohen Betrag fordert, dessen Unterschreitung ihm die Möglichkeit eines Rechtsmittels gibt.[481]
– Ist die zukünftige Entwicklung des immateriellen Schadens ungewiss, muss die Leistungsklage mit einer Feststellungsklage verbunden werden. Das gilt auch dann, wenn der Schmerzensgeldanspruch bereits dem Grunde nach anerkannt ist.[482]

## 9. Schmerzensgeldkapital und/oder Schmerzensgeldrente

373 Schmerzensgeld kann nicht nur in Form eines Kapitalbetrages begehrt werden. Es kann auch nur eine Rente verlangt werden oder eine Rente neben einem Kapitalbetrag.

374 Die »billige Entschädigung in Geld« wird normalerweise als einmaliger Kapitalbetrag zugesprochen. Das Schmerzensgeld in einer Summe ist die Regel. Sie greift insbesondere auch dann ein, wenn es sich um Verletzungen ohne Dauerfolgen oder um solche mit Dauerfolgen handelt, deren künftige Auswirkung überschaubar ist.

▶ **Hinweis:**

375 Verlangt der Verletzte daher neben einem Kapitalbetrag eine Rente, ist zu beachten, dass die Gerichte i.d.R. nur ein Schmerzensgeld zusprechen, dessen Gesamthöhe einen vergleichbaren Kapitalbetrag nicht überschreitet. Das bedeutet, dass der Kapitalwert der Rente nach dem in den letzten Jahren für den Verletzten günstigen (hohen) Zinssatz von 5 % ermittelt wird, der

---

479 Eine Ausnahme hat der *BGH* NJW 2004, 1243 = VersR 2004, 1334 zugelassen in einem Fall, in dem sich nicht endgültig sagen ließ, welche Änderungen des gesundheitlichen Zustandes noch eintreten könnten. In einem solchen Fall ist es zulässig, den Betrag des Schmerzensgeldes zuzusprechen, der dem Verletzten zum Zeitpunkt der Entscheidung mindestens zusteht. Daneben besteht die Möglichkeit der Klage auf Schmerzensgeld und auf Feststellung der Verpflichtung des Schädigers, für Zukunftsschäden einzustehen.

480 Zinsen auf Schmerzensgeld werden geschuldet mit Verzug des Schädigers, jedenfalls mit Rechtshängigkeit und zwar i.H.v. 5 Prozentpunkten über dem Basiszinssatz (§ 247 BGB). Verzug tritt jedoch nur ein, wenn der geforderte Schmerzensgeldbetrag realistisch und nicht (erheblich) überzogen ist. Das gilt für das gesamte Schmerzensgeld, auch dann, wenn die Höhe in das Ermessen des Gerichts gestellt wird und das Gericht über den genannten Mindestbetrag hinausgeht. Wird bezüglich der Zinsen eine (verdeckte) Teilklage erhoben, können die restlichen Zinsen verjähren.

481 *BGH* BGHZ 140, 335 = VersR 1999, 902; *BGH* NJW 2002, 212.

482 *BGH* NJW 2001, 3414 = MDR 2001, 764.

in der Summe mit dem Schmerzensgeldkapital den Gesamtbetrag des Schmerzensgeldes bildet.[483]

Üblich ist es auch, dass die Gerichte zunächst das als angemessen angesehene Schmerzensgeld ermitteln, sodann die Schmerzensgeldrente kapitalisieren und diesen Renten-Kapitalwert vom Schmerzensgeldbetrag abziehen.

Unter diesem Gesichtspunkt muss der Anwalt prüfen, ob es für den Mandanten überhaupt günstig ist, eine Schmerzensgeldrente zu beantragen.

Aber: 376

Auch beim Vorliegen eines schweren Dauerschadens mit fortlaufender Beeinträchtigung ist es dem Schädiger und/oder dem Gericht nicht gestattet, dem Verletzten gegen dessen Willen anstelle oder neben dem Schmerzensgeldkapital eine Schmerzensgeldrente aufzudrängen.[484] Das gilt auch für den Fall, dass das *LG* antragsgemäß einen Kapitalbetrag zuerkannt hat; auch dann darf das *OLG* diesen Betrag nicht in Kapital und Rente aufteilen, wenn der Verletzte dies nicht beantragt und das Urteil im Berufungsverfahren verteidigt.

Ist der Verletzte bereits älter, kann die Rente relativ hoch ausfallen, weil sich der Kapitalwert nach 377
der (verbleibenden) Lebenserwartung richtet. Genau umgekehrt ist es bei jungen Menschen oder bei Kindern. Diese haben noch eine hohe Lebenserwartung, sodass der Kapitalwert auch einer relativ niedrigen Rente erheblich zu Buche schlägt. Das Gesamtschmerzensgeld wird dann durch den Kapitalwert der Rente sehr hoch sein, und der *BGH* kann das Gesamtschmerzensgeld dann ohne Weiteres als »zu reichlich« bemessen beanstanden. Diese Betrachtung ist falsch, weil das Schmerzensgeld bei einem jungen Menschen, die einen erheblichen Dauerschaden erlitten haben, höher ausfallen muss, als bei älteren Menschen, die das Leid nicht mehr so lange ertragen müssen. Das Schmerzensgeld für einen jungen Menschen kann in einem solchen Fall durchaus ein Mehrfaches des allgemein als angemessen angesehenen Schmerzensgeldes betragen. Stirbt der Berechtigte im Verlauf des Rechtsstreits, kommt eine Rente zusätzlich zu einem Kapitalbetrag auch für die Vergangenheit nicht mehr in Betracht.

Dass eine zuerkannte Schmerzensgeldrente im Wege der Abänderungsklage nach § 323 ZPO später 378
erhöht werden kann, ist inzwischen unbestritten. Der *BGH*[485] setzt dies (obiter dictum) als selbstverständlich voraus, indem er einem jungen Geschädigten im Hinblick auf die Laufzeit der Rente die Möglichkeit zur Anpassung an die veränderten Verhältnisse nach § 323 ZPO zubilligt. In einer neuen Entscheidung hat der *BGH*[486] eine Abänderungsklage, die auf den gestiegenen Lebenshaltungskostenindex abstellt, für möglich gehalten, wenn die Steigung nicht unter 25 % liegt. Damit ist indes zugleich ein solch hoher Maßstab an die Voraussetzung einer Abänderung gestellt, dass diese kaum je in Betracht kommen dürfte; mit Blick darauf, dass aber der BGH ebenfalls fordert, die Zubilligung einer Rente und die Zubilligung eines nur-Kapitals sollten wirtschaftlich vergleichbar sein, macht dies Sinn. Anderenfalls würde derjenige, der auf einen Rentenantrag verzichtet, gegenüber dem schlechter gestellt, der seinen Rententitel »zwanglos« abändern und anpassen könnte.

▶ **Praxistipp:**

Eine Forderung des Verletzten nach Kapital und Rente gegenüber einer Versicherung kann 379
unter dem Gesichtspunkt vorteilhaft sein, dass die Versicherer einen Schadensfall abschließen möchten, was bei einer auf Lebenszeit gewährten Rente nicht möglich ist. Im Interesse einer

483 *OLG Hamm* VersR 2003, 780.
484 *BGH* NJW 1998, 3411 = VersR 1998, 1565; *OLG Schleswig* VersR 1992, 462.
485 *BGH* VersR 1976, 967 (969).
486 *BGH* VersR 2007, 961.

abschließenden Regelung kann die Versicherung bereit sein, einen höheren Kapitalbetrag zu zahlen.

**▶ Formulierungsbeispiel: Klageantrag einer Klage auf Zahlung von Kapital und Rente**

380 **Der/Die Beklagte(n) werden (als Gesamtschuldner) verurteilt,**

**an den Kläger ein angemessenes Schmerzensgeld – mindestens aber (Kapital) … Euro nebst Zinsen i.H.v. fünf Prozentpunkten über dem Basiszinssatz seitdem (Datum des Verzugs oder der Klagezustellung) …, rückständige Schmerzensgeldrenten für die Zeit seit dem Schadenstag (Datum) bis zur Klagezustellung in Höhe von insgesamt … nebst Zinsen aus (Monatsbetrag) ab dem … sowie ab Klagezustellung eine Schmerzensgeldrente i.H.v … Euro je Monat (oder Vierteljahr), zahlbar monatlich (vierteljährlich) im Voraus, zu zahlen.**[487]

## 10. Feststellungsklage

381 Bei noch nicht abgeschlossenem Schadensbild hat der Anwalt zwei Probleme: das der Verjährung und das der Rechtskraft.

**▶ Hinweis:**

382 Daran muss der Anwalt immer denken, wenn überhaupt mit Spätfolgen zu rechnen ist. Die Leistungsklage betrifft nur den bereits eingetretenen Schaden und hemmt die Verjährung nicht hinsichtlich der künftigen materiellen und immateriellen Ansprüche, § 204 Abs. 1 Nr. 1 BGB. Um die Verjährung künftiger Ansprüche zu verhindern, muss der Anwalt also Feststellungsklage erheben. Dann greift § 197 Abs. 1 Nr. 3 BGB ein, wonach rechtskräftig festgestellte Ansprüche in 30 Jahren verjähren.

383 Künftige Ansprüche verjähren grundsätzlich in drei Jahren, wenn Schädiger und Schaden dem Geschädigten bekannt sind. Die 30-jährige Verjährungsfrist des § 199 Abs. 2 BGB gilt nur für den Fall, dass dem Geschädigten diese Kenntnis fehlt oder dass er die Kenntnis ohne grobe Fahrlässigkeit nicht erlangt hat.

384 Deshalb hat der Verletzte ein berechtigtes Interesse an der alsbaldigen Feststellung der Ersatzpflicht, wenn die Möglichkeit bzw. die Gefahr künftiger Schäden besteht, die derzeit mit der Gewährung eines einheitlichen Schmerzensgeldes nicht ausgeglichen werden können. Das nach § 256 ZPO geforderte Feststellungsinteresse und die Verjährung stehen in einem engen inneren Zusammenhang.[488] Eine außergerichtliche Erklärung des Schädigers bzw. seiner Versicherung, man werde »für künftige unfallbedingte Schäden« einstehen, sodass »eine Feststellungsklage nicht erforderlich« sei, lässt das Feststellungsinteresse nicht entfallen. Es fehlt nämlich an einer Verjährungsregelung.[489] Erst eine solche stellt eine Erklärung des Versicherers in seinen Wirkungen einem Feststellungsurteil, was in 30 Jahren verjährt, gleich.[490] Jede Erklärung, die hinter den Wirkungen eines Feststellungsurteils zurückbleibt, beseitigt daher **nicht** das Feststellungsinteresse für eine solche Klage.[491] Auch

---

487 Bei sehr schwerwiegenden Schäden durch einen Verkehrsunfall ist zu bedenken, dass die Höchstgrenzen der Haftung nach dem StVG und dem vom Halter abgeschlossenen Vertrag möglicherweise nicht ausreichen, den Gesamtschaden abzudecken. Dann ist im Antrag des/der Beklagten auszudrücken, dass der Halter nur im Rahmen der Haftungshöchstgrenzen des § 12 StVG und der Versicherer nur im Rahmen der (möglicherweise höheren) Deckungssumme des Versicherungsvertrages verurteilt wird.

488 *Müller* VersR 1998, 129 (136).

489 *OLG München* NJW-Spezial 2008, 171. Dort hatte der Versicherer sogar noch zugefügt, keinen weiteren Verjährungsverzicht abzugeben, was die Haftungserklärung praktisch »entwertete«.

490 Zu Formulierungsvorschlägen vgl. Luckey, Personenschaden (Luchterhand). Wenn aber eine Erklärung des Versicherers vorliegt, dass mit der Wirkung eines Feststellungsurteils auf die Einrede der Verjährung verzichtet wird, ist eine dennoch erhobene Feststellungsklage unzulässig, *OLG Hamm* r+s 2010, 481.

491 *OLG Jena*, Beschl. v. 10.03.2021 – 2 W 61/21, unveröffentlicht.

auf **Unsicherheiten** in der Auslegung muss sich der Geschädigte nicht einlassen, sondern kann dann Feststellungsklage erheben.[492]

▶ Hinweis:

Es ist zu beachten, dass der häufig in laufenden Verhandlungen erklärte befristete »**Verzicht auf die Einrede der Verjährung**« nicht automatisch zu einer Hemmung der Verjährung führt! Dieser Verzicht hat keinen Einfluss auf den Lauf der Verjährung;[493] die Frage der Hemmung wird von der Erklärung der Einrede gerade nicht berührt.[494] Wenn also nicht gleichzeitig die Voraussetzungen einer Hemmung etwa nach § 203 BGB vorliegen, läuft trotz der Verzichtserklärung die allgemeine Verjährung weiter. Ein **ohne zeitliche Einschränkung** ausgesprochener Verzicht auf die Einrede der Verjährung ist regelmäßig dahin zu verstehen, dass er auf die dreißigjährige **Maximalfrist** des § 202 Abs. 2 BGB begrenzt ist.[495] 385

▶ Hinweis:

Begründet ist der Feststellungsantrag schon dann, wenn Spätschäden mit einer gewissen Möglichkeit entstehen können, wenn mit dem späteren Eintritt von Schadensfolgen überhaupt, wenn auch nur entfernt, gerechnet werden kann. Dabei kommt es nicht darauf an, ob der Verletzte selbst diese Spätschäden vorhersehen kann; entscheidend ist vielmehr, ob ein Mediziner, also ein Fachmann, aufgrund des Schadensbildes mögliche Spätschäden nicht ausschließen kann.[496] Lediglich wenn z.B. ein Sachverständiger an später eintretende Folgen nicht einmal zu denken brauchte, werden diese von der Rechtskraft nicht erfasst.[497] Auf eine **Wahrscheinlichkeit** des Schadenseintritts kommt es für die Begründetheit der Feststellungsklage **nicht** an.[498] 386

▶ Hinweis:

Kann der Kläger mit der Klage überhaupt noch keinen auf Leistung gerichteten Antrag stellen, muss er zur Hemmung der Verjährung eine Feststellungsklage erheben. Er ist bei zulässig erhobener Feststellungsklage nicht zum Übergang zur Leistungsklage verpflichtet, auch dann nicht, wenn er den Anspruch im Laufe des Rechtsstreits beziffern kann. Allerdings ist es dem Kläger unbenommen, im Laufe des Verfahrens von der Feststellungsklage zur Leistungsklage überzugehen, wenn die Voraussetzungen gegeben sind. Übersieht er dabei Spätfolgen, sind sie nach Übergang von der ursprünglichen Feststellungsklage von der nunmehrigen Leistungsklage nicht mehr erfasst. 387

---

492 *OLG München*, Urt. v. 04.03.2021 – 24 U 1682/20, unveröffentlicht, wo die Versicherung zunächst »mit Wirkung eines rechtskräftigen Feststellungsurteils«, aber »nur im Rahmen der Haftungsquote« ihre Einstandspflicht erklärte und mit einem weiteren Schreiben zwar die 100%ige Haftung einräumte, in diesem aber keine (neuerliche) Bezugnahme auf die Wirkungen eines Feststellungsurteils aufgenommen hatte. Dass zwar di Gesamtschau beider Schreiben ein Anerkenntnis sehr nahelegte, genügte dem OLG nicht, welches ausführte, der Kläger müsse sich nicht auf die Ungewissheiten der Auslegung in einem etwaigen späteren Rechtstreit verweisen lassen. Ebenso *OLG Jena* r+s 2022, 240.

493 *KG* ZEV 2008, 481; *BGH* NJW 2014, 2267.

494 *BGH* VersR 2004, 656; *BGH* NJW 2014, 2267; *BGH* VersR 2021, 265: »Der Verjährungsverzicht hat regelmäßig nur zum Inhalt, dass die Befugnis des Schuldners, die Einrede der Verjährung zu erheben, bis zum Ende des vereinbarten Zeitraums ausgeschlossen wird. Die Klageerhebung innerhalb der Verzichtsfrist hindert den Schuldner demnach auch über die Frist hinaus an der Erhebung der Verjährungseinrede. Für andere Hemmungstatbestände als die Klage gilt dies vorbehaltlich einer gegenteiligen Erklärung des Schuldners nicht.«.

495 *BGH* VersR 2008, 366.

496 Dazu *v. Gerlach* VersR 2000, 525, 531 f.; *OLG Celle* OLGR 2003, 264.

497 *OLG Schleswig* MDR 2002, 1068.

498 *BGH* VersR 2018, 120; *BGH* VRS 140, 225 (2021).

▶ **Praxistipp:**

388 Der zusätzliche Feststellungsantrag ist der sicherste Weg, den der Anwalt beschreiten muss, will er sich nicht einem Regress aussetzen.

Hier muss auf die Tendenz der Gerichte hingewiesen werden, mit der Zulässigkeit der Feststellungsklage engherzig zu verfahren, was aber nicht die Billigung des *BGH* findet.[499] Dem muss der Anwalt vorsorglich energisch entgegentreten. Dem Antrag wird das erstinstanzliche Gericht stattgeben, wenn der Anwalt Spätschäden nennt und diese durch Sachverständigengutachten unter Beweis stellt. Kein Richter wird diesem Beweisantritt nachgehen, sondern sogleich das Feststellungsinteresse bejahen und der Feststellungsklage stattgeben.

## 11. Streitwert

389 Nennt der Kläger keinen Mindestbetrag, der den Streitwert nach unten begrenzt,[500] ist für die Instanz letztlich maßgebend, was das angerufene Gericht für angemessen hält. Das Gericht ist (nach oben) nicht an die Größenordnung gebunden, die der Kläger nennt. Maßgebend ist allein das angemessene Schmerzensgeld, das sich aus der Sachverhaltsschilderung des Klägers ergibt.[501] DSchon in der grundlegenden Entscheidung vom 30.04.1996 hatte der *BGH*[502] ausdrücklich betont, dass sich der Streitwert am angemessenen Schmerzensgeld auszurichten hat und dass er gegebenenfalls höher festzusetzen ist, als dies der Größenvorstellung des Klägers entspricht.

390 Anders liegt der Fall jedoch, wenn das Gericht – um seine Zuständigkeit zu verneinen – trotz eines vom Kläger genannten Mindestbetrages den Streitwert nach seinem Ermessen niedriger festsetzt. Das ist unzulässig, weil ein bezifferter Antrag vorliegt und der vom Kläger genannte Mindestbetrag den Streitwert bildet.[503]

▶ **Hinweis:**

391 Die Angabe einer Größenordnung durch den Kläger ist nützlich und ratsam, zumal höchstrichterlich nicht eindeutig geklärt ist, ob die Zulässigkeit der Klage nicht schon an der fehlenden Angabe einer Größenordnung scheitern kann.[504] Die in der Literatur geäußerte Auffassung, die Angabe einer Größenordnung sei für die Zulässigkeit der Klage irrelevant,[505] ist in dieser Klarheit vom *BGH* noch nicht bestätigt worden. Schon aus Gründen anwaltlicher Vorsicht erscheint daher die Angabe der Größenordnung geboten.

392 Bei einer auf Kapital und Rente gerichteten Klage berechnet sich der für die Zuständigkeit und die Beschwer maßgebende Streitwert gemäß § 9 ZPO nach dem

- geforderten Schmerzensgeldkapital,
- der Summe der bis zur mündlichen Verhandlung fällig gewordenen monatlichen Rentenbeträge und
- dem 31/2-fachen Jahresbetrag der Rente.

393 Für die Kosten gilt entsprechendes, § 48 GKG.

499 *Von Gerlach* VersR 2000, 525 (529).

500 *Von Gerlach* VersR 2000, 525 (529).

501 *BGH* VersR 1996, 990 f. = NJW 1996, 2425.; *BGH* VersR 1999, 902; *v. Gerlach* VersR 2000, 525 (527).

502 *BGH* VersR 1996, 990 = NJW 1996, 2425.

503 *KG* VersR 2008, 1234.

504 Der *BGH* hat vielmehr in – wenngleich schon älteren – Urteilen eine Klage, der eine Größenvorstellung fehlte, ausdrücklich für unzulässig gehalten, vgl. *BGH* VersR 1975, 856; VersR 1982, 96; VersR 1983, 151 = NJW 1983, 332; VersR 1984, 538 (540). Zuletzt ausdrücklich *BAG* DB 2004, 1272 (L).

505 *Von Gerlach* VersR 2000, 525, 527.

Dieser Streitwert liegt immer niedriger als der Schmerzensgeldbetrag, der sich aus der Summe von Schmerzensgeldkapital und Kapitalwert der Schmerzensgeldrente ergibt, es sei denn, der Verletzte sei mindestens 83 (Mann) bzw. 85 (Frau) Jahre alt.

Für die Feststellungsklage gilt der übliche Abschlag von 20 %. Die Wertfestsetzung ist relativ frei, weil nicht nur der Wert der potentiellen Nachforderung »eingepreist« wird, sondern die Unsicherheit, ob es überhaupt zu einer Nachforderung kommen wird, wertmindernd zu berücksichtigen ist.[506]

## 12. Urteil

### a) Endurteil

Geht man davon aus, dass die Quotierung des Schmerzensgeldes bei Mitverschulden des Geschädigten nicht zulässig ist, so kann auch kein Grundurteil mit dem Inhalt ergehen, dass der Schädiger dem Geschädigten für den immateriellen Schaden mit einer Quote haftet. Mit Rücksicht darauf, dass der Schmerzensgeldanspruch nur einheitlich festgestellt werden kann, nicht aber ein gedachter Schmerzensgeldbetrag um die Mitverschuldensquote gekürzt werden darf, tenoriert die Praxis, dass der/die Beklagte/n zur Zahlung eines Schmerzensgeldes unter Berücksichtigung einer Mitverschuldensquote des Klägers verurteilt wird/werden. 394

### b) Teilurteil

Ein Teilurteil über den Schmerzensgeldanspruch darf (im Arzthaftungsprozess)[507] nicht ergehen, wenn nicht gleichzeitig ein Grundurteil über die Schadensersatzfrage hinsichtlich weiterer Ansprüche ergeht. Die materielle Schadensersatzfrage und der Schmerzensgeldantrag sind untrennbar miteinander verknüpft. Von einem Teilurteil geht bezüglich der Haftungsfrage keine Bindungswirkung aus, sodass der Anspruch auf Ersatz des materiellen Schadens mit der Begründung verneint werden könnte, dass eine entsprechende Haftung des Beklagten ausscheide. Nur ein Grundurteil neben dem Teilurteil könnte diesem Widerspruch wirksam begegnen. 395

### c) Feststellungsurteil

Im Feststellungsurteil wird ausgesprochen, dass der/die Beklagte/n verurteilt wird/werden, künftigen immateriellen Schaden zu ersetzen. Damit ist der Schaden umfasst, der bei der letzten mündlichen Verhandlung als mögliche Schadensfolge gesehen wurde, dessen Eintritt möglich, aber keineswegs sicher ist und der die Höhe des Schmerzensgeldes nicht beeinflusst hat.[508] 396

**▶ Hinweis:**

Der Anwalt des Beklagten muss auch hier darauf achten, den Antrag zu stellen, die Haftung von Halter und Versicherer auf die Haftungshöchstgrenzen zu begrenzen. 397

## 13. Rechtskraft

Ist das Urteil zum Schmerzensgeld rechtskräftig geworden, sind i.d.R. Nachforderungen des Verletzten ausgeschlossen. Das gilt dann auch für Spätschäden, denn mit dem Schmerzensgeld werden grundsätzlich alle objektiv vorhersehbaren unfallbedingten Verletzungsfolgen abgegolten. Das folgt aus dem Prinzip der Gesamtbetrachtung des Schadens, bei der für die Festsetzung des angemessenen Schmerzensgeldes eine umfassende Würdigung des gesamten Schadensbildes vorzunehmen ist und bei der infolgedessen alle gegenwärtigen und künftigen Umstände, mit deren Eintritt sicher gerechnet werden muss, zu berücksichtigen sind. Nur solche Verletzungsfolgen werden nicht erfasst, 398

---

506 *BGH* NJW 2023, 3584.
507 *OLG Koblenz* zfs 2003, 449.
508 Zu weiteren Einzelheiten vgl. auch *Jaeger/Luckey* Rn. 1405 ff.

mit denen ernstlich nicht zu rechnen war, die bei der Bemessung des Schmerzensgeldes berücksichtigt werden konnten.[509]

▶ Hinweis:

399 Ist die Einstandspflicht des Schädigers für Spätschäden nicht festgestellt, neigen die Gerichte dazu, die frühere Entscheidung über das Schmerzensgeld als endgültig anzusehen, sodass auch etwaige Spätschäden erfasst sind. Hier wird dem Anwalt entgegengehalten, er hätte eben Feststellungsklage erheben müssen, um die Rechtskraft zu vermeiden.

Der Anwalt muss also versuchen, die in der Zukunft liegenden ungewissen Schäden auszuklammern und diese Ansprüche durch eine Feststellungsklage vor der Verjährung und Rechtskraft schützen.[510]

Rechtskraft ist aber nicht eingetreten, wenn der Geschädigte vortragen kann, auch ein Mediziner hätte die künftig eingetretenen Gesundheitsbeeinträchtigungen nicht vorhersehen können.[511] Dann läuft auch keine Verjährungsfrist, weil der Verletzte insoweit keine Kenntnis vom Schaden hatte.

▶ Hinweis:

400 Es ist zwar richtig, dass es für Zukunftsschäden nicht auf den Kenntnisstand des Verletzten (Laien) ankommt, sondern darauf, ob sie durch einen Arzt als möglich hätten vorhergesehen können. Dabei geht es um mögliche weitere Folgen einer dem Geschädigten bekannten Verletzung.

Wird aber zeitnah eine Verletzung überhaupt übersehen, fehlt es an der Kenntnis des Verletzten vom Schaden, sodass die Verjährungsfrist nicht zu laufen beginnt.

## 14. Kosten

401 Stellt der Kläger die Höhe des Schmerzensgeldes in das Ermessen des Gerichts, kommt § 92 Abs. 2 ZPO zur Anwendung, wenn die Urteilssumme nach unten nicht wesentlich von der Vorstellung des Klägers abweicht.[512]

▶ Hinweis:

402 Es muss dem Kläger aber auch ohne Kostennachteile gestattet sein, in einem weiten Rahmen einen Schmerzensgeldbetrag zu nennen, den er für angemessen hält; er darf ihn nur nicht als Mindestbetrag fordern.

Wenn der Kläger einen bestimmten Schmerzensgeldbetrag fordert, das Gericht allerdings nur einen Teilbetrag zuspricht, ist zu berücksichtigen, dass der Kläger auf eine Schätzung des angemessenen Schmerzensgeldbetrages angewiesen war und dass ihm nicht jede Fehleinschätzung kostenmäßig angelastet werden kann.

---

509 *Von Gerlach* VersR 2000, 525, 530; *Müller* VersR 1993, 909, 915; vgl. die Ausführungen zur Verjährung in Rdn. 83–85.

510 Vgl. dazu *v. Gerlach* VersR 2000, 525, 531.; *BGH* MDR 1995, 357; *OLG Köln* VersR 1997, 1551 und Rdn. 83–96.

511 *OLG Köln* zfs 1992, 82; *OLG Frankfurt* zfs 1992, 225.

512 *Von Gerlach* VersR 2000, 525, 528: *v. Gerlach* spricht von einem vertretbaren Rahmen.

## 15. Prozesskostenhilfe

403 Prozesskostenhilfe für eine Schmerzensgeldklage kann nach allgemeinen Grundsätzen beantragt werden, wenn Bedürftigkeit besteht, die Rechtsverfolgung hinreichende Aussicht auf Erfolg bietet und nicht mutwillig erscheint, § 114 ZPO.

404 Wenngleich auch die (in Verkehrsunfallsachen eher theoretische[513]) Möglichkeit besteht, einen Schmerzensgeldanspruch im Adhäsionsverfahren des Strafprozesses geltend zu machen, ist es z.B. nicht mutwillig i.S.v. § 114 ZPO, wenn der Antragsteller sich stattdessen für die Verfolgung seiner Rechte im Zivilprozess entscheidet und entsprechend Prozesskostenhilfe beantragt.[514]

405 Der Weg über einen vorgeschalteten Prozesskostenhilfeantrag macht zudem Sinn, um die Rechtsauffassung des Gerichts, insbesondere in Bezug auf einen angemessenen Schmerzensgeldbetrag, ohne großes Kostenrisiko »auszutesten«. Ganz sicher ist dieses Verfahren dennoch nicht, denn wenn der Abteilungsrichter, der Berichterstatter oder der (dominante) Vorsitzende einer Kammer oder eines Senats wechseln, kann die Höhe des Schmerzensgeldes unvorhergesehen anders beurteilt werden, sodass der Kläger – auch bei bewilligter Prozesskostenhilfe – jedenfalls mit einem Teil der Kosten des Beklagten belastet werden kann.

Ein solches Austesten kann auch Sinn machen, wenn ein unbezifferter Antrag im Hauptsacheverfahren zunächst nicht gestellt werden kann. So ist in den Fällen des Art. 15a EGZPO (Gütestellen) bzw. der entsprechenden Landesgesetze[515] ein Schlichtungsverfahren erforderlich, welches (u.a.) durch die Einleitung und Durchführung eines Mahnverfahrens vermieden werden kann. Im Mahnverfahren allerdings muss ein betragsmäßig bestimmter Anspruch gestellt werden, § 690 Abs. 1 Nr. 3 ZPO. Hier stellt sich – schon zur Vermeidung eines teilweisen Unterliegens – die Frage nach dem »richtigen« Betrag, zumal, weil die Mahnsache nach Widerspruch in dem Umfang rechtshängig wird, den der Mahnbescheid vorgibt, § 696 ZPO.[516] Allerdings bleibt auch bei »Vorschalten« des Prozesskostenhilfeverfahrens die Festlegung eines genauen Schmerzensgeldbetrages dem Hauptsacheverfahren vorbehalten.[517] Dementsprechend hat ein Antrag bereits dann hinreichende Erfolgsaussichten i.S.d. § 114 ZPO, wenn er sich (auch im oberen Rand) eines gedachten »Rahmens« möglicher Schmerzensgeldbeträge bewegt;[518] entsprechendes gilt für die PKH des Beklagten.[519]

406 Schmerzensgeldzahlungen sind grundsätzlich kein einzusetzendes Vermögen im Rahmen der Prozesskostenhilfe,[520] auch dann nicht, wenn diese im Rahmen eines Vergleichs gezahlt werden.[521] Erfolgt die Zahlung auf Grund eines Abfindungsvergleichs, in dem das Schmerzensgeld nicht dem Grunde und der Höhe nach gesondert ausgewiesen wird, ist an Hand der Verfahrensakte, insbesondere der Klageschrift und den Erklärungen und Stellungnahmen der Beteiligten im Rahmen der Vergleichsverhandlungen, zu ermitteln, wie sich der Zahlbetrag zusammensetzt.[522]

Bereits erhaltene Schmerzensgeldzahlungen müssen also i.d.R. nicht zur Finanzierung eines Rechtsstreits eingesetzt werden. Eine Ausnahme von diesem Grundsatz gilt allenfalls, wenn unter Berück-

---

513 Schon weil der Strafrichter auf diesem Wege eine Zivilsache »begleitend« bearbeiten muss, die nicht als Erledigung gezählt wird, hält sich die Bereitschaft zur Durchführung von Adhäsionsverfahren in Grenzen. Diese sind ohnehin für Schmerzensgeldprozesse aus mehreren Gründen problematisch; vgl. ausführlich *Jaeger/Luckey* Rn. 1283 ff.

514 *LG Itzehoe* SchlHA 2001, 260; vgl. auch *Jaeger* VRR 2005, 287.

515 Vgl. etwa Art. 1 BaySchlG; § 1 BdbSchlG; § 1 GüSchlG Hess; § 53 JustG NRW; § 37a Saar LSchlG; § 34a SchStG LSA; § 1 SHLSchliG.

516 Z.T. wird daher auch vertreten, die Durchführung eines Mahnverfahrens sei nicht möglich, und es müsste ein Schlichtungsversuch durchgeführt werden.

517 *OLG Celle* OLGR 2001, 162.

518 *BVerfG* MDR 2020, 632.

519 *OLG Stuttgart* MDR 2020, 1208.

520 *OLG Oldenburg* zfs 1995, 332; *OLG Düsseldorf* NJW-RR 1992, 221 = VersR 1992, 514.

521 *OLG Saarbrücken* MDR 2014, 925.

522 *OLG Saarbrücken* MDR 2014, 925.

sichtigung des Streitwertes des zu führenden Rechtsstreits und des Anteils des Schmerzensgeldes, der dem Verletzten verbleibt, der Einsatz zumutbar ist.[523]

▶ **Hinweis:**

407 Der Einsatz des Schmerzensgeldkapitals zur Zahlung von Gerichts- und Anwaltskosten ist aber z.B. nicht zumutbar, wenn die Partei Verletzungen mit ganz erheblichen Dauerfolgen erlitten und sie den Betrag erhalten hat, um hiermit einen gewissen Ausgleich für berufsbedingte, sie existenziell betreffende Nachteile zu schaffen.[524]

## 16. Berufung

408 Bei entsprechender Beschwer kann der Kläger ein Rechtsmittel einlegen. Die Berufung setzt eine Beschwer des Klägers i.H.v. über 600 € voraus. Nennt der Kläger einen Mindestbetrag für das Schmerzensgeld, ist er nur dann beschwert, wenn das zuerkannte Schmerzensgeld hinter diesem Betrag zurückbleibt.[525] Eine klagende Partei ist durch eine gerichtliche Entscheidung nur insoweit beschwert, als diese von dem in der unteren Instanz gestellten Antrag zum Nachteil der Partei abweicht, ihrem Begehren also nicht voll entsprochen worden ist. Erhält der Kläger das zugesprochen, was er mindestens verlangt hat, besteht kein Anlass, den Zugang zur Rechtsmittelinstanz mit dem Ziel der Durchsetzung einer höheren Klageforderung zu eröffnen.[526]

Eine Berufung trotz obsiegenden Urteils allein zum Zweck der Klageerweiterung oder des Übergangs vom Feststellungs- auf einen Leistungsantrag ist unzulässig.[527] Allerdings steht die nach unbeschränkt eingelegter Berufung gegen ein klageabweisendes Urteil in der Berufungsbegründung isolierte Stellung eines Schmerzensgeldantrages der Nachholung des in erster Instanz gestellten Feststellungsantrage bis zum Ende der mündlichen Verhandlung in der Berufungsinstanz nicht entgegen, sofern die Berufungsbegründung auch einen Angriff gegen die Abweisung des Feststellungsantrages deckt.[528]

409 Das Berufungsgericht kann und muss nach eigenem Ermessen über den dem Einzelfall angemessenen Schmerzensgeldbetrag befinden.[529] In § 513 ZPO wird nicht allein auf § 546 ZPO, sondern auch auf § 529 ZPO Bezug genommen. Danach obliegt dem Berufungsgericht neben einer Rechtsfehlerkontrolle auch die Würdigung des nach § 529 Abs. 1 ZPO berücksichtigungsfähigen Tatsachenstoffes. Die Berufung ist keine »Unterrevisionsinstanz«; sie dient der umfassenden Kontrolle der erstinstanzlichen Entscheidung sowohl auf Rechtsfehler, als auch in tatsächlicher Hinsicht. Daher kann das Berufungsgericht die Bemessung des Schmerzensgelds in vollem Umfang kontrollieren.[530]

---

523 *OLG Köln* MDR 1994, 406: Ein gezahltes Schmerzensgeld von 30.000 DM ist nicht für die weitere Prozessführung über materiellen Schadensersatz mit einem Streitwert von rd. 40.000 DM einzusetzen; auch etwa *OLG Hamm* FamRZ 1987, 1283.

524 *OLG Zweibrücken* VersR 2003, 526 m.w.N.

525 *BGH* VersR 2004, 1018; *BGH* VersR 1996, 990 = NJW 1996, 2425.

526 *BGH* DAR 2004, 29 = VersR 2004, 219; *Diederichsen* DAR 2004, 301 (318 m.w.N.).

527 *BGH* NJW 1992, 2296 = VersR 1992, 1110; Müller, VersR 1998, 129 (136).

528 *OLG Hamm* r+s 2017, 271.

529 *Diederichsen* DAR 2005, 301, 313; *BGH* BGHR 2004, 1366 ff. mit ablehnender Anm. *Burgermeister*; *OLG Brandenburg* VersR 2005, 953.

530 *BGH* NJW 2006, 1589; *OLG Köln* VersR 2008, 364; *OLG Thüringen* NJW-Spezial 2008, 426; *OLG Saarbrücken* NJW 2008, 1166; *OLG Brandenburg* VersR 2009, 1284. A.A. ohne nachvollziehbare Begründung *OLG Koblenz* VersR 2010, 1323 m.Anm. Jaeger.

**Praxistipp:**

Kündigt das Berufungsgericht einen Beschluss gemäß § 522 ZPO mit der Begründung an, das erstinstanzliche Gericht habe das Schmerzensgeld nach Auswertung vergleichbarer Entscheidungen vertretbar festgesetzt, muss der Anwalt angreifen mit Hinweis darauf, dass 410

- die Entscheidungen nicht vergleichbar sind,
- die vom erstinstanzlichen Gericht genannten Entscheidungen älteren Datums sind,
- dass es neuere Entscheidungen gibt, die benannt werden müssen,
- dass es weitere einschlägige Entscheidungen gibt,
- dass die Inflation ebenso berücksichtigt werden muss, wie die geänderten Vorstellungen vom Geldwert und gegebenenfalls
- dass nicht alle Schmerzensgeldkriterien wie Alter, Narben und psychische Auswirkungen berücksichtigt wurden.

Der Kläger kann neben der Berufung auch den Weg der Anschlussberufung wählen, wenn der Beklagte gegen die Verurteilung zur Zahlung von Schmerzensgeld seinerseits Berufung eingelegt hat. 411

Die Anschlussberufung verliert indes ihre Wirksamkeit, § 524 Abs. 4 ZPO, wenn die Berufung zurückgenommen, § 516 ZPO, wenn darauf verzichtet, § 515 ZPO, oder wenn die Berufung durch einstimmigen Beschluss gemäß § 522 Abs. 2 ZPO zurückgewiesen wird. 412

**Hinweis:**

Zur Anschlussberufung kann es im Schmerzensgeldprozess wie folgt kommen: 413

Der zur Zahlung verurteilte Schädiger legt Berufung ein; ein ärztliches Gutachten ergibt jedoch, dass die Verletzungen des Klägers weit schwerer sind als bisher angenommen. Der Schädiger wird die Berufung zurücknehmen, der Kläger kann dagegen nichts machen. Die Frist für eine eigene Berufung ist abgelaufen und die vor oder nach Ablauf der für ihn geltenden Berufungsfrist eingelegte, als Anschlussberufung bezeichnete Berufung verliert ihre Wirkung.

In einem neuen Prozess kann er eine Schmerzensgeld-Nachforderung nur durchsetzen, wenn er seine erste Klage als verdeckte Teilklage erhoben hat, was bei Schmerzensgeldklagen ohne zeitliche Begrenzung im Urteilstenor nicht gelingen kann.[531] Außerdem müsste gegebenenfalls noch das Verjährungshindernis überwunden werden,[532] was voraussetzt, dass Verschlimmerungen eingetreten sind, mit denen nicht nur der Verletzte, sondern auch ein Mediziner nicht rechnen konnte.[533] 414

**Hinweis:**

Auch im umgekehrten Fall bietet die Anschlussberufung keine Hilfe. 415

Legt der Verletzte Berufung ein, um zu einem höheren Schmerzensgeld zu kommen und kommt ein Sachverständigengutachten zu dem Ergebnis, dass die Verletzung des Klägers weniger schlimm ist, könnte der Beklagte mit der Anschlussberufung eine Herabsetzung des Schmerzensgeldes erreichen. Hat der Beklagte fristgerecht Anschlussberufung eingelegt, wird der Kläger seine Berufung zurücknehmen, sodass die Anschlussberufung ihre Wirkung verliert.

## D. Abfindungsvergleich

Ein besonderes – auch verjährungsrechtliches – Problem stellt der Abfindungsvergleich dar. 416

531 *Jaeger/Luckey* Rn. 277.
532 *Jaeger/Luckey* Rn. 277.
533 *Jaeger/Luckey* Rn. 277.

## I. Vorbemerkung – Umfang eines Abfindungsvergleichs

417 Ein Abfindungsvergleich kann natürlich nicht nur einen Anspruch des Verletzten auf Zahlung von Schmerzensgeld umfassen, sondern alle Positionen des Personenschadens, also insbesondere auch Verdienstausfall und Ansprüche wegen vermehrter Bedürfnisse. Bei allen Positionen können Unsicherheiten bestehen, die in die Vergleichssumme einfließen müssen.

Welche Bedeutung dem Abfindungsvergleich in der Praxis zukommt, ergibt sich auch daraus, dass Fragen der Kapitalisierung von Renten in einem Abfindungsvergleich im Arbeitskreis III auf dem 43. Deutschen Verkehrsgerichtstag (2005) in Goslar zu folgender Empfehlung geführt hat:

418 Der Abfindungsvergleich beim Personenschaden

1. Der Arbeitskreis hält eine Änderung des § 843 Abs. 3 BGB nicht für erforderlich.
2. Beim Abfindungsvergleich bleibt es grundsätzlich der Vereinbarung der Parteien überlassen, mit welchen Rechenparametern der Kapitalbetrag errechnet wird.
3. Der Abfindungsvergleich betrifft regelmäßig alle zu erwartenden Ansprüche des Geschädigten auf Ersatz materiellen und immateriellen Schadens. Sollen bestimmte Ansprüche nicht vom Vergleich erfasst sein, sondern einer späteren Regelung vorbehalten bleiben, müssen sie so genau wie möglich bezeichnet werden. Im Hinblick auf die kurze Verjährung empfiehlt es sich, eine Verlängerung der Verjährungsfrist für die vorbehaltenen Ansprüche ausdrücklich zu vereinbaren. In den Abfindungsvergleich sollte ein Vorbehalt hinsichtlich des gesetzlichen Anspruchsübergangs auf Dritte aufgenommen werden.
4. Der Anwalt des Geschädigten hat seinen Mandanten vor Abschluss des Vergleichs über den Inhalt sowie über die Vor- und Nachteile des vorgesehenen Abfindungsvergleichs und über die alternative Rentenzahlung aufzuklären.

Die folgende Darstellung geht vornehmlich auf einen Abfindungsvergleich bezüglich des Anspruchs auf Zahlung von Schmerzensgeld ein.

## II. Die Rechtsnatur des Abfindungsvergleichs

419 Der Vergleich ist ein gegenseitiger Vertrag i.S.d. § 779 BGB.

Nicht nur der außergerichtliche Vergleich, auch der Prozessvergleich des § 794 Abs. 1 Nr. 1 ZPO ist bürgerlich-rechtlicher Vertrag i.S.d. § 779 BGB. Daneben ist der Prozessvergleich auch Prozesshandlung, was prozessuale Folgen hat.

Auf den Vergleich finden neben § 779 BGB die allgemeinen Vorschriften über Rechtsgeschäfte Anwendung. Danach bestimmt sich auch, ob ein Vergleich wirksam ist oder nicht.

Es liegt auf der Hand, dass ein Abfindungsvergleich zunächst im Interesse des hinter dem Geschädigten stehenden Haftpflichtversicherers abgeschlossen wird. Aber auch der Verletzte selbst – mag er Jugendlicher oder Erwachsener sein – kann ein elementares Interesse am Abschluss eines Vergleichs haben, denn damit kann er sich von dem Unfallgeschehenen innerlich lösen. Das psychologische und zusätzlich das wirtschaftliche Argument sollte nicht unterschätzt werden. Obwohl Jugendliche noch ein Leben lang mit den Schadensfolgen zurechtkommen müssen, ist für sie auch bei schweren Verletzungen ein Abfindungsvergleich sinnvoll.

### 1. Nichtigkeit eines Vergleichs

420 Vielfach wird geltend gemacht, ein Vergleich sei nichtig.

– Nichtig ist ein Vergleich, der mit einem Geschäftsunfähigen abgeschlossen wird. Hierbei kann es auch vorkommen, dass eine Geschäftsunfähigkeit wegen schwerer Hirnverletzungen »unerkannt« eintritt. Zwar muss der Geschäftsunfähige bereits erhaltene Abfindungen zurückleisten, wenn der Vergleich unwirksam ist (§ 812 BGB), diesen Anspruch kann der Versicherer aber im Haftungsprozess der Klage auf Renten nicht entgegenhalten (§ 394 BGB, § 850b ZPO). Umgekehrt kann es für den Geschädigten ärgerlich sein, wenn ein Vergleich an dem Einwand der Geschäftsunfähigkeit scheitert. Bestehen also Zweifel an der Geschäftsfähigkeit, sollte vor Vergleichsschluss ein ärztliches Attest über die Geschäftsfähigkeit eingeholt werden.[534]

– Ein für einen beschränkt Geschäftsfähigen durch dessen Vertreter abgeschlossener Vergleich ist nicht ohne Weiteres wirksam.

Sind die Eltern selbst an der Schadensentstehung beteiligt, gelten die §§ 1629 Abs. 2 S. 1, 1824, 181 BGB, die Eltern können das Kind insoweit nicht vertreten. 421

Zu beachten ist auch, dass ein Vergleich mit Minderjährigen in Einzelfällen der vormundschaftsgerichtlichen Genehmigung bedarf, wenn der geschädigte Minderjährige unter Betreuung steht und der Vergleich den Wert von 6.000 € übersteigt, § 1854 Nr. 6 BGB.[535] Im letzteren Fall entfällt die Genehmigungspflicht, wenn ein Gericht den Vergleich vorgeschlagen hat. Die Eltern sind in ihrer Vertretungsmacht allenfalls dann beschränkt, wenn der Vergleich – aufgrund des Verzichts der Geltendmachung weiterer Ansprüche – im Einzelfall eine »Verfügung über das Vermögen im Ganzen« nach §§ 1643, 1822 Nr. 1 BGB darstellt;[536] auf die Beschränkung für Vergleichsschlüsse verweist § 1643 Abs. 5 BGB gerade nicht. 422

– Nichtig ist auch ein Vergleich, der gegen ein gesetzliches Verbot oder gegen die guten Sitten (§ 138 BGB) verstößt, was bei Vergleichen zwischen einem Versicherer und dem anwaltlich vertretenen Geschädigten kaum vorkommen dürfte. 423
– Jedoch kann wegen zu geringer Abfindung Sittenwidrigkeit behauptet werden. Geschieht dies, ist für die Beurteilung der Vergleichssumme als sittenwidrig auf den Zeitpunkt des Abschlusses des Vergleichs abzustellen. Maßgebend ist, welche Vorstellungen die Parteien zu diesem Zeitpunkt von den Erfolgsaussichten und Risiken hatten. Danach bestimmt sich der Umfang des gegenseitigen Nachgebens. Auch wenn die Ausgangsposition des Geschädigten objektiv gut war, er aber subjektiv die Rechtslage zu ungünstig beurteilt hat, kann die Abfindung als ausreichend anzusehen sein. Hat der Geschädigte z.B. wegen befürchteter Beweisschwierigkeiten mit einer Klageabweisung gerechnet, ist auch bei hohem Schaden eine geringe Abfindung nicht sittenwidrig. 424

## 2. Anfechtbarkeit eines Vergleichs

Wird ein Vergleich durch arglistige Täuschung oder widerrechtliche Drohung erreicht, dann ist er nach § 123 BGB anfechtbar. Eine solche Drohung kann sogar vom Vorsitzenden des Gerichts ausgehen, wenn er bei einem Prozessbeteiligten unzutreffend den Eindruck erweckt, das Urteil sei bereits unabänderlich beraten und werde verkündet, wenn die Partei den gerichtlichen Vergleichsvorschlag nicht annehme.[537] 425

Eine Irrtumsanfechtung nach § 119 BGB kommt wohl kaum einmal in Betracht. Ein Irrtum über die künftige Entwicklung des Gesundheitszustandes oder der Verdienstmöglichkeiten ist allenfalls ein unbeachtlicher Motivirrtum; hinzukommt, dass man über künftige Entwicklungen nicht irren, sondern nur mutmaßen kann. 426

## 3. Unwirksamkeit eines Vergleichs nach § 779 Abs. 1 BGB

§ 779 BGB: Ein Vertrag, durch den der Streit oder die Ungewissheit der Parteien über ein Rechtsverhältnis im Wege gegenseitigen Nachgebens beseitigt wird (Vergleich), ist unwirksam, wenn der nach dem Inhalt des Vertrags als feststehend zugrunde gelegte Sachverhalt der Wirklichkeit nicht entspricht und der Streit oder die Ungewissheit bei Kenntnis der Sachlage nicht entstanden sein würde. 427

534 *Euler*, SVR 2005, 10 (13).

535 Maßgebend ist die Höhe der streitigen Forderung, also z.B. 10.000 EUR Forderung, 8.000 EUR unstreitig – keine Genehmigungspflicht.

536 *Euler*, SVR 2005, 10 (13); aus Schutzgesichtspunkten für eine weite Auslegung des »Vermögens im Ganzen« auch *Motzer*, FamRZ 1996, 844.

537 *BGH* NJW 1966, 2399.

Dabei geht es um den Sachverhalt, nicht um die Rechtslage.

428 Auch hier ist ein Irrtum über die künftige Entwicklung des Gesundheitszustandes oder der Verdienstmöglichkeiten unerheblich, denn die Ungewissheit darüber bildet den Gegenstand des Streits und damit des Vergleichs. Diese künftige Entwicklung kann jedoch eine Rolle spielen für die Auslegung des Vergleichs. Liegt der nach Abschluss des Vergleichs eingetretene weitere Schaden des Verletzten (Gesundheitsverschlechterung) völlig außerhalb dessen, was die Parteien sich bei Vergleichsabschluss vorgestellt haben und war die negative Entwicklung für die Parteien unvorhersehbar und ist zusätzlich der nach Vergleichsabschluss eingetretene Schaden so erheblich, dass beide Parteien bei Kenntnis hiervon nach den Grundsätzen des redlichen Verkehrs den Vergleich nicht abgeschlossen hätten und der Schädiger dem Verletzten den Abschluss eines solchen Vergleichs nicht zugemutet hätte, dann kann der Vergleich so auszulegen sein, dass sich der in dem Abfindungsvergleich enthaltene Verzicht des Verletzten sich nicht auf diese Spätfolgen erstreckt. Dann ist der Verletzte durch den Abfindungsvergleich nicht gehindert, über die Vergleichssumme hinaus Spätschäden geltend zu machen. Das Festhalten des Versicherers an dem Vergleich kann dann gegen Treu und Glauben verstoßen.

429 Eine solche Auslegung ist aber nur ausnahmsweise möglich, denn bei Abfindungsvergleichen ist es die Regel, dass ein Verzicht für alle künftigen Schäden verlangt und ausgesprochen wird. Es ist nicht anstößig, wenn der Versicherer den VN zur Unterzeichnung eines Abfindungsvertrags dadurch bewegt, dass er im Fall der Nichtunterzeichnung keinerlei Zahlungen leisten werde.[538]

Ergebnis: Die Abgeltung sämtlicher Ansprüche, welcher Art auch immer, umfasst keine Ansprüche, die die Parteien bei Abschluss des Vergleichs in so großem Ausmaß nicht für möglich gehalten haben und der zur Abfindungssumme in einem krassen, unzumutbaren Missverhältnis steht.

## 4. Störung der Geschäftsgrundlage

430 Treten also unvorhergesehene Spätschäden auf, können diese unter dem Gesichtspunkt der Störung der Geschäftsgrundlage (§ 313 BGB), zu behandeln sein. Bei einem Vergleich führt die Störung der Geschäftsgrundlage in aller Regel nicht zur Nichtigkeit des Vergleichs, sondern zu einem Anspruch auf Anpassung. Deshalb kann sich ein Festhalten am Vergleich nur dann als unzulässige Rechtsausübung darstellen, wenn sich später schwerwiegende Spätschäden herausstellen, die im Vergleich nicht berücksichtigt sind.

Wird Anpassung verlangt, geht dies gegebenenfalls nur im Wege einer Klage.

431 In solchen Fällen ist zunächst nach Sinn und Wortlaut zu ermitteln, ob die Schadensersatzansprüche endgültig erledigt und auch unvorhergesehene Schäden mit bereinigt werden sollten. Das ist z.B. dann der Fall, wenn der Abfindungsvergleich die Klausel enthält, dass die Abgeltung alle künftigen Schäden umfasst, seien sie vorhersehbar oder unvorhersehbar, erwartet oder unerwartet. Will der Geschädigte vom Vergleich abrücken und Nachforderungen stellen, muss er darlegen, dass ihm ein Festhalten am Vergleich nach Treu und Glauben trotz der Klausel nicht zumutbar ist, weil entweder die Geschäftsgrundlage für den Vergleich gestört ist oder sich geändert hat, sodass eine Anpassung an die geänderten Verhältnisse erforderlich geworden ist, oder dass eine erheblichen Äquivalenzstörung in den Leistungen der Parteien eingetreten ist, die für den Geschädigten eine ungewöhnliche Härte bedeutet.[539]

432 Das ist dann nicht der Fall, wenn die seinerzeit vereinbarte Abfindungssumme nicht in krassem Missverhältnis zum tatsächlich entstandenen Schaden steht.[540]

538 *LG Bremen* VersR 1992, 230.

539 *BGH* VersR 1990, 984; *Müller* VersR 1998, 129, 137.

540 *OLG Celle* OLGR 2003, 264; so auch *OLG Koblenz* NZV 2004, 197 = NJW 2004, 782 = SVR 2004, 115.

Aber selbst wenn eine Abfindungserklärung bezüglich des immateriellen Schadens einen Vorbehalt enthält, bedeutet dies nicht, dass immaterielle Folgeschäden unbegrenzt geltend gemacht werden können. Wenn alle Ansprüche aus einem Unfallereignis abgegolten sein sollen, kann auch bei immateriellem Vorbehalt nur wegen solcher Folgen noch nachgebessert werden, die bei Abgabe der Erklärung nicht vorhersehbar waren. Alles, was vorhersehbar war und einer normalen Entwicklung des Schadens entspricht, ist von der Abfindungserklärung erfasst.[541] 433

Dem entspricht eine Entscheidung des *OLG Frankfurt*:[542] Wird nach einem Unfall ein Abfindungsvergleich geschlossen, in dem auch nicht absehbare Schäden abgegolten werden sollen, können nur krasse Äquivalenzstörungen (um den Faktor 10) eine Nachforderungen von Schmerzensgeld rechtfertigen. In diesem Fall hatte der Verletzte im Alter von zehn Jahren eine inkomplette Querschnittslähmung erlitten und im Alter von 18 Jahren im Jahr 1993 einen Abfindungsvergleich über 660.000 DM geschlossen. 434

Das *OLG Frankfurt* geht davon aus, dass der Berechtigte in einem Abfindungsvergleich das Risiko übernimmt, dass die für die Berechnung der Kapitalabfindung maßgebenden Faktoren auf Unsicherheiten beruhen, eine Auffassung, die so nicht geteilt werden kann. Den Abfindungsvergleich wünschen i.d.R. die Versicherer und zwar ausschließlich aus wirtschaftlichen Erwägungen. Wenn sie dann einen Abfindungsvergleich erreichen, sollte darin ausgewiesen werden, mit welchem (Teil-) Betrag der Verletzte für das Risiko von Spätschäden abgefunden wurde. 435

Das *OLG Köln*[543] hat ein krasses Missverhältnis zwischen Schaden und Abfindungssumme angenommen, weil der Zukunftsschaden bei der Festlegung der Abfindungssumme nur eine untergeordnete Rolle gespielt hatte. Im Interesse der Aufrechterhaltung solcher Vergleiche – insoweit ist das Interesse des Schädigers an einer abschließenden Regelung zu berücksichtigen – werden strenge Anforderungen gestellt,[544] ein »krasses Missverhältnis« wird nicht schnell bejaht.[545] 436

Einen Sonderfall hatte das *OLG Oldenburg*[546] zu beurteilen. Der Geschädigte hatte einen Abfindungsvergleich geschlossen, in dem der Vorbehalt enthalten war, dass der Kläger »einen Anspruch auf zukünftigen Ersatz des immateriellen Schadens unter Zugrundelegung der Rechtsprechung des *BGH* (VersR 1980, 975) besitzt«. In jener Entscheidung hat der *BGH* ausgeführt, dass weiteres Schmerzensgeld nur für solche Verletzungsfolgen verlangt werden könne, »die bei der ursprünglichen Bemessung des immateriellen Schadens noch nicht eingetreten waren oder mit deren Eintritt nicht oder nicht ernstlich zu rechnen war«. Nun hatten sich beim Kläger eine Arthrose und Hüftkopfnekrose entwickelt, die das Implantieren eines künstlichen Hüftgelenks erforderlich machten. Das *OLG Oldenburg* half dem Kläger mit der Feststellung, dass die Hüftkopfnekrose bereits bei Abschluss des Vergleichs vorgelegen habe, ein Fall der künftigen Entwicklung gar nicht vorliege. Vielmehr hätten die Parteien bei Abschluss des Vergleichs eine bereits vorhandene Verletzungsfolge nicht bedacht, sodass die Vergleichssumme in krassem Missverhältnis zum Schaden liege. Deshalb könne sich die Beklagte nach dem Einwand des Klägers auf unzulässige Rechtsausübung nicht auf ein Festhalten am Vergleich berufen. 437

Das *OLG Jena*[547] hat für eine identische Klausel noch einmal klargestellt (was sich aber auch aus dem Wortlaut ergibt), dass der Vorbehalt sich nur auf solche Folgen, mit deren Eintritt »nicht oder nicht ernstlich zu rechnen war« bezog; es also nicht darauf ankommt, ob die Folgen eingetreten sind, sondern allein, ob diese (objektiv!) vorhersehbar waren. Wenn dies der Fall ist, sind sie abgegolten. 438

541 *OLG Hamm* r+s 2001, 505; *LG Hannover* SP 2002, 126.
542 *OLG Frankfurt* zfs 2004, 16.
543 *OLG Köln* NJW-RR 1988, 924 f. 6.000 DM Vergleich, 25.000 DM angemessene Summe.
544 *Müller* VersR 1998, 129, 138.
545 *OLG Hamm* VersR 1998, 631 f.
546 *OLG Oldenburg* zfs 2003, 590.
547 Vgl. *OLG Jena* NJW-RR 2007, 605.

Diesen Vergleich dann wegen Äquivalenzstörung anzugreifen, weil angesichts der vorhersehbaren Spätfolgen die Vergleichssumme als zu gering erscheint, ist so gut wie aussichtslos.

439 Der *BGH*[548] hat einen umfassenden Abfindungsvergleich, in welchem »für alle bisherigen und möglicherweise künftig noch entstehenden Ansprüche, seien sie vorhersehbar oder nicht vorhersehbar« »endgültig und vorbehaltslos« eine Abfindung gezahlt wurde, wobei die Parteien bei einer angefügten Aufstellung möglicher unfallbedingter Drittleistungen u.a. angegeben hatten, dass der unfallbedingt erblindete Kläger Leistungen des Landesblindengeldes erhalte, für wirksam gehalten – auch dann, wenn tatsächlich, von beiden Parteien unvorhergesehen, diese Blindenleistungen dann gestrichen wurden. Der Kläger hatte Zahlung der Differenzbeträge zum nun weggefallenen Blindengeld verlangt. Obwohl eine SGG nahelag, hat der *BGH* angenommen, durch die umfassende Abfindung trage der Kläger das Risiko späterer auch für ihn nachteiliger Veränderungen. Es könne auch nicht ohne Weiteres davon ausgegangen werden, dass das Blindengeld stets und in gleicher Höhe fortbezahlt werde – eine Behauptung, für die der *BGH* keine Begründung anführt.[549] Letztlich mag eine Rolle gespielt haben, dass das Land Niedersachsen nach zwei Jahren das (allerdings nun reduzierte) Blindengeld wieder einführte.

Das Berufungsgericht (*OLG Oldenburg*[550]) hatte indes schon in einem vergleichbaren früheren Fall[551] entschieden, der Wegfall des Blindengeldes rechtfertige nicht die Aufhebung oder Anpassung des Vertrags. Das *OLG München*[552] indes hatte eine Störung der Geschäftsgrundlage angenommen, wenn aufgrund sozialrechtlicher Änderungen nicht mehr 100 %, sondern nur noch 90 % der Heilbehandlungskosten erstattet werden, und einen Anspruch des Geschädigten auf Freistellung aller nicht erstatteten Heilbehandlungskosten aus Störung der Geschäftsgrundlage gegen den Versicherer bejaht.

▶ **Hinweis:**

440 Folge für den beratenden Anwalt muss sein, bei der »Anrechnung« von Drittleistungen in einen Abfindungsvergleich eine Klausel des Inhalts aufzunehmen, dass Änderungen in der Leistungshöhe (beispielsweise) eine entsprechende (prozentuale?) Anpassung der Vergleichssumme zur Folge haben sollen, um darzulegen, dass der Leistungsbezug Geschäftsgrundlage geworden ist.

Alternativ können übergehende Ansprüche ganz ausgenommen werden:

*»Ausgenommen sind solche Schadensersatzansprüche, die auf Dritte übergegangen sind oder noch übergehen werden, auch wenn sie nach – auch teilweiser – Leistungseinstellung durch den Dritten beim Geschädigten verbleiben oder an diesen zurückfallen.«*[553]

441 Diese rigide Linie hat der *BGH*[554] wenig später »aufgeweicht«:

Nach einem Verkehrsunfall hatten die Parteien einen Abfindungsvergleich geschlossen, in welchem »Schadensersatzansprüche aus dem Schaden, seien sie bekannt oder nicht bekannt, vorhersehbar

548 *BGH* VersR 2008, 686. Gegen diese Entscheidung kann zudem kritisch eingewandt werden, dass der Versicherer dem Land das gezahlte Blindengeld ohnehin erstatten musste, also durch eine Zahlung an den Geschädigten nicht in höherem Umfang belastet worden wäre. Es geht also nicht um eine »zusätzliche Last« für den Versicherer, sondern um die Vermeidung einer (unbilligen?) Entlastung, so richtig auch *Huber*, NZV 2008, 431 (434).

549 Zumal die Fortleistung des Blindengeldes, welches wegen der geringen Zahl der Blinden die Landeskasse ohnehin kaum nennenswert belastet haben dürfte, möglicherweise »vertrauensfester« wäre als sonstige allgemeine Sozialleistungen.

550 Berufungsentscheidung: *OLG Oldenburg* r+s 2007, 522.

551 *OLG Oldenburg* NJW 2006, 3152.

552 *OLG München* ZfS 1992, 263.

553 Ähnlicher Vorschlag bei *Huber*, NZV 2008, 431 (435).

554 *BGH* VersR 2008, 1648.

oder nicht vorhersehbar, nach Erhalt des genannten Betrages« abgefunden seien. Ferner verzichtete der Kläger auf jede weitere Forderung, »gleich aus welchen Gründen, auch aus noch nicht erkennbaren Unfallfolgen«. Weitere Regelungen betrafen die Erstattung von Verletzten- und Erwerbsunfähigkeitsrente durch den Kläger und die Erstattung der Einkommenssteuer durch die Beklagte.

In den Verhandlungen stellten die Parteien für die Abgeltung des Verdienstausfalles u.a. eine von der Berufsgenossenschaft an den Kläger für die Berufsunfähigkeit gezahlte Rente in Höhe von 1.081,65 € in ihre Berechnungen ein. Nach Abschluss des Vergleichs zahlte die Berufsgenossenschaft dem Kläger indes eine monatliche Rente in Höhe von nur noch 755,79 € mit der Begründung, ein Schreibfehler in der Mitteilung des Arbeitgebers des Klägers habe zu einer falschen Rentenberechnung geführt; das Bruttoentgelt sei seinerzeit unrichtig mit 88.836 DM statt 58.836 DM angegeben worden.

Der Kläger verlangte nun von der Beklagten die Anpassung des Vergleichs dergestalt, dass er sie auf die gekürzte Summe der Rentenzahlung der BG in Anspruch nimmt.

Das Berufungsgericht hatte die Klage abgewiesen, weil die Geschäftsgrundlage nicht entfallen sei; kalkulatorische Irrtümer fielen in die Risikosphäre des Klägers, der auch deren Folgen zu tragen habe. Der *BGH* hat diese Entscheidung aufgehoben und zurückverwiesen.

Der *BGH* stellt zunächst klar, dass es im Streitfall nicht um einen Wegfall oder eine Änderung der Geschäftsgrundlage (§ 313 Abs. 1 BGB) im Hinblick auf die reduzierte Zahlung der Berufsgenossenschaft geht, sondern um ein Fehlen der Geschäftsgrundlage von Anfang an, weil wesentliche Vorstellungen, die zur Grundlage des Vertrages geworden sind, sich als falsch herausgestellt haben (§ 313 Abs. 2 BGB).

Er führt weiter aus:

> »Denn beide Parteien sind bei Abschluss des Abfindungsvergleichs davon ausgegangen, der Kläger erhalte von der Berufsgenossenschaft eine – von dem der Kapitalisierung zugrunde zu legenden Verdienstausfall abzuziehende – Rente in Höhe von 1.081,65 €, während dieser Betrag in Wahrheit auf einem Schreibfehler in der Gehaltsmitteilung des Arbeitgebers des Klägers beruhte und die Rente bei Zugrundelegung des richtigen Bruttoeinkommens nur 755,79 € betrug.
>
> Bei einem solchen gemeinsamen Irrtum über die Berechnungsgrundlagen geht es nicht darum, dass der Geschädigte das Risiko in Kauf nimmt, dass die für die Berechnung des Ausgleichsbetrages maßgebenden Faktoren auf Schätzungen und unsicheren Prognosen beruhen und sie sich demgemäß unvorhersehbar positiv oder negativ verändern können. Vielmehr spielt eine spezifische Risikobetrachtung hier für die Parteien überhaupt keine Rolle, denn beide gehen davon aus, sich auf einer vermeintlich sicheren Grundlage zu bewegen. Eine einseitige Risikozuweisung ist auch hier denkbar, wird aber nur unter besonderen Umständen in Betracht kommen, etwa wenn eine der Vertragsparteien eine Gewahr für die Richtigkeit der Berechnungsgrundlagen übernommen hat.
>
> Wenn die Parteien den Irrtum seinerzeit nicht bemerkt haben, müssen Anhaltspunkte dafür, wie sie den Vergleich in Kenntnis der wahren Umstände abgeschlossen hätten, naturgemäß fehlen und es kann dazu auch nicht konkret vorgetragen werden. Die Anpassung ist dann unter wertender Berücksichtigung aller sonstigen Umstände vorzunehmen.«

▶ **Praxistipp:**

Für Anwälte ist beim Abschluss eines Abfindungsvergleichs höchste Vorsicht geboten. Es besteht eine umfassende Beratungspflicht und der Anwalt kann verpflichtet sein, von einem Abfindungsvergleich abzuraten. Richter sollten nur sehr zurückhaltend zu einem Abfindungsvergleich raten.

### 5. Prozessuale Fragen

Der Prozessvergleich beendet den materiellen Streit der Parteien und den Prozess. Er ist durch Aufnahme in das Protokoll festzustellen, § 160 Abs. 3 Nr. 1 ZPO. Wird nicht ordnungsgemäß protokolliert, ist der Vergleich (nur) materiell-rechtlich wirksam, denn insoweit bedarf er keiner Form. Der Prozess ist dann allerdings nicht beendet. Um einen Vollstreckungstitel zu erlangen, muss der 442

Kläger den Prozess fortsetzen mit einem Antrag, der dem Vergleichsinhalt entspricht. Anspruchsgrundlage ist dann der materiell wirksame Vergleich.

443 Bei einem Prozessvergleich mit Widerrufsvorbehalt ist die Wirksamkeit des Vergleichs aufschiebend bedingt. Bei Streit über die Wirksamkeit des Vergleichs, über seinen Umfang und Inhalt, wird der bisherige Prozess fortgesetzt.

Soll ein Dritter in den Vergleich einbezogen werden, tritt er dem Rechtsstreit bei. Insoweit besteht kein Anwaltszwang. Bezüglich der Kosten gilt die gesetzliche Auslegungsregel des § 98 ZPO = gegeneinander aufgehoben.

444 War im Verfahren ein gerichtlicher Sachverständiger eingeschaltet und ist dessen Gutachten Grundlage für den Prozessvergleich, so ist zu beachten, dass – entgegen dem Wortlaut des § 839a BGB – der BGH eine Haftung des Gerichtssachverständigen für Falschbegutachtung auch für möglich hält, wenn ein Vergleich auf dem unrichtigen Gutachten beruht.[555]

445 Der außergerichtliche Vergleich beendet den materiell-rechtlichen Streit, nicht aber den Prozess. Dazu ist die Rücknahme der Klage oder der Berufung erforderlich. Wird im außergerichtlichen Vergleich vereinbart, dass der Kläger die Klage zurücknimmt, muss der Kläger dies auch tun. Erfolgt die Klagerücknahme nicht, wird die Klage als unzulässig abgewiesen.

▶ **Hinweis:**

446 Die Bestimmung des § 323 ZPO ist auf außergerichtliche Vergleiche nicht anwendbar. Jedoch gelangt man über § 242 BGB und clausula rebus sic stantibus zu einer angemessenen Änderung des Vergleichs.

447 Der Anwaltsvergleich wird von den Rechtsanwälten in Vollmacht der Parteien abgeschlossen und enthält eine Unterwerfung des Schuldners unter die sofortige Zwangsvollstreckung (vgl. §§ 796a ff. ZPO).

## 6. Musterformulierungen

448 Die Rechtsprechung legt einem Rechtsanwalt, der bei einem Abfindungsvergleich mitwirkt, die Pflicht auf, »bei der Abfassung des Textes für eine richtige und vollständige Niederlegung des Willens seines Mandanten und für einen möglichst eindeutigen und nicht erst der Auslegung bedürftigen Wortlaut zu sorgen«.[556] Umso wichtiger sind klare Formulierungen im personenschadensrechtlichen Abfindungsvergleich.

### ▶ Abfindungsvergleich

449 **Zur Abgeltung des Unfallereignisses vom … zahlt … (Gegner) an … (Mandanten) einen Kapitalbetrag von … EUR.**

### ▶ Baustein 1: Endgültige Beilegung

450 **Damit sind sämtliche Ansprüche des … aus dem vorbezeichneten Unfallereignis endgültig abgegolten und erledigt. Die Abgeltung umfasst alle künftigen Schäden, seien sie vorhersehbar oder unvorhersehbar, bekannt oder unbekannt, erwartet oder unerwartet.**

### ▶ Baustein 2: Vorbehalt

451 **Einem am (Datum)[557] rechtskräftigen Feststellungsurteil in seiner Wirkung gleichgestellt, vereinbaren die Parteien, dass hiervon unberührt und daher vorbehalten bleiben …**

555 *BGH* VersR 2020, 1324 (III ZR 119/19).
556 *BGH* NJW 2002, 1048 (1049) (IX ZR 182/00); *BGH* VersR 2022, 318 (IX ZR 223/20).
557 Ab diesem Datum läuft dann die 30-jährige Frist. Das *LG Wiesbaden* VersR 2015, 368 (9 O 48/14) hat eine Klausel, die vom 23.03.1983 datierte und wie folgt lautete: »Vorbehalten bleiben materielle

▶ **Hinweis:**

Schon um einen weiteren Prozess um die Reichweite des Vorbehalts vorzubeugen, sollte dieser möglichst präzise gefasst werden. Es empfiehlt sich, wegen der in der Natur der Sache liegenden Unklarheit künftiger Schadensentwicklung, die Abgrenzung dergestalt vorzunehmen, dass der bekannte Schaden möglichst genau definiert und der Vorbehalt in Bezugnahme hierauf gefasst wird. 452

Soweit steuerliche Konsequenzen einer Kapitalabfindung nicht endgültig beurteilt werden können, sollte auch insoweit ein Vorbehalt in den Abfindungsvergleich aufgenommen werden. 453

▶ Baustein 3: Vorbehalt bezüglich steuerlicher Konsequenzen

Die Versicherung übernimmt ferner die Erstattung etwaiger steuerlicher Belastungen, die sich aus dieser Kapitalisierungsvereinbarung ergeben bei Vorlage des Steuerbescheides. Der (Mandant) verpflichtet sich, auf Weisung der Versicherung Rechtsmittel gegen den Steuerbescheid einzulegen, wobei die Versicherung insoweit Kostenerstattung der Rechtsverfolgung garantiert. 454

Der Vergleich muss gedanklich in alle Richtungen »abgesichert« werden. Häufige Fehlerquelle sind rechtliche Hindernisse auf Mandantenseite.

Ist der Mandant etwa im Güterstand der Gütergemeinschaft verheiratet, müssen beide Ehegatten einem Vergleich zustimmen, der das Gesamtgut betrifft. Ebenso bedarf ein Betreuer in den Fällen des § 1854 Nr. 6 BGB der vormundschaftlichen Genehmigung für einen Vergleich, es sei denn, dieser bliebe unter 6.000 Euro oder sei vom Gericht vorgeschlagen. Für die Eltern – gesetzliche Vertreter des minderjährigen Mandanten – gilt diese Beschränkung nicht, da § 1643 Abs. 5 BGB nicht hierauf verweist. Der Haftpflichtversicherer auf der Gegenseite handelt bei Abschluss eines Vergleichs als Bevollmächtigter seines Versicherungsnehmens (§ 10 Abs. 5 AKB), im Hinblick auf einen etwaigen Direktanspruch (§ 3 PflVG) auch im eigenen Namen.

Bei schweren (insbesondere: Gehirn-)Verletzungen kann es auch vorkommen, dass der Mandant im Laufe des Prozesses oder der außergerichtlichen Auseinandersetzung geschäftsunfähig wird. Diese Geschäftsunfähigkeit muss nicht immer sofort offen zutage treten. Ein Vergleich, den ein unerkannt Geschäftsunfähiger schließt, ist nichtig. Im Prozess fehlt zudem die Prozessfähigkeit, § 52 ZPO. Bestehen daher Zweifel an der Geschäftsfähigkeit des Mandanten, so empfiehlt es sich, vor Abschluss des Vergleichs ein ärztliches Zeugnis über die Geschäftsfähigkeit einzuholen.

Zuletzt ist (soweit es um sonstige Schadensersatzansprüche über die immateriellen Schäden hinausgeht) daran zu denken, dass nicht nur dem Mandanten als unmittelbar Geschädigtem, sondern oft auch mittelbar Verletzten Ansprüche zustehen können (§§ 844, 845 BGB); umgekehrt existieren vielleicht neben dem Vergleichsgegner noch andere Anspruchsgegner, die gesamtschuldnerisch mit diesem haften. Um diese Dritten sinnvoll in einen Vergleich einzubeziehen, bietet sich folgende Formulierung an: 455

**Baustein 4: Dritte im Vergleich** 456

▶ Baustein: Andere Anspruchsinhaber neben dem Mandanten

Die Parteien sind sich darüber einig, dass mit diesem Vergleich alle künftig etwa noch entstehenden Ansprüche des … (Mandanten) abgefunden sind, auch solche, die aus unerwarteten und unvorhergesehenen Folgen des Unfalls entstehen sollten.

Die Rechtswirksamkeit des Vergleichs ist davon abhängig, dass der … (Mandant) binnen einer Woche eine Erklärung folgender unterhalts- oder dienstberechtigter Personen: … beibringt, dass auch sie

---

Ansprüche ab 01.09.1984«, dahingehend ausgelegt, dass die Verjährung ab dem Datum der Vereinbarung (1983) – und nicht erst ab dem Datum des Vorbehalts (1984) – lief, so dass Ansprüche bei Geltendmachung bereits verjährt waren!.

gegenüber dem (Gegner) auf ihre etwaigen Ansprüche verzichten und an den … (Gegner) ihre etwaigen Ansprüche gegen dritte Personen, die als Gesamtschuldner in Betracht kommen, abtreten.

**▶ Baustein: Andere Anspruchsgegner neben dem Vergleichsgegner**

Der … (Gegner) zahlt zur Abfindung aller Ansprüche, die dem … (Mandanten) aus dem Unfall vom … gegen den … (Gegner) oder gegen irgendwelche dritte Personen, die als Gesamtschuldner in Betracht kommen, zustehen, einen Betrag von …EUR.

Der … (Mandant) tritt hiermit alle Ansprüche, die ihm aus dem Unfall vom … etwa gegen dritte Personen, die als Gesamtschuldner in Betracht kommen, zustehen, an den …(Gegner) ab; dieser nimmt die Abtretung hiermit an.

**▶ Hinweis:**

457 Zwar ordnet § 426 BGB eine cessio legis für den Gesamtschuldnerinnenausgleich an, ein Vergleich wirkt aber grundsätzlich nicht gegenüber allen Gesamtschuldnern, § 423 BGB. Es tritt daher nur in Höhe der tatsächlich gezahlten Beträge Erfüllung ein; der Geschädigte könnte die anderen Gesamtschuldner in übersteigender Höhe in Anspruch nehmen, und diese könnten möglicherweise den Vergleichsgegner in Regress nehmen.[558] Um dieses ungewünschte Ergebnis zu vermeiden, bietet sich eine rechtsgeschäftlich vereinbarte Abtretung ab.

458 Oder:

**▶ Formulierung, die Ansprüche gegen sonstige Gesamtschuldner ausnimmt:**

Von dieser Vereinbarung unberührt und daher ausdrücklich vorbehalten bleiben Ansprüche des … (Mandanten) gegen das Klinikum … und die dort behandelnden Ärzte

## E. Schmerzensgeld – Tabelle

459 Die nachfolgend dargestellten Entscheidungen sollen einen Anhaltspunkt für die Bemessung bestimmter, im Straßenverkehr typischer Verletzungen geben. Zu diesem Zweck sind ausschließlich Urteile aufgeführt, die Straßenverkehrsunfälle behandeln. Auch sind nur jüngere Entscheidungen dargestellt.[559]

460 Die Entscheidungen sind nach Körperteilen geordnet, innerhalb einzelner Körperteile dann nach Beträgen aufsteigend. Über die Mitteilung der Verletzung hinaus ist eine geraffte Sachverhaltsdarstellung mitgeteilt. Für einen sinnvollen Umgang mit den Präjudizien ist aber gleichwohl i.d.R. erforderlich, den vollen Sachverhalt der Entscheidungen anhand der dargestellten Kriterien mit dem jeweils zu entscheidenden Fall zu vergleichen.

461 Arm

| Betrag (€) | Verletzung/Unfallhergang | Quelle |
|---|---|---|
| 500 | Stauchungen, Prellungen und Schürfungen am *Unterarm.* | *OLG Brandenburg* NZV 2011, 253 |
| 600 | *Schulter-Arm-Syndrom* und HWS-Distorsion, 43 Jahre alte Klägerin. | *OLG Saarbrücken* NJW-RR 2011, 178 |

558 *BGH* VersR 2012, 729.

559 Die Entscheidungen sind entnommen aus *Jaeger/Luckey* Schmerzensgeld, 10. Aufl. (2020), auf den für weitere Entscheidungen und ausführliche Sachverhaltsdarstellungen sowie Angaben von Doppelfundstellen verwiesen wird.

| Betrag (€) | Verletzung/Unfallhergang | Quelle |
|---|---|---|
| 1.500 | 7/10 Mitverschulden. *Oberarmfraktur*; ein Stück des Bohrers brach bei OP ab und blieb im Knochen; unschöne Narben. | *OLG Saarbrücken* NJW-RR 2011, 754 |
| 3.500 | *Unterarm-* und Mittelhandfraktur, 10 Tage stationär. | *OLG Brandenburg* SP 2008, 100 |
| 3.500 | *Radiusfraktur;* Metallschiene dauerhaft im Handgelenk. | *LG Hamburg*, NZV 2016, 81 |
| 5.000 | *Radiusköpfchenfraktur*, 26 Tage stationär und 3 Wochen Gipsschiene; morbus sudeck. | *LG Kassel* SP 2010, 325 |
| 6.000 | *Unterarmfraktur* mit Speichenabriss; 2 Operationen, posttraumatische Arthrose und eingeschränkte Beweglichkeit der Hand. | *OLG Karlsruhe* SP 2010, 325 |
| 6.500 | 1/2 Mitverschulden. *Fraktur* im Bereich der Speiche. | *OLG Koblenz* NJW-RR 2013, 86 |
| 8.000 | *Radiustrümmerfraktur der Hand*; 10 Tage stationär und fortdauernde Beschwerden. | *LG Traunstein* SP 2010, 220 |
| 10.000 | *Unterarmfraktur* – Mittelgesichtsfrakturen | *OLG Naumburg* NJW-RR 2020, 671 |
| 11.000 | *Radiusmehrfachfraktur* | *OLG Frankfurt* NJW 2019, 442 |
| 12.500 | *Humeruskopffraktur.* Mehrere Operationen | *OLG Karlsruhe* NJW-RR 2017, 278 |
| 12.500 | *Humeruskopffraktur*; zwei Operationen | *OLG Karlsruhe* NJW-RR 2017, 278 |
| 15.000 | 1/2 Mitverschulden; Frakturen von *Handknochen* und Radiusextrensionsfraktufen; Ober- und Unterschenkelfraktur. 4 OP, Reha, 30 % MdE. | *OLG Brandenburg* NZV 2010, 154 |
| 16.000 | *Frakturen an Unterarm und Daumen*, Schnittwunden an Knie und Unterschenkel, Pseudarthrose, Narbe | *OLG Oldenburg* ZfS 2009, 436 |
| 20.000 | knöcherner Abbruch am Griffelfortsatz der *Elle*; eingeschrankte Beweglichkeit der Hand und Verlust der Sehkraft auf einem Auge; MdE 10 %. | *LG Dortmund* SP 2009, 290 |
| 22.000 | *Frakturen beider Oberarme.* | *OLG München* NZV 2014, 577 |
| 30.000 | 1/4 Mitverschulden; *Oberarmfraktur*, Kniescheibenfraktur, Schulterverletzung, Schädelhirntrauma, Rippenfrakturen. 30 % GdB. | *LG Detmold* SP 2011, 182 |
| 35.000 | Frakturen der *Elle*, des Kreuzbeins, des Hüftgelenks und der Augenhöhe; Bewegungseinschränkungen am *Arm*. | *OLG Saarbrücken* NJW-RR 2015, 1119 |
| 75.000 | *Ausriss* des linken *Arms* aus der Schulter. | *LG Lübeck* SP 2010, 431 |
| 80.000 | *Oberarmfrakturen beidseitig;* schwere weitere Verletzungen | *OLG Naumburg* DAR 2018, 631 |

**Augen**

| Betrag (€) | Verletzung/Unfallhergang | Quelle |
|---|---|---|
| 20.000 | *Verlust der Sehkraft* auf einem Auge | *LG Dortmund* SP 2009, 290 |
| 250.000 zzgl. 200 Rente | Schwerbehinderung, erhebliche Gehbehinderung, Verlust von Geruchs- und Geschmackssinn und *Erblindung*. | *OLG Frankfurt* SP 2008, 11 |

## Bauch/Innere Organe

| Betrag (€) | Verletzung/Unfallhergang | Quelle |
|---|---|---|
| 6.500 | 1/2 Mitverschulden. Kreuzbandriss, Rippenserienfraktur und *Nierenverlust*. MdE 30 %. | *OLG Celle* OLGR 2008, 274 |
| 9.000 | *Verlust der Milz* | *OLG Naumburg* VersR 2016, 610 |
| 13.000 | *Nierenschädigung*, Nierenbeckenentzündung war die Folge. Neprozirrhose. | *OLG Koblenz* OLGR 2007, 892 |
| 13.000 | *Milzverlust*, 12 Jahre alte Klägerin. | *OLG Köln* VRR 2013, 105 |
| 20.000 | Stumpfes *Bauchtrauma* mit Milzkapseleinriss; Narben, posttraumatische Belastungsstörung. | *OLG Brandenburg* VRR 2007, 468 |
| 30.000 | *Milzruptur*, Polytrauma, *Leberriss*, *Nierenparenchymruptur*, Rippenserienfrakturen. Narben und Verwachsungen des Darms. | *LG Dortmund* ZfS 2008, 87 |
| 35.000 | Schwere Verletzungen *innerer Organe* und diverse Frakturen. Narbenbruch. | *OLG München* VersR 2008, 799 |
| 100.000 | Stumpfes *Bauchtrauma* mit Darmverletzungen, multiple Frakturen im Bein. Rollstuhlpflichtigkeit und ständige erhebliche Schmerzen. Zögerliches Regulierungsverhalten. | *OLG München* AGS 2011, 46 |
| 250.000 | Zerreißung der linken Flanke und der *Bauchdecke*; Verlust von großen Teilen des Darms, der Niere und der Milz. Erhebliche Dauerschäden. | *OLG Frankfurt* NZV 2011, 39 |

## Bein

| Betrag (€) | Verletzung/Unfallhergang | Quelle |
|---|---|---|
| 650 | 3/4 Mitverschulden; *Unterschenkelfraktur, Mittelfußfraktur, Prellungen und Quetschungen.* | *AG Essen* SVR 2010, 422 |
| 1.000 | *Knieverletzung*, die folgenlos ausheilte; Prellungen. | *KG* KGR 2009, 415 |
| 2.000 | 2/3 Mitverschulden. Mehrfache Frakturen des *Oberschenkelknochens* sowie multiple Prellungen; 6 Monate arbeitsunfähig. | *OLG Hamm* NZV 2010, 566 |
| 2.400 | *Sprunggelenkfraktur* | *OLG Oldenburg* NJW 2023, 232 |
| 3.000 | Offene Wunde an *Unterschenkel*; Prellungen und Narben. 3 Wochen arbeitsunfähig. | *OLG Jena* NJW-RR 2009, 1248 |
| 3.000 | *Mittelfußfraktur*, kompliziert; 42 Tage arbeitsunfähig. | *LG Hagen* SP 2008, 394 |
| 3.500 | *Außenknöchelfraktur* und Fraktur des Speichenköpfchens. | *KG* NZV 2007, 308 |
| 4.000 | 1/2 Mitverschulden. *Luxationsfraktur des oberen Sprunggelenks*, 1 Jahr arbeitsunfähig. | *KG* NZV 2010, 254 |
| 5.000 | *Großzehenendgliedfraktur* mit Gelenkbeteiligung. | *OLG Oldenburg* VersR 2009, 797 |
| 5.000 | Absplitterungen im Bereich des *Mittelfußknochens*; drei Wochen Gipsschiene. 11 Jahre alter Kläger. | *LG Aachen* NJW-RR 2011, 752 |
| 5.000 | *Kniegelenksprellung*; Schleimbeutelentzündung und Rippeninfraktion. | *OLG Schleswig* SP 2011, 4 |

| Betrag (€) | Verletzung/Unfallhergang | Quelle |
|---|---|---|
| 6.500 | 1/2 Mitverschulden; *Kreuzbandriss, Innenbandriss* am Knie; Meniskusriss und *Innenbandruptur* am anderen Knie. Rippenserienfraktur und Nierenverlust. MdE 30 %. | *OLG Celle* OLGR 2008, 274 |
| 7.000 | *Oberschenkelfrakturen;* Fehler in der Heilbehandlung; Revisionsoperation. | *OLG Hamm* VersR 2016, 926 |
| 7.000 | *Tibiakopffraktur;* Knorpelschaden am *Schienbein.* | *OLG Köln* VersR 2015, 1043 |
| 10.000 | *Unterschenkelschafttrümmerfraktur,* Pseudoarthrose. 2 1/2 Jahre Heilbehandlung wegen nachfolgender ärztlicher Behandlungsfehler. | *OLG Naumburg* NJW-RR 2008, 407 |
| 10.000 | *Oberschenkelfraktur nach Sturz im Bus* | *OLG Frankfurt* NJW-RR 2016, 542 |
| 10.000 | *Knieverletzung* nach Krankentransport. | *OLG Koblenz* VersR 2018, 1326 |
| 12.500 | 1/2 Mitverschulden. *Offene Unterschenkelfraktur* 3. Grades, Kompartmenentsyndrom. | *OLG Brandenburg* SP 2010, 75 |
| 15.000 | Stark dislozierte *Unterschenkelfraktur,* 10 OP wegen Keiminfektion. | *OLG Saarbrücken* OLGR 2008, 2 |
| 15.000 | 1/3 Mitverschulden. Offene *Unterschenkelfraktur,* beginnendes Kompartmentsyndrom. Beeinträchtigung des Gangbildes und Narben; MdE 10 %. | *OLG Brandenburg* DAR 2008, 620 |
| 16,800 | 1/5 Mitverschulden. *Komplexe Mehrfachfraktur des Fußes,* posttraumatische Arthose und Bewegungseinschränkungen des Beines. | *OLG Koblenz* NJW-RR 2012, 228 |
| 19.000 | Mehrfragment-Tibiakopffraktur; *Komplettruptur des Kreuzbandes, Schädelhirntrauma,* 2 Monate arbeitsunfähig. | *OLG Naumburg* VersR 2012, 118 |
| 20.000 | *Sprunggelenks*-Luxations-Fraktur; postoperative Beschwerden durch Wundheilstörungen und Infekten (81 Jahre alter Kläger). | *LG Gießen* SP 2010, 394 |
| 20.000 | *Kniefalltrauma,* Knorpelfrakturen, kaum Dauerschäden. | *LG Duisburg* SP 2009, 11 |
| 25.000 | Komplexe *Kniegelenksverletzung; Schienbeinverletzung;* Kreuzbandriss. Dauerschaden: Beugeverlust des Knies von 20 %. | *OLG Frankfurt* SP 2010, 66 |
| 25.000 | 1/4 Mitverschulden. *Oberschenkelhalsfraktur,* subdurales Hämatom und Zerstörung der Großhirnrinde. Tod nach 4 Jahren (77 Jahre alter Geschädigter). | *OLG Saarbrücken* SP 2011, 13 |
| 25.000 | *Tibiakopffraktur und Innenbandruptur.* | *OLG Hamm* r+s 2019, 220 |
| 30.000 | *Oberschenkelfraktur, Kreuzbandruptur, Unterschenkelfraktur* und Schädelhirntrauma. Dauerschaden: schmerzhaftes Ziehen in Bein und Wirbelsäule. | *OLG Saarbrücken* OLGR 2008, 296 |
| 35.000 | *Oberschenkelfraktur,* zahlreiche Knochenbrücke und schwere Verletzungen innerer Organe. | *OLG München* VersR 2008, 799 |
| 40.000 | 1/2 Mitverschulden. Kompartmentsyndrom *Unterschenkel;* Polytrauma und multiple Frakturen auch des Gesichts. Verheilung des Unterschenkels in Fehlstellung, unregelmäßiges Gangbild und Fußfehlstellung. | *OLG Köln* VerkMitt 2010, Nr. 42 |

| Betrag (€) | Verletzung/Unfallhergang | Quelle |
|---|---|---|
| 40.000 | *Unterschenkelfraktur*, Hüftkopfluxation sowie Rippenserienfrakturen. 81 Jahre alte Klägerin. | *OLG Karlsruhe* NZV 2010, 16 |
| 60.000 | *Unterschenkelfraktur* – Infektion mit MRSA-Keim | *OLG Brandenburg* NJW-Spezial 2021, 617 |
| 100.000 | Schädelhirntrauma, mit Kalottenmehrfachfraktur, *Femurschaftfraktur* und isolierte proximale Fibulafraktur. 2 1/2 Monate stationär, länger als 1 Jahr arbeitsunfähig.<br>Es verbleiben Kopfschmerzen und Bewegungseinschränkungen des Ellenbogengelenkes, Herabsetzung der groben Kraft des Armes und der Hand, Muskelminderung im Bereich des Ober- und Unterarmes sowie Bewegungseinschränkungen der Hüfte. | *OLG Rostock* SVR 2008, 468 |
| 101.355 | *Unterschenkelfraktur* mit Beinverkürzung; Hirn- und Mundverletzungen, feste Nahrungsaufnahme ist unmöglich. | *OLG Jena* VRR 2008, 464 |
| 149.000 | *Unterschenkelfraktur*, Femurschaftfraktur, Tibiakopffraktur sowie weitere Frakturen und Skalpierungsverletzung der Kopfhaut. | *OLG Brandenburg* VersR 2010, 274 |

**Brust**

| Betrag (€) | Verletzung/Unfallhergang | Quelle |
|---|---|---|
| 250 | Prellungen an *Brust- und Lendenwirbelsäule*, Ellbogen und Thorax, einige Wochen Beschwerden. | *OLG München* DAR 2017, 38 |
| 400 | 1/3 Mitverschulden. *Brustbein- und Rippenprellungen*, Notwendigkeit von Schmerzmitteln. | *OLG Celle* NJW-RR 2020, 1419 |
| 700 | 3/10 Mitverschulden. *Rippenfrakturen* und Thoraxprellung. | *OLG Frankfurt* OLGR 2007, 932 |
| 933 | 1/3 Mitverschulden. *Rippenfraktur*, Schulterprellungen und 10 Tage arbeitsunfähig. | *LG Mannheim* SP 2008, 143 |
| 1.500 | *Rippenfraktur und Brustkorbtrauma*, 1 1/2 Monate Beschwerden. | *OLG Naumburg* NJW 2012, 1232 |
| 1.500 | *Thoraxtrauma*, Schnittwunden, Schürfwunden, zwei Wochen arbeitsunfähig. | *OLG Koblenz* SP 2017, 484 |
| 1.600 | *Rippenfrakturen* und Schulterzerrung, fünf Monate Beschwerden. | *AG Hamburg* SVR 2019, 142 |
| 1.750 | 1/2 Mitverschulden. *Rippenserienfraktur*, Schädelhirntrauma, Pneumothorax und Pleuraerguss. 5 Tage stationär. | *OLG Brandenburg* SP 2010, 173 |
| 2.000 | Prellungen an *Brustbein*, Brustkorb und *Rippen*. | *OLG Naumburg* NJW-RR 2011, 245 |
| 4.000 | 1/2 Mitverschulden. *Thoraxtrauma* und offene Becken-A-Verletzung, sechs Tage stationär. Dauerschaden: Schwindelanfälle und leichte Taubheit im Bereich einer Rückennarbe. | *OLG Brandenburg* r+s 2016, 636 |
| 6.000 | 3/5 Mitverschulden. Bruch von *Nasen und Schlüsselbein* sowie dreier Rippen, *Pneumothorax*, Nierenkontusion, 4 OP. | *OLG Karlsruhe* VersR 2012, 1124 |

| Betrag (€) | Verletzung/Unfallhergang | Quelle |
|---|---|---|
| 14.000 | *Brustwirbelfraktur* und Prellungen; MdE 30 %. Anhaltende Schmerzen. | *OLG Brandenburg* SP 2009, 71 |
| 15.000 | *Rippenserienfraktur*, beidseitiger Pneumothorax, hirnorganisches Psychosyndrom. Lebensgefahr, 12 Tage Intensivstation, eingeschränkte Kraftentwicklung an Unterarm und Hand, Schmerzen, Atemschwierigkeiten, reduzierte Merkfähigkeit. | *LG Lübeck* SP 2012, 148 |
| 16.000 | 30% Mitverschulden. Lungen-, *Rippen-* und Knieverletzungen; mehrere Operationen, 9 Monate Einschränkungen, Dauerschaden am Knie | *OLG München* ZfS 2020, 200 |
| 22.000 | *Rippenserienfraktur und Lungenkontusion, Wirbelsäulenschaden, erektile Dysfunktion; 80 % Behinderung, 44 Jahre alter Mann.* | *OLG Schleswig* NJW-RR 2017, 16 |
| 22.500 | *Beckenschaufelfraktur*, Schlüsselbeinfraktur; *Rippenfraktur*, Prellungen und Schürfwunden. Dauerschaden; Bewegungseinschränkungen der Beine und des Arms sowie Gesichtsnarben. | *OLG Saarbrücken* NZV 2010, 77 |
| 30.000 | 1/2 Mitverschulden. Kniegelenksluxattion, Kreuzbandrisse, Thoraxtrauma, Lungenkontusion und *Rippenserienfraktur* sowie dislozierte *Beckenfraktur*. 8 Wochen stationär, 13 Monate arbeitsunfähig. | *KG* MDR 2010, 1049 |
| 40.000 | *Brustwirbelkörperdistraktionsfraktur*; *Rippenfrakturen*; Wundheilungsstörung und erschwerter Heilungsverlauf; dauerhafte Schmerzen und Bewegungseinschränkungen. | *LG Lübeck* VersR 2022, 973 |
| 60.000 | *Brustwirbelkörperberstungsfraktur*; Kompressionsfrakturen; mehrere OP, Einschränkungen in Bewegung, Narben, MdE 40%. | *OLG Celle* DAR 2020, 625 |
| 72.000 | 40% Mitverschulden. Dislozierte *Rippenserienfraktur* – Schädelhirntrauma – Psychosyndrom, Dauer-MdE 35%. | *OLG München* ZfS 2022, 374 |

**Gesicht**

| Betrag (€) | Verletzung/Unfallhergang | Quelle |
|---|---|---|
| 4.000 | Glassplitterverletzung im *Gesicht*. Glassplitter im Augenlid wurden nicht entfernt. | *LG Köln* SP 2008, 108 |
| 4.500 | Schwere *Schädelprellung*; Glassplitterverletzungen im Gesicht, *Gesichtsödem* und Narbe auf der Stirn. | *LG München* SP 2009, 10 |
| 22.500 | *Gesichtsnarbe*, diverse Frakturen und Schnittwunden. Dauerschäden: Bewegungseinschränkungen an Arm und Bein. | *OLG Saarbrücken* NZV 2010, 77 |
| 40.000 | 1/2 Mitverschulden. Verlust des Geruchssinns, Tibiakopfmehrfragmentfraktur, TIbiaschaftfraktur, Kompartmentsyndrom des Unterschenkels und *Gesichtsfrakturen*. Verheilung des Unterschenkels in Fehlstellung. | *OLG Köln* VerKMitt 2010, Nr. 42 |
| 115.000 | *Schädelhirntrauma*, Mittelgesichts- und Unterkieferfraktur, Deformierung der Gesichtskonturen, Hirnschädigung, 70 % Schwerbehinderung. | *OLG Brandenburg* NJW 2011, 2219 |

## Hals, HWS

| Betrag (€) | Verletzung/Unfallhergang | Quelle |
|---|---|---|
| 0 | Leichte *HWS*-Zerrung (wie Muskelkater). | *LG Karlsruhe* SP 2008, 263 |
| 120 | 1/5 Mitverschulden. *HWS*-Distorsion, Verspannungen und Muskelschmerzen für 1 Woche | *OLG Saarbrücken* OLGR 2009, 394 |
| 200 | Leichte *HWS-Distorsion*, 6 Tage Beschwerden. | *OLG Oldenburg* DAR 2021, 93 |
| 200 | *HWS-Trauma*, 16 Tage krankgeschrieben. | *OLG Celle* NJW-RR 2021, 538 |
| 250 | 1/2 Mitverschulden. Zerrung der *HWS* und Prellungen, 1 Woche arbeitsunfähig. | *OLG Celle* OLGR 2009, 354 |
| 250 | *HWS-Verletzung*, Übelkeit und Schwindel, 4 Wochen Beeinträchtigungen. | *KG* VersR 2019, 631 |
| 300 | *HWS-Distorsion*, 1 Woche krankgeschrieben. | *OLG Oldenburg* DAR 2021, 93 |
| 360 | 70 % Mitverschulden; *HWS-Verletzung 2. Grades*, zwei Wochen krankgeschrieben, 7 Wochen Schmerzen. | *OLG Düsseldorf* DAR 2018, 376 |
| 400 | 1/5 Mitverschulden. *HWS*-Schleudertrauma, 1 Woche krankgeschrieben. | *OLG Saarbrücken* MDR 2007, 1190 |
| 500 | *HWS*-Schleudertrauma; 1 Woche arbeitsunfähig. | *KG* NZV 2010, 624 |
| 500 | *HWS-Distorsion* einer Schwangeren, 2 Tage stationär. | *OLG Düsseldorf* VRS 133 (2017), 303 |
| 600 | *HWS*-Distorsion; Erbrechen, 1 Woche Beschwerden. | *OLG Saarbrücken* NJW-RR 2011, 178 |
| 600 | *HWS-Distorsion* und Unterschenkelprellung, 2 Tage arbeitsunfähig, 6 Wochen Beschwerden- | *AG Bad Segeberg* SchlHA 2017, 423 |
| 750 | 1/4 Mitverschulden. *HWS*-Distorsion und Prellungen, 6 Wochen krankgeschrieben. | *OLG Saarbrücken* NJW-RR 2008, 1611 |
| 1.000 | *HWS-Distorsion*, 2 Monate krankgeschrieben | *LG Flensburg* SchlHA 2017, 262 |
| 1.000 | *Prellung von HWS* und Brust, 3 Wochen Beschwerden. | *AG Bruchsal* NJW-RR 2019, 22 |
| 1.200 | *HWS-Trauma*, Brustkorbquetschung, 3 Wochen Beschwerden. | *LG Köln* SP 2013, 253 |
| 1.200 | *HWS-Distorsion* und leichte Gehirnerschütterung, 4 Wochen krankgeschrieben. | *LG Ansbach* SVR 2016, 425 |
| 1.500 | *HWS-Distorsion*, Wirbelsäulenbeschwerden, 6 Wochen krankgeschrieben. | *OLG Karlsruhe* VersR 2016, 135 |
| 1.500 | *HWS-Distorsion*, einen Monat arbeitsunfähig. | *OLG Düsseldorf*, Urt. v. 15.09.2016 – 2 U 13/16 |
| 1.500 | *HWS-Trauma*, Prellungen, wochenlange Schmerzen, | *AG Darmstadt*, Urt. v. 14.11.2017 – 309 C 77/!5 |
| 1.500 | 25% Mitverschulden. *HWS-Distorsion*, Druckschmerz an den Schienenbeinen, 1 Monat krankgeschrieben. | *OLG Saarbrücken* NJW-RR 2021, 417 |
| 2.000 | *HWS-Syndrom*, 6 Wochen arbeitsunfähig. | *AG München* SP 2015, 48 |
| 2.000 | HWS-Verletzung, zwei Monate Beschwerden. | *LG Wiesbaden* VersR 2017, 562 |
| 2.500 | *HWS-Distorsion*, 6 Monate Beschwerden. | *OLG Düsseldorf* DAR 2015, 330 |

| Betrag (€) | Verletzung/Unfallhergang | Quelle |
|---|---|---|
| 3.000 | HWS-Verletzung; Schmerzsyndrom, drei Monate Beschwerden. | *OLG Brandenburg* VersR 2016, 1391 |
| 3.500 | *HWS-Schleudertrauma* mit Kopfschmerzen und Schwindel sowie Berufsbeeinträchtigung; 9 Wochen Beschwerden. | *LG Wiesbaden* NJW 2018, 1980 |
| 4.000 | ½ Mitverschulden. *HWS-Zerrung*, Schlüsselbeinverletzung; Operation und Bewegungseinschränkungen. | *OLG Koblenz* NZV 2021, 423 |
| 4.500 | *HWS-Distorsion*, drei Monate Schanzsche Krawatte und Vielzahl therapeutischer Termine. | *LG Aachen*, Urt. v. 22.03.2018 – 8 O 175/14 |
| 5.000 | *HWS-Distorsion* und Brustbeinfraktur, vier Monate Krankschreibung | *OLG München* ZAP EN-Rn. 356/2018 |
| 5.000 | *HWS-Distorsion* und Brustbeinfraktur, 2 Monate Krankschreibung und 6 Monate Beschwerden. | *OLG Brandenburg*, Urt. v. 17.06.2019 – 12 U 179/18 |
| 8.000 | *HWS-Distorsion*; posttraumatische Belastungsstörung mit Angstzuständen und Alpträumen. | *OLG Hamm* NZV 2017, 284 |
| 10.000 | *HWS-Distorsion* mit Anpassungsstörung und chronifizierter Depression sowie Schmerzsyndrom. | *OLG Düsseldorf* VD 2017, 54 |
| 12.000 | *HWS-Trauma;* Anpassungsstörung nach Nervreizung; Panikstörung. MdE 20%. | *OLG Düsseldorf* NJW-RR 2021, 1537 |
| 13.000 | *HWS-Distorsion* und Prellungen. Unzureichende Schmerztherapie und 9 Monate Beschwerden; Chronifizierung und keine Beschwerdefreiheit aktuell. | *OLG München* SP 2015, 6 |

Hand

| Betrag (€) | Verletzung/Unfallhergang | Quelle |
|---|---|---|
| 3.500 | *Radiusfraktur;* Bewegungseinschränkung der Hand bei Beugung. | *LG Hamburg* NZV 2016, 81 |
| 4.000 | *Handgelenkfraktur*; Bewegungseinschränkungen als Dauerschaden. | *LG Leipzig* NZV 2011, 41 |
| 4.000 | *Mittelhandfraktur*, Schwellungen und Prellungen über dem Nasenbein, Gehirnerschütterung und HWS-Distorsion. | *LG Köln* SP 2011, 16 |
| 4.000 | 1/3 Mitverschulden; Fraktur des *linken Daumensattelgelenks und Kapselbandläsion*; drei Operationen, erhebliche Funktionsbeeinträchtigung. | *OLG Schleswig* VersR 2015, 1563 |
| 7.000 | *Handgelenksfraktur*; völlige Durchtrennung des Handgelenks sowie offene Nasenbeinfraktur, Schnittwunden und Gehirnerschütterung. 6 Tage stationär. | *LG Wiesbaden* SP 2008, 216 |
| 8.000 | *Daumengrundgliedfraktur*; Ellbogenprellung. Es bestehen noch Beschwerden der Hand. | *LG Traunstein* SP 2010, 220 |
| 9.000 | *Hand- und Knieverletzung, Verlust der Milz* | *OLG Naumburg* VersR 2016, 610 |
| 25.000 | *Kahnbeinfraktur*; Schmerzen bei bestimmten Bewegungen; Schädelhirntrauma und HWS-Verletzung mit psychischen Folgeschäden. | *OLG Celle* DAR 2011, 136 |

## Hüfte/Becken

| Betrag (€) | Verletzung/Unfallhergang | Quelle |
|---|---|---|
| 300 | 2/5 Mitverschulden; Becken- und Hodenprellung, 1 Monat Beschwerden | *LG Detmold* SVR 2018, 462 |
| 2.000 | Prellung der Brustwirbelsäule und des Hüftgelenks, monatelange Beeinträchtigungen. | *LG Duisburg* SP 2014, 15 |
| 2.800 | 1/3 Mitverschulden. *Beckenprellung*, Schultereckgelenkssprengung. Operation, 2 Monate Beeinträchtigungen. | *OLG Saarbrücken* VerkMitt 2023, Nr. 9 |
| 4.500 | 1/2 Mitverschulden. *Spaltberstungsbruch des Beckenwirbelknochens*, 8 Tage stationär, 6 Monate 50 % MdE. | *OLG Naumburg* NJW-RR 2012, 275 |
| 7.500 | *1/4 Mitverschulden; Schulter- und Hüftprellung mit verzögertem Heilungsverlauf* | *OLG München* VRR 2015, 11 |
| 15.000 | *Hüftluxation* mit Acetabulumfraktur. MdE 10 %. | *OLG Naumburg* OLGR 2008, 537 |
| 15.000 | Sprengung der *Schambeinfuge*; Bruch der linken *Kreuzdarmbeinfuge*; Verstauchung und Zerrung der LWS; Prellungen, Bauchtrauma, 8 Monate Beeinträchtigungen. | *LG Dortmund* SP 2012, 73 |
| 20.000 | *Beckenringfraktur* und Rippenserienfraktur sowie Skalpierungsverletzung. | *LG Wiesbaden* SP 2008, 216 |
| 20.000 | 3/10 Mitverschulden. Endphasige Funktionseinschränkungen des rechten *Hüftgelenks*, Beinverkürzung, Schmerzen, 30 % MdE. | *OLG München* VRR 2013, 403 |
| 22.000 | *Beckenfraktur*, Lendenwirbelsäulenfraktur; Deformation des Hüftgelenks, Narben, MdE 40 %. | *OLG Brandenburg* SP 2008, 105 |
| 25.000 | *Beckenbruch*, Schädel- und Kieferverletzungen sowie Verbrennungen am rechten Oberschenkel. Schmerzen, Taubheitsgefühle und Narben. Vorsatztat. | *OLG Saarbrücken* NJW 2008, 1166 |
| 35.000 | *Beckenringfraktur; Acetabulumfraktur, Nasen- und Orbitafraktur; Lungenkontusion, Anpassungsstörung, 39 Jahre alter Mann.* | *OLG Saarbrücken* NJW-RR 2015, 1119 |
| 35.000 | *Beckenringfraktur*; Schädelhirntrauma; Dauerschäden, 11 Jahre alte Klägerin. | *OLG Celle* NJW 2021, 2124 |
| 90.000 | *Hüftluxationsfraktur* mit Beteiligung der Hüftgelenkspfanne, Verlust der Milz und diverse Frakturen. Künstliches Hüftgelenk, Bewegungseinschränkungen. | *LG Duisburg* SP 2008, 362 |

## Konversionsneurose

| Betrag (€) | Verletzung/Unfallhergang | Quelle |
|---|---|---|
| 5.500 | *Konversionsneurose* eines 56 Jahre alten Klägers nach HWS-Schleudertraume und Prellungen; gesundheitliche Prädisposition. | *OLG Saarbrücken* NJW-Spezial 2009, 761 |
| 14.000 | *Konversionsneurose*; MdE 20 %; 54 Jahre alter Kläger | *OLG München*, Urt. v. 29.06.2007 – 10 U 4379/01 |

**Lunge**

| Betrag (€) | Verletzung/Unfallhergang | Quelle |
|---|---|---|
| 9.000 | *Lungenschädigung*, Schlüsselbein-, Rippen- und Brustbeinfrakturen. | *LG Kassel* SP 2007, 11 |
| 16.000 | 30 % Mitverschulden. *Lungenverletzungen* sowie Rippen- und Kniebrüche. Dauerschaden am Knie | *OLG München* ZfS 2020, 200 |
| 22.000 | *Lungenkontusion*, Becken- und Lendenwirbelsäulenfrakturen und Schädelhirntrauma. Hüfte ist nur eingeschränkt beweglich, MdE 40 %. | *OLG Brandenburg* SP 2008, 105 |
| 35.000 | *Lungenkontusion, Beckenringfraktur, Acetabulumfraktur, Nasen- und Orbitafraktur, Anpassungsstörung; 39 Jahre alter Mann.* | *OLG Saarbrücken* NJW-RR 2015, 1119 |
| 40.000 | *Lungenkontusion, Hämatopneumothorax*, Rippen und Brustbeinfrakturen, Dickdarmriss mit Bauchfellentzündung, erhebliche Narben und posttraumatische Belastungsstörung. | *OLG Hamm*, Urt. v. 19.03.2010 – 9 U 71/09 |
| 72.000 | 40 % Mitverschulden. *Pneumothorax* und schweres Polytrauma mit Schädelhirntrauma; Dauerschaden, Psychosyndrom. MdE 35 %. | *OLG München* ZfS 2022, 374 |

**Nase**

| Betrag (€) | Verletzung/Unfallhergang | Quelle |
|---|---|---|
| 1.500 | Prellungen an *Nasenbein*, Thorax und Wirbelsäule; 2 Wochen krankgeschrieben, 6 Monate Schmerzen. | *OLG Dresden*, Urt. v. 20.04.2020 – 4 U 137/20 |
| 4.000 | Mittelhandfraktur, Schwellungen und Prellungen über dem *Nasenbein*, Gehirnerschütterung und HWS-Distorsion. | *LG Köln* SP 2011, 16 |
| 6.000 | *Nasenbeinbruch*, Schlüsselbeinbruch, Rippenbrüche, 4 Monate arbeitsunfähig. | *OLG Karlsruhe* VersR 2012, 1124 |
| 11.500 | *Nasenbeinfraktur*, Schädelhirntrauma und periodisch auftretender Narben- und Wetterfühligkeitskopfschmerz. | *LG Heilbronn* SP 2005, 233 |
| 20.000 | 60 % Mitverschulden. 11 Jahre alter Kläger wurde von einem Auto erfasst. Erhebliche Kopfverletzungen, schweres Schädelhirntrauma, *Nasengerüstfraktur*. Operationen und stationärer Aufenthalt; Notwendigkeit der Wiederholung eines Schuljahres. Es verblieb eine deutliche Narbe am Kopf und die Möglichkeit von Spätschäden aufgrund der Kopfverletzungen. | *OLG Hamm* DAR 2006, 272 |
| 30.000 | *Nasenbeinfraktur*, multiple Prellungen und Radiusfraktur; posttraumatische Belastungsstörung. | *OLG Schleswig* NJW-RR 2009, 1325 |

**Nerven**

| Betrag (€) | Verletzung/Unfallhergang | Quelle |
|---|---|---|
| 3.000 | *Nervwurzelzerrung* an der Bandscheibe, 3 Monate arbeitsunfähig. | *OLG Schleswig* NJW-RR 2021, 962 |
| 10.000 | Läsion des *nervus ulnaris*, Prellungen, Innenbandriss Knie, psychische Fehlverarbeitung. | *LG Dortmund*, Urt. v. 15.08.2007 – 21 O 431/03 |

| Betrag (€) | Verletzung/Unfallhergang | Quelle |
|---|---|---|
| 12.500 | 1/2 Mitverschulden. 30 Jahre alter Kläger. Trümmerfraktur des 5. Lendenwirbelkörpers mit kompletter Verlegung des Spinalkanals. 23 Tage in stationärer Behandlung, drei Monate Korsett und Gehstützen. Als Dauerschäden verblieb eine verschmächtigte Muskulatur im Bereich der Lendenwirbelsäule sowie eine druckempfindliche, 18cm lange Narbe (Dauer-MdE 30 %). 2 Jahre lang zeigte der Kläger ein hinkendes Gangbild, was auf neurogenen Schädigungen beruhte (*Fußheberparese* Grad III und eine *Großzehen-* und *Zehenheberparese* Grad II) | *OLG Saarbrücken* OLGR 2005, 701 |
| 40.000 | 20 % Mitverschulden. *Peronaeusparese* nach Unfall mit Knieverletzung; 8 Monate arbeitsunfähig, Dauer-MdE 30 %; Bewegungsbeeinträchtigungen. | *OLG München* NJW-Spezial 2022, 362 |
| 50.000 | 1/2 Mitverschulden. Vollständige Lähmung des *Nervus peronaeus* und Teillähmung des *Nervus tibialis*. Gehbehinderung und Beinverkürzung. | *OLG Brandenburg*, r+s 2017, 327 |

**Platzwunden, Prellungen, Quetschungen**

| Betrag (€) | Verletzung/Unfallhergang | Quelle |
|---|---|---|
| 250 | 3 Jahre altes Mädchen; *Schädelprellung* und Angst und Schrecken. | *OLG Naumburg* VersR 2009, 373 |
| 250 | *Prellungen* an Brust- und Lendenwirbelsäule, Ellbogen und Thorax; zwei Wochen Beschwerden. | *OLG München* DAR 2017, 38 |
| 400 | Oberflächliche *Prellungen* | *OLG München*, Urt. v. 24.06.2020 – 10 U 5582/19 |
| 400 | 1/3 Mitverschulden. Brustbein- und *Rippenprellungen*, Schmerzen über mehrere Wochen mit Schmerzmitteln. | *OLG Celle* NJW-RR 2020, 1419 |
| 500 | 1/2 Mitverschulden; *Thoraxprellungen*, Hautabschürfungen an Gesicht und Schulter; 2 Wochen arbeitsunfähig. | *OLG Brandenburg* NZV 2011, 26 |
| 600 | Kopfplatzwunde, *Schädelprellung*, 2 Tage arbeitsunfähig | *AG Kassel*, Urt. v. 13.03.2012 – 435 C 4225/11 |
| 600 | *Fußprellung* mit Knochenmarködem, drei Monate Beschwerden. | *OLG Celle* NJW-RR 2017, 1300 |
| 800 | 1/4 Mitverschulden. *Prellungen* an der linken Schulter, Ellbogen und Becken; langwieriger und schmerzhafter Heilungsprozess. | *LG Waldshut-Tiengen* SP 2010, 109 |
| 1.000 | *Halsprellmarke* von 20cm; Schürfwunden und Schwellungen in Augenhöhe. Hohes Mitverschulden. | *OLG Jena* NZV 2011, 31 |
| 1.000 | *Prellungen* an Oberkörper und Wirbelsäule, 3 Wochen arbeitsunfähig. | *AG Bruchsal* NJW-RR 2019, 22 |
| 1.250 | *Prellungen* an Schädel, Ellbogen und Oberschenkel; 4 Wochen arbeitsunfähig, 11 Massagetermine. | *LG Aachen* SP 2010, 113 |
| 1.500 | *3/5 Mitverschulden; Prellungen und Schlüsselbeinmehrfachfraktur, 2 1/2 Monate arbeitsunfähig.* | *LG Hamburg* SV 2017, 469 |

| Betrag (€) | Verletzung/Unfallhergang | Quelle |
|---|---|---|
| 1.500 | 25 % Mitverschulden. *Schienbeinprellung* und HWS-Distorsion; Druckschmerz an den Schienbeinen, ein Monat arbeitsunfähig. | *OLG Saarbrücken* NJW-RR 2021, 417 |
| 2.000 | *Prellung* der linken Thoraxhälfte, Gehirnerschütterung und Gesichtsschürfwunden; 3 Tage stationäre Behandlung. 35 Jahre alte Klägerin. | *OLG Saarbrücken* DAR 2010, 23 |
| 2.500 | Erhebliche *Prellungen* an der rechten Hüfte, dem rechten Knie und dem rechten Unterarm; Bruch des Mittelfußknochens und Schürfwunden. | *LG Darmstadt* DAR 2008, 89 |
| 4.000 | *Nasenprellung*, Wintersteinfraktur und HWS-Distorsion. 2 Tage stationär und OP der Fraktur. 4 Wochen wurde Hilfe im Alltag benötigt. | *LG Köln* SP 2011, 16 |
| 4.000 | *1/3 Mitverschulden; Prellung von Handgelenk, Knie und Sprunggelenk, drei Operationen des Daumens.* | *OLG Schleswig* SP 2016, 184 |
| 5.000 | Schwere *Kniegelenksprellung* und Schleimbeutelentzündung; durchgängige Schmerzen im Knie. | *OLG Schleswig* MDR 2010, 1253 |
| 8.000 | *Platzwunde*, HWS-Distorsion, Gehirnerschütterung, Prellung des rechten Daumens sowie diverse Prellungen; posttraumatische Belastungsstörung, Ausfall über 5 Monate. | *OLG Hamm* NZV 2017, 284 |
| 10.000 | *Prellungen an Hüfte und Oberschenkel*; 8 Wochen arbeitsunfähig; Angststörung mit Alpträumen und Angst im Straßenverkehr. | *OLG Karlsruhe* VersR 2012, 1186 |

**Schädel**

| Betrag (€) | Verletzung/Unfallhergang | Quelle |
|---|---|---|
| 1.200 | *Schädelprellung* und Schürfwunden, 4 Wochen arbeitsunfähig. | *AG Kempten* DAR 2008, 271 |
| 2.250 | *Schädelhirntrauma 1. Grades*; 9 Tage stationär, Kopfschmerzen und Übelkeit. | *LG Düsseldorf* SP 2013, 143 |
| 3.000 | *Schädelhirntrauma*; Kalottenfraktur. 4 Tage stationär, 4 Jahre alter Kläger. | *KG* VersR 2011, 274 |
| 4.000 | *Gehirnerschütterung*, Mittelhandfraktur, Schwellungen und Prellungen über dem Nasenbein und HWS-Distorsion. | *LG Köln* SP 2011, 16 |
| 4.500 | 1/10 Mitverschulden. Schwere *Schädelprellung*, Prellungen an Schulter, Arm und Knie und Schnittverletzungen im Gesicht. | *LG München II* SP 2009, 10 |

| Betrag (€) | Verletzung/Unfallhergang | Quelle |
|---|---|---|
| 8.000 | 1/2 Mitverschulden. Ausrutschen mit dem Motorrad auf landwirtschaftsbedingt verschmutzter Fahrbahn. *Schädelhirntrauma* mit Einblutungen in Form eines ausgeprägten *Frontalhirnsyndroms,* Kopfplatzwunde an der rechten Stirnseite, Schenkelhals- und Schambeinfraktur rechts, Schlüsselbeinfraktur rechts sowie Thoraxtrauma mit erheblicher Lungenprellung. Zwei Wochen Koma, 1 1/2 Monate stationäre Behandlung, viermonatige stationäre neurologische Rehabilitation. Kognitive Einschränkungen (geminderte Aufmerksamkeit) und Wesensänderungen (vermehrte Reizbarkeit) sowie körperliche Dauerschäden (Bewegungseinschränkung Hüfte und Schulter, Schulterschiefstand). | *OLG Celle* OLGR 2007, 43 |
| 9.000 | *Gehirnerschütterung,* Gehörgangsblutung, Schlüsselbeinfraktur. 2 OP, 3 Wochen arbeitsunfähig, Narbe in Dekolletébereich und in Fehlstellung verheiltes Schlüsselbein. | *OLG Hamm* SP 2010, 361 |
| 10.000 | *Schädelhirntrauma* 1. Grades; Innenknöchelfraktur des Sprunggelenks. Dauerschaden: Bewegungsbeeinträchtigungen. | *KG* MDR 2010, 1318 |
| 12.000 | *Schädelhirntrauma mit Schädelfraktur.* | *OLG Celle* DAR 2014, 199 |
| 13.000 | *Schädelhirntrauma, Unterarmfraktur und Sprunggelenksfraktur.* | *OLG Dresden* DAR 2017, 463 |
| 17.000 | *Gehirnerschütterung,* Wadenbeinfraktur, Kreuzbandriss, Schleimbeutelentzündung im Knie sowie Prellungen. | *OLG Frankfurt* SP 2010, 220 |
| 22.000 | *Schädelhirntrauma* 2. Grades; Lungenkontusion, Leberruptur und Nierenparenchymruptur sowie Beckenfrakturen. Lebensgefahr, diverse Operationen. MdE 40 %. | *OLG Brandenburg* SP 2008, 105 |
| 25.000 | Kahnbeinfraktur; Schmerzen bei bestimmten Bewegungen; *Schädelhirntrauma* und HWS-Verletzung mit psychischen Folgeschäden. | *OLG Celle* DAR 2011, 136 |
| 25.000 | *Schädelhirntrauma* mit commotio ceribri, Lungenkontusion und Spannungshämatopneumothorax, Rippenserienfrakturen beiderseits, Frakturen des Beckens und Unterschenkelfraktur; Klägerin leidet unter erheblichen Dauerschäden, Kopfschmerzen und Schwindel. | *OLG Karlsruhe* MDR 2013, 1096 |
| 30.000 | 1/4 Mitverschulden. Schwerste *Schädel-,* Gesichts- und Kieferverletzungen; Kopfschmerzen, Verlust des Geruchssinns und epileptische Anfälle. | *OLG Frankfurt* SP 2007, 275 |
| 30.000 | 1/4 Mitverschulden. *Schädelhirntrauma,* Rippenserienfraktur, Kniegelenksverletzungen mit Kreuzbandrissen, Beckenfraktur und Thoraxtrauma mit Lungenkontusion. 13 Monate arbeitsunfähig. | *KG* MDR 2010, 1049 |
| 66.500 | *Schädelhirntrauma,* ruptiertes Aortenaneurysma, Schnittverletzungen an der Stirn, eine Rippenserienfraktur links sowie eine distale Unterschenkelfraktur links. | *OLG Schleswig* NJW-RR 2021, 893 |

| Betrag (€) | Verletzung/Unfallhergang | Quelle |
|---|---|---|
| 75.000 | *Schädelhirntrauma 3. Grades*, künstliche Beatmung und Ernährung, Tod nach zwei Jahren. | *OLG Düsseldorf* SP 2009, 396 |
| 100.000 | *Schädelverletzung* im frontobasalen Bereich – Intelligenzminderung – Wesensveränderung. Fast 2 Jahre altes Mädchen. | *OLG Brandenburg*, Urt. v. 06.01.2022 – 12 U 235/20 |
| 115.000 | *Schädelhirntrauma, Mittelgesichts- und Unterkieferfraktur*, Deformierung der Gesichtskonturen, Hirnschädigung, 70 % Schwerbehinderung | *OLG Brandenburg* NJW 2011, 2219 |

**Schlüsselbein**

| Betrag (€) | Verletzung/Unfallhergang | Quelle |
|---|---|---|
| 800 | 40 % Mitverschulden. *Schlüsselbeinverletzung*, 6 Wochen krankgeschrieben und Ruhigstellung. | *OLG München* NJW-Spezial 2020, 682 |
| 1.000 | 1/2 Mitverschulden; *Schlüsselbeinbruch*, der nicht ordnungsgemäß zusammengewachsen ist, sechs Monate Beschwerden. | *LG Detmold* SP 2015, 403 |
| 1.500 | *Dislozierte Schlüsselbeinmehrfragmentfraktur, 2 1/2 Monate arbeitsunfähig.* | *LG Hamburg* SVR 2017, 469 |
| 3.500 | *Schlüsselbeinfraktur*, Stirnschnittwunde, 5 Wochen Beeinträchtigungen. | *OLG Düsseldorf* VersR 2012, 120 |
| 4.000 | ½ Mitverschulden. *Schlüsselbeinverletzung*; Dauerschaden: Bewegungseinschränkungen. | *OLG Koblenz* NZV 2021, 423 |
| 9.000 | Gehirnerschütterung, Gehörgangsblutung, *Schlüsselbeinfraktur.* 2 OP, 3 Wochen arbeitsunfähig, Narbe in Dekolletébereich und in Fehlstellung verheiltes *Schlüsselbein.* | *OLG Hamm* SP 2010, 361 |
| 22.500 | Beckenschaufelfraktur, Rippen- und *Schlüsselbeinfraktur* sowie Gesichtsnarben. Dauerschäden durch Bewegungseinschränkungen des Arms und der Beine. | *OLG Saarbrücken* NZV 2010, 77 |
| 90.000 | *Schlüsselbeinbruch*, Hüftgelenksluxationsfraktur mit Beteiligung der Hüftgelenkspfanne, Beckenverletzung und Milzverlust. Bewegungseinschränkungen. | *LG Duisburg* SP 2008, 362 |

**Schulter**

| Betrag (€) | Verletzung/Unfallhergang | Quelle |
|---|---|---|
| 800 | 1/4 Mitverschulden. *Schulterprellung*, drei Wochen Schmerzhaftigkeit. | *LG Detmold* NZV 2016, 525 |
| 2.800 | 1/3 Mitverschulden. Schürfwunden am Unterschenkel, *Schultereckgelenkssprengung* und Beckenprellung. 3 Wochen arbeitsunfähig; 6 Wochen Schulterabduktionskissen. Starke Schmerzen. | *OLG Saarbrücken* VerkMitt 2023, Nr. 9 |
| 3.500 | ½ Mitverschulden. *Schulterverrenkung* und Sehnenriss, 1 Woche Krankschreibung, längere Physiotherapie. | *OLG Oldenburg*, Urt. v. 27.09.2021 – 2 U 121/21 |
| 4.000 | *Schulterluxation*, die operativ eingerenkt werden muss. | *OLG Schleswig* SP 2012, 177 |
| 4.000 | 2/3 Mitverschulden; Schlüsselbeinfraktur, Beeinträchtigungen von *Schulter* und Handgelenk. | *OLG Frankfurt* SP 2014, 228 |

| Betrag (€) | Verletzung/Unfallhergang | Quelle |
|---|---|---|
| 8.000 | Schlüsselbeinfraktur und erhebliche Schmerzen im *Schultergelenk*; Notwendigkeit eines sog. Rucksackverbandes. | *OLG Saarbrücken* SP 2014, 11 |
| 65.000 | *Schulterluxation*; Morbus Sudeck; Rippenserienfraktur und contusio cordis mit Herzrhythmusstörungen. | *OLG Köln* MDR 2011, 290 |
| 70.000 zzgl. 200 Rente | Ausriss von Schlüsselbein- und *Schulterblattgelenk*, Abriss des rechten Arms. MdE 80 % und Funktionsbeeinträchtigungen des Arms. | *OLG Celle* NZV 2006, 95 |

**Schürfwunden, Schnittwunden**

| Betrag (€) | Verletzung/Unfallhergang | Quelle |
|---|---|---|
| 200 | Schürfungen und Prellungen an den Unterschenkeln, ambulante Behandlung. | *AG Pirna*, Urt. v. 25.02.2016 – 12 C 601/15 |
| 200 | 40 % Mitverschulden. *Schürfwunde* am Unterarm und HWS-Trauma, 16 Tage Krankschreibung. | *OLG Celle* NJW-RR 2021, 538 |
| 500 | 1/2 Mitverschulden. *Schürfwunden* an der rechten Wange bis zum Ohr und an der Schulter; 2 Wochen arbeitsunfähig. | *OLG Brandenburg* SP 2011, 67 |
| 1.000 | *Schürfwunden* in Gesicht und Ellbogen sowie Halsprellmarke; hohes Mitverschulden. | *OLG Jena* NZV 2011, 31 |
| 1.200 | *Schürfwunden* an Unterarm und Hand; Prellungen an Knie und Schädel. | *AG Kempten* DAR 2008, 271 |
| 1.300 | Stirn- und Knieprellungen nach Frontalaufprall; *Schnittwunde* am Finger und HWS-Distorsion sowie Distorsion am Ellbogen mit der Folge einer Schiene. | *LG Limburg* DV 2019, 169 |
| 1.500 | *Schürfwunden* an Knie und Unterschenkeln sowie HWS-Syndrom und Prellungen an BWS und Hüfte. 6 Wochen Beschwerden. | *LG Köln* DAR 2008, 388 |
| 1.500 | *Multiple Schürf- und Schnittwunden* an der linken Hand; Thoraxtrauma; 2 Wochen arbeitsunfähig, 2 Tage stationär. | *OLG Koblenz* SP 2017, 484 |
| 2.000 | *Schürfwunden* im Gesicht sowie Prellungen und Gehirnerschütterung; 3 Tage stationär. 35 Jahre alte Klägerin. | *OLG Saarbrücken* DAR 2010, 23 |
| 2.800 | 1/3 Mitverschulden. *Schürfwunden* am Unterschenkel, Schultereckgelenkssprengung und Beckenprellung. 3 Wochen arbeitsunfähig; 6 Wochen Schulterabduktionskissen. Starke Schmerzen. | *OLG Saarbrücken* VerkMitt 2023, Nr. 9 |
| 3.000 | *Schürf- und Schnittverletzungen*, Schädel- und Brustkorbprellung. 6 Tage stationär. | *LG Bautzen* SP 2013, 331 |
| 3.500 | Multiple *Schürfungen*, Knöchelbruch, Handprellung und Schultergelenkzerrung. | *KG* NZV 2007, 308 |
| 4.500 | *Glassplitterverletzungen* im Gesicht; wegen der Schnittwunden verbleibt eine Narbe, ferner diverse Prellungen. | *LG München II* SP 2009, 10 |

**Schwerstverletzungen**

| Betrag (€) | Verletzung/Unfallhergang | Quelle |
|---|---|---|
| 101.355 | *Hirnverletzungen*, Unterschenkelfraktur mit Wadenbeinlähmung. 60 % Schwerbehinderung; Migräne, Kopfschmerzen, Mund kann nur 1,5cm geöffnet werden. Koordinations-, Gedächtnis- und Konzentrationsstörungen. | *OLG Jena* VRR 2008, 464 |
| 160.000 | 1/4 Mitverschulden. *Querschnittslähmung* beider Beine, Lungenkontusion, Harnblasenlähmung. 17 Jahre alter Junge. | *OLG Köln* NJW 2016, 252 |
| 180.000 | 30 % Mitverschulden. 23 Jahre alte Frau; schwere Verletzungen nach Motorradunfall, *Hirnschaden*, Halbseitenlähmung und Amputation eines Obearms, Verlust des Sprachvermögens, dauerhafte Schmerzen. | *OLG Schleswig* NJW-RR 2019, 347 |
| 200.000 | Hirnverletzungen, traumatische Subarachnoidalblutung, Stammhirnkontusion. Übergang ins *apallische Syndrom*. | *LG Freiburg* DAR 2008, 29 |
| 250.000 | 5 Jahre alter Kläger. Schweres *Schädelhirntrauma* mit offener Keilbeinfraktur. Er kann weder sprechen noch laufen und leidet unter einer *spastischen linksseitigen Lähmung*. | *OLG Celle* OLGR 2003, 205 |
| 275.000 | Hohe *Querschnittslähmung* ab C6 | *OLG Celle* VersR 2019, 1157 |
| 350.000 | Hypoxischer *Hirnschaden* und *Wachkoma*; 42 Jahre alter Kläger. | *OLG Oldenburg* VersR 2016, 664 |
| 430.000 | 18 Jahre alte Frau, *Querschnittslähmung* und Bauchraumverletzung, 10 Stunden tägliche intravenöse Ernährung. | *OLG Hamm*, Urt. v. 15.02.2019 – 11 U 136/16 |
| 500.000 zzgl. 500 Rente | Der 3 Jahre alte Kläger wurde bei einem Verkehrsunfall, bei welchem seine Großeltern verstarben, verletzt. Er ist vom ersten Halswirbel abwärts querschnittsgelähmt und nicht mehr in der Lage, sich selbst zu bewegen. Neben zahlreichen inneren Verletzungen erlitt der Kläger ein vorübergehendes *Mittelhirnsyndrom* mit *Kreislaufregulierungsstörungen* und zentralen *Temperaturregulationsstörungen*; er leidet unter erheblichen Schmerzen. Wegen einer Atemlähmung ist er auf den Dauereinsatz eines Beatmungsgeräts und auf ständige Pflege angewiesen. Geistig ist er nicht beeinträchtigt, er kann nur noch über Laute oder die Augen mit der Umwelt kommunizieren. Er ist sich seiner Situation bewusst und weint, wenn er andere Kinder sieht, die sich bewegen können. | *LG Kiel* VersR 2006, 279 m.Anm. *Jaeger* |

**Tod, baldiger**

| Betrag (€) | Verletzung/Unfallhergang | Quelle |
|---|---|---|
| 500 | 1/2 Mitverschulden. Unfallopfer verstarb etwa *7 Minuten* nach dem Unfall an dessen Folgen, ohne vorher das Bewusstsein wiedererlangt zu haben. | *OLG Rostock* OLGR 2000, 67 |
| 1.250 | 1/2 Mitverschulden. So schwere Verletzungen, dass Geschädigte nach *einer Stunde* Bewusstlosigkeit starb. | *OLG Hamm* NZV 1997, 233 |

| Betrag (€) | Verletzung/Unfallhergang | Quelle |
|---|---|---|
| 1.500 | Geschädigter verlor durch die Unfallverletzungen das Bewusstsein, das er vor seinem Tod nicht wiedererlangte. Etwa *zehn Minuten* vergingen, bis der Tod im brennenden Wagen eintrat. | *OLG Karlsruhe* OLGR 1997, 20 |
| 2.500 | 1/3 Mitverschulden. Der Geschädigte erlitt u.a. schwere Schädelverletzungen und verstarb nach *30 Minuten* an der Unfallstelle. Versuche, ihn anzusprechen, blieben erfolglos. | *OLG Hamm* NZV 2002, 234 |
| 3.750 | 1/2 Mitverschulden. 82 Jahre alter Geschädigter; Polytrauma. Tod nach *18-tägiger stationärer Behandlung.* Das Gericht hat die gesamte Leidensphase einer Gesamtbetrachtung unterzogen und den Umstand, dass der Verletzte nicht unter Schmerzen gelitten hat und dass ihm die Verletzungen nicht zum Bewusstsein gekommen sind, nicht mindernd berücksichtigt. | *OLG Hamm* VersR 2003, 1055 |
| 4.000 | *Tod* nach *drei Stunden* bei Bewusstsein. | *LG Limburg* SP 2007, 389 |
| 6.000 | Schädelhirntrauma mit Einblutungen in den Hirnstamm und ein Hirnödem; Bewusstseinsverlust an der Unfallstelle, Tod nach *8 Tagen* ohne Wiedererlangung des Bewusstseins. | *OLG Koblenz* NJW 2003, 442 |
| 6.000 | Tod nach *2 Stunden* bei Starken Schmerzen. | *OLG Frankfurt* VRR 2009, 402 |
| 10.000 | 77 Jahre alter Mann, Tod nach *2 Tagen* ohne Wiedererlangen des Bewusstseins. | *LG Lübeck* NZV 2012, 175 |
| 25.000 | 50 Jahre alter Mann starb *5 1/2 Monate* nach einem Unfall, bei dem er irreversible Hirnschädigungen erlitten hatte. Er war weder ansprechbar noch in der Lage, Nahrung aufzunehmen. | *OLG München* OLGR 1997, 51 |
| 45.000 | 1/4 Mitverschulden. Tod nach *6 Monaten*; diverse Hirnverletzungen, apallisches Syndrom. | *OLG Naumburg* NJW-RR 2015, 1244 |
| 75.000 | 1/3 Mitverschulden. Tod nach *22 Monaten* in Bewusstlosigkeit nach Verkehrsunfall. | *OLG München* NJW 2020, 1685 |

## Wirbelsäule

| Betrag (€) | Verletzung/Unfallhergang | Quelle |
|---|---|---|
| 250 | Prellungen an *Brust- und Lendenwirbelsäule*, zwei Wochen Beschwerden. | *OLG München* DAR 2017, 38 |
| 2.000 | *Wirbelsäulenprellung*, HWS-Syndrom. | *AG Frankenthal* NJW-RR 2015, 544 |
| 2.500 | 1/2 Mitverschulden. *Lendenwirbelsäulenprellung*, Prellungen an Gesäß und Unterarm und psychische Folgen (Antriebsschwäche, Anpassungsstörung). | *OLG Saarbrücken* OLGR 2009, 126 |
| 2.500 | HWS-Schleudertrauma; *BWS*-Distorsion; Schädelprellung. 1 Woche krankgeschrieben, danach unter Schmerzen wieder zur Arbeit aus Sorge um Arbeitsplatzverlust. | *AG Erkelenz* SP 2009, 221 |
| 3.500 | 1/5 Mitverschulden. Deckplattenimpressionsfraktur der *Lendenwirbelkörper 1 und 2* sowie Prellungen am *Schädel* und linken Oberschenkel, 3 Wochen Schmerztherapie. | *OLG Karlsruhe* VersR 2012, 1270 |

| Betrag (€) | Verletzung/Unfallhergang | Quelle |
|---|---|---|
| 8.000 | *Brustwirbelkörperfraktur*, 4 Wochen Reha und chronische Rückenschmerzen. | *OLG Celle* SP 2011, 215 |
| 10.000 | *HWS/LWS-Distorsion;* Dauerschaden chronisches Schmerzsyndrom | *OLG Karlsruhe* ZfS 2022, 432 |
| 14.000 | *Brustwirbelfraktur* (Kneifzangenbruch) und Prellungen. Dauerschmerzen im Brustwirbelsäulenbereich, MdE 30 %. | *OLG Brandenburg* SP 2009, 71 |
| 20.000 | *Lendenwirbelkörperkompressionsfrakturen*; Operation, 5 Monate arbeitsunfähig | *OLG Frankfurt* NJW 2020, 3325 |
| 27.500 | 30 % Mitverschulden. *Halswirbelfrakturen*, Oberschenkelfraktur, 3,5 Monate Arbeitsunfähigkeit, beeinträchtigtes Gangbild | *OLG Koblenz* SVR 2021, 264 |
| 40.000 | *Brustwirbelkörperfraktur*, Rippenfrakturen; lange Reha, Bewegungsstörungen und Narben sowie Schmerzen | *LG Lübeck* VersR 2022, 973 |

# Kapitel 20 Posttraumatische Belastungsstörungen als juristisches Problem

## Schrifttum

*Balke*, Posttraumatische Belastungsstörung (PTBS) und Verkehrsunfall, SVR 2022, 361; *ders.*, Das Hinterbliebenengeld – Ein Überblick über eine Auswahl der bisher dazu ergangenen Entscheidungen, SVR 2021, 211; *Bischoff*, Psychische Schäden als Unfallfolgen, zfs 2008, 122; *Burmann/Heß*, Die Ersatzfähigkeit psychischer (Folge-)schäden nach einem Verkehrsunfall, NJW-Spezial 2004, 15; *Burmann/Jahnke*, Kausalität und Prognose im Schadenfall, zfs 2020, 250; *Eilers*, Psychische Schäden als Unfallfolgen, zfs 2009, 248; *Elsner*, Anm. zu BGH, Urt. v. 22.05.2007 – VI ZR 17/06, NJW 2007, 2766; *Geigel*, Der Haftpflichtprozess, 29. Aufl., München 2024; *Himmelreich/Halm*, Handbuch Verkehrsrecht, 7. Aufl., Köln 2022; *Halm/Staab*, Posttraumatische Belastungsstörungen nach einem Unfallereignis, DAR 2009, 677; *Heß*, Noch einmal: Psychische Erkrankungen nach Unfallereignissen: HWS und die posttraumatische Belastungsstörung, NZV 2001, 287; *Höher*, Der Betrug bei Ersatzansprüchen im Personenschaden, NZV 2012, 457; *Huber*, Hinterbliebenengeld – Wer kann wieviel verlangen?, VersR 2020, 385 ff.; *Jahnke/Burmann*, Handbuch des Personenschadenrechts, 2. Aufl., München 2022; *Luckey*, Anm. zu OLG Koblenz Urt. v. 08.03.2010 – 1 U 1137/06, VersR 2011, 940; *Luckey*, Personenschaden, 3. Aufl., Köln 2021; *Müller*, Schäden im Haftpflichtrecht, VersR 1998, 129; *Grüneberg*, Bürgerliches Gesetzbuch, 84. Aufl., München 2025; *Slizyk*, Handbuch Schmerzensgeld, 21. Aufl., 2025, Kap. V.6; *Staab/Halm*, Aktuelle Rechtsprechung zum Betrug in der Kfz-Haftpflichtversicherung, DAR 2014, 71; *Staab*, Psychisch vermittelte und überlagerte Schäden, VersR 2003, 474; *Stöhr*, Psychische Gesundheitsschäden und Regress, NZV 2009, 161; *Wessels/Castro*, Ein Dauerbrenner: das »HWS-Schleudertrauma« Haftungsfragen im Zusammenhang mit psychisch vermittelten Gesundheitsbeeinträchtigungen, VersR 2000, 284.

## Übersicht



## Einleitung

1 Seit Beginn der 1990-er Jahre wird im Haftungsrecht diskutiert, wie psychische Folgeschäden juristisch zu behandeln sind. Zahlreiche Entscheidungen des *BGH* Mitte der 1990-er Jahre haben sich mit dieser Problematik beschäftigt und haben die Diskussion kurzzeitig verstummen lassen. Die

Frage, ob und inwieweit eine Haftung bei einer rein psychischen Beeinträchtigung angenommen werden kann, ist aber wieder neu entflammt. Dies hat nicht zuletzt damit etwas zu tun, dass in der jüngsten Vergangenheit eine posttraumatische Belastungsstörung (PTBS) häufig diagnostiziert wurde, ein solches Syndrom zeitweise sogar »in Mode« geraten war.[1] Zunehmend werden bei »Bagatellunfällen« Schäden bis hin zu einer Berufsunfähigkeit beansprucht.[2] Dementsprechend war die Thematik Gegenstand der Erörterungen auf dem 46. VGT 2008 in Goslar und so forderte beispielsweise der Deutsche Verkehrssicherheitsrat mit Beschluss vom 04.11.2019 die Einrichtung von Forschungsprojekten zur Erfassung psychischer Folgen von Verkehrsunfällen.

## A. Problemdarstellung

Symptomatik, Diagnosekriterien und Entstehung einer posttraumatischen Belastungsstörung sind unter Medizinern umstritten.[3] Nach einer gängigen Umschreibung der Weltgesundheitsorganisation (WHO) liegt eine solche immer dann vor, wenn ein Betroffener einem kurz oder lang anhaltendem Ereignis oder Geschehen von außergewöhnlicher Bedrohung oder katastrophalem Ausmaß ausgesetzt ist, das nahezu bei jedem Menschen eine tiefgreifende Verzweiflung auslösen würde.[4] Gerichte sprechen von einem »unscharfen Krankheitsbild«[5] bzw. es wird darauf hingewiesen,[6] dass die PTBS zu einem »unspezifischen Sammelbegriff für psychische Belastungen« zu werden droht. Balke nennt die PTBS »eine Diagnose mit hoher Anziehungskraft«. 2

Der Begriff der posttraumatischen Belastungsstörung wurde in der Rechtsprechung ursprünglich im Zusammenhang mit zwei Fragestellungen verwendet: 3
- Greift durch die Krankheit ein Abschiebungsverbot zugunsten eines Kriegsflüchtlings nach dem Aufenthaltsgesetz ein?
- Sind einem Betroffenen Versorgungsleistungen nach dem Opferentschädigungsgesetz zu gewähren?

Demzufolge wurde der Begriff in zahlreichen Entscheidungen der Verwaltungs- und SG erwähnt.[7] 4

So hat das *VG Münster*[8] im Jahr 2017 zu einem als Dienstunfall beim feuerwehrdienstlichen Einsatz anerkannten Fall darauf hingewiesen, dass belastende Rettungseinsätze zwar zum Berufsbild eines Feuerwehrmannes gehören. Allerdings läge es außerhalb der normalen Ausgestaltung des Dienstverhältnisses, bei Rettungseinsätzen mit dem Tod naher Bekannter oder gar von Freunden und deren Identifizierung konfrontiert zu werden. Dabei stützt sich das Gericht auf ein Urteil des *LSG Berlin-Brandenburg*[9] zum PTBS eines Zugführers. Auch bei einem erfahrenen Katastrophenhelfer kann es nach Ansicht des VG zum PTBS kommen und erwähnt den Arbeitsunfall eines Rettungssanitäter.[10]

Immer häufiger werden psychische Belastungen aber nunmehr auch als Folge eines Verkehrsunfalls thematisiert, wenn sich Rechtsanwälte und Versicherer mit der Regulierung von Ansprüchen wegen 5

1 *Bischoff* zfs 2008, 122; *Heß* NZV 2001, 287; Himmelreich/Halm/*Nickel* Hdb. Verkehrsrecht Kap. 27 S. 1650.
2 Vgl. *Becke* NZV 2000, 230 f.
3 Vgl. Himmelreich/Halm/*Clemens/Schottmann*, Kap. 9a – Medizinische Klassifizierung.
4 Sog. Diagnosekriterien nach ICD-10; vgl. dazu auch *Echterhoff* Jahrbuch VerkehrsR von Himmelreich (Hrsg.) 2000, 335; anschaulich *LSG Baden-Württemberg*, Urt. v. 26.06.2014 – L 6 VU 2236/13 ZVW, Rn. 77 ff. (juris); *Slizyk* Hndb. Schmerzensgeld, 20. Aufl. 2024, Posttraumatische Belastungsstörungen und Unfallneurosen, Rn. 289 ff.
5 *OVG für das Land Nordrhein-Westfalen*, Beschl. v. 20.03.2017 – 13 A 517/16.A (juris).
6 *Balke* SVR 2017, 190 f. in seiner beachtlichen Anmerkung zu *Schleswig-Holsteinisches OLG*, Urt. v. 09.08.2016 – 7 U 152/15.
7 *SG Frankfurt*, Urt. v. 25.02.1998 – S 24 Vg 4486/96; *OVG des Saarlandes*, Beschl. v. 20.09.1999 – 9 Q 286/98; *OVG für das Land Nordrhein-Westfalen*, Beschl. v. 20.03.2017 – 13 A 517/16.A (juris).
8 *VG Münster*, Urt. v. 09.05.2017 – 4 K 133/16 (juris).
9 *LSG Berlin-Brandenburg*, Urt. v. 17.12.2009 – L 2 U 1014/05 (juris).
10 *LSG Saarland*, Urt. v. 24.03.2010 – L 2 U 91/07 (juris).

unfallbedingter Folgeschäden befassen.[11] Die posttraumatische Belastungsstörung bzw. PTSD[12] ist diejenige psychische Folgestörung, die am häufigsten nach Verkehrsunfällen auftritt.[13] Der Bundesanstalt für Straßenwesen zufolge leiden 40 – 50 % aller Verkehrsunfallopfer an einer posttraumatischen Belastungsstörung.[14] Nachdem in der Rechtsprechung lange Zeit nur allgemein von psychischen Folgeschäden gesprochen wurde,[15] wird der Begriff der posttraumatischen Belastungsstörung mittlerweile auch vermehrt in der Rechtsprechung zum Haftungsrecht verwendet.[16]

6 Die Schwierigkeiten bei psychischen Erkrankungen nach Unfallereignissen beginnen aufgrund der weit gefassten Definition bereits bei der Feststellung solcher psychischen Leiden. Oft gibt es zwar subjektiv geäußerte Beschwerden, jedoch keine objektiven Befunde. Dem versuchte das *OLG Celle* jüngst entgegenzuwirken, indem es das Vorliegen einer PTBS anhand objektiver Kriterien durch einen psychiatrischen Sachverständigen ermitteln ließ und darauf hinwies, dass es sich bei der Psychiatrie nicht um eine »tatsachenfreie Wissenschaft« handle.[17]

7 Die Probleme liegen in der Folge bei der Beweisbarkeit einer Ursache und der Zurechenbarkeit zu einem bestimmten Ereignis. Darüber hinaus ist die Unterscheidung zwischen Primär- und Folgeschaden zu beachten.

## B. Lösungsansätze der Rechtsprechung

8 Grds. steht jeder Versuch, die eingangs geschilderten Probleme mit juristischen Instrumenten zu lösen, vor einem Dilemma. Ähnlich der Problematik beim behaupteten Auftreten eines Tinnitus, äußert der Betroffene i.d.R. subjektive Beschwerden, die oftmals schwierig zu objektivieren sind. Hinzu kommt, dass die Frage, ob ein Ereignis traumatisierend wirkt, nicht nur von der Art und Stärke des Ereignisses, sondern auch von der Person, die dem Ereignis ausgesetzt ist, abhängt.[18] Der Jurist soll sich nun um eindeutige Lösungen bemühen, obwohl medizinisch nicht immer genau zwischen psychischer Fehlverarbeitung und Simulation, d.h. einer dem Verletzten bewussten und von ihm beabsichtigten Vortäuschung nicht vorhandener Symptome unterschieden werden kann. Das Kernproblem ist daher häufig nicht juristischer Art.[19]

Eine wertvolle Hilfe leistet dem Juristen dabei ein Blick in die internationale Klassifikation der Krankheiten (ICD, International Classification of Diseases)[20] und zur Diagnose von psychischen Erkrankungen das DSM-5.[21]

Erfreulicherweise hat sich daran auch das *OLG Celle* mit Urteil vom 22.01.2020 orientiert und entschieden, welche Anforderungen an ein psychiatrisches Gutachten zum Nachweis einer posttraumatischen Belastungsstörung zu stellen sind.[22] Zur Diagnostik seien danach objektive Kriterien

11 *Burmann/Jahnke* Psychische Schäden im Haftpflichtprozess, NZV 2012, 505 ff.

12 PTSD ist eine Abkürzung für post-traumatic stress disorder und damit die englische Bezeichnung für eine posttraumatische Belastungsstörung (PTBS).

13 *Clemens/Hack/Schottmann/Schwab* DAR 2008, 10; *Eilers* zfs 2009, 248.

14 Psychische Folgen von Verkehrsunfällen, BaSt, M245, S. 7.

15 Der Begriff wurde selbst in ADAJUR bis 2005 nicht einmal erwähnt.

16 Vgl. *BGH*, Urt. v. 22.05.2007 – VI ZR 17/06, NJW 2007, 2764; *OLG Celle*, Urt. v. 22.05.2008 – 8 U 5/08; *Brandenburgisches OLG*, Urt. v. 27.10.2005 – 12 U 87/05, VersR 2006, 1251; *Schleswig-Holsteinisches OLG*, Urt. v. 15.01.2009 – 7 U 76/07, NZV 2010, 96; *Brandenburgisches OLG*, Urt. v. 06.06.2019 – 12 U 119/18.

17 *OLG Celle*, Urt. v. 22.01.2020 – 14 U 106/28.

18 *OLG Koblenz*, Urt. v. 02.07.2007 – 12 U 1812/05.

19 So auch *Elsner* NJW 2007, 2766; *BGH*, Urt. v. 22.05.2007 – VI ZR 17/06. Auch der *BGH* (vgl. Urt. v. 10.02.15 – VI ZR 8/14 NJW 2015, 2246) orientiert sich an diesen Diagnoseschlüsseln.

20 Himmelreich/Halm/*Clemens/Schottmann*, Medizinische Klassifizierung, Kap. 9a, Rn. 1 ff.

21 Das nationale psychiatrische Klassifikationssystem der USA, *Clemens/Schottmann/Fokkinnk*, a.a.O., welches am 18.05.2013 veröffentlicht wurde.

22 *OLG Celle*, Urt. vom 22.01.2020 – 14 U 106/28 – BeckRS 2020, 422.

heranzuziehen und es sei im Einzelnen nachvollziehbar darzulegen, welche Kriterien als erfüllt anzusehen seien. Außerdem müsse eine Abgrenzung zu möglichen anderen psychischen Erkrankungen vorgenommen werden. So kann die Diagnostik beispielsweise anhand der DSM 5 Kriterien der American Psychiatric Association vorgenommen werden.[23] Bei jedem Verfahren ist das Vorliegen eines sog. A-Kriteriums, das Durchleben eines traumatisierenden Ereignisses, erforderlich sowie das Vorliegen weiterer Symptome, wie beispielsweise das wiederholte Erleben des Ereignisses, Flashbacks oder Vermeidungsverhalten.[24]

Während in DSM-5 eine Konfrontation mit tatsächlichem oder drohendem Tod, ernsthafter Verletzung oder sexueller Gewalt gefordert wird, entsteht nach ICD-10 F 43.1 die PTBS als verzögerte Reaktion auf ein belastendes Ereignis von außergewöhnlicher Bedrohung oder katastrophalem Ausmaß, die bei fast jedem tiefgreifende Verzweiflung hervorrufen würde.[25]

Da für einen »Geschädigten« die Versuchung besteht, sich die fehlende Objektivierbarkeit seiner 9
»Verletzungen« in einem Prozess zunutze zu machen und aus einem banalen Unfallereignis die lebenslange Zahlung einer Schadensrente zu erstreiten,[26] müssen jedoch, um einer unberechtigten Ausuferung bei Behauptung eines unfallbedingten posttraumatischen Belastungssyndroms entgegenzuwirken und gleichzeitig die Fälle mit tatsächlich unfallbedingtem Krankheitswert zu ermitteln, auch mit juristischen Mitteln eindeutige Grenzen gezogen werden. Beachtenswert ist dabei der Versuch des OVG,[27] bereits die Substantiierung eines Sachverständigenbeweisantrags, der das Vorliegen einer PTBS zum Gegenstand hat, mit dem Hinweis zu erschweren, angesichts der Unschärfen des Krankheitsbildes sowie seiner vielfältigen Symptome die Vorlage eines näher konkretisierten Mindestanforderungen entsprechenden fachärztlichen Attestes zu fordern.

Bei dem Versuch, praxistaugliche Entschädigungskriterien aufzustellen, wird grds. danach unter- 10
schieden, ob es sich bei der psychischen Erkrankung um eine Primärverletzung[28] oder Sekundärverletzung[29] handelt.[30] Diese Differenzierung bestimmt nach der im Folgenden näher skizzierten Rechtsprechung des *BGH* das Beweismaß und welchen Grad psychische Beschwerden annehmen müssen, um einen Schadensersatzanspruch zu begründen.[31]

Der *BGH* hat zu der Frage der Haftung für psychische Folgeschäden in der Vergangenheit mehrfach 11
Stellung genommen. Die grundlegenden Entscheidungen vom 30.04.1996[32] und vom 11.11.1997[33] sind dabei zum Zurechnungszusammenhang bei psychischen Folgeschäden ergangen. Dies hat nicht zuletzt etwas damit zu tun, dass psychische Schäden in der Praxis überwiegend[34] als Reaktion auf eine vorangegangene Körper- oder Gesundheitsverletzung geschildert werden. Da die Besonderheiten der psychischen Beschwerden bei Primär- und Sekundärverletzung insoweit gleich sind, werden

23 Welche Diagnosekriterien im Einzelnen bei welchem Verfahren heranzuziehen sind und worin die Unterschiede der verschiedenen Diagnoseverfahren bestehen, vgl. *Jahnke/Burmann*, a.a.O., S. 85 f.

24 Vgl. *Jahnke/Burmann*, a.a.O., S. 85 f.; Slizyk, a.a.O.

25 *OLG München*, Urt. v. 13.07.2023 – 24 U 37/20 (juris); Urt. v. 12.10.2018 – 10 U 44/17, NJW-RR 2019, 660; *OLG Hamm*, Urt. v. 26.10.2018 – 32 SA 30/18 auch zur Abgrenzung einer Begehrensneurose.

26 *Elsner* NJW 2007, 2766; vgl. *Jahnke/Burmann*, a.a.O., S. 509 f.; *Staab/Halm*, DAR 2014, 71.

27 *OVG für das Land NRW*, Beschl. v. 20.03.2017 – 13 A 517/16.A (juris).

28 D.h., es liegt eine psychische Beeinträchtigung ohne vorhergehende organische Verletzung vor; *AG Hagen*, Urt. v. 24.04.2013 – 19 C 296/11, NZV 2013, 397 f.; *Jahnke/Burmann*, a.a.O.

29 D.h., ein psychischer Schaden wird als Folge einer Körper- oder Gesundheitsverletzung geltend gemacht.

30 *Eilers* zfs 2009, 249; *Heß* NZV 2001, 287; *AG Dortmund*, Urt. v. 11.10.1999 – 132 C 6509/99; *Staab* VersR 2003, 1223; *BGH*, Urt. v. 28.01.2003 – VI ZR 139/02.

31 *Staab* VersR 2003, 1223; *BGH*, Urt. v. 28.01.2003 – VI ZR 139/02; *Geigel/Schmidt*, Der Haftpflichtprozess Kap. 1 Rn. 23.

32 *BGH*, Urt. v. 30.04.1996 – VI ZR 55/95, BGHZ 132, 341 = NZV 1996, 353 = r+s 1996, 303.

33 *BGH*, Urt. v. 11.11.1997 – VI ZR 376/96, BGHZ 137, 142 = NZV 1998, 65 = r+s 1998, 20.

34 *Eilers* zfs 2009, 251.

die vom *BGH* entwickelten Grundsätze von den Obergerichten[35] auch angewendet, wenn es um die Auseinandersetzung mit einem psychischen Primärschaden geht.[36]

12 Unter Berücksichtigung dessen lassen sich aus der bisher ergangenen Rechtsprechung folgende Grundsätze für den rechtlichen Umgang mit psychischen Erkrankungen nach Unfallereignissen ableiten:

## I. PTBS als Folgeschaden

### 1. Beweismaß

13 Die Geltendmachung eines Folgeschadens verlangt zuerst, dass ein Primärschaden unstreitig vorliegt oder nachgewiesen werden kann. Hinsichtlich der Primärverletzung gilt der Maßstab des § 286 ZPO.[37] Nachweisschwierigkeiten können insb. bei HWS-Verletzungen auftreten, da es bei diesen Verletzungen oftmals an objektiven Befunden fehlt. Eine Bescheinigung über HWS-Verletzungen vom Unfalltag genügt jedenfalls nicht, um den entsprechenden Nachweis zu führen, wenn diese allein aufgrund der von dem Geschädigten subjektiv geschilderten Schmerzsymptomatik ausgestellt worden war.[38] Vielmehr muss eine solche Bescheinigung i.R.d. Beweiswürdigung unter Berücksichtigung der jeweiligen Umstände des Einzelfalles bewertet werden.[39] Ein gewichtiges Indiz gegen eine HWS-Verletzung liegt vor, wenn der Aufprall nur gering war, was etwa bei einer Differenzgeschwindigkeit von weniger als 10 km/h der Fall sein soll.[40] Kann die Primärverletzung letztlich nicht bewiesen werden, wird der Anwalt des Geschädigten ggf. die psychischen Beschwerden ihrerseits als Primärzustand darstellen, da eine HWS-Symptomatik auch rein psychisch soll vermittelt werden können.[41] Allerdings gelten für die Einstufung einer HWS-Verletzung als Gesundheitsschaden hohe Anforderungen.[42] Da nicht ausgeschlossen werden kann, dass der Mandant darauf beharren wird, ausschließlich körperliche Verletzungen erlitten zu haben,[43] wird der Anwalt sich eine derartige »Umstellung« auf einen psychischen Primärschaden sorgfältig zu überlegen haben.

14 Kann eine unfallbedingte körperliche Primärverletzung festgestellt werden, ist in ständiger Rechtsprechung anerkannt, dass der Schädiger, der für eine unfallbedingte Körper- oder Gesundheitsverletzung verantwortlich ist, auch für deren weitere (Schadens-)Folgen einzustehen hat.[44] Diese Folgeschäden müssen für sich gesehen keine Körper- oder Gesundheitsverletzung darstellen. Gleichwohl bedarf es einer (nachzuweisenden) Verbindung zwischen dem eingetretenen Verletzungserfolg und dem geltend gemachten Schaden, sog. haftungsausfüllende Kausalität.[45] Für den Nachweis der Entstehung eines psychischen Folgeschadens kommt dem Geschädigten die Beweiserleichterung des § 287 ZPO zugute.[46] Demnach reicht für die Beweisführung eine erhebliche Wahrscheinlich-

35 *OLG Nürnberg*, Urt. v. 16.06.1998 – 11 U 3943/95, VersR 1999, 1117; *OLG Hamm*, Urt. v. 02.07.2001 – 13 U 224/00, VersR 2002, 992.

36 *Heß*, NZV 2001, 289.

37 *BGH*, Urt. v. 21.07.1998 – VI ZR 15/98, VersR 1998, 1153; *BGH*, Urt. v. 13.05.2009 – IV ZR 211/05, VersR 2009, 1213; *OLG München*, Urt. v. 13.07.2023 – 24 U 37/20 (juris); *OLG München*, Urt. v. 08.02.2002 – NZV 2003, 474; *BGH*, Urt. v. 08.12.2020 – VI ZR 19/20, VersR 2021, 328; *OLG Hamm*, Urt. v. 05.05.2020 – I-9 U 1/20, NJW-RR 2020, 979.

38 *OLG Frankfurt am Main*, Urt. v. 28.02.2008 – 4 U 238/06, zfs 2008, 264; *AG Brandenburg*, Urt. v. 27.08.2010 – 34 C 28/08, NZV 2011, 91; *AG Wildeshausen*, Urt. v. 13.07.2010 – 4 C 190/10 (IV).

39 Vgl. zu den Anforderungen an die Feststellung einer PTBS: *OLG Celle*, Urt. v. 15.06.2022 – 14 U 148/21, DAR 2022, 632; *OLG Hamm*, Urt. v. 27.08.2001 – 6 U 252/99, VersR 2002, 994.

40 *OLG Hamburg*, Urt. v. 21.06.2002 – 14 U 147/01, NZV 2002, 503.

41 *Wessels/Castro* VersR 2000, 284.

42 Himmelreich/Halm/*Jäger/Luckey* Kap. 9 Rn. 5 ff. m.w.N.

43 *Eilers* zfs 2009, 252; vgl. hier E.2.

44 *BGH*, Urt. v. 16.03.1993 – VI ZR 101/92, NJW 1993, 1523; *Müller* VersR 1998, 129 ff.

45 Vgl. dazu *Geigel/Schmidt* Der Haftpflichtprozess Kap. 1 Rn. 21.

46 *BGH*, Urt. v. 11.11.1997 – VI ZR 376/96, VersR 1998, 201; *Saarländisches OLG*, Urt. v. 21.07.2009 – 4 U 649/07, OLGR Saarbrücken 2009, 897; *Schleswig-Holsteinisches OLG*, Urt. v. 10.01.2019 – 7 U 74/13.

keit aus. Zur Begründung dieser genügt es jedoch nicht, wenn lediglich eine bloße zeitliche Nähe zwischen einem Unfallereignis und dem Auftreten von Beschwerden gegeben ist.[47] Beruft sich der Schädiger auf einen der unten noch näher beschriebenen Ausnahmefälle »Bagatellunfall«, »Begehrensneurose« oder »überholende Kausalität«, trägt er hierfür nach den allgemeinen Grundsätzen des Zivilprozesses die Beweislast.[48]

Die Anerkennung einer posttraumatischen Belastungsstörung als Unfallfolge ist allerdings ausgeschlossen, wenn der Geschädigte zum Zeitpunkt des Unfalls bewusstlos war und demzufolge keine Erinnerung an das Unfallgeschehen besteht.[49] Das Hauptmerkmal der PTBS, die Entwicklung charakteristischer Symptome nach der Konfrontation mit einem extrem traumatischen Ereignis, fehlt, wenn der Unfall im Nachhinein aus Erzählungen rekonstruiert wird.

## 2. Kausalitäts- und Zurechnungsgesichtspunkte

Bei psychischen Folgeschäden entstehen die Probleme in erster Linie deshalb, weil der Schädiger regelmäßig[50] auf eine bereits vorher vorhandene Krankheitsanlage beim Geschädigten trifft. 15

Wird eine solche Prädisposition durch das Unfallereignis »aktiviert«, berührt dies die Haftung nach der Rechtsprechung unter Äquivalenz und Adäquanzgesichtspunkten nicht. Eine Mitursächlichkeit reicht in diesem Zusammenhang aus,[51] denn niemand hat einen Anspruch darauf »auf die Gesunden und Starken der Gesellschaft zu treffen«.[52] Im Ergebnis bedeutet dies, dass der Schädiger für den Gesamtschaden haftet, wenn der schädigende Erfolg durch das mitursächliche Unfallereignis herbeigeführt wurde bzw. sich ein bestehender Schaden durch das Hinzutreten einer Mitursache vergrößern sollte.[53] Etwas anderes gilt nur für abgrenzbare Teilkausalität, das heißt, wenn feststeht, dass der kausale Schadenbeitrag nur einen abgrenzbaren Teilschaden herbeigeführt hat.[54] Für einen seelisch bedingten Folgeschaden, der auf einer psychischen Prädisposition des Geschädigten beruht, muss der Schädiger daher grds. einstehen.[55] 16

Die Rechtsprechung, welche mittlerweile erkannt hat, dass es aufgrund bestehender Prädispositionen durchaus in relevanter Häufigkeit zu einer psychischen Fehlverarbeitung eines für den gesunden Menschen folgenlos bleibenden Unfallgeschehens kommen kann,[56] versucht, den Folgen dieses extrem weiten Kausalitätsbegriffs entgegenzuwirken, indem sie die Haftung des Schädigers unter Zurechnungsgesichtspunkten wieder einschränkt.[57] 17

47 *LG Osnabrück*, Urt. v. 21.05.2014 – 3 O 1012/13, Schaden-Praxis 2014, 301.

48 *Vgl. Grüneberg/Grüneberg* Vor. § 249 Rn. 55; zur Beweislast bei der überholenden Kausalität: *Dannert* zfs 2001, 55; *Jahnke/Burmann*, 2. Kapitel, Rn. 292 ff. (300 ff.) m.w.N.

49 *LSG Baden-Württemberg*, Urt. v. 26.09.2013 – L 6 U 3246/12 (juris).

50 *Heß* NZV 2001, 288; *AG Dortmund*, Urt. v. 11.10.1999 – 132 C 6509/99.

51 *BGH*, Urt. v. 29.02.1956 – VI ZR 352/54, NJW 1956, 1108; *BGH*, Urt. v. 06.06.1989 – VI ZR 241/88, VersR 1989, 924; *BGH*, Urt. v. 20.05.2014 – VI ZR 187/13, VersR 2014, 1130.

52 *BGH*, Urt. v. 11.11.1997 – VI ZR 376/96, RuS 1998, 22; vgl. ausführlich *BGH*, Urt. v. 10.07.2012 – VI ZR 127/11, DAR 2013, 137 ff., VersR 2012, 1133 ff.

53 *OLG Stuttgart*, Urt. v. 23.07.1959 – 2 U 58/59, NJW 1959, 2308.

54 *BGH*, Urt. v. 20.05.2014 – VI ZR 187/13; vgl. *Burmann/Jahnke*, Kausalität und Prognose im Schadenfall, ZfSch 2020, 250 ff.

55 *BGH*, Urt. v. 30.04.1996 – VI ZR 55/95, NJW 1996, 2425.

56 Saarländisches OLG, Urt. v. 21.07.2009 – 4 U 649/07, OLGR Saarbrücken 2009, 897.

57 Vgl. zu diesen richterlichen Einschränkungen grds. auch *Schneider/Nugel*, NJW 2014, 2077 (2982), der jedoch eine Würdigung der Rechtsprechung vermissen lässt. Vgl. zur Kritik an der bisherigen Rechtsprechung und zu Lösungsmöglichkeiten aber hier Rdn. 47–81.

*a) Bagatellausnahme*

18 Verneint wird eine Haftung, wenn die Primärverletzung eine Bagatelle war und die psychische Reaktion hierauf nicht verständlich ist.[58] Eine sog. Bagatellverletzung liegt in Anlehnung an die zu § 847 BGB a.F. bei Bagatellverletzungen entwickelten Grundsätze vor, wenn die Beeinträchtigungen sowohl von der Intensität als auch von der Art der Verletzung her nur ganz geringfügig sind und den Verletzten üblicherweise nicht nachhaltig beeindrucken.[59] Bei der Beurteilung gelten strenge Anforderungen,[60] es wird nur ausnahmsweise eine sog. Bagatelle bejaht.[61] Denn die Grenze zu einer sog. Bagatellverletzung soll bereits bei einer Ohrfeige überschritten sein.[62] Ebenso hat der *BGH* bei einer 5-tägigen Arbeitsunfähigkeit wegen einer Schädelprellung und HWS-Distorsion einen Bagatellfall verneint.[63] Gebilligt hat der *BGH* jedoch eine Entscheidung des *OLG Nürnberg*[64] vom 22.11.2001 zu einem Bagatellgeschehen. Gegenstand dieses Urteils war ein Auffahrunfall, bei dem die von einem Sachverständigen festgestellte Geschwindigkeitsänderung max. 6 km/h betragen hatte.[65] Da das schädigende Ereignis nach Ansicht des Gerichts deshalb als geringfügig anzusehen war, verneinte es den Zurechnungszusammenhang.[66] Trotz Bagatellverletzung bejaht der *BGH*[67] die Zurechnung ausnahmsweise aber, wenn der Schädiger auf eine besondere Krankheitsanlage beim Verletzten trifft. Dies soll aber wiederum nicht gelten, wenn diese Schadensanlage nach objektivem Maßstab unvorhersehbar war.[68]

*b) Renten- oder Begehrensneurose/überholende Kausalität*

19 Neben der Bagatellverletzung führen nach dem *BGH* auch die Fälle der sog. Renten- oder Begehrensneurose zu einer Haftungsbefreiung. Bei einer solchen nimmt der Geschädigte in dem neurotischen Streben nach Versorgung und Sicherheit den Unfall nur zum Anlass, um sich aus dem Erwerbsleben zu verabschieden. Die Zurechnung wird verneint, weil sich letztlich nur das allgemeine Lebensrisiko verwirklicht.[69] Für die Verneinung des Zurechnungszusammenhangs zwischen unfallbedingten Verletzungen und Folgeschäden wegen einer festgestellten Begehrensneurose ist es nach BGH[70]

58 *BGH*, Urt. v. 30.04.1996 – VI ZR 55/95, NZV 1996, 353; *BGH*, Urt. v. 11.11.1997 – VI ZR 376/96, NJW 1998, 811; *BGH*, Urt. v. 16.03.2004 – VI ZR 138/03, NJW 2004, 1945; *OLG Hamm*, Urt. v. 30.10.2000 – 6 U 61/00, VersR 2002, 78; *OLG Celle*, Urt. v. 20.01.2010 – 14 U 126/09, SVR 2011, 215; *OLG Hamburg*, Urt. v. 16.04.2014 – 14 U 202/13 (juris).

59 *BGH*, Urt. v. 14.01.1992 – VI ZR 120/91, VersR 1992, 505; *Heß/Burmann* NJW-Spezial 2004, 15; *Jahnke/Burmann*, 2. Kapitel, Rn. 301 ff.

60 *BGH*, Urt. v. 11.11.1997 – VI ZR 376/96, BGHZ 137, 142–153 = Jahrbuch Verkehrsrecht von Himmelreich (Hrsg.) 1999, 92; *KG Berlin*, Urt. v. 30.10.2000 – 12 U 5120/99, NZV 2002, 38.

61 *Stöhr* NZV 2009, 163; dazu auch *OLG München*, Urt. v. 12.10.2018 – 10 U 44/17, NJW-RR 2019, 660.

62 *Eilers* zfs 2009, 252.

63 *BGH*, Urt. v. 11.11.1997 – VI ZR 376/96, NJW 1998, 810 = Jahrbuch Verkehrsrecht von Himmelreich (Hrsg.) 1999, 92.

64 *OLG Nürnberg*, Urt. v. 22.11.2001 – 8 U 214/00, zfs 2002, 524.

65 Ausführliche Besprechung des Urteils bei *Staab* VersR 2003, 1224; *BGH*, Urt. v. 28.01.2003 – VI ZR 139/02.

66 Ebenso *OLG Hamm*, Urt. v. 18.03.2002 – 6 U 115/01, NZV 2002, 457.

67 *BGH*, Urt. v. 11.11.1997 – VI ZR 376/96, BGHZ 137, 143, 145 f.; nach *OLG Schleswig*, Urt. v. 02.06.2005 – 7 U 124/01 rechtfertigt die auf einer Prädisposition beruhende Fehlverarbeitung eines harmlosen Unfalls eine hälftige Anspruchskürzung.

68 Zum Beispiel bei einer ganz außergewöhnlichen Disposition des Geschädigten, vgl. *OLG Köln*, Urt. v. 12.12.2006 – 3 U 48/06, NJW 2007, 1757.

69 *KG Berlin*, Urt. v. 15.05.2000 – 12 U 3645/98, NZV 2002, 173; *Gerlach* DAR 1994, 227; *Staab* VersR 2003, 1226; *BGH*, Urt. v. 28.01.2003 – VI ZR 139/02 m.w.N.; vgl. auch *BGH*, Urt. v. 10.07.2012 – VI ZR 127/11, a.a.O.

70 *BGH*, Urt. v. 10.07.2012 – VI ZR 127/11 in einem sehr lesenswerten Urteil zur Haftung für psychische Folgeschäden.

ausreichend, dass die Beschwerden entscheidend durch die neurotische Begehrenshaltung geprägt sind.[71] Übereinstimmend damit sprach das *OLG München* im Jahr 2018[72] dem Kläger Ansprüche wegen einer geltend gemachten PTBS ab, da die Aussagen des Klägers und dessen Verhalten nach dem Unfall sowie der Krankheitsverlauf maßgeblich durch die festgestellte Begehrensneurose geprägt waren und sich die psychische Fehlverarbeitung durch das Streben nach Entschädigung auszeichnete. Eine ebenfalls nicht unfallbedingte Neurose stellt die Simulation, also die vom Verletzten bewusste und beabsichtigte Vortäuschung nicht vorhandener Symptome, dar.[73]

Davon abzugrenzen sind die sog. Konversionsneurosen, bei denen zwar auch seelische Konflikte in 20 körperliche Symptome umgewandelt werden, aber nicht der Wunsch dominiert, nicht mehr arbeiten zu müssen.[74] Nach Verkehrsunfällen können des Weiteren sog. Aktual- oder Unfallneurosen auftreten. Bei diesen bauscht der Geschädigte die Folgen seines Unfalls auf. Dies geschieht jedoch nicht in betrügerischer Absicht, sondern, weil er in Wirklichkeit selbst daran glaubt. Beide Neurosen führen grds. nicht zu einem Haftungsausschluss.[75]

Wäre die Beeinträchtigung ohne das Unfallereignis sowieso bald eingetreten, erfolgt eine Zurech- 21 nungskorrektur unter dem Gesichtspunkt der überholenden Kausalität. So hat das *OLG Hamm* in einer Entscheidung berücksichtigt, dass der Geschädigte wegen einer Grunderkrankung ohnehin arbeitsunfähig geworden wäre.[76]

*c) Zweitunfall*

Erleidet der durch eine frühere Verletzung Vorgeschädigte einen Zweitunfall, gelten nach der Recht- 22 sprechung folgende Grundsätze:[77] Der Erstschädiger haftet für den durch den Zweitunfall eingetretenen Schaden, wenn die Erstverletzung die Schadensanfälligkeit geschaffen oder wesentlich erhöht hat.[78] Waren die Folgen des Erstunfalls jedoch beim zweiten Schadensereignis bereits ausgeheilt oder hat der Erstschaden die anlagebedingte Schadensanfälligkeit für den eingetretenen Zweitschaden nur unwesentlich verstärkt, entfällt eine Haftung des Erstschädigers.[79] Denn in diesem Fall war das Schadensrisiko des Ersteingriffs bereits gänzlich abgeklungen.[80] Die Haftung des Zweitschädigers ist daher bei massiven Vorschäden i.d.R. ausgeschlossen, wenn neue Beeinträchtigungen durch den Folgeunfall nicht feststellbar sind.[81]

### 3. Schadensbemessung

Greift keiner der vorgenannten Ausnahmefälle ein, ist der Schädiger bzw. der dahinterstehende 23 Haftpflichtversicherer grds. eintrittspflichtig. Bei der folgenden Bestimmung des Umfangs bzw. der Länge der Schadensersatzverpflichtung muss der Tatrichter – im Gegensatz zu den Anforderungen

71 *Diehl*, Anm. zur Entscheidung des *BGH*, Urt. v. 10.07.2012 – VI ZR 127/11, ZfSCH 2012, 567 f.; *Jahnke/Burmann*, 2. Kapitel, Rn. 304 ff. m.w.H. und Kritik am BGH.

72 *OLG München*, Urt. v. 12.10.2018 – 10 U 44/17, NJW-RR 2019, 660; *OLG Hamm*, Urt. v. 26.10.2018 – 32 SA 30/18.

73 Himmelreich/Halm/*Jäger/Luckey* Kap. 9 Rn. 83j; *Staab/Halm*, DAR 2014, 71.

74 *Müller* VersR 1998, 133.

75 *BGH*, Urt. v. 25.02.1997 – VI ZR 101/96, VersR 1997, 752; *BGH*, Urt. v. 08.02.1994 – VI ZR 68/93, VersR 1994, 695.

76 *Heß* NZV 2001, 289 m.w.N.

77 Vgl. dazu auch *Geigel/Schmidt* Der Haftpflichtprozess Kap. 1 Rn. 25, 31 ff.

78 *BGH*, Urt. v. 20.11.2001 – VI ZR 77/00, NJW 2002, 504.

79 *BGH*, Urt. v. 16.03.2004 – VI ZR 138/03, NJW 2004, 1945.

80 *Hanseatisches OLG in Bremen*, Urt. v. 01.04.2003 – 3 U 2/2000, RuS 2003, 478.

81 *OLG Koblenz*, Urt. v. 18.04.2005 – 12 U 609/02 – unveröffentlicht.

des § 286 ZPO – nicht allen Beweisanträgen nachgehen, sondern kann sich etwa mit einer Schadensschätzung nach § 287 ZPO begnügen, wenn er hinreichende Anhaltspunkte für eine solche hat.[82]

24 Insoweit ist auch zu beachten, dass der Tatrichter die Höhe des Ersatzanspruches zu beschränken hat, wenn sich aus der psychischen Struktur des Geschädigten mit einer für § 287 ZPO ausreichenden Wahrscheinlichkeit ernsthaft unfallunabhängige Risiken für die gesundheitliche Entwicklung ergeben.[83]

25 Bei der Bestimmung der Schadenshöhe verfährt die Rechtsprechung folgendermaßen:

26 Geht es um die Bestimmung eines Erwerbsschadens, werden teilweise Abschläge vorgenommen, um das Zukunftsrisiko angemessen zu berücksichtigen.[84] Prognosezeitpunkt zur Beurteilung des künftigen Risikos ist der Zeitpunkt der Entscheidung.[85] Vereinzelt wird neuerdings auch von der Möglichkeit Gebrauch gemacht, die Zahlungen auf ein geringes Zeitintervall zu begrenzen.[86]

27 Zieht ein Unfallereignis tatsächlich unfallbedingte, nachhaltige psychische Störungen nach sich, steht dem Betroffenen i.d.R. ein Anspruch auf Schmerzensgeld zu.[87] Das *OLG Schleswig*[88] hat dem Geschädigten in einer Entscheidung für das Erleiden einer unfallbedingten posttraumatischen Belastungsstörung, infolgedessen er seinen Beruf aufgeben musste und in seiner Lebensqualität erheblich eingeschränkt ist, ein Gesamtschmerzensgeld von 30.000 € zuerkannt. Für eine posttraumatische Belastungsstörung mit einer Dauer von sechs Monaten, die eine klinische psychologische Behandlung erforderte, hat das *LG Bonn* ein Schmerzensgeld i.H.v. 6.500 € zugesprochen.[89] Das *LG Osnabrück* 25.000 € für eine »Traumafolgestörung« im Sinne einer posttraumatischen Belastungsstörung wegen Verlustes des eigenen Kindes im Zusammenhang mit einer vorsätzlich begangenen Straftat.[90] Das *OLG Köln* reduzierte das zuvor durch das LG zugesprochene Schmerzensgeld für eine gutachterlich bestätigte PTBS mitsamt Panikzuständen und Schlafstörungen als Folge eines Verkehrsunfalles von 42.000 € auf 32.000 € mit dem Hinweis, dass es der Klägerin noch möglich sei, den Zustand zu verbessern durch eine Traumatherapie.[91]

28 Bei der Schmerzensgeldbemessung wird sich eine spezielle Schadensanfälligkeit[92] oder eine unangemessene Erlebnisverarbeitung[93] des Geschädigten i.d.R. anspruchskürzend auswirken, teilweise

82 *BGH*, Urt. v. 24.01.1995 – VI ZR 354/93, VersR 1995, 469; *Schleswig-Holsteinisches OLG*, Urt. v. 10.01.2019 – 7 U 74/13.

83 *BGH*, Urt. v. 11.11.1997 – VI ZR 376/96, NJW 1998, 810; *Schleswig-Holsteinisches OLG*, Urt. v. 06.07.2006 – 7 U 148/01 OLGR Schleswig 2006, 5; *OLG Köln*, Urt. v. 25.10.2005 – 4 U 19/04, DAR 2006, 325.

84 *BGH*, Urt. v. 11.11.1997 – VI ZR 376/96, NZV 1998, 65 ff.; *BGH*, Urt. v. 17.01.1995 – VI ZR 62/94, NZV 1995, 183; *AG Köln*, Urt. v. 10.01.2000 – 268 C 218/99, NJW-RR 2001, 1393; *Schleswig-Holsteinisches OLG*, Urt. v. 06.07.2006 – 7 U 148/01 OLGR Schleswig 2006, 5; *Schleswig-Holsteinisches OLG*, Urt. v. 10.01.2019 – 7 U 74/13; *Jahnke/Burmann* Kap. 2 Rn. 378. m.w.N.

85 Vgl. Burmann/Jahnke, Kausalität und Prognose im Schadenfall, ZfSch 2020, S. 250 ff.

86 *Saarländisches OLG Saarbrücken*, Urt. v. 21.07.2009 – 4 U 649/07 – 216, OLGR Saarbrücken 2009, 897.

87 *AG Köln*, Urt. v. 10.01.2000 – 268 C 218/99, NJW-RR 2001, 1393; vgl. auch die Übersicht bei *Geigel/Pardey* Der Haftpflichtprozess Kap. 6 Rn. 60 ff.

88 *Schleswig-Holsteinisches OLG*, Urt. v. 15.01.2009 – 7 U 76/07, OLGR Schleswig 2009, 206; vgl. auch die Übersicht bei *Geigel/Pardey* Der Haftpflichtprozess Kap. 7 Rn. 72.

89 *LG Bonn*, Urt. v. 18.12.2020 – 1 O 334/18.

90 *LG Osnabrück*, Urt. v. 05.05.2023 – 1 O 1857/21, MedR 2024, 51–53.

91 *OLG Köln*, Urt. v. 18.08.2023 – 7 U 21/23, BeckRS 2023, 22087.

92 *BGH*, Urt. v. 05.11.1996 – VI ZR 275/95, NJW 1997, 455; *Schleswig-Holsteinisches OLG*, Urt. v. 18.09.2003 – 7 U 107/01, NJW-RR 2004, 239; *BGH*, Urt. v. 29.10.2003 – IV ZR 38/03; *OLG Celle*, Urt. v. 07.11.2006 – 14 U 234/05, Schaden-Praxis 2007, 320; *OLG Köln*, Urt. v. 25.10.2005 – 4 U 19/04, OLGR Köln 2006, 36; *OLG Hamm*, Beschl. v. 13.04.2018 – I-7 U 4/18, NJW-RR 2018, 1181; *Geigel/Pardey* Der Haftpflichtprozess Kap. 6 Rn. 65 m.w.N.

93 *OLG Köln*, Urt. v. 25.10.2005 – 4 U 19/04, DAR 2006, 325; Grüneberg/*Grüneberg* § 253 Rn. 16.

sogar zur vollständigen Versagung führen. Das *OLG Schleswig* hat ein Schmerzensgeld auf 15.000 € reduziert unter Berücksichtigung einer psychische Fehlverarbeitung des Unfallgeschehens durch den Geschädigten.[94] Gleiches gilt auch für psychische Vorschäden.[95] Das *OLG Hamm* entschied, dass es nicht rechtsfehlerhaft, sondern im Einzelfall sogar geboten sein könne, Auswirkungen einer Schadensanfälligkeit in die Billigkeitsentscheidung miteinzubeziehen,[96] insbesondere bei psychischen Prädispositionen, die eine seelische Fehlreaktion mitverursachen.[97] Das *LG Hamburg*[98] kürzte das Schmerzensgeld einer Geschädigten wegen psychischer Prädispositionen etwa um 2/3, das *OLG Saarbrücken*[99] deutlich um 80 %. Einen Abschlag in gleicher Höhe nahm auch das *OLG Schleswig*[100] wegen einer vorbestehenden narzisstischen Persönlichkeitsstörung des Unfallgeschädigten vor. Richtigerweise muss eine Korrektur der Schadenshöhe auch unterhalb der Schwelle des Mitverschuldens möglich sein. Ein solcher Abschlag lässt sich mit dem *OLG Celle*[101] einmal damit begründen, dass bei psychisch vermittelten Beschwerden die Genugtuungsfunktion ggü. den üblicherweise für vergleichbare Schäden anzusetzenden Beträgen zurücktritt. Andere Gerichte[102] stellen zur Legitimation einer Kürzung des Schmerzensgeldes für seelische Fehlreaktionen, die durch psychische Prädisposition mitverursacht worden sind, auf die Billigkeit als Bemessungsfaktor ab. Dem entspricht es, »die Erwartungshaltung des Geschädigten als Faktor bei der Bemessung der Schmerzensgeldhöhe zu eliminieren[103]«. Spricht aber lediglich eine ganz geringe Wahrscheinlichkeit dafür, dass später auch ohne den Unfall eine Fehlverarbeitung eingetreten wäre, wird keine Reduzierung des Schmerzensgeldanspruchs vorgenommen.[104]

Ein Haushaltsführungsschaden, gestützt ausschließlich auf psychische Beeinträchtigungen, wird von den Gerichten i.d.R. verneint und zwar auch dann, wenn der Betroffene wegen der Fehlverarbeitung nunmehr längere Zeit benötigt, seine Arbeiten zu verrichten.[105] 29

## II. PTBS als Primärschaden

### 1. Beweismaß

Nach dem *BGH* kommt eine Haftung auch dann in Betracht, wenn unfallbedingt allein aufgrund des Unfallerlebnisses durch psychische Vermittlung eine Primärverletzung eingetreten ist.[106] Ob ein psychischer Primärschaden vorliegt, hat der Geschädigte nach dem strengen Maßstab des § 286 ZPO zu beweisen.[107] Ein Anscheinsbeweis scheidet in diesem Zusammenhang aus, weil es sich bei den geschilderten Vorgängen um individuelle Geschehensabläufe handelt.[108] Dabei dürfen die Anforderungen an die Darlegungslast des Geschädigten jedoch nicht überspannt werden. Unter 30

94 *Schleswig-Holsteinisches OLG*, Urt. v. 19.03.2024 – 7 U 93/23, RuS 2024, 470.
95 Vgl. *Schleswig-Holsteinisches OLG*, Urt. v. 10.01.2019 – 7 U 74/13.
96 *OLG Hamm*, Hinweisbeschluss v. 15.03.2018 – 7 U 4/18, NJW-RR 2018, 1181.
97 *BGH*, Urt. v. 30.04.1996 – VI ZR 55/95, NJW 1996, 2425; *Geigel/Pardey* Der Haftpflichtprozess Kap. 6 Rn. 65.
98 *LG Hamburg*, Urt. v. 09.07.2010 – 306 O 334/06, Schaden-Praxis 2010, 361.
99 *Saarländisches OLG Saarbrücken*, Urt. v. 21.07.2009 – 4 U 649/07 – 216, NJW-Spezial 2009, 761 = OLGR Saarbrücken 2009, 897.
100 *Schleswig-Holsteinisches OLG*, Urt. v. 10.01.2019 – 7 U 74/13.
101 *OLG Celle*, Urt. v. 29.07.1997 – 5 U 116/96, NJWE-VHR 98, 6.
102 *BGH*, Urt. v. 30.04.1996 – VI ZR 55/95, NJW 96, 2427; *OLG Braunschweig*, Urt. v. 03.03.1997 – 3 U 228/95, VersR 1999, 201; *OLG Frankfurt am Main*, Urt. v. 06.11.1991 – 17 U 72/88, NZV 1993, 67; *LG Hamburg*, Urt. v. 09.07.2010 – 306 O 334/06, Schaden-Praxis 2010, 361;.
103 *Saarländisches OLG Saarbrücken*, Urt. v. 21.07.09 – 4 U 649/09.
104 *OLG Hamm*, Urt. v. 27.07.2018 – 14 U 27/13.
105 *Saarländisches OLG Saarbrücken*, Urt. v. 21.10.2008 – 4 U 454/07 – 154, NJW-Spezial 2009, 11.
106 *BGH*, Urt. v. 30.04.1996 – VI ZR 55/95, NZV 1996, 353; vgl. hierzu auch *Luckey*, a.a.O., Rn. 330 ff.
107 Vgl. unten, »zu restriktive Handhabung der Bagatellausnahme«; *OLG Oldenburg*, Urt. v. 22.07.2016 – 6 U 30/16 (juris).
108 *OLG München*, Urt. v. 20.03.2002 – 27 U 576/01, NZV 2003, 473.

Berücksichtigung der Ausführungen des *OLG Hamm* genügt es, wenn der Kläger darlegt, dass er unter Beeinträchtigungen leidet und diese auf den Unfall zurückzuführen seien, sofern er für beides Beweis durch Einholung eines Sachverständigengutachtens anbietet.[109]

## 2. Körperverletzung/Gesundheitsbeeinträchtigung bei psychischen Primärschäden

31 Eine haftungsrelevante psychische Primärverletzung verlangt, dass ein Gesundheitsschaden im medizinischen Sinne vorliegt.[110] Dafür ist erforderlich, dass die psychische Beeinträchtigung einen medizinischen Krankheitswert besitzt.[111] Ein solcher wurde von der Rechtsprechung[112] in der Vergangenheit etwa für einen Schockschaden[113] anerkannt. Erst recht der durch einen Schock erlittene Schlaganfall[114] sowie zutage tretende ängstliche Erregtheit, Unruhe, Schlafstörungen, Kopfschmerzen und Schweißausbrüche genügen in diesem Zusammenhang; zitternde Knie, Übelkeit mit Erbrechen sowie Nackenschmerzen dagegen nicht.[115] Auch ohne körperliche Verletzungen kann der, der einen »Beinaheunfall« als akut bedrohliches Unfallereignis miterlebt, eine Gesundheitsbeschädigung im Sinne einer PTBS erleiden.[116] Eine leicht depressive Stimmungslage des Geschädigten genügt dafür jedoch nicht, denn in einer solchen wird keine Verletzung mit Krankheitswert erblickt.[117]

Allein die Erwartung, dass bei Dunkelheit und nasser Fahrbahn auf einer BAB Folgeverkehr in ein haveriertes Fahrzeug fährt, kann – so weitgehend das *OLG Schleswig*[118] – zu Todesangst und Entsetzen und damit dazu führen, dass alle Kriterien nach ICD X und DSM IV für die Diagnose einer PTBS erfüllt sein sollen. Es käme nicht darauf an, ob sich die Geschädigte zum Kollisionszeitpunkt noch im Fahrzeug befand oder Schutz hinter der Leitplanke gefunden hat.

## 3. Zurechnungskorrekturen

32 Einschränkungen der Haftung nimmt die Rechtsprechung[119] auch hier unter Zurechnungsgesichtspunkten vor. Um einer uferlosen Haftung bei Unfällen, die lediglich mit einem »alltäglichen« Schreckerlebnis einhergehen, entgegenzuwirken, hat etwa das *OLG Köln*[120] in seiner Entscheidung vom 29.07.1999 Ansprüche der damaligen Klägerin unter Verweis auf das allgemeine Lebensrisiko zurückgewiesen. Diese hatte in einem Fahrzeug gesessen, auf welches das Kabel einer Baustellenampel gefallen war, und litt seitdem nach eigenen Angaben unter Schlafstörungen und Angstzuständen. Das *AG Betzdorf*[121] gelangte so richtigerweise zu der Auffassung, dass ein Unfallverursacher nicht für die Folgen eines Selbstmordversuchs haftet, den der Unfallgegner unternommen hatte, nachdem er einen Auffahrunfall unverletzt überstanden hatte. Es liege eine unangemessene Erlebnisverarbeitung vor, die einen Haftungsausschluss nach sich ziehe.

109 Vgl. *OLG Hamm*, Urt. v. 05.05.2020 – I-9 U 1/20, NJW-RR 2020, 979.

110 *BGH*, Urt. v. 30.04.1996 – VI ZR 55/95, NZV 1996, 353; *OLG Hamm*, Urt. v. 30.10.2000 – 6 U 61/00, VersR 2002, 78; *Jahnke/Burmann*, 2. Kapitel, Rn. 268 ff.

111 *BGH*, Urt. v. 11.05.1971 – VI ZR 78/70; *BGH*, Urt. v. 08.12.2020 – VI ZR 19/20, VersR 2021, 328.

112 *BGH*, Urt. v. 04.04.1989 – VI ZR 97/88, NJW 1989, 2317.

113 Der Betroffene erlebt mit, wie ein Verwandter schwer verletzt oder getötet wird; näher dazu unten.

114 *OLG Nürnberg*, Urt. v. 24.05.2005 – 1 U 538/05, NZV 2008, 38.

115 Vgl. *Staab* VersR 2003, 1223; *BGH*, Urt. v. 28.01.2003 – VI ZR 139/02 m.w.N. und Beispielen.

116 *AG Hagen*, Urt. v. 24.04.2013 – 19 C 296/11, NZV 2013, 397 f. m.w.H. der NZV-Redaktion; vgl. auch *OLG Frankfurt am Main*, Urt. v. 19.07.2012 – 1 U 32/12, NJW-RR 2013, 140; *OLG Koblenz*, Urt. v. 23.07.2012 – 5 U 497/12.

117 *OLG Düsseldorf*, Urt. v. 08.01.2001 – 1 U 87/99, Schaden-Praxis 2001, 412.

118 *Schleswig-Holsteinisches OLG*, Beschl. v. 09.08.2016 – 7 U 152/15, SVR 2017, 188.

119 *BGH*, Urt. v. 06.06.1989 – VI ZR 241/88, VersR 1989, 923; *BGH*, Urt. v. 13.06.2013 – IX ZR 155/11, Rn. 15 (juris).

120 *OLG Köln*, Urt. v. 29.07.1999 – 1 U 27/99, NJW-RR 2000, 760.

121 *AG Betzdorf*, Urt. v. 21.08.2009 – 33 C 136/09, Schaden-Praxis 2009, 401, vgl. hierzu auch *OLG Nürnberg*, Urt. v. 16.06.1998 – 11 U 3943/95, VersR 1999, 1117.

Gleiches gilt, wenn jemand nur mittelbar[122] an dem Unfallgeschehen beteiligt ist. Denn die zufällige Anwesenheit bei einem schrecklichen Ereignis ist ebenso dem allgemeinen Lebensrisiko zuzurechnen.[123] Dementsprechend hat der *BGH*[124] die Haftung des Unfallverursachers für posttraumatische Belastungsstörungen von zwei Polizeibeamten, die zufällig Zeugen eines Verkehrsunfalls waren, mit der Begründung verneint, es habe sich lediglich das allgemeine Lebensrisiko verwirklicht. Dies erscheint deshalb nachvollziehbar, als dass die Schädigung der Polizeibeamten nicht auf einem Rettungsversuch beruhte und sie deshalb wie zufällige Zeugen des Unfallereignisses zu behandeln waren,[125] welchen nach dem oben Gesagten keine Ansprüche zustehen. Folgerichtig konnte erst recht ein Lkw-Fahrer keine Ansprüche geltend machen, der eine posttraumatische Belastungsstörung dadurch erlitten hatte, dass er als Unfallhelfer den Tod eines Unfallbeteiligten miterleben musste.[126] 33

Nicht zu beantworten hatte der BGH seinerzeit die Frage, was gegolten hätte, wenn die Polizisten im Rahmen eines Einsatzes zu dem Unfallort gerufen worden wären.[127] Diese Frage lag ihm zu einem späteren Zeitpunkt jedoch zur Entscheidung vor. Teile der bisherigen Rechtsprechung, beispielhaft sei insoweit auf das Urteil des *OLG Celle*[128] hingewiesen, sowie Teile der Literatur, u.a. von *Stöhr*,[129] verneinten Ansprüche aufgrund erlittener posttraumatischer Belastungsstörungen bei Polizisten, Feuerwehrleuten und Notärzten mit der Begründung, dass sich bei ihrem Einsatz und der anschließenden Fehlverarbeitung des Erlebten deren »Berufsrisiko« verwirklicht hätte. Viel öffentliche Beachtung kam dabei zuletzt dem Urteil des *LG Duisburg*[130] im Jahr 2015 angesichts der Aufarbeitung der Loveparade-Katastrophe zu. Das Gericht entschied in diesem Fall (noch), dass Gefahren, mit denen der Geschädigte aufgrund seines Berufs typischerweise konfrontiert wird, vom Schutzzweck der Norm nicht erfasst seien. Der BGH hat diese Frage nunmehr[131] jedoch gegenteilig entschieden. Aus ähnlichen Erwägungen wie bereits das *OLG Koblenz* in einer Entscheidung im Jahre 2011[132] urteilte auch der *BGH*, dass es nicht geboten sei, Polizeibeamten oder professionellen Rettungskräften den Schutz des Deliktsrechts bei Eintritt einer psychischen Erkrankung zu versagen. Der Schädiger habe auch dann für den Eintritt einer psychischen Erkrankung einzustehen, wenn es sich dabei um die Verwirklichung eines berufsspezifischen Risikos handle, wenn der professionellen Rettungskraft also die Beteiligung an dem traumatisierenden Geschehen unmittelbar aufgezwungen wird und sie dadurch »Akteur des Geschehens«[133] ist. Breites im Jahre 2018[134] hatte der 6. Senat des *BGH* die Zurechnung der psychischen Gesundheitsverletzung eines Polizeibeamten zu der Handlung des Schädigers bejaht. Damals lag der Entscheidung jedoch der außergewöhnliche Sachverhalt eines Polizeieinsatzes im Rahmen eines Amoklaufs an einer Schule zu Grunde. Unter Hinweis auf die Außergewöhnlichkeit der Situation entschied noch das *Schleswig-Holsteinische OLG* im Jahr 2019, dass die Entscheidung des *BGH* aus 2018 nicht als vergleichbar herangezogen werden könne, weswegen es Ansprüche eines Rettungsassistenten wegen einer psychischen Anpassungsstörung, verursacht durch die Erlebnisse bei einem Unfalleinsatz, unter Hinweis auf die berufsspezifischen Risiken des Geschädigten verneinte.[135] 34

122 Derjenige, der nur zufällig am Unfallort anwesend ist oder später dort eintrifft.
123 *Diehl* zfs 2007, 627.
124 *BGH*, Urt. v. 22.05.2007 – VI ZR 17/06, NJW 2007, 2764.
125 *Stöhr* NZV 2009, 164.
126 *LG Bochum*, Urt. v. 21.07.2009 – 8 O 775/08, Schadens-Praxis 2009, 400.
127 Vgl. zu dieser Problematik auch die Anm. von *Luckey* zu *OLG Koblenz*, Urt. v. 08.03.2010 – 1 U 1137/06, VersR 2011, 940.
128 *OLG Celle*, Urt. v. 28.04.05 – 9 U 242/04, VersR 2006, 1376.
129 *Stöhr* NZV 2009, 161.
130 *LG Duisburg*, Urt. v. 28.09.2015 – 8 O 361/15.
131 *BGH*, Urt. v. 08.12.2020 – VI ZR 19/20, VersR 2021, 328; *BGH*, Urt. v. 17.04.2018 – VI ZR 237/17, VersR 2018, 829.
132 *OLG Koblenz*, Urt. v. 08.03.2010 – 1 U 1137/06, VersR 2011, 938.
133 *Geigel/Pardey* Der Haftpflichtprozess Kap. 6 Rn. 62.
134 *BGH*, Urt. v. 17.04.2018 – VI ZR 237/17, VersR 2018, 829.
135 *Schleswig-Holsteinisches OLG*, Urt. v. 01.08.2019 – 7 U 14/18, NJW-RR 2019, 1118.

Mit seiner Entscheidung[136] vom 08.12.2020 hat der *BGH* nunmehr jedoch auch die Zurechnung von psychischen Gesundheitsverletzungen, die durch einen »gewöhnlichen« Polizeieinsatz verursacht werden, bejaht und mithin eine »Grundsatzentscheidung« getroffen. Eine Unterscheidung zwischen psychischen und physischen Gesundheitsschäden sei nicht zu rechtfertigen. Ein Routineeinsatz eines Polizeibeamten bzw. einer professionellen Rettungskraft gehe immer mit dem Risiko physischer wie psychischer Verletzungen einher. Bei beiden Verletzungsarten handle es sich jeweils um ein typisches Berufsrisiko. Die Vermeidung des Eintritts von Gesundheitsverletzungen beider Arten werde durch die Ausbildung und berufliche Trainings regelmäßig geübt. Komme es dennoch zu einer rein physischen Verletzung, sei der Ersatz dieser regelmäßig vorbehaltlos vom Schutzzweck der verletzen Norm erfasst. Etwas anderes dürfe richtiger Weise nicht für psychische Schäden gelten. Erhöhte Anforderungen an das Vorliegen einer Gesundheitsverletzung dürften in diesem Zusammenhang nicht gestellt werden, denn anders als etwa bei sog. Schockschäden sei die Gesundheitsverletzung in diesem Fall unmittelbar durch den Polizeieinsatz entstanden und sei nicht lediglich mittelbare Folge. Entscheidend -in Abgrenzung zu der bloßen Anwesenheit bei dem Unfallgeschehen- sei, dass der Schädiger dem Geschädigten die unmittelbare Unfallbeteiligung aufgezwungen habe.

35 Als weitere Zurechnungsschranke können die vom *BGH* aufgestellten Grundsätze zur Bewertung des Zurechnungszusammenhangs bei Bagatellunfällen herangezogen werden.[137]

36 Während bei den psychischen Folgeschäden auf die primäre Verletzung abgestellt werden kann, muss im Fall einer psychischen Primärverletzung an den eigentlichen Unfall angeknüpft werden.[138] Als Bagatellunfall, für dessen Vorliegen der Schädiger beweisbelastet ist,[139] werden dabei z.T.[140] immer solche Unfälle eingestuft, die ausschließlich mit geringen Blechschäden bei unfallbedingten Geschwindigkeitsänderungen von unter 5 km/h einhergehen, mithin die typischen Parkplatzunfälle. Das *LG Würzburg*[141] verneint die Zurechnung von psychischen Schäden, die nach einer Vollbremsung ohne Kollision aufgetreten sind.

37 Nach alledem erkennt die Rechtsprechung den haftungsrechtlichen Zusammenhang bei psychischen Primärschäden in zwei Fällen i.d.R. an:[142]

38 Einmal, wenn sich eine psychische Gesundheitsbeeinträchtigung als Folge bei einem direkt am Unfall Beteiligten zeigt, dem Geschädigten mithin die Rolle eines unmittelbaren Unfallopfers aufgezwungen wurde, wie beispielsweise bei dem dienstlichen Einsatz von Polizisten und professionellen Rettungskräften.[143]

39 Darüber hinaus, wenn ein sog. Schock- oder Fernwirkungsschaden vorliegt, also der Tod eines nahen Angehörigen miterlebt[144] wird. Dass ein Anspruch auf Ersatz eines sog. Schockschadens nur nahen Angehörigen zusteht, hat etwa das *LG Bochum*[145] noch einmal ausdrücklich klargestellt. Da es sich um einen Ausnahmetatbestand handelt, ist diese Fallgruppe auch ansonsten eng auszulegen.[146] Trauer, Kummer, Aufregung, Ärger oder Schrecken gehören zum allgemeinen Lebensrisiko.[147] Erforderlich

---

136 *BGH*, Urt. v. 08.12.2020 – VI ZR 19/20, VersR 2021, 328.

137 *OLG Celle*, Urt. v. 20.01.2010 – 14 U 126/09, SVR 2011, 215; *OLG Nürnberg*, Urt. v. 22.11.2001 – 8 U 214/00, zfs 2002, 524; vgl. dazu auch *Staab*, VersR 2003, 1226; *BGH*, Urt. v. 28.01.2003 – VI ZR 139/02; *Luckey*, Personenschaden, Rn. 335 ff. m.w.H.

138 *OLG Nürnberg*, Urt. v. 22. 11. 2001 – 8 U 214/00, VersR 2002, 1434; *Stöhr* NZV 2009, 163.

139 *KG Berlin*, Urt. v. 15.05.2000 – 12 U 3645/98, DAR 2002, 211.

140 *Eilers* zfs 2009, 252 m.w.N.

141 *LG Würzburg*, Urt. v. 13.07.2007 – 52 S 667/06, NJW-Spezial 2008, 75.

142 Vgl. *Elsner* NJW 2007, 2766; *BGH*, Urt. v. 22.05.2007 – VI ZR 17/06.

143 *BGH*, Urt. v. 22.05.2007 – VI ZR 17/06, VersR 2007, 1093; *BGH*, Urt. v. 17.04.2018 – VI ZR 237/17, VersR 2018, 829; *BGH*, Urt. v. 08.12.2020 – VI ZR 19/20, VersR 2021, 328.

144 Bzw. Hinterbliebene werden über den Tod des Angehörigen unterrichtet.

145 *LG Bochum*, Urt. v. 21.07.2009 – 8 O 775/08, Schadens-Praxis 2009, 400.

146 Vgl. *Bischoff* zfs 2008, 125.

147 *Wessels/Castro* VersR 2000, 287.

ist daher nicht nur, dass der Familienangehörige psychische Beschwerden erleidet, denen ein medizinischer Krankheitswert innewohnt, sondern auch, dass die Ausfälle zu einer pathologisch fassbaren Beeinträchtigung von einigem Gewicht und einiger Dauer führen,[148] also über eine »übliche« Trauerreaktion hinausgehen.[149] Ist dies zu bejahen, kann der Geschädigte Folgen, die mit seinen diesbezüglichen außergewöhnlichen psychischen Beschwerden einhergehen, ersetzt verlangen.[150] Die infolge Unfalltods der Tochter psychisch schwer an einer PTBS erkrankte Mutter hat dementsprechend unfallbedingte Ansprüche.[151]

Außerdem gewährt das Gesetz seit 2017 in § 844 Abs. 3 BGB und auch in § 10 Abs. 3 StVG dem Hinterbliebenen eines Getöteten einen Entschädigungsanspruch gegen den Schädiger. Sinn und Zweck dieser Regelungen ist die Anerkennung des seelischen Leids eines Hinterbliebenen wegen der Tötung eines ihm besonders nahestehenden Menschen.[152] Entsprechend sind auch die Anspruchsvoraussetzungen des sog. Hinterbliebenengeldes geringer als bei einem Schockschaden.[153] Voraussetzung ist allein seelisches Leid des Hinterbliebenen sowie ein besonderes persönliches Näheverhältnis, das zwischen dem Hinterbliebenen und dem Getöteten bestanden haben muss. § 844 Abs. 3 S. 2 BGB vermutet widerleglich ein derartiges besonderes Näheverhältnis für Ehegatten, Lebenspartner, Eltern und Kinder. Alle übrigen Personen müssen zur Überzeugung des Gerichts i.S.d. § 286 ZPO ein derartiges Näheverhältnis beweisen.[154] Das Gesetz selbst spricht von einer angemessenen Entschädigung, der Gesetzesbegründung kann entnommen werden, dass der Gesetzgeber von einer maximalen Anspruchshöhe von 10.000 € ausgegangen ist.[155] Von dieser Obergrenze kann jedoch aufgrund besonderer Umstände des Einzelfalls auch nach oben abgewichen werden. Entsprechend sind bisher auch schon einige Urteile mit deutlich höherem Schmerzensgeld ergangen.[156] Dennoch sollte bei der Bemessung der Anspruchshöhe der gesetzgeberische Wille berücksichtigt werden, denn das Hinterbliebenengeld stellt aufgrund seiner abgesenkten Anspruchsvoraussetzungen ein Minus zu einem eigenen Schadensersatzanspruch des Hinterbliebenen wegen eines Schockschadens dar, entsprechend sollte auch die Höhe des Anspruchs geringer ausfallen.[157] Ob der Anspruch auf Hinterbliebenengeld neben dem Ersatzanspruch des Hinterbliebenen wegen eines Schockschadens besteht, ist umstritten.[158] Teilweise wird dies unter Verweis auf die unterschiedliche Rechtsnatur bejaht,[159] richtigerweise ist dieser Ansicht jedoch der Wortlaut der Gesetzesbegründung entgegenzuhalten, wonach der Anspruch auf Hinterbliebenengeld vollständig in dem Anspruch wegen eines Schockschadens aufgeht.[160] Der *BGH* hatte sich im Jahr 2022 mit dieser Problemstellung beschäftigt und bestätigt, dass das Hinterbliebenengeld hinter dem Schockschadensersatz zurückbleiben und nicht darüber hinausgehen kann.[161]

---

148 *BGH*, Urt. v. 11.05.1971 – VI ZR 78/70, BGHZ 56, 163–173 = NJW 1971, 1883; *BGH*, Urt. v. 04.04.1989 – VI ZR 97/88, NJW 1989, 2317.

149 *Geigel/Schmidt* Der Haftpflichtprozess Kap. 1 Rn. 24.

150 *Bischoff* zfs 2008, 125.

151 *OLG Frankfurt am Main*, Urt. v. 19.07.2012 – 1 U 32/12, NJW-RR 2013, 140 f.; *OLG Koblenz*, Urt. v. 23.07.2012 – 5 U 497/12.

152 Vgl. BT-Drucks. 18/12421.

153 Vgl. *Lang, Bucka*, DAR 8/2020, S. 445; beachte aber die Änderung der bisherigen *BGH*-Rechtsprechung zu sogenannten Schockschäden: *BGH*, Urt. v. 06.12.2022 – VI ZR 168/21, DAR 2023, 202.

154 Für weitere Einzelheiten wird auf den Aufsatz *Lang, Bucka*, DAR 8/2020, S. 445 ff. verwiesen sowie auf *Balke* SVR 2021, 211.

155 Vgl. BT-Drucks. 18/11397, S. 11.

156 Vgl. *LG Leipzig*, Urt. v. 08.11.2019 – 05 O 758/19; vgl. *LG Düsseldorf*, Urt. v. 26.07.2018 – 3 O 250/15.

157 *OLG Koblenz*, Beschl. v. 31.08.2020 – 12 U 870/20, NJW 2021, 168.

158 Zum Streitstand: vgl. *Lang/Bucka*, DAR 8/2020, S. 445 ff.

159 Vgl. *Huber*, VersR 2020, S. 385 ff.; vgl. *Grüneberg/Sprau* § 844 Rn. 21.

160 Vgl. BT-Drucks. 18/11397, S. 12.

161 *BGH*, Urt. v. 06.12.2022 – VI ZR 73/21, NJW 2023, 1438.

### 4. Psychische Primärschäden neben körperlichen (physischen) Primärschäden

40 Psychische Primärverletzungen können sich, wie gerade die Rechtsprechung zu den Schockschäden zeigt, neben und unabhängig von organischen Verletzungen entwickeln. Grds. ist bei psychischen Beschwerden nach einem Unfall also denkbar, dass sie sich entweder direkt aus dem Geschehen als Primärschaden oder mittelbar (falls vorhanden) aus den organischen Unfallverletzungen entwickeln. Dies zeigen auch die vielen Urteile zu beiden Arten von Kausalverläufen.[162] Im »Polizistenfall« war sogar unstreitig, dass trotz vorhandener anderweitiger physischer Verletzungen, ein sich daraus entwickelnder psychischer Folgeschaden nicht vorlag.[163]

41 Damit muss man bei psychischen Beschwerden nach einem Unfall eigentlich immer eine Aussage vom medizinischen Sachverständigen, der sich mit den Kausalverläufen beschäftigt, dazu verlangen, ob sich die vorliegenden/behaupteten Beschwerden unmittelbar oder mittelbar (über eine körperliche Verletzung) aus dem Unfallgeschehen entwickelt haben. Wenn er hierzu keine Wahrscheinlichkeitsaussagen treffen kann oder wenn er beide Kausalverläufe grds. für gleich wahrscheinlich hält, dann kann § 287 ZPO selbst bei unstreitiger Primärschädigung nicht zugunsten des Geschädigten eingreifen. Man kann dann nicht von mittelbaren/vermittelten psychischen Beschwerden ausgehen. Die psychischen Beschwerden müssen dann trotz einer anderweitigen Verletzung als Primärschaden behandelt werden.

42 Wenn die Beschwerden aufgrund »gleicher Wahrscheinlichkeiten« nur als Primärschaden gewertet werden können, ist damit der Beweis nach § 286 ZPO aber noch nicht gelungen. Für die haftungsbegründende Kausalität reichen Wahrscheinlichkeiten nicht aus. Es muss vielmehr zur vollen Überzeugung des Tatrichters nach § 286 ZPO nachgewiesen werden, dass ein Kausalzusammenhang zwischen Unfallereignis und Primärschaden besteht. Dass dieser Zusammenhang möglicherweise sogar überwiegend wahrscheinlich ist, reicht – i.R.d. § 286 ZPO anders als bei § 287 ZPO – nicht aus.[164]

43 Deshalb haben wir bei streitigen psychischen Schäden grds. – gerade auch bei vorhandenen anderweitigen Verletzungen – eine zweistufige Prüfung:

- Ist das Vorhandensein der psychischen Schäden streitig und ist es überwiegend wahrscheinlich, dass sich die Art der vorgetragenen psychischen Schäden grds. aus vorhandenen Primärschäden entwickeln kann, dann muss die Primärverletzung unstreitig oder bewiesen sein, um für die konkrete Prüfung der Kausalität den Rückgriff auf § 287 ZPO zu ermöglichen (abgesenktes Beweismaß).
- Ist dagegen unklar oder grds. gleichermaßen wahrscheinlich, dass sich die Art der vorgetragenen psychischen Schäden auch unabhängig von vorhandenen Primärschäden entwickeln kann, dann ist selbst bei Vorhandensein von Primärschäden, rechtlich von einem zweiten Primärschaden auszugehen, für den § 286 ZPO gilt. Können das Vorliegen des psychischen Primärschadens oder der Kausalzusammenhang zum haftungsauslösenden Ereignis nicht zur vollen Überzeugung des Tatrichters nachgewiesen werden, besteht kein Ersatzanspruch.

44 Es versteht sich von selbst, dass zu der Frage der möglichen Eigenständigkeit einer psychischen Verletzung als Primärschaden jedenfalls vom Schädiger und/oder seinem Haftpflichtversicherer – unter Beweisantritt – vorgetragen werden muss.

162 Vgl. auch *BGH*, Urt. v. 11.05.1971 – VI ZR 78/70, VersR 1971, 905; *Heß* NZV 2001, 287 (288); *AG Dortmund*, Urt. v. 11.10.1999 – 132 C 6509/99; *Wessels/Castro* VersR 2000, 284, jeweils mit Rechtsprechungsnachweisen.

163 *BGH*, Urt. v. 22.05.2007 – VI ZR 17/06, NZV 2007, 510 = RuS 2007, 388 = NJW 2007, 2764 m. Anm. *Elsner*.

164 *BGH*, Urt. v. 04.11.2003 – VI ZR 28/03, VersR 2004, 118.

### 5. Schadensbemessung

Ist die Primärschädigung nachgewiesen, geht es im haftungsausfüllenden Tatbestand hauptsächlich um die Bestimmung der konkreten Schadenshöhe. Die diesbezüglichen Bemessungsgrundsätze der Rechtsprechung wurden oben[165] bereits eingehend erläutert. 45

Überlegungen, die beim Folgeschaden i.R.d. haftungsausfüllenden Kausalität angestellt wurden, waren beim Primärschaden bereits im haftungsbegründenden Tatbestand vorzunehmen. 46

## C. Würdigung der Rechtsprechung

Leiden Unfallbeteiligte nachgewiesenermaßen unter einer posttraumatischen Belastungsstörung aufgrund des Unfallereignisses muss der Schädiger bzw. der Versicherer natürlich den entstandenen finanziellen Schaden ausgleichen. Wenn man bedenkt, dass eine posttraumatische Belastungsstörung ursprünglich (nur) im Zusammenhang mit traumatisierenden Ereignissen wie Krieg, Misshandlung und Vergewaltigung vermehrt thematisiert wurde, wird deutlich, dass bei vergleichbar harmloseren Verkehrsunfällen ein PTBS nicht vorschnell bejaht werden sollte. 47

Die Ansatzpunkte der Rechtsprechung genügen jedoch nicht, um die eingangs geschilderten Probleme zu lösen bzw. den ausufernden Behauptungen eines unfallbedingten posttraumatischen Belastungssyndroms entgegenzuwirken. 48

### I. Zu weiter Kausalitätsbegriff

Für die haftungsausfüllende Kausalität beim Folgeschaden und für die haftungsbegründende Kausalität beim Primärschaden gilt gleichermaßen, dass in der Rechtsprechung oftmals vorschnell die Kausalität i.S.d. Äquivalenz und Adäquanz bejaht wird. Liegen Vorerkrankungen vor, ist es im Einzelfall wichtig, vorbestehende Belastungen voneinander abzugrenzen und zu hinterfragen, ob ein Unfallereignis geeignet war, eine latent und unfallunabhängig bestehende Vorbelastung, die entweder noch nicht akut geworden war oder medizinisch erfolgreich behandelt wurde, (wieder) ausbrechen zu lassen. Allerdings muss an dieser Stelle eingeräumt werden, dass die Frage, welche Ereignisse überhaupt geeignet erscheinen, das posttraumatische Belastungssyndrom auszulösen, letztlich nur mit medizinischer Hilfe zu beantworten sein wird[166] und diesbezüglich noch keine einheitlichen (medizinischen und psychologischen) Kriterien existieren. Es ist zu vermuten, dass in der Rechtsprechung nicht zuletzt aus diesem Grund an einem weiten Kausalitätsverständnis[167] festgehalten wird. Einen anderen Weg geht das *OLG Koblenz*,[168] wenn es nach einer umfassenden Würdigung und Sachaufklärung mangels Überzeugung von dem Vorliegen einer PTBS die Klage folgerichtig wegen Beweisfälligkeit abgewiesen hat. 49

### II. Unzureichende Zurechnungskorrekturen

Aufgrund dieses weiten Kausalitätsbegriffes kommen Einschränkungen i.R.d. Zurechnung besondere Bedeutung zu. Die in diesem Zusammenhang von der Rechtsprechung entwickelten Zurechnungsschranken kommen allerdings nur selten zur Anwendung. 50

165 Vgl. hier »Schadensbemessung«, B. I.,3.

166 Übersichtlich *LSG Baden-Württemberg*, Urt. v. 26.06.2014 – L 6 VU 2236/13 ZVW (juris), Rn. 77 ff.; Himmelreich/Halm/*Clemens/Schottmann/Fokkink*, Kap. 9a, Rn. 2 ff. m.w.H.

167 Zur Kausalitätsfrage auch *Slizyk*, a.a.O., Rn. 291–293.

168 *OLG Koblenz*, Urt. v. 02.08.2004 – 12 U 924/03, NJW-RR 2004, 1318.

### 1. Fehlende Praxisrelevanz

51 Eine reine Begehrensneurose hat der *BGH* – soweit ersichtlich – letztmalig 1979 in Betracht gezogen und letztlich auch verneint,[169] sodass die praktische Bedeutung dieser Ausnahme als gering einzustufen ist. Dies hat vermutlich damit zu tun, dass die Sachverständigen oftmals nicht über die von der Rechtsprechung vorgenommene Differenzierung zwischen den einzelnen Neurosen informiert sind und es somit gezielter Nachfragen bedarf, welche Neurose im konkreten Fall vorliegt.[170]

52 Der Einwand, dass die psychische Beeinträchtigung auch ohne das Unfallereignis zeitnah eingetreten wäre, wird selten durchgreifen. Denn den Nachweis einer überholenden Kausalität wird man nur erbringen können, wenn man nachweist, dass schon Jahre vor dem Unfall eine Grunderkrankung ausgebrochen war, sich diese bis zum Unfallereignis kontinuierlich verschlimmert hat und diese Entwicklung ohne das schädigende Ereignis weitergegangen wäre.

### 2. Zu restriktive Handhabung der Bagatellausnahme

53 Bleibt noch die Fallgruppe des Bagatellunfalls. Hierzu betont der *BGH* in einer seiner Grundentscheidungen zur Zurechnung psychischer Folgeschäden, dass die Annahme eines Bagatellunfalls die Ausnahme bleiben soll.[171] Die aufgestellten Geringfügigkeits- und Unverhältnismäßigkeitsschranken sollen noch nicht unterschritten sein, wenn eine vergleichsweise leichte körperliche Beeinträchtigung vorliegt.[172] Diese Zurechnungsschranke ist damit allenfalls geeignet, Extremfälle auszuschließen.

54 Während eine restriktive Haltung bei der Annahme einer Begehrensneurose bzw. bei der Bejahung der überholenden Kausalität aufgrund ihrer Seltenheit eher nachzuvollziehen ist, entspricht der zurückhaltende Umgang bei der Annahme eines Bagatellunfalls nicht der Lebenswirklichkeit.

55 Tagtäglich kommt es zu unzähligen Unfällen mit geringer Aufprallgeschwindigkeit, bei denen die Polizei im Unfallaufnahmeprotokoll folgerichtig »Bagatellunfall« vermerkt. Ein Bagatellunfall ist daher die Regel, schwerere Unfälle bleiben die Ausnahme.

56 Erfreulicherweise lässt sich mittlerweile in der land- und obergerichtlichen Rechtsprechung[173] eine extensivere Auslegung des Begriffs »Bagatellunfall« feststellen. So bejahte das *OLG Hamm*[174] 2002 ein Bagatellgeschehen bei einem Unfall, der mit einer max. Geschwindigkeitsänderung von 4 km/h einherging. Das *LG Bonn*[175] ging in einer Entscheidung aus dem Jahr 2005 bei einer Geschwindigkeitsänderung von weniger als 10 km/h von einer Bagatelle aus. Bei Unfällen mit allenfalls geringen Aufprallgeschwindigkeiten wird daher oftmals ein Bagatellunfall anzunehmen sein.

57 Aber auch andere Unfälle, die nicht in die Kategorie »Parkplatzunfall« oder »Auffahrunfall« fallen, haben meistens den Charakter eines Bagatellunfalls. In diesen Konstellationen bleibt die Rechtsprechung jedoch nach wie vor bei ihrer restriktiven Haltung. So hat das *KG Berlin*[176] noch in einem 2004 entschiedenen Fall, indem ein Polizeifahrzeug an der in einer Engstelle stehenden Klägerin vorbeigefahren war und diese am Ellenbogen verletzte, einen Bagatellunfall verneint.

58 Auswirkungen dieser Rechtsprechung zeigen sich vor allem bei der Haftung für psychische Folgeschäden. Der Schädiger wird den Beweis, es handelte sich um einen Bagatellunfall, i.d.R. nicht

169 Vgl. *Müller* VersR 1998, 133, die generell die Abgrenzung zwischen Begehrens- und Konversionsneurose infrage stellt.

170 Himmelreich/Halm/*Jäger/Luckey* Kap. 9 Rn. 84.

171 *BGH*, Urt. v. 11.11.1997 – VI ZR 376/96, VersR 1998, 202.

172 *Geigel/Schmidt* Der Haftpflichtprozess Kap. 1 Rn. 25.

173 *OLG Nürnberg*, Urt. v. 22.11.2001 – 8 U 214/00, zfs 2002, 524; *OLG Hamm*, Urt. v. 02.07.2001 – 13 U 224/00, RuS 2002, 371; *OLG München*, Urt. v. 08.02.2002 – 10 U 3448/99, NZV 2003, 474; *LG Würzburg*, Urt. v. 13.07.2007 – 52 S 667/06, NJW-Spezial 2008, 75.

174 *OLG Hamm*, Urt. v. 27.08.2001 – 6 U 252/99, VersR 2002, 994.

175 *LG Bonn*, Urt. v. 14.01.2004 – 5 S 210/03, VersR 2005, 1097.

176 *KG Berlin*, Urt. v. 15.03.2004 – 12 U 103/01, NZV 2005, 311.

erbringen können. Für die Darlegung der Folgeschäden hilft dem Geschädigten dann die Beweiserleichterung des § 287 ZPO. Ist danach ein unfallbedingter psychischer Folgeschaden nicht auszuschließen, wird dies im Regelfall zulasten des Schädigers gehen. Verhindern, dass zu Unrecht aus geringfügigen Schadensereignissen enorme Schadensersatzforderungen bis hin zu einem langjährigen Erwerbsschaden bei Berufsunfähigkeit zugesprochen werden, kann der Tatrichter dann nur noch i.R.d. Schadensbemessung. Hierbei spiegelt sich jedoch nur gelegentlich wider, dass eine Vorerkrankung des Geschädigten einen Risikofaktor darstellt, der bei der Schadensbemessung zu berücksichtigen ist. Zu selten kommt es insb. bei der Bemessung von künftigen Ansprüchen zu einer Quotenbildung.[177]

### III. Richtige Richtung bei der Zurechnung psychischer Primärschäden

Geht es um die Haftung für einen psychischen Primärschaden, verhält sich die Rechtsprechung restriktiver. Zumindest, wenn es um Ansprüche wegen psychischer Fehlverarbeitung eines nur mittelbar am Unfallgeschehen Beteiligten geht, hat die Rechtsprechung höhere Hürden geschaffen und folgerichtig die Haftung eines nur zufällig am Unfallort anwesenden Polizeibeamten verneint.[178] Diese Entscheidung des *BGH* aus 2007 ist in der Folge zu Unrecht auf Kritik gestoßen. Wenn Teichmann[179] kritisiert, dass der Senat pauschal ganze Gruppen von Erkrankten ausschließt, vernachlässigt er, dass durch eine Aufweichung des Erfordernisses einer unmittelbaren Unfallbeteiligung der Kreis der Anspruchsberechtigten nicht mehr einzugrenzen wäre. Dies gilt nicht nur unter Berücksichtigung des unsicheren Befunds einer PTBS, sondern auch angesichts der Tatsache, dass mittels eines Handys gefertigte Filmaufnahmen in kurzer Zeit massenhaft verbreitet werden können. Eine Ausuferung der Haftung hätte für den Unfallverursacher bzw. den dahinterstehenden Schadensregulierer weitreichende finanzielle Folgen. Aus diesem Grunde muss den direkten Unfallopfern ein diesbezüglicher Ersatzanspruch vorbehalten bleiben.[180] Die Kritik geht auch insbesondere in Anbetracht der neuesten BGH-Rechtsprechung[181] fehl, denn wie sich an diesem Urteil zeigt, ist auch dem *BGH* daran gelegen, Polizeibeamten und beruflichen Rettungskräften Ansprüche aufgrund psychischer Gesundheitsbeeinträchtigungen zu gewähren. 59

Auch Ansprüche eines unmittelbar am Unfall Beteiligten können nach der Rechtsprechung an der Zurechnung scheitern. Die (restriktive) Bagatellausnahme gilt hier ebenso. Zwar lassen sich Fälle denken, in denen bei Beinaheunfällen eine psychische Fehlverarbeitung nicht ausgeschlossen erscheint,[182] jedoch sind dies die Ausnahmefälle. Richtigerweise verneint deshalb das *LG Würzburg*[183] die Zurechnung von psychischen Schäden, die nach einer Vollbremsung ohne Kollision aufgetreten sind. 60

Oben[184] wurde bereits angeführt, dass bei Unfällen mit geringer Aufprallgeschwindigkeit nun zu Recht vermehrt von einem Bagatellunfall gesprochen wird. Richtigerweise sollte dies dann ebenso für die »Unfälle« gelten, bei denen es zu gar keiner Kollision gekommen war.[185] 61

## D. Lösungsmöglichkeiten

Um das »Massenphänomen« PTBS zutreffend beurteilen zu können, sind verschiedene Ansatzpunkte denkbar. 62

177 *Bischoff* zfs 2008, 125.
178 *BGH*, Urt. v. 22.05.2007 – VI ZR 17/06, NJW 2007, 2764.
179 *Teichmann* JZ 2007, 1156; *BGH*, Urt. v. 22.05.2007 – VI ZR 17/06, NJW 2007, 2764.
180 Ebenso: *Elsner* NJW 2007, 2764; *BGH*, Urt. v. 22.05.2007 – VI ZR 17/06, NJW 2007, 2764.
181 *BGH*, Urt. vom 08.12.2020 – VI ZR 19/20, VersR 2021, 328.
182 Beispiel bei *Wessels/Castro* VersR 2000, 289.
183 *LG Würzburg*, Urt. v. 13.07.2007 – 52 S 667/06, NJW-Spezial 2008, 75.
184 Vgl. unter C.II.2.
185 Was bei »Beinaheunfall« als akut bedrohlichem Unfallereignis unter engen Voraussetzungen anders sein kann, vgl. *AG Hagen*, Urt. v. 24.04.2013 – 19 C 296/11, NZV 2013, 397.

### I. Beweislastumkehr und Ausweitung des Bagatellbegriffs

63 Richtigerweise wird man hierzu sein Augenmerk verstärkt auf die Frage richten müssen, ob das Unfallereignis erheblich über eine Belastung des täglichen Lebens hinausgegangen ist.[186] Der Weg, den die Rechtsprechung mit der Zurechungsschranke des Bagatellunfalls eingeschlagen hat, ist in diesem Zusammenhang grds. zu begrüßen. Gleichwohl muss diese Fallgruppe noch weiterentwickelt werden, um vor allem bei der Haftung für psychische Folgeschäden ein praxistaugliches Gegengewicht zu dem weiten Kausalitätsverständnis der Rechtsprechung zu schaffen.

64 Hierbei gilt es zu berücksichtigen, dass eine »blinde« schematische Bagatellisierung nicht stattfinden darf. Grds. sind daher immer die konkreten Besonderheiten des Einzelfalls zu beachten.[187] Gleichwohl erscheint es aufgrund der Häufigkeit von Unfällen, die nur mit geringen Personen- oder Blechschäden einhergehen und keine Fehlverarbeitung nach sich ziehen, unangemessen, von dem Schädiger zu verlangen, das Vorliegen eines Bagatellunfalls nachzuweisen. Durch die gegenwärtige Beweislastverteilung wird dem Geschädigten suggeriert, nach einem geringfügigen Unfallereignis sei die Möglichkeit einer unfallbedingten psychischen Fehlverarbeitung ungleich größer als diejenige, sich mit dem Unfall unbeschadet auseinandersetzen zu können. Insb. bei bestehenden Vorerkrankungen ist davon auszugehen, dass sich bei vielen Unfallereignissen für den Geschädigten letztlich das allgemeine Lebensrisiko verwirklicht hat bzw. jedes Ereignis vergleichbarer Stärke ebenfalls eine bestehende Vorerkrankung hätte auslösen können. Demnach ist es sinnvoll, hinsichtlich des Vorliegens eines Bagatellunfalls eine Beweislastumkehr vorzunehmen. Der Anspruchssteller hätte demnach – beim Primärschaden i.R.d. haftungsbegründenen Kausalität, beim Folgeschaden innerhalb der haftungsausfüllenden Kausalität – nicht nur darzulegen, dass sich bei den Verletzungen die Gefahren des Unfallereignisses verwirklicht haben, sondern auch, dass kein Bagatellunfall vorgelegen hat.

65 Damit ist allerdings noch nicht die Frage beantwortet, wann ein solcher Bagatellunfall vorliegt. Beließe man es bei der bisherigen restriktiven Auslegung der Rechtsprechung, würde die angeregte Beweislastumkehr weitestgehend ins Leere laufen, da nach dieser gegenwärtig Bagatellunfälle (noch) die Ausnahme bilden. Um dies zu verhindern, muss die bisherige Bagatellgrenze deutlich angehoben werden.

66 Bei der Beurteilung könnte auf folgende Indizien zurückgegriffen werden, die einen Bagatellunfall nahelegen:

- Unfall mit geringer Aufprallgeschwindigkeit oder Beinaheunfall
- Keine oder nur geringfügige Verletzungen
- Polizei vermerkt bei der Unfallaufnahme »Bagatellunfall« bzw. es wurde ganz von einer Einschaltung der Polizei abgesehen

67 Bei Vorliegen eines oder mehrerer dieser Indizien steht die Annahme einer psychischen Fehlverarbeitung im Regelfall völlig außer Verhältnis zum Unfallereignis, sodass es nicht unangemessen erscheint, dass der Geschädigte den absoluten Ausnahmenfall einer widererwartenden Fehlverarbeitung zu beweisen hat. Bei objektiv schwerwiegenden Unfallerlebnissen wird dem Geschädigten der Nachweis, es lag kein Bagatellunfall vor, grds. leichter gelingen, sodass ihm im Ergebnis kein nennenswerter Nachteil ggü. der jetzigen Beweislastverteilung, die es dem Schädiger auferlegt, nachzuweisen, dass sich eine psychische Disposition auch ohne den Unfall in erheblicher bzw. gleicher Weise ausgewirkt hätte,[188] entstehen wird.

---

186 *Sittaro* VW 2000, 931; *OLG Hamburg*, Urt. v. 16.04.2014 – 14 U 202/13 (juris).
187 Für eine entsprechende Wertung: *Heß* NZV 2001, 291; *Castro/Wessels* VersR 2000, 287.
188 *OLG Hamm*, Urt. v. 27.08.2001 – 6 U 252/99, NZV 2002, 171.

## II. Stärkere Berücksichtigung des Verschuldens

68 Teilweise wird überlegt, eine Eingrenzung der Haftung unter Verschuldensgesichtspunkten vorzunehmen.[189] So hat das *OLG Köln*[190] einen Anspruch wegen fehlender Vorhersehbarkeit der posttraumatischen Belastungsstörung verneint. Es hat ausgeführt, dass es allgemein bekannt sei, dass es bei schwerwiegenden Bedrohungen oder Unglücksfällen zu psychischen Störungen mit Krankheitswert kommen könne. Dass sich aufgrund einer Auseinandersetzung, die mit einem Stoß vor die Brust und am Oberarm erlittenen Prellungen einhergeht, eine psychische Störung von Krankheitswert entwickelt, liege jedoch außerhalb der Erfahrung des täglichen Lebens. Dieser Ansatz lässt sich auf den Straßenverkehr übertragen. Das *OLG Frankfurt a.M.* hat entschieden, dass unter Berücksichtigung dieser Grundsätze zum Schockschaden bei der Schmerzensgeldbemessung eines am Unfall Beteiligten berücksichtigt werden müsse, dass durch die Teilnahme am motorisierten Straßenverkehr ein erhöhtes Risiko eingegangen werde, psychisch traumatisierende Situationen zu erleben, weswegen es angemessen erscheine, das Schmerzensgeld in Anbetracht der Risikoverteilung herabzusetzen.[191]

69 Bei Verkehrsunfällen mit geringen Differenzgeschwindigkeiten wird es nämlich ebenfalls regelmäßig der Fall sein, dass der Schädiger nicht mit der Entwicklung einer psychischen Störung von Krankheitswert aufgrund des Unfallereignisses gerechnet haben wird. Allerdings gilt es, wie Teichmann[192] zutreffend feststellt, zu bedenken, dass in den meisten Fällen ohnehin eine Gefährdungshaftung zugunsten des Geschädigten eingreift. Hinzu kommt, dass die Vorhersehbarkeit des Erfolgs nur im Rahmen einer Primärverletzung eine Rolle spielt. Ist die psychische Beeinträchtigung weitere Folge einer verschuldeten Erstschädigung, muss sich die Vorhersehbarkeit nicht mehr auf die Verletzungsfolge erstrecken.[193]

## III. Einschränkungen i.R.d. Schadensbemessung

70 Jedenfalls hat der Tatrichter, um zu verhindern, dass zu Unrecht aus geringfügigen Schadensereignissen enorme Schadensersatzforderungen bis hin zu einem langjährigen Erwerbsschaden bei Berufsunfähigkeit zugesprochen werden, der Schadensbemessung besondere Aufmerksamkeit zu schenken und die bestehende Rechtsprechung zu beachten.

71 Insb. muss er im konkreten Einzelfall genau bestimmen, in welchem Umfang tatsächlich von einem unfallbedingten Schaden ausgegangen werden kann.

72 Während bei der Bemessung von Schmerzensgeld eine teils erhebliche[194] Minderung bei entsprechender Disposition des Anspruchsstellers nach der Rechtsprechung generell für möglich gehalten[195] und Schmerzensgeld für psychische Schäden regelmäßig ohnehin zurückhaltend zugesprochen wird[196] bzw. ein Haushaltsführungsschaden im Normalfall auch verneint wird, werden andererseits bei der Bemessung eines Erwerbsschadens Zugeständnisse an den Geschädigten gemacht. Dies erscheint auch aufgrund der hohen finanziellen Belastung des Schädigers wenig nachvollziehbar.

---

189 *OLG Köln*, Urt. v. 12.12.2006 – 3 U 48/06, NJW 2007, 1757; dafür auch: *Schmidt* MDR 1971, 539.
190 *OLG Köln*, Urt. v. 12.12.2006 – 3 U 48/06, NJW 2007, 1757.
191 *OLG Frankfurt am Main*, Urt. v. 29.06.2020 – 22 U 128/19, NJW-RR 2020, 1287.
192 *Teichmann* JZ 2007, 1159.
193 *BGH*, Urt. v. 30.04.1996 – VI ZR 55/95, NJW 1996, 2425; *BGH*, Urt. v. 03.02.1976 – VI ZR 235/74, VersR 1976, 639.
194 *LG Hamburg*, Urt. v. 09.07.2010 – 306 O 334/06, Schaden-Praxis 2010, 361, *Schleswig-Holsteinisches OLG*, Urt. v. 06.07.2006 – 7 U 148/01, OLGR Schleswig 2006, 5; *Saarländisches OLG Saarbrücken*, Urt. v. 21.07.2009 – 4 U 649/07 – 216, OLGR Saarbrücken 2009, 897.
195 *BGH*, Urt. v. 05.11.1996 – VI ZR 275/95, NJW 1997, 455; *Schleswig-Holsteinisches OLG*, Urt. v. 18.09.2003 – 7 U 107/01, NJW-RR 2004, 239; *BGH*, Urt. v. 29.10.2003 – IV ZR 38/03 und *Schleswig-Holsteinisches OLG*, Urt. v. 02.06.2005 – 7 U 124/01, *OLGR* Schleswig 2006, 5–8; *Saarländisches OLG Saarbrücken*, Urt. v. 21.07.2009 – 4 U 649/07 – 216, OLGR Saarbrücken 2009, 897; vgl. dazu auch unter B.I.3, z.B. *OLG Celle*, Urt. v. 29.07.1997 – 5 U 116/96, NJWE-VHR 98, 6.
196 *Eilers* zfs 2009, 253.

73 Insb. bei der Entscheidung über künftige Ansprüche eines Vorgeschädigten muss der fiktive Lebenslauf des Geschädigten unter Berücksichtigung aller Risikofaktoren beurteilt werden und sich ein eventuelles Risikopotenzial in einem Risikoabschlag bzw. einer Quote angemessen widerspiegeln.[197] Aber auch bei gesunden Geschädigten darf nicht unterstellt werden, dass es in Zukunft zu keinerlei beruflichen Schwierigkeiten gekommen wäre. Denn eine einmal erlittene Verletzung darf letztlich nicht dazu führen, dass der Geschädigte – gerade in Krisenbranchen – auf einmal einen »fiktiven« krisenfesten Arbeitsplatz bis zur Pensionierung erhält.[198] Hier gilt es zu berücksichtigen, ob der Geschädigte eine neue Anstellung gefunden hätte, falls der derzeitige Arbeitgeber etwa Insolvenz anmelden müsste. Bei derzeit immer noch über 3 Millionen Arbeitslosen und bestehender Wirtschaftskrise keine Frage, die immer ohne Weiteres bejaht werden kann.

74 Naturgemäß ist eine exakte Bemessung des konkreten Schadensersatzes wegen oben erwähnter Unwägbarkeiten nicht immer erreichbar. Ist es nicht möglich, den Schadensersatz zeitlich zu begrenzen –, weil etwa keine verlässliche gutachterliche Angabe zu der Frage, wann die bestehende Schadensanfälligkeit sowieso zu einer Erwerbslosigkeit geführt hätte, vorliegt – ist jedenfalls eine quotenmäßige Kürzung vorzunehmen. Die Quote sollte dann das ganze »Risikopotenzial« des Geschädigten angemessen berücksichtigen. Dieser Gedanke ist grds. nicht neu,[199] wurde von der Praxis jedoch bisher kaum aufgenommen.[200] Zu begrüßen ist in diesem Zusammenhang die Entscheidung des *OLG Schleswig*, welches einen 50 %igen Abschlag auf die zu erbringenden Schadensersatzleistungen für gerechtfertigt erachtet,[201] und damit ein erstes richtiges Zeichen gesetzt hat. Erfreulicherweise ist dieser Ansatz, dass eine psychische Prädisposition sich auch bei der Berechnung des Verdienstausfallschadens anspruchsmindernd auszuwirken hat, mittlerweile auch bei anderen Obergerichten auf Zustimmung gestoßen. Unter ausdrücklicher Bezugnahme auf vorgenannte Entscheidung des *OLG Schleswig* hatte das *OLG Saarbrücken*[202] dem Geschädigten in seiner Entscheidung aus dem Jahr 2009 zwar einen vollen Verdienstausfallschaden zuerkannt, diesen mit Blick auf bestehende Vorerkrankungen jedoch auf 3 Jahre beschränkt.

75 Nur auf diesem Wege wird es gelingen, sachgerechte Entschädigungshöhen zu bestimmen, die die Zukunftsrisiken des Geschädigten angemessen wiederspiegeln.

## IV. Anspruchskürzung über § 254 BGB

76 Wenn ein bestehender Schaden durch ein negatives Verhalten des Geschädigten vergrößert wird, kann dies zu einer Minderung des Schmerzensgeldes führen.[203] Es wird darüber hinaus erwogen, bestehende Ansprüche unter dem Gesichtspunkt des § 254 BGB zu begrenzen.

### 1. Mitverschulden bei der Entstehung des Schadens

77 Einmal kann den Geschädigten ein Mitverschulden bei der Schadensentstehung treffen, wenn er selber zur Verursachung des Unfalls, etwa durch einen Verstoß gegen verkehrsrechtliche Bestimmungen, beigetragen hat. Z.T. wird auch vorgeschlagen, die Haftung für einen psychischen Primärschaden unter Berücksichtigung von § 254 BGB gänzlich zu versagen, wenn sich jemand unaufgefordert und ohne Absicht, Hilfe zu leisten, einer Unglücksstelle nähert bzw. von einem schweren

197 Vgl. *Schleswig-Holsteinisches OLG*, Urt. v. 10.01.2019 – 7 U 74/13, LSK 2019, 20082; vgl. dazu auch *Bischoff* zfs 2008, 123 und *Stöhr* NZV 2009, 165.

198 *Bischoff* zfs 2008, 123.

199 Vgl. *BGH*, Urt. v. 11.11.1997 – VI ZR 376/96, BGHZ 137, 142–153 = NJW 1998, 810.

200 *Bischoff* zfs 2008, 125.

201 *Schleswig-Holsteinisches OLG*, Urt. v. 06.07.2006 – 7 U 148/01, OLGR Schleswig 2006, 5–8 = NJW-RR 2007, 171.

202 Saarländisches *OLG Saarbrücken*, Urt. v. 21.07.2009 – 4 U 649/07 – 216, OLGR Saarbrücken 2009, 897.

203 *OLG Koblenz*, Urt. v. 11.10.2004 – 12 U 621/03, NZV 2005, 317.

Unfall aus den Nachrichten erfährt und diese Geschehnisse dann fehl verarbeitet.[204] Jedoch bedarf es in den beiden letztgenannten Konstellationen keines Rückgriffs auf § 254 BGB, da der *BGH*[205] sehr restriktive Anforderungen an die Bejahung eines Schockschadens stellt. In einer aktuellen Entscheidung nahm der 22. Zivilsenat des *OLG Frankfurt* eine Anspruchskürzung mit der Begründung vor, dass der Kläger selbst durch die Teilnahme am motorisierten Straßenverkehr ein erhöhtes Risiko eingegangen sei, psychisch traumatisierende Situationen zu erleben und dass der verstorbene Unfallbeteiligte dem Kläger nicht bekannt gewesen sei.[206]

§ 254 BGB kann den Ersatzanspruch auch dann ausschließen, wenn sich ein gesundheitlich Geschwächter einer vermeidbaren Gefahr aussetzt.[207] Dass der Geschädigte sich trotz einer latenten Schadensanfälligkeit in ein Fahrzeug setzt, kann ihm jedoch i.d.R. nicht zum Vorwurf gemacht werden. Denn entweder ist diesem seine Schadensanfälligkeit nicht bewusst oder die erforderliche[208] Vorhersehbarkeit der Schädigung entfällt. Unabhängig davon, dass ein Fahrzeugführer ohnehin nicht davon ausgeht, in einen Unfall verwickelt zu werden, geht ein solcher erst recht nicht davon aus, ein solches Ereignis psychisch fehl zu verarbeiten. Jedenfalls wird dem beweisbelasteten[209] Schädiger dieser Nachweis selten bis überhaupt nicht gelingen. 78

## 2. Verstoß gegen die Schadensminderungspflicht

Aus diesem Grunde wird die Frage des Mitverschuldens an einer psychischen Fehlverarbeitung hauptsächlich im Zusammenhang mit der Schadensabwendungspflicht des Geschädigten thematisiert. Nach einem Unfallereignis ist der Geschädigte grds. verpflichtet, sich bei nicht ganz geringfügigen Verletzungen in ärztliche Behandlung zu begeben.[210] 79

Demnach wird zu Recht gefordert, einen bestehenden Anspruch zu mindern, wenn ein Erkrankter nicht alles Mögliche und Erforderliche getan hat, um seine traumatische Verletzung behandeln zu lassen.[211] Insb. kommt eine Anspruchskürzung wegen eines Verstoßes gegen die Schadensminderungspflicht in Betracht, wenn der Geschädigte eine notwendige[212] therapeutische Behandlung ablehnt und es aus diesem Grund zu einer Ausweitung des Schadens kommt.[213] Vor diesem Hintergrund dürfte das *OLG Schleswig*[214] unzutreffend davon ausgegangen sein, dass die Tatsache, dass Therapiemöglichkeiten nur in unzureichendem Maße ergriffen worden waren, eine typische Folge einer unfallbedingten psychischen Erkrankung sei und dem Geschädigten im Rahmen von § 254 BGB nicht zum Vorwurf gemacht werden könne. Denn in der Rechtsprechung ist es anerkannt, dass ein Geschädigter grds.[215] sogar zur Duldung einer Operation verpflichtet ist.[216] Dann ist ihm erst recht zuzumuten, frühzeitig Begehrensvorstellungen zu bekämpfen und an etwaigen Reha-Maßnahmen mitzuwirken.[217] Alles andere würde letztlich auf die Ausstellung eines »Freibriefes« hinauslaufen. Voraussetzung für die Wahrnehmung von Therapiemöglichkeiten dürfte allerdings sein, dass eine thera- 80

204 *Teichmann* JZ 2007, 1159; *Schmidt* MDR 1971, 540.
205 *BGH*, Urt. v. 22.05.2007 – VI ZR 17/06, NJW 2007, 2764.
206 *OLG Frankfurt am Main*, Urt. v. 29.06.2020 – 22 U 128/19, NJW-RR 2020, 1287.
207 *OLG Celle*, Urt. v. 18.07.1980 – 9 U 28/80, VersR 1981, 1058.
208 Grüneberg/*Grüneberg* § 254 Rn. 9.
209 Grüneberg/*Grüneberg* § 254 Rn. 72.
210 Grüneberg/*Grüneberg* § 254 Rn. 38.
211 *Schiemann* JZ 1998, 685; *BGH*, Urt. v. 12.12.1997 – V ZR 81/97; *OLG Köln*, Urt. v. 18.08.2023 – I-7 U 21/23 (juris); *Brandt* VersR 2005, 618; *Eilers* zfs 2009, 253.
212 Zur Frage der Notwendigkeit wird i.d.R. ein Sachverständiger Stellung beziehen müssen.
213 *Eilers* zfs 2009, 253.
214 Vgl. *Schleswig-Holsteinisches OLG*, Urt. v. 15.01.2009 – 7 U 76/07, NZV 2010, 96.
215 Sofern sie gefahrlos und nicht mit besonderen Schmerzen verbunden ist und sichere Aussicht auf Heilung oder wesentliche Besserung bietet.
216 *BGH*, Urt. v. 13.05.1953 – VI ZR 78/52, NJW 1953, 1098; *BGH*, Urt. v. 15.03.1994 – VI ZR 44/93, NJW 1994, 1593.
217 Vgl. Grüneberg/*Grüneberg* § 254 Rn. 39.

peutische Maßnahme zumindest zu einer wesentlichen Besserung der Beschwerden geführt hätte.[218] Zweifelhaft könnte dies in den Fällen sein, in denen die Beschwerden des Geschädigten chronisch sind. Ob eine Behandlung dann noch Erfolg versprechend ist, kann aber letztlich nur medizinisch beantwortet werden.[219] Wird die frühzeitig angebotene und Erfolg versprechende Hilfe allerdings abgelehnt und kommt es deswegen zu einer Schadensausweitung bzw. zur Chronifizierung, sollte die gebotene Anwendung des § 254 BGB zu einer erheblich anspruchskürzenden Quote führen.

81 Zwar ist der Geschädigte erforderlichenfalls verpflichtet, darzulegen, was er alles zur Schadensminderung unternommen hat,[220] jedoch gilt es ihm Rahmen des Mitverschuldens immer zu berücksichtigen, dass der Schädiger für das Mitverschulden des Geschädigten und dessen Ursächlichkeit die Beweislast trägt,[221] und damit etwa auch dafür, dass durch die unterlassene Reha-Maßnahme tatsächlich eine Verbesserung eingetreten wäre. Des Weiteren ist es regelmäßig Aufgabe des Schädigers, geeignete Rehabilitationsmaßnahmen vorzuschlagen.[222] Aus diesen Gründen lässt sich der Ausuferung von Schadensersatzansprüchen wegen behaupteter psychischer Schäden über § 254 BGB vermutlich in der Praxis weniger entgegenwirken, als dies bei Einschränkungen i.R.d. Zurechnung oder der Schadensbemessung der Fall wäre. Gleichwohl sollten Mitverschuldensgesichtspunkte bei der Beurteilung psychischer Schäden ergänzend berücksichtigt werden.

## E. Besonderheiten für die anwaltliche Praxis

### I. Verjährungshemmung

82 Ist der Geschädigte trotz Kenntnis von Schaden und Person des Ersatzpflichtigen psychisch infolge einer posttraumatischen Belastungsstörung außer Stande, aus der vorhandenen Kenntnis sachgemäße Konsequenzen zu ziehen, ist die Verjährung durch höhere Gewalt gehemmt.[223]

### II. Rechtsanwaltshaftung

83 Aufgabe des Rechtsanwalts ist es, von seinem Mandanten behauptete unfallbedingte psychische Beeinträchtigungen rechtzeitig und ausreichend substantiiert vorzutragen und ihm vorliegende ärztliche Stellungnahmen, die eine posttraumatische Belastungsstörung mit schwerer depressiver Reaktion bestätigen, dem Gericht vorzulegen.[224]

### III. Behördliche Versetzung in den Ruhestand und zivilgerichtliche Feststellung einer unfallbedingten PTBS

84 Die durch einen Verkehrsunfall geschädigte Lehrerin wurde durch ihre Landesschulbehörde als dienstunfähig in den Ruhestand versetzt. Sie hatte u.a. nach den Feststellungen ihres Dienstherrn ein PTBS erlitten. Das *OLG Oldenburg*[225] urteilte, dass die Entscheidung der Landesschulbehörde im Verwaltungsweg von den ordentlichen Gerichten als rechtswirksam anzuerkennen ist. Ob allerdings Ersatzansprüche der klagenden Lehrerin aus dem Unfall bestehen, hängt davon ab, ob bei den unfallbedingten Gesundheitsschäden die Versetzung in den Ruhestand wegen Dienstunfähig-

---

218 Grüneberg/*Grüneberg* § 254 Rn. 38.

219 So *OLG Köln*, Urt. v. 18.08.2023 – 7 U 21/23, BeckRS 2023, 22087: die gerichtliche Gutachterin stellte fest, dass der Klägerin eine Aufarbeitung aus psychischen Gründen (noch) nicht möglich war, so dass der Umstand, dass sie sich nicht in eine ihr angeratene Traumatherapie begeben hatte, nicht anspruchsreduzierend gemäß § 254 BGB Berücksichtigung zu finden hat.

220 *BGH*, Urt. v. 22.11.2005 – VI ZR 330/04, VersR 2006, 286.

221 Grüneberg/*Grüneberg* § 254 Rn. 72.

222 *BGH*, Urt. v. 04.12.1969 – III ZR 138/67, VersR 1970, 274.

223 *Schleswig-Holsteinisches OLG*, Urt. v. 20.12.2012 – 16 U 108/11 (juris); *OLG Karlsruhe*, Beschl. v. 12.06.2001 – 7 W 17/01, OLGR 2002, 4.

224 *BGH*, Urt. v. 13.06.2013 – IX ZR 155/11 (juris).

225 *OLG Oldenburg*, Urt. v. 22.07.2016 – 6 U 30/16 (juris).

keit eine adäquate Unfallfolge war. Ohne an die Entscheidung der Verwaltungsbehörde gebunden zu sein,[226] haben die Zivilgerichte indes das selbstständig zu entscheiden. Den Beweis aber, dass die Klägerin infolge des Verkehrsunfalls eine PTBS als psychische Primärverletzung erlitten hat, konnte die Lehrerin nicht führen.

## F. Fazit

Nach alledem erscheint es aus juristischer Sicht geboten, durch dogmatisch zutreffende Gesetzesanwendung Zurechnungsschranken zu bestimmen und im haftungsausfüllenden Tatbestand bestehende Vorerkrankungen primär zu berücksichtigen. 85

Mit einer Ausweitung des Bagatellbegriffs samt Beweislastumkehr und einer stärkeren Berücksichtigung von bestehenden Prädispositionen des Betroffenen i.R.d. Bemessung des Schadensersatzes könnte sichergestellt werden, dass der Ausdehnung vermeintlicher psychischer Folgeschäden vernünftig entgegengewirkt wird, ohne berechtigte Ansprüche ablehnen zu müssen. 86

Dieser Ansatz stünde einer dem Einzelfall angemessenen und sachgerechten Entscheidung nicht entgegen, da er lediglich das Regel-Ausnahmeverhältnis bei Bagatellunfällen umkehrt und eine Haftung nicht per se ausgeschlossen wird. 87

Nach den ergangenen Grundsatzentscheidungen zur Haftung bei psychischen Folgeschäden muss sich die Rechtsprechung weiterhin mit den Schwierigkeiten im Umgang mit psychischen Erkrankungen nach Unfallereignissen auseinandersetzen. Entsprechende höchstrichterliche »Leitlinien« würden nicht nur dem Tatrichter helfen, zu einer sachgerechten Entscheidung zu gelangen, sondern sich letztlich auch positiv auf das sich nach einem Unfall ergebende natürliche Spannungsverhältnis zwischen dem Geschädigten und dem Schädiger bzw. dessen Haftpflichtversicherer auswirken. Bei bestehender Rechtssicherheit wird der Weg zu einer schnellen und außergerichtlichen Regulierung eher gangbar sein. Eine solche wird auch einem Betroffenen, der die Belastung durch den Schadensfall dann zumindest insoweit abschließen kann, helfen, seine psychischen Belastungen loszuwerden.[227] Es ist nicht auszuschließen, dass Abfindungsverhandlungen oftmals an der Frage, wie überhaupt eine unfallbedingte psychische Belastung zu erkennen bzw. juristisch zu werten ist, frühzeitig scheitern. 88

Aber auch die medizinische Praxis ist angehalten, auf das »Massenphänomen« PTBS zu reagieren, um es dem Juristen – insb. im Bereich der Kausalität – zu ermöglichen, zur Klärung der Unfallbedingtheit die richtigen Beweisfragen zu stellen. Denkbar wäre es in diesem Zusammenhang, dass unter Medizinern, Psychologen und Psychiatern einheitliche Risikogruppen bestimmt werden, bei denen vermehrt mit einer Fehlverarbeitung zu rechnen ist.[228] Auch könnte ein standardisiertes Untersuchungsverfahren geschaffen werden, mit dem die charakteristischen Symptome einer posttraumatischen Belastungsstörung glaubhaft festgestellt werden, können. Die Rechtsprechung wäre dann gehalten, unter Berücksichtigung dieser medizinischen Erkenntnisse, Abgrenzungskriterien zu schaffen, die eine Unterscheidung zwischen erheblichen und unerheblichen Beschwerden ermöglichen. 89

226 Das *OLG Oldenburg* beruft sich auf *BGH*, Urt. v. 24.09.1963 – VI ZR 107/62, VersR 1963, 1207.
227 *Bischoff* zfs 2008, 126; *Clemens/Hack/Schottmann/Schwab* DAR 2008, 12.
228 Anders: *Sittaro* VW 2000, 930.



227 *Burmann/Jahnke* 2008, 126; *Clemens/Hack/Schottmann/Schwab* DAR 2008, 12.



# Teil 5 Öl- und Umweltschäden

## Kapitel 21 Sonderprobleme bei Öl- und Umweltschäden

### Schrifttum

*Abram*, Der Direktanspruch des Geschädigten gegen den Pflicht-Haftpflichtversicherer seines Schädigers außerhalb des PflVG – »Steine statt Brot«? VP 2008, 77 ff.; *Appel/Schlarmann*, Haftungsprobleme bei Ölschäden, VersR 1973, 993 ff.; *Beaucamp/Ringermuth*, Empfiehlt sich die Beseitigung des Widerspruchverfahrens? DVBl. 2008, 426 ff.; *Bode*, Unzulässigkeit der Berücksichtigung von betriebswirtschaftlich ermittelten Jahresgesamtkosten in einer Feuerwehrgebührensatzung, BrandSchutz 2008, 530 f.; *Borchardt/Schwab*, Ölspurbeseitigung – aktuelle Entwicklungen, DAR 2014, 75 ff.; *Brenner*, Klagen im Zusammenhang mit Umweltzonen DAR 2008, 260 ff.; *Brenner/Seifarth*, Das Recht des Bürgers auf saubere Luft durch Planung, DAR 2008, 601 ff.; *Breuer*, Wasserrechtliche Gefährdungshaftung und Aufwendungen der Gefahrenerforschung, NVwZ 1988, 992 ff.; *Cosack/Enders*, Das Umweltschadensgesetz im System des Umweltrechts DVBl. 2008, 405 ff.; *Dahmen*, Zum merkantilen Minderwert bei Gebäuden, BauR 2012, 24 ff.; *Dörr*, Gefährdungshaftung – Der Betriebsbegriff bei abgestellten Kraftfahrzeugen, MDR 2011, 1083 ff.; *Engelbrecht/Nover*, Das Selbständige Beweissicherungsverfahren bei Werkstattmängeln DAR 2008, 444 ff.; *Faßbender*, Das neue Wasserhaushaltsgesetz, ZUR 2010, 181 ff.; *v. Falkenhausen/Dehghani*, Bericht der Europäischen Kommission über die Umwelthaftungsrichtlinie – Haftungsgefahren durch die Umsetzung der Umwelthaftungsrichtlinie, VersR 2011, 853 ff.; *Feldhaus*, Umwelthaftungsgesetz und Bundesimmissionsschutzgesetz UPR 1992, 16 ff.; *Fell*, Ansprüche aus positiver Vertragsverletzung und Delikt aufgrund der Missachtung der Sorgfaltsanforderungen beim Befüllen von Öltanks VersR 1988, 1222 ff.; *Frank*, Die Selbstaufopferung des Kraftfahrers im Straßenverkehr JZ 1982, 737 ff.; *Gawel*, E10 – Ist die Klimapolitik mit Agrarkraftstoffen auf der richtigen Spur?, ZUR 2011, 337 ff.; *Geiger*, Aktuelle Rspr. zur Feinstaubproblematik DAR 2007, 181 ff.; *Gellermann*, Umweltschaden und Biodiversität, NVwZ 2008, 828 ff.; *v. Gerlach*, Der merkantile Minderwert in der Rspr. des BGH DAR 2003, 49 ff.; *Goering*, Unbefugtes Parken durch Besitzstörer – Abschleppkosten und mehr, DAR 2009, 603 ff.; *Grell*, Versicherungsmäßige Deckung bei Umweltschäden ZfV 1976, 82 f.; *Heinrichs*, Synopse für das Versicherungsrecht im Verkehrsrecht bedeutsamsten Auswirkungen der VVG Reform, zfs 2009, 187 ff.; *Hellriegel/Schmitt*, Aufwertung des bodenschutzrechtlichen Ausgleichsanspruchs – die BGH-Rechtsprechung zur Inanspruchnahme des Verursachers von Altlasten durch den Grundstückseigentümer, NJW 2009, 1118 ff.; *Heuer*, Zur außervertraglichen Haftung des Frachtführers (und seines Kfz-Haftpflichtversicherers) für Güterschäden TranspR 2002, 334 f.; *Hofmann*, Die Abgrenzung der Haftpflichtversicherung von der Kraftfahrtversicherung durch die Kraftfahrzeugklausel NVersZ 1998, 54 ff.; *Horst*, Umwelt- und Umfeldmängel im Mietrecht, MDR 2011, 1022 ff.; *Koch/Herrmann*, Rechtsgutachten im Auftrage der Hamburgischen Bürgerschaft, Kostentragung bei der Sanierung kontaminierter Standorte, Anhang zur Drucksache 11/3774; *Kotulla*, Das novellierte Wasserhaushaltsgesetz, NVwZ 2010, 79 ff.; *Leutzbach*, Verkehr und Umweltschutz; gekürzte Fassung des Festvortrags aus Anlass des Verkehrsgerichtstages 1996 in Goslar DAR 1996, 492 ff.; *Mielchen/Meyer*, Anforderungen an die Führerscheinkontrolle durch den Arbeitgeber bei Überlassung von Firmenfahrzeugen an den Arbeitnehmer, DAR 2008, 5; *Mohr*, Altlasten im Boden: Haftungsrisiken, DS 2011, 240 ff.; *Nugel/Bendig*, Aktuelle Rechtsprechung zur Bestimmung des Schadensersatzes bei der Öl-Spurbeseitigung, VRR 2017, 4 ff.; *Oellers*, Die Krux mit den Ölspuren, VBl.BW 2004, 371 ff.; *Rebler*, Verkehrsbeschränkungen aus Gründen des Immissionsschutzes SVR 2005, 211 ff.; *Rebler*, Die Außerbetriebsetzung von Fahrzeugen bei fehlendem Versicherungsschutz, SVR 2010, 206 ff.; *Rebler*, Verschmutzungen und Hindernisse auf der Fahrbahn, VD 2011, 154 ff.; *Salje*, Umwelthaftung und Straßenverkehr DAR 1998, 373; *Scheidler*, Anspruch auf behördliche Maßnahmen gegen Feinstaub? – Die Haltung des Bundesverwaltungsgerichts, DAR 2008, 121 ff.; *Scheidler*, Die rechtliche Verantwortung für übermäßige Straßenverschmutzungen, DAR 2014, 481 ff.; *Schimikowski*, Haftung und Versicherungsschutz für Umweltschäden durch landwirtschaftliche Produktion VersR 1992, 923 f., 928 ff.; *Siegel*, Der Abzug »neu für alt«, SVR 2011, 289 ff.; *Schlemminger/Böhn*, Betragsmäßige Höchstbegrenzung der Sanierungsverpflichtung in Sanierungsverträgen, NVwZ 2010, 354 ff.; *M. Schmidt*, Sachmängelhaftung für Hersteller- und Händlerangaben über den Kraftstoffverbrauch und die $CO_2$-Emissionen neuer Personenkraftfahrzeuge NJW 2005, 329 ff.; *Schwab*, Feuerwehrkosten – Erstattungspflicht in der Kraftfahrthaftpflichtversicherung PVR 2002, 243 ff.; *Schwab*, Unsere Klientel macht keine Umweltschäden – oder doch? VW 2002, 1017; *Schwab*, Ölspurbeseitigung – die rechtliche und wirtschaftliche Seite bei der Schadensabwicklung DAR 2010, 347 ff.; *Schwab*, Betrieb und Gebrauch eines Kraftfahrzeugs, DAR 2011, 11 ff.; *Schwab*, § 8 Nr. 1 StVG – eine Streichung ist überfällig, DAR 2011, 129 f.; *Schwab*, Aktuelle Rechtsprechung des BGH zu Ölspurschäden, DAR 2011, 610 ff.; *Staab*, Der Gebrauch des Kraftfahrzeugs – Versicherungsrechtliche Probleme, insb. Deckungsumfang und Opferschutz, DAR 2011, 181 ff.; *Steffen*, Der normative Verkehrsunfallschaden NJW 1995, 2057; *Steiner*, Umwelt- und planungsrechtliche Fragen alter und neuer Verkehrssysteme DAR 1996, 121 ff.; *Stöber*,

Ansprüche des Grundstücksbesitzers gegen den unbefugt Parkenden auf Ersatz der Abschleppkosten, DAR 2009, 539 ff.; *Stollenwerk*, Schutz vor Lärmbelästigungen durch Schwerlastfahrzeuge DAR 2005, 357 f.; *Templin*, Ursachen von thermischen Überfüllungen an erdgedeckten Lagerbehältern in Form liegender Zylinder, TÜ Bd. 45 (2004) Nr. 7/8, S. 28; *Terno*, Abgrenzungsprobleme zwischen KH-Versicherung und Allgemeiner Haftpflichtversicherung, r+s 2011, 361 ff.; *Thole*, Die Geschäftsführung ohne Auftrag auf dem Rückzug – Das Ende des »auch fremden« Geschäfts?, NJW 2010, 12443 ff.; *Thum*, Das WHG 2010 – Weichenstellung oder Interimslösung? – Trierer Wasserwirtschaftstag 2010 –, ZUR 2010, 332 ff.; *Thume*, Die Rechte des Empfängers bei Vermischungsschäden in Tanks oder Silos als Folge verunreinigt angelieferter Güter, VersR 2002, 267 ff.; *Thume*, Ansprüche des geschädigten Dritten im Frachtrecht, TranspR 2010, 45 ff.; *Tollmann*, Die Zustandsverantwortlichkeit des früheren Grundeigentümers gemäß § 4 Abs. 6 BBodSchG: ein Irrläufer der Geschichte?, ZUR 2008, 5 ff.; *Troidl*, Zehn Jahre Bundes-Bodenschutzgesetz – rechtswidrige Sanierungsverfügungen, NVwZ 2010, 154 ff.; *Vierhaus*, Das Bundes-Bodenschutzgesetz NJW 1998, 1262; *Vogel/Kitsch*, Verkehrsunfälle mit Umweltbezug und Entsorgungsfragen VersR 1996, 1476, 1479; *v. Westerholt*, Nochmals: Ausgleichsansprüche bei der Sanierung kontaminierter Grundstücke NJW 2000, 931 ff.; *Wagner*, Das neue Umweltschadensgesetz, VersR 2008, 565 ff.; *Willand/Buchholz*, Feinstaub: Die ersten Gerichtsentscheidungen NJW 2005, 2641 ff.; *Wilms*, Anhänger-Streitfragen entschieden, DAR 2011, 71 ff.; *Wussow*, Grenzfälle der Schadensentstehung durch den Gebrauch eines Fahrzeugs i.S.v. § 10 AKB VersR 1996, 668 ff.

**Übersicht** Rdn.



Rdn.

## A. Begriff

### I. Umweltschaden in der Kraftfahrthaftpflichtversicherung

#### 1. Definitionsansatz

1 Eine Definition des Umweltschadens zu geben ist schwierig. Für die Kfz-Haftpflichtversicherung[1] gilt dies umso mehr, als der Begriff weder in § 2 KfzPflVV noch in den alten[2] oder den neuen AKB[3] erwähnt wird.

2 Die Schwierigkeiten beginnen bereits mit dem Begriff der Umwelt. Darin nur die natürlichen Lebensgrundlagen nach Art. 21a GG sehen zu wollen, erscheint mit Blick auf die hier zu behandelnden Probleme zu eng.

Eine gesetzliche Definition findet sich für den Umweltschaden in § 575 Abs. 2 HGB. Danach ist ein Umweltschaden eine erhebliche physische Schädigung der menschlichen Gesundheit oder der Tier- und Pflanzenwelt des Meeres oder der Meeresressourcen in Küsten- und Binnengewässern oder angrenzenden Gebieten, die durch Verschmutzung, Verseuchung, Feuer, Explosion oder ähnliche schwerwiegende Ereignisse verursacht wird. Die Vorschrift betrifft allerdings nur das Seerecht und ist nur schwer auf die Verhältnisse des Straßenverkehrs zu übertragen.

1 § 741 Abs. 2 HGB enthält eine Definition für den See- und Schiffsverkehr.
2 § 10 Abs. 1 AKB (alt).
3 A.1.1.1 Muster AKB 2015 des GDV, Stand 17.04.2024.

*Salje*[4] versucht den Begriff zu beschreiben als: »alle natürlich vorkommenden, also nicht von Menschenhand geschaffenen Sachen und Materien gleich welchen Aggregatzustandes, die mit Ausnahme des Menschen selbst auf und unterhalb der Erdoberfläche existieren.«

Unberücksichtigt bleibt bei dieser Definition, dass der Mensch in einer technisierten Welt lebt und sich einen Großteil seines Umfeldes selbst schafft und gestaltet. 3

Näher liegt da schon die Beschreibung nach dem Umwelthaftungsgesetz.[5] Danach werden die Rechtsgüter Leben, Körper, Gesundheit und Sachen geschützt, wenn sie über die Umweltpfade Boden, Luft und Wasser durch eine Umwelteinwirkung geschädigt werden, § 1 UmweltHG. Zu den Umwelteinwirkungen können danach gehören: Stoffe, Erschütterungen, Geräusche, Druck, Strahlen, Gase, Dämpfe, Wärme und sonstige Erscheinungen, § 3 Abs. 1 UmweltHG. 4

Am 14.11.2007 ist das Umweltschadensgesetz[6] in Kraft getreten. Darin geht es nicht um individuelle Rechtsgüter oder zivilrechtliche Ansprüche. Stattdessen geht es ausschließlich um öffentlich-rechtliche Verantwortlichkeiten für als besonders schützenswert erachtete Bereiche unserer Umwelt. 5

Darunter fallen nach § 2 Nr. 1 USchadG in abschließender Aufzählung:
- Arten und natürliche Lebensräume nach Maßgabe des § 19 BNatSchG,
- Gewässer im Sinne des § 90 WHG
- und der Boden im Sinne einer Funktionsbeeinträchtigung nach § 2 Abs. 2 BBodSchG.

In Verbindung mit § 2 Nr. 2 USchadG wird sodann der Umweltschaden definiert als »eine direkt oder indirekt eintretende feststellbare nachteilige Veränderung einer natürlichen Ressource (Arten und natürliche Lebensräume, Gewässer und Boden) oder Beeinträchtigung der Funktion einer natürlichen Ressource«.

Es wird deutlich, dass es sich um juristisches Neuland handelte. Nur mit neuen angepassten Versicherungsbedingungen[7] konnte dies sachgerecht[8] erfasst werden.

Bezogen auf den Gebrauch eines Fahrzeuges bedarf es hier besonders klarer Trennstriche zwischen rein[9] öffentlich-rechtlichen Verantwortlichkeiten und zivilrechtlichen Ansprüchen. Allein im Privatrecht kommt man schon schnell in uferlose Bereiche. Fahrzeuge, nicht nur mit den üblichen Verbrennungsmotoren, erzeugen z.B. Geräusche, Gase und Wärme sowie beim Fahren Erschütterungen[10] und Druck. Zu beachten ist, dass insbesondere von Lithiumbatterien in Elektrofahrzeugen[11] Explosions- und Brandgefahren ausgehen. So hatte es Anfang 2021 sogar vereinzelte Einfahrtverbote in öffentliche Parkhäuser in den Städten Kulmbach und Leonberg gegeben. Dies ist zwar bspw. in Kulmbach wieder aufgehoben worden, bis zuletzt gab es jedoch verschiedene Gerichtsverfahren zu dieser Problematik auch für den Bereich privater Tiefgaragen von Eigentümergemeinschaften. Dabei ist ein Verbot für E-Autos für unzulässig erklärt worden.[12] 6

Zwei extreme Beispiele sollen zwar die generelle Problematik aufzeigen, dabei jedoch den Blick auf die in der Praxis relevanten Vorgänge einschränken. 7

---

4 *Salje* DAR 1998, 373.

5 UmweltHG v. 10.12.1990 BGBl. I, 2634 seit 01.01.1991 in Kraft.

6 Gesetz zur Umsetzung der Richtlinie des Europäischen Parlaments und des Rates über die Umwelthaftung zur Vermeidung und Sanierung von Umweltschäden v. 10.05.2007 BGBl. I 2007, 666 ff.; kurz: USchadG.

7 Muster-Kfz-USV des GDV Stand 19.05.2015.

8 Kritisch kommentiert in Halm/Kreuter/*Schwab* AKB-Kommentar, 2. Aufl. 2015, Kfz-USV, S. 1745 ff.

9 Im Gegensatz zu bloßen Formfragen bei Feuerwehrkostenbescheiden *BGH* v. 20.12.2006 – VI ZR 325/05, DAR 2007, 142 mit Anm. *Weinsberger* und DAR 2007, 269 mit Anm. *Schwab*.

10 *OLG Frankfurt* zfs 1987, 35 Erschütterungen durch vorbeifahrende Panzer beschädigen Haus.

11 http://www.spiegel.de/auto/aktuell/hannover-explosion-von-e-bike-akku-loest-brand-aus-a-1133566.html.

12 *AG Wiesbaden*, Urt. v. 04.02.2022 – 92 C 2541/21.

## 2. Waldschadenurteil

8 Der *BGH*[13] hatte sich mit einer Klage von einem Waldeigentümer zu befassen, der Schäden an seinem Baumbestand zu verzeichnen hatte, die er auf Emissionen u.a. auch von Kraftfahrzeugen zurückführte.[14] Das *OLG Stuttgart* als Vorinstanz hatte bereits die Ursachenbehauptung als wahr unterstellt. Einen Schadensersatzanspruch gegen die öffentliche Hand wurde dem Kläger jedoch nicht zugesprochen.

9 Dabei wurde erkannt, dass eine unübersehbare Vielzahl von Emissionsbeiträgen, die sich ununterscheidbar vermischt haben, es dem Geschädigten unmöglich machen, einen Schädiger zur Verantwortung zu ziehen. Der Rückgriff auf den Emissionen in einem gewissen Umfang duldenden Staat, sei es durch Genehmigung von Anlagen oder den Straßenbau, wurde versagt. Die nachbarrechtliche Norm des § 14 S. 2 BImSchG war hier ebenso wenig anwendbar wie der enteignende oder enteignungsgleiche Eingriff. Es fehlte an einer Unmittelbarkeit des Eingriffs. Letztlich wurde der Gesetzgeber aufgerufen, tätig zu werden.

10 Schlägt sich das Risiko des Schadstoffausstoßes von Kraftfahrzeugen nicht konkret und individualisierbar nieder, können weder der einzelne Schädiger noch der Staat zum Schadensersatz herangezogen werden. In gewissem Umfang sind folglich Umweltbelastungen hinzunehmen, sofern diese nicht unnötig erzeugt werden, § 30 Abs. 1 StVO. Unter Umständen ist im Einzelfall an eine Rückgriffshaftung gegen den Hersteller zu denken, da zu Recht[15] bereits über eine Sachmängelhaftung hinsichtlich Kraftstoffverbrauch und $CO_2$-Emissionen nachgedacht wird.[16] Verstärkt sind nun aber Ansprüche durchsetzbar,[17] der BGH hat Ansprüche gegen einen Fahrzeughersteller sogar aus § 826 BGB als begründet angesehen.[18]

11 Seit dem 01.01.2005 schreibt die EU in einer Richtlinie[19] Grenzwerte für die Luftreinhaltung vor. Die Grenzen für den Feinstaub[20] wurden schnell von vielen Städten[21] überschritten. Die Städte und Gemeinden, die oft zu lange zugewartet haben, sind nun aufgefordert, zu reagieren.[22] Das Thema findet seinen Schwerpunkt weiterhin allein im Öffentlichen[23] Recht. Betroffene Anwohner eines Stadtviertels ziehen[24] gegen die Verwaltung vor Gericht und bemühen dabei sogar den *EuGH*.[25] Nach ersten Einschätzungen[26] haben sich Umweltzonen allerdings nicht bewährt, auch wenn ein grundsätzlicher Nutzen[27] nicht abgesprochen werden kann.

13 *BGH* v. 10.12.1987 – III ZR 220/86, BGHZ 102, 350 = NJW 1988, 478.

14 Generell zum Ausstoß von Kraftfahrzeugen *Leutzbach* DAR 1996, 492 ff.

15 *Reinking/Eggert*, Der Autokauf, Rn. 624 ff.

16 *OLG Brandenburg* v. 14.02.2007 – 13 U 92/06, WKRS 2007, 10740 (EURO 4-Norm); *OLG Stuttgart* DAR 2008, 477 (Dieselpartikelfilter); *M. Schmidt* NJW 2005, 329 ff.

17 *LG Hildesheim* v. 17.01.2017 – 3 O 139/16, DAR 2017, 83; *LG Aachen* v. 06.12.2016 – 10 O 146/16, WKRS 2016, 30496; *LG Hagen*, 18.10.2016 – 3 O 66/16, WKRS 2016, 26180 mit Darstellung zum Streitstand.

18 *BGH*, Urt. v. 25.05.2020 – VI ZR 252/19.

19 Richtlinien 1999/30/EG und 2000/69/EG.

20 *Geiger* DAR 2007, 181 ff.

21 Umweltbundesamt unter http://www.env-it.de/luftdaten/trsyear.fwd.

22 *Steiner* DAR 1996, 121 ff.; *Rebler* SVR 2005, 211 ff.

23 Verwaltungsrechtsweg, s. beispielsweise *VGH München* zfs 2005, 474 = NJW 2005, 3163; *OVG Münster* VRS 120, 365 = DÖV 2011, 413 = NZV 2011, 319.

24 Überblicke bei *Willand/Buchholz* NJW 2005, 2641 ff.; *Scheidler* DAR 2008, 121 ff.; *Brenner* DAR 2008, 260 ff.

25 *EuGH* v. 25.07.2008 – (C-237/07), DAR 2008, 585; *Brenner/Seifarth* DAR 2008, 601.

26 ADAC-Motorwelt 7/2009 S. 12 (Umweltzonen zeigen keine Wirkung); ADAC-Motorwelt 10/2012 S. 16.

27 *VG Berlin* DAR 2010, 156.

Der schädigende Beitrag eines einzelnen Fahrzeugs ist von völlig untergeordneter Bedeutung mit der Folge, dass sich hieraus keine individuellen Ansprüche ableiten lassen. Zu beachten ist allerdings, dass auch die Schadstoffemissionen bei der Gesamtproblematik deutlich an Gewicht zunehmen. 12

### 3. Unfallgeräusche

Bei einem Verkehrsunfall kam es zu einem lauten Knall. Dieser erschrak Zuchtschweine in einer nahegelegenen Stallung zum Unfallort dermaßen, dass es zu Panikreaktionen unter den Tieren kam. 13

Der *BGH*[28] hat die Klage des Landwirts zurückgewiesen, da sich letztlich die Gefahren der besonderen Art der Schweinehaltung mit ihrer Intensivzucht ausgewirkt haben. Der sich dort gebildete eigene Gefahrenkreis muss dieses Risiko allein tragen, auch wenn der Schaden mit dem Betrieb des Kraftfahrzeugs in adäquat kausalem Zusammenhang steht. Der Schutzzweck[29] der Gefährdungshaftung aus dem Betrieb des Kraftfahrzeugs geht mithin nicht so weit, als dass jede Verursachung hiervon mit umfasst wäre. 14

Im Einzelfall kann hierbei sogar eine Ordnungswidrigkeit[30] vorliegen und geahndet werden. Einen messbaren Schaden im zivilrechtlichen Sinne wird jedoch wohl niemand erleiden. Wichtiger ist der Anwohnerschutz vor nächtlichen Lärmbelästigungen durch Fahrzeuge, insbesondere durch den Schwerlastverkehr.[31] Gegen zu erwartende Verkehrsgeräusche durch an- und abfahrende LKW im Zusammenhang mit der Genehmigung von Anlagen können öffentlich-rechtliche Gefahrenabwehransprüche erhoben werden.[32] 15

## II. Kfz-Haftpflichtschäden mit Umweltbezug

In der Kfz-Haftpflichtversicherung gibt es eine ganze Reihe von Fallkonstellationen, die unmittelbar oder mittelbar zu Umweltschäden führen können. Nicht jedes schadenauslösende Moment wird zudem gleich mit dem Risiko eines Umweltschadens in Verbindung gebracht. Dies kann zu einer deutlichen Schadenvertiefung führen. Hier sollen entsprechend Fallgruppen anhand von Beispielen aufgeführt werden, um eine Sensibilisierung für die Problemstellung zu erhalten. 16

### 1. Fallgruppe: »normaler« Verkehrsunfall

Bei einem Zusammenstoß von PKWs tritt Kühlflüssigkeit und Motorenöl aus. Aus dem deformierten Kraftstofftank läuft Vergaserkraftstoff oder Diesel aus. Zudem sind durch die Elektromobilität Gefahren durch Lithiumbatterien bekannt geworden. 17

Es handelt sich um alltägliche und kleinere Gefahren für die Umwelt, da die ausgetretenen Mengen relativ gering sind und die Verschmutzungen sich meist auf die Fahrbahn beschränken. 18

In diesen Fällen wird ein Umweltschaden oft von der Feuerwehr im Rahmen technischer Hilfeleistung[33] – heutzutage vermehrt durch private Dienstleister[34] – beseitigt. 19

### 2. Fallgruppe: Abkommen von der Fahrbahn – Alleinunfälle

Geraten Fahrzeuge (aus welchen Gründen auch immer) von der Fahrbahn ab, bestehen besondere Gefahren, dass der Treibstofftank aufreißt und die Betriebsstoffe auf unbefestigtem Erdreich versi- 20

28 *BGH* v. 02.07.1991 – VI ZR 6/91, BGHZ 115, 84 = NJW 1991, 2568.
29 *LG Düsseldorf* SP 2011, 208 bejaht den Schutzzweck bei angefahrenem, beißendem Tier.
30 Geschwindigkeitsüberschreitungen in Lärmschutzzone, *OLG Karlsruhe* NZV 2004, 369.
31 *Stollenwerk* DAR 2005, 357 f.
32 *OVG Lüneburg* ZUR 2011, 484 = NVwZ-RR 2011, 677.
33 Siehe zur Problematik der Feuerwehrkosten *Schwab* PVR 2002, 243 ff.
34 Zum Konfliktpotenzial siehe *Schwab* DAR 2010, 347; *Borchardt/Schwab* DAR 2014, 75.

ckern. Nahe am Straßenrand liegende Gräben, Vorfluter und Regenrückhaltebecken können betroffen werden wie auch die Kanalisation.

21 Die Risiken steigen mit dem Mengenvolumen, z.B. Dieseltank eines LKW, sowie auch beim PKW bei Eintritt von Benzin in die Kanalisation. Dort besteht Explosionsgefahr.

### 3. Fallgruppe: Gefahrgutfahrzeuge

22 Beim Austritt von Gefahrgut bekommen die jeweiligen Risikopotenziale der Stoffe Bedeutung. Gefahrgut tritt nicht nur bei Verkehrsunfällen auf der Straße während des Beförderungsvorgangs aus, sondern vielfach beim Be- und Entladen entstehen.[35] Da es dabei nicht um Verkehrsunfälle im öffentlichen Verkehrsraum geht, tauchen sie in der Verkehrsunfallstatistik nicht auf.

### 4. Fallgruppe: Nichtgefahrgüter mit Gefahrenpotenzial

23 Auch Güter, die keine Gefahrgüter sind, bergen unter bestimmten Bedingungen und bei größeren Mengen Gefahren in sich. So kann es beispielsweise auch durch Lebensmittel, wie etwa Milch, zu Schäden kommen. Ein Milchsammeltankwagen, der mehrere tausend Liter Milch verliert, die in einen Teich oder ein kleineres fließendes Gewässer gelangen, kann ein Fischsterben auf mehreren Kilometern verursachen.

### 5. Fallgruppe: Immobilien und Gegenstände mit Gefahrenpotenzial

24 Insbesondere ist an Tankstellen zu denken. Einerseits passiert es nicht selten, dass Zapfsäulen[36] angefahren, gar umgestoßen oder Zapfpistolen mitgerissen[37] werden. Andererseits geschehen auch Unfälle beim Hantieren mit dem Füllschlauch,[38] wenn dieser sich an anderen Fahrzeugen, etwa an der Stoßstange, verhakt oder beim Überfahren mitgerissen wird. Läuft gerade die Pumpe und schaltet der Automat nicht ab, sprudelt Benzin oder Diesel unkontrolliert ins Freie. Durch die zwischenzeitlich flüssigkeitsdicht ausgebildeten Abfüllplätze[39] vermindert sich das Risiko, da die Flüssigkeiten dem vorgeschriebenen Öl- und Benzinabscheider zufließen.

25 Nicht gleich ersichtlich sind Gefahren bei älteren Tankstellen, die dadurch entstehen, dass ein Tankstellendach[40] oder die Standsäule eines solchen Daches angefahren wird. Die das Dach tragenden Säulen sind im Boden verankert. In manchen Fällen ist nicht auszuschließen, dass sie im Boden bewegt werden und im ungünstigen Fall die Zuleitungen vom Tank zur Zapfsäule beschädigen. Es könnten zunächst unbemerkt Leckagen an den Leitungen entstehen und Flüssigkeiten im Boden versickern. Allerdings sind heutige Anlagen im Regelfall mit Leck-Warnsystemen ausgerüstet, die hier einen unkontrollierten Austritt verhindern.

26 Aber nicht nur Tankstellen, auch Transformatorenhäuschen[41] am Straßenrand können bei auslaufender Säure Umweltschäden entstehen lassen.

27 Auch in Fällen, in denen die Abgrenzung zur allgemeinen Haftpflichtversicherung schwierig ist, etwa bei Baugeräten (Ladegreifer) oder landwirtschaftlichen Geräten als Arbeitsmaschine (Ackerschlepper mit Pflug) kann es zu Schäden kommen, wenn Rohrleitungen getroffen werden.[42]

---

35 Be- und Entladen gehört zum Gebrauch des Fahrzeugs nach A.1.1.1 S. 2 AKB 2015.

36 *LG Hildesheim* ADAJUR Dok.Nr. 39699 = SP 2000, 54.

37 *OLG Schleswig* NJW 1997, 264 (Ls.) = NZV 1996, 495–496; *AG Worms* ADAJUR Dok.Nr. 13338 = VersR 1993, 321; *LG Koblenz* v. 06.08.2010 – 12 T 93/10.

38 *OLG Düsseldorf*, Urt. v. 25.04.2001 – 1 U 123/00.

39 Tankstellensanierungen, z.B. § 3 Abs. 1 der Hess. Tankstellenverordnung v. 27.04.1994 Hess. GVBl. I, 219.

40 *AG Bottrop* ADAJUR Dok.Nr. 46902 = NJW-RR 2002, 385.

41 *OLG Hamm* NJW-RR 1993, 914.

42 *OLG Düsseldorf* v. 19.04.1991 – 22 U 263/90 (beim Pflügen wurde Ölpipeline beschädigt).

### 6. Fallgruppe: Hydrauliköl

Viele Nutzfahrzeuge verfügen über Nebenantriebe, Ladehilfen und Arbeitsgeräte, die über eine Hydraulik angetrieben oder gesteuert werden. Hier haben Hydraulikschläuche enorme Drücke auszuhalten. Wenn sie platzen, kommt es bei kleinen Löchern zu einem feinen öligen Sprühnebel oder bei größeren Öffnungen zu einem punktuellen, aber massiven Auslaufen von Öl. 28

Ähnlich ist es bei entsprechenden Silofahrzeugen, Hubfahrzeugen oder Kippern, wenn dort der Stempel das Öl verliert. Je nach Fahrzeug können sogar mehrere hundert Liter Öl auslaufen. 29

### 7. Fallgruppe: Werkstattmängel und mangelnde Wartung

Ist die Ölwanne nicht dicht, wurde die Ölablassschraube nicht mit neuer Dichtung versehen oder wurde der Ölfilter nicht richtig angezogen, geht es um kleinere Mengen und damit zum Glück nur um kleinere Schäden. 30

Anders sieht es aus, wenn die Benzin- oder Dieselleitung[43] nicht dicht ist oder die Ölwanne schadhaft ist und permanent während der Fahrt Treibstoff oder Öl ausläuft. Oft sind dann kilometerlange Ölspuren auf der Fahrbahn zu beseitigen. Bei Sprühregen bildet sich zudem ein spiegelglatter Film, der kaum von anderen Verkehrsteilnehmern zu erkennen ist und häufig zu Folgeunfällen führt. 31

Probleme bereiten auch gelegentlich während der Fahrt herabfallende Kardanwellen von Lkws, die gegen Leitungen und Tanks schlagen. 32

### 8. Fallgruppe: Treibstoffdiebstahl

An geparkten LKWs[44] oder Ackerschleppern[45] entfernen Diebe den Tankdeckel und saugen mittels Schlauch den Dieselkraftstoff an und füllen ihn in Kanister ab. Dabei gibt es Fälle, in denen der Dieb überrascht wurde und weglief oder sogar mutwillig den Tank leer laufen ließ. Der nicht aufgefangene Treibstoff versickert im Boden oder läuft in die Kanalisation. 33

Zudem gibt es Fälle, bei denen an abgestellten Fahrzeugen offenkundig Sabotageakte durchgeführt werden oder es unklar bleibt, wie es zu dem Schadensfall kam. *Beispiele:* Unbekannte öffnen zwei Ventile an einem Tankwagen für Estol-Haftkleber.[46] Der 1.000 Liter Inhalt verunreinigt ein Gewässer und verursacht ein Fischsterben. Oder ein auf freiem Feld[47] unbeaufsichtigt abgestellter Tankwagen verliert fischgiftige Substanzen. In einer Stadt werden nachts an drei Tankwagen[48] die Bodenventile geöffnet. 34

### 9. Fallgruppe: Schäden durch Gegenstände auf der Fahrbahn und Schäden an der Fahrbahn

Verlieren vorausfahrende Fahrzeuge Gegenstände (Auspuff, Unterlegkeil etc.), liegen Steine auf der Straße und werden gegen die Unterseite der nachfolgenden Fahrzeuge geschleudert, können Risse und Löcher in Ölwannen und Tanks entstehen. Ähnlich sieht es aus bei ungesicherten Kanaldeckeln[49] oder zu hohen Bodenschwellen, muldenförmigen Vertiefungen[50] und tiefen Schlaglöchern. Fahrzeuge mit niedriger Bodenfreiheit können dann leicht aufsetzen, ebenso beim Überfahren von 35

43 *OLG Celle* NJW-RR 2008, 1635 = SVR 2008, 418 bespr. v. *Merrath* = SVR 2008, 465, bespr. v. *Hardung*.
44 *OVG Lüneburg* v. 17.11.2016 – 13 LB 143/16, DAR 2017, 214 = NZV 2017, 102; *OLG Hamm* 23.08.2012 – III-3 RVs 59/12, WKRS 2012, 28643; *LAG Saarland* v. 12.09.2012 – 2 Sa 6/12, WKRS 2012, 36453.
45 Fall des *OLG Dresden* v. 18.10.2000 – 12 U 1457/00.
46 *VG Neustadt a.d.W.* v. 18.01.2010 – 4 K 803/09.NW.
47 *OLG Jena* v. 31.03.2005 – 8 U 837/03.
48 *OVG Koblenz* v. 21.06.2017 – 1 A 10565/16.OVG.
49 *OLG Hamm* OLGR 2005, 431.
50 *LG Aurich* DAR 2011, 205.

Torschienen[51] mit anschließend starkem Fahrbahngefälle. Sensible Fahrzeugteile kommen beim Rangieren auf Parkplätzen oder Einfahrten mit Findlingen oder Felsbrocken[52] in Berührung.

### 10. Fallgruppe: Schäden durch verlorene Ladung

36 Aufgrund mangelnder Ladungssicherung können Paletten mit Farbeimern oder anderen Flüssigkeiten von der Ladefläche fallen; fehlerhafte Verpackungen oder beschädigte Kanister können dazu führen, dass letztlich gefährliche Stoffe von der Ladefläche tropfen. Beschädigte und undicht werdende Verschlüsse oder Dichtungen an Silofahrzeugen können zu Leckagen und Verlust von Flüssigkeiten, Säuren oder anderen Gefahrstoffen mit erheblichem Potential für Umweltschäden führen. Zudem können nicht abgedeckte Ladungen von Feststoffen wie bspw. Kuhmist oder Granulate in offenen Muldenkippern oder auf Ladeflächen von Lkw durch Regenwasser ausgespült werden und verunreinigte Flüssigkeiten vom Lkw tropfen und in die Kanalisation oder Umwelt gelangen. Ähnliches gilt beim Abschleppen oder Abtransportieren defekter Fahrzeuge.[53] Schäden entstehen auch beim unangemessenen Umgang mit der ehemaligen Ladung, wenn beispielsweise der Fahrer eines Betonmischers Reste in einem Eimer sammelt und in die Kanalisation schüttet. Dies liegt jedoch außerhalb des Gebrauchs des Fahrzeugs.[54]

### 11. Fallgruppe: Spritzschäden in der Landwirtschaft

37 In der Landwirtschaft kommt es zu Spritzschäden auf Nachbargrundstücken durch Windabdrift sowie Überdosierungen von Spritzmitteln auf Anbauflächen.

38 Beim Ausbringen von Gülle bei Frost, bei ungenügender Vegetation oder bei Regenfällen, kann Gülle unkontrolliert in Gewässer abfließen und diese schädigen.

### 12. Fallgruppe: Überfüll- und Befüllschäden

39 Eine herausragende Fallgruppe sind die Überfüll- und Befüllschäden. Insbesondere die Lieferung von Heizöl aus Straßentankwagen birgt besondere Gefahren. Angefangen von am Fahrzeug auftretenden Defekten am Schlauch- und Abgabesystem über Mängel am Einfüllstutzen, dem Rohrleitungssystem der Haustankanlage, den Tankbehältern, bis zur Auffangwanne und der verschlossenen Entlüftung, eröffnet sich eine Reihe von Fehlerquellen, die zu erheblichen und sehr kostenträchtigen Schäden führen können.

40 Gelegentlich kommen sogar Personen unmittelbar zu Schaden, wenn Sie mit Öl aus undichten Leitungen oder durch Ausströmen aus der Tankentlüftung »geduscht« werden.

41 Darüber hinaus ist in dieser Fallgruppe auch an Schäden im Zusammenhang mit Silofahrzeugen zu denken, wenn Schläuche platzen oder Silos überblasen werden. Hierbei kann es zu einer weiten Verbreitung von Staubwolken und entsprechendem Staubniederschlag in der Umgebung kommen. Dies kann bspw. bei Zementstaub zu erheblichen Schäden an der Umwelt, an Materialien oder gar an der Gesundheit von Mensch und Tier führen.

### 13. Fallgruppe: Tankwagenunfall

42 Bei Auffahrunfällen auf Tankfahrzeuge und beim Umstürzen von Tankwagen besteht immer die Gefahr, dass eine oder mehrere Tankkammern auslaufen. Dann sind gleich mehrere tausend Liter, sogar bis über 30.000 Liter, im Spiel. Nach dem Tankwagenunfall von Herborn 1987 sind viele Verbesserungen eingetreten, dennoch sind ähnliche Unfälle keine Seltenheit.

51 *LG Lübeck* PVR 2003, 60, besprochen von *Schwab.*
52 *AG München* v. 13.11.2007 – 232 C 37976/05.
53 Betriebsgefahr des transportierenden Fahrzeugs, *OLG Düsseldorf* MDR 1968, 669.
54 *AG Hanau* v. 27.09.2002 – 37 C 1782/02-17.

### 14. Fallgruppe: Vermischungsschäden

Gefahren für die Umwelt können auch dadurch entstehen, dass wegen Falschbefüllung oder mangelnder Tankreinigung Stoffe miteinander vermischt werden, die zu einem neuen schädlichen Stoff reagieren. Es kann vorkommen, dass das neue Produkt entsorgt werden muss. 43

### 15. Fallgruppe: Brandschäden

Fahrzeugbrände und brennende Ladung können nicht nur dazu führen, dass Gase und Dämpfe in die Umgebung abgegeben werden, auch das Löschwasser kann mit Schadstoffen belastet sein. Problematisch sind hier insbesondere Brände bei Elektrofahrzeugen und deren Batterien. Diese müssen lange gekühlt werden, um ein Wiederaufleben des Brandes zu verhindern. Die Feuerwehr muss daher ein Vielfaches an Löschmitteln und Wasser zum weiteren Kühlen einsetzen als bei sonstigen Fahrzeugbränden. Es kommt daher zu einem vermehrten Anfall von verunreinigtem Löschwasser. Inzwischen werden häufig spezielle wasserdichte Container eingesetzt, die vor Ort geflutet werden, um das ausgebrannte Elektrofahrzeug darin zu versenken, um es 24 Stunden oder länger zu kühlen. Diese Methode spart nicht nur Wasser, sondern ermöglicht auch eine fachgerechte Entsorgung des Kühlwassers, das sich nicht unkontrolliert in der Umgebung des Einsatzortes verteilt. Leider ist die Feuerwehr bisweilen daran gehindert derart umweltschonend und sinnvoll zu handeln, weil es keinen speziell dafür vorgesehenen Container vor Ort gibt und sich die Feuerwehr aus rechtlichen Gründen daran gehindert sieht alternativ einen normalen Container eines ortsansässigen Containerdienstes zu nutzen, obwohl dieser zur Verfügung stünde und auf gleiche Weise eingesetzt werden könnte. Es soll bei einem solchen Vorgehen jedoch schon rechtliche Auseinandersetzungen gegeben haben, da es ein gewerbliches Schutzrecht auf einen speziell mit Wasseranschluss und -ablass für einen solchen Einsatzzweck konzipierten Container gibt. 44

Darüber hinaus kann es beim Abladen von Schüttgütern zu erheblicher Rauch- und Staubentwicklung kommen.[55] 45

### 16. Fallgruppe: Radioaktive Stoffe

Auch nukleare Stoffe werden im Straßenverkehr transportiert. Sie sind zum Glück nur sehr schwach radioaktiv. Meist geht es dabei um Probentransport oder Klinikbedarf. Werden derartige Transporte in Verkehrsunfälle verwickelt, löst dies sofort weitgehende Sicherungsmaßnahmen der Behörden aus. Zu beachten ist jedoch, dass der Teil, der auf die Radioaktivität zurückzuführen ist, von der Kfz-Haftpflichtversicherung nicht gedeckt wird, A.1.5.9 AKB 2015. Es ist auf das Atomgesetz zurückzugreifen. 46

## III. Versicherungsfall

In der Kraftfahrthaftpflichtversicherung ist Versicherungsfall das Ereignis, das einen unter die Versicherung fallenden Schaden verursacht oder Ansprüche gegen den Versicherungsnehmer zufolge haben könnte, E.1.1.1 und E.1.2.1 AKB 2015. 47

Mit dem Eintritt des Versicherungsfalles – aber entgegen *BGH*[56] erst dann – beginnt auch die Rettungspflicht. Nach der gesetzgeberischen Beschränkung[57] vorgezogener Rettungskosten auf die Sach- 48

55 *OLG Düsseldorf* VRS 63, 248.

56 *BGH* v. 28.09.2011 – IV ZR 294/10, WKRS 2011, 25980 = DAR 2011, 704 = VersR 2011, 1509; zu Recht ablehnend *M. Müller* r+s 2012, 584.

57 BT-Drucks. 16/3945 S. 83.

versicherung in § 90 VVG, ist die Vorschrift auf die Haftpflichtversicherung nach Literatur[58] und verbreiteter Rechtsprechung[59] nicht übertragbar.

49 Der Versicherungsnehmer hat alles zu tun, was zur Aufklärung des Tatbestandes und zur Minderung des Schadens dienlich sein kann, E.1.1.4 S. 1 AKB 2015 und § 82 Abs. 1 VVG. Nach E.1.1.4 S. 2 AKB 2015 und § 82 Abs. 2 VVG unterliegt der Versicherungsnehmer den Weisungen des Versicherers und erhält einen Aufwendungsersatzanspruch, wenn ihm die Rettung Kosten verursacht hat, die er für erforderlich halten durfte, § 83 Abs. 1 VVG.

50 Diese Regelungen gewinnen gerade in Umweltschäden eine besondere Bedeutung. Noch am Schadensort und noch lange, bevor der Versicherer vom Schaden unterrichtet wird/werden kann, kann der Versicherungsnehmer und mögliche Schadenverursacher häufig von weiteren Beteiligten oder Behördenvertretern aufgefordert oder gar dazu gedrängt werden, Sanierungsfirmen zu beauftragen. Ein solches Vorgehen erscheint nicht sachgerecht und sollte nur in eiligen Notfällen erfolgen, die keinerlei Aufschub dulden. Vielmehr sollte schon seitens der Behörden sachgerecht auf eine schnellstmögliche Einbindung des jeweiligen Versicherers hingewirkt werden, um im Interesse aller auf ein professionelles Umweltschadenmanagement zurückgreifen und vorhandene Kompetenzen nutzen zu können. Diese sind bei Versicherern regelmäßig schnell und in hoch qualifizierter Form abrufbar. Über eigene Organisationen oder eingespielte Netzwerke mit entsprechender Fachkompetenz lassen sich hier Schäden häufig effektiv und besser eingrenzen sowie schneller beheben, als bspw. durch nicht abgestimmte und bisweilen fragliche Behördenentscheidungen oder Entscheidungen von Einzelpersonen als Einsatzleiter bei einem Feuereinsatz vor Ort. So werden bisweilen sogar in der Praxis angebotene, effektive Hilfsangebote privater Spezialfirmen oder auch der Einsatz eines anderen Fahrzeugs der Transportfirma, deren Fahrzeug havariert ist, zum Umpumpen von Flüssigkeiten, die auszulaufen drohen, abgelehnt.

51 In den seltensten Fällen wird der Versicherungsnehmer selbst über die notwendigen Kenntnisse verfügen, sachgerechte Entscheidungen an der Unfallstelle zu treffen. Er ist dringend auf die Weisungen des Versicherers angewiesen, der sich fachkundig beraten lassen kann.

52 Der informierte Versicherer ist allerdings nicht zur Erteilung von Weisungen[60] verpflichtet. Überlässt er daher die Entscheidung, ob und welche Maßnahmen vor Ort zu treffen sind, dem Versicherungsnehmer, so hat er auch für die Aufwendungen als Rettungskosten aufzukommen, die objektiv nicht erforderlich waren, vom Versicherungsnehmer aber subjektiv[61] für geboten gehalten werden durften, § 83 Abs. 1 VVG.[62] Nach h.M.[63] soll dem Versicherungsnehmer nur ein grob fahrlässiger Irrtum über die Gebotenheit schaden.

53 In der Praxis wird im Umweltschadensfall der Nachweis grober Fahrlässigkeit für den Versicherer äußerst schwierig. Ein Versicherungsnehmer oder Fahrer ist der in der Schrecksituation eines Unfalles oftmals hoffnungslos mit den Spezialproblemen eines Umweltschadens überfordert. Kann er unter Schock nicht klar denken, wird aus seiner eingeschränkten Sicht Vieles für geboten halten, was

---

58 *Wandt*, Versicherungsrecht, Rn. 966 f.; *ders.* in Halm/Engelbrecht/Krahe Handbuch des FA VersR, Kap. 1, Rn. 912 ff.; Looschelders/Pohlmann/*Schmidt-Kessel*, VVG-Kommentar, § 90 VVG, Rn. 2; Langheid/Wandt/*Staudinger*, § 90 Rn. 5; Schwintowski/Brömmelmeyer/*Hammel* PK-Vers, § 90 VVG, Rn. 2; Prölss/Martin/*Voit*, VVG-Kommentar, § 83 VVG, Rn. 2; Prölss/Martin/*Armbrüster*, VVG-Kommentar, § 90 VVG, Rn. 2; MüKo StrVR/*Flachsbarth*, § 90 VVG, Rn. 1; Staudinger/Halm/Wendt FAKomm-VersR/*Hormuth*/*Exter* § 90 VVG, Rn. 1.

59 *OLG Köln* v. 30.09.2014 – I-9 U 22/14, NJOZ 2015, 1878 = VersR 2015, 709.

60 *OLG Jena* v. 17.09.2008 – 4 U 978/06, WKRS 2008, 23732 = OLGR 2009, 202 = NJW-RR 2009, 965 = zfs 2009, 28; Looschelders/Pohlmann/*Schmidt-Kessel*, VVG-Kommentar, § 82 VVG Rn. 26; *Prölss/Martin/Voit* VVG-Kom., § 82 VVG Rn. 22; Schwintowski/Brömmelmeyer/Kloth/*Krause* PK-Vers, § 82 VVG, Rn. 16.

61 Looschelders/Pohlmann/*Schmidt-Kessel*, § 83 VVG, Rn. 9.

62 *Römer/Langheid* a.a.O. Rn. 7 (damals: ohne grobe Fahrlässigkeit).

63 Looschelders/Pohlmann/*Schmidt-Kessel*, § 83 VVG, Rn. 9 m.w.N.

objektiv bei ruhiger Betrachtung mit dem nötigen Abstand zum Geschehen gar nicht geboten ist. Unter massivem Zeitdruck und zusätzlichem Drängen von Behördenvertretern und Dienstleistern kann es schnell zu Fehlentscheidungen kommen.

Für Versicherer empfiehlt sich daher, den Versicherungsnehmer, der bekanntermaßen mit Gefahrgut in Berührung kommt, dazu anzuhalten, bei möglichen Umweltschäden ohne Zeitverlust den Versicherer zu informieren. Der Versicherer kann sodann bei Bedarf umgehend einen Sachverständigen zur Unfallstelle schicken.[64] 54

**▶ Tipp für die Praxis**

Makler und Rechtsanwälte mit entsprechender Klientel gewinnen Vorteile für Ihre Kunden und Mandanten, wenn sie und die Versicherungsnehmer bereits vor dem Schadenfall die richtigen Ansprechpartner beim Versicherer kennen. Das spart nicht nur Zeit, auch der Entscheidungsdruck und die Risiken, etwas falsch in die Wege zu leiten, entfallen. Schließlich wirkt sich ein schneller und kompetenter Einsatz des Versicherers keinesfalls negativ auf das Verhältnis Behörde/Versicherungsnehmer aus, was über den Schadenfall hinaus für das betreute Unternehmen von erheblicher Bedeutung sein kann. 55

Nicht vergleichbar sind die Regelungen aus dem Kraftfahrthaftpflichtbereich mit den besonderen Vorschriften für die Gewässerschadenhaftpflichtversicherung in der Allgemeinen Haftpflichtversicherung. 56

Insbesondere werden dort Rettungskosten – bei von der Gesetzeslage abweichenden Bedingungen – auch dann erstattet, wenn das Schadensereignis noch gar nicht eingetreten ist, aber bereits unmittelbar bevorsteht. 57

Des Weiteren können dort je nach Bedingungswerk auch Eigenschäden unter den Deckungsumfang fallen. 58

Schließlich ist es im Übrigen ausdrücklich unerheblich, aus welchem Rechtsgrund der Versicherungsnehmer zur Zahlung verpflichtet ist. Ein Rechtsgrund aus dem Öffentlichen Recht[65] genügt. 59

Dies hat zur Folge, dass sich Entscheidungen zum Thema Rettungskosten auf dem Gebiet der Gewässerschadenhaftpflichtversicherung nur unter großem Vorbehalt auf die Schadensfälle durch Kraftfahrzeuge übertragen lassen. 60

## B. Versicherungsverhältnis

### I. Deckung von Öl- und Umweltschäden durch die Kraftfahrthaftpflichtversicherung

#### 1. Gesetzliche Haftpflichtbestimmungen privatrechtlichen Inhalts

Der Umfang der Versicherung ergibt sich aus § 2 KfzPflVV und A.1. AKB 2015.[66] Danach umfasst die Kraftfahrthaftpflichtversicherung die Befriedigung begründeter und die Abwehr unbegründeter Schadensersatzansprüche, die aufgrund gesetzlicher Haftpflichtbestimmungen privatrechtlichen Inhalts gegen den Versicherungsnehmer oder mitversicherte Personen erhoben werden, wenn durch den Gebrauch des im Vertrag bezeichneten Fahrzeugs 61

- Personen verletzt oder getötet werden,
- Sachen[67] beschädigt oder zerstört werden oder abhandenkommen,
- Vermögensschäden herbeigeführt werden, die weder mit einem Personen- noch mit einem Sachschaden mittelbar oder unmittelbar zusammenhängen.

64 *Vogel/Kitsch* VersR 1996, 1476, 1479; *Schwab* VW 2002, 1017.
65 *Bruck/Möller/Sieg* § 62 VVG a.F. Anm. 31; *Grell* ZfV 1976, 82 f.
66 Zuvor § 10 Abs. 1 AKB 2007.
67 Tiere als Mitgeschöpfe nach § 90a BGB wurden auch in den AKB 2008 vergessen; Halm/Kreuter/*Schwab*, AKB-Kommentar A.1.1.1 AKB 2015, Rn. 41 bis 43.

62 Als gesetzliche Haftpflichtbestimmungen kommen insbesondere Bestimmungen aus folgenden Bereichen in Betracht:
- allgemein bei allen Unfallarten:
- Unerlaubte Handlung (§§ 823 Abs. 1 BGB)
- § 7 StVG
- und speziell bei Umweltschäden:
- § 823 Abs. 2 BGB i.V.m. einem Schutzgesetz
- § 89 Abs. 2 Wasserhaushaltsgesetz (WHG)
- § 2 Haftpflichtgesetz (HPflG)
- §§ 1; 3 Abs. 3 Nr. 3a Umwelthaftungsgesetz (UmweltHG)
- zudem relevant aus dem Privatrecht:
- Ansprüche aus Geschäftsführung ohne Auftrag bei unfreiwilligen Aufwendungen mit Schadensersatzcharakter[68]
- Aufwendungen die dem Geschäftsführer infolge einer gesetzlichen Pflicht zum Eingreifen entstanden sind[69]
- Ansprüche aus positiver Vertragsverletzung/Forderungsverletzung, soweit der Risikobereich des Kraftfahrzeugs berührt wird[70]
- Nachbarschaftsansprüche aus § 904 BGB
- Folgenbeseitigungsansprüche aus § 1004 BGB
- Aufopferungsansprüche § 110 SGB VII, früher § 640 RVO

## 2. Relevanz öffentlich-rechtlicher Vorschriften

### *a) Grundsätzlich Relevanz gegeben*

63 Bei Umweltschäden schaltet sich oft die Behörde ein und erlässt polizeiliche Verfügungen. Es kommt damit öffentliches Recht zur Anwendung. Dennoch besteht für die Kfz-Haftpflichtversicherung eine Relevanz, da auch öffentlich-rechtliche Normen im Grenz- und Überschneidungsbereich zu privatrechtlichen Anspruchsnormen liegen können. Entscheidend ist dann nicht die Form der Geltendmachung von Ansprüchen, sondern ob auch tatsächlich ein privatrechtlicher Anspruch besteht.[71]

64 Möglich ist aber auch, dass kein privatrechtlicher Haftungsgrund besteht und die Behörde allein nach öffentlichem Recht handelt. Leistet der Versicherer in diesem Fall rechtsgrundlos, also ohne dass er Deckung zu gewähren hat, kann er aus eigenem Recht gegen den Versicherungsnehmer nach den §§ 812, 818 Abs. 2 BGB vorgehen.[72]

**▶ Tipp für die Praxis:**

65 Es ist immer exakt zu prüfen, ob tatsächlich ein privatrechtlicher Haftungsgrund gegeben ist und wie weit dieser reicht.

Insbesondere sind hier die Fälle zu bedenken, in denen nach Eintritt des Versicherungsfalles entfernt mit einem sehr großen Schaden gerechnet werden muss.

Aus behördlicher Sicht kann schon dann wegen der schweren Folgen ein Einschreiten nach Öffentlichem Recht geboten sein, auch wenn der tatsächliche Schadenseintritt nicht unmittelbar bevorsteht.

---

68 Stiefel/*Maier* A.1.1.1 AKB, Rn. 4; Feyock/*Jacobsen*/Lemor § 10 AKB Rn. 19; Halm/Kreuter/*Schwab*, AKB-Kommentar A.1.1.1 AKB 2015, Rn. 7.

69 *BGH* v. 28.09.2011 – VI ZR 294/10, DAR 2011, 704 = VersR 2011, 1509; zu Recht ablehnend *M. Müller* r+s 2012, 584.

70 WI 1975, 206.

71 *BGH* v. 20.12.2006 – VI ZR 325/05, VersR 2007, 200 = DAR 2007, 142 mit Anm. *Weinsdörfer.*

72 *OLG Düsseldorf* v. 13.10.1965 – 3 U 50/65, NJW 1966, 738 f.

Da der Schadenseintritt nicht unmittelbar bevorsteht, wird sich schwerlich ein privatrechtlicher Anspruch begründen lassen; auch nicht wegen vorgezogener Rettungskosten.[73]

Der Unterschied besteht darin, dass öffentlich-rechtliche Normen bereits dann greifen, wenn schadensersatzrechtlich noch nicht die Schwelle zum Einschreiten überschritten ist. Die öffentlich-rechtliche Verpflichtung setzt früher ein.[74]

### *b) Störerauswahl*

Wenn die Behörde sich sodann nach Öffentlichem Recht zum Einschreiten entschließt, wird sie auch eine Störerauswahl treffen müssen. Dabei wird sie sich von dem Grundsatz leiten lassen, dass der Handlungsstörer vor dem Zustandsstörer in Anspruch zu nehmen ist.[75] Gerade bei Tankwagenunfällen wird meist der Fahrer[76] als Handlungsstörer vor dem Grundstückseigentümer als Zustandsstörer in Anspruch genommen, weil letzterer oft nur in der Rolle des Opfers[77] gesehen wird. Im Ergebnis ist dies jedoch häufig gerade nicht der Fall, weil in der Praxis oft vom Betreiber der Anlage zu verantwortende Anlagenmängel schadenursächlich sind. Eine frühzeitige Einbindung des Versicherers und dadurch ermöglichte Prüfung durch geeignete Sachverständige ist daher schon für die richtige Störerauswahl vorteilhaft. 66

Wird der Fahrer nach öffentlichem Recht in Anspruch genommen, so bedeutet dies aber noch nicht, dass in jedem Fall auch Haftpflichtansprüche privatrechtlichen Inhalts gegeben sind. 67

▶ **Beispiel:**

Der Grundstückseigentümer betreibt eine mit Mängeln behaftete Haustankanlage. Diese waren für den Fahrer nicht erkennbar. Kommt es zu einem Befüllschaden, befindet sich der Betreiber nicht in einer »Opferrolle«. Er ist dann nicht nur Zustands-, sondern zugleich Handlungsstörer[78] durch Unterlassen. Der Tankwagenfahrer wird mitunter (dann auch völlig schuldlos) als Handlungsstörer angesehen, wenn er die letzte Ursache – Prinzip der unmittelbaren Verursachung im öffentlichen Recht – für den Schadenseintritt setzte. 68

Oftmals stellt sich erst nach weiteren Ermittlungen der wahre Sachverhalt – insbesondere der Zustand der Haustankanlage oder etwa Altschäden – heraus. Zu diesem Zeitpunkt kann die Behörde jedoch schon Ordnungsverfügungen gegen den Handlungsstörer (Befüller) ausgesprochen haben. 69

Aus der Tatsache heraus, dass der Versicherungsnehmer des Tankwagens oder eine mitversicherte Person per Verwaltungsakt verpflichtet wird, lässt sich daher nicht ableiten, dass diese Person auch nach privatrechtlichen Vorschriften haften müsste.[79] 70

### *c) Rechtsschutz bei Leistungsbescheiden*

Gegen Verwaltungsakte der Behörden und später gegen Leistungsbescheide wegen der entstandenen Kosten für die Ersatzvornahme ist im Verwaltungsverfahren und im Verwaltungsgerichtswege vorzugehen. 71

73 Siehe oben Versicherungsfall, Rdn. 47.
74 *Koch/Herrmann* a.a.O., 17 und 21.
75 *Koch/Herrmann* a.a.O., 18.
76 Oder der Betrieb/Halter des Fahrzeugs, für den er tätig wurde.
77 *Koch/Herrmann* a.a.O., 18.
78 *OVG Lüneburg* v. 19.04.2007 – 7 LC 67/05, ZUR 2007, 432 = NVwZ-RR 2007, 666 (eigene Überwachungspflicht).
79 Siehe hierzu unten Rdn. 578.

72 Gegen den Leistungsbescheid kann – soweit nicht bereits[80] abgeschafft – Widerspruch nach § 68 VwGO erhoben werden. Je nach Bundesland erfolgt nach Anhörung durch den Kreisrechtsausschuss – besetzt mit einem Juristen und Beisitzern – der Widerspruchsbescheid. Gegen den Kostenbescheid in der Gestalt des Widerspruchsbescheides kann sodann Anfechtungsklage vor dem Verwaltungsgericht nach § 42 Abs. 1 VwGO erhoben werden.

73 Zu bedenken hat man allerdings, dass der Widerspruch und die Anfechtungsklage keine aufschiebende Wirkung haben, § 80 Abs. 1 VwGO. Das wird in den einzelnen Ländern unterschiedlich gehandhabt. Zugleich ist daher auch – zumindest hilfsweise – der Antrag auf Aussetzung der sofortigen Vollziehung nach § 80 Abs. 4 VwGO zu stellen. Erfahrungsgemäß gelingt es häufig mit der Behörde einvernehmlich zu klären, dass bis zur Entscheidung über den Widerspruch keine Vollziehung erfolgt.

74 Bei Nichtabhilfe und drohender Vollstreckung kann noch auf den vorläufigen Rechtsschutz nach § 80 Abs. 5 VwGO durch Antrag auf Anordnung der aufschiebenden Wirkung beim Verwaltungsgericht zurückgegriffen werden.

75 Nach der im Vordringen befindlichen zutreffenden Meinung neigen teilweise Verwaltungsgerichte[81] dazu, ausdrücklich als Kostenbescheide bezeichnete Bescheide der Gemeinden doch nicht als solche anzuerkennen. Die Folge ist, dass nach dieser Rechtsansicht allein die Klageerhebung schon aufschiebende Wirkung entfaltet. Das Rechtsschutzinteresse für den Eilantrag besteht dann nicht.

76 Um hier nicht mit den Verfahrenskosten des Eilverfahrens belastet zu werden, ist der Eilantrag bei der geäußerten Rechtsmeinung des Verwaltungsgerichts sofort zurückzunehmen.

77 Risikoärmer erscheint es hier sogar, den Eilantrag nach § 80 Abs. 5 VwGO als Hilfsantrag zu stellen, für den Fall, dass das Gericht in dem als Kostenbescheid bezeichneten Verwaltungsakt keinen Bescheid im Sinne des § 80 Abs. 2 Nr. 1 VwGO erblicken will.

78 Unterschiede können sich auch bei dem Umfang der zu erstattenden Kosten bzw. Aufwendungen ergeben. Manchmal werden neben der eigentlichen technischen Hilfeleistung weitere Aufwendungen für die Fahrerbergung[82] geltend gemacht. Diese ist aber kostenfrei, weil sie der Menschenrettung dient. Sie fallen auch nicht unter die Haftpflichtversicherung, da der eigene Fahrer keine Ansprüche herleiten kann. Hierfür könnte ausnahmsweise die Fahrerschutzversicherung den Aufwand übernehmen müssen.

79 Die Behörde wählt leider nicht immer den günstigsten Weg der Gefahrenbeseitigung; oft wird nur ein teurer Weg als optimal erachtet. Der öffentlich-rechtliche Kostenerstattungsanspruch bei Ersatzvornahme gegen den Störer ist jedoch begrenzt auf die Maßnahmen einer verhältnismäßigen Gefahrenabwehr.[83] Schon nach Öffentlichem Recht sind somit nicht unbedingt alle Kosten erstattungsfähig.

80 Die privatrechtlichen Haftungsnormen enthalten eigene teilweise unterschiedliche Regelungen zum Umfang und zur Höhe der maximalen Ersatzpflicht. In einigen Fällen werden sie daher unter der Grenze der nach öffentlich-rechtlichen Maßstäben noch verhältnismäßigen Kosten liegen.

---

80 Abschaffung für den hier interessierenden Themenkreis bereits in Bayern, Nordrhein-Westfalen und Niedersachsen. Darüber hinaus Einschränkungen in Hessen, Mecklenburg-Vorpommern und Sachsen-Anhalt. Kritisch: *Beaucamp/Ringermuth* DVBl. 2008, 426 ff.

81 *VG Neustadt a.d.W.* v. 19.03.2002 – 7 L 413/02.NW; Auffassung wiederholt am 05.02.2003 in Verfahren 7 L 286/03.NW; *OVG Weimar* ThürVwBl. 2008, 274 = = KStZ 2010, 258; *OVG Magdeburg* v. 14.05.2002 – 2 M 132/01; *OVG Frankfurt/Oder* LKV 2000, 313; *VG Cottbus* NVwZ-RR 1998, 174; *VGH Baden-Württemberg* v. 27.11.2006 – 1 S 1925/06, NVwZ-RR 2007, 296 = VBlBW 2007, 228; *VGH München* v. 18.08.2011 – 4 Cs 11.504, WKRS 2011, 22400; *OVG Koblenz* v. 12.02.2014 – 7 B 11346/13.OVG, WKRS 2014, 15594; BeckOK VwGO/*Gersdorf* § 80 VwGO, Rn. 49 f.; anders *VGH Kassel* v. 07.11.1991 – STH 2973/90; HSGZ 1992, 406; *OVG Greifswald* v. 26.06.2002 – 1 M 23/02.

82 *VG Lüneburg* v. 09.08.2013 – 6 A 78/12, JURION 2013, 276113 = ADAJUR Dok.Nr. 104442.

83 *Koch/Herrmann* a.a.O., 19 (bzgl. wünschenswerter Sanierung).

#### *d) Konfliktfeld Feuerwehreinsätze*

Zu denken ist insbesondere an die Fälle, in denen zivilrechtlich keine Haftungsnorm greift, der Fahrer oder Halter jedoch allein aufgrund öffentlich-rechtlicher Normen in Anspruch genommen werden kann. Beispiele für eine uneingeschränkte verschuldens- und gefährdungsunabhängige[84] Haftung gab es in den landesrechtlichen Vorschriften zur Erstattung der Kosten für Feuerwehreinsätze bei der Beseitigung von Ölspuren.[85] 81

Kontrovers ist die Situation bei Fahrzeugbränden, wenn sich Fahrzeuge[86] nicht im Betrieb befinden. Je nach Situation und Bundesland[87] kann der Halter öffentlich-rechtlich für Feuerwehrkosten verantwortlich gemacht werden, obwohl er privatrechtlich nicht haftet.[88] Dies mag an der Fehlinterpretation[89] der tatbestandlichen Voraussetzungen der §§ 7 ff. StVG liegen. Entsprechend hat der Kfz-Haftpflichtversicherer auch keine Deckung zu gewähren.[90] 82

Für die Folgen eines Brandes – Dekontamination eines unbefestigten Grundstücks als öffentliche Parkfläche anlässlich eines Weinfestes[91] – kann der Halter nach § 4 Abs. 3 BBodSchG verantwortlich gemacht werden, auch wenn der Haftpflichtversicherer den Deckungsschutz verweigert.

Extrem wird der Fall dann, wenn Feuer auf ein ordnungsgemäß geparktes Fahrzeug überspringt und dieses dann Benzin oder Öl verliert. Das *VG Frankfurt*[92] meinte, der Halter sei Zustandsstörer, weswegen er die Straßenreinigungskosten entsprechend Landesstraßenrecht und Satzung der Gemeinde tragen müsse. Tatsächlich ging der gefahrenträchtige Zustand aber nicht von dem Fahrzeug aus, sondern vom Benzin auf dem Bürgersteig. Damit ist Zustandsstörer nicht der Fahrzeughalter, der ja keinen Schaden verursacht und somit keinen versicherungsrechtlichen Deckungsschutz hat, sondern die Gemeinde selbst. 83

Für den Schaden am eigenen Fahrzeug kann der Versicherungsnehmer natürlich seine Kaskoversicherung in Anspruch nehmen. Steht das Fahrzeug in der Garage, besteht über die Wohngebäudeversicherung[93] kein Anspruch auf Ersatz der öffentlich-rechtlichen Löschkosten, sollten diese tatsächlich verlangt werden. 84

Eigentlich ist ein geparkter PKW nicht[94] in Betrieb, sodass auch nicht ausnahmsweise Löschkosten von der Feuerwehr zu beanspruchen wären.[95] Der *BGH*[96] reduziert in seiner aktuellen Rechtsprechung aber die Tatbestandsvorausetzungen der Betriebsgefahr i.S.v. § 7 StVG auf das Vorliegen eines Fehlers in einer Betriebseinrichtung, auch wenn diese nicht mehr unmittelbar der Transport- oder 85

---

84 Unabwendbares Ereignis nach altem Recht.

85 *OVG Koblenz* v. 25.02.1992 – 6 A 11382/91, NJW 1992, 2653 = zfs 1992, 432.

86 *OVG Koblenz* v. 11.09.2000 – 12 A 10497/00, NVwZ-RR 2001, 382 mit extrem weiten »Betriebsbegriff« nach dem RhPfBKG für abgeschalteten Bagger; *VG Karlsruhe* v. 16.12.2015 – 4 K 511/13, WKRS 2015, 38431.

87 Nicht in Nordrhein-Westfalen: *OVG Münster* NZV 1995, 125 = NVwZ-RR 1995, 85; zuletzt *VG Aachen* DAR 2008, 227 (L); aber in Hessen bei Gefahrgut nach § 62 HessBKG.

88 *BGH* v. 27.11.2007 – VI ZR 210/06, DAR 2008, 336 = WI 2008, 76 = NZV 2008, 285 = zfs 2008, 374 = VersR 2008, 656.

89 *VG Neustadt a.d.W.* DAR 2010, 223 m. Anm. *Schwab* (Bescheid wurde auf Hinweis des *OVG Koblenz* zurückgenommen.).

90 *LG Hamburg* SP 2008, 28.

91 *VG Neustadt a.d.W.* v. 12.09.2016 – 3 K 832/15.NW –, JURION 2016., 345977.

92 *VG Frankfurt* NVwZ-RR 2002, 601.

93 *AG Schleiden* NJOZ 2003, 2964.

94 Anders *OLG Düsseldorf* DAR 2011, 24 = MDR 2011, 28; als Grenzfall betrachtend *Dörr*, MDR 2011, 1083 (1087); abl. *Schwab* DAR 2011, 11 (17).

95 *OVG Münster* NJW-RR 1995, 84; *OVG Münster* NZV 1995, 125 = NVwZ-RR 1995, 85.

96 *BGH* v. 21.01.2014 – VI ZR 253/13, BGHZ 199, 377 = WKRS 2014, 10812 = DAR 2014, 196 = VersR 2014, 396 = zfs 2014, 257; punktuell zustimmend *Notthoff* VRR 2014, 143.

Fortbewegungsfunktion dient.[97] So soll ein brandursächlicher Kühlschrank, der vom Fahrzeughersteller als Zubehör im Fahrerhaus eines Lkw verbaut war, als Betriebseinrichtung ausreichen, auch wenn er nur wie bspw. andere Assistenzsysteme der Steigerung des Fahrkomforts dienen soll. Der BGH verzichtet im Rahmen einer weiten Auslegung des Betriebsbegriffs auf den Unfallbegriff und reduziert die Norm auf eine reine Inhaberhaftung. Die Auffassung begegnet durchaus deutlicher Kritik, da sie durchaus in ihrer inzwischen sehr weitreichenden Auslegung und Ausdehnung der Haftung im Widerspruch zum Wortlaut der Norm, der Systematik und dem vom Gesetzgeber mit der Schaffung dieser Ausnahmevorschrift im Haftungssystem als verschuldensunabhängiger Haftung verfolgten Schutzzwecks der Norm steht. § 7 StVG soll die Teilnehmer des öffentlichen Straßenverkehrs vor den mit dem Betrieb eines Fahrzeugs bei der Teilnahme am Straßenverkehr typischer Weise verbundenen Gefahren schützen. So führt zwar der BGH in seinen Entscheidungen selbst aus, dass es sich bei dem Schaden um die Verwirklichung einer Gefahr handeln müsse, um derentwillen die Norm geschaffen worden ist.[98] Nicht ganz nachzuvollziehen ist dann aber, wieso die Gefährdungshaftung über den öffentlichen Verkehrsraum hinaus unkritisch nicht nur auch in einer privaten Tiefgarage eines Hausanwesens gelten soll, wo immerhin noch quasi öffentlicher Verkehr einer nicht immer eingrenzbaren Teilnehmergruppe stattfinden kann, sondern auf jeder beliebigen Privatfläche gelten soll. Im Ergebnis wendet der *VI. Zivilsenat des BGH* die Ausnahmevorschrift analog für den nichtöffentlichen Raum an, ohne dies klar darzustellen. Der BGH geht dabei ohne nähere Begründung und nachvollziehbaren Auslegungsansatz darüber hinweg, dass die Vorschrift des § 7 StVG im Kontext mit § 1 StVG und nach dem Willen des Gesetzgebers für den öffentlichen Verkehrsraum gilt. Zudem verzichtet er auf Tatbestandsmerkmale und stellt sich gegen den aus § 1 StVG erkennbaren Willen des Gesetzgebers, indem er meint, selbst im Rahmen einer wertenden Betrachtung § 7 StVG im Rahmen einer immer weiterreichenden Auslegung auf nahezu beliebige Privatflächen ohne Bezug zum öffentlichen Straßenverkehr ausdehnen zu können. Die Rechtsprechung des VI. Senats ist daher zurecht entsprechend kritisch[99] aufgenommen worden. Sie erfährt jedenfalls dort ihre Grenze, wo keinerlei – auch nicht mehr quasi – öffentlicher Verkehr auf einer rein privaten Fläche stattfindet und kein hinreichender Zusammenhang mehr mit den Gefahren gegeben ist, um derentwillen die Sondernorm des § 7 StVG geschaffen ist. Dies ist jedenfalls dann der Fall, wenn eine Gefahr sich zum Schaden verwirklicht, die in keinem Zusammenhang mehr mit einer Fortbewegungs- oder Transportfunktion steht oder ein Schaden zwar aus einem technischen Defekt in irgendeinem Zusammenhang mit dem Fahrzeug entsteht, der aber nicht mehr als Betriebseinrichtung einen Zusammenhang mit der Fortbewegungs- oder Transportfunktion hat. So bspw. bei einem in einer rein privaten Halle als Winterlager untergestellten Wohnmobil, das nicht am öffentlichen Straßenverkehr teilnimmt, sondern nur dort zur Aufbewahrung abgestellt ist, wie bspw. ein über den Winter nicht benötiger Aufsitzrasenmäher auch. Hat zu einer solchen rein privaten Halle niemand ohne Zustimmung des Berechtigten allein Zutritt, findet nicht einmal quasi öffentlicher Verkehr dort statt, so dass es keine Rechtfertigung mehr gibt, die für den öffentlichen Verkehrsraum geschaffene Sonderhaftungsnorm des § 7 StVG auf eine solche Privatfläche auszudehnen. Insbesondere liegt kein Zusammenhang mehr mit einer Betriebseinrichtung vor, die zur Haftung aus der Betriebsgefahr führen könnte, wenn die Schadenursache nicht einmal in einem vom Fahrzeughersteller verbauten Zubehörteil oder einer eigentlichen Betriebseinrichtung liegt, sondern in einer nur an die Bordelektrik angeschlossenen Erhaltungsladung für eine nur den Wohnraumaufbau des Wohnmobils versorgenden Batterie. Eine solche nicht vom Fahrzeughersteller verbaute Zusatzeinrichtung hat keinen hinreichenden Zusammenhang mit der Fortbewegungs- oder Transportfunktion des Fahrzeugs mehr.[100] Kommt es dadurch zu einem Brand, so ist dies nicht anders zu werten als wenn bpw. ein abgestellter und an ein Ladegerät angeschlossener Aufsitzrasenmäher

97 *BGH*, Urt. v. 20.10.2020 – VI ZR 158/19.

98 Zuletzt *BGH*, Urt. v. 20.10.2020 – VI ZR 158/19 u. VI ZR 374/19.

99 *Lemcke* r+s 2014, 212; *Herbers* NZV 2014, 207; *Schwab* DAR 2014, 197; *Burmann/Jahnke* DAR 2016, 313.

100 So auch *OLG Frankfurt/Main*, Urt. v. 30.07.2021 – 5 U 121/20.

in Brand gerät. Es handelt sich nicht mehr um eine Gefahr um derentwillen der Gesetzgeber § 7 StVG geschaffen hat. Derartige Konstellationen unterscheiden sich daher gerade von den zuletzt vom BGH entschiedenen Fällen, in denen bspw. ein Fahrzeug nach einem Defekt oder Unfall während des Betriebs anschließend in einer Werkstatt steht und es dort im Zusammenhang mit einer Betriebseinrichtung des Fahrzeugs selbst zu einem Brand kommt.

Gerade im Bereich der Feuerwehrkosten ergeben sich insbesondere zur Höhe der nach Satzungsrecht festgelegten Gebühren gravierende Unterschiede, wenn es um die technische Hilfeleistung geht.[101] 86

Die Gebühren sind zwar gelegentlich offensichtlich nicht kostendeckend ermittelt und damit auch zu niedrig bemessen. Dann entstehen keine Probleme für den Versicherer bezüglich der Deckung, da bei alternativer Inanspruchnahme eines Unternehmers vom freien Markt sogar etwas höhere Preise zu zahlen wären. 87

Anders sieht es aber dann aus, wenn öffentlich-rechtliche Gebührensatzungen Stundenpreise vorgeben, die sich weder mit Vergleichszahlen aus anderen Satzungen erklären lassen, noch dem Vergleich mit Stundensätzen anderer Behörden, wie dem ausführlichen Regelwerk[102] beim Technischen Hilfswerk (THW), den Autobahnbetriebsämtern und erst recht nicht mit denen von privaten Unternehmen standhalten. Dazu ist anzumerken, dass die Privatwirtschaft schließlich auf die Erwirtschaftung eines Unternehmergewinns ausgerichtet ist und zudem noch Steuern anfallen. Dagegen darf die öffentliche Hand nicht auf Gewinnerzielung ausgerichtet arbeiten und erhebt keine Umsatzsteuer. 88

*e) Kostendeckelung durch Zivilrecht*

In derartigen, gar nicht einmal so seltenen Fällen, ist der Deckungsumfang der Höhe nach auf die Kosten begrenzt,[103] die der Versicherer maximal auf privatwirtschaftlicher Basis ausgeben müsste. Nur diese Höhe entspricht dem, was versicherungsvertraglich geschuldet ist. Alles andere sprengt den Rahmen, da die gesetzlichen Haftpflichtbestimmungen privatrechtlichen Inhalts nach § 2 Abs. 1 KfzPflVV zugleich implizieren, dass sich der Aufwand der Höhe nach nur an zivilrechtlichen Grundsätzen zu richten hat. 89

Wird diese Grenze überschritten, bleibt der Versicherungsnehmer auf dem ungedeckten Teil des Schadens sitzen; es sei denn, der Versicherer leistet aus Kulanz. 90

**▶ Tipp für die Praxis:**

Als Rechtsanwalt und Schadenbearbeiter der Versicherung muss man sich klar darüber sein, dass Kostenbescheide zum Öffentlichen Recht gehören und hier auch andere Verfahrensschritte einzuleiten sind, wie bereits oben erwähnt. 91

Wichtig ist insbesondere, dass man schnell Aufschluss über die Angemessenheit der Kosten erhält, um bei Bedarf innerhalb der von der Behörde gesetzten Fristen durch Rechtsbehelfe[104] und Rechtsmittel reagieren zu können.

Es sollte daher schnellstmöglich eine Abstimmung mit dem Versicherer erfolgen.

Dabei kann dann auch abgestimmt werden, ob der Versicherer im Rahmen der ihm nach A.1.1.4 AKB 2015[105] gegebenen Vollmacht selbst im Namen des Versicherungsnehmers bzw. der mitversicherten Personen[106] oder der Anwalt tätig werden soll. In diesem Zusammenhang sei erwähnt, dass sich die Vollmacht des Versicherers nach den Musterbedingungen des GDV nach wie vor ausdrücklich nur auf den privatrechtlichen Teil bezieht. Eine erweiternde Aus-

101 Ausführliche Darstellung mit Kostenbeispielen: *Schwab* PVR 2002, 243 ff.
102 Anlage 1 THW-AbrV.
103 *Schwab* DAR 2007, 269.
104 Siehe oben Rdn. 71.
105 Bzw. § 10 Abs. 5 AKB a.F.
106 *Maier/Stadler* Rn. 85.

legung der Vollmacht auch auf öffentlich-rechtliche Bereiche ist jedoch notwendig und zutreffend.[107] Ohne eine entsprechende Vollmachtserweiterung auch auf öffentlich-rechtliche Feuerwehrkosten, wie sich diese bereits bei bestimmten Versicherern[108] finden lassen, muss in der Praxis leider trotzdem noch oft mit der Krücke einer Duldungs- oder Anscheinsvollmacht gearbeitet werden. Notfalls ist dann dort unter Zeit- und Erklärungsdruck eine individuelle Vollmacht schriftlich nachzureichen.

#### *f) Argumente gegen überhöhte Kostenbescheide*

92 Bei der Begründung des Widerspruchs ist auf das Äquivalenzprinzip besonders hinzuweisen. Die Abrechnungspraxis der Gemeinde darf nicht außer jedem Verhältnis stehen. Wesentliche Bedeutung gewinnt hierbei die Entscheidung des *OVG Koblenz*,[109] das ausdrücklich dem *OVG Münster* folgt.[110] Das Gericht rügt die Abrechnungspraxis der Gemeinde, wonach die Gesamtkosten des Fahrzeugs auf die tatsächlichen Einsatzstunden, nicht aber auf die Gesamtstunden eines Jahres umgelegt werden. Diesem Ansatz haben sich nun Oberverwaltungsgerichte[111] und Verwaltungsgerichte[112] verschiedener Länder angeschlossen. Es ist anzunehmen, dass sich Verwaltungsgerichte weiterer Bundesländer dieser zutreffenden Rechtsauffassung anschließen werden, sofern die landesrechtlichen Bestimmungen hierfür die Voraussetzungen[113] liefern.

In Niedersachsen hat man durch eine Neuregelung des § 26 NdsBrandSchG eine für Gemeinden günstigere Regelung geschaffen. Jetzt kommt es nur noch auf die Jahreseinsatzstunden[114] an.

In Baden-Württemberg hat sich die Rechtslage des Bürgers und Fahrzeughalters nach der Novellierung des Feuerwehrgesetzes[115] in § 34 FwG-BW massiv verschlechtert. Dort darf halbstündlich abgerechnet werden, obwohl die Einsätze minutengenau zu erfassen sind. Die Kosten für die Feuerwehrfahrzeuge wurden durch Rechtsverordnung[116] landesweit pauschaliert und liegen um ein Vielfaches[117] über den Kostenansätzen des THW[118] für vergleichbare Fahrzeuge oder LKW-Mietfahrzeugen.

93 In diesem Zusammenhang sei erwähnt, dass, aufgrund der abweichenden Regelungen in Bayern, keine Umlegung auf die Gesamtstunden des Jahres erfolgen kann. Andererseits schränkte der *VGH München*[119] die Ansätze zu einer Kostenerhebung auf die rein fahrzeugbezogenen Kosten mit Blick auf die zu erwartende effektive und nicht nur rechnerisch dargestellte Nutzungsdauer ein. Zudem hält er zu Recht eine anteilige Umlegung des Gerätehauses/Garage nebst Verwaltung und Verzinsung für unzulässig. Dies hatte nach der Entscheidung wirtschaftlich zur Folge, dass die Kostensätze nun in die Nähe der schadensersatzrechtlichen Erforderlichkeit reduziert werden konnten.

---

107 *VGH Kassel* NZV 2009, 256 = NVwZ-RR 2008, 785 (LS.).

108 R+V Allgemeine Versicherung AG; R+V Direktversicherung AG; KRAVAG Allgemeine Versicherung AG; KRAVAG-Logistic Versicherung AG; QBE Insurance (Europe) Limited.

109 *OVG Koblenz* mit zustimmender Anm. *Schwab* DAR 2005, 111 f.

110 *OVG Münster* OVGE 44, 184 = ZKF 1995, 280 = GemHH 1996, 69.

111 *VGH Kassel* LKRZ 2007, 426 = DVBl. 2007, 1572 = ESVGH 58, 77 = KStZ 2008, 36 = GemHH 2008, 91; *VGH Mannheim* v. 16.11.2010 – 1 S 2402/09, WKRS 2010, 28326 = DÖV 2011, 168 = GemHH 2011, 45 Ls.

112 *VG Göttingen* v. 09.04.2008 – 1 A 140/07 u. 1 A 301/06, zust. *Bode* BrandSchutz 2008, 530; *VG Greifswald* v. 11.03.2008 – 1898/05; *VG Schwerin* v. 13.08.2009 – 4 A 277/07; *OVG Greifswald* v. 30.11.2011 – 1 L 93/08.

113 *Aussprung/Siemers/Holz* § 6 Punkt 20.

114 *OVG Lüneburg* v. 28.06.2012 – 11 LC 234/11, WKRS 2012, 19757 = DÖV 2012, 779.

115 17.12.2015, (GBl. S. 1184).

116 Verordnung Kostenersatz Feuerwehr – VOKeFw vom 18.03.2016.

117 *Beispiel:* Rüstwagen Feuerwehr BW € 187,– zu Rüstwagen Öl THW € 19,40.

118 Anlage 1 THW-AbrV zu § 4 Abs. 3 THW-Abrechnungsverordnung.

119 *VGH München* DAR 2008, 540 mit Anm. *Schwab.*

Neuerdings wird nun vom *OVG Münster*[120] und *OVG Berlin-Brandenburg*[121] auch die häufig anzutreffende Praxis der satzungsgebenden Gemeinden für rechtswidrig gehalten, angefangene Stunden voll abzurechnen. Es liegt ein Verstoß gegen den Grundsatz der Leistungsproportionalität vor. Notwendig ist eine minutengenaue Abrechnung, da ansonsten bei Pauschalregelungen gravieren Preisunterschiede entstehen, die mit Art. 3 Abs. 1 GG unvereinbar[122] sind. Eine Satzung, die dies nicht berücksichtigt, kann als nichtig[123] eingestuft werden. 94

Zu prüfen ist ferner, ob die Inanspruchnahme des Versicherungsnehmers eine unbillige Härte beinhaltet. Dazu ist darzustellen, dass der Schaden letztlich wegen der auf gesetzliche Haftpflichtbestimmungen privatrechtlichen Inhalts begrenzten Deckung mit dem überschießenden Teil vom Mandanten/Versicherungsnehmer selbst zu tragen ist. Auf die Möglichkeit der Gemeinde, den überhöhten Anteil nach § 227 AO zu erlassen, sollte mit Nachdruck hingewiesen werden. 95

Umso mehr gewinnt dieses Argument an Bedeutung, wenn sich der Versicherungsnehmer im Prämienverzug befindet oder sonst bereits einem Regress ausgesetzt ist. Konsequenterweise wird der Versicherer hier nicht in Vorleistung treten müssen, da dieser nicht Adressat eines öffentlich-rechtlichen Kostenbescheides sein kann. Der Versicherer wird durch einen gesetzlichen (zivilrechtlichen) Schuldbeitritt nicht zum öffentlich-rechtlichen (Mit-)Störer und Kostenschuldner. Es besteht weder ein Direktanspruch nach § 115 Abs. 1 Nr. 1 VVG,[124] noch ist der Versicherer nach § 117 Abs. 1 VVG vorleistungspflichtig. 96

Schließlich sollte man auch rügen, dass die Feuerwehr, die oftmals mit bescheidenen Mitteln und nach heutigen Maßstäben gemäß DWA-M 715 oftmals mit völlig unzureichender Ausstattung[125] lediglich technische Hilfe[126] leistet, es versäumt hat, auf die hohen zu erwartenden Kosten hinzuweisen. Sie darf ja schließlich nicht gewinnorientiert arbeiten und muss nach § 25 VwVfG auch in diesem Bezug ihrer Aufklärungs- und Beratungspflicht nachkommen. Notfalls muss sie auf andere leistungsfähige Unternehmer verweisen, die die gleiche Arbeit günstiger oder heute[127] vielfach auch noch besser erledigen könnten. Es besteht letztlich kein Grund, den Maßstab der Sorgfalt bei Behördenvertretern geringer einzustufen als im normalen Geschäftsleben. Der *BGH*[128] fordert zu Recht von Fachbehörden der Straßenbauverwaltung, dass sie Fachwissen haben und entsprechend einsetzen müssen. Nicht haltbar ist allerdings die Vorstellung des *BGH*,[129] eine Behörde könne sich hinsichtlich unangemessener Kosten auf die schwierige Erkenntnislage eines Ausschreibungsverfahrens berufen. Der Senat übersieht, dass sich Behördenvertreter notfalls Hilfe holen müssen und nicht zu Lasten potentieller Schädiger den wirtschaftlichen Umgang mit Geld üben dürfen. 97

Die Anforderungen an eine Fachbehörde lassen sich auf Feuerwehren übertragen. Sie haben anders als Fachbehörden der Straßenbauverwaltungen es regelmäßig[130] nicht nur mit Öl und Betriebsmit-

120 *OVG Münster* v. 15.09.2010 – 9 A 1582/08, DÖV 2011, 38.

121 *OVG Berlin-Brandenburg* v. 10.02.2011 – 1 B 72/09; *OVG Berlin-Brandenburg* v. 10.02.2011 – 1 B 73/09, NVwZ-RR 2011, 629.

122 *VG Arnsberg* v. 17.03.2011 – 7 K 331/10; *VG Saarlouis* v. 21.04.2016 – 6 K 1963/14.

123 *VG Köln* v. 03.08.2011 – 27 K 4162/10.

124 Anm. *Schwab* in DAR 2007, 269 zu *BGH* DAR 2007, 142.

125 Zum Stand der Technik für eine qualifizierte Fahrbahnreinigung s. Himmelreich/Halm/*Borchardt* Kap. 7, Rn. 285 ff.

126 Bereits – trotz Anforderung durch die Polizei – die fehlende Zuständigkeit der Feuerwehr für die Ölspurbeseitigung rügend: *VG Neustadt a.d.W.* v. 28.08.2007 – 5 K 5/07.NW (rechtskräftig nach Berufungsrücknahme auf Hinweis des *OVG Koblenz* – 7 A 11284/07.OVG); s.a. LT-Drucksache 14/666 Baden-Württemberg.

127 *VG Mainz* LKRZ 2008, 26; veraltet noch *VG Braunschweig* v. 23.09.2005 – 5 A 149/00.

128 *BGH* v. 15.10.2013 – VI ZR 528/13, WKRS 2013, 48183 = DAR 2014, 81 = VersR 2013, 1590; *BGH* v. 15.10.2013 – VI ZR 471/12, WKRS 2013, 48184 = VersR 2013, 1544 = VRR 2014, 99.

129 *BGH* v. 20.12.2016 – VI ZR 612/15, WKRS 2016, 32150 = DAR 2017, 574 = MDR 2017, 397.

130 *OLG Düsseldorf* v. 17.12.2013 – I-1 U 41/13, WKRS 2013, 51909 (Spülmittel).

telrückständen, sondern mit der breiten Produktpalette von Stoffen zu tun. Es lassen sich letztlich auch entsprechende Parallelen zu den Informationspflichten des Mietwagenunternehmers[131] ziehen.

98 Es zeigt sich somit, dass jedenfalls in der Kraftfahrthaftpflichtversicherung Bereiche gegeben sind, in denen die Inanspruchnahme aufgrund öffentlich-rechtlicher Normen weiter gehen kann, als hierfür Deckung zu gewähren ist.

99 Nicht vergleichbar dazu ist die Gewässerschadenhaftpflichtversicherung aus dem allgemeinen Haftpflichtbereich. Dort wurde die Deckung ausdrücklich auch auf den öffentlich-rechtlichen Bereich ausgeweitet.[132]

### 3. Gebrauch des Fahrzeugs bei Öl- und Umweltschäden

100 Schließlich muss das Unfallereignis auf den Gebrauch[133] des Fahrzeugs zurückzuführen sein. Zum Haftpflichtgefahrenbereich, für den die Kraftfahrthaftpflichtversicherung deckungspflichtig ist, gehört regelmäßig auch der Einsatz des Kraftfahrzeugs als Arbeitsmaschine beim Be- und Entladen; so nun ausdrücklich in A.1.1.1 Satz 2 AKB 2015.

101 Es ist darauf hinzuweisen, dass der Anwendungsbereich der AKB nicht durch die AHB bestimmt[134] wird. Umgekehrt wird heute ebenso der Anwendungsbereich der AHB mit den sogenannten Benzinklauseln nicht mehr[135] durch die AKB bestimmt. Ein unmittelbarer Anschluss der Deckungsbereiche ist nicht zwingend.

102 Nach der Rechtsprechung des *IV. Senats des BGH*[136] gehört das Entladen von Öl aus dem Tanklastzug mittels einer darauf befindlichen Pumpe zum Gebrauch des Kraftfahrzeugs. Darauf hat der *VI. Senat des BGH*[137] noch 2008 in einer Entscheidung hingewiesen und sogar 2015 betont, dass es einen Direktanspruch gegen den Kfz-Haftpflichtversicherer gibt. Zu beachten ist jedoch, dass das reine Arbeitsrisiko nicht Inhalt der Pflicht-Haftpflichtversicherung[138] ist. Unbeachtet blieb, dass seit der Deregulierung Mitte der 1990er Jahre die Bedingungen nicht mehr amtlich genehmigt und für allgemeinverbindlich erklärt werden müssen. Ein Rückgriff auf Rechtsprechung, die zu einer überholten Gesetzeslage ergangen ist, führte zu deutlicher Kritik an für falsch[139] erachteten Ergebnissen. Die aktuelle Rechtsprechung des *VI. Zivilsenats*[140] weitet entgegen der erkennbaren Intention des Gesetzgebers die Haftung aus der Betriebsgefahr des § 7 StVG zunehmend aus. Er kommt durch unausgesprochene Analogien und Reduzierung von Tatbestandsmerkmalen bei § 7 StVG in teils bedenklicher Weise zu bisweilen zweifelhaften Ergebnissen, die weit über den Sinn und Zweck des historischen Gesetzgebers bei der Schaffung des § 7 StVG und seinem im Opferschutz von Verkehrsteilnehmern im öffentlichen Straßenverkehr angesiedelten Schutzzweck hinausgehen. Im Zuge dessen versucht der Haftungssenat zugleich den Deckungsumfang in der Kfz-Haftpflichtversicherung auszuweiten, wo ihn der der *IV. Zivilsenat*[141] (Versicherungssenat) einzuschränken versucht.

131 *BGH* v. 28.06.2006 – XII ZR 50/04, BGHZ 168, 168 = DAR 2006, 571 = VersR 2006, 1274; *BGH* v. 21.11.2007 – XII ZR 128/05, SP 2008, 109; *Fitz* Rdn. 472.

132 Siehe oben Rdn. 47.

133 Schaubild zum normspezifischen Gebrauchsbegriff in Halm/Kreuter/*Schwab*, AKB-Kommentar, A.1.1.1 AKB 2015, Rn. 89.

134 Halm/Kreuter/*Schwab*, AKB-Kommentar, A.1.1.1 AKB 2015, Rn. 98 ff.

135 *Terno* r+s 2011, 361 (365).

136 *BGH* v. 26.06.1979 – IV ZR 122/78, BGHZ 75, 45 = NJW 1979, 2408 = VersR 1979, 956, 958, 959.

137 *BGH* v. 08.04.2008 – VI ZR 229/07.

138 Halm/Kreuter/*Schwab*, AKB-Kommentar, § 1 PflVG, Rn. 82 ff.

139 Kritisch *Schwab* DAR 2011, 11 (18).

140 *BGH* v. 08.12.2015 – VI ZR 139/15, BGHZ 208, 140 = WKRS 2015, 36587 = DAR 2016, 261 = NJW 2016, 165 = VersR 2016, 1048.

141 *BGH* v. 03.02.2016 – IV ZR 564/15 zu *OLG München* v. 24.04.2015 – 25 U 4874/14, WKRS 2015, 38185 = r+s 2016, 298 m.abl.Anm. *Schimikowski*.

Das hat zur Folge, dass es immer wichtiger ist wegen möglicher (zulässiger) Abweichung von den unverbindlichen Muster-AKB 2015 des GDV, immer die individuellen[142] AKB des Versicherers zu prüfen. 103

Der Versicherer hat auch entsprechend dem Versicherungsnehmer den Sanierungsaufwand als Aufwendungsersatz im Rahmen von Rettungskosten zu ersetzen.[143] 104

### 4. Sonderproblem: Entsorgungskosten für kontaminierte Ladung des versicherten Fahrzeugs

#### *a) Freistellungsanspruch ohne Haftung?*

Entsorgungskosten für kontaminierte Ladung des versicherten Fahrzeugs sind regelmäßig ein Problem der Regulierungspraxis, da neben A.1.1.1 AKB 2015 auch die Ausschlussklauseln in A.1.5 AKB 2015 zu beachten sind. 105

Nach A.1.5.5 AKB 2015 sind transportierte Sachen von der Haftpflicht ausgenommen. Folglich kann weder der Versicherungsnehmer, ein Insasse noch der Eigentümer des transportierten Gutes eine Entschädigung für die untergegangene oder beschädigte Ware aus dem Versicherungsvertrag gegen den eigenen[144] Kfz-Haftpflichtversicherer geltend machen. 106

Für diesen Fall besteht schließlich die Möglichkeit, Versicherungsschutz über die Transportversicherung[145] zu erlangen. Im Werkverkehr – beim Transport eigener Waren – geschieht dies durch Versicherung des Warenschadens (auch Eigenschadens).[146] Beim gewerblichen Güterverkehr nach § 7a GüKG ist die Verkehrshaftungsversicherung[147] als Pflicht-Haftpflichtversicherung[148] einschlägig. 107

Offen blieb die Frage, ob damit zugleich auch Ansprüche auf Ersatz der Kosten für die Entsorgung von mit dem Fahrzeug beförderten und darauf zerstörten Sachen unter die Ausschlussklausel fallen. 108

Der *IV. Senat* des *BGH*[149] hat dies in seinem »Fernseh-Urteil« im Rahmen einer Deckungsklage bejaht. 109

Der Lastzug eines Frachtführers (beladen mit Fernsehgeräten) geriet in Brand, da die Reifen mit der Ladefläche in Kontakt kamen und Feuer fingen. Das Feuer griff auf die Ladung über. Der Frachtführer wurde in der Folge mit Ansprüchen zur Beseitigung des Brandschuttes auf der Ladefläche konfrontiert. Er verklagte seinen Kfz-Haftpflichtversicherer auf Übernahme auch dieser Kosten. 110

Der *BGH* stützt sich bei der Auslegung der Ausschlussklausel zunächst auf den Wortlaut. Maßgebend ist, was ein durchschnittlicher Versicherungsnehmer bei verständiger Würdigung und aufmerksamer Durchsicht der Bedingungen und unter Berücksichtigung des erkennbaren Sachzusammenhangs[150] darunter verstehen werde. Folglich kommt es auch auf die Sichtweise des Versicherungsnehmers an. Des Weiteren hat er sich auf den Sinn und Zweck der eng auszulegenden Ausschlussklausel bezogen. Sie beinhalte nur eine Ausnahme hinsichtlich der Sache selbst, nicht aber auch von dadurch bedingten anderweitigen Schäden. Der Ausschluss solle lediglich verhindern, dass das Unternehmerrisiko für den Untergang der transportierten Ware auf den Kfz-Haftpflichtversicherer verlagert werde. 111

142 *Heinrichs* zfs 2009, 187; *Kärger* Kfz-Versicherung nach dem neuem VVG Rn. 8; *Bauer* Die Kraftfahrtversicherung, Vorwort; *Terno* r+s 2011, 361 (zu den AHB).

143 *OLG Hamburg* VersR 1969, 223.

144 Ansprüche gegen sonstige Schädiger bleiben natürlich hiervon unberührt.

145 Näheres Halm/Engelbrecht/Krahe/*Schmitt/Suhr*, Handbuch des Fachanwalts Versicherungsrecht, Kap. 8.

146 DTV-Güter 2000/2011, Musterbedingungen des GDV, Stand August 2015.

147 DTV-VHV 2003/2011, Musterbedingungen des GDV, Stand Januar 2015.

148 Auflistung zu verschiedenen Pflicht-Haftpflichtversicherungen rund um das Fahrzeug in Halm/Kreuter/*Schwab*, AKB-Kommentar, Vorb. zu §§ 113 bis 124 VVG, Rn. 2.

149 *BGH* v. 23.11.1994 – IV ZR 48/94, VersR 1995, 162 = DAR 1995, 156.

150 Unter Hinweis auf *BGH* v. 23.06.1993 – IV ZR 135/92, BGHZ 123, 83, 85 = NJW 1993, 2369 = VersR 1993, 957.

112 Die Entscheidung ist nicht unbedenklich und muss mit Blick auf die tatsächliche Relevanz behandelt werden.

113 Es sei vorausgeschickt, dass in keinem Fall eine Übertragung auf die Fälle erfolgen kann, in denen der Versicherungsnehmer eigene statt fremde Sachen transportiert. Bei eigenen Sachen handelt es sich nie um den Fremdschaden eines Dritten, sondern immer um einen nicht gedeckten Eigenschaden. Entstehen aufgrund dieses Eigenschadens Entsorgungskosten, ist dies bloß eine Folge[151] des Eigenschadens.

114 Schließlich sei in diesem Zusammenhang darauf hingewiesen, dass für den Transport eigener Waren regelmäßig eine Eingruppierung zum günstigeren Werkverkehrstarif erfolgt, gegenüber der höheren Versicherungsprämie beim Güterverkehrstarif.

115 Aber auch hinsichtlich der Konstellation »Transport fremder Sachen« muss zunächst hinterfragt werden, ob überhaupt ein Anspruch eines Geschädigten gegen den Versicherungsnehmer gegeben ist oder überhaupt bestehen könnte.

116 Das *LG Stuttgart*,[152] als erstinstanzliches Gericht zur obigen Entscheidung des *BGH*, hat bereits ausgeführt, dass das Ob und Wann ein solcher Anspruch begründet ist, für die Frage der Deckungsklage keine Rolle spielt. Die Parteien des Rechtsstreits haben offenkundig das Bestehen einer Anspruchsgrundlage unterstellt.

117 Eine Haftung nach § 7 StVG scheidet nach altem und auch nach heutigem Recht[153] aus. Die Anwendung des § 7 StVG scheitert schon am Unfallbegriff[154] des Abs. 2, da durch die allmähliche Brandentstehung am Fahrzeug kein auf einer äußeren Einwirkung beruhendes, plötzliches, örtlich und zeitlich begrenztes Schadenereignis vorliegt. Zudem wird der Anwendungsbereich durch § 8 Nr. 3 StVG eingeschränkt. Eine Haftung für den Sachschaden besteht nur dann, wenn eine Person die beförderte Sache an sich trägt oder mit sich führt. In den relevanten Fällen geht es aber nie um persönliche Sachen von Insassen, die entgeltlich und geschäftsmäßig befördert wurden, sondern um transportierte Güter.

118 Da der Gesetzgeber nur ausnahmsweise der beförderten Person einen eingeschränkten Ersatzanspruch auch für den Sachschaden gewährt, hat dies zur Folge, dass umgekehrt erst recht kein Anspruch für transportierte Güter bestehen kann.

119 Selbst wenn man insoweit anderer Auffassung sein sollte und dennoch eine Haftungsgrundlage für den Eigentümer der transportierten Ware befürwortet, so dürfte dieser Anspruch durch privatrechtliche Vereinbarung regelmäßig ausgeschlossen sein. Nach § 8a Abs. 2 StVG a.F. und § 8a S. 1 StVG n.F. waren und sind entsprechende Vereinbarungen bereits für den Sachschaden bei entgeltlicher und geschäftsmäßiger Personenbeförderung möglich.[155] Erst recht gilt dies bei Transportverträgen. Gewöhnlich werden dort allgemeine Geschäftsbedingungen mit Haftungsbeschränkungen Vertragsbestandteil. Man denke nur an die ADSp.[156]

120 Die genauen Umstände der Brandentstehung sind nicht bekannt. Es dürfte sich jedoch um einen technischen Defekt am Fahrzeug handeln. Ein Verschulden des Fahrers wird unter diesen Umständen bereits ausscheiden, sodass auch § 823 Abs. 1 BGB als Anspruchsgrundlage ausscheiden dürfte.

121 Aber auch in den Fällen, in denen sich ein Verschulden nachweisen ließe, ergeben sich Besonderheiten. Praxisrelevant sind ja gerade die Fälle, in denen größere kontaminierte Warenmengen zu

151 Entsorgungskosten werden nach den ergänzenden unverbindlichen Musterbedingungen des GDV – Güterfolgeschadenklausel – zur DTV-Güter 2000/2011 nicht ersetzt.

152 *LG Stuttgart* v. 19.04.1993 – 18 O 55/92.

153 Zweites Gesetz zur Änderung schadensersatzrechtlicher Vorschriften vom 19.07.2002.

154 Himmelreich/Halm/*Luckey*, Handbuch des Fachanwalts Verkehrsrecht, Kap. 1 Rn. 13; Geigel/*Kaufmann*, Kap. 25 Rn. 6 u. 65; ebenso für allmähliche Betriebsmittelverluste *VG Köln* v. 13.05.2011 – 18 K 7475/10 u. *VG Köln* v. 13.05.2011 – 18 K 7476/10.

155 Hentschel/*König*/Dauer § 8a StVG Rn. 2.

156 Allgemeine Deutsche Spediteurbedingungen.

hohen Kosten zu entsorgen[157] sind. Man denke hier nicht nur an verbrannte Fernsehapparate und Computerschrott, sondern auch beispielsweise an verbranntes Knäckebrot, Schweinehälften und Fälle mit verdorbenen Lebensmitteln, die unfallbedingt nicht weiter durch das Zusatzaggregat des Fahrzeugkühlaufbaus temperiert werden konnten und somit ungenießbar wurden.

In den meisten Fällen werden sich bereits die oben erwähnten vereinbarten Haftungsbeschränkungen auswirken. Wurden keine entsprechenden wirksamen Vereinbarungen getroffen, so ist noch das Frachtführerrecht nach § 425 ff. HGB zu beachten, das Einschränkungen zur Haftung und zum Haftungslimit enthält. **122**

Unabhängig von dieser Fragestellung sei dann noch auf das Problem einer möglichen Doppel- bzw. Mehrfachversicherung nach den §§ 77 ff. VVG hingewiesen. Das sind hier Fälle, in denen eine Transportversicherung abgeschlossen wurde. Mitunter sind dort Entsorgungskosten der zerstörten Ladung in den Versicherungsschutz aufgenommen, teils jedoch subsidiär, falls von einem anderen Versicherer nichts zu erhalten ist. **123**

*b) Orangen-Urteil*

In seinem »Orangen-Urteil« ist nun der *VI. Senat* des *BGH*[158] davon ausgegangen, dass der Straßeneigentümer einen eigenen Schaden dadurch erleidet, dass er die Entsorgung der weitgehend unbrauchbaren Ladung veranlasst. Dabei unterstellt er, dass der Brandschutt seine Sache (Straße) beeinträchtige. **124**

Die Beeinträchtigung endet jedoch objektiv bereits dann, wenn der Brandschutt aufgenommen und die Straße gereinigt wurde. Es darf erwartet werden, dass der *BGH* wegen der Worte *»jedenfalls im vorliegenden Fall«* an geeigneter Stelle eine Korrektur[159] vornehmen wird. **125**

Dem Sachverhalt lag ein frachtrechtlicher Transport zugrunde. Damit war auch kein Weg über die Geschäftsführung ohne Auftrag gegen Halter, Fahrer und Kfz-Haftpflichtversicherer eröffnet, da schließlich nur der Eigentümer der beschädigten Ware Geschäftsherr war. Nur gegen ihn könnte der Straßeneigentümer als Geschäftsführer Ansprüche erheben. **126**

Hätte es sich um einen Werkverkehr gehandelt, wären also Waren des Versicherungsnehmers verbrannt, stünde die Entsorgung allein im Interesse des Versicherungsnehmers, nicht aber im Interesse des Kfz-Haftpflichtversicherers. Es handelt sich dort um einen Folgeschaden in Bezug auf den nicht versicherten Eigenschaden. Solche Schäden sind über die Warenversicherung zu versichern. **127**

**128**

| | Geschädigter | Werkverkehr | Güterverkehr |
|---|---|---|---|
| Regelung | | § 1 Abs. 2 GüKG | § 1 Abs. 1 GüKG |
| Tarif | | Werkverkehrstarif, da Transport *eigener* Güter | Güterverkehrstarif, da Transport *fremder* Güter |
| Eigenschäden an der Ladung | | | |
| Lösung: | selbst | = kein Dritter<br>= kein Haftpflichtfall, Ausschluss in KH A.1.5.5 AKB 2015 | entfällt |

157 Größenordnungen nach Fallgestaltung von 250 bis 800 EUR/t sind nicht ungewöhnlich.

158 *BGH* v. 06.11.2007 – VI ZR 220/06, VersR 2008, 230 = zfs 2008, 132 = DAR 2008, 82 m.abl.Anm. *Schwab.*

159 Siehe im Gegensatz zum *BGH*, den österreichischen *OGH* v. 24.09.2008 – 7 Ob 197/08 h; dem *OGH* zustimmend *Zehetbauer* TranspR 2009, 46 u. *Huber* VersR 2009, 570.

| | Geschädigter | Werkverkehr | Güterverkehr | 128 |
|---|---|---|---|---|
| | | *Warenversicherung DTV-Güter 2000/2011* | entfällt | |
| **Fremdschäden an der Ladung** | | | | |
| | Verlader oder Eigentümer | entfällt | Ausschluss A.1.5.5 AKB 2015 in KH | |
| Lösung: | | | Verkehrshaftungsversicherung<br>Pflicht-Haftpflichtversicherung nach § 7a GüKG DTV-VHV 2003/2011 | |
| **Folgeschäden durch die Ladung** | | | | |
| Fall 1<br>Lösung: | selbst | Eigenfolgeschaden = kein Haftpflichtfall *Güterfolgeschadenklausel DTV-Güter 2000/2011* | entfällt | |
| Fall 2<br>Lösung: | Verlader/Eigentümer | entfällt | Folge eines nicht in KH versicherten Fremdschadens<br>*Individuelle Güterfolgeschadenklausel* | |
| Fall 3<br>Lösung: | am Transport unbeteiligter Dritter, wegen Ölspur etc. | kein Ausschluss – typischer Kfz-Haftpflichtfall, da Dritter in eigenen Rechten verletzt | | |
| Fall 4<br>Lösung: | am Transport unbeteiligter Dritter wegen Entsorgung der Ladung *(Orangenfall des BGH)* | Ausschluss, da Eigenfolgeschaden Dritter ist nicht geschädigt, sondern besorgt nur fremdes Geschäft des Eigentümers *Güterfolgeschadenklausel DTV-Güter 2000/2011* | Ausschluss, da Folge eines nicht in KH versicherten Fremdschadens<br>Dritter ist nicht geschädigt, sondern besorgt nur fremdes Geschäft des Eigentümers<br>*Individuelle Güterfolgeschadenklausel* | |

*Schaubild: Ladungsschäden und hierdurch verursachte Folgeschäden im Werk- und Güterverkehr*

**▶ Tipp für die Praxis**

129 Um eine Verpflichtung des Kfz-Haftpflichtversicherers bezüglich der Entsorgungskosten kontaminierter Ladung prüfen zu können, sind umfangreiche Vorarbeiten und Ermittlungen notwendig. Insbesondere sind die genauen vertraglichen Verhältnisse und die handelsrechtlichen Auswirkungen mit in die Überlegungen einzubeziehen.

Vor einer voreiligen Selbstregulierung des Versicherungsnehmers an einen vermeintlich Schadensersatzberechtigten ist nicht nur mit Blick auf den Deckungsumfang in der Kfz-Haftpflichtversicherung, sondern auch gerade wegen der vertraglichen Seite zum geschädigten Verlader zu warnen.

## II. Direktanspruch gegen den Kfz-Haftpflichtversicherer in Öl- und Umweltschäden

### 1. Öffentlicher Verkehrsraum

Bei Umweltschäden gilt nichts anderes, als bei sonstigen Personen- und Sachschäden. Da wir es 130
jedoch bei Umweltschäden mit besonderen Schadenarten und besonderen Geschädigten zu tun haben, treten weitere Probleme auf, die zu einer vertieften inhaltlichen Auseinandersetzung veranlassen.

Nur der unmittelbar Geschädigte und deren Rechtsnachfolger haben einen Direktanspruch gegen 131
den Kfz-Haftpflichtversicherer[160] nach § 115 Abs. 1 VVG.

Zu beachten ist, dass nach der Intention des deutschen Gesetzgebers der Schutz des Verkehrsop- 132
fers[161] im Vordergrund steht. Dies erschließt sich aus den Gesetzesmaterialien – als auch nochmals deutlicher – aus Art. 12 Abs. 1 u. 3 der 6. KH-Richtlinie[162] vom 16.09.2009. Danach sind die Teilnehmer am Straßenverkehr, sei es als Insassen motorisierter Fahrzeuge, Fußgänger, Radfahrer oder in sonstiger Weise am Straßenverkehr teilnehmend, mit einem Direktanspruch zu versehen. Auf den Wortlaut des § 3 Nr. 1 PflVG a.F., der in § 115 Abs. 1 Satz 1 Nr. 1 VVG aufgegangen ist, kommt es nicht an. Der deutsche Gesetzgeber[163] hat sich weder bei der Übernahme des Straßburger Übereinkommens vom 20.04.1959 in deutsches Recht noch bei der Reform des VVG 2008 eigene Gedanken gemacht, die über die europäischen Anforderungen zum Schutz des »victims = Verkehrsunfallopfer« hinausgingen.

Entsprechend ist die Vorschrift ausschließlich europarechtskonform auszulegen. Daran ändert nichts, dass der nationale Gesetzgeber grundsätzlich über Anforderungen der Richtlinie hätte hinausgehen können. Tut er dies bei objektiver Betrachtung tatsächlich nicht, besteht keine Veranlassung für die Rechtsprechung, durch eigene Vorstellungen die durch den nationalen Gesetzgeber gesetzten Grenzen zu überschreiten.

Insbesondere ist es mit dem europäischen Recht nicht vereinbar, stur auf den Wortlaut der deutschen Norm abzustellen, statt einer rangkonformen Auslegung Folge zu leisten. Dabei darf es auch für die gerichtliche Entscheidung keine Rolle spielen, es den »Kollegen« aus den Behörden bequemer zu machen, direkt auf den Versicherer zugreifen zu dürfen. Es ist selbst für Schwerstverletzte und Hinterbliebene sowie den geschädigten Staat nach ständiger Rechtsprechung[164] kein unhaltbarer Zustand, sich einen Freistellungsanspruch zu sichern und per Pfändungs- und Überweisungsbeschluss statt per Direktklage gegen den Versicherer vorzugehen.

Hätte der Reformgesetzgeber dies anders gesehen, hätte er 2008 für alle Pflicht-Haftpflichtversicherungen einen unmittelbaren Direktanspruch eingeführt.

Wohlweißlich hat er dies nicht getan, weil zudem zu beachten ist, dass die Pflichtversicherung einen Eingriff in Grundrechte[165] bedeutet. Folglich sind einer Ausweitung des Direktanspruchs Grenzen gesetzt. »Dritter« ist nur der schutzwürdige Dritte als Verkehrsunfallopfer. Nur durch eine teleolo-

---

160 Nur in der Pflichtversicherung gibt es einen echten Direktanspruch. Kritisch zum neuen Recht daher *Abram* VP 2008, 77 ff.

161 Ausführlich Halm/Kreuter/*Schwab*, AKB-Kommentar, § 115 VVG, Rn. 67 ff.

162 Richtlinie 2009/103/EG des Europäischen Parlaments und des Rates vom 16.09.2009, Amtsblatt der Europäischen Union vom 07.10.2009, L 263/11.

163 BT-Drucks. IV/2252 und IV/2253.

164 *BGH* v. 03.11.1970 – VI ZR 76/69, WKRS 1970, 10979 = DAR 1971, 48 = MDR 1971, 122 = VersR 1971, 180; *BGH* v. 17.10.1978 – VI ZR 213/77, WKRS 1978, 11519 = MDR 1979, 218 = NJW 1979, 268 = VersR 1979, 55; *BGH* v. 29.10.1985 – VI ZR 56/84, WKRS 1985, 13602 = DAR 1986, 83 = JZ 1986, 153 = MDR 1986, 304 = NJW-RR 1986, 324 = VersR 1986, 96; *BGH* v. 07.01.1986 – VI ZR 203/84, WKRS 1986, 13174, DAR 1986, 147 = MDR 1986, 489 = NJW 1986, 1337 = VersR 1986, 490.

165 Halm/Kreuter/*Schwab*, AKB-Kommentar, vor §§ 113 – 124 VVG, Rn. 3 ff.

gische Reduktion[166] des Begriffs »Dritter« lässt sich demnach § 115 Abs. 1 Satz 1 Nr. 1 VVG verfassungskonform auslegen.

133 Weder der Grundstückseigentümer mit seinem Grundstücksstreifen am Fahrbahnrand noch der Eigentümer der Straße nehmen jedoch aktiv am Straßenverkehr teil. Nach § 12 Abs. 1 Satz 5 PflVG wird neben anderen[167] der Straßeneigentümer den Verkehrsteilnehmern ausdrücklich nicht gleichgestellt. Ein Anspruch gegen den Entschädigungsfond (Verkehrsopferhilfe e.V.)[168] besteht nicht, da sie nach dem ausdrücklichen Willen des Bundesgesetzgebers[169] nicht zu den eigentlichen Verkehrsopfern zu zählen sind. Die auf den Verkehrsopferschutz bezogene Einschränkung hatte 2002 der Bundesgesetzgeber[170] auf bestimmte Privatunternehmen ausgedehnt.

134 Tankstelleneinrichtungen befinden sich häufig im öffentlichen[171] Verkehrsraum. Schäden hieran fallen ebenfalls nicht unter den Verkehrsopferschutz und sollen nach zutreffender Auffassung[172] auch nicht über den Entschädigungsfond ersetzt werden.

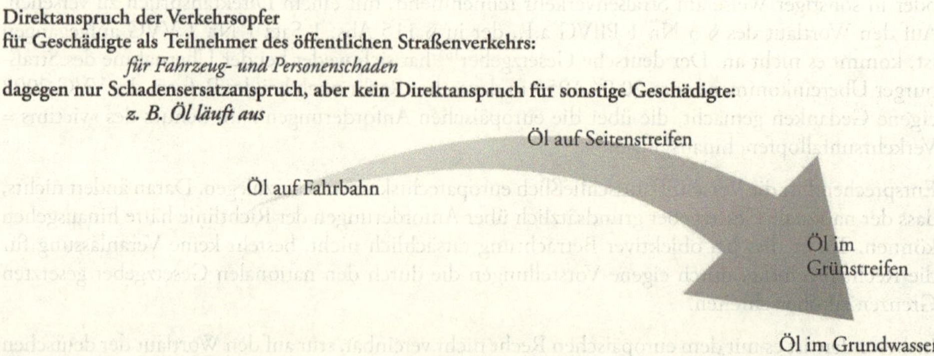


**Abb. 1: Direktanspruch der Verkehrsopfer für Geschädigte als Teilnehmer des öffentl. Straßenverkehrs**

135 Dennoch gewährt die Rechtsprechung bei Ölschäden[173] und wenn der Staat geschädigt[174] ist regelmäßig einen Direktanspruch gegen den Kfz-Haftpflichtversicherer. Der *BGH* hat dies aktuell in seinem Urteil vom Januar 2024 für das Entladen eines Heizöltankfahrzeugs mittels dessen Pumpvorrichtung als zum Gebrauch des Fahrzeugs gehörend klargestellt und einen Direktanspruch aus

166 Ablehnend, ohne allerdings höherrangiges Recht einzubeziehen Staudinger/Halm/Wendt/*Dallwig*, VVG-Kommentar, § 115 VVG, Rn. 3.

167 Einschränkend schon *BGH* v. 27.11.1984 – VI ZR 256/82, VersR 1985, 185 = DAR 1985, 77 = MDR 1985, 661.

168 In Österreich mit klarerem Titel: Bundesgesetz über die Entschädigung von Verkehrsopfern (Verkehrsopfer-Entschädigungsgesetz – VOEG).

169 BT-Drucksache 7/2506 S. 18.

170 BT-Drucksache 14/8778 S. 12 u. 15.

171 *OLG Düsseldorf* zfs 1981, 323 = VRS 59, 282; *OLG Düsseldorf* DAR 2002, 68 = VersR 2002, 208 = NZV 2002, 87; *OLG Dresden* NZV 2007, 152 = zfs 2007, 172.

172 Feyock/Jacobsen/Lemor/*Elvers*, KfzVers, § 12 PflVG, Rn. 86, 86a; Himmelreich/Halm/*Elvers/Schwarz*, Handbuch des Fachanwalts Verkehrsrecht, Kap. 29, Rn. 162.

173 *BGH* v. 08.04.2008 – VI ZR 229/07, NJW-Spezial 2008, 298 zu *OLG Frankfurt* NJOZ 2008, 2864 = zfs 2008, 377 = r+s 2008, 437.

174 *BGH* v. 28.09.2011 – IV ZR 294/10, WKRS 2011, 25980 = DAR 2011, 704 = MDR 2011, 1347 = VersR 2011, 1509; *BGH* v. 15.10.2013 – VI ZR 528/13, WKRS 2013, 48183 = DAR 2014, 81 = VersR 2013, 1590; *BGH* v. 15.10.2013 – VI ZR 471/12, WKRS 2013, 48184 = VersR 2013, 1544 = VRR 2014, 99; *BGH* v. 18.03.2014 – VI ZR 10/13, WKRS 2014, 14631.

§ 115 Abs. 1 S. 1 Nr. 1 VVG ausdrücklich bejaht.[175] Er hat dabei darauf abgestellt, dass ein Kraftfahrzeug auch dann »gebraucht« wird, wenn es nur als Arbeitsmaschine eingesetzt wird. Der Entladevorgang gehört danach zu seinem Gebrauch, solange das Kraftfahrzeug oder seine an und auf ihm befindlichen Vorrichtungen daran beteiligt sind. Der Schaden, der beim Hantieren mit Ladegut eintritt, ist dann »durch den Gebrauch« des Kraftfahrzeugs entstanden, wenn es für die schadensstiftende Verrichtung aktuell, unmittelbar, zeitlich und örtlich nahe eingesetzt worden ist. Nach diesen Grundsätzen ist das Entladen eines Tanklastzugs mittels einer auf ihm befindlichen Pumpe dem Gebrauch des Kraftfahrzeugs zuzuordnen, solange der Druck der Pumpe noch auf das abzufüllende Öl einwirkt und die Flüssigkeit durch den Schlauch heraustreibt.

Schon zuvor hatte der *BGH* in anderen[176] Fällen einen Direktanspruch bejaht, ohne – wie in der Literatur von kritischen Stimmen gefordert[177] – zu prüfen, ob der vom Gesetz vorgegebene Schutzbereich der Pflichtversicherung[178] bereits verlassen wurde.

Der Direktanspruch in Deutschland wurde zum 01.10.2015 bereits 50 Jahre[179] alt. Er dürfte wegen der europarechtskonformen Auslegung[180] weiterhin die Gerichte beschäftigen. Er wird in der Praxis allerdings kaum bestritten. Solange der Versicherer bei gesundem Versicherungsverhältnis Deckungsschutz zu gewähren hat, ist dies letztlich – mit Ausnahme der zusätzlichen Verfahrenskosten – unproblematisch, da der Versicherer zugleich seinen Versicherungsnehmer freizustellen hat. 136

Besteht jedoch kein Versicherungsschutz, müsste der Haftpflichtversicherer in Vorlage treten und das Regressrisiko tragen. Solche weitgehenden Eingriffe begünstigen in den meisten Fällen die öffentliche Hand als Geschädigte, wie etwa bei Ölspuren.[181] Sie benachteiligen aber den Kfz-Haftpflichtversicherer ohne sachlichen Grund sogar gegenüber anderen Haftpflichtversicherern,[182] Art. 3 GG. 137

In gleicher Weise ist es ungerechtfertigt, den Kfz-Haftpflichtversicherer gegenüber denjenigen schlechter zu behandeln, die nach § 2 PflVG von der Versicherungspflicht befreit sind. Es ist kein sachlicher Grund ersichtlich, wieso der Kfz-Haftpflichtversicherer weiter, als »Quasiversicherer« wie der Bund, die Länder, die großen Gemeinden oder der kommunale Schadensausgleich haften müsste. Deren direkte Haftung ist auf den absoluten Mindestschutz nach dem PflVG[183] auch dann begrenzt, wenn es sich um den Unfall eines städtischen Schadstoffmobils auf einem Wertstoffhof handelt. 138

Eine weitere Parallele findet sich bei der Amtspflichtverletzung nach § 25 Abs. 4 Satz 1 FZV. Danach haben die Zulassungsbehörden auch auf eine unberechtigte[184] Anzeige des Versicherers unverzüglich durch eigene[185] Bemühungen zu verhindern, dass nicht versicherte zulassungspflichtige Fahrzeuge 139

175 *BGH,* Urt. v. 16.01.2024 – VI ZR 385/22, VersR 2024, 879 = r+s 2024, 560 = zfs 2024, 210 = NJW 2024, 3079.

176 *BGH* v. 21.01.2014 – VI ZR 253/13, BGHZ 199, 377 = WKRS 2014, 10812 = DAR 2014, 196 m. krit. Anm. *Schwab* = MDR 2014, 339 = NZV 2014, 207 m. krit. Anm. *Herber* = r+s 2014, 194 m. krit. Anm. *Lemcke* = VersR 2014, 396 (Brand in WEG-Sammelgarage), krit. Ludovisy/*Eggert*/Burhoff Praxis des Straßenverkehrsrechts, 6. Aufl. 2015, § 2 A. Rn. 53; *OLG Düsseldorf* DAR 2011, 24 = MDR 2011, 28 = NJW 2011, 317 (Brand in Einzelgarage); abl. *Schwab* DAR 2011, 11 (17).

177 Wie vor.

178 Aufschlussreich dagegen der österreichische *OGH Wien* VersR 2011, 287 (Umfang der Pflicht-BHV).

179 *Schwab*, 50 Jahre Direktanspruch in Deutschland – offene Rechtsfragen, DAR 2015, 570 ff.

180 Schlussantrag *EuGH* v. 26.02.2014 – Rs. C-162/13, WKRS 2014, 11448 sowie Entscheidung vom 04.09.2014, WKRS 2014, 20478 = DAR 2015, 259.

181 *OLG Brandenburg* zfs 2011, 379 = DÖV 2011, 124 = SP 2011, 171; *Schwab* DAR 2010, 347.

182 *Schwab* DAR 2011, 11 (18).

183 Nach Prölss/Martin/*Knappmann*, VVG-Kommentar, § 2 PflVersG Rn. 4 Begrenzung nach § 2 KfzPflVV.

184 *Rebler* SVR 2010, 2006.

185 *OLG Karlsruhe* VersR 2011, 351.

am öffentlichen Straßenverkehr[186] teilnehmen. Nach zutreffender Auffassung des *BGH*[187] ist der Umfang des Amtshaftungsanspruchs auf den gesetzlichen Mindestschutz begrenzt.

140 Die ungerechtfertigte Inanspruchnahme des Kfz-Haftpflichtversicherers betrifft zudem den Kernbereich der beruflichen Tätigkeit nach Art. 12 GG und das Eigentum nach Art. 14 GG.

141 Im Ergebnis wird der Kfz-Haftpflichtversicherer die ihm aufgebürdeten Lasten betriebswirtschaftlich auf den redlichen Beitragszahler, den Verbraucher abwälzen können. Richtigerweise wäre das Risiko jedoch volkswirtschaftlich von der Allgemeinheit, also dem Steuerzahler, zu tragen.

## 2. Nichtöffentlicher Verkehrsraum und sonstige Räume

142 Umweltschäden treten zudem häufig beim Fahrzeuggebrauch im nicht öffentlichen Verkehrsraum auf. Nach einer unter anderen versicherungsrechtlichen Vorzeichen[188] ergangenen Entscheidung des *BGH*[189] komme auch dort der Direktanspruch zum Tragen. Dies wird von der aktuellen Kommentarliteratur[190] und Teilen der Rechtsprechung[191] abgelehnt.

## 3. Helfer bei Öl- und Umweltschäden

143 Es treten in der Praxis immer wieder Fragen auf, ob nicht doch bestimmte Personen, die zur Umweltschadenbehebung gerufen wurden oder gar Behörden Ansprüche unmittelbar gegen den Versicherer geltend machen können. Zu diesen Themenbereichen sind zwischenzeitlich einige Entscheidungen ergangen, die obige Grundaussage belegen.

144 So hat der *BGH*[192] noch zum § 3 PflVG a.F. klargestellt, dass der Direktanspruch lediglich dem Verkehrsopfer, nicht aber auch dem Unternehmer Vorteile verschaffen soll, der einen Schaden behebt.[193] Zwischen Haftpflichtversicherer und Unternehmer besteht allenfalls eine mittelbare Beziehung,[194] die jedoch nicht so weit reicht, dass der Geschäftsführer einen unmittelbaren Anspruch erhält. Schließlich führt er ja nur ein Geschäft für den Schädiger. Aufwendungsersatz ist kein Schadensersatz. Freilich wird versucht, das Problem zu umgehen, indem Behördenvertreter Schadensersatzansprüche an Dienstleister abtreten. Die Wirksamkeit des Abtretungsvertrages ist in der Praxis zu hinterfragen, da kaum ein Straßenmeister einer Landesbehörde die Verfügungsmacht über Forderungen der Länder oder gar des Bundes hat, letztlich das Inkasso für den Staat zu betreiben.

---

186 *OVG Saarbrücken* v. 03.02.2009 – 1 B 10/09.

187 *BGH* v. 17.05.1990 – III ZR 191/88, BGHZ 111, 272 = DAR 1990, 383 = NZV 1990, 427 = VersR 1991, 73; Hentschel/König/*Dauer*, § 25 FZV Rn. 10.

188 Vor der Deregulierung waren die AKB behördlich zu genehmigen und wurden per Rechtsakt für allgemeinverbindlich erklärt; § 4 Abs. 1 Satz 5 PflVG a.F.

189 *BGH* v. 25.10.1994 – VI ZR 107/94, VersR 1995, 90 = NJW-RR 1995, 215 (Galopprennbahn); *BGH* v. 08.04.2008 – VI ZR 229/07 (Heizölbefüllung).

190 Looschelders/*Pohlmann*/*Schwartze*, VVG-Kommentar § 115 VVG, Rn. 9; Stiefel/Maier/*Jahnke*, Kraftfahrtversicherung, § 115 VVG, Rn. 81; Halm/Kreuter/*Schwab*, AKB-Kommentar § 115 VVG, Rn. 23; Halm/Engelbrecht/Krahe/*Euler*, Handbuch FA VersR, Kap. 25, Rn. 128; hierzu auch *Schwab* DAR 2011, 11 ff.

191 *OLG Koblenz* NJW 2003, 2100 = VersR 2003, 658 = NZV 2004, 80 (84).

192 *BGH* v. 04.07.1978 – VI ZR 95/77, BGHZ 72, 151 = NJW 1978, 2030 = VersR 1978, 870; fast identisch mit *BGH* v. 04.07.1978 – VI ZR 96/77, VersR 1978, 962, da wohl dieselbe Klägerin – ein Ölschadendienst aus München; anders *BGH* im Nichtannahmebeschluss NJW-Spezial 2008, 298 zu *OLG Frankfurt* NJOZ 2008, 2864 = zfs 2008, 377 = r+s 2008, 437 zum Gebrauchsbegriff über den Anwendungsbereich des PflVG hinaus.

193 Im Ergebnis aber Anspruch dennoch bejaht *OLG München* v. 16.07.2003 – 3 U 5482/02.

194 *BGH* v. 22.05.1970 – IV ZR 1008/68, BGHZ 54, 157, 160 = VersR 1970, 952 f. = NJW 1970, 1848, *BGH* v. 28.09.2011 – IV ZR 294/10, WKRS 2011, 25980 = DAR 2011, 704 = MDR 2011, 1347 = NJW-RR 2012, 163.

Zu beachten ist, dass die ausführenden Länder damit die Kontrolle durch den Bund unterlaufen. Zahlungen haben entsprechend § 70 BHO[195] nach genauen Anweisungen zu erfolgen. Spätestens seit der Neufassung des § 2 Abs. 2 VIFGG ist auch für Altfälle ausschließlich an diese Stelle, aber nicht zu Händen der Länder zu zahlen. Somit dürfte auch eine Abtretung von Forderungen unzulässig sein.

Dies gilt auch in den Fällen, in denen die Feuerwehr Beschädigungen am eingesetzten Equipment erleidet und die Kosten direkt beim Haftpflichtversicherer abzurechen gedenkt. Bezieht sich ein landesrechtlich geregelter Aufwendungsersatzanspruch auf die tatbestandlichen Voraussetzungen einer Gefährdungshaftungsnorm, wie etwa § 7 StVG, ist dieser nicht mit der Rechtsfolge des Schadensersatzanspruchs zu behandeln.[196] 145

Die Bezugnahme auf Gefährdungshaftungstatbestände bedeutet dabei zugleich den Einbezug[197] der weiteren tatbestandlichen Ausnahmen. So ist neben dem Unfallbegriff[198] nach § 7 Abs. 2 StVG auch § 8 StVG entsprechend zu prüfen. Es ist festzustellen, ob die verkehrsbezogene[199] Betriebsgefahr überhaupt bestehen kann und objektiv noch[200] gegeben ist. 146

Der Direktanspruch nach § 3 Nr. 1 PflVG a.F. bezog sich, wie jetzt § 115 Abs. 1 S. 1 VVG, ausdrücklich nur auf Schadensersatzansprüche Dritter. Die Feuerwehr ist jedoch nur ein öffentlich-rechtlicher Dienstleister,[201] dem nicht durch das Unfallereignis, sondern erst während der Schadenbehebung für einen anderen, ein Schaden am eingesetzten Equipment entstanden ist. Die Feuerwehr[202] ist damit noch nicht einmal ein Dritter im Sinne des Gesetzes. 147

Zudem weist der *BGH*[203] für den privaten Unternehmer noch darauf hin, dass er sich nicht in der Situation des sich aufopfernden Geschädigten befindet, der in Ausführung der Geschäftsbesorgung Schäden erleidet.[204] Der Unternehmer setzt freiwillig Mitarbeiter, Maschinen und Material ein. Es geht also von vornherein nicht um unfreiwillige Vermögensopfer und Verluste, die eine anderweitige Überlegung nahe legten. Hieran angeschlossen hat sich auch das *OLG Frankfurt*.[205] 148

### 4. Sonderbereich Arbeitsrisiko

Zur Klarstellung ist noch darauf hinzuweisen, dass der Versicherungsnehmer nach den Musterbedingungen des GDV auch in Öl- und Umweltschäden einen Deckungsanspruch gegen seinen 149

195 Engels/Ebelshäuser/*Schuy/Raack*, Kommentar zum Haushaltsrecht des Bundes und der Länder sowie der Vorschriften zur Finanzkontrolle, § 70 BHO, Rn. 3.

196 Falsch daher *OLG Celle* r+s 2010, 170 zum § 26 Abs. 1 S. 2 NBrandSchG, wenn auch durch *BGH* v. 20.10.2009 – VI ZR 239/08 (mit unzutreffendem Hinweis auf den *BGH* v. 20.12.2006 – IV ZR 325/06, DAR 2007, 142 = VersR 2007, 200) bestätigt.

197 Anm. *Schwab* zu *VG Neustadt a.d.W.* (n.r. geworden), DAR 2010, 223.

198 Himmelreich/Halm/*Luckey*, Handbuch des FA VerkR, Kap. 1 Rn. 13; Geigel/*Kaufmann*, Kap. 25 Rn. 6 u. 65; *VG Köln* v. 13.05.2011 – 18 K 7475/10 u. 18 K 7476/10.

199 Berufungsannahmebeschluss *OVG Koblenz* v. 22.03.2010 – 7 A 10071/10.OVG (zu DAR 2010, 223); *VGH München* v. 07.05.2009 – 4 BV 08.166 (Mähdrescher); ähnlich *OLG Brandenburg* v. 18.02.2010 – 12 U 142/09 (Mähdrescher).

200 *BGH* v. 15.01.1963 – VI ZR 75/62, NJW 1963, 711 (Keine Betriebsgefahr der Eisenbahn bei Vollsperrung); *BGH* v. 10.02.2004 – VI ZR 218/03, DAR 2004, 265 = VersR 2004, 529 = NZV 2004, 243 (Teil- oder Vollsperrung einer Autobahn).

201 *BGH* v. 04.07.1978 – VI ZR 95/77, BGHZ 72, 151 = VersR 1978, 870; *BGH* v. 04.07.1978 – VI ZR 96/77, VersR 1978, 962 (zum privaten Dienstleister).

202 Mangels Bestreitens in den Vorinstanzen hat bei ähnlicher Rechtslage in Österreich der *OGH* unter Bedenken ausnahmsweise einen Anspruch zugelassen, *OGH* 23.09.1976 – 2 Ob 44/76.

203 *BGH* v. 04.07.1978 – VI ZR 95/77, BGHZ 72, 151 = NJW 1978, 2030 = VersR 1978, 870.

204 Wie im Fall *BGH* v. 27.11.1962 – VI ZR 217/61, BGHZ 38, 270 = VersR 1963, 142; s.a. *Frank* JZ 1982, 737 ff.

205 *OLG Frankfurt* zfs 1981, 117 f.

Kfz-Haftpflichtversicherer hat, wenn es z.B. um das Entladen[206] von Heizöl geht. Er kann Ersatz seiner Aufwendungen zur Schadenbeseitigung vom Versicherer verlangen.[207] Es ist jedoch Vorsicht geboten, wenn nicht mehr der Gebrauch des Fahrzeugs im Vordergrund steht, sondern das Befüllen einer Tankanlage. Die Falschbefüllung durch den Befüller, der ja nicht zwangsläufig Fahrer sein muss, beruht nicht auf dem Gebrauch des Fahrzeugs.[208]

150 Individuelle Kfz-Haftpflichtverträge können jedoch das Arbeitsrisiko[209] in zulässiger Weise[210] ausklammern, sofern damit nicht der Kernbereich der Anforderungen aus dem PflVG tangiert wird. Theoretisch ist es daher möglich, dass genau dieses Arbeitsrisiko im Rahmen einer hierzu angepassten[211] Betriebshaftpflichtversicherung[212] gedeckt wird.

151 Zweckmäßiger ist es, den nicht durch das PflVG vorgeschriebenen Mindestinhalt über eine selbstständige KH-Zusatzdeckung zu versichern. Diese Leistungen lassen sich outsourcen.[213]

## C. Anspruchsgrundlagen

### I. Anspruchsgrundlagen zivilrechtlicher Art

152 Es folgt ein Überblick über die wesentlichen Anspruchsgrundlagen, mit denen man sich häufig und teilweise gelegentlich bei der Diskussion von Haftungsfragen auseinanderzusetzen hat. Die seltener angesprochenen Anspruchsgrundlagen dürften hierbei die größeren Probleme bereiten. Das Prüfungsschema stellt die Punkte heraus, die bei Umweltschäden von besonderer Relevanz sein können.

#### 1. Vertragliche Ansprüche

153 Vertragliche Ansprüche sind zwar denkbar, betreffen jedoch unmittelbar das Verhältnis der Vertragspartner. Sie fallen, sollten sie weiter reichen als gesetzliche Haftpflichtbestimmungen, nicht unter die Deckung der Kraftfahrthaftpflichtversicherung,[214] sodass der Versicherer sich hiermit grundsätzlich nicht zu befassen hat.

154 Ausnahmsweise besteht jedoch dann ein Klärungsbedarf, wenn ein Kunde glaubt, dies gehöre noch zum Inhalt des Haftpflichtvertrages (Deckungsprozess) oder der von ihm geschädigte Vertragspartner meint, er habe einen Direktanspruch gegen den Versicherer (Haftpflichtprozess).

---

206 Das Be- und Entladen wird nun ausdrücklich in A.1.1.1 S. 2 AKB 2015 erwähnt.

207 *OLG Hamburg* VersR 1969, 223; Halm/Kreuter/*Schwab*, AKB-Kommentar, A.1.1.1 AKB 2015, Rn. 74 m.w.N.

208 *OLG München* v. 24.04.2015 – 25 U 4874/14, WKRS 2015, 38185 = BeckRS 2016, 05195 = VersR 2016, 1306 = r+s 2016, 298 m.abl.Anm. *Schimikowski*, NZB wurde jedoch zurückgewiesen *BGH* v. 03.02.2016 – IV ZR 564/15.

209 VerBAV 1971, 320 (Sonderbedingung 11).

210 Halm/Kreuter/*Schwab*, AKB-Kommentar, § 1 PflVG, Rn. 106 ff.

211 Insoweit ist eine Einschränkung der sog. Benzinklausel notwendig.

212 Rechtsvergleichend: in Österreich ist grundsätzlich auch die Kfz-Haftpflichtversicherung zuständig, *OGH* v. 07.11.1995 – 4 Ob 578/95; in der Schweiz dagegen nicht.

213 Halm/Kreuter/*Schwab*, AKB-Kommentar, § 115 VVG, Rn. 53 ff.

214 *BGH* v. 20.09.1962 – II ZR 171/61, NJW 1962, 2106 = VersR 1962, 1049 zur ähnlichen AHB; *BGH* v. 28.11.1979 – IV ZR 68/78, VersR 1980, 177 = VRS 58, 401 zur AKB; Ausschlussklausel des A.1.5.8 AKB; s. hierzu auch oben zum Deckungsumfang unter R. Rdn. 61 ff.; *OLG Düsseldorf* SP 2007, 81; Halm/Kreuter/*Schwab*, AKB-Kommentar, A.1.1.1 AKB 2015, Rn. 21.

## 2. PVV bzw. PFV – Schadensersatz wegen Pflichtverletzung nach § 280 BGB

Solche Ansprüche fallen unter den Deckungsumfang der Kraftfahrthaftpflichtversicherung, sofern der Vertrag den Risikobereich der Versicherung berührt, wie beispielsweise bei der Personenbeförderung.[215] Erfüllungsansprüche und Erfüllungssurrogate sind jedoch ausgenommen.[216] 155

Speziell bei Umweltschäden ist an Transporte von Abfällen und Gefahrgütern zu denken. 156

Hohe Praxisrelevanz hat der Ölliefervertrag.[217] 157

Generell muss ein Vertrag bestehen, aus dem sich Nebenpflichten herleiten lassen. Das Vertragsverhältnis muss unmittelbar zwischen den Vertragsparteien bestehen. Fehlt es hieran, ist allenfalls ein Vertrag mit Schutzwirkung für Dritte[218] zu prüfen. Gegen eine Pflicht muss verstoßen worden sein, die dem Geschädigten zu Gute[219] kommen soll. Der Verstoß hat einen Schaden zur Folge. Er hat auf einem Verschulden des Fahrers oder des ebenfalls mitversicherten »echten« Beifahrers[220] zu beruhen. Zur Klarstellung sei darauf hingewiesen, dass es sich nur um einen echten Beifahrer handeln kann, der seinerseits Aufgaben im Zusammenhang mit dem Transport, sei es als ablösender Ersatzfahrer oder als Gehilfe beim Be- und Entladen zu übernehmen hat. Der bloße Insasse oder Mitfahrer aus Zeitvertreib oder ein mitgenommener Anhalter ist keine mitversicherte Person.[221] Selbst wenn über die Musterbedingungen hinaus ein Insasse subsidiär nach den individuellen AKB des Versicherers mitversichert ist, beschränkt sich der Schutz lediglich auf Tätigkeiten, die einem Insassen entsprechen (Gefahren durch das Ein- oder Aussteigen), nicht aber auf sonstige Arbeitsvorgänge. 158

Der Geschädigte hat den Sachverhalt und den sich daraus ergebenden Pflichtverstoß darzulegen, der seinen Rechtskreis schützen soll. Damit reicht es nicht aus, lediglich pauschal zu behaupten, der Fahrer habe allgemein gegen Pflichten verstoßen. Der Geschädigte muss vielmehr eine Pflichtverletzung darlegen und diese nicht nur pauschal vortragen. Der reine Vortrag im Prozess, der Fahrer habe etwas falsch gemacht oder fehlerhaft befüllt, der sodann unter Beweis durch Sachverständigengutachten gestellt wird, liefe auf eine unzulässige Ausforschung hinaus. 159

Nach § 280 Abs. 1 Satz 2 BGB kann sich der Schädiger entlasten. Dies gelingt, wenn er nicht fahrlässig gehandelt hat, da dies regelmäßig Mindestvoraussetzung für ein »Vertretenmüssen« ist.[222] 160

Es wird entsprechend zu prüfen sein, wer unter den Schutzbereich fällt und wie weit dieser Schutzbereich tatsächlich geht. Bei entsprechendem Anlass wird man zu prüfen haben, ob vertraglich eine Haftungsbeschränkung vereinbart wurde und wie weit diese reicht. Insbesondere sind hier etwaige Allgemeine Geschäftsbedingungen zu beachten, wobei diese wirksam vereinbart sein müssen. Die Maßstäbe richten sich nach allgemeinen Regeln. Entsprechend ist auch hier für Privat- und Geschäftskunden zu differenzieren. Nach *BGH*[223] kann die Haftung für Verstöße gegen Kardinalspflichten nicht wirksam ausgeschlossen werden. 161

215 Siehe oben Deckungsumfang unter Rdn. 61; WI 1975, 206.

216 *BGH* v. 28.11.1979 – IV ZR 68/78, WKRS 1979, 11260 = VersR 1980, 177 = VRS 58, 401.

217 *BGH* v. 26.06.1979 – VI ZR 122/78, BGHZ 75, 45 = VersR 1979, 956, 958 = NJW 1979, 2408 = MDR 1979, 1010; zu den Sorgfaltspflichten des Tankwagenfahrers, s.u. Rdn. 578 ff.

218 *LG Bamberg* v. 30.10.2009 – 1 O 509/08.

219 PWW/*Schmidt-Kessel* § 280 BGB Rn. 8.

220 A.1.2.d AKB 2015; § 2 Abs. 2 Nr. 4 KfzPflVV.

221 Umkehrschluss aus A.1.2.d AKB 2015 und § 2 Abs. 2 Nr. 4 KfzPflVV.

222 PWW/*Schmidt-Kessel* § 280 BGB, Rn. 19.

223 *BGH* v. 24.02.1971 – VIII ZR 22/70, VersR 1971, 515 = NJW 1971, 1036 m. Anm. *Schmidt-Salzer*.

162 Darüber hinaus können sich Haftungseinschränkungen und Haftungslimits aus dem Gesetz, namentlich dem Transportrecht,[224] §§ 407 ff. HGB, oder aus vereinbartem CMR[225] und anderen speziellen Bedingungswerken ergeben. Dies ist nun in besonderem Maße bei Umweltschäden als Folge eines Güterschadens zu beachten, nachdem sich der erste Senat des *BGH*[226] in seiner Richtung weisenden und viel beachteten Entscheidung zum neuen[227] Transportrecht der herrschenden Auffassung und Meinung des *OLG Bremen*[228] gefolgt ist.

163 Ist ein Umweltschaden durch einen Güterschaden bedingt, kann es sich folglich um einen Güterfolgeschaden handeln, was gravierende haftungsrechtliche Auswirkungen hat.

164 Ein Güterfolgeschaden ist ein Schaden, der als weiterer Schaden infolge des Güterschadens eintritt. Im Gegensatz dazu liegt – mangels auch nur kurzer zeitlicher Zäsur – kein Folgeschaden vor, wenn Güterschaden und Folgeschaden gleichzeitig eintreten; *Beispiel:* Vermischung von Gut mit andersartigem Restbestand im Empfängertank.[229] Diese Schäden sind Kumulschäden.[230]

165 Zum leichteren Einstieg in die Prüfung sollte untersucht werden, ob Werkverkehr, also der Transport eigener Waren oder gewerblicher Güterkraftverkehr vorliegt. Beim gewerblichen Güterkraftverkehr transportiert der Frachtführer fremde Güter. Die Unterscheidungsmerkmale finden sich in § 1 GüKG. Diese sind auch für die richtige Policierung des Kfz-Haftpflichtvertrages und der vertragsgemäßen Verwendung des Fahrzeugs von Bedeutung. Unabhängig von der Grenze von 3,5t zulässigem Gesamtgewicht nach dem GüKG gelten jedoch auch unterhalb dieser Grenzen im innerstaatlichen Verkehr die Bestimmungen des Frachtrechts nach den §§ 407 ff. HGB.

166 Der Frachtführer ist seit dem 01.07.1998 durch die Änderung des Frachtrechts einem besonderen Schutz unterstellt, sodass er für einen Güterfolgeschaden nur dann haftet, wenn ihm Vorsatz oder Leichtfertigkeit zur Last gelegt werden kann.

167 Kommt nun bei einem Unfall auch Frachtrecht zur Anwendung, lassen sich drei unterschiedliche Fallgestaltungen bilden:

▶ **Beispielsfall 1:**

168 Der Frachtführer sichert fahrlässig eine Palette mit einem gefährlichen Gut nicht ausreichend. Noch bevor er das Gelände des Verladers verlässt, rutscht die Palette gegen die Bordwand. Das Gut tritt aus dem Behältnis aus, läuft auf die Ladefläche, tropft ab und verunreinigt das Betriebsgelände des Verladers.

Der Frachtführer hat hier lediglich für den Untergang des Gutes, nicht aber für die Folgeschäden aufzukommen.

---

224 *Thume* VersR 2002, 267 ff.; kritisch dazu *Heuer* TranspR 2002, 334 f.; dagegen wieder *Thume* TranspR 2004, Sonderbeilage zu Heft 3, XL ff.

225 Übereinkommen über den Beförderungsvertrag im internationalen Straßengüterverkehr (CMR), vom 19.05.1956 BGBl. 1961, 1119 (Convention on the Contract for the International Carriage of Goods by Road) (Convention relative au Contract de transport international de marchandises par route – CMR).

226 *BGH* v. 05.10.2006 – I ZR 240/03, BGHZ 169, 187 = TranspR 2006, 454 m. Anm. *Heuer* = SVR 2006, 466 bespr. von *Schwab* = VersR 2007, 86 m. Anm. *Boettge* = NJW 2007, 58 = DB 2006, 2570 = NZV 2007, 135 = MDR 2007, 413 = WI 2007, 40.

227 *BGH* v. 13.05.1955 – I ZR 137/53, BGHZ 17, 214 hat noch zum alten Recht einen Anspruch gegen die Bahn als Frachtführer bejaht (Bleireste aus Vorladung verunreinigen Rübenschnitzel, an denen später Kühe verenden).

228 *OLG Bremen* VersR 2004, 222 = OLGR Bremen 2004, 8 = TranspR 2005, 69 ff. mit ablehnender Anm. von *Heuer.*

229 *OLG Saarbrücken* v. 08.10.2009 – 8 U 446/08.

230 *Thume* TranspR 2010, 45 (46).

▶ Beispielsfall 2:

Der Frachtführer schafft es wie im Fall 1 nun allerdings noch bis zum Empfänger. Es entsteht ein Güterfolgeschaden auf dem Gelände des Empfängers. Soweit der Empfänger mit einer Beförderung durch einen Frachtführer einverstanden war, ist er nicht schutzwürdig.[231] Ihm haftet der Frachtführer für den Güterfolgeschaden nicht. 169

▶ Beispielsfall 3:

Bei sonst gleicher Fallgestaltung kommt es zum Unfall im öffentlichen Verkehrsraum. Das transportierte Gut verunreinigt das Grundstück eines am Frachtvertrag unbeteiligten Dritten. 170

Gegenüber dem Dritten kann sich der Frachtführer nun nicht auf seine Haftungsbeschränkung berufen.

Der Verlader haftet im Außenverhältnis für seinen Frachtführer als Verrichtungsgehilfen unter den Voraussetzungen des § 831 BGB. Diese haften dem unbeteiligten Dritten dann nach § 840 Abs. 1 BGB als Gesamtschuldner.

§ 840 Abs. 2 BGB wird jedoch nun durch die spezielle Haftungseinschränkungen der Frachtführerhaftung für Güterfolgeschäden modifiziert. Im Innenverhältnis hat somit nicht der Verrichtungsgehilfe dem Geschäftsherrn, sondern der Geschäftsherr dem Frachtführer von dem Güterfolgeschaden freizustellen.

Die Lösung mag verblüffen, vielleicht sogar auf den ersten Blick als ungerecht empfunden werden, hat doch der Frachtführer schuldhaft gehandelt; der Verlader dagegen nicht.

Hier ist jedoch zu berücksichtigen, dass der Verlader das Risiko, ein gefährliches Gut sicher auf den Weg zu bringen, nicht gänzlich dem Frachtführer aufhalsen kann. Die Frachtkosten decken heutzutage kaum den Aufwand, um als Frachtführer noch gewinnbringend arbeiten zu können. Mit Recht sieht der *BGH* den Frachtführer als schutzwürdig an.

Der Verlader kann zudem durch eigene Kontrollen, durch eine höherwertige Verpackung als vorgeschrieben sowie durch eine verstärkte Parzellierung auf einzelne Chargen das Risiko selbst einschränken. Schließlich weiß er selbst am besten, was er für ein Gut auf den Weg bringt und kann entsprechend dafür Sorge tragen, die Folgen gering zu halten. Ergänzende Maßnahmen kosten den Verlader aber zusätzliches Geld. Entschließt er sich zulasten der Sicherheit hierauf aus Kostengründen zu verzichten, soll er auch das sich hieraus ergebende wirtschaftliche Risiko tragen.

Möglich ist, dass erheblich kürzere Verjährungsfristen zu beachten sind. Diese gelten auch, wenn es sich um Umweltschäden handelt, wie Beispiele aus der Rspr. zeigen.[232] 171

Zur nötigen rechtlichen Gesamtbetrachtung kann folglich eine umfangreiche Recherche erforderlich werden, die über das reine Tatgeschehen weit hinausgeht. Geschädigte ohne anwaltliche Hilfe wie auch Versicherungsnehmer ohne eine fachspezifische Betreuung durch einen Makler erkennen 172

231 Vom *BGH* v. 05.10.2006 – I ZR 240/03, BGHZ 169, 187 offen gelassen; streitig *Thume* TranspR 2010, 45.

232 *OLG Düsseldorf* NJW 1976, 1594 zu Art. 32 Abs. 1 CMR; *BGH* v. 17.03.1980 – II ZR 1/79 BGHZ 76, 312, 317 zur Haftung des Schiffseigners für Ölverschmutzungen nach § 117 Abs. 1 Nr. 7 BinnSchG analog; *BGH* v. 18.09.1986 – III ZR 227/84, BGHZ 98, 235 = BB 1986, 2289 f. für den Tankstellenpächter nach § 558 BGB analog; hierzu auch *OLG Düsseldorf* NJW-RR 1993, 712; *OLG Hamm* NJW-RR 1993, 914, 916.

die Notwendigkeit selten auf Anhieb, sodass der Informationsfluss leidet und wichtige Details oft nicht sofort erkannt werden.

173 Wirksam vereinbarte Haftungsausschlüsse oder -begrenzungen gelten dann auch für alle anderen Anspruchsgrundlagen. Wirkungen entfalten sie jedoch nur zwischen den Vertragsparteien und denen, die in den Schutzbereich mit aufgenommen wurden, jedoch nicht zu deren Lasten, es sei denn, es liegt ein besonderer Fall[233] vor.

174 Unbeteiligte Dritte bleiben hiervon also unberührt. Möglicherweise bestehen sodann aber Freistellungsansprüche gegen den Vertragspartner oder Sonderregelungen für den Gesamtschuldnerausgleich nach den §§ 426 ff. BGB.

### 3. Geschäftsführung ohne Auftrag nach den §§ 677 ff. BGB bei Umweltschäden

175 Es liegt keine Beauftragung vor, dennoch führt jemand für eine andere Person ein Geschäft. Der Geschäftsführer handelt mit oder mit dem mutmaßlichen Willen des Geschäftsherrn, wobei er zumindest auch[234] ein Geschäft des Geschäftsherrn führen will.[235]

176 Dabei muss das ausgeführte Geschäft zum Rechtskreis eines anderen gehören. Eine nur mittelbare Beziehung reicht nicht aus.

177 Insbesondere wird fälschlicherweise in der Praxis immer wieder versucht, den Kraftfahrthaftpflichtversicherer auch in diesen Fällen unmittelbar in Anspruch zu nehmen. Doch sind weder das Befüllen eines Tanks noch das Beseitigen von ausgelaufenem Öl an der Unfallstelle ein originäres Geschäft des Kfz-Haftpflichtversicherers.[236] Schließlich hat der Versicherer nach § 115 Abs. 1 S. 3 VVG ja auch nur Geldersatz zu leisten, ist aber gerade nicht verpflichtet, selbst tätig zu werden.

178 Die Übernahme des Geschäfts hat dem Interesse und zumindest dem mutmaßlichen Willen des Geschäftsherrn zu entsprechen. Ein Kraftfahrer der ein Ausweichmanöver unternimmt, um einen entgegenkommenden Verkehrsteilnehmer aus einer brenzligen Situation zu retten und neben der Fahrbahn auf einem Acker gegen einen Baum fährt, konnte sich nach altem Recht nach § 7 Abs. 2 StVG entlasten. Im »Vorgriff« auf die Gesetzeslage ab dem 01.08.2002[237] hatte der *BGH*[238] aber auch bereits in diesen Fällen trotz Entlastungsbeweis auch schon mal keinen vollen Aufwendungsanspruch zugesprochen, sondern die generell mitwirkende Betriebsgefahr aus Billigkeitsgründen berücksichtigt.

179 Soweit es um die Entsorgung von unbrauchbarer Ladung geht, die im Rahmen eines frachtrechtlichen Transportes Schaden genommen hat, ging das *LG Stuttgart*[239] noch davon aus, der Eigentümer der Straße könne hier zumindest auch[240] ein Geschäft des Frachtführers und des Kfz-Haftpflichtversicherers betreiben. Dieser Auffassung wurde zu Recht nicht gefolgt. Im Ergebnis besitzt der Frachtführer das Gut nur für den Wareneigentümer und solange sein Pfandrecht[241] nach § 440 Abs. 2 HGB reicht. Mit dem Untergang des Gutes geht auch sein Besitz[242] und sein Pfandrecht an dem Gut verloren, § 856 Abs. 1 BGB. Nicht der Frachtführer, aber der Eigentümer der unterge-

233 Siehe oben Rdn. 169.
234 Das »Auch-fremde-Geschäft« angreifend *Thole* NJW 2010, 1243 ff.
235 *BGH* v. 24.10.1974 – VII ZR 223/72, BGHZ 63, 167, 169.
236 *BGH* v. 22.05.1970 – IV ZR 1008/68, BGHZ 54, 157, 160 f.; *BGH* v. 04.07.1978 – VI ZR 95/77, BGHZ 72, 151, 153 = VersR 1978, 870 Ölschadendienst ist kein privilegiertes Verkehrsopfer; *BGH* v. 04.07.1978 – VI ZR 96/77, VersR 1978, 962; *OLG Frankfurt* zfs 1981, 117 f.
237 Zweites Gesetz zur Änderung schadensersatzrechtlicher Vorschriften v. 19.07.2002.
238 *BGH* v. 27.11.1962 – VI ZR 217/61, BGHZ 38, 270, 278 = JZ 1963, 547 = NJW 1963, 390 = VersR 1963, 143; kritisch *Frank* JZ 1982, 737 ff.
239 *LG Stuttgart* v. 25.04.2006 – 5 O 70/06.
240 *BGH* v. 08.03.1990 – III ZR 81/88, BGHZ 110, 313 = NJW 1990, 2058 = VersR 1990, 904.
241 *BGH* v. 10.06.2010 – I ZR 106/08, WKRS 2010, 18203 = TranspR 2010, 303 = VersR 2011, 902.
242 Richtig: Besitzrecht ohne Nutzungsrecht.

gangenen Sache ist Geschäftsherr, da nach Art. 14 Abs. 2 Satz 1 GG nur Eigentum – aber nicht der Besitz – verpflichtet. Die Zustandsstörerhaftung[243] des Eigentümers ist auf Art. 14 Abs. 2 Satz 1 GG gegründet. Den Fall hat der *BGH*[244] über den Umfang des Schadensersatzanspruchs nach § 7 StVG gelöst, da die beförderte Sache eine andere Sache (hier: die Straße) beeinträchtige.

Daneben sei bemerkt, dass ein Anspruch aus § 670 BGB oder aus § 683 BGB nicht auch auf Schmerzensgeld gerichtet ist.[245] Zwar hat der Aufwendungsersatz oft Schadensersatzcharakter; dennoch handelt es sich nicht um einen Schadensersatzanspruch. Geändert hat sich folglich hieran nach dem 01.08.2002 nichts, da in § 253 Abs. 2 BGB ausdrücklich nur der Schadensersatzanspruch erwähnt ist.[246] Andernfalls hätte der Gesetzgeber das bekannte Problem in Bezug auf § 670 BGB bei der Reform ebenfalls ändern können. 180

▶ **Praxisproblem: gestohlenes Fahrzeug**

Häufig weisen wieder aufgefundene Fahrzeuge nach einem Diebstahl oder einer Gebrauchsentwendung erhebliche Schäden auf. 181

Durch Schäden am Unterboden, Kraftstoffdiebstahl oder durch vorsätzliches Inbrandsetzen,[247] um Spuren zu verwischen, entstehen darüber hinaus oft auch Bodenverunreinigungen auf dem Grundstück, auf dem das Kraftfahrzeug von dem Täter zurückgelassen wurde. Da auf den Dieb nur selten zurückgegriffen werden kann, wird für die Kosten der Bodensanierung versucht, den Eigentümer/Halter des Fahrzeugs in Anspruch zu nehmen.

Ansprüche nach den §§ 823 BGB und 7 Abs. 1 StVG gegen den Halter bzw. den Eigentümer scheiden regelmäßig aus.[248] Für Ansprüche aus § 823 BGB fehlt es insbesondere an einem Verschulden von Eigentümer/Halter, sofern er nicht aus einem sich aufdrängenden Verdacht heraus zu einer besonderen Verkehrssicherung verpflichtet war.[249] Gegen den Halter dürften Ansprüche nach § 7 Abs. 1 StVG – falls öffentlicher Verkehrsraum – letztlich an § 7 Abs. 3 StVG scheitern.[250] 182

Das *LG Bielefeld*[251] bejahte statt dessen einen Anspruch gegen den Eigentümer des Fahrzeugs[252] aus der Kombination von § 1004 Abs. 1 S. 1 mit § 683 BGB. Der Eigentümer sei Zustandsstörer, der den rechtswidrigen Zustand zu beseitigen habe. Statt seiner, könne der Grundstückseigentümer handeln und die erforderlichen Aufwendungen für die Beseitigung des Fahrzeugs und der Bodenverunreinigung verlangen. 183

243 Stern/*Becker* Grundrechte-Kommentar, Art. 14 GG, Rn. 176, 205 u. 213.

244 *BGH* v. 06.11.2007 – VI ZR 220/06, DAR 2008, 82 mit kritischer Anm. *Schwab* = NZV 2008, 83 = r+s 2008, 36 = VersR 2008, 230.

245 *BGH* v. 19.05.1969 – VII ZR 9/67, BGHZ 52, 115, 117 = NJW 1969, 1665; jetzt streitig Prütting/Wegen/Weinreich/*Fehrenbacher* § 683 BGB, Rn. 9.

246 Jauernig/*Mansel* § 670 BGB Rn. 10 (kein Schmerzensgeld); dagegen PWW/*Fehrenbacher* § 670 BGB Rn. 8.

247 *BGH* v. 27.11.2007 – VI ZR 210/06, DAR 2008, 336 = VersR 2008, 656 in Abgrenzung zur Betriebsgefahr; Zurückverweisung an *OLG Rostock* zfs 2005, 605.

248 *Schimikowski* Umwelthaftungsrecht und Umwelthaftungsversicherung Rn. 41.

249 *BGH* v. 06.02.2007 – VI ZR 274/05, VersR 2007, 659 (abgestellter Heuwagen unter Brücke); zur Verkehrssicherungspflicht bei der Einlagerung von frischem Heu *OLG Schleswig* v. 21.02.2008 – 7 U 28/07; *OLG Karlsruhe* VRS 83, 34 (unverschlossen, falsch geparkter PKW).

250 Ebenso bei Treibstoffdiebstahl *LG Chemnitz* v. 25.04.2000 – 1 O 4629/99; dagegen den Gebrauch des Kfz bei Treibstoffdiebstahl ohne nähere Begründung bejahend *OLG Dresden* v. 18.10.2000 – 12 U 1457/00.

251 *LG Bielefeld* r+s 1995, 180 f.

252 Gegen »Eigentümer von Abfällen«-Abfallerzeuger *OLG Dresden* VersR 1995, 836; kritisch hierzu *Schimikowski* Rn. 22 und 41.

184 Die Entscheidung stößt bei *Schimikowski* auf Ablehnung, da der Beseitigungsanspruch in einen Schadensersatzanspruch umfunktioniert werde.[253]

**Eigene Einschätzung**

185 Der Auffassung von *Schimikowski* ist auch heute noch zuzustimmen, auch wenn der *BGH*[254] mittlerweile im Rahmen von privaten Abschleppmaßnahmen den Beseitigungsanspruch zu einem Schadensersatzanspruch (beschränkt auf den Fahrzeugführer) macht.

186 Darüber hinaus ist jedoch bereits festzuhalten, dass der Eigentümer des Kraftfahrzeugs allenfalls Zustandsstörer in Bezug auf das Stehen des Fahrzeugs auf dem Grundstück sein kann. In keiner Weise ist er jedoch auch Zustandsstörer des Grundstücks, wie das *LG Bielefeld* meint. Der Eigentümer des Fahrzeugs erlangte weder die tatsächliche noch die rechtliche Herrschaft über das Grundeigentum bzw. den Boden als das Fahrzeug dort abgestellt wurde. Dass dort Öl aus dem Fahrzeug ausgelaufen und in den Boden des Grundstücks eindrang, ist lediglich eine weitere Folge des Diebstahls. Der Fahrzeughalter, dem sein Fahrzeug ohne sein Zutun gestohlen wurde, ist auch kein Verursacher einer schädlichen Bodenveränderung nach § 4 Abs. 3 BBodSchG. Diese Sichtweise entspricht ebenso der verwaltungsgerichtlichen Rechtsprechung.[255]

187 Jeder Eigentümer ist nur für den Zustand seiner Sache bzw. seines Grundstücks verantwortlich. Nur weil aus dem Fahrzeugs Öl ausgelaufen ist, wird der Fahrzeugeigentümer nicht auch noch verantwortlich für die Beseitigung des kontaminierten Bodens. Hier ist auch die Parallele zu ziehen, wenn ein Fahrzeug vorsätzlich in Brand gesetzt wurde, da der Halter schon nicht nach öffentlichem Recht für die Löschkosten[256] in Anspruch genommen werden kann.

188 Der Dieb hat nicht nur den Eigentümer des Fahrzeugs in seinem Besitz gestört, sondern auch den Eigentümer des Grundstücks in dessen Besitz. Dies tat er durch sein strafbares Verhalten. Er ist der Verhaltensstörer, der auch den Schaden am Boden des Grundstücks verursacht hat.

189 Der Eigentümer des Fahrzeugs mag allenfalls für die Fortschaffung seines Fahrzeugs vom fremden Grundstück in Anspruch genommen werden.

190 Schließlich ist zu beachten, dass der Eigentümer/Halter des Fahrzeugs, wollte man der Auffassung des *LG Bielefeld* folgen, neben seinem Fahrzeugschaden[257] auch noch den Schaden am Grundstück letztlich selbst zu tragen hätte. Das vorsätzliche Beschädigen oder Zerstören eines Fahrzeugs, um Spuren auf die Identität des Täters zu beseitigen, wobei die Kontamination des Grundstücks billigend in Kauf genommen wird, gehört nicht zum Gebrauch[258] des Fahrzeugs nach A.1.1.1 AKB 2015. Es hat sich darin keine typische, unmittelbar vom Fahrzeug ausgehende Gefahr verwirklicht.[259] Das strafbare Verhalten widerspricht nicht nur dem Verwendungszweck, es scheint sogar eher ein Verbrauch (oder »Missbrauch«) statt ein Gebrauch des Fahrzeugs vorzuliegen.

191 Das *OLG Saarbrücken*[260] hat in einem Fall, bei dem das Fahrzeug vor einer Garagenanlage stehend von außen in Brand gesetzt wurde, wobei durch das Feuer ein Kurzschluss im Motorraum entstand, der das Fahrzeug in Bewegung setzte, Gebrauch und Betrieb bejaht. Es hat dabei den Blick verkürzt nur auf den reinen Bewegungsvorgang gerichtet. Dies kann nicht richtig sein.

253 *Schimikowski* Rn. 41.
254 *BGH* v. 05.06.2009 – V ZR 144/08, BGHZ 181, 233 = DAR 2009, 515, = VersR 2009, 1121; dazu *Stöber* DAR 2009, 539 und *Goering* DAR 2009, 603.
255 *OVG Lüneburg* v. 17.11.2016 – 13 LB 143/16, DAR 2017, 214 = NJW 2017, 503 = NZV 2017, 102; *VG Freiburg* v. 03.05.2016 – 5 K 1548/14.
256 *OVG Münster* NZV 1995, 125 = NVwZ-RR 1995, 85.
257 Sofern keine Kaskoversicherung besteht; in jedem Fall hat er die Selbstbeteiligung zu tragen.
258 Halm/Kreuter/*Schwab* AKB-Kommentar, A.1.1.1 AKB 2015, Rn. 156.
259 *Jagusch/Hentschel* § 7 StVG Rn. 8a (ab 37. Aufl. 2003 von Kommentierung abgesehen); *OLG Koblenz* VersR 1985, 232 zum Brand eines Wohnwagens.
260 *OLG Saarbrücken* NZV 1998, 327f = NJW-RR 1998, 822.

Zündet jemand ein Haus an, wird dieses irgendwann umfallen und zusammenbrechen. Für die Fol- 192
gen dieser Bewegung haftet der Grundstücksbesitzer als Opfer einer Tat nicht, § 836 Abs. 1 BGB.

Man sollte sich klarmachen, dass schon keine Straftat mit einem Fahrzeug vorliegt, also das Fahrzeug 193
gebraucht wird, sondern an einem Gegenstand eine Straftat verübt wurde, der zufällig ein Fahrzeug ist.

Als Vergleich dazu hat das *OLG Frankfurt*[261] bei einem Brand eines Fahrzeugs in einer Tiefgarage 194
sowohl den Betrieb, als auch den Gebrauch des Fahrzeugs verneint, da eine fahrlässige Inbrandsetzung durch eine achtlos weggeworfene Zigarettenkippe nicht auszuschließen war. Liegt die Schadenursache dagegen zweifelsfrei in einer Betriebseinrichtung des Fahrzeugs, soll nach der abzulehnden[262] Entscheidung des *BGH*[263] dennoch die Betriebsgefahr greifen.

Schließlich hat auch das *OLG Nürnberg*[264] in einem Garagenfall, in dem aus einer Benzinleitung 195
eines abgestellten PKW Benzin tropfte und ein Benzin-Luft-Gemisch erzeugte, das von einem anderen startendem Fahrzeugmotor zur Explosion gebracht wurde, die Betriebsgefahr verneint. Da auch eine Verschuldenshaftung nicht festgestellt wurde, spielte die Frage des Gebrauchs keine Rolle.

Es bleibt anzumerken, dass Ansprüche gegen den Dieb als Fahrer bestehen. So hat der Kfz-Haft- 196
pflichtversicherer dem Geschädigten Ersatz zu leisten, soweit noch ein Gebrauch des Fahrzeugs vorliegt und der Halter über § 7 Abs. 3 StVG einzustehen hat. Dies ist zum Beispiel dann denkbar, wenn der Täter bei der »Spritztour« die Kontrolle über das Fahrzeug verliert und mit aufgerissenem Fahrzeugtank auf einem Grundstück »landet«.

Bei einer Vorsatztat nach § 103 VVG hat der Geschädigte hingegen keine Ansprüche gegen den 197
Versicherer, sofern Fahrer und Halter identisch sind. Da der Dieb nicht gleich dem Halter ist, bleibt bei einem Verkehrsgeschehen möglicherweise die Halterhaftung[265] nach § 7 StVG bestehen. Dann muss der Versicherer den Halter freistellen. Den unberechtigten Benutzer nach § 7 Abs. 3 Satz 1 StVG hat der Versicherer hingegen nicht freizustellen, da er nicht zu den mitversicherten Personen zählt. Der Grundstückseigentümer ist kein Verkehrsopfer und hat daher nach dem Sinn und Zweck der Ausnahmevorschrift keinen Direktanspruch[266] gegen den Versicherer.

Völlig anders ist die Situation, wenn es gar nicht mehr um den Gebrauch des Fahrzeugs geht, son- 198
dern das Fahrzeug absichtlich angezündet wird, um die Spuren der Entwendungstat zu verdecken. Dann sind nur Ansprüche gegen den Täter gegeben.

### 4. Unerlaubte Handlung nach § 823 Abs. 1 BGB

Neben den Rechtsgütern Leben und Körper, kann in Umweltschäden gerade auch die Gesundheit 199
durch eine nachhaltige Beeinträchtigung betroffen sein.

In erster Linie wird man hier an ein Austreten von Gefahrgut an der Unfallstelle denken müssen, 200
wobei Personen giftige Substanzen einatmen. Des Weiteren sind Fahrzeug- oder Ladungsbrände zu berücksichtigen.

Ausgelaufene Gefahrgüter und größere Mengen von Betriebsmitteln wie Öl und Kraftstoffe können 201
Grundwasser und Quellen beeinträchtigen. Dadurch bedingt kann bei der Lieferung von gesund-

---

261 *OLG Frankfurt* SP 1995, 315.

262 *Lemcke* r+s 2014, 212; *Herbers* NZV 2014, 207; Schwab DAR 2014, 197; *LG Köln* v. 05.10.2017 – 2 O 372/16, WKRS 2017, 24038 n.r.

263 *BGH* v. 21.01.2014 – VI ZR 253/13, VersR 2014, 396 = zfs 2014, 257; punktuell zustimmend *Notthoff* VRR 2014, 143.

264 *OLG Nürnberg* NZV 1997, 482 f. = SP 1997, 422.

265 Noch zu § 152 VVG a.F.: *BGH* v. 03.07.1962 – VI ZR 184/61, BGHZ 37, 311 = DAR 1962, 295 = NJW 1962, 1676 = VersR 1962, 829; *OLG Köln* VersR 1982, 382; Feyock/Jacobsen/Lemor/*Elvers* § 12 PflVG Rn. 58.

266 Halm/Kreuter/*Schwab*, AKB-Kommentar, § 115 VVG, Rn. 88 ff.

heitsschädlichem Wasser[267] ein Personenschaden eintreten. Folglich sind Betreiber von Wasserwerken und Brunnen über den nach der Trinkwasserverordnung vorgeschriebenen Beprobungsturnus hinaus gehalten, bei konkretem Anlass, also einem relevanten Schadensfall im unmittelbaren Einzugsgebiet der Quelle/des Leiters, zusätzliche Proben zu nehmen und Analysen zu fahren. Die hierdurch anfallenden Mehrkosten sind dann noch als Schadens- bzw. Gefahrermittlungskosten anzusehen. Dabei müssen die Wasserwerke jedoch genau prüfen, inwieweit ein Kontrollbedarf besteht, und ob die unmittelbare Gefahrenlage weiter fortbesteht.[268]

202 Nicht nur bei der Trinkwasserversorgung, auch bei der Abwasserbehandlung kann ein unberechtigtes Einleiten zu erhöhten Kosten bei der Abwasserbehandlung führen. Die Kosten für Proben sind zumindest in Nordrhein-Westfalen[269] nicht per Verwaltungsakt, sondern per Leistungsklage geltend zu machen.

203 Sogar das Rechtsgut Freiheit,[270] darunter wird die körperliche Bewegungsfreiheit verstanden,[271] kann in Umweltschäden betroffen sein.

204 Als Beispiel nennt *Schimikowski*[272] den Fall einer Giftgaswolke, wobei den Bewohnern benachbarter Wohn- und Bürohäuser durch die Behörde untersagt wird, die Gebäude zu verlassen.[273]

205 Das am häufigsten betroffene Rechtsgut ist wohl das Eigentum. Eine Verletzung liegt dann vor, wenn der Eigentümer aufgrund der Einwirkung auf die Sache nicht mehr seinem Wunsch entsprechend verfahren kann.[274] Vorrangig geht es dabei um Schädigungen von Sachen und Gebrauchsstörungen.

206 Als Beispiele in der Rspr. im Zusammenhang mit Umweltschäden lassen sich hierzu finden:

- die Einwirkung auf ein Grundstück durch Grundwasserverseuchung[275]
- ölverseuchtes Grundstück[276]
- behördliche Räumung von Gebäuden wegen Brand- und Explosionsgefahr[277]
- behördliche Verzehr- und Veräußerungsverbote bei drohender Vergiftung von Nahrungsmitteln[278]
- neben der Beseitigung von der Fahrbahn, die Entsorgung der sich auf der Fahrbahn befindlichen Gegenstände.[279]
- Dagegen reichen mittelbare Gebrauchsstörungen und versäumte Gewinnerwartungen wegen unfallbedingter Nichterreichbarkeit z.B. eines Tankstellengeländes[280] nicht aus.

---

267 *RG* v. 26.06.1936 – II 23/36, RGZ 152, 129; *LG Bonn* v. 12.12.1978 – 1 O 158/78, WKRS 1978, 13422.
268 *BGH* v. 21.01.1988 – III ZR 180/86, BGHZ 103, 129, 141 = BB 1988, 1844 = VersR 1988, 353 = NJW 1988, 1593; kritisch *Breuer* NVwZ 1988, 992 ff.
269 *OVG Münster* NWVBl. 2011, 320.
270 Zum Deckungsschutz siehe Halm/Kreuter/*Schwab*, AKB-Kommentar, A.1.1.1 AKB 2008, Rn. 37 u. 38.
271 PWW/*Schaub* § 823 BGB, Rn. 29 f.
272 *Schimikowski* Rn. 47.
273 Zum umgekehrten Fall bei behördlich angeordneter Räumung von Gebäuden, *BGH* v. 21.06.1977 – VI ZR 58/76, NJW 1977, 2264 = VersR 1977, 965.
274 *BGH* v. 21.12.1970 – II ZR 133/68, BGHZ 55, 153, 159 = VersR 1971, 418 = NJW 1971, 886.
275 *BGH* v. 23.03.1966 – V ZR 126/63, NJW 1966, 1360, wegen »Nassauskiesungsbeschluss« des *BVerfG* v. 15.7.81 – 1 BvL 77/78, BVerfGE 58, 300 = NJW 1982, 745 kritisch zu sehen.
276 *BGH* v. 21.12.1971 – VI ZR 137/70, VersR 1972, 274 = NJW 1972, 445 = MDR 1972, 508 (Montagefehler an Ölfeuerungsanlage führt zu Schaden am Erdreich und Schlossteich).
277 *BGH* v. 21.06.1977 – VI ZR 58/76, NJW 1977, 2264 = VersR 1977, 965.
278 *BGH* v. 25.10.1988 – VI ZR 344/87, BGHZ 105, 346 = NJW 1989, 707 = VersR 1989, 91 = MDR 1989, 244.
279 *BGH* v. 06.11.2007 – VI ZR 220/06, DAR 2008, 82 mit kritischer Anm. *Schwab* = VersR 2008, 230 = NZV 2008, 83.
280 *AG Bad Segeberg* v. 09.02.2012 – 17 C 96/11, WKRS 2012, 11803.

**▶ Praxisproblem: Ölspuren auf der Fahrbahn**

Ölspuren auf der Fahrbahn[281] stellen ein besonderes Problem in der Praxis dar. Ölspuren entstehen, wenn der Tankdeckel nicht richtig aufgesetzt wurde und besonders im Kurvenbereich Treibstoff aus dem Tank schwappt. Defekte Treibstoffleitungen – auch durch Marderbisse[282], undichte Ölwannen, nicht richtig montierte Öl- oder Treibstofffilter und sonstige technische Defekte[283] bieten beispielhaft andere Ursachen. Sehr häufig sind es schon bei Neufahrzeugen[284] konstruktive Mängel oder eine schlampige Verarbeitung, die zu Schäden führen. Weitere Probleme bestehen, da 10 % aller PKW mit Ottomotoren[285] das klimapolitisch fragwürdige[286] und für unsere Fahrzeuge aggressive E 10 nicht vertragen, was nachweislich[287] sogar den Leichtmetall-Guss von Benzinpumpen durchkorrodieren lässt. 207

Wodurch auch immer, die Folge ist meist eine mehr oder weniger breite Spur auf der Fahrbahn.

Abhängig von der Fahrbahnbeschaffenheit – Asphalt oder Betondecke – und der Außentemperatur sowie den sonstigen Wetterbedingungen, können Ölspuren nicht nur Gefahren für den nachfolgenden Verkehr bedeuten, sondern auch die Fahrbahn als solche schädigen. Besonders gefährdet ist offenporiger Asphalt[288] (OPA), sogenannter Flüsterasphalt. Biokraftstoffe und andere Zusätze reagieren dabei häufig noch aggressiver. Durch eine unsachgemäße Reinigung und Weiternutzung der Fahrbahn kann es zu einer erheblichen Schadensvertiefung kommen.

Bleibt der Verursacher unentdeckt, haben die Straßenbaulastträger und die Feuerwehren die Kostentragung zu klären. Dies kann landesspezifisch unterschiedlich[289] sein. In keinem Fall können die Versicherer in Anspruch genommen werden.

Für eine Eigentumsverletzung reicht dabei entgegen *LG Siegen*[290] nach zutreffender Auffassung des *BGH*[291] auch bei einer Ölspur die der Substanzverletzung vorverlagerte Gebrauchsstörung der Fahrbahn aus. 208

Eine Gebrauchsstörung liegt bei der Ölspur vor, wenn sich ein Schmierfilm auf der Fahrbahn befindet, der die gewöhnliche Griffigkeit der Fahrbahn aufhebt und die Befahrbarkeit beeinträchtigt.[292] 209

Demgegenüber ist eine Substanzverletzung beispielsweise dann gegeben, wenn etwa Öl unter der Sommerhitze in den erwärmten Asphalt eindringt und so die Festigkeit der oberen Schicht aufweicht. Wird die Fahrbahn nicht gesperrt oder verfrüht freigegeben, schadet ein Überfahren dem Belag nachhaltig. 210

In der überwiegenden Zahl der Falle kommt es aber nicht zu einer Substanzverletzung. Selbst bei offenporigem Asphalt kann diese noch durch schnelle und geeignete Maßnahmen verhindert werden. 211

---

281 Zum heutigen Stand der Technik und den Qualitätsanforderungen bei der Beseitigung insbesondere von Ölspuren s. Himmelreich/Halm/*Schwab*/*Heinrichs* 7. Aufl. Kap. 7 Rn. 285 ff.

282 *VG Kassel* v. 22.02.2017 – 2 K 1468/16.KS = WKRS 2017, 13207.

283 *VG Aachen* v. 19.03.2014 – 6 K 794/10, WKRS 2014, 16120.

284 *LG Hagen* v. 29.07.2011 – 2 O 50/10 (Neuwagen mit massivem Ölverbrauch); zu Rückrufaktionen der Hersteller in der ADAC-Motorwelt 8/2007, 8; 1/2008, 15; 3/2008, 17; 6/2008, 15; 8/2008, 13; 9/2008, 11; 2/2009, 14; 3/2009, 12; 4/2009, 10; 5/2009, 12; 9/2009, 18; 10/2009, 12; 11/2009, 11.

285 ADAC-Motorwelt 4/2011, 27.

286 *Gawel*, ZUR 2011, 337.

287 ADAC-Motorwelt 9/2011, 10.

288 *BVerwG* v. 05.09.2008 – 9 B 10.08, WKRS 2008, 22276; *OVG Lüneburg* ZUR 2009, 329.

289 *VG Potsdam* v. 18.01.2011 – 3 K 367/06, LKV 2011, 190 m. Anm. *Neubauer*/*Lörincz*.

290 *LG Siegen* v. 14.06.2010 – 3 S 124/09, VRR 2010, 387 m. Anm. *Klaws*.

291 *BGH* v. 28.06.2011 – VI ZR 184/10 und VI ZR 191/10, SP 2011, 279 = NJW-Spezial 2011, 489 = DAR 2011, 573 m. Anm. *Schwab* DAR 2011, 610 ff.

292 *OLG Köln* VersR 1983, 287 unter Berufung auf *BGH* v. 21.12.1970 – II ZR 133/68, BGHZ 55, 153 = NJW 1971, 886 = VersR 1971, 418 (Fleetfall).

212 Droht wegen des ausgetretenen Stoffes und/oder der Menge und Verteilung auf dem Fahrbahnbelag keine Substanzverletzung, ist erst zu prüfen, ob überhaupt eine Reinigung durchzuführen ist.

213 Dies richtet sich, ähnlich der Räum- und Streupflicht[293] im Winter, insbesondere nach der Verkehrsbedeutung, den Nutzergruppen, der Stärke des Verkehrs und dem Streckenverlauf. Der erforderliche Umfang einer Reinigung ist individuell nach der üblichen Nutzung[294] zu betrachten.

214 So kann der Umfang bei der Fahrbahn einer Ortsdurchgangsstraße ein anderer sein als bei einer Sackgasse in einer Gemeindestraße.

215 Selbst bei Autobahnen ist zu differenzieren, ob sich die Verunreinigung auf dem Fahrstreifen oder dem Seitenstreifen (Standspur) befindet. Der *BGH*[295] hat sich bislang mit dieser im Klageverfahren nicht aufgeworfenen Frage nicht auseinandersetzen müssen. Der Fahrbahnbelag der Standspur entspricht häufig schon nicht[296] dem, des Fahrverkehrs. Die Standspur ist nach § 2 Abs. 2 Satz 2 StVO nicht Bestandteil der Fahrbahn und darf auch nicht von Langsamfahrern[297] befahren werden.[298] Was für den Seitenstreifen auf Autobahnen gilt, gilt selbstverständlich auch für alle anderen Seitenstreifen. Auf Seitenstreifen ist dann allenfalls eine Grobreinigung[299] vorzunehmen.

216 Die Beseitigung der Ölspur durch eine Reinigung der Fahrbahn ist in fast allen Fällen – mit und ohne Bindemitteleinsatz – technisch möglich und fachlich ausreichend. Ein Abfräsen der Fahrbahn und eine Erneuerung der Fahrbahndecke stellen in fast allen Fällen demgegenüber eine nicht erforderliche und gemessen an dem Schaden und Zeitaufwand völlig unverhältnismäßige Maßnahme dar. In jedem Fall sollte zwingend zuvor eine qualifizierte Reinigung nach DWA-M 715 durchgeführt werden, bevor man zum letzten Mittel greift. Von einem Straßenbaulastträger darf erwartet werden, dass die Fachbehörde[300] sich nicht nur mit dem Bau und der Unterhaltung einer Straße, sondern sich auch mit Reinigungsverfahren nach dem Stand der Technik auskennt.

217 Dabei ist zu beachten, dass an die Qualität der Reinigung bzw. an das ggf. verwendete Ölbindemittel[301] durch die Behörden besondere Anforderungen gestellt werden.[302] Für Fahrbahnen kommen insbesondere grobkörnige Materialien als Sonderformen »SF« der Typen II oder III mit dem Zusatz »R« für Rutschfestigkeit in Betracht.

218 Kurz gesagt, ist – falls ein sinnvoller Einsatz von Bindemitteln möglich ist – der Ölbinder dicht über der Fahrbahn auszustreuen, einzukehren, einwirken zu lassen und wieder komplett aufzunehmen. Bei entsprechenden Witterungsbedingungen ist dann nass nachzubehandeln, um überhaupt die volle Wirksamkeit des Bindemittels eintreten zu lassen. Dabei ist die gesamte Flüssigkeit wieder aufzunehmen.

---

293 *BGH* v. 05.07.1990 – III ZR 217/89, BGHZ 112, 74 = VersR 1990, 1148 = NJW 1991, 33; *OLG Koblenz* v. 27.10.2010 – 1 U 170/10 (Parkplatz); Details Wussow/*vom Brocke* Unfallhaftpflichtrecht, Kap. 13, Rn. 140 ff.

294 *OLG Celle* SVR 2007, 22 bespr. v. *Schwab*.

295 *BGH* v. 09.12.2014 – VI ZR 138/14, WKRS 2014, 31156 = DAR 2015, 203 = MDR 2015, 335 = NZV 2015, 177 = r+s 2015, 213 = VersR 2015, 503 = zfs 2015, 325; LMK 2015, 370826 m. zutreff. Anm. *Huber*.

296 Hentschel/*König*/Dauer § 18 StVO, Rn. 14b.

297 Hentschel/König/Dauer § 18 StVO, Rn. 14b.

298 *BGH* v. 06.05.1981 – 4 StR 530/79, BGHSt 30, 85 = MDR 1981, 687 = NJW 1981, 1968; *BVerfG* v. 22.08.1994 – 2 BvR 1884/93, DAR 1995, 154 = NJW 1995, 315 = VRS 88, 84.

299 *Borchardt/Schwab*, Ölspurbeseitigung – aktuelle Entwicklungen, DAR 2014, 75 (76).

300 *BGH* v. 15.10.2013 – VI ZR 528/13, WKRS 2013, 48183 = DAR 2014, 81 = VersR 2013, 1590; *BGH* v. 15.10.2013 – VI ZR 471/12, WKRS 2013, 48184 = VersR 2013, 1544 = VRR 2014, 99; *OLG Düsseldorf* v. 17.12.2013 – I-1 U 41/13, WKRS 2013, 51909; *LG Karlsruhe* v. 20.12.2013 – 9 S 671/09, WKRS 2013, 51157.

301 Arbeitsblatt DWA-A 716–1 »Öl und Chemikalienbindemittel – Anforderungen/Prüfkriterien/Zulassung – Teil 1: Allgemeine Anforderungen«.

302 Siehe im Detail Himmelreich/Halm/*Schwab*/*Heinrichs* 7. Aufl. Kap. 7 Rn. 285 ff. unter Hinweis auf das DWA-Merkblatt 715 Stand Juni 2007 (dazu wie vor Rn. 291d).

Leider kann häufig beobachtet werden, dass das Bindemittel zu üppig ausgebracht und zu lange liegen gelassen wird ohne nass nachzubehandeln. Das Bindemittel wird dann vom Wind in die Straßenrandbereiche getragen wird. Durch den unqualifizierten Umgang mit Ölbindern – ohne Beachtung der Herstellerangaben und des Merkblattes DWA-M 715 – werden die beabsichtigte Wirkung nicht erreicht und zusätzliche Gefahren geschaffen. 219

Passanten und Anwohner tragen die Giftstoffe an ihren Schuhen mit ins Fahrzeug und in die Wohnung. Aufgewirbelte belastete Bindemittel werden eingeatmet. 220

Eine unzureichende Nassreinigung ohne richtige Trocknung birgt weitere Gefahrenquellen in sich. 221 Jedoch hat der Kraftfahrer auch hiermit zu rechnen.[303]

Bei ordnungsgemäßer Verarbeitung darf erwartet werden, dass die Menge des verbrauchten Bindemit- 222 tels im Verhältnis zur Ölverlustmenge steht. Wird aber zu viel Ölbinder verwendet, steigen auch gleich der Personalbedarf und die Einsatzstunden an. Das führt wiederum zu einer unnötigen Verteuerung.

Die Ölbinder haben eine produktspezifische Aufnahmekapazität. Natürlich kann man nicht ver- 223 langen, dass diese voll ausgeschöpft wird. Bei einem Ölverlust von fünf Litern Motorenöl wird also eine Mehrmenge an Bindemitteln verbraucht werden, als für theoretisch fünf Liter erforderlich sind. Dennoch wird man erwarten können, dass der Bindemittelverbrauch nicht ein Mehrfaches der erforderlichen Aufnahmekapazität ausmacht. Schließlich kostet nicht nur der Ölbinder Geld; auch bei der Entsorgung könnten unnötige Mehrkosten anfallen. Grotesk wird es dort, wo Gerichte[304] den planlosen und exzessiven Umgang mit Bindemitteln durch Feuerwehren decken, obwohl den Behörden die technischen Unzulänglichkeiten seit vielen Jahren[305] bekannt sein müssten.

Problematisch ist auch, wenn der ölgetränkte Binder zu lange liegt und nicht sofort nach der Ein- 224 wirkung aufgenommen wird. Durch später einsetzenden Regen kann dann das Öl wieder aus dem Binder ausgeschwemmt werden. Das kann zu einem neuen, größeren Schadenbereich führen. Hieraus entstehen nicht nur erneute Gefahren für Folgeunfälle, sondern auch für die Umwelt. Dazu kommt das Risiko für Verantwortlichkeiten nach dem USchadG, insbesondere bei einer Schadstoffverfrachtung in sensible Bereiche neben der Fahrbahn.

Schließlich bleibt zu beachten, dass auch sonst der betriebene Aufwand im Verhältnis zur ausgelau- 225 fenen Menge und sonstigen Bedingungen[306] stehen muss. Dazu gehört es auch zu prüfen, welcher Stoff[307] ausgelaufen ist und ob und wie damit qualifiziert umzugehen ist. Die Verwendung von Ölbindemitteln ist z.B. dann sinnlos, wenn Gülle oder Pflanzenschutzmittel abgetropft ist.

Leistet in diesen Fällen die Feuerwehr technische Hilfe, wird sie den Einsatzbericht und die Liste 226 der verwendeten Materialien an die Gemeinde weiterleiten, die dann die Kosten per Bescheid einfordert.[308] Die pauschale Inanspruchnahme einer Spedition[309] als Halter von Fahrzeugen scheidet aus, wenn sich keine konkrete Verursachung durch ein Fahrzeug nachweisen lässt. Dagegen kann öffentlich-rechtlich sogar ein Fahrer als schuldloser Verursacher[310] in Anspruch genommen werden, auch wenn er den technischen Defekt nicht zu vertreten hat und nach § 18 Abs. 1 Satz 2 StVG zivilrechtlich nicht haftet. Da kein gesetzlicher Haftpflichtanspruch privatrechtlichen Inhalts vorliegt, hat der Kfz-Haftpflichtversicherer den Fahrer noch nicht einmal freizustellen. Er tut dies jedoch,

303 *BGH* v. 02.06.1958 – III ZR 20/57, WKRS 1958, 13989 = VersR 1958, 609.
304 *VGH Mannheim* v. 24.02.2011 – 1 S 2902/10 (über 2 Tonnen Bindemittel).
305 *Oellers* VBl.BW 2004, 371.
306 *VG Gießen* VRS 120, 377 = LKRZ 2011, 265 = DÖV 2011, 495.
307 *OLG Zweibrücken* v. 29.11.2010 – 7 U 168/09 (Kühlflüssigkeit oder Motoröl).
308 Zu den Feuerwehrkosten s. Rdn. 86; sowie *Schwab* PVR 2002, 243 ff.
309 *OVG Bautzen* DAR 2011, 100 (Ls).
310 *VGH München* v. 28.11.2016 – 4 ZB 16.1612, WKRS 2016, 29895; *VGH München* v. 28.11.2016 – 4 ZB 16.1613, WKRS 2016, 29893.

wenn eine Halterhaftung gegeben ist und der Fahrer einen Ausgleichsanspruch gegen den aus § 7 StVG zivilrechtlich haftenden Mitstörer (Halter) hat.

227 In manchen Regionen werden private Unternehmer im Auftrag von Behörden[311] – sei es durch die Feuerwehr oder durch den Straßenbaulastträger[312] – tätig. Dies setzt sich nunmehr verstärkt durch.[313]

228 Dem wird in Niedersachsen[314] und Nordrhein-Westfalen[315] begegnet, da im Rahmen des Kostenersatzes nur eigene Einsätze, nicht aber die von beauftragten Dritten abzurechnen sind.

229 Heute wird andernorts[316] schon die originäre Zuständigkeit der Feuerwehr für die Beseitigung von Ölspuren verneint, selbst wenn sie von der Polizei gerufen wurde.

230 Von den Behörden werden leider häufig die rechtlichen Vorgaben übersehen. Nach VV Nr. 2 zu § 32 StVO ist zu beachten, dass in erster Linie der Verursacher selbst die Ölspur zu beseitigen hat. Dies ergibt sich zudem in gleicher Weise aus den jeweiligen Straßengesetzen der Bundesländer und § 7 Abs. 3 FStrG für die Bundesstraßen und Autobahnen.

231 Erforderlichenfalls ist die Ölspur im Namen des Verursachers[317] und für dessen Rechnung durch eigenes Personal oder per Verpflichtung von Privatfirmen in seinem Namen beseitigen zu lassen.

232 Bestreitet allerdings der Verursacher eine ihn bindende Beauftragung eines Privatunternehmens hat die Behörde als Vertreter ohne Vertretungsmacht nach § 179 BGB die vertragliche Vereinbarung zu erfüllen. Die mit Kosten belastete Behörde kann diesen Aufwand beim Verursacher nach den Straßengesetzen als eigenen Aufwand per Bescheid geltend machen. Selbst im verwaltungsgerichtlichen Verfahren kann der Verursacher noch die Höhe des Anspruchs – substantiiert – bestreiten.[318]

233 Problematisiert wird, ob private Dienstleister unmittelbar[319] oder nach Abtretungsvereinbarung mit dem Eigentümer der Straße mit dem Verursacher bzw. dessen Haftpflichtversicherer abrechnen dürfen. Der Forderungsinhaber[320] wird dabei tatsächlich abtreten dürfen,[321] da auch bei einem schlichten (hoheitlichen) Verhalten der Behörde als geschädigtem Grundstückseigentümer kein Schutzbedürfnis durch einen verwaltungsrechtlichen Verfahrensweg eröffnet ist. Nach weitgehender Abschaffung des verwaltungsrechtlichen Vorverfahrens in Niedersachsen, Bayern, Nordrhein-Westfalen und Sachsen-Anhalt ist dies gegenüber dem zivilrechtlichen Verfahren sogar erheblich nachteiliger für den Bürger. Der *BGH*[322] hat zutreffend die Abtretbarkeit gebilligt und insoweit Rechtsicherheit für die Beteiligten geschaffen.

---

311 *VG Braunschweig* v. 23.09.2002 – 5 A 149/00; *VG Gießen* VRS 120, 377 = LKRZ 2011, 265 = DÖV 2011, 495; LT-Drucks. 14/666 Baden-Württemberg; *OLG Karlsruhe* VergabeR 2010, 685 (Ausschreibung für Bundesautobahnabschnitte); *OLG Zweibrücken* v. 29.11.2001 – 7 U 168/09.

312 *Rebler* VD 2011, 154.

313 *Nugel/Bendig*, Aktuelle Rechtsprechung zur Bestimmung des Schadensersatzes bei der Öl-Spurbeseitigung, VRR 2017, 4 ff.

314 *VG Minden* v. 21.02.2002 – 9 K 618/01, WKRS 2002, 32106.

315 *VG Arnsberg* SP 2009, 426; *VG Düsseldorf* v. 10.12.2010 – 26 K 1603/09; *VG Arnsberg* v. 21.02.2011 – 7 K 866/10.

316 *VG Neustadt a.d. W.* Urt. v. 28.08.2007 – 5 K 5/07; rechtskräftig nach Berufungsrücknahme *OVG Koblenz* 7 A 11284/07; *VG Halle* v. 27.08.2010 – 3 A 197/09 (Ackerlehm); *VG Arnsberg* v. 17.03.2011 – 7 K 331/10; *VG Aachen* v. 19.03.2014 – 6 K 794/10, WKRS 2014, 16120.

317 *Schwab* DAR 2010, 347 ff.

318 *VG Köln* v. 13.05.2011 – 18 K 7475 u. *VG Köln* v. 13.05.2011 – 18 K 7476.

319 *LG Bielefeld* SP 2010, 4; *LG Bochum* v. 23.11.2009 – I-8 O 647/08; insoweit zustimmend *Schwab* DAR 2010, 347 ff.

320 Schadensersatzanspruch (jedoch kein Direktanspruch, da kein Verkehrsteilnehmer).

321 *OLG Zweibrücken* v. 29.11.2010 – 7 U 168/09. *LG Siegen* v. 14.06.2010 – 3 S 124/09 n.r. und *LG Karlsruhe* v. 12.11.2010 – 9 S 574/09 hielten dagegen eine Abtretung für rechtlich unwirksam.

322 *BGH* v. 28.06.2011 – VI ZR 184/10 und VI ZR 191/10, SP 2011, 279 = NJW-Spezial 2011, 489 = DAR 2011, 573 m. Anm. *Schwab* DAR 2011, 610 ff.

Der Kfz-Haftpflichtversicherer stellt in der Praxis den versicherten Verursacher von berechtigten Forderungen frei, die der Schadenbehebung dienen.[323] 234

Privatanbieter, wie auch vermehrt Feuerwehren,[324] verfügen über Spezialfahrzeuge und spezielle Maschinen. Sie kommen mit weniger, weil entsprechend qualifiziertem Personal für die Reinigung aus. Insbesondere zertifizierte[325] Fachbetriebe, die nach entsprechender Prüfung dazu in der Lage sind, nicht nur 80 % nach der Mindestvorgabe des DWA-Merkblattes M 715, sondern sogar 90 % des ursprünglichen Reibwiderstandes[326] wiederherzustellen, leisten hervorragende Arbeit. 235

Für den Einsatz der Spezialfahrzeuge werden gelegentlich Preise[327] verlangt, die sich nicht allein mit dem Verschleiß an Bürsten begründen lassen. Man kann sie zutreffend als »Mondscheintarife«[328] bezeichnen. Dann sind Rechnungsprüfungen durch hierfür geeignete Sachverständige angezeigt, die sowohl die Bausubstanz, das chemische Reaktionsverhalten des ausgelaufenen Stoffes, die Wirkungsweisen von Bindemitteln und vertiefte Kenntnisse zu den speziellen Reinigungstechniken besitzen. Geeignet sind Sachverständige zur Beurteilung von Unfällen/Schadenfällen mit wassergefährdenden Stoffen.[329] 236

Durch Gebietsaufteilungen sind Ölspurbeseitigungen zu marktwirtschaftlichen Bedingungen kaum zu erlangen. Ob im Ausschreibungsverfahren »vereinbarte« Preise angemessen sind, weil es auch Aufgabe des Vergaberechts sei, die Belastungen öffentlicher Kassen zu begrenzen,[330] muss daher stark bezweifelt werden. Es wäre von Vorteil, wenn auch Zivilgerichte das gleiche Misstrauen schon zum Vertragsschluss im Vergabeverfahren aufbringen würden, wie zu Falschabrechnungen durch Unternehmen wegen schlampiger oder gänzlich unterlassener Kontrollen durch Behördenmitarbeiter.[331] Leider lässt selbst der *VI. Senat des BGH*[332] die Landesbehörden bei Ausschreibungsverfahren zu Lasten potentieller Schädiger erst einmal über Jahre Erfahrungen sammeln, statt von vornherein angemessene Preise zur konkreten Schadensbehebung im Einzelfall ermitteln zu lassen. Die Auswirkungen sind katastrophal, da einerseits der Marktzugang für Mitbewerber verhindert wird und dem Schädiger die notwendigen Einwendungen, die er nur als Bieter im Vergabeverfahren hätte, abgeschnitten sind. Das eröffnet einen Freiraum für willkürliche Preisdiktate Einzelner, die sich gezielt zu marktverdrängenden Arbeitsgemeinschaften zusammenschließen. Damit entfernt sich der *BGH* nicht nur von den Grundsätzen des Schadensersatzrechts, er konterkariert auch die Bemühungen des *Bundesrechnungshofs*,[333] der gerade solchen Tendenzen entgegenzuwirken sucht, damit nicht Einzelne das »Große Los« ziehen können. Zudem rechnen die Länder nicht selten zum Nachteil des Bundes ab.[334] 237

---

323 May/Vogt/*Geiger*, Lexikon Straßenverkehrsrecht, Ölspurschäden

324 Feuerwehr Düsseldorf mit »ÖWSF«, Feuermelder 2007, 28; z.B. Aalen, Braunschweig, Darmstadt, Düsseldorf, Hagen, Hanau, Mannheim, Remscheid, Wedel, Wuppertal.

325 Nach Güte- und Prüfbestimmungen LKM gemäß RAL GZ899 (RAL = Reichsauschuss für Lieferbedingungen; GZ = Gütezeichen).

326 SRT-Wert (Skid-Resistence-Tester = Griffigkeitsmessgerät).

327 *LG Siegen* v. 14.06.2010 – 3 S 124/09 n.r. (Im Tatbestand ist von einer unterschiedlichen Abrechnungspraxis – Behörde oder Privatmann – die Rede, wobei im letzten Fall behauptet wurde, dass fünffach höhere Preise abgerechnet werden).

328 *Huber* LMK 2015, 370826.

329 *Borchardt/Schwab*, Ölspurbeseitigung – aktuelle Entwicklungen, DAR 2014, 75 (80).

330 *LG Braunschweig* v. 10.05.2016 – 7 O 1738/15.

331 *VG Kassel* v. 22.02.2017 – 2 K 1468/16.KS; *LG Dresden* v. 29.01.2014 – 8 O 1508/12; *OLG Naumburg* v. 08.06.2017 – 6 U 15/16; *OLG Naumburg* v. 26.04.2017 – 10 U 47/16.

332 *BGH* v. 20.12.2016 – VI ZR 612/15, WKRS 2016, 32150 = DAR 2017, 574 = MDR 2017, 397 = VersR 2017, 436.

333 https://www.bundesrechnungshof.de/de/veroeffentlichungen/sonderberichte/langfassungen-ab-2013/2013/2013-sonderbericht-oeffentliche-vergabe-von-bauleistungen-und-korruptionsvorbeugung.

334 https://www.bundesrechnungshof.de/de/veroeffentlichungen/bemerkungen-jahresberichte/jahresberichte/2015-weitere-pruefungsergebnisse/einzelplanbezogene-pruefungsergebnisse/bundesministerium-fuer-verkehr-und-digitale-infrastruktur/2015-bemerkungen-weitere-pruefungsergebnisse-nr-05-gemein-

238 Nunmehr wurde das Nachprüfungsverfahren in Sachsen-Anhalt sogar gänzlich ausgeschaltet. Das *OLG Naumburg*[335] hält das Nachprüfungsverfahren nach neuem Recht für unzulässig. Insbesondere wurde darauf abgestellt, dass kein Abschluss eines Dienstleistungsauftrages, sondern eine Dienstleistungskonzession vorläge. Das hat den Vorteil für die Behörde, dass sie nicht selbst zahlen muss und dafür dem privaten Unternehmen das Recht einräumt, Forderungen direkt beim Schädiger bzw. dessen Haftpflichtversicherer einziehen zu dürfen. Damit wird nicht nur das Problem verlagert, sondern der »Bock zum Gärtner« gemacht. Völlig übersehen wird, dass es dem Land nicht zusteht, bei Fahrbahnverunreinigungen auf Bundesstraßen und Bundesautobahnen, den Schadensersatzanspruch des Bundes, der ausschließlich nach § 19 zweite AVVFStr geltend zu machen ist, an ein Privatunternehmen zu übertragen. Damit wird nicht nur die Verwaltungsvorschrift unterlaufen, sondern auch eklatant gegen das VFIGG und § 70 BHO verstoßen, da dem Bund die Finanzkontrolle entzogen wird.[336] Zumindest in Bezug auf Bundesstraßen verstößt die vertragliche Vereinbarung – Dienstleistungskonzession – gegen das Gesetz und ist nichtig, §§ 134, 139 BGB.

239 Manche Unternehmer versuchen, ihre Werkleistung beim Schädiger oder Versicherer geltend zu machen, ohne von diesen beauftragt worden zu sein. Schadensersatzansprüche bzw. einen Direktanspruch gegen den Versicherer haben sie nicht, da sie nicht Geschädigte sind.[337] Die Abrechnung im Rahmen einer Geschäftsführung ohne Auftrag scheidet dann aus, wenn offenkundig ein wirksamer Auftrag durch die Behörde vorliegt, die sich selbst verpflichten[338] wollte.

240 Hat sich ein Fahrer persönlich[339] in einem Werkvertrag mit einem privaten Unternehmer verpflichtet, kann der Unternehmer gegenüber dem Halter, der zugleich Arbeitgeber des Fahrers ist, weder Ansprüche aus Vertrag noch aus Geschäftsführung ohne Auftrag geltend machen.

241 Ob vor Ort ein wirksamer Vertrag mit dem Fahrer zustande gekommen ist, kann bei der formularmäßigen Beauftragung mit inhaltlichen Lücken und kleingedruckten Passagen[340] allerdings erheblichen Zweifeln unterliegen.

242 Mit der Übernahme von Aufgaben der örtlichen Verwaltungsbehörde und dem Eintreiben der Kosten für Dritte bewegen sich diese Unternehmen oftmals in einer rechtlichen Grauzone. Nur selten wird ein klar abgegrenzter, fallbezogener Abtretungsvertrag mit dem Baulastträger oder besser der Eigentümerin des jeweiligen Straßenabschnitts vorliegen. Zudem kann eine wirksame Abtretung daran scheitern, dass die für die Behörde handelnde Person für den Straßenabschnitt nicht handlungsbefugt[341] ist. Insoweit dürfte die Entscheidung des *BGH*[342] bezüglich der Ortsdurchfahrt problematisch[343] sein.

243 Tritt der zuständige Baulastträger als Eigentümer der Straße Schadensersatzansprüche ab, so steht der Wirksamkeit der Abtretung grundsätzlich[344] nichts entgegen. Selbst die Abtretung einer Forderung

---

schaftsaufwand-beim-betriebsdienst-falsch-berechnet-bund-muss-4-8-mio-euro-zurueckfordern; Bundesrechnungshof, Bemerkungen 2015, Seite 209 ff.

335 *OLG Naumburg* v. 17.06.2016 – 7 Verg 2/16, BeckRS 2016, 12548.

336 Engels/Eibelshäuser/*Schuy/Raack* Kommentar zum Haushaltsrecht des Bundes und der Länder sowie der Vorschriften zur Finanzkontrolle, § 70 BHO, Rn. 3.

337 *BGH* v. 04.07.1978 – VI ZR 95/77, BGHZ 72, 151 = VersR 1978, 870 = NJW 1978, 2030; *BGH* v. 04.07.1978 – VI ZR 96/77, VersR 1978, 962; *LG Limburg* v. 23.12.2010 – 3 S 156/10.

338 *OLG Zweibrücken* v. 29.11.2010 – 7 U 168/09; *AG Kusel* SP 2010, 72; *AG Idar-Oberstein* DAR 2010, 587 m. Anm. *Schwab*.

339 *LG Regensburg* v. 12.07.2011 – 4 O 214/11 (1).

340 *LG Wuppertal* v. 30.06.2011 – 9 S 154/10.

341 *LG Limburg* v. 23.12.2010 – 3 S 156/10.

342 *BGH* v. 28.06.2011 – VI ZR 184/10, DAR 2011, 573 = SP 2011, 279 = VersR 2011.

343 *Schwab*, DAR 2011, 610.

344 *BGH* v. 28.06.2011 – VI ZR 184/10 und VI ZR 191/10, SP 2011, 279 = NJW-Spezial 2011, 489 = DAR 2011, 573 m. Anm. *Schwab* DAR 2011, 610 ff.; *OLG Zweibrücken* v. 29.11.2010 – 7 U 168/09.

mit ursprünglich öffentlich-rechtlichem Charakter ist möglich. Sie nimmt mit Rechtsübergang auf einen Privaten privatrechtliche[345] Gestalt an.

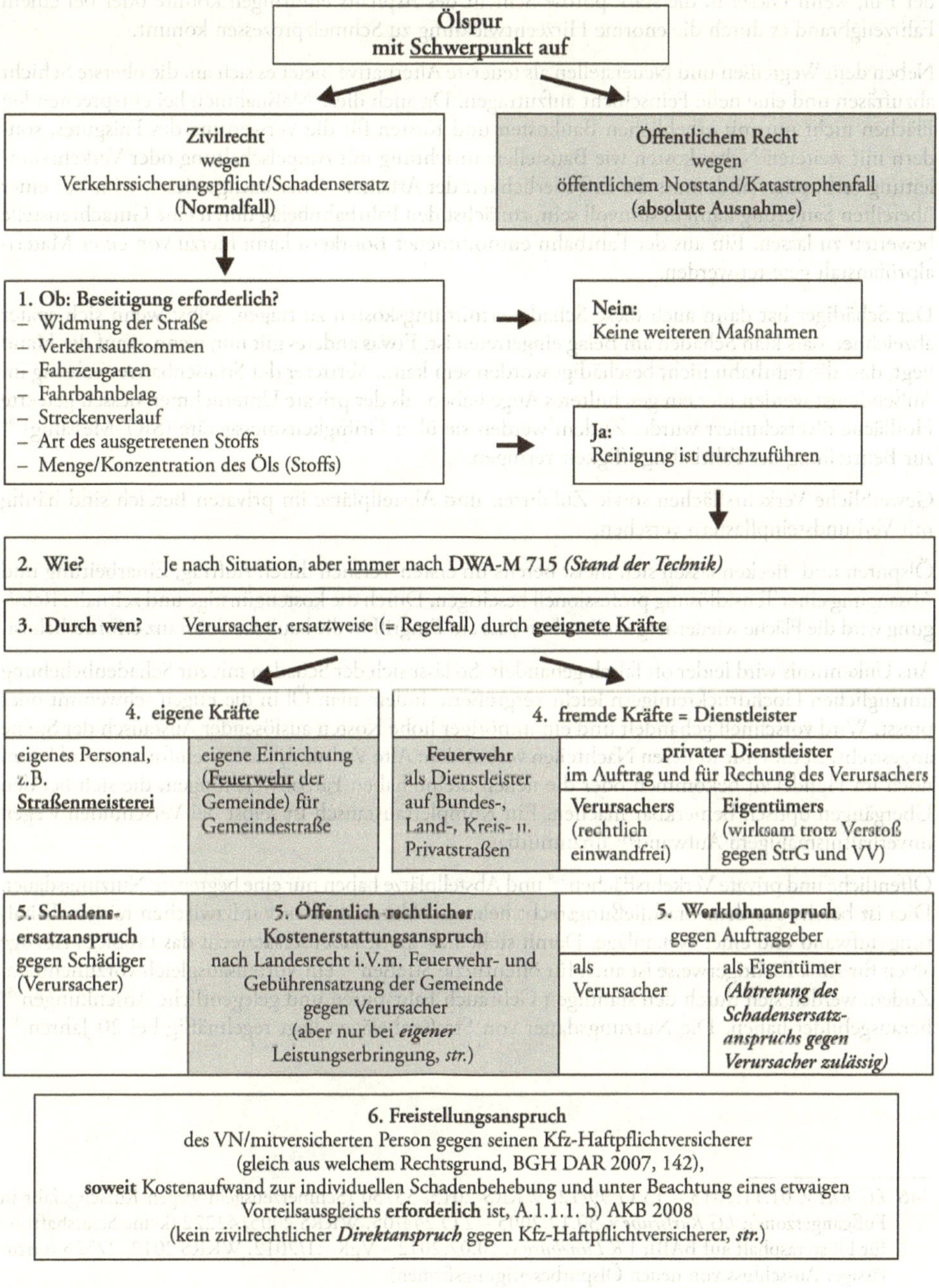


**Abb. 2: Schaubild: Rechtliche Rahmenbedingungen Ölspurbeseitigung**

345 *BGH* v. 18.06.1979 – VII ZR 84/78, BGHZ 75, 23 = NJW 1979, 2198 (Steuerschuld); *BGH* v. 10.07.1995 – II ZR 75/94, MDR 1995, 1271; PWW/*H.F. Müller* § 398 BGB, Rn. 3.

244 Bei größeren Ölmengen oder Chemikalien, die konzentriert auf den Fahrbahnbelag einwirken konnten, stellt sich das Risiko, dass sich die Fahrbahn mit der Zeit auflöst. Dies ist beispielsweise dann der Fall, wenn Diesel in die stark poröse Schicht des Asphalts eindringen konnte oder bei einem Fahrzeugbrand es durch die enorme Hitzeentwicklung zu Schmelzprozessen kommt.

245 Neben dem Wegreißen und Neuerstellen als teuerste Alternative bietet es sich an, die oberste Schicht abzufräsen und eine neue Feinschicht aufzutragen. Da auch diese Maßnahmen bei entsprechenden Flächen nicht nur mit erheblichen Baukosten und Kosten für die Verwertung des Fräsgutes, sondern mit weiteren Nebenkosten wie Baustelleneinrichtung mit Ampelschaltung oder Verkehrsumleitung verbunden sind, muss die Erforderlichkeit der Arbeiten sicher nachgewiesen sein. Vor einer übereilten Sanierung kann es sinnvoll sein, zunächst den Fahrbahnbelag durch eine Gutachtenstelle bewerten zu lassen. Ein aus der Fahrbahn entnommener Bohrkern kann hierzu von einer Materialprüfanstalt getestet werden.

246 Der Schädiger hat dann auch diese Schadenermittlungskosten zu tragen, selbst wenn sich später abzeichnet, dass kein Schaden am Belag eingetreten ist. Etwas anderes gilt nur, wenn es auf der Hand liegt, dass die Fahrbahn nicht beschädigt worden sein kann. Vertreter der Straßenbauverwaltung im Außendienst werden hier ein geschulteres Auge haben, als der private Unternehmer, dessen geteerte Hoffläche ölverschmiert wurde. Zudem werden sie über Griffigkeitsmessgeräte (SRT-Messung)[346] zur Beurteilung der Fahrbahngriffigkeit verfügen.

247 Gewerbliche Verkehrsflächen sowie Zufahrten und Abstellplätze im privaten Bereich sind häufig mit Verbundsteinpflastern versehen.

248 Ölspuren und -flecken lassen sich meist bereits im ersten Versuch durch Auftrag, Einarbeitung und Absaugung einer Tensidlösung professionell beseitigen. Durch die kostengünstige und zeitnahe Reinigung wird die Fläche wiederhergestellt, ohne dass ein Eingriff in die bauliche Substanz erforderlich ist.

249 Aus Unkenntnis wird leider oft falsch gehandelt. So lässt sich der Schaden mit zur Schadenbehebung untauglichen Hochdruckreinigern leicht vergrößern, indem man Öl in die Fugen schwemmt oder presst. Wird vorschnell gehandelt und ein unnötiger hohe Kosten auslösender Austausch der Steine angestrebt, ist dies mit weiteren Nachteilen verbunden: Alte Verbundpflastersteinformen sind kaum noch im Handel zu bekommen oder die neuen Steine haben Farbabweichungen, die sich bei den Übergängen optisch bemerkbar machen. Ein Komplettaustausch ist selbst bei Verschulden wegen unverhältnismäßigem Aufwand[347] unzumutbar.

250 Öffentliche und private Verkehrsflächen[348] und Abstellplätze haben nur eine begrenzte Nutzungsdauer. Dies ist bereits aus dem Erschließungsrecht bekannt. Unterschieden wird zwischen reinem Erhaltungsaufwand und einer Neuanlage. Damit stellt sich im Schadensersatzrecht das Problem Abzüge »Neu für Alt«. Richtigerweise ist auch für öffentliche Straßen[349] ein Vorteilsausgleich vorzunehmen. Zudem werden sich durch den ständigen Gebrauch Fahrspuren und gelegentliche Absenkungen[350] herausgebildet haben. Die Nutzungsdauer von Straßenbelägen liegt regelmäßig bei 20 Jahren,[351]

---

346 *LG Kiel* v. 01.11.2013 – 13 O 99/12, WKRS 2013, 55730 (Schmerzensgeld wegen Rutschgefahr in Fußgängerzone); *LG Karlsruhe* v. 30.12.2005 – 2 O 244/05, WKRS 2005, 42222 (keine Staatshaftung für Flüsterasphalt auf BAB); *VK Lüneburg* v. 10.07.2012 – VgK-21/2012, WKRS 2012, 27526 (unzulässiger Ausschluss von neuen Ölspurbeseitigungsfirmen).

347 *OLG Köln* VersR 1993, 758 (Werkvertragsrecht).

348 *BGH* v. 10.11.2005 – VII ZR 137/04, MDR 2006, 566 = NJW-RR 2006, 453 (Asphaltdecke einer Bundesstraße mit 16 Jahren).

349 *VG Lüneburg* v. 09.07.2008 – 5 A 134/06; *Siegel* SVR 2011, 289.

350 *OLG Oldenburg* v. 16.06.1999 – 2 U 56/99.

351 *OVG Koblenz* v. 21.08.2007 – 6 A 10527/07.OVG, WKRS 2007, 38231 = KommJur 2008, 221.

allenfalls 20 -25 Jahren.[352] Bei Gehwegen sind 20 – 25 Jahre,[353] aber jedenfalls nicht mehr als 30 Jahre[354] anzusetzen. Schließlich ist zu berücksichtigen, dass ein Austausch der Steine mit einer vorübergehenden Nutzungseinschränkung einhergeht und die ölverschmierten Steine der Verwertung/ Entsorgung zugeführt werden müssen.

Soweit möglich, ist demnach eine Reinigung vorzuziehen. Dabei ist zu beachten, dass bei Temperaturen um den Gefrierpunkt die Reinigung kaum durchführbar ist. Wird vermutet, dass punktuell eine größere Menge Öl zwischen die Fugen der Verbundpflastersteine gelaufen ist, z.B. wegen einer Pfützenbildung in der Fahrspur, so kann die Einschaltung eines Umweltsachverständigen erforderlich sein. Dieser nimmt einen Stein aus dem Schadenzentrum herausnimmt und sichert eine Bodenprobe. Erst danach kann entschieden werden, ob eine Reinigung dann noch als kostengünstigere und weniger einschneidende Maßnahme Erfolg versprechend ist. Bei einer Oberflächenreinigung kann nämlich Öl im darunter liegenden Sandbett verbleiben und mit dem nächsten Regen ausgetrieben werden. Die gesäuberte Fläche kann so erneut verschmutzen. 251

In jedem Fall sollte sich nach einer erfolgten Reinigung der Geschädigte vorbehalten, Nachbesserung zu verlangen, falls durch die Fugen Öl hochkommen könnte. 252

Unter den sonstigen Rechten im Sinne des § 823 Abs. 1 BGB sind umweltrelevant: Aneignungsrechte,[355] wie das Fischereirecht[356] und das Wassergebrauchsrecht[357] sowie das Recht des Grundstückseigentümers auf Grundwasserförderung.[358] 253

Allgemeine Umweltgüter sind demgegenüber keine sonstigen privatrechtsfähigen Rechte.[359] 254

Das Recht am eingerichteten und ausgeübten Gewerbebetrieb dürfte in kaum einem der Fälle betroffen sein, da es an einem betriebsbezogenen Eingriff fehlen wird.[360] Mittelbare Beeinträchtigungen, wie etwa durch die Sperrung der öffentlichen Zufahrtsstraße[361] an der der Betrieb liegt oder durch Beschädigung von Versorgungskabeln[362] bleiben außen vor. 255

In diesem Zusammenhang sei darauf hingewiesen, dass es im Rahmen von Sanierungsarbeiten bei der Erdauskofferung neben der Fahrbahn immer mal wieder zu Kabelschäden[363] an Telefon- und Stromkabeln kommen kann. Oftmals wird die Lage etwaiger Kabel nur vermutet, weil Kabelpläne nicht schnell genug herbeizuschaffen sind oder selbst nur ungenaue Angaben enthalten. Im Kabelmerkblatt[364] der Deutschen Bahn wird gar auf die fahrlässige Sachbeschädigung nach § 317 StGB hingewiesen. Im Zuge von dringenden Sanierungsarbeiten, die ein schnelleres Fortkommen erfordern, kann eine Güterabwägung dazu führen, dass ein möglicher Kabelschaden in Kauf genommen werden muss. Dies ist notwendig, um den Eintritt eines Grundwasserschadens zu verhindern. Auch 256

352 *VGH Bayern* v. 19.09.1991 – 6 B 88.1578, ADAJUR Dok.Nr. 15420 = BayVBl. 1992, 728; *OVG Münster* v. 01.12.1997 – 15 A 1391/94, WKRS 1997, 25468.

353 *VGH Kassel* v. 04.04.1995 – 5 TH 1264/93, DVBl. 1995, 1147 = NVwZ-RR 1995, 599.

354 *OVG Koblenz* v. 21.08.2007 – 6 A 10527/07.OVG, WKRS 2007, 38231 = KommJur 2008, 221.

355 *OLG Frankfurt* NJW 1959, 2218.

356 *BGH* v. 31.05.2007 – III ZR 158/06, NJW-RR 2007, 1319 = VersR 2007, 1281; *BGH* v. 22.07.1969 – III ZR 215/66, VersR 1969, 928; *BVerwG* v. 03.05.2011 – 7 A 9.09, ZUR 2011, 549; *Schimikowski* Rn. 56.

357 Grüneberg/*Sprau*, BGB 82. Aufl., § 823 BGB Rn. 16.

358 *BGH* v. 22.12.1976 – III ZR 62/74, BGHZ 69, 1, 4 = NJW 1977, 1770 = MDR 1977, 1002; *BGH* v. 07.10.1975 – VI ZR 43/74, VersR 1976, 62 = NJW 1976, 46; *Schimikowski* Rn. 55.

359 PWW/*Schaub* § 823 BGB Rn. 78.

360 Ansonsten wohl auch Vorsatztat nach § 103 VVG.

361 *BGH* v. 21.06.1977 – VI ZR 58/76, NJW 1977, 2264 = VersR 1977, 965.

362 H.M. vgl. Jauernig/*Teichmann* § 823 BGB Rn. 98.

363 *LG Erfurt* v. 07.02.2013 – 1 S 164/12, WKRS 2013, 35236 = BauR 2013, 1000 (Kabelschaden wegen unrichtiger Auskunft).

364 Kabelmerkblatt richtet sich an Betriebe mit Erd- und Maurerarbeiten im Bahnbereich.

in diesen Fällen liegt kein zielgerichteter Eingriff vor, da nicht beabsichtigt ist, einen bestimmten Betrieb von der Versorgung abzuschneiden.

257 Die Behebung des Schadens am Kabel selbst, gehört natürlich wiederum zum Ersatzanspruch des Kabeleigentümers. Dies auch dann, wenn die Beschädigung gerechtfertigt war, § 904 S. 2 BGB.

258 Weitere Voraussetzungen sind Rechtswidrigkeit und Verschulden.

## 5. Verstoß gegen Schutzgesetze nach § 823 Abs. 2 BGB

259 Es muss ein Verstoß gegen eine Rechtsnorm vorliegen, die ein bestimmtes Individualinteresse schützt. Unfallverhütungsvorschriften sind keine Rechtsnormen.[365] Für Umweltschäden aus dem Kfz-Bereich kommen insbesondere folgende Normen in Betracht:

- die TA-Lärm bei lärmender Standheizung[366] oder Kühlaggregat[367] eines Fahrzeugs
- oder eine GaragenVO[368] zum Schutz vor gefährlichen Emissionen und Bränden,
- die Trinkwasserverordnung[369]
- die Normen der Gefahrgutverordnung Straße und Schiene, Eisenbahn (GGVSEB),[370] die sich mit der Verpackung, Bezettelung, Versendung, Beförderung, Empfangnahme etc. von gefährlichen Gütern befasst,
- § 5 Nr. 1 und 2 i.V.m. § 38 BImSchG hat nachbarschützende Wirkung[371] auch in Bezug auf Kraftfahrzeuge, dürfte jedoch für die hierzu behandelnden Fälle in der Praxis keine Rolle spielen,[372]
- das Ausbringen von Düngemitteln nach § 2 DüngeV und von Pflanzenschutzmitteln nach § 6 Abs. 1 und 2 PflSchG geschieht häufig unter Einsatz landwirtschaftlicher Fahrzeuge. Die Normen fordern eine gute fachliche Praxis und haben ebenfalls drittschützende Wirkung,[373]
- das unbeaufsichtigte Abstellen eines mit Pestizidgebinden beladenen Tankwagens in freier Feldflur[374] kann einen Verstoß gegen § 10 Abs. 1 PflSchG i.V. § 2 PflSchSachkV darstellen.

260 Neben der Haftung des Fahrers nach diesen Vorschriften stellt sich generell die Frage nach der gesamtschuldnerischen Haftung des Kfz-Haftpflichtversicherers und der Deckung aus dem Kfz-Haftpflichtvertrag.

261 Zwar gehören verschiedene Tätigkeiten im Bereich des Fahrzeugs zum Gebrauch des Kraftfahrzeugs nach A.1.1.1 AKB 2015, wie beispielsweise das Be- und Entladen. Beim Ausbringen von Dünger und Pflanzenschutzmitteln steht jedoch das Fahrzeug lediglich als reine Arbeitsmaschine in Nutzung. Dieser Gebrauchsteil kann in zulässiger Weise vom Versicherungsschutz ausgeschlossen sein. Entsprechend sind immer die individuellen[375] AKB zu prüfen, da Abweichungen von den Muster-AKB des GDV vereinbart sein könnten.

---

365 Bedenklich daher *OLG Celle* VersR 2010, 666; *OLG Zweibrücken* VersR 2010, 664.

366 *AG München* NJW 2005, 760 f.; Kfz-Werkstatt siehe *OVG Schleswig* NVwZ-RR 2011, 312.

367 *OVG Saarbrücken* v. 21.11.2013 – 2 A 335/13, WKRS 2013, 48978 = BauR 2014, 595.

368 *BGH* v. 05.05.1987 – VI ZR 181/86, VersR 1987, 1014 = NJW-RR 1987, 1311 (Großbrand); *LG Paderborn* v. 11.01.2012 – 3 O 170/11, WKRS 2012, 23315.

369 *BGH* v. 25.01.1983 – ZR 24/82, MDR 1983, 742 = VersR 1993, 441 = NJW 1983, 2935.

370 *OLG Hamm* NJW-RR 1993, 914; *OLG Frankfurt* TranspR 2008, 472 m. Anm. *Boettge* (NZB zurückgewiesen *BGH* v. 04.03.2008 – VI ZR 137/07).

371 *Schimikowski* Rn. 77.

372 Ggfs. bei bestimmungsgemäßem Betrieb unter Missachtung von Verkehrsbeschränkungen nach den §§ 40, 47 BImSchG (Smog).

373 *Schimikowski* Rn. 78.

374 *OLG Jena* v. 31.03.2005 – 8 U 837/03.

375 *Heinrichs* zfs 2009, 187.

Beim Einsatz des Fahrzeugs als reine Arbeitsmaschine wird ein ergänzender Deckungsbereich[376] in der Kfz-Haftpflichtversicherung angesprochen, der begrifflich über das hinausgeht, was der Gesetzgeber nach dem PflVG als Gebrauch – auf öffentlichen Wegen und Plätzen – verlangt. 262

Entsprechend konnte das *BAV* es auch zugelassen, dass Versicherungsunternehmen durch Verwendung von Sonderbedingungen[377] das Arbeitsrisiko aus der Kfz-Haftpflichtversicherung ausschließen. Daraus folgt, dass diejenigen, die nicht Verkehrsopfer nach dem Zweckgedanken des Pflichtversicherungsgesetzes sind, auch keinen Direktanspruch gegen den Kfz-Haftpflichtversicherer nach § 115 Abs. 1 Nr. 1 VVG haben.[378] 263

Beruht jedenfalls das falsche Ausbringen von Dünger oder Pflanzenschutzmitteln nicht auf einem technischen Mangel des Fahrzeugs oder einem Fahrfehler, ist der Schaden nur gelegentlich des Gebrauchs des Fahrzeugs eingetreten. 264

Beispiele hierfür bieten fachliche Fehler[379] des Landwirts,[380] weil er die Wetterprognose missachtet, es ihm schlicht egal ist, ob es stürmt und das Spritzmittel fortgeweht wird, der Boden noch gefroren ist und so das Mittel nicht in den Boden eindringen kann und dann fortgespült wird. Gefährlich ist auch das Reinigen der Spritze auf dem Feld. Dadurch können hochkonzentrierte Restbestände in den Boden eindringen oder in Gewässer gespült werden. 265

Bei derartigem Fehlverhalten, insbesondere bei Windabdrift,[381] ist der Gebrauch des Fahrzeugs nicht kausal für den eingetretenen Schaden. 266

Vergleichbar ist dies mit einer Fehlbefüllung durch Verwechslung der Anschlüsse an den stationären Tankbehältern[382] des Empfängers. 267

Kein dem Fahrzeugrisiko zurechenbarer Gebrauch liegt auch dann vor, wenn ein verplombter, mit Gefahrgut beladener und vom Fahrzeug transportierter Wechselbrückencontainer[383] in Brand gerät. Die chemische Reaktion im Inneren des Containers ist allein durch den Versender veranlasst. 268

In den vorgenannten Beispielsfällen fehlt es an dem Merkmal »durch den Gebrauch«, da der Schaden nur »gelegentlich« der Fahrzeugverwendung eintritt, aber nicht deren wesentliche Ursache darstellt. 269

*Schimikowski*[384] diskutiert mit Blick auf die Landwirtschaft die unterschiedliche Praxis der Kfz-Haftpflicht- bzw. Betriebshaftpflichtversicherer. Er kommt ebenfalls zu dem Ergebnis, dass sich weder die Betriebsgefahr nach § 7 StVG noch eine dem Kfz innewohnende Gefahr verwirklicht hat, sondern 270

376 Einzelheiten zur normbezogenen Auslegung des Gebrauchsbegriffs mit Fallgruppen, Halm/Kreuter/*Schwab* AKB-Kommentar, A.1.1.1 AKB 2015, Rn. 79 ff.; *Schwab* DAR 2011, 11 ff.

377 Sonderbedingungen 11, VerBAV 1971, 320 f.; VerBAV 1975, 299 f.

378 Anders der für Haftungsfragen zuständige 6. Senat des *BGH* v. 08.04.2008 – VI ZR 229/07, WKRS 2008, 12599 = NJW-Spezial 2008, 298 zum Heizölbefüllschaden *OLG Frankfurt* NJOZ 2008, 2864 = zfs 2008, 377 = r+s 2008, 437; *BGH* v. 08.12.2015 – VI ZR 139/15, BGHZ 208, 140 = WKRS 2015, 36587 = DAR 2016, 261 = MDR 2016, 1019 = NJW 2016, 1162 = r+s 2016, 142 = VersR 2016, 1048.

379 Unwissenheit mangels Ausbildung und fehlender Spritzprüfung; Sachkundelehrgang im Pflanzenschutz.

380 Fall mit Unkrautvernichtungsmittel des *OLG Celle* VersR 1981, 66 f.

381 *Brandenburgisches OLG* v. 06.07.2017 – 5 U 95/16 (NZB der streithelfenden Betriebshaftpflichtversicherung, *BGH* VI ZR 296/17).

382 *OLG Hamburg* OLGR 2008, 895 = DAR 2010, 699, von *BGH* v. 27.07.2010 – VI ZB 49/08, DAR 2010, 639 u. DAR 2010, 698 = VersR 2010, 1360 = r+s 2010, 433 = MDR 2010, 1322 im Ergebnis bestätigt; *LG Koblenz* DAR 2009, 468; *OLG München* v. 24.04.2015 – 25 U 4874/14, WKRS 2015, 38185 = BeckRS 2016, 05195 = VersR 2016, 1306 = r+s 2016, 298 m.abl.Anm. *Schimikowski*, NZB wurde jedoch zurückgewiesen *BGH* v. 03.02.2016 – IV ZR 564/15.

383 Insoweit falsch *OLG Dresden* v. 29.01.2014 – 7 U 792/13, WKRS 2014, 11446 = MDR 2014, 402 = NJW-RR 2014, 1176.

384 *Schimikowski* VersR 1992, 923 f., 928 ff.

lediglich allgemeine betriebliche Gefahren zum Schaden beigetragen haben. Diese habe folgerichtig der Betriebshaftpflichtversicherer zu übernehmen.[385]

271 Zur früheren großen Kraftfahrzeugausschlussklausel in der Betriebshaftpflichtversicherung führte der *BGH*[386] entsprechend aus, dass eine bloße zusätzliche Ursache, die durch den Gebrauch eines Kraftfahrzeugs gesetzt wird, kein Umstand sei, dem gegenüber der Verwirklichung der allgemeinen betrieblichen Haftpflichtgefahr eine selbstständige Bedeutung zukommt.

272 Der vierte Senat des *BGH* unterschied bei einem technischen Versagen der Arbeitsmaschine – also keinem fachlichen Versagen des Landwirts – danach, ob der Fehler in der vorübergehend montierten Anbauspritze oder dem Fahrzeug als solchem zu suchen ist.[387] Er unterteilte dabei danach, dass praktisch einem beliebigen Kraftfahrzeug mit den gängigen Funktionen erst durch das Zusatzaggregat eine weitere Aufgabe zukomme, mit der dann Arbeitseinsätze gefahren werden könnten.

273 Die Sachlage wird hier folglich anders bewertet, als etwa bei einem Silo- oder Tankfahrzeug, das gerade mit dieser Spezialausstattung dauerhaft ausgestattet ist, um damit ständig die entsprechenden Güter transportieren zu können. Dennoch muss sich gerade auch da die fahrzeugtypische Gefährlichkeit auswirken.[388]

274 Auch die *Paritätische Kommission*[389] – (Kommission zur Beilegung von Meinungsverschiedenheiten unter den Versicherern, besetzt mit Vertretern aus Haftpflicht und Kraftfahrt beim GDV. Die Entscheidungen der Kommission sind zwischenzeitlich selten geworden und für die Parteien nicht bindend,[390] sodass eine gerichtliche Klärung theoretisch dennoch möglich ist) – trifft nun eine entsprechende Unterscheidung[391] nach zweckgebundenem Sonderaufbaufahrzeug und nur vorübergehender Verbindung von Spezialeinrichtungen an einem Fahrzeug. Je nach dem sieht sie den Pflichtenkreis des Fahrers in der Kraftfahrthaftpflicht oder in der Betriebshaftpflicht angesiedelt.

275 Die Unterscheidung nach festem Anbau der Spritze an dem Fahrzeug »ja oder nein«, wurde zwischenzeitlich aufgegeben. Das *OLG Schleswig*[392] stellt allein darauf ab, ob die Gefahren des Gewerbebetriebes oder die Gefahren des Fahrzeuggebrauchs überwiegen. Diese Auffassung wurde nun durch Nichtannahmebeschluss vom *BGH*[393] bestätigt.

276 Bei der unerlaubten Handlung muss die Widerrechtlichkeit gegeben sein und ein Verschulden in Form von Fahrlässigkeit oder Vorsatz vorliegen. Bei Vorsatz besteht allerdings nach § 103 VVG kein Haftpflichtversicherungsschutz.

---

385 Zur Abgrenzung von allgemeiner Haftpflicht und Kraftfahrthaftpflicht s.a.: *Wussow* VersR 1996, 668 ff.; *Hofmann* NVersZ 1998, 54 ff.; *Halm/Kreuter/Schwab* AKB-Kommentar, A.1.1.1 AKB 2015, Rn. 90 ff.; *Staab* DAR 2011, 181 ff.

386 *BGH* v. 17.02.1966 – II ZR 103/63, BGHZ 45, 168 (172) = NJW 1966, 929 = MDR 1966, 482.

387 *BGH* v. 27.10.1983 – IV ZR 243/92, VersR 1994, 83 = MDR 1993, 44 = NZV 1994, 66.

388 Richtig daher *OLG Hamburg* OLGR 2008, 895 = DAR 2010, 699, von *BGH* v. 27.07.2010 – VI ZB 49/08, DAR 2010, 639 u. DAR 2010, 698 = VersR 2010, 1360 = r+s 2010, 433 = MDR 2010, 1322 im Ergebnis bestätigt; *LG Koblenz* DAR 2009, 468; *OLG München* v. 24.04.2015 – 25 U 4874/14, WKRS 2015, 38185 = BeckRS 2016, 05195 = VersR 2016, 1306 = r+s 2016, 298 m.abl.Anm. *Schimikowski*, NZB wurde jedoch zurückgewiesen *BGH* v. 03.02.2016 – IV ZR 564/15.

389 Kommission zur Beilegung von Meinungsverschiedenheiten unter den Versicherern, besetzt mit Vertretern aus Haftpflicht und Kraftfahrt beim GDV. Die Entscheidungen der Kommission sind für die Parteien nicht bindend, sodass eine gerichtliche Klärung (theoretisch) dennoch möglich ist.

390 Kein Schiedsgericht im Sinne der §§ 1025 ff. ZPO, *Staab* DAR 2011, 181 (186).

391 Entscheidung der Paritätischen Kommission, Fall 147 (abgedruckt Seite 206 bei *Hock* Die Benzinklausel (Kraftfahrzeugklausel) in der Allgemeinen Haftpflichtversicherung).

392 *OLG Schleswig* SP 2002, 253.

393 *BGH* v. 25.09.2002 – IV ZR 286/01, SP 2003, 28.

Der Geschädigte hat alle Umstände darzulegen und zu beweisen, aus denen sich die Verwirklichung der einzelnen Tatbestandsmerkmale[394] eines Schutzgesetzes ergeben. Er muss somit auch den ursächlichen Zusammenhang zwischen Verstoß und Schaden beweisen. Ihm kommen jedoch Beweiserleichterungen[395] zugute, wenn der Verstoß objektiv festgestellt wurde. 277

Dies wirkt sich insbesondere bei konkreten Verstößen gegen die GGVSEB aus. 278

▶ Beispiel:

Ein LKW-Fahrer fährt aus Unachtsamkeit auf den vor ihm fahrenden und bremsenden Tankwagen auf, Gefahrgut läuft aus dem Transporttank aus und schädigt Dritte. 279

Die GGVSEB schreibt vor, dass Tankwagen am Heck einen Anfahrschutz[396] haben müssen. Dieser soll verhindern, dass bei Auffahrunfällen das nachfolgende Fahrzeug gegen den Tank schlägt und diesen so weit verformt, dass er aufreißt und undicht wird. Der Anfahrschutz ist, anders als der nach § 32b StVZO vorgeschriebene Unterfahrschutz, so stark ausgebildet, dass er kleinere und mittlere Anstöße aufnehmen kann. So wird verhindert, dass der Transporttank selbst beschädigt wird und soll erreicht werden, dass er sich nur soweit verformen kann, dass kein Gefahrgut auszutreten vermag.

Bei fehlendem Anfahrschutz[397] hat folglich der Halter des Tankwagens zu beweisen, dass es auch mit vorgeschriebenem Anfahrschutz zu einem ähnlich großen Austritt von Gefahrgut gekommen wäre. Hier kann der Auffahrende Beweiserleichterungen zur gesamtschuldnerischen Haftung mit dem Tankwagenhalter geltend machen. 280

Die Beweiserleichterungen gelten jedoch nur in Bezug auf den Zweck des Gesetzes, also dem besonderen Schutz Dritter und der Umwelt beim Umgang mit Gefahrgütern. Sollte es darum gehen, dass der Schaden am Tankwagen kostengünstiger ausgefallen wäre, wenn statt des teuren Tankbehälters nur der Anfahrschutz deformiert worden wäre, hat dies der Auffahrende zu beweisen, da dies nicht mit dem Schutzzweck der GGVSEB im Zusammenhang steht. 281

Nebenbei sei hier erwähnt, dass in jedem Fall die Geltendmachung von Nutzungsausfall bzw. von Vorhaltekosten oder Gewinnentgang durch den Halter des Tankwagen kritisch zu sehen ist, da ein solches Fahrzeug nicht zum Gefahrguttransport eingesetzt werden darf.[398] Fahrzeugbezogene rechtliche Hindernisse[399] stehen dann auch einem Nutzungsausfall entgegen. 282

## 6. § 831 Abs. 1 BGB

Es darf zunächst auf die allgemeinen Ausführungen zur Geschäftsherrenhaftung[400] verwiesen werden. Für die Problematik bei Umweltschäden ist jedoch hier noch näher auf den Gefahrguttransport einzugehen, da sich dort Besonderheiten ergeben können. 283

Zunächst sei darauf hingewiesen, dass weder eine Spedition noch ein Fahrzeugvermieter, die einem anderen Unternehmen Gefahrgutfahrzeuge zur Verfügung stellen, Geschäftsherren dieses Unterneh- 284

394 *BGH* v. 19.07.2011 – VI ZR 367/09, MDR 2011, 1101 = VersR 2011, 127.

395 Jauernig/*Teichmann* § 823 BGB Rn. 63.

396 Anlage B 9.7.6 des Europäischen Übereinkommens v. 30.9.1957 über die internationale Beförderung gefährlicher Güter auf der Straße (ADR) i.V.m. § 1 Abs. 4 Gefahrgutverordnung Straße, Eisenbahn und Binnenschifffahrt (GGVSEB) i.V.m. §§ 3, 5 Gefahrgutbeförderungsgesetz (GGBefG).

397 Auffällig geworden sind Fahrzeuge, die meist im Ausland zugelassen sind. Bei grenzüberschreitendem Verkehr gilt die ADR als europäische Norm zur GGVSEB mit weitgehend gleichem Inhalt und Zielsetzung.

398 Zum Erlöschen der Betriebserlaubnis (schon) bei falscher Reifengröße s. *OLG Karlsruhe* NZV 1993, 322.

399 *Schäpe/Heberlein* Kap. 12 Rdn. 387.

400 *Hier Köck* Kap. 4. Rn. 248; auch Rdn. 175.

mens und deren Fahrer werden.[401] Allenfalls ist in diesem Zusammenhang an § 31 Abs. 2 StVZO zu denken, sofern diese Unternehmen Halter des Fahrzeugs sind.

285 An einen Geschäftsführer, der durch Fahrer Gefahrguttransporte durchführen lässt, sind selbst strengere Sorgfaltsanforderungen zu stellen, als diese sonst bei Fuhrunternehmen üblich sind.[402] In diesem Zusammenhang ist zu beachten, dass solche Unternehmen bereits einer strengeren behördlichen Aufsicht unterliegen. Die Bezeichnungen der Behörden sind dabei in den Bundesländern unterschiedlich. Sie können z.B. Gefahrgutaufsicht[403] in Hessen, Wirtschaftskontrolldienst in Baden-Württemberg oder schlicht Gewerbeaufsicht lauten. Werden die strengen Anforderungen von den Unternehmen erfüllt, sind also auch der beaufsichtigenden Behörde keine ständigen und nachhaltigen Unregelmäßigkeiten im Geschäftsbetrieb bekannt, wird dies bereits ein Indiz dafür sein, dass generell in diesem Betrieb die Auswahl und Schulung der Mitarbeiter sowie die Kontrolle funktionieren.

286 Erforderlich für den Entlastungsbeweis ist natürlich nach wie vor, dass die Anforderungen in Bezug auf den jeweilig tätig gewordenen Verrichtungsgehilfen abgestellt und nachgewiesen werden.

287 Bei der Auswahl und Einstellung der Gefahrgutfahrer muss der sorgfältige Geschäftsherr nicht nur die Vorlage des Führerscheins, sondern auch die des »Gefahrgutführerscheins«[404] (ADR-Schein) verlangen.

288 In zeitlichen Abständen wird sich der Geschäftsherr diese Papiere wiederholt[405] vorlegen lassen müssen. Hierbei wird er auch zu kontrollieren haben, wann sein Fahrer zur nächsten Schulung muss. Er wird ihn entsprechend anmelden.

289 Auf die alleinigen externen Schulungen wird er sich aber auch nicht verlassen können. Für Heizöltransporte fordert der *BGH*[406] eine Belehrung über die Gefahren und eine Einweisung in die Technik durch den Geschäftsherrn. Dies hat allerdings nur im zumutbaren[407] Umfang zu erfolgen. Über Details zu jedem am Markt vorhandenen Befüllsystem (mit arbeitstäglich neuestem Stand) braucht der Unternehmer den Fahrer nicht informiert zu halten.

290 Dagegen kann der Unternehmer sich nicht darauf berufen, dass ihm das Wissen hierzu fehlt. Nach der Gefahrgutbeauftragtenverordnung hat er selbst oder statt seiner eine hierzu schriftlich bestellte »beauftragte Person« über das erforderliche Wissen zu verfügen.

291 Bei der Kontrolle wird ein Unternehmer nicht nur Fahrtenschreiberblätter bzw. Fahrerkarten seiner Fahrer auf die Einhaltung der Lenk- und Ruhezeiten anzusehen haben. Er wird auch regelmäßige Prüfungen des Fahrzeugs durch sein Personal verlangen und sich nachweisen lassen. Dabei kann er prüfen, ob vor Fahrtantritt mit dem Gefahrgutfahrzeug ein Check durchgeführt wurde. Es gilt dabei der Grundsatz, dass bei einem länger andauernden gefahrenträchtigen Zustand, der Geschäftsherr seiner Überwachungspflicht nicht ausreichend nachgekommen ist.[408] Der Unternehmer sollte in Bezug auf die Anlage 2 Nr. 3.3 zu Kap. 8.4, 8.5 S 14 bis S 24 ADR den Überwachungsvorschriften genügen. Dazu gehört es zu prüfen, ob geeignete Gefahrgut-Parkplätze durch die Fahrer benutzt werden. Leider errichten oder genehmigen zu wenige Gemeinden Parkplätze für LKW und Gefahr-

401 *BGH* v. 08.01.1981 – III ZR 157/79, BGHZ 80, 1 = NJW 1981, 1516 = VersR 1981, 458 = ZfW 1981, 156 für Zugmaschine mit Tankauflieger.

402 *BGH* v. 30.01.1996 – VI ZR 408/94, TranspR 1996, 201 = VRS 96, 165 = VersR 1996, 469 (470) = NJW-RR 1996, 867 = NZV 1996, 191.

403 Gefahrgutkontrolle durch Wasserschutzpolizei in Niedersachsen, BFH, 29.11.2016 – VI R 39/15, WKRS 2016, 34192.

404 ADR-Bescheinigung über die Schulung der Führer von Kraftfahrzeugen zur Beförderung gefährlicher Güter, Anlage B 8.2.2.8.3 – Muster unten Rdn. 557.

405 *Mielchen/Meyer* DAR 2008, 5.

406 *BGH* v. 15.10.1971 – I ZR 27/70, DAR 1972, 71 = VersR 1972, 67 = NJW 1972, 42 = DB 1972, 234 = MDR 1972, 122; Palandt/*Sprau* § 831 BGB Rn. 18.

407 *LG Zwickau* v. 21.04.2009 – 2 O 625/07.

408 *BGH* v. 30.01.1996 – VI ZR 408/94, TranspR 1996, 201 = VRS 96, 165 = VersR 1996, 469 (470) = NJW-RR 1996, 867.

gut-LKW, so dass es den Unternehmen oft unmöglich gemacht wird, Gefahrgutbestimmungen tatsächlich einzuhalten.

Wenn der Fahrer verbotswidrig einen Bekannten auf der Fahrt mitnimmt, der dann bei der Fahrt verunfallt, ist der Geschäftsherr nach dem *BGH*[409] nicht mehr nach § 831 BGB verantwortlich. Dies sollte bei Gefahrguttransporten selbst dann gelten, wenn der Geschäftsherr dies nicht ausdrücklich untersagt hat. Dies ist bereits nach den Gefahrgutbestimmungen[410] verboten. 292

Unabhängig von einer Halterhaftung nach § 7 Abs. 1, Abs. 3 S. 2 StVG, entfällt bei Schwarzfahrten des Personals die Geschäftsherrenhaftung.[411] Dies gilt insbesondere, wenn der Heizölfahrer auf eigene Rechnung[412] mit dem Firmenfahrzeug Ware ausfährt, die er sich z.B. beim Heizölbetrug[413] beschafft hat. 293

### 7. § 7 Abs. 1 StVG

Voraussetzung ist zunächst, dass das Kraftfahrzeug und seit der Neuregelung des Schadensersatzrechts[414] auch der so gezogene Anhänger im Unfallzeitpunkt dauerhaft schneller als 20 km/h gefahren werden konnte, § 8 Nr. 1 StVG. Die haftungseinschränkende Vorschrift stößt seit Jahrzehnten auf Kritik und begegnet verfassungsrechtlichen[415] Bedenken. Ohne gesetzgeberische Änderung ist sie weiterhin zu beachten. 294

Es gilt nicht die bauartbedingte Höchstgeschwindigkeit, sondern die Höchstgeschwindigkeit, die das Fahrzeug im Unfallzeitpunkt tatsächlich erreichen konnte.[416] Die Ansicht,[417] es käme dabei allein darauf an, dass ein Fahrzeug unbeladen und ohne Anhänger auf ebener Strecke eine Geschwindigkeit von 20 km/h erreichen könne, geht fehl. Für die Ermittlung der bauartbedingten Höchstgeschwindigkeit sind entsprechende Messvorgaben einzuhalten, wobei äußere Faktoren wie Luftdruck, Temperatur, Wind, Steigung, Fahrbahnbelag und das Fahrzeuggewicht Auswirkungen auf die Endgeschwindigkeit haben. Entsprechend werden auch nur Mittelwerte verschiedener Messungen für die bauartbedingte Höchstgeschwindigkeit herangezogen. Tatsächlich ist es nicht nur schwerer, eine größere Masse zu beschleunigen, denn die Zuladung erhöht auch den Rollwiderstand der Reifen. Der erhöhte Rollwiderstand hat Auswirkungen auf die Endgeschwindigkeit.

Die Vorschrift genießt besondere Beachtung in Umweltschäden, da viele Schäden im Zusammenhang mit einem Arbeitseinsatz des Fahrzeugs stehen. Zu denken ist beispielhaft an folgende Situationen: 295

- Eine landwirtschaftliche Zugmaschine erreicht ohne Anhänger problemlos 40 km/h. Werden jedoch von der Maschine zwei[418] sehr schwere Gülletankanhänger gezogen, steht infrage, ob technisch noch eine Geschwindigkeit von 20 km/h auf ebener Strecke erreicht werden kann.
- Ein Brückenunterfahrsichtgerät, also ein Spezialfahrzeug, das ganz langsam auf der Straße fährt, wobei seitlich nach unten unter die Brücke ein Ausleger mit einem Korb greift, in dem ein Prüfingenieur die Unterseite der Brücke inspizieren kann, wird höchstwahrscheinlich über eine technische Sperre verfügen, die ein schnelleres Fahren bei ausgefahrenem Ausleger verhindert.
- Ein Autokran, dessen Räder den Boden nicht berühren, da die Standbeine ausgefahren sind und das Fahrzeug anheben, kann gar nicht fahren.[419] Gleiches gilt für Teleskop- und LKW-

409 *BGH* v. 03.11.1964 – VI ZR 82/64, DAR 1965, 78 = NJW 1965, 391.
410 Anlage B.8.3.1 (ADR).
411 Palandt/*Sprau* § 831 BGB Rn. 10.
412 *OLG Köln* zfs 1993, 232 f. = VersR 1994, 108.
413 http://www.wdr.de/tv/markt/sendungsbeitraege/2010/0802/00_heizoel.jsp.
414 Zweites Gesetz zur Änderung schadensersatzrechtlicher Vorschriften vom 19.07.2002.
415 *Schwab* DAR 2011, 129 ff.
416 Hentschel/*König*/Dauer § 8 StVG Rn. 2.
417 MüKo Straßenverkehrsrecht, Bd. 2, *Engel*, § 8 StVG, Rn. 6.
418 Nach § 32a S. 2 StVZO möglich.
419 Daher auch kein Betrieb: *OLG Frankfurt* VersR 1996, 1403 f.

Scheren-Arbeitsbühnen,[420] sowie gelegentlich bei Betonpumpenfahrzeugen und Fahrzeugen der Containerdienste, die zum Ab- und Aufladen Tragstützen ausfahren müssen. Steht der Autokran auf seinen Rädern und ist der Ausleger ausgefahren, kann eine technische Sperre ein schnelleres Fahren als langsames Schritttempo verhindern.

- Von praktischer Bedeutung sind aber gerade Fälle, die sich beim Rangieren und Rückwärtsfahren ereignen, wo an Findlingen[421] oder niedergelegten Pollern[422] der Tank beschädigt wird. Ein LKW ist technisch nicht in der Lage, rückwärts wesentlich schneller als Schrittgeschwindigkeit zu fahren. LKW-Kupplungen halten bauartbedingt[423] diese enormen Belastungen nicht aus. Ein PKW kann auch rückwärts regelmäßig schneller fahren. PKW mit Elektroantrieb könnten grundsätzlich rückwärts so schnell fahren wie vorwärts. Sie sind aber durch eine Elektronik gedrosselt.

296 Aus § 7 Abs. 2 StVG ergibt sich, dass es sich um einen Unfall handeln muss. Der Unfallbegriff[424] verlangt ein auf einer äußeren Einwirkung beruhendes, plötzliches, örtlich und zeitlich begrenztes Schadenereignis.

297 Weiterhin muss sich der Unfall beim Betrieb des Kraftfahrzeugs oder Anhängers ereignet haben. Dabei ist nach mit guten Argumenten kritisch zu sehender,[425] aber herrschender Meinung nicht unbedingt Voraussetzung, dass das Fahrzeug sich im öffentlichen Verkehrsraum befand. Die herrschende Meinung[426] wird dabei allerdings der Tatsache nicht gerecht, dass der Anwendungsbereich des StVG vom Gesetzgeber auf den öffentlichen Verkehrsraum ausgerichtet wurde. Die Gefährdungshaftung als Ausnahmetatbestand darf nicht ohne weiteres erweiternd ausgelegt werden. Der unzulässigen Ausweitung der Haftung steht neben der Systematik des StVG auch das fehlende Schutzbedürfnis entgegen. Für Sonderhaftungstatbestände gilt ein Analogieverbot[427] zu beachten. Ein Gericht hat das System der Gewaltenteilung zu beachten und darf nicht anstelle – und gegen den erklärten Willen – des Gesetzgebers eigene Wertungen einfließen lassen.

298 Wichtig ist, dass sich die Betriebsgefahr verkehrsbeeinflussend ausgewirkt hat. Dies ist beispielsweise dann der Fall, wenn beim Entladen von Heizöl ein Schlauch undicht wird und das Öl auf die Straße läuft oder ein Passant auf dem Gehweg über den nicht gesicherten Schlauch stolpert und sich verletzt.[428]

299 Ebenfalls noch zum Betrieb des Kfz wird gerechnet, wenn Öl aus einem transportierten Fahrzeug auf die Ladefläche des Tiefladers[429] und von dort auf die Straße ausläuft. Dabei wirkt sich die Betriebsgefahr des transportierenden Kraftfahrzeugs aus. Das transportierte Fahrzeug stellt nur noch Ladung dar, die nicht selbst »aktiv« am Verkehr teilnimmt.

---

420 *OLG Hamm* VersR 1991, 1399 = NJW-RR 1991, 992.

421 *AG München* v. 13.11.2007 – 232 C 37976/05 (kein Verstoß gegen Verkehrssicherungspflicht bei klar erkennbarem Felsbrocken, der dem Schutz der Bepflanzung dient).

422 *AG Aschaffenburg* v. 29.04.2008 – 23 C 2132/07 (Alleinhaftung des Verkehrssicherungspflichtigen).

423 Im Zweifel ist eine Anfrage beim Hersteller unter Angabe der Seriennummer erforderlich.

424 Himmelreich/Halm/*Luckey*, Handbuch des Fachanwalts Verkehrsrecht, Kap. 1 Rn. 13; Geigel/*Kaufmann*, Kap. 25 Rn. 6 u. 65; *VG Köln* v. 13.05.2011 - 18 K 7475 u. *VG Köln* v. 13.05.2011 - 18 K 7476.

425 Kritsch *Schwab* DAR 2011, 11 (15); so auch Himmelreich/Halm/*Luckey* Kap. I, Rn. 14.

426 *BGH* v. 21.01.2014 – VI ZR 253/13, r+s 2014, 194 (kritisch *Lemcke*); Ludovisy/*Eggert*/Burhoff, Praxis des Straßenverkehrsrechts, Teil 4 Rn. 41; *Bachmeier*, Verkehrszivilsachen, Rn. 97.

427 *BGH* v. 25.01.1971 – III ZR 208/68/BHGZ 55, 229 (232)= WKRS 1971, 11196 = NJW 1971, 607 = VersR 1971, 452.

428 *BGH* v. 23.05.1978 – VI ZR 150/76, BGHZ 71, 212 = VersR 1978, 827 = NJW 1978, 1582 = DAR 1978, 227; *AG Köln* v. 15.01.2016 – 133 C 649/14.

429 *OLG Düsseldorf* MDR 1968, 669.

Schließlich gehört nach der Rspr. auch eine Vorbereitungshandlung, wie das Betanken eines Kfz noch zum Betrieb.[430] Soweit es um ein Betanken wirklich nur des Fahrzeugtanks an einer öffentlichen Tankstelle geht, die sich zwar auf Privatgelände befindet, aber wie gewünscht vom Verkehr frequentiert wird, ist dem selbst dann gerade noch zuzustimmen, wenn der Reservekanister – im körperlichen Bezug zum Kraftfahrzeug – gefüllt wird. Dann zählt der Kanister als Zubehör zum Fahrzeug. 300

Anders sieht es jedoch aus, wenn Benzin oder Gemisch für den Rasenmäher geholt wird und beim Füllen der Kanister überläuft, noch bevor er mit dem Fahrzeug abtransportiert wird. Gerade im Bereich von Bauunternehmen und Landschaftsgärtnern, die häufig einen großen Maschinenpark (Stromerzeuger, Rüttelmaschine, Pressluftanhänger, Rasenmäher, Kettensägen, Freischneider, Motorhächsler, etc.) mitführen und diese Maschinen auch zu betanken haben, werden diverse Kanister für die jeweiligen Betriebsstoffe benötigt. Schäden durch das Betanken der Gerätschaften gehören nicht zum Betrieb des Kfz und auch nicht mehr zum Gebrauch, da es nur um das motorgetriebene Handgerät geht, das zufällig mit einem Fahrzeug transportiert wurde. 301

Die Sache ist ebenso zu sehen, wenn eine noch auf der Ladefläche stehende Maschine aus einem Kanister betankt und der Tank überfüllt wird. Das Fahrzeug selbst wirkt in diesem Fall nicht verkehrsbeeinflussend. Es wird allenfalls als Arbeitsfläche, nicht einmal als Arbeitsmaschine genutzt, wobei der Betankende ja auch nicht notwendigerweise der Fahrer[431] des Fahrzeugs ist. Der Unterschied zum Fall des *OLG Düsseldorf*[432] besteht darin, dass dort ein Transport im Vordergrund stand und der Fahrer sich in diesem Rahmen auch um die Sicherung der Ladung und um die Vermeidung von Schäden durch die transportierte Ladung zu kümmern hatte. 302

Schließlich sei noch auf die Betankungsfälle auf den Feldern und Ackerflächen hingewiesen. Landwirte haben vielfach eigene Dieseltankstellen, da das Dieselöl für landwirtschaftliche Betriebe steuerbegünstigt ist und die Geräte nicht alle zu weit entfernten Tankstellen gefahren werden können. In der Erntezeit kann immer wieder beobachtet werden, dass z.B. Mähdrescher, auch mit amtlicher Zulassung als Kraftfahrzeuge, auf dem Feld und nicht an der Betriebstankstelle[433] betankt werden. Dies geschieht teils unzulässigerweise[434] in der Form, dass mehrere große Kanister abgefüllt und dann in einem PKW oder Traktor mit Ladefläche zum Einsatzort gefahren werden. Dort wird dann aus den Kanistern die Erntemaschine auf unbefestigtem Boden betankt. Dies wird gemacht, da die Miete des Erntefahrzeugs bzw. die Lohnfuhrunternehmerkosten pro Stunde sehr hoch sind und oft nur innerhalb weniger Stunden und Tage aufgrund der Wetterbedingungen die Ernte überhaupt eingefahren werden kann. Selbst eine Unterbrechung, um an der Betriebstankstelle aufzutanken, wird dann aus Kosten- und Zeitgründen gescheut. 303

In diesen Fällen geht es ausschließlich um den Einsatz der Erntemaschine als Arbeitsmaschine auf dem Feld, sodass auch die Vorbereitungshandlung »Betanken der Maschine« nicht zum Betrieb des Kfz zu zählen ist. 304

Das Be- und Entladen zählt zwar noch zum Gebrauch[435] des Fahrzeugs und fällt damit unter den Deckungsumfang der Kraftfahrthaftpflichtversicherung nach A.1.1.1 AKB 2015. Das Abladen von 305

430 *OLG Köln* VersR 1983, 287 f.; *LG Köln* SP 2008, 160 (Falschbetankung eines Mietfahrzeugs); *VG Koblenz* v. 22.07.2008 – 6 K 255/08 (Beamter betankt Dienstwagen falsch); *VG Minden* v. 16.04.2009 – 4 K 1835/08 (Rettungswagen wird falsch betankt); *BVerwG* v. 02.02.2017 – 2 C 22.16, WKRS 2017, 12249 = NVwZ-RR 2017, 546 = LKV 2017, 226 (Polizeiwagen falsch betankt).

431 *LG Duisburg* VersR 2007, 56 (»Beifahrer« betankt Fahrzeug fehlerhaft).

432 *OLG Düsseldorf* MDR 1968, 669.

433 Häufig oft ohne Anfahrschutz des Tanks und flüssigkeitsdichtem Abfüllplatz mit Abscheideranlage anzutreffen.

434 Sofern beim Gefahrguttransport Grenzmengen überschritten werden, Anlage A 1.1.3.3. Freistellungen ADR.

435 *BGH* v. 26.06.1979 – VI ZR 122/78, BGHZ 75, 45 = NJW 1979, 2408 = VersR 1979, 956 (958) = MDR 1979, 1010 = VRS 57, 253 = r+s 1979, 250.

Öl[436] oder Chemikalien[437] gehört dagegen nicht mehr zum Betrieb nach § 7 StVG, wenn nur der Einsatz als Arbeitsmaschine und nicht als Verkehrsmittel im Vordergrund steht.[438] Der umgekehrte Fall, das Aufladen, ist entsprechend zu behandeln.[439] Der Schutzgedanke bei der Betriebsgefahr bezieht sich eben nicht auf die gewerbebetrieblichen Risiken.

306 Der *VI. Zivilsenat des BGH*[440] folgt jedoch der Tendenz, anstelle des hierzu allein berufenen Gesetzgebers durch eigene Wertungen den Anwendungsbereich der Betriebsgefahr massiv auszuweiten. Er übersieht, dass für Heizöltankfahrzeuge drei spezifische Gefährdungshaftungstatbestände existieren, die für ihren begrenzten Aufgabenbereich jeweils ein lex specialis bilden.

| TKW = Tankkraftwagen ist | | |
|---|---|---|
| ein Kraftfahrzeug | mit einem spezifischen Anlagenaufbau | von dem Rohrleitungen ausgehen |
| *Fahrbetrieb* | *Anlage nach dem WHG* | *Rohrleitungsanlage* |
| § 7 StVG | § 89 Abs. 2 WHG | § 2 Abs. 1 HaftPflG |
| lex specialis für den Fahrbetrieb | lex specialis für gefährliche Anlagen | lex specialis für Rohrleitungen |

Leider lässt der *BGH* § 7 StVG systemwidrig zu einer Auffangvorschrift heranwachsen, um die einschlägigen Spezialvorschriften nicht prüfen zu müssen.

307 Zuzustimmen ist *Schimikowski,*[441] der eine Haftung des Landwirts als Halter oder Fahrer einer Zugmaschine für Spritzschäden ablehnt. Dort geht es im Wesentlichen um die gefährliche Substanz oder die Vorrichtung zum richtigen Ausbringen des Pflanzenschutzmittels, also um einen Gefahrenkreis, bei dem das Fahrzeug nur eine untergeordnete Rolle spielt. Ebenso sieht dies das *OLG Hamm* für das Versprühen von Klärschlamm mit einem Miststreufahrzeug[442] oder das *LG Waldshut-Tiengen*[443] für einen Dungstreuer, der auf einem Ackergelände eingesetzt wird.

308 Unanwendbar ist die Haftungsnorm bei so genannten »Allmählichkeitsschäden« oder Umweltschäden aufgrund innerer Ursachen. § 7 Abs. 1 StVG erfordert nach dem Sinnzusammenhang eine äußere Einwirkung, die auf einem plötzlich, örtlich und zeitlich begrenztem Ereignis beruht. Das Tatbestandsmerkmal ist zwar ungeschrieben, es ergibt sich jedoch aus dem Bezug zu § 7 Abs. 2 StVG.[444] Zweifelhaft sind z.B. diejenigen Fälle, bei denen sich durch eine innere Ursache ein Fahrzeugbrand entwickelt und als mittelbare Folge des Brandes erst dann Dritte geschädigt werden. Allmählichkeitsschäden liegen z.B. vor, wenn ein Bauteil eines langfristig geparkten Fahrzeugs durchrostet und dann langsam Öl austritt.

436 *BGH* v. 23.05.1978 – VI ZR 150/76, BGHZ 71, 212 = VersR 1978, 827 = NJW 1978, 1582 = DAR 1978, 227.

437 *BGH* v. 19.09.1989 – VI ZR 301/88, DAR 1989. 418 = VersR 1989, 1187 = MDR 1990, 143 = zfs 1990, 22.

438 *BGH* v. 27.05.1975 – VI ZR 95/74, NJW 1975, 1886 = VersR 1975, 945 = DAR 1975, 271 zum Silofahrzeug; *BGH* v. 28.11.1979 – IV ZR 68/78 VersR 1980, 177 = VRS 58, 401 zum langsam fahrenden Autokran.

439 Im Fall der Grubenentleerung letztlich offengelassen: *OLG Düsseldorf* VersR 1993, 602 f.

440 *BGH* v. 08.12.2015 – VI ZR 139/15, BGHZ 208, 140 = WKRS 2015, 36587 = DAR 2016, 261 = NJW 2016, 1162 = NZV 2016, 165 = r+s 2016, 143 = VersR 2016, 1048 = WM 2016, 189; besprochen von *Offenloch* DAR 2016, 301 ff.

441 *Schimikowski* Rn. 13.

442 *OLG Hamm* SP 1996, 310 = NZV 1996, 23.

443 *LG Waldshut-Tiengen* VersR 1985, 117.

444 Geigel/*Kaufmann*, Kap. 25 Rn. 6 u. 65; Himmelreich/Halm/*Luckey*, Kap. I, Rn. 13; eindrucksvoll *VG Köln* v. 13.05.2011 – 18 K 7476/10.

### 8. § 89 Abs. 1 WHG – Haftung für Handlungen nach dem Wasserhaushaltsgesetz

Die Grundgesetzänderung zum 01.09.2006 im Zuge der Föderalismusreform I[445] hat auch das alte Wasserhaushaltsgesetz erfasst. Seit dem 01.03.2010 gilt das neue[446] WHG, teilweise zunächst in allen Teilen.[447] 309

Die frühere Rahmengesetzgebungskompetenz des Bundes wurde zugunsten einer konkurrierenden Gesetzgebungskompetenz von Bund und Ländern verlagert, Art. 74 Abs. 1 Nr. 32 GG.

Für das Fachrecht bedeutet dies, dass der Bund – unter Einschränkungen[448] – nun selbst fachliche Regeln aufstellen darf, was er mit dem neuen WHG zum 01.03.2010 umgesetzt hat. Allerdings eröffnet Art. 72 Abs. 3 GG dem Landesgesetzgeber die Möglichkeit, abweichende und damit dem Bundesrecht vorrangige Regelungen zu schaffen. In diesen Fällen gilt der Grundsatz »Bundesrecht bricht Landesrecht« aus Art. 31 GG dann ausnahmsweise nicht. 310

Durch eine zeitlich nachfolgende Reform des WHG-Bundesrechts, geht allerdings das Bundesrecht wieder vor. Aktualisieren die Länder daraufhin ihr Landesrecht, verdrängen sie wiederum das Bundesrecht, Art. 72 Abs. 3 S. 3 GG. 311

Eine ausdrückliche Einschränkung für den Landesgesetzgeber besteht jedoch dort, wo es um »stoff- oder anlagenbezogene« Regelungen geht, Art. 72 Abs. 3 Nr. 5 GG. Gemeint sind damit nach dem Willen des Grundgesetzgebers offenkundig nur alle technischen[449] Vorgaben des Bundesgesetzgebers. 312

Der Bundesregierung war es zeitlich nicht möglich, bis zum Stichtag des Inkrafttretens des WHG zum 01.03.2010, fachlich tiefer gehend die näheren Vorgaben per Rechtsverordnung nach Anhörung der beteiligten Kreise zu fassen, § 23 WHG.[450] Es entstand ein Rechtsvakuum.[451] Als Übergangslösung[452] für die unabdingbar vorab zu regelnden Teilbereiche (Betreiberpflichten, Besondere Pflichten beim Befüllen und Entleeren, Fachbetriebe) erließ die Bundesregierung unter Zustimmung des Bundesrates eine Verordnung über Anlagen zum Umgang mit wassergefährdenden Stoffen[453] (Bundes-VAwS). Sie trat am 10.04.2010 in Kraft.[454] Eine Ablösung der Bundes-VAwS durch eine Verordnung zum Umgang mit wassergefährdenden Stoffen (Bundes-VUmwS) war für 2012 erwartet worden. Nunmehr heißt die Neuregelung »Verordnung über Anlagen zum Umgang mit wassergefährdenden Stoffen« (AwSV). Der Bundesrat[455] stimmte am 23.05.2014 mit Änderungen zu. Erst am 21.04.2017 konnte die Vorschrift mit Änderung verkündet[456] werden. Sie trat zum 01.08.2017 in Kraft. 313

445 BT-Drucksache 16/813.
446 Gesetz zur Ordnung des Wasserhaushalts – Wasserhaushaltsgesetz – WHG vom 31.07.2009, BGBl. I S. 2585.
447 Übergangsvorschriften für Bayern galten bis 29.02.2012.
448 *Thum* ZUR 2010, 332.
449 BT-Drucks. 16/813, S. 11.
450 *Kotulla* NVwZ 2010, 79 ff. hält die »Blankettermächtigung« gemessen an Art. 80 Abs. 1 S. GG für »verfassungsrechtlich hochgradig bedenklich«.
451 *Kotulla* NVwZ 2010, 79 ff.; *Faßbender* ZUR 2010, 181 ff.
452 BR-Drucks. 82/10.
453 BGBl. I S. 377 vom 31.03.2010.
454 Folge: keine Rechtsgrundlage bei Schadensfällen im Zeitraum 01.03. bis 09.04.2010. Das neuere Bundesrecht geht sämtlichen landesrechtlichen Regelungen vor.
455 BR-Drucks. 77/14.
456 BGBl. I Nr. 22, v.

314 Übersicht: zeitlicher Geltungsbereich im Wasserrecht

| | bis 29.04.2007 | ab 30.04.2007 | bis 28.02.2010 | 01.03.2010–09.04.2010 | 10.04.2010–31.07.2017 | *ab 01.08.2017* |
|---|---|---|---|---|---|---|
| WHG | *alt* | | | neu | | |
| Zivilrechtliche Haftungsnorm | *§ 22 WHG a.F.* | | | § 89 WHG | | |
| Verantwortlichkeit n. USchadG | *keine Regelung* | *§ 22a WHG a.F.* | | § 90 WHG | | |
| Betreiberpflichten | *§ 19i WHG a.F.* | | | *keine Regelung* | Bundes-VAwS | Bundes-AwSV |
| Befüllen u. Entleeren | *§ 19k WHG a.F.* | | | | | § 23 |
| Fachbetrieb | *§ 19l WHG a.F.* | | | | | §§ 62 ff. |
| Sachverständige | VAwS der Länder | | | | | §§ 52 ff. |
| Regelungen zur Technik | VAwS der Länder | | | | | §§ 15, 17 ff. |
| Anzeige-/Meldepflicht | Wassergesetze der Länder | | | | | § 24 Abs. 2 |

315 Für das Haftungsrecht verbleibt es bei der Regelungskompetenz[457] des Bundes. Diese wird allein aus Art. 72 Abs. 1, 74 Abs. 1 Nr. 1 GG abgeleitet, da dort das bürgerliche Recht und somit das Haftungsrecht unter Privatpersonen angesprochen wird. Eine eigenständige Regelungskompetenz der Länder für das Haftungsrecht wird dagegen durch Art. 72 Abs. 3 GG nicht eröffnet.

Soweit Landesgesetze bundesrechtliche Haftungsnormen wiederholen, hat dies nur deklaratorische[458] Bedeutung. Weicht die Landesvorschrift im Wortlaut dagegen ab, gilt nur Bundesrecht, Art. 31 GG. Im Ergebnis wird damit eine Verkomplizierung durch unterschiedliches Haftungsrecht in den 16 Bundesländern vermieden.

316 Die Regelungen des § 22 Abs. 1 WHG a.F. wurden von dem fast wortgleichen § 89 Abs. 1 S. 1 WHG übernommen.

317 Schutzgut der Norm ist das Gewässer. Unverändert zur früheren Rechtslage gehören hierzu alle oberirdischen Gewässer und die Küstengewässer, wie auch das Grundwasser.[459] Sie werden über die Begriffsbestimmungen in § 3 WHG erfasst. Demgegenüber zählen nicht zum Gewässer die gefassten Anlagen, wie etwa die Wässer der Wasserversorgungsanlagen, also in Leitungen oder Behältern[460] und insbesondere nicht das Wasser in der Gemeindekanalisation.[461] Dient jedoch eine Verrohrung allein der Verbindung zweier Gewässer, ohne dass eine anderweitige technische Nutzung gegeben ist, bleibt nunmehr[462] ausnahmsweise die Gewässereigenschaft bestehen.

318 Die Rechtsprechung hat die Vorschrift einengend ausgelegt, um einem sprachlich zu weiten Anwendungsbereich zu begegnen. Anspruchsvoraussetzung ist daher des Weiteren ein zielgerichtetes Han-

457 BT-Drucks. 16/12275, S. 41.
458 Giesberts/Reinhardt/*Hilf* § 89 WHG, Rn. 3 m.w.N.
459 *BGH* v. 21.01.1988 – III ZR 252/86, BGHZ 103, 129, 132.
460 *Czychowski/Reinhardt* § 89 WHG Rn. 7.
461 *Czychowski/Reinhardt* § 2 WHG Rn. 8.
462 *BVerwG* v. 27.01.2011 – 7 C 3/10, NVwZ 2011, 696 = DÖV 2011, 454.

deln[463] oder Unterlassen. Folglich wird die bloße Verursachung des Hineingelangens schädlicher Stoffe[464] ausgenommen.

▶ **Beispiele:**

Das vorschriftsmäßige Ausbringen[465] von Dünge-, Pflanzenschutz- und Unkrautvernichtungs- 319
mitteln[466] geschieht nicht zu dem Zweck, das Grundwasser zu verschmutzen. Dies gilt selbst dann nicht, wenn man weiß, dass die Risiken für eine Verunreinigung – über Jahre gesehen – mit jedem einzelnen Vorgang steigen.

Der Räum- und Streudienst verwendet im Winter Salz, das letztlich dann auch die Flüsse belastet. Es handelt sich dabei um eine unerwünschte und nicht beabsichtigte Nebenfolge bei der Aufrechterhaltung der Verkehrssicherheit (Rechtfertigungsgrund). Eine Gewässerbenutzung wird damit nicht bezweckt.[467] Der schonende Umgang mit Salz auch in harten und langen Wintern steht zudem auch ganz im ökonomischen Interesse der Gemeinden.

Ein Handeln kann damit in einem Einbringen, Einleiten, Verrieseln oder Versickern lassen oder 320
sonstigem Einwirken bestehen.

▶ **Beispiel:**[468]

Ein Autofahrer tankt 60 Liter Normalbenzin statt Diesel, bemerkt seinen Fehler und lässt das Benzin, da man ihm an der Tankstelle nicht helfen konnte, einfach auf einem Baustellengelände ab.

Auf einem Baustellengelände mit unbefestigtem Boden und Erdvertiefungen kann es in der Folge 321
schnell zu einem Grundwasserschaden kommen.

Auch das mittelbare Hineingelangen über den Boden reicht begrifflich aus.[469]

▶ **Praxisproblem: Autowäsche**

Bei einer Fahrzeugwäsche werden chemische Stoffe, die dem Fahrzeug anhaften konzentriert 322
gelöst und abgespült. Dies geschieht unabhängig davon, ob nur mit klarem Wasser, mit Schaum oder sonstigen Reinigungsmitteln gearbeitet wird. Eine Wäsche auf unbefestigtem Grund (Vorgarten, Wald, Wiese) führt regelmäßig zu einer potenziellen Belastung des Grundwassers und ist daher nicht erlaubnisfähig, §§ 47 Abs. 1, 48 Abs. 1 WHG i.V.m. Anlage 8 Nr. 8 zu § 13 Abs. 2 GrwV. Das Waschen an diesen Plätzen kann eine Ordnungswidrigkeit nach § 103 Abs. 1 Nr. 1 WHG darstellen.

Die Autowäsche auf befestigtem Grund ist selbst unter Verwendung von Reinigungsmitteln grund- 323
sätzlich nicht durch das WHG ausgeschlossen. Allerdings kann dies nach § 32 Abs. 1 StVO bei kalten Temperaturen bereits wegen der Gefährdung oder dem Erschwernis für den Straßenverkehr

463 *BGH* v. 21.01.1988 – III ZR 252/86, BGHZ 103, 129, 134.
464 *Czychowski/Reinhardt* § 89 WHG Rn. 16 m.w.N.
465 Dünge- und Pflanzenschutzmittel dürfen sogar im Gewässerrandstreifen nach § 38 Abs. 4 Nr. 3 WHG eingesetzt werden; zu Recht Bedenken bei *Fassbender* ZUR 2010, 181 ff. und *Kotulla* NVwZ 2010, 79 ff.
466 *BGH* v. 31.05.2007 – III ZR 3/09, BGHZ 172, 287 = VersR 2007, 1416.
467 *BGH* v. 20.01.1994 – III ZR 166/92, BGHZ 124, 394 = NJW 1994, 1006 = VersR 1994, 565 = r+s 1994, 173.
468 Aus Wiesbadener Kurier vom 16.8.2002: »Falschtanker wird zum Umweltsünder«; schlimmer: Wiesbadener Kurier v. 5.3.2007, 14, »Mit Staubsauger Tank geleert«.
469 *BGH* v. 21.01.1988 – III ZR 252/86, BGHZ 103, 129, 136; *Czychowski/Reinhardt* § 89 WHG Rn. 26.

verboten[470] sein. Die Kommunen können jedoch in den örtlichen Satzungen ein Waschen[471] aus Umweltschutzgründen verbieten.

324 Autowaschanlagen[472] und spezielle Auto- oder LKW-Waschplätze[473] haben über spezielle Abscheideranlagen zu verfügen, die die wassergefährdenden Stoffe zurückhalten. Umweltrisiken werden hierdurch vermieden.

325 Ein Unterlassen ist dann relevant, wenn eine Pflicht zum Handeln besteht und der Erfolg objektiv verhindert[474] werden kann.

326 Unterlässt der Tankwagenfahrer Rettungsmaßnahmen bei einem Unfall, so besteht nur dann eine Haftung, wenn er mit an Sicherheit grenzender Wahrscheinlichkeit[475] das Hineingelangen des einmal ausgelaufenen Gefahrstoffes in ein Gewässer verhindern konnte.[476] Dies wird beispielsweise dann nicht möglich sein, wenn eine Tankkammer mit mehreren tausend Litern aufgeschlitzt wird. Anders sieht es demgegenüber dann aus, wenn er sowohl aufgrund der örtlichen Gegebenheiten (z.B. befestigte Fläche) und der noch beherrschbaren ausgelaufenen Menge[477] trotzdem nichts unternimmt.

327 Es ist in diesem Zusammenhang zu bemerken, dass bei einem pflichtwidrigen Unterlassen von Rettungsmaßnahmen eine Obliegenheitsverletzung nach Eintritt des Schadensfalles im Sinne des E.1.1.4 AKB 2015 vorliegt. Die Folge ist eine beschränkte Regressmöglichkeit.

328 Es muss darüber hinaus eine nachteilige Veränderung der Wasserbeschaffenheit eingetreten sein. Dabei ist auf die Begriffsbestimmungen »Wasserbeschaffenheit« in § 3 Nr. 9 WHG und »schädliche Gewässerveränderungen« in § 3 Nr. 10 WHG zurückzugreifen.

329 Mit Blick auf die frühere Rechtslage darf die Veränderung auch heute nicht völlig unbedeutend sein.[478] Werden lediglich giftige Stoffe durch das Wasser transportiert oder an das Ufer geschwemmt, greift die Norm nicht.[479] Schwimmt Öl auf dem Wasser oder sinken schwere Bestandteile zu Boden, wird eine Änderung der Beschaffenheit des Wassers nach überwiegender Meinung bejaht.[480] Bei deutlich mehr als nur vereinzelten Ölschlieren wird man dieser Auffassung zustimmen müssen. Die Erfahrung zeigt leider, dass Mikroorganismen und Kleinlebewesen, die Fischen als Nahrung dienen, mit den neuen Bedingungen nicht mehr zurechtkommen und absterben.

330 Mit fortschreitender Technik können sich die Parameter jedoch ändern und zu einem schärferen Maßstab führen.

331 Festzuhalten ist, dass auch ein bereits geschädigtes Gewässer nachteilig verändert werden kann.

332 Anspruchsinhaber ist derjenige, der in den Schutzbereich des § 89 WHG fällt und als persönlich Betroffener einen Schaden erleidet.[481] Darunter fallen somit unstreitig der Gewässereigentümer und Nutzungsberechtigte, wie Wasserwerke, Fischzuchtbetriebe, Fischerei- und Fischereiausübungsbe-

470 *Scheidler* DAR 2014, 481.

471 Z.B. Waschverbot von Fahrzeugen in öffentlichen Anlagen, § 5 Abs. 3e Wiesbadener Gefahrenabwehrsatzung.

472 Zu Fahrzeugschäden durch Autowaschanlagen siehe oben *Halm/Hörle* Kap. 4, C. Rdn. 802 ff.; sowie *Winter*, DAR 2013, 541.

473 *OVG Thüringen* v. 28.07.2011 – 1 EO 1108/10, WKRS 2011, 34517 = ThürVBl 2012, 101.

474 *BVerwG* v. 16.11.1973 – 4 C 44.69, DVBl. 1974, 953 = NJW 1974, 815.

475 *BGH* v. 30.01.1961 – III ZR 225/59, BGHZ 34, 206 = NJW 1961, 868 = VersR 1961, 353.

476 *Czychowski/Reinhardt* § 89 WHG Rn. 18.

477 Siehe hierzu unten E. Sorgfaltspflichten des Tankwagenfahrers, Rdn. 774 ff.

478 *BGH* v. 21.01.1988 – III ZR 252/86, BGHZ 103, 129, 136.

479 Czychowski/Reinhardt § 89 WHG Rn. 32.

480 Czychowski/Reinhardt § 89 WHG Rn. 32 m.w.N.

481 *BGH* v. 08.01.1981 – III ZR 125/79, ZfW 1982, 214, 216 = VersR 1981, 652 = NJW 1981, 241.

triebe sowie der Anglerverein.[482] Nicht geschützt sind nur mittelbar Betroffene, wie etwa Endverbraucher von Wasser.[483]

333 Grundeigentum[484] und Gewässereigentum werden getrennt voneinander betrachtet. Dies trifft jetzt insbesondere ausdrücklich[485] für das Grundwasser zu, § 4 Abs. 2 WHG. Der Eigentümer des Grundstücks ist nicht Eigentümer des sich darunter befindlichen Grundwassers. In früheren *BGH*-Entscheidungen[486] ist hiervon ausgegangen worden. Er hat Ansprüche bejaht. Diese Auffassung ist überholt,[487] seitdem das *BVerfG* im Nassauskiesungsbeschluss[488] das Grundwasser vom Grundeigentum gelöst und einer öffentlich-rechtlichen Benutzungsordnung unterstellte. Später hat sich der *BGH*[489] dieser Auffassung angeschlossen.

334 In diesem Zusammenhang ist darauf hinzuweisen, dass nicht nur der Straßenkörper, sondern auch häufig ein Streifen von mehreren Metern neben der Straße im Eigentum der Bundesrepublik Deutschland, eines Bundeslandes oder einer Gemeinde steht. Als geschädigter Grundstückseigentümer ist der Bund mit seinem Geländestreifen neben der Autobahn folglich nicht automatisch anspruchsberechtigt nach § 89 WHG. Ist kein Wassernutzungsberechtigter ersichtlich, kann sich diese Erkenntnis gegebenenfalls auch auf den Umfang der erforderlichen Sanierungsmaßnahmen auswirken.

335 Ein Haftungsausschluss besteht bei höherer Gewalt. Normiert ist dies ausdrücklich für die Anlagenhaftung nach § 89 Abs. 2 S. 3 WHG. Für die Haftung nach § 22 Abs. 1 WHG a.F. wurde dies berechtigterweise fast einhellig ebenso anerkannt,[490] auch wenn dies nur in der Anlagenhaftung nach § 22 Abs. 2 WHG a.F. normiert war.

336 Da dem Gesetzgeber die Regelungslücke bekannt sein musste, er jedoch aktuell keine textliche Klarstellung[491] vornahm, kann dieses Schweigen für den gesetzgeberischen Willen sprechen, Handlungs- und Anlagenhaftung unterschiedlich behandeln zu wollen. Zudem könnte er daran gedacht haben, dass auch die Landesgesetzgeber womöglich noch korrigierend eingreifen werden. Die Gesetzesbegründung[492] lässt jedoch darauf schließen, dass der Problempunkt tatsächlich übersehen wurde.

337 Ob ein rechtswidriger Eingriff eines Dritten einen Fall der höheren Gewalt darstellt, ist umstritten. *Hilf*[493] sieht zumindest einen terroristischen Anschlag als solch einen Fall an.

338 Problematisch in der Praxis sind aber auch ganz alltägliche Fälle, bei denen Treibstoffdiebe den Tank eines Fahrzeugs[494] oder einen oberirdischen Lagertank absichtlich, z.B. mit einem Akkuschrauber, beschädigen, um den Tank anzapfen zu können. Dabei kommt es zwangsweise zu erheblichen Umweltschäden, da nach dem Füllen der Kanister, der Rest des Tankinhalts ausläuft und versickert. Soll hier das Opfer einer Straftat, das ja nicht nur den Verlust des Treibstoffs, sondern auch einen

---

482 *BGH* v. 21.01.1988 – III ZR 252/86, BGHZ 103, 129, 133; *Czychowski/Reinhardt* § 89 WHG Rn. 34.

483 SZDK/*Schwendner* § 22 WHG a.F. Rn. 48.

484 Zur Klarstellung: Der Eigentümer eines Grundstücks, das einen Gewässerrandstreifen nach § 38 WHG bildet, ist nach wie vor Grundstückseigentümer. Lediglich seine Rechte als Eigentümer werden eingeschränkt.

485 Regelung dient der Klarstellung, BT-Drucks. 16/12275, S. 54; *Kotulla* NVwZ 2010, 79 ff.

486 *BGH* v. 08.01.1981 – III ZR 157/79, BGHZ 80, 1 = NJW 1981, 1516 = VersR 1981, 458.

487 *Reuter* BB 1988, 1847 f. mit einer Anm. zum Wasserprobenurteil des *BGH* v. 21.01.1988 – III ZR 252/86, BB 1988, 1844 = BGHZ 103, 129.

488 *BVerfG* v. 15.07.1981 – 1 BvL 77/78, BVerfGE 58, 300 = NJW 1982, 745 = MDR 1982, 543.

489 *BGH* v. 21.01.1988 – III ZR 252/86, BGHZ 103, 129, 133; *Reuter* BB 1988, 1848.

490 Gieseke/Reinhardt/Wiedemann/*Czychowski* § 22 WHG a.F. Rn. 21; heute in *Czychowski/Reinhardt* § 89 WHG Rn. 93 nicht mehr thematisiert.

491 § 89 Abs. 2 S. 3 WHG müsste nur hinter Abs. 1 Satz 2 vorgerückt werden. § 89 Abs. 2 S. 2 müsste dann lauten: »Abs. 1 Satz 2 und 3 gelten entsprechend.«.

492 BT-Drucks. 16/12275, S. 78.

493 Giesberts/Reinhardt/*Hilf* § 22 WHG a.F. Rn. 60.

494 Der Betriebstank ist keine Anlage i.S.d. WHG, *Czychowski/Reinhardt* § 89 WHG Rn. 72.

kaputten Behälter zu beklagen hat, nun auch noch ein Sonderopfer für die Sanierung erbringen, da der Staat den Bürger nicht vor so alltäglichen Straftaten schützen kann?

339 Eine Haftungsbegrenzung ist auch im neuen Wasserhaushaltsgesetz nicht vorgesehen. Selbst Normen mit Haftungslimits, wie hier der relevanten §§ 12 und 12a StVG, gehen jedoch der Spezialvorschrift des § 89 WHG nicht vor.[495] Die Haftung ist folglich unbegrenzt.[496]

340 Bislang wurde der Umfang des zu leistenden Schadensersatzes nach den allgemeinen Vorschriften (§§ 249 ff., 842, 843, 848–851 BGB) behandelt. Das Schmerzensgeld bleibt wegen des Schutzzwecks dabei ausgeklammert.[497] Die klareren Zielsetzungen aus der Neuregelung stehen einem Schmerzensgeldanspruch entgegen.

341 Daneben ist an die – vorgezogenen – Rettungskosten zu denken, sofern eine Beeinträchtigung des Wassers bereits eingetreten ist oder sicher bevorsteht.[498] Zu beachten ist, dass der Haftpflichtversicherer nach aktuellem Recht nicht verpflichtet ist dafür Deckung zu bieten, da der Gesetzgeber der Vorerstreckungstheorie eine Absage erteilt hat. Sie gilt nur für die Sachversicherung in § 90 VVG.[499]

342 Der *BGH*[500] hat auch für den Bereich der Rettungskosten ausgeführt, dass voller Schadensersatz zu leisten ist und der Berechtigte daher so zu stellen sei, wie er ohne die erforderlichen Rettungsmaßnahmen einschließlich der Vor- und Nacharbeiten gestanden hätte.[501]

343 *Reuter*[502] bestreitet demgegenüber, dass der Anspruch so weitgehend ist. Rettung bedeute nicht vorverlagerte Schadenbeseitigung, da die Rettung gemeinnützig sei. Bei § 22 WHG a.F. handele es sich jedoch nur um einen zivilrechtlichen Individualanspruch. Er geht davon aus, dass auch gerade mit Bezug zum Nassauskiesungsbeschluss des *BVerfG*[503] die Rettungskostenentscheidung nicht mehr gelten könne.

344 Der Auffassung von *Reuter* ist zuzustimmen. Die Interessen der Allgemeinheit, des Wassernutzungsberechtigten und des Grundstückseigentümers können differieren. Die Rettung kann nur soweit gehen, eine Schadenausbreitung oder Schadenvertiefung zu verhindern. Es gilt hier doch vorrangig, die Situation zu entschärfen und zu sichern. Das Auskoffern von Bodenmaterial mag verhindern, dass ein schädliches Produkt in das Grundwasser gelangt. Dass man den Boden auch abtransportiert, wenn es an einem genehmigten Zwischenlager fehlt, wird man ebenfalls einsehen. Wird aber Ersatzboden angeliefert und eingebaut, hat dies nichts mehr mit der eigentlichen Rettungsaktion zu tun. Hat man lediglich Sorgen, jemand könnte in die offene Grube fallen und sich verletzen, kann auch anderweitig durch geeignete Absperrung ein Folgeschaden verhindert werden.

345 Gerade in Fällen einer Anlagenhaftung nach § 89 Abs. 2 WHG könnten nicht gewollte Schieflagen entstehen.

495 Noch zu § 22 WHG a.F. *BGH* v. 23.12.1966 – V ZR 144/63, BGHZ 47, 1, 7 = ZfW 67, 100 = VersR 1967, 374 = NJW 1967, 1131 = DVBl. 1967, 77; Geigel/*Münkel* Kap. 24 Rn. 21.

496 Gleicher Rechtsgedanke zu § 4 Abs. 3 Satz 2 BinSchG, *BVerwG* v. 23.11.2011 – *BVerwG* 6 C 6.11, DVBl. 2012, 306 = TranspR 2012, 300.

497 Letztlich folgenloser Fall in Arztpraxis *AG Aachen* SVR 2008, 71, bespr. von *Schwab*; dagegen *Jaeger/Luckey* Schmerzensgeld Rn. 96, ohne Angabe von Gründen jedoch *Czychowski/Reinhardt* § 89 WHG Rn. 48; Giesberts/Reinhardt/*Hilf* § 89 WHG Rn. 39.

498 *BGH* v. 08.01.1981 – III ZR 157/79, BGHZ 80, 1, 7 = NJW 1981, 1516 = VersR 1981, 458 = ZfW 1981, 156.

499 *OLG Köln*, 30.09.2014 – 9 U 22/14, WKRS 2014, 35120 = VersR 2015, 706 Looschelders/Pohlmann/*Schmidt-Kessel*, VVG-Kommentar, § 90 VVG, Rn. 2; Staudinger/Halm/Wendt/*Hormuth/Exter*, VVG-Kommentar, § 90 VVG, Rn. 1.

500 Nichtannahme der Revision *BGH* v. 18.11.1982 – III ZR 59/82, VersR 1983, 184.

501 Sich hieran anschließend m.w.N. *Gieseke/Wiedemann/Czychowski* § 22 WHG Anm. 30.

502 *Reuter* BB 1988, 184.

503 *BVerfG* v. 15.07.1981 – 1 BvL 77/78, BVerfGE 58, 300 = NJW 1982, 745 = MDR 1982, 543.

**▶ Hierzu ein Beispiel:**

Ein Tankwagen[504] mit Chemikalien fährt ordnungsgemäß auf der Bundesstraße durch eine Kurve. Aus der untergeordneten Straße kommt unvorhersehbar ein Radfahrer und nimmt dem Tankwagenfahrer die Vorfahrt, der sehr scharf bremsen muss, um einen Zusammenstoß mit ihm zu verhindern. Wegen des harten Bremsvorgangs wird der Tankwagen aufgrund des Schwalls der flüssigen Chemikalie instabil und kippt auf den Seitenstreifen. Eine Tankkammer reißt auf und die Flüssigkeit versickert im Boden. Das Grundstück liegt im näheren Einzugsbereich einer Wassergewinnungsanlage. Zur Abwehr einer Vergiftung des Grundwassers ist eine Bodenauskofferung erforderlich. 346

Der Radfahrer haftet hier aus unerlaubter Handlung dem Eigentümer des Tankwagens für dessen Schaden am Fahrzeug, dem Grundstückseigentümer und dem Wassernutzungsberechtigten. 347

Der Anlagenbetreiber – Anlage auf dem Fahrzeug – haftet lediglich dem Wassernutzungsberechtigten. 348

Wird der Anlagenbetreiber in Anspruch genommen, kann dieser einen Ausgleichsanspruch nach § 426 BGB beim Radfahrer geltend machen. Ob er ihn realisieren kann, ist jedoch fraglich. Soweit es hier um reine Kosten zur Verhinderung eines Grundwasserschadens eines Wassernutzungsberechtigten geht, mag dies angehen, dass der Anlagenbetreiber dieses Risiko trägt. Schließlich hat er ja durch den von ihm transportierten Stoff eine Gefahrenlage für das Gut Wasser geschaffen. 349

Nicht einzusehen ist jedoch, wenn der Anlagenbetreiber aus § 89 Abs. 2 WHG zusätzlich das Regressrisiko für die Kosten zur Wiederverfüllung des Grundstücks tragen müsste. Es handelt sich allein um ein Risiko, das der Grundstückseigentümer gegenüber dem Radfahrer zu tragen hat. Schließlich hat er nur ihm gegenüber einen Anspruch auf Schadensersatz.[505] 350

Durch die »überzogene« Rettung, die einer Sanierung gleichkommt, wird der eine Mitgeschädigte zugunsten des anderen ohne Grund willkürlich belastet. 351

Die praktische Bedeutung der Fallgestaltung sollte nicht unterschätzt werden. Häufig ist gerade in den ersten Stunden nach dem Unfall eine abschließende Haftungsbeurteilung nicht möglich. Trotzdem besteht jedoch das dringende Gebot, zu handeln. Wer hier, meist als Behördenvertreter im vermeintlichen Rahmen einer Ersatzvornahme oder unmittelbaren Ausführung, vorschnell zu weitgehende Maßnahmen durchführen lässt, verstößt nicht nur gegen den öffentlich-rechtlichen Verhältnismäßigkeitsgrundsatz, sondern hat auch Probleme, diesen Kostenaufwand regressieren zu dürfen. 352

Der Anlagenbetreiber und damit der Versicherer[506] des Tankwagens werden bereits aus eigenem Interesse bei unklarer Haftungslage, aber sicherer Haftung nach § 89 Abs. 2 WHG, Notfallmaßnahmen zur Verhinderung eines Gewässerschadens in Abstimmung mit der Behörde einleiten wollen, um Kosten zu sparen. Mehr ist jedoch bis dahin nicht zu tun. Zu beachten ist, dass vorgezogene Rettungskosten in der Kfz-Haftpflichtversicherung nicht gedeckt sind, da noch kein Schadenereignis eingetreten ist. Vorgezogene Rettungskosten kennt nur die Sachversicherung nach § 90 VVG.[507] 353

Wegen des besonderen Schutzgutes folgen Einzelbeispiele von Ersatzpositionen bei Kraftfahrthaftpflichtfällen, die zum Teil bereits auch im Rahmen von Rettungskosten beansprucht werden können: 354
– Kosten einer Ölsperre
– Aufsaugen von Öl und Chemikalien mittels Tüchern und Bindemittel

504 Anlage im Sinne des WHG, s. *BGH* v. 23.12.1966 – V ZR 144/63, BGHZ 47, 1, 7 = ZfW 1967, 100 = VersR 1967, 374 = NJW 1967, 1131 = DVBl. 1967, 77.

505 Das Risiko trägt er jedoch dann, wenn er schon nach § 7 Abs. 1 StVG haften sollte.

506 Siehe auch Himmelreich/Halm/*Schwab* Kap. 28: Umweltschadensmanagement.

507 Staudinger/Halm/Wendt/*Hormuth/Exter* Fachanwaltskommentar Versicherungsrecht, § 90 VVG, Rn. 1; übersehen von *BGH* v. 28.09.2011 – IV ZR 294/10, Jurion RS 2011, 25980 = DAR 2011, 704; zu Recht kritisch *M. Müller* r+s 2012, 584.

- Abskimmen
- Nutzung einer Abscheideranlage
- Ausbaggern und Abtransport von verseuchtem Erdreich
- Ersatzanlieferung und Einbau des entnommenen Erdreichs
- Kosten für (ggfs. vorsorgliche) Wasseranalyse
- Kosten der Probennahme[508] und des Probentransports
- Kosten für die Stilllegung von Brunnen
- Kosten für Bau eines Ersatzbrunnens
- Wasserersatzbeschaffungskosten
- Kosten für Wasseraufbereitung
- Gewässerbettsanierung
- Ersatz für verendete Fische unter Abzug ersparter weiterer Zuchtkosten
- Kosten für »Abfischen« und Beseitigung
- Untersuchungskosten
- Kosten für Neubesatz und Gewinnentgang.[509]

355 Die Fallgestaltungen für eine Haftung nach § 89 Abs. 1 WHG dürften oft in einem Grenzbereich liegen, in dem in Bezug auf die gesamtschuldnerische Haftung des Kfz-Haftpflichtversicherers mit besonderem Augenmerk zu prüfen ist, ob überhaupt ein Unfallereignis oder gar eine Vorsatztat nach § 103 VVG gegeben ist.

356 Schwierig gestalteten sich dabei auch die Fälle beim Ausbringen von Dünge-, Unkrautvernichtungs- und Pflanzenschutzmitteln, wenn sie ausgewaschen und in ein Gewässer abgeschwemmt werden. Hier kommt insbesondere die Abgrenzung[510] von Fällen der Allgemeinen und der Kfz-Haftpflicht zum Tragen.

## 9. § 89 Abs. 2 WHG – Haftung für Anlagen

357 Auf die Ausführungen unter 8. zu § 89 Abs. 1 WHG wird verwiesen. Soweit sie nicht das reine Handeln oder Unterlassen betreffen, sind sie auch für die Haftung für Anlagen relevant. Beide Normen können zudem parallel[511] zur Anwendung kommen.

358 Zu den Anlagen im Sinne der Vorschrift gehören neben ortsgebundenen Anlagen, wie beispielsweise der Heizöltank in Privathäusern,[512] auch ortsveränderliche Anlagen, wie der Tankwagenaufbau zum Transport von Heizöl.[513] Zweifelhaft ist, ob auch ein Hochdruckreinigungsgerät zur Fahrzeugwäsche[514] eine Anlage in diesem Sinne sein kann. Wassergefährdend sind nicht die Anlage, sondern allenfalls die Stoffe, die mit ihr von einem Fahrzeug gelöst werden.

359 Da der Anlagenbegriff weit[515] auszulegen ist, betrifft er nicht allein die Gesamtanlage, sondern auch Anlagenteile aus einer Gesamtanlage. Relevant wird dies bei einer Rohrleitungsanlage, die dazu bestimmt ist, Stoffe zu befördern oder wegzuleiten. Hierzu kann auch eine Rohrleitungsan-

---

508 *BGH* v. 21.01.1988 – III ZR 180/86, BGHZ 103, 129 = NJW 1988, 1593.

509 Ebenfalls Abzüge wegen ersparter Kosten; gleichzeitig Ersatz für verendete Fische und Gewinnentgang in Grenzen möglich.

510 Halm/Kreuter/*Schwab*, AKB-Kommentar, A.1.1.1 AKB 2015, Rn. 98 ff.

511 Giesberts/Reinhardt/*Hilf*, Vorm. zu § 89 WHG; anwendbar z.B. bei der Fallgestaltung des *VGH Kassel* v. 02.03.1988 – 5 UE 897/86, WKRS 1988, 22520 = NVwZ-RR 1988, 75 bei der ein Heizöl-Wassergemisch aus Fässern in einen Abfluss gekippt werden, der unmittelbar in einem Fluss endet.

512 *OLG Frankfurt* ZfW 1987, 195 f. = NJW-RR 1987, 668.

513 *BGH* v. 23.12.1966 – V ZR 144/63, BGHZ 47, 1, 7 = ZfW 1967, 100 = VersR 1967, 374 = NJW 1967, 1131 = DVBl. 1967, 77.

514 *OLG Köln* v. 20.04.1995 – 18 U 1747/94, ZfW 1997, 195; Wussow/*Rüge* Unfallhaftpflichtrecht, Kap. 22, Rn. 23.

515 Giesberts/Reinhardt/*Hilf*, § 89 WHG, Rn. 47.

lage gehören, die im Rahmen einer Grunddienstbarkeit dazu dient, die Versorgung des Nachbarhauses[516] mit Öl zu ermöglichen.

Besondere Bedeutung gewinnt dies bei einer stillgelegten Anlage,[517] z.B. wenn die Tankanlage nur unvollständig abgebaut wurde, ohne auch den Einfüllstutzen und die Füllleitung ordnungsgemäß zu entfernen. Die Risiken einer Befüllung trotz fehlendem Tank bleiben nicht nur bestehen, sie können ungleich größere Folgen[518] nach sich ziehen, weil der Verkehrssicherungspflicht nicht genüge getan wurde. Nach § 17 Abs. 4 Satz 2 Bundes-AwSV hat der Betreiber auch bei der Stilllegung die Anlage gegen missbräuchliche Nutzung zu sichern. Hierzu genügt es nicht, einen Einfüllstutzen mit einem Schloss zu sichern. Der Einfüllstutzen ist komplett zu entfernen oder völlig unbrauchbar zu machen. 360

Entsprechend ist es falsch und nach § 65 Nr. 17 AwSV ordnungswidrig, einen Einfüllstutzen ungesichert zu belassen, nur weil es einen weiteren neuen Stutzen unmittelbar an der Anlage im Keller gibt. Es handelt sich bei dem belassenen intakten, aber nicht mehr für eine Verwendung vorgesehenen Einfüllstutzen um einen Teil einer zweiten Tankanlage auf dem Grundstück. Damit geht der Betreiber das für ihn leicht ausschließbare Risiko ein, dass ein Lieferant den ungesicherten Stutzen zum Befüllen nutzt.

Die AwSV dient neben dem WHG dem Gewässerschutz. Im Verhältnis zu geschädigten Dritten ließe sich daher nur eine gesamtschuldnerische Haftung gegenüber einem Drittgeschädigten herleiten, der als Wassernutzungsberechtigter Ansprüche nach § 89 Abs. 2 WHG hat, da die Anlage nicht fachgerecht stillgelegt wurde. Im Verhältnis zu seinem Vertragspartner und Befüller der Anlage muss sich entgegen *LG Gießen*[519] der Anlagenbetreiber als Mitverschulden entgegenhalten lassen, dass er einer gesetzlichen Pflicht zum Schutz des Wassers, aber auch der Allgemeinheit (Gefahrgutrecht) nicht nachgekommen ist.

Ob auch landwirtschaftliche Geräte, wie etwa ein Dungstreuer hierzu gehören, ist streitig, wird wohl aber überwiegend bejaht.[520] Dem ist gerade mit Blick auf die Tanks von Feldspritzen auf Ackerschleppern zuzustimmen. 361

Bei den relevanten Anlagen handelt es sich immer nur um die Transporttanks, nicht aber um die Fahrzeugtanks, die wie bei jedem anderen Fahrzeug auch, lediglich der Fortbewegung dienen.[521] Somit müssen die Behälter (vom Fahrzeug gelöst) eigenständig und abgeschlossen[522] sein. Da auch zu transportierende Fässer[523] Anlagen sein können, es zudem Fässer in verschiedener Größe gibt,[524] stellt sich die Frage, ab welcher Größe von einer Anlage[525] zu sprechen ist. Sicherlich wird es nicht der Reservekanister sein, schon gar nicht, wenn der Kanister Kraftstoff für das Fahrzeug enthält. Wenn es um Kraftstoff für den Rasenmäher geht, wird die Menge noch gering sein, auch wenn man sich möglicherweise schon im Bereich des Gefahrguttransportes bewegt. 362

516 *LG Bamberg* v. 30.10.2009 – 1 O 509/08.

517 *BGH* v. 22.07.1999 – III ZR 198/98, BGHZ 142, 227 = NJW 1999, 3633 (3634) = MDR 1999, 1316 = DVBl. 1999, 1504 = DÖV 1999, 999 = VersR 2001, 67; Giesberts/Reinhardt/*Hilf*, § 89 WHG, Rn. 48.

518 *LG Berlin* v. 08.06.2001 – 5 O 162/00.

519 *LG Gießen* v. 16.01.2014 – 5 O 302/13.

520 *Czychowski/Reinhardt* § 89 WHG Rn. 71.

521 *Czychowski/Reinhardt* § 89 WHG Rn. 72.

522 Giesberts/Reinhardt/*Hilf*, § 89 WHG, Rn. 48; damit nicht nur ein Eimer mit wassergefährdenden Stoffen (streitig).

523 *BGH* v. 22.11.1971 – III ZR 112/69, BGHZ 57, 257, 259 = ZfW 1972, 231 (Güllefass); *OLG Saarbrücken* r+s 1970, 195 (200 Liter-Fass); *LG Ravensburg* VersR 1982, 203 (400 Liter Rollreifen-Ölfass).

524 *OLG Frankfurt* v. 05.05.2004 – 19 U 184/03 (200 Liter Ölfass kontaminiert Grundstück); *OLG Düsseldorf* v. 15.01.2010 – I-22 U 129/09 n.r. (defektes 20 Liter Ölfass im Kofferraum).

525 Grundsätzlich keine bestimmte Größe: *Czychowski/Reinhardt* § 89 WHG, Rn. 72.

363 Unbegreiflich ist es, wenn ein Kraftstofftank eines PKW mit 50 Litern oder eines LKW mit 500 Litern nicht als Anlagen aufzufassen sind, dafür aber bereits der Benzinkanister mit 5 Litern.

364 Besser ist es m.E. gleich auf die Gefährlichkeit[526] der Anlage abzustellen. Ein Kanister mit Kraftstoff beinhaltet für sich genommen noch keine typischen und erheblichen Gefahren für die Wasserbeschaffenheit. Bei der relativ geringen Menge wird ein solcher Kanister erst durch den falschen Umgang zur Gefahr. Dann steht jedoch nicht die Anlagenhaftung, sondern die Haftung für Handlungen nach § 89 Abs. 1 WHG im Vordergrund.

365 Dabei ist es wohl auch nicht angebracht, auf verschiedene Stofftypen und Wassergefährdungsklassen[527] zu verweisen. Milch aus einem Milchsammeltankwagen kann zu einem Fischsterben in einem kleineren Gewässer führen. In der Liste des Umweltbundesamtes[528] ist Milchsäure (unter Suchbegriff Milch) in der Wassergefährdungsklasse 1 eingestuft. Milch ist somit schwach wassergefährdend. Milch ist jedoch kein Gefahrgut.

366 M.E. sollte sich erst dann, wenn sich aus dem Sicherheitsdatenblatt für den transportierten Stoff ergibt, dass eine Wassergefährdung potenziell möglich ist, unter Berücksichtigung der als gefährlich eingestuften Menge, eine Anlagenhaftung nach § 89 Abs. 2 WHG bejaht werden. Zur Einstufung der Gefährlichkeit bestimmter Stoffe für das Grundwasser dienen nunmehr die Anlage 7 zu § 13 Abs. 1 GrwV[529] und die Anlage 8 zu § 13 Abs. 2 GrwV.

367 Der wassergefährdende Stoff muss aus der Anlage tatsächlich in das Gewässer hineingelangt sein. Ein mittelbares Hineingelangen über den Umweg einer Kanalisation reicht für die Anlagenhaftung aus.[530] Dabei ist es nicht Voraussetzung, dass dem Schadensfall eine Betriebsstörung[531] zugrunde liegt.

368 In Verkehrsunfällen, in denen aus der Anlage auf dem Fahrzeug der wassergefährdende Stoff austritt, beispielsweise, weil die Domdeckel nicht schließen oder die Tankwandung aufgeschlitzt ist, wird sich leicht der Weg vom Wasser zum Fahrzeug zurückverfolgen lassen.

369 Schwieriger zu beurteilen sind Betankungsunfälle.

370 Diskutiert wird dabei die Anlagenhaftung für die Fälle, in denen zwischen einem Tankwagen und einer Haustankanlage über den Befüllschlauch vorübergehend eine feste Verbindung hergestellt wird.[532] Kommt es zu einem Schaden, etwa wegen einer Überfüllung mit Austritt von Gefahrstoff über die Entlüftungsleitung der Haustankanlage, ergeben sich drei Möglichkeiten:
- Anlagenhaftung bezüglich Tankwagen
- Anlagenhaftung bezüglich Heizöltank
- aus zwei getrennten Anlagen wird vorübergehend eine zusammengesetzte Gesamtanlage

371 Abgestellt wird darauf, wer die tatsächliche Gewalt über die verbundene Gesamtanlage hat.[533] Voraussetzung dafür ist allerdings, dass dann ein Anlagenbetreiber zugunsten eines anderen seine tatsächliche Gewalt zumindest vorübergehend aufgibt.

526 *BGH* v. 29.11.1979 – III ZR 101/77, BGHZ 76, 35, 42 = VersR 1980, 280 = NJW 1980, 943; *Czychowski/Reinhardt* § 89 WHG Anm. 73.

527 Einstufung noch nach der (Verwaltungsvorschrift wassergefährdender Stoffe) VwVwS vom 27.07.2005. Neuerungen künftig auf Basis des § 62 Abs. 4 Nr. 1 WHG.

528 Umweltbundesamt: http://webrigoletto.uba.de/rigoletto/public/welcome.do.

529 Grundwasserverordnung v. 09.11.2010, BGBl. I S. 1513.

530 *BGH* v. 30.05.1974 – III ZR 190/71; BGHZ 62, 351, 353 = NJW 1974, 1770.

531 *BGH* v. 31.07.2007 – III ZR 3/06, BGHZ 172, 287 = VersR 2007, 1413.

532 *Czychowski/Reinhardt* § 89 WHG Rn. 83.

533 *BGH* v. 29.11.1979 – III ZR 101/77, BGHZ 76, 35, 42 = NJW 1980, 943; *Czychowski/Reinhardt* § 89 WHG Rn. 83.

Das *OLG Hamburg*[534] sah den allein anwesenden Tankwagenfahrer als Inhaber der Gesamtanlage und somit als alleinigen Haftpflichtigen an, da der Fahrer es in der Hand habe, die Pumpe laufen zu lassen oder abzustellen. Zur Überfüllung kam es, da der defekte Grenzwertgeber der Haustankanlage nicht abschaltete. Das *hanseatische OLG* sprach dem klagenden Versicherungsnehmer und Tankwagenhalter die Kosten für den Bodenaustausch bei dessen Kundin zu. 372

Offenbar hat die Klägerin in dem Fall ihrer Kundin den Schaden ersetzt und im Anschluss die Kosten bei ihrem Versicherer eingeklagt. Wesentliche Dinge wurden im Urteil leider nicht wiedergegeben, wurden schlichtweg nicht geprüft oder übersehen. 373

Sachverhalt und die Entscheidungsgründe behandeln die Sorgfaltspflichten des Tankwagenfahrers[535] nicht. Das Gericht unterstellt praktisch eine Garantiehaftung des Öllieferanten, die der Gesetzgeber nicht vorgesehen hat. 374

Darüber hinaus unterstellt der Senat eine Haftung der Klägerin aus § 22 Abs. 2 WHG a.F. gegenüber ihrer Heizölkundin. Dabei bleibt – den Nassauskiesungsbeschluss[536] des *BVerfG* nicht beachtend – ungeprüft, ob die Kundin Wassernutzungsberechtigte des Grundwassers ist und überhaupt Anspruchsinhaberin sein kann. 375

Es findet sich ferner kein Hinweis, ob bei bestehender Wassernutzungsberechtigung eine unmittelbare Gefahr für das Grundwasser bestand. Ein bloßer Hinweis, dass Öl in den Boden eingedrungen ist, besagt noch nicht, dass ein Schadenseintritt für das Grundwasser bevorsteht. 376

Demgegenüber stellt das *OLG Köln*[537] richtigerweise[538] darauf ab, in wessen Sphäre der schadenursächliche Fehler letztlich lag. Für die Schifffahrt hat der *BGH*[539] bereits in einem vergleichbaren Fall entschieden, dass ein Tankschiff, das mit einer Tankerlöschbrücke beim Abladen verbunden ist, keine einheitliche Anlage bildet. 377

**Eigene Einschätzung** 378

Die Überlegungen zur verbundenen Anlage und der Inhaberschaft der tatsächlichen Gewalt über die Gesamtanlage, wenn auch nur vorübergehend, treffen das Problem nicht.

Jedermann kann nur für den Bereich möglicher Fehler einstehen, den er beherrschen kann. Eine Gefährdungshaftung bezüglich der eigenen Haustankanlage lässt sich doch nicht dadurch ausschließen, dass man seine Anlage durch einen Dritten befüllen lässt, der versteckte Mängel dieser Anlage nicht erkennen kann. Wer also die fremde Anlage im Detail nicht kennt, kann sie auch nicht beherrschen.[540] Dies kann er schon gar nicht, wenn sie mit versteckten Fehlern behaftet ist. 379

Der Begriff »Inhaber der vorübergehenden Gesamtanlage« sollte daher aufgegeben werden. Schließlich bleiben es ja auch tatsächlich zwei getrennte Anlagen. Sie haben voneinander unabhängige Funktionen und sind auch nicht dazu bestimmt, eine gemeinsame Arbeit zu verrichten. Sie sind ledig für die Befüllung mit einem Schlauch miteinander verbunden; mehr nicht. 380

Mit dem neuen § 89 Abs. 2 WHG hat sich zudem die Begrifflichkeit geändert. Statt dem »Inhaber« nach § 22 Abs. 2 WHG a.F. wird nunmehr der »Betreiber« genannt, auch wenn damit keine grundlegenden inhaltlichen Veränderungen[541] beabsichtigt wurden. 381

534 *OLG Hamburg* MDR 1988, 323 = NJW-RR 1988, 474.
535 Siehe unten Rdn. 578 Sorgfaltspflichten des Tankwagenfahrers.
536 *BVerfG* v. 15.07.1981 – 1 BvL 77/78, BVerfGE 58, 300 = NJW 1982, 74 = MDR 1982, 543.
537 *OLG Köln* ZfW 1990, 356 f. = VersR 1989, 402 = NZV 1989, 276.
538 So auch Geigel/*Münkel* Kap. 24 Rn. 23 und Geigel/*Kaufmann* Kap. 26 Rn. 58.
539 *BGH* v. 29.11.1979 – III ZR 101/77, BGHZ 76, 35 = NJW 1980, 943.
540 *LG Zwickau* v. 21.04.2009 – 2 O 625/07.
541 Giesberts/Reinhardt/*Hilf*, § 89 WHG, Rn. 53.

382 Vergleichbar ist die Situation im Umwelthaftungsrecht. Dort können Fahrzeuge ausnahmsweise nach § 3 Abs. 3a UmweltHG Zubehör einer Umwelthaftungsanlage sein und somit eine Gesamtanlage bilden. Das Zubehör hat untergeordnete Bedeutung. Die Fahrzeuge müssen in diesem Fall in einem räumlichen und betriebstechnischen Zusammenhang stehen.

383 Angemessen ist es daher, denjenigen tatsächlich dafür haften zu lassen, aus dessen Anlage der gewässerschädliche Stoff ausgetreten ist. Mag er sich ggfs. bei seinem Lieferanten im Innenverhältnis schadlos halten. Dabei wird es dann darauf anzukommen haben, ob dieser zumindest Teile der für ihn fremden Anlage besichtigen und die Erkenntnisse für sein weiteres Vorgehen berücksichtigen konnte und musste.[542]

384 Andere Fallgestaltungen beim Befüllen können rechtlich einfacher bewertet werden:

Sofern nur die Schlauchleitung von einem Benzintankwagen zu einem Bodentank an einer Tankstelle betroffen ist, weil eine Schlauchverlängerung nicht ganz passgenau ist oder der Schlauch durch einen PKW[543] überfahren und abgerissen wird, steht immer die Anlagenhaftung des Tankwagen im Raum. Zumindest gilt dies, wenn mit bordeigenem Schlauch entladen wird. Dabei ist schließlich aus dem Warentransporttank und dem Zubehör zur Anlage das gefährliche Produkt ausgetreten. Darüber hinaus wäre in jedem Fall auch an ein mittelbares Hineingelangen über den »Umweg« Zubehör zu denken.[544]

385 Im umgekehrten Fall, wenn ein Saugfahrzeug wassergefährdende Stoffe aufnimmt oder der Tankwagen am Depot seinerseits mit der Ware befüllt wird, fließt das Gefahrgut aus einer anderen Anlage in Richtung Fahrzeug.

386 Dann ist zu klären, in wessen Verantwortungsbereich der defekte Saugschlauch oder der Befüllschlauch gehört.

387 Der Saugschlauch wird regelmäßig zur Anlage des Fahrzeugs gehören. Saugfahrzeuge[545] sind so eingerichtet, dass sie aus Tanks und sonstigen Behältnissen, aber auch aus Bächen und Regenrückhaltebecken, Flüssigkeiten und fließfähige Schüttgüter aufnehmen können. Der Saugschlauch ist somit notwendiger Teil der mobilen wassergefährdenden Anlage. Ist der Schlauch dieser Anlage undicht und es kommt zum Schaden, ist der Betreiber der mobilen Anlage in der Pflicht.

388 Wird das Behältnis des Saugwagens oder sonstigen Tankwagens durch eine andere Anlage mit Fremdschlauch befüllt, ist dagegen die mobile Anlage bei der Betrachtung völlig außen vor. Der wassergefährdende Stoff kann dann immer nur aus der stationären Anlage ausgetreten sein.

389 Beim Umpumpen von einem Tankfahrzeug in ein anderes, beispielsweise anlässlich einer Bergungsaktion nach einem Unfall, kann man ebenso verfahren.

390 Schließlich ist in der Praxis noch an den Fall zu denken, in dem beim Umpumpen vom Anhänger in den Motorwagen der Gefahrstoff austritt. Interessant ist die Frage allerdings nur, wenn einzig § 89 Abs. 2 WHG als Anspruchsgrundlage in Betracht kommt.

391 Straßenverkehrsrechtlich besteht eine Betriebseinheit.[546] Damit handelt es sich aber dennoch um zwei selbstständige Anlagen im Sinne des WHG[547] und auch weiterhin um zwei Fahrzeuge.

---

542 Rdn. 620.

543 Die Haftung des PKW-Fahrers soll hier nicht beleuchtet werden.

544 Siehe auch Rdn. 259 f. und Rdn. 378.

545 Zu technischen Details siehe *VG Köln* v. 20.05.2011 – 14 K 7547/09 (Autobahnmaut).

546 Fall des *KG Berlin* VersR 1973, 665.

547 Sofern jede zur Aufnahme wassergefährdender Stoffe bestimmt ist.

Ist die Schlauchleitung zum Umpumpen defekt und tritt der Gefahrstoff aus, ist wieder darauf abzustellen, zu welcher der Anlagen dieser Schlauch gehört. Da Tankwagenanhänger fast[548] ausschließlich ohne eigene Pumpe und Abgabevorrichtung im Verkehr sind, werden sie betriebsnotwendig nur mit einem Motorwagen, der über diese Einrichtungen verfügt, benutzbar. Die erforderliche Anschlussschlauchleitung wird daher überwiegend als betriebsnotwendiges Zubehör zum Anhänger gehören. 392

Sofern der Zug von einem Inhaber betrieben wird und sowohl Motorwagen und Tankanhänger beim gleichen Versicherer in Deckung genommen wurden, besteht ggfs. wegen des Schadensfreiheitsrabattes[549] Klärungsbedarf, auf welchen Versicherungsvertrag der Schaden anzulegen ist. Sollte eine gesamtschuldnerische Haftung vorliegen, ist auch dort der Gesamtschuldnerausgleich bei der Anhängerhaftung[550] zu prüfen. Dabei sind allerdings die spezifischen Besonderheiten zu beachten. 393

Haftpflichtig ist im neuen § 89 Abs. 2 WHG der Betreiber der Anlage. Die Definition des *BGH*[551] zum § 22 Abs. 2 WHG a.F. hinsichtlich des Inhabers kann noch herangezogen werden, da der Gesetzgeber keine tief greifenden Veränderungen[552] beabsichtigte. Als Inhaber/Betreiber ist derjenige anzusehen, der die Anlage in Gebrauch hat und die Verfügungsgewalt[553] besitzt, die ein solcher Gebrauch voraussetzt. Dies kann auf mehrere Beteiligte zugleich und in einem gewissen Rangverhältnis[554] zueinander zutreffen. Neben dem Eigentümer kommen somit auch Pächter[555] oder Mieter[556] in Betracht. Zu denken ist auch an die Besonderheiten einer Wohnungseigentümergemeinschaft[557] in Bezug auf das Gemeinschaftseigentum. Zudem können selbst Franchisenehmer, Leasingnehmer und Fahrzeughalter Betreiber sein. 394

Negativ ausgedrückt ist derjenige kein Betreiber oder Mitbetreiber, der nur untergeordnete Tätigkeiten in Bezug auf die Anlage ausübt, wie der Lieferant der Anlage,[558] der Installateur sowie der Reinigungs- und Wartungsdienst.[559] Im Detail werden allerdings die Fälle zu betrachten sein, bei denen es bei der Erstbefüllung in Anwesenheit des Installateurs[560] zu einem Schaden kommt. War die werkvertragliche Abnahme noch nicht erfolgt, sollte etwa noch an Bauteilen nachjustiert werden, dann hatte der künftige Betreiber womöglich noch gar keine Verfügungsgewalt über die Anlage erhalten. 395

Bedeutend schwieriger ist die Frage nach dem Betreiber, wenn es nicht um den Tankaufbau am Fahrzeug oder einen Aufsetztank geht, die schon in der besonderen Zulassung des Fahrzeugs eingetragen sind, sondern Gefahrgüter in Versandstücken mit Anlagenqualität transportiert werden. 396

*Czychowski/Reinhardt*[561] bejahen beim Transport von entsprechenden Fässern und Containern oder ähnlichem eine Mitinhaberschaft des Eigentümers der Behältnisse und des Inhabers des Fahrzeugs[562] 397

548 Ausnahmefall des *KG Berlin* VersR 1973, 665; ggf. heute noch Kuriositäten auf den Nordseeinseln, wo nur Elektrozugmaschinen erlaubt sind oder in Zermatt (Schweiz), wo es einen Tankwagen mit Elektroantrieb und Benzinmotor für die Pumpe gibt.

549 Zum SFR-System siehe Halm/Kreuter/*Schwab*, AKB-Kommentar I. AKB 2015, Rn. 1 ff.

550 *BGH* v. 27.10.2010 – IV ZR 297/08, DAR 2011, 80; *Wilms* DAR 2011, 71 ff.

551 *BGH* v. 08.01.1981 – III ZR 157/79, BGHZ 80, 1, 4 = NJW 1981, 1516 = VersR 1981, 458 = ZfW 1981, 15.

552 Giesberts/Reinhardt/*Hilf*, § 89 WHG, Rn. 53.

553 *BGH* v. 06.05.1999 – III ZR 89/97, UPR 1999, 305 = NJW 1999, 3203.

554 *BGH* v. 22.07.1999 – III ZR 1998/98, BGHZ 142, 227 = NJW 1999, 3633 = VersR 2001, 67 = zfs 1999, 506.

555 *BGH* v. 17.10.1985 – III ZR 99/84, NJW 1986, 2312 f.

556 *OLG Frankfurt* NJW-RR 1987, 668.

557 *VG Neustadt a.d.W.* v. 28.11.2005 – 3 K 1549/05 (Zwangsverwalter).

558 *OLG Karlsruhe* ZfW 1965, 46.

559 Beispiele (noch zum Inhaber, statt Betreiber) bei *Schwendner* in SZDK § 22 WHG a.F. Rn. 41a.

560 Fall des *LG Halle* SVR 2004, 30, bespr. von *Schwab*.

561 *Czychowski/Reinhardt* § 89 WHG Anm. 84.

562 Ähnlich auch *Schwendner* in SZDK § 22 WHG a.F. Rn. 41a und Giesberts/Reinhardt/*Hilf* § 89 WHG Rn. 54.

nebeneinander, sofern der bisherige Inhaber (Eigentümer) z.B. durch Weisungen oder die Art des Verschlusses die tatsächliche Verfügungsgewalt ausüben könne. Dies entspräche dem Sinn des § 22 Abs. 2 WHG a.F. und der typischen Betriebsgefahr sowohl von Fahrzeug und Behälter.

398 Dem ist zu widersprechen.

399 Die typische Betriebsgefahr des Kraftfahrzeugs hat mit der Betriebsgefahr des transportierten Behälters nichts[563] zu tun. Die Gefährdungshaftung des Kraftfahrzeugs richtet sich allein nach § 7 StVG. Fällt beim Transport ein Behälter von der Ladefläche und schlägt so unglücklich auf, dass der gefährliche Inhalt ausläuft, ist an die Betriebsgefahr des Fahrzeugs zu denken. Steht hingegen das Behältnis nur auf der Ladefläche, wobei beispielsweise ein Dichtring porös wird und der wassergefährdende Stoff ausläuft und von der Ladefläche tropft, so hat dies nichts mit der typischen Betriebsgefahr des Fahrzeugs zu tun.[564] Dieser allmähliche Vorgang steht zudem im Widerspruch zum Unfallbegriff nach § 7 Abs. 2 StVG.

400 Hat sich in einem Fall einmal die Betriebsgefahr nach § 7 StVG verwirklicht,[565] so bedeutet dies aber nicht, dass automatisch auch § 89 Abs. 2 WHG für den Fahrzeughalter greift, nur weil der Schaden beim Betrieb des eine wassergefährdende Anlage transportierenden Kraftfahrzeugs erfolgte.

401 Zudem greifen die Haftungshöchstgrenzen[566] nach den §§ 12 und 12a StVG. Daneben mag wegen des Gefahrguttransportes eine verschuldensabhängige Haftung nach den § 823 Abs. 1 und Abs. 2 i.V.m. der GGVSEB als Schutzgesetz[567] zu prüfen sein.

402 Wer die unbegrenzte Gefährdungshaftung nach § 89 Abs. 2 WHG auch auf den »Inhaber/Betreiber« des Fahrzeugs ausdehnen will, schielt letztlich auf die gesamtschuldnerische Haftung des Kraftfahrthaftpflichtversicherers, um diesen möglicherweise direkt in Anspruch nehmen zu können, § 115 Abs. 1 S. 1 Nr. 1 und S. 4 VVG. Dabei ist jedoch zu beachten, dass der Versicherer nur die typischen Gefahren eines Kraftfahrzeugs versichert hat und nicht die einer wassergefährdenden Anlage, die zufällig mit dem Fahrzeug transportiert wurde. Zwar geht der Begriff des »Gebrauchs«[568] des Kraftfahrzeugs über den des Betriebs nach § 7 Abs. 1 StVG hinaus, dennoch muss jedoch der Schaden durch den Gebrauch des Fahrzeugs entstanden sein, folglich hierauf beruhen. Dies ist bei einem porös werdenden Dichtungsring an einem lediglich transportierten Behältnis zu verneinen. Der Schaden ist nur gelegentlich dem Gebrauch des Kraftfahrzeugs eingetreten.

403 Bei Tankfahrzeugen zum Transport wassergefährdender Stoffe hingegen, wie beispielsweise Heizöl oder Benzin, steht die Verwendung von vornherein fest. Das zusätzlich übernommene höhere Risiko kann hier entsprechend kalkuliert werden und schlägt sich in einem Aufschlag auf die Normalprämie nieder.

404 Mit der immer stärker werden Kontrolle der Fahrer und Fahrzeuge durch Telematiksysteme mit Zugriffen auf die Befüll- und Abgabeventile, wird zumindest im Frachtgeschäft zu überlegen sein, wer die tatsächliche Verfügungsgewalt ausübt und ob es mehrere Inhaber einer Anlage dann tatsächlich wie früher[569] noch gibt.

---

563 Anders *OLG Dresden* v. 29.01.2014 – 7 U 792/13, 13, WKRS 2014, 11446 = MDR 2014, 402.

564 *RG* v. 08.03.1939 RGZ 160, 129; *Becker/Böhme* Rn. A19.

565 *OLG Düsseldorf* MDR 1968, 669.

566 Anders beim Tankwagen als Anlage *BGH* Urt. v. 23.12.1966 – V ZR 144/63, BGHZ 47, 1, 7 = ZfW 1967, 100 = VersR 1967, 374.

567 *OLG Hamm* NJW-RR 1993, 914; *OLG Frankfurt* TranspR 2008, 472 m. Anm. *Boettge* (NZB zurückgewiesen *BGH* v. 04.03.2008 – VI ZR 137/07).

568 § 1 PflVG bezogen auf den öffentlichen Verkehrsraum (enger Bereich des Gebrauchs); dagegen A.1.1.1 AKB darüber hinaus (erweiterter Bereich des Gebrauchs); s.a. Rdn. 262; Halm/Kreuter/*Schwab* AKB-Kommentar, A.1.1.1 AKB 2015, Rn. 79 ff.

569 *BGH* v. 08.01.1981 – III ZR 157/79, BGHZ 80, 1 = NJW 1981, 1516 = VersR 1981, 458; Giesberts/Reinhardts/*Hilf* § 22 WHG Rn. 54.

### 10. § 1 UmweltHG

#### *a) Allgemeines*

405 Mit dem am 01.01.1991 in Kraft getretenen Umwelthaftungsgesetz gibt es in § 1 UmweltHG eine weitere privatrechtliche Anspruchsgrundlage, die die Reihe der Gefährdungshaftungstatbestände erweitert. Oftmals sind aber gerade Eigentümer von geparkten PKW[570] oder der Straßenverkehr[571] durch Anlagen geschädigt, so dass die Vorschrift zu ihren Gunsten wirkt. Unter engen Voraussetzungen kann diese Haftungsnorm aber auch in den Kraftfahrthaftpflichtfällen Relevanz entwickeln, da Fahrzeuge in § 3 Abs. 3a UmweltHG gesondert aufgeführt werden.

406 Nur wenige Entscheidungen sind ergangen, sodass weiterhin mit einer Entwicklung in den offenen Fragen gerechnet werden kann.

407 Vorausgesetzt wird zunächst eine Rechtsgutverletzung, wonach ein Mensch getötet, eine Körper- oder Gesundheitsverletzung vorliegen oder eine Sache beschädigt sein muss. Nach dem UmweltHG sind folglich nur individuelle Güter betroffen.

408 Ausgeklammert wird demgegenüber der reine ökologische Schaden. Dort kommt allein eine öffentlich-rechtliche Verantwortlichkeit nach dem USchadG[572] in Betracht, die nicht mit dem privatrechtlichen UmweltHG verwechselt werden darf.

409 Ferner ausgeklammert sind das Recht am eingerichteten und ausgeübten Gewerbebetrieb und die Freiheit. Es besteht also kein Anspruch aus dem Umwelthaftungsgesetz, wenn Personen Häuser nicht verlassen dürfen, weil sich giftige Gase in der Luft befinden.[573]

410 Es muss eine Umwelteinwirkung vorliegen, also eine physikalische Veränderung, die durch Stoffe, Erschütterungen, Geräusche, Druck, Strahlen,[574] Gase, Dämpfe, Wärme oder sonstige Erscheinungen eingetreten ist, § 3 Abs. 1 UmweltHG.

411 Die Wirkung muss über einen Umweltpfad – Luft, Boden oder Wasser – eingetreten sein. Sie kann auch immer nur nach außen, also aus der Anlage heraus[575] auf andere Rechtsgüter wirken. Ausgeschlossen ist damit z.B., wenn jemand in einen Schadstoffbehälter fällt.[576] Dabei kann eine Anlage auch in einem Gebäude stehen, ohne dass das gesamte Gebäude zur Anlage wird.

412 Welche Anlagen als entsprechend gefährlich eingestuft werden, ergibt sich aus dem Gesetzesanhang. Der erste Anhang betrifft die generell gefährlichen Anlagen. Der zweite Anhang listet zusätzlich die als besonders gefährlich geltenden Anlagen auf. Sie sind besonders zu versichern.

413 Aus den Anhängen wird ersichtlich, dass es sich oft um recht große Anlagen handelt, die die verschiedensten Bereiche betreffen. In § 3 Abs. 2 UmweltHG werden diese als ortsfeste Einrichtungen wie Betriebsstätten und Lager definiert.

#### *b) Fahrzeuge im räumlichen Zusammenhang einer UmweltHG-Anlage*

414 Hervorzuheben gilt es, dass nach § 3 Abs. 3a UmweltHG auch Fahrzeuge als Zubehör zu den Anlagen gehören können, wenn sie in einem räumlichen oder betriebstechnischen Zusammenhang ste-

570 *OLG Düsseldorf* v. 29.10.2010 – I-22 U 70/10, WKRS 2010, 37780.
571 Wussow/*Rüge* Unfallhaftpflichtrecht, Kap. 21, Rn. 10.
572 Siehe Rdn. 504.
573 *Landsberg/Lülling* § 1 UmweltHG Rn. 24 und Rn. 17; zum umgekehrten Fall – Platzverweis – *BGH* v. 21.06.1977 – VI ZR 58/76, NJW 1977, 2264 = VersR 1977, 965.
574 Gefahren durch Radioaktivität sind vom Deckungsumfang der KH-Versicherung ausgeschlossen A.1.5.9 AKB 2015; § 4 Nr. 6 KfzPflVV.
575 Str., siehe Wussow/*Rüge* Unfallhaftpflichtrecht, Kap. 21, Rn. 9 u. 25 mwN.
576 *Landsberg/Lülling* § 3 UmweltHG Rn. 6.

hen. Allerdings ist es nicht so,[577] dass das Zubehör allein die ortsfeste Einrichtung zu einer Anlage nach § 1 UmweltHG machen kann.

415 Was unter räumlichem Zusammenhang zu verstehen ist, wird in der Literatur unterschiedlich gesehen:

416 Am weitesten geht *Paschke*.[578] Er zieht einen Vergleich zu § 1 Abs. 3 der vierten BImSchV, nach der ein enger räumlicher Zusammenhang gefordert wird. Da § 3 Abs. 3 UmweltHG keinen engen, sondern lediglich einen räumlichen Zusammenhang fordere, sei ein räumlicher Zusammenhang auch dann noch gegeben, wenn das Fahrzeug sich auf dem Nachbargrundstück befände.

417 *Salje*[579] erwägt mit Blick auf die §§ 97 f. BGB, dass ein räumlicher Zusammenhang auf dem Betriebsgrundstück gegeben sei. Eine bloße Verbindung über Kabel oder Funk auf mehrere Kilometer sprenge die Voraussetzung des räumlichen Zusammenhangs.

418 *Landsberg/Lülling*[580] wollen grundsätzlich nicht die gesamte Betriebsstätte, sondern nur die Einrichtung zur Anlage zählen, halten aber eine Erweiterung durch § 3 Abs. 3 UmweltHG für möglich. In Einzelfällen könne dies zu einer bedenklichen Ausweitung des Anlagenbegriffs führen.[581]

419 *Schmidt-Salzer*[582] kommt über eine funktionale Betrachtung zu dem Ergebnis, dass nicht die gesamte Betriebsstätte der Verursachungshaftung unterliege, sondern nur die konkrete Einzelanlage – einschließlich des funktional damit in Verbindung stehenden Zubehörs und Nebeneinrichtungen.

420 Eigene Einschätzung:

Es ist auf den Sinn und Zweck des Gesetzes abzustellen. Danach sollen Betreiber besonders gefährlicher, enumerativ aufgeführter Anlagen für Umwelteinwirkungen einer besonderen Haftung unterzogen werden. Es kann nicht beabsichtigt sein, die Haftung räumlich mittels des Zubehörs auszudehnen. Das Zubehör kann als solches ebenfalls gefährlich sein. Hätte es der Gesetzgeber aber bereits als besonders gefährlich einstufen und einer verschärften Haftung unterwerfen wollen, hätte er beispielsweise bestimmte Fahrzeuge generell mit in den Anhang 1 aufnehmen können. Tut er dies aber nicht, muss der räumliche Zusammenhang doch so nahe sein, dass sich die besonderen Gefahren der Anlage noch über das Zubehör auswirken können. Dies wird im Regelfall nur bei unmittelbarer räumlicher Nähe zur Anlage gegeben sein.

421 Werden beispielsweise aus einem Lagertank mit 8 Tonnen[583] Schädlingsbekämpfungsmittel 500 Liter in einen Tank eines landwirtschaftlichen Fahrzeugs gepumpt und läuft etwas daneben, so wird deutlich, dass hierfür wegen der Größe der Anlage besonders große Gefahren für die Umwelt lauern. Ist das Betanken hingegen abgeschlossen und hat das Fahrzeug die unmittelbare Nähe zum Lagertank verlassen, stellt das Fahrzeug mit seiner Ladung keine größere Gefahr dar, als Fahrzeuge die zuvor von einem 4-Tonnen-Tank befüllt wurden. Dies gilt selbst dann, wenn sich das Fahrzeug noch auf dem Betriebsgelände befindet.

422 Dass das Betriebsgelände nicht der geeignete Begriff für eine räumliche Abgrenzung sein kann, zeigt überdies folgendes Beispiel: Der Landwirt lagert 5t Schädlingsbekämpfungsmittel. Er befüllt den Tank seines Spritzfahrzeugs mit 50 Litern. Er verlässt das Hofgelände und fährt zum 3 km entfernten Feld. Dort verspritzt er das Schädlingsbekämpfungsmittel. Da man das Feld zum »Betriebsgelände« zählen muss, dürfte nach *Paschke* und *Salje* bei einem Schaden auf dem Feld das UmweltHG greifen; nicht aber, wenn etwas auf dem Weg zum Feld auf der Straße verloren geht.

577 Unklar Wussow/*Rüge* Unfallhaftpflichtrecht, Kap. 21, Rn. 7.
578 *Paschke* § 3 UmweltHG Rn. 26.
579 *Salje* § 3 UmweltHG Rn. 52.
580 *Landsberg/Lülling* § 3 UmweltHG Rn. 17.
581 *Landsberg/Lülling* § 3 UmweltHG Rn. 17.
582 *Schmidt-Salzer* § 3 UmweltHG Rn. 21.
583 Beispiel zu Nr. 86 des Anhang 1 zum UmweltHG; Lagertank ab 5t.

Meines Erachtens ist der Auffassung von *Schmidt-Salzer* zu folgen, um nicht über den Weg des Zubehörs zu einer nicht gewollten Ausweitung der Haftung für Schäden allein durch nicht so besonders gefährliches Zubehör zu kommen. Andernfalls wäre dies eine Ungleichbehandlung gegenüber denjenigen, die zwar ebenfalls mit gleichgefährlichem Zubehör hantieren, jedoch keine UmweltHG-Anlage besitzen. Auch wenn im UmweltHG eine ähnlich klingende Regelung getroffen wurde, wie in § 1 Abs. 3 der 4. BImSchV, so besagt dies noch nicht, dass sich die Auslegung des Begriffs »räumlicher Zusammenhang« hieran zu messen habe. Bei der BImSchV geht es um öffentliches Recht und die Notwendigkeit eines immissionsschutzrechtlichen Verfahrens. Im UmweltHG geht es um die Voraussetzungen einer ganz besonderen zivilrechtlichen Haftung. Beide Normen haben einen Bezug zur Umwelt; die Ansatzpunkte sind jedoch grundverschieden. Einmal geht es um Schadensverhütung durch staatliche Kontrolle und ein anderes Mal um Ersatz für eingetretene Schäden. Allein über das Druckmittel einer exzessiven haftungsrechtlichen Inanspruchnahme die Maßnahmen zur Schadenverhütung forcieren zu wollen, darf nicht zur Haftungsbegründung dienen. 423

### c) Fahrzeuge im betriebstechnischen Zusammenhang einer UmweltHG-Anlage

Alternativ zum »räumlichen« kann auch ein »betriebstechnischer Zusammenhang« genügen. 424

Der betriebstechnische Zusammenhang ist dann gegeben, wenn (hier:) das Fahrzeug dem betriebstechnischen Zweck dient und zur Aufrechterhaltung des Betriebes erforderlich ist[584] oder produktionsnotwendig ist.[585] 425

Der betriebstechnische Zusammenhang muss dabei nicht von Dauer sein.[586] Ein gegebener betriebstechnischer Zusammenhang kann aber unterbrochen sein, wenn das Zubehör vorübergehend anlagenbetriebsfremden Zwecken zugeführt wird.[587] 426

*Landsberg/Lülling* stellen demgegenüber darauf ab, ob überwiegend ein betriebstechnischer Zusammenhang gegeben ist. Wird dies bejaht, so scheint es nach ihrer Ansicht keine Rolle zu spielen, wenn der konkrete Einsatz nicht dem Betriebszweck der Anlage dient.[588] Sie nennen hier als Beispiel einen LKW, der vorübergehend dazu benutzt wird, bestimmte Stoffe innerhalb der Anlage, z.B. von einem Kessel zu einem anderen zu transportieren, auch wenn er zwischenzeitlich auch außerhalb des Werkverkehrs[589] für Ferntransporte genutzt wird. 427

Eigene Einschätzung: 428

Die Sichtweise von *Landsberg/Lülling* widerspricht dem Sinn und Zweck des Gesetzes. Es gilt das bereits zu oben »räumlicher Zusammenhang« Dargelegte.[590]

Der Haftungstatbestand verlangt ferner eine mögliche Bedeutung für das Entstehen von Umwelteinwirkungen. 429

*Paschke*[591] hält dieses Tatbestandsmerkmal für überflüssig, da die Haftung nach dem UmweltHG sowieso eine Umwelteinwirkung voraussetze. 430

*Salje*[592] will jede schädliche Umwelteinwirkung durch das Zubehör hierfür heranziehen, auch wenn von der Anlage unmittelbar keine schädliche Umwelteinwirkung ausgegangen ist. Als Beispiel nennt er die Lärm- und Abgasemissionen eines dieselbetriebenen Lkws. 431

584 *Paschke* § 3 UmweltHG Rn. 27.
585 *Salje* § 3 UmweltHG Rn. 52.
586 *Paschke* § 3 UmweltHG Rn. 27.
587 *Paschke* § 3 UmweltHG Rn. 27; *Schmidt-Salzer* § 3 UmweltHG Rn. 24.
588 *Landsberg/Lülling* § 3 UmweltHG Rn. 20.
589 Gemeint ist wohl das Werksgelände und nicht die Begrifflichkeit nach § 1 Abs. 2 GüKG.
590 Siehe Rdn. 414.
591 *Paschke* § 3 UmweltHG Rn. 28.
592 *Salje* § 3 UHG Rn. 53.

432 *Schmidt-Salzer*[593] und *Landsberg/Lülling*[594] wollen einer systemwidrigen Ausweitung einer allgemeinen Gefährdungshaftung begegnen. Sie verlangen daher die Möglichkeit, dass sich typische Umweltrisiken durch das Zubehör verwirklichen.

433 Eigene Einschätzung:

Es sollte *Schmidt-Salzer* und *Landsberg/Lülling* gefolgt werden, da nur die Forderung bezüglich typischer Umweltrisiken dem Gesetzeszweck gerecht wird. Zwar hat auch der LKW im Beispiel von *Salje* Umweltrelevanz; es verwirklichen sich jedoch Gefahren, die bei jedem dieselbetriebenen LKW, gleich ob er Zubehör einer UmweltHG-Anlage ist oder nicht, zu finden sind. Die bloße Zubehöreigenschaft rechtfertigt daher keine weiter gehende Haftung.

434 Anders ist es z.B. aber dann zu sehen, wenn der Inhaber der (stationären) Umwelthaftungsanlage nur deswegen Tanksattelauflieger[595] anmietet, um damit seine (rechtlich) begrenzten Lagerkapazitäten auszuweiten. In diesem Fall schafft er quantitativ durch Umwidmung[596] eine Risikosteigerung des Umweltgefährdungspotentials[597] aus der Gesamtanlage, die über das Risiko eines einzelnen Fahrzeugs hinausgeht.

*d) Inhaber als Haftpflichtiger*

435 Schadensersatzverpflichtet ist der Inhaber.[598]

436 Inhaber ist der Herr der Gefahr,[599] also derjenige, der die tatsächliche Verfügungsgewalt über die Anlage besitzt und auf ihren Betrieb Einfluss nehmen kann.

437 Sofern der Inhaber der Anlage mit dem Inhaber des Fahrzeugs identisch ist, ergeben sich insoweit keine Probleme.

438 Was geschieht jedoch, wenn sich ein Fremdfahrzeug der UmweltHG-Anlage nähert?

439 Der Fahrer eines Gefahrguttransporters wird wohl kaum Inhaber der UmweltHG-Anlage.[600] Fälle, wonach für die WHG-Haftung kurzfristig die Inhaberschaft der Haustankanlage auf den Tankwagenfahrer überging,[601] sind nicht nur rechtlich zweifelhaft,[602] sie sind auch nicht vergleichbar, da dort der Tankwagen bereits eine WHG-Anlage darstellte und mit einer anderen WHG-Anlage verbunden wurde.

440 Anders als bei den Betreibern einer Haustankanlage wird man bei einem Inhaber einer UmweltHG-Anlage erwarten dürfen, dass er um die Gefahren der Anlage weiß und sie beherrscht. Von einem überlegenen Wissen des Tankwagenfahrers wird man nicht sprechen können.

441 Es stellt sich jedoch an dieser Stelle die umgekehrte Frage, ob der Inhaber der UmweltHG-Anlage auch für das Fahrzeug verantwortlich zeichnet.

---

593 *Schmidt-Salzer* § 3 UmweltHG Rn. 24.
594 *Landsberg/Lülling* § 3 UmweltHG Rn. 18.
595 *LG Itzehoe* v. 25.05.2010 – 5 O 39/07 n.r., Vergleich (Lagerung von produktionsbedingt angefallenem Glyzerin in angemieteten Aufliegern).
596 Wussow/*Rüge* Unfallhaftpflichtrecht, Kap. 21, Rn. 7.
597 *OVG Münster* DVBl. 2009, 456 = DÖV 2009, 422 = NVwZ-RR 2009, 462 = ZUR 2009, 268 (zur Anlage nach der BImSchV).
598 Wussow/*Rüge* Unfallhaftpflichtrecht, Kap. 21, Rn. 6.
599 *BGH* v. 08.01.1981 – III 157/79, BGHZ 80, 1, 4 = NJW 1981, 1516 = VersR 1981, 458 = ZfW 1981, 156; *Landsberg/Lülling* § 1 UmweltHG Rn. 58.
600 So aber *Landsberg/Lülling* § 3 UmweltHG Rn. 58.
601 *OLG Hamburg* NJW-RR 1988, 474 = MDR 1988, 323.
602 Siehe Rdn. 369.

Für das BImSchG unterscheidet das *OVG Münster*[603] nicht zwischen eigenen und fremden Fahrzeugen. *Feldhaus*[604] scheint grundsätzlich von einer Haftungsmöglichkeit auszugehen, bezweifelt jedoch, dass eine derartige Haftungserweiterung gewollt und sachgerecht ist. 442

Eigene Einschätzung: 443

Nach dem UmweltHG kommen für den Geschädigten erhebliche Beweiserleichterungen zugute. Hier wollte der Gesetzgeber im Vergleich zu anderen Haftungsnormen gerade mit Blick auf die oft sehr komplizierten Prozesse in einer Anlage, eine günstigere Basis zur Rechtsverfolgung schaffen. Da der Gesetzgeber ausdrücklich Zubehör und Fahrzeuge als Zubehörstücke erwähnt, können diese nicht über die Differenzierung nach der Eigentümerstellung bzw. Inhaberschaft ausgeklammert werden. Für das Außenverhältnis Betreiber der stationären Anlage zum Geschädigten muss es daher unerheblich sein, wem das Zubehör bei näherer Betrachtung eigentumsrechtlich zuzurechnen ist, zumal auch nach dem Sachenrecht fremde Sachen zum Zubehör gezählt werden können.[605]

Eine andere Frage mag es dann sein, wie das Innenverhältnis zwischen Betreiber der UmweltHG-Anlage zum Fahrzeugeigentümer gestaltet ist, und ob sich der Anlagenbetreiber im Regresswege schadlos halten kann. 444

In diesem Zusammenhang sei darauf hingewiesen, dass nach dem Umwelthaftpflichtmodell[606] unter Ziffer 6.15 Ansprüche wegen Schäden durch den Gebrauch von Kraftfahrzeugen und Anhängern ausgeschlossen sind. Folglich genießt der Anlagenbetreiber keinen Deckungsschutz über die Haftpflichtversicherung der Anlage.[607] 445

Darüber hinaus hat aber auch der Kraftfahrthaftpflichtversicherer dem Anlagenbetreiber selbst keinen Deckungsschutz für die Schäden, die letztlich durch den Gebrauch des Kfz herrühren, zu gewähren, da der Anlagenbetreiber nicht zu den mitversicherten Personen des Kfz-Haftpflichtvertrages gehört. Die Aufzählung in A.1.2 AKB 2015 ist abschließend. 446

Ersatzberechtigter ist der unmittelbar Geschädigte mit Ausnahme des Anlageninhabers.[608] Ihm kommen die oben angesprochenen Beweiserleichterungen zugute, die wie folgt aussehen: 447

Bei einem Störfall wird die Ursächlichkeit für den Schaden vermutet, § 6 Abs. 1 UmweltHG. 448

Die Ursachenvermutung ist beim Normalbetrieb ausgeschlossen, § 6 Abs. 2 UmweltHG. Der Normalbetrieb knüpft daran an, dass die besonderen Betreiberpflichten eingehalten wurden, was dieser zu beweisen hat. 449

Darüber hinaus hat der Geschädigte einen Auskunftsanspruch gegen den Anlagenbetreiber im Rahmen des § 8 UmweltHG. 450

Der Haftungsumfang bemisst sich nach der Unterscheidung von Normalbetrieb und Störfall. Eine Haftung für höhere Gewalt ist ausgeschlossen, § 4 UmweltHG. 451

Die Haftungsgrenzen liegen bei 85 Mio. Euro für den Personenschaden und 85 Mio. Euro für den Sachschaden. Beim Sachschaden gelten zudem die Besonderheiten, dass im Rahmen des § 5 UmweltHG kleinere Schäden ggfs. hinzunehmen sind und dafür jedoch bei ökologischen Schäden die Sachwertgrenze aus § 251 Abs. 2 BGB nicht gilt. 452

603 *OVG Münster* DVBl. 1979, 31.

604 *Feldhaus* UPR 1992, 16.

605 *BGH* v. 19.04.1972 – VIII ZR 24/70, BGHZ 58, 309 = NJW 1972, 1187.

606 In Abweichung von 7.10 a/b AHB 2016, nach dem Schäden durch Umwelteinwirkung in der allgemeinen Haftpflichtversicherung ausgeschlossen sind, können diese Risiken unter besonderen Bedingungen wieder in den Vertrag eingeschossen werden. Generell: »Umwelthaftpflichtmodell«; speziell für die Betriebs- und Berufshaftpflicht: »Umwelthaftpflicht-Basisversicherung«.

607 *Gawlik/Michel* S. 193.

608 Wussow/*Rüge* Unfallhaftpflichtrecht, Kap. 21, Rn. 25.

**▶ Tipp für die Praxis:**

453 Die Beweiserleichterungen und die Regelungen zum Haftungsumfang stärken die Position des Geschädigten im Vergleich zu anderen Haftungsnormen erheblich.

Bei Schäden, die im Zusammenhang mit einer Anlage nach dem UmweltHG stehen könnten, sind daher bei der Sachverhaltsaufnahme auch Fragen nach der Einstufung der Anlage bzw. des Betriebes zu stellen.

Obwohl Fahrzeuge in § 3 Abs. 3a UmweltHG ausdrücklich erwähnt werden, stellt die Anwendung des UmweltHG nach der hier vertretenen Auffassung erhebliche Probleme dar, wenn über diese Norm auf Fahrer und Halter unmittelbar zurückgegriffen werden soll.

Insbesondere beim Abweichen von Fahrzeughalter und Betreiber der ortsfesten Anlage sind die vertraglichen Beziehungen, die Art der Haftungsnormen und die Tragweite der Haftungsnormen zu prüfen, da sie im Rahmen eines Regresses im Innenverhältnis zu anderen Bewertungen führen können.

454 Zu beachten bleibt auch, dass bei einem Schaden des Anlagenbetreibers, der ihm ggf. unter Beteiligung eines Fahrzeuges entstanden ist, nicht nur Mithaftungsgesichtspunkte nach § 11 UmweltHG heranzuziehen sind. Der strengere Haftungsmaßstab nebst Entlastungsbeweis des Anlagenbetreibers hat auch hier sinngemäß zu gelten. Schließlich setzt derjenige, der sein Fahrzeug gerade im betriebsnotwendigen Interesse des Anlagenbetreibers einsetzt, sich damit den besonderen Risiken dieser Anlage nach dem UmweltHG aus.

### 11. § 2 Abs. 1 S. 1 Haftpflichtgesetz

455 Im Bereich des Haftpflichtgesetzes wird für Kraftfahrzeuge § 2 Abs. 1 S. 1 HaftPflG relevant.

456 Voraussetzung ist eine Rechtsgutverletzung in Bezug auf Leben, Körper, Gesundheit oder Sachen.

457 Diese muss durch eine gefährliche Anlage verursacht worden sein. Im Gesetz wird dabei die auch für Fahrzeuge relevante Rohrleitungsanlage erwähnt. Über 100 Jahre nach der Einführung des HaftPflG wurde die Gefährdungshaftung für Rohrleitungsanlagen 1978 in das Gesetz[609] aufgenommen. Der Gesetzgeber dachte zunächst nur an die Gefahren einer Pipeline, bei der über eine größere Entfernung erhebliche Mengen von einem Ort zu einem anderen Ort leiten und abgegeben werden.

458 Der *BGH* hat dann den Anwendungsbereich weder allein auf stationäre Anlagen noch auf starre Rohrsysteme und Kanäle begrenzt. Unter Rohrleitungsanlage wird daher nun begrifflich auch ein Schlauch als flexible Rohrleitungsanlage verstanden, sodass der Abgabeschlauch eines Tankwagens als eine solche Rohrleitungsanlage angesehen wird.[610] Tankwagen unterliegen bezügliches dieses Bauteils somit der Anlagenhaftung.[611]

Voraussetzung ist jedoch, dass es sich um mehr als nur einen fahrzeuginternen Schlauch handelt. Ein kurzes Schlauchstück von ein paar Metern, das innerhalb eines Fahrzeugs verbaut ist, wird den gesetzgeberischen Vorstellungen nicht gerecht. Schließlich wollte der Gesetzgeber gerade diejenigen Leitungen einer besonderen Gefährdungshaftung unterwerfen, die über weite Strecken und weitgehend der ständigen Kontrolle entzogen Stoffe transportieren. Ein Umlagern von fließfähigen Stoffen innerhalb des Fahrzeugaufbaus mit kurzen Schläuchen, das zudem jederzeit kontrollierbar ist, kann nicht ansatzweise mit der Gefährlichkeit einer unterirdisch verlegten Pipeline verglichen werden.

609 BT-Drucks. 8/108 v. 09.02.1977.

610 *BGH* v. 14.06.1993 – III ZR 135/92, VersR 1993, 1155 f. = DAR 1993, 465, 467 = NJW 1993, 2740 f. zum Abgabeschlauch am Einfüllstutzen; *LG Mainz* v. 29.05.1990 – 2 O 20/90 zum geplatzten Abgabeschlauch.

611 *Filthaut* § 2 HPflG Rn. 5.

Der *VI. Zivilsenat des BGH*[612] hat sich dieser Fragestellung entzogen, in dem er in unangemessener Weise die Betriebsgefahr des Fahrzeugs aus § 7 StVG als Auffangtatbestand missbraucht, statt die Besonderheiten der lex specialis zu beachten.[613]

Zur Anlage werden generell auch Nebeneinrichtungen gezählt.[614] Da der Schlauch betriebsnotwendiges Zubehör ist, aber nicht die Hauptsache des Tankwagens ausmacht, sollten allenfalls die Schlauchanschlussstücke am Abgabeschlauch (Zapfpistole) zu den Nebeneinrichtungen gezählt werden, nicht aber das eigentliche Fahrzeug. 459

Da Silofahrzeuge ebenfalls mit Schläuchen ausgerüstet sind, wird man dies auf diese Fahrzeuge bei der Abgabe von Stoffen übertragen können. 460

Keine Übertragbarkeit besteht allerdings bei Silofahrzeugen die Transportgut lediglich ansaugen. Dies gilt entsprechend für Saugfahrzeuge. Die Schlauchleitung dient dabei in keinem Fall der Abgabe, sondern nur der Aufnahme von fließfähigen Stoffen. 461

▶ **Tipp für die Praxis:**

Schläuche von Tankwagen müssen nicht notwendigerweise solche von Chemie- oder Heizöltankwagen sein. Es kommt darauf an, dass die Anlage als solche gefährlich ist. Bei Schläuchen, die bis zu mehreren Hundert Litern Flüssigkeit pro Minute durchfließen lassen, ist die Gefahrenlage durch ein Platzen und ein unkontrolliertes Herumschlagen nachvollziehbar. Ähnliches kann jedoch auch bei anderen Flüssigkeiten, wie etwa Milch oder Wasser vorkommen. Bei fließfähigen Schüttgütern, wie Getreide, Mehl, Zement etc. kann es unter Druck ebenfalls zu entsprechenden Gefahrenlagen kommen. 462

Unter diesen Voraussetzungen wird deutlich, dass der Benzinschlauch für die Treibstoffzufuhr vom Tank zum Motor nicht als gefährlich einzustufen ist.

Bei zusammengesetzten Fahrzeugen, wie Sattelzugmaschine mit Auflieger oder Zugmaschine mit Anhänger kommt es darauf an, wo die Fehlerquelle[615] liegt, denn es können damit zwei unterschiedliche Fahrzeughalter und zwei unterschiedliche Versicherer angesprochen sein. Wegen der spezifischen Haftungsvoraussetzungen sind an dieser Stelle Überlegungen zum Gesamtschuldnerausgleich wegen Halterhaftung[616] nach § 7 StVG nicht einschlägig. 463

Viele Nutzfahrzeuge sind mit Zusatzeinrichtungen ausgestattet, die über den Hydrauliköldruck gesteuert werden. Zu denken ist beispielsweise an Kippvorrichtungen und Ladebordkräne an Fahrzeugen. Die unter sehr hohem Druck stehenden Hydraulikschläuche können platzen und erhebliche Mengen Öl verspritzen. Durch einen um sich schlagenden Schlauch kann es zu Personenschäden kommen. 464

Zu berücksichtigen ist aber bei diesen Einrichtungen, dass sie nicht wie eine Pipeline dem Transport und der Abgabe von Stoffen dienen, sondern nur ein Glied einer mechanischen Bewegungsapparatur sind, ähnlich einem Bremsschlauch beim Auto oder einem Bowdenzug an der Fahrradbremse. Die Gefährlichkeit von fahrzeuginternen Schläuchen oder Hydraulikschläuchen endet schlagartig mit dem Druckabbau. Es kann allenfalls die im Leitungssystem befindliche Menge ausfließen. Ein über lange Zeit unbemerktes Auslaufen größerer Flüssigkeitsmengen wie bei einer Kanalisation oder einem unbeaufsichtigten Abgabeschlauch eines Tankwagens kann nicht erfolgen. 465

---

612 *BGH* v. 08.12.2015 – VI ZR 139/15, BGHZ 208, 140 = WKRS 2015, 36587 = DAR 2016, 261 = NJW 2016, 1162 = NZV 2016, 165 = r+s 2016, 143 = VersR 2016, 1048 = WM 2016, 189; besprochen von *Offenloch* DAR 2016, 301 ff.

613 Näheres oben, Rdn. 29.

614 *Filthaut* § 2 HPflG Rn. 14.

615 GDV-Sonderrundschreiben K 01/2006 vom 18.01.2006; Auswirkungen der Schadensersatzrechtsreform auf die Anhängerhaftung.

616 *BGH* v. 27.10.2010 – IV ZR 297/08, DAR 2011, 80; *Wilms* DAR 2011, 71 ff.

466 Eine weitere Ausdehnung der Gefährdungshaftung ist daher bedenklich. Im öffentlichen Verkehrsraum kann auf § 7 Abs. 1 StVG (§ 17 Abs. 3 S. 1 StVG) zurückgegriffen werden. Der Anscheinsbeweis einer Verschuldenshaftung sollte ausreichen, insgesamt zu sachgerechten Lösungen zu kommen. Der Fahrzeughalter bzw. sonstige Maschinenbetreiber wird sich entlasten, wenn er das Zusatzaggregat regelmäßig hat warten lassen und die Prüfungen ausreichend dokumentiert wurden.

467 Schließlich muss die Wirkung, insbesondere von Flüssigkeiten, die von einer Anlage ausgehen, zu dem Schaden geführt haben (Wirkungshaftung). Es reicht nicht aus, wenn wegen der mangelnden Qualität des Stoffes eine Funktion ausbleibt.

468 Alternativ kann ein nicht ordnungsgemäßer Zustand vorliegen (Zustandshaftung). Ordnungsgemäß ist ein Zustand, wenn die Anlage den anerkannten Regeln der Technik entspricht und unversehrt ist.

469 Ausgenommen von der Haftung sind Schäden, die innerhalb eines Gebäudes eingetreten und auf eine darin befindliche Anlage zurückzuführen sind, § 2 Abs. 3 Nr. 1 Alt. 1 HaftPflG. Beispiel: Ein Tankfahrzeug entlädt mittels Abgabeschlauch innerhalb einer Lagerhalle oder Garage.

470 Ferner sind Schäden ausgenommen, die innerhalb eines im Besitz des Inhabers der Anlage stehenden befriedeten Besitztums entstehen, § 2 Abs. 3 Nr. 1 Alt. 2 HaftPflG. Beispiel: Unfall auf Betriebsgelände des Fahrzeughalters.

471 Schließlich sind wiederum Fälle höherer Gewalt ausgenommen, § 2 Abs. 3 Nr. 3 HaftPflG.

472 Ersatzverpflichtet ist der Inhaber der Anlage. Der Inhaber muss Herr der Gefahr sein.[617] Es muss sich dabei um eine eigenverantwortliche und wirtschaftliche Herrschaft handeln.[618] Ein kurzfristiges Überlassen oder nur in einer untergeordneten Funktion führt nicht zur Inhaberschaft.[619]

473 Ersatzberechtigt ist der unmittelbar Geschädigte, aber nicht der Mitinhaber[620] der Anlage.

474 Der Haftungsumfang ist in den §§ 5–10 HaftPflG geregelt. Für den Sachschaden nach § 10 HaftPflG ist hervorzuheben, dass ab 01.08.2002 das Haftungslimit von 300.000 € gilt. Davon ausgenommen sind Schäden an Grundstücken.

## 12. § 24 Abs. 2 Bundesbodenschutzgesetz

475 Das Gesetz zum Schutz des Bodens vom 17.03.1998 ist mit allen Einzelvorschriften am 01.03.1999 in Kraft getreten. Das Bundesbodenschutzgesetz zählt zwar zum öffentlichen Recht, enthält aber einen zivilrechtlichen Ausgleichsanspruch[621] in § 24 Abs. 2 BBodSchG.[622] Somit ist die Norm relevant im Umweltschadensfall mit Kraftfahrzeugen bei denen der Fahrer einen solchen Schaden verursacht.

476 Ziel des Gesetzes ist es, nachhaltig die Funktionen des Bodens zu sichern und wiederherzustellen (§ 1 BBodSchG). Die Vorschriften des Wasserrechts[623] werden nicht verdrängt.

477 In § 4 Abs. 1 BBodSchG wendet es sich mit einem Vermeidungsgebot an jedermann.

478 Nach § 4 Abs. 2 BBodSchG kommen Abwehrpflichten für den Grundstückseigentümer und den Inhaber des Grundstücks zum Tragen.

---

617 *BGH* v. 08.01.1981 – III ZR 157/79, BGHZ 80, 1 = VersR 1981, 458 = NJW 1981, 1516.
618 *OLG Brandenburg* v. 30.04.2008 – 4 U 159/07, WKRS 2008, 15075, *Filthaut* § 2 HPflG Rn. 44.
619 *Filthaut* § 2 HPflG Rn. 44; *OLG Schleswig* VersR 1979, 999.
620 *OLG Düsseldorf* v. 06.04.2006 – I 5 U 134/05; *Filthaut* § 2 HPflG Rn. 53.
621 *Versteyl/Sondermann/Henke* § 24 BBodSchG Rn. 16.
622 Umfassend Steenbuck, Die Sanierungs- und Kostenverantwortlichkeit nach dem Bundes-Bodenschutzgesetz.
623 *OVG Münster* v. 29.04.2013 – 20 A 963/11, WKRS 2013, 35373 = ZfW 2013, 217.

Nach § 4 Abs. 3 BBodSchG wird der Verursacher einer schädlichen Bodenveränderung mit Sanierungspflichten belegt. Da der Verursacher jedoch nicht allein verantwortlich ist, greift das Gesetz auf weitere Sanierungspflichtige zurück. 479

Diese können sein: 480
- der Gesamtrechtsnachfolger des Verursachers[624]
- der Grundstückseigentümer
- der nicht schutzwürdige frühere Eigentümer[625] des Grundstücks nach § 4 Abs. 6 BBodSchG
- der Inhaber der tatsächlichen Gewalt über das Grundstück,[626] aber nicht ein OHG-Gesellschafter nach § 128 HGB[627]
- und der Grundstücksbesitzer.[628]
- der frühere Pächter,[629] auch wenn zivilrechtich die kurzen Verjährungsfristen aus dem Pachtrecht greifen
- die Wohnungseigentümergemeinschaft[630]
- möglicherweise auch der einzelne Miteigentümer, jedenfalls sofern ihm ausnahmsweise nach der Teilungserklärung die besonderen Instandsetzungs- oder Instandhaltungspflichten[631] übertragen wurden.

Damit erschließt sich nicht nur der Kreis der Polizeipflichtigen,[632] sondern auch der, der potenziell Ausgleichsberechtigten. Wer von der Behörde in Anspruch genommenen wurde, kann nach § 24 Abs. 2 BBodSchG einen zivilrechtlichen[633] Ausgleichsanspruch haben. 481

Für den Ausgleichsanspruch gegen Mitverpflichtete findet § 426 Abs. 1 S. 2 BGB entsprechende Anwendung.[634] Der Beginn der Verjährung richtet sich auch bei einer mehrschrittigen[635] Grundstückssanierung grds.[636] danach, wann die erforderlichen oder behördlich angeordneten Maßnahmen beendet[637] wurden. Allein das Ende von Untersuchungen[638] zum Gefährdungspotential löst somit noch keinen Beginn der Verjährung aus. Mietrechtliche Verjährungsvorschriften nach § 548 BGB[639] verdrängen die Vorschrift nicht. 482

Problematisch ist, wenn die Beteiligten davon ausgingen, es sei abschließend saniert worden, sich aber Jahre später erneut Restbelastungen feststellen lassen. Der ursprüngliche Ausgleichsanspruch war bereits geltend gemacht und ausgeglichen worden. Mit dem Entdecken und Beseitigen von Restbelastungen wird die zivilrechtliche Verjährung m.E. nicht erneut in Gang gesetzt, da der Gläubiger zuvor schon die Möglichkeit hatte, etwaige künftige Ausgleichsansprüche zu sichern.

624 *VGH Baden-Württemberg* UPR 2001, 274 (Abgrenzung zur Altlast – Recht vor Anwendbarkeit des BBodSchG).
625 Zu den verfassungsrechtlichen Problemen siehe *Tollmann* ZUR 2008, 5 ff.
626 *BGH* v. 22.07.1999 – III ZR 198/98, BGHZ 142, 227 = NJW 1999, 3633 = VersR 2001, 67 für den Zeitpunkt der Emission.
627 *VGH München* NVwZ-RR 2005, 465.
628 *OVG Sachsen-Anhalt* v. 16.10.2012 – 2 M 149/12, WKRS 2012, 31803.
629 *BGH* v. 21.05.2010 – V ZR 244/09, WKRS 2010, 17962 = MDR 2010, 1044 = NJW 2010, 2341.
630 *BGH* v. 18.03.2016 – V ZR 75/15, WKRS 2016, 14504 = NJW 2016, 2177, (Absatz 36).
631 *BGH* v. 28.10.2016 – V ZR 91/16, WKRS 2016, 32868 = BauR 2017, 928 = NJW 2017, 1167.
632 Quasi in Ewigkeitshaftung, so *OLG Stuttgart* v. 07.08.2013 – 9 U 108/12, WKRS 2013, 47880.
633 Giesberts/Reinhardt/*Hilf* § 24 BBodSchG Rn. 1.
634 Ein Anspruch des Zustandsstörers gegen den Verhaltensstörer wurde früher nach alter Rechtslage von Rspr. und h.L. abgelehnt. Nachweise bei *Schimikowski* VersR 1998, 1452, 1455 und *Versteyl/Sondermann/Henke* § 24 BBodSchG Rn. 15.
635 *OLG Hamm* v. 11.09.2013 – 11 U 22/12, WKRS 2013, 52663.
636 Str., *LG Düsseldorf* v. 11.02.2011 – 1 O 20/07, WKRS 2010, 16449 = AbfallR 2010, 215.
637 *BGH* v. 18.10.2012 – III ZR 312/11, BGHZ 195, 153 = BauR 2013, 449 = VersR 2013, 372; *Horn*, BBodSchG – OK, § 24 BBodSchG, Rn. 9.
638 *OLG Stuttgart* v. 07.08.2013 – 9 U 108/12, WKRS 2013, 47880.
639 *BGH* v. 01.10.2008 – XII ZR 52/07, BGHZ 178, 137 = VersR 2009, 548.

Nach § 24 Abs. 2 S. 5 BBodSchG wird der Rechtsweg zu den ordentlichen Gerichten eröffnet.

483 Der Verpflichtete nach § 4 Abs. 3 BBodSchG ist Gläubiger des Anspruchs, wenn ein anderer im Innenverhältnis Ausgleich zu leisten hat. Dies ist dann der Fall, wenn die Gefahr oder der Schaden ganz oder vorwiegend von einem anderen Verpflichteten verursacht wurde, § 24 Abs. 2 S. 2 BBodSchG. Dabei darf die Beweislast nicht zulasten des Ausgleichsberechtigten überspannt werden.[640]

484 Bei der Bewertung, wer im Innenverhältnis eher die Kostenlast zu tragen hat, bleibt die Erwägung, »wer von der Behörde in Anspruch genommen wurde, ist auch eher verantwortlich«, außen vor, § 24 Abs. 1 S. 1 BBodSchG.

485 Zunächst ist zu prüfen, ob eine vertragliche Vereinbarung vorgeht oder beispielsweise wegen eines Güterschadens,[641] der eine Umweltschädigung zur Folge hat, Haftungsprivilegien zu berücksichtigen sind. Sofern insbesondere keine anderslautende vertragliche Vereinbarung[642] entsprechend § 24 Abs. 2 S. 2 BBodSchG vorliegt, können sich nun nach den Vorgaben grundsätzlich drei Konstellationen ergeben:

- Volle Ausgleichberechtigung haben[643] der Grundstückseigentümer sowie dessen gutgläubiger Rechtsnachfolger und der Inhaber gegenüber dem Verursacher und dessen Gesamtrechtsnachfolger.
- Eine teilweise Ausgleichsberechtigung haben[644] mehrere Verursacher untereinander, entsprechend ihrer Verursachungsanteile.
- Nach wohl herrschender Meinung wird eine teilweise Anspruchsberechtigung auch bei mehreren verpflichteten Zustandsstörern untereinander[645] angenommen.

486 Diese Auslegung wird durch den Wortlaut zwar nicht gedeckt, da ein Zustandsstörer begrifflich schon kein Verursacher sein kann. Nach dem Sinn und Zweck der Regelung sollte aber eine gerechte Lastenverteilung durch den Ausgleichsanspruch erreicht werden. Die h.M. sieht daher zutreffend die Voraussetzungen für eine analoge Anwendung für gegeben. Dem ist in Grenzen zuzustimmen.[646]

487 In der Literatur wird diskutiert, ob für den Ausgleichsanspruch eine tatsächliche behördliche Heranziehung erforderlich ist oder ob es nach h.M.[647] ausreicht, dass ein Verpflichteter potenziell behördlicherseits in Anspruch genommen werden könnte. Der letzteren Auffassung hat sich der *BGH*[648] mit Recht angeschlossen. Nur so ist gewährleistet, dass schnellstmöglich und ohne zusätzliche bürokratische Hürden die Sanierung vorangetrieben wird.[649] Bei Altlasten mag eine Verzögerung noch hingenommen werden können; bei akuten Schadensfällen, wo eine Ausbreitung des Schadens möglicherweise noch im Gange ist, verursacht eine Verzögerung nur eine Kostensteigerung.

640 *LG Hannover* UPR 2003, 395.

641 Siehe oben Rdn. 161; *BGH* v. 05.10.2006 – I ZR 240/03, TranspR 2006, 454 mit Anm. *Heuer* = SVR 2006, 466 bespr. von *Schwab* = VersR 2007, 86 mit Anm. *Boettge* = NJW 2007, 58 = DB 2006, 2570 = NZV 2007, 135 = MDR 2007, 413 = WI 2007, 40.

642 Zur Problematik des vertragsgemäßen Gebrauch eines Tankstellenpachtgrundstücks s. *BGH* UPR 2002, 440 = NJW 2002, 3234 und *BGH* 01.10.2008 – XII ZR 52/07; zu den Risiken entsprechender Formulierungen s. *v. Westerholt* NJW 2000, 931, 933; zum Rückgriffsanspruch gegenüber der Behörde siehe *Schlemminger/Böhn* NVwZ 2010, 354 ff.

643 *Versteyl/Sondermann/Henke* § 24 BBodSchG Rn. 18.

644 *Versteyl/Sondermann/Henke* § 24 BBodSchG Rn. 18.

645 *Versteyl/Sondermann/Henke* § 24 BBodSchG Rn. 19f; gegen Analogie vgl. *VG Trier* NJW 2000, 531; zu Verteilungsmaßstäben s. Giesberts/Reinhardt/*Hilf* § 24 BBodSchG Rn. 37.2.

646 Zur weiteren Problematik s. Halm/Engelbrecht/Krahe/*Schwab* Kap. 30 Rn. 63.

647 *Horn*, BBodSchG – OK, § 24 BBodSchG, Rn. 7; *Versteyl/Sondermann/Henke* § 24 BBodSchG Rn. 22.

648 *BGH* v. 01.10.2008 – XII ZR 52/07, BGHZ 178, 137 = NJW 2009, 139 = VersR 2009, 548; bespr. v. *Hellriegel/Schmitt* NJW 2009, 1118 ff.

649 Dagegen mit Blick auf die kaufvertragliche Seite *Drasdo* NJW-Spezial 2007, 97 f.

488 Das *LG Landau in der Pfalz* hat in einem ähnlich gelagerten Fall einen Ausgleichsanspruch nach § 426 BGB bejaht.[650] Bei einem Ölunfall anlässlich einer Betankung war zunächst die genaue Schadenursache unklar. Die Heizölfirma leitete dennoch Sofortmaßnahmen zur Schadenminimierung ein. Neben einem Ausgleichsanspruch sah das *LG Landau* Ansprüche aus Geschäftsführung ohne Auftrag wegen eines »auch-fremden Geschäftes« für gegeben, da letztlich dem beklagten Kunden als Betreiber der defekten Tankanlage die Sanierungspflicht nach § 4 Abs. 2 BBodSchG oblag. Das Urteil wurde durch das *OLG Zweibrücken* bestätigt.[651]

489 Da der zivilrechtliche Ausgleichsanspruch seine Grundlage in einer öffentlich-rechtlichen Verpflichtung hat, mag bezweifelt werden, ob dieser Anspruch vom Kfz-Haftpflichtversicherer zu decken ist, geht es doch in A.1.1.1 AKB 2015 bzw. § 2 KfzPfVV um gesetzliche Haftpflichtbestimmungen privatrechtlichen Inhalts.

490 Zu berücksichtigen ist jedoch, dass der Berechtigte oft nicht nur einen Sachschaden am eigenen Grundstück zu beklagen, sondern auch Vermögenseinbußen erlitten hat. Es sind Parallelen zur Feuerwehrkostenentscheidung des *BGH*[652] zu ziehen.

## II. Anspruchsgrundlagen öffentlich-rechtlicher Art

### 1. § 4 Abs. 3 BBodSchG

491 Zunächst ist auf die vorangegangenen Ausführungen zu verweisen.[653] Ausgehend davon, dass auch ein Fahrzeugführer ein Verursacher[654] einer schädlichen Bodenveränderung sein kann, sind die Begriffe und der Umfang der ihn treffenden öffentlich-rechtlichen Sanierungspflicht vorrangig zu klären.

492 Bei Befüllschäden mittels Tankfahrzeugen ist darauf zu achten, dass der Befüller nicht bei jedem kausalen Handeln als polizeipflichtiger Verursacher anzusehen ist. Ist allein der Betreiber für die Standsicherheit einer Anlage verantwortlich und sind dem Fahrer Anlagenmängel nicht ersichtlich, ist sein Befüllen lediglich eine Handlung in rechtlich und sozialüblich zulässiger Weise. Der Befüller ist nicht als Störer anzusehen.[655] Er überschreitet nicht die Gefahrengrenze und setzt keine unmittelbare Ursache[656] für den Eintritt der Gefahr. Indiz für die unmittelbare Verursachung kann sein, dass jemand als Betreiber einer Anlage anzusehen ist.[657]

493 Andererseits reicht für eine Inanspruchnahme schon eine Mitverursachung aus. Die bloße Vermutung[658] einer Mitverursachung ist unzureichend. Die tatsächliche Mitverursachung – das »ob« – ist anhand objektiver Indizien mit ausreichender Gewissheit festzustellen. Den konkreten Handlungsbeitrag – das »wie« – muss die Behörde dann allerdings nicht[659] mehr nachweisen. Die Behörde hat dann ein Auswahlermessen, wen sie mit der Sanierungspflicht belegt. Effektiv[660] und zweckmäßig[661]

650 *LG Landau in der Pfalz* PVR 2003, 257.

651 *OLG Zweibrücken* SVR 2004, 279, bespr. von *Schwab*; *OLG Hamm* v. 23.11.2006 – 10 U 116/05.

652 *BGH* v. 20.12.2006 – IV ZR 325/05, WKRS 2006, 29131 = VersR 2007, 200 = DAR 2007, 142 mit Anm. *Weinsdörfer* = NZV 2007, 233 = r+s 2007, 94 = zfs 2007, 273.

653 S. Rdn. 475.

654 Hierzu kann auch der Geschäftsführer einer GmbH zu rechnen sein, vgl. *OVG Münster* UPR 2007, 315.

655 *OVG Koblenz* v. 26.11.2008 – 8 A 10933/08.OVG, WKRS 2008, 28224 = NVwZ-RR 2009, 280 = LKRZ 2009, 59 = GewA 2009, 131 = AbfallR 2009, 95; *OVG Münster* NVwZ 1985, 355 f.

656 *Troidl* NVwZ 2010, 154 ff.

657 *VGH Bayern* v. 29.10.2015 – 22 ZB 15.1770, WKRS 2015, 30926 = UPR 2016, 279 = GewArch 2016, 163.

658 *OVG Münster* DVBl. 1997, 570 = NVwZ 1997, 503; *VG Düsseldorf* ZUR 2010, 85 m. Anm. *Hellriegel.*

659 *VG Düsseldorf* ZUR 2010, 85 m. Anm. *Hellriegel.*

660 *Horn/Haas* BBodSchG – OK, § 4 BBodSchG, Rn. 12.

661 *VGH Baden-Württemberg* v. 13.03.2014 – 10 S 2210/12, WKRS 2014, 13022.

ist es, das solvente und technisch fachkundigere Unternehmen auszuwählen. Letzteres ist nicht zwingend der Betrieb der mit Fahrzeugen anliefert, sondern auch der Betrieb, der gewerbsmäßig eine Anlage betreibt, insbesondere Mineralölkonzerne[662] mit Tankstellen. Bei der Auswahl kann auch zum Tragen kommen, dass der Zustandsstörer nur bis zur Höhe des Verkehrswertes[663] des Grundstücks, der Verursacher aber darüber hinaus in Anspruch genommen werden kann.

*a) Schädliche Bodenveränderung*

494 Grundlage für ein behördliches Einschreiten ist das Vorliegen einer schädlichen Bodenveränderung im Sinne der Legaldefinition des § 2 Abs. 3 BBodSchG. Der Boden wird nicht durch die reine Humusschicht bestimmt. Zu ihm gehört auch das darunter befindlich Erdreich oder Gestein und neben der Bodenluft auch der Übergangsbereich zum Grundwasser,[664] die Bodenlösung, § 2 Abs. 1 BBodSchG.

495 Den schädlichen Bodenveränderungen gleichgestellt sind Altlasten[665] nach § 2 Abs. 5 BBodSchG. Das sind Altablagerungen und Altstandorte. Sie haben mit den stets sofort entdeckten Schäden durch den Gebrauch von Kfz nichts zu tun. Relevant werden Altlasten aber dann, wenn gelegentlich der Sanierungen akuter Schäden solche Vorschäden entdeckt werden. Gegenüber dem Betrug beim Fahrzeugschaden[666] ist eine böse Absicht des Geschädigten im Umweltschaden eher selten anzutreffen.

*b) Umfang der Sanierungspflicht*

496 Der Umfang der Sanierungspflicht richtet sich bei festgestellter Kontamination nach den örtlichen Verhältnissen. Auf den Verursachungszeitpunkt kommt es nach h.M. nicht an, so dass keine Verjährung[667] eintreten kann. Maßgebend ist die planungsrechtlich zulässige Nutzung des Grundstücks. Hilfsweise kann auf das Gepräge des Gebietes nebst absehbarer Entwicklung zurückgegriffen werden, § 4 Abs. 4 BBodSchG.

497 Das Öffentliche Recht orientiert sich an der Verhältnismäßigkeit. In weiten Teilen kommt es zu einer Übereinstimmung mit der im Zivilrecht geltenden Erforderlichkeit. Es hat sich um eine bedarfsgerechte und nicht um eine Luxussanierung[668] zu handeln.[669]

498 Es werden Maßnahmen-, Prüf- und Vorsorgewerte nach Nutzergruppen (Mensch/Pflanze/Wasser) und Nutzungsarten (Spielflächen/Wohngebiete/Park- und Freizeitanlagen/Industrie- und Gewerbegrundstücke) festgelegt, die der BBodSchV entsprechen.[670] Im Ergebnis muss die Maßnahme das Ziel erreichen, dass dauerhaft keine Gefahren, erhebliche Nachteile oder erhebliche Belästigungen für den Einzelnen oder die Allgemeinheit verbleiben, § 4 Abs. 3 BBodSchG. Dieses Ziel kann durch vollständige Dekontaminationsmaßnahmen, nur Teilsanierungsmaßnahmen[671] und möglicherweise mit reinen Sicherungsmaßnahmen erreicht werden.[672]

662 *VG Saarland* v. 14.04.2010 – 5 K 1113/08, WKRS 2010, 41162 = NuR 2010, 521.

663 *VGH Baden-Württemberg* v. 08.03.2013 – 10 S 1190/09, WKRS 2013, 34259 = BauR 2013, 1156 = NVwZ 2013, 1100.

664 Begriffsdefinition in § 3 Nr. 3 WHG.

665 Begrifflichkeit gilt auch für Fälle vor 1999, *OLG Karlsruhe* v. 03.03.2003 – 1 U 67/02.

666 Hierzu *Homp/Mertens* Kap. 23 Rdn. 87 ff.

667 *VGH Baden-Württemberg* v. 18.12.2007 – 10 S 2351/06, WKRS 2007, 47850 = DVBl. 2008, 732 = NVwZ-RR 2008, 605; *OVG Niedersachsen* v. 21.04.2004 – 7 LC 97/02, WKRS 2004, 15129 = ZfW 2005, 116; *OLG Stuttgart* v. 07.08.2013 – 9 U 108/12, WKRS 2013, 47880; *Horn*, BBodSchG – OK, § 4 BBodSchG, Rn. 14.

668 *VGH Baden-Württemberg* v. 08.03.2013 – 10 S 1190/09, WKRS 2013, 3425 = BauR 2013, 1156.

669 *Schimikowski* VersR 1998, 1452, 1454; Beispiel: 100 ug/l im Wasserschutzgebiet sind keine Luxussanierung, *VG Göttingen* v. 17.03.2005 – 4 A 20/03.

670 Bundes-Bodenschutz- und Altlastenverordnung vom 12.07.1999.

671 *VGH Baden-Württemberg* v. 08.03.2013 – 10 S 1190/09, WKRS 2013, 34259 = BauR 2013, 1156 = NVwZ 2013, 1100.

672 Zur Verhältnismäßigkeit: *Versteyl/Sondermann* § 4 BBodSchG Rn. 83.

Sicherungsmaßnahmen sind weniger als die Naturalrestitution im Schadensersatzrecht. Bei einer Mithaftung des Geschädigten kann dies dazu verhelfen, dessen finanziellen Beitrag einzuschränken. 499

Bei drohender Verlagerung von Schadstoffen aus dem Boden in das Grundwasser besteht zusätzlich eine Grundwassersanierungspflicht.[673] Diese richtet sich nach wasserrechtlichen Vorschriften, § 4 Abs. 3 S. 1 und Abs. 4 S. 2 BBodSchG. 500

Im Eilverfahren nach § 80 Abs. 5 VwGO kommt eine Abwägung der widerstreitenden Interessen in Betracht. Nur bei drohendem Verlust der wirtschaftlichen Existenz des Sanierungspflichtigen bestehen Chancen, eine Umsetzung zu verhindern. Das Interesse der Allgemeinheit an einer zeitnahen Erkundung und Sanierung haben Vorrang.[674] 501

Soweit Deckungsschutz in der Kfz-Haftpflichtversicherung aufgrund einer inhaltsgleichen[675] Gesetzeskonkurrenz von öffentlich-rechtlichem und privatrechtlichem Anspruch[676] besteht, wird für das Argument »wirtschaftliche Existenz« kein Raum verbleiben. Ein Direktanspruch[677] gegen den Kfz-Haftpflichtversicherer besteht unter keinen Umständen. 502

Dem Deckungsschutz können allerdings dann Grenzen gesetzt sein, wenn Summationsschäden durch mehrfache Verunreinigungsbeiträge festgestellt werden. Die öffentlich-rechtliche Verantwortung des Schädigers betrifft in diesen Fällen den Gesamtschaden, selbst wenn er nur einen Verursachungsbeitrag gesetzt hat. Die öffentlich-rechtliche Inanspruchnahme auf den Gesamtschaden ist dann verhältnismäßig,[678] wenn der Beitrag für sich allein betrachtet die Pflicht zur Sanierung[679] begründet. Zivilrechtlich und somit deckungsrechtlich kann es sich dagegen um ein vorgeschädigtes Grundstück handeln, sodass der wirtschaftliche Schaden sich nur auf den zusätzlichen Schaden beziehen kann. 503

## 2. Öffentlich-rechtliche Verantwortlichkeit nach dem Umweltschadensgesetz

Das am 14.05.2007 verkündete USchadG trat im November 2007 in Kraft.[680] Das Gesetz gilt nach § 13 Abs. 1 USchadG rückwirkend schon[681] für Schadensfälle ab dem 30.04.2007. Es handelt sich um eine allgemeine Haftungsnorm aus dem Umweltschadenbereich, die aufgrund ihrer besonderen Ausprägung nicht nur bei Verkehrsunfällen, sondern auch bei sonstigen Unfällen mit Kraftfahrzeugen Relevanz erlangt. 504

### *a) Beruflich tätiger Fahrer*

Zum Kreis der Verantwortlichen zählen alle[682] beruflich Tätigen, § 3 Abs. 1 USchadG. Auf eine wirtschaftliche Tätigkeit oder eine Gewinnerzielung kommt es dabei nicht an, § 2 Nr. 3 USchadG. Damit fällt nicht nur der Gewerbetreibende unter diese Haftungsnorm. Auch ganz andere Bereiche werden einbezogen. Beispielhaft sei der ambulante Pflegedienst und der Arzt auf dem Weg zum Patienten oder der Seelsorger bei der Fahrt zu einer Beerdigung erwähnt. Selbst der Rechtsanwalt, 505

673 Verfassungsrechtlich nachvollziehbare Bedenken hiergegen wegen der eigentumsrechtlichen Trennung von Grundstück und Grundwasser bei *Vierhaus* NJW 1998, 1262, 1266; *Schimikowski* VersR 1998, 1452, 1454.

674 *VGH Mannheim* NVwZ-RR 2003, 103 f.

675 *Wagner* VersR 2008, 565, 578.

676 *BGH* v. 20.12.2006 – IV ZR 325/05, NJW 2007, 1205 = VersR 2007, 200 = DAR 2007, 142 mit Anm. *Weinsdörfer.*

677 Halm/Kreuter/*Schwab*, AKB-Kommentar, § 115 VVG, Rn. 38 ff.

678 *BVerwG* v. 16.03.2006 – 7 C 3.05, BVerwGE 125, 325 = NJW 2006, 3018 = NVwZ 2006, 928.

679 *VG Düsseldorf* ZUR 2010, 85 m. Anm. *Hellriegel.*

680 Art. 4 Gesetz zur Umsetzung der Richtlinie der Europäischen Parlaments und des Rates über die Umwelthaftung zur Vermeidung und Sanierung von Umweltschäden vom 10.05.2007, BGBl. I Nr. 19, 666; Art. 72 Abs. 3 GG.

681 Entgegen Gesetzeswortlaut, auf Ereignisse erst ab dem 01.05.2007 abstellend *Wagner* VersR 2008, 565.

682 *Petersen* § 3 USchadG, Rn. 38.

unterwegs zum Gericht oder zum Mandanten, kann wegen seiner beruflichen Tätigkeit genauso als Verantwortlicher für entsprechende Schäden in Anspruch genommen werden wie der Richter, der unterwegs zu einem Ortstermin mit dem Kraftfahrzeug verunglückt.

506 Der rein private[683] Bereich, selbst bei einem unerlaubten Ölwechsel,[684] fällt nicht hierunter.

*b) Maßstab für Verantwortlichkeit*

507 Im Grundsatz gilt eine Verantwortlichkeit für Verschulden. Neben Vorsatz kommt dabei jede Form der Fahrlässigkeit in Betracht, § 3 Abs. 1 Nr. 2 USchadG. Die Gefahr für die biologische Vielfalt muss für den Verantwortlichen zumindest erkennbar[685] gewesen sein. Dabei ist ungeklärt, ob eine nur mittelbare[686] Verursachung ausreichen kann, eine Verantwortlichkeit zu begründen. Die Behörde hat mit ihren erweiterten Mitteln[687] den Nachweis zu führen, ob der Schaden kausal auf ein Verhalten des Schädigers zurückzuführen ist.

Dem verschuldensabhängig Verantwortlichen soll ein Verschulden der von ihm beauftragten Gutachter nicht schaden, da § 278 BGB nicht anwendbar sei.[688]

508 Von der Quantität der zu erwartenden Schäden – und somit viel wichtiger – ist jedoch die Gruppe von beruflich Tätigen, die unter die Anlage 1 zu § 3 Abs. 1 Nr. 1 USchadG fallen. Sie trifft nach der abschließenden Aufzählung sogar eine Gefährdungsverantwortlichkeit. Zudem wird der Schutz über den Bereich Natur hinaus auch auf Gewässer und den Boden ausgeweitet.

509 Bezogen auf den Umgang mit Kraftfahrzeugen sind aus dieser Gruppe nicht nur der Gefahrguttransport nach Nr. 8, also die Beförderung gefährlicher oder umweltschädlicher Güter auf der Straße i.S.v. § 2 Nr. 9 GGVSEB herauszustellen.

510 An vielen Stellen sind berufliche Tätigkeiten aufgeführt, die mit Fahrzeugen bewältigt werden, so:
- die Abfallsammlung oder -beförderung nach den Nr. 2 und 12
- der außerbetriebliche Transport gentechnisch veränderter Mikroorganismen nach Nr. 10
- und schließlich sogar der innerbetriebliche[689] Verkehr mit Fahrzeugen sowie das Abfüllen von Chemikalien und Biozid-Produkten aus Tank- und Silofahrzeugen nach der Nr. 7, soweit es um bestimmte Chemikalien, Pflanzenschutzmittel und Biozid-Produkte geht.

511 Im Ergebnis wird damit, über den engen Gefahrgutbereich hinaus, vielfach der Nutzfahrzeugeinsatz angesprochen.

512 Höhere Gewalt ist begrifflich im Gesetzestext nicht vorhanden. In engen Grenzen sieht § 3 Abs. 3 Nr. 1 und 2 USchadG einen Ausschluss der Verantwortlichkeit vor. Entgegen *Wagner*[690] kann dies nach dem Wortlaut nicht unbedingt mit höherer Gewalt gleichgesetzt werden.

513 Entscheidend ist, dass Sabotageakte und Umweltschäden durch Treibstoffdiebstähle an Fahrzeugen und Baumaschinen in den üblicherweise eng auszulegenden Ausnahmevorschriften nicht erwähnt sind. Damit verbleibt für eine zahlenmäßig wachsende[691] Fallgruppe das Risiko beim Fahrzeughalter und Transportunternehmer bestehen, als Einzelperson auch noch für die Folgen einer fremden Straftat aufkommen zu müssen. Wo der Staat machtlos und im Zuge steigender Benzin- und Die-

683 *Petersen* § 3 USchadG, Rn. 36.
684 Fahrzeugbezogenes Beispiel von *Wagner* VersR 2008, 565, 568.
685 *Petersen* § 3 USchadG, Rn. 40.
686 *Petersen* § 3 USchadG, Rn. 47 ff.
687 *Petersen* § 3 USchadG, Rn. 60.
688 *OVG Rheinland-Pfalz*, 22.07.2015 – 8 A 10041/15.OVG, DÖV 2015, 1022.
689 Gegensatz: Gefahrguttransport bezieht sich immer nur auf außerbetriebliche Transporte.
690 *Wagner* VersR 2008, 565, 570.
691 Wiesbadener Kurier v. 11.08.2008.

selpreise nicht dazu in der Lage ist, den Bürger vor einschlägigen Straftaten zu schützen, bedarf es hier dringend eines gesetzgeberischen Korrektivs.

Das österreichische B-UHG[692] könnte für den deutschen Gesetzgeber ein Vorbild sein. Das Berliner Ausführungsgesetz[693] zum Umweltschadensgesetz hat für die drei Bereiche Artenschutz nach § 43b Abs. 6 BerlNatG, Wasser nach § 71 Abs. 7 BerlWasG und Boden nach § 8a Abs. 5 BerlBodSchG jeweils eine Lösung gefunden und in die jeweiligen Landesgesetzen Ausnahmen von der Kostentragung zugelassen. Dies betrifft insbesondere den Fall, dass der Verpflichtete nachweisen kann, dass er geeignete Sicherheitsvorkehrungen getroffen hat, die aber trotzdem einen Schaden durch einen dritten Verursacher nicht verhindern konnten. 514

### *c) Art der Schäden*

Nach § 2 Nr. 2 USchadG gilt »eine direkt oder indirekt eintretende feststellbare nachteilige Veränderung einer natürlichen Ressource (Arten und natürliche Lebensräume, Gewässer und Boden) oder Beeinträchtigung der Funktion einer natürlichen Ressource« als Umweltschaden. 515

Damit kommt es nicht mehr darauf an, dass individuelle Rechtsgüter verletzt werden, sondern allgemeine Umweltgüter wie die Biodiversität,[694] das Gewässer allgemein[695] und der Boden.[696] Hieraus wird der rein öffentlich-rechtliche Charakter deutlich. 516

Wesentlich ist, dass immer bestimmte Erheblichkeitsschwellen[697] an Beeinträchtigungen zu überwinden sind, um Maßnahmen oder einen Schadenausgleichsanspruch auslösen zu können. 517

**Verantwortlichkeiten nach dem USchadG** 518

| | **Verschulden** | **Art der Schäden** | | |
|---|---|---|---|---|
| | | **Arten/Lebensraum** | **Gewässer** | **Boden** |
| **Privatfahrt** | Unerheblich | Nie verantwortlich | Nie verantwortlich | Nie verantwortlich |
| **Berufliche Fahrt** | Leichte Fahrlässigkeit genügt | Immer verantwortlich | Nie verantwortlich | Nie verantwortlich |
| **Besondere Risiken der Anlage 1** | Nicht erforderlich | Immer verantwortlich | Immer verantwortlich | Immer verantwortlich |

### *d) Pflichten der Verantwortlichen*

Das Gesetz schreibt bei Gefahr nach § 4 USchadG bereits eine Informationspflicht gegenüber der Behörde, nach § 5 USchadG eine Gefahrenabwehrpflicht und nach den §§ 6 und 8 USchadG eine Sanierungspflicht und nach § 9 USchadG eine umfassende Kostentragungspflicht vor. Die Grenzen des § 251 Abs. 1 BGB gelten, wie schon nach dem privatrechtlich orientierten UmweltHG, beim öffentlich-rechtlichen USchadG erst recht nicht. 519

692 Österreichisches Bundes-Umwelthaftungsgesetz vom 19.06.2009, verkündet nach Verurteilung durch *EuGH* v. 18.06.2009 – C-422/08; Überblick zur unterschiedlichen Umsetzung in Europa bei *v. Falkenhausen/Dehghani* VersR 2011, 853 ff.

693 Gesetz v. 20.05.2011, GVBl. 2011, 209.

694 § 19 BNatSchG.

695 § 90 WHG.

696 § 2 Abs. 2 BBodSchG.

697 *Gellermann* NVwZ 2008, 828.

*e) Beispiele für Schäden*

520 Beispiele für diese reinen Ökoschäden sind seit Jahren aus dem Planungsrecht bekannt, wo es um Schutzmaßnahmen[698] und die Umsiedlung von geschützten Feldhamstern,[699] Baumstümpfen mit Hirschkäferbrut[700] oder Eidechsen[701] geht. Entsprechende Schadenspotenziale nach Unfallereignissen mit Tankwagen lassen sich daraus leicht übertragen. Der bekannte dramatische Unfall auf der Wiehltalbrücke hätte womöglich noch zu ökologischen Schäden, z.B. an der geschützten Bachnelkenwurz führen können.

521 Mehr als dies bietet aber bereits das einfache Verkehrsgeschehen genügend Konfliktpotenzial. Ist der Zusammenstoß mit Wild oft nur in der Kaskofrage von Interesse, stellt sich dies bei einem Unfall mit einem Wolf ganz anders dar. Der Wolf (nicht so der Schäferhund) gehört zu den geschützten Arten. Er darf sich frei bewegen und wird nicht bejagt, selbst wenn er Nutztiere reißt. Dafür werden seit 2011 Entschädigungssummen im Haushaltsplan[702] bereitgestellt. Es hat bereits vermehrt Verkehrsunfälle nach der Wiederansiedlung von Wölfen in Brandenburg gegeben.

522 Aber auch »ohne eigentlichen« Unfall kann sich ein Risikopotenzial einstellen. So, wenn in der Nähe eines Biotops das Schild »Krötenwanderung« nicht beachtet wird und der Kraftfahrer, der beruflich unterwegs ist, eine Reihe von Exemplaren der geschützten Amphibien »platt« fährt.

523 Um es auf die Spitze zu treiben: Der Schattenwurf auf eine sensible Pflanzenart oder eine Bruchsteinmauer, in der Eidechsen leben, kann durch einen »achtlos« längerfristig geparkten LKW-Anhänger Ökoschäden hervorrufen. Sogar bei umweltrechtlichen Ausgleichsmaßnahmen zum Schutz der Umwelt kann es zu Umweltschäden kommen.[703]

524 Die Risiken bestehen vermehrt dort, wo der Straßenverkehr besonders sensible Bereiche wie FFH-Gebiete, Naturschutz- oder Vogelschutzgebiete tangiert oder bereits staatlich geförderte Renaturierungsmaßnahmen wie bei »Lachs 2000« greifen.[704] Nach dem unklaren[705] Gesetzesverständnis sind zudem nicht nur Arten geschützt, die im Schutzgebiet leben.

525 Ob es in der Zukunft zu hohen Schadenaufwendungen kommen wird, ist noch[706] zweifelhaft. Jedoch besteht gerade mit Blick auf die Tatsache, dass nach den §§ 10, 11 Abs. 2 USchadG anerkannte Umweltverbände nun erhebliche Mitwirkungsrechte haben, eine Situation, in der man sich verstärkt und bereichsübergreifend mit den vielfältigen Problemen drohender ökologischer Schäden auseinanderzusetzen hat.

526 Kann dies der Transporteur von Gefahrgütern leisten? Kann dies der Friseur als normaler Kraftfahrer, der zu seinen Kunden ins Altenheim unterwegs ist und mit seinem etwas zu schnellen Wagen in den Graben rutscht, sich die Ölwanne aufreißt und in der Folge Frösche in einem Biotop schädigt? Wohl kaum!

---

698 *EuGH* v. 09.06.2011 – C-383/09 (Feldhamster im Elsass), NUR 2011, 498 = NVwZ-RR 2011, 675.

699 Der Hamsterflüsterer in Spiegel v. 19.04.2004 Heft 17; *Frömel* Die Rache der Hamster in: Die Zeit 18/2004.

700 Wartungshalle am Frankfurter Flughafen für den A 380: Wiesbadener Kurier v. 24.05.2006 »Käferlarven am Flughafen geschlüpft«.

701 Wiesbadener Kurier v. 08.03.2007: 200.000 € teurer Umzug von Eidechsen für Güterverkehrszentrum in Budenheim.

702 Haushaltsplan für Brandenburg, Band X, Einzelplan 10, Titel 683 11, FZ 623.

703 *OVG Rheinland-Pfalz*, 22.07.2015 – 8 A 10041/15.OVG, DÖV 2015, 1022.

704 Vgl. http://www.bmu.de/reden/archiv/parl_staatssekretaerin_gila_altmann/doc/1854.php.

705 *Cosack/Enders* DVBl. 2008, 405 ff.

706 Zu den großen Wissenslücken siehe *Berkenkopf*, Umweltschäden bleiben billig, Financial Times Deutschland vom 12.05.2010.

Da, wo der Anlagenbetreiber Risiken noch besser beherrschen kann und wissen sollte, ob er in der Nähe eines besonders sensiblen Bereichs sein Gewerbe ausübt, kann der Einzelne noch Vorsorge,[707] auch tatsächlicher Art, treffen. Bei der Verwendung von Fahrzeugen kommt man deutlich schneller an Grenzen. 527

*f) Versicherungsschutz durch die Kfz-USV*

Da es sich um rein öffentlich-rechtliche Verantwortlichkeiten handelt und eine Gesetzeskonkurrenz zu privatrechtlichen Haftungsnormen in dem speziellen Bereich ausgeschlossen ist, deckt die übliche Kfz-Haftpflichtversicherung Verantwortlichkeiten nach dem USchadG nicht. 528

Anders als im Haftpflichtrecht[708] sah man wohl überwiegend[709] in der Versicherungswirtschaft anfangs keinen entsprechenden Bedarf, eine Grundlage für eine Deckungserweiterung anzubieten. Möglicherweise war zunächst die Vorstellungskraft nicht auf entsprechende Schadenszenarien mit Fahrzeugen ausgerichtet. Auch die damals gerade zum Kraftfahrzeug aktuell ergangene Entscheidung des *BGH*[710] zur Deckung von öffentlich-rechtlichen Ausgleichsansprüchen nach einem Feuerwehreinsatz könnte missverstanden worden sein. 529

Erst kurz vor Inkrafttreten des USchadG am 14.11.2007 wurden Musterbedingungen, die Kfz-USV,[711] vom Verband herausgegeben.[712] 530

Sie ergänzen nun die durch die AKB 2015[713] nicht gedeckte rein öffentlich-rechtliche Seite. Soweit ein Versicherer sie nicht in seine AKB inhaltlich einarbeitet, handelt es sich um eine Zusatzdeckung, für die auch entsprechend Prämie genommen werden kann. 531

Das Konzept der Kfz-USV orientiert sich an der USV der Haftpflichtversicherer.[714] 532

Die Formulierungen sind stark den Bedürfnissen und Bedingungen des Haftpflichtrechtes nachgebildet. Dies erhöht zwar die Wiedererkennbarkeit und schafft Orientierung im Regelungswerk, wird aber weder den Besonderheiten des Öffentlichen Rechts noch denen des Kfz-Gebrauchs ausreichend gerecht. 533

Als Beispiele seien hier aufgezählt: 534

- Das USchadG spricht von Verantwortlichkeiten; die Kfz-USV von öffentlich-rechtlichen Ansprüchen.
- Die Kfz-USV beschränkt den Anwendungsbereich auf Unfälle, Pannen und Betriebsstörungen. Allmähliche Schadenseintritte – z.B. wegen Durchrosten – oder Schäden durch Sabotageakte, Treibstoff- und Warendiebstähle sowie die Krötenwanderung werden nicht erfasst.
- Die Kfz-USV ist auf eine Ersatzleistung in Geld gerichtet, sofern ein Anspruch begründet ist. Dies wird in den meisten Fällen unzureichend sein, da im Vorfeld bereits eine fachübergreifende naturwissenschaftliche Unterstützung erforderlich sein wird. Zudem ist durch geeignete aktive

707 *Wagner* VersR 2008, 565, 578: Deckungsvorsorge wurde entgegen dem ursprünglichen Gesetzentwurf nicht verpflichtend.

708 Erste USV-Musterbedingungen des GDV bereits im April 2007; zur Umwelthaftpflicht s. Halm/Engelbrecht/Krahe/*Schoebel* 6. Aufl. Kap. 30.

709 Vorreiter Spezialversicherer Kravag-Logistic Versicherung AG.

710 *BGH* v. 20.12.2006 – IV ZR 325/05, NJW 2007, 1205 = VersR 2007, 200 = DAR 2007, 142 mit Anm. *Weinsdörfer*.

711 Unverbindliche Musterbedingungen für eine Kfz-Umweltschadensversicherung (Kfz-USV) des GDV vom 29.10.2007; derzeitiger Stand 19.05.2015.

712 Kommentierung in Halm/Kreuter/*Schwab*, AKB-Kommentar, Kfz-USV.

713 Auch nach aktuellem Stand der Muster-AKB des GDV vom Februar 2016 weiterhin ohne unmittelbaren Einbezug der Kfz-USV.

714 Siehe hierzu in Halm/Engelbrecht/Krahe/*Schoebel* 6. Aufl. Kap. 30 Rn. 74 ff.

Maßnahmen auch negativen psychologischen Wirkungen und damit einer Geschäftsschädigung beim Versicherungsnehmer zu begegnen.

– Auch die Kfz-USV wehrt Forderungen bei unberechtigter Inanspruchnahme ab. Der Rechtsschutz ist passiv, analog dem Zivilrechtsschutz, ausgebildet. Da es jedoch nach dem USchadG um öffentlich-rechtliche Verantwortlichkeiten geht, wird nicht der Fahrer von der Verwaltungsbehörde verklagt, sondern er muss sich aktiv gegen eine Heranziehung als Störer im Verwaltungs- und Verwaltungsgerichtsverfahren wehren. Im Eilverfahren wird dabei eine Güterabwägung meist dazu führen, dass er dennoch zunächst leistungspflichtig ist, auch wenn sich ggf. nach Jahren erst im Hauptsacheverfahren herausstellt, dass eine Inanspruchnahme unbegründet war. Soll der Versicherungsnehmer hier so lange selbst die Sanierung finanzieren müssen?
– Die Höhe der zu vereinbarenden Versicherungssumme kann von den üblichen Deckungssummen abweichen. Der Anlagenhaftpflicht nachgebildet, steht die Versicherungssumme für alle Schadensereignisse eines Jahres zur Verfügung und nicht – wie sonst im Bereich der Kraftfahrthaftpflicht – mehrfach pro Jahr.

535 Erfreulich ist, dass die Musterbedingungen nicht nur für den Geltungsbereich des USchadG gelten, sondern auch im europäischen Ausland sinngemäß Anwendung finden.

536 Selbst dann, wenn abweichend von den Empfehlungen des GDV die Kfz-USV in die AKB eingearbeitet sein sollten, wird sich hieraus kein Direktanspruch gegen den Kfz-Haftpflichtversicherer nach § 115 Abs. 1 Nr. 1 VVG ergeben. Die Kfz-USV ist keine Pflichtversicherung. Das Pflichtversicherungsgesetz enthält in § 1 PflVG einen abschließenden Regelungsumfang, der nur Rechte bestimmter privater Dritter (Verkehrsunfallopfer) betrifft. Er kann daher nicht auf rein öffentlich-rechtliche Verantwortlichkeiten ausgeweitet werden.

537 Auch eine analoge Anwendung kommt nicht in Betracht. Sie würde nicht nur dem Schutzzweck der Norm (Verkehrsunfallopfer),[715] sondern auch der Entstehungsgeschichte des USchadG entgegenstehen. So wurde die ursprüngliche Deckungsvorsorge aus dem Regierungsentwurf[716] herausgenommen.[717] Es verbietet sich daher, quasi über die »Hintertür« der Analogie die gesetzgeberische Absicht zu unterlaufen.

538 Schließlich ist zu beachten, dass dies letztlich auch einen Eingriff in Art. 14 GG bedeuten würde, da so Dritten der Zugriff auf das Vermögen eines Versicherungsunternehmens ermöglichen würde. Allein durch einen privatrechtlichen Versicherungsvertrag mit Deckungsschutz bei öffentlich-rechtlichen Verantwortlichkeiten wird der Versicherer nicht zum öffentlich-rechtlichen »Mit-Störer«, gegen den unmittelbar vorgegangen werden könnte.

539 Dem Versicherungsvermittler kommt eine sehr schwierige Aufgabe zu, die einschlägigen Themenkreise bei seinem Kunden genau abzuklopfen und auf die speziellen Risiken bei Gewerbetreibenden und Freiberuflern hinzuweisen. Sehr leicht kann es zu Beratungsfehlern[718] kommen, die dazu führen, dass der Versicherungsnehmer so gestellt werden muss, als hätte er den Bereich mit eingedeckt.

540 Aber auch für den Anwalt ergeben sich nun neue Risiken bei der alltäglichen Schadenregulierung. Insbesondere dann, wenn ein Ersatzfahrzeug während der Reparatur angemietet werden muss und der Mietwagen nicht mit einer zusätzlichen Kfz-USV versichert ist, wie der beschädigte Firmenwagen. Kommt es nun zu einem Umweltschaden entsprechend USchadG mit dem Mietfahrzeug, steht der Mandant plötzlich ohne Schutz da, sofern die eigene Kfz-USV sich standardmäßig nur auf das eigene Fahrzeug und nicht (entsprechend einer »Mallorca-Police«[719]) auch auf einen vorübergehend genutzten Ersatzwagen erstreckt.

---

715 Art. 12 Abs. 1 u. 3 der 6. KH-Richtlinie v. 16.09.2009.
716 § 12 des USchadG-Reg.-Entwurfs in BT-Drucks. 16/3806.
717 *Wagner* VersR 2008, 565, 578.
718 *OLG Köln* r+s 1993, 134 (vergessener Öltank).
719 Zur »Mallorca-Police« Halm/Kreuter/*Schwab*, A.1.1 AKB 2015, Rn. 7 ff.

Mancher Unternehmer wird zudem mit zusätzlichen arbeitsrechtlichen Freistellungsansprüchen seiner Mitarbeiter belastet werden, die im Betriebsinteresse mit dem privaten PKW beruflich unterwegs waren. Kommt es nun zu einem entsprechenden Unfall, der Verantwortlichkeiten nach dem USchadG auslöst, wird der Arbeitnehmer im Zweifel selbst keine Deckung aus einer Kfz-USV für seinen Privatwagen haben. 541

Der Arbeitgeber ist dann in einem Dilemma. Selbst wenn er eine USV-Deckung[720] abgeschlossen hat, so greift diese nicht beim Gebrauch eines solchen Fahrzeugs, 1.3 USV.[721] 542

An dieser Stelle schütz ihn nur eine Deckungserweiterung über seine Kfz-USV, die untypisch, da über die Kfz-USV des *GDV*[722] hinausgehend, genau auch diese Fallkonstellation mit abdeckt. 543

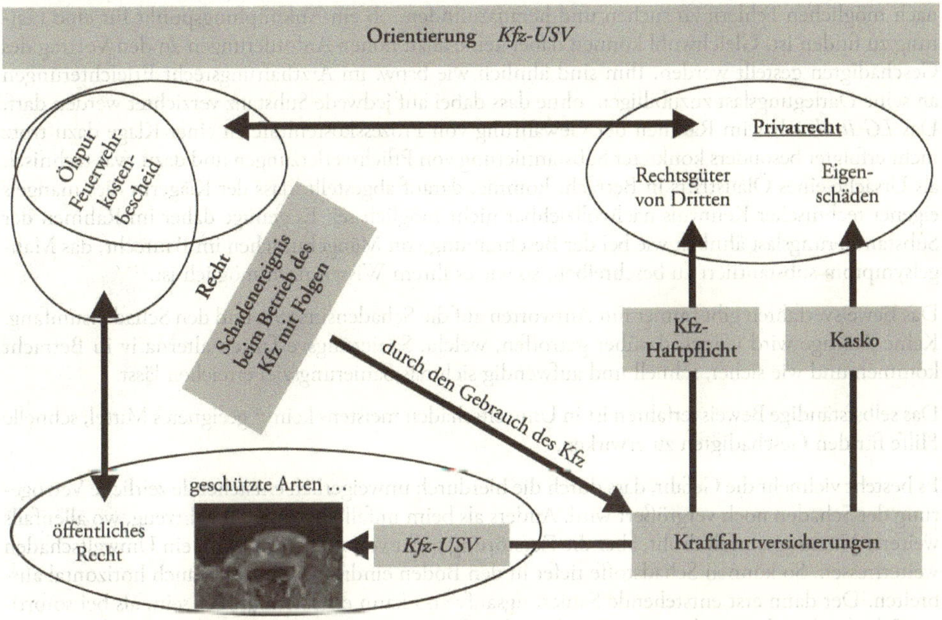


**Abb. 3: Schaubild Kfz-USV**

## D. Beweissicherung in Umweltschäden

### I. Selbstständiges Beweissicherungsverfahren?

Ein gerichtliches Beweissicherungsverfahren in Umweltsachen[723] ist häufig sehr kostspielig, insbesondere, wenn noch Probebohrungen niedergebracht, Analysen gezogen werden müssen und Pläne zu zeichnen sind.[724] 544

Die Auswahl des Sachverständigen obliegt dem Gericht, das oftmals in Bezug auf die speziellen Anforderungen an den Sachverständigen bei der Industrie- und Handelskammer und sonstigen 545

720 Halm/Engelbrecht/Krahe/*Schoebel* 6. Aufl. Kap. 30 Rn. 74 ff.

721 Unverbindliche Musterbedingungen des GDV Stand Februar 2016.

722 Unverbindliche Musterbedingungen des GDV Stand 19.05.2015.

723 *OLG Zweibrücken* v. 25.01.2005 – 8 U 105/04, WKRS 2005, 21223 = NZM 2005, 438 (Schädigung einer Blaufichte – DM 4.298,12); *OLG Köln* v. 17.08.2001 – 19 U 116/00, WKRS 2001, 26132 = VersR 2002, 1523 (Bodenkontamination – SV-Kosten: DM 10.569,08).

724 *LG Waldshut-Tiengen* v. 23.05.2002 – 4 O 175/01, hatte sich mit Kosten aus einem selbstständigen Beweisverfahren in Höhe von 15.712,17 € zu befassen.

Stellen nachfragen muss, wer überhaupt für die Aufgabe infrage kommt. Die dadurch entstehende zeitliche Spanne bis zur Auftragsvergabe kann beträchtlich sein.

546 Weitere Schwierigkeiten bereiten die Formulierung des Beweisthemas und der speziellen Fragen. Sie erfordern ein technisches Verständnis. Häufig werden nur pauschale Fragen formuliert, die darauf abzielen, dass der vermeintlich verantwortliche eine Pflicht verletzt haben soll, bspw. der TKW-Fahrer fehlerhaft befüllt habe, so dass es zu einem Ölaustritt gekommen sei. Daraus resultieren häufig unsubstantiierte Beweisanträge, die auf Behauptungen ins Blaue aufbauen und auf einen unzulässigen Ausforschungsbeweis hinauslaufen. Für das Beweisrecht gilt der Grundsatz: keine Beweisfrage, die nicht schon schriftsätzlich beantwortet ist. Die Beweisaufnahme soll Behauptungen bestätigen und Vortrag als richtig beweisen, nicht jedoch einen Lebenssachverhalt allgemein überprüfen, um nach möglichen Fehlern zu suchen und herauszufinden, ob ein Anknüpfungspunkt für eine Haftung zu finden ist. Gleichwohl können dabei keine allzu hohen Anforderungen an den Vortrag des Geschädigten gestellt werden. Ihm sind ähnlich wie bspw. im Arzthaftungsrecht Erleichterungen an seine Darlegungslast zuzubilligen, ohne dass dabei auf jedwede Substanz verzichtet werden darf. Das *LG Itzehoe* hat im Rahmen der Gewährung von Prozesskostenhilfe zu einer Klage dazu trotz nicht erfolgter besonders konkreter Substantiierung von Pflichtverletzungen und dazu, was technisch als Ursache eines Ölaustritts in Betracht komme, darauf abgestellt, dass der Klägerin dies mangels eigener technischer Kenntnis nachvollziehbar nicht möglich sei. Es genüge daher im Rahmen der Substantiierungslast ähnlich wie bei der Beschreibung von Mängelursachen im Baurecht, das Mangelsymptom substantiiert zu beschreiben, so wie es ihrem Wissen nach möglich ist.[725]

547 Das Beweisverfahren gibt immer nur Antworten auf die Schadensursache und den Schadensumfang. Keine Aussage wird jedoch darüber getroffen, welche Sanierungsverfahren alternativ in Betracht kommen und wie sicher, schnell und aufwendig sich das Sanierungsziel erreichen lässt.

548 Das selbstständige Beweisverfahren ist in Umweltschäden meistens kein[726] geeignetes Mittel, schnelle Hilfe für den Geschädigten zu erwirken.

549 Es besteht vielmehr die Gefahr, dass durch die hierdurch unweigerlich entstehende zeitliche Verzögerung der Schaden noch vergrößert wird. Anders als beim unfallbeschädigten Fahrzeug, wo allenfalls weiterer Nutzungsausfall droht, aber die Zerstörung nicht voranschreitet, kann ein Umweltschaden weiterfressen. So können Schadstoffe tiefer in den Boden eindringen und sich auch horizontal ausbreiten. Der dann erst entstehende Sanierungsaufwand kann erheblich größer sein, als bei sofortiger Schadensbehebung oder zumindest bei schneller Durchführung von Sicherungsmaßnahmen.

550 Das Unterlassen oder gar Untersagen einer zeitnahen Sanierung kann damit sogar Konsequenzen für den Geschädigten haben. Es kann ein Verstoß gegen die Schadenminderungspflicht vorliegen. Dem Geschädigten ist aber unzumutbar, einen hohen Kredit[727] aufnehmen, selbst wenn hierdurch der Schaden erst teurer wird.

551 Des Weiteren besteht manchmal die Gefahr, dass Dritte durch die Untätigkeit Schaden nehmen, sei es der Grundstücksnachbar oder der Wassernutzungsberechtigte.

552 Bei dieser Sachlage ist der genau abgewogene Rat des Rechtsanwaltes gefragt, um nicht durch eine Verzögerung Nachteile für den geschädigten Mandanten heraufzubeschwören.

**▶ Tipp für die Praxis:**

553 Wegen der Tatsachenfeststellung zur Beurteilung der Haftungsfrage und in zweiter Stufe zur Abgrenzung des Schadenumfangs sowie letztlich zur Bestimmung der Sanierungsvarianten ist es sinnvoll, sich mit den weiteren Beteiligten auf einen geeigneten Sachverständigen zu einigen.

725 *LG Itzehoe*, Beschl. v. 17.08.2020 – 7 O 299/20.

726 Anders als etwa bei Werkstattmängeln *Engelbrecht/Nover* DAR 2008, 444 ff.

727 *BGH* v. 26.05.1988 – III ZR 42/87, WKRS 1988, 13617 = VersR 1988, 1178 = MDR 1989, 45 = NJW 1989, 290.

Informationen erhält man von den Wasserbehörden und Umweltämtern, die meistens Listen von entsprechenden Büros vorhalten, die in dem betreffenden Raum tätig sind.

Darüber hinaus ist an öffentlich bestellte und vereidigte Sachverständige für Unfälle mit wassergefährdenden Stoffen und speziell bei Betankungsunfällen an Tanksachverständige zu denken. Mitunter deckt ein Büro auch beide Bereiche ab.

Es ist empfehlenswert, sich über den genauen Tätigkeitsbereich zunächst telefonisch oder wenigstens auf der Homepage im Internet zu informieren und abzuklären, ob das erwartete Schadenbild zum Aufgabengebiet passt. 554

In jedem Fall sollte man sofort den Versicherer ansprechen und auf Vorschläge für einen Sachverständigen warten. Letztlich sollte dann eine Einigung auf ein Büro herbeigeführt werden, wobei auch gleich die Kostentragung mit abzuklären ist. Zu beachten ist, dass je nach Fallgestaltung, Umfang und Risiko für die Allgemeinheit die Behörde mitwirken möchte oder gar muss. 555

Es sollte abgestrebt werden, dass der Sachverständige sofort tätig wird und umgehend alle Beteiligten informiert, damit die Wege einer schnellen, kostengünstigen und erfolgreichen Sanierung abgestimmt werden können. 556

## II. Ergänzende Mittel zur Sachverhaltsaufklärung

### 1. Gefahrgutführerschein – ADR-Bescheinigung

Die Bescheinigung[728] gibt an, ob der Fahrer die Prüfung abgelegt hat und wann die nächste Prüfung fällig ist. 557

Auf Seite 1 und 3 sind die Gefahrgutklassen[729] vermerkt. Des Weiteren ist ersichtlich, ob der Fahrer Tankfahrzeuge führen darf. 558

Heizöl, Diesel und Benzin fallen zum Beispiel unter die Klasse 3, also »Entzündbare flüssige Stoffe«. 559

728 Anlage B 8.2.2.8.3 (ADR).
729 Anlage A 2.1.1.1 (ADR).

560 Die Bescheinigung sieht so aus:

**Muster der Bescheinigung**

Seite 1

ADR-Bescheinigung
über die Schulung der Führer
von Kraftfahrzeugen
zur Beförderung gefährlicher Güter

in Tanks[1] anders als in Tanks[1]

Nr. der Bescheinigung .......................................
Kennzeichen des die Bescheiniung
ausstellenden Staates .......................................
Gültig für Klasse(n)[1][2]

| in Tanks | anders als in Tanks |
|---|---|
| 1 | 1 |
| 2 | 2 |
| 3 | 3 |
| 4.1, 4.2, 4.3 | 4.1, 4.2, 4.3 |
| 5.1, 5.2 | 5.1, 5.2 |
| 6.1, 6.2 | 6.1, 6.2 |
| 7 | 7 |
| 8 | 8 |
| 9 | 9 |

bis zum[3] ..........................................................

1) Nichtzutreffendes bitte streichen
2) Erweiterung der Gültigkeit auf andere Klassen siehe Seite 2
3) Verlängerung der Gültigkeit siehe Seite 2

Seite 2

Name ..........................................................

Vornamen(n) ..........................................................

geboren am ..........................................................

Staatsangehörigkeit ..........................................................

Unterschrift des Fahrers ..........................................................

Ausgestellt durch ..........................................................

Datum ..........................................................

Unterschrift[4] ..........................................................

Verlängert bis ..........................................................

durch ..........................................................

Datum ..........................................................

Unterschrift[4] ..........................................................

4) und/oder Stempel der die Bescheinigung ausstellenden Behörden

Seite 3

Gültigkeit erweitert auf Klasse(n)[5]

1 in Tanks
2
3
4.1, 4.2, 4.3 Datum ..........................
5.1, 5.2
6.1, 6.2 Unterschrift
7 und/oder Stempel ..........
8
9

1 anders als in Tanks
2
3
4.1, 4.2, 4.3 Datum ..........................
5.1, 5.2
6.1, 6.2 Unterschrift
7 und/oder Stempel ..........
8

5) Nichtzutreffendes bitte streichen

Seite 4

Nur für nationale Vorschriften

**Abb. 4: Muster ADR-Bescheinigung**

## 2. Bondruck

Bei der Abgabe der Flüssigkeiten wird eine Art Kassenzettel erstellt. Dieser wird »Bondruck« genannt. Es handelt sich rechtlich um eine technische Aufzeichnung i.S.d. § 268 Abs. 2 StGB. Die Menge wird über einen geeichten Messzähler festgestellt und der Wert neben den damit in Verbindung stehenden Grunddaten ausgedruckt.[730] 561

Die Anschrift des Kunden, die bestellte Menge und die gemessene Menge kann darauf abgelesen werden. 562

▶ **Tipp für die Praxis:**

Die beim Endverbraucher abgegebene Menge bezieht sich immer auf ein umgerechnetes Volumen bei 15 °C. Bei kälterem Öl ist das tatsächliche Volumen geringer – bei wärmerem Öl dagegen größer. Der Rechenfaktor beträgt 0,00084/°C. 563

| 15 °C-Menge Bondruck | effektiv bei 0 °C Heizöltemperatur | effektiv bei 5 °C Heizöltemperatur | effektiv bei 25 °C Heizöltemperatur |
|---|---|---|---|
| 1.000 Liter | 987,4 Liter | 991,6 Liter | 1.008,4 Liter |
| 3.000 Liter | 2.962,2 Liter | 2.974,8 Liter | 3.025,2 Liter |
| 5.000 Liter | 4.937,0 Liter | 4.958,0 Liter | 5.042,0 Liter |
| 10.000 Liter | 9.874,0 Liter | 9.916,0 Liter | 10.084,0 Liter |

▶ **Tipp für die Praxis:**

Die gemessene und vom Bondruck dokumentierte Menge bei 15 °C kann tatsächlich geringer gewesen sein als die tatsächlich abgegebene Menge, die die Zapfpistole verlassen hat. War der Schlauch vor Beginn der Messung leer und nach Abschluss der Befüllung voll, befindet sich das gemessene Volumen teilweise noch im Schlauch. Dabei sind Schlauchlängen von 40 Metern keine Seltenheit. Es können sich daraus bspw. Differenzmengen ergeben, wie in der nachstehenden Tabelle. 564

| Innendurchmesser Mineralölschlauch | Innenfläche Radius 2 X 3,14… | Innenvolumen bei 25 Metern | Innenvolumen bei 40 Metern |
|---|---|---|---|
| 2,5 cm | 4,900 $cm^2$ | ca. 12 Liter | ca. 20 Liter |
| 5,0 cm | 19,625 $cm^2$ | ca. 49 Liter | ca. 78 Liter |
| 7,5 cm | 44,156 $cm^2$ | ca. 110 Liter | ca. 177 Liter |

Oftmals findet sich ein Hinweis auf die Uhrzeit für Beginn und Ende des Pumpenlaufs. Daraus ist jedoch nicht zu folgern, dass in der gesamten Zeitspanne auch tatsächlich das Öl lief, denn in diesen Zeitraum können auch Vor- und Nachbereitungsarbeiten fallen. 565

Es ist aber mit Sicherheit zu sagen, dass der Pumpvorgang jedenfalls nicht länger als die dort angegebene Zeit dauerte.[731] 566

Schließlich ergeben sich aus dem Bondruck Hinweise für die Empfangnahme/Abnahme der Ware und etwaige AGB's. 567

Er sieht üblicherweise etwa so aus: 568

730 Satzger/Schluckebier/Widmaier/*Hilgendorf* StGB-Kommentar, § 268 StGB, Rn. 6.
731 Die Dauer kann maßgeblich sein für die Anzahl der Kontrollgänge, s. Rdn. 736 ff.

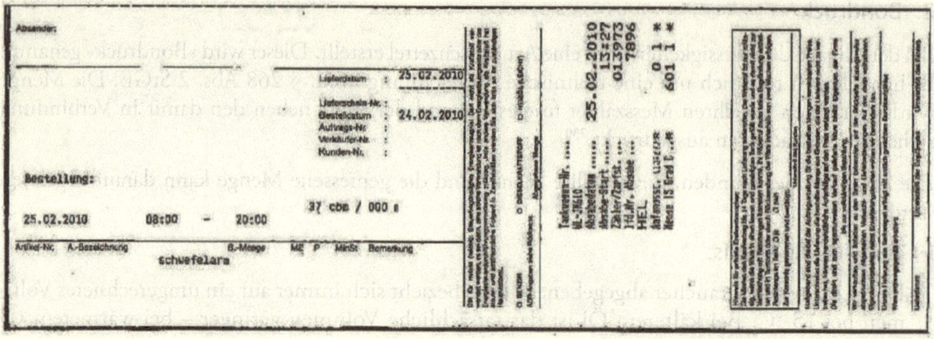

Absender:

Lieferdatum : 25.02.2010

Lieferschein-Nr. :
Bestelldatum : 24.02.2010
Auftrags-Nr :
Verkäufer-Nr. :
Kunden-Nr. :

Bestellung:

25.02.2010 08:00 - 20:00

37 cbm / 000 l

| Artikel-Nr. | A-Bezeichnung | B-Menge | ME | P | MinSt. | Bemerkung |
|---|---|---|---|---|---|---|
| | schwefelarm | | | | | |

25.02.2010
13:27
013973
7896
0 1 *
601 1 *

Abb. 5: Bondruck

## 3. Fahrtenschreiberblatt

569 Unter Umständen lohnt es sich, auch eine Kopie des Fahrtenschreiberblattes nach § 57a Abs. 2 StVZO anzufordern. Auf dem Blatt werden nicht nur die Fahrzeiten und die Geschwindigkeiten aufgenommen. Es lässt sich häufig feststellen, ob sich das Fahrzeug in Bewegung befand und ob etwa der Motor in Betrieb gesetzt war. Bei laufendem Motor kommt es zu einem Rüttelaufschrieb. Zudem werden Auswertungen von Fahrtenschreiberblättern zunehmend genutzt, um die Einsätze konkreter Feuerwehrfahrzeuge oder von Ölspurbeseitigungsgeräten[732] zu dokumentieren.

570 Die Details kann man auf dem folgenden Beispiel erkennen:

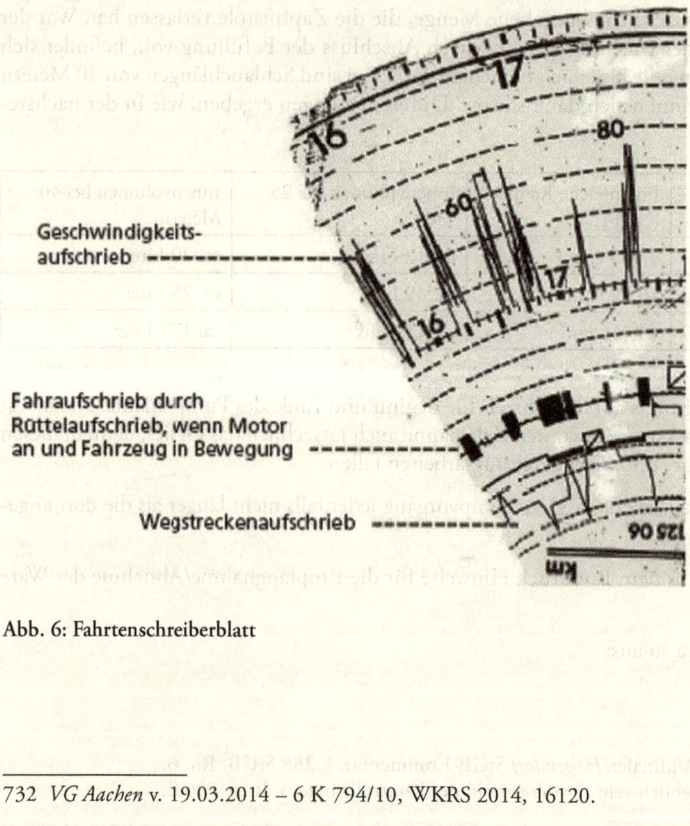


Abb. 6: Fahrtenschreiberblatt

732 *VG Aachen* v. 19.03.2014 – 6 K 794/10, WKRS 2014, 16120.

### 4. Schlussfolgerungen

Uhrzeiten auf dem Bondruck und auf dem Fahrtenschreiberblatt müssen nicht ganz deckungsgleich sein. Es kann zu Verschiebungen wegen vor- und nachgehender Uhren kommen; ggfs. wurde auch vergessen, von Sommer- auf Winterzeit und umgekehrt, umzustellen. 571

In jedem Fall lässt sich über diese Hilfsmittel ein Zeitfenster erstellen, innerhalb dessen 572
- das Fahrzeug heranfuhr
- abgestellt wurde
- der Schlauch ausgerollt und angeschlossen werden musste
- ggf. das Grenzwertgeberkabel ausgerollt und angeschlossen wurde bzw. der kabellose Grenzwertgeber angeschlossen wurde
- ggf. der Blick in den Kellerraum zu tätigen war
- die Armaturen zu kontrollieren waren
- der technische Messvorgang der Steuerkette Grenzwertgeber – Abfüllsicherung ablief
- nach Öffnen des Ventils am Fahrzeug der eigentliche Füllvorgang ablief.

Ggf. sind darüber hinaus noch Zeiten für das Abstellen der Pumpe, das Aufrollen von Schlauch und Kabel zu berücksichtigen. 573

Neben den Zeiten kann im Einzelfall für die Ursachenermittlungen auch noch der Lieferschein/ Versandanzeige von Bedeutung sein, dem ansonsten nur kauf-, fracht-, gefahrgut- und steuerrechtliche Bedeutung zukommt. Aus ihm ist ablesbar, von welcher Raffinerie das Produkt stammt, mit dem der Tankwagen beladen wurde. Dabei werden immer der Tag mit Uhrzeit und die Menge bei entsprechender Verladetemperatur mit angegeben. Bei extremen Abweichungen zur Berechnungsgrundlage bei 15°C lassen sich erhebliche Unterschiede bei den Volumina feststellen. 574

575 Beispiel Lieferschein/Versandanzeige:

TKW-Versandanzeige Nr.: :/: /09:54:02 Uhr

Lieferstelle:
Frankfurt

Tel.: 069 -

Einlagerer:
Rechnungsempfänger:
Abholer:
Spediteur:
Fahrzeug:

Freistellung:
Sonderanschr.:
Prüfdatum: ADR bis 25.04.2009
für KFZ:

Sorte: Heizöl EL gefärbt
Steuerart 1: HEL Steuerfrei auf ERL.Schein / E-Schein: DE
Steuerart 2:

Zähler Nr.: 2 Urbeleg Nr.: Tank Nr.: 10
Volumen V15: 12029 Liter Dichte 15: 639,8 kg/m³ Temp: 7,2°C
Volumen VT: 11850 Liter Gewicht: 10083 kg VCF: 1,0085

Empfänger
Steuerbegünstigtes Energieerzeugnis!
Darf nicht als Kraftstoff verwendet werden, es sei denn, eine solche Verwendung ist nach dem Energiesteuergesetz oder der Energiesteuer-Durchführungsverordnung zulässig. Jede andere Verwendung als Kraftstoff hat steuer- und strafrechtliche Folgen!
In Zweifelsfällen wenden Sie sich bitte an Ihr zuständiges Hauptzollamt.
Es wird empfohlen, für den Fall einer Heizölbewirtschaftung, die Rechnung als Bezugsmengennachweis 4 Jahre lang aufzubewahren.

Bei Unfällen und sonstigen Vorkommnissen, bei denen Mineralölprodukte austreten, die Polizei unter dem Stichwort „ÖLALARM“ benachrichtigen.

Abb. 7: Beispiel Versandanzeige

576 Die gewonnenen Informationen können Grundlagen zur Haftungsbeurteilung und Gefährdungsabschätzung wegen der durchzuführenden Sanierung bilden, da man die ausgelaufene Menge hierüber näher eingrenzen kann.

577 Im Nachhinein sind Feststellungen immer nur sehr schwer zu treffen. Über Indizienketten sind Reserveursachen, warum es zu dem (verspätet) festgestellten Schaden gekommen ist, sei es beispielsweise

– durch Handlungen Dritter am allgemein zugänglichen Tank
– verschiedene Ölanlieferer im überschaubaren Zeitraum
– Hauswand nur durch Ölschaum verunreinigt
– Defekte im Rücklaufleitungssystem

sehr schwierig festzustellen. Die Gerichte[733] haben gerade in den schwierigen Fällen von Betankungsunfällen die Sachkunde eines Sachverständigen hinzuzuziehen, es sei denn, sie sind selbst ausreichend sachkundig, was regelmäßig nicht der Fall ist. Meistens sind hingegen die Gerichte selbst unerfahren

733 *BGH* v. 11.07.1990 – VIII ZR 231/89, WKRS 1990, 21904 (Ursachenermittlung für Ölschaden).

in dieser Materie und ist der Richter regelmäßig selbst technischer Laie, der die Fachbegriffe und technischen Zusammenhänge nicht kennt. In der Praxis ist immer wieder festzustellen, dass häufig sowohl Rechtsanwälten von Geschädigten als auch Richtern die Funktionsweise eines TKW sowie die Abläufe bei einer Heizölanlieferung mehr oder weniger völlig unbekannt sind und sie bspw. mit dem Begriff eines Grenzwertgebers nichts anfangen können.

## E. Sorgfaltspflichten

### I. Sorgfaltspflichten des Tankwagenfahrers

#### 1. Einleitung

*a) Privatverbraucher*

Unter dem Stichwort »Sorgfaltspflichten des Tankwagenfahrers« werden vorwiegend die Fälle abgehandelt, die sich mit dem Abladevorgang von Heizöl an Privatverbraucher befassen. Die hierzu geltenden Normen sowie die dazu ergangene Rechtsprechung lässt sich weitgehend auf andere Konstellationen – andere flüssige Gefahrgüter und Kundenkreise – übertragen. 578

*b) Professionelle Empfänger*

Handelt es sich um einen professionellen Empfänger, vielleicht sogar ein Betrieb mit eigenem Chemikalienlager oder eigener Weiterverarbeitung, sind erheblich höhere Anforderungen auch an den Empfänger zu stellen. Beispiele sind: 579

- der Gewässerschutzbeauftragte im Gewerbebetrieb[734] und bei öffentlichen Einrichtungen nach den §§ 64 Abs. 2 Nr. 3 i.V.m. 62 Abs. 1 WHG
- der Gefahrgutempfänger im Allgemeinen nach § 4 Abs. 1 GGVSEB
- der Gefahrgutempfänger im Besonderen nach § 20 Abs. 2 GGVSEB i.V.m. Anlage 2 Nr. 3.2 Satz 2

*c) Versicherungsschutz des Empfängers*

Lässt der Empfänger dabei objektiv gegen Sorgfaltspflichten beim Befüllen seiner mangelhaften Tankanlage durch einen Fahrer verstoßen, führt dies nicht zwingend zum Verlust seines Versicherungsschutzes[735] aus der Gewässerschadenhaftpflicht- bzw. Umwelthaftpflichtversicherung. 580

*d) Folgen eines schadenursächlichen Sorgfaltsverstoßes*

Die jeweiligen Sorgfaltsanforderungen können sich daher immer nur danach richten, um was für eine Tankanlage es sich im speziellen Fall handelt, welche technischen Einrichtungen vorhanden sind und wie die örtlichen Gegebenheiten aussehen. 581

Nicht jeder Verstoß gegen Sorgfaltspflichten führt automatisch zu einer zivilrechtlichen Haftung. Bedingung ist, dass die Sorgfaltspflichtverletzung für den eingetretenen Schaden[736] kausal geworden ist. Dies wird bisweilen in der Praxis übersehen, insbesondere bei mitwirkenden Anlagenmängeln und maßgeblichen Ursachen aus dem Verantwortungsbereich des Warenempfängers/Anlagenbetreibers. 582

Daneben kann ein Sorgfaltspflichtverstoß auch eine Ordnungswidrigkeit oder gar eine Straftat sein. Die strafrechtliche Verfolgung – allein schon bei Fahrlässigkeit – wird über die §§ 324 ff. StGB[737] 583

---

734 Maßgebend ist der weite steuerrechtliche Begriff aus § 15 EStG. Damit wird nur die Urproduktion ausgenommen, *Czychowski/Reinhardt* § 62 WHG, Rn. 28.

735 *OLG Koblenz* v. 15.01.1999 – 10 U 1802/97, WKRS 1999, 34170 = ADAJUR Dok.Nr. 37171 = NVersZ 1990, 580 (geplatzter 2000 Liter Heizöltank ohne Grenzwertgeber und Entlüftung im Winzerbetrieb).

736 *OLG Düsseldorf* VersR 1989, 1095 f.; *LG Bamberg* v. 30.10.2009 – 1 O 509/08.

737 *BayObLG* NJW 1995, 540 = VersR 1996, 1031 ff., unter Umständen auch für den Anlagenbetreiber.

erfasst. Die strafrechtliche Verantwortlichkeit trifft aber nicht allein den Befüller, sondern auch den Betreiber.[738]

584 Bei einem Überfüllschaden, der ein Nachbargrundstück betrifft, kann der Nachbar kaum mit Erfolg ein Strafverfahren wegen Verstoßes gegen das WHG erzwingen,[739] da es regelmäßig an einer persönlichen Betroffenheit fehlt.

585 Bei einer Ordnungswidrigkeit galt früher § 41 Abs. 1 Nr. 6d WHG a.F.

586 Nunmehr ist die Ordnungswidrigkeit – beim Befüllen – in einer Rechtsverordnung geregelt. In dem seit dem 01.03.2010 geltenden neuen WHG findet sich in § 103 Abs. 1 Nr. 3a) WHG der Verweis auf § 23 Abs. 1 Nr. 6 WHG als Ermächtigungsgrundlage für eine solche Rechtsverordnung. Weder in der Gesetzesbegründung[740] noch im Gesetz selbst finden sich allerdings klare Aussagen zum ordnungswidrigen Verhalten. Dies ändert sich nun mit der konkretisierten Liste von Ordnungswidrigkeiten in § 65 AwSV. Die Vorschrift trat am 01.08.2017 in Kraft, § 73 AwSV.[741] Der Verkehrsrechtler wird sich darin schnell zurechtfinden, da der Aufbau dem § 49 StVO ähnelt.

## 2. Die Ausbildung des Tankwagenfahrers zum »Fachmann«

### *a) Fachmann?*

587 Nach der schon Jahrzehnte alten Rspr. des *BGH*[742] ist der Öllieferant als Fachmann anzusehen, der die Gefahren des Betankens von Heizölanlagen kennt und in aller Regel besser beherrschen kann, als der Besteller. Diese Einschätzung geht schon auf die Zeit zurück, als es noch kaum Selbstbedienungstankstellen[743] gab.

588 Es ist unbestritten, dass ein Tankwagenfahrer bessere Kenntnisse haben wird als die meisten Privatleute,[744] die einmal im Jahr Öl bestellen. Die Formulierung ist jedoch gefährlich, da sie den fehlerhaften Anschein erweckt, man habe hier einen Spezialisten oder gar Experten vor sich, der jeder Situation gewachsen ist bzw. gewachsen sein müsste. Diese Erwartung ist jedoch überzogen und unbegründet. Sie ist bei genauer Betrachtung der relevanten Umstände und der vorgeschriebenen Ausbildung des Tankwagenfahrers als ausführendem Personal des Lieferanten nicht zu rechtfertigen.

589 Tatsächlich ist dem vielmehr nicht so, wie die Schadenfälle zeigen. So wenig ein Justizwachtmeister oder Gerichtsvollzieher richterliche Aufgaben wahrnehmen kann, ist der »Fachmann« Tankwagenfahrer einem mehrjährig geschulten Mitarbeiter[745] eines zertifizierten Fachbetriebes nach §§ 62 ff. AwSW oder gar einem Tanksachverständigen nach §§ 52 ff. AwSV vergleichbar.

Fachbetriebe nach §§ 62 ff. AwSV werden immer nur befristet auf zwei Jahre zertifiziert, wobei die verantwortliche Person neben einer erfolgreich abgeschlossenen Meisterprüfung zusätzlich insbesondere einen erfolgreichen Abschluss eines naturwissenschaftlichen Studiums einer einschlägigen Fachrichtung und mindestens zwei Jahre Tätigkeit auf dem Gebiet nachzuweisen hat. Ihre Mitarbeiter bedürfen einschlägiger Befähigungsnachweise und haben zudem an Produktschulungen der Hersteller für die einzusetzenden Produkte teilzunehmen.

---

738 *OLG Celle* NJW 1995, 3197 (Durchrostung des Behälters und undichte Auffangwanne); *OLG Hamm* v. 23.12.1991 – 3 Ss 311/91.

739 *OLG Köln* NJW 1972, 1338.

740 BT-Drucks. 16/12275 zu § 103 WHG, S. 80.

741 Verordnung über Anlagen zum Umgang mit wassergefährdenden Stoffen (AwSV) v. 18.04.2017, BGBl. I v. 21.04.2017 S. 905 ff.

742 *BGH* v. 15.10.1971 – I ZR 27/70, NJW 1972, 42 = VersR 1972, 67 f.; *BGH* v. 18.01.1983 – VI ZR 97/81, NJW 1983, 1108 = VersR 1983, 394 = MDR 1983, 654; *BGH* v. 12.03.1985 – VI ZR 192/83, VersR 1985, 575.

743 *LG Hannover* zfs 1981, 3; *LG Limburg* zfs 1981, 3.

744 *OLG Celle* v. 14.01.2013 – 3 U 177/12 (Ausnahme: Kunde ist selbst Tankwagenfahrer).

745 *LG Düsseldorf* SP 2010, 247.

Sachverständige und Fachprüfer haben ein ingenieur- oder naturwissenschaftliches Studium in einer für die ausgeübte Tätigkeit einschlägigen Fachrichtung erfolgreich abgeschlossen oder verfügen über eine als gleichwertig anerkannte Berufsausbildung, §§ 53 Abs. 5 Satz 1; 58 AwSV. Zudem wird eine mindestens fünfjährige einschlägige Berufserfahrung vorausgesetzt, § 53 Abs. 5 Satz 2 AwSV.

Im Vergleich zu den vorgenannten Anforderungen an Fachbetriebe und Sachverständige verbietet es sich, in der heutigen Welt mit erhöhten und technisch komplexen Anforderungen, den Tankwagenfahrer heute noch als den »Fachmann« zu bezeichnen. Insbesondere ist darauf hinzuweisen, dass die AwSV keine Anforderungen an das Befüllpersonal stellt und somit auch der aktuelle Gesetzgeber von ihm keine gesteigerte Fachkunde erwartet. Es ist daher für das richtige Verständnis im Hinblick auf die an den Tankwagenfahrer zu stellenden Anforderungen zunächst das Berufsbild näher darzustellen. 590

### *b) Kraftfahrer*

Der Tankwagenfahrer ist Kraftfahrer. Heute ist es möglich, diesen Beruf nach einer dreijährigen Ausbildung und einem Abschluss als Berufskraftfahrer[746] zu erlernen. Spätestens seit dem Stichtag 10.09.2009 haben neu hinzukommende Fahrer eine entsprechende Qualifikation nach dem BKrFQG[747] zu erwerben. 591

### *c) Gefahrgutfahrer*

#### *aa) Allgemein*

Heizöl ist ein Gefahrgut. Folglich benötigt der Fahrer einen Gefahrgutführerschein bzw. die ADR-Bescheinigung. Über diese Kenntnisse hinaus verfügt er über ein besonderes Wissen durch eine tankwagenspezifische Weiterbildung. 592

Diese Kenntnisse ermöglichen es ihm, ohne überhöhtes Risiko, Tankanlagen zu befüllen. Bei noch so perfekter Vorsorge bleibt ein Restrisiko beim Umschlag von Gefahrgütern immer bestehen. 593

Die gesetzlichen Lerninhalte werden in wenigen Tagen in Fachkursen ohne praktische Übungen vermittelt. Für die Basisinformation sind 18 Unterrichtseinheiten je 45 Minuten und für den Aufbaukurs 12 Unterrichtseinheiten je 45 Minuten vorgeschrieben.[748] 594

Den ADR-Schein erhält der Fahrer nach einer bestandenen Prüfung vor der IHK. Es wird lediglich theoretisches Wissen abgefragt, aber keine praktische Prüfung verlangt. 595

#### *bb) Basis-Ausbildungsinhalte*

Die Basis-Ausbildungsinhalte[749] für den Gefahrgutfahrer sind: 596

- allgemeine Vorschriften für die Beförderung gefährlicher Güter
- wesentliche Gefahrenarten
- Informationen über den Schutz der Umwelt durch die Überwachung der Beförderung von Abfällen
- nach Gefahrenarten abgestimmte Vorsorge- und Sicherheitsmaßnahmen
- Verhalten nach dem Unfall, insbesondere Erste Hilfe, Verkehrssicherung, Umgang mit Schutzausrüstungen etc.
- Kennzeichnung, Bezettelung, Placards und Warntafeln
- was er bei der Beförderung gefährlicher Güter zu tun und zu unterlassen hat

---

746 http://berufenet.arbeitsamt.de/bnet2/B/B7140100ausbildung_a.html.

747 Berufskraftfahrerqualifizierungsgesetz vom 14.08.2006, BGBl. 2006 I S. 1958.

748 Anlage B 8.2.2.4.1 (ADR).

749 Anlage B 8.2.2.3.2 des Europäischen Übereinkommens vom 30.09.1957 über die internationale Beförderung gefährlicher Güter auf der Straße (ADR) i.V.m. § 1 Abs. 4 Gefahrgutverordnung Straße, Eisenbahn und Binnenschifffahrt (GGVSEB) i.V.m. §§ 3, 5 Gefahrgutbeförderungsgesetz (GGBefG).

– Zusammenladeverbote
– Vorsichtsmaßnahmen beim Be- und Entladen gefährlicher Güter
– Informationen zur zivilrechtlichen Haftung
– Informationen über multimodulare Transportvorgänge
– Handhabung und Verstauung von Versandstücken
– Verkehrsbeschränkungen in Tunneln.

*cc) Aufbaukurs Tankwagenfahrer*

597 – Der Aufbaukurs für Tankwagenfahrer umfasst zusätzlich folgende Inhalte:[750]
– Fahrverhalten der Fahrzeuge, einschließlich der Bewegung der Ladung
– besondere Vorschriften hinsichtlich der Fahrzeuge
– allgemeine theoretische Kenntnisse über die verschiedenen Befüll- und Entleerungssysteme
– besondere zusätzliche Vorschriften für die Verwendung der Fahrzeuge (Zulassung, Placards, Warntafeln etc.).

*d) Wissensstand*

598 Die Rechtsprechung[751] fordert zunächst, dass der Befüller die notwendigen technischen Normen kennt, die ihm ggfs. in Ausbildungskursen vermittelt wurden. Diese sollen sein Handeln bestimmen. Dann stellt sie darauf ab, was von einem – durchschnittlichen Anforderungen entsprechenden, gewissenhaft und sorgfältig arbeitenden – Tankwagenfahrer erwartet werden kann. Dabei sei die jeweilige Situation zu berücksichtigen.

599 Hieraus wird deutlich, dass die Fahrer Kenntnisse hinsichtlich des Abfüllvorgangs haben müssen. Unmöglich ist es jedoch, hinsichtlich aller technischen Details zu Aufbau und Betrieb der oft sehr verschiedenen Tankanlagen sowie zu den physikalischen und chemischen Eigenschaften der abzufüllenden Stoffe ein vertieftes Wissen vorzuhalten. Man beachte, dass Fachbetriebsmitarbeiter sich im Gegensatz dazu auch nur bezüglich bestimmter Herstellerprodukte fortzubilden haben, nicht jedoch hinsichtlich aller Produktpaletten sämtlicher Hersteller am Markt, § 62 Abs. 2 Nr. 3 AwSV.

600 Folglich sind derartige Spezialkenntnisse lediglich von Fachfirmen für den Bau von Tankanlagen nach den §§ 62 ff. AwSV oder von Tanksachverständigen nach den §§ 52 ff. AwSV zu erwarten. Die Sorgfaltsanforderungen an den Tankwagenfahrer dürfen, gemessen an der sehr kurzen Ausbildungszeit und den gesetzlichen – nur theoretischen – Inhalten des Schul- und Prüfstoffs, nicht überspannt[752] werden.

### 3. Gesetzliche Vorschriften, Verordnungen und sonstige Vorschriften, die sich maßgeblich an das Befüllpersonal (Tankwagenfahrer) wenden

601 Entsprechende Normen, die sich u.a. an den Tankwagenfahrer wenden, finden sich insbesondere im Wasserrecht.

602 Allerdings ist zu beachten, dass durch die Grundgesetzänderung zum 01.09.2006 im Zuge der Föderalismusreform I[753] zum 01.03.2010 nunmehr das neue WHG[754] in allen Teilen gilt.[755] (Die

---

750 Anlage B 8.2.2.3.3 (ADR).

751 *BGH* v. 13.12.1994 – VI ZR 283/93, *BGH* NJW 1995, 1150 f. = MDR 1995, 365 = NZV 1995, 185 = r+s 1995, 135 = TranspR 1995, 313 = VersR 1995, 427 = VRS 1995, 404.

752 Ebenso *Sieder/Zeitler* Bd. 1 § 19k WHG a.F. Rn. 4.

753 BT-Drucksache 16/813.

754 Gesetz zur Ordnung des Wasserhaushalts – Wasserhaushaltsgesetz – WHG vom 31.07.2009, BGBl. I, 2585.

755 Übergangsvorschriften für Bayern bis 29.02.2012.

seit Jahrzehnten geplante gleichzeitige Übernahme der Inhalte des WHG in das UGB[756] ist bislang gescheitert).

Die frühere Rahmengesetzgebungskompetenz des Bundes wurde zugunsten einer konkurrierenden Gesetzgebungskompetenz von Bund und Ländern verlagert, Art. 74 Abs. 1 Nr. 32 GG. Dies hat Folgen für das wasserrechtliche[757] Fachrecht. 603

Es hat aber auch Konsequenzen für die Gültigkeit der anzuwendenden Normen: 604
- bis zum 28.02.2010 gilt fortwährend altes Recht
- vom 01.03.2010 bis zum 09.04.2010 galt nur das neue WHG, das selbst allerdings keinen Pflichtenkatalog enthält
- ab dem 10.04.2010 galt neben dem WHG als Übergangsvorschrift[758] die Bundes-VAwS, die dieses Rechtsvakuum ausfüllte[759]
- seit dem 01.08.2017 ist die Bundes-AwSV in Kraft getreten.

Die näheren Einzelheiten fanden sich dann in den jeweiligen Landeswassergesetzen, die zwar von Bundesland zu Bundesland Unterschiede aufweisen, aber dennoch die gleiche Richtung verfolgen. 605

Basierend auf den Ermächtigungsgrundlagen in den Landeswassergesetzen sind Verordnungen erlassen worden. Auch diese enthalten Abweichungen in Details, lassen sich aber durchaus vergleichen. Diese Verordnungen über Anlagen zum Umgang mit wassergefährdenden Stoffen und über Fachbetriebe präzisieren die Pflichten jedoch auch nur zum Teil. 606

Darüber hinaus bestehen vom Bundesministerium für Arbeit und Sozialordnung[760] herausgegebene »Technische Regeln brennbarer Flüssigkeiten« (TRbF), die technische Anforderungen an Konstruktion, Bau, Wartung, Prüfung etc. und das Verhalten im Umgang mit den Stoffen aufstellen. 607

Im Einzelnen kommen insbesondere folgende Vorschriften zur Anwendung, sofern sie nicht durch das Inkrafttreten der (Bundes-) AwSV[761] ersetzt wurden (§ 23 AwSV entspricht im Wortlaut dem § 19k WHG a.F.): 608

§ 23 AwSV 609
– **Anforderungen an das Befüllen und Entleeren**

(1) Wer eine Anlage befüllt oder entleert, hat diesen Vorgang zu überwachen und sich vor Beginn der Arbeiten vom ordnungsgemäßen Zustand der dafür erforderlichen Sicherheitseinrichtungen zu überzeugen. Die zulässigen Belastungsgrenzen der Anlagen und der Sicherheitseinrichtungen sind beim Befüllen oder Entleeren einzuhalten.

(2) Behälter in Anlagen zum Umgang mit flüssigen wassergefährdenden Stoffen dürfen nur mit festen Leitungsanschlüssen unter Verwendung einer Überfüllsicherung befüllt werden. Bei Anlagen zum Herstellen, Behandeln oder Verwenden flüssiger wassergefährdender Stoffe sowie bei oberirdischen Behältern jeweils mit einem Rauminhalt von bis zu 1,25 Kubikmetern, die nicht miteinander verbunden sind, sind auch andere technische oder organisatorische Sicherungsmaßnahmen, die zu einem gleichwertigen Sicherheitsniveau führen, zulässig. Bei Anlagen zum Abfüllen nicht ortsfest benutzter Behälter mit einem Volumen von mehr als 1,25 Kubikmetern kann die Überfüllsicherung durch eine volumen- oder gewichtsabhängige Steuerung ersetzt werden.

(3) Behälter in Anlagen zum Lagern von Brennstoffen nach § 2 Absatz 11 Satz 1 Nummer 2, Dieselkraftstoffen, Ottokraftstoffen oder Kraftstoffen, die aus Biomasse hergestellte Stoffe unabhängig von ihrem

756 Nach dem Referentenentwurf zum Umweltgesetzbuch 2009 vom 20.05.2008 in Abschnitt II.
757 Siehe oben Rdn. 309 ff.
758 BR-DS 82/10.
759 *Kotulla* NVwZ 2010, 79 ff.; *Faßbender* ZUR 2010, 181 ff.
760 Unter Beratung des »Deutschen Ausschuss für brennbare Flüssigkeiten«, § 25 VbF (Verordnung brennbare Flüssigkeiten).
761 Verordnung über Anlagen zum Umgang mit wassergefährdenden Stoffen (AwSV) v. 18.04.2017, BGBl. I v. 21.04.2017 S. 905 ff.

Anteil enthalten, dürfen aus Straßentankwagen, Aufsetztranks und ortsbeweglichen Tanks nur unter Verwendung einer selbsttätig schließenden Abfüllsicherung befüllt werden. Heizölverbraucheranlagen mit einem Volumen bis zu 1,25 Kubikmetern dürfen abweichend von Satz 1 auch unter Verwendung selbsttätig schließender Zapfventile befüllt werden.

610 Daneben sind technische Richtlinien heranzuziehen und konkretisieren Anforderungen an einzelne Handlungsweisen.

611 **TRbF 020 Nr. 9.3.2.1**
**– Vermeidung von Überfüllungen, Allgemeines**

(1) Das Befüllen von Behältern muss so vorgenommen werden, dass Überfüllungen nicht auftreten.

(2) Vor dem Befüllen muss der Flüssigkeitsstand im Behälter festgestellt werden. Es muss ermittelt werden, wie viel brennbare Flüssigkeit der Behälter noch aufnehmen kann.

Bei diskontinuierlicher Befüllung (z.B. Befüllen von Sammelbehältern) von Tanks mit einem Rauminhalt bis 1000l und ortsbeweglichen Gefäßen mit kleinen Mengen (Altöltank oder anderen Abfallstoffen) genügt das Peilen in angemessenen Zeitabständen.

(3) Beim Befüllen von Tanks zur Lagerung von Ottokraftstoff, Dieselkraftstoff oder Heizöl EL aus Straßentankfahrzeugen oder Aufsetztanks muss der Grenzwertgeber des Tanks an die Abfüllsicherung des Tankfahrzeugs angeschlossen sein.

(4) Der Befüllvorgang muss beobachtet werden.

612 **TRbF 020 Nr. 9.3.1**
**Flüssigkeitsanzeiger**

(1) Jeder Tank muss mit einer Einrichtung zur Feststellung des Flüssigkeitsstandes versehen sein. Diese Einrichtung kann bei oberirdischen Tanks mit ausreichend durchscheinenden Wandungen (z.B. aus Kunststoff) entfallen.

(2) Die Einrichtung nach Satz 1 von Abs. 1 kann z.B. eine elektronische Peileinrichtung oder ein Peilstab sein.

(3) Peilöffnungen müssen verschließbar und so ausgeführt sein, das ein unbeabsichtigtes Öffnen ausgeschlossen ist ….

613 **TRbF 020 Nr. 9.3.2.3**
**Überfüllsicherung**

(1) Jeder Tank muss mit einer Überfüllsicherung ausgestattet sein, die rechtzeitig vor Erreichen des zulässigen Füllungsgrades den Füllvorgang unterbricht oder akustischen Alarm auslöst. Tanks zur Lagerung von Ottokraftstoff und Tanks mit einem Rauminhalt von mehr als 1000l zur Lagerung von Dieselkraftstoff oder Heizöl EL (Extra Leicht), die aus Straßentankfahrzeugen oder Aufsetztanks befüllt werden, müssen mit einem Grenzwertgeber ausgerüstet sein, der die Funktion einer Abfüllsicherung an Straßentankfahrzeugen oder Aufsetztanks ermöglicht….

(2) Absatz 1 gilt nicht für oberirdische Tanks mit einem Rauminhalt von nicht mehr als 1000l zur Lagerung von Dieselkraftstoff oder Heizöl EL.

(3) Einzeltanks mit einem Rauminhalt bis 1000l zur Lagerung von Dieselkraftstoff oder Heizöl EL dürfen aus Straßentankwagen, Aufsetztanks oder Tankcontainern im Vollschlauchsystem mit einem nach dem Totmannprinzip schließenden Zapfventil mit Füllraten von nicht mehr als 200l/min im freien Auslauf befüllt werden.

(6) Füllanschlüsse und Anschlüsse für den Grenzwertgeber sind eindeutig zuzuordnen.

## 4. Rechtsprechung und eigene Einschätzungen

614 Die dargestellten Normen sind als grobe Richtschnur für ein richtiges Verhalten des Befüllers zu verstehen. Zur Klärung sämtlicher Detailfragen taugen sie offenkundig nicht. Folglich hat sich, insbesondere gestützt auf zwei wesentliche Entscheidungen des *BGH*, eine Rechtsprechung entwi-

ckelt, die einerseits den Grund für die besondere Verpflichtung des Tankwagenfahrers liefert und andererseits Einzelfälle wertet.

Ausgangspunkt der Kernüberlegung des *BGH* ist die Tatsache, dass der Fahrer für die Tätigkeit geschult wurde und sie – weil beruflich – mit größerem Erfahrungsschatz, ausübt.[762] Der *BGH*[763] – und ihm folgend der österreichische *OGH*[764] – hat herausgestellt, dass an die Sorgfaltspflichten des die Heizöltanks befüllenden Personals strenge Anforderungen zu stellen sind, weil es durch Auslaufen größerer Ölmengen zu schweren Schäden kommen kann. Es sei Sache des Öllieferanten als des Fachmannes, der die Gefahren des Betankens von Heizölanlagen kennt und sie in aller Regel besser beherrschen kann als der Besteller, alle zumutbaren Vorsichtsmaßnahmen zu ergreifen, um solche Schäden zu vermeiden. 615

In den oben erwähnten *BGH*-Entscheidungen wurde der Ablauf des Betankungsvorgangs zur Gliederung der einzelnen Pflichten gewählt. Nach Zeitabschnitten lassen sich Pflichten vor, während und nach dem Befüllen einordnen. Diese Unterscheidung ist sehr nützlich, um einerseits eine leichtere Übersicht zu gewinnen und anderseits festzustellen, ob eine Pflichtverletzung für den eingetretenen Schaden letztlich überhaupt kausal geworden ist. 616

In den letzten Jahrzehnten hat sich dem folgend zu manchen Unfallursachen eine Rechtsprechung herausgebildet, die sich sehr gut in das zeitliche Schema einbauen lässt. 617

Eine Reihe von Fallgestaltungen sind jedoch bislang noch nicht von Gerichten behandelt worden. Grund dafür kann sein, dass dies oft eine besonders präzise Darstellung technisch-physikalischer Zusammenhänge erfordert und nicht jeder Jurist bereit und dazu in der Lage ist, sich mit den technischen Vorfragen näher zu befassen. Möglicherweise besteht aufgrund dessen eine gewisse Scheu vor einer streitigen Auseinandersetzung. 618

Eine juristische Beurteilung ohne technische Grundkenntnisse wird schon im Ansatz scheitern. In der Folge werden daher technische Details – soweit erforderlich und dem Autor möglich – aufgegriffen und erläutert, um die Zusammenhänge verstehen und werten zu können. 619

### *a) Die einzelnen Sorgfaltspflichten gemäß zeitlicher Abfolge*

#### *aa) Vor dem Befüllen*

Der Fahrer muss sich vor dem Befüllen – in ihm als Tankwagenfahrer zumutbarer Weise – vom einwandfreien Funktionieren der Tankanlage überzeugen. Damit scheiden berufs- und tätigkeitsfremde Kontrollpflichten in technischen Spezialfragen[765] aus. Es kann nicht eine Prüfung wie durch einen Fachbetriebsmitarbeiter nach § 62 AwSV oder einen Sachverständigen nach § 52 AwSV vom TKW-Fahrer erwartet werden. 620

Der Fahrer tut dies, indem er sich zunächst die Tankanlage ansieht. Kann er den Tankraum nicht betreten, darf er nicht befüllen.[766] Kennt der Fahrer die Anlage aus früheren Befüllungen, sollte er dennoch nachsehen, da sich die Gegebenheiten geändert haben könnten. 621

Welche Art von Tankanlagen kann der Fahrer vorfinden und welche Bestandteile haben diese Tanktypen? 622

– **unterirdische Tankanlagen** 623

762 Zum Umfang der Ausbildung s. jedoch oben Rdn. 587.

763 *BGH* v. 18.01.1983 – VI ZR 97/81, NJW 1983, 1108 = VersR 1983, 394 = MDR 1983, 654; *BGH* v. 12.03.1985 – VI ZR 192/83, VersR 1985, 575; aber schon *BGH* v. 15.10.1971 – I ZR 27/70, NJW 1972, 42 = VersR 1972, 67 f.

764 *OGH Wien* v. 07.11.1995 – 4 Ob 578/95.

765 *LG Zwickau* v. 21.04.2009 – 2 O 625/07; *LG Düsseldorf* SP 2010, 247.

766 *OLG Düsseldorf* v. 10.05.2007 – I-12 U 22/07; *LG Dortmund* VersR 1979, 455 f.

624 Unterirdische Tankanlagen sind Erdtanks. Es handelt sich um Tankanlagen, die unter Erdniveau liegen und von der Seite nicht zugänglich sind. Die Tanks sind meist kugel- oder zylinderförmig und liegen in einem Sandbett. Tanks aus Stahl haben eine gegen Stauwasser schützende Bitumenschicht. Die Tanks sollten heute doppelwandig sein, was auch durch eine Tankinnenhülle mit Vakuumpumpe (Hülle liegt dicht an der Tankwand an) und Leckwarngerät gewährleistet ist. Sie sind von der Erde überdeckt oder überbaut. Die Anschlüsse für den Tank befinden sich in einem sogenannten Domschacht. Dieser ist entweder aufgemauert oder auf dem Tank aufgeschweißt. Der Domschacht wird von einem Domdeckel (z.B. Metallplatte) abgedeckt. In dem Domschacht befinden sich:

- der Anschluss für die Befüllleitung/Stutzen
- Abgang der Belüftungsleitung[767] seitlich, z.B. an Hauswand nach oben geführt
- ein Grenzwertgeberanschluss
- eine verschließbare Peilöffnung mit Peilstab (sofern keine andere Messeinrichtung)
- Abgänge für Entnahmeleitungen
- Zugänge für eventuelle Rücklaufleitungen (bei alten Systemen).

625 **Schlussfolgerung:** Erkennen kann der Fahrer folglich nur, was sich im Domschacht befindet.

626 – **oberirdische Tankanlagen**

627 Oberirdische und unterirdische Anlagen sind genau zu unterscheiden, da dies Auswirkungen auf den jeweils zulässigen maximalen Füllgrad hat.

628 Oberirdische Tankanlagen sind von der Seite zugänglich und stehen in Nebengebäuden oder im Keller. Dabei ist unbeachtlich, wenn der Keller unter Erdniveau liegt.

629 Steht die Anlage im Freien, muss Sie durch einen Anfahrschutz[768] gesichert sein, damit kein Fahrzeug beim Rangieren den Tank beschädigt.

630 Die Tankanlage besteht entweder aus einem einzigen Behälter oder aus mehreren Behältern. Letztere nennt man dann Batterietankanlage[769] oder Mehrzellentankanlage.[770] Diese kann in Reihe oder in Gruppen aufgebaut sein.

631 Stahl, Polyäthylen (PE) oder glasfaserverstärkter Kunststoff (GfK) kommen als Werkstoffe für die Behälter in Betracht.

632 Die Behälter können ein- oder doppelwandig sein. Einwandige Behälter müssen in einer flüssigkeitsdichten Auffangwanne stehen. Ausnahmen wurden im Einzelfall zugelassen.

633 Die Auffangwanne besteht dabei entweder aus einem mit Spezialfarbe beschichtetem bzw. mit einer Folie ausgekleidetem und abgemauertem Raum oder einem sonstigen Material, das aufstehendes Öl für mindestens 90 Tage zurückhalten kann.

634 Ob ein dreimaliger Schutzanstrich auf einem tragfähigen Mauerwerk aufgetragen wurde, lässt sich objektiv durch Augenscheinnahme erfahrungsgemäß kaum feststellen.

635 Weitere für den Füllvorgang wichtige Bestandteile der Anlage sind:

- Einfüllstutzen (außerhalb des Gebäudes)
- Befüllleitung vom Einfüllstutzen zum Tank
- ggf. Verzweigung der Befüllleitung bei mehreren Behältern[771]

767 Belüftungsleitung, da beim Befüllen Luft verdrängt wird (Überdruckabbau) und beim Verbrauch von Öl wieder Luft in den Tank zurückströmt (Unterdruckabbau).

768 Eine Mithaftungsquote bei fehlendem Anfahrschutz an stationärem Druckbehälter von lediglich 15 % wird dem tatsächlichen Risiko nicht hinreichend gerecht, so aber *OLG München* v. 09.06.2010 – 28 U 2310/10.

769 *AG Bad Mergentheim* v. 20.10.2011 – 2 C 402/09, WKRS 2011, 37986 = NZM 2012, 680.

770 *LG Zwickau* v. 21.04.2009 – 2 O 625/07.

771 *LG Hagen* v. 20.03.2012 – 4 O 299/11.

- das tief in den Behälter hineinragende Füllrohr
- Belüftungsleitung[772] nach oben und draußen geführt (mit Schutzkappe)
- Grenzwertgeber (für Anlagen ab 1.000 Liter vorgeschrieben; siehe nun jedoch § 32 Satz 2 AwSV)
- einer Möglichkeit für die Kontrolle des Flüssigkeitsstandes entweder durch eine Tankuhr und/ oder verschließbarem Peilrohr mit Peilstab/Peilkette oder Sichtkontrolle bei durchsichtigem Tank[773]

Bei Batterietankanlagen kommen noch hinzu: 636
- Befüllsammelleitung zu den jeweiligen Tanks (mit Reduzierstücken/Stauscheiben bei Von-Oben-Befüllung)
- Sammelbelüftungsleitung
- ggfs. Abstandshalter zwischen den Tanks

Nicht befüllrelevant, aber als Fehlerquellen beim Betrieb der Anlage sind insbesondere noch folgende Bauteile: 637
- Saugleitung und Abgang für die Entnahme zum Ölbrenner
- Verbindungen der jeweiligen Saugleitungen
- eventuelle Rücklaufleitung[774] vom Brenner zum Tankbehälter.

Der Befüller kann objektiv nicht erkennen, was sich in den Tanks oder Rohrleitungen befindet. So kann er auch nicht feststellen, ob sich im Behälter eine Einströmleitung[775] befindet, die ein Aufschäumen beim Befüllvorgang verhindern soll. 638

Grundsätzlich kann und darf der Tankwagenfahrer darauf vertrauen, dass die Einfüllanlage funktionstauglich[776] ist. Eine optische Kontrolle – ähnlich der Kontrolle von Verkehrsschildern[777] – ist ausreichend. Es ist nicht erforderlich bzw. sogar unzulässig, dass der Fahrer an den Leitungen rüttelt, um sie auf Festigkeit zu prüfen.[778] Derartige Prüfungen sind Fachpersonal nach §§ 62 ff. AwSV vorbehalten. Eine vollständige Kontrolle der Anlage bis in jede technische Einzelheit in Bezug auf ihre Sicherheit wird ausdrücklich vom Befüller nicht verlangt.[779] Die ältere Rspr.,[780] die teilweise eine Erfolgshaftung des Befüllers angenommen hatte, wird heute zu Recht abgelehnt.[781] 639

Dies würde ansonsten bedeuten: »Der Betreiber eines Heizöltanks ist für den ordnungsgemäßen Zustand seiner Anlage verantwortlich, es sei denn, sie wird gerade befüllt«.[782] Eine derartige unsinnige Folge widerspricht jedem Rechtsempfinden. 640

Zur Prüfung der Funktionstauglichkeit gehört auch die Standsicherheit[783] der Anlage, falls sich erkennbare Anhaltspunkte dem Fahrer aufdrängen. Ansonsten liegt die Verantwortung allein beim Betreiber der Anlage,[784] sodass auch nur dieser als Störer im polizeirechtlichen Sinne anzusehen ist. Wer eine erkennbar unter gravierenden Sicherheitsmängeln leidenden Öltank befüllt, kann wegen 641

772 Tank könnte sonst beim Befüllen Platzen.
773 *AG Bad Mergentheim* v. 20.10.2011 – 2 C 402/09, WKRS 2011, 37986 = NZM 2012, 680.
774 Veraltete Technik, s. *OLG Zweibrücken* NJW-RR 2000, 1554 = VersR 2001, 472.
775 *OGH Wien* v. 26.02.2009 – 1 Ob 1/09t.
776 *OLG Köln* v. 16.04.2012 – 11 U 199/11, WKRS 2012, 15398 = MDR 2012, 912.
777 *OLG Nürnberg* v. 31.07.1996 – 4 U 1494/96; *LG Bielefeld* v. 15.05.2009 – 8 O 573/08.
778 *BGH* v. 18.01.1983 – VI ZR 146/82, NJW 1984, 233 = VersR 1984, 65; *OLG Saarbrücken* VersR 1988, 356 = zfs 1988, 166; *LG Freiburg* VersR 1988, 357 = zfs 1988, 166.
779 *OLG Karlsruhe* NJW-RR 1997, 1247 f. = OLGR 1998, 42; *OLG Köln* VersR 1995, 1105 f.; *LG Dortmund* VersR 1979, 455 f.; *LG Düsseldorf* SP 2010, 247.
780 *LG Krefeld* VersR 1978, 1050.
781 *BGH* v. 18.01.1983 – VI ZR 146/82, NJW 1984, 233 f. = VersR 1984, 65.
782 Zitat *Josef Hernig*, Kiedrich.
783 *LG Hanau* v. 30.03.1995 – 7 O 217/95 (später durch Vergleich erledigt).
784 *OVG Koblenz* DÖV 2009, 213 = GewArch 2009, 133 = LKRZ 2009, 95 = DVBl. 2009, 204 Ls. = AbfallR 2009, 95 = NVwZ-RR 2009, 280.

einer hierauf beruhenden Gewässerverunreinigung verwaltungsrechtlich als Verhaltensstörer herangezogen werden.[785] Weist ein Stahltank erhebliche Verschmutzungen, Farbabriebe und oberflächliche Lackabplatzungen auf, ist dies unschädlich, solange kein intensiver Rostbefall sichtbar ist und Hinweise für eine materialmäßige Überalterung vorliegen.[786]

642 **Eigene Einschätzung:**

Eine Kontrolle durch Rütteln wäre letztlich auch kaum tauglich, da auf diese Weise ja nur leichte seitliche Bewegungen ausgeführt werden könnten, die im (notwendigen) Toleranzbereich liegen. Leichte Bewegungen der Tankbehälter lassen sich konstruktiv kaum vermeiden, da sich der Tank je nach Füllgrad und Temperatur verformt. Dieses »Arbeiten« überträgt sich auf die Leitungssysteme, weswegen häufig Entlastungsbögen notwendig werden, um die Bewegungen abzufangen und Spannungen abzubauen.

643 Zugkräfte durch einen Druckaufbau im Füllrohr, an Verschraubungen und Dichtungen lassen sich durch ein Rütteln nicht simulieren.

644 Was Leitungen betrifft, hat die Sichtkontrolle zu genügen. Aber auch da sind die Grenzen der Zumutbarkeit zu beachten. So ist es dem Fahrer nicht zumutbar, eine Befüllleitung durch das gesamte Haus bis zum Tank zu verfolgen, wenn sich ein Großteil der Leitung über versteckte Winkel von mehr oder weniger aufgeräumten Kellerräumen[787] oder gar Kriechkellern erstreckt.

645 Der Tankwagenfahrer muss vor dem Befüllen entsprechend auch nicht die Belüftungsleitung[788] (z.B. mit Stickstoff) abdrücken, um festzustellen, ob diese durchlässig ist.

646 Ein leichtes Rütteln am Einfüllstutzen[789] kann dagegen vom Fahrer verlangt werden, zumal er mit diesem Bereich beim Anschließen sowieso in Kontakt kommt.

647 Wichtig ist, dass die Konstruktion und die Beschaffenheit der Anlage bei der Prüfung einen soliden Eindruck machen. Haarrisse[790] in Verschraubungen, fehlende Dichtungen, ungenügend befestigte oder fehlende Sicherungsschellen an Leitungen lassen sich dabei kaum feststellen. Vom Befüller werden keine installationstechnischen und physikalischen Kenntnisse gefordert, um hierauf beruhende Schlussfolgerungen für die Gefahrenlage zu ziehen.[791]

648 Anders ist es jedoch dann, wenn deutliche Tropfstellen bereits auf Defekte hinweisen.

649 Auszugehen ist dabei von dem geschulten Blick eines Fahrers, der täglich etwa ein Dutzend Tankanlagen zu Gesicht bekommt. Zum Glück sind die Anlagen doch weitgehend funktionstüchtig.

650 Die Rechtsprechung hat in den letzten Jahren sogar Zumutbarkeitsgrenzen für die Sichtprüfung der Tankanlage anhand von Einzelfällen herausgearbeitet. Der Tankwagenfahrer muss beispielsweise nicht in einen Kriechkeller[792] steigen, um die Leitungen auch dort zu überprüfen, die zum Tankbehälter hin verlegt sind. Er muss auch nicht auf eine Tank kriechen, um dort nach hinten abführende Leitungen zu prüfen. Er muss sich auch nicht auf den Boden legen, um unter einen Tank schauen zu können, um evtl. Undichtigkeiten festzustellen.

785 *OVG Bremen* v. 13.08.1996 – 1 BA 35/95.

786 *LG Göttingen* v. 03.07.2002 – 5 (6) S 62/01 (Tankanlage eines Rechtsanwaltes wurde fünf Wochen nach der Befüllung undicht).

787 *LG Düsseldorf* SP 2010, 247.

788 *AG Waldbröl* v. 22.06.1998 – 3 C 35/98.

789 *LG Zwickau* v. 21.04.2009 – 2 O 625/07.

790 *LG Hildesheim* v. 27.06.2003 – 7 S 99/03.

791 *OLG Köln* VersR 1995, 1106 f.; *OLG Frankfurt* VersR 1988, 355 f. = r+s 1987, 280 f.

792 *AG Westerstede* v. 13.02.2004 – 25 C 1095/03 (VII).

Er kann auch nicht prüfen, ob Sicherungsschellen aus Leitungen im Mauerwerk[793] vorhanden sind. Er muss nicht erkennen, ob Sicherungsschellen[794] notwendig sind und ob Rohre ggf. falsch verlegt sind. Er kann dies letztlich auch nicht erkennen, zumindest kann dies nicht von ihm verlangt werden, da es sich um Kenntnisse handelt, die in den Fachbereich des Tankanlagenbauers oder des Fachpersonals nach §§ 62 ff. AwSV bzw. von Sachverständigen nach §§ 52 ff. AwSV handelt. 651

Läuft die Befüllleitung – ungewöhnlich – erst durch ein Nachbarhaus,[795] besteht weder eine Nachfragepflicht wegen der abnormen Verlegung, noch eine Pflicht des Befüllers, auch diesen Leitungsabschnitt optisch zu prüfen. 652

Kann er die hinteren Tanks einer Batterietankanlage nicht einsehen, kann er bei erkennbar leerem vorderen Behälter darauf vertrauen, dass die nicht sichtbaren Behälter ebenfalls leer[796] sind. Dies entspricht dem ordnungsgemäßen Zustand und der physikalischen Gesetzmäßigkeit einer ordnungsgemäßen Anlage, bei der nach dem Prinzip der kommunizierenden Röhren die Flüssigkeit in miteinander verbundenen Röhren gleich hoch stehen sollte. Er sollte sich nicht zusätzlich selbst über den Füllstand der hinteren Behälter vergewissern müssen, indem er über eine vorhandene seitliche Luke in den hinteren Raumteil einsteigt, wenn zuvor bereits eine Fachfirma berichtete, dass die Anlage leer ist. Das *OLG Hamm*[797] sah hierin jedoch ein Mitverschulden des Fahrers. Dies stellt jedoch bei zutreffender Würdigung eine Überspannung an die Sorgfalts- und Prüfpflichten des TKW-Fahrers dar. Das *OLG Frankfurt*[798] geht sogar genau umgekehrt – entgegen der Vorinstanz – von einer Alleinhaftung des Tankwagenfahrers aus. Dem Fahrer wird zugemutet zu erkennen, was dem Besteller seinerseits verborgen blieb. Derartige Anforderungen sind überhöht und eine solche Haftungsausdehnung abzulehnen. Sie ist objektiv nicht zu rechtfertigen und führt zu einer nicht gebotenen Verlagerung von Prüfpflichten auf den Lieferanten. 653

Es ist bedenklich, da der Fahrer nicht mit zusätzlichen zeitraubenden und beschwerlichen Arbeiten überfrachtet werden sollte. Im Verhältnis zu Drittgeschädigten mag dies noch argumentativ vertretbar sein und angehen, nicht aber im Verhältnis zu demjenigen, der als Besteller und Betreiber der Anlage erst die Voraussetzungen für eine mögliche Fehleinschätzung schafft, aber dennoch die Befüllung wünscht. 654

Schließlich ist eine umfassende und fachgerechte Tankanlagenprüfung weder vom Befüllpersonal zu fordern, noch besitzt es die entsprechende fachliche Ausbildung. Wer seine Tankanlage nicht durch einen Fachbetrieb warten lässt und die Kosten einer Prüfung durch einen Tanksachverständigen scheut, trägt nun einmal persönlich das Risiko, dass seine Anlage fehlerhaft funktioniert. Dieses Risiko darf bei sachgerechter Würdigung nicht einseitig auf den Lieferanten bzw. den Tankwagenfahrer verlagert werden. 655

Zutreffend ist daher das Urteil des *AG Philippsburg.*[799] Es sei für den Fahrer unzumutbar, auf die Tankbehälter zu klettern, um mit einem Halogenscheinwerfer oder einer Starklichtlampe zu versuchen, den Füllstand im letzten Behälter festzustellen. Das dem Tankbetreiber bekannte Risiko, den Füllstand nicht exakt feststellen zu können, liegt allein in dessen Risikosphäre. 656

Im Gegensatz dazu stehen der Wissensvorsprung und die besondere Erfahrung von Tanksachverständigen, die die baulichen Besonderheiten und die Schwachpunkte an Tankanlagen ständig untersuchen. Dabei ist zu beachten, dass selbst sie oftmals nicht auf Anhieb die genaue Schadenursache erkennen können. 657

793 *LG Heidelberg* v. 01.02.2000 – 2 O 66/99.
794 *LG Düsseldorf* SP 2010, 247; *LG Duisburg* v. 18.01.2008 – 10 O 201/06.
795 *LG Bamberg* v. 30.10.2009 – 1 O 509/08.
796 So noch *LG Detmold* SVR 2006, 33, bespr. von *Schwab.*
797 *OLG Hamm* v. 23.11.2006 – 10 U 116/05.
798 *OLG Frankfurt* NJOZ 2008, 2864 = zfs 2008, 377 = r+s 2008, 437.
799 *AG Philippsburg,* Urt. v. 08.01.2010 – 1 C 376/09.

658 In fachlicher Hinsicht darf folglich der Fahrer ebenfalls nicht überfordert werden. Entsprechend seiner Ausbildung kann und muss er nicht wissen, ob etwa die verwendeten Materialien bei der Erstellung der Anlage den damaligen Bauvorschriften entsprachen und ob ggf. eine Nach- oder Umrüstung heute vorgeschrieben ist.

659 Dies hat auch für Sicherungsschellen an Befüllleitungen zu gelten, die nicht in allen Zeiträumen vorgeschrieben waren.[800]

660 Vom Befüller kann nicht das Wissen verlangt werden, beurteilen zu können, ob der Grenzwertgeber auf dem richtigen Tankbehälter einer Batterietankanlage montiert ist.[801] Dies kann je nach Konstruktion der Anlage ganz unterschiedlich sein. Sogar Fachbetrieben nach den §§ 62 ff. AwSV[802] unterlaufen Fehler, die teilweise selbst von Sachverständigen nicht bemerkt werden. Solange der Gesetzgeber in dieser Richtung keine umfassende Schulung nach dem Gefahrgutrecht verlangt, dürfen die Gerichte vom Fahrer dieses Wissen nicht fordern, da sie ihn damit maßlos überfordern.

661 Hat der Befüller einen Mangel an der Tankanlage erkannt, so ist die Betankung nicht von vornherein unzulässig. Er muss den Defekt beanstanden und sorgfältig prüfen, ob gleichwohl ein Befüllen gefahrlos möglich ist.[803]

662 Der Betreiber der Anlage kann mit dem Befüller daher grundsätzlich vereinbaren, dass trotz des Mangels, auf Risiko des Betreibers befüllt werden soll.

663 Unzulässig bleibt dagegen eine Befüllung, wenn trotz weiterer Vorsichtsmaßnahmen eine erhöhte Gefahr besteht, dass Rechte Dritter verletzt werden könnten. Dritte sind Nachbarn und Wassernutzungsberechtigte. Entsprechendes gilt für Risiken, die Gefahren für die Umwelt nach öffentlich-rechtlichen Normen betreffen.

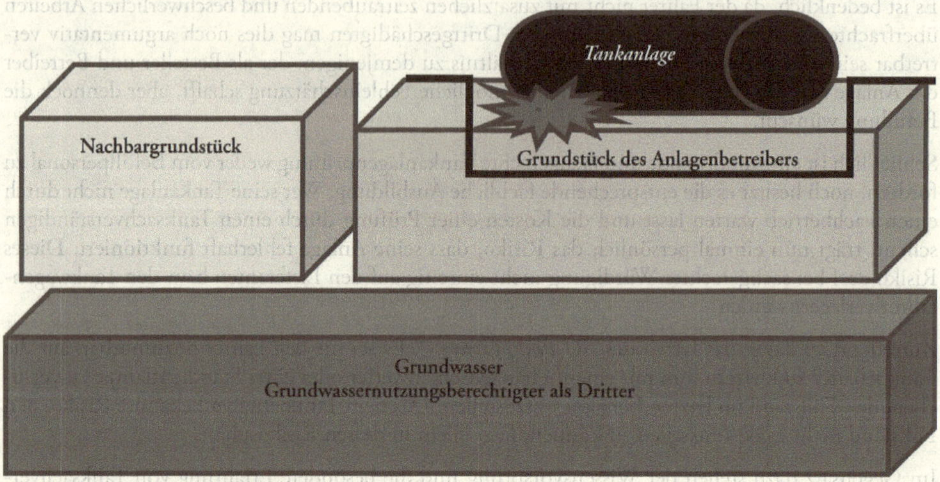


Abb. 8: Schaubild: Risikosphären

664 **Eigene Einschätzung:**

Nähere Beispielsfälle lassen sich hierzu in der Rechtsprechung nicht finden. Ausgehen muss man jedoch von der Überlegung, dass entweder der Mangel für die Befüllvorgang als solchen keine

800 So *LG Heidelberg*, Urt. v. 01.02.2000 – 2 O 66/99; dagegen ohne Begründung *LG Saarbrücken* v. 07.04.2005 – 2 S 158/04.
801 Anders *LG Dortmund* VersR 1979, 455 f.
802 § 191 WHG a.F.
803 *OLG Köln* zfs 1993, 232 = VersR 1994, 108.

Bedeutung beizumessen ist oder durch zusätzliche Sicherheitsvorkehrungen ein Schadenseintritt nach menschlichem Ermessen auszuschließen ist.

Hat beispielsweise eine Auffangwanne erkennbar nur einen teilweisen Anstrich oder werden darin vom Anlagenbetreiber Gegenstände gelagert, so hat dies für den Befüllvorgang keinerlei Relevanz. Bedeutung hat der Sachverhalt lediglich für die Lagerung, für den Fall, dass der Tank einmal durchrostet oder unten liegende Verschraubungen undicht werden. Ist der Tank vor dem Befüllen vollkommen leer, kann der Fahrer natürlich nicht sicher sein, dass er tatsächlich dicht ist. Ist er hingegen noch teilweise gefüllt und ist kein Öl am Boden zu sehen, wird man berechtigterweise annehmen können, dass er dicht ist. Im Fall der Gegenstände im Auffangraum sollte dies unschädlich sein, da sie ja wieder vom Betreiber der Anlage entfernt werden könnten und sollten. 665

Es ist sicherlich gut und richtig, wenn der Tankwagenfahrer den Anlagenbetreiber auf die Mängel hinweist. Bei nicht betankungsrelevanten Mängeln dagegen bereits eine Pflicht des Fahrers zu sehen, von der Befüllung ganz Abstand zu nehmen, erscheint mir unangemessen. Ihm würde man sonst zumuten, sich ggf. mit dem Kunden zu streiten und sich gegenüber seinem Disponenten und Chef rechtfertigen zu müssen mit dem Risiko, eventuell sogar den Arbeitsplatz zu verlieren. Seine Aufgabe kann es nicht sein, anstelle des Staates[804] auch bei älteren Anlagen Überwachungsaufgaben wahrzunehmen und andere durch Nichtbelieferung zu »maßregeln«. 666

Als nächsten Vorgang muss sich der Fahrer vergewissern, dass die bestellte Menge auch tatsächlich in den Tank passt. Er muss folglich eine so genannte Freiraummengenmessung vornehmen.[805] Hierzu gibt es eine historische Entwicklung. Man muss sie kennen, um die aktuelle Relevanz älterer Gerichtsentscheidungen richtig bewerten zu können. 667

In der Zeit, in der es noch keine automatischen Abfüllsicherungen/Grenzwertgeber gab, war die Füllstandprüfung selbstverständlich. Die frühere Tankpfeife in der Belüftungsleitung konnte eine Überfüllung nicht verhindern. 668

Später, nachdem sich als Abfüllsicherung[806] die Grenzwertgeber eingebürgert hatten, ging der *BGH* zunächst davon aus, dass das Gerät generell so sicher und genau arbeite, dass keine Freiraummengenmessung mehr erforderlich sei.[807] Daran orientierten sich dann auch die Instanzgerichte.[808] 669

Davon abgekommen ist der *BGH* jedoch, nachdem immer wieder Fälle auftraten, in denen Abfüllsicherungen nicht funktionierten.[809] 670

Der Grenzwertgeber diente fortan richtigerweise nur als zusätzliche Sicherung, die die Freiraummengenmessung nicht gänzlich unnötig macht. 671

804 *VGH Kassel* NJOZ 2007, 1529.

805 *BGH* v. 27.10.1981 – VI ZR 66/80, NJW 1982, 1049 f. = VersR 1982, 146; *BGH* v. 18.01.1983 – VI ZR 97/81, NJW 1983, 1108 f. = VersR 1983, 394 = MDR 1983, 654 = zfs 1983, 163 nur Hinweis; *BGH* v. 18.10.1983 – VI ZR 146/82, NJW 1984, 233 f. = VersR 1984, 65.

806 TRbF 512.

807 *BGH* v. 06.06.1978 – VI ZR 156/76, NJW 1978, 1576 = VersR 1978, 840.

808 *LG Darmstadt* zfs 1980, 163.

809 *BGH* v. 27.10.1981 – VI ZR 66/80, NJW 1982, 1049 f. = VersR 1982, 146; *BGH* v. 18.01.1983 – VI ZR 97/81, NJW 1983, 1108 f. = VersR 1983, 394 = MDR 1983, 654 = zfs 1983, 163 nur Hinweis; *BGH* v. 18.10.1983 – VI ZR 146/82, NJW 1984, 233 f. = VersR 1984, 65.

672 Hieran haben die Instanzgerichte[810] bis heute fast[811] ausnahmslos festgehalten, unabhängig davon, ob es sich um einen privaten oder gewerblichen Kunden des Befüllers handelt.[812]

673 **Eigene Einschätzung:**

Die Rechtsprechung des *BGH* erging, da in den 80er Jahren deutlich wurde, dass Grenzwertgeber oft zu verpilzen drohen. Die organischen Bestandteile des Öls werden nämlich durch Mikroorganismen langsam zersetzt. So kann es an bestimmten Stellen im Tankinneren zum Ausblühen kommen.

674 Viele Tankanlagenbetreiber verzichten – fahrlässig – auf eine regelmäßige Tankreinigung. Sie erhöhen dadurch das Befüll- und Betriebsrisiko ihrer Anlage. Dies geschieht selbst bei vermieteten Objekten, da bislang Rechtsunsicherheit bestand, ob die anfallenden Kosten als Betriebs- oder Instandhaltungskosten umlagefähig sind. Der *BGH*[813] hat nun klargestellt, dass es sich auch dann um Betriebskosten nach § 556 Abs. 1 BGB i.V.m. § 2 Nr. 4a BetrKV handelt, auch wenn sie nicht jedes Jahr, sondern nur alle fünf bis sieben Jahre anfallen.

675 Grenzwertgeber der ersten Generation hatten nur punktförmige Ein- und Auslässe. Diese können mit den Jahren verstopfen, sodass das Öl gar nicht bis an die eigentliche Schaltvorrichtung gelangen kann. Die Schadenpraxis zeigt, dass immer noch Anlagen mit diesen veralteten Grenzwertgebern ausgerüstet sind, die verpilzt[814] sein können. Das Risiko besteht also nach wie vor, ohne dass ein Fahrer zudem gleich erkennen könnte, ob es sich um einen Grenzwertgeber alter oder neuer Bauart handelt.

676 Die neueren Grenzwertgeber haben einen durchgehenden Schlitz, der ein vollständiges Verkleben oder Verpilzen ausschließen soll. Trotz dieser Verbesserungen bestehen selbst dort noch Fehlerquellen. So entstehen Funktionsstörungen, wenn das Gerät mit einem Schleim überzogen ist. Häufig ist der Grenzwertgeber auch nicht in der für den Tank vorgesehenen Einbautiefe eingestellt. Dies mag an einer nachlässigen Installation oder einer nachträglichen Manipulation liegen, etwa, um möglichst viel von dem geradeso günstigen Heizöl tanken zu können, bevor die Preise wieder steigen.

677 Ist der Grenzwertgeber zu tief eingebaut, ist dies unschädlich, da ein noch größerer Freiraum verbleibt. Ist die Abschaltvorrichtung dagegen zu hoch installiert, ist der verbleibende Freiraum entsprechend geringer und ggf. zu gering. Möglicherweise kann dann schon aufschäumendes Öl aus der Entlüftung ausgetreten.

678 Darüber hinaus findet man in der Praxis gerade bei älteren, nachgerüsteten Anlagen gelegentlich die Situation vor, dass der Grenzwertgeber in einem früheren Peilrohr eingebaut wurde. Dann kann sich ein Luftpolster im geschlossen Rohr bilden, was dazu führt, dass die Flüssigkeit die Abschaltvorrichtung gar nicht erreichen kann.

679 Sämtliche technischen Details und Fehlerquellen werden dem Fahrer nicht bekannt sein. Er muss sie für seine tägliche Arbeit nicht kennen. Wird er zudem bei einer Doppeltankanlage mit gemeinsamer Füllleitung und zwei Grenzwertgebern falsch eingewiesen[815] und schließt den falschen Grenzwertgeber an, begeht der Fahrer keine Pflichtverletzung.

680 Der Fahrer ist nicht verpflichtet, vor einer Befüllung den Grenzwertgeber auszubauen[816] und zusätzlich einer optischen Prüfung oder gar Funktionsprüfung zu unterziehen. Hierzu ist er nicht ein-

810 *LG München II* zfs 1989, 5; *LG Stuttgart* r+s 1987, 281; *LG Karlsruhe* VersR 1990, 1015; *LG Trier* NJW-RR 1992, 1377; *LG Essen* v. 29.06.1992 – 8 O 427/91 (auch bei einer Fern-Füllstandsanzeige).

811 *OLG Köln* VersR 1995, 806 = OLGR 94, 272 zur elektronischen Füllstandsanzeige; kritisch hierzu *Schwab* VersR 1995, 1250; doppelte Sicherheit gerade auch in der Fliegerei erforderlich, s. *OLG Brandenburg* v. 28.09.2006 – 12 U 82/05.

812 *OLG Köln* NJW-RR 1990, 927 f.

813 *BGH* v. 11. 11.2009 – VIII ZR 221/08, NJW 2010, 226 = NZM 2010, 79.

814 *OLG Hamm* v. 11.01.2011 – I-19 U 117/09.

815 *LG Hagen* v. 20.03.2012 – 4 O 299/11.

816 *AG Lahnstein* v. 11.11.2008 – 26 C 365/08.

mal berechtigt, da er kein Mitarbeiter eines Fachbetriebes im Sinne des §§ 62 ff. AwSV[817] ist. Er darf den Grenzwertgeber nicht aus dem Tank schrauben, da nach § 45 Abs. 1 AwSV alle Arbeiten wie die Errichtung, Innenreinigung oder auch jedwede Instandsetzung der Fachbetriebspflicht unterfallen. Nur Tätigkeiten, die keine unmittelbare Bedeutung für die Anlagensicherheit haben, müssen nicht von einem Fachbetrieb ausgeführt werden (§ 45 Abs. 2 AwSV). Der Fahrer würde mit dem Herausschrauben des Grenzwertgebers daher eine Ordnungswidrigkeit nach § 65 Nr. 25 i.V.m. § 45 Abs. 1 AwSV begehen. Umso erstaunlicher ist, dass es Fälle gibt, in denen eine solche Prüfung sogar in gerichtlichen Sachverständigengutachten für notwendig und dem Fahrer zumutbar erachtet wurde, um eine Fehlfunktion auszuschließen. Der Sachverständige war Heizungsbauer und kannte wohl die Technik, hatte jedoch ersichtlich keine hinreichende Ahnung von den rechtlichen Rahmenbedingungen.

▶ Praxistipp:

Als Rechtsanwalt sollte man daher bei der Auswahl des Sachverständigen im Prozess bereits kritisch prüfen, ob dieser wohl geeignet ist und ggf. darauf drängen, einen nach der AwSV zertifizierten Sachverständigen zu bestellen, wenn nicht anderweitig sichergestellt ist, dass der SV auch die nötigen Rahmenbedingungen und Bedingungswerke kennt, die zu beachten sind. Zudem sollte der Rechtsanwalt vorsorglich zum relevanten Pflichtenkreis und, wenn der den Lieferanten vertritt, eben gerade auch zu den Grenzen der Verantwortlichkeit und der Handlungsspielräume des Fahrers vortragen. Gericht und erfahrungsgemäß in vielen Fällen auch Prozessbevollmächtigte auf Anspruchstellerseite, bspw. eines geschädigten Kunden, sind zumeist selten und häufig sogar erstmals mit der doch komplexen Materie befasst, so dass etwas umfassendere Darlegungen hilfreich sind. 681

Nicht nur unter den Fahrern dürfte jedoch allgemein bekannt sein, dass Grenzwertgeber verpilzen können und somit die Abschaltfunktion verhindert wird. Bereits dieses Risiko muss zu der Einsicht führen, dass eine Kontrolle des Freiraums unumgänglich ist. Durch den verstärkten Verkauf von höherwertigem Heizöl, das mit Additiven versetzt wird, um die Zersetzung zu verhindern, die Fließfähigkeit bei tiefen Temperaturen zu erhalten, die Korrosion zu mindern und die Geruchsbelastung zu reduzieren etc., mag nebenbei auch das Risiko einer Verpilzung zurückgehen. Offen bleibt die Frage, ob man wirklich weiß, was tatsächlich im Tank ist. 682

Das »Wie?« der Freiraummengenmessung hängt vom Tanktyp, den Messeinrichtungen und Behältermaterialien ab. 683

Behälter aus glasfaserverstärktem Kunststoff oder Polyäthylen sind, wenn sie neu sind, durchsichtig. Sie werden jedoch mit den Jahren immer trüber. Mithilfe einer Lampe oder aufgesetzten Taschenlampe kann man grob die Füllhöhe abschätzen oder mit einem Metermaß abmessen, wie dies mitunter bei der Heizkostenabrechnung[818] vom Vermieter gemacht wird. 684

Stahlbehälter oder blechummantelte Kunststoffbehälter besitzen meist eine Tankuhr mit Angabe der Liter oder der Füllstandshöhe in Zentimetern bzw. Prozenten. Diese Messeinrichtungen sind nicht immer zuverlässig. Häufig zeigen sie einen fehlerhaften Füllstand an und vermitteln wegen eines hängenden Schwimmers oder nicht freigängigen Zeigers der Anzeige einen zu geringen Füllstand. Entsprechende Einrichtungen sind häufig mangelhaft gewartet und nicht hinreichend funktionstüchtig. Hier kann ein erheblicher Anlagenmangel liegen der zu einer Mithaftung oder sogar überwiegenden Haftung des Anlagenbetreibers führen kann, wenn bspw. ein weiterer Anlagenmangel wie ein nicht funktionierender Grenzwertgeber hinzutritt. Immer wieder ist festzustellen, dass Kunde bspw. selbst von einem quasi Leerstand ihrer Tankanlage ausgehen und eine bestimmte Menge an Heizöl bestellen, sich dann aber bei der Befüllung zeigt, dass nur deutlich weniger in den Tank passt, 685

817 § 19l WHG a.F.

818 *AG Bad Mergentheim* v. 20.10.2011 – 2 C 402/09, WKRS 2011, 37986 = NZM 2012, 680.

weil dieser eben noch voller war als die Tankuhr angezeigt hat. Der Fahrer sollte daher prüfen, ob er – ohne unzulässigen Eingriff in die Anlage wie dies bei etwa bei einem Herausschrauben eines Grenzwertgebers oder der Tankuhr selbst der Fall wäre – eine weitere Möglichkeit hat, den Füllstand unabhängig von der Tankuhr/Füllstandsanzeige zu ermitteln. Dies könnte möglich sein, wenn es einen gesonderten Peilstab geben sollte.

686 Gerade bei Erdtanks sollte man eine Peilvorrichtung vorfinden. Es handelt sich um eine verschließbare obere Öffnung am Tank, über die der Füllstand gemessen werden kann. Dies geschieht entweder über eine Kette bzw. ein Zentimetermaß jeweils in Verbindung mit einer für den Tank vorgesehenen Peiltabelle oder einem für den Tank bestimmten Peilstab. Ist ein Peilstab nicht auffindbar, darf der Fahrer nicht auf Verdacht befüllen.[819]

687 Manche Erdtanks oder oberirdische Tankanlagen verfügen jedoch nur über elektronische Füllstandsanzeiger oder einen elektronischen Peilstab. Im Tanklagerraum bzw. in einem Vorraum zum Tank oder bei Großanlagen in einer Leitwarte wird der Füllstand auf einer Anzeige oder am Bildschirm dargestellt.

688 Bei allen Verfahren bestehen Fehlerquellen, die der Fahrer nicht unbedingt beherrschen kann.

689 So kann es sein, dass Batterietankanlagen unterschiedliche Füllstände in den Einzelbehältern aufweisen. Sind die Behälter aus glasfaserverstärktem Kunststoff oder Polyäthylen und stehen diese hintereinander, wird es von Tankelement zu Tankelement schwerer, den Füllstand genau zu bestimmen.[820]

690 Zeigt eine vorhandene Tankuhr[821] oder elektronische Füllstandsanzeige zu wenig an und gibt es keine sonstige Peilvorrichtung, hat der Befüller keine andere Wahl, als sich auf die Technik zu verlassen. Allerdings darf auch er nicht blind darauf vertrauen,[822] sondern es ist besondere Vorsicht geboten. Es besteht keine Pflicht, während des Füllvorgangs mechanische Füllstandsanzeigen[823] zu bedienen, da bereits fraglich ist, ob sie dann den aktuellen Füllstand wiedergeben.

691 In diesem Zusammenhang sei darauf hingewiesen, dass eine sonstige verschließbare Öffnung, nicht zum Peilen benutzt werden darf. Es besteht die Gefahr, dass z.B. eine Tankinnenhülle beschädigt wird. Der Tankwagenfahrer ist daher nicht verpflichtet, eine unzulässige Öffnung[824] zum Peilen zu benutzen. Er darf dies nicht, da er sich ggf. bereits wieder in den Bereich einer Ordnungswidrigkeit nach § 65 Nr. 25 i.V.m. § 45 Abs. 1 AwSV begeben würde.

692 Peiltabellen und Peilstäbe müssen zum Tank passen. Typenschilder oder zumindest Bezettelungen fehlen häufig. Der Fahrer kann nur darauf vertrauen, dass die vom Betreiber vorgehaltenen Berechnungsgrundlagen und Angaben[825] richtig sind.

693 Mögen auch die angegebenen Dimensionen der Tankanlage zutreffen, so besteht bei unterirdischen zylindrischen Tankbehältern[826] die Möglichkeit, dass der Tank nicht genau waagrecht in das Sandbett eingelassen wurde oder durch Setzungen im Boden seine ursprüngliche Lage im Laufe der Jahre unbemerkt verändert hat. Ein derart schräg liegender Tank kann ein tatsächlich geringeres Nutzvolumen vorweisen, als auf den Tankbeschreibungen angegeben ist.

---

819 *LG Stuttgart* r+s 1987, 281; *OLG Köln* NJW-RR 1990, 927 f.; *LG Ravensburg* v. 26.04.1988 – 1 O 324/88.

820 Fall des *LG Detmold* SVR 2006, 33 bespr. von *Schwab.*

821 *OLG Zweibrücken* SVR 2004, 471 bespr. von *Schwab.*

822 *BGH* v. 27.02.1964 – VI ZR 207/62, VersR 1964, 632; *LG Bielefeld* NJW 1969, 512 = VersR 1969, 672 (L).

823 *LG Hagen* v. 20.03.2012 – 4 O 299/11.

824 *OLG Zweibrücken* SVR 2004, 471 bespr. von *Schwab.*

825 *LG Hagen* v. 20.03.2012 – 4 O 299/11.

826 *Templin* TÜ Bd. 45 2004 Nr. 7/8, 28.

Die Peilung selbst und die Berechnung nach der Peiltabelle hat er gewissenhaft durchzuführen. Grob danebenliegen darf er mit seinen Feststellungen nicht und muss notfalls wiederholt peilen.[827] 694

Das Peilrohr hat der Fahrer vor Beginn der Befüllung wieder zu schließen[828] und darf es auch später nicht mehr öffnen.[829] Hier könnte ansonsten Luft entweichen, die über das Entlüftungsrohr abgeleitet werden soll. Schließlich sollten Entlüftungsrohre ja mindestens einen Meter über der Tankoberkante ins Freie münden, was ansonsten unterlaufen würde. Es gilt dabei auch zu verhindern, dass aufschäumendes Öl aus der unzulässigen Öffnung austritt. 695

Der Befüller hat im Anschluss an die Freiraummengenmessung zu beachten, dass auch nach dem Auffüllen der Tankanlage noch ein genügender Freiraum im Tank verbleibt. Wie groß nun dieser restliche Luftraum zu sein hat, richtet sich nach dem Tanktyp und dem einzufüllenden Produkt. Für Heizöl, Diesel, Benzin sowie flüssige Chemikalien gibt es je nach Tankanlage, ob oberirdisch oder unterirdisch, und Behälterart unterschiedliche maximal erlaubte Füllgrade. Sie sollten sich aus den Tankunterlagen entnehmen lassen. 696

Sinn und Zweck der Anforderung ist es, eine Überfüllung zu verhindern. Diese könnte durch die temperaturabhängigen Volumina der Mineralölprodukte entstehen. Der Befüller kann den Freiraum im Tank nur ungefähr ermitteln, muss sich hierbei aber Mühe geben und darf sich nicht auf eine pauschale Schätzung oder Kundenangabe einlassen.[830] 697

Die Temperatur im Tank muss er dabei unberücksichtigt lassen. Auch hier hat es bereits Fälle gegeben, in denen Sachverständige in Gutachten völlig überzogene Anforderungen an den Fahrer gestellt haben und meinten, der Fahrer müsse die unterschiedlichen Ausdehnungen anhand von Temperaturunterschieden berechnen und mit einkalkulieren. Derartige Berechnungen sind aber eindeutig von einem Fahrer nicht zu verlangen und übersteigen jedweden berechtigten Anforderungsmaßstab. Die über die geeichte Messarmatur am Tankwagen abgegebene Menge bezieht sich immer auf das Volumen bei 15 °C, um eine einheitliche Abrechnungsbasis für die Ware zu erhalten. Das bedeutet, dass bei kälterem Öl im Winter effektiv weniger Liter über die Armatur abgegeben werden, diese Literzahl jedoch der berechneten Menge bei 15 °C entspricht. 698

Ist es im Keller wärmer als es das Öl im Tankwagen ist, wird sich dieses Öl langsam erwärmen und dabei ausdehnen.[831] Umgekehrt muss bei warmem Öl im Tankwagen effektiv etwas mehr an Volumen über die Armatur laufen, um das Volumen bei 15 °C zu erreichen. 699

Die festgelegten Sicherheitsmargen für den zu verbleibenden Freiraum sollen folglich eine spätere Überfüllung durch Ausdehnung des kalten Öls verhindern. Entsprechendes gilt für das warme und damit verglichen zur Temperatur von 15 °C volumenreichere Öl. Zum Aufgabenbereich des Befüllers gehört es nicht, noch komplizierte Berechnungen bezüglich der möglichen Ausdehnung anzustellen, da man gewöhnlich davon ausgehen kann, dass die eingestellten Sicherheitsmargen zutreffend sind.[832] 700

**Beispiel für eine Berechnung bei oberirdischem Heizöltank:**

701

| | |
|---|---|
| *Ermitteltes Gesamttankvolumen:* | *5.000 Liter* |
| *./. ermittelter Füllstand* | *2.200 Liter* |
| *./. zu verbleibender Freiraum 5 % von 5000* | *250 Liter* |
| *maximal zu befüllen* | *2.550 Liter* |

827 *LG Koblenz* v. 14.05.1985 – 11 O 155/83.
828 *BGH* v. 12.03.1985 – VI ZR 192/83, VersR 1985, 575; *OLG Karlsruhe* VersR 1978, 47 f.
829 *AG Waldbröl*, Urt. v. 22.06.1998 – 3 C 35/98; alte Nr. 5.1 Abs. 2 TRbF 280.
830 *OLG Düsseldorf* NJW-RR 1997, 1246 f.
831 Siehe Tabelle unter Rdn. 563.
832 *OLG Celle* zfs 1991, 184 (Fall handelt bei –15 °C Außentemperatur).

702 In der Folge hat der Fahrer seine Instrumente am Fahrzeug zu überprüfen. Nähere Ausführungen was dies beinhaltet, finden sich in der Rechtsprechung jedoch nicht.

703 Man wird jedoch davon ausgehen können, dass sofern das Fahrzeug über eine entsprechende Armatur zur Volumenvorwahl verfügt, diese auf das maximale Maß (im obigen Beispielsfall 2.550 Liter) eingestellt werden sollte. Auch wenn dies nicht vorgeschrieben ist, verhindert dies, dass zumindest nicht mehr Öl von der Pumpe gefördert wird, als vorher eingestellt wurde.

704 Bei oberirdischen Heizöltankanlagen ab 1.250 Liter Fassungsvermögen[833] und allen unterirdischen Anlagen ist mit Grenzwertgeber zu befüllen, also das Grenzwertgeberkabel am Strecker der Haustankanlage bzw. bei mordernen Anlagen an die Funkübertragungseinrichtung anzuschließen.[834]

705 Das *OLG Hamm*[835] fordert zusätzlich bei einer Tankanlage mit Innenhülle, dass sich der Fahrer von der Funktionstüchtigkeit des Leckschutzanzeigegerätes überzeugt und er entsprechend auch die Räumlichkeiten aufsucht, in denen sich das Gerät befindet. Ist die Betriebsanzeige erloschen, soll er nicht befüllen dürfen.

706 *Sieder/Zeitler*[836] rechnen das Leckanzeigegerät zu den Sicherheitseinrichtungen. Es sei speziell für das Befüllen oder Entleeren vorhanden, da es u.a. die Aufgabe habe, durch Warnung ein weiteres Befüllen und damit die Zunahme des Schadens zu verhindern.

707 **Eigene Einschätzung:**

Es ist eine Tatsache, dass die Betriebsanzeigen von Leckschutzanzeigegeräten nicht gerade selten ausfallen, weil die Glühbirne durchgebrannt ist. Es ist Aufgabe des Anlagenbetreibers, für die Funktion der Glühbirne zu sorgen und das Gerät regelmäßig zu überprüfen und warten zu lassen.

708 Dagegen gehören der Bau und die Funktion des Leckschutzanzeigegerätes nicht zum Schulungsumfang,[837] den der Fahrer zur Erlangung des Gefahrgutführerscheins beherrschen muss.

709 Allein der Ausfall des Gerätes führt nicht automatisch zu einem Schaden. *Sieder/Zeitler* mag dann zuzustimmen sein, dass es zu einer Zunahme des Schadens kommt, wenn der doppelwandige Tank insgesamt undicht ist.

710 Ist der Tank nur in der äußeren Schicht durchrostet, die Innenhülle aber noch stabil, tritt noch keine Flüssigkeit aus. Allerdings erhöht das Einfüllen von Öl in einen vorgeschädigten Tank das Risiko eines größeren Schadens, wenn bei fortschreitender Lagerung auch noch die Innenhülle kaputt geht.

711 Vorschriften, die das Thema Leckschutzanzeige betreffen, richten sich allesamt an den Betreiber[838] der Tankanlage und die Fachbetriebe[839] nach § 62 ff. AwSV,[840] die für den Betreiber tätig werden. Die Regelungen betreffen damit insbesondere das sichere Lagern, nicht aber das sichere Befüllen; § 2 Abs. 17 AwSV. Allein der Betreiber kann durch Unterlassen diesbezüglich eine Ordnungswidrigkeit begehen, § 65 Nr. 20 AwSV.

712 In der Nr. 2.3 der TRbF 280, die sich mit dem Befüllen von Anlagen befasst, sind umgekehrt Leckschutzanzeigegeräte nicht erwähnt. Wird aber durch entsprechende Regelungen nur der Betrei-

833 Die Grenzen wurden zum 01.08.2017 durch die AwSV in § 32 S. 2 um 250 Liter angehoben.
834 Beschreibung und Funktion des Grenzwertgebers s. Rdn. 802.
835 *OLG Hamm* v. 19.05.2000 – 19 U 101/99, Nichtannahmebeschluss *BGH* v. 13.02.2001 – VI ZR 248/00.
836 *Sieder/Zeitler* Bd. 1 § 19k WHG a.F. Rn. 4.
837 Anlage B 8.2.2.3.2 und 8.2.2.3.3 (ADR).
838 §§ 18 Abs. 6; 24 Abs. 16 AwSV.
839 Nr. 3 GP 131; s.a. TRbF 503 (spezielle Überwachung der Fachbetriebe durch Sachverständige in Bezug auf Leckschutzanzeigegeräte).
840 Entspricht § 19l WHG a.F. bzw. § 36 VAUwS-Entwurf.

ber angesprochen, kann dies für den Befüller keine negativen Konsequenzen haben.[841] Die vom OLG Hamm angenommen Verpflichtung des Fahrers stellt mithin eine Überspannung der Anforderung an den Fahrer dar und ist rechtlich nicht zu begründen.

Wegen des Schutzzweckes versucht man, den Begriff Anlage weit auszulegen und zählt hierunter auch Anlagenteile und Sicherheitseinrichtungen. Zu diesen werden dann auch die Leckschutzanzeigegeräte gezählt,[842] auch wenn es an einer ausdrücklichen Regelung fehlt,[843] welche Sicherheitseinrichtungen eigentlich gemeint sind. Das *OLG Düsseldorf*[844] hat in einem Ordnungswidrigkeitenverfahren erkannt, dass die Regelung des § 19k WHG a.F. unzureichend ist. Es hat dennoch gefordert, dass der Prüfende (also der Befüller) sachkundig genug sein muss, um einen äußerlich erkennbaren Falschanschluss eines Grenzwertgebers sofort feststellen zu können. 713

Es besteht die Gefahr, dass die Sorgfaltspflichten des Fahrers überspannt werden. Zwar ist eine ausgefallene Glühbirne an der Betriebsanzeige ein leicht zu erkennendes Indiz dafür, dass etwas nicht stimmen könnte. Wenn jedoch auch kein akustisches Signal ertönt, mag man kaum darauf schließen, dass nicht nur die Glühbirne durchgebrannt ist, sondern der Stromfluss gänzlich unterbunden ist. 714

Schließlich hat der Fahrer, bevor er die Befüllung startet, auch die individuellen Hinweise des Bestellers zu berücksichtigen.[845] Das Gefahrgutrecht weist hierauf jetzt in § 20 Abs. 2 GGVSEB i.V.m. Anlage 2 Nr. 3.2 Satz 2 hin. 715

Sämtliche Verstöße gegen Sorgfaltspflichten im Zeitraum vor Beginn der Befüllung bedingen, sofern sie für den Eintritt des Schadens zumindest mitursächlich sind, erst die Entstehung des Schadens. 716

Dies klingt banal. Es soll aber vor Augen führen, dass hierin ein gewichtiger Faktor für eine etwaige Haftungsabwägung zu sehen ist. 717

#### *bb) Während des Befüllvorgangs*

Der Fahrer hat nach der Rspr. zu prüfen, dass die höchstzulässige Fördermenge pro Minute und der höchstzulässige Förderdruck nicht überschritten werden. 718

*Sieder/Zeitler*[846] gehen sogar davon aus, dass eine wesentliche Ursache von Befüllschäden in der Wahl zu hoher Befülldrücke gesehen werden müsse. Es werde häufig versucht, den Füllvorgang durch eine höhere Durchsatzmenge zu beschleunigen, um damit einen Zeitgewinn zu erzielen. Die zulässigen Belastungsgrenzen seien regelmäßig auf den betreffenden Anlagenteilen durch einen dauerhaften und gut sichtbaren Ausdruck bzw. einer Beschilderung angegeben. 719

**Eigene Einschätzung:** 720

Die höchstzulässige Fördermenge kann erfahrungsgemäß gar nicht überschritten werden, da die Leistung der Fahrzeugpumpe regelmäßig deutlich unter der Aufnahmekapazität der Tankanlage liegt.[847] Die Pumpen schaffen zwischen 5 bis 7 bar am Austritt hinter der Pumpe. Durch die Widerstände im Schlauchsystem und bei Überbrückung von Höhenunterschieden bis zum Tank fällt der Druck weiter ab. Dagegen haben die Füllleitungen einem Druck von 10 bar Stand zu halten.

Allenfalls bei neuen und größeren Tankanlagen, die von einem Fachbetrieb nach § 62 AwSV[848] errichtet wurden und nicht etwa vom Heizungsbauer, der eben mal zwischendurch eine Tankan- 721

841 *OVG Koblenz* DÖV 2009, 213 = GewArch 2009, 133 = LKRZ 2009, 95 = DVBl. 2009, 204 Ls. = AbfallR 2009, 95 = NVwZ-RR 2009, 280; *OVG Münster* NVwZ 1985, 355 f.
842 *Czychowski/Reinhardt* § 62 WHG Rn. 19 und § 63 WHG Rn. 11.
843 *Sieder/Zeitler* Bd. 1 § 19k WHG a.F. Rn. 4.
844 *OLG Düsseldorf* VersR 1989, 1095.
845 *OLG Karlsruhe* NJW-RR 1997, 1247 f.
846 *Sieder/Zeitler* Bd. 1 § 19k a.F. WHG Rn. 6.
847 *LG Landau in der Pfalz* PVR 2003, 257, bespr. von *Schwab*; *AG Peine* v. 10.03.2003 – 24 C 20/02.
848 § 62 AwSV. Entspricht § 19l WHG a.F.

lage mit aufstellt, werden sich genaue Angaben auf Tafeln am Tank finden lassen. Die Erfahrung aus Hunderten von Schadensfällen zeigt jedoch, dass die Masse der Haustankanlagen kaum über entsprechende oder noch lesbare Hinweise verfügt. Eine Regelung, die entsprechende Hinweise im Tankraum vorschreibt, ist zu begrüßen.

722 Zu hohe Füllgeschwindigkeiten sind ebenfalls nicht denkbar, da nach TRbF 020 Nr. 9.1.2.3 Abs. 6 Tankanlagen 1.200l/min auszuhalten haben. Gewöhnlich wird mit 250 bis 350l/min befüllt.[849] Moderne Pumpen haben gewöhnlich eine Höchstleistung von um 400l/min und in speziellen Fahrzeugen in seltenen Ausnahmefällen bis 700l/min.

723 Schwierigkeiten sind schon eher dann denkbar, wenn eine Batterietankanlage zu langsam, also mit zu geringer Fördermenge befüllt wird. Hier plätschert das Öl in den ersten Behälter und die hinteren Tanks werden kaum gefüllt. Erst bei einer Mindestfüllgeschwindigkeit[850] ist über das Befüllsystem mit den Stauscheiben gewährleistet, dass die jeweiligen Behälter annähernd gleichmäßig befüllt werden. Eine weitergehende Gefahr dürfte hieraus nur selten entstehen.

724 Zu Beginn des Tankvorgangs hat sich der Fahrer vom ordnungsgemäßen Funktionieren der Tankanlage zu überzeugen.

725 Da jetzt das Öl fließt, ist es ihm möglich zu erkennen, ob Undichtigkeiten am Befüllsystem vorliegen. Insbesondere sollte er nach dem Beginn der Befüllung den die Verbindung am Hausanschluss auf Dichtigkeit prüfen. Zum Kontrollumfang bei einer Anlage im Keller gehört es, diesen Keller nochmals aufzusuchen.[851]

726 In diesem Zusammenhang ist zu betonen, dass es dem Tankwagenfahrer nicht obliegt, während des Befüllens ständig im Keller zu verbleiben[852] oder den Befüllvorgang im Keller neben dem Behälter stehend per Funk einzuschalten.[853] Dies ist heute häufig möglich, wenn Fahrzeuge über die gesetzlich noch nicht vorgeschriebene,[854] aber bei modernen Fahrzeugen inzwischen übliche Funkfernschaltung verfügen. Diese Geräte bieten also zwar grundsätzliche Vorteile,[855] wenn es um das schnelle Abschalten geht. Jedoch ist nicht immer gewährleistet, dass bei dicken Wänden und abgeschirmten Gebäudeteilen überhaupt eine jederzeitige Funktion gegeben ist. Das *LG Hildesheim*[856] hat zutreffend keine überwiegenden Gründe dafür gesehen, dass sich der Fahrer hierzu im Kellerraum aufhalten sollte.

727 Die Pflichten aus dem Bereich der Ölanlieferung lassen sich nicht auf sämtliche Spezialfahrzeuge übertragen. So hat der Fahrer eines Silotankfahrzeugs,[857] mit dem über Druckluft Schüttgüter in ein Silo eingeblasen werden, das Fahrzeug nicht zu verlassen. Dieser Fahrer darf folglich gar keine Kontrollgänge durchführen, da er die Fließgeschwindigkeit am Fahrzeugstutzen ständig zu überwachen hat, um schnell eingreifen zu können.

728 **Eigene Einschätzung:**

Ein sofortiger Kontrollgang beim Start der Befüllung ist sehr wichtig. Erst in Aktion lässt sich prüfen, was zuvor nur durch Sichtprüfung in Ordnung erschien.

---

849 *AG Neresheim* SVR 2006, 429 bespr. von *Schwab* (280l/min); *LG Trier* v. 07.05.2010 – 2 O 142/09 (300 –330l/min); *LG Stade* v. 04.02.1999 – 4 S 78/99 (240l/min).

850 *AG Freiburg* SVR 2006, 429, bespr. von *Schwab* (125 bis 300l/min); *LG Stade* v. 04.02.1999 – 4 S 78/99 (200l/min notwendig).

851 *BGH* v. 18.01.1983 – VI ZR 97/83, NJW 1983, 1108 f. = VersR 1983, 394 = MDR 1983, 654 = zfs 1983, 163 nur Hinweis.

852 *LG Hagen* v. 20.03.2012 – 4 O 299/11.

853 *AG Peine* v. 10.03.2003 – 24 C 20/02.

854 *OLG Düsseldorf* v. 10.05.2007 – I-12 U 22/07.

855 Sinnvolle »Pflicht« laut *LG Frankenthal* v. 10.11.2004 – 1 S 286/04.

856 *LG Hildesheim* v. 27.06.2003 – 7 S 99/03.

857 *LG Fulda* PVR 2003, 256, bespr. von *Schwab.*

Dem Fahrer ist eine angemessene Zeit für diese erste Prüfung einzuräumen. Diese muss sich nach der Art der Tankanlage und den Örtlichkeiten richten. 729

Dies soll nicht heißen, dass er zuerst seine Papiere ordnet und alles für den Bondruck bzw. die Abnahmequittung vorbereitet. Hierfür hat er noch später ausreichend Zeit. 730

Es darf verlangt werden, dass er zügig die Armaturen am Schrank seines Fahrzeugs überprüft. Dort erkennt er, ob die Leitungen zu den einzelnen Elementen im Armaturenschrank dicht sind. Am Manometer kann er den von der Pumpe aufgebauten Druck ablesen und prüfen, ob er eventuell die Einstellung noch zu regulieren hat. Des Weiteren sieht er nach Anlaufen der Pumpe, welche Fördermenge pro Minute sich nun einstellt. Der Befüller kann nicht von vornherein wissen, welcher Druck an der Pumpe entsteht und welche Füllgeschwindigkeit aufgebaut wird. Dies ist physikalisch abhängig von der Pumpenleistung, dem Höhenunterschied von Tankwagen zum Füllstutzen, dem Schlauchquerschnitt und der ausgerollten Schlauchlänge. 731

Hat er also zunächst am Fahrzeug geprüft und nachjustiert, schreitet er den Füllschlauch ab und überprüft etwaige Kupplungen zu Verlängerungsstücken. Die Zapfarmatur prüft er sodann am Füllstutzen auf Dichtheit. Dabei sollte sich eine ungewöhnliche Bewegung eines unzureichend befestigten Tankeinfüllstutzens bemerken lassen. 732

Liegt das Ende der Belüftungsleitung in erreichbarer Nähe – oftmals liegen Einfüllstutzen und Belüftung unmittelbar nebeneinander –, kann der Fahrer am Geräusch und eventuell auch am Luftstrom feststellen, dass Luft austritt. Dies zeigt ihm an, dass offenbar Öl den Tank erreicht und die sich dort befindliche Luft verdrängt. Auf eine hörbare ungewöhnliche Änderung des Geräuschs[858] sollte er reagieren. 733

Erst jetzt legt er den restlichen Weg zum Keller oder Öllagerraum zurück. Dort kann er Feststellungen treffen, ob die sichtbaren Leitungen dicht sind. 734

Sofern der Befüller sich auf dem Kontrollgang befindet und einen Teil inspiziert, der andere Teil der Anlage aber gerade undicht wird, schadet ihm dies nicht. Erst, wenn er statt auf einer Kontrollrunde zu sein, sich abgewandt und unaufmerksam im Fahrzeug oder sonst wo aufhält, ohne die Situation im Auge zu behalten, beispielsweise, um Pause zu machen, verliert er wertvolle Reaktionszeit. Diese Verzögerung vergrößert den Schaden und begründet ggf. seine Mithaftung.[859] 735

Dauert der Tankvorgang länger, sind weitere kurze Kontrollgänge vorzunehmen. Wie oft diese statt zufinden haben, ist weder geregelt noch wird von der Rechtsprechung eine konkrete Zeitvorgabe gemacht. Der *BGH*[860] spricht nur davon, dass innerhalb einer halben Stunde weitere kurze Kontrollgänge vorzunehmen sind. *Fell*[861] lässt unter Berufung auf das *LG Köln*[862] zwei Kontrollgänge innerhalb einer halben Stunde genügen. Das *LG Gera*[863] hat entsprechend den ersten weiteren Kontrollgang nach 17 Minuten 26 Sekunden als rechtzeitig angesehen. Da *AG Freiburg*[864] geht davon aus, dass nach der Hälfte der bestellten Liefermenge (dort nach 10 Minuten) ein Kontrollgang erfolgen müsse. 736

**Eigene Einschätzung:** 737

Weitere Kontrollgänge über den nach Füllbeginn hinaus sind bei längerer Fülldauer sicherlich angezeigt und zumutbar. Die Frage ist nur: Wann ist wieder ein Kontrollgang fällig?

858 *LG Düsseldorf* SP 2010, 247.
859 *OLG Braunschweig* v. 21.02.2002 – 2 U 107/01.
860 *BGH* v. 18.01.1983 – VI ZR 97/83, NJW 1983, 1108 f. = VersR 1983, 394 = MDR 1983, 654 = zfs 1983, 163 nur Hinweis.
861 *Fell* VersR 1988, 1222, 1224.
862 *LG Köln* VersR 1985, 673 (L) = BB 1984, 2025 = MDR 1984, 1023.
863 *LG Gera* v. 13.03.2002 – 1 S 414/01.
864 *AG Freiburg i.Br.* v. 28.07.2006 – 4 C 2012/05.

738 Zwei weitere Kontrollgänge innerhalb einer halben Stunde kann man sofort nach Abschluss des ersten Kontrollgangs durchführen. Dies dürfte genauso wenig sinnvoll sein, wie schnell zwei weitere Überprüfungen erst nach 25 Minuten. Besser ist es da schon, nach zehn[865] und 20 Minuten nach Abschluss des Eingangscheck Prüfungen anzusetzen.

739 Offen ist aber, wenn man für einen Zeitraum von einer halben Stunde zwei weitere Kontrollgänge verlangt, ab wann dann zumindest ein weiterer Prüfturnus bei insgesamt kürzerer Befülldauer als einer halben Stunde durchzuführen ist.

740 Moderne Heiztechnik und verbesserte Wärmedämmung lassen den Verbrauch und den Bedarf an Heizenergie sinken. Folglich ist in den letzten Jahrzehnten nicht nur der Verbrauch an Heizöl, sondern bei Neu- und Umbauten auch der Bedarf an Lagerkapazität deutlich zurückgegangen. Haustankanlagen haben ein Fassungsvermögen von üblicherweise 1.500 bis 5.000 und selten 10.000 Litern; bei Mehrfamilienhäusern entsprechend mehr. Erfahrungsgemäß liegen die gefahrenen Leistungen der Pumpen heute je nach Tankanlage zwischen durchschnittlich um 250 und in seltenen Fällen bis zu max. 350 Litern pro Minute. Dies macht deutlich, dass durchschnittliche Füllmengen von 3.000 bis 4.000 Litern im Rahmen von 12 bis 16 Minuten nach dem Einregeln der Abgabemenge und Erreichen der entsprechenden Pumpleistung abgefüllt werden können.

741 Bei diesen kurzen Füllzeiten ist zu berücksichtigen, dass bereits ein Kontrollgang bei Füllbeginn stattgefunden hat. Gegen Ende der Befüllung, worauf noch weiter unten zu kommen sein wird, hat sich der Fahrer oft am Fahrzeug aufzuhalten. Zwischen Ende des Kontrollgangs bei Füllbeginn und Endphase des Füllvorgangs liegt bei den meisten Abfüllvorgängen nur ein recht kurzer Zeitraum von wenigen Minuten.

742 Es sollte meines Erachtens nicht eine schematische Überwachung nach der Stoppuhr erfolgen, sondern bedarfsgerecht geprüft werden, wenn sich ein besonderer Anlass für eine Nachschau bietet. Dies sollte von der Größe, vom Alter und der Bauart der Tankanlage abhängen.

**▶ Beispiel 1: alte Tankanlage**

743 Es ist auch den Fahrern bekannt, dass Tankuhren nicht immer den richtigen Füllstand zeigen. Ein entsprechendes Misstrauen sollte einen weiteren Kontrollgang auslösen, sofern man nicht selbst den ursprünglichen Freiraum durch manuelle Peilung feststellen konnte und daher auf die Funktionstüchtigkeit der Uhr angewiesen ist. So kann wenigstens durch einen ungefähren Vergleich von bislang abgegebener Menge nach der Messeinrichtung am Fahrzeug zum nun aktuell angezeigten Niveau der Tankuhr der Rückschluss gezogen werden, dass die Uhr zumindest nicht gänzlich versagt. Feststellungen dahin gehend lassen sich je nach Tankvolumen aber erst dann treffen, wenn schon eine entsprechend repräsentative Menge abgefüllt wurde. Führt der Befüller aufgrund dieser Überlegungen einen Kontrollgang durch, um die Ölkontrolluhren in Augenschein zu nehmen, so sollte man ihm hierin nicht auch noch einen Vorwurf machen, wenn dabei die Pumpe läuft und er nicht gleichzeitig auch am Fahrzeug verbleibt um die Pumpe im Moment des Ölaustritts aus der Entlüftung – schneller – abschalten zu können.

744 Das *OLG Düsseldorf*[866] meint, der Fahrer hätte unter den Bedingungen des obigen Beispiels eine Person zur Aufsicht einweisen oder den Tankvorgang unterbrechen müssen. Das ist allerdings gefahrgutrechtlich verboten und kann den Schadenseintritt nicht verhindern.

**▶ Beispiel 2: durchsichtige Batterietankanlage**

745 Bei einer Batterietankanlage aus glasfaserverstärktem Kunststoff oder Polyäthylen lässt sich nach geraumem Füllprozess erkennen, ob die Befüllung weitgehend gleichmäßig auf die Behälter erfolgt. Wird erkennbar, dass der Behälter mit dem installierten Grenzwertgeber langsamer

865 *AG Freiburg i.Br.* v. 28.07.2006 – 4 C 2012/05.
866 *OLG Düsseldorf* NJW-RR 1991, 1178 f. = VersR 1992, 1478 f. = OLGR 1993, 9.

das maximale Niveau erreicht, besteht noch die Möglichkeit eines vorzeitigen Abbruchs des Füllvorgangs. Nicht gefeit ist der Fahrer vor einer Unregelmäßigkeit, die sich erst in der letzten Phase einstellt.

### ▶ Beispiel 3: Erstbefüllung

Schließlich als wichtigstes Beispiel für weitere Kontrollgänge sollte eine neu errichtete Tankanlage, folglich deren Erstbefüllung dienen. Beim ersten Kontrollgang zeigt sich zwar, ob die Verbindungselemente dicht schließen, offen ist aber immer noch, wie die Anlage auf die wachsende Gesamtbelastung auf dem Boden reagiert und ob ungewöhnliche Spannungsgeräusche auftreten. Bei bereits wiederholt befüllten Anlagen kann die bisherige Tauglichkeit unterstellt werden. Meist werden daher Erstbefüllungen sogar in Anwesenheit des Tankanlagenbauers[867] durchgeführt, damit er sofort notwendige Nachbesserungen durchführen kann. Vorgeschrieben ist dies für den Tankanlagenbauer entgegen *LG Bamberg*[868] jedoch nicht. 746

Das *OLG Frankfurt*[869] hatte sich mit einem Schadensfall zu befassen, der im Rahmen einer Erstbefüllung einer Haustankanlage entstand. Ein Architekt als Bauherr von Reihenhäusern hatte in Kenntnis der Tatsache, dass die Tankanlage zumindest in Bezug auf die Auffangwanne noch nicht fertiggestellt war, die Erwerberin eines Hauses veranlasst, vorzeitig Heizöl zu bestellen. Trotz offenkundiger weiterer Mängel der Anlage – sie war zum Teil noch mit einer Folie abgedeckt und der Grenzwertgeber war noch nicht eingebaut – begann der Tankwagenfahrer die Befüllung. Eine nicht genügend befestigte Sicherungsschelle verschob sich und Öl spritzte in den noch nicht ölresistenten Auffangraum, der zudem noch über einen unzulässigen Ablauf verfügte. Das Öl drang über die Bodenplatte ins Nachbarhaus und verursachte gerade dort erhebliche Schäden. Aufgrund der gravierenden Verstöße aufseiten des Befüllers als auch aufseiten des Architekten ist das *OLG Frankfurt* dem *LG Frankfurt*[870] in der Beurteilung der Verantwortungsanteile gefolgt und hat diese mit je 50 % bewertet. 747

Der Einschätzung dieser Haftungsanteile ist im Ergebnis zuzustimmen. Zwar ist im konkreten Fall die Befüllung unter Umgehung des (nicht vorhandenen) Grenzwertgebers nicht kausal für den eingetretenen Schaden geworden, da es letztlich zu keiner Überfüllung der Haustankanlage kam, dennoch hätte es sich dem Fahrer aufdrängen müssen, dass die Anlage noch nicht fertiggestellt und damit nicht betriebsbereit war. 748

Der Architekt, der seinerseits auch die Planung der Tankanlage durchführt und sämtliche Arbeiten am Bauwerk überwachen soll, handelt leichtfertig, wenn er sich allen baulichen Bestimmungen zum Trotz darüber hinwegsetzt. 749

Umgekehrt steht auch zur Überlegung, aus welchem Grund in sonstigen Fällen ein weiterer Kontrollgang in den Keller durchgeführt werden sollte, wenn weiterhin am Entlüftungsstutzen ein Luftstrom wahrgenommen wird und die von der Tankanlage herrührenden Geräusche nicht ungewöhnlich sind. Bei abreißendem Luftstrom und ungewöhnlichen Geräuschen kann der Befüller, durch Ziehen des Grenzwertgebersteckers, durch Abschalten der Pumpe am Armaturenschrank oder durch Ausschalten/Abwürgen des Fahrzeugmotors noch schneller die weitere Ölzufuhr unterbrechen, als wenn er erst vom Keller wieder nach oben laufen müsste. In diesem Zusammenhang sei erwähnt, dass es zwar heute auch Funkfernabschaltungen[871] gibt, mit denen sich die Pumpe am Fahrzeug auch vom Keller ausschalten lässt. Diese zusätzlichen Notfallinstrumente sind jedoch nicht gesetzlich vorgeschrieben und gelegentlich durch Störeinflüsse (abgeschirmter Raum; zu weite Entfernung) funktionsbehindert. 750

867 *LG Halle* SVR 2004, 30 bespr. von *Schwab*.
868 *LG Bamberg* v. 30.10.2009 – 1 O 509/08.
869 *OLG Frankfurt* v. 25.10.2000 – 7 U 128/99.
870 *LG Frankfurt* v. 01.06.1999 – 2-10 O 448/97.
871 *OLG Düsseldorf* v. 10.05.2007 – I-12 U 22/07.

751 Der *BGH*[872] diskutiert die Frage, ob der Fahrzeugmotor beim Kontrollgang abzustellen ist oder nicht. Er kommt zu dem Schluss, dass dies nicht erforderlich sei, wenn entsprechende technische Einrichtungen des Fahrzeugs etwa bei Manipulationen Dritter die weitere Ölzufuhr automatisch unterbrechen. Im Übrigen könne eine vertrauenswürdige Person das Fahrzeug kurzfristig beaufsichtigen. Eine Aufsicht könne sich erübrigen, wenn sich das Fahrzeug auf einem Privatgelände befände und mit unbefugt auftauchenden Personen nicht zu rechnen sei.

752 **Eigene Einschätzung:**

Die Überlegung des *BGH* dürfte daraus entstanden sein, dass sich der Fahrer womöglich darauf berufen hat, er habe keinen Kontrollgang durchführen können, da er das Fahrzeug nicht unbeaufsichtigt habe alleine lassen dürfen.

753 Hieraus nun eine Verhaltensvorschrift für den Fahrer, ob Abschalten oder Nichtabschalten der Pumpe während des Kontrollgangs, ableiten zu wollen, geht entschieden zu weit.

754 Technische Einrichtungen am Tankwagen, die automatisch bei Störungen oder Manipulation unbefugter Personen die Ölzufuhr unterbrechen, existieren nicht.

755 Vertrauenswürdige Personen, die kurzfristig aufpassen, können allenfalls den Fahrer herbeiholen, sollte sich eine Störung einstellen. Zu eigenen Handlungen am Fahrzeug sind sie weder befähigt noch berufen, da nach Anlage B 8.3.1 ADR bereits die Mitnahme von Personen im Fahrzeug verboten ist. Im Ergebnis würde eine Störung am Fahrzeug auch nur dazu führen, dass Öl nicht mehr in üblicher Weise im Tankraum ankommt. Dies würde der Fahrer selbst bemerken und könnte umkehren.

756 Die Pumpe hingegen vor dem Kontrollgang abzustellen würde bedeuten, dass die Kontrolle nicht vollständig sein könnte. In diesem Fall arbeitet das Befüllsystem nicht unter Last.

757 Es bleibt folglich nur die Frage, ob die Heizöllieferung mit einer zweiten eingewiesenen Person zu erfolgen hat.

758 Der *BGH* hat richtigerweise nicht moniert, dass die Anlieferung durch eine Einzelperson erfolgte. Auch die Gefahrguttransportvorschriften enthalten keine Regelung, die einen Beifahrer hierfür vorsehen. Eine zweite Person mag beim Entladen gefährlicher Chemikalien,[873] wie Perchlorethylen, erforderlich sein. Nach den gefahrgutrechtlichen Vorschriften muss dies aber bereits durch den Empfänger sichergestellt werden. Der professionelle Empfänger sollte sich mit seiner Anlage besser auskennen als der Fahrer.

759 Zu berücksichtigen ist, dass der Nutzen eines Beifahrers sich nur auf das Schadensausmaß, nicht aber auf den Schadenseintritt beziehen kann. Platzt ein Schlauch oder geht das Schauglas im Armaturenschrank kaputt, kann der Beifahrer etwas früher reagieren als der Fahrer, der sich gerade auf Kontrollgang im Keller befindet. Verhindern kann aber auch der Beifahrer eine solche Störung nicht.

760 Die Heizölpreise richten sich gewöhnlich nach Abnahmemenge und Lieferung per Straßentankwagen bis 20 km. Dabei wird hart kalkuliert und je Liter um Bruchteile eines Cents gefeilscht. Die generelle Mitnahme eines Beifahrers nur für etwaige Notfälle würde die Kosten der Anlieferung weiter verteuern.

761 Unter den Gesamtumständen sollte weder eine zweite Person zur Besatzung gefordert, noch dem Befüller aufgegeben werden, vor dem Kontrollgang die Pumpe abzuschalten.

762 Kurz vor Ende der Befüllung sollte sich der Fahrer im Bereich des Fahrzeugs aufhalten, da er die Messuhr ablesen sollte, um die bestellte Menge (gemessen bei 15 °C) exakt liefern zu können. Ein Aufenthalt im Keller wird demgegenüber nicht gefordert.[874]

872 *BGH* v. 18.01.1983 – VI ZR 97/83, NJW 1983, 1108 f. = VersR 1983, 394 = MDR 1983, 654 = zfs 1983, 163 nur Hinweis.

873 *VG Hannover* VersR 1994, 552.

874 *OLG Saarbrücken* VersR 1988, 356 = NJW-RR 1986, 1416; *LG Hagen* v. 20.03.2012 – 4 O 299/11; *Fell* VersR 1988, 1222.

Handelt es sich um einen unterirdischen Tank, so verlangt die Rspr., dass der Domschacht in dieser Phase überwacht wird.[875] 763

In jedem Fall soll er die Pumpe gegen Ende der Betankung drosseln, da gerade gegen Ende das Risiko einer Überfüllung steige.[876] 764

**Eigene Einschätzung:** 765

Was die oberirdische Tankanlage, den Kellertank, angeht, so ist dem zuzustimmen. Umgekehrt darf aber daraus nicht gefordert werden, dass sich der Fahrer in dieser Phase am Fahrzeug aufhalten muss. Hat er eine Vorwahl bezüglich der Menge am Fahrzeug einstellen können und dies getan, muss er am Ende nichts mehr ablesen. Solange schließlich der maximal zulässige Füllstand der Tankanlage nicht überschritten wird, liegt in dem Befüllen mit einer größeren Menge als der tatsächlich bestellten, kein Verstoß gegen Sorgfaltspflichten, die die Sicherheit des Tankvorgangs und der Anlage betreffen könnten. Es geht nachher nur um die Frage der Abrechnung mit dem Kunden.

Was den unterirdischen Tank angeht, so ist dies nicht ganz nachvollziehbar. Die Anschlüsse im unmittelbaren Bereich des Domschachtes sollten kraftschlüssig mit dem Tank verbunden sein. Eine undichte Kupplung zwischen Füllstutzen und Schlauch konnte bereits beim früheren Kontrollgang bemerkt werden und das etwaig vorhandene Peilrohr war ja bereits vor Beginn der Befüllung zu verschließen.[877] 766

Ein Austreten von Öl ist daher allenfalls aus dem Entlüftungsrohr zu befürchten. Regelmäßig liegt die Entlüftung aber nicht im Domschacht. 767

Sinnvoll erscheint es hingegen, zum Ende der Betankung die Pumpe zu drosseln, sofern nicht sowieso bereits nur mit niedriger Füllrate gepumpt wurde. 768

Fazit: Sämtliche Sorgfaltspflichtverstöße, die der Fahrer nach Beginn der Betankung begeht, können sich nur auf den Umfang des Schadens auswirken. Die entscheidende Ursache für die Schadensentstehung setzt er hierdurch demgegenüber nicht. 769

### *cc) Nach der Befüllung*

Nach Abschluss des Füllvorgangs hat der Fahrer noch einen Blick in den Tankraum zu werfen.[878] Hierbei hat er Gelegenheit sich davon zu überzeugen, dass alles in Ordnung ist. Notfalls kann er entsprechend reagieren. 770

Die Schlauchkupplung an einem Erdtank hat er vorsichtig erst eine Vierteldrehung zu lösen, anstatt sie in einem Zuge abzuschlagen, um hierbei auf einen etwaigen Überdruck aufgrund einer verstopften Entlüftungsleitung reagieren zu können.[879] Ob er bei einem Überdruck dann hierzu noch die erforderliche Kraft hat, wieder zurückzudrehen, wird man in der Praxis aber bezweifeln müssen. 771

Hat der Befüller die Betankung unterbrochen, da er ein ungewöhnliches Pfeifen wahrgenommen hat, muss er mit einem Druckaufbau im Tank rechnen. Weiß er persönlich keinen Rat, wie der Druck gefahrlos abzubauen ist, muss er Hilfe holen und darf den Schlauch nicht einfach abschlagen.[880] 772

Fazit: Auch in diesem Fall kann das Unterlassen nur zu einer Vertiefung, nicht aber zur Entstehung des Schadens führen. 773

---

875 *BGH* v. 12.03.1985 – VI ZR 192/83, VersR 1985, 575.
876 *BGH* v. 12.03.1985 – VI ZR 192/83, VersR 1985, 575.
877 *BGH* v. 12.03.1985 – VI ZR 192/83, VersR 1985, 575; *OLG Karlsruhe* VersR 1978, 47 f.
878 *BGH* v. 18.01.1983 – VI ZR 97/81, NJW 1983, 1108 f. = VersR 1983, 394 = MDR 1983, 654 = zfs 1983, 163 nur Hinweis; *BGH* v. 18.10.1983 – VI ZR 146/82, NJW 1984, 233 = VersR 1984, 65.
879 *BGH* v. 13.12.1994 – VI ZR 283/93, NJW 1995, 1150 = MDR 1995, 365 = VersR 1995, 427.
880 *LG Bad Kreuznach* v. 18.06.1997 – 3 O 275/93; anders *OLG Hamm* v. 19.05.2000 – 19 U 101/99.

*dd) Pflichten des Fahrers, wenn ein Schaden entstanden ist*

774 Neben dem oben dargestellten Zeitablauf stellt sich die Frage, was der Befüller zu tun hat, wenn tatsächlich etwas passiert ist.

775 Konkrete Verhaltensgebote hängen vornehmlich davon ab, was für ein Schaden bislang eingetreten ist und welcher weitere Schaden bei ungehindertem Verlauf der Dinge droht.

776 Wenn noch nicht geschehen, ist zunächst die weitere Ölzufuhr zu stoppen, die Pumpe abzustellen.

777 Fließt trotzdem aus anscheinend unerklärlichen Gründen – z.B. großes Luftpolster hinter einer nicht dicht anliegenden Innenhülle bildet Gegendruck – noch Öl aus der Entlüftungsleitung nach, sollte es der Befüller tunlichst unterlassen, den Schlauch abzuschlagen. Andernfalls kann aus dem tiefer gelegenen Einfüllstutzen das Öl zurücklaufen. Dann könnte ein zweiter Schadenherd entstehen. Damit muss der Befüller aber nicht rechnen.[881]

778 Des Weiteren muss der Fahrer versuchen, nach Möglichkeit ein etwaiges Leck abzudichten, gefährdete Kanaleinläufe zu sichern, Auffangbehälter einzusetzen und mit Bindemitteln eine weitere Ausbreitung oder Verschleppung zu verhindern.[882]

779 Gesetzliche Verhaltensvorschriften gibt es nicht.

780 Einfaches technisches Wissen erfährt der Fahrer in Gefahrgutfahrerschulungen.[883] Praktische Übungen werden weder vom Gesetzgeber verlangt noch bei Schulungen und Prüfungen durchgeführt. Im Vergleich zu den Sofortmaßnahmen am Unfallort nach § 19 Abs. 1 Satz 2 FeV oder den Erste-Hilfe-Kursen nach § 19 Abs. 2 Satz 2 FeV besteht bei der Gefahrgutschulung ein großes Manko.

781 Geeignetes Aufsaugmittel und einen kleinen Auffangbehälter muss der Fahrer mitführen, sofern entsprechende Anweisungen in den stoffbezogenen Unfallmerkblättern[884] enthalten sind. Sollte dem so sein, ist zu beachten, dass es nicht möglich ist, auf dem sehr begrenzten Stauraum am Fahrzeug tatsächlich größere Mengen mitzuführen. Der Fahrer kann somit objektiv nur sehr kleine Schäden wirksam eindämmen.

782 Umso wichtiger wird dann die Beachtung der Melde-[885] bzw. Anzeigepflicht.[886]

783 Der Fahrer hatte je nach Landesrecht[887] gegenüber der Behörde unterschiedliche Meldepflichten, wenn wassergefährdende Stoffe aus der Anlage ausgetreten sind. Dies ist beispielsweise bei einem geplatzten Schlauch am Fahrzeug mit einem Eindringen von Öl in den Boden oder die Kanalisation gegeben. Ebenso besteht eine Meldepflicht, wenn ein Tank überfüllt wurde und das Produkt aus der Entlüftungsleitung heraus an der Hauswand herunter und dort in die Drainage oder das Erdreich läuft.

784 Diese öffentlich-rechtliche Pflicht besteht unabhängig von der Frage, wer für den Schaden letztlich zivilrechtlich verantwortlich ist. Sie ist seit dem 01.08.2017 bundeseinheitlich in § 24 Abs. 2 AwSV und umfassend geregelt und trifft sogar denjenigen, der Maßnahmen zur Eindämmung des Schadens vornimmt. Eine unterlassene Anzeige stellt nach § 65 Nr. 21 AwSV eine Ordnungswidrigkeit dar. Zu beachten ist, dass die Anzeige richtig und umfassend sowie nicht verspätet sein darf.

785 Die Schwelle zur Meldepflicht nach Wasserrecht wird immer dann überschritten, wenn es sich nicht nur um Vertropfungen handelt. Sofern sich das Schadensausmaß allein auf die Tankanlage begrenzt, besteht grundsätzlich noch keine Meldepflicht gegenüber der Behörde. Ein Beispiel dafür ist die

881 *OLG Hamm* v. 19.05.2000 – 19 U 101/99.
882 *AG Hanau* v. 20.01.2004 – 5910 Js-OWi 5106/03.
883 Anlage B 8.2.2.4.5 (ADR).
884 Schriftliche Weisungen nach Anlage B 8.1.5 und Anlage A 5.4.3 (ADR).
885 Zu den unterschiedlichen Meldepflichten und Zuständigkeiten nach Landesrecht s.u. Rdn. 978.
886 Bundeseinheitliche Regelung für das Wasserrecht seit 01.08.2017 in § 24 Abs. 2 AwSV.
887 Fahrer fehlt in Aufzählung nach § 18 Abs. 3 LWG NRW.

undichte Zuleitung am Tank im Bereich des Auffangraumes. Ist Öl in den Auffangraum gelaufen, liegt zwar eine Störung vor, die Anlage als solche hat das Öl aber noch nicht verlassen.

Erst, wenn sich abzeichnet, dass das Öl von der Auffangwanne nicht zurückgehalten werden kann, 786 muss der Schaden unter dem Begriff »Ölalarm« gemeldet werden. Das ist dann erforderlich, wenn der weitere Anlagendefekt dazu führt, dass nun das Produkt in den tieferen Untergrund in Richtung Grundwasser versickert.

Die Meldepflicht besteht unabhängig davon, ob es sich um ein Wasserschutzgebiet handelt. 787

Bei mängelbehafteter Tankanlage widerspricht eine solche Meldung nicht selten dem Interesse des 788 Heizölkunden und Bestellers. Für ihn entstehen infolge der Information an die Umweltbehörde ggfs. weitere Kosten und Unannehmlichkeiten, die über die reine Schadenbeseitigung hinausgehen.

Der Fahrer verstößt mit seiner Meldung nicht gegen eine vertragliche Nebenpflicht des Heizölliefer- 789 vertrages. Aufgrund der entstandenen Risiken – auch für Rechtsgüter Dritter und der Allgemeinheit – darf keine falsch verstandene Rücksicht genommen werden. Schließlich geschieht die Information letztlich auch im wohlverstandenen Interesse des Kunden, da dieser für die ordnungsgemäße Schadenbehebung bisweilen eine Zustimmung der Behörde benötigt. Nur mit Genehmigung der Behörden kann er besonders überwachungsbedürftige Abfälle entsorgen lassen.

Versäumt der Befüller die Meldung und entstehen erst durch das Unterlassen Schäden an Rechts- 790 gütern Dritter, bedingt dies eine Mitverantwortung des Fahrers. Dies gilt selbst dann, wenn er ansonsten nichts für den originären Eintritt des Schadens kann.

In diesem Zusammenhang ist zu unterscheiden, ob die Meldepflicht zugunsten eines unbeteilig- 791 ten Dritten Wirkung entfalten soll oder es nur um Ansprüche des Betreibers der Haustankanlage geht. Handelt es sich um einen Fall, bei dem der Fahrer sich nichts hat zu Schulden kommen lassen und liegt allein ein Anlagenmangel vor, kann bei einer unterlassenen Meldung des Schadens an die Behörde der letztlich für den Schaden allein verantwortliche Tankanlagenbetreiber keine Ansprüche gegen den Tankwagenfahrer geltend machen.

Die Überlegung beruht darauf, dass der Betreiber der Tankanlage seinerseits verpflichtet ist, den 792 Schaden zu melden. Tut er es nicht, obwohl er davon weiß, so schützt ihn dies nicht. Entsprechend hatte in einem Regressverfahren, in dem der Befüller sanieren ließ und später den Anlagenbetreiber auf Aufwendungsersatz verklagte, das *LG Detmold*[888] den Einwand des Beklagten nicht gelten lassen, der Fahrer sei seinerseits verpflichtet gewesen, den Schaden zu melden.

Wie der Fahrer den Schaden der Behörde zu melden hat, gehört es auch zur nebenvertraglichen 793 Pflicht, den Heizölkunden zu informieren. Er muss auf einen etwaigen Schaden hinweisen, damit auch dieser zeitnah reagieren kann.

Die vertragliche Nebenpflicht geht jedoch nicht so weit, dass er den Schaden auch selbst beheben 794 müsste, schon gar nicht, wenn er für den Schadenseintritt keine Verantwortung trägt. Es reicht aus, wenn er die begrenzten, ihm zur Verfügung stehenden Mittel nutzt, um eine Verschlechterung der Situation zu verhindern.

Steht das Öl in der dichten Auffangwanne, wovon der Fahrer erst einmal ausgehen kann,[889] reicht 795 der Hinweis, dass das Öl alsbald von einer Tankreinigungsfirma oder der Feuerwehr abgesaugt werden müsse. Auffangräume sind schließlich so zu gestaltet, dass sie das Heizöl nicht nur Stunden, sondern sogar Monate zurückzuhalten haben.

888 *LG Detmold* SVR 2006, 33, bespr. von *Schwab*; *OLG Hamm* v. 23.11.2006 – 10 U 116/05 insoweit zustimmend, hat aber Mithaftung aus anderen Gründen gesehen.

889 *LG Darmstadt* zfs 1980, 163.

*b) Sonstige Pflichten des Tankwagenfahrers*

796 Zur Vervollständigung des Pflichtenkreises sei noch auf einige spezielle Normen hingewiesen, die sich gerade an den Tankwagenfahrer bzw. Gefahrgutfahrer richten.

*aa) Aus dem Straßenverkehrsrecht*

797 Bei Schneefall und Glätte sowie sonstigen widrigen Witterungsverhältnissen müssen Gefahrgutfahrer extrem vorsichtig fahren und notfalls einen Parkplatz anfahren, § 2 Abs. 3a Satz 4 StVO.

798 Des Weiteren gelten besondere Vorschriften für die Benutzung bestimmter Straßen, Zeichen 261 und 269.

*bb) Aus dem Gefahrgutrecht ergeben sich*

799
- das Rauchverbot, Anlage A 7.5.9 und Anlage B 8.3.5 (ADR)[890]
- absolutes Alkoholverbot während der Fahrt nach § 28 Nr. 13 GGVSEB[891]
- das Mitnahmeverbot von Fahrgästen, Anlage B 8.3.1
- das Verbot, beim Be- und Entladen den Motor laufen zu lassen; Ausnahme: Pumpenbetrieb, Anlage B 8.3.6
- das Gebot, Maßnahmen zur Vermeidung elektrostatischer Aufladung zu ergreifen, Anlage A 7.5.10
- das Gebot, nur mit angezogener Feststellbremse zu halten und zu parken, Anlage 8.3.7
- das Gebot, mindestens einen Unterlegkeil mitzuführen, Anlage B 8.1.5; aus den stoffbezogenen schriftlichen Weisungen kann sich ergeben, dass ein weiterer Unterlegkeil mitzuführen ist, Anlage A 5.4.3

800 Zum Unterlegkeil ist anzuführen, dass während des Abfüllvorgangs durch den Betrieb der Pumpe und dem Produktstrom Schwingungen am Fahrzeug entstehen. Dies kann bei entsprechendem Gefälle und einem Versagen der Feststellbremse dazu führen, dass sich das Fahrzeug unbeabsichtigt in Bewegung setzt. Der Unterlegkeil dient der Sicherung.

801 Zwei Schäden sind dem Autor beim Abtanken im Winter auf schneebedeckter Fläche bekannt geworden, bei denen sogar ein Unterlegkeil nicht ausreichte, das Fahrzeug zu halten. Im ersten Fall kam es zu einem Umweltschaden, als sich das Fahrzeug von der Entladestelle langsam fortvibrierte und der unter Spannung geratene Schlauch an der Verbindung zum Einfüllstutzen abriss. Im tragischen zweiten Fall rutschte der Tankwagen rückwärts und verletzte ein Kind auf einem Dreirad lebensgefährlich. In diesem Extremfall hat das Strafgericht[892] die Verwendung eines zweiten Unterlegkeils oder von Schneeketten gefordert.

## II. Techniküberblick: Grenzwertgeber

### 1. Aufbau und Wirkung

802 Vielfach wird vom Grenzwertgeber als der Abfüllsicherung oder Überfüllsicherung gesprochen. Es soll die Funktionsweise zum besseren Verständnis dargestellt werden. Gleichzeitig werden die maßgeblichen technischen Normen genannt, die die Standards hierfür setzen.[893]

890 *ArbG Krefeld* v. 20.01.2011 – 1 Ca 2401/10, WKRS 2011, 12377 = Personal 2011, 54.
891 *LAG Köln* v. 08.11.2010 – 2 Sa 612/10, WKRS 2010, 31347.
892 *AG Meschede* v. 15.08.1969 – 4 Cs 109/69.
893 Technische Regeln für brennbare Flüssigkeiten, TRbF 511 – Richtlinien für den Bau von Grenzwertgebern.

Der auf dem Tank eingebaute Grenzwertgeber ist Teil einer Steuerkette, den er zusammen mit der Abfüllsicherung[894] am Tankfahrzeug bildet.[895] 803

Aufgabe ist es, unmittelbar vor Erreichen des zulässigen Füllgrades des Tanks ein Signal zum Unterbrechen des Füllvorgangs zu setzen. Bei korrekter Positionierung und einwandfreier Funktion mit entsprechender Abschaltzeit läuft dann nur noch so viel Öl aus dem Leitungssystem nach, dass der maximal zulässige Füllgrad der Tankanlage nicht überschritten wird.[896] 804

Herz des Grenzwertgebers ist ein Fühler (Kaltleiter). Von Strom durchflossen heizt er sich auf. Wird er von Öl umspült, kühlt er sich schlagartig ab. Dabei ändert sich gleichzeitig der elektrische Widerstand. Die Änderung des elektrischen Widerstands wird im Schaltverstärker der Abfüllsicherung am Tankwagen registriert. Das Abgabeventil wird automatisch geschlossen und die weitere Ölzufuhr damit gestoppt. Es läuft nur noch das im Leitungssystem befindliche Öl nach. 805

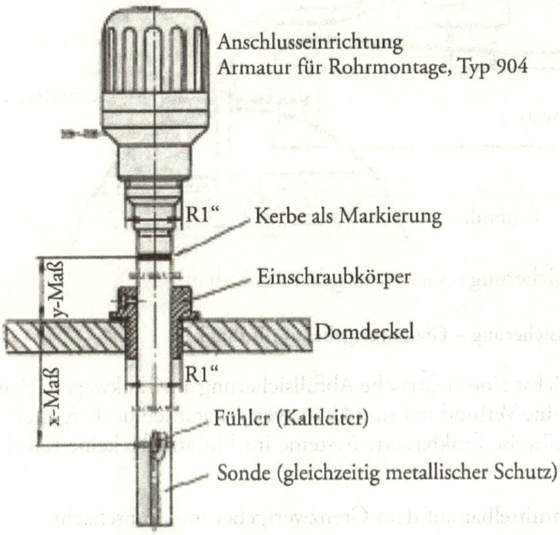


**Abb. 9: Grenzwertgeber neuerer Bauart mit Stecker und Kappe**

894 TRbF 512 – Richtlinien für den Bau von Abfüllsicherungen.
895 Nr. 1.1 Abs. 2 TRbF 511.
896 Nr. 1.1 Abs. 3 TRbF 511.

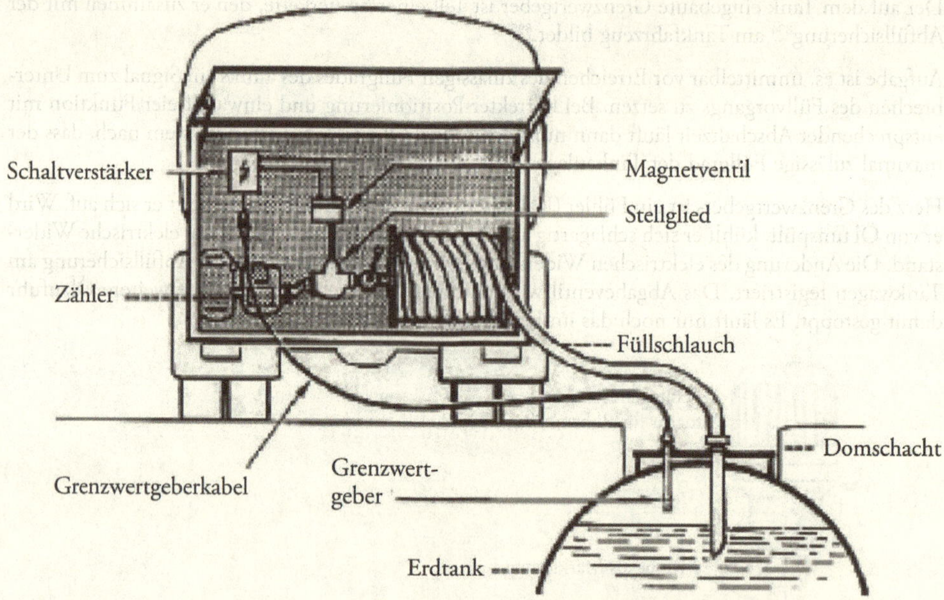


(Steuerkette: Tankwagen mit Abfüllsicherung – Grenzwertgeber am Erdtank)

**Abb. 10: Steuerkette: Tankwagen mit Abfüllsicherung – Grenzwertgeber am Erdtank**

806 Um dies zu erreichen, benötigt man zunächst eine elektrische Abfüllsicherung am Tankwagen. Von dort wird über das Grenzwertgeberkabel eine Verbindung zum Grenzwertgeberanschluss hergestellt. Das ist ein Steckanschluss. Heute sind teilweise funkbasierte Systeme im Einsatz, die keine Kabelverbindung mehr erfordern.

807 Bei einem Erdtank sitzt dieser Stecker unmittelbar auf dem Grenzwertgeber im Domschacht.

808 Bei oberirdischen Tanks sitzt der Stecker in einer Halterung an der Hauswand, wegen der eindeutigen Zuordnung möglichst direkt neben dem Einfüllstutzen. Sind zwei oder mehr Stutzen und zwei oder mehr Grenzwertgeber vorhanden, sind diese zu markieren, um eine Verwechslung zu vermeiden. Eine Kabelverbindung vom Stecker zum Grenzwertgeber sorgt für den weiteren Stromfluss bzw. es wird bei modernen Systemen eine Funkverbindung zwischen Grenzwertgeberanschluss und TKW betrieben.

809 Der Strom durchflossene Fühler wird von einer Sonde – einer metallischen Hülse – umgeben. Sie schützt den Kaltleiter vor mechanischer Einwirkung, Zugluft sowie aufspritzendem oder schäumendem Produkt beim Befüllen.

810 Grenzwertgeber alter Bauart, wie sie leider noch[897] anzutreffen sind, haben punktförmige Einlässe. Die neuen und gängigen Grenzwertgeber besitzen an der Seite einen durchgängigen Schlitz in der Hülse. Dies soll gewährleisten, dass das Öl ungehindert und störungsfrei den Kaltleiter erreichen kann.

811 Auf dem Rohr bzw. der Sonde des Grenzwertgebers befinden sich Markierungen für den Einbau. Danach kann das untere Maß (X-Maß), das die Einbautiefe des Kaltleiters gemessen zur Tankoberkante angibt, und das obere Maß (Y-Maß), das Kontrollmaß zwischen Tankoberkante und restlicher Sondenlänge, abgelesen werden.[898]

897 *AG Lahnstein* v. 11.11.2008 – 26 C 365/08.
898 Nr. 2.42 Abs. 3 TRbF 511.

Beim Einbau und der Justierung des Grenzwertgebers hat der Fachmonteur die Angaben des Behälterherstellers zu beachten, um die tankspezifische Einbautiefe des Kaltleiters genau zu wählen, also das X-Maß richtig zu bestimmen. Über die Sondenlänge minus Y-Maß kann dann festgestellt werden, wie tief der Kaltleiter im Tank sitzt (Sondenlänge minus Y-Maß = X-Maß). 812

Der Ablauf gestaltet sich nun wie folgt: 813

Ist das Grenzwertgeberkabel von der Abfüllsicherung des Tankwagens kommend am Stecker angeschlossen oder die Funkverbindung geschaltet, wird der Fühler/Kaltleiter aufgeheizt. 814

Der Grenzwertgeber gibt nun über den Schaltverstärker am Tankwagen die Betätigung des Stellgliedes frei. Das Abgabeventil wird dadurch geöffnet und die Pumpe kann das Öl fördern. 815

Sobald das Öl den Kaltleiter erreicht und dadurch abkühlt, lässt der Grenzwertgeber binnen 2 Sekunden[899] einen Spannungssprung entstehen. 816

Binnen weiterer 3 Sekunden[900] schaltet nun die Abfüllsicherung am Fahrzeug (über die Kette: Stellglied – Schaltverstärker – Absperrventil) ab. Die Pumpe kann kein weiteres Öl fördern; es läuft nur noch die Restmenge im Rohrleitungssystem nach. 817

Die Bauteile sind aufeinander so abgestimmt, dass ein Befüllen nur mit angeschlossenem und nicht in einer Flüssigkeit stehenden Grenzwertgeber möglich ist. Bei etwaigen Defekten wird die Abgabe selbsttätig unterbrochen.[901] 818

## 2. Fehlerquellen

Verpilzte oder mit Schleim überzogene Grenzwertgeber lassen die Flüssigkeit nicht rechtzeitig oder erst gar nicht an den Fühler herankommen. Es kommt dadurch erst verspätet oder überhaupt nicht zum Abschaltvorgang. 819

Ein tief eingebauter Grenzwertgeber ist unschädlich. Ist er jedoch zu hoch eingebaut, wurde also das für den Behälter bzw. die Tankanlage vorgesehene X-Maß unterschritten, gibt der Kaltleiter sein Signal zum Abschalten zu spät. 820

Wichtig ist, dass der Grenzwertgeber an einer zulässigen Stelle im Tank eingebaut ist. Steckt er etwa nach einem Umbau der Anlage oder infolge einer Nachrüstung im ehemaligen Peilrohr, kann sich unter ungünstigen Bedingungen ein Luftpolster im Rohr bilden, das ein Abschalten verhindert. Eine weitere Gefahr besteht, wenn Grenzwertgeber nicht beschriftet sind, aber mehr als nur eine Anlage vorhanden ist, so dass es zu Verwechslungen[902] kommen kann. 821

Ähnliche Probleme sind denkbar, wenn nachträglich eine Innenhülle eingezogen wurde, die Hindernisse für ein Abschalten erzeugt. Zudem wird sich das Aufnahmevolumen des Behälters reduzieren, sodass nicht nur das geänderte Volumen am Tank zu vermerken, sondern auch die Einbautiefe des Grenzwertgebers wegen der gleichbleibenden Nachlaufmenge aus dem Rohrleitungssystem anzupassen ist. 822

Nicht auszuschließen ist zudem, dass bei der Montage das Entfernen einer Schutzhülse um den Kaltleiter vergessen wird. Dies kann ein Abschalten verzögern oder ganz verhindern. Dann ist es wichtig, die entsprechenden Beweise sorgfältig zu sichern. Wegen etwaiger Regressansprüche gegen den Montagebetrieb ist es zweifelhaft, genau diesen Betrieb für die Fehlersuche zu beauftragen. 823

---

899 Nr. 2.41 Nr. 7 TRbF 511 und 2.42 Nr. 5 TRbF 512.
900 Nr. 2.41 Abs. 4 TRbF 512.
901 Nr. 2.2 TRbF 511 und Nr. 2.1 TRbF 512.
902 *LG Hagen* v. 20.03.2012 – 4 O 299/11.

824 Schließlich nutzt ein Grenzwertgeber nur, wenn er auch tatsächlich eingebaut ist und nicht nur elektrisch angeschlossen auf dem Tank aufliegt.[903] Das führt nicht nur dazu, dass ein Abschalten nicht möglich ist. Aus dem unzulässig offenen Einbauloch an der Tankoberseite kann nun ungehindert Flüssigkeit austreten.

825 Möglich ist auch ein Defekt an der Abfüllsicherung des Fahrzeugs. Der Schaltverstärker verfügt über Signalleuchten, die die Spannung (weiß), die betriebsbereite Abfüllsicherung (grün) und eine Störung (rot) anzeigen.[904] Obwohl oder gerade weil das Gerät gewöhnlich mehrfach täglich im Einsatz ist und auch der Fahrzeugaufbau der regelmäßigen Überwachung obliegt, sind hierauf beruhende Überfüllschäden erfahrungsgemäß eher unwahrscheinlich.

### 3. Besonderheiten

826 Sämtliche Tankanlagen müssen mit einer Überfüllsicherung ausgestattet sein.

827 Ausnahmsweise benötigen nur oberirdische Tankanlagen für Heizöl oder Diesel, deren Rauminhalt früher 1.000 Liter, heute 1.250 Liter nicht übersteigt, keine Überfüllsicherung.

828 Um oberirdische Anlagen, kleiner als 1.000 Liter bzw. 1.250 Liter Rauminhalt, ohne Grenzwertgeber ebenfalls mit einem Vollschlauch-Abfüllsystem befüllen zu können, kann das Stellglied durch einen Bypass umgangen werden. Die Füllgeschwindigkeit wird dabei auf maximal 200l/min begrenzt.[905] Die Befüllung erfolgt dabei mit einem selbsttätig schließenden Zapfventil.[906]

829 Es sei betont, dass nur so ein ordnungsgemäßes Befüllen erfolgen kann.

830 Durch Manipulation kann die Steuerungskette und damit das Sicherungssystem umgangen werden. Dies ist dadurch möglich, wenn ein »Hosentaschen-Grenzwertgeber« benutzt wird, um so die Freigabe für das Stellglied zu überbrücken.

831 Gelegentlich werden derartige Geräte von Tankwagenfahrern mitgeführt. Dies muss jedoch nicht in der Absicht erfolgen, Manipulationen vorzunehmen. Schaltet ein eingebauter Grenzwertgeber bei nachweislich nicht vollem Tank nicht frei, lässt sich so prüfen, ob der Fehler an diesem Grenzwertgeber oder an der Abfüllsicherung des Fahrzeugs liegt. Befüllen darf der Fahrer jedoch dann nicht.

832 Die Funktionstauglichkeit eines Grenzwertgebers lässt sich zuverlässig durch ein Grenzwertgeber-Prüfgerät kontrollieren, das sowohl die Aufheiz- und Abschaltzeiten festhält. Es besteht jedoch keine Pflicht des Lieferanten, seine Fahrzeuge mit einem Gerät auszurüsten und keine Pflicht des Fahrers, eine solche Prüfung vorzunehmen. Er hat nur das Vorhandensein eines Grenzwertgebers zu prüfen, sich davon zu überzeugen, dass dieser augenscheinlich korrekt verbaut ist und das Grenzwertgeberkabel anzuschließen.

833 Ein Grenzwertgeber-Testgerät dient lediglich dem Nachweis, dass der Kaltleiter stromdurchgängig ist.

903 *LG Lüneburg* v. 15.11.1995 – 2 O 166/95.
904 Nr. 2.42 Abs. 10 TRbF 512.
905 Nr. 2.6 TRbF 512 und Nr. 6.3 Abs. 2 TRbF 220.
906 TRbF 513.

## III. Rechtsprechungssübersicht zu Einzelfallgruppen:

### 1. Einfüllstutzen bricht ab

Hier wird grundsätzlich die Verantwortung beim Tankanlagenbetreiber gesehen.[907] Der Fahrer haftet nur dann anteilig mit, wenn er den Mangel bemerken musste.[908] Für den kraftschlüssigen Sitz der Zapfpistole[909] auf den Einfüllstutzen ist der Befüller verantwortlich, auch wenn er hierfür mit Adapterstücken arbeiten muss. 834

### 2. Füllleitung wird undicht oder bricht; Sicherungsschellen fehlen

Die Verantwortung liegt wiederum beim Betreiber der Haustankanlage.[910] 835

An eine Mithaftung ist zu denken, wenn optisch erkennbare Mängel übersehen[911] werden. Ein unterlassener Kontrollgang führt zur Mithaftung des Befüllers, sofern dies kausal für eine Schadensvergrößerung[912] wurde. Der Fahrer muss und darf nicht etwa an Leitungen rütteln, um deren festen Sitz zu prüfen. 836

### 3. Tankanlage wird später undicht

Ohne irgendwelche hinreichenden Anhaltspunkte haftet der Betreiber der Tankanlage allein. Dies gilt auch, wenn der Behälter beim Befüllen aufgrund eines Produktionsfehlers platzt. Allerdings hat der private Anlagenbetreiber einen Anspruch gegen den Hersteller[913] des mangelhaften Behälters nach §§ 1 Abs. 1; 11 ProdHaftG. Bei erkennbarem Konstruktionsmangel wegen fehlender Entlüftungsleitung kann auch eine alleinige Haftung des Befüllers in Betracht kommen, wenn der sich aufbauende Überdruck den Behälter zum Platzen[914] bringt. 837

### 4. Undichte Auffangwanne

Gleich aus welchen Gründen Öl in die Auffangwanne gerät, das Risiko einer undichten Auffangwanne trägt heute der Anlagenbetreiber.[915] Die ältere[916] Rspr. ist überholt. 838

---

907 *BGH* v. 18.10.1983 – VI ZR 146/82, NJW 1984, 233 = VersR 1984, 65; *BGH* v. 14.06.1993 – III ZR 135/92, VersR 1993, 1155 = MDR 1994, 258; *OLG Saarbrücken* NJW-RR 1986, 1416 = VersR 1988, 356; *OLG Hamm* VersR 1989, 48 (L) = ESUR 67/16 BGB; *OLG Köln* ZfW 1990, 356 = VersR 1989, 402 f. = NZV 1989, 276; *OLG Nürnberg* zfs 1990, 117 = VersR 1991, 433; *AG Kempten* v. 25.06.1997 – 1 C 576/97; *AG Peine* v. 10.03.2003 – 24 C 20/02.

908 *OLG Köln* zfs 1993, 232, 234 = VersR 1994, 108, 110 (Fahrer haftet zu 2/3).

909 *LG Bonn* v. 03.01.2014 – 18 O 110/10.

910 *BGH* v. 14.06.1993 – III ZR 135/92, VersR 1993, 1155 = MDR 1994, 258; *OLG Frankfurt* VersR 1988, 355 f. = r+s 1987, 280 (*BGH* v. 10.02.1987 – VI ZR 179/86); *OLG Köln* VersR 1995, 1105 f.; *LG Freiburg* VersR 1988, 357; *LG Gera* Urt. v. 13.03.2002 – 1 S 414/01; *LG Landau in der Pfalz* PVR 2003, 257, bespr. von *Schwab*; bestätigt durch *OLG Zweibrücken* SVR 2004, 471, bespr. von *Schwab*; *AG Westerstede* v. 13.02.2004 – 25 C 1095/03 (VII); *LG Heidelberg* v. 01.12.2000 – 2 O 66/99; *LG Frankenthal* v. 10.11.2004 – 2 S 286/04; *LG Duisburg* v. 18.01.2008 – 10 O 201/06; *LG Zwickau* v. 21.04.2009 – 2 O 625/07; *LG Bamberg* v. 30.10.2009 – 1 O 509/08; *LG Düsseldorf* SP 2010, 247; dagegen ohne Begründung *LG Saarbrücken* v. 07.04.2005 – 2 S 158/04.

911 *OLG Frankfurt* v. 25.10.2000 – 7 U 128/99 (50 % Haftung).

912 *OLG Stuttgart* Urt. v. 03.02.1987 – 10 U 95/86; *OLG Braunschweig* v. 21.02.2002 – 2 U 107/01 (dort alleinige Haftung des Fahrers, da Anlagenmangel nicht sicher nachgewiesen).

913 *LG Halle* SVR 2004, 30 besprochen von Schwab.

914 *OLG Koblenz* zfs 1999, 478 = NVersZ 1999, 580 = VersR 2000, 174 = r+s 2000, 192.

915 *LG Darmstadt* zfs 1980, 163; *LG Aachen* v. 29.06.2001 – 8 O 90/01 (Betriebsgefahr 20 % plus Anlagenmängel 10 % = 30 % Mithaftung – Tankwagenfahrer 70 %, da er bei desolater Anlage ohne Grenzwertgeber die Sicherheitseinrichtung überbrückt hatte); (*OGH Wien* v. 07.11.1995 – 4 Ob 578/95 – hälftige Schadensteilung wegen Versäumnis des Befüllers).

916 *LG Krefeld* VersR 1978, 1050 f.

### 5. Überlaufschaden, weil Tankinnenhülle nicht anliegt – Vakuumpumpe fiel aus

839 Manche Gerichte fordern – allerdings zu Unrecht[917] – auch eine Prüfung der Leckwarnanzeige/Vakuumpumpe durch den Tankwagenfahrer, da er Fachmann sei. Eine Mithaftung des Anlagenbetreibers zumindest aus Betriebsgefahr wird generell bejaht.[918]

### 6. Defekter Grenzwertgeber

840 Dass heute (wieder) eine Freiraummengenmessung zu erfolgen hat, wurde bereits dargelegt.

841 Die ältere Rechtsprechung[919] sah keine Veranlassung für eine Mithaftung des Tankanlagenbetreibers. Nunmehr wird jedoch die erhöhte Betriebsgefahr[920] der Anlage mitbewertet.

### 7. Probleme durch mangelhafte Belüftungsleitungen

842 Die Entlüftungsleitung soll die entweichende Luft beim Befüllen nach außen führen. Wird der Tank entleert, kehrt sich der Vorgang um und Luft strömt zum Tank. Daher ist es richtiger, von einer Belüftungsleitung zu sprechen.

843 Entscheidend ist die Erkennbarkeit für den Fahrer. Ist die Leitung verstopft und der Mangel nicht bemerkbar, haftet der Anlagenbetreiber allein.[921] Dies gilt bspw. für den unzulässigen Einsatz eines Siebes, das zu einem Verstopfen des Auslasses geführt hat.

844 Hat sich Druck aufgebaut und schlägt der Fahrer den Füllschlauch trotz erkanntem Überdruck mit einem Zug ab, so ist eine Haftungsteilung möglich.[922]

845 Ist die Leitung verdeckt und peilt der Fahrer nachlässig, kommt es zu einer Haftungsquote.[923]

846 Die Belüftungsleitung darf nicht in den Tank hineinragen. Für den Fahrer ist ein solcher Fehler von außen nicht erkennbar. Der Anlagenbetreiber haftet allein.[924]

847 Sehr problematisch sind Belüftungsleitungen, die im Mauerwerk enden. Ist die Austrittsöffnung nicht vollständig zum Mauerwerk gekapselt, können Gase auch ins Mauerwerk eindringen. Nach den Vorgaben in den TRbF 220 darf die Austrittsöffnung nicht in geschlossenen Räumen enden. Tritt nun bei einer Überfüllung der Anlage Öl aus der Entlüftungsleitung aus, so wird dies meist nicht so schnell erkannt, als wenn das Rohr ins Freie mündet. Das Öl läuft dann im Mauerwerk oder der Dämmschicht herunter. Der Sanierungsaufwand ist dadurch bedingt oft um ein Vielfaches größer.

917 Rdn. 707 ff.

918 *OLG Düsseldorf* NJW-RR 1991, 1178 f. = VersR 1992, 1478 f. = OLGR 1993, 9 1/3 Mithaftung Tankanlagenbetreiber; *LG Ravensburg* v. 26.04.1988 – 1 O 324/88 (Fahrer haftet hier allein, da er weder peilte noch die Warnleuchte beachtete noch den Vorgang beobachtete und schließlich den Grenzwertgeber kurzgeschlossen hatte).

919 *OLG Bremen* VersR 1979, 450; *LG Karlsruhe* VersR 1990, 1015 (mit Farbresten verstopfter Fühler; Fahrer hat nicht gepeilt); *LG Essen* v. 29.06.1992 – 8 O 427/91 (zu hoch eingebauter Grenzwertgeber; Fahrer hat nicht gepeilt).

920 *OLG Hamm* v. 11.01.2011 – I-19 U 117/09 (1/3 Mithaftung wegen defektem Grenzwertgeber und Auffangwanne); *OLG Köln* v. 14.01.2011 – 1 U 47/08 (Defekt allerdings nicht nachweisbar); *LG Hamburg* SP 1994, 431 (1/3 Mithaftung; Fahrer hat nicht gepeilt); *LG Trier* v. 07.05.2010 – 2 O 142/09, (Fehler bei Grenzwertgeber und Tankanzeige, Berufung zurückgenommen); *AG Lahnstein* v. 11.11.2008 – 26 C 365/08 (Alleinhaftung des Anlagenbetreibers, da Tankuhr und Grenzwertgeber versagten).

921 *AG Waldbröl* v. 22.06.1998 – 3 C 35/98; *AG Kassel* v. 01.04.2003 – 424 C 6600/02.

922 *LG Bad Kreuznach* v. 18.06.1997 – 3 O 275/93.

923 *LG Koblenz* v. 14.05.1985 – 11 O 155/83 (30 % Mithaftung des Anlagenbetreibers).

924 *AG Tuttlingen* SVR 2004, 31, bespr. von *Schwab*; (Regress des Garagenmieters nach Schaden am PKW wegen defekter Abwasserleitung, *KG Berlin* NJW-RR 2008, 890).

Soweit ersichtlich ist die Frage der Mithaftung noch nicht entschieden. Bei einer bestehenden Haftung des Fahrers wegen einer Verletzung einer Sorgfaltspflicht bietet es sich an, eine angemessene Beteiligung des Anlagenbetreibers an den Gesamtkosten zu vereinbaren. Derjenige, der die Anlage so konstruiert oder ohne die Kapselung im Mauerwerk errichtet hat, mag dann vom Betreiber der Tankanlage oder dessen Haftpflichtversicherer in Regress genommen werden. 848

### 8. Defektes Vakuumgerät einer Tankanlage mit Innenhülle, Folge: effektiv kleineres Tankvolumen

In diesen Fällen wird eine erhöhte Betriebsgefahr angenommen, die nicht hinter einem Verschulden des Fahrers bei Sorgfaltspflichtverstößen zurücktritt.[925] 849

### 9. Anlagenspezifischer Peilstab/Peiltabelle fehlt

Bei Großtankanlagen, deren Entlüftung zudem nicht beobachtet werden kann, haftet der Betreiber mit.[926] Der Befüller muss nicht zusätzlich[927] peilen, wenn eine Uhr vorhanden ist und er keinen Peilstab nutzen kann. 850

## IV. Die Auswirkung von Anlagenmängeln auf die Haftungsbeurteilung

Anlagenbedingte Schadenursachen oder Mitursachen wurden nach früherer Auffassung nicht berücksichtigt, da man davon ausging, dass der Betreiber der Tankanlage keine schuldhafte Kenntnis von dem Mangel hatte.[928] Selbst eine Gefährdungshaftung als Öltankbesitzer[929] nach § 836 BGB wurde verneint. Die ganze Last der Verantwortung für die Funktionsfähigkeit wurde dem Tankwagenfahrer als Fachmann – gegenüber dem Betreiber der Anlage als Laien – aufgebürdet. 851

Selbst dann, wenn sich der Laie kompetenter Hilfe von Tankanlagenbauern oder Tanksachverständigen bediente, die seine Anlage konstruierten, bauten, warteten und prüften, also deutlich mehr taten, als nur zu befüllen, wurde eine Zurechnung der Versäumnisse verneint.[930] 852

Zwar ist zuzugeben, dass die beauftragten Fachleute keine Erfüllungsgehilfen des Anlagenbetreibers sind, schließlich fehlt es schon an einem entsprechenden Vertragsverhältnis. Dennoch befremdet es, wenn, gleich dem Zustand der Anlage, nur der Befüller zivilrechtlich verantwortlich sein soll. Dies steht im Gegensatz zur öffentlich-rechtlichen Verantwortung für den Betrieb, die eigene Überwachung[931] und Verkehrssicherung[932] der eigenen Anlage. Die Überwachungspflicht des Betreibers ergibt sich seit dem 01.08.2017 aus § 46 AwSV. 853

Die heutige Meinung in der Literatur[933] und die der herrschenden Rechtsprechung geht davon aus, dass den Anlagenbetreiber sehr wohl auch eine zivilrechtliche Mitverantwortung trifft. Sie besteht, 854

925 *OLG Düsseldorf* NJW-RR 1991, 1178 f. (1/3 Mithaftung) = OLGR 1993, 9 = VersR 1992, 1478 f.; *OLG Hamm* r+s 2002, 15 (1/3 Mithaftung), (*BGH* v. 13.02.2001 – VI ZR 248/00).
926 *LG Koblenz* v. 14.05.1985 – 11 O 155/83.
927 *LG Trier* v. 07.05.2010 – 2 O 142/09.
928 *OLG Bremen* VersR 1979, 450; *LG Bielefeld* NJW 1969, 512 f. = VersR 1969, 672 (L).
929 *BGH* v. 14.06.1976 – III ZR 81/74, WM 1976, 1056 = VersR 1976, 1084; dagegen PWW/*Schaub* § 836 BGB Rn. 7 m.w.N.
930 *BGH* v. 18.01.1983 – VI ZR 97/81, NJW 1983, 1108 = VersR 1983, 394 = MDR 1983, 654 = zfs 1983, 163 nur Hinweis; *BGH* v. 12.03.1985 – VI ZR 192/83, VersR 1985, 575; so auch heute noch *OGH Wien* v. 26.02.2009 – 1 Ob 1/09.
931 *OVG Lüneburg* ZUR 2007, 432 = NVwZ-RR 2007, 666.
932 *VGH München* v. 05.05.2011 – 22. ZB 10.214 (unter Bezug zu *BGH* v. 06.02.2007 – VI ZR 274/06, NJW 2007, 1683 = VersR 2007, 659 = VRS 112, 431).
933 *Appel/Schlarmann* VersR 1973, 993, 995; *Fell* VersR 1988, 1222, 1226.

wenn er bereits Kenntnis von Mängeln hat oder vor der Betankung vom Fahrer darauf hingewiesen wurde und trotzdem das Risiko eingeht.[934]

855 Einerseits wird dies damit begründet, dass § 254 BGB analog[935] heranzuziehen sei.

856 Andererseits sei dies aus der Betriebsgefahr der Tankanlage heraus begründet.[936] Schließlich wäre noch darauf abzustellen, dass der Betreiber der Anlage nach § 89 WHG dem Wassernutzungsberechtigten aus der Betriebsgefahr heraus haftet, ähnlich wie es der Tankwagenfahrer/Unternehmer wegen des Fahrzeugs bzw. aus Verschulden tut. Entsprechendes gelte in Bezug auf den geschädigten Nachbarn.[937] Haften Anlagenbetreiber und Fahrer Dritten gegenüber als Gesamtschuldner, ist nicht einzusehen, warum im Verhältnis Betreiber/Fahrer Mithaftungsgesichtspunkte unbeachtlich sein sollten.[938]

857 Schließlich wird hervorgehoben, dass nicht nur dem Fahrer und Befüller die Gefahren im Umgang mit Heizöl bekannt sind, sondern heute jedermann weiß, dass mit dem Stoff sorgfältig umzugehen ist und dieser sorgfältig gelagert werden muss. Die Anlagenhaftung des Betreibers kann dabei hinter dem Verschulden des Fahrers zurücktreten.[939]

858 **Eigene Einschätzung:**

859 Wer eine Tankanlage betreibt und damit Gefahrstoffe lagert und umschlagen lässt, darf nicht von jedem Risiko ausgeschlossen werden. Ein sorgfältiger Umgang kann und darf von jedermann erwartet werden, selbst wenn sich darunter vorwiegend Laien befinden.

860 Würde man eine Mithaftung bei Anlagenmängeln versagen, hätte dies die traurige Konsequenz, dass noch nachlässiger mit gefährlichen Stoffen umgegangen wird. Es darf nicht angehen, dass die Zielsetzungen des Gesetz- und Verordnungsgebers durch die Rechtsprechung unterlaufen werden. Schließlich werden die strengen Anforderungen – auch an den Betreiber der Anlage – nicht ohne sachlichen Grund aufgestellt.

861 Hat der Betreiber – trotz öffentlich-rechtlicher Verantwortlichkeit – noch nicht einmal eine Mithaftung zu befürchten, weil ihn die Zivilgerichte für einen Laien und deswegen für entschuldbar verantwortungslos halten, besteht wenig Anreiz, eine intakte Anlage zu unterhalten. Da reicht es dann auch, wenn ein Hobby-Heimwerker eine Tankanlage selbst errichtet, die Anlage vom fachfremden Heizungsbauer mitinstalliert oder diese durch einen Schwarzarbeiter zusammengebastelt wird, statt einen Fachbetrieb nach §§ 62 ff. AwSV[940] zu beauftragen.

862 Heizöl ist ein vergleichsweise günstiger Energieträger. Die wirtschaftlichen Vorteile der Unabhängigkeit von einem Anbieter und Möglichkeit, dann zu kaufen, wenn Heizöl günstig ist, liegen auf der Hand. Umgekehrt muss der Betreiber dann selbst in ein Mindestmaß an Sicherheit (Prüfung durch Sachverständige, Wartung und Tankreinigung durch Fachbetriebe, freiwilliger Abschluss einer Haftpflichtversicherung) investieren. In ähnlicher Weise muss der Halter eines Kraftfahrzeuges es schließlich auch tun (Hauptuntersuchung, Inspektion in Kfz-Fachwerkstatt, Abschluss einer Kfz-Haftpflichtversicherung).

863 Da reicht es nicht aus, wenn man dem Befüller einen Regressanspruch gegen den sorgfaltswidrig handelnden Tankanlagenbauer oder weiterer Personen aus gesamtschuldnerischer Haftung als Nebentäter

934 *OLG Köln* zfs 1993, 232, 234 = VersR 1994, 108, 110 = OLGR 1993, 180.
935 *OLG Düsseldorf* NJW-RR 1991, 1178 f. = VersR 1992, 1478 f. = OLGR 1993, 9.
936 *OLG Braunschweig* v. 21.02.2002 – 2 U 107/01; *OLG Hamm* v. 11.01.2011 – I-19 U 117/09; *LG Fulda* v. 01.10.2012 – 2 O 951/10.
937 *OLG Frankfurt* zfs 1982, 2 f. = VersR 1981, 1084; bestätigt von *BGH* v. 18.01.1983 – VI ZR 97/81, NJW 1983, 1108 = VersR 1983, 394 = MDR 1983, 654 = zfs 1983, 163 nur Hinweis.
938 *LG Bad Kreuznach* v. 18.06.1997 – 30 O 275/93.
939 *OLG Köln* NJW-RR 1990, 927 f. = VersR 1990, 976 f.
940 § 19l WHG a.F.

zugesteht. Deren Haftung kann durch eine Vertragsklausel oder bloßen Zeitablauf bereits beendet sein. Gegenüber dem Anlagenbetreiber müsste sich der Befüller dann mit gleichem Ergebnis auf eine gestörte Gesamtschuld berufen können.

Dass der Tankanlagenbetreiber gegenüber dem Wassernutzungsberechtigten nach § 89 Abs. 2 WHG haftet, ist gesetzlich geregelt. Die Grenzfälle, wo es gar nicht zu einer Schädigung des Gewässers kommen kann, können jedoch nicht dazu führen, dass sich damit sogleich eine Zurechnung der sich nicht in einem Gewässerschaden realisierenden Schaden verbietet.[941] 864

Umgekehrt ist zu überlegen: Sind Rechte Dritter von dem Schadensfall nicht betroffen, geht es letztlich um einen Schaden im Zusammenhang mit einer Warenlieferung nach Kaufrecht. Dabei ist auch zu erwägen, ob die kaufvertragliche Leistungspflicht des Lieferanten nicht schon beim Anschluss des Schlauches am Einfüllstutzen endet.[942] Dies ist unabhängig davon zu betrachten, welche Sorgfaltspflichten den Befüller insgesamt treffen. 865

Es ließe sich dann wohl vertreten, dass alle anderen Tätigkeiten, die der Fahrer im Inneren des Gebäudes und bei Sichtung der Tankanlage vornimmt, nur der Abnahme der Ware dienen. Die Abnahme der Ware ist jedoch eine Hauptpflicht des Bestellers und Anlagenbetreibers. Hier ist der Fahrer als Erfüllungsgehilfe bei der Abnahme der Ware tätig. 866

Schließlich wird er in dessen (Tank-)Lager tätig, für das der Betreiber allein verantwortlich ist. Der zufällig anliefernde Befüller ist keine Person, der sich der Betreiber bedienen darf, wenn er nicht persönlich seinen Betreiberpflichten nachkommen kann. Dies sind allein Fachbetriebe nach § 62 AwSV[943] oder der Sachverständige. 867

Die tägliche Praxis zeigt, dass leider ein nicht unerheblicher Teil der Tankanlagen in schlechtem Zustand ist. Dies bestätigen sowohl Tankwagenfahrer als auch Vertreter von Umwelt- und Wasserbehörden. Es ist zu wünschen, dass für sämtliche Tankanlagen eine Pflicht-Haftpflichtversicherung[944] eingeführt wird. Dies hätte nicht nur in der Schadenabwicklung Vorteile. Auch im Vorfeld sollte dies dazu führen, dass die Anlagen von Tanksachverständigen geprüft und von Fachfirmen nach § 62 AwSV[945] fachtechnisch auf den ordnungsgemäßen Stand gebracht werden. Dann werden diese Anlagen versicherbar.[946] Das Entstehen von Schäden und das schwere Ausmaß von manchen Schäden ließen sich so nachhaltig begrenzen. 868

## F. Besondere Schadenspositionen bei Öl- und Umweltschäden

### I. Wert von Grundstücken nach Umweltschadenfällen

#### 1. Minderwert bei Veräußerungsgeschäften

Der merkantile Minderwert stellt eine allgemeingültige Schadensposition im Schadensersatzrecht dar. 869

Bei unfallbeschädigten Kraftfahrzeugen[947] spielt der merkantile Minderwert[948] eine besondere Rolle und hat dort zu Recht seine umfassende Ausprägung erfahren. Immer dann, wenn ein Unfallschaden von einer gewissen Erheblichkeit vorlag, hat ein Fahrzeugverkäufer trotz vollständiger Reparatur auf den Vorschaden hinzuweisen. Dies senkt seine Verkaufschancen, sodass er Abschläge hinzunehmen hat. 870

941 *Appel/Schlarmann* VersR 1973, 993, 996, 997.
942 Ähnlich im Frachtrecht *Koller* § 412 HGB Anm. 30; *Fremuth/Thume* § 425 HGB Rn. 20.
943 § 19l WHG a.F.
944 Zu Pflicht-Haftpflichtversicherungen siehe Halm/Kreuter/*Schwab*, AKB-Kommentar, § 113 VVG Rn. 2 ff.
945 § 19l WHG a.F.
946 Ansonsten Gefahrerhöhung, § 23 VVG.
947 *BGH* v. 03.10.1961 – VI ZR 238/60, BGHZ 35, 396 = DAR 1961, 334 = NJW 1961, 2253; umfassend *Halm/Fitz* Kap. 10 Rdn. 85 ff.
948 *Von. Gerlach* DAR 2003, 49 ff.

871 Bei Fahrzeugen gilt die beendete Instandsetzung und die Möglichkeit, das Fahrzeug wieder in Gebrauch zu nehmen,[949] als der Zeitpunkt, der maßgeblich für die Berechnung des Schadens in Form einer Wertminderung heranzuziehen ist. Manchmal wird bereits schon der Zeitpunkt des Schadenseintritts als Bemessungsgrundlage angesehen.

872 Es wird jeweils auf den objektiv geminderten Verkehrswert des Fahrzeugs abgestellt.

873 Für bebaute und unbebaute Grundstücke wird zutreffend ebenfalls grundsätzlich die Möglichkeit einer Wertminderung erwogen.

874 Eine pauschale Übertragung der für Mobilien entwickelten Grundsätze auch auf Immobilien erscheint bedenklich. Es gibt gravierende Unterschiede. Man muss daher genau unterscheiden, welche Ursachen der Schaden hat und welche Auswirkungen tatsächlich bestehen bleiben.

875 Der Umfang der Offenbarungspflicht wegen früherer Schäden am Grundstück ist jedoch parallel zum Fahrzeugschaden zu sehen. Auch bei Grundstücken besteht regelmäßig eine Hinweispflicht des Verkäufers, wenn für möglich gehalten wird, dass schädliche Folgen verblieben sind.[950] Ist ein Schaden vollständig behoben, besteht keine Aufklärungspflicht[951] hinsichtlich der Historie, so dass auch kein Verdachtsschaden auszugleichen wäre. Bei positiver Kenntnis reicht es dann nicht aus, auf eine nur mögliche Altlast zu verweisen.[952] Notfalls ist ein Grundstückskaufvertrag dann sogar rückabzuwickeln.[953] Im Zwangsversteigerungsverfahren[954] können sich Amthaftungsansprüche ergeben, wenn ernstzunehmenden Anhaltspunkten nicht nachgegangen wird.

876 Der *BGH* hat zu Schäden an Bauwerken durch eine mangelnde Architektenleistung[955] oder durch Einwirkungen beim Bau einer U-Bahn[956] für die Festlegung eines verminderten Verkehrswertes auf den Zeitpunkt der beendeten Instandsetzung abgestellt.

877 Die meisten Fälle befassen sich jedoch bei Grundstücken nur mit den wesentlichen Bestandteilen wie Sträuchern und Bäumen.

878 Umweltschäden an Grundstücken und Ölschäden in Gebäuden lassen sich glücklicherweise meist vollständig beheben. Jedoch gibt es Ausnahmen, bei denen eine komplette Sanierung technisch[957] nicht möglich ist oder die zu erwartenden Kosten außer Verhältnis zum möglichen Erfolg stehen.

Im Kaufrecht werden vom *BGH*[958] bei Grundstücken zwei Grenzen gezogen, um die Unverhältnismäßigkeit von Mängelbeseitigungskosten darzustellen. Einerseits kann auf den Grundstückswert eines mangelfreien Grundstücks abgestellt werden. Andererseits wird eine 200 %-Grenze gesetzt, wonach maximal der doppelte Minderwert als noch verhältnismäßiger Aufwand für die Mängelbeseitigung anzusehen ist.

---

949 *BGH* v. 02.12.1966 – VI ZR 72/65, DAR 1967, 82 = NJW 1967, 552 = VersR 1967, 183; *OLG Karlsruhe* NJW-RR 1997, 1247 f.

950 *OLG Köln* v. 28.11.2001 – 11 U 15/99; *OLG Nürnberg* OLGR 2006, 85 (Altlast durch verbliebene Diesel- und Benzintanks).

951 So auch *Dahmen* BauR 2012, 24 ff.

952 *BGH* v. 20.10.2000 – V ZR 285/99, NJW 2001, 64 = MDR 2001, 149 (Altlast); *BGH* v. 22.02.2002 – V ZR 113/01, NJW 2002, 1867 = VersR 2002, 1380 (Tankstelle).

953 *OLG Celle*, Urt. v. 21.08.2008 – 8 U 49/08; (Holzschutzmitteltank).

954 *OLG Karlsruhe* DS 2011, 250 m. Anm. *Mohr* DS 2011, 240 ff.

955 *BGH* v. 24.02.1969 – VII ZR 173/66, VersR 1969, 473 = DB 1969, 1014.

956 *BGH* v. 02.04.1981 – III ZR 186/79, NJW 1981, 1663 = MDR 1981, 915 = DVBl. 1982, 1198.

957 *OLG Koblenz* OLGR 99, 178.

958 *BGH* v. 04.04.2017 – V ZR 275/12, BGHZ 200, 350 = WKRS 2014, 16826 = NJW 2015, 468 = VersR 2015, 1515.

Bei Tieren gelten die Grenzen nicht, so dass die Mängelbeseitigungskosten den Wert übersteigen können.[959] Begründet wird dies zudem mit der emotionalen Bindung[960] an Tiere.

Es lassen sich daher nur wenige Urteile zum merkantilen Minderwert bei Umweltschäden finden. 879
Dennoch ist es notwendig, Fallgruppen zu bilden, da Grundstücke nach Lage, Bebauung und Nutzung immer individuell und somit differenziert betrachtet werden müssen. Grundstücke sind – anders als Fahrzeuge[961] – schließlich keine Erzeugnisse aus der Massenproduktion, sondern eher mit Unikaten vergleichbar.

*a) Acker- und Wiesengrundstücke*

**▶ Fallbeispiel: Wiesengrundstück neben Fahrbahn**

Bei einem Tankwagenunfall liefen 16.000 Liter Heizöl aus und ergossen sich über ein steiles 880
Wiesengrundstück neben der Fahrbahn einer Bundesstraße. Es wurde umfangreich saniert. Dennoch verblieben mit behördlicher Genehmigung Restbelastungen im Boden, die sich mit einer beachtlichen Menge von etwa 770 Litern quantifizieren ließen. Das Grundstück wurde neu angesät und rekultiviert. Es kam sogar zu einem aktiveren Bodenleben als zuvor. Die Bodenbedingungen ließen erwarten, dass die Restbelastungen durch mikrobiologischen Abbau innerhalb von fünf Jahren verschwunden sein werden.

Der Grundstückseigentümer klagte dennoch einen vermeintlichen Schaden ein.

Das zuständige LG Waldshut-Tiengen[962] hat jedoch einen merkantilen Minderwert verneint. Bei seiner Entscheidung stützte es sich darauf, dass weder eine Nutzungsbeeinträchtigung des Grundstücks noch ein merkantiler Minderwert vorlägen. Derartige Grundstücke unterlägen sowieso nur einem eingeschränkten Markt, falls überhaupt von einer Verkäuflichkeit gesprochen werden könne.

Dies ist richtig, wenn man bedenkt, wie selten Wiesen- und Ackergrundstücke den Eigentümer 881
wechseln. Dies geschieht gewöhnlich im Rahmen der Gesamtrechtsnachfolge nach einem Erbfall. Noch seltener sind Veräußerungsgeschäfte; vielleicht erst nach vielen Jahrzehnten.

Wertbildende Faktoren bei einem Wiesen- und Ackergelände sind die Nutzungsmöglichkeit des 882
Grundstücks und der landwirtschaftliche Ertrag. Der Verkehrswert[963] hat bei Grundstücken, die gewöhnlich kaum oder gar nicht veräußert werden, keine Bedeutung.

Bei landwirtschaftlich nutzbaren Grundstücken ist das zum 01.01.2008 in Kraft getretene Boden- 883
schätzungsgesetz[964] zu beachten, das Bemessungsgrundlagen für Acker- und Grünlandflächen enthält. Bereits der Vorläufer, das Bodenschätzgesetz vom 16.10.1934, diente ursprünglich dazu, den unterschiedlichen Bodenwert nach Lage, Art, Nährstoffgehalt etc. zusammenzustellen, um darauf basierend eine steuerliche Grundlage für eine Bodenbesteuerung zu veranlassen. Durch die bis in die 50er Jahre durchgeführte Gesamterfassung aller Grundstücke gibt es hier nun nähere Aufschlüsse auch für weitere Anwendungsbereiche, insbesondere die Planung, Wasserschutzgebietsausweisung,

959 *BGH* v. 27.10.2015 – VI ZR 23/15, WKRS 2015, 31392 = DAR 2016, 309 = VersR 2016, 60.
960 *OLG Hamm* v. 02.11.2016 – 21 U 14/16, WKRS 2016, 34220.
961 Anders ggf. bei Oldtimern; zum Oldtimerrecht s. Himmelreich/Halm/*Remsperger* Kap. 46.
962 *LG Waldshut-Tiengen* v. 23.05.2002 – 4 O 175/01.
963 *LG Frankfurt/M.* v. 27.06.2000 – 2/10 O 174/97 legte ebenfalls das Schwergewicht auf die eingeschränkte künftige Nutzung wegen der bei der Sanierung entstandenen Bodenverdichtung durch schweres Gerät; einen kleinen Anteil bzgl. des sanierten Grundstücksteiles ließ es wegen der Ungewissheit für potenzielle Käufer gelten.
964 Gesetz zur Schätzung des landwirtschaftlichen Kulturbodens v. 20.12.2007 BGBl. I, 3150 f.

Umweltverträglichkeitsprüfung, Belange des Naturschutzes, Flurbereinigungsverfahren, Bodenschutz und Ackerbau.[965]

884 § 11 BodSchätzG lässt ein Nachschätzungsverfahren zu, wenn sich die Ertragsbedingungen für das Grundstück ändern. Diese können auch auf künstlichen Maßnahmen beruhen, wenn sie zu einer wesentlichen und nachhaltigen Veränderung führen. Hierdurch werden auch der Umweltschadensfall und die Folgen von Sanierungsmaßnahmen angesprochen.

885 Im Fall des *LG Landshut-Tiengen*, bei dem Tausende Tonnen Boden bewegt wurden und Ölreste im Boden verblieben, ist ein Nachschätzungsverfahren zu erwägen. Zu beachten ist, dass sich dabei ergebende Wertminderungen auch die steuerliche Basis verändern. Somit könnten auch weniger Steuern zu entrichten sein, denn nach § 1 Abs. 1 S. 1 BodSchätzG dient das Gesetz vornehmlich der einheitlichen Bestimmung von Grundlagen für die Besteuerung. Im Wege der Vorteilsausgleichung wird dies wiederum zu berücksichtigen sein. Für die Gewerbesteuer wurde dies bereits so entschieden.[966]

### *b) Bebaute Grundstücke zu Renditezwecken*

**▶ Fallbeispiel: Wohn- und Geschäftsgebäude**

886 Das *OLG Karlsruhe*[967] hatte es mit einem Wohn- und Geschäftsgebäude eines Öl- und Gasheizungsinstallationsbetriebes zu tun, bei dem es zu einem Ölschaden im Hause kam. Der Schaden ließ sich komplett sanieren. Das Gericht hat einen merkantilen Minderwert verneint. Eine vollständige Sanierung hinterlässt keine Einschränkung der Nutzung. Folglich war nichts auszugleichen.

887 Darüber hinaus war aber noch zu bedenken, unter welchen Umständen ein solches Grundstück veräußert werden könnte.

888 Bei Wohn- und Geschäftshäusern spielen Renditegesichtspunkte die wesentliche Rolle. Kaufentscheidungen werden häufig emotionsfrei nach Lage und Vermietbarkeit getroffen. Wurde ein Schaden vollständig saniert und kann dies dokumentiert und belegt werden, so schreckt dies einen potenziellen Käufer nicht ab.

889 Nur dann, wenn es tatsächlich zu einer Eintragung in das Altlastenregister kommen sollte oder ein Grundstück wegen eines begründeten Altlastenverdachtes nur als »B«- statt als »A«-Grundstück von der Behörde eingestuft werden sollte, ist ein möglicher merkantiler Minderwert zu diskutieren. Ob aber hierfür allein der Streitwert bei Kostenentscheidung eines Gerichtes[968] maßgeblich gemacht werden kann,[969] erscheint mangels Anknüpfungspunkt fraglich. Dieser ist entscheidend vom Antrag der Parteien abhängig.

### *c) Privates Wohngrundstück*

**▶ Fall: Reines Wohngrundstück**

890 Das *OLG Celle*[970] kam bei einem reinen Wohngrundstück mit erheblicher Restbelastung zu einem anderen Ergebnis. In diesem Fall konnte ein bebautes Wohngrundstück nur teilweise saniert werden, da tief unter dem Gebäude, aber weit entfernt vom Grundwasser, 400 bis

965 *Pfeiffer/Sauer/Engel*, 5.
966 *OLG Hamm* VersR 1976, 765.
967 *OLG Karlsruhe* NJW-RR 1997, 1247 f.
968 *VGH Mannheim* v. 29.11.2005 – 10 S 758/05, UPR 2006, 311 mit Anm. *Mohr* UPR 2006, 299.
969 Pauschal 10 % des Bodenwertes, so *Osberghaus/Crocoll/Lehmann* unter http://www.crocoll-consult.de/downloads/CC_%20Merkantiler%20Minderwert.pdf.
970 *OLG Celle* v. 25.08.1992 – 16 U 162/90.

maximal 2.500 Liter Heizöl in Öl rückhaltendem Bodenmaterial verblieben sind. Behörde und Umweltsachverständige sahen trotz dieser ungewöhnlich hohen Restbelastung wegen der örtlichen Gegebenheiten keine Gefahr für das Grundwasser. Trotzdem hatten die Schadenverursacher ein Anerkenntnis abgegeben, etwaige weitere Sanierungskosten zu übernehmen.

Auf Basis eines Gutachtes über den Verkehrswert,[971] das einen merkantilen Minderwert von 30 % feststellte, hat das *OLG Celle* eine entsprechende Schadensersatzsumme zugesprochen.

Für den Senat war die Einschätzung eines Grundstücksachverständigen ausschlaggebend, der angab, dass die Zahl der potenziellen Kaufinteressenten für ein solches Wohngrundstück geringer sei und die verbleibenden Interessenten aufgrund des Risikos, vielleicht doch später in Anspruch genommen zu werden, nur dann zum Kauf bereit wären, wenn sie jetzt weniger zu zahlen hätten.

Sicherlich spielen beim Kauf von Wohngrundstücken Emotionen eine weitaus größere Rolle als 891
beim Erwerb eines Renditeobjekts durch einen kühl rechnenden Anleger. Dies darf aber nicht der einzige Punkt sein, der an dieser Stelle in die Beurteilung einfließt.

Eine Sanierungszusage, sogar gesichert durch ein gerichtliches Anerkenntnisurteil, das auch gegen- 892
über den Rechtsnachfolgern des Grundstücks weitergegeben werden kann, sollte etwaige Bedenken abmildern. Der Geschädigte ist geschützt, wenn die Zusage von einem großen Versicherer abgegeben wurde.[972]

Wichtig ist es aber zu überlegen, ob der richtige Zeitpunkt für die Bemessung des Verkehrswertes 893
gewählt wurde. Zweifel kommen auf, da der geschädigte Eigentümer des Grundstücks sein Haus aktuell weder verkaufen wollte oder musste. Ist zudem ein weiterer biologischer Abbau der Schadstoffe zu erwarten und wird in einigen Jahrzehnten immer weniger auf das Unfallereignis hinweisen, so reduziert sich auch das Risiko der erschwerten Verkäuflichkeit. Es kann durchaus sein, dass bis dahin das Grundstück auch gar nicht veräußert werden soll. Wenn dem so ist, hat der Geschädigte Schadensersatz für etwas erhalten, was sich als Schaden niemals in barer Münze realisiert hat.

Grundstücke sind daher anders zu behandeln als Kraftfahrzeuge, die gegenüber einem Grundstück 894
nur eine begrenzte Nutzungsdauer aufweisen, beliebig austauschbar sind und deutlich häufiger den Eigentümer wechseln.

Erst wenn tatsächlich das Wohngrundstück zum Verkauf ansteht und dabei ein schlechteres Ver- 895
kaufsergebnis erzielt wird, tritt möglicherweise auch effektiv ein Schaden ein.

Da bei dieser Betrachtungsweise die Schadensposition »merkantiler Minderwert« noch nicht fällig 896
ist, kann sie noch nicht zugesprochen werden. Anders ist es jedoch mit einem Feststellungstitel für den Fall, dass das Grundstück später einmal unter seinem Verkehrswert veräußert werden müsste. Aufwendungen zur späteren Schadenfeststellung durch einen Grundstücksgutachter sowie für etwaige weitere Bodenuntersuchungskosten, um den erreichten Stand des biologischen Abbaus festzuhalten, fallen dabei ebenfalls dem Schädiger zur Last.

Mit Blick auf die wesentliche Anzahl der Anwendungsfälle, die Wertminderung bei Kraftfahrzeugen, 897
stellt der *BGH*[973] allerdings auf den Zeitpunkt der beendeten Instandsetzung ab. Nachvollziehbar in

971 Verkehrswert statt Ertragswert bei Hausgrundstücken ist auch im öffentlich-rechtlichen Entschädigungsrecht anzuwenden, *BVerwG* v. 25.11.1970 – IV C 119/68, BVerwGE 36, 301 (Hausschwamm nach Fliegerbombe).

972 Parallele zum Feststellungstitel statt Leistungstitel, *BGH* v. 28.09.1999 – VI ZR 195/98, DAR 2000, 31 = NJW 1999, 3774 = VersR 1999, 1555; *BGH* v. 30.03.2004 – VI ZR 25/03, DAR 2004, 386 = NZV 2004, 347 = SP 2004, 227 = SVR 2004, 354, bespr. v. *Hernig/Schwab.*

973 *BGH* v. 02.12.1966 – VI ZR 72/65, NJW 1967, 552 f. (betr. PKW); *BGH* v. 24.02.1969 – VII ZR 173/66, VersR 1969, 473 = DB 1969, 1014; *BGH* v. 02.04.1981 – III ZR 186/79, NJW 1981, 1663 = MDR 1981, 915 = DVBl. 1982, 1198.

seiner Argumentation ist, dass der Schädiger nicht dadurch einen Vorteil erhalten soll, dass er die Leistung verzögert, um letztlich einen geringeren Schadensersatzbetrag leisten zu müssen.[974] Der Überlegung liegt die Tatsache zugrunde, dass Kraftfahrzeuge allein durch Zeitablauf einem Wertverlust ausgesetzt sind, auch wenn sie nicht benutzt werden. Je älter das Fahrzeug, desto weniger ist es wert und desto geringer ist dann auch der sich einstellende Wertverlust.

898 Beachtet man, dass die Entscheidung[975] weit über 40 Jahre alt ist, so hat sich zwischenzeitlich in der Regulierungspraxis der Versicherer doch sehr viel getan. Vorrangiges Ziel ist es heute, ohne zusätzlichen oder gar noch erschwerenden Aufwand einen Schaden möglichst zeitnah und abschließend zu erledigen. Es widerspricht dem Gebot, den Verwaltungsaufwand klein und damit die Schadenkosten gering zu halten, um allein wegen der Wertminderung einen gewöhnlichen Fahrzeugschaden über Jahre offen zu halten und Rückstellungen bilden zu müssen. Ein solches unpraktikables Vorgehen erwartet weder der Geschädigte noch der Versicherungsnehmer.

899 Für den Fahrzeugschaden mag daher auch heute noch aus ganz anderen Erwägungen der Praxis zu folgen sein. Auf bestimmte Gewerbeimmobilien, die als reine Renditeobjekte einfache Zweckbauten mit nur kurz bemessener Nutzungsdauer darstellen und dabei schnell an Wert verlieren, mag dies ebenso zutreffen.

900 Etwas anderes muss aber bei bebauten und unbebauten Grundstücken gelten, bei denen umgekehrt mit einer Wertsteigerung im Laufe von Jahrzehnten zu rechnen ist. Diese Grundstücke haben nach vielen Jahren eben keinen Schrottwert oder müssen nicht wie Altfahrzeuge mit zusätzlichen Kosten entsorgt werden. Die unterschiedliche Ausgangslage bedarf folglich einer unterschiedlichen Betrachtung der zeitlichen Schadensfeststellung.

901 Dennoch hat der *BGH* im Fall einer mangelhaften Betonplatte[976] oder wegen des Einbringens von Beton[977] auf dem Grundstück eine merkantile Wertminderung selbst dann bejaht, wenn keinerlei Absicht bestand, das Grundstück zu veräußern.

902 Dem *BGH* war offenbar bewusst, dass es zu ungerechten Ergebnissen kommen kann, denn er hat offengelassen, inwieweit ein merkantiler Minderwert zu verneinen ist, wenn sich später beim Verkauf herausstellen sollte, dass der Mangel für den Kaufpreis irrelevant war.[978]

903 Einen ähnlichen Weg geht das *OLG Köln*[979] bei einem Gewerbegrundstück, das durch Beaufschlagung des Grundwassers mit Kerosin belastet wird. Im dortigen Fall ist die Sanierung nicht abgeschlossen und kann noch Jahrzehnte dauern. Das OLG stellt darauf ab, dass erst mit dem Ende der Sanierung ein merkantiler Minderwert festgestellt werden könne und dann fällig sei.

904 Dem ist wegen folgender Vergleichsüberlegung zuzustimmen: Vor dem Unfall hat ein Fahrzeug einen bestimmten Wert. Durch den Unfallschaden sinkt dieser Wert. Kein Mensch käme auf die Idee nun neben den Reparaturkosten zugleich die Differenz zwischen Wiederbeschaffungswert und Restwert als »merkantilen Minderwert« einzufordern. Der Ansatz des *OLG Köln* für das kontaminierte Grundstück ähnelt somit der Regelung in § 25 Abs. 3 BBodSchG.

905 Ansatz: Merkantiler Mehrwert im Bundes-Bodenschutz-Gesetz

906 Im Öffentlichen Recht findet sich für den Fall ehemals kontaminierter Grundstücke ein vorzugswürdiger Lösungsansatz. Dieser sollte bei entsprechenden Schäden an Grundstücken ebenso im zivilrechtlichen Schadensersatzrecht Beachtung finden.

---

974 *BGH* v. 02.12.1966 – VI ZR 72/65, DAR 1967, 82 = NJW 1967, 552 = VersR 1967, 183.
975 *BGH* v. 02.12.1966 – VI ZR 72/65, DAR 1967, 82 = NJW 1967, 552 = VersR 1967, 183.
976 *BGH* v. 10.10.1985 – VII ZR 292/84, BGHZ 96, 124 = NJW 1986, 427 = VersR 1986, 41.
977 *BGH* v. 27.06.1997 – V ZR 197/96, NJW 1997, 2595 = VersR 1997, 1495.
978 *BGH* v. 10.10.1985 – VII ZR 292/84, BGHZ 96, 124 = NJW 1986, 427 = VersR 1986, 41.
979 *OLG Köln* v. 16.06.2014 – 12 U 44/13, WKRS 2014, 18175 = r+s 2014, 576.

Das Ziel der öffentlich-rechtlichen Norm ist es, Wertsteigerungen in voller Höhe abzuschöpfen. Diese entstehen durch behördlich veranlasste Bodensanierungen nach dem Bundes-Bodenschutz-Gesetz (BBodSchG) und kommen dem Grundstückseigentümer zugute. Geregelt ist dies in § 25 Abs. 2 BBodSchG,[980] der auf die ImmoWertV[981] Bezug nimmt. Diese ist zur Ermittlung heranzuziehen. Eine andersartige Berechnung ist unzulässig.[982] 907

Die ImmoWertV sieht bedarfsgerecht verschiedene Bewertungsverfahren vor. Es handelt sich dabei um das Vergleichswertverfahren,[983] das Ertragswertverfahren[984] und das Sachwertverfahren.[985] 908

Auf die schadensersatzrechtlichen Regelungen entsprechend übertragen, ist nach verschiedenen Grundstücksarten und Nutzungen zu unterscheiden. Je nach individueller Besonderheit ist das zutreffende Wertverfahren anzuwenden. 909

Wertermittlungsstichtag ist nach § 3 Abs. 1 ImmoWertV i.V.m. § 25 Abs. 3 S. 1 BBodSchG der Zeitpunkt, in dem die Sanierung abgeschlossen ist und die Behörde den Ausgleichsbetrag festsetzt. Erst dann wird die Forderung fällig. 910

Die Wertausgleichspflicht erlischt, wenn nicht bis zum Abschluss des vierten Jahres nach Abschluss der Sanierung eine Festsetzung erfolgte (Festsetzungsverjährung), § 25 Abs. 3 S. 2 BBodSchG. Zur Vermeidung von unbilligen Härten kann von der Festsetzung ganz abgesehen werden, § 25 Abs. 5 BBodSchG. 911

Will man die Grundsätze auf das Schadensersatzrecht zur Schadensposition »merkantiler Minderwert« übertragen, so ist für den Bewertungs- und Fälligkeitszeitpunkt auf den Zeitpunkt der Veräußerung abzustellen. 912

Ist eine Restbelastung bekannt, dürfen zur Schadensfeststellung nicht einfach nur Pauschalen angesetzt werden. Der Schaden ist konkret zu ermitteln. 913

Die Anforderungen an ein Gutachten werden dabei von der Rspr. unterschiedlich hoch angesetzt. So meint das *OLG Naumburg*,[986] ein Verkehrswertgutachter müsse nicht selbst Mängel erforschen und auch kein Bodengutachten anfertigen lassen. Er könne sich auf augenscheinlich erkennbare Mängel beschränken. 914

Der *BGH*[987] hält dagegen richtigerweise bei einem Altlastenverdacht eine Bodenuntersuchung als Anknüpfungstatsache für ein zu erstellendes Verkehrswertgutachten für erforderlich. 915

| | unbebaute Grundstücke | | | bebaute Grundstücke | |
|---|---|---|---|---|---|
| | Wiesen und Ackerland | Wohn- und Geschäftsgrundstück | reines Wohngrundstück | Wohn- und Geschäftsgebäude | reines Wohngrundstück |
| Wert bildender Maßstab | Landwirtschaftlicher Ertrag | Rendite/Verkehrswert | Verkehrswert | Rendite | Verkehrswert |

980 Ähnlich § 194 BauGB.
981 Verordnung über die Grundsätze für die Ermittlung der Verkehrswerte von Grundstücken (Immobilienwertermittlungsverordnung – ImmoWertV) v. 19.05.2010, BGBl. I S. 639.
982 *VGH Kassel* WKRS 2011, 16182 = BauR 2011, 1702 = NJW 2011, 2314; *Horn* § 25 BBodSchG, Rn. 7.
983 §§ 15 ff. ImmoWertV.
984 §§ 17 ff. ImmoWertV.
985 §§ 21 ff. ImmoWertV.
986 *OLG Naumburg* v. 03.08.2005 – 11 U 100/04, (*BGH* v. 01.06.2006 – III ZR 207/05, NZB als unzulässig zurückgewiesen).
987 *BGH* v. 18.05.2006 – V ZB 142/05, NJW-RR 2006, 1389 = MDR 2007, 110.

| | unbebaute Grundstücke | | | bebaute Grundstücke | |
|---|---|---|---|---|---|
| | Wiesen und Ackerland | Wohn- und Geschäftsgrundstück | reines Wohngrundstück | Wohn- und Geschäftsgebäude | reines Wohngrundstück |
| vollständige Sanierung | kein Schaden | kein Schaden | Schaden fraglich | kein Schaden | Schaden fraglich |
| Teilsanierung/ Verbleibende Restbelastung | Schaden vorhanden, sofern Ertragsminderung, dann Vorteilsausgleich wegen niedrigerer Besteuerung möglich; Feststellungsanspruch | Schaden fraglich Problem: Fälligkeit; Feststellungsanspruch | Schaden fraglich Problem: Fälligkeit; Feststellungsanspruch | Schaden vorhanden, sofern Nutzungseinschränkung, dann Vorteilsausgleich bei niedriger Besteuerung möglich; Feststellungsanspruch | Schaden vorhanden Problem: Fälligkeit; Feststellungsanspruch |

## 2. Ertragsminderung durch Mietminderung oder Kündigung

916 In der Praxis spielen gelegentlich auch Mietminderung und Kündigung eine Rolle, wenn ein Mieter wegen des Heizölgeruchs die Miete gegenüber dem Vermieter mindert oder sogar auszieht.

917 Im gesamten Mietrecht gilt nach § 536 Abs. 1 BGB der subjektive[988] Fehlerbegriff. Eine Abweichung der Ist-Beschaffenheit von der Soll-Beschaffenheit ist bereits mietvertraglich ein Mangel. Somit kann selbst der bei Einhaltung von DIN-Normen[989] ein Mangel vorliegen.

918 Schadensersatzrechtlich relevant in Bezug auf den Schadenverursacher ist allerdings nur die Abweichung von der üblichen Beschaffenheit. Nur diese Mängel und daraus folgende Schäden sind sozialadäquat. Extreme Empfindlichkeiten von Sachgütern[990] oder ein vertraglich vereinbartes, übersteigertes Leistungsniveau, beschränken nach allgemeinen Regeln[991] den Ersatzanspruch.

919 Sachmängel an der Mietsache können sich z.B. durch Ölgeruch nach Überfüllung des Kellertanks unmittelbar aus der Mietsache ergeben. Umweltmängel können aber auch von außen[992] auf die Mietsache einwirken.

### a) Minderung

920 Häufig ist eine Minderung nicht berechtigt, sodass der Vermieter die Minderung nicht hinzunehmen hat. Er hat die unberechtigte Reduzierung der Miete im Rahmen seiner Schadenminderungspflicht abzuwehren, statt sie an den Schädiger durchzureichen.

921 Eine berechtigte Mietminderung kann er dagegen als Schadensposition erfolgreich beim Schädiger geltend machen, sofern es sich nach objektiven Kriterien um eine relevante Abweichung von der üblichen Beschaffenheit handelt.

922 Wichtig ist es, die genauen Kriterien zu erkennen, ab wann eine Mietminderung bei einem umweltrelevanten Schaden verlangt werden kann.

988 *BGH* v. 26.09.1990 – VII ZR 205/89, MDR 1991, 329 = ZMR 1991, 19 (Fahrzeugmiete); *BGH* v. 16.02.2000 – XI ZR 279/97, NJW 2000, 1714 = MDR 2000, 821 = ZMR 2000, 508 (Gewerbe).
989 *OLG Celle* ZMR 1985, 10; PWW/*Feldhahn* § 536 BGB, Rn. 7.
990 *BGH* v. 02.07.1991 – VI ZR 6/91, BGHZ 115, 84 = NJW 1991, 2568 (Panik unter Schweinen nach Unfallknall); *RG* v. 04.07.1938 – V ZR 17/38, RGZ 158, 34 (Silberfüchse).
991 PWW/*Luckey* § 249 BGB, Rn. 75 ff.
992 *Horst* MDR 2011, 1022.

Zunächst ist festzustellen, dass der Mieter gegenüber dem Vermieter beweispflichtig ist. In welcher Qualität der Beweis zu erbringen ist, ob durch gutachterliche Messungen[993] oder allein durch die »Nase« des Gutachters,[994] ist in der Rspr. uneinheitlich. Tatsächlich bewegt sich dies in einer Bandbreite von Hysterie, berechtigter Gefahrbesorgnis, objektiver Gefährdung und tatsächlichem Schadenseintritt.[995] 923

Nimmt der Mieter über einen längeren Zeitraum (sechs Monate)[996] eine an sich gerechtfertigte Beeinträchtigung der Mietsache hin, verliert er sogar sein Recht auf eine Minderung. Die nur potenziell mögliche Vermögenseinbuße durch Mietminderung hat sich dann beim Vermieter nicht realisiert. Auf einen hypothetischen Vermögensschaden des Vermieters hat der Schädiger keinen Ersatz zu leisten. 924

Die Minderung der Miete richtet sich nach den §§ 536 Abs. 1, 578 Abs. 2, 581 Abs. 2 BGB. Voraussetzung ist eine Geruchsbelästigung in Wohn-, Aufenthalts- und Pachträumen, bei denen Menschen dauerhaft der Belastung ausgesetzt sind. Beschränkt sich der Geruch lediglich auf den Kellerraum, berechtigt dies nicht zu einer Minderung. 925

Zudem kommt es auf die Qualität der Belastung an, insbesondere, welcher Stoff ausgast. So kann eine bereits geringe Belastung mit Lösungsmitteln[997] ausreichen, wohingegen es bei Heizöl[998] zu einem dauerhaften und intensiven Geruch[999] in Wohn- und Arbeitsräumen kommen muss. Im letzten Fall wurde eine Minderung von 15 % der Nettomiete veranschlagt; heute ist allerdings auf die Bruttomiete[1000] abzustellen. Bei massivem[1001] Ölgeruch ohne Gesundheitsbeeinträchtigung wurde auch schon einmal eine Mietzinsminderung von 20 % erwogen. 926

### *b) Kündigung des Mietverhältnisses*

Nach § 569 Abs. 1 S. 1 BGB ist eine Kündigung des Mietvertrages aus wichtigem Grund möglich, sofern nicht nur eine Beeinträchtigung, sondern eine erhebliche Gefährdung[1002] vorliegt, die über einzelne Wohnräume und Aufenthaltsräume[1003] hinausgeht.[1004] 927

An dieser Stelle wird eine technische Bewertung umso wichtiger. Dabei ist zu beachten, dass sich Richt- und Grenzwerte im Laufe der Zeit ändern können. So hat beispielsweise das BGA (Bundesgesundheitsamt) den Richtwert für PCP (Pentachlorphenol) bis 1989 bei $60g/m^3$ veranschlagt, dann aber drastisch auf nur $1g/m^3$ gesenkt. 928

Wesentlich ist, dass auch mehrere Stoffe negativ zusammenwirken können. Dies hat zur Folge, dass ein einzelner Parameter nicht allein betrachtet werden darf. Dies gilt auch dann, wenn noch kein Grenzwert existiert.[1005] 929

993 *KG Berlin* v. 01.10.2001 – 8 U 3861/00 (Luftkonzentrationsmessung nach Gasaustritten).
994 *OLG Köln* v. 17.12.2002 – 3 U 66/02 (Parkettversiegelung).
995 Beispiele bei *Horst* MDR 2011, 1022 (1023).
996 *BGH* v. 18.06.1997 – XII ZR 63/95, NJW 1997, 2674 = WM 1997, 2002; *BGH* v. 31.03.2000 – XII ZR 41/98, NJW 2000, 2663 zum alten Recht.
997 *AG Torgau* WKRS 2002, 25241 = WM 2003, 316.
998 *AG Augsburg* WKRS 2001, 30321 = WM 2002, 605.
999 *OLG Naumburg* v. 27.11.2001 – 9 U 186/01 (Schimmelbildung und Fäkaliengeruch).
1000 *BGH* v. 06.04.2005 – XII ZR 225/03, BGHZ 163, 1 = NJW 2005, 1713 = MDR 2005, 979.
1001 *AG Paderborn* Az. 53 C 178/98 aus Mieterzeitung 2/2000.
1002 *LG Augsburg* v. 01.03.2006 – 7 S 4877/05 (hat entgegen eindeutigem Gesetzeswortlaut eine starke Ölgeruchsbelästigung als Kündigungsgrund ausreichen lassen).
1003 PWW/*Elzer* § 569 BGB Rn. 3.
1004 Staudinger/*Emmerich* § 569 BGB Rn. 11.
1005 *OLG Nürnberg* v. 15.01.1992 – 9 U 3700/89 (Formaldehyd und Lindan im Fertighaus).

930 Zum Schutz des Bürgers vor Gesundheitsgefahren ist immer auf die aktuelle Sichtweise und nicht auf die bei Vertragsschluss abzustellen. Dies gilt auch und gerade für Dauerschuldverhältnisse wie der Miete.[1006]

931 Bei entsprechenden Indizien für eine Gefährdung kann es unzumutbar sein, vor einer Kündigung erst noch eine Bestätigung vom Gesundheitsamt[1007] einzuholen. Daran ist zu denken, wenn unstreitig aus dem Keller in die Wohnräume eines atemwegserkrankten Mieters Öldämpfe eindringen. Dabei ist es streitig, ob tatsächlich auf die besonderen Verhältnisse des Mieters abzustellen ist.[1008]

932 Besondere Personengruppen leiden oft erheblich mehr und bereits früher als der Durchschnittsbürger. Nicht nur die körperliche Konstitution von Säuglingen, Kleinkindern, alten Menschen, Kranken[1009] und Schwangeren ist schlechter, sie halten sich z.B. mangels Berufstätigkeit auch viele Stunden des Tages in diesen Räumen auf. Damit inhalieren sie intensiver als es für gesunde Arbeitnehmer nach der MAK[1010] für einen 8-Stunden-Arbeitstag berechnet sein mag. Bei einer Güterabwägung von gesundheitlicher Integrität für bestimmte Personengruppen zu den wirtschaftlichen Interessen des Vermieters ist den individuellen Bedürfnissen des Mieters Vorrang einzuräumen.

933 Es bedarf keines Verschuldens[1011] des Vermieters, um das Kündigungsrecht ausüben zu können. Der Wortlaut des § 569 BGB sieht dies nicht vor. Der Mieter verliert sein Kündigungsrecht, wenn er den die Gesundheit gefährdenden Zustand zu vertreten[1012] hat.

934 Hysterie ist entgegen zu wirken, aber nicht durch Vertuschen.[1013] Nur da, wo echte Gefahren drohen, besteht ein Kündigungsrecht.

935 Der Nachweis von Gesundheitsbeschädigungen[1014] ist allgemein sehr schwierig.

### 3. Technischer Minderwert

936 Nach der Rspr. zu Bauschäden sind auch technische Minderwerte[1015] zu berücksichtigen. Dies insbesondere dann, wenn Materialien beim Bau verwendet wurden, die die Nutzungsdauer oder Belastungsgrenzen mindern.

937 Im Rahmen von Umweltschäden wird es schwerlich zu solchen Schadensposition kommen können. Wird nach dem Ausbau von kontaminiertem Material gleichwertiges, sauberes Bodenmaterial mit gleicher Bodenklasse wieder fachgerecht eingebaut, verbleibt objektiv kein Nachteil. Eine eingeschränkte Nutzung kann sich daher kaum einstellen.[1016] Zu ähnlichen Ergebnissen kommt die verwaltungsgerichtliche Rechtsprechung[1017] zu Erschließungsbeiträgen, wenn schadstoffbelastetes Material im Straßenbau eingebaut wurde.

---

1006 *BVerfG* v. 04.08.1998 – 1 BvR 1711/94, NJW-RR 1999, 519 = ZMR 1999, 687; *BayObLG* NJW-RR 1999, 1533.
1007 *AG Flensburg* WM 2003, 328.
1008 Streitstand bei Staudinger/*Emmerich* § 569 BGB Rn. 9.
1009 Extremfall: *AG Aachen* SVR 2008, 71, bespr. von *Schwab* (Überfüllschaden in Arztpraxis; Haftung verneint).
1010 MAK = maximale Arbeitsplatzkonzentration.
1011 Bamberger/Roth/*Wöstmann* § 569 BGB Rn. 6.
1012 *BGH* v. 17.12.2003 – XII ZR 308/00, BGHZ 157, 233 = NJW 2004, 848 = ZMR 2004, 338.
1013 *OLG Düsseldorf* v. 16.05.2003 – 3 Wx 98/03 (Geruchsvernichter in WEG).
1014 *SG Dortmund* v. 26.07.2004 – S 23 U 12/03 n.r. (Tankwart/Tankwagenfahrer mit einer Multi-System-Atrophie = ähnlich Parkinson: keine Berufskrankheit); *LSG Schleswig-Holstein* v. 20.07.2000 – L 5 U 114/99 (Top-Loading-Verfahren führte nicht zur Berufskrankheit).
1015 *BGH* v. 17.12.2003 – XII ZR 308/00, BGHZ 157, 233 = NJW 2004, 848 = ZMR 2004, 338.
1016 Unklar insofern *OLG Koblenz* OLGR 1999, 178.
1017 *OVG Nordrhein-Westfalen* v. 17.08.2016 – 15 B 652/16, WKRS 2016, 22942 = NVwZ-RR 2016, 885.

## II. Besondere Einzelpositionen

### 1. Grundstücksvertiefung

Je nachdem, wo und wie die Sanierung stattfindet, kann es erforderlich sein darauf zu achten, dass Gebäude oder Straßenanlagen in der Nachbarschaft des Unglücksortes nicht geschädigt werden. Insbesondere besteht bei unsachgemäßem Aushub und fehlender Absicherung die Gefahr, dass durch eine Bodenvertiefung die Standfestigkeit[1018] gefährdet wird. Es besteht die Möglichkeit, sich bei unzureichender Absicherung schadensersatzpflichtig zu machen, §§ 909 i.V.m. 823 Abs. 2 BGB.[1019] 938

Entsprechend sind beim Ausschachten die Rechte Dritter durch im Boden verlegte Kabel und Leitungen zu beachten. 939

### 2. Wertverbesserungen

Wertverbesserungen können bei der Sanierung entstehen, wenn Anlagen und Gebäudeteile nicht mehr so errichtet werden können und dürfen, wie es damals nach aktuellem Baurecht noch zulässig war. Der Geschädigte sieht sich nun Mehrkosten gegenübergestellt, wenn er für die neue, aber auch deutlich bessere Anlage, die den gleichen Zweck wie zuvor die alte Anlage erfüllt, auch mehr Geld aufwenden muss. Liegen behördliche Wiederherstellungsbeschränkungen vor, sind diese zu beachten. Regelungen aus der Feuerversicherung[1020] sind nicht auf das Schadensersatzrecht übertragbar. Abzüge Neu für Alt[1021] sind daher zu berücksichtigen, zumal nicht nur der potenzielle Wiederverkaufswert des Grundstücks gesteigert wird, sondern Sicherheitsaspekte und eine erweiterte Lebensdauer echte Vorteile für den Geschädigten bringen. 940

# G. Dispositionsfreiheit, Behörden, Verwaltungsverfahren und Verwaltungsvertrag

## I. Eingeschränkte Dispositionsfreiheit des Geschädigten

Die Beteiligten im Rahmen eines Schadenereignisses mit Umweltbezug sind nicht völlig frei in ihrer Entscheidung, ob und wenn ja, was getan werden muss, um den Schaden zu beheben. 941

Nur der Fahrzeugeigentümer und der Geschädigte eines »normalen« Sachschadens haben weitgehend die Dispositionshoheit in der Schadenregulierung. 942

Beim Personenschaden ist der Grundsatz bereits durchbrochen. Richtigerweise hat der Geschädigte nach Rspr.[1022] und h.L.[1023] die hierfür erhaltenen Mittel zweckentsprechend zu verwenden. 943

Einschränkungen bestehen zudem beim Grundeigentümer.[1024] Zwar sieht § 249 S. 2 BGB vor, dass der Geschädigte statt der Naturalrestitution auch einen monetären Ausgleich für seinen Vermögensverlust beanspruchen kann – Kompensation –; dennoch muss gerade hier nach der Art des Schadens unterschieden werden. Grundeigentümer können nicht einfach einen Abfindungsvergleich mit dem Schädiger schließen und es beim Geldersatz belassen. Sie können auch nicht ganz auf Ansprüche verzichten, weil ihnen die Verunreinigung des Bodens egal ist. 944

---

1018 *BGH* v. 25.02.2008 – V ZR 17/07, VersR 2008, 1116 = NJW-RR 2008, 969.

1019 PWW/*Lemke* § 909 BGB, Rn. 29 ff.

1020 *BGH* v. 30.04.2008 – IV ZR 241/04, VersR 2008, 816 = NJW-RR 2008, 1123 = r+s 2008, 292.

1021 *AG Betzdorf* v. 10.11.1999 – 3 C 64/99 (50 % bei Tankanlage mit abgelaufener halber Lebensdauer).

1022 *BGH* v. 14.01.1986 – VI ZR 48/85, BGHZ 97, 14 = NJW 1986, 1538 = VersR 1986, 550; *OLG Köln* VersR 2000, 1021; zu Einschränkungen der Dispositionsfreiheit beim Verlust vertretbarer Sachen s. *BGH* v. 15.05.2008 – III ZR 170/07, NJW 2008, 2430 = VersR 2008, 1414.

1023 PWW/*Luckey* § 249 BGB Rn. 27; Palandt/*Heinrichs* § 249 BGB Rn. 6; Jauernig/*Teichmann* § 249 BGB Rn. 6; kritisch *Steffen* NJW 1995, 2057 und Himmelreich/Halm/*Jaeger*, Kap. 13, Rn. 15 ff.

1024 *BGH* v. 02.10.1982 – V ZR 147/80, BGHZ 81, 385; *BGH* v. 04.05.2001 – V ZR 435/99, BGHZ 147, 320 (Voraussetzungen zum Erlöschen des Herstellungsanspruchs).

945 Der Geschädigte eines Umweltschadens ist nur insoweit in seiner Entscheidung frei, wie Rechte Dritter nicht tangiert werden oder künftig einmal tangiert werden könnten. Geht es lediglich um Ölflecken, etwa auf dem mitvermieteten Parkplatz einer Wohnung,[1025] die nur den optischen Eindruck eines Grundstücks schmälern, führt dies allein[1026] nicht schon zu möglichen Risiken für Dritte.

946 Anders sieht es dann aber aus, wenn ein kontaminierter Bereich durch Regen ausgewaschen und Schadstoffe auf das Nachbargrundstück gespült oder in tiefere Erdschichten und das Grundwasser gelangen könnten. Dann sind die Interessen nicht nur auf das Grundstück des Geschädigten beschränkt. Neben dem Allgemeininteresse kann auch der Schädiger selbst betroffen sein, will er von Ansprüchen als Schadenverursacher nach § 4 Abs. 3 BBodSchG befreit werden.

947 In diesen Fällen ist die Dispositionsbefugnis des Berechtigten einzuschränken. Die Grenze hierzu wird spätestens dann erreicht, wenn bereits nach öffentlich-rechtlichen Vorschriften oder aufgrund einer hierauf beruhenden Anordnung der Behörde eine Pflicht zum Tätigwerden besteht. Pflichten können sich dabei auch durch das Gebot der gegenseitigen Rücksichtnahme in § 37 WHG ableiten lassen.[1027]

948 Durch das Umweltschadensgesetz bekommt die Pflicht zur Sicherung bzw. Sanierung noch einen weiteren Aspekt. Man stelle sich vor, eine Verunreinigung auf dem Grundstück des Geschädigten beruht auf einem Verschulden eines Kraftfahrers, der beruflich unterwegs war.

949 Befinden sich auf dem Grundstück z.B. geschützte Arten im Sinne des § 2 Nr. 1a USchadG i.V.m. § 19 BNatSchG, könnten diese, wenn sie nicht unmittelbar durch den Unfall geschädigt wurden, auch später noch durch das Unterlassen geeigneter Schutzmaßnahmen Schaden nehmen. Schließlich haben Umweltschäden zeitliche Komponenten und fressen sich weiter. Die Pflicht zum Handeln wendet sich aber zunächst einmal an den Verursacher, hier den beruflich tätigen Kraftfahrer.

950 Die Situation kann sich auch dadurch ergeben, dass ein Geschädigter eine nicht akut gefährliche Kontamination im Boden belassen möchte. Obwohl man technisch zur Sanierung in der Lage ist und dies auch mit einem verhältnismäßigen Kostenaufwand zu leisten wäre, begehrt der Geschädigte aber lieber Geld. Er spekuliert zudem auf einen merkantilen Minderwert seines Grundstücks, das er womöglich gar nicht veräußern möchte, der erwartete unverhoffte Geldsegen ist ihm aber wichtiger als die Umwelt.

951 Die sich abzeichnenden Veränderungen des heimischen Klimas mit extremer werdenden Naturereignissen wie Dürreperioden und heftigen Niederschlägen lassen erwarten, dass diese zu vermehrten Schwankungen des Grundwasserspiegels führen werden. Daraus wächst das Potenzial, dass über die Jahrzehnte hinweg schlummernde Gefahren durch Verunreinigungen plötzlich zu einer akuten Gefahr für Schutzgüter nach dem USchadG werden könnten.

952 Diese Gefahr hat der nach dem USchadG verantwortliche Schädiger dringend mit zu beachten. Das Öffentliche Recht entlässt ihn nach § 13 Abs. 2 USchadG erst nach 30 Jahren aus der Verantwortung.

953 Womöglich leistet der Schädiger zunächst Schadensersatz in Geld, muss dann aber ggf. nochmals für einen Ökoschaden aufkommen, der bei einer Sanierung erst gar nicht entstanden wäre.

954 Der Schädiger hat ein berechtigtes Interesse, von Weiterungen durch eine unterlassene Sanierung freigestellt zu werden. Es kommt noch hinzu, dass der zivilrechtliche Schaden zwar über seine Kfz-Haftpflichtversicherung gedeckt, der in Zukunft drohende Ökoschaden im Sinne des USchadG aber kein gesetzlicher Haftpflichtanspruch privatrechtlichen Inhalts ist.

---

1025 Ölflecken auf Parkflächen und in Garagen lassen sich häufig finden und bieten Anlass zu Streitigkeiten beim Auszug des Mieters. Zur Beweiskraft eines Abnahmeprotokolls zu diesem Thema beim Auszug des Mieters s. *AG Köln* v. 11.12.2001 – 205 C 345/01.

1026 *KG Berlin* NJW-RR 2007, 374 (Rutschgefahr an Tiefgarageneinfahrt durch Ölfleck).

1027 *BGH* v. 26.01.2017 – III ZR 465/15, WKRS 2017, 10341.

Wie kann in einem solchen Fall dem berechtigen Interesse des Schädigers entsprochen werden? 955

Im Grunde vereitelt[1028] der Grundstückseigentümer die Sanierung. Er setzt dadurch den Schädiger bei entsprechender Kenntnis erheblichen Risiken für Vermögensverluste aus. Dieses Verhalten sollte im Sinne des § 826 BGB zu missbilligen sein. Zudem ist ja auch nicht auszuschließen, dass später sogar noch bei einem Ausfall des Schädigers Kosten auf den Staat zukommen. 956

Sollte sich der geschädigte Grundstückseigentümer privatrechtlich gegenüber dem Schädiger verpflichten, ihn bei einer Inanspruchnahme für den möglichen Ökoschadens während der kommenden 30 Jahre freizustellen, stellt sich die Frage nach dem wirtschaftlichen Wert. Selbst eine grundbuchrechtliche Sicherung ist nicht hilfreich, da eine noch bestehende Kontamination des Grundstücks dessen Wert herabsetzt. 957

Sinnvoller könnte es da sein, einen Vertrag zusammen mit der zuständigen Verwaltungsbehörde zu schließen, wonach einerseits der Grundstückseigentümer verpflichtet wird und andererseits der Schädiger aus der potenziellen Verantwortung entlassen wird. Ob sich dies tatsächlich realisieren lässt, muss die künftige Praxis zeigen. Im Bodenschutzrecht sind bei Altlasten derartige öffentlich-rechtliche Sanierungsverträge nach § 13 Abs. 4 BBodSchG i.V.m. §§ 54 ff. VwVfG durchaus an der Tagesordnung,[1029] zumal sich die Vorschrift mit einer Appellfunktion an die Behörde wendet.[1030] 958

## II. Behörden, Verwaltungsverfahren und Verwaltungsvertrag

Immer dann, wenn schützenswerte Güter der allgemeinen Lebensgrundlage betroffen sind, sei es der Boden,[1031] das Wasser[1032] oder die Luft,[1033] können Interessen der Allgemeinheit berührt sein. Ein staatliches Eingreifen nach pflichtgemäßem Ermessen durch die zuständige Behörde kann erforderlich werden. 959

Gegenüber der Generalklausel »Störung der öffentlichen Sicherheit und Ordnung« geht es hier um spezielle Normen des Polizei- und Ordnungsrechtes. Aus dem Über-/Unterordnungsverhältnis von Staat und Bürger ergibt sich bei bestehender Gefahrenlage das Recht bzw. die Pflicht, Forderungen der Behörde nachzukommen. Dabei wird zunächst nicht danach gefragt, wer den Schaden verursacht hat. So kann basierend auf einer Ermächtigungsgrundlage die sachlich und örtlich zuständige Behörde[1034] auch den geschädigten Grundstückseigentümer polizeirechtlich als Zustandsstörer in Anspruch nehmen, obwohl dieser für den gefährlichen Zustand nichts kann. Beispiel: Ein PKW kommt von der Fahrbahn ab, durchbricht einen Zaun, fährt gegen eine Hausmauer und reißt sich dabei den Tank oder die Ölwanne auf. 960

Die Behörde ist folglich in ihrer Störerauswahl frei, muss aber folgende Grundsätze beachten: 961

- Welcher Verantwortliche kann die Störung oder Gefahr am schnellsten und wirksamsten beseitigen?
- Ist jemand sowohl Zustands- als auch Verhaltensstörer? Wenn ja, soll der »Doppelstörer« vor dem einfachen Störer beansprucht werden oder spricht etwas durchgreifend dagegen?
- Der Verhaltensstörer ist vor dem Zustandsstörer als Verantwortlicher auszuwählen. Bestehen Schwierigkeiten, den Verhaltensstörer schnell festzustellen und verantwortlich zu machen, so kann auch auf den Zustandsstörer unmittelbar zurückgegriffen werden. Dies gilt auch für den Kfz-Halter vor dem flüchtigen Fahrer.[1035]

---

1028 Ähnlich Sanierungsvereitlung im Aktienrecht *BGH* v. 20.03.1995 – II ZR 205/94, BGHZ 129, 136 = NJW 2005, 1739.

1029 *Schlemminger/Böhn* NVwZ 2010, 354.

1030 Giesberts/Reinhardt/*Spieth* BBodSchG, § 13, Rn. 27.

1031 Z.B. §§ 1, 9 und 10 BBodSchG.

1032 WHG mit Wassergesetzen der Länder.

1033 BImSchG.

1034 *VG Neustadt a.d.W.* v. 12.12.2003 – 7 K 1592/03.NW (schwierige Klärung bei Straßenrandstreifen).

1035 *BayVGH* BayVBl. 1984, 16.

– Selbst wenn Verschuldensgesichtspunkte im Öffentlichen Recht außen vor bleiben, spielen Zurechnungs- und Billigkeitsgesichtspunkte bei der Störerauswahl eine Rolle. So ist derjenige, der sich sozialadäquat verhält, sein Tun aber die letzte Ursache für einen Schaden gesetzt hat, dann nicht als Störer heranzuziehen, wenn sich sein Verhalten im Rahmen der Rechtsordnung bewegte.[1036]

962 Die Behördenvertreter werden regelmäßig den Kontakt zu den Betroffenen und Verantwortlichen herstellen und versuchen, zunächst im Dialog die Sachlage zu klären.

963 Erst danach werden sie eine Ordnungsverfügung in mündlicher oder schriftlicher Form gem. § 37 Abs. 2 VwVfG erlassen. Es handelt sich dabei um einen Verwaltungsakt im Sinne des § 35 S. 1 VwVfG, also um eine Verfügung, Entscheidung oder andere hoheitliche Maßnahme, die eine Behörde zur Regelung eines Einzelfalles auf dem Gebiet des Öffentlichen Rechts trifft und die auf eine unmittelbare Rechtswirkung nach außen gerichtet ist.

964 In eilbedürftigen Fällen wird die Behörde zusätzlich die sofortige Vollziehung des Verwaltungsaktes nach § 80 Abs. 2 Nr. 4 VwGO anordnen. Hierzu hat zwingend eine weitere Begründung nach §§ 39 VwVfG; 80 Abs. 2 Nr. 4, Abs. 3 VwGO zu erfolgen.

965 Gegen den belastenden Verwaltungsakt ist der Widerspruch nach den §§ 68 ff. VwGO und danach die Anfechtungsklage nach § 42 Abs. 1 VwGO möglich oder direkt der Klageweg eröffnet, wenn das Landesrecht keinen Widerspruch als Vorverfahren vorsieht. So ist bspw. in Niedersachsen unmittelbar Klage zum Verwaltungsgericht zu erheben. Länderspezifisch bedarf es ggf. erst noch einer Anhörung durch den Kreisrechtsausschuss.

966 Im vorläufigen Rechtsschutz kann bereits die Behörde nach § 80 Abs. 4 VwGO oder das Gericht nach § 80 Abs. 5 VwGO die aufschiebende Wirkung des Widerspruchs anordnen oder wiederherstellen.

967 Das oben dargestellte förmliche Verfahren bezieht sich in der Praxis eher auf die Fälle, in denen zumindest auf einer Seite mit Uneinsichtigkeit und Konfrontation gerechnet werden muss. Hier verhärten sich die Fronten, was einer schnellen Lösung des Problems entgegenstehen wird.

968 In besonderen Ausnahmefällen – bei Gefahr im Verzuge – kann die Behörde dann auch noch zur unmittelbaren Ausführung, der Ersatzvornahme,[1037] greifen. Sie wird durch eigene Leute oder durch von ihr beauftragte Firmen Maßnahmen anordnen und durchführen lassen, die eine Vergrößerung des Schadens verhindern. Die Kosten der Ersatzaufnahme darf sie dann wiederum dem Störer auferlegen.

969 Für alle Beteiligten günstiger ist es, eine einvernehmliche Lösung zu suchen. Auch das Verwaltungsrecht bietet eine Möglichkeit über den öffentlich-rechtlichen Vertrag nach den §§ 54 ff. VwVfG. Verträge dieser Art sind nicht nur im Verhältnis von Gemeinden untereinander, sondern auch im Über-/Unterordnungsverhältnis als subordinationsrechtliche Verträge möglich. Im Rahmen des Bodenschutzrechtes besteht sogar eine Appellfunktion[1038] an die Behörde, entsprechend zu agieren.

970 Das bereits vom Gesetz her vorgesehene Miteinander von Staat und Bürger, statt strikter Ausübung der Über-/Unterordnung per Bescheid, bietet im Zusammenwirken der Beteiligten erhebliche Vorteile für alle. Dazu ist es notwendig, sich die verschiedenen Interessenlagen[1039] von Geschädigten, der Allgemeinheit – vertreten durch die Fachbehörde –, und dem oder der Versicherer vor Augen zu führen. Man wird erkennen, dass die Hauptinteressenlagen doch in die gleiche Richtung gehen und gar nicht so entschieden gegensätzlich sind:

971 Allen ist daran gelegen, dass nicht nur Leib und Leben geschützt, sondern auch Umwelt und Sachwerte vor Schaden bewahrt werden.

---

1036 *OVG Koblenz* DÖV 2009, 213 = DVBl. 2009, 204 = NVwZ-RR 2009, 280.

1037 Ersatzvornahme ist bereits Vollstreckung, § 10 VwVG.

1038 Giesberts/Reinhardt/*Spieth* BBodSchG, § 13, Rn. 27.

1039 Siehe auch Halm/Engelbrecht/Krahe/*Schoebel* 6. Aufl., Kap. 30 Rn. 48 ff.

Es liegt in der Natur des Menschen, bei einem eingetretenen Schaden zu hinterfragen, wie es zu dem Schaden kommen konnte. Folglich liegt auch die genaue Sachverhaltsaufklärung meist in allseitigem Interesse. 972

Bei allem, was die Behörde veranlasst, muss sie den Grundsatz der Verhältnismäßigkeit beachten. 973

Er besagt, dass unter mehreren rechtlich und tatsächlich möglichen Maßnahmen diejenige auszuwählen ist, die den Betroffenen am wenigsten beeinträchtigt. Die Maßnahme darf zudem nicht weiter gehen, als zur Erreichung des Zwecks erforderlich. Darüber hinaus darf ein zu erwartender Schaden nicht in grobem Missverhältnis zum angestrebten Erfolg stehen. 974

Diese Vorgabe schützt nicht nur den Schädiger, sondern auch den Geschädigten als Zustandsstörer vor überzogenen Forderungen. 975

Gegenüber dieser Regelung aus dem Öffentlichen Recht hält das privatrechtliche Schadensersatzrecht mit dem Gebot der Erforderlichkeit der Aufwendungen einen ähnlich gelagerten Grundsatz vor. 976

Zu beachten ist jedoch, dass der fünfte Senat des *BGH*[1040] diesen Grundsatz weiter aufgebrochen hat, indem er einen Anspruch auf Folgenbeseitigung im Sinne des § 1004 BGB so weit auslegt, dass der in seinen Rechten Verletzte quasi wie ein Geschädigter auch die Wiederherstellung seines Grundstücks vom Handelnden verlangen kann. Die Entscheidung, bei der es um die Beseitigung einer Bodenkontamination ging, ist auch für Versicherer nicht unproblematisch. Die Entscheidung des fünften Senats des *BGH* fand schnell auch bei Schadensersatzrechtlern aufmerksame Beachtung,[1041] sodass künftig mit einer verstärkten Argumentation in dieser Richtung zu rechnen sei wird, stehe man zu der Entscheidung, wie immer man will. 977

## H. Anzeige-, Melde- und Unterrichtungspflichten

### I. Einleitung

Ein Schadenereignis, das Öl- und Umweltschäden zur Folge haben kann, löst diverse Meldepflichten aus. Schädiger, Geschädigter, Fahrzeughalter, Anlagenbetreiber und eine Reihe anderer involvierter Personen werden nach unterschiedlichen Normen und vertraglichen Regelungen zur Meldung bzw. Information verpflichtet. 978

**▶ Tipp für die Praxis:**

Es ist wichtig, über die einzelnen, häufig im jeweiligen Landesrecht nur schwer auffindbaren Bestimmungen, informiert zu sein, um keine Fehler bei der Abarbeitung des Schadens zu machen. Zudem muss ein Schadenfall oft zugleich mehreren Behörden, Versicherern und sogar Dritten gemeldet werden. Wer als Rechtsanwalt ein Mineralölunternehmen oder eine Spedition berät, sollte sich dieser Besonderheiten bewusst sein und die Mandantschaft darauf hinweisen. Ein sorgfältiger Plan mit entsprechenden Ansprechpartnern im Wirkungskreis des Unternehmens ist nicht nur nützlich, sondern unerlässlich um im Schadenfall den Pflichten zeitnah nachzukommen. 979

1040 *BGH* v. 04.02.2005 – V ZR 142/04, WKRS 2005, 10895 = NJW 2005, 1366 = VersR 2005, 839 = zfs 2005, 332.

1041 Zustimmend *Mohr* Wenn vom Nachbargrundstück eine üble Flüssigkeit Erde und Pflanzen vergiftet, FAZ vom 27.05.2005; *Schimikowski* bringt es auf den Punkt und spricht nun davon, dass sich § 1004 BGB mit der jetzigen Entscheidung zu einem »Quasi-Schadensersatzanspruch gemausert« hat und hebt hervor, dass die Wiederherstellungspflicht nach *BGH* nicht den Zustandsstörer trifft, sondern allein den Handlungsstörer oder denjenigen, der eine gebotene Handlung wissentlich unterlassen hat, r+s 2005, 329.

## II. Anzeigepflichten gegenüber dem Versicherer

### 1. Allgemeine Anzeigepflicht nach den AKB

980 Der Versicherungsnehmer eines Kraftfahrthaftpflichtvertrages hat dem Versicherer – nicht nur dem Makler[1042] – den Schadensfall binnen einer Woche anzuzeigen, E.1.1 AKB 2015.[1043] Eine ähnliche Bestimmung gibt es im Bereich der Allgemeinen Haftpflichtversicherung, 25.1 AHB,[1044] der den § 104 Abs. 1 VVG wiederholt. Auch dort wird eine Anzeige innerhalb einer Woche gefordert. Relevant ist dies dort insbesondere beim Betreiben von stationären Tankanlagen.

### 2. Besondere Anzeigepflicht nach der Kfz-USV

981 Abweichend von der gerade bei Umweltschäden viel zu langen Meldefrist in den AKB, hält die Kfz-USV[1045] eine kürzere Meldepflicht parat. In E.1.1 der Kfz-USV heißt es:

> »Sie sind verpflichtet, uns jedes Schadensereignis, das zu einer Leistung nach dem USchadG führen könnte, – soweit zumutbar – sofort anzuzeigen, auch wenn noch keine Sanierungs- oder Kostentragungsansprüche erhoben worden sind.«

982 Nur eine sofortige Meldung an den Versicherer versetzt diesen in die Lage, tatsächlich über eine Zahlung hinaus, aktiv in das Geschehen eingreifen zu können. So kann er weiter gehende Schäden durch Ansteuern oder Unterstützen professioneller Hilfe vermeiden oder begrenzen.[1046] Die verschärfte Anzeigepflicht ist zulässig[1047] und steht nicht im Widerspruch zu den §§ 104, 105 VVG.

## III. Meldepflichten gegenüber Umweltbehörden

983 Landesgesetzlich geregelt gibt es Meldepflichten gegenüber bestimmten Umweltbehörden. Die Einhaltung der Meldepflicht ist wichtig, da sich hieraus bereits Haftungsgesichtspunkte bei einer Pflichtverletzung ableiten lassen können. Die Ausgestaltung in den einzelnen Ländern ist sehr unterschiedlich. Betroffen sind nicht nur Anlagenbetreiber, sondern auch Fahrzeugführer und Halter. Zu beachten sind parallel das Wasserrecht und das Bodenschutzrecht. Aufgrund der Anforderungen durch das am 14.11.2007 in Kraft getretene USchadG ist daneben das Naturschutzrecht mit zu berücksichtigen.

### 1. Meldepflichten nach den Wassergesetzen

984 Das Wasserhaushaltsgesetz ist ein Bundesgesetz. Bedingt durch die Föderalismusreform I wurde im Grundgesetz die frühere Rahmengesetzgebungskompetenz des Bundes in eine konkurrierende Gesetzgebungskompetenz umgewandelt. Dies schlägt sich in dem seit dem 01.03.2010 geltenden Recht nieder.

985 In Bezug auf Anzeigepflichten enthält § 62 Abs. 4 Nr. 3 WHG eine Regelung, die auf die Ermächtigung für Rechtsverordnungen nach § 23 Abs. 1 Nr. 5 bis 11 WHG – hier relevant Nr. 6 – verweist.

986 Die am 10.04.2010 in Kraft getretene Bundes-VAwS war eine Übergangsregelung, die sich nicht mit den Meldepflichten befasste. Folglich galt das Landesrecht bezüglich der Meldepflicht bis zum 31.07.2017 noch fort.

---

1042 Staudinger/Halm/Wendt/*Halm/Fitz*, Fachanwaltskommentar Versicherungsrecht 25 AHB 2008, Rn. 6.

1043 Genaueres unter Halm/*Kreuter*/Schwab, AKB-Kommentar, E.1.1.1 AKB 2015, Rn. 1 ff.

1044 Siehe Halm/Engelbrecht/Krahe/*Halm/Fitz*, Handbuch FA VersR, Kap. 23 Rn. 79 ff. Staudinger/Halm/Wendt/*Halm/Fitz*, Fachanwaltskommentar Versicherungsrecht 25 AHB 2008, Rn. 1.

1045 Musterbedingungen des GDV v. 19.05.2015.

1046 Zum Umweltschadenmanagement: Himmelreich/Halm/*Schwab* Handbuch FA VerkR, Kap. 28, Rn. 1 ff.

1047 Halm/Kreuter/*Schwab*, AKB-Kommentar, E.1.1 Kfz-USV, Rn. 226.

Eine entsprechende Rechtsverordnung des Bundes, die die Meldepflichten mitregelt, liegt nach mehrfach geänderten[1048] Entwürfen nun vor. § 24 Abs. 2 AwSV[1049] beinhaltet nicht nur eine Zusammenfassung der Regelungen in den Ländern, sondern geht noch deutlich darüber hinaus. Es werden Anzeigepflichten gegenüber Behörden und der Polizei sowie Unterrichtungspflichten gegenüber Drittbetroffenen aufgestellt. 987

Drittbetroffene können daraus ein Schutzgesetz im Sinne des § 823 Abs. 2 BGB für sich reklamieren. Da nicht nur der Verursacher anzeige- und unterrichtungspflichtig ist, können sich selbst Sachverständige und Dienstleister Regressforderungen ausgesetzt sehen. 988

Fast alle Bundesländer haben ihre Wassergesetze zwischen 2009 und 2011 dem neuen WHG angepasst. Meldepflichten wurden in diesem Zuge teils erheblich erweitert. Allerdings finden sich redaktionelle Fehler bei den Verweisen und unbeabsichtigte Auslassungen. 989

Die Länder regeln bislang die Meldepflichten in den Landeswassergesetzen. In Bayern erfolgt dies ausnahmsweise in einer Landesverordnung. Die bundeseinheitliche Regelung ist nunmehr für Schadensfälle ab dem 01.08.2017 anzuwenden. Dies gilt auch für Fälle, in denen das Austreten erst nach dem Stichtag entdeckt wurde. Für Altfälle ist auf die landesrechtlichen Regelungen zurückzugreifen. 990

### *a) Grundsätzliche Unterschiede*

Abweichungen der einzelnen Landesgesetze beruhen insbesondere auf: 991
- unterschiedlichen »Meldeschwellen«
- Abweichungen bei den zur Meldung Verpflichteten
- Unterschiede bei den örtlich und sachlich zuständigen Behörden zur Entgegennahme der Meldung.

### *b) Anzeige- und Unterrichtungspflicht nach § 24 Abs. 2 AwSV*

»Wer eine Anlage betreibt, befullt, entleert, ausbaut, stilllegt, instand hält, instand setzt, reinigt, überwacht oder überprüft, hat das Austreten wassergefährdender Stoffe in einer nicht nur unerheblichen Menge unverzüglich der zuständigen Behörde oder einer Polizeidienststelle anzuzeigen. Die Verpflichtung besteht auch beim Verdacht, dass wassergefährdende Stoffe in einer nicht nur unerheblichen Menge bereits ausgetreten sind, wenn eine Gefährdung eines Gewässers oder von Abwasseranlagen nicht auszuschließen ist. Anzeigepflichtig ist auch, wer das Austreten wassergefährdender Stoffe verursacht hat oder Maßnahmen zur Ermittlung oder Beseitigung wassergefährdender Stoffe durchführt, die aus Anlagenausgetreten sind. Falls Dritte, insbesondere Betreiber von Abwasseranlagen oder Wasserversorgungsunternehmen, betroffen sein können, hat der Betreiber diese unverzüglich zu unterrichten.« 992

### *c) Die einzelnen Normen nach Landeswasserrecht*

Wiedergegeben sind hier zur Orientierung auch noch Regelungen, die sich in aktuellen Neufassungen der jeweiligen Landeswassergesetze teilw. nicht mehr gesondert finden, jedoch als Bewertungsmaßstab Orientierung geben können. 993

#### 1. Baden-Württemberg 994

**§ 25 Abs. 3 LandeswasserG BW a.F.**

(3) Wer eine Anlage, in der mit wassergefährdenden Stoffen im Sinne von § 19g Abs. 5 WHG[1050] umgegangen wird, betreibt, befüllt oder entleert, in Stand hält, reinigt, überwacht oder prüft, hat das Austreten von wassergefährdenden Stoffen unverzüglich der Wasserbehörde anzuzeigen, sofern eine Verunreinigung oder Gefährdung eines Gewässers nicht auszuschließen ist. Ist die in Satz 1 genannte Behörde nicht

1048 Ursprünglich als § 17 Abs. 2 Bundes-VAUwS-Entwurf.
1049 Verordnung über Anlagen zum Umgang mit wassergefährdenden Stoffen (AwSV) v. 18.04.2017.
1050 Gemeint ist das WHG in der bis zum 28.2.2010 geltenden Fassung.

erreichbar, ist die Anzeige bei der nächsterreichbaren Polizeidienststelle zu erstatten. Die Anzeigepflicht entfällt, wenn der Vorgang der zu ständigen Behörde bekannt ist.

995 2. Bayern[1051]

**§ 1 VAwS**
**Bayern**

Diese Verordnung gilt für Anlagen zum Umgang mit wassergefährdenden Stoffen nach § 19g Abs. 1 und 2 Wasserhaushaltsgesetz (WHG),[1052] ausgenommen oberirdische Anlagen mit maßgebenden Volumina bzw. Massen nach § 6 Abs. 3 von nicht mehr als 0,2 $m^3$ bzw. 0,2t außerhalb von Schutzgebieten. Für die nach Satz 1 vom Anwendungsbereich der Verordnung ausgenommenen Anlagen entfällt die Anzeigepflicht nach Art. 37 Abs. 1 BayWG, die Eignungsfeststellungspflicht nach § 19h Abs. 1 WHG, die Fachbetriebspflicht nach § 19i Abs. 1 WHG und die Prüfpflicht nach § 19i Abs. 2 Satz 3 WHG. Auf Anlagen zum Lagern und Abfüllen von Jauche, Gülle und Silagesickersäften und auf Anlagen zum Lagern von Festmist sind nur die §§ 3, 4, 7, 8, 9, 20 und 25 Abs. 1 anzuwenden.

**§ 8 Abs. 2 VAwS**
**Bayern**

Wer eine Anlage betreibt, befüllt oder entleert, stilllegt, ausbaut oder beseitigt, instandhält, instandsetzt, reinigt, überwacht oder überprüft, hat das Austreten eines wassergefährdenen Stoffes von einer nicht nur unbedeutenden Menge unverzüglich der Kreisverwaltungsbehörde oder der nächsten Polizeidienststelle anzuzeigen, sofern die Stoffe in ein oberirdisches Gewässer, eine Abwasseranlage oder in den Boden eingedrungen sind oder aus sonstigen Gründen eine Verunreinigung oder Gefährdung eines Gewässers nicht auszuschließen ist. Die Verpflichtung besteht auch beim Verdacht, dass wassergefährdende Stoffe bereits aus einer Anlage ausgetreten sind und eine Gefährdung eines Gewässers entstanden ist.

**§ 8 Abs. 3 VAwS**
**Bayern**

Anzeigepflichtig nach Abs. 2 ist auch, wer das Austreten wassergefährdender Stoffe aus einer Anlage verursacht hat oder Maßnahmen zur Ermittlung, Eingrenzung und Beseitigung von Verunreinigungen bei Anlagen durchführt.

996 3. Berlin[1053]

**§ 23a Abs. 2**
**Berliner WG**

(2) Das Austreten wassergefährdender Stoffe in nicht unerheblicher Menge ist unverzüglich der nächsten Polizeidienststelle, der Feuerwehr, der Wasserbehörde oder dem örtlich zuständigen Bezirksamt zu melden, insbesondere, wenn die Stoffe in ein oberirdisches Gewässer, in den Untergrund oder in die Kanalisation eingedrungen sind oder einzudringen drohen oder aus sonstigen Gründen eine Verunreinigung oder Gefährdung eines Gewässers nicht auszuschließen ist. Meldepflichtig sind die nach § 4 Abs. 3 des Bundes-Bodenschutzgesetzes Verpflichteten. Die Behörde, der das Austreten wassergefährdender Stoffe gemeldet wurde, hat die Berliner Wasserbetriebe (BWB) zu benachrichtigen, sofern deren Anlagen von dem Austreten betroffen sein könnten.

**§ 4 Abs. 3 BBodSchG**

(3) Der Verursacher einer schädlichen Bodenveränderung oder Altlast sowie dessen Gesamtrechtsnachfolger, der Grundstückseigentümer und der Inhaber der tatsächlichen Gewalt über ein Grundstück sind verpflichtet, den Boden und Altlasten sowie durch schädliche Bodenveränderungen oder Altlasten verursachte Verunreinigungen von Gewässern so zu sanieren, dass dauerhaft keine Gefahren, erheblichen

1051 § 1 VAwS Bayern, VO v. 18.01.2006, GVBl. 2006, 63, zuletzt geändert 03.12.2009. Verordnungsermächtigung in Art. 37 BayWG a.F. ist außer Kraft; VO wurde durch Art. 79 Abs. 2 BayWG nicht aufgehoben, Gesetz v. 25.02.2010, GVBl S. 66, 130.

1052 Gemeint ist das WHG in der bis zum 28.2.2010 geltenden Fassung.

1053 § 23a Abs. 2 Berliner WG zuletzt geändert 06.06.2008, GVBl. S. 139.

Nachteile oder erheblichen Belästigungen für den Einzelnen oder die Allgemeinheit entstehen. Hierzu kommen bei Belastungen durch Schadstoffe neben Dekontaminations- auch Sicherungsmaßnahmen in Betracht, die eine Ausbreitung der Schadstoffe langfristig verhindern. Soweit dies nicht möglich oder unzumutbar ist, sind sonstige Schutz- und Beschränkungsmaßnahmen durchzuführen. Zur Sanierung ist auch verpflichtet, wer aus handelsrechtlichem oder gesellschaftsrechtlichem Rechtsgrund für eine juristische Person einzustehen hat, der ein Grundstück, das mit einer schädlichen Bodenveränderung oder einer Altlast belastet ist, gehört, und wer das Eigentum an einem solchen Grundstück aufgibt.

### 4. Brandenburg 997

§ 21 BbgWG

(2) Das Austreten wassergefährdender Stoffe ist unverzüglich der nächsten Polizeidienststelle, der Feuerwehr oder der Wasserbehörde zu melden, wenn eine Verunreinigung oder Gefährdung eines Gewässers oder das Eindringen in die Kanalisation nicht auszuschließen ist. Die Verpflichtung zur Meldung besteht auch bei einem begründeten Verdacht, dass wassergefährdende Stoffe mit den in Satz 1 genannten Folgen ausgetreten sind oder auszutreten drohen. Meldepflichtig ist neben den im Absatz 1 bezeichneten Personen auch derjenige, der die Anlage oder das Fahrzeug befüllt oder entleert, instand setzt, reinigt oder prüft sowie derjenige, der das Austreten wassergefährdender Stoffe verursacht hat.

(3) Wird bei Baugrundsondierungen, Baumaßnahmen, Ausschachtungen oder ähnlichen Eingriffen in den Untergrund das Vorhandensein möglicher wassergefährdender Stoffe im Grundwasser festgestellt, so ist dies unverzüglich der nächsten Polizeidienststelle, der Feuerwehr oder der Wasserbehörde zu melden. Meldepflichtig sind der Grundstückseigentümer, der Grundstücksbesitzer, der Bauherr, der Bauleiter und der Unternehmer.

### 5. Bremen[1054] 998

§ 102
Bremer WG

Treten wassergefährdende Stoffe im Sinne von § 62 Absatz 3 des Wasserhaushaltsgesetzes aus Rohrleitungen, Anlagen zum Umgang mit wassergefährdenden Stoffen oder aus Fahrzeugen oder Schiffen aus und ist zu befürchten, dass diese in den Untergrund, in die Kanalisation oder in ein oberirdisches Gewässer gelangen, so ist dies unverzüglich der zuständigen Wasserbehörde oder der nächsten Polizeidienststelle anzuzeigen. Dies gilt auch im Fall eines Verdachts.

### 6. Hamburg[1055] 999

§ 28a
Hamburger WG

(1) Liegen konkrete Anhaltspunkte dafür vor, dass wassergefährdende Stoffe, insbesondere aus Anlagen im Sinne von § 28 Abs. 1, aus Betriebsanlagen, aus Wasser-, Land- oder Luftfahrzeugen in ein Gewässer, in eine Abwasseranlage ohne geeignete Rückhalteeinrichtungen oder in den Boden gelangt sind oder zu gelangen drohen, so hat der Eigentümer oder Besitzer der Anlage oder des Fahrzeugs, der Eigentümer oder Besitzer des wassergefährdenden Stoffes sowie derjenige, der die Anlage betreibt, unterhält oder überwacht oder das Fahrzeug führt, unverzüglich alle notwendigen Maßnahmen zu ergreifen, um ein Austreten oder Ausbreiten zu verhindern. Ausgetretene wassergefährdende Stoffe sind so zu beseitigen, dass eine schädliche Verunreinigung des Wassers oder der Abwasseranlage nicht mehr zu besorgen ist. Diese Verpflichtungen treffen auch den Eigentümer oder Besitzer des Grundstückes, auf dem der wassergefährdende Stoff ausgetreten ist, sowie denjenigen, der sein Eigentum an den wassergefährdenden Stoffen aufgegeben oder nach §§ 946 bis 950 BGB verloren hat.

(2) Das Austreten wassergefährdender Stoffe in nicht unerheblicher Menge aus Anlagen oder Fahrzeugen im Sinne des Absatzes 1 ist unverzüglich der Wasserbehörde oder der nächsten Polizeidienststelle anzuzeigen. Anzeigepflichtig ist neben den in Absatz 1 genannten Personen auch derjenige, der eine Anlage

---

1054 § 102 Bremer WG, Gesetz v. 12.04.2011, BremGBl. S. 262 (im geänderten Gesetz fehlt, wer melden muss; das ergibt sich nur mittelbar aus der Bußgeldbestimmung des § 103 Abs. 1 Nr. 20 Bremer WG).

1055 § 28a Hamburger WG zuletzt geändert 14.12.2007, HmbGVBl. S. 501.

oder ein Fahrzeug füllt oder entleert, in Stand setzt, reinigt oder prüft, sowie derjenige, der das Austreten wassergefährdender Stoffe verursacht hat.

(3) Wird bei Baugrundsondierungen, Baumaßnahmen, Ausschachtungen oder ähnlichen Eingriffen in den Untergrund das Vorhandensein wassergefährdender Stoffe im Boden oder im Grundwasser festgestellt, so ist dies unverzüglich der Wasserbehörde anzuzeigen. Anzeigepflichtig sind der Grundstückseigentümer, der Grundstücksbesitzer, der Bauherr, der Bauleiter und der Unternehmer.

1000 **7. Hessen**

**§ 41 Abs. 2 Hess. WG**

Wer Anlagen nach Abs. 1 betreibt, befüllt oder entleert, instand hält, reinigt, überwacht oder prüft oder auf andere Weise mit wassergefährdenden Stoffen umgeht, hat das Austreten von nicht nur unbedeutender Mengen wassergefährdender Stoffe unverzüglich der Wasserbehörde oder, soweit dies nicht oder nicht rechtzeitig möglich ist, der nächsten Polizeibehörde anzuzeigen, sofern die Stoffe in ein oberirdisches Gewässer, eine Abwasseranlage oder in den Boden eingedrungen sind oder aus sonstigen Gründen eine Verunreinigung oder Gefährdung eines Gewässers oder einer Abwasseranlage nicht auszuschließen ist. Die Verpflichtung besteht auch bei Vorliegen eines Verdachts, dass wassergefährdende Stoffe bereits ausgetreten sind und eine Gefährdung entstanden ist.

1001 **8. Mecklenburg-Vorpommern**[1056]

**§ 20 Abs. 5 u. 6 LWG**
**Mecklenburg-Vorpommern**

(5) Gelangen wassergefährdende Stoffe aus Anlagen nach § 62 Abs. 1 des Wasserhaushaltsgesetzes oder aus Schiffen in ein Gewässer, in eine Abwasseranlage oder in den Boden, so hat derjenige, der die Anlage betreibt, unterhält, überwacht oder das Schiff führt, unverzüglich geeignete Maßnahmen zu treffen, die ein weiteres Austreten verhindern und Auswirkungen mindern. Ausgetretene wassergefährdende Stoffe hat er so zu beseitigen, dass eine schädliche Verunreinigung des Gewässers nicht mehr zu besorgen ist.

(6) Das Austreten von wassergefährdenden Stoffen ist unter den Voraussetzungen des Absatzes 5 unverzüglich der Wasserbehörde oder der nächsten Polizeidienststelle anzuzeigen. Anzeigepflichtig ist neben den in Absatz 5 genannten Personen auch derjenige, der eine Anlage befüllt oder entleert, in Stand setzt, reinigt oder prüft, sowie derjenige, der das Austreten wassergefährdender Stoffe verursacht hat. Die Verpflichtung zur Anzeige besteht auch bei dem Verdacht, dass wassergefährdende Stoffe aus einer Anlage oder einem Schiff ausgetreten sind.

1002 **9. Niedersachsen**

**§ 130 NWG**

(1) [1]Das Austreten wassergefährdender Stoffe im Sinne von § 62 Abs. 3 WHG in nicht nur unbedeutender Menge aus Leitungen, Anlagen zum Lagern, Abfüllen, Herstellen, Behandeln, Umschlagen oder Verwenden wassergefährdender Stoffe oder aus Fahrzeugen oder Schiffen ist unverzüglich der Wasserbehörde, bei Anlagen, die der Bergaufsicht unterliegen, der Bergbehörde anzuzeigen. [2]Dies gilt auch dann, wenn lediglich der Verdacht besteht, dass wassergefährdende Stoffe im Sinne des Satzes 1 ausgetreten sind. [3]Die Anzeigepflicht kann auch gegenüber der nächsten Polizeidienststelle erfüllt werden.

(2) Anzeigepflichtig ist, wer eine Leitung, eine Anlage im Sinne des Absatzes 1, ein Fahrzeug oder ein Schiff betreibt, befüllt, entleert, instand hält, instand setzt, reinigt, überwacht oder prüft oder wer das Austreten wassergefährdender Stoffe verursacht hat.

1003 **10. Nordrhein-Westfalen**

**§ 18 Abs. 1 und 3 LWG NRW**

(1) Die oberste Wasserbehörde und die oberste Bauaufsichtsbehörde werden ermächtigt, im Einvernehmen mit der für die Wirtschaft, für die Arbeit, für den Verkehr, für die Energie und für die Gesundheit jeweils

---

1056 § 20 Abs. 5 u. 6 LWG Mecklenburg-Vorpommern zuletzt geändert 11.06.2010, GVOBl. M-V S. 353.

zuständigen obersten Landesbehörde durch Rechtsverordnung zu bestimmen, wie Anlagen nach §§ 19a und 19g des Wasserhaushaltsgesetzes beschaffen sein, hergestellt, errichtet, eingebaut, aufgestellt, geändert und betrieben werden müssen und wo diese Anlagen nicht errichtet, eingebaut oder aufgestellt und betrieben werden dürfen. In der Rechtsverordnung können insbesondere Vorschriften erlassen werden über...

(2) Treten wassergefährdende Stoffe aus einer Anlage aus und ist zu befürchten, daß diese in ein oberirdisches Gewässer, in den Untergrund oder in die Kanalisation eindringen, so ist dies unverzüglich der zuständigen Behörde anzuzeigen. Anzeigepflichtig ist, wer die Anlage betreibt, instand hält, instand setzt, reinigt oder prüft.

## 11. Rheinland-Pfalz 1004

**§ 65 Abs. 3 und 4 LWG RP**

(3) Tritt ein wassergefährdender Stoff aus einer Anlage nach Absatz 1 Satz 1 Nr. 1, bei Maßnahmen nach Absatz 1 Satz 1 Nr. 2 oder beim Transport aus, so ist dies unverzüglich der unteren Wasserbehörde oder der nächsten allgemeinen Ordnungsbehörde oder der Polizei anzuzeigen, wenn der wassergefährdende Stoff in ein Gewässer, in eine Abwasseranlage oder in den Boden eingedrungen ist oder einzudringen droht; bodenschutzrechtliche Bestimmungen bleiben unberührt. Anzeigepflichtig ist der Betreiber, der Fahrzeugführer oder wer die Anlage instand hält, instand setzt, reinigt, überwacht oder prüft oder das Austreten des wassergefährdenden Stoffes verursacht hat. Die obere Wasserbehörde kann im Benehmen mit der unteren Wasserbehörde im Einzelfall gegenüber dem Anzeigepflichtigen eine abweichende Verfahrensweise bestimmen.

(4) Durch Rechtsverordnung kann die oberste Wasserbehörde Regelungen erlassen über
1. das Entfallen der Anzeigepflicht für bestimmte Stoffe, Stoffmengen, Anlagen oder Handlungen, wenn eine nachteilige Veränderung der Gewässer nicht zu besorgen ist;
2. die Zulässigkeit von oder besondere Anforderungen an Anlagen oder Rohrleitungsanlagen im Sinne des § 62 Abs. 1 WHG in Wasserschutzgebieten nach § 51 Abs. 1 Satz 1 Nr. 1 oder Nr. 2 WHG, in Heilquellenschutzgebieten nach § 53 Abs. 4 WHG und in Planungsgebieten nach § 86 Abs. 1 WHG für Vorhaben der Wassergewinnung oder Wasseranreicherung;
3. die Selbstüberwachung von Anlagen oder Rohrleitungsanlagen im Sinne des § 62 Abs. 1 WHG durch den Betreiber und ihre Überprüfung durch Sachverständige.

## 12. Saarland[1057] 1005

**§ 39 Abs. 2**
**Saarländisches WG**

(2) Wer eine Anlage, in der mit wassergefährdenden Stoffen im Sinne des § 62 Abs. 3 WHG umgegangen wird, betreibt, befüllt oder entleert, instandhält, reinigt, überwacht oder prüft, hat das Austreten von wassergefährdenden Stoffen unverzüglich dem Landesamt für Umwelt- und Arbeitsschutz anzuzeigen, sofern eine Verunreinigung oder Gefährdung eines Gewässers nicht auszuschließen ist. Ist die in Satz 1 genannte Behörde nicht erreichbar, ist die Anzeige bei der nächst erreichbaren Polizeidienststelle zu erstatten.

## 13. Sachsen[1058] 1006

**§ 55**
**Sächsisches WG a.F.**

Das Austreten von wassergefährdenden Stoffen aus Anlagen nach § 19a WHG oder § 19g Abs. 1 und 2 WHG[1059] ist unverzüglich der unteren Wasserbehörde oder der nächsten Polizeidienststelle des Freistaates Sachsen anzuzeigen. Gleichzeitig sind Maßnahmen zur Beseitigung der Ursachen, zur Minderung der Auswirkungen und zur Beseitigung von Schäden einzuleiten, sofern die Stoffe in ein Gewässer, eine Wasserversorgungsanlage, eine Abwasseranlage oder in den Boden eingedrungen sind oder eindringen können. Die Verpflichtung besteht auch beim Verdacht, dass wassergefährdende Stoffe bereits aus einer solchen Anlage ausgetreten sind und eine Gefährdung entstanden oder zu besorgen ist.

---

1057 § 39 Abs. 2 Saarländisches WG, Stand 18.11.2010, Amtsbl. I S. 2588, seit der Neufassung vom 11.07.2013 nicht mehr enthalten.

1058 § 55 Sächsisches WG a.F. zuletzt geändert 23.09.2010, SächsGVBl. S. 270.

1059 Gemeint ist das WHG in der bis zum 28.2.2010 geltenden Fassung.

1007 **14. Sachsen-Anhalt**

**§ 86 LWGSA**

(1) Das Austreten wassergefährdender Stoffe im Sinne des § 62 Abs. 3 des Wasserhaushaltsgesetzes in nicht nur unbedeutender Menge aus Rohrleitungen, Anlagen zum Lagern, Abfüllen, Herstellen, Behandeln, Umschlagen oder Verwenden wassergefährdender Stoffe oder aus Fahrzeugen oder Schiffen ist unverzüglich der Wasserbehörde, bei Anlagen, die der Bergaufsicht unterliegen, der Bergbehörde, anzuzeigen. Dies gilt auch dann, wenn lediglich der Verdacht besteht, dass wassergefährdende Stoffe im Sinne des Satzes 1 ausgetreten sind. Die Anzeigepflicht kann auch gegenüber der nächsten Polizeidienststelle erfüllt werden.

(2) Anzeigepflichtig ist, wer eine Rohrleitung, eine Anlage im Sinne des Absatzes 1, ein Fahrzeug oder ein Schiff betreibt, befüllt, entleert, instand hält, instand setzt, reinigt, überwacht oder prüft oder wer das Austreten wassergefährdender Stoffe verursacht hat.

1008 **15. Schleswig-Holstein**

**§ 5 Abs. 3 WasG SH**

(2) Gelangen wassergefährdende Stoffe aus Anlagen im Sinne von Absatz 1 Satz 1 oder aus Schiffen in ein Gewässer, in eine Abwasseranlage oder in den Untergrund, so haben diejenigen, die die Anlage betreiben, unterhalten, überwachen oder das Schiff führen, unverzüglich geeignete Maßnahmen zu treffen, die ein weiteres Austreten verhindern. Ausgetretene wassergefährdende Stoffe haben sie so zu beseitigen, dass eine schädliche Verunreinigung des Gewässers nicht mehr zu besorgen ist. Diese Verpflichtungen treffen auch die nach § 219 des Landesverwaltungsgesetzes Verantwortlichen.

(3) Das Austreten einer nicht nur unbedeutenden Menge von wassergefährdenden Stoffen ist unter den Voraussetzungen des Absatzes 2 unverzüglich der Wasserbehörde, der örtlichen Ordnungsbehörde oder der nächsten Polizeidienststelle anzuzeigen. Anzeigepflichtig sind neben den in Absatz 2 genannten Personen auch diejenigen, die eine Anlage befüllen oder entleeren, instandsetzen, reinigen oder prüfen sowie diejenigen, die das Austreten wassergefährdender Stoffe verursacht haben. Die Verpflichtung zur Anzeige besteht auch bei dem Verdacht, dass wassergefährdende Stoffe aus einer Anlage oder einem Schiff ausgetreten sind.

1009 **16. Thüringen**[1060]

**§ 54 Abs. 5**
**Thüringer WG**

(5) Wer eine Anlage nach § 19g Abs. 1 und 2 WHG[1061] betreibt, befüllt oder entleert, instand hält, reinigt, überwacht oder prüft, hat das Austreten von wassergefährdenden Stoffen unverzüglich der Wasserbehörde oder der nächsten Polizeibehörde anzuzeigen, sofern die Stoffe in ein oberirdisches Gewässer, eine Abwasseranlage oder in den Boden eingedrungen sind oder aus sonstigen Gründen eine Verunreinigung oder Gefährdung eines Gewässers oder einer Abwasseranlage nicht auszuschließen ist. Die Verpflichtung besteht auch beim Verdacht, dass wassergefährdende Stoffe bereits aus einer solchen Anlage ausgetreten sind und eine Gefährdung entstanden ist. Die Verpflichtung besteht nicht, soweit es sich nur um unbedeutende Mengen handelt.

---

1060 § 54 Abs. 5 Thüringer WG, Gesetz vom 18.08.2009, GVBl. S. 648.
1061 Gemeint ist das WHG in der bis zum 28.2.2010 geltenden Fassung.

1010

## Übersicht Meldenormen nach jeweiligem Landeswasserrecht

| Meldepflichten nach Wasserrecht | | Wohin? | | | bei Gefahr? | bei Verdacht? | Wie viel? | Wer? | | | | | | | | | | Wem? | § 24 Abs. 2 Bundes-AwSV- | | genereller Austritt aus Anlage |
|---|---|---|---|---|---|---|---|---|---|---|---|---|---|---|---|---|---|---|---|---|---|
| ja | nicht auszuschließen | nicht nur unerheblich | Jeder, der weitestgehend in einer rechtlichen oder tatsächlichen Beziehung zur Anlage steht. | | | | | | | | | | Zuständige Behörde, Polizei Drittbetroffenen | | | | | **Bundesland** | **Norm** | **Gewässer** | **Boden** |
| **Abwasseranlage, Kanal** | | | **Menge** | **Betreiber** | **Befüller** | **Entleerer** | **Reparierer** | **Instandhalter** | **Reiniger** | **Überwacher** | **Prüfer** | **Verursacher** | **Sonstige** | **Wasserbehörde** | **Feuerwehr** | **Polizei** | **Sonstige** | Baden-Württemberg | § 25 Abs. 3 LWG-BW | ja | nein |
| nein | ja | nicht auszuschließen | kein Limit | ja | ja | ja | nein | Ja | Ja | ja | ja | nein | nein | ja | nein | ja | nein | Bayern | § 8 Abs. 2 u. 3 BayVAwS | ja | ja |
| ja | ja | nicht auszuschließen | nicht nur unbedeutende Menge | ja | ja | ja | ja | Ja | Ja | ja | ja | ja | Ermittler, Eingrenzer und Beseitiger | nein | nein | ja | Kreisverwaltung | Berlin | § 23a Abs. 2 Berliner WG | ja | ja |
| ja | ja | nicht auszuschließen | nicht nur unerhebliche Menge | (ja) | (?) | (?) | nein | nein | Nein | nein | nein | ja | nach § 4 Abs. 3 BBodSchG: Gesamtrechtsnachfolger Grundstückseigentümer Inhaber der tats. Gewalt rechtl. Vertreter jur. Personen | ja | ja | ja | Bezirksamt | Brandenburg | § 21 Abs. 2 LWG Bbg | ja | ja |

| | | | | | | | | | | | | | | | | | | | | | |
|---|---|---|---|---|---|---|---|---|---|---|---|---|---|---|---|---|---|---|---|---|---|
| ja | Ja | ja | kein Limit | ja | ja | ja | ja | Ja | Ja | ja | ja | ja | ja Fahrzeuge! | ja | ja | ja | nein | Bremen | § 102 Brem. WG | ja | ja |
| ja | Ja | ja | kein Limit | (gegenüber § 155 Bremer WG a.F. fehlt, wer meldepflichtig ist) | | | | | | | | Fahrzeuge! | | ja | nein | ja | nein | Hamburg | § 28a Abs. 2 Hamb. WG | (ja) | (ja) |
| (ja) | (ja) | nein | nicht nur unerhebliche Menge | ja | ja | ja | (ja) | ja | Ja | ja | ja | ja | früherer Eigentümer, Fahrzeuge! | ja | nein | ja | nein | Hessen | § 41 Abs. 2 Hess. WG | ja | ja |
| ja | Ja | ja | nicht nur unbedeutende Menge | ja | ja | ja | (ja) | ja | Ja | ja | ja | nein | wer mit Stoffen umgeht | ja | nein | ja | nein | Mecklenburg-Vorpommern | § 20 Abs. 5 u. 6 LWG MVP | ja | ja |
| ja | (ja) | ja | kein Limit | ja | ja | ja | ja | ja | Ja | ja | ja | ja | nein | ja | nein | ja | nein | Niedersachsen | § 130 NWG | (ja) | (ja) |
| (ja) | (ja) | ja | nicht nur unbedeutende Menge | ja | ja | ja | ja | ja | ja | ja | ja | ja | Fahrzeuge! | ja | nein | ja | Bergbehörde | Nordrhein-Westfalen | § 18 Abs. 3 LWG NRW | ja | ja |
| ja | ja | nein | kein Limit | ja | nein | nein | ja | ja | ja | nein | ja | nein | nein | (ja) | nein | nein | zuständige Behörde | Rheinland-Pfalz | § 20 Abs. 7 LWG RP | ja | ja |
| ja | ja | nein | kein Limit | ja | nein | nein | ja | ja | ja | ja | ja | ja | Fahrzeug! | ja | nein | ja | Allgemeine Ordnungsbehörde | Saarland | § 39 Abs. 2 Saarl. WG | ja | (ja) |

| | | | | | | | | | | | | | | | | | | | | | |
|---|---|---|---|---|---|---|---|---|---|---|---|---|---|---|---|---|---|---|---|---|---|
| (ja) | ja | nein | (wenn Gefahr für Gewässer nicht auszuschließen) | ja | ja | ja | (ja) | ja | ja | ja | ja | nein | nein | nein | nein | ja | Landesamt für Umwelt und Arbeitsschutz | Sachsen | § 55 Sächs. WG | (ja) | (ja) |
| (ja) | ja | ja | kein Limit | (im Gesetz fehlt eine Regelung, wer anzeigepflichtig ist) | | | | | | | | | | ja | nein | ja | nein | Sachsen-Anhalt | § 86 LWG SA | (ja) | (ja) |
| (ja) | (ja) | ja | nicht nur unbedeutende Menge | ja | ja | ja | ja | ja | ja | ja | ja | ja | nein | ja | nein | ja | Bergbehörde | Schleswig-Holstein | § 5 Abs. 2 u. 3 WasG SH | (ja) | (ja) |
| (ja) | (ja) | ja | nicht nur unbedeutende Menge | ? | ja | ja | (ja) | ja | ja | nein | ja | ja | nein | ja | nein | ja | örtliche Ordnungsbehörde | Thüringen | § 54 Abs. 5 Thüringer WG | ja | ja |
| ja | ja | ja | nicht nur unbedeutende Menge | ja | ja | ja | ja | (ja) | ja | ja | ja | nein | nein | ja | nein | ja | nein | | | | |

## 2. Meldepflichten nach Landesbodenschutzrecht

### *a) Fehlende bundeseinheitliche Regelung*

1011 Die einzelnen Bundesländer sind aufgerufen, Landesbodenschutzgesetze zu erlassen und darin auch die Meldepflichten zu regeln.

### *b) Übersicht Meldenormen nach den jeweiligen Landesbodenschutzgesetzen*

1012

| Land | Normen | Meldepflichtiger | Behörde |
|---|---|---|---|
| Baden-Württemberg | § 3 Abs. 1 BodSchG BW[1] | Verursacher Grundstückseigentümer Inhaber der tatsächlichen Gewalt Gesamtrechtsnachfolger Handels- oder gesellschaftsrechtlich Verantwortliche frühere Eigentümer Also z.B.: Fahrer Grundstückseigentümer (Verpächter) Pächter (Unternehmer) Erbe Erbengemeinschaften Unternehmensnachfolge/Umwandlung (Insolvenzverwalter) (nicht bei Gefahr strafrechtlicher Selbstbelastung) | Bodenschutz- und Altlastenbehörde |
| Bayern | Art. 1, 10 BayBodSchG | | Kreisverwaltung |
| Berlin | § 2 Abs. 1 Berliner BodSchG | | Bezirksamt |
| Brandenburg | § 31 Abs. 1 BbgAbfBodG | | Landkreis als untere Bodenschutzbehörde |
| Bremen | § 3 Abs. 1 Bremer BodSchG[2] | | Bodenschutzbehörde |
| Hamburg | § 1 Abs. 1 HmBodSchG | | Bodenschutzbehörde |
| Hessen | § 4 Abs. 1 S. 1 HAlt-BodSchG | | Bodenschutzbehörde beim Kreisausschuss oder Magistrat kreisfreier Städte |
| Mecklenburg-Vorpommern | § 2 Abs. 1 LBodSchG M-V | | Landrat und Oberbürgermeister kreisfreier Städte |
| Niedersachsen | § 1 Nds. BodSchG | | Landkreise und kreisfreie Städte als untere Bodenschutzbehörde |
| Nordrhein-Westfalen | § 2 Abs. 1 LBodSchG NRW | | Kreise als unter Bodenschutzbehörde |
| Rheinland-Pfalz | § 5 Abs. 1 BodenSchG RP | | Kreisverwaltung als untere Bodenschutzbehörde |
| Saarland | § 2 Abs. 1 BodSchG | | Bodenschutzbehörde |
| Sachsen | § 10 Abs. 2 Sächs. Abfall- und BodSchG | | Abfall- und Bodenschutzbehörde |
| Sachsen-Anhalt | § 3 BodSchAG SA | | untere Bodenschutzbehörde |
| Schleswig-Holstein | § 2 Abs. 1 LBodSchG SH | | Landrat oder Bürgermeister kreisfreier Städte als untere Bodenschutzbehörde |
| Thüringen | § 2 Abs. 1 Thür. BodSchG | | Landkreis oder kreisfreie Stadt als untere Bodenschutzbehörde |

1 Meldepflichtig ist auch der Sachverständige.

2 Gutachter und Bauunternehmer müssen Verpflichtete auf deren Meldepflicht hinweisen.

### 3. Informationspflicht nach dem USchadG

Nach § 4 USchadG hat der Verantwortliche schon bei einer unmittelbaren Gefahr unverzüglich die zuständige Behörde zu unterrichten. Welche Behörde zuständig ist, richtet sich nach dem Landesrecht. Dabei kann auch hier die örtliche und sachliche Zuständigkeit sehr unterschiedlich geregelt sein. Sofern bislang überhaupt eine spezielle Zuständigkeitsregelung getroffen wurde, ist diese häufig nur mit Hindernissen auffindbar. 1013

**Hinweis:**

Aufgrund der Ungewissheiten werden sich im Eilfall erhebliche Schwierigkeiten ergeben. Man sollte hilfsweise den Beamten der Vollzugspolizei die Gefahr melden und dies dokumentieren lassen, um sich wenigsten auf diese Weise etwas abzusichern. 1014

Zuständigkeitsregelungen in den Ländern nach dem USchadG: 1015

Tab. 2

| Bundesland | Artenvielfalt § 2 Nr. 1a USchadG | Gewässer § 2 Nr. 1b USchadG | Boden § 2 Nr. 3c USchadG |
|---|---|---|---|
| Baden-Württemberg § 5 Abs. 1 UmweltverwaltungsG | Naturschutzbehörde | Wasserschutzbehörde | Bodenschutz- und Altlastenbehörden |
| Bayern Art. 59 BayNatSchG[1] | höhere Naturschutzbehörde | Wasserbehörden | Bodenschutzbehörden |
| Berlin AG[2] | Naturschutzbehörde, | Wasserbehörde, | Bodenschutzbehörde, |
| | sofern keine sachnähere Behörde | | |
| Brandenburg § 1 UmwelrZV[3] | Landesamt für Umwelt, Gesundheit u. Verbraucherschutz als Fachbehörde für Naturschutz u. Landschaftspflege | Landkreise und kreisfreien Städte als untere Wasserbehörden | unteren Bodenschutzbehörden |
| Bremen § 1 USchadZBek[4] | oberste Naturschutzbehörde | Wasserbehörde | untere Bodenschutz- und Altlastenbehörde |
| Hamburg | | | |
| Hessen AnpassungsG[5] | Obere Naturschutzbehörde nach § 2 Abs. 2 Nr. 6 HAGBNatSchG | Untere Wasserbehörde nach § 65 Abs. 1 S. 1 HWG | Obere Bodenschutzbehörde nach § 16 HAltBodSchG v. 28.09.2007 |
| Mecklenburg-Vorpommern USchadGZustLVO M-V[6] | Naturschutzbehörde | Wasserbehörde | Bodenschutzbehörde |
| Niedersachsen | | | |
| Nordrhein-Westfalen ZustVO Umwelt[7] | Umweltschutzbehörde = Bezirksregierung mit der jeweiligen Fachbehörde | | |
| Rheinland-Pfalz § 1 USchadZVO[8] | Struktur- und Genehmigungsdirektion | Wasserbehörde | Struktur- und Genehmigungsdirektion |
| Saarland § 1 USchadZVO[9] | Landesamt für Umwelt und Arbeitsschutz | | |
| Sachsen | | | |
| Sachsen-Anhalt | Landesverwaltungsamt | | |

| Bundesland | Artenvielfalt § 2 Nr. 1a USchadG | Gewässer § 2 Nr. 1b USchadG | Boden § 2 Nr. 3c USchadG |
|---|---|---|---|
| Schleswig-Holstein | | | |
| Thüringen TVRZU[10] | Landesverwaltungsamt | | |

1 V. 23.02.2011, GVBl., S. 82.
2 V. 20.05.2011, Berliner GVBl. 2011, S. 209.
3 V. 28.03.2011, GVBl.II/11, Nr. 18.
4 Bekanntmachung v. 01.11.2008, Brem. GBl. 2008, S. 336.
5 V. 19.11.2007, GVBl. 2007, 792 ff.
6 V. 18.05.2010, GVOBl. M-V 2010, S. 266.
7 V. 11.12.2007, GV. NRW 2007, 662.
8 V. 06.10.2010, GVBl. 2010, 314.
9 V. 17.09.2009, Saarl. Amtsbl. 2009, 1568.
10 V. 04.11.2008, Thür. GVBl. 2008, 426.

## 4. Meldepflichten nach Gefahrgutrecht

1016 Nach § 14 Abs. 1 der GGVSEB[1062] wird die Zuständigkeit des Bundesamtes für Logistik und Mobilität (BALM), ehemals bis 31.12.2022 Bundesamt für Güterverkehr (BAG), begründet. Nach Unterabschnitt 1.8.5.1 ADR sind schwere Unfälle und Zwischenfälle vom Beförderer zu melden, § 27 Abs. 1 GGVSEB. Verantwortlich ist also der Unternehmer, der Gefahrgüter vom Versender abholt und zum Empfänger bringt. Die Pflicht gilt nicht nur für den reinen Straßentransport, sondern umfasst auch die Be- und Entladevorgänge außerhalb des öffentlichen Verkehrsraumes.

1017 Das Bundesamt für Logistik und Mobilität (BALM), hält im Internet ein dreiseitiges Formular[1063] sowie eine Ausfüllanleitung bereit.[1064] Das Formular kann online ausgefüllt, heruntergeladen und ausgedruckt werden. Aus der Ausfüllanleitung wird deutlich, dass erst Schäden ab einer gewissen Relevanz zu melden sind.

1018 Die Meldeschwelle bei einem Sachschaden liegt bei einer geschätzten Schadenshöhe von über 50.000 €. Personenschäden sind erst dann zu melden, wenn diese eine Arbeitsunfähigkeit von mindestens drei Tagen zur Folge haben.

1019 Zu erwähnen sind aber auch Schäden, bei denen es zu behördlich angeordneten Evakuierungen von mindestens drei Stunden kommt. Dies dürfte bei einem Fahrzeugbrand eines Gefahrgutfahrzeugs häufig eintreten.

1020 Durch die Meldepflicht wird auch das Ziel verfolgt, Erfahrungen aus den Schadensfällen zu sammeln, um bessere Vorsorge treffen zu können.

## 5. Verstoß gegen die Meldepflicht

1021 Ein Verstoß gegen die Meldepflicht kann ordnungsrechtliche Folgen nach sich ziehen. Insbesondere ist es möglich, dass der Pflichtige wegen seines Unterlassens mit einer Geldbuße oder einem Verwarnungsgeld bedacht wird.

1022 Wichtig ist in diesem Zusammenhang, immer zu ergründen, ob neben der Verpflichtung als solcher tatsächlich nach der jeweiligen Norm die Schwelle zum »Melden-Müssen« überschritten wurde.

1062 GGVSEB = GefahrGutVerordnungStraßeEisenbahnBinnenschifffahrt.
1063 http://www.bag.bund.de (dort im Downloadcenter).
1064 http://www.bag.bund.de (dort im Downloadcenter).

**Tipp für die Praxis:**

Aus taktischen Gründen empfiehlt es sich, lieber einmal mehr zu melden, als zu wenig. Ist offenkundig, dass man für einen eingetretenen Schaden nichts kann, sollte es einem leicht fallen, trotzdem oder gerade deswegen seiner Meldepflicht nachzukommen. 1023

Bei Befüllschäden mit Mängeln an der Tankanlage darf nicht falsche Rücksicht auf vermeintliche Kundeninteressen genommen werden. Gerade, wenn später noch belasteter Boden zu entsorgen ist, wird man ansonsten fragen, woher und von welchem Ereignis dieser stammt. 1024

Zivilrechtlich kann ein Verstoß gegen die Meldepflicht von Bedeutung sein, wenn allein dadurch der Schaden vergrößert wurde, weil nicht rechtzeitig Gegenmaßnahmen eingeleitet werden konnten. 1025

Sind zwei Personen parallel verpflichtet, den Schaden der Behörde zu melden, etwa nach Landesrecht der Anlagenbetreiber und der Befüller der Anlage, und beruht der eingetretene Schaden allein auf einem Anlagenmangel, so ist der Anlagenbetreiber im Innenverhältnis allein verpflichtet. 1026

Der Verstoß gegen die Meldepflicht allein begründet kein Mitverschulden im Verhältnis zu demjenigen, der seinerseits ebenfalls verpflichtet ist, den Schaden zu melden.[1065] 1027

1065 *LG Detmold* SVR 2006, 33, bespr. von *Schwab*; *OLG Hamm* v. 23.11.2006 – 10 U 116/05.

# Teil 6 Versicherungsvertrag

## Kapitel 22 Kfz-Haftpflichtversicherung/Deckungssummen

### Schrifttum (Kommentare/Handbücher)

*Bauer*, Günter Die Kraftfahrtversicherung 6. Aufl. 2010; *Feyock/Jacobsen/Lemor*, Kraftfahrtversicherung mit PflVG 3. Aufl. 2009; *Halm/Kreuter/Schwab* AKB-Kommentar, 2. Aufl. 2015; *K.D. Hock*, Die Benzinklausel in der Allgemeinen Haftpflichtversicherung VVW 2001; *Langheid/Wandt*, VVG 2. Aufl. 2017; *Meschkat/Nauert*, Betrug in der Kraftfahrzeugversicherung 2008; *Römer/Langheid*, VVG 2. Aufl. 2003; *Prölss/Martin*, 29. Aufl. 2015; *Schneider/Schlund/Haas*, Kapitalisierungs- und Verrentungstabellen, Verlag Recht und Wirtschaft Heidelberg; *Stiefel/Maier*, Kraftfahrtversicherung 19. Aufl. 2017; *Ulmer/Brandner/Jensen*, AGBG 2006; *Himmelreich/Halm*, Handbuch Verkehrsrecht 7. Aufl. 2025; *Maier/Stadler*, AKB 2008 und VVG-Reform, 2008; *Schwab*, Fahrerschutzversicherung, 2014; *Staudinger/Halm/Wendt*, Fachanwaltskommentar Versicherungsrecht, 2. Aufl. 2017.

### Schrifttum (Aufsätze)

*Albrecht*, Begleitetes Fahren ab 17 und neue Straftatbestände im StVG SVR 2005, 283; *Biela*, VersR 1993, 1390, 1392; *Bluml/Weber*, Wer ist Führer des Fahrschulwagens NZV 2007, 228 f.; *Burmann/Jahnke*, Vorsätzliche Schädigung im Straßenverkehr, DAR 2020, 128 ff.; *Breideneichen*, Risikoausschlüsse in der KH-Versicherung, r+s 2013, 417 ff.; *Crumm/Staub*, Unfallflucht: Der Vorsatz hinsichtlich der Schadensherbeiführung, NZV 2016, 362 ff.; *Deichl/Küppersbusch/Schneider*, Kürzungs- und Verteilungsverfahren nach §§ 155 Abs. 1 und 156 Abs. 3 VVG (2007) in der Kfz-Haftpflichtversicherung, VVW Karlsruhe; *Diederichsen*, Die Rechtsprechung des BGH zum Haftpflichtrecht, DAR 2007, 302 ff.; *Diederichsen*, BGH-Haftpflichtrecht DAR 2007, 312; *Dauer*, Wenig Bewegung in Sachen Führerscheintourismus NJW 2008, 2381; *Felsch*, Die Rechtsprechung des BGH zum Versicherungsrecht, Haftpflicht und Sachversicherung r+s 2010, 265, 271; *Focken*, Püschel und Iwersen Bergmann, Medikamente Krankheit – Autofahren?, SVR 2015, 201 ff.; *Figgener/Wendland*, E-Scooter im Licht der Rechtsprechung NJW-Spezial 2024, 9 ff.; *Franck*, Richtlinienkonforme Auslegung der Vorschriften über die vorsätzliche Herbeiführung des Versicherungsfalls in der Kfz-Pflichtversicherung, VersR 2014, 13 ff.; *Füllner*, Abgrenzungsprobleme der Benzinklausel in der Haftpflichtversicherung, r+s 2023, 933 ff., *Geiger*, Die Umsetzung der 3. Führerscheinrichtlinie in Deutschland, DAR 2010, 557 ff.; *Geiger*, Aktuelle Rechtsprechung zum Fahrerlaubnisrecht, DAR 2010, 61 ff.; *Geiger*, Die unendliche Geschichte des Führerscheintourismus, DAR 2010, 121 ff.; *Gehrmann*, Grenzwerte für Drogeninhaltsstoffe und die Beurteilung der Eignung im Fahrerlaubnisrecht in NZV 2008, 377 ff.; *Gitzel*, Die Beendigung eines Vertrages über vorläufige Deckung bei Prämienzahlungsverzug nach dem Regierungsentwurf eines Gesetzes zur Reform des Versicherungsvertragsrechts r+s 2007, 322 ff.; *Golücke*, Kausalitätsgegenbeweis und Arglist bei Obliegenheitsverletzungen, NJW-Spezial 2024, 137; *Grabolle*, Gebrauch roter Kennzeichen bei Probefahrten in DAR 2008, 173 f.; *Gregor*, Die Übertragung des Schadenfreiheitsrabattes, VersR 2006, 485 ff.; *Günter/Spielmann*, Vollständige und teilweise Leistungsfreiheit nach dem VVG 2008 am Beispiel der Sachversicherung Teil 1 und Teil 2 in r+s 2008, 133 ff. und 177 ff.; Haftpflichtrecht DAR 2007, 302 kein Regress gegen den Gehilfen beim Diebstahl des KFZ; *Halm/Fitz*, Versicherungsschutz bei entgeltlichen Probefahrten DAR 2006, 433 ff.; *Halm/Fitz*, Versicherungsverkehrsrecht 2023/2024, DAR 2024, 301 ff.; *Halm/Fitz*, Versicherungsverkehrsrecht 2022/2023, DAR 2023, 301 ff.; *Halm/Fitz*, Versicherungsverkehrsrecht 2019/2020, DAR 2020, 421 ff.; *Halm/Fitz*, Versicherungsverkehrsrecht 2013/2014, DAR 2014, 439 ff.; *Halm/Fitz*, Versicherungsverkehrsrecht 2012/2013, DAR 2013, 447 ff.; *Halm/Fitz*, Versicherungsverkehrsrecht 2010/2011, DAR 2011, 437 ff.; *Halm/Fitz*, Versicherungsverkehrsrecht 2020/2021, DAR 2021, 422 f.; *Halm/Hauser*, Alkoholfahrten im Haftungs- und Versicherungsrecht, DAR 2015, 761 ff.; *Halm/Steinmeister*, »Arbeitsrecht und Straßenverkehr« in DAR 2005, 481 ff.; *Halm* in DAR 2007, 617; *Henseler*, Wartepflicht, Meldepflicht und tätige Reue im Rahmen des § 142 StGB, NZV 2024, 323 ff.; *Heß*, Die VVG-Reform: Alles oder nichts – das ist (nicht mehr) die Frage, NJW-Spezial, 2007, 159 f.; *Heß*, die Quotenbildung nach dem VVG – Erfahrungen seit 2008, r+s 2013, 1 ff.; *Heß/Burmann*, Die aktuelle Entwicklung im Straßenverkehrsrecht, NJW 2021, 1139 ff.; *Himmelreich*, Nichtbemerkbarkeit durch »Ablenkung« im Rahmen der Verkehrsunfallflucht, DAR 2010, 45 ff.; *Himmelreich/Mahlberg*, Unfallflucht und Fahreignungsgutachten, DAR 2011, 288 f.; *Höffmann*, »Neue Haftungshöchstgrenzen für alte Unfälle«, DAR 2011, 447 ff.; *Huber*, Anhebung der Haftungshöchstbeträge bei teilautomatisiertem Fahren in § 12 StVG ohne Anpassung der Mindestdeckungssumme in der Kfz-Haftpflichtversicherung, NZV 2017, 545 ff.; *Hummel*, Besonderheiten der Kraftfahrzeugversicherung bei Personenkraftwagen mit Fahrerassistenzsystemen, VersR 2016, 281 ff.; *Huppertz*, Das Erlöschen der Betriebserlaubnis im Lichte der neuen FZV in DAR

2008, 172; *Lenz/Nimmesgern*, Selbstentzündung abgestellter Kraftfahrzeuge: Ein Fall für die Halterhaftung nach § 7 StVG, r+s 2020, 614 ff.; *Link*, Das unerlaubte Entfernen vom Unfallort nach § 142 StGB aus Versicherungsrechtlicher Sicht, SVR 2018, 8 ff.; *Knappmann*, Rechtsfragen der neuen Kraftfahrtversicherung in VersR 1996, 401 ff.; *Koehl*, Medizinalcannabis – fahrerlaubnisrechtliche Fragen; *Koehl*, Drogenkonsum und Fahreignung – wichtige Rechtsprechung, zfs 2015, 369 ff.; *Koehl*, Europäischer Führerscheintourismus. Aktuelle Entwicklungen, DAR 2016, 186 ff.; *Kraatz*, Dogmatische Probleme bei der Sanktionierung von Drogenrauschfahrten – eine Bestandsaufnahme, DAR 1011, 1 ff.; *Krumm/Himmelreich/Staub*, Die »OWI-Unfallflucht« – eine wenig bekannte Vorschrift in DAR 2011, 6 ff.; *Krumm/Staub*, Unfallflucht: Der Vorsatz hinsichtlich der Schadensherbeiführung, NZV 2016, 362 ff.; *Krumm*, Alkoholbedingte Fahruntüchtigkeit und Fahrerlaubnisentziehung bei E-Scootern, Fahrrädern und Co., SVR 2023, S. 18 ff.; *Lang/Mergner*, Amokfahrten mit Kfz, VersR 2024, 570 f.; *Lemor*, Regulierung von Schäden durch die Verkehrsopferhilfe, DAR 2014, 249; *Liebermann*, »Wechselkennzeichen können ab 1.7.2012 zugeteilt werden«, DAR 2012, 425; *Maier*, Das Verhältnis des § 142 StGB zu E.1.3 AKB 2008, r+s 2016, 64 ff.; *Maier*, Die vorläufige Deckung nach dem Regierungsentwurf der VVG-Reform, r+s 2006, 485 ff.; *Maier*, Die Leistungsfreiheit bei Obliegenheitsverletzungen nach dem Regierungsentwurf zur VVG-Reform, r+s 2007, 89 f.; *Mielchen/Meyer*, Anforderungen an die Führerscheinkontrolle durch den Arbeitgeber bei Überlassung von Firmenfahrzeugen an den Arbeitnehmer in DAR 2008, 5 ff.; *Mitsch*, § 142 Abs. 2 StGB und Wartezeitirrtum, NZV 2005, 347 ff.; *Müller*, Die Haftung des Fahrzeughalters aus der Betriebsgefahr des Kfz und des Anhängers Teil 1 und 2, SVR 2021, 51 ff. und 81 ff.; *Muschner*, Zur fortdauernden Anwendbarkeit der Klagefrist des § 12 Abs. 3 VVG a.F. im Jahr 2008 in VersR 2008, 317; *Neuhaus*, Neues VVG: Überlebt die Klagefrist des § 12 Abs. 3 VVG trotz Streichung im Gesetz in r+s 2007, 177; *Nothoff*, Die Haftung der Versicherungsvermittler unter besonderer Berücksichtigung der Versicherungsmakler und die Corona-Pandemie, r+s 2021, 17 ff.; *Nugel*, Der Regress des Kasko-Versicherers gegen den Arbeitnehmer, AnwZert-VerkR 18,2015; *Piontek*, Die Anpassung des Beitragssatzes in der Kraftfahrt-Vers. aufgrund Vorbehalts im VersSchein – ein Anwendungsfall von § 5 VVG?, r+s 2017, 124 ff.; *Piroth/Schmitz-Justen*, Die Ausweitung des Betriebsbegriffs nach § 7 I StVG in der Rechtsprechung, NZV 2020, 293 ff.; *Preuss*, Die aktuelle Rechtsprechung des BGH zu illegalen Kraftfahrzeugrennen mit tödlichen Folgen, NZV 2018, 345 ff.; *Rebler*, Die Haftung des Halters nach § 7 StVG – dargestellt anhand der aktuellen Rechtsprechung, zfs 2020, 364 ff.; *Rebler*, Die strafrechtliche und verkehrsrechtliche Behandlung von illegalen Rennen, SVR 2018, 415 ff.; *Rebler*, Mitverantwortung für Verkehrsunfälle durch unbefugte Benutzung von Kraftfahrzeugen (Teil 1), AnwZert-VerkR 16/2015; *Richter*, Zu Prüf- und Bearbeitungsfristen des Kfz-Haftpflichtversicherers, SVR 2016, 50 ff.; *Ring*, Aktuelle Rechtsprechung des VI. Zivilsenats des BGH zum Verkehrsrecht, SVR 2021, 14 ff.; *Römer*, Änderung des Versicherungsvertragsrechts Teil 1 in VersR 2006, 740 f.; *Römer*, Gerichtliche Kontrolle Allgemeiner Versicherungsbedingungen nach den §§ 8, 9 AGBG in NVersZ 1999, 97; *Sapp*, »Das Modell begleitetes Fahren ab 17 im Haftungsrecht« in NJW 2006, S. 408 f.; *Schimikowski*, VVG-Reform: die vorvertraglichen Informationspflichten des Versicherers und das Rechtzeitigkeitserfordernis, r+s 2007, 133 ff.; *Schirmer*, Neues VVG und die Kraftfahrzeughaftpflichtversicherung – Teil 1 in DAR 2008, 181 ff.; *Schirmer*, Neues VVG und die Kraftfahrzeughaftpflichtversicherung – Teil II in DAR 2008, 319 ff.; *Schimikowski*, Die Benzinklausel in der Privathaftpflichtversicherung, r+s 2016, 14 f.; *Schimikowski*, VVG-Reform: die vorvertraglichen Informationspflichten des Versicherers und das Rechtzeitigkeitserfordernis, r+s 2007, 133 ff.; *Rixecker*, Neufassung des Versicherungsvertragsgesetzes – Verursachung eines Versicherungsfalles, zfs 2007, 15; *Schirmer*, Neues VVG und die Kraftfahrzeughaftpflicht- und Kasko-Versicherung Teil 1, DAR 2008, 181; *Schmidt-Salzer*, EG-Richtlinie über missbräuchliche Klauseln in Verbraucherverträgen, Inhaltskontrolle von AVB und Deregulierung der Versicherungsaufsicht in VersR 1995, 1261 ff.; *Schröder*, Manipulierter Unfall – aktuelle Rechtsprechung, SVR 2020, 416 ff.; *Schünemann*, Deutsche Bekämpfung des »Führerscheintourismus« scheitert am Europäischen Recht der gegenseitigen Anerkennung in DAR 2007, 282 f.; *Schürger*, Informationsobliegenheiten bzw. -pflichten von VN und VR bei bereits bestehender Kenntnis der anderen Partei, r+s 2021, 196 ff.; *Schwab*, Betrieb und Gebrauch eines Kraftfahrzeuges, DAR 2011, 11 ff.; *Schwab*, Regress beim leistungsfreien Kfz-Haftpflicht-Versicherer im Rahmen der Mehrfachversicherung, VersR 2016, 221 ff.; *Staab*, Der Gebrauch des Kraftfahrzeugs, DAR 2011, 181 ff.; *Staab/Halm*, Aktuelle Rechtsprechung zum Betrug in der Kfz-Haftpflichtversicherung, DAR 2014, 66 ff.; *Stadler*, Anhängerhaftung – nach der Gesetzesänderung wieder alles gut?, r+s 2021, 133; *Stamm*, »Trunkenheitsklausel« in der KH-Versicherung in VersR 1995, 261 ff.; *Staudinger/Friesen*, Kündigungsrecht nach erfolgter Gefahrerhöhung – § 24 Abs. 1 und 2 VVG, DAR 2014, 184 ff.; *Warzelhan* und *Krämer*, Führerschein und Epilepsie in NJW 1984, 2620; *Weimar*, Die KFZ-Haltereigenschaften bei Personengesellschaften, DAR 1976, 65 f.; *Uyanik*, Die Klageausschlussfrist nach § 12 Abs. 3 VVG a.F. – oder Totgesagte leben länger VersR 2008, 468 ff.; *Wessel*, Rechtsprechung der Oberlandesgerichte zum Haftpflichtrecht im Straßenverkehr, DAR 2024, 181; *Wessels*, Rechtsprechung der Oberlandesgerichte zum Haftpflichtrecht im Straßenverkehr, DAR 2023, 182 ff.; *Wilke*, Privathaftpflichtversicherung und Kraftfahrzeuge, DAR 2016, 482 ff.

**Übersicht** Rdn.

## Einleitung

1 Das Versicherungsrecht bezogen auf Kraftfahrzeuge spaltet sich in mehrere Bereiche: zum einen den allseits bekannten Bereich der Kraftfahrzeughaftpflichtversicherung, einer Pflichtversicherung. Die Pflichtversicherung bezieht sich nur auf die Schäden, die durch das versicherte Fahrzeug im öffentlichen Verkehrsraum verursacht werden. Daneben können zusätzliche Versicherungen, die Fahrzeugvoll- oder Teilversicherung (im Volksmund Voll- oder Teilkasko genannt), die Umwelt-

haftpflichtversicherung, die Fahrerschutzversicherung,[1] Unfallversicherung und Schutzbriefversicherungen abgeschlossen werden.

Diese Zusatzversicherungen stellen freiwillige, selbstständig neben der Kraftfahrzeughaftpflichtver- 2
sicherung bestehende Versicherungen dar, die isoliert vereinbart und gekündigt werden können. Allerdings können diese Zusatzversicherungen nicht ohne den Abschluss des Hauptvertrages in der Kraftfahrzeughaftpflichtversicherung abgeschlossen werden. Es besteht auch kein Rechtsanspruch auf Abschluss dieser Zusatzversicherungen, da insoweit kein Kontrahierungszwang besteht.

Gegenstand dieses Kapitels sind ausschließlich die versicherungsrechtlichen Besonderheiten, soweit 3
sie den Bereich Pflichtversicherung der Kraftfahrzeughaftpflichtversicherung betreffen.

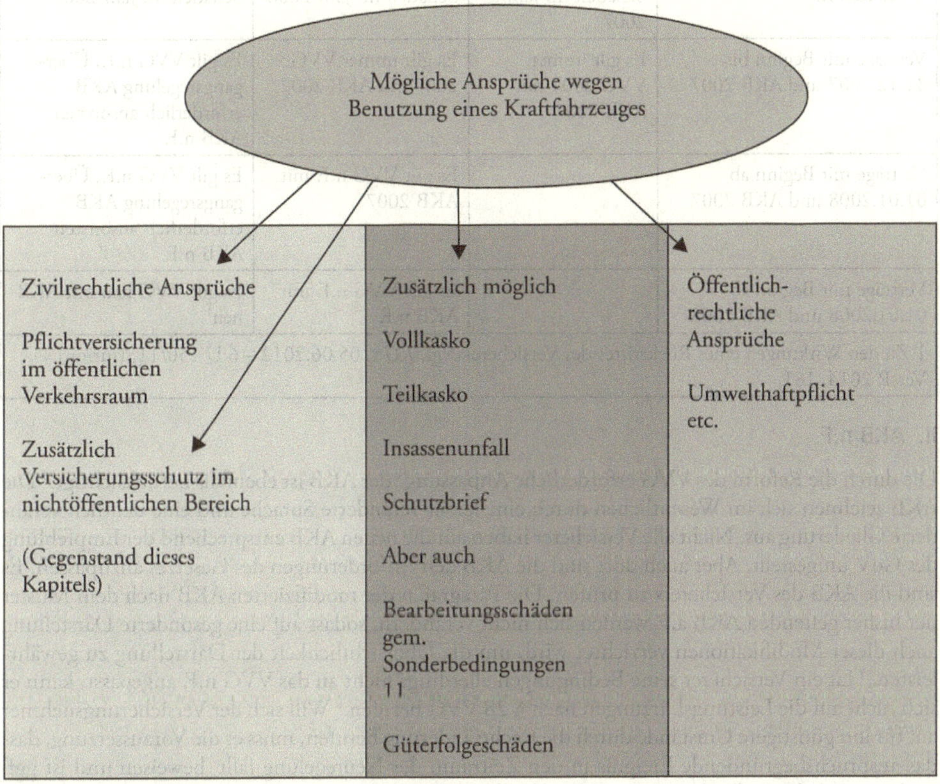


**Abb. 1: Mögliche Ansprüche wegen Benutzung eines Kfz**

## A. Vorbemerkung

### I. VVG 2007 bzw. VVG 2008

Das VVG wurde in wesentlichen Teilen reformiert, es gilt seit dem 01.01.2008.[2] Inhaltlich hat 4
sich in der Kraftfahrzeug-Haftpflichtversicherung[3] wenig verändert. Die Änderungen werden an

1 Vgl. hierzu *Maier*, die Fahrerschutzversicherung, r+s 2014, 233, dazu ausführlich *Schwab*, Fahrerschutzversicherung, Verlag Versicherungswirtschaft, 2014.

2 Auf eine weitere Darstellung der alten Rechtslage wird – abgesehen von dem Abschnitt Überschreitung der Versicherungssummen – abgesehen.

3 Im Folgenden KH-Versicherung genannt.

gegebener Stelle entsprechend gekennzeichnet. Für Verträge, die vor dem 01.01.2008 geschlossen wurden, gilt die Übergangsregelung des Art. 1 Abs. 1 EG-VVG bis zum 31.12.2008. Nach diesem Zeitraum ist auf alle Verträge das VVG n.F. anzuwenden. Das VVG a.F. bleibt anwendbar in allen Schadenfällen aus Altverträgen, die sich bis zum 31.12.2008 ereignet haben. Die Versicherer haben ihre Allgemeinen Vertragsbedingungen geändert und können diese den Versicherungsnehmern der Altverträge ebenfalls anbieten, Art. 1 Abs. 3 EG-VVG.

5 Die nachfolgende Übersicht soll die unterschiedlichen Anwendungen verdeutlichen:

Tab. 1

| VVG-Reform | Schäden im Jahr 2007 | Schäden im Jahr 2008 | Schäden im Jahr 2009 |
|---|---|---|---|
| Verträge mit Beginn bis 31.12.2007 und AKB 2007 | Es gilt immer VVG 2007 mit AKB 2007 | Es gilt immer VVG 2007 mit AKB 2007 | Es gilt VVG n.F., Übergangsregelung AKB erforderlich ansonsten AKB n.F. |
| Verträge mit Beginn ab 01.01.2008 und AKB 2007 | | Es gilt VVG n.F. mit AKB 2007 | Es gilt VVG n.F., Übergangsregelung AKB erforderlich ansonsten AKB n.F. |
| Verträge mit Beginn ab 01.01.2008 und AKB 2008 | | Es gilt VVG n.F. mit AKB n.F. | Es gilt VVG neu mit AKB neu[1] |

1 Zu den Wirkungen eines Rücktrittes des Versicherers vgl. *KG* v. 05.06.2012 – 6 U 150/11, (Jurion) = VersR 2014, 181.

## II. AKB n.F.

6 Die durch die Reform des VVG erforderliche Anpassung[4] der AKB ist ebenfalls berücksichtigt.[5] Die AKB zeichnen sich im Wesentlichen durch eine leicht veränderte Sprache und eine deutlich veränderte Gliederung aus. Nicht alle Versicherer haben auf die neuen AKB entsprechend der Empfehlung des GdV umgestellt. Aber auch dort sind die AKB den Anforderungen des Gesetzes anzupassen. Es sind die AKB des Versicherers zu prüfen. Die Paragrafen der modifizierten AKB nach dem Muster der bisher geltenden AKB a.F. werden sich nicht verändern, sodass auf eine gesonderte Darstellung auch dieser Modifikationen verzichtet wird, um die Übersichtlichkeit der Darstellung zu gewährleisten. Hat ein Versicherer seine Bedingungen allerdings nicht an das VVG n.F. angepasst, kann er sich nicht auf die Leistungskürzungen nach § 28 VVG berufen.[6] Will sich der Versicherungsnehmer auf für ihn günstigere Umstände durch die Rechtsänderung berufen, muss er die Voraussetzung, dass das anspruchsbegründende Ereignis in den Zeitraum der Neuregelung fällt, beweisen und ist ggf. auch beweisbelastet für den Zugang der Annahme des Versicherungsvertrages erst im Jahr 2008.[7]

## III. PflVG

7 Folgerichtig wurde auch das PflVG reformiert, und die Inhalte des § 3 PflVG a.F. in das VVG n.F. übergeführt. Einzig der Ausschluss der Verweisung ist in § 3 PflVG n.F. geregelt.

4 *BGH* v. 12.10.2011 – IV ZR 199/10, (Jurion) VersR 2011, 1550 = NJW 2012, 217 = BGHZ 191, 159.
5 Es liegen die AKB des GDV Stand 06.07.2016 zugrunde.
6 *OLG Köln* – 9 U 41/10 in r+s 2010, 406 f. für die Sachversicherung.
7 *OLG Hamm* v. 09.10.2013 – I-20 U 81/13.

## B. Zulassungspflicht/Versicherungspflicht

### I. Zulassungspflicht

8 Kraftfahrzeuge müssen, um am öffentlichen Straßenverkehr teilnehmen zu können, zugelassen werden, § 1 StVG. Als Kraftfahrzeuge gelten Landfahrzeuge, die mit Maschinenkraft bewegt werden, ohne an Schienen gebunden zu sein.

### II. Versicherungspflicht

9 Das Kraftfahrzeug unterliegt gem. § 1 PflVG der Versicherungspflicht, d.h. es muss, um am öffentlichen Verkehr teilnehmen zu können, haftpflichtversichert sein.

10 § 7 PflVG[8] verlangt einen Versicherungsnachweis für die Zulassung des Kraftfahrzeuges. Diese Ermächtigungsnorm erfasst auch die Einführung neuer Zulassungsformen wie z.B. den Saison-Kennzeichen. Die Zulassung des Kraftfahrzeuges erfolgt nur gegen Vorlage einer entsprechenden Versichererbestätigung eines Versicherungsunternehmens, welches zum Betrieb der KH-Versicherung in Deutschland berechtigt ist. Adressat dieser Verpflichtung ist der Halter,[9] also derjenige, der das Fahrzeug für eigene Rechnung gebraucht und die Verfügungsgewalt hat. Dies muss nicht derselbe sein, für den das amtliche Kennzeichen zugeteilt wurde.[10] Bei der Zulassung muss die amtliche Stelle auch die Übereinstimmung der Kennzeichen-Schilder mit dem vergebenen Kennzeichen prüfen.[11]

11 Von der Versicherungspflicht sind gem. § 2 PflVG nur die BRD, die Länder, Gemeinden mit mehr als 100.000 Einwohnern, Gemeindeverbände, Zweckverbände sowie juristische Personen, die durch § 1 Abs. 3 Nr. 3 des Versicherungsaufsichtsgesetzes erfasst werden. § 2 Abs. 1 Ziff. 1–5 PflVG. Sie sind gem. § 2 Abs. 2 PflVG gehalten, die gegen sie gerichteten Schadensersatzansprüche wie ein KH-Versicherer zu befriedigen. Wurde eine KH-Versicherung nicht abgeschlossen, hat der Fahrzeughalter gem. § 2 Abs. 2 PflVG die Schäden zu regulieren, als sei er selbst KH-Versicherer und muss dem Fahrer und den sonstigen mitversicherten Personen Versicherungsschutz gewähren. Die Verpflichtung beschränkt sich auf die Mindestversicherungssummen.[12] Diese Beschränkung gilt jedoch nur, soweit der befreite Halter als Quasiversicherer[13] nicht auch noch gem. § 831 BGB aus der Verschuldenshaftung für die mitversicherten Personen[14] in Anspruch genommen wird und dann summenmäßig unbeschränkt haftet.[15] Der Quasi-Versicherer ist außerdem berechtigt, in analoger Anwendung des § 116 VVG die versicherten Personen in Regress zu nehmen bei Verletzung von Obliegenheiten. Hierbei sind jedoch die von der Rechtsprechung gezogenen Grenzen bei gefahrgeneigter Arbeit bzw. Regress gegen den Mitarbeiter zu beachten.[16] Eine über die Beschränkung

---

8 Aus dem sich i.V.m. einer dazu zu erlassenen Rechtsverordnung die Aufgaben der Zulassungsstelle ergeben.

9 *BGH* v. 30.03.1960 – IV ZR 249/59, BGHZ 32, 132; *BGH* v. 22.03.1983 – VI ZR 108, 81, BGHZ 87, 133; *BGH* v. 08.12.1971 – IV ZR 102/70, BGHZ 116, 200 u.v.m.

10 Vgl. *Prölss/Martin/Prölss* VVG § 1 Rn. 2.

11 *BGH* v. 05.04.2018 – III ZR 211/17 bejaht eine Amtshaftung bei fehlender Prüfung der Arbeit des Schilderherstellers.

12 *Feyock/Jacobsen/Lemor*/Feyock § 2 PflVG Rn. 8; *Halm/Kreuter/Schwab/Schwab* a.a.O. PflVG § 2 Rn. 8.

13 Vgl. *Prölss/Martin/Prölss* VVG, § 2 Rn. 3.

14 *BGH* v. 19.12.1979 – IV ZR 91/78 VersR 1986, 180, 182.

15 Soweit *Prölss/Martin/Prölss* VVG § 2 Rn. 3 dem Halter die unbegrenzte Haftung zuweist, ist dem nicht zu folgen, da dieser nur im Rahmen des § 7 StVG als Halter in den Grenzen des § 12 StVG haftet, nicht aber unbegrenzt. Ein unbegrenzter Schadensersatzanspruch nach §§ 823 BGB ff. ist nur gegen den Verursacher selbst zu richten und ggf. über die Pfändung des arbeitsrechtlichen Freistellungsanspruchs des Arbeitnehmers gg. den Halter, soweit er mit diesem identisch ist! Beachte aber Urteil *LAG Hamm* v. 23.03.2011 – 3 SA 1824/20 (ADAJUR) zur Haftung des AN bei Schädigung des Linienbusses mit mittlerer Fahrlässigkeit.

16 Vgl. hierzu u.a. *BGH* v. 08.12.1971 – IV ZR 102/70, BGHZ 116, 200, 207 m.w.N.

des § 2 Abs. 2 PflVG hinausgehende Regressmöglichkeit ist durch die Beschränkung des § 2 Abs. 2 PflVG letzter Satz ausgeschlossen.[17]

12 Hinsichtlich der Versicherungsfreiheit der Gemeinden ist darauf zu achten, dass diese bei einem Absinken der Einwohnerzahl unter 100.000 unmittelbar versicherungspflichtig werden. Bei Gemeinden, deren Einwohnerzahl sich unmittelbar an der Grenze bewegt, ist der Abschluss einer KH-Versicherung zu empfehlen, um nicht durch das Absinken der Einwohnerzahl unter 100.000 plötzlich gegen die Versicherungspflicht zu verstoßen. Außerdem sollte von den Gemeinden angesichts der desolaten Finanzsituation eine genaue Wirtschaftlichkeitsbetrachtung durchgeführt werden, da schon ein schwerer Unfall mit einem Schwerverletzten die Einsparungen der Versicherungsprämien auf Jahre hinaus gefährden kann.

13 Diejenigen Fahrzeuge, die gem. § 2 Abs. 1 Ziff. 6 von der Versicherungspflicht ausgenommen werden, unterfallen nicht der Regelung des § 2 Abs. 2 PflVG mit der Folge, dass diese nicht versichert werden müssen und der Halter auch nicht nach § 2 Abs. 2 als Quasi-Versicherer angesehen wird. Sofern ein solches Fahrzeug einen Schaden verursacht (eine StVG-Haftung aus dem Betrieb von Fahrzeugen, welche bauartbedingt nicht mehr als 6 km/h fahren, bzw. selbstfahrende Arbeitsmaschinen, die bauartbedingt nicht mehr als 20 km/h fahren können, gibt es nicht, § 8 StVG) können nur Ansprüche aus § 823 ff. BGB gegen den Halter (über den arbeitsrechtlichen Freistellungsanspruch des Fahrers gegen den Halter) bzw. den Fahrer geltend gemacht werden, die dieser dann, wenn eine KH-Versicherung[18] nicht abgeschlossen wurde, mit seinem Vermögen oder einer Allgemeinen Haftpflichtversicherung abdecken muss.[19]

14 Um sicherzustellen, dass keine Fahrzeuge ohne Versicherungsschutz zugelassen sind, besteht als Gegenpol zur Pflichtversicherung ein sog. Kontrahierungszwang[20] des KH-Versicherers, § 5 Abs. 3 PflVG. Unter bestimmten, engen, Voraussetzungen kann er den Antrag auf Abschluss eines Versicherungsvertrages ablehnen, ist dann aber verpflichtet, den Antrag auf Abschluss einer Haftpflichtversicherung innerhalb einer Ausschlussfrist von zwei Wochen abzulehnen,[21] oder diesen zu geänderten Bedingungen annehmen. Eine Ablehnung des Antrages auf Abschluss eines Versicherungsvertrages kann nur erfolgen, wenn sachliche oder örtliche Beschränkungen im Geschäftsplan des Versicherers dem Abschluss entgegenstehen oder wenn der Antragsteller bereits bei diesem Versicherungsunternehmen versichert war und der Versicherer den Vertrag wegen Drohung oder arglistiger Täuschung[22] angefochten, wegen Verletzung der vorvertraglichen Anzeigepflicht[23] oder Nichtzahlung der ersten Prämie vom Vertrag zurückgetreten war, oder wegen Prämienverzuges oder nach Eintritt des Schadenfalles gekündigt hat.[24]

---

17 Allerdings ist nach neuerer Rechtsprechung ein Regress gegen den Fahrer wegen grob fahrlässiger Obliegenheitsverletzung möglich, *LAG Hamm* v. 23.03.2011 – 3 SA 1824/20 (ADAJUR) zur Haftung des AN bei Schädigung des Linienbusses mit mittlerer Fahrlässigkeit.

18 Der Abschluss einer solchen Versicherung ist aber nicht ausgeschlossen, wurde eine Mindestversicherung abgeschlossen, entfällt eine Eigenhaftung, vgl. *Prölss/Martin*/Prölss VVG § 2 Rn. 7, wobei hier wieder fälschlicherweise die Halterhaftung auf die Mindestversicherungssumme begrenzt ist, der Halter haftet immer nur nach § 7 StVG, ist der Halter = dem Fahrer, erweitert sich die Haftung gem. § 823 BGB auf den verursachten Schaden. Dann hat der Halter für den Fahrer nur im Rahmen der Mindestversicherungssummen einzustehen.

19 Vgl. hierzu unten »Benzinklauseln« Rn. 218 ff.

20 Vgl. hierzu Rdn. 102; *Halm/Kreuter/Schwab/Kreuter* a.a.O., § 5 PflVG Rn. 4 f.; *EuGH* v. 28.04.2009 – RS C-518/06 zur Zulässigkeit des Kontrahierungszwanges für Kfz-Haftpflichtversicherer.

21 § 5 Abs. 3 PflVG.

22 *OLG Oldenburg* v. 29.06.2016 – 5 U 165/15, VersR 2017, 803 f., zur Beweislast.

23 Dies spielt in der Kraftfahrzeug-Haftpflicht-Versicherung eher eine untergeordnete Rolle. Außerdem muss über die Rechtsfolgen einer solchen Verletzung ausführlich belehrt werden, *OLG Karlsruhe* v. 22.10.2015 – 12 U 53/15.

24 § 5 Abs. 4 Ziff. 1–3 PflVG.

Kontrahierungszwang besteht nur für die gesetzliche Haftpflichtversicherung und nur im Rahmen der geltenden Mindestversicherungssumme.[25] Dies bedeutet, dass Versicherer nicht verpflichtet sind, Anträge auf Abschluss einer Fahrzeugvoll- bzw. Fahrzeugteilversicherung anzunehmen.[26] Ferner bedeutet Kontrahierungszwang nicht, dass Versicherer verpflichtet sind, Anträge auf Abschluss einer Haftpflichtversicherung mit unbegrenzter Deckung anzunehmen. Während der Annahmezwang früher für alle Kraftfahrzeuge galt, besteht eine solche Pflicht für Versicherer jetzt nur noch für Zweiräder, Personenkraftwagen und LKW bis 1t Nutzlast. Wird aber eine Versicherungsbestätigung eines Versicherers für einen LKW über 1t Nutzlast bei der Zulassungsstelle vorgelegt, haftet der Versicherer im Rahmen der vorläufigen Deckung, auch wenn ein Zwang zum Abschluss des Hauptvertrages nicht besteht. Jeder Fahrzeughalter eines Kraftfahrzeuges kann gegen das Versicherungsunternehmen seiner Wahl den Anspruch geltend machen, von diesem zu den Mindestversicherungssummen gegen Haftpflicht im Kraftfahrzeugschaden versichert zu werden. 15

Probleme wirft die Entscheidung des *EuGH* v. 04.09.2018 auf, die für ein nicht mehr genutztes Kfz, das fahrbereit und zugelassen auf einem Privatgrundstück abgestellt wird, eine Versicherungspflicht annimmt.[27]

## C. Rechtsgrundlagen

Nachfolgend werden diejenigen Rechtsquellen aufgezeigt, die für das Versicherungsvertragsrecht maßgeblich sind. Außer Betracht bleiben Rechtsnormen, die beispielsweise für die Haftung oder für Regresse von Bedeutung sind. Das Versicherungsvertragsrecht wird zum einen durch gesetzliche Rechtsquellen, in besonderem Maße jedoch auch durch vertragliche Rechtsquellen bestimmt. 16

### I. Versicherungsvertragsgesetz (VVG)

Das VVG ist die wichtigste gesetzliche Rechtsquelle des Versicherungsvertragsrechts. Es gilt für alle Versicherungszweige, auch, soweit diese nicht in ihm geregelt sind.[28] Das VVG regelt Zustandekommen sowie Inhalt von Versicherungsverträgen. Es gelten die §§ 1–42, 49–78 aus dem allgemeinen Teil sowie im besonderen Teil der einzelnen Versicherungszweige für die KH-Versicherung die Vorschriften über die Pflichtversicherung in §§ 113–124 VVG. Wegen der Details sei auf die nachfolgenden Kapitel verwiesen. 17

### II. PflVG

Das PflVG verpflichtet in § 1 den Halter eines Kraftfahrzeugs oder Anhängers mit regelmäßigem Standort im Inland für sich, den Eigentümer und den Fahrer eine Haftpflicht-Versicherung zur Deckung der durch den Gebrauch des Fahrzeugs verursachten Personen-, Sach- und sonstigen Vermögensschäden abzuschließen und aufrechtzuerhalten, wenn das Fahrzeug auf öffentlichen Wegen oder Plätzen verwendet wird. Hintergrund dieser Versicherungspflicht ist der Schutz der übrigen Verkehrsteilnehmer. Sie können sich nach einem Schadenereignis nicht nur an den Schädiger, sondern auch an den jeweiligen Versicherer halten. Zweck der Pflichtversicherung ist, dem Geschädigten seine Schadensersatzansprüche zu sichern. Es wird verhindert, dass der Geschädigte sich allein an den Schädiger halten und das Risiko der Vermögenslosigkeit des Schädigers am Ende selbst tragen muss. 18

Das PflVG enthält Spezialvorschriften, durch die die Regelungen der Pflicht-Haftpflichtversicherung im VVG (§§ 113–124 VVG) teilweise ergänzt (§ 1–3 PflVG). 19

---

25 § 5 Abs. 3 PflVG.

26 Der Versicherer muss bei Ablehnung auf die Differenzen zum Antrag hinweisen, es reicht jedoch aus, wenn er schon vor Antragstellung den Abschluss einer Kasko-Versicherung abgelehnt hat, *OLG Saarbrücken* 5 U 481/08-58, VersR 2010, 63 f.; Halm/Kreuter/*Schwab/Kreuter* a.a.O. B AKB Rn. 7 ff.

27 *EuGH* v. 04.09.2018 – C-80/17, u.a. zfs 2018, 632 ff. (Schritte zur offiziellen Stilllegung wurden nicht unternommen).

28 Vgl. *Bauer* Die Kraftfahrtversicherung Rn. 18.

### 1. Exkurs Haftungsrecht

20 Folgerichtig zu seinem Auftrag, den Geschädigten zu schützen, erhält dieser durch § 115 VVG einen Direktanspruch gegen den Versicherer bzw. den gem. § 2 PflVG von der Versicherungspflicht befreiten Halter als »Quasi-Versicherer« das Recht, dort unmittelbar seine Ansprüche, ggf. auch klageweise, geltend zu machen. Durch § 116 VVG ist ein gesetzlich angeordneter Schuldbeitritt des Versicherers geregelt, sodass dem geschädigten Dritten durch den Versicherer ein weiterer Schuldner an die Hand gegeben wird.

21 Der Schädiger und der Versicherer haften als Gesamtschuldner (§ 116 VVG).[29] Dem Geschädigten steht das Wahlrecht zu, nur einen oder alle gemeinsam in Anspruch zu nehmen. Als Anspruchsberechtigte kommen in Betracht:

- unmittelbar Geschädigte
- mittelbar Geschädigte (z.B. unterhaltsberechtigte Angehörige)
- Rechtsnachfolger (z.B. Sozialversicherungsträger)
- sonstige Ausgleichsberechtigte (vgl. § 426 BGB).

### 2. Innenverhältnis/Außenverhältnis

22 Im Außenverhältnis hat der anspruchsberechtigte Dritte die Möglichkeit, gegen den Versicherungsnehmer, den Fahrer und den Versicherer vorzugehen. Im Innenverhältnis zwischen Versicherungsnehmer und Versicherer ist bei intaktem Versicherungsverhältnis allein der Versicherer verpflichtet (§ 116 VVG). Anspruchsberechtigter Dritter kann auch der Versicherungsnehmer sein, wenn er gegenüber der mitversicherten Person einen Anspruch auf Schadensersatz wegen Personenschäden hat (Beispiel: Versicherungsnehmer als Insasse im eigenen Fahrzeug). Der Direktanspruch gegen den Versicherer ist einerseits durch die Höhe des Schadensersatzanspruches und zum anderen i.d.R. durch die Höhe der vertraglich vereinbarten Versicherungssumme (A.1.3 AKB) begrenzt.

23 Die Frist des § 3 Nr. 7 PflVG a.F. zur Geltendmachung von Schadensersatzansprüchen beim Versicherer ist entfallen. Der Direktanspruch gibt dem Geschädigten auch die Pflicht, seine Ansprüche zu belegen und insoweit an der Schadenfeststellung mitzuwirken. Er unterliegt den gleichen Verjährungsfristen, wie die Schadensersatzansprüche gegen den Versicherungsnehmer.

24 Probleme im Innenverhältnis haben nur in ganz wenigen Ausnahmefällen Auswirkung auf das Außenverhältnis zum Geschädigten.[30] Bei einem »defekten« oder »kranken« Versicherungsverhältnis[31] (d.h. wenn der Versicherte keinen Versicherungsschutz hat, z.B. wegen Nichtzahlung der Erstprämie oder einer Obliegenheitsverletzung) kann der Versicherer die Leistungsfreiheit gegenüber dem Versicherungsnehmer dem Anspruch des geschädigten Dritten nicht entgegenhalten (Ausnahme: Verweisungstatbestände). Er hat die Ansprüche des Geschädigten zu regulieren.[32] Seine Haftung kann bei vollständiger oder teilweiser Leistungsfreiheit, auf die Mindestversicherungssumme beschränkt werden.[33] Diese Grenzen gelten, wenn dem Versicherungsnehmer ein Fehlverhalten vorgeworfen werden kann und sind dann auch auf den Mitversicherten anzuwenden.[34] Die Haftung besteht auch in diesen Fällen nur im Rahmen der vertraglich übernommenen Gefahr. Wenn nur teilweise Leistungsfreiheit besteht, soll nach Auffassung des *BGH* eine Begrenzung auf die Mindestdeckungssumme nicht gegeben sein, wenn sich diese nicht in den Bedingungen vorbehalten wurde.[35] Als Beispiel wird

29 Zur Verjährung des Anspruchs auf Ausgleich vgl. *BGH* v. 08.11.2016 – VI ZR 200/15.

30 Vgl. insoweit unten zu Risikoausschlüssen Rdn. 333 ff.; Nachhaftung Rdn. 87.

31 *BGH* v. 30.04.1975 – IV ZR 190/73, NJW 1975, 1277 f.

32 § 117 Abs. 1 VVG; *Halm/Kreuter/Schwab/Schwab* a.a.O. VVG § 117 Rn. 6.

33 § 117 Abs. 3 VVG.

34 *Römer/Langheid/Langheid* VVG a.F. § 158i Rn. 9; *Halm/Kreuter/Schwab/Kreuter* a.a.O. § 117 VVG Rn. 22.

35 *BGH* v. 10.05.1983 – VI ZR 252/81, VersR 1983, 688; *BGH* v. 07.02.1984 – VI ZR 188/82, VersR 1984, 226; *BGH* v. 16.09.1986 – VI ZR 151/85, VersR 1986, 1231; 23.02.1983 – VIII ZR 325/81, BGHZ 87, 37; *OLG Hamm* VersR 1988, 1122.

hier E.x AKB mit den vertraglichen Obliegenheiten angeführt. Soweit das Gesetz eine vollständige Leistungsfreiheit bei gesetzlichen Obliegenheiten vorsieht, bleibt es bei der Beschränkung auf die Mindestversicherungssumme, auch wenn diese Obliegenheit in die AKB aufgenommen wurde. In den Muster-AKB des GDV ist bei allen Obliegenheitsverletzungen die Haftung auf die Mindestversicherungssumme begrenzt. Die Beschränkung auf die Mindestversicherungssumme gilt auch gegenüber dem mitversicherten Fahrer, der einen Vertrauensschutz nur in diesen Grenzen geltend machen kann. Im Streitfall sind die dem Vertrag zugrundeliegenden AKB zu prüfen.

Die vormals im PflVG geregelte Gesamtschuldnerschaft zwischen Versicherungsnehmer und Versicherer wurde in das VVG aufgenommen, § 116 VVG. Im Fall eines kranken Versicherungsverhältnisses, d.h., wenn der Versicherer keinen Versicherungsschutz gewährt, ist der Versicherungsnehmer alleine verpflichtet. Aus § 116 Abs. 1 S. 2 VVG ergibt sich der Rückgriffsanspruch des Versicherers gegenüber dem Versicherungsnehmer hat. Es läuft die normale Verjährungsfrist von 3 Jahren. Hierbei ist nicht auf die abschließende Leistung abzustellen, vielmehr läuft die Verjährung bei mehreren Teilzahlungen für jede einzelne Teilzahlung gesondert.[36] 25

Das PflVG enthält weiterhin allgemeine Versicherungsbedingungen, § 4, sowie in der Anlage zu § 4 Abs. 2 die Mindestversicherungssummen. Mindestversicherungssumme bedeutet in diesem Zusammenhang, dass die Versicherungssumme der gem. § 1 PflVG vorgesehenen Pflichtversicherung mindestens die in dieser Anlage vorgeschriebenen Summen erreichen muss. Diese Summen gelten auch für das »kranke Versicherungsverhältnis«.[37] Üblicherweise wird die unbegrenzte Deckung vereinbart, die jedoch eine Summe von 8 Mio. € je geschädigter Person nicht überschreiten darf. Im Einzelfall können auch höhere Versicherungssummen vertraglich vereinbart werden. 26

Da es bei schweren Verkehrsunfällen vor 1997 häufig dazu kam, dass die vereinbarte Mindestversicherungssumme in der Schadenregulierung überschritten,[38] und der Geschädigte mit seinen Ansprüchen an den Verursacher direkt verwiesen wurde (mit der Gefahr, dass der Schädiger die weiteren Leistungen nicht erbringen konnte), wurden ab 01.07.1997 die Versicherungssummen erhöht. 27

Die Mindestversicherungssummen ergeben sich aus § 4 Abs. 2 PflVG mit Anlage. Sie betragen derzeit: 28

Tab. 2

| | Bis 30.06.1997 in DM | 01.07.1997–31.12.2001 in DM | 01.01.2002–31.12.2007 in € | Ab 01.01.2008 in € |
|---|---|---|---|---|
| Personenschaden | 1 Mio. | 5 Mio. | 2,5 Mio. | 7,5 Mio. |
| Sachschäden | 400.000 | 1 Mio. | 500.000 | 1 Mio.<br>1,22 Mio. € seit 31.08.2015, seit 11.04.2024 1,3 Mio € |
| reine Vermögensschäden | 40.000 | 100.000 | 50.000 | 50.000 |
| Tötung/Verletzung mehrerer Personen | 1,5 Mio. | 15 Mio. | 7,5 Mio. | 7,5 Mio. |

Besondere Grenzen gelten bei Schäden mit Fahrzeugen, die zur Beförderung von mehr als 9 Personen zugelassen sind. Hier sind max. pro Person ab dem 10. – 81. Platz je 50.000 € für den Perso-

36 *Prölss/Martin* § 3 Nr. 10 PflVG a.F. in der Vorauflage; in der aktuellen Auflage nicht anpassender Stelle übernommen; *OLG Hamm* VersR 1981, 645 (L); *OLG Zweibrücken*, VersR 1976, 57.

37 Vgl. § 117 Abs. 2 VVG.

38 Vgl. hierzu unten Rdn. 731 ff., Deckungssummenüberschreitung.

nenschaden, 2.500 € für Sachschäden und 500 € für reine Vermögensschäden zu ersetzen. Ab dem 81. Platz halbieren sich die Summen.

29 Für Schäden, die bei dem Betrieb von Anhängern, die nicht mit dem Betrieb eines KFZ i.S.d. § 7 StVG zusammenhängen entstehen, gelten die Mindestversicherungen wie für ein KFZ, Anlage zu § 4 Abs. 2 PflVG R 3.

30 Diese Mindestversicherungssummen sollen in jedem Fall die möglichen Schäden, die durch ein KFZ verursacht werden, abdecken. Dies ist mit allen Novellen seit der Verabschiedung des § 12a StVG nur teilweise gelungen, da vom Gesetzgeber zwar immer die Haftungshöchstgrenzen des § 12 StVG und die Mindestversicherungssummen angehoben wurden, er aber vergessen hat, die Mindestversicherungssummen diesen neuen Gegebenheiten anzupassen. Im »normalen« Schadenfall wird die Mindestversicherungssumme wohl für die Ansprüche eines Geschädigten ausreichen, auch wenn dieser ernster verletzt worden sein sollte. Anders sieht dies jedoch aus, wenn es zu einem Unfall mit einem Gefahrguttransporter kommt und sich bei diesem Schadenfall auch die besondere Gefährlichkeit der transportierten Ladung ausgewirkt hat. Wenn in diesem Fall nur die Haftung aus der Betriebsgefahr des versicherten Fahrzeuges besteht, dem Fahrer also kein Verschulden am eingetretenen Schaden vorzuwerfen ist und das Versicherungsverhältnis wegen Obliegenheitsverletzungen belastet ist (und gem. § 117 Abs. 3 VVG die Haftung auf die Mindestversicherungssummen beschränkt ist),[39] geht der Geschädigte wegen eines großen Teils seiner Schäden leer aus. Die Einführung des § 12a StVG hätte zwingend auch eine Anpassung der Mindestversicherungssummen erfordert, da schon reine Sachschäden, welche durch einen Gefahrguttransport verursacht werden, leicht den Betrag von 1 Mio. € übersteigen können.

31 Für den personenverschiedenen Halter (wenn Halter = Versicherungsnehmer, was i.d.R. der Fall ist) beschränkt sich die Haftung des Versicherers gem. §§ 7, 12 und 12a StVG, immer auf die Betriebsgefahr im Rahmen der Haftungshöchstgrenzen des § 12 StVG. Es kommt für Schadenfälle bei der Ermittlung der Grenze der Eintrittspflicht des Versicherers darauf an, ob es sich um »normale« Sach- oder Personenschäden handelt bzw. ob der Schaden im Rahmen eines Gefahrguttransportes eintrat, für den die höheren Grenzen des § 12a StVG gelten. Im Fall eines »normalen« Sach- oder Personenschadens gilt weiter die Grenze des § 12 als (unterste) Haftungshöchstgrenze. Soweit jedoch im Rahmen eines Gefahrguttransportes ein Sachschaden entstanden oder eine Person geschädigt wurde, liegt die Grenze mit 6 Mio. € deutlich über der gesetzlichen Mindestversicherungssumme für Sachschäden, sodass hier die Begrenzung auf die Mindestversicherungssumme wirksam wird, insoweit geht § 117 VVG dem StVG vor.[40] Der Gesetzgeber hat bei dem zweiten Schadenrechtsänderungsgesetz leider nicht berücksichtigt, dass die Mindestversicherungssummen ebenfalls hätten angehoben werden müssen.

32 Die Problematik wird anhand der nachfolgenden Beispiele deutlich:

**▶ Beispiel 1:**

33 Es ereignet sich ein Unfall, der Versicherungsnehmer hat keinen Versicherungsschutz wegen Nichtzahlung der Erstprämie. Es gelten die Grenzen des § 12 StVG (Sachschaden 1 Mio. €, Personenschaden 5 Mio. €). Der Fahrer hat Versicherungsschutz, es gelten für ihn als Höchstgrenze die Mindestversicherungssummen (Sachschaden 1 Mio. €; Personenschaden 7,5 Mio. €).

34 **Folge:** Der Geschädigte erhält maximal im Fall des Sachschadens 1 Mio. €, im Fall eines Personenschadens 7,5 Mio. € von der KH-Versicherung, wenn der Fahrer den Unfall verschuldete. Soweit diesem ein Verschulden nicht vorzuwerfen ist, bleibt es bei den Grenzen des § 12 StVG, die in diesem Fall unter denen der Mindestversicherungssumme liegen, also kein Risiko für den Versicherungsnehmer und den Fahrer.

---

39 Näheres hierzu unter Rdn. 807.

40 *Römer/Langheid/Langheid* VVG a.F. § 158i Rn. 8. *Halm/Kreuter/Schwab/Schwab* a.a.O. § 117 VVG Rn. 26.

**Beispiel 2:**

Es ereignet sich ein Unfall mit einem Gefahrguttransporter: 35

Der Versicherungsnehmer hat keinen Versicherungsschutz wegen Nichtzahlung der Erstprämie. Es besteht Eintrittspflicht in den Grenzen des § 12a StVG (Sachschaden 10 Mio. €, Personenschaden 10 Mio. €). Der Fahrer hat Versicherungsschutz. Wegen § 117 Abs. 3 VVG erfolgt die Regulierung im Rahmen der Mindestversicherungssummen: (Sachschaden 1 Mio. €, Personenschaden 7500000 €). Dies hat im Fall eines Sachschadens fatale Folgen: Der durch einen Gefahrguttransport Geschädigte erhält maximal 1 Mio. € für seinen Sachschaden von der KH-Versicherung, da damit die Mindestversicherungssumme für den Sachschaden erschöpft ist, hinsichtlich des Restes ist er auf den Regress beim Verursacher mit allen Risiken angewiesen.

Dieser Fall wurde bei der Neuschaffung des § 12a StVG nicht ausreichend berücksichtigt. Der eigentliche Zweck des § 12a StVG, den Schutz der anderen Verkehrsteilnehmer in jedem Fall sicher zu stellen, geht damit ins Leere. 36

**Haftungshöchstsummen/Mindestversicherungssummen** 37

**Tab. 3**

| | § 12 StVG a.F. | § 12 StVG ab 01.01.2002 | StVG ab 01.01.2008 | bis 30.06.1997 | ab 01.07.1997 | ab 01.01.2002 | ab 01.01.2008 |
|---|---|---|---|---|---|---|---|
| | StVG-Haftung | | | Mindestversicherungssummen | | | |
| ein Geschädigter, Kapitalbetrag | 500.000 DM | 600.000 € | 5 Mio. € | 1. Mio. DM | 5 Mio. DM | 2,5 Mio. € | 7,5 Mio. € |
| ein Geschädigter, Jahresrente | 30.000 DM | 36.000 € | entfällt | | | | |
| mehrere Geschädigte, Kapitalbetrag insgesamt | 750.000 DM | 3 Mio. € | 5 Mio. € | 1. Mio. DM | 15 Mio. DM | 7,5 Mio. € | 7,5 Mio. € |
| mehrere Geschädigte, Jahresrenten insgesamt | 45.000 DM | 180.000 € | Entfällt | | | 500.000 € | 7,5 Mio. € |
| Sachschäden | 100.000 DM | 300.000 € | 1 Mio. € | 400.000 DM | 1 Mio. DM | 50.000 € | 1 Mio.; 1,22 Mio. € seit 31.08.2015, seit 11.04.2024 1,3 Mio € |
| Vermögensschäden | | | | 40.000 DM | 100.000 DM | 50.000 € | 50.000 € |

38 Dabei sollen die Höchstbeträge, die für die Tötung einer oder mehrerer Personen vorgesehen sind, auch für den Kapitalwert einer als Schadensersatz zu leistenden Rente.

39 Tab. 4

| Transport gefährlicher Güter | § 12 StVG a.F. | neu: § 12a StVG | § 12a StVG 2008 | 01.01.2002 | 01.01.2008 |
|---|---|---|---|---|---|
| | StVG-Haftung | | | Mindestversicherungssumme | |
| ein Geschädigter | w.o. | 600.000 € | 10 Mio. € | 2,5 Mio. € | 7,5 Mio. € |
| mehrere Geschädigte | w.o. | 6 Mio. € | 10 Mio. € | 7,5 Mio. € | 7,5 Mio. € |
| Sachschäden | w.o. | 6 Mio. € | 10 Mio. € | 500.000 € | 1 Mio. €; 1,22 Mio. € seit 31.08.2015, seit 11.04.2024 1,3 Mio € |

40 (Soweit in § 114 VVG die Mindestversicherungssumme von 250.000 € je Schadenfall, max. aber 1 Mio. € pro Versicherungsjahr als Maximalgrenze angegeben wird, kommt diese Vorschrift im Bereich der Pflichtversicherung nicht zur Anwendung. Im KH-Schaden gilt nach wie vor § 4 Abs. 2 PflVG i.V.m. der in der Anlage zum PflVG abgedruckten RechtsVO. Es ergibt sich daher insoweit keine Änderung).

41 Das PflVG enthält weiterhin Vorschriften über die Verkehrsopferhilfe, VOH, §§ 12 ff. PflVG.[41]

### 3. Kraftfahrzeug-Pflichtversicherungsverordnung (KfzPflVV)

42 Nach dem Wegfall einheitlicher Bedingungen für die Kraftfahrtversicherung (AKB), die vom Bundesaufsichtsamt für alle in Deutschland zugelassenen Versicherungsgesellschaften genehmigt waren, hat das Bundesministerium der Justiz im Einvernehmen mit dem Bundesministerium der Finanzen und dem Bundesministerium für Verkehr einen Mindestinhalt und Mindestumfang für die Kraftfahrt-Versicherung zum 01.07.1994 in der KfzPflVV bestimmen müssen. Die allgemeinen Geschäfts- und Vertragsbedingungen in der KH-Versicherung müssen sich an dieser Verordnung orientieren.

## III. BGB

43 Versicherungsschutz wird grundsätzlich nur aufgrund eines bestehenden Versicherungsvertrages gewährt.

44 Ein Versicherungsvertrag ist ein gegenseitiger schuldrechtlicher Vertrag, der seinem Typ nach jedoch im BGB nicht geregelt ist. Soweit VVG und PflVG jedoch keine Vorschriften enthalten, kommt ergänzend das BGB zur Anwendung. Insbesondere die Vorschriften über das Zustandekommen von Verträgen (Zugang, Fristen etc.) sind anwendbar. Die einzelnen Vorschriften in den AKB sind begrifflich Allgemeine Geschäftsbedingungen.

45 Der allgemeine Teil des Schuldrechts ist anwendbar, z.B. die Vorschriften über die Voraussetzungen des Verzugs, §§ 284 ff. BGB.

46 Die Rechtsfolgen des Prämienverzuges in der KH-Versicherung bestimmen sich ausschließlich nach den Vorschriften des VVG, (§§ 37, 38 VVG), welche auch in B.x und C.x AKB aufgenommen sind. Auch die Verjährungsregeln des BGB kommen jetzt zur Anwendung.

## IV. Sonstige Bestimmungen

47 Da der Versicherer Kaufmann ist, § 1 Abs. 2 Nr. 3 HGB, gelten ergänzend die Vorschriften über den Kaufmann im Handelsgesetzbuch.

41 Vgl. hierzu Rdn. 372.

Weiterhin betreffen Vorschriften des Versicherungsaufsichtsgesetzes (VAG) die Organisation von Versicherungsunternehmen. 48

Je nach Rechtsform des Versicherungsunternehmens gelten bestimmte weitere Gesetze, z.B. Aktiengesetz (AktG) sowie das **Genossenschaftsgesetz** (GenG). 49

## D. Vertragliche Grundlagen

### I. Allgemeine Bedingungen für die Kraftfahrtversicherung

Die Allgemeinen Bedingungen für die Kraftfahrtversicherung[42] sind ein Mittel, das die Versicherer in die Lage versetzt, einen bestimmten Versicherungszweig schnell an geänderte rechtliche, wirtschaftliche und technische Verhältnisse anzupassen. Sie sind aus diesem Grund einer gesetzlichen Regelung überlegen. Daneben dienen die AVB/AKB der Rationalisierung und Vereinheitlichung der Versicherungsverträge.[43] 50

#### 1. Aufbau AKB n.F.

Die AKB n.F. sind wie folgt gegliedert: 51
- Welche Leistungen umfasst Ihre Kfz-Versicherung?
  - Kfz-Haftpflichtversicherung – für Schäden, die Sie anderen zufügen
  - Kasko-Versicherung – für Schäden an Ihrem Fahrzeug
  - Autoschutzbrief – Hilfe für unterwegs
  - Kfz-Unfallversicherung – wenn Insassen verletzt oder getötet werden
- Beginn des Vertrages und vorläufiger Versicherungsschutz
  - Wann beginnt der Versicherungsschutz?
  - Vorläufiger Versicherungsschutz
- Beitragszahlung
  - Zahlung des ersten oder einmaligen Beitrags
  - Zahlung des Folgebeitrags
  - Nicht rechtzeitige Zahlung bei Fahrzeugwechsel
- Welche Pflichten haben Sie beim Gebrauch des Fahrzeugs?
  - Bei allen Versicherungsarten
  - Zusätzlich in der Kfz-Haftpflichtversicherung
  - Welche Folgen hat eine Verletzung dieser Pflichten?
- Welche Pflichten haben Sie im Schadenfall?
  - Bei allen Versicherungsarten
  - Zusätzlich in der Kfz-Haftpflichtversicherung
  - Zusätzlich in der Kaskoversicherung
  - Zusätzlich beim Autoschutzbrief
  - Zusätzlich in der Kfz-Unfallversicherung
  - Welche Folgen hat eine Verletzung dieser Pflichten?
- Rechte und Pflichten mitversicherter Personen
- Laufzeit des Vertrages, Veräußerung des Fahrzeugs
  - Wie lange läuft der Versicherungsvertrag?
  - Wann und aus welchem Anlass können Sie den Vertrag kündigen?
  - Wann und aus welchem Anlass können wir den Vertrag kündigen?
  - Kündigung einzelner Versicherungsarten
  - Form und Zugang der Kündigung
  - Beitragsabrechnung nach Kündigung
  - Was ist bei Veräußerung des Fahrzeugs zu beachten?

42 Im Folgenden AKB genannt.
43 Vgl. *Bauer* Rn. 25 ff.

– Wagniswegfall (z.B. durch Fahrzeugverschrottung)
– Außerbetriebsetzung, Saisonkennzeichen, Fahrten mit ungestempelten Kennzeichen
  – Was ist bei Außerbetriebsetzung zu beachten?
  – Welche Besonderheiten gelten bei Saisonkennzeichen?
  – Fahrten mit ungestempelten Kennzeichen
– Die Tarifbedingungen als Teil der AKB

## 2. Bekanntgabe der AKB

52 Der Versicherer ist grundsätzlich gehalten, dem Versicherungsnehmer die Vertragsbedingungen (hier: AKB (Allgemeine Bedingungen für die Kraftfahrtversicherung) und die TB (Allgemeinen Tarifbedingungen),[44] die in den AKB ab I.x aufgeführt sind, zur Verfügung zu stellen. Dies erfolgte je nach Modell entweder bei Antragsaufnahme oder (beim Policenmodell) mit Übersendung des Versicherungsvertrages. Durch die VVG-Reform soll das sog. Policenmodell die Ausnahme sein. (Hintergrund dieser Neuerungen sind weniger die AKB der KH-Versicherer als vielmehr die Bedingungen in den Personenversicherungen (Lebens-, Unfall-, Kranken-, Rentenzusatzversicherungen etc., da dort die Unterschiede erheblich sein können.) Aufgrund der gesetzlichen Rahmenbedingungen sind in der KH-Versicherung eher wenige Gestaltungsmöglichkeiten des Versicherers gegeben. Auch bei elektronischer Vertragsanbahnung können die AKB schon vor Vertragsübersendung zur Verfügung gestellt werden. Damit hat der Versicherungsnehmer auch hier bei Übersendung der Police erst mit dem Vertrag die Möglichkeit, die Bedingungen zu prüfen und diesen ggf. zu widersprechen oder den Vertrag noch zu widerrufen.[45]

53 Die AKB stellen die Basis für den jeweiligen Versicherungsvertrag dar und regeln – neben Vorschriften des VVG – das Miteinander zwischen VN und Versicherer.[46] Der Versicherungsnehmer hat die Prämien fristgerecht zu zahlen, der Versicherer im Gegenzug die gegen den Versicherungsnehmer gerichteten Ansprüche für diesen zu befriedigen bzw. unbegründete Ansprüche abzuwehren. Neben diesen Hauptpflichten bestehen noch einige Nebenpflichten des Versicherungsnehmers oder des Fahrers, die sich abhängig vom Pflichtenkreis in die Pflichten vor dem Schadenfall, welche sich in die Pflichten vor Eintritt des Schadenfalles, D.x AKB und in die Pflichten im Schadenfall, E.x AKB teilen. Hierzu gehören außerdem noch gesetzliche Pflichten, wie z.B. §§ 23 ff. VVG etc.

54 Vorliegend werden die Musterbedingungen des Bundesaufsichtsamtes für das Versicherungswesen als Basis für die Darstellung der einzelnen Problembereiche verwendet. Diese dienen den jeweiligen Versicherern nur als Muster; im Einzelfall können sich Abweichungen oder Änderungen ergeben. Die AKB müssen dem VN bekannt gemacht werden (vgl. §§ 7 und 7a VVG). Die §§ 7 und 7a VVG sehen dabei vor, dass dem Versicherungsnehmer vor dem eigentlichen Vertragsschluss die Bedingungen zur Verfügung gestellt werden, damit er diese prüfen kann. Dies erfolgt in Anlehnung an die in anderen Europäischen Ländern üblichen Regelungen.[47] Für den Bereich der Kfz-Versicherung gestaltet sich diese Regelung als problematisch, da bereits bei Einholung eines Angebotes die Bedingungen zur Verfügung gestellt werden und nach dem Willen des Gesetzgebers dem Kunden auch Zeit gegeben werden soll, die Bedingungen vollständig zur Kenntnis zu nehmen. Da es im Bereich der KH-Versicherung üblich ist, sich eine Versicherungsbestätigung telefonisch oder elektronisch beim Versicherer anzufordern, bleibt nur, an die Versicherungsbestätigung die AKB anzuhängen. Soweit aber die Versicherungsbestätigungen auf elektronischem Weg versendet werden und der Kunde sich diese ausdruckt, ist in § 7 VVG geregelt, dass der Versicherer die Vertragsbedingungen unverzüglich nach Vertragsschluss vorlegt. Außerdem kann der Kunde auch ausdrücklich durch gesonderte schriftliche Erklärung auf die Übergabe der AKB vor Vertragsschluss verzichten. Dies darf allerdings nicht formularmäßig (beispielsweise im Antragsformular) geschehen. Auch können

44 Vgl. hierzu ausführlich Rdn. 61.
45 Vgl. hierzu *Halm/Kreuter*/Schwab/Kreuter a.a.O. AKB B Rn. 13 ff.
46 Vgl. hierzu ausführlich unten Rdn. 103 ff.
47 Vgl. hierzu weiterführend *Schimikowski*, r+s 2007, 133 ff.

die AKB auf elektronischem Wege – wie z.B. bei Internetkäufen – bekannt gemacht und online die Kenntnisnahme bestätigt werden.

### 3. Geschäftsplanmäßige Erklärungen

In der Zeit vor 1994, als die AKB der Versicherungswirtschaft noch der Genehmigungspflicht des BAV unterlagen, haben sich die Versicherer im Rahmen einer geschäftsplanmäßigen Erklärung u.a. der Verpflichtung unterworfen, im Fall der Leistungsfreiheit gegenüber dem Versicherungsnehmer oder seinen Familienmitgliedern den Regress auf 5.000 DM maximal zu beschränken. Durch die Einführung der KfzPflVV ist diese Regelung obsolet geworden. 55

▶ Beispiel:

Der führerscheinlose Sohn des Versicherungsnehmers hat das Fahrzeug ohne dessen Wissen an sich genommen, um damit eine Fahrt zu unternehmen und es anschließend zurückzubringen. 56

Die Annahme, dass es sich hierbei um eine strafbare Handlung gehandelt habe, wurde vom *BGH* abgelehnt. Es käme auch hier die geschäftsplanmäßige Erklärung mit der Regressbeschränkung der Versicherung auf 5.000 DM zur Anwendung. Der *BGH* argumentierte, dass es dem Sprachgebrauch des täglichen Lebens widerspreche, wenn man annehmen würde, dass ein Sohn/eine Tochter das Fahrzeug durch »strafbare Handlung« erlangt habe.[48] In den AKB ab 1994 ist der Regress lediglich für den Dieb unbegrenzt. Ob man stillschweigend davon ausgehen kann, dass Sohn oder Tochter nicht Dieb sind, erscheint im Hinblick auf § 248b StGB fraglich. Allerdings sind keine neueren Entscheidungen, die auch in der Kraftfahrzeug-Haftpflicht-Versicherung eine vollständige Leistungsfreiheit des Versicherers vorsähen, ergangen. Dies mag daran liegen, dass der jugendliche Fahrer in aller Regel nur das versicherte Fahrzeug schädigt und der Sachschaden im Haftpflichtbereich eher gering ausfällt. Für die Kasko-Versicherung kommt dann § 86 VVG (Familienprivileg mit Regressausschluss) zur Anwendung mit der Folge, dass eine Entscheidung vom Versicherer gar nicht abgefordert werden kann. 57

### 4. Ergänzungen zu den AKB (ab 01.07.1994)

Seit dem 01.07.1994 ist die Genehmigungspflicht für die AKB entfallen. Die AKB gelten, wenn sie in den Vertrag mit einbezogen wurden und der Versicherungsnehmer damit einverstanden ist. Es gelten immer die zum Zeitpunkt des Vertragsschlusses gültigen AKB eines Versicherers. Diese müssen dem Versicherungsnehmer zugänglich gemacht werden, sei es durch Übersenden mit dem Vertrag oder durch Anhang an die Versicherungsdoppelkarte oder durch Aushang (vgl. die Regelungen der Banken). Die Form der Bekanntmachung kann durch das BGB geprüft werden. 58

Ein neuer Vertrag liegt auch vor, wenn das bisherige Fahrzeug veräußert und ein neues Fahrzeug versichert wird. Sollten in diesem Zeitpunkt geänderte AKB gelten, sind diese neueren AKB auf den neuen Vertrag anzuwenden, auch wenn er die alte Versicherungsscheinnummer erhält. 59

Die AKB n.F. und das VVG n.F. sehen eine solche Günstigkeitsregelung im Gegensatz zu früheren Änderungen nicht mehr vor, was die Bearbeitung einfacher macht, aber den Versicherungsnehmer nicht zwingend besserstellt. Abgesehen von der Übergangsfrist des Jahres 2008 ist für Schadenfälle ab dem 01.01.2009 ausschließlich VVG n.F. anwendbar. Die Versicherer sind verpflichtet worden, ihre AKB entsprechend anzupassen, sodass insoweit Unterschiede nicht mehr bestehen. 60

48 *BGH* v. 13.07.1988 – IVa ZR 55/87, NJW 1988, 2734.

### II. Die Tarifbedingungen

61 In den Tarifbedingungen, die unter I–N in den AKB aufgenommen sind, werden die Voraussetzungen für die Einstufung der einzelnen Fahrzeuge geschaffen. Obwohl sie keine Allgemeinen Geschäftsbedingungen im eigentlichen Sinne darstellen, können sie der Kontrolle des BGB unterworfen sein, da dieses unter dem Begriff der Vorformulierung eine ganze Reihe von vertraglichen Werken, so auch Tarifbedingungen, umfasst. Es kommt darauf an, ob es sich um unmittelbar den Preis regelnde Vereinbarungen handelt, die keiner Inhaltskontrolle zugänglich sind,[49] oder ob sich der Preis nur unter Zuhilfenahme von einseitig aufgestellten Tarif- oder Gebührenordnungen ermitteln lässt. Letztere sind den §§ 305 ff. BGB unterworfen, wenn der Preis und Preisänderungen klauselartig vorformuliert sind und die Einzelpreisabrede ergänzen oder ersetzen.[50] Soweit sich die TB darauf beschränken, das Feststellen der tariflichen Wagnisgruppe und damit das Auffinden des zutreffenden Beitrags in Prämientabellen zu ermöglichen, sind sie der Inhaltskontrolle des BGB entzogen.[51] Eine pauschale Unterordnung aller TB unter die Kontrolle des BGB wäre verfehlt.[52] Die Schadenfreiheitsrabattsysteme hingegen unterliegen wegen ihrer Preisänderungsmechanismen der inhaltlichen Kontrolle des BGB, wobei die Inhaltskontrolle nicht die Preishöhe betreffen kann. Sie beschränkt sich vielmehr auf die Prüfung, ob diese TB-Änderung dem Kunden in der formal richtigen Weise bekannt gegeben wurde (und damit überhaupt erst Vertragsinhalt geworden ist) und die eindeutige Berechenbarkeit des Preises sichergestellt ist.[53]

#### 1. Typenklassen

62 Hierbei werden die einzelnen Fahrzeuge entsprechend der statistischen Angaben zu Schadenhäufigkeit und zur Höhe der Reparaturkosten in sogenannte Typenklassen eingestuft. Je höher die Typenklasse, desto höher der Tarifbeitrag. Es wird zwischen den einzelnen Vertragsarten unterschieden. Es kann also durchaus zu unterschiedlichen Typenklasseneinstufungen kommen, je nachdem, ob es sich um die Haftpflicht, die Vollkasko oder die Teilkasko handelt. Maßgeblich für die Eingruppierung in der Kraftfahrzeughaftpflicht sind u.a. die PS-Zahl und die Schadenhäufigkeit einzelner Fahrzeugtypen. So kann es dazu kommen, dass Fahrzeuge, die zwar wenig PS-Leistung haben, dafür aber beliebte Anfänger-Autos sind, in der Typenklasse relativ hoch eingestuft sind, dagegen aber höherklassige Fahrzeuge, die üblicherweise von routinierten Fahrern gesteuert werden und dementsprechend in der Unfallstatistik nicht so häufig auftauchen, in den Typenklassen relativ niedrig eingestuft sind.

63 In der Fahrzeugvollversicherung spielen neben der Schadenhäufigkeit die Ersatzteilpreise eine erhebliche Rolle, da diese die Ausgaben des Fahrzeugversicherers erheblich mitbestimmen. Die von Fahranfängern geführten Kfz nicht zwingend in eine hohe Typenklasse aufgenommen sind, da diese Fahrzeuge häufig alt sind und eine Fahrzeugvollversicherung nicht mehr abgeschlossen wird. In der Fahrzeugteilversicherung hingegen spielt die Frage, wie häufig dieses Fahrzeug gestohlen wird, eine erhebliche Rolle bei der Eingruppierung.

64 Die Eingruppierungen sind bei allen Versicherungen relativ gleich, da die gleichen Statistiken zugrunde gelegt werden.

#### 2. Regionalklassen

65 Daneben wird auch noch eine regionale Unterscheidung getroffen, welche ebenfalls von der Schadenhäufigkeit in dieser Region abhängt, so sind in Ballungsräumen die Regionalklassen höher als

49 *BGH* v. 31.01.2001 – IV ZR 185/99, NJW-RR 2001, 743.

50 *Ulmer/Brandner/Jensen* AGBG § 8 Rn. 14; § 305 Abs. 1 BGB.

51 *BGH* IV ZR 185/99, r+s 2001, 230; vgl. hierzu *BGH* v. 13.07.2005 – IV ZR 83/04, VersR 2005, 1417 f. hinsichtlich der Prüfbarkeit der Prämiennachlassklausel; *Halm/Kreuter/Schwab/Schwab* a.a.O. AKB K.2.1 AKB Rn. 2.

52 A.A. *Römer* NVersZ 1999, 97.

53 *Schmidt-Salzer* VersR 1995, 1261 ff.

in ländlichen Regionen. Maßgebend für die Einstufung ist der an den Wohnsitz des Versicherungsnehmers/Halters geknüpfte Zulassungsort.

Änderungen in diesen Stufen fallen wegen ihres AVB-Charakters unter § 40 VVG und berechtigen den Versicherungsnehmer zu einer außerordentlichen Kündigung, sie unterliegen der inhaltlichen Kontrolle des Bundesaufsichtsamtes für das Versicherungswesen.[54] 66

### 3. Rabattstufen

Außerdem sind hier die einzelnen Rabattstufen und der Umfang einer Rückstufung im Schadenfall geregelt. Die Rabattstufen, nachfolgend SF-Klassen genannt, beginnen bei 260 % (= S 2) und gehen in zunächst jährlichen Schritten bis auf 35 % bzw. 30 % (= SF 18) abhängig vom Anbieter herab. Sie können auch auf Familienangehörige übertragen werden.[55] Nachfolgend ein Beispiel für die einzelnen Rabattstufen bei Pkws in der Kategorie PKW-Eigenverwendung: 67

**In der Kraftfahrzeug-Haftpflichtversicherung** 68

Tab. 5

| | | |
|---|---|---|
| S 2 | = | 245 % |
| S 1 | = | 155 % |
| S 0 | = | 230 % als Startklasse |
| SF $^1/_2$ | = | 140 % |
| SF 1 | = | 100 % (als Basisbeitrag) |
| SF 2 | = | 85 % |
| SF 3 | = | 70 % |
| SF 4 | = | 60 % |
| SF 5 | = | 55 % |
| SF 6 | = | 55 % |
| SF 7 | = | 50 % |
| SF 8 | = | 50 % |
| SF 9 | = | 45 % |
| SF 10 | = | 45 % |
| SF 11 | = | 45 % |
| SF 12 | = | 40 % |
| SF 13 | = | 40 % |
| SF 14 | = | 40 % |
| SF 15 | = | 40 % |
| SF 16 | = | 35 % |
| SF 17 | = | 35 % |
| SF 18 | = | 35 % |
| SF 19 | = | 35 % |
| SF 20 | = | 35 % |

54 §§ 5V Nr. 1, 13d Nr. 7, 110a Abs. 2 Nr. 2 VAG.
55 Vgl. hierzu *Gregor* VersR 2006, 485 ff.; I.6.2.3 AKB.

| | | |
|---|---|---|
| SF 21 | = | 35 % |
| SF 22 | = | 30 % |
| SF 23 | = | 30 % |
| SF 24 | = | 30 % |
| SF 25 | = | 30 % |

69 Diese Aufstellung kann bei einzelnen Anbietern variieren, insbesondere werden teilweise für Fahranfänger andere Einstiegsstufen angeboten, wie z.B. die Übernahme der SF-Klasse, wenn dieser den Zweitwagen des Vaters genutzt hat. Teilweise wird damit geworben, dem Zweitwagen, der üblicherweise mit SF $^{1}/_{2}$ eingestuft wird, die SF-Klasse zuzuordnen, die auch der Erstwagen hat. Diese ist dann auch von anderen Versicherungen bei einem eventuellen Wechsel zu übernehmen. Auch die Einstufung in der Vollkasko kann von dieser Einstufung abweichen, indem beispielsweise für die Vollkasko-Versicherung höhere Startklassen und andere Abstiegsstufen gewählt werden.

70 Für jedes unfallfreie Jahr steigt der Versicherungsnehmer eine SF Klasse höher und sein Beitrag wird reduziert. SF-Klasse 1 entspricht 100 %, d.h. dem normalen Jahresbeitrag als Bezugsgröße, für jedes unfallfreie Jahr wird der Versicherungsnehmer mit einem Nachlass auf den normalen Jahresbeitrag belohnt. Üblicherweise wird der Versicherungsvertrag zu Beginn des neuen Kalenderjahres in eine niedrigere SF-Klasse eingestuft, wenn der Vertrag zu diesem Zeitpunkt mindestens 6 Monate bestanden hat. Es kann sich also im Einzelfall lohnen, den Vertragsbeginn zurückzudatieren. Es wird derjenige belohnt, der am längsten unfallfrei gefahren ist. Üblicherweise wird eine vorläufige Einstufung vorgenommen und vom Vorversicherer eine Bestätigung der SF-Klasse angefordert.[56] Falsche oder unzutreffende Angaben zu den Merkmalen der Beitragsrechnung haben Konsequenzen.[57]

71 Außerdem werden für Krafträder, Personenmietwagen, Selbstfahrer-Vermietfahrzeuge, Taxen, Campingbusse, LKW bis 1t Nutzlast und LKW über 1t Nutzlast andere Rabattstufen angeboten. Dies ist im Einzelfall zu prüfen.

## 4. Sondernachlässe (sog. weiche Tarifmerkmale)

72 Neben den Rabattstufen werden immer mehr Sondernachlässe, die von Versicherer zu Versicherer verschieden sind, angeboten. Dabei werden diese teilweise nur in der Vollkasko-Versicherung, vermehrt aber auch in der KH-Versicherung angeboten.

73 Änderungen in diesen sog. weichen Tarifen sind dem Versicherer vom Versicherungsnehmer spontan und unverzüglich mitzuteilen.[58] Wenn Änderungsmitteilungen nicht erfolgen, oder gar wissentlich falsche Angaben gemacht werden, um den Sondernachlass zu erhalten, kann es zu unterschiedlichen Konsequenzen kommen: Neben der Tatsache, dass der Rabatt – je nach Anbieter – von Anbeginn an wegfällt und u.U. eine Vertragsstrafe (hier sind die jeweiligen Tarifbedingungen zu prüfen) fällig wird, kann, soweit der Versicherer nicht auf seine Regressmöglichkeiten nach den AKB verzichtet, hier auch der Versicherungsschutz gefährdet werden.

56 *OLG München* v. 15.12.2016 – 24 U 2174/16, zfs 2016, 330 f., der Vorbehalt der endgültigen Einstufung gilt auch ohne ausdrücklichen Hinweis hierauf; *AG Solingen* zfs 2013, 512 will die vorläufige Einstufung in eine SF-Klasse als verbindlich gelten lassen, wenn auf eine Abweichung vom Antrag nicht augenfällig deutlich gemacht wurde, verkennt dabei aber das Wissen des VN um die von ihm verursachten Schäden, die zu einer Höherstufung führen! *AG Kassel* v. vom 13.09.2012 – 435 C 301/12 (ADAJUR Dok. Nr. 101272) bejaht die Bindungswirkung, wenn eine Einstufung ohne erkennbaren Vorbehalt erfolgte, zfs 2013, 155.

57 Zu den Anforderungen vgl. *LG Dortmund* v. 10.07.2014 – 2 O 261/13, SP 2014, 391 f.

58 *Stiefel/Maier* AKB K.4 Rn. 1 f.; *Halm/Kreuter/Schwab/Schwab* a.a.O. AKB K.4.1, Piontek, r+s 2017, 124 ff. zu den Anzeigepflichten vor Vertragsschluss.

Im Einzelnen sind dies folgende Nachlässe, wobei die Aufzählung keinerlei Anspruch auf Vollständigkeit erhebt: 74

– Garagenwagen[59]
  Voraussetzung für diesen Nachlass ist, abhängig von weiteren Spezifikationen, mindestens, dass das Fahrzeug am Wohnort des Versicherungsnehmers auf einem umfriedeten Grundstück bzw. in einer Garage abgestellt wird. Dabei reicht es nicht aus, wenn die Garage über einen km von der Wohnung des Versicherungsnehmers entfernt ist.[60]
  Problematisch wird es dann, wenn dieses Fahrzeug innerhalb der Familie an ein nicht bei dem Versicherungsnehmer wohnendes Mitglied weitergereicht wird, das nicht über einen solchen Abstellplatz verfügt und es dann zu einem Schadenfall kommt. Ein nur kurzfristiges Ausleihen dürfte unproblematisch sein, da auch der Versicherungsnehmer gelegentlich (z.B. im Urlaub) sein Fahrzeug im öffentlichen Verkehrsraum abstellen kann, ohne dass dies für ihn negative Folgen haben darf.
  Es wird zu prüfen sein, ob lediglich der Differenzbetrag zu der ohne diesen Rabatt geschuldeten Prämie zuzüglich einer eventuell vereinbarten Vertragsstrafe vom Versicherungsnehmer zu erstatten ist, oder ob der Versicherer gar – wegen entsprechender Klausel in seinen Tarifbestimmungen – von der Verpflichtung zur Leistung frei ist. Dies kann sich u.U. auch nur in der Fahrzeugvoll- oder Teilversicherung auswirken, wenn der Rabatt nur für diese Versicherungszweige gewährt wurde und nicht in den Tarifbestimmungen auf den Regress bzw. für die Kasko-Versicherung auf den Einwand der groben Fahrlässigkeit verzichtet wird.
– Nur der Versicherungsnehmer ist als Fahrer zugelassen
  Diese Klausel ist mit Vorsicht zu genießen, da dann nie ein anderer das Fahrzeug führen darf, wenn der Versicherungsschutz nicht gefährdet werden soll. Im Fall eines Schadens wird dann zweierlei zu prüfen sein: zum einen muss der Vertrag nachtarifiert werden, da ein weiterer Fahrer nicht in der Risikokalkulation des Versicherers enthalten war. Eine Vertragsstrafe, die den Tarifbedingungen zu entnehmen ist, wird fällig (üblicherweise der fünffache Jahresbetrag) und es wird die Frage der Verletzung der Obliegenheiten nach D.1.2 AKB »unberechtigter Fahrer« zu prüfen sein.[61] Zwar kommt es nach der Formulierung in den Musterbedingungen des GDV nur auf den Willen des Verfügungsberechtigten an, dies kann aber ggf. in den AKB des Verwenders auch anders ausgestaltet sein. Etwas anderes gilt bei Mietfahrzeugen, in denen sich der Mieter vertraglich verpflichtet, das Fahrzeug nur selbst zu nutzen oder nur einem benannten weiteren Fahrer zur Verfügung zu stellen. Dort beinhaltet die Weitergabe an einen nicht benannten Fahrer gleichzeitig auch den Verstoß gegen die Obliegenheit. Ausnahmen können vorgesehen sein für den Kaufinteressenten, den Hotelangestellten, den Reparateur bzw. im Notfall.
– Junge Familie
  Dieser Nachlass wird teilweise gewährt, wenn das Familienoberhaupt das 40. Lebensjahr nicht erreicht hat. Dieser Tarif erledigt sich also irgendwann durch Zeitablauf, spätestens mit einem Fahrzeugwechsel.
– Treuenachlass
  Um die Kundenanbindung zu stärken, wird ein Treuenachlass gewährt, wenn der Versicherungsnehmer mehr als X Verträge bei dem gleichen Versicherungsunternehmen abgeschlossen hat.
– Neuwagenrabatt
  Hier wird der Nachlass gewährt, wenn ein Neufahrzeug im klassischen Sinne (Erstbesitzer) zugelassen wird. Dies gilt nicht mehr, wenn das Fahrzeug bereits auf die Werkstatt zugelassen war (auch nicht bei Tageszulassungen).

59 Wird dies vereinbart, kann bei Abstellen auf der Straße in der Fahrzeug-Versicherung bei Diebstahl eine Leistungskürzung um 30 % erfolgen, *LG Magdeburg* v. 11.09.2018 – 11 O 217/18, VersR 2021, 504 ff.
60 *LG Dortmund* v. 17.06.2009 – 2 O 424/08.
61 Vgl. hierzu Rdn. 470: Schwarzfahrt.

- Frauenrabatt
  Dieser Rabatt wird nur gewährt, wenn das Fahrzeug ausschließlich von einer Frau genutzt wird. Auch dieser Tarif ist, wie der oben genannte »Fahrertarif« mit Vorsicht zu genießen, da auch hier die gleichen Probleme mit dem Vertrag und den Obliegenheiten bestehen können.
- Gruppentarife für Großkunden
  Für Kunden, die ihren gesamten Fuhrpark bei einem Versicherer versichern, können sog. Blockpolicen abgeschlossen werden, wobei für einzelne Fahrzeuge günstige Tarife gewährt werden können und dann insgesamt – ausgehend von der Höhe der geleisteten Schadensersatzleistungen – die Kundenverbindung bewertet wird. Ggf. erfolgt dann zum Jahresende eine Beitragsanpassung entsprechend der Schadenhäufigkeit.
- Selbstbeteiligung im KH-Schadenfall
  Vermehrt wird inzwischen eine sog. Selbstbeteiligung im Schadenfall angeboten, die zur Senkung der Haftpflichtprämien führt. Diese Regelung steht grundsätzlich dem Pflichtversicherungsgesetz nicht entgegen. Der Versicherer muss auch in diesen Verträgen die Ansprüche der Geschädigten vollumfänglich regulieren und fordert nach Abschluss der Regulierung die Selbstbeteiligung beim Kunden ein. Er kann den Geschädigten nicht bis zur Höhe der vereinbarten Selbstbeteiligung mit seinem Schadensersatzanspruch an den Versicherungsnehmer verweisen. Dies wurde ausdrücklich in § 114 Abs. 2 VVG aufgenommen. In der Praxis hat sich aber diese Regelung als sehr arbeitsaufwendig und wenig erfolgreich erwiesen, sodass dieses Angebot nicht von jedem Versicherer gemacht wird. Die Vereinbarung eines Selbstbehaltes ist freiwillig. Auf die Schadenregulierung darf sich dieser Selbstbehalt allerdings nicht auswirken. Der Geschädigte kann auch in diesen Fällen seine Ansprüche vollständig bei dem KH-Versicherer einfordern. Der Selbstbehalt wird dann vom KH-Versicherer bei seinem VN zurückgefordert. Hat eine Firma einen Selbstbehalt vereinbart, darf sie diesen nicht vom angestellten Fahrer zurückfordern.[62]
- Laufleistung
  wird eine bestimmte Laufleistung während der Vertragsdauer vereinbart, kann eine Vertragsstrafe fällig werden,[63] die jedoch der Höhe nach begrenzt sein muss, ein Regress wegen zusätzlicher Obliegenheitsverletzung (z.B. Gefahrerhöhung) ist dann unzulässig, wenn die Vertragsstrafe geltend gemacht wird.[64] Die Vertragsstrafe muss dabei im Verhältnis zum Fehlverhalten stehen.[65]

75 Alle diese Rabatte können nur eingeschränkt geprüft werden, da sie von Versicherer zu Versicherer schwanken und allein dem Zweck dienen, möglichst viele Kunden zu günstigen Tarifen zu gewinnen. Soweit diese Rabatte nicht an ein konkretes Risiko anknüpfen, werden sie als »Social underwriting« bezeichnet. Als weitere Beispiele seien hier Cross-Selling-Rabatt, Öko-Rabatt, Bahn-Card-Rabatt, Kündigungsabwendungsrabatt, Wohngebäudebesitzer-Rabatt u.Ä. genannt. Daneben gibt es sog. Pauschalrabatte, die von einzelnen Versicherern ausgewählten Maklern gewährt werden. Diese stehen ebenfalls nicht in konkretem Bezug zu einem Risiko. Auch die Beliebigkeitsrabatte dienen allein der Kundenanbindung und dem Ziel, billiger zu sein als der Wettbewerber.

76 Eine rechtliche Würdigung dieser Preisgestaltungspolitik ist bisher nicht hinreichend erfolgt, sodass auch eine Überprüfung einer Eingruppierung nur eingeschränkt möglich ist. Allein die Frage der Einhaltung des Gleichheitsgrundsatzes kann geprüft werden,[66] wobei hier aber auf die Mitwirkung des Versicherers gesetzt werden muss, um die erforderlichen Informationen zu erhalten. In aller Regel

---

62 *BAG* v. 03.12.2012 – 8 AZR 432/11; NJW Spezial 2013, 266.

63 *AG Berlin-Charlottenburg* v. 02.07.2018 – 2017 C 30/18; *AG Brandenburg* v. 10.09.2018 – 31 C 213/17 lässt eine rückwirkende Prämienerhöhung bei fehlender Angabe zur Laufleistung zu.

64 *OLG Frankfurt* v. 23.01.2019 – 7 U 58/17 (für Fahrerschutz); *OLG Stuttgart* v. 25.07.2013 – 7 U 33/13, VersR 2013, 1528 für Kasko; *OLG Frankfurt* verneint in diesem Fall das Wahlrecht und damit das Berufen auf Gefahrerhöhung Urt. v. 23.01.2019 – 7 U 58/17.

65 *LG Koblenz*, Urt. v. 01.09.2021 – 16 S 2/21 (leichte Fahrlässigkeit bei Versäumen der Meldung der Überschreitung der Laufleistung schadet nicht).

66 *Feyock/Jacobsen/Lemor/Feyock* PflVG Vor § 5 Rn. 11.

wird der Versicherer aber bei entsprechender Anfrage auch den bereits bestehenden Vertrag mit den »neuen« Rabatten ausstatten, um eine gute Kundenverbindung zu halten.

## E. Der Versicherungsvertrag

### I. Beginn/Ende des Vertrages

Der Versicherungsvertrag kommt, wie jeder andere Vertrag, durch Angebot (Anfrage des Versicherungsnehmers) und Annahme (Übersendung des Versicherungsscheins durch den Versicherer) zustande und endet durch Kündigung. Im KH-Versicherungsrecht besteht jedoch die Besonderheit, dass in aller Regel vor dem eigentlichen Vertragsbeginn schon Versicherungsschutz im Rahmen der Vorläufigen Deckung gewährt wird, der Versicherer also im Außenverhältnis eine Vorleistung, die Gewährung seiner vertraglichen Leistungen, erbringt.[67] Dabei treffen den Versicherer besondere Beratungs- und Hinweispflichten.[68] Diese waren früher nach Treu und Glauben geschuldet und sind jetzt im Gesetz verankert. Diese Neuregelung hat aber in der KH-Versicherung nur wenige Auswirkungen. Sie beschränkt sich auf die Grenzen und Erweiterungsmöglichkeiten des Versicherungsschutzes, wobei aber darauf hinzuweisen ist, dass der Versicherer zwar verpflichtet ist, den Versicherungsschutz zu den Mindestversicherungssummen zu gewähren, nicht aber sonstige Zusatzvereinbarungen mit dem Kunden zu schließen.[69] Diese Beratung muss dokumentiert werden,[70] allerdings führt eine fehlende Beratungsdokumentation nicht zur Beweislastumkehr zugunsten des potentiellen Versicherungsnehmers, wenn der Vertrag gerade nicht zustande kam.[71] Weiterhin muss der Versicherer dem Kunden die Vertragsbedingungen vor dem Vertragsschluss zur Verfügung stellen, um diesem die Möglichkeit der Prüfung zu geben. Davon kann im Einzelfall abgewichen werden, insbesondere bei Verträgen, die eine vorläufige Deckung vorsehen, reicht es aus, wenn die AKB mit der Versicherungspolice übersandt werden. Danach hat der Versicherungsnehmer ein zweiwöchiges Widerrufsrecht nach § 8 Abs. 1 VVG. Die Frist beginnt mit der Übersendung des Versicherungsscheins und der erforderlichen Unterlagen zu laufen.[72] Die Frist endet bei ordnungsgemäßer Belehrung[73] zwei Wochen nach Zugang des Versicherungsscheins[74] oder nach 77

67 Zur Einbeziehung der AKB und zur Geltung des VVG n.F. vgl. *LG Saarbrücken* v. 30.03.2012 – 13 S 49/11 für die vorläufige Deckung.

68 *OLG München*, Beschluss vom 12.08.2019 – 14 U 4710/18, (der Versicherungsnehmer muss sich allerdings auch selbst kümmern, Lese und Nachfrage Obliegenheit)! *OLG Dresden* v. 21.02.2017 – 4 U 1512/16, VersR 2017, 886 f.; *OLG Saarbrücken* v. 26.02.2014 – 5 U 64/13, VersR 2015, 1248 f. zum Beratungsverschulden des Versicherungsmaklers; *BGH* v. 30.11.2017 – I ZR 143/16; *OLG Hamm* Beschl. v. 28.06.2019 – I-20 U 70/19; *OLG Hamm* v. 12.10.2012 – 20 U 139/12: auch wenn die Annahmeerklärung des VN im Geltungsbereich des VVG n.F. erfolgt, müssen die erforderlichen Hinweise nachgeholt werden. Zum Umfang der Beweislast und zur Beweislastverteilung vgl. *OLG Brandenburg* r+s 2008, 220; *OLG Saarbrücken*, r+s 2009, 319 zum Hinweis auf mögliche Kasko-Versicherung; *Nothoff*, r+s 2021, 17 ff. *Halm/Kreuter/Schwab/Kreuter* a.a.O. AKB B. AKB Rn. 2 vgl. ebenso ausführlich *Halm/Kreuter/Schwab/Kreuter* § 6 VVG; *Staudinger/Halm/Wendt/Schneider/Reuter-Gehrken*. § 6 VVG; auch Versicherungsmakler, die selbstständig tätig sind, werden von der Pflicht nicht ausgenommen und müssen bedarfsgerecht beraten: *BGH* v. 20.03.2014 – I ZR 147/14; v. 23.10.2014 – III ZR 82/13, VersR 2015, 187 f.

69 *Schirmer* DAR 2008, 181; *Halm/Kreuter/Schwab/Kreuter* a.a.O. AKB B. AKB Rn. 5 ff.

70 *BGH* v. 13.11.2014 – III ZR 544/13, fehlerhafte oder unvollständige Dokumentation führt zur Beweiserleichterung zugunsten des Versicherungsnehmers; *OLG Hamm* v. 20.06.02018 – 20 U 16/18, keine Pflicht zur Dokumentation, wenn Versicherungsnehmer selbst den die Fragen im Antragsformular beantwortet; *OLG Dresden* v. 21.02.2017 – 4 U 1512/16, VersR 2017, 886 f.

71 *OLG Dresden* v. 26.04.2024 – 3 U 79/23.

72 *BGH* v. 13.12.2017 – IV ZR 353/15.

73 *BGH* v. 21.02.2024 – IV ZR 297/22; *BGH*, Urt. v. 11.10.2023 – IV ZR 40/22; *BGH* v. 27.03.2019 – IV ZR 132/18 (auf die Folgen unrichtiger Belehrung muss nicht hingewiesen werden); *OLG Köln*, v. 06.12.2013 – 20 U 50/13 (Jurion); *OLG Dresden*, Hinweisbeschluss v. 20.10.2022 – 4 U 951/22, Fettdruck ist ausreichend.

74 *OLG Hamm* Beschl. v. 18.10.2019 – I-20 U 165/19 Bestätigung des Erhalts der Unterlagen auf Antragsformular im Antragsmodell zu § 5 VVG a.F.

Zahlung der Erstprämie im Antragsmodell (§ 8 Abs. 4 S. 4 VVG). Die Belehrung muss augenfällig und vom sonstigen Text drucktechnisch abgehoben sein[75] und den Hinweis auf eine ggf. verlangte Schriftform oder Textform enthalten.[76] Werden die Belehrungen an verschiedenen Stellen untergebracht, muss die Prüfung in der Gesamtschau erfolgen.[77] Die Rechtsfolgen müssen ebenfalls dargestellt sein.[78] Für den Versicherungsnehmer muss erkennbar sein, dass es für den Lauf der Frist auf den Zugang der Versicherungspapiere ankommt.[79] Es kommt bei der Anforderung an die Belehrung auch nicht auf den Kenntnisstand des Versicherungsnehmers an.[80] Bei nicht ordnungsgemäßer Belehrung gibt es ein nahezu unbegrenztes Widerspruchsrecht.[81] Im Policenmodell entfällt das Widerrufsrecht erst, wenn eine der Parteien die Vertragspflichten vollständig erfüllt hat, § 8 Abs. 3 letzter Satz VVG.[82] Werden die Bedingungen übersandt und der VN widerspricht diesen nicht, werden sie Vertragsbestandteil.[83] Auch eine konkludente Genehmigung durch rügelose Zahlung der angeforderten Prämie ist möglich.[84] Will der VN sich auf das Widerrufsrecht nach § 8 VVG in einem alten Vertrag stützen, muss er beweisen, dass der Zugang der Annahmeerklärung erst in 2008 erfolgte und ihm damit die neue Widerrufsmöglichkeit nach § 8 VVG ermöglicht.[85] Für die Rückabwicklung ist zu beachten, dass mit Ausübung des Widerrufs der Versicherungsvertrag unmittelbar beendet ist, der Versicherungsnehmer genießt keinen Versicherungsschutz mehr,[86] der Versicherer bleibt wegen der Regelungen in § 117 Abs. 2 VVG in der Nachhaftung und muss ggf. eingetretene Schäden regulieren. Dem Versicherungsnehmer droht dann der Regress in voller Höhe,[87] wenn er nicht rechtzeitig eine Versicherungsbestätigung eines anderen VR bei der Zulassungsstelle vorlegt. Das Widerrufsrecht entfällt nach vollständiger Vertragsbeendigung, da der Versicherungsnehmer durch seine Kündigung bereits erklärt hat, er wolle den Vertrag es tunc beenden und nicht ex nunc, daher ist für den Widerruf kein Raum mehr.[88] Ein Widerrufsrecht kann trotz fehlerhafter Belehrung verwirkt sein.[89]

75 *BGH* v. 28.06.2017 – IV ZR 440/14; *OLG Dresden* v. 14.08.2019 – 4 U 1486/19; *OLG Dresden* Beschl. v. 26.10.2016 – 4 U 1477/16, *OLG Stuttgart* v. 23.10.2014 – 7 U 256/13, Jurion; *OLG München* v. 27.06.2014 – 25 U 1044/14.

76 *OLG Karlsruhe* v. 22.05.2015 – 12 U 122/12; der bloße Verweis auf die Möglichkeit, sich die Belehrung aus dem Internet herunterzuladen, reicht nicht *BGH* v. 15.05.2014 – III ZR 368/14.

77 *OLG Saarbrücken*, Hinweisbeschl. v. 22.01.2024 – 5 U 60/23.

78 *OLG Stuttgart* v. 21.01.2021 – 2 U 565/19 (Rentenversicherung).

79 *OLG Stuttgart* v. 17.06.2015 – 20 U 56/14, NJW 2015, 3109.

80 *OLG Stuttgart* v. 28.07.2016 – 7 U 80/16 Jurion (unwirksame Belehrung gegenüber Versicherungsvermittler als Versicherungsnehmer).

81 *BGH* v. 26.09.2018 – IV ZR 304/15; *BGH* v. 30.07.2014 – IV ZR 85/12 (fehlerhaft, wenn Hinweis auf »schriftlichen« Widerspruch fehlt); *BGH* v. 05.11.2014 – IV ZR 331/14; ein Verweis auf die AGB ist dann zulässig, wenn die Belehrung und der Versicherungsschein mittels Ösung untrennbar miteinander verbunden sind; *OLG Köln*, Urt. v. 12.06.2021 – 20 U 316/20: *OLG Dresden* v. 30.04.2019 – 4 U 1863/18 (günstigere Fristen schaden nicht); *LG Dessau* v. 30.01.2014 – 1 S 162/13; *OLG München* v. 27.06.2014 – 25 U 1044/14; *LG Heidelberg* v. 25.11.2014 – 1 S 8/14. 1366 f.

82 *BGH* v. 13.09.2017 – IV ZR 445/14, erforderlich ist auch hier, dass der Versicherungsnehmer über seine Rechte entsprechend belehrt wurde.

83 *BGH* v. 02.06.2016 – IV ZR 431/14 (für die BUZ); *OLG Koblenz* v. 12.01.2012 – 10 U 556/11 (Jurion).

84 *AG Solingen* v. 18.04.2013 – 13 C 134/12; nach *BGH* v. 03.09.2014 – IV ZR 145/12 soll allerdings auch die Zahlung der ersten Prämie nicht das Widerrufsrecht erlöschen lassen, insbesondere dann nicht, wenn die Verbraucherinformationen nicht überreicht wurden.

85 *OLG Hamm* v. 09.10.2013 – I-20 U 81/13, Jurion = VersR 2014, 485 f.; allerdings kann dies bei einem Versicherungsvermittler rechtsmissbräuchlich sein, *OLG Stuttgart* v. 06.11.2014 – 7 U 147/10; *LG Tübingen*, Beschl. v. 26.01.2022 – 4 S 13/21 (Beweislast des VN, wenn VR die Unterlagen nach Ablauf der Aufbewahrungsfrist zulässigerweise vernichtet hat).

86 *Schirmer* Neues VVG und die KFZ-Haftpflicht- und Kaskoversicherung DAR 2008, 181 f.; *Halm/Kreuter/Schwab/Kreuter* a.a.O. AKB B. AKB Rn. 11.

87 Vgl. insoweit unten Rdn. 87 ff.

88 *BGH* v. 23.07.2014 – IV ZR 330/13.

89 *OLG Dresden* v. 21.12.2020 – 4 U 1947/20.

## 1. Beginn des Vertrages

Durch die Aushändigung der Versicherungsbestätigung (sog. Deckungskarte)[90] an den Kunden erklärt die Versicherung, dass sie diesem Kunden ab der Aushändigung der Versicherungsbestätigung Versicherungsschutz gewähren will. Soll etwas anderes gelten, etwa »ab Datum der Zulassung«, so muss dies auf der Versicherungsbestätigung extra vermerkt werden. Ist dies nicht der Fall, haftet der ausstellende Versicherer ab dem Zeitpunkt der Aushändigung, § 9 KfzPflVV.[91] 78

Mit der Vorlage der Versicherungsbestätigung bei der Zulassungsstelle dokumentiert der Halter des Fahrzeuges, dass die ausstellende Versicherung bereit ist, mit ihm einen Versicherungsvertrag über das zuzulassende Fahrzeug abzuschließen.[92] Der Umfang der Deckungszusage durch Vorlage der Versicherungsbestätigung bestimmt sich nach dem PflVG. Der Versicherer ist in jedem Fall verpflichtet, Versicherungsschutz nach den gesetzlichen Vorschriften zu gewähren.[93] Seit dem 01.04.2008 gibt es elektronische Versicherungsbestätigungen, die der Kunde im Internet online eine Versicherungsbestätigung anfordern kann. Er gibt seine Daten ein, welche direkt über die Versicherung an die Zulassungsstelle übermittelt werden. Er selbst erhält eine Nummer, mit der er bei der Zulassungsstelle dann sein Fahrzeug anmelden kann. Dabei werden seine Daten schon automatisch an die Zulassungsstelle überspielt und er muss bei der Zulassungsstelle nur noch den Ausdruck mit der Nummer des Versicherers vorlegen. Es ist davon auszugehen, dass in diesem formalisierten Verfahren, das hauptsächlich online abgewickelt werden soll, nur die Mindestvoraussetzungen dem Kunden zugesagt werden können. 79

Das Angebot auf Abschluss eines Versicherungsvertrages geht i.d.R. vom Versicherungsnehmer aus. Der Antrag auf Abschluss eines Versicherungsvertrages erfolgt mit der Vorlage der Versicherungsbestätigung bei der Zulassungsstelle, spätestens aber mit der Abgabe des Antrages bei der Versicherung. Die Annahme erfolgt durch den Versicherer in Form der Vertragsausfertigung (Policierung). Der Versicherer kann einen Antrag nur binnen 2 Wochen nach Eingang des Antrages dem Antragsteller gegenüber schriftlich ablehnen (Absendung der Ablehnung genügt zur Fristwahrung!). Nach Ablauf dieser 2 Wochen gilt der Vertrag als angenommen, § 5 Abs. 3 PflVG. Um keine unnötigen Schwebezustände herbeizuführen und um den übrigen Verkehrsteilnehmern Schutz zu gewähren, wurde eine kurze Ablehnungsfrist für Versicherer eingerichtet und darüber hinaus eine Annahmefiktion installiert. 80

## 2. Neues Angebot durch Versicherung

Eine Änderung des Versicherungsantrages durch den Versicherer gilt als Ablehnung des ursprünglichen Antrages verbunden mit einem neuen Angebot an den Antragsteller.[94] Dieser hat es nun in der Hand, den Vertrag zu den vom Versicherungsunternehmen geänderten Bedingungen durch seine Annahme zustande kommen zu lassen oder davon Abstand zu nehmen. Hat der Versicherer im Antrag eine SFR-Klasse festgelegt, und sich nicht die Anpassung nach Erhalt der Versichererwechselbescheinigung mit ggf. anderer SFR-Klasse vorbehalten, gilt die ursprüngliche SFR-Klasse als vereinbart.[95] 81

---

90 Im Zuge der Internetvermarktung von Versicherungsverträgen gibt es die Möglichkeit, sich bei der Versicherung eine elektronische Versicherungsbestätigung geben zu lassen. Der Kunde erhält dann eine Versicherungsbestätigung, die mit einer Nummer versehen ist. Diese druckt er sich aus und legt sie bei der Zulassungsstelle vor. Die insoweit sich ergebenden Besonderheiten werden an den jeweiligen Stellen dargestellt.

91 *Halm/Kreuter/Schwab/Schwab* a.a.O. KfzPflVV § 9 Rn. 2.

92 Allerdings bedeutet der Eintrag auf der Zulassungsbescheinigung noch keinen Anscheinsbeweis für die Haltereigenschaft, *LG Nürnberg-Fürth* v. 16.07.2015 – 8 O 9261/14, r+s 2015, 545.

93 § 5 Abs. 2 PflVG.

94 Der Versicherer muss bei Ablehnung auf die Differenzen zum Antrag hinweisen, es reicht jedoch aus, wenn er schon vor Antragstellung den Abschluss einer Kasko-Versicherung abgelehnt hat, *OLG Saarbrücken* 5 U 481/08-58, VersR 2010, 63 f.; Halm/Kreuter/*Schwab/Schwab* a.a.O. AKB B Rn. 5 ff.

95 *AG Seligenstadt* v. 23.06.2015 – 1 C 988/14, zfs 2015, 694.

### 3. Kontrahierungszwang

82 Der Abschluss eines Kraftfahrzeughaftpflicht-Versicherungsvertrages darf nur aus wenigen Gründen abgelehnt werden.[96] Diese Gründe sind in § 5 Abs. 4 PflVG abschließend aufgezählt: Wenn der Antragsteller schon einmal bei der Versicherung versichert war und diese den Vertrag wegen Drohung oder arglistiger Täuschung angefochten hat; wenn der Versicherer bereits vom Versicherungsvertrag wegen Verletzung der vorvertraglichen Anzeigepflicht oder wegen der Nichtzahlung der Erstprämie zurückgetreten ist; der Versicherer den Versicherungsvertrag wegen Prämienverzuges oder nach Eintritt eines Versicherungsfalles gekündigt hat. Dieser Kontrahierungszwang bezieht sich allerdings nur auf die Pflichtversicherung im Bereich Kraftfahrzeughaftpflicht[97] für PKW, Kombis bis 1t. Nutzlast und Zweiräder.[98] Er gilt nicht für Fahrzeuge ohne technische Genehmigung.[99]

83 Der allgemeine Kontrahierungszwang begründet eine vorvertragliche Rechtspflicht der Versicherung, ein Verstoß hiergegen ist als Vertragspflichtverletzung (culpa in contrahendo) zu bewerten. Soweit eine sachlich nicht begründete Ablehnung des Versicherungsvertrages vorliegt, kann der Antragsteller auf dem Klageweg diesen Anspruch nicht durchsetzen, da bereits durch die gesetzliche Annahmefiktion ein Vertrag zustande gekommen ist.[100] Für die Feststellung, dass ein Versicherungsvertrag zustande gekommen ist, fehlt das besondere Feststellungsinteresse. Vielmehr wird die Prüfung des Vertragsschlusses als prozessuale Vorfrage immer dann vorzunehmen sein, wenn Ansprüche aus dem Vertrag geltend gemacht werden.

84 Dabei ist jedes Versicherungsunternehmen zunächst verpflichtet, dem Antragsteller ein Antragsformular auszuhändigen. Diesen gestellten Antrag kann der Versicherer dann entweder so annehmen oder ein Gegenangebot abgeben.

85 Da in aller Regel der Antragsteller zu diesem Zeitpunkt bereits sein Fahrzeug mithilfe der Versicherungsdoppelkarte zugelassen hat, besteht bis zur Annahme oder Ablehnung oder Modifizierung des Versicherungsvertrages für alle Kraftfahrzeuge Versicherungsschutz im Rahmen der vorläufigen Deckung.[101] Selbst, wenn der Versicherer dann den Vertragsschluss ablehnt, muss er für den Zeitraum der vorläufigen Deckung im Außenverhältnis vorläufigen Versicherungsschutz gewähren. Der Antragsteller ist verpflichtet, für diesen Zeitraum die einmalige Prämie zu zahlen, um auch im Innenverhältnis Versicherungsschutz zu erhalten.

### 4. Ende des Vertrages

86 Der Vertrag wird beendet durch
- Kündigung des Versicherungsnehmers (zum Jahresende),
- Kündigung des Versicherungsnehmers im Schadenfall,
- Kündigung der Versicherung im Schadenfall,
- Kündigung wegen Prämienverzugs,
- Kündigung wegen Prämienerhöhung (Sonderkündigungsrecht),[102]
- Kündigung wegen Obliegenheitsverletzung,
- Ende des Vertrages wegen Wagniswegfalls (Totalschaden, Abmeldung des Kfz),
- Vertragsablauf (zeitlich befristet).

96 *EuGH* v. 28.04.2009 – RS C-518/06 zur Zulässigkeit des Kontrahierungszwanges für Kfz-Haftpflichtversicherer; *H/K/S/Kreuter*, § 5 PflVG Rn. 4.

97 *BGH* v. 30.09.1981 – IVa ZR 187/80 in VRS 1982 Bd. 62, 6 = BeckRS 1981, 30405065.

98 *Römer-Langheid/Römer* VVG a.F. PflVG § 5 Rn. 2.

99 *OLG München* v. 17.12.2020 – 25 U 3566/20; *LG München* v. 18.05.2020 – 34 O 11828/19 für ein Elektrokleinfahrzeug.

100 *Feyock/Jacobsen/Lemor/Feyock* § 5 PflVG, Rn. 46.

101 Vgl. hierzu Rdn. 151 ff.

102 *OLG Bremen* v. 06.02.2014 – 3 U 35/13, (Jurion) das Kündigungsrecht für den von der Prämienerhöhung betroffenen Tarif darf nicht beschränkt werden (Krankenversicherung).

Die Kündigung des Vertrages muss dem Versicherungsnehmer zugehen. Ist er nicht da und kann ein Einschreiben mit der Kündigung nicht entgegennehmen, wirkt dies nur zu seinen Lasten, wenn ihn ein Verschulden daran trifft.[103] Im Falle der Kündigung durch den Versicherungsnehmer ist diese auch ohne entsprechende Bestätigung des Versicherers wirksam.[104] Auch die Kündigung der Fahrzeugversicherung durch den Ehegatten ist wirksam.[105] Entsprechend sind auch Hinweise des Versicherers zu Versicherungsumfang und fehlendem Versicherungsschutz nicht erforderlich.

## 5. Nachhaftung

§ 117 Abs. 2 VVG 87

**Allgemeines:** 88

Wegen der Versicherungspflicht für Kraftfahrzeuge hat der Gesetzgeber die Nachhaftung des KH-Versicherers bestimmt, um der Zulassungsstelle die Möglichkeit zu geben, die Zulassung eines nicht versicherten Kfz zu widerrufen.[106] Die Nachhaftung des Versicherers ergibt sich aus § 117 Abs. 2 VVG.

Erforderlich ist, um die Nachhaftungsfrist auszulösen, die Beendigung bzw. das Erlöschen des Ver- 89
sicherungsverhältnisses. Dieser Umstand muss gem. § 25 FZV der zuständigen Zulassungsstelle angezeigt werden. Einen Monat nach Zugang dieser Anzeige bei der Zulassungsstelle endet die Nachhaftung des KH-Versicherers. Es handelt sich insoweit um eine starre Frist. Die Monatsfrist läuft, auch wenn das Kennzeichen zuvor entstempelt, die Zulassung zurückgenommen und das Fahrzeug aus dem Verkehr gezogen wird. Hinsichtlich der Monatsfrist ist § 193 BGB nicht anwendbar, falls das Fristende auf einen Sonn-/Feiertag fällt, ist dieser Tag für das Fristende maßgebend. Für die Zeit der Nachhaftung hat der Versicherer Anspruch auf die anteilige Prämie.[107] Auch bei Kurzzeitkennzeichen, die nur für wenige Tage ausgestellt waren, beträgt die Nachhaftung einen Monat,[108] jedenfalls dann, wenn es nicht innerhalb dieser Frist für einen anderen Nutzer und unter Vorlage einer anderen Versicherungsbestätigung ausgegeben wurde.

Die Versicherer haben sich verpflichtet, die Anzeige erst nach Beendigung des Versicherungsverhält- 90
nisses zu machen. Auch wenn der Versicherungsnehmer in Kenntnis des Vertragsendes in der Zeit der Nachhaftung ohne Versicherungsschutz das Fahrzeug führt, wird eine Strafbarkeit verneint.[109] Der Zweck der Nachhaftung liegt einerseits darin, der Zulassungsstelle Zeit zu geben, das Kennzeichen zu entstempeln und die Zulassung zurücknehmen (§ 25 Abs. 4 FZV) und andererseits, den geschädigten Dritten zu schützen. Diese Anzeige ist nach § 25 FZV zu unterlassen, wenn der Zulassungsstelle bereits eine Versicherungsbestätigung eines anderen Versicherers vorgelegt wurde und der Versicherer darüber von der Zulassungsstelle informiert wurde.

§ 117 Abs. 2 VVG ist nur anwendbar, wenn sich der Versicherer auf Beendigung des Versicherungs- 91
schutzes beruft. Nach Ablauf der Nachhaftung haftet der Versicherer nicht mehr.[110] Soweit es nach Ablauf des Monates nicht zu einer Stilllegung des nicht mehr versicherten Fahrzeuges gekommen ist, und sich ein Unfall ereignet, kommt ggf. ein Schadensersatzanspruch gegen die Zulassungs-

103 *AG Solingen* v. 28.05.2016 – 10 C 262/14; Wird eine Kündigung von dem Berater ausgesprochen und reagiert der Versicherungsnehmer nicht auf die Kündigungsbestätigung, zahlt weitere Beiträge nicht, kann er sich nicht auf eine ohne sein Einverständnis ausgesprochene Kündigung berufen. *OLG Saarbrücken* v. 24.11.2021 – 5 U 20/19 (Berufsunfähigkeitsversicherung) ebenso ist die Beratungsdokumentation mit alleiniger Unterzeichnung des Beraters unwirksam und führt zu einer Beweislastumkehr.

104 *OLG Braunschweig* v. 02.09.2019 – 11 U 103/18.

105 *BGH* v. 28.02.2018 – XII ZR 94/17.

106 Eine Prüfung der Rechtmäßigkeit der Mitteilung des Versicherers wird von der Zulassungsstelle dabei zu Recht nicht durchgeführt, *OVG Saarlouis* v. 03.02.2009 – 1 B 10/09 (ADAJUR Dok-Nr. 83416).

107 C.4 AKB.

108 *OLG Frankfurt* v. 26.09.2018 – 13 U 43/17.

109 *BGH* v. 11.03.1959 – 2 StR 29/59, NJW 1959, 949.

110 *Halm/Kreuter/Schwab/Schwab* a.a.O. § 117 VVG Rn. 14 ff.

stelle wegen Amtspflichtverletzung in Betracht, falls sie ihrer Verpflichtung nicht nachgekommen ist, das Kennzeichen zu entstempeln und die Zulassung zurückzunehmen.[111] Der Anspruch ist auf die Mindestversicherungssumme begrenzt,[112] die Ausweitung auf die adäquaten Schadenfolgen[113] wurde aufgegeben.

92 Während der Nachhaftung haftet der Versicherer nur im Rahmen der Mindestversicherungssumme[114] zum jeweiligen Unfalldatum, dies kann u.U. für Altfälle bedeuten, dass die Versicherungssumme nicht ausreichen wird[115] und der Geschädigte den Verursacher direkt in Anspruch nehmen muss mit allen damit verbundenen Risiken (z.B. Insolvenz oder schlicht auch Tod des Verursachers).

93 Die Monatsfrist des § 25 FZV kann nur durch den Versicherungsnehmer verkürzt werden, indem er der Zulassungsstelle eine neue Versicherungsbestätigung vorlegt. Ab diesem Zeitpunkt erlischt auch der Direktanspruch des Geschädigten gegen den ursprünglichen Versicherer.

94 Bei den Anzeigen an die Zulassungsstelle wird zwischen der sog. echten Anzeige gemäß § 25 FZV, in der der Versicherer der Zulassungsstelle anzeigt, dass das Versicherungsverhältnis beendet wurde und der unechten Anzeige unterschieden. Soweit eine Verkaufsmitteilung an die Zulassungsstelle versandt wurde, wenn das Fahrzeug des Versicherungsnehmers lediglich veräußert wurde, löst diese Anzeige nicht die Folgen des § 25 FZV aus. Sie wird deshalb auch »unechte« Anzeige genannt. Wie bereits oben dargestellt, kommt eine Nachhaftung nur in den Fällen in Betracht, in denen das Versicherungsverhältnis tatsächlich beendet ist. Im Fall der Veräußerung des Fahrzeuges bleibt der Versicherungsvertrag jedoch bestehen und geht gemäß G.7.1 AKB, § 95 VVG auf den Erwerber über. Da das Versicherungsverhältnis also nicht beendet ist, kann diese unechte Anzeige auch keine Nachhaftung auslösen. Der Versicherer haftet in diesen Fällen aufgrund des noch bestehenden Versicherungsvertrages. Allerdings muss die Zulassungsstelle bei einer entsprechenden Anzeige des Versicherungsnehmers nach § 13 FZV über die Veräußerung eines Kfz in das europäische Ausland reagieren und den Halterwechsel als Anlass für weitere Aktivitäten nehmen.[116]

95 Nur im Fall der echten Anzeige beginnt die Nachhaftungsfrist ab Zugang der Anzeige bei der Zulassungsstelle zu laufen. Ist die Monatsfrist verstrichen, ist auch die Nachhaftung beendet, unabhängig davon, ob hier ein anderer Versicherer eintrittspflichtig ist oder nicht.

96 Wurde der Zulassungsstelle das Ende des Vertrages nicht angezeigt, beginnt die Nachhaftungsfrist nicht zu laufen und der VR haftet zeitlich nahezu unbegrenzt weiter. Die Eintrittspflicht des zuletzt bei der Zulassungsstelle benannten VR bleibt – schlimmstenfalls bis zum Wagniswegfall – bestehen.

97 In Betracht kommt nach Ablauf der Nachhaftungsfrist die Amtshaftung[117] der Zulassungsstelle, wenn dieser in der Zwischenzeit die Stilllegung des KFZ nicht gelungen ist.

---

111 *BGH* 24.05.2007 – III ZR 176/06, NJW 1987, 2737; zum Umfang der Pflichten der Zulassungsstelle vgl. *OLG Karlsruhe*, MDR 2010, 1449; Eine Prüfung der Rechtmäßigkeit der Mitteilung des Versicherers wird von der Zulassungsstelle dabei zu Recht nicht durchgeführt, *OVG Saarlouis* v. 03.02.2009 – 1 B 10/09 (ADAJUR Dok-Nr. 83416).

112 *BGH* 17.05.1990 – III ZR 191/88, NJW 1990, 2615.

113 *BGH* v. 22.04.1965 – III ZR 162/64, NJW 1965, 1524.

114 § 117 Abs. 3 VVG, derzeit 7,5 Mio. € für den Personenschaden und 1 Mio. € für den Sachschaden, vgl. Rdn. 28, 731.

115 Zur Deckungssummenüberschreitung vgl. Rdn. 731 ff.

116 *VG Gießen* v. 30.11.2015 – 6 K 4630/15 GI, VersR 2016, 269 f.

117 *BGH* v. 22.04.1965 – III ZR 162/64, NJW 1965, 1524; *VG München* vom 11.09.2012 – M 23 S 12/3422, ADAJUR 101933, es kommt dabei nicht auf die Rechtmäßigkeit der Mitteilung an, die Meldung alleine löst die Verpflichtung der Zulassungsbehörde aus!.

**Objektive Kriterien:** 98

Das versicherte KFZ wurde trotz Beendigung des Versicherungsvertrages im öffentlichen Verkehrsraum weiter benutzt. Der Zulassungsstelle wurde das Vertragsende angezeigt und eine neue Versicherungsbestätigung eines anderen Versicherers liegt nicht vor.

Gem. § 117 VI VVG kann dies einem (gutgläubig) unwissenden Fahrer nicht entgegengehalten 99
werden.[118] Er ist durch § 123 VVG geschützt, solange eine Meldung nach § 25 FZV an die Zulassungsstelle nicht erfolgte.[119]

**Rechtsfolge:** 100

Da ein Vertrag nicht mehr besteht und der Versicherer lediglich dem gesetzlichen Anspruch genügt, ist er in voller Höhe leistungsfrei. Es besteht für den Versicherer ein Regressanspruch gegen den Versicherungsnehmer in Höhe seiner Aufwendungen.[120]

Eine Kündigung ist nicht mehr erforderlich, da der Vertrag bereits beendet ist. 101

Die Leistungspflicht des Versicherers ist auf die Mindestversicherungssumme beschränkt![121]

**Verweisung:** 102

Der Versicherer kann den Drittversicherer in Höhe von dessen Leistungen an den Versicherungsnehmer verweisen.[122]

## II. Vertragspflichten des Versicherers

Der Versicherer ist verpflichtet, für die versicherten Risiken[123] Versicherungsschutz in dem im Ver- 103
trag versprochenen Umfang auch für die mitversicherten Personen[124] zu gewähren. Dazu gehören insbesondere die Befriedigung begründeter Schadensersatzansprüche und die Abwehr unbegründeter Ansprüche, die aus versicherten Tätigkeiten[125] resultieren.

Für die Befriedigung begründeter Ansprüche steht dem Versicherer dann eine nach den Regeln der 104
Tarifbedingungen erhöhte Prämie zu (Höherstufung).

Gemäß § 1 VVG ist bei der Schadensversicherung der Versicherer verpflichtet, nach dem Eintritt des 105
Versicherungsfalles dem Versicherungsnehmer den Schaden nach Maßgabe des Vertrages zu ersetzen. Nach A.1 AKB ist die Versicherung verpflichtet, begründete Schadensersatzansprüche Dritter gegen den Versicherungsnehmer zu befriedigen und unbegründete abzuwehren, der Versicherer muss sich direkt mit dem Dritten befassen, § 115 Abs. 1 VVG.

## III. Vertragspflichten des Versicherungsnehmers

Zu den Pflichten des Versicherungsnehmers gehören neben der Prämienzahlungspflicht auch gesetz- 106
liche und vertragliche Obliegenheit.

---

118 *Halm/Kreuter/Schwab/Schwab* a.a.O. VVG § 117, Rn. 22; § 123 Rn. 3 ff.; *OLG Düsseldorf* VersR 1996, 1269; a.A. *Biela* Besprechung von *AG Köln* in VersR 1993, 1390, 1392.

119 *BGH* v. 14.01.2004 – IV ZR 127/03 r+s 2004, 226 f.; *Prölss/Martin/Knappmann* VVG, § 123 Rn. 5.

120 *LG Braunschweig* v. 22.01.2013 – 7 O 1217/12; SP 3013, 373.

121 *Prölss/Martin/Knappmann* VVG § 117 VVG Rn. 19–21; *Halm/Kreuter/Schwab/Schwab* a.a.O. VVG § 117 Rn. 27; *OLG Düsseldorf* VersR 1996, 1269; a.A. *Biela* Besprechung *AG Köln* in VersR 1993, 1392; *OLG Celle* r+s 2003, 275.

122 Vgl. hierzu ausführlich *BGH* v. 02.10.2002 – IV ZR 309/01, NJW 2003, 514 f. für den Vertragsschluss durch einen Minderjährigen mit Unwirksamkeit des Vertrages m.w.H; *OLG Saarbrücken* v. 04.04.2013 – 4 U 31/12, ADAJUR 101584 = NJW-RR 2013, 934.

123 Vgl. insoweit Rdn. 164 ff.

124 Vgl. insoweit Rdn. 202 ff.

125 Vgl. insoweit Rdn. 222 ff.

### 1. Pflicht zur Prämienzahlung (Leistungspflicht)

107 Die Pflicht des Versicherungsnehmers zur Zahlung der vereinbarten Prämie ergibt sich aus § 1 S. 2 VVG und ist ein wesentlicher Bestandteil jedes Versicherungsvertrages.

108 Die mit der Prämienzahlungspflicht zusammenhängenden Fragen sind in §§ 33–42 VVG geregelt und werden durch die Bestimmungen der AKB ergänzt.

109 Die Prämie besteht aus
- Nettoprämie,
- Gebühr, die sich aus dem Tarif des Versicherers ergibt,
- Versicherungssteuer, die der Versicherungsnehmer schuldet, aber der Versicherer zu entrichten hat (vgl. § 7 Abs. 1, 4 VersStG).

110 In § 33 VVG ist zwischen der einmaligen und der *laufenden* Prämie unterschieden. Eine einmalige Prämie wird während der Dauer des Versicherungsvertrages nur einmal erhoben, während eine laufende Prämie wiederholt für bestimmte Zeitabschnitte (= Versicherungsperioden, § 12 VVG) zu zahlen ist. Normale Versicherungsperiode ist der Zeitraum eines Jahres.

111 In der Kraftfahrtversicherung sind laufende Prämien üblich, jedoch können bei kurzfristigen Versicherungsverträgen auch einmalige Prämien vereinbart werden, die aber nicht höher sein darf als die Jahresprämie. Die Höhe der Einmalprämien sind den Tarifbestimmungen des jeweiligen Versicherers zu entnehmen. Auch bei einer vorzeitigen Vertragsbeendigung steht dem Versicherer nur noch der Teil der Prämie zu, der dem Zeitraum entspricht, in dem Versicherungsschutz bestand, § 39 VVG.

### 2. Obliegenheiten des Versicherungsnehmers

112 Neben der Prämienzahlungspflicht ist der Versicherungsnehmer verpflichtet, sowohl die vertraglichen als auch die gesetzlichen Obliegenheiten zu erfüllen. Dies sind Verhaltensvorschriften zu, die sich unmittelbar oder mittelbar auf die versicherte Gefahr beziehen und als Obliegenheiten bezeichnet werden. Obliegenheiten sind keine echten, d.h. unmittelbar erzwingbare Verbindlichkeiten, sondern bloße Verhaltensnormen, die jeder Versicherungsnehmer beachten muss, wenn er seinen Anspruch auf Erhalt der Versicherungsleistung behalten will.[126]

113 **Begriffsdefinition:**

Das dem Versicherungsnehmer obliegende Tun oder Unterlassen bezieht sich bei den Obliegenheiten immer auf die versicherte Gefahr, vor oder nach Eintritt des Versicherungsfalles; es soll eine bestimmte Gefahrenlage klarstellen, festhalten, vermindern und verbessern oder den eingetretenen Schaden abwenden und mindern oder den eingetretenen Schaden anzeigen und aufdecken.[127]

114 Die Obliegenheiten sind nicht nur vom Versicherungsnehmer, sondern auch von den mitversicherten Personen zu beachten! Eine Obliegenheitsverletzung einer mitversicherten Person ist dem Versicherungsnehmer nur dann zuzurechnen, wenn er von dieser Obliegenheitsverletzung Kenntnis hatte, oder es sich um seinen Repräsentanten handelte.[128]

115 Es erfolgt eine Einteilung in gesetzliche und vertragliche Obliegenheiten (gesetzlich: z.B. § 23 VVG; vertraglich: z.B. C.x, D.x, E.x AKB).

---

126 Vgl. u.a. *BGH* v. 13.06.1957 – II ZR 35/57, BGHZ 24, 378 m. Hinweisen auf *RG*-Rspr.; *OLG Nürnberg* VersR 1979, 561; *BGH* v. 09.12.1987 – IVa ZR 155/86, VersR 1988, 267; *BGH* v. 15.01.1987 – III ZR 17/85, NJW 1987, 2738.

127 *BGH* v. 26.02.1969 – IV ZR 541/68, VersR 1969, 507.

128 Vgl. insoweit zur Definition des Repräsentanten in diesem Buch Teil 2 Kap. 3 Rn. 18; *BGH* v. 10.07.1996 – IV ZR 287/95, VersR 1996, 1229 f.; *LG Saarbrücken* v. 21.06.2016 – 14 S 32/15, getrennt lebende Ehefrau als Wissensvertreterin, die das Kfz alleine nutzte; *LG Paderborn* v. 25.08.2010 – 4 O 96/10 wegen unterlassener Angabe des Alkoholkonsums des Repräsentanten bei vorhandener Kenntnis.

## IV. Die versicherungsrechtlichen Folgen des Verkehrsunfalls

Im Fall eines Schadenfalles, für den die Versicherung Entschädigungsleistungen zu erbringen hat, wird der Vertrag nur in den Bereichen höhergestuft, die in Anspruch genommen werden, dies bedeutet,[129] dass im Fall eines Haftpflichtschadens nur der Beitrag in der Haftpflichtversicherung angehoben wird. Umgekehrt kann es natürlich auch zu Vollkaskoschäden kommen, denen kein Haftpflichtschaden korrespondiert, mit der Folge, dass der SFR[130] in der Haftpflichtversicherung nicht angehoben wird, sondern nur derjenige der Vollkasko. Wurde nach dem Vollkaskoschaden die Vollkasko-Versicherung beendet und soll erst nach längerer Zeit nach einem Fahrzeugwechsel erneut eine Vollkasko-Versicherung abgeschlossen werden, wird diese in aller Regel in der gleichen SFR-Klasse eingestuft wie der KH-Vertrag; diese Entscheidung obliegt jedoch dem Versicherer. 116

### 1. Inanspruchnahme der Kraftfahrzeug-Versicherung

Wenn der Versicherungsnehmer einen Kraftfahrzeug-Haftpflichtschaden meldet, den er verschuldet hat, wird von der Versicherung eine Schadenakte angelegt und eine Rückstellung über den voraussichtlich zu erwartenden Schadenaufwand gebildet. Schon diese Rückstellung belastet den Vertrag mit der Folge, dass der KH-Vertrag im Folgejahr belastet wird. Wenn der Versicherungsnehmer den Schaden nur vorsorglich meldet, obwohl er nicht an dem Verkehrsunfall schuld war, sind oftmals auch keine Rückstellungen erforderlich, sodass eine Vertragsbelastung entfällt. Sollte im Einzelfall dennoch eine Rückstufung des Vertrages erfolgen, empfiehlt sich eine Nachfrage, ob und in welcher Höhe Entschädigungsleistungen erbracht wurden, wobei hier aber Versicherungsnehmer, Rechtsanwälte und Makler aufgefordert sind, nicht leichtfertig eine Haftung abzulehnen, da diese Haltung oftmals zu vermeidbaren Mehrkosten führt, sondern eine ausführliche Schadenschilderung abzugeben, um dem Versicherer die Haftungsprüfung zu ermöglichen. 117

#### *a) KH-Höherstufung*

Der Umfang der Höherstufung richtet sich danach, in welcher Rabattstufe der Vertrag eingestuft war. Die nachfolgend skizzierte Höherstufungstabelle soll den Umfang der Höherstufung verdeutlichen, jedoch kann im Einzelfall die Höherstufung von dieser Aufstellung differieren, da auch diese von den Versicherern in eigener Regie gefertigt werden und lediglich der Kontrolle des Bundesaufsichtsamtes unterliegen. 118

Höherstufung bei Einstufung in die folgende SF Gruppe erfolgt im Schadenfall: 119

Tab. 6

| **Höherstufung nach** | **in einem Kalenderjahr** | | | |
|---|---|---|---|---|
| | **1 Schaden** | **2 Schäden** | **3 Schäden** | **4 Schäden** |
| S 1 | nach S 2 | S 2 | S 2 | S 2 |
| SF 0 | nach S 2 | S 2 | S 2 | S 2 |
| SF $^1/_2$ | nach S 1 | S 2 | S 2 | S 2 |
| SF 1 | nach S 1 | S 2 | S 2 | S 2 |
| SF 2 | nach SF $^1/_2$ | S 1 | S 2 | S 2 |
| SF 3 | nach SF 1 | S 1 | S 2 | S 2 |
| SF 4 | nach SF 2 | SF $^1/_2$ | S 1 | S 2 |
| SF 5 | nach SF 2 | SF $^1/_2$ | S 1 | S 2 |

129 *Halm/Kreuter/Schwab/Schwab* a.a.O. AKB I. AKB.

130 SFR = Schadenfreiheitsrabatt.

| Höherstufung nach | in einem Kalenderjahr | | | |
|---|---|---|---|---|
| | 1 Schaden | 2 Schäden | 3 Schäden | 4 Schäden |
| SF 6 | nach SF 3 | SF 1/2 | S 1 | S 2 |
| SF 7 | nach SF 3 | SF 1/2 | S 1 | S 2 |
| SF 8 | nach SF 4 | SF 1 | S 1 | S 2 |
| SF 9 | nach SF 4 | SF 1 | S 1 | S 2 |
| SF 10 | nach SF 4 | SF 1 | S 1 | S 2 |
| SF 11 | nach SF 5 | SF 1 | S 1 | S 2 |
| SF 12 | nach SF 5 | SF 1 | S 1 | S 2 |
| SF 13 | nach SF 5 | SF 2 | SF 1/2 | S 2 |
| SF 14 | nach SF 6 | SF 2 | SF 1/2 | S 2 |
| SF 15 | nach SF 6 | SF 2 | SF 1/2 | S 2 |
| SF 16 | nach SF 6 | SF 2 | SF 1/2 | S 2 |
| SF 17 | nach SF 7 | SF 2 | SF 1/2 | S 2 |
| SF 18 | nach SF 7 | SF 3 | S 1 | S 2 |
| SF 19 | nach SF 9 | SF 3 | S 1 | S 2 |
| SF 20 | nach SF 9 | SF 3 | S 1 | S 2 |
| SF 21 | nach SF 10 | SF 4 | SF 2 | S 2 |
| SF 22 | nach SF 10 | SF 4 | SF 2 | S 2 |
| SF 23 | nach SF 10 | SF 4 | SF 2 | S 2 |
| SF 24 | nach SF 11 | SF 4 | SF 2 | S 2 |
| SF 25 | nach SF 22 | SF 4 | SF 2 | S 2 |

**120** Je nach Anbieter werden auch ab einer bestimmten SF-Klasse Sonderregelungen angeboten, die einen »folgenlosen Unfall« im Jahr gestatten, sog. Rabattretter. Eine Höherstufung erfolgt zwar, jedoch im Rahmen der Beitragsklasse, sodass ein finanzieller Verlust nicht entsteht. Erst bei einem weiteren Schadenfall wird hier der SF-Klassenverlust spürbar. Es kann daher im Einzelfall empfehlenswert sein, einen Schadenfall »zurückzukaufen«, um den Rabatt zu erhalten, insbesondere dann, wenn ein zweiter Unfall im gleichen Jahr verursacht wird, da dann eine weitere Höherstufung erfolgt. In dem obigen Beispiel für die Höherstufungen im Schadenfall ist der sog. »freie Unfall« enthalten, da der Versicherungsnehmer bei einem Schaden in der SF-Klasse 25 lediglich in die SF-Klasse 22 hoch gestuft wird und nach wie vor einen Beitragssatz von 35 % zahlt. Erst in einem zweiten Schadenfall wird er so hoch gestuft, als ob es diesen Rabattretter nicht gegeben hätte und wird in SF-Klasse 4 eingestuft, die er auch ohne den Rabattretter bei einem zweiten Schaden erreicht hätte.

**121** Der Umfang der Höherstufung ist den Tarifbedingungen[131] des jeweiligen Versicherers zu entnehmen, wobei die Höherstufung bei zwei Schäden in einem Kalenderjahr höher ausfällt als bei zwei Unfällen in zwei Kalenderjahren hintereinander. (Vgl. beispielsweise oben: ein Unfall bei SF-Klasse 20 zieht eine Höherstufung in SF-Klasse 9 nach sich. Bei einem weiteren Unfall im gleichen Kalenderjahr wird der Vertrag in SF-Klasse 3 eingestuft, ereignet sich der nächste Schadenfall aber erst im Jahr darauf, erfolgt die weitere Höherstufung nur in SF-Klasse 4.).

131 Halm/Kreuter/Schwab/*Schwab* a.a.O. AKB I AKB.

Zwischenzeitlich bieten einzelne Versicherer sog. Rabattretter an, die man gesondert vereinbaren kann, dann bleibt ein Unfall im Kalenderjahr folgenlos. Der oft geringe Aufpreis macht sich i.d.R. schon bei einem Unfall bezahlt. 122

*b) Rückkaufsmöglichkeit*

Grundsätzlich muss der Versicherer bei Kleinstschäden bis 500 €[132] die Höhe der Entschädigungszahlung bei Abschluss der Schadenakte an den Versicherungsnehmer mitteilen, dieser hat dann 6 Monate ab Erhalt der Regulierungsmitteilung Zeit, um zur Erhaltung seines Schadenfreiheitsrabattes die Entschädigungsleistung an die Versicherung zurückzuzahlen. 123

Teilweise wird bei Kleinschäden bereits mit der Erledigungsmitteilung Auskunft darüber erteilt, ob sich eine Rückzahlung der geleisteten Entschädigung lohnt, wobei in dieser Berechnung der Zeitraum betrachtet wird, bis der Versicherungsnehmer (wieder) die letzte Schadensfreiheitsrabattstufe (mit und ohne Unfall) erreicht hat. Es wird dabei von weiteren unfallfreien Jahren ausgegangen, sodass sich bei einem weiteren Schaden eine neue Anfrage lohnt. U.U. wird der Versicherer auch bei Überschreitung der Halbjahresfrist nach Erhalt der sog. Schlussmeldung eine Schadenrückzahlung akzeptieren und den Vertrag insoweit freistellen (d.h. die Belastung des Vertrags durch den Unfall zurücknehmen). Zu erstatten sind nur die Entschädigungsleistungen des Versicherers. Soweit der Versicherer nach Erstellen der sog. Schlussmitteilung nochmals in die Regulierung eintritt, kann er nach I.4.2.2 AKB den Erstattungsbetrag, der mitgeteilt wurde, nicht mehr erhöhen. Bei Rückzahlung des bekannt gegebenen niedrigeren Betrages muss der Vertrag wieder entlastet werden. 124

Es kann auch im Einzelfall interessant werden, die Regulierungsquote bei geteilter Haftung zu erfragen, insbesondere, wenn eigene Ansprüche beim Unfallgegner geltend gemacht wurden und dort der Haftung eine höhere Quote zugrunde gelegt wurde und durch eine veränderte Quote unter Umständen eine Rückzahlung der Entschädigungsleistung interessant werden könnte. Da die Entscheidungen der regulierenden Versicherung Ermessensentscheidungen sind, sind diese nur eingeschränkt überprüfbar.[133] Sinnvoll ist es daher, hier eine kulanzweise Einigung herbeizuführen. (z.B. Bei einem Schadenfall mit beiderseitigen Verschuldensanteilen werden von beiden Unfallbeteiligten die Schadensersatzansprüche in getrennten Verfahren klageweise geltend gemacht. Es kommt zu zwei rechtskräftigen Urteilen, in denen jeder der Unfallbeteiligten 60 % seines Schadens zugesprochen erhält. In diesem Fall ist eine Reduzierung der Quote nicht mehr möglich, die Urteile müssen auch insoweit akzeptiert werden.) 125

Sofern im Folgejahr ein weiterer Unfall verursacht wird, der in den Aufwendungen höher ist als der vorherige, sollte – wenn dies aufgrund der geleisteten Schadensersatzsumme sinnvoll ist – der erste Schaden zurückgekauft werden. 126

Grundsätzlich kann innerhalb eines halben Jahres nach Erhalt der Schlussmitteilung der Schadenaufwand an den KH-Versicherer zurückgezahlt werden. Der Versicherer ist verpflichtet, dem Versicherungsnehmer die Höhe des regulierten Entschädigungs-Betrages nach Abschluss der Schadenregulierung mitzuteilen, wenn diese einen bestimmten Betrag nicht übersteigt. Auf Anfrage teilt die Versicherung in jedem Fall mit, ob sich die Rückzahlung dieses Schadens lohnt. Teilweise wird dies bei der Übersendung der Vertragspolice mitgeteilt, dieser Betrag reduziert sich aber, je weiter die SF-Klassen ansteigen. Wurde allerdings der Versicherungsnehmer wegen Obliegenheitsverletzung in Regress genommen, hat er keinen Anspruch auf Rückstufung in die günstigere SFR-Klasse, wenn er den Schaden vollständig zurückzahlt.[134] 127

132 Vgl. I. 5 AKB, dieser Betrag ist variabel.

133 *LG Essen* v. 02.12.2015 – 13 S 79/15 zur Bewertung, ob eine völlig unsachgemäße Regulierungsentscheidung getroffen wurde; *AG Düsseldorf* v. 04.07.2018 – 291 C 29/18, zfs 2018, 634 f.

134 *LG Dortmund* v. 24.05.2007 – 2S 43/06, NJW-RR 2007, 1402.

## 2. Vorsorgliche Inanspruchnahme

128 Auch wenn der Versicherungsnehmer den von ihm verursachten Schaden von Anfang an selbst bezahlen möchte, kann er ihn doch der KH-Versicherung melden und die Regulierung der Versicherung überlassen, ohne dass ihm dadurch Nachteile entstehen. Die Arbeitsleistung der Versicherung (Regulierung des Schadens) ist mit der Prämienzahlung abgedeckt. Nach der erfolgten Regulierung kann der Schadenfreiheitsrabatt durch Rückzahlung der gezahlten Entschädigungsleistung wieder zurückerlangt werden. Der Zeitaufwand der Versicherung ist durch die gezahlte Prämie abgedeckt.

## 3. Unverschuldeter Verkehrsunfall

129 Im Fall eines unverschuldeten Verkehrsunfalls, den der Versicherungsnehmer meldet, entstehen ihm keine Prämiennachteile. Sollte durch eine Meldung zum Jahreswechsel wegen der Prüfungspflicht doch eine Höherstufung erfolgt sein, so hat der Versicherungsnehmer die Möglichkeit, nach geklärter Haftung die Freistellung des Vertrages und die Rückzahlung der zu viel gezahlten Prämie zu verlangen. In keinem Fall sollte die Prämienzahlung wegen der (tatsächlich oder angeblich) unberechtigten Forderung zurückgehalten werden, da u.U. der Verlust des Versicherungsschutzes wegen der Versäumung der Fristen nach § 38 VVG droht.

## 4. Fahrzeugversicherung

### *a) Vollkasko*

130 Sofern der Versicherungsnehmer eine Vollkasko-Versicherung abgeschlossen hat und dieser einen Schaden meldet, wird auch dort für den zu erwartenden Aufwand eine Rückstellung gebildet, die den Vertrag belastet.

131 Eine Inanspruchnahme der Kasko-Versicherung zieht – wie auch im Haftpflichtbereich – eine Höherstufung des Schadenfalles nach sich, es sei denn, es werden Leistungen wegen § 117 Abs. 3 VVG (Verweisung aufgrund Leistungsfreiheit eines Schadenversicherers)[135] erbracht, dann wird der Vertrag nicht belastet, I.4.1.2 AKB.

132 Sofern der Versicherungsnehmer im Schadenfall seine Vollkasko-Versicherung zur Schadenregulierung in Anspruch nimmt, wird dieser Vertragsteil höhergestuft. Diese Höherstufung entspricht im Wesentlichen derjenigen in der KH-Versicherung, wobei hier jedoch die Tarifbestimmungen des zugrunde gelegten Vertrages zu prüfen sind.

### *b) Teilkaskoversicherung*

133 Für die Inanspruchnahme der Teilkasko-Versicherung wegen Diebstahls, Brand oder Glasschadens am versicherten Fahrzeug entsteht keine Höherstufung, da in der Teilkasko-Versicherung ein solches Rabattsystem nicht vorgesehen ist.

134 Im Gegensatz zum Kraftfahrzeug-Haftpflichtschaden ist eine Rückzahlung des Schadenaufwandes in der Vollkasko-Versicherung nicht möglich, da dies einer Darlehensgewährung durch den Versicherer gleichkäme, dieses Geschäft ist jedoch ausdrücklich den Banken vorbehalten. Aus diesem Grund ist eine Rückkaufsmöglichkeit auch nicht in den Tarifbedingungen vorgesehen. Teilweise wird in den AKB n.F. den Kunden aber nun die Möglichkeit des Rückkaufes gewährt. In den Fällen, in denen nicht klar ist, ob es wirtschaftlich sinnvoll ist, die Vollkasko-Versicherung in Anspruch zu nehmen, wird der Versicherer auf Anfrage jederzeit den Verlust im SFR ausrechnen. Dabei kann er natürlich nur von den Voraussetzungen gleiches Fahrzeug und nachfolgend unfallfreie Jahre ausgehen. Er ermittelt dann den Betrag, den der Versicherungsnehmer bis zum Erreichen entweder der derzeit innegehabten SF-Klasse oder der Endstufe der Vollkasko mehr zahlen würde. Zu diesem Betrag muss dann auch noch die Selbstbeteiligung im Schadenfall hinzugerechnet werden.

135 Vgl. hierzu Rdn. 706 ff.

Nimmt der Versicherungsnehmer wegen eines unverschuldeten Schadenfalls wegen verzögerter Regulierung[136] durch den Verursacher seine Vollkasko-Versicherung in Anspruch, kann er nicht verlangen, dass der KH-Versicherer nach Feststellung seiner Eintrittspflicht den Fahrzeugschaden an die Kasko-Versicherung erstattet, um seinen SFR zu erhalten. Er kann dann nur noch Erstattung des nachgewiesenen jährlichen Mehrbetrags vom Unfallgegner verlangen,[137] eine Entlastung des Vertrages entfällt, auch wenn der Vollkasko-Versicherer den vollen Regress durchführt. 135

### 5. Fehlerhafte/Falsche Regulierung des Schadens

Der Versicherer ist nach den AKB[138] berechtigt, eigenständig über den Umfang der Regulierung bzw. Zurückweisung der gegen ihn gerichteten Schadensersatzansprüche zu entscheiden. Auch ein Regulierungsverbot des Versicherungsnehmers bindet den Versicherer nicht.[139] Daher kann eine Prüfung dieser Entscheidung nur eingeschränkt erfolgen. Einer gerichtlichen Prüfung kann daher nur bei fehlerhafter Ausübung des pflichtgemäßen Ermessens[140] Erfolg beschieden sein. Eine pflichtwidrige Regulierung liegt dann vor, wenn der Versicherungsnehmer jegliche Verursachung des Schadenfalls bestreitet; vom Dritten fragwürdige Angaben gemacht werden; bei Regulierung ohne Berücksichtigung des erkennbaren Mitverschuldens des Geschädigten.[141] Die pflichtwidrige Regulierung muss vom VN bewiesen werden,[142] der aber gem. § 666 BGB Auskunftserteilung verlangen kann. Steht fest, dass der Versicherer pflichtwidrig reguliert hat, muss er den dem Versicherungsnehmer entstandenen Schaden ersetzen und ggf. den Prämiennachteil erstatten.[143] Der Antrag ist auf Feststellung, dass die Regulierung des Schadens unberechtigt oder falsch war und zum anderen die Verpflichtung des Versicherers, den Vertrag zu entlasten, zu richten. Eine Feststellung oder Prüfung des Regulierungsverhaltens macht aber nur insoweit Sinn, als der Versicherungsnehmer eine vollständige Freistellung des Vertrages erreichen kann. Bei Mithaftungsquoten kommt es wohl eher darauf an, in den Bereich zu kommen, in dem eine Rückzahlung des quotierten Aufwandes den Schadenfreiheitsrabatt erhalten kann. Dies ist oftmals, ohne die Inanspruchnahme gerichtlicher Hilfe im Gespräch mit dem Versicherer zu erreichen. 136

## F. Die Deckung

Der Begriff Deckung wird in Rechtsprechung und Literatur nicht einheitlich verwandt. Häufig wird er mit dem Begriff »Versicherungsschutz« vermischt. Im Folgenden sollen die Begriffe jedoch deutlich auseinandergehalten werden. 137

---

136 Zur Frage der Regulierungsdauer vgl. u.a. *OLG Hamm*, Beschl. v. 19.10.2021 – I-7 W 11/21 (hängt vom Einzelfall ab, im durchschnittlichen Schadenfall sind 4–6 Wochen angemessen); *OLG Celle* v. 23.07.2019 – 14 U 180/18; *OLG Frankfurt/M.* v. 06.02.2018 – 22 W 2/18; (angemessene Prüffrist ca. 4–6 Wochen). *OLG Saarbrücken* Beschl. v. 19.11.2017 – 4W 16/17; zur Regulierungszusage *OLG Schleswig* v. 31.01.2019 – 7 U 130/18; eine Übersicht über die Rechtsprechung zu Regulierungs- und Prüfungsfristen bietet Richter, SVR 2016, 50 ff.

137 *OLG Düsseldorf* – 1 U 159/05 v. 15.01.2006 in BeckRS 2006, 04480.

138 Vgl. Rdn. 103; *AG Düsseldorf*, SP 2011, 230.

139 *LG Coburg* v. 25.05.2009 – 32 S 15/09; *AG Düsseldorf* SP 2009, 374.

140 *OLG Saarbrücken* v. 10. 05.2011 – 4 U 261/10-75, ADAJUR Dok-Nr. 93381; *LG Essen* Beschl. v. 02.12.2015 – 13 S 79/15 m. Anm. Wenker, Juris; zur Groben Fahrlässigkeit bez. Regulierung an den Fahrer, der nicht Halter ist; *AG Frankfurt* NZV 2011, 549 = ADAJUR Dok-Nr. 95892; *AG Düsseldorf* v. 10.11.2010 – 38 C 7609/10, ADAJUR Dok-Nr. 94305 = SP 2011, 230; *AG Gelsenkirchen-Buer*, SP 2010, 304; *AG Köln*, SP 2009, 302; *Halm/Fitz* DAR 2010, 437, 441; *AG Düsseldorf* SP 2002, 254 = r+s 2001, 45.

141 *OLG Köln* r+s 1992, 261; *BGH* v. 09.12.1987 – IVa ZR 155/86, VersR 1981, 180; *OLG Bamberg* VersR 1964, 254.

142 *AG Lüdenscheid* v. 21.03.2013 – 94 C 353/12, zfs 2013, 638 m. Anm. *Rixecker*.

143 Vgl. hierzu *Feyock/Jacobsen/Lemor/Jacobsen* A.1. Rn. 22 m. Rückverweis auf § 10 AKB Rn. 91 m.w.N.

138 Unter Deckung versteht man, dass der eingetretene Schadenfall vom Umfang einer abgeschlossenen Versicherung umfasst wird.

139 Deckung besteht somit, wenn sich die versicherte Gefahr realisiert hat.

140 Versicherungsschutz hingegen betrifft das Vertragsverhältnis zwischen Versicherer und Versicherungsnehmer sowie den Umfang der beiderseitigen Pflichten aus dem Vertrag, bezieht sich also nur auf das Innenverhältnis zwischen Versicherungsnehmer, Versicherer und mitversicherten Personen.

## I. Deckungsumfang

141 Aus A.1 AKB ergibt sich der Deckungsumfang[144] in der KH-Versicherung.

142 Versichert sind Personenschäden, Sachschäden (Beschädigung, Zerstörung, Abhandenkommen) und sonstige Vermögensschäden, die durch den Gebrauch des Fahrzeugs, welches im Vertrag bezeichnet ist, verursacht werden.

143 Als Anspruchsgrundlage für Ansprüche im Kraftfahrzeugschadensersatzrecht kommen nur gesetzliche Schadensersatzregelungen in Betracht. Gemäß A.1.1.1 AKB sind nur solche Schadensersatzansprüche vom Umfang der KH-Versicherung gedeckt, die sich aus dem Gesetz selbst ergeben. Es handelt sich dabei im Wesentlichen um die Vorschriften der §§ 823 ff. BGB, 7 StVG, Normen des Haftpflichtgesetzes, des Luftverkehrsgesetzes (LuftVG) sowie Ansprüche aus dem Wasserhaushaltsgesetz (z.B. Überlaufen von Öl beim Auffüllen von Heizöltanks)[145] (Schutzgesetze i.S.d. § 823 Abs. 2 BGB). Teilweise wird in den AKB n.F. auch die Berechtigung des Versicherers aufgenommen, für den VN gegen öffentlich-rechtliche Bescheide Widerspruch einzulegen und den VN in dem Verwaltungsverfahren zu vertreten, soweit es sich um Feuerwehr-Gebührenbescheide handelt. Wird die Autobahnmeisterei bspw. im Rahmen der Vorsorge zur Verhütung von Schadenfällen tätig, indem sie einen liegengebliebenen LKW absichert, sind die Kosten nicht im Rahmen des Schadensersatzes nach den §§ 823 BGB, 7 StVG erstattungsfähig, da ein Schaden gerade nicht eingetreten ist. Die Inanspruchnahme des Fahrzeughalters über den Umweg der Kraftfahrzeug-Haftpflicht-Versicherung bzw. das Büro Grüne Karte ist falsch, vielmehr hätte der Fahrzeugeigentümer nach landesrechtlichen Vorschriften als »Zustandsstörer« in Anspruch genommen werden müssen. Der Versuch des *BGH*, der falsch geltend machenden Behörde über die Geschäftsführung ohne Auftrag einen Schadensersatzanspruch zu ermöglichen, ist schadensersatzrechtlich nicht zu billigen.[146]

144 Grundsätzlich nicht zu den gesetzlichen Anspruchsgrundlagen gehören Ansprüche aus der sog. pVV. Diese Anspruchsnorm tritt ein bei Vertragsstörungen, ist somit eine »quasi vertragliche« Anspruchsgrundlage. Dennoch, dies sei lediglich der Vollständigkeit halber erwähnt, werden auch Ansprüche, die aus pVV hergeleitet werden, von der KH-Versicherung gedeckt.[147]

145 Ersetzt werden grundsätzlich die Sachschäden, die mit dem Schadenereignis in ursächlichem Zusammenhang stehen. Beim Abhandenkommen ist dies anzunehmen, wenn der Verletzte bewusstlos ist und ihm nunmehr in diesem Zustand aus seinem Wagen oder aus seinen Taschen Sachen gestohlen werden oder herausfallen, die später nicht wieder zu beschaffen sind.[148]

146 Es sind auch sonstige Vermögensschäden von der KH-Versicherung gedeckt. Hierbei besteht die Besonderheit, dass nach §§ 823 BGB, 7 StVG reine Vermögensschäden,[149] die nicht Folge von Sachbeschädigungen/-entziehungen bzw. Personenschäden (Verletzung, Tötung) sind, nicht ersetzt

---

144 Vgl. hierzu ausführlich *Halm/Kreuter/Kreuter/Schwab* a.a.O. A.1.1 AKB.

145 Vgl. hierzu Kap. 21 Umweltschaden.

146 *BGH* v. 28.09.2011 – IV ZVR 294/10; H/K/S/Kreuter/*Schwab* AKB Rn. 22 ff.

147 *Stiefel/Maier/Maier* a.a.O.A.1 Rn. 4 m.w.N.; *Halm/Kreuter/Kreuter/Schwab* a.a.O. AKB A.1.1.1.

148 *Stiefel/Maier/Maier* a.a.O.A.1 Rn. 14 f.; *Halm/Kreuter/Kreuter/Schwab* a.a.O. AKB A.1.1.1 Rn. 39 ff.; *OLG Naumburg* PVR 2003, 158.

149 *Langheid/Wand/Maier*, KH 410 Rn. 25.

werden. Wenn sie dennoch in A.1 AKB aufgeführt sind, hängt das damit zusammen, dass § 1 PflVG den Abschluss einer Haftpflichtversicherung gegen Personenschäden, Sachschäden und sonstige Vermögensschäden vorschreibt.

Da die KH-Versicherung neben der Funktion, den Geschädigten zu entschädigen, auch die Funktion hat, unberechtigte Schadensersatzansprüche vom Versicherungsnehmer abzuwehren, kann bei den reinen Vermögensschäden grundsätzlich nur die Abwehrfunktion der KH-Versicherung zum Tragen kommen.[150] 147

Insoweit fungiert die KH-Versicherung als eine Art Rechtsschutzversicherung, die auch für den Versicherungsnehmer im Fall einer Klage die Anwaltskosten und Gerichtskosten übernimmt. Dafür gewährt eine evtl. abgeschlossene Rechtsschutzversicherung in diesen Fällen keinen Versicherungsschutz, da die Interessen des VN – auch in den Fällen, in denen u.U. zwei Anwälte beauftragt werden müssen, um die gegenläufigen Interessen (z.B. im Betrugsfalle) beider Parteien ausreichend zu vertreten –, durch die KH-Versicherung kostenmäßig abgedeckt sind.[151] Anspruchsberechtigt ist der Dritte, d.h. jemand, der außerhalb des Versicherungsvertrages steht. Schäden, bei denen aus dem KH-Vertrag der VN Leistungen erhielte, weil Schädiger und Geschädigter personenidentisch sind, sind ausgeschlossen.[152] 148

## II. Deckungsausschluss

Keine Deckung besteht, wenn der eingetretene Schaden unter den Umfang der Allgemeinen Haftpflicht-Versicherung[153] fällt, oder wenn der Schadenfall vom Versicherungsnehmer vorsätzlich herbeigeführt wurde, § 103 VVG. 149

Es besteht darüber hinaus keine Deckung, wenn die Voraussetzungen der A.1.5.3–8 AKB vorliegen. Wichtig ist in diesem Zusammenhang, dass eine Vorleistungspflicht des Versicherers nicht besteht. Dem Geschädigten bleibt selbstverständlich in diesen Fällen die Möglichkeit, sich direkt an den Schädiger zu wenden, um Ersatz seines Schadens zu erhalten. 150

## III. Vorläufige Deckung §§ 49 ff. VVG

Durch die VVG-Reform wird die vorläufige Deckung als eigener Vertrag auch im VVG erwähnt, §§ 49 ff. VVG anzuwenden. Wird eine vorläufige Deckung gewünscht, sieht § 49 VVG vor, dass die AKB nach § 7 Abs. 1 VVG nur auf Anforderung und spätestens mit dem Versicherungsschein zu übermitteln sind. Gem. § 49 Abs. 2 werden bei Nichtübersendung der AKB die vom Versicherer üblicherweise verwendeten Bedingungen als die dem Vertrage zugrundeliegenden angesehen. Im Streitfalle sollen die jeweils für den Versicherungsnehmer[154] günstigeren AKB angewendet werden. Damit wird der Verbraucherschutz auch in diesem Bereich ausgeweitet, um den Versicherungsnehmer vor unliebsamen Überraschungen zu schützen. 151

### 1. Beginn

Der Vertrag über die Vorläufige Deckung beginnt vor Überlassung des Versicherungsscheins, kann aber von der Zahlung der Prämie abhängig gemacht werden, wenn der Versicherer den Versicherungsnehmer besonders und auffällig im Versicherungsschein darauf hingewiesen hat. Auch hier ist ein Abweichen zulasten des Versicherungsnehmers nicht möglich. Der Haftpflichtversicherungsver- 152

150 *BGH* IV ZR 149/03, VersR 2007, 1116.

151 *Stiefel/Maier* a.a.O.E.2 Rn. 17 f.; *Halm/KreuterKreuter/Schwab* a.a.O. A.1.1.3 AKB; *Kreuter* AKB Rn. 2025.

152 *OLG Nürnberg* VersR 2004, 905.

153 Vgl. Rdn. 323 f.

154 *AG Bremen* v. 10.06.2014 – 18 C 0187/13, r+s 2014, 406: der Halter eines Kfz, der nicht gleichzeitig Versicherungsnehmer des Vertrages ist, wird nicht Vertragspartner mit der Pflicht, für die Prämien einzustehen.

trag besteht dann ggf. – abhängig von der Formulierung – schon ab Ausstellung der elektronischen Versicherungsbestätigung (eVB). Besondere Vorsicht ist bei Ausstellung einer »blanko«eVB, nicht durch eine Aufnahme der FIN einem konkreten Fahrzeug zugeordnet ist.[155] Eine Strafbarkeit gem. § 6 PflVG entfällt, wenn nicht zweifelsfrei geklärt werden kann, ob auch eine Fahrt um 22.45 nicht als Vorbereitungsfahrt im Sinne des H.3.1 AKB zu werten ist.[156] Außerdem muss – will der Versicherer nur Versicherungsschutz im Rahmen der gesetzlichen Vorschriften gewähren, eine solche Beschränkung in der elektronischen Versicherungsbestätigung ausdrücklich aufgenommen werden.[157] Besonderheiten können im Zusammenhang mit Voll- oder Teilkasko-Versicherung gelten.

## 2. Ende

153 Der Vertrag über die vorläufige Deckung endet bei Zustandekommen des Hauptvertrages automatisch. Er kann aber auch wie jeder andere Vertrag gekündigt werden (z.B. durch Vertragsschluss mit einem anderen Versicherer[158]).

154 § 52 Abs. 4 VVG gibt ein Kündigungsrecht, wenn der Vertrag auf unbestimmte Zeit geschlossen wurde, dies dürfte in der KH-Versicherung nur ausnahmsweise vorkommen.

155 Auch ist hier nach § 52 VVG der Widerruf des Vertrages nach § 8 VVG möglich. Der Vertrag endet dann spätestens mit dem Zugang des Widerrufs oder des Widerspruchs beim Versicherer (§ 52 Abs. 3 VVG). Wenn der Versicherer dann die Anzeige nach § 24 Abs. 1 FZV abschickt, läuft die Nachhaftungsfrist wie bei der Kündigung eines normalen Vertrages.[159] Außerdem endet die vorläufige Deckung durch Abschluss einer Nachfolgeversicherung bei einem anderen VR.[160]

## 3. Prämienzahlungspflicht

156 § 51 VVG regelt die Prämienzahlung. Da in der KH-Versicherung die Erstprämie auch den Zeitraum der vorläufigen Deckung umfasst, werden hier keine gesonderten Rechnungen erstellt, sofern der Hauptvertrag zustande kommt. Der Prämienverzug regelt sich daher nach § 37 VVG. Auch in der Neufassung des VVG wird grundsätzlich davon ausgegangen, dass die Regelung über die vorläufige Deckung die Ausnahme (allerdings in der KH-Versicherung die Regel) darstellt. Der Versicherer muss auf die Möglichkeit des Wegfalls der vorläufigen Deckung augenfällig hinweisen,[161] um der auch schon jetzt bestehenden Hinweispflicht nachzukommen.[162] Kommt der Hauptvertrag nicht zustande, gebührt dem Versicherer gem. § 50 VVG für den Zeitraum der Vorläufigen Deckung die anteilige Prämie.[163] Zur Zahlung der Prämie ist derjenige verpflichtet, der im Versicherungsschein eingetragen ist, ein abweichender Halter kann hierzu nicht verpflichtet werden.[164]

---

155 *KG* v. 29.05.2020 – 6 U 102/19, wird dann bei dem Versicherer ein anderes Kfz versichert, bleibt die vorläufige Deckung für das mit dem blanko eVB zugelassenen Fahrzeug bestehen, ohne dass der Versicherer davon Kenntnis erhielte! Er bleibt weiter leistungspflichtig!.

156 *OLG Celle* vom 08.08.2013 – 31 Ss 20/13 Juris.

157 *KG* v. 11.02.2014 – 6 U 64/12.

158 *AG Bremen* v. 11.01.2011 – 4 C 332/10 (ADAJUR Dok.Nr. 92553).

159 Wegen der Details vgl. dort.

160 *AG Bremen* v. 11.01.2011 – 4 C 332/10, ADAJUR Dok.-Nr. 92553.

161 Der Hinweis auf der Rückseite des Versicherungsscheins reicht nicht aus, um die Belehrungspflicht zu erfüllen, *LG Dortmund* v. 19.01.2011 – 2 O 192/10 (ADAJUR Dok.Nr. 93898).

162 *Maier*, r+s 2006, 485 ff.

163 Zur Einstufung in bestimmte Tarife vgl. *LG Düsseldorf* v. 13.07.2017 – 9 S 5/16; *AG Bernkastel-Kues* v. 11.03.2016 – 4a C 372/15, keine Pauschale in Höhe eines Vielfachen der Hauptversicherung!.

164 *LG Heidelberg* v. 27.07.2012 – 5 S 62/11, WKRS 2012, 24947 = zfs 2013, 32 f.

## G. Versicherungsschutz

### I. Begriff

Unter Versicherungsschutz versteht man allgemein die im Vertrag versprochene Leistung des Versicherers, A.1.1 AKB.[165] Für die KH-Versicherung bestimmt A.1.1 AKB nochmals detaillierter, was der Versicherer zu leisten hat. Der Versicherer schuldet die Befriedigung begründeter Schadensersatzansprüche und die Abwehr unbegründeter Schadensersatzansprüche, die dem Versicherungsnehmer oder einer mitversicherten Person gegenüber geltend gemacht werden. 157

### II. Voraussetzungen

Die Gewährung von Versicherungsschutz setzt unter anderem voraus, dass ein Versicherungsvertrag besteht oder vorläufige Deckungszusage erteilt wurde. Ein solcher Vertrag wird nach den normalen Regeln des BGB geschlossen.[166] 158

#### 1. Beginn des Versicherungsschutzes

Nach B.1 AKB beginnt der Versicherungsschutz mit Einlösung des Versicherungsscheines. Dies geschieht durch Zahlung des Beitrages und der Versicherungssteuer. Teilweise ist in AKB auch vereinbart, dass der Versicherungsschutz bereits mit dem Vertragsschluss beginnt, der durch die Annahme des Antrages durch den Versicherer durch Übersendung des Versicherungsscheines zustande kommt. Dabei beginnt der Versicherungsschutz mit dem im Versicherungsschein angegebenen Datum, spätestens aber mit der Zulassung des Fahrzeuges. 159

#### 2. Ende des Versicherungsschutzes

Der Versicherungsschutz endet im Innenverhältnis, wenn auch der zugrundeliegende Versicherungsvertrag endet. 160

Beendigungsgründe sind: 161
- Ablauf der vereinbarten Vertragsdauer,
- Kündigung des Vertrages,
- Rücktritt vom Vertrag,
- Anfechtung des Versicherungsvertrages,[167]
- Wagniswegfall.

Im Außenverhältnis gilt § 117 VVG, d.h. alle Probleme im Innenverhältnis, die für den Versicherungsnehmer bzw. die mitversicherten Personen den ganzen oder teilweisen Verlust des Versicherungsschutzes zur Folge haben, wirken sich auf die Schadensersatzansprüche des Geschädigten nicht aus, soweit es sich nicht um die Risikoausschlüsse handelt. Erst nach Ablauf der Nachhaftungsfrist kann sich der Versicherer auch im Außenverhältnis wirksam auf die Beendigung des Versicherungsvertrages berufen. Problematisch sind hierbei die Schadenfälle, die sich außerhalb des öffentlichen Verkehrsraumes ereignen, da hier der Schutz des PflVG nicht greift. Es entfällt der Direktanspruch gegen die KH-Versicherung und deren Vorleistungspflicht.[168] Dies hat für den Geschädigten dann keine Konsequenzen, wenn der Schädiger Anspruch auf Versicherungsschutz hat. Ist der Versicherer hingegen ganz oder teilweise leistungsfrei, wird sich der Versicherer darauf berufen: es entfällt der Direktanspruch des Geschädigten gegen den KH-Versicherer, da dieser ein Ausfluss des PflVG ist, welches nun – außerhalb des öffentlichen Verkehrsraumes – nicht zur Anwendung kommt. Der Geschädigte muss daher seine Ansprüche gegen den Schädiger direkt richten, der diese dann auch befriedigen muss. Der Versicherer kann in diesen Fällen dann folgerichtig auch die Leistung an den 162

165 Vgl. *Prölss/Martin/Knappmann* A.1 Rn. 3; *Halm/Kreuter/Kreuter/Schwab* a.a.O. AKB A.1.1.
166 Wegen der einzelnen Voraussetzungen zum Zustandekommen vgl. Rdn. 43.
167 *AG Bremen* NJOZ 2007, 1868, Anfechtung wg. falscher Angaben zur Tarifklasse.
168 *Halm/Kreuter/Kreuter/Schwab* a.a.O. PflVG § 1 Rn. 4 ff.

Geschädigten verweigern.[169] Dies stellt auch eine entscheidende Haftungsfalle für den Anwalt dar, der den KH-Versicherer direkt und allein verklagt. Er wird – wenn der Versicherer den fehlenden Direktanspruch rügt – mit seiner Klage abgewiesen werden müssen. Gleiches gilt, wenn bei einem Schaden außerhalb des öffentlichen Verkehrsraums der Halter mitverklagt wird, gegenüber diesem besteht wegen mangelnder Anwendbarkeit von § 7 StVG (der gleichfalls den Betrieb im öffentlichen Verkehrsraum voraussetzt) kein Anspruch. Es bleibt in diesen Fällen allein der Fahrer als Anspruchsgegner, soweit er aus § 823 BGB haftet. Dieser hat nun bei gesundem Versicherungsverhältnis seinerseits einen Freistellungsanspruch gegen den KH-Versicherer des von ihm genutzten Fahrzeuges.

### 3. Kein Versicherungsschutz

163 Versicherungsschutz (nur im Innenverhältnis) besteht nicht bei den nachfolgend unter XI. aufgezählten Pflichtverletzungen.

## H. Risikoumfang

### I. Die versicherten Risiken

164 Nach A.1 AKB ist der Versicherer verpflichtet, berechtigte Ansprüche zu befriedigen und unberechtigte abzuwehren.

165 Damit wird der Versicherer bevollmächtigt, alle zweckdienlichen Erklärungen und Handlungen für und gegen den Versicherungsnehmer vorzunehmen, um seiner Pflicht nachzukommen.[170] Insbesondere kann er den Anspruch des Geschädigten i.V.m. dem aus § 115 VVG resultierenden Direktanspruch direkt und ohne weitere Rücksprache mit dem Versicherungsnehmer befriedigen (durch Anerkenntnis, Vergleich oder nach einem Gerichtsverfahren) und muss den Versicherungsnehmer nicht darüber informieren.[171] Die Rechtsposition des Versicherungsnehmers, eine Regulierung eventuell selbst in die Hand zu nehmen, wird dadurch nicht geschwächt, da er nach Abschluss der Regulierung die geleistete Entschädigung an den Versicherer zurückzahlen kann, ohne sich schlechter zu stellen.

166 Zu den Pflichten des Versicherers gehört auch die Abwehr unbegründeter Ansprüche. Die Tätigkeit des Versicherers darf sich aber in diesem Fall nicht auf die bloße Negierung der Ansprüche beschränken, vielmehr ist er verpflichtet, alle geeigneten Abwehrmaßnahmen zu ergreifen wie z.B. die Einholung von Sachverständigengutachten zum Unfallhergang oder zum Fahrzeugschaden, die Führung von Prozessen u.U. auch die aktive Prozessführung, wenn das Vermögen des VN bedroht ist.

167 Ist hingegen der Versicherer gegenüber dem VN vollständig von der Verpflichtung zur Leistung frei, ist er weder verpflichtet, noch berechtigt, den gegen den Versicherungsnehmer gerichteten Anspruch abzuwehren,[172] gegenüber mitversicherten Personen gilt dies nur, wenn er ihnen ebenfalls die Leistungsfreiheit gem. § 123 VVG entgegenhalten kann. In Fällen beschränkter Leistungsfreiheit entfällt dieses Recht des Versicherers nur, wenn die Höhe des unbegründeten Anspruchs den Betrag, bis zu dem der Versicherer leistungsfrei ist, nicht überschreiten kann. Es ist nicht mit der Arbeit des Versicherers vereinbar, den unbegründeten Anspruch in zwei Teile zu spalten. Gleichwohl ist der Versicherer natürlich weiter berechtigt, unmittelbar gegen ihn gerichtete Ansprüche auch in diesem Bereich abzuwehren.

168 Die Abwehrpflicht des Versicherers beinhaltet auch die Kostenübernahme für Anwaltskosten, soweit der VN und der Fahrer im Klageverfahren mit in Anspruch genommen werden. Nicht übernommen werden müssen allerdings die Kosten des Anwaltes des VN im Strafverfahren, es sei denn, die Beauftragung erfolgte auf Weisung des Versicherers. Gleichwohl kann dies im Einzelfall im Inter-

169 Vgl. hierzu ausführlich *Schwab* FA für Verkehrsrecht Kap. 2.; *Halm/Kreuter*/AKB-Kommentar, § 115 VVG, sowie derselbe zu *BGH* 31.01.2012 – VI ZR 43/11, DAR 2012, 384.

170 *Halm/Kreuter/Schwab/Schwab* a.a.O. A.1.1.3 AKB.

171 So Römer/Langheid/*Langheid* VVG § 156 Rn. 1 für die alte Rechtslage.

172 *BGH* v. 03.06.1987 – IV a ZR 292/85, VersR 1987, 924.

esse der Regulierung des KH-Schadens sinnvoll sein (allerdings nicht in dem Umfang, den nicht Rechtschutz versicherte Versicherungsnehmer gerne annehmen möchten).

## II. Versichertes Fahrzeug:

### 1. Kraftfahrzeug

169 Die Definition für den Begriff Kraftfahrzeug ergibt sich aus § 1 StVG: Es muss ein Landfahrzeug sein, welches mit Maschinenkraft betrieben wird und nicht an Bahngleise gebunden ist.[173] Es muss darüber hinaus auf öffentlichen Straßen und Plätzen in Betrieb genommen werden. Auch Fahrzeuge mit Fahrassistenzsystemen gehören zu den versicherten Kfz,[174] ggf. wird bei vollautomatischen Kfz zu einem späteren Zeitpunkt auf die veränderten Anforderungen reagiert werden müssen.

170 Versichert ist das Fahrzeug, wie es im Versicherungsantrag beschrieben wurde (amtliches Kennzeichen, Fahrzeugidentifizierungsnummer (FIN[175]), PS, Verwendungszweck etc.). Maßgeblich sind für die Identifikation des versicherten Fahrzeuges insbesondere die FIN und das Kennzeichen. Soweit ein Kennzeichen an ein anderes Fahrzeug montiert wurde, ist der Versicherer für das Fahrzeug zuständig, der für die FIN bei der Zulassungsstelle registriert wurde.[176] Wird z.B. ein rotes Kennzeichen, das bei der Zulassungsstelle für ein bestimmtes, durch die FIN zu identifizierendes KFZ, herausgegeben wurde, an ein anderes Fahrzeug montiert, welches ebenfalls nicht zugelassen ist, so fährt der Fahrer ohne Versicherungsschutz. Im Fall eines Schadens ist der Geschädigte auf das Vermögen des Schädigers bzw. die VOH mit beschränkt, welche bei nicht versicherten Fahrzeugen wie ein KH-Versicherer (in den Grenzen der Mindestversicherungssummen) reguliert.

171 Zu dem versicherten Fahrzeug gehören gemäß A.1 AKB auch der mit dem versicherten Fahrzeug verbundene Anhänger oder Auflieger sowie ein abgeschlepptes oder geschlepptes nicht versichertes Kraftfahrzeug.[177]

172 Darüber hinaus sind auch betriebsunfähige, bei einem anderen Versicherer versicherte Kfz ausdrücklich über die Ausnahmeregel in A.1.5.4 AKB bzw. A.1 AKB mitversichert, wenn sie im Rahmen der Nothilfe abgeschleppt werden.

### 2. Anhänger

173 Gemäß § 1 PflVG unterliegen auch Anhänger der Versicherungspflicht, wenn sie im öffentlichen Verkehr gebraucht werden. Soweit Schäden durch den Gebrauch eines Anhängers verursacht werden, sind sie nach der Regelung des A.1.1.5 AKB zu erstatten, wenn sich der Anhänger am Zugfahrzeug befunden hat oder sich von diesem gelöst hat, aber noch nicht endgültig zum Stehen gekommen ist oder das Risiko des Zugfahrzeuges noch fortdauert. Der Anhänger ist über die KH-Versicherung des Zugfahrzeuges mitversichert, da die größere Gefahr von dem Zugfahrzeug ausgeht, welches üblicherweise auch die Ursache für den Schadenfall gesetzt haben wird.[178]

---

173 Nach *AG Mühlheim* vom 13.11.2012 – 27 C 2052/11, VRR 2013, 122 soll auch ein Fahrrad mit Hilfsmotor hierunter fallen! *OLG Hamm* v. 28.02.2013 – 4 RBs 47/13 verneint bei E-Bikes die Kfz-Eigenschaft jedenfalls dann, wenn es sich bei Erreichen einer Geschwindigkeit von 25 km/h automatisch abschaltet.

174 *Hummel* VersR 2016, 281 f.

175 *OLG Naumburg* v. 23.07.2015 – 4 U 74/14 auch bei unrichtiger FIN kommt Kraftfahrzeug-Haftpflicht-Vertrag zustande.

176 *AG Witten* v. 25.06.2009 – 2 C 365/09 (ADAJUR Dok.Nr. 84148); ebenso *AG Grimma* NJW-RR 2005, 978, allein die Verwendung eines falschen Kennzeichens führt nicht ohne weiteres zur Annahme, dass das Kfz nicht versichert war.

177 *Halm/Kreuter/Schwab/Schwab* a.a.O. A.1.1.1 Rn. 168 ff.

178 Hinsichtlich der Ausgleichspflicht im Innenverhältnis vgl. unten Rdn. 224.

174 Der Umfang der Eintrittspflicht der Anhängerhaftpflichtversicherung war vor der Schadenrechtsreform nur für die Fälle vorgesehen, in denen der Hänger nicht mit einem Zugfahrzeug verbunden war.[179] Seit der Reform ist die Eintrittspflicht nicht auf die Schäden beschränkt, in denen sich der Anhänger von der Zugmaschine gelöst hat und zum Stillstand gekommen ist, oder nie mit einem Zugfahrzeug in Verbindung war. Der in Anspruch genommener Anhänger-Versicherer muss sich auch mit den Ansprüchen auseinandersetzen, die entstanden sind, als der Hänger noch mit dem Zugfahrzeug verbunden war. Ihm verbleibt der Regress gegen den Versicherer des Zugfahrzeugs, wenn der Schadenfall ursächlich oder mitursächlich auf den Gebrauch des Zugfahrzeuges zurückzuführen war.[180]

175 Dem Geschädigten wird lediglich ein zweiter Ansprechpartner für seine Schadensersatzansprüche an die Hand gegeben, da oftmals bei einem Gespann nur das Hängerkennzeichen bekannt war, nicht aber das des Zugfahrzeuges.

176 Daneben gibt es jedoch weiterhin nicht zulassungspflichtige Anhänger,[181] die dann nur entweder über die KH-Versicherung der Zugmaschine versichert sind[182] (sofern sie mit dieser verbunden sind oder waren, von dieser gelöst haben und noch nicht endgültig zum Stillstand gekommen sind) oder, wenn sie abgehängt wurden und zum Stillstand gekommen sind, über die private oder Betriebshaftpflichtversicherung des Eigentümers.

177 Der Direktanspruch des § 115 VVG bezieht sich auf versicherungspflichtige Fahrzeuge i.S.d. § 1 PflVG.[183] Soweit eine Versicherungspflicht nicht besteht, werden diese Fahrzeuge in § 2 PflVG den versicherungspflichtigen Fahrzeugen gleichgestellt und den Geschädigten gleichfalls gegen den Halter als Quasi-Versicherer ein Direktanspruch eingeräumt.

### 3. Selbstfahrende Arbeitsmaschinen/Besondere Fahrzeuge

178 Selbstfahrende Arbeitsmaschinen sind Kraftfahrzeuge i.S.v. § 1 StVG. Es besteht daher gemäß § 1 PflVG Versicherungspflicht.

179 Ausgenommen von der Versicherungspflicht sind solche selbstfahrenden Arbeitsmaschinen, die nicht schneller als 20 km/h fahren können und als Arbeitsmaschinen im Sinne von §§ 2 Ziff. 17; 3 Abs. 2 Ziff. 1a FZV gelten. Für diese besteht eine Versicherungspflicht nicht, § 2 (1) Nr. 6b PflVG. Sie sind im Rahmen einer Betriebshaftpflicht-Versicherung versicherbar. Da jedoch keine Versicherungspflicht und kein Direktanspruch bestehen, sind Ansprüche an den Eigentümer der Arbeitsmaschine zu richten.[184]

180 Arbeitsmaschinen, die nicht § 3 Abs. 2 Ziffer 1a FZV unterfallen, sind versicherungspflichtig, wenn sie schneller als 6 km/h fahren können, § 2 S. 1 Nr. 6a PflVG, § 2 Ziff. 17 FZV. Selbstverständlich kommen Ersatzansprüche aus der KH-Versicherung nur dann in Betracht, wenn die Arbeitsmaschine entweder versicherungspflichtig ist oder aber eine freiwillige KH-Versicherung abgeschlossen wurde.

---

179 *BGH* v. 11.02.2020 – VI ZR 286/19 (Verwirklichung der Betriebsgefahr des Hängers bei Sturm).

180 *BGH* v. 27.10.2010 – IV ZR 279/08; *OLG Celle* v. 30.04.2014 – 14 U 191/12 (es kommt für die Doppelversicherung nicht auf den eigenständigen Ursachenbeitrag von Kfz und Hänger an); *LG Dortmund* NJOZ 2008, 589; zum Gesamtschuldnerausgleich; Schwab VersR 2016, 221 ff.

181 Vgl. insoweit § 3 Abs. 2 Ziff. 1a FZV.

182 *Halm/Kreuter/Schwab/Kreuter* a.a.O. A.1.1.5 Rn. 11 ff.

183 *Halm/Kreuter/Schwab/Schwab* a.a.O. VVG § 115 Rn. 4 ff.; ebenso *Schwab* DAR 2012, 384 zu *BGH* 31.01.2012 – VI ZR 43/11.

184 *BGH* v. 21.09.2021 – VI ZR 726/20 (Kreiselmäher am Traktor unterfällt nicht der StVG-Haftung; *OLG Frankfurt* v. 31.08.2021 – 26 U 4/21, DAR 2021, 691 (Steinschäden durch Rasenmäharbeiten mit Aufsitzrasenmäher).

Selbstfahrende Arbeitsmaschinen sind z.B. Bagger, Straßenwalzen, selbstfahrende Schneepflüge, selbstfahrende Kräne, selbstfahrende Planiermaschinen, Gabelstapler,[185] selbstfahrende Rasenmäher usw. 181

Der Geschädigte hat sowohl im Fall einer Pflichtversicherung als auch im Fall einer freiwilligen Versicherung dem Versicherer gegenüber einen Direktanspruch,[186] wenn sich der Schadenfall im öffentlichen Verkehrsbereich ereignet. Findet das schadenstiftende Ereignis hingegen außerhalb des öffentlichen Verkehrsraumes statt, entfallen sowohl die ggf. (vgl. insoweit unten) gegebene Halterhaftung wie auch der Direktanspruch nach § 115 VVG. 182

Bezüglich der Haftung ist bei selbstfahrenden Arbeitsmaschinen zu berücksichtigen, dass gemäß § 8 StVG die verschuldensunabhängige Haftung nach StVG nicht gilt, wenn das Fahrzeug weniger als 20 km/h fahren kann. Bei solchen Fahrzeugen kommen daher nur Ansprüche aus Verschuldenshaftung in Betracht. Auch wenn diese Fahrzeuge versicherungspflichtig sind, i.S.d. StVG (beispielsweise landwirtschaftliche Zugmaschinen), ist hier, auch wenn sie im öffentlichen Verkehrsraum benutzt werden, nicht von einer Haftung aus der Betriebsgefahr auszugehen.[187] Sofern diese wegen der geringeren Geschwindigkeit als 6 km/h nicht versicherungspflichtig sind, aber eine KH-Versicherung abgeschlossen wurde, steht den durch diese Fahrzeuge Geschädigten ebenfalls ein Direktanspruch gegen den KH-Versicherer zu.[188] D.h. der Versicherer muss sich auch mit diesen Schadensersatzansprüchen auseinandersetzen. 183

Bei selbstfahrenden Arbeitsmaschinen ist – wie auch bei sonstigen KFZ, die auch als Arbeitsmaschinen genutzt werden – zu prüfen, ob der Schadenfall tatsächlich dem Gebrauch des KFZ und dem besonderen – ausschließlich daraus resultierenden Risiko eines KFZ zuzurechnen ist. Abzugrenzen ist hier nämlich zur Allgemeinen oder Betriebshaftpflichtversicherung immer dann, wenn der Schaden zwar beim Gebrauch eines KFZ aber wesentlich durch eine unternehmerische Fehlentscheidung verursacht wurde.[189] 184

### 4 Fahrzeuge mit Versicherungskennzeichen, § 26 FZV

Im Versicherungsrecht werden mehrere Unterscheidungen getroffen: 185

Es wird unterschieden zwischen versicherungspflichtigen und versicherungsfreien Fahrzeugen, die Versicherungspflicht ergibt sich aus dem PflVG und dem VVG. 186

Darüber hinaus gibt es auch Fahrzeuge, die der Versicherungspflicht nicht unterliegen, weil sie bauartbedingt nicht mehr als 6 km/h Höchstgeschwindigkeit erreichen (§ 2 Ziff. 6a PflVG), selbstfahrende Arbeitsmaschinen, die nicht schneller als 20 km/h fahren können sowie nicht zulassungspflichtige Anhänger (§§ 6b und c PflVG). 187

Außerdem kennt das Versicherungsrecht noch die Fahrzeuge mit sog. Versicherungskennzeichen nach § 26 FZV. Danach dürfen die nachfolgend aufgezählten Fahrzeuge, die dem Pflichtversiche- 188

185 Der Gabelstapler unterfällt nach Ansicht von *OLG Koblenz* v. 21.02.2011 – 10 U 1049/10 (Jurion) nicht unter die Regelung der PHV, da es sich dabei nach Auffassung des Gerichtes nicht um eine selbstfahrende Arbeitsmaschine handele.

186 *BGH* v. 17.02.1987 – VI ZR 75/86, VersR 1987, 1034.

187 *Halm/Fitz* Versicherungsverkehrsrecht 2023/2024, DAR 301 ff. m.w.Hinw. zur Betriebsgefahr.

188 *Feyock/Jacobsen/Lemor/Feyock* § 2 PflVG Rn. 11.

189 Vgl. insoweit *BGH* v. 17.02.1966 – II ZR 103/63, BGHZ 45, 168, dort war eine Kellerwand beim Zuschütten der Außenmauer eingestürzt, weil trotz Anweisung vergessen worden war, diese Mauer abzustützen. Hier liegt die Schadenursache in dem Unterlassen der Bauarbeiter, die Wand entsprechend zu sichern.

rungsgesetz unterliegen, dann im öffentlichen Straßenverkehr in Betrieb gesetzt werden, wenn sie über ein gültiges Versicherungskennzeichen verfügen:

- zweirädrige oder dreirädrige Kleinkrafträder (Mofas und Moped, Vespa) (§ 3 Abs. 2 Ziff. 1c FZV: die bauartbedingt nicht mehr als 45 km/h fahren und einem Hubraum von nicht mehr als 50 ccm aufweisen);
- Motorisierte Krankenfahrstühle;
- Vierrädrige Leichtkraftfahrzeuge (§ 3 Abs. 2 Ziff. 1f FZV: zul. Gewicht max. 350 kg, bauartbedingte Geschwindigkeit max. 45 km/h, Hubraum max. 50 ccm);
- Mofas und Mopeds aus der Produktion der ehemaligen DDR (Höchstgeschwindigkeit bis 60 km/h), die vor dem 01.03.1992 bereits versichert waren;
- Quads und Trikes[190] mit einer durch die Bauart bestimmten Höchstgeschwindigkeit von max. 45 km/h und einem Hubraum von max. 50 ccm;
- E-Roller, die über eine Betriebserlaubnis verfügen.
- E-Scooter unterfallen zwar der Regelung der Kraftfahrzeuge und unterliegen der Versicherungspflicht, sind aber wegen der geringen Geschwindigkeit von unter 20 km/h gem. § 8 Ziffer 1 StVG von § 7 StVG (Halterhaftung) nicht umfasst.[191]

**189** Hierbei ergeben sich folgende Besonderheiten:

**190** Versicherungszeitraum: Als Zeitraum ist fest das Verkehrsjahr (vom 1.3. eines Kalenderjahres bis zum 28./29.2. des Folgejahres) gesetzlich verankert, § 26 Abs. 1 FZV). Das Versicherungskennzeichen wird zum 1.März von den Versicherungen ausgegeben und gilt maximal ein Jahr. Jedes Jahr ändert sich die Farbe: Es ist abwechselnd blau, grün oder schwarz; im Versicherungsjahr 2010/2011 war es grün, für 2011/2012 ist es schwarz.

**191** Auch für Oldtimer-Mofas und Mopeds gibt es besondere Kennzeichen zur Teilnahme an Veranstaltungen für Oldtimertreffen, Prüf-, Probe-, Überführungsfahrten[192] etc., die immer mit dem Buchstaben Z beginnen, um einen Missbrauch mit anderen Versicherungskennzeichen zu vermeiden, da in den Begleitpapieren keine besonderen Fahrzeugdaten eingetragen sind. Die dreistellige Nummer beginnt mit einer 0.

**192** Die Kennzeichen dürfen gem. § 26 Abs. 1 S. 2 FZV erst dann an den Halter ausgegeben werden, wenn der Halter die Versicherungsprämie gezahlt hat.

**193** Der Vertrag ist von vornherein auf 1 Jahr begrenzt. Eine Kündigung ist daher nach alter Regelung nicht erforderlich. Will der Versicherer allerdings im VVG die Nachhaftung nach § 117 Abs. 2 VVG beenden, muss er eine Anzeige nach § 25 FZV an die Zulassungsstelle geben. § 117 Abs. 2 S. 2 VVG.

**194** Aus diesem Grund ist auch eine Anzeige nach § 25 Abs. 1 FZV an die Zulassungsstelle nicht erforderlich, um die Nachhaftungsfrist laufen zu lassen.

**195** Ein Prämienverzug i.S.d. §§ 37, 38 VVG ist aufgrund der gesetzlichen Regelung nicht möglich!

**196** Auch ein Verstoß gegen § 97 VVG, die Meldepflicht beim Verkauf, kommt nicht in Betracht, da § 34 Abs. 4 StVG diese Fahrzeuge von der Meldepflicht bei Eigentümerwechsel ausdrücklich ausnimmt.

**197** Zur Anwendung kommen hier allerdings sowohl die Vorschriften über die Gefahrerhöhung, objektiv und subjektiv, Führerscheinklausel wie auch die Alkoholklausel. Auch von den Führern von Fahrzeugen mit Versicherungskennzeichen wird erwartet, dass die Pflichten nach den D.x und E.x AKB erfüllt werden vor und im Schadenfall.

---

190 Trikes sind als PKW einzustufen, so zumindest *FG Bremen* 11.06.2003 in BeckRS 2003, 26015090 lesenswert zur Abgrenzung Motorrad – PKW.

191 *OLG Bremen* v. 15.11.2023 – 1 U 15/23.

192 Zur Definition vgl. § 2 Nr. 24–26 FZV.

### 5. Fahrzeuge mit Kurzzeitkennzeichen, § 16 FZV

Neben den üblichen Verwendungsarten gibt es noch die sog. roten Kennzeichen,[193] die gem. § 16 Abs. 1 FZV für Prüf-, Probe- und Überführungsfahrten genutzt werden können. Sie werden regelmäßig für fünf Tage von der Zulassungsstelle an eine bestimmte Person ausgegeben und sind von außen am Fahrzeug anzubringen, um Wirkung (Versicherungsschutz) zu entfalten.[194] Damit dokumentiert der Versicherer, dass er nur dieser Person Versicherungsschutz gewähren möchte.[195] Soweit diese Kennzeichen gem. § 16 Abs. 3 FZV an Kfz-Händler herausgegeben wurden, unterliegen sie den Sonderbedingungen für Kfz-Handel- und Handwerk V Nr. 3.[196] Auch hier gilt, wird eine andere Verwendung als Prüf-, Probe- oder Überführungsfahrten vorgenommen, besteht kein Versicherungsschutz.[197] 198

Grundsätzlich besteht Versicherungsschutz nur für den Ausgabezeitraum von 5 Tagen. Die Kennzeichen beginnen mit 06 und werden einem bestimmten Fahrzeug konkret zugeordnet. Dann darf das Kennzeichen nur mit diesem Fahrzeug verwendet werden, ist allerdings eine konkrete Zuordnung zu einem Kfz nicht erfolgt, kann der Halter des Kennzeichens dieses an einen Dritten weitergeben.[198] Nach Ablauf der Frist sind Kennzeichen und das dazugehörige Fahrtenbuch unverzüglich an die Zulassungsstelle zurückzugeben. Bei Beantragung ist der Haftpflichtversicherungsschutz nachzuweisen, § 16 Abs. 4 FZV. In aller Regel sind die Prämien für die Kurzzeitkennzeichen unmittelbar zu erstatten, sodass ein Prämienverzug nicht gegeben ist. Das Fahrzeug darf allerdings nur zu Probefahrten etc. verwendet werden. Bei andersartiger Nutzung liegt ein Verstoß gegen die Verwendungsklausel vor (wegen der Details vgl. dort). Bei einer Nutzung nach Ablauf der 5 Tage besteht im Innenverhältnis kein Versicherungsschutz, jedoch ist von der Nachhaftung des KH-Versicherers auszugehen, allerdings ist abweichend von § 117 Abs. 2 VVG weder eine Kündigung des Vertrages noch eine Anzeige nach § 25 FZV an die Zulassungsstelle erforderlich. Nach Ablauf der Nachhaftungsfrist von einem Monat ist ausschließlich die VOH für die Regulierung von Schäden zuständig. § 117 VVG Abs. 2 S. 2, dass die Frist des § 25 FZV auch gilt, wenn der Vertrag durch Zeitablauf endet! 199

### 6. Oldtimerkennzeichen, § 9 FZV

Es können auch Oldtimerkennzeichen nach § 9 FZV herausgegeben werden von der Zulassungsstelle. Erforderlich ist die Vorlage eines Gutachtens nach § 23 StVZO. Ansonsten gelten für diese Fahrzeuge die gleichen Regeln im Bereich Versicherungsschutz. Oldtimer dürfen mit diesem Kennzeichen an Oldtimerveranstaltungen teilnehmen, können Prüf-, Probe- und Überführungsfahrten[199] mit diesem Kennzeichen vornehmen, § 17 FZV. Das Kennzeichen wird einem konkreten Fahrzeug zugeordnet und darf auch nur an diesem verwendet werden. Soweit mit diesem Kennzeichen auch sonstige Fahrten durchgeführt werden, liegt ein Verstoß gegen die Verwendungsklausel vor. Kommt es zu einem Schadenfall, verliert der Fahrer den Versicherungsschutz. In aller Regel dürfte dort bei einem Verstoß von einer Vorsatztat auszugehen sein, da die Kennzeichen sich deutlich von den üblicherweise zu verwendenden Kennzeichen unterscheiden. 200

193 Vgl. *LG Berlin* SP 2004, 349 (für die Vollkasko-Versicherung, aber auf KH übertragbar).

194 *OLG Koblenz* v. 04.04.2011 – 10 U 1258/10.

195 *BGH* v. 11.11.2015 – IV ZR 429/14.

196 *BGH* v. 28.08.2006 – IV ZR 316/04 in SP 2006, 361, mit Anm. *Terno* in DAR 2007, 318; zum Umfang der Werkstattobhut zuletzt *OLG Köln*, VersR 2010, 1309; *LG Dortmund* v. 10.07.2008 – 2 O 3/08.; *OLG Stuttgart* r+s 2001, 104, bei missbräuchlicher Verwendung besteht kein Versicherungsschutz in der Handel- und Handwerkversicherung, *Halm/Kreuter/Schwab/Kreuter* a.a.O. SB H+H KH A.1.2.3 Rn. 5 ff.

197 *OLG Köln* v. 02.02.2010 – 9 U 133/09, VersR 2010, 1309.

198 *OLG Hamm* v. 07.12.2012 – 9 U 117/12, Jurion.; a.A. *OLG München* v. 16.09.2016 – 10 U 4737/15, der Versicherer hat ein berechtigtes Interesse daran, Versicherungsschutz nur für die Fahrzeuge des eingetragenen Halters zu gewähren; *OLG Stuttgart* v. 22.101.2014 – 3 U 36/14.

199 § 2 Nr. 24–26 FZV.

### 7. Saisonkennzeichen, § 9 FZV

201 Gem. § 9 FZV können auch Saisonkennzeichen herausgegeben werden. Diese Kennzeichen gelten jedes Jahr für den gleichen Zeitraum, ohne dass die Fahrzeuge in der Zwischenzeit abgemeldet und vorübergehend stillgelegt werden müssten. Verwendet werden diese Kennzeichen i.d.R. bei Motorrädern, Cabrios, Wohnwagen, Campingmobilen etc., die nicht das ganze Jahr benutzt werden. Die Zulassungsdauer ist auf diesen Kennzeichen vermerkt. Benutzt werden dürfen die Kfz grundsätzlich nur in diesen Zeiträumen, außerhalb dieser Zeiten besteht eine Ruheversicherung für die Kfz.

## III. Versicherte Personen

202 Nach A.1.2 AKB sind neben dem Versicherungsnehmer mitversicherte Personen:[200]

### 1. Der Halter

203 Halter ist, wer das Fahrzeug für eigene Rechnung in Gebrauch hat und die Verfügungsgewalt darüber besitzt.[201] Das ist dann gegeben, wenn das Fahrzeug nicht nur vorübergehend genutzt wird und der Halter den Einsatz bestimmen kann. Versicherungsnehmer oder Eigentümer muss er nicht zwangsläufig sein, jedoch sind dies Anhaltspunkte für die Haltereigenschaft.[202] Auch mehrere Personen können Halter sein.[203]

204 Der Leasingnehmer ist i.d.R. alleiniger Halter des Leasingfahrzeugs.[204] Der Mieter eines KFZ wird bei nur kurzer Mietdauer nicht zum Mithalter,[205] vgl. aber hierzu auch *OLG Hamm*, wenn der Mieter sich der Verfügungsgewalt des Vermieters mehrtägig entzieht und sich über den Mietzins hinaus an allen Unterhaltskosten beteiligt.[206] Ein Fuhrparkleiter wird jedoch auch dann nicht zum Repräsentanten der GmbH (Halter und VN) und damit auch nicht zur mitversicherten Person, wenn das Fahrzeug technische Mängel aufweist.[207]

205 Kein Halter ist, wem das Fahrzeug nur zeitlich begrenzt zur Nutzung überlassen wird.[208] Der Eigentümer von Kurzzeitkennzeichen wird nicht Halter des Fahrzeuges des Dritten, an dem das Kennzeichen befestigt wurde.[209] Auch ein unberechtigter Halter ist mitversichert. Der Dieb, der das Fahrzeug in Zueignungsabsicht entwendet, wird allerdings erst nach Begründung eigener dauerhafter und ungestörter Verfügungsmacht Halter.[210]

---

200 *Halm/Kreuter/Schwab/Schwab* a.a.O. AKB A.1.2 AKB Rn. 3 ff.

201 *Halm/Kreuter/Schwab/Schwab* a.a.O. AKB A.1.2 AKB Rn. 9 ff.

202 *BGH* v. 11.07.1969 – VI ZR 49/68, VersR 1969, 907; *OLG Hamm* VersR 1981, 1021; *OLG Schleswig* r+s 1994, 90.

203 *OLG Hamm* VersR 1981, 1021 und *Weimar* DAR 1976, 65.

204 *BGH* v. 22.03.1983 – VI ZR 108/81, VersR 1983, 656 (Leasingfahrzeug). Folglich gilt er auch als Repräsentant des Versicherungsnehmers in der Kasko-Versicherung *LG Dortmund* v. 17.08.2017 – 2 O 300/16.

205 *BGH* v. 03.12.1991 – VI ZR 378/90 r+s 1992, 185.

206 *OLG Hamm* VersR 1991, 220.

207 *BGH*, Urt. v. 11.06.2024 – VI ZR 133/23 m. Anm. *Figgener/Quaisser*, NJW-Spezial 2024, 553 f.

208 *LG Frankfurt/M.* r+s 1987, 35; *OLG München* VersR 1977, 580.

209 *OLG Hamm* v. 07.12.2012 – I 9 U 117/12, ADAJUR Dok-Nr. 103948 = SVR 2013, 431 m. Anm. *Hering*.

210 *KG* NZV 1989, 273.

## 2. Der Eigentümer

Eigentümer ist, wer gem. BGB im vollen Umfang das Eigentum an dem Fahrzeug erworben hat. 206
Der Erwerb unter Eigentumsvorbehalt reicht hierzu nicht aus, jedoch ist die Sicherungsübereignung ausreichend.[211] Ebensowenig reicht die Zahlung der Kfz-Steuer zum Nachweis des Eigentums aus.[212]

## 3. Der Fahrer

Der Begriff des Fahrers geht weiter als der Fahrzeugführer in den §§ 23 StVO und 18 Abs. 1 StVG, 207
welche sich ausschließlich auf das Lenken des KFZ beschränken.[213] Fahren i.S.d.D.1.3 AKB hingegen ist jede Tätigkeit, die ein Lenker eines Fahrzeuges im Zusammenhang mit einer durchzuführenden oder durchgeführten Fahrt vornimmt und die in seinen Aufgabenbereich als Kraftfahrer fällt.[214] Fahren ist grundsätzlich jeder Gebrauch des KFZ im Sinne von A.1 AKB.[215] Die Fahrereigenschaft endet, wenn er sich von dem geparkten verschlossenen Kfz entfernt.[216] Der Beifahrer, der während der Fahrt in das Lenkrad greift, wird nur dann Fahrer, wenn er die ausschließliche Herrschaft über das Lenkrad erlangt hat.[217]

Der Fahrschüler gilt im Rahmen von Übungs- und Prüfungsfahrten ebenfalls als Fahrer. Daneben gilt 208
der Fahrlehrer als Fahrer,[218] jedenfalls bei einem Fahrschüler auf dem Motorrad, der dem Fahrschulwagen nachfolgt. Soweit nun das Fahren ab 17 in einzelnen Bundesländern eingeführt wurde, ist die rechtliche Würdigung problematisch. Man könnte hier einerseits der Auffassung sein, dass analog zu den Regelungen bezüglich des Fahrschülers auch die zwingend vorgeschriebene Begleitperson als Fahrer anzusehen ist. Zumindest in der Literatur wird auch die Auffassung vertreten, dass nur der sich hinter dem Lenkrad befindliche 17-jährige als Fahrer zu betrachten sei und der Pflichtbeifahrer sei bloßer Beifahrer, den im Schadenfall auch keine Haftung träfe.[219] Ob diese Haltung auch auf die Frage des Versicherungsschutzes auszuweiten ist, erscheint zweifelhaft, da der Gesetzgeber bei dem Führerschein ab 17 eine Begleitperson nur in bestimmten Fällen als »die Richtige« ansieht. Der Beifahrer muss ein bestimmtes Alter haben und darf max. drei Punkte im Verkehrszentralregister haben. Es soll ihm also eine bestimmte Aufgabe zukommen, die sich ggf. auch im Vertrag niederschlagen muss. Hierfür müssen aber im Zweifel auch die AKB der jeweiligen KH-Versicherung angepasst werden. Zu beachten ist auch, welche Fahrer im Vertrag als zugelassen gelten. Wurden beispielsweise nur Fahrer ab 25 vereinbart, sind auch hier die entsprechenden Meldepflichten zu beachten, da ansonsten ggf. Vertragsstrafen fällig werden.[220]

## 4. Beifahrer

D.h. Personen, die im Rahmen ihres Arbeitsverhältnisses zum Versicherungsnehmer oder Halter 209
den berechtigten Fahrer zu seiner Ablösung oder zur Vornahme von Lade- und Hilfsarbeiten nicht nur gelegentlich begleiten.[221]

---

211 Vgl. hierzu *Stiefel/Maier* A.1 Rn. 7; *Halm/Kreuter/Schwab/Schwab* a.a.O. AKB A.1.2 Rn. 36 ff.

212 *LG Coburg* v. 04.06.2013– 23 O 246/12.

213 *Halm/Kreuter/Schwab/Schwab* a.a.O. AKB A.1.2 Rn. 39 ff.

214 *OLG Stuttgart* VersR 1988, 707; *OLG Celle* r+s 1990, 224.

215 Vgl. auch *OLG Hamm* r+s 1988, 71; *BGH* v. 15.10.1962 – II ZR 25/60 VersR 1962, 1147.

216 *OLG Hamm* Beschl. v. 05.04.2018 – 6 U 163/17.

217 *BGH* v. 26.04.1956 – II ZR 209/54, VersR 1956, 283; *OLG Köln* DAR 1982, 30.

218 *OLG Köln* r+s 1989, 313, im Rahmen der Bußgeldvorschriften vgl. u.a. *OLG Karlsruhe* v. 20.02.2014 – 3 5 SSRS 607/13 AK 220/13 – nachfolgend *BGH* v. 23.09.2014 – 4 StR 92/14 DAR 2015, 97; zur Fahrereigenschaft bei fortgeschrittenem Fahrschüler; *OLG Stuttgart* v. 02.02.2015 – 4 Ss 721/13, SVR 2015, 314 f.; *OLG Düsseldorf* v. 04.07.2013 – 1 RBs 80/13 zum Telefonieren des Fahrlehrers als Fahrer.

219 Vgl. hierzu auch *Albrecht*, SVR 2005, 283; *RiOLG Sapp* NJW 2006, 408 f.

220 Vgl. hierzu oben Rdn. 73.

221 *Halm/Kreuter/Schwab/Schwab* a.a.O. AKB A.1.2 Rn. 48 ff.

210 Es muss sich hierbei um angestellte, d.h. berufsmäßige Beifahrer[222] handeln, ein bloßer Insasse im KFZ fällt nicht unter diese Regelung.[223] Gelegentliche Tätigkeiten reichen ebenfalls nicht aus.

### 5. Omnibusschaffner

211 soweit sie im Rahmen ihres Arbeitsverhältnisses zum Versicherungsnehmer oder Halter tätig werden.[224]

212 Ein Arbeitsverhältnis zum Versicherungsnehmer muss auch hier vorliegen,[225] auch Kontrolleure gehören dazu.

### 6. Arbeitgeber oder öffentlich-rechtlicher Dienstherr

213 des Versicherungsnehmers, wenn das versicherte Fahrzeug mit Zustimmung des Versicherungsnehmers für dienstliche Zwecke gebraucht wird.

214 Die Einbeziehung des Arbeitgebers soll verhindern, dass dieser gem. §§ 278, 831, 839 BGB, Art. 34 GG haftet, wenn der Versicherungsnehmer sein eigenes KFZ für Dienstreisen verwendet und dabei einen Schaden verursacht. Die Deckung besteht auch, wenn ein Dritter mit Zustimmung des Versicherungsnehmers das Fahrzeug für eine Dienstreise nutzt.[226]

215 Die Mitversicherung des Arbeitgebers hat auch zur Folge, dass Ansprüche des Versicherungsnehmers auf Freistellung wegen gefahrgeneigter Arbeit nicht auf den schadenregulierenden KH-Versicherer § 86 VVG übergehen können, der ansonsten Regress nehmen könnte.[227] Dabei war die Rechtsprechung aber uneinheitlich, wenn es um die Frage der durch die Zivildienstleistenden verursachten Schäden einer Beschäftigungsstelle ging, z.T. wurde die Auffassung vertreten, ein Anspruch gegen den öffentlich-rechtlichen Dienstherren bestünde, weil in jedem Fall dieser für den Mitarbeiter einzustehen habe und dieser sei auch nicht mitversichert in dem Versicherungsvertrag der Beschäftigungsstelle.[228] Demgegenüber existiert eine neuere Entscheidung des *OLG Köln*, welches diese Einschränkung jetzt nicht mehr gelten lässt und die Rückgriffsmöglichkeit gegen die BRD verneint,[229] aber leider die Frage unbeantwortet lässt, aus welchem Grund der Anspruch gegen die BRD entfällt. Dass der Fahrer mitversicherte Person ist, ist unstreitig. Gleichwohl entfällt deshalb die Eintrittspflicht der BRD nicht, allerdings sei diese auch nach der Auffassung des *BGH* mitversicherte Person in den AKB des KH-Versicherers, sodass insoweit ein Ausgleich ausfiele.[230] Diese neuerliche Entscheidung, die einen ähnlichen Sachverhalt aufwies, bedeutet eine Abkehr von der bisherigen Rechtsprechung des BGH insoweit. Wollten die Versicherer hieran etwas ändern, müssten sie die AKB insoweit genauer fassen und den Versicherungsschutz auf den Arbeitgeber des Versicherungsnehmers beschränken, was i.Ü. die KfzPflVV, § 2 Abs. 2 Ziff. 6 »der Arbeitgeber … des Versicherungsnehmers, wenn … das versicherte Kfz mit Zustimmung des Versicherungsnehmers für dienstliche Zwecke verwendet wird, zuließe«. Dann haften sowohl die KH-Pflichtversicherung des VN wie auch der Dienstherr oder Arbeitgeber nebeneinander, die Frage einer analogen Anwendung des § 10 Abs. 2f AKB a.F. auf den Arbeitgeber der mitversicherten Person wurde in diesem Verfahren nicht entschieden, da hier im Wesentlichen auf die Ungleichbehandlung eines angestellten Fahrers des Pflegedienstleisters im Verhältnis zum Zivildienstleistenden abgestellt wurde. Soweit *Lorenz*[231] die Versicherungswirt-

222 *KG* VM 1996, 21, zu den Sorgfaltspflichten des Einweisers, gemeint ist hier aber der berufsmäßige Beifahrer, den es heutzutage kaum noch gibt!.
223 *Feyock/Jacobsen/Lemor/Jacobsen* A.1 Rn. 32 m. Rückverweis auf § 10 AKB Rn. 64 f.
224 *Halm/Kreuter/Schwab/Schwab* a.a.O. AKB A.1.2 Rn. 74 ff.
225 *Prölss/Martin/Knappmann* VVG A.1.2 AKB Rn. 8.
226 *Halm/Kreuter/Schwab/Schwab* a.a.O. AKB A.1.2 Rn. 53 ff.
227 Vgl. hierzu auch *VerwG Oldenburg* zfs 1991, 311; *BGH* r+s 2001, 271.
228 So *OLG Köln* VW 1995, 526 ff.
229 *OLG Köln* VW 2000, 1409 ff.
230 *BGH* v. 15.02.2001 – III ZR 120/00 in r+s 2001, 835.
231 *Lorenz* Anm. zu *OLG Köln* VersR 2000, 1410 f.

schaft aufruft, die Lösung in den AKB zu überdenken, verkennt er, dass zuvörderst der Gesetzgeber aufgerufen ist, diese unbefriedigende Regelung im KfzPflVV, das immerhin den Rahmen für die AKB vorgibt, ändert!

## 7. Insassen, Einweiser, Bediener

Üblicherweise sind Insassen im Fahrzeug nicht in der KH-Versicherung mitversichert. Werden durch 216
diese Fahrzeuginsassen Schäden verursacht, haben sie selbst dafür einzustehen. Eine Haftung der KH-Versicherung ist nur in den Fällen gegeben, wenn den Fahrzeugführer eine besondere Aufsichts- oder Fürsorgepflicht für den Insassen aufgrund seines Alters oder seines Geistes- oder Gesundheitszustandes trifft (Ältere, Kinder, Hochschwangere, Gebrechliche, Betrunkene, Geisteskranke, etc.).[232]

Seit der Schadenrechtsreform ist aber darüber hinaus hinsichtlich des Geschädigten zu unterschei- 217
den: Fügt der Fahrzeuginsasse einem anderen Fahrzeug einen Schaden zu (beim Ein- oder Aussteigen den Lack des danebenstehenden KFZ beschädigt, die Tür unachtsam geöffnet, ein vorbeifahrendes KFZ kann der Kollision nicht mehr ausweichen, u.v.m.), ist eine Halterhaftung aus der Betriebsgefahr nicht gegeben, der Halter und der Fahrer des »verursachenden« KFZ können sich gegenüber dem anderen Fahrzeughalter auf Unabwendbarkeit berufen, §§ 17, 18 StVG. Wird hingegen beim Aus- oder Einsteigen ein anderer Verkehrsteilnehmer geschädigt, der seinerseits nicht aus der Betriebsgefahr haftet (z.B. Fußgänger, Radfahrer), so kann sich auch der Halter des KFZ nicht auf die Unabwendbarkeit berufen, seine Haftung ist allerdings nach § 7 Abs. 2 StVG ausgeschlossen, da dort auch der von Dritten verursachte Schaden ausgeschlossen ist.[233] Werden die Einweiser oder Bediener durch das versicherte Kfz geschädigt, greift § 8 Nr. 2 StVG.[234] Ein Eigenschaden ist nur dann gegeben, wenn dasselbe Versicherungsvertragsverhältnis gegeben ist.[235]

Es können auch sonstige Personen innerhalb und außerhalb des Fahrzeuges (Insassen, Einweiser, 218
Bediener) dann mitversichert sein (abhängig von den AKB des jeweiligen Versicherers), wenn sie einen Schaden zu vertreten haben, der überwiegend durch den Gebrauch des Fahrzeuges verursacht wurde. Versicherungsschutz wird jedoch nur für den Fall gewährt, dass dieser Personenkreis nicht über eine eigene Haftpflichtversicherung verfügt, um dem Geschädigten in jedem Fall einen finanzstarken Schuldner zur Verfügung zu stellen. Die Regelung führt zu einer nur subsidiären Eintrittspflicht des KH-Versicherers für diesen Personenkreis. Anspruchsgegner der von diesen Personen geschädigten Anspruchsteller ist regelmäßig deren Allgemeine Haftpflichtversicherung. Erst wenn eine solche nicht besteht, ist der KH-Versicherer zur Regulierung verpflichtet. Gleiches gilt, wenn der AH-Versicherer wegen eines kranken Versicherungsverhältnisses die Regulierung verweigert.

## 8. Nicht versicherte Personen

Der bloße Besitz des Kraftfahrzeuges reicht nicht aus, wenn der Besitzer nicht zusätzlich zu dem 219
Personenkreis des A.1 AKB gehört. Nicht versichert sind der Reparateur des KFZ[236] und derjenige, der den Schlüssel an sich bringt, um den alkoholisierten VN vom Fahren abzuhalten.[237]

**Neu in den AKB n.F.:** 220

der Halter, Eigentümer, Fahrer, Beifahrer und Omnibusschaffner eines nach A.1.1.5 mitversicherten Fahrzeugs. (= Halter, VN oder Führer eines Anhängers, Aufliegers oder abgeschleppten Fahrzeuges).

232 *Halm/Kreuter/Schwab/Schwab* a.a.O. AKB A.1.2 Rn. 84 f.
233 Vgl. hierzu auch *Luckey* Handbuch FA für Verkehrsrecht, Kap. 1 Rn. 58.
234 *BGH* v. 21.01.2021 – VI ZR 662/20 – Haftungsausschluss für die bei dem Betrieb des Kfz-Tätigen, dies können auch Einweiser sein!; Auch zufällig beteiligte Personen sind ggf. betroffen, wobei bei der Entsch. *LG Saarbrücken* v. 03.04.2020 – 13 S 169/19 ein Eigenschaden zugrunde lag!.
235 *OLG Celle* v. 30.03.2022 – 14 U 143/21.
236 *OLG Celle* r+s 1990, 224; *LG Saarbrücken* zfs 2007, 18 (Explosion des Motors).
237 *OLG Hamm* r+s 1991, 38.

221 Damit ist klargestellt, dass Zugmaschine und Anhänger jeder Art, die an dem Zugfahrzeug hängen, mit diesem eine Einheit bilden und die ggf. durch diese verursachten Schäden im Rahmen des Versicherungsvertrages der Zugmaschine mitversichert sind.

### IV. Die versicherten Handlungen

222 Der Gebrauch des Kraftfahrzeuges ist zu versichern. Dieser Begriff entstammt dem Pflichtversicherungsgesetz und schließt den Betrieb i.S.d. § 7 StVG ein. Die Haftung aus § 7 StVG trifft ausschließlich den Halter, die Haftung ist weitreichend.[238] Nach A.1 AKB sind alle Schäden zu versichern, die durch den Gebrauch des Kraftfahrzeugs verursacht werden.

#### 1. Betrieb

223 Nach der h.M. ist ein Fahrzeug oder zulassungspflichtiger Anhänger so lange in Betrieb, solange es sich im öffentlichen Verkehrsbereich bewegt, oder dort in verkehrsbeeinflussender Weise ruht.[239] Der Betrieb beginnt mit dem Anlassen des Motors und dauert an, solange die durch das KFZ geschaffene Betriebsgefahr fortbesteht und das KFZ im öffentlichen Verkehrsraum verbleibt. Dazu gehört das Öffnen der Tür, Aus- und Einsteigen,[240] Parken (sofern damit der Verkehr in irgendeiner Weise beeinflusst wird). Auch das Aus- und Einladen gehören dazu, soweit es im Schutzbereich des § 7 Abs. 1 StVG liegt, also bei manueller Handhabung oder mittels Motorbenutzung. Soweit die Schäden beim Be- oder Entladen nur aufgrund Haftung aus der Betriebsgefahr zu ersetzen sind, sollten auch neben § 8 Nr. 2 StVG[241] auch die Grenzen des § 12 und des § 12a StVG beachtet werden (was eigentlich von Amts wegen erfolgen muss), um hier nicht zu falschen Ergebnissen zu kommen.[242] Allerdings unterfällt nicht jedes Ereignis der Betriebsgefahr.[243] Werden Gespanne geführt (LKW und Anhänger, aber auch Kfz und Wohnwagenanhänger oder Anhänger) haften beide gemeinsam auf den entstandenen Schaden. Es ergeben sich dabei einige Besonderheiten. Auch auf einem Autozug ist das Kfz nach wie vor in Betrieb.[244]

224 **Besonderheiten im Zusammenhang mit einer Unfallverursachung durch Gespanne**

**Rechtslage bis 01.08.2002:**

Vor der Schadenrechtsreform (01.08.2002) war historisch betrachtet bei Gespannschäden alleinverantwortlich die Zugmaschine. Eine Haftung aus der Betriebsgefahr des Anhängers gab es nicht und ein Regress gegen den Anhänger kam nur in Betracht, wenn sich das Risiko des Anhängers konkret verwirklicht hatte. Schadenersatzansprüche gegen den Hänger waren (Ausfluss aus § 11 AKB a.F.) nur möglich, wenn er sich von der Zugmaschine gelöst hatte und endgültig zum Stillstand gekommen war. Allerdings wurden Schadenfälle, die sich mit einem im öffentlichen Verkehrsraum abgestellten Anhänger ereigneten, noch der Zugmaschine zugerechnet, wenn das Abstellen nur vorü-

---

238 *Ring*, SVR 2021, 14, 15f; *Müller* SVR 2021, 51 ff. und 81 ff.; *Rebler*, zfs 2020, 364 f. m. Hinweisen zur Reichweite der Halterhaftung.

239 *BGH* v. 28.06.1966 – VI ZR 239/64, VersR 1966, 934; *BGH* v. 27.05.1975 – VI ZR 95/74, VersR 1975, 945.

240 *OLG Celle* v. 22.09.2010 – 14 U 63/10, MDR 2010, 1448 zur Dauer des Aus-/Einsteigens. Der Vorgang beginnt bereits mit dem Öffnen der Tür und endet mit dem Schließen der Tür und der Weiterfahrt.

241 *BGH* v. 21.01.2021 – VI ZR 662/20 – Haftungsausschluss für die bei dem Betrieb des Kfz tätigen, dies können auch Einweiser sein!.

242 Wie das *OLG Hamm* PVR 2002, 259; das trotz Haftung aus Betrieb die Höchstgrenzen nicht beachtete.

243 *OLG Celle* v. 18.11.2020 – 14 U 84/20 (Verletzung eines Monteurs nach Abschluss der Bergungsarbeiten); *OLG Karlsruhe* v. 28.08.2014 – 13 U 15/14, NZV 2015, 76 f. (Kfz auf der Ladefläche brennt); *Halm/Fitz* Versicherungsrecht 2013/2014, DAR 2014, 439f (Stolpern über Anhängerkupplung etc.).

244 *LG Flensburg* v. 10.05.2024 – 4 O 256/23.

bergehender Natur war.[245] Verursachte ein gemischt-ausländisches Gespann in Deutschland einen Schadenfall, so hafteten nach dem deutschen Recht (des Unfallortes) die Halter von Zugfahrzeug und Hänger gesamtschuldnerisch im Außenverhältnis, im Innenverhältnis war allein der Halter des Zugfahrzeuges zur Leistung verpflichtet. Gem. § 4 AuslPflVG ist Versicherungsschutz für ausländische Kfz und deren Anhänger nach den im Inland geltenden Regeln zur Pflichtversicherung nicht nur hinsichtlich der Deckungssumme, sondern auch hinsichtlich der Versicherungsbedingungen zu gewähren. § 3 KfzPflVV verpflichtete in der damals gültigen Fassung den Halter des Zugfahrzeugs allein, während für den Hänger gem. § 3 Abs. 2 KfzPflVV (bis 31.12.2002 gültige Fassung) nur Versicherungsschutz gewährt werden musste, wenn dieser sich von der Zugmaschine gelöst hatte und endgültig zum Stillstand gekommen war.[246]

Da zu diesem Zeitpunkt eine Betriebsgefahr[247] des Anhängers nicht vorhanden war, konnte über das Kennzeichen des Hängers oftmals die Zugmaschine nicht ermittelt werden. Dies führte dazu, dass Geschädigte, die nur das Hänger-Kennzeichen nennen konnten, keinen Schadenersatz vom Schädiger erlangen konnten. Allein eintrittspflichtig war die VOH.

**Rechtslage vom 01.08.2002 – 16.07.2020:** 225

Um die Gemeinschaft der Versicherten, die auch die VOH finanziert, zu entlasten, wurde § 7 StVG geändert. Es wurde eine Haftung aus der Betriebsgefahr auch für Anhänger ins StVG aufgenommen.[248] Dabei wurde hinsichtlich der internen Eintrittspflicht zunächst eine Verteilung nach Verursachungsanteilen vorgenommen.[249] Der IV. Senat des BGH ging allerdings einen anderen Weg. Da durch die Neufassung des § 7 StVG eine weitgehende Gleichstellung der Anhängerhaftung definiert worden war und nach der Pflichtversicherungsverordnung der zuständige KH-Versicherer (bis dahin der Zugmaschine) jeweils das ganze Gespann abdecken musste, wurde diese Verpflichtung jetzt auch für den Versicherer des verbundenen Anhängers bejaht. Da nunmehr eine Doppelversicherung eingetreten war, wurde folgerichtig eine Teilung der Aufwendungen zwischen den Versicherern von Hänger und Zugfahrzeug bei Gespannschäden unabhängig von der konkreten Unfallkonstellation entsprechend § 78 VVG ausgeurteilt.[250] Dieses Ergebnis wurde allerdings von Beginn an kontrovers diskutiert und führte auch aus prämienrechtlicher Sicht zu einem Ungleichgewicht, da bisher nach traditioneller Sicht doch das Risiko der Zugmaschine bei weitem überwog.[251]

Im Rahmen des internationalen Güterverkehrs ist außerdem zu unterscheiden zwischen Unfällen in Deutschland mit einem deutschen Gespann, Unfällen mit einem gemischt deutsch-ausländischen Gespann in Deutschland und Unfällen in Europa mit gemischt deutsch-ausländischem Gespann sowie Unfällen in Deutschland mit gemischt-ausländischen Gespannen.[252]

Schäden, die von einem deutschen Gespann in Deutschland verursacht werden, unterfallen deutschem Recht, so dass unproblematisch § 78 VVG zur Anwendung kommt und die Aufwendungen gemäß der Rechtsprechung des BGH unter den Versicherern geteilt werden.[253] Erst wenn eine Erschöpfung der Versicherungssummen droht, ist entsprechend der unterschiedlichen Versicherungssummen zu

245 So schon *BGH* v. 21.03.1961 – VI ZR 88/60, NJW 1961, 1163 ff.
246 *OLG Hamburg* v. 22.06.2007 – 14 U 202/06, DAR 2008, 649, 650.
247 *BGH* v. 21.03.1961 – VI ZR 88/60.
248 *Lang* zfs 2020, 64, 69 f.
249 Beispielhaft *OLG Celle* v. 12.03.2008 – 14 U 108/07 Quotierung anhand der ab 01.08.2002 geltenden Rechtslage.
250 *BGH* v. 27.10.2010 – IV ZR 279/08.
251 Vgl. auch BT-Drucks. 19/17964 v. 16.03.2020 zu der Begründung der Änderung des § 19 StVG und Einführung von § 19a StVG.
252 Vgl. hierzu u.a. *OLG Hamburg* v. 22.06.2007 – 14 U 202/06, DAR 2008, 649 f.
253 *BGH* v. 27.10.2010 – IV ZR 279/08.

teilen. Besteht nur eine Haftung nach StVG, sind ggf. die Höchsthaftungssummen der beiden Teile des Gespanns zu addieren.[254]

Verursacht ein deutsches Gespann einen Unfall im europäischen Ausland, kommt es nach dem Prinzip des lex loci delicti regelmäßig auf die Regelung am Unfallort an. Da im europäischen Ausland im Innenverhältnis regelmäßig eine vorrangige oder gar ausschließliche Haftung des Halters bzw. des Versicherers des Zugfahrzeuges vorgesehen ist, entfällt ein Regress innerhalb des Gespanns.[255]

Verursacht ein deutsch-ausländisches Gespann allerdings einen Unfall in Deutschland, ist der Regress nach § 78 VVG unproblematisch durchzuführen, da ausländische Kfz und ausländische Hänger nach den Regeln des Grüne-Karte-Systems, die durch das AuslPflVG auch in das deutsche Pflichtversicherungsrecht transferiert wurden, für die Zeit ihrer Nutzung in Deutschland verpflichtet sind, eine Deckung bereit zu stellen, die den Vorschriften des deutschen PflVG entspricht.[256]

Dies war die Regelung bis zur Entscheidung des *EuGH* über zwei Vorlagen aus Litauen im Januar 2016.[257] Der *EuGH* hat sich grundlegend mit dieser Problematik befasst. So sollte neben den deliktischen Vorschriften des Landes, in dem sich der Unfall ereignet hatte, auch das Vertragsrecht des ausländischen Versicherers und das ausländische Recht hinsichtlich eines möglichen Anhängerregresses zu berücksichtigen und gem. Art. 7 ROM I zu bestimmen sein, da die Versicherer nur aufgrund Vertrags ihren Versicherungsnehmern zur Regulierung verpflichtet sind. Aufgrund der Garantieerklärung des Grüne-Karte-Systems, welches auch nicht durch Rom I und II ausgehebelt werden sollte, bleibt es aber bei der Anwendung von § 78 VVG auch auf deutsch-ausländische Gespanne, wenn sich der Unfall in Deutschland ereignet.[258] Dies hat der BGH auch in seiner Entscheidung vom 03.03.2021 bestätigt.[259]

Auch wenn der ausländische Hänger-Versicherer eine Subsidiaritätsklausel mit seinem Versicherungsnehmer für den Fall vereinbart hat, dass bereits Deckung über die Zugmaschine besteht, ist er bei einem Unfall in Deutschland ausgleichspflichtig, da dieser Ausschluss auf einen unzulässigen Vertrag zu Lasten Dritter hinauslaufen würde.[260]

Wird ein gem. § 3 Abs. 2 FZV nicht zulassungspflichtiger und gem. § 2 Abs. 1 Nr. 6 C PflVG nicht versicherter Hänger gezogen, was in der Landwirtschaft häufig vorkommt, und verursacht einen Schadenfall, haftet auch er aus der Betriebsgefahr, da § 7 StVG keinen Unterschied macht. Daher war auch der nicht versicherungspflichtige und nicht versicherte Anhänger im Innenverhältnis ausgleichspflichtig.[261] Eine Privathaftpflicht oder Betriebshaftpflicht kann Deckung für Hänger gewähren. Allerdings ist zu berücksichtigen, dass ein solcher Anhänger unter Umständen – zumindest so lange, wie er am Zugfahrzeug angehängt ist – nicht in die Privathaftpflichtversicherung aufgenommen wird, da üblicherweise der Ausschluss der Benzinklausel greifen wird.[262] Daher kommt ein Ausgleich nach § 78 VVG zwischen dem Kraftfahrzeug-Haftpflicht-Versicherer des Traktors und dem Privathaftpflichtversicherer nicht in Betracht, wenn in den Bedingungen der PHV zuläs-

---

254 *Jahnke/Stahl* NZV 2010, 57, 61 mit Hinweis auf *OLG Koblenz* v. 05.12.2008 – 10 U 1604/07.

255 *OLG Celle* v. 05.02.2020 – 14 U 163/19 (Schweiz); Vorinstanz *LG Hannover* v. 30.07.2019 – 6 O 26/17; *Luckhaupt* NZV 2016, 497, 498; *Wilms* DAR 2011, 71, 72.

256 *Luckhaupt* ebenda zu Ziffer 2.

257 *EuGH* v. 21.01.2016 – C-359/14, C-475/14, VersR 2016, 797 f.

258 *OLG München* v. 17.06.2020 – 10 U 6240/19; *LG Göttingen* v. 23.05.2019 – 8 O 286/17; *LG Kassel* v. 15.03.2019 – 4 O 2024/17; *Riedmeyer/Bouwmann* DAR 2019, 541, 544; *Luckhaupt* NZV 2016, 497, 502.

259 *BGH* v. 03.03.2021 – IV ZR 312/19 (tschechischer Anhänger an deutscher Zugmaschine in Deutschland).

260 *BGH* v. 04.07.2018 – IV ZR 121/17 (hier hatte ein Versicherer in seinen AKB unter A.1.1.5 eine Subsidiaritätsklausel vereinbart); *OLG Schleswig* v. 14.05.2020 – 7 U 181/19 für einen dänischen Anhänger.

261 *Jahnke/Stahl* NZV 2010, 57, 60.

262 *Stockmeier*, VersR 2013, 823 ff.

sigerweise die Benzinklausel vereinbart wurde.[263] Erst wenn der Anhänger alleine abgestellt wird, ist eine Deckung über die Privat- oder Betriebshaftpflichtversicherung möglich. Im Rahmen des Innenausgleiches nach § 426 BGB, 78 VVG ist damit der Hängerhalter dann allein eintrittspflichtig.

**Rechtslage ab dem 17.07.2020:** 226

Infolge des Ungleichgewichts zwischen europäischen und deutschen Regeln wurde zum 17.07.2020 die Rechtslage erneut angepasst durch die Neuregelung in den §§ 19 und 19a StVG, (Haftung des Halters bei Unfällen mit Anhängern und Gespannen). Grundsätzlich haften sowohl der Halter des Hängers wie auch der Halter des Zugfahrzeuges im Außenverhältnis für den gesamten Schaden als Gesamtschuldner. Im Innenverhältnis allerdings soll gemäß § 19 Abs. 4 StVG regelmäßig allein der Halter des Zugfahrzeuges eintrittspflichtig sein. Eintrittspflichtig für von Gespannen verursachte Schäden soll damit im Regelfall allein die Zugmaschine sein. Eine Ausgleichspflicht des Hängers im Innenverhältnis kommt nur dann in Betracht, wenn sich das Risiko des Anhängers auch konkret verwirklicht hat, § 19 Abs. 4 S. 3 StVG. Klarstellend wird zudem in § 19 Abs. 4 S. 4 StVG darauf hingewiesen, dass das bloße Ziehen eines Hängers in der Regel keinen höheren Risikoanteil verwirklicht. Denkbar sind dagegen folgende Fälle: geplatzter Reifen des Hängers, Brand des Hängers, der Hänger kippt aufgrund falscher Beladung um und verursacht dabei Schäden Dritter.

Im Ergebnis werden also von Gespannen verursachte Schäden üblicherweise ausschließlich zu Lasten der Zugmaschine zu regulieren sein.[264] Dies gilt auch dann, wenn durch das Anhängen eines Anhängers eine Bremswegverlängerung eintritt, § 19 Abs. 4 S. 4 StVG. Ebenso, wenn Schäden durch das Gespann bei Dritten verursacht wurden, die ausschließlich auf das Fehlverhalten des Fahrers des Gespanns zurückzuführen sind. Auch herabfallende Ladung vom Hänger führt nicht zu einer Eintrittspflicht des Versicherers des Hängers, es sei denn der Schadenfall ist auf einen ordnungswidrigen Zustand der Beladung zurückzuführen, den der Fahrer nicht erkennen konnte.

Eine Haftung des Hängers kann nur nach den Regeln des § 7 Abs. 2 und 3, 8 Abs. 2 und 3 StVG erfolgen. Die §§ 8a – 16 StVG sind ebenfalls anzuwenden. Eine Haftung aus der Betriebsgefahr wird dem Zugfahrzeug aus dem gesamten Gespann auferlegt, § 19 Abs. 2 StVG. Leider hat der Gesetzgeber es erneut versäumt, die entsprechenden Summen in der PflVG, Anlage zu § 4, anzupassen.[265] Haftet die Zugmaschine allein aus der Betriebsgefahr für das gesamte Gespann (also zweimal 5 Mio. € im Falle von Personenschäden), liegt aber eine Obliegenheitsverletzung oder Prämienverzug vor, die sich Fahrer oder Halter entgegenhalten lassen müssen, ist die Eintrittspflicht des Versicherers u.U. auf die gesetzlichen Mindestversicherungssummen beschränkt, § 117 Abs. 3 VVG. Die Muster-AKB des GDV in der Fassung vom 30.06.2020 sehen zwar keine Beschränkung der Leistungspflicht bei Obliegenheitsverletzungen auf die Mindestversicherungssummen vor, jedoch gibt § 117 Abs. 3 VVG dem Versicherer die Möglichkeit, seine Leistungspflicht in den AKB auf die Mindestversicherungssummen zu beschränken. Dies wird zwar nur in Ausnahmefällen Konsequenzen haben, aber gerade diese Ausnahmefälle haben oft weitreichende Folgen, denen durch eine kleine Anpassung begegnet werden könnte.[266]

Anders als noch die frühere Rechtsprechung des BGH[267] dies vorsah, hängt die Höhe der Regressquote seit der Reform davon ab, inwieweit der Schaden ausschließlich von dem Zugfahrzeug oder ausnahmsweise auch von dem Anhänger verursacht wurde, § 19 Abs. 4 StVG.

---

263 *LG München I* v. 16.01.2014 – 12 O 4224/13, VersR 2015, 356, 358.

264 *Bollweg/Wächter* NZV 2020, 545 ff. mit einem Überblick über die aktuelle Situation auch mit Hinweisen zu der Regulierung von Ansprüchen motorisierter und nichtmotorisierter Unfallbeteiligter.

265 Vgl. auch *Pataki*, DAR 2018, 133 ff. zu der Forderung des VGT 2018.

266 Himmelreich/Halm/Staab/*Kreuter*, Kfz-Schadensregulierung, Kap. 22 Rn. 17 ff. zu der Entwicklung der Versicherungssummen und Haftungshöchstgrenzen.

267 *BGH* v. 27.10.2010 – IV ZR 279/08.

Insbesondere kann eine alleinige Haftung des Hängers in Betracht kommen, wenn der Hänger bereits abgekoppelt war und im öffentlichen Verkehrsraum geparkt wurde.[268] Dies wurde nun auch in § 19 Abs. 6 StVG aufgenommen. Sind an einem Unfallereignis deutsch-ausländische Gespanne beteiligt, gilt auch hier wieder entsprechend, dass gem. § 19 Abs. 4 StVG ggf. ein Ausgleich untereinander entsprechend den Verursachungsanteilen zu erfolgen hat.[269]

227 Der Betrieb endet, wenn das Fahrzeug in einer Garage oder auf einem privaten nicht allgemein zugänglichen Gelände endgültig abgestellt wird.[270] Ereignete sich aber ein Brandschaden infolge des durch den Betrieb des Kfz erhitzen Auspuffrohres, soll dies dem Betrieb des Kfz noch zugerechnet werden.[271] Wird aber ein Kfz zu Inspektions- oder Instandsetzungsarbeiten aus dem Verkehr gezogen und auf ein Gelände einer Fachwerkstatt verbracht, ist der Brandschaden auch dann nicht von der »Betriebsgefahr« umfasst, wenn der Brand auf einen technischen Defekt in der Elektronik des Kfz zurückzuführen ist.[272] Allerdings soll der Brand eines abgestellten Rollers noch zum Betrieb des Kfz gehören.[273] Ist jedoch die Brandursache nicht geklärt, entfällt die Halterhaftung.[274]

Teilweise wird auch ein Ende des Betriebs angenommen, wenn das KFZ am Straßenrand[275] zulässigerweise abgestellt wurde und sich der Unfall aufgrund außergewöhnlicher Umstände[276] ereignete. Der Betrieb eines geparkten Motorrades wird verneint, das aus ungeklärter Ursache umfällt und ein daneben stehendes Kfz beschädigt.[277] Wird ein Mähdrescher auf Getreidefeld gebraucht, ist die Haftung aus dem »Betrieb des Kfz« nicht gegeben, da keine Verwendung als »Verkehrsmittel« vorliegt.[278] Ebenso besteht keine Haftung des Traktors, wenn ein abgebrochener Metallzinken des Kreiselschwaders zum Schaden an nachfolgendem Gerät führt.[279] Nach neuerer Rechtsprechung wird die Haftung des Halters entgegen den gesetzlichen Regelungen des PflVG und des StVG auch

268 *BGH* v. 11.02.2020 – VI ZR 286/19. *Stadler*, r+s 2021, 133 ff. mit div. Beispielen.

269 *Zwickel*, NZV 2021, 31, 33 f.

270 *Hentschel* § 7 StVG Rn. 8 m.w.N.; allerdings weitet die neuere Rechtsprechung des *BGH* in Anlehnung an die *EuGH*-Rspr den Betriebsbegriff deutlich aus, *Heß/Burmann*, NJW 2021, 1139 f.

271 *EuGH* v. 20.06.2019 – C-100/18: Verwendung eines Kfz ist nicht auf die Verwendung im Straßenverkehr beschränkt, kann also auch für ein in einer Privatgarage abgestelltes Kfz gelten; ebenso: *OLG Düsseldorf* 1 U 105/09, NJW-RR 2011, 317; ebenso *OLG Naumburg* v. 24.11.2015 – 12 U 1110/15 für ein Quad, das sich 4 Tage nach dem Abstellen in einer Scheune entzündet; *Halm/Fitz*, DAR 2020, 421.

272 *OLG Düsseldorf* 1 U 6/10, NJW-RR 2011, 318; *LG Saarbrücken* v. 23.04.2010 – 13 S 197/09 bei Entzündung der Batterie und Brandschaden; *Halm/Fitz* Versicherungsverkehrsrecht 2010/2011, DAR 2011, 437 m.w.H; *Halm/Fitz* DAR 2010, 437; a.A. *OLG Karlsruhe*, Beschl. v. 09.032015 – 9 W 3/15 StVG, es komme auf die Ursache des Fahrzeugbrandes nach technischem Defekt nicht an (Marderbiss).

273 *OLG Bremen*, Beschl. vom 05.07.2023 – 1 U 12/23; *Ziegenhardt*, Grenzen der Gefährdungshaftung bei Betrieb eines Fahrzeugs, NJW-Spezial 2024, 265 f.

274 *BGH* v. 12.12.2023 – VI ZR 76/23.

275 Kein Betrieb des Kfz beim Abstellen auf einem Parkplatz *OLG Karlsruhe* zfs 2005, 538 f.

276 *OLG Karlsruhe* VersR 1978, 647.

277 *LG Düsseldorf* 20 S 107/11, SP 2012, 247.

278 *OLG Hamm* v. 08.02.2013 – 6 U 35/12 (Brand eines in der Garage abgestellten PKW – es hat sich die spezifische Gefahr nicht verwirklicht; *OLG Brandenburg* v. 18.02.2010 – 12 U 142/09 (ADAJUR Dok-Nr. 90114). Ebenso *LG Mönchengladbach* SP 2014, 117 (Traktor mit Rübenvollernter). Leider falsch insoweit *BGH* VI ZR 253/13, der die Betriebsgefahr eines Kfz nach § 7 StVG für ein in einer Garage abgestelltes Kfz bejaht, ebenso *OLG Düsseldorf* v. 15.06.2010 – 1 U 105/09, NJW-RR 2011, 317! Kein Betrieb: *OLG Düsseldorf* vom 14.09.2010 – 1 U 6/10, ADAJUR Dok.Nr. 90874 = NJW-RR 2011, 318; *OLG Düsseldorf*, 12 S 19/12 vom 22.03.2012, ADAJUR 98634; fälschlicherweise anderer Ansicht *LG Karlsruhe* v. 28.05.2013 – 9 S 319/12 und *AG Bonn* v. 28.11.2012 – 107 C 63/11, Jurion; richtig auch *LG Paderborn* 3 O 170/11, ADAJUR 2012/98505; ebenso *AG München* v. 21.11.2012 – 322 C 17013/12.

279 *BGH* v. 24.03.2015 – VI ZR 265/14, DAR 2015, 322 f.; *OLG Düsseldorf* v. 07.04.2020 – 1 U 155/18, ein durch den Kreiselschwader hochgeschleuderter Stein ist nicht mehr dem Gebrauch des Traktors zuzurechnen.

auf im nicht öffentlichen Verkehrsraum entstehende Schäden ausgeweitet, wobei es kaum noch auf die Dauer des Abstellens und den Ruhezeitraum ankommt.[280] Eine Haftung aus der Betriebsgefahr kann ausgeschlossen sein, wenn eine bereits ausgebaute Batterie eines Elektrorollers explodiert;[281] wenn sich das Kfz in einer Werkstatt zur Reparatur befindet und durch Selbstentzündung[282] in Brand gerät, wenn nicht ein vorheriger Betriebsvorgang nachwirkt.[283] Allerdings soll es bei einem Wohnmobil keinen Unterschied machen, ob Komponenten für die Fortbewegung oder für den Wohnkomfort den Brand verursachen.[284]

## 2. Gebrauch

Unter den Begriff des Gebrauchs fallen alle bestimmungsgemäßen Tätigkeiten der versicherten Personen, die im Zusammenhang mit der Benutzung eines Kraftfahrzeuges stehen.[285] Der Gebrauchsbegriff schließt auch den Betrieb des Kraftfahrzeuges i.S.d. § 7 StVG ein, geht aber darüber hinaus. Abgedeckt werden soll die vom KFZ selbst und unmittelbar ausgehende Gefahr. Gebraucht wird ein Kraftfahrzeug auch dann, wenn es nur als Arbeitsmaschine eingesetzt wird.[286] Auch dann kann bei Verursachung von Schäden eine Eintrittspflicht des Kraftfahrzeughaftpflichtversicherers gegeben sein. Im Gegensatz zu den Anforderungen »bei Betrieb« ist bei dem Schadeneintritt durch den Gebrauch des Fahrzeuges ein enger zeitlicher und räumlicher Zusammenhang nicht unbedingt erforderlich. Ausreichend ist, dass sich die unmittelbar vom Kraftfahrzeug ausgehende Gefahr verwirklicht hat. So kann beispielsweise auch das Öffnen des Garagentores zur Vorbereitung der Ein-/Ausfahrt schon zum Gebrauch des KFZ gehören.[287] Ausreichend ist, dass sich die vom Kfz ausgehende Gefahr verwirklicht hat.[288] 228

Versichert ist immer nur der Gebrauch durch die versicherten Personen. Soweit Schäden durch Tiere verursacht werden, ist zu unterscheiden, ob das Auto lediglich als »Hundezwinger« genutzt wurde, dann hat sich das Risiko des KFZ nicht verwirklicht und eine Haftung des KH-Versicherers entfällt,[289] oder rannte das Tier aufgrund eines vorangegangenen Unfalles auf der Fahrbahn herum und verursachte einen weiteren Schadenfall.[290] Benutzt jemand ein fremdes Kfz, sind die Schäden, die er an diesem verursacht, nicht über seine eigene PHV zu regulieren.[291] 229

280 *BGH* v. 20.10.2020 – VI ZR 158/19 (Brand durch Generatordefekt in einer Werkstatthalle), ebenso *BGH*, v. 20.10.2020 – VI ZR 374/19; *BGH* v. 20.10.2020 – VI ZR 319/18, Unfallwagen auf Gelände des Abschleppers gerät in Brand; *BGH* v. 26.03.2019 – VI ZR 236/18 (1,5 Tage); *OLG Köln*, 21.02.2019 – 14 U 26/18; *OLG Hamm* v. 09.11.2018 – 11 U 113/17; *Offenloch*, DAR 2020, 301; *Halm/Fitz*, DAR 2020, 421; kritisch dazu *Piroth/Schmitz-Justen*, NZV 2020, 293 ff.; *Lenz/Nimmesgern*, r+s 2020, 614 ff.

281 *BGH* v. 24.01.2023 – VI ZR 1234/20 (Explosion einer bereits ausgebauten Batterie eines Elektrorollers während des Aufladens – Keine Haftung aus der Betriebsgefahr des Rollers).

282 *OLG Zweibrücken* v. 07.01.2020 – 1 U 57/19; *OLG Karlsruhe* v. 09.03.2015 – 9 W 3/15.

283 *OLG Dresden* v. 03.09.2019 – 6 U 609/19 (dogmatisch sehr gut begründet).

284 *OLG Hamm* v. 09.11.2018 – 11 U 113/17, diese Haltung geht jedoch weit über die gesetzlichen Regelungen hinaus.

285 *OLG Saarbrücken* r+s 2002, 405 (kein Gebrauch, wenn der Fahrer nach einem Unfall den Gegner tätlich angreift).

286 *EuGH* v. 04.09.2014 – C 162/13; allerdings soll der Begriff »Benutzung eines Fahrzeuges« nicht die Nutzung als Arbeitsmaschine umfassen, *EuGH* v. 28.11.2017 – Rs C-514/16 (Portugal).

287 *LG Saarbrücken* r+s 2005, 415 f., das Öffnen des Garagentors per Funkfernbedienung.

288 Vgl. hierzu ausführlich *Schwab* Betrieb und Gebrauch eines Kraftfahrzeuges, DAR 2011, 11 ff.; es reicht aus, wenn die Zündung aktiviert wird, um das Radio einzuschalten, dabei aber der Schlüssel soweit gedreht wird, dass auch die Zündung aktiviert wird und das Kfz infolge nicht getretener Kupplung in Bewegung gerät; *Staab* DAR 2011, 181 ff. m.w.N.; *AG Berlin-Mitte* SP 2011, 139.

289 *OLG Karlsruhe* zfs 2007, 160 f.

290 *BGH* v. 09.02.1988 – VI ZR 168/87, VersR 1988, 640.

291 *LG Bremen* vom 12.07.2012 – 6 S 324/11, NJW-RR 2012, 1427.

230 Unter den Gebrauchsbegriff fallen alle Handlungen und Vorgänge, die mit dem Verwendungszweck des Kraftfahrzeuges oder seiner Einrichtungen in unmittelbarem Zusammenhang stehen.[292] Die im Rahmen des Haftungsumfanges vorgenommene Unterscheidung zwischen dem Betrieb und dem Gebrauch des Fahrzeuges hat für den Versicherungsschutz aus A.1 AKB keine Bedeutung.

231 Zum Gebrauch des Fahrzeuges gehören ebenfalls Fahren, Parken, Herabfallen von beförderten Gegenständen, Aus- und Einsteigen etc.

232 Schäden an der Ladung, die verladen werden soll, sind nicht vom Versicherungsschutz der KH-Versicherung umfasst, A.1.5.5 AKB. Ersatz für die beschädigte Ladung kann nur bei einer eventuell bestehenden Transportversicherung oder bei einem Versicherer geltend gemacht werden. Nicht vom Gebrauch des Kfz umfasst ist allerdings das Enteisen der Scheiben eines Transporters durch einen Heizlüfter, der in Brand gerät und Schäden am Kfz verursacht.[293]

233 Bei Streitfällen, ob der Schadenfall etwa der Privaten bzw. Betriebs-Haftpflichtversicherung oder der KH-Versicherung zugeordnet werden soll, entscheidet die von den Versicherern besetzte Paritätische Kommission, die von den Versicherern bei Streitfragen angerufen werden kann.[294]

## 3. Einzelfälle

### *a) Abschleppen*

234 Grundsätzlich ist auch das Abschleppen von anderen Fahrzeugen (egal ob versichert oder nicht) mitversichert, Schäden werden dann wie bei einem Gespann (Zugmaschine und Anhänger) durch die KH-Versicherung des Zugfahrzeuges reguliert. Dies gilt immer dann, wenn das abgeschleppte Fahrzeug nicht versichert ist. Auch Vorbereitungshandlungen gehören – wie beim An- oder Abhängen eines Anhängers – dazu.

235 Soweit das abgeschleppte Fahrzeug zugelassen und dementsprechend haftpflichtversichert war, ist zu prüfen, ob es sich bei dem beschädigten Fahrzeug noch um ein betriebsfähiges Fahrzeug handelt. Wenn dieses Fahrzeug nicht mehr betriebsfähig war, gelten die gleichen Grundsätze wie bei einem nicht zugelassenen Fahrzeug, es besteht die Haftung des Zugfahrzeuges, A.1.1.5 AKB.[295]

236 Sofern das Fahrzeug noch betriebsfähig war, sind die Schadensersatzansprüche eines geschädigten Dritten wahlweise gegen die Haftpflichtversicherung des abschleppenden oder des abgeschleppten Fahrzeuges zu richten, je nachdem, wer für den Eintritt des Schadens verantwortlich ist.[296] Eine bestehende Betriebsgefahr des geschleppten Fahrzeuges geht nicht in der Betriebsgefahr des ziehenden Fahrzeuges unter. Unter Umständen sind beide Versicherer nebeneinander für die Regulierung zuständig, ein Ausgleich zwischen den beiden Versicherern erfolgt dann nach den Grundsätzen der Doppelversicherung.

237 Teilweise wird aber die Auffassung vertreten, dass es nur darauf ankommt, wer in Anspruch genommen wird, nicht aber, wer den Schaden verschuldet hat.[297]

---

292 Dazu gehört auch das Schieben eines fahruntüchtigen Kfz über die Fahrbahn, das dann mit einem geparkten Fzg stößt. Dies unterfällt nicht der PHV-Versicherung, *AG Mönchengladbach* v. 08.10.2015 – 29 C 905/15- bestätigend *LG Mönchengladbach*, Beschl. v. 09.03.2016 – 2 S 114/15; ebenso das Verstellen des Fahrersitzes, wenn ein dahinter befindliches Laptop geschädigt wird, *AG München* v. 28.140.2010 – 222 C 16217/10.

293 *BGH* – IV ZR 120/05, DAR 2007, 207 f.; Halm/Kreuter/Schwab/*Kreuter* a.a.O. AKB A.1.5.5.

294 Eine Zusammenfassung findet sich in *K.D. Hock* Die Benzinklausel in der Allgemeinen Haftpflichtversicherung VVW 2001.

295 *Stiefel/Maier* AKB § 3 KfzPflVV Rn. 10 ff. und A.1.1 Rn. 84; *Halm/Kreuter/Schwab/Schwab* a.a.O. AKB A.1.1.1 AKB Rn. 103.

296 Vgl. für die Haftungsverteilung zwischen den beiden Kfz *OLG Hamm*, NJW-RR 2009, 1031 f.

297 *LG Berlin* DAR 1991, 341. Diese Auffassung trifft für die Schadenfälle nach dem 01.08.2002 (nach der Schadenrechtsreform) sicher zu, ist aber für die Schäden vor diesem Zeitpunkt bedenklich, da dem

Entscheidendes Kriterium für die Betriebsfähigkeit des Fahrzeuges ist, ob dieses Fahrzeug noch selbstständig gelenkt und abgebremst werden kann, dann besteht auch eine Halterhaftung des Halters des abgeschleppten Fahrzeuges. Wenn dies nicht mehr möglich ist, liegt nur eine Haftung des ziehenden Fahrzeuges vor.[298] 238

Wenn der Führer des abgeschleppten, betriebsfähigen Fahrzeuges durch einen Lenkfehler einen Zusammenstoß mit einem entgegenkommenden Kraftfahrzeug verursacht, ist der Fahrer des geschleppten Fahrzeuges als Verkehrsteilnehmer gemäß § 7 StVG und § 823 BGB zum Schadensersatz verpflichtet mit der Folge, dass der KH-Versicherer des abgeschleppten Fahrzeuges den Schaden regulieren muss.[299] Ist nicht mehr aufklärbar, wie es zu den Beschädigungen kam, ist eine Abwägung der Betriebsgefahren sachgerecht.[300] 239

Hierbei können sich Probleme auch hinsichtlich des Versicherungsschutzes ergeben: 240

Es hat für die Prüfung, ob dem Fahrer des ziehenden Kraftfahrzeugs Versicherungsschutz zu gewähren ist, eine Abgrenzung zwischen Notfallhilfe und dauerhaftem Abschleppen zu erfolgen. Im Rahmen der sog. Nothilfe, d.h. bis zur nächsten Werkstatt, entfällt sogar die Führerscheinklausel, soweit ein weiteres Abschleppen erforderlich wird, muss der Abschleppende über einen LKW-Führerschein verfügen, mit dem Gespanne mit mehr als 3 Achsen geführt werden dürfen (entweder FS-Klassen 2 oder C1E, CE oder D1E, DE). 241

Bestand für das geschleppte Fahrzeug kein Haftpflichtversicherungsschutz, so ist die KH-Versicherung des Zugfahrzeuges eintrittspflichtig. Hierbei soll es nicht darauf ankommen, ob überhaupt eine Haftpflichtversicherung abgeschlossen wurde, oder ob nur kein Versicherungsschutz in der vorhandenen Versicherung besteht.[301] 242

### *b) Anhänger*

Es ist zwischen zulassungspflichtigen und nicht zulassungspflichtigen Anhängern zu unterscheiden. Für beide gilt zunächst Folgendes: 243

Zum Kfz-Risiko der Zugmaschine gehören nur die Schäden, die beim Ziehen des Hängers durch das Kfz verursacht werden, sowie die Schäden, die beim An- und Abhängen des Anhängers verursacht werden. Der Anhänger muss sich bei Eintritt des Schadenereignisses entweder am ziehenden Kraftfahrzeug befunden haben oder sich zwar von diesem gelöst haben, aber noch in Bewegung sein. Ein enger räumlicher und zeitlicher Zusammenhang ist erforderlich. Soweit der Hänger abgestellt wurde und sich nicht mehr bewegt, ist die Anhänger-Haftpflichtversicherung bei versicherungspflichtigen Anhängern oder die Allgemeine Haftpflichtversicherung des Eigentümers bei nicht versicherungspflichtigen Anhängern für den Ersatz von durch den Hänger verursachten Schäden zuständig. 244

Werden Insassen eines Anhängers verletzt, können sie gemäß A.1.1.5 AKB ihre Ansprüche gegen den Kraftfahrzeughaftpflichtversicherer des Anhängers (soweit es sich um einen zugelassenen handelt) geltend machen. Soweit sich der Anhänger noch an einer Zugmaschine befindet, können die Insassen ihre Ansprüche wahlweise an den KH-Versicherer der Zugmaschine oder des Anhängers richten. Der Ausgleich zwischen den Versicherern erfolgt dann nach den Grundsätzen der Auflösung der Mehrfachversicherung (§ 78 VVG). 245

---

Fahrer und Halter der Unabwendbarkeitsnachweis abgeschnitten werden, der bis dahin mit § 7 StVG möglich war. Auch heute ist jedoch, wenn lediglich Fahrzeuge und Fahrzeugführer beteiligt waren, die Frage der Unabwendbarkeit – jetzt aus §§ 17 und 18 StVG zu prüfen, mit der Folge, dass auch hier es nicht allein auf die Inanspruchnahme ankommen kann.

298 *OLG Köln* DAR 1986, 321; *OLG Koblenz* VersR 1987, 707; *LG Nürnberg-Fürth* DAR 1993, 232; *BGH* v. 30.10.1962 – VI ZR 4/62, NJW 1963, 251; *BGH* v. 03.03.1971 – IV ZR 134/49, NJW 1971, 940.

299 *LG Berlin* VersR 1992, 69.

300 *OLG Hamm* 9 U 73/08 (ADAJUR-Archiv, Dok.Nr. 83533).

301 So *Stiefel/Maier/Maier* A.1 Rn. 84.; *Halm/Kreuter/Schwab/Schwab* a.a.O. AKB A.1.1.1 AKB Rn. 103.

246 Der Geschädigte kann sich wahlweise an den Versicherer der Zugmaschine oder des Anhängers wenden, auch wenn sich der Hänger noch am Zugfahrzeug befunden hat. Der Ausgleich zwischen den beiden Versicherern (des Zugfahrzeuges und des Anhängers) erfolgt dann nach § 78 VVG, wobei man nach Auffassung des BGH mangels weiterer Erkenntnisse von einer Teilung der Aufwendungen zwischen Zugmaschine und Anhänger auszugehen ist.[302] Im Einzelfall kann aber auch durch die erhöhte Betriebsgefahr des Gespannes gegenüber der Betriebsgefahr der Zugmaschine ein Teil des Schadens von der Anhänger-Haftpflichtversicherung zu übernehmen sein. Hier wird es entscheidend auf die Umstände des Einzelfalles ankommen. Insbesondere ist dabei an die Fälle zu denken, in denen der Schaden allein aufgrund Versagens von technischen Vorrichtungen des Anhängers verursacht wurde. In diesen Fällen dürfte das Risiko allein von der Betriebsgefahr des Anhängers zu tragen sein.

### *c) An- und Abhängen eines Anhängers*

247 Auch diese Vorgänge gehören zum Gebrauch der Zugmaschine: Es ist für die nicht zulassungspflichtigen Anhänger zwischen dem unmittelbaren An- und Abhängevorgang und den Vorbereitungshandlungen zu trennen. Bei den zulassungspflichtigen Anhängern besteht auf jeden Fall eine Eintrittspflicht der Anhängerversicherung, ggf. ist diese Frage für die Durchführung eines Regresses gegen den Versicherer der Zugmaschine von Bedeutung. Die bloße Vorbereitungshandlung gehört noch nicht bzw. nicht mehr zum Risiko des Zugfahrzeuges.

248 Eine Ausnahme besteht dann, wenn der Anhänger nur vorübergehend abgestellt wurde und sich dann ein Schaden ereignet. Wegen des noch bestehenden Zusammenhangs mit dem Gebrauch der Zugmaschine ist dann dieser Schaden durch den KH-Versicherer der Zugmaschine zu regulieren.[303]

249 Auch Schäden, die dadurch entstehen, dass der Anhänger im öffentlichen Verkehrsraum abgestellt und nicht ordnungsgemäß abgesichert wurde, gehören zur KH-Versicherung der Zugmaschine.[304]

▶ **Beispiel:**

250 Der Versicherungsnehmer will an seine Zugmaschine einen Anhänger anhängen. Dieser Anhänger befindet sich auf einem Obstgrundstück. Mit seiner Zugmaschine kann er wegen der engen Einfahrt nicht auf das Obstgrundstück fahren. Er muss deswegen den Anhänger per Hand von dem Grundstück auf den Feldweg ziehen. Nachdem er dies getan hat, vergisst er, das Tor zum Obstgrundstück zu schließen. Ein Pferd dringt ein, frisst das Obst und verendet.

Dieses Öffnen und Nichtschließen des Gatters gehört noch zu den Vorbereitungshandlungen und ist dementsprechend über die PHV des Versicherungsnehmers zu regulieren.[305]

251 So auch der Fall der PK Nr. 84, wobei ein Hänger zum Beladen mit Erde an den endgültigen Beladeort per Menschenkraft geschoben wurde. Damit das spätere Anhängen leichter gehen sollte, wurde der nicht versicherungspflichtige Hänger mit nach links eingeschlagener Deichsel abgestellt. Beim Beladen bekam der Hänger das Übergewicht und begrub einen Arbeiter.

252 Dieser Fall war der Allgemeinen Haftpflicht zuzurechnen, da sich der Hänger außerhalb des öffentlichen Verkehrsraums befand und eine Betriebseinheit auch nach der sehr weit gehenden Rechtsprechung des *BGH*[306] zwischen Zugfahrzeug und Hänger nicht mehr anzunehmen war.

253 Etwas anderes gilt, wenn etwa der Versicherungsnehmer den Hänger aufgrund der räumlichen Verhältnisse in seinem Grundstück per Hand zur Zugmaschine zieht und stolpert. Er kann den Anhänger

302 *BGH* v. 27.10.2010 – IV ZR 279/08, r+s 2011, 60 = NZV 2011, 128.
303 *BGH* v. 21.03.1960 – VI ZR 88/60, VersR 1961, 473 = DAR 1961, 199.
304 *BGH* 21.03.1960 – VI ZR 88/60, VersR 1961, 473 = DAR 1961, 199.
305 *OLG Hamm* VersR 1991, 218 (Herausziehen aus einer Wiese).
306 *BGH* v. 21.03.1960 – VI ZR 88/60, VersR 1961, 473, 47 = DAR 1961, 1994.

nicht mehr halten, dieser rollt auf ein im Hof abgestelltes Fremdfahrzeug. Dieser Schaden gehört zum An- und Abhängen des Hängers und ist daher über das Risiko der Zugmaschine mitversichert.[307]

Die Abgrenzung kann nur mithilfe der Erwägungen der PK vorgenommen werden, indem auf die Einzelfallumstände abgestellt wird. Für die Eintrittspflicht der KH-Versicherung für einen nicht versicherten Hänger ist maßgeblich, wo sich der Schaden ereignete. War es außerhalb des öffentlichen Verkehrsraumes und die Betriebseinheit war längere Zeit unterbrochen, kommt eine Zuständigkeit der KH-Versicherung des Zugfahrzeuges nicht mehr in Betracht. Bleibt der Hänger jedoch – aus welchem Grund auch immer – im öffentlichen Verkehrsraum, wirkt das Risiko des Gebrauchs der Zugmaschine fort und die Eintrittspflicht der KH-Versicherung des Zugfahrzeuges bleibt bestehen. 254

Bei versicherungspflichtigen Anhängern hingegen ist die Abgrenzung nur noch für die Frage der internen Ausgleichung zwischen den beiden KH-Versicherern von Bedeutung, um die Aufwendungen zu regressieren. 255

Schäden, die durch die Kollision zwischen Hänger und Zugfahrzeug entstehen, sind als nicht versicherter Betriebsschaden[308] von der Haftung ausgeschlossen. Dies verstößt auch nicht gegen die §§ 305 ff. BGB.[309] 256

*d) Arbeitsmaschinen*

Wie bereits ausgeführt, unterliegen selbstfahrende Arbeitsmaschinen nicht der Versicherungspflicht, sie können in der KH-Versicherung versichert werden, müssen es aber unter den Voraussetzungen des § 3 Abs. 2 Ziff. 2d FZV nicht. Sie können in Betriebshaftpflichtversicherungen eingeschlossen werden (vgl. unten unter Gabelstapler), müssen es jedoch nicht sein. Sofern die Arbeitsmaschinen auch im öffentlichen Verkehr gebraucht werden, empfiehlt sich immer der Abschluss auch einer KH-Versicherung, da zwar die Schäden mit solchen Arbeitsmaschinen seltener sind, aber auch des Öfteren an erheblichen Schäden beteiligt sind (ein Radfahrer stürzt wegen der Gabel des Gabelstaplers und verletzt sich schwer am Kopf). 257

Allen Arbeitsmaschinen gemein ist, dass für sie wegen der fehlenden Versicherungspflicht i.V.m. § 8 StVG auch eine StVG-Haftung nicht besteht. Gehaftet wird immer nur bei vorwerfbarem Verhalten i.S.d. § 823 BGB. Eine Haftung des Halters gibt es nicht. Soweit der Fahrer eines Gabelstaplers einen Schadenfall verursacht und dieser nicht versichert ist (weder über eine KH-Versicherung noch über eine Betriebshaftpflicht) hat er gegen seinen Arbeitgeber einen Freistellungsanspruch wegen gefahrgeneigter Arbeit.[310] Der Arbeitgeber haftet darüber hinaus gem. § 831 BGB für seinen Mitarbeiter. 258

Bei den Arbeitsmaschinen ist zwischen den einzelnen Arbeitsmaschinen zu unterscheiden. Als häufige Schadenstifter sind der Gabelstapler und der Kranwagen zu nennen. 259

Gabelstapler sind als KFZ, die nicht mehr als 20 km/h fahren, selbstfahrende Arbeitsmaschinen i.S.d. § 3 FZV. Sie sind als solche nicht in der Betriebshaftpflicht mitversichert. Im amtlichen Verzeichnis sind Gabelstapler unter dem Oberbegriff LKW (LKW-Stapler) eingeordnet. In einer Betriebshaftpflicht sind Gabelstapler nur dann mitversichert, wenn sie nur auf nicht öffentlichen Wegen und Plätzen verkehren. 260

---

307 *OLG Hamm* VersR 1991, 218.

308 *LG Augsburg* v. 28.02.2014 – 012 C 3509/13, SP 2015, 198 f.

309 *BGH* v. 04.03.2015 – IV ZR 128/14; *OLG Stuttgart* v. 08.10.2006 – 7 U 73/06, zfs 2007, 93 f.; beachte aber *BGH* v. 18.12.2012 – IV ZR 21/11, wenn der Hänger durch Spurrillen auf der Fahrbahn aufschaukelt, handelt es sich um ein versichertes Ereignis.

310 *BGH* v. 03.12.1991 – VI ZR 378/90, BGHZ 116, 201, 207; *BAG* v. 12.10.1989 – 8 AZR 276/88, MDR 1990, 274 fordert eine Begrenzung, wenn Schaden in deutlichem Missverhältnis zu Gehalt steht; *LG Potsdam* zfs 2010, 97 m. Anm. *Rixecker*: Begrenzung auf 3 Brutto-Monatsgehälter; aber *ARBG Mönchengladbach* SP 2007, 247, wonach der Mitarbeiter auf Schadensersatz haftet bei grob fahrlässiger Verursachung eines Verkehrsunfalls (Überfahren von Rotlicht).

261 Diese Voraussetzung ist regelmäßig dann nicht gegeben, wenn der Gabelstapler auch auf öffentlichen Plätzen oder Wegen gebraucht wird und dort ein Schaden eintritt,[311] beispielsweise beim Entladen eines auf der Straße parkenden LKW.

262 Wenn ein Schaden durch einen Gabelstapler verursacht wird, der nur auf privatem Gelände gebraucht wird und sich der Schaden auch dort ereignet, kann der Schaden über die Betriebshaftpflichtversicherung abgedeckt sein. Es sind die Klauseln zu prüfen: Der Text könnte lauten »Mitversicherung der gesetzlichen Haftpflicht aus Halten und Führen von nicht zulassungs- und nicht versicherungspflichtigen KFZ (KFZ mit nicht mehr als 6 km/h, selbstfahrende Arbeitsmaschinen mit nicht mehr als 20 km/h; KFZ und Anhänger, die nur auf nicht öffentlichen Plätzen und Wegen verkehren). Für diese KFZ gelten nicht die Ausschlüsse in… (Benzinklauseln)«. Der Text der Klausel ist genau zu prüfen, wenn die Einschränkung auf die nicht zulassungspflichtigen Arbeitsmaschinen fehlt, sind alle Gabelstapler, auch die zulassungspflichtigen, in der Betriebshaftpflicht mitversichert.[312]

263 Die Abschaffung des § 18 StVZO, vgl. § 4 FZV, ändert an den Gesamtumständen nichts: Wenn nicht versicherungspflichtige Fahrzeuge in der KH-Versicherung freiwillig versichert sind, wird nach den üblichen Regulierungsgrundsätzen der durch diese Fahrzeuge verursachte Schaden reguliert. Besonderheiten ergeben sich nur, soweit ein Verschulden des Fahrzeugführers nicht gegeben ist, da eine Haftung aus der Betriebsgefahr gem. § 7 StVG wegen § 8 StVG entfällt. In den Fällen des kranken Versicherungsverhältnisses entfällt jedoch die Vorleistungspflicht, da es wegen der Freiwilligkeit der Versicherung und der fehlenden Zulassungspflicht keine Pflichtversicherung i.S.d. § 115 VVG ist!

264 Bei Kranwagen handelt es sich entweder um einen LKW, auf dem ein Kran festmontiert wurde, oder um einen »selbstfahrenden Kran«. Im Vordergrund steht in beiden Fällen die Lastenbewegung, aber auch die eigenständige Fortbewegung ohne weitere Zugfahrzeuge. Gleiches gilt, wenn das Kfz praktisch als »Anker« für einen Seilwindenbetrieb dient.[313]

265 Auch wenn die Rechtsprechung teilweise davon ausgeht, dass hier immer die KH-Versicherung eintrittspflichtig ist, wenn ein Schaden beim Gebrauch des Kranwagens eintritt,[314] muss doch geprüft werden, ob der Kran beim Schadeneintritt – insbesondere auf der Baustelle – nicht nur in seiner Funktion als »Lasttransportgerät« genutzt wurde und das eigentliche KH-Risiko sich im konkreten Schadenfall nicht verwirklicht hat. Ist der Kran beispielsweise auf der Baustelle fest aufgestellt für mehrere Monate und es ereignet sich dann ein Schaden, weil der Kran nicht ordnungsgemäß auf Stützen abgesichert wurde, so steht regelmäßig nicht der Betrieb des Kraftfahrzeuges im Vordergrund sondern der Gebrauch des Krans als Arbeitsmaschine. Schadenursache hierbei dürfte dann eher die unternehmerische Fehlentscheidung, die im Rahmen der Betriebshaftpflichtversicherung abgedeckt ist, als der Gebrauch des KFZ.[315] Hierbei ist zu differenzieren zwischen der Halterhaftung nach § 7 StVG, die regelmäßig für selbstfahrende Arbeitsmaschinen wegen § 8 StVG (Geschwindigkeitsbeschränkung) nicht zur Anwendung kommt und der verschuldensabhängigen Haftung nach § 823 BGB.

266 Grundsätzlich ist nach Auffassung des *BGH*[316] bei selbstfahrenden Arbeitsmaschinen auch das Risiko mit umfasst, welches aus dem typischen Arbeitsbereich dieser Maschinen herrührt, auch wenn sich diese, wie beispielsweise bei Kranwagen nicht in Bewegung befinden, da nach Auffassung des *BGH* die Fortbewegung eher ein untergeordnetes Mittel zur Erfüllung des Hauptzweckes ist.

311 *OLG Hamm* r+s 1986, 31; *LG Hamburg* v. 20.07.2018 – 331 O 309/15.
312 *BGH* v. 05.07.1995 – IV ZR 133/94, VersR 1995, 951 = r+s 1995, 332.
313 *OLG Hamm* v. 07.03.2023 – 7 U 130/22.
314 *OLG Frankfurt* VersR 1996, 1403.
315 *Schwab/Heinrichs* in FA für Verkehrsrecht Kap. 2 Rn. 60.
316 *BGH* v. 28.11.1979 – IV ZR 68/79, VersR 1980, 177.

Hiervon sind aber die Gefahren abzugrenzen, die nach Auffassung des BGH nur noch zu den typischen Risiken des Gewerbebetriebes gehören.[317] Unter diesen Bereich fallen jedoch nur solche Auf- bzw. Anbauten an die Zugmaschine, die leicht nach Bedarf an- oder abgebaut werden können. 267

Außerdem ist zu beachten, dass ein Direktanspruch gegen den Halter und den Versicherer nur aus dem Pflichtversicherungsgesetz (PflVG) in Verbindung mit § 115 VVG resultiert, wenn sich der Schaden im öffentlichen Verkehrsraum ereignet hat. Nur in diesem Rahmen gilt das PflVG und auch das StVG ist nur für den öffentlichen Verkehrsraum anwendbar. Dies bedeutet im Umkehrschluss, dass ein Schadensersatzanspruch nur gegen den Fahrer gerichtet werden kann, den am Schadenseintritt ein Verschulden trifft. Dieser wiederum hat ggf. einen Freistellungsanspruch gegen den KH-Versicherer, wenn sich ein typisches Risiko des Kraftfahrzeuges verwirklicht hat. Soweit es sich bei dem schadenstiftenden Ereignis aber um die Folge einer unternehmerischen Fehlentscheidung handelt, ist eine Haftung der KH-Versicherung nicht gegeben. Dann ist vielmehr die Betriebshaftpflichtversicherung für die Schadenregulierung zuständig. Eine unternehmerische Fehlentscheidung kann dabei sein, den Kran mit den falschen Gewichten zu sichern, der infolge von Überladung umstürzt. 268

*e) Ein- und Aussteigen*

In diesen Fällen ist auf denjenigen, der aus dem Fahrzeug ein- oder aussteigt, abzustellen. Soweit es sich um eine der mitversicherten Personen (Fahrer, Halter, Versicherungsnehmer) handelt, sind Schäden, die diese Personen beim Ein- oder Aussteigen verursachen, als Gebrauch des KFZ über die KH-Versicherung abgedeckt, und zwar unabhängig davon, welche Tür des Fahrzeuges geöffnet wird. Der Fahrer verliert nicht schon durch das Öffnen der Beifahrertür seine Fahrereigenschaft. Der Gebrauch endet mit dem endgültigen Abstellen des KFZ.[318] Wenn also der Fahrer das Fahrzeug nur vorübergehend verlässt und dabei einen Unfall verursacht, ist dies noch dem Gebrauch des KFZ zuzurechnen.[319] 269

Hingegen sind bloße Beifahrer, die nicht Versicherungsnehmer oder Halter sind, nicht vom Deckungsbereich der KH-Versicherung umfasst. Schäden, die von ihnen verursacht werden, sind nur dann von der KH-Versicherung des Fahrzeuges umfasst, wenn den Fahrer des Fahrzeuges eine besondere Sorgfaltspflicht wegen des Alters, Gesundheits- oder Geisteszustandes des Insassen trifft und er diese nicht hinreichend beachtet hat. Die Schäden können auch in der KH-Versicherung mitversichert sein, die jeweiligen AKB sind insoweit zu prüfen.[320] Allerdings nur dann, wenn diese Insassen nicht über eine eigene private Haftpflichtversicherung verfügen, die die verursachten Schäden abdeckt. Die Haftung aus der Betriebsgefahr bleibt allerdings bestehen.[321] 270

**Einzelfälle:** 271

Auch wenn ein Beifahrer beim Öffnen der Tür einen Radfahrer schädigt, ist die Kraftfahrzeug-Haftpflicht-Versicherung eintrittspflichtig. Durch die Reform des Schadenersatzrechts und des PflVG kann sich der Fahrzeughalter nicht mehr entlasten.[322]

Wenn der geltend gemachte Schaden durch eine der mitversicherten Personen verursacht wird, ist zwischen den Vorbereitungshandlungen und dem »unmittelbaren Ansetzen« zu unterscheiden. Die 272

317 *BGH* v. 27.10.1993 – IV ZR 243/92, VersR 1994, 83.

318 PK Fall 101, *Hock* a.a.O.S. 88 f.

319 PK Fall 126, *Hock* a.a.O.S. 89 f., *KG Berlin* NZV 2008, 245 zum ersten Anschein für eine fahrlässige Sorgfaltsverletzung des Aussteigenden bei geöffneter Fahrzeugtür.

320 Vgl. oben Rdn. 216.

321 *EuGH* v. 15.11.2018 – C-648/17 (auch das Öffnen der Tür durch einen Beifahrer unterfällt der Benutzung eines Fahrzeugs); *OLG Celle* v. 16.12.2020 – 14 U 77/19 (kein Ausschluss gem. § 8 Nr. 2 StVG); *LG Saarbrücken* v. 20.11.2015 – 13 S 117/15, NZV 2016, 128 f., bejaht die Betriebsgefahr fälschlicherweise auch im nichtöffentlichen Verkehrsraum.

322 *LG Saarbrücken* v. 20.11.2015 – 13 S 117/15, NZV 2016, 128 f.; *Langheid/Wand/Maier*, KH 410 Rn. 33, 34.

Handlung des Fahrers muss in unmittelbarem zeitlichem und örtlichem Zusammenhang mit dem Fahren bzw. dem Einsteigen stehen.[323] Dazu gehört dann auch das Vortreten auf die Fahrbahn, um die Fahrertür zu erreichen, da ohne diese Handlung ein Fortsetzen der Fahrt nicht möglich gewesen wäre.

273 Nicht zum Gebrauch des KFZ gehört es jedoch, wenn ein Fahrgast eines Taxis auf der gegenüberliegenden Seite der mehrspurigen Fahrbahn beim Überqueren der Fahrbahn einen Schadenfall verursacht. Solche Konstrukte resultieren i.d.R. aus der Tatsache, dass der Unfallverursacher nicht über eine Private Haftpflichtversicherung verfügt oder von dieser keinen Versicherungsschutz erhält.

274 Das Abgrenzen der Eintrittspflicht kann im Einzelfall Schwierigkeiten bereiten, wenn zum Beispiel der VN nach einer Alkoholfahrt sich den verfolgenden Polizisten entzieht, die ihm in seine Garage folgen, die Verfolger irrtümlich für Einbrecher hält. Die im Zuge der darauffolgenden Rangelei entstehenden Schäden sind in diesem Fall von der Allgemeinen Haftpflichtversicherung zu übernehmen.[324]

275 Nicht jeder Fall, in dem der Fahrer des KFZ an dem Schadenfall beteiligt ist, ist jedoch dem Gebrauch des KFZ zuzurechnen. So wurde zwar von der PK der Gebrauch eines KFZ angenommen, als ein LKW-Fahrer einen Fußgänger überfuhr. Bei der nachfolgenden Prüfung wurde dessen KFZ in einer Entfernung von 30m am rechten Fahrbahnrand unbeleuchtet und ohne Warnblinker jedoch voll funktionstüchtig abgestellt gefunden. Die Eltern des Getöteten berichteten von Selbstmordgedanken des Getöteten. Für die Schäden an dem LKW war gleichwohl die KH-Versicherung des Getöteten eintrittspflichtig, weil von der PK in dem Unterlassen der ordnungsgemäßen Absicherung des KFZ an der Unfallstelle ein Zusammenhang mit dem Gebrauch des KFZ gesehen wurde. Eine Selbstmordabsicht konnte dabei jedoch nicht festgestellt werden, vielmehr war aufgrund der Gesamtumstände eine Eintrittspflicht der KH-Versicherung anzunehmen.[325]

276 Aber wenn sich der Versicherungsnehmer in ca. 250m Entfernung vom KFZ in Selbsttötungsabsicht vor ein Fahrzeug wirft, wird der Gebrauch verneint.[326]

277 Auch wenn der VN tatsächlich Selbstmord mit dem KFZ in seiner Garage durch Einleiten der Abgase in das Fahrzeuginnere begeht und infolge der Überhitzung dann die Garage abbrennt, gehört dies zum Risikobereich der KH-Versicherung, da das konkret vom KFZ ausgehende Risiko durch das Anlassen des Motors ausgelöst wurde.[327]

*f) Be- und Entladen*

278 Unter diesen Oberbegriff fallen alle Handlungen, bei denen Waren aus dem Fahrzeug entladen oder eingeladen werden. Ein Versicherungsschutz in der PHV entfällt wegen der Benzinklausel.[328]

279 Das Beladen eines KFZ durch versicherte Personen unter Benutzung seiner Motorkraft gehört immer zum Gebrauch des KFZ,[329] wobei hier die Frage der Haftung aus der Betriebsgefahr[330] immerzu prüfen sein wird. Wenn also ein LKW mithilfe einer Blechplatte beladen werden soll, diese mit einem Seil mit dem LKW verbunden wird und eine weitere Person durch Anheben der Platte helfen soll, ist es der KH-Versicherung des LKW zuzurechnen, wenn dieser zu früh losfährt und den helfenden Dritten verletzt.[331] Hierbei ist aber in jedem Fall die Eingliederung in den Gewerbebetrieb des LKW zu prüfen mit der Folge, dass hier im Zweifel ein Haftungsausschluss gem. §§ 104 ff. SGB VII gegeben sein wird.

323 PK Fall 79, *Hock* a.a.O.S. 68.
324 PK Fall 136, *Hock* a.a.O.S. 93 ff. (lesenswert).
325 PK Fall 140, *Hock* a.a.O.S. 101 f.
326 *OLG Frankfurt* VersR 1991, 458.
327 PK Fall 155; *Hock* a.a.O.S. 105 f.
328 *LG Wuppertal* v. 14.11.2019 – 9 S 125/19.
329 *Langheid/Wand/Maier*, KH 410 Rn. 35 ff.
330 Vgl. oben Rdn. 257 ff.; *OLG Köln* v. 21.02.2019 – 14 U 26/18.
331 PK Fall 7, *Hock* a.a.O.S. 48.

280 Zum Beladen als solchem gehören selbstverständlich auch solche Vorbereitungshandlungen,[332] die den Beladevorgang erst ermöglichen können (Herabfahren der Laderampe, Öffnen der Fahrzeugtür etc.).

281 Aber auch beim Beladen sind die genauen Umstände des Einzelfalls zu prüfen. Wenn sich im Fall des Beladens gerade nicht das Risiko des KFZ verwirklicht hat, weil eine zum Zwecke des Beladens und der Stabilisierung des Ladegutes verwendete Planke gebrochen ist, ist dies auch nicht dem Risikobereich der KH-Versicherung zuzurechnen.[333] Gleiches gilt, wenn Fahrer und Beifahrer beim Entladen von Sägespänen in ein Silo durch Rauchen fahrlässig einen Brand verursachen. Diese Handlung ist ebenfalls nicht dem konkreten Risiko des Kfz-Gebrauchs zuzurechnen.[334] Auch das sonstige Hantieren mit Transportgut ist nur dann dem Gebrauch des Transportfahrzeuges zuzurechnen, wenn es an dem schadenstiftenden Ereignis schon oder noch beteiligt war.[335]

282 Wie das Beladen gehört auch das Entladen eines KFZ durch versicherte Personen[336] zum Gebrauch des KFZ, sodass daraus entstehende Schäden zu ersetzen sind. Dazu gehören in jedem Fall das Öffnen der Fahrzeugtür[337] als unmittelbare Vorbereitungshandlung oder das Abrutschen der Ladung während des Entladevorganges.[338]

283 Als beendet gilt der Entladevorgang dann, wenn die Ladung erstmalig den Höhenunterschied zwischen dem Transportfahrzeug und dem Boden überwunden hat.[339] Wenn die auf der Straße abgestellte Ladung dann einen Schaden verursacht, ist dies nicht mehr von der KH-Versicherung gedeckt. Nicht in den Risikobereich des KH-Versicherers gehören auch die Schäden, die der Fahrer gelegentlich des Beladens eines KFZ verursacht;[340] sowie solche Schäden, die dem Risikobereich des Gewerbebetriebes zuzurechnen sind.[341]

284 Soweit aber der Fahrer eines KFZ in dem Bestreben sein KFZ zu entladen, auftragsgemäß Reifekammern öffnet und eine bereits gefüllte Reifekammer nicht wieder ordnungsgemäß verschließt, sind die Schäden an der Ware in dieser Reifekammer dem Entladevorgang zuzurechnen und von der KH-Versicherung zu erstatten.[342] Auch wenn ein Gepäckstück auf der Hafenmole abgestellt wird und beim weiteren Hantieren des Fahrers mit anderen Gepäckstücken versehentlich ins Wasser fällt, ist dieser Schaden an dem Gepäckstück der KH-Versicherung wegen des engen Zusammenhangs mit dem weiteren Hantieren mit der restlichen Ladung des PKW zuzurechnen.[343]

285 Das Entladen von Chemikalien aus einem Tankwagen durch Einsatz des auf dem Tankwagen befindlichen und durch den Motor des KFZ getriebenen Kompressors gehört zu dem Gebrauch des Tankwagens.[344]

332 PK Fall 128, *Hock* a.a.O.S. 52 f.
333 PK Fall 74, *Hock* a.a.O.S. 48.
334 PK Fall 103, *Hock* a.a.O.S. 49 f.
335 *BGH* v. 23.02.1977 – IV ZR 59/76, VersR 1977, 418.
336 *BGH* v. 16.01.2024 – VI ZR 385/22; *OLG Köln* v. 06.12.2018 – 3 U 49/18; PK Fall 59, *Hock* a.a.O.S. 73.
337 PK Fall 3, *Hock* a.a.O.S. 72.
338 *OLG Köln* v. 21.02.2019 – 14 U 26/18 (der Halter haftet für die von einem im öffentlichen Verkehrsraum abgestellten LKW durch den Ladekran verursachten Schäden); PK Fall 27, 35 *Hock* a.a.O. S. 72.
339 PK Fall 57, *Hock* a.a.O. S. 72; *OLG Hamm* VersR 1991, 652; *OLG Köln* VersR 1996, 49; PK Fall 147, *Hock* a.a.O. S. 86.
340 Beschädigen einer Leuchtstoffröhre PK Fall 61, *Hock* a.a.O. S. 74.
341 Platzen eines Siloschlauches beim Entladen, PK Fall 196, *Hock* a.a.O. S. 75.
342 PK Fall 108, *Hock* a.a.O. S. 75 f.
343 *OLG Saarbrücken* zfs 1988, 366.
344 *BGH* v. 08.12.2015 – VI ZR 139/15 (Schäden am Schlauch und Ölaustritt auf der Straße); *BGH* v. 19.09.1989 – VI ZR 301/88, VersR 1989, 1187.

286 Beim Entladen von Tieren besteht i.d.R. die Tierhalterhaftung, da diese unberechenbar sind, aber nach *OLG Stuttgart*[345] ist der Gebrauch des KFZ gegeben, wenn ein Schaf beim Abladen von dem Hänger springt und einen Radfahrer verletzt.

*g) Einkaufswagen*

287 Auch das Beladen und Entladen von Einkaufswagen in das KFZ gehören zum Gebrauch des KFZ durch Be- oder Entladen. Dabei kommt es nicht darauf an, ob die entstandenen Schäden durch die KH-Versicherung gedeckt sind.[346] Dabei verwirklicht sich schon das Beladerisiko, wenn sich der Einkaufwagen während des Umladens der Ware in das KFZ oder beim Öffnen/Aufschließen der Tür selbstständig macht und z.B. gegen ein daneben geparktes KFZ rollt.[347] Ausreichend sind auch hier unmittelbare Vorbereitungshandlungen, die das KFZ am eigentlichen Vorgang zeitnah und unmittelbar beteiligen. Eine Eintrittspflicht der Allgemeinen Haftpflicht kommt nur dann in Betracht, wenn der Entladevorgang noch gar nicht begonnen war, also der Fahrer auf dem Weg zum KFZ stolpert und der Einkaufswagen sich selbstständig macht[348] oder aber der Entladevorgang schon vollständig beendet[349] war und sich der Fahrer auf dem Rückweg zur »Parkstation für Einkaufswagen« befindet.

288 Die genaue Abgrenzung bereitet in der Rechtsprechung jedoch Schwierigkeiten: Es werden auch Fälle der Allgemeinen Haftpflicht hinzugerechnet, in denen lediglich die Ware aus dem Einkaufswagen angehoben wurde und sich dann der Wagen, noch bevor er entladen war, selbstständig machte.[350] Diese Entscheidung widerspricht jedoch den Grundsätzen, wie sie von der PK bei der Abgrenzung im Allgemeinen Be- und Entladen festgelegt wurden. Hiernach kommt es auf das endgültige Überwinden des Höhenunterschiedes zwischen Be- und Entladeort an. Dies ist im obigen Fall nicht gegeben gewesen, sodass diese Entscheidung nur zu Unsicherheiten führt.

289 Als Abgrenzungskriterien lassen sich festhalten:
- der Be-/Entladevorgang hat noch nicht begonnen und
- er steht auch nicht unmittelbar bevor oder
- der Be-/Entladevorgang wurde bereits vollständig abgeschlossen und
- das KFZ war bereits wieder verschlossen,
- als sich der Einkaufswagen selbstständig machte,

dann ist eine Eintrittspflicht der Allgemeinen Haftpflicht gegeben.

290 Wenn aber:
- der Be-/Entladevorgang noch andauert oder
- eine unmittelbare Vorbereitungshandlung (Aufschließen des KFZ) vorliegen und
- sich der Einkaufswagen selbstständig macht,

ist eine Eintrittspflicht der KH-Versicherung zu bejahen.[351]

*h) Haftung auch für Auf- und Anbauten am Fahrzeug*

291 Kommt jemand infolge fehlerhafter Aufbauten am KFZ zu Schaden, ist dies ebenfalls dem Gebrauch des KFZ zuzurechnen.[352] Die KH-Versicherung ist damit eintrittspflichtig.

345 *OLG Stuttgart* VersR 1995, 1042.
346 *AG München* zfs 1990, 136.
347 *LG Aachen* zfs 1990, 274, *AG Bamberg* VersR 1992, 1460.
348 Z.B. *LG Limburg* VersR 1994, 94; *LG Marburg* NJW-RR 1986, 221, abgedruckt in *Hock* a.a.O.S. 64 und 66.
349 *AG Lünen* NJW RR 1994, 26.
350 *AG Bad Homburg* NJW RR 1992, 538.
351 A.A. *AG München* v. 05.02.2014 – 343 C 28512/12.
352 *OLG Hamm* r+s 1999, 55.

*i) Geplatzter Reifen*

Schäden, die verursacht werden, weil an dem versicherten KFZ ein Reifen platzt, gehören ebenfalls zum Gebrauch des Fahrzeuges und sind von der KH-Versicherung umfasst, Der Fahrzeughalter kann sich nicht auf ein Versagen der technischen Einrichtungen des KFZ berufen, um eine Eintrittspflicht zu bestreiten. 292

*j) Herabfallende Ladung auf der Straße liegend*

Grundsätzlich sind die Schäden, die durch die Ladung des KFZ verursacht werden, versichert. Bei der Ladung hat der Fahrzeugführer darauf zu achten, dass von dieser beim Betrieb/Gebrauch des KFZ keine Gefährdung anderer ausgeht. Hierzu gehört auch das ordentliche Sichern der Ladung vor dem Transport. 293

Die Schäden, die durch die herabfallende Fahrzeugladung verursacht werden, sind nur dann von der KH-Versicherung gedeckt, wenn Ursache für das Herabfallen die Bewegung bzw. die von dem bewegten KFZ ausgehende Erschütterung des Ladegutes bzw. die unsachgemäße Sicherung des Ladegutes sind. 294

▶ **Beispiel:**

Wenn ein Kradfahrer seine unsachgemäß befestigte Tasche auf der Straße verliert und es zu einem Unfall kommt, während der Kradfahrer seine Tasche holt, ist der KH-Versicherer des Krades zuständig, diese Tätigkeit wird noch zum Gebrauch gezählt.[353] 295

Hingegen ist es nicht mehr dem Gebrauch des KFZ hinzuzurechnen, wenn ein Container für Bauschutt nachmittags vor einer Baustelle abgestellt wurde und abends ein Kradfahrer gegen diesen ungesicherten Container fährt. Ursache für den Unfall war nicht mehr die Verletzung einer Sicherungspflicht des Fahrers sondern die fehlende Sicherung durch den Baustelleninhaber.[354] 296

Verliert ein LKW eine Palette mit Waren und fährt ein nachfolgendes Fahrzeug in diese Palette, sind die Schäden am nachfolgenden Fahrzeug durch die KH-Versicherung abgedeckt (wegen Verletzung der Sicherungspflichten durch den Fahrer). Die Schäden, die an der Ladung[355] entstehen, können nur beim Transportversicherer geltend gemacht werden. Die Reinigungskosten der Straße hingegen gehören noch zu dem durch die unsachgemaße Befestigung der Ladung verursachten Schadenbereich und sind von der KH-Versicherung zu übernehmen. Die Kosten für die Bergung der verlorenen Ladung sind von der KH-Versicherung nur dann zu übernehmen, wenn sie als Rettungskosten i.S.d. §§ 82, 83 VVG zu werten sind.

*k) Reparatur des Fahrzeuges/Lackieren/Schweißarbeiten*

Zu unterscheiden ist zwischen Reparaturen durch die versicherten Personen und Reparaturen durch sonstige Personen (z.B. in einer Werkstatt).[356] 297

Wenn die versicherten Personen Reparaturen am Kraftfahrzeug ausführen und dabei Schäden am Eigentum Dritter verursacht werden, sind diese Schäden vom KH-Versicherer zu übernehmen.[357] Maßgebend ist, dass das schadenstiftende Ereignis unmittelbar in Zusammenhang mit den Reparaturarbeiten steht. 298

353 PK Nr. 94, *Hock* a.a.O.S. 289.
354 Vgl. Entscheidung PK 114, *Hock* a.a.O.S. 159.
355 *OLG München* VersR 1991, 456; *OLG Hamm* VersR 1996, 967.
356 Vgl. *LG Koblenz* r+s 2004, 97, ebenso *LG Saarbrücken* zfs 2007, 18 f. (Explosion des Motors).
357 *BGH* v. 27.06.1984 – IV A ZR 7/83, VersR 1984, 854; PK Nr. 16, vgl. *Hock* a.a.O.

▶ **Beispiel:**

299 Der Halter führt Schweißarbeiten[358] durch, dabei brennt die angemietete Halle, in der er die Arbeiten durchführt, ab. Dieser Schaden ist von der KH-Versicherung zu regulieren.[359]

300 Ein Schaden, der nur gelegentlich der beabsichtigten Reparatur entsteht, ist nicht dem Gebrauch des KFZ zuzurechnen, da der innere Zusammenhang fehlt. Wenn der Versicherungsnehmer beabsichtigt, Reparaturen an seinem Fahrzeug in einer Garage durchzuführen, und schaltet dabei versehentlich eine Heizlampe an, die in Abwesenheit des Versicherungsnehmers einen Brand verursacht, ist dieser Schaden nicht dem Gebrauch zu zurechnen und unterfällt dem Versicherungsbereich der Allgemeinen Haftpflicht.[360] So auch, wenn anlässlich der Reparatur versehentlich eine Stativlampe umgestoßen wird und diese gegen ein drittes KFZ fällt.[361]

301 Werden bei Lackierarbeiten durch den Lacknebel, der auf ein Nachbargrundstück[362] weht, Schäden am Eigentum Dritter verursacht, sind diese Schäden nicht über den Gebrauch des KFZ abgedeckt, da sich nicht die konkreten Gefahren des Kfz-Gebrauchs verwirklicht haben. Der Lacknebel wäre auch beim Lackieren eines anderen Gegenstandes auf das Nachbargrundstück geweht.[363]

302 Etwas anderes gilt jedoch dann, wenn man sein Fahrzeug in der Werkstatt abgibt und ein Mitarbeiter auf der Probefahrt mit diesem Fahrzeug einen Schaden verursacht. In diesem Fall ist der Mitarbeiter der Werkstatt zwar berechtigter Fahrer i.S.d. AKB; eine Fachwerkstatt hat aber i.d.R. eine Betriebshaftpflicht, die sog. Handel- und Handwerkversicherung, in der eine Kraftfahrzeug-Haftpflichtversicherung für in Obhut befindliche Fahrzeuge eingeschlossen ist. Diese würde dann die Regulierung des Unfallschadens vornehmen. Wenn eine solche Versicherung jedoch nicht besteht, bleibt es bei der Eintrittspflicht der KH-Versicherung des Halters. Dem Halter bleibt dann nur noch der Regress des Prämienschadens.

303 Sofern die Handel- und Handwerkversicherung der Werkstatt den Schaden reguliert, wird diese mit der KH-Versicherung gem. § 78 VVG die Auflösung der Doppelversicherung vornehmen und den Schadenaufwand zu 50 % bei dieser Versicherung regressieren. Ein eventueller Höherstufungsschaden wäre dann bei dem Werkstattinhaber bzw. dem Verursacher des Schadens einzufordern. Ob eine Handel- und Handwerkversicherung besteht, kann man im Gegensatz zur normalen Haftpflichtversicherung nicht bei der Zulassungsstelle erfragen, da es sich nicht um eine Pflichtversicherung handelt. Dies kann man im Zweifel nur vom Firmeninhaber erfahren. Hinsichtlich der Regulierung des KH-Schadens bestehen keine Unterschiede zur normalen KH-Versicherung, wobei aber diese Versicherung, die im Rahmen einer sog. Betriebshaftpflichtversicherung abgeschlossen ist, im Fall des Prämienverzuges im Zweifel nicht eintritt, da noch ein anderer Schadenversicherer vorhanden ist, der in die Regulierung im Rahmen des § 115 VVG eintreten muss.

304 Ereignet sich ein Schaden, nachdem eine versicherte Person Teile des Fahrzeugs in größerer Entfernung vom Fahrzeug verbracht hat, um diese dort zu bearbeiten, so fehlt es am inneren Zusammenhang mit dem Gebrauch des Fahrzeuges. Zuständig ist dann die PHV.[364] Ebenso, wenn nach dem Ausbau des Tanks eines Motorrades beim Umfüllen des Tankinhaltes in einen Kanister Kraftstoff verschüttet wird.[365]

---

358 *BGH* v. 26.10.1988 – IVa ZR 73/87, VersR 1988, 1283; *OLG Oldenburg* v. 18.12.2020 – 1 U 225/20; *OLG Hamm* v. 02.10.2015 – 20 U 139/14; *LG Oldenburg* v. 12.08.2020 – 13 O 245/20.

359 Vgl. hierzu auch andere Beispiele PK Nr. 111, 122, *Hock* a.a.O. S. 221 f.

360 *LG Augsburg* VersR 1991, S. 653, abgedr. in *Hock* S. 222.

361 *LG Karlsruhe* r+s 1990, 334.

362 PK Nr. 107, *Hock* a.a.O.S. 154, so auch *LG Köln* zfs 1983, 119.

363 A.A. *AG Dinslaken* VersR 1985, 983 aber im Ergebnis nicht haltbar.

364 Entscheidung der PK Nr. 104 (ein Motor wurde in den Kellerraum verbracht, dabei tropfte Öl aus und eine Hausbewohnerin stürzte dabei, Zuständigkeit der Allgemeinen Haftpflichtversicherung.

365 *OLG Karlsruhe* v. 12.12.2018 – 7 U 67/18.

▶ **Beispiel:**

Der Halter baut die Ölwanne aus, um sie in einiger Entfernung vom Fahrzeug zu reparieren. Als er einen Moment die Ölwanne aus den Augen lässt, trinkt der Hund des Nachbars aus der Ölwanne und verendet an dem Öl. Dieser Schaden ist nicht mehr von der KH-Versicherung zu ersetzen, sondern von der PHV. 305

*l) Ölschäden/Vermischungsschäden/Befüllungsfolgeschäden*

Soll Öl von einem LKW in einen Tank umgefüllt werden und es kommt dabei zu einem Schaden, 306
gehört dieser zum Gebrauch des KFZ (Be- und Entladen) mit der Folge, dass der KH-Versicherer zuständig ist.[366] Dazu gehören auch diejenigen Schäden, die dadurch verursacht werden, dass der Fahrer eines Tankwagens nicht den Füllstand (und den Grenzwertgeber) der zu befüllenden Anlage prüft und dann zu viel Öl einfüllt.[367] Auch das Einfüllen des Transportgutes in einen falschen Behälter mit der Folge der Kontamination oder ungenügende Reinigung des Transportbehältnisses mit anschließender Kontamination gehören zum Gebrauch des Kfz.[368]

Kriterium für die Abgrenzung muss auch in diesen Fällen sein, ob die Ladung das KFZ vollständig 307
verlassen hat. Wenn also der Fahrer sein Öl entladen hat, bereits den Kunden verlassen hat und danach ein Tank platzt, ist dies nicht mehr dem Entladevorgang des KFZ zuzurechnen und unterfällt dem Zuständigkeitsbereich der Privaten Haftpflichtversicherung.[369] Festzuhalten bleibt, dass der Fahrer des Tankwagens in jedem Fall den Entladevorgang zu beobachten hat.[370]

Neben den Schäden beim Befüllen der Tanks kann es auch – sowohl bei Tanklastern, Öltransportern 308
wie auch bei Lebensmitteltransportern zu Vermischungen kommen und damit zu Befüllungsfolgeschäden, wenn der Tank vor dem Befüllen nicht ordnungsgemäß gereinigt wurde oder gar die Ladung in die falsche Kammer/Tank (Benzin statt Diesel) gefüllt wurde. Hierbei ist regelmäßig die Betriebshaftpflichtversicherung eintrittspflichtig.[371] Es fehlt nämlich am Zusammenhang mit dem Gebrauch des KFZ, wenn es lediglich noch als Arbeitsmaschine verwendet wird. Das Entladen des Tanks in falsche Kammern einer Tankstelle z.B. hat mit dem Verwenden des KFZ nichts mehr zu tun.[372]

Eine Haftung aus der Betriebsgefahr scheidet jedenfalls dann aus, wenn der Vorgang sich auf dem 309
Tankstellengelände ereignete. Die Gefahren eines KFZ haben sich durch einen Fehler des Fahrers beim Befüllen des Tanks jedenfalls nicht konkretisiert.[373] Soweit das verunreinigte Benzin (mit Diesel) in den Verkehr gebracht wird und sodann Folgeschäden bei den Kunden der Tankstelle entstehen, haben diese nichts mehr mit dem Entladen des KFZ zu tun. Dies sind mittelbare Schäden, die vom KH-Versicherer nicht zu ersetzen sind. Eintrittspflichtig ist allein die Versicherung der Tankstelle.[374] Nur der Vollständigkeit halber sei darauf hingewiesen, dass sich solche Schäden immer nur dann

366 PK Fall 46, *Hock* a.a.O. S. 171.

367 PK Fall 51, *Hock* a.a.O. S. 171.

368 *OLG München* v. 23.02.2023 – 25 U 3191/21 m. Anm. *Stöckmann* in DAR 21023, 391.

369 PK Fall 51, *Hock* a.a.O. S. 171.

370 *OLG Frankfurt* – Az. 2-2 O 263/04: Kein Betrieb des KFZ und zu den Überwachungspflichten des Bestellers. Zur Vertiefung dieser Problematik sei auf das Kap. 21 Rdn. 578 ff. verwiesen.

371 A.A. fälschlicherweise *LG Stuttgart* v. 19.12.2014 – 7 O 139/14, r+s 2015, 382 das die mangelhafte Reinigung dem Gebrauch zuordnen will.

372 *BGH* v. 19.07.2023 – VI ZR 384/22 (Traubenvollernter); *BGH* v. 18.07.2023 – VI ZR 16/22; *BGH* v. 21.09.2021 – VI ZR 726/20; *LG Düsseldorf* v. 19.10.2017 – 9 S 3/17; *Halm/Kreuter/Schwab/Schwab* a.a.O. AKB A.1.1.1 AKB Rn. 163 ff.; *Wessel*, Rechtsprechung der Oberlandesgerichte zum Haftpflichtrecht im Straßenverkehr, DAR 2024, 181 f.

373 So *LG Hamburg* Beschl. v. 07.02.2008 – 331 O 182/07, bestätigt durch *Hanseatisches OLG* – 15W 4/08.

374 So *LG Hamburg*, Beschl. v. 07.02.2008 – 331 O 182/07, bestätigt durch *Hanseatisches OLG* – 15W 4/08.

ereignen können, wenn der Betreiber der Tankstelle nicht den ihn selbst treffenden Sorgfalts- und Überwachungspflichten nachkommt und dem Fahrer die Einfüllstellen zeigt und das Einfüllen überwacht. Im Hinblick auf die Häufung der Schadenfälle mit Umweltzusammenhang hat der Gesetzgeber reagiert und ein Umweltschadengesetz verabschiedet. Das Umweltschadensgesetz betrifft die breite Masse der landwirtschaftlich oder gewerblich Tätigen und Selbstständigen, die durch ihre berufliche Tätigkeit die Artenvielfalt, natürliche Lebensräume, Gewässer oder den Boden schädigen könnten. Folgerichtig bietet die Assekuranz den Abschluss einer sog. Umwelthaftpflichtversicherung für die Risikogruppen an.[375]

*m) Spritzmittelverbreitung/Schädlingsbekämpfungsgerät*

310 Die Abgrenzung, ob hier die KH-Versicherung oder die Allgemeine Haftpflichtversicherung für Schäden eintrittspflichtig ist, die beim Verbreiten von Spritzmitteln verursacht werden, bereitet immer wieder Probleme. Grundsätzlich kann aber für die Beurteilung der Eintrittspflicht des KH-Versicherers folgende Aufstellung der paritätischen Kommission dienen:

311 Der KH-Versicherer hat sich mit dem Schaden zu befassen, wenn er im Zusammenhang mit dem Gebrauch des Kfz entstanden ist. Dies ist dann gegeben, wenn er ursächlich auf den Kraftantrieb oder auf den Beförderungsvorgang durch die Zugmaschine zurückzuführen ist. Dies sind Schäden, die auf:

- unsachgemäße Bedienung des Kfz;
- zu schnelles oder zu langsames Fahren;
- eine unterschiedliche Geschwindigkeit des Kfz oder

das nicht ordnungsgemäße Funktionieren der Kraftübertragung (Zapfwelle) zurückzuführen sind.

312 Darüber hinaus hat sich der KH-Versicherer auch mit Schäden zu befassen, wenn diese auf einem sonstigen Verschulden des Fahrers oder Halters beruhen:

Spritzen, obwohl der Wind zunimmt und der Spritznebel auf das Nachbargrundstück weht (nicht zu verwechseln mit dem Fall, dass das Fahrzeug lackiert wird und der Lacknebel Schäden verursacht, s.o.).

313 Die Betriebshaftpflicht oder die Privathaftpflichtversicherung[376] ist eintrittspflichtig, wenn die Spritze oder das Aufbaugerät nicht mit dem Zugfahrzeug verbunden ist und auch nicht durch die Kraft der Zugmaschine betrieben wird. Sie ist ferner eintrittspflichtig, wenn das KFZ lediglich als Arbeitsmaschine verwendet wird. Es müssen die typischen Risiken des KFZ verwirklicht sein, um eine Eintrittspflicht der Allgemeinen Haftpflichtversicherung auszuschließen.[377] Die Allgemeine Haftpflichtversicherung ist auch dann eintrittspflichtig, wenn der Schaden zurückzuführen ist:

- auf das Unterlassen einer vorangehenden notwendigen Säuberung der Spritze;
- die Verwendung eins falschen Spritz- oder Düngemittels oder Saatgutes;
- oder der Verwendung eines falsch zusammengesetzten Spritzmittels bzw.
- das nicht ordnungsgemäße Funktionieren der Spritze, das seine Ursache in der Spritze selbst hat (Düse zu groß oder zu klein) oder
- die mangelhafte Funktion des die Spritze betreibenden eigenen Spritzmoduls.

314 In diesen Fällen ist die unternehmerische Fehlentscheidung ursächlich für den Schadeneintritt. Der Gebrauch des KFZ ist eher nebensächlich. Das Risiko eines Kraftfahrzeuges hat sich dann gerade nicht konkretisiert. Vielmehr sind diese Ursachen dem Gewerbebetrieb zuzurechnen.[378]

375 Wegen der Details wird auf das Kap. 21 Rdn. 580 ff. verwiesen.

376 Im Folgenden AH-Versicherer genannt.

377 *BGH* v. 26.06.1979 – VI ZR 122/78, BGHZ 75, 45, 40 = NJW 1979, 2408; *BGH* v. 27.10.1993 – IV ZR 243/92, NJW-RR 1994, 218 f. = VersR 1994, 83 ff., so auch *LG Hamburg*, Beschl. v. 07.02.2008 – 331 O 182/07 n.v.

378 *BGH* v. 27.10.1993 – IV ZR 243/92, NJW-RR 1994, 218 f. = VersR 1994, 83 ff.

Soweit die Schäden durch falsche Verwendung des Spritzmittels (Nichtbeachtung der Gebrauchsanweisung) oder durch die Verwendung eines verunreinigten Spritzmittels verursacht werden, ist die Betriebshaftpflicht eintrittspflichtig,[379] da sich hier nicht das allgemeine Risiko des KFZ und die von diesem typischerweise ausgehenden Gefahren realisiert haben. 315

▶ **Beispiel:**

Der Versicherungsnehmer verwendet zur Schädlingsbekämpfung ein Mittel, welches auch für den von ihm beabsichtigten Zweck, nämlich seinen Weizen rein zu halten, unbrauchbar ist und beschädigt dabei auch angrenzende Felder. Die Ernte der Nachbarfelder ist unbrauchbar. Der Schaden wurde nicht durch das Kraftfahrzeug verursacht, sondern durch die falsche Auswahl des Spritzmittels. Eintrittspflichtig ist somit die Betriebshaftpflichtversicherung.[380] 316

Der AH-Versicherer ist auch für die Schäden verantwortlich, die durch eine Spritze verursacht wird, die zwar durch die Motorkraft eines Zugfahrzeuges betrieben werden kann, jedoch im Zeitpunkt des Schadens nicht mit der Zugmaschine verbunden ist. Dies gilt auch für verliehene Auf- oder Anbauspritzen. 317

Die Betriebshaftpflicht des Verleihers einer Spritzanlage ist insbesondere für Schäden eintrittspflichtig, die durch Fehler an den ausgeliehenen Spritzen und durch mangelhafte Säuberung oder Wartung der Spritzen vor dem Ausleihen entstehen. Dies ist beispielsweise dann gegeben, wenn zuvor mit einem Schädlingsbekämpfungsmittel gespritzt wird und danach Saatgut aufgebracht werden soll, welches durch die unterbliebene Reinigung durch das Schädlingsmittel verunreinigt wird und danach nicht mehr zu gebrauchen ist.

### *n) Tanken*

Auch das Tanken gehört zum Gebrauch des KFZ, sodass Schäden, die bei dem Tanken verursacht werden, zum Gebrauch gehören.[381] Ebenso unter den Gebrauchsbegriff fällt das Betanken mit einem falschen Kraftstoff, ist allerdings das Verwirklichen eines allgemeinen Lebensrisikos.[382] 318

### *o) Wagen waschen*

Das Wagenwaschen gehört zum Gebrauch des Kfz.[383] Allerdings entfällt eine Haftung des Kfz, wenn es auf einem Förderband bei ausgeschaltetem Motor weiter gezogen wird.[384] Verfängt sich aber das Fahrzeug durch die nicht eingezogene Antenne in einer Waschbürste und reißt diese ab, ist der Schaden an nachfolgenden Fahrzeugen und auch der Waschanlage dem Betrieb des Kfz zuzurechnen.[385] 319

Wird der Wagen im Winter auf der Straße oder einem öffentlichen Parkstreifen gewaschen und der Versicherungsnehmer übersieht, dass sich an dieser Stelle Glatteis bildet und wird dadurch ein Schadenfall verursacht, gehört dieses Risiko noch mit zum Gebrauch des Fahrzeuges.[386] In diesen Fällen wird unter Umständen auch eine zeitliche Grenze dahin gehend zu ziehen sein, dass nach einer längeren Zeit nach dem Wagenwaschen, wenn z.B. aufgrund der abendlichen Dämmerung ohnehin mit Glatteisbildung zu rechnen ist, eine Kausalität des Wagenwaschens für den Sturz nicht mehr gegeben ist.[387] 320

379 *BGH* v. 27.10.1993 – IV ZR 243/92, NJW-RR 1994, 218 f. = VersR 1994, 83 ff.
380 *OLG Schleswig* SP 2002, 253.
381 Vgl. insoweit *Hock*, a.a.O. S. 56 f.
382 *KG* vom 02.12.2011 – 6 U 13/11, r+s 2012, 384.
383 *LG Hamburg* VersR 1988, 260.
384 *OLG Koblenz* v. 05.08.2019 – 12 U 57/19.
385 *OLG Brandenburg*, Urt. v. 12.12.2023 – 3 U 211/22 (dies gilt auch, wenn das Fahrzeug sich auf einem Transportband befindet).
386 PK Nr. 44 und Nr. 70, *Hock* a.a.O. S. 302.
387 *OLG Hamm* VersR 1988, 732.

321 Dies ist im Einzelfall zu entscheiden. Soweit bei den Vorbereitungs- oder Abschlusshandlungen Dritte geschädigt werden, wird auch beim

- Wagenwaschen außerhalb des öffentlichen Verkehrsraums (auf einem Betriebsgelände)[388] mit nachfolgendem Platzen des Schlauches infolge Frosts, wobei der Keller des Betriebes einen Wasserschaden erlitt oder
- bei Benutzung einer Hochdruckdüse, wenn vergessen wird, den eigentlichen Stromverbraucher wieder ans Netz anzuschließen und dadurch ein Schaden entsteht,[389]

die Allgemeine Haftpflicht eintrittspflichtig.

*p) Benutzung einer Waschanlage*

322 Auch die Benutzung einer Waschanlage für Kraftfahrzeuge gehört zum Gebrauch. Wenn also durch eine nicht eingezogene Antenne die Waschanlage beschädigt wird, ist dieser Schaden dem Gebrauch des Kraftfahrzeuges zuzurechnen.[390] Ebenso zählt jede andere Nutzung einer Betriebseinrichtung des Kfz zum Gebrauch.[391] Solange ein automatisiert ablaufender Waschvorgang abläuft, ist das Kfz nicht in Betrieb.[392]

## V. Benzinklauseln zur Abgrenzung AH/KH

323 Zur Abgrenzung der Zuständigkeiten, ob der Schaden von der KH-Versicherung oder der Privathaftpflicht zu regulieren ist, wurden die AH oder KH für die Regulierung eines Schadens zuständig ist, werden auch die »Kleine Benzinklausel« und die »Große Benzinklausel« verwendet.[393] Diese sind hinlänglich definiert und verstoßen auch nicht gegen AGB-Regeln.[394]

324 **Kleine Benzinklausel:**[395]

Nach der »Kleinen Benzinklausel«,[396] die der Abgrenzung zwischen der KH-Versicherung und der Privathaftpflicht-Versicherung dient, ist in der PHV die Haftpflicht des Eigentümers, Besitzers, Halters oder Fahrers eines Kraftfahrzeuges für Schäden, die durch den Gebrauch eines Kraftfahrzeuges verursacht werden, nicht versichert.[397] Diese Klausel verstößt auch nicht gegen das AGB-Recht und ist hinreichend bestimmt.[398] Das Führen eines Kfz setzt keine Fortbewegung als Zweck der Ingebrauchnahme voraus.[399]

325 Versichert sind aber die Schäden, die durch den Gebrauch von nicht zulassungspflichtigen und nicht versicherungspflichtigen Aufsitzrasenmähern, -schneeräumgeräten und -kehrmaschinen mit nicht

388 PK Nr. 85, *Hock* a.a.O. S. 303.
389 *LG Hamburg* VersR 1988, 260.
390 *LG Kiel* zfs 1984, 259.
391 *OLG Celle* v. 20.11.2019 – 14 U 172/18.
392 *OLG Zweibrücken* v. 27.01.2021 – 1 U 63/19; *OLG Koblenz* v. 05.08.2019 – 12 U 57/19; *LG Kleve* v. 23.12.2016 – 5 S 146/15.
393 *OLG Hamm* v. 02.10.2015 – 20 U 139/14 (Fahrzeugreparatur mit Schweißgerät), r+s 2016, 32.
394 *LG Ellwangen* v. 24.04.2015 – 1 S 3/15, VersR 2015, 1372; einen Überblick bietet *Schimikowski*, Die Benzinklausel in der Privathaftpflichtversicherung, r+s 2016, 14 f.; *Langheid/Wand/Maier*, KH 410 Rn. 51 ff.
395 Abgedruckt in *Hock* a.a.O. S. 3; *BGH* v. 27.06.1984 – IVa ZR 7/83, VersR 1984, 854.
396 In der Allgemeinen Haftpflichtversicherung »Kleine Kraft-, Luft- und Wasserfahrzeugklausel« genannt.
397 Vgl. insoweit auch *BGH* IV ZR 120/05 mit Anm. *Terno* in *BGH* Kraftfahrtversicherungsrecht DAR 2007, 323 f.; *LG Bremen* vom 12.07.2012 – 6 S 324/11, NJW-RR 2012, 1427; *Füllner* r+s 2023, 933 ff. m.w. Hinw. auch für die KH-Versicherung; *Wilke* DAR 2016, 482 ff.
398 *OLG München* v. 04.07.2013 – 29 U 430/13, zfs 2014, 95.
399 *OLG Saarbrücken* v. 29.07.2020 – 5 U 2/20 (versehentliches automatisches Schließen des Kofferraumdeckels eines fremden Kfz beim Anhängen eines Fahrradträgers unterfällt nicht der PHV); *LG Dortmund* v. 18.03.2010 – 2 S 51/09.

mehr als 20 km/h Höchstgeschwindigkeit;[400] selbstfahrende Kranken- und Rollstühle mit einer bauartbedingten Höchstgeschwindigkeit von nicht mehr als 6 km/h; Flugmodelle, unbemannte Ballone etc. verursacht werden.

Der Fahrer des Versicherungsnehmers kann also für einen Verkehrsunfall, den er mit dem versicherten Fahrzeug verursacht hat, nicht seine PHV in Anspruch nehmen. Diese Klausel wurde geschaffen, um Doppelversicherungen zu vermeiden, da die Schäden des Fahrers, die durch den Gebrauch des versicherten Fahrzeuges entstehen, bereits über die KH-Versicherung abgedeckt sind. Tätigkeiten, die dem Gebrauch des Kfz zugerechnet werden, sind durch die Benzinklausel erfasst.[401] Soweit der Schaden durch ein nicht versichertes, aber versicherungspflichtiges Fahrzeug verursacht wurde, führt die fehlende KH-Versicherung nicht zu einer Eintrittspflicht der Privaten Haftpflichtversicherung.[402] 326

Die nicht versicherungspflichtigen Fahrzeuge sind demgegenüber aufgenommen, da ansonsten eine Lücke entstünde, soweit von diesen Fahrzeugen ein Schadenfall verursacht wird. Wird umgekehrt ein Kfz durch ein Garagentor beschädigt, greift der Ausschluss der Benzinklausel nicht.[403] Ebenso greift der Ausschluss nicht, wenn ein Hund aus einem PKW springt und ein Pferd beißt.[404] Gleitet dem Führer des Kfz nach dem Aussteigen eine Flasche mit Bauschaum aus der Hand und explodiert diese unmittelbar neben dem Kfz, sind die Schäden nicht dem Gebrauch des Kfz zuzurechnen.[405] 327

**Große Benzinklausel:**[406] 328

Die »große Benzinklausel« (Neufassung Ende 1974) dient der Abgrenzung der KH-Versicherung zur Betriebshaftpflicht-Versicherung. Sie schließt die Eintrittspflicht des Betriebshaftpflicht-Versicherers für Schäden, die der Versicherungsnehmer, ein Mitversicherter oder eine von ihm bestellte oder beauftragte Person durch den Gebrauch eines Kraftfahrzeuges oder eines Kraftfahrzeuganhängers verursachen, aus. Bei Schäden, die beim Entladen eines Kfz entstehen, ist genau zu prüfen, was Ursache für den Schadeneintritt war.[407]

Dabei wird in Ziff. 4 der Klausel klargestellt, dass eine Tätigkeit der genannten Personen an einem Kraftfahrzeug, Kraftfahrzeuganhänger oder Wasserfahrzeug kein Gebrauch im Sinne dieser Bestimmung ist, wenn keine dieser Personen Halter oder Besitzer des Fahrzeuges ist und wenn das Fahrzeug hier nicht in Betrieb gesetzt wird.[408] 329

---

400 Vgl. insb. zu Unklarheiten bei älteren Bedingungen in der PHV *OLG Koblenz*, Beschl. v. 02.09.2020 – 10 U 391/20 m. Anm. *Schimikowski* r+s 2022, 256 f. (Radlader).

401 Ablassen von Benzin und Entzündung einer Halle, *OLG Hamm* v. 07.08.2015 – 20 U 80/15, Jurion; Falschbetanken, *OLG Brandenburg* v. 03.09.2014 – 11 U 28/14 m. Anm. *Schimikowski* r+s 2014, 599 ff. (der eine Aufsichtspflichtverletzung als Kriterium für die Inanspruchnahme der Eltern und damit der PHV bejaht); *LG Karlsruhe* v. 23.05.2014 – 9 S 460/13, NZV 2014, 587, Reifenwechsel gehört zum Gebrauch; *LG Dortmund* v. 07.07.2016 – 2 S 51/15; auch der versehentliche Start eines Traktors im Spiel durch einen 13-Jährigen fällt unter den Gebrauch des Kfz, *LG Ellwangen* v. 24.04.2015 – 1 S 3/15, VersR 2015, 1372. Auch die Starthilfe fällt grds. unter den Gebrauch des Kfz, Folgen hieraus sind über die Kfz-Versicherung zu regulieren, *LG Lübeck* v. 26.11.2015 – 14 S 86/15.

402 *LG Köln* zfs 1990, 208; *BGH* VersR 1992, 47.

403 *AG Frankenberg* v. 03.09.2008 – 6 C 204/08 (ADAJUR Dok.Nr. 83975).

404 *BGH* v. 25.06.2008, SP 2008, 338; *Felsch*, r+s 2010, 265, 271.

405 *LG Hagen* v. 31.01.2017 – 9 O 293/15, Jurion.

406 Abgedruckt in *Hock* a.a.O. S. 4.

407 *OLG Hamm*, Hinweisbeschl. v. 19.06.2023 – I-20 U 76/23 (Pumpen von Splitt unterfällt nicht der BHV), allerdings sind die Schadenfälle die der *BGH* jüngst zu entscheiden hatte, nicht dem Betrieb des Kfz zuzurechnen: *BGH* v. 19.07.2023 – VI ZR 384/22; *BGH* v. 18.07.2023 – VI ZR 16/23; *BGH* v. 21.09.2021 – VI ZR 726/20.

408 *OLG Saarbrücken* v. 08.02.2012 – 5 U 370/11, zfs 2012, 458, wenn das Kfz von außen gestartet wird, kann ein daraus resultierender Schaden über die PHV versichert sein.

▶ **Beispiel:**

330 Der Versicherungsnehmer bringt sein Fahrzeug in die Werkstatt, um dort Reparaturen an dem Fahrzeug durchführen zu lassen. Wenn bei der Reparatur Schäden am Eigentum Dritter verursacht werden, ohne dass das Fahrzeug in Betrieb genommen wurde, sind diese über eine eventuell abgeschlossene Betriebshaftpflichtversicherung abgedeckt.

331 Eventuelle Deckungslücken, die durch Anwendung der großen Benzinklausel in der Haftpflichtversicherung und durch die Begrenzung der mitversicherten Personen in A.1 AKB entstehen, werden durch eine geschäftsplanmäßige Erklärung geschlossen.

332 Danach wird sich der Betriebshaftpflichtversicherer nicht auf die Klausel (und somit auf mangelnde Zuständigkeit) berufen, wenn der Schaden bei dem Gebrauch eines Kraftfahrzeuges oder eines Kraftfahrzeuganhängers überwiegend durch eine betriebliche Tätigkeit verursacht wurde. Demgegenüber wird sich der KH-Versicherer nicht darauf berufen, dass der Schädiger nicht zu den in A.1 AKB genannten versicherten Personen gehört, wenn der Schaden überwiegend durch den Gebrauch des Kraftfahrzeuges verursacht wurde.

## I. Risikoausschlüsse

333 Grundsätzlich ist alles, was nicht von A.1 AKB erfasst wird, nicht versichert. Dies wird modifiziert durch D.x AKB, A.1.5.x AKB.

334 Wenn einer der nachfolgend benannten Risikoausschlüsse (Deckungsausschlüsse) vorliegt, besteht auch kein Direktanspruch des Geschädigten gegen den Haftpflichtversicherer. Eine Vorleistungspflicht des Versicherers besteht ebenfalls nicht.

## I. Europaklausel

335 **A.1.4 AKB**

336 Der räumliche Geltungsbereich der Kraftfahrzeughaftpflichtversicherung ist begrenzt auf das landkartenmäßige Europa; auch der europäische Teil der Türkei gehört dazu, jedoch nicht der asiatische. Gleiches gilt beispielsweise für Zypern,[409] nur der griechische Teil ist vom Versicherungsschutz umfasst, der türkische Teil zählt zu Asien und muss ggf. separat vereinbart werden.

337 Soweit dieser Geltungsbereich auf das Gebiet der europäischen Wirtschaftsgemeinschaft ausgedehnt wird, bleibt der asiatische Teil der Türkei nach wie vor ausgeschlossen. Die zu den europäischen Ländern gehörenden Inselstaaten wie Kanaren, Madeira, Niederländische Antillen, Französisch-Guyana usw. zählen zum europäischen Bereich.

338 Weitere Erweiterungen können im Einzelfall mit dem jeweiligen Versicherer vereinbart werden. Fragt der Versicherungsnehmer wegen einer Urlaubsreise in die Türkei hinsichtlich seines Versicherungsschutzes nach, muss er vom Versicherer besonders darauf hingewiesen werden, dass der asiatische Teil der Türkei nicht eingeschlossen ist. Der pauschale Hinweis auf der Grünen-Karte reicht hierfür nicht aus.[410] Allerdings kann eine Beratungspflicht entfallen, wenn der Versicherungsnehmer zwar einen augenscheinlich »türkischen« Namen hat, aber keine konkreten Hinweise auf eine Reise in den asiatischen Teil der Türkei bestehen.[411] Der Geltungsbereich der KH-Versicherung kann in jedem Fall der Grünen Versicherungskarte entnommen werden, dieser sind die Länder angefügt,

409 Allerdings gelten die Gewässer um Zypern yachtversicherungsrechtlich als europäische Gewässer wegen der fehlenden Möglichkeit der adäquaten Grenzziehung, *OLG Hamburg* v. 14.05.2009 – 9 U 108/08.

410 *OLG Saarbrücken* r+s 2005, 14; für die Vollkasko-Versicherung, der *BGH* hat jetzt in einer anderen Sache allerdings entschieden, dass die AKB hinsichtlich ihrer Transparenz den Anforderungen des § 307 Abs. 1 S. 2 BGB standhalten *BGH* v. 13.04.2005 – IV ZR 86/04, r+s 2005, 455.

411 *OLG Hamm* Beschl. v. 15.01.2020 – 20 U 198/19.

für die Versicherungsschutz gewährt wird. Wenn in einzelnen Ländern kein Versicherungsschutz gewährt wird, sind sie auf der Liste durchgestrichen. Ist also auf der Liste das Länderkennzeichen TR durchgestrichen, muss der Versicherungsnehmer dieses so verstehen, dass eine Gewährung von Versicherungsschutz für Fahrten in die gesamte Türkei nicht gewollt ist.[412]

## II. Vorsatz

### § 103 VVG, A.1.5.1 AKB 339

Der KH-Versicherer haftet nicht, wenn der Versicherungsnehmer den Schaden vorsätzlich herbeigeführt hat.[413] Es entfällt auch der Direktanspruch gegen die Versicherung.[414] Zur Definition des Vorsatzes sei hier auf die einschlägigen strafrechtlichen Bestimmungen verwiesen. Vorsätzlich handelt derjenige, der einen bestimmten Erfolg/Schaden bewusst und gewollt herbeiführt.[415] Sofern in der Kasko-Versicherung wegen vorsätzlicher Herbeiführung des Versicherungsfalls die Leistung abgelehnt wird,[416] schlägt dies auf die KH-Versicherung durch. Erforderlich ist, dass der Versicherungsnehmer die Möglichkeit der Schädigung erkannt hat und dies billigend in Kauf nimmt (bedingter Vorsatz[417]). Gerade bei Personenschäden kommt einer Verurteilung im Strafverfahren wegen vorsätzlicher Körperverletzung oder vorsätzlicher Tötung/Mordes[418] erhebliche Bedeutung zu. Auch grundloses starkes Abbremsen kann wegen bedingtem Vorsatz hinsichtlich der möglichen (Selbst-)Schädigung zur Leistungsfreiheit führen.[419] Dabei ist zu beachten, dass sich der Vorsatz auch auf den eingetretenen Erfolg beziehen muss,[420] um Leistungsfreiheit nach sich zu ziehen.[421] Besonderer Prüfung bedarf es bei Suizid hinsichtlich des Vorsatzes.[422] Allerdings hat die Rechtsprechung bei den sog. Herausfordererunfällen einen Direktanspruch bejaht, auch wenn die Schäden an den Polizeifahrzeugen mindestens billigend in Kauf genommen wurden.[423] Dies gilt aber nur in Verbindung mit Polizeifahrzeugen. Im Rahmen einer familieninternen Auseinandersetzung wird man von Leis- 340

412 *BGH* v. 13.04.2005 – IV ZR 86/04, r+s 2005, 455 (München).

413 Vgl. *BGH* v. 14.01.2016 – 4 StR 84/15; 4 StR 594/05, NZV 2006, 553 Vorsätzliche Geisterfahrt als Mord; *OLG Düsseldorf* SP 2003, 288; *OLG Nürnberg*, zfs 2005, 503 = DAR 2005, 341 Abbremsen im Stadtverkehr von 40 km/h auf Stillstand; *OLG München* v. 11.03.2020 – 10 U 2150/18 (Suizid); *OLG Nürnberg* v. 02.08.2013 – 5 U 562/13, r+s 2015, 542 f. (Suizidabsicht); *Halm/Kreuter/Schwab/Kreuter* a.a.O. AKB A.1.5.1.; allerdings sind konkrete Feststellungen im Strafverfahren zu treffen: *BGH* v. 18.02.2021 – 4 StR 266/20 (Rennen als Mord).

414 Vgl. *AG Berlin-Mitte* SP 2004, 243.

415 *Burmann/Jahnke*, DAR 2020, 128 ff. m.w.H.

416 *OLG Hamm* v. 16.10.2023 – I-20 U 156/23.

417 *BGH* v. 29.02.2024 – 4 StR 350/23 zur Frage des Vorsatzes bei Rennen.

418 *BGH* v. 06.08.2019 – 4 Str 255-19 (Rennen + Gegenfahrbahn); *BGH* v. 16.01.2019 – 4 Str 345/18 (Rennen/Suizid); *BGH* v. 01.03.2018 – 4 StR 399/17 (Rennen); *BGH* v. 06.07.2017 – 4 StR 415/16 (Rennen); *BGH* v. 25.04.2019 – 4 StR 442/18 (Zufahren auf Fußgänger – bedingter Tötungsvorsatz); *Preuss*, NZV 2018, 345 ff.; allerdings ist nicht jedes Rennen, bei dem jemand zu Schaden kommt, vorsätzlich, *BGH* v. 17.01.2021 – 4 StR 225/20.

419 *AG Bremen* v. 13.06.2013 – 9 C 16/13 (ADAJUR Dok.Nr. 105295) = r+s 2014, 165.

420 *LG Konstanz* v. 03.03.2020 – ME 4 O 290/19 (Vorsatz hins. Verletzung der im Aussteigen begriffenen Ehefrau, nicht aber hinsichtlich des weiteren beteiligten, geparkten, Kfz).

421 *BGH* v. 26.05.1971 – IV ZR 28/71, VersR 1971, 806 f.; *OLG Karlsruhe* v. 13.12.2013 – 9 U 27/13 (PHV mit Hinweisen Vorsatz 12-Jähriger), zfs 2015, 100; *OLG Hamm* VersR 1987, 88; vgl. auch *Franck*, VersR 2014, 13 ff.

422 *OLG Dresden* v. 10.11.2020 – 4 U 1106/20 (der Versicherer ist beweisbelastet hinsichtlich der vorsätzlichen Schadensherbeiführung). *OLG Köln* v. 30.04.2019 – 9 U 30/17 geht von Vorsatz und Risikoausschluss aus.

423 *BGH* v. 31.01.2012 – VI ZR 43/11 (Verfolgungsfahrt mit nachfolgendem Stoppen durch Blockieren der Fahrbahn, dabei wurden eine Polizistin verletzt und Streifenwagen beschädigt) m. Anm. *Jahnke* in Juris. *OLG Bamberg* v. 23.10.2018 – 2 Ss 1379/18 allein der Versuch, sich mit überhöhter Geschwindigkeit einer Polizeikontrolle zu entziehen, reicht nicht für die Annahme einer Vorsatztat aus.

tungsfreiheit ausgehen müssen.[424] Die weit verbreitete Unsitte der Geschädigten, anzugeben, der Schädiger habe dies absichtlich getan, birgt das nicht zu unterschätzende Risiko in sich, dass sich der in Anspruch genommene Versicherer darauf beruft und die Leistung verweigert.

Auch bei sog. Amokfahrten, bei denen in aller Regel ein Kfz in eine Menschenmenge gesteuert wird, ist gegenüber dem Fahrer von Leistungsfreiheit auszugehen, ein Leistungsverweigerungsrecht besteht, wenn Fahrer und Halter personenidentisch sind.[425]

341 Es gelten auch hier die allgemeinen Beweisregeln.[426]

342 § 103 VVG gilt auch für einen gestellten Unfall;[427] es besteht dann ebenfalls Leistungsfreiheit. Auch wenn der Versicherungsnehmer und der Fahrer personenverschieden sind, da der Unfallbeteiligte in die Schädigung eingewilligt hat.[428] Für die Annahme eines gestellten Unfalles verbunden mit der Einwilligung des Geschädigten reicht eine erhebliche Wahrscheinlichkeit für die nach § 286 ZPO erforderliche Überzeugungsbildung nicht aus, allerdings ist die Bekanntschaft der Beteiligten, die sich im Rahmen der Beweisaufnahme herausstellt, ein wichtiges Indiz[429] für das Vorliegen einer Manipulation,[430] jedoch reicht eine unglaubwürdige Erwerbsgeschichte nicht aus.[431] Auch eine fehlende Schadenkompatibilität spricht für einen gestellten Unfall.[432]

343 Der manipulierte Unfall[433] fällt nicht unter die Regelungen des § 103 VVG, da die Manipulation in aller Regel von dem Geschädigten ausgeht und der Schädiger nach dem Zufallsprinzip vom zukünftigen Geschädigten ausgewählt wird.[434] Allerdings kann auch hier ein Fall der Einwilligung vorliegen.[435] Die Beweisführung ist oft nur über eine ungewöhnliche Häufung von Indizien möglich.[436] Beweisbelastet ist auch hier der Versicherer.[437]

---

424 *OLG Celle* v. 22.01.2020 – 14 U 173/19.

425 Zu den Problemen vergl. *Lang/Mergner*, Amokfahrten mit Kfz, VersR 2024, 570 f.

426 *OLG Hamm*, Beschl. v. 03.05.2021 – 20 U 256/20, keine Beweiserleichterungen zugunsten des Versicherers, Beweispflicht nach § 286 ZPO; *LG Essen* v. 24.01.2017 – 15 S 130/16 zum Indizienbeweis bei vorsätzlicher Herbeiführung des Versicherungsfalles; Zu den Beweisregeln vgl. auch in *Meschkat/Nauert/Staab* a.a.O. Rn. 285 ff.

427 Vgl. hierzu *Halm/Kreuter/Schwab/Kreuter* AKB-Kommentar, AKB A.1.5.1 Rn. 5, auch *Meschkat/Nauert/Staab* a.a.O. Rn. 258, 263 f.; *Richter/Staab* Handbuch FA Verkehrsrecht, Kap. 25, Rn. 54 ff. *OLG Hamm* v. 22.11.2016 – 9 U 1/16; *OLG München* vom 14.03.2014 – 10 U 4774/13 zur Frage der anwaltlichen Vertretung in solchen Fällen.

428 *KG* Beschl. v. 12.04.2018 – 25 U 148/17; *OLG Celle* NZV 2006, 267.

429 *OLG Hamm*, Beschl. v. 12.04.2022 – 7 U 1/21, die Indizien müssen ausreichend sein.

430 *OLG Brandenburg*, Beschl. v. 29.12.2020 – 12 U 160/201.

431 *OLG Hamm*, Urt. v. 16.05.2023 – 7 U 18/22.

432 *OLG Schleswig*, Beschl. v. 20.02.2023 – 7 U 170/22; ebenso *Schleswig-Holsteinisches OLG*, Beschl. v. 04.01.2021 – 7 U 150/20.

433 *Halm/Fitz*, DAR 2020, 421, 426; Vgl. hierzu auch *Staab* a.a.O. Rn. 256.

434 *BGH* v. 01.10.2019 – VI ZR 164/18 (zur tatrichterlichen Überzeugung); *OLG Schleswig* v. 04.01.2021 – 7 U 150/20 zu den Beweisanzeichen einer Manipulation; *LG Münster* v. 08.08.2014 – 011 O 279/11 Zu den Indizien für einen manipulierten Unfall: *Staab/Halm* Aktuelle Rechtsprechung zum Betrug in der Kfz-Haftpflichtversicherung, DAR 2014, 66 m.w.H; *Halm/Fitz* Versicherungsrecht 2012/2013, DAR 2013, 447; *LG Duisburg* v. 17.08.2015 – 3 O 230/13, Jurion; *LG Köln*, SP 2010, 355; *Schröder*, SVR 2020, 416 ff. w. H. zu den Beweisanforderungen.

435 *OLG Hamm*, Urt. v. 31.08.2021 – 9 U 141/19 für einen kontaktlosen Unfall mit völlig unplausiblen Hergangsschilderungen; *Schleswig-Holstein. OLG* v. 08.05.2018 – 7 U 52/17.

436 *Schleswig-Holstein. OLG*, v. 12.10.2022 – 7 U 62/22 (langgezogener Streifschaden auf Parkplatz ohne Zeugen und Beweismaterial; *Halm/Fitz* DAR 2021, 422 f.; *Schleswig-Holstein. OLG*, Beschl. v. 04.02.2020 – 7 U 8/17; *Schleswig-Holstein. OLG* v. 23.10.2018 – 7 U 18/18; *Schleswig-Holstein. OLG* Beschl. v. 02.07.2018 – 7 U 119/17.

437 *OLG Hamm* v. 12.03.2021 – 7 U 12/20; *Halm/Fitz*, Versicherungsverkehrsrecht 2023/2024, DAR 2024, 301, 303.

Hat sich der Vorsatz des Versicherungsnehmers generell auf die Schädigung des Unfallgegners bezogen, so gilt § 103 VVG auch bezüglich der Schäden,[438] die vom Versicherungsnehmer nicht gewollt waren.[439] Hat der Versicherer, obwohl er zur Begleichung des Schadens nach § 103 VVG nicht verpflichtet war, gleichwohl Schadenersatz geleistet, kann er die erbrachten Leistungen nach den Grundsätzen der ungerechtfertigten Bereicherung zurückfordern.[440] 344

Wenn bei einem gestellten Auffahrunfall der Beteiligte durch das Auffahren eine HWS-Verletzung erleidet, fehlt es an der Eintrittspflicht, da es nicht außer jeder Wahrscheinlichkeit liegt, dass bei einem Auffahrunfall ein leichter Personenschaden eintreten kann.[441] Auch wenn der Versicherungsnehmer mit seinem Fahrzeug Selbstmord begeht, ist von einer Vorsatztat hinsichtlich der eingetretenen Schäden auszugehen. 345

Ist jedoch der Fahrer vom Versicherungsnehmer personenverschieden und der Versicherungsnehmer weiß vom Plan nichts, besteht Eintrittspflicht der KH-Versicherung aus § 7 StVG, da der Halter bzw. Versicherungsnehmer für sich Versicherungsschutz beanspruchen kann.[442] Es besteht dann lediglich im Innenverhältnis Leistungsfreiheit gegenüber dem »Vorsatztäter«. 346

Die Halter-Haftung aus der Betriebsgefahr ist jedoch durch § 12 StVG der Höhe nach begrenzt.[443] Soweit hier die Mindestversicherungssummen unterhalb der Grenze des § 12 StVG liegen, sind diese anzuwenden (dies wäre z.B. bei einem Gefahrgutunfall möglich!). 347

## III. Beteiligung an Motorsportveranstaltungen oder Aktivitäten (vorher behördlich genehmigten Fahrveranstaltungen)

**A.1.5.2 AKB, § 4 Ziff. 4 KfzPflVV** 348

In der letzten Fassung der AKB wird der Änderung des PflVG Rechnung getragen und die ehemals behördlich nicht genehmigten Fahrveranstaltungen in Motorsportveranstaltungen umbenannt, inhaltlich ergibt sich keine Änderung, da auch bei dieser Veranstaltung eine Veranstalterhaftpflicht unerlässlich ist. 349

Es muss bei diesen Fahrveranstaltungen auf die Erzielung einer Höchstgeschwindigkeit ankommen und sie dürfen nur auf abgeschlossenem Gelände durchgeführt werden.

Ein Ausschluss ist gegeben, da eine Versicherung durch den Veranstalter abgeschlossen wird und diese in der Teilnahmegebühr enthalten ist. Ohne eine solche Versicherung wird die Genehmigung nicht erteilt. Darüber hinaus werden oft auch haftungsausschließende Vereinbarungen bei solchen Veranstaltungen getroffen.[444] Der Schutz des unbeteiligten Dritten ist damit gewährleistet.[445] 350

---

438 Bloßes Abbremsen nach Überholvorgang, um and. zur Rede zu stellen, reicht nicht aus, *AG Frankfurt/M.* zfs 2004, 32. Vgl. aber *OLG Celle* v. 21.02.2006 – 14 U 149/05 zum Vorliegen des sog. »Berliner Modells«; *LG Bochum* v. 14.01.2021 – I-8 O 428/19 m. Anm. *Maier*, r+s 2022, 318.

439 *OLG Hamm* SP 2004, 30 f., zur Frage des Tötungsvorsatzes beim Fahrzeugverkehr BGHSt in NZV 2005, 538 in schadensersatzrechtlicher Hinsicht müsste hier ein Leistungsverweigerungsrecht des Versicherers angenommen werden.

440 *OLG Hamm* v. 17.12.2015 – 6 U 139/14.

441 *KG* VersR 1989, 1188.

442 *OLG Köln* r+s 2000, 316; *OLG Hamm* r+s 2006, 33 = NZV 2006, 253.

443 *OLG Oldenburg* VersR 1999, 482; *BGH* DAR 1957, 129; *OLG Schleswig* r+s 1995, 84.

444 *OLG Naumburg* v. 15.02.2013 – 10 U 33/12, ADAJUR 101208 zum Thema Haftungsausschluss bei gefährlichen Sportarten.

445 *BGH* v. 01.04.2003 – VI ZR 321/02, VersR 2003, 775 = DAR 2003, 410, *OLG Karlsruhe* r+s 2007, 502 f. (Touristenfahrt auf dem Hockenheimring ist mangels Platzierung und Zeitmessung kein Rennen (für die Kasko-Versicherung) vgl. insoweit auch *BGH* – VI ZR 98/07, r+s 2008, 256 f. für den Umfang der Haftung bei kraftsportlichen Veranstaltungen (hier war Haftung für den Fall ausgeschlossen, dass eine KH-Versicherung nicht eintrittspflichtig sei).

## IV. Ausschluss von Schäden am versicherten Kfz

351 **A.1.5.3 AKB, § 4 Ziff. 2 KfzPflVV**

Schäden an dem versicherten Fahrzeug sind nicht von der Haftpflichtversicherung umfasst.

352 Hierfür gibt es die besondere Fahrzeugversicherung. Will der Versicherungsnehmer auch für den Fall, dass sein Fahrzeug beschädigt wird, abgesichert sein, muss er eine Fahrzeugvollversicherung abschließen (Vollkasko).

353 Diese Bestimmung findet keine Anwendung auf das nicht gewerbsmäßige Abschleppen betriebsunfähiger Fahrzeuge im Rahmen der ersten Hilfe aus Gefälligkeit.

354 In den Fällen, in denen der Versicherungsnehmer ein betriebsunfähiges Fahrzeug abschleppt und durch das Verschulden des Führers des ziehenden Fahrzeuges beim Abschleppen beschädigt, kann der Halter des abgeschleppten Fahrzeuges sehr wohl Ansprüche gegen die Haftpflichtversicherung des Zugfahrzeuges geltend machen. In diesem besonderen Fall wird dann nicht von einer Einheit zwischen gezogenem und ziehendem Fahrzeug ausgegangen. Die ansonsten auch für das abgeschleppte Fahrzeug geltende »Anhängerregelung« würde einen Schaden an dem geschleppten Fahrzeug zum nicht erstattungsfähigen Betriebsschaden machen.[446] Kein Betriebsschaden ist gegeben, wenn wegen eines Ausweichmanövers die Ladung verrutscht und dadurch Schäden am versicherten Fahrzeug entstehen.[447]

355 Außerdem sind Ansprüche wegen Beschädigung, Abhandenkommen oder Zerstörung von mit dem versicherten Fahrzeug beförderten Gegenständen ausgeschlossen, hierfür könnte eine Transportversicherung abgeschlossen werden.

## V. Schäden an abgeschleppten Fahrzeugen oder Anhängern

356 **A.1.5.4 AKB**

Wird der Schaden am geschleppten Fahrzeug vom ziehenden Fahrzeug verursacht, ist dieser Schaden nicht von dem Ausschluss nach A.1.5.3 AKB umfasst, der Schaden muss von der Kraftfahrzeug-Haftpflicht-Versicherung ersetzt werden.[448] Zu differenzieren ist zwischen versicherten und nicht versicherten Fahrzeugen. Der Schaden, den das geschleppte versicherte Fahrzeug am Zugfahrzeug verursachte, ist von dessen Kraftfahrzeug-Haftpflicht-Versicherung zu ersetzen. Das nicht versicherte Fahrzeug hingegen fällt unter die Anhängerregelung.[449]

## VI. Ausschluss von Ladungsschäden

357 **A.1.5.5 AKB, § 4 Ziff. 3 KfzPflVV**

Auch die Haftung für Beschädigung von beförderten Gegenständen ist grundsätzlich ausgeschlossen.[450] Dabei gilt diese Klausel nicht nur im unternehmerischen Bereich, sondern auch im privaten Umfeld.[451] Ausgenommen sind lediglich die Gegenstände, die beförderte Personen (nicht der Fah-

446 *OLG Düsseldorf*, SP 2007, 145 Hänger und Zugfahrzeug bilden eine Einheit, es handelt sich dann um einen Betriebsschaden, ob allerdings eine Böschung den Unfallbegriff in der Tat rechtfertigen kann, ist mehr als fraglich; *LG Nürnberg-Fürth*, r+s 2011, 204; *LG Karlsruhe* v. 20.08.2013 – 9 O 95/12.

447 *OLG München* v. 29.05.2013 – 7 U 4096/12.

448 *Halm/Kreuter/Schwab/Kreuter* a.a.O. AKB A.1.5.4.

449 *Halm/Kreuter/Schwab/Schwab* a.a.O. AKB A.1.5.5.

450 *OLG Hamm*, r+s 1992, 259 ff.; *Breideneichen*, Risikoausschlüsse in der KH-Versicherung, r+s 2013, 417, 419.

451 *OLG Jena* v. 19.09.2019 – 4 U 208/19 – ein elektrischer Rollstuhl, der im Wohnwagen mitgeführt wird, handelt es sich nicht um eine beförderte Sache, die Insassen üblicherweise mit sich führen (Hier war der Eigentümer des Rollstuhls der Versicherungsnehmer).

rer[452]) üblicherweise an sich tragen. Im Rahmen der Personenbeförderung wurden auch die Gegenstände mit aufgenommen, die Personen üblicherweise mit sich führen.[453]

Diese Regelung führt dazu, dass auch Schäden an Kleidungsstücken, die beim Herausnehmen aus dem Kofferraum beschädigt werden, bei der KH-Versicherung geltend gemacht werden können mit der Folge auch der Höherstufung des Vertrages. Allein vor diesem Hintergrund empfiehlt es sich, den Insassen das »Ausladen« ihrer Sachen zu überlassen, wenn der Fahrer beim Ausladen beispielsweise die Lederjacke beschädigt und der Insasse diese bei der KH-Versicherung ersetzt verlangt, werden die Kosten zu übernehmen sein. 358

Schäden an gewerbsmäßig transportierter Ladung können über eine Transportversicherung abgesichert werden. Nicht abgedeckt sind dabei auch die Schäden an Gegenständen, die der Versicherungsnehmer oder der Fahrer im Fahrzeug mit sich führen (Bsp. der LKW-Fahrer, der in der Schlafkabine neben Kleidung auch einen Fernseher und sonstige Unterhaltungselektronik mit sich führt), da hier nicht das Merkmal der Beförderung im Vordergrund steht.[454] Dieses Merkmal ist regelmäßig bei den eigenen Bedarfsgegenständen nicht gegeben.[455] 359

## VII. Haftpflichtansprüche des VN

### A.1.5.6 AKB, § 4 Ziff. 1 KfzPflVV 360

Aus A.1.5.6 AKB ergibt sich, dass Haftpflichtansprüche des Versicherungsnehmers, Halters oder Eigentümers gegen mitversicherte Personen wegen Sach- oder Vermögensschäden von der KH-Versicherung ausgeschlossen sind.[456]

▶ **Beispiel:**

Versicherungsnehmer, Eigentümer mehrerer Fahrzeuge, verleiht eines seinem Freund F. Dieser beschädigt beim Rangieren fahrlässig ein anderes, dem Versicherungsnehmer gehörendes, geparktes Fahrzeug. 361

Der Versicherungsnehmer hat gegenüber F. einen Anspruch auf Schadensersatz sowohl wegen Beschädigung des von F. gesteuerten Fahrzeuges als auch wegen Beschädigung des geparkten Fahrzeuges gem. § 823 BGB. F. ist außerdem mitversicherte Person i.S.d.A.1.1 AKB. 362

Gleichwohl hat der KH-Versicherer keinen Ersatz zu leisten: Bezüglich des von F. gesteuerten Fahrzeuges ergibt sich dies aus A.1.5.3 AKB, da es sich um eine Beschädigung des im Vertrag bezeichneten Fahrzeuges handelt. Zuständig hierfür wäre die Kaskoversicherung. Bezüglich des geparkten Fahrzeuges ergibt sich obiges Ergebnis aus A.11.2 AKB i.V.m.A.1.1 AKB (Sie schädigen einen Dritten). Es handelt sich bei diesem Sachschaden um einen Eigenschaden des Versicherungsnehmers, der von der KH-Versicherung ausgeschlossen ist.[457] Ebenso fällt unter den Begriff Eigenschaden der Fall, dass 363

452 *OLG Jena* v. 19.09.2019 – 4 U 208/19.

453 Vgl. insoweit auch *OLG Celle* v. 31.01.2024 – 14 U 58/23, (zu Schmuck, Nintendo, Tolino etc) mit der Folge, dass ein Direktanspruch gegen den Versicherer nicht besteht.; *OLG Karlsruhe* v. 12.10.2007 – 10 U 100/06 in SP 2008, 305.

454 *BGH* v. 29.06.1994 – IV ZR 229/03, VersR 1994, 1058 = zfs 1994, 368, denkbar wäre auch Versicherungsschutz für diese Gegenstände über die Hausratversicherung des LKW-Fahrers.

455 *LG Erfurt* v. 29.11.2012 – 1 S 101/12, BeckRS 2012, 25297 verneint dies für ein Laptop; *AG München* v. 16.11.2011 – 222 C 16217/10 verneint Zuständigkeit der PHV für ein beim Zurückschieben des Sitzes im Kfz beschädigten Laptops wegen der Benzinklausel; *OLG Saarbrücken* v. 13.03.2013 – 5 U 342/12; DAR 2014, 328 m. Anm. *Kreuter*, dazu leider falsch als Haftung des Frachtführers angesehen Baumann, »der Kontrabass auf Reisen«, VersR 2014, 808; *AG Coburg* v. 28.03.2008 – 12 C 1005/07.

456 *Halm/Kreuter/Schwab/Kreuter* a.a.O. AKB A.1.5.6.

457 Vgl. hierzu *BGH* v. 12.01.2021 – VI ZR 662/20; *OLG Hamm* v. 02.04.2015 – 6 U 173/14, r+s 2015, 565 f.; *LG Saarbrücken* v. 03.04.2020 – 13 S 169/19 wendet hier zu Unrecht § 8 Nr. 2 StVG an.

der Fahrer eines Fahrzeuges beim Rangieren sein eigenes dahinter geparktes Fahrzeug beschädigt.[458] Etwas anderes kann nur gelten, wenn die beschädigte Sache im Miteigentum eines Dritten steht.[459] Entscheidend kommt es auf die Versicherungsverträge an, stehen zwei Kfz zwar im Eigentum derselben Firma, sind aber über unterschiedliche VN versichert, die die Kfz weitervermieten und kommt es dabei zu einem Schaden zwischen diesen beiden Kfz, liegt ein Eigenschaden gerade nicht vor.[460]

364 Gemäß A.1.5.6 AKB bezieht sich der Ausschluss lediglich auf Sach- oder Vermögensschäden. Nicht ausgeschlossen sind Personenschäden (Heilbehandlungskosten, Verdienstausfall, Schmerzensgeld etc.).

▶ Beispiel:

365 In dem von F. gesteuerten Fahrzeug befindet sich der Versicherungsnehmer als Beifahrer. Bei der Kollision mit dem geparkten Fahrzeug erleidet er eine Platzwunde, die behandelt werden muss.

366 Wegen dieser Verletzung hat der Versicherungsnehmer gegenüber F. Ansprüche aus § 823 ff. BGB. F. ist mitversicherte Person in der KH-Versicherung. Die Kosten, die im Zusammenhang mit der Körperverletzung des Versicherungsnehmers anfallen, müssen von der KH-Versicherung erstattet werden, ein Ausschluss liegt insoweit nicht vor.

## VIII. Ausschluss von Vermögensschäden

367 **A.1.5.7 AKB, § 4 Ziff. 5 KfzPflVV**

Haftpflichtansprüche aus reinen Vermögensschäden, die auf der Nichteinhaltung von Liefer- und Beförderungsfristen basieren, sind ebenfalls ausgeschlossen.

368 Damit wird klargestellt, dass Schadensersatzansprüche wegen Nichteinhaltung von Liefer- oder Beförderungsfristen durch den Versicherten nicht von der Deckung umfasst sind. Es ist dabei unerheblich, warum die Fristen nicht eingehalten werden konnten. Diese Klausel bezieht sich vorrangig auf den gewerblichen Güterverkehr, da in diesem Bereich häufig Vertragsstrafen für verspätete Lieferung vereinbart werden, wenn die Lieferung zu einem bestimmten Termin erfolgen sollte. Diese sind auch über den weiteren Ausschluss von Leistungen aufgrund vertraglicher Vereinbarungen ausgeschlossen.[461]

## IX. Ausschluss vertraglicher Ansprüche

369 **A.1.5.8 AKB**

A.1.5.8 AKB sind alle Haftpflichtansprüche, soweit sie aufgrund Vertrags oder besonderer Zusage über den Umfang der gesetzlichen Haftpflicht hinausgehen, ausgeschlossen.

370 Es sind nur diejenigen Schäden zu ersetzen, die in A.1.1 AKB geregelt sind. Soweit der Versicherungsnehmer dem Geschädigten auch dann Regulierung des Schadens zusagt, wenn dieser von der KH-Versicherung überhaupt nicht umfasst ist, sind diese Ansprüche ausgeschlossen. Gleiches gilt, wenn der Verursacher Schadensersatz über den Umfang des nach § 249 BGB Geschuldeten verspricht. Besteht der Geschädigte auf der Erfüllung dieser Vereinbarung, muss er seine Ansprüche gegen den VN direkt geltend machen. Eine Eintrittspflicht der KH-Versicherung ist insoweit nicht gegeben, auch keine Vorleistungspflicht.[462]

---

458 *BGH* v. 12.01.2021 – VI ZR 662/20.

459 *OLG Celle* v. 30.03.2022 – 14 U 143/21 m. Anm. *Maier* r+s 2022, 495 ff.; *OLG Karlsruhe* v. 18.01.2013 – 12 U 117/12.

460 *Wessels* DAR 2023, 182 f. zu *OLG Celle* v. 30.03.2022 – 14 U 143/21.

461 *Halm/Kreuter/Schwab/Kreuter* a.a.O. AKB A.1.5.7.

462 *Halm/Kreuter/Schwab/Kreuter* a.a.O. AKB A.1.5.8.

### X. Schäden durch Kernenergie

**A.1.5.9 AKB; § 4 Ziff. 6 KfzPflVV** 371

Diese Schäden sind gemäß A.1.5.9 AKB ausgeschlossen. Schadensersatzansprüche sind ausschließlich durch das Atomgesetz[463] geregelt.

## J. Verkehrsopferhilfe (VOH), § 12 PflVG

Die VOH hat nach § 12 Abs. 1 PflVG einzutreten, wenn das schädigende Fahrzeug nicht ermittelt 372
werden kann; wenn der Schadensfall vorsätzlich herbeigeführt wurde; wenn der Schadensfall durch ein pflichtwidrig nicht versichertes Kfz verursacht wurde oder bei Konkurs des leistungspflichtigen Versicherers.[464] Nach § 12 Abs. 1 (2–5) PflVG haftet die VOH nur subsidiär[465] und (nach IV [1]) nur in Höhe der amtlich festgesetzten Mindestdeckungssummen, wenn:

- das schädigende Fahrzeug nicht ermittelt werden kann;
- wenn für dieses schadenstiftende KFZ ein Haftpflichtversicherungsschutz nicht besteht oder
- der Halter von der Versicherungspflicht durch einen anderen Mitgliedstaat befreit ist, oder
- wenn für den Schaden, der durch den Gebrauch des ermittelten oder nicht ermittelten Fahrzeugs verursacht worden ist, eine Haftpflichtversicherung deswegen keine Deckung gewährt oder gewähren würde, weil der Ersatzpflichtige den Eintritt der Tatsache, für die er dem Ersatzberechtigten verantwortlich ist, vorsätzlich und widerrechtlich herbeigeführt hat,
- wenn die Versicherungsaufsichtsbehörde den Antrag auf Eröffnung eines Insolvenzverfahrens über das Vermögen des leistungspflichtigen Versicherers stellt oder, sofern der Versicherer seinen Sitz in einem anderen Mitgliedstaat der europäischen Union oder einem Vertragsstaat des Abkommens über den europäischen Wirtschaftsraum hat, von der zuständigen Aufsichtsbehörde eine vergleichbare Maßnahme ergriffen wird.

Nur in den Fällen vorsätzlicher Schädigung[466] bzw. Schädigung durch nicht versicherte Fahrzeuge haf- 373
tet die VOH wie ein KH-VR im Rahmen der Mindestversicherungssummen (§ 12 Abs. 1 PflVG).[467]

Nur bei Schadensverursachung durch nicht zu ermittelnde Fahrzeuge ist die Leistungspflicht der 374
VOH beschränkt (§ 12 Abs. 2): Es wird Schmerzensgeld nur bei besonders schweren Verletzungen und auch dann nur, soweit Zahlung zur Vermeidung einer groben Unbilligkeit erforderlich ist, gezahlt. Es erfolgt kein Ersatz des gesamten Fahrzeugschadens, der Ersatz sonstiger Sachschäden nur, wenn und soweit er 500 € übersteigt.

Ausländische Staatsangehörige können nur dann Ansprüche gegen die VOH geltend machen, wenn 375
im Heimatland umgekehrt auch ein Deutscher von einer ähnlichen Institution eine Entschädigung erhalten könnte. Wenn sie allerdings bereits seit längerer Zeit in Deutschland ihren Lebensmittelpunkt haben, werden sie wie Deutsche behandelt. Die Ansprüche gegen die VOH müssen innerhalb von 3 Jahren dort geltend gemacht werden (§ 12 Abs. 3 [1] PflVG). Die Frist beginnt erst zu laufen, wenn der Geschädigte neben seinem Schaden auch die Umstände kennt, aus denen sich ein Ersatzanspruch gegen die VOH ergibt.

Von der VOH (Grüne-Karte-Büro) wird ein inländischer KH-Versicherer mit der Regulierung des 376
Schadens beauftragt.

463 § 31 AtomG.

464 Eine Zusammenfassung bietet *Lemor*, Regulierung von Schäden durch die Verkehrsopferhilfe, DAR 2014, 249.

465 Vgl. zur Subsidiarität auch *BGH* v. 12.12.2023 – VI ZR 297/22.

466 Zu den Anforderungen vgl. auch *LG Hamburg* SP 2003, 323.

467 *OLG Celle* v. 06.05.2015 – 14 U 181/14, NZV 2016, 130 f. zur Leistungspflicht; Vgl. hierzu ausführlich *Elvers* in Handbuch Verkehrsrecht Kap. 29. Sowie H/K/*Janowski* AKB zu §§ 12 ff. PflVG.

377 Die Ansprüche gegen die VOH verjähren innerhalb von drei Jahren, sind die Ansprüche rechtzeitig angemeldet, so ist die Verjährung gehemmt bis zur Entscheidung der VOH, § 12 Abs. 3 PflVG. Hinsichtlich der weiteren Verfahrensweisen sei auf §§ 13 und 14 PflVG verwiesen. Unter www.verkehrsopferhilfe.de können weitere Informationen, Schadenmeldeformulare, Entschädigungsstellen und die Listen der Internationalen Garantiefonds abgerufen werden.

378 Nach geltendem europäischen Recht hätte die Eintrittspflicht der VOH auf die Schäden ausgeweitet werden müssen, die durch nicht versicherungspflichtige KFZ verursacht werden. Diese Regelung hat der Gesetzgeber jedoch nicht mit aufgenommen, sodass nach wie vor diese Fahrzeuge zwar im Rahmen einer KH-Versicherung versichert werden können. Soweit Schäden durch diese Fahrzeuge verursacht werden und sie nicht versichert sind, oder in der Betriebshaftpflicht keinen Versicherungsschutz genießen, geht der Geschädigte leer aus.

## K. Systematik der Leistungspflicht und der Obliegenheiten

379 Im Versicherungsrecht wird – wie schon oben dargestellt – unterschieden zwischen Leistungspflichten und Obliegenheiten. Eine Verletzung einer vertraglich vereinbarten Leistungspflicht (Prämienzahlung) hat die vollständige Leistungsfreiheit des Versicherers zur Folge.[468] Demgegenüber hat die Verletzung einer vertraglichen Obliegenheit eine eingegrenzte Leistungsfreiheit des Versicherers zur Folge. Die Obliegenheiten sind für die jeweiligen Sparten gesondert zu prüfen.[469] Dabei kann die Obliegenheitsverletzung nur demjenigen (Versicherungsnehmer oder Fahrer) vorgeworfen werden, der sie begangen hat. Ebenso kann ein Regress oder eine Leistungskürzung nur diesem gegenüber durchgeführt werden. Steht ein versicherter Gegenstand im Eigentum mehrerer, kann eine entsprechende Leistungskürzung ggf. nur anteilig bezogen auf den Anteil des Versicherten vorgenommen werden.[470]

### I. Prämienzahlungspflicht des Versicherungsnehmers (Leistungspflicht)

380 Im Rahmen der laufenden Prämie wird unterschieden zwischen Erstprämie und Folgeprämie.

381 Erstprämie ist hierbei diejenige, die als zeitlich erste Prämie zu zahlen ist, während Folgeprämien die zeitlich später fällig werdenden Prämien sind.

382 Die Erstprämie ist gem. § 33 VVG unverzüglich nach Ablauf von zwei Wochen ab Erhalt des Versicherungsscheins zu zahlen. Diese Regelung ist auch in C.1 AKB so aufgenommen.

Die Folgeprämie kann auch in unterjähriger Zahlungsweise (halbjährlich, vierteljährlich oder monatlich) gezahlt werden, dabei wird für unterjährige Zahlungen ein Zuschlag erhoben. Diese Vorgehensweise führt jedoch nicht dazu, dass die Prämienrechnung den Regeln des Verbraucherkreditgesetzes zu unterwerfen wäre.[471] Zur Prämienzahlung ist derjenige verpflichtet, der in dem Versicherungsantrag benannt wurde. Der abweichende Halter kann zur Prämienzahlung nicht verpflichtet werden.[472] Mehrere Versicherungsnehmer haften dabei als Gesamtschuldner für die Prämie, eine Aufteilung der Forderung nach den jeweiligen Interessen der einzelnen VN ist nicht sachgerecht. Der Ausgleich der VN untereinander erfolgt dann nach § 426 BGB.[473]

#### 1. Nichtzahlung der Erstprämie

383 § 37 VVG

468 Wegen der Details vgl. unten Rdn. 383 ff.

469 *OLG Karlsruhe* v. 18.01.2013 – 12 U 117/12 (Jurion).

470 *OLG Karlsruhe*, 18.01.2013 – 12 U 117/12 (Jurion).

471 *BGH* VI ZR 230/12 vom 06.02.2013; *OLG München* v. 10.07.2012 – 25 U 1169/12, WKRS 2012, 20469; *OLG Oldenburg* v. 04.04.2012 – 5 U 32/12 (Jurion); *OLG Düsseldorf*, 13.12.2012 – 6 U 273/11 (Jurion).

472 *LG Heidelberg* v. 27.07.2012 – 5 S 62/11, WKRS 2012, 24947 = zfs 2013, 32 f.

473 *OLG Hamm* v. 01.03.2013 – I-20 U 40/12, VersR 2014, 361.

Eine Erstprämie/Einmalprämie setzt den Abschluss eines neuen Versicherungsvertrages voraus. 384

Gemäß C.1 AKB muss die Erstprämie/Einmalprämie sofort nach Zugang des Versicherungsscheines 385 gezahlt werden. Die Zahlung hat spätestens innerhalb von 14 Tagen nach Erhalt des Versicherungsscheines zu erfolgen (§ 33 VVG).

Diese Frist kann sich verlängern, wenn dem Versicherungsnehmer erst mit Übersendung des Versi- 386 cherungsscheins die AKB bekannt gegeben wurden, da ihm dann zunächst ein Widerspruchsrecht von zwei Wochen nach Erhalt der AKB zusteht.[474] Die Frist zur Prämienzahlung ist dann um die Widerspruchsfrist zu verlängern.[475]

Bei Barzahlung ist die Zahlung durch Übergabe erfüllt. Bei einem Überweisungsauftrag ist der Ein- 387 gang bei dem Bankinstitut[476] der maßgebliche Zeitpunkt (bei der Post der Einzahlungstag). Da sich dies in der Sphäre des Versicherungsnehmers befindet, ist er hierfür beweispflichtig.

Problematisch sind die Fälle, in denen sich am Tag der Überweisung/Einzahlung der Schadenfall 388 ereignet. Hier kommt es darauf an, wann die Zahlung erfolgte. Kann der Beweis der Einzahlung/Abgabe der Überweisung vor dem Schadenfall geführt werden, hat der Versicherer Versicherungsschutz für diesen Schadenfall zu gewähren. Das Leistungshandeln ist rechtzeitig, wenn der Auftrag vor Fristablauf (d.h. vor dem Schadenfall) bei der Bank eingeht und das Konto die erforderliche Deckung ausweist, damit der Auftrag auch ohne weitere Verzögerung ausgeführt wird.[477] Auf den Zeitpunkt der Gutschrift auf das Konto des Versicherers kommt es nicht an.[478]

Bei Vereinbarung des Lastschriftverfahrens hat der Versicherer für die rechtzeitige Abbuchung zu sor- 389 gen, der Versicherungsnehmer hingegen muss für ausreichende Deckung des Kontos Sorge tragen.[479]

Diese Pflicht des Versicherungsnehmers besteht jedoch nur hinsichtlich der Erstprämie, bucht der 390 Versicherer bei vereinbarter vierteljährlicher Zahlung nach 3 Monaten Erst- und Folgeprämie zusammen ab und weist das Konto keine ausreichende Deckung für beide Prämien auf, ist der Versicherer gleichwohl leistungspflichtig.[480]

Bei einer unzureichenden Teilzahlung auf einen zusammengesetzten Vertrag (Kasko/Haftpflicht) 391 ist der Versicherer gehalten, die Zahlung zunächst auf die objektiv wichtigste Versicherung (in der Regel die KH-Versicherung) zu verrechnen, wenn es um den Verlust der vorläufigen Deckung geht.

Bei einem Teilrückstand ist die Höhe des Rückstandes entscheidend. Ein Zahlungsrückstand, der 392 fast $^1/_4$ der zu zahlenden Prämie ausmacht, ist nicht mehr geringfügig.[481] Geringfügig ist jedoch eine Minderleistung von 2,70 DM bei einer Erstprämie von 162 DM.[482] Allerdings ist nach Auffassung

474 *BGH* v. 25.03.2020 – IV ZR 69/19; *OLG Karlsruhe* v. 28.06.2019 – 12 U 134/17 die Frist beginnt mit Übersendung der vollständigen Unterlagen! Zu den Anforderungen an die Belehrung vgl. u.a. *OLG Karlsruhe* v. 27.01.2021 – 12 U 221/20; *OLG Braunschweig* v. 23.10.2019 – 11 U 84/19; *OLG München* v. 08.09.2015 – 25 U 2870/15.(für die Doppelbelehrung im Antrag); *H/KS/Kreuter*, AKB C.1.1 Rn. 6 m.w.H.

475 *BGH* v. 11.02.2015 – IV ZR 310/13, VersR 2015, 829 f., der Versicherer muss nicht auf die Berechnung der Frist hinweisen, es reicht der Hinweis, dass die Frist nach Erhalt der Unterlagen zu laufen beginnt; *LG Köln* r+s 2005, 98 f. die Frist läuft erst nach dem Ablauf des möglicherweise bestehenden Widerrufsrechts des § 8 VVG, *Halm/Kreuter/Schwab/Kreuter* a.a.O. AKB B Rn. 13 ff. und C.1.1 Rn. 7.

476 *OLG Düsseldorf* DAR 1997, 112.

477 *OLG Düsseldorf* DB 1984, 2686; *OLG Koblenz* NJW-RR 1993, 583; *OLG Nürnberg* NJW-RR 2000, 800.

478 *BGH* v. 05.12.1963 – II ZR 219/62, NJW 1964, 499; *OLG Karlsruhe* NJW-RR 1998, 1483; *OLG Düsseldorf* DAR 1997, 112.

479 *BGH* v. 19.10.1977 – IV ZR 149/76, VersR 1977, 1153.

480 *OLG Hamm*, VersR 1984, 377.

481 *OLG Koblenz*, VersR 1966, 1128.

482 *OLG Düsseldorf*, VersR 1976, 429.

des BGH eine eigenmächtige Kürzung der ordnungsgemäßen Beitragsanforderung der Versicherung nicht zulässig, will man ungekürzte Leistungen aus dem Vertrag erhalten.[483]

393 Es muss eine ordnungsgemäße Zahlungsanforderung des Versicherers vorliegen. Die Erst- oder Einmalprämienanforderung muss mit zutreffender Bezifferung und richtiger Kennzeichnung desjenigen Betrages ausgewiesen sein, den der Versicherte zur Erlangung bzw. Erhaltung des Versicherungsschutzes aufwenden muss. Zudem ist in der Zahlungsaufforderung auf die Rechtsfolgen hinzuweisen, die bei Nichteinhalten der Zahlungsfrist eintreten. Der Versicherungsnehmer muss darauf hingewiesen werden, dass bei nicht rechtzeitiger Zahlung der Erstprämie der Versicherungsschutz rückwirkend auch für den Zeitraum der vorläufigen Deckungszusage entfällt, wenn der VN die Prämie nicht innerhalb von 14 Tagen nach Ablauf dieser ersten Frist gezahlt hat.[484] Der VN ist auf die Rechtsfolgen des Prämienverzuges ausdrücklich hinzuweisen,[485] aber auch, dass bei geforderter KH- und Kaskoprämie er auch Versicherungsschutz erhält, wenn nur eine Prämie gezahlt wurde.[486] Ausreichend ist aber eine Belehrung auf der Vorderseite des Versicherungsscheins über den rückwirkenden Wegfall auch der vorläufigen Deckung bei Prämienverzug,[487] nicht ausreichend ist der Hinweis auf »rechtzeitige« Zahlung.[488] Eine gesonderte Urkunde ist nicht erforderlich.[489] Unverständliche Belehrungen erfüllen ihren Zweck nicht.[490]

394 Eine nicht rechtzeitige Zahlung der Erstprämie liegt nur vor, wenn der Versicherungsnehmer dies zu vertreten hat. Das *OLG Köln* hat dieses Vertretenmüssen bejaht, wenn der Versicherungsnehmer am Tag vor dem Schadenfall nach Geschäftsschluss der Bank die Überweisung für die Prämie einwirft, der nächste Tag ein Feiertag ist und erst am darauf folgenden Montag die Überweisung der Bank überhaupt zugehen konnte.[491] Beweisbelastet für die Rechtzeitigkeit der Zahlung bzw. das fehlende Vertretenmüssen ist der Versicherungsnehmer, der ggf. sich entlasten kann, wenn er nachweisen kann, dass eine Lastschriftermächtigung erteilt wurde.[492]

395 Der Versicherer ist beweispflichtig, dass der Versicherungsnehmer den Versicherungsschein nicht rechtzeitig eingelöst hat. Er muss den Zugang der korrekten[493] Erstprämienforderung beweisen, wobei von der Absendung nicht zwangsläufig auf den Zugang geschlossen werden kann.[494] Der Versicherer kann die vorauszusehenden Beweisschwierigkeiten nur vermeiden, wenn er die Zahlungsaufforderung per Einschreiben mit Rückschein übermittelt.[495]

396 Der Versicherungsnehmer hat die Verspätung zu vertreten, wenn er z.B. bei urlaubsbedingter Abwesenheit keine Vorsorge für die Möglichkeit rechtzeitiger Zahlung getroffen hat.

483 *BGH* v. 09.03.1988 – IVa ZR 225/86 in VersR 1988, 484.

484 Vgl. *LG Köln* r+s 2005, 99.

485 *BGH* v. 26.04.2006 – IV ZR 248/06 in r+s 2006, 272 f.; Der Hinweis auf der Rückseite des Versicherungsscheins reicht nicht aus, um die Belehrungspflicht zu erfüllen, *LG Dortmund* -2 O 192/10 v. 19.01.2011 (ADAJUR Dok.Nr. 93898).

486 Vgl. *OLG Hamm*, VersR 1991, 220 = r+s 1990, 41.

487 *LG Duisburg*, 27.07.2012 – 6 O 15/12, SP 2013, 27 f.

488 *LG Dortmund* v. 04.08.2011 – 2 O 130/11, zfs 2011, 630.

489 *BGH* v. 27.04.2016 – IV ZR 372/15.

490 Darauf weist *OLG Düsseldorf* in VersR 1993, 737 unmissverständlich hin, ebenso *OLG Saarbrücken*, VersR 2005, 515.

491 *OLG Köln*, r+s 2002, 357.

492 So *LG Duisburg*, 27.07.2012 – 6 O 15/12, SP 2013, 27 f.

493 *OLG Saarbrücken* v. 05.10.2016 – 5 U 62/15 – der Versicherungsnehmer ist beweisbelastet hinsichtlich der Anzeige der für die Berechnung der Prämie wesentlichen Umstände.

494 *BGH* v. 13.12.1995 – IV ZR 30/95, NZV 1996, 143 ff.; *OLG Stuttgart* v. 10.09.2015 – 7 U 78/15, r+s 2015, 540; *LG Dortmund*, VR Kompakt 2011, 57.

495 *OLG Köln*, VersR 1990, 1261 – hier entschieden für die qualifizierte Mahnung nach § 39 VVG a.F., aber auf die Erstprämienforderung übertragbar. Tw. wird aber auch die Auffassung vertreten, dass der Zugangsnachweis durch Indizien möglich sein kann, *LG Köln* und *AG Köln* r+s 2001, 228 ff.; bzgl. des automatisierten Mahnverfahrens der Folgeprämie *LG Düsseldorf*, r+s 2003, 445 f.

Als Nachweis für den Zugang gelten aber auch: 397
- Anrufe der Versicherungsnehmer zur Rechnung
- Zahlung inkl. Mahngebühr.[496]

Probleme treten beifolgendem Sonderfall auf: 398

Der Versicherungsnehmer hat sowohl eine Vollkasko- als auch eine KH-Versicherung abgeschlossen. 399
Die Erstprämie war noch nicht (rechtzeitig) gezahlt. Während der Zeit des vorläufigen Deckungsschutzes ereignete sich ein Verkehrsunfall, aus dem der Versicherungsnehmer Leistungen aus der Kasko-Versicherung beansprucht. Bei dem Verkehrsunfall wurden auch Dritte geschädigt. Der Schaden wurde vor Ablauf der Frist zur Einlösung des Versicherungsscheines ordnungsgemäß gemeldet.

Hier kann sich der Versicherer weder in KH noch in der Vollkasko auf die Leistungsfreiheit gemäß 400
§ 37 VVG berufen, da das Interesse des Versicherers an der Erlangung der Erstprämie dadurch sichergestellt ist, dass er wegen des eingetretenen Kaskoschadens hinsichtlich der Erstprämie die Aufrechnung erklären oder eine Verrechnung vornehmen kann. Voraussetzung ist selbstverständlich, dass die Höhe der Kaskoentschädigung den Betrag der Erstprämie übersteigt.[497]

Besteht Versicherungsschutz aufgrund einer vorläufigen Deckungszusage, entfällt dieser Schutz rück- 401
wirkend für alle Unfälle vor oder während der Einlösungsfrist nach B.2.4 AKB, § 51 Abs. 1 VVG (der Versicherer kann den Beginn des Versicherungsschutzes an die Prämienzahlung anknüpfen und muss dann augenfällig darauf hinweisen. Bei Prämienverzug ist der Versicherer von der Verpflichtung zur Leistung frei, § 37 Abs. 2 VVG.

Die Leistungsfreiheit des Versicherers besteht in voller Höhe, § 37 Abs. 2 VVG. 402

Wegen der erbrachten Leistungen steht dem Versicherer gegen den Versicherungsnehmer ein Rück- 403
griffsrecht zu (Regress), § 116 Abs. 1 VVG, § 426 BGB.

**Verweisung:** 404

Soweit der Geschädigte in der Lage ist, von einem anderen Schadensversicherer oder von einem 405
Sozialversicherungsträger Ersatz seines Schadens zu erlangen, kann er von dem Versicherer gemäß § 3 PflVG i.V.m. § 117 Abs. 3 VVG in vollem Umfange verwiesen werden. Verwiesen werden kann natürlich nur in Höhe der bedingungsgemäßen Leistungsverpflichtung des jeweiligen Sozialversicherungsträgers oder Schadenversicherers.

Etwas anderes gilt jedoch bei dem vom Versicherungsnehmer personenverschiedenen Fahrer, der 406
über A.1 AKB mitversichert ist: Er genießt trotz Prämienverzuges Versicherungsschutz, es sei denn, dass er den Prämienverzug positiv kannte oder grob fahrlässig nicht kannte, § 123 VVG. Es gibt keine Erkundigungspflicht des Fahrers, ob die Erstprämie gezahlt ist.

Bei Vorliegen der Voraussetzung des § 37 VVG ritt der Zahlungsverzug ohne weiteres ein, insbe- 407
sondere ist keine Mahnung des Versicherers mehr erforderlich. Zwar wird häufig in der Praxis ein Mahnschreiben an den Versicherungsnehmer geschickt, dieses ist jedoch nicht Voraussetzung für die Herbeiführung des Prämienverzuges.

Wegen § 117 Abs. 1 VVG ist der Versicherer dem Geschädigten gegenüber trotz Prämienverzuges 408
vorleistungspflichtig.

Im Fall der Nichtzahlung der Erstprämie versagt der Versicherer den Versicherungsschutz wegen 409
Nichtzahlung der Erstprämie gem. § 37 VVG. Dabei kann gleichzeitig festgestellt werden, dass die vorläufige Deckung rückwirkend wegen Nichtzahlung der Erstprämie entfallen ist. Dies hat lediglich feststellende Wirkung, da die Wirkungen automatisch durch nicht rechtzeitige Zahlung eintreten.

496 *LG Berlin* v. 04.11.2019 – 23 S 22/19, Zahlung inkl. Mahnzuschlag indiziert den Zugang bei Versicherungsnehmer.

497 Vgl. *BGH* v. 12.06.1985 – IVa ZR 108/83, VersR 1985, 877 und *OLG Koblenz*, VersR 1995, 527.

Eine Rechtsmittelbelehrung ist nicht mehr erforderlich, da auch für die Klage auf Gewährung von Versicherungsschutz jetzt die üblichen Verjährungsfristen gelten.

410 Die Verweisung ist in Höhe der Leistungen der Drittversicherer möglich.

## 2. Nichtzahlung der Folgeprämie

411 § 38 VVG:

412 Folgeprämien im Sinne dieser Vorschrift sind Prämien, deren Fälligkeit zeitlich der der Erstprämie nachfolgt. Kommt ein Versicherungsnehmer mit der Zahlung einer Folgeprämie in Rückstand, so hat er aufgrund der vorangegangenen Prämienzahlung bereits Versicherungsschutz erworben, mit der Folge, dass nur der zukünftige Versicherungsschutz gefährdet ist.

413 Der Versicherungsnehmer muss mit der Zahlung der Folgeprämie in Verzug kommen. Der nicht fristgerechten Zahlung der Folgeprämie muss eine qualifizierte Mahnung des Versicherers folgen.

414 Der Versicherer kann dem Versicherungsnehmer auf dessen Kosten schriftlich eine Zahlungsfrist von mindestens 2 Wochen setzen (vgl. § 38 Abs. 1 S. 1 VVG). In dieser Zahlungsaufforderung müssen die Rechtsfolgen angegeben sein, die mit dem Ablauf der Frist verbunden sind (§ 38 Abs. 1 S. 2 VVG).[498] Ansonsten ist die Mahnung unwirksam (§ 38 Abs. 1 S. 2 VVG, der zusätzlich eine Aufschlüsselung der offenen Beträge nach Prämien, Zinsen und Kosten fordert)!

415 Im Rahmen der Belehrung muss der Versicherungsnehmer nicht nur über einzelne, sondern über sämtliche Rechtsfolgen der Nichtbeachtung der gesetzlichen Zahlungsfrist belehrt werden.[499]

416 Eine qualifizierte Mahnung umschließt die exakte Aufschlüsselung des Beitragsrückstandes und die richtige Verrechnung bereits geleisteter Beträge.

417 Hinsichtlich des Zugangs des Mahnschreibens wird auf die Ausführungen zum Erstprämienverzug verwiesen.[500]

418 Der Versicherer ist gemäß § 38 Abs. 2 VVG leistungsfrei, wenn der Versicherungsfall nach Ablauf der – mindestens – zweiwöchigen Zahlungsfrist eintritt und der Versicherungsnehmer beim Eintritt des Versicherungsfalles mit der Zahlung der Prämie oder der geschuldeten Kosten und Zinsen (§ 38 Abs. 3 VVG) in Verzug ist.

419 Der Zeitraum, für den nach der Mahnung nach § 38 VVG noch Versicherungsschutz gewährt wird, dauert die Frist (14 Tage) und die Postlaufzeit von 3 Tagen an. Erst nach Ablauf von weiteren 17 Tagen ab Mahnungsdatum verliert der Versicherungsnehmer also bei Verzug mit der Folgeprämie frühestens seinen Versicherungsschutz.

420 Auch nach Ablauf der Zahlungsfrist hat der Versicherungsnehmer die Möglichkeit, sich durch nachträgliche Zahlung Versicherungsschutz für die Zukunft zu sichern. Dieser lebt unmittelbar nach Zahlung (Einzahlung, Abgabe der Überweisung) wieder auf, für die Einzahlung/Überweisungsabgabe ist der VN beweispflichtig. Allerdings lebt der Versicherungsschutz nur dann wieder auf, wenn vom Versicherer nicht schon die Kündigung nach § 38 Abs. 3 VVG ausgesprochen wurde[501] und die Monatsfrist des § 38 Abs. 3 VVG noch nicht verstrichen ist.

421 Die Leistungsfreiheit des Versicherers besteht in voller Höhe[502] für die Zeit zwischen dem 18. Tag nach der qualifizierten Mahnung bis zur Übersendung der geschuldeten Prämie bzw. dem Ende der Nachhaftung. Der Versicherer kann seine Aufwendungen beim Versicherungsnehmer regressieren.

498 *BGH* v. 06.10.1999 – IV ZR 119/98, VersR 1999, 1525.

499 Prölss/Martin/*Knappmann* § 39 VVG Rn. 14; *BGH* VersR 1988, 484; *OLG Hamm*, r+s 1991, 362.

500 *OLG Köln*, r+s 2001, 447.

501 *BGH*, NJW 1984, 877.

502 § 38 Abs. 2 VVG.

Auch im Fall des § 38 VVG besteht ein Verweisungsrecht in voller Höhe (§ 37 VVG). Er kann das Versicherungsverhältnis ohne Einhaltung einer Kündigungsfrist kündigen, wenn der Versicherungsnehmer nach Ablauf der Zahlungsfrist mit der Zahlung in Verzug ist (§ 38 Abs. 3 S. 1 VVG).

Der Versicherungsnehmer kann nach Ablauf der Zahlungsfrist durch Zahlung dem Versicherer dieses Kündigungsrecht nehmen, sofern nicht bereits gekündigt wurde. 422

Auch in diesem Fall kann in voller Höhe der Leistungen des Drittversicherers verwiesen werden. 423

## II. Obliegenheiten

Als Obliegenheiten werden die vertraglich und gesetzlich normierten Pflichten der versicherten Personen bezeichnet, die nicht die vollständige Leistungsfreiheit nach sich ziehen. Hier hat die VVG-Reform erhebliche Auswirkungen in Bezug auf die Voraussetzungen der Leistungsfreiheit. 424

Neben dem Vorliegen der objektiven Kriterien der jeweiligen Obliegenheitsverletzung, auf die unten im Einzelnen eingegangen werden soll, ist auch das Verschulden des Versicherungsnehmers an dieser Obliegenheitsverletzung, die subjektive Komponente zu prüfen. Nur wenn beides gegeben ist, kann der Versicherer sich auf die Leistungsfreiheit berufen.[503] 425

Die Obliegenheitsverletzung muss für den Eintritt des Schadenfalles kausal gewesen sein. Mitverursachung reicht für die Feststellung der Kausalität aus.[504] Der Versicherer ist jedoch nicht leistungsfrei, wenn der Schadenfall auch bei Erfüllung der Obliegenheit eingetreten wäre.[505] Etwas anderes gilt nur, wenn die zu erfüllende Obliegenheit arglistig verletzt wurde. Dies wird von der Rechtsprechung bei der Unfallflucht schon dann bejaht, wenn der Fahrer seine Alkoholisierung verbergen möchte.[506] 426

Das Verschulden definiert sich auch im VVG nach den Grundsätzen des Zivilrechtes und den Begriffen Vorsatz, Fahrlässigkeit und grobe Fahrlässigkeit. Vorsätzlich handelt der Versicherungsnehmer, der eine Obliegenheit im Bewusstsein des Vorhandenseins der Verhaltensnorm verletzt.[507] Für die Fahrlässigkeit gilt § 276 BGB, die im Verkehr erforderliche Sorgfalt muss außer Acht gelassen werden. Grob fahrlässig handelt, wer die im Verkehr erforderliche Sorgfalt gröblich, in hohem Maße außer Acht lässt und das missachtet, was in der konkreten Situation jedem einleuchten musste.[508] Beweisbelastet ist der Versicherer, will der Versicherungsnehmer gleichwohl Versicherungsschutz behalten, muss er beweisen, dass kein oder ein geringeres Verschulden vorliegt.[509] Auch Schuldunfähigkeit muss der Versicherungsnehmer beweisen.[510] Die Obliegenheiten richten sich sowohl an den Versicherungsnehmer wie auch an den Fahrer. Der Versicherungsnehmer muss sich Obliegenheitsverletzungen seines Fahrers nur dann zurechnen lassen, wenn er davon Kenntnis hatte (Alkoholkonsum, fehlende Fahrerlaubnis). Auch das Verhalten seines Repräsentanten muss er sich zurechnen lassen.[511] Sind mehrere Eigentümer eines Fahrzeuges, kann die Leistungsfreiheit in Höhe des Miteigentumsanteils des VN möglich sein.[512] 427

Auflistung der Obliegenheiten:
- Verwendungsklausel
- Schwarzfahrt

---

503 § 28 Abs. 1 VVG.
504 *BGH* v. 06.07.1967 – II ZR 16/65, VersR 1967, 944.
505 *LG Berlin* VersR 1985, 1136 (sog. Kausalitätsgegenbeweis).
506 *Halm/Fitz*, DAR 2011, 437, 443, 444 m.w.H.
507 *BGH* v. 02.06.1993 – IV ZR 72/92, VersR 1993, 960 = BGHZ 122, 388; *BGH* NJW-RR 1993, 1049.
508 *BGH* v. 14.07.1983 – I ZR 128/81, NJW 1984, 565.
509 *BGH* v. 21.04.1993 – IV ZR 34/92, VersR 1993, 828, *BGH* v. 02.06.1993 – IV ZR 72/92, VersR 1993, 960.
510 *KG Berlin*, Beschl. v. 03.05.2022 – 6 U 39/21 bei 1,98 Promille abgelehnt; *OLG Nürnberg* v. 12.07.2013 – 5 U 562/13; *LG Düsseldorf* v. 08.09.2017 – 9 O 197/16.
511 *LG Paderborn* v. 25.08.2010 – 4 O 96/10.
512 *OLG Karlsruhe* v. 18.01.2013 – 12 U 117/12.

- Führerschein
- Alkoholklausel
- Rennveranstaltung
- Gefahrerhöhung durch verkehrsunsicheres Fahrzeug
- Personenbezogene Gefahrerhöhung
- Nichtmeldung des Schadens
- Aufklärungspflicht (zumeist begangen durch Unfallflucht)
- Schadenminderungspflicht
- Prozessführungsbefugnis
- Vorübergehende Stilllegung
- Nachhaftung
- Anzeigepflicht bei Veräußerung.

### 1. Voraussetzungen für die Leistungsfreiheit

428 § 28 VVG bezieht sich ausschließlich auf die vertraglichen Obliegenheitsverletzungen: Soweit nach Abs. 1 der VN eine vertragliche Obliegenheit vor Eintritt des Schadenfalles verletzt hat, entfällt die Kündigungspflicht des Versicherers zur Wahrung der Leistungsfreiheit. Der Versicherer kann die Kündigung aussprechen, muss es aber nicht mehr.

429 Es gelten folgende Regeln:

- Das Kündigungserfordernis ist entfallen und für die Leistungsfreiheit bei vertraglichen Obliegenheitsverletzungen nicht mehr erforderlich.
- Die fristlose Kündigung bleibt möglich bei vorsätzlicher oder grob fahrlässiger Verletzung einer vertraglichen Obliegenheit vor dem Schadenfall.
- Vollständige Leistungsfreiheit des Versicherers nach § 28 Abs. 2 VVG besteht nur, wenn der VN die Obliegenheit vorsätzlich verletzt hat und sie Auswirkungen auf die Eintrittspflicht des Versicherers hatte.
- In jedem Fall besteht Leistungsfreiheit, wenn der Versicherungsnehmer die Obliegenheit arglistig verletzte.

430 Der Gesetzgeber geht im Regelfall von der grob fahrlässigen Obliegenheitsverletzung aus. Dies ergibt sich schon aus der Formulierung des Abs. 2, der dem Versicherungsnehmer für den Fall des Nichtvorliegens der groben Fahrlässigkeit die Möglichkeit der Exkulpation gibt (Abs. 2 S. 2 letzter Hs.). Gleichzeitig gibt der Gesetzgeber die Verpflichtung auf, die Leistungsfreiheit entsprechend der Schwere der Vorwerfbarkeit zu quotieren. Nur für den Fall der vorsätzlichen oder arglistigen Obliegenheitsverletzung soll vollständige Leistungsfreiheit bestehen bleiben. Dabei ist zu beachten, dass von der vorsätzlichen Verletzung einer vertraglichen Obliegenheit ausgegangen wird, nicht von der vorsätzlichen Herbeiführung des Versicherungsfalls (dann besteht gem. § 103 VVG vollständige Leistungsfreiheit).

431 Die möglichen Quoten der Leistungsfreiheit rangieren von 10er bis 25er Schritten, die Rechtsprechung ist insoweit uneinheitlich.[513] Nur leicht fahrlässige Obliegenheitsverletzung ist unschädlich, die Leistungspflicht des Versicherers bleibt bestehen.[514]

432 Für den Fall der grob fahrlässigen Verletzung einer vertraglichen Obliegenheit – den neuen Regelfall – hingegen ist abzuwägen:[515]

- Hat der VN die Obliegenheit zwar grob fahrlässig verletzt, trifft ihn aber nur ein leichtes Verschulden, so könnte die Leistungskürzung 25 % betragen.

---

513 *Heß*, die Quotenbildung nach dem VVG – Erfahrungen seit 2008, r+s 2013, 1 ff.; *Halm/Kreuter/Schwab/Kreuter* a.a.O. VVG, § 28 Rn. 10 AKB D.2.1 Rn. 5 ff.

514 *Günter/Spielmann* r+s 2008, 133 ff. und 177 ff.

515 *BGH* v. 11.01.2012 – IV ZR 251/10, r+s 2012, 166 – Abstellen auf die Umstände des Einzelfalles.

- Bei mittlerer Vorwerfbarkeit der groben Fahrlässigkeit könnte die Leistungskürzung 50 % betragen.
- Bei schwerer Vorwerfbarkeit der groben Fahrlässigkeit könnten 75 % der Leistung gekürzt werden.
- Bei besonders schwerer Vorwerfbarkeit steht nach der Rechtsprechung auch einer Leistungskürzung auf null nichts entgegen.[516]

Die Besonderheiten werden bei den jeweiligen Obliegenheitsverletzungen dargestellt. Dabei gibt es allerdings auch Obliegenheitsverletzungen, die per se schon nur vorsätzlich begangen werden können, wie zum Beispiel der Verstoß gegen die Führerscheinklausel. Für die Abstufung in 25 % Schritten mit Zu- und Abschlägen für Besonderheiten des Einzelfalles spricht sich *LG Münster* aus.[517] 433

**Höhe der Leistungsfreiheit in der KH-Versicherung:** 434

Es ist der Schaden zu ermitteln, dann die Quote der Leistungsfreiheit.[518] 435

▶ Beispiel:

Grobe Fahrlässigkeit und mittleres Verschulden, Leistungsfreiheit 50 %, Schadenaufwand 5000,00 €: Leistungsfreiheit besteht in Höhe von 2500,00 € Schadenaufwand 20000,00 € Leistungsfreiheit 10000 €. In der KH-Versicherung kommt jetzt § 5 Abs. 3 KfzPflVV (für die Obliegenheitsverletzungen vor dem Schadenfall) bzw. § 6 Abs. 3 KfzPflVV (für die Obliegenheitsverletzungen im Schadenfall) zur Anwendung mit der Folge, dass bei Verletzung von nur einer der beiden Obliegenheiten die maximale Leistungsfreiheit 5000 € beträgt.[519] 436

Darüber hinaus hat der VN im Fall der grob fahrlässigen oder vorsätzlichen Verletzung der Obliegenheit noch die Möglichkeit (wie auch in § 6 Abs. 2 VVG a.F. ausschließlich für die Fälle der Obliegenheitsverletzungen im Schadenfall sowie der Gefahrerhöhung vorgesehen), sich gem. § 28 Abs. 3 VVG zu entlasten, wenn er den Kausalitätsgegenbeweis führt, also nachweist, dass die Obliegenheitsverletzung weder für den Eintritt oder die Feststellung des Versicherungsfalls noch für die Feststellung oder den Umfang der Leistungspflicht des Versicherers ursächlich ist.[520] Lediglich bei der arglistig begangenen Obliegenheitsverletzung kommt es auf die Schadenausweitung nicht mehr an. 437

Für den Fall der Verletzung von Aufklärungs- oder Anzeigeobliegenheiten tritt Leistungsfreiheit nur ein, wenn der Versicherer augenfällig auf diese Rechtsfolge in Textform hingewiesen hat. 438

Der Versicherer kann sich gem. § 28 Abs. 5 VVG auch nicht mehr das Recht zum Rücktritt vom Vertrag wegen der Verletzung einer vertraglichen Obliegenheit ausbedingen. (Diese Regelung ist in der KH-Versicherung als Pflichtversicherung jedoch ohne Bedeutung, diese Regelung ist mehr für den Bereich der Personenversicherung gedacht und trägt den Anforderungen der Rechtsprechung der letzten Jahre Rechnung.). 439

Es gelten nunmehr die Verjährungsfristen des BGB, §§ 195, 199 BGB (Verjährungsfrist 3 Jahre beginnend mit dem Jahresschluss, in dem der Anspruch entstand).

516 *OLG Stuttgart* DAR 2011, 204 (»vorsatznaher Grad des Verschuldens rechtfertigt Leistungskürzung auf null«); *LG Kleve* r+s 2011, 206 (für die Kasko-Versicherung zu Fahrzeugdiebstahl).

517 *LG Münster* VersR 2009, 1615 = DAR 2009, 705.

518 *Schirmer* DAR 2008, 181 f.

519 Vgl. hierzu auch *Maier* r+s 2007, 89 f.

520 Problematisch ist dies insbesondere bei der Unfallflucht, vgl. hierzu ausführlich *Staub*, »Unfallflucht« und der Kausalitätsgegenbeweis nach § 28 VVG – Urteil des *AG Dinslaken* (DAR 2022, 210), DAR 2022, 230 und *ders.*: Nochmals zur »Unfallflucht« und zum Kausalitätsgegenbeweis nach § 28 VVG, DAR 2023, 355.

## 2. Folgen der Obliegenheitsverletzungen

440 In den Fällen, in denen der Versicherungsnehmer bzw. die mitversicherte Person ihre Obliegenheiten nicht erfüllt, gewährt der Versicherer gegenüber dieser Person keinen Versicherungsschutz. Es erfolgt eine sog. Versicherungsschutzversagung durch den Versicherer. Diese Versicherungsschutzversagung betrifft nur das Innenverhältnis zwischen Versicherer und Versicherungsnehmer bzw. mitversicherter Person.

441 Der Anspruch des Geschädigten gegen den Versicherer[521] bleibt grundsätzlich bestehen. Ausgenommen sind lediglich die Fälle, in denen verwiesen werden kann (§ 117 Abs. 3 VVG).

442 Hat der Versicherer im Außenverhältnis Leistungen an den Geschädigten zu erbringen, besteht ein Rückforderungsrecht der Versicherung gegenüber dem Versicherungsnehmer (Regress).[522] Dabei geht der Anspruch auf Ersatz des Regressbetrags (Aufwendungen die der KH-Versicherer zum Ersatz des verursachten Schadens hatte) nach den Vorschriften des § 426 BGB (Ausgleich unter Gesamtschuldnern) über. Eine Anwendung des § 86 VVG entfällt, auch in analoger Anwendung, da der Versicherer nicht Ansprüche des Versicherungsnehmers gegen den Schädiger sondern des Geschädigten gegen den Schädiger auf Schadensersatz erhält, wenn er aufgrund der ihm obliegenden gesetzlichen Verpflichtung den Schaden reguliert hat.[523] Auch § 86 Abs. 3 VVG (Familienprivileg) kommen daher nicht zur Anwendung.[524] § 86 Abs. 3 ist ebenfalls nicht anwendbar, wenn z.B. ein Firmenfahrzeug oder ein Mietwagen vom Sohn des Mieters unberechtigt genutzt wird, da für den Regressausschluss immer nur auf die familiären Verhältnisse des Versicherungsnehmers geschaut wird.[525]

443 Dieser Regress, der nach den bis 1994 allgemeingültigen AKB auch bei Obliegenheiten vor dem Versicherungsfall von einer vollständigen Leistungsfreiheit des Versicherers gegenüber dem Versicherungsnehmer bzw. der mitversicherten Person ausging, wurde durch die Geschäftsplanmäßige Erklärung[526] der Versicherer gegenüber dem Bundesaufsichtsamt für das Versicherungswesen auf einen eigenen Rückforderungsbetrag von 5.000 DM begrenzt. Die Geschäftsplanmäßige Erklärung bewirkte jedoch nicht, dass im Fall einer Verweisung[527] der Versicherungsnehmer vor weiteren Regressforderungen, beispielsweise der Krankenkassen, geschützt war. Um den Versicherungsnehmer und die mitversicherten Personen insoweit zu schützen, wurde gleichzeitig mit der Freigabe der Gestaltung der AKB an die einzelnen Versicherer durch die Einführung der KfzPflVV ein Mindestinhalt der AKB festgeschrieben. Zu beachten ist auch, dass vor der Einführung des § 3 Nr. 6 PflVG a.F. auch in den dort (jetzt § 3 PflVG) vollständig verwiesen werden konnte und der andere Schadenversicherer dann vollen Regress genommen hat, obwohl in der Kraftfahrzeug-Haftpflicht-Versicherung eine Regressbeschränkung auf 5.000 DM vereinbart war.[528]

444 § 5 Abs. 3 KfzPflVV (Obliegenheiten vor dem Schadenfall) limitiert auch die Regresshöhe durch Einschränkung der Leistungsfreiheit des Versicherers auf einen Betrag von 5.000 €. Gemäß § 6 KfzPflVV (Obliegenheiten im Schadenfall) ist der Rückgriffsanspruch des Versicherers in minderschweren Fällen auf 2.500 € bzw. in schweren Fällen auf 5.000 € beschränkt.

445 Diese Umgestaltung schützt den VN und die mitversicherten Personen insoweit, als der Versicherer bei Verletzung von Obliegenheiten lediglich bis zu einem maximalen Gesamtbetrag (abhängig von seiner Entschädigungsleistung) in Höhe von 5.000 € Regress nehmen oder verweisen kann. Sobald die Leistungen des Versicherers darüber hinausgehen, muss er diese allein tragen.

---

521 § 3 PflVG §§ 115, 117 VVG.
522 § 116 VVG, 426 BGB.
523 *BGH*. v. 28.11.2005 – VI ZR 136/05; zfs 2007, 195 ff.
524 Zutreffend insoweit *OLG Hamm* – Az. 20 U 212/05, VersR 2006, 965.
525 *OLG Saarbrücken* v. 09.09.2022 – 5 U 2/22.
526 Vgl. insoweit oben Rdn. 55.
527 Vgl. Rdn. 55, 379, 706.
528 Diese Regelung ist für alte Schadenfälle immer noch von Bedeutung!.

Der Versicherer kann den Regress nur gegenüber der Person geltend machen, die gegen eine Pflicht verstoßen hat,[529] da er auch nur gegenüber dieser Person den Versicherungsschutz versagen kann. 446

Sofern bei einem Schadenfall mehrere Obliegenheiten verletzt wurden, gilt die sog. »Bündeltheorie«. Versicherungsschutz ist wegen jeder in Betracht kommenden Obliegenheitsverletzung zu versagen, der Regress ist zu bündeln. Es kann aber gleichwohl nicht für jede verletzte Obliegenheit einmal der Regressbetrag gefordert werden, es ist nur der höchste Betrag, der jeweils für eine verletzte Obliegenheit vorgesehen ist zu regressieren. Fährt zum Beispiel der führerscheinlose Fahrer unter Alkoholeinfluss und verursacht einen Unfall, so kann nur einmal der Höchstbetrag von 5.000 € gefordert werden.[530] 447

Auch bei dem Zusammentreffen von Rechtspflichtverletzung und Obliegenheitsverletzungen ist wegen aller möglichen Verletzungen der Versicherungsschutz zu versagen. Die Gesamtregresshöhe richtet sich auch hier nach der jeweils höchsten Rückforderungssumme. 448

In einzelnen AKB ist festgeschrieben, dass im Fall des Zusammentreffens von Obliegenheitsverletzungen vor dem Schadenfall und Obliegenheitsverletzungen im Schadenfall (z.B. Alkoholkonsum und Unfallflucht) die Regressansprüche kumuliert werden und max. 10.000 € regressiert werden können. Diese Addition ist zulässig, da die Regelungen in § 5 und § 6 KfzPflVV gleichberechtigt nebeneinanderstehen und durch das Unfallereignis eine Zäsur eintritt, die die Addition insoweit erlaubt.[531] 449

Generell kann festgehalten werden, dass der Rückgriffsanspruch des Versicherers gegenüber demjenigen, der das Kfz durch eine Straftat erhält, unbeschränkt ist. Eine Ausnahme hierfür galt nach der Rechtsprechung des *BGH* lediglich für den Fall, dass Sohn oder Tochter das Fahrzeug gegen den Willen des Berechtigten geführt haben. In diesen Fällen gilt eine Beschränkung des Rückgriffs bzw. der Leistungsfreiheit, obwohl an sich der Tatbestand des Diebstahls bzw. der Unterschlagung erfüllt ist.[532] Diese Rechtsprechung ist angesichts der Regelung des § 248b StGB nicht korrekt, auch der unbefugte Gebrauch eines Kfz stellt einen Straftatbestand dar. Eine neuere Entscheidung ist wohl nur deshalb nicht ergangen, weil die Schäden idR. nur das versicherte Fahrzeug betreffen und dort der Regress wegen des Familienprivilegs ausgeschlossen war. Die beim Abkommen von der Straße verursachten Schäden dürften den Betrag von 5.000 € nur in Ausnahmefällen übersteigen, sodass bisher offenbar kein Bedürfnis bestand, diese Regelung zu prüfen.[533] 450

## III. Die Obliegenheiten im Einzelnen

### 1. Verwendungsklausel

D.1.1.1 AKB; § 5 Ziff. 1 KfzPflVV 451

**Allgemeines:** 452

Der Versicherungsnehmer muss in seinem Antrag auch den beabsichtigten Verwendungszweck für das zu versichernde Fahrzeug angeben. In den Tarifbestimmungen werden die einzelnen möglichen Verwendungsarten nochmals näher beschrieben. Üblicherweise liegen die folgenden Verwendungsmöglichkeiten den Verträgen zugrunde:

– PKW-Eigenverwendung oder PKW ohne Vermietung

---

529 § 103 VVG.

530 *LG Gießen* r+s 2001, 184 ff.

531 *OLG Frankfurt* Beschl. v. 17.11.2017 – 10 U 218/16; *OLG Frankfurt* v. 24.07.2014 – 3 U 66/13, NZV 2015, 342 f.; *OLG Celle* v. 26.07.2012 – 8 W 39/12, zfs 2012, 571; *BGH* v. 14.09.2005 – IV ZR 216/04 in r+s 2006, 144; *BGH* v. 09.11.2005 – IV ZR 146/04, r+s 2006, 99 f.; *OLG Hamm* VersR 2000, 843; *OLG Nürnberg* r+s 2000, 443; *Schleswig-Holsteinisches OLG* PVR 2003, 194, *LG Frankfurt* SP 2011, 85; *LG Berlin* r+s 2005, 145 ff.; *LG Gießen* r+s 2001, 184; *Knappmann* VersR 1996, 401 ff.; *Stamm* VersR 1995, 261 ff.

532 *BGH* v. 13.07.1988 – IVa ZR 55/87, VersR 1988, 1062.

533 *Halm/Kreuter/Schwab/Kreuter* a.a.O. AKB D.1.1.2 Rn. 6 ff.

– Selbstfahrervermietfahrzeuge (Mietwagen)
– Landwirtschaftliche Zugmaschine
– Taxi oder Kraftdroschken
– Kraftomnibus
– Kraftomnibus im Gelegenheitsverkehr
– LKW bis 1t Nutzlast
– LKW im Werknahverkehr
– LKW im Werkfernverkehr
– LKW im Europaverkehr
– Gefahrguttransporte etc.
– Rotes Kennzeichen für Prüf-, Probe- und Überführungsfahrten.[534]

453 Nach den Tarifbestimmungen können LKW, welche im Werkverkehr[535] versichert sind, nach Abstimmung mit dem Versicherer unter bestimmten Voraussetzungen auch anderweitig eingesetzt werden. Erforderlich ist, dass der Versicherungsnehmer dies dem KH-Versicherer vorher mitteilt und nachweist, dass die anders verwendeten Fahrzeuge entsprechend versichert sind. Gleiches kann auch durch eine besondere Vereinbarung[536] für sonstige Fahrzeuge erreicht werden. Ausreichend ist, dass der Versicherungsnehmer dies vor der ersten Fahrt anzeigt. Der Versicherer kann sodann seine Prämienkalkulation prüfen und ggf. eine andere Prämie fordern.

454 Am häufigsten wird bei der Verwendung der sog. »Roten Kennzeichen« gegen die Verwendungsklausel verstoßen. Rote Kennzeichen können gem. § 16 FZV für Prüf-,[537] Probe- und Überführungsfahrten an jedermann für einen Zeitraum von 5 Tagen von der Zulassungsstelle gegen Vorlage einer Versicherungsbestätigung eines KH-Versicherers ausgegeben werden.[538] Erforderlich ist außerdem, dass das Rote Kennzeichen an dem Fahrzeug befestigt wurde. Ein im Fahrzeugraum liegendes Kennzeichen erfüllt diesen Zweck nicht, das Fahrzeug war dann nicht mit einem Roten Kennzeichen »versehen«.[539] Fehlt es an diesem Merkmal ist das Fahrzeug überhaupt nicht versichert! Für diesen begrenzten Zeitraum erlangt man mit der Zahlung der Gebühr die Berechtigung, mit einem nicht zugelassenen KFZ am öffentlichen Straßenverkehr teilzunehmen, allerdings auch hier nur für Prüf-, Probe- und Überführungsfahrten.[540] Wenn der Prüfcharakter durch den Einsatz beispielsweise als Taxi spätestens bei der zweiten Fahrt entfällt, liegt ab diesem Zeitpunkt ein Verstoß gegen die Verwendungsklausel vor.

455 Gem. § 16 Abs. 3 FZV werden rote Kennzeichen an Kfz-Händler herausgegeben und unterliegen damit den Bestimmungen der Sonderbedingungen für Kfz-Handel und -Handwerk V Nr. 3.[541] Werden sonstige Fahrten durchgeführt, ist von einem Verstoß gegen die Verwendungsklausel auszugehen. Auch bei sog. Oldtimerkennzeichen ist die Verwendung grundsätzlich beschränkt auf Oldtimer-Veranstaltungen, Prüf-, Probe- und Überführungsfahrten. Ein Verstoß gegen diese Regeln stellt ebenfalls einen Verstoß gegen die Verwendungsklausel dar.[542] Die Ausgabe von roten Kennzeichen ist an die Zuverlässigkeit des Halters geknüpft und kann entzogen werden.[543]

534 *OVG Bremen* v. 18.03.2021 – 1 B 55/21, das rote Kennzeichen kann bei Unzuverlässigkeit entzogen werden.

535 *OLG Celle* v. 17.11.2016 – 8 U 114/16 zu der Einordnung und den Pflichten der Beteiligten.

536 VerBAV 1990, 176.

537 Vgl. hierzu *LG Köln* r+s 2005, 325 bei Fahrt mit für Rennen getuntem Kfz konnte Probecharakter nicht bewiesen werden; *Halm/Kreuter/Schwab/Kreuter* a.a.O. AKB D.1.1.1 Rn. 10 f.

538 *Grabolle*, DAR 2008, 173 f.

539 *OLG Koblenz* v. 04.04.2011 – 10 U 1258/10 (ADAJUR-Dok-Nr. 94821).

540 *OLG Dresden* DAR 2005, 522 das Tanken eines Oldtimers gehört nicht zu den versicherten Wartungsfahrten.

541 VerBAV 1990, 177; *OLG Stuttgart* r+s 2001, 104; *OLG Düsseldorf* NJOZ 2004, 3532 zur Verwendung roter Kennzeichen, die dem Käufer eines Kfz die Heimfahrt ermöglichen sollen.

542 Vgl. hierzu auch *Halm/Fitz*, DAR 2006, 433 ff.; *Halm/Kreuter/Schwab/Kreuter* a.a.O. SB-HH A Rn. 1.

543 *OVG Bremen* v. 18.03.2021 – 1 B 55/21; *VG Stade* v. 12.02.2018 – 1 A 364/16.

Rote Kennzeichen können aber auch gem. § 17 FZV für Oldtimerfahrzeuge ausgegeben werden. Sie dürfen dann nur für Fahrten verwendet werden, um an solchen Veranstaltungen teilnehmen zu können, die der Darstellung von Oldtimer-Fahrzeugen und der Pflege des kraftfahrzeugtechnischen Kulturgutes dienen sowie den dazu erforderlichen An- und Abfahrten bzw. den notwendigen Fahrten für Reparatur und Wartung.[544] 456

**Objektiver Tatbestand:** 457

Die vom Versicherungsnehmer angegebene Verwendung muss vertraglich vereinbart worden sein, damit der Versicherer sich auf einen Verstoß gegen die Verwendungsklausel berufen kann. Er ist nur von der Verpflichtung zur Leistung frei, wenn das Fahrzeug zu einem anderen, als dem im Antrag angegebenen Zweck verwendet wird.

Hierfür ist erforderlich, dass die tatsächliche Verwendung von der im Versicherungsantrag angegebenen Verwendung abweicht und die tatsächliche Verwendung eine höhere Einstufung im Versicherungstarif zur Folge hätte, da diese Obliegenheit den Versicherer vor höheren Risiken schützen soll. 458

▶ **Beispiel:**

Ein PKW wird als PKW-Eigenverwendung versichert und tatsächlich als Taxi oder Selbstfahrer-Vermietfahrzeug genutzt. Hier wäre ein höherer Tarif zu zahlen. Gleiches gilt auch, wenn ein LKW als LKW-Werknahverkehr versichert wird und dann im Fernverkehr eingesetzt wird. 459

Ein einmaliger Verstoß gegen die Verwendungsklausel reicht aus, um die Leistungsfreiheit zu begründen.[545] Als Verstöße gelten: 460

- Geschäftsfahrzeuge einer Werkstatt werden den Kunden während der Reparatur als Ersatzfahrzeug vermietet;[546]
- ein KFZ wird kostenlos weitergegeben, um den Fahrer leichter zum Verkauf zu bewegen;[547]
- ein LKW »Werknahverkehr« wird zum Wohnmobil umgerüstet;[548]
- eine landwirtschaftliche Zugmaschine wird mit Anhänger bei Fastnachtsumzug genutzt;[549]
- LKW mit Verwendungsart »Werkverkehr« wird im Güterverkehr eingesetzt;[550]
- das rote Kennzeichen wird zu einem anderen Zweck verwendet;[551]
- im Fall eines Kfz-Händlers läge dann ein Verstoß vor, wenn er fremde Fahrzeuge, welche bei ihm untergestellt werden sollen oder wurden, mit roten Kennzeichen versieht;
- die Verwendung des Oldtimer-Kennzeichens zu Probe-, Prüf- oder Überführungsfahrten stellt ebenfalls einen Verstoß gegen die Verwendungsklausel dar.
- Problematisch ist insbesondere der Einsatz des Kfz als Mietwagen oder Taxi[552] über eine sog. App Dort werden Privatleute animiert, ihr Fahrzeug zu sonstigen Verwendungszwecken entweder mit dem Anbieten von Chauffeurdiensten oder mit Hilfe einer Mietwagen-App zu gebrauchen.[553]

---

544 *OLG Dresden* DAR 2005, 522 das Tanken eines Oldtimers gehört nicht zu den versicherten Wartungsfahrten.

545 *BGH* v. 21.03.1963 – II ZR 148/60, VersR 1963, 527; *OLG Hamm* VersR 1998, 1498 (einmalige Vermietung des Kfz).

546 *OLG Köln* VersR 1970, 513.

547 *AG Nürnberg* r+s 1984, 229.

548 *LG Mönchengladbach* zfs 1985, 179.

549 *OLG Karlsruhe* VersR 1986, 1180.

550 *BGH* v. 01.03.1972 – IV ZR 107/70, VersR 1972, 530; *OLG Karlsruhe*, Urt. v. 10.08.2022 – 25 U 137/22.

551 *OLG Köln* VersR 1987, 1004.

552 *LG Frankfurt* v. 18.03.2015 – 3-08 O 136/14.

553 *BGH* v. 18.05.2017 – I ZR 3/16 legt die Frage der Zulässigkeit dieser App dem EUGH vor, vgl. *H/K/S* AKB D.1.1.1 Rn. 4 m.w.H; *OLG Frankfurt* v. 09.06.2016 – 6 U 73/15.

– Die Verwendung eines Traktors bei Brauchtumsfahrten kann ein Verstoß gegen die Verwendungsklausel darstellen.[554]

461 Ein Verstoß wurde verneint:
– Mietwagen wird Kunden vorübergehend unentgeltlich zur Verfügung gestellt;[555]
– wenn ständig mitfahrende Kollegen sich zwar an den Kosten beteiligen, der Halter dabei aber keinen Gewinn erzielt (Taxi);[556]
– das KFZ an einen anderen verliehen wird;[557]
– Einsatz einer landwirtschaftlichen Zugmaschine beim Feuerlöschdienst;[558]
– mehr Personen befördert werden, als beantragt.[559]

462 **Subjektiver Tatbestand:**

Wie in allen Fällen, die den Regelungen des § 28 VVG unterliegen, ist es dem Versicherungsnehmer oder dem von dem Verstoß wissenden mitversicherten Fahrer möglich, sich bei vorsätzlicher oder grob fahrlässiger Obliegenheitsverletzung zu exkulpieren. Dies gilt als gelungen, wenn kein Kausalzusammenhang zwischen dem veränderten Verwendungszweck und dem eingetretenen Schaden vorliegen.

▶ **Beispiel:**

463 Ein PKW in Eigenverwendung wird als Taxi genutzt. Der Unfall mit diesem PKW ereignet sich jedoch während einer Privatfahrt. Hier hat sich die mit der vertragswidrigen Verwendung verbundene erhöhte Gefahr nicht konkretisiert. Vielmehr ist der Unfall in einem Zeitraum geschehen, als das Fahrzeug vertragsgemäß genutzt wurde. Der Versicherungsnehmer kann sich auf fehlendes Verschulden oder fehlende Kausalität[560] berufen, muss dies aber auch beweisen. Dies ist in jedem Fall gegeben, wenn sich der Unfall als unabwendbares Ereignis für den VN darstellt.[561]

464 **Rechtsfolgen:**

Folge dieser Obliegenheitsverletzung ist Leistungsfreiheit, wenn die tatsächliche Verwendung des Kraftfahrzeuges eine höhere Prämie nach sich ziehen würde.

465 Die Leistungsfreiheit besteht dann nicht, wenn beispielsweise ein als Taxi versichertes Fahrzeug zu einer Privatfahrt verwendet wird (= Fall der Risikoverringerung).

466 Nach § 28 VVG kann der Versicherer kündigen, er muss es aber nicht, um die Leistungsfreiheit zu erreichen. Außerdem ist gem. § 28 Abs. 2 VVG zu prüfen, ob die Obliegenheitsverletzung arglistig, vorsätzlich oder grob fahrlässig begangen wurde. Im Fall der grob fahrlässigen Begehung der Obliegenheitsverletzung – vom Gesetzgeber als Regelfall angenommen – ist entsprechend dem Grad der Vorwerfbarkeit die Leistungsfreiheit zu quotieren. Welche Grenzen und welche Tatbestandsmerkmale in diesem Bereich anzuwenden sind, bleibt der Rechtsprechung überlassen. Soweit es sich um den Halter des Fahrzeuges handelt, der die Verwendung des versicherten Fahrzeuges ändert, wird von einer Vorsatztat auszugehen sein, da er Kenntnis von dem Versicherungsumfang hat. Etwas

554 *Jahnke*, Karneval und Volksfeste, NZV 2019, 57, 64; *OLG Karlsruhe* v. 30.04.1986 – 4 U 9/85; *OLG Hamm* v. 14.05.2007 – 13 U 34/07 hat diese Frage bei einem Junggesellenabschied nicht geprüft, da die Fahrt mit einem nicht versicherungspflichtigen und nicht versicherten Traktor durchgeführt wurde.

555 *OLG Nürnberg* VersR 1969, 31.

556 *BGH* v. 14.07.1960 – II ZR 228/58, VersR 1960, 726.

557 *BGH* v. 21.04.1966 – II ZR 239/63, VersR 1966, 577.

558 GB BAV 1966, 63.

559 *BGH* v. 12.12.1963 – II ZR 38/61, VersR 1964, 156.

560 *BGH* v. 17.04.2002 – IV ZR 91/01, NJW-RR 2002, 1101.

561 *BGH* 01.03.1972 – IV ZR 107/70, VersR 1972, 530.

anderes kann aber bei mitversicherten Personen gelten, die nicht ohne weiteres erkennen können, wie ein KFZ versichert ist.[562]

Soweit ein Verstoß gegen die Verwendungsklausel mit roten Kennzeichen verursacht wurde, kann auch die mitversicherte Person den Verstoß vorsätzlich begehen, da diese Kennzeichen sich deutlich von den sonstigen Kennzeichen unterscheiden. Hier dürfte die Tatbestandsverwirklichung ausreichen. Beweisbelastet ist der Versicherer. 467

Die Leistungsfreiheit besteht bis 5.000 €. 468

**Verweisung:** 469

Auch hier besteht das Recht des Versicherers, den Geschädigten an andere Schadenversicherer bzw. SVT bis zu einem Betrag von 5.000 € zu verweisen.

## 2. Schwarzfahrt

**D.1.1.2 AKB; § 5 Ziff. 3 KfzPflVV** 470

Ein unberechtigter Fahrer gebraucht das Fahrzeug. Unberechtigt ist ein Fahrer, der die Fahrt ohne oder gegen den ausdrücklichen oder stillschweigenden Willen desjenigen durchführt, der selbstständig über die Benutzung des Fahrzeugs bestimmen kann.[563] Hierbei ist auf den Willen des wahren Berechtigten abzustellen. Wurde im Versicherungsvertrag ein besonderer Rabatt vereinbart, der den Kreis der Fahrzeugführer einschränkt (nur Frauen, nur Fahrer über 23 Jahre o.ä.), bedeutet ein Verstoß gegen diese Klausel nicht, dass der Fahrzeugführer nun zum »Schwarzfahrer« wird. Die Weitergabe des KFZ hat hier – bezogen auf den Versicherungsschutz – keine Konsequenzen. Allerdings muss der VN im Fall des Bekanntwerdens der Verletzung der vertraglich vereinbarten Einschränkung mit dem Verlust des Rabattes sowie einer Vertragsstrafe rechnen (die Höhe der Vertragsstrafe ist den TB des jeweiligen Versicherers zu entnehmen).

Hierbei können verschiedene Varianten vorliegen 471
- die Gebrauchsüberschreitung durch den eigentlich berechtigten Fahrer;[564]
- die Benutzung des KFZ durch einen unberechtigten Fahrer (Sohn oder Tochter des VN, vgl. hierzu unten) und
  demjenigen unberechtigten Fahrer, der das Fahrzeug durch eine Straftat erlangt hat.
- Ermöglichen der Schwarzfahrt[565] durch den Versicherungsnehmer, hierzu sei auf die Rechtsprechung zur Ermöglichung bei Diebstahlsdelikten[566] verwiesen. Der allzu leichtsinnige Umgang mit dem Fahrzeugschlüssel führt zu einer Mitverantwortlichkeit des Halters z.T., begleitet von 50 %iger Leistungskürzung in der Kasko.[567] Das Einwerfen der Fahrzeugschlüssel in den Brief-

---

562 *Maier/Stadler* a.a.O. Rn. 170 f.

563 *BGH* v. 28.10.1981 – IVa ZR 202/80, VersR 1963, 770.

564 Nicht jedes Überschreiten des genehmigten Gebrauchs führt zur Einstufung als unberechtigter Fahrer im Sinne der AKB *LAG Brandenburg* v. 20.03.2014 – 26 SA 222/13.

565 Vgl *OLG Nürnberg* r+s 2005, 366 ff.; *AG Krefeld* r+s 2000, 275; *Rebler*, AnwZert-VerkR 16/2015.

566 *OLG Dresden*, Beschl. v. 21.11.2019 – 4 U 2082/19 (Schlüssel im Wohnmobil); *Diederichsen*, DAR 2007, 302 kein Regress gegen den Gehilfen beim Diebstahl des KFZ; *BGH* v. 28.11.21006, VI ZR 316/05, DAR 2007, 330 f.; *OLG Celle* SP 2010, 19, keine Grobe Fahrlässigkeit, wenn der Schlüssel in der Jackentasche im Kfz verblieben war, wenn Kfz gestohlen wird; ebenso *OLG Koblenz* vom 13.03.2009 – 10 U 1038/08.

567 *KG* v. 15.07.2016 – 6 U 24/18 Nichtanzeige des Schlüsselverlustes als Gefahrerhöhung; *OLG Koblenz* v. 14.05.2012 – 10 U 1292/11, VersR 2013, 576; *OLG Koblenz* 10 U 903/06, zfs 2007, 694; *OLG Saarbrücken* 5 U 102/09, ADAJUR-Archiv Dok.Nr. 91219 (Fahrzeugschlüssel in unbeaufsichtigter Handtasche in einer Diskothek); *OLG Koblenz* v. 00.07.2012 – 10 U 1292/11 (WKRS 2012, 21558); *OLG Naumburg* v. 14.03.2013 – 4 U 47/12 zur Bekanntgabe des Aufbewahrungsortes eines (Wohnungs-)Ersatzschlüssels – nicht unbedingt fahrlässig! Allein der Erwerb eines Porsche Panamera zum

kasten der Werkstatt stellt kein grob fahrlässiges Verhalten dar.[568] Allein das Zurücklassen der Fahrzeugpapiere im Wageninneren führt nicht zu einer Gefahrerhöhung bzw. dem grob fahrlässigen Ermöglichen der Wegnahme.[569] Allerdings wurde die grob fahrlässige Ermöglichung verneint, wenn der Versicherungsnehmer und Besitzer eines Wohnmobils darauf vertraute, dass seine Frau das Wohnmobil nach seiner Aufforderung abgeschlossen hat, ohne es nochmals zu kontrollieren.[570] Eine Pflicht zum Austausch der Schließanlage gibt es wohl auch dann nicht, wenn ein Kfz mit nur einem Schlüssel in Rumänien gekauft und nach Deutschland verbracht wird.[571]

**▶ Beispiele für ein konkludentes (mutmaßliches) Einverständnis:**

472 – Übergabe der Kfz-Schlüssel mit exakten Anweisungen hinsichtlich der Benutzung;[572]
– wenn der angestellte Fahrer[573] aus Sachzwängen heraus von der genehmigten Route abweicht.[574]

473 Keine Schwarzfahrt liegt vor, wenn bei erlaubter Probefahrt zur technischen Überprüfung zusätzlich geschäftliche und persönliche Angelegenheiten erledigt wurden, die nicht Hauptzweck der Fahrt waren.[575]

474 Kein Einverständnis liegt hingegen vor,
– wenn der angestellte Fahrer[576] aus rein privaten Gründen in größerem Umfang von der vorgeschriebenen Route abweicht,[577]
– der Fahrer das Fahrzeug zu einem anderen Zweck verwendet (private Reise statt nur Weg von und zur Arbeitsstätte).[578]

475 Der Berechtigte (in aller Regel der Fahrzeughalter) kann nachträglich die Schwarzfahrt zwar genehmigen, hierdurch wird der Fahrer jedoch nicht zwangsläufig zum berechtigten Fahrer.[579] Bedeutung hat dies vor allem bei Firmen- und Mietfahrzeugen, wenn dort nur der Mitarbeiter[580] bzw. Mieter und

---

Preis von 43.000 € mit nur einem Schlüssel, der anschließend gestohlen wurde, soll nicht grob fahrlässig gewesen sein, *LG Bielefeld*, Urt. v. 17.05.2021 – 18 O 144/20.

568 *LG Oldenburg* v. 14.10.2020 – 13 O 688/20.

569 *OLG Hamm* v. 03.07.2013 – 20 U 226/12 ADAJUR Dok.Nr. 102753 = r+s 2013, 373.

570 *OLG Hamm*, Beschl. v. 23.01.2023 – 6 U 107/21, (ein Regress gegen die ggf. grob fahrlässig handelnde Ehefrau unterbleibt wegen § 86 Abs. 3 VVG.

571 *LG Bielefeld* v. 17.05.2021 – 18 O 144/20.

572 *BGH* v. 13.06.1984 – IVa ZR 139/82, VersR 1984, 834. Bei bloßem Verstoß gegen den Willen in der Art der Benutzung liegt keine Schwarzfahrt vor.

573 Vgl. zum Regress gegen den Arbeitnehmer wg. eventuell bestehendem Freistellungsanspruch gegen den Arbeitgeber Nugel, AnwZert-VerkR 18,2015; *Halm/Steinmeister*, DAR 2005, 481 ff.; beachte aber Urteil *LAG Hamm* v. 23.03.2011 – 3 SA 1824/20 (ADAJUR) zur Haftung des AN bei Schädigung des Linienbusses mit mittlerer Fahrlässigkeit. Bei grobfahrlässiger Herbeiführung des Schadenfalls soll nach Auffassung des BAG eine Haftungsbeschränkung auf 3 Monatsgehälter entfallen, *BAG* vom 15.11.2012 – 8 AZR 705/11.

574 *BGH* v. 12.12.1963 – II ZR 30/61, VersR 1964, 231; v. 13.06.1984 – IVa ZR 139/82, VersR 1984, 834; *OLG Köln* r+s 2000, 186.

575 *LG Passau* VersR 1978, 813.

576 Vgl. zum Regress gegen den Arbeitnehmer wg. eventuell bestehendem Freistellungsanspruch gegen den Arbeitgeber *Halm/Steinmeister*, DAR 2005, 481 ff.; beachte aber Urteil *LAG Hamm* vom 23.03.2011 – 3 SA 1824/20 (ADAJUR) zur Haftung des AN bei Schädigung des Linienbusses mit mittlerer Fahrlässigkeit.

577 *OLG Koblenz* VersR 1977, 30.

578 *OLG Karlsruhe* VersR 1983, 236; Einkaufsfahrt.

579 *BGH* v. 01.12.1982 – IVa ZR 145/81, VersR 1983, 233.

580 Vgl. aber *OLG Köln* r+s 2000, 186 (keine Schwarzfahrt, wenn Kollege in einem 400m entfernten Restaurant Essen holt und den Dienstwagen benutzt und eine konkrete Nutzungseinschränkung des Arbeitgebers nicht vorlag); vgl. zum Regress gegen den Arbeitnehmer wg. eventuell bestehendem

sonstige namentlich benannte Personen als Fahrer vorgesehen sind. Eine nachträgliche Genehmigung kann jedoch unwirksam sein, z.B. wegen Volltrunkenheit.[581] Trotz Zustimmung des Berechtigten ist der Fahrer unberechtigter Fahrer, wenn die Zustimmung im Zustand der Geschäftsunfähigkeit, z.B. der Volltrunkenheit erteilt wird.[582]

In diesem Zusammenhang ist jedoch zu berücksichtigen, dass eine zur Nichtigkeit von Willenserklärungen führende Volltrunkenheit eine ganz erhebliche Alkoholmenge voraussetzt.[583] In diesem Fall bleibt der Versicherungsschutz für den Versicherungsnehmer (und Halter) bestehen.[584] Die Tatsache, dass der Fahrer irrtümlich davon ausgeht, dass er den Schlüssel von dem wahren Berechtigten erhalten hat, macht ihn noch nicht zum berechtigten Fahrer i.S.d. AKB.[585] 476

Bei der Schwarzfahrt handelt es sich um eine vertragliche Obliegenheitsverletzung vor Eintritt des Versicherungsfalles, auf die § 28 Abs. 1 und 2 VVG anwendbar sind. Leistungsfreiheit tritt nur ein, wenn die Verletzung verschuldet ist. Der Verschuldensbegriff des VVG entspricht dem des BGB. 477

Als Verschuldensformen kommen daher Vorsatz und Fahrlässigkeit in Betracht. Vorsatz liegt vor, wenn der unberechtigte Fahrer weiß, dass er nicht berechtigt ist und dennoch die Fahrt bewusst vornimmt (typischer Fall: Dieb). Fahrlässigkeit liegt vor, wenn der unberechtigte Fahrer hätte erkennen können, dass er unberechtigt ist und dennoch fährt. 478

Das Verschulden ist dann ausgeschlossen, wenn der Fahrer aufgrund vorangegangener ähnlicher Situationen davon ausgehen konnte, dass eine entsprechende Genehmigung vorlag, weil der Halter in der Vergangenheit ähnliche Fahrten gebilligt hatte. 479

Hat der Versicherungsnehmer die Schwarzfahrt schuldhaft ermöglicht, besteht auch ihm gegenüber Leistungsfreiheit.[586] 480

Der unberechtigte Fahrer muss fehlendes Verschulden[587] oder eine Zurechnungsunfähigkeit, welche ein Verschulden ausschließt,[588] beweisen, also den Kausalitätsgegenbeweis[589] führen. 481

Es ist auf die Frage des Verschuldens des unberechtigten Fahrers einzugehen. Unkritisch ist in all den Fällen von einer vorsätzlichen Begehung der Schwarzfahrt auszugehen, wenn der Fahrer die Schlüssel ohne Einverständnis des wahren Berechtigten an sich nimmt und die Fahrt antritt (so auch der Dieb). Die Leistungsfreiheit besteht dann in voller Höhe begrenzt durch § 5 KfzPflVV auf 5.000 € (gilt nicht für den Dieb!). Beweisbelastet ist der Versicherer. Hat hingegen der Fahrer vom wahren Berechtigten das Fahrzeug erhalten und es liegt der Fall einer Gebrauchsüberschreitung vor, weil das Fahrzeug zu einem nicht genehmigten Umweg oder zu einer Privatfahrt genutzt wurde, ist eine Quotierung nach der Schwere des Verschuldens vorzunehmen, § 28 Abs. 2 S. 2 VVG. Die Kriterien hierfür sind nicht objektiv feststellbar, sodass den zukünftigen Rechtsstreitigkeiten – jedenfalls bei dem durchschnittlichen Schadenfall mit Aufwendungen bis 10.000 € – Tür und Tor geöffnet wurden. Für den Fall, dass Privatfahrten grundsätzlich untersagt waren und auch nicht nachträglich eine Genehmigung des wahren Berechtigten erteilt wurde, ist von einem schweren Fall der grobfahrlässig begangenen Obliegenheitsverletzung auszugehen. Die Leistungsfreiheit könnte dann bei 482

---

Freistellungsanspruch gegen den Arbeitgeber *Halm/Steinmeister* Arbeitsrecht und Straßenverkehr in DAR 2005, 481 ff.

581 *BGH* v. 06.02.1967 – II ZR 135/64, VersR 1967, 341; *OLG Nürnberg* VersR 1978, 339; *OLG Hamm* VersR 1978, 1107.

582 *OLG Nürnberg* VersR 1978, 339.

583 *OLG Köln* VersR 1995, 205.

584 *OLG Hamm* VersR 1978, 1107.

585 *BGH* v. 11.07.1963 – II ZR 188/62, VersR 1963, 771.

586 *AG Krefeld* r+s 2000, 275.

587 *BGH* v. 24.11.1966 – II ZR 182/64, VersR 1967, 50.

588 *BGH* v. 09.02.1972 – IV ZR 122/71, VersR 1972, 342.

589 *BGH* v. 04.05.1964 – II ZR 153/61, VersR 1964, 709.

75 % liegen. Es ist dann an dem Fahrer, einen minderschweren Fall oder gar nur leicht fahrlässige Obliegenheitsverletzung nachzuweisen.

483 Nach A.1.2.c AKB ist auch der unberechtigte Fahrer mitversicherte Person. Daher muss der Versicherer im Außenverhältnis, d.h. dem Geschädigten gegenüber, dessen Ansprüche befriedigen. Die Haftung ist auch in diesem Fall auf die Mindestversicherungssumme beschränkt.[590]

484 Zu beachten ist, dass in den Fällen des unberechtigten Gebrauchs keine Halterhaftung besteht, es sei denn, dieser hat die unbefugte Benutzung schuldhaft ermöglicht.[591] Wenn also im Fall einer Schwarzfahrt den Fahrer – aus welchen Gründen auch immer – kein Verschulden trifft, entfällt jede Leistungspflicht des Versicherers. Im Innenverhältnis zum unberechtigten Fahrer ist der Versicherer in jedem Fall leistungsfrei. Sofern der Versicherer Direktansprüche des Geschädigten befriedigen muss, hat er gegenüber dem unberechtigten Fahrer einen Rückgriffsanspruch.[592] Es ist auf die genaue Formulierung in den AKB zu achten, da verschiedentlich jetzt die Formulierung verwendet wird: »Der Versicherungsnehmer hat sicher zu stellen, dass Unberechtigte sein Kfz nicht nutzen können.« Diese Formulierung hat zur Folge, dass grundsätzlich bei jedem Verstoß gegen diese Obliegenheit davon ausgegangen werden muss, dass der Halter nicht ausreichend Sorge getragen hat, dass eine unberechtigte Nutzung verhindert wurde. Er muss in diesem Fall beweisen, dass er die Schwarzfahrt nicht ermöglicht hat.

485 Gem. § 28 Abs. 1 VVG kann der Versicherer kündigen, er muss es aber nicht, um die Leistungsfreiheit zu erreichen.

486 Die Beweislast für das Vorliegen der Schwarzfahrt liegt beim Versicherer, zusätzlich gegenüber dem Versicherungsnehmer ggf. das Ermöglichen der Schwarzfahrt.

487 Leistungsfreiheit besteht gegenüber dem unberechtigten Fahrer und gegenüber dem Versicherungsnehmer, soweit er die Schwarzfahrt ermöglicht hat. Sofern aufgrund des Direktanspruchs des Geschädigten Entschädigungsleistungen erbracht werden müssen, besteht diesen Personen gegenüber ein Rückgriffsanspruch § 116 VVG, § 426 BGB.

488 Zum Schutz der Familie des Versicherungsnehmers wurde für den Sohn oder die Tochter, welche unberechtigt das Fahrzeug benutzten, eine Sonderregelung geschaffen.[593] Da der Sohn/die Tochter das Fahrzeug ohne Wissen des Versicherungsnehmers genommen hat, war er zum Zeitpunkt des Unfalles unberechtigter Fahrer. Der *BGH* ging davon aus, dass die Geschäftsplanmäßige Erklärung[594] ähnlich wie die AKB zu behandeln und auszulegen ist. Weiterhin führte der *BGH* aus, dass nach dem Sprachgebrauch des täglichen Lebens Sohn oder Tochter, die das Fahrzeug, wenn auch ohne Wissen des Halters, an sich nehmen, keine strafbare Handlung begehen. Daher ist in diesen Fällen der Regress auf 5.000 € beschränkt. Dies gilt jedoch nur für die AKB vor dem 01.07.1994. Die Fälle danach unterfallen ausschließlich den neuen AKB, soweit diese auf das Verursacherfahrzeug anzuwenden sind.

489 Nach D.1.1.2 AKB besteht bei einer Schwarzfahrt nunmehr lediglich Leistungsfreiheit in Höhe von 5.000 €. Das bedeutet, dass über einen Betrag von 5.000 € der Versicherer auch dem unberechtigten Fahrer gegenüber zur Leistung verpflichtet ist und daher Rückgriffsansprüche lediglich bis zu 5.000 € geltend machen kann. Weder die KfzPflVV noch die AKB treffen für Kinder des Versicherungsnehmers Sonderregelungen. Diese Grenze gilt jedoch nur für den unberechtigten

590 *OLG Stuttgart* r+s 2001, 312.

591 *BGH* v. 20.04.1961 – II ZR 258/58, VersR 1961, 529, § 7 Abs. 3 StVG; *OLG Nürnberg* r+s 2004, 366 f.

592 § 116 VVG, § 426 BGB.

593 *BGH* v. 13.07.1988 – IVa ZR 55/87, VersR 1988, 1062.

594 Der Wortlaut der geschäftsplanmäßigen Erklärung ist abgedruckt bei *Stiefel/Hofmann* a.a.O. § 2 Rn. 40 (in alten Auflagen), in der neueren wird in Vor § 1 AKB Rn. 9 der 17. Auflage lediglich Bezug genommen m.w.N, die aktuelle Auflage differenziert nicht mehr nach Familienangehörigen oder Fremden!.

Fahrer (Sohn/Tochter, Mitarbeiter, der das Nutzungsrecht überschreitet). In diesen Fällen gilt eine Beschränkung des Rückgriffs bzw. der Leistungsfreiheit, obwohl an sich der Tatbestand des Diebstahls bzw. der Unterschlagung erfüllt ist.[595] Gegenüber demjenigen, der das Fahrzeug durch eine strafbare Handlung (wohl auch § 248b StGB) erlangt hat, ist in den AKB üblicherweise die volle Leistungsfreiheit vorbehalten.

Wenn der führerscheinlose 15-jährige Fahrer die Fahrzeugschlüssel an sich bringt, das Fahrzeug 490
ohne Wissen und Zustimmung des Halters (Freund der Mutter) im Zustand der die Schuldfähigkeit ausschließenden Trunkenheit nutzt (glaubt, er spiele Playstation), bei der Fahrt von der Fahrbahn abkommt, in ein Grundstück einfährt und dabei einen Dritten anfährt und erheblich verletzt, führt diese Konstellation zur vollständigen Leistungsfreiheit des Versicherers. Den Fahrer trifft an dem Zustandekommen kein Verschulden, eine Halterhaftung scheidet nach § 7 Abs. 3 StVG ebenfalls aus.

**Beweislast:** 491
- Versicherer: Vorliegen der Schwarzfahrt gegenüber Versicherungsnehmer: Ermöglichen der Schwarzfahrt
- unberechtigter Fahrer: fehlendes Verschulden,[596] Zurechnungsunfähigkeit, welches ein Verschulden ausschließt,[597] Kausalitätsgegenbeweis.[598]

**Verweisung:** 492

Bei einer Versicherungsschutzversagung wegen Schwarzfahrt kann der Geschädigte nicht an andere Schadenversicherer bzw. Sozialversicherungsträger verwiesen werden. Die Verweisungsmöglichkeit ist ausdrücklich in § 3 PflVG ausgeschlossen.

### 3. Führerscheinklausel

#### D1.1.3 AKB, § 5 Abs. 1 Nr. 4 KfzPflVV 493

Der Versicherer ist von der Verpflichtung zur Leistung frei, wenn der Fahrer des Fahrzeugs bei Eintritt des Versicherungsfalles nicht die vorgeschriebene Fahrerlaubnis hat. Gemeint ist der Fahrer des versicherten Fahrzeugs. Dieser kann, muss aber nicht identisch mit dem Versicherungsnehmer, Halter oder Eigentümer sein. Auch ein Pocketbike unterfällt der Führerscheinklausel.[599]

Gegenüber Versicherungsnehmer, Halter oder Eigentümer besteht Leistungspflicht nach D.1.1.3 494
AKB, letzter Satz, wenn diese beweisen können, dass sie
- beim berechtigten Fahrer das Vorliegen einer Fahrerlaubnis schuldlos annehmen durften[600] (1. Alternative)
- oder es sich bei dem Fahrer ohne Fahrerlaubnis um einen unberechtigten Fahrer gehandelt hat (2. Alternative).

Auch hier kommt es auf den Text der jeweiligen AKB an, sofern in diesen die Formulierung aufge- 495
nommen ist »der Versicherungsnehmer hat sicherzustellen, dass das Fahrzeug nicht von einem Fahrer

---

595 *BGH* v. 13.07.1988 – IVa ZR 55/87, VersR 1988, 1062 ff.

596 *BGH* v. 24.11.1966 – II ZR 182/64, VersR 1967, 50.

597 *BGH* v. 09.02.1972 – IV ZR 122/71, VersR 1972, 342.

598 *BGH* v. 04.05.1964 – II ZR 153/61, VersR 1964, 709.

599 *OLG Dresden* vom 11.09.2013 – 2 OLG 21 SS 652/13, ADAJUR Dok.Nr. 102944, vgl. auch *EuGH* v. 12.10.2023 – C-286/22; *OLG Hamm* v. 28.02.2013 – 4 RBS 47/13, ADAJUR Dok.Nr. 103167 und *LG Saarbrücken* v. 15.11.2013 – 13 S 107/13 zu E-Bikes und Pedelecs; vgl. auch *Figgener/Wendland*, E-Scooter im Licht der Rechtsprechung, NJW-Spezial 2024, 9 ff.; Ternig, Elektrofahrräder – E-Bikes, zfs 2014, 244; *LG Münster* v. 09.03.2020 – 8 O 272/19 zur Haftung von E-Scootern, Zu Führerscheinklausel und Alkoholgrenzen vgl. *Kerkmann*, Trunkenheitsfahrt mit E-Scootern, NZV 2020, 161 ff. und 560 ff. sowie *OLG Frankfurt/M.* v. 08.05.2023 – 1 Ss 276/22; *AG Dortmund*, Urt. v. 02.11.2023 (729 Ds-124 Js 946/23-114/23).

600 *LG Oldenburg* v. 03.07.2015 – 13 S 506/14, r+s 2015, 493.

ohne vorgeschriebene Fahrerlaubnis benutzt wird«, ist der Versicherungsnehmer mit einer höheren Sorgfaltspflicht belastet. Besondere Sorgfalts- und Überwachungspflichten treffen die Arbeitgeber, insbesondere Fuhrunternehmen, diese müssen regelmäßig die Führerscheine ihrer Mitarbeiter kontrollieren, aber auch der Arbeitgeber, der seinen Mitarbeitern Firmenfahrzeuge zum privaten Gebrauch zur Verfügung stellt, muss diese überwachen.[601] Wenn ein führerscheinloser Fahrer das Fahrzeug benutzte, spricht der erste Anschein dafür, dass der Versicherungsnehmer seine Obliegenheit insoweit verletzt hat. Welche Fahrerlaubnis im Einzelnen erforderlich ist, ist in den §§ 4 ff. FeV geregelt.

496 Weiterhin muss der Fahrer im Besitz der erforderlichen Fahrerlaubnis sein.[602] Eine Fahrerlaubnis ist nur bei Fahrten auf öffentlichen Wegen und Plätzen vorgeschrieben, §§ 2 Abs. 1 S. 1 StVG, 4 Abs. 1 S. 1 FeV. Auch ein Privatgelände, welches bestimmungsgemäß einer Vielzahl von Personen zugänglich ist (der Parkplatz eines Supermarktes), gilt als öffentliches Gelände im Sinne dieser Vorschrift.[603]

497 Handelt es sich jedoch nicht um einen öffentlichen Platz oder um einen Privatplatz, der einer unbestimmten Vielzahl von Personen zugänglich ist, ist eine Fahrerlaubnis nicht vorgeschrieben. Ein Verstoß gegen die Führerscheinklausel kann dann nicht vorliegen.

498 Im Fahrschulwagen gilt der Fahrlehrer als Führer,[604] da sonst der Fahrschüler während seiner Ausbildung ständig gegen die Führerscheinklausel verstoßen würde.

499 Im Fall der Sonderregel »begleitetes Fahren ab 17«[605] muss – ähnlich wie beim Fahrschüler – zum einen der Fahrzeugführer (der 17-Jährige) über die entsprechende Fahrerlaubnis verfügen, zum anderen auch der Begleiter mindestens 5 Jahre im Besitz einer gültigen Fahrerlaubnis sein und darüber hinaus auch die sonstigen Kriterien des § 48a FEV (Mindestalter 30 Jahre, Fahrerlaubnis Klasse B, nicht mehr als 1 Punkt im Verkehrszentralregister) erfüllen.[606] Sind diese Kriterien erfüllt, besteht Versicherungsschutz, sind sie nicht erfüllt, stellt sich die Frage, inwieweit beiden Fahrzeugführern der Versicherungsschutz zu versagen ist, ggf. auch dem Personen verschiedenen Versicherungsnehmer, der dieses zu prüfen hätte.

500 Besonderheiten in Zusammenhang mit der gültigen Fahrerlaubnis ergeben sich, wenn ein ausländischer Führerschein im Bereich von Deutschland gebraucht wird:[607]

501 Für einen Ausländer, der seinen ständigen Aufenthalt in Deutschland begründet, gilt seine ausländische Fahrerlaubnis nur 1 Jahr lang ab Grenzübertritt; dann braucht er einen deutschen Führerschein.[608]

502 Seit 01.07.1996 brauchen Inhaber einer Fahrerlaubnis aus Mitgliedstaaten der europäischen Union oder EWR-Staaten ihren Führerschein nicht mehr in einen deutschen Führerschein umschreiben lassen,[609] wenn sie ihren ständigen Aufenthalt in die Bundesrepublik Deutschland verlegen. Der Führerschein wird so lange anerkannt, wie er gültig ist. Die entsprechende Bestimmung der Zweiten EU-Führerscheinrichtlinie wird in deutsches Recht übernommen. Bisher galt der mitgebrachte Führerschein in diesen Fällen längstens ein Jahr. Personen, die es versäumt haben, ihre Fahrerlaubnis umschreiben zu lassen und die deshalb in Deutschland nicht mehr fahren dürfen, können ab 01.07.1996 wieder mit ihrem ausländischen Führerschein am Straßenverkehr teilnehmen, sofern

601 Vgl. insoweit auch *Mielchen/Meyer* DAR 2008, 5 ff.
602 *OLG Nürnberg* r+s 2003, 7 (Verstoß durch Entdrosselung eines Krades, Frage der Gefahrerhöhung wurde nicht erörtert).
603 Feyock/Jacobsen/Lemor/*Jacobsen* AKB D Rn. 32 ff. m. Verweis auf § 2b AKB Rn. 32.
604 *Blum/Weber* NZV 2007, 228 f.
605 § 48a FeV.
606 Vgl. hierzu auch *Albrecht* SVR 2005, 283.
607 *Geiger* DAR 2010, 557 ff.; § 28 Abs. 1 FeV, § 4 Abs. 1 S. 3 und 4 IntKfzVO; *BGH* v. 02.11.1968 – IV ZR 775/68, VersR 1970, 464, *OLG Nürnberg* SP 2002, 207; *OLG Naumburg* zfs 2005, 22 f. für indische FE und Unkenntnis der deutschen Verkehrsvorschriften.
608 Vgl. *BGH* v. 02.11.1968 – IV ZR 775/68, VersR 1970, 464.
609 § 28 Abs. 1 FeV.

dieser noch gültig ist. Ein Umtausch ist nicht mehr erforderlich. Eine Fahrerlaubnis aus einem Staat außerhalb der EU und der EWR gilt nur für die Dauer von 6 Monaten ab Begründung des ständigen Aufenthaltes in der BRD und kann auf Antrag um weitere 6 Monate verlängert werden, wenn der Inhaber glaubhaft macht, seinen Wohnsitz nicht länger als insgesamt 12 Monate im Inland zu behalten. Wird dieser Zeitraum überschritten, wird die Fahrerlaubnis nicht mehr anerkannt.[610] Der Inhaber muss sich um eine deutsche Fahrerlaubnis bemühen. Eine Umschreibung gem. § 31 FeV ist möglich.

Personen, die ihre ausländische Fahrerlaubnis noch nicht länger als zwei Jahre besitzen, unterliegen 503 auch den Regelungen des Führerscheins auf Probe und sind deshalb verpflichtet, ihre Fahrerlaubnis innerhalb von drei Monaten nach Begründung des ständigen Aufenthaltes bei der zuständigen Führerscheinstelle registrieren zu lassen.

Eine Besonderheit hat die EU-Erweiterung in Bezug auf Führerscheine mit sich gebracht, die nicht 504 auf viel Gegenliebe gestoßen ist: Wenn jemand, dem in Deutschland der Führerschein entzogen wurde (z.B. wegen Alkoholfahrten), kann er nach derzeitigem Recht eine Fahrerlaubnis in einem EU-Mitgliedsstaat erwerben und mit diesem in Deutschland ein Kraftfahrzeug führen, da durch EU-Recht die Anerkennung ausländischer Führerscheine im Inland zwingend vorgegeben wird.[611] Bisher lagen Entscheidungen vor, die jedenfalls dann Anerkennung einer ausländischen Fahrerlaubnis (und damit die Teilnahme am öffentlichen Straßenverkehr) zuließen, wenn die Sperrfrist für den Antrag auf Wiedererteilung abgelaufen war.[612] Umstritten war insoweit, ob die Anerkennung eines während der Sperrfrist erworbenen ausländischen Führerscheins jedenfalls nach Ablauf der Sperrfrist anerkannt werden könnte. Die Rechtsprechung hierzu war uneinheitlich.[613] Zwischenzeitlich wurde entschieden, dass die Führerscheine, die während der Sperrfristen erworben wurden, auch nicht nach Ablauf der Sperrfristen in Deutschland anzuerkennen sind.[614] Ein Verstoß gegen die Führerscheinklausel liegt auch dann vor, wenn eine ausländische Fahrerlaubnis verwendet wird, die unter Verstoß gegen das Wohnsitzgebot erworben wurde.[615] Dabei kommt es nicht darauf an, ob der Entzug auf Alkohol- oder Drogenkonsum zurückzuführen ist oder ob wegen des Erreichens von 18 Punkten im Verkehrszentralregister die Fahrerlaubnis entzogen wurde.[616]

Führerscheine der Bundeswehr sind nur auf die Dauer des Dienstverhältnisses beschränkt und kön- 505 nen auf Antrag umgeschrieben werden.

Zu beachten ist, dass bei Fahrgastbeförderung zusätzliche Fahrerlaubnisse erforderlich sind, §§ 6 506 Abs. 1, 10, 48 FeV.

610 § 4 Abs. 1 S. 3 und 4 IntKfzVO.

611 *Geiger* DAR 2010, 121 ff.

612 *EuGH* v. 29.04.2004 – C 476/01, NJW 2004, 1725; *VG Chemnitz* DAR 2006, 637; *VG Sigmaringen* DAR 2006, 640.

613 *OLG Stuttgart* NJW 2008, 243 m.w.N., Verwendung =Verbotsirrtum.

614 *EuGH* v. 21.05.2015 – C-339/14, DAR 2015, 382f; *OLG Braunschweig* v. 27.05.2015 – 1 SS 24/15.; *Koehl*, DAR 2016, 186 f.

615 Eine solche Fahrerlaubnis kann entzogen werden, *BVerwG* – 23.05.2013 – 3 B 60/12; *BVerwG* v. 25.08.2011 – 3 C 28/10, ADAJUR Dok.Nr. 96224; *EuGH* Urt. v. 01.03.2012 – Rs. C-467/10: ein unter Verstoß gegen das Wohnsitzerfordernis erworbener Führerschein muss nicht anerkannt werden; *BVerwG* Beschl. v. 24.10.2019 – 3 B 26/19; *BVerwG* v. 05.07.2018 – 3 C 9/17; *BVerwG* v. 22.10.2014 – 3 B 21/14; *OLG München* v. 04.07.2012 – 4 STRR 095/12, ADAJUR 2012/98427; ebenso *OLG Stuttgart* Beschl. v. 06.02.2012 – 6 Ss 605/11 für die Vorlage von gefälschtem Führerschein eines EU-Landes zur Umschreibung in einem anderen EU-Land, der in Deutschland ebenfalls nicht verwendet werden darf.

616 *EuGH* v. 26.06.2008 – C 329/06, NJW 2008, 2403; *Dauer* Wenig Bewegung in Sachen Führerscheintourismus NJW 2008, 2381 f. m.w.N., *Schünemann* DAR 2007, 382 f.; bei Verstoß gegen die »Wohnsitz-Regelung« besteht keine Anerkennungspflicht *EuGH* v. 19.05.2011 – RS C-184/10, DAR 2011, 385.

507 Ein Verstoß gegen die Führerscheinklausel liegt vor, wenn das Führerscheinpapier von der zuständigen Verwaltungsbehörde noch nicht ausgehändigt wurde. Das gilt sogar dann, wenn die Sperrfrist für die Wiedererteilung der Fahrerlaubnis bereits abgelaufen ist und der Fahrer bereits einen Antrag auf Wiedererteilung gestellt hat.[617]

508 Steuert jemand ein Fahrzeug, obwohl sein – vorhandener – Führerschein von der Polizei beschlagnahmt wurde, liegt ebenfalls ein Verstoß gegen die Führerscheinklausel vor.[618]

509 Gegen die Führerscheinklausel verstößt auch derjenige, der gegen eine im Führerschein eingetragene Beschränkung verstößt.[619] Beschränkungen sind beispielsweise in § 17 Abs. 6 FeV enthalten. Hiernach ist die Fahrerlaubnis auf das Führen von Automatikfahrzeugen zu beschränken, wenn auch die Prüfungsfahrt mit einem Automatikfahrzeug durchgeführt wurde. Weitere Beschränkungen sind möglich aufgrund von §§ 12 ff. FeV.

510 Kein Verstoß gegen die Führerscheinklausel liegt vor, wenn jemand trotz eines ausgesprochenen Fahrverbotes ein Kfz führt.[620] Ein Fahrverbot kann angeordnet werden nach §§ 44 StGB oder 25 StVG. Die entsprechenden Vorschriften der AKB erwähnen das Fahrverbot nicht. Nach dem Sinn und Zweck der Führerscheinklausel geht nur von einem ungeeigneten Fahrer eine erheblich höhere Verkehrs- und Haftpflichtgefahr aus. Beim Fahrverbot wird aber die Ungeeignetheit des Fahrers im Gegensatz zur Entziehung der Fahrerlaubnis gerade nicht festgestellt.[621]

511 Nicht unter die Führerscheinklausel fällt ferner ein Verstoß gegen Auflagen in einem Führerschein.[622] Auflagen können beispielsweise bestimmen, dass ein Fahrer eine Brille tragen muss oder eine bestimmte Höchstgeschwindigkeit einhalten muss.

512 Da es sich bei der Führerscheinklausel um eine vertragliche Obliegenheit handelt, ist § 28 Abs. 1 VVG anwendbar. Dies bedeutet, dass der Fahrer schuldhaft gehandelt haben muss.

513 Es reicht aus, dass der Fahrer fahrlässig gegen die Führerscheinklausel verstößt. Die Anwendbarkeit des § 28 VVG ermöglicht dem Fahrer, den Kausalitätsgegenbeweis, dass die fehlende Fahrerlaubnis keinen Einfluss auf den Schaden hatte, zu führen.[623] Der Beweis ist geführt, wenn der Versicherungsfall auf einem unabwendbaren Ereignis, § 7 Abs. 2 StVG oder ausschließlich auf einem Fehler in der Beschaffenheit des Kfz oder dem Versagen seiner Einrichtungen beruht.[624] Der Unabwendbarkeitsnachweis orientiert sich am Leitbild eines Idealfahrers, der sich in der konkreten Situation geistesgegenwärtig optimal verhalten hätte.

514 Neben dem Nachweis eines unabwendbaren Ereignisses oder dem Versagen technischer Einrichtungen ist der Kausalitätsgegenbeweis auch führbar durch den sog. Schutzzweck der Norm.

515 Fehlt beispielsweise eine zusätzliche Fahrerlaubnis, z.B. die zur Fahrgastbeförderung, dann kommt es maßgeblich darauf an, ob die besondere Fahrerlaubnis die Vermeidung von Unfällen der eingetretenen Art bezweckt: Ein Omnibusfahrer ohne Fahrerlaubnis zur Fahrgastbeförderung fährt aufhaltende Fahrzeuge auf. Es entstand lediglich Sachschaden. In diesem Fall hielt der *BGH* den

617 *LG Köln* VersR 1977, 951.
618 *BGH* v. 28.10.1981 – IVa ZR 202/80, VersR 1982, 84.
619 *BGH* v. 09.04.1969 – IV ZR 612/68, VersR 1969, 603 (Schutzbrille).
620 *BGH* v. 11.02.1987 – IVa ZR 144/85, VersR 1987, 897; *LG Hannover* v. 19.11.2014 – 6 S 52/14, DAR 2015, 34. a.A. *LG Nürnberg*-Fürth v. 24.10.1984 – 2 S 3876/84 (Juris) und *LG Göttingen* v. 09.05.1980 – 4 O 4/80.
621 Vgl. *BGH* v. 11.02.1987 – IVa ZR 144/85, VersR 1987, 897; a.A. *LG Nürnberg-Fürth* v. 24.10.1984 – 2 S 3786/84.
622 *BGH* v. 09.04.1969 – IV ZR 612/68, VersR 1969, 603; *BGH* v. 24.09.1969 – IV ZR 1033/68, LNR 1969, 11572; *BGH* v. 30.08.1983 – 4 Str 114/82, NJW 1984, 65.
623 *BGH* VI ZR 115/05, VersR 2007, 263 (zur Regelung nach den AKB a.F.).
624 *BGH* v. 27.02.1976 – IV ZR 20/75, VersR 1976, 531.

Kausalitätsgegenbeweis für erbracht, da die zusätzlich vorgeschriebene Fahrerlaubnis ausschließlich dem Schutz und der Sicherheit der Fahrgäste diente.[625]

Kommt es hingegen zu Personenschäden, ist der Kausalitätsgegenbeweis nicht zu führen, es sei denn, es liegt ein unabwendbares Ereignis vor. 516

Die Verpflichtung des Versicherers zur Leistung bleibt gegenüber Versicherungsnehmer, Halter oder Eigentümer bestehen. Voraussetzung hierfür ist, dass es sich um einen berechtigten Fahrer (ohne Fahrerlaubnis) gehandelt hat und der Versicherungsnehmer, Halter oder Eigentümer schuldlos vom Vorliegen einer Fahrerlaubnis ausgehen durfte. Es genügt regelmäßig nicht, sich auf Erklärungen des Fahrers zu verlassen.[626] Der Halter handelt nur dann schuldlos, wenn er weiß, dass der Fahrer die Fahrerlaubnis tatsächlich bereits erworben hat und wenn keine Gründe zu der Annahme bestehen, dass ihm die Fahrerlaubnis inzwischen entzogen worden sein könnte. Weitere Voraussetzung ist, dass der Halter in der Vergangenheit die Fahrerlaubnis zumindest einmal überprüft hat. 517

Die Überprüfungspflicht des Versicherungsnehmers, Eigentümers, Halters geht sogar so weit, dass er sich nicht darauf verlassen darf, dass ein Parkwächter auf einem öffentlichen Parkplatz im Besitz einer Fahrerlaubnis ist.[627] In dem entschiedenen Fall hatte der Versicherungsnehmer einem Parkwächter auf einem öffentlichen Parkplatz den Zündschlüssel überlassen, um das Fahrzeug bei Bedarf umzusetzen. Nach ständiger Rechtsprechung des *BGH* muss ein Fahrzeughalter, der einem anderen die Führung seines Fahrzeuges überlässt, sich stets, und zwar i.d.R. durch Einsicht in den Führerschein, vergewissern, dass der andere die vorgeschriebene Fahrerlaubnis hat.[628] 518

Die Leistungspflicht gegenüber Versicherungsnehmer, Halter oder Eigentümer bleibt auf jeden Fall bestehen, 519

- wenn es sich bei dem Fahrer ohne Fahrerlaubnis um einen unberechtigten Fahrer gehandelt hat. Dieser Personenkreis verliert auch dann nicht den Anspruch auf Versicherungsschutz, wegen Verstoßes gegen die Führerscheinklausel, wenn er die unberechtigte Fahrt des führerscheinlosen Schwarzfahrers schuldhaft ermöglicht hat;[629]
- wenn der Versicherungsnehmer schuldlos von dem Vorliegen der Fahrerlaubnis ausgehen durfte.

Auch hier ist auf die Frage des Verschuldens des führerscheinlosen Fahrers einzugehen. Unkritisch ist in all den Fällen von einer vorsätzlichen Begehung auszugehen, wenn der Fahrer auch Halter des Fahrzeuges ist, da dann sicher die Kenntnis vom Führerscheinerfordernis besteht.[630] Wird ein von einem Deutschen erworbene ausländische Führerschein während der Sperrfrist in Deutschland verwendet, liegt zumindest in strafrechtlicher Hinsicht ein fahrlässiges Fahren ohne Fahrerlaubnis vor.[631] In versicherungsrechtlicher Hinsicht ist auch in diesem Fall von einer Vorsatztat auszugehen. 520

Gleiches gilt bei dem Schwarzfahrer, der ohne Einverständnis des wahren Berechtigten an sich nimmt und die Fahrt antritt (so auch der Dieb). Die Leistungsfreiheit besteht dann in voller Höhe begrenzt durch § 5 KfzPflVV auf 5.000 €. Beweisbelastet ist der Versicherer. In aller Regel wird von einer vorsätzlichen Obliegenheitsverletzung auszugehen sein.

Nur in Ausnahmefällen, beispielsweise beim »frisierten Krad«,[632] könnte der unwissende Fahrer gegen die Führerscheinklausel verstoßen. Hier stellt sich die Frage, wie diese Unkenntnis zu werten 521

625 *BGH* v. 13.12.1972 – IV ZR 156/71, VersR 1973, 172 ff.
626 Vgl. *BGH* v. 06.07.1988 – IVa ZR 90/87, VersR 1988, 1017.
627 *BGH* v. 22.11.1968 – IV ZR 516/68, VersR 1969, 124.
628 Vgl. *BGH* v. 06.07.1988 – IVa ZR 90/87, VersR 1988, 1017.
629 *BGH* v. 14.05.1986 – IV a ZR 191/84, NJW-RR 1986, 1082.
630 So auch *Martin/Stadler* a.a.O. Rn. 169.
631 *OLG Oldenburg* v. 16.03.2011 – 1 SS 32/11, bei Vortäuschen eines Studienplatzes im Ausland.
632 *OLG Köln* in r+s 1992, 79 ff. zur Leistungsfreiheit bei »frisiertem« Mofa wegen Gefahrerhöhung, die Frage der Führerscheinklausel wurde nicht geprüft, da hier eine Schwarzfahrt vorlag; *OLG Koblenz* VersR 2007, 534 f. (Tuning als Gefahrerhöhung).

ist. Hätte er es erkennen können und hat dennoch die Fahrt fortgesetzt, ist auch insoweit von einer Vorsatztat auszugehen. Beweisbelastet ist der Versicherer.

522 Sollte der Verstoß gegen die Führerscheinklausel nur grob fahrlässig erfolgt sein, wäre auch hier eine Quotierung vorzunehmen. Anhand welcher Tatumstände man hier von geringerer Vorwerfbarkeit ausgehen könnte, ist noch offen. Die Kriterien hierfür sind nicht objektiv feststellbar, sodass den zukünftigen Rechtsstreitigkeiten – jedenfalls bei dem durchschnittlichen Schadenfall mit Aufwendungen bis 10.000 € – Tür und Tor geöffnet wurden.

523 Leistungsfreiheit besteht gegenüber dem Fahrer ohne Fahrerlaubnis. Es besteht Leistungsfreiheit bis zu 5.000 €.

524 Bei Personenidentität zwischen Fahrer und Halter, kann der Vertrag wegen Obliegenheitsverletzung gekündigt werden. Eine Kündigungspflicht besteht nicht.

525 Es gilt folgende Beweislast:

Tab. 7

| | |
|---|---|
| Versicherer: | Fahrer zum Unfallzeitpunkt ohne gültige Fahrerlaubnis fristgerechte Kündigung des Vertrages (incl. Zugang der Kündigung), soweit Kündigung möglich/erforderlich. Außerdem ist der Versicherer beweispflichtig für das Verschulden des Versicherungsnehmers. |
| Fahrer ohne Fahrerlaubnis: | fehlendes Verschulden, Kausalitätsgegenbeweis |
| Versicherungsnehmer: | dass er ohne Verschulden vom Vorliegen einer Fahrerlaubnis ausgehen durfte, bzw. dass es sich um eine Schwarzfahrt gehandelt hat |

526 **Exkurs Haftungsrecht:**

Der Versicherungsnehmer überlässt seinem bekanntermaßen betrunkenen und führerscheinlosen Freund sein Kfz, er selbst nimmt auf dem Beifahrersitz Platz. Grundsätzlich hat der VN als Insasse im versicherten Fahrzeug Anspruch auf Ersatz seiner Personenschäden, allerdings muss er sich hier als mitversicherte Person seine eigenen Obliegenheitsverletzungen aus D.1 und D.2. AKB entgegenhalten lassen und mit einer deutlichen Anspruchskürzung nicht nur wegen des Mithaftungseinwands sondern auch wegen der Obliegenheitsverletzungen. Schirmer[633] ist insoweit nicht zuzustimmen, als er dem geschädigten VN das Überlassen des KFZ an einen fahruntüchtigen Fahrer nicht mehr entgegenhalten will. D.2.1 führt zwar nicht zu einer Bündelung des Regresses und damit zu einer Erhöhung des Leistungsfreibetrages, aber gleichwohl wird der geschädigte VN sich diese Nachlässigkeiten haftungsrechtlich entgegenhalten lassen müssen.

527 **Verweisung:**

Bei einer Versicherungsschutzversagung wegen Führerscheinmangels kann der Geschädigte nicht an andere Schadenversicherer bzw. SVT verwiesen werden.[634]

## 4. Alkoholklausel

528 **D.1.2. AKB; § 5 Ziff. 5 KfzPflVV**

Der Versicherer ist von der Leistung frei, wenn der Fahrer des Fahrzeugs bei Eintritt des Versicherungsfalles infolge des Genusses alkoholischer Getränke oder anderer berauschender Mittel nicht in der Lage ist, das Fahrzeug sicher zu führen.

633 *Schirmer*, DAR 2008, 319 f.
634 § 3 PflVG.

Die Alkoholklausel gilt wegen des Günstigkeitsprinzips nur für nach dem 01.07.1994 abgeschlossene Neu- und Ersatzverträge.[635] 529

Der objektive Tatbestand ist erfüllt, wenn der Fahrer das Fahrzeug[636] infolge Alkoholgenusses oder Konsums sonstiger berauschender Mittel nicht sicher führen kann.[637] Dies ist immer der Fall bei einer Blutalkoholkonzentration von 1,1 ‰[638] (absolute Fahruntüchtigkeit)[639] und bei einer BAK ab 0,3 ‰[640] (relative Fahruntüchtigkeit,[641] liegt immer dann vor, wenn die BAK weder im Schadenfall noch zu einem späteren Zeitpunkt den Bereich von 0,3 ‰ bis 1,1 ‰ überschreitet)[642] Verbindung mit einem alkoholtypischen Fahrfehler, der den Schaden verursachte.[643] Im Gegensatz zur strafrechtlichen Wertung[644] stellt der Gebrauch eines Kfz unter Alkoholeinfluss generell eine Obliegenheitsverletzung dar. Nicht erforderlich ist, dass das Fahrzeug auf öffentlichen Plätzen oder Wegen geführt wurde, dies ergibt sich aus der Formulierung der AKB, welche diese Einschränkung nur für die Fahrerlaubnis vorsieht. Besondere Aufmerksamkeit wird von Fahrern von Gefahrguttransportern erwartet, diese sind gem. § 28 GGVSEB verpflichtet, von der Fahrt Abstand zu nehmen, wenn sie Alkohol genossen haben und die BAK mehr als 0,49 Promille beträgt und dürfen während der Fahrt keine alkoholischen Getränke zu sich nehmen (Ziff. 13). Auch bei einer Taxifahrerin, die während ihrer Bereitschaft Alkohol zu sich nahm, wurde von einer vorsätzlichen Trunkenheitsfahrt ausgegangen.[645] 530

Damit bei Blutalkoholkonzentrationen ab 0,3 ‰ bis 1,1 ‰ i.V.m. alkoholtypischen Fahrfehlern die Alkoholklausel zur Anwendung kommt, müssen weitere Informationen/Indizien hinzukommen.[646] Diese sind zum Beispiel: 531

überhöhte Geschwindigkeit,[647] Übermüdung,[648] ungewöhnliche Fahrfehler, Abkommen von gerader Fahrbahn,[649] Geradeausfahrt in einer Kurve,[650] leichtsinniges Überholen, Vorfahrtsverletzungen[651] und Einbiegen trotz Gegenverkehrs. 532

---

635 Beachte hierzu aber *OLG Hamm* r+s 2000, 140 zur Frage, ob bei Folgefahrzeug die neuen AKB vereinbart wurden.

636 Auch ein Segway gehört zu den Kraftfahrzeugen, *OLG Hamburg* v. 19.12.2016 – 1 REV 76/16 (1,1 Promille gilt auch hier), BA 2017, 34; nicht zu den Kraftfahrzeugen gehört ein Pedelec, mit der Folge, dass die Regeln hinsichtlich der BAK denen des Radfahrers entsprechen, *OLG Karlsruhe* v. 15.10.2020 – 2 Rv 35 Ss 175/20; Zu E-Scootern: *Krumm* SVR 2023, 18 ff.; *Kerkmann*, Trunkenheitsfahrt mit E-Scootern, NZV 2020, 161 ff. und 560 ff.

637 *KG* v. 12.05.2020 – 6 U 120/19 (der Nachweis von Psychopharmakaspuren im Blut reicht nicht für die Annahme der Fahruntüchtigkeit aus); Staab, Die Grenzen des Anscheinsbeweises im Verkehrsrecht, DAR 2015, 241, 244 f. zu den Beweisanforderungen.

638 *BGH* Beschl. v. 28.06.1990 – 4 StR 297/90, VersR 1990, 1177 = NJW 1990, 2393.

639 *BGH* v. 01.12.1973 – 4 StR 130/73, NJW 1974, 246 es reicht aus, wenn nach der Anflutungsphase der Wert erreicht wird.

640 *BGH* v. 26.02.1964 – 4 Str. 496/63, BGHSt 19, 243; *OLG Köln* r+s 2003, 315.

641 Beweisbelastet ist der Versicherer, *OLG Brandenburg* v. 08.01.2020 – 11 U 197/18.

642 *BGH* v. 22.04.1982 – 4 Str. 43/82 in BGHSt 31, 44 = *BGH* NJW 1982, 2612, bei einer BAK über 1,1 Promille ist der Anscheinsbeweis der Kausalität der Alkoholisierung gegeben; *OLG Düsseldorf* SP 2007, 402.

643 *OLG Brandenburg* vom 08.01.2020 – 11 U 197/18.

644 *BGH* v. 30.01.2013 – 4 StR 527/12 (der für die Strafbarkeit der Trunkenheitsfahrt auch von einer Fahrt im öffentlichen Verkehrsraum (§ 316 StGB) ausgeht.

645 *BGH* v. 09.04.2015 – 4 StR 401/14 zu den Anforderungen an die Bewertung; Beschluss des *OLG Celle* vom 25.10.2013 – 32 Ss 169/13, Jurion.

646 *BGH* v. 22.04.1982 – 4 Str. 43/82, BGHSt 31, 44 = *BGH* NJW 1982, 2612; *LG Frankfurt/M.* r+s 2003, 143.

647 *OLG Hamm* VersR 1987, 89; *OLG München* NJW-Spezial 2008, 555.

648 *OLG Hamm* VRS 30, 119.

649 *OLG Hamm* r+s 2003, 188.

650 *LG Hamburg* v. 06.08.2020 – 323 S 9/20.

651 *OLG Köln* r+s 1992, 114, bei 0,8 ‰.

533 Dabei sind die Anforderungen an die Begleitumstände umso höher, je geringer die BAK war. Obwohl die Grenze der Ordnungswidrigkeit jetzt bei 0,5 Promille liegt, ist auch bei Feststellung einer BAK von 0,65 Promille nicht allein ausreichend für die Annahme eines alkoholbeeinflussten Unfalles.[652] Eine bloße Fehleinschätzung einer konkreten Situation ist nicht zwingend ein Indiz für eine alkoholbedingte Fahruntüchtigkeit.[653] Es müssen umfassende Ermittlungen getätigt werden.[654]

534 Hinsichtlich der Fahruntüchtigkeit aufgrund anderer berauschender Mittel (Medikamente,[655] Drogen[656]), bleibt wegen der noch nicht genügend gesicherten Grenzwerte die weitere Entwicklung abzuwarten.[657] Erforderlich ist jedenfalls, dass diese in ihrer Wirkung der des Alkohols vergleichbar sind und die intellektuellen und motorischen Fähigkeiten und das Hemmungsvermögen beeinträchtigten.[658] Darunter fallen sicherlich die Stoffe, die § 1 BtmG unterliegen.[659] Anderes gilt im Fahrerlaubnisrecht, in dem eine Entziehung der Fahrerlaubnis auch ohne Nachweise von Ausfallerscheinungen möglich ist.[660]

535 Durch die aktuelle Anhebung der Grenzwerte für THC ergeben sich erhebliche versicherungsrechtliche Fragen, die nach diesseitiger Auffassung von der verwaltungsrechtlichen, d.h. fahrerlaubnisrechtlichen Frage zu trennen sind.[661] Wie sich diese Diskussion auf die Obliegenheiten auswirken wird, ist abzuwarten, es ist aber wohl als sicher davon auszugehen, dass die Fähigkeit, am Straßenverkehr sicher teilzunehmen, nach den neuen Regeln merklich beeinträchtigt sein dürfte.[662]

536 Zu den berauschenden Mitteln zählen auch Medikamente,[663] die Alkohol enthalten oder durch sonstige rauschartige Auswirkungen die Fahrsicherheit beeinträchtigen.[664]

537 Zu den berauschenden und damit dem § 2b unterfallenden Medikamenten zählen u.a. Mandrax, Dolviran, Hustenmittel mit Alkohol, Valium, Phanodorm, Captagon, promazepamhaltige Mittel, Melissengeist, Haschisch,[665] EXTACY[666] und OPIATE (Heroin), die vor allem durch Beeinträchtigung von Urteils- und Kritikvermögen bzw. Entzugserscheinungen zur Fahruntüchtigkeit führen.[667]

---

652 *OLG Schleswig* vom 17.01.2014 – 1 SS 152/13 (8/14) ADAJUR Dok.Nr. 104095 (bei Glatteis und 0,65 Promille nicht zwingend alkoholbedingt).

653 *OLG Naumburg* v. 24.08.2015 – 2 RV 104/15.

654 *OLG Oldenburg* v. 07.04.2016 – 1 SS 53/16.

655 *Focken* u.a. SVR 2015, 201 ff.

656 *Koehl*, zfs 2015, 369 ff. zur aktuellen Rechtslage.

657 *BGH* v. 14.02.2017 – 4 StR 422/15 geht bei Vorliegen von dem analytischen Grenzwert von 1,0 ng/ml von einer mindestens fahrlässigen Ordnungswidrigkeit aus; *Kraatz* DAR 2011, 1 ff.; *Gehrmann* NZV 2008, 377 ff. zu den Grenzwerten für Drogeninhaltsstoffen; *Stamm* VersR 1995, 261, 266.

658 *Staub*, DAR 2019, 593 f., Anm. zu *OLG Düsseldorf* v. 27.112018 – III-2 RVs 107/18; *BayObLG* NZV 1990, 317.

659 *OLG Düsseldorf* NZV 1993, 276.

660 U.a. *OVG Bautzen* v. 29.01.2021 – 6 B 390/20 schon die einmalige Einnahme kann zur Mangelnden Eignung zum Führen von Kfz bestätigen. *VG Leipzig* v. 15.01.2021 – 1 K 999/20; *Köhl* DAR 2020, 74 ff.

661 Vgl. hierzu *Ternig*, Die neuen Cannabisgesetze aus verkehrsrechtlicher Sicht, NZV 2024, 257, 261 f.; *Krumm*, Alkohol- und Cannabisverbot für Fahranfänger, NZV 2024, 414 ff. (zur fahrerlaubnisrechtlichen Seite); *Koehl*, Freigabe von Cannabis und Fahrerlaubnis, SVR 2024, 161, 164; *BVerwG*, Beschl. v. 14.06.2024 – 3 B 11.23 zur alten Rechtslage.

662 *Koehl*, Freigabe von Cannabis und Fahrerlaubnis, SVR 2024, 161, 164.

663 *OLG Düsseldorf* r+s 2001, 54.

664 *Hentschel* § 316 StGB Rn. 3 m.w.N.

665 *BGH* v. 25.05.2000 – 4 Str. 171/00, VersR 2000, 1033, wobei aber Ausfallerscheinungen zur Annahme der Fahruntüchtigkeit erforderlich sind; *BGH* Beschl. v. 03.11.1998 – 4 StR 395/98; *BayObLG* NZV 1994, 285, DAR 1997, 76; *Hentschel* § 316 StGB Rn. 4 m.w.N.

666 *Harbort* NZV 1998, 14.

667 *Hentschel* § 316 StGB Rn. 5 m.w.N.

Voraussetzung für die Versicherungsschutzversagung ist auch die Kausalität zwischen der Trunkenheitsfahrt und dem Schadenfall. Nach einhelliger Rechtsprechung ist dieser Zusammenhang dann gegeben, wenn absolute Fahruntüchtigkeit vorliegt. Der Kausalitätsgegenbeweis, dass bei einer BAK von 1,1 ‰ eine Fahrunsicherheit nicht vorgelegen hat, wird dann nicht gelingen, wenn die absolute Fahruntüchtigkeit vorgelegen hat. Allein Fahren mit überhöhter Geschwindigkeit reicht hierfür nicht aus.[668] 538

In dem Bereich zwischen 0,3 ‰ und 0,8 ‰ muss für die Kausalität noch Weiteres hinzukommen, vgl. insoweit oben 2.[669] 539

Zum Nachweis des Verschuldens reicht es aus, dass der Fahrer vor Fahrtantritt Alkohol oder sonstige berauschende Mittel zu sich genommen hat, da heute jeder Kraftfahrer um die Risiken der Trunkenheitsfahrten weiß. Allerdings ist ein pauschaler Rückschluss von hoher BAK auf die vorsätzliche Tatbegehung nicht zulässig.[670] Dies gilt auch hinsichtlich der Gefahr des Restalkohols. Bei Medikamenteneinnahme muss sich der Fahrer über deren Auswirkungen auf die Fahrtüchtigkeit informieren, ansonsten handelt er fahrlässig.[671] Exkulpationsmöglichkeiten sind nur insoweit gegeben, als der Alkoholgenuss für den Unfall nicht ursächlich war. Wurde die Frage nach Alkoholkonsum verneint, kann sich daraus zusätzlich eine Verletzung der Aufklärungsobliegenheit ergeben,[672] die dann zu höherem Regress führt. 540

Der Alkoholgenuss allein, ohne dass der Kausalzusammenhang mit dem Unfallereignis besteht, reicht für eine Versicherungsschutzversagung nicht aus. Auch die Unzurechnungsfähigkeit des alkoholisierten Fahrers muss dieser beweisen, um dem Regress zu entgehen. Dies ist in aller Regel nicht einfach.[673] 541

▶ **Beispiel:**

Der alkoholisierte Versicherungsnehmer steht ordnungsgemäß an einer roten Ampel als ein Dritter auf das Fahrzeug auffährt. Dieser Schadenfall ist für den Versicherungsnehmer unabwendbar, der Kausalitätsgegenbeweis ist geführt. 542

**Beweislast:** 543

Der KH-Versicherer muss beweisen, dass es sich um eine Trunkenheitsfahrt i.S.d. AKB handelte, und – in den Fällen der relativen Fahruntüchtigkeit – ein alkoholtypischer Fahrfehler vorgelegen hat.

Der Versicherungsnehmer kann sich dadurch entschuldigen, dass er den Nachweis erbringt, dass der Alkoholkonsum des Fahrers für ihn nicht erkennbar war.[674] Nach dieser Rechtsprechung handelt der Versicherungsnehmer aber bereits dann schuldhaft, wenn er weiß, dass der Fahrer Alkohol zu sich genommen hat, es sei denn, er hat definitive Kenntnis davon, dass die Alkoholmenge so gering war, 544

---

668 *BGH* v. 25.09.2002 – IV ZR 212/01, zfs 2003, 25 f.; *BGH* v. 03.04.1985 – IVa ZR 111/83, VersR 1985, 779; vgl. hierzu aber *OLG Frankfurt* v. 03.02.2010 – 12 U 47/08, das trotz einer BAK von 1,38 0/00 die Kausalität der Alkoholisierung für den Unfall verneinte.

669 *OLG Hamm*, Beschl. v. 19.07.2021 – 20 U 129/21, beanstandet eine Leistungskürzung auf Null bei mind. 0,88 Promille nicht; *OLG Schleswig* v. 17.01.2014 – 1 Ss 152/13 (Jurion.) bei 0,65 Promille ohne erkennbare Zeichen von Alkoholisierung kein alkoholbedingter Fahrfehler; *OLG Hamm* SVR 2010, 634 ff., gestattet auch eine Leistungsverweigerung von 60 % bei 0,59 Promille, nach den besonderen Umständen des Einzelfalles könne auch eine andere Quotierung (in 10er-Stufen) vorgenommen werden, *AG Düren* v. 15.08.2012 – 44 C 76/12, geht von Leistungskürzung um 75 % bei BAK von 0,54 ‰ aus.

670 *OLG Düsseldorf* v. 30.06.2010 – 1 RVS 59/10.

671 *OLG Frankfurt* DAR 1970, 162.

672 *OLG Saarbrücken*, Urt. v. 06.07.2022 – 5 U 92/21 (für die in ihrer Eigenschaft als gesetzliche Vertreterin, die trotz Unkenntnis des Unfallhergangs und Alkoholkonsums die Frage verneinende Mutter, Arglist wurde bejaht, weil sie vorspiegelte Kenntnis von den Umständen zu haben!).

673 Zuletzt *LG Köln*, r+s 2006, 62 f. m.w.N.; *BGH* v. 09.11.2005 – IV ZR 146/04, r+s 2006, 232 f.

674 *OLG München* VersR 1965, 1089.

dass von einer Beeinträchtigung nicht ausgegangen werden kann. Der alkoholisierte Fahrer kann den Kausalitätsgegenbeweis nur erbringen, wenn er nachweist, dass der Unfall unabwendbar war.[675]

545 **Rechtsfolgen:**

§ 28 Abs. 1 VVG lässt das Kündigungserfordernis entfallen, es kann gekündigt werden. Darüber hinaus ist die Leistungsfreiheit des Versicherers in voller Höhe nur noch bei vorsätzlicher oder arglistiger Obliegenheitsverletzung gegeben. Bei grob fahrlässiger Obliegenheitsverletzung ist die Leistungsfreiheit entsprechend der Vorwerfbarkeit zu quotieren. Dabei dürfte der Verstoß gegen die Alkoholklausel als einziger ein Anknüpfen an objektive Kriterien ermöglichen, nämlich die BAK.

546 Dabei könnte folgende Aufteilung sinnvoll sein:

**Tab. 8**

| Grad der Alkoholisierung | Vorwerfbarkeit | Regressquote/Leistungsfreiheit |
|---|---|---|
| 00,29 ‰ | Leichte Fahrlässigkeit | 0 %, kein Regress |
| 0,3 bis 0,49 ‰[676] | Grobe Fahrlässigkeit, leichtes Verschulden | 25 %, max. 5.000 € |
| 0,5 bis 0,79 ‰[1] | Grobe Fahrlässigkeit, mittleres Verschulden | 50 %, max. 5.000 € |
| 0,8 bis 1,09 ‰[2] | Grobe Fahrlässigkeit, schweres Verschulden | 75 %, max. 5.000 € |
| ab 1,1 ‰[3] | Grobe Fahrlässigkeit, besonders schweres Verschulden | 100 %,[4] max. 5.000 € |

1 *OLG Hamm* r+s 2010, 506 bejaht eine Leistungskürzung um 60 % bei 0,59 Promille.

2 *OLG Saarbrücken* v. 12.10.2022 – 5 U 22/22 – Leistungskürzung auf 0 bei Abkommen von der Fahrbahn mit 0,85 Promille; *OLG Saarbrücken* v. 30.10.2014 – 4 U 165/13 75 % Kürzung bei 0,93 Promille; *OLG Karlsruhe* v. 15.04.2014 – 9 U 135/13 (Jurion) Kürzung auf 25 % bei 1,09 Promille; *LG Bochum*, v. 03.02.2012 – I S 102/11, SP 2012, 300 kürzt bei 0.95 Promille um 2/3; *LG Kaiserslautern* v. 07.02.1014 – 3 O 323/13 geht bei 0,9 Promille gar von voller Leistungsfreiheit in der Kasko aus; Halm/Hauser, DAR 2015, 761 ff. m.w.H.

3 *BGH* v. 22.06.2011 – IV ZR 225/10; *OLG Dresden* v. 13.11.2017 – 4 U 1121/17, 2 Promille; *OLG Dresden* BA 2011, 180; *AG Berlin-Mitte* zfs 2010, 576 (für die Vollkasko-Versicherung) die Rechtsprechung geht überwiegend auch bei Überschreiten der BAK von 1,1 Promille von grober Fahrlässigkeit aus, will der Richter eine vorsätzliche Obliegenheitsverletzung annehmen, muss er gesonderte Feststellungen hinsichtlich des Vorsatzes treffen, *OLG Köln* v. 04.09.2012 – 1 RVs 154/12; vollständige Leistungsfreiheit bei 3 Promille – *OLG Saarbrücken* v. 19.01.2023 – 4 U 140/21 (Vollkasko); auch eine krankhafte Störung muss bewiesen werden, *KG* v. 03.05.2022 – 6 U 39/21 – Leistungsfreiheit bei 1,98 Promille

4 *OLG Stuttgart* v. 18.08.2010 – 7 U 102/10, DAR 2011, 204; *LG Dortmund* v. 27.02.2014 – 2 O 370/13 (Jurion); So auch *Heß*, NJW-Spezial, S. 159, 160 bzw. *Rixecker* zfs 2007, 15 und *Römer*, VersR 2006, 741.

547 Das Beginnen bei einer BAK von 0,3 ‰ ist sachgerecht, da sich der Alkoholgenuss schon dort auswirken kann. Dem Fahrer bleibt immer noch die Möglichkeit, sich zu entlasten, indem er beweist, dass der Alkoholkonsum keinen Einfluss auf den Schadenhergang und die Schadenhöhe hatte. Für eine Quotierung in 5 Stufen hat sich auch das *LG Münster* ausgesprochen.[677]

Die Annahme der vorsätzlichen Obliegenheitsverletzung bei einer Grenze von 1,1 ‰ rechtfertigt sich durch die *BGH*-Rechtsprechung, die bei einer BAK von 1,1 ‰ von absoluter Fahruntüchtigkeit

675 *LG Gera* v. 10.02.2009 – 6 O 1613/07, Juris.

676 Vgl. auch *Scheidler*, Quotale Leistungskürzung des Kraftfahrzeugversicherers bei alkoholbedingten Verkehrsunfällen, DAR 2016, 66 ff.

677 *LG Münster* r+s 2010, 322 f., das dann Zu- oder Abschläge für besondere Umstände vornimmt.

ausgeht.[678] In seiner jüngsten Entscheidung[679] geht der *BGH* auch bei einer BAK von 2,7 ‰ von einer grob fahrlässigen Verursachung des Schadenfalles aus. In diesem Fall wurde auch die Schuldfähigkeit bejaht. Eine mögliche Schuldunfähigkeit komme erst ab einer BAK von über 3,0 ‰ in Betracht. Aber auch insoweit verdient der alkoholisierte Fahrer keinen Schutz, weil er die Möglichkeit nicht wahrgenommen hat, gegen seine mögliche Alkoholfahrt Vorsorge zu treffen.[680] Nach Auffassung des *KG* soll aber eine pauschale Leistungskürzung auf O bei 1,1 ‰ nicht erfolgen.[681]

Der Versicherer ist leistungsfrei. Die Leistungsfreiheit ist jedoch auf 5000,00 € beschränkt. Bei vom Fahrer personenverschiedenen Versicherungsnehmer, Halter oder Eigentümer bleibt die Verpflichtung zur Leistung gegenüber diesen versicherten Personen bestehen, soweit sie ohne Verschulden annehmen durften, der Fahrer habe keine alkoholischen Getränke zu sich genommen.[682] Haben sowohl Fahrer als auch Versicherungsnehmer die Obliegenheit verletzt, besteht Leistungsfreiheit gegenüber jedem in Höhe von 5.000 €. 548

**Verweisung:** 549

Die Alkoholklausel gehört zu den Obliegenheitsverletzungen mit Verweisungsmöglichkeit. Die Höhe der Verweisung ist auf die Höhe der Leistungsfreiheit (5.000 €/10.000 € bei Zusammentreffen mit Verkehrsunfallflucht) beschränkt.

## 5. Behördlich nicht genehmigte Rennveranstaltungen

**D.1.1.4 AKB; § 5 Ziff. 2 KfzPflVV; D.1.2.2AKB (Motorsportveranstaltungen)** 550

Rennen sind gem. § 29 StVO grundsätzlich im öffentlichen Verkehrsraum[683] verboten, im Einzelfall kann für nichtöffentliche Veranstaltungen gem. § 46 StVO eine Ausnahmegenehmigung erteilt werden. Die Genehmigung wird nur unter strengen Auflagen erteilt. Dazu gehört auch der Abschluss entsprechender Versicherungen, um die Teilnehmer zu schützen. Aus diesem Grunde wurde in den AKB eine Trennung vorgenommen zwischen behördlich genehmigten Rennveranstaltungen (als Risikoausschluss) und behördlich nicht genehmigten Rennveranstaltungen. Diese Trennung und die im Umkehrschluss daraus resultierende Verpflichtung der KH-Versicherung, Schäden Dritter aus einem durch ein nicht genehmigtes Rennen verursachten Schaden zu ersetzen, soll dem Opferschutzgedanken Rechnung tragen. Bei Autorennen auf geschlossenen Strecken kann die Haftung der Teilnehmer untereinander[684] nach StVG Gesichtspunkten ausgeschlossen werden. Auch bei einer Demonstrationsfahrt von Rennmotorrädern wird ein Haftungsausschluss angenommen, wenn eine nur geringfügige Regelverletzung vorgelegen hat und eine Versicherung nicht bestand.[685]

---

678 So auch *Heß* NJW-Spezial, 2007, 159 f. bzw. *Rixecker* zfs 2007, 15 und *Römer* Änderung des Versicherungsvertragsrechts Teil 1 in VersR 2006, 740 f.

679 *BGH* v. 22.06.2011 – IV ZR 225/10 (für die Vollkasko-Versicherung).

680 *OLG Dresden* 7 U 0466/10, BA 2011, 189.

681 *KG* DAR 2011, 23 für die Kasko-Versicherung keine pauschale Kürzung auf 0 bei 1,1 Promille; *LG Oldenburg* v. 24.09.2010 – 13 O 1964/10 (ADAJUR Dok.Nr. 90864) lässt eine vollständige Leistungskürzung ab 1,1 Promille zu.

682 *LG Bonn* DAR 2010, 24 f. zum Ermöglichen der Trunkenheitsfahrt durch den Versicherungsnehmer, Leistungsfreiheit in Höhe von 75 % in der Fahrzeugversicherung.

683 *LG Magdeburg* v. 31.03.2015 – 11 O 35/15 zum Ausschluss des Direktanspruchs bei Rennen auf einer Rennstrecke im Rahmen einer Racing-Academy-Veranstaltung und fehlendem Anspruch der Teilnehmer untereinander; *Rebler*, SVR 2018, 415 ff.

684 *OLG Karlsruhe* v. 27.01.2014 – 1 U 158/12 (Jurion).

685 *OLG Naumburg* v. 15.02.2013 – 10 U 33/12, SP 2014, 8 ff. m.w.H.; vgl. auch *BGH* VI ZR 321/02 zur Wirksamkeit eines Haftungsausschlusses bei Rennen, NJW 2003, 2018; *OLG München* Beschl. v. 21.11.2017 – 25 U 2615/17 für den Ausschluss in der Fahrzeugversicherung, Transparenzgebot gewahrt, NZV 2018, 431 f.

551 Bei Teilnahme an behördlich nicht genehmigten Rennveranstaltungen besteht Leistungsfreiheit wegen Verletzung einer Obliegenheit vor Eintritt des Schadenfalles. Durch die Reform des PflVG wurde unter D.2.2 AKB eine Klausel hinsichtlich der Teilnahme an Motorsportveranstaltungen ohne entsprechende Haftpflichtversicherung aufgenommen. Das Fahrzeug darf nur auf abgegrenztem Gelände genutzt werden, sonst ist der Versicherungsschutz gefährdet. Praktische Erfahrungen liegen bisher nicht vor.

552 Rennen i.S.d. § 29 StVO sind Fahrtveranstaltungen, bei denen es auf die Erzielung einer Höchstgeschwindigkeit[686] ankommt. Die Erzielung einer möglichst hohen Geschwindigkeit muss das Haupt- und Endziel sein, nach ihr richtet sich die Platzierung der Teilnehmer. Das gilt sinngemäß auch für die dazugehörigen Übungsfahrten.[687] Die Teilnahme an reinen Zuverlässigkeitsfahrten oder Gleichmäßigkeitsfahrten[688] stellt keine Verletzung einer vertraglichen Obliegenheit dar.[689] Problematisch kann auch die Abgrenzung zwischen Rennen und Fahrtraining sein.[690] Nicht erforderlich ist das Erzielen von »absoluten« Höchstgeschwindigkeiten, es reicht, wenn das Beschleunigungspotential der Fahrzeuge verglichen wird.[691]

553 Probleme kann es geben, wenn kombinierte Rallye- und Zuverlässigkeitsfahrten stattfinden. Bei Teilnahme an einer solchen Fahrt stellt sich die Frage, ob nur der Teil vom Versicherungsschutz ausgenommen werden soll, in dem es auf die Erzielung einer Höchstgeschwindigkeit ankommt, oder für die gesamte Veranstaltung. Eine Beschränkung nur auf den Rallye-Teil würde der Regelung des § 29 StVO entsprechen, ob sich diese jedoch in der Praxis durchführen lässt, soll vorliegend dahingestellt bleiben. Zu den behördlich nicht genehmigten Rennveranstaltungen gehören auch Sprints an der Ampel,[692] oder Jagden auf der Autobahn, da es auch hier auf die Erzielung von Höchstgeschwindigkeiten ankommt. Werden hierbei die Beteiligten verletzt, hat die jüngste Rechtsprechung einen Schadensersatzanspruch verneint unter Hinweis auf die Grundsätze der Schadensersatzpflicht bei Sportveranstaltungen, wonach auch dort nur Schadensersatz gefordert werden kann bei grob unsportlichem und regelwidrigem Verhalten.[693] Die Entscheidung des *OLG Bamberg* ist insoweit widersprüchlich, danach soll eine »Fahrtveranstaltung« dann nicht vorliegen, wenn sich das Ereignis auf öffentlichen Straßen abspielt und nur den Zweck haben soll, eine höhere Durchschnittsgeschwindigkeit zu erreichen, wenn das Motorrad noch lange nicht an seiner Leistungsgrenze angekommen war.[694]

**▶ Exkurs Haftungsrecht:**

554 Üblicherweise wird bei gefährlichen Sportarten ein stillschweigender Haftungsausschluss zwischen den Beteiligten angenommen. Dieser soll nach dem Willen der Rechtsprechung auch

686 *OLG Köln* NZV 2007, 75 f.

687 *Hentschel* § 29 StVO Rn. 2.

688 *OLG Frankfurt* v. 15.10.2014 – 7 U 202/13.

689 Vgl. *Hentschel* § 29 StVO Rn. 2.

690 Vgl. hierzu *OLG Brandenburg* v. 17.10.2013 – 12 U 55/13, SP 2014, 186 f.; *OLG Köln* 9 U 76/06, SP 2007, 185; das Fahrsicherheitstraining gefährdet den Versicherungsschutz nicht, *OLG Koblenz* 12 U 1529/08 (ADAJUR-Archiv); Vgl. hierzu allerdings *OLG Düsseldorf* v. 07.10.2016 – I-4 U 100/16, es kommt auf die Rahmenbedingungen an.

691 *KG*, Beschl. v. 07.06.2017 – 3 Ws 117-118/17.

692 *OLG Hamm* v. 28.02.2011 – III-5 RBS 267/10; lesenswert insbesondere auch zu den Schadensersatzansprüchen eines bei einem solchen Rennen verletzten Teilnehmers *LG Duisburg* NZV 2005, 262 f.; *OLG Hamm* zfs 2007, 692 ff.

693 *OLG Oldenburg* v. 24.11.2016 – 2 Ss 292/16 qualifiziert auch wilde Straßenrennen als Rennen i.S.v. § 29 StVO; nochmals *LG Duisburg* NZV 2005, 262 f., vgl. insoweit auch *BGH* VI ZR 98/07, r+s 2008, 256 f. für den Umfang der Haftung bei kraftsportlichen Veranstaltungen (hier war Haftung für den Fall ausgeschlossen, dass eine KH-Versicherung nicht eintrittspflichtig sei).

694 A.A. *OLG Hamm* v. 05.03.2013 – 1 RBS 24/13, es kommt für die Einstufung als Rennen nicht zwingend darauf an, dass ein Sieger gefunden werden soll; *OLG Bamberg* 1 U 161/09 (LS), r+s 2010, 527 für die AUB.

für die Teilnehmer von behördlich nicht genehmigten Rennen gelten, wenn der Schädiger grob fahrlässig gehandelt hat und eine Haftpflichtversicherung besteht.[695]

Ob auch eine Touristenfahrt auf einer Rennstrecke unter die Rennklausel fällt, kommt auf die Ausgestaltung an.[696] 555

Beweisbelastet ist der KH-Versicherer, der Kausalitätsgegenbeweis dürfte hier schon aufgrund der äußeren Umstände nicht möglich sein. 556

Sofern der Versicherungsnehmer an der Veranstaltung teilgenommen hat, kann der Vertrag gekündigt werden, § 28 VVG. Sofern eine andere mitversicherte Person die Obliegenheitsverletzung begangen hat, ist eine Kündigung nicht erforderlich. Auch hier ist eine Prüfung vorzunehmen, ob die Obliegenheitsverletzung vorsätzlich oder grob fahrlässig begangen wurde. Im Fall der fahrlässigen Obliegenheitsverletzung bleibt es bei der Leistungspflicht, dies muss der VN oder Fahrer nachweisen. Den Vorsatz hat der Versicherer zu beweisen. Dabei wird in aller Regel bei einem verabredeten Rennen von einer Vorsatztat auszugehen sein. 557

Leistungsfreiheit besteht in Höhe von 5.000 €. Problematisch ist insoweit die Entscheidung des *LG Berlin*, die einen Teilnehmer an einem nicht genehmigten Straßenrennen wegen Mordes verurteilte.[697] Da eine Verurteilung wegen einer Vorsatztat erfolgte, besteht in diesem Fall volle Leistungsfreiheit des Versicherers und keine Vorleistungspflicht! 558

Die Verweisung an andere Schadenversicherer oder SVT ist möglich, sie ist begrenzt auf den Leistungsfreibetrag. 559

### 6. Objektive Gefahrerhöhung

§ 23 ff. VVG 560

Die Gefahrerhöhung allgemein ist in den §§ 23 ff. VVG geregelt.

Nach § 23 Abs. 1 VVG darf der Versicherungsnehmer nach Abschluss des Versicherungsvertrages ohne Einwilligung des Versicherers eine Erhöhung der Gefahr nicht vornehmen oder deren Vornahme durch einen Dritten gestatten. Dem Wortlaut des § 23 Abs. 1 VVG nach kommt es auf den Zeitpunkt des Abschlusses des Vertrages an. Dieser liegt regelmäßig in dem Zugang der Annahmeerklärung durch den Versicherer. 561

Das Gesetz unterscheidet nicht deutlich zwischen objektiver und subjektiver Gefahrerhöhung. Dennoch soll im Folgenden eine Unterscheidung vorgenommen werden, da sich beide Varianten der Gefahrerhöhung in ihren Auswirkungen voneinander unterscheiden. 562

Auch in § 3 PflVG wird Bezug darauf genommen, dass »die Leistungsfreiheit des Versicherers darauf beruht, dass das Fahrzeug den Bau- und Betriebsvorschriften der StVZO« nicht entspricht. Hiermit ist die objektive Gefahrerhöhung gemeint. 563

695 *OLG Karlsruhe* v. 15.04.2014 – 12 U 149/13 (kein Ersatz für Leitplankenschaden bei Teilnahme am freien Fahren auf den Nürburgring); *OLG Karlsruhe* v. 23.02.2012 – 9 U 97/11, DAR 2012, 519 im Einklang mit *BGH* v. 29.01.2008 – VI ZR 98/07, vgl. aber auch *BGH* v. 01.04.2003 – VI ZR 312/02, der einen Haftungsausschluss als wirksam vereinbart ansieht bei Fahrt auf dem Hockenheimring; *LG Magdeburg* v. 31.03.2015 – 11 O 35/15.

696 *OLG Hamm* Beschl. v. 08.03.2017 – 20 U 213/16, NZV 2017, 333 zum Ausschluss von Touristenfahrten in der Kasko-Versicherung; *OLG Karlsruhe* zfs 2007, 635 = r+s 2007, 502 f. (Touristenfahrt auf dem Hockenheimring ist mangels Platzierung und Zeitmessung kein Rennen (für die Kasko-Versicherung); *LG Stuttgart* v. 09.07.2014 – 18 O 112/13; a.A. *OLG Hamm* v. 08.03.2017 – 20 U 213/16.

697 *LG Berlin* v. 27.02.2017 – 535 Ks 8/16, Preuss, Anm. zu *LG Berlin* in NZV 2017, 303 ff.

564 Die objektive Gefahrerhöhung knüpft an den StVZO-widrigen Zustand des Fahrzeuges an. Eine Gefahrerhöhung liegt vor, wenn sich die vom Versicherer bei Vertragsabschluss vorausgesetzte Gefahrenlage für ihn nach dem Vertragsabschluss erheblich verschlechtert.

565 Wie sich insbesondere aus § 27 VVG ergibt, muss die Gefahrerhöhung eine erhebliche sein. Als Faustformel kann gelten, dass eine Gefahrerhöhung dann vorliegt, wenn sie bei Kenntnis des Versicherers diesem hätte Anlass bieten können, den Versicherungsvertrag aufzuheben, nicht abzuschließen oder nur gegen erhöhte Prämie fortzusetzen.[698] Dies ist insbesondere dann der Fall, wenn ein anderer (stärkerer) Motor eingebaut wird.[699]

566 Weiterhin muss durch die Gefahrerhöhung ein neuer Zustand erhöhter Gefahr geschaffen werden, der seiner Natur nach geeignet ist, von so langer Dauer zu sein, dass er die Grundlage eines neuen natürlichen Gefahrenverlaufes bilden und damit den Eintritt des Versicherungsfalles generell fördern kann. Der *BGH* nimmt als Richtschnur an, dass der neue Zustand erhöhter Gefahr seiner Natur nach so lange andauern muss, dass die in § 23 Abs. 2 und 3 VVG vorgesehene Anzeige an den Versicherer nicht schon aus zeitlichen Gründen sinnlos ist.[700] Allerdings muss der Zustand der Gefahrerhöhung auch nicht lange angedauert haben, um die Folgen des § 23 VVG auszulösen, es reicht die Weiternutzung eines Kfz in verkehrswidrigem Zustand.[701]

567 Der Versicherungsnehmer begeht erst dann eine Obliegenheitsverletzung, wenn er das Fahrzeug nach Vertragsabschluss in Kenntnis[702] des Mangels oder arglistiger Nichtkenntnis weiterbenutzt. Das Verschweigen der Gefahrerhöhung bei Vertragsschluss oder danach als solches schadet nicht, erst wenn das KFZ mit dieser Gefahrerhöhung in Betrieb genommen wird, löst dies die Folgen aus.

**Beispiel:**

568 Der Versicherungsnehmer hat noch keine Gefahrerhöhung vorgenommen, wenn er trotz eines allmählich eintretenden Lenkdefektes seine Fahrt zunächst weiter fortsetzt und bei Inbetriebnahme des Pkws den Defekt nicht erkannt hat.[703]

569 Der Versicherungsnehmer hat erst dann eine Gefahrerhöhung vorgenommen, wenn er das verkehrsunsichere Kfz wiederholt benutzt und sich des Mangels bewusst ist. Gleiches gilt, wenn er den Mangel hätte erkennen müssen und sich dieser Erkenntnis arglistig entzogen hat. Dabei kommt es nicht darauf an, dass er sich des gefahrerhöhenden Charakters des Mangels bewusst war.[704]

570 Für die Gefahrerhöhung ist es gleichgültig, ob der Mangel am Fahrzeug durch normalen Verschleiß bzw. normale Abnutzung eingetreten ist, oder durch einen sonstigen Defekt.[705]

571 Die Gefahrerhöhung liegt nicht im Eintritt der Verkehrsunsicherheit des Fahrzeuges, sondern vielmehr in der Weiterbenutzung des Fahrzeuges in verkehrsunsicherem Zustand nach Vertragsabschluss. Aus diesem Grunde ist es unerheblich, ob die Verkehrsunsicherheit bereits vor Abschluss des Versicherungsvertrages vorhanden gewesen ist oder erst nach dessen Abschluss eintritt.[706] Auch

698 *BGH* v. 13.01.1982 – IVa ZR 197/80, VersR 1983, 466 zur Anzeigepflicht.
699 *OLG Saarbrücken* v. 04.03.2020 – 5 U 64/19.
700 *BGH* v. 22.01.1971 – IV ZR 121/69, VersR 1971, 407.
701 *BGH* v. 22.06.1967/II ZR 154/64, Juris.
702 *OLG Düsseldorf* NZV 2005, 155; vgl. aber *BGH* v. 10.09.2014 – IV ZR 322/13, das Bewusstsein der gefahrerhöhenden Eigenschaft seiner Handlung muss gegeben sein.
703 *OLG Nürnberg* VersR 1982, 460.
704 *BGH* v. 25.09.1968 – IV ZR 514/68, VersR 1968, 1153; *BGH* v. 18.12.1968 – IV ZR 523/68; VersR 1968, 1131; *BGH* v. 17.03.1992 – VI ZR 62/91, VersR 1982, 793.
705 Vgl. *Bauer* Rn. 395, *BGH* v. 22.06.1967 – II ZR 154/64, NJW 1967, 1758; *BGH* v. 18.10.1989 – IVa ZR 29/88, VersR 1970, 412; *BGH* v. 18.10.1989 – IVa ZR 29/88, VersR 1990, 80.
706 *BGH* v. 22.06.1967 – II ZR 154/64, VersR 1967, 746.

die Nichtanzeige des Schlüsselverlustes und fehlender Austausch des Schlosses kann zu einer Gefahrerhöhung führen.[707]

**Der mitversicherte Fahrer:** 572

Da sich die Obliegenheit an objektiven Kriterien, nämlich dem Zustand des KFZ orientiert, richtet sie sich auch gegen den mitversicherten Fahrer, der sich vor Fahrtantritt vergewissern muss, dass sich das Fahrzeug in verkehrssicherem Zustand befindet.[708] §§ 23 ff. VVG wenden sich zwar dem Wortlaut nach ausschließlich an den Versicherungsnehmer. Über die Regelung des § 123 VVG kann jedoch dem Mitversicherten der vom Versicherten vorgenommene Verstoß vorgehalten werden. In den AKB n.F. wurden ausdrücklich Pflichten der mitversicherten Personen aufgenommen, vgl. insoweit Abschnitt F Rechte und Pflichten der mitversicherten Personen.

Unter der Voraussetzung, dass der Fahrer des Kfz die Gefahrerhöhung vorgenommen hat oder das Kfz in Kenntnis der Gefahrerhöhung weiterbenutzt oder sich dieser Kenntnis arglistig entzogen hat, ist der Versicherer gegenüber dem Fahrer leistungsfrei. Wenn der Versicherungsnehmer Kenntnis von der durch den Fahrer vorgenommenen Gefahrerhöhung hatte, ist der Versicherer auch dem Versicherungsnehmer gegenüber leistungsfrei. 573

Soweit auch der Fahrer von der fehlenden Verkehrssicherheit des Fahrzeuges Kenntnis hatte (z.B. abgefahrene Reifen)[709] und er das Fahrzeug gleichwohl benutzt, kann auch er in Regress genommen werden. Die Regelung des § 123 VVG schützt ihn insoweit nicht mehr als in allen anderen Fällen.[710] In dieser Obliegenheit sind beide, Versicherungsnehmer und Fahrer, gleichermaßen verpflichtet und es wird dem Versicherungsnehmer nur im Ausnahmefall gelingen, sich von der Verantwortlichkeit für eine Gefahrerhöhung zu befreien, wenn er beispielsweise nachweisen kann, dass der Fahrer allein für die Gefahrerhöhung verantwortlich war. 574

Die Beweislast für die positive Kenntnis[711] bzw. das arglistige Entziehen trägt der Versicherer. 575

Besteht gegenüber dem Fahrer Leistungsfreiheit und muss der Versicherer dennoch Entschädigungsleistungen an den geschädigten Dritten erbringen, so entstehen auch gegenüber dem Fahrer Rückgriffsansprüche. 576

Die Rückgriffsansprüche gegenüber dem Fahrer bestehen in gleicher Höhe, wie sie, bei gleicher Obliegenheitsverletzung, dem Versicherungsnehmer gegenüber bestanden hätten bzw. bestehen. 577

▶ **Beispiele:**

Objektive Gefahrerhöhung liegt beispielsweise vor (vorausgesetzt, dass der Versicherungsnehmer davon positive Kenntnis hatte, oder sich dieser Kenntnis arglistig entzogen hatte): 578

– Bei Benutzung eines Fahrzeuges mit Reifen, deren Profiltiefe geringer als 1,6mm ist, auch wenn nur ein Reifen mangelhaft ist (§ 36 Abs. 2 S. 4 StVZO);[712]
– bei Benutzung eines Fahrzeuges mit mangelhafter Bremsanlage;[713]

707 *OLG Hamburg*, Beschl. v. 10.04.2018 – 14 U 106/17 (Defektes Zündschloss); *KG* v. 15.07.2016 – 6 U 24/18 Nichtanzeige des Schlüsselverlustes als Gefahrerhöhung.

708 *BGH* v. 21.04.1971 – IV ZR 162/69, VersR 1971, 558.

709 *OLG Köln* SP 2006, 429 zur positiven Kenntnis.

710 A.A. *Feyock/Jacobsen/Lemor/Jacobsen* § 2b AKB Rn. 82.

711 *OLG Karlsruhe* vom 17.09.2013 – 12 U 43/13, ADAJUR Dok.Nr. 102073.

712 *BGH* v. 26.10.1967 – II ZR 6/65, VersR 1967, 1169; *OLG Köln* SP 2006, 429 zur positiven Kenntnis.

713 *BGH* v. 15.01.1986 – IVa ZR 30/84, VersR 1986, 255; vgl. auch hierzu *BGH* v. 13.01.2011 – I ZR 188/08, bei blockierenden Bremsen eines Hängers mit nachfolgendem Brand reichte es aus, dass bei der Funktionsprüfung vor Fahrtantritt keine Mängel erkannt werden konnten. Eine mangelhafte Wartung konnte nicht nachgewiesen werden. (Im Rahmen der Frachtführerhaftung wurde die Gefahrerhöhung nicht erörtert, wobei diese dann zu verneinen gewesen wäre).

- Fahren mit Sommerreifen im Winter bei winterlichen Straßenverhältnissen[714]
- bei Benutzung eines Fahrzeuges, dessen Handbremse nicht betriebssicher ist, auch wenn die Fußbremse funktioniert;[715]
- bei Benutzung eines manipulierten Fahrzeuges, dessen zulässige Höchstgeschwindigkeit durch Eingriffe erheblich vergrößert worden ist;[716]
- Benutzung eines »frisierten« Mofas oder Krades[717]
- bei regelmäßiger Überschreitung des zulässigen Gesamtgewichtes eines Krades durch Mitnahme eines Beifahrers.[718]
- Will sich der Versicherer wegen zu viel gefahrener Kilometer auf Gefahrerhöhung berufen, muss er in seinen Tarifbedingungen auf die Auslobung einer Vertragsstrafe verzichten.[719]

579 Keine Gefahrerhöhung wurde angenommen:

▶ **Beispiele:**
- Bei Benutzung eines Fahrzeuges, dessen Bremsanlage nach Sachverständigengutachten plötzlich versagt hat, sodass die defekte Bremsanlage dem Versicherten verborgen geblieben ist;[720]
- wenn der Versicherte das Fahrzeug, das noch eine erhebliche Bremswirkung aufwies, erst 5 Tage besitzt und für einen Laien der lange Bremsweg auch auf einer fehlerhaften Einstellung der Bremsen beruhen kann;[721]
- bei Benutzung eines Fahrzeuges, das lediglich einen mangelhaften Reservereifen besitzt;[722]
- bei Durchführung einer einmaligen, zeitlich begrenzten Fahrt zur Reparaturwerkstatt;[723]
- wenn der Polizei am Unfallort die mangelnde Profiltiefe auch nicht aufgefallen ist;[724]
- wenn die Haftung der abgefahrenen Reifen auf trockener Straße nicht schlechter war als bei intakten Reifen;[725]
- wenn nur ein Reifen nicht genügend Profil aufwies, die anderen Reifen aber genügend Profil aufwiesen und nicht ersichtlich ist, dass der Versicherungsnehmer davon Kenntnis hatte, oder sich dieser Kenntnis arglistig entzogen hatte.[726]
- Auch der Verlust des Kfz-Schlüssels im Fahrzeug ist nicht per se grob fahrlässig, wenn er nicht eine Fernbedienung beinhaltet und auch sonst keinen Hinweis auf das Kfz enthält.[727]

---

714 *LG Erfurt* v. 26.09.2014 – 1 S 131/14 (unveröffentlicht); *AG Mannheim* v. 22.05.2015 – 3 C 308/14, ADAJUR; nicht unbedingt grob fahrlässig: *AG Papenburg* v. 10.03.2016 – 20 C 322/15.
715 *BGH* v. 05.07.1972 – IV ZR 37/71, VersR 1972, 872.
716 *BGH* v. 25.02.1979 – IV ZR 639/68, VersR 1970, 412.
717 *BGH* v. 05.07.1988 – IVa ZR 29/88, r+s 1990, 8 ff., *OLG Köln* in r+s 1992, 79 ff. zur Leistungsfreiheit bei »frisiertem« Mofa wegen Gefahrerhöhung, die Frage der Führerscheinklausel wurde nicht geprüft, da hier eine Schwarzfahrt vorlag. Dort wird die Leistungsfreiheit verneint, da eine Risikoprüfung bei den Mofas nicht erfolge. Verkannt wird aber, dass die Betriebserlaubnis mit der Veränderung am Mofa erlischt und es schon aus diesem Grund nicht mehr im öffentlichen Verkehr geführt werden darf. Aufgrund der Überwachung der Fahrzeuge durch den TÜV darf sich der Versicherer darauf verlassen, dass das Fahrzeug den StVO-Vorschriften entspricht und eine Betriebserlaubnis vorhanden ist. Daher ist das Urteil m.E. so nicht korrekt. Vgl. insoweit auch *Huppertz* DAR 2008, 172 f.; *OLG Koblenz* VersR 2007, 534 f. (Tuning als Gefahrerhöhung).
718 *BGH* v. 20.03.1967 – II ZR 186/64, VersR 1967, 493.
719 *OLG Stuttgart* v. 25.07.2013 – 7 U 33/13, VersR 2013, 1528 für Kasko.
720 *OLG Düsseldorf* zfs 1989, 417.
721 *BGH* v. 15.01.1986 – IVa ZR 30/84, VersR 1986, 255.
722 *BGH* v. 03.06.1968 – IV ZR 531/68, VersR 1968, 1033.
723 *BGH* v. 22.05.1967 – II ZR 96/65, VersR 1967, 745.
724 *OLG Frankfurt* zfs 1985, 179.
725 *BGH* v. 04.06.1969 – VI ZR 618/68, VersR 1969, 748.
726 *OLG Düsseldorf* NZV 2005, 155 (zwar für die Vollkasko entschieden, aber auf die KH-Versicherung übertragbar).
727 *OLG Hamm* v. 03.07.2013 – 20 U 226/12.

**Beweislast:** 580

Der Versicherer, der dem Versicherungsnehmer die Vornahme oder Gestattung einer Gefahrerhöhung vorwirft, ist hierfür beweispflichtig.[728] Dies bedeutet zunächst, dass der Versicherer nachweisen muss, dass im Fall der objektiven Gefahrerhöhung das Fahrzeug den StVZO-Vorschriften nicht entsprochen hat. Auch die willentliche Vornahme muss nachgewiesen werden.[729]

Aus dem Merkmal in § 23 VVG, »Vornehmen oder deren Vornahme… gestatten« schließt die Rechtsprechung, dass der Versicherungsnehmer die Gefahrenänderung willentlich, mit natürlichem Handlungswillen vornimmt oder gestattet.[730] 581

Nach Auffassung der Rechtsprechung muss der Versicherungsnehmer die Umstände kennen, aus denen sich die Gefahrenänderung ergibt. Nicht erforderlich ist, dass der Versicherungsnehmer weiß, dass diese Umstände einen gefahrerhöhenden Charakter haben.[731] Ebenso wenig muss der Fahrer eines LKW die Bremsscheiben einer Sichtprüfung unterziehen, falls nicht besondere Anhaltspunkte hierfür sprechen.[732] 582

Auch ein Kfz-Händler, der rote Kennzeichen verwendet, muss sich über die Verkehrssicherheit des Fahrzeuges vergewissern, überlässt er diese Aufgabe einem Angestellten, so gilt dieser als sein Repräsentant.[733] Da er auch als Zulassungsstelle fungiert, soweit er nicht zugelassene Fahrzeuge mit einem roten Kennzeichen versieht, sind an ihn höhere Anforderungen zu stellen. 583

Dem Fall des positiven Wissens stellt der *BGH* den Fall gleich, dass sich der Versicherungsnehmer dieser Kenntnis arglistig verschließt. Dies ist jedoch nur möglich, wenn der Versicherungsnehmer positiv mit der Möglichkeit eines gefahrändernden Umstandes rechnet. Macht er sich hingegen keine Gedanken in dieser Richtung, so reicht es nicht aus, selbst wenn sein Verhalten grob fahrlässig, leichtsinnig, ja sogar bodenlos leichtsinnig war.[734] Es müssen folgende Voraussetzungen erfüllt sein, um von arglistiger Kenntnisverhinderung zu sprechen: 584

- Der Versicherungsnehmer muss mit der Möglichkeit gerechnet haben, dass das Fahrzeug Mängel aufweist.
- Er muss weiterhin damit gerechnet haben, dass es für den Versicherungsschutz auf seine Kenntnis von diesen Mängeln ankommt.
- Er muss, um seinen Versicherungsschutz nicht zu gefährden, von einer Überprüfung des Kraftfahrzeuges Abstand genommen haben.[735]

Die Beweispflicht umfasst neben dem objektiven Vorliegen der erhöhten Gefahrenlage auch die Kenntnis bzw. das arglistige Nichtkennen durch die versicherte Person. Da dieser Beweis in der Praxis jedoch häufig misslingt, hat die Rechtsprechung zugunsten des Versicherers Beweiserleichterungen geschaffen: 585

Ist die Gefahrerhöhung so offensichtlich und bedeutsam, dass auch ein Laie sie nicht übersehen kann, spricht eine tatsächliche Vermutung für die Kenntnis, und es ist Sache des Versicherungsnehmers, diese Vermutung zu erschüttern. 586

Im Fall der Gefahrerhöhung ist der Versicherungsnehmer grundsätzlich verpflichtet, die Einwilligung des Versicherers einzuholen. Dieser kann dann entscheiden, ob er das Fahrzeug zu den bestehenden Konditionen noch weiter versichern will. 587

---

728 *BGH* v. 25.09.1968 – IV ZR 514/68, BGHZ 50, 385.
729 Positive Kenntnis, *OLG Köln* 9 U 175/05, SP 2006, 429.
730 *BGH* v. 12.03.1975 – IV ZR 97/73, VersR 1968, 1153.
731 Vgl. *BGH* v. 12.03.1975 – IV ZR 97/73, VersR 1968, 1153.
732 *OLG Düsseldorf* v. 28.01.2014 – IV-3 RBS 11/14 (ADAJUR Dok.Nr. 104538).
733 *BGH* 18.12.1974 – IV ZR 123/73, VersR 1975, 229, 231.
734 *BGH* v. 26.05.1982 – IVa ZR 76/80, VersR 1982, 793.
735 *BGH* v. 26.05.1982 – IVa ZR 76/80, VersR 1982, 793.

588 Auch in §§ 23 ff. VVG wird dem Versicherungsnehmer die Möglichkeit gegeben, sich zu exkulpieren, sofern er gem. § 26 Abs. 3 VVG den Kausalitätsgegenbeweis führen kann. Die Verpflichtung des Versicherers zur Erbringung der vereinbarten Leistung bleibt trotz Vorliegen einer Gefahrerhöhung bestehen, wenn die Erhöhung der Gefahr keinen Einfluss auf den Eintritt des Versicherungsfalles und auf den Umfang der Leistung des Versicherers gehabt hat.[736] Hiermit wird ausgedrückt, dass dem Versicherten der sog. Kausalitätsgegenbeweis möglich ist.

589 Für den Kausalitätsgegenbeweis ist, wie bei anderen Obliegenheitsverletzungen, der Versicherungsnehmer beweispflichtig,[737] er muss vor Fahrtantritt auch als technischer Laie die Verkehrssicherheit prüfen und muss im Rahmen dieses Gegenbeweises jede mögliche Mitursächlichkeit der vorgenommenen Gefahrerhöhung für den Eintritt des Versicherungsfalles und den Umfang der Leistung des Versicherers ausschließen.[738]

**▶ Beispiele für einen gelungenen Kausalitätsgegenbeweis:**

590 – bei trockener Fahrbahn ist nach wissenschaftlichen Erkenntnissen ein Reifen, dessen Profiltiefe geringer als 1,6 mm ist, gegenüber einem gut profilierten Reifen gleichwertig, sodass die Verwendung eines abgefahrenen Reifens bei trockener Fahrbahn keinen Einfluss auf den Versicherungsfall und den Umfang der Versicherungsleistung haben kann;[739]
– ist bei regennasser Straße das vorhandene Wasser auf der Straßenoberfläche so tief, dass es bei der vom Versicherungsnehmer eingehaltenen Geschwindigkeit auch bei ordnungsgemäßen Reifen nicht aufgenommen und verdrängt worden wäre, ist der Kausalitätsgegenbeweis ebenfalls geführt;[740]
– ist der Unfall unabwendbar i.S.d. § 17 Abs. 3 StVG (§ 7 Abs. 2 a.F.), so ist der Kausalitätsgegenbeweis ebenfalls geführt.[741]

591 Unterlässt der Versicherungsnehmer das Anzeigen der Gefahrerhöhung und tritt der Versicherungsfall nach Erhöhung der Gefahr ein, ist der Versicherer leistungsfrei, § 26 Abs. 1 VVG. Die Leistungspflicht bleibt jedoch gemäß § 26 Abs. 2 VVG bestehen, sofern der Versicherungsnehmer ohne Verschulden gehandelt hat. Der Versicherungsnehmer, der sich auf mangelndes Verschulden beruft, ist hierfür beweispflichtig. Mangelndes Verschulden kann beispielsweise dann angenommen werden, wenn der Versicherungsnehmer weder den Zustand erhöhter Gefahr gekannt hat noch sich dieser Kenntnis arglistig verschlossen hat. Für ein Verschulden im Rahmen dieser Obliegenheitsverletzung reicht leichte Fahrlässigkeit aus. § 26 Abs. 1 VVG sieht einen – abhängig vom Schweregrad des Verschuldens – abgestuften Regress vor, wie § 28 VVG für die vertraglichen Obliegenheiten. Es gelten die gleichen Regeln.

592 Der Versicherer ist berechtigt, den Versicherungsvertrag fristlos zu kündigen, sobald der Versicherungsnehmer eine Gefahrerhöhung nach Vertragsschluss vorgenommen hat. Das fristlose Kündigungsrecht besteht nur, wenn der Versicherungsnehmer diese Gefahrerhöhung verschuldet hat. Hat der Versicherungsnehmer diese Gefahrerhöhung nicht verschuldet, so kann der Versicherer gleichwohl den Vertrag kündigen. Diese Kündigung wird jedoch erst mit einer Frist von einem Monat dem Versicherungsnehmer gegenüber wirksam. Eine Kündigungspflicht entfällt ebenfalls, wenn der

736 § 26 Abs. 3 VVG.

737 *BGH* v. 19.09.1966 – II ZR 237/64, VersR 1966, 1022; *BGH* v. 22.06.1967 – II ZR 154/64, NJW 1967, 1758 f.

738 *BGH* v. 10.04.1068 – IV ZR 512/68, VersR 1968, 590.

739 *BGH* v. 04.06.1969 – IV ZR 618/68, VersR 1968, 785.

740 *BGH* v. 17.09.1969 – IV ZR 1041/68, VersR 1969, 987 auch zur Frage des »Kennen-müssen« einer Gefahrerhöhung.

741 Wegen weiterer Einzelfälle zum Kausalitätsgegenbeweis s. *Prölss/Martin/Knappmann* VVG § 26 Rn. 3 mit Verweis auf § 28 Rn. 112 ff. und 143 ff.

personenverschiedene Fahrer die objektive Gefahrerhöhung alleine vorgenommen hat und der VN hiervon nichts wissen konnte.[742]

Hatte der Versicherer vor einem Schadenereignis Kenntnis von der objektiven Gefahrerhöhung, so muss er dem Versicherungsnehmer, um leistungsfrei zu sein, den Versicherungsschutz versagen und kündigen. Hierfür hat er einen Monat ab Kenntnis Zeit. 593

Die Leistungsfreiheit der Versicherer ergibt sich aus § 26 Abs. 1 VVG, danach ist der Versicherer von der Verpflichtung zur Leistung frei. 594

Nach § 26 Abs. 1 VVG braucht in dem Fall, in dem der Versicherer erst durch oder nach dem Versicherungsfall Kenntnis von der Gefahrerhöhung erlangt, eine Kündigung nicht mehr ausgesprochen zu werden. Der Versicherer ist nur in diesem Fall auch ohne Kündigung für diesen Schaden leistungsfrei.[743] 595

Die Leistungspflicht des Versicherers für künftige Schadenfälle bleibt bestehen, wenn dieser nach Kenntnis von der Gefahrerhöhung nicht binnen eines Monats gekündigt hat (§ 26 Abs. 3 VVG). In diesen Fällen ist der Versicherer in der Lage gewesen, das Risiko neu zu kalkulieren. Hiervon hat er keinen Gebrauch gemacht. Er hat sich auch nicht vom Vertrag gelöst, sodass eine Eintrittspflicht gerechtfertigt ist. Diese Kündigungspflicht macht jedoch nur dann Sinn, wenn der Versicherer von der Gefahrerhöhung nicht in einem Schadenfall Kenntnis erlangt hat, oder das versicherte Fahrzeug durch den infolge der Gefahrerhöhung verursachten Schaden zum Totalschaden wird und verschrottet wird. Kein Kündigungsrecht besteht für den Fall, dass der ursprüngliche Gefahrenzustand wiederhergestellt wird, d.h. die Gefahrerhöhung beseitigt wird. 596

Im Fall der KH-Versicherung wird diese Leistungsfreiheit jedoch durch die AKB und durch die KfzPflVV modifiziert und seit 01.07.1994 auf den Betrag von 5.000 € begrenzt. 597

Leistungsfreiheit besteht nicht in vollem Umfange, sondern lediglich in den Grenzen bis zu 5.000 €. Die jeweiligen AKB sind zu prüfen, soweit dort die Gefahrerhöhung in die AKB mit aufgenommen wurde und die Formulierung gewählt wurde »Der Versicherungsnehmer hat sicherzustellen, dass…« ist der Versicherungsnehmer in der Pflicht, zu beweisen, dass er seiner Verpflichtung aus den AKB, »sicherzustellen, dass« nachgekommen ist. 598

Auch in § 26 Abs. 2 VVG wurde die Neuregelung aus § 28 VVG für die vertraglichen Obliegenheiten aufgenommen, sodass auch im Fall der Gefahrerhöhung die Frage des Verschuldens zu klären ist. Dabei geht auch hier der Gesetzgeber davon aus, dass die Gefahrerhöhung lediglich grob fahrlässig begangen wurde. Für die vorsätzliche Begehung der Obliegenheitsverletzung ist der Versicherer beweispflichtig, während der Versicherungsnehmer oder die mitversicherte Person das Vorliegen lediglich leichter Fahrlässigkeit (mit der Folge der Leistungspflicht des Versicherers) beweisen muss. 599

Nach dem ausdrücklichen Wortlaut des § 3 PflVG ist eine Verweisung im Fall der Gefahrerhöhung durch ein Fahrzeug, welches den Bau- und Betriebsvorschriften der StVZO nicht entspricht, nicht möglich. Eine Verweisung scheidet daher im Rahmen der objektiven Gefahrerhöhung aus. 600

### 7. Wechselkennzeichen, D.1.1.5 AKB, § 5 Ziff. 6 KfzPflVV

In den AKB 2013 wurde eine Regelung zu den Wechselkennzeichen aufgenommen, die seit 01.07.2012 zulässig sind.[744] Nach § 8 Abs. 1a FZV kann ein Halter zwei gleiche Kraftfahrzeuge mit einem Kennzeichen zulassen. Das Wechselkennzeichen i.S.v § 8 Abs. 1a FZV besteht aus einem fahrzeugbezogenen Zusatzteil, der fest am Kfz verbleibt und einem Teil, der jeweils an dem Fahrzeug angebracht sein muss, das im öffentlichen Verkehr geführt wird. Eine Verwendung eines Fahrzeugs 601

742 Vgl. auch *Staudinger/Friesen*, Kündigungsrecht nach erfolgter Gefahrerhöhung – § 24 Abs. 1 und 2 VVG, DAR 2014, 184, 185.

743 *OLG Celle* r+s 1991, 117.

744 *Liebermann*: »Wechselkennzeichen können ab 01.07.2012 zugeteilt werden«, DAR 2012, 425.

ohne vollständiges Wechselkennzeichen stellt eine Obliegenheitsverletzung i.S.v. D.1.1.5 AKB dar und berechtigt zum Regress im Schadenfall.

### 8. Personenbezogene Gefahrerhöhung

602 § 23 VVG

Hinsichtlich der allgemeinen Grundsätze sei auf die obigen Ausführungen verwiesen. Die Tatbestände, die zur Annahme einer Gefahrerhöhung in der Fahrzeugversicherung führen, sind überwiegend in der Person des Versicherungsnehmers oder Fahrers liegende, wie z.B. die Diskussion über die Frage der Gefahrerhöhung bei Aufbewahrung des Kfz-Scheins im Fahrzeuginneren zeigt.[745]

603 **Objektiver Tatbestand:**

Bei personenbezogenen Gefahrerhöhungen handelt es sich um gefahrerhöhende Umstände, die in der Person des Fahrers begründet sind.

▶ Beispiel:

604 – sehbehinderter Fahrer fährt ständig ohne Brille;[746]
– Fernfahrer verletzt ständig (wochenlang) die Ruhezeitvorschriften;[747]
– Fahrer leidet an Epilepsie und fährt trotz Fahrverbotes des Arztes und es kommt dann infolge eines Anfalles zu einem Unfall.[748]

605 Eine Gefahrerhöhung ist jedoch nicht gegeben bei:
– einer einmaligen Fahrt infolge eines psychotischen Schubes[749] oder
– zwei aufeinanderfolgenden Fahrten eines Versicherungsnehmers mit nur seltenen Anfällen;[750]
– der Fahrer hat Diabetes,[751] ein Unfall wegen einer Bewusstseinsstörung durch Unterzuckerung ist jedoch nur dann eine Gefahrerhöhung, wenn dies bereits einmal aufgetreten ist;[752]
– dauerhaftes alkoholisiertes Fahren stellt eine Gefahrerhöhung dar;[753]
– das Überlassen des KFZ an einen häufig betrunkenen Fahrer ebenso.[754]

606 Die Gefahrerhöhung muss von gewisser Dauer sein. So reicht z.B.:

das einmalige Fahren ohne Brille,[755] die einmalige Verletzung der Ruhezeitvorschriften[756] oder die einmalige Trunkenheit[757] nicht aus. In der Praxis ergeben sich hieraus nahezu unüberwindliche Beweisschwierigkeiten. Eine der häufigsten Unfallursachen, die Trunkenheitsfahrt, ist seit 1994

---

745 *OLG Bremen* v. 20.09.2010 – 3 U 77/09 (ADAJUR-Dok-Nr. 94157): keine vorwerfbare Gefahrerhöhung, wenn der Kfz-Schein hinter der Sonnenblende aufbewahrt wurde; ebenso *OLG Oldenburg* v. 23.06.2010 – 5 U 153/09 für die Aufbewahrung im Handschuhfach; aber *OLG Celle* bejaht die Gefahrerhöhung bei dauerhaftem Verbleib des Kfz-Scheins im Fahrzeug, r+s 2011, 107 f.

746 *BGH* v. 01.10.1969 – IV ZR 1002/68, VersR 1969, 1011.

747 *BGH* v. 28.06.1965 – II ZR 31/63, VersR 1965, 846; *OLG Karlsruhe* VersR 1957, 477; *OLG Düsseldorf* VersR 1963, 941.

748 *OLG Stuttgart* VersR 1997, 1141; *Warzelhan/Krämer* NJW 1984, 2620.

749 *OLG Hamm* VersR 1985, 751.

750 *OLG Nürnberg* VersR 2000, 46.

751 Vgl. aber *VG Gelsenkirchen*, Urt. v. 16.10.2013 – 7 K 3863/12, ADAJUR Dok.Nr. 104348 Kein Anspruch auf Erteilung einer Fahrerlaubnis bei nicht eingestelltem Diabetes!.

752 *OLG Oldenburg* zfs 1985, 55; vgl. auch *VG Mainz* zum Thema Führerscheinentzug bei Diabetes mit schwerer Stoffwechselentgleisung, NZV 2010, 218.

753 *OLG Frankfurt* VersR 1962, 222.

754 *OLG Düsseldorf* VersR 1964, 179.

755 *OLG Koblenz* VersR 1992, 921.

756 *OLG Düsseldorf* VersR 1963, 941, oder der Schaden danach beim Entladen eintritt *OLG Hamm* VersR 1978, 221.

757 *BGH* v. 18.10.1952 – II ZR 72/52, BGHZ 7, 311.

selbstständig in den AKB aufgenommen, sodass die Bedeutung der subjektiven Gefahrerhöhung als von der Rechtsprechung geschaffene Möglichkeit der Sanktionierung von Alkoholunfällen zurückgegangen ist. Gleichwohl besteht auch heute noch die Möglichkeit, dem ständig unter Alkoholeinfluss fahrenden Versicherungsnehmer wegen subjektiver Gefahrerhöhung den Versicherungsschutz zu versagen und die daraus resultierenden Rechtsfolgen einzuleiten.

Für die Dauerhaftigkeit der Gefahrerhöhung ist der Versicherer beweispflichtig. Dies ist im Einzelfall zu prüfen und nahezu unmöglich, allein durch medizinische Untersuchungen (Blut- und Leberwertkontrollen) dürfte nur der Nachweis von häufigem Alkohol- oder Drogenkonsum gelingen. Indes ist dadurch noch nicht bewiesen, dass der Versicherungsnehmer/Fahrer überdies immer unter Alkoholeinfluss ein Fahrzeug geführt hat. **607**

Rechtsfolge ist gemäß § 26 VVG Leistungsfreiheit des Versicherers, wobei diese den Rechtsfolgen, wie sie oben[758] beschrieben wurden, gleichstehen. **608**

Die einzige Besonderheit, die hierbei zu beachten ist, liegt darin, dass eine Kündigung nur dann erforderlich ist (ebenfalls nur, um zukünftige Leistungsfreiheit zu erreichen, wenn die Kenntnis erst durch den Schadenfall erfolgte), wenn der vom Fahrer personenverschiedene Versicherungsnehmer von den gefahrerhöhenden Umständen wusste und gleichwohl sein Fahrzeug weitergab. **609**

Die Leistungsfreiheit der Versicherer ergibt sich aus § 26 VVG. Die volle Leistungsfreiheit ist bei vorsätzlicher Obliegenheitsverletzung gegeben, in den Fällen der fahrlässigen Obliegenheitsverletzung ist unter Berücksichtigung der Schwere des Verschuldens des Versicherungsnehmers nur ein abgestufter Regress möglich), danach ist der Versicherer von der Verpflichtung zur Leistung frei. Im Fall der KH-Versicherung wird diese Leistungsfreiheit jedoch durch die AKB und durch die KfzPflVV modifiziert und ist auf den Betrag von 5.000 € begrenzt. **610**

Die Verweisung des Geschädigten ist gemäß § 3 PflVG, § 117 VVG möglich. Der Ausschluss in § 3 PflVG bezieht sich nur auf die objektive Gefahrerhöhung. **611**

Es kann nur bis zur Höhe der Leistungsfreiheit, 5.000 €, verwiesen werden. **612**

## 9. Nichtmeldung des Schadens

### E.1.1.1 AKB **613**

Gemäß E.1.1.1 AKB ist jeder Versicherungsfall dem Versicherer vom Versicherungsnehmer innerhalb einer Woche anzuzeigen. Versicherungsfall im Sinne dieser Vorschrift ist jedes Ereignis, das einen unter die Versicherung fallenden Schaden verursacht haben könnte.[759] Beweisbelastet für die (rechtzeitige) Absendung der Schadenmeldung ist der Versicherungsnehmer.[760] Nicht erforderlich ist, dass Ansprüche gegen den Versicherungsnehmer oder die KH-Versicherung zu befürchten sind. Grundsätzlich empfiehlt es sich daher, auch die Schäden anzuzeigen, die keine Schadensersatzpflicht des KH-Versicherers auslösen.

Darüber hinaus sind auch sonstige Informationen unverzüglich an den KH-Versicherer weiterzugeben. Nach E.1.1.2 AKB hat der Versicherungsnehmer ebenfalls die Einleitung eines Ermittlungsverfahrens, den Erlass eines Strafbefehls oder Bußgeldbescheides dem Versicherer unverzüglich anzuzeigen, auch wenn er den Versicherungsfall selbst bereits angezeigt hat. **614**

Die Erhebung einer Klage, der Erlass eines Mahnbescheides, Antrag auf Prozesskostenhilfe oder gerichtliche Streitverkündung hat der Versicherungsnehmer dem Versicherer ebenfalls unverzüglich **615**

---

758 Vgl. insoweit Rdn. 596 ff.

759 *OLG Hamm* v. 03.12.2010 – 20 U 16/10, geht von einer Leistungsfreiheit aus, wenn die Anzeige des Schadenfalles erst drei Monate nach dem Ereignis angezeigt wird (PHV).

760 *AG Bremen* v. 04.11.2022 – 3 C 184/20, r+s 2022, 537 m. Anm. *Maier*, Quote 60 % Leistungsfreiheit wegen grob fahrlässiger Obliegenheitsverletzung; *AG Düsseldorf* VersR 2009, 1102.

anzuzeigen, ebenso einen Arrest bzw. eine einstweilige Verfügung oder die Einleitung eines Beweissicherungsverfahrens, E.1.2.3 und E.1.2.4 AKB.

616 Einer Anzeige bedarf es nicht, wenn der Versicherungsnehmer einen Schadenfall nach Maßgabe der Sonderbedingung[761] zur Regelung von kleinen Sachschäden selbst regelt, E.1.2.2 AKB. Es handelt sich hierbei um Schäden, die einen voraussichtlichen Betrag, der in den jeweiligen AKB zu regeln ist, nicht übersteigen. Der Versicherungsnehmer muss diesen Schaden selbst reguliert haben.

617 Bei reinen Sachschäden von voraussichtlich nicht mehr als 500 €[762] bedarf es einer Anzeige nicht, wenn sich der Versicherungsnehmer mit allen am Versicherungsfall Beteiligten zur Höhe des Schadens einigt, zur vollständigen Selbstregulierung verpflichtet und von den Beteiligten keine weiter gehenden Ansprüche geltend gemacht werden. Gem. E.1.2.2 AKB kann der Versicherungsnehmer ohne Nachteile für den Versicherungsschutz den Schaden melden, wenn die Selbstregulierung nicht gelingt.

618 Über den Wortlaut hinaus bedarf es einer Anzeige auch dann nicht, wenn der Versicherer in anderer Weise rechtzeitig Kenntnis vom Versicherungsfall erlangt hat,[763] §§ 30 Abs. 2, 104 VVG. Sinn dieser Vorschrift ist es, den Versicherer von der drohenden Leistungspflicht in Kenntnis zu setzen und ihm die Möglichkeit zu eröffnen, den Sachverhalt näher aufzuklären.

619 Alle Fälle der Anzeigenobliegenheiten setzen Kenntnis des Versicherungsnehmers vom anzeigepflichtigen Umstand voraus, ein Kennen müssen genügt nicht.[764] Weiterhin muss der Versicherungsnehmer vorsätzlich bzw. grob fahrlässig seiner Anzeigepflicht nicht genügt haben.

620 Eine vorsätzliche Obliegenheitsverletzung ist gegeben, wenn der Versicherungsnehmer im Bewusstsein der Verhaltensnorm die Obliegenheitsverletzung will,[765] er muss dabei Kenntnis von dem Versicherungsfall haben, welcher die Obliegenheit auslöst,[766] wobei bedingter Vorsatz ausreicht,[767] und verminderte Zurechnungsfähigkeit diesen nicht ausschließt.[768] Es ist nicht erforderlich, dass der Vorsatz einen Schaden des Versicherers mit umfasst.[769]

621 Fahrlässig handelt der Versicherungsnehmer oder Fahrer, wenn er die im Verkehr erforderliche Sorgfalt außer Acht lässt. Der Fahrlässigkeitsbegriff entspricht dem des § 276 BGB. Grob fahrlässig handelt derjenige, der die im Verkehr erforderliche Sorgfalt im hohen Maße außer Acht lässt, gar gröblich missachtet; wer nicht beachtet, was unter den gegebenen Umständen jedermann einleuchten musste, schlechthin unentschuldbare Pflichtverletzung muss vorgelegen haben. Als Maßstab wird das Verhalten des besonnenen und umsichtigen Autofahrers angelegt. Dieser wird jedoch unter Berücksichtigung auf die Verschiedenheit im Hinblick auf Bildung, Lebensstellung und Lebenstätigkeit, Alter und ähnliche Umstände dem jeweiligen Menschen angepasst werden müssen.[770] Ob eine grob fahrlässige Obliegenheitsverletzung vorliegt, ist keine reine Tatsachenfrage und unterliegt auch insoweit der revisionsrechtlichen Prüfung, als das Berufungsgericht entweder den Rechtsbegriff verkannt oder nicht alle festgestellten Umstände des Geschehens in seine Wertung einbezogen hat.[771] Es gibt keinen Anscheinsbeweis für das Vorliegen der groben Fahrlässigkeit.[772] Im Fall einer grob fahrlässigen Verletzung der Obliegenheiten des E.x AKB bleibt der Versicherer insoweit zur Leistung verpflichtet, als aus der Verletzung der Obliegenheit keine weiterer Schaden entstanden

---

761 Abgedruckt bei *Stiefel/Hoffmann* § 7 Rn. 262 (Vorauflagen).
762 Den jeweiligen AKB zu entnehmen, i.d.R. 250,00 € bis 500,00 €.
763 *LG Saarbrücken* VersR 1973, 513.
764 *BGH* v. 10.06.1970 – IV ZR 1086/68, VersR 1970, 1045.
765 *BGH* v. 02.06.1993 – IV ZR 72/92, r+s 1993, 281.
766 *BGH* v. 29.05.1970 – IV ZR 148/69, VersR 1970, 732.
767 *BGH* v. 12.07.1972 – IV ZR 23/71, VersR 1972, 1039.
768 *BGH* v. 15.03.1972 – IV ZR 38/71, VersR 1970, 801.
769 *OLG Saarbrücken* VersR 1976, 157.
770 *BGH* v. 30.04.1981 – IVa ZR 129/80, VersR 1981, 948.
771 *BGH* v. 10.02.1999 – IV ZR 60/98, VersR 1999, 1004.
772 *BGH* v. 05.02.1974 – VI ZR 52/72, VersR 1974, 593.

ist als derjenige, den der Versicherer auch bei ordnungsgemäßem Verhalten des Versicherten hätte regulieren müssen.

Bei festgestelltem Verstoß gegen die Schadenmeldepflicht und vorsätzlichem Verstoß wird der Versicherungsschutz versagt und der Versicherungsnehmer bzw. der Fahrer, ggf. sogar beide, bis zu einem Betrag in Höhe von je 2.500 € in Regress genommen.[773] Bei besonders schwerwiegender vorsätzlicher Verletzung einer Obliegenheit nach E.2 AKB erhöht sich der Regress auf 5.000 €, § 6 Abs. 3 KfzPflVV. 622

In den Fällen der Verletzung der Schadenmeldepflicht wird nicht von einem besonders schweren Fall ausgegangen werden können, da diese sich nur auf die Informationspflicht des Versicherungsnehmers bezieht, die schon mit einem Anruf des Geschädigten obsolet wird. 623

§ 28 VVG trifft keine gesonderte Regelung für die Obliegenheitsverletzungen nach Eintritt des Versicherungsfalles. Es bleibt daher bei der bekannten Regelung, die auch in E.2. AKB aufgenommen wurde. Sofern ein solcher Schaden entstanden ist, beschränkt sich der Regress des Versicherers auf Ersatz dieses weiter gehenden Schadens auf einen Maximal-Betrag in Höhe von 2.500 €. 624

Eine Kündigung seitens des Versicherers ist nicht erforderlich. 625

**Verweisung:** 626

Auch die Fälle des E.x AKB können verwiesen werden, bis zur Höhe der Regressgrenze.

### 10. Aufklärungspflicht

**E.1.1.3 AKB** 627

Der Versicherungsnehmer wie auch der Fahrer sind verpflichtet, alles zu tun, was zur Aufklärung des Tatbestandes und zur Minderung des Schadens dienlich sein kann.[774] Auf diese Pflicht ist ausdrücklich und ggf. mehrmals hinzuweisen, wobei die Gesamtschau des Einzelfalles hier auch nach längerer Dauer einen erneuten Hinweis erfordern kann.[775] Eine Klausel, die die Leistungsfreiheit bei vorsätzlicher Obliegenheitsverletzung (hier Unfallflucht) vorsieht, ist auch dann wirksam, wenn nicht explizit auf das Belehrungserfordernis des § 28 Abs. 4 VVG hingewiesen wird.[776]

Die Aufklärungspflichten werden bei zwei Fallgruppen relevant: 628
- Beantwortung von Fragen des Versicherers,
- Unfallflucht.

Der Versicherungsnehmer muss die Fragen des Versicherers unverzüglich,[777] richtig und vollständig beantworten.[778] Diese Pflicht gilt auch für den gesetzlichen Vertreter, der Angaben zum Unfall macht, ohne Kenntnis von den Umständen zu haben und sich auch nicht erkundigt, Arglist wird angenommen, wenn Kenntnis vorgespiegelt wird.[779] Im Gegensatz zur Schadenmeldepflicht genügt 629

773 *LG Braunschweig* VersR 1980, 837; *LG Frankenthal* zfs 1981, 18.

774 *BGH* v. 13.12.2006 – VI ZR 252/05, DAR 2007, 332 f., zur Frage der Kenntnis mitteilungspflichtiger Umstände; *OLG Karlsruhe* zu Angaben »ins Blaue hinein« (Frage nach Vorsteuerabzug nicht verstanden) in BeckRS 2007, 16974.

775 *BGH* Beschl. v. 20.02.2007 – IV ZR 152/05, DAR 2007, 332.

776 *OLG Dresden* v. 17.04.2018 – 6 U 1480/17, SVR 2019, 148.

777 Monate nach dem Versicherungsfall ist zu spät: *OLG Hamm* vom 03.12.2010 – 20 U 16/10 (Jurion.); *LG Köln*, 20 T 2/10, 7 Tage ist auch im Fall eines behaupteten Raubes. noch im Rahmen des Begriffs »unverzüglich«.

778 Vgl. aber *OLG Karlsruhe* SP 2006, 427 f. zur Eintrittspflicht trotz falscher Unfallschilderung bezogen auf einen herbeigeführten Kasko-Schadenfall, sowie zur Beweislastverteilung.

779 *OLG Saarbrücken*, Urt. v. 06.07.2022 – 5 U 92/21.

es hier nicht, dass der Versicherer von dem Schadenfall Kenntnis erlangt,[780] vielmehr muss der Versicherungsnehmer aktiv an der Aufklärung des Schadenherganges mitwirken.

630 Der Versicherer soll in die Lage versetzt werden, sachgemäße Entscheidungen über die Abwicklung des Versicherungsfalles zu treffen.

631 Ist die Schadenschilderung des VN unklar, z.B. bei Beschreibung von Vorschäden kann aber auch den VR eine Nachfrageobliegenheit treffen. Er muss durch geeignete Fragen den Sachverhalt weiter aufklären.[781] Der Versicherer muss damit ausdrücklich auf die Wahrheitspflicht hinweisen, wenn er insoweit Regress nehmen will, §§ 31, 104 VVG.[782]

632 **Beantwortung von Fragen des Versicherers:**

Die Auskunftspflicht des Versicherungsnehmers erfasst auch Fragen, die für ihn peinlich oder mit der Gefahr strafrechtlicher Verfolgung verbunden sind.[783] Ein Auskunftsverweigerungsrecht wegen der Gefahr strafrechtlicher Verfolgung steht dem Versicherungsnehmer bezüglich Fragen des Versicherers nicht zu. Hat der Versicherungsnehmer Fragen der Strafverfolgungsbehörde falsch beantwortet, liegt hierin, auch wenn sie dem Versicherer zur Kenntnis gelangen, kein Verstoß gegen die Aufklärungsobliegenheit, da sich der Versicherungsnehmer staatlichen Stellen gegenüber nicht selbst belasten muss,[784] insbesondere wenn er der Versicherung gegenüber seiner Auskunftspflicht nachkommt. Daraus ergibt sich auch für die Prozessbevollmächtigten des Versicherungsnehmers oder des mitversicherten Fahrers, dass sich diese ebenfalls gegenüber der Versicherung nicht auf ein Schweigerecht berufen können, ein Parteiverrat kommt in Bezug auf die Versicherung nicht in Betracht, da im Gegenzug der Versicherer oder seine Mitarbeiter zur Verschwiegenheit verpflichtet sind. Sie dürfen die erhaltenen Unterlagen insbesondere nicht Strafverfolgungsbehörden zur Kenntnis geben.[785] Wird der Mitarbeiter hingegen als Zeuge im Strafverfahren vernommen, ist er gem. § 161 StPO zur Wahrheit und zur Auskunft verpflichtet, nicht jedoch gegenüber der Polizei. Von diesem Grundsatz kann nur abgewichen werden, wenn eigene Interessen des Versicherers betroffen sind oder der Betroffene ausdrücklich zustimmt. (z.B. bei BAV-Beschwerden, Deckungsprozessen[786] oder Ermittlungs- und Strafverfahren wegen Versicherungsbetruges). Bei unklaren Angaben kann auch der Versicherer verpflichtet sein, seinerseits weiter nachzufragen.[787] Die Verpflichtung des VN zur Beachtung der Obliegenheiten gilt nur so lange, wie der Versicherer die Leistung erbringen will und prüfungsbereit ist.[788] Der Versicherungsnehmer ist verpflichtet, das Auslesen der Fahrzeugdaten

780 *BGH* v. 24.06.1981 – IVa ZR 133/80, VersR 1982, 182 ff.

781 *OLG Hamm* NZV 2005, 153 zum Umfang von Parkierschäden, wenn VR nicht weiter nachfragt, wurde die Verletzung der Aufklärungspflicht des VN nicht bejaht und die Leistungsfreiheit des KF-VR verneint.

782 Zu den Anforderungen: *BGH* v. 09.01.2012 – IV ZR 197/11, DAR 2013, 200 = VersR 2013, 297 = r+s 2013, 114; *BGH* – IV ZR 152/05, DAR 2007, 332; *OLG Hamm* v. 09.08.2017 – 20 U 184/15 zur Unwirksamkeit einer Sanktionsklausel ohne Hinweis Belehrungserfordernis des § 28 Abs. 4 VVG; *OLG Hamburg* v. 06.08.2013 – 9 U 31/13, zfs 2014, 450 f.; *LG Paderborn* – 4 O 96/10: es reicht aus, wenn auf der Schadenanzeige angehängtem Blatt auf die Pflichten des Versicherungsnehmers hingewiesen wird; *OLG Karlsruhe* – 12 U 86/10 der Annex zur Schadenanzeige über dem Unterschriftenfeld reicht aus; nicht ausreichend ist eine Belehrung mehrere Seiten nach der Unterschrift, *OLG Stuttgart* v. 26.09.2013 – 7 U 101/13, VersR 2014, 691; *LG Frankfurt/M.* SP 2014, 133.

783 Vgl. *OLG Köln* VersR 1965, 1045.

784 *BGH* v. 15.12.1982 – IVa ZR 33/81, VersR 1983, 258.

785 *BVerfG* zfs 1982, 213.

786 Nur in Ausnahmefällen kann ein Geschädigter unmittelbar einen Deckungsprozess gegen den Pflichtversicherer des Schädigers anstrengen, *OLG Naumburg* v. 25.07.2013 – 2 U 23/13, NZV 2014, 89.

787 *BGH* v. 11.05.2011 – IV ZR 148/09, r+s 2011, 324 (zu § 19 VVG).

788 *BGH* v. 22.10.2014 – IV ZR 243/14, IV ZR 242/13; *BGH* v. 13.03.2013 – IV ZR 110/11 (Jurion) zur Wohngebäudeversicherung.

zu gestatten, eine Verweigerung kann – insbesondere in der Fahrzeugversicherung – zur Leistungsfreiheit führen.[789]

Hat der Versicherungsnehmer vorsätzlich[790] falsche Angaben gemacht, so kann er sich später nicht darauf berufen, dass der Versicherer den korrekten Sachverhalt noch rechtzeitig genug erfahren habe, oder dass er sich die erforderlichen Informationen anderweitig hätte beschaffen können.[791] Die Grundsätze, die bei der Anzeigepflicht gelten, sind auf die Aufklärungspflichten nicht übertragbar. Das Verschweigen von Umständen, die dem Versicherer bereits positiv bekannt sind, führt nicht zur Obliegenheitsverletzung.[792] 633

Für die Sachverhaltsermittlung wesentlich sind insbesondere folgende Punkte, deren Nichtbeachtung bzw. Falschbeantwortung dann auch zur Verletzung der Aufklärungsobliegenheit führt: 634

– Täuschung über die Grundlagen für eine Neuwertentschädigung,[793] Täuschung über den Anschaffungspreis; Leasing oder Finanzierung[794] u.ä.
– Alkoholgenuss vor dem Unfall, Möglichkeit der alkoholbedingten Fahruntüchtigkeit muss mitgeteilt werden;[795]
– Verschweigen der Blutentnahme und des Promillewertes;[796]
– Nachtrunk,[797] nicht jedoch, wenn der Nachtrunk von der Menge her nicht geeignet ist, den vor dem Unfall genossenen Alkoholgehalt zu verschleiern;[798] auch das Verschweigen eines Nachtrunkes ist eine Verletzung der Aufklärungsobliegenheit,[799] auch wenn er nicht zur Verschleierung eines Sachverhaltes diente.[800]
– Stand und Verlauf des Strafverfahrens (Verschweigen der Verurteilung wegen Verkehrsunfallflucht);[801]
– Benennung von Unfallzeugen, ohne Bekanntgabe der Anschriften;[802]
– Fahrgeschwindigkeit;
– Unfallhergang;[803] Unfallort;[804]

789 *OLG Köln* v. 08.07.2020 – 9 U 111/20.
790 *Crumm/Staub*, NVZ 2016, 362, 363.
791 Vgl. *BGH* v. 11.03.1965 – II ZR 25/63, VersR 1965, 451.
792 *BGH* v. 11.07.2007 – IV ZR 332/05, r+s 2007, 366 = NJW 2007, 2700–2701.
793 *OLG Saarbrücken* v. 15.03.2017 – 5 U 20/16 (Wohngebäude – Arglist bejaht).
794 *LG Wuppertal* v. 17.11.2017 – 4 O 110/16 das Verschweigen von Finanzierung oder Leasing ist arglistig.
795 *OLG Nürnberg* zfs 1985, 118.
796 *OLG Köln* zfs 1986, 214; *OLG München* VersR 1967, 342.
797 *BGH* v. 22.05.1970 – IV ZR 1084/68, VersR 1970 826; *OLG Karlsruhe*, Beschl. v. 17.04.2020 – 12 U 120/19; *OLG Karlsruhe* Beck RS 2008, 12466; *KG* v. 26.10.2010 – 6 U 209/09 (ADAJUR-Dok-Nr. 95181).
798 *BGH* v. 12.05.1971 – IV ZR 35/70, VersR 1971, 659; a.A. *OLG Braunschweig*, Beschl. v. 28.02.2022 – 11 U 176/20.
799 *OLG Köln* v. 15.07.2014 – 9 U 204/13, VersR 2014, 1452 ff.
800 *OLG Karlsruhe*, Beschl. v. 17.04.2020 – 12 U 120/19.
801 *LG Köln* VersR 1958, 293.
802 *OLG Hamm* VersR 1986, 882.
803 *OLG Dresden* v. 13.10.2020 – 4 U 2750/19 – eine vorsätzlich unwahre Auskunft steht einer unterlassenen Auskunft gleich; *OLG Saarbrücken* v. 27.09.2017 – 5 U 43/16 (Arglist bejaht); *OLG München* v. 25.04.2014 – 10 U 3357/13 (Jurion), Leistungsfreiheit bei falschen Angaben zu Unfallhergang und Personenschäden; *BGH* v. 15.11.1965 – II ZR 164/63, VersR 1965, 1190; *OLG Hamm* VersR 1985, 957; *LG Hamburg* v. 05.08.2011 – 331 O 160/09 (ADAJUR-Dok-Nr. 94469).
804 *OLG München* v. 05.05.2011 – 10 U 2362/10, ADAJUR-Dok-Nr. 93132; *OLG Brandenburg* zfs 2009, 450.

- wiederholtes Nichtbeantworten von Fragen des Versicherers;[805] aber auch u.U. fehlerhafte Angaben des für ihn tätigen Maklers;[806] hierbei muss sich der Versicherungsnehmer auch arglistig falsche Angaben des Maklers/Außendienstmitarbeiters zurechnen lassen.[807]
- Angaben zum Schadenbild;[808]
- falsche Angaben zum Unfallzeitpunkt;[809]
- falsche Angaben gegenüber Strafverfolgungsbehörden nur, wenn damit das Aufklärungsinteresse des Versicherers tangiert wird;[810]
- Fahrer im Unfallzeitpunkt;[811]
- besonders schwerwiegend: falscher Unfallhergang, um Wendemanöver zu vertuschen.[812]
- Laufleistung (Kasko)[813]
- Kaufpreis, Vorschäden[814]
- Von Interesse ist auch ein Verbraucherinsolvenzverfahren,[815] welches gegen den Versicherungsnehmer eingeleitet wurde, wenn Zahlungen nicht mehr an ihn, sondern unmittelbar an einen Treuhänder zu leisten sind und der Versicherungsnehmer Zahlung des Entschädigungsbetrages oder eines Vorschusses an sich verlangt.[816]

**635** Hat der Versicherungsnehmer die Schadenanzeige einem Versicherungsagenten gegenüber abgegeben und auf dessen Fragen mündlich richtig geantwortet, der Agent jedoch falsche Antworten in die Schadenanzeige eingetragen, liegt keine Verletzung der Aufklärungsobliegenheit vor. Es gilt hier die sogenannte »Auge-und-Ohr-Rechtsprechung«.[817] Nach dieser Rechtsprechung ist der Agent Auge und Ohr des Versicherers, der Versicherer muss sich somit ein Fehlverhalten seines Agenten zurechnen lassen. Wenn der Fahrer bei der Polizei falsche Angaben macht, aber bei der Versicherung die Fragen korrekt beantwortet, hat dies keine Auswirkungen auf die Aufklärungspflicht.[818] Allein das Zurücklassen des Kfz mit Fahrzeugpapieren an der Unfallstelle reicht nicht aus, um den Aufklärungspflichten nachzukommen.[819]

---

805 *OLG Düsseldorf* VersR 1994, 41.

806 *OLG Dresden* v. 30.04.2018 – 4 U 693/17 (bei Antragstellung verschwiegene wesentliche Umstände).

807 *OLG Frankfurt a.M.*, Urt. v. 07.12.2022 – 3 U 205/22.

808 *OLG Köln*, DAR 2011, 478.

809 *OLG Frankfurt* VersR 1974, 738; *LG Koblenz* zfs 1990, 385.

810 *BGH* v. 15.12.1982 – IVa ZR 33/81, VersR 1968, 385; *BGH* v. 12.11.1975 – IV ZR 5/74, VersR 1968, 885; 1995, 1043; *BGH* v. 01.12.1999 – IV ZR 71/99, NJW-RR 2000, 553.

811 *BGH* v. 01.12.1999 – IV ZR 71/99, r+s 2000, 94; *BGH* v. 12.03.1976 – IV ZR 79/73, VersR 1976, 383; *BGH* v. 15.12.1982 – IVa ZR 33/81, VersR 1983, 258; *BGH* v. 07.12.1983 – IVa ZR 231/81, VersR 1983, 333; *OLG Hamm* VersR 1995, 165; *LG Nürnberg-Fürth* r+s 1988, 326; *KG* r+s 2010, 460 f.

812 *OLG Oldenburg* v. 29.06.2016 – 5 U 165/15, VersR 2017, 803 f., zur Beweislast; *OLG Köln* v. 17.01.2014 – 20 U 208/12; *OLG Karlsruhe* v. 26.06.2013 – 12 U 204/12, MDR 2013, 1165; Leistungsfreiheit bei arglistiger Täuschung über den Schadenhergang; *OLG Köln* r+s 2003, 406, allerdings sind falsche Angaben zur Laufleistung unschädlich, wenn zulässigerweise Neupreisentschädigung begehrt wird, *OLG Dresden*, Beschl. v. 20.06.2022 – 4 U 87/22.

813 U.a. *OLG Dresden* v. 11.06.2019 – 4 U 1399/18.

814 *OLG Bremen*, Beschl. v. 26.06.2023 – 3 U 41/22, auch wenn VN von der Reparatur ausgeht, muss er die Vorschäden bekannt geben; *OLG Dresden* v. 07.11.2017 – 4 W 991/17, *LG Essen* v. 27.03.2018 – 19 O 199/17 falsches Verstehen der Nachfrage nach Vorschäden hilft nicht.

815 *BGH* v. 13.04.2016 – IV ZR 152/14, zfs 2016, 394 f. zur Reichweite der Auskunftsobliegenheit auch auf Vermögensverhältnisse; ebenso *OLG Dresden*, Hinweisbeschluss v. 18.04.2024 – 4 U 67/24.

816 *OLG Frankfurt* v. 09.11.2010 – 3 U 68/09, VUR 2011, 158 (LS) = ADAJUR-Archiv Dok.Nr. 93341.

817 *OLG Saarbrücken* r+s 2011, 325 zur Frage des blinden Unterschreibens einer Schadenanzeige; *OLG Hamm* r+s 2002, 316, Erkennen der falschen Aufzeichnung durch Außendienstmitarbeiter und Grenzen der Auge-und-Ohr-Rechtsprechung; *OLG Hamm* VersR 1992, 729.

818 *BGH* v. 18.04.1963 – II ZR 176/60, VersR 1963, 517; *BGH* v. 12.03.1976 – IV ZR 79/73, VersR 1976, 383.

819 *OLG Saarbrücken* v. 28.01.2009 – 5 U 424/08, zfs 2009, 396.

An die Hinweise des Versicherers werden – je nach Gesamtumständen – besondere Anforderungen gestellt. Insbesondere ist der Versicherer ggf. verpflichtet, auch mehrfach auf die Aufklärungsobliegenheit hinzuweisen.[820] Soweit der Versicherte in mehreren Versicherungsfällen die Aufklärungspflichten verletzt, wird der Versicherer in jedem einzelnen Fall leistungsfrei bis zur Höchstgrenze.[821] 636

**Unfallflucht:** 637

Gegen die Aufklärungsobliegenheiten verstößt der Versicherungsnehmer bzw. die mitversicherte Person auch dann, wenn er nach dem Unfall Unfallflucht begeht.[822] Bei der Unfallflucht vereitelt der Versicherungsnehmer alle notwendigen Feststellungen über Unfallverlauf, Verantwortlichkeit der Beteiligten und Umfang des Schadens. Er vereitelt weiter, dass geeignete Beweise gesichert werden können, auch gegen ihn selbst (Alkohol, Fahrerlaubnis).[823]

Die Pflichten, die einen Unfallbeteiligten nach einem Unfall treffen, ergeben sich insbesondere aus § 142 StGB.[824] 638

Ein Unfallbeteiligter darf sich erst dann von einem Unfallort im Straßenverkehr entfernen, nachdem er die Feststellung seiner Person, seines Fahrzeugs und der Art seiner Beteiligung ermöglicht hat, § 142 Abs. 1 Nr. 1 StGB. Der Unfallbeteiligte ermöglicht diese Feststellungen durch seine Anwesenheit und durch die Angabe, dass er an dem Unfall beteiligt war.[825] Unfallflucht liegt auch vor, wenn der Versicherungsnehmer den Unfallort unerlaubt verlässt, ohne die polizeiliche Unfallaufnahme abzuwarten.[826] 639

Auch die Frage, ob wegen Beihilfe zur Unfallflucht Leistungsfreiheit bestehen kann, war schon Gegenstand richterlicher Prüfung.[827]

Ein Unfallbeteiligter darf sich weiterhin erst dann von einem Unfallort entfernen, wenn er eine »nach den Umständen angemessene Zeit gewartet hat, ohne dass jemand bereit war, die Feststellungen zu treffen«, § 142 Abs. 1 Nr. 2 StGB. Hiermit sind die Fälle gemeint, in denen der Versicherungsnehmer beispielsweise nachts von der Straße abkommt und einen fremden Gartenzaun beschädigt.[828] 640

---

820 *BGH* v. 13.12.2006 – IV ZR 252/05, DAR 2007, 332.

821 *BGH* v. 09.11.2005 – IV ZR 146/04, DAR 2006, 89 = VersR 2006, 108.

822 Wegen der versicherungsrechtlichen Konsequenzen vgl. Link, SVR 2018, 8 ff.; Halm, DAR 2007, 617.

823 *OLG Naumburg* v. 21.06.2012 – 4 U 85/11 – (volle Leistungsfreiheit) WKRS 2012, 23487 = zfs 2012, 696 = SVR 2013, 100 ff.; – es entfällt auch die Möglichkeit, den Kausalitätsgegenbeweis zu führen; *LG Wuppertal* v. 08.01.2015 – 9 S 143/14, zfs 2016, 210 f.; a.A. wenn keine Arglist vorliegt, *LG Duisburg*, 15.03.2013 – 7 S 104/12 zfs 2013, 391; ebenso *LG Bonn*, SP 2013, 261; demgegenüber bejaht *LG Detmold* v. 30.10.2012 – 10 S 143/12 die Arglist, auch wenn der Fahrer an die Unfallstelle zurückkehrt und sich als Verursacher zu erkennen gibt; *OLG Saarbrücken* zfs 2009, 396, Obliegenheitsverletzung auch dann, wenn er Kfz mit Papieren an der Unfallstelle zurücklässt, da dann die Feststellung des Alkoholkonsums beispielsweise nicht mehr möglich ist; *OLG Nürnberg* r+s 2001, 15, *OLG Karlsruhe* 12 U 13/08 = BeckRS 12466; *OLG Oldenburg* v. 30.04.2003 – 2 U 03; *OLG Karlsruhe* r+s 2002, 187.

824 Die Auffassung des *LG Düsseldorf* v. 06.05.2011 – 19 NS 3/11, dass es bei einem wegrollenden Einkaufswagen an dem Unfallbegriff fehle, kann nicht geteilt werden, da für die versicherungsrechtliche Bewertung der Unfallbegriff (»plötzlich, von außen, mit mechanischer Gewalt«) verwirklicht ist, und angesichts auch der Höhe der Lackierkosten ist diese Haltung nach Auffassung des Verfassers nicht angebracht; *Maier*, r+s 2016, 64 ff.

825 *OLG Hamburg* v. 30.05.2017 – 2 Rev 35/17, keine Unfallflucht, wenn der Beteiligte seine Daten nur der Polizei mitzuteilen und der Geschädigte darauf verzichtet (ein Ausnahmefall).

826 *LG Düsseldorf* NJW-Spezial 2010, 555, eine Ursächlichkeit der Obliegenheitsverletzung für die Schadenhöhe soll dabei entfallen.

827 *OLG Bremen* VersR 2007, 1692 ff.

828 *OLG Düsseldorf* v. 13.09.2018 – I-4 U 41/18 (Warnbake und 10 min Wartezeit mindestens); Gartenzaun: *OLG Frankfurt* v. 02.04.2015 – 14 U 208/14, zfs 2015, 396 f. verneint die Möglichkeit des Kausalitätsgegenbeweises, wenn der Fahrer nachts nicht wartet, obwohl er am nächsten Morgen den

Er muss hier eine angemessene Zeit warten, ob jemand die vorgenannten Feststellungen zur Person und zur Unfallbeteiligung treffen möchte. Diese Zeitspanne reicht von ca. 15 min bis 30 min, wenn keine wesentlichen Schäden[829] verursacht wurden.[830] Soweit in den AKB 2015 in der Fassung von 2016 von einer gesetzlich normierten Wartezeit gesprochen wird, handelt es sich um eine unklare Formulierung.[831]

641 Hat der Versicherungsnehmer bzw. die mitversicherte Person eine angemessene Zeit gewartet und sich sodann vom Unfallort entfernt, so treffen ihn nachträglich Pflichten der Feststellung.[832] Er hat unverzüglich den Berechtigten (Geschädigten) oder einer nahe gelegenen Polizeidienststelle mitzuteilen, dass er an dem Unfall beteiligt war. Weiterhin hat er seine Anschrift, seinen Aufenthaltsort sowie das Kennzeichen und den Standort seines Fahrzeugs anzugeben und dieses für weitere Feststellungen zur Verfügung zu halten, § 142 Abs. 3 StGB.[833] Auch die unmittelbare »tätige Reue« in Form von Anzeige des Schadenfalles bei der Versicherung lässt die Unfallflucht nicht entfallen, da letztlich nur die Meldeobliegenheit erfüllt wird.[834] Die Aufklärungspflicht aus den AKB kann aber in ihrer Gesamtheit nicht über die Anforderungen des § 142 StGB hinausgehen.[835] Allerdings ist auch dann eine Verletzung der Aufklärungspflicht möglich, wenn der Tatbestand des § 142 StGB nicht erfüllt ist.[836]

642 Ein Verstoß gegen die Aufklärungspflicht ist jedenfalls dann anzunehmen, wenn der Versicherungsnehmer oder Fahrer nachdem zwei Personen bei einem Schadenfall erheblich verletzt wurden, zwei Stunden wartet, bis er die Polizei verständigt.[837] Auch wenn er nach einem Leitplankenschaden um 5.30 Uhr nachts erst mittags die Polizei verständigt,[838] ist ein Verstoß anzunehmen. Soweit der Versicherungsnehmer mehrfach Unfallflucht begeht, kann er hinsichtlich jeder Rechtsgutverletzung bis zur Regressgrenze in Anspruch genommen werden.[839]

643 Verletzt der Versicherungsnehmer bzw. die mitversicherte Person eine dieser Pflichten, so liegt ein Verstoß gegen die Aufklärungsobliegenheit vor.

---

Geschädigten zu benachrichtigen versucht. Allerdings kann bei Entfernen nach der Wartezeit auch die Beweisvereitelung wegen Alkoholkonsums sich nachteilig auswirken, *OLG Karlsruhe* v. 20.01.2022 – 12 U 267/21.

829 *OLG Celle* v. 25.03.2019 – 8 U 210/18, der Versicherer ist für den erheblichen Fremdschaden beweisbelastet; kein erkennbarer Fremdschaden = keine Unfallflucht, *LG Schweinfurt* v. 13.04.2017 – 22 O 748/15; *LG Braunschweig* v. 03.06.2016 – 8 Qs 113/16 zieht die Grenze bei 1.500 €.

830 *OLG Frankfurt* VersR 1987, 927, 15 min. bei Leitplankenschaden; *OLG Zweibrücken* NZV 1991, 479 20 min. und Zurücklassen des KFZ mit Papieren am Unfallort und telegraphische Benachrichtigung der Polizei.

831 *LG Kassel* v. 24.08.2021 – 5 O 37/21.

832 *OLG Koblenz* v. 28.12.2020 – 12 U 235/20 – Meldung bei Polizei oder Fahrzeug-Versicherung. Allerdings ist eine Pflicht zur unverzüglichen Meldung entsprechend § 142 Abs. 2 StGB nicht den AKB zu entnehmen, wenn dort eine Frist von einer Woche vorgesehen ist: *OLG Dresden* v. 27.11.2018 – 4 U 447/18.

833 Vgl. zur irrtümlichen Nichterfüllung der Wartezeit *Mitsch*, NZV 2005, 347 ff.

834 *OLG Celle* 8 U 79/09, SP 2010, 118 f.

835 *OLG Hamm* v. 15.04.2016 – 20 U 240/15; *OLG München* v. 26.02.2016 – 10 U 2166/15, r+s 2016, 342; *OLG Saarbrücken* v. 10.02.2016 – 5 U 75/14, will sich der Versicherer auf die Verletzung der Wartezeit berufen, muss er dies beweisen.

836 *OLG Stuttgart* v. 16.10.2014 – 7 U 121/14.

837 *BGH* v. 18.02.1970 – IV ZR 1089/68, VersR 1970, 410.

838 *OLG Karlsruhe* r+s 1993, 5.

839 *BGH* v. 11.2005 – IV ZR 146/04, r+s 2006, 99.

Die Leistungsfreiheit tritt ein, wenn der Versicherungsnehmer oder die mitversicherte Person die Obliegenheit arglistig,[840] vorsätzlich[841] oder grob fahrlässig verletzt.[842] Für die Annahme einer arglistigen Obliegenheitsverletzung ist neben der vorsätzlichen Begehung der Obliegenheitsverletzung erforderlich, dass der Versicherungsnehmer einen gegen die Interessen des Versicherers gerichteten Zweck verfolgt und weiß, dass sein Verhalten den Versicherer bei der Schadenregulierung möglicherweise beeinflussen kann.[843] **644**

Eine vorsätzliche Obliegenheitsverletzung ist dann gegeben, wenn der Versicherungsnehmer im Bewusstsein der Verhaltensnorm die Obliegenheitsverletzung will,[844] er muss dabei Kenntnis von dem Versicherungsfall haben, welcher die Obliegenheit auslöst,[845] wobei bedingter Vorsatz ausreicht[846] und verminderte Zurechnungsfähigkeit diesen nicht ausschließt [847] Es ist nicht erforderlich, dass der Vorsatz einen Schaden des Versicherers mit umfasst.[848] Auch das Entfernen von der Unfallstelle kann u.U. entschuldbar sein.[849] War sich allerdings der Fahrer nicht bewusst, einen Verkehrsunfall verursacht zu haben, entfällt die subjektive Seite der Unfallflucht.[850] Nicht ausreichend ist der Vortrag eines posttraumatischen Schocks, wenn die erforderlichen Behandlungsunterlagen nicht vorgelegt werden können![851] **645**

Bei elementaren grundsätzlich bekannten Pflichten ist es jedoch nicht erforderlich, dass sich der Versicherungsnehmer bewusst ist, dass er mit seiner Zuwiderhandlung auch eine versicherungsrechtliche Obliegenheit verletzt. Diese sind zum Beispiel Unfallflucht, Nachtrunk, die Beseitigung von Unfallspuren, eine falsche Anzeige, und der Verstoß gegen das Anerkenntnisverbot. **646**

**Rechtsbelehrung:** **647**

Als zusätzliche Voraussetzung für die Leistungsfreiheit hat die Rechtsprechung die Verpflichtung des Versicherers aufgestellt, den Versicherungsnehmer bzw. die mitversicherte Person auf die Folgen der Verletzung von Aufklärungspflichten hinzuweisen,[852] auch wenn diese für den Versicherer keine Folgen gehabt hat. Bei vorsätzlichem[853] oder gar arglistigem Verhalten des VN kann die Belehrung entbehrlich sein.[854]

---

840 *LG Saarbrücken* SP 2010, 443; *LG Düsseldorf* v. 18.06.2010 – 20 S 7/10 (ADAJUR Dok.Nr. 89294); *Halm/Fitz* DAR 2011, 437 m.w.N.

841 *LG Offenburg* v. 23.08.2011 – 1 S 3/11, ADAJUR Dok.Nr. 96246 = SP 2011, 46 wegen Entfernens von der Tankstelle nach Beschädigung der Zapfsäule; *BGH* v. 02.06.1993 – IV ZR 72/92 r+s 1993, 323; *Krumm/Staub*, NZV 2016, 362, 363.

842 *BGH* v. 20.04.2005 – IV ZR 293/03, r+s 2005, 282–283: der VR muss sich darauf berufen; Umstände, die der VN zwar verschwiegen hat, der VR aber bereits kannte, berechtigen nicht zur Versicherungsschutzversagung wg. Aufklärungspflichtverletzung; *Fitz* DAR 2008, 668, 670.

843 *LG Bonn* v. 15.11.2012 – 6 S 63/12; *LG Detmold* v. 30.10.2012 – 10 S 143/12.

844 *BGH* v. 02.06.1993 – IV ZR 72/92, r+s 1993, 323.

845 *BGH* v. 29.05.1970 – IV ZR 148/69, VersR 1970, 732.

846 *BGH* v. 12.07.1972 – IV ZR 23/71, VersR 1972, 1039.

847 *BGH* v. 24.06.1970 – IV ZR 140/69, VersR 1970, 801.

848 *OLG Saarbrücken* VersR 1976, 157; allerdings *LG Bonn* zum Kausalitätsgegenbeweis v. 29.10.2013 – 8 S 118/13, SP 2013, 94 ff.; *LG Stuttgart* v. 16.02.2022 – 4 S 276/20.

849 *BGH* v. 27.08.2014 – 4 StR 259/14, zur Versorgung eigener Verletzungen; *OLG Naumburg* r+s 2006, 273 f.; *Himmelreich* DAR 2010, 45 ff.; *Himmelreich/Mahlberg* DAR 2011, 288 ff. zur strafrechtlichen Seite. Vergl. aber hierzu *Saarl. OLG* v. 01.02.2017 – 5 U 26/16, wenn der Fahrer sich nach Versorgung der Verletzung nicht als Unfallbeteiligter zu erkennen gibt, kann dies arglistig sein.

850 *LG Aachen*, NZV 2013, 305 (Einkaufswagen, Schaden beim Beladen).

851 *OLG Saarbrücken* v. 31.07.2024 – 5 U 102/23.

852 *OLG Hamm* r+s 2001, 12; *OLG Koblenz* r+s 2001, 12; *OLG Karlsruhe* v. 03.08.2010 – 12 U 86/10.

853 *OLG Dresden* v. 17.04.2018 – 4 U 1480/17.

854 *BGH* v. 12.03.2014 – IV ZR 306/13 VersR 2014, 565; *OLG Köln* v. 03.05.2013 – 20 U 224/12 SP 2013, 344; *OLG Frankfurt* v. 20.02.2013 – 7 U 229/11.

648 Üblicherweise ist auf den Schadenmeldeformularen der entsprechende Hinweis auf die Folgen von falschen Angaben eingefügt. Problematisch ist dies bei telefonischer Schadenmeldung, wenn ein weiterer schriftlicher Kontakt nicht erfolgt. Auch dabei muss grundsätzlich auf die Wahrheitspflicht hingewiesen werden, ein entsprechender Hinweis ist zu dokumentieren. Grundsätzlich wird man aber wohl davon ausgehen dürfen, dass gemeinhin bekannt ist, dass auch gegenüber der Versicherung wahrheitsgemäße Ankünfte zu machen sind.

649 Lediglich bei vorsätzlicher bzw. grob fahrlässiger Verletzung der Aufklärungsobliegenheit ist der Versicherer leistungsfrei bis zu einem Betrag von 2.500 € (grob fahrlässig) bzw. 5.000 € (vorsätzlich).

650 Im Fall der Verletzung der Aufklärungspflicht wird man nicht zwangsläufig von einer vorsätzlichen Tat ausgehen können, vielmehr kommt es bei der Prüfung, ob hier eine vorsätzliche Obliegenheitsverletzung vorliegt, darauf an, ob der Versicherungsnehmer sich der Tragweite seiner fehlenden Mitwirkung bewusst war. Er kann sich entlasten, muss aber das fehlende Verschulden beweisen.[855] Eine Entlastung ist z.B. möglich durch nachträgliche – zeitnahe – Dokumentation der Fahrtüchtigkeit und des eingetretenen Schadens, dann ist das Feststellungsinteresse des Versicherers nicht mehr tangiert.[856]

651 Anders ist jedoch die Unfallflucht[857] zu bewerten. Sofern diese im Strafverfahren rechtskräftig festgestellt wurde, liegt eine Vorsatztat vor, mit der Folge, dass, der Versicherungsnehmer bzw. der personenverschiedene Fahrer in Regress genommen werden kann. Hier wird es auch darauf ankommen, ob es sich um einen besonders schweren Fall handelt. Dies ist anzunehmen, wenn ein nicht unerheblicher Personenschaden oder erheblicher Sachschaden verursacht wurde. Aber auch eine Einstellung des Verfahrens nach § 153b StPO schützt vor Regress nicht, da auch in diesem Fall eine Verurteilung nach anderen Vorschriften, so z.B. § 34 StVO, möglich bleibt.[858] Der Versicherungsnehmer kann sich nur dann entlasten, wenn er im Fall der vorsätzlichen Obliegenheitsverletzung nachweisen kann, dass eine Schadenausweitung nicht erfolgt ist. Eine grob fahrlässige Unfallflucht kennt das Gesetz nicht.[859] Hat der Fahrer die Kollision mit dem Fahrzeug des Geschädigten – eine touchierende Berührung beider Fahrzeuge – unmittelbar während des Unfallgeschehens nicht bemerkt und wurde er erst bei dem späteren Halt an einer Ampel von dem Geschädigten auf den Unfall hingewiesen, erfüllt das daran anschließende Entfernen nicht den Tatbestand der Unfallflucht, wenn sich der Fahrer in Unkenntnis von der Unfallstelle entfernt hatte.[860] Das Entfernen nicht vom Unfallort selbst, sondern von einem anderen Ort, an welchem der Täter erstmals vom Unfall erfahren hat, erfüllt nicht den Tatbestand des § 142 Abs. 1 Nr. 1 StGB.[861]

Dabei geht die Rspr. aber davon aus, dass der Versicherungsnehmer arglistig handelt, der sich von der Unfallstelle entfernt, wenn ihm bewusst ist, dass er durch sein Verhalten die Schadenregulierung des Versicherers erschwert.[862]

Problematisch zu betrachten ist das Ansinnen, die Unfallflucht zu entkriminalisieren und als eine Ordnungswidrigkeit zu betrachten. Ist doch oft der einzige Grund, einen unbeobachteten Unfall anzuzeigen, die Furcht vor dem Verlust der Fahrerlaubnis.[863]

652 Die von der Rechtsprechung zu entscheidenden Fälle beziehen sich zumeist auf die Unfallflucht.

855 *OLG Köln* v. 26.03.2013 – 9 U 75/12.
856 *LG Hamburg* v. 08.09.2017 – 306 S 77/16, NZV 2018, 41.
857 Zu den Anforderungen an die Wahrnehmung eines Unfallschadens vgl. *OLG Köln* v. 03.05.2011 – III-1 RVS 80/11 (ADAJUR Dok.Nr. 93550).
858 Vgl. hierzu ausführlich *Krumm/Himmelreich/Staub* DAR 2011, 6 ff.
859 *BVerfG* NZV 2007, 368.
860 *BGH* v. 15.11.2010 – 4 Str 413/10; *OLG Düsseldorf* 2 SS 142/07 – 69/07 (ADAJUR Dok.Nr. 90561).
861 *BGH* Beschl. v. 30.08.1978 – 4 StR 682/77, BGHSt 28, 129, 131.
862 *LG Düsseldorf* v. 29.01.2015 – 9 S 27/14, NZV 2015, 388; *LG Saarbrücken* SP 2010, 443.
863 *Henseler*, Wartepflicht, Meldepflicht und tätige Reue im Rahmen des § 142 StGB, NZV 2024, 323, 324 f.

Kein besonders schwerer Fall liegt vor, 653
- wenn an der Alleinschuld des Versicherungsnehmers kein Zweifel bestand und dieser später bei der polizeilichen Vernehmung einräumt, unter starkem Alkoholeinfluss gestanden zu haben;[864]
- wenn der Versicherungsnehmer die Unfallstelle verlässt und nachtrinkt, dann jedoch an die Unfallstelle zurückkehrt;[865]
- wenn beim Beladen eines LKW ein Metallteil, das vom Fahrer hineingeworfen wird, von der Ladewand abprallt und ein daneben stehendes Kfz beschädigt und der Fahrer sich entfernt, ohne sich um diesen Schaden zu kümmern,[866]
- wenn der Versicherungsnehmer die Unfallstelle verlässt und bei einer nachträglichen Blutprobe nicht ausgeschlossen werden kann, dass er zum Unfallzeitpunkt nicht alkoholisiert war.[867]
- das Entfernen von der Unfallstelle zur Versorgung einer eigenen Verletzung kann berechtigt sein.[868]

Nach der Rechtsprechung muss, um bis zu 5.000 € leistungsfrei zu sein, die Obliegenheitsverletzung generell geeignet sein, die berechtigten Interessen des Versicherers ernsthaft zu gefährden und den Versicherungsnehmer ein besonders schwerwiegendes Verschulden treffen (nicht nur ein erhebliches).[869] 654

Ein besonders schwerer Fall wird angenommen, 655
- wenn bei einem Auffahrunfall erheblicher Sach- und Personenschaden entstanden ist und sich der Eindruck der Mitverantwortlichkeit am Unfallgeschehen aufdrängt;[870]
- wenn der Versicherungsnehmer sein durch den Unfall beschädigtes Fahrzeug versteckt, um seine Unfallbeteiligung zu verschleiern und am nächsten Morgen bei der Polizei eine Diebstahlsanzeige erstattet;[871]
- wenn der Versicherungsnehmer eine Person anfährt, sich über das Verlangen des Beifahrers, an der Unfallstelle zu bleiben mit dem Hinweis auf Alkoholkonsum hinwegsetzt und Spuren und Hinweise auf seine Beteiligung am Unfallereignis planvoll verwischt;[872]
- wenn der Versicherungsnehmer sich standhaft weigert, den Namen des Fahrers bzw. der Person zu nennen, an den er das Fahrzeug verliehen hat.[873]

Die Leistungsfreiheit tritt nicht ein, wenn der Versicherungsnehmer bzw. die mitversicherte Person 656
- grob fahrlässig die Aufklärungspflicht verletzt hat und
- diese Obliegenheitsverletzung weder Einfluss auf die Feststellung des Versicherungsfalles noch auf die Feststellung oder den Umfang der Versicherungsleistung gehabt hat.

Leistungsfreiheit des Versicherers besteht somit lediglich in folgenden Fällen: 657
- bei erfolgter korrekter Rechtsbelehrung und
- bei vorsätzlicher Verletzung der Aufklärungspflicht oder
- arglistiger Verletzung der Aufklärungspflicht[874] oder

864 *BGH* v. 21.04.1982 – IVa ZR 26780. VersR 1982, 742.

865 *OLG Bamberg* VersR 1983, 1021.

866 *OLG Köln* v. 19.07.2011 – III-1 RVs 138/11; ebenso *OLG Düsseldorf* v. 07.11.2011 – III-1 RVs 62/11 (zur Beschädigung eines Kfz mittels Einkaufswagens.

867 *OLG Köln* VersR 1993, 45.

868 *OLG Karlsruhe* v. 06.08.2020 – 12 U 53/20; vergl. aber hierzu *Saarl. OLG* v. 01.02.2017 – 5 U 26/16, wenn der Fahrer sich nach Versorgung der Verletzung nicht als Unfallbeteiligter zu erkennen gibt, kann dies arglistig sein.

869 *BGH* v. 21.04.1982 – IVa ZR 26780, VersR 1982, 742.

870 *AG Darmstadt* zfs 1992, 341.

871 *BGH* v. 07.12.1983 – IVa ZR 231/81, VersR 1983, 333; *OLG Karlsruhe* r+s 2000, 4.

872 *LG Saarbrücken* r+s 1990, 260.

873 *AG München* zfs 1992, 342.

874 *OLG Köln* v. 03.05.2013 – 20 U 224/12, ggf. ist dann die Belehrung entbehrlich, wenn die Folgen der Obliegenheitsverletzung schon vorher dem VN klar sind; *LG Bochum*, v. 15.11.2012 – 6 S 63/12 (Jurion): Arglist liegt vor, wenn der VN die Verfolgung eines gegen die Interessen des Versicherers gerich-

– bei grob fahrlässiger Verletzung der Aufklärungspflicht, sofern die Verletzung eine Schadenausweitung zur Folge hatte; allerdings soll es nicht darauf ankommen, ob der Versicherer tatsächlich Aufwendungen hatte.[875]

658 Darüber hinaus ist der Leistungsumfang der KH-Versicherung auf die gesetzlich festgelegten Mindestversicherungssummen beschränkt.

659 **Verweisung:**

Unter den Voraussetzungen der §§ 3 PflVG, 117 Abs. 3 VVG kann der leistungsfreie Versicherer den Geschädigten bis zu einem Betrag von 2.500 € (grob fahrlässige Obliegenheitsverletzung) bzw. 5.000 € (vorsätzliche Obliegenheitsverletzung, besonders schwerer Fall[876]) an einen anderen Schadenversicherer oder einen SVT verweisen.

## 11. Schadenminderungspflicht

660 E.1.1.4 AKB

Die Schadenminderungspflicht, die den Versicherungsnehmer nach den AKB trifft, hat eher untergeordnete Bedeutung in der Schadenregulierung. Denkbar sind die Fälle, in denen eine frühzeitige Meldung des Schadens auch die Höhe beeinflusst hätte (z.B. bei Ölschäden). Ob diese jedoch erfolgreich im Regresswege durchgesetzt werden können, erscheint zweifelhaft. Diese Klausel kann ggf. auch – abhängig von der Formulierung – unwirksam sein.[877]

## 12. Anerkenntnisverbot

661 Das Anerkenntnisverbot ist im Rahmen der VVG-Reform aufgehoben worden, § 105 VVG. Der Versicherungsnehmer kann durch ein Anerkenntnis den Kraftfahrzeug-Haftpflicht-Versicherer ohnehin nicht verpflichten, da dieser nur Freistellung von Schadensersatzansprüchen aufgrund gesetzlicher Haftpflichtbestimmungen gewährt. Eine Vereinbarung des Versicherungsnehmers ist nicht zu berücksichtigen. Der Versicherungsnehmer belastet sich durch eine solche – anerkennende – Erklärung ggf. nur selbst. Eine bloße Darstellung des Unfallherganges beinhaltet per se kein Haftungsanerkenntnis.[878]

## 13. Anzeigepflicht von Anspruchsanmeldungen

662 E.1.2.1 AKB

Zusätzlich zur eigentlichen Schadenmeldepflicht ist der Versicherungsnehmer auch verpflichtet, innerhalb einer Woche anzuzeigen, wenn Ansprüche gegen ihn angemeldet sind. Ob diese berechtigterweise angemeldet wurden oder nicht, ist dabei ohne Belang. Dies korrespondiert auch mit der Befugnis des KH-Versicherers, berechtigte Ansprüche zu befriedigen und unberechtigte Ansprüche abzuwehren. Die Anzeige des Schadens nach angedrohtem Regress und Regulierung des Kraftfahrzeug-Haftpflicht-Versicherers an den Unfallgegner ist jedenfalls verspätet.[879]

teten Zweck verfolgt und weiß, dass sein Verhalten die Schadenregulierung möglicherweise beeinflussen kann. Allerdings ist nicht jede Unfallflucht arglistig: *OLG Karlsruhe*, Beschl. v. 17.04.2020 – 12 U 120/19; *OLG Stuttgart* v. 13.12.2018 – 7 U 288/18; *LG Osnabrück* v. 26.03.2020 – 9 S 166/19; *Golücke*, Kausalitätsgegenbeweis und Arglist bei Obliegenheitsverletzungen, NJW-Spezial 2024, 137 ff.

875 *OLG Karlsruhe* v. 06.06.2013 – 12 U 204/12, ADAJUR Dok.Nr. 102973.

876 *LG Heidelberg* v. 23.01.2014 – 3 S 26/13.

877 *OLG Frankfurt/M.* v. 01.30.2012 – 3 U 119/11 (Jurion).

878 *OLG Hamm* v. 15.01.2016 – 9 U 30/15, Jurion.

879 *AG Solingen*, SP 2008, 408 f.

## 14. Prozessführungsverbot

### E.1.2.3 und E.1.2.4 AKB 663

Ein weiterer Ausfluss des Anerkenntnisverbotes ist, dass der Versicherungsnehmer, sollte es zu einem Rechtsstreit kommen, die Führung dieses Rechtsstreits dem Versicherer zu überlassen hat. Er muss diesen unverzüglich[880] über den Erhalt einer Klage informieren und ihm das weitere Vorgehen überlassen. Die Prozessführungsbefugnis ist geregelt in E.1.2.3 und E.1.2.4 AKB. Dabei ist es unerheblich, ob sich der Schadenfall im öffentlichen Verkehrsraum oder außerhalb des öffentlichen Verkehrsraumes ereignet hat. Der Versicherer ist in jedem Fall zu informieren. Auch wenn u.U. keine Halterhaftung und kein Direktanspruch gegen den Versicherer bestehen, wird sich dieser wegen des Freistellungsanspruches, den der Versicherungsnehmer oder Fahrer bei gesundem Versicherungsverhältnis hat, mit dem Verfahren befassen. Wendet sich der Versicherungsnehmer in Unkenntnis an einen Anwalt, der ihn auf seine Verpflichtung nicht hinweist, kann er diesen in Regress nehmen.[881]

Dies bedeutet auch, dass der Versicherer einen Anwalt seiner Wahl bestellt, der ihn, den Versicherer, und die mitversicherten Personen (den Versicherungsnehmer, ggf. den Fahrer) gemeinsam vertritt. Diesem Prozessbevollmächtigten gegenüber hat der Versicherungsnehmer jede verlangte Aufklärung zu geben. Der Versicherer trägt auch die Kosten des gesamten Verfahrens (zusätzliche Funktion als Quasi-Rechtsschutzversicherung mit der Folge, dass in diesen Fällen die Deckung aus der Rechtsschutzversicherung nicht gewährt wird). Allerdings kann ein Anzeigen der Verteidigung durch einen nicht mitverklagten Versicherer wettbewerbswidrig sein.[882] 664

Die Kosten eines vom Versicherungsnehmer ohne Rücksprache mit dem Versicherer gewählten Anwaltes werden vom Versicherer nicht ersetzt.[883] Er muss diese selbst tragen, es sei denn, der Versicherer entschließt sich, mit diesem Anwalt den Prozess zu führen. 665

Selbstverständlich bleibt der Versicherungsnehmer berechtigt, einen eigenen Anwalt mit der Wahrung seiner Interessen auf eigene Kosten zu beauftragen. In besonderen Ausnahmefällen kann es sogar dazu kommen, dass die Versicherung einen eigenen Anwalt für den Versicherungsnehmer beauftragt bzw. darauf hinweist, dass sie den Versicherungsnehmer bzw. eine mitversicherte Person im Prozess gegen den Geschädigten nicht mit vertreten wird (beispielsweise bei Betrugsfällen).[884] Sofern die Versicherung den Anwalt für den Versicherungsnehmer beauftragt, ist sie auch kostentragungspflichtig. Sie muss auch den Fahrer, dem sie Betrug vorwirft, von den Kosten seines Rechtsanwaltes freistellen, wenn sie im Rahmen der Nebenintervention dem Verfahren beitritt und der Anwalt der Versicherung für beide Prozessbeteiligte die Klageabweisung beantragt.[885] 666

Im Fall des Verstoßes einer Verletzung der Prozessführungsbefugnis durch den Versicherungsnehmer ist keine Kündigung des Versicherungsvertrages erforderlich, um Leistungsfreiheit herbeizuführen. 667

Der Versicherer ist bei vorsätzlichem oder grob fahrlässigem Verstoß leistungsfrei. Die Leistungsfreiheit richtet sich hier gemäß E.2.6 AKB nicht nach dem pauschalen Leistungsfreibetrag, sondern ausschließlich danach, ob durch diesen Verstoß der Versicherer Mehrleistungen in erheblicher Höhe erbringen musste.[886] Eine prozentuale Bewertung ist nicht geboten, vielmehr muss nach der Auffassung des *BGH* auf die Umstände des Einzelfalles abgestellt werden. Jedenfalls ist ein Mehraufwand von weniger als 15 % nicht erheblich. 668

---

880 *BGH* v. 16.05.2007 – IV ZR 101/04, VersR 2007, 979 f.

881 *LG Düsseldorf* v. 20.01.2015 – O 541/13.

882 *LG Düsseldorf* v. 27.10.2015 – 14c O 137/15.

883 *LG Dortmund* DAR 2009, 591 (LS) = zfs 2009, 453 f.

884 *BGH* IV ZR 107/09 vom 15.09.2010 – *OLG München* v. 14.03.2014 – 10 U 4474/13, ADAJUR Dok. Nr. 104651.

885 *BGH* v. 15.09.2010 – IV ZR 107/09, r+s 2010, 504 ff. und *BGH* v. 06.07 2010 – VI ZB 31/08, r+s 2010, 411 (Anspruch des Versicherungsnehmers auf PKH).

886 *BGH* v. 01.04.1987 – IVa ZR 139/85, VersR 1987, 601.

669 Sofern der Versicherer bei rechtzeitiger Information den Prozess nicht geführt hätte, kann er Ersatz der Prozesskosten – soweit sie von ihm verauslagt wurden – verlangen bzw. unter Hinweis auf die Obliegenheitsverletzung die Erstattung der Prozesskosten an den Versicherungsnehmer verweigern.

670 Eine Kündigung des Vertrages ist nicht erforderlich.

671 Unter den Voraussetzungen der §§ 3 PflVG, § 117 Abs. 3 VVG kann der Geschädigte bis zu dem leistungsfreien Betrag verwiesen werden, wobei eine Verweisung an die Rechtsschutzversicherung nicht in Betracht kommt, da es sich hier nicht um einen Schadenversicherer handelt.

## 15. Vorübergehende Stilllegung

672 H.1 AKB

673 Ein Versicherungsnehmer, der sein Fahrzeug für mehr als zwei Wochen, aber weniger als ein Jahr nicht benutzen will, kann es vorübergehend stilllegen lassen. Dazu muss er den Kraftfahrzeugschein bei der Zulassungsstelle abliefern und das amtliche Kennzeichen entstempeln lassen; die Stilllegung muss im Fahrzeugbrief vermerkt werden (§ 14 FZV).

674 Gemäß H.1 AKB wird der Versicherungsvertrag durch die vorübergehende Stilllegung nicht berührt.[887] Um Prämien einzusparen, kann der Versicherungsnehmer jedoch die Unterbrechung des Versicherungsschutzes verlangen, wenn die Stilllegung mindestens zwei Wochen, aber weniger als ein Jahr beträgt und er eine Abmeldebescheinigung der Zulassungsstelle vorlegt (H.1 AKB). Der Versicherungsvertrag läuft als sog. Ruheversicherung beitragsfrei für diesen Zeitraum weiter. Bei einigen Versicherern wurde der Zeitraum jetzt auf 18 Monate verlängert. In dieser Zeit genießt er nur einen eingeschränkten Teilkasko-Versicherungsschutz gem. H.1.4 AKB, sowie den Versicherungsschutz nach H.1.4 AKB, wobei hier nur auf die Verschuldenshaftung und die Schäden Dritter abzustellen ist, da das Fahrzeug in dieser Zeit nicht außerhalb des Einstellraumes oder des umfriedeten Abstellplatzes[888] gebraucht werden darf. (Das Risiko eines KH-Schadens ist bei Beachtung der Vorschriften nahezu ausgeschlossen.) Bei Wiederanmeldung des Fahrzeuges zum Verkehr lebt der Versicherungsschutz eingeschränkt auf, H.1.6 AKB. Das Ende der Stilllegung ist dem Versicherer unverzüglich anzuzeigen, H.1.6 AKB.

675 Das im Rahmen der Ruheversicherung versicherte KFZ darf nicht außerhalb des Einstellraumes oder des umfriedeten Abstellplatzes[889] gebraucht oder nicht nur vorübergehend abgestellt werden.

676 Von dieser Einschränkung ausgenommen sind die Fahrten im Zusammenhang mit der Abstempelung des Kennzeichens bzw. Wiederzulassung eines KFZ, wobei nicht nur Fahrten zur Zulassungsstelle,[890] sondern auch vorbereitende Fahrten darunterfallen (Tankstelle, Werkstatt usw.).[891] Hier wird voller Versicherungsschutz gewährt. Der Versicherungsnehmer ist verpflichtet, das Wiederaufleben des Vertrages unverzüglich anzuzeigen.

887 H.1 AKB; da eine Differenzierung zwischen vorübergehender und endgültiger Stilllegung im Gesetz nicht mehr erfolgt, ist nach Ansicht des *OLG Jena* jede Abmeldung eines Kfz, die nicht die endgültige Außerbetriebsetzung zur Folge hat, als vorübergehende Stilllegung anzusehen und hat damit unabhängig von einer weiteren Mitteilung eine Ruheversicherung zur Folge; *OLG Jena* v. 03.03.2012 – 4 U 151/11, r+s 2012, 331.

888 *OLG Köln* NJOZ 2006, 1669, Carport jedenfalls dann, wenn er durch massive Ketten zwischen den Holzbalken gesichert ist.

889 *OLG Karlsruhe* v. 01.03.2012 – 12 U 196/11 (Jurion) zu den Anforderungen an einen umfriedeten Abstellplatz.

890 *OLG Celle* Beschl. v. 08.08.2013 – 31 Ss 20/13, keine Fahrt ohne Versicherungsschutz.

891 H.1.6 AKB; *OLG Hamburg* VersR 1971, 925.

Bei Benutzung des Fahrzeugs außerhalb des Einstellraumes oder des umfriedeten Abstellplatzes ist der Versicherer von der Verpflichtung zur Leistung frei. Im Außenverhältnis bleibt er zur Leistung verpflichtet, eine Strafbarkeit nach § 6 PflVG besteht nicht, da der Vertrag noch besteht.[892] **677**

Die Muster-AKB verweisen auf D.3 AKB, allerdings ist dies nicht zwingend, da die KfzPflVV nur für die bestehenden Verträge gilt und der Fall der Ruheversicherung ein freiwilliges Angebot der Versicherer ist. Es besteht keine Pflicht, eine Ruheversicherung zu gewähren, oder vom Versicherungsnehmer, diese anzunehmen.[893]

Der Versicherungsnehmer ist verpflichtet, sein KFZ so abzustellen, dass es dem unberechtigten Zugriff Dritter entzogen ist. **678**

Sofern der Versicherungsnehmer den Verstoß begangen hat (auch indem er das Fahrzeug stillgelegt am Straßenrand nicht nur vorübergehend stehen lässt), ist eine Entschuldigungsmöglichkeit nicht mehr gegeben. Beweisbelastet für den Verstoß ist der Versicherer.[894] **679**

Wurde der Verstoß von einer mitversicherten Person begangen, behält der Versicherungsnehmer Versicherungsschutz, wenn er weder vorsätzlich noch grob fahrlässig die Verletzung der Vertragspflichten ermöglicht hat. Das ist vom Versicherungsnehmer zu beweisen. Im Fall eines Verkaufs des stillgelegten Fahrzeuges an einen Dritten, der den Verstoß begeht, ist der Versicherer diesem gegenüber unter den Voraussetzungen des § 28 VVG leistungsfrei, wenn der Erwerber die Verletzung verschuldet hat. Sofern der Kausalitätsgegenbeweis geführt werden kann, bleibt der KH-Versicherer zur Leistung verpflichtet. **680**

Es handelt sich um eine Obliegenheit, die vor Eintritt des Versicherungsfalles zu erfüllen ist. § 28 VVG ist daher anwendbar. **681**

Der Versicherer kann den noch bestehenden und ruhenden Vertrag innerhalb eines Monats kündigen, nachdem er von der Obliegenheitsverletzung Kenntnis erlangt hat. Dies gilt jedoch nur für den Fall, dass der Versicherungsnehmer entweder selbst gefahren ist oder die Benutzung durch einen anderen Fahrer zumindest grob fahrlässig ermöglicht hat. **682**

Gemäß § 117 Abs. 2 VVG besteht im Verhältnis zum Geschädigten die volle Leistungspflicht des Versicherers. **683**

Der Verstoß gegen die Ruheversicherung ist in den Vorschriften des § 5 KfzPflVV nicht aufgenommen, da er nicht in den vom PflVG geschützten Bereich gehört.[895] Der Versicherer ist daher grundsätzlich in voller Höhe leistungsfrei. Die Haftung beschränkt sich auch in diesem Fall auf die Mindestversicherungssumme. **684**

Sofern aber diese Obliegenheit in den AKB in den Bereich des D.2 AKB aufgenommen wurde, beschränkt sich auch die Leistungsfreiheit auf die dort festgelegten Grenzen von maximal 5.000 €. Die jeweiligen AKB sind daher zu prüfen. **685**

Da § 28 VVG die grob fahrlässige Obliegenheitsverletzung als Regelfall ansieht, ist auch hier die Frage der Leistungsfreiheit am Grad des Verschuldens zu messen und ggf. zu quotieren. Unproblematisch wird von einer vorsätzlichen Obliegenheitsverletzung auszugehen sein, wenn der VN selbst das Fahrzeug außerhalb des umfriedeten Raumes nutzt. Bei dem mitversicherten Fahrer stellt sich dann die Frage, ob und inwieweit er Kenntnis von der Abmeldung hätte haben müssen. Sicher wird die Kenntnis zu bejahen sein, wenn die Kennzeichen nicht am Fahrzeug befestigt sind. Außerdem hat sich jeder vor Fahrtantritt über die Verkehrssicherheit des von ihm geführten Fahrzeuges zu **686**

892 *OLG Oldenburg* Beschl. v. 16.06.2017 – 1 SS 115/17, SVR 2017, 433 f.; *OLG Celle* Beschl. v. 08.08.2013 – 31 Ss 20/13.

893 *Stiefel/Maier/Stadler* a.a.O.H.1 Rn. 17 f.

894 *Stiefel/Maier/Stadler* H.1 Rn. 26.

895 *Stiefel/Maier/Stadler* H.1. Rn. 16 f.

vergewissern, daher müsste auch das Fehlen der Plakette der Zulassungsstelle auffallen und dementsprechend auch hier von einer vorsätzlichen Obliegenheitsverletzung ausgegangen werden. In diesem Fall besteht vollständige Leistungsfreiheit, ggf. durch die AKB beschränkt. Der VN oder Fahrer kann sich auch hier entlasten, wenn er nachweist, dass nur geringes Verschulden oder leichte Fahrlässigkeit vorgelegen hat.

687 Die Leistungspflicht ist auch hier auf die gesetzlich festgelegten Mindestversicherungssummen begrenzt.

688 **Verweisung:**

Das Recht des Versicherers den Geschädigten an andere Schadenversicherer bzw. SVT zu verweisen besteht daher je nach Ausgestaltung der AKB in Höhe der Leistungen des jeweiligen Versicherers oder ist wegen der Aufnahme der Obliegenheit in H.1 i.V.m. D.2 AKB auf dessen Grenze von 5.000 € beschränkt.

## 16. Nichtanzeige der Veräußerung

689 § 97 VVG

Gemäß G.7 AKB ist die Veräußerung des Fahrzeugs dem Versicherer unverzüglich anzuzeigen.[896]

690 Es handelt sich hierbei um eine gesetzliche Obliegenheit vor Eintritt des Versicherungsfalles, auf die mangels näherer Bestimmungen in G.7 AKB die Vorschrift von § 97 VVG anwendbar ist. Die Anzeigepflicht trifft sowohl den Fahrzeugveräußerer wie auch den Fahrzeugerwerber, wobei die Anzeige eines von ihnen genügt. Die Veräußerungsanzeige ist formlos möglich, G.7.4 AKB. Für den Inhalt der Veräußerungsanzeige sind keine bestimmten Vorschriften gegeben, jedoch muss sich aus der Anzeige ergeben, dass eine Veräußerung des Fahrzeugs erfolgt ist und wer der Erwerber ist. Eine nur namentliche Nennung des Erwerbers genügt nicht, da der Versicherer dann mit dem Erwerber nicht in Kontakt treten kann, um den Vertrag mit diesem fortzuführen.

691 Eine vorzeitige Anzeige der Veräußerung vor Eigentumsübergang ist rechtlich bedeutungslos, da das Datum und Uhrzeit im Augenblick der Veräußerung für den Versicherer von Bedeutung sind.

692 Gemäß § 97 VVG ist die Veräußerung unverzüglich anzuzeigen, die Anzeige muss ohne schuldhaftes Verzögern erfolgen.

693 Wird die Anzeige nicht unverzüglich gemacht, tritt die Leistungsfreiheit des Versicherers ein, wenn der Versicherungsfall später als einen Monat nach dem Zeitpunkt eintritt, in welchem die Anzeige dem Versicherer hätte zugehen müssen, § 97 Abs. 1 S. 2 VVG.

694 Die Schadensersatzpflicht des Veräußerers beschränkt sich jährlich höchstens auf eine Geschäftsgebühr, da daneben noch die Leistungsfreiheit besteht. Nennt der Versicherungsnehmer den Erwerber doch noch, so haftet der Veräußerer nach einer Kündigung noch auf die offene volle Jahresprämie. § 97 Abs. 1 VVG sieht als weitere Voraussetzung für die Leistungsfreiheit vor, dass der Versicherer den Vertrag mit dem Erwerber nicht weitergeführt hätte.

695 Es tritt keine Leistungsfreiheit des Versicherers ein, wenn ihm die Veräußerung in dem Zeitpunkt bekannt war, in dem ihm die Anzeige hätte zugehen müssen, § 97 Abs. 2 VVG, oder wenn zur Zeit des Eintritts des Versicherungsfalles die Kündigungsfrist des Versicherers abgelaufen und eine Kündigung nicht erfolgt ist, § 97 Abs. 2 VVG.

696 Wenn der Versicherungsnehmer ein Folgefahrzeug anmeldet, wird er dem Versicherer spätestens zur Rabatterhaltung den Verkauf mitteilen. Sofern dies jedoch nicht erfolgt und auch eine Abmeldung des veräußerten Fahrzeuges unterbleibt, bleibt die Veräußerung u.U. auch lange unentdeckt. In aller Regel erfährt der Versicherer es dann, wenn mit dem verkauften Fahrzeug ein Unfall ver-

896 Zu den Informationspflichten auch *Schürger*, r+s 2021, 196, 198.

ursacht wurde und er seinen Versicherungsnehmer wegen einer Schadenanzeige kontaktiert. Wird aber ein nicht versichertes KFZ verkauft (nach Kündigung des Versicherungsvertrages, und nach Ablauf der Nachhaftungsfrist) und dieses von dem Erwerber ohne Versicherungsschutz benutzt, hat der Verkäufer für die dort verursachten Schäden nicht einzustehen.[897]

Dem geschädigten Dritten gegenüber bleibt die Haftung des Versicherers gemäß § 117 Abs. 1 VVG 697
bestehen. Wegen der vollständigen Leistungsfreiheit ist die Leistungspflicht des Versicherers gem. § 117 Abs. 3 VVG auf die Mindestversicherungssummen begrenzt.

Da die Rechtsfolge der Leistungsfreiheit nicht in den AKB, sondern in der gesetzlichen Bestimmung 698
des § 97 VVG normiert ist, finden § 28 Abs. 1 und 2 VVG keine Anwendung. Auf die Relevanzrechtsprechung kommt es daher insoweit nicht an.[898] Die Kündigung ergibt sich aus § 97 VVG, für die Leistungsfreiheit kommt es nicht auf die Kündigung an.[899] Die Leistungsfreiheit bleibt auch dann bestehen, wenn die Kündigungsfrist von einem Monat ungenutzt verstreicht. Aber das ungenutzte Verstreichen lassen der Frist ist ein starkes Indiz dafür, dass der Versicherer das Risiko des Vertrages mit dem Erwerber als nicht sonderlich hoch bewertete, sodass sein Interesse an der Leistungsfreiheit als gering anzusehen ist.[900]

Die Rechtsfolge der Leistungsfreiheit gemäß § 97 VVG tritt nur ein, falls die Unterlassung der 699
Anzeige für Veräußerer oder Erwerber nicht entschuldbar ist. Die Verletzung dieser Obliegenheit führt nur dann zur Leistungsfreiheit des Versicherers, wenn die Rechtsfolge nicht außer Verhältnis zur Schwere des Verstoßes steht.

Demgemäß sind grundsätzlich auf der Seite des Versicherungsnehmers die Schwere seines Verschul- 700
dens und die möglichen Folgen und aufseiten des Versicherers die Veränderung der Vertragsgefahr abzuwägen.

Der Versicherer kann den Erwerber in Höhe seiner Aufwendungen in Regress nehmen. 701

Die Verweisungsmöglichkeit besteht hier in Höhe der Leistungen des Drittversicherers. 702

Für Kraftfahrzeuge, die gemäß § 26 FZV ein Versicherungskennzeichen führen müssen (Fahrräder 703
mit Hilfsmotor, Kleinkrafträder bis 50 km/h), haben die Versicherer in einer geschäftsplanmäßigen Erklärung auf die Leistungsfreiheit gemäß § 97 VVG bei Unterbleiben einer Veräußerungsanzeige durch Veräußerer und Erwerber verzichtet.

Dem mitversicherten Fahrer gegenüber kann die Verletzung der Anzeigepflicht nicht eingewendet 704
werden. Demgemäß besteht ihm gegenüber auch kein Rückgriffsanspruch des Versicherers.

Auch bei unterlassener Veräußerungsanzeige tritt der Erwerber des Fahrzeugs mit dem Eigentums- 705
übergang in die Vertragspflichten (insbesondere Prämienzahlung) ein, wobei aber Versicherungsnehmer und Erwerber gesamtschuldnerisch haften

## IV. Die Verweisung

In den obigen Obliegenheits- und Leistungspflichtverletzungen war bereits die Rede von der Mög- 706
lichkeit einen Geschädigten an einen anderen Schadenversicherer zu verweisen. Dies Verweisung ist in § 3 PflVG erwähnt und in § 117 Abs. 3 VVG aufgenommen: »Der Versicherer der Pflichtversicherung haftet, wenn nicht der Dritte (Geschädigte) in der Lage ist, Ersatz von einem anderen Schadenversicherer zu erlangen.« Die folgenden Voraussetzungen müssen vorliegen.

897 *BGH* v. 05.02.1980 – VI ZR 169/79, NJW 1980, 1792 zur Haftung des Verkäufers eines unversicherten PKW; *BGH* v. 24.04.1979 – VI ZR 73/78, VersR 1979, 766.

898 *BGH* v. 20.05.1987 – IVa ZR 227/85, VersR 1987, 705.

899 *BGH* v. 20.05.1987 – IVa ZR 227/85, VersR 1987, 705 = r+s 1987, 234 *AG Limburg* VersR 1953, 73.

900 *BGH* v. 11.02.1987 – IVa ZR 194/85, BGHZ 100, 60; *OLG Hamm* r+s 1990, 8.

### 1. Schadensersatzpflicht des Versicherers trotz Leistungsfreiheit

707 Der Versicherer haftet gegenüber dem Geschädigten mit dem Versicherungsnehmer bzw. einer schadensersatzpflichtigen mitversicherten Person gemäß § 116 VVG als Gesamtschuldner. Diesem Anspruch kann nicht entgegengehalten werden, dass der Versicherer dem Versicherungsnehmer oder der mitversicherten Person gegenüber ganz oder teilweise von der Verpflichtung zur Leistung frei sei, § 117 Abs. 1 VVG.

708 § 117 Abs. 1 VVG bezieht sich auf die Fälle, in denen eine materielle Leistungspflicht des Versicherers aus dem Versicherungsvertrag ganz oder teilweise nicht gegeben ist:
- Leistungsfreiheit des Versicherers aufgrund der Verletzung einer gesetzlichen vertraglichen, vor oder nach dem Versicherungsfall zu erfüllenden Obliegenheit;
- Leistungsfreiheit des Versicherers wegen nicht fristgerechter Prämienzahlung §§ 37, 38 VVG.

709 Das Gleiche gilt für einen Umstand, der das Nichtbestehen oder die Beendigung des Versicherungsverhältnisses zur Folge hat (z.B. Kündigung). Dieser Umstand kann dem Anspruch des Dritten nur entgegengehalten werden, wenn das Schadenereignis später als einen Monat nach dem Zeitpunkt eingetreten ist, in dem der Versicherer diesen Umstand der hierfür zuständigen Stelle angezeigt hat, § 117 Abs. 2 VVG. Dies gilt auch, wenn das Versicherungsverhältnis durch Zeitablauf endet, § 117 Abs. 2 VVG. Der Lauf der Frist beginnt nicht vor Beendigung des Versicherungsverhältnisses, § 117 Abs. 2 VVG (Nachhaftung).

710 Der Versicherer kann sich bei Beendigung des Versicherungsverhältnisses im Rahmen seiner Nachhaftung gegenüber dem Dritten nicht auf seine Leistungsfreiheit berufen. Etwas anderes gilt nur, wenn der Zulassungsstelle vor dem Schadenereignis die Bestätigung einer entsprechend § 1 PflVG für das Fahrzeug abgeschlossenen neuen Versicherung zugegangen ist, § 117 Abs. 2 VVG. Dann kann sich der Versicherer gegenüber dem Dritten unabhängig vom Ablauf der Monatsfrist auf seine Leistungsfreiheit berufen.

711 § 117 Abs. 2 VVG bezieht sich vor allem auf:
- Kündigung des Versicherungsvertrages durch den Versicherer oder den Versicherungsnehmer;
- Rücktritt des Versicherers vom Versicherungsvertrag z.B. §§ 19, 21, 37 VVG;
- Nichtigkeit des Versicherungsvertrages wg. Geschäftsunfähigkeit oder beschränkter Geschäftsfähigkeit des Versicherungsnehmers oder aufgrund einer Anfechtung wegen arglistiger Täuschung.

### 2. Das Verweisungsprivileg

712 Grund für die weitreichende Regelung des § 117 Abs. 1 u. 2 VVG ist der dem PflVG zugrundeliegende Schutzgedanke. Die durch das schädigende Ereignis entstandenen Folgen sollen auf jeden Fall aufgefangen werden.

713 Dieses Schutzes bedarf der Geschädigte jedoch nicht, wenn er anderweitig den Ersatz seines Schadens erlangen kann. § 3 PflVG verweist deshalb § 117 Abs. 3, 4 VVG.

714 Danach kann der Geschädigte mit seinen Ansprüchen verwiesen werden, wenn und soweit er in der Lage ist, von einen anderen Schadensversicherer oder einem Sozialversicherungsträger Ersatz seines Schadens zu erhalten. Der Versicherer haftet insoweit nur subsidiär.

### 3. Andere Schadensversicherer

715
- Haftpflichtversicherer eines Zweitschädigers oder Doppelversicherer (Beispiel Handel-Handwerk);
- Kaskoversicherer;
- privater Krankenversicherer;
- Unfallversicherer, soweit sie mit ihren Leistungen tatsächlich entstandene Kosten einer Kranken- oder Krankenhausbehandlung ersetzen;

– Rechtsschutzversicherer; aber nicht hinsichtlich der eigenen Gerichtskosten des beklagten Versicherers.[901]

Summenversicherer, die sich nicht am konkreten Schaden orientieren, fallen nicht unter den Begriff der Schadensversicherer § 117 Abs. 3 VVG (Tagegeld-, Lebens-, Insassenunfallversicherung). 716

### 4. Sozialversicherungsträger

– Träger der gesetzlichen Kranken-, Unfall- und Rentenversicherung; 717
– Bundesanstalt für Arbeit: aber nur bei Arbeitslosengeld oder Reha-Maßnahmen.

Nicht unter den Begriff Sozialversicherungsträger i.S.d. § 117 Abs. 3 VVG fallen die Träger der Sozial- und Arbeitslosenhilfe, an die der Geschädigte nicht verwiesen werden kann. 718

Erlangt der Geschädigte im Rahmen des § 117 Abs. 3 VVG von einem anderen Schadensversicherer oder SVT Ersatz seines Schadens, entsteht kein Direktanspruch gegen den Versicherer des Schädigers. Ein solcher Anspruch kann daher auch nicht gemäß § 86 VVG, § 116 SGB X auf Schadensversicherer oder Sozialversicherer übergehen. Nimmt der Geschädigte sie in Anspruch, können sie somit nicht beim KH-Versicherer regressieren. Sie müssen die auf sie übergegangenen Schadensersatzansprüche unmittelbar beim Schädiger geltend machen. 719

Zu beachten ist, dass der Geschädigte – unabhängig vom Verweisungsprivileg – Leistungen, für die SVT eintrittspflichtig sind, ohnehin nicht im Wege des Direktanspruchs persönlich beim Versicherer geltend machen kann. Gemäß § 116 SGB X findet der Übergang des Direktanspruchs auf den SVT bereits im Zeitpunkt des Schadeneintritts statt. 720

### 5. Verweisungshöhe

Eine Verweisung kann immer nur im Rahmen der bedingungsgemäßen Leistungspflichten der anderen Schadensversicherer oder SVT stattfinden. Soweit die Leistungsfreiheit des KH-Versicherers wegen einer Verletzung einer Obliegenheit der Höhe nach begrenzt ist, kann Verweisung nur bis zu dieser Höhe erfolgen.[902] Hinsichtlich des diesen Betrag übersteigenden Restschadens bleibt der KH-Versicherer entsprechend der Haftungsquote vollumfänglich zur Leistung verpflichtet. Soweit der KH-Versicherer verweisen konnte, steht ihm selbst ein weiter gehender Regressanspruch nur insoweit zu, als der leistungsfreie Betrag nicht ausgeschöpft werden konnte. War der KH-Versicherer vollständig von der Verpflichtung zur Leistung frei, kann er alle weiteren Schadensersatzzahlungen, die er aufgrund seiner Vorleistungspflicht erbringen musste, natürlich weiterhin beim Versicherungsnehmer regressieren. 721

▶ **Beispiel:**

Wird der Geschädigte wegen seiner Reparatur- und Abschleppkosten an seinen Kaskoversicherer verwiesen, ist die vereinbarte Selbstbeteiligung vorher in Abzug zu bringen. Insoweit bleibt es bei der Leistungspflicht des Versicherers des Schädigers. 722

Gemäß I.4.1.2e AKB erleidet der Geschädigte bei Inanspruchnahme seiner Kaskoversicherung aufgrund Verweisung keinen Verlust des Schadensfreiheitsrabattes.

Regressbeschränkungen gegenüber dem Versicherungsnehmer aufgrund geschäftsplanmäßiger Erklärungen haben keinen Einfluss auf die Höhe der Verweisung. Der Regressverzicht der Versicherer ändert nichts an ihrer Leistungsfreiheit gegenüber dem Versicherungsnehmer oder den mitversicherten Personen. Diese erlangen durch den Regressverzicht keinen Anspruch auf Gewährung von Versicherungsschutz. 723

901 Vgl. *Prölss/Martin/Knappmann* § 117 VVG Rn. 27.
902 *OLG Saarbrücken* v. 04.04.2013 – 4 U 31/12, ADAJUR 101584 = NJW-RR 2013, 934.

## 6. Ausschluss und Beschränkung der Verweisung

724 Gemäß § 3 PflVG ist die Verweisung nur in folgenden Fällen der Leistungsfreiheit des Versicherers ausgeschlossen:
- objektive Gefahrerhöhung,
- Führerscheinmangel,
- Schwarzfahrt.

725 Gemäß § 117 Abs. 3 VVG steht dem Versicherer das Verweisungsprivileg nicht mehr zu, soweit Schadensersatzansprüche auch gegen mitversicherte Personen geltend gemacht werden, in deren Person die der Leistungsfreiheit des Versicherers zugrundeliegenden Umstände nicht vorlagen oder wenn diese Umstände den mitversicherten Personen nicht bekannt oder nicht grob fahrlässig nicht bekannt waren. Eine Ausnahme besteht nur dann, wenn ein Versicherungsvertrag nicht mehr besteht, da § 123 VVG einen bestehenden Vertrag voraussetzt.[903]

▶ **Beispiel:**

726 Der vom Versicherungsnehmer personenverschiedene Fahrer steuert das Fahrzeug und verursacht einen Unfall. Der Versicherungsnehmer befand sich mit der Zahlung der Folgeprämie in Verzug, § 38 VVG. Dieser Umstand war dem Fahrer weder bekannt noch grob fahrlässig unbekannt.

Folge: Der Geschädigte kann mit seinen Ansprüchen nicht verwiesen werden. Diese Verweisungsbeschränkung gilt für alle Schadenfälle ab 1.1.1991.

727 Eine Verweisung ist auch dann zulässig, wenn dem Versicherungsnehmer zwei Obliegenheitsverletzungen vorgeworfen werden, von denen nur eine die Verweisung ermöglicht.[904]

728 Die Beweislast dafür, dass der Geschädigte von einem anderen Versicherer Ersatz verlangen kann, trägt der KH-Versicherer,[905] allerdings ist der Geschädigte hier zur Mitwirkung insoweit verpflichtet, als er offenlegen muss, welche Versicherungen er abgeschlossen hat und welche Sozialleistungen er aufgrund eines Unfalles erhält.[906]

729 Sofern die Versicherung, an die verwiesen wird, ihrerseits wegen Obliegenheitsverletzung oder aus sonstigen Gründen leistungsfrei ist (z.B. Vollkasko- oder Transportversicherung) bleibt die Leistungsverpflichtung des KH-Versicherers bestehen.

730 Tab. 9

| Schutzversagung wegen | Regresshöhe | Verweisung | Kündigung | Beweislast VN/mitversicherte Person | Beweislast VR |
|---|---|---|---|---|---|
| Erstprämienverzug § 37 VVG, C.1. AKB | In Höhe der Aufwendungen | In Höhe der Leistungen des Dritt-VR | | Kein Verschulden bei Prämienzahlungsverzug (VN) Rechtzeitige Einzahlung (VN) | Zugang des Versicherungsscheins, korrekte Prämienanforderung |

903 *OLG Celle* r+s 2003, 275.
904 *OLG Hamm* VersR 2000, 1139.
905 *BGH* v. 28.10.1982 – III ZR 206/80, VersR 1983, 84.
906 *Feyock/Jacobsen/Lemor/Jacobsen* a.a.O. § 117 VVG Rn. 23.

| Schutzversagung wegen | Regresshöhe | Verweisung | Kündigung | Beweislast VN/mitversicherte Person | Beweislast VR |
|---|---|---|---|---|---|
| Folgeprämienverzug<br>§ 38 VVG C.2 AKB | In Höhe der Aufwendungen | In Höhe der Leistungen des Dritt-VR | | Kein Verschulden bei Prämienzahlungsverzug (VN) Rechtzeitige Einzahlung (VN) | Zugang der qualifizierten Mahnung,[907] korrekte Prämienanforderung |
| Verwendungsklausel<br>D.1.1.1 AKB Taxi, Werk-Nah-/Fernverkehr | abh. vom Grad der Vorwerfbarkeit bis 5.000 € | Bis 5.000 € | wenn<br>VN = FAX | Kein Verschulden sowohl bei Fahrer und Versicherungsnehmer oder led. leichte Fahrlässigkeit, ggf. auch Nachweis geringerer Vorwerfbarkeit | Falsche Verwendung und höherer Prämienanspruch |
| Personenbezogene Gefahrerhöhung<br>§§ 23 ff. Brille; Drogen (immer) | abh. vom Grad der Vorwerfbarkeit bis 5.000 € | Bis 5.000 € | wenn<br>VN = FAX | Kein dauerhafter Verstoß, lediglich einmaliges Ereignis, kein Verschulden; Versicherungsnehmer: keine Kenntnis, kein Verschulden oder led. leichte Fahrlässigkeit, ggf. auch Nachweis geringerer Vorwerfbarkeit | Ggü. Fahrer: wiederholter Verstoß Ggü. Versicherungsnehmer: Verschulden, Wissen von G. |
| Objektive Gefahrerhöhung<br>§§ 23 ff. abgefahrene Reifen/ Bremsen | abh. vom Grad der Vorwerfbarkeit bis 5.000 € | Keine Verweisung möglich | wenn<br>VN = FAX | Keine Kenntnis von Gefahrerhöhung, kein Verschulden oder led. leichte Fahrlässigkeit, ggf. auch Nachweis geringerer Vorwerfbarkeit | Zustandsveränderung, Gefahrerhöhung, Verschulden, Kenntnis des Versicherungsnehmers oder Fahrers |
| Führerscheinmangel<br>D.1.1.3 AKB | abh. vom Grad der Vorwerfbarkeit bis 5.000 € | Keine Verweisung möglich | wenn<br>VN = FAX | Fahrer: kein Verschulden, Kausalitätsgegenbeweis; VN: Schwarzfahrt oder kein Verschulden bei Übergabe oder led. leichte Fahrlässigkeit, ggf. auch Nachweis geringerer Vorwerfbarkeit | Fahrer ohne Fahrerlaubnis; Verschulden des Versicherungsnehmers |

907 *LG Berlin* v. 04.11.2019 – 23 S 22/19, Zahlung inkl. Mahnzuschlag indiziert den Zugang bei Versicherungsnehmer.

| Schutzversagung wegen | Regresshöhe | Verweisung | Kündigung | Beweislast VN/mitversicherte Person | Beweislast VR |
|---|---|---|---|---|---|
| Schwarzfahrt<br>D.1.1.2 AKB | Dieb: In Höhe der Aufwendungen!<br>Sonst abh. vom Grad der Vorwerfbarkeit bis 5.000 € | Keine Verweisung möglich | wenn<br>VN = FAX | Fahrer: fehlendes Verschulden, Zurechnungsunfähigkeit, Kausalitätsgegenbeweis; Versicherungsnehmer: Entlastung oder led. leichte Fahrlässigkeit, ggf. auch Nachweis geringerer Vorwerfbarkeit | Schwarzfahrt (ggü. Fahrer) Ermöglichen der Schwarzfahrt (ggü. Versicherungsnehmer) |
| Rennveranstaltung<br>D.1.1.4 AKB bzw. Teilnahme an Motorsportveranstaltungen D.1.2.2 AKB | abh. vom Grad der Vorwerfbarkeit bis 5.000 € | Bis 5.000 € | wenn<br>VN = FAX | Kein Rennen, kein Verschulden, kein Verabreden oder led. leichte Fahrlässigkeit, ggf. auch Nachweis geringerer Vorwerfbarkeit | Fahrtveranstaltung zur Erzielung von Höchstgeschwindigkeiten |
| Alkohol<br>D.1.2 AKB | abh. vom Grad der Vorwerfbarkeit bis 5.000 € | Bis 5.000 € | wenn<br>VN = FAX | Kausalitätsgegenbeweis, kein Verschulden (Fa), kein Verschulden (VN). Oder led. leichte Fahrlässigkeit, ggf. auch Nachweis geringerer Vorwerfbarkeit | Alkoholgehalt und ggf. weitere Indizien für Trunkenheitsfahrt |
| Obliegenheitsverletzung nach Versicherungsfall<br>E.x AKB Aufklärungspflicht, Unfallflucht, Prozessführung | 2.500 € bzw. 5.000 € | Bis 2.500 € bzw. 5.000 € | | Fehlendes Verschulden, rechtzeitige Anzeige, keine Unfallflucht oder Aufklärungspflichtverletzung | Verschulden, Verletzung der Aufklärungs- oder sonstigen Pflichten |
| Nachhaftung des Versicherers<br>§ 117 Abs. 2 VVG | In Höhe der Aufwendungen | In Höhe der Leistungen des Dritt-VR | | Weiterbestehen des Vertrages (VN) | Beendigung des Vertrages, Zugang bei der Zulassungsstelle |
| Nichtanzeige der Veräußerung<br>§ 97 VVG, G.7.4 AKB | In Höhe der Aufwendungen | In Höhe der Leistungen des Dritt-VR | | Anzeige war entbehrlich, Kenntnis des Versicherers | Fehlende Anzeige |
| Vorübergehende Stilllegung<br>H.1.5 AKB | abh. vom Grad der Vorwerfbarkeit bis 5.000 € | bis 5.000 € | wenn<br>VN = FAX | Kein Verwenden des KFZ außerhalb des Verkehrsraums, Wiederzulassung oder Schwarzfahrt, fehlendes Verschulden | Verwendung außerhalb des umfriedeten Stellplatzes; keine vorbereitende Fahrt zur Wiederzulassung |

## L. Versicherungssummenüberschreitung oder Überschreitung der Haftungshöchstgrenzen des § 12 StVG

Jeder Fahrzeughalter bzw. Fahrzeugführer geht davon aus, dass die in seinem Versicherungsvertrag vereinbarte Versicherungssumme immer ausreichen wird, wenn ein Unfall geschieht. Die Vergangenheit hat gezeigt, dass dies zwar häufig der Fall ist, aber leider nicht immer. Wenn es beispielsweise bei einem Verkehrsunfall zu schweren Verletzungen, Querschnittslähmung, schweren Gehirnschädigungen oder ähnlichem kommt und dann ein hoher pflegerischer Aufwand zu den sonstigen Schadensersatzansprüchen hinzukommt, kann es schnell geschehen, dass die Mindestversicherungssummen erreicht sind. Ob dies der Fall ist und wann die Deckungssummenüberschreitung eintreten wird, bedarf einer besonderen Prüfung. 731

Grundsätzlich stellt die Zahlung des KH-Versicherers ein Anerkenntnis auch zulasten des VN über die Deckungssumme hinaus dar, wenn nicht von der Versicherung klar zum Ausdruck gebracht wird, dass sie nur bis zur Deckungssumme anerkennen will und nicht darüber hinaus.[908] Auch der Direktanspruch gilt nur, soweit die Versicherungssumme reicht.[909] 732

Die Vorgehensweise im Fall der unzureichenden Versicherungssumme oder der Begrenzung der Haftung nach § 12 StVG soll nachfolgend möglichst allgemein verständlich dargestellt werden.[910] 733

Die VVG-Reform bringt hier durch die Einführung einer Rangfolge in § 118 VVG n.F. eine entscheidende Erleichterung für den unverschuldet Geschädigten. Soweit der Geschädigte den Unfall mit verschuldet hat, verstößt die in § 118 VVG n.F. vorgenommene Rangfolge zulasten der Sozialversicherungsträger gegen § 116 SGB X. Denn dort ist das Quotenvorrecht des Verletzten nur für den Fall vorgesehen, dass ihn ein Verschulden an dem gegenständlichen Unfall nicht trifft. Hat hingegen der SGB-Versicherte den Schadenfall mit verursacht, entfällt das Quotenvorrecht und die Ansprüche des Sozialversicherungsträgers werden gleichberechtigt neben die Ansprüche des Geschädigten gestellt! Diese Regelung wurde vom Gesetzgeber offensichtlich übersehen! 734

Von der Überschreitung der Mindestversicherungssummen zu trennen ist die Beschränkung der Haftung nach dem StVG, dort § 12, für die verschuldensunabhängige Haftung aus der Betriebsgefahr. Da nach dem SchadenrechtsänderungsG seit dem 01.08.2002 auch die verschuldensunabhängige Haftung für die Schädigung von Fußgängern und insbesondere Kindern bis 10 Jahre aufgenommen wurde, kann es durchaus zu erheblichen Forderungen auch nach Schmerzensgeld im Rahmen der StVG-Haftung kommen. In diesem Bereich ist das Risiko der Überschreitung der Haftungshöchstgrenzen des StVG bei schwer verletzten Kindern besonders hoch, deshalb sollte diesem Bereich insoweit besondere Aufmerksamkeit geschenkt werden. Wegen der unterschiedlichen Auswirkungen wird dieser Themenbereich gesondert dargestellt. 735

Da die Fälle der Deckungssummen-Überschreitung aus Schadenfällen vor dem 31.12.2007 in jedem Fall nach der Regelung des VVG a.F. behandelt werden müssen, werden die unterschiedlichen Regelungen getrennt nach VVG 2007 und 2008 gesondert dargestellt. 736

**VVG 2007** 737

Wenn im Schadenfall im Rahmen der Regulierung die Versicherungssumme nicht ausreichen wird, kommt es entweder zu einem Kürzungs- oder einem Verteilungsverfahren. Soweit nur ein Geschädigter (Dritter) vorhanden ist, wird lediglich ein Kürzungsverfahren nach § 155 Abs. 1 VVG 2007 eingeleitet, sofern mehrere Geschädigte (Dritte) Ansprüche angemeldet haben, kommt es zu einem Verteilungsverfahren nach § 156 Abs. 3 VVG 2007. Dritter i.S.d. VVG 2007 ist nicht nur der

---

908 Vgl. *BGH* v. 22.07.2004 – IX ZR 482/00, zfs 2005, 10 ff. Auch zur Verjährungsunterbrechung einer solchen Zahlung.

909 Vgl. auch *Diederichsen* DAR 2007, 312.

910 Zur Vertiefung sei auf *Deichl/Küppersbusch/Schneider* a.a.O. verwiesen.

unmittelbar aus dem Unfallereignis geschädigte Anspruchsteller sondern auch die Sozialversicherungsträger, auf die Ansprüche übergegangen sind.

738 VVG 2008

Die VVG-Reform hat mit Einführung einer Rangordnung der Anspruchsberechtigten in § 118 VVG 2008 versucht, die Fälle des Verteilungsverfahrens zu minimieren. Danach sind zunächst die Ansprüche aus den Personenschäden (§ 118 Abs. 1 Ziff. 1 VVG 2008) zu ersetzen, soweit die Geschädigten nicht von dem Schädiger, anderen Versicherern als des KH-Versicherers des Schädigers, Sozialversicherungsträgern oder sonstigen Dritten Schadensersatz verlangen können. Mit dieser Platzierung an erster Stelle ist mit Sicherheit der alleinige Schwerverletzte eines Schadenfalls vollständig abgesichert. Soweit dann noch eine restliche Versicherungssumme zur Verfügung steht, wird diese nach Ziff. wegen sonstiger Schäden natürlicher und juristischer Personen des Privatrechts, die gleichfalls nicht von anderen Ersatz verlangen können, ausgekehrt.

739 Erst unter Ziff. 3 werden dann die Versicherer oder sonstige Personen genannt, auf die die Ansprüche nach § 86 VVG 2008 übergegangen sind (z.B. Kasko-Versicherer, Arbeitgeber, private Krankenkasse). Unter Ziff. 4 erst werden die Sozialversicherungsträger bedacht, sodass diese bei Schäden, die nur im Rahmen der Mindestversicherungssumme ersetzt werden müssen, ggf. leer ausgehen.

740 Es bleibt jedoch auch nach der neuen Regelung dabei, dass ein Verteilungsverfahren bei mehreren Schwerverletzten und unzureichender Versicherungssumme schon unter den Direktgeschädigten erfolgen muss.

## I. Überschreitung der Versicherungssumme

### 1. Die Versicherungssumme

741 Die Versicherungssummen sind erst in den letzten Jahren deutlich angehoben worden. Die Mindestversicherungssummen sind seit 1965 kontinuierlich angehoben und der Inflation angepasst worden. Es galten in der Vergangenheit folgende Grenzen:

742 Bis zum 30.09.1965 100.000 DM, wobei 1973 die meisten KH-Versicherer für die noch nicht abgeschlossenen Schäden, die sich vor dem 01.10.1965 ereigneten, in Ansehung der Verkehrsopfer vom Zeitpunkt der Abgabe der Erklärung an eine Personenschaden-Mindestversicherungssumme von 250000 DM zugrunde legen wollen, wenn dies zur Vermeidung einer unbilligen Härte erforderlich erscheint; diese Erklärung umfasst nur die Schäden, in denen eine Rente gezahlt wird, die auch nach Abgabe der Erklärung weitergezahlt wird. Alle anderen Fälle, in denen entweder die Ansprüche durch Kapitalbetrag auch für die Zukunft abgefunden wurden oder die Ansprüche auf Dritte übergegangen sind, sind davon nicht erfasst;[911]

743 Tab. 10

| | |
|---|---|
| bis zum 31.07.1971 | 250.000 DM, |
| bis zum 30.06.1981 | 500.000 DM (für Sachschäden 100.000 DM) |
| | 750.000 DM bei Verletzung mehrerer Personen |
| bis zum 30.08.1997 | 1.000.000 DM für Personenschäden |
| | 1.500.000 DM bei mehreren Verletzten, |
| | 400.000 DM für Sachschäden |

744 Für Omnibusse sind der Mindestversicherungssumme von 1,5 Mio. DM ab dem 10. bis zum 80. Platz je Person DM 15.000 und ab dem 81. Platz je Person 8.000 DM hinzuzurechnen. Die Sachschadenversicherungssumme erhöht sich ab dem 10. Platz je weiterem Platz um 1.000 DM.

911 *Deichl/Küppersbusch/Schneider* a.a.O. Rn. 12.

Da diese Summen in aller Regel nicht ausreichten, wurden zum 01.09.1997 die Mindestversicherungssummen deutlich erhöht, diese Erhöhung gilt nach § 10 KfzPflVV auch für bestehende Verträge. Die Beträge sind in der Anlage zu § 4 Abs. 2 PflVG veröffentlicht. Sie betragen: 745

Tab. 11 746

| | ab 01.07.1997 | ab 01.01.2002 | seit 01.01.2008 |
|---|---|---|---|
| bei Personenschäden | DM 5 Mio. | 2,5 Mio. €. | 7,5 Mio. € |
| bei Sachschäden | DM 1 Mio. | 500.000 € | 1 Mio. €; 1,2 Mio. € seit 01.01.2012 |
| bei reinen Vermögensschäden | DM 100.000 | 50.000 € | 50.000 € |
| bei Tötung oder Verletzung mehrerer Personen | DM 15 Mio. | 7,5 Mio. € | 7,5 Mio. € |

Besondere Grenzen gelten bei Schäden mit Fahrzeugen, die zur Beförderung von mehr als 9 Personen zugelassen sind. Hier sind pro Person ab dem 10. –81. Platz je 50.000 € für den Personenschaden und 500 € für reine Vermögensschäden hinzuzusetzen. Ab dem 81. Platz halbieren sich die Summen. Doch auch mit diesen deutlich erhöhten Versicherungssummen wird sich das Problem der Überschreitung der Versicherungssumme nicht in jedem Fall ausschließen lassen, man denke nur an ein schwer verletztes Kind oder Jugendlichen, für die erhebliche Pflegekosten lebenslang aufgewendet werden müssen. 747

Zu beachten ist, dass bei Vereinbarung von Pauschalen als Versicherungssummen (z.B. 8,5 Mio. € pauschal) jeweils der Mindestbetrag pro Schadenart auch zur Verfügung steht. Hat ein Geschädigter Ansprüche auf insgesamt 9 Mio. € und der Sachschaden beläuft sich auf 1 Million €, so ist dieser Betrag im Vorfeld abzuziehen, sodass für den Personenschaden nur noch 7,5 Mio. € zur Verfügung stehen. 748

Diese Versicherungssumme kann durch vertragliche Vereinbarung erhöht werden, muss aber nicht, der Kontrahierungszwang[912] des Versicherers ist auf diesen Betrag der Mindestversicherungssumme begrenzt. Auch im Fall von Obliegenheitsverletzungen durch den VN oder Fahrer kann es zu einer Begrenzung der Eintrittspflicht auf die Mindestversicherungssumme kommen, da nur insoweit der Geschädigte geschützt werden muss.[913] Auch die Eintrittspflicht des sog. Grüne-Karte-Büros ist auf die Mindestversicherungssumme beschränkt, wenn ein ausländisches Kfz einen Inländer schädigt.[914] Auch die VOH haftet nur im Rahmen der Mindestversicherungssummen (§ 12 StVG). 749

## 2. Rechtsgrundlagen

Bei Überschreitung der Versicherungssummen ist das weitere Vorgehen gesetzlich vorgeschrieben und unterliegt keinem Verhandlungsspielraum. Die rechtlichen Grundlagen ergeben sich aus den §§ 155 und 156 VVG 2007 für einen bzw. mehrere Geschädigte, § 10 Abs. 7 AKB 2007 nimmt diese Formulierung auf und nimmt außerdem Bezug auf die Geschäftsplanmäßige Erklärung der Versicherer zu § 10 Abs. 7 AKB 2007 vom 16.12.1970: 750

»Wir werden den nach § 10 Abs. 7 AKB 2007 für Rentenverpflichtungen zu ermittelnden Rentenbarwert in der Kraftfahrzeug-Haftpflichtversicherung für Versicherungsfälle, die nach dem 1.1.1969 ein- 751

912 *K/H/S/Kreuter* PflVG § 5 Rn. 4.

913 In den neuen Muster-AKB des GDV ist für den Fall der Obliegenheitsverletzung durch den Versicherungsnehmer die Begrenzung der Eintrittspflicht auf die Mindestversicherungssummen vorgesehen.

914 § 2 Abs. 1a PflVersAusl; diese Regelung gilt auch umgekehrt, wenn ein deutsches Kfz im Bereich des Londoner Abkommens einen Schaden verursacht, dann ist auch höchstens mit der dort geltenden Mindestversicherungssumme einzutreten, wenn kein Deckungsschutz besteht; *BGH* v. 23.11.1971 – VI ZR 97/70, NJW 1972, 387, 390; *OLG Hamm* VersR 1979, 926.

getreten sind, aufgrund der Allgemeinen Sterbetafel für die Bundesrepublik Deutschland 1949/1961 – Männer bzw. Frauen – und eines Zinsfußes von jährlich 3,5% berechnen. Nachträgliche Erhöhungen oder Ermäßigungen der Rente werden wir zum Zeitpunkt des ursprünglichen Rentenbeginns mit dem Barwert einer aufgeschobenen Rente nach der vorher genannten Rechnungsgrundlage berücksichtigen. Bei einer Berechnung von Waisenrenten werden wir das vollendete 18. Lebensjahr als Endalter festlegen. Bei der Berechnung von Geschädigtenrenten werden wir bei unselbstständiger Tätigkeit das vollendete 65. Lebensjahr, bei selbstständiger Tätigkeit das vollendete 68. Lebensjahr als Endalter festlegen, sofern nicht durch Urteil, Vergleich etc. etwas anderes bestimmt wird oder sich die der Feststellung zugrunde gelegten Umstände ändern.

752 Bei der Prüfung der Frage, ob der Kapitalwert der Rente die Versicherungssumme bzw. die nach Abzug sonstiger Leistungen verbleibende Rest-Versicherungssumme übersteigt und mit welchem Betrag sich der Versicherungsnehmer an laufenden Rentenzahlungen beteiligen muss, werden wir eine um 25 v.H. erhöhte Versicherungssumme zugrunde legen. Die sonstigen Leistungen werden wir bei dieser Berechnung mit ihrem vollen Betrag von der Versicherungssumme absetzen.«

753 Diese Erklärung wird auch von der Rechtsprechung als den allgemein gültigen Grundsätzen entsprechend anerkannt.[915] Die Behandlung der Altschäden vor dem 01.01.1969 bereitet insoweit Probleme: Wurde in einem solchen Schadenfall keine Erhöhung der Versicherungssumme um 25 % vorgenommen, so kann auch nicht von einem Zinsfuß von 3,5 % ausgegangen werden. Nach Auffassung des *BGH* dürfte in diesen Fällen ein Zinsfuß von 8 % angemessen sein.[916] Die Anwendung der Kapitalwertberechnung kann jedoch in diesen Fällen nur dann erfolgen, wenn sie für den Versicherungsnehmer günstiger ist oder wenn er sich mit ihrer Anwendung einverstanden erklärt hat.[917]

754 Für die ab dem 01.01.1995 abgeschlossenen KH-Versicherungsverträge richtet sich die Rentenberechnung nach § 8 KfzPflVV und den §§ 155, 156 Abs. 3 VVG 2007.

755 Wie bereits oben ausgeführt, gibt es zum einen nur einen Kontrahierungszwang des KH-Versicherers in Höhe der Mindestversicherungssumme, sodass diese Beträge auch einem Vertrag ganz normal zugrunde liegen können, aber auch im Fall der Verletzung der Prämienzahlungspflichten oder von vertraglichen oder gesetzlichen Obliegenheiten vor dem Schadenfall reduziert sich die vereinbarte Versicherungssumme auf die Mindestversicherungssumme. Außerdem gelten diese Grenzen bei Schadenfällen mit ausländischen Fahrzeugen in Deutschland, im Rahmen der Vereinbarungen der Mitglieder des Londoner Abkommens (Grüne-Karte-System) garantiert neben dem ausländischen Versicherer der HUK-Verband (jetzt das Grüne-Karte-Büro) die Haftpflichtdeckung im Rahmen der deutschen Pflichtversicherung. Eine höhere Eintrittspflicht des Grüne-Karte-Büros ist auch dann nicht gegeben, wenn für das ausländische Fahrzeug mit dessen KH-Versicherer eine höhere Deckungssumme vereinbart war. Sonstige ausländische Fahrzeuge, für die das Londoner Abkommen nicht gilt, müssen bei Grenzübertritt eine sog. Grenzversicherung abschließen,[918] die mindestens den Mindestversicherungsschutz der deutschen Pflichtversicherung beinhaltet. Diese Regelung gilt auch umgekehrt, wenn ein deutsches KFZ im Bereich des Londoner Abkommens einen Schaden verursacht, dann ist auch höchstens mit der dort geltenden Mindestversicherungssumme einzutreten, wenn kein Deckungsschutz besteht.[919] Die dortigen Versicherungssummen sind teilweise extrem niedrig.

756 Außerdem haftet das Grüne-Karte-Büro in den Fällen der §§ 12 ff. PflVG (Verkehrsopferhilfe) auch nur im Rahmen der Mindestversicherungssummen.

757 Eine dem § 10 Abs. 7 AKB 2007 entsprechende Regelung fehlt daher in den AKB 2008.

915 *BGH* v. 22.01.1986 – IVa ZR 65/84, VersR 1986, 392.
916 *BGH* v. 28.11.1990 – IV ZR 233/89, VersR 1991, 172.
917 *BGH* v. 22.01.1986 – IVa ZR 65/84, VersR 1986, 392 f.
918 § 2 Abs. 1a PflVersAusl.
919 *BGH* v. 23.11.1971 – VI ZR 97/70, NJW 1972, 387, 390; *OLG Hamm* VersR 1979, 926.

### 3. Die Beteiligten

**Versicherter und Versicherer** 758

Der Versicherer und der Versicherte haften als Gesamtschuldner, wobei der Geschädigte einen Direktanspruch gegen den Versicherer hat. Dieser kann jedoch nur so weit gelten, als die Versicherungssumme ausreicht. Die Abwicklungsvollmacht des Versicherers gilt grundsätzlich über die Versicherungssumme hinaus,[920] er kann sie jedoch in seinen Erklärungen auf die Versicherungssumme beschränken.[921] Die nach § 3 Ziff. 3 PflVG 2007 bzw. § 115 Abs. 2 VVG 2008 eingetretene Verjährungshemmung kann nur von dem Versicherer, nicht aber vom Versicherungsnehmer beendet werden.[922] Der Versicherer muss das Kürzungs- und Verteilungsverfahren durchführen, er kann nicht hinterlegen. Der Versicherungsnehmer ist, wie auch der Geschädigte, zum frühestmöglichen Zeitpunkt hinzuzuziehen. Alle Möglichkeiten (Vergleich, Kapitalabfindung), die eine Regulierung des Schadens ohne Deckungssummenüberschreitung ermöglichen, sind auszuschöpfen.

759 Hat der Versicherer voll reguliert, ohne die Ansprüche zu kürzen, obwohl er die Deckungssummenüberschreitung hätte erkennen können, so steht ihm ein Bereicherungsanspruch[923] gegen Versicherungsnehmer und Geschädigten oder dessen Rechtsnachfolger[924] zu.

**Geschädigte und deren Rechtsnachfolger:** 760

Die Begrenzung der Eintrittspflicht muss dem Geschädigten möglichst frühzeitig entgegengehalten werden,[925] wobei dann der Geschädigte Anspruch auf Durchführung des Kürzungs- und Verteilungsverfahrens hat. Er hat außerdem das Wahlrecht zwischen der Zahlung einer einmaligen Kapitalabfindung und Rentenzahlung. Die Überschreitung der Versicherungssumme ist ein wichtiger Grund i.S.d. § 843 BGB. Dem Geschädigten steht ein Befriedigungsvorrecht gegenüber seinen Rechtsnachfolgern (Kaskoversicherter gegenüber dem Kasko-Versicherer gem. § 67 Abs. 1 S. 2 VVG 2007; verletzter Beamter bzw. seine Hinterbliebenen gem. § 87a BBG; verletzter Arbeitnehmer gem. § 6 EFZG) zu.

761 Bei den Regressansprüchen der Sozialversicherungsträger ist zu unterscheiden zwischen den Schadenfällen vor dem 01.07.1983, in denen nur die kongruenten Leistungen auf den SVT übergehen konnten mit der Folge, dass auch nur insoweit ein Vorrecht des Geschädigten besteht, und den Fällen danach, welche durch § 116 Abs. 4 SGB X dem Geschädigten das Befriedigungsvorrecht einräumen, dieses bezieht sich dann auf sämtliche Schadensersatzansprüche des Geschädigten einschließlich des Schmerzensgeldes. Vorher konnte nur, soweit die Ansprüche des Geschädigten denen des Sozialversicherungsträges kongruent waren (z.B. Krankengeld und Verdienstschaden) ein Befriedigungsvorrecht geltend gemacht werden. Dieses Befriedigungsvorrecht gilt aber nur, soweit den Geschädigten kein Mitverschulden an dem Unfallereignis trifft, § 116 Abs. 3 SGB X.[926]

**Ansprüche aus Teilungsabkommen:** 762

Ansprüche aus Teilungsabkommen können nicht in die gesetzlichen oder vertraglichen Rechte Dritter eingreifen, sodass diese in der Höhe einzurechnen sind, die bei einer Abrechnung nach Sach- und Rechtslage gegeben wäre.[927] Soweit hier unterschiedliche Beträge zu veranschlagen sind, sind alle Ansprüche, die sich berechtigterweise gegen den Schädiger richten und diese, die nur aus Teilungs-

---

920 *BGH* v. 11.04.1978 – VI ZR 29/76, VersR 1978, 533; *BGH* v. 12.12.1978 – VI ZR 159/77, VersR 1979, 284; *BGH* NJW-RR 1986, 650; *OLG Frankfurt* VersR 1982, 98.

921 *BGH* v. 12.12.1978 – VI ZR 159/77, VersR 1979, 284.

922 *BGH* v. 15.11.1977 – VI ZR 250/76, VersR 1978, 93; 1978, 423.

923 *BGH* v. 12.06.1980 – IVa ZR 9/80, VersR 1980, 817.

924 *BGH* v. 22.01.1986 – IVa ZR 65/84, VersR 1986, 392 = *BGH* MDR 1986, 295 = r+s 1985, 272.

925 *BGH* v. 26.05.1982 – VI ZR 203/80, VersR 1982, 791.

926 *BGH* v. 21.11.2000 – VI ZR 120/99, VersR 2001, 387.

927 *BGH* v. 13.12.1977 – VI ZR 14/76, VersR 1978, 278.

abkommen bestehen, zusammenzurechnen und zueinander ins Verhältnis zu setzen und nach Maßgabe des § 156 VVG 2007 im Verhältnis zur zu kürzen.[928]

763 Gem. § 118 VVG 2008 werden die Forderungen in der Rangfolge befriedigt, eine Verteilung ist erst dann erforderlich, wenn auch die direkt Geschädigten nach § 118 Abs. 1 Ziff. 1 nicht vollständig befriedigt werden können.

## 4. Verteilungsplan

764 Sobald die Möglichkeit der Überschreitung der Deckungssumme feststeht, sind alle bisherigen und zukünftigen möglichen Forderungen (Renten- und Kapitalforderungen) festzustellen. Es ist dann ein Verteilungsplan zu erstellen. Wenn der Versicherer diesen nicht zum frühestmöglichen Zeitpunkt erstellt hat, ist er hinsichtlich der Rückforderung der ohne Vorbehalt gezahlten Ansprüche auf die §§ 812 f. BGB beschränkt.[929]

765 Hatte ein Dritter seine Ansprüche zu diesem Zeitpunkt nicht angemeldet und hatte der Versicherer gem. § 156 Abs. 3 VVG 2007 entschuldbarerweise nicht mit dessen Ansprüchen rechnen müssen, sind seine Ansprüche nicht mehr zu berücksichtigen, wenn die Versicherungssumme erschöpft ist. Sofern diese noch nicht erschöpft war, ist ein neuer, die Ansprüche dieses Dritten berücksichtigender Verteilungsplan zu erstellen.[930] Wenn der Versicherer nicht die erforderliche Sorgfalt angewandt hat, muss er – auch bei bereits erschöpfter Versicherungssumme – einen neuen, die weiteren Ansprüche berücksichtigenden Verteilungsplan erstellen und die Ansprüche des weiteren Geschädigten entsprechend befriedigen.

766 Der Verteilungsplan beinhaltet sämtliche Kapitalforderungen und Rentenforderungen mit ihrem Barwert, soweit diese noch nicht feststehen, sind sie vom Versicherer zu schätzen.[931] Die Rente wird dann bis zum vereinbarten Ende (beim Erwerbsschaden Eintritt in die Altersrente, bei Renten wegen Pflege bis zum Tod des Berechtigten) gezahlt, auch wenn dann bei Auszahlung der gekürzten Rente ggf. die Versicherungssumme, die dem Geschädigten anteilig zustünde, in Summe überschritten wird.[932] Bei jeder wesentlichen Änderung der Rentenhöhe ist erneut ein Verteilungsplan zu erstellen.

767 **Kosten:**

Aufwendungen für Strafaktenauszüge, Sachverständigengutachten und Bearbeitungskosten sind von dem Versicherer voll zu übernehmen, § 10 Abs. 6 S. 2 AKB 2007, und sind über die Versicherungssumme hinaus zu zahlen. Auch Prozesskosten sind im Verteilungsplan nicht aufzunehmen, wobei hier Versicherer und Versicherungsnehmer sich diese Position entsprechend der im Verteilungsplan ermittelten Quote teilen. Auch Zinsen wegen verzögerter Regulierung sind nicht zu berücksichtigen.

768 Demgegenüber sind jedoch diejenigen Kosten, die dem Geschädigten entstanden sind (Anwaltskosten und weitere Kosten) im Verteilungsverfahren zu berücksichtigen und aufzunehmen.

769 **Kapitalforderungen:**

Es ist im Folgenden zwischen Kapitalforderungen und Rentenforderungen zu unterscheiden, da die Kapitalforderungen, abgesehen von der Grenze für Sachschäden, in der erstatteten Höhe von der Versicherungssumme abgezogen werden und damit die Versicherungssumme reduzieren, während bei Rentenforderungen umfangreiche Berechnungen vorzunehmen sind.

---

928 *BGH* v. 22.01.1986 – IVa ZR 65/84, VersR 1986, 392, 395; *OLG Hamm* (*BGH*) VersR 1986, 899 zur Überschreitung der Teilungsabkommens-Haftungsgrenze.
929 *BGH* v. 12.06.1980 – IVa ZR 9/80, VersR 1980, 817.
930 *Prölss/Martin* Anm. 9 zu § 156 VVG a.F.
931 *BGH* v. 26.05.1982 – VI ZR 203/80, VersR 1982, 791.
932 Vgl. hierzu ausführlich *BGH* v. 10.10.2006 – VI ZR 44/05, DAR 2007, 203 ff. = NZV 2007, 127 ff.

**Sachschäden:** 770

Soweit eine Sachschadenversicherungssumme vereinbart wurde, beschränkt sich die Leistungspflicht des Versicherers auf diesen Betrag. Übersteigen die Sachschäden diesen Betrag oder sind mehrere Anspruchsteller vorhanden, ist der Betrag quotenmäßig zu kürzen.

Wenn eine pauschale Versicherungssumme vereinbart wurde, so ist der Sachschaden bis zur Höhe der jeweiligen Mindestversicherungssumme für Sachschäden (vgl. oben, derzeit 1 Mio. €) auszugleichen, soweit nur ein Geschädigter vorhanden ist, bei mehreren ist auch hier eine quotenmäßige Verteilung vorzunehmen. 771

Dies bereitet keine größeren Schwierigkeiten, da die Sachschäden in aller Regel einfach zu ermitteln sind. Zu beachten ist hier, dass zwar im Fall eines Gefahrguttransportes bisher die Grenzen des § 12 StVG durch den § 12a StVG seit dem 01.08.2002 erweitert wurden, der Gesetzgeber jedoch übersehen hat, diese Grenzen auch für die Mindestversicherungssummen zu erweitern. Gerade bei Gefahrguttransporten kommt es häufig zu erheblichen Schadenssummen, die bei den vorliegenden Grenzen im Fall einer Beschränkung der Regulierung auf die Mindestversicherungssummen dazu führen kann, dass der Geschädigte nicht oder nur unzureichend Schadensersatz erhält. Hier ist der Gesetzgeber aufgefordert, sein Regelwerk nachzubessern. 772

**Sonstige Kapitalforderungen:** 773

Hierunter fallen alle nicht regelmäßig wiederkehrenden Leistungen: Heilbehandlung, Kuren, orthopädische Versorgung, Schuherhöhungen, Zahnersatz, behindertengerechter Hausumbau, Fahrzeugschaden, Schmerzensgeld, Rechtsanwaltskosten (unter Umständen auch für vorübergehend vermehrte Bedürfnisse oder einen – nicht laufenden – Erwerbsschaden). Sofern der Geschädigte von seinem Wahlrecht Kapital statt Rente Gebrauch gemacht hat, fallen auch diese Beträge mit ihrem Kapitalwert darunter. Auch Rentenabfindungen sind dann als Kapitalleistungen zu behandeln.

**Rentenforderungen:** 774

Bei den Rentenforderungen handelt es sich um periodisch wiederkehrende Leistungen, die nach dem Barwert (= Kapitalwert) zu berechnen sind. Die korrekte Einstellung der Rentenforderungen in den Verteilungsplan ist komplizierter, da hier von dem Rentenbarwert ausgegangen werden muss, der nicht den tatsächlich gezahlten Rentenbeträgen entspricht. Es sind Rentenbeginn, Rentenende, Rentenhöhe und Zahlungsweise festzustellen, notfalls zu schätzen.

Der Rentenbeginn deckt sich nicht notwendig mit dem Unfalldatum, da der Anspruch auf wiederkehrende Leistungen auch wegen Verschlimmerung der Unfallfolgen erst nach Jahren entstehen kann. Nach der Auffassung des *BGH*[933] sollte im Regelfall vom Unfalltag als unabhängigem Ansatzpunkt ausgegangen werden. Für die Rentenlaufzeit gelten die durch Vergleich, Urteil oder sonst getroffenen Bestimmungen. Soweit diese fehlen, ist von den Laufzeiten der Geschäftsplanmäßigen Erklärung (Angestellter bis 65. Lj.; Selbstständige bis zum 68. Lj. beim Verdienstschaden) auszugehen.[934] Die Rentenhöhe ergibt sich aus dem eingetretenen Unterhalts- oder Erwerbsschaden.[935] Künftige Veränderungen wie z.B. die weitere berufliche Entwicklung des Verletzten/Getöteten (Beförderungen, Pensionierung, Gehaltserhöhungen) sind zu schätzen, auch die Veränderung des Unterhaltsschadens durch Wegfall eines Unterhaltsberechtigten (Kind) sind zu berücksichtigen 775

Diese Veränderungen werden mit dem Barwert einer aufgeschobenen Rente berücksichtigt. Künftige allgemeine Gehaltserhöhungen bleiben bei der Berechnung unberücksichtigt. 776

933 *BGH* v. 22.01.1986 – IVa ZR 65/84, VersR 1986, 392 = MDR 1986, 565 = DAR 1986, 216 = zfs 1986, 182.

934 *BGH* v. 28.11.1979 – IV ZR 83/78, VersR 1980, 132 f.

935 *BGH* v. 28.11.1979 – IV ZR 83/78, VersR 1980, 132, 134.

**▶ Beispiel:**

777 Der Verletzte hatte im Unfallzeitpunkt ein Netto-Einkommen von 1500 €. Dieses ist mangels anderer Vereinbarung entsprechend der Geschäftsplanmäßigen Erklärung bis zum Eintritt in das Rentenalter zu kapitalisieren. Dieser Betrag ist zu den Kapitalforderungen zu addieren.

778 Bei jeder Erhöhung der Rente wird der neu festgestellte Betrag in zwei Teile, nämlich die ursprüngliche Höhe und die Erhöhung, aufgeteilt. Für die Erhöhung der Rente wird ein selbstständiger Kapitalwert errechnet, Bezugspunkt Stichtag ist nicht der Zeitpunkt der Rentenerhöhung, sondern der Unfalltag. Nur wenn durch den neu hinzukommenden Kapitalwert die Versicherungssummen nicht überschritten werden, ist die Rentenerhöhung im vollen Umfang zu erstatten. War die Versicherungssumme bereits durch die Basisrente und die geleisteten Kapitalzahlungen ausgeschöpft, bleibt für eine Rentenerhöhung kein Raum. Wenn jedoch noch ein Restbetrag der Versicherungssumme verblieben war, ist die Erhöhung im gleichen Verhältnis zu erstatten, wie der verbleibende Teil der Versicherungssumme zum Kapitalwert der Rentenerhöhung.

## 5. Verteilungsverfahren

779 **Nach § 156 Abs. 3 VVG 2007 bzw. 109 VVG 2008**

**Grundsätze:**

Das Verteilungsverfahren nach § 156 Abs. 3 VVG 2007 bzw. § 109 VVG 2008 ist immer dann anzuwenden, wenn mehrere Geschädigte Ansprüche stellen, auch, wenn der Geschädigte und seine Rechtsnachfolger Ansprüche stellen, und die vereinbarte Versicherungssumme zur Deckung dieser Ansprüche nicht ausreicht. Kapital und Rente stehen hierbei gleichwertig nebeneinander, die Versicherungssumme, die Kapitalzahlungen und der Rentenbarwert sind der Berechnung zugrunde zu legen. Soweit dem Geschädigten gegenüber dem Sozialversicherer ein Quotenvorrecht zusteht, ist gleichwohl zunächst das Verteilungsverfahren durchzuführen und dann ggf. die Anteile, die gem. § 116 Abs. 4 SGB X dem Geschädigten zustehen, wieder dessen Anteil zuzuschlagen, bis entweder der Schaden ausgeglichen oder aber der Anteil des Sozialversicherungsträgers aufgebraucht ist.[936] Der Einwand der Erschöpfung der Versicherungssumme ist zulässig, wenn ein Verteilungsverfahren wegen der noch nicht vollständig feststehenden Forderungen noch nicht möglich ist.[937]

780 Von der Versicherungssumme werden zunächst die Leistungen in Abzug gebracht, die vor dem Erkennbar werden der möglichen Überschreitung der Deckungssumme erbracht wurden, außerdem die schon erbrachten Kapitalforderungen sowie die Rentenforderungen mit ihrem Rentenbarwert. Der Rentenbarwert entspricht nicht der Summe der bereits erbrachten Rentenleistungen, sondern errechnet sich wie folgt:

**Tab. 12**

| | |
|---|---|
| Jahresrente 12000,00 € | |
| Alter des Geschädigten zum Unfallzeitpunkt | 25 J. |
| Alter des Geschädigten zum Rentenbeginn | 40 J. |

781 Die Formel lautet:

**Tab. 13**

| | | |
|---|---|---|
| Jahresrente × KF (Lebenslang ab Rentenbeginn) × | DF ab RB | |

936 *BGH* v. 08.07.2003 – VI ZA 9/03, VersR 2003, 1295 f.
937 *OLG Köln* v. 08.11.2016 – 9 U 55/16, Jurion.

| | | |
|---|---|---|
| | DF Unfallzeitpunkt | |
| 1 DF = Dynamisierungsfaktor, zu entnehmen z.B. Schneider/Schlund/Haas Kapitalisierungs- und Verrentungstabellen, dort auch ausführliche Berechnungsbeispiele zur Ermittlung der mathematischen Grundlagen. | | |

Es ergibt sich damit folgende Berechnung: 782

$$\frac{12000 \times KF\ 15{,}981 \times DF\ 6358{,}6275}{DF\ 17951{,}3974} = 67928{,}21 = \text{Rentenbarwert}$$

**Abb. 2: Berechnung Rentenbarwert**

In den obigen Fällen ist nicht die Versicherungssumme, sondern nur die nach Abzug der obigen Positionen verbleibende restliche Versicherungssumme dem Verteilungsverfahren zugrunde zu legen. Konnte hingegen der Versicherer die Deckungssummenüberschreitung erkennen, sind auch die beglichenen Kapitalforderungen als »offene Kapitalforderungen« in die Quotierung einzubeziehen. 783

**Beispiel:**

| | | |
|---|---|---|
| Versicherungssumme alt: | 2500000 € | 784 |
| Sachschaden: | 400000 € | |
| Kapitalforderungen beglichen | 800000 € | |
| Kapitalforderungen offen | 1500000 € | |
| Rentenbarwert | 150000 € | |
| Gesamtschaden | 2950000 € | |

Die Versicherungssumme reicht bei diesem Gesamtschaden nicht aus.

Sofern der Versicherer die Gefahr der Deckungssummenüberschreitung erst erkennen konnte, nachdem die Kapitalforderungen in Höhe von 800.000 € beglichen wurden, sind diese schlicht von der Versicherungssumme in Abzug zu bringen und die restlichen noch offenen Positionen im Verhältnis zu kürzen. 785

Sofern der Versicherer schon von Anbeginn an (beispielsweise wegen der Verletzungen des Geschädigten) hätte erkennen müssen, dass die Versicherungssumme nicht ausreichen wird, wird der Geschädigte so gestellt, als ob dies von Anfang an bekannt gewesen wäre und die Zahlung der Versicherung wird nur nach der Quote, die sich nach Durchführung des Kürzungs- oder Verteilungsverfahrens ergibt, in die Berechnung eingestellt. 786

**Neuregelung für Schadenfälle ab dem 01.01.2008:** 787

Die VVG-Reform i.V.m. der deutlichen Erhöhung der Versicherungssummen wird zumindest im Personenschadenrecht die Fälle des Kürzungs- und Verteilungsverfahrens minimieren. In den Fällen des § 12a StVG verbunden mit einer Versicherung nur zu den Mindestversicherungssummen folgt jedoch, dass bei größeren Schäden mit Gefahrguttransportern auch ein Kürzungs- und Verteilungsverfahren erforderlich wird. Dies hat der Gesetzgeber erneut nicht bedacht. Die neue Rangordnung soll sicherstellen, dass zunächst der direkt Geschädigte vorrangig befriedigt wird, bevor die Ansprüche aus übergegangenen Rechten geltend gemacht werden können.

Das Kürzungsverfahren wird u.U. auch schon bei nur einem Verletzten erhalten bleiben. Es ist die neue Rangordnung wie folgt zu beachten, § 118 VVG 2008: 788

§ 118 Abs. 1 Ziff. 1: zunächst werden Ansprüche aus den Personenschäden, soweit die Geschädigten nicht von dem Schädiger, anderen Versicherern als des KH-Versicherers des Schädigers, Sozialversicherungsträgern oder sonstigen Dritten Schadensersatz verlangen können; sodann 789

790 § 118 Abs. 1 Ziff. 2 wegen sonstiger Schäden natürlicher und juristischer Personen des Privatrechts, die gleichfalls nicht von anderen Ersatz verlangen können, ausgekehrt; an dritter Stelle dann gem.

791 § 118 Abs. 1 Ziff. 3 werden dann die Versicherer oder sonstige Personen genannt, auf die die Ansprüche nach § 86 VVG 2008 übergegangen sind (z.B. Kasko-Versicherer, Arbeitgeber, private Krankenkasse);

792 Unter § 118 Abs. 1 Ziff. 4 erst werden die Sozialversicherungsträger bedacht, sodass diese bei Schäden, die nur im Rahmen der Mindestversicherungssumme ersetzt werden müssen, ggf. leer ausgehen.

793 Es bleibt jedoch auch nach der neuen Regelung dabei, dass ein Verteilungsverfahren bei mehreren Schwerverletzten und unzureichender Versicherungssumme schon unter den Direktgeschädigten erfolgen muss.

794 **Erhöhung der Versicherungssumme:**

Nach der Geschäftsplanmäßigen Erklärung ist der Teil der Versicherungssumme, der zur Befriedigung der Rentenforderung zur Verfügung steht, um 25 % zu erhöhen.

795 Die Formel[938] hierfür lautet:

$$\text{Rentenbarwert} \times \frac{\textit{Versicherungssumme}}{\textit{Kapitalforderungen + Rentenbarwerte}}$$

**Abb. 3: Berechnung der erhöhten Versicherungssumme**

▶ Beispiel:

796

| | |
|---|---|
| Versicherungssumme | 2500000 € |
| Rentenbarwert | 2000000 € |
| Kapitalforderungen | 1000000 € |

Ausgehend von einer Quote von 0,833 steht für die Rentenleistungen ein Betrag in Höhe von 1666600 € zur Verfügung. Die Versicherungssumme ist um 25 % (416615 €) zu erhöhen auf 2916615 €.

797 Zu beachten ist, dass die Erhöhung nicht erfolgt, wenn die Berechnung nach § 8 KfzPflVV vorzunehmen ist.

## 6. Rentenkürzung

798 Die festgestellten Kapitalforderungen sowie die Rentenbarwerte sind der erhöhten Versicherungssumme gegenüberzustellen und der Kürzungsfaktor zu errechnen.

799 In obigem Fall ergibt sich folgende Berechnung:

$$\text{Kürzungsfaktor} = \frac{\textit{Restversicherungssumme}}{\textit{Offene Kapital} - \text{Rentenforderung}} = \frac{2916615\ \textit{Euro}}{2000000\ \textit{Euro} + 1000000\ \textit{Euro}} = 0{,}972205$$

**Abb. 4: Kürzungsfaktor bei unzureichender Versicherungssumme und bereits erbrachten Kapitalbeträgen**

800 Mit diesem Kürzungsfaktor sind die Kapitalforderungen mit 1.944.410 € und die Rentenforderungen mit 972.205 € zu erstatten.

938 Vgl. *Deichl/Küppersbusch/Schneider* Rn. 91.

Soweit Kapitalforderungen bereits fällig sind, sind diese gekürzt auszuzahlen, künftige werden in Höhe des Kürzungsfaktors ausgeglichen. Gleiches gilt auch für die Rentenforderungen. 801

Es ist das Vorbefriedigungsrecht des Geschädigten zu berücksichtigen, der Rechtsnachfolger kann erst dann Ansprüche geltend machen, wenn die Ansprüche des Geschädigten voll befriedigt sind. 802

Es empfiehlt sich daher, für jeden Geschädigten bzw. Rechtsnachfolger einzeln die jeweiligen Schadensersatzpositionen aufzustellen. 803

### 7. Kürzungsverfahren nach § 155 Abs. 1 VVG 2007 bzw. § 107 Abs. 1 VVG 2008

**Grundsätze:** 804

Das Kürzungsverfahren nach § 155 VVG 2007 bzw. § 107 VVG 2008 wird nur dann zur Anwendung kommen, wenn nur ein Geschädigter Ansprüche geltend machen kann und für dessen Ansprüche die Versicherungssumme nicht ausreicht. Im Gegensatz zur Regelung des § 156 VVG 2007 bzw. § 109 VVG 2008 sind hier die Rentenforderungen und die Kapitalforderungen nicht gleichrangig. Es ist vom Vorrecht der Rente auszugehen.[939] Von der Versicherungssumme sind auch hier die Positionen abzusetzen, die vor Erkennen der Deckungssummenüberschreitung beglichen wurden, auch hier sind die Kapitalforderungen in der beglichenen Höhe und die gezahlten Renten mit ihrem Rentenbarwert abzuziehen. Übersteigt der Rentenbarwert die restliche Versicherungssumme, so bleibt für weitere Kapitalzahlungen kein Raum.[940]

**Erhöhung der Versicherungssumme:** 805

Auch hier ist die Versicherungssumme um 25 % des Rentenbarwertes zu erhöhen und dieser Betrag der Restversicherungssumme zuzuschlagen, soweit die Berechnung nicht nach § 8 KfzPflVV erfolgt.

**Rentenkürzung:** 806

Soweit die Restversicherungssumme nicht zur Abdeckung des Rentenbarwertes ausreicht, so ist eine gekürzte Rente zu erbringen nach der folgenden Formel:

$$\frac{\textit{Erhöhte Restversicherungssumme}}{\textit{Barwert der offenen Rente}} = \text{Kürzungsfaktor}$$

**Abb. 5: Kürzungsfaktor bei unzureichender Versicherungssumme**

## II. Überschreitung der Haftungshöchstbeträge des § 12 StVG

### 1. Rechtsgrundlagen

Für die Haftung aus der sog. Betriebsgefahr nach dem StVG schreibt dieses in § 12 die Höchstgrenzen vor, die jetzt (ab dem 01.08.2002) deutlich angehoben sind im Vergleich zum Vorjahr. Inzwischen wurde § 12 StVG um die teil- und vollautomatisierten Fahrzeuge ergänzt, für diese gelten höhere Summen. Es gelten die Haftungshöchstgrenzen fort, die zum Zeitpunkt des Unfallereignisses bestanden. Ein Verweis auf Art. 2 des Gesetzes zur Änderung der Haftungshöchstgrenzen aus dem Jahr 1965, der eine rückwirkende Ausweitung der Halterhaftung zuließ, »soweit es dem Halter des Schädigerfahrzeugs aus Billigkeitsgründen zugemutet werden kann«,[941] sodass nun folgende Grenzen gelten: 807

939 *Deichl/Küppersbusch/Schneider* Rn. 107.
940 *OLG Düsseldorf* NJW-RR 1987, 799.
941 BGBl. 1965, Nr. 53, S. 1362; *Höffmann* DAR 2011, 447 ff.

808 Tab. 14

| | Alt | Ab 01.08.2008 | Ab 17.06.2017 |
|---|---|---|---|
| Sachschäden gem. § 12 StVG | 50.000,00 € | Neu: 1 Mio. € | |
| Personenschäden, 1 Pers. § 12 StVG | 600.000 € | Neu: 5 Mio. € | |
| Vollautomatisiertes Fahren – Sachschäden, § 12 StVG | | | Ab 17.06.2017 2 Mio. € |
| Vollautomatisiertes Fahren[942] Personenschäden, § 12 StVG | | | Ab 17.06.2017 10 Mio. € |
| Gefahrtransporte, § 12a StVG Sachschaden | 6 Mio. € | Neu: 10 Mio. € | |
| Personenschaden, 1 Person | 600.000 € | Neu: 10 Mio. € | |
| Verletzung mehrerer Personen | | Neu: 10 Mio. € | |

809 Bei der Prüfung, ob im Einzelfall die in §§ 12 und 12a StVG festgelegten Grenzen erreicht sind, ist auf alle möglichen Anspruchsteller, nicht nur den unmittelbar Geschädigten, sondern – wie oben – auch auf seine Rechtsnachfolger abzustellen.[943]

810 Auch eine Schadenausgleichung nach § 17 StVG unterliegt den Grenzen der §§ 12 und 12a StVG.

811 Die Haftungshöchstgrenzen sind abhängig von der Schadenart (Personen- oder Sachschaden) und sind bei Zusammentreffen beider Schadenarten getrennt zu berücksichtigen, sodass in einem Schadenfall durchaus nach der StVG-Haftung eine Zahlung in Höhe von 650.000 € (Regelung 2007) erfolgen kann (600.000 € für den Personenschaden, 50.000 € für den Sachschaden). Etwaige Anwaltskosten zählen nicht dazu, sondern sind gesondert abzurechnen.[944]

812 Eine Begrenzung der Ansprüche des Geschädigten auf die Haftungshöchstgrenzen sollte auch im Urteil deutlich zum Ausdruck gebracht werden, wobei es ausreicht, wenn dies in den Urteilsgründen zweifelsfrei erkennbar ist, eine Urteilsergänzung nach § 321 ZPO ist möglich.[945] Es liegt eine echte Begrenzung der Leistung des Schuldners vor.[946]

## 2. Verhältnismäßige Kürzung

813 Auch hier gilt, wie bei der Überschreitung der Haftungssumme, dass die Geschädigten möglichst frühzeitig, d.h. sobald die Überschreitung der Versicherungssumme zu unterrichten und einen Verteilungsplan zu erstellen,[947] der auch die Ansprüche der Rechtsnachfolger berücksichtigt.[948] Dabei ist jedoch davon auszugehen, dass den Geschädigten bzw. deren Anwälten schon im Rahmen der Haftungsdiskussion die Begrenzung der Eintrittspflicht auf die Betriebsgefahr entgegengehalten wird.

942 Leider wurde auch mit dieser Einführung versäumt, das PflVG, Anlage zu § 4 entsprechend anzupassen, dies trotz Hinweisen in der Literatur u.a. von *Pataki*, DAR 2018, 133 ff., der über den VGT 2018 und die dortige Forderung der Aktualisierung der Mindestversicherungssummen berichtet; *Huber*, NZV 2017, 545 ff.

943 *BGH* v. 09.01.1962 – VI ZR 78/61, VersR 1962, 374.

944 *BGH* v. 27.06.1968 – III ZR 63/65, VersR 1968, 997; *BGH* v. 07.11.1978 – VI ZR 86/77, VersR 1979, 30; *BGH* v. 24.09.1996 – VI ZR 315/95, DAR 1997, 24.

945 *BGH* v. 22.09.1981 – VI ZR 170/80, VersR 1981, 1180; *BGH* v. 21.01.1986 – VI ZR 63/85, NJW 1986, 2703; *BGH* v. 25.06.1996 – VI ZR 300/95, VersR 1996, 1299.

946 *OLG Celle* v. 16.05.2007 – 14 U 56/16.

947 *BGH* v. 25.05.1982 – VI ZR 203/80, VersR 1982, 791.

948 *BGH* v. 18.01.1966 – IV ZR 147/64, VersR 1966, 256; *BGH* v. 26.03.1968 – VI ZR 188/66, VersR 1968, 786, die Ansprüche verringern sich in dem Verhältnis, in dem ihr Gesamtbetrag zum Höchstbetrag des § 12 StVG steht. Auch Renten müssen sich daran orientieren, *OLG Celle* v. 22.06.2016 – 14 U 68/15, Jurion.

Hierbei sind auch die Gerichte aufgerufen, die Besonderheiten einer Haftung aus der Betriebsgefahr zu beachten und nicht statt einer Beschränkung der gesamten Ansprüche auf die Betriebsgefahr zu glauben, dass nur der Versicherer aus der Betriebsgefahr haftet, der personenidentische Fahrer und Halter jedoch voll.[949] Auch sind die richtigen Grenzen der Haftungshöchstsummen anzuwenden.[950]

§ 12 Abs. 2 StVG regelt wie folgt: »Übersteigen die Entschädigungen, die mehreren aufgrund des- 814
selben Ereignisses zu leisten sind, insgesamt die in Abs. 1 bezeichneten Höchstbeträge, so verringern sich die einzelnen Entschädigungen in dem Verhältnis, in welchem ihr Gesamtbetrag zu dem Höchstbetrag steht.« Dabei ist auch zu beachten, dass entweder Rente oder Kapitalwert von wiederkehrenden Leistungen verlangt werden kann, nicht aber beides nebeneinander. Soweit neben der Rente auch noch Kapitalbeträge zu zahlen sind, sind die Renten mit ihrem Kapitalwert hinzuzurechnen. Dabei sind die bereits erbrachten Kapitalbeträge zunächst von der Haftungshöchstsumme in Abzug zu bringen und dann 6 % des verbleibenden Betrags zu ermitteln, diese entsprechen dann dem Höchstbetrag der zusätzlich jährlich zu zahlenden Rente.[951]

▶ **Beispiel für § 12 StVG 2007:**

Zur Berechnung werden die gesamten Sachschäden aller Beteiligten aufaddiert und der Haf- 815
tungshöchstsumme gegenübergestellt: 6 Fahrzeuge weisen Sach- und Sachfolge-Schäden auf in Höhe von 50000 €, 20000 €, 20000 €, 10000 €, 30000 €, 20000 € = Gesamtbetrag 150000 €, Haftungshöchstgrenze 50000 €. Die Beträge stehen im Verhältnis 3:1 zueinander, sodass jeder Geschädigte seinen Schadensersatz nur zu $^1/_3$ erstattet erhält.

Bei Personenschäden sind sämtliche Ansprüche eines jeden Geschädigten zu ermitteln und ggf. zu 816
schätzen.

Die höchste jährliche Rente beträgt gem. § 12 Abs. 1 Ziff. 1 und 2 StVG 2007 maximal 6 % des 817
Höchstbetrages der Kapitalentschädigung. Bei der Berechnung, ob der Kapitalhöchstbetrag überschritten werden wird, ist die Rente unter Zugrundelegung eines Zinssatzes von 6 % (100/6 = 16666 als Multiplikator) zu kapitalisieren und in die Berechnung einzustellen. Bei einer monatlichen Rentenforderung in Höhe von 500 € beträgt der Kapitalbetrag gerundet 100.000 € (500 × 12 × 16,666).[952]

Dieser ist sodann in die Gesamtberechnung einzustellen. Die Addition aller Beträge ergibt sodann 818
eine Gesamtsumme, die ins Verhältnis zur Haftungshöchstsumme gesetzt wird. Sodann werden die einzelnen Positionen entsprechend dem Anteil an der Gesamtsumme gekürzt ausgezahlt.

▶ **Beispiele:**

Die Geschädigte wird bei dem Unfall schwer verletzt, das neue Schadenrecht kommt zur 819
Anwendung, sie hat folgende Ansprüche:

**Beispiel 1:**

| | |
|---|---|
| Schmerzensgeld | 50.000,00 € |
| Verdienstschaden p.M. | 1.000,00 € |
| Sonstiger Sachschaden | 3.000,00 € |
| Vermehrte Bedürfnisse durchschnittlich jährlich | 200,00 € |

949 *OLG Köln* 2 U 34/00, mit dieser Problematik nicht richtig berücksichtigende Besprechung von *Jaeger* in PVR 2002, 136 ff.

950 Richtigerweise differenzierend *OLG Celle* SVR 2008, 219; *OLG Köln* 2 U 34/00.

951 *OLG Celle* SVR 2008, 219.

952 *BGH* v. 16.03.2021 – VI ZR 140/20 weist nochmal ausdrücklich auf die Berechnung an StVG a.F. hin; *BGH* v. 16.12.1968 – III ZR 109/68, VersR 1969, 284.

Hier sind zunächst der Verdienstschaden und die jährlichen vermehrten Bedürfnisse hinsichtlich ihres Kapitalwertes zu berechnen:

**Beispiel 2:**

| | | |
|---|---|---|
| Verdienstschaden: | 12 × 1000 × 100 dividiert durch 6 = | 200.000 € |
| Vermehrte Bedürfnisse: | 200 × 100 dividiert durch 6 = | 3.333,33 € |

Es ergibt sich somit für den Direktanspruch folgende Aufstellung:

**Beispiel 3:**

| | |
|---|---|
| Schmerzensgeld | 50.000,00 € |
| Verdienstschaden p.M. | 200.000,00 € |
| Sonstiger Sachschaden | 3.000,00 € |
| Vermehrte Bedürfnisse durchschnittlich jährlich | 3.333,33 € |
| Gesamt | 256.333,33 € |

Hinzu kommen hier noch die Regressbeträge der Sozialversicherungsträger:

**Beispiel 4:**

| | |
|---|---|
| Leistungen der Krankenkasse für stationäre Behandlung | 50.000,00 € |
| Leistungen der Krankenkasse zusätzlich für sonstige Behandlungen | 20.000,00 € |
| Leistungen der Pflegekasse monatlich Pflegegeld | 205,00 € |
| Erwerbsunfähigkeitsrente des Deutschen Rentenversicherers mtl. | 700,00 € |
| Beitragsregress nach § 119 SGB X des DRV jährlich | 1.000,00 € |

Auch hier muss bei den wiederkehrenden Forderungen der Kapitalbetrag ermittelt werden:

**Beispiel 5:**

| | | |
|---|---|---|
| Pflegegeld: | 205,00 × 12 × 100 dividiert durch 6 = | 41.000,00 € |
| Erwerbsunfähigkeitsrente | 700 × 12 × 100 dividiert durch 6 = | 140.000,00 € |
| Beitragsregress | 1000 × 100 dividiert durch 6 = | 16.666,67 € |

Für den SVT ergibt sich damit folgende Aufstellung:

**Beispiel 6:**

| | |
|---|---|
| Leistungen der Krankenkasse für stationäre Behandlung | 50.000,00 € |
| Behandlungskosten der Krankenkasse in der Vergangenheit zus. | 20.000,00 € |
| Leistungen der Pflegekasse monatlich Pflegegeld | 41.000,00 € |
| Erwerbsunfähigkeitsrente des Deutschen Rentenversicherers mtl. | 140.000,00 € |
| Beitragsregress nach § 119 SGB X des DRV jährlich | 16.666,67 € |
| Gesamtaddition aller Beträge: | |
| **Ansprüche des Geschädigten insgesamt** | 256.333,33 € |
| Ansprüche der Sozialversicherungsträger insgesamt | 267.666,67 € |
| Gesamtaufwand | 524.000,00 € |

Es ergibt sich damit folgende Rechnung:

500.000 €./. 524.000 € = 0,9542.

Die Ansprüche sowohl der Geschädigten als auch der SVT sind zu 0,9542 (= 95,42 %) auszuzahlen. Ein Quotenvorrecht des Geschädigten gibt es insoweit nicht, wenn ihm ein Verschulden an dem Verkehrsunfall anzulasten ist, was regelmäßig dann der Fall sein wird, wenn nur eine StVG-Haftung besteht.

**§ 12 StVG a.F.:** 820

Bei mehreren Geschädigten ist zwar die Haftungshöchstgrenze für Sachschäden auch begrenzt auf 500.000 €, jedoch wird diese Höchstgrenze bei Personenschäden von mehreren Personen auf einen Kapitalbetrag in Höhe von 3.000.000 € bzw. eine jährliche Rente von max. 180.000 € begrenzt. Diese Erhöhung führt jedoch nicht dazu, dass für den einzelnen Verletzten mehr als der Kapitalbetrag in Höhe von 600.000 € bzw. 36.000 € jährliche Rentenleistungen erbracht werden. Nach § 12 Abs. 2 StVG ist ggf. eine anteilsmäßige Kürzung der Forderungen vorzunehmen.

Mehrere Hinterbliebene müssen sich bei Überschreitung des Kapitalbetrages in Höhe von 500.000 € 821
in entsprechender Anwendung des § 12 StVG die genannten Beträge teilen.

Problematisch wird dies beim Zusammentreffen einer Haftungsbeschränkung nach § 12 StVG 822
und einer Mithaftung des Geschädigten. Soweit Ansprüche eines SVT zu erwarten sind, steht dem Geschädigten ein Quotenvorrecht nach Auffassung des *BGH* nicht zu.[953] Dann sind alle Ansprüche im Verhältnis zueinander zu kürzen. Ein Übergang soll nur dann ausgeschlossen sein, wenn der Geschädigte dadurch der Sozialhilfe anheimfiele.

**§ 12 StVG neu:** 823

Die Beträge wurden erhöht. Die Höhe der Rente wird jetzt begrenzt durch den Kapitalwert der Rente i.V.m. den Haftungshöchstbeträgen. Dies gilt auch im Zusammentreffen mit den Renten nach § 13 StVG 2008 für vermehrte Bedürfnisse etc. Die Beträge werden daher alle kapitalisiert und dann aufaddiert. Soweit die Grenzen des § 12 StVG damit nicht überschritten werden, steht einer Regulierung nichts mehr im Wege.

**Synopse VVG a.F. – VVG n.F.** 824

KH-Schaden

**Tab. 15**

| Keine Vorleistung | AKB 2007 | AKB 2008 | VVG alt | VVG 2008 | KfzPflVV |
|---|---|---|---|---|---|
| Vorsatz | § 2c c AKB 2007 | A.1.5.1 AKB 2008 | § 152 VVG a.F. | § 103 VVG n.F. | |
| Europaklausel | § 2a AKB 2007 | A.1.4.1 AKB 2008 | | | § 1 Abs. 1 S. 1 KfzPflVV |
| Behördl. gen. Rennen | § 2c a AKB 2007 | A.1.5.2 AKB 2008 | | | § 4 Nr. 4 KfzPflVV |
| Schäden durch Atomenergie | § 2c b AKB 2007 | A.1.5.9 AKB 2008 | | | § 4 Nr. 6 KfzPflVV |
| Ausschluss vertraglicher Haftpflichtansprüche | § 11 Ziff. 1 AKB 2007 | A.1.5.8 AKB 2008 | | | § 2 Abs. 1 S. 1 KfzPflVV |

953 *BGH* v. 21.11.2000 – VI ZR 120/99, VersR 2001, 387.

| | | | | | |
|---|---|---|---|---|---|
| Ausschluss Sach- oder Vermögensschäden bei mitversicherten Personen | § 11 Ziff. 2 AKB 2007 | A.1.5.6 AKB 2008 | | | § 4 Nr. 1 KfzPflVV |
| Ausschluss Beschädigung des versicherten Fahrzeugs etc. | § 11 Ziff. 3 AKB 2007 | A.1.5.3 AKB 2008; A.1.5.4 AKB 2008 | | | § 4 Nr. 2 KfzPflVV |
| Ausschluss Ladungsschäden | § 11 Ziff. 4 AKB 2007 | A.1.5.5 AKB 2008 | | | § 4 Nr. 3 KfzPflVV |
| Ausschluss Lieferungs- und Beförderungsfristen | § 11 Ziff. 5 AKB 2007 | A.1.5.7 AKB 2008 | | | § 4 Nr. 5 KfzPflVV |

Tab. 16

| **Kein VS aber Vorleistungspflicht** | **AKB 2007 und älter** | **AKB 2008** | **VVG alt** | **VVG 2008** | **KfzPflVV** |
|---|---|---|---|---|---|
| **Erstprämienverzug** | § 1a AKB 2007 | C.1. AKB 2008 | § 38 VVG a.F. | § 37 VVG n.F. | |
| **Folgeprämienverzug** | § 1b AKB 2007 | C.2 AKB 2008 | § 39 VVG a.F. | § 38 VVG n.F. | |
| **Obliegenheiten vor dem Schadenfall** | | | | | |
| **Alkoholklausel** | § 2b (1) d AKB 2007 | D.2.1 AKB 2008 | | | § 5 Nr. 5 KfzPflVV |
| **Führerscheinklausel** | § 2b (1) c AKB 2007 | D.1.3 AKB 2008 | | | § 5 Abs. 1 Nr. 4 KfzPflVV |
| **Behördl. nicht gen. Rennen** | § 2b (1) a AKB 2007 | D.2.2 AKB 2008 | | | § 5 Nr. 2 KfzPflVV |
| **Schwarzfahrt** | § 2b (1) b AKB 2007 | D.1.2 AKB 2008 | | | § 5 Nr. 3 KfzPflVV |
| **Verwendungsklausel** | § 2b (1) a AKB 2007 | D.1.1 AKB 2008 | | | § 5 Nr. 1 KfzPflVV |
| **Objektive Gefahrerhöhung** | § 2b Abs. 2 AKB 2007 | D.3.3 AKB 2008 | § 23 VVG a.F. | § 23 VVG n.F. | 5 Abs. 3 KfzPflVV |
| **Subjektive Gefahrerhöhung** | § 2b Abs. 2 AKB 2007 | D.3.3 AKB 2008 | § 23 VVG a.F. | § 23 VVG n.F. | 5 Abs. 3 KfzPflVV |

Tab. 17

| **Obliegenheiten im Schadenfall** | **AKB 2007 und älter** | **AKB 2008** | **VVG alt** | **VVG 2008** | **KfzPflVV** |
|---|---|---|---|---|---|
| Nichtmeldung des Schadenfalles | § 7 II Abs. 2a AKB 2007 | E.1.1 AKB 2008 | | | § 6 KfzPflVV |
| Aufklärungspflichtverletzung Unfallflucht | § 7 II Abs. 1 AKB 2007 | E.1.3 AKB 2008 | | | § 6 KfzPflVV |
| Anerkenntnisverbot | § 7 III Abs. 1 AKB 2007 | Entfällt, da Ausschluss A.1.5.8 AKB 2008 | Keine Regelung | § 105 VVG n.F. | § 6 KfzPflVV |

| | | | | | |
|---|---|---|---|---|---|
| Prozessführungsbefugnis | § 7 III Abs. 2 AKB 2007 | E.2.3 und E.2.4 AKB 2008 | | | § 6 KfzPflVV |

**Pflichten nach Verkauf des Kfz oder Beendigung des Vertrages**

Tab. 18

| | AKB 2007 und älter | AKB 2008 | VVG alt | VVG 2008 | KfzPflVV/PflVG |
|---|---|---|---|---|---|
| Vorüberg. Stilllegung und Ruhevers. | § 5 AKB 2007 Regress: § 2b e AKB 2007 | H.1 AKB 2008 | | | |
| Anzeigepflicht bei Veräußerung | § 6 AKB 2007 | G.7.4 AKB 2008 | § 71 VVG a.F. | § 122 VVG n.F. | |
| Nachhaftung | | | | 117 VVG n.F. | § 3 Nr. 5 PflVG a.F. |

**Verweisung:**

- § 158c Abs. 4 VVG a.F. bzw. § 117 VVG n.F. (unzul. bei Gefahrerhöhung, Führerschein und unberechtigter Fahrer! § 3 PflVG n.F.)
- Der Regress wegen Obliegenheitsverletzungen
- Kündigungspflicht, § 6 Abs. 1 S. 3 VVG a.F. bzw. § 28 Abs. 1 VVG n.F. (jetzt nur Kündigungsmöglichkeit!)
- Schadenausweitung durch Obliegenheitsverletzung, § 6 Abs. 2 VVG a.F. bzw. § 28 Abs. 3 VVG n.F.
- Der Anspruchsübergang nach § 86 VVG n.F. bzw. § 67 VVG a.F.
- Familienprivileg, Regressausschluss, § 67 Abs. 2 VVG a.F. bzw. § 86 Abs. 3 VVG n.F. (häusliche Gemeinschaft)
- Ausschluss des Ersatzanspruchs bei Aufgabe des Anspruchs gg. Schädiger, § 67 Abs. 1 S. 3 VVG a.F. bzw. § 86 Abs. 2 VVG n.F.

## Kapitel 23 Kaskoversicherung

### Schrifttum

*Bauer*, Die Kraftfahrtversicherung, 5. Aufl., München 2002; *Feyock/Jacobsen/Lemor*, Kommentar zur Kraftfahrtversicherung, 3. Aufl., München 2009; *Halm/Kreuter*, AKB-Kommentar, 3. Aufl. Köln 2025; *Halm/Engelbrecht/Krahe*, Handbuch des Fachanwalts Versicherungsrecht, 5. Aufl., Köln 2015; *Himmelreich/Halm*, Handbuch Verkehrsrecht, 7. Aufl., Köln 2022; *Nugel*, Kürzungsquoten nach dem VVG, 2. Aufl. 2012; *Maier/Stadler*, AKB 2008 und VVG Reform, München 2008; *Marlow/Spuhl*, Das neue VVG Kompakt, 4. Aufl., Karlsruhe 2010; *Prölss/Martin*, Kommentar zum Versicherungsvertragsgesetz, 29. Aufl., München 2015; *Staudinger/Halm/Wendt*, Fachanwalts-Kommentar Versicherungsrecht, 2. Aufl., Köln 2017; *Stiefel/Maier*, AKB-Kommentar, 18. Aufl., München 2010.

### Übersicht

## A. Allgemeine Bedingungen für die Kfz-Versicherung

**AKB 2015 – Stand 06.07.2015**

Verfasser:

Arbeitsgruppe Bedingungen und betriebliche Grundsatzfragen der Kommission Kraftfahrt Betrieb (KKB)

Unverbindliche Musterbedingungen des Gesamtverbandes der Deutschen Versicherungswirtschaft e.V. – GDV Wilhelmstr. 43 / 43 G, 10117 Berlin in der Fassung der Bekanntgabe vom 06.07.2016.

Die Verwendung ist rein fakultativ. Sie haben die Möglichkeit, abweichende Klauseln zu verwenden.

**Inhaltsverzeichnis**

11 Campingfahrzeuge
12 Werkverkehr
13 Gewerblicher Güterverkehr
14 Umzugsverkehr
15 Wechselaufbauten
16 Landwirtschaftliche Zugmaschinen
17 Melkwagen und Milchsammel-Tankwagen
18 Sonstige landwirtschaftliche Sonderfahrzeuge
19 Milchtankwagen
20 Selbstfahrende Arbeitsmaschinen
21 Lieferwagen
22 Lkw
23 Zugmaschinen

**Allgemeine Bedingungen für die Kfz-Versicherung (AKB 2015)**

Die Kfz-Versicherung umfasst je nach dem Inhalt des Versicherungsvertrags folgende Versicherungsarten:
- Kfz-Haftpflichtversicherung (A.1)
- Kaskoversicherung (A.2)
- Autoschutzbrief (A.3)
- Kfz-Unfallversicherung (A.4)
- Fahrerschutzversicherung (A.5)

Diese Versicherungen werden als jeweils rechtlich selbstständige Verträge abgeschlossen. Ihrem Versicherungsschein können Sie entnehmen, welche Versicherungen Sie für Ihr Fahrzeug abgeschlossen haben.

Es gilt deutsches Recht. Die Vertragssprache ist deutsch.

# A Welche Leistungen umfasst Ihre Kfz-Versicherung?

## A.1 Kfz-Haftpflichtversicherung – für Schäden, die Sie mit Ihrem Fahrzeug Anderen zufügen

### *A.1.1 Was ist versichert?*

*Sie haben mit Ihrem Fahrzeug einen Anderen geschädigt*

*A.1.1.1* Wir stellen Sie von Schadenersatzansprüchen frei, wenn durch den Gebrauch des Fahrzeugs

a. Personen verletzt oder getötet werden,
b. Sachen beschädigt oder zerstört werden oder abhanden kommen,
c. Vermögensschäden verursacht werden, die weder mit einem Personen- noch mit einem Sachschaden mittelbar oder unmittelbar zusammenhängen (reine Vermögensschäden),

und deswegen gegen Sie oder uns Schadenersatzansprüche aufgrund von Haftpflichtbestimmungen des Bürgerlichen Gesetzbuchs oder des Straßenverkehrsgesetzes oder aufgrund anderer gesetzlicher Haftpflichtbestimmungen des Privatrechts geltend gemacht werden. Zum Gebrauch des Fahrzeugs gehört neben dem Fahren z. B. das Ein- und Aussteigen sowie das Be- und Entladen.

*Begründete und unbegründete Schadenersatzansprüche*

*A.1.1.2* Sind Schadenersatzansprüche begründet, leisten wir Schadenersatz in Geld.

*A.1.1.3* Sind Schadenersatzansprüche unbegründet, wehren wir diese auf unsere Kosten ab. Dies gilt auch, soweit Schadenersatzansprüche der Höhe nach unbegründet sind.

*Regulierungsvollmacht*

*A.1.1.4* Wir sind bevollmächtigt, gegen Sie geltend gemachte Schadenersatzansprüche in Ihrem Namen zu erfüllen oder abzuwehren und alle dafür zweckmäßig erscheinenden Erklärungen im Rahmen pflichtgemäßen Ermessens abzugeben

*Mitversicherung von Anhängern, Aufliegern und abgeschleppten Fahrzeugen*

*A.1.1.5* Ist mit dem versicherten Kraftfahrzeug ein Anhänger oder Auflieger verbunden, erstreckt sich der Versicherungsschutz auch hierauf. Der Versicherungsschutz umfasst auch Fahrzeuge, die mit dem versicherten Kraftfahrzeug abgeschleppt oder geschleppt werden, wenn für diese kein eigener Haftpflichtversicherungsschutz besteht.

Dies gilt auch, wenn sich der Anhänger oder Auflieger oder das abgeschleppte oder geschleppte Fahrzeug während des Gebrauchs von dem versicherten Kraftfahrzeug löst und sich noch in Bewegung befindet.

### *A.1.2 Wer ist versichert?*

Der Schutz der Kfz-Haftpflichtversicherung gilt für Sie und für folgende Personen (mitversicherte Personen):

a. den Halter des Fahrzeugs,
b. den Eigentümer des Fahrzeugs,
c. den Fahrer des Fahrzeugs,
d. den Beifahrer, der im Rahmen seines Arbeitsverhältnisses mit Ihnen oder mit dem Halter den berechtigten Fahrer zu seiner Ablösung oder zur Vornahme von Lade- und Hilfsarbeiten nicht nur gelegentlich begleitet,
e. Ihren Arbeitgeber oder öffentlichen Dienstherrn, wenn das Fahrzeug mit Ihrer Zustimmung für dienstliche Zwecke gebraucht wird,
f. den Omnibusschaffner, der im Rahmen seines Arbeitsverhältnisses mit Ihnen oder mit dem Halter des versicherten Fahrzeugs tätig ist,
g. den Halter, Eigentümer, Fahrer, Beifahrer und Omnibusschaffner eines nach A.1.1.5 mitversicherten Fahrzeugs.

Diese Personen können Ansprüche aus dem Versicherungsvertrag selbstständig gegen uns erheben.

### *A.1.3 Bis zu welcher Höhe leisten wir (Versicherungssummen)?*

*Höchstzahlung*

*A.1.3.1* Unsere Zahlungen für ein Schadenereignis sind jeweils beschränkt auf die Höhe der für Personen-, Sach- und Vermögensschäden vereinbarten Versicherungssummen. Mehrere zeitlich zusammenhängende Schäden, die dieselbe Ursache haben, gelten als ein einziges Schadenereignis. Die Höhe Ihrer Versicherungssummen können Sie dem Versicherungsschein entnehmen.

*A.1.3.2* Bei Schäden von Insassen in einem mitversicherten Anhänger gelten xx < die gesetzlichen Mindestversicherungssummen oder höhere individuell vereinbarte Versicherungssummen; ist keine Begrenzung gewünscht, entfällt Klausel A.1.3.2 >.

*Übersteigen der Versicherungssummen*

*A.1.3.3* Übersteigen die Ansprüche die Versicherungssummen, richten sich unsere Zahlungen nach den Bestimmungen des Versicherungsvertragsgesetzes und der Kfz-Pflichtversicherungsverordnung. In diesem Fall müssen Sie für einen nicht oder nicht vollständig befriedigten Schadenersatzanspruch selbst einstehen.

### *A.1.4 In welchen Ländern besteht Versicherungsschutz?*

*Versicherungsschutz in Europa und in der EU*

*A.1.4.1* Sie haben in der Kfz-Haftpflichtversicherung Versicherungsschutz in den geographischen Grenzen Europas sowie den außereuropäischen Gebieten, die zum Geltungsbereich der Europäischen Union gehören. Ihr Versicherungsschutz richtet sich nach dem im Besuchsland gesetzlich vorgeschriebenen Versicherungsumfang, mindestens jedoch nach dem Umfang Ihres Versicherungsvertrags.

*Internationale Versicherungskarte (Grüne Karte)*

*A.1.4.2* Haben wir Ihnen die Grüne Karte ausgehändigt, gilt: Ihr Versicherungsschutz in der Kfz-Haftpflichtversicherung erstreckt sich auch auf die dort genannten nichteuropäischen Länder, soweit Länderbezeichnungen nicht durchgestrichen sind. Hinsichtlich des Versicherungsumfangs gilt A.1.4.1 Satz 2.

## A.1.5 Was ist nicht versichert?

*Vorsatz*

*A.1.5.1* Kein Versicherungsschutz besteht für Schäden, die Sie vorsätzlich und widerrechtlich herbeiführen.

*Genehmigte Rennen*

*A.1.5.2* Kein Versicherungsschutz besteht für Schäden, die bei Beteiligung an behördlich genehmigten kraftfahrt-sportlichen Veranstaltungen, bei denen es auf die Erzielung einer Höchstgeschwindigkeit ankommt, entstehen. Dies gilt auch für dazugehörige Übungsfahrten.

Hinweis: Die Teilnahme an nicht genehmigten Rennen stellt eine Verletzung Ihrer Pflichten nach D.1.1.4 dar.

*Beschädigung des versicherten Fahrzeugs*

*A.1.5.3* Kein Versicherungsschutz besteht für die Beschädigung, die Zerstörung oder das Abhandenkommen des versicherten Fahrzeugs.

*Beschädigung von Anhängern oder abgeschleppten Fahrzeugen*

*A.1.5.4* Kein Versicherungsschutz besteht für die Beschädigung, die Zerstörung oder das Abhandenkommen

- eines mit dem versicherten Fahrzeug verbundenen Anhängers oder Aufliegers
- eines mit dem versicherten Fahrzeug geschleppten oder abgeschleppten Fahrzeugs.

Versicherungsschutz besteht jedoch, wenn mit dem versicherten Kraftfahrzeug ein betriebsunfähiges Fahrzeug im Rahmen üblicher Hilfeleistung ohne gewerbliche Absicht abgeschleppt wird und dabei am abgeschleppten Fahrzeug Schäden verursacht werden.

*Beschädigung von beförderten Sachen*

*A.1.5.5* Kein Versicherungsschutz besteht bei Schadenersatzansprüchen wegen Beschädigung, Zerstörung oder Abhandenkommens von Sachen, die mit dem versicherten Fahrzeug befördert werden.

Versicherungsschutz besteht jedoch für Sachen, die Insassen eines Kraftfahrzeugs üblicherweise mit sich führen (z. B. Kleidung, Brille, Brieftasche). Bei Fahrten, die überwiegend der Personenbeförderung dienen, besteht außerdem Versicherungsschutz für Sachen, die Insassen zum persönlichen Gebrauch üblicherweise mit sich führen (z. B. Reisegepäck, Reiseproviant). Kein Versicherungsschutz besteht für Sachen unberechtigter Insassen.

*Ihr Schadenersatzanspruch gegen eine mitversicherte Person*

*A.1.5.6* Kein Versicherungsschutz besteht für Sach- oder Vermögensschäden, die eine mitversicherte Person Ihnen, dem Halter oder dem Eigentümer durch den Gebrauch des Fahrzeugs zufügt. Versicherungsschutz besteht jedoch für Personenschäden, wenn Sie z. B. als Beifahrer Ihres Fahrzeugs verletzt werden.

*Nichteinhaltung von Liefer- und Beförderungsfristen*

*A.1.5.7* Kein Versicherungsschutz besteht für reine Vermögensschäden, die durch die Nichteinhaltung von Liefer- und Beförderungsfristen entstehen.

*Vertragliche Ansprüche*

*A.1.5.8* Kein Versicherungsschutz besteht für Haftpflichtansprüche, soweit sie aufgrund Vertrags oder besonderer Zusage über den Umfang der gesetzlichen Haftpflicht hinausgehen.

*Schäden durch Kernenergie*

*A.1.5.9* Kein Versicherungsschutz besteht für Schäden durch Kernenergie.

## A.2 Kaskoversicherung – für Schäden an Ihrem Fahrzeug

### *A.2.1 Was ist versichert?*

### A.2.1.1 Ihr Fahrzeug

Versichert ist Ihr Fahrzeug gegen Beschädigung, Zerstörung, Totalschaden oder Verlust infolge eines Ereignisses nach A.2.2.1 (Teilkasko) oder A.2.2.2 (Vollkasko).

### A.2.1.2 Mitversicherte Teile und nicht versicherbare Gegenstände

Versichert sind auch die unter A.2.1.2.1 und A.2.1.2.2 als mitversichert aufgeführten Fahrzeugteile und als mitversichert aufgeführtes Fahrzeugzubehör, sofern sie straßenverkehrsrechtlich zulässig sind (mitversicherte Teile). Bei Beschädigung, Zerstörung, Totalschaden oder Verlust von mitversicherten Teilen gelten die nachfolgenden Regelungen in A.2 entsprechend, soweit nichts anderes geregelt ist.

<Redaktioneller Hinweis: Falls eine Kaskoklausel nicht für mitversicherte Teile gelten soll, müsste dies in der jeweiligen Klausel ausdrücklich ausgeschlossen werden.>

*Beitragsfrei mitversicherte Teile*

*A.2.1.2.1* Soweit in A.2.1.2.2 nicht anders geregelt, sind folgende Fahrzeugteile und folgendes Fahrzeugzubehör des versicherten Fahrzeugs ohne Mehrbeitrag mitversichert:

a. Fest im Fahrzeug eingebaute oder fest am Fahrzeug angebaute Fahrzeugteile
b. Fest im Fahrzeug eingebautes oder am Fahrzeug angebautes oder im Fahrzeug unter Verschluss verwahrtes Fahrzeugzubehör. Voraussetzung ist, dass es ausschließlich dem Gebrauch des Fahrzeugs dient (z. B. Schonbezüge, Pannenwerkzeug) und nach allgemeiner Verkehrsanschauung nicht als Luxus angesehen wird.
c. Im Fahrzeug unter Verschluss verwahrte Fahrzeugteile, die zur Behebung von Betriebsstörungen des Fahrzeugs üblicherweise mitgeführt werden (z. B. Sicherungen und Leuchtmittel)
d. d Schutzhelme (auch mit Wechselsprechanlage), solange sie bestimmungsgemäß gebraucht werden oder mit dem abgestellten Fahrzeug so fest verbunden sind, dass ein unbefugtes Entfernen ohne Beschädigung nicht möglich ist
e. Planen, Gestelle für Planen (Spriegel)
f. Folgende außerhalb des Fahrzeugs unter Verschluss gehaltene Teile:
   – ein zusätzlicher Satz Räder mit Winter- oder Sommerbereifung,
   – Dach-/Heckständer, Hardtop, Schneeketten und Kindersitze,
   – nach a bis f mitversicherte Fahrzeugteile und Fahrzeugzubehör während einer Reparatur.

*Abhängig vom Gesamtneuwert mitversicherte Teile*

*A.2.1.2.2* Die nachfolgend unter a bis e aufgeführten Teile sind ohne Beitragszuschlag mitversichert, wenn sie im Fahrzeug fest eingebaut oder am Fahrzeug fest angebaut sind:

– bei Pkw, Krafträdern, xx < Alle gewünschten WKZ aufführen > bis zu einem Gesamtneuwert der Teile von xx EUR (brutto) und
– bei sonstigen Fahrzeugarten (z. B. Lkw, *xx < Als Beispiele gewünschte WKZ aufführen >*) bis zu einem Gesamtneuwert der Teile von xx EUR (brutto)
  a. Radio- und sonstige Audiosysteme, Video-, technische Kommunikations- und Leitsysteme (z. B. fest eingebaute Navigationssysteme),
  b. zugelassene Veränderungen an Fahrwerk, Triebwerk, Auspuff, Innenraum oder Karosserie (Tuning), die der Steigerung der Motorleistung, des Motordrehmoments, der Veränderung des Fahrverhaltens dienen oder zu einer Wertsteigerung des Fahrzeugs führen,
  c. individuell für das Fahrzeug angefertigte Sonderlackierungen und -beschriftungen sowie besondere Oberflächenbehandlungen,
  d. Beiwagen und Verkleidungen bei Krafträdern, Leichtkrafträdern, Kleinkrafträdern, Trikes, Quads und Fahrzeugen mit Versicherungskennzeichen,
  e. Spezialaufbauten (z. B. Kran-, Tank-, Silo-, Kühl- und Thermoaufbauten) und Spezialeinrichtungen (z. B. für Werkstattwagen, Messfahrzeuge, Krankenwagen).

Ist der Gesamtneuwert der unter a bis e aufgeführten Teile höher als die genannte Wertgrenze, ist der übersteigende Wert nur mitversichert, wenn dies ausdrücklich vereinbart ist.

Bis zur genannten Wertgrenze verzichten wir auf eine Kürzung der Entschädigung wegen Unterversicherung.

*Nicht versicherbare Gegenstände*

*A.2.1.2.3* Nicht versicherbar sind alle sonstigen Gegenstände, z. B. Mobiltelefone und mobile Navigationsgeräte, auch bei Verbindung mit dem Fahrzeug durch eine Halterung, Reisegepäck, persönliche Gegenstände der Insassen.

## *A.2.2 Welche Ereignisse sind versichert?*

### A.2.2.1 Welche Ereignisse sind in der Teilkasko versichert?

Versicherungsschutz besteht bei Beschädigung, Zerstörung, Totalschaden oder Verlust des Fahrzeugs einschließlich seiner mitversicherten Teile durch die nachfolgenden Ereignisse:

*Brand und Explosion*

*A.2.2.1.1* Versichert sind Brand und Explosion. Als Brand gilt ein Feuer mit Flammenbildung, das ohne einen bestimmungsgemäßen Herd entstanden ist oder ihn verlassen hat und sich aus eigener Kraft auszubreiten vermag. Nicht als Brand gelten Schmor- und Sengschäden. Explosion ist eine auf dem Ausdehnungsbestreben von Gasen oder Dämpfen beruhende, plötzlich verlaufende Kraftäußerung.

*Entwendung*

*A.2.2.1.2* Versichert ist die Entwendung in nachfolgenden Fällen:

a. Versichert sind Diebstahl und Raub sowie die Herausgabe des Fahrzeugs aufgrund räuberischer Erpressung.

b. Unterschlagung ist nur versichert, wenn dem Täter das Fahrzeug weder zum Gebrauch in seinem eigenen Interesse, noch zur Veräußerung noch unter Eigentumsvorbehalt überlassen wird.

c. Unbefugter Gebrauch ist nur versichert, wenn der Täter in keiner Weise berechtigt ist, das Fahrzeug zu gebrauchen. Nicht als unbefugter Gebrauch gilt insbesondere, wenn der Täter vom Verfügungsberechtigten mit der Betreuung des Fahrzeugs beauftragt wird (z. B. Werkstatt- oder Hotelmitarbeiter). Außerdem besteht kein Versicherungsschutz, wenn der Täter in einem Näheverhältnis zu dem Verfügungsberechtigten steht, z. B. dessen Arbeitnehmer, Familien- oder Haushaltsangehöriger ist.

*Sturm, Hagel, Blitzschlag, Überschwemmung*

*A.2.2.1.3* Versichert ist die unmittelbare Einwirkung von Sturm, Hagel, Blitzschlag oder Überschwemmung auf das Fahrzeug. Als Sturm gilt eine wetterbedingte Luftbewegung von mindestens Windstärke 8. Eingeschlossen sind Schäden, die dadurch verursacht werden, dass durch diese Naturgewalten Gegenstände auf oder gegen das Fahrzeug geworfen werden. Ausgeschlossen sind Schäden, die auf ein durch diese Naturgewalten veranlasstes Verhalten des Fahrers zurückzuführen sind.

*Zusammenstoß mit Haarwild*

*A.2.2.1.4* Versichert ist der Zusammenstoß des in Fahrt befindlichen Fahrzeugs mit Haarwild im Sinne von § 2 Abs. 1 Nr. 1 des Bundesjagdgesetzes (z. B. Reh, Wildschwein).

*Glasbruch*

*A.2.2.1.5* Versichert sind Bruchschäden an der Verglasung des Fahrzeugs. Als Verglasung gelten Glas- und Kunststoffscheiben (z. B. Front-, Heck-, Dach-, Seiten- und Trennscheiben), Spiegelglas und Abdeckungen von Leuchten. Nicht zur Verglasung gehören Glas- und Kunststoffteile von Mess-, Assistenz-, Kamera- und Informationssystemen, Solarmodulen, Displays, Monitoren sowie Leuchtmittel. Nicht versichert sind Folgeschäden.

*Kurzschlussschäden an der Verkabelung*

*A.2.2.1.6* Versichert sind Schäden an der Verkabelung des Fahrzeugs durch Kurzschluss. Folgeschäden sind nicht versichert.

### A.2.2.2 Welche Ereignisse sind in der Vollkasko versichert?

Versicherungsschutz besteht bei Beschädigung, Zerstörung, Totalschaden oder Verlust des Fahrzeugs, einschließlich seiner mitversicherten Teile durch die nachfolgenden Ereignisse:

*Ereignisse der Teilkasko*

*A.2.2.2.1* Versichert sind die Schadenereignisse der Teilkasko nach A.2.2.1.

*Unfall*

*A.2.2.2.2* Versichert sind Schäden am Fahrzeug durch Unfall. Ein Unfall ist ein unmittelbar von außen plötzlich mit mechanischer Gewalt auf das Fahrzeug einwirkendes Ereignis.

Keine Unfallschäden sind deshalb insbesondere:

- Schäden am Fahrzeug, die ihre alleinige Ursache in einem Bremsvorgang haben, z. B. Schäden an der Bremsanlage oder an den Reifen.
- Schäden am Fahrzeug, die ausschließlich aufgrund eines Betriebsvorgangs eintreten, z. B. durch falsches Bedienen, falsches Betanken oder verrutschende Ladung.
- Schäden am Fahrzeug, die ihre alleinige Ursache in einer Materialermüdung, Überbeanspruchung oder Abnutzung haben.
- Schäden zwischen ziehendem und gezogenem Fahrzeug oder Anhänger ohne Einwirkung von außen, z. B. Rangierschäden am Zugfahrzeug durch den Anhänger.
- Verwindungsschäden.

Vorhersehbare Beschädigungen des Fahrzeugs, die üblicherweise im Rahmen der bestimmungsgemäßen Verwendung des Fahrzeugs entstehen, gelten nicht als Unfallschaden. Beispiel: Schäden an der Ladeoberfläche eines Lkw durch Beladen mit Kies.

*Mut- oder böswillige Handlungen*

*A.2.2.2.3* Versichert sind mut- oder böswillige Handlungen von Personen, die in keiner Weise berechtigt sind, das Fahrzeug zu gebrauchen. Als berechtigt sind insbesondere Personen anzusehen, die vom Verfügungsberechtigten mit der Betreuung des Fahrzeugs beauftragt wurden (z. B. Werkstatt- oder Hotelmitarbeiter) oder in einem Näheverhältnis zu dem Verfügungsberechtigten stehen (z. B. dessen Arbeitnehmer, Familien- oder Haushaltsangehörige).

*A.2.3 Wer ist versichert?*

Der Schutz der Kaskoversicherung gilt für Sie und, wenn der Vertrag auch im Interesse einer weiteren Person abgeschlossen ist, z. B. des Leasinggebers als Eigentümer des Fahrzeugs, auch für diese Person.

*A.2.4 In welchen Ländern besteht Versicherungsschutz?*

Sie haben in Kasko Versicherungsschutz in den geographischen Grenzen Europas sowie den außereuropäischen Gebieten, die zum Geltungsbereich der Europäischen Union gehören.

*A.2.5 Was zahlen wir im Schadenfall?*

Nachfolgende Entschädigungsregeln gelten bei Beschädigung, Zerstörung, Totalschaden oder Verlust des Fahrzeugs. Sie gelten entsprechend auch für mitversicherte Teile, soweit nichts anderes geregelt ist.

<Redaktioneller Hinweis: Falls etwas anderes gewollt ist, z. B. bei Werkstattsteuerung, bitte in der entsprechenden Entschädigungsregelung ergänzen: »Dies gilt nicht für… «>

**A.2.5.1 Was zahlen wir bei Totalschaden, Zerstörung oder Verlust?**

*Wiederbeschaffungswert abzüglich Restwert*

*A.2.5.1.1* Bei Totalschaden, Zerstörung oder Verlust des Fahrzeugs zahlen wir den Wiederbeschaffungswert unter Abzug eines vorhandenen Restwerts des Fahrzeugs. Lassen Sie Ihr Fahrzeug trotz Totalschadens oder Zerstörung reparieren, gilt A.2.5.2.1.

*< Achtung! Es folgen zwei Varianten der Neupreisentschädigung >*

*Neupreisentschädigung bei Totalschaden, Zerstörung oder Verlust*

*A.2.5.1.2* Wir zahlen bei Pkw (ausgenommen Mietwagen, Taxen und Selbstfahrervermiet-Pkw) den Neupreis nach A.2.5.1.8 unter folgenden Voraussetzungen:

- Innerhalb von xx Monaten nach Erstzulassung tritt ein Totalschaden, eine Zerstörung oder ein Verlust des Pkw ein und
- der Pkw befindet sich bei Eintritt des Schadenereignisses im Eigentum dessen, der ihn als Neufahrzeug vom Kfz-Händler oder Kfz-Hersteller erworben hat.

Ein vorhandener Restwert des Pkw wird abgezogen.

*[xx Neupreisentschädigung*

*A.2.5.1.2* Wir zahlen bei Pkw (ausgenommen Mietwagen, Taxen und Selbstfahrervermiet-Pkw) den Neupreis nach A.2.5.1.8 unter folgenden Voraussetzungen:

- Innerhalb von xx Monaten nach Erstzulassung tritt eine Zerstörung oder ein Verlust des Pkw ein oder die erforderlichen Reparaturkosten betragen mindestens xx % des Neupreises und
- der Pkw befindet sich bei Eintritt des Schadenereignisses im Eigentum dessen, der ihn als Neufahrzeug vom Kfz-Händler oder Kfz-Hersteller erworben hat.

Ein vorhandener Restwert des Pkw wird abgezogen.]

*A.2.5.1.3* Wir zahlen die über den Wiederbeschaffungswert hinausgehende Neupreisentschädigung nur in der Höhe, in der gesichert ist, dass die Entschädigung innerhalb von zwei Jahren nach ihrer Feststellung für die Reparatur des Fahrzeugs oder den Erwerb eines anderen Fahrzeugs verwendet wird.

*Abzug bei fehlender Wegfahrsperre im Falle eines Diebstahls*

*A.2.5.1.4* Bei Totalschaden, Zerstörung oder Verlust eines Pkw, xx < *gewünschte WKZ aufführen* > infolge Diebstahls vermindert sich die Entschädigung um xx %. Dies gilt nicht, wenn das Fahrzeug zum Zeitpunkt des Diebstahls durch eine selbstschärfende elektronische Wegfahrsperre gesichert war.

Die Regelung über die Selbstbeteiligung nach A.2.5.8 bleibt hiervon unberührt.

*Was versteht man unter Totalschaden, Wiederbeschaffungswert, Restwert und Neupreis?*

*A.2.5.1.5* Ein Totalschaden liegt vor, wenn die erforderlichen Kosten der Reparatur des Fahrzeugs dessen Wiederbeschaffungswert übersteigen.

*A.2.5.1.6* Wiederbeschaffungswert ist der Preis, den Sie für den Kauf eines gleichwertigen gebrauchten Fahrzeugs am Tag des Schadenereignisses bezahlen müssen.

*A.2.5.1.7* Restwert ist der Veräußerungswert des Fahrzeugs im beschädigten oder zerstörten Zustand.

*A.2.5.1.8* Neupreis ist der Betrag, der für den Kauf eines neuen Fahrzeugs in der Ausstattung des versicherten Fahrzeugs aufgewendet werden muss. Wird der Typ des versicherten Fahrzeugs nicht mehr hergestellt, gilt der Preis für ein vergleichbares Nachfolgemodell. Maßgeblich ist jeweils die unverbindliche Preisempfehlung des Herstellers am Tag des Schadenereignisses abzüglich orts- und marktüblicher Nachlässe.

### A.2.5.2 Was zahlen wir bei Beschädigung?

*Reparatur*

*A.2.5.2.1* Wird das Fahrzeug beschädigt, zahlen wir die für die Reparatur erforderlichen Kosten bis zu folgenden Obergrenzen:

a. Wenn das Fahrzeug vollständig und fachgerecht repariert wird, gilt:
Wir zahlen die hierfür erforderlichen Kosten bis zur Höhe des Wiederbeschaffungswerts nach A.2.5.1.6, wenn Sie uns dies durch eine Rechnung nachweisen. Fehlt dieser Nachweis, zahlen wir entsprechend A.2.5.2.1.b.

b. Wenn das Fahrzeug nicht, nicht vollständig oder nicht fachgerecht repariert wird, gilt:
Wir zahlen die erforderlichen Kosten einer vollständigen Reparatur bis zur Höhe des um den Restwert verminderten Wiederbeschaffungswerts (siehe A.2.5.1.6 und A.2.5.1.7).

< xx Den folgenden Hinweis sollten Verwender der zweiten Variante von A.2.5.1.2 einfügen:>
[Hinweis: Beachten Sie auch die Regelung zur Neupreisentschädigung in A.2.5.1.2]

*Abschleppen*

*A.2.5.2.2* Bei Beschädigung des Fahrzeugs ersetzen wir die Kosten für das Abschleppen vom Schadenort bis zur nächstgelegenen für die Reparatur geeigneten Werkstatt. Dabei darf einschließlich unserer Leistungen wegen der Beschädigung des Fahrzeugs nach A.2.5.2.1 die Obergrenze nach A.2.5.2.1.a oder A.2.5.2.1.b nicht überschritten werden.
Wir zahlen nicht, wenn ein Dritter Ihnen gegenüber verpflichtet ist, diese Kosten zu übernehmen.

*Abzug neu für alt*

*A.2.5.2.3* Wir ziehen von den Kosten der Ersatzteile und der Lackierung einen dem Alter und der Abnutzung der alten Teile entsprechenden Betrag ab (neu für alt), wenn

- bei der Reparatur alte Teile gegen Neuteile ausgetauscht werden oder
- das Fahrzeug ganz oder teilweise neu lackiert wird.

Der Abzug neu für alt ist auf die Bereifung, Batterie und Lackierung beschränkt, wenn das Schadenereignis

- bei Pkw, Krafträdern und Omnibussen in den ersten xx Jahren
- bei den übrigen Fahrzeugarten in den ersten xx Jahren

nach der Erstzulassung eintritt.

### A.2.5.3 Sachverständigenkosten

Die Kosten eines Sachverständigen erstatten wir nur, wenn wir dessen Beauftragung veranlasst oder ihr zugestimmt haben.

### A.2.5.4 Mehrwertsteuer

Mehrwertsteuer erstatten wir nur, wenn und soweit diese für Sie bei der von Ihnen gewählten Schadenbeseitigung tatsächlich angefallen ist. Die Mehrwertsteuer erstatten wir nicht, soweit Vorsteuerabzugsberechtigung besteht.

### A.2.5.5 Zusätzliche Regelungen bei Entwendung

*Wiederauffinden des Fahrzeugs*

*A.2.5.5.1* Wird das entwendete Fahrzeug innerhalb eines Monats nach Eingang der in Textform abgegebenen Schadenanzeige wieder aufgefunden, sind Sie zur Rücknahme des Fahrzeugs verpflichtet. Voraussetzung ist, dass Sie das Fahrzeug innerhalb dieses Zeitraums mit objektiv zumutbaren Anstrengungen wieder in Besitz nehmen können.

*A.2.5.5.2* Wir zahlen die Kosten für die Abholung des Fahrzeugs, wenn es in einer Entfernung von mehr als 50 km (Luftlinie) aufgefunden wird. Ersetzt werden die Kosten in Höhe einer Bahnfahrkarte 2. Klasse für Hin- und Rückfahrt bis zu einer Höchstentfernung von 1.500 km (Bahnkilometer). Maßgeblich ist jeweils die Entfernung vom regelmäßigen Standort des Fahrzeugs zum Fundort

*Eigentumsübergang nach Entwendung*

*A.2.5.5.3* Sind Sie nicht nach A.2.5.5.1 zur Rücknahme des Fahrzeugs verpflichtet, werden wir dessen Eigentümer.

*A.2.5.5.4* Haben wir die Versicherungsleistung wegen einer Pflichtverletzung (z. B. nach D.1.1, E.1.1 oder E.1.3 oder wegen grober Fahrlässigkeit nach A.2.9.1 Satz 2) gekürzt und wird das Fahrzeug wieder aufgefunden, gilt: Ihnen steht ein Anteil am erzielbaren Veräußerungserlös nach Abzug der erforderlichen Kosten zu, die im Zusammenhang mit der Rückholung und Verwertung entstanden sind. Der Anteil entspricht der Quote, um die wir Ihre Entschädigung gekürzt haben.

### A.2.5.6 Bis zu welcher Höhe leisten wir (Höchstentschädigung)?

Unsere Höchstentschädigung ist beschränkt auf den Neupreis des Fahrzeugs nach A.2.5.1.8.

### A.2.5.7 Was wir nicht ersetzen und Rest- und Altteile

*Was wir nicht ersetzen*

*A.2.5.7.1* Wir zahlen nicht für Veränderungen, Verbesserungen, Alterungs- und Verschleißschäden. Ebenfalls nicht ersetzt werden Folgeschäden wie Verlust von Treibstoff und Betriebsmittel (z. B. Öl, Kühlflüssigkeit), Wertminderung, Zulassungskosten, Überführungskosten, Verwaltungskosten, Nutzungsausfall oder Kosten eines Mietfahrzeugs.

*Rest- und Altteile*

*A.2.5.7.2* Rest- und Altteile sowie das unreparierte Fahrzeug verbleiben bei Ihnen und werden zum Veräußerungswert auf die Entschädigung angerechnet

### A.2.5.8 Selbstbeteiligung

Ist eine Selbstbeteiligung vereinbart, wird diese bei jedem Schadenereignis von der Entschädigung abgezogen. Ihrem Versicherungsschein können Sie entnehmen, ob und in welcher Höhe Sie eine Selbstbeteiligung vereinbart haben.

## *A.2.6 Sachverständigenverfahren bei Meinungsverschiedenheit über die Schadenhöhe*

*A.2.6.1* Bei Meinungsverschiedenheiten zur Schadenhöhe einschließlich der Feststellung des Wiederbeschaffungswerts oder über den Umfang der erforderlichen Reparaturarbeiten kann auf Ihren Wunsch vor Klageerhebung ein Sachverständigenausschuss entscheiden.

*A.2.6.2* Für den Ausschuss benennen Sie und wir je einen Kraftfahrzeugsachverständigen. Wenn Sie oder wir innerhalb von zwei Wochen nach Aufforderung keinen Sachverständigen benennen, wird dieser von dem jeweils anderen bestimmt.

*A.2.6.3* Soweit sich der Ausschuss nicht einigt, entscheidet ein weiterer Kraftfahrzeugsachverständiger als Obmann. Er soll vor Beginn des Verfahrens von dem Ausschuss gewählt werden. Einigt sich der Ausschuss nicht über die Person des Obmanns, wird er über das zuständige Amtsgericht benannt. Die Entscheidung des Obmanns muss zwischen den jeweils von den beiden Sachverständigen geschätzten Beträgen liegen.

*A.2.6.4* Die Kosten des Sachverständigenverfahrens sind im Verhältnis des Obsiegens zum Unterliegen von uns bzw. von Ihnen zu tragen.

Hinweis: Außerdem haben Sie die Möglichkeit, den Rechtsweg zu beschreiten.

### *A.2.7 Fälligkeit unserer Zahlung, Abtretung*

*A.2.7.1* Sobald wir unsere Zahlungspflicht und die Höhe der Entschädigung festgestellt haben, zahlen wir diese spätestens innerhalb von zwei Wochen.

*A.2.7.2* Sie können einen angemessenen Vorschuss auf die Entschädigung verlangen, wenn

– wir unsere Zahlungspflicht festgestellt haben und
– sich die Höhe der Entschädigung nicht innerhalb eines Monats nach Schadenanzeige feststellen lässt.

*A.2.7.3* Ist das Fahrzeug entwendet worden, ist zunächst abzuwarten, ob es wieder aufgefunden wird. Deshalb zahlen wir die Entschädigung frühestens nach Ablauf eines Monats nach Eingang der in Textform abgegebenen Schadenanzeige.

*A.2.7.4* Ihren Anspruch auf die Entschädigung können Sie vor der endgültigen Feststellung ohne unsere ausdrückliche Genehmigung weder abtreten noch verpfänden.

### *A.2.8 Können wir unsere Leistung vom Fahrer zurückfordern, wenn Sie nicht selbst gefahren sind?*

Fährt eine andere Person berechtigterweise das Fahrzeug und kommt es zu einem Schadenereignis, fordern wir von dieser Person unsere Leistungen bei schuldloser oder einfach fahrlässiger Herbeiführung des Schadens nicht zurück.

Jedoch sind wir bei grob fahrlässiger Herbeiführung des Schadens berechtigt, unsere Leistung soweit zurückzufordern, wie dies der Schwere des Verschuldens entspricht. Lebt der Fahrer bei Eintritt des Schadens mit Ihnen in häuslicher Gemeinschaft, fordern wir unsere Ersatzleistung selbst bei grob fahrlässiger Herbeiführung des Schadens nicht zurück.

Bei vorsätzlicher Herbeiführung des Schadens sind wir berechtigt, unsere Leistungen in voller Höhe zurückzufordern.

Die Absätze 1 bis 3 gelten entsprechend, wenn eine in der Kfz-Haftpflichtversicherung gemäß A.1.2 mitversicherte Person sowie der Mieter oder der Entleiher einen Schaden herbeiführt.

### *A.2.9 Was ist nicht versichert?*

*Vorsatz und grobe Fahrlässigkeit*

*A.2.9.1* Kein Versicherungsschutz besteht für Schäden, die Sie vorsätzlich herbeiführen. Bei grob fahrlässiger Herbeiführung des Schadens, sind wir berechtigt, unsere Leistung in einem der Schwere Ihres Verschuldens entsprechenden Verhältnis zu kürzen.

*Genehmigte Rennen*

*A.2.9.2* Kein Versicherungsschutz besteht für Schäden, die bei Beteiligung an behördlich genehmigten kraftfahrt-sportlichen Veranstaltungen, bei denen es auf Erzielung einer Höchstgeschwindigkeit ankommt, entstehen. Dies gilt auch für dazugehörige Übungsfahrten.

Hinweis: Die Teilnahme an nicht genehmigten Rennen stellt eine Verletzung Ihrer Pflichten nach D.1.1.4 dar.

*Reifenschäden*

*A.2.9.3* Kein Versicherungsschutz besteht für beschädigte oder zerstörte Reifen. Versicherungsschutz für Reifenschäden besteht jedoch, wenn durch dasselbe Ereignis gleichzeitig andere unter den Schutz der Kaskoversicherung fallende Schäden am Fahrzeug verursacht wurden.

*Erdbeben, Kriegsereignisse, innere Unruhen, Maßnahmen der Staatsgewalt*

*A.2.9.4* Kein Versicherungsschutz besteht für Schäden, die durch Erdbeben, Kriegsereignisse, innere Unruhen oder Maßnahmen der Staatsgewalt unmittelbar oder mittelbar verursacht werden.

*Schäden durch Kernenergie*

*A.2.9.5* Kein Versicherungsschutz besteht für Schäden durch Kernenergie.

## A.3 Autoschutzbrief – Hilfe für unterwegs als Service oder Kostenerstattung

### *A.3.1 Was ist versichert?*

Wir erbringen nach Eintritt der in A.3.5 bis A.3.8 genannten Schadenereignisse die dazu im Einzelnen aufgeführten Leistungen als Service oder erstatten die von Ihnen aufgewendeten Kosten im Rahmen dieser Bedingungen.

### *A.3.2 Wer ist versichert?*

Versicherungsschutz besteht für Sie, den berechtigten Fahrer und die berechtigten Insassen, soweit nachfolgend nichts anderes geregelt ist.

### *A.3.3 Versicherte Fahrzeuge*

Versichert ist das im Versicherungsschein bezeichnete Fahrzeug sowie ein mitgeführter Wohnwagen-, Gepäck- oder Bootsanhänger.

### *A.3.4 In welchen Ländern besteht Versicherungsschutz?*

Sie haben mit dem Schutzbrief Versicherungsschutz in den geographischen Grenzen Europas sowie den außereuropäischen Gebieten, die zum Geltungsbereich der Europäischen Union gehören, soweit nachfolgend nicht etwas anderes geregelt ist.

### *A.3.5 Hilfe bei Panne oder Unfall*

Kann das Fahrzeug nach einer Panne oder einem Unfall die Fahrt aus eigener Kraft nicht fortsetzen, erbringen wir folgende Leistungen:

*Wiederherstellung der Fahrbereitschaft*

*A.3.5.1* Wir sorgen für die Wiederherstellung der Fahrbereitschaft an der Schadenstelle durch ein Pannenhilfsfahrzeug und übernehmen die hierdurch entstehenden Kosten. Der Höchstbetrag für diese Leistung beläuft sich einschließlich der vom Pannenhilfsfahrzeug mitgeführten und verwendeten Kleinteile auf xx Euro.

*Abschleppen des Fahrzeugs*

*A.3.5.2* Kann das Fahrzeug an der Schadenstelle nicht wieder fahrbereit gemacht werden, sorgen wir für das Abschleppen des Fahrzeugs. Dies schließt das Gepäck und die nicht gewerblich beförderte Ladung mit ein.

Wir übernehmen die hierdurch entstehenden Kosten. Der Höchstbetrag für diese Leistung beläuft sich auf xx Euro; hierauf werden durch den Einsatz eines Pannenhilfsfahrzeugs entstandene Kosten angerechnet.

*Bergen des Fahrzeugs*

*A.3.5.3* Ist das Fahrzeug von der Straße abgekommen, sorgen wir für die Bergung des Fahrzeugs. Dies schließt das Gepäck und nicht gewerblich beförderte Ladung mit ein.
Wir übernehmen die hierdurch entstehenden Kosten.

*Was versteht man unter Panne oder Unfall?*

*A.3.5.4* Unter Panne ist jeder Betriebs-, Bruch- oder Bremsschaden zu verstehen. Unfall ist ein unmittelbar von außen plötzlich mit mechanischer Gewalt auf das Fahrzeug einwirkendes Ereignis.

### A.3.6 Zusätzliche Hilfe bei Panne, Unfall oder Diebstahl ab 50 km Entfernung

Bei Panne, Unfall oder Diebstahl des Fahrzeugs erbringen wir nachfolgende Leistungen unter den Voraussetzungen, dass

- die Hilfeleistung an einem Ort erfolgt, der mindestens 50 km Luftlinie von Ihrem ständigen Wohnsitz in Deutschland entfernt ist und
- das Fahrzeug weder am Schadentag noch am darauf folgenden Tag wieder fahrbereit gemacht werden kann oder es gestohlen worden ist.

*Weiter- oder Rückfahrt*

*A.3.6.1* Folgende Fahrtkosten werden erstattet:

a. Eine Rückfahrt vom Schadenort zu Ihrem ständigen Wohnsitz in Deutschland oder
b. eine Weiterfahrt vom Schadenort zum Zielort, jedoch höchstens innerhalb des Geltungsbereichs nach A.3.4 und
c. eine Rückfahrt vom Zielort zu Ihrem ständigen Wohnsitz in Deutschland,
d. eine Fahrt einer Person von Ihrem ständigen Wohnsitz oder vom Zielort zum Schadenort, wenn das Fahrzeug dort fahrbereit gemacht worden ist

Die Kostenerstattung erfolgt bei einer einfachen Entfernung unter 1 200 Bahnkilometern bis zur Höhe der Bahnkosten 2. Klasse. Bei größerer Entfernung werden diese bis zur Höhe der Bahnkosten 1. Klasse oder der Liegewagenkosten jeweils einschließlich Zuschlägen übernommen. Zusätzlich erstatten wir die Kosten für nachgewiesene Taxifahrten bis zu xx Euro.

*Übernachtung*

*A.3.6.2* Wir helfen Ihnen auf Wunsch bei der Beschaffung einer Übernachtungsmöglichkeit und übernehmen die Kosten für höchstens drei Übernachtungen. Wenn Sie die Leistung Weiter- oder Rückfahrt nach A.3.6.1 in Anspruch nehmen, zahlen wir nur eine Übernachtung.
Sobald das Fahrzeug Ihnen wieder fahrbereit zur Verfügung steht, besteht kein Anspruch auf weitere Übernachtungskosten. Wir übernehmen die Kosten bis höchstens xx Euro je Übernachtung und Person.

*Mietwagen*

*A.3.6.3* Wir helfen Ihnen, ein gleichwertiges Fahrzeug anzumieten. Wir übernehmen die Kosten des Mietwagens, bis Ihnen das Fahrzeug wieder fahrbereit zur Verfügung steht. Voraussetzung ist, dass Sie weder die Leistung Weiter- oder Rückfahrt nach A.3.6.1 noch Übernachtung nach A.3.6.2 in Anspruch genommen haben.
Wir zahlen höchstens für sieben Tage und maximal xx Euro je Tag.

*Fahrzeugunterstellung*

*A.3.6.4* Muss das Fahrzeug nach einer Panne oder einem Unfall bis zur Wiederherstellung der Fahrbereitschaft oder bis zur Durchführung des Transports in einer Werkstatt untergestellt werden, sind wir Ihnen hierbei behilflich. Wir übernehmen die hierdurch entstehenden Kosten, jedoch höchstens für zwei Wochen.

### A.3.7 Hilfe bei Krankheit, Verletzung oder Tod auf einer Reise

Wir erbringen die nachfolgenden Leistungen unter den Voraussetzungen, dass auf einer Reise mit dem versicherten Fahrzeug

- Sie oder eine mitversicherte Person unvorhersehbar erkranken oder der Fahrer stirbt und
- dies an einem Ort geschieht, der mindestens 50 km Luftlinie von Ihrem ständigen Wohnsitz in Deutschland entfernt ist.

Als unvorhersehbar gilt eine Erkrankung, wenn diese nicht bereits innerhalb der letzten sechs Wochen vor Beginn der Reise (erstmalig oder zum wiederholten Male) aufgetreten ist.

*Krankenrücktransport*

*A.3.7.1* Müssen Sie oder eine mitversicherte Person infolge Erkrankung an Ihren ständigen Wohnsitz zurücktransportiert werden, sorgen wir für die Durchführung des Rücktransports. Wir übernehmen dessen Kosten. Art und Zeitpunkt des Rücktransports müssen medizinisch notwendig sein. Unsere Leistung erstreckt sich auch auf die Begleitung des Erkrankten durch einen Arzt oder Sanitäter, wenn diese behördlich vorgeschrieben ist. Außerdem übernehmen wir die bis zum Rücktransport entstehenden Übernachtungskosten. Diese müssen jedoch durch die Erkrankung bedingt sein und sind begrenzt auf höchstens drei Übernachtungen bis zu je xx Euro pro Person.

*Rückholung von Kindern*

*A.3.7.2* Wir sorgen bei mitreisenden Kindern unter 16 Jahren für die Abholung und Rückfahrt mit einer Begleitperson zu ihrem Wohnsitz, wenn

- der Fahrer erkrankt ist oder stirbt und
- die Kinder weder von Ihnen noch von einem anderen Insassen betreut werden können.

Wir übernehmen die hierdurch entstehenden Kosten. Wir erstatten dabei die Bahnkosten 2. Klasse einschließlich Zuschlägen sowie die Kosten für nachgewiesene Taxifahrten bis zu xx Euro.

*Fahrzeugabholung*

*A.3.7.3* Wir sorgen für die Verbringung des Fahrzeugs zu Ihrem ständigen Wohnsitz, wenn

- der Fahrer länger als drei Tage erkrankt oder stirbt und
- das Fahrzeug weder von ihm noch von einem Insassen zurückgefahren werden kann.

Wir übernehmen die hierdurch entstehenden Kosten.

Veranlassen Sie die Verbringung selbst, erhalten Sie als Kostenersatz bis xx Euro je Kilometer zwischen Ihrem Wohnsitz und dem Schadenort. Außerdem erstatten wir in jedem Fall die bis zur Abholung der berechtigten Insassen entstehenden und durch den Fahrerausfall bedingten Übernachtungskosten. Die Leistung ist begrenzt auf drei Übernachtungen bis zu je xx Euro pro Person.

*Was versteht man unter einer Reise?*

*A.3.7.4* Reise ist jede Abwesenheit von Ihrem ständigen Wohnsitz bis zu einer Höchstdauer von fortlaufend sechs Wochen. Als Ihr ständiger Wohnsitz gilt der Ort in Deutschland, an dem Sie behördlich gemeldet sind und sich überwiegend aufhalten.

### A.3.8 Zusätzliche Leistungen bei einer Auslandsreise

Ereignet sich der Schaden an einem Ort im Ausland (Geltungsbereich nach A.3.4 ohne Deutschland), der mindestens 50 km Luftlinie von Ihrem ständigen Wohnsitz in Deutschland entfernt ist, erbringen wir zusätzlich folgende Leistungen:

*A.3.8.1* Bei Panne und Unfall:
*Ersatzteilversand*

a. Können Ersatzteile zur Wiederherstellung der Fahrbereitschaft des Fahrzeugs an einem ausländischen Schadenort oder in dessen Nähe nicht beschafft werden, sorgen wir dafür, dass Sie diese auf schnellstmöglichem Wege erhalten. Wir übernehmen alle entstehenden Versandkosten.

*Fahrzeugtransport*

b. Wir sorgen für den Transport des Fahrzeugs zu einer Werkstatt und übernehmen die hierdurch entstehenden Kosten bis zur Höhe der Rücktransportkosten an Ihren Wohnsitz, wenn
- das Fahrzeug an einem ausländischen Schadenort oder in dessen Nähe nicht innerhalb von drei Werktagen fahrbereit gemacht werden kann und
- die voraussichtlichen Reparaturkosten nicht höher sind als der Kaufpreis für ein gleichwertiges gebrauchtes Fahrzeug.

*Mietwagen*

c. Wir helfen Ihnen, ein gleichwertiges Fahrzeug anzumieten. Mieten Sie ein Fahrzeug nach A.3.6.3 an, übernehmen wir die Kosten hierfür bis Ihr Fahrzeug wieder fahrbereit zur Verfügung steht. Wir leisten bis zu einem Betrag von xx Euro.

*Fahrzeugverzollung und -verschrottung*

d. Muss das Fahrzeug nach einem Unfall im Ausland verzollt werden, helfen wir bei der Verzollung. Wir übernehmen die hierbei anfallenden Verfahrensgebühren mit Ausnahme des Zollbetrags und sonstiger Steuern. Lassen Sie Ihr Fahrzeug verschrotten, um die Verzollung zu vermeiden, übernehmen wir die Verschrottungskosten.

A.3.8.2 Bei Fahrzeugdiebstahl:

*Fahrzeugunterstellung*

a. Wir übernehmen die Kosten für eine Fahrzeugunterstellung, wenn das gestohlene Fahrzeug
- nach dem Diebstahl im Ausland wieder aufgefunden wird und
- bis zur Durchführung des Rücktransports oder der Verzollung bzw. Verschrottung untergestellt werden muss. Wir übernehmen die Kosten höchstens für zwei Wochen.

*Mietwagen*

b. Wir helfen Ihnen, ein gleichwertiges Fahrzeug anzumieten. Mieten Sie ein Fahrzeug nach A.3.6.3 an, übernehmen wir die Kosten hierfür, bis Ihr Fahrzeug wieder fahrbereit zur Verfügung steht. Wir zahlen höchstens xx Euro.

*Fahrzeugverzollung und -verschrottung*

c. Muss das Fahrzeug nach dem Diebstahl im Ausland verzollt werden, helfen wir bei der Verzollung. Wir übernehmen die hierbei anfallenden Verfahrensgebühren mit Ausnahme des Zollbetrags und sonstiger Steuern. Lassen Sie Ihr Fahrzeug verschrotten, um die Verzollung zu vermeiden, übernehmen wir die Verschrottungskosten.

*A.3.8.3* Im Todesfall

Im Fall Ihres Todes auf einer Reise mit dem versicherten Fahrzeug im Ausland sorgen wir nach Abstimmung mit den Angehörigen
- für die Bestattung im Ausland oder
- für die Überführung nach Deutschland.

Wir übernehmen hierfür die Kosten.

Diese Leistung gilt nicht bei Tod einer mitversicherten Person.

### *A.3.9 Was ist nicht versichert?*

*Vorsatz und grobe Fahrlässigkeit*

*A.3.9.1* Kein Versicherungsschutz besteht für Schäden, die Sie vorsätzlich herbeiführen. Bei grob fahrlässiger Herbeiführung des Schadens sind wir berechtigt, unsere Leistung in einem der Schwere Ihres Verschuldens entsprechenden Verhältnis zu kürzen.

*Genehmigte Rennen*

*A.3.9.2* Kein Versicherungsschutz besteht für Schäden, die bei Beteiligung an behördlich genehmigten kraftfahrt-sportlichen Veranstaltungen, bei denen es auf Erzielung einer Höchstgeschwindigkeit ankommt, entstehen. Dies gilt auch für dazugehörige Übungsfahrten.

Hinweis: Die Teilnahme an nicht genehmigten Rennen stellt eine Verletzung Ihrer Pflichten nach D.1.1.4 dar.

*Erdbeben, Kriegsereignisse, innere Unruhen und Staatsgewalt*

*A.3.9.3* Kein Versicherungsschutz besteht für Schäden, die durch Erdbeben, Kriegsereignisse, innere Unruhen oder Maßnahmen der Staatsgewalt unmittelbar oder mittelbar verursacht werden.

*Schäden durch Kernenergie*

*A.3.9.4* Kein Versicherungsschutz besteht für Schäden durch Kernenergie.

### A.3.10 Anrechnung ersparter Aufwendungen, Abtretung

*A.3.10.1* Haben Sie aufgrund unserer Leistungen Kosten erspart, die Sie ohne das Schadenereignis hätten aufwenden müssen, können wir diese von unserer Zahlung abziehen.

*A.3.10.2* Ihren Anspruch auf Leistung können Sie vor der endgültigen Feststellung ohne unsere ausdrückliche Genehmigung weder abtreten noch verpfänden.

### A.3.11 Verpflichtung Dritter

*A.3.11.1* Soweit im Schadenfall ein Dritter Ihnen gegenüber aufgrund eines Vertrags oder einer Mitgliedschaft in einem Verband oder Verein zur Leistung oder zur Hilfe verpflichtet ist, gehen diese Ansprüche unseren Leistungsverpflichtungen vor.

*A.3.11.2* Wenden Sie sich nach einem Schadenereignis allerdings zuerst an uns, sind wir Ihnen gegenüber abweichend von A.3.11.1 zur Leistung verpflichtet.

## A.4 Kfz-Unfallversicherung – wenn Insassen verletzt oder getötet werden

### A.4.1 Was ist versichert?

*Unfälle bei Gebrauch des Fahrzeugs*

*A.4.1.1* Wir bieten den vereinbarten Versicherungsschutz bei Unfällen der versicherten Person, die in unmittelbarem Zusammenhang mit dem Gebrauch Ihres Fahrzeugs oder eines damit verbundenen Anhängers stehen (z. B. Fahren, Ein- und Aussteigen, Be- und Entladen).

*Unfallbegriff*

*A.4.1.2* Ein Unfall liegt vor, wenn die versicherte Person durch
- ein plötzlich von außen auf ihren Körper wirkendes Ereignis (Unfallereignis)
- unfreiwillig eine Gesundheitsschädigung erleidet.

*Erweiterter Unfallbegriff*

*A.4.1.3* Als Unfall gilt auch, wenn sich die versicherte Person durch eine erhöhte Kraftanstrengung
- ein Gelenk an Gliedmaßen oder der Wirbelsäule verrenkt,
- Muskeln, Sehnen, Bänder oder Kapseln an Gliedmaßen oder der Wirbelsäule zerrt oder zerreißt. Meniskus und Bandscheiben sind weder Muskeln, Sehnen, Bänder noch Kapseln. Deshalb werden sie von dieser Regelung nicht erfasst.

Eine erhöhte Kraftanstrengung ist eine Bewegung, deren Muskeleinsatz über die normalen Handlungen des täglichen Lebens hinausgeht. Maßgeblich für die Beurteilung des Muskeleinsatzes sind die individuellen körperlichen Verhältnisse der versicherten Person.

### A.4.2 Wer ist versichert?

*A.4.2.1* Pauschalsystem

Mit der Kfz-Unfallversicherung nach dem Pauschalsystem sind die jeweiligen berechtigten Insassen des Fahrzeugs versichert. Ausgenommen sind bei Ihnen angestellte Berufsfahrer und Beifahrer, wenn sie als solche das Fahrzeug gebrauchen. Bei zwei und mehr berechtigten Insassen erhöht sich die Versicherungssumme um xx Prozent und teilt sich durch die Gesamtzahl der Insassen, unabhängig davon, ob diese zu Schaden kommen.

*A.4.2.2* Kfz-Unfall-Plus-Versicherung

Mit der Kfz-Unfall-Plus-Versicherung sind die jeweiligen berechtigten Insassen des Fahrzeugs mit der für Invalidität und Tod vereinbarten Versicherungssumme versichert. Wird der jeweilige Fahrer verletzt und verbleibt eine unfallbedingte Invalidität von xx Prozent, erhöht sich die für Invalidität vereinbarte Versicherungssumme für ihn um xx Prozent.

*A.4.2.3* Platzsystem

Mit der Kfz-Unfallversicherung nach dem Platzsystem sind die im Versicherungsschein bezeichneten Plätze oder eine bestimmte Anzahl von berechtigten Insassen des Fahrzeugs versichert. Ausgenommen sind bei Ihnen angestellte Berufsfahrer und Beifahrer, wenn sie als solche das Fahrzeug gebrauchen. Befinden sich in dem Fahrzeug mehr berechtigte Insassen als Plätze oder Personen im Versicherungsschein angegeben, verringert sich die Versicherungssumme für den einzelnen Insassen entsprechend.

*A.4.2.4* Was versteht man unter berechtigten Insassen?

Berechtigte Insassen sind Personen (Fahrer und alle weiteren Insassen), die sich mit Wissen und Willen des Verfügungsberechtigten in oder auf dem versicherten Fahrzeug befinden oder in unmittelbarem Zusammenhang mit ihrer Beförderung beim Gebrauch des Fahrzeugs tätig werden.

*A.4.2.5* Berufsfahrerversicherung

Mit der Berufsfahrerversicherung sind versichert

a. die Berufsfahrer und Beifahrer des im Versicherungsschein bezeichneten Fahrzeugs,
b. die im Versicherungsschein namentlich bezeichneten Berufsfahrer und Beifahrer unabhängig von einem bestimmten Fahrzeug oder
c. alle bei Ihnen angestellten Berufsfahrer und Beifahrer unabhängig von einem bestimmten Fahrzeug.

*A.4.2.6* Namentliche Versicherung

Mit der namentlichen Versicherung ist die im Versicherungsschein bezeichnete Person unabhängig von einem bestimmten Fahrzeug versichert. Diese Person kann ihre Ansprüche selbstständig gegen uns geltend machen.

### *A.4.3 In welchen Ländern besteht Versicherungsschutz?*

Sie haben in der Kfz-Unfallversicherung Versicherungsschutz in den geographischen Grenzen Europas sowie den außereuropäischen Gebieten, die zum Geltungsbereich der Europäischen Union gehören.

### *A.4.4 Welche Leistungen umfasst die Kfz-Unfallversicherung?*

Ihrem Versicherungsschein können Sie entnehmen, welche der nachstehenden Leistungen mit welchen Versicherungssummen vereinbart sind.

### *A.4.5 Leistung bei Invalidität*

#### A.4.5.1 Voraussetzungen für die Leistung

*Invalidität*

*A.4.5.1.1* Die versicherte Person hat eine Invalidität erlitten.

Eine Invalidität liegt vor, wenn unfallbedingt
- Die körperliche oder geistige Leistungsfähigkeit
- Dauerhaft beeinträchtigt ist.

Dauerhaft ist eine Beeinträchtigung, wenn
- sie voraussichtlich länger als drei Jahre bestehen wird und
- eine Änderung dieses Zustands nicht zu erwarten ist.

*Eintritt und ärztliche Feststellung der Invalidität*

*A.4.5.1.2* Die Invalidität ist innerhalb von 15 Monaten nach dem Unfall
- eingetreten und
- von einem Arzt schriftlich festgestellt worden.

Ist eine dieser Voraussetzungen nicht erfüllt, besteht kein Anspruch auf Invaliditätsleistung.

*Geltendmachung der Invalidität*

*A.4.5.1.3* Sie müssen die Invalidität innerhalb von 15 Monaten nach dem Unfall bei uns geltend machen. Geltend machen heißt: Sie teilen uns mit, dass Sie von einer Invalidität ausgehen. Versäumen Sie diese Frist, ist der Anspruch auf Invaliditätsleistung ausgeschlossen. Nur in besonderen Ausnahmefällen lässt es sich entschuldigen, wenn Sie die Frist versäumt haben.

Keine Invaliditätsleistung bei Unfalltod im ersten Jahr

*A.4.5.1.4* Stirbt die versicherte Person unfallbedingt innerhalb eines Jahres nach dem Unfall, besteht kein Anspruch auf Invaliditätsleistung.

In diesem Fall zahlen wir eine Todesfallleistung (A.4.8), sofern diese vereinbart ist.

### A.4.5.2 Art und Höhe der Leistung

*Berechnung der Invaliditätsleistung*

*A.4.5.2.1* Die Invaliditätsleistung erhalten Sie als Einmalzahlung.

Grundlagen für die Berechnung der Leistung sind
- die vereinbarte Versicherungssumme und
- der unfallbedingte Invaliditätsgrad.

*Bemessung des Invaliditätsgrads, Zeitraum für die Bemessung*

*A.4.5.2.2* Der Invaliditätsgrad richtet sich
- nach der Gliedertaxe (A.4.5.2.3), sofern die betroffenen Körperteile oder Sinnesorgane dort genannt sind,
- ansonsten danach, in welchem Umfang die normale körperliche oder geistige Leistungsfähigkeit dauerhaft beeinträchtigt ist (A.4.5.2.4).

Maßgeblich ist der unfallbedingte Gesundheitszustand, der spätestens am Ende des dritten Jahres nach dem Unfall erkennbar ist. Dies gilt sowohl für die erste als auch für spätere Bemessungen der Invalidität (A.4.10.4).

*Gliedertaxe*

*A.4.5.2.3* Bei Verlust oder vollständiger Funktionsunfähigkeit eines der folgenden Körperteile oder Sinnesorgane gelten ausschließlich die hier genannten Invaliditätsgrade:

| | |
|---|---|
| Arm | 70 % |
| Arm bis oberhalb des Ellenbogengelenks | 65 % |
| Arm unterhalb des Ellenbogengelenks | 60 % |
| Hand | 55 % |
| Daumen | 20 % |
| Zeigefinger | 10 % |
| anderer Finger | 5 % |
| Bein über der Mitte des Oberschenkels | 70 % |
| Bein bis zur Mitte des Oberschenkels | 60 % |
| Bein bis unterhalb des Knies | 50 % |
| Bein bis zur Mitte des Unterschenkels | 45 % |
| Fuß | 40 % |
| große Zehe | 5 % |
| andere Zehe | 2 % |
| Auge | 50 % |

| | |
|---|---|
| Gehör auf einem Ohr | 30 % |
| Geruchssinn | 10 % |
| Geschmackssinn | 5 % |

Bei Teilverlust oder teilweiser Funktionsbeeinträchtigung gilt der entsprechende Teil der genannten Invaliditätsgrade.

*Bemessung außerhalb der Gliedertaxe*

*A.4.5.2.4* Für andere Körperteile oder Sinnesorgane richtet sich der Invaliditätsgrad danach, in welchem Umfang die normale körperliche oder geistige Leistungsfähigkeit insgesamt dauerhaft beeinträchtigt ist. Maßstab ist eine durchschnittliche Person gleichen Alters und Geschlechts. Die Bemessung erfolgt ausschließlich nach medizinischen Gesichtspunkten.

*Minderung bei Vorinvalidität*

*A.4.5.2.5* Eine Vorinvalidität besteht, wenn betroffene Körperteile oder Sinnesorgane schon vor dem Unfall dauerhaft beeinträchtigt waren. Sie wird nach A.4.5.2.3 und A.4.5.2.4 bemessen. Der Invaliditätsgrad mindert sich um diese Vorinvalidität.

*Invaliditätsgrad bei Beeinträchtigung mehrerer Körperteile oder Sinnesorgane*

*A.4.5.2.6* Durch einen Unfall können mehrere Körperteile oder Sinnesorgane beeinträchtigt sein. Dann werden die Invaliditätsgrade, die nach den vorstehenden Bestimmungen ermittelt wurden, zusammengerechnet. Mehr als 100% werden jedoch nicht berücksichtigt.

*Invaliditätsleistung bei Tod der versicherten Person*

*A.4.5.2.* Stirbt die versicherte Person vor der Bemessung der Invalidität, zahlen wir eine Invaliditätsleistung unter folgenden Voraussetzungen:
- Die versicherte Person ist nicht unfallbedingt innerhalb des ersten Jahres nach dem Unfall verstorben und
- die sonstigen Voraussetzungen für die Invaliditätsleistung nach A.4.5.1 sind erfüllt.

Wir leisten nach dem Invaliditätsgrad, mit dem aufgrund der ärztlichen Befunde zu rechnen gewesen wäre.

## A.4.6 Tagegeld

*Voraussetzungen für die Leistung*

*A.4.6.1* Die versicherte Person ist unfallbedingt
- in ihrer Arbeitsfähigkeit beeinträchtigt und
- in ärztlicher Behandlung.

*Höhe und Dauer der Leistung*

*A.4.6.2* Grundlagen für die Berechnung der Leistung sind
- die vereinbarte Versicherungssumme und
- der unfallbedingte Grad der Beeinträchtigung der Arbeitsfähigkeit.

Der Grad der Beeinträchtigung bemisst sich
- nach der Fähigkeit der versicherten Person, ihrem bis zu dem Unfall ausgeübten Beruf weiter nachzugehen.
- nach der allgemeinen Fähigkeit der versicherten Person, Arbeit zu leisten, wenn sie zum Zeitpunkt des Unfalls nicht berufstätig war.

Das Tagegeld wird nach dem Grad der Beeinträchtigung abgestuft.

Wir zahlen das Tagegeld für die Dauer der ärztlichen Behandlung, längstens für ein Jahr ab dem Tag des Unfalls.

### A.4.7 Krankenhaustagegeld

*Voraussetzungen für die Leistung*

*A.4.7.1* Die versicherte Person

- ist unfallbedingt in medizinisch notwendiger vollstationärer Heilbehandlung oder
- unterzieht sich unfallbedingt einer ambulanten chirurgischen Operation und ist deswegen für mindestens xx Tage ununterbrochen und vollständig in der Ausübung ihres Berufs beeinträchtigt. War die versicherte Person zum Zeitpunkt des Unfalls nicht berufstätig, kommt es auf die allgemeine Fähigkeit an, Arbeit zu leisten.

Kuren oder Aufenthalte in Sanatorien und Erholungsheimen gelten nicht als medizinisch notwendige Heilbehandlung.

*Höhe und Dauer der Leistung*

*A.4.7.2* Wir zahlen das vereinbarte Krankenhaustagegeld

- für jeden Kalendertag der vollstationären Behandlung, längstens für xx Jahre ab dem Tag des Unfalls.
- für xx Tage bei ambulanten chirurgischen Operationen.

<Redaktioneller Hinweis: In den bisherigen AKB war eine Regelung zur Leistung Genesungsgeld enthalten. Entsprechend der Regelungen in den AUB 2014 wurde dieses auch nicht in die Kfz-Unfallversicherung aufgenommen. Versicherer, die diese Leistungsart anbieten wollen, müssen eine entsprechende Regelung aufnehmen.>

### A.4.8 Todesfallleistung

*Voraussetzungen für die Leistung*

*A.4.8.1* Die versicherte Person stirbt unfallbedingt innerhalb eines Jahres nach dem Unfall.
Beachten Sie dann die Verhaltensregeln nach E.1.5.1.

*Art und Höhe der Leistung*

*A.4.8.2* Wir zahlen die Todesfallleistung in Höhe der vereinbarten Versicherungssumme.

### A.4.9 Was passiert, wenn Unfallfolgen mit Krankheiten oder Gebrechen zusammentreffen?

*Krankheiten und Gebrechen*

*A.4.9.1* Wir leisten ausschließlich für Unfallfolgen. Dies sind Gesundheitsschädigungen und ihre Folgen, die durch das Unfallereignis verursacht wurden.
Wir leisten nicht für Krankheiten oder Gebrechen.

*Mitwirkung*

*A.4.9.2* Treffen Unfallfolgen mit Krankheiten oder Gebrechen zusammen, gilt Folgendes:

*A.4.9.2.1* Entsprechend dem Umfang, in dem Krankheiten oder Gebrechen an der Gesundheitsschädigung oder ihren Folgen mitgewirkt haben (Mitwirkungsanteil), mindert sich

- bei der Invaliditätsleistung der Prozentsatz des Invaliditätsgrads.
- bei der Todesfallleistung und, soweit nicht etwas anderes bestimmt ist, bei den anderen Leistungsarten die Leistung selbst.

*A.4.9.2.2* Beträgt der Mitwirkungsanteil weniger als 25 %, nehmen wir keine Minderung vor.

### A.4.10 Fälligkeit

Wir erbringen unsere Leistungen, nachdem wir die Erhebungen abgeschlossen haben, die zur Feststellung des Versicherungsfalls und des Umfangs unserer Leistungspflicht notwendig sind. Dazu gilt Folgendes:

*Erklärung über die Leistungspflicht*

*A.4.10.1* Wir sind verpflichtet, innerhalb eines Monats in Textform zu erklären, ob und in welchem Umfang wir unsere Leistungspflicht anerkennen. Bei Invaliditätsleistung beträgt die Frist drei Monate.

Die Fristen beginnen, sobald uns folgende Unterlagen zugehen:

- Nachweis des Unfallhergangs und der Unfallfolgen.
- Bei Invaliditätsleistung zusätzlich der Nachweis über den Abschluss des Heilverfahrens, soweit dies für die Bemessung des Invaliditätsgrads notwendig ist.

Beachten Sie dabei auch die Verhaltensregeln nach E.1.5.

Die ärztlichen Gebühren, die Ihnen zur Begründung des Leistungsanspruchs entstehen, übernehmen wir

- bei Invaliditätsleistung bis zu xx % der versicherten Summe.
- bei Tagegeld und Krankenhaustagegeld jeweils bis zu xx Tagessätze.

Sonstige Kosten übernehmen wir nicht.

*Leistung innerhalb von zwei Wochen*

*A.4.10.2* Erkennen wir den Anspruch an oder haben wir uns mit Ihnen über Grund und Höhe geeinigt, leisten wir innerhalb von zwei Wochen.

*Vorschüsse*

*A.4.10.3* Steht die Leistungspflicht zunächst nur dem Grunde nach fest, zahlen wir – auf Ihren Wunsch – angemessene Vorschüsse.

Vor Abschluss des Heilverfahrens kann eine Invaliditätsleistung innerhalb eines Jahres nach dem Unfall nur bis zur Höhe einer vereinbarten Todesfallsumme beansprucht werden.

*Neubemessung des Invaliditätsgrads*

*A.4.10.4* Nach der Bemessung des Invaliditätsgrads können sich Veränderungen des Gesundheitszustands ergeben.

Sie und wir sind berechtigt, den Grad der Invalidität jährlich erneut ärztlich bemessen zu lassen.

Dieses Recht steht Ihnen und uns längstens bis zu drei Jahren nach dem Unfall zu. Bei Kindern bis zur Vollendung des xx. Lebensjahres verlängert sich diese Frist von drei auf xx Jahre.

- Wenn wir eine Neubemessung wünschen, teilen wir Ihnen dies zusammen mit der Erklärung über unsere Leistungspflicht mit.
- Wenn Sie eine Neubemessung wünschen, müssen Sie uns dies vor Ablauf der Frist mitteilen.

Ergibt die endgültige Bemessung eine höhere Invaliditätsleistung, als wir bereits gezahlt haben, ist der Mehrbetrag mit xx% jährlich zu verzinsen.

### A.4.11 *Abtretung und Zahlung für eine mitversicherte Person*

*Abtretung*

*A.4.11.1* Ihren Anspruch auf die Leistung können Sie vor der endgültigen Feststellung ohne unsere ausdrückliche Genehmigung weder abtreten noch verpfänden.

*Zahlung für eine mitversicherte Person*

*A.4.11.2* Sie können die Auszahlung der auf eine mitversicherte Person entfallenden Versicherungsleistung an Sie selbst nur mit der Zustimmung der versicherten Person verlangen.

### A.4.12 *Was ist nicht versichert?*

*Straftat*

*A.4.12.1* Kein Versicherungsschutz besteht bei Unfällen, die der versicherten Person dadurch zustoßen, dass sie vorsätzlich eine Straftat begeht oder versucht.

*Geistes- oder Bewusstseinsstörungen/Trunkenheit*

*A.4.12.2* Kein Versicherungsschutz besteht bei Unfällen des Fahrers durch Geistes- oder Bewusstseinsstörungen, auch soweit diese auf Trunkenheit beruhen, sowie durch Schlaganfälle, epileptische Anfälle oder andere Krampfanfälle, die den ganzen Körper des Fahrers ergreifen.

Versicherungsschutz besteht jedoch, wenn diese Störungen oder Anfälle durch ein Unfallereignis verursacht sind, das unter diesen Vertrag oder unter eine für das Vorfahrzeug bei uns abgeschlossene Kfz-Unfallversicherung fällt.

*Genehmigte Rennen*

*A.4.12.3* Kein Versicherungsschutz besteht bei Unfällen, die bei Beteiligung an behördlich genehmigten kraftfahrt-sportlichen Veranstaltungen, bei denen es auf die Erzielung einer Höchstgeschwindigkeit ankommt, entstehen. Dies gilt auch für dazugehörige Übungsfahrten.

Hinweis: Die Teilnahme an nicht genehmigten Rennen stellt eine Verletzung Ihrer Pflichten nach D.1.1.4 dar.

*Erdbeben, Kriegsereignisse, innere Unruhen, Maßnahmen der Staatsgewalt*

*A.4.12.4* Kein Versicherungsschutz besteht bei Unfällen, die durch Erdbeben, Kriegsereignisse, innere Unruhen oder Maßnahmen der Staatsgewalt unmittelbar oder mittelbar verursacht werden.

*Kernenergie*

*A.4.12.5* Kein Versicherungsschutz besteht bei Schäden durch Kernenergie.

*Bandscheiben, innere Blutungen*

*A.4.12.6* Kein Versicherungsschutz besteht bei Schäden an Bandscheiben sowie bei Blutungen aus inneren Organen und Gehirnblutungen. Versicherungsschutz besteht jedoch, wenn überwiegende Ursache ein unter diesen Vertrag fallendes Unfallereignis nach A.4.1.2 ist.

*Infektionen*

*A.4.12.7* Kein Versicherungsschutz besteht bei Infektionen. Bei Wundstarrkrampf und Tollwut besteht jedoch Versicherungsschutz, wenn die Krankheitserreger durch ein versichertes Unfallereignis sofort oder später in den Körper gelangen. Bei anderen Infektionen besteht Versicherungsschutz, wenn die Krankheitserreger durch ein versichertes Unfallereignis, das nicht nur geringfügige Haut- oder Schleimhautverletzungen verursacht, sofort oder später in den Körper gelangen. Bei Infektionen, die durch Heilmaßnahmen verursacht sind, besteht Versicherungsschutz, wenn die Heilmaßnahmen durch ein unter diesen Vertrag fallendes Unfallereignis veranlasst waren.

*Psychische Reaktionen*

*A.4.12.8* Kein Versicherungsschutz besteht bei krankhaften Störungen infolge psychischer Reaktionen, auch wenn diese durch einen Unfall verursacht wurden.

*Bauch- und Unterleibsbrüche*

*A.4.12.9* Kein Versicherungsschutz besteht bei Bauch- oder Unterleibsbrüchen. Versicherungsschutz besteht jedoch, wenn sie durch eine unter diesen Vertrag fallende gewaltsame, von außen kommende Einwirkung entstanden sind.

## A.5 Fahrerschutzversicherung – wenn der Fahrer verletzt oder getötet wird

Die Fahrerschutzversicherung ist eine Kfz-Unfallversicherung, deren Leistungen sich nach dem tatsächlich entstandenen Personenschaden richten.

### A.5.1 Was ist versichert?

Versichert sind Personenschäden des berechtigten Fahrers, die dadurch entstehen, dass er durch einen Unfall beim Lenken des versicherten Fahrzeugs verletzt oder getötet wird.

Ein Unfall liegt vor, wenn der Fahrer durch ein plötzlich von außen auf seinen Körper wirkendes Ereignis (Unfallereignis) unfreiwillig eine Gesundheitsschädigung erleidet.

Zum Lenken des Fahrzeugs gehört z. B. nicht das Ein- und Aussteigen oder das Be- und Entladen.

### A.5.2 Wer ist versichert?

Versichert ist der berechtigte Fahrer des Fahrzeugs. Berechtigter Fahrer ist eine Person, die mit Wissen und Willen des Verfügungsberechtigten das Fahrzeug lenkt.

Im Todesfall des Fahrers sind seine Hinterbliebenen bezüglich ihrer gesetzlichen Unterhaltsansprüche mitversichert.

### A.5.3 In welchen Ländern besteht Versicherungsschutz?

In der Fahrerschutzversicherung besteht Versicherungsschutz in den geographischen Grenzen Europas sowie den außereuropäischen Gebieten, die zum Geltungsbereich der Europäischen Union gehören.

<Redaktioneller Hinweis: Alternativ könnte z. B. der Geltungsbereich KH inklusive Grüne Karte Geltungsbereich vereinbart werden.>

### A.5.4 Was leisten wir in der Fahrerschutzversicherung?

<Achtung! Es folgen zwei Varianten von A.5.4.1>

*Was wir ersetzen*

*A.5.4.1* Wir ersetzen den unfallbedingten Personenschaden (z. B. Verdienstausfall, Hinterbliebenenrente, [Schmerzensgeld]) so, als ob ein Dritter schadenersatzpflichtig wäre. Dabei leisten wir nach den deutschen gesetzlichen Schadenersatzbestimmungen des Privatrechts.

<Redaktioneller Hinweis: Sollen bestimmte Leistungspositionen (z. B. Schmerzensgeld, Rechtsanwaltsgebühren) nicht ersetzt werden, sind diese hier aufzuführen.>

[Wir zahlen nicht für….]

<Redaktioneller Hinweis: Versicherer, die nicht den vollständigen Leistungsumfang analog Schadenersatzrecht nach KH abdecken wollen, können alternativ die versicherten Leistungspositionen abschließend aufzählen und ggf. limitieren.>

[*Was wir ersetzen*

*A.5.4.1* Wir ersetzen den unfallbedingten Personenschaden so, als ob ein Dritter schadenersatzpflichtig wäre. Dabei leisten wir nach den deutschen gesetzlichen Schadenersatzbestimmungen des Privatrechts in folgendem Umfang:

- Verdienstausfall [bis xx Euro]
- [….]]

*Vorrangige Leistungspflicht Dritter*

*A.5.4.2* Wir erbringen keine Leistungen, soweit Sie gegenüber Dritten (z. B. Schädiger, Haftpflichtversicherer, Krankenkasse, Rentenversicherungsträger, Berufsgenossenschaft, Arbeitgeber) Anspruch auf Ersatz Ihres Schadens oder Anspruch auf deckungsgleiche (kongruente) Leistungen haben.

Ausnahme: Soweit Sie einen solchen Anspruch nicht erfolgversprechend durchsetzen können, leisten wir dennoch, wenn nachfolgende Voraussetzungen vorliegen:

- Sie haben den Anspruch in Textform geltend gemacht.
- Sie haben weitere zur Durchsetzung Ihres Anspruchs erforderliche Anstrengungen unternommen, die Ihnen billigerweise zumutbar waren.
- Sie haben Ihren Anspruch wirksam an uns abgetreten.

Hinweis: Ansprüche gegen Dritte sind nicht immer wirksam abtretbar. Unter anderem können Ansprüche gegen Sozialversicherungsträger (z. B. Krankenkasse, Rentenversicherungsträger) häufig nicht oder nur mit deren Zustimmung abgetreten werden.

In diesen Fällen können wir nicht im Voraus Leistungen erbringen, sondern erst dann, wenn abschließend geklärt ist, dass keine Ansprüche gegenüber Dritten bestehen.

Vereinbarungen, die Sie mit Dritten über diese Ansprüche treffen (z. B. ein Abfindungsvergleich), binden uns nur, wenn wir vorher zugestimmt haben.

*Bis zu welcher Höhe leisten wir (Versicherungssumme)?*

*A.5.4.3* Unsere Leistung für ein Schadenereignis ist beschränkt auf die Höhe der vereinbarten Versicherungssumme.

Mehrere zeitlich zusammenhängende Schäden, die dieselbe Ursache haben, gelten als ein einziges Schadenereignis. Die Höhe Ihrer Versicherungssumme können Sie dem Versicherungsschein entnehmen.

<Redaktioneller Hinweis: Wenn unter A.5.4.1 die Leistungspositionen der Höhe nach limitiert sind, kann die Aufführung der Versicherungssumme entbehrlich sein. Sind nur einzelne Leistungspositionen limitiert, sollte nachfolgender Hinweis erfolgen:>

[Hinweis: Beachten Sie zu den Summenbegrenzungen für einzelne Leistungen A.5.4.1.]

## A.5.5 Fälligkeit, Abtretung, Zahlung für eine mitversicherte Person

*Fälligkeit der Leistung und Vorschusszahlung*

*A.5.5.1* Wir sind verpflichtet, innerhalb eines Monats in Textform zu erklären, ob und in welchem Umfang wir unsere Leistungspflicht anerkennen. Die Frist beginnt, wenn uns Ihr Leistungsantrag und die zu dessen Beurteilung erforderlichen Unterlagen vorliegen.

Erkennen wir den Anspruch an oder haben wir uns mit Ihnen über Grund und Höhe geeinigt, leisten wir innerhalb von zwei Wochen.

Steht die Leistungspflicht zunächst nur dem Grunde nach fest, zahlen wir – auf Ihren Wunsch – angemessene Vorschüsse.

*Abtretung Ihrer Ansprüche an Dritte*

*A.5.5.2* Ihren Anspruch auf die Leistung können Sie vor der endgültigen Feststellung ohne unsere ausdrückliche Zustimmung weder abtreten noch verpfänden.

*Zahlung für eine mitversicherte Person*

*A.5.5.3* Sie als Versicherungsnehmer können unsere Zahlung für eine mitversicherte Person an Sie selbst nur mit Zustimmung der mitversicherten Person verlangen.

## A.5.6 Was ist nicht versichert?

*Straftat*

*A.5.6.1* Kein Versicherungsschutz besteht bei Unfällen, die dem Fahrer dadurch zustoßen, dass er vorsätzlich eine Straftat begeht oder versucht.

*Psychische Reaktionen*

*A.5.6.2* Kein Versicherungsschutz besteht bei krankhaften Störungen infolge psychischer Reaktionen, auch wenn diese durch einen Unfall verursacht wurden.

*Schäden an der Bandscheibe*

*A.5.6.3* Kein Versicherungsschutz besteht bei Schäden an Bandscheiben. Versicherungsschutz besteht jedoch, wenn ein unter diesen Vertrag fallendes Unfallereignis diese Gesundheitsschäden überwiegend (das heißt: zu mehr als 50 %) verursacht.

*Ansprüche Dritter*

*A.5.6.4* Ansprüche, die von anderen Versicherern, Arbeitgebern, Dienstherrn und Sozialversicherungsträgern gegen uns geltend gemacht werden, sind ausgeschlossen.

*Genehmigte Rennen*

*A.5.6.5* Kein Versicherungsschutz besteht für Schäden, die bei Beteiligung an behördlich genehmigten kraftfahrt-sportlichen Veranstaltungen, bei denen es auf die Erzielung einer Höchstgeschwindigkeit ankommt, entstehen. Dies gilt auch für dazugehörige Übungsfahrten.

Hinweis: Die Teilnahme an nicht genehmigten Rennen stellt eine Verletzung Ihrer Pflichten nach D.1.1.4 dar.

*Erdbeben, Kriegsereignisse, innere Unruhen, Maßnahmen der Staatsgewalt*

*A.5.6.6* Kein Versicherungsschutz besteht für Schäden, die durch Erdbeben, Kriegsereignisse, innere Unruhen oder Maßnahmen der Staatsgewalt unmittelbar oder mittelbar verursacht werden.

*Schäden durch Kernenergie*

*A.5.6.7* Kein Versicherungsschutz besteht für Schäden durch Kernenergie.

## B Beginn des Vertrags und vorläufiger Versicherungsschutz

Der Versicherungsvertrag kommt dadurch zustande, dass wir Ihren Antrag annehmen. Regelmäßig geschieht dies durch Zugang des Versicherungsscheins bei Ihnen.

### B.1 Wann beginnt der Versicherungsschutz?

Der Versicherungsschutz beginnt erst, wenn Sie den in Ihrem Versicherungsschein genannten fälligen Beitrag gezahlt haben, jedoch nicht vor dem vereinbarten Zeitpunkt. Zahlen Sie den ersten oder einmaligen Beitrag nicht rechtzeitig, richten sich die Folgen nach C.1.2 und C.1.3.

### B.2 Vorläufiger Versicherungsschutz

Bevor der Beitrag gezahlt ist, haben Sie nach folgenden Bestimmungen vorläufigen Versicherungsschutz:

*Kfz-Haftpflichtversicherung und Autoschutzbrief*

*B.2.1* Händigen wir Ihnen die Versicherungsbestätigung aus oder nennen wir Ihnen bei elektronischer Versicherungsbestätigung die Versicherungsbestätigungs-Nummer, haben Sie in der Kfz-Haftpflichtversicherung und beim Autoschutzbrief vorläufigen Versicherungsschutz zu dem vereinbarten Zeitpunkt, spätestens ab dem Tag, an dem das Fahrzeug unter Verwendung der Versicherungsbestätigung zugelassen wird. Ist das Fahrzeug bereits auf Sie zugelassen, beginnt der vorläufige Versicherungsschutz ab dem vereinbarten Zeitpunkt.

*Kasko-, Kfz-Unfall- und Fahrerschutzversicherung*

*B.2.2* In der Kasko-, Kfz-Unfall- und Fahrerschutzversicherung haben Sie vorläufigen Versicherungsschutz nur, wenn wir dies ausdrücklich zugesagt haben. Der Versicherungsschutz beginnt zum vereinbarten Zeitpunkt.

*Übergang des vorläufigen in den endgültigen Versicherungsschutz*

*B.2.3* Sobald Sie den ersten oder einmaligen Beitrag nach C.1.1 gezahlt haben, geht der vorläufige in den endgültigen Versicherungsschutz über.

*Rückwirkender Wegfall des vorläufigen Versicherungsschutzes*

*B.2.4* Der vorläufige Versicherungsschutz entfällt rückwirkend, wenn
- wir Ihren Antrag unverändert angenommen haben und
- Sie den ersten oder einmaligen Beitrag nicht unverzüglich (d.h. spätestens innerhalb von 14 Tagen) nach Ablauf von zwei Wochen nach Zugang des Versicherungsscheins bezahlt haben.

Sie haben dann von Anfang an keinen Versicherungsschutz. Dies gilt nur, wenn Sie die nicht rechtzeitige Zahlung zu vertreten haben.

*Kündigung des vorläufigen Versicherungsschutzes*

*B.2.5* Sie und wir sind berechtigt, den vorläufigen Versicherungsschutz jederzeit zu kündigen. Unsere Kündigung wird erst nach Ablauf von zwei Wochen ab Zugang der Kündigung bei Ihnen wirksam.

*Beendigung des vorläufigen Versicherungsschutzes durch Widerruf*

*B.2.6* Widerrufen Sie den Versicherungsvertrag nach § 8 Versicherungsvertragsgesetz, endet der vorläufige Versicherungsschutz mit dem Zugang Ihrer Widerrufserklärung bei uns.

*Beitrag für vorläufigen Versicherungsschutz*

*B.2.7* Für den Zeitraum des vorläufigen Versicherungsschutzes haben wir Anspruch auf einen der Laufzeit entsprechenden Teil des Beitrags.

## C Beitragszahlung

### C.1 Zahlung des ersten oder einmaligen Beitrags

*Rechtzeitige Zahlung*

*C.1.1* Der im Versicherungsschein genannte erste oder einmalige Beitrag wird in 14 Tagen nach Zugang des Versicherungsscheins fällig. Sie haben diesen Beitrag dann unverzüglich (d. h. spätestens innerhalb von 14 Tagen) zu zahlen.

*Nicht rechtzeitige Zahlung*

*C.1.2* Zahlen Sie den ersten oder einmaligen Beitrag nicht rechtzeitig, haben Sie von Anfang an keinen Versicherungsschutz, es sei denn, Sie haben die Nichtzahlung oder verspätete Zahlung nicht zu vertreten. Haben Sie die nicht rechtzeitige Zahlung jedoch zu vertreten, beginnt der Versicherungsschutz erst ab der Zahlung des Beitrags.

*C.1.3* Außerdem können wir vom Vertrag zurücktreten, solange der Beitrag nicht gezahlt ist. Der Rücktritt ist ausgeschlossen, wenn Sie die Nichtzahlung nicht zu vertreten haben. Nach dem Rücktritt können wir von Ihnen eine Geschäftsgebühr verlangen. Diese beträgt xx % des Jahresbeitrags für jeden angefangenen Monat ab dem beantragten Beginn des Versicherungsschutzes bis zu unserem Rücktritt, jedoch höchstens xx % des Jahresbeitrags.

### C.2 Zahlung des Folgebeitrags

*Rechtzeitige Zahlung*

*C.2.1* Ein Folgebeitrag ist zu dem im Versicherungsschein oder in der Beitragsrechnung angegebenen Zeitpunkt fällig und zu zahlen.

*Nicht rechtzeitige Zahlung*

*C.2.2* Zahlen Sie einen Folgebeitrag nicht rechtzeitig, fordern wir Sie auf, den rückständigen Beitrag zuzüglich des Verzugsschadens (Kosten und Zinsen) innerhalb von zwei Wochen ab Zugang unserer Aufforderung zu zahlen.

*C.2.3* Tritt ein Schadenereignis nach Ablauf der zweiwöchigen Zahlungsfrist ein und sind zu diesem Zeitpunkt diese Beträge noch nicht bezahlt, haben Sie keinen Versicherungsschutz.

Wir bleiben jedoch zur Leistung verpflichtet, wenn Sie die verspätete Zahlung nicht zu vertreten haben.

*C.2.4* Sind Sie mit der Zahlung dieser Beträge nach Ablauf der zweiwöchigen Zahlungsfrist noch in Verzug, können wir den Vertrag mit sofortiger Wirkung kündigen. Unsere Kündigung wird unwirksam, wenn Sie diese Beträge innerhalb eines Monats ab Zugang der Kündigung zahlen.

Haben wir die Kündigung zusammen mit der Mahnung ausgesprochen, wird die Kündigung unwirksam, wenn Sie innerhalb eines Monats nach Ablauf der in der Mahnung genannten Zahlungsfrist zahlen.

Für Schadenereignisse, die in der Zeit nach Ablauf der zweiwöchigen Zahlungsfrist bis zu Ihrer Zahlung eintreten, haben Sie keinen Versicherungsschutz. Versicherungsschutz besteht erst wieder für Schadenereignisse nach Ihrer Zahlung.

## C.3 Nicht rechtzeitige Zahlung bei Fahrzeugwechsel

Versichern Sie anstelle Ihres bisher bei uns versicherten Fahrzeugs ein anderes Fahrzeug bei uns (Fahrzeugwechsel), wenden wir für den neuen Vertrag bei nicht rechtzeitiger Zahlung des ersten oder einmaligen Beitrags die für Sie günstigeren Regelungen zum Folgebeitrag nach C.2.2 bis C.2.4 an.

Außerdem berufen wir uns nicht auf den rückwirkenden Wegfall des vorläufigen Versicherungsschutzes nach B.2.4. Dafür müssen folgende Voraussetzungen gegeben sein:

- Zwischen dem Ende der Versicherung des bisherigen Fahrzeugs und dem Beginn der Versicherung des anderen Fahrzeugs sind nicht mehr als sechs Monate vergangen,
- Fahrzeugart und Verwendungszweck der Fahrzeuge sind gleich.

Kündigen wir das Versicherungsverhältnis wegen Nichtzahlung, können wir von Ihnen eine Geschäftsgebühr entsprechend C.1.3 verlangen.

## C.4 Zahlungsperiode

Beiträge für Ihre Versicherung müssen Sie entsprechend der vereinbarten Zahlungsperiode bezahlen.

Die Zahlungsperiode ist die Versicherungsperiode nach § 12 Versicherungsvertragsgesetz. Welche Zahlungsperiode Sie mit uns vereinbart haben, können Sie Ihrem Versicherungsschein entnehmen.

Die Laufzeit des Vertrags, die sich von der Zahlungsperiode unterscheiden kann, ist in Abschnitt G geregelt.

## C.5 Beitragspflicht bei Nachhaftung in der Kfz-Haftpflichtversicherung

Bleiben wir in der Kfz-Haftpflichtversicherung aufgrund § 117 Abs. 2 Versicherungsvertragsgesetz gegenüber einem Dritten trotz Beendigung des Versicherungsvertrages zur Leistung verpflichtet, haben wir Anspruch auf den Beitrag für die Zeit dieser Verpflichtung. Unsere Rechte nach § 116 Abs. 1 Versicherungsvertragsgesetz bleiben unberührt.

## D Ihre Pflichten bei Gebrauch des Fahrzeugs und Folgen einer Pflichtverletzung

## D.1 Welche Pflichten haben Sie bei Gebrauch des Fahrzeugs?

*D.1.1 Bei allen Versicherungsarten*

*Nutzung nur zum vereinbarten Verwendungszweck*

*D.1.1.1* Das Fahrzeug darf nur zu dem im Versicherungsvertrag angegebenen Zweck verwendet werden.
< xx Alternativformulierung für die Versicherer, die den Anhang verwenden: >
[xx siehe Tabelle zur Begriffsbestimmung für Art und Verwendung des Fahrzeugs]

*Nutzung nur durch den berechtigten Fahrer*

*D.1.1.2* Das Fahrzeug darf nur von einem berechtigten Fahrer gebraucht werden. Berechtigter Fahrer ist, wer das Fahrzeug mit Wissen und Willen des Verfügungsberechtigten gebraucht. Außerdem dürfen Sie, der Halter oder der Eigentümer des Fahrzeugs es nicht wissentlich ermöglichen, dass das Fahrzeug von einem unberechtigten Fahrer gebraucht wird.

*Fahren nur mit Fahrerlaubnis*

*D.1.1.3* Der Fahrer des Fahrzeugs darf das Fahrzeug auf öffentlichen Wegen oder Plätzen nur mit der erforderlichen Fahrerlaubnis benutzen. Außerdem dürfen Sie, der Halter oder der Eigentümer das Fahrzeug nicht von einem Fahrer benutzen lassen, der nicht die erforderliche Fahrerlaubnis hat.

*Nicht genehmigte Rennen*

*D.1.1.4* Das Fahrzeug darf nicht zu Fahrveranstaltungen verwendet werden, bei denen es auf Erzielung einer Höchstgeschwindigkeit ankommt (Rennen). Dies gilt auch für die dazugehörigen Übungsfahrten.
Hinweis: Behördlich genehmigte Rennen sind in der Kfz-Haftpflicht-, Kasko-, Autoschutzbrief Kfz-Unfall- und Fahrerschutzversicherung gemäß A.1.5.2, A.2.9.2, A.3.9.2, A.4.12.3, A.5.6.6 vom Versicherungsschutz ausgeschlossen.

*Fahrzeuge mit Wechselkennzeichen*

*D.1.1.5* Der Fahrer darf ein mit einem Wechselkennzeichen zugelassenes Fahrzeug auf öffentlichen Wegen oder Plätzen nur benutzen, wenn das Wechselkennzeichen vollständig angebracht ist. Außerdem dürfen Sie, der Halter oder der Eigentümer das Fahrzeug nur von einem Fahrer benutzen lassen, wenn das Wechselkennzeichen vollständig angebracht ist.

### *D.1.2 Zusätzlich in der Kfz-Haftpflichtversicherung*

*Alkohol und andere berauschende Mittel*

Das Fahrzeug darf nicht gefahren werden, wenn der Fahrer durch alkoholische Getränke oder andere berauschende Mittel nicht in der Lage ist, das Fahrzeug sicher zu führen.

Außerdem dürfen Sie, der Halter oder der Eigentümer des Fahrzeugs dieses nicht von einem Fahrer fahren lassen, der durch alkoholische Getränke oder andere berauschende Mittel nicht in der Lage ist, das Fahrzeug sicher zu führen.

Hinweis: Auch in der Kasko-, Autoschutzbrief-, Kfz-Unfall- und Fahrerschutzversicherung besteht für solche Fahrten nach A.2.9.1, A.3.9.1, A.4.12.2; D.1.3.1 kein oder eingeschränkter Versicherungsschutz.

### *D.1.3 Zusätzlich in der Fahrerschutzversicherung*

*Alkohol und andere berauschende Mittel*

*D.1.3.1* Das Fahrzeug darf nicht gefahren werden, wenn der Fahrer durch alkoholische Getränke oder andere berauschende Mittel nicht in der Lage ist, das Fahrzeug sicher zu führen.
Hinweis: Auch in der Kfz-Haftpflicht-, Kasko-, Autoschutzbrief- und Kfz-Unfallversicherung besteht für solche Fahrten nach D.1.2, A.2.9.1, A.3.9.1, A.4.12.2 kein oder eingeschränkter Versicherungsschutz.

*Gurtpflicht*

*D.1.3.2* Der Fahrer muss während der Fahrt einen vorgeschriebenen Sicherheitsgurt angelegt haben, es sei denn, das Nichtanlegen ist gesetzlich erlaubt.

## D.2 Welche Folgen hat eine Verletzung dieser Pflichten?

*Leistungsfreiheit bzw. Leistungskürzung*

*D.2.1* Verletzen Sie vorsätzlich eine Ihrer in D.1 geregelten Pflichten, haben Sie keinen Versicherungsschutz.

Verletzen Sie Ihre Pflichten grob fahrlässig, sind wir berechtigt, unsere Leistung in einem der Schwere Ihres Verschuldens entsprechenden Verhältnis zu kürzen. Weisen Sie nach, dass Sie die Pflicht nicht grob fahrlässig verletzt haben, bleibt der Versicherungsschutz bestehen.

Bei einer Verletzung der Pflicht in der Kfz-Haftpflichtversicherung aus D.1.2 Satz 2 sind wir Ihnen, dem Halter oder Eigentümer gegenüber nicht von der Leistungspflicht befreit, soweit Sie, der Halter oder Eigentümer als Fahrzeuginsasse, der das Fahrzeug nicht geführt hat, einen Personenschaden erlitten haben.

*D.2.2* Abweichend von D.2.1 sind wir zur Leistung verpflichtet, soweit die Pflichtverletzung weder für den Eintritt des Versicherungsfalls noch für den Umfang unserer Leistungspflicht ursächlich ist. Dies gilt nicht, wenn Sie die Pflicht arglistig verletzen.

*Beschränkung der Leistungsfreiheit in der Kfz-Haftpflichtversicherung*

*D.2.3* In der Kfz-Haftpflichtversicherung ist die sich aus D.2.1 ergebende Leistungsfreiheit bzw. Leistungskürzung Ihnen und den mitversicherten Personen gegenüber auf den Betrag von höchstens je xx Euro beschränkt.[1] Außerdem gelten anstelle der vereinbarten Versicherungssummen die in Deutschland geltenden Mindestversicherungssummen.

Satz 1 und 2 gelten entsprechend, wenn wir wegen einer von Ihnen vorgenommenen Gefahrerhöhung (§§ 23, 26 Versicherungsvertragsgesetz) vollständig oder teilweise von der Leistungspflicht befreit sind.

*D.2.4* Gegenüber einem Fahrer, der das Fahrzeug durch eine vorsätzlich begangene Straftat erlangt (z. B. durch Diebstahl), sind wir vollständig von der Verpflichtung zur Leistung frei.

## E Ihre Pflichten im Schadenfall und Folgen einer Pflichtverletzung

## E.1 Welche Pflichten haben Sie im Schadenfall?

### *E.1.1 Bei allen Versicherungsarten*

*Anzeigepflicht*

*E.1.1.1* Sie sind verpflichtet, uns jedes Schadenereignis, das zu einer Leistung durch uns führen kann, innerhalb einer Woche anzuzeigen.

*E.1.1.2* Ermittelt die Polizei, die Staatsanwaltschaft oder eine andere Behörde im Zusammenhang mit dem Schadenereignis, sind Sie verpflichtet, uns dies unverzüglich mitzuteilen. Dies gilt auch, wenn Sie uns das Schadenereignis bereits gemeldet haben.

1 Gem. § 5 Abs. 3 KfzPflVV darf die Leistungsfreiheit höchstens auf 5.000 Euro beschränkt werden.

*Aufklärungspflicht*

*E.1.1.3* Sie müssen alles tun, was zur Aufklärung des Versicherungsfalls und des Umfangs unserer Leistungspflicht erforderlich ist. Sie müssen dabei insbesondere folgende Pflichten beachten:
- Sie dürfen den Unfallort nicht verlassen, ohne die gesetzlich erforderlichen Feststellungen zu ermöglichen und die dabei gesetzlich erforderliche Wartezeit zu beachten (Unfallflucht).
- Sie müssen unsere Fragen zu den Umständen des Schadenereignisses, zum Umfang des Schadens und zu unserer Leistungspflicht wahrheitsgemäß und vollständig beantworten.

Wir können verlangen, dass Sie uns in Textform antworten.
- Sie müssen uns angeforderte Nachweise vorlegen, soweit es Ihnen billigerweise zugemutet werden kann, diese zu beschaffen.
- Sie müssen unsere für die Aufklärung des Schadens erforderlichen Weisungen befolgen, soweit dies für Sie zumutbar ist.
- Sie müssen uns Untersuchungen zu den Umständen des Schadenereignisses und zu unserer Leistungspflicht ermöglichen, soweit es Ihnen zumutbar ist.

*Schadenminderungspflicht*

*E.1.1.4* Sie sind verpflichtet, bei Eintritt des Schadenereignisses nach Möglichkeit für die Abwendung und Minderung des Schadens zu sorgen.
Sie haben hierbei unsere Weisungen, soweit für Sie zumutbar, zu befolgen.

### E.1.2 Zusätzlich in der Kfz-Haftpflichtversicherung

*Bei außergerichtlich geltend gemachten Ansprüchen*

*E.1.2.1* Werden gegen Sie Ansprüche geltend gemacht, sind Sie verpflichtet, uns dies innerhalb einer Woche nach der Erhebung des Anspruchs mitzuteilen.

*Anzeige von Kleinschäden*

*E.1.2.2* Wenn Sie einen Sachschaden, der voraussichtlich nicht mehr als xx Euro beträgt, selbst regulieren oder regulieren wollen, müssen Sie uns den Schadenfall erst anzeigen, wenn Ihnen die Selbstregulierung nicht gelingt.

*Bei gerichtlich geltend gemachten Ansprüchen*

*E.1.2.3* Wird ein Anspruch gegen Sie gerichtlich geltend gemacht (z. B. Klage, Mahnbescheid), haben Sie uns dies unverzüglich anzuzeigen.

*E.1.2.4* Sie müssen uns die Führung des Rechtsstreits überlassen. Wir sind berechtigt, auch in Ihrem Namen einen Rechtsanwalt zu beauftragen. Diesem müssen Sie Vollmacht sowie alle erforderlichen Auskünfte erteilen und angeforderte Unterlagen zur Verfügung stellen.

*Bei drohendem Fristablauf*

*E.1.2.5* Wenn Ihnen bis spätestens zwei Tage vor Fristablauf keine Weisung von uns vorliegt, müssen Sie gegen einen Mahnbescheid oder einen Bescheid einer Behörde fristgerecht den erforderlichen Rechtsbehelf (z. B. Widerspruch) einlegen.

### *E.1.3 Zusätzlich in der Kaskoversicherung*

*Anzeige des Versicherungsfalls bei Entwendung des Fahrzeugs*

*E.1.3.1* Bei Entwendung des Fahrzeugs oder mitversicherter Teile sind Sie abweichend von E.1.1.1 verpflichtet, uns dies unverzüglich in Textform anzuzeigen.

*Einholen unserer Weisung*

*E.1.3.2* Vor Beginn der Verwertung oder der Reparatur des Fahrzeugs bzw. mitversicherter Teile müssen Sie unsere Weisungen einholen, soweit die Umstände dies gestatten. Sie müssen unsere Weisungen befolgen, soweit Ihnen dies zumutbar ist.

*Anzeige bei der Polizei*

*E.1.3.3* Übersteigt ein Entwendungs-, Brand- oder Wildschaden den Betrag von xx Euro, sind Sie verpflichtet, das Schadenereignis der Polizei unverzüglich anzuzeigen.

### E.1.4 Zusätzlich beim Autoschutzbrief

*Einholen unserer Weisung*

*E.1.4.1* Vor Inanspruchnahme einer unserer Leistungen müssen Sie unsere Weisungen einholen, soweit die Umstände dies gestatten, und befolgen, soweit Ihnen dies zumutbar ist.

*Untersuchung, Belege, ärztliche Schweigepflicht*

*E.1.4.2* Sie müssen uns jede zumutbare Untersuchung über die Ursache und Höhe des Schadens und über den Umfang unserer Leistungspflicht gestatten. Außerdem müssen Sie Originalbelege zum Nachweis der Schadenhöhe vorlegen und die behandelnden Ärzte im Rahmen von § 213 Versicherungsvertragsgesetz von der Schweigepflicht entbinden.

### E.1.5 Zusätzlich in der Kfz-Unfallversicherung

*Anzeige des Todesfalls innerhalb 48 Stunden*

*E.1.5.1* Hat der Unfall den Tod einer versicherten Person zur Folge, müssen die aus dem Versicherungsvertrag Begünstigten uns dies innerhalb von 48 Stunden melden. Dies gilt auch, wenn der Unfall schon angezeigt ist. Uns ist das Recht zu verschaffen, eine Obduktion durch einen von uns beauftragten Arzt vornehmen zu lassen.

*Medizinische Versorgung*

*E.1.5.2* Nach einem Unfall, der zu einer Leistung durch uns führen kann, müssen Sie unverzüglich einen Arzt hinzuziehen, seine Anordnungen befolgen und uns unterrichten.

*Medizinische Aufklärung*

*E.1.5.3* Für die Prüfung unserer Leistungspflicht benötigen wir möglicherweise Auskünfte von
- Ärzten, die Sie vor oder nach dem Unfall behandelt oder untersucht haben.
- anderen Versicherern, Versicherungsträgern und Behörden.
- Sie müssen es uns ermöglichen, die erforderlichen Auskünfte zu erhalten. Dazu können Sie den Ärzten und den genannten Stellen erlauben, uns die Auskünfte direkt zu erteilen.

Ansonsten müssen Sie die Auskünfte selbst einholen und uns zur Verfügung stellen.
Wir beauftragen Ärzte, falls dies für die Prüfung unserer Leistungspflicht erforderlich ist. Von diesen Ärzten müssen Sie sich untersuchen lassen. Wir tragen die notwendigen Kosten und den Verdienstausfall, der durch die Untersuchung entsteht.
Sie haben erforderlichenfalls darauf hinzuwirken, dass angeforderte Berichte alsbald erstellt werden.

*Frist zur Feststellung und Geltendmachung der Invalidität*

*E.1.5.4* Beachten Sie auch die 15-Monatsfrist für die Feststellung und Geltendmachung der Invalidität nach A.4.5.1.3.

### E.1.6 Zusätzlich in der Fahrerschutzversicherung

*Medizinische Versorgung*

*E.1.6.1* Nach einem Unfall, der zu einer Leistung durch uns führen kann, müssen Sie unverzüglich einen Arzt hinzuziehen, seine Anordnungen befolgen und uns unterrichten.

*Medizinische Aufklärung*

*E.1.6.2* Für die Prüfung unserer Leistungspflicht benötigen wir möglicherweise Auskünfte von
- Ärzten, die Sie vor oder nach dem Unfall behandelt oder untersucht haben.
- anderen Versicherern, Versicherungsträgern und Behörden.

Sie müssen es uns ermöglichen, die erforderlichen Auskünfte zu erhalten. Dazu können Sie den Ärzten und den genannten Stellen erlauben, uns die Auskünfte direkt zu erteilen.

Ansonsten müssen Sie die Auskünfte selbst einholen und uns zur Verfügung stellen.

Wir beauftragen Ärzte, falls dies für die Prüfung unserer Leistungspflicht erforderlich ist. Von diesen Ärzten müssen Sie sich untersuchen lassen. Wir tragen die notwendigen Kosten und den Verdienstausfall, der durch die Untersuchung entsteht.

Sie haben erforderlichenfalls darauf hinzuwirken, dass angeforderte Berichte alsbald erstellt werden.

*Aufklärung Ihrer Ansprüche gegen Dritte*

*E.1.6.3* Sie müssen alles tun, was der Aufklärung möglicher Ansprüche gegen Dritte dienen kann.

Insbesondere müssen Sie unsere Fragen zu möglichen Ansprüchen gegen Dritte, die sich auf den Umfang unserer Leistungspflicht auswirken können, wahrheitsgemäß und vollständig beantworten. Entsprechende Nachweise müssen Sie uns vorlegen.

*Wahrung Ihrer Ansprüche gegen Dritte*

*E.1.6.4* Sie haben Ihren Anspruch gegen den Dritten unter Beachtung der Form- und Fristvorschriften zu wahren, soweit Ihnen dies zumutbar ist.

## E.2 Welche Folgen hat eine Verletzung dieser Pflichten?

*Leistungsfreiheit bzw. Leistungskürzung*

*E.2.1* Verletzen Sie vorsätzlich eine Ihrer in E.1.1 bis E.1.6 geregelten Pflichten, haben Sie keinen Versicherungsschutz. Verletzen Sie Ihre Pflichten grob fahrlässig, sind wir berechtigt, unsere Leistung in einem der Schwere Ihres Verschuldens entsprechenden Verhältnis zu kürzen.

Weisen Sie nach, dass Sie die Pflicht nicht grob fahrlässig verletzt haben, bleibt der Versicherungsschutz bestehen.

*E.2.2* Abweichend von E.2.1 sind wir zur Leistung verpflichtet, soweit Sie nachweisen, dass die Pflichtverletzung weder für die Feststellung des Versicherungsfalls noch für die Feststellung oder den Umfang unserer Leistungspflicht ursächlich war. Dies gilt nicht, wenn Sie die Pflicht arglistig verletzen.

*Beschränkung der Leistungsfreiheit in der Kfz-Haftpflichtversicherung*

*E.2.3* In der Kfz-Haftpflichtversicherung ist die sich aus E.2.1 ergebende Leistungsfreiheit bzw. Leistungskürzung Ihnen und den mitversicherten Personen gegenüber auf den Betrag von höchstens je xx Euro[2] beschränkt.

*E.2.4* Die Leistungsfreiheit erweitert sich auf einen Betrag von höchstens je.xx. Euro[3], wenn Sie die Aufklärungs- oder Schadenminderungspflicht nach E.1.1.3 und E.1.1.4
- vorsätzlich und
- in besonders schwerwiegender Weise verletzt haben. Dies ist z. B. bei unerlaubtem Entfernen vom Unfallort trotz eines Personen- oder schweren Sachschadens der Fall.

2 Gem. § 6 Abs. 1 KfzPflVV darf die Leistungsfreiheit höchstens auf 2.500 Euro beschränkt werden.
3 Gem. § 6 Abs. 3 KfzPflVV darf die Leistungsfreiheit höchstens auf 5.000 Euro beschränkt werden.

*Vollständige Leistungsfreiheit in der Kfz-Haftpflichtversicherung*

*E.2.5* Verletzen Sie Ihre Pflichten in der Absicht, sich oder einem Anderen einen rechtswidrigen Vermögensvorteil zu verschaffen, sind wir von unserer Leistungspflicht hinsichtlich des erlangten Vermögensvorteils vollständig frei.

*Besonderheiten in der Kfz-Haftpflichtversicherung bei Rechtsstreitigkeiten*

*E.2.6* Verletzen Sie Ihre Pflichten nach

- E.1.2.1 (Anzeige außergerichtlich geltend gemachter Ansprüche),
- E.1.2.3 (Anzeige gerichtlich geltend gemachter Ansprüche) oder
- E.1.2.4 (Prozessführung durch uns)

und führt dies zu einer rechtskräftigen Entscheidung, die über den Umfang der nach Sach- und Rechtslage geschuldeten Entschädigung erheblich hinausgeht, gilt:

- Bei vorsätzlicher Verletzung sind wir hinsichtlich des von uns zu zahlenden Mehrbetrags vollständig von unserer Leistungspflicht frei.
- Bei grob fahrlässiger Verletzung sind wir berechtigt, unsere Leistung hinsichtlich dieses Mehrbetrags in einem der Schwere Ihres Verschuldens entsprechenden Verhältnis zu kürzen.

*Mindestversicherungssummen*

*E.2.7* Verletzen Sie in der Kfz-Haftpflichtversicherung Ihre Pflichten nach E.1.1 und E.1.2 gelten anstelle der vereinbarten Versicherungssummen die in Deutschland geltenden Mindestversicherungssummen.

## F Rechte und Pflichten der mitversicherten Personen

*Pflichten mitversicherter Personen*

*F.1* Für mitversicherte Personen finden die Regelungen zu Ihren Pflichten sinngemäße Anwendung.

*Ausübung der Rechte*

*F.2* Die Ausübung der Rechte der mitversicherten Personen aus dem Versicherungsvertrag steht nur Ihnen als Versicherungsnehmer zu, soweit nichts anderes geregelt ist. Andere Regelungen sind:

- Geltendmachen von Ansprüchen in der Kfz-Haftpflichtversicherung nach A.1.2,
- Geltendmachen von Ansprüchen durch namentlich Versicherte in der Kfz-Unfallversicherung nach A.4.2.6.

*Auswirkungen einer Pflichtverletzung auf mitversicherte Personen*

*F.3* Sind wir Ihnen gegenüber von der Verpflichtung zur Leistung frei, so gilt dies auch gegenüber allen mitversicherten Personen.
Eine Ausnahme hiervon gilt in der Kfz-Haftpflichtversicherung:
Gegenüber mitversicherten Personen können wir uns auf die Leistungsfreiheit nur berufen, wenn

- die der Leistungsfreiheit zugrunde liegenden Umstände in der Person des Mitversicherten vorliegen oder
- diese Umstände der mitversicherten Person bekannt oder infolge grober Fahrlässigkeit nicht bekannt waren.

Sind wir zur Leistung verpflichtet, gelten anstelle der vereinbarten Versicherungssummen die in Deutschland geltenden gesetzlichen Mindestversicherungssummen. Entsprechendes gilt, wenn wir trotz Beendigung des Versicherungsverhältnisses noch gegenüber dem geschädigten Dritten Leistungen erbringen. Der Rückgriff gegen Sie bleibt auch in diesen Ausnahmefällen bestehen.

## G Laufzeit und Kündigung des Vertrags, Veräußerung des Fahrzeugs, Wagniswegfall

### G.1 Wie lange läuft der Versicherungsvertrag?

*Vertragsdauer*

*G.1.1* Die Laufzeit Ihres Vertrags ergibt sich aus Ihrem Versicherungsschein.

*Automatische Verlängerung*

*G.1.2* Ist der Vertrag mit einer Laufzeit von einem Jahr abgeschlossen, verlängert er sich zum Ablauf um jeweils ein weiteres Jahr, wenn nicht Sie oder wir den Vertrag kündigen.

Dies gilt auch, wenn für die erste Laufzeit nach Abschluss des Vertrags deshalb weniger als ein Jahr vereinbart ist, um die folgenden Versicherungsjahre zu einem bestimmten Kalendertag beginnen zu lassen.

*Versicherungskennzeichen*

*G.1.3* Der Versicherungsvertrag für ein Fahrzeug mit Versicherungskennzeichen (z. B. Mofa), endet mit dem Ablauf des Verkehrsjahres. Einer Kündigung bedarf es hierfür nicht. Das Verkehrsjahr läuft vom 1. März bis Ende Februar des Folgejahres.

*Verträge mit einer Laufzeit unter einem Jahr*

*G.1.4* Ist die Laufzeit ausdrücklich mit weniger als einem Jahr vereinbart, endet der Vertrag zu dem vereinbarten Zeitpunkt, ohne dass es einer Kündigung bedarf.

### G.2 Wann und aus welchem Anlass können Sie den Versicherungsvertrag kündigen?

*Kündigung zum Ablauf des Versicherungsjahres*

*G.2.1* Sie können den Vertrag zum Ablauf des Versicherungsjahres kündigen. Die Kündigung ist nur wirksam, wenn sie uns spätestens einen Monat vor Ablauf zugeht.

*Kündigung des vorläufigen Versicherungsschutzes*

*G.2.2* Sie sind berechtigt, einen vorläufigen Versicherungsschutz zu kündigen. Die Kündigung wird sofort mit ihrem Zugang bei uns wirksam.

*Kündigung nach einem Schadenereignis*

*G.2.3* Nach dem Eintritt eines Schadenereignisses können Sie den Vertrag kündigen. Die Kündigung muss uns innerhalb eines Monats nach Beendigung der Verhandlungen über die Entschädigung zugehen oder innerhalb eines Monats zugehen, nachdem wir in der Kfz-Haftpflichtversicherung unsere Leistungspflicht anerkannt oder zu Unrecht abgelehnt haben.
Das gleiche gilt, wenn wir Ihnen in der Kfz-Haftpflichtversicherung die Weisung erteilen, es über den Anspruch des Dritten zu einem Rechtsstreit kommen zu lassen. Außerdem können Sie in der Kfz-Haftpflichtversicherung den Vertrag bis zum Ablauf eines Monats seit der Rechtskraft des im Rechtsstreit mit dem Dritten ergangenen Urteils kündigen.

*G.2.4* Sie können bestimmen, ob die Kündigung sofort oder zu einem späteren Zeitpunkt, spätestens jedoch zum Ablauf des Vertrags, wirksam werden soll.

*Kündigung bei Veräußerung oder Zwangsversteigerung des Fahrzeugs*

*G.2.5* Veräußern Sie das Fahrzeug oder wird es zwangsversteigert, geht der Vertrag nach G.7.1 oder G.7.6 auf den Erwerber über. Der Erwerber ist berechtigt, den Vertrag innerhalb eines Monats nach dem Erwerb zu kündigen. Bei fehlender Kenntnis vom Bestehen der Versicherung beginnt die Kündigungsfrist des Erwerbers erst ab Kenntnis.
Der Erwerber kann bestimmen, ob der Vertrag mit sofortiger Wirkung oder spätestens zum Ablauf des Vertrags endet.

*G.2.6* Schließt der Erwerber für das Fahrzeug eine neue Versicherung ab und legt er bei der Zulassungsbehörde eine Versicherungsbestätigung vor, gilt dies automatisch als Kündigung des übergegangenen Vertrages. Die Kündigung wird zum Beginn der neuen Versicherung wirksam.

*Kündigung bei Beitragserhöhung*

*G.2.7* Erhöhen wir aufgrund unseres Beitragsanpassungsrechts nach J.1 bis J.3 den Beitrag, können Sie den Vertrag innerhalb eines Monats nach Zugang unserer Mitteilung über die Beitragserhöhung kündigen. Die Kündigung ist sofort wirksam, frühestens jedoch zu dem Zeitpunkt, zu dem die Beitragserhöhung wirksam geworden wäre. Wir teilen ihnen die Beitragserhöhung spätestens einen Monat vor dem Wirksamwerden mit und weisen Sie auf Ihr Kündigungsrecht hin.

*Kündigung bei geänderter Verwendung des Fahrzeugs*

*G.2.8* Ändert sich die Art und Verwendung des Fahrzeugs nach K.5 und erhöht sich der Beitrag dadurch um mehr als 10%, können Sie den Vertrag innerhalb eines Monats nach Zugang unserer Mitteilung ohne Einhaltung einer Frist kündigen.

*<Achtung! Es folgen zwei Varianten. Variante 1 für Versicherer, die nur das SF-System nach J.6 ändern wollen. Variante 2 für Versicherer, die auch die Tarifstruktur nach J.6 ändern wollen.*

*Kündigung bei Veränderung des Schadenfreiheitsrabatt-Systems*

*G.2.9* Ändern wir das Schadenfreiheitsrabatt-System nach J.6, können Sie den Vertrag innerhalb eines Monats nach Zugang unserer Mitteilung über die Änderung kündigen. Die Kündigung ist sofort wirksam, frühestens jedoch zum Zeitpunkt des Wirksamwerdens der Änderung.

Wir teilen Ihnen die Änderung spätestens einen Monat vor Wirksamwerden mit und weisen Sie auf Ihr Kündigungsrecht hin.

*[xx Kündigung bei Veränderung der Tarifstruktur*

*G.2.9* Ändern wir unsere Tarifstruktur nach J.6, können Sie den Vertrag innerhalb eines Monats nach Zugang unserer Mitteilung über die Änderung kündigen. Die Kündigung ist sofort wirksam, frühestens jedoch zum Zeitpunkt des Wirksamwerdens der Änderung. Wir teilen Ihnen die Änderung spätestens einen Monat vor Wirksamwerden mit und weisen Sie auf Ihr Kündigungsrecht hin.]

*[xx Kündigung bei Bedingungsänderung*

*<Achtung! Nur, wenn Bedingungsänderung gem. N vereinbart>*

*G.2.10* Machen wir von unserem Recht zur Bedingungsanpassung nach N Gebrauch, können Sie den Vertrag innerhalb von sechs Wochen nach Zugang unserer Mitteilung über die Bedingungsanpassung kündigen. Die Kündigung ist sofort wirksam, frühestens jedoch zum Zeitpunkt des Wirksamwerdens der Bedingungsänderung. Wir teilen Ihnen die Änderung spätestens sechs Wochen vor dem Wirksamwerden mit und weisen Sie auf Ihr Kündigungsrecht hin.]

## G.3 Wann und aus welchem Anlass können wir den Versicherungsvertrag kündigen?

*Kündigung zum Ablauf*

*G.3.1* Wir können den Vertrag zum Ablauf des Versicherungsjahres kündigen. Die Kündigung istnur wirksam, wenn sie Ihnen spätestens einen Monat vor Ablauf zugeht.

*Kündigung des vorläufigen Versicherungsschutzes*

*G.3.2* Wir sind berechtigt, einen vorläufigen Versicherungsschutz zu kündigen. Die Kündigung wird nach Ablauf von zwei Wochen nach ihrem Zugang bei Ihnen wirksam.

*Kündigung nach einem Schadenereignis*

*G.3.3* Nach dem Eintritt eines Schadenereignisses können wir den Vertrag kündigen. Die Kündigung muss Ihnen innerhalb eines Monats nach Beendigung der Verhandlungen über die Entschädigung oder innerhalb eines Monats zugehen, nachdem wir in der Kfz-Haftpflichtversicherung unsere Leistungspflicht anerkannt oder zu Unrecht abgelehnt haben.

Das gleiche gilt, wenn wir Ihnen in der Kfz-Haftpflichtversicherung die Weisung erteilen, es über den Anspruch des Dritten zu einem Rechtsstreit kommen zu lassen. Außerdem können wir in der Kfz-Haftpflichtversicherung den Vertrag bis zum Ablauf eines Monats seit der Rechtskraft des im Rechtsstreit mit dem Dritten ergangenen Urteils kündigen.

Unsere Kündigung wird einen Monat nach ihrem Zugang bei Ihnen wirksam.

*Kündigung bei Nichtzahlung des Folgebeitrags*

*G.3.4* Haben Sie einen ausstehenden Folgebeitrag zuzüglich Kosten und Zinsen trotz unserer Zahlungsaufforderung nach C.2.2 nicht innerhalb der zweiwöchigen Frist gezahlt, können wir den Vertrag mit sofortiger Wirkung kündigen. Unsere Kündigung wird unwirksam, wenn Sie diese Beträge innerhalb eines Monats ab Zugang der Kündigung zahlen (siehe auch C.2.4).

*Kündigung bei Verletzung Ihrer Pflichten bei Gebrauch des Fahrzeugs*

*G.3.5* Haben Sie eine Ihrer Pflichten bei Gebrauch des Fahrzeugs nach D verletzt, können wir innerhalb eines Monats, nachdem wir von der Pflichtverletzung Kenntnis erlangt haben, den Vertrag mit sofortiger Wirkung kündigen. Dies gilt nicht, wenn Sie nachweisen, dass Sie die Pflicht weder vorsätzlich noch grob fahrlässig verletzt haben.

*Kündigung bei geänderter Verwendung des Fahrzeugs*

*G.3.6* Ändert sich die Art oder Verwendung des Fahrzeugs nach K.5, können wir den Vertrag mit sofortiger Wirkung kündigen. Können Sie nachweisen, dass die Änderung weder auf Vorsatz noch auf grober Fahrlässigkeit beruht, wird die Kündigung nach Ablauf von einem Monat nach ihrem Zugang bei Ihnen wirksam.

*Kündigung bei Veräußerung oder Zwangsversteigerung des Fahrzeugs*

*G.3.7* Bei Veräußerung oder Zwangsversteigerung des Fahrzeugs nach G.7 können wir dem Erwerber gegenüber kündigen. Wir haben die Kündigung innerhalb eines Monats ab dem Zeitpunkt auszusprechen, zu dem wir von der Veräußerung oder Zwangsversteigerung Kenntnis erlangt haben. Unsere Kündigung wird einen Monat nach ihrem Zugang beim Erwerber wirksam.

## G.4 Kündigung einzelner Versicherungsarten

*G.4.1* Die Kfz-Haftpflicht-, Kasko-, Autoschutzbrief-, Kfz-Unfall- und Fahrerschutzversicherung sind jeweils rechtlich selbstständige Verträge. Die Kündigung eines dieser Verträge berührt das Fortbestehen anderer nicht.

*G.4.2* Sie und wir sind berechtigt, bei Vorliegen eines Kündigungsanlasses zu einem dieser Verträge die gesamte Kfz-Versicherung für das Fahrzeug zu kündigen.

*G.4.3* Kündigen wir von mehreren für das Fahrzeug abgeschlossenen Verträgen nur einen, können Sie die Kündigung auf die gesamte Kfz-Versicherung ausdehnen. Hierzu müssen Sie uns innerhalb von zwei Wochen nach Zugang unserer Kündigung mitteilen, dass Sie mit einer Fortsetzung der anderen Verträge nicht einverstanden sind. Entsprechend haben wir das Recht, die gesamte Kfz-Versicherung zu kündigen, wenn Sie von mehreren nur einen Vertrag kündigen.

*G.4.4* Kündigen Sie oder wir nur den Autoschutzbrief, gelten G.4.2 und G.4.3 nicht.

*G.4.5* G.4.1 und G.4.2 finden entsprechende Anwendung, wenn in einem Vertrag mehrere Fahrzeuge versichert sind.

## G.5 Zugang der Kündigung

Eine Kündigung ist nur wirksam, wenn sie innerhalb der jeweiligen Frist zugeht.

## G.6 Beitragsabrechnung nach Kündigung

Bei einer Kündigung vor Ablauf des Versicherungsjahres steht uns der auf die Zeit des Versicherungsschutzes entfallende Beitrag anteilig zu.

## G.7 Was ist bei Veräußerung des Fahrzeugs zu beachten?

*Übergang der Versicherung auf den Erwerber*

*G.7.1* Veräußern Sie Ihr Fahrzeug, geht die Versicherung auf den Erwerber über. Dies gilt nicht für die Kfz-Unfall- und die Fahrerschutzversicherung.

*G.7.2* Wir sind berechtigt und verpflichtet, den Beitrag entsprechend den Angaben des Erwerbers, wie wir sie bei einem Neuabschluss des Vertrags verlangen würden, anzupassen. Das gilt auch für die SF-Klasse des Erwerbers, die entsprechend seines bisherigen Schadenverlaufs ermittelt wird. Der neue Beitrag gilt ab dem Tag, der auf den Übergang der Versicherung folgt.

*G.7.3* Den Beitrag für die laufende Zahlungsperiode können wir entweder von Ihnen oder vom Erwerber verlangen.

*Anzeige der Veräußerung*

*G.7.4* Sie und der Erwerber sind verpflichtet, uns die Veräußerung des Fahrzeugs unverzüglich anzuzeigen. Unterbleibt die Mitteilung, droht unter den Voraussetzungen des § 97 Versicherungsvertragsgesetz der Verlust des Versicherungsschutzes.

*Kündigung des Vertrags*

*G.7.5* Im Falle der Veräußerung können der Erwerber nach G.2.5 und G.2.6 oder wir nach G.3.7 den Vertrag kündigen. Dann können wir den Beitrag nur von Ihnen verlangen.

*Zwangsversteigerung*

*G.7.6* Die Regelungen G.7.1 bis G.7.5 sind entsprechend anzuwenden, wenn Ihr Fahrzeug zwangsversteigert wird.

## G.8 Wagniswegfall (z.B. durch Fahrzeugverschrottung)

Fällt das versicherte Wagnis endgültig weg, steht uns der Beitrag bis zu dem Zeitpunkt zu, zu dem wir vom Wagniswegfall Kenntnis erlangen.

# H Außerbetriebsetzung, Saisonkennzeichen, Fahrten mit ungestempelten Kennzeichen

## H.1 Was ist bei Außerbetriebsetzung zu beachten?

*Ruheversicherung*

*H.1.1* Wird das versicherte Fahrzeug außer Betrieb gesetzt und soll es zu einem späteren Zeitpunkt wieder zugelassen werden, wird dadurch der Vertrag nicht beendet.

*H.1.2* Der Vertrag geht in eine beitragsfreie Ruheversicherung über, wenn die Zulassungsbehörde uns die Außerbetriebsetzung mitteilt. Dies gilt nicht, wenn die Außerbetriebsetzung weniger als zwei Wochen beträgt oder Sie die uneingeschränkte Fortführung des bisherigen Versicherungsschutzes verlangen.

*H.1.3* Die Regelungen nach H.1.1 und H.1.2 gelten nicht für Fahrzeuge mit Versicherungskennzeichen (z. B. Mofas), Wohnwagenanhänger sowie bei Verträgen mit ausdrücklich kürzerer Vertragsdauer als ein Jahr.

*Umfang der Ruheversicherung*

*H.1.4* Mit der beitragsfreien Ruheversicherung gewähren wir Ihnen während der Dauer der Außerbetriebsetzung eingeschränkten Versicherungsschutz.

Der Ruheversicherungsschutz umfasst

- die Kfz-Haftpflichtversicherung,
- die Teilkaskoversicherung, wenn für das Fahrzeug im Zeitpunkt der Außerbetriebsetzung eine Voll- oder eine Teilkaskoversicherung bestand.

*Ihre Pflichten bei der Ruheversicherung*

*H.1.5* Während der Dauer der Ruheversicherung sind Sie verpflichtet, das Fahrzeug

- in einem Einstellraum (z. B. einer Einzel- oder Sammelgarage) oder
- auf einem umfriedeten Abstellplatz (z. B. durch Zaun, Hecke, Mauer umschlossen)
- nicht nur vorübergehend abzustellen. Sie dürfen das Fahrzeug außerhalb dieser Räumlichkeiten auch nicht gebrauchen. Verletzen Sie Ihre Pflichten, sind wir unter den Voraussetzungen nach D.2 leistungsfrei.

*Wiederanmeldung*

*H.1.6* Wird das Fahrzeug wieder zum Verkehr zugelassen (Ende der Außerbetriebsetzung), lebt der ursprüngliche Versicherungsschutz wieder auf. Das Ende der Außerbetriebsetzung haben Sie uns unverzüglich mitzuteilen.

*Ende des Vertrags und der Ruheversicherung*

*H.1.7* Der Vertrag und damit auch die Ruheversicherung enden xx Monate nach der Außerbetriebsetzung des Fahrzeugs, ohne dass es einer Kündigung bedarf.

*H.1.8* Melden Sie das Fahrzeug während des Bestehens der Ruheversicherung mit einer Versicherungsbestätigung eines anderen Versicherers wieder an, haben wir das Recht, den Vertrag fortzusetzen und den anderen Versicherer zur Aufhebung des Vertrags aufzufordern.

## H.2 Welche Besonderheiten gelten bei Saisonkennzeichen?

*H.2.1* Für Fahrzeuge, die mit einem Saisonkennzeichen zugelassen sind, gewähren wir den vereinbarten Versicherungsschutz während des auf dem amtlichen Kennzeichen dokumentierten Zeitraums (Saison).

*H.2.2* Außerhalb der Saison haben Sie Ruheversicherungsschutz nach H.1.4 und H.1.5.

*H.2.3* Für Fahrten außerhalb der Saison haben Sie innerhalb des für den Halter zuständigen Zulassungsbezirks und eines angrenzenden Bezirks in der Kfz-Haftpflichtversicherung Versicherungsschutz, wenn diese Fahrten

- im Zusammenhang mit dem Zulassungsverfahren oder
- wegen der Hauptuntersuchung, Sicherheitsprüfung oder Abgasuntersuchung durchgeführt werden.

## H.3 Fahrten mit ungestempelten Kennzeichen

*Versicherungsschutz in der Kfz-Haftpflichtversicherung und beim Autoschutzbrief*

*H.3.1* In der Kfz-Haftpflichtversicherung und beim Autoschutzbrief besteht Versicherungsschutz auch für Zulassungsfahrten mit ungestempelten Kennzeichen. Dies gilt nicht für Fahrten, für die ein rotes Kennzeichen oder ein Kurzzeitkennzeichen geführt werden muss.

*Was sind Zulassungsfahrten?*

*H.3.2* Zulassungsfahrten sind Fahrten, die im Zusammenhang mit dem Zulassungsverfahren stehen.

Dies sind:

- Fahrten zur Zulassungsstelle zur Anbringung der Stempelplakette sowie Fahrten zur Durchführung einer Hauptuntersuchung oder einer Sicherheitsprüfung innerhalb des zuständigen Zulassungsbezirks und eines angrenzenden Bezirks mit ungestempelten Kennzeichen, wenn die Zulassungsbehörde vorab ein solches erteilt hat.
- Fahrten nach Entfernung der Stempelplakette mit dem bisher zugeteilten Kennzeichen bis zum Ablauf des Tages der Außerbetriebsetzung des Fahrzeugs.

## I Schadenfreiheitsrabatt-System

### I.1 Einstufung in Schadenfreiheitsklassen (SF-Klassen)

In der Kfz-Haftpflicht- und der Vollkaskoversicherung richtet sich die Einstufung Ihres Vertrags in eine SF-Klasse und der sich daraus ergebende Beitragssatz nach Ihrem Schadenverlauf. Siehe dazu die Tabellen in Anhang 1.

Dies gilt nicht für Fahrzeuge mit Versicherungskennzeichen,… < xx *alle gewünschten WKZ und Kennzeichenarten aufführen* >

### I.2 Ersteinstufung

#### *I.2.1 Ersteinstufung in SF-Klasse 0*

Beginnt Ihr Vertrag ohne Übernahme eines Schadenverlaufs nach I.6, wird er in die SF-Klasse 0 eingestuft.

#### *I.2.2 Sondereinstufung eines Pkw in SF-Klasse ½ oder SF-Klasse 2*

*I.2.2.1* Sonderersteinstufung in SF-Klasse ½

Beginnt Ihr Vertrag für einen Pkw ohne Übernahme eines Schadenverlaufs nach I.6, wird er in die SF-Klasse ½ eingestuft, wenn

a. auf Sie bereits ein Pkw zugelassen ist, der zu diesem Zeitpunkt in der Kfz-Haftpflichtversicherung mindestens in die SF-Klasse ½ eingestuft ist, oder
b. auf Ihren Ehepartner, Ihren eingetragenen Lebenspartner oder Ihren mit Ihnen in häuslicher Gemeinschaft lebenden Lebenspartner bereits ein Pkw zugelassen ist,
   - der zu diesem Zeitpunkt in der Kfz-Haftpflichtversicherung mindestens in die SFKlasse ½ eingestuft ist, und
   - Sie seit mindestens einem Jahr eine Fahrerlaubnis für Pkw oder Krafträder besitzen,

oder

c. Sie seit mindestens drei Jahren eine Fahrerlaubnis für Pkw oder Krafträder, die ein amtliches Kennzeichen führen, besitzen.

Die Fahrerlaubnis muss von einem Mitgliedstaat des Europäischen Wirtschaftsraums (EWR) erteilt oder nach I.2.5 gleichgestellt sein.

Die Sondereinstufung gilt nicht für Pkw, die ein Ausfuhrkennzeichen, ein Kurzzeitkennzeichen oder ein rotes Kennzeichen führen.

*I.2.2.2* Sonderersteinstufung in SF-Klasse 2

Beginnt Ihr Vertrag für einen Pkw ohne Übernahme eines Schadenverlaufs nach I.6, wird er in die SFKlasse 2 eingestuft, wenn

– auf Sie, Ihren Ehepartner, Ihren eingetragenen Lebenspartner oder Ihren mit Ihnen in häuslicher Gemeinschaft lebenden Lebenspartner bereits ein Pkw zugelassen und bei uns versichert ist, der zu diesem Zeitpunkt in der Kfz-Haftpflichtversicherung mindestens in die SF-Klasse 2 eingestuft ist,

und

– Sie seit mindestens einem Jahr eine gültige Fahrerlaubnis zum Führen von Pkw oder von Krafträdern besitzen, die von einem Mitgliedstaat des Europäischen Wirtschaftsraums (EWR) erteilt wurde,

und

– Sie und der jeweilige Fahrer mindestens das xx. Lebensjahr vollendet haben.

Die Sondereinstufung gilt nicht für Pkw, die ein Ausfuhrkennzeichen, ein Kurzzeitkennzeichen oder ein rotes Kennzeichen führen.

### *I.2.3 Anrechnung des Schadenverlaufs der Kfz-Haftpflichtversicherung in der Vollkaskoversicherung*

Ist das versicherte Fahrzeug ein Pkw, ein Kraftrad oder ein Campingfahrzeug und schließen Sie neben der Kfz-Haftpflichtversicherung eine Vollkaskoversicherung mit einer Laufzeit von einem Jahr ab (siehe G.1.2), können Sie verlangen, dass die Einstufung nach dem Schadenverlauf der Kfz-Haftpflichtversicherung erfolgt. Dies gilt nicht, wenn für das versicherte Fahrzeug oder für ein Vorfahrzeug im Sinne von I.6.1.1 innerhalb der letzten 12 Monate vor Abschluss der Vollkaskoversicherung bereits eine Vollkaskoversicherung bestanden hat; in diesem Fall übernehmen wir den Schadenverlauf der Vollkaskoversicherung nach I.6.

### *I.2.4 Führerscheinsonderregelung*

Hat Ihr Vertrag für einen Pkw oder ein Kraftrad in der Klasse SF 0 begonnen, stufen wir ihn auf Ihren Antrag besser ein, sobald Sie drei Jahre im Besitz einer Fahrerlaubnis für Pkw oder Krafträder sind und folgende Voraussetzungen gegeben sind:

– Der Vertrag ist schadenfrei verlaufen und
– Ihre Fahrerlaubnis ist von einem Mitgliedsstaat des Europäischen Wirtschaftsraums (EWR) ausgestellt worden oder dieser nach I.2.5. gleichgestellt.

### *I.2.5 Gleichgestellte Fahrerlaubnisse*

Fahrerlaubnisse aus Staaten außerhalb des Europäischen Wirtschaftsraums (EWR) sind Fahrerlaubnissen aus einem Mitgliedsstaat des EWR gleichgestellt, wenn diese nach der Fahrerlaubnisverordnung

– ohne weitere theoretische oder praktische Fahrprüfung umgeschrieben werden können oder
– nach Erfüllung der Auflagen umgeschrieben sind.

## I.3 Jährliche Neueinstufung

Wir stufen Ihren Vertrag zum 1. Januar eines jeden Jahres nach seinem Schadenverlauf im vergangenen Kalenderjahr neu ein.

Bei einem Schadenereignis ist der Tag der Schadenmeldung maßgeblich dafür, welchem Kalenderjahr der Schaden zugeordnet wird.

### *I.3.1 Wirksamwerden der Neueinstufung*

Die Neueinstufung gilt ab der ersten Beitragsfälligkeit im neuen Kalenderjahr.

### *I.3.2 Besserstufung bei schadenfreiem Verlauf*

Ist Ihr Vertrag während eines Kalenderjahres schadenfrei verlaufen und hat der Versicherungsschutz während dieser Zeit ununterbrochen bestanden, wird Ihr Vertrag in die nächst bessere SF-Klasse nach der jeweiligen Tabelle im Anhang 1 eingestuft.

### *I.3.3 Besserstufung bei Saisonkennzeichen*

Ist das versicherte Fahrzeug mit einem Saisonkennzeichen zugelassen (siehe H.2), nehmen wir bei schadenfreiem Verlauf des Vertrags eine Besserstufung nach I.3.2 nur vor, wenn die Saison mindestens sechs Monate beträgt.

### *I.3.4 Besserstufung bei Verträgen mit SF-Klassen [2], ½, S, 0 oder M*

Hat der Versicherungsschutz während des gesamten Kalenderjahres ununterbrochen bestanden, stufen wir Ihren Vertrag aus der SF-Klasse, ½, S, 0 oder M bei schadenfreiem Verlauf in die SF-Klasse 1 ein.

Hat Ihr Vertrag in der Zeit vom 2. Januar bis 1. Juli eines Kalenderjahres mit einer Einstufung in SFKlasse [2], ½ oder 0 begonnen und bestand bis zum 31. Dezember mindestens sechs Monate Versicherungsschutz, wird er bei schadenfreiem Verlauf zum 1. Januar des folgenden Kalenderjahres wie folgt eingestuft:

| | | |
|---|---|---|
| [xx von SF-Klasse 2 | nach | SF-Klasse xx] |
| von SF-Klasse ½ | nach | SF-Klasse xx, |
| von SF-Klasse 0 | nach | SF-Klasse xx. |

### *I.3.5 Rückstufung bei schadenbelastetem Verlauf*

Ist Ihr Vertrag während eines Kalenderjahres schadenbelastet verlaufen, wird er nach der jeweiligen Tabelle in Anhang 1 zurückgestuft.

## I.4 Was bedeutet schadenfreier oder schadenbelasteter Verlauf?

### *I.4.1 Schadenfreier Verlauf*

*I.4.1.1* Ein schadenfreier Verlauf des Vertrags liegt unter folgenden Voraussetzungen vor:
- Der Versicherungsschutz hat von Anfang bis Ende eines Kalenderjahres ununterbrochen bestanden und
- uns wurde in dieser Zeit kein Schadenereignis gemeldet, für das wir Entschädigungen leisten oder Rückstellungen bilden mussten. Dazu zählen nicht Kosten für Gutachter, Rechtsberatung und Prozesse.

*I.4.1.2* Trotz Meldung eines Schadenereignisses gilt der Vertrag jeweils als schadenfrei, wenn eine der folgenden Voraussetzungen vorliegt:

a. Wir leisten Entschädigungen oder bilden Rückstellungen:
   – nur aufgrund von Abkommen der Versicherungsunternehmen untereinander oder mit Sozialversicherungsträgern oder
   – wegen der Ausgleichspflicht aufgrund einer Mehrfachversicherung. Dies gilt nicht bei Gespannen.

b. Wir lösen Rückstellungen für das Schadenereignis in den drei auf die Schadenmeldung folgenden Kalenderjahren auf, ohne eine Entschädigung geleistet zu haben.

c. Der Schädiger oder dessen Haftpflichtversicherung erstatten uns unsere Entschädigung in vollem Umfang.

d. Wir leisten Entschädigungen in der Vollkaskoversicherung oder bilden Rückstellungen für ein Schadenereignis, das unter die Teilkaskoversicherung fällt.

e. Sie nehmen Ihre Vollkaskoversicherung nur deswegen in Anspruch, weil:
   – eine Person mit einer gesetzlich vorgeschriebenen Haftpflichtversicherung für das Schadenereignis zwar in vollem Umfang haftet,
   – Sie aber gegenüber dem Haftpflichtversicherer keinen Anspruch haben, weil dieser den Versicherungsschutz ganz oder teilweise versagt hat.

### *I.4.2 Schadenbelasteter Verlauf*

*I.4.2.1* Ein schadenbelasteter Verlauf des Vertrags liegt vor, wenn Sie uns während eines Kalenderjahres ein oder mehrere Schadenereignisse melden, für die wir Entschädigungen leisten oder Rückstellungen bilden müssen. Hiervon ausgenommen sind die Fälle nach I.4.1.2.

*I.4.2.2* Gilt der Vertrag trotz einer Schadenmeldung zunächst als schadenfrei, leisten wir jedoch in einem folgenden Kalenderjahr Entschädigungen oder bilden Rückstellungen für diesen Schaden, stufen wir Ihren Vertrag zum 1. Januar des dann folgenden Kalenderjahres zurück.

## I.5 Wie Sie eine Rückstufung in der Kfz-Haftpflichtversicherung vermeiden können

Sie können eine Rückstufung in der Kfz-Haftpflichtversicherung vermeiden, wenn Sie uns unsere Entschädigung freiwillig, also ohne vertragliche oder gesetzliche Verpflichtung erstatten.

Um Ihnen hierzu Gelegenheit zu geben, unterrichten wir Sie nach Abschluss der Schadenregulierung über die Höhe unserer Entschädigung. Voraussetzung ist, dass unsere Entschädigung nicht mehr als 500 Euro beträgt.

Erstatten Sie uns die Entschädigung innerhalb von sechs Monaten nach unserer Mitteilung, wird Ihr Kfz-Haftpflichtversicherungsvertrag als schadenfrei behandelt.

Haben wir Sie über den Abschluss der Schadenregulierung und über die Höhe des Erstattungsbetrags unterrichtet und müssen wir eine weitere Entschädigung leisten, führt dies nicht zu einer Erhöhung des Erstattungsbetrags.

## I.6 Übernahme eines Schadenverlaufs

### *I.6.1 In welchen Fällen wird ein Schadenverlauf übernommen?*

Der Schadenverlauf eines anderen Vertrags – auch wenn dieser bei einem anderen Versicherer bestanden hat – wird auf den Vertrag des versicherten Fahrzeugs unter den Voraussetzungen nach I.6.2 und I.6.3 in folgenden Fällen übernommen:

*Fahrzeugwechsel*

*I.6.1.1* Sie haben das versicherte Fahrzeug anstelle eines anderen Fahrzeugs angeschafft.

*Rabatt-Tausch*

*I.6.1.2 a* Sie besitzen neben dem versicherten Fahrzeug noch ein anderes Fahrzeug. Sie veräußern dieses oder setzen es ohne Ruheversicherung außer Betrieb und beantragen die Übernahme des Schadenverlaufs.

*I.6.1.2 b* Sie versichern ein weiteres Fahrzeug. Dieses soll überwiegend von demselben Personenkreis benutzt werden, wie das bereits versicherte Fahrzeug. Sie beantragen, dass der Schadenverlauf von dem bisherigen auf das weitere Fahrzeug übertragen wird.

*Schadenverlauf einer anderen Person*

*I.6.1.3* Das Fahrzeug einer anderen Person wurde überwiegend von Ihnen gefahren und Sie beantragen die Übernahme des Schadenverlaufs.

*Versichererwechsel*

*I.6.1.4* Sie sind mit Ihrem Fahrzeug von einem anderen Versicherer zu uns gewechselt.

### *I.6.2 Welche Voraussetzungen gelten für die Übernahme?*

Für die Übernahme eines Schadenverlaufs gelten folgende Voraussetzungen:

*Fahrzeuggruppe*

*I.6.2.1* Die Fahrzeuge, zwischen denen der Schadenverlauf übertragen wird, gehören derselben Fahrzeuggruppe an, oder das Fahrzeug, von dem der Schadenverlauf übernommen wird, gehört einer höheren Fahrzeuggruppe an als das Fahrzeug, auf das übertragen wird.

a. Untere Fahrzeuggruppe:
Pkw, Leichtkrafträder, Krafträder, Campingfahrzeuge, Lieferwagen, Gabelstapler, Kranken- und Leichenwagen.

b. Mittlere Fahrzeuggruppe:
Taxen, Mietwagen, Lkw und Zugmaschinen im Werkverkehr.

c. Obere Fahrzeuggruppe:
Lkw und Zugmaschinen im gewerblichen Güterverkehr, Kraftomnibusse sowie Abschleppwagen.

Eine Übertragung ist zudem möglich

– von einem Lieferwagen auf einen Lkw oder eine Zugmaschine im Werkverkehr bis xx kW,
– von einem Pkw mit 7 bis 9 Plätzen einschließlich Mietwagen und Taxen auf einen Kraftomnibus mit nicht mehr als xx Plätzen (ohne Fahrersitz).

*Gemeinsame Übernahme des Schadenverlaufs in der Kfz-Haftpflicht- und der Vollkaskoversicherung*

*I.6.2.2* Wir übernehmen die Schadenverläufe in der Kfz-Haftpflicht- und in der Vollkaskoversicherung nur zusammen.

Dies gilt nicht, wenn der Versicherungsnehmer die Vollkaskoversicherung aus einem anderen für ihn bestehenden Vertrag aufgibt, um den Schadenverlauf für das versicherte Fahrzeug zu nutzen.

*Zusätzliche Regelung für die Übernahme des Schadenverlaufs von einer anderen Person nach I.6.1.3*

*I.6.2.3* Wir übernehmen den Schadenverlauf von einer anderen Person nur für den Zeitraum, in dem das Fahrzeug der anderen Person überwiegend von Ihnen gefahren wurde. Zusätzlich müssen folgende Voraussetzungen erfüllt sein:

a. Es handelt sich bei der anderen Person um Ihren Ehepartner, Ihren eingetragenen Lebenspartner, Ihren mit Ihnen in häuslicher Gemeinschaft lebenden Lebenspartner, ein Elternteil, Ihr Kind oder Ihren Arbeitgeber;
b. Sie machen den Zeitraum, in dem das Fahrzeug der anderen Person überwiegend von Ihnen gefahren wurde glaubhaft; hierzu gehört insbesondere
   - eine Erklärung in Textform von Ihnen und der anderen Person; ist die andere Person verstorben, ist die Erklärung durch Sie ausreichend;
   - die Vorlage einer Kopie Ihres Führerscheins zum Nachweis dafür, dass Sie für den entsprechenden Zeitraum im Besitz einer gültigen Fahrerlaubnis waren;
c. die andere Person ist mit der Übertragung ihres Schadenverlaufs an Sie einverstanden und gibt damit ihren Schadenfreiheitsrabatt in vollem Umfang auf;
d. die Nutzung des Fahrzeugs der anderen Person durch Sie liegt bei der Übernahme nicht mehr als xx Monate zurück.

### *I.6.3 Wie wirkt sich eine Unterbrechung des Versicherungsschutzes auf den Schadenverlauf aus?*

*Im Jahr der Übernahme*

*I.6.3.1* Nach einer Unterbrechung des Versicherungsschutzes (Außerbetriebsetzung, Saisonkennzeichen außerhalb der Saison, Vertragsbeendigung, Veräußerung, Wagniswegfall) gilt:

a. Beträgt die Unterbrechung höchstens sechs Monate, übernehmen wir den Schadenverlauf, als wäre der Versicherungsschutz nicht unterbrochen worden.
b. Beträgt die Unterbrechung mehr als sechs und höchstens zwölf Monate, übernehmen wir den Schadenverlauf, wie er vor der Unterbrechung bestand.
c. Beträgt die Unterbrechung mehr als zwölf Monate, ziehen wir beim Schadenverlauf für jedes weitere angefangene Kalenderjahr seit der Unterbrechung ein schadenfreies Jahr ab.
d. Beträgt die Unterbrechung mehr als sieben Jahre, übernehmen wir den schadenfreien Verlauf nicht.

Sofern neben einer Rückstufung aufgrund einer Unterbrechung von mehr als einem Jahr gleichzeitig eine Rückstufung aufgrund einer Schadenmeldung zu erfolgen hat, gilt Folgendes: Zunächst ist die Rückstufung aufgrund des Schadens, danach die Rückstufung aufgrund der Unterbrechung vorzunehmen.

*Im Folgejahr nach der Übernahme*

*I.6.3.2* In dem auf die Übernahme folgenden Kalenderjahr richtet sich die Einstufung des Vertrags nach dessen Schadenverlauf und danach, wie lange der Versicherungsschutz in dem Kalenderjahr der Übernahme bestand:

a. Bestand der Versicherungsschutz im Kalenderjahr der Übernahme mindestens sechs Monate, wird der Vertrag entsprechend seines Verlaufs so eingestuft, als hätte er ein volles Kalenderjahr bestanden.
b. Bestand der Versicherungsschutz im Kalenderjahr der Übernahme weniger als sechs Monate, unterbleibt eine Besserstufung trotz schadenfreien Verlaufs.

### *I.6.4 Übernahme des Schadenverlaufs nach Betriebsübergang*

Haben Sie einen Betrieb und dessen zugehörige Fahrzeuge übernommen, übernehmen wir den Schadenverlauf dieser Fahrzeuge unter folgenden Voraussetzungen:

- Der bisherige Betriebsinhaber ist mit der Übernahme des Schadenverlaufs durch Sie einverstanden und gibt damit den Schadenfreiheitsrabatt in vollem Umfang auf,
- Sie machen glaubhaft, dass sich durch die Übernahme des Betriebs die bisherige Risikosituation nicht verändert hat.

### I.7 Einstufung nach Abgabe des Schadenverlaufs

*I.7.1* Die Schadenverläufe in der Kfz-Haftpflicht- und der Vollkaskoversicherung können nur zusammen abgegeben werden.

*I.7.2* Nach einer Abgabe des Schadenverlaufs Ihres Vertrags stufen wir diesen in die SF-Klasse ein, die Sie bei Ersteinstufung Ihres Vertrages nach I.2 bekommen hätten. Befand sich Ihr Vertrag in der SF-Klasse M oder S, bleibt diese Einstufung bestehen.

*I.7.3* Wir sind berechtigt, den Mehrbeitrag aufgrund der Umstellung Ihres Vertrags nachzuerheben.

### I.8 Auskünfte über den Schadenverlauf

*I.8.1* Wir sind berechtigt, uns bei Übernahme eines Schadenverlaufs folgende Auskünfte vom Vorversicherer geben zu lassen:

- Art und Verwendung des Fahrzeugs,
- Beginn und Ende des Vertrags für das Fahrzeug,
- Schadenverlauf des Fahrzeugs in der Kfz-Haftpflicht- und der Vollkaskoversicherung,
- Unterbrechungen des Versicherungsschutzes des Fahrzeugs, die sich noch nicht auf dessen letzte Neueinstufung ausgewirkt haben,
- ob für ein Schadenereignis Rückstellungen innerhalb von drei Jahren nach deren Bildung aufgelöst worden sind, ohne dass Zahlungen geleistet worden sind und
- ob Ihnen oder einem anderen Versicherer bereits entsprechende Auskünfte erteilt worden sind.

*I.8.2* Versichern Sie nach Beendigung Ihres Vertrags in der Kfz-Haftpflicht- und der Vollkaskoversicherung Ihr Fahrzeug bei einem anderen Versicherer, sind wir berechtigt und verpflichtet, diesem auf Anfrage Auskünfte zu Ihrem Vertrag und dem versicherten Fahrzeug nach I.8.1 zu geben.

Unsere Auskunft bezieht sich nur auf den tatsächlichen Schadenverlauf. Sondereinstufungen – mit Ausnahme der Regelung nach I.2.2.1 – werden nicht berücksichtigt.

*I.8.3* Ist Ihr Vertrag bei Beendigung nach der maßgeblichen Tabelle zum Schadenfreiheitsrabatt-System in Anhang 1 in die SF-Klasse M, 0 oder S eingestuft oder wäre er bei Fortbestehen dort einzustufen, sind wir berechtigt, dies der zuständigen Gemeinschaftseinrichtung der Versicherer mitzuteilen. Dies ist derzeit die GDV Dienstleistungs-GmbH & Co. KG, Glockengießerwall 1, 20095 Hamburg. Ihre SF-Klasse wird dort für andere Versicherer nach I.8.4 abrufbar sein.

*I.8.4* Geben Sie in Ihrem Antrag keine Vorversicherung an, sind wir berechtigt, bei der zuständigen Gemeinschaftseinrichtung der Versicherer nachzufragen, ob Ihr Vertrag bei einem Vorversicherer in die SF-Klassen M, 0 oder S einzustufen war.

## J Beitragsänderung aufgrund tariflicher Maßnahmen

### J.1 Typklasse

Richtet sich der Versicherungsbeitrag nach dem Typ Ihres Fahrzeugs, können Sie Ihrem Versicherungsschein entnehmen, welcher Typklasse Ihr Fahrzeug zu Beginn des Vertrags zugeordnet worden ist.

Ein unabhängiger Treuhänder ermittelt jährlich, ob und in welchem Umfang sich der Schadenbedarf Ihres Fahrzeugtyps im Verhältnis zu dem aller Fahrzeugtypen erhöht oder verringert hat. Ändert sich der Schadenbedarf Ihres Fahrzeugtyps im Verhältnis zu dem aller Fahrzeugtypen, kann dies zu einer Zuordnung in eine andere Typklasse führen. Die damit verbundene Beitragsänderung wird mit Beginn des nächsten Versicherungsjahres wirksam.

[xx Die Klassengrenzen können Sie der Tabelle im Anhang 3 entnehmen.]

### J.2 Regionalklasse

Richtet sich der Versicherungsbeitrag nach dem Wohnsitz des Halters, wird Ihr Fahrzeug einer Regionalklasse zugeordnet. Maßgeblich ist der Wohnsitz, den uns die Zulassungsbehörde zu Ihrem

Fahrzeug mitteilt. Ihrem Versicherungsschein können Sie entnehmen, welcher Regionalklasse Ihr Fahrzeug zu Beginn des Vertrags zugeordnet worden ist.

Ein unabhängiger Treuhänder ermittelt jährlich, ob und in welchem Umfang sich der Schadenbedarf der Region, in welcher der Wohnsitz des Halters liegt, im Verhältnis zu allen Regionen erhöht oder verringert hat. Ändert sich der Schadenbedarf Ihrer Region im Verhältnis zu dem aller Regionen, kann dies zu einer Zuordnung in eine andere Regionalklasse führen. Die damit verbundene Beitragsänderung wird mit Beginn des nächsten Versicherungsjahres wirksam.

[xx Die Klassengrenzen können Sie der Tabelle im Anhang 4 entnehmen.]

### J.3 Tarifänderung

< xx *Redaktioneller Hinweis: Ein Mustertext wie zu § 9a AKB a. F. wird nicht bekannt gemacht.* >

### J.4 Kündigungsrecht

Führt eine Änderung nach J.1 bis J.3 in der Kfz-Haftpflichtversicherung zu einer Beitragserhöhung, so haben Sie nach G.2.7 ein Kündigungsrecht. Werden mehrere Änderungen gleichzeitig wirksam, so besteht Ihr Kündigungsrecht nur, wenn die Änderungen in Summe zu einer Beitragserhöhung führen.

Dies gilt für die Kaskoversicherung [und xx] entsprechend.

<Redaktioneller Hinweis: Ist auch in weiteren Sparten ein Tarifänderungsrecht nach J.3 vorgesehen, ist dies hier aufzunehmen.>

### J.5 Gesetzliche Änderung des Leistungsumfangs in der Kfz-Haftpflichtversicherung

In der Kfz-Haftpflichtversicherung sind wir berechtigt, den Beitrag zu erhöhen, sobald wir aufgrund eines Gesetzes, einer Verordnung oder einer EU-Richtlinie dazu verpflichtet werden, den Leistungsumfang oder die Versicherungssummen zu erhöhen.

< *xx Achtung! Es folgen zwei Varianten. Variante 1 für Versicherer, die nur das SF-System nach Anlage 1 verwenden wollen. Variante 2 für Versicherer, die auch die Tarifmerkmale nach Anhang 2 verwenden wollen.* >

### J.6 Änderung des SF-Klassen-Systems

Wir sind berechtigt, die Bestimmungen für die SF-Klassen nach Abschnitt I und Anhang 1 zu ändern.

Dies setzt voraus, dass ein unabhängiger Treuhänder bestätigt, dass die geänderten Bestimmungen den anerkannten Grundsätzen der Versicherungsmathematik und Versicherungstechnik entsprechen.

Die geänderten Bestimmungen werden mit Beginn des nächsten Versicherungsjahres wirksam.
In diesem Fall haben Sie nach G.2.9 ein Kündigungsrecht.

**[J.6 xx Änderung der Tarifstruktur]**

Wir sind berechtigt, die Bestimmungen für SF-Klassen, Regionalklassen, Typklassen, Abstellort, jährliche Fahrleistung, xx < *ggf. zu ergänzen* > zu ändern. Dies setzt voraus, dass ein unabhängiger Treuhänder bestätigt, dass die geänderten Bestimmungen den anerkannten Grundsätzen der Versicherungsmathematik und Versicherungstechnik entsprechen. Die geänderten Bestimmungen werden mit Beginn des nächsten Versicherungsjahres wirksam.

In diesem Fall haben Sie nach G.2.9 ein Kündigungsrecht.

## K Beitragsänderung aufgrund eines bei Ihnen eingetretenen Umstands

### K.1 Änderung des Schadenfreiheitsrabatts

Ihr Beitrag kann sich aufgrund der Regelungen zum Schadenfreiheitsrabatt-System nach Abschnitt I ändern.

### K.2 Änderung von Merkmalen zur Beitragsberechnung

*Welche Änderungen werden berücksichtigt?* K.2.1 Ändert sich während der Laufzeit des Vertrags ein im Versicherungsschein unter der Überschrift xx aufgeführtes Merkmal zur Beitragsberechnung, berechnen wir den Beitrag neu.

Dies kann zu einer Beitragssenkung oder zu einer Beitragserhöhung führen.

< xx *Alternativformulierung für Versicherer, die die Anhänge 2 und 5 verwenden*:

*K.2.1* Ändert sich während der Laufzeit des Vertrags ein Merkmal zur Beitragsberechnung gemäß Anhang 2 »Merkmale zur Beitragsberechnung« und Anhang 5 »Berufsgruppen (Tarifgruppen)« berechnen wir den Beitrag neu. Dies kann zu einer Beitragssenkung oder zu einer Beitragserhöhung führen.

>*Auswirkung auf den Beitrag*

*K.2.* Der neue Beitrag gilt ab dem Tag der Änderung.

*K.2.3* Ändert sich die im Versicherungsschein aufgeführte Jahresfahrleistung, gilt abweichend von K.2.2 der neue Beitrag rückwirkend ab Beginn des laufenden Versicherungsjahres.

### K.3 Änderung der Regionalklasse wegen Wohnsitzwechsels

Wechselt der Halter seinen Wohnsitz und wird dadurch Ihr Fahrzeug einer anderen Regionalklasse zugeordnet, richtet sich der Beitrag ab der Ummeldung bei der Zulassungsbehörde nach der neuen Regionalklasse.

### K.4 Ihre Mitteilungspflichten zu den Merkmalen zur Beitragsberechnung

*Anzeige von Änderungen*

*K.4.1* Die Änderung eines im Versicherungsschein unter der Überschrift < xx *konkrete Bezeichnung eintragen* > aufgeführten Merkmals zur Beitragsberechnung müssen Sie uns unverzüglich anzeigen.

*Überprüfung der Merkmale zur Beitragsberechnung*

*K.4.2* Wir sind berechtigt zu überprüfen, ob die bei Ihrem Vertrag berücksichtigten Merkmale zur Beitragsberechnung zutreffen. Auf Anforderung haben Sie uns entsprechende Bestätigungen oder Nachweise vorzulegen.

*Folgen von unzutreffenden Angaben*

*K.4.3* Haben Sie unzutreffende Angaben zu Merkmalen zur Beitragsberechnung gemacht oder Änderungen nicht angezeigt und ist deshalb ein zu niedriger Beitrag berechnet worden, gilt rückwirkend ab Beginn des laufenden Versicherungsjahres der Beitrag, der den tatsächlichen Merkmalen zur Beitragsberechnung entspricht.

*K.4.4* Haben Sie vorsätzlich unzutreffende Angaben gemacht oder Änderungen vorsätzlich nicht angezeigt und ist deshalb ein zu niedriger Beitrag berechnet worden, ist zusätzlich zur Beitragserhöhung eine Vertragsstrafe in Höhe von xx zu zahlen.

*Folgen von Nichtangaben*

*K.4.5* Kommen Sie unserer Aufforderung schuldhaft nicht nach, Bestätigungen oder Nachweise vorzulegen, sind wir berechtigt, den Beitrag rückwirkend ab Beginn des laufenden Versicherungsjahres nach den für Sie ungünstigsten Annahmen zu berechnen, wenn

- wir Sie in Textform auf den dann zu zahlenden Beitrag und die dabei zugrunde gelegten Annahmen hingewiesen haben
- und Sie auch innerhalb einer von uns gesetzten Antwortfrist von mindestens X [nicht weniger als 4] Wochen die zur Überprüfung der Beitragsberechnung angeforderten Bestätigungen oder Nachweise nicht nachreichen.

## K.5 Änderung der Art oder Verwendung des Fahrzeugs

Ändert sich die im Versicherungsschein ausgewiesene Art oder Verwendung des Fahrzeugs < xx *bei Verwendung des Anhangs: »gemäß der Tabelle in Anhang 6«* >, müssen Sie uns dies anzeigen. Bei der Zuordnung nach der Verwendung des Fahrzeugs gelten ziehendes Fahrzeug und Anhänger als Einheit, wobei das höhere Wagnis maßgeblich ist.

Wir können in diesem Fall den Versicherungsvertrag nach G.3.6 kündigen oder den Beitrag ab der Änderung anpassen.

Erhöhen wir den Beitrag um mehr als 10 %, haben Sie ein Kündigungsrecht nach G.2.8.

## L Meinungsverschiedenheiten und Gerichtsstände

## L.1 Wenn Sie mit uns einmal nicht zufrieden sind

*Versicherungsombudsmann*

*L.1.1* Wenn Sie als Verbraucher mit unserer Entscheidung nicht zufrieden sind oder eine Verhandlung mit uns einmal nicht zu dem von Ihnen gewünschten Ergebnis geführt hat, können Sie sich an den Ombudsmann für Versicherungen wenden.

Versicherungsombudsmann e.V.
Postfach 080632
10006 Berlin
E-Mail: beschwerde@versicherungsombudsmann.de
Internet: www.versicherungsombudsmann.de
Telefon 0800 3696000, Fax 0800 3699000 (kostenfrei aus dem deutschen Telefonnetz)

Der Ombudsmann für Versicherungen ist eine unabhängige und für Verbraucher kostenfrei arbeitende Schlichtungsstelle. Wir haben uns verpflichtet, an dem Schlichtungsverfahren teilzunehmen Verbraucher, die diesen Vertrag online (z. B. über eine Webseite oder per E-Mail) abgeschlossen haben, können sich mit ihrer Beschwerde auch online an die Plattform http://ec.europa.eu/consumers/odr/wenden. Ihre Beschwerde wird dann über diese Plattform an den Versicherungsombudsmann weitergeleitet. Für Fragen können Sie sich auch per E-Mail an uns wenden:

xxxx@xxx.xx.

*Versicherungsaufsicht*

*L.1.2* Sind Sie mit unserer Betreuung nicht zufrieden oder treten Meinungsverschiedenheiten bei der Vertragsabwicklung auf, können Sie sich auch an die für uns zuständige Aufsicht wenden.

Als Versicherungsunternehmen unterliegen wir der Aufsicht der Bundesanstalt für Finanzdienstleistungsaufsicht.

Bundesanstalt für Finanzdienstleistungsaufsicht (BAFin)
Sektor Versicherungsaufsicht
Graurheindorfer Straße 108
53117 Bonn
E-Mail: poststelle@bafin.de

Telefon 0228 4108-0, Fax 0228 4108 – 1550
Bitte beachten Sie, dass die BAFin keine Schiedsstelle ist und einzelne Streitfälle nicht verbindlich entscheiden kann.

*Rechtsweg*

*L.1.3* Außerdem haben Sie die Möglichkeit, den Rechtsweg zu beschreiten.
Hinweis: Bei Meinungsverschiedenheiten zur Schadenhöhe in der Kaskoversicherung können Sie auch das Sachverständigenverfahren nach A.2.6 nutzen.

## L.2 Gerichtsstände

*Wenn Sie uns verklagen*

*L.2.1* Ansprüche aus Ihrem Versicherungsvertrag können Sie insbesondere bei folgenden Gerichten geltend machen:
- dem Gericht, das für Ihren Wohnsitz örtlich zuständig ist,
- dem Gericht, das für unseren Geschäftssitz oder für die Sie betreuende Niederlassung örtlich zuständig ist.

*Wenn wir Sie verklagen*

*L.2.2* Wir können Ansprüche aus dem Versicherungsvertrag insbesondere bei folgenden Gerichten geltend machen:
- dem Gericht, das für Ihren Wohnsitz örtlich zuständig ist,
- dem Gericht des Ortes, an dem sich der Sitz oder die Niederlassung Ihres Betriebs befindet, wenn Sie den Versicherungsvertrag für Ihren Geschäfts- oder Gewerbebetrieb abgeschlossen haben.

*Sie haben Ihren Wohnsitz oder Geschäftssitz ins Ausland verlegt*

*L.2.3* Für den Fall, dass Sie Ihren Wohnsitz, Geschäftssitz oder gewöhnlichen Aufenthalt außerhalb Deutschlands verlegt haben oder Ihr Wohnsitz, Geschäftssitz oder gewöhnlicher Aufenthalt im Zeitpunkt der Klageerhebung nicht bekannt ist, gilt abweichend der Regelungen nach L.2.2 das Gericht als vereinbart, das für unseren Geschäftssitz zuständig ist.

## M

*- Abschnitt gestrichen -*

## N Bedingungsänderung

< xx *Redaktioneller Hinweis: Ein Mustertext wird nicht bekannt gemacht.* >

## [Anhang 1: Tabellen zum Schadenfreiheitsrabatt-System]

### 1 Pkw

### 1.1 Einstufung von Pkw in Schadenfreiheitsklassen (SF-Klassen) und Beitragssätze

*[Anpassung der SF-Klassen in allen nachfolgenden Tabellen]-...*

... < *xx Tabelle* >

### 1.2 Rückstufung im Schadenfall bei Pkw

1.2.1 Kfz-Haftpflichtversicherung

| Aus<br>SF Klasse | 1 Schaden | 2 Schäden | 3 Schäden | 4 und mehr Schäden |
|---|---|---|---|---|
| Nach Klasse | | | | |

| Aus | 1 Schaden | 2 Schäden | 3 Schäden | 4 und mehr Schäden |
|---|---|---|---|---|
| xx | xx | xx | xx | xx |
| | … | | | |

1.2.2 Vollkaskoversicherung

| Aus<br>SF Klasse<br>Nach Klasse | 1 Schaden | 2 Schäden | 3 Schäden | 4 und mehr Schäden |
|---|---|---|---|---|
| xx | xx | xx | xx | xx |
| | … | | | |

**2 Krafträder**

**2.1 Einstufung von Krafträdern in Schadenfreiheitsklassen (SF-Klassen) und Beitragssätze**

… < xx Tabelle >

**2.2 Rückstufung im Schadenfall bei Krafträdern**

2.2.1 Kfz-Haftpflichtversicherung

… < xx Tabelle >

2.2.2 Vollkaskoversicherung

… < xx Tabelle >

**3 Leichtkrafträder**

**3.1 Einstufung von Leichtkrafträdern in Schadenfreiheitsklassen (SF-Klassen) und Beitragssätze**

… < xx Tabelle>

**3.2 Rückstufung im Schadenfall bei Leichtkrafträdern**

3.2.1 Kfz-Haftpflichtversicherung

… < xx Tabelle >

3.2.2 Vollkaskoversicherung

… < xx Tabelle >

**4 Taxen und Mietwagen**

**4.1 Einstufung von Taxen und Mietwagen in Schadenfreiheitsklassen (SF-Klassen) und Beitragssätze**

… < xx Tabelle >

**4.2 Rückstufung im Schadenfall bei Taxen und Mietwagen**

4.2.1 Kfz-Haftpflichtversicherung

… < xx Tabelle >

4.2.2 Vollkaskoversicherung

… < xx Tabelle >

**5 Campingfahrzeuge (Wohnmobile)**

**5.1 Einstufung von Campingfahrzeugen (Wohnmobilen) in Schadenfreiheitsklassen (SF-Klassen) und Beitragssätze**

… < xx Tabelle >

**5.2 Rückstufung im Schadenfall bei Campingfahrzeugen (Wohnmobilen)**

5.2.1 Kfz-Haftpflichtversicherung

… < xx Tabelle >

5.2.2 Vollkaskoversicherung

… < xx Tabelle >

**6 Lieferwagen, Lkw, Zugmaschinen, Krankenwagen, Leichenwagen, Busse (nur Kfz-Haftpflicht), Abschleppwagen (nur Kfz-Haftpflicht) und Stapler (nur Kfz-Haftpflicht)**

**6.1 Einstufung von Lieferwagen, Lkw, Zugmaschinen, Krankenwagen, Leichenwagen, Busse (nur Kfz-Haftpflicht), Abschleppwagen und Stapler (nur Kfz-Haftpflicht) in Schadenfreiheitsklassen (SF-Klassen) und Beitragssätze**

… < xx Tabelle >

6.2 **Rückstufung im Schadenfall bei Lieferwagen, Lkw, Zugmaschinen, Krankenwagen, Leichenwagen, Busse, Abschleppwagen und Stapler**

6.2.1 Kfz-Haftpflichtversicherung

… < xx Tabelle >

6.2.2 Vollkaskoversicherung (nur Lieferwagen, Lkw, Zugmaschinen, Krankenwagen, Leichenwagen)

… < xx Tabelle >

## [Anhang 2: Merkmale zur Beitragsberechnung]

1 **Individuelle Merkmale zur Beitragsberechnung bei Pkw**

1.1 **Abstellort**

Regelmäßiger nächtlicher Abstellort:
- abschließbare Einzelgarage
- abschließbare Doppelgarage
- Mehrfachtiefgarage
- gesichertes Grundstück
- Carport

1.2 **Jährliche Fahrleistung**

Fahrleistungsklassen:

1.2.1 Kfz-Haftpflichtversicherung:
Fahrleistungsklasse
von XX km bis XX km

1.2.2 Vollkaskoversicherung:
Fahrleistungsklasse
von XX km bis XX km

1.2.3 Teilkaskoversicherung:
Fahrleistungsklasse
von XX km bis XX km

Unabhängig von der Fahrleistung gilt bei Verträgen für Pkw, die mit einem Saison-, Oldtimer-, Ausfuhr, Kurzzeit- oder roten Kennzeichen zugelassen sind, die Fahrleistungsklasse xx als vereinbart.

1.3 **Weitere Merkmale zur Beitragsberechnung**
- Selbstgenutztes Wohneigentum
- Nutzerkreis
- Nutzeralter
- Fahrzeugalter beim Erwerb durch Sie
- … xx

2 **Merkmale zur Beitragsberechnung bei Krafträdern und Leichtkrafträdern**
- Nutzeralter
- Motorleistung
- … xx

3 **Merkmale zur Beitragsberechnung bei Lkw, Zugmaschinen, Bussen, Anhängern**

Bei der Beitragsberechnung werden die nachfolgenden Merkmale berücksichtigt:
- Aufbau
- Motorleistung
- Anzahl der Plätze
- zulässiges Gesamtgewicht

## [Anhang 3: Tabellen zu den Typklassen]

Für Pkw, Taxen, Mietwagen und Selbstfahrervermiet-Pkw gelten folgende Typklassen:

**1 Kfz-Haftpflichtversicherung:**

Typklasse Schadenbedarfs-Indexwerte
von bis unter

**2 Vollkaskoversicherung:**

Typklasse Schadenbedarfs-Indexwerte
von bis unter

**3 Teilkaskoversicherung:**

Typklasse Schadenbedarfs-Indexwerte
von bis unter

## [Anhang 4: Tabellen zu den Regionalklassen]

**Es gelten folgende Regionalklassen:**

**1 Für Pkw**

**1.1 In der Kfz-Haftpflichtversicherung:**

Regionalklasse Schadenbedarfs-Indexwerte
von bis unter

**1.2 In der Vollkaskoversicherung:**

Regionalklasse Schadenbedarfs-Indexwerte
von bis unter

**1.3 In der Teilkaskoversicherung:**

Regionalklasse Schadenbedarfs-Indexwerte
von bis unter

**2 Für Krafträder**

**2.1 In der Kfz-Haftpflichtversicherung:**

Regionalklasse Schadenbedarfs-Indexwerte
von bis unter

**2.2 In der Teilkaskoversicherung:**

Regionalklasse Schadenbedarfs-Indexwerte
von bis unter

**3 Für Lieferwagen**

**3.1 In der Kfz-Haftpflichtversicherung:**

Regionalklasse Schadenbedarfs-Indexwerte
von bis unter

**3.2 In der Vollkaskoversicherung:**

Regionalklasse Schadenbedarfs-Indexwerte Regionen
von bis unter

**3.3 In der Teilkaskoversicherung:**

Regionalklasse Schadenbedarfs-Indexwerte Regionen
von bis unter

**4 Für landwirtschaftliche Zugmaschinen**

**4.1 In der Kfz-Haftpflichtversichrung:**

Regionalklasse Schadenbedarfs-Indexwerte Regionen
von bis unter

**4.2 In der Teilkaskoversicherung:**

Regionalklasse Schadenbedarfs-Indexwerte Regionen
von bis unter

## [Anhang 5: Berufsgruppen (Tarifgruppen)]

**1 Berufsgruppe A**

Die Beiträge der Berufsgruppe A gelten in der Kfz-Haftpflichtversicherung bei Pkw für

a. Landwirte und Gartenbaubetriebe
landwirtschaftliche Unternehmer im Sinne des § 123 Abs. 1 Nr. 1 Sozialgesetzbuch VII, die Mitglieder einer landwirtschaftlichen Berufsgenossenschaft oder der Gartenbauberufsgenossenschaft sind, deren Betrieb eine Mindestgröße von 1/2 ha – bei einem Gartenbaubetrieb jedoch eine Mindestgröße von 2 ha – hat, und die diesen Betrieb selbst bewirtschaften;

b. Ehemalige Landwirte
ehemalige landwirtschaftliche Unternehmer, wenn sie die Voraussetzungen nach 1.a unmittelbar vor Übergabe des Betriebes erfüllt haben und nicht anderweitig berufstätig sind;

c. Witwen und Witwer
nicht berufstätige Witwen/Witwer von Personen, die bei ihrem Tod die Voraussetzungen nach 1.a oder 1.b erfüllt haben.

**2 Berufsgruppe B**

Die Beiträge der Berufsgruppe B gelten in der Kfz-Haftpflicht-, Vollkasko- und in der Teilkaskoversicherung beschränkt auf Pkw, Campingfahrzeuge, Krafträder und Leichtkrafträder – für Versicherungsverträge von Kraftfahrzeugen, die zugelassen sind auf

a. Gebietskörperschaften, Körperschaften, Anstalten und Stiftungen des öffentlichen Rechts;

b. juristische Personen des Privatrechts, wenn sie im Hauptzweck Aufgaben wahrnehmen, die sonst der öffentlichen Hand obliegen würden, und wenn
   – an ihrem Grundkapital juristische Personen des öffentlichen Rechts mit mindestens 50 % beteiligt sind oder
   – sie Zuwendungen aus öffentlichen Haushalten zu mehr als der Hälfte ihrer Haushaltsmittel erhalten (§ 23 Bundeshaushaltsordnung oder die entsprechenden haushaltsrechtlichen Vorschriften der Länder);

c. mildtätige und kirchliche Einrichtungen (§§ 53, 54 Abgabenordnung);

d. als gemeinnützig anerkannte Einrichtungen (§ 52 Abgabenordnung), die im Hauptzweck der Gesundheitspflege und Fürsorge oder der Jugend- und Altenpflege dienen oder die im Hauptzweck durch Förderung der Wissenschaft, Kunst, Religion, der Erziehung oder der Volks- und Berufsbildung dem Allgemeinwohl auf materiellem, geistigem oder sittlichem Gebiet nutzen;

e. Selbsthilfeeinrichtungen der Angehörigen des öffentlichen Dienstes;

f. Beamte, Richter, Angestellte und Arbeiter der unter 2.a bis 2.e genannten juristischen Personen und Einrichtungen, sofern ihre nicht selbstständige und der Lohnsteuer unterliegende Tätigkeit für diese mindestens 50 % der normalen Arbeitszeit beansprucht und sofern sie von ihnen besoldet oder entlohnt werden, sowie die bei diesen juristischen Personen und Einrichtungen in einem anerkannten Ausbildungsverhältnis stehenden Personen, ferner Berufssoldaten und Soldaten auf Zeit der Bundeswehr (nicht Wehr- bzw. Zivildienstpflichtige und freiwillige Helfer);

g. Beamte, Angestellte und Arbeiter überstaatlicher oder zwischenstaatlicher Einrichtungen; für sie gilt das gleiche wie für die nach 2.f genannten Beamten, Angestellten und Arbeiter;

h. Pensionäre, Rentner und beurlaubte Angehörige des öffentlichen Dienstes, wenn sie die Voraussetzungen von 2.f oder 2.g unmittelbar vor ihrem Eintritt in den Ruhestand bzw. vor ihrer Beurlaubung erfüllt haben und nicht anderweitig berufstätig sind, sowie nicht berufstätige versorgungsberechtigte Witwen/Witwer von Beamten, Richtern, Angestellten, Arbeitern, Berufssoldaten und Soldaten auf Zeit der Bundeswehr, Pensionären und Rentnern, die jeweils bei ihrem Tode die Voraussetzungen von 2.f, 2.g oder 2.h erfüllt haben;

i. Familienangehörige von Beamten, Richtern, Angestellten, Arbeitern, Berufssoldaten und Soldaten auf Zeit der Bundeswehr, Pensionären und Rentnern, die die Voraussetzungen von 2.f, 2.g oder 2.h erfüllen. Voraussetzung ist, dass die Familienangehörigen nicht erwerbstätig sind und mit den vorher genannten Personen in häuslicher Gemeinschaft leben und von ihnen unterhalten werden.

3 **Berufsgruppe D**
Die Beiträge der Berufsgruppe D gelten in der Kfz-Haftpflicht- und der Kaskoversicherung – in der Teilkaskoversicherung beschränkt auf Pkw, Campingfahrzeuge, Krafträder und Leichtkrafträder – für Verträge von Kraftfahrzeugen, die zugelassen sind auf privatisierte, ehemals öffentlich-rechtliche Banken und Sparkassen, andere privatisierte, ehemals öffentlich-rechtliche Einrichtungen (z. B. Telekom, Deutsche Bahn, Deutsche Post, Postbank, Lufthansa) und deren Tochterunternehmen, sonstige Finanzdienstleistungs-, Wohnungsbau- oder Energieversorgungsunternehmen, Krankenhäuser, Kliniken, Sanatorien, Pflegeheime, kirchliche Einrichtungen, sonstige mildtätige oder gemeinnützige Einrichtungen und deren Beschäftigte, wenn sie nicht bereits die Voraussetzungen der Berufsgruppe B erfüllen.

## [Anhang 6: Art und Verwendung von Fahrzeugen]

1 **Fahrzeuge mit Versicherungskennzeichen**
Fahrzeuge, die ein Versicherungskennzeichen führen müssen, sind:
1.1 Fahrräder mit Hilfsmotor mit einem Hubraum von nicht mehr als 50 ccm und einer Höchstgeschwindigkeit
- bis 45 km/h
- bis 50 km/h, sofern sie bis zum 31. Dezember 2001 erstmals in Verkehr gekommen sind
- bis 60 km/h, sofern sie bis zum 29. Februar 1992 erstmals in Verkehr gekommen sind

1.2 Kleinkrafträder (zwei-, dreirädrig) mit einem Hubraum von nicht mehr als 50 ccm und einer Höchstgeschwindigkeit
- bis 45 km/h
- bis 50 km/h, sofern sie bis zum 31. Dezember 2001 erstmals in Verkehr gekommen sind
- bis 60 km/h, sofern sie bis zum 29. Februar 1992 erstmals in Verkehr gekommen sind

1.3 vierrädrige Leichtkraftfahrzeuge mit einem Hubraum von nicht mehr als 50 ccm und einer Höchstgeschwindigkeit bis 45 km/h
1.4 motorisierte Krankenfahrstühle

2 **Leichtkrafträder**
Leichtkrafträder sind Krafträder und Kraftroller mit einem Hubraum von mehr als 50 ccm und nicht mehr als 125 ccm und einer Nennleistung von nicht mehr als 11 kW.

3 **< – entfällt – >**

4 **Krafträder**
Krafträder sind alle Krafträder und Kraftroller, die ein amtliches Kennzeichen führen müssen, mit Ausnahme von Leichtkrafträdern.

5 **Pkw**
Pkw sind als Personenkraftwagen zugelassene Kraftfahrzeuge, mit Ausnahme von Mietwagen, Taxen und Selbstfahrervermietfahrzeugen.

6 **Mietwagen**
Mietwagen sind Pkw, mit denen ein genehmigungspflichtiger Gelegenheitsverkehr gewerbsmäßig betrieben wird (unter Ausschluss der Taxen, Kraftomnibusse, Güterfahrzeuge und Selbstfahrervermietfahrzeuge).

7 **Taxen**
Taxen sind Pkw, die der Unternehmer an behördlich zugelassenen Stellen bereithält und mit denen er – auch am Betriebssitz oder während der Fahrt entgegengenommene – Beförderungsaufträge zu einem vom Fahrgast bestimmten Ziel ausführt.

8 **Selbstfahrvermietfahrzeuge**
Selbstfahrvermietfahrzeuge sind Kraftfahrzeuge und Anhänger, die gewerbsmäßig ohne Gestellung eines Fahrers vermietet werden.

9 **Leasingfahrzeuge**
Leasingfahrzeuge sind Kraftfahrzeuge und Anhänger, die gewerbsmäßig ohne Gestellung eines Fahrers vermietet werden und auf den Mieter zugelassen sind oder bei Zulassung auf den Vermieter dem Mieter durch Vertrag mindestens sechs Monate überlassen werden.

**10 Kraftomnibusse**
Kraftomnibusse sind Kraftfahrzeuge und Anhänger, die nach ihrer Bauart und Ausstattung zur Beförderung von mehr als neun Personen (einschließlich Führer) geeignet und bestimmt sind.

10.1 Linienverkehr ist eine zwischen bestimmten Ausgangs- und Endpunkten eingerichtete regelmäßige Verkehrsverbindung, auf der Fahrgäste an bestimmten Haltestellen ein- und aussteigen können, sowie Verkehr, der unter Ausschluss anderer Fahrgäste der regelmäßigen Beförderung von Personen zum Besuch von Märkten und Theatern dient.

10.2 Gelegenheitsverkehr sind Ausflugsfahrten und Ferienziel-Reisen sowie Verkehr mit Mietomnibussen.

10.3 Nicht unter 10.1 oder 10.2 fallen sonstige Busse, insbesondere Hotelomnibusse, Werkomnibusse, Schul-, Lehr- und Krankenomnibusse.

**11 Campingfahrzeuge**
Campingfahrzeuge sind Wohnmobile, die als sonstige Kraftfahrzeuge zugelassen sind.

**12 Werkverkehr**
Werkverkehr ist die Güterbeförderung mit Kraftfahrzeugen, Anhängern und Aufliegern nur für eigene Zwecke durch Personal eines Unternehmens oder von Personal, das dem Unternehmen im Rahmen einer vertraglichen Verpflichtung zur Verfügung gestellt worden ist.

**13 Gewerblicher Güterverkehr**
Gewerblicher Güterverkehr ist die geschäftsmäßige, entgeltliche Beförderung von Gütern mit Kraftfahrzeugen, Anhängern und Aufliegern für andere.

**14 Umzugsverkehr**
Umzugsverkehr ist die ausschließliche Beförderung von Umzugsgut.

**15 Wechselaufbauten**
Wechselaufbauten sind Aufbauten von Kraftfahrzeugen, Anhängern und Aufliegern, die zur Güterbeförderung bestimmt sind und mittels mechanischer Vorrichtungen an diesen Fahrzeugen ausgewechselt werden können.

**16 Landwirtschaftliche Zugmaschinen**
Landwirtschaftliche Zugmaschinen oder Anhänger sind Zugmaschinen und Raupenschlepper oder Anhänger, die wegen ihrer Verwendung in der Land- und Forstwirtschaft von der Kraftfahrzeugsteuer freigestellt sind und ein amtliches grünes Kennzeichen führen.

**17 Melkwagen und Milchsammel-Tankwagen**
Melkwagen und Milchsammel-Tankwagen sind Fahrzeuge mit Vorrichtungen zur mechanischen Milchentnahme, die dem Transport der Milch von Weiden und Gehöften zu den Molkereien der Einzugsgebiete dienen.

**18 Sonstige landwirtschaftliche Sonderfahrzeuge**
Sonstige landwirtschaftliche Sonderfahrzeuge sind Fahrzeuge, die als Sonderfahrzeuge für die Land- und Forstwirtschaft zugelassen werden und ein amtliches grünes Kennzeichen führen.

**19 Milchtankwagen**
Milchtankwagen sind Fahrzeuge, die dem Transport der Milch zwischen Molkereien oder von Molkereien zum Verteiler oder Verbraucher dienen. Sie gelten nicht als landwirtschaftliche Sonderfahrzeuge, sondern als Güterfahrzeuge.

**20 Selbstfahrende Arbeitsmaschinen**
Selbstfahrende Arbeitsmaschinen sind Fahrzeuge, die nach ihrer Bauart und ihren besonderen mit dem Fahrzeug fest verbundenen Einrichtungen zur Leistung von Arbeit – nicht zur Beförderung von Personen oder Gütern – bestimmt und geeignet sind und die zu einer vom Bundesminister für Verkehr bestimmten Art solcher Fahrzeuge gehören (z. B. Selbstlader Bagger, Greifer, Kran-Lkw sowie Räum- und Bergungsfahrzeuge, auch wenn sie zu Abschleppzwecken mitverwendet werden).

**21 Lieferwagen**
Lieferwagen sind als Lastkraftwagen zugelassene Kraftfahrzeuge mit einer zulässigen Gesamtmasse (bzw. Gesamtgewicht) bis zu 3,5 t.

**22 Lkw**
Lkw sind Lastkraftwagen mit einer zulässigen Gesamtmasse (bzw. Gesamtgewicht) von mehr als 3,5 t.

23 Zugmaschinen
Zugmaschinen sind Kraftfahrzeuge, die ausschließlich oder überwiegend zum Ziehen von Anhängern oder Aufliegern gebaut sind, mit Ausnahme von landwirtschaftlichen Zugmaschinen.

## B. Grundlagen

1 Die Fahrzeugversicherung (Kaskoversicherung) ist im Gegensatz zur Kraftfahrzeughaftpflichtversicherung nicht gesetzlich vorgeschrieben. Sie dient vorwiegend dem wirtschaftlichen Schutz des Fahrzeugwertes bzw. den wirtschaftlichen Eigeninteressen des Versicherungsnehmers. Demzufolge deckt die Kaskoversicherung keine unfallbedingten Drittschäden, sondern nur Schäden am versicherten Fahrzeug. Sie untergliedert sich in die Fahrzeugteilversicherung, die so genannte Teilkasko und in die als Vollkaskoversicherung bezeichnete Fahrzeugvollversicherung (A.2 AKB 2015).

### I. AKB 2015

2 Verträgen in der Kaskoversicherung liegen Versicherungsbedingungen, die sog. AKB[4] zugrunde. Es handelt sich um vertragsrechtliche Normen, nicht um hoheitliche Rechtsnormen. Die Versicherer können daher ihre Bedingungen im Rahmen der Kraftfahrzeugversicherungsordnung und der §§ 305 ff. BGB frei gestalten.[5]

3 Obwohl die Kaskoversicherung durch die VVG Reform 2008 keine eigenständige Regelung erfahren hat, gehörte sie zu den von der Gesetzesnovelle am stärksten betroffenen Versicherungssparten. Zudem hatte der Gesamtverband der deutschen Versicherungswirtschaft (GDV) die VVG-Reform zum Anlass genommen, neue Musterbedingungen für Kfz-Versicherung, die AKB 2008 (aktuelle Version: AKB 2015)[6] zu entwickeln. Diese unterschieden sich in Aufbau, Gliederung und Sprache sehr stark von den bisherigen AKB. Dabei wurde der Versicherungsschutz kaum verändert, Ziel war es jedoch, die Verständlichkeit und Lesbarkeit des Bedingungswerkes zu verbessern, auch die verwendeten Begriffe sind dem Sprachgebrauch der Versicherungsnehmer angepasst worden. So heißt die Kaskoversicherung seit den AKB 2008 nun auch tatsächlich »Kaskoversicherung« (A.2 AKB 2015) und nicht mehr – wie in den alten AKB – »Fahrzeugversicherung«.

4 Neben den in den AKB enthaltenen Regelungen sind die Normen des VVG zu beachten.

5 Bestimmungen in den AKB dürfen nicht gegen zwingende Vorschriften des VVG verstoßen. Dies würde die Unwirksamkeit dieser Bestimmungen nach sich ziehen. Sind in den AKB allerdings bestimmte Sachverhalte erschöpfend geregelt, welche nicht gegen zwingendes VVG-Recht verstoßen, finden die abdingbaren Vorschriften des VVG daneben keine Anwendung.

6 Den nachfolgenden Ausführungen liegen die AKB-Muster-Bedingungen in der Fassung der Empfehlung des Gesamtverbandes der Deutschen Versicherungswirtschaft e.V. (GDV) vom 06.07.2016[7] zugrunde.

7 Eine darüber hinausgehende Angebotsvielfalt ist insbesondere bei den Tarifbestimmungen[8] der Versicherungsunternehmen zu beobachten. Exemplarisch seien nur folgende Sondertarife genannt:[9]
– Garagentarif
»... Der Beitrag für Versicherungsverträge von Personenkraftwagen in der Kraftfahrzeug-Haftpflicht-, Fahrzeugteilversicherung wird ermäßigt, wenn ausschließlich für den versicherten Personenkraftwagen ein Abstellplatz in einer abschließbaren Einzel- oder Doppelgarage vorhanden ist und der Personenkraftwagen dort in der Regel abgestellt wird...«

4 Seit dem 21.07.1994 unterliegen die Versicherungsbedingungen nicht mehr der Aufsicht des Bundesaufsichtsamtes für das Versicherungswesen.
5 Vgl. zu dieser Problematik auch die Darstellung von *Wolfram-Korn*, PVR 2001, 188.
6 Download der Musterbedingungen unter www.gdv.de.
7 http://www.gdv.de/wp-content/uploads/2016/07/AKB2015_Stand_Juli_2016.pdf.
8 So genannte weiche Tarifmerkmale.
9 Vgl. etwa unter www.ruv.de; www.thuringia-generali.de; www.helvetia.de.

- Fahrer- und Partner-Nachlass
  »... Der Beitrag für Versicherungsbeiträge von Personenkraftwagen in der Kraftfahrzeug-Haftpflicht-, Fahrzeugvoll- und Fahrzeugteilversicherung wird ermäßig, wenn der Versicherungsnehmer den Personenkraftwagen alleine oder nur zusammen mit seinem Ehepartner bzw. mit seinem mit ihm in häuslicher Gemeinschaft lebenden Lebenspartner fährt...«
- Fahrleistungstarif
  »... Der Beitrag für Versicherungsbeiträge von Personenkraftwagen in der Kraftfahrzeug-Haftpflicht-, Fahrzeugvoll- und Fahrzeugteilversicherung richtet sich nach der vom Versicherungsnehmer anzugebenden jährlichen Fahrleistung...«
- Ladytarif
  »... Kraftfahrzeughalterinnen, die gleichzeitig Versicherungsnehmerinnen sind, erhalten für Personenkraftwagen bei privater Nutzung einen Nachlass von x-Prozent auf den Beitrag...«

### II. VVG 2008

Das VVG 2008 gilt für alle ab dem 01.01.2008 abgeschlossenen Neu- und Ersatzverträge (sog. 8 Neugeschäft).

Für vor dem 01.01.2008 abgeschlossene Verträge (sog. Bestandsverträge), sah das Gesetz eine Über- 9 gangsfrist von einem Jahr vor. Für diese Verträge galt das VVG 2008 daher erst ab dem 01.01.2009.

Viele Kaskoversicherer haben die Möglichkeit genutzt, die für den Versicherungsnehmer meist (aber 10 nicht immer) günstigeren Regelungen des neuen VVG auch auf sog. Bestandsverträge anzuwenden. Während des Übergangszeitraums bis zum 01.01.2009 mussten aber z.B. Belehrungstexte sowie Form- und Kündigungserfordernisse noch dem alten VVG entsprechen, da dieses kraft Gesetztes auf Bestandsverträge in diesem Zeitraum Anwendung fand. Mithin konnte der Versicherer im Übergangszeitraum einseitig nur die für den Versicherungsnehmer günstigeren Regelungen des VVG 2008 vorziehen. So musste der Versicherer im Fall einer Obliegenheitsverletzung vor dem Versicherungsfall im Übergangszeitraum das Kündigungserfordernis nach § 6 Abs. 1 VVG a.F. beachten, welches im VVG 2008 nunmehr weggefallen ist.

Mit Inkrafttreten des VVG 2008 zum 01.01.2009 auch für Bestandsverträge ergab sich die Gefahr, 11 dass einige Regelungen in den den Bestandsverträgen zugrunde liegenden alten AKB nicht mit dem VVG 2008 übereinstimmen, daher also unwirksam sein konnten.

Der Gesetzgeber hatte den Versicherern daher die Möglichkeit eingeräumt, AVB für Altverträge, 12 soweit diese von den Vorschriften des VVG 2008 abweichen, einseitig ohne Zustimmung des Versicherungsnehmers an das neue VVG 2008 anzupassen; Voraussetzung für diese Umstellung war lediglich, dass der Versicherer dem Versicherungsnehmer die geänderten Versicherungsbedingungen unter Kenntlichmachung der Unterschiede spätestens einen Monat vor dem 01.01.2009 mitteilte (Artikel 1 Abs. 2 EGVVG).

## C. Der Kasko-Versicherungsvertrag

### I. Zustandekommen des Versicherungsvertrages

Für das Zustandekommen des Kasko-Versicherungsvertrages bedarf es zweier übereinstimmender 13 Willenserklärungen, § 151 BGB.

Während der Vertragsschluss nach altem VVG meist durch das in der Praxis bewährte Policenmodell 14 zustande kam – der Versicherer übersandte dem Kunden auf dessen Antrag hin die Versicherungsbedingungen und die Verbraucherinformationen erst mit der Police – hat sich der Gesetzgeber in § 7 VVG 2008 für das sog. Antragsmodell entschieden. Dies soll zu einer Stärkung der Rechte des Versicherungsnehmers führen.

15 § 7 Abs. 1 VVG 2008 sieht nunmehr vor, dass Versicherungsinformation, Produktinformation und Versicherungsbedingungen dem Versicherungsnehmer nunmehr rechtzeitig vor Abgabe von dessen Vertragserklärung auszuhändigen sind.[10]

16 Dem Versicherungsnehmer müssen also in der Regel alle Informationsunterlagen bereits bei seiner Antragstellung vorliegen.

17 Allerdings kann der Versicherungsnehmer nach § 7 Abs. 1 S. 3 VVG 2008 auf die Aushändigung der umfangreichen Informationsunterlagen bei Antragstellung verzichten, diese müssen dem Versicherungsnehmer jedoch unverzüglich nach Abschluss des Vertrages – also praktischerweise mit Übersendung der Police – nachgereicht werden.

18 Der Vertrag kommt mit Zugang der annehmenden Vertragserklärung des anderen Teils, in der Regel also der Police des Versicherers beim Versicherungsnehmer, zustande.

## II. Inhaltliche und förmliche Anforderungen an den Abschluss des Versicherungsvertrages

19 Weder Antrag des Versicherungsnehmers noch Annahme des Versicherers als auch der Versicherungsvertrag selber bedürfen einer bestimmten Form. Der Versicherungsvertrag kann nach den Regelungen des BGB auch durch mündliche oder konkludente Willenserklärungen zustande kommen.

20 Der Versicherer muss dem Versicherungsnehmer jedoch den Versicherungsschein nach § 3 Abs. 1 VVG 2008 aushändigen.

21 In der Kaskoversicherung existiert keine gesetzliche Frist, binnen derer der Versicherer den Versicherungsantrag annehmen muss. Die Parteien können jedoch eine solche Bindungsfrist vertraglich vereinbaren.

22 Nimmt der Versicherer den Antrag nicht innerhalb der Bindungsfrist an, erlischt das Vertragsangebot des Versicherungsnehmers.

23 Nach den Regelungen des BGB gilt eine verspätete Annahmeerklärung des Versicherers gemäß § 150 Abs. 1 BGB grundsätzlich als neues Vertragsangebot an den Versicherungsnehmer.

24 Ist der Antrag auf Abschluss eines Versicherungsvertrages erloschen, weil ihn der Versicherer nicht innerhalb dieser Bindungsfrist angenommen hat, zieht der Versicherer aber danach aufgrund einer im Antrag erteilten Einzugsermächtigung die Erstprämie ein, liegt darin ein konkludent abgegebenes neues Vertragsangebot des Versicherers auf Abschluss des Versicherungsvertrages mit dem Inhalt des erloschenen Angebots.[11]

25 Selbst wenn der Versicherungsnehmer in solchen Fällen keine ausdrückliche Annahmeerklärung mehr abgibt, aber auch der getätigten Prämienabbuchung nicht widerspricht, kommt der Vertrag durch konkludentes Verhalten zustande.

26 Dies gilt nicht, wenn für den Versicherer erkennbare Umstände vorliegen, denen zufolge der Versicherungsnehmer seinen Entschluss zum Abschluss des Versicherungsvertrages geändert hat.[12]

27 Der Versicherungsnehmer kann sich bei Antragstellung durch eine andere Person vertreten lassen.

28 Sofern der Versicherungsnehmer eine andere Person[13] beauftragt, für ihn im Rahmen der Antragstellung Wissenserklärungen abzugeben, muss er schuldhafte Nicht- und Falschanzeigen gegen sich gelten lassen.[14]

10 *Römer*, VersR 2006, 740 ff.; *Schimikowski*, r+s 2007, 133 ff.; *Maier/Stadler*, Rn. 24.
11 *BGH*, MDR 1992, 238 = NJW-RR 1991, 1177 = r+s 1991, 325.
12 *BGH*, VersR 1955, 738.
13 Dies kann auch der Agent des Versicherers sein.
14 *Feyock/Jakobsen/Lemor/Jacobsen*, Vorbem. AKB Rn. 5.

Ehegatten sind nach § 1357 BGB im Rahmen der gesetzlichen Vollmacht grundsätzlich nicht berechtigt, einen Versicherungsvertrag mit Verpflichtungswirkung für den anderen Ehegatten abzuschließen, da ein solcher Vertrag nicht mehr zur Besorgung von Geschäften zur Deckung des Lebensbedarfs gehört. Eine Ausnahme lässt der *BGH*[15] zu, wenn der Versicherungsvertragsabschluss erkennbar auf einer vorherigen Abstimmung der Ehegatten untereinander beruht. 29

## III. Das Widerrufsrecht nach § 8 VVG 2008

Durch die Neufassung des VVG 2008 wurden die unübersichtlichen Regelungen aus verschiedenen Widerrufs- und Widerspruchsrechten[16] vereinheitlicht. 30

Dem Versicherungsnehmer steht – unabhängig von Laufzeit und Abschlussweg – nunmehr ein einheitliches Widerrufsrecht nach § 8 VVG 2008 zu. 31

Der Versicherungsnehmer kann seine Vertragserklärung nach § 8 Abs. 1 VVG 2008 innerhalb von 2 Wochen nach Zugang des Versicherungsscheins widerrufen, maßgeblich ist die rechtzeitige Absendung des Widerrufs. 32

Der Versicherungsnehmer muss den Widerspruch in Textform erklären, also in einer in § 126b BGB erwähnten Art und Weise. 33

Die Widerrufsfrist beginnt allerdings erst, wenn dem Versicherungsnehmer die in § 8 Abs. 2 VVG 2008 erwähnten Unterlagen ausgehändigt wurden. Unterlaufen dem Versicherer bei der vorgeschriebenen Belehrung oder der Aushändigung der Informationsunterlagen Fehler, kann ein sog. »ewiges Widerrufsrecht« bestehen.[17] Dieses kann der Versicherer jedoch dadurch unterbrechen, indem er die Belehrung nachholt. Die Widerrufsfrist wird sodann in Gang gesetzt.[13] 34

Ein Widerrufsrecht ist nach § 8 Abs. 3 VVG 2008 ausgeschlossen bei Verträgen mit einer Laufzeit unter einem Monat und bei Großrisiken. 35

Kein Widerrufsrecht besteht im Fall der vorläufigen Deckung; dieser Ausschluss bezieht sich aber nur auf den rechtlich selbstständigen Vertrag der vorläufigen Deckung, das Widerrufsrecht für den Hauptvertrag bleibt bestehen. 36

## IV. Versicherungsbeginn

Zu unterscheiden ist zwischen technischem, formellem und materiellem Versicherungsbeginn.[19] 37

Als technischer Versicherungsbeginn wird das Datum bezeichnet, welches im Versicherungsschein als Beginn des Versicherungsschutzes angegeben wird. 38

Ab diesem Zeitpunkt werden die vom Versicherungsnehmer geschuldeten Prämien berechnet. 39

Mit dem Begriff »formeller Versicherungsbeginn« bezeichnet man den Zeitpunkt, in dem der Versicherungsvertrag zustande kommt. 40

Der materielle Versicherungsbeginn beschreibt den Zeitpunkt, von dem ab der Versicherer Versicherungsschutz zu gewähren hat, vgl. B.1 AKB 2015. 41

Grundsätzlich beginnt der Versicherungsschutz mit der Zahlung des Beitrages und der Versicherungssteuer; es kann allerdings auch ein späterer Zeitpunkt als materieller Versicherungsbeginn vereinbart werden. 42

15 *BGH*, VersR 1985, 545 = NJW 1985, 1349.

16 Für im Policenmodell geschlossene Verträge galt ein 14-tägiges Widerspruchsrecht, § 5a VVG a.F., für im Fernabsatz geschlossene Verträge ein zweiwöchiges Widerrufsrecht, § 48c VVG a.F.

17 Vgl. *Looschelders/Pohlmann/Heinig*, § 8 Rn. 61; *Bruck/Möller/Knops*, § 8 Rn. 43 ff.; *Maier/Stadler*, Rn. 51.

18 *Staudinger/Halm/Wendt/Reusch*, FAKomm-VersR, § 8, Rn. 41.

19 Vgl. hierzu *BGH*, VersR 1982, 841 = NJW 1982, 2776; *Feyock/Jacobsen/Lemor/Jacobsen*, § 1 AKB Rn. 1.

43 Nach B.1 AKB 2015, § 37 Abs. 2 VVG 2008 beginnt der Versicherungsschutz mit der Einlösung des Versicherungsscheins durch Zahlung der Erstprämie.

44 Nach dem sog. Einlösungsprinzip soll dem Versicherer keine Gefahrtragungspflicht zugemutet werden, solange nicht der Versicherungsnehmer seiner Hauptpflicht, der Prämienzahlungspflicht, nachgekommen ist.

45 Allerdings kann sich der Versicherungsnehmer nach § 37 Abs. 2 VVG 2008 nunmehr für die Nichtzahlung exkulpieren, zudem knüpft § 37 VVG 2008 die Leistungsfreiheit des Versicherers des Weiteren generell an eine ordnungsgemäße Belehrung hinsichtlich der Rechtsfolgen der Nichtzahlung.

46 Eine Rückwärtsversicherung im Sinne des § 2 VVG 2008 liegt vor, wenn der im Versicherungsschein ausgewiesene Zeitpunkt des Beginns der Versicherung zeitlich vor dem Datum des formellen Vertragsschlusses liegt.[20]

47 Eine solche Regelung steht zunächst im Widerspruch zu B.1 AKB 2015, nach dem der Versicherungsschutz erst mit Einlösung des Versicherungsscheins durch Zahlung der Prämie und der Versicherungssteuer beginnt.

48 Berücksichtigt man aber, dass es sich bei den AKB um Allgemeine Geschäftsbedingungen handelt, denen individuell getroffene Abreden vorgehen, können die Vertragsparteien aufgrund individueller Vereinbarungen eine Rückwärtsversicherung auch in der Kraftfahrtversicherung abschließen.[21]

49 In der Kaskoversicherung kommt eine Rückwärtsversicherung in Betracht, wenn eine vorläufige Deckung vom Versicherungsnehmer nicht beantragt oder vom Versicherer nicht gewährt worden ist, der Versicherungsnehmer aber ab einem bestimmten Zeitpunkt vor Vertragsannahme – also z.B. in der Phase zwischen Antragsstellung und Antragsannahme – Versicherungsschutz haben möchte.

50 Nach *OLG Düsseldorf*[22] liegt eine Rückwärtsversicherung vor, wenn der Versicherungsantrag- und der Versicherungsschein in der Fahrzeugversicherung einen bestimmten vor Schließung des Vertrages liegenden Versicherungsbeginn benennen und später die Kaskoprämie auch von diesem Tag an berechnet und abgebucht wurde. Diese Rückwärtsversicherung ist weder durch die Einlösungsklausel noch durch die Regeln über die Zusage vorläufiger Deckung ausgeschlossen.

## V. Geltungsbereich des Versicherungsschutzes

51 Gemäß A.2.4 AKB 2015 bietet die Kaskoversicherung Versicherungsschutz in den geographischen Grenzen Europas sowie den außereuropäischen Gebieten, die zum Geltungsbereich der Europäischen Union gehören.

52 Um die Länder zu ermitteln, in denen Versicherungsschutz besteht, muss zunächst zwischen Mitgliedern und Nichtmitgliedern der Europäischen Union differenziert werden.

53 Aus Art. 3 Abs. 1 und Abs. 2, 1. Spiegelstrich der 1. Kraftfahrzeughaftpflicht-Richtlinie folgt, dass bei den Mitgliedsstaaten der Europäischen Wirtschaftsgemeinschaft das politische Gebiet des jeweiligen Staates maßgebend ist.[23] Insofern erstreckt sich der Geltungsbereich gem. A.2.4 AKB 2015 beispielsweise auf Madeira und die Azoren als portugiesisches Staatsgebiet, die Kanarischen Inseln, Ceuta und Melilla als spanisches Hoheitsgebiet, sowie Guadeloupe, Martinique, Französisch-Guayana, Réunion und Mayotte als französisches Staatsgebiet.

20 *BGH*, VersR 1982, 841; *BGH*, VersR 1990, 618 = NJW 1990, 1851.

21 *OLG Karlsruhe*, VersR 1991, 1125; so auch *OLG Köln*, VersR 1976, 284; *OLG Nürnberg*, VersR 1975, 228; *OLG Hamm*, VersR 1974, 557.

22 *OLG Düsseldorf*, r+s 1994, 85; so auch *OLG Hamm*, NJW-RR 1993, 995 = zfs 1993, 307.

23 Aus diesem Grunde sind auch die außereuropäischen Gebiete in A.2.4 AKB 2015 genannt.

Bei Nicht-Mitgliedstaaten ist allein die geographische Zugehörigkeit zu Europa maßgeblich.[24] Dementsprechend gelten sowohl der asiatische Teil der Türkei als auch die anatolischen Vororte von Istanbul als außereuropäisches Gebiet.[25] 54

Ein Versicherer muss einen türkischen Versicherungsnehmer nicht generell auf die Beschränkungen des Versicherungsschutzes auf Europa im vorgenannten Sinne hinweisen.[26] Etwas anderes wird aber wohl dann anzunehmen sein, wenn es für den Versicherer erkennbar und naheliegend ist, dass der Versicherungsnehmer von falschen Vorstellungen hinsichtlich des Geltungsbereichs der Kaskoversicherung ausgeht.[27] 55

Die in § 2 AKB (alt) noch aufgenommene Möglichkeit einer Einschränkung des örtlichen Geltungsbereichs in der Kaskoversicherung ist in den Musterbedingungen des GDV zur AKB 2015 nicht mehr erhalten, erscheint aber in Unternehmensbedingungen nach wie vor zulässig. 56

Viele Fahrzeugversicherer machen hiervon Gebrauch, um das in einigen Ländern erfahrungsgemäß besonders hohe Diebstahlrisiko auszuschließen. 57

## VI. Vertragsdauer und Kündigung

Die Dauer des Kasko-Versicherungsvertrages ist im Versicherungsschein geregelt und beträgt in der Regel ein Jahr, ein kürzerer Zeitraum ist möglich. Der Vertrag verlängert sich automatisch um ein Jahr, wenn er nicht spätestens einen Monat vor Ablauf des jeweiligen Versicherungsjahres schriftlich gekündigt wird, G.1.2 AKB 2015. 58

Nach G.1.3 AKB 2015 gilt die Verlängerungsklausel nicht für Fahrzeuge mit Versicherungskennzeichen. 59

Fahrzeuge mit Versicherungskennzeichen i.S.d. § 26 FZV sind z.B. zweirädrige und dreirädrige Kleinkrafträder (Mofas und Moped, Vespa, § 3 Abs. 2 Ziff. 1c FZV), motorisierte Krankenfahrstühle, § 3 Abs. 2 Ziff. 1e FZV und vierrädrige Leichtkraftfahrzeuge, § 3 Abs. 2 Ziff. 1f FZV. 60

Bei diesen Fahrzeugen muss Kaskoschutz jeweils neu beantragt werden.[28] 61

Die Kündigungstatbestände für den Versicherungsnehmer sind unter G.2 AKB 2015 erschöpfend aufgelistet (gängig: Kündigung zum Ablauf des Versicherungsjahres mit einmonatiger Kündigungsfrist, nach einem Schadensereignis, nach einer Beitragserhöhung). 62

Die dem Versicherer zustehenden Kündigungsmöglichkeiten sind unter G.3 AKB 2015 aufgezählt (Kündigung zum Ablauf des Versicherungsjahres, nach einem Schadenereignis, bei Nichtzahlung des Folgebeitrages, bei Verletzung der Pflichten beim Gebrauch des Fahrzeugs durch den Versicherungsnehmer, bei geänderter Verwendung des Fahrzeugs sowie bei Veräußerung oder Zwangsversteigerung des Fahrzeugs). 63

## VII. Prämienrecht

Die Hauptpflicht des Versicherungsnehmers besteht darin, die vereinbarte Prämie zu zahlen. Die nähere Ausgestaltung dieser Prämienzahlungspflicht bezüglich Erst- und Folgeprämie findet sich in §§ 33 ff. VVG 2008 bzw. unter C.1-C.5 AKB 2015. 64

24 *BGH*, NJW 1963, 1978; *BGH*, NJW 1989, 3095; *Stiefel/Maier/Stadler*, AKB A.1 Rn. 189 m.w.N.

25 So schon *BGH*, VersR 1963, 768 = NJW 1963, 1978.

26 *OLG Hamm*, VersR 2000, 1010 = SP 2000, 176.

27 *OLG Koblenz*, VersR 1999, 438 = NVersZ 1999, 430; *OLG Oldenburg*, MDR 2000, 450 = NJW-RR 2000, 245 = NVersZ 2000, 388 = VersR 2000, 1010.

28 Der Haftpflichtvertrag für solche Fahrzeuge endet automatisch mit dem Ablauf des Monats Februar; gemäß § 26 Abs. 1 S. 3 FZV ist das jährlich zu wechselnde Versicherungskennzeichen in der Zeit vom 1. März bis Ende Februar des folgenden Jahres gültig.

### 1. Fälligkeit der Erst- und Folgeprämie

65 Im bisherigen Recht war die Erstprämie sofort nach Abschluss des Vertrages fällig, § 35 VVG a.F. Nunmehr ist gem. § 33 VVG 2008 die Erstprämie unverzüglich nach Ablauf von 2 Wochen nach Zugang des Versicherungsscheins zu zahlen.

66 Der Begriff »unverzüglich« wird durch die Versicherungsbedingungen in C.1.1 AKB 2015 als »spätestens innerhalb von 14 Tagen« definiert. Die AKB 2015 haben also die Zahlungsfrist für die Erstprämie auf 2 plus 2 Wochen festgelegt.

67 Nach C.2.1 AKB 2015 ist die Folgeprämie zu dem im Versicherungsschein oder in der Beitragsrechnung angegebenen Zeitpunkt fällig und zu zahlen.

### 2. Erfüllung der Prämienschuld

68 Die Tilgungswirkung, d.h. die Schuldbefreiung tritt ein, wenn die Zahlung beim Versicherer eintrifft.

69 Der Zeitpunkt des Zahlungseintreffens ist abhängig von der Art der Zahlung. Bei der Überweisung zählt der Zeitpunkt, zu dem der Prämienbetrag auf dem Konto des Versicherers gutgeschrieben wird.[29] Im Gegensatz dazu genügt beim Lastschriftverfahren eine Gutschrift gerade nicht, denn in diesem Fall ist es zudem erforderlich, dass das Konto des Versicherungsnehmers auch tatsächlich und wirksam belastet wird.[30] Handelt es sich demgegenüber um eine Einzugsermächtigung, ist die Erfüllung bis zum Ablauf der Widerspruchsfrist auflösend bedingt. Bei Schecks und Wechsel wiederum tritt die Tilgungswirkung erst beim Erhalt des Gegenwertes ein, da Scheck und Wechsel nur erfüllungshalber angenommen werden.[31]

70 Für die Rechtzeitigkeit der Zahlung kommt es jedoch nicht auf den Zeitpunkt der Tilgung an, sondern darauf, ob der Versicherungsnehmer am Erfüllungsort alles Erforderliche getan hat, um die Forderung des Versicherers zu befriedigen.[32]

71 Rechtzeitig erfolgen muss also die Leistungshandlung des Versicherungsnehmers.

72 Bei der Prämie als Geldschuld handelt es sich um eine qualifizierte Schickschuld, die der Versicherungsnehmer auf seine Gefahr und Kosten dem Versicherer zu übermitteln hat, § 36 Abs. 1 VVG 2008. Leistungsort für die Entrichtung der Prämie ist hierbei der Wohnsitz bzw. der Ort der gewerblichen Niederlassung des Versicherungsnehmers, § 36 Abs. 1 und 2 VVG 2008.

73 Zwischen der Leistungshandlung und dem Zeitpunkt der Tilgungswirkung kann durchaus eine Zeitspanne von mehreren Tagen liegen.

74 Wie bei der Tilgungswirkung kommen auch für die Frage der Rechtzeitigkeit der Zahlungshandlung des Versicherungsnehmers verschiedene Zeitpunkte in Betracht.

75 Die Einzahlung bei der Post ist auch außerhalb der offiziellen Öffnungszeiten ausreichend, wenn es sich um eine Zahlung mittels Postanweisung, Wertbriefes, Zahlkarte, telegrafische Überweisung, Übersendung von Geld oder Bareinzahlung handelt. Weitere Voraussetzung ist zudem, dass das Geld »demnächst« beim Versicherer ankommt und diesem gutgeschrieben wird.[33]

---

29 *BGH*, VersR 1964, 129 = NJW 1964, 499.

30 *BGH*, NJW 1979, 2143; *BGH*, NJW 1983, 220; in diesem Fall hat die Bank das Einlösungsrisiko übernommen, insofern war nicht mehr erforderlich, dass das Schuldnerkonto tatsächlich auch belastet wurde.

31 Vgl. § 364 Abs. 2 BGB und *BGH*, VersR 1965, 1141.

32 *BGH*, NJW 1971, 380 = VersR 1971, 216 zur Problematik bzgl. der Zahlungsverzugsrichtlinie 2000/35/EG und der sog. gespaltenen Auslegung der Richtlinie s. *Staudinger/Halm/Wendt/Thessinga*, FAKomm-VersR, § 37, Rn. 17 ff.

33 *Prölss/Martin/Knappmann*, § 33 Rn. 15; *Bauer*, Rn. 217; *BGH*, NJW 1964, 499 = *BGH*, VersR 1964, 129 = NJW 1964, 499.

Bei Bank- oder Postschecküberweisungen ist für die Rechtzeitigkeit spätestens der Zeitpunkt maßgebend, zu dem der Prämienbetrag vom Konto des Versicherungsnehmers abgebucht wurde.[34] Nach anderer Auffassung reicht es aus, wenn der Versicherungsnehmer den Überweisungsauftrag rechtzeitig an seine Bank übergibt.[35] Nach *OLG Köln*[36] kommt es immer dann maßgeblich auf den Zeitpunkt der Abbuchung vom Konto des Versicherungsnehmers an, wenn dieser nicht beweisen kann, wann er seiner Bank den Überweisungsauftrag erteilt hat. 76

Haben die Parteien die Prämienzahlung mittels Lastschriftverfahrens[37] vereinbart, verwandelt sich die Prämienzahlungspflicht des Versicherungsnehmers von einer qualifizierten Schickschuld in eine Holschuld.[38] Der Versicherungsnehmer hat seine erforderliche Leistungshandlung mit dem Vorhandensein ausreichender Kontodeckung im Abbuchungszeitpunkt erbracht.[39] Damit der Versicherungsnehmer auch dafür sorgen kann, dass sein Konto zum Zeitpunkt der Abbuchung gedeckt ist, muss der Versicherer die Höhe und den voraussichtlichen Zeitpunkt der Abbuchung ankündigen.[40] 77

Erfolgt die Abbuchung aus in der Sphäre des Versicherers liegenden Gründen nicht oder erst mehrere Wochen nach Prämienfälligkeit, hat dies keine Auswirkungen auf den Versicherungsschutz. 78

Hat der Versicherungsnehmer eine neue Versicherung abgeschlossen und dem Versicherer eine Prämieneinzugsvollmacht erteilt, wird die Auffassung vertreten, dass der erste Lastschrifteinzug des Versicherers gegenüber dem Kreditinstitut als »Erstprämie« gekennzeichnet sein muss.[41] Verweigert sodann das Kreditinstitut die Lastschrifteinlösung, ist der Versicherer dem Versicherungsnehmer gegenüber insoweit hinweispflichtig, dass die vorläufig erteilte Deckung nur dann rückwirkend entfällt, wenn die Weigerung des Kreditinstituts berechtigterweise auf einer fehlenden Deckung bzw. Überziehungsbefugnis oder auf dem Unvermögen des Versicherungsnehmers beruht, auf Rückfrage Deckung zu beschaffen.[42] 79

Bei Nichteinlösung der Lastschrift durch die Bank des Versicherungsnehmers muss diese den Versicherungsnehmer informieren. Das Kreditinstitut kann sogar einer Schadensersatzpflicht ausgesetzt sein, wenn aufgrund der Nichteinlösung die Versicherung im Schadenfall leistungsfrei werden sollte.[43] 80

Zahlt der Versicherungsnehmer mittels Scheck oder Wechsel, ist die Zahlungshandlung erfolgt, sobald sich der Versicherungsnehmer der uneingeschränkten Verfügungsmacht über die Scheckurkunde begeben hat.[44] Auch bei vordatierten Schecks ist für die Rechtzeitigkeit alleine der Übergangszeitpunkt entscheidend, denn auch vordatierte Schecks sind nach Art. 28 Absatz 2 ScheckG bei Vorlage zahlbar. 81

Der Versicherungsnehmer kann seine Schuld auch per Aufrechnung tilgen, wenn eine Aufrechnungslage ohne Aufrechnungsverbote vorliegt. 82

34 *BGH*, NJW 1964, 129; *BGH* VersR 1971, 216 = NJW 1971, 380; *BayObLG*, zfs 1986, 317; *OLG Köln*, VersR 1998, 317; *Bauer*, Rn. 219.

35 *Prölss/Martin/Knappmann*, § 33 Rn. 16; *OLG Hamburg*, DAR 1997, 112 = zfs 1997, 457; *BGH*, NJW 1971, 380 = VersR 1971, 216 (offen gelassen); *OHG Wien*, zfs 1997, 376.

36 *OLG Köln*, r+s 1997, 179.

37 Abbuchungsauftrag oder Einzugsermächtigung (die der Versicherungsnehmer beweisen muss, vgl. *LG Duisburg*, SP 2013, 27 – der Entscheidung lag im Übrigen eine ordnungsgemäße Belehrung nach § 37 VVG zugrunde).

38 Vgl. *BGH*, VersR 1985, 447 = MDR 1985, 472; *BGH*, VersR 1996, 445; *OLG Hamm*, zfs 1993, 306.

39 *BGH*, VersR 1977, 1153 = NJW 1978, 215.

40 *BGH*, VersR 1985, 447 = MDR 1985, 472; anders jedoch, wenn es sich um eine kurzfristige Kaskoversicherung handelt, in diesem Fall sei nach *OLG Köln* eine vorherige Ankündigung entbehrlich, da hier der Versicherungsnehmer mit einer jederzeitigen Abbuchung rechnen müsste, *OLG Köln*, r+s 1995, 286.

41 Urteil des *LG Saarbrücken* v. 20.01.1999 – 12 O 473/97.

42 *LG Saarbrücken* a.a.O.

43 *BGH*, NJW 1989, 1671.

44 *Prölss/Martin/Knappmann*, § 33 VVG Rn. 18.

83 Eine wirksame Aufrechnungslage ist beispielsweise anzunehmen, wenn dem Versicherungsnehmer eine Entschädigungsforderung aus der Kaskoversicherung gegen den Versicherer zusteht und die Prämienforderung für diese Versicherung erst nach dem Eintritt des Versicherungsfalls, welcher sich während der vorläufigen Deckung ereignet hat, fällig wird.[45] Die Erfüllung tritt rückwirkend zu dem Zeitpunkt ein, zu dem die Forderungen sich erstmals aufrechenbar gegenüberstanden.[46]

### 3. Rechtsfolgen bei Prämienverzug

84 Zahlt der Versicherungsnehmer die fällige Erstprämie nicht, ist der Versicherer grundsätzlich von der Verpflichtung zur Leistung frei, ebenso kann er den Rücktritt erklären, § 37 Abs. 2 Satz 2 VVG 2008.

85 Neu eingeführt wurde die Regelung, dass der Versicherer trotz Nichtzahlung der Erstprämie durch den Versicherungsnehmer zur Leistung verpflichtet bleibt, wenn der Versicherungsnehmer die Nichtzahlung nicht zu vertreten hat, zudem wird stets eine ordnungsgemäße Belehrung[47] über die Rechtsfolgen der Nichtzahlung gefordert, § 37 Abs. 2 S. 1 VVG 2008.

86 Fallgruppen zu denkbaren Fällen fehlenden Verschuldens aufseiten des Versicherungsnehmers (Krankheit, Urlaub, Unklarheit über die Rechnungshöhe[48]) wird die Rechtsprechung herausarbeiten müssen.

87 Zahlt der Versicherungsnehmer eine fällige Folgeprämie nicht, bleibt der Versicherungsschutz hiervon zunächst unberührt.

88 Der Versicherer kann dem Versicherungsnehmer nach § 38 Abs. 1 S. 1 VVG 2008 in Textform (§ 126b BGB) eine Zahlungsfrist von mindestens zwei Wochen setzen. Tritt der Versicherungsfall nach Ablauf der gesetzten Zahlungsfrist ein, hat der Versicherer den Versicherungsnehmer ordnungsgemäß über die Folgen weiterer Nichtzahlung belehrt und befindet sich der Versicherungsnehmer mit der Zahlung in Verzug, ist der Versicherer von der Leistungspflicht frei, § 38 Abs. 2 VVG 2008.

89 Der Versicherer kann nach fruchtlosem Ablauf der Zahlungsfrist darüber hinaus das Versicherungsverhältnis fristlos kündigen, § 38 Abs. 3 S. 1 VVG 2008. Nach der Reformierung des VVG kann der Versicherungsnehmer die Kündigung durch Zahlung der Prämie binnen bestimmter Frist auch dann verhindern, wenn der Versicherungsfall bereits eingetreten ist; an der Leistungsfreiheit des Versicherers ändert dies jedoch nichts, § 38 Abs. 3 S. 3 VVG 2008.

90 Die Rechtsfolge der Leistungsfreiheit bzw. die Wirksamkeit der Kündigung tritt nur ein, wenn der Versicherer den Versicherungsnehmer über die Rechtsfolgen der Nichtzahlung ordnungsgemäß belehrt hat[49] – sog. qualifizierte Mahnung – und der Versicherungsnehmer sich mit der Zahlung in Verzug befindet.

91 Der Inhalt und die Gestaltung einer qualifizierten Mahnung muss den von der Rechtsprechung[50] entwickelten hohen Anforderungen entsprechen.

92 Diesbezüglich kann auf die bisherige Rechtsprechung zu § 39 VVG a.F. zurückgegriffen werden.

93 Eine qualifizierte Mahnung muss den Prämienrückstand auf »Heller und Pfennig« nennen,[51] eine Zahlungsfrist von mindestens zwei Wochen enthalten, verbunden mit einer ausdrücklichen Zahlungsaufforderung,[52] mehrere fällige Prämien gesondert ausweisen und einen deutlichen Hinweis

---

45 *BGH*, VersR 1985, 877.
46 *OLG Hamm*, VersR 1967, 249; *OLG Hamm*, VersR 1987, 354.
47 Siehe hierzu z.B. *LG Dortmund*, Urt. v. 19.01.2011 – 2 O 192/10 und *OLG des Landes Sachsen-Anhalt (Naumburg)*, Urt. v. 23.06.2011 – 4 U 94/10 = VersR 2012, 973 = r+s 2012, 283 = SP 2012, 232.
48 *Maier/Stadler*, Rn. 74.
49 Vgl. *Staudinger/Halm/Wendt/Thessinga*, FAKomm-VersR, § 38, Rn. 15 m.w.N.
50 Ständige Rechtsprechung seit *BGH* VersR 1964, 375.
51 Dies umfasst sowohl Zinsen als auch Kosten.
52 *OLG Hamm*, VersR 1999, 1229 = SP 1999, 284 = r+s 1999, 357 = NZV 2000, 84 = NJW-RR 1999, 1331.

erhalten, dass auch Zahlungen nach Fristablauf, aber vor Eintritt des Versicherungsfalls den Versicherungsschutz erhalten, d.h. dass der Versicherungsschutz auch für die Vergangenheit erhalten bleibt.[53]

Sie darf auch nicht den Eindruck erwecken, dass jedwede Versäumung der Zweiwochenfrist zum 94
Verlust des Versicherungsschutzes führt, weil nur eine schuldhafte Verletzung der Zahlungspflicht schadet.[54]

Bei zusammengefassten Verträgen muss die qualifizierte Mahnung nach § 39 VVG a.F. den Hinweis 95
erhalten, dass der Versicherungsnehmer durch vollständige Teilzahlung auf nur einen dieser Verträge die Leistungsfreiheit wenigstens für diesen Vertrag abwenden kann. Die Mahnung darf nicht den Eindruck erwecken, dass der Versicherungsschutz im Hinblick auf alle Einzelverträge nur durch die Gesamtzahlung erhalten werden kann.[55]

Hat ein Versicherungsnehmer sowohl eine Kasko- als auch eine Haftpflichtversicherung abgeschlos- 96
sen, muss der Versicherer die Belehrung über die Folgen der nicht rechtzeitigen Prämienzahlung für beide Versicherungsarten gesondert darstellen, damit der Versicherungsnehmer entscheiden kann, ob und ggf. welchen Versicherungsschutz er sich durch rechtzeitige Zahlung aufrechterhalten will.[56]

Eine unzureichende, missverständliche Belehrung führt zur Unwirksamkeit der Fristsetzung, unabhän- 97
gig davon, ob der Versicherungsnehmer die Mahnung tatsächlich falsch verstanden hat oder nicht.[57]

Das Vorliegen einer wirksamen und ordnungsgemäßen Belehrung als auch deren Zugang beim Ver- 98
sicherungsnehmer hat der Versicherer zu beweisen.[58]

Nach ständiger Rechtsprechung[59] steht dem Versicherer kein Anscheinsbeweis dahin gehend zu, 99
dass Postsendungen nach einer bestimmten Frist den Empfänger erreichen. Der Versicherer hat es allerdings in der Hand, solche Beweisschwierigkeiten zu vermeiden, da er eine Zustellform mit Zugangsnachweis wählen kann. Den Versicherer kann solche Beweisschwierigkeiten z.B. durch Einschreiben mit Rückschein oder Eingangsbestätigungen durch den Versicherungsnehmer umgehen.[60] Als nicht ausreichend wird es hingegen angesehen, wenn lediglich ein Benachrichtigungszettel an den Versicherungsnehmer vorgewiesen werden kann, da dieser keinen Hinweis auf den Absender und den Inhalt der Sendung enthält.[61]

Aus Indizgründen ist der Nachweis des Zugangs der Mahnung zu bejahen, wenn die Versendung des 100
Mahnschreibens nachgewiesen ist, der Versicherungsnehmer drei weitere Schreiben der Versicherung erhalten hat und die Prämienzahlung zwei Tage nach dem Schadenseintritt erfolgte.[62]

Steht das Beweismittel eines Rückscheins nicht zur Verfügung, muss der Versicherer den Zugang 101
des Mahnschreibens durch andere geeignete Tatsachen beweisen.

Erwähnt z.B. der Versicherungsnehmer in seiner Korrespondenz Tatsachen, welche er nur aus dem 102
Mahnschreiben gewonnen haben kann, stellt dies einen tauglichen Zugangsbeweis dar. Bestreitet

53 *OLG Hamm*, r+s 1998, 489 = MDR 1998, 1412 = NJW-RR 1999, 535 = VersR 1999, 957; *OLG Hamm*, r+s 1991, 366 = VersR 1992, 558 = SP 1992, 224 = NJW-RR 1992, 479 = zfs 1991, 419; *OLG Schleswig*, r+s 1992, 112 = VersR 1992, 731 = zfs 1992, 202 = NZV 1992, 152; *BGH*, VersR 1988, 484 = NZV 1988, 178.

54 Ständige Rechtsprechung vgl. *OLG Oldenburg*, VersR 1999, 1486; *OLG Hamm*, r+s 1998, 489 = MDR 1998, 1412 = VersR 1999, 957; *OLG Hamm*, r+s 1995, 403 = zfs 1995, 378.

55 *LG Berlin*, r+s 2005, 95.

56 Urteil des *OLG Hamburg* v. 20.02.1998 – 14 U 197/96.

57 *Prölss/Martin/Knappmann* § 38 Rn. 25.

58 So schon *BGH* VersR 1964, 375; *BVerfG* NJW 1991, 2757; *OLG Frankfurt* VersR 1996, 90; *OLG Nürnberg* VersR 1992, 602; *OLG Köln* VersR 1990, 1231; *LG Düsseldorf* r+s 2006, 13.

59 *BGH* a.a.O.

60 *OLG Köln* r+s 2004, 316.

61 *BGH* VersR 1998, 472.

62 *OLG München* VersR 2005, 674.

der Versicherungsnehmer zwar, das Mahnschreiben bekommen zu haben, zahlt er aber dennoch den darin angemahnten Gesamtbetrag, bestehend aus Folgeprämie und Mahnzuschlag, kann der Zugangsnachweis als geführt angesehen werden.[63] In einer Einzelfallentscheidung – der Versicherungsnehmer wollte in einem relativ kurzen Zeitraum mehrere Schreiben angeblich nicht bekommen haben – hat das *LG Hamburg*[64] sogar eine Umkehr der Beweislast zulasten des Versicherungsnehmers angenommen.

103 Neuere Entscheidungen tragen vermehrt den Beweisproblemen der Versicherungsunternehmen Rechnung.

104 Das *OLG Köln*[65] geht davon aus, dass im Zuge des Zeitalters der EDV-geschützten Briefversendungen bei Versicherern die Vorlage einer Kopie des Mahnschreibens nicht mehr erforderlich ist. Es reiche die Vorlage eines entsprechenden Blanko-Mahnformulars und eine entsprechende EDV-Kontoauskunft, aus der der Ablauf des EDV-Mahnprogramms gegenüber dem Versicherungsnehmer erkennbar sei.

105 Zwar sei damit noch nicht der Zugang dieses Schreibens beim Versicherungsnehmer bewiesen, dieser könne aber durch Indizien bewiesen werden.

106 Diesen Zugangsnachweis durch Indizien sieht das *OLG Köln*[66] als geführt an, wenn für den Zugang eine derart hohe Wahrscheinlichkeit besteht, dass Zweifeln Schweigen geboten ist, ohne sie gänzlich auszuschließen.

107 Das *OLG Koblenz*[67] gesteht dem Versicherer ebenfalls zu, dass der Zugangsbeweis über Indiztatsachen geführt werden kann, lehnt aber eine Beweiserleichterung für den Zugang der qualifizierten Mahnung im Sinne eines Anscheinsbeweises ab.

108 Der Versicherungsnehmer ist wiederum beweisbelastet, dass er die von ihm geschuldeten Versicherungsprämien rechtzeitig gezahlt hat.[68]

### 4. Prämienzahlung pro rata temporis

109 Nach § 40 Abs. 2 S. 1 VVG a.F. konnte der Versicherer, auch wenn er den Vertrag wegen nicht rechtzeitiger Zahlung der Prämie nach § 39 VVG a.F. gekündigt hat, die Prämie bis zum Ende der laufenden Versicherungsperiode verlangen.

110 Diese Regelung wurde vielfach kritisiert, nach der Neuregelung in § 39 VVG 2008 hat der Versicherungsnehmer nur noch eine zeitanteilige Prämie zu zahlen, also die auf die tatsächliche Laufzeit entfallende Prämie.

## VIII. Vorläufiger Versicherungsschutz

111 Die gerade in der KFZ-Versicherung praktisch wichtige vorläufige Deckung wird erstmals in den §§ 49 ff. VVG 2008 gesetzlich geregelt, wobei der Gesetzgeber weitestgehend die von der Rechtspraxis bis dato entwickelten Grundsätze übernommen hat.

112 In den AKB 2015 sind die Regelungen zur vorläufigen Deckung unter dem umgangssprachlich besser bekannten Begriff »vorläufiger Versicherungsschutz« unter B.2 enthalten.

63 *LG Frankfurt/M.* SP 1992, 226; *AG Köln* SP 1992, 31; *LG Bochum* SP 1992, 226.
64 *LG Hamburg* SP 1992, 96 = VersR 1992, 85.
65 *OLG Köln* VersR 1990, 1261.
66 *OLG Köln* r+s 1999, 228 = VersR 1999, 1357 = NVersZ 1999, 143.
67 *OLG Koblenz* zfs 2000, 493.
68 *LG Köln* r+s 1992, 147 = SP 1992, 229.

Die vorläufige Deckungszusage ist ein vom Versicherungsvertrag losgelöster rechtlich selbstständiger Versicherungsvertrag, der schon vor Beginn eines endgültigen Versicherungsvertrages und unabhängig von ihm einen Anspruch auf Versicherungsschutz entstehen lässt.[69] 113

Im Unterschied zur Rückwärtsversicherung, die dem Versicherungsnehmer nur Versicherungsschutz gewährt, wenn der Hauptvertrag später zustande kommt, gewährt eine vorläufige Deckung Versicherungsschutz unabhängig vom Schicksal des Hauptvertrages.[70] 114

Ob der Versicherungsnehmer eine vorläufige Deckung oder eine Rückwärtsversicherung beantragen wollte, ist einzelfallbezogen durch Auslegung zu ermitteln, hierbei können der erkennbare Wille des Versicherungsnehmers sowie Wortlaut und Gestaltung des Antragsformulars entscheidend sein. 115

## 1. Zustandekommen des Vertrages

Die Beantragung einer vorläufigen Deckungszusage kann mündlich oder telefonisch durch den Versicherungsnehmer erfolgen, die Antragstellung bedarf grundsätzlich keiner Form.[71] 116

Eine vorläufige Deckung im Kaskobereich kann sogar zustande kommen, wenn der Versicherungsnehmer noch keinen Antrag auf Abschluss eines Hauptvertrages gestellt hat.[72] 117

Der Versicherungsnehmer trägt die Beweislast für den ausgesprochenen und ausdrücklichen Wunsch auf Abschluss einer vorläufigen Deckung im Kaskobereich.[73] 118

Die Aushändigung der für die Zulassung eines Kraftfahrzeuges notwendigen Versicherungsbestätigung (sog. »Doppelkarte«) gilt als Zusage einer vorläufigen Deckung für die Kraftfahrzeug-Haftpflichtversicherung, nicht jedoch für die Kaskoversicherung. 119

Dieser Grundsatz wird in B.2.2 AKB 2015 nunmehr deutlich herausgestellt. 120

Nur bei ausdrücklicher Zusage durch den Versicherer besteht ein vorläufiger Schutz auch in der Kaskoversicherung. 121

Die Aushändigung der Versicherungsbestätigung an einen Versicherungsnehmer, der einen einheitlichen Antrag auf Abschluss einer Haftpflicht- und einer Kaskoversicherung gestellt hat, führt nach ständiger Rechtsprechung jedoch regelmäßig dazu, dass der Versicherer auch zur Gewährung vorläufiger Deckung in der Fahrzeugversicherung verpflichtet ist, wenn er nicht deutlich im Antrag darauf hinweist, dass vorläufige Deckung nur in der Haftpflichtversicherung gewährt werde.[74] 122

Die Hinweispflicht trifft grundsätzlich auch Direktversicherer. Der Versicherer muss schon beim ersten Kundenkontakt eine umfassende Beratung bezüglich der Möglichkeiten einer vorläufigen 123

69 So genannte Trennungstheorie vgl. *BGH* VersR 1951, 114; *OLG Bamberg* SP 1996, 392; *BGH* NJW 1999, 3560 = DAR 1999, 499 = MDR 1999, 314 = NVersZ 2000, 233 = r+s 2000, 491 = VersR 1999, 1274 = zfs 1999, 522; *OLG Köln* zfs 2001, 120; *OLG Düsseldorf* r+s 2000, 359.

70 So schon *BGH* VersR 1956, 482; *OLG Düsseldorf* r+s 1999, 52 = VersR 1999, 829; zwar hat das *OLG Düsseldorf* dies für die Lebensversicherung festgestellt, das Urteil ist aber ohne Weiteres auf die Kaskoversicherung übertragbar.

71 *OLG Bamberg* SP 1996, 392; *OLG Hamm* VersR 1992, 1462.

72 *BGH* zfs 1999, 522 = NJW 1999, 3560 = DAR 1999, 499 = MDR 1999, 1383 = NVersZ 2000, 233 = r+s 2000, 491.

73 *BGH* VersR 1986, 541.

74 Ständige Rechtsprechung, vgl. z.B. *OLG Köln* VersR 2002, 970 *OLG Frankfurt* VersR 2002, 969; *OLG Frankfurt* zfs 2001, 21 = NVersZ 2001, 130 = r+s 2001, 103; *BGH* VersR 1999, 1274 = DAR 1999, 499 = MDR 1999, 1383 = NJW 1999, 3560 = NVersZ 2000, 233 = r+s 2000, 491 = zfs 1999, 522; *OLG Koblenz* VersR 1998, 311 = r+s 1997, 404; *OLG Hamm* NZV 1990, 74; *Halm* PVR 2001, 136; *OLG Saarbrücken* VersR 2006, 1353; *OLG Karlsruhe* r+s 2006, 414.

Deckung im Kaskobereich durchführen, wenn konkrete Anhaltspunkte dafür bestehen, dass der Antragsteller diesen Versicherungsschutz wünscht.[75]

124 Erfolgt die Belehrung nicht bereits im Antrag, hat der Versicherer vorläufige Deckung auch in der Kaskoversicherung zu gewähren.[76]

125 Diese Auffassung beruht auf dem Gedanken, dass bei dem Versicherungsnehmer nach Treu und Glauben, § 242 BGB, die Vorstellung erweckt wird, der Versicherer behandele die kombinierten Versicherungen (Haftpflicht – und Kasko) im Stadium vorläufigen Deckungsschutzes einheitlich, solange dem Versicherungsnehmer nichts Gegenteiliges mitgeteilt wird.

126 Ein Vermittlungsvertreter ist nach § 43 VVG a.F. grundsätzlich nicht bevollmächtigt, einen Vertrag über die Gewährung einer vorläufigen Deckung abzuschließen. Natürlich kann der Versicherer ihn rechtsgeschäftlich zur Abgabe einer solchen Erklärung bevollmächtigen.

127 Nimmt jedoch ein Versicherungsvertreter einen Antrag auf Abschluss einer Kfz-Vollkaskoversicherung, welche für den am Folgetag beginnenden Urlaub des Versicherungsnehmers bestimmt ist, samt Scheck für die Prämie entgegen, kann von dem Zustandekommen eines Vertrages über die vorläufige Vollkasko-Deckung ausgegangen werden, und zwar unabhängig davon, ob der Agent hierzu eine ausdrückliche Vollmacht besaß.

128 Denn bei fehlender Vollmacht des Agenten kann das Vertragsverhältnis aufgrund versicherungsrechtlicher Vertrauenshaftung begründet werden.[77]

129 Der Versicherer muss sich jedenfalls Erklärungen des Agenten oder Maklers zurechnen lassen, die er mit Antragsformularen ausgestattet hat und die befugt sind, Anträge entgegen zu nehmen und Prämien auszurechnen.[78]

130 Das *OLG Hamburg*[79] hat eine Nachfragepflicht des Versicherers verneint, wenn der Versicherungsnehmer telefonisch einen Antrag für den Abschluss eines Vertrages mit Haftpflicht und Vollkaskoschutz anforderte, im Antragsformular aber nur der Antrag auf Haftpflichtschutz angekreuzt war.

131 Der Versicherer könne dann von einem Antrag lediglich auf Haftpflichtversicherung ausgehen. Widerspreche der Versicherungsnehmer alsdann nicht der nur auf Haftpflicht ausgestellten Police, schließe sein überwiegendes Mitverschulden an dem unzureichend zustande gekommenen Versicherungsschutz ein eventuell mangels Rückfrage gegebenes Mitverschulden des Versicherers aus. Zu beachten sei nämlich, dass das Kraftfahrt-Versicherungsgeschäft ein Massengeschäft sei, bei dem sich der Versicherer grundsätzlich auf die Angaben des Versicherungsnehmers im Versicherungsantrag verlassen können muss.

132 Am sichersten erscheint es, wenn der potenzielle Versicherungsnehmer, welcher ein Auto erworben hat und dieses sofort nach der Zulassung mit Kaskoversicherungsschutz nutzen will, die vorläufige Deckung für die Kaskoversicherung vom Versicherer bzw. dem insoweit vertretungsberechtigten Vertreter auf dem Versicherungsantrag ausdrücklich bestätigen lässt.[80]

133 Verlangt der Versicherer nicht ausdrücklich sofortige Zahlung der Prämie, gilt § 38 Abs. 2 VVG a.F. als stillschweigend abbedungen, sodass der materielle Versicherungsschutz nicht von der Zahlung der Erstprämie abhängt. Die Prämienzahlung für die vorläufige Kaskodeckung wird dem Versicherungsnehmer bis zum Zugang der Prämienrechnung vielmehr gestundet.[81]

---

75 *OLG Köln* SP 1997, 402 = VersR 1998, 180.
76 *Halm/Engelbrecht/Krahe/Hauser* 15. Kapitel, Rn. 8.
77 *OLG Koblenz*, VersR 1998, 311.
78 *OLG Hamm*, NJW-RR 1992, 1054 = NZV 1992, 491 = SP 1992, 315 = VersR 1992, 1462 = zfs 1992, 376.
79 *OLG Hamburg*, NVersZ 2000, 438 = VersR 2001, 363.
80 *Halm/Engelbrecht/Krahe/Hauser*, 15. Kapitel, Rn. 8.
81 *BGH*, VersR 1967, 569.

Macht der Versicherer seine »vorläufige Einstandspflicht« allerdings von einer Zahlung des Versicherungsnehmers abhängig, beginnt der Versicherungsschutz erst mit Zahlung der verlangten Prämie. 134

Während der Dauer der vorläufigen Deckung treffen den Versicherungsnehmer die gleichen Obliegenheiten wie nach Abschluss des Hauptvertrages, selbst wenn dieser Hauptvertrag letztlich nicht zustande kommt.[82] 135

## 2. Ende des vorläufigen Versicherungsschutzes

Die Beendigungstatbestände der vorläufigen Deckung (Beginn des Versicherungsschutzes im Hauptvertrag, Abschluss eines Vertrages bei einem anderen Versicherer, Widerruf des Hauptvertrages, Kündigung) sind in § 52 VVG 2008 und in den AKB 2015 unter B.2.3-B.2.6 geregelt. 136

Der für den Versicherungsnehmer gefährliche Umstand eines rückwirkenden Wegfalls auch des vorläufigen Versicherungsschutzes, wenn der Versicherer den Antrag auf Abschluss des Hauptvertrages unverändert angenommen und der Versicherungsnehmer die dann fällige Erstprämie nicht gezahlt hat, ist in § 52 VVG 2008 nicht explizit erwähnt. 137

Allerdings kann man aus der Formulierung in § 52 Abs. 1 VVG 2008, dass der Versicherungsschutz »spätestens« endet, wenn der Versicherungsnehmer mit der Zahlung der Erstprämie für den Hauptvertrag in Verzug ist, den Schluss ziehen, dass auch eine frühere Beendigung des vorläufigen Versicherungsschutzes durch den Versicherer möglich ist. 138

Gegen die Wirksamkeit der vertraglichen Vereinbarung – vgl. B.2.4 AKB 2015 – des rückwirkenden, also von Anfang an wirkenden Wegfalls des vorläufigen Versicherungsschutzes bei Nichtzahlung der Erstprämie bestehen keine Bedenken. 139

Da der rückwirkende Wegfall des Versicherungsschutzes – insbesondere natürlich in der KH-Versicherung –, für den Versicherungsnehmer existenzbedrohend sein kann, wenn er zwischenzeitlich einen Schaden verursacht hat, muss der Versicherungsnehmer auf den drohenden Verlust des Versicherungsschutzes durch gesonderte Mitteilung oder auffälligen Vermerk im Versicherungsschein besonders hingewiesen werden. 140

Der Versicherer muss die Voraussetzungen des rückwirkenden Wegfalls der vorläufigen Deckung beweisen, also neben dem Verschulden des Versicherungsnehmers hinsichtlich der verspäteten Zahlung zunächst den Zugang von Versicherungsschein und Prämienrechnung beim Versicherungsnehmer.[83] 141

Bestreitet der Versicherungsnehmer den Zugang, ist der Versicherer für diese Tatsache voll beweispflichtig.[84] 142

Häufig umstritten ist die Frage, ob die Nichteinlösung des Versicherungsscheins vom Versicherungsnehmer zu vertreten gewesen sei. 143

Der Versicherungsnehmer muss – ggf. auch während seines Urlaubs – zumutbare Vorkehrungen und Vorsorge dafür treffen, dass der Versicherungsschein rechtzeitig eingelöst wird. Den Versicherungsnehmer trifft an der verspäteten Zahlung jedenfalls ein Verschulden, wenn die Zwei-Wochen-Frist während seiner Urlaubszeit abgelaufen ist, er aber auch noch nach Urlaubsrückkehr zwei weitere Wochen zuwartet, bis er den Versicherungsschein einlöst.[85] 144

Kein Verschuldensvorwurf kann dem Versicherungsnehmer gemacht werden, wenn die Zahlungsverspätung auf einer fehlenden oder unrichtigen Belehrung des Versicherers bezüglich der Gefahr 145

82 Vgl. *BGH*, VersR 1956, 482 = NJW 1956, 1634.
83 Vgl. z.B. *BGH*, VersR 1996, 445.
84 *OLG Köln*, r+s 1997, 406 = VersR 1998, 1104; *BGH*, VersR 1996, 445.
85 *LG Frankfurt*, VersR 1991, 655 = zfs 1991, 278.

des Außerkrafttretens der vorläufigen Deckung beruht.[86] Die Belehrung muss darüber hinaus den Hinweis erhalten, dass der Versicherungsnehmer, wenn er unverschuldet versäumt hat, die Erstprämie zu zahlen, sich den Versicherungsschutz durch nachträgliche Zahlung auch für die Vergangenheit aufrechterhalten kann.[87]

## D. Umfang der Kaskoversicherung

### I. Allgemeines

146 Vom Versicherungsschutz umfasst ist in der Kaskoversicherung der unmittelbar am Fahrzeug durch Beschädigung, Zerstörung oder Verlust entstandene Sachschaden.

147 Mitversichert sind neben dem Fahrzeug als Ganzes seine Teile und bestimmtes Fahrzeugzubehör, das früher in der sog. »Teileliste« erfasst war, die abschließend konzipiert war, und bei der jedes Versicherungsunternehmen Gestaltungsspielraum walten ließ.

148 Durch die AKB 2008 (aktuell: AKB 2015) haben sich einige Veränderungen im Deckungsumfang ergeben. So wurden Definitionen zu wichtigen Kaskotatbeständen wie z.B. Brand und unbefugter Gebrauch oder mut- und böswillige Beschädigung verändert, die sog. Teileliste wurde vollständig überarbeitet.

149 Die AKB 2015 in ihrer Musterversion unterscheiden nunmehr
- beitragsfrei mitversicherte Teile, A.2.1.2.1 AKB 2015
- abhängig vom Gesamtneuwert mitversicherte Teile, A.2.1.2.2 AKB 2015
- nicht versicherbare Teile, A.2.1.2.3 AKB 2015

150 Mitversicherte Fahrzeugteile sind vom Fahrzeugzubehör abzugrenzen, letzteres ist nur versichert, wenn es in der sog. Teileliste enthalten ist.

Fahrzeugteile, die mit dem Fahrzeug fest verbunden sind, sind immer mitversichert (s. A.2.1.2.1 a AKB 2015).

In A.2.1.2.1 b AKB 2015 ist allgemein mitversichertes Fahrzeugzubehör geregelt. Zubehör wird demnach grundsätzlich dadurch charakterisiert, dass es ausschließlich dem Gebrauch des Fahrzeugs dient. Die Ziff. A.2.1.2.1 c bis f AKB 2015 enthalten weitere Teile, bzw. weiteres Zubehör, welches ebenfalls mitversichert sind.

151 Ein Fahrzeugteil ist das Stück eines Ganzen. Das Fahrzeug wäre ohne dieses unvollständig. Fahrzeugzubehör ist hingegen ein zusätzliches Stück, sodass das Fahrzeug selbst bei fehlendem Zubehör vollständig bleibt.[88]

152 In der Teilkaskoversicherung sind folgende Schadenereignisse versichert:
- Brand und Explosion, A.2.2.1.1 AKB 2015
- Entwendung, A.2.2.1.2 AKB 2015
- Sturm, Hagel, Blitzschlag, Überschwemmung, A.2.2.1.3 AKB 2015
- Zusammenstoß mit Haarwild, A.2.2.1.4 AKB 2015
- Glasbruch, A.2.2.1.5 AKB 2015
- Kurzschlussschäden an der Verkabelung, A.2.2.1.6 AKB 2015

153 Zusätzlich sind in der Vollkaskoversicherung gedeckt:
- Unfälle des Fahrzeugs, A 2.2.2.2 AKB 2015
- Mut- oder böswillige Handlungen betriebsfremder Personen, A.2.2.3.3 AKB 2015

---

86 *BGH*, DAR 1991, 14.
87 *Beckmann Matusche-Beckmann*, Versicherungshandbuch 2004, *Heß/Höke*, § 30 Rn. 78.
88 *Halm/Kreuter/Schwab/Stomper*, AKB-Kommentar, A.2.1.2.3 AKB Rn. 11, 12; *Stiefel/Maier/Stadler*, AKB A.2 Rn. 11.

## II. Teilkaskoversicherung

Die in der Teilkaskoversicherung versicherten Ereignisse haben durch die AKB 2008 (aktuell: AKB 2015) zwar keine inhaltlichen Veränderungen, jedoch eine systematische Neuregelung sowie Erläuterungen und Ergänzungen erfahren. 154

### 1. Brand und Explosion

Erstmals in den AKB 2008 (aktuell: AKB 2015) wurden die Tatbestände Brand und Explosion definiert. Die bisherigen AKB hatten auf eigene Definition verzichtete, damit aber auch Auslegungsprobleme hervorgerufen. 155

Als Brand gilt ein Feuer mit Flammenbildung, das ohne einen bestimmungsmäßigen Herd entstanden ist oder ihn verlassen hat und sich aus eigener Kraft auszubreiten vermag, insoweit entspricht die Definition weitestgehend auch jener aus den Feuerversicherungsbedingungen.[89] 156

Seng- oder Schmorschäden fallen ausdrücklich nicht unter den Versicherungsschutz, da es an einer Glut- oder Flammenbildung fehlt.[90] 157

Mangels selbstständiger Ausbreitungsfähigkeit des Feuers liegt daher kein versichertes Schadensereignis vor, wenn dieses durch einen glimmenden Feuerwerkskörper am Dach eines Cabrios entsteht.[91] Entwickelt sich aus dem Schmoren jedoch ein Brand, besteht Deckung für die Brandschäden nur, wenn diese nicht schon durch das vorherige Schmoren entstanden sind.[92] 158

Die Zerstörung des Radlagers durch Heißlaufen[93] sowie das Durchbrennen eines Katalysators,[94] das auf einem Schmelzvorgang des Keramikkörpers beruht, sind ebenfalls nicht versichert. 159

Wird das Fahrzeug durch Feuerwerkskörper jedoch in Brand gesetzt oder durch eine Explosion beschädigt, muss der Versicherer eintreten. 160

Unerheblich ist es auch, wenn ein versichertes Schadenereignis mehrere adäquate Ursachen hat, der Schaden aber auch auf die versicherte Ursache Brand zurückgeht.[95] 161

**Grobe Fahrlässigkeit bei der Brandherbeiführung**

Eine die Leistungspflicht des Versicherers ausschließende grobe Fahrlässigkeit i.S.d. § 61 VVG a.F./§ 81 VVG 2008 bei der Herbeiführung eines Brandschadens liegt vor, wenn ein Versicherungsnehmer einen Kanister mit Benzin für einen auf der Autobahn liegen gebliebenen PKW-Führer erworben, den Kanister vor den Beifahrersitz gelegt hat, Benzin daraus auslief und das Fahrzeug in Brand geriet.[96] 162

Grobe Fahrlässigkeit wurde einem Versicherungsnehmer vorgeworfen, der unbeaufsichtigt einen Heizlüfter über 15 Minuten in seinem PKW betrieben hatte,[97] oder einen Gaskocher in einem Wohnwagen kurzzeitig unbeobachtet gelassen hatte.[98] Ebenso Schweißarbeiten am Fahrzeug ohne ausreichende Brandschutzvorkehrungen.[99] 163

89 Vgl. z.B. die Definition in § 1 Nr. 2 S. 1 AFB 87; *Stiefel/Maier/Stadler*, AKB A.2 Rn. 74.
90 *AG Köln* VersR 1981, 826; *OLG München* zfs 1988, 323; *AG Bernkastel-Kues* zfs 1990, 277.
91 *AG Pforzheim* VersR 1994, 1336 = zfs 1995, 22.
92 *AG Saarlouis* SP 1998, 331; *AG Mannheim* zfs 1991, 383.
93 *OLG Oldenburg* zfs 1989, 315.
94 *Stiefel/Maier/Stadler* AKB A.2, Rn. 77.
95 *OLG Nürnberg* NJW 1995, 862 = r+s 1995, 9 = VersR 1995, 206 = zfs 1994, 331, in der Kaskoversicherung gilt der Grundsatz der Gesamtkausalität des Versicherungsfalls.
96 *OLG Hamm* r+s 2001, 185.
97 *OLG Hamm* NZV 1997, 313 = r+s 1998, 187 = VersR 1997, 1480; a.A. *LG Bremen* r+s 1992, 404; in dieser Entscheidung wird auch noch differenziert, ob es sich um einen normalen Heizlüfter handelt oder um einen Heizlüfter mit einer Heizspirale. Im letzteren Fall liege grobe Fahrlässigkeit vor.
98 *LG Osnabrück*, VersR 1986, 1016.
99 *OLG München*, zfs 1986, 214; *LG Göttingen*, VersR 1984, 130; *AG Düsseldorf* SP 2006, 73.

164 Keine grobe Fahrlässigkeit soll hingegen vorliegen, wenn ein müder und betrunkener Versicherungsnehmer in seinem LKW-Führerhaus vor dem Einschlafen noch eine Zigarette raucht und sich dafür – um nicht einzuschlafen – nicht in die Schlafkoje legt, sondern noch auf dem Beifahrersitz sitzen bleibt.[100]

165 Eine Explosion ist eine auf dem Ausdehnungsbestreben von Gasen oder Dämpfen beruhende, plötzlich verlaufende Kraftäußerung,[101] gleichgültig, ob die Gase oder Dämpfe bereits bei der Explosion vorhanden waren oder erst bei derselben gebildet worden sind.

166 Versicherungsschutz besteht, wenn ein Brand als Explosionsfolge, eine Explosion als Brandfolge oder einfach nur eine Explosion auftritt.

167 Im Gegensatz dazu sind Implosionsschäden nicht vom Versicherungsschutz erfasst.[102] Zudem stellt der auf einen Bedienungsfehler des Fahrers zurückzuführende Implosionsschaden am Tankbehälter eines Milchsammeltankwagens einen nicht versicherten Betriebsschaden dar.[103]

168 Treten angebliche Explosionsschäden am Fahrzeug in größerer Entfernung vom Explosionsort auf, muss der Versicherungsnehmer die Ursächlichkeit der Explosion für den Fahrzeugschaden beweisen.

169 Eine Motorexplosion fällt nicht unter den Explosionstatbestand, sondern unter den Begriff des Betriebsschadens.[104]

## 2. Entwendung

170 Unter dem Oberbegriff Entwendung werden in A.2.2.1.2 AKB 2015 vier Tatbestände besonders hervorgehoben, die den Großteil aller Entwendungsfälle abdecken.[105]

171 Die Aufzählung der Entwendungstatbestände ist jedoch nicht abschließend. Unter A.2.2.1.2 AKB 2015 sollen alle Tatbestände mit Entwendungscharakter im Sinne des Strafgesetzbuches subsumiert werden.

172 Die Entwendung selbst ist ein im Strafgesetzbuch nicht definierter Tatbestand. Er setzt die widerrechtliche Sachentziehung und damit eine wirtschaftliche Entrechtung des Fahrzeugeigentümers voraus.[106]

173 Ausreichend ist die Verwirklichung der objektiven Tatbestände der Entwendungsdelikte, deren Prüfung nach den Maßstäben des Strafrechts vorzunehmen ist.[107] Unerheblich bleibt, ob der Täter schuldhaft gehandelt hat oder nicht.[108]

174 Unter A.2.2.1.2 lit. a AKB 2015 werden die Tatbestände des Diebstahls, § 242 StGB, und des Raubes, § 249 StGB hervorgehoben.

175 Die Unterschlagung i.S.d. § 246 StGB ist nur unter eingeschränkten Voraussetzungen versichert, nämlich nur dann, wenn dem Täter das Fahrzeug nicht zum Gebrauch im eigenen Interesse, zur Veräußerung oder unter Eigentumsvorbehalt überlassen wird, A.2.2.1.2 lit. b AKB 2015.

---

100 *OLG Stuttgart* MDR 2001, 329 = NVersZ 2001, 170.
101 Vgl. die Definition in § 1 Nr. 4 AFB 87.
102 Vgl. § 1 Nr. 4 S. 4 AFB; *Stiefel/Maier/Stadler* AKB A.2, Rn. 89.
103 *OLG Hamm* NJW-RR 1998, 988 = NZV 1995, 154 = SP 1995, 149 = VersR 1995, 1345 = zfs 1995, 182.
104 *Stiefel/Maier/Stadler* AKB A.2, Rn. 89; dies ergebe sich daraus, dass eine Motorexplosion nicht im Sinne der Ausdehnung von Gasen entstehen würde, sondern darauf, dass ein Pleuellager sich heißlaufe und festfresse, hiernach breche die Pleuelstange und der abgerissene Stangenstumpf werde sodann das Kurbelgehäuse infolge seiner kinetischen Energie durchschlagen.
105 Zum Begriff der Entwendung s. auch *Staudinger/Halm/Wendt/Kreuter-Lange*, FAKomm-VersR, AKB 2015, Rn. 95.
106 Vgl. *BGH* r+s 1993, 169.
107 *Prölss/Martin/Knappmann* AKB 2008 A.2.2, Rn. 6; *Stiefel/Maier/Stadler* AKB A.2, Rn. 99 f.; *OLG Köln* r+s 1996, 13 = SP 1996, 57 = VersR 1996, 1271; *BGH* VersR 1975, 225.
108 *BGH* r+s 1995, 125.

Den Versicherungsschutz bei unbefugtem Gebrauch des Fahrzeugs i.S.d. § 248b StGB konkretisieren die AKB 2015 unter A.2.2.1.2 lit. c. 176

*a) Diebstahl/Raub*

Ein Diebstahl i.S.d. § 242 StGB liegt vor, wenn der Täter eine fremde bewegliche Sache wegnimmt, um sie sich selbst zuzueignen; beim Raub i.S.d. § 249 StGB muss hinzukommen, dass die Wegnahme mit Gewalt gegen eine Person oder unter Anwendung von Drohungen mit gegenwärtiger Gefahr für Leib und Leben erfolgt. 177

Da die Entwendung in der Form des Diebstahls und Raubes Bruch fremden und Begründung neuen Gewahrsams voraussetzt, existieren aus dem Strafrecht bekannte Abgrenzungsprobleme bei Gewahrsamserlangung durch einen Betrug.[109] Denn die Erlangung des Gewahrsams durch eine Täuschungshandlung fällt nicht unter den Versicherungsschutz der AKB.[110] 178

Ob bereits ein Bruch fremden Gewahrsams oder nur eine Gewahrsamslockerung vorliegt, ist in vielen Fällen zweifelhaft. 179

Durch die zeitweilige Überlassung eines Kfz an einen Fahrer wird vielfach nur eine Gewahrsamlockerung eintreten, während der Mitgewahrsam des Eigentümers erhalten bleibt. Willigt der später Geschädigte nur in eine Gewahrsamslockerung ein und muss der Täter durch eine weitere, eigenmächtige Handlung den verbliebenen Gewahrsamsrest brechen, liegt eine versicherte Diebstahlshandlung vor. 180

Der angestellte Fahrer, der vorgegebene Fahraufträge erhält, bricht durch eine eigenmächtige Handlung den verbliebenen Mitgewahrsam des Eigentümers, sodass ein versicherter Diebstahl vorliegt.[111] 181

Etwas anderes gilt, wenn der Eigentümer damit einverstanden ist, dass der Fahrer den LKW zur privaten Nutzung über das Wochenende mit nach Hause nimmt.[112] Der Fahrer erlangt dann Alleingewahrsam an dem LKW, weil dem Eigentümer keine realen Einwirkungsmöglichkeiten auf das Fahrzeug verbleiben. Nimmt der Fahrer das Fahrzeug weg, liegt kein Gewahrsamsbruch, sondern allenfalls Unterschlagung vor. 182

Ein Gewahrsamsbruch ist – mangels Gewahrsam des Ehemanns – zu verneinen, wenn die Ex-Ehefrau den PKW, den sie vormals berechtigt besessen hat, im Rahmen des Scheiterns der Ehe an sich bringt und nicht mehr zurückgibt.[113] 183

Zu ersetzen sind auch die Schäden, die vom Täter bei der Benutzung des entwendeten Fahrzeugs verursacht werden, also z.B., ein beschädigtes Lenkradschloss.[114] 184

Reine Vandalismusschäden sind nicht von der Teilkaskoversicherung gedeckt.[115] Bei Vandalismusschäden handelt es sich um den der Vollkasko unterliegenden Haftungstatbestand der mut- oder böswilligen Beschädigung durch betriebsfremde Personen.[116] 185

109 *OLG Düsseldorf* VersR 2001, 1551; *OLG Jena* VersR 1999, 305 = NVersZ 1998, 86 = zfs 1999, 24; *OLG Karlsruhe* NVersZ 1998, 129 = zfs 1999, 251; *LG Bonn* VersR 1996, 1139; *LG Dortmund* zfs 1984, 84.

110 Vgl. hierzu auch *OLG Karlsruhe* NVersZ 1998, 129 = zfs 1999, 251 »Die durch den Bruch fremden Gewahrsams gekennzeichnete Wegnahme als Tatbestandsvoraussetzung des Diebstahls wird durch das Einverständnis mit dem vom Täter erstrebten und erlangten Gewahrsam ausgeschlossen.«.

111 *OLG Hamm* SP 2006, 109.

112 *OLG Köln* r+s 1996, 13 = SP 1996, 57 = VersR 1996, 1271.

113 *AG Coburg* Az. 12 C 768/99; *LG Coburg* Az. 32 S 131/01.

114 *Prölss/Martin/Knappmann* AKB 2008 A.2.6 ff., Rn. 36; *LG Mainz* zfs 1992, 18; *Maier/Stadler*, Rn. 104; a.A. *Bauer* Rn. 1132; *LG Karlsruhe* VersR 1984, 979.

115 *BGH* Urt. v. 24.11.2010 – IV ZR 248/08.

116 *Bauer*, Rn. 1132; a.A. *Prölss/Martin/Knappmann* AKB 2008 A.2.2, Rn. 7.

186 Schlagen unbekannte Täter die Fensterscheibe eines PKW's ein, entwenden einen CD-Player und verursachen im übrigen Beulen und Kratzer, ist der Vandalismusschaden nicht »durch« die Entwendung erstanden, sondern beruht auf einem von der Entwendungshandlung unabhängigen, regelmäßig spontanen Handeln des Täters.[117]

187 Beschädigt der Täter das Fahrzeug jedoch bei dem Versuch, es selbst oder mitversicherte Teile zu stehlen, besteht bezüglich dieser Schäden eine Ersatzpflicht des Versicherers,[118] mutwillige Beschädigungen anlässlich eines fehlgeschlagenen Versuchs sind wiederum nicht ersatzfähig.[119] Auch Schäden anlässlich der versuchten Entwendung von im Fahrzeug aufbewahrten oder transportierten Gegenständen liegen außerhalb des Versicherungsschutzes.[120] Wird allerdings das Fahrzeug bei einem Diebstahlsversuch beschädigt und lässt sich nicht aufklären, was der Täter stehlen wollte, besteht Ersatzpflicht in der Teilkasko, auch wenn nicht versicherte Gegenstände im Fahrzeug Zielrichtung des Diebstahlsangriffes gewesen sein können.[121]

188 Bei versuchten Entwendungen trifft den Versicherungsnehmer die Beweislast, dass der Täter nicht allein mut- oder böswillig in Vandalismusabsicht gehandelt hat.

189 Ob Fahrzeugschäden beim Versuch des Diebstahls verursacht oder mut- oder böswillig herbeigeführt wurden, lässt sich aber vielfach an der Art der Schäden erkennen.

*b) Unterschlagung*

190 Eine Unterschlagung i.S.d. § 246 StGB liegt vor, wenn sich der Täter das Fahrzeug oder seine Teile rechtswidrig zueignet. Im Gegensatz zum Diebstahl ist eine Wegnahme nicht erforderlich, weil sich der Täter bereits im Besitz der Sache befindet.

191 Die Musterbedingungen sehen einen Risikoausschluss für den Fall vor, dass die Unterschlagung durch einen Vorbehaltskäufer oder denjenigen begangen wird, dem das Fahrzeug zum Gebrauch im eigenen Interesse oder zur Veräußerung überlassen wurde.

192 Für die Normalfälle einer Fahrzeugunterschlagung, also die Unterschlagung von Miet- und Leasingfahrzeugen besteht demgemäß kein Versicherungsschutz in der Kaskoversicherung.

193 Die Benutzung des Fahrzeugs »im eigenen Interesse« setzt aber voraus, dass der Fahrer eine selbstständige Verfügungsmacht über das Fahrzeug hat, also selbst entscheiden kann, wann und wohin er das Fahrzeug bewegt.

194 Bei einer nur kurzfristigen Überlassung des Fahrzeugs an einen Dritten zur Durchführung eines konkreten (Abhol-) Auftrages greift der Ausschlusstatbestand nicht ein, wohl aber bei dem Mieter eines Fahrzeugs.[122]

---

117 *BGH* VersR 2006, 968.

118 *OLG Köln* VersR 1995, 1350; *LG Karlsruhe* VersR 1984, 979; *OLG Köln* VersR 1966, 358; *Prölss/Martin/Knappmann* AKB 2008 A.2.2, Rn. 8.

119 *OLG Frankfurt* NVersZ 2002, 226; *LG Dortmund* SP 1998, 329; *AG Essen* r+s 1998, 12 = VersR 1997, 352; *LG Mainz* VersR 1991, 806; a.A. *Maier* r+s 1999, 50; *Prölss/Martin/Knappmann* AKB 2008 A.2.2, Rn. 7; *Rhode* VersR 1995, 971.

120 *OLG Köln* OLGR 1995, 67.

121 *LG Frankfurt/Oder*, r+s 2016, 291; *AG München*, NJW-RR 2010, 332; *AG Essen*, SP 2000, 98; *Prölss/Martin/Knappmann*, AKB 2008, A.2.2. Rn. 9 (zumindest, wenn von außen kein auffallendes Gepäckstück sichtbar ist); a.A. *OLG Köln*, VersR 1995, 1350.

122 *BGH* NJW 1993, 1014.

Versicherungsschutz besteht bei einer nur kurzfristigen Überlassung eines versicherten Kraftrads an einen unbekannten Dritten zu einer Probefahrt.[123] Die Überlassung zur Probefahrt sei eben nicht »zur Veräußerung«, sondern in Vorbereitung einer Veräußerung erfolgt.[124] 195

Abgrenzungsprobleme ergeben sich bei Fallkonstellationen, in denen die Probefahrt durch einen »Trick« eingeleitet wurde, also gar kein Kaufinteresse bestand und eine in der Kaskoversicherung nicht versicherte Gewahrsamserlangung durch Betrug vorliegen könnte. 196

Die Abgrenzung zwischen Betrug und Trickdiebstahl erfolgt bei Probefahrt-Fällen anhand der Frage, ob durch die Täuschung nur eine Gewahrsamslockerung mit dem Einverständnis des Verfügungsberechtigten erzielt wurde und der Täter durch eine weitere Handlung noch den Gewahrsamsrest brechen muss – nur dann liegt ein versicherter Diebstahl vor[125] – oder ob aufgrund der Täuschung bereits eine völlige Gewahrsamsaufgabe eingetreten ist.[126] 197

Ein solcher Gewahrsamsrest wird nicht durch den Verbleib des Kfz-Briefes beim Versicherungsnehmer dokumentiert. Wird der Besitz des Fahrzeugs vom Eigentümer freiwillig auf den Täter übertragen, soll der Verlust des Fahrzeugs auch dann nicht versichert sein, wenn der Eigentümer noch im Besitz des Kfz-Briefes geblieben ist, für die allein relevante tatsächliche Einwirkungsmöglichkeit auf das Fahrzeug ist der Brief nämlich ohne Bedeutung.[127] 198

Dies führt in der Praxis dazu, dass Probefahrten nur in Begleitung einer gewahrsamsbereiten Person oder z.B. nur auf einem eingefriedeten Gelände durchgeführt werden sollten. 199

### *c) Unbefugter Gebrauch*

Der Begriff »unbefugter Gebrauch« erfasst den Gebrauchsdiebstahl aus § 248b StGB oder jede andere Schwarzfahrt. 200

Im Unterschied zum Diebstahl und der Unterschlagung will sich der Täter die Sache nicht auf Dauer zueignen. 201

Der Versicherungsschutz ist eingeschränkt, bestimmte Personen werden vom potenziellen Täterkreis für versicherte Taten ausgeschlossen. 202

Während in den alten AKB's der Personenkreis, der den versicherten Tatbestand verwirklichen konnte, mit dem Begriff »betriebsfremde Personen« umschrieben wurde, konkretisieren die AKB den Personenkreis jener, deren Tat nicht versichert ist, nämlich Personen, die mit der Betreuung des Fahrzeugs beauftragt waren oder in einem Näheverhältnis zum Versicherungsnehmer stehen. 203

Der Versicherungsnehmer soll also den Schaden tragen, wenn er das Fahrzeug nicht vertrauenswürdigen Personen überlässt. 204

Als Auslegungshilfe, wer dem »versicherten« Personenkreis unterfällt, kann auf die bisherige Rechtsprechung zu dem Begriff »betriebsfremde Person« zurückgegriffen werden. 205

123 *OLG Düsseldorf* NVersZ 2000, 336 = r+s 1999, 230 = VersR 1999, 1142 = zfs 1999, 297; falls der Versicherungsnehmer sich jedoch von dem unbekannten Dritten keinen Ausweis oder sonstiges Legitimationspapier bzw. eine Kaution geben lässt, ist ein Fall der groben Fahrlässigkeit gegeben.
124 *OLG Frankfurt* PVR 2001, 115.
125 Siehe auch *OLG Köln*, VersR 2008, 1640 = r+s 2008, 373.
126 *OLG Frankfurt* PVR 2001, 115; *OLG München* VersR 1995, 954.
127 *OLG Saarbrücken* OLGR Saarbrücken 2006, 900.

206 Darunter versteht man eine Person, die mit dem Betrieb oder der Betreuung des Fahrzeugs nichts zu tun hat,[128] die das Fahrzeug ohne Wissen und Willen des Fahrzeughalters benutzt, es sei denn, sie ist für den Betrieb angestellt oder das Fahrzeug ist ihr vom Halter überlassen worden.[129]

207 Nicht betriebsfremd ist also eine Person, die zwar nicht mit dem Fahrzeug fahren darf, es aber mit dem Willen des Halters besitzt. Unternimmt eine solche Person eine Schwarzfahrt, besteht für dabei verursachte Schäden am Fahrzeug in der Teilkaskoversicherung keine Deckung.

208 Der Versicherer muss beweisen, dass die Person, die das Fahrzeug unbefugt gebraucht hat, nicht betriebsfremd war.[130]

*d) Beweisführung*

209 Der Versicherungsnehmer ist für die tatsächlichen Voraussetzungen einer Entwendung in der Form des Diebstahls oder in der Form der Unterschlagung darlegungs- und beweisbelastet.[131]

210 Muss der Versicherungsnehmer den Diebstahl des Fahrzeugs nachweisen, gerät er häufig in Beweisnot, wenn es keine unmittelbaren Zeugen für den Vorfall gibt.

211 Aus diesem Grunde hat die Rechtsprechung verschiedene Beweiserleichterungen entwickelt, deren theoretische Grundlagen durch Auslegung des Versicherungsvertrages gewonnen wurden. Der *BGH*[132] verwendet den Terminus »vertragliche Verschiebung der Eintrittspflicht«.

212 Die vom *BGH* geschaffene Beweiserleichterung wird durch ein 3-Stufen-Modell verkörpert.

213 Auf der ersten Stufe muss der Versicherungsnehmer Tatsachen vortragen und beweisen, aus denen sich mit hinreichender Wahrscheinlichkeit Anzeichen für das äußere Bild einer versicherten Entwendung ergeben.[133] Gelingt dieser Beweis, muss der Versicherer – der von einem vorgetäuschten Entwendungsfall ausgeht – konkrete Tatsachen darlegen und beweisen, die die Annahme einer Vortäuschung des Versicherungsfalls mit erheblicher Wahrscheinlichkeit nahe legen.[134]

214 Gelingt ihm dies, gilt die klassische Beweislastverteilung, d.h. der Versicherungsnehmer muss den Vollbeweis der Entwendung führen.[135]

**Erste Stufe**

215 Auf der ersten Stufe muss der redliche Versicherungsnehmer nur das äußere Bild einer Fahrzeugentwendung nachweisen, also Tatsachen, die nach der Lebenserfahrung darauf schließen lassen, dass das Fahrzeug entwendet wurde.

216 Der Versicherungsnehmer muss also darlegen, zu welcher Zeit und an welchem Ort er sein – später dort nicht wieder aufgefundenes Fahrzeug – abgestellt hat.[136] Für diesen Mindestsachverhalt muss

128 *Bauer* Rn. 1133.
129 *OLG Köln* NJW 1994, 60 = NZV 1993, 397 = r+s 1996, 14 = SP 1993, 250 = VersR 1994, 593 = zfs 1993, 307.
130 *BGH* BGHZ 79, 54 = NJW 1981, 684.
131 Z.B. *OLG Düsseldorf* zfs 2002, 81.
132 *BGH* VersR 1984, 29 = DAR 1984, 57 = r+s 1984, 24 = zfs 1984, 20 = MDR 1984, 209.
133 Ständige Rechtsprechung seit *BGH* VersR 1984, 29; s.a. *OLG Naumburg* VersR 2001, 500; *OLG Köln* SP 2000, 241; *OLG Frankfurt* NJWE-VHR 1998, 103; *OLG Düsseldorf* NJWE-VHR 1997, 244 = VersR 1998, 753; *OLG Düsseldorf* NJW-RR 1996, 408 = r+s 1995, 404 = VersR 1996, 880; *OLG Köln* NJW 1993, 605 = NZV 1993, 32; *OLG Köln* r+s 1991, 222; *OLG Köln* r+s 2006, 15.
134 *BGH* NJW-RR 1993, 719 = VersR 1993, 571.
135 *BGH* NJW 1996, 993 = VersR 1996, 319.
136 Als nicht ausreichend wird es jedoch angesehen, wenn lediglich dargetan wird, dass der PKW mit Aufbruchspuren gefunden wurde, vgl. *OLG Hamm* OLGR 1998, 352 oder, dass eine Diebstahlsanzeige bei der Polizei erstattet wurde, vgl. *BGH* VersR 1993, 571.

der Versicherungsnehmer den Vollbeweis erbringen.[137] Im Prozess darf sich der Versicherer insoweit zulässigerweise mit Nichtwissen erklären.[138]

217 Der Beweis kann durch Zeugen[139] erbracht werden, welche in Begleitung des Versicherungsnehmers das Abstellen und/oder Nichtwiederauffinden des Fahrzeugs gesehen haben. Stehen solche Zeugen nicht zur Verfügung, kann der Versicherungsnehmer durch eigene Angaben im Rahmen einer Anhörung nach § 141 ZPO den erforderlichen Beweis für das äußere Bild führen.[140] Eine Anhörung des Versicherungsnehmers ist bei fehlenden Zeugen auch dann veranlasst, wenn der schriftsätzliche Vortrag widersprüchlich oder realitätsfremd erscheint.[141] Wechselnder und widersprüchlicher Vortrag des Versicherungsnehmers insbesondere zur Abstellsituation kann allerdings die Redlichkeitsvermutung entfallen lassen, was wiederum zum Wegfall der Beweiserleichterung für den Versicherungsnehmer führt.[142]

218 Kann der Versicherungsnehmer für das Abstellen und das spätere Nichtwiederauffinden seines Fahrzeugs nicht ein und dieselbe Person benennen, bleibt ihm die Möglichkeit, unterschiedliche Zeugen für einerseits das Abstellen und andererseits das Nichtwiederauffinden zu benennen.

219 Der Beweis des äußeren Bildes eines Diebstahls ist geführt, wenn die Zeugenaussagen zuverlässig ergeben, dass sich ihre Beobachtungen auf ein- und dieselbe Örtlichkeit beziehen.[143]

220 Wenn die Angaben des Versicherungsnehmers und die des beim Abstellen des Kfz anwesenden Zeugen über die Zeit des Abstellens erheblich voneinander abweichen, hat der Versicherungsnehmer den Beweis des äußeren Bildes der behaupteten Entwendung nicht geführt.[144]

221 Von diesen Mindestanforderungen können keine weiteren Abstriche gemacht werden, reine »Rahmentatsachen« sind für das Vorliegen des äußeren Bildes nicht ausreichend.[145]

222 Das äußere Bild entfällt nicht, wenn keine Einbruchsspuren festgestellt werden. Solche Spuren gehören nicht zum äußeren Bild, können aber bei der Beurteilung der Glaubwürdigkeit des Versicherungsnehmers und der Frage der erheblichen Wahrscheinlichkeit einer vorgetäuschten Entwendung eine Rolle spielen.[146]

223 Zur Darlegung des äußeren Bildes gehört es auch nicht, dass der Versicherungsnehmer alle Originalschlüssel vorlegen oder das Fehlen eines Schlüssels plausibel erklären kann.[147] Dies ist erst recht nicht erforderlich, wenn der Versicherungsnehmer sein Fahrzeug als Gebrauchtwagen erworben hat.[148]

224 Das äußere Bild eines Diebstahls ist auch dann nicht widerlegt, wenn das Fahrzeug mit passendem Schlüssel gefahren worden ist und der Versicherungsnehmer alle Originalschlüssel ohne Duplizierspuren vorweisen kann.[149]

225 Kann der Versicherungsnehmer mit den nach der ZPO zur Verfügung stehenden Beweismitteln den Beweis des äußeren Bildes nicht führen, kann das Gericht aufgrund der objektiven Beweisnot eine

137 *OLG Köln* VersR 2005, 349; *OLG Köln* r+s 2006, 103, 104.
138 *OLG Karlsruhe*, MDR 2009, 690; so wohl auch *LG Köln*, r+s 2014, 169; *Stiefel/Maier/Stadler*, AKB A.2 Rn. 169.
139 *OLG Köln* r+s 2006, 15.
140 *BGH* VersR 1993, 571 = r+s 1993, 169; *OLG Hamm* OLGR 1993, 279.
141 So jedenfalls *LG München I* VersR 2016, 1435.
142 *OLG Hamm* NZV 2017, 186.
143 *BGH* MDR 1998, 1027.
144 *OLG Köln* r+s 2006, 15.
145 *BGH* VersR 2002, 431; *BGH* VersR 1997, 691 = NJW-RR 1997, 663 = zfs 1997, 259 = DAR 1997, 248.
146 *OLG Köln* r+s 2006, 103, 104.
147 *BGH* NJW 1995, 2169.
148 *BGH* NJW-RR 1997, 152 = DAR 1997, 241 = r+s 1996, 474 = zfs 1997, 60 = VersR 1997, 60; *BGH* VersR 2002, 431; a.A. z.B. *OLG Hamm* OLGR 1993, 43.
149 *BGH* VersR 1997, 102.

Parteivernehmung gem. § 448 ZPO oder eine Anhörung des Versicherungsnehmers nach § 141 ZPO in Betracht ziehen.[150]

226 Die Parteivernehmung nach § 448 ZPO setzt voraus, dass das Ergebnis der bisherigen Verhandlung oder Beweisaufnahme noch nicht ausreicht, um die Überzeugung des Tatrichters von der Wahrheit oder Unwahrheit einer zu beweisenden Tatsache zu begründen. Es muss ein gewisser Anfangsbeweis[151] gegeben sein, also Anhaltspunkte, welche die Behauptungen des Versicherungsnehmers wahrscheinlich machen.

227 In der Gerichtspraxis häufiger ist die Parteivernehmung des Versicherungsnehmers, bei der der Versicherungsnehmer im Vorfeld nach § 141 ZPO als Partei angehört wird.

228 Wichtigste Voraussetzung ist in beiden Fällen die Redlichkeit und Glaubwürdigkeit des Versicherungsnehmers. Im Regelfall ist von der Redlichkeit des Versicherungsnehmers auszugehen.[152]

229 Von der Erhebung dieser Beweismittel wird das Gericht absehen, wenn der Versicherer Tatsachen nachweisen kann, die den Versicherungsnehmer unglaubwürdig erscheinen lassen oder wenn es als zumindest zweifelhaft erscheint, dass der Versicherungsnehmer glaubwürdig[153] ist und seine Behauptungen der Wahrheit entsprechen. Für diesen Nachweis dürfte bereits ausreichen, wenn der Versicherungsnehmer unterschiedliche Angaben zum Zeitpunkt des behaupteten Diebstahls, zur Laufleistung des entwendeten PKW, zum Kaufpreis, den Schlüsselverhältnissen oder zu Vorschäden macht,[154] außerdem, wenn der Versicherungsnehmer einen früheren Diebstahl oder Diebstahlsversuch verschweigt. grob falsche Angaben zur Laufleistung des versicherten Fahrzeugs im Schadenanzeigeformular macht, und die Unglaubwürdigkeit der benannten Zeugen.[155] An der für einen Beweis der Entwendung eines Kfz erforderlichen Glaubwürdigkeit fehlt es auch, wenn die Angaben des Versicherungsnehmers bei Anhörung vor dem Senat Widersprüche und Ungereimtheiten aufweisen, insbesondere in Bezug auf seine Angaben in der Vorinstanz, wenn er diese Widersprüche nicht überzeugend erklären kann.[156]

230 Bei einem Fahrzeug, das mit stimmigen Spuren einer professionellen Entwendung verunfallt aufgefunden wird, kann der Nachweis des Diebstahls hingegen auch bei einem ansonsten unglaubwürdigen Versicherungsnehmer als geführt angesehen werden.[157]

231 Auch Unrichtigkeiten im Zusammenhang mit einem früheren Schadensfall können ihrerseits den Schluss auf die Unredlichkeit des Klägers zulassen. Allerdings muss feststehen, dass der Versicherungsnehmer bei dem früheren Schadensfall unrichtige Angaben gemacht hat.[158]

232 Zwar kann ein früheres unredliches Verhalten des Versicherungsnehmers im Rechtsverkehr ein Indiz für eine Vortäuschung sein, Voraussetzung ist aber eine eigene Prüfung des Tatrichters, dass das behauptete unredliche Verhalten des Versicherungsnehmers auch tatsächlich bewiesen ist.[159] Bestanden bei einem früheren Versicherungsfall ernsthafte Bedenken an der Glaubwürdigkeit des Versicherungsnehmers, so ist dies durchaus als Indiz zu werten, dass die Glaubwürdigkeit des Ver-

150 *Halm* PVR 2001, 136; *BGH* zfs 2000, 18; *BGH* MDR 1999, 1502; *OLG Köln* r+s 2006, 103.
151 *Baumbach/Lauterbach/Albers/Hartmann/Hartmann* § 448 Rn. 3.
152 Z.B. *OLG Köln* OLGR 1997, 279.
153 Z.B. *OLG Rostock* OLGR 1998, 79.
154 Vgl. OLG des Landes Sachsen-Anhalt, VersR 2014, 495 = r+s 2014, 118 = NZV 2014, 229; *OLG Koblenz*, r+s 2013, 543; *OLG Hamm*, VersR 1997, 229; *OLG Karlsruhe*, VersR 1995, 40; *OLG Düsseldorf*, VersR 1998, 229; *LG Berlin*, SP 2006, 177.
155 *OLG Celle*, NZV 2013, 440.
156 *OLG Köln* r+s 2005, 241.
157 *OLG Hamm* VersR 2006, 211.
158 *BGH* VersR 2002, 431 = NVersZ 2002, 220; *BGH* BGHZ 132, 79; So auch Urteil des *OLG Schleswig* v. 24.10.2001 – 16 U 65/01; *LG Berlin*, VersR 2006, 20.
159 Z.B. *OLG Köln* NVersZ 2002, 83, es muss aber feststehen, dass hinsichtlich der Vorstrafen kein Verwertungsverbot besteht, §§ 51, 52 BZRG; *BGH* NJW-RR 1997, 152.

sicherungsnehmers auch bei dem Versicherungsfall in Zweifel gezogen werden kann. Diese Vorgehensweise stellt auch keinen Verstoß gegen die Unschuldsvermutung nach Art. 6 EMRK dar.[160]

**Zweite Stufe**

Die »bedingungsgemäße Beweiserleichterung« für den Versicherungsnehmer findet gleichsam sachlogisch ihr Spiegelbild darin, dass dem Versicherer – weil er vor einem Missbrauch der dem Versicherungsnehmer einzuräumenden Beweiserleichterung geschützt werden muss – die Möglichkeit gegeben ist, seinerseits in erleichterter Form erhebliche Zweifel an der Richtigkeit der Darstellung des Versicherungsnehmers darzutun und nachzuweisen. 233

Für den erfolgreichen Gegenbeweis des Versicherers ist keine erhebliche Wahrscheinlichkeit für die Vortäuschung des Versicherungsfalls erforderlich, es reicht der Beweis von Tatsachen aus, die eine erhebliche Wahrscheinlichkeit der Vortäuschung hierfür nahe legen.[161] Die erhebliche Wahrscheinlichkeit der Vortäuschung kann sich sowohl aus den Tatumständen allgemein als auch aus erheblichen Zweifeln an der Glaubwürdigkeit des Antragstellers und aus seinem Verhalten ergeben.[162] 234

Eine erhebliche Wahrscheinlichkeit für die Vortäuschung des behaupteten PKW-Diebstahls liegt demnach vor, wenn einer der beiden vom Hersteller ausgelieferten Sender für die Wegfahrsperre nach dem angeblichen Diebstahl nicht vorgelegt werden kann. 235

Die Rechtsprechung des *BGH*, nach der Auffälligkeiten bei den Schlüsselverhältnissen, wie etwa das Fehlen eines Originalschlüssels, allein in der Regel noch nicht die erhebliche Wahrscheinlichkeit einer vorgetäuschten Tat nahe legen, sondern weitere Verdachtsumstände hinzukommen müssen,[163] kann auf elektronische Wegfahrsperren nicht übertragen werden. Denn im Gegensatz zu einem Schlüssel ist das Wegfahren ohne Sender praktisch unmöglich.[164] 236

Das Vorliegen einer erheblichen Wahrscheinlichkeit für einen Täuschungsfall kann aus allgemeinen Ungereimtheiten bei der Sachverhaltsdarstellung folgen, wenn Versicherungsnehmer und Zeugen zahlreiche Vorstrafen wegen Vermögensdelikten aufweisen,[165] wenn der Versicherungsnehmer vor Zeugen in einer Kneipe erklärt hat, dass er seinen PKW nicht verkaufen könne und er deswegen daran denke, ihn verschwinden zu lassen,[166] wenn der Versicherungsnehmer behauptet, mit mehreren Freunden unterwegs gewesen zu sein, ohne dass er auch nur einen benennen konnte,[167] wenn unklare oder falsche Angaben zum Verbleib des Zweitschlüssels, der Fahrzeugpapiere und/oder hinsichtlich der gefahrenen Kilometer getätigt werden,[168] eine noch nicht nach §§ 46, 51 BZRG getilgte[169] Vorverurteilung wegen Vortäuschung einer Entwendung, widersprüchliche und falsche Angaben zu Vorschäden und Kilometerleistung,[170] unrichtige Angaben in der Schadensanzeige[171] gemacht werden, wenn kurz vor dem behaupteten PKW-Diebstahl ein Nachschlüssel angefertigt wurde, der vom Versicherungsnehmer nicht vorgelegt wird[172] oder wenn der Diebstahl in professio- 237

160 *BGH* VersR 2002, 431; *OLG Düsseldorf* r+s 1998, 453 = NVersZ 1998, 85 = zfs 1998, 383.

161 *BGH* VersR 1989, 587 = r+s 1990, 130.

162 Grundsatzurteil: *BGH* NJW 1996, 1348 = VersR 1996, 575 = r+s 1996, 125; *Prölss/Martin/Knappmann* AKB 2008 A.2.2, Rn. 25; *LG Düsseldorf* r+s 2006, 187.

163 *BGH* VersR 1995, 909 = r+s 1995, 288; *BGH* VersR 1991, 1047.

164 *OLG Köln* VersR 2002, 225.

165 *OLG Düsseldorf* NJW-RR 2000, 839; *OLG Hamm* VersR 1995, 1046 = r+s 1995, 245; *OLG Celle* VersR 1990, 152; *OLG Köln* VersR 1980, 1051; *OLG Koblenz* VersR 1979, 807 zu beachten ist hier aber auch, dass nicht bereits getilgte oder tilgungsreife Vorstrafen berücksichtigt werden, § 51 BZRG.

166 *OLG Celle* zfs 1996, 383.

167 *OLG Celle* VersR 1990, 518.

168 *OLG Karlsruhe* OLGR 1997, 51; *OLG Frankfurt* OLGR 1994, 89; *OLG Frankfurt* VersR 1977, 1022.

169 *OLG Köln* VersR 1985, 77; *LG Dortmund*, r+s 2013, 489 = NJW-Spezial 2013, 554 = VRR 2014, 26.

170 *OLG Köln* r+s 1986, 116.

171 *OLG Hamm* VersR 1992, 819; *OLG Stuttgart* r+s 1992, 331.

172 *OLG Köln* OLGR 1995, 316.

neller Tatausführung begangen wurde, es sich bei dem gestohlenen PKW aber um einen nur scher absetzbaren PKW von bescheidenen Wert handelt.[173]

238 Eine hinreichende Wahrscheinlichkeit der Vortäuschung eines Diebstahls ergibt sich allerdings nicht alleine daraus, dass ein Versicherungsnehmer sich schon seit einem Jahr vor dem Diebstahl vergeblich bemüht hat, seinen PKW zu verkaufen.[174]

239 Einen Versicherungsnehmer kann es auch nicht entlasten, wenn er sich darauf beruft, unklare Angaben hinsichtlich der Entwendung eines Fahrzeugs habe er nur gemacht, weil er die Versicherungsbögen nicht richtig verstanden habe. Es muss von jedem Versicherungsnehmer, der sein Fahrzeug in Deutschland versichert, erwartet werden, dass er sich ggf. durch Übersetzung hinreichende Kenntnis über die wesentlichen Grundlagen des Versicherungsverhältnisses verschafft und sich insbesondere den Inhalt wichtiger Fragebögen klar macht.[175]

**Dritte Stufe**

240 Ergibt sich eine hinreichende Wahrscheinlichkeit für ein unredliches Verhalten des Versicherungsnehmers, so ist der »bedingungsgemäßen Beweiserleichterung« die Vertrauensgrundlage entzogen, und der Versicherungsnehmer ist – nun doch – an seiner grundsätzlichen, den Vollbeweis des Eintritts des Versicherungsfalles betreffenden Beweislast nach den allgemeinen Grundsätzen festzuhalten.[176]

### *e) Zusammentreffen Entwendung/Brand*

241 Das in der Praxis nicht seltene Zusammentreffen von Entwendung und nachfolgendem Brand[177] des Fahrzeugs lässt häufig vermuten, dass es sich um einen vorgetäuschten Versicherungsfall handelt, bei dem der Versicherungsnehmer zunächst seinen PKW »entwendet« und ihn hiernach dem Feuer übergibt, um eventuelle Spuren zu beseitigen.

242 Aus diesem Grunde wird vielfach die Auffassung vertreten, dass der Versicherungsnehmer zwingend auch den Entwendungstatbestand beweisen müsse, wenn er sich auf den Versicherungsfall Brand berufen wolle. Der BGH geht hingegen in ständiger Rechtsprechung davon aus, dass beide Tatbestände voneinander unabhängig sind. Demnach könne sich der Versicherungsnehmer unproblematisch auch nur auf den Brand berufen und müsse das äußere Bild des Diebstahls nicht beweisen.[178]

243 Auf Basis dieser Rechtsprechung muss der Versicherer also beweisen, dass der Versicherungsnehmer den Brand vorsätzlich herbeigeführt hat.

244 Kann der Versicherer die Vortäuschung der Entwendung beweisen, kommt diesem Gesichtspunkt insoweit indizielle Bedeutung zu, als damit auch eine hohe Wahrscheinlichkeit für die Eigenbrandstiftung des Versicherungsnehmers vorliegt. So kann eine erhebliche Wahrscheinlichkeit der Diebstahlvortäuschung angenommen werden, wenn das Fahrzeug unmittelbar nach der Entwendung in Brand gesetzt wurde, keine Aufbruchspuren festgestellt wurden und der Eigentümer in finanziellen Schwierigkeiten war.[179]

---

173 *OLG Düsseldorf* OLGR 1997, 319.

174 *OLG Düsseldorf* VersR 2003, 57; obwohl in diesem Fall sogar noch eine Wegfahrsperre eingerichtet war, der Rückkaufpreis deutlich unter dem Wiederbeschaffungswert lag und der Versicherungsnehmer in der Schadensanzeige eine falsche Uhrzeit hinsichtlich des Abstellens des Fahrzeugs genannt hatte.

175 *LG Bonn* zfs 2001, 363.

176 *BGH* VersR 1989, 587; *BGH* VersR 1991, 1047.

177 Zum Nachweis der Eigenbrandstiftung s.z.B. *OLG Köln* r+s 2007, 274.

178 Seit *BGH* VersR 1979, 805; so auch *LG Gießen* r+s 1996, 257 = NJWE-VHR 1996, 35; *OLG Saarbrücken* SP 1996, 94; *OLG Karlsruhe* r+s 1991, 333.

179 *KG* VersR 2004, 998.

Eine vorsätzliche Brandherbeiführung durch den Versicherungsnehmer i.S.d. § 61 VVG a.F./§ 81 VVG 2008 wurde z.B. bejaht,[180] wenn sich der Versicherungsnehmer nach seinen eigenen Angaben nach Abstellen des Kfz mit einer Frau in dem Fahrzeug aufgehalten und kurz danach Rauch bzw. Feuer aus den Lüftungsschlitzen des Armaturenbretts ausgetreten sei. Aufgrund der Bewertung der Gesamtumstände ist davon auszugehen, dass dieser Vorgang vom Versicherungsnehmer frei erfunden wurde. Dies folgt aus der Tatsache, dass sich vor Einsetzen der Rauchentwicklung ein so starker Geruch (freigesetzte Salzsäure) entwickelt haben müsste, dass der Versicherungsnehmer diesen hätte bemerken müssen.[181] 245

Gleiches gilt, wenn ein LKW mit einem passenden Schlüssel weggefahren wurde, das Fahrzeug mit einer Wegfahrsperre der zweiten Generation versehen war, bei der die Übertragung des Bedienungscodes von einem Originaltransponder auf einen anderen Chip nur über eine Werkstatt des LKW-Herstellers bewerkstelligt werden kann und zugleich mit angeblicher Entwendung des LKW eine größere Anzahl billiger Topf- und Messersets gestohlen wurde, für die es eigentlich keinen Absatzmarkt mehr gab. Der LKW wurde völlig ausgebrannt wiedergefunden.[182] 246

Für eine vorsätzliche Inbrandsetzung des Kfz spricht, dass der Versicherungsnehmer widersprüchliche Angaben zum Geschehen macht, insbesondere die Einlassung zu einem im Fahrzeug befindlichen Benzinkanister unglaubwürdig ist und er den Fragebogen des Versicherers nur zögerlich beantwortet hat.[183] 247

Für eine vorsätzliche Herbeiführung des Brandes spricht auch, wenn ein Brand sich wenige Stunden (3–4 Stunden) nach dem behaupteten Diebstahl in einer Entfernung von 15 km vom Diebstahlort ereignet hat. Die Sperreinrichtung des Lenkradschlosses unbeschädigt war und der Versicherungsnehmer sich in wirtschaftlichen Schwierigkeiten befand.[184] 248

Der Nachweis der Eigeninbrandsetzung des PKW und die Vortäuschung der Entwendung wurden als geführt angesehen, wenn ein passender Schlüssel benutzt wurde, kurze Zeit vor der Entwendung eine Nachschlüsselanfertigung erfolgte und die Brandstiftung kurz vor Beendigung des Leasingvertrages und Ablauf der Zweijahresgrenze für Neuwertentschädigung geschah.[185] 249

### 3. Naturereignisse

Der Versicherungsschutz der Kaskoversicherung umfasst auch Schäden durch enumerativ aufgelistete Naturereignisse wie Sturm, Hagel, Blitzschlag oder Überschwemmungen, A.2.2.1.3 AKB 2015.[186] 250

Schäden durch Lawinenabgänge (auch Dachlawinen[187]), Erdrutsch, Erdbeben oder Vulkanausbruch sind grds. nicht versichert.[188] Unter einer Lawine versteht man große Massen von Schnee oder Eis, die sich von Berghängen ablösen und zum Tal gleiten oder stürzen.[189] 251

180 So z.B. *OLG Hamm* r+s 2002, 1101; *OLG Köln* r+s 2002, 360.
181 *OLG Köln* r+s 2001, 142.
182 *OLG Düsseldorf* r+s 2001, 142.
183 *LG Dortmund* SP 2000, 239.
184 *OLG Hamm* NVersZ 1999, 431 = r+s 1999, 144 = SP 1999, 137 = zfs 1999, 157.
185 *OLG Hamm* VersR 1996, 1362 = zfs 1996, 100.
186 Die Wetterverhältnisse am Schadensort lassen sich über Wetteraufzeichnungen recherchieren, z.B. www.dwd.de;www.weather-consult.com; www.wetteronline.de; www.meteodata-ltd.com.
187 *OLG Köln* r+s 2012, 383.
188 *BGH* NJW 1984, 369 = VersR 1984, 28 = DAR 1984, 56; *OLG Köln*, r+s 2013, 384; manche Bedingungen bieten allerdings zusätzlich Schutz gegen Lawinenschäden oder Muren (an Berghängen abgehende Geröll-, Schlamm- und Gesteinsmassen, auch in Verbindung mit Baumgruppen).
189 *AG Halle (Saale)*, Urt. v. 23.06.2011 – 93 C 3643/10 – (juris).

252 Sturm ist in A.2.2.1.3 S. 2 AKB 2015 definiert als eine wetterbedingte Luftbewegung von mindestens Windstärke 8. Stärke 8 bedeutet nach der maßgeblichen Beaufortskala »stürmischer Wind, der Zweige von Bäumen bricht und das Gehen im Freien erheblich erschwert«.

253 Hagel ist definiert als Niederschlag in Form von Eisstücken. Die unterschiedliche Größe der Hagelkörner verursacht unterschiedlich tiefe, aber charakteristische Eindellungen an Fahrzeugoberflächen.

254 Durch Blitzschlag entsteht ein Schaden, wenn ein in der Atmosphäre entstandener Blitz auf das Fahrzeug durch natürliche Entladung einwirkt, der Blitz muss auch nicht notwendig zur Erde niedergehen.[190]

255 Der Blitzschlag ist eine selbstständige Schadensursache, ein nachfolgender Brand ist nicht erforderlich.

256 Auch Schäden, die durch auf das Fahrzeug fallende, vom Blitz »gefällte« Bäume oder Teile eines Gebäudes entstehen, sind versichert.

257 Eine Überschwemmung wird angenommen, wenn Wasser in erheblichen Mengen sein natürliches Gelände verlässt und nicht auf normalem Wege abfließt. Nicht nur Wasser, welches über die Ufer getreten ist, sondern auch die wetterbedingte oder aufgrund eines Rohrbruchs verursachte Überflutung einer Straße stellt eine Überschwemmung dar.[191] Auch wenn auf einen Berghang so starker Regen niedergeht, dass er weder versickert noch geordnet abfließt, sondern sturzbachartig den Hang herabfließt, liegt eine Überschwemmung vor.[192]

**Unmittelbarkeitserfordernis**

258 Erforderlich und in der Praxis häufig streitig, ist ein unmittelbarer Zusammenhang zwischen Naturereignis und Schadenseintritt. Unmittelbarkeit wird bejaht, wenn zwischen Ursachenereignis und Erfolg keine weitere Ursache tritt.[193]

259 Wird ein Fahrzeugführer vom Wasser eingeschlossen, ist die Überflutung die letzte Ursache für den Überschwemmungsschaden, sodass dem Unmittelbarkeitserfordernis Genüge getan ist.[194]

260 Ein unmittelbarer Zusammenhang wird bejaht, wenn während der Fahrt unvorhersehbar eine Überschwemmung auftritt, die zu einem Wasserschlag[195] im Motor führt,[196] wenn der Sturm einen Ast so plötzlich vor das Fahrzeug wirft, dass dieses nicht mehr abgebremst werden kann[197] oder wenn ein windempfindlicher Kastenwagen trotz verkehrsgerechten Gegenlenkens bei Sturm nicht mehr auf der Fahrbahn gehalten werden kann.[98]

261 Eine unmittelbare Einwirkung eines Naturereignisses i.S.d. § 12 Abs. 1c AKB a.F. liegt jedoch nicht mehr vor, wenn der Versicherungsnehmer mit seinem Fahrzeug gegen Felsbrocken fährt, welche zuvor infolge eines heftigen Sturms auf die Fahrbahn gerollt sind.[199]

---

190 *Feyock/Jacobsen/Lemor/Jacobsen* § 12 AKB Rn. 89.

191 *Prölss/Martin/Knappmann* AKB 2008 A.2.2, Rn. 37; *BGH* VersR 1964, 712; *LG Kassel* VersR 1963, 670.

192 *BGH* VersR 2006, 966.

193 *BGH* VersR 1984, 28 = NJW 1984, 56 = MDR 1984, 297; das *OLG Köln* und das *OLG Düsseldorf* stellen darauf ab, ob die Naturgewalt die zeitlich letzte Ursache ist vgl. dazu *OLG Köln* NJW-RR 1999, 468 = NVersZ 1999, 485 = r+s 1999, 451 = SP 1999, 138 = zfs 1999, 338; *OLG Düsseldorf* VersR 1985, 1035.

194 *LG Kiel* DAR 2000, 220 = VersR 2000, 1234.

195 Hierunter versteht man ein plötzliches Auftreten einer Überschwemmung, sodass der Motor nicht mehr rechtzeitig ausgestellt werden kann.

196 *OLG Stuttgart* VersR 1974, 234; *OLG Hamm* NZV 1989, 3960 = VersR 1990, 85; *OLG Frankfurt/M.* VersR 1966, 437.

197 *OLG München* DAR 1969, 103; *OLG Celle* VersR 1979, 178.

198 *OLG Köln* zfs 1986, 119.

199 *AG Iserlohn* VersR 1996, 1272; *AG Hamburg* VersR 1992, 1509.

262 Eine nur mittelbare Einwirkung wird angenommen, wenn durch Sturmeinwirkung ein Baum umstürzt, auf diesen ein PKW und der Versicherungsnehmer wiederum auf dieses Fahrzeug auffährt,[200] wenn der versicherte PKW durch einen infolge eines Sturmes umgestürzten Anhänger beschädigt wird,[201] wenn ein Fahrer bewusst eine überschwemmte Straße befährt und es durch Wasser zu einem Fahrzeugschaden kommt[202] oder wenn ein Sturm eine andere Naturgewalt auslöst, wie etwa eine Lawine, ohne selbst das Fahrzeug zu zerstören.[203]

263 A.2.2.1.3 S. 3 AKB 2015 enthält eine Erweiterung der primären Risikobegrenzung. Als »unmittelbar« gelten danach auch Schäden, welche dadurch entstehen, dass aufgrund eines Naturereignisses Gegenstände auf oder gegen das Fahrzeug geworfen werden.

264 Ausgeschlossen sind nach A.2.2.1.3 S. 4 AKB 2015 Schäden, die auf ein durch diese Naturgewalten veranlasstes (Fehl-) Verhalten des Fahrers zurückzuführen sind.

265 Dieser Ausschluss bestätigt lediglich, dass nur unmittelbare Schäden ersetzt werden, da es im Fall der Schadensrückführung auf ein Fehlverhalten des Fahrers schon an dem Unmittelbarkeitserfordernis fehlen wird.[204]

266 Fällt sturmbedingt ein Ast auf die Motorhaube des Fahrzeugs und kommt dieses aufgrund eines Fehlverhaltens des Fahrers, bei dem Versuch, das Kfz zum Stehen zu bringen, von der Fahrbahn ab und überschlägt sich, greift der Ausschlusstatbestand ein.[205]

### 4. Wildschaden

267 Versichert sind nach A.2.2.1.4 AKB 2015 Schäden durch den Zusammenstoß des in Bewegung befindlichen Fahrzeugs mit Haarwild i.S.d. § 2 Abs. 1 Nr. 1 des Bundesjagdgesetzes.[206] Hierbei muss das Wild selbst nicht in Bewegung sein.[207] Die Beweislast für einen Zusammenstoß des Fahrzeugs mit Wild trägt der Versicherungsnehmer.[208] Dieser hat den Vollbeweis ohne Beweiserleichterungen zu führen.[209]

Der Beweis für einen Zusammenstoß mit Wild kann regelmäßig geführt werden, wenn sich Wildhaare oder Blut an dem beschädigten Fahrzeugteil finden.[210] Durch eine mikroskopische, chemische oder DNA-Sequenz-Analyse kann und muss sodann nachgewiesen werden, dass diese Spuren von Haarwild i.S.d. § 2 Abs. 1 Nr. 1 BJagdG stammen.

Finden sich die Wildspuren jedoch an einer unbeschädigten oder vorgeschädigten Stelle des Fahrzeuges, oder werden sie erst einige Zeit (z.B. eine Woche) nach dem Schaden festgestellt, wird der Versicherungsnehmer beweisfällig bleiben.[211]

268 Unter Wild im Sinne des § 2 Abs. 1 Nr. 1 Bundesjagdgesetz versteht man:

> 269 »… Wisent, Elch-, Rot-, Dam-, Sika-, Reh-, Gams-, Stein-, Muffel- und Schwarzwild, Feldhase, Schneehase, Wildkaninchen, Murmeltier, Wildkatze, Luchs, Steinmarder, Baummarder, Iltis, Hermelin, Mauswiesel, Dachs, Fischotter und Seehunde…«

200 *OLG Hamburg* VersR 1972, 241.
201 *LG Karlsruhe* DAR 1995, 489.
202 *LG Mühlhausen* zfs 2002, 590; *OLG Frankfurt* VersR 1966, 437; *LG Mönchengladbach* r+s 2006, 490.
203 *BGH* VersR 1984, 28.
204 *Prölss/Martin/Knappmann* AKB 2008 A.2.2, Rn. 40; *Stiefel/Maier/Stadler* AKB A.2, Rn. 243.
205 *AG Hamburg* SP 1993, 59 = VersR 1992, 1509.
206 Vgl. auch hierzu *Schröder* PVR 2001, 296.
207 *LG Stuttgart* r+s 2008, 150; *OLG Nürnberg* VersR 1994, 929.
208 *OLG Hamm* r+s 2004, 318.
209 *OLG Rostock*, NZV 2017, 91; *Stiefel/Maier/Stadler*, AKB A.2 Rn. 264.
210 *OLG Köln*, VersR 1994, 874.
211 *OLG Köln*, r+s 1993, 449; *AG Marburg*, SP 2012, 299; *Himmelreich/Halm/Bartholomy*, Handbuch des Fachanwalts Verkehrsrecht, Kap. 20 Rn. 70.

270 Die in § 2 Bundesjagdgesetz genannten Wildarten können durch landesrechtliche Vorschriften erweitert oder eingeengt werden.

271 Eine Kollision mit einem Eichhörnchen ist nicht als Wildunfall einzuordnen.[212]

272 Einige Versicherer haben die Wildklausel dahin gehend erweitert, dass auch Zusammenstöße mit Nutz- oder Haustieren dem Versicherungsschutz unterfallen. Die entsprechenden Formulierungen in den AKB lauten dann:

273 »… Haarwild im Sinne von § 2 Absatz 1 Nr. 1 Bundesjagdgesetzes oder Pferden, Rindern, Schafen oder Ziegen;…«

oder

274 »… Haarwild im Sinne von § 2 Absatz 1 Nr. 1 Bundesjagdgesetzes, darüber hinaus mit sonstigen Wirbeltieren, wie z.B. Hunden, Katzen oder Pferden…«

275 Der Leistungskatalog einiger Versicherer wurde auch auf Schäden durch Marderbiss erweitert. Solche Schäden sind nicht grundsätzlich mitversichert,[213] da der Marder sich am abgestellten, also nicht in Bewegung befindlichen Fahrzeug zu schaffen macht. Für die Abdeckung dieses Risikos besteht ein Bedürfnis, weil sich Marder vor allem nachts von dem noch warmen Motorraum eines kurz vorher abgestellten Kfz angezogen fühlen und bevorzugt Gummiteile anknabbern. In den Musterbedingungen ist diese Deckungserweiterung nicht enthalten.[214]

Der Versicherungsnehmer muss beweisen, dass der Schaden unmittelbar durch den Biss eines Marders verursacht wurde.[215] Kommt es zu einem Marderbiss an einem Fahrzeugteil und reklamiert der Versicherungsnehmer einen Folgeschaden an einem anderen Teil, muss er den Kausalzusammenhang beweisen. In den Bedingungen kann – AGB-rechtlich unbedenklich – vereinbart werden, dass ein unabhängiger oder vom Versicherer zu bestimmender Sachverständiger den Ursachenzusammenhang bestätigt.[216]

276 In der Praxis wird häufig übersehen, dass den Versicherungsnehmer nach E.1.3.3 AKB 2015 die Obliegenheit trifft, einen Wildschaden ab einer in den AKB unterschiedlich geregelten Schadenshöhe unverzüglich der Polizei zu melden.[217]

### *a) Kausalität zwischen Wildberührung und Schaden*

277 Zwischen Wildberührung und erstattungsfähigem Schaden muss ein Kausalzusammenhang bestehen.[218]

278 Der Zusammenstoß muss das auslösende Moment für den weiteren Schaden sein, nicht nur ein Begleitumstand.[219] Eine bloße Berührung mit Wild kann für die Annahme eines Wildschadens ausreichen, wenn eine Beschädigung des Wagens gerade durch diesen Zusammenstoß erfolgt ist.[220]

---

212 *LG Coburg* Urt. v. 29.06.2010 – 23 O 256/09.
213 *AG Zittau* r+s 2007, 318.
214 *Halm/Engelbrecht/Krahe/Hauser*, 15. Kapitel, Rn. 72.
215 *AG Berlin-Mitte* SP 2009, 79.
216 *AG Pforzheim* Urt. v. 02.09.2010 – 2 C 149/10; *AG Hannover*, Urt. v. 25.05.2009 – 514 C 14439/08.
217 Einige Versicherer akzeptieren statt der Polizeimeldung auch eine Anzeige beim Jagdausübungsberechtigten.
218 S. auch *Stiefel/Maier/Stadler*, AKB A.2 Rn. 255.
219 *OLG Brandenburg* VersR 2002, 1274; *OLG Düsseldorf* VersR 2002, 1275; *BGH* VersR 1997, 351 = DAR 1997, 158 = MDR 1997, 348 = NJW 1997, 1012 = NZV 1997, 176 = r+s 1997, 98 = SP 1997, 168; *Prölss/Martin/Knappmann* AKB 2008 A.2.2, Rn. 42; als Grund für dieses Kausalerfordernis wird auch immer darauf hingewiesen, dass ansonsten dem Versicherungsbetrug Tür und Tor geöffnet sei, vgl. z.B. *LG Halle* r+s 1997, 171.
220 *OLG Düsseldorf* r+s 1991, 42; s. auch *Halm/Kreuter/Schwab/Stomper*, AKB-Kommentar, A.2.2.1.5 AKB Rn. 83f. m.w.N.

Wird der PKW durch die Wildberührung derart beschädigt, dass eine verkehrsgerechte Bedienung nicht mehr möglich ist und dadurch weiterer Fahrzeugschaden auftritt[221] oder entsteht durch die Wildberührung ein nachfolgender Schaden aufgrund falscher Bedienung des PKW[222] ist der erforderliche Kausalzusammenhang noch gegeben. Beweisverpflichtet ist der Versicherungsnehmer, es gilt der Maßstab des § 286 ZPO.[223]

Verneint wird der Kausalzusammenhang, wenn die Wildberührung nur zufällig stattfindet, beispielsweise sich der Versicherungsnehmer im Schleudern befindet und im Zuge dieses Schleudervorgangs eine Wildberührung stattgefunden hat.[224] **279**

Der Unfall darf zudem nicht auf andere Ursachen zurückgeführt werden können. So wird der Kausalzusammenhang als unterbrochen angesehen, wenn der Versicherungsnehmer Alkohol oder Drogen zu sich genommen hatte und die Wildberührung aufgrund seiner eingeschränkten Fahrfähigkeit stattfand.[225] **280**

Streit herrscht hinsichtlich der Frage, ob die Kollision mit totem Wild vom Versicherungsschutz erfasst wird. **281**

Teilweise wird die Auffassung vertreten, es bestehe kein Versicherungsschutz, da die AKB auf § 2 Abs. 1 Nr. 1 Bundesjagdgesetz verweise und hierunter nur jagdbare Tiere fallen. Tote Tiere seien aber nicht mehr jagdbar.[226] **282**

Vielfach gewähren Gerichte jedoch auch bei Kollisionen mit totem Wild Versicherungsschutz, zumindest dann, wenn das Wild unmittelbar vor dem Zusammenstoß durch einen anderen PKW überfahren wurde.[227] **283**

*b) Durch Ausweichmanöver verursachter Schaden/Rettungskosten*

Kommt es nicht zu einem Zusammenstoß mit Haarwild, liegt kein Wildschaden i.S.d.A.2.2.1.4 AKB 2015 vor. **284**

Entstehen durch Ausweichmanöver vor einem Haarwild Schäden am PKW, kommt allenfalls Ersatz unter dem Begriff der Rettungskosten i.S.d. §§ 82, 83 VVG 2008 in Betracht. **285**

Die in § 82 VVG 2008 normierte Schadenabwendungs- und Rettungspflicht beginnt nicht erst, wenn der Versicherungsfall schon eingetreten ist, sondern bereits dann, wenn er unmittelbar bevorsteht, sog. Vorerstreckungstheorie.[228] **286**

Der Versicherungsnehmer, der Rettungskostenersatz in den sogenannten Wildschadenfällen aus der Teilkaskoversicherung beansprucht, muss darlegen und beweisen, dass die Beschädigung des Fahrzeugs auf ein Ausweichmanöver zurückzuführen ist, das vorgenommen wurde, um eine unmittelbar bevorstehende Kollision mit Wild zu vermeiden.[229] **287**

Der Versicherungsnehmer muss insoweit den Vollbeweis führen.[230] **288**

221 *OLG Koblenz* r+s 1989, 246; *LG Düsseldorf* VersR 1990, 300.
222 *OLG Jena* VersR 1998, 623; *BGH* NJW-RR 1992, 469 = DAR 1992, 179 = NZV 1992, 109 = r+s 1992, 77 = VersR 1992, 349 = zfs 1992, 85; *OLG Celle* zfs 1990, 423; *Bauer* Rn. 1114.
223 *OLG Hamm* OLGR Hamm 2008, 344.
224 *OLG Düsseldorf* VersR 1985, 851; *OLG München* zfs 1989, 206.
225 *OLG Schleswig* zfs 1990, 95; *LG Münster* VersR 1988, 1174; *LG Limburg* zfs 1987, 375; *LG Augsburg* zfs 1987, 150.
226 *OLG München* VersR 1986, 863.
227 *OLG Nürnberg* DAR 1994, 279 = zfs 1994, 214; *OLG Düsseldorf* VersR 1985, 851; *LG Stuttgart* r+s 2008, 150.
228 *BGH* VersR 1991, 459 = NJW 1991, 1609 = zfs 1991, 135 = r+s 1991, 165.
229 *Ferner* Straßenverkehrsrecht 2005; *Wolfram-Korn* S. 363 Rn. 41.
230 *OLG Köln* r+s 2004, 228.

289 Der Versicherungsnehmer hat einen Anspruch auf Rettungskostenersatz, wenn

- der Schaden im Fall eines Zusammenstoßes versichert wäre,[231] also kein Rettungskostenersatz bei Schäden infolge eines Ausweichmanövers zur Vermeidung einer Kollision mit einem anderen Fahrzeug
- der Versicherungsnehmer die Gefahrenlage, welcher er durch das Ausweichmanöver entgehen will, nicht grob fahrlässig herbeigeführt hat;[232] wäre der Versicherer bei erfolgtem Zusammenstoß leistungsfrei, gilt Gleiches natürlich auch im Rahmen des Rettungskostenersatzes
- ein bewusstes und gezieltes Ausweichen vorliegt, kein reiner Reflex oder eine reine Schreckreaktion[233]
- die Maßnahme objektiv erforderlich und geeignet war, den Wildschaden zu vermeiden.[234]
- Der Versuch einem Kleintier auszuweichen, wie z.B. einem Hasen oder Marder,[235] aber auch einem Fuchs[236] (str.) ist in aller Regel nicht objektiv erforderlich.
- Erleidet der Versicherungsnehmer dadurch einen Verkehrsunfall, dass er einem vom links kommenden, die Fahrbahn überquerenden Fuchs ausweicht, kann er seinen Schaden weder unter dem Aspekt der Rettungskosten noch aus der Vollkaskoversicherung ersetzt verlangen. Das Ausweichmanöver ist angesichts der geringen Gefahren, die mit einer Kollision verbunden sind, nicht geboten und stellt sich als grob fahrlässiges Fehlverhalten dar.[237]
- oder bei fehlender objektiver Erforderlichkeit der Versicherungsnehmer die Aufwendungen nach den Umständen aber für geboten halten durfte.[238]
- Der Versicherungsnehmer darf einen Rettungsversuch für geboten halten, wenn der sicher oder möglicherweise entstehende Aufwand in angemessenem Verhältnis zu dem möglichen Erfolg steht oder der Versicherungsnehmer diese Relation zumindest subjektiv annehmen darf.[239]
- Hält der Versicherungsnehmer das Ausweichen vor einem Hasen oder ähnlichem Kleintier zur Vermeidung eines Schadens für erforderlich, irrt er in grob fahrlässigem Umfang.[240] Das Ausweichen, um eine drohende Kollision mit einem Reh oder Hirsch zu vermeiden, darf der Ver-

---

231 *BGH* NJW-RR 1994, 1366; OLGR Düsseldorf 2002, 370 = VersR 2002, 1275; *OLG Karlsruhe* VersR 1995, 1088 = NZV 1994, 443; *Bauer* Rn. 1126.

232 *OLG Karlsruhe* VersR 1995, 1088 = NZV 1994, 443; *Stiefel/Maier/Maier* § 83 VVG Rn. 17; *Prölss/Martin/Voit* § 83 VVG Rn. 7.

233 *OLG Koblenz* VersR 2004, 464.

234 *BSG* NWB 1999, Fach 1, 363; *BGH* DAR 1997, 158 = MDR 1997, 348 = NZV 1997, 176 = NJW 1997, 1012 = VersR 1997, 351 = SP 1997, 168.

235 *Xanke* PVR 2002, 178 Anmerkung zum Urteil des *OLG Frankfurt* v. 29.08.2001 – 7 U 187/00 (grobe Fahrlässigkeit ist in diesem Fall immer gegeben); *OLG Zweibrücken* r+s 2000, 366 = NVersZ 2000, 34 = NZV 2000, 87 = VersR 2000, 884 hat in einem ähnlichen Fall die grobe Fahrlässigkeit verneint, da immer zu berücksichtigen sei, dass der Fahrer eine Schreckreaktion haben kann; *OLG Nürnberg* NZV 1997, 313 = r+s 1997, 359 = SP 1997, 259; *LG Halle* r+s 1998, 57; *OLG Köln* NZV 1993, 155 = r+s 1992, 295 = SP 1992, 353 = VersR 1992, 1508 = zfs 1992, 378; *OLG Hamburg* NZV 1993, 155 = SP 1993, 58 = VersR 1992, 1508 = zfs 1992, 377; *OLG Düsseldorf* VersR 1994, 592; *OLG Hamm* r+s 1994, 167; etwas anderes gilt jedoch, wenn es sich nicht um einen PKW, sondern um einen Motorradfahrer handelt, hier ist auch schon ein Marder ein »großes Tier«, so z.B. *OLG Hamm* NJW-RR 2001, 1317.

236 Dafür: *OLG Köln* r+s 1998, 365 = NVersZ 1999, 79; *LG Ellwangen* SP 1998, 223; *LG Kempten* SP 1998, 222; *OLG Nürnberg*, Urt. v. 29 07.1999 – 8 U 1477/99, ADAJUR Dok.-Nr. 42971; dagegen: *OLG Karlsruhe* SP 1999, 386; *LG Verden* NVersZ 1998, 90 = SP 1998, 221 = zfs 1998, 263; *LG Marburg* r+s 2006, 188; *BGH* DAR 2007, 641.

237 *OLG Koblenz* r+s 2004, 11, 12; *LG Marburg* r+s 2006, 188.

238 *OLG Schleswig* VRundsch 2000, 44; *OLG Köln* r+s 2000, 16 = SP 1999, 133 = zfs 1999, 339.

239 *OLG Köln* r+s 2000, 16 = SP 1999, 133 = zfs 1999, 339.

240 *BGH* VersR 1997, 351 = DAR 1997, 158 = MDR 1997, 348 = NJW 1997, 348 = NZV 1997, 176 = r+s 1997, 98; etwas anderes kann sich jedoch dann wieder ergeben, wenn es sich bei dem Versicherungsnehmer nicht um einen PKW-Fahrer handelt, sondern um einen Motorradfahrer vgl. hierzu auch *OLG Köln* NVersZ 1999, 137 = SP 1999, 25.

sicherungsnehmer aufgrund der Körpermasse des Tieres für erforderlich halten, da bei einer Kollision erheblicher Schaden für das versicherte Fahrzeug droht.[241]

Der Versicherungsnehmer muss sämtliche objektive Voraussetzungen des Anspruchs aus § 63 VVG a.F./§ 83 VVG 2008 beweisen. 290

Beweiserleichterungen kommen ihm nicht zugute, insbesondere nicht jene, die ihm bei einem Kraftfahrzeugdiebstahl zugestanden werden.[242] 291

Es existiert auch kein Anscheinsbeweis dahin gehend, dass ein Wild ursächlich dafür ist, wenn ein Versicherungsnehmer auf einer geraden Strecke von der Fahrbahn abkommt.[243] Ein solches Abkommen kann viele andere denkbare Ursachen haben, z.B. einen Sekundenschlaf. 292

Gerät der Versicherungsnehmer in objektive Beweisnot, weil er z.B. alleine im Fahrzeug war und anderweitige Zeugen nicht existieren, kann das Gericht ihm aufgrund seiner Vernehmung nach § 448 ZPO Glauben schenken. Die Parteivernehmung setzt jedoch eine gewisse Anfangswahrscheinlichkeit für die Richtigkeit der Behauptung voraus.[244] 293

Eine solche Anfangswahrscheinlichkeit ist zu bejahen, wenn die widerspruchsfreie Aussage vor der Polizei mit den festgestellten objektiven Spuren am Unfallort übereinstimmt,[245] also z.B. Brems- und Wildwechselspuren. 294

Der Höhe nach sind Rettungskosten wie bei der Kaskoentschädigung bis zur Grenze des Wiederbeschaffungswertes oder, falls keine Zerstörung vorliegt, bis zur Höhe der Reparaturkosten ohne Restwertabzug zu ersetzen.[246] 295

Der Versicherungsnehmer hat keinen Anspruch auf Rettungskostenersatz, wenn er den Schlüssel seines Fahrzeugs verloren hat und die Schließanlage auswechseln lässt. Ein Versicherungsfall steht in diesem Fall nicht unmittelbar i.S.d. § 90 VVG bevor.[247] 296

### 5. Glasbruch

Bruchschäden an der Verglasung unterfallen dem Versicherungsschutz (Teil- und Vollkaskoversicherung) gemäß A.2.2.1.5 AKB 2015. 297

A.2.2.1.5 AKB 2015 bietet Versicherungsschutz nur für Fahrzeugteile, deren Funktion durch die Lichtdurchlässigkeit des Glases oder eine Spiegelwirkung bestimmt wird.[248] Dies ist funktionstechnisch und nicht materialtechnisch zu verstehen, so dass auch Fahrzeugteile oder Fenster aus Kunststoff unter den Versicherungsschutz fallen.[249] 298

Unter den Versicherungsschutz fallen somit Windschutz- und Seitenscheiben, Scheinwerfer, Schlusslichter, Außen- und Innenrückspiegel, jedoch nicht Glühbirnen oder Scheinwerferreflektoren. 299

241 *OLG Koblenz* r+s 2000, 97; *OLG Jena* r+s 2001, 357; *OLG Köln* r+s 2006, 147; *OLG Koblenz* r+s 2006, 412.
242 *Halm* PVR 2001, 136; *OLG Düsseldorf* NVersZ 2000, 579 = VersR 2001, 322 = zfs 2000, 493; *AG Nordhorn* SP 2000, 66; *OLG Koblenz* r+s 2000, 97 = VersR 2000, 1359; *OLG Köln* NVersZ 1999, 137 = SP 1999, 25; *OLG Jena* NZV 1999, 384 = NJW-RR 1999, 1258 = r+s 1999, 403; *AG Stade* MDR 1997, 242.
243 *AG Nordhorn* SP 2000, 66.
244 *Baumbach/Lauterbach/Albers/Hartmann/Hartmann* § 448 Rn. 3.
245 *OLG Schleswig* r+s 1994, 450.
246 *OLG Koblenz* VersR 2002, 90; vgl. hierzu auch die Ausführungen unter »Umfang der Ersatzleistungen«.
247 *AG Köln* r+s 2008, 66.
248 *AG Stuttgart* VersR 1988, 1019.
249 *Feyock/Jacobsen/Lemor*, AKB, § 12 Rn. 107; a.A. *LG Köln* SP 1999, 322; *AG Köln* VersR 2000, 1412.

300 Die Ursache des Glasschadens ist ohne Bedeutung für den Versicherungsschutz.[250] Es muss sich jedoch um Bruchschäden handeln. Ein Kratzer ist kein Bruchschaden.[251]

301 Nach A.2.5.2.3 AKB 2015 ist bei einer Reparatur, bei der alte Teile gegen Neuteile ausgetauscht werden, ein dem Alter und der Abnutzung entsprechender Abzug »neu für alt« vorzunehmen, Glasteile unterliegen aber i.d.R. keiner gebrauchsbedingten Abnutzung,[252] sodass der Zeitwert i.d.R. dem Neuwert entspricht.[253]

302 Eine andere Betrachtungsweise ist bei einer Windschutzscheibe gerechtfertigt.

303 Windschutzscheiben unterliegen bereits nach allgemeiner Lebenserfahrung einer Abnutzung mit zunehmendem Alter des Fahrzeugs. Auf der Oberfläche lagern sich häufig Schmutzpartikel ab, beim Betätigen der Scheibenwischer kann die Scheibe zerkratzt werden. Auch wenn diese Schäden häufig gering und mit bloßem Auge nicht oder nur sehr schwer zu erkennen sind, haben sie zur Folge, dass beim Fahren in der Dunkelheit die Streuwirkung des Lichts entgegenkommender Fahrzeugen größer ist als bei einer neuen Scheibe. Zudem treten bei Windschutzscheiben nicht selten Steinschlagschäden auf. Bezogen auf die Kilometerlaufleistung eines Fahrzeugs kann eine lineare Zunahme der Steinschlagschäden und sogar eine überproportionale Zunahme der Scheibenwischschäden festgestellt werden. Bei der Frontscheibe ist demzufolge ein Abzug neu für alt vorzunehmen und der Zeitwert gesondert zu ermitteln.[254]

304 Wird ein Glasbruchschaden durch einen Tierunfall verursacht, also gerade nicht durch einen Zusammenstoß mit einem Tier i.S.d. § 2 Bundesjagdgesetz, kommt Ersatz nicht über die Wildschadenklausel, wohl aber durch die Glasbruchklausel in Betracht.

305 Erleidet ein lediglich teilkaskoversichertes Fahrzeug einen Totalschaden, kann Ersatz eines Glasschadens grundsätzlich über die Teilkasko verlangt werden.[255]

### 6. Kabelschäden

306 Schäden an der Verkabelung durch Kurzschluss[256] werden gem. A.2.2.1.6 AKB 2015 vom Versicherungsschutz erfasst.

307 Kabelschäden sind unabhängig davon versichert, ob sie durch einen Brand mit offener Flammenbildung oder lediglich durch einen Schmorvorgang verursacht wurden.[257]

308 Bei reinen Schmorschäden sind durch Kurzschluss bedingte Schäden an den angrenzenden Aggregaten wie Lichtmaschine, Anlasser, Batterie nach den meisten AKB nicht gedeckt, es sei denn, die gedeckte Schadenursache Brand könnte nachgewiesen werden.[258]

250 *OLG Hamburg* VersR 1972, 241; *Bauer* Rn. 1117.

251 *AG Köln* SP 1999, 322.

252 *OLG München* MDR 1988, 147; *OLG Karlsruhe* r+s 1993, 447 = SP 1993, 220 = VersR 1993, 1144 = zfs 1994, 20; *AG Lingen* zfs 1991, 136; a.A. *AG Karlsruhe* SP 1992, 319.

253 A.A. *AG Dresden* DAR 2002, 172 insbesondere für den Fall, dass der Versicherungsnehmer den Schaden nicht reparieren lässt. Der Schaden des Versicherungsnehmers beschränkt sich in diesem Fall auf das, was er durch den Eintritt des Versicherungsfalls verloren hat. Dies ist der Zeitwert des Materials, der sich nach dem Verhältnis vom Neuwert zum Wiederbeschaffungswert ermitteln lässt.

254 *AG Lingen* zfs 1991, 136.

255 *LG Verden* MDR 1994, 897 = VersR 1995, 166; *OLG Karlsruhe* r+s 1993, 447 = SP 1993, 220 = VersR 1993, 1144 = zfs 1994, 20.

256 Kurzschlüsse sind elektrische Überspannungen im Stromnetz, die zu Schmorvorgängen führen (*Staudinger/Halm/Wendt/Kreuter-Lange*, FAKomm-VersR, AKB 2015, Rn. 99).

257 Vgl. hierzu auch *Stiefel/Maier/Stadler* AKB A.2, Rn. 276 ff.; *van Bühren/Boudon* § 2 Rn. 103.

258 PVR 2001, 350.

Durch Kabelschäden bedingte Folgeschäden (z.B. an Informations- und Unterhaltungssystemen) fallen nicht unter den Versicherungsschutz,[259] dies wird durch A.2.2.1.6 S. 2 AKB 2015 klargestellt. 309

Der Versicherungsschutz für Kabelschäden erstreckt sich nicht auf Halbleitertechnologie im Fahrzeug wie etwa Steuergeräte, Bestandteile der Zündung, Kraftstoffeinspritzung, des Antiblockiersystems, aber auch der Geschwindigkeitsüberwachung.[260] Sie werden im technischen Sinne nicht zur Verkabelung des Fahrzeugs gezählt. 310

## III. Vollkaskoversicherung

Die Vollkaskoversicherung umfasst nach A.2.2.2.1 AKB 2015 alle Schäden, die im Rahmen der Teilkaskoversicherung mitversichert sind. Zusätzlich sind nach A.2.2.2.2 AKB 2015 Unfallschäden am Fahrzeug sowie nach A.2.2.2.3 AKB 2015 Schäden durch mut- und böswillige Handlungen von Personen, die in keiner Weise berechtigt sind, das Fahrzeug zu gebrauchen, versichert. 311

### 1. Unfall

A.2.2.2.2. S. 2 AKB 2015 definiert den Unfall durch vier Begriffsmerkmale, nämlich als ein durch 312
- unmittelbar
- von außen her
- plötzlich
- mit mechanischer Gewalt

einwirkendes Ereignis. Die Unfreiwilligkeit des Geschehens ist hingegen kein Tatbestandsmerkmal, so dass ein »Unfall« im kaskoversicherungsrechtlichen Sinne auch dann anzunehmen ist, wenn der Fahrer z.B. in suizidaler Absicht gehandelt hat.[261]

#### *a) Unmittelbarkeit*

Unmittelbar ist ein einwirkendes Ereignis nur, wenn es ohne Dazwischentreten einer anderen wesentlichen Ursache den Unfall bewirkt.[262] Das Merkmal der Unmittelbarkeit hat in den meisten Fällen keine eigenständige Bedeutung, da die Einwirkung auf das Kfz zumeist mit dem Unfallereignis in seiner letzten Phase identisch ist.[263] 313

Folgen einer unmittelbaren Einwirkung sind gedeckt, soweit sie adäquat kausal sind. 314

Ein Motorschaden, der nach Auslaufen von Öl aufgrund einer Beschädigung der Ölwanne durch einen von der Straße aufgewirbelten Stein eintritt, oder ein ebenfalls durch einen Fremdkörper verursachter Kühlerschaden nach Auslaufen von Wasser aus dem Kühlkreislauf kann noch unmittelbare Folge sein, wenn der Fahrer sich der Beschädigung zunächst nicht bewusst ist.[264] 315

Eine nicht unmittelbare Einwirkung ist dann gegeben, wenn eine Werkstatt einen Unfallschaden nicht bemerkt und später der Motor beschädigt wird.[265] 316

---

259 *LG Heidelberg* v. 14.04.2000 – 5 S 18/00 ADAJUR-Archiv.

260 *Stiefel/Maier/Stadler* AKB A.2, Rn. 279.

261 Vgl. *OLG Dresden* NJW-RR 2021, 222; dann wird freilich ein subjektiver Risikoausschluss vorliegen, vgl. *BGH*, Urt. v. 18.12.2012 – VI ZR 55/12; *OLG Köln*, Urt. v. 30.04.2019 – I-9 U 30/17; die Beweislast für eine vorsätzliche Unfallverursachung trägt der Versicherer.

262 So z.B. *OLG Koblenz* NVersZ 1999, 485; r+s 1999, 359; SP 1999, 426.

263 *Prölss/Martin/Knappmann* AKB 2008 A.2.3, Rn. 4; *AG Münster* VersR 2002, 227.

264 Str., bejahend *LG Zweibrücken* zfs 2013, 38 bei einer Weiterfahrt von 90 m nach Beschädigung der Ölwanne; *Prölss/Martin/Knappmann* AKB 2008 A.2.3, Rn. 4; *Halm/Kreuter/Schwab/Stomper*, AKB-Kommentar, A.2.2.2.2 AKB, Rn. 14, 15; a.A. *OLG Frankfurt* r+s 1994, 86; *LG Mannheim* r+s 1988, 288.

265 *OLG Frankfurt* zfs 1990, 95.

317 Begeht ein berechtigter Fahrer in einem Fahrzeug einen Suizid und führt sein Blut zu Beschädigungen am Fahrzeug, besteht kein Versicherungsschutz.[266] Durch die Selbsttötung ist keine unmittelbare Einwirkung auf den PKW verursacht worden, sondern erst mittelbar durch das Ausfließen von Blut.

*b) Von außen wirkendes Ereignis*

318 Das Schadenereignis muss von außen auf das Fahrzeug einwirken, es darf also nicht auf einem inneren Betriebsvorgang beruhen. Deshalb sind Schäden aufgrund eines Brems- oder Betriebsvorganges nicht als Unfallschäden versichert. Zur Klarstellung wird dies in A.2.2.2.2 S. 3 AKB 2015 exemplarisch nochmals dargestellt. Die Klausel begegnet keinen AGB-rechtlichen Bedenken.[267]

319 Das Tatbestandsmerkmal der Einwirkung mechanischer Gewalt »von außen« ist nicht erfüllt, wenn das Fahrzeug durch ein eigenes Fahrzeugteil beschädigt wird.[268]

Dringen Teile des Reifens oder andere Fahrzeugteile in die Karosserie ein, liegt ebenfalls kein von außen wirkendes Ereignis vor, da diese Gegenstände integrale Bestandteile des Kfz sind.[269] Gleiches gilt für einen Motorschaden durch fehlendes Öl,[270] sowie während der Fahrt verlorene Radmuttern, infolgedessen das Rad abriss und den PKW beschädigte.[271] Die durch einen während der Fahrt geplatzten Reifen eingetretenen Beschädigungen am Fahrzeug sind nur dann in ersatzfähig, wenn das Platzen des Reifens auf einen Unfall, also ein von außen her plötzlich mit mechanischer Gewalt einwirkendes Ereignis, verursacht wurde.[272]

Die Abgrenzung erfolgt hier darüber, ob der Motor-, bzw. Reifenschaden durch einen von außerhalb des Kfz stammenden Fremdkörper hervorgerufen wurde (dann Unfall), oder ob er aufgrund eines integralen Bestandteils des Motors oder eines Materialfehlers verursacht wurde (dann nicht versicherter Betriebsschaden).[273]

Keine Einwirkung mechanischer Gewalt ›von außen« liegt vor, wenn eine Zugmaschine durch Eisplatten beschädigt wird, die beim Abbremsen vom angekoppelten Anhänger rutschen und auf die Zugmaschine fallen.[274]

*c) Plötzliches Ereignis*

320 Von einem plötzlichen Ereignis spricht man, wenn sich das Geschehen innerhalb eines kurzen Zeitraums verwirklicht hat.[275]

---

266 *AG Münster* VersR 2002, 227.

267 *OLG Hamm* VersR 2014, 698 = SP 2014, 165 = NJW-RR 2014, 812 mit Verweis auf *BGH* VersR 2013, 993 = r+s 2013, 326 = SP 2013, 299 = DAR 2013, 578; *LG Karlsruhe* r+s 2013, 490; a.A. *LG Stuttgart* NJW-RR 2012, 1500 = r+s 2013, 425 mit lesenswerter Anm. von *Maier; Knappmann* Sonderheft zu r+s 4/2011, 54.

268 *BGH* VersR 2013, 993 = DAR 2013, 578 = NJW-RR 2013, 979 = r+s 2013, 326 (Schaden durch das Überfahren eines Frontballastgewichtes eines Traktors, das sich während der Fahrt vom Traktor selbst gelöst hat).

269 *OLG Düsseldorf* NJW-VHR 1998, 128 = r+s 1998, 318 = zfs 1998, 180.

270 *OLG Frankfurt* zfs 1993, 197.

271 *AG Nürnberg* r+s 2008, 13.

272 *OLG Hamm* VersR 2014, 698 = NZV 2014, 698; *LG Münster* Urt. v. 11.03.2013 – 115 O 38/11, bei juris; *AG Düren* r+s 2008, 12.

273 Vgl. grundlegend *BGH*, Urt. v. 06.02.1954 – NJW 1954, 596; *LG Karlsruhe* zfs 2013, 577; *OLG Karlsruhe* NJW-RR 2021, 160.

274 *OLG Hamm* VersR 2017, 611.

275 *BGH* VersR 2002, 227.

Es reicht aus, wenn die Schadenursache schon längere Zeit vorliegt oder sich allmählich verwirklicht, das dadurch ausgelöste Schadenereignis aber für den Versicherungsnehmer objektiv unvorhersehbar war.[276] 321

Ein plötzliches Ereignis liegt auch dann vor, wenn der andere Verkehrsteilnehmer den Zusammenstoß bewusst herbeiführt, dieses Geschehen aber für den Versicherungsnehmer unerwartet war.[277] 322

### *d) Mechanische Gewalt*

Das Schadensereignis muss durch mechanische Gewalt verursacht worden sein, also durch Druck oder Zug nach den Gesetzen der Mechanik. 323

Ereignisse, die auf psychischen, elektrischen oder chemischen Ursachen beruhen, werden allgemein[278] nicht als Unfälle i.S.d. AKB angesehen.[279] 324

Gefordert wird das Vorliegen einer spürbaren Kraftwirkung äußerlicher Vorgänge auf den PKW oder eine von ihm selbst ausgehende Krafteinwirkung auf andere sich passiv verhaltende Objekte.[280] 325

Demzufolge stellt weder das Eindringen von Wasser,[281] noch die Einwirkung von anderen flüssigen Substanzen, noch das Herabtropfen von säurehaltigem Wasser von einer Brücke, noch chemische Einwirkungen[282] einen mechanischen Vorgang dar.[283] 326

Witterungs- und Temperatureinflüsse, Schäden durch Rost, Substanzveränderungen in Batterien, Verbrauch von elektrischem Strom und Zerstörung von Maschinenteilen durch Stichflammen sind mangels mechanischer Gewalteinwirkung nicht durch die Vollkaskoversicherung gedeckt, ebenso wenig die bloße Verunreinigung eines Fahrzeugs durch Staub, Vogeldreck, sauren Regen sowie das Hochschlagen von Sprit und auch Spritzer von Farbpartikeln, wenn das Fahrzeug eine Baustelle passiert, an der mit Farbe gearbeitet wird.[284] 327

276 Das hierin liegende subjektive Moment des Begriffs der Plötzlichkeit geht zurück auf die des Ereignisses bestritten, da der Getötete eine Kohlenmonoxydvergiftung bei Betrieb eines defekten Gasbadeofens erlitten hatte und damit allmählich vergiftet worden war. Dieser Grundsatz ist durch das Urteil des *BGH* v. 06.02.1954 – II ZR 65/53 = VersR 1954, 113 auch für die Fahrzeugversicherung nutzbar gemacht worden. Im dort entschiedenen Fall war ungeklärt, wann Schrauben, Stoffreste und Ventilteile, die schließlich zum Motorschaden führten, in die Ölwanne des Fahrzeugs geraten waren. Hierauf kam es nicht an, weil dem Versicherungsnehmer nicht bekannt war, dass Fremdkörper in der Ölwanne des Motors vorhanden waren, der Schaden damit später für ihn unerwartet, unvorhergesehen und unentrinnbar eintrat, so auch *BGH* VersR 1981, 450; *OLG Düsseldorf* VersR 1973, 49.

277 *BGH* VersR 1986, 177; *BGH* VersR 1981, 450; *BGH* VersR 1978, 862; *AG Göppingen* SP 1996, 27.

278 *Bruck/Möller/Johannsen* VVG § 12 J 66; *Johannsen* (a.a.O., J 66) will in den Fällen, in denen eine chemische Schädigung durch Ruß eingetreten ist, der auf ein Fahrzeug gefallen ist, auf das erste schadensauslösende Ereignis abstellen und die spätere chemische Schädigung dem Unfallbegriff zuordnen. Anderseits schließt er sich ausdrücklich den Entscheidungen des *AG* und *LG Köln* (VersR 1970/344) an, die in einem ähnlichen Fall – herabtropfendes, säurehaltiges Wasser hatte den Lack beschädigt – einen bedingungsgemäß versicherten Unfall nicht angenommen haben.

279 Z.B. *Stiefel/Maier/Stadler* AKB A.2, Rn. 295, 296, 303; *Prölss/Martin/Knappmann* AKB 2008 A.2.3, Rn. 8; *LG Köln* VersR 1970, 344; *OLG Oldenburg* VersR 1994, 1335.

280 *OLG Koblenz* NVerZ 1999, 329; *Stiefel/Maier/Stadler* AKB A.2, Rn. 294.

281 A.A. *OLG Hamm* VersR 1990, 85; *OLG Hamm* zfs 1989, 422.

282 *LG Düsseldorf* SP 1999, 211.

283 *AG Münster* VersR 2002, 227.

284 *OLG Celle* OLGR 1994, 55.

*e) Beweislast*

328 Der Versicherungsnehmer trägt die volle Beweislast für das Vorliegen eines Unfalls im Sinne der AKB,[285] insbesondere auch dafür, dass der Schaden nicht auf innere Betriebsvorgänge des Fahrzeugs zurückzuführen ist.[286] Beweiserleichterungen gewährt die Rechtsprechung nicht.

329 Kann der Sachverhalt nicht weiter aufgeklärt werden, lassen aber Art und Beschaffenheit der Schäden nur auf eine Verursachung durch einen Unfall schließen, hat der Versicherungsnehmer den ihm obliegenden Beweis erbracht.[287] Stoßen zwei Fahrzeuge zusammen, ist immer von einem Unfall auszugehen, unabhängig davon, ob dieser vorsätzlich oder unverschuldet verursacht wurde.[288] Voraussetzung ist allerdings, dass sich der Unfall so ereignet hat, wie vom Versicherungsnehmer geschildert. Kann der Versicherer nachweisen,[289] dass dies nicht der Fall war (fehlende Plausibilität), oder kann er nachweisen, dass die Schäden an den beteiligten Fahrzeugen nicht zusammenpassen (fehlende Kompatibilität), ist er in der Kaskoversicherung leistungsfrei.[290] Bleibt es hingegen nach der Beweisaufnahme offen, ob ein versicherter Unfall oder ein nicht versicherter Betriebsschaden vorliegt, ist der beweispflichtige Versicherungsnehmer als beweisfällig anzusehen.[291]

## 2. Ausschlüsse

330 Bei den in A.2.2.2.2 S. 2 AKB 2015 genannten Ausschlüssen handelt es sich nicht um echte Deckungsausschlüsse. Im Fall eines Brems-, Bruch- oder Betriebsschadens ist in der Regel der Unfallbegriff bereits nicht erfüllt, weil keine mechanische Einwirkung von außen vorliegt. Der Formulierung kommt daher nur deklaratorische Wirkung zu.

*a) Betriebsvorgang*

331 Seit den AKB 2008 wurde die Formulierung »Betriebsschaden« durch den Begriff »Betriebsvorgang« ersetzt, um eine bessere Unterscheidung zu den in der KH-Versicherung versicherten Schäden »beim Betrieb des Fahrzeugs« zu gewährleisten.

332 Unter den Begriff des Betriebsvorgangs fallen alle Schäden, die durch Bedienungsfehler entstehen und solche, mit deren Eintritt stets zu rechnen ist, die Auswirkungen des normalen Betriebsrisikos sind und die deshalb in die Betriebskostenkalkulation aufgenommen werden müssen.[292]

333 Ein Bedienungsfehler liegt vor, wenn der Fahrer bei hoher Geschwindigkeit in den ersten Gang zurückschaltet[293] oder bei einem Automatikgetriebe von der vierten auf die erste Stufe herunterschaltet.[294]

285 *LG Düsseldorf*, SP 1999, 211; *Prölss/Martin/Knappmann*, AKB 2008 A.2.3, Rn. 2.
286 *OLG Saarbrücken*, r+s 2017, 71.
287 BGHZ 40, 296, so auch *OLG Hamm*, NJW-RR 1998, 1556 = r+s 1998, 455 = zfs 1998, 466; *OLG Stuttgart* zfs 2017, 155; *LG Dortmund*, r+s 2017, 299.
288 *OLG Köln*, r+s 2002, 321.
289 *OLG München* zfs 2013, 336 m.w.N., u.a. auf *BGH* BGHZ 71, 339; *OLG Koblenz* Urt. v. 06.12.2013 – 10 U 255/13, *Himmelreich/Halm/Barthobmy*, Handbuch des Fachanwalts Verkehrsrecht, Kap. 20 Rn. 82.
290 *OLG Hamm* r+s 2005, 194; vgl. auch zur vorsätzlichen Herbeiführung des Versicherungsfalles in der KFZ-Kaskoversicherung: *OLG Schleswig* r+s 2013, 327; anders aber *OLG Stuttgart* zfs 2017, 155: es reiche aus, dass die Schäden auf einen Unfall zurückzuführen sind, auch wenn sich dieser nicht so ereignet haben kann, wie vom Versicherungsnehmer geschildert.
291 *OLG Köln*, r+s 1995, 404 = SP 1995, 413.
292 *OLG Koblenz*, NVersZ 1999, 485 = r+s 1999, 359 = SP 1999, 426.
293 *OLG Stuttgart*, r+s 1994, 450.
294 *OLG Stuttgart*, VersR 1995, 1044.

Als Betriebsvorgänge gelten Schäden durch Mängel an Betriebsflüssigkeiten,[295] Motorschaden durch falschen Kraftstoff,[296] Schäden am Lack aufgrund Waschens mit einem sandbeschmutzten Schwamm[297] sowie Achs- oder Federbruch wegen schlechten Straßenzustands,[298] insbesondere wenn dieser erkennbar war.[299] Schäden aufgrund des Straßenzustandes können jedoch abhängig von den Umständen des Einzelfalles auch nicht mehr den Betriebsvorgängen zuzuordnen sein (vgl. u. »Schlaglochschäden«). Wirkt sich lediglich ein Risiko aus, dem das Fahrzeug nach seiner Verwendung im gewöhnlichen Fahrbetrieb ausgesetzt ist, handelt es sich um einen Betriebsschaden.[300] **334**

Hingegen liegt ein Unfallereignis vor, wenn beim Überfahren einer Gleisanlage an einer schwer beladenen Zugmaschine ein Schaden entsteht, weil das Niveau zwischen Gleiskörper und Fahrbahn nicht durch Stahlplatten ausgeglichen war, die Gleise aber üblicherweise abgedeckt waren und Zwischenstücke nur ausnahmsweise gefehlt haben.[301] **335**

Besondere Bedeutung erlangt die Abgrenzungsproblematik zwischen Betriebsvorgang- und Unfallschaden bei den Schlaglochschäden und Schäden durch aufspringende Motorhauben. **336**

**Schlaglochschäden**

Schäden durch Schlaglöcher oder z.B. sehr hohe Fräskanten können nur zu einem Unfallschaden führen, wenn die Schlaglöcher nicht zu erwarten waren, d.h. nicht objektiv vorhersehbar waren[302] oder aufgrund des allgemeinen Zustands der Straße zu erwarten waren.[303] **337**

Anderenfalls werden die Schäden als nicht versicherte Betriebsschäden qualifiziert (s.o. Rn. 329). **338**

Voraussetzung für die Bejahung des Unfallbegriffs ist also u.a., dass nicht durch Schilder auf die Schlaglöcher aufmerksam gemacht wurde und sie auch aufgrund anderer Umstände nicht zu erwarten waren.[304] Selbst bei Vorhandensein von Straßenschildern die auf Fahrbahnschäden hinweisen, muss ein Versicherungsnehmer allerdings nicht mit erheblichen Schlaglöchern von 12cm rechnen.[305] **339**

Das *LG Coburg* hat als Indiz für das Vorliegen von Schlaglöchern (und Bejahung eines Unfalls) die Tatsache herangezogen, dass in dem streitigen Fall beide Hinterreifen geplatzt waren. Nach seiner Auffassung platze bei einem Betriebsschaden in der Regel nur ein Reifen. Platzen beide Reifen gleichzeitig, spreche dies dafür, dass das Platzen nicht verschleiß- oder altersbedingt war, sondern aufgrund der schlechten Straßenverhältnisse herbeigeführt wurde.[306] **340**

Einen nicht versicherten Betriebsschaden nahm das *OLG Köln* in Zusammenhang mit der Beschädigung des versicherten Fahrzeugs durch einen Kanaldeckel an. Der versicherte Abschleppwagen war in einem Baustellenbereich mit der Heckhubvorrichtung an diesem Kanaldeckel hängen geblieben, der erheblichen Fahrzeugschaden verursachte. Aufgrund der im Unfallbereich ausreichend vorhan- **341**

---

295 *OLG Koblenz* NVersZ 1999, 485; r+s 1999, 359; SP 1999, 426; *OLG Celle* r+s 1991, 330.

296 *BGH* VersR 2003, 1031.

297 *AG Göppingen* SP 1996, 27.

298 *BGH* VersR 1998, 179.

299 *LG Nürnberg-Fürth* r+s 2017, 137 (zu einer Bodenschwelle).

300 Vgl. z.B. *OLG Stuttgart* VersR 2020, 1102 (zu einer Fahrbahnschwelle, wobei unerheblich sein sollte, ob diese für den Fahrer erkennbar war).

301 *OLG Hamm* VersR 1991, 1048 = zfs 1991, 58.

302 *LG Stuttgart* zfs 1993, 198 = SP 1993, 298; *LG München II*, r+s 2017, 136.

303 *LG Bochum* SP 2012, 409.

304 *LG Koblenz* DAR 1971, 78.

305 *OLG Nürnberg* DAR 1996, 59 = NJW 1996, 1481 = NZV 1996, 149 = VersR 1996, 733; in diesem Urteil ging es zwar um die Verletzung der Verkehrssicherungspflicht eines Bundeslandes, die Entscheidung kann aber trotzdem zur Beantwortung der Frage herangezogen werden, mit was ein Versicherungsnehmer noch rechnen muss.

306 *AG Coburg* 11 C 587/00; *LG Coburg* 32 S 5/01.

denen, auf die Gefahrenanlage hinweisenden Verkehrszeichen ging das Gericht von einem vorhersehbaren Betriebsschaden aus.[307]

342 Werden Nutzfahrzeuge bei schlechten Straßenverhältnissen oder auf Baustellen eingesetzt, ist bei solchen Einsätzen aufgrund zu erwartender Unebenheiten und Hindernissen immer mit Beschädigungen zu rechnen. In diesem Rahmen entstandene Schäden sind fast immer als Betriebsschäden anzusehen.[308]

**Aufspringende Motorhauben**

343 Kann das Aufspringen einer Motorhaube während der Fahrt alleine auf die mit dem normalen Fahrbetrieb verbundenen physikalischen Einwirkungen auf das Fahrzeug zurückgeführt werden, z.B. Fahrtwind, ist der dadurch entstehende Schaden als Betriebsvorgang einzuordnen.[309]

344 Lässt sich das Aufspringen im gewöhnlichen Fahrbetrieb auf ein außergewöhnliches Ereignis zurückzuführen, liegt ein Unfallschaden vor.

345 Demnach ist das Aufspringen der Motorhaube als Unfall einzuordnen, wenn die Motorhaube durch einen vorausgegangenen Auffahrunfall aufspringt, bei dem die Motorhaubenverriegelung für den Fahrer nicht erkennbar beschädigt wurde.[310]

*b) Bremsvorgänge*

346 Bremsschäden sind Schäden, die allein durch das Bremsen unmittelbar am Fahrzeug entstehen.[311] Damit sind im Wesentlichen die an den Bremsen und Reifen auftretenden Schäden gemeint.

347 Wird bei einer Notbremsung eines Sattelzuges die Bordwand durch Verrutschen der Ladung beschädigt, liegt ein nicht ersatzpflichtiger Betriebsvorgang vor. In einem solchen Schaden verwirklicht sich das normale Betriebsrisiko, das der Eigentümer des Fahrzeugs kalkulierbar in Kauf genommen hat und dem er durch eine bessere Sicherung der Ladung hätte vorbeugen können.[312]

348 Folgeschäden beim Bremsvorgang können dagegen den Unfallbegriff erfüllen, wenn z.B. durch einen Bremsschaden anschließend eine Fahrzeugkollision verursacht wird.[313]

*c) Bruchschäden*

349 Kein Versicherungsschutz besteht für reine Bruchschäden, dabei wird zwischen verschleißbedingtem Dauerbruch und Gewaltbruch unterschieden.

350 Schäden durch Dauerbruch unterfallen als Abnutzungsschaden (Ermüdungsbruch) nicht dem Versicherungsschutz. Ein Gewaltbruch kann demgegenüber durchaus unter den Begriff des »Unfalls« subsumiert werden.[314]

351 So liegt kein bloßer Bruchschaden vor, wenn der Achsbruch einer Holzrückmaschine auf eine Kollision mit einem am Wegesrand befindlichen Baumstumpf zurückzuführen ist.[315]

---

307 *OLG Köln* r+s 1995, 405 = SP 1995, 413.

308 *OLG Frankfurt* NJW-RR 1993, 216 = zfs 1993, 198; *LG München* VersR 1967, 794; *LG Köln* VersR 1978, 914; *BGH* VersR 1963, 772.

309 *AG Herne* SP 2000, 423.

310 *LG Landau* NJW-RR 2000, 838 = NVersZ 2000, 341 = VersR 2000, 1536 = VRundsch 37/00/74.

311 *Stiefel/Maier/Stadler* AKB A.2, Rn. 362.

312 *OLG München* MDR 1999, 481 = VersR 2000, 96 = VP 2000, 227.

313 *BGH* VersR 1969, 940 = DAR 1969, 272 = MDR 1970, 31; *OLG Stuttgart* MDR 1955, 235; *OLG Hamm* VersR 1976, 626; so auch *Stiefel/Maier/Stadler* AKB A.2, Rn. 365; *Prölss/Martin/Knappmann* AKB 2008 A.2.3, Rn. 12.

314 *Prölss/Martin/Knappmann* AKB 2008 A.2.3, Rn. 12; *Stiefel/Maier/Stadler* AKB A.2, Rn. 369.

315 *OLG Stuttgart* r+s 2007, 276.

Ebenso wie beim Bremsvorgang unterfällt es dem Unfallbegriff, wenn durch einen Bruchschaden anschließend ein Unfallereignis verursacht wird.[316] 352

*d) Gespannschäden*

Eine materiell-rechtliche Veränderung zu den bisherigen AKB gilt seit den AKB 2008 für Gespannschäden. 353

Die frühere obergerichtliche Rechtsprechung hat Schäden, die beim Betrieb eines LKW-Zuges, bestehend aus Zugmaschine und Auflieger, durch das Umstürzen[317] oder Aufprallen eines Teils des Zuges auf den anderen eintraten,[318] als Betriebsschäden eingestuft. 354

Es wurde die Auffassung vertreten, bei Zugfahrzeug und Anhänger handele es sich um eine »Betriebseinheit«, deswegen stelle ein Bremsvorgang ein »inneres Ereignis« dar,[319] also kein von außen wirkendes Ereignis und damit auch keinen Unfall. 355

Von dieser Meinung hat das *OLG Hamm*,[320] dem sich später auch der *BGH*[321] angeschlossen hat, Abstand genommen und entschieden, dass Anhänger und Zugmaschine aufeinander mechanisch wirken und das Fahrverhalten beeinflussen, somit Unfallereignisse vorliegen können.[322] 356

Seit den AKB 2008 hat diese Rechtsprechung grds. keine Bedeutung mehr. Nach den Musterbedingungen sind Schäden zwischen ziehendem und gezogenem Fahrzeug ohne Einwirkung von außen[323] vom Versicherungsschutz ausgeschlossen, A.2.2.2.2 S. 3 AKB 2015.[324] 357

## 3. Mut- oder böswillige Beschädigung

Nach A.2.2.2.3 AKB 2015 wird Versicherungsschutz für Schäden durch mut- oder böswillige Handlungen gewährt, wobei die Tatbegehung durch bestimmte Personenkreise vom Versicherungsschutz ausgenommen ist. 358

Dieser Personenkreis ist identisch mit der Personenauflistung zum unbefugten Gebrauch in A.2.2.1.2 lit. c AKB 2015. 359

316 *BGH* VersR 1969, 940 = DAR 1969, 272 = MDR 1970, 31; *OLG Stuttgart* MDR 1955, 235; *OLG Hamm* VersR 1976, 626; so auch *Stiefel/Maier/Stadler* AKB A.2, Rn. 368; *Prölss/Martin/Knappmann* AKB 2008 A.2.3, Rn. 12.

317 *BGH* VersR 1969, 940.

318 *OLG Schleswig* VersR 1974, 1093; *OLG Hamm* VersR 1983, 1124; *OLG Hamm* VersR 1990, 413; *OLG Nürnberg* VersR 1992, 180 = RuS 1991, 297; *OLG Stuttgart* r+s 2007, 238.

319 *OLG München* NJW-RR 1998, 537 = NJWE-VHR 1998, 129 = VRundsch 31/98 44; *OLG Schleswig* VersR 1974, 1093; *LG Ansbach* VersR 1995, 1044; *OLG Nürnberg* r+s 1991, 297; anders war der Fall zu beurteilen, dass der Anhänger zuerst gegen eine Leitplanke oder Ähnliches und erst danach gegen die Zugmaschine stößt und diese beschädigt, *OLG Nürnberg* VersR 1992, 487 = zfs 1992, 234.

320 *OLG Hamm* VersR 1996, 447 = NJW-RR 1995, 861 = NZV 1995, 323 = r+s 1995, 861.

321 *BGH* VersR 1996, 622 = NJW-RR 1996, 857 = NZV 1996, 233 = DAR 1996, 320 = MDR 1996, 1240 = r+s 1996, 169 = zfs 1996, 261.

322 Im Ergebnis haben dem auch z.B. *AG Hamburg* NZV 1998, 379; *LG Hanau* VP 1996, 229 = zfs 1994, 56 zugestimmt, vgl. auch *OLG Düsseldorf* OLGR Düsseldorf 2007, 546; OLGR Stuttgart 2007, 83.

323 Gerät ein an einen Pkw angehängter Wohnwagen aufgrund unerwartet starker Spurrillen der Fahrbahn ins Schleudern und kollidiert dabei mit dem Pkw, liegt eine Einwirkung von außen vor (*BGH* VersR 2013, 354 = DAR 2013, 146 = r+s 2013, 166 = NJW-RR 2013, 406 = NZV 2013, 238 = SP 2013, 118 – zu § 12 Abs. 6 a) S. 2 AKB 2005).

324 Zur Wirksamkeit der Klausel: *OLG Stuttgart* NZV 2007, 304; *LG Nürnberg-Fürth* r+s 2011, 204 = zfs 2011, 516 = SP 2011, 260; *Halm/Kreuter/Schwab/Stomper*, AKB-Kommentar, A.2.2.2.2 AKB, Rn. 63f. m.w.N.

360 Der Begriff »mutwillige Handlung« bezieht sich auf solche Täter, deren Vorsatz eher auf Verübung eines dummen Streiches gerichtet ist, während sich der Begriff »böswillig« durch die Freude des Täters an der Schädigung auszeichnet.[325]

361 Der Versicherungsnehmer muss grundsätzlich den Vollbeweis für Schäden durch mut- oder böswillige Handlungen erbringen. Die Betriebsfremdheit ist hingegen keine gesonderte, vom Versicherungsnehmer zu beweisende Anspruchsvoraussetzung.[326] Beweiserleichterungen kommen ihm grundsätzlich nicht zugute, da das versicherte Objekt, anders als bei der Entwendung zur Feststellung, ob der Versicherungsfall eingetreten ist, besichtigt werden kann.[327] Der Versicherer muss zur Ablehnung des Schadens beweisen, dass der Täter zum ausgeschlossenen Täterkreis gehört (früher: betriebsfremde Person),[328] oder die Schäden mit Wissen und Wollen des Versicherungsnehmers herbeigeführt worden sind.[329] Beweiserleichterungen kommen dem Versicherer hierbei nur dann zugute, wenn dem Versicherungsnehmer bei der Frage, ob ein Versicherungsfall vorliegt, seinerseits Beweiserleichterungen gewährt wurden.[330]

362 Dieser Beweis ist erbracht, wenn sich aus dem vom Versicherungsnehmer vorgebrachten Sachverhalt erhebliche Unstimmigkeiten ergeben und dieser bereits früher in mehrere Vandalismusschäden verwickelt war.[331]

363 Im Rahmen der so genannten »Speerwurfschäden« bei Wohnwagen und -mobilen sieht die Rechtsprechung[332] bei Vorliegen gewisser Indizien (gezielte Beschädigung nur der Außenhaut, Abstellen des beschädigten Wohnwagen/Kfz an einer viel frequentierten Stelle) den Beweis als erbracht an, dass die Schäden nicht durch »betriebsfremde Personen« i.S.d. früheren AKB verursacht wurden.

## IV. Risikoausschlüsse

364 Versicherungsschutz wird in der Fahrzeugkasko nicht gewährt für Schäden durch Vorsatz (A.2.9.1 AKB 2015), durch Rennen (A.2.9.2 AKB 2015), Reifenschäden (A.2.9.3 AKB 2015), Erdbeben, Kriegsereignisse, innere Unruhen, Maßnahmen der Staatsgewalt (A.2.9.4 AKB 2015) und Schäden durch Kernenergie (A.2.9.5 AKB 2015).

365 Diese Regelungen enthalten echte Risikoausschlüsse, liegen die Voraussetzungen der genannten Normen vor, ist der Versicherer von seiner Leistung frei.

366 Die Beweislast für das Vorliegen der Ausschlussgründe trägt der Versicherer.

### 1. Rennen, A.2.9.2 AKB 2015

367 Rennveranstaltungen sind aufgrund des immens hohen Risikos eines Schadenseintritts vom Versicherungsschutz ausgenommen.

368 Rennveranstaltungen i.S.d. AKB sind Rennen jeder Art, nicht nur Rennen im Rahmen einer sportlichen Veranstaltung.[333] Der Rennveranstaltung ist immanent, dass immer die Erzielung einer

325 *Stiefel/Maier/Stadler* AKB A.2, Rn. 381
326 *LG Dortmund* NZV 2017, 139.
327 *BGH* VersR 1997, 1095 = r+s 1997, 446 = MDR 1997, 931; *OLG Köln*, r+s 2014, 65 = VuR 2014, 161; a.A. *OLG Düsseldorf* VersR 1996, 880; *LG Bochum* r+s 2014, 167 = SP 2013, 406 *LG Hildesheim* Urt. v. 04.12.2012 – 3 O 288/12, s. bei juris; *Stiefel/Maier/Stadler*, AKB A.2 Rn. 386.
328 *BGH* VersR 1997, 1095 = r+s 1997, 445 = MDR 1997, 931; *OLG Köln* r+s 1996, 93 = SP 1993, 155; *OLG Oldenburg* OLGR 2000, 86.
329 *OLG Köln* OLGR 1998, 359.
330 *BGH* VersR 1997, 1095 = r+s 1997, 446 = MDR 1997, 931; *OLG Köln*, r+s 2014, 65 = VuR 2014, 161.
331 *OLG Köln* r+s 1998, 232 = SP 1998, 329 = zfs 1998, 257.
332 *OLG Hamm* NJW-RR 1996, 542 = NJWE-VHR 1996, 81 = NZV 1996, 201 = VersR 1996, 881; *OLG Düsseldorf* NJW-RR 1996, 408 = NJWE-VHR 1996, 33 = r+s 1995, 880 = zfs 1996, 42.
333 *BGH* DAR 1991, 172 = NJW-RR 1991, 472.

Höchstgeschwindigkeit angestrebt wird,[334] die Erreichung einer möglichst hohen Geschwindigkeit muss den Charakter der Veranstaltung prägen und gleichsam das Haupt- oder Endziel sein.

Unter den Begriff fallen somit Wettfahrten einzelner PKW als auch Probefahrten von Fahrzeugfabriken.[335] 369

Ein rein privates Zusammentreffen von Fahrern mit dem Ziel, den schnellsten PKW zur ermitteln, ist keine Rennveranstaltung i.S.d. AKB. Diese Fallgruppe ist vielmehr der groben Fahrlässigkeit mit der Folge des § 61 VVG a.F./§ 81 VVG 2008 zuzuordnen. 370

Die Teilnahme an einem Lehrgang einer Sportfachschule auf einer Rundstrecke zur Verbesserung des Fahrkönnens fällt nicht unter den Risikoausschluss,[336] ebenso wenig ein Training zur Optimierung des Fahrkönnens und der Fahrsicherheit.[337] Bei einer Gleichmäßigkeitsprüfung wird der Renncharakter bejaht, wenn eines der Wertungskriterien die erzielte Geschwindigkeit ist.[338] Andernfalls ist er zu verneinen.[339] Einer sog. »Touristenfahrt« mangelt es hingegen am Renncharakter.[340] 371

Maßgeblich ist weiterhin, dass der Veranstaltungsbegriff erfüllt wird, zu denken ist neben reinen Rennveranstaltungen auch an Tourenfahrten, Sternfahrten etc. 372

Die Veranstaltung muss nicht nach § 29 StVO genehmigt worden sein, dem Ausschlusstatbestand unterfallen also genehmigte und nicht genehmigte Veranstaltungen gleichermaßen. 373

Eine Klausel in Allgemeinen Versicherungsbedingungen der Kfz-Kaskoversicherung, wonach kein Versicherungsschutz besteht für

– Schäden, die bei der Beteiligung an Fahrtveranstaltungen entstehen, bei denen es auf Erzielung einer Höchstgeschwindigkeit ankommt, einschließlich dazugehöriger Übungsfahrten, und
– jegliche Fahrten auf Motorsport-Rennstrecken, auch wenn es nicht auf Erzielung einer Höchstgeschwindigkeit ankommt,

und von diesem Leistungsausschluss wiederum Fahrsicherheitstrainings ausnimmt, ist weder überraschend i.S.v. § 305c Abs. 1 BGB noch intransparent i.S.v. § 307 Abs. 1 Satz 2 BGB. Sie benachteiligt den Versicherungsnehmer auch nicht in sonstiger Weise entgegen den Geboten von Treu und Glauben (§ 307 Abs. 1 Satz 1 u. Abs. 2 BGB).[341]

Ist unstreitig der Ausschlusstatbestand der Motorsportveranstaltung gegeben, muss der Versicherungsnehmer beweisen, dass ein Fahrsicherheitstraining als Ausnahme vom Ausschlusstatbestand gegeben ist.[342]

## 2. Reifenschäden

Der Ausschluss von Reifenschäden ergibt sich aus dem Umstand, dass es sich bei Reifen um besonders gefährdete Fahrzeugteile handelt. Das damit verbundene hohe Beschädigungsrisiko kann von dem Versicherer im Rahmen der normalen Prämie nicht getragen werden. 374

Versicherungsschutz besteht nur dann, wenn gleichzeitig mit der Beschädigung des Reifens auch andere Fahrzeugteile beschädigt werden. 375

334 *OLG Köln* r+s 2007, 12.
335 *Prölss/Martin/Knappmann* AUB 2008 Nr. 5, Rn. 47.
336 *OLG Hamm* zfs 1990, 23.
337 *OLG Köln* r+s 2007, 12.
338 *BGH* MDR 2003, 869; *OLG Nürnberg* OLGR Nürnberg 2007, 889.
339 *LG München II* DAR 2012, 24 = zfs 2012, 28; *Himmelreich/Halm/Bartholomy*, Handbuch des Fachanwalts Verkehrsrecht, Kap. 20 Rn. 94.
340 *OLG Karlsruhe* r+s 2007, 502; r+s 2008, 64.
341 *OLG Karlsruhe* Urt. v. 15.04.2014 – 12 U 149/13.
342 *OLG Düsseldorf* NZV 2017, 234.

Wenn ein Reifen durch eine Vollbremsung beschädigt wird und dies zeitlich einem Unfall vorausgeht, hat der Versicherer den Schaden am Reifen nicht zu tragen.[343]

### 3. Schäden durch Erdbeben, Kriegsereignisse, innere Aufruhr, Maßnahmen der Staatsgewalt

376 Der Versicherer wird von seiner Leistung frei, wenn der Schaden durch Erdbeben, Kriegsereignisse, innere Aufruhr oder Maßnahmen der Staatsgewalt (Verfügungen von hoher Hand) unmittelbar oder mittelbar verursacht wurde.

377 Unter Erdbeben ist nur das naturwissenschaftliche Ereignis einer Erschütterung des Erdbodens zu verstehen, bei dem Spannungen in der Erdkruste ausgeglichen werden.

378 Der Ausschluss gilt nicht für andere Arten von Naturkatastrophen.

379 Der Begriff der inneren Unruhen ist erfüllt, wenn bei einer öffentlichen Zusammenrottung eine Menschenmenge mit vereinten Kräften Gewalttätigkeiten gegen Personen oder Sachen begeht.[344]

380 Der Risikoausschluss des Kriegsereignisses gewinnt mit jeder internationalen Krise wieder Bedeutung.

381 Während der Krieg aus völkerrechtlicher Sicht mit einer Kriegserklärung beginnt und einer Kapitualtion oder einem Friedensschluss enden kann, zieht das Versicherungsrecht die Grenzen des Kriegsbegriffs weiter. Es versteht unter Krieg den »tatsächlichen Kriegszustand«.[345] Danach ist ein Kriegsereignis im Sinne der Bedingungen zunächst jedes Ereignis, das mit ihm in ursächlichem Zusammenhang steht.

382 Räumlich fallen darunter auch Schäden außerhalb des Staatsgebietes der kriegsführenden Länder, allerdings muss der Schadenfall adäquat kausal auf die durch den Krieg entstandene besondere Gefahrenanlage zurückzuführen sein.[346]

383 Ob ein Terroranschlag als Kriegsereignis anzusehen ist, muss im Einzelfall entschieden werden.[347]

384 Maßnahmen der Staatsgewalt (Verfügungen von hoher Hand) sind Maßnahmen einer in- oder ausländischen Staatsgewalt, gleich, ob diese zu Recht oder Unrecht ergehen.[348] Die Sicherstellung eines gestohlenen PKW fällt nicht hierunter,[349] jedoch eine Beschlagnahmeverfügung bei einem Auslandsaufenthalt durch die dortigen Staatsorgane.[350]

### 4. Schäden durch Kernenergie

385 Schäden, welche durch Atomernergie enstehen, sind nicht ersatzfähig. Der Ersatz entstandener Schäden regelt sich ausschließlich über §§ 25 ff. AtomG.

## E. Leistungsbefreiungstatbestände

### I. Subjektiver Risikoausschluss nach § 81 VVG 2008

386 Nach dem bisherigen § 61 VVG a.F. war der Versicherer von der Leistungspflicht befreit, wenn der Versicherungsnehmer den Versicherungsfall vorsätzlich oder grob fahrlässig herbeigeführt hat,

343 *AG Gütersloh* VersR 1988, 57.
344 *BGH* VersR 1975, 175.
345 Vgl. RGZ 90, 378; *Prölss* DRZ 46, 48 *Haidinger* VW 47, 93; *Boldt* Die Feuerversicherung 5. Aufl. S. 97; *Stiefel/Maier/Halbach* AKB A.2, Rn. 1031; *Krahe* VersR 1991, 634.
346 *Krahe* VersR 1991, 634.
347 *Ehlers* r+s 2002, 133.
348 *LG Göttingen* VersR 1994, 1180.
349 *LG Detmold* zfs 1952, 28.
350 *LG Göttingen* VersR 1994, 1180.

sog. Alles-oder-Nichts-Prinzip. Diese Vorschrift hatte in der Kaskoversicherung – geprägt durch eine Vielzahl teils widersprechender gerichtlicher Entscheidungen – eine herausragende Bedeutung.

Nunmehr ordnet § 81 VVG 2008 als gesetzlicher Risikoausschluss an, dass der Versicherer nur dann nicht zur Leistung verpflichtet ist, wenn der Versicherungsnehmer, oder ein Dritter, dessen Verhalten sich der Versicherungsnehmer zurechnen lassen muss (Repräsentant), den Schaden vorsätzlich herbeiführt. Einfache Fahrlässigkeit schadet dem Versicherungsnehmer – wie auch bisher – nicht. Bei grober Fahrlässigkeit tritt nun nicht mehr automatisch vollständige Leistungsfreiheit des Versicherers ein, vielmehr ist der Versicherer berechtigt, seine Leistung in einem der Schwere des Verschuldens des Versicherungsnehmers entsprechenden Verhältnis zu kürzen 387

Durch die Aufgabe des »Alles-oder-Nichts-Prinzips« hin zu einem »Mehr-oder-Weniger« kann der Versicherungsnehmer grundsätzlich auch bei extrem grober Fahrlässigkeit noch mit einer – geringen – Quote rechnen. Die Rechtsprechung erkennt allerdings die Möglichkeit einer Quote von »0« ausdrücklich an.[351] In Bezug auf die Kaskoversicherung hat der *BGH* mit seiner Entscheidung vom 22.06.2011 Klarheit geschaffen. Anlässlich einer Trunkenheitsfahrt hat der *BGH* im Rahmen grundsätzlicher Ausführungen dargelegt, dass eine Kürzung auf Null in Ausnahmefällen zulässig ist.[352] 388

Die Literaturmeinungen zur Quotenbildung sind so vielfältig wie uneinheitlich.[353] Vernünftig erscheint der Vorschlag, grundsätzlich eine Quote von 50 % als Basis für eine Regulierung anzusetzen und diese im Einzelfall anzuheben oder herabzusetzen.[354] 389

Die Quotenbildung ist letztlich Sache einer Einzelfallrechtsprechung. Einige Entscheidungen liegen mittlerweile vor,[355] sie werden in den nachfolgenden Fallkonstellationen zitiert. 390

Die Auswirkungen auf die Regulierungspraxis in der Kaskoversicherung sind allgemein geringer als in anderen Sachversicherungssparten, weil viele Kaskoversicherer schon in der Vergangenheit – bis auf die Fallgestaltungen Alkohol/Drogen und grob fahrlässige Ermöglichung der Entwendung – auf den Einwand der groben Fahrlässigkeit grundsätzlich verzichtet haben. Die Muster-AKB des GDV enthalten einen solchen Verzicht allerdings nicht. 391

Auf die Darstellung der bisherigen Rechtsprechung zur groben Fahrlässigkeit kann nicht verzichtet werden, weil sich die Gerichte auch weiterhin an den in der Rechtsprechung herausgebildeten Fallgruppen orientieren werden, um im Einzelfall zu einer Quotenbildung zu gelangen. 392

## 1. Vorsatz

Vorsatz ist die eine Tätigkeit begleitende Vorstellung ihres Erfolges und dessen Billigung,[356] der Versicherungsnehmer muss zumindest mit dolus eventualis und ohne Rechtfertigungsgrund gehandelt haben. 393

Beruft sich der Versicherer auf Leistungsfreiheit wegen vorsätzlicher Schadensherbeiführung, muss er beweisen, dass der Versicherungsnehmer oder dessen Repräsentant vorsätzlich gehandelt hat und dessen Verhalten ursächlich für den Schadenseintritt war.[357] Ein Anscheinsbeweis für Vorsatz ist zu verneinen, menschliches Verhalten ist unwägbar.[358] In der Regel muss der Versicherer auf beweis- 394

---

351 *BGH* VersR 2011, 1037; *OLG Karlsruhe* BeckRS 2014, 08417).

352 *BGH* v. 22.06.2011 – IV ZR 225/10 = zfs 2011, 511–514 = VersR 2011, 1037–1040; vgl. auch u. Rn. 421.

353 Vgl. z.B. *Weidner* r+s 2006, 363 f.; *Baumann* r+s 2005, 1, 9; *Himmelreich/Halm/Bartholomy*, Kapitel 20, Rn. 123; *Felsch* r+s 2007, 485; sehr instruktiv *Maier/Stadler* Rn. 131 ff.

354 *Weidner* r+s 2007, 363, 364.

355 Informativ hierzu *Nugel* Kürzungsquoten nach dem VVG.

356 *BGH* VersR 1955, 340; *BGH* VersR 1958, 389 = NJW 1958, 993; *BGH* VersR 1960, 1033; *BGH* VersR 1967, 547.

357 *OLG des Landes Sachsen-Anhalt* r+s 2014, 8.

358 BGHZ 100, 214 = VersR 1987, 503 = NJW 1987, 1944; *BGH* VersR 1988, 683 = NJW 1988, 2024.

bare Indizien zurückgreifen,[359] die in ihrer Gesamtheit das Gericht von der vorsätzlichen Schadensherbeiführung überzeugen.

395 In der Kaskoversicherung kommen Vorsatztaten im Rahmen der versicherten Gefahr des Brandes, des Diebstahls, in Selbsttötungsfällen und bei Schäden in denen der Versicherungsnehmer das Fahrzeug als Werkzeug oder Waffe gegen andere Personen einsetzt sowie bei gestellten Unfällen in Betracht.[360] Eine Unfallmanipulation kann vom Versicherer z.B. durch den Nachweis einer ungewöhnlichen Häufung von Beweiszeichen[361] erbracht werden, die zwar jeweils für sich genommen zum Beweis nicht ausreichen mögen, in ihrer Gesamtheit bei umfassender Würdigung aber beim Gericht zu einer vernünftige Zweifel ausschließenden Gewissheit führen.[362]

## 2. Grobe Fahrlässigkeit

396 Grobe Fahrlässigkeit setzt einen objektiv schwerwiegenden und subjektiv unentschuldbaren Verstoß gegen die im Verkehr erforderliche Sorgfalt voraus.[363]

397 Der Versicherungsnehmer muss durch sein Verhalten das Risikopotential vergrößern oder den bei Vertragsschluss bestehenden Sicherheitsstandard deutlich unterschreiten.[364]

398 Grobe Fahrlässigkeit liegt demgemäß vor, wenn die im Verkehr erforderliche Sorgfalt in besonderem Maße verletzt wird, wenn der Versicherungsnehmer das nicht beachtet, was im gegebenen Fall jedem einleuchten musste, wenn einfache, ganz naheliegende Überlegungen vernachlässigt werden.[365]

399 Wird das Fahrzeug in üblicher Weise genutzt, kann i.d. Regel also kein Fall der groben Fahrlässigkeit vorliegen.[366]

400 Steht ein objektiv grober Pflichtverstoß fest, rechtfertigt dies noch nicht die Feststellung, den Versicherungsnehmer treffe auch der Vorwurf eines gesteigerten personalen Verschuldens.[367] Vielmehr sind Umstände denkbar, die den Grund des momentanen Versagens erkennbar machen und dieses Versagen in einem milderen Licht erscheinen lassen.[368]

401 Bei der Überprüfung, ob auch ein subjektiv nicht entschuldbares Fehlverhalten, also ein grobes Verschulden vorliegt,[369] sind auch die persönlichen Fähigkeiten und Geschicklichkeiten, die beruf-

359 *BGH* r+s 1996, 146.

360 *OLG Schleswig* r+s 2013, 327; *OLG Hamm* VersR 1998, 1539; *OLG Zweibrücken* VersR 2000, 223; vgl. Hierzu auch die Abschnitte »Teilkasko – Brand/Entwendung« und »Vollkasko – Unfall«.

361 Vgl. zu einzelnen Indizien *Klingenberg/Nugel*, DAR 2013, 185; zu Indizien in der KH-Versicherung, die für eine Unfallmanipulation sprechen, siehe z.B. *OLG Düsseldorf* SP 2013, 351; *Staab/Halm*, DAR 2014, 66.

362 *OLG Köln*, Urt. v. 10.09.2002 – 28 O 171/00; *OLG München*, Urt. v. 21.02.2014 – 25 U 2798/13 = NJW-Spezial 2014, 171; *OLG München* zfs 2013, 336; *OLG Koblenz* a.a.O.; *OLG Naumburg* r+s 2014, 8; *OLG Schleswig* a.a.O.

363 *BGH* r+s 2011, 376 ff.; *BGH* VersR 1980, 180; *OLG München* VersR 1970, 828; 1985, 355; 1986, 585; *OLG Saarbrücken* VersR 1996, 580; *Prölss/Martin/Armbrüster*, § 28 VVG Rn. 205ff. und § 81 VVG Rn. 30ff.; *Staudinger/Halm/Wendt/K. Schneider*, FAKomm-VersR, § 81, Rn. 27.

364 *BGH* VersR 1989, 141; *BGH* VersR 1997, 613; *OLG Hamm* VersR 1989, 803; *OLG Hamm* VersR 1996, 576; *OLG Köln* VersR 1990, 383.

365 BGHZ 10, 14 = NJW 1953, 1139; *BGH* VersR 1969, 848; *OLG Köln* r+s 1997, 296; *BGH* NJW 2005, 457.

366 *BGH* VersR 1996, 576; *BGH* VersR 1998, 44; *BGH* VersR 1997, 489.

367 *BGH* VersR 1988, 474.

368 Z.B. *LG Duisburg* SP 2000, 392; *OLG Koblenz* DAR 2001, 168; *OLG Frankfurt/M.* ADA-JUR Archiv Az. 3 U 5/99, Urt. v. 21.10.1999; *OLG Braunschweig* DAR 1999, 273 = NZV 1999, 303 = VRS 97, 59.

369 *BGH* VersR 1989, 840; *BGH* NJW 1992, 2418 = DAR 1993, 220 = MDR 1992, 945 = NZV 1992, 402 = r+s 1992, 292 = SP 1992, 252 = VersR 1992, 1085.

liche Stellung, die Lebenserfahrung und der Bildungsgrad,[370] sowie die seelischen und psychischen Umstände[371] des Versicherungsnehmers maßgeblich.

### *a) Augenblickversagen*

Über den Begriff des »Augenblickversagens« haben Gerichte Fälle zugunsten der Versicherungsnehmer entschieden, bei denen ein objektiver Pflichtverstoß vorlag, dem Versicherungsnehmer aber ein subjektiv entschuldbares Fehlverhalten attestiert wurde, wenn der Schaden durch eine unbewusst fahrlässige Handlung, umgangssprachlich also ein Versehen eingetreten war, welches auch einem ansonsten sorgfältigen und pflichtbewussten Versicherungsnehmer als »Ausrutscher« hätte unterlaufen können.[372] Insbesondere eine momentane Unaufmerksamkeit in einem zur Routine gewordenen Handlungsablauf war nach früherer Auffassung des *BGH* der Ausdruck eines bei der menschlichen Unzulänglichkeit typischen einmaligen Versagens.[373] 402

Die neuere Rechtsprechung des *BGH* lässt nicht mehr bei jeder unbewussten Fahrlässigkeit den Vorwurf eines groben Verschuldens entfallen.[374] Verlangt wird nunmehr, dass besondere individuelle Umstände eine Minderung des Schuldvorwurfs zu rechtfertigen vermögen,[375] die gestellten Anforderungen sind hoch. 403

Die Feststellung, der Versicherungsnehmer habe nur für einen Augenblick oder nur einmalig versagt, reicht also nicht mehr aus, um sein Verhalten in einem milderen Licht zu sehen.[376] 404

Zu der Konzentrationsschwäche müssen weitere Anhaltspunkte für eine Entschuldbarkeit hinzutreten, etwa Krankheit, Alterserscheinungen oder eine nachvollziehbare Ablenkung, wobei einerseits deren Grund, anderseits aber auch der Gefährlichkeitsgrad der Handlung zu werten sind. 405

Die Anforderungen sind umso höher, je gefahrträchtiger das Versagen bei Routineabläufen typischer Weise ist.[377] 406

Der Versicherer ist sowohl für die objektive als auch die subjektive Seite der groben Fahrlässigkeit beweispflichtig, Beweiserleichterungen kommen ihm nicht zugute.[378] 407

Ebenso liegt es am Versicherer, die Kausalität zwischen grob fahrlässiger Verhaltensweise und Schadeneintritt zu beweisen.[379] 408

Der Versicherungsnehmer hat allerdings die Darlegungs- und Beweislast für Entschuldigungsgründe, wenn er sich auf solche berufen will.[380] Er muss dartun, wie es zu dem groben Verstoß gekommen ist bzw. eventuelle Entschuldigungsgründe aufzeigen. 409

Sind die Entschuldigungsgründe geeignet, den groben Schuldvorwurf zu entkräften, muss der Versicherer die Entschuldigungsgründe widerlegen. 410

---

370 *BGH* NJW-RR 1989, 340 = DAR 1989, 219 = MDR 1989, 617 = NJW 1989, 1354 = r+s 1989, 209 = zfs 1989, 278; s. hierzu auch *Hubert* in Himmelreich Jahrbuch Verkehrsrecht 2000, S. 305.

371 *BGH*, VersR 1989, 840.

372 *BGH* VersR 1986, 962.

373 *BGH* VersR 1989, 582; *BGH* VersR 1992, 1095.

374 *BGH* VersR 2003, 364.

375 *BGH* r+s 1992, 292; *Römer* VersR 1992, 1187.

376 So hat das *BayObLG* PVR 2001, 56 ein Augenblickversagen bei einem Fahrer abgelehnt, der eine ihm bekannte, nur nachts geltende Geschwindigkeitsbeschränkung übersehen hatte.

377 *OLG Hamm* r+s 2000, 259.

378 *Prölss/Martin/Armbrüster*, § 81 VVG Rn. 67; *BGH* VersR 1970, 568; *BGH* VersR 1972, 944; *BGH* VersR 1986, 254; *OLG Hamm* VersR 1988, 370 = NJW-RR 1987, 609; *OLG Karlsruhe* r+s 1990, 364; *OLG Köln* r+s 1991, 82; *OLG Koblenz* r+s 1990, 12.

379 *OLG Jena* NVersZ 1998, 87; *OLG Celle* VersR 1998, 314; *OLG Köln* VersR 1998, 1233.

380 *OLG Oldenburg* VersR 1996, 841.

*b) Fallkonstellationen grober Fahrlässigkeit*

411 Im Folgenden wird eine Übersicht über verschiedene Fallkonstellationen der groben Fahrlässigkeit gegeben. Es handelt sich um eine Einzelfallrechtsprechung. Eine einheitliche Linie ist häufig nicht zu erkennen. Dem Praktiker wird nichts anderes übrig bleiben, als sich einen Überblick zu verschaffen und nach einer für seinen Sachverhalt passenden Entscheidung zu suchen.

*aa) Alkohol am Steuer*[381]

412 In der Praxis spielen die Fälle der auf Trunkenheit beruhenden Fahruntüchtigkeit eine große Rolle.

413 Die Rechtsprechung geht davon aus, dass derjenige grundsätzlich objektiv und subjektiv grob fahrlässig handelt, der sich in absolut fahruntüchtigem Zustand an das Steuer eines Kraftfahrzeugs setzt, hierin liegt einer der schwerwiegendsten Verstöße eines Kraftfahrers im Straßenverkehr.[382] Absolute Fahruntüchtigkeit beginnt bei einer Blutalkoholkonzentration von 1,1 Promille im Unfallzeitpunkt,[383] bei ihrem Vorliegen wird die Fahruntüchtigkeit unwiderlegbar vermutet.

414 Bei einer Blutalkoholkonzentration von weniger als 1,1 Promille kommt es zum Nachweis der relativen Fahruntüchtigkeit als Voraussetzung der groben Fahrlässigkeit darauf an, ob alkoholbedingte Fahrfehler oder Ausfallerscheinungen festgestellt wurden. Alkoholbedingtes Fehlverhalten wurde angenommen bei zu spätem oder zu starkem Bremsen,[384] Abkommen von schnurgerader Fahrbahn,[385] Geradeausfahren in einer Rechtskurve[386] oder Auffahren auf ein stehendes bzw. geparktes Fahrzeug.[387]

415 Der Versicherer muss alkoholbedingte Fahrfehler oder Ausfallerscheinungen beweisen.

416 Je näher der BAK an 1,1 Promille heranreicht, desto geringer werden die Anforderungen an den Nachweis der alkoholtypischen Ausfallerscheinungen.[388]

417 Bei der relativen Fahruntüchtigkeit kann der Versicherungsnehmer für ihn entlastende Umstände vortragen,[389] natürlich ist er für deren Vorliegen voll beweispflichtig.[390]

418 Für eine Kausalität zwischen Alkoholbeeinflussung und Versicherungsfall spricht der – widerlegbare – Beweis des ersten Anscheins.[391]

419 Beruft sich ein Versicherungsnehmer auf Unzurechnungsfähigkeit infolge Trunkenheit, muss er dies beweisen.[392] Ein BAK-Wert von 3 Promille führt nicht gezwungenermaßen zur Schuldunfähigkeit.[393]

Grobe Fahrlässigkeit bejaht:

420 Ein Versicherungsnehmer, der sich mit einem Restalkoholgehalt im Blut von 1,5 Promille an das Lenkrad seines Wagens setzt und bei einer Geschwindigkeit von 230 km/h auf der Autobahn durch das plötzliche Ausscheren eines anderen Fahrzeugs in einen Auffahrunfall verwickelt wird, hat die-

381 Zur Bestimmung der Alkoholisierung eines Fahrzeugführers vgl. *BGH* zfs 2003, 25.
382 Vgl. *BGH* VersR 2011, 1037.
383 Ständige Rspr. seit *BGH* VersR 1991, 1367.
384 *OLG Hamm* r+s 1995, 244.
385 *OLG Köln* r+s 2003, 315; *OLG Saarbrücken* VersR 2004, 1262.
386 *OLG Oldenburg* r+s 1995, 331; *OLG Hamm* r+s 1995, 374.
387 *OLG Hamm* r+s 1995, 373; *OLG Karlsruhe* r+s 1995, 375.
388 *BGH* r+s 282.
389 *OLG Karlsruhe* zfs 1986, 309; *OLG Köln* VersR 1986, 229; *OLG Hamm* r+s 1989, 6; *OLG Karlsruhe* zfs 1993, 161; *KG* NZV 1996, 200 = zfs 1996, 421.
390 *Thiele* PVR 2002, 372 Anmerkung zum Urteil des *OLG Koblenz* v. 26.04.2002 – 10 U 1109/01.
391 *OLG Hamm* VersR 1986, 1185; *OLG Köln* r+s 1993, 407.
392 *BGH* VersR 1989, 469; *OLG Hamm* VersR 1992, 818; *OLG Köln* r+s 1994, 329.
393 *OLG Hamm* VersR 1992, 818; *OLG Hamm* r+s 1992, 42; *OLG Hamm* r+s 1998, 10; *OLG Köln* r+s 1994, 329; *OLG Frankfurt* NVersZ 1999, 573.

sen Unfall grob fahrlässig verursacht. Es ist unerheblich, dass ein nüchterner Fahrer diesen Unfall ebenfalls verursacht hätte.[394]

Mit einer Blutalkohol-Konzentration von 1,5 Promille verlor der Versicherungsnehmer auf der Autobahn die Kontrolle über seinen Porsche Carrera und prallte gegen die Mittelleitplanke. Das *LG Oldenburg*[395] sah hierin einen eindeutigen Fall grober Fahrlässigkeit. 421

Grobe Fahrlässigkeit liegt vor, wenn der Versicherungsnehmer mit 1,14 Promille in einer langgezogenen Rechtskurve von der Fahrbahn abkommt und auf 100 Meter an der Leitplanke entlang streift.[396] 422

Bei einem BAK-Wert von 2,68 Promille ist von einer grob fahrlässigen Herbeiführung eines Unfalls auszugehen.[397] 423

Wer bei Trinkbeginn damit rechnet oder rechnen muss, sein Kfz noch zu benutzen, hat trotz Schuldunfähigkeit zur Tatzeit keinen Versicherungsschutz.[398] 424

Ein zum Unfall führender, typischer durch Alkoholgenuss bedingter Fahrfehler führt zur Leistungsfreiheit des Versicherers.[399] 425

Kommt der Versicherungsnehmer 5 Stunden nach Trinkende mit einem BAK-Wert von 0,65 Promille mit seinem PKW von der Fahrbahn ab, ist von einer grob fahrlässigen Unfallherbeiführung auszugehen.[400] 426

Fährt ein mit 0,83 Promille alkoholisierter Autofahrer trotz nasser Fahrbahn mit erhöhter Geschwindigkeit in eine Kurve ein und verursacht dadurch einen Unfall, liegt nach Auffassung des Landgerichts Memmingen[401] ein grob fahrlässiges Verhalten vor. 427

Grobe Fahrlässigkeit verneint:

Aus der bloßen Überschreitung der Geschwindigkeit bei einwandfreien Sicht- und Witterungsverhältnissen kann nicht ohne Weiteres auf eine alkoholbedingte Fahruntüchtigkeit – die zur Anwendung des § 61 VVG a.F. führen könnte – geschlossen werden.[402] 428

**Kürzungsquoten:**

Aufgrund des erheblichen objektiven Gewichts der Pflichtverletzung bei Alkoholfahrten wird im Rahmen des § 81 VVG 2008 eine Kürzung für im Zustand der absoluten Fahruntüchtigkeit verursachte Schäden um 100 % i.d.R. angezeigt sein,[403] bei relativer Fahruntüchtigkeit dürfte sich die Leistungsfreiheit zwischen 50 und 100 % bewegen; entscheidend wird sein, inwieweit sich der Alkohol auf den Unfall ausgewirkt hat. Seit der Reform des VVG im Jahr 2008 kann mittlerweile auf einige Entscheidungen deutscher Gerichte geblickt werden. 429

- 100 % Kürzung bei 2,1 ‰ (*BGH*, r+s 2012, 166; r+s 2011, 376)
- 100 % Kürzung bei 2,07 ‰ (*LG Dortmund*, Urt. v. 27.02.2014 – 2 O 370/13 m.w.N.).
- 100 % Kürzung bei 1,29 ‰ (*OLG Stuttgart*, r+s 2011, 280)
- 80 % Kürzung bei 1,05 ‰ (*KG* DAR, 2011, 23 = r+s 2011, 331)
- 75 % Kürzung bei 0,54 ‰ (*LG Aachen*, SP 2011, 375)
- 75 % Kürzung bei 0,7 ‰ (*AG Siegen*, zfs 2013, 90)

394 *OLG Düsseldorf* DAR 2008, 9; *OLG Düsseldorf* PVR 2001, 26; *OLG Düsseldorf* r+s 2000, 445.
395 *LG Oldenburg* Urt. v. 24.09.2010 – 13 O 1964/10.
396 *OLG Düsseldorf* r+s 2008, 9.
397 *OLG Hamm* r+s 2001, 55.
398 *OLG Hamm* NZV 2001, 172; *OLG Oldenburg* VersR 1996, 1270.
399 *OLG Koblenz* NZV 2002, 272.
400 *OLG Karlsruhe* NZV 2002, 227 = VersR 2002, 969.
401 Urteil des *LG Memmingen* v. 25.01.2000 – 2 O 1855/98.
402 *BGH* VersR 1985, 779.
403 *Maier/Stadler* Rn. 133; ebenso *Römer* VersR 2006, 740; *Rixecker* zfs 2007, 15; *Schirmer* DAR 2008, 181, 185.

- 75 % Kürzung bei Ermöglichung einer Trunkenheitsfahrt durch Versicherungsnehmer, der Beifahrer war (*LG Bonn*, r+s 2010, 320)
- 70 % Kürzung bei 1,07 ‰ (*AG Dippoldiswalde*, r+s 2014, 122)
- 60 % Kürzung bei 0,59 ‰ (*OLG Hamm*, DAR 2011, 25 = r+s 2010, 506, abzgl. 10 %-Punkte wg. bes. Milderungsgründen im konkreten Fall)
- 50 % Kürzung ab 0,3 ‰ (*OLG Hamm*, r+s 2010, 506 = VersR 2011, 206 = DAR 2011, 25 = NJW 2011, 85).
- 50 % Kürzung bei 0,4 ‰ (*LG Flensburg*, NJW-Spezial 2011, 682).
- 25 % Kürzung bei 0,55 ‰ (*OLG Düsseldorf*, r+s 2011, 507).

Weitere Nachweise siehe z.B. auch bei *Staudinger/Halm/Wendt/Nugel*, FAKomm-VersR, § 28, Rn. 138 f.

*bb) Medikamente/Drogen*

430 Ähnlichen Einfluss auf die Fahruntüchtigkeit wie Alkohol können Medikamente und Drogen hervorrufen, ohne dass die Rechtsprechung bislang Grenzwerte für die Fahruntüchtigkeit vorgegeben hat.

431 Es gibt jedoch keinen allgemeinen Erfahrungssatz, dass bei Fahruntüchtigkeit wegen eingenommener Medikamente ein Unfall stets grob fahrlässig herbeigeführt wurde.[404]

432 Bei Beweisanzeichen wird daher von relativer Fahruntüchtigkeit auszugehen sein, sodass der Versicherer für eine grob fahrlässige Schadensverursachung stets konkrete drogentypische Ausfallerscheinungen nachweisen muss.

Grobe Fahrlässigkeit bejaht:

433 Wenn ein Versicherungsnehmer zusätzlich zu Medikamenten gegen Durchblutungsstörungen bei starkem Unwohlsein Alkohol zu sich nimmt, hat er einen dadurch verursachten Unfall grob fahrlässig herbeigeführt.[405]

434 Dies gilt grundsätzlich, wenn dem Versicherungsnehmer die Wirkung der Medikamente bekannt war oder hätte bekannt sein müssen.[406]

Grobe Fahrlässigkeit verneint:

435 Die Einnahme von Medikamenten begründet als solche noch nicht den Vorwurf grober Fahrlässigkeit, wenn der Beipackzettel keinen Hinweis auf die Gefahr der Beeinträchtigung der Fahruntüchtigkeit enthält.[407]

436 Es liegt keine grobe Fahrlässigkeit vor, wenn der Versicherungsnehmer die Medikamente zu Therapiezwecken bereits über einen längeren Zeitraum eingenommen, Ausfallerscheinungen nicht verspürt und Warnhinweise auf dem Beipackzettel nicht ernst genommen hat.[408]

404 *OLG Düsseldorf* r+s 2001, 54.
405 *BGH* VersR 1985, 440 = DAR 1985, 222 = BB 1985, 697 = MDR 1985, 557 = r+s 1985, 80.
406 *LG Fulda* zfs 1991, 21; *LG Dortmund* zfs 1991, 22; *OLG Köln* VersR 1986, 229; *OLG Karlsruhe* zfs 1993, 127.
407 *OLG Hamm* VersR 1988, 126.
408 *OLG Düsseldorf* VersR 2002, 477.

*cc) Rotlichtverstoß*

Bei Rotlichtverstößen mit nachfolgenden Schäden gehen die meisten Gerichte[409] von grob fahrlässiger Schadensverursachung aus, weil ein Rotlichtverstoß auch immer mit einer erheblichen Gefährdung anderer Verkehrsteilnehmer verbunden ist.[410] 437

Grobe Fahrlässigkeit bejaht:

Das Überfahren einer roten Ampel an einer stark befahrenen innerstädtischen Kreuzung begründet ein das gewöhnliche Maß erheblich übersteigendes Fehlverhalten. Persönliche Sorgen des Fahrers können ihn nicht entlasten.[411] 438

Keine Entlastung vom Vorwurf der groben Fahrlässigkeit, wenn der Versicherungsnehmer ortsfremd ist und deshalb die Ampel übersehen hat. Die Beachtung der Verkehrsampel hat absoluten Vorrang vor der Ausschau nach Hinweisschildern.[412] 439

Keine Entlastung für einen Fahrer, der bei Rot zunächst anhält, dann aber infolge eines sogenannten Augenblicksversagens trotz anhaltendem Rotlicht wieder anfährt.[413] Der Vorwurf der groben Fahrlässigkeit greift ebenfalls ein, wenn der Fahrer eines Kfz 60 bis 90 Sekunden an einer roten Ampel hält, jedoch trotz roter Ampel wieder anfährt, in dem Glauben, die Ampel sei zwischenzeitlich auf grün umgeschaltet.[414] 440

Es ist grob fahrlässig, in eine ampelgeregelte Kreuzung einzufahren, wenn man sich aufgrund von Sonneneinwirkung nicht sicher sein kann, was die für die beabsichtigte Fahrtrichtung zuständige Ampel genau anzeigt[415] und wenn man zusätzlich den Verdacht äußert, die maßgebliche Ampel könnte defekt gewesen sein.[416] 441

Wenn der Fahrer auf eine grüne Welle vertraut und ein Rotlicht überfährt, ist dies grob fahrlässig.[417] 442

Der Vorwurf der groben Fahrlässigkeit durch Überfahren eines Rotlichts wird nicht dadurch gemildert, dass Äste von Straßenbäumen die Lichtzeichenanlage gelegentlich verborgen haben.[418] 443

Es ist grob fahrlässig, wenn ein Versicherungsnehmer 9 Sekunden Zeit hatte, die rote Ampel zu bemerken, er aber trotzdem in den Kreuzungsbereich einfuhr und einen Unfall verursachte.[419] 444

Grobe Fahrlässigkeit ist zu bejahen, wenn der Fahrer innerorts den Tempomaten einstellt und einen Rotlichtverstoß an einer T-förmigen Kreuzung begeht, die kein problemloses Abbiegen erlaubt.[420] 445

Es ist ebenfalls als grob fahrlässig anzusehen, wenn der Versicherungsnehmer mit dem versicherten Fahrzeug bei klarer und eindeutiger Verkehrssituation trotz Rotlicht in die Kreuzung einfährt und dort mit einem sich von rechts nährenden Kfz zusammenstößt.[421] 446

---

409 *BGH* VersR 1992, 1085 = r+s 1992, 292; dieser Entscheidung haben sich z.B. angeschlossen *OLG Frankfurt/M.* v. 21.10.1999 ADAJUR Archiv Az. 3 U 5/99; *OLG Köln* SP 1997, 81; *OLG Oldenburg* VersR 1995, 1346; *OLG Hamm* r+s 2002, 5.

410 Weitere Praxisbeispiele bei *Staudinger/Halm/Wendt/K. Schneider*, FAKomm-VersR, § 81, Rn. 34 f.

411 *OLG Jena* VersR 2004, 464.

412 *OLG Nürnberg* zfs 1994, 216 = VersR 1994, 1335; *OLG Koblenz* DAR 2001, 168.

413 *LG Duisburg* SP 2000, 392; anders allerdings das *OLG Hamm* NZV 2001, 38.

414 *OLG Karlsruhe* zfs 2004, 269.

415 *OLG Celle* PVR 2002, 232 m.Anm. v. *Balke*; *AG Duisburg*, SP 2011, 28.

416 *LG Essen* r+s 2006, 492.

417 *AG Pinneberg* SP 2006, 73.

418 *OLG Köln* zfs 2002, 568.

419 *OLG Hamm* zfs 2002, 82.

420 *OLG München* NZV 2002, 562.

421 *OLG Nürnberg* r+s 2005, 101.

447 Weiterhin ist es grob fahrlässig, wenn der Fahrer eines versicherten Kfz im Kreuzungsbereich mit einem aus der entgegengesetzten Richtung kommenden Fahrzeugs, welches nach links abbog, zusammenstößt. Die Linksabbiegerampel zeigte für das abgebogene Fahrzeug grün.[422]

Grobe Fahrlässigkeit verneint:

448 Hält ein Fahrer vor der Ampel, bemerkt im Fahrzeug neben sich einen Arbeitskollegen, grüßt diesen und fährt trotz anhaltenden Rotlichts in die Kreuzung ein, soll keine grobe Fahrlässigkeit vorliegen.[423]

449 Grobe Fahrlässigkeit ist ebenfalls zu verneinen, wenn der Versicherungsnehmer, abgelenkt durch seine Kinder auf der Rückbank, aufgrund eines Hupsignals in den Kreuzungsbereich hinein fährt, ohne zuvor nochmals auf die Ampel zu schauen.[424]

450 Ein Rotlichtverstoß begründet keine grobe Fahrlässigkeit, wenn der Fahrer in einer nicht einfachen Verkehrssituation durch das Fahrverhalten eines Gelenkbusses, das für ihn gefahrträchtig ist, abgelenkt wird.[425]

451 Keine grobe Fahrlässigkeit, wenn der Versicherungsnehmer abbiegt, nachdem er zehn Sekunden vor der roten Ampel gestanden hat und glaubhaft darlegt, dass er die auf Grün umspringende Fußgängerampel mit der für ihn maßgeblichen Ampel verwechselt hat, eine Gefährdung Dritter war nicht zu befürchten.[426]

452 Das Überfahren einer roten Ampel wurde nicht als grob fahrlässig angesehen, wenn der Versicherungsnehmer ortsfremd ist, die Lichtzeichenanlage unübersichtlich gestaltet war und ein Wahrnehmungsfehler hinzukam;[427] der Versicherungsnehmer die Ampelanlage übersieht, weil er sich gedanklich bereits auf der Parkplatzsuche befand[428] oder wenn der Versicherungsnehmer aufgrund von Glätte nicht mehr rechtzeitig anhalten konnte.[429] An grober Fahrlässigkeit fehlt es, wenn die rote Ampel in der konkreten Situation verdeckt und nur schwer zu erkennen war.[430]

453 Keine grobe Fahrlässigkeit, wenn winterliche Straßenverhältnisse herrschen, der Versicherungsnehmer auch seine Geschwindigkeit reduziert, ihm aber die Tatsache, dass das ABS in diesem Fall zu einer Bremsverlängerung führt, nicht bekannt war.[431]

454 Keine grobe Fahrlässigkeit, wenn besonders schlechte Sicht- und Witterungsverhältnisse an diesem Tag geherrscht haben.[432]

**Kürzungsquoten:**

455 Kürzung um 50 % bei Überfahren einer bereits einige Sekunden auf Rot geschalteten Ampel trotz (vorgetragener) Blendung durch Sonnenlicht.[433]

---

422 *OLG Köln* r+s 2004, 101.

423 *OLG Frankfurt* NVersZ 2001, 417 = r+s 2001, 313; bestätigt durch *BGH* IV ZR 173/01.

424 *OLG Koblenz* r+s 2004, 55.

425 *OLG Hamm* v. 25.10.2000 – 20 U 66/00; hierzu *Schmarsli* PVR 2001, 161.

426 Beschluss des *AG Kiel* v. 22.02.2002 – 41 OWi 2/02; s.a. *LG Kiel* v. 09.03.2000 – 8 S 184/99; in dieser Entscheidung hat ein Versicherungsnehmer die für den Geradeausverkehr anzeigende Ampel, welche Grünlicht zeigte, mit der für ihn geltenden Rotlicht zeigenden Ampel für Linksabbieger verwechselt, war deswegen losgefahren und im Kreuzungsbereich mit einem entgegenkommenden Fahrzeug kollidiert; so auch *OLG Hamm* NJW-RR 2000, 1477; a.A. hingegen *AG Kiel* v. 03.06.1999 – 108 C 95/99.

427 *OLG Stuttgart* DAR 1999, 88.

428 *OLG Stuttgart* NStZ-RR 2000, 279.

429 *OLG Dresden* DAR 1998, 280.

430 *OLG Köln* DAR 2007, 647.

431 *OLG Dresden* DAR 2001, 318.

432 *OLG Köln* NVersZ 1999, 331 = r+s 1998, 493 = SP 1998, 430.

433 *LG Münster* r+s 2009, 501, VersR 2009, 1615 ähnlich *AG Duisburg* 50 C 2567/09.

Kürzung um 50 %, wenn der Versicherungsnehmer zunächst an der roten Ampel hält und beim Umspringen des separaten und gut erkennbaren Abbiegepfeils auf »grün« aufgrund eines Mitzieheffektes geradeaus losfährt.[434] 456

### *dd) Bücken oder Greifen nach (heruntergefallenen) Gegenständen*

Wer sich als Fahrer derart Ablenken lässt, dass er den Verkehr nicht mehr in gebotenem Umfang beobachten und/oder sein Fahrzeug nicht mehr unter Kontrolle halten kann, handelt in der Regel grob fahrlässig. 457

Grobe Fahrlässigkeit bejaht:

Greift der Fahrer mit der Hand in den Fußraum, um dort eine sich hinter dem Bremspedal verfangene Kaffeekanne zu entfernen, führt er den Unfall grob fahrlässig herbei.[435] 458

Grob fahrlässig handelt, wer sich nach einem heruntergefallenen Mobiltelefon bückt.[436] 459

Das Wühlen nach Papier in einem Handschuhfach während der Fahrt bei einer Geschwindigkeit von 100 km/h auf nasser Straße begründet den Vorwurf der groben Fahrlässigkeit.[437] 460

Grobe Fahrlässigkeit wurde bejaht, wenn ein Fahrer in einer Verkehrssituation, die seiner ganzen Aufmerksamkeit bedurft hätte, nach einer Pflanze greift, die umzufallen drohte.[438] 461

Grob fahrlässig ist das Bücken nach einer Zigarette, welche dem Versicherungsnehmer zwischen die Beine gefallen ist, wenn hierbei der Verkehr außer Acht gelassen wird.[439] 462

Grob fahrlässig sind das Greifen nach einer Flasche und der Trinkvorgang, wenn der Versicherungsnehmer während des Trinkvorgangs von der Straße abkommt.[440] 463

Auch das Verstellen des Fahrersitzes während der Fahrt ist ein grob fahrlässiges Handeln.[441] 464

Grobe Fahrlässigkeit verneint:

Das Bücken nach einer heruntergefallenen Zigarette stellt keine grobe Fahrlässigkeit dar, da diese Bewegung reflexartig geschieht und Ausdruck der menschlichen Schwäche ist.[442] 465

Keine grobe Fahrlässigkeit, wenn der Fahrer nach dem vom Armaturenbrett fallenden Führerschein gegriffen hat,[443] ebenso bei einem Griff nach dem Zigarettenanzünder,[444] nach einem Bonbon im Handschuhfach,[445] beim Suchen nach einer heruntergefallenen Kassette.[446] 466

---

434 *AG Essen* r+s 2010, 320, bestätigt durch Hinweisbeschluss *LG Essen* 10 S 32/10 = zfs 2010, 393; zum »Mitzieheffekt« und verneinter groben Fahrlässigkeit wg. Augenblicksversagen s. *OLG Brandenburg*, VRS 2003 Bd. 105, 187.

435 *OLG Köln* VersR 2001, 1531 = DAR 2000, 571; allgemein dazu auch *OLG Frankfurt* r+s 1997, 101 = VersR 1996, 372; *OLG Celle* r+s 1994, 127 = VersR 1994, 1221.

436 *OLG Frankfurt* VersR 2001, 1105.

437 *OLG Stuttgart* VersR 1999, 1359 = r+s 1999, 56.

438 *OLG Koblenz* PVR 2002, 105; *OLG Düsseldorf* VersR 1997, 836, in diesem Fall hat sich der Versicherungsnehmer nach einem heruntergefallenen Handy gebückt und ist dabei gegen ein geparktes Fahrzeug gefahren.

439 *LG Lüneburg* zfs 2002, 439; *OLG Hamm* r+s 2000, 229; *OLG Köln* r+s 1998, 273; *OLG Karlsruhe* VersR 1993, 1096 = r+s 1993, 248; *KG* VersR 1983, 494; *OLG Düsseldorf* VersR 1980, 1020; *OLG Karlsruhe* VersR 1979, 758; *LG Würzburg* VersR 1977, 275; *OGH Wien* VersR 1981, 768.

440 *OLG Hamm* r+s 2002, 145.

441 *OLG Saarbrücken* VersR 2004, 1308.

442 *OLG Dresden* r+s 2003, 8; *OLG Dresden* DAR 2001, 498.

443 *OLG München* VersR 1981, 952.

444 *LG Hamburg* zfs 1992, 54.

445 *LG Ansbach* zfs 1990, 828.

446 *OLG Hamm* VersR 1982, 796; *OLG Hamm* VersR 1986, 1119.

467 Das *OLG Brandenburg* hat grobe Fahrlässigkeit nicht angenommen, wenn die Fahrerin eines Pkw sich während einer Autobahnfahrt mit ca. 100 km/h nach ihrem auf dem Rücksitz befindlichen Kleinkind wegen eines ihr bis dahin unbekannten Würgegeräusches umdreht.[447]

*ee) Bedienung Radio/CD-Wechsler*

468 Die Bedienung eines Autoradios, unabhängig davon, ob es sich um eine Sendersuche oder Lautstärkenregelung handelte, gehört zum normalen Autobetrieb und kann deshalb in der Regel keine grobe Fahrlässigkeit begründen.[448]

469 Erfordert die Strecke jedoch die erhöhte Aufmerksamkeit des Fahrers wegen hoher Geschwindigkeit, kurviger Streckenführung, kritischer Fahr- oder Wettersituationen, kann eine andere Beurteilung greifen.[449]

Grobe Fahrlässigkeit bejaht:

470 Wechseln der Kassette im Recorder während der Fahrt ohne Beobachtung der Fahrbahn.[450]

471 Kassettenwechsel und Fahren mit Abblendlicht bei überhöhter Geschwindigkeit.[451]

472 Betätigung des Sendersuchlaufes bei Kurvenfahrt und hoher Geschwindigkeit.[452]

473 Kassettenwechsel bei kurvenreicher Straße.[453]

474 Bücken nach einer beim Kassettenwechsel heruntergefallenen Kassette.[454]

Grobe Fahrlässigkeit verneint:

475 Keine grobe Fahrlässigkeit liegt vor, wenn ein PKW-Fahrer beim Bedienen eines CD-Wechslers von der Fahrbahn abkommt.[455]

476 Gerät der ca. 50 km/h fahrende Versicherungsnehmer infolge der Bedienung des Autoradios auf eine Verkehrsinsel, liegt keine grobe Fahrlässigkeit vor. Der Versicherer kann sich nicht auf Leistungsfreiheit berufen, wenn nicht weitere Anhaltspunkte für ein Fehlverhalten des Versicherungsnehmers hinzukommen.[456]

477 Unschädlich ist es, wenn ein Fahrer während der Fahrt die Kassette wechselt.[457]

*ff) Ablenkung durch Mobiltelefon/Navigationsgerät*

478 Beim Telefonieren mit einem Handy – in bestimmten Situationen aber auch mit einer Freisprecheinrichtung – während der Fahrt wird eine grobe Fahrlässigkeit überwiegend bejaht, unabhängig davon, ob der Fahrer gegen § 23 Abs. 1a StVO verstoßen hat.

479 Danach ist das Telefonieren während der Fahrt oder bei einem verkehrsbedingten Halt mit laufendem Motor verboten, wenn der Fahrer das Mobiltelefon oder den Hörer des Autotelefons aufneh-

447 Vgl. *OLG Brandenburg* NJWE-VHR 1997, 272.
448 Urteil des *AG Düsseldorf* v. 30.11.2000 – 49 C 12117/99.
449 *OLG Celle* zfs 1994, 52; *OLG Nürnberg* zfs 1992, 166.
450 *OLG Nürnberg* NJW-RR 1992, 360 = NZV 1992, 193 = zfs 1992, 166.
451 *OGH Wien* VersR 1994, 379.
452 *OGH Wien* zfs 1994, 52.
453 *OLG Celle* zfs 1984, 184.
454 *OLG Nürnberg-Fürth* zfs 1989, 313 = r+s 1989, 58.
455 *OLG Hamm* DAR 2001, 128 = zfs 2002, 294; *OLG München* NJW-RR 1992, 538 = r+s 1993, 49 = SP 1992, 221 = zfs 1992, 273.
456 *OLG Nürnberg* VersR 2006, 356 = r+s 2005, 372.
457 *OLG München* zfs 1992, 273 = r+s 1993, 49 = SP 1992, 221 = NJW-RR 1992, 538.

men oder halten muss; das Verbot bezieht sich auf alle Tätigkeiten mit einem Mobiltelefon, auch das Versenden von SMS oder die Nutzung als mobiles Navigationsgerät.

Grobe Fahrlässigkeit bejaht:

Telefonieren mit dem Handy ohne Freisprechanlage, obwohl die Fahrbahn nass und die Sichtverhältnisse schlecht waren.[458] 480

Aufnahme des Handys vom Beifahrersitz und anschließendes Telefonat ohne Freisprechanlage bei 120 km/h und Nebel.[459] 481

Telefonieren bei einer Geschwindigkeit von 170 km/h.[460] 482

Der Versicherer ist wegen grob fahrlässiger Herbeiführung des Versicherungsfalls von der Leistung frei, wenn der Versicherungsnehmer wegen überhöhter Geschwindigkeit in eine Doppelkurve eingefahren ist, während er mit einer Hand das Kfz steuerte und gleichzeitig mit der anderen Hand telefonierte, infolgedessen von der Fahrbahn abkam und sich mehrfach überschlug.[461] 483

Selbst ein eingebautes Telefon mit Freisprecheinrichtung kann zu Ablenkungen des Fahrers in kritischen Fahrtsituationen führen, die in eine grob fahrlässige Schadenverursachung münden.[462] 484

Grob fahrlässig handelt, wer das Navigationsgerät programmiert, wenn er sich bereits auf der Autobahn befindet und während der Bedienung des Navigationsgeräts einen Auffahrunfall verursacht.[463] 485

### *gg) Übermüdung/Sekundenschlaf*

Das Einschlafen am Steuer, der gefürchtete Sekundenschlaf, ist ein vom Versicherer als Unfallursache nur schwer zu beweisender Umstand. Eine grob fahrlässige Schadensursache wird vorliegen, wenn der Versicherungsnehmer sich über erkennbare Anzeichen einer drohenden Fahruntüchtigkeit bewusst hinwegsetzt oder diese ignoriert.[464] 486

Grobe Fahrlässigkeit bejaht:

Tritt eine Krankenschwester nach 16 Stunden Dienst die Heimfahrt an und verursacht einen Unfall, ist ihr Verhalten als grob fahrlässig einzustufen.[465] 487

Wer an einem Tag von Süddeutschland nach Holland fährt und gleich in der Nacht die Rückfahrt antritt, handelt grob fahrlässig.[466] 488

Grobe Fahrlässigkeit verneint:

Das Ignorieren eines Gähnens oder einer Lidschwere reicht für den Vorwurf einer groben Fahrlässigkeit nicht aus, wenn die vom Fahrer zurückgelegte Strecke sehr kurz ist und dieser wegen Arbeiten im Schichtdienst gewöhnt ist, nachts aufzubleiben.[467] 489

Hat der Fahrer ausreichend geschlafen und ist er erst eine kurze Strecke gefahren, liegt keine grobe Fahrlässigkeit vor, wenn er sich trotz deutlicher Anzeichen von Übermüdung nicht sogleich zur Unterbrechung der Fahrt entschließt.[468] 490

---

458 *OLG Köln* r+s 2000, 494.
459 *OLG Köln* NVersZ 2001, 26 = NJW-RR 2001, 22 = r+s 2000, 494 = SP 2001, 60 = VersR 2001, 580.
460 *OLG Koblenz* MDR 1999, 481.
461 *AG Berlin-Mitte* r+s 2006, 242.
462 *LG Frankfurt* NZV 2001, 480.
463 *LG Potsdam* Urt. v. 26.06.2009 – 6 O 32/09.
464 *BGH* VersR 1974, 593; *BGH* VersR 1977, 619; *OLG Koblenz* r+s 2007, 151.
465 *OLG Nürnberg* zfs 1987, 277.
466 *LG Köln* r+s 1996, 91.
467 *OLG Schleswig* DAR 2001, 464.
468 *OLG München* VersR 1995, 288.

491 Ein Einschlafen im Sinne eines »Sekundenschlafs« ist nur dann grob fahrlässig, wenn der Fahrer Ermüdungserscheinungen missachtet hatte oder aufgrund besonderer Umstände mit einem Einschlafen am Steuer rechnen musste.[469] Grobe Fahrlässigkeit liegt nicht vor, wenn der sonst »geübte Nachtfahrer« eines Kfz ohne äußeren Anlass (keine Übermüdungskennzeichen oder Gefühl der Fahruntauglichkeit) aufgrund eines Sekundenschlafs auf die Gegenfahrbahn geraten ist.[470]

492 Dem Versicherungsnehmer sind Lenkzeitüberschreitungen seines Fahrers nur dann zuzurechnen, wenn er bewusst Fahrten angeordnet hat, die unter Beachtung der vorgeschriebenen Lenk- und Ruhezeiten nicht zu absolvieren waren oder wenn er sich dieser Kenntnis arglistig verschlossen hat.[471]

*hh) Geschwindigkeitsüberschreitung*

493 Bei Geschwindigkeitsüberschreitungen hat es die Rechtsprechung bislang vermieden, sich auf feste Prozentsätze einer Überschreitung der zulässigen Höchstgeschwindigkeit festzulegen, die Geschwindigkeitsüberschreitung muss jedenfalls erheblich sein, bevor eine grobe Fahrlässigkeit angenommen werden kann.

494 Die Überschreitung der Richtgeschwindigkeit auf Autobahnen rechtfertigt alleine keine Versagung des Versicherungsschutzes, für die Bejahung der groben Fahrlässigkeit müssen weitere Umstände hinzutreten.

Grobe Fahrlässigkeit bejaht:

495 Überschreiten der zulässigen Höchstgeschwindigkeit um 100 %.[472]

496 Grob fahrlässig ist ein Überholmanöver mit 100 km/h, wenn der Vorausfahrende ca. mit 70 km/h fährt, und es sich bei der Überholstrecke um ein grades Teilstück zwischen 2 Bergkuppen mit einer Sichtweite von 160 Metern handelt.[473]

497 Eine Geschwindigkeit von 150 km/h statt 100 km/h auf nächtlicher Landstraße stellt eine grobe Fahrlässigkeit dar.[474]

498 Es ist als grob fahrlässig zu sehen, wenn ein Versicherungsnehmer eine Wettfahrt auf der Autobahn mit 150 km/h veranstaltet.[475]

499 Das Fahren mit 80 km/h bei einer Sichtweite von lediglich 20 bis 30 m ist grob fahrlässig.[476]

500 Eine Geschwindigkeit von 94 km/h bei einer Geschwindigkeitsgrenze von 70 km/h begründet den Vorwurf der groben Fahrlässigkeit, wenn beim Versicherungsnehmer erheblicher Restalkohol festgestellt wird.[477]

501 Der Versicherungsnehmer, der mit seinem PKW bei einer Höchstgeschwindigkeit von 140 km/h auf einer Bundesstraße mit einer zulässigen Höchstgeschwindigkeit von 100 km/h einen Überholvorgang einleitet, diesen abbrechen muss, weil er ein entgegenkommendes Fahrzeug übersehen oder

469 *OLG Düsseldorf* r+s 2003, 10; *Xanke* PVR 2002, 143 Anmerkung zum Urteil des *OLG Düsseldorf* v. 26.10.2001 – 1 U 73/01; so auch *BGH* VersR 1974, 593 = NJW 1974, 948 = DAR 1974, 162; *OLG Hamm* zfs 1994, 250; *OLG Koblenz* NVersZ 1998, 122.

470 *OLG Celle* r+s 2005, 456.

471 *OLG Köln* zfs 1997, 306.

472 *OLG München* zfs 1983, 150; *OLG Köln* r+s 1993, 129 = SP 1993, 121; *OLG Karlsruhe* VersR 1995, 1182; *OLG Nürnberg* r+s 2000, 365.

473 *OLG Hamm* r+s 1991, 154.

474 *OLG Koblenz* 2000, 720.

475 *OLG Köln* MDR 2001, 29; *OLG Köln* zfs 2000, 450 = NVersZ 2001, 82 = VersR 2001, 454 = SP 2000, 391.

476 *OLG Nürnberg* DAR 1989, 342.

477 *OLG Hamm* VersR 1987, 89.

sich verschätzt hat, deshalb scharf bremsen muss und infolgedessen ins Schleudern und von der Straße gerät, handelt grob fahrlässig.[478]

Der Fahrer eines versicherten Kfz handelt grob fahrlässig, wenn er im Bereich einer kurvenreichen Strecke wegen überhöhter Geschwindigkeit – 90 km/h statt erlaubter 50 km/h – die Gewalt über sein Kfz verloren hat, mit dem Kfz ins Schleudern geraten ist, umgekippt und in den rechten, etwa einen Meter tiefen Straßengraben gerutscht ist, ohne vom Gegenverkehr behindert worden zu sein.[479] 502

Startet der Fahrer nach einem Ampelstopp mit weit überhöhter Geschwindigkeit, sodass durch Reifenabrieb eine Qualmwolke entsteht, hat er den nachfolgenden Unfall durch grobe Fahrlässigkeit verursacht.[480] 503

Grobe Fahrlässigkeit verneint:

Die Überschreitung der zulässigen Geschwindigkeit um 90 % führt nicht immer zum Ausschluss des Versicherungsschutzes wegen grober Fahrlässigkeit, weil es auf den Einzelfall, insbesondere auch auf Besonderheiten der Straßenführung und der Beschilderung ankommt.[481] 504

Befahren einer lang gezogenen Rechtskurve mit 165 km/h bei trockener Fahrbahn und guter Sicht ist nicht grob fahrlässig, selbst wenn der Versicherungsnehmer gegen das Sichtfahrgebot verstoßen hat.[482] 505

Fahren bei nasser Fahrbahn mit unangemessen hoher Geschwindigkeit ist dann nicht grob fahrlässig, wenn die Wasserflächen auf der Fahrbahn nicht erkennbar waren.[483] 506

Fahren auf einer gut ausgebauten Bundesstraße mit 120 km/h im Einmündungsbereich ist nicht grob fahrlässig.[484] 507

Fahren mit 45 km/h statt erlaubter 30 km/h und Begehen einer Vorfahrtsverletzung (rechts vor links) stellen kein grob fahrlässiges Verhalten dar.[485] 508

Auch bei starkem Regen ist eine Geschwindigkeit von 110 km/h nicht grob fahrlässig.[486] 509

Keine grobe Fahrlässigkeit bei Fahren mit 85 km/h statt der erlaubten 50 km/h im Kurvenbereich und Ablenkung durch plötzlich auftauchendes Verkehrshindernis.[487] 510

Fahren mit 165 km/h bei guter Sicht und Witterung auf BAB ist nicht grob fahrlässig.[488] 511

Das Überschreiten der Höchstgeschwindigkeit um fast 100 % an der Unfallstelle, die ca. 93 m hinter der angeordneten Geschwindigkeitsbegrenzung von 70 km/h auf 50 km/h liegt, stellt keine grobe Fahrlässigkeit dar.[489] 512

Fahren mit einer Geschwindigkeit von 100 bis 130 km/h bei Regen und nasser Straße mit anschließendem Schleudern aufgrund Aquaplaning und Zusammenstoß mit einem anderen Fahrzeug ist nicht grob fahrlässig.[490] 513

478 *Halm*, PVR 2001, 183, Anmerkung zum Urteil des *OLG Düsseldorf* v. 28.09.2000 – 4 U 198/99.
479 *OLG Köln* r+s 2004, 11.
480 *OLG Hamm* r+s 2007, 453.
481 *Xanke* PVR 2002, 181 Anmerkung zum Urteil des *OLG Frankfurt* v. 31.10.2001 – 7 U 83/01.
482 *OLG Hamm* VersR 1987, 1206.
483 *OLG Hamm* zfs 2000, 496.
484 *OLG Karlsruhe* r+s 1993, 130.
485 *OLG Düsseldorf* r+s 1996, 429.
486 *OLG Nürnberg* VersR 1977, 659.
487 *OLG Hamm* VersR 1994, 42.
488 *OLG Hamm* VersR 1987, 1206.
489 *OLG Frankfurt* VersR 2002, 703.
490 *OLG Hamm* r+s 2001, 403.

514 Keine grobe Fahrlässigkeit bei Geschwindigkeit von ca. 200 km/h auf trockener Fahrbahn, wenn 4–5 vergleichbare Unfälle im Schadenbereich darauf schließen lassen, dass der unterschiedliche Straßenbelag im Unfallbereich den Unfall begünstigt hat.[491]

*ii) Verkehrsverstöße allgemein*

515 Die Rechtsprechung zu Fällen grob fahrlässiger Schadenherbeiführung bei allgemeinen Verkehrsverstößen ist unübersichtlich und uneinheitlich. Sie kann nur im Sinne einer Kasuistik beispielhaft aufgelistet werden.
Grobe Fahrlässigkeit bejaht:

516 Wer bei 10 %igem Gefälle einen PKW ohne Einlegen des Rückwärts- oder 1. Ganges abstellt, verstößt gegen § 14 Abs. 2 S. 1 StVO und handelt grob fahrlässig.[492]

517 Missachtung eines Vorfahrtsschildes, obwohl der Fahrer ortskundig, das Vorfahrtsschild aber so vereist war, dass der Fahrer die Schrift auf dem Schild nicht lesen konnte.[493]

518 Der Versicherungsnehmer handelt grob fahrlässig, wenn er mit der hochgestellten Kippermulde seines LKW gegen die Unterkante einer Brücke prallt, auch wenn er angenommen hatte, er habe die Mulde heruntergelassen. Im konkreten Fall hatte der Versicherungsnehmer Anlass, der Zuverlässigkeit der Kontrollleuchte zu misstrauen, auf die er sich verlassen haben will.[494]

519 Wer durch grobe Unaufmerksamkeit die in Funktion befindlichen Warn- und Sicherungseinrichtungen einer Autobahnbaustelle nicht beachtet und ungebremst auf ein gut sichtbares Baustellenfahrzeug auffährt, verursacht den Unfall grob fahrlässig.[495]

520 Wenn ein Versicherungsnehmer seinen LKW in unmittelbarer Nähe einer stark abschüssigen Abfahrtsrampe abstellt und das Fahrzeug kurze Zeit nach dem Aussteigen die Rampe hinabrollt, weil weder die Handbremse angezogen noch ein Gang eingelegt war, ist der Vorwurf der groben Fahrlässigkeit gerechtfertigt.[496]

521 Der Versicherer ist von der Leistung frei, wenn der Versicherungsnehmer das Kfz auf einer stark abschüssigen Rampe wenige Meter vor ihrer Einmündung in einen Fluss mit geradeaus stehender Lenkung abgestellt, die Handbremse höchstens bis zu 3/4 angezogen und keinen Gang eingelegt hat;[497] Gleiches gilt, wenn das Fahrzeug in einem Bereich mit einem Gefälle von 10 % abgestellt und nur die Handbremse eingelegt war, nicht aber auch der erste Gang.[498]

522 Grob fahrlässig ist das Überholen im Nebel oder vor unübersichtlichen Kurven.[499]

523 Überholvorgänge im Baustellenbereich und der Versuch einen anderen Verkehrsteilnehmer auszubremsen, sind grob fahrlässig.[500]

491 *OLG Köln* r+s 2006, 415.
492 *OLG Karlsruhe* DAR 2007, 646.
493 *AG Groß-Gerau* zfs 2000, 496.
494 *Halm*, PVR 2001, 183 Anmerkung zum Urteil des *OLG Düsseldorf* v. 28. 9.2000 – 4 U 206/99; vgl. auch *OLG Düsseldorf* zfs 2002, 438.
495 *OLG Köln* zfs 2002, 295.
496 *OLG Düsseldorf* zfs 2002, 295 = VersR 2002, 1503; so auch *LG Frankfurt* VersR 1991, 1050.
497 *OLG Hamburg* r+s 2005, 57.
498 *OLG Karlsruhe* r+s 2007, 190.
499 *OLG Hamm* NJW-RR 1998, 262.
500 *OLG Hamm* OLGR 2000, 299.

Grob fahrlässig handelt, wer eine Einbahnstraße in falscher Richtung befährt,[501] das Linksfahrgebot in England missachtet,[502] auf einer Autobahnausfahrt wendet[503] bzw. leichtfertige Überholvorgänge tätigt.[504] 524

Grobe Fahrlässigkeit liegt ebenfalls vor, wenn der Fahrer eines Kfz trotz Gegenverkehr zum Überholvorgang ansetzt und infolgedessen mit einem ihm entgegenkommenden Fahrzeug kollidiert.[505] 525

Ein Stoppschild ist eines der wichtigsten Straßenverkehrsschilder, es beinhaltet eine der wichtigsten Grundregeln des Straßenverkehrs. Bei Missachtung des Schildes greift der Vorwurf der groben Fahrlässigkeit.[506] 526

Befindet sich neben dem Stoppschild noch eine ausgeschaltete Lichtzeichenanlage, die gelbes Blinklicht zeigte und fährt der Versicherungsnehmer mit unverminderter Geschwindigkeit in die Kreuzung hinein, trifft ihn der Vorwurf der groben Fahrlässigkeit.[507] 527

Wenn der Versicherungsnehmer infolge von Unaufmerksamkeit ein an der Einmündung einer Landstraße auf eine vorfahrtsberechtigte Autobahn befindliches Stoppschild missachtet, liegt grobe Fahrlässigkeit vor.[508] 528

Kürzungsquoten:

Kürzung um 33,3 %, wenn der Versicherungsnehmer die begrenzte Höhe einer Autobahnunterführung missachtet und einen Kraftfahrzeugschaden verursacht.[509] 529

Grobe Fahrlässigkeit verneint:

Der Kaskoversicherer ist nicht wegen grob fahrlässiger Herbeiführung des Versicherungsfalls leistungsfrei, wenn der von dem Versicherungsnehmer auf einer 2 bis 3 % Gefälle aufweisenden Straße mit – unzureichend – angezogener Handbremse abgestellte PKW sich nach 10 Minuten in Bewegung setzt und gegen eine Hauswand prallt, der Wagen aber ohne Sicherung sofort davon gerollt wäre.[510] 530

Ein Wegrollen des Fahrzeugs wegen nicht ausreichend angezogener Handbremse begründet dann jedenfalls nicht den Vorwurf grober Fahrlässigkeit, wenn der Versicherungsnehmer oder sein Repräsentant unwiderlegt der Meinung gewesen sind, dass die Handbremse ausreichend angezogen war.[511] 531

Ohne zusätzliche Warnhinweise begründet die Nichtbeachtung eines Stoppschildes, selbst wenn es gut sichtbar aufgestellt ist, nicht generell den Vorwurf grober Fahrlässigkeit. Dies folgt aus dem Umstand, dass das Stoppschild nicht mit einer Verkehrsampel vergleichbar ist, insbesondere nicht, den gleichen optischen Effekt wie das Rotlicht einer Verkehrsampel hervorruft.[512] 532

#### *jj) Schlüsselaufbewahrung*

Der Versicherungsnehmer hat es in der Hand, sein Fahrzeug gegen Wegnahme zu sichern, indem er z.B. die Fenster schließt, die Fahrzeugtüren verriegelt und das Lenkradschloss einrastet. Lässt der 533

---

501 *OLG Hamm* r+s 1999, 188 = SP 1999, 136.
502 *LG Mainz* VersR 1999, 438 = NJW-RR 2000, 31 = NVersZ 2000, 138.
503 *OLG Hamm* r+s 1992, 42 = NZV 1992, 321 = SP 1992, 122 = VersR 1992, 866.
504 *OLG Karlsruhe* SP 1999, 230; *OLG Celle* SP 1996, 221; *OLG Hamm* DAR 1998, 393.
505 *OLG Karlsruhe* VersR 2004, 776.
506 *Halm*, PVR 2002, 369 Anmerkung zum Urteil des *OLG Bremen* v. 23.04.2002 – 3 U 72/01; *OLG Zweibrücken* VersR 1993, 218; *LG Zweibrücken* VersR 1991, 804.
507 *OLG Köln* r+s 2002, 57 = zfs 2001, 417; vgl. hierzu auch *Halm* PVR 2002, 196.
508 *OLG Köln* r+s 2005, 149.
509 *LG Göttingen* zfs 2010, 213.
510 *Halm*, PVR 2001, 183 Anmerkung zum Urteil des *OLG Düsseldorf* v. 11.07.2000 – 4 U 80/99.
511 *OLG Stuttgart* VersR 1991, 1049.
512 *Halm*, PVR 2002, 369 Anmerkung zum Urteil des *OLG Bremen* v. 23.00.2002 – 3 U 72/01 = VersR 2002, 1503.

Versicherungsnehmer einen Reserveschlüssel im Handschuhfach zurück, werden diese getroffenen Sicherheitsmaßnahmen nutzlos, der gebotene und durch § 14 Abs. 2 StVO sogar gesetzlich vorgeschriebene Sicherheitszustand des Fahrzeugs ist zumindest herabgesetzt.

534 Das Aufbewahren eines Reserveschlüssels – auch im verschlossenen[513] – Handschuhfach begründet i.d.R. den Vorwurf der groben Fahrlässigkeit, da es wohl jedermann einleuchtet, dass das Handschuhfach der denkbar ungeeignetste und unsicherste Ort für die Aufbewahrung eines Reserveschlüssels ist. Entwendet der Dieb das Fahrzeug unter Verwendung des aufgefundenen Reserveschlüssels, liegt auch die erforderliche Kausalität vor.[514]

535 Voraussetzung für die Annahme einer groben Fahrlässigkeit ist natürlich das bewusste Zurücklassen des Reserveschlüssels im Auto, das Bewusstsein der Gefahren, die aus diesem Umstand resultieren, ist hingegen nicht erforderlich.

536 Verliert der Versicherungsnehmer den Schlüssel unbemerkt im Auto oder belässt eine andere Person, deren Verhalten dem Versicherungsnehmer nicht zuzurechnen ist, den Schlüssel im oder am Auto, liegt keine grobe Fahrlässigkeit vor.[515]

537 Auch an die Verwahrung bzw. Beaufsichtigung der Schlüssel außerhalb des Fahrzeugs werden durch die Rechtsprechung überwiegend hohe Anforderungen gesetzt, allerdings existieren auch Urteile mit vollkommen gegenläufigen Ansichten.

Grobe Fahrlässigkeit bejaht:

538 Grobe Fahrlässigkeit ist zu bejahen, wenn Fahrzeugschlüssel in einen ungesicherten, problemlos zu öffnenden Briefkasten einer Werkstatt geworfen werden, auf dessen Funktion durch Schilder hingewiesen wird.[516]

539 Der Versicherungsnehmer, der seinen Kfz-Schlüssel in einer Jacke verstaut und diese unbeaufsichtigt in einer Diskothek belässt, handelt grob fahrlässig bei der Obhut über ein ihm anvertrautes Kfz, sodass der Versicherer von der Verpflichtung zur Leistung frei wird.[517]

540 Die Aufbewahrung eines Ersatzschlüssels im Handschuhfach ist als grob fahrlässig zu beurteilen, selbst wenn Lenkradschloss und Wagentür verriegelt gewesen sind.[518] Dies gilt selbst dann, wenn in dem unverschlossenen Handschuhfach des zuvor gestohlenen »Erstfahrzeuges« der Ersatzschlüssel für den später gestohlenen Zweitwagen aufbewahrt wurde,[519] oder sich der Fahrzeugschlüssel im unverschlossenen Handschuhfach eines gänzlich anderen, in der Nähe abgestellten Fahrzeuges befand.[520]

541 Grobe Fahrlässigkeit ist ebenfalls zu bejahen, wenn ein Zweitschlüssel in einer Handtasche oder unter dem Beifahrersitz[521] oder in einer im Fahrzeug zurückgelassenen Jacke[522] aufbewahrt wird und diese unter den Sitz geschoben wurde.[523]

542 Trifft ein Kraftfahrzeughändler mit den Fahrern der Fahrzeuge, die zu seinem Betrieb überführt und dort abgestellt werden, die Absprache, die Fahrzeugschlüssel und -papiere durch den Briefschlitz

513 *OLG Celle* VersR 1980, 425; *OLG Hamm* VersR 1984, 151, a.A. aber *BGH* VersR 1989, 582.
514 Keine Kausalität allerdings, wenn der Dieb den PKW ohne Benutzung des Schlüssels entwendet, weil er ihn z.B. nicht findet.
515 *OLG Hamm* VersR 1984, 229; *OLG München* VersR 1995, 1046 = r+s 1995, 246 = NJW-RR 1994, 1446.
516 *OLG Hamm* zfs 2004, 213, 214.
517 *OLG Rostock* VersR 2006, 210 = r+s 2006, 104.
518 *BGH* VersR 1981, 40.
519 *LG Hechingen* zfs 2013, 392 = VRR 2013, 346.
520 *AG Rheinbach* SP 2013, 408 (Kürzung 50 %).
521 *OLG Frankfurt* r+s 1996, 15.
522 *LG Koblenz* r+s 2007, 414.
523 *OLG Hamm* NJW-RR 1995, 1367 = r+s 1996, 15.

in einer Glastüre zu werfen, handelt der Händler grob fahrlässig, da die Diebstahlgefahr erheblich erhöht wird.[524]

Grobe Fahrlässigkeit ist zu bejahen, wenn ein teures Fahrzeug auf einem Firmengelände unverschlossen und mit steckendem Zündschlüssel abgestellt wurde.[525] 543

Der Versicherungsnehmer handelt grob fahrlässig, wenn er sein unverschlossenes Fahrzeug mit steckendem Schlüssel auf einem Hof abstellt. Möglicher Zeitdruck des Versicherungsnehmers, infolgedessen er vergessen hat, den Schlüssel abzuziehen oder das Kfz abzuschließen, hat keinen Einfluss auf den Vorwurf der groben Fahrlässigkeit.[526] 544

Wenn dem Versicherungsnehmer bei einem Diskothekenbesuch der Autoschlüssel entwendet wurde und er seinen PKW trotzdem unmittelbar vor dem Eingang der Diskothek stehen lässt, trifft ihn der Vorwurf der groben Fahrlässigkeit.[527] 545

Wer einen Fahrzeugschlüssel in einer Jacke aufbewahrt, diese in einer unbeaufsichtigten Umkleidekabine aufhängt und seinen Wagen direkt vor der Turnhalle parkt, handelt grob fahrlässig.[528] Die Schlüssel müssen dort so aufbewahrt werden, dass sie der Versicherungsnehmer nach Möglichkeit ständig im Blick hat. Auch ein kurzes Unbeaufsichtigtlassen begründet eine grobe Fahrlässigkeit.[529] 546

Lässt eine Pflegekraft den Autoschlüssel während ihres Nachtdienstes unbeaufsichtigt in einem Korb in dem unverschlossenen Aufenthaltsraum zurück, obwohl ein abschließbarer Spind oder Raum zur Verfügung stand, ist von grober Fahrlässigkeit.[530] 547

Verlässt der Versicherungsnehmer sein unverschlossenes Haus für mehr als eine Stunde und lässt die Fahrzeugschlüssel offen sichtbar zurück, handelt er grob fahrlässig.[531] Grobe Fahrlässigkeit liegt ebenfalls vor, wenn der Versicherungsnehmer einer fremden Person den Aufbewahrungsort des Wohnungsersatzschlüssels offenbart und später das Fahrzeug mit den aus der Wohnung entwendeten Schlüsseln gestohlen wird. Allerdings muss feststehen, dass der Ersatzschlüssel auch tatsächlich für das Eindringen in das Wohnhaus verwendet wurde.[532] 548

Grob fahrlässig ist das unbeaufsichtigte Zurücklassen der Fahrzeugschlüssel im Nebenraum eines Bordells[533] oder im Sattelraum eines Reiterhofes.[534] 549

Ein Diebstahl wird auch dann grob fahrlässig herbeigeführt, wenn ein Versicherungsnehmer seinen PKW in Polen kurz abstellt, ohne den Zündschlüssel abzuziehen.[535] 550

Grobe Fahrlässigkeit wurde angenommen, wenn der Versicherungsnehmer den Zündschlüssel stecken lässt und das Fahrzeug verlässt, um sich zu einem 3m entfernten Obststand zu begeben.[536] 551

---

524 *OLG Düsseldorf* zfs 2000, 543, so auch *OLG Köln* OLGR 2001, 29.
525 *OLG Köln* zfs 2001, 21.
526 *LG Itzehoe* VersR 2004, 192.
527 *OLG Frankfurt* NJW-RR 1992, 537 = VersR 1992, 817.
528 *OLG Köln* zfs 2000, 112.
529 *OLG Hamburg* VersR 1995, 1347 (Haare Fönen im Fitnesscenter); *OLG Koblenz* VersR 2000, 224 (Umkleidekabine Turnhalle); *OLG Stuttgart* VersR 1993, 604 (Umkleideraum Tennisverein); *LG Berlin* DAR 2013, 209 (Umkleidekabine Sporthalle); vgl. aber *OLG Frankfurt* MDR 1984, 498 (grobe Fahrlässigkeit verneint bei Schulelternabend).
530 *OLG Koblenz* r+s 2012, 430 (Kürzung 50 %).
531 *LG Mühlhausen* SP 2005, 97.
532 *OLG Sachsen-Anhalt* VersR 2014, 621 = r+s 2013, 597 = zfs 2014, 93.
533 *OLG Hamm* r+s 1994, 328 = VersR 1995, 205.
534 *OLG Köln* r+s 1996, 392.
535 *OLG Köln* r+s 2000, 404 = NJW-RR 2001, 21 = NVersZ 2001, 23.
536 *OLG Köln* VersR 2002, 842, vgl. zu einem ähnlichen Sachverhalt *OLG Koblenz* r+s 2008, 11.

552 Das Überlassen des Schlüssels und des Fahrzeugs an einen Fremden für eine Probefahrt, ohne auch nur irgendwelche Sicherheitsvorkehrungen zu treffen, stellt eine grobe Fahrlässigkeit dar.[537]

553 Auch der Einwurf des Fahrzeugschlüssels in einen nicht gesicherten Außenbriefkasten einer Werkstatt ist grob fahrlässig.[538]

554 Grob fahrlässig ist die Aufbewahrung von Kfz-Schlüsseln an einer am Kfz angebrachten Schlüsselbox.[539]

Grobe Fahrlässigkeit verneint:

555 Das Belassen eines Ersatzschlüssels im abgeschlossenen Handschuhfach eines auf einem einsichtigen Parkplatz abgestellten Wohnmobils stellt kein besonders sorgloses und mithin kein grob fahrlässiges Verhalten dar.[540]

556 Der Vorwurf der groben Fahrlässigkeit ist nicht gerechtfertigt, wenn ein PKW entwendet wird, in dem sich die Originalschlüssel eines anderen PKW des Versicherungsnehmers befinden, dieser geeignete Schutzmaßnahmen zur Vermeidung des Diebstahls des weiteren versicherten Fahrzeugs unterlässt und das zweite Fahrzeug noch am selben Tag mit dem Originalschlüssel entwendet wird.[541]

557 Wird im Rahmen einer völlig automatisierten Handlung infolge einer Unkonzentriertheit ein Handgriff vergessen, nämlich das Abziehen des Fahrzeugschlüssels vom Kofferraumschloss, liegt keine grobe Fahrlässigkeit vor.[542]

558 Das Anbringen eines Zweitschlüssels unter dem Querträger des Fahrzeugs,[543] hinter dem Reserverad[544] oder in der Verkleidung unter dem Radkasten[545] rechtfertigt nicht den Vorwurf der groben Fahrlässigkeit.

559 Ein Restaurantbesitzer hat den Diebstahl des in der Nähe des Restaurants geparkten Kfz nicht grob fahrlässig herbeigeführt, wenn er den Schlüsselbund, an dem sich auch der Kfz-Schlüssel befand, auf den Tresen abgelegt hat und die Schlüssel sich die ganze Zeit in seinem Zugriffsbereich befanden.[546]

560 Verlässt ein Versicherungsnehmer unter Steckenlassen des Zündschlüssels sein Fahrzeug, um bei einer Autopanne eines anderen Fahrzeugs Hilfe zu leisten, so begründet dies den Vorwurf grober Fahrlässigkeit dann nicht, wenn sich die Möglichkeit einer nur vorgetäuschten Panne nicht aufdrängen musste.[547]

561 Grober Fahrlässigkeit ist auch dann nicht gegeben, wenn der Fahrzeugschlüssel unter dem Kopfkissen aufbewahrt wird, selbst wenn der Sohn des Versicherungsnehmers das Fahrzeug bereits wiederholt unbefugt benutzt hat.[548]

**Kürzungsquoten:**

537 *OLG Düsseldorf* zfs 1999, 297 = r+s 1999, 230 = VersR 1999, 1142.
538 *OLG Hamm* VersR 2006, 403.
539 *OLG Frankfurt* PVR 2002, 225.
540 *Halm*, PVR 2002, 371 Anmerkung zum Urteil des *OLG Koblenz* v. 15.04.2002 – 2 U 1513/01.
541 *OLG Koblenz* PVR 2002, 105 = zfs 2002, 91, a.A. in ähnlichem Fall *LG Hechingen* u. *AG Rheinbach*, siehe Rn. 524.
542 *LAG Mainz* SP 2000, 427.
543 *OLG Köln* r+s 1992, 263.
544 *OLG Jena* zfs 1999, 23; *LG Stuttgart* zfs 1990, 203.
545 *LG Gießen* VersR 1994, 170.
546 *OLG Schleswig* r+s 2004, 150.
547 Urteil des *LG Frankfurt/M.* v. 15.10.2001 – 2/26 O 414/00.
548 *OLG Celle* OLGR 2008, 7.

Kürzung um 100 %, wenn der Versicherungsnehmer den Fahrzeugschlüssel mit Funksensor auf dem Weg zwischen Stellplatz und Wohnung verliert und keine Schutzmaßnahmen ergreift[549] 562

### *kk) Sicherung des Fahrzeugs/mitversicherter Teile*

Grobe Fahrlässigkeit bejaht: 563

Das Abstellen eines zweiachsigen Anhängers für mehrere Tage und Nächte auf einem von der Straße einsehbaren und frei zugänglichen Grundstück ohne Wegfahrsicherung ist grob fahrlässig.[550]

Kurzzeitiges Verlassen eines Taxis mit laufendem Motor, um in einer Kneipe den Fahrgast ausfindig zu machen,[551] wurde als grob fahrlässig bewertet. Bleibt ein bereits aufgebrochenes Fahrzeug weiterhin auf einem unbewachten Parkplatz stehen, trifft den Versicherungsnehmer bezüglich der dann folgenden Entwendung des Fahrzeugs der Vorwurf der groben Fahrlässigkeit.[552] 564

Grob fahrlässig handelt, wer sein Fahrzeug in einer europäischen Großstadt unverschlossen und mit laufendem Motor zurücklässt und sich ca. 100 m entfernt, ohne das Fahrzeug derart im Blickfeld zu haben.[553] 565

Grobe Fahrlässigkeit verneint:

Ein Versicherungsnehmer hat die Wegnahme eines versicherten PKW nicht durch grobe Fahrlässigkeit i.S.d. § 61 VVG a.F. herbeigeführt, wenn er Gepäckstücke gut sichtbar auf dem Rücksitz seines ordnungsgemäß geparkten Fahrzeugs lagert.[554] 566

Von einer grob fahrlässigen Herbeiführung der Entwendung des als Zubehör des Kfz mitversicherten Mobiltelefons ist nicht auszugehen, wenn der Versicherungsnehmer das Telefon nachts in dem abgeschlossenen PKW zurückgelassen hat.[555] 567

Keine grob fahrlässige Herbeiführung des Versicherungsfalls, wenn der Versicherungsnehmer den PKW auf erleuchteter Hauptstraße einer europäischen Großstadt mit eingeschalteter Alarmanlage abstellt.[556] 568

Ebenfalls nicht grob fahrlässig handelt, wer sein Fahrzeug in einer ländlichen Gegend unverschlossen abstellt.[557] 569

Nicht grob fahrlässig, sondern nur fahrlässig, handelt eine Versicherungsnehmer, der das versicherte Kfz während einer Urlaubsreise nach Ungarn am Plattensee auf einem gebührenpflichtigen, aber unbewachten Parkplatz in Strandnähe abgestellt hat, wenn er und seine Frau ihre Sachen mit dem Kfz-Schlüssel in einer Hosentasche etwa 15m vom Wasser entfernt am Strand in unmittelbarer Nähe von zahlreichen Badegästen abgelegt und einen Rucksack darauf gestellt haben, wenn sie sich nicht länger als zwei Minuten ans Wasser begeben haben und von dort freie Sicht auf die abgelegten Sachen hatten und bei ihrer Rückkehr Rucksack, Hose, Schlüssel und PKW gestohlen waren.[558] 570

549 *LG Kleve* r+s 2011, 206.
550 *OLG Oldenburg* NJW-RR 1996, 1310 = r+s 1996, 431 = VersR 1997, 997 = zfs 1997, 423.
551 *LG Köln* VersR 1993, 348.
552 *OLG Hamm* zfs 1995, 379.
553 *OLG Koblenz* zfs 2004, 368.
554 *OLG München* NJWE-VHR 1998, 150 = VersR 1999, 1360 = zfs 1998, 218.
555 *OLG Frankfurt/M.* NJW-RR 1994, 1117 = r+s 1994, 48 = SP 1994, 1336 = VP 1994, 178 = zfs 1994, 248.
556 BGHZ 132, 79 = VersR 1996, 576 = NZV 1996, 232 = NJW 1996, 1411 = DAR 1996, 237 = zfs 1996, 262 = MDR 1996, 470; grobe Fahrlässigkeit wurde auch verneint beim Abstellen eines PKW auf unbewachtem Flughafen für die Dauer einer Urlaubsreise, *OLG Bamberg* zfs 1995, 422.
557 *OLG Saarbrücken* zfs 2008, 96.
558 *OLG Naumburg* r+s 2003, 11; zum Diebstahl eines Fahrzeugs am Plattensee auch *OLG Karlsruhe* r+s 2007, 54.

571 Beim Abstellen eines Motorrads sind hohe Sicherheitsvorkehrungen durch den Versicherungsnehmer zu beachten. Grobe Fahrlässigkeit wurde bereits bejaht, wenn der Versicherungsnehmer nur den Zündschlüssel abgezogen, aber keine anderen Sicherheitsvorkehrungen getroffen hat.[559]

*ll) Aufbewahrung der Fahrzeugpapiere*

572 Grob fahrlässig ist es, den Kraftfahrzeugbrief (heute Zulassungsbescheinigung Teil II) im Fahrzeug zurückzulassen.[560]

573 Allerdings wird in aller Regel das Zurücklassen des – von außen nicht sichtbaren – Fahrzeugbriefs im Kfz nicht ursächlich für den Fahrzeugdiebstahl selber sein, wenngleich der Fahrzeugbrief dem Dieb die Möglichkeit eröffnet, das Fahrzeug an einen gutgläubigen Dritten zu veräußern oder selbst den berechtigten Besitz am Fahrzeug zu behaupten. Da der Täter bei dieser Fallkonstellation den Fahrzeugbrief zunächst nicht sehen konnte, hat dessen Vorhandensein nämlich nicht den Tatentschluss hervorgerufen.[561]

574 Demgegenüber stellt das Zurücklassen des Fahrzeugscheins (heute Zulassungsbescheinigung Teil I) im Handschuhfach ohne Hinzutreten weiterer Umstände – etwa einem im Fahrzeug zurückgelassenen Schlüssel[562] – grundsätzlich keine grobe Fahrlässigkeit[563] dar, weil sich der Täter nur mit dem Fahrzeugschein nicht als Eigentümer gerieren und das Fahrzeug auch – zumindest im Inland – nicht verkaufen kann.

575 Die unterschiedliche sachenrechtliche Bedeutung des Fahrzeugbriefs und des Fahrzeugscheins rechtfertigen auch eine differenzierte Betrachtung unter dem Gesichtspunkt der groben Fahrlässigkeit.

576 Die dauernde Aufbewahrung des Fahrzeugscheins im Handschuhfach des Fahrzeugs begründet[564] keine grob fahrlässige Herbeiführung des Versicherungsfalls.

*mm) Sonstige Fälle*

577 Es existiert eine Vielzahl weiterer Lebenssachverhalte, bei denen eine grob fahrlässige Herbeiführung des Versicherungsfalls in Betracht kommt. Daher können die nachfolgenden Entscheidungen nur exemplarisch erwähnt werden.

Grobe Fahrlässigkeit bejaht:

578 Grobe Fahrlässigkeit liegt vor, wenn der Versicherungsnehmer infolge eines Ausweichmanövers wegen eines Fuchses einen Unfall erleidet.[565]

579 Das Durchführen von Schweißarbeiten am Fahrzeug mit gefülltem Kraftstofftank begründet den Vorwurf der groben Fahrlässigkeit.[566]

---

559 *OLG Hamburg* VersR 1953. 357; *LG Hannover* 1956, 237; *LG Köln* VersR 1957, 817; *LG Mannheim* VersR 1956, 760; Abstellen von 6 Tagen am gleichen Ort ist grob fahrlässig *OLG Köln* r+s 1991, 118.

560 So jedenfalls noch *OLG Köln* VersR 1995, 456 = r+s 1994, 405 und *OLG Köln* r+s 1995, 286; *LG Stuttgart* VersR 1993, 46; *AG Marl* SP 2004, 22; *Harmuth*, SP 2006, 175, in dieser Fallgruppe wird es dann aber ggf. an der erforderlichen Kausalität fehlen, vgl. hierzu *BGH* VersR 1995, 909 = NJW 1995, 2169 = DAR 1995, 366; *BGH* VersR 1996, 621 = zfs 1996, 262 = NJW-RR 1996, 734 sowie Rn. 552.

561 Z.B. *OLG Köln* SP 2004, 22; *Halm/Kreuter/Schwab/Stomper*, AKB-Kommentar, A.2.9.1 AKB, Rn. 251f.; etwas anderes könnte gelten, wenn das Fahrzeug zunächst lediglich aufgebrochen wird, um Gegenstände daraus zu stehlen; ob dies beweisbar ist, dürfte freilich zweifelhaft sein.

562 *LG Traunstein* zfs 1983, 340.

563 *OLG Köln* VersR 1995, 456 = r+s 1994, 405; *OLG Köln* VersR 1983, 847; *LG Münster* DAR 1982, 16; *OLG Bamberg* VersR 1996, 969; *OLG Karlsruhe* zfs 1995, 259; *OLG Düsseldorf* VersR 1997, 305; anders *LG Augsburg* VersR 1975, 1018.

564 *OLG Oldenburg* r+s 2010, 367.

565 *OLG Koblenz* zfs 2004, 221; vgl. aber u. Rn. 566 (grobe Fahrlässigkeit durch BGH verneint).

566 *LG Göttingen* VersR 1984, 130.

Überlässt ein PKW-Fahrer seinem Bruder, der keine Fahrerlaubnis besitzt und auch über keinerlei Vorkenntnisse im Gebrauch eines PKW verfügt, die Fahrzeugschlüssel, damit dieser unter Betätigung der Zündung Radio hören kann, handelt er grob fahrlässig, wenn der ungeschickte Benutzer des Kfz-Schlüssels die Zündung zu weit nach rechts dreht, dadurch das Fahrzeug startet, es hierdurch in Bewegung gerät und ein Unfall verursacht wird.[567] 580

Das ungesicherte Mitführen eines Hundes im Fußraum kann grob fahrlässig sein.[568] 581

Ein Autofahrer handelt grob fahrlässig, wenn er mit seinem kaskoversicherten PKW in eine überflutete Straßenunterführung hinein fährt, im aufgestauten Wasser eine Strecke von 26 Metern zurücklegt und dadurch einen Motorschaden an seinem PKW verursacht.[569] 582

Grobe Fahrlässigkeit liegt vor, wenn der Fahrer eines LKW mit einer Höhe von 3,45 m Verkehrszeichen und einen rot-weißen Anstrich an der Unterseite einer Brücke, welche eine Höhe der Brücke von lediglich 2,70 m kenntlich macht, nicht beachtet.[570] Die Missachtung dreier Verkehrszeichen, die auf eine Brückenhöhe von 2,50 m hinweisen, ist ebenfalls grob fahrlässig, wenn der Fahrer eines 3,08 m hohen Wohnmobils unter der Brücke hindurch fährt und somit das Dach des Wohnmobils mit der Brücke kollidiert.[571] 583

Dies kann ausnahmsweise dann nicht gelten, wenn etwa der Fahrer mit dem Fahrzeug oder dem Fahrzeugaufbau nicht vertraut war (z.B. Dachgepäckträger) oder die Beschilderung unzureichend war.[572]

Ruckartiges Verschieben des Fahrersitzes während einer Autobahnfahrt birgt die naheliegende Gefahr, den Kontakt zum Lenkrad oder zu den Pedalen zu verlieren und kann somit den Vorwurf der groben Fahrlässigkeit begründen.[573] 584

Grobe Fahrlässigkeit ist gegeben, wenn der Unfall durch abruptes grundloses Bremsen auf regennasser Fahrbahn eintritt.[574] 585

Grobe Fahrlässigkeit verneint:

Nicht grob fahrlässig ist das Verscheuchen eines Insekts aus dem Gesicht mit der Hand[575] oder mit einer Akte vom Beifahrersitz.[576] 586

Es liegt kein grob fahrlässiges Verhalten des Versicherungsnehmers vor, wenn er sein Fahrzeug auf seinem eigenen bewohnten Grundstück mit geöffneten Fenstern abstellt und ein unbekannter Dritter das Fahrzeug in Brand setzt.[577] 587

Nach Auffassung des *BGH* entspricht es der natürlichen Reaktion eines Menschen einem plötzlich auf der Fahrbahn auftauchenden Hindernis auszuweichen, um einen Zusammenstoß zu vermeiden. Dies gelte auch beim unvermittelten Auftauchen eines Fuchses. Ein durch ein Ausweichmanöver herbeigeführter Schaden ist daher nicht als subjektiv völlig unentschuldbares Fehlverhalten zu werten.[578] 588

567 *AG Bremen* VersR 2001, 1509.
568 *OLG Nürnberg* r+s 1994, 49 = zfs 1994, 94.
569 *OLG Frankfurt/M.* NJW-RR 2000, 1419.
570 *OLG Karlsruhe* VersR 2004, 1305.
571 *OLG Oldenburg* VersR 2006, 920; vgl. auch *OLG Düsseldorf* r+s 2012, 586 (40 % Kürzung); *LG Köln* VersR 2013, 851 (2/3 Kürzung); *LG Hagen* r+s 2012, 538 (50 % Kürzung); *LG Göttingen* VersR 2010, 1491 (1/3 Kürzung); *AG Lüdenscheid* SP 2013, 409 (30 % Kürzung).
572 *OLG Hamm* r+s 1996, 22; *OLG Frankfurt* VersR 1989, 485; *OLG München* VersR 1997, 735.
573 *OLG Saarbrücken* VersR 2004, 1308.
574 *LG Bielefeld* VersR 1973, 612.
575 *OLG Bamberg* zfs 1991, 61; *OLG Bamberg* zfs 1992, 55.
576 *LG Mönchengladbach* zfs 1991, 387.
577 *LG Fulda* DAR 1996, 406 = VersR 1997, 229.
578 *BGH* DAR 2007, 641.

589 Ebenfalls nicht grob fahrlässig ist es nach Ansicht des *LG Hamburg*,[579] wenn der Versicherungsnehmer mit einem mit Sommerreifen bestückten Fahrzeug auf einer abschüssigen Straße einen Unfall verursacht und die Witterungsverhältnisse am Tag des Unfalls wechselhaft waren und auch mit Winter- oder Ganzjahresreifen der Unfall nicht hätte verhindert werden können.

**Kürzungsquoten:**

590 Kürzung um 50 %, wenn der Versicherungsnehmer mit seinem mit Sommerreifen versehenen Fahrzeug auf der mit Schnee bedeckten Straße ins Schleudern kommt und gegen eine Grundstücksmauer prallt.[580]

591 Kürzung um 70 %, wenn der Versicherungsnehmer während eines Einkaufs im Fahrzeug ein Notebook sichtbar auf der Rückbank liegen lässt.[581]

592 Kürzung um 75 %, wenn sich der Versicherungsnehmer als Fahrer eines Gefahrguttransporters auf frostbedingt rutschiger Fahrbahn und bei der Displayanzeige »durchdrehende Räder« unmittelbar vor dem Abkommen von der Fahrbahn eine Zigarette angezündet hat.[582]

## II. Leistungsfreiheit wegen gesetzlicher Obliegenheitsverletzungen

### 1. Allgemeines

593 Der *BGH* hat den Begriff »Obliegenheiten« sinngemäß folgendermaßen umschrieben:

594 »Das dem Versicherungsnehmer obliegende Tun oder Unterlassen mit Bezug auf die versicherte Gefahr, vor oder nach Eintritt des Versicherungsfalles, welches eine bestimmte Gefahrenlage klarstellen, festhalten, vermindern und verbessern oder den eingetretenen Schaden anzeigen und aufdecken soll«.[583]

595 Verletzt der Versicherungsnehmer eine Obliegenheit, kann er seinen Anspruch aus dem Versicherungsvertrag verlieren. Die aus einer Obliegenheitsverletzung resultierende Leistungsfreiheit muss das Gericht, wenn die tatsächlichen Grundlagen bekannt sind, von Amts wegen beachten.[584]

596 Obliegenheiten sind also nicht einklagbare Pflichten des Versicherungsnehmers gegenüber dem Versicherer, die jeder Versicherungsnehmer beachten muss, um seinen Versicherungsschutz zu erhalten.

597 Das Obliegenheitsrecht hat durch die VVG-Reform einschneidende Veränderungen erfahren, – z.B. Wegfall der Leistungsfreiheit bei nur einfacher Fahrlässigkeit, veränderte Regelungen zur Kausalität, der Wegfall des Alles-oder-Nichts-Prinzips hin zur Quotelung bei grober Fahrlässigkeit –, die auf die Bearbeitung von Schadenfällen gravierenden Einfluss haben werden.

598 Geblieben ist die grundsätzliche Unterteilung in gesetzliche und vertragliche Obliegenheiten.

599 Die gesetzlichen Obliegenheiten sind im VVG 2008 geregelt:

§ 19 VVG 2008 – vorvertragliche Anzeigepflicht (§§ 16, 17 VVG a.F.)

§ 26 VVG 2008 – Leistungsfreiheit wegen Gefahrerhöhung (§ 23 VVG a.F.)

§ 30 VVG 2008 – Anzeigepflicht des Versicherungsfalles (§ 33 VVG a.F.)

§ 31 VVG 2008 – Auskunftspflicht des Versicherungsnehmers (§ 34 VVG a.F.)

§ 97 VVG 2008 – Anzeigepflicht der Veräußerung (§ 71 VVG a.F.)

579 *LG Hamburg* Urt. v. 02.07.2010 – 331 S 137/09.
580 *AG Hamburg* St. Georg, r+s 2010, 323.
581 *AG Langenfeld* Urt. v. 27.04.2010 – 12 C 9/10.
582 *OLG Naumburg* r+s 2010, 319, 320.
583 *BGH* NJW 1969, 1116 = VersR 1969, 507.
584 *BGH* VersR 1990, 384.

## 2. Zurechenbares Handeln Dritter

Das Versicherungsvertragsgesetz erwähnt die Zurechnung fremder Kenntnis und fremden Fehlverhaltens nur in den §§ 2 Abs. 3, 20 VVG 2008. Diese beiden Normen sind in der Praxis unzureichend. Eine Anwendung des § 278 BGB kommt nicht in Betracht, da Obliegenheiten keine vom Versicherungsnehmer zu erfüllenden Vertragspflichten sind, sondern ihre Beachtung lediglich im Interesse des Versicherungsnehmers zwecks Erhaltung seines Leistungsanspruchs steht.[585] 600

Ohne jegliche Zurechnungsnorm für fremdes Verhalten wären Missbräuche denkbar, sodass die Rechtsprechung – meist aus Billigkeitsgesichtspunkten heraus – Fallgruppen entwickelt hat, bei denen eine Zurechnung des Verhaltens und der Erklärungen Dritter zum Versicherungsnehmer erfolgt. 601

Das Verhalten oder Erklärungen Dritter kann dem Versicherungsnehmer zugerechnet werden, wenn es sich dabei um 602

- Repräsentanten
- Wissenserklärungsvertreter
- Wissensvertreter

handelt.

### *a) Repräsentant*

Bei Obliegenheiten, die nicht wie Anzeige- und Auskunftsobliegenheiten »verbal« durch Erklärungen zu erfüllen sind, also bei tatsächlichem Handeln oder Unterlassen, hat der Versicherungsnehmer das Verhalten seiner Repräsentanten wie sein eigenes zu vertreten.[586] 603

Die Repräsentantenhaftung beruht auf dem Gedanken, dass die Lage des Versicherers sich nicht dadurch verschlechtern soll, dass der Versicherungsnehmer sich der Obhut über die versicherte Sache vollständig »entschlägt«,[587] also die Risiko- und Vertragsverwaltung in die Hände eines dem Versicherer nicht bekannten Dritten legt. 604

Repräsentant ist nach gefestigter Rechtsprechung derjenige, der im Geschäftsbereich, zu dem das versicherte Risiko gehört, aufgrund eines Vertretungs- oder ähnlichen Verhältnisses an die Stelle des Versicherungsnehmers getreten ist und an seiner Stelle die laufende Betreuung der versicherten Sache bzw. Interessen selbstständig in nicht ganz geringem Umfang vornimmt.[588] 605

Hat der Versicherungsnehmer also einem Dritten die alleinige Risikoverwaltung der versicherten Sache anvertraut, sich der Verfügungsbefugnis und der Verantwortlichkeit für den versicherten Gegenstand mithin vollständig begeben, tritt der Dritte an die Stelle des Versicherungsnehmers und ist als dessen Repräsentant anzusehen. 606

Im Bereich der Kaskoversicherung setzt das damit umschriebene Erfordernis einer Übertragung der »Risikoverwaltung« voraus, dass dem Dritten Obhut und Sorge bezüglich des Fahrzeugs übertragen werden, dieser muss befugt sein, die versicherte Sache selbstständig in nicht ganz geringem Umfang 607

---

585 *Bauer* Rn. 330; *Prölss/Martin/Armbrüster,* § 28 VVG Rn. 93ff. mit einer Vielzahl von Rechtsprechung hierzu, wobei *Prölss/Martin* sich für die analoge Anwendung des § 278 BGB zumindest »in begrenztem Umfang« ausspricht.

586 Der *BGH* wendet den Repräsentantenbegriff allerdings auch im Zusammenhang mit der Erfüllung von Anzeige- und Auskunftsobliegenheiten an.

587 *LG Hamburg* SP 2000, 210.

588 *BGH* VersR 2011, 1003; *BGH* VersR 1996, 1229 = r+s 1996, 385; *LG Hamburg* SP 2000, 210; *OLG Düsseldorf* SP 2000, 175; *OLG Hamm* NJW-RR 1995, 482 = VersR 1995, 1343; *BGH* NJW 1993, 1862; *Prölss/Martin/Armbrüster,* § 28 VVG Rn. 99 mit weiterer Rechtsprechung.

zu betreuen und die Rechte und Pflichten des Versicherungsnehmers wahrzunehmen.[589] Die bloße Obhutsüberlassung allein reicht noch nicht aus, um eine Repräsentantenstellung zu begründen.[590]

608 Der Lebensgefährte des Versicherungsnehmers ist nur dann als Repräsentant anzusehen, wenn er alleiniger Inhaber der Verfügungsbefugnis über das versicherte Fahrzeug ist, dafür die Verantwortlichkeit trägt und ebenso aus dem Versicherungsvertrag berechtigt und verpflichtet sein soll.[591]

609 Gleiches gilt, wenn der Lebensgefährte das Fahrzeug des anderen zumindest überwiegend nutzt und selbstständig die Schadenregulierung mit der Versicherung durchführt.[592]

610 Ebenfalls als Repräsentant einzustufen ist

- der Betriebsleiter einer GmbH, wenn dieser nicht nur in unbedeutendem Umfang für die GmbH befugt ist zu handeln, er die alleinige berufliche und private Nutzung des versicherten PKW hat, er bei der Anschaffung des PKW einen gewissen Teil zugezahlt hat und er die Geschäftsanteile der GmbH übernimmt und als Einzelfirma weiterführt.[593]
- der Rechtsanwalt des Versicherungsnehmers.[594]
- der Ehegatte, der das Fahrzeug des anderen überwiegend nutzt und die Schadensregulierung mit dem Kaskoversicherer selbstständig vornimmt.[595]
- der Ehegatte der Versicherungsnehmer, der Leasingnehmer, Besitzer und Halter des Fahrzeugs ist.[596]
- der Handelsvertreter, der vertraglich die Kraftfahrzeughaltung übernommen hat.[597]
- der Prokurist, wenn ihm auch die Risikoverwaltung für das Dienstfahrzeug übertragen war.[598]
- der Kfz-Käufer, dem das Fahrzeug vom Verkäufer zu Eigentum übertragen und unter Überlassung eines roten Kennzeichens übergeben wurde.[599]
- der Sohn des Versicherungsnehmers, wenn der Vater als Versicherungsnehmer das Fahrzeug von vornherein für den Sohn, der auch Eigentümer des Kfz ist, angeschafft hat.[600]
- der Arbeitnehmer, wenn ihm arbeitsvertraglich die Verpflichtung übertragen wurde, für die Betriebs- und Verkehrssicherheit des Fahrzeugs zu sorgen, es termingerecht zur Hauptuntersuchung vorzuführen, Wartungs- und Inspektionsdienste ausführen zu lassen und Unfälle der Versicherung zu melden.[601]
- der Leasingnehmer während der Dauer des Vertrages.[602]

---

589 *OLG Düsseldorf* SP 2000, 175; *BGH* NJW 1993, 1862.

590 *LG Hamburg* SP 2000, 210.

591 *OLG Karlsruhe* SP 1993, 24 = VersR 1992, 1391.

592 *OLG Köln* r+s 1994, 245.

593 *OLG Köln* r+s 2002, 104 = NVersZ 2002, 272; in *OLG Frankfurt* zfs 1989, 62 wurde auch der Geschäftsführer einer GmbH hinsichtlich seines Dienstfahrzeugs als Repräsentant angesehen.

594 *LG Hannover* r+s 2002, 69; der Rechtsanwalt ist hingegen kein Repräsentant in Bezug auf die Anzeigeobliegenheit des § 7 AKB; *BGH* VersR 1981, 321.

595 *OLG Hamm* VersR 1995, 1086; keine Repräsentantenstellung ist gegeben, wenn beide Eheleute das versicherte Fahrzeug abwechselnd und auch gemeinsam geschäftlich wie privat nutzen.

596 *OLG Hamm* VersR 1996, 225 = DAR 1996, 60.

597 *OLG Saarbrücken* zfs 1987, 278; *OLG Hamm* VersR 1988, 509; ebenfalls als Repräsentant ist ein selbstständiger Handelsvertreter anzusehen, dem ein Firmenwagen zur eigenverantwortlichen Nutzung überlassen war, *OLG Frankfurt/M.* VersR 1996, 838 = zfs 1996, 341; *OLG Köln* VersR 1996, 839 = r+s 1995, 402 = zfs 1996, 20; *OLG Koblenz* zfs 2001, 364 = VersR 2001, 1507.

598 *BGH* DAR 1996, 460 = NJW 1996, 2935 = NZV 1996, 447 = r+s 1996, 385 = VersR 1996, 1229 = ZVR 1997, 139; *OLG Hamm* VersR 1995, 1086 = NJW-RR 1995, 602 = r+s 1995, 41.

599 *OLG Düsseldorf* VersR 1963, 351.

600 *OLG Frankfurt/M.* r+s 1994, 367 = SP 1994, 425 = VersR 1995, 164 = zfs 1995, 105.

601 *BGH* VersR 1996, 1229 = r+s 1996, 385.

602 *OLG Nürnberg* NJW-RR 1992, 360; *OLG Hamm* VersR 1996, 225 = r+s 1996, 170.

Eine Repräsentantenstellung wurde verneint bei 611
- einem weisungsgebundenen Angestellten, welcher zugleich Ehemann der Versicherungsnehmerin ist und dessen Initialen im Kennzeichen des PKW enthalten sind,[603] denn die bloße Mitobhut, die ein Ehegatte aufgrund der ehelichen Lebensgemeinschaft an den Sachen des anderen Ehegatten hat, begründet noch kein Repräsentantenverhältnis,[604]
- einem Sohn bei einmaliger Überlassung des Kfz,[605] einem Mieter, dem nicht die völlig eigenverantwortliche Nutzung des Fahrzeugs überlassen wurde,[606]
- einem angestellten Fahrer in einem Speditionsunternehmen,[607]
- der Ehefrau des Versicherungsnehmers, die das Fahrzeug zu 60 % mitbenutzt.[608]

*b) Wissenserklärungsvertreter*

Der Versicherungsnehmer muss sich im Rahmen der Auskunfts- und Anzeigeobliegenheiten Erklärungen seiner Wissensvertreter und der Wissenserklärungsvertreter zurechnen lassen.[609] 612

Der Wissenserklärungsvertreter soll, autorisiert vom Versicherungsnehmer, gegenüber dem Versicherer Anzeige- und Auskunftsobliegenheiten aus eigenem Wissen erfüllen, er gibt also eine eigene Erklärung ab.[610] Eine Zurechnung erfolgt hinsichtlich aller Erklärungen, selbst solcher, welche der Versicherungsnehmer nicht kennt und billigt,[611] entsprechend § 166 Abs. 1 BGB. 613

Füllt der Versicherungsagent im Auftrag des Versicherungsnehmers das Schadenanzeige-Formular aus, handelt es sich nicht um eine Erklärung des Versicherungsnehmers, sondern um eine solche des Agenten, die sich der Versicherungsnehmer zurechnen lassen muss. 614

In diesem Fall kommt es grundsätzlich auf den Kenntnisstand des Wissenserklärungsvertreters an, nicht den des Versicherungsnehmers.[612] 615

Unterschreibt ein Versicherungsnehmer ein Schadenanzeigeformular blanko und lässt es sodann durch einen befreundeten Versicherungsvertreter eines anderen Versicherers ausfüllen, muss er sich dessen wahrheitswidrige Angaben als die seines Wissenserklärungsvertreters zurechnen lassen.[613] 616

Hat der Versicherungsnehmer das Schadensanzeigeformular selbst ausgefüllt, aber auf Nachfragen des Kaskoversicherers zu Vorschäden des versicherten Fahrzeugs auf seinen besser informierten Sohn verwiesen, der sodann mündlich einem Außendienstmitarbeiter gegenüber falsche Angaben macht, gilt der Sohn als Wissenserklärungsvertreter.[614] 617

Lässt ein Versicherungsnehmer den Zeugen, der das versicherte Fahrzeug vor dem behaupteten Diebstahl abgestellt hat, das Schadensanzeige-Formular des Versicherers ausfüllen und unterschreiben, so ist dieser sein Wissenserklärungsvertreter.[615] 618

603 *OLG Düsseldorf* SP 2000, 175.
604 *OLG Karlsruhe* VersR 1991, 1048.
605 *OLG Hamm* VersR 1995, 1348 = NJW-RR 1995, 482.
606 *BGH* VersR 1969, 695.
607 *LG Frankfurt* WJ 1997, 109.
608 *LG Paderborn* r+s 2008, 65.
609 Halm/Engelbrecht/Krahe/*Hauser*. Kapitel, Rn. 125; *OLG Köln* r+s 2005, 240.
610 Z.B. *OLG Köln* r+s 1994, 245 = SP 1994, 125.
611 *OLG Düsseldorf* zfs 1999, 166.
612 *OLG Nürnberg* zfs 1997, 378.
613 *OLG Frankfurt* r+s 2002, 37; diese Entscheidung stößt deswegen auf Bedenken, da der Versicherungsnehmer das Formular selbst unterschrieben hat, insofern bedarf es gar keiner Zurechnung mehr, das der Versicherungsnehmer eine eigene Erklärung abgegeben hat.
614 *OLG Hamm* zfs 2002, 79 = *OLG Hamm* NVersZ 2001, 563.
615 *OLG Köln* r+s 2000, 448.

619 Ein Rechtsanwalt, der vom Versicherungsnehmer mit der Beantwortung von Fragen des Versicherers[616] oder der mit der Schadenregulierung und allen damit einhergehenden Erklärungen betraut ist,[617] ist Wissenserklärungsvertreter.

620 Wissenserklärungsvertreter ist auch der Ehepartner eines im Koma liegenden Ehegatten, selbst wenn er weder ausdrücklich noch konkludent vor dem Versicherungsfall mit der Abgabe von Erklärungen betraut war, da ein entsprechender mutmaßlicher Wille anzunehmen ist.[618]

621 Ebenfalls Wissenserklärungsvertreter ist die Lebensgefährtin, wenn sie die gesamten versicherungsrechtlichen Angelegenheiten des Versicherungsnehmers mit dessen generellem Einverständnis erledigt.[619]

622 Keine Stellung als Wissenserklärungsvertreter kommt einem Fahrer zu, der die Schadensanzeige ausfüllt, weil der Versicherungsnehmer beim Unfall nicht zugegen war, wenn der Versicherungsnehmer als »VN« und der Fahrer als »Fahrer im Zeitpunkt des schädigenden Ereignisses« die Schadensanzeige unterzeichnen.[620]

623 Der Wissenserklärungsvertreter ist vom sog. Schreibhelfer abzugrenzen, der keine eigene Erklärung gegenüber dem Versicherer abgibt.

624 Eine Schreibhelfereigenschaft ist z.B. anzunehmen, wenn der Versicherungsmakler das Schadenanzeigeformular nach Angaben des Versicherungsnehmers ausfüllt und dieser das ausgefüllte Formular sodann unterschreibt.[621]

625 Erklärender ist nur der Versicherungsnehmer, weil er selbst die Schadensanzeige unterzeichnet hat.

### *c) Wissensvertreter*

626 Wissensvertreter ist derjenige, der vom Versicherungsnehmer damit betraut worden ist, Tatsachen, deren Kenntnis von Rechtserheblichkeit ist, an seiner Stelle entgegenzunehmen.

627 Wissensvertreter sind Personen, die kraft ihrer tatsächlichen Stellung rechtserhebliche Kenntnis nehmen und intern weiterleiten sollen.[622] Es muss eine Beauftragung seitens des Versicherungsnehmers vorliegen, aufgrund derer der Wissensvertreter von den betreffenden Tatsachen Kenntnis erlangt.[623]

628 Die Beauftragung muss nicht ausdrücklich geschehen. Es genügt, dass der Wissensvertreter im Rahmen des Betriebs oder des Haushalts des Versicherungsnehmers eine Stellung einnimmt, aus der sich ergibt, dass er anstelle oder zumindest neben dem Versicherungsnehmer Kenntnis von Dingen erlangt und dieser ihm auch bewusst diese Stellung überlassen hat.[624] Die Stellung muss zudem einige Bedeutung haben.[625]

629 In diesem Umfang erfolgt sodann auch die Zurechnung, d.h. die Kenntnis des Wissensvertreters muss sich der Versicherungsnehmer als eigene anrechnen lassen.

630 Wissensvertreter ist z.B. der Mitarbeiter eines Mietwagenunternehmens, welcher mit der Prüfung der Fahrerlaubnis des jeweiligen Mieters bei Vertragsschluss betraut war. Hatte der Mieter keine

616 *OLG Hamm* NJWE-VHR 1997, 52 = NZV 1997, 80.
617 *OLG Hamm* NJW-RR 1997, 91 = r+s 1996, 296.
618 *Wussow* WJ 1999, 63.
619 *OLG Köln* r+s 2006, 240.
620 *OLG Hamm* NJW-RR 1998, 1556 = r+s 1998, 455 = zfs 1998, 466.
621 *OLG Köln* r+s 2002, 5; *OLG Köln* r+s 1999, 315.
622 *BGH* VersR 1970, 613; *BGH* VersR 1971, 538; *OLG Hamm* VersR 1981, 227; *OLG Hamm* VersR 1995, 1437.
623 *OLG Hamm* VersR 1981, 227.
624 *BGH* NJW 1992, 1099.
625 A.A. *Prölss/Martin/Armbrüster*, § 28 Rn. 133; *BGH* VersR 1970, 613.

Fahrerlaubnis und hatte der Mitarbeiter vergessen, dies zu überprüfen, wird sein Kenntnisstand dem Versicherungsnehmer zugerechnet.[626]

Wissensvertreter ist auch der Leiter des Fuhrparks, welcher für die Verkehrssicherheit zu sorgen hat.[627] 631

### 3. Die vorvertragliche Anzeigepflicht, § 19 VVG 2008

Die ordnungsgemäße Erfüllung der vorvertraglichen Anzeigepflicht dient dem Versicherer dazu, das zu versichernde Risiko einzuschätzen und die sachgerechte Prämie zu ermitteln. 632

Die VVG-Reform hat die Stellung des Versicherungsnehmers im Bereich der vorvertraglichen Anzeigepflicht deutlich verbessert.[628] 633

So muss der Versicherungsnehmer nur noch angeben, wonach er schriftlich gefragt wird und was objektiv gefahrerheblich ist, diese Obliegenheit gilt nur bis zur Abgabe seiner Vertragserklärung, eine Nachmeldeobliegenheit besteht nur bei schriftlichen Nachfragen, das Rücktrittsrecht und die daran anknüpfende Leistungsfreiheit des Versicherers nach § 21 Abs. 2 VVG 2008 setzt vorsätzliches oder grob fahrlässiges Verhalten voraus, einfache Fahrlässigkeit des Versicherungsnehmers reicht nicht mehr aus. 634

In der Kaskoversicherung spielt die vorvertragliche Anzeigepflicht nur eine untergeordnete Rolle, da im Antrag für die Fahrzeugversicherung nur wenige Fragen enthalten sind. Diese Beantwortung muss naturgemäß wahrheitsgetreu erfolgen. 635

Die für den Versicherer wichtige Frage nach der Verwendung des Fahrzeugs ist in den AKB als vertragliche Obliegenheit ausgestaltet und wird dort behandelt. 636

Vielfach füllt nicht der Versicherungsnehmer, sondern ein Versicherungsagent die Antragsformulare aus. 637

Hat der Versicherungsagent mit dem Antragsteller allgemein über versicherungsrechtliche Fragen gesprochen, sich sodann das Antragsformular blanko vom Antragsteller unterschreiben lassen und anschließend die Antragsfragen selber ausgefüllt, sind die Fragen des Versicherers aus dem Antragsformular dem Versicherungsnehmer gar nicht zur Kenntnis gelangt, sodass der Versicherer sich auch nicht auf eine Verletzung der Anzeigeobliegenheit berufen kann.[629] 638

Hat der Versicherungsnehmer die gestellten Fragen mündlich ordnungsgemäß dem Agenten beantwortet, der Agent die Antworten aber falsch eingetragen, liegt bereits kein objektiver Verstoß gegen die Anzeigepflicht vor.[630] Grundsätzlich muss der Versicherer beweisen, dass der Versicherungsnehmer die Fragen schon mündlich falsch beantwortet hat.[631] 639

Relevanz hatte bis zur VVG-Reform in diesem Zusammenhang häufig die obergerichtlich entwickelte Rechtsprechung zum Versicherungsvertreter als sog. Auge und Ohr des Versicherers gewonnen.[632] Nach ihr ist der Versicherungsagent Auge und Ohr des Versicherers mit der Folge, dass alle Kenntnisse, die der Versicherungsagent z.B. bei der Antragsaufnahme erlangt hat, dem Versicherer 640

626 *BGH* VersR 1970, 613; hier liegt ein Verstoß gegen die Führerscheinklausel vor, da die Kenntnis des Mitarbeiters dem Versicherungsnehmer zugerechnet wird, wird der Versicherer von seiner Leistung frei sein.

627 *BGH* VersR 1971, 538.

628 *Marlow/Spuhl* S. 26.

629 Z.B. *OLG Hamm* r+s 2002, 126, hier für den Fall einer Lebensversicherung.

630 In einem Fall, in dem ein Arzt den Fragebogen ausgefüllt hat, *BGH* VersR 1990, 77 = NJW 1990, 767; vgl. auch *OLG Hamm* r+s 2001, 354.

631 BGHZ 107, 322; *BGH* VersR 1990, 77 = NJW 1990, 767.

632 Z.B. *BGH* NVersZ 2002, 59 = r+s 2002, 97; *BGH* VersR 1993, 1098 = MDR 1993, 957 = r+s 1993, 21 = zfs 1993, 314; BGHZ 107, 322.

zugerechnet werden. Eine Ausnahme besteht lediglich dann, wenn Agent und Versicherungsnehmer zum Nachteil des Versicherers zusammenwirken.[633]

641 Die bei dieser Thematik aufgetretenen Probleme dürften künftig obsolet sein, da die Auge- und Ohr-Rechtsprechung inklusive der vom *BGH* entwickelten Beweislastverteilung in das neue VVG aufgenommen wurde, §§ 69, 70 VVG 2008.

## 4. Gefahrerhöhung, § 23 VVG 2008

642 Gemäß § 23 VVG 2008 darf der Versicherungsnehmer nach Abgabe seiner Vertragserklärung keine Gefahrerhöhung vornehmen oder durch einen Dritten gestatten, wenn er nicht zuvor die Einwilligung des Versicherers erhalten hat.

643 Die Vorschriften über die Gefahrerhöhung dienen der Stabilisierung des vom Versicherer übernommenen Risikos.[634]

644 Als Gefahrerhöhung wird eine nachträgliche Änderung der bei Vertragsschluss tatsächlich vorhandenen gefahrerheblichen Umstände bezeichnet, die den Eintritt des Versicherungsfalls oder eine Vergrößerung des Schadens wahrscheinlicher macht.[635] Der Zustand der erhöhten Gefahr muss zumindest so lange andauern, dass die in § 23 Abs. 2 VVG 2008 vorgesehene Anzeige an den Versicherer nicht schon aus zeitlichen Gründen sinnlos ist,[636] einmalige, kurzzeitig wirkende Gefahrenvorgänge, sog. Gefahrsteigerungen, reichen nicht aus.

645 § 23 VVG 2008 differenziert zwischen der vom Versicherungsnehmer selbst veranlassten oder einem Dritten gestattete Gefahrerhöhung (subjektive Gefahrerhöhung) und der Gefahrerhöhung, die ohne den Willen des Versicherungsnehmers eingetreten ist (objektive Gefahrerhöhung), im Rahmen der Kaskoversicherung aber nur selten von Relevanz ist (eine ungewollte Gefahrerhöhung liegt z.B. vor, wenn der Versicherungsnehmer, nachdem ihm der Zweitschlüssel für seinen PKW entwendet wurde, keinerlei Sicherungsmaßnahmen ergreift und ihm dann das Kfz gestohlen wird[637]).

646 Die weiteren Ausführungen beziehen sich daher auf die gewollte, subjektive Gefahrerhöhung.

### *a) Rechtsfolgen von Verstößen*

647 Verstößt der Versicherungsnehmer gegen die gesetzliche Obliegenheit aus § 23 VVG 2008, kann der Versicherer unter den weiteren Voraussetzungen des § 24 VVG 2008 den Vertrag kündigen, nach § 25 VVG 2008 den Beitrag erhöhen oder sich nach § 26 VVG 2008 leistungsfrei stellen.

### *b) Voraussetzungen der Leistungsfreiheit*

648 Die Leistungsbefreiung des Versicherers aufgrund gewollter Gefahrerhöhung wurde in der Gesetzesnovelle umgestaltet.

649 Die Voraussetzungen für eine Leistungsfreiheit nach § 26 VVG 2008 lauten wie folgt:

**Tatbestand der Gefahrerhöhung**

650 Der Versicherungsnehmer muss eine Gefahrerhöhung vorgenommen oder deren Vornahme durch Dritte gestattet haben.

**Positive Kenntnis**

633 Vgl. z.B. *OLG Hamm* NVersZ 2002, 108.
634 *Bauer* Rn. 461.
635 BGHZ 42, 295; *BGH* VersR 1951, 67; *OLG Stuttgart*, VersR 1997, 1141; *Staudinger/Halm/Wendt/Segger/Degen*, FAKomm-VersR, § 23, Rn. 12 m.w.N.
636 BGHZ 23, 142 = NJW 1957, 503; *BGH* VersR 1971, 407.
637 *OLG Celle* VersR 2005, 641.

Aus der Begriffsverwendung »Vornahme« in § 23 VVG – alt wie auch VVG 2008 – folgert der *BGH*,[638] dass der Versicherungsnehmer positive Kenntnis von dem gefahrerhöhenden Umstand gehabt haben muss. 651

Er muss die Umstände kennen, aus denen die Gefahrerhöhung resultiert.[639] Er muss hingegen nicht den gefahrerhöhenden Charakter der Umstände kennen.[640]

Die Beweislast für die positive Kenntnis trägt der Versicherer. 652

Verschließt sich der Versicherungsnehmer der Kenntniserlangung der gefahrerhöhenden Umstände arglistig, wird er so behandelt, als habe er Kenntnis erlangt. Muss der Versicherungsnehmer mit der Möglichkeit gerechnet haben, dass das Kraftfahrzeug Mängel aufweist, muss er weiterhin damit gerechnet haben, dass es für den Versicherungsschutz auf seine Kenntnis von diesen Mängeln ankommt und hat er, um seinen Versicherungsschutz nicht zu gefährden, von einer Überprüfung abgesehen, wird ihm die Kenntnis der relevanten Umstände unterstellt.[641] 653

**Erheblichkeit der Gefahrerhöhung**

Die Gefahrerhöhung darf nicht unerheblich sein, § 27 VVG 2008. 654

**Verschulden**

Vollständige Leistungsfreiheit kommt bei Eintritt des Versicherungsfalles nach subjektiver Gefahrerhöhung nur noch bei vorsätzlicher Gefahrerhöhung in Betracht, § 26 Abs. 1 S. 1 VVG 2008. Bei grober Fahrlässigkeit steht dem Versicherer ein quotales Leistungskürzungsrecht nach der Schwere des Verschuldens des Versicherungsnehmers zu. 655

Bei leichter Fahrlässigkeit bleibt der Versicherer leistungsverpflichtet. 656

Einen behaupteten Vorsatz des Versicherungsnehmers hat der Versicherer zu beweisen. Beim Versicherungsnehmer liegt die Beweislast für Geringeres als grob fahrlässiges Verschulden, § 26 Abs. 1 a.E. VVG 2008. 657

Die Schwere des Verschuldens innerhalb der groben Fahrlässigkeit muss wiederum der Versicherer beweisen. 658

**Kausalität**

Zwischen nachgewiesener Gefahrerhöhung und dem Schadenfall muss ein kausaler Zusammenhang bestehen. Die Kausalität wird vermutet, dem Versicherungsnehmer steht der Kausalitätsgegenbeweis offen, § 26 Abs. 3 Nr. 1 VVG 2008. 659

**Kündigung des Versicherers**

Es besteht keine Kündigungspflicht, wenn der Versicherer – wie in der Praxis üblich – erst mit dem Schadenfall von der Gefahrerhöhung erfährt. 660

Die Leistungsfreiheit entfällt mangels Kündigung nur dann, wenn der Versicherer mehr als einen Monat vor Schadensfall von der Gefahrerhöhung Kenntnis erlangt hatte, ohne zu kündigen. 661

638 *BGH* VersR 1968, 1153.
639 *LG Stuttgart* DAR 2006, 514.
640 *OLG Köln* VersR 1990, 1226; *BGH* VersR 1977, 341.
641 *BGH* NJW 1983, 121.

### c) Einzelfälle der Gefahrerhöhung

#### aa) Fahrzeugmängel

662 Die Verkehrstauglichkeit des Fahrzeugs stellt eine Gefahrerhöhung dar, wenn gegen Normen der StVZO verstoßen[642] und der PKW nicht sofort aus dem Verkehr gezogen wird.[643] Es ist unerheblich, ob die Verkehrsunsicherheit des Fahrzeugs bereits vor Abschluss des Versicherungsvertrages vorgelegen hat oder ob dieser Zustand erst danach eintrat,[644] da die Gefahrerhöhung in der Weiterbenutzung trotz vorhandener Mängel liegt.

663 Insbesondere das Fahren mit abgefahrenen Reifen stellt im Rahmen der Kaskoversicherung eine erhebliche Gefahrerhöhung dar (»Dauergefahr«).[645]

664 Eine Gefahrerhöhung ist anzunehmen, wenn ein Versicherungsnehmer mit mangelhaften Bremsen[646] oder mit einem frisierten Mofa[647] fährt.

665 Weitere Fälle der Gefahrerhöhung wurden bejaht:
- beim Mitführen eines 2. Anhängers hinter einer landwirtschaftlichen Zugmaschine ohne Anbringung der nach § 58 StVZO geforderten Geschwindigkeitsschilder[648]
- beim Tuning eines Fahrzeugs[649]
- beim dauerhaften Verwahren des Kfz-Scheins (heute Zulassungsbescheinigung Teil I) im Handschuhfach des PKW.[650]
- beim Weiterbenutzen des Fahrzeugs ohne Sicherungsmaßnahmen (z.B. Austausch der Türschlösser) nach Schlüsselverlust, wenn der Diebstahl des Schlüssels nahe liegt und die Schlüssel dem Fahrzeug zuzuordnen sind.[651]

666 Verneint wurden die Voraussetzungen einer Gefahrerhöhung jedoch in folgenden Fällen:
- wenn der Käufer eines gebrauchten, für den Straßenverkehr zugelassenen PKW nicht überprüft hatte, ob die Bereifung des PKW für diesen zugelassen war[652] und es aufgrund der falschen Bereifung zu einem Unfall kam,
- wenn der Versicherungsnehmer den versicherten PKW in seinem Jagdrevier in hängigem Gelände parkt, die Handbremse angezogen, nicht aber zusätzlich einen Gang eingelegt hatte und das Kfz rückwärtig gegen einen Baum rollt,[653]
- wenn an einem Kfz durch eine Überschwemmung ein Schaden eingetreten ist, der Versicherungsnehmer sein Fahrzeug im Gewerbegebiet einer Stadt geparkt hatte, das nicht als besonders gefährdetes Gebiet gekennzeichnet war und er sich auch nicht um Information bemüht hatte, ob eine Sturmflut droht.[654]

---

642 *OLG Düsseldorf* VersR 1963, 941 (*BGH*, VersR 1968, 1153 = NJW 1969, 42 = BGHZ 50, 385 zur KH-Versicherung).

643 *BGH* NJW 1957, 123; *BGH* NJW-RR 1990, 93; *OLG Düsseldorf* VersR 2004, 1409.

644 *BGH* NJW-RR 1990, 93.

645 *OLG Köln* VersR 1963, 1217; *OLG Frankfurt* VersR 1966, 179; *OLG Köln* OLGR Köln 2006, 755.

646 *BGH* VersR 1986, 255; *OLG Hamm* r+s 1989, 2.

647 *BGH* VersR 1990, 80 = NJW-RR 1990, 93.

648 *LG Koblenz* r+s 1998, 7.

649 *OLG Koblenz* r+s 2007, 236 = VersR 2007, 534 = NZV 2007, 316.

650 Streitig, behajend: *OLG Celle* DAR 2008, 207 mit abl. Anm. *Schmid*, VersR 2008, 471; a.A. (bei von außen nicht sichtbarem Fahrzeugschein) *OLG Hamm* r+s 2013, 373 = zfs 2013, 574 = SP 2013, 437; *OLG Oldenburg* VersR 2011, 256 = r+s 2010, 37 = DAR 2010, 583 = NJW-RR 2010, 1542.

651 *OLG Hamm* r+s 2013, 373 = zfs 2013, 574 = SP 2013, 437; *OLG Hamm* VersR 1982, 969; *OLG Stuttgart* r+s 1987, 62; *OLG Hamm* VersR 1994, 1416 = SP 1995, 53 = NJW-RR 1995, 348; *LG Hannover* SP 2004, 55.

652 *OLG Karlsruhe* NJWE-VHR 1998, 12[illegible] = SP 1998, 251 = zfs 1998, 427.

653 *OLG Hamm* r+s 1996, 50 = SP 1996, 60 = OLGR 1996, 33.

654 *LG Hamburg* DAR 1995, 333.

#### *bb) Nachträgliche leistungssteigernde Veränderungen am Fahrzeug*

Auch die nachträgliche Veränderung des Fahrzeuges durch den Einbau eines leistungssärkeren Motors oder ähnlicher Modifikationen (»Tuning«) kann eine Gefahrerhöhung darstellen,[655] wenn die Leistungssteigerung erheblich ist[656] und das Fahrzeug nach der Leistungssteigerung auch »über eine einmalige Gefährdungshandlung hinaus benutzt«.[657] Dies wird damit begründet, dass durch die erhebliche Leistungssteigerung, welche eine höhere Beschleunigung und höhere Fahrgeschwindigkeiten zur Folge haben, das Unfallrisiko deutlich erhöht wird.[658] Die Risikoerhöhung wird teilweise zudem darin erblickt, dass sich die Leistungssteigerungen auf das Fahrverhalten des Fahrzeuglenkers auswirken, was wiederum das Unfallrisiko erhöht.[659] Daraus folgt, dass sich die Leistungssteigerung nicht notwendig auch auf die Unfallentstehung ausgewirkt haben muss, um eine Gefahrerhöhung zu begründen. 667

#### *cc) Fahrermängel*

Grundsätzlich kann die Gefahrerhöhung auch durch subjektive Mängel des Fahrers herbeigeführt werden. In diesem Zusammenhang ist insbesondere das Fahren des Versicherungsnehmers im betrunkenen Zustand von Bedeutung. 668

Seit der Grundsatzentscheidung des *BGH* v. 18.10.1952[660] reicht eine einmalige Trunkenheitsfahrt nicht aus, um den Versicherer unter dem Aspekt der Gefahrerhöhung leistungsfrei zu stellen. 669

Die Grundsätze, die bei alkoholbedingter Fahruntüchtigkeit ihre Geltung finden, können auch auf die medikamentenbedingte Fahruntüchtigkeit übertragen werden. 670

Eine einmalige Fahrt unter Medikamenteneinfluss stellt daher noch keine Gefahrerhöhung dar.[661] 671

Allerdings können Erkrankungen des Fahrers, die zu einer dauernden Verkehrsuntauglichkeit führen, z.B. eine epileptische Erkrankung, einen gefahrerhöhenden Umstand begründen.[662] 672

Eine Gefahrerhöhung kann vorliegen, wenn ein sehbehinderter Fahrer ständig ohne Brille fährt[663] oder wenn ein Fernfahrer überwiegend gegen die Ruhezeitvorschriften verstößt.[664] 673

### 5. Anzeigepflicht der Fahrzeugveräußerung, § 97 VVG 2008

Die Veräußerung des versicherten Fahrzeugs ist dem Versicherer unverzüglich anzuzeigen. Unterbleibt die Anzeige, ist der Versicherer leistungsfrei, wenn der Versicherungsfall später als einen Monat nach dem Zeitpunkt eintritt, zu dem die Anzeige dem Versicherer hätte zugehen müssen und der 674

655 Vgl. bereits *BGH* VersR 1970, 412; *BGH* VersR 1990, 80; *OLG Saarbrücken* VersR 1990, 779; *OLG Saarbrücken*, Urt. v. 04.03.2020 – 5 U 64/19; *OLG Koblenz* VersR 2007, 534; *OGH Wien* VersR 1981, 768.

656 *OLG Saarbrücken*, Urt. v. 04.03.2020 – 5 U 64/19: Steigerung um 2/3; *OLG Saarbrücken* VersR 1990: Steigerung um 100%.

657 *BGH* VersR 1990, 80.

658 Vgl. *BGH* VersR 1970, 412; *OLG Saarbrücken*, Urt. v. 04.03.2020 – 5 U 64/19.

659 Vgl. *OLG Koblenz* VersR 2007, 534.

660 BGHZ 7, 321 = *BGH* VersR 1952, 399.

661 *OLG Düsseldorf* VersR 2005, 348.

662 *OLG Nürnberg* NVersZ 1999, 437 = r+s 2001, 52 = VersR 2000, 46; hiernach stellt eine durch äußere Umstände ausgelöste Epilepsie nur dann einer Gefahrerhöhung dar, wenn wiederholte Fahrten des Versicherungsnehmers in Kenntnis des seine Fahrtüchtigkeit beeinträchtigenden Umstands vorgenommen werden.

663 *OLG Schleswig* VersR 1971, 118.

664 *BGH* VersR 1971, 433; hier wird aber wieder das Problem relevant, ob der Fernfahrer Repräsentant ist, wenn er Angestellter ist.

Versicherer den mit dem Veräußerer bestehenden Vertrag mit dem Erwerber nicht geschlossen hätte, § 97 Abs. 1 VVG 2008.

675 War dem Versicherer die Veräußerung bekannt oder war zur Zeit des Eintritts des Versicherungsfalles die Frist für die Kündigung des Versicherers aus § 96 VVG 2008 abgelaufen und eine Kündigung nicht erfolgt, bleibt die Leistungsverpflichtung des Versicherers bestehen § 97 Abs. 2 VVG 2008.

676 Unter Veräußerung ist jede Art der rechtsgeschäftlichen Eigentumsübertragung im Sinne des bürgerlichen Rechts zu verstehen.[665]

677 Keine Anwendung findet § 97 VVG 2008 auf den Wechsel des Leasingnehmers, durch die Übertragung des Leasingvertrages findet gerade keine Veräußerung des Leasinggegenstandes statt, trotz des Wechsels des Leasingnehmers bleibt der Leasinggeber Eigentümer der Sache.[666]

## III. Leistungsfreiheit wegen vertraglicher Obliegenheitsverletzungen

678 Die vom Versicherungsnehmer zu beachtenden vertraglichen Obliegenheiten sind in den jeweiligen AKB geregelt. Die AKB 2015 enthalten unter Abschnitt D als »Pflichten beim Gebrauch des Fahrzeugs« die vertraglichen Obliegenheiten vor dem Versicherungsfall unter Abschnitt E als »Pflichten im Schadenfall« und die Obliegenheiten nach dem Versicherungsfall.

### 1. Allgemeines

679 Durch die VVG-Gesetzesnovelle wurde auch im Rahmen der vertraglich vereinbarten Obliegenheiten eine Vereinheitlichung herbeigeführt, insbesondere bestehen zwischen Obliegenheitsverletzungen vor und nach dem Schadenereignis nur noch marginale Unterschiede.

680 Die Gesetzesreform hat zudem einen bislang nur von der Rechtsprechung »aufgehobenen« gesetzlichen Wertungswiderspruch beseitigt. Nach altem Recht war bei einer vorsätzlich begangenen Obliegenheitsverletzung keine Kausalität erforderlich, der Versicherer konnte also auch bei vorsätzlicher folgenloser Obliegenheitsverletzung leistungsfrei werden.

681 Diese gesetzliche Regelung wurde durch die sog. Relevanzrechtsprechung des BGH eingeschränkt,[667] um der Härte des aus der Obliegenheitsverletzung folgenden »Alles-oder-Nichts-Prinzips« zu entgehen.

682 Nach den vom *BGH* entwickelten Kriterien konnte sich der Versicherer nicht auf Leistungsfreiheit berufen, wenn die Verletzung der Obliegenheit generell ungeeignet war, die Interessen des Versicherers ernsthaft zu gefährden, oder den Versicherungsnehmer subjektiv kein schweres Verschulden traf.[668]

683 Weil dem Versicherungsnehmer nach der VVG-Reform sowohl bei vorsätzlichen als auch grob fahrlässigen Obliegenheitsverletzungen der Kausalitätsgegenbeweis offensteht, ist die Relevanzrechtsprechung des *BGH* hinfällig geworden.

### 2. Rechtsfolgen der Obliegenheitsverletzung

684 Bei vorsätzlicher oder grob fahrlässiger Obliegenheitsverletzung kann der Versicherer den Vertrag fristlos kündigen, § 28 Abs. 1 VVG 2008, allerdings nur innerhalb Monatsfrist nach Kenntniserlangung.

665 *BGH* VersR 1963, 516; *BGH* VersR 1965, 425; *BGH* VersR 1987, 477; *BGH* VersR 1987, 704.
666 *Halm*, PVR 2001, 136; *OLG Saarbrücken* r+s 2000, 405 = VersR 2001, 323.
667 Ständige Rechtsprechung seit *BGH* VersR 1984, 228, vgl. hierzu auch *OLG Hamm* DAR 2001, 79 = NJW-RR 2000, 172 = NVersZ 2000, 299 = NZV 2000, 125 = r+s 1999, 493 = zfs 2000, 70; *OLG Frankfurt* OLGR 1999, 251; *OLG Karlsruhe* OLGR 1997, 91; *OLG Köln* OLGR 1997, 60; *OLG Köln* OLGR 2000, 197; *OLG München* OLGR 1996, 200; *OLG Nürnberg* OLGR 2000, 316; *BGH* VersR 2004, 1117.
668 *BGH* VersR 2004, 1118.

Unter den Voraussetzungen des § 28 Abs. 2 VVG 2008 i.V.m. Abschnitt D.3 oder E.6 kann der Versicherer leistungsfrei sein. 685

Der Versicherer ist für das objektive Vorliegen einer Obliegenheitsverletzung beweispflichtig. 686

Es reicht nicht aus, wenn der Versicherer beweist, dass er keine Schadenanzeige bekommen hat, er muss auch beweisen, dass der Versicherungsnehmer eine solche gar nicht abgeschickt hat.[669] 687

Die entsprechende Obliegenheit hat der Versicherungsnehmer bereits mit dem Abschicken der Anzeige erfüllt. Zwar kann der Versicherer Vorgänge, die sich in der Sphäre des Versicherungsnehmers abspielen, nur schwerlich beweisen, diese Probleme rechtfertigen aber keine Beweislastumkehr. Den Interessen der Versicherer ist Genüge getan, wenn dem Versicherungsnehmer auferlegt wird, zur Erfüllung der Obliegenheit im Einzelnen substantiiert und glaubhaft vorzutragen.[670] 688

Trägt der Versicherungsnehmer vor, dass er den Vermittlungsagenten vollständig und richtig informiert, dieser aber das Formular falsch ausgefüllt habe, muss der Versicherer beweisen, dass der Vermittlungsagent das Formular entsprechend den Weisungen des Versicherungsnehmers ausgefüllt hat.[671] Der Versicherungsnehmer muss lediglich spezifiziert behaupten, dass er wahre Angaben gemacht hat, um den Versicherer meist in erhebliche Beweisnot zu bringen. 689

### 3. Voraussetzungen der Leistungsfreiheit

#### *a) Obliegenheiten vor Eintritt des Versicherungsfalls*

**Tatbestand** 690

Nach wie vor muss zunächst der Tatbestand einer der in Abschnitt D der AKB 2015 aufgeführten Obliegenheiten verletzt sein.

Die Beweislast liegt beim Versicherer. 691

**Verschulden** 692

Nach § 28 Abs. 2 S. 1 VVG 2008, D.2.1/2.2 AKB 2015 setzt die vollständige Leistungsfreiheit eine vorsätzliche Obliegenheitsverletzung voraus.

Der Versicherer trägt die Beweislast für den Vorsatz des Versicherungsnehmers, also dafür, dass der Versicherungsnehmer die Obliegenheit im Bewusstsein des Vorhandenseins der Verhaltensnorm verletzt hat.[672] 693

Im Fall einer grob fahrlässigen Obliegenheitsverletzung ist die Leistung entsprechend der Schwere des Verschuldens des Versicherungsnehmers zu kürzen, § 28 Abs. 3 S. 2 VVG 2008. 694

Grobe Fahrlässigkeit wird angenommen, wenn ein objektiv schwerer und subjektiv nicht entschuldbarer Verstoß gegen die Anforderungen der verkehrserforderlichen Sorgfalt vorliegt. Die erforderliche Sorgfalt muss in einem ungewöhnlich hohen Maß verletzt worden sein, es muss dasjenige unbeachtet geblieben sein, was im gegebenen Fall jedem hätte einleuchten müssen.[673] Dies muss sowohl für die objektive als auch für die subjektive Seite festgestellt werden.[674] 695

Bei leichter Fahrlässigkeit bleibt der Versicherer zur Leistung verpflichtet. 696

669 *OLG Hamm* VersR 1991, 49; *OLG Hamburg* VersR 1994, 668; *OLG Köln* VersR 1995, 567.

670 *OLG Köln* VersR 1995, 567.

671 *BGH* VersR 1993, 1089; *BGH* VersR 1989, 833 = NJW-RR 1989, 2060 = r+s 1989, 242 = zfs 1989, 344.

672 Ständige Rechtsprechung, s.z.B. *OLG Düsseldorf* VersR 1995, 1301 = r+s 1995, 401.

673 Ständige Rechtsprechung, s.z.B. *OLG Düsseldorf* VersR 1995, 1301 = r+s 1995, 401.

674 *BGH* VersR 1985, 440 = NJW 1985, 2648 = MDR 1985, 557 = DAR 1985, 222 = BB 1985, 697 = r+s 1985, 80.

697 **Kündigung**

Während nach altem Recht, § 6 Abs. 1 VVG a.F. der Versicherer binnen Monatsfrist nach Kenntnis von der Obliegenheitsverletzung kündigen musste, um sich leistungsfrei zu stellen, ist das Kündigungserfordernis im neuen Recht entfallen.

698 **Kausalität**

Nach § 28 Abs. 3 S. 1 VVG 2008/D.2.2 AKB 2015 bleibt der Versicherer zur Leistung verpflichtet, »soweit die Verletzung der Obliegenheit weder für den Eintritt oder die Feststellung des Versicherungsfalls noch für die Feststellung oder den Umfang der Leistungspflicht des Versicherers ursächlich ist«.

699 Dem Versicherungsnehmer steht nun generell der von ihm zu führende Kausalitätsgegenbeweis offen, auch im Fall vorsätzlicher Obliegenheitsverletzung, er muss beweisen, dass sich die Obliegenheitsverletzung gar nicht oder nur begrenzt auf den Versicherungsfall ausgewirkt hat.

700 Dies gilt nach § 28 Abs. 3 S. 2 VVG 2008 nicht, wenn der Versicherungsnehmer die Obliegenheit arglistig verletzt hat.

701 Bei arglistigem Verhalten des Versicherungsnehmers ist Kausalität entbehrlich und demgemäß auch kein Kausalitätsgegenbeweis zulässig.

702 Beweispflichtig für das arglistige Verhalten ist der Versicherer. Eine arglistige Täuschung setzt eine Vorspiegelung falscher oder ein Verschweigen wahrer Tatsachen gegenüber dem Versicherer zum Zwecke der Erregung oder Aufrechterhaltung eines Irrtums voraus. Der Versicherungsnehmer muss vorsätzlich handeln, indem er bewusst und willentlich auf die Entscheidung des Versicherers einwirkt.[675] Eine Bereicherungsabsicht des Versicherungsnehmers ist nicht erforderlich.[676] Es reicht aus, dass er einen gegen die Interessen des Versicherers gerichteten Zweck verfolgt, etwa indem er Schwierigkeiten bei der Durchsetzung berechtigter Deckungsansprüche ausräumen will und weiß, dass sein Verhalten den Versicherer bei der Schadenregulierung möglicherweise beeinflussen kann.[677]

### *b) Obliegenheiten nach Eintritt des Versicherungsfalls*

703 **Tatbestand**

Es muss der Tatbestand einer der in Abschnitt E der AKB 2015 aufgeführten Obliegenheiten verletzt sein.

704 **Verschulden**

Nach § 28 Abs. 2 VVG 2008, E.2.1/2.2 AKB 2015 ist die für die Obliegenheitsverletzung vor Eintritt des Versicherungsfalls dargestellte Rechtslage auch bei Obliegenheitsverletzungen beim bzw. nach dem Versicherungsfall einschlägig.

705 **Kündigung**

Es besteht kein Kündigungserfordernis.

706 **Kausalität**

Es bestehen grundsätzlich keine Unterschiede zur Rechtslage bei Obliegenheitsverletzungen vor dem Schadenfall.

675 *BGH* VersR 2007, 785; *BGH* VersR 2009, 968.
676 *BGH* VersR 1991, 1129; *BGH* VersR 2009, 968; *OLG Frankfurt* VersR 2013, 1127 (zur Wohngebäudeversicherung).
677 *BGH* VersR 1991, 1129; *BGH* VersR 2009, 968; *BGH* zfs 2009, 463 f.

Es ist jedoch der konkrete Versicherungsfall zu betrachten. Eine bloß abstrakte Geeignetheit, die Aufklärung zu erschweren, löst keine Leistungsfreiheit des Versicherers aus.[678] 707

**Belehrungspflicht** 708

Gemäß § 28 Abs. 4 VVG 2008 muss der Versicherer den Versicherungsnehmer auf die ihm drohenden Folgen einer nach Eintritt des Versicherungsfalls bestehenden Auskunfts- oder Aufklärungsobliegenheit wirksam hinweisen, und zwar durch gesonderte Mitteilung in Textform.[679]

Diese Belehrungspflicht erfasst ausdrücklich nur Auskunfts- und Aufklärungsobliegenheiten, also nicht z.B. Sicherheitsvorschriften. 709

Bei sog. Spontanobliegenheiten, die meist unmittelbar nach dem Versicherungsfall zu erfüllen sind, z.B. die Pflicht, keinerlei Unfallspuren zu verändern, keinen Nachtrunk zu sich zu nehmen und vor allem keine Unfallflucht zu begehen, ist eine Belehrung nach wie vor entbehrlich. Bei Arglist des Versicherungsnehmers ist eine Belehrung ebenfalls nicht erforderlich.[680] 710

## 4. Einzelfälle der Obliegenheitsverletzungen vor Eintritt des Versicherungsfalls

Die in der Kaskoversicherung beim Gebrauch des Fahrzeugs zu erfüllenden vertraglichen Obliegenheiten sind in Abschnitt D.1 AKB 2015 enthalten. 711

### *a) Vereinbarter Verwendungszweck, sog. Verwendungsklausel, D.1.1 AKB 2015*

In der Fahrzeugversicherung ist der Verwendungszweck des Fahrzeugs ein entscheidendes Kriterium für die Beurteilung des Risikos und die Bemessung der Versicherungsprämie. Alle Antragsformulare enthalten daher die Frage nach dem Verwendungszweck.[681] 712

Nach D.1.1 AKB 2015 darf das Fahrzeug nur zu dem im Versicherungsvertrag angegebenen Zweck verwendet werden. Die Verwendungsklausel ist eine spezielle Ausgestaltung der Gefahrerhöhung,[682] schließt aber als lex specialis die Anwendung der Vorschriften über die Gefahrerhöhung aus.[683] 713

Fehlen in einem Versicherungsvertrag Angaben zum Verwendungszweck und nimmt der Versicherer den Antrag gleichwohl an, kann er sich grundsätzlich nicht auf Leistungsfreiheit wegen einer zweckwidrigen Verwendung des versicherten Fahrzeugs berufen,[684] er hätte dann nachfragen müssen. 714

Die Beschreibung der unterschiedlichen Verwendungszwecke ergibt sich für Altverträge aus den jeweiligen Tarifbestimmungen (TB) des Versicherers. 715

Bei Neuverträgen sind die unterschiedlichen für die Tarifierung relevanten Verwendungsarten in Anhang 6 zu den AKB 2015 nachzulesen. 716

---

678 *Maier*, r+s 2007, 89, 91.

679 Zu den Anforderungen an die richtige Gestaltung einer Belehrung nach § 28 Abs. 4 VVG s. *BGH* VersR 2013, 297. Zu einer inhaltlich unrichtigen Belehrung und der Streitfrage, inwiefern inhaltliche Fehler unerheblich sind, s. *LG Nürnberg-Fürth* VersR 2011, 1177. Auch eine wiederholende Belehrung kann u.U. erforderlich sein, wenn zwischen schriftlicher Belehrung im Schadenanzeigeformular und späterer mündlicher Befragung durch einen Versicherungsagenten 11 Monate liegen, s. *OLG Naumburg* r+s 2012, 110 (zu § 7 AKB a.F.).

680 S. BT-Drucks. 16/3945 S. 69 zu Abs. 4; *Felsch*, HK-VVG, § 28 Rn. 214 m.w.N.; *Staudinger/Halm/Wendt/Nugel*, FAKomm-VersR, § 28, Rn. 174 m.w.N.; vgl. schließlich auch *OLG Köln* VersR 2013, 1428 (zur Unfallversicherung).

681 *Halm/Engelbrecht/Krahe/Hauser* 15. Kapitel, Rn. 142.

682 *BGH* VersR 1986, 693 = MDR 1986, 1005 = r+s 1986, 197 = zfs 1986, 277; *OLG Köln* VersR r+s 1990, 111; *OLG Karlsruhe* VersR 1995, 568 = SP 1995, 49.

683 *BGH* r+s 1997, 148; *OLG Köln* r+s 1990, 111.

684 Allgemeine Meinung vgl. z.B. *OLG Karlsruhe* VersR 1995, 568 = SP 1995, 49.

717 Einschlägige Bestimmungen können exemplarisch wie folgt lauten:[685]

718 **Personenkraftwagen**

Personenkraftwagen im Sinne des Tarifs sind als Personenkraftwagen zugelassene Kraftfahrzeuge, mit Ausnahme von Mietwagen, Taxen und Selbstfahrervermietfahrzeugen.

719 **Mietwagen**

Mietwagen sind Personenkraftwagen, mit denen ein nach § 49 Abs. 4 PBefG vom 21.03.1961 in der Fassung vom 25.02.1983 genehmigungspflichtiger Gelegenheitsverkehr gewerbsmäßig betrieben wird (unter Ausschluss der Taxen und Selbstfahrervermietfahrzeuge).

720 **Taxen**

Taxen sind Personenkraftwagen, die der Unternehmer an behördlich zugelassenen Stellen bereithält und mit denen er – auch am Betriebssitz oder während einer Fahrt entgegengenommene – Beförderungsaufträge zu einem vom Fahrgast bestimmten Ziel ausführt (§ 47 Abs. 1 PBefG).

721 **Selbstfahrervermietfahrzeuge**

Selbstfahrervermietfahrzeuge im Sinne des Tarifs sind Kraftfahrzeuge und Anhänger, die gewerbsmäßig ohne Gestellung eines Fahrers vermietet werden (§ 1 Selbstfahrervermiet-VO v. 04.04.1955 i.d.F. vom 21.07.1969).

722 **Leasingfahrzeuge**

Leasingfahrzeuge im Sinne des Tarifs sind Kraftfahrzeuge und Anhänger, die gewerbsmäßig ohne Gestellung eines Fahrers vermietet werden und dem Mieter durch Vertrag mindestens 6 Monate überlassen werden.

723 **Kraftomnibusse**

Kraftomnibusse sind Kraftfahrzeuge und Anhänger, die nach ihrer Bauart und Ausstattung zur Beförderung von mehr als neun Personen (einschließlich Führer) geeignet und bestimmt sind (§ 4 Abs. 4 Nr. 2 und Abs. 5 PBefG).

724 **Hotelomnibusse**

Hotelomnibusse im Sinne des Tarifs sind Kraftomnibusse, die auf den Eigentümer oder Pächter des Hotels zugelassen sind und die ausschließlich zur Beförderung von Hotelgästen und ihrem Gepäck zwischen Bahnhof, Flugplatz oder Schiffanlegestation und dem Hotel oder für Ausflugsfahrten mit Hotelgästen verwendet werden.

725 **Werkomnibusse**

Werkomnibusse im Sinne des Tarifs sind Kraftomnibusse, die dem Werk selbst oder einem dem Werk vertraglich verpflichteten Unternehmen gehören und ausschließlich zur Beförderung der Belegschaft dieses Werkes und deren Angehörigen zu und von der Arbeitsstätte und aus Anlass von Belegschaftsveranstaltungen verwendet werden. Als Werkomnibusse gelten auch Schulomnibusse, die ausschließlich zur Beförderung von Schülern und deren Aufsichtsperson zu und von der Schule oder aus Anlass von schulischen Veranstaltungen verwendet werden.

726 **Campingfahrzeuge bzw. Wohnmobile**

Campingfahrzeuge bzw. Wohnmobile sind als sonstige Kraftfahrzeuge/Wohnwagen zugelassene Kraftfahrzeuge.

685 Ausführlich zu sämtlichen Verwendungsarten und deren Definition *Stiefel/Maier/Maier* AKB D.1, Rn. 11 ff.

Verstöße gegen die Verwendungsklausel wurden von der Rechtsprechung in folgenden Fällen bejaht: 727
- Verwendung eines PKW nicht – wie beantragt –, zu eigenen Zwecken, sondern auf die Nachtzeit beschränkt gewerblich als Mietfahrzeug für Flughafentransfer,[686]
- Vermietung eines zur Eigenverwendung vorgesehenen Fahrzeugs für 2.000 DM,[687]
- gewerbsmäßige Vermietung eines nur zur Eigenverwendung versicherten PKW,[688]
- Wochenendspritztour mit einem PKW, der mit einem roten Kennzeichen versehen ist,[689] generell die Verwendung eines PKW mit rotem Kennzeichen zu einer anderen als einer Prüfungs-, Probe- und Überführungsfahrt,[690]
- abredewidrige Verwendung eines Fahrzeugs im Güterfernverkehr statt im Werkfernverkehr,[691]
- Verwendung eines Traktors beim Fastnachtsumzug.[692]

Kein Verstoß gegen die Verwendungsklausel soll vorliegen, 728
- wenn das Fahrzeug leihweise an einen Dritten überlassen wird[693] oder
- im Rahmen einer Fahrgemeinschaft eingesetzt wird, selbst wenn eine Gebühr für die Unkosten von den anderen Teilnehmern verlangt wird.[694] Die Verwendung des Fahrzeugs zur privaten Nutzung findet aber dort ihre Grenzen, wo erkennbares Hauptziel die Erzielung von Gewinn ist.[695]

Will sich der Versicherer erfolgreich auf Leistungsfreiheit wegen Verstoß gegen die Verwendungsklausel berufen, muss die abredewidrige Verwendung gefährlicher[696] als die antragsmäßige gewesen sein. 729

Die höhere Gefährlichkeit der tatsächlichen Verwendung gegenüber der im Antrag angegebenen Verwendungsart wird unwiderleglich vermutet.[697] Eine Ausnahme von dieser Vermutung besteht allerdings, wenn im Tarif des Versicherers der anderweitige Verwendungszweck nicht höher eingestuft ist als der vereinbarte Verwendungszweck.[698] 730

### *b) Berechtigter Fahrer, sog. Schwarzfahrerklausel, D.1.1.2 AKB 2015*

Nach D.1.1.2 AKB 2015 darf das Fahrzeug nur von einem berechtigten Fahrer gebraucht werden. 731

Versicherungsnehmer, Halter und Eigentümer des Fahrzeugs dürfen es nicht wissentlich ermöglichen, dass das Fahrzeug von einem unberechtigten Fahrer gebraucht wird. 732

Während nach § 2b Abs. 1 S. 2 AKB a.F. Leistungsfreiheit seitens des Versicherers gegenüber dem Versicherungsnehmer, Halter oder Eigentümer, bereits bestand, wenn die Schwarzfahrt von diesen durch zum Beispiel leichtsinnigen Umgang mit den Kfz-Schlüsseln, schuldhaft ermöglicht wurde,[699] wird nun erst »wissentliches«, also vorsätzliches, zumindest bedingt vorsätzliches Ermöglichen der Schwarzfahrt sanktioniert. 733

686 *OLG Frankfurt* OLGR 2000, 330.
687 *OLG Koblenz* r+s 1999, 272.
688 *OLG Hamm* r+s 1998, 181 = VersR 1998, 1498 = zfs 1998, 297; *LG Koblenz* NVersZ 2000, 138 = r+s 1999, 271; *OLG Hamm* r+s 1992, 152 = SP 1992, 160 = VersR 1992, 350 = zfs 1993, 127.
689 *OLG Köln* r+s 2000, 189; vgl. auch allgemein dazu *LG Kassel* zfs 1991, 134.
690 *LG Köln* r+s 2005, 325, 326.
691 *OLG Hamm* NJW 1999, 252 = r+s 1998, 140; *BGH* VersR 1972, 530.
692 *OLG Karlsruhe* VersR 1986, 1180.
693 *OLG Saarbrücken* VersR 1968, 1133.
694 *BGH* NJW 1981, 1842 = DAR 1981, 354.
695 *OLG Düsseldorf* r+s 1994, 205 = NJW-RR 1994, 929 = SP 1994, 220 = VersR 1994, 1178.
696 *OLG Stuttgart* zfs 1985, 54; *OLG Hamm* VersR 1975, 223; *BGH* VersR 1963, 527.
697 *OLG Hamm* r+s 1998, 181 = VersR 1998, 1498 = zfs 1998, 297; *OLG Hamm* NZV 1999, 252 = NJWE-VHR 1998, 231 = r+s 1998, 140 = zfs 1998, 296; *OLG Koblenz* r+s 1999, 271 = NVersZ 2000, 138.
698 *BGH* VersR 1972, 530 = NJW 1972, 822.
699 *OLG Nürnberg* r+s 2004, 366.

734 Berechtigter Fahrer ist, wer das Fahrzeug mit Wissen und Wollen des Verfügungsberechtigten gebraucht.

### c) Fahren mit Fahrerlaubnis, sog. Führerscheinklausel, D.1.1.3 AKB 2015

735 Der Versicherer wird gemäß D.2.1 i.V.m.D.1.1.3 AKB 2015 von seiner Leistungspflicht frei, wenn der Fahrer[700] bei Eintritt des Versicherungsfalls nicht die erforderliche Fahrerlaubnis[701] besitzt.

736 Außerdem darf der Versicherungsnehmer, der Halter oder der Eigentümer das Fahrzeug nicht von einem Fahrer benutzen lassen, der nicht die erforderliche Fahrerlaubnis hat.

737 Bei dieser so genannten »Führerscheinklausel« handelt es sich um eine gefahrmindernde, vor Eintritt des Versicherungsfalls zu erfüllende Obliegenheit i.S.d. § 6 Abs. 1 VVG a.F./§ 28 Abs. 1 VVG 2008,[702] also nicht um eine Gefahrerhöhung. die diesbezüglichen Bestimmungen kommen daher nicht zur Anwendung.

738 Der Tatbestand nach D.1.1.3 AKB 2015 setzt zunächst die Benutzung des Fahrzeugs auf öffentlichen Wegen und Plätzen (s. § 2 Abs. 1 StVG, § 4 Abs. 1 StVZO) voraus.

739 Fahrer ist, wer das Fahrzeug mit Motorkraft eigen- oder mitverantwortlich in Bewegung setzt. Wird das Fahrzeug nur geschoben, ist der hinter dem Lenker sitzende nicht Fahrer i.S.d. Klausel.[703]

740 Fahrer ist ein Fahrschüler, der aber nach § 2 Abs. 15 StVG keinen Führerschein benötigt, wenn er das Fahrzeug in Anwesenheit eines ihn beaufsichtigenden Fahrlehrers führt. Ein Fahrlehrer verstößt nicht schon dann gegen die Führerscheinklausel, wenn er den Fahrschüler während einer Unterrichtsfahrt mangelhaft oder unzweckmäßig beaufsichtigt, sondern erst dann, wenn er es allgemein an einer wirksamen Beaufsichtigung fehlen lässt.[704]

741 Beim sogenannten Führerschein mit 17 ist auch der Minderjährige Fahrer. Mit Aushändigung der »Prüfbescheinigung zum begleiteten Fahren ab 17 Jahre« hat er Versicherungsschutz, soweit ihn die in der Prüfbescheinigung namentlich genannte Person begleitet.[705] Fährt der 17-jährige ohne eingetragene Begleitperson oder steht die Begleitperson unter Alkohol- oder Rauschgifteinfluss, verstößt er gegen die Führerscheinklausel.[706]

742 Im Besitz der »erforderlichen Fahrerlaubnis« ist nur derjenige, dem die Behörde diese nach bestandener Prüfung ausgehändigt hat, die Fahrt zum Abholen des Führerscheins stellt also einen Verstoß gegen die Führerscheinklausel dar.

743 Ein Fahrer muss nicht nur im Besitz des Führerscheins sein, sondern zusätzlich auch eventuell erforderlicher Zusatzbescheinigungen. Wer jedoch ohne die erforderliche Fahrerlaubnis zur Fahrgastbeförderung Fahrgäste fährt, handelt zwar ordnungswidrig, fährt jedoch nicht ohne Fahrerlaubnis. Ein Verstoß gegen D.1.1.3 AKB 2015 liegt somit nicht vor.[707]

---

700 Wer unter eigener Verantwortung zzt. des Unfalls das Kraftfahrzeug lenkt, also nicht mehr derjenige, der einem anderen das Fahrzeug überlassen hat, vgl. hierzu auch die ausführliche Darstellung bei *Stiefel/Maier/Maier* AKB D.2, Rn. 15 f.

701 Hinsichtlich der Fahrerlaubnis ist allein die StVZO maßgebend; zu beachten ist aber, dass eine Fahrerlaubnis nur bei Fahrten auf öffentlichen Wegen und Plätzen verlangt wird, § 2 Abs. 1 S. 1 StVG; § 4 Abs. 1 S. 1 StVZO. Demzufolge kann die Führerscheinklausel nicht verletzt werden, wenn ein Fahrer ohne Führerschein auf nichtöffentlichen Wegen oder Plätzen fährt.

702 So z.B. *OLG Hamm* VersR 1980, 1018.

703 *BGH* VersR 1977, 624.

704 *BGH* DAR 1972, 186 = NJW 1972, 869 = VersR 1972, 445; zu beachten ist, dass ein Fahrschüler, welcher am Steuer sitzt nach § 2b AKB grundsätzlich als Fahrzeugführer anzusehen ist, er braucht aber keinen Führerschein, wenn er von einem Fahrlehrer beaufsichtigt wird, § 6 Abs. 1 StVZO.

705 S. hierzu auch *Staudinger/Halm/Wendt/Kreuter-Lange*, FAKomm-VersR, AKB 2015, Rn. 334.

706 *Halm/Engelbrecht/Krahe/Hauser* 15. Kapitel, Rn. 146.

707 Vgl. *Stiefel/Maier/Maier* AKB D.1, Rn. 99.

An der erforderlichen Fahrerlaubnis fehlt es, wenn die Fahrerlaubnis nach § 111a StPO vom Gericht vorläufig oder durch Urteil mit Sperrfrist entzogen oder der Führerschein nach einer Trunkenheitsfahrt von der Polizei beschlagnahmt wurde. 744

Liegt lediglich ein Fahrverbot i.S.d. § 44 StGB vor, tangiert dies die erteilte Fahrerlaubnis nicht, sodass eine Fahrt trotz Fahrverbot nicht unter D.1.1.3 AKB 2015 fällt.[708] 745

Wer lediglich im Besitz einer Fahrerlaubnis ist, die zum Führen von Kraftfahrzeugen bis zu einer Geschwindigkeit von 80 km/h berechtigt, verletzt die Führerscheinklausel wenn er durch eine von ihm vorgenommene Entdrosselung eine Höchstgeschwindigkeit von 115 km/h erreicht.[709] 746

Probleme bereiten oft Sachverhalte mit ausländischen Führerscheinen, insbesondere die Frage der Kausalität ist strittig. 747

Leistungsfreiheit des Versicherers besteht, wenn ein ausländischer Fahrer des versicherten Kfz nicht über eine in Deutschland gültige Fahrerlaubnis verfügt und infolgedessen der Eintritt und Umfang des Versicherungsfalls auf der Unkenntnis der deutschen Verkehrsvorschriften oder mangelnder Eignung des Fahrers beruht.[710] 748

War der Unfallverursacher im Besitz einer holländischen Fahrerlaubnis, ohne gleichzeitig Inhaber einer deutschen Fahrerlaubnis zu sein, bedarf es bezüglich der Kausalität der Obliegenheitsverletzung für den Versicherungsfall des Beweises, dass der Unfall durch einen Umstand verursacht wurde, der es gerechtfertigt hätte, die Erteilung einer Fahrerlaubnis nach deutschem Führerscheinrecht einem führerscheinlosen Fahrer wegen Eignungsmängeln zu versagen.[711] 749

So hat auch das *AG Düsseldorf*[712] entschieden, dass ein ausländischer Kraftfahrer, der mit seinem ausländischen Führer schein nach Ablauf der 12-Monatsfrist des § 13a IntV ohne Umschreibung in eine deutsche Fahrerlaubnis weiterhin am inländischen führerscheinspflichtigen Verkehr teilnimmt, den Kausalitätsgegenbeweis führen kann, wenn feststeht, dass Eintritt und Umfang des Versicherungsfalles nicht auf der Unkenntnis der deutschen Verkehrsvorschriften oder mangelnder Eignung beruhen. 750

Ausschließlich anhand der Fahrerlaubnisverordnung (FeV), dort die § 28 (Anerkennung von Fahrerlaubnissen aus EU-Mitgliedsstaaten) bzw. § 31 (Erteilung einer Fahrerlaubnis an Inhaber einer Fahrerlaubnis aus Nicht EU-Staaten) ist derzeit zu prüfen, ob der Inhaber eines ausländischen Führerscheins eine auch in Deutschland »erforderliche Fahrerlaubnis« besitzt. 751

Differenziert zu betrachten sind behördliche Auflagen, die körperbehinderten Personen beim Führen eines Kraftfahrzeugs zu beachten haben. 752

Enthält der Führerschein den Hinweis, der Fahrer sei beim Führen des Fahrzeugs verpflichtet, eine Brille zu tragen, verstößt der Fahrer durch ein Fahren ohne Brille nicht gegen die Führerscheinklausel, da die Fahrerlaubnis durch den Verstoß gegen die Auflage nicht unwirksam wird.[713] 753

Anders ist es zu beurteilen, wenn einem Fahrer Einschränkungen hinsichtlich der Art des Fahrzeugs auferlegt werden. Ist die erteilte Aufgabe bzw. Einschränkung Bedingung für den Erhalt oder das Fortbestehen der Fahrerlaubnis, kommt bei Zuwiderhandlung ein Verstoß gegen die Führerscheinklausel in Betracht.[714] 754

708 *BGH* VersR 1987, 897.

709 Urteil des *OLG Nürnberg* v. 25.07.2002 – 8 U 3687/01.

710 *OLG Naumburg* r+s 2005, 280.

711 *OLG Köln* VersR 1999, 704.

712 *AG Düsseldorf* r+s 1997, 96.

713 *Stiefel/Maier/Maier* AKB D.1, Rn. 88 m.w.N. zur Rechtsprechung; in Betracht käme allerdings eine subjektive, gewollte Gefahrerhöhung, wenn der Fahrer ständig ohne Brille fährt oder grobe Fahrlässigkeit, falls der Fahrer trotz erheblicher Sehschwäche seine Brille nicht trägt.

714 *BGH* NJW 1978, 2517.

755 Wird der Versicherer gegenüber dem Fahrer leistungsfrei, bezieht sich die Leistungsfreiheit nicht auch automatisch auf den Anspruch des Versicherungsnehmers, Halters oder Eigentümers. Die Leistungsfreiheit gegenüber diesen Personen besteht nur, wenn sie das Fahrzeug von einem Fahrer nutzen lassen, der nicht die erforderliche Erlaubnis hat, D.1.1.3 AKB 2015.

756 Die Obliegenheit kann der Versicherungsnehmer z.B. erfüllen, indem er sich durch Einblick in den Führerschein überzeugt, ob ein anderer, dem er sein Fahrzeug überlassen will, die vorgeschriebene Fahrerlaubnis hat.[715]

757 Leistungsfreiheit besteht nicht, wenn der Versicherungsnehmer mit dem noch in der Ausbildung zur Erlangung der Fahrerlaubnis befindlichen Ehegatten vereinbart, dass zunächst nur er selbst das Fahrzeug benutzen darf, und wenn feststeht, dass der andere Ehegatte das Fahrzeug gegen den Willen des Versicherungsnehmers genutzt hat.

758 Dass der Fahrer bei Eintritt des Versicherungsfalls nicht die erforderliche Fahrerlaubnis besaß, gehört zu dem vom Versicherer zu beweisenden objektiven Tatbestand der Obliegenheitsverletzung.[716]

759 Dem Versicherungsnehmer bleibt der Gegenbeweis der fehlenden Kausalität zwischen Obliegenheitsverletzung und Eintritt bzw. Umfang des Versicherungsfalls offen.

760 Der Kausalitätsgegenbeweis kann aber nicht schon allein dadurch geführt werden, dass der Fahrer den Nachweis seines tatsächlichen Fahrkönnens erbringt.

761 Zum Erfolg könnte jedoch der Nachweis führen, dass der Unfall nicht auf einem Fahrfehler des Fahrers beruht.[717] Der Kausalitätsgegenbeweis ist natürlich auch dann geführt, wenn ein Fahrer im Zeitpunkt des Unfalls den Führerschein schon bestanden hat, ihm dieser lediglich noch nicht ausgehändigt wurde, sodass er ihn nicht vorzeigen konnte.[718]

#### *d) Außerbetriebssetzung, H.1 AKB 2015*

762 Nach H.1.1 AKB 2015 (Ruheversicherung) wird der Versicherungsvertrag nicht berührt, wenn der Versicherungsnehmer das Fahrzeug vorübergehend außer Betrieb gesetzt hat.

763 Voraussetzung hierfür ist eine Stilllegung nach § 27 Abs. 6 Nr. 1 StVZO, also Ablieferung des Kraftfahrzeugscheins, Entstempelung des amtlichen Kennzeichens und Vermerk der Stilllegung im Kraftfahrzeugbrief.

764 Nach H.1.2 AKB 2015 muss die Dauer der Stilllegung mindestens zwei Wochen betragen und von der Zulassungsbehörde an den Versicherer mitgeteilt werden. Liegen diese Voraussetzungen vor, erhält der Versicherungsnehmer auf sein Verlangen hin den in H.1.4 AKB 2015 beschriebenen Versicherungsschutz, und zwar beitragsfrei.

765 Die Kaskoversicherung ist dann allerdings auf die Teilkaskorisiken beschränkt.

766 Das Fortbestehen des Teilkaskoschutzes setzt jedoch nach H.1.5 AKB 2015 voraus, dass der Versicherungsnehmer das Fahrzeug nicht außerhalb des Einstellraums oder des umfriedeten Abstellplatzes benutzt bzw. nicht nur vorübergehend abstellt, bei Verletzung dieser Pflicht kann der Versicherer nach D.2. AKB 2015 leistungsfrei sein.

---

715 Ständige Rechtsprechung: *BGH* VersR 1968, 443; *BGH* VersR 1982, 589; *BGH* VersR 1988, 1017; *AG Geldern* r+s 1997, 49; in einem Urteil des *OLG Stuttgart* v. 03.09.1984 – 5 U 51/84 verneint dieses jedoch eine Kontrollpflicht bei einer guten Bekannten, die in geordneten Verhältnissen lebt.
716 *OLG Düsseldorf* VersR 1983, 627.
717 Vgl. hierzu *OGH Wien* ZVR 1997, 116; *OLG Hamm* VersR 1990, 846.
718 *BGH* VersR 1976, 531.

Diese Pflicht beginnt nicht schon mit der vorübergehenden Stilllegung, d.h. nicht schon im Zeitpunkt der vorläufigen Abmeldung bei der Kfz-Zulassungsstelle, sondern erst mit Antrag auf eine Ruheversicherung.[719] **767**

Unter Einstellraum versteht man ein mit Seitenwänden und einem Dach versehenen Raum, der besondere Sicherheit gegen Diebstahl bietet. Dies sind beispielsweise Garagen, Scheunen oder auch Hallen.[720] Bei einem umfriedeten Abstellplatz handelt es sich um einen Platz, welcher durch Schutzwehren umgrenzt ist und kein Dach besitzt. Eine offene Einfahrt schadet hingegen nicht.[721] Ein Carport kann ein umfriedeter Abstellplatz sein, wenn er an drei Seiten durch Mauern begrenzt und an der offenen Seite durch eine stabile Metallkette abgegrenzt ist.[722] **768**

Wird das Fahrzeug erneut zum Verkehr angemeldet, lebt der Versicherungsschutz uneingeschränkt wieder auf. **769**

Das Ende der Stilllegung ist unverzüglich dem Versicherer anzuzeigen.[723] Mit dem Ende der Ruheversicherung lebt die Beitragspflicht wieder auf, H.1.6 AKB 20165. **770**

### 5. Einzelfälle der Obliegenheitsverletzung nach Eintritt des Versicherungsfalls

Die nach Eintritt des Versicherungsfalls u.a. in der Kaskoversicherung zu beachtenden Obliegenheiten sind in Abschnitt E AKB 2015 geregelt. **771**

Es handelt sich um Aufklärungs-, Auskunfts- und Belegobliegenheiten des Versicherungsnehmers. Nur in der Kaskoversicherung zu beachtende Obliegenheiten ergeben sich zusätzlich aus Abschnitt E.1.3 AKB 2015. **772**

#### *a) Anzeigeobliegenheit, E.1.1.1 AKB 2015*

Jeder Versicherungsfall ist dem Versicherer innerhalb einer Woche schriftlich anzuzeigen, E.1.1.1 AKB 2015.[724] Diese Bestimmung entspricht inhaltlich der Regelung des § 30 VVG 2008. **773**

Die Anzeige ist eine empfangsbedürftige Mitteilung, die an die im Versicherungsschein als zuständig bezeichnete Stelle und in der gehörigen Form gerichtet werden muss. **774**

In den Musterbedingungen wird von dem noch in § 7 Abs. 1 S. 2 AKB a.F. vorgesehenen Schriftlichkeitserfordernis abgesehen, sodass – deren Anwendung unterstellt – auch eine telefonische Schadenmeldung bei einer Schadenzentrale, einem Call-Center oder einer Hotline des jeweiligen Versicherers ausreichend ist, ebenso eine Meldung über eine der ca. 14.000 Notrufsäulen an der Bundesautobahn bzw. ca. 6.000 Notrufsäulen an Bundesstraßen.[725] **775**

Die Meldung sollte Ort und Zeit sowie den Unfallhergang enthalten, grundsätzlich genügt aber zunächst die Anzeige, dass ein Schadenereignis eingetreten ist. **776**

Eine Verletzung der Anzeigeobliegenheiten bleibt ohne Wirkung, wenn der Versicherer in anderer Weise von dem Eintritt des Versicherungsfalls rechtzeitig Kenntnis erlangt hat, § 30 Abs. 2 VVG 2008. **777**

---

719 *OLG Karlsruhe* VersR 1993, 93 = zfs 1993, 199.

720 Vgl. hierzu *Prölss/Martin/Knappmann* AKB 2008 H.1, Rn. 4.

721 *OLG Frankfurt* SP 1994, 90.

722 *OLG Schleswig* NJW-RR 2009, 1332; *OLG Köln* VersR 2005, 1683; anders *OLG Celle* NZV 1993, 33 bei an einer Seite offenem Carport.

723 Hierbei handelt es sich aber keinesfalls um eine Obliegenheit nach § 6 VVG, d.h. der Versicherer wird gerade nicht von seiner Leistungspflicht frei, wenn der Versicherungsnehmer dieser Pflicht nicht nachkommt.

724 Vgl. hierzu z.B. *OLG Hamm* r+s 2005, 102; *OLG Köln* r+s 2005, 194.

725 Die Notrufsäulen wurden 1999 von der GDV Dienstleistungs-GmbH & Co.KG übernommen, eingehende Unfallmeldungen können direkt an die zuständigen Versicherer weitergeleitet werden.

778 Die Anzeige eines Haftpflichtfalles ersetzt nicht immer die Anzeige des Kaskoschadens[726] (und umgekehrt), auch wenn die Kenntnis der Haftpflichtabteilung der Kaskoabteilung zuzurechnen ist (und umgekehrt).[727]

**Zusätzlich in der Kaskoversicherung**

779 In Abschnitt E.1.3 AKB 2015 werden dem Kasko-Versicherungsnehmer weitere Obliegenheiten auferlegt.

780 Bei Entwendungsfällen bleibt der Versicherungsnehmer nach Abschn. E.1.3.1 AKB 2015 verpflichtet, das Schadenereignis schriftlich zu melden und die Schadenanzeige eigenhändig zu unterschreiben.

781 Nach E.1.3.2 AKB 2015 muss der Versicherungsnehmer – soweit zumutbar – vor einer Verwertung oder Reparatur des Fahrzeugs Weisungen des Versicherungsnehmers einholen.

782 Schließlich hat er nach 1.3.3 AKB 2015 einen Entwendungs-, Brand- oder Wildschaden zusätzlich auch der Polizeibehörde unverzüglich anzuzeigen, wenn der Schaden einen gewissen Betrag[728] übersteigt.

*b) Aufklärungsobliegenheiten, E.1.1.3 AKB 2015*

783 Abschnitt E.1.1.3 AKB 2015 begründet die wichtige Aufklärungsobliegenheit des Versicherungsnehmers, deren ordnungsgemäße und vollständige Erfüllung die Voraussetzung für eine sachgerechte Entscheidung des Versicherers ist.

784 Nach E.1.1.3 AKB 2015 hat der Versicherungsnehmer alles zu tun, was der Aufklärung des Schadenereignisses dienen kann. Konkretisiert wird die Obliegenheit in E.1.1.3 S. 2 AKB 2015 in die Pflicht zur Beantwortung von Fragen des Versicherers und die Pflicht, nach einem Unfall nicht unberechtigt die Schadenstelle zu verlassen.

785 Unter die Aufklärungsobliegenheit fallen alle Umstände, die zur Feststellung des Entschädigungsanspruchs von Bedeutung sein können.

786 Liegen objektive Falschangaben vor, hat der Versicherungsnehmer die Pflicht substantiiert plausibel zu machen, warum und wie es zu den objektiv falschen Angaben gekommen ist.[729]

*aa) Beantwortung von Fragen des Versicherers*

787 Der Umfang der Aufklärungspflicht richtet sich maßgeblich nach den vom Versicherer im Schadenanzeigeformular oder nachfolgend gestellten Fragen.[730]

788 Die in der Schadensanzeige getätigten Angaben des Versicherungsnehmers müssen wahrheitsgemäß und vollständig sein. Nicht als solche erkennbare Angaben des Versicherungsnehmers »ins Blaue hinein« sind wie falsche Angaben zu bewerten.[731]

789 Die Auskunftsobliegenheit ist z.B. (schon) verletzt, wenn der Versicherungsnehmer in der Schadensanzeige verschweigt, dass er das Lenkrad bei dem Versuch, den Fahrersitz zu verstellen, verrissen hat.[732]

---

726 *OLG Celle* VersR 1967, 994; *OLG Hamm* r+s 2005, 102.
727 *BGH* VersR 1963, 457.
728 Dieser Betrag liegt in der Disposition der Versicherer, häufig liegt die Grenze bei 500 €.
729 *OLG Saarbrücken* VersR 2006, 681; *OLG Köln* SP 2007, 155.
730 *OLG Karlsruhe* NVersZ 1999, 275 = r+s 1999, 57 = SP 1999, 23 = zfs 1999, 250; *OLG Celle* r+s 2006, 447; *OLG Saarbrücken* OLGR Saarbrücken 2007, 847.
731 *OLG Köln* r+s 2004, 229; *OLG Karlsruhe* 12 U 9/07.
732 *OLG Saarbrücken* r+s 2004, 231.

Gleiches gilt, wenn der Versicherungsnehmer auf dem Fragebogen seiner Kaskoversicherung wahrheitswidrig die Frage nach Unfallzeugen verneint, seine Freundin jedoch Beifahrerin war.[733] 790

Die Auskunftspflicht des Versicherungsnehmers erfasst auch die Beantwortung oder Offenlegung solcher Fragen bzw. Umstände, die für ihn peinlich oder mit der Gefahr strafrechtlicher Verfolgung verbunden sind,[734] da der Versicherer nicht berechtigt ist, von sich aus diese Angaben der Strafverfolgungsbehörde weiterzugeben.[735] 791

Besondere Bedeutung erlangt die Auskunftsobliegenheit bei der Entwendung von Kraftfahrzeugen, bei der der Versicherer nur selten eigene Erkenntnismöglichkeiten hat[736] und auf die Richtigkeit und Vollständigkeit der Angaben des Versicherungsnehmers angewiesen ist. 792

Eine Vielzahl an Gerichtsurteilen[737] verdeutlicht die Relevanz der Auskunftsobliegenheit in diesem Bereich. 793

### *bb) Vorschäden*

Eine Verletzung der Aufklärungsobliegenheit wurde bejaht, wenn der Versicherungsnehmer auf die Nachfrage des Versicherers, in welcher Werkstatt ein »reparierter Vorschaden« behoben worden ist, wahrheitswidrig angibt, der Name der Werkstatt sei ihm entfallen und eine Rechnung nicht mehr vorhanden,[738] wenn der Versicherungsnehmer Vorschäden nicht oder nicht vollständig genannt hat,[739] selbst wenn der Versicherer die früheren Schäden reguliert hat,[740] er bei der im Schadenanzeigeformular gestellten Frage nach Vorschäden eine Kfz einige verschweigt und nur den letzten Vorschaden mitteilt[741] oder die Frage nach unreparierten Vorschäden mit »nein« beantwortet, obwohl das Kfz im Frontbereich einen Wildschaden erlitt, welcher nicht repariert wurde.[742] 794

Die im Schadenanzeigeformular gestellte Frage nach Vorschäden des versicherten Fahrzeuges ist aus der Sicht eines durchschnittlichen Versicherungsnehmers nur so zu verstehen, dass nach sämtlichen Vorschäden und nicht nur nach dem letzten Vorschaden gefragt wird. Der Versicherungsnehmer kann nicht geltend machen, er habe den Unfall vergessen, wenn das Schadensereignis lediglich drei Jahre zurückliegt und vom Versicherungsnehmer selbst verursacht wurde.[743] 795

Auch falsche Angabe des Versicherungsnehmers über eine frühere Unfallbeteiligung des versicherten PKW[744] begründen eine Obliegenheitsverletzung. 796

Eine Obliegenheitsverletzung wurde verneint, wenn der Versicherungsnehmer bei der vom Versicherer gestellten Frage nach der bisherigen Schadensfreiheit des Kfz zwei Unfälle nicht angegeben 797

733 *LG Dortmund* Urt. v. 23.04.2010 – 22 O 171/08.
734 *OLG Köln* VersR 1965, 128; *LG Marburg* SP 2001, 278.
735 *BGH* VersR 1976, 383.
736 *OLG Koblenz* zfs 2002, 82; *OLG Karlsruhe* NVersZ 1999, 275 = r+s 1999, 57 = SP 1999, 23 = zfs 1999, 250; *OLG Koblenz* r+s 2001, 13 = MDR 2000, 1189 = zfs 2000, 452.
737 Siehe zu den wichtigsten Einzelfragen bei falschen Angaben z.B. auch *Staudinger/Halm/Wendt/Kreuter-Lange*, FAKomm-VersR, AKB 2015, Rn. 385 ff.
738 *OLG Düsseldorf* NVersZ 2002, 82 = zfs 2002, 225.
739 *OLG Saarbrücken* zfs 2017, 330 (Arglist bejaht); *LG Berlin* SP 2013, 369 (Arglist bejaht); *OLG Karlsruhe* r+s 2007, 188.
740 Urteil des *LG Coburg* v. 20.02.2002 – 12 O 81/01; Urteil des *OLG Bamberg* Beschl. v. 22.07.2002 – 1 U 51/02; *OLG Naumburg* SP 2000, 320; *OLG Braunschweig* SP 1999, 244; *OLG Stuttgart* r+s 2006, 64.
741 *Schröder* PVR 2002, 107 Anmerkung zum Urteil des *OLG Koblenz* v. 26.05.2000 – 10 U 1627/99; diese Obliegenheitsverletzung kann der Versicherungsnehmer auch nicht dadurch entschuldigen, er sei Halter mehrerer Fahrzeuge und habe den Unfall, welcher den Vorschaden verursachte, vergessen.
742 *LG Coburg* r+s 2006, 16.
743 *OLG Koblenz* MDR 2000, 1190.
744 *OLG Köln* r+s 2000, 55 = SP 1999, 243 = VersR 2000, 224.

hat, diese Unfälle zwar erhebliche Fremdschäden, jedoch nur geringfügige Schäden am eigenen PKW verursacht haben.[745]

798 Verschweigt der Versicherungsnehmer die Vorschäden arglistig, steht auch eine alsbaldige Berichtigung der Leistungsfreiheit des Versicherers nicht entgegen.[746]

**Kürzungsquoten:**

799 Kürzung um 20 %, wenn der Versicherungsnehmer die Höhe eines reparierten Vorschadens mit 108,00 € angibt, ihm aber ein ein Kostenvoranschlag von deutlich mehr als 1.000,00 € vorlag.[747]

*cc) Fahrzeugdaten*

800 Eine Obliegenheitsverletzung wurde bejaht, wenn ein Versicherungsnehmer in seiner Schadensanzeige nach dem Diebstahl eines kaskoversicherten Fahrzeugs den erfragten Kaufpreis überhöht angibt[748] oder den Versicherer nach dem behaupteten Diebstahl nicht wahrheitsgemäß und vollständig über Abstellort, Vorschäden und Gesamtlaufleistung des PKW informiert.[749]

801 Falsche Angaben zur Kilometerlaufleistung, wenn es sich um mindestens 1.000 km handelt und die Abweichung oberhalb von 10 %,[750] um 15 %[751] bzw. 20 %[752] und sogar 50 %[753] liegt oder eine bewusste Falschangabe der Kilometerlaufleistung, wenn diese als »ungefähre« Laufleistung angegeben wird,[754] begründen die Verletzung der Auskunftsobliegenheit ebenso wie die wahrheitswidrige Angabe, einen schriftlichen Kaufvertrag über das versicherte Kfz abgeschlossen zu haben, obwohl diesbezüglich nur mündliche Absprachen vorgelegen haben[755] oder die Angabe eines deutschen Listenpreises, obwohl das Fahrzeug im Wege des Reimports zu einem wesentlich günstigeren Preis erworben wurde.[756] Auch die Vorlage eines nachträglich ausgefertigten, rückdatierten Kaufvertrages nach Entwendung des Kfz stellte eine Verletzung der Aufklärungsobliegenheit dar.[757]

802 Gleiches gilt für die wahrheitswidrige Behauptung, der PKW sei mit einer Wegfahrsperre ausgestattet[758] oder falschen Vortrag des Versicherungsnehmers hinsichtlich der Höhe der begehrten Entschädigung und der Grundlage ihrer Feststellung.[759]

803 Auch die Bezeichnung eines durch Brand zerstörten PKW als »Neuwagen« verletzt die Auskunftsobliegenheit, wenn es sich bei dem Fahrzeug zwar um ein »neu umgebautes« Kfz handelt, dessen wesentliche Teile aber aus dem Baujahr 1982 stammen und dessen Laufleistung 40.000 km betrug.[760]

804 Schließlich gehört auch die Offenbarung eines eventuellen Herausgabeverlangens des Leasinggebers und die Darlegung der vertraglichen Situation eines in Brand geratenen Leasingfahrzeugs zu den –

745 *Schröder*, PVR 2002, 107, Anmerkungen zum Urteil des *OLG Koblenz* v. 26.05.2000 – 10 U 1627/99; *OLG Koblenz* VersR 2000, 355.
746 *OLG Saarbrücken* 5 U 614/07.
747 *LG Nürnberg-Fürth* r+s 2010, 412.
748 *AG Ibbenbüren* zfs 2002, 440; *OLG Saarbrücken* OGR Saarbrücken 2006, 481; *LG Coburg* r+s 2007, 278.
749 *OLG Celle* OLGR Celle 2007, 686; *OLG Köln* r+s 2008, 235; *OLG Saarbrücken* r+s 2008, 238.
750 *BGH* VersR 2007, 173; *OLG Saarbrücken* r+s 2005, 322; *OLG Celle* OLGR Celle 2008, 560; *OLG Köln* r+s 2008, 101.
751 *OLG Köln* PVR 2001, 114.
752 *OLG Bamberg* SP 2000, 320.
753 *OLG Köln* r+s 2007, 316.
754 *LG Neuruppin* SP 1999, 234; *LG Görlitz* zfs 2005, 248, 249.
755 *OLG Schleswig* SP 1999, 208.
756 *OLG Hamm* DAR 2000, 217 = NZV 1999, 383.
757 *OLG Hamm* r+s 2008, 64.
758 *OLG Frankfurt/M.* NVersZ 2000, 181 = VersR 2000, 629.
759 *OLG Koblenz* DAR 2000, 67.
760 *OLG Köln* r+s 1994, 289.

jedenfalls auf Nachfrage des Versicherers – zu erteilenden Auskünften, weil sich daraus Hintergründe und Motivation für eine eventuelle Eigenbrandstiftung ergeben können.[761]

Der *BGH*[762] hat eine Obliegenheitsverletzung bejaht, weil der Versicherungsnehmer nicht die korrekte Zahl der Schlüssel nach dem Diebstahl des Fahrzeugs mitgeteilt hatte. Die falsche Angabe der Anzahl der Schlüssel ist jedoch folgenlos, da der Versicherungsnehmer zu viele Schlüssel angegeben hatte. Ein Nachteil für den Versicherer gab es somit nicht. **805**

*dd) Personendaten*

Die falsche Beantwortung der Frage nach der Vorsteuerabzugsberechtigung[763] stellt eine Obliegenheitsverletzung dar, ebenso unwahre Angaben zum Fahrer im Zeitpunkt des Unfalls,[764] die Nichtangabe von Zeugen trotz deutlicher Frage des Versicherers,[765] die Nichtangabe einer abgegebenen eidesstattlichen Versicherung trotz ausdrücklicher Frage des Versicherers[766] und die wahrheitswidrige Behauptung des Versicherungsnehmers, dass er nicht wisse, wo sich der Unfallbeteiligte vor dem Unfall befunden habe.[767] **806**

Die Mitteilung von Verdächtigungen gehört jedoch niemals zur Aufklärungspflicht.[768] **807**

Der objektive Tatbestand der Aufklärungsobliegenheit ist erfüllt,[769] wenn die Falschangaben zur Kenntnis des beim Versicherer zuständigen Schadensprüfers oder Sachbearbeiters gelangen.[770] **808**

Berichtigt der Versicherungsnehmer die falschen Angaben so schnell, dass diese den Versicherer gar nicht erst erreichen, sondern die korrigierten Angaben dem Versicherer zu dem Zeitpunkt vorliegen, in dem er sich zum ersten Mal mit dem Vorgang befasst, ist der objektive Tatbestand der Obliegenheitsverletzung nicht erfüllt.[771] **809**

Eine Verletzung der Aufklärungsobliegenheit kann folgenlos bleiben, wenn dem Versicherer die aufklärungsbedürftigen Tatsachen bereits bekannt sind[772] und insoweit kein Aufklärungsinteresse des Versicherers mehr besteht.[773] **810**

In diesem Fall wären vertragliche Sanktionen wegen Verletzung der Aufklärungspflicht gegenüber dem Versicherungsnehmer nicht gerechtfertigt. Dass eine anderweitige Kenntnis des Versicherers von den aufklärungspflichtigen Tatsachen gegeben war, hat der Versicherungsnehmer zu beweisen.[774] **811**

Leistungsfreiheit des Versicherers kommt daher nicht in Betracht, wenn der Versicherungsnehmer bei der Schadenanzeige einen Umstand verschweigt, den der Versicherer bereits positiv kennt, weil er z.B. den Vorschaden im Rahmen des laufenden Versicherungsvertrages selbst reguliert hat.[775] **812**

761 *OLG Köln* r+s 2006, 13.
762 *BGH* Urt. v. 06.07.2011 – IV ZR 108/07.
763 *OLG Köln* SP 1999, 318; *OLG Saarbrücken* r+s 2007, 413; *OLG Karlsruhe* r+s 2008, 149; *OLG Köln* r+s 2008, 236.
764 *OLG Köln* VersR 2003, 57 = r+s 2003, 10; *OLG Köln* zfs 2002, 585.
765 *KG* NVersZ 1999, 527.
766 *OLG Celle* r+s 2008, 100.
767 *OLG Hamm* r+s 1998, 363.
768 *BGH* NJW-RR 1998, 600 = NJW-VHR 1998, 147 = NZV 1998, 201 = r+s 1998, 228 = VersR 1998, 447 = zfs 1998, 340.
769 *BGH* NVersZ 2002, 122.
770 Siehe auch *OLG Hamm* VersR 2000, 577 = NVersZ 2000, 179 = NJW-RR 2000, 560 = SP 2000, 96.
771 *OLG Stuttgart* r+s 2006, 65.
772 *OLG Hamm* r+s 2012, 288; *OLG Hamm* VersR 2000, 577; *OLG Hamm* r+s 2005, 192.
773 *BGH* VersR 1993, 1089 = NJW 1993, 2807; *OLG Hamm* zfs 1993, 161; *OLG Köln* OLGR 1997, 350; *KG* 2002, 703.
774 *OLG Köln* r+s 2007, 100.
775 *BGH* DAR 2007, 583.

Kenntnis hat der Versicherer von einem Vorschaden auch dann, wenn er im Haus des Versicherers bei der Neuanlage im Schadensystem dem Sachbearbeiter automatisch angezeigt wird.[776]

813 Etwas anderes gilt, wenn der Versicherer nach Eingang des Schadensformulars Kenntnis der aufklärungsbedürftigen Tatsachen nur deshalb erlangt, weil der Sachbearbeiter im Rahmen der Erstbearbeitung des Schadensfalls die fraglichen Angaben im Schadensformular anhand von Datenbeständen überprüft.[777]

814 Daher lassen auch die Erkenntnismöglichkeiten des Versicherers in der Uniwagnis-Datei die Aufklärungsobliegenheit des Versicherungsnehmers nicht entfallen.[778] Grundsätzlich sind dem Versicherer die Daten, die in Datenbanken gespeichert sind, nur dann als bekannt zuzurechnen, wenn Anlass bestand, diese Daten abzurufen.[779]

815 Der Versicherungsnehmer, der vorsätzlich falsche Angaben macht, kann sich später nicht damit verteidigen, der Versicherer habe den zutreffenden Sachverhalt noch rechtzeitig genug erfahren bzw. habe sich die erforderlichen Informationen anderweitig, zum Beispiel aus seinen Datenbeständen beschaffen können.

816 Das Aufklärungsinteresse des Versicherers ist aber erst »erloschen«, wenn ihm detaillierte Kenntnis über die aufklärungsbedürftigen Tatsachen vorliegen, Verdachtsmomente alleine genügen nicht.[780]

817 Der Versicherungsnehmer kann vorsätzlich falsche Angaben nachträglich korrigieren, um durch die freiwillige Berichtigung der Falschangaben die Leistungsfreiheit abzuwenden.[781]

818 Dies gilt nur, wenn der Versicherungsnehmer den wahren Sachverhalt freiwillig vollständig und unmissverständlich offenbart und nichts verschleiert oder zurückhält und dem Versicherer noch kein Nachteil entstanden ist.[782]

819 Die Freiwilligkeit ist zu verneinen, wenn ein Versicherungsnehmer sich erst durch Nachfragen des Versicherers zu Korrekturen gezwungen sieht.[783]

820 Die Aufklärungsobliegenheit des Versicherungsnehmers beginnt mit dem Versicherungsfall und endet mit der endgültigen Ablehnung des Versicherungsschutzes durch den Versicherer.[784]

### *ee) Unfallflucht*

821 Nur wenn der Versicherungsnehmer nach einem Unfall am Unfallort verbleibt, können alle für den Kaskoschaden relevanten Tatsachen gesichert werden. Der Verbleib des Versicherungsnehmers am Unfallort soll dem Versicherer die sachgerechte Prüfung seiner Leistungspflicht ermöglichen, wozu auch die Feststellung solcher mit dem Schadensereignis zusammenhängender Tatsachen gehört, aus denen sich seine Leistungsfreiheit ergeben kann.[785]

---

776 *BGH* VersR 2007, 1267.
777 *KG* VersR 2002, 703.
778 *OLG Saarbrücken* r+s 2007, 277; *BGH* DAR 2007, 391.
779 *BGH* DAR 2007, 86.
780 *OLG Hamm* NJW-RR 1990, 1310; *OLG Hamm* zfs 1993, 161; *OLG Köln* VersR 1996, 449 = r+s 1995, 206 = SP 1995, 252.
781 Vgl. hierzu auch *Römer*, DAR 2002, 258.
782 *Halm*, PVR 2002, 184 Anmerkung zum Urteil des *BGH* v. 05.12.2001 – IV ZR 225/00; *BGH* NVersZ 2002, 122.
783 *OLG Düsseldorf* SP 2001, 317; *OLG Köln* zfs 2001, 504; *OLG Köln* NVersZ 2002, 224.
784 *BGH* VersR 1989, 242.
785 *BGH* VersR 2000, 222 = DAR 2000, 113 = MDR 2000, 265 = NJW-RR 2000, 553 = NZV 2000, 204 = r+s 2000, 94 = SP 2000, 94 = zfs 2000, 68; vgl. hierzu auch die beiden ausführlichen Darstellungen von *Mulzer* PVR 2001, 269 und *Jung* PVR 2001, 12.

Gemäß E.1.1.3 AKB 2015 ist der Versicherungsnehmer deshalb verpflichtet alles zu tun, was zur Aufklärung des Schadens dienlich sein kann. Deutlicher als in bisherigen AKB wird der Versicherungsnehmer darauf hingewiesen, dass eine Unfallflucht neben strafrechtlichen auch versicherungsrechtliche Konsequenzen haben kann. **822**

Die Aufklärungsobliegenheit ist i.d.R. verletzt, wenn der Versicherungsnehmer die Unfallstelle verlässt und den objektiven und subjektiven Tatbestand des § 142 StGB erfüllt,[786] soweit nicht lediglich ein Bagatellschaden vorliegt[787] bzw. von einem völlig belanglosen Sachschaden auszugehen ist.[788] Denn das Aufklärungsinteresse des Versicherers wird durch § 142 StGB mittels einer Reflexwirkung geschützt, weil die Strafvorschrift mittelbar auch dem Versicherer zugute kommt, indem er das Ergebnis der polizeilichen Ermittlungen verwerten kann.[789] **823**

Aufgrund der Gleichsetzung der Verletzung der Aufklärungspflicht mit der strafrechtlichen Unfallflucht kann die versicherungsrechtliche Aufklärungspflicht nicht weitergehen als die Pflichten des Unfallbeteiligten aus § 142 StGB.[790] Ist daher an der Unfallstelle niemand in angemessener Zeit bereit, Feststellungen zu treffen, muss der Versicherungsnehmer unverzüglich[791] die nachträglichen Feststellungen ermöglichen, etwa durch eine Meldung bei seinem Versicherer, der Polizei oder dem Geschädigten. **824**

Folglich ist eine Verletzung der Aufklärungsobliegenheit dann nicht gegeben, wenn der Versicherungsnehmer sich erlaubt vom Unfallort entfernt und den Versicherer innerhalb der Frist des § 142 Abs. 2 StGB (»unverzüglich«) zwar nicht die notwendigen Feststellungen bei der Polizei ermöglicht, aber gleichwohl den Versicherer informiert.[792] **825**

Da die Unfallflucht einen Fremdschaden voraussetzt, kann bei einem reinen Eigenschaden am versicherten Fahrzeug schon der objektive Tatbestand des § 142 StGB nicht erfüllt sein.[793] **826**

Ist allerdings ein Mietwagen, ein sicherungsübereignetes oder ein Leasingfahrzeug betroffen, liegt ein Drittschaden und damit eine Wartepflicht i.S.d. § 142 StGB i.d.R.[794] vor, zumindest dann, wenn dem Fremdeigentümer gegen den Fahrer im Schadenfall ein Schadensersatzanspruch zusteht.[795] **827**

Die Beweispflicht für den objektiven und subjektiven Tatbestand der Unfallflucht liegt beim Versicherer.[796] **828**

---

786 OLGR Köln 1995, 101; *BGH* VersR 1998, 389; *BGH* MDR 1996, 1011; OLGR Köln 1999, 151; *OLG Brandenburg* DAR 2007, 643, 644 = r+s 2008, 186.

787 Die Grenze liegt derzeit bei max. 100 € Schaden, das *OLG Köln* geht sogar nur von 25 € aus, vgl. *OLG Köln* zfs 2000, 544.

788 *LG Münster* SP 2012, 299.

789 *Halm*, PVR 2002, 146; *OLG Köln* OLGR 1999, 151; *OLG Hamm* VersR 2004, 104.

790 *AG Essen* SP 2000, 64; *LG Trier* SP 2005, 139.

791 Unverzüglich ist bei einem Nachtunfall die Unterrichtung am nächsten Morgen. Vgl. z.B. *OLG Köln* VersR 1999, 963 = NJW 1999, 3454 = NVersZ 1999, 170 = NZV 1999, 426 = SP 1999, 133.

792 *BGH* NJW 2013, 936 = VersR 2013, 175 = DAR 2013, 79 = MDR 2013, 214 = zfs 2013, 91 = r+s 2013, 61 = SP 2013, 119 = NZV 2013, 179; *OLG Karlsruhe* VersR 2002, 1021 = OLGR 2002, 97 = zfs 2002, 583 mit Anmerkung von *Rixecker*.

793 Vgl. aber *OLG Stuttgart* NJW-RR 2015, 286; *OLG Frankfurt* NZV 2016, 477; *KG* r+s 2016, 73, die die Aufklärungsobliegenheit losgelöst von § 142 StBG sehen und daher auch bei Fehlen eines Fremdschadens eine Obliegenheitsverletzung annehmen wollen (offengelassen, aber dafür tendierend *OLG Koblenz* NJW-RR 2021, 164).

794 So z.B. *OLG Hamm* VersR 1998, 311; a.A. *OLG Karlsruhe* r+s 1993, 128 = VersR 1992, 691 = zfs 1992, 269 = r+s 1993, 6.

795 *OLG Hamm* zfs 1992, 270.

796 Z.B. *OLG Saarbrücken* zfs 2001, 69.

829 Dem Versicherungsnehmer steht der Nachweis offen, dass das Verlassen der Unfallstelle z.B. auf einem Schockzustand[797] beruhte.[798] Allerdings muss er hierbei nachweisen, dass er nach Abklingen des Schocks alles für die Erfüllung der Aufklärungsobliegenheit Erforderliche getan, bzw. nachgeholt hat, z.B. die Polizei informieren und die erforderlichen Angaben nachholen.[799] Ist der Versicherer grundsätzlich leistungsfrei, weil im Fall eines Unfallschocks wegen der eingetretenen zeitlichen Verzögerung Feststellungen zur Fahrtauglichkeit nicht mehr möglich sind, kann der Versicherungsnehmer den Kausalitätsgegenbeweis erbringen, indem er substantiiert darlegt, was er vor dem Unfall zu sich genommen hatte, wo er sich aufgehalten und wie er den Tag bis zum Unfall verbracht hat.[800]

830 Die Leistungsfreiheit wird nicht dadurch tangiert, dass das Strafverfahren gegen den Versicherungsnehmer nach § 153a StPO eingestellt wurde.[801]

831 Häufig stellt eine Unfallflucht auch ein arglistiges Verhalten des Versicherungsnehmers dar, nämlich wenn sich dieser beim Entfernen von der Unfallstelle darüber bewusst ist, dass dies die Schadensregulierung beeinflussen kann.[802] Allerdings wird Arglist noch nicht ohne weiteres durch die Unfallflucht alleine begründet.[803]

### *ff) Veränderung der Unfallspuren/Vereitelung der Nachbesichtigung*

832 Durch die Veränderung der Unfallspuren z.B. am Unfallort (Endstellung des Fahrzeugs) oder am Unfallfahrzeug (z.B. Reinigung des Fahrzeuges nach Wildunfall mit Beseitigung eventueller Wildspuren[804]) erschwert bzw. verhindert der Versicherungsnehmer die Aufklärung der Unfallursache. Durch ein solches Verhalten verletzt er die Aufklärungsobliegenheit.[805] Es wird regelmäßig ein vorsätzliches Verhalten vorliegen.

Einen Fall der Aufklärungspflichtverletzung stellt es dar, wenn die Besichtigung des Fahrzeugs oder von Fahrzeugteilen durch den Versicherungsnehmer unmöglich gemacht oder verweigert wird, oder die Schadensmeldung erst nach Durchführung der Reparatur erfolgt.[806] Der Kausalitätsgegenbeweis dürfte dem Versicherungsnehmer in diesen Fällen kaum möglich sein, da durch sein Verhalten die Feststellung der Schadenshöhe verhindert wurde. Wird im Einzelfall sogar die Grenze zur Arglist überschritten ist ein Kausalitätsgegenbeweis ohnehin nicht möglich.

---

797 Ein Unfallschock wird grds. nur unter außergewöhnlichen Umständen angenommen werden können, wenn z.B. Umstände vorliegen, die erkennen lassen, dass die Geistes- und Willenskraft vollständig aufgehoben sind, vgl. *OLG Celle* SP 2010, 118; *LG Düsseldorf* SP 2011, 229; *AG Essen* SP 2012, 203; *Stiefel/Maier/Maier* AKB E.1 Rn. 102.

798 *OLG Frankfurt* NJW 2001, 77; *OLG Koblenz* zfs 2001, 365.

799 *LG Berlin* SP 2013, 229.

800 *LG Berlin* a.a.O.; lt. *OLG Naumburg* VersR 2013, 178, soll ein Kausalitätsgegenbeweis nach einem unerlaubten Entfernen vom Unfallort grundsätzlich nicht mehr möglich sein. Jedenfalls dürfte dieser nur schwer zu führen sein, vgl. *LG Dresden* SP 2013, 442.

801 *AG Hannover* NVersZ 1999, 396.

802 *BGH* VersR 2009, 968; *LG Saarbrücken* zfs 2010, 630.

803 *LG Bonn* SP 2014, 94; *LG Duisburg* zfs 2013, 391; *LG Offenburg* zfs 2013, 36; *AG Dortmund* r+s 2016, 615; *AG Berlin-Mitte* NZV 2014, 314; wohl auch *LG Dresden* a.a.O.; a.A. *LG Düsseldorf* a.a.O. und MDR 2010, 1319, wonach eine vorsätzliche Unfallflucht stets arglistig sein soll; wohl auch *LG Detmold* NJW-RR 2013, 602 = NZV 2014, 312.

804 *LG Frankfurt* r+s 1987, 276.

805 Urteil des *OLG Karlsruhe* v. 04.03.1998 – 13 U 15/97; *OLG Karlsruhe* SP 1992, 26; *LG Würzburg* SP 1992, 26; *OLG Hamm* BA 1992, 278 = NJW-RR 1992, 165 = NJW 1992, 1517 = r+s 1997, 101 = SP 1992, 26 = zfs 1995, 105.

806 *LG München I* zfs 1993, 88; *LG Köln* r+s 1987, 7; *LG Amberg* zfs 1988, 147; zfs 1987, 88; *AG Bonn* SP 2013, 371; *AG Viersen* SP 2005, 140.

### *gg) Nachtrunk*

Durch den Nachtrunk vereitelt der Versicherungsnehmer die Feststellung, wie hoch sein Blutalkoholgehalt zum Unfallzeitpunkt war, dieser Umstand kann für den Versicherer bei seiner Leistungsentscheidung von Bedeutung sein. Denn durch einen Nachtrunk, also die Zuführung von Alkohol nach dem Unfallereignis, versucht der Versicherungsnehmer, polizeiliche Aufklärungsmaßnahmen zu verhindern.[807] 833

Eine Obliegenheitsverletzung wird jedoch verneint, wenn nach einem Verkehrsunfall ohne Fremdschaden ein Nachtrunk ohne Verschleierungsabsicht eingenommen wird. Es besteht grundsätzlich keine Verpflichtung, sich auf eine nach einem Verkehrsunfall stets denkbare Alkoholkontrolle durch die Polizei einzustellen und etwa jede Alkoholaufnahme so lange zu unterlassen, bis nicht mehr ernsthaft mit einer polizeilichen Kontrolle gerechnet werden muss.[808] 834

### *hh) Einholen von Weisungen des Versicherers*

Gemäß Abschnitt E.1.3.2 AKB 2015 hat der Versicherungsnehmer die Obliegenheit, vor Beginn der Wiederinstandsetzung die Weisung des Versicherers einzuholen, soweit die Umstände dies gestatten und diese zu befolgen, soweit ihm dies zumutbar ist. 835

Durch diese Obliegenheit – zu deren Erfüllung der Versicherungsnehmer selber aktiv werden und die Weisung des Versicherers einholen muss – soll die Feststellung des Schadens ermöglicht und eine voreilige Beseitigung verhindert werden. 836

### *ii) Schadenminderungspflicht*

Nach Abschnitt E.1.1.4 AKB 2015 trifft den Versicherungsnehmer – als Spezialregelung zu § 82 VVG 2008 – die Pflicht, alles zu tun, was zur Abwendung und Minderung des Schadens dienlich sein kann, hierbei hat er auch etwaige Weisungen des Versicherers – soweit zumutbar – zu befolgen. 837

Es stellt keinen Verstoß gegen die Schadenminderungspflicht des Versicherungsnehmers dar, wenn dieser trotz klarer Haftungslage zu seinen Gunsten nicht den Schadenverursacher, sondern seinen eigenen Kaskoversicherer in Anspruch nimmt.[809] 838

Wird der Kasko-Versicherungsnehmer in der Vollkaskoversicherung aufgrund des Schadens hochgestuft, kann er diesen Prämiennachteil als Teil seines Haftpflichtschadens beim Unfallgegner geltend machen.[810] 839

§ 82 VVG 2008 regelt die Folgen einer Verletzung der Rettungsobliegenheit in Anlehnung an § 28 VVG 2008. 840

Neu ist, dass aufgrund der Abschaffung des »Alles – oder – Nichts« Prinzips auch bei Verstößen gegen die Schadenminderungspflicht gequotelt wird. 841

Nur eine vorsätzliche Obliegenheitsverletzung führt zur vollständigen Leistungsfreiheit des Versicherers, bei grob fahrlässiger Obliegenheitsverletzung ist der Versicherer zur Leistungskürzung in einem der Schwere des Verschuldens des Versicherungsnehmers entsprechenden Verhältnis berechtigt. 842

Dem Versicherungsnehmer steht der Kausalitätsgegenbeweis – bis auf den Sonderfall der Arglist – offen. 843

807 *OLG Köln* VersR 1997, 1222; *OLG Köln* VersR 1995, 1182 = zfs 1996, 182; *OLG Frankfurt* r+s 1994, 367 = SP 1994, 425 = VersR 1995, 164 = zfs 1995, 105.

808 *OLG Nürnberg* VersR 2001, 711; *LG Darmstadt* VersR 1999, 1011.

809 *LG Bad Kreuznach* SP 2001, 57; *BGH* DAR 2007, 21.

810 *BGH* DAR 2007, 21.

844 Alle Aufwendungen, die der Versicherungsnehmer in Ausübung der Abwendungs- und Minderungspflicht den Umständen nach für geboten halten durfte, erhält er über § 83 Abs. 1 VVG 2008 ersetzt, auch wenn sie erfolglos bleiben. Bei grob fahrlässiger Obliegenheitsverletzung steht ihm nur Ersatz seiner Aufwendungen entsprechend der zu bildenden Quote zu.

845 Die von der Rechtsprechung insbesondere für Wildschäden auch im Kaskorecht angewandte »Vorerstreckungstheorie« wurde nun in § 90 VVG 2008 (erweiterter Aufwendungsersatz) gesetzlich normiert. Mit dem Wortlaut dieser Vorschrift wird klargestellt, dass der Anspruch auf Rettungskostenersatz schon entsteht, wenn der Versicherungsnehmer einen unmittelbar bevorstehenden Versicherungsfall abwenden will.

## IV. Kürzung bei mehreren Obliegenheitsverletzungen

846 Sollten, was eher selten ist, mehrere Obliegenheitsverletzungen vor dem Eintritt des Versicherungsfalls (z.B. Führerscheinklausel und Trunkenheitsfahrt) zusammentreffen, so sind die daraus resultierenden quotalen Kürzungsbefugnisse des Versicherers nicht zu addieren, da nur eine Handlung vorliegt. Es ist vielmehr eine einheitliche Quote zu bilden.[811]

847 Gleiches gilt für mehrere Obliegenheitsverletzungen nach dem Eintritt des Versicherungsfalls, wenn diese auf ein und derselben Handlung beruhen.

848 Eine Addition der Kürzungsquoten ist somit nur möglich, wenn mehrere Obliegenheitsverletzungen nach dem Eintritt des Versicherungsfalls auf mehreren unterschiedlichen Handlungen beruhen oder aber Obliegenheitsverletzungen vor und nach dem Eintritt des Versicherungsfalls vorliegen.[812]

# F. Umfang der Ersatzleistung

849 Der Abschnitt A.2.5 AKB 2015 regelt den Umfang der vom Versicherer zu zahlenden Ersatzleistung, wenn ein Versicherungsfall in der Teil- oder Vollkasko eingetreten ist.

850 Grundsätzlich werden zwei Abrechnungsarten unterschieden:
- Totalschaden, Zerstörung oder Verlust, A.2.5.1 AKB 2015
- Beschädigung, A.2.5.2 AKB 2015.

851 In vielen Versicherungsbedingungen wurden ergänzende oder abweichende Regelungen zu den Muster-AKB aufgenommen, insbesondere existieren mehrere Varianten zur Neupreisentschädigung. Es ist daher unerlässlich, im konkreten Einzelfall die dem jeweiligen Vertrag zugrunde liegenden AKB heranzuziehen.

852 Die Höhe der Ersatzleistung wird beeinflusst von der Schadenhöhe und dem Versicherungswert des versicherten Fahrzeugs (§ 88 VVG 2008).

853 Nach §§ 88 VVG 2008 gilt, soweit nicht etwas anderes vereinbart ist, als Versicherungswert der Betrag, den der Versicherungsnehmer zur Zeit des Eintritts des Versicherungsfalles für die Wiederbeschaffung oder Wiederherstellung der versicherten Sache in neuwertigem Zustand unter Abzug des sich aus dem Unterschied zwischen alt und neu ergebenen Minderwertes aufzuwenden hat.

854 Als Versicherungswerte im Kaskovertrag kommen mithin sowohl der Wiederbeschaffungswert als auch der Neupreis des Fahrzeugs in Betracht.

811 *Prölss/Martin/Armbrüster*, § 28 VVG, Rn. 224, mit ausführlicher Darstellung der verschiedenen Modelle zur Quotenbildung.

812 *BGH* NZV 2006, 78 = r+s 2006, 100.

## I. Totalschaden, Zerstörung oder Verlust

Übersteigen die Reparaturkosten den Wiederbeschaffungswert des Fahrzeugs, liegt ein wirtschaftlicher Totalschaden vor, A.2.5.1.5 AKB 2015. Diesem ist die vollständige Zerstörung als technischer Totalschaden sowie der Verlust als Unterfall der Entwendung gleichgestellt. **855**

Verlust wird angenommen, wenn der PKW dem Herrschaftsbereich des Versicherungsnehmers entzogen wurde.[813] **856**

Nach Abschnitt A.2.5.1.1 AKB 2015 zahlt der Versicherer in diesen Fällen den Wiederbeschaffungswert unter Abzug eines ggf. vorhandenen Restwertes des Fahrzeugs. **857**

Ansonsten kann der Versicherungsnehmer den Schaden auf Basis der Reparaturkosten abrechnen, wenn die erforderlichen Kosten der Wiederherstellung den Wiederbeschaffungswert nicht übersteigen (A.2.5.2.1 AKB 2015). **858**

### 1. Wiederbeschaffungswert

Der Wiederbeschaffungswert des Fahrzeugs bzw. seiner Fahrzeugteile bildet nach vielen AKB die Entschädigungsobergrenze. **859**

Er ist in A.2.5.1.6 AKB 2015 definiert als der Preis, den der Versicherungsnehmer am Tag des Schadenereignisses aufwenden muss, um ein gleichwertiges gebrauchtes Fahrzeug oder gleichwertige Teile zu erwerben. **860**

Der Wiederbeschaffungswert beinhaltet den Wert des Fahrzeugs mit der Ausstattung ab Händler inklusive aller nachträglich eingebauten, versicherten Zubehörteile. **861**

Zur Berechnung des Wiederbeschaffungswertes ist jeder Vorgang individuell zu betrachten.[814] Als Privatperson kann der Versicherungsnehmer z.B. einen Betrag ansetzen, den er für den Kauf bei einem seriösen Händler in seiner Region zahlen muss. Umsatzsteuer und die Gewinnmarge des Händlers sind nicht abzuziehen.[815] **862**

Kann der Versicherungsnehmer Preisvorteile bei der »Wiederbeschaffung« erlangen, z.B. Rabatte,[816] wird dies berücksichtigt, allerdings nur, soweit diese dem Versicherungsnehmer auch tatsächlich zufließen, wie z.B. ein Barzahlungs- oder Werksangehörigenrabatt.[817] **863**

Steht dem Versicherungsnehmer ein Werksrabatt nur unter bestimmten Voraussetzungen zu, sind diese im Zeitpunkt des Schadensfalles aber gerade nicht erfüllt, muss er nicht um des Rabattes willen warten, bis er wieder einen Rabattanspruch hat. Er kann vielmehr auf der Basis des Einzelhandelspreises abrechnen.[818] **864**

Da PKW-Preise Schwankungen unterfallen, ist für die Höhe des Wiederbeschaffungswertes der Kaufpreis am Schadenstag maßgeblich. **865**

Spätere Preiserhöhungen oder Senkungen haben auf die Höhe der Erstattungsleistung keinen Einfluss, dies ist in A.2.5.1.6 AKB 2015 klargestellt. **866**

---

813 *Feyock/Jacobsen/Lemor/Jacobsen* § 13 AKB Rn. 24.
814 *OLG Köln* SP 1993, 357.
815 *OLG Köln* VersR 1994, 95.
816 Vgl. z.B. *OLG Düsseldorf* NJWE-VHR 1996, 179 = r+s 1996, 428 = zfs 1997, 23; *AG Köln* zfs 1985, 87; *OLG Düsseldorf* VersR 1996, 1136.
817 *LG Oldenburg* zfs 1992, 272; a.A. *OLG Düsseldorf* NJWE-VHR 1996, 179 = VersR 1996, 1136 = r+s 1996, 428 = zfs 1997, 23; der Versicherungsnehmer braucht sich im Zusammenhang mit der Zahlung der Versicherungsentschädigung Vorteile nur und insoweit anrechnen lassen, als sie ihm auch ungeschmälert zugeflossen sind. Insofern kann der Werksangehörigenrabatt auch nur unter Abzug des Steueranteils berücksichtigt werden.
818 *LG Stuttgart* SP 1996, 391.

867 Wurde ein Fahrzeug beschädigt oder zerstört, welches in seiner Art nicht mehr auf dem Markt zu finden ist, kann sich der Wiederbeschaffungswert ausnahmsweise danach richten, wie teuer ein Nachbau wäre.[819] Keineswegs gilt dies für alle »Oldtimer«, da auch für solche Fahrzeug ein konkreter Markt, welcher durch Angebot und Nachfrage bestimmt wird, besteht. Das reine Affektionsinteresse ist gerade ein Bestandteil des Wiederbeschaffungswertes bei Oldtimern.[820]

868 Der Versicherer kann den Wiederbeschaffungswert eines älteren Fahrzeugteils anhand des Kaufpreises für vergleichbare gebrauchte Teile ermitteln, wenn es einen Gebrauchtmarkt gibt. Existiert ein solcher Markt nicht, hat der Versicherer Ersatz auf der Grundlage des Neupreises zu leisten.[821]

869 Bei der Ermittlung des Wiederbeschaffungswertes für Leasingfahrzeuge wird auf die Verhältnisse des Leasinggebers, nicht auf die des Leasingnehmers abgestellt. Ist der Leasinggeber zum Vorsteuerabzug berechtigt, muss der Versicherer die auf die Entschädigungsleistung entfallende Mehrwertsteuer nicht erstatten.[822]

## 2. Neupreisentschädigung

870 Bis 1993 war in der aufsichtsamtlich genehmigten AKB eine Neuwertentschädigung geregelt. Erlitt das versicherte Fahrzeug innerhalb der beiden ersten Jahre nach der Erstzulassung einen versicherten Schaden, erhöhte sich die Höchstentschädigung auf den Neupreis des Fahrzeugs. In den nachfolgenden Regelungen bis zur AKB 2008 war grundsätzlich keine Neupreisentschädigung mehr enthalten. Die Höchstentschädigung wurde durch den Wiederbeschaffungswert begrenzt.

871 Dem Bedürfnis der Versicherungsnehmer folgend haben einige Versicherer dennoch eine Neuwertentschädigung angeboten, in den Muster-AKB 2015 sind nunmehr zwei Varianten einer Neupreisentschädigung enthalten (A.2.5.1.2).

872 Die Regelungen in A.2.5.1.2 und A.2.5.1.3 AKB 2015 knüpfen daran an, dass das Fahrzeug eine festzulegende Altersgrenze nicht überschritten hat und sich im Eigentum dessen befindet, der es als Neufahrzeug erworben hat.

873 Als Neupreis wird in A.2.5.1.8 AKB 2015 der Betrag definiert, der vom Versicherungsnehmer für den Kauf eines neuen Fahrzeugs in der Ausstattung des versicherten Fahrzeugs oder – wenn der Typ des versicherten Fahrzeugs nicht mehr hergestellt wird – eines vergleichbaren Nachfolgemodells am Schadentag aufgewendet werden muss.

874 Maßgeblich für den Kaufpreis ist die unverbindliche Empfehlung des Herstellers abzüglich orts- und marktüblicher Nachlässe.

875 Demzufolge bleiben Preiserhöhungen, welche nach dem Schaden eintreten, unberücksichtigt. Rabattansprüche finden nur Berücksichtigung, wenn sie nicht nur am Kauftag, sondern auch am Schadentag orts- und marktüblich sind.

876 Die gängigen Neupreisklauseln setzen voraus, dass das Fahrzeug unmittelbar vom Kraftfahrzeughersteller oder -händler erworben wurde.

877 Ein auf eine juristische Person zugelassener PKW, der aus dem Betriebsvermögen herausgenommen und auf ein Organ oder einen Anteilseigner übertragen wird, erfüllt diese Voraussetzung nicht mehr, es lag vielmehr ein Eigentumswechsel vor, der eine Neupreisentschädigung ausschließt.[823] Dies gilt

819 *LG Köln* r+s 1991, 119.

820 *BGH* VersR 1994, 554 = NJW 1994, 1290 = DAR 1994, 239 = zfs 1994, 216 = NZV 1994, 224.

821 VersOmbudsmann r+s 2007, 415.

822 *OLG Düsseldorf* DAR 1999, 68.

823 *OLG Köln* zfs 1985, 25; *OLG Koblenz* r+s 1992, 402 = NZV 1993, 440; *OLG Hamm* VersR 1994, 593 = zfs 1993, 379 = r+s 1993, 366 = OLGR 1993, 292; bei der Sicherungsübereignung hingegen ist die Neupreisentschädigung nicht ausgeschlossen. Dies liegt daran, dass die Sicherungsübereignung eher

auch dann, wenn der neue Eigentümer das Fahrzeug vorher als Geschäftswagen gefahren hat und es damit wirtschaftlich in derselben Hand bleibt. Die Neupreisregelungen stellen nicht auf eine wirtschaftliche Betrachtungsweise, sondern auf die juristische Eigentumszuordnung ab.

### 3. Wiederherstellungsvorbehalt

Im Rahmen der Neupreisklauseln wird die Entschädigungszahlung häufig davon abhängig gemacht, dass dieser Betrag zur Wiederbeschaffung eines anderen Fahrzeugs bzw. Wiederherstellung des beschädigten Fahrzeugs innerhalb einer bestimmten Frist nach Feststellung der Entschädigung verwendet wird. **878**

Auch in den AKB 2015 ist unter A.2.5.1.3 geregelt, dass die über den Wiederbeschaffungswert hinausgehende Neupreisentschädigung nur gezahlt wird, wenn gesichert ist, das diese innerhalb von zwei Jahren nach ihrer Feststellung für die Reparatur des Fahrzeugs oder den Erwerb eines anderen Fahrzeugs verwendet wird. **879**

Der Anspruch auf die Entschädigung entsteht mithin, wenn der Versicherungsnehmer den Nachweis der erforderlichen Verwendung erbracht hat. Dies kann durch Vorlage eines verbindlichen Reparaturauftrages oder durch Nachweis eines Kaufvertrages erfolgen.[824] **880**

Für die geforderte Sicherstellung der Verwendung der Entschädigung zum Zwecke der Wiederbeschaffung eines Ersatzfahrzeuges reicht es nicht aus, wenn der Versicherungsnehmer kurz vor dem Schadenfall bereits einen neuen PKW bestellt hatte und diesen als Ersatz für den zerstörten PKW dem Versicherer vorweist.[825] **881**

Hat der Versicherer begründete Zweifel an der Richtigkeit des Nachweises, hat er z.B. eine begründete Vermutung, dass der vorgelegte Kaufvertrag lediglich zum Schein abgeschlossen, der Versicherungsnehmer nach Auszahlung des Neupreises das Fahrzeug gar nicht abnehmen muss, ist er berechtigt, die Versicherungsleistung bis zur Erfüllung des Kaufvertrages hinauszuzögern.[826] **882**

Den Versicherungsnehmer trifft keine Pflicht, sich das gleiche Fahrzeugmodell neu zu beschaffen, er kann selbst einen gebrauchten PKW anschaffen und diesen reparieren lassen;[827] unerlässlich ist jedoch, dass der Versicherungsnehmer die gesamte Entschädigungssumme, abzüglich einer eventuellen angefallenen Selbstbeteiligung aufwendet. **883**

Bei einem Leasingfahrzeug kommt es im Rahmen der Neupreisklausel allein auf die Verhältnisse beim Leasinggeber an.[828] Demzufolge erwirbt der Leasingnehmer den Anspruch auf Neupreisentschädigung nur, wenn der Leasinggeber ein vergleichbar teures Fahrzeug erwirbt.[829] Das *OLG Hamm*[830] fordert zusätzlich, dass der Leasingnehmer beim gleichen Leasinggeber ein vergleichbar teures Fahrzeug least. **884**

Werden die Voraussetzungen der Neupreisklausel nicht erfüllt, bleibt die Höhe des Wiederbeschaffungswertes die Obergrenze der Entschädigung. **885**

---

dem wegen § 1205 BGB ungebräuchlichen Pfandrecht als einer Vollrechtsübertragung gleichsteht und dass anderenfalls wegen der den Versicherern bekannten Notwendigkeit einer Sicherungsübereignung beinahe bei jedem finanzierten Autokauf die Neuwertklausel weitgehend leer liefe.

824 So auch *OLG Hamm* VersR 1981, 273; *OLG Hamm* VersR 1984, 1140; *OLG Köln* r+s 1991, 11.

825 *LG Köln* VersR 1984, 1185; a.A. *BGH* NJW 1985, 917 = VersR 1985, 78.

826 *BGH* VersR 1986, 756 = DAR 1986, 316 = MDR 1986, 1005 = NJW 1986, 2645 = DB 1987, 831 = r+s 1986, 224 = zfs 1986, 311.

827 *OLG Hamm* zfs 1991, 168.

828 *BGH* VersR 1993, 1223 = NJW 1993, 2870 = DAR 1993, 385 = BB 1993, 1831 = NZV 1993, 391 = r+s 1993, 329 = zfs 1993, 344; *BGH* NJW 1994, 585 = SP 1994, 127 = zfs 1994, 54; *OLG Köln* VersR 1997, 870; *OLG Karlsruhe* VersR 1990, 1222; *OLG Hamm* VersR 1995, 1348 = zfs 1995, 181 = SP 1995, 50 = r+s 1995, 87 = NJW-RR 1995, 1057 = DAR 1999, 481.

829 *BGH* VersR 1993, 1223 = r+s 1993, 329.

830 *OLG Hamm* r+s 1995, 85.

### 4. Restwert

886 Das beschädigte Fahrzeug bleibt stets im Eigentum des Versicherungsnehmers.

887 Den Restwert des Fahrzeugs, also gemäß A.2.5.1.7 AKB 2015 den Veräußerungswert des Fahrzeugs im beschädigten oder zerstörten Zustand, muss sich der Versicherungsnehmer sowohl beim Wiederbeschaffungswert als auch bei der Neupreisentschädigung anrechnen lassen.

888 Der Versicherer kann eine Weisung erteilen, dass der Versicherungsnehmer das Fahrzeug an einen Aufkäufer verkaufen soll. Diese Weisung muss jedoch so konkret sein, dass der Versicherungsnehmer dieser unschwer nachkommen kann.[831]

## II. Beschädigung

889 Im Fall einer Beschädigung des Fahrzeugs oder seiner Teile werden nach A.2.5.2.1 AKB 2015 die für die Reparatur erforderlichen Kosten bis zu definierten Obergrenzen ersetzt.

890 Wird das Fahrzeug vollständig und fachgerecht repariert, zahlt der Versicherer die hierfür erforderlichen Kosten bis zur Höhe des Wiederbeschaffungswertes (ohne Abzug des Restwerts). Wird das Fahrzeug nicht, nicht vollständig oder nicht fachgerecht repariert, erhält der Versicherungsnehmer die erforderlichen Kosten einer Reparatur bis zur Höhe des um den Restwert verminderten Wiederbeschaffungswertes. Das *OLG Karlsruhe* bejaht eine vollständig ausgeführten Reparatur, wenn alle Arbeiten durchgeführt sind, die technisch erforderlich sind, um die Unfallschäden zu beseitigen, das Fahrzeug also fahrtüchtig und unfallsicher ist.[832]

891 Eine fiktive Abrechnung auf Gutachtenbasis ist möglich.[833] Dabei gelten dieselben Grundsätze wie beim Haftpflichtschaden. Insbesondere darf der Versicherer den Versicherungsnehmer auf eine günstigere Reparaturmöglichkeit verweisen. Dem Versicherungsnehmer steht auh hier der Einwand offen, der Verweis sei unzumutbar, da das Fahrzeug stets in markengebundenen Fachwerkstätten repariert und gewartet worden ist (»scheckheftgepflegt«).[834]

892 Bei der Überlagerung von Altschäden ist der Versicherer leistungsfrei, wenn nicht der Versicherungsnehmer die Abgrenzbarkeit der Alt- von den Neuschäden[835] oder die vollständige und fachgerechte Beseitigung der Altschäden vor Eintritt des neuen Schadens nachweist.[836]

893 Von den Kosten der Ersatzteile bzw. Lackierung wird gemäß A.2.5.2.3 AKB 2015 ein Abzug gemacht, der dem Alter und der Abnutzung dieser Teile entsprechen soll (neu für alt).

894 Der Abzug »neu für alt« ist angebracht, wenn durch den versicherungsfallbedingten Einbau neuer Ersatzteile der Geschädigte Aufwendungen erspart, die er früher oder später selbst getätigt hätte. Ein Abzug »neu für alt« kommt dementsprechend nur bei Teilen in Betracht, die einem Verschleiß unterliegen. Soweit Teile im Allgemeinen die gleiche Lebensdauer wie das Fahrzeug selbst haben, ist ein Abzug nicht gerechtfertigt.[837]

831 *BGH* NJW 2000, 800 = r+s 2000, 107; *OLG Köln* r+s 2004, 453.
832 *OLG Karlsruhe* Urt. v. 21.10.2010 – 9 U 41/10.
833 *BGH* NJW 2016, 314.
834 *BGH* NJW 2016, 314.
835 Vgl. *OLG Dresden*, Urt. v. 16.02.2021 – 4 U 1909/20; *LG Köln*, Urt. v. 08.01.2016 – 16 O 452/14; *LG Düsseldorf* SP 2014, 161; *LG Osnabrück*, Urt. v. 30.10.2013 – 10 O 1419/12.
836 Vgl. *OLG Dresden*, Urt. v. 16.02.2021 – 4 U 1909/20; *OLG Zweibrücken*, Urt. v. 15.06.2011 – 1 U 205/10; *KG*, Beschluss v. 22.03.2010 – 12 U 128/09; *OLG Köln*, Beschluss v. 08.04.2013 – 11 U 214/12.
837 *OLG Karlsruhe* VersR 1993, 1144.

### III. Sachverständigenkosten

Sachverständigenkosten zur Ermittlung der Eintrittspflicht bzw. Schadenhöhe übernimmt der Versicherer gemäß A.2.5.3 AKB 2015 nur, wenn die Beauftragung von ihm veranlasst oder mit ihm abgestimmt war. 895

Hat der Versicherungsnehmer nach einem Kaskoschaden ein Gutachten eingeholt, so sind ihm diese Kosten grundsätzlich nicht zu ersetzen, weil in der Sachversicherung – zu der auch die Kaskoversicherung gehört – keine Privatgutachten ersetzt werden.[838] 896

Wenn der Versicherer allerdings das von dem Versicherungsnehmer eingeholte Gutachten zur Grundlage seiner Entschädigung heranzieht und damit auf die Durchführung des im Folgenden näher beschriebenen Sachverständigenverfahrens verzichtet, muss der Versicherer die Kosten des Gutachtens übernehmen.[839] 897

Hat der Versicherer die Erstellung eines Gutachtens und seine Eintrittspflicht zu Unrecht abgelehnt, befindet er sich mit seiner Leistung in Verzug. In diesem Fall besteht ein Kostenerstattungsanspruch des Versicherungsnehmers für das von ihm eingeholte Gutachten.[840] 898

Hat der Versicherungsnehmer zur Durchsetzung seines Anspruchs aus dem Kaskoversicherungsvertrag einen Rechtsanwalt beauftragt, so sind ihm diese Kosten nur dann zu erstatten, wenn sich der Versicherer schon vorher in Verzug befunden hat.[841] 899

### IV. Mehrwertsteuer

Nach A.2.5.4 AKB 2015 wird die Mehrwertsteuer nur erstattet, soweit diese tatsächlich angefallen ist und keine Vorsteuerabzugsberechtigung besteht. 900

Die Klausel ist nahezu inhaltsgleich mit der Mehrwertsteuerregelung in § 13 Abs. 6 AKB a.F., die ihrerseits aufgrund des eindeutigen, verständlichen Wortlautes und der inhaltlichen Übereinstimmung mit der neuen Fassung des § 249 BGB nicht gegen geltendes Recht verstößt.[842] Die Klausel erfasst sämtliche Fälle, in denen der Versicherer dem Grunde nach Kaskoentschädigung zu leisten hat, also Zerstörung, Beschädigung und Diebstahl.[843] In allen Fällen der fiktiven Schadensabrechnung, sei es, dass die Abrechnung auf Basis eines Kostenvoranschlages, eines Sachverständigengutachtens erfolgt, sei es, dass eine Reparatur oder Ersatzbeschaffung nachgewiesen, der Anfall von Mehrwertsteuer jedoch nicht belegt wird, ist diese nicht zu erstatten.[844] 901

DAllerdings ist der Wiederbeschaffungswert brutto zu ersetzen, wenn der Versicherungsnehmer für die Ersatzbeschaffung mindestens den Brutto-Wiederbeschaffungswert aufgewendet hat, auch wenn hierbei Umsatzsteuer nicht angefallen ist, da A.2.5.4 AKB 2015 aus der Sicht des durchschnittlichen Versicherungsnehmers lediglich die fiktive Abrechnung betrifft.[845] 902

---

838 *AG Köln* r+s 1998, 408 = SP 1998, 365; *AG Köln* SP 1996, 332.

839 *AG Berlin-Mitte* NJW-RR 2005, 758.

840 *BGH* VersR 1998, 1104.

841 *AG Bensheim* zfs 2000, 552; *OLG Hamm* r+s 1989, 248; *AG Recklingen* r+s 1996, 471; *AG Düsseldorf* r+s 1996, 448; *AG Karlsruhe* r+s 1997, 48.

842 VersOmbudsmann r+s 2002, 232; *AG Düsseldorf* r+s 2002, 231; *AG Lebach* DAR 2002, 461; *AG Nürnberg* DAR 2002, 461; *LG Erfurt* zfs 2002, 140; *Maier* NVersZ 2002, 106; *AG Fürth* SP 2002, 69; *AG Karlsruhe* zfs 2001, 553; *AG Aachen* SP 2001, 174; *LG Aachen* SP 2001, 98; *AG Freiburg* zfs 2000, 498; *LG Freiburg* SP 2000, 206; *LG München* NVersZ 2000, 529; *AG Dortmund* r+s 2000, 190; *OLG Celle* 8 W 19/08.

843 *BGH* SP 2006, 61; *OLG Celle*, Beschl. v. 28.03.2008, NJW Spezial 14/2008 = VersR 2008, 1204.

844 Vgl. *Halm/Kreuter/Schwab/Stomper*, AKB-Kommentar, A.2.5.4 AKB Rn. 4.

845 *OLG Celle* r+s 2016, 614; *OLG Saarbrücken* VersR 2009, 924; *Halm/Kreuter/Schwab/Stomper*, AKB-Kommentar, A.2.5.4 AKB Rn. 17f.

## V. Sonderregelung bei Wiederauffinden des Fahrzeugs

903 Nach A.2.5.5.1 AKB 2015 ist der Versicherungsnehmer verpflichtet, das entwendete Fahrzeug zurückzunehmen, wenn dieses innerhalb eines Monats nach Eingang der schriftlichen Schadensanzeige wieder aufgefunden wird und der Versicherungsnehmer es innerhalb des Monatszeitraums mit objektiv zumutbaren Anstrengungen, durch Selbstabholung oder Beauftragung eines Abschleppunternehmens, wieder in Besitz nehmen kann.[846]

904 Diese Rücknahmepflicht besteht auch bei einem Totalschaden. Der Umstand, dass ein Totalschaden vorliegt, hat lediglich Auswirkung auf eine Anrechnung des Restwertes.[847]

905 Die ausschlaggebende Monatsfrist beginnt mit Eingang der Schadensanzeige beim Versicherer.[848] Erforderlich ist eine Schadensanzeige, deren Inhalt den Versicherer in den Stand versetzt, gezielt nach dem Verbleib des Fahrzeugs zu fahnden.[849] Die Regelung in A.2.5.5.1 AKB 2015 will nämlich dem Versicherer die Möglichkeit geben, eine angemessene Zeit lang nach dem Fahrzeug zu suchen und eine Entschädigungsleistung eventuell zu vermeiden. Die Suche nach dem Fahrzeug setzt aber naturgemäß Kenntnisse über die näheren Umstände seines Abhandenkommens voraus. Diese Kenntnisse kann nur eine detaillierte Schadensanzeige vermitteln, nicht aber schon die bloße Mitteilung, dass das versicherte Fahrzeug gestohlen worden ist.

906 Der Begriff »mit objektiv zumutbaren Anstrengungen« wird – in Anlehnung an die Rechtsprechung zum ähnlich lautenden § 13 Abs. 7 AKB a.F. – dahin gehend auszulegen sein, dass das Fahrzeug sich an einem Ort befindet, an dem es dem Versicherungsnehmer zumutbar ist, die Verfügungsgewalt über seinen PKW wiederherzustellen.[850]

907 Es ist sicherlich objektiv zumutbar, dass der Versicherungsnehmer seinen PKW in einer anderen Stadt als dem Entwendungsort (Berlin statt Bochum) abholt,[851] hingegen muss eine »zumutbare Anstrengung« bei einem im Vorderen Orient wiederaufgefundenen Fahrzeug verneint werden.[852]

908 Es muss dem Versicherungsnehmer innerhalb der Monatsfrist noch möglich sein, sein Fahrzeug zu übernehmen.[853] Die Benachrichtigung an einen Versicherungsnehmer eine Woche vor Ablauf der Monatsfrist, sein Fahrzeug sei im Ausland aufgefunden, kann, wenn es sich nicht um das unmittelbar benachbarte Ausland handelt, verspätet sein.

909 Das *LG Detmold* hat die erforderliche Zumutbarkeit abgelehnt, wenn der PKW zwar von der Polizei gefunden wurde, diese aber nicht bereit war, den PKW innerhalb der Monatsfrist herauszugeben.[854]

910 Wird das Fahrzeug innerhalb der Monatsfrist gefunden und ist dem Versicherungsnehmer eine Abholung zumutbar, steht ihm Ersatz für die Kosten einer Bahnfahrkarte 2. Klasse für Hin- und Rückfahrt in einem Bereich von 50–1.500 Kilometer zu, A.2.5.5.2 AKB 2015.

911 Im Fall einer Wiederbeschaffung des Fahrzeugs oder seiner Teile wird für die Zeit des Verlustes keine Nutzungsausfallentschädigung gezahlt. Ein Anspruch auf Reparatur des Fahrzeugs, falls dieses beschädigt wiedergefunden wurde, bleibt natürlich bestehen.

846 *OLG Hamm* VersR 1992, 566; *OLG Köln* VersR 2001, 976.
847 *OLG München* OLGR 1993, 51; der Versicherungsnehmer kann nach Totalschadenbasis abrechnen selbst wenn er das Fahrzeug nicht repariert.
848 Z.B *OLG Köln* VersR 1993, 603 = zfs 1993, 59 = r+s 1992, 366.
849 *OLG Köln* VersR 1987, 1106.
850 *BGH* VersR 1982, 135; *OLG Hamm* r+s 1991, 296; *OLG Celle* VersR 1996, 1360 = NJW-RR 1996, 1176 = NJWE-VHR 1997, 6 = r+s 1996, 92 = zfs 1996, 461.
851 *OLG Hamm* VersR 1992, 566 = zfs 1991, 314.
852 *OLG Frankfurt* VersR 1978, 612.
853 *Prölss/Martin/Knappmann* AKB 2008 A.2.6 ff., Rn. 33.
854 *LG Detmold* zfs 1952, 28.

Nach Ablauf der Monatsfrist werden die entwendeten Gegenstände automatisch Eigentum des Versicherers, A.2.5.5.3 AKB 2015. 912

Dies geschieht rechtstechnisch durch Einigung und Abtretung des Herausgabeanspruchs, da eine Übergabe des gestohlenen Fahrzeugs gerade nicht möglich ist. 913

## VI. Selbstbeteiligung

Von der Entschädigung ist nach A.2.5.8 AKB 2015 die Selbstbeteiligung sofern eine solche vereinbart ist, in Abzug zu bringen. Die Formulierung »bei jedem Schadenereignis« verdeutlicht, dass der Selbstbehalt bei jedem Schadenfall gesondert abzuziehen ist. Tritt z.B. nach einem Vollkaskoschaden bei dessen Reparatur ein weiterer Teilkaskoschaden ein, wird zum einen der Selbstbehalt aus der Vollkasko, aber auch der Selbstbehalt beim Teilkaskoschaden abgezogen. 914

Ob ein einziges oder mehrere verschiedene Schadenereignisse vorliegen, ist nach der Verkehrsanschauung bei natürlicher Betrachtung zu beurteilen.[855] Kommt es z.B. während eines Transports des vollkaskoversicherten Fahrzeuges zu drei verschiedenen Beschädigungen, ist von einem einheitlichen Schadensereignis auszugehen, da auf den einheitlichen Transportvorgang abgestellt wird.[856]

Der zeitliche Zusammenhang spielt bei natürlicher Betrachtungsweise eine untergeordnete Rolle. Fährt ein Fahrzeug z.B. in ein Gewässer und wird erst einen Tag später daraus geborgen, stellt dies ein einheitliches Schadensereignis dar.[857]

Das Ausparken aus einem Carport stellt ein einheitliches Schadensereignis dar, wenn in dessen Zuge bei zwei unmittelbar aufeinander folgenden Rangiervorgängen die hintere Stoßstange und der vordere Kotflügel beschädigt werden.[858] Allerdings könnte auch dagegen argumentiert werden, dass nach jedem Manöver ein neuer Willensentschluss gefasst wurde.[859]

## VII. Nicht ersatzfähige Teile/Kosten

Durch die Regelung in A.2.5.7 AKB 2015 wird ein Entschädigungsanspruch für bestimmte Nachteile und Kosten ausgeschlossen, die mit einem versicherten Ereignis in Zusammenhang stehen. 915

Genannt werden Veränderungen, Verbesserungen, Verschleißreparaturen, Minderungen an Wert, Überführungs- und Zulassungskosten, Verwaltungskosten, Nutzungsausfall[860] oder Kosten eines Mietfahrzeugs. 916

## VIII. Sachverständigenverfahren

Bei Meinungsverschiedenheiten der Vertragsparteien über die Schadenshöhe,[861] den Wiederbeschaffungswert oder den Umfang der erforderlichen Reparaturarbeiten entscheidet nach A.2.6 AKB 2015 ein Sachverständigenausschuss. 917

855 Vgl. auch *Feyock/Jacobsen/Lemor*, AKB, § 13 Rn. 73; *Stiefel/Maier/Meinecke*, AKB A.2. Rn. 729; *Himmelreich/Halm/Bartholomy*, Handbuch des Fachanwalts Verkehrsrecht, Kap. 20 Rn. 206.

856 *AG Bremen* r+s 2013, 377, mit Verweis auf *LG Düsseldorf* r+s 2002, 7.

857 *OLG Hamm* VersR 2013, 491 = SP 2013, 23 = zfs 2013, 34 = r+s 2012, 589.

858 *AG Traunstein* DAR 2014, 276 m.w.N.

859 Vgl. *AG Berlin* SP 2009, 119.

860 *OLG Düsseldorf* r+s 2066, 63.

861 Z.B. wenn der Versicherungsnehmer einen höheren Betrag für die Reparaturkosten behauptet als der Versicherer (wozu er kein gesondertes Sachverständigengutachten vorlegen muss, s. *LG Frankfurt/O.* r+s 2013, 376).

918 Mit diesem Verfahren soll schnell, kostengünstig und kompetent eine Meinungsverschiedenheit der Vertragspartner über die Höhe der Entschädigungsleistung bereinigt werden, es geht nur um die Feststellung des Schadens und die Bezifferung seiner Höhe.[862]

919 Der Sachverständigenausschuss ist zuständig für Meinungsverschiedenheiten über die Höhe des Schadens einschließlich der Feststellung des Wiederbeschaffungswertes und über den Umfang der erforderlichen Wiederherstellungskosten.[863] Die Feststellung des Neupreises[864] eines PKW, die Höhe des Restwertes,[865] als auch Streitigkeiten über die Höhe eines Abzugs neu für alt[866] fallen ebenfalls in die Zuständigkeit des Sachverständigenverfahrens.

920 Den ordentlichen Gerichten vorbehalten bleibt hingegen die Feststellung der Schadensursache, der Eintrittspflicht des Versicherers, der Verletzung von Obliegenheiten oder die Klärung sonstiger Rechtsfragen.[867]

921 Bei dem Sachverständigenverfahren handelt es sich nicht um ein Schiedsgericht i.S.v. §§ 1025 ff. ZPO, sondern um einen Schiedsgutachtenausschuss, auf dessen Tätigkeit die §§ 317 ff. BGB unmittelbare Anwendung finden. Dessen Entscheidung ist weder vorläufig vollstreckbar noch existieren Rechtsmittel hiergegen i.S.d. §§ 1072 ff. ZPO. Soweit in Kaskoversicherungsbedingungen vorgesehen ist, dass ein Sachverständigenverfahren vor Klageerhebung zwingend durchzuführen ist, könnte dies gem. dem 2016 neu eingefügten § 309 Nr. 14 BGB unwirksam sein. Voraussetzung ist, dass das Sachverständigenverfahren als »Verfahren zur außergerichtlichen Streitbeilegung« zu verstehen ist. Dies wird von der Rechtsprechung teilweise abgelehnt,[868] teilweise bejaht.[869] Einen Mittelweg hat das *LG Kleve*[870] im Falle einer entsprechenden Klausel in einem Leasingvertrag gewählt. Danach soll die Klausel nur insoweit unwirksam sein, als sie den Vertragspartner des Verwenders belastet. Diese Lösung hat zur Folge, dass der Versicherungsnehmer nicht auf das Sachverständigenverfahren verwiesen werden darf.

922 Es bleibt abzuwarten, wie sich die Rechtsprechung in dieser Frage weiterentwickelt. Der GdV hat seine Musterbedingungen (AKB 2015) allerdings bereits dergestalt angepasst, dass das Sachverständigenverfahren fakultativ ist, A.2.6.1.[871]

### 1. Zusammensetzung

923 Der Sachverständigenausschuss besteht aus zwei Mitgliedern, von denen je einer vom Versicherer und Versicherungsnehmer benannt wird, A.2.6.2 S.1 AKB 2015.

924 Die Benennung des Sachverständigen erfolgt durch Erklärung gegenüber der anderen Partei. Ein Recht zur Ablehnung des jeweiligen Sachverständigen wegen der Besorgnis der Befangenheit steht den Parteien nicht zu.[872]

925 Das einer Partei zustehende Recht, für das Verfahren einen Sachverständigen ihres Vertrauens zu benennen, bleibt so lange ungeschmälert, als der benannte Sachverständige noch nicht tätig geworden

862 Aber nur die Höhe des Schadens und nicht die Höhe der Deckungspflicht.
863 *OLG Hamm* VersR 1989, 960; vgl. auch den Wortlaut des § 14 Abs. 1 AKB.
864 *OLG Saarbrücken* VersR 1996, 882 = zfs 1996, 462 = r+s 1995, 329; *OLG Stuttgart* VersR 1989, 1114; *AG Karlsruhe* VersR 1982, 668.
865 *AG Hagen* zfs 1991, 314; a.A. Urteil des *AG Köln* v. 10.04.2000 – 262 C 470/99.
866 *LG Hagen* zfs 1988, 396.
867 *AG Düsseldorf* r+s 2002, 58.
868 Vgl. *OLG Düsseldorf*, Urt. v. 16.10.2020 – 4 U 98/18; *LG Dortmund*, Urt. v. 10.01.2019 – 2 O 160/18.
869 *LG Kaiserslautern*, Urt. v. 19.03.2018 – 1 S 115/16.
870 *LG Kleve*, Urt. v. 14.11.2017 – 4 O 194/16.
871 S.o.
872 *LG Frankfurt/O.* r+s 2014, 120.

und das Gutachten nicht erstattet ist.[873] Voraussetzung einer wirksamen Benennung ist jedoch, dass die Benennung der anderen Partei mitgeteilt wird. Der Sachverständige kann selbst seine Benennung der anderen Partei gegenüber nur erklären, wenn er hierzu wirksam bevollmächtigt worden ist.[874]

Die Benennung des eigenen Sachverständigen gegenüber dem anderen Vertragspartner ist keine Obliegenheit, die Nichtbenennung löst keine rechtlich nachteiligen Folgen aus. **926**

Wird der Sachverständige nicht innerhalb einer von der anderen Partei schriftlich gesetzten Frist von 2 Wochen benannt, geht das Benennungsrecht auf die andere Vertragspartei über, A.2.6.2 S. 2 AKB 2015. **927**

*a) Kraftfahrzeugsachverständige*

Als Sachverständige (und Obmann) kommen nur Sachverständige für Kraftfahrzeuge in Betracht, A.2.6.2 S. 1 AKB 2015. **928**

Eine öffentliche Bestellung und Vereidigung wird nicht gefordert, die Personen sollten eine Vorbildung als Ingenieur der Fachrichtung Kraftfahrzeugbau oder Maschinenbauwesen oder als Kraftfahrzeugmeister besitzen, darüber hinaus eine mehrjährige Praxis entweder als Leiter eines Kraftfahrzeug-Reparaturbetriebes oder auf dem Gebiet der Kraftfahrzeugherstellung oder schließlich als freier Gutachter nachweisen können.[875] **929**

Der von einer Vertragspartei benannte Sachverständige wird vorrangig und entscheidend im Interesse seines Auftraggebers tätig.[876] Wegen der Beweiskraft des Gutachtens muss er dieses nach bestem Wissen und Gewissen erstellen. Dieser Anforderung wird in der Regel genügt, wenn eine Person über eine besondere vom Staat anerkannte Sachkunde verfügt. Die im Rahmen des Kasko-Sachverständigenverfahrens tätigen Personen werden in der Rechtsprechung überwiegend staatlich anerkannten Sachverständigen gleichgestellt.[877] **930**

*b) Obmann*

Die beiden ernannten Sachverständigen wählen vor Beginn des Verfahrens einen Obmann. Können sich die beiden Sachverständigen nicht auf einen Obmann einigen, wird dieser durch das zuständige Amtsgericht bestimmt, A.2.6.3 S. 2 AKB 2015. **931**

Zuständig ist das Amtsgericht, in dessen Bezirk der Schaden entstanden ist, § 84 Abs. 2 S. 1 VVG 2008. **932**

Einigen sich die beiden Sachverständigen nicht über die strittigen Punkte, entscheidet der Obmann innerhalb der durch die Sachverständigen ermittelten Werte, A.2.6.3 S.4 AKB 2015. **933**

Der Obmann kann und darf also erst tätig werden, wenn die Abschätzungen der Sachverständigen vorliegen. **934**

---

873 *OLG Nürnberg* NJW-RR 1995, 544 = SP 1996, 254 = VersR 1995, 412; demgegenüber vertritt *Stiefel/Maier/Meinecke* AKB A.2, Rn. 796 die Meinung, dass hierdurch die Objektivität des Sachverständigenverfahrens nicht mehr gewahrt sei, da durch die Abberufung die Partei in der Lage wäre, den Sachverständigen allein aus dem Grunde auszuwechseln, weil sie nach einem Vorgespräch mit ihm nicht mehr an ein für sie günstiges Gutachten glaubt.

874 *Stiefel/Maier/Meinecke* AKB A.2, Rn. 795.

875 *Stiefel/Maier/Meinecke* AKB A.2, Rn. 790.

876 *OLG Nürnberg* NVersZ 2001, 512 = NJW-RR 2001, 1682.

877 Diese Gleichstellung beruht aber vor allem darauf, dass in der Haftpflichtversicherung den Sachverständigengutachten eine Bindungswirkung zukommt, bei der Kaskoversicherung ist dies hingegen gerade nicht gegeben.

### 2. Verfahren

935 Die AKB 2015 enthält keine Regelung, wie das Sachverständigenverfahren abläuft, Form- und Verfahrensvorschriften existieren nicht.

936 Dem Verfahren immanent ist allerdings die Übersendung der Gutachten in schriftlicher Form an die Parteien.

### 3. Kosten

937 Nach A.2.6.4 AKB 2015 werden die Kosten des Sachverständigengutachtens, die sich bei den Sachverständigen grundsätzlich am Zeitaufwand für die Begutachtung orientieren,[878] im Verhältnis des Obsiegens zum Unterliegen von der ein oder anderen Partei getragen.

938 Liegt die Entscheidung letztlich zwischen Angebot der Versicherung und Forderung des Versicherungsnehmers, werden die Verfahrenskosten quotenmäßig verteilt.

939 Diese Quotelung gilt nunmehr auch für die Kosten des Obmanns, soweit sich die im Sachverständigenverfahren tätigen Kraftfahrzeugsachverständigen über die Höhe eines Kaskoschadens nicht einigen können.

### 4. Verbindlichkeit der Feststellungen

940 Ein Sachverständigengutachten ist nach §§ 84 VVG 2008, 319 BGB nicht verbindlich, wenn das Gutachten nachweislich offenbar unrichtig ist.[879]

941 Die Frage der offensichtlichen Abweichung einer Gutachterbewertung von der wirklichen Sachlage wird meist nach dem prozentualen Grad der Abweichung zu anderen sachkundigen – richtigen – Schadensfeststellungen beurteilt. Eine solche erhebliche Abweichung wird angenommen, wenn beide Werte um 20 bis 25 % differenzieren,[880] oder wenn die Entscheidung des Obmanns um ca. 20 % von den tatsächlichen Reparaturkosten abweicht.[881]

942 Eine offensichtliche Unrichtigkeit wird darüber hinaus angenommen, wenn in der Obmannentscheidung nur eine allgemein gehaltene Begründung gegeben wird und eine Auseinandersetzung mit Empfehlungen des Herstellers fehlt.[882]

943 Im Fall einer erheblichen Abweichung hinsichtlich der Höhe des Schadens von der wirklichen Sachlage sind die getroffenen Feststellungen nicht verbindlich.[883]

### 5. Prozessuale Bedeutung des Sachverständigengutachtens

944 In der Praxis treten immer wieder Streitfälle auf, in denen der Versicherungsnehmer ohne Vorschaltung des Sachverständigenverfahrens Leistungsklage gegen den Kaskoversicherer erhebt.

945 Die Durchführung des Sachverständigenverfahrens ist Voraussetzung für die Fälligkeit des Anspruchs des Versicherungsnehmers auf Ersatzleistung aus dem Versicherungsvertrag.[884]

946 Klagt der Versicherungsnehmer vor Durchführung oder Abschluss des Sachverständigenverfahrens und erhebt der Versicherer den Einwand des nicht durchgeführten Sachverständigenverfahrens,

---

878 *AG Hanau* SP 1997, 479.
879 *LG Köln* r+s 2007, 279.
880 *LG Baden-Baden* VersR 1992, 440 = zfs 1992, 415.
881 *LG Landshut* DAR 2000, 70 = NVersZ 2000, 338.
882 *LG Landshut* DAR 2000, 70 = NVersZ 2000, 338; s.a. *OLG Köln* r+s 1998, 405 = zfs 1999, 198.
883 *LG Köln* SP 2000, 29.
884 *OLG Köln* r+s 2002, 188; *OLG Nürnberg* VersR 1995, 412 = NJW-RR 1995, 544; *OLG Saarbrücken* VersR 1996, 882; *LG Frankfurt/O.* r+s 2014, 120; *LG Erfurt* r+s 2013, 375 = zfs 2013, 217; *LG Köln* SP 2003, 106; *AG Köln* SP 1999, 388; SP 2001, 426.

bestreitet er nicht nur die Zuständigkeit des Gerichts für die Feststellung der Höhe der eingeklagten Ansprüche, sondern erhebt gleichzeitig den Einwand der mangelnden Fälligkeit.[885]

Eine solche Klage muss demnach als unbegründet abgewiesen werden.[886] **947**

Der Einwand des nicht durchgeführten Sachverständigenverfahrens muss im Gerichtsverfahren vom **948**
Versicherer erhoben werden, eine Berücksichtigung von Amts findet nicht statt.[887]

Es verstößt nicht gegen Treu und Glauben, wenn der Versicherer sich auf das fehlende Sachverstän- **949**
digenverfahren erstmals nach Erhebung der Zahlungsklage beruft,[888] es verstößt auch nicht gegen Treu und Glauben, wenn der Versicherer seine Eintrittspflicht dem Grunde nach anerkennt, er sich aber nach Meinungsverschiedenheiten zur Schadenshöhe erstmals im Klageverfahren auf das fehlende Sachverständigengutachten beruft.[889]

Die Berufung auf das fehlende Sachverständigengutachten bleibt dem Versicherer aber verwehrt, **950**
wenn er sich in erster Instanz auf die Klage eingelassen hat und den Einwand erst in zweiter Instanz erhebt.[890]

Verzichtet der Versicherer auf den Einwand des fehlenden Sachverständigenverfahrens – der Ver- **951**
zicht des Versicherungsnehmers ist konkludent in der Klageerhebung enthalten – ist davon auszugehen, dass beide Parteien die Zuständigkeit des Sachverständigenausschusses einvernehmlich abbedungen haben.[891]

Ein konkludenter Verzicht auf die Durchführung des Sachverständigenverfahrens ist nicht darin zu **952**
sehen, dass der Versicherer vor Einleitung eines Sachverständigenverfahrens selbst ein Gutachten einholt und auch im Vorfeld über die Schadenshöhe verhandelt hat.[892]

Hat der Versicherer allerdings die Deckung dem Grunde nach abgelehnt, so kann er im Fall seines **953**
prozessualen Unterliegens den Versicherungsnehmer zur Höhe des Schadens nicht mehr auf das Sachverständigenverfahren verweisen,[893] daran ändert auch der Umstand nichts, dass sich die Parteien vor der Ablehnung des Versicherungsschutzes bereits auf die Durchführung des Sachverständigenverfahrens geeinigt und auch Sachverständige benannt hatten.[894]

Ein selbstständiges Beweisverfahren über die Höhe des Schadens soll vor Einleitung des Sachver- **954**
ständigenverfahrens zulässig sein,[895] jedoch nicht mehr nach Einleitung des Verfahrens.[896]

## IX. Entschädigung

### 1. Fälligkeit

Nach § 14 Abs. 1 VVG 2008 werden Geldleistungen des Versicherers fällig mit der Beendigung **955**
der zur Feststellung des Versicherungsfalles und des Umfangs der Leistung notwendigen Erhebung.

---

885 *AG Köln* SP 1995, 52.

886 *LG Köln* VersR 1983, 385; *LG Essen* zfs 1989, 170; *AG Geldern* SP 193, 219 = zfs 1993, 269.

887 Siehe z.B. *OLG Koblenz* NVersZ 1999, 122 = r+s 1998, 397 = zfs 1998, 425 = VersR 1999, 875.

888 *OLG Köln* r+s 2002, 188 = NVersZ 2002, 222 = zfs 2002, 295; etwas anderes gilt jedoch dann, wenn der Versicherer die Leistung schon dem Grunde nach endgültig abgelehnt oder den Versicherungsnehmer seinerseits auf den Klageweg verwiesen hat; *OLG Frankfurt* VersR 1990, 1384.

889 *AG Düsseldorf* r+s 1996, 448.

890 *OLG Düsseldorf* VersR 1956, 587.

891 *OHG Wien* zfs 1996, 338.

892 *OLG Köln* DAR 1997, 53 = NZV 1994, 400 = OLGR 1994, 211 = SP 1995, 309 = zfs 1994, 438.

893 *OLG Hamm* VersR 1986, 567; *OLG Hamm* VersR 1990, 82.

894 *OLG Hamm* MDR 1997, 457 = r+s 1997, 145.

895 *LG München* NJW-RR 1994, 355 = zfs 1994, 217; *OLG Koblenz* MDR 1999, 502.

896 *OLG Hamm* r+s 1998, 102 = zfs 1998, 183; an der fehlenden Fälligkeit des Versicherungsanspruchs vor Durchführung des Verfahrens ändert dies nichts.

956 Nach A.2.7.1 AKB 2015 steht dem Versicherer abweichend von der gesetzlichen Regelung eine Zahlungsfrist von zwei Wochen ab Beendigung der Feststellungen zu.

957 Die zur Herbeiführung der Fälligkeit erforderlichen Feststellungen umfassen die notwendigen Prüfungen und Ermittlungen zum Grunde und zur Höhe des Anspruchs. Sie sind möglich durch Einsicht des Versicherers in die Ermittlungsakten der Polizei,[897] durch die Feststellung der Entschädigungshöhe im Gutachten des Sachverständigenausschusses, durch Anerkenntnis des Versicherers, eine Einigung unter den Parteien oder durch Urteil im ordentlichen Prozess.[898]

958 Nach ständiger Rechtsprechung[899] tritt Fälligkeit sofort ein, wenn der Versicherer dem Grunde oder der Höhe nach einen Zahlungsanspruch des Versicherungsnehmers verweigert, gibt er doch damit zu erkennen, dass er die für ihn erforderlichen Feststellungen getroffen hat.

959 Beruht der Entschädigungsanspruch des Versicherungsnehmers auf einem Entwendungsfall, tritt die Fälligkeit frühestens nach Ablauf der Monatsfrist des A.2.5.5.1 AKB 2015 ein, vgl. A.2.7.3 AKB 2015.

## 2. Vorschusspflichten

960 Nimmt die Feststellung der Schadenhöhe länger als einen Monat in Anspruch, kann der Versicherungsnehmer einen angemessenen Vorschuss auf die Entschädigungsleistung verlangen, wenn der Versicherer seine Zahlungspflicht festgestellt hat und sich die Höhe der Entschädigung nicht innerhalb eines Monats feststellen lässt, A.2.7.2 AKB 2015.

961 Die Vorschusspflichten greift unabhängig davon ein, warum der Versicherer in der Monatsfrist nicht gezahlt hat, allerdings muss die Zahlungsverpflichtung dem Grunde nach feststehen.[900]

962 Der Versicherer muss einen angemessenen Vorschuss auch dann zahlen, wenn das Sachverständigengutachten noch nicht abgeschlossen ist, selbst wenn der Versicherer alles Erforderliche für eine schnelle Durchführung getan hat.[901] Die Vorschusspflichten stellt keine Strafe für den Versicherer dar, sondern dient allein dem wirtschaftlichen Schutz des Versicherungsnehmers.

963 Die Abschlagszahlung darf die vermutlich zu zahlende Gesamtschädigung nicht übersteigen. Als angemessen i.S.d. gleichlaufenden § 13 Abs. 1 S. 2 AKB a.F. definiert das *OLG Koblenz*[902] die Summe, die im Zeitpunkt der Anforderung nach den bis dahin getroffenen Feststellungen von dem Versicherer mindestens zu zahlen ist.

## 3. Verzug

964 Der Versicherer gerät mit der Zahlung der Versicherungsleistung in Verzug, wenn er trotz Fälligkeit und Vorliegen der sonstigen Verzugsvoraussetzungen (Mahnung, Verschulden) nicht zahlt.

965 Der Versicherer gerät auch ohne Mahnung in Verzug, wenn er nicht das seinerseits Erforderliche für eine umfassende Aufklärung des Versicherungsfalls veranlasst. Ihm steht diesbezüglich eine angemessene Frist zu, über deren Länge häufig gestritten wird.[903] Bei komplizierten Sachverhalten und

---

897 *OLG Frankfurt* PVR 2002, 146 = VersR 2002, 566 = zfs 2002, 243.
898 *Stiefel/Maier/Meinecke* AKB A.2 Rn. 823f., m.w.N.
899 Z.B. *BGH* VersR 1990, 153 = NJW-RR 1990, 160.
900 Vgl. z.B. *BGH* VersR 1986, 77; *OLG Koblenz* NVersZ 1999, 332; *OLG Hamm* VersR 1991, 1369 = NZV 1991, 312 = r+s 1991, 222.
901 *OLG Hamm* zfs 1997, 341.
902 *OLG Koblenz* NVersZ 1999, 332 = zfs 1998, 467.
903 *OLG Hamm* VersR 1988, 1038; *LG Köln* VersR 1983, 385; *LG Düsseldorf* zfs 1991, 245; *LG Traunstein* SP 1992, 348.

hohen Entschädigungen kann eine Überlegungsfrist von 2,5 Monaten noch angemessen sein,[904] bei einfach gelagerten Fällen beträgt diese Frist aber lediglich zwei bis drei Wochen.[905]

Kein Verschulden des Versicherers liegt vor, wenn er nicht in vorwerfbarer Weise Zweifel am geltend gemachten Anspruchsgrund hat.[906] Diese Zweifel können sogar auf einen Irrtum, Tatsachen-, als auch Rechtsirrtum, zurückgehen. Rechtsirrtümer sind nur entschuldbar, wenn sie auf eine besonders schwierige Rechtsfrage zurückgehen, die in der Rechtsprechung nicht einheitlich entschieden wird.[907] 966

Nach Verzugseintritt[908] entstandene Anwaltskosten sind als Verzugskosten vom Versicherer zu erstatten,[909] dies galt auch für eine Besprechungsgebühr (nach BRAGO), welche durch ein Gespräch mit der Vollkaskoversicherung angefallen war.[910] 967

Verzugsbegründende Mahnkosten sind nicht erstattungsfähig. Wurde ein Rechtsanwalt vor Verzugseintritt beauftragt, hat der später eingetretene Verzug keinen Einfluss auf die fehlende Erstattungsfähigkeit bereits vorher entstandener Anwaltsgebühren.[911] 968

Auch Nutzungsausfall ist nicht als Verzugsschaden zu ersetzen.[912] 969

## X. Prozessuales

### 1. Klageart

Hat der Versicherer seine Einstandspflicht abgelehnt, kann der Versicherungsnehmer Leistungs- oder Feststellungsklage erheben. 970

Der Versicherungsnehmer ist nicht gehalten, sofort eine Leistungsklage zur erheben, da ihm nicht zugemutet werden kann, dass er auf die Durchführung eines Sachverständigenverfahrens verzichtet.[913] Die Zulässigkeit einer Feststellungsklage, dass der Versicherer dem Grunde nach Versicherungsschutz zu gewähren hat, wird allgemein bejaht, wenn der Versicherer die Einstandspflicht dem Grunde nach abgelehnt hat und nach wie vor die Möglichkeit der Durchführung eines Sachverständigenverfahrens nach A.2.6 AKB 2015 zur Ermittlung der Schadenshöhe gegeben ist.[914] 971

Will der Versicherungsnehmer nicht nur die Leistungspflicht des Versicherers dem Grunde nach, sondern auch zur Höhe gerichtlich feststellen lassen, kann er unmittelbar eine Leistungsklage erheben. 972

Der Einwand mangelnder Fälligkeit durch den Versicherer wegen Fehlen des Sachverständigenverfahrens muss unbeachtlich bleiben, da die Leistung durch seine endgültige Ablehnung fällig geworden ist.[915] 973

### 2. Verjährung

Die Ansprüche aus dem Kaskoversicherungsvertrag verjähren nach altem Recht in zwei Jahren, § 12 Abs. 1 VVG a.F. Die Verjährung beginnt mit dem Schluss des Jahres, in welchem die Leistung verlangt werden kann. 974

904 *AG Mainz* SP 1995, 53.
905 *LG Düsseldorf* zfs 1981, 245.
906 *OLG Köln* SP 1999, 170 = VersR 2000, 96 = VRS 98, 107.
907 *BGH* VersR 1984, 245.
908 *LG Traunstein* SP 1992, 348.
909 *AG Mainz* SP 1995, 53; *AG Ahaus* SP 1992, 291; *LG Kaiserslautern* DAR 1993, 196 = zfs 1993, 279; *AG Recklinghausen* r+s 1996, 471 = SP 1992, 292 = zfs 1991, 199.
910 *AG Bensheim* zfs 2000, 552.
911 *LG Traunstein* SP 1992, 348.
912 *OLG Düsseldorf* NJW-RR 2006, 532 = r+s 2006.
913 *BGH* NJW-RR 1986, 962 = VersR 1986, 675 = MDR 1986, 1006.
914 *OLG Karlsruhe* NVersZ 2000, 337 = SP 1999, 350 = VersR 2000, 176; *Wussow* WJ 1995, 119.
915 *OLG Hamm* VersR 1990, 82; *OLG Hamm* 1986, 567; *Prölss/Martin/Voit* § 84 VVG, Rn. 34.

975 Im VVG 2008 sind keine Verjährungsfristen enthalten, es greifen daher die allgemeinen Vorschriften und damit für die Verjährungsfrist die durch das Gesetz zur Modernisierung des Schuldrechts eingeführte Regelfrist von drei Jahren ein, § 195 BGB.

976 Für den Beginn der Verjährungsfrist ist im Fall strafrechtlicher Ermittlungen gegen den Versicherungsnehmer nicht auf den formellen Abschluss des Ermittlungsverfahrens, sondern auf den Zeitpunkt abzustellen, zu welchem der Versicherer Gelegenheit hatte, durch Akteneinsicht das Ermittlungsergebnis für seine Entscheidung nutzbar zu machen.[916] Die Verjährungsfrist beginnt mit dem Schluss des Jahres zu laufen, in dem diese Feststellungen dem Versicherer möglich sind und der Zahlungsanspruch fällig wird.

977 Nach § 15 VVG 2008 wird die Verjährung – wenn der Anspruch angemeldet wurde – bis zu dem Zeitpunkt gehemmt, zu dem die Entscheidung des Versicherers dem Versicherungsnehmer in Textform zugeht.

### 3. Gerichtsstand

978 Nach L.2.1 AKB 2015 bestimmt sich die örtliche gerichtliche Zuständigkeit für Klagen aus dem Versicherungsverhältnis u.a. durch das Gericht, das für den Wohnsitz des Versicherungsnehmers zuständig ist, vgl. auch § 215 VVG 2008, sowie das Gericht, das für den Geschäftssitz des Versicherers oder dessen zuständige Niederlassung zuständig ist. Dem Versicherungsnehmer steht diesbezüglich ein Wahlrecht zu.

979 Für Klagen von juristischen Personen ist § 215 VVG 2008 nicht einschlägig, da diese keinen »Wohnsitz«, sondern einen »Sitz« haben, § 17 ZPO. Klagen von juristischen Personen sind daher grundsätzlich am Sitz des Versicherers zu erheben.[917]

980 Nach dem Normzweck und vor dem Hintergrund der Formulierung »Klagen aus dem Versicherungsvertrag« in § 215 Abs. 1 VVG ist die Regelung weit auszulegen und erfasst sämtliche Ansprüche, die unmittelbar aus einem bestehenden oder früheren Versicherungsvertrag herrühren, außerdem vorvertragliche, vertragsähnliche, bereicherungsrechtliche und deliktische Ansprüche aus im Zusammenhang mit dem Versicherungsverhältnis oder dessen Anbahnung begangenen unerlaubten Handlungen.[918]

981 Der Gerichtsstand der Agentur nach § 48 VVG a.F. ist im VVG 2008 entfallen.

982 Für Klagen gegen den Versicherungsnehmer ist ausschließlich das Gericht seines Wohnsitzes zuständig, § 215 Abs. 1 S. 2 VVG, L.2.2 AKB 2015.

## XI. Forderungsübergang

983 Nach § 86 VVG 2008 gehen mit Auszahlung der Entschädigung Ansprüche des Versicherungsnehmers gegen Dritte auf den Versicherer über.

984 Ist ein Dritter i.S.d. § 86 VVG 2008 für den Kaskoschaden verantwortlich, gehen vor allem Schadensersatzansprüche des Versicherungsnehmers aus §§ 823 ff. BGB bzw. §§ 7, 18 StVG auf den Versicherer über.

916 *OLG Frankfurt* PVR 2002, 146 = VersR 2002, 566 = zfs 2002, 243.

917 Vgl. *Halm/Kreuter/Schwab/Halm*, AKB-Kommentar, L.2 AKB Rn. 21; *Prölss/Martin/Klimke*, § 215 VVG, Rn. 12; *LG Berlin* VersR 2010, 1629; *LG Fulda* VersR 2013, 481; *LG Hamburg* VersR 2013, 482.

918 Vgl. *Halm/Kreuter/Schwab/Halm*, AKB-Kommentar, L.2 AKB Rn. 18 m.w.N.; *Prölss/Martin/Klimke*, § 215 VVG Rn. 4.

### 1. Kongruenzprinzip

Auf den Versicherer gehen nur solche Schadensersatzansprüche über, die mit der von ihm erbrachten Versicherungsleistung kongruent sind. In der Kaskoversicherung gehen somit nur Ansprüche auf Ersatz des unmittelbaren Sachschadens über. Dies sind im Wesentlichen Reparaturkosten, Wiederbeschaffungswert und Neupreisentschädigung.[919] **985**

Nicht kongruent und damit auch nicht übergangsfähig sind alle Ansprüche die vom Versicherungsschutz der Kaskoversicherung nicht umfasst sind, z.B. Nutzungsentschädigung, Verdienstausfall und Mietwagenkosten. **986**

Obwohl der Kaskoversicherer keine Wertminderung ausgleicht, geht die Rechtsprechung insoweit von einem übergangsfähigen Schaden aus.[920] **987**

Da der durch einen Unfall beschädigte Kraftwagen trotz Behebung der unfallbedingt technischen und ästhetischen Schäden im Verkehr allgemein geringer bewertet werde als ein unfallfreier Wagen, Falle der merkantile Minderwert in den Bereich des Sachschadens und sei daher übergangsfähig.[921] **988**

### 2. Regressverzicht des Kaskoversicherers

Da es in der Kaskoversicherung keine mitversicherten Personen gibt, kann auch der Fahrer, wenn er nicht gleichzeitig Versicherungsnehmer ist, Dritter i.S.d. § 86 VVG 2008 sein. **989**

Nach A.2.8 Abs. 1 AKB 2015 verzichtet der Kaskoversicherer auf Regressansprüche gegen den vom Versicherungsnehmer verschiedenen Fahrer bei schuldloser oder einfach fahrlässiger Herbeiführung des Schadens. **990**

Noch weitgehender ist der Regressverzicht gegen den Fahrer, wenn dieser bei Schadeneintritt mit dem Versicherungsnehmer in häuslicher Gemeinschaft lebt; gegen ihn wird nur bei vorsätzlicher Schadensherbeiführung regressiert, A.2.8 Abs. 3 AKB 2015, § 86 Abs. 3 VVG 2008. **991**

Der unberechtigte Fahrer ist hingegen für jeden auch nur leicht fahrlässig verursachten Kaskoschaden regresspflichtig.[922] **992**

### 3. Quotenvorrecht des Versicherungsnehmers, § 86 Abs. 1 S. 2 VVG 2008

Das Quotenvorrecht des Versicherungsnehmers (auch Differenztheorie genannt) besagt, dass der gesetzliche Forderungsübergang nicht zum Nachteil des Versicherungsnehmers vom Versicherer geltend gemacht werden kann. **993**

Anwendung findet das Quotenvorrecht, wenn einerseits die Versicherungsleistung aus der Kaskoversicherung zur Deckung des Schadens beim Versicherungsnehmer, z.B. wegen einer vereinbarten Selbstbeteiligung nicht genügt, anderseits die Schadensersatzforderung des Versicherungsnehmers gegen den Dritten nicht ausreicht, um den Regressanspruch des Versicherers und die restliche Forderung des Versicherungsnehmers zu befriedigen. **994**

Hat der Versicherungsnehmer einen vertraglichen Selbstbehalt von 2.500,00 €, einen ersatzfähigen Schaden von 5.000,00 € und trägt er an der Unfallverursachung eine Mitverursachungsquote von 50 %, hat er zunächst gegen seinen Kaskoversicherer einen vertraglichen Entschädigungsanspruch in Höhe von 2.500,00 € (Schaden abzüglich Selbstbehalt). **995**

919 *BGH* VersR 1982, 383 = NJW 1982, 829 = DAR 1982, 160.

920 *BGH* VersR 1958, 161 = MDR 1958, 329; *BGH* VersR 1964, 966; *BGH* VersR 1982, 283 = NJW 1982, 827 = DAR 1982, 159 = MDR 1982, 398; der dritte Senat hat diesbezüglich jedoch eine andere Meinung und lehnt einen Übergang ab, vgl. *BGH* VersR 1967, 505 = NJW 1967, 1273.

921 Vgl. hierzu *BGH* VersR 1961, 1043.

922 *OLG Hamm* NJW-RR 1993, 40 = NZV 1993, 71 = zfs 1993, 125.

996 Nach Bewirkung dieser Zahlung ginge der Anspruch des Versicherungsnehmers gegen den Dritten in Höhe der bezahlten 2.500,00 € auf den Versicherer über. Dieser könnte gegen den Verursacher wegen der Mitverursachungsquote seines Versicherungsnehmers nur 50 % der Gesamtschadenhöhe regressiveren, also 2.500,00 €.

997 Dem Versicherungsnehmer stünde bezüglich des Sachschadens kein eigener Anspruch mehr gegen den Unfallbeteiligten zu.

998 Der Versicherer hätte dadurch seine Versicherungsleistung in vollem Umfang regressiert, der Versicherungsnehmer würde aber aufgrund eines Selbstbehaltes auf einem Schaden in Höhe von 2.500,00 € sitzen bleiben.

999 Nach der heute herrschenden Differenztheorie findet der Forderungsübergang auf den Versicherer daher erst statt, wenn der Schaden des Versicherungsnehmers vollständig ausgeglichen wurde. Dieser kann sich also vor dem Versicherer befriedigen, ihm steht ein sog. Quotenvorrecht zu.[923]

1000 Im beschriebenen Sachverhalt findet daher ein Anspruchsübergang auf den Versicherer überhaupt nicht statt.[924]

1001 Die konsequente Anwendung dieser Theorie führt für den Versicherer zu durchaus problematischen Konsequenzen.[925] Er erhält z.B. wegen des vertraglich vereinbarten Selbstbehalts vom Versicherungsnehmer nur eine niedrigere Prämie, trägt aber im Regressfall das gleiche wirtschaftliche Risiko, als wenn er mit dem Versicherungsnehmer keinen Selbstbehalt vereinbart hätte.

1002 Geht ein Regressanspruch gegen grob fahrlässig den Schaden herbeiführende Dritte auf den Versicherer über, findet im Verhältnis zum Regressschuldner eine Quotelung statt. Nach A.2.8 Abs. 2 S. 1 AKB 2015 sieht vor, dass gegen den grob fahrlässig handelnden Fahrer ein Regress in einer dem Umfang des Verschuldens entsprechenden Höhe stattfindet.

923 *LG Düsseldorf* r+s 2008, 12.

924 Berechnungsbeispiele finden sich bei *Bauer* Rn. 1260f.; *Maier/Stadler* Rn. 229; *Himmelreich/Halm/Bartholomy*, Kapitel 20, Rn. 223, 224.

925 Sehr instruktiv hierzu *Ebert/Segger* VersR 2001, 143 ff.; *Müller* VersR 1989, 317.

# Teil 7 Versicherungsbetrug

## Kapitel 24 Betrug in der Kraftfahrtversicherung

### Schrifttum

*Balzer/Nugel*, Observieren und Datenschutz – Rechtliche Grenzen und Verwertbarkeit von Ermittlungsergebnissen, NJW 2013, 3397; *Balzer/Nugel*, Das Auslesen von Fahrzeugdaten zur Unfallrekonstruktion im Zivilprozess, NJW 2016, 193; *Born*, Der manipulierte Unfall im Wandel der Zeit, NZV 1996, 259; *Berz/Burmann*, Handbuch des Straßenverkehrsrechts, Loseblatt 48. Aufl. 2023; *Burmann/Heß/Stahl*, Versicherungsrecht im Straßenverkehr, 2. Aufl. 2010; *Burg/Moser*, Handbuch Verkehrsunfallrekonstruktion 3. Aufl. 2017; *Christensen*, Was ist neu und was bleibt gleich nach der »Maserati«-Entscheidung des BGH?, NZV 2020, 633; *Dannert*, Die Abwehr vorgetäuschter und manipulierter Verkehrshaftpflichtversicherungsansprüche, r+s 1990, 1; *Dannert*, Das Vorschieben eines angeblich gutgläubigen Anspruchsstellers bei betrügerischen Verkehrshaftpflichtansprüchen, NZV 1993, 13; *Eggert*, Beweisprobleme bei behaupteter Unfallmanipulation, r+s- Beil. 2011, 24; *Exter*, Vorschaden und Schadengutachten, NZV 2024, 36; *Fischer Thomas*, Strafgesetzbuch, 71. Aufl. 2024; *Franzke/Nugel*, Unfallmanipulation im Kraftfahrtbereich, NJW 2015, 2071; *Freyberger*, Die Vertretung des Beklagten beim gestellten Unfall aus standesrechtlicher und prozessualer Sicht, VersR 1991, 842; *Fricke*, Der Detektiv als Informant des Versicherers- Zulässigkeit und Grenzen, VersR 2010, 308; *Geigel*, Der Haftpflichtprozess, 29. Aufl. 2024; *Günther*, Betrug in der Sachversicherung, Karlsruhe 2006; *Halm*, Anmerkung zum Urt. *OLG Düsseldorf*, DAR 2008, 345; *Halm/Fitz*, Versicherungsverkehrsrecht 2008/2009, DAR 2009, 437; *Halm/Fitz*, Versicherungsverkehrsrecht 2009/2010, DAR 2010, 437; *Halm/Fitz*, Versicherungsverkehrsrecht 2010/2011, DAR 2011, 437; *Halm/Fitz*, Versicherungsverkehrsrecht 2011/2012, DAR 2012, 437; *Halm/Fitz*, Versicherungsverkehrsrecht 2012/2013, DAR 2013, 447; *Halm/Fitz*, Versicherungsverkehrsrecht 2013/2014, DAR 2014, 439; *Halm/Fitz*, Versicherungsverkehrsrecht 2015/2016, DAR 2015, 437; *Halm/Fitz*, Versicherungsverkehrsrecht 2016/2017, DAR 2017, 438; *Halm/Kreuter/Schwab*, AKB-Kommentar, 3. Aufl. 2024; *Halm/Engelbrecht/Krahe*, Handbuch des Fachanwalts Versicherungsrecht, 6. Aufl. 2018; *Halm/Staab*, Posttraumatische Belastungsstörungen nach einem Unfallereignis, DAR 2009, 677; *Hentschel/König/Dauer*, Straßenverkehrsrecht 47. Aufl. 2023; *Hecker*, Der provozierte Auffahrunfall durch äußerlich verkehrsgerechtes Verhalten – ein Fall des § 315b I Nr. 2 StGB?, DAR 2011, 186; *Heß*, Die Quotenbildung nach dem VVG – Erfahrungen seit 2008, r+s 2013, 1; *Hess/Burmann*, Das neue VVG und der Versicherungsbetrug NJW-Spezial 2007, 399; *Heß/Burmann*, Die Stufenlehre des BGH bei der Entwendung eines Fahrzeugs, NJW-Spezial 2006, 351; *Himmelreich/Halm*, Handbuch Verkehrsrecht, 7. Aufl. 2022; *Höher*, Der Betrug bei Ersatzansprüchen im Personenschaden – Rechtfolgen beim falschen Vortrag des Geschädigten, NZV 2012, 457; *Kääb*, Anwalt-Berufsrecht und Behandlung von Kfz-Schäden NZV 1991, 169; *Kärger*, Kfz-Versicherung nach neuen VVG, 1. Aufl. 2008; *Klein*, RiBGH Dr. Oliver: Beweisverfahren beim Verdacht des manipulierten Unfallgeschehens im Zivilprozess, zfs 4/2020, 188; *Knappmann*, Anmerkungen zu den AKB 2008, r+s 2011 Beilage Heft 4, 54. *Köneke/Müller-Peters/Fetchenhauer*, Versicherungsbetrug verstehen und verhindern, 1. Aufl., 2015; *König*, Manipulierte Verkehrsunfälle Hilden 2001; *Krumbholz*, Rechtsfragen zum manipulierten Unfall, DAR 2004, 67; *Langheid*, Rechtssprechungsübersicht zum Versicherungsrecht 1990/91, NJW 1992, 661; *Langheid*, Nach der Reform: Neue Entwicklungen in der Haftpflichtversicherung, VersR 2009, 1043; *Langheid/Rixecker*, VVG, 7. Aufl. 2022; *Lemcke*, Probleme des Haftpflichtprozesses bei behaupteter Unfallmanipulation, r+s 1993, 121; *Ludovisy/Eggert/Burhoff*, Praxis Straßenverkehrsrecht, 6. Aufl. 2015; *Maschwitz*, Der Vorschaden im Zivilprozess, NZV 2024, 268; *Meschkat/Nauert*, Betrug in der Kraftfahrzeugversicherung, 1. Aufl. 2008; *Münchener Kommentar* zum VVG, 3. Aufl. 2024; *Nell/Schiller*, Erklärungsansätze für vertragswidriges Verhalten von Versicherungsnehmern aus Sicht der ökonomischen Theorie, Universität Hamburg, Institut für Versicherungsbetriebslehre 2002; *Nugel*, Betrugsabwehr bei vorsätzlicher Eigenbrandstiftung in der Kaskoversicherung, DAR 2013, 185; *Nugel*, Das HIS System in der aktuellen Rechtsprechung der Kraftfahrtversicherung, DAR 2015, 348; *Nugel*, Aktuelle Rechtsprechung zum Schadenersatz bei Vorschäden nach einem Verkehrsunfall, zfs 2020, 490; *Nugel*, Aktuelle Entwicklungen zur Betrugsabwehr in der Kraftfahrversicherung, zfs 2023, 124 ff.; *Offenloch*, Die Rechtsprechung des BGH zum Haftpflichtrecht im Straßenverkehr, DAR 2020, 301; *Otting*, Vorschäden als durch das HIS verschärftes Problem, SVR 2013, 132; *Prölss/Martin*, Versicherungsvertragsgesetz 32. Aufl. 2024; *Rixecker*, VVG 2008 – Eine Einführung, V. Rettungsobliegenheiten und -kostenersatz zfs 2007, 256; *Römer/Langheid*, VVG, 7. Aufl. 2022; *Rüffer*, Halbach/Schimikowski, VVG, 5. Aufl. 2024; *Schulz*, Vorschäden in der Unfallregulierung, NJW 2023, 565; *Seemayer*, Zu den Entwendungstatbeständen in der Kfz-Kaskoversicherung, r+s 2010, 6; *Siegel*, Beweisanzeichen für den gestellten Verkehrsunfall, SVR 2017, 281; *Sombeck*, Strategie gegen Schwindler in der Privathaftpflichtversicherung, 1. Aufl. 2017; *Staab*, Betrug in der Kfz-Haftpflichtversicherung 1. Aufl. 1991; Aktuelle Rechtsprechung zum Betrug in der Kfz-

Haftpflichtversicherung, DAR 2019, 434; *Stahl*, Leistungskürzung nach dem VVG in der Kraftfahrtversicherung, r+s 2011 Beilage Heft 4, 115; *Stiefel/Maier*, Kraftfahrtversicherung: AKB, 19. Aufl. 2017; *Van Bühren*, Das versicherungsrechtliche Mandat, 3. Aufl. 2016; *Van Bühren*, Interessenkollision im Haftpflichtprozess, r+s 2019, 6 ff.; *Veit/Gräfe/Gebert*, Versicherungsprozess, 5. Aufl. 2023; *Watzlawik*, Kaskoversicherungsschutz bei Unterschlagung und Abgrenzung der versicherten Entwendung zum Betrug, DAR 2013, 232; *Weber/Schimmelpfennig*, Die Aufdeckung des Kfz-Versicherungsbetruges mittels technischer Beweisführung, VersR 1990, 832; *Wörsdorf/Burg*, Gutachten bei Verdacht auf Versicherungsbetrug, zfs 2006, 310 (Teil 1) und 372 (Teil 2); *Zöller*, Zivilprozessordnung, 35. Aufl. 2024.

**Übersicht**



## A. Einführung

1 Seit dem Bestehen von Versicherungen existiert auch das Begehren, sich durch Versicherungsleistungen ungerechtfertigt zu bereichern. Definieren kann man den Versicherungsbetrug als das Vortäuschen eines Versicherungsfalles zu dem Zweck, Versicherungsleistungen zu erhalten. Der Versicherungsnehmer (VN) oder ein Dritter, der vermeintlich Geschädigte, beansprucht aufgrund willentlicher Fehlinformation des Versicherers (VR) von diesem eine Geld- oder Sachleistung, sodass ein Vermögensschaden eintritt.

2 Gesetzlich normiert findet sich in § 265 StGB der Versicherungsmissbrauch. Danach wird bestraft, wer eine gegen Untergang, Beschädigung, Beeinträchtigung der Brauchbarkeit, Verlust oder Diebstahl versicherte Sache beschädigt, zerstört, in ihrer Brauchbarkeit beeinträchtigt, beiseiteschafft oder einem anderen überlässt, um sich oder einem Dritten Leistungen aus der Versicherung zu verschaffen. Die Strafandrohung lautet auf Freiheitsstrafe bis zu drei Jahren oder Geldstrafe, wenn die Tat nicht in § 263 StGB mit Strafe bedroht ist. Es besteht demnach eine Subsidiarität gegenüber Betrug nach § 263 StGB, wobei der Begriff der »Tat« als prozessuale Tag i.S.d. § 264 StPO zu verstehen ist.[1] Der Versicherungsbetrüger macht sich im Zusammenhang mit den Vorbereitungstaten wie bspw. Brandstiftung, Sachbeschädigung oder Körperverletzung nach dem Strafgesetzbuch mehr-

1 *Fischer*, StGB § 263 Rn. 17.

fach strafbar, und er muss mit mehrjähriger Haftstrafe, zumindest aber einer Geldstrafe rechnen. Beim nachgewiesenen Versicherungsbetrug kommt hinzu, dass die Versicherungsgesellschaft von der Leistung frei wird und der Versicherungsschutz verloren geht (§§ 74 Abs. 2, 78 Abs. 4, 81 VVG). Es besteht ein Rückforderungsanspruch der bereits ausgezahlten Leistung und darüber hinaus können Schadensersatzansprüche des VR gegeben sein.

Dennoch ist der Versicherungsbetrug ein Massenphänomen, das keinen klassischen Tätertypus kennt. 3
Es sind alle gesellschaftlichen Schichten, Altersgruppen oder Geschlechter betroffen. Genauso vielschichtig sind die Erklärungsansätze. Fehlendes Unrechtsbewusstsein und veränderte Moralvorstellungen lassen den Versicherungsbetrug als »Volkssport« oder »Kavaliersdelikt« erscheinen und er wird nicht als kriminelles Verhalten aufgefasst, weil »das machen doch alle«.[2] Entsprechend undifferenziert erfolgt die Täuschung sowohl zum Anspruchsgrund als auch zur Anspruchshöhe. Am häufigsten wird eine unzutreffende Schilderung des Schadensverlaufs, des Abstellortes der versicherten Sache oder deren Verschlusssituation abgegeben. Vor- bzw. Doppelversicherungen werden verschwiegen, um zweimal zu »kassieren«. Die Angabe überhöhter Forderungen oder das Anmelden von vorsätzlich vernichteten Gegenständen als gestohlen wird genauso betrieben, wie die Einreichung gefälschter Anschaffungsbelege oder gar die Vorlage einer Reparaturrechnung ohne dass der Wagen instandgesetzt wurde. Vor einer Fußball WM gehen »zufällig« mehr TV-Geräte zu Bruch als sonst und in Zeiten einer Pandemie wird die (mangels Nachfrage unverkäufliche) Sommerkollektion aus dem Geschäft gestohlen. Selbst vor Verletzungshandlungen zwecks Erlangung der Unfallversicherungssumme oder der Vortäuschung des Todes zwecks Auszahlung der Lebensversicherung,[3] wird nicht zurückgeschreckt. Tipps zur Durchführung lassen sich im Internet finden. Bei den Tätern besteht eine geringe Hemmschwelle, weil Geschädigte lediglich eine große, anonyme Versicherungsgesellschaft mit vermeintlich enormen Geldmitteln sei. Solche Rechtfertigungen sind jedoch ebenso falsch wie kurzfristig gedacht. Die Prämienberechnungen der VR orientieren sich an der Schadenswahrscheinlichkeit. Steigt für die Versicherungswirtschaft also die auszuzahlende Schadenssumme, führt dies früher oder später auch zu einer Erhöhung der Versicherungsprämie. Damit schädigt sich der VN nicht nur selbst, sondern auch jeden anderen VN in der Gemeinschaft.

Nach Untersuchungen des GDV, etwa durch seine Kommission Versicherungsbetrug, steht die 4
Bereitschaft dazu in direktem Zusammenhang mit der Kundenzufriedenheit und der Bindung an das Unternehmen. Ein unzufriedener Kunde ist eher geneigt, einen Schadensfall vorzutäuschen oder eine überhöhte Schadenssumme geltend zu machen. Musste der VN bei seiner letzten, redlichen Schadensmeldung feststellen, dass anstelle des Werbeversprechens des VR kein »Rundumschutz« besteht, sondern eine Ausschlussklausel greift, fühlt er sich betrogen und meint nun durch die neuerliche, unredliche Schadenmeldung wieder einen Ausgleich zu schaffen.[4] Die Versicherungswirtschaft geht davon aus, dass in den Bereichen der Sach-, Haftpflicht- und Kfz-Versicherung ca. 10 % der gemeldeten Versicherungsfälle betrügerischen Hintergrund haben. Der volkswirtschaftliche Schaden in Deutschland wird auf über sechs Milliarden Euro im Jahr geschätzt, davon entfallen rund zwei Milliarden auf die Kfz-Versicherung. Zwar liegt passend zur Hausratversicherung, der einzelne Betrugsfall unter 200 €, die Anzahl der Einzelfälle summiert sich aber. Das Ausmaß des organisierten Versicherungsbetruges nimmt weiter zu, mit bedeutend höheren Einzelschäden je Fall und erkennbaren Strukturen von organisierter Kriminalität. Häufig vom Versicherungsbetrug betroffen sind die private Haftpflichtversicherung, unmittelbar gefolgt von der Hausratversicherung, der Reisegepäckversicherung, der Kfz-Kaskoversicherung vor der Kfz-Haftpflichtversicherung und der Wohngebäudeversicherung.[5] Weniger betroffen sind die Bereiche der Lebensversicherung, wohl aber die Unfallversicherung.

2 *Sombeck*, S. 29.
3 *LG Kiel* v. 10.02.2021 – 5 KLs 597, Js 18481/20.
4 *Prof. H. Müller-Peters* TH Köln, focus 29.01.2016.
5 Gesamtverband der Deutschen Versicherungswirtschaft (*GDV*) *infas quo GmbH, repräsentative Umfrage zum Versicherungsbetrug, 2020*; *Köneke/Müller-Peters/Fetchenhauer*, S. 21.

5 Zur erfolgreichen Betrugsabwehr setzt die Versicherungswirtschaft auf erhöhte Qualifizierung und Spezialisierung der Mitarbeiter. Sie haben spezialisierte Betrugsabwehrreferate eingerichtet und auf Sacharbeiterebene liegen Checklisten vor, etwa entsprechend dem durch den ehemaligen HUK-Verband, jetzt GDV aufgestellten KH-Kriterienkatalog für manipulierte Unfälle. Bei Auffälligkeiten schließt sich dann die Sachverhaltsaufklärung an. Beginnend bei den hausinternen Antrags-, Vertrags- und Regulierungsdokumenten, macht sich der VR auch öffentliche Informationsquellen zugänglich. Zur Einsichtnahme in Ermittlungsakten steht ihm dazu das berechtigte Interesse i.S.d § 475 StPO zu und gegenüber Zivilprozessakten das rechtliche Interesse nach § 299 ZPO/§ 4 InsO. Darüber hinaus kann sich der VR im Rahmen des rechtlich Zulässigen auch eigene Kenntnis verschaffen, etwa durch Zeugenbefragungen oder den Einsatz von Ermittlern. Bei Observationen ist die sog. Sphärentheorie einzuhalten, wonach die Intimsphäre und Privatsphäre tabu sind, die Sozialsphäre (außerhalb Familie oder Wohnung, bspw. Freizeit, Beruf) und die Öffentlichkeitssphäre aber zugänglich sind.[6] Das verdeckte Ermittlungen konkrete, tatsächliche Anhaltspunkte für eine vorsätzliche Pflichtverletzung des VN voraussetzen und jeder Eingriff in das allgemeine Persönlichkeitsrecht verhältnismäßig sein muss, mithin kein anderes, gleichermaßen wirksames, das Persönlichkeitsrecht weniger einschränkendes Mittel zur Verfügung stehen darf, hat die Rechtsprechung wiederholt betont.[7]

Im technischen Bereich soll Betrugserkennungssoftware helfen, manipulierte Vorgänge zu erkennen. Die Versicherungswirtschaft pflegt nicht nur Kontakte zu Kriminalbehörden, sie ist auch Auftraggeber gegenüber privaten Anbietern von Kriminaltechnik. Beginnend bei der Spurenauswertung vor Ort über die analytische Untersuchung von Beweismitteln im Labor bis hin zur Handschriften- und Dokumentenuntersuchung. Mit der sog. »Dokubox« lassen sich auf den zum Zwecke des Schadensnachweises eingereichten Belegen und Quittungen durch Bestrahlung mit verschiedenen Lichtquellen, Veränderungen nachweisen. Bildforensik soll mittels Auswertung von Metadaten erkennen, ob die zum Schadensnachweis eingereichten, digitalen Fotos mit Bildbearbeitungsprogrammen manipuliert wurden. Das automatisierte Verfahren der intelligenten Schadensprüfung (ISP) soll die Schadensakten anhand von Entscheidungslogiken überprüfen.

Nicht zu vergessen das verbandsinterne Hinweis- und Informationssystem (HIS) zur Verhinderung und Aufdeckung von Versicherungsbetrug (Uniwagnis). Das HIS wird seit 01.04.2011 als Auskunftsdatei von der Informa Insurance Risk and Fraud Prevention GmbH, Wiesbaden betrieben.[8] Wird beispielsweise häufig die Rechtschutzversicherung in Anspruch genommen oder ist jemand mehrfach Beteiligter oder auch nur Zeuge von Verkehrsunfallgeschehen, wird dessen Datensatz in die Datei aufgenommen. Die einzelnen Verdachtsmomente werden nach einem Punktesystem bewertet. Wird ein für jede Versicherungssparte spezifischer Stellenwert überschritten, erfolgt ein Eintrag in die Datei. Allerdings erfolgt der Eintrag codiert, sodass nicht auf eine konkrete Person zurück geschlossen werden kann. Erst wenn sich eine Übereinstimmung ergibt, kann ein Datenaustausch unter den beteiligten VR erfolgen.[9] Gerade im Bereich von Vorschäden an Pkw stellen sich die Meldungen im HIS für die Täter als Problem dar, weil die Gerichte immer striktere Anforderung an den Nachweis der tatsächlichen Reparaturdurchführung nach fiktiver Abrechnung beim erneuten Schaden stellen.[10] Nach Eigenangaben nutzen 150 Versicherungen, aber auch die Polizei das System und stellen jährlich rd. 24 Mio. Anfragen. Ein Endverbraucher kann einmal im Jahr kostenlos eine Selbstauskunft einholen.[11] Die Zulässigkeit der Datenübermittlung und das Nichtbestehen eines

6 *Fricke* VersR 2010, 308; *Balzer/Nugel* NJW 2013, 3397.

7 *BGH* v. 15.05.2013 – XII ZB 107/08, NJW 2013, 2668; *OLG Köln* v. 03.08.2012 – 20 U 98/12, VersR 2013, 702.

8 *GDV*, Pressemitteilung vom 12.07.2011.

9 *BGH*, Urt. v. 17.01.2007 – IV ZR 106/06, zfs 2007, 213; *AG Coburg* v. 07.11.2012 – 12 C 179/12.

10 *Otting* NZV 2012, 457; *Nugel* DAR 2015, 348 sowie Rdn. 97; *Schulz* NJW 2023, 565; *Maschwitz* NZV 2024, 268; *Wimber* in: Burmann/Heß/Hühnermann/Jahnke, BGB § 249 Rn. 86–90b.

11 Zum (fehlenden) Anspruch auf Datenlöschung *OLG Hamm* v. 14.02.2018 – 11 U 126/17; *LG Münster* v. 04.08.2017 – 16 O 93/17; *LG Kassel*, 25.02.2014 – 1 S 172/13; *Exter* NZV 2019, 583.

Löschungsanspruchs ergibt sich im Rahmen der gebotenen Gesamtabwägung zwischen Persönlichkeitsinteresse und Informationsinteresse aus dem höheren Stellenwert der Versichertengemeinschaft das Betrugsrisiko zu verringern.[12]

Die nachstehende Darstellung erläutert für den Bereich der Kfz-Versicherung die einzelnen Betrugs- 6
varianten, zeigt Wege zum Erkennen der Verdachtsmomente sowie ihrer Bewertung auf und stellt schließlich die Besonderheiten in der Prozessführung dar.

## B. Betrug in der Kraftfahrzeug-Haftpflichtversicherung

### I. Betrugsvarianten

#### 1. Provozierter Verkehrsunfall

Bei dieser Betrugskonstellation wird die Arglosigkeit eines nicht eingeweihten, mithin nicht vor- 7
sätzlich handelnden Verkehrsteilnehmers ausgenutzt, um diesen, bzw. dessen Haftpflichtversicherer auf Schadensersatz in Anspruch zu nehmen.[13] Hierbei provoziert der angeblich Geschädigte eine Unfallsituation, welche für das Opfer überhaupt nicht vorhersehbar ist, aber auch für den Täter hinsichtlich des Ausmaßes und des gesundheitlichen Gefährdungspotenzials nicht zu steuern ist.[14] Der angestrebte wirtschaftliche Vorteil besteht in der wiederholten Abrechnung von Vorschäden oder Altschäden, welche bisher gar nicht oder nicht fachgerecht repariert wurden.[15] Die gerichtliche Überzeugungsbildung ist auf die rechtfertigende Einwilligung des Provokateurs in die Beschädigung seines Fahrzeuges gerichtet, welche die Rechtswidrigkeit der Rechtsgutverletzung nach § 823 BGB entfallen lässt. Die Einwilligung beruht auf einem Willensentschluss, der bei der Kategorie »provozierter Unfall« in die Tat umgesetzt wird, ohne den Unfallgegner vorher über die Beschädigungsabsicht informiert zu haben.[16] Eine Nichtigkeit der Einwilligung wegen ihrer Sittenwidrigkeit nach § 138 BGB kommt nicht in Betracht.[17] Kann der Nachweis erbracht werden, so hat der Provokateur dem Opfer für dessen Schaden vollumfänglich unmittelbar ohne Schutz seines Haftpflichtversicherers zu haften,[18] da der Unfall für den tatsächlich Geschädigten unvermeidbar war (§ 17 Abs. 3 StVG).[19] Auch kann der Eigentümer des provozierenden Fahrzeuges keine Ansprüche aufgrund der Betriebsgefahr des Fahrzeuges des arglosen Verkehrsteilnehmers erfolgreich verfolgen. Ist nachgewiesen, dass der Unfall durch ein Fahrverhalten des klägerischen Fahrzeuges provoziert wurde, so tritt die Betriebsgefahr des Fahrzeuges des redlichen Verkehrsteilnehmers komplett hinter der erhöhten Betriebsgefahr des provozierenden Fahrzeuges zurück. Liegt keine Identität zwischen Fahrer und Eigentümer vor, bedarf es keines Nachweises einer Absprache bezüglich des provozierten Unfalls.[20]

Provozierte Unfälle finden sich vornehmlich in der Konstellation eines provozierten Auffahrunfalls, der Vorfahrtfalle oder als Spurwechselmethode.

Aber auch durch korrektes Blinken zum Abbiegen links auf eine Tankstelle kurz vor einer Kreuzung kann zum provozierten Unfall führen, wenn dadurch bei den Nachfahrenden der Irrtum erreget

12 *LG Hannover* v. 26.06.2014 – 8 S 62/13; *LG Braunschweig*, SP 2014, 282; *Staab* DAR 2019, 434.
13 *Kaufmann* in: Geigelt Kap. 25 Rn. 14, *Ludovisy/Romm/Walter*, § 12 Rn. 6.
14 *Himmelreich/Halm/Staab*, Kap. 25 Rn. 22.
15 Berz/Burmann, Straßenverkehrsrecht, E Rn. 15, bis zu 80 % Gewinn.
16 *OLG Düsseldorf* v. 18.12.1995 – 1 U 255/94; *OLG Düsseldorf* v. 19.03.2023 – 1 U 99/12; *OLG Schleswig* v. 15.06.2021 – 7 U 204/20.
17 *BGH* v. 13.12.1977 – VI ZR 206/75, BGHZ 71, 339.
18 *Stiefel/Maier*, § 103 VVG Rn. 60.
19 *OLG Hamm* v. 13.01.1994 – 6 U 173/93, NZV 1994, 227; *OLG Hamm* v. 28.04.1997 – 6 U 171/95 VersR 1998, 734 = r+s 2003, 343 = r+s 1997, 327; *OLG Düsseldorf* v. 18.12.1995 – 1 U 255/94, VersR 1997, 337; *OLG Köln* v. 08.05.1998 – 19 U 227/97, VersR 1999, 1166.
20 *KG* v. 30.06.2010 – 12 U 151/09.

werden soll, es würde erst an der Kreuzung links abgebogen werden – worin der BGH strafrechtlich einen gefährlichen Eingriff in dem Straßenverkehr sieht.[21]

### 2. Klassischer abgesprochener Verkehrsunfall

8 Bei dieser Variante führen nach vorheriger genauer Absprache des Unfallverlaufes zwei Personen, die sich zumeist gut kennen, den Zusammenprall zweier Fahrzeuge herbei. Oft organisieren sich Verbrecherbanden, um damit ihren Lebensunterhalt zu bestreiten, was vorrangiger Zweck und Motiv ist.[22] Hierbei achten die Unfallbeteiligten darauf, dass die verursachten Beschädigungen bei erster Betrachtung sowohl plausibel als auch kompatibel erscheinen.[23] Als Unfallörtlichkeit wird der öffentliche Straßenverkehr gewählt. Am Ort des Geschehens wird die Polizei hinzugezogen, um den nötigen offiziellen Anschein zu wahren.[24] Zusätzlich soll noch ein direktes Schuldbekenntnis des vermeintlich alleinigen Unfallverursachers die anschließende Schadensregulierung gegenüber dem VR begünstigen.[25] Den Polizeibeamten wird eine schlüssige Schilderung des Unfallherganges präsentiert, wodurch eine intensive Unfallaufnahme verhindert werden soll. Der vermeintliche Unfallverursacher akzeptiert widerspruchslos ein Verwarnungsgeld und erkennt sein alleiniges Verschulden am Zusammenstoß an.[26] Um nicht durch Unfallhäufigkeit aufzufallen, werden zur Verschleierung Fahrzeuge, Halteranmeldungen und Fahrer gewechselt. Häufig werden die Unfälle selbst von professionellen »Autobumsern« gestellt, welche dann anschließend noch vor dem Erscheinen der Polizei durch unverdächtige Dritte ausgetauscht werden. In den Fällen, in denen kein Aufnahmeprotokoll der Polizei vorliegt, wird der Unfall oft auf einem Privatgelände gestellt, auf dem die Betrüger ungestört die Fahrzeugkollision herbeiführen können. Für die Schadensmeldung an den VR wird der Unfall sodann auf eine für den erdachten Unfallhergang geeignete Straße verlagert.[27]

9 Zu beachten ist, dass es sich bei dem verabredeten Verkehrsunfall um einen »Unfall« i.S.d. § 7 StVG handelt.[28] Die Einwilligung ist, ebenso wie beim provozierten Verkehrsunfall, nach der Rechtsprechung des *BGH* nur ein die Haftung ausschließender Rechtfertigungsgrund.[29] Eine lückenlose Beweiskette zu bilden ist gegenüber professionell handelnden Tätern schwer bis unmöglich. Die Beteiligten sind darauf bedacht, für alle Einzelumstände plausible Erklärungen zu schaffen, sodass das Ereignis wie ein echter Unfall wirkt.[30] Häufen sich jedoch in auffälliger Weise Merkmale, die für gestellte Unfälle typisch sind und bestehen gewichtige Verdachtsgründe, so sind an den Indizienbeweis keine zu strengen Anforderungen zu stellen.[31] Eine Unfallmanipulation kann dadurch auffallen, dass eine außergewöhnliche Häufung von betrugstypischen Umständen, die in ihrem Zusammenwirken vernünftigerweise nur den Schluss zulassen, dass der Eigentümer in die Beschädigung seines Kfz eingewilligt hat, nachgewiesen wird.[32] Es genügt dafür ein für das praktische Leben brauchbarer Grad von Gewissheit, also ein für einen vernünftigen und die Lebensverhältnisse klar überschaubaren Menschen so hoher Grad von Wahrscheinlichkeit, der vernünftigen Zweifeln Schweigen

21 Bei *Hecker* DAR 2011, 186.
22 *Krumbholz* DAR 2004, 67.
23 *Berz/Burmann/Weber*, E. Rn. 20.
24 *Born* NZV 1996, 259; *OLG Celle*, Beschl. v. 03.09.2014 – 14 U 127/14.
25 Himmelreich/Halm/*Staab*, Kap. 25 Rn. 56; *König*, S. 44.
26 *König*, S. 44; *OLG Brandenburg*, Urt. v. 18.12.2008 – 12 U 152/08, juris Rn. 11.
27 *Halm/Fitz* DAR 2016, 439.
28 Himmelreich/Halm/*Staab*, Kap. 25 Rn. 57.
29 *Meschkat/Nauert*, Rn. 259; *KG* v. 16.12.2021 – 22 U 69/21.
30 *OLG Hamm* v. 30.05.2005 – 13 U 30/05, zfs 2005, 539.
31 *Kaufmann* in: Geigel, Kap. 25 Rn. 12; *OLG Köln* v. 19.12.1997 – 19 U 87/97, VersR 1999, 121; *OLG Köln* v. 20.10.2000 – 19 U 207/99, DAR 2000, 67; *OLG Hamm* v. 14.02.2001 – 13 U 194/00, NZV 2001, 374.
32 *BGH* VersR 1978, 862; *OLG Hamm*, NJW-RR 1987, 1239; *KG*, v. 05.02.1990 – 12 U 1033/89, NZV 1991, 73; *OLG Saarbrücken* v. 28.02.2013 – 4 U 406/11 – 126.

gebietet, ohne sie mathematisch lückenlos auszuschließen.[33] Dieser Grad an Gewissheit kann durch eine Häufung von Beweisanzeichen/Indizien, die für eine Manipulation sprechen, begründet werden, sodass das Gericht überzeugt ist, ein gestellter Unfall (eine Einwilligung) liege vor.[34] Dabei ist weniger entscheidend, dass eine ungewöhnliche Häufung von typischen Beweisanzeichen für eine Unfallmanipulation vorliegt. Entscheidend kommt es auf die Werthaltigkeit des einzelnen Beweisanzeichens in der Gesamtschau an.[35]

Besondere Indizwirkung entfaltet ein Umstand dann, wenn es für Ihn bei einem echten Unfall keine nachvollziehbare Erklärung gibt oder wenn dieser Umstand bei einem gestellten Unfall erheblich häufiger vorliegt als bei einem echten Unfall.[36]

Der Anscheinsbeweis für einen manipulierten Unfall wird auch nicht dadurch erschüttert, dass die 10
Schäden an den beteiligten Fahrzeugen kompatibel sind.[37] Etwa wenn die Kompatibilität nur durch ein ungewöhnliches Fahrmanöver zu erklären ist.[38] In der Regel wird das Schadensbild zunächst kompatibel aussehen. Erst im Rahmen eines unfallanalytischen Gutachtens wird der Sachverständige eine fehlende Kompatibilität aufdecken. Teils offenkundig, wenn das am rechten Fahrbahnrand geparkte Fahrzeug durch den Seitenanstoß des Unfallverursachers aus dem fließenden Verkehr gegen den Laternenmast gedrückt worden sein soll, aber weder die Laterne noch die rechte Felge zwangsläufige Spuren zeigen.[39] Teils verdeckt, wenn der angemietete Transporter den Seitenschaden an den geparkten PKW nicht wie vorgetragen im gleichgerichteten Verkehr sondern nur bei Rückwärtsfahrt verursacht haben kann, weil die Spurzeichnung wegen des Wechsels von weichen und harten Karosserieteilen am Geschädigtenfahrzeug unterbrochen ist.[40] Genauso, wenn das vorgetragene Fahrverhalten nicht nachvollziehbar ist, etwa bei einer unklaren Ausweichbewegung.[41] Typisch für eine Unfallmanipulation ist die Verwendung eines alten, geringwertigen bis wertlosen Schädigerfahrzeugs und auf Geschädigtenseite eines zwar einige Jahre alten aber noch hochwertigen Fahrzeugs, gerne mit oberflächlichem aber reparaturkostenintensivem Streifschaden.[42]

### 3. Sonderformen des abgesprochenen Verkehrsunfalls

Die Besonderheit der folgenden, gestellten Unfallkonstellationen besteht darin, dass fremdes Eigen- 11
tum missbraucht wird, um eine Unfallmanipulation herbeizuführen.

#### *a) Berliner Modell*

Diese Betrugsvariante tauchte erstmals Anfang der 1990er Jahre in Berlin mit ca. 250 Fällen auf. 12
Nachdem sie Mitte der 1990er Jahre aufgrund scharfer Kontrolle durch die VR zurückgegangen war, nimmt sie wieder stark zu. Hierbei werden von einem unbeteiligten Dritten kurz zuvor entwendete Fahrzeuge gegen ein vom angeblich Geschädigten geparktes Fahrzeug gefahren. Der Mit-

---

33 *BGH* v. 28.03.1989 – VI ZR 232/88; *BGH* v. 01.10.2019 – VI ZR 164/18.

34 *BGH* v. 13.12.1977 – VI ZR 206/75, VersR 1978, 862; *OLG Frankfurt*, v. 23.05.1996 – 12 U 125/95 VersR 1997, 224; *KG*, v. 06.06.2002 – 12 U 9189/00, VersR 2003, 613; *KG*, v. 24.04.2002 – 12 U 7995/00, VersR 2003, 610; *OLG Hamburg*, v. 08.03.1988 – 7 137/87, VersR 1989, 179. *Halm/Fitz*, DAR 2015, 439.

35 *KG*, KGR 2007, 731; NZV 2008, 153; *OLG Frankfurt a.M.*, NJW-RR 2010, 1689; *OLG Saarbrücken* v. 13.02.2014 – 4 U 59/13; 28.04.2016 – 4 U 96/15; *OLG Naumburg*, NJW-RR 2014, 1056 *OLG Bremen* v. 08.03.2021 – 1 U 48/20.

36 *Veith/Gräfe/Halbach*, § 5 Rn. 339; *OLG Köln* v. 17.11.1999 – 2 U 15/99; *OLG Köln* v. 22.06.2017 – 8 U 19/16.

37 *Himmelreich/Halm/Staab*, Kap. 25 Rn. 62.

38 *OLG Nürnberg*, v. 19.12.2011 – 4 U 2659/10 (LS), DAR 2012, 389.

39 *OLG Hamm* v. 10.03.2015 – 9 U 246/13.

40 *OLG Hamm* v. 22.11.2016 – 9 U 1/16.

41 *LG Duisburg* v. 02.07.2013 – 4 O 345/11.

42 *Born* NZV 1996, 257; *OLG Saarbrücken*, v. 04.12.2017 – 4 U 124/16.

täter fährt, zumeist nachts, mit dem gestohlenen Kfz gegen das geparkte Fahrzeug und beschädigt dieses erheblich. Der Fahrer des entwendeten Fahrzeuges flüchtet nach dem Zusammenstoß von der Unfallstelle und lässt das gestohlene Fahrzeug zurück. Die Flucht wird oft mittels eines geöffneten Fensters sichergestellt, falls die Tür sich nach dem Unfall nicht mehr öffnen lässt.[43] Mit dem zurückgelassenen Fahrzeug wird gewährleistet, dass der Kfz-Haftpflichtversicherer und der Halter feststellbar sind. Zudem wird erreicht, dass eine Verbindung zwischen den Beteiligten nicht hergestellt werden kann. Der große Vorteil für den Betrüger ist, dass ihn die üblichen Nachteile wie Versicherungsrückstufung und Ordnungswidrigkeitsanzeige nicht treffen.[44] Zudem taucht für die Prüfung mit Warndateien nur ein einziger verwertbarer Name, nämlich der des Geschädigten, auf.[45] Widersprüche bei der Unfalldarstellung werden ausgeschlossen.[46] Wird ein Kfz entwendet und verursacht der Dieb anschließen mit dem Kfz einen Unfall, so trifft den (früheren) Halter des entwendetet Fahrzeuges gem. § 7 Abs. 3 S. 1 2. HS. StVG keine Haftung. Er hat mit dem Unfall nichts zu tun und im Allgemeinen gibt es keinen Hinweis dafür, dass er die Entwendung seines Pkw schuldhaft ermöglicht hat. Anderes gilt nur, wenn er die Entwendung durch eigenes Verschulden ermöglicht hat. Demgegenüber ergibt sich die Haftung des Diebes aus § 7 Abs. 1 StVG oder § 7 Abs. 3 S. 1 1. HS. StVG. Da der nicht berechtigte Fahrer mitversichert ist, ist der Kraftfahrzeug-Haftpflichtversicherer auch für den vom Dieb angerichteten Schaden im Außenverhältnis zu dem »Anspruchsteller« eintrittspflichtig (§ 3 S. 1 PflVG i.V.m. § 117 Abs. 1 VVG).[47] Der VR kann sich nur von der Haftung frei zeichnen, wenn entweder festgestellt werden kann, dass der Unfall von dem angeblich Geschädigten mit dem Dieb verabredet war und somit eine Einwilligung in das Unfallgeschehen vorlag,[48] oder aber der Dieb den Schaden vorsätzlich herbeigeführt hat. In diesen Fällen ist der VR, jedenfalls wenn der Halter die Entwendung des Kfz nicht durch sein Verschulden ermöglicht hatte, wegen der vorsätzlichen Herbeiführung des Versicherungsfalls leistungsfrei. Hier muss es dem VR gelingen, den Vollbeweis dafür zu erbringen, dass der Dieb den Versicherungsfall vorsätzlich herbeigeführt hat. Ein solcher Fall ist beispielsweise in dem Urteil des *KG* vom 06.06.2002 gegeben, in welchem durch einen Zeugen beobachtet wurde, wie der unbekannt gebliebene Dieb gegen das am Straßenrand geparkte Kfz des Klägers fuhr, dann ca. 1m zurück setzte und ein weiteres Mal gegen das Kfz des Klägers fuhr.[49] Wird beim »Berliner Modell« die Klage allein wegen vorsätzlicher Schadenszufügung durch den Dieb abgewiesen, und nicht auch wegen Einwilligung des Eigentümers, besteht die Möglichkeit der Inanspruchnahme der Verkehrsopferhilfe nach § 12 Abs. 1 S. 1 Nr. 3 PflVG.[50] Bei einem unermittelt gebliebenen Fahrzeug jedoch besteht nur dann ein Anspruch gegen die Verkehrsopferhilfe, wenn ein tatsächlicher Unfall bewiesen wird.[51] Beim »Berliner Modell« sollte daher die Klageabweisung wenn möglich auf die Einwilligung des Geschädigten gestützt werden. Hier kann der Anscheinsbeweis ausreichend sein, wenn es dem VR gelingt, den Richter anhand verschiedener Indiztatsachen von einer Unfallmanipulation zu überzeugen.[52] Weiterhin ist die Konstellation möglich, dass der (gutgläubige) Eigentümer des geschädigten Pkw nicht identisch mit dem (bösgläubigen) Halter ist. Hier muss geprüft werden, ob das Einverständnis des Halters dem Eigentümer zugerechnet werde kann,[53] so z.B., wenn der wirtschaftliche Eigentümer der Halter des

43 *Born* NZV 1996, 259.
44 Himmelreich/Halm/*Staab*, Kap. 25 Rn. 70.
45 *Born* NZV 1996, 259.
46 *OLG Hamm* v. 28.06.1994 – 9 U 61/94, NZV 1995, 321; r+s 1995, 212.
47 Himmelreich/Halm/*Staab*, Kap. 25 Rn. 70.
48 *KG* v. 24.03.2003 – 12 U 282/01, NZV 2003, 529; *KG* v. 29.04.2002 – 12 U 7995/00, NZV 2003, 87; *OLG Köln* v. 30.06.2000 – 19 U 203/99; *OLG Hamburg*, OLGR 98, 120; *OLG Köln* v. 01.10.1999 – 19 U 48/99; *OLG Celle*, NJW-Spezial 2013, 11.
49 *KG* v. 06.06.2002 – 12 U 9189/00, NZV 2003, 85 = VersR 2003, 613.
50 Himmelreich/Halm/*Staab*, Kap. 25 Rn. 32.
51 *OLG Dresden* v. 21.06.2006 – 14 U 149/05; *OLG Dresden* v. 18.04.2007 – 14 U 176/06.
52 *Veith/Gräfe/Halbach*, § 13 Rn. 342.
53 *Veith/Gräfe/Halbach*, § 13 Rn. 346.

Fahrzeuges ist und lediglich aufgrund steuerlicher Vorteile eine Treuhandabsprache besteht.[54] Gelingt eine Zurechnung des Einverständnisses des Halters für den Eigentümer nicht, kann sich der VR nur der Leistungsverpflichtung entziehen, wenn ihm der Vollbeweis für das Vorliegen der vorsätzlichen, widerrechtlichen Herbeiführung des Versicherungsfalles nach § 103 VVG gelingt.

Typische Indizien, die erste Hinweise für einen Verlauf nach dem Berliner Modell ergeben[55] sind: 13
- Obwohl das entwendete Fahrzeug noch fahrtauglich ist, wird dieses am Unfallort zurückgelassen, der Fahrer entkommt unerkannt.
- Die beschädigten Fahrzeuge gehören der gehobenen Preisklasse an, die Vorschäden aufweisen, die im später eingereichten Gutachten keine Erwähnung finden.
- Der Ort des Pkw-Diebstahls und der Ort der Kollision liegen in unmittelbarer Nähe zueinander.
- Einer der Beteiligten war bereits an einem weiteren Unfall, der nach dem gleichen Schema abgelaufen ist, beteiligt.
- Es wird bei dieser Unfallkonstellation die Nachbesichtigung durch die Versicherung vereitelt und es soll fiktiv abgerechnet werden.[56]

### *b) Mietwagen/Firmenfahrzeuge*

14 Weitere beliebte Methoden betrügerisch gestellter Unfälle sind Unfallkonstellationen unter Zuhilfenahme von Mietfahrzeugen. Bei diesen wird zumeist eine Vollkaskoversicherung bestehen, sodass finanzielle Nachteile des Mieters, sollte er überhaupt seine wahre Identität offenlegen, sich allenfalls auf die vereinbarte Selbstbeteiligung beschränken. Ein hoher Selbstbehalt kann grundsätzlich für eine Unfall-Manipulation sprechende Indizien relativieren.[57] Es kommt hinzu, dass ein angemietetes Fahrzeug für den Verursacher keine weiteren versicherungstechnischen Probleme nach sich zieht. Bei den angemieteten Fahrzeugen, mit welchen ein Verkehrsunfall manipuliert werden soll, handelt es sich neben Pkws häufig um angemietete Kleintransporter und Lastkraftwagen. Diese sind ausreichend stabil und schwer, um einerseits hinreichend lukrative Schäden zu verursachen und andererseits den Fahrer vor Verletzungen zu schützen.[58] Um Unfallmanipulationen mit Mietfahrzeugen aufdecken zu können, sollten die Versicherer bei ihren Prüfungen einen Schwerpunkt auf die Gründe der Anmietung des Unfallfahrzeuges legen. Denn wer ein Mietfahrzeug zur Unfallmanipulation anmietet, hat hinterher oft Schwierigkeiten, die Anmietung plausibel zu begründen. So ließ sich das *OLG Hamm* nicht davon überzeugen, dass ein Möbelwagen wegen vier gekaufter Stühle angemietet wurde.[59] Weitere Indizien für einen gestellten Unfall mittels eines Mietfahrzeuges liegen z.B. vor, wenn die wirtschaftliche Situation an sich die Anmietung eines Fahrzeuges nicht zulässt, eine nur kurze Anfahrstrecke vorliegt, der Grund für die Anmietung des Fahrzeuges nicht realisiert wird und die Anmietung erst kurz vor dem Unfall erfolgt. Hingegen spricht gegen ein betrügerisches Vorhaben, wenn ein plausibler Grund für die Anmietung vorliegt, häufigere Anmietungen in der Vergangenheit erfolgten, das Fahrzeug bereits vor dem Unfalltag mehrere Tage angemietet war und es sich um ein kleineres Mietfahrzeug handelt.[60]

15 Das *Hanseatische Oberlandesgericht*[61] hat es als hinreichendes Beweisanzeichen für einen gestellten Unfall erachtet, wenn ein Miet-LKW mit einem abgestellten Fahrzeug der Luxusklasse kollidiert ist und erhebliche Schäden verursacht hat, wobei das beschädigte Fahrzeug gegenüber einer Parkplatz-

54 *Veith/Gräfe/Halbach*, § 13 Rn. 347.

55 *OLG Düsseldorf*, v. 28.05.2013 – I-1 U 132/12, Schaden-Praxis 2013, 351; *OLG Frankfurt*, v. 25.09.1996 – 19 U 4/96, VersR 1997, 1507; *OLG Hamm*, v. 10.01.1995 – 27 U 151/94, VersR 1996, 519; *König*, S. 47; *Siegel* SVR 2017, 281.

56 *OLG Celle* v. 21.06.2006 – 14 U 149/05; *OLG Celle* v. 18.04.2007 – 14 U 176/06.

57 *OLG Hamm*, NJW-Spezial 2008, 139.

58 *Born* NZV 1996, 262.

59 *OLG Hamm*, r+s 1999, 320; *KG*, Beschl. v. 24.10.2006 – 12 U 32/06, NZV 2007, 360.

60 *Born* NZV 1996, 262; Himmelreich/Halm/*Staab*, Kap. 25 Rn. 72.

61 *Hanseatisches OLG*, OLGR 2001, 283.

ausfahrt abgestellt war und sich eine Kollision bei einem normalen Abbiegen aus der Parkplatzausfahrt nicht erklären lässt. Der Unfall hat sich zudem zur Nachtzeit und Dunkelheit ereignet und die Bekanntschaft des Unfallfahrers mit dem angeblich Geschädigten war nicht auszuschließen. Das beschädigte Fahrzeug wies zudem viele unreparierte Vorschäden auf und wurde kurzzeitig nach dem Unfall unrepariert verkauft.

16 Firmenfahrzeuge sind analog zu Mietwagen zu sehen. Voraussetzung hier ist, dass der Täter Beschäftigter einer Spedition oder einer anderen Firma ist und Zugriff auf ein solches Fahrzeug hat. Der Täter hat keine Aufwendungen für eine Anmietung zu erbringen und muss keine Selbstbeteiligung zahlen. Der eigene Versicherungsvertrag des Täters bleibt unberührt, da die gesamte Schadensabwicklung über den VR des Arbeitgebers läuft.[62]

17 Fahrzeuge, die mit Kurzzeitkennzeichen versehen sind oder von der Schadenfreiheitsklasse befreit sind, bieten für betrügerische Absichten die gleichen Vorteile wie Mietwagen und Firmenfahrzeuge. Das Risiko der versicherungstechnischen Höherstufung ist für den Halter nicht gegeben.

### 4. Ausgenutzter Verkehrsunfall

18 Hierbei handelt es sich um die verbreiteste und am schwersten aufzudeckende Art des Versicherungsbetruges. Die Indikatorenlisten der Polizei und der VR versagen, da die üblichen Betrugsindizien nicht gehäuft auftreten.[63] Bei dem ausgenutzten Verkehrsunfall handelt es sich tatsächlich um einen ungewollten Verkehrsunfall, bei welchem sich die Unfallbeteiligten i.d.R. nicht kennen, zumindest aber nicht gewollt zusammenwirken. Der Betrüger fasst erst nach dem Unfallereignis den Entschluss, die sich bietende Gelegenheit auszunutzen, um eine höhere Entschädigung zu erlangen, als ihm zusteht.[64] Dies geschieht z.B. dadurch, dass vorhandene Altschäden mit in die Abrechnung eingebracht werden. Kommt es in diesen Fällen zu bewusst oder unbewusst fehlerhaften Sachverständigengutachten, welche Vor- oder Altschäden mitkalkulieren, so bietet sich eine Kompatibilitätsanalyse an, mit dem Ergebnis, dass es sogar zu kompletter Klageabweisung mangels Abgrenzbarkeit der unfallbedingten Beschädigungen kommen kann.[65]

19 Eine weitere Möglichkeit der Ausnutzung eines Verkehrsunfalls besteht in der nachträglichen Erweiterung des Schadensbildes. Dies kann entweder durch den Geschädigten selbst oder durch die Werkstatt in Absprache mit dem Geschädigten erfolgen. In den Fällen, in welchen tatsächlich eine Reparatur erfolgen soll, ist ebenfalls eine Schadenserweiterung durch die Reparaturwerkstatt hinter dem Rücken des Geschädigten in Erwägung zu ziehen. Auch in diesen Fällen bietet sich eine technische Nachprüfung an.

20 In einigen Fällen werden, bedingt durch die häufig gegebene Abhängigkeit der Sachverständigen von Geschädigtengruppen oder speziellen Werkstätten, Reparaturkosten weit über dem tatsächlichen Schadensaufwand kalkuliert oder für den Anspruchsteller günstigere Restwerte geliefert.[66]

21 Des Weiteren kann ein Unfall insoweit ausgenutzt werden, als dass der Geschädigte nur so tut, als ob er sein Integritätsinteresse ausüben will und eine Reparatur im Rahmen der 130 %-Grenze durchgeführt werden soll. In Wahrheit möchte er jedoch eine Ersatzbeschaffung vornehmen und die Abrechnung hätte daher auf Grundlage des Wiederbeschaffungsaufwands zu erfolgen. Der Wille zur Weiterbenutzung wird nur vorgetäuscht. In diesen Fällen ist die Ersatzbeschaffung häufig schon

62 *König*, S. 46.

63 *König*, S. 54.

64 Berz/Burmann/*Weber*, E. Rn. 28, *Ludovisy/Rohm/Walter*, § 12 Rn. 11.

65 *OLG Koblenz* v. 05.07.2021 – 12 U 764/20; *OLG Bremen* v. 30.06.2021 – 1 U 90/19; *OLG Düsseldorf*, v. 11.02.2008 – I-1 U 181/07; *OLG Köln*, v. 05.02.1996 – 16 U 54/95; *OLG Hamm*, r+s 1998, 191; *OLG Frankfurt/a.M.*, SP 2000, 131; *OLG Koblenz*, v. 05.07.2021 – 12 U 764/20; *OLG Bremen*, v. 30.06.2021 – 1 U 90/19.

66 *Exter* NZV 2024, 36; Himmelreich/Halm/*Staab*, Kap. 25 Rn. 93.

vollzogen, es wird jedoch mit der Ummeldung des Fahrzeuges bis zum Abschluss der Schadensregulierung gewartet. Diese Variante hat allerdings mit der *BGH*-Rechtsprechung,[67] wonach bei Ersatz des Reparaturaufwands über dem Wiederbeschaffungswert eine nachgewiesene Weiternutzung von mindestens sechs Monaten zu fordern ist, eine erhebliche Einschränkung erfahren.

## 5. Papierunfall/fiktiver Verkehrsunfall

Beim fiktiven Verkehrsunfall handelt es sich um ein tatsächlich nicht existentes Ereignis. Eine Berührung der angeblich unfallbeteiligten Fahrzeuge hat es nie gegeben. In diesen Fällen liegt das Motiv des Täters darin, den Schaden auf den VR des unbeteiligten Fahrzeuges eines Eingeweihten abzuwälzen, obwohl der Schaden nicht bei dem Betrieb oder Gebrauch des versicherten Fahrzeuges entstanden ist. 22

Eine Variante des Papierunfalls ist, dass die Beteiligten einen Zusammenstoß der Fahrzeuge behaupten, und versuchen, einen daraus angeblich resultierenden Schaden über fingierte Reparaturrechnungen oder Kostenvoranschläge abzurechnen.[68] Diese Schadensbelege werden niedrig gehalten in dem Glauben, dass eine Überprüfung seitens des VR unwahrscheinlich ist. Tatsächlich werden durch den VR so gut wie alle Schadensbelege bei einer Prüforganisation eingereicht. Oft gibt es die als beschädigt angegebenen Fahrzeuge in Wirklichkeit gar nicht, vielmehr handelt es sich hierbei um Papierzulassungen von bereits verschrotteten Totalschäden.[69] Werden Nachweise in Form von Lichtbildern des beschädigten Fahrzeuges gefordert, so fertigt der Täter diese häufig von unfallbeschädigten Fahrzeugen, die zuvor angekauft wurden oder anderweitig dem Täter zur Verfügung stehen. 23

Ein fiktiver Unfall kann jedoch auch vorliegen, wenn es schon nach den Ausführungen des angeblich Geschädigten selbst zu keiner Berührung der in den Unfall involvierten Fahrzeuge gekommen ist. In diesen Fällen liegt zwar tatsächlich eine Beschädigung am eigenen Fahrzeug des angeblich Geschädigten vor, diese Beschädigung ist aber, anders als geschildert, zumeist durch eigenes Fehlverhalten und Eigenverschulden entstanden. In diesem Zusammenhang findet sich häufig die Schilderung eines Abdrängungsunfalls. Hierbei wird vorgetragen, dass der angebliche Schädiger den Anspruchsteller durch Schneiden der Kurve, im gleichgerichteten Verkehr durch falsches Überholen[70] oder an einer Einmündung durch Verletzung der Wartepflicht zum Ausweichen gezwungen habe und so ohne jeglichen Fahrzeugkontakt verursacht habe, dass der Anspruchsteller von der Straße abkam und z.B. in eine Leitplanke fuhr[71] oder anderweitig verunfallte. Bei fiktiven Unfällen ohne behauptete Fahrzeugberührung durch die Beteiligten, sind die technischen Aufdeckungsmöglichkeiten recht hoch.[72] 24

## 6. Fingierter Verkehrsunfall

Bei dieser Betrugskonstellation werden zwei bereits beschädigte Fahrzeuge nach vorheriger Absprache des angeblichen Unfallherganges durch die Beteiligten und Auswahl eines geeigneten »Unfallortes« so in Szene gesetzt, als seien beide in einen Unfall verwickelt. Die eingesetzten Fahrzeuge wurden zuvor anhand ihrer Beschädigungen ausgesucht, damit die beschädigten Stellen auf den ersten Blick einen kompatiblen Eindruck machen. Um das Unfallgeschehen möglichst real erscheinen zu lassen, werden vor Ort häufig mitgebrachte Glassplitter und Schmutzteile verstreut.[73] 25

67 *BGH*, v. 27.11.2007 – VI ZR 56/07; *BGH* v. 13.11.2007 – VI ZR 89/07; *BGH* v. 18.11.2008 – VI ZR 22/08; *BGH* v. 22.04.2008 – VI ZR 237/07.

68 Berz/Burmann/*Weber*, E. Rn. 31.

69 *König*, S. 55.

70 *OLG Hamm*, r+s 2002, 458.

71 *OLG Köln*, OLGR 2001, 88.

72 *OLG Hamm*, r+s 2002, 458; *OLG Hamm*, r+s 1998, 108.

73 *König*, S. 55.

### II. Aufklärungsansätze

26 Da der Täter vollumfänglichen Schadensersatz begehrt, ist er an einem Unfallablauf mit eindeutiger Haftungslage zu seinen Gunsten interessiert. Es bieten sich also Verkehrsgeschehen an, bei denen bereits der äußere Ablauf für die Unfallverursachung des Opfers spricht. Etwa aufgrund von Erfahrungssätzen oder Anscheinsbeweisen, wie Missachtung der Vorfahrt, Auffahren durch Unachtsamkeit oder mangelnde Sorgfalt beim Spurwechsel. Unfälle aufgrund solcher Verkehrsgeschehen führen zu charakteristischen Spurenlagen und Schadensbildern, die Anknüpfungspunkt für die unfallanalytische Betrugsaufklärung sein können. Andererseits verfeinern professionelle Täter ihre Methoden und lernen stetig dazu. Sie wissen, wie man aus Sicht der Betrugsaufklärung versucht, ihnen das Handwerk zu legen und passen ihre Vorgehensweisen daran an. Dies gilt vor allem für die Bereiche Unfallschilderung, Verfügbarkeit von Zeugen, Hinzuziehung der Polizei oder Unfallort/-zeit.

27 Ungleich schwieriger ist es, eine passende Spurenlage am Unfallort mit entsprechendem Schadensbild an den beteiligten Fahrzeugen zu präsentieren. Das Verbot zur Beseitigung von Unfallspuren aus § 34 StVO ist nach dem bundeseinheitlichen Tatbestandskatalog (TBNr.: 134000-134112) nur mit einem Verwarnungsgeld belegt, wird einen Täter also nicht abschrecken. Dahinterstehender Gedanke ist aber, dass die Spuren die Grundlage der Unfallrekonstruktion bilden, um im Nachhinein den tatsächlichen Geschehensablauf nachvollziehen zu können. Mit der Unfallanalytik kann nicht selten festgestellt werden, ob ein Wagen im Kollisionszeitpunkt gestanden hat oder gefahren ist bzw. ob die Fahrer eine Ausweichbewegung einleiteten, wie sie zur Vermeidung der Kollision zu erwarten gewesen wäre. Die technische Bewertung orientiert sich zunächst an der Kompatibilitätsbetrachtung, also der Zuordnung von Schadensbildern und Beschädigungsintensität. Es erfolgt die Analyse der Beschädigungen unter Betrachtung der konstruktionsbedingten Besonderheiten der jeweiligen Fahrzeuge, etwa die Struktursteifigkeit der durch die Kollision betroffenen Fahrzeugzonen. Ferner erfolgt die Überprüfung der durch die Beteiligten geschilderten Bewegungsabläufe. Diese Plausibilitätsbetrachtung rekonstruiert den Schadenshergang anhand physikalisch-technischer Gesetzmäßigkeiten zum Zeit-Weg-Geschwindigkeitsverhalten der beteiligten Fahrzeuge und Personen.[74] Um zu aussagekräftigen Ergebnissen zu kommen, bedarf es der Erfahrung sowie Spezialisierung der Sachverständigen und zunehmend technischer Unterstützung. Die Schadensbilder lassen sich durch die Inaugenscheinnahme der beteiligten Fahrzeuge bzw. anhand von Fotos, Kostenvoranschlägen und Schadensgutachten noch vergleichsweise gut auf ihre Kompatibilität hin überprüfen. Seitdem das Unterlassen einer Schadensdokumentation oder gar das Verschwinden lassen des beteiligten Fahrzeugs als Betrugsmerkmal bekannt geworden ist, werden jedoch von professionellen Tätern bereitwillig auch Schadensbilder zur Verfügung gestellt.

In der Kaskoversicherung soll die Verweigerung des Versicherungsnehmers nach einem Unfall mit unklarem Ablauf die Fahrzeugdaten durch einen Sachverständigen auslesen zu lassen, sogar eine arglistige Verletzung der Aufklärungsobliegenheit darstellen.[75]

Jedenfalls steht dem Versicherer im Prozess der Beweisantrag auf Einholung eines unfallanalytischen Sachverständigengutachtens zu, bei dem tatsächlich abgelaufenen Unfall sei (auch) ein unfallverhütendes bzw. -abwendendes Fahrmannöver zu erwarten gewesen. Anderenfalls liegt eine Verletzung des rechtlichen Gehörs vor.[76]

28 Schwieriger ist die Plausibilitätsbetrachtung. Die Sachverständigen bemühen sich um Fotos/Skizzen der Fahrzeuge in Kollisionsendstellung, etwa aus der polizeilichen Ermittlungsakte. Diese sollten möglichst maßstabsgerecht mit festen Bezugspunkten wie Leitpfosten, Straßenschilder, Gullideckeln etc. sein. Sie beschaffen sich Luftbilder/Ortofotos und nehmen selbst eine fotogrammetrische Vermes-

---

74 Himmelreich/Halm/*Leser*, Kap. 39 Rn. 396 ff.; *Wörsdorf/Burg*, zfs 2006, 310 (Teil 1) und 372 (Teil 2); *Weber/Schimmelpfennig*, VersR 1990, 832; *Bug/Moser*, S. 24 ff.

75 *OLG Köln* v. 08.07.2020 – 9 U 111/20, *OLG Hamm* v. 13.07.2023 – 20 U 64/22.

76 *BGH* v. 10.04.2018 – VI ZR 378/17; *BGH* v. 21.11.2019 – V ZR 101/19; *BGH* v. 20.10.2020 – VI ZR 577/19; *BGH* v. 12.09.2023 – VI ZR 371/21; *OLG Hamm* v. 31.08.2018 – 7 U 33/17.

sung des Unfallortes vor, bis hin zum Sonnenstand. Anhand von Simulationsprogrammen (CARAT, PC-Crash, Analyser-Pro) werden die Kollisionen am PC nachgestellt und so aufgedeckt, dass der Unfall nicht so abgelaufen sein kann, wie durch die Betroffenen dargestellt.[77] Auch die zunehmende Datenspeicherung im Fahrzeug selbst, liefert wichtige Erkenntnisse. So bspw. gegenüber dem Vortrag, die Elektronik des Fahrzeugs sei ausgefallen und damit der Bremskraftverstärker sodass man in ein geparktes Auto stieß. Die Auswertung des Electronic Data Recorders (EDR) dagegen bestätigte einen Ausfall der Elektronik nicht, wohl aber dass der Wagen fünf Sekunden vor der Kollision stand und dann relativ stark auf 34 km/h beschleunigt wurde.[78] Oder die falsche Behauptung zur Abwendung des Auffahrunfalls habe der Fahrer des Miet-LKW stark nach links gelenkt, was durch die Auswertung des UDS durch einen Sachverständigen widerlegt wurde.[79]

Es darf davon ausgegangen werden, dass in Fahrzeugen ab dem Modelljahr 2018 Daten von Fahr- 29
bewegungen, Geschwindigkeiten, Lenk- und Bremsverhalten im Airbagspeichergerät abgelegt werden und auslesbar sind. Einige Fahrzeughersteller stellen die Daten unverschlüsselt zur Verfügung. Im Falle der Verschlüsselung kommt in Betracht die Daten durch gerichtliche Anordnung nach den §§ 142, 144 ZPO zu erhalten.[80] Künftig wird diese Frage mit der EU-Gesetzgebung geklärt. Denn eine Verpflichtung zur Speicherung von Datensätzen des Event-Data-Recorders besteht für alle neu genehmigten PKW-Fahrzeugtypen seit 06.07.2022 und ab 07.07.2024 für alle neu zugelassenen Fahrzeuge.

Natürlich können auch die technischen Ergebnisse nur so zuverlässig sein, wie es die eingegebenen 30
Anknüpfungstatsachen erlauben. Dennoch gewinnt die Rekonstruktionstechnik angesichts der verfeinerten Methoden in der Betrugsaufklärung weiter an Bedeutung und ist im Gerichtsprozess wesentlicher Bestandteil der richterlichen Überzeugungsbildung.

Wird allerdings der Richter selbst aktiv, und erkennt das der Kläger im Verfahrensregister des Gerichts bereits mehrfach ähnliche Prozesse geführt hat, und erteilt er daraufhin den Hinweis er beabsichtige nach Verfahren nach § 149 I ZPO über die von ihm eingeleiteten staatsanwaltlichen Ermittlungen auszusetzen, soll das zu seiner Befangenheit führen.[81]

Im Rahmen der sog. Helferringe wo Abschleppunternehmen, Reparaturbetriebe, Gutachter und 31
Anwälte auf Betrugsseite zusammenarbeiten, werden bereits Gutachten vorgelegt, die belegen sollen, dass die Schadensbilder zueinander kompatibel sind. Hier gilt es auf Aufklärungsseite Unstimmigkeiten festzustellen und so die Überprüfung durch einen Sachverständigen zu veranlassen. Umgekehrt muss das im eigenen Auftrag eingeholte Gutachten gegen Angriffe der Täterseite verteidigt werden. Deshalb werden nachstehend einschlägige Unfallkonstellationen mit einem möglichen Aufklärungsansatz kurz dargestellt.

Für den Täter bieten sich Verkehrsgeschehen an, bei denen bereits der äußere Ablauf für die Unfall- 32
verursachung des Opfers spricht, aus juristischer Sicht also ein Anscheinsbeweis[82] gegen das Opfer anzunehmen wäre, wie bei einem Vorfahrtsverstoß, einem Auffahrunfall oder auch einer Kollision beim Spurwechsel. Es geht um den Nachweis einer Abweichung vom normalen, zum erwarteten Verhalten eines redlichen Kraftfahrers in gleicher Situation.

77 *Meschkat/Nauert*, Rn. 72, Rn. 596.

78 *LG Bochum*, v. 07.11.2016 – I-5 O 291/15; *OLG Hamm* v. 13.05.2019 – 6 U 144/17; *KG* v. 12.09.2002 – 12 U 9199/00.

79 *KG* v. 06.02.2006 – 12 U 4/04.

80 *Nugel* zfs 2023, 126; *LG Karlsruhe* v. 06.04.2022 – 10 O 200/19.

81 *OLG Düsseldorf* v. 11.11.2020 – 11 W 35/20.

82 *BGH* v. 13.12.2016 – VI ZR 32/16; *BGH* v. 10.10.2023 – VI ZR 287/22.

## 1. Provozierter Auffahrunfall

33 Bei dieser Variante wird das Opfer dazu veranlasst, auf den Täter-Pkw aufzufahren. Hierbei wird das unaufmerksame Unfallopfer z.B. durch ein plötzliches und starkes Abbremsen des Vorausfahrenden überrascht. Nach dem Zusammenstoß hat der angeblich Geschädigte zumeist eine nachvollziehbare Erklärung für sein Bremsmanöver parat. Standarderklärungen sind ein Ampelphasenwechsel von Grün auf Gelb oder das vorausfahrende Fahrzeug sei plötzlich ohne Blinkzeichen abgebogen. Auch können noch Helfer herangezogen werden, durch deren Verhalten das Abbremsen plausibel zu sein scheint. Bspw. in Form eines Pkws der sich plötzlich der untergeordneten Seitenstraße nähert, in der sich der Täter befindet oder eines Fußgängers, der spontan den Fußgängerüberweg betritt.

34 Der provozierte Unfall kann auch in den Fällen, in welchen der nachfolgende Verkehrsteilnehmer mindestens ausreichenden Sicherheitsabstand wahrt, praktiziert werden. Hierzu sorgt der Täter dafür, dass die Bremsleuchten seines Fahrzeuges bei seiner Bremsung nicht in Betrieb sind. Das arglose Unfallopfer wird nun immer bestrebt sein, die Kollision noch zu vermeiden. Es kommt zu Abwehrhandlungen durch Ausweichen und/oder Abbremsen. Ergibt die technische Überprüfung ein Fehlen solcher Abwehrreaktionen, liegen Umstände für einen fingierten Unfall vor. Bei der zu erwartenden Ausweichbewegung werden die Fahrzeuge nicht mit voller Überdeckung aufeinander auffahren. Vielmehr hat das Opfer versucht nach rechts oder links auszuweichen. Es ergibt sich also lediglich eine Teilüberdeckung mit entsprechender Winkelstellung. Beim starken Abbremsen neigt sich die Front des Pkw nach unten und das Heck hebt sich an. So ergibt sich nach der Auffahrkollision ein Höhenversatz in den Schadensbildern. Befinden sich die beteiligten Fahrzeuge nach der Kollision wieder in Nulllage, ist das Schadensbild entsprechend höher bzw. tiefer. Schildert der Täter, er habe vor der Lichtzeichenanlage bei Gelblicht noch einmal abgebremst und sei zum Stillstand gekommen, muss sich sein Heckschaden etwa in Höhe der Nulllage befinden. Befindet er sich aber darunter, hat er im Zeitpunkt der Kollision stark abgebremst, wodurch sich das Fahrzeugheck angehoben hat. Das Schadensbild ist dann nicht kompatibel zur Unfallschilderung. Dies gilt natürlich nicht schematisch. Denn von einem arglosen Opfer ist zu erwarten, dass es als Abwehrreaktion ebenfalls stark abbremst. Dadurch senkt sich die Fahrzeugfront des Opfer-Pkws und der Schaden am Täter-Pkw ergibt sich wiederum unterhalb der Nulllinie. Andererseits muss sich beim abgesprochenen Unfall der Auffahrende die Frage stellen lassen, warum er nicht abgebremst hat, wenn sein Frontschaden nicht unterhalb der Nulllage seines Pkws liegt.

## 2. Vorfahrtfalle

35 Beim Ausnutzen der Vorfahrtsituation bietet sich der provozierte oder abgesprochene Unfall an. Der Täter nutzt hier seine Ortskenntnis über besonders unfallträchtige Verkehrsstellen aus. Beim provozierten Unfall kann er zudem die Unerfahrenheit des Opfers ausnutzen. Beim abgesprochenen Unfall kommt nicht so leicht Verdacht auf, wenn die durch die Täter ausgesuchte Stelle bereits als Unfallschwerpunkt bekannt ist, etwa eine verdeckte Rechts-vor-Links-Einmündung.

36 Der Provokateur führt den Unfall aus einer äußerlich bevorrechtigten Position gezielt herbei. Der Täter versucht dem Opfer möglichst wenig Reaktionszeit zu lassen. Hierbei nutzt er z.B. ein Sichthindernis des Opfers aus, oder verzichtet gegenüber einem dem Vorfahrtsrecht untergeordneten Fahrzeug bewusst auf Abwehrmaßnahmen.

37 Häufig schafft der Täter auch eine Situation der »psychologischen« Vorfahrt. Hierbei positioniert sich der Täter z.B. in einer Seitenstraße, in welcher er gegenüber dem von links kommenden Verkehr vorfahrtsberechtigt ist. Der von links herannahende oft ortsunkundige Verkehrsteilnehmer geht entweder aufgrund Breite, Ausbau und Verkehrsaufkommen von seiner eigenen Vorfahrtsberechtigung aus oder er vermutet eine unausgesprochen gewährte Vorfahrt des eigentlich Berechtigten und fährt relativ zügig an die von rechts kommende Einmündung heran. Diesen Moment wartet der Provokateur ab und fährt im letzten Moment aus der Seitenstraße heraus. Teils bedient er sich hierbei der Hilfe eines unauffällig postierten Komplizen, welcher ihm das Zeichen zur Beschleunigung erteilt. In manchen Fällen geht der Provokateur sogar so weit, dem untergeordneten Verkehrsteilnehmer

per Handzeichen, was er später leugnet, scheinbar die Vorfahrt zu gewähren, um dann durch rasches Beschleunigen den Unfall herbeizuführen. Hierbei steuert er gezielt auf das untergeordnete Fahrzeug zu, wobei in Fällen einer schnellen Reaktion des Getäuschten in Form des Ausweichens auf die Gegenfahrbahn erkannt werden kann, dass der Provokateur dem Getäuschten auf die Gegenfahrbahn folgt. Ein solches Verhalten, bei welchem der Geschädigte dem Opfer geradezu folgt, um den Unfall herbeizuführen, kann nur durch eine vorsätzliche Handlung erklärt werden.

Fährt der angeblich Geschädigte zu einem Zeitpunkt an, zu welchem der Unfall bereits unvermeidbar ist und stellt sich hierbei heraus, dass er nicht zügig losfuhr, um die Kollision noch zu vermeiden, sondern fährt er lediglich langsam einen Meter vor, so sind auch aus diesem Verhalten Schlussfolgerungen zu ziehen. Ziel des Provokateurs wird es sein, einen Zusammenstoß an seinem linken vorderen Kotflügel zu bewirken. Auf diese Weise verringert er das eigene Verletzungsrisiko, welches bei einer Kollision mit der Fahrertür bestünde.[83] 38

Eine aktive Herbeiführung der Kollision kann sich also aus einer nicht plausiblen Fahrgeschwindigkeit des Täterfahrzeugs ergeben. Die Fahrgeschwindigkeit wiederum kann aufgrund des Schadensbildes errechnet werden. Auffällig ist etwa ein bewusstes langsam fahren trotz Vorfahrtsrecht, weil der richtige Moment abgepasst werden muss, oder aus Angst einer Selbstgefährdung infolge zu heftigem Aufprall. Beim abgesprochenen Unfall ist dies sogar bis hin zum Stillstand des »Opfer-Fahrzeugs« denkbar. 39

Besser noch gelingt der Nachweis mit den berechneten Fahrlinien, die nicht im Einklang mit der Unfallschilderung der Beteiligten stehen. Je nachdem wie das Opfer noch reagiert oder ausweicht, muss der Täter geradezu hinterhergefahren sein. Hierdurch verlässt er in auffälligem Maße seine natürliche Fahrlinie. So wird der Opfer-Pkw beispielsweise erst im Heckbereich getroffen. Andererseits spricht eine nicht zielgerichtete, instabile Fahrlinie gegen die Annahme eines manipulierten Unfalls. Etwa ein schwer kontrollierbarer Fahrvorgang infolge engem Kreisverkehr, Überfahren einer Mittelinsel und Straßenschäden.[84] 40

Das *OLG Hamm* hat einen Fall entschieden, bei welchem das Opfer an einer schwer einzusehenden Einmündung die Vorfahrt des Provokateurs verletzte. Wie die technische Aufbereitung des Unfallgeschehens ergab, nahm dieser kurz vor dem Zusammenstoß eine Geschwindigkeitserhöhung vor, anstatt die Geschwindigkeit zu mindern. Das *OLG Hamm* hat unter zusätzlicher Berücksichtigung einer Vielzahl von zurückliegenden Unfällen des Provokateurs, einen provozierten Verkehrsunfall bejaht.[85] 41

In einem Fall vor dem *OLG Frankfurt/M.*[86] überquerte das wartepflichtige Opfer eine Kreuzung. Nachdem es den Kreuzungsbereich schon fast verlassen hatte, fuhr der von rechts kommende, vorfahrtsberechtigte Provokateur gegen die hintere Ecke des Opfer-Pkws. Der Provokateur behauptete, das Opfer müsse plötzlich vom Fahrbahnrand aus angefahren sein. Nach der Beweisaufnahme stand fest, dass lediglich ein kleiner Teil des Schadens am Täter-Pkw aus dem Ereignis herrühren kann. Das *LG* hatte deshalb nur einen Teilbetrag zugesprochen. Auf die Berufung hin hat das *OLG* die Klage insgesamt aus zwei Gründen abgewiesen. Es stehe fest, dass der Provokateur sowohl zum Unfallverlauf als auch zu den Unfallfolgen falsche Angaben gemacht habe; deshalb sprächen die Umstände dafür, dass er den Unfall gezielt herbeigeführt habe. Damit sei die Beschädigung seines Fahrzeuges nicht rechtswidrig. Abgesehen davon könne angesichts der Tatsache, dass der Provokateur zum Schadensumfang falsche Angaben gemacht habe, auch nicht ausgeschlossen werden, dass auch die kompatiblen Schäden durch ein früheres Ereignis verursacht seien. 42

83 *OLG Hamm*, v. 13.01.1994 – 6 U 173/93, DAR 1994, 278 = r+s 1994, 214.
84 *OLG Hamm*, v. 12.03.2021 – 7 U 12/20, FD-StrVR 2021, 441028.
85 *OLG Hamm*, r+s 2003, 343.
86 *OLG Frankfurt*, v. 07.06.2004 – 16 U 195/03, zfs 2005, 69.

### 3. Spurwechselmethode

43 Auch im Fall der Unfallprovokation während eines Spurwechsels wird die Unerfahrenheit/Ortsunkenntnis des Opfers ausgenutzt.[87] Der Täter weiß, dass sich bei unübersichtlichem Innenstadtverkehr das Opfer falsch einordnet und dann die Fahrspur wechseln möchte. Entweder versucht der Täter sich mit seinem Fahrzeug kurz vor dem Spurwechsel im toten Winkel des Vorausfahrenden zu befinden, um sodann mit Beginn des Spurwechsels durch Beschleunigung eine Streifkollision hervorzurufen. Oder der Täter erweckt bei seinem Opfer durch Handzeichen oder verlangsamte Fahrt den Eindruck, er sei mit dem Spurwechsel des Vorausfahrenden einverstanden. Zwecks Nachweises bei der Polizei stoppt der Täter sofort nach der Kollision mit einer spurzeichnenden Abbremsung, um damit seine Querposition innerhalb des eigenen Fahrstreifens und den Spurwechselvorgang des Opfers zu dokumentieren.[88]

44 Ebenfalls möglich ist die gezielte Verursachung eines Unfalles, indem der Täter selbst einen Spurwechsel vornimmt. So hatte das *OLG Hamm* einen Fall zu entschieden, in welchem der Provokateur auf einer dreispurigen Fahrbahn die linke Spur befuhr. Weil die rechte Spur frei war, bog der Wartepflichtige nach rechts ein. Zum Zeitpunkt des Einbiegens wechselte der Provokateur auf die rechte Spur. Anhand der technischen Rekonstruktion konnte später festgestellt werden, dass der Täter einen für einen Spurwechsel viel zu großen Lenkeinschlag von ganz links nach ganz rechts gefahren war. Der Lenkeinschlag war so stark, dass der Pkw des Provokateurs rechts hochgestiegen und über die linke vordere Ecke des Opferfahrzeuges gerollt war.[89]

45 Für die Aufklärung gelten die zum Auffahrunfall dargestellten Grundsätze zur Abwehrreaktion in Form von Abbremsen und/oder Ausweichen gleichermaßen. Bei der Beurteilung werden stets auch die Einsichtsmöglichkeiten der betroffenen Fahrer berücksichtigt und inwieweit sich daraus Reaktionsaufforderungen zur Vermeidung der Kollisionen ergeben.

46 Für den Spurwechselunfall ist eine Streifkollision charakteristisch. Sie ist deshalb beliebt, weil sich hohe Reparaturkosten ergeben ohne dass dies für die angestrebte, nicht fachgerechte Reparatur einen hohen Reparaturaufwand bedeutet. Der »Gewinn« kann also gesteigert werden. Auch besteht für den Fahrer nur ein geringes Verletzungsrisiko. Da die Fahrzeuge aneinander abgleiten wird nicht die volle Stoßenergie abgebaut, wie bei einem Auffahrunfall. Die Insassenbelastung ist damit geringer.

47 Für den abgesprochenen Unfall hat sich die Streifkollision mit einem stehenden Pkw herausgebildet, etwa nach dem Berliner Modell. Typisches Schadensbild für die Streifkollision ist, dass die Eindringtiefe aufgrund des sich schnell abbauenden Anstoßwinkels, abnimmt. Die Anstreifrichtung kann anhand der Verformung der Blechteile, aber auch durch die Antragung von Lack, nachvollzogen werden. Anhand der Plausibilitätsanalyse ist wiederum zu prüfen, ob die Unfallschilderung im Einklang mit den Fahrspuren steht und das Fahrverhalten nachvollziehbar ist.

## III. Haftung und Rechtsfolgen

### 1. Anspruchsgrundlagen

48 Bei den unter Haftpflichtgesichtspunkten in Betracht kommenden Anspruchsgrundlagen ist zwischen solchen aus dem zulässigen Betrieb eines Kraftfahrzeuges, der Gefährdungshaftung und der Deliktshaftung zu unterscheiden.

87 Berz/Burmann/*Weber*, E. Rn. 26.

88 Himmelreich/Halm/*Staab*, Kap. 25 Rn. 31.

89 *OLG Hamm*, r+s 2000, 66; falsche Angaben *OLG Hamm* v. 24.06.2016 – 9 U 70/16, NJW-RR 2017, 85.

Es besteht die Gefährdungshaftung[90] des Fahrzeughalters nach § 7 StVG und bei Personenverschiedenheit daneben die des Fahrers nach § 18 StVG. Liegt Verschulden vor, können weitere Ansprüche aus unerlaubter Handlung nach § 823 BGB gegeben sein. 49

Haftet der Kfz-Halter als VN bzw. der Fahrer als mitversicherte Person, besteht zusätzlich ein Direktanspruch (§ 1 PflichtVersG i.V.m. § 115 VVG) gegen den Kfz-Haftpflichtversicherer. 50

Fällt dem Geschädigten ein Mitverschulden oder auch nur eine Mitverursachung zur Last, führt dies zu einer Haftungsabwägung nach § 17 Abs. 1 StVG. Er kann dann nicht mehr vollen Schadensersatz verlangen, sondern erhält nur noch quotenmäßige Anspruchsbefriedigung.[91] 51

In der Kfz-Haftpflichtversicherung gilt der Risikoausschluss nach § 103 VVG, wonach der VR nicht zur Leistung verpflichtet ist, wenn der VN vorsätzlich und widerrechtlich den bei dem Dritten eingetretenen Schaden herbeigeführt hat. Der Geschädigte muss sich in diesen Fällen an den Schädiger halten. 52

In der Kaskoversicherung geht bei vorsätzlicher Herbeiführung des Versicherungsfalls der Versicherungsschutz nach § 81 VVG verloren.

Die entsprechenden vertraglichen Regelungen lassen sich für die Kfz-Haftpflichtversicherung in A.1.5.1 AKB 2015 und für die Kfz-Kaskoversicherung in A.2.9.1 finden (GDV, Stand 17.04.2024).

Voraussetzung ist stets, dass ein Unfall zugrunde liegt. Im Haftpflichtrecht also ein unmittelbar von außen her, plötzlich mit mechanischer Gewalt einwirkendes Ereignis.[92] 53

Bedeutsamerweise ist die Unfreiwilligkeit also nicht Tatbestandsmerkmal des Unfallbegriffs.[93] In § 7 Abs. 1 StVG findet sich nur das Betriebserfordernis. In den Haftungsausschlüssen nach § 7 Abs. 2 StVG und § 17 Abs. 3 StVG wird der Unfallbegriff bereits verwendet und § 18 Abs. 1 StVG nimmt für die Ersatzpflicht des Fahrzeugführers Bezug auf § 7 Abs. 1 StVG. 54

Wenn nun die Unfreiwilligkeit nicht Tatbestandsmerkmal ist, fragt sich, ob auch der abgesprochene oder provozierte Unfall die Haftungsvoraussetzungen der gesetzlichen Ersatzansprüche erfüllt. 55

Die Unfreiwilligkeit stellt eine Einwilligung in die Rechtsgutverletzung dar. Damit liegt ein Rechtfertigungsgrund vor, der die Rechtswidrigkeit und im Ergebnis die Haftung entfallen lässt.[94] 56

Dies gilt für die Gefährdungshaftung genauso wie für diejenige aus unerlaubter Handlung. 57

Daraus folgt im Einzelnen, dass beim abgesprochenen Unfall mangels Unfreiwilligkeit die Rechtswidrigkeit fehlt und der provozierte Unfall eine vorsätzliche Selbstschädigung darstellt. 58

Außerdem führt die vorsätzliche Unfallherbeiführung im Rahmen der Haftungsabwägung stets zur Alleinhaftung des Täters. Selbst wenn ein angeblich gutgläubiger Anspruchsteller vorgeschoben wird.[95] 59

Anders beim ausgenutzten Unfall. Hier ist zwar Unfreiwilligkeit gegeben. Vorschäden oder eine nachträgliche Schadensvergrößerung resultieren aber nicht aus dem Unfall. § 7 Abs. 1 StVG erfordert jedoch einen »daraus« entstandenen Schaden. 60

Beim fiktiven Unfall fehlt es bereits am objektiven Tatbestand der Beschädigung beim Betrieb eines Kfz i.S.d. § 7 StVG bzw. der Eigentumsverletzung nach § 823 BGB. 61

---

90 *BGH* v. 17.03.1992 – VI ZR 62/91; *BGH* v. 07.12.2010 – VI ZR 288/09; *BGH* v. 22.11.2016 – VI ZR 533/15; *OLG Celle*, v. 10.05.2023 – 14 U 56/21.

91 Himmelreich/Halm/*Luckey*, Kap. 1 Rn. 245 ff.

92 *BGH*, v. 15.11.2001 – 4 StR 233/01, NJW 2002, 626; Hentschel/König/Dauer/*Hentschel*, § 142 StGB Rn. 24.

93 In der Unfallversicherung dagegen schon, § 178 Abs. 2 VVG.

94 *BGH*, v. 13.12.1977 – VI ZR 206/75, VersR 1978, 862; *OLG Hamm*, v. 28.09.1992 – 6 U 45/92, VersR 1993, 1372; *Staab*, S. 20 ff.; *KG* v. 16.12.2021 – 22 U 69/21.

95 *KG*, WM 1989, 51.

62 Besteht kein Schadensersatzanspruch, entfällt auch der Direktanspruch gegen den Haftpflichtversicherer.[96]

## 2. Beteiligung Dritter

63 Bei der Beteiligung Dritter auf Schädigerseite bleibt es in der rechtlichen Beurteilung bei der Haftungsfreistellung.

64 Wird für die Unfallmanipulation ein Dritter als Fahrer eingesetzt und ist der Fahrzeughalter arglos (Beispiel: Einsatz von Mietwagen) oder soll der Dritte als Unbekannter den Verursacher-Pkw gestohlen haben (Berliner Modell) und die Haftung des VR des gestohlenen Pkw nach den §§ 117, 115 VVG hergeleitet werden, fehlt die Eigentumsverletzung oder die Rechtswidrigkeit bzw. der geltend gemachte Schaden ist nicht unfallursächlich.

65 Schwieriger ist die Behandlung Dritter auf Geschädigtenseite:

Selbst wenn der Dritte als Fahrer den Unfall manipuliert hat fragt sich, ob auch der Geschädigte beteiligt war, also dessen Einwilligung vorlag. Jedoch besteht zwischen Kfz-Halter und Fahrer bei der Haftungsabwägung nach § 17 StVG eine Haftungseinheit.[97] Das bedeutet, der Halter muss sich die vorsätzliche Unfallherbeiführung wie eigenes Verschulden zurechnen lassen.

Die Haftungsabwägung geht beim provozierten Unfall wiederum voll zu seinen Lasten aus. Beim ausgenutzten Unfall fehlt die Schadensverursachung und beim fiktiven Unfall fehlt es an der Eigentumsverletzung, ohne dass es auf den Dritten ankommt.

66 Besonderheiten ergeben sich beim abgesprochenen Unfall:

Eindeutig ist noch die Fallgestaltung, wenn der Geschädigte durch den Dritten als Fahrer einverstanden ist. Aufgrund der Einwilligung liegt ein Rechtfertigungsgrund vor.

67 Was aber, wenn die Einwilligung nicht feststeht? Ist der Pkw dem Fahrer dauerhaft und uneingeschränkt zur ständigen Benutzung zur Verfügung gestellt, muss sich der geschädigte Halter das Einverständnis des Fahrers zurechnen lassen.[98] Es sind die Fälle, in denen die Eltern oder Partner aus steuerlichen oder versicherungsrechtlichen Gründen Halter sind, aber nicht die Eigentümer der Fahrzeuge. Im professionellen Bereich des Versicherungsbetruges werden auch Fahrzeughalter quasi als Strohmänner vorgeschoben, damit der eigentliche Täter im Hintergrund bleiben kann.

68 Ähnlich wie bei geleasten oder finanzierten Fahrzeugen bietet sich als Verteidigungsstrategie im Prozess an, zunächst einmal die Eigentümerstellung und damit die Aktivlegitimation zu bestreiten. Steht fest, dass der Eigentümer an der Unfallmanipulation beteiligt war, hilft auch keine Abtretung der Schadensersatzansprüche, weil ja keine Ansprüche bestehen.

69 Noch einmal zu unterscheiden sind die verbleibenden Fälle, in denen der Halter auch Eigentümer ist und seine Beteiligung an der Unfallmanipulation nicht feststeht (Einsatz eines Mietwagens; Probefahrt des Kaufinteressenten).

70 Zum einen kann die Unfallabsprache zwischen dem Fahrer des Geschädigten und dem Schädiger bestehen. Hier kann der Geschädigte den Schädiger auf vollen Schadensersatz in Anspruch nehmen. Zwar muss er sich das Verhalten des eigenen Fahrers anrechnen lassen (Haftungseinheit). Dieser bildet aber mit dem Schädiger eine Gesamtschuldnerschaft nach den §§ 823, 830, 840 BGB. Damit haftet der Schädiger auch für den Tatbeitrag des Fahrers des Geschädigten, seines Mittäters. Im

96 *Prölss/Martin*, § 115.
97 *Dannert* NZV 1993, 13; *OLG Hamm*, r+s 1994, 214.
98 *OLG Celle* v. 26.07.1990 – 5 U 119/89, NZV 1991, 269.

Rahmen der Haftungsabwägung nach § 17 StVG kann das Verhalten des Fahrers seines Pkws dem Geschädigten nicht angerechnet werden.[99]

Der Geschädigte kann von dem Schädiger sowohl nach § 7 StVG als auch nach § 823 BGB vollen Schadensersatz fordern. 71

Nicht aber vom VR des Schädigers. Der Schädiger hat den Unfall vorsätzlich und mangels Einwilligung des Geschädigten auch rechtswidrig herbeigeführt. Damit scheitert der Direktanspruch an dem subjektiven Risikoausschluss aus den § 81 Abs. 1 (Kasko) bzw. § 103 (Haftpflicht) VVG.[100] Zum anderen kann die Unfallabsprache zwischen den beiden Fahrern je auf Schädiger- und Geschädigtenseite vorliegen. Wegen der Haftungseinheit müssen sich die geschädigten Fahrzeug-Halter wieder die Verursachungsbeiträge ihrer Fahrer anrechnen lassen. In der Rechtsprechung wird für diese Fälle eine Haftungsteilung für gerechtfertigt gehalten.[101] 72

Auch die VR haften nach dieser Quote für ihre unbeteiligten VN. Das vorsätzliche Verhalten des Fahrers als mitversicherte Person lässt den Versicherungsschutz nicht entfallen. In der Haftpflichtversicherung gehören Gefahren aus der Überlassung des Fahrzeugs an einen Dritten grundsätzlich zum Versicherungsschutz des VN. Bei nur vorübergehender Überlassung besteht auch keine Repräsentantenhaftung.[102] 73

Für den Fahrer des Schädiger-Pkws haftet dessen Haftpflichtversicherung dagegen nicht. Es greift wieder der subjektive Risikoausschluss. 74

## IV. Beweislast

### 1. Beweisführung

Unabhängig von den üblichen Haftungsfragen wie etwa die Mithaftungsquote oder Einwendungen zur Schadenshöhe, spielen im Unfallmanipulationsprozess der äußere Schadenshergang, die Einwilligung und der Schadensumfang eine besondere Rolle. 75

Voraussetzung für eine Anspruchsbegründung ist zunächst die Darlegung des Unfallgeschehens. Der Anspruchsteller muss darlegen und beweisen, dass sich der Unfall so zugetragen hat, wie von ihm vorgetragen. Er hat Beweis zu führen über den äußeren Schadenshergang und zwar nach dem strengen Beweismaßstab des Vollbeweises nach § 286.[103]

Will hierauf der Versicherer den Betrugseinwand erheben, trägt er ebenso nach dem Maßstab aus § 286 ZPO die Beweislast dafür, dass eine Unfallmanipulation vorliegt.

Es entspricht jedoch der gefestigten Rechtsprechung des *BGH*, dass eben kein naturwissenschaftlicher Kausalitätsnachweis und auch keine an Sicherheit grenzende Wahrscheinlichkeit gefordert ist. Der notwendige, für das Leben brauchbare Grad von Gewissheit, der verbliebenen Zweifeln Schweigen gebietet, ohne sie völlig auszuschließen, ist eine Aufforderung zur lebensnahen Würdigung einer Häufung von Beweisanzeichen für eine (Unfall-)Manipulation. Eine Absenkung des erforderlichen Beweismaßes der vollen (richterlichen) Überzeugung ist es ausdrücklich nicht. Der Tatrichter muss

99 *OLG Hamm*, v. 28.09.1992 – 6 U 45/92, VersR 1993, 1372; *OLG Schleswig*, v. 15.11.1994 – 9 U 85/93, NZV 1995, 114.

100 *OLG Düsseldorf*, NJW-RR 1993, 1375; *KG*, v. 05.06.1989 – 12 U 4073/88, NZV 1990, 30; *OLG Stuttgart*, NJW-RR 1990, 527.

101 *OLG Hamm*, v. 28.09.1992 – 6 U 45/92, VersR 1993, 1372; *OLG Hamm* r+s 1994, 412 (Regressprozess); *OLG Schleswig*, a.a.O.

102 *OLG Hamm*, a.a.O.; *OLG Schleswig*, a.a.O.

103 *BGH* v. 11.11.2014 – VI ZR 76/13, VersR 2015, 327; *BGH* v. 16.04.2013 – VI ZR 44/12, VersR 2013, 1045; *BGH* v. 19.10.2010 – VI ZR 241/09, VersR 2011, 223; *BGH* v. 12.02.2008 – VI ZR 221/06, VersR 2008, 644.

sich von der Wahrheit einer Behauptung persönliche Gewissheit verschaffen und muss dies auch in den Urteilgründen erkennen lassen.[104]

76 Der VR kann daher seiner Darlegungs- und Beweislast im Wege des Indizien- darüber hinaus ausnahmsweise als Anscheinsbeweis[105] nachkommen. Es bedarf des Vortrages und der Darlegung von Auffälligkeiten und Merkmalen für eine Unfallmanipulation.[106] Eine mathematisch lückenlose Gewissheit ist nicht erforderlich. Der Beweis ist durch den Nachweis einer ungewöhnlichen Häufung typischer Umstände geführt, wenn diese in der Gesamtschau vernünftigerweise nur den Schluss zulassen, der geschädigte Anspruchsteller habe den Unfall fingiert. Bei der richterlichen Überzeugungsbildung ist die Werthaltigkeit der Beweisanzeichen in der Gesamtschau entscheidend und nicht die isolierte Würdigung einzelner Umstände, die für sich genommen auch unverdächtig erscheinen können.[107]

77 Einzelne Indizien, selbst eine Anhäufung von Merkmalen, die sämtlich voneinander abhängen, reichen für die Überzeugungsbildung des Gerichts grundsätzlich nicht aus. Nicht jedes Beweisanzeichen für ein manipuliertes Unfallgeschehen ist geeignet, durchgreifende Zweifel an der Existenz des streitgegenständlichen Unfallereignisses zu wecken. Eine ungewöhnliche Häufung von hinreichend konkreten Anhaltspunkten, die für eine Manipulation sprechen ist nach sorgfältiger Abwägung im jeweils zu entscheidenden Einzelfall nach einer Gesamtschau der beweisrelevanten Faktoren geeignet, ein belastendes Gesamtbild zu erzeugen.[108] Es kommt nicht auf die Feststellung immer gleicher Erscheinungsbilder an, sondern die Werthaltigkeit der Beweisanzeichen ist entscheidend.[109]

78 Die einzelnen Merkmale sind durch die Vernehmung von Zeugen oder der Einholung eines Sachverständigengutachtens dem Beweis zugänglich. Umgekehrt muss der Anspruchsteller für ihn entlastende Umstände vortragen und ebenso beweisen. Auch hier ist wieder der Vollbeweis nach § 286 ZPO erforderlich. War der Anspruchsteller bei dem Unfall selbst gar nicht vor Ort, bspw. weil sein Fahrzeug geparkt war, ist er auf die Unfallschilderung des Schädigers angewiesen. Gibt dessen Unfallschilderung Anlass zum Manipulationseinwand, darf dies nicht automatisch den Anspruchsteller belasten. Damit ist zunächst nur die Angabe des Schädigers in ihrer Werthaltigkeit herabgesetzt und kein Rückschluss auf eine kollusive Schädigungsabsicht des Anspruchstellers erlaubt. Erweist sich aber die Angabe des Schädigers als dermaßen konstruiert und/oder in gesteigertem Maße mit objektiven Anhaltspunkten nicht in Einklang zu bringen, dass sie nur den Zweck eines den alleinigen Interessen des Geschädigten dienenden, manipulierten Unfalls verfolgen, ist es gerechtfertigt, auch das Verhalten des Schädigers bei der notwendig vorzunehmenden Abwägung aller Indizien des Einzelfalls miteinzubeziehen.[110]

79 Die Auffälligkeitsmerkmale müssen ihrerseits feststehen. Es schließt sich dann eine Wahrscheinlichkeitsbetrachtung an. Wie wahrscheinlich ist es, dass bei Vorliegen der hier gesuchten Haupttatsache (z.B. Verabredung) auch die feststehenden Hilfstatsachen (Auffälligkeitsmerkmale) vorliegen?[111]

104 *BGH* v. 01.10.2019 – VI ZR 164/18, VersR 2020, 784.

105 *BGH* v. 01.10.2019 – VI ZR 164/18, VersR 2020, 784; *BGH* v. 06.03.1978 – VI ZR 269/76, VersR 1979, 514; *OLG Koblenz* v. 04.10.2005 – 12 U 1114/04, VersR 2006, 523; *OLG Frankfurt/a.M.*, v. 21.09.2006 – 16 U 75/06, NZV 2007, 313.

106 *Halm* SVR 2006, 294, *OLG Stuttgart* v. 22.10.2019 – 1 U 244/18, SVR 2020, 223; *OLG Hamm* v. 13.05.2019 – 6 U 144/17, NJW 2019, 3085.

107 *BGH* v. 01.10.2019 – VI ZR 164/18; *OLG Hamm* v. 21.10.2022 – 7 U 96/21; *OLG Hamm* v. 08.02.2024 – 7 U 30/23; *OLG Düsseldorf* v. 28.08.2023 – 1 U 143/22.

108 *OLG Saarbrücken* v. 04.12.2014 – 4 U 36/14, NJW-RR 2015, 593 = NZV 2016, 332 »So-nicht-Unfall«; *OLG Frankfurt a.M.* v. 08.04.2019 – 23 U 112/17, BeckRS 2019, 6417; *OLG Celle* v. 11.11.2020 – 14 U 119/19, BeckRS 2020, 32642.

109 *KG* v. 29.11.2007 – 12 U 185/07, NZV 2008, 243; *OLG Köln*, v. 08.05.2015 – 19 U 47/13; *OLG Hamm* v. 14.06.2016 – 9 U 183/15.

110 *OLG Hamm* v. 22.02.2019 – 9 U 111/17, r+s 2019, 291; *OLG Hamm* v. 22.11.2016 – I-9 U 1/16, NJW-RR 2017, 601; *OLG Hamm* v. 24 06.2016 – I-9 U 70/16, NJW-RR 2017, 85.

111 *Staab*, S. 88 ff.

Für die Wahrscheinlichkeitsbetrachtung ist auch auf die Lebenserfahrung zurückzugreifen. Dabei sind belastende, wie auch entlastende Umstände gleichermaßen zu würdigen.[112]

## 2. Äußerer Schadenshergang

Der Geschädigte muss den Unfallhergang beweisen und damit, dass der äußere, die Ersatzpflicht begründende Schadenshergang sich tatsächlich wie behauptet abgespielt hat. Der erforderliche Nachweis des behaupteten Unfallhergangs und damit die Schadenskausalität ist insbesondere dann nicht geführt, wenn Zweifel daran bestehen, dass sich der Unfall in der vom Geschädigten nach Ort und Zeit beschreiben Weise tatsächlich so ereignet hat, selbst wenn die Schäden kompatibel sein mögen.[113] 80

Eine fehlende Kompatibilität der Fahrzeugschäden hört sich zunächst nach einem starken Manipulationsindiz an. Für sich alleine rechtfertigt es eine solche Überzeugungsbildung aber nicht. 81

Zum einen achten professionelle Täter auf einen »passenden« äußeren Schadenshergang, zum anderen hat auch die technische Unfallrekonstruktion Grenzen. Gerade bei geringen Geschwindigkeiten kann es bei der Berechnung der Kollisionsgeschwindigkeit zu Abweichungen kommen, die nur im praktischen Versuch aufgedeckt werden können.

Beim ausgenutzten Unfall, wo also das Schadensbild vergrößert oder ein Vorschaden mit geltend gemacht wird, steht die Kompatibilitätsanalyse im Vordergrund. 82

In dieser Version stellt sich bspw. die Frage, ob die geringe Auffahrgeschwindigkeit zu einer Beschädigung nicht nur an der äußeren Stoßfängerverkleidung, sondern auch an der dahinterliegenden Karosserie, etwa dem Heckabschlussblech geführt haben kann. Je nach konstruktionsbedingter Steifigkeit der Fahrzeugpartien, bzw. wie viel Anstoßenergie durch die Stoßfänger abgebaut wurde, zumal noch bei einer Winkelstellung, können sich hier ganz unterschiedliche Ergebnisse zeigen.

Für die Überzeugungsbildung des Gerichts ist die Plausibilitätsanalyse oft aussagekräftiger. Ergibt sich entgegen der Schilderung der Beteiligten, dass der Auffahrende noch beschleunigt anstelle abgebremst hat oder der Fahrer auf das andere Fahrzeug bereits zu einem Zeitpunkt reagiert haben will, als dieses für ihn noch gar nicht sichtbar war, ist der behauptete Geschehensablauf widerlegt. 83

Selbst wenn sich der Unfall nicht so zugetragen haben kann, wie vom VN geschildert, ist die Leistungspflicht des Kaskoversicherers grds. begründet, wenn kompatible Schäden vorliegen. Der VR ist dann für eine Unfallmanipulation beweispflichtig, wobei vernünftige Restzweifel an einer vorsätzlichen Schadensherbeiführung zu Lasten des VR gehen, selbst wenn der Sachverständige eine Unfallmanipulation als die wahrscheinlichere von mehreren Unfallversionen ansieht.[114] Die Anwendung eines Anscheinsbeweises hat der BGH für den verabredeten Unfall bejaht, für den provozierten Unfall dagegen verneint. Ausdrücklich kommt eine Beweiserleichterung in Fällen der Unfallmanipulation nur in Ausnahmefällen in Betracht, da es gerade im Wesen der Unfallmanipulation liegt, ein echtes Unfallgeschehen zumindest als möglich erscheinen zu lassen, weswegen die Entkräftung eines etwaigen Anscheins gewissermaßen »eingebaut« ist, so der *BGH*.[115] Die Kenntnis des VN über den wirklichen Unfallablauf gehört zum objektiven Tatbestand und ist daher vom VR zu beweisen. Beruft sich der VN dagegen auf eine Bewusstseinsstörung, trägt er hierfür die Beweislast.[116] 84

112 *OLG Hamm* v. 12.04.2022 – 7 U 1/21.

113 *OLG Saarbrücken* v. 18.10.2011 – 4 U 462/10; *OLG Köln* v. 23.10.2014 – 19 U 79/14; 22.06.2017 – 8 U 19/16.

114 *OLG Karlsruhe*, 24.06.1988 – 10 U 89/87, VersR 1988, 1287; *Saarländisches OLG*, 07.02.2013 – 4 U 16/12, r+s 2014, 8.

115 *BGH*, 13.12.1977 – VI ZR 206/75, VersR 1978, 862 und IV ZR 36/76, VersR 1978, 865.Krit. *Klein* in zfs 2020, 188 und *Offenloch* in DAR 2020, 301, 313 (beide Richter VI. Zivilsenat des BGH).

116 *BGH*, 13.12.2006 – IV ZR 252/05, NJW 2007, 1126.

85 Eine zurechenbare Beschädigung ist in den Fällen des fiktiven, abgesprochenen oder ausgenutzten Unfalles nicht oder nicht vollumfänglich auf den geschilderten Schadenshergang zurückzuführen. Selbst wenn sich Schädiger und vermeintlich Geschädigter einig sind, kann der in Anspruch genommene VR den behaupteten äußeren Schadenshergang mit Nichtwissen bestreiten (§ 138 Abs. 4 ZPO) und zwar für sich selbst sowie auch als Streithelfer seines Versicherungsnehmers.[117] Dann muss der Anspruchsteller die Richtigkeit seiner Unfalldarstellung vollumfänglich beweisen.

86 Liegt dem VR etwa bereits ein unfallanalytisches Gutachten vor, kann er den Schadenshergang auch qualifiziert bestreiten. Anhand der Kompatibilitäts- und Plausibilitätsprüfung kann er konkrete Einwendungen formulieren, warum der Unfall technisch nicht so abgelaufen sein kann, wie durch den Anspruchsteller vorgetragen.[118] Der Verlauf einer Vollbremsung lässt sich kaum, das Auffahren auf ein stehendes Fahrzeug dagegen recht gut kontrollieren. Dadurch kann der VR sogar den Gegenbeweis führen, der bereits dann geglückt ist, wenn die Überzeugung des Gerichts von der zu beweisenden Tatsache erschüttert wird. Dass sie als unwahr erwiesen wird oder sich auch nur eine zwingende Schlussfolgerung gegen sie ergibt, ist nicht nötig.[119] Da es sich um eine Frage der haftungsbegründenden Kausalität handelt, gilt auch hier der Beweismaßstab nach § 286 ZPO.

87 Bei aller Vorsicht gegenüber Check-Listen[120] für die Einordnung von Indizien für eine Unfallmanipulation, werden solche gesehen in:

Zurücksetzen mit hoher Geschwindigkeit; Vorfahrtsverletzung trotz klarer Verkehrsregelung; Ausweichen wegen nicht überprüfbarer Ursache (heruntergefallene Zigarette, unerkanntes Tier); abgelegener Unfallort zur Meidung von Zeugen; Unfallzeit nachts oder in den frühen Morgen- bzw. späten Abendstunden; nicht nachvollziehbare Anwesenheit am Unfallort; fehlende Bremsung oder Ausweichreaktion; Fehlende Kompatibilität der Schäden, erhebliche Vorschäden, Altfahrzeug gegen Luxusfahrzeug ohne Strukturschädigung, schwer verwertbares »Exotenfahrzeug«; Vereitelung einer Begutachtung der Schäden; rasche Veräußerung der beteiligten Fahrzeuge; hochwertiger Wagen bei fehlenden wirtschaftlichen Verhältnissen; fehlende Bereitschaft zur Mitwirkung nach dem Unfallgeschehen; Bekanntschaft der Beteiligten. Häufung von Verkehrsunfällen mit den Beteiligten; einschlägige Vorstrafen; schlechte wirtschaftliche Verhältnisse als Motivlage.

### 3. Einwilligung

88 Ist von der Richtigkeit der Unfalldarstellung auszugehen, fragt sich, ob ein unfreiwilliger Schadenshergang vorliegt.

89 Die Einwilligung in die Rechtsgutverletzung stellt einen Rechtfertigungsgrund dar und ist somit durch den VR zu beweisen. Allerdings genügt als Beweismaßstab eine »erhebliche Wahrscheinlichkeit«, die bei einer ungewöhnlichen Häufung von Beweiszeichen angenommen werden kann.[121] Für eine Unfallabrede oder Unfallprovokation stehen i.d.R. aber keine Zeugen zur Verfügung. Die Verabredung wird heimlich geschehen und auch im Nachhinein werden die Akteure nicht mit ihrer Tat prahlen, wobei auch dies in sozialen Netzwerken vorkommt.

90 Dann kommt es schon eher im Rahmen eines Strafverfahrens oder im Zivilprozess zum Geständnis eines der Beteiligten. Jedoch ist ein Geständnis nach § 288 ZPO in der Konstellation in der der

117 *BGH*, Beschl. v. 29.11.2011 – VI ZR 201/10, VersR 2012, 434.
118 *OLG Düsseldorf*, 05.10.2010 – I-1 U 190/09, NZV 2011, 493.
119 *BGH*, 23.03.1983 – IV a ZR 120/81, VersR 1983, 560.
120 *Lemcke* r+s 1993, 121; *Dannert* r+s 1990, 1; *OLG Schleswig*, r+s 2013, 327, *OLG Köln* v. 12.04.2013 – 19 U 96/12, VersR 2014, 996; *OLG Düsseldorf*, ADAJUR Dok.Nr. 105706.
121 *BGH* v. 13.12.1977 – VI ZR 206/75, VersR 1978, 862; *OLG Schleswig*, r+s 2017, 437 *Meschkat/Nauert*, Rn. 269.

Versicherer den Manipulationseinwand erhebt und als Nebenintervenient für den mitverklagten Fahrer auftritt, unbeachtlich.[122]

Erscheint dagegen die Klagepartei trotz Anordnung nicht persönlich vor Gericht und bleibt dies ohne Erklärung, soll dieses Prozessverhalten ein Indiz für eine Unfallmanipulation sein. Denn es liege nahe wegen des im Raum stehenden Betrugsvorwurf vor Gericht persönlich Stellung zu nehmen.[123]

Regelmäßig bedarf es für eine Unfallverabredung der Bekanntschaft zwischen den Beteiligten. Sie 91
müssen in Kontakt miteinander gestanden haben, um die Details der Unfallmanipulation absprechen zu können. Das die Unfallbeteiligten aus demselben Kulturkreis stammen ist für sich genommen kein Indiz für eine abgesprochene Tatausführung.[124] Es widerspricht aber der allgemeinen Lebenserfahrung, dass miteinander bekannte Personen in einen Unfall verwickelt werden. Damit streitet ein Anscheinsbeweis gegen die Unfreiwilligkeit des Unfalls. Der Anspruchsteller muss entlastende Merkmale beweisen. Es ist denkbar, dass sich Bekannte mit ihren jeweiligen Fahrzeugen auf einer gemeinsamen Urlaubsfahrt befunden haben und einer aus Unachtsamkeit aufgefahren ist. Oder aber, dass zwei Kollegen kurz vor Erreichen ihrer Arbeitsstelle miteinander kollidieren, weil einer von ihnen in Eile ist und die Vorfahrt nicht beachtet hat. Der fehlgeschlagene Nachweis der Bekanntschaft zwischen Unfallbeteiligten steht aber der Feststellung eines gestellten Unfalls wegen anderer Indizien nicht entgegen.[125] Eine verschwiegene, nur sukzessive eingeräumte oder gar bestrittene Bekanntschaft/Freundschaft stellt ein besonders werthaltiges Manipulationsindiz dar,[126] insbesondere wenn diese nachweisbar über eine Kneipenbekanntschaft hinaus geht.[127] Entlastend hingegen ist – unabhängig davon, ob es sich um Bekannte handelt – eine größere Anzahl von Fahrzeuginsassen, da diese alle in den Betrug verwickelt sein müssten, was meist eher unwahrscheinlich sein dürfte.[128] Dem widersprechen jedoch die Erfahrungen des sog. »Speyer Kreises«, bei dem gerade mit lockeren Bekanntschaften sich ein Betrugsgeflecht von rd. 1000 Personen unterschiedlicher Nationalitäten entwickelt hatte.[129]

Fahrer von Miet-, Leasing- und Firmenfahrzeugen sind vertraglich angehalten, bei einem Unfall die Polizei hinzuzuziehen. Andererseits kann die Polizei die Aufnahme einfacher Unfälle ablehnen. Damit stellt das Hinzuziehen der Polizei heute kein sehr gewichtiges Indiz mehr dar. Vermutlich deshalb geht das *OLG Saarbrücken* davon aus, dass Dienst- bzw. Arbeitgeberfahrzeuge üblicherweise nicht zu Betrugsversuchen eingesetzt werden.[130]

Neben der technischen ist auch eine allgemeine Plausibilitätsanalyse anzustellen.[131] Oft beschränkt 92
sich die Unfallverabredung der Beteiligten auf den eigentlichen Schadenshergang. Nicht umfasst sind das Vor- und Nachverhalten. Es bietet sich an, im Zeugenstand auch nach dem Anlass der Fahrt zu fragen und zu prüfen, ob die geschilderte Fahrstrecke nachvollziehbar ist,[132] etwa weil es die kürzeste oder schnellste ist bzw. Zwischenstopps berücksichtigt. Oder die Frage, ob die Fahrzeuge nach der Kollision den fließenden Verkehr behinderten. Wenn nicht, wie ist dann der fließende Verkehr an der Unfallstelle vorbeigekommen? Oder wie wurden die Fahrzeuge geborgen? Mussten sie abgeschleppt werden und wenn ja, konnte man dies selbst bewerkstelligen oder war ein Abschlepp-

122 *BGH* v. 29.11.2011 – VI ZR 201/10; *BGH* v. 23.07.2019 – VI ZR 337/18; *OLG Hamm* v. 22.10.2020 – I-9 123/20; *LG Münster* v. 06.05.2024 – 11 O 1424/21.

123 *OLG Hamm* v. 21.10.2022 – 1-7 U 96/21; *LG Münster* v. 06.05.2024 – 11 O 1424/21.

124 *LG Hamburg* v. 14.02.2020 – 306 O 231/18, NZV 2021, 431.

125 *OLG Schleswig*, bei: *Halm/Fitz* DAR 2012, 438.

126 *Franzke/Nugel* NJW 2015, 2071; *OLG Köln* v. 19.07.2011 – 4 U 25/10, VersR 2011, 1415; *OLG Saarbrücken* v. 28.04.2016 – 4 U 96/15.

127 *OLG München* v. 08.03.2013 – 10 U 3241/12, zfs 2013, 336.

128 *OLG Naumburg*, bei: *Halm/Fitz*, DAR 2012, 438 m.w.N.

129 *Staab/Halm* DAR 2014, 66.

130 *OLG Saarbrücken*, BeckRS 2013, 05325.

131 *OLG Düsseldorf*, BeckRS 2014, 01280.

132 *OLG Schleswig*, bei: *Halm/Fitz* DAR 2014, 439.

wagen erforderlich? Waren sich die Zeugen bei dem Schadenshergang noch einig, werden an dieser Stelle oft ganz unterschiedliche Versionen geschildert.

### 4. Schadensumfang

93 Schließlich ist zu prüfen, ob das geltend gemachte Beschädigungsbild auch zu dem vorgetragenen Unfallgeschehen passt.

94 Für den Schadensumfang ist der Anspruchsteller darlegungs- und beweispflichtig. Da es sich um die haftungsausfüllende Kausalität handelt, greifen grds. die Beweiserleichterungen (§ 287 ZPO). Nicht notwendig ist die an Sicherheit grenzende Wahrscheinlichkeit, sondern eine erhebliche Wahrscheinlichkeit ist ausreichend.[133] Darüber hinaus kann sich das Gericht der freien Schadensschätzung bedienen.

95 Die Beweiserleichterungen aus § 287 ZPO gelten nur für den redlichen Anspruchsteller. Wird die prozessuale Wahrheitspflicht verletzt, also werden beispielsweise Vorschäden verschwiegen, der Schaden nachträglich vergrößert oder fehlt es an der Schadenskompatibilität, erfordert die Beweisführung wieder den Vollbeweis nach § 286 ZPO.[134] Wer die zumutbare Mitwirkung beim Beweisverfahren auf diese Weise verweigert, hat keinen Anspruch darauf, durch eine richterliche Schätzung zur Schadenshöhe begünstigt zu werden.[135]

96 Ist bewiesen, dass nicht sämtliche Schäden am Unfallfahrzeug auf das Unfallereignis zurückzuführen sind und macht der Anspruchsteller zu den nicht kompatiblen Schäden keine Angaben bzw. bestreitet er das Vorliegen irgendwelcher Vorschäden, so ist ihm dennoch auf den zuordenbaren Schadensanteil Ersatz zu leisten. Es stellt keine unzulässige Rechtsausübung dar, wenn neben festgestellten Unfallschäden auch versucht wird, unfallfremde Vorschäden mitabzurechnen.[136] Nach der Rechtsprechung gibt es keinen allgemeingültigen Grundsatz, nach dem nur derjenige Rechte geltend machen kann, der sich selbst rechtskonform verhält.[137] Nicht jedes rechts- oder pflichtwidrige Verhalten führt stets oder auch nur regelmäßig zur Unzulässigkeit der Ausübung der hierdurch erlangten Rechtsstellung. Treuwidriges Verhalten eines Vertragspartners kann zwar dazu führen, dass ihm die Ausübung eines ihm zustehenden Rechts zu versagen ist, wenn er sich dieses Recht gerade durch das treuwidrige Verhalten verschafft hat. Entsprechendes gilt, wenn das treuwidrige Verhalten darauf gerichtet war, die tatsächlichen Voraussetzungen der Rechtsausübung zu schaffen. Lässt sich ein solches zielgerichtet treuwidriges Verhalten nicht feststellen, so muss durch eine umfassende Abwägung der maßgeblichen Umstände des Einzelfalls entschieden werden, ob und inwieweit einem Betroffenen die Ausübung einer Rechtsposition nach Treu und Glauben verwehrt sein soll.[138]

Jedoch kann die bestehende Gegenmeinung nicht unerwähnt bleiben. Danach soll ein Unfallgeschädigter seine Ansprüche insgesamt verlieren, wenn sich deren Geltendmachung als besonders grober Treueverstoß und damit als eine unzulässige Rechtsausübung darstellt. Ein solcher besonders grober Treueverstoß könne darin liegen, dass der Geschädigte vorsätzlich unter Verstoß gegen die

---

133 Nicht zu verwechseln mit den zum Kasko-Schaden-Recht entwickelten Wahrscheinlichkeitsstufen, vgl. *Langheid*, NJW 1992, 661.

134 *BGH*, NJW 1981, 1454; *OLG Hamm*, NJW-RR 1990, 42; *OLG Hamm*, 1993, 257.

135 *BGH* NJW 1981, 1454; *OLG Düsseldorf*, 19.04.2016 – I-1 U 96/15.

136 *LG Hagen*, 17.07.2020 – 7 S 19/20, NJW-RR 2020, 1353; *OLG Düsseldorf*, 11.02.2008 – 1 U 181/07, NZV 2008, 295.

137 *BGH*, 14.07.1971 – VIII ZR 49/70, NJW 1971, 1747; *Grüneberg* in Palandt, BGB, 79. Aufl. 2020, § 242, Rn. 46.

138 *BGH*, 28.10.2009 – IV ZR 140/08, NJW 2010, 289; gegenteilig im privaten Versicherungsvertragsrecht.

sich aus § 138 Abs. 1 ZPO ergebende Wahrheitspflicht, unzureichende Angaben zu Vorschäden an seinem Fahrzeug macht.[139]

Problematisch ist auch der Fall, wenn unbestritten Vorschäden vorliegen, diese im Einzelfall abzugrenzen. So muss der Geschädigte bei unstreitigen Vorschäden und bestrittener Kausalität im Einzelnen ausschließen, dass Schäden gleicher Art und gleichen Umfangs zuvor noch vorhanden waren.[140] Es muss – mit überwiegender Wahrscheinlichkeit – nachgewiesen werden, dass die Schäden vor dem erneuten Unfall fachgerecht beseitigt waren.[141] Dazu ist ein konkreter Vortrag zu den beschädigten Einzelteilen und zu den für die Reparatur erforderlichen Einzelschritten notwendig, die Vorlage von Rechnungen reicht hier nicht.[142] 97

Kann der Anspruchsteller beweisen, dass zumindest ein Teil der Schäden aus dem streitgegenständlichen Unfall stammt, kann das Gericht wieder von der Schadensschätzung nach § 287 ZPO Gebrauch machen, nötigenfalls unter Vornahme eines Sicherheitsabschlages.[143] Wird zwar eine Kollision gem. § 286 ZPO festgestellt, ist allerdings wegen entsprechender Vorschäden nicht mit überwiegender Wahrscheinlichkeit gem. § 287 ZPO die Gesamtheit oder auch nur ein abgrenzbarer Teil der Schäden als Folge der Kollision festzustellen, besteht kein Anspruch.[144] 98

Unter Umständen spricht sogar der Beweis des ersten Anscheins für die Unfallbedingtheit der festgestellten Schäden. Der Anscheinsbeweis ist bereits dann wieder erschüttert, wenn Umstände für eine Unfallmanipulation vorliegen.[145] 99

In Abkehr zu seiner früheren Rechtsprechung[146] und der bis dahin nahezu einhelligen herrschenden Meinung[147] soll nach einer Entscheidung des *OLG Düsseldorf* vom 11.02.2008 eine Klage auf Schadensersatz bei unstreitiger oder nachgewiesener Kollision auch teilweise Erfolg haben können, wenn es dem Kläger nicht gelingt, die Unfallbedingtheit sämtlicher von ihm geltend gemachter Beschädigungen nachzuweisen. Im Rahmen des § 287 ZPO stelle sich nicht die Frage, ob ausgeschlossen werden kann, dass kompatible Beschädigungen die Folgen eines Unfalls sind. Es genüge die überwiegende Wahrscheinlichkeit der Unfallbedingtheit der geltend gemachten Beschädigungen. Bei technischer und rechnerischer Trennbarkeit von unfallbedingten (Neu-)Schäden von tatsächlichen oder nur potenziellen unfallfremden (Alt-)Schäden dürfe dem Geschädigten ein Ersatz nicht vollständig versagt werden. Es handelte sich um einen Unfall im Kreisel, bei dem durch den Sachverständigen nur in einer bestimmten Kollisionsstellung sämtliche Schäden zuordenbar waren, dieser Winkel aber nicht als allein möglicher feststand. Es sei erwiesen, dass durch den Zusammenstoß ein bestimmter, abgrenzbarer Teil von Fahrzeugschäden entstanden ist, auf welchen sich die Schadensersatzverpflichtung beziehe.[148] 100

139 *OLG Köln*, Urt. v. 22.02.1999 – 16 U 33/98, *OLG Düsseldorf*, r+s 2017, 435; *OLG Frankfurt/M.*, v. 07.07.2004 – 16 U 195/03; *OLG Hamm*, SP 1999, 414; *OLG Düsseldorf*, SP 2000, 129; *OLG Frankfurt/M.*, v. 10.07.2001 – 9 U 87/00; *OLG Hamburg*, v. 06.05.2003 – 14 U 10/03; *OLG Nürnberg*, v. 18.07.2003 – 6 U 362/03; *OLG Köln*, bei: Halm/Fitz, DAR 2014, 440 m.w.N.; *OLG Dresden*, v. 16.02.2021 – 4 U 1909/20; *KG* v. 30.06.2021 – 12 U 151/09; *LG Essen*, v. 31.05.2019 – 1 O 251/17; *LG Münster*, v. 23.04.2014 – 2 O 462/11 und 08.08.2014 – 11 O 279/11 jeweils nach juris.

140 *OLG Köln*, v. 08.04.2013 – I-11 U 214/12, NZV 2013, 445.

141 *OLG Hamm*, v. 16.08.2019 – 9 U 143/18, BeckRS 2019, 25011; *LG Hagen*, bei: Halm/Fitz, DAR 2014, 440.

142 *KG*, Beschluss v. 29.05.2012 – 22 U 191/11, DAR 2013, 464.

143 *BGH*, v. 27.03.1990 – IV ZR 115/89, DAR 1990, 224.

144 *OLG Köln*, Beschluss v. 08.04.2012 – I-11 U 214/12 NZV 2013, 445; *OLG Hamm*, bei: Halm/Fitz, DAR 2014, 440; *OLG Saarbrücken*, Urt. v. 18.07.2019 – 4 U 102717, NJW-RR 2019, 1508.

145 *BGH*, VersR 1978, 862, 865 f.; *OLG Köln*, Beschluss v. 08.04.2012 – I-11 U 214/12, NZV 2013, 445.

146 *OLG Düsseldorf*, SP 2001, 272.

147 *OLG Frankfurt/M.*, Beschluss v. 31.05.2006 – 3 U 27/06, zfs 2008, 1990; *KG* SP 2008, 21; *OLG Hamburg*, MDR 2001, 1111.

148 *OLG Düsseldorf*, v. 11.02.2008 – I-1 U 181/07; ebenso *OLG Bremen* v. 30.06.2021 – 1 U 90/19.

101 In der Literatur wird diese Entscheidung des *OLG Düsseldorf* teils sehr kritisch bewertet, da die Abkehr der seit langem gefestigten Rechtsprechung im Hinblick auf die prozessuale Wahrheitspflicht sehr bedenklich sei und Tür und Tor zum Prozessbetrug eröffne. Es sei ein unbilliges Ergebnis, dass dem vorsätzlich gegen § 138 Abs. 1 ZPO verstoßenden Kläger ein Mindestschaden zugesprochen werde und ihm zudem Beweiserleichterungen zugutekommen sollen.[149]

Klarheit wurde durch den BGH geschaffen.[150] Der Geschädigte hat die Entstehung und den Umfang des geltend gemachten Schadens darzulegen und zu beweisen. Das gilt selbst dann, wenn der Schädiger bzw. dessen Kfz-Haftpflichtversicherung einwendet, es werde ein Vorschaden geltend gemacht. Nicht der Schädiger muss die Einwendung beweisen, sondern der Geschädigte den Schadensumfang. Allerdings kommen ihm dazu die Beweiserleichterungen aus § 287 ZPO zugute und zwar hinsichtlich der Beweisführung als auch der Darlegung. Für die Schadensschätzung nach § 287 ZPO durch den Tatrichter muss der Anspruchsteller im Einzelnen die hierzu notwendigen Tatsachen darlegen und beweisen. Diese Darlegungslast konkretisiert der BGH hin zu einem zulässigen Aufklärungsinteresse des Anspruchstellers. Soweit der Geschädigte behauptet von einem eventuellen Vorschaden selbst keine Kenntnis und die beschädigte Sache in unbeschädigtem Zustand erworben zu haben, kann es ihm nicht verwehrt werden, eine tatsächliche Aufklärung auch hinsichtlich solcher Punkte zu verlangen, über die er kein zuverlässiges Wissen besitzt und auch nicht erlangen kann. Er ist deshalb grundsätzlich nicht gehindert, die von ihm nur vermutete fachgerechte Reparatur eines Vorschadens zu behaupten und unter Zeugenbeweis zu stellen. Darin kann weder eine Verletzung der prozessualen Wahrheitspflicht noch ein unzulässiger Ausforschungsbeweis gesehen werden (BGH a.a.O.). Danach ist es also ausreichend, wenn konkrete, tatsächliche Anhaltspunkte für den Prozessvortrag vorliegen, eine vorprozessuale Erkundigungspflicht oder gar die Verpflichtung vorab ein Privatgutachten einzuholen, besteht nicht.[151]

Ausdrücklich hat die gefestigte obergerichtliche Rechtsprechung nach wie vor Bestand, wonach der Anspruchsteller in dessen Besitzzeitraum der Vorschaden fällt, die volle Darlegungslast trifft. Danach ist die bloße Inbezugnahme einer Reparaturrechnung nicht ausreichend, sondern muss konkret über Art und Umfang der Reparatur des Vorschadens informiert werden.[152]

102 Im Rahmen der Gesamtwürdigung können also Zweifel am Schadensumfang zur Überzeugungsbildung führen, dass eine Unfallmanipulation vorliegt. Selbst wenn eine Einwilligung nicht nachgewiesen ist. Daher ist i.d.R. vor Klärung des Schadenumfanges kein Grundurteil zu erlassen. Eine Vorabentscheidung über den Grund des Anspruchs gemäß § 304 Abs. 1 ZPO ist nur dann zulässig, wenn sämtliche den Grund des Anspruchs betreffende Einwendungen zur Entscheidung reif sind. Unter dem Gesichtspunkt der Prozesswirtschaftlichkeit und der praktischen Brauchbarkeit ist ein Grundurteil dann unzulässig, wenn die Tatsachen über Grund und Höhe annähernd dieselben sind oder in einem so engen Zusammenhang stehen, dass die Herausnahme einer Grundentscheidung unzweckmäßig und verwirrend wäre.[153] So verhält es sich vorliegend, da nicht auszuschließen ist, dass der Versicherer im Betragsverfahren den Nachweis des von ihm behaupteten, betrügerischen Verhaltens gelingt.

---

149 *Halm* DAR 2008, 345.

150 *BGH* v. 15.10.2019 – VI ZR 377/18, VersR 2020, 441; r+s 2020, 108 (Maserati-Fall).

151 *OLG Frankfurt* v. 12.12.2019 – 22 U 190/18, BeckRS 2019, 37931; *OLG Hamm* v. 20.12.2019 und 14.02.2020 – 7 U 70/19, BeckRS 2019, 43588.

152 *OLG Hamm* v. 10.04.2018 – 9 U 199/17, r+s 2018, 392; *OLG Hamm* v. 16.08.2019 – 9 U 143/18, BeckRS 2019, 25011; *Christensen* NZV 2020, 633; *Nugel* zfs 2020, 490.

153 *BGH*, v. 23.09.1992 – IV ZR 199/91, VersR 1992, 1465; 27.05.1992 – IV ZR 42/91, VersR 1992, 1087; *OLG Hamm*, v. 04.06.1993 – 20 U 62/93, VersR 1994, 301.

## V. Prozessführung

### 1. Interessenkollision und Streitbeitritt

Nimmt der Geschädigte den VR und den VN bzw. mitversicherten Fahrer auf Schadensersatz in Anspruch und will der VR den Manipulationseinwand erheben, werden sich auf Beklagtenseite zwei getrennte Anwälte bestellen. Zwar obliegt die Prozessführung nach den Musterbedingungen E.1.2.4 AKB 2015[154] dem VR, der für die Beklagten einen Rechtsanwalt beauftragen kann. Erklären aber der VN bzw. der mitversicherte Fahrer gegenüber diesem Anwalt, dass keine Unfallmanipulation vorliegt und ist der Rechtsanwalt durch den VR gehalten dennoch den Manipulationseinwand zu erheben, würde sich der Rechtsanwalt standeswidrig verhalten und unter Umständen sogar wegen Parteiverrats strafbar machen.[155] Der Unfallverursacher ist angesichts des Einwandes der Versicherung es läge eine Unfallmanipulation vor, ausdrücklich berechtigt einen eigenen Anwalt zu nehmen.[156] Bezüglich der Kosten besteht eine Vorschusspflicht des mitverklagten VR gegenüber dem VN, die mit Zustellung der Klage fällig wird. Die Vorschusspflicht steht allerdings unter dem Vorbehalt der Rückforderung für den Fall das sich herausstellt, dass ein Versicherungsbetrug vorliegt.[157] Dem Versicherer ist in diesen Fällen zu empfehlen, einen Deckungsvorbehalt bis zur endgültigen Deckungsprüfung und den Forderungsübergang nach § 86 VVG bzgl. des prozessualen Kostenerstattungsanspruchs zu formulieren. 103

Daher wird der VR dem Rechtsstreit als (einfacher) Streithelfer der Hauptpartei beitreten (§§ 61, 69 ZPO). Er darf als im Wege des Direktanspruchs mitverklagter Haftpflichtversicherer (§ 1 PflVG, § 115 VVG) sowohl mit einem vom Vorbringen des VN abweichenden Sachvortrag die Unfallmanipulation geltend machen, als auch als dessen Streithelfer eine Klageabweisung der gegen den VN gerichteten Klage beantragen.[158] Der VR kann auch gegen den Willen der Hauptpartei eigenständig Rechtsmittel einlegen, da er nicht den Beschränkungen aus § 67 HS 2 ZPO unterliegt. 104

Das nach § 66 Abs. 1 ZPO für den Beitritt erforderliche Interesse des VR am Obsiegen des VN/mitversicherten Fahrers ergibt sich aus der Bindungswirkung der Entscheidung für den etwaigen Deckungsprozess. Es soll sogar dann noch bestehen, wenn die Deckungsklage des Geschädigten gegen den VR bereits abgewiesen wurde. Der Beitritt kann noch in jedem Stadium des Rechtsstreites erfolgen, sogar noch in Verbindung mit der Einlegung eines Rechtsmittels (§ 66 Abs. 2 ZPO). Für die Fristwahrung und den Verspätungseinwand ist dann allerdings auf den Halter und Fahrer abzustellen und nicht etwa auf den VR.[159] 105

Als Streithelfer darf der VR für die unterstützte Partei Angriffs- und Verteidigungsmittel vorbringen und die der Partei zustehenden Prozesshandlungen vornehmen, selbst wenn die unterstützte Partei daran kein Interesse hat. Sonst muss die Partei zum Ausdruck bringen, dass sie die Prozesshandlung nicht gegen sich gelten lassen will. Der Streithelfer darf nicht zum Nachteil der unterstützten Partei handeln. Der VR kann aber die Unfallmanipulation vortragen, weil er damit die Abweisung der Klage erreichen will. 106

Der unmittelbar in Anspruch genommene Kfz-Haftpflichtversicherer kann sich zulässigerweise gegenüber der Unfalldarstellung des Geschädigten mit Nichtwissen erklären und eine abweichende 107

154 Allgemeine Bedingungen für die Kfz-Versicherung AKB 2015 – Stand 17.04.2024 GDV wie auch bei den weiteren Zitierungen.

155 *Kääb*, NZV 1991, 169; *OLG Frankfurt/M.*, r+s 1991, 329; *BGH*, v. 23.10.1990 – VI ZR 105/90, NZV 1991, 350 = VersR 1991, 236; zur Beihilfe zum Betrug durch Rechtsanwalt *BGH* Beschl. v. 26.01.2017 – 1 StR 636/16; *van Bühren*, r+s 2019, 6.

156 *BGH* v. 15.09.2010 – IV ZR 107/09; *BGH* v. 29.11.20211 – VI ZR 201/10.

157 *Lücke* in: *Prölss/Martin*, § 101 Rn. 29; *AG Ulm*, NZV 2013, 43; *LG Bochum* v. 01.10.2014 – 9 S 108/14.

158 *BGH* v. 09.03.1993 – VI ZR 249/92; *BGH* v. 29.11.2011 – VI ZR 201/10; *OLG Frankfurt* v. 08.04.2019 – 23 U 112/17, *KG* v. 16.12.2021 – 22 U 69/21.

159 *BGH*, NJW 1990, 190; *OLG Frankfurt a.M.*, NJW-Spezial 2009, 506.

Darstellung vortragen. Die Einlassung, die Richtigkeit oder Unrichtigkeit der Behauptungen des Gegners nicht zu kennen ist jedoch (nur) über Tatsachen möglich, die weder eigene Handlungen der Partei noch Gegenstand ihrer eigenen Wahrnehmung gewesen sind. Bei einer juristischen Person kommt es insoweit auf ihre Organe an.[160] Es findet seine Grenze, wenn und soweit eine Informationspflicht der Partei hinsichtlich der vom Gegner behaupteten Tatsachen besteht, was der Fall ist, wenn die maßgebenden Tatsachen Personen bekannt sind, die unter der Anleitung, Aufsicht oder Verantwortung der Partei tätig geworden sind. Allerdings dürfen die Anforderungen an die Erkundigungspflicht nicht überspannt werden. Einer Partei darf nur eine zumutbare Informationspflicht auferlegt werden. So ist eine Erklärung mit Nichtwissen auch bei bestehender Informationspflicht zulässig, wenn sich für die Partei nach Einholung der Erkundigungen bei den maßgeblichen Personen keine weiteren Erkenntnisse ergeben oder die Partei nicht beurteilen kann, welche von mehreren unterschiedlichen Darstellung über den Geschehensablauf der Wahrheit entspricht, und sie das Ergebnis ihrer Erkundigungen in den Prozess einführt[161] Nach diesen Grundsätzen ist es dem Haftpflichtversicherer nicht verwehrt, die Unfalldarstellung des Geschädigten mit Nichtwissen zu bestreiten, weil und soweit der Versicherungsnehmer selbst an einer entsprechenden Einlassung gehindert ist. Folglich kann bei dem Verdacht einer Unfallmanipulation der Haftpflichtversicherer sowohl gegenüber dem behaupteten Unfall als auch dem behaupteten Unfallhergang mit Nichtwissen bestreiten, und zwar auch dann, wenn er in dem Rechtsstreit nicht nur für sich selbst, sondern zugleich auch als Streithelfer seines Versicherungsnehmers auftritt[162] Jedoch hat der Versicherer die Pflicht, sich bei seinem Versicherungsnehmer und etwaigen unfallbeteiligten Mitversicherten (Fahrer) zu erkundigen, ob der Vortrag des Geschädigten zum Unfallgeschehen zutrifft. Will er sich mit Nichtwissen erklären, muss er hinreichende Gründe dafür darlegen, warum er sich auf der Grundlage der erteilten Auskünfte nicht dazu einlassen kann, obwohl das Vorbringen des Geschädigten zutrifft. Das leitet sich daraus ab, dass sich der Versicherer über die vertraglich mit seinem Versicherungsnehmer vereinbarte Auskunfts- und Erklärungspflicht regelmäßig (unschwer) Information über das Unfallgeschehen verschaffen kann. Im Streitfall hat der Versicherer demnach darzulegen, dass er die ihn treffende Informationspflicht erfüllt hat, etwa welche Bemühungen er zur Sachverhaltsaufklärung unternommen hat.[163]

108 Da die Prozesspartei das unmittelbarste, aber auch am wenigsten objektive Mittel ist, um einen im Prozess streitigen Sachverhalt aufzuklären, lässt die ZPO deren (ggf. zu beeidigende) Aussage nur sehr eingeschränkt als Beweismittel zu. Zwar kann die beweisbelastete Partei beantragen, den Gegner als Partei zu vernehmen (§ 445 Abs. 1 ZPO), was nicht immer ihrem Interesse entsprechen dürfte. Das Gericht aber darf diesem Antrag erst dann stattgeben, wenn alle anderen vom Beweisführer vorgebrachten Beweismittel keinen vollen Beweis erbracht haben. Unzulässig ist er auch dann, wenn er der Ausforschung dienen, also dem Beweisführer Sachverhaltskenntnisse überhaupt erst verschaffen soll; dies ist nach der Rechtsprechung dann der Fall, wenn ohne greifbare Anhaltspunkte willkürliche Behauptungen »ins Blaue hinein« aufgestellt werden. Lehnt der Gegner es ab, sich vernehmen zu lassen, kann das Gericht dieses Verhalten frei würdigen (§ 446 ZPO). Jede Partei kann beantragen, dass die beweispflichtige Partei (das kann sie selbst oder die andere sein) vernommen wird (§ 447 ZPO). Die Vernehmung ist aber nur im beiderseitigen Einverständnis zulässig und steht selbst dann im Ermessen des Gerichts. Von Amts wegen und ohne Rücksicht auf die Beweislast kann das Gericht die Vernehmung einer Partei oder beider Parteien anordnen (§ 448 ZPO). Dieses Instrument einer – dem Zivilprozess an sich fremden – Amtsaufklärung kann aber nur eingesetzt werden, wenn das Ergebnis der bisherigen Verhandlungen und einer etwaigen Beweisaufnahme für eine Überzeugungsbildung »nicht ausreicht«. Also müssen zum einen zuvor alle anderweitigen Beweis-

160 *BGH* Urt. v. 08.01.2019 – II ZR 139/17, VersR 2019, 815; 22.04.2016 – V ZR 256/14, NJW-RR 2016, 1251; 19.04.2001 – I ZR 238/98, NJW-RR 2002, 612.

161 *BGH* Urt. v. 12.11.2015 – I ZR 167/14, NJW 2016, 3601; 21.03.1996 – IX ZR 240/95, NJW 1996, 1954; 08.01.2019 – II ZR 139/17, VersR 2019, 815.

162 *BGH* Urt. v. 25.03.2014 – VI ZR 438/13.

163 *BGH* Urt. v. 23.07.2019 – VI ZR 337/18, VersR 2019, 1359; 12.12.2019 – III ZR 198/18.

möglichkeiten ausgeschöpft sein, ohne dass das Gericht zu einer Überzeugung gelangen konnte,[164] und andererseits muss zumindest der Ansatz eines Beweises, eine gewisse Wahrscheinlichkeit für die Richtigkeit der streitigen Behauptung bestehen.[165]

Im Manipulationsprozess wird diesbezüglich die Konstellation bedeutsam, in der im Anwaltsprozess das Tatsachengericht den mitverklagten, anwesenden aber nicht anwaltlich vertretenen Schädiger als Partei nach § 141 ZPO anhören will. Das ist unzulässig. Das Recht zur persönlichen Anhörung gemäß § 137 Abs. 4 ZPO steht einer Partei nur »neben dem Anwalt« zu, also nur bei dessen Anwesenheit.[166] Die Anhörung einer Partei nach § 141 ZPO findet außerhalb einer streitigen mündlichen Verhandlung nicht statt. Deshalb ist die Anhörung der im Anwaltsprozess ohne ihren Rechtsanwalt erschienen Partei unzulässig.[167] Auch die Anwesenheit des Prozessbevollmächtigten der Streithelferin ändert hieran nichts. Denn der (anwaltlich vertretene) Streithelfer handelt im eigenen Namen und nicht als Vertreter der Partei, auch wenn die Wirkungen seiner Prozesshandlung – wie hier die Stellung des Antrages auf Klageabweisung nach § 67 HS 2 ZPO – für die unterstützte Partei eintreten.[168]

Ein Geständnis i.S.d. § 288 ZPO oder Anerkenntnis i.S.d. § 307 ZPO kann auch bewusst unwahr abgegeben werden. Erst wenn feststeht, dass es auf einen Betrug zulasten eines Dritten abgegeben wurde, ist es unbeachtlich.[169] Gleiches gilt für die Geständnisfiktion des § 331 ZPO. In diesem Fall ist die Klage also dennoch, trotz Geständnis, Anerkenntnis oder Säumnis, abzuweisen. **109**

Aus Sicht des Geschädigten ist es damit zweckmäßig, den VR wie auch den Halter und den Fahrer zu verklagen. Dann hat er bei einem obsiegenden Urteil gegen Halter/Fahrer aufgrund der Bindungswirkung sogar bei Abweisung der Direktklage gegen den VR die Chance, über die Direktklage gegen den VR (aus dem Recht des Halters/Fahrers) erfolgreich zu sein. **110**

Will der Geschädigte die Klage gegen einen der Streitgenossen weiterverfolgen, darf er gegen einen anderen Streitgenossen ein abweisendes bzw. teilabweisendes Urteil nicht rechtskräftig werden lassen. **111**

Der VR dagegen muss wegen der Bindungswirkung eine Verurteilung des Halters/Fahrers verhindern, insbesondere durch Versäumnis- oder Teilurteil. Durch die Beweisaufnahme muss der Nachweis einer Verabredung geführt werden, was sonst nicht mehr möglich wäre. **112**

Der Halter/Fahrer kann einen eigenen Rechtsanwalt beauftragen. Hat der mitverklagte Fahrer einen eigenen Anwalt beauftragt und bestätigt sich ihm gegenüber der Manipulationsverdacht nicht, gehen dessen Kosten zulasten des VR.[170] Auch angesichts eines Unfallmanipulationsversuchs ist ein Prozesskostenhilfeantrag nicht mutwillig im Sinne des § 114 S. 1 ZPO.[171] **113**

Hat der VR zum Nachweis eines Manipulationsverdachts ein Privatgutachten eingeholt oder auch einen Detektiv beauftragt, sind die dafür angefallenen Kosten im Sinne von § 91 ZPO erstattungsfähig, wenn im Zeitpunkt der Beauftragung bereits ausreichende Verdachtsmomente bestanden, in jedem Fall, wenn die Kosten unmittelbar prozessbezogen sind, wofür ein enger zeitlicher Zusam- **114**

---

164 *BGH* v. 26.03.1997 – IV ZR 91/96; NZV 1997, 351 (äußeres Bild Kfz-Diebstahl).

165 *BGH* v. 25.03.1992 – IV ZR 54/91; 30.01.1996 – VI ZR 386/94; 16.07.1998 – I ZR 32/96; 09.02.2017 – IX ZR 67/16.

166 Zöller/*Greger*, ZPO § 137 Rn. 4.

167 Zöller/*Greger*, ZPO § 141 Rn. 6; *OLG Frankfurt*, Beschl. v. 11.05.2009 – 19 W 22/09, NJW-RR 2010, 140; *OLG Hamm*, v. 22.11.2019 – 9 93/19, MDR 2020, 439; a.A. *OLG Hamm*, Urt. v. 22.11.2019 – 9 U 93/19, VersR 2020, 640.

168 *BGH* v. 13.04.1994 – II ZR 196/93, NZV 1994, 312, NJW 1994, 2022; 1995, 199.

169 *BGH*, v. 22.05.1970 – IV ZR 1084/68, VersR 1970, 826; 13.12.1977 – VI ZR 206/75, VersR 1978, 862, 865.

170 *BGH*, v. 29.11.2011 – VI ZR 201/10; 06.07.2010 – VI ZB 31/08; 15.09.2010 – IV ZR 107/09; *LG Münster* v. 06.05.2024 – 11 O 1424/21.

171 *BGH*, v. 06.07.2010 – VI ZB 31/08, VersR 2010 1472; Beschl. v. 12.12.2007 – IV ZR 40/06, VersR 2008, 484; *OLG Köln*, Schaden- Praxis 2013, 302.

menhang zwischen Gutachten und Prozess verlangt wird.[172] Maßgeblich ist, ob der Versicherer die Einholung des Gutachtens ex ante aufgrund vorliegender Verdachtsmomente als sachdienlich ansehen durfte. Unerheblich ist, ob das Gutachten in den Rechtstreit eingeführt wird.[173] Der Versicherer muss allerdings im Kostenfestsetzungsverfahren konkret auf den Streitfall bezogen darlegen und ggf. glaubhaft machen, wofür die Kosten angefallen sind und kann sich nicht darauf berufen, aus Kostengründen mit der Detektei ein Pauschalhonorar vereinbart zu haben.[174] Verwendet der Versicherer das Privatgutachten in mehreren Unfallmanipulationsverfahren, kommt keine Kostenquotelung in Betracht, sondern kann die Kostenerstattung in voller Höhe verlangt werden. Durchgesetzt dürfen die Kosten (natürlich) nur einmal werden, wobei sich die Kostenschuldner ggf. intern ausgleichen müssen.[175]

115 Um einer Verurteilung zu entgehen müssen die mitverklagten Halter und Fahrer entweder an einer Klageabweisung interessiert sein, etwa indem sie gegen eine Unfallmanipulation vortragen oder Haftungseinwände erheben. Oder sie verfolgen das gegenteilige Ziel, nämlich eine Verurteilung gemeinsam mit dem VR. Hierzu könnten sie den Unfallhergang und dessen Unfreiwilligkeit unstreitig stellen. Ein Anerkenntnis oder Geständnis würde keine Obliegenheitsverletzung (mehr) darstellen, da ein Anerkenntnisverbot mit dem VN nicht mehr wirksam vereinbart werden kann (§ 105 VVG). Der VR ist demnach gehalten auf jeder Beweisstufe eine Verteidigung aufzubauen. Etwa durch Erhebung eines Mithaftungseinwandes bzw. Bestreiten der Unfallfolgen oder der Schadenshöhe.

116 Die als Gesamtschuldner verklagten Fahrer/Halter und der VR sind lediglich einfache Streitgenossen. Damit können sie unterschiedlich vortragen und Prozesshandlungen (bzw. Unterlassungen) wirken nur für und gegen sie selbst. Die Prozesse können nach § 145 ZPO voneinander getrennt werden, oder es kann ein Teilurteil (auch Teil-Versäumnisurteil)[176] gegen beide Streitgenossen ergehen (§ 301 ZPO). Auch kann nur der Prozess gegen den einen Streitgenossen eine Beweisaufnahme erforderlich machen, ohne dass der Prozess gegenüber den anderen abgetrennt oder durch Teilurteil entschieden wird.

117 Die Streitgenossen können in ihren Prozessen nicht gegenseitig als Zeugen auftreten, wohl aber, wenn das Beweisthema nur den anderen Prozess betrifft.[177]

118 Der Erlass eines Teilurteils ist also zu vermeiden, notfalls ist der Prozess abzutrennen und wegen Vorgreiflichkeit auszusetzen (§ 148 ZPO).[178] Kommt es dennoch zu einer Vorab-Entscheidung, ist Rechtsmittel einzulegen. Ein Teilurteil ist auch bei grundsätzlicher Teilbarkeit des Streitgegenstandes nur zulässig, wenn die Gefahr einander widersprechender Entscheidungen, auch infolge abweichender Beurteilung durch das Rechtsmittelgericht, ausgeschlossen ist. Eine Gefahr einander widersprechender Entscheidungen ist namentlich dann gegeben, wenn in einem Teilurteil eine Frage entschieden wird, die sich dem Gericht im weiteren Verfahren über andere Ansprüche oder Anspruchsteile noch einmal stellt oder stellen kann. Das gilt auch insoweit, als es um die Möglichkeit einer unterschiedlichen Beurteilung von bloßen Urteilselementen geht, die weder in Rechtskraft erwachsen noch das Gericht nach § 318 ZPO für das weitere Verfahren bindend. Eine solche

172 *BGH* v. 14.10.2008 – VI ZB 16/08; 18.11.2008 – VI ZB 24/08; *BGH*, v. 01.02.2017 – VII ZB 18/14; *OLG Frankfurt*, v. 16.02.2009 – 12 W 11/09, 26.07.2012 – 18 W 114/12; *OLG Koblenz*, v. 12.11.2013 – 14 W 621/13, VersR 2014, 854; *OLG Hamm* v. 01.02.2013 – I-25 W 350/12, NZV 2013, 399; *OLG Celle*, NJW-RR 2011, 1057; *OLG Frankfurt/M.*, Beschluss v. 16.02.2009 – 12 W 11/09, VersR 2009, 1559; *OLG Bremen*, Beschl. v. 08.09.2015 – 2 W 82/15; *OLG Düsseldorf*, v. 02.07.2018 – 12 W 8/18, NJW-RR 2018, 1467.

173 *BGH*, v. 26.03.2013 – VI ZB 59/12, r+s 2013, 522; *OLG Brandenburg*, Beschl. v. 23.11.2020, BeckRS 2020, 35884.

174 *OLG Saarbrücken*, v. 06.01.2020 – 6 W 27/19, BeckRS 2020, 2470.

175 *OLG Stuttgart*, v. 31.01.2019 – 8 W 17/19, VersR 2019, 901.

176 *BGH*, VersR 1974, 1117; 1981, 1158.

177 *BGH*, MDR 1984, 47.

178 *OLG Celle*, v. 16.06.1988 – 5 U 199/87, VersR 1988, 1286.

Gefahr besteht namentlich bei einer Mehrheit von selbstständigen prozessualen Ansprüchen, wenn zwischen den prozessual selbstständigen Ansprüchen eine materiell-rechtliche Verzahnung besteht oder die Ansprüche prozessual in ein Abhängigkeitsverhältnis gestellt sind. Eine materiell-rechtliche Verzahnung kann bei objektiver Häufung inhaltlich zusammenhängender Anträge, aber auch bei Klagen gegen mehrere Personen (subjektive Klagehäufung) auftreten. Ein Teilurteil über die Klage gegen einen von mehreren einfachen Streitgenossen ist daher in der Regel unzulässig, wenn die Möglichkeit besteht, dass es in demselben Rechtsstreit, auch im Instanzenzug, zu einer widersprechenden Entscheidung kommt.[179]

## 2. Bindungswirkung

Erschwerend kommt hinzu, dass zwischen dem Haftpflichtprozess und dem Deckungsprozess das Trennungsprinzip gilt.[180] Im Haftpflichtprozess werden ausschließlich Haftungsfragen geklärt und gerade nicht das Versicherungsverhältnis auf die Möglichkeit einer Leistungsfreiheit durch den VR beleuchtet. Dies ist Inhalt eines Deckungsprozesses. In der Kfz-Haftpflichtversicherung ist der VR bei Geltendmachung des Direktanspruches wenigstens als Partei an dem Haftpflichtprozess beteiligt. In der allgemeinen Haftpflichtversicherung noch nicht einmal das. Ausgangspunkt ist die Verpflichtung des VR aus § 100 VVG bzw. dem Haftpflicht-Versicherungsvertrag, den VN oder die mitversicherte Person gegenüber berechtigten Anspruchstellern freizustellen und unbegründete Ansprüche abzuwehren (Rechtsschutzverpflichtung).[181] Wird der Anspruch durch den VR nicht anerkannt oder kann er mit dem Geschädigten keine Einigung über die Schadensregulierung herstellen, wird der Geschädigte Klage erheben und hat der VR den Haftpflichtprozess aufzunehmen sowie das Prozesskostenrisiko zu übernehmen (E.2.4 AKB, § 101 Abs. 1 VVG, 5.2 AHB 2). Da der VR den Manipulationseinwand erhebt, widerstreitet diese Situation seinen Interessen. Weil der VR wegen vorsätzlicher Schädigung oder Obliegenheitsverletzung von seiner Leistungsfreiheit ausgeht, wird er dem Versicherten oder der mitversicherten Person keinen Rechtsschutz im Haftpflichtprozess des Geschädigten gewähren wollen (siehe Rdn. 103). 119

Hinzu kommt die Bindungswirkung, dass die im Haftpflichtprozess getroffene Entscheidung und deren Grundlagen für den Deckungsprozess feststehen. Hierdurch soll gewährleistet sein, dass die im Haftpflichtprozess getroffene Entscheidung und die zugrundeliegenden Feststellungen im Deckungsprozess nicht wieder streitig werden können.[182] 120

Allerdings umfasst der für den Deckungsprozess bindende Tatbestand lediglich die vom Tatrichter des Haftpflichtprozesses festgestellten und in seiner Entscheidung zugrunde gelegten, tatsächlichen Elemente; seine rechtliche Einordnung ist dagegen ohne Belang.[183] Denn der VN und der VR haben keinen Einfluss darauf, ob der Haftpflichtrichter »überschießende«, nicht entscheidungserhebliche Feststellungen trifft oder nicht entscheidungserhebliche Rechtsausführungen macht.[184] Es muss Voraussetzungsidentität vorliegen, was meint, dass eine für die Entscheidung im Deckungsprozess maßgebliche Frage sich auch im Haftpflichtprozess nach dem vom Haftpflichtgericht gewählten rechtlichen Begründungsansatz bei objektiv zutreffender rechtlicher Würdigung als entscheidungserheblich erweist.[185]

Diese Klarstellung war hilfreich, war doch in den Vorentscheidungen des *BGH* vom 08.12.2010 – IV ZR 211/07 und vom 18.02.2004 – IV ZR 126/02 zu lesen, dass lediglich bei nicht entscheidungserheblichen Rechtsausführungen die Voraussetzungsidentität fehle. 121

179 *OLG Dresden*, v. 11.06.2019 – 4 U 150/19, NJW 2019, 444.
180 *BGH*, v. 30.09.1992 – IV ZR 314/91, VersR 1992, 1504; NZV 2001, 462.
181 *Lücke* in: Prölls/Martin § 100 VVG Rn. 67.
182 *BGH*, v. 30.09.1992 – IV ZR 314/91, VersR 1992, 1504.
183 *BGH*, v. 08.12.2010 – VI ZR 211/07, VersR 2011, 203.
184 *BGH*, v. 24.01.2007 – IV ZR 208/03, VersR 2007, 641, 08.12.2010 – VI ZR 211/07, 2011, 203.
185 *BGH*, v. 18.02.2004 – IV ZR 126/02, VersR 2004, 590.

122 Etwas anderes gilt jedoch, wenn gegen den »Schädiger« ohne Beteiligung der Kfz-Haftpflichtversicherung ein rechtskräftiger Titel erwirkt wurde – hier kann nach Treu und Glauben ein einverständliches Zusammenwirken der Unfallbeteiligten und damit auch ihre fehlende Zahlungspflicht durch die Versicherung eingewandt werden, denn hier besteht gerade keine Bindungswirkung.[186]

Bei der gesonderten Rechtsprüfung im Deckungsprozess gilt es weiter zu berücksichtigen, dass sich der Vorsatz nach § 103 VVG nicht nur auf die Unfallverursachung, sondern auch auf die Schadensfolge beziehen muss. Im Deckungsprozess bleibt also zu prüfen, ob auch die Schadensfolge zumindest bedingt vorsätzlich herbeigeführt wurde.[187]

123 Der Bindungswirkung geht weder ein intaktes Versicherungsverhältnis noch eine gerichtliche Entscheidung, aus der wenigstens mit den Entscheidungsgründen die Grundlagen ersichtlich werden, voraus. Sie gilt genauso bei Versäumnisurteil[188] wie bei Vollstreckungsbescheid[189] oder außergerichtlicher Einigung.[190] Bindungswirkung soll nur dann nicht eintreten, wenn ein Haftungsanerkenntnis zum Zwecke des Betruges abgegeben worden ist.[191] Ebenso wenig bei einer Annex-Entscheidung des Strafgerichtes (§§ 403 ff. StPO).[192]

124 Wird der Deckungsprozess vor dem Haftpflichtprozess geführt, sind diejenigen Haftpflichtfragen zu klären, denen versicherungsrechtliche Einwände zugrunde liegen. Trägt der VR die vorsätzliche Herbeiführung des Versicherungsfalles vor, müssen schon im Deckungsprozess hierzu Feststellungen getroffen werden. Hierin liegt kein Grund den Deckungsprozess bis zur rechtskräftigen Entscheidung des Haftpflichtprozesses auszusetzen. Dies kann höchstens mit Zustimmung des VN erfolgen.[193]

125 Schließlich führt die rechtskräftige Entscheidung im Deckungsprozess keine Bindungswirkung für den nachfolgenden Haftpflichtprozess herbei. Auch wenn in Ersterem die vorsätzliche Herbeiführung des Versicherungsfalles festgestellt wird, kann dies im Haftpflichtprozess bestritten werden. Er ist offen zu halten, bis der Prozess gegen den VR entschieden ist.

126 Wird der Manipulationsvorwurf ausschließlich gegenüber dem vermeintlich Geschädigten erhoben, kommt es im Haftpflichtprozess zu keinen Besonderheiten. In den Fällen des provozierten oder ausgenutzten Unfalls stehen der VR und seine VN (Halter/Fahrer) auf der gleichen Seite. Wie im Regelfall wird der VR seine Verteidigungsbereitschaft gegen die Klage auch für die mitverklagten VN abgeben und über die gemeinsame Prozessvertretung entscheiden.

127 Anders aber im Fall des abgesprochenen oder fingierten Unfalls. Hier erhebt der VR den Vorwurf der Unfallmanipulation zumindest gegenüber der mitversicherten Person, wenn nicht sogar gegenüber dem Halter. Da sich der VR durch eine gemeinsame Abrede zu seinen Lasten betrügerisch geschädigt sieht, vertritt er im Prozess nur die eigenen Interessen. Etwas anderes gilt noch, wenn der Fahrzeughalter für den VR unverdächtig erscheint, beispielsweise das Mietwagenunternehmen beim Berliner Modell. Hier wird der VR noch gemeinsam mit dem Halter auftreten, nicht aber für den Fahrer.

128 Der Manipulationseinwand auch gegenüber dem/den Streitgenossen wirkt sich auch auf die Rechtskrafterstreckung aus. Die rechtskräftige Abweisung der Klage gegen den Kfz-Haftpflichtversicherer

186 *OLG Frankfurt*, v. 27.03.2014 – 7 U 242/13, zfs 2014, 331.
187 *OLG Karlsruhe*, r+s 1995, 9; *OLG Köln*, r+s 1989, 74; *OLG Nürnberg*, 27.04.1989 – 8 U 4187/88, VersR 1990, 375; *OLG Hamm*, v. 25.06.1980 – 20 U 76/78, VersR 1981, 178, jeweils zu § 152 VVG, *LG Düsseldorf*, v. 01.06.2011 – 9 O 26/08.
188 *OLG Koblenz*, r+s 1995, 92.
189 *OLG Hamm*, Anwaltsblatt 1986, 374.
190 *OLG Hamm*, v. 29.09.1993 – 20 U 96/93, VersR 1994, 925.
191 *BGH*, v. 14.07.1981 – VI ZR 304/79, VersR 1981, 1158.
192 *OLG Saarbrücken*, v. 11.11.1992 – 5 U 24/92, VersR 1993, 1004.
193 *BGH*, v. 30.09.1992 – IV ZR 314/91; 28.09.2005 – IV ZR 255/04; 24.01.2007 – IV ZR 188/07; 13.01.2010 – IV ZR 188/07; 24.04.2013 – IV 23/12.

wirkt nach § 124 VVG auch zugunsten des Versicherten und umgekehrt.[194] Jedenfalls wenn die Klage wegen Nichtbestehens des Haftpflichtanspruches abgewiesen wurde (und nicht aus anderen Gründen) soll der Geschädigte nicht die gleiche Klage noch einmal gegen den anderen erheben können.[195]

Nach der wohl herrschenden Meinung findet § 124 VVG nach seinem Sinn und Zweck auch dann Anwendung, wenn bei gleichzeitiger Entscheidung das abweisende Urteil gegen den VR zwar nicht sogleich rechtskräftig ist, aber dadurch unanfechtbar, weil die Revisions- oder Berufungssumme nicht erreicht ist. Dann darf gegen den Halter/Fahrer auch kein Versäumnisurteil ergehen. 129

Der Geschädigte darf also ein abweisendes (Teil-)Urteil nicht rechtskräftig werden lassen, sonst kann er die Klage gegen den anderen wegen der Rechtskrafterstreckung nicht weiterverfolgen.[196] Auch darf der Halter/Fahrer ein stattgebendes (Teil-)Urteil nicht rechtskräftig werden lassen, wenn Aussicht darauf besteht, dass die Klage gegenüber dem VR insgesamt abgewiesen wird. In dem Fall kann er sich auf die Rechtskrafterstreckung aus dem Urteil gegen den VR berufen und ist damit die Klage gegen ihn selbst ebenso abzuweisen. 130

In dem besonderen Fall, in dem nicht der Schädiger (Halter), sondern ein Dritter (mitversicherter Fahrer) den Wagen geführt hat und neben dem VR zunächst nur der Schädiger oder der Fahrer des Schädigers verklagt wurden, kann die Rechtskrafterstreckung, die ja nicht im Verhältnis zwischen dem versicherten Halter und dem mit versicherten Fahrer gilt, umgangen werden. 131

Steht die Manipulation des Unfalls fest, ist eine Rückforderung der Leistung des Versicherers möglich. Diese kann auch einen Arbeitgeber treffen, der Zahlungen wegen seiner Lohnfortzahlung im Krankheitsfall erhalten hat.[197] 132

### VI. Exkurs Personenschaden

Nicht nur im Bereich des vorstehend dargestellten Sachschadens gibt es betrügerisch geltend gemachte Ansprüche, dieses finden wir auch im Bereich des Personenschadens.[198] Dabei gibt es grundsätzlich die gleichen Betrugskonstellationen: 133

Vom fingierten Unfall über manipulierte Schäden bis zu gestellten bzw. provozierten Schadenfällen. Aufgrund der schlechteren Einschätzbarkeit des Eintretens des Umfangs von gesundheitlichen Unfallfolgen dürfte hier der Schwerpunkt bei fingierten Unfällen und manipulierten Schäden liegen.[199] Ebenso beim Verschweigen von gesundheitlichen Vorerkrankungen, die im Rahmen der Schadenregulierung mit angegeben werden.[200] 134

Bei den manipulierten Schäden wird häufig versucht, selbstverschuldet erlittene, tatsächliche, erhebliche Verletzungen im Zusammenwirken mit dem Versicherungsnehmer als Anspruchssteller geltend zu machen.[201] 135

Aufgrund der strengen rechtlichen Beschränkungen in BDSG und StGB sind den eigenen Ermittlungen beim Personenschaden Grenzen gesetzt. Daher treten häufig erst im Rahmen der Regulierung Anhaltspunkte für einen Betrug auf, wenn gewünschte Atteste nicht vorgelegt bzw. zu Vorerkrankungen keine Angaben gemacht werden. Dies gilt insbesondere, wenn schwer diagnostizierbare Verletzungen wie Tinnitus, Kopfschmerzen, Schwindel oder gar psychische Beeinträchtigungen vorgetragen werden.[202] 136

194 *Klimke* in: Prölss/Martin, § 124 VVG Rn. 14 ff.
195 *BGH*, v. 14.07.1981 – VI ZR 304/79, VersR 1981, 1158.
196 *BGH*, v. 14.07.1981 – VI ZR 304/79, VersR 1981, 1158.
197 *LG Münster*, v. 10.09.2012 – 2 O 392/11, r+s 2013, 197.
198 *Höher* NZV 2012, 457.
199 *Höher* NZV 2012, 457.
200 *Staab/Halm*, DAR 2014, 66.
201 *AG Worms*, 1 C 116/04 bei *Höher*, NZV 2012, 457.
202 *Himmelreich/Halm/Clemens*, Kapitel 9a m.w.N.; *Halm/Staab* DAR 2009, 677.

137 Kommt es zum Prozess, stellt sich die Frage, nach welchen Beweismaßstäben hier vorgegangen wird. Hier sind die Fälle jedoch eher selten, da aufgrund der prozessualen Wahrheitspflicht (und des bei diesen Streitsummen bestehenden Anwaltszwangs) es sich Geschädigter und Rechtsanwalt genau überlegen werden, was sie vortragen, da hier auch strafrechtliche Tatbestände wie ein versuchter Prozessbetrug denkbar sind, auch wenn es hier selten zu Anklagen kommt, da der Nachweis des Vorsatzes schwierig ist.[203]

## C. Betrug in der Kaskoversicherung

138 Damit der Versicherungsschutz, gerichtet auf den Schutz des Eigentums des Kaskoversicherten, im Fall eines Schadensfalles nicht entfällt, treffen den VN im Bereich der Kaskoversicherung einige Obliegenheiten vor und nach dem Versicherungsfall. Im Bereich der Teilkaskoversicherung stellt sich der Rückgriff des VR auf eine Obliegenheitsverletzung durch den VN oft als eine effektive Möglichkeit dar, betrügerisch gemeldete Entwendungen aufzudecken. Zu diesem Mittel greift der VR, wenn es ihm bei Betrugsverdacht nicht bereits gelungen ist, durch Bestreiten der Entwendung den Entwendungsnachweis des VN zu verhindern. Gelingt dem VR der Nachweis der Obliegenheitsverletzung nicht bzw. führt diese nicht zur Leistungsfreiheit, wird der VR bei Betrugsverdacht oftmals versuchen, die grob fahrlässige Herbeiführung des Versicherungsfalles nachzuweisen. Aber auch bereits in den Angaben der Schadenmeldung kann ein Betrug liegen, wenn hier der Sachverhalt so dargestellt wird, dass ein versicherter Fall der Unterschlagung vorliegt, wobei hier die Bedingungen diesen nur in speziellen Fällen vorsehen.[204] Gleiches gilt, wenn eine Originalrechnung vorgelegt wird, obwohl auf diese von der Werkstatt ein Rabatt gegeben wurde.[205]

139 Im Bereich der Vollkaskoversicherung stellen Obliegenheitsverletzungen ein breites Spektrum an Möglichkeiten für den unredlichen VN dar, unberechtigte Schadenspositionen, welche nach Art (Vor-/Altschaden) oder Ausmaß nicht auf den gemeldeten Versicherungsfall zurückzuführen sind, abzurechnen.

140 Neben den gesetzlichen Obliegenheiten, geregelt im VVG, sind die vertraglichen Obliegenheiten in den Allgemeinen Kraftfahrzeugbedingungen geregelt. Dabei handelt es sich bei der Anzeigepflicht nach § 30 VVG und der Auskunftspflicht nach § 31 VVG zwar um gesetzliche Obliegenheiten, dies jedoch ohne Sanktion, sodass sie als gesetzliche Obliegenheiten nur Warnfunktion haben.[206] Ein Schadenersatzanspruch nach § 280 Abs. 1 BGB kommt nicht in Betracht, weil der Gesetzgeber die Verletzung von Obliegenheiten in § 28 VVG vorrangig geregelt hat.[207] Um daher eine Verletzung dieser Obliegenheiten ahnden zu können, müssen sie als vertragliche Obliegenheiten in die AKB übernommen werden.

141 Obliegenheiten vor dem Versicherungsfall sind daher in D. AKB 2015[208] (Verwendungszweck, berechtigter Fahrer, Fahren mit Fahrerlaubnis, Alkohol/Drogen, Rennen), Obliegenheiten nach dem Versicherungsfall in E. AKB 2021 (Anzeige-, Aufklärungs-, Schadenminderungspflicht) normiert.

142 Hat ein VR jedoch für seine Altverträge, die er bis zum 01.01.2008 abgeschlossen hat, nicht von der Möglichkeit nach Art. 1 Abs. 3 EGVVG Gebrauch gemacht, seine Bedingungen wirksam an die Rechtslage des neuen VVG anzupassen, sind die Altregelungen über die Verletzung vertraglicher Obliegenheiten und dazu angekündigter Sanktionen unwirksam. In diesem Fall kann der VR selbst bei grob fahrlässiger oder vorsätzlicher Verletzung vertraglicher Obliegenheiten kein Leistungskürzungsrecht geltend machen.[209]

203 *Höher* NVZ 2012, 460.
204 *Watzlawik*, DAR 2013, 232.
205 *LG Passau* SVR 2017, 235.
206 *Van Bühren*, Rn. 147 und 148.
207 *Armbrüster* in: Prölls/Martin § 30 Rn. 10, § 28 Rn. 72.
208 Allgemeine Bedingungen für die Kfz-Versicherung AKB 2015 – Stand 14.07.2024 – des GDV.
209 *BGH* v. 12.10.2011 – IV ZR 199/10; *BGH* v. 02.04.2014 – IV ZR 58/13.

Der BGH führt diesbezüglich aus, dass der VR sich nicht mehr auf die Verletzung vertraglicher Obliegenheiten berufen kann, wenn sich die verwendete Klausel an der alten Rechtslage orientiert und das neue Recht eine für den VN günstigere Regelung vorsieht. 143

Die dadurch entstehende Vertragslücke für die Rechtsfolgen der Verletzung der vertraglichen Obliegenheit wird auch durch den neuen Gesetzeswortlaut nicht geschlossen, da dieser für vertragliche Abreden keine Kürzungsregelung enthält. 144

Auf die Verletzung gesetzlicher Obliegenheiten kann er sich dagegen ungehindert berufen. Dem VR ist es also möglich, die grob fahrlässige Herbeiführung des Versicherungsfalles nach § 81 VVG oder eine Gefahrerhöhung nach § 23 VVG geltend zu machen, da diese gesetzlich verankert sind. 145

Dieses Urteil hat bei einer Reihe von Altverträgen ohne wirksame Anpassung der Vertragsbedingungen an das neue Recht seitens des VR dem VN die Möglichkeit eröffnet, sich im Schadenfall darauf zu berufen, dass vertragliche Obliegenheitsverletzungen nicht wirksam vereinbart und daher die jeweilige Rechtsfolge nicht angewandt werden kann. Es wird nur eine Frage der Zeit sein, bis Inhaber von solchen Altverträgen diese Regelungslücke entdecken und ggf. betrügerisch anwenden. 146

Allein in der Tatsache der Notwendigkeit einer wirksamen vertraglichen Vereinbarung in den AKB, damit die Erfüllung dieser Obliegenheiten die Grundlage für den VR darstellt, einen Versicherungsfall überhaupt prüfen und sachgerecht beurteilen zu können, ergibt sich das hohe Betrugspotenzial des VN, welches in der Nichterfüllung von Obliegenheiten liegt. Hierbei eröffnet die Verletzung von Obliegenheiten nach dem Versicherungsfall dem VN den größten Spielraum betrügerischer Machenschaften. 147

Ist es zum Schadensfall gekommen, so treffen den VN die Pflichten gemäß E. AKB 2015, welche durch Individualvereinbarung in Form des jeweiligen Versicherungsvertrages auch mit anderem Regelungsinhalt vereinbart worden sein können. Zu einer Benachteiligung des VN gegenüber den Regelungen des VVG darf es hierbei selbstredend nicht kommen. 148

Zwar handelt es sich bei den Obliegenheiten nicht um unmittelbar erzwingbare Verpflichtungen. Auch ist keine Klage gerichtet auf die Verpflichtung zur Einhaltung der Obliegenheiten möglich. Eine Leistungsfreiheit wegen Obliegenheitsverletzung tritt nicht kraft Gesetz ein, sondern muss durch den VR der über die vertraglichen Rechte wie sie aus einer Obliegenheitsverletzung resultieren disponieren kann, geltend gemacht werden. Die die Inanspruchnahme der vertraglich ausbedungenen Leistungsfreiheit hängt also von einer Entschließung des VR ab, die gegenüber dem VN zu erklären ist.[210] 149

Da sich keine Altfälle, auf die das noch bis zum 31.12.2007 geltende, alte VVG anzuwenden ist, mehr in den Instanzgerichten befinden, befassen sich die nachfolgenden Ausführungen ausschließlich mit der Rechtslage nach dem neuen VVG. Die hier zitierte und noch zur alten Rechtslage ergangene Rechtsprechung ist jedoch auch auf Fälle nach dem neuen VVG anzuwenden. 150

Die Problematik der Darlegung und des Beweises des Versicherungsfalls hat sich – auch hinsichtlich der Regeln zur Beweiserleichterung im Bereich der Kaskoversicherung (Entwendung) nach dem diesbezüglich vom BGH entwickelten Drei-Stufen-Modell[211] – gegenüber der alten Rechtslage nicht geändert. 151

## I. Vertragliche Obliegenheiten

Obliegenheiten sind Verhaltensregeln, die dem VN mit den Vertragsbedingungen auferlegt werden. Dies in Abgrenzung zu Risikoausschlüssen, die den Versicherungsschutz erst gar nicht eröffnen. 152

---

210 *BGH* v. 26.01.2005 – IV ZR 239/03; *BGH* v. 22.10.2014 – IV ZR 242/13.

211 *BGH*, v. 05.10.1983 – IVa ZR 19/82; 23.10.1996 – IV ZR 93/95; *BGH* v. 13.10.2006 – IV ZR 130/05; 14.04.2024 – IV ZR 91/23; *Burmann/Heß*, NJW-Spezial 2006, 351.

In der Kfz-Haftpflichtversicherung sind die möglichen Obliegenheiten durch § 5 KfzPflVV begrenzt.

Seit Neufassung der Regelungen über vertragliche Obliegenheiten in § 28 VVG zum 01.01.2008 und damit deren Anwendbarkeit auch für Altverträge bezüglich Schadensfällen ab dem 01.01.2009, gilt die Unterscheidung von Obliegenheitsverletzungen vor und nach dem Versicherungsfall in Bezug auf den Verschuldensmaßstab nicht mehr. Einheitlich greifen bei mindestens grob fahrlässiger Verletzung einer Obliegenheit die Sanktionen Kündigung, Rücktritt und Leistungsfreiheit.

Diese Rechtsfolgen sind nur dann wirksam vereinbart, wenn im Vertrag die Voraussetzungen für eine Leistungsfreiheit oder Leistungskürzung eindeutig und klar geregelt sind, was auch eine Darstellung des Verschuldensmaßstabs und der Möglichkeit des Kausalitätsgegenbeweises erfordert.[212]

Eine Verletzung der Obliegenheit vor dem Versicherungsfall führt nach § 28 Abs. 2 S. 1 VVG zur Leistungsfreiheit, ohne das es auf eine Kündigung des Versicherungsvertrages ankommt.

Der Versicherer trägt die Beweislast für Vorsatz des Versicherungsnehmers.

Auch bei Vorsatz ist das Kausalitätserfordernis (§ 28 Abs. 3 S. 1 VVG »soweit«) Voraussetzung für eine Leistungsfreiheit des Versicherers. Also die Bedingung, dass die Verletzung der Obliegenheit weder für den Eintritt oder die Feststellung des Versicherungsfalls noch für die Feststellung oder den Umfang der Leistungspflicht ursächlich geworden ist. Es sei denn der VN hat arglistig gehandelt, dann entfällt auch das Kausalitätserfordernis. Die Anwendung der Relevanzrechtsprechung[213] ist damit entfallen.

Verletzt der VN Obliegenheiten, bemessen sich die Folgen danach, wie stark sein Verschulden wiegt. Das früher geltende Alles-oder-Nichts-Prinzip wurde aufgegeben.

153 Bei vorsätzlichen, kausalen Verstößen wird der VR von seiner Pflicht zur Leistung frei. Einfach fahrlässige Verstöße bleiben für den VN folgenlos. Bei grob fahrlässigen Verstößen des VN gegen Obliegenheiten kann die Leistung entsprechend der Schwere des Verschuldens gekürzt werden. Diese Kürzung kann im Einzelfall auch 100 % betragen.[214] Die Leistungsfreiheit oder Leistungskürzung erfordert bei Verletzung einer Auskunfts- oder Aufklärungspflicht nach dem Versicherungsfall eine Belehrung durch den Versicherer (§ 28 Abs. 4 VVG).

Es gilt also:
- Vorsatz: völlige Leistungsfreiheit, Beweislast trägt VR (§ 28 Abs. 2 S. 1 VVG)
- Grobe Fahrlässigkeit: Leistungskürzung nach Schwere des Verschuldens,
- Beweislast für das Fehlen grober Fahrlässigkeit trägt der VN (§ 28 Abs. 2 S. 2 VVG)
- Fehlendes Kausalitätserfordernis: Leistungspflicht, VN hat Möglichkeit des Kausalitätsgegenbeweises (§ 28 Abs. 3 S. 1 VVG)
- Auskunfts-/Aufklärungsobliegenheit nach dem Versicherungsfall: Rechtsfolgenbelehrung durch gesonderte Mitteilung in Textform (§ 28 Abs. 4 VVG) erforderlich

## 1. Belehrung

154 Es muss durch den VR grundsätzlich eine umfassende Belehrung über die Rechtsfolgen einer Verletzung der nach dem Versicherungsfall bestehenden Auskunfts-/Aufklärungspflicht erfolgen. D.h. nicht nur über die Möglichkeit der Leistungsfreiheit bei Vorsatz, sondern auch einer quotalen Leistungskürzung bei grober Fahrlässigkeit und über das Kausalitätserfordernis. Sie hat Warnfunktion für den VN, dass er im Falle der Verletzung seiner Obliegenheit den Versicherungsschutz verliert.

212 *OLG Hamm* v. 13.01.2023 – 20 U 306/22.
213 *BGH* v. 07.07.2004 – IV ZR 265/03.
214 *BGH* v. 22.06.2011 – IV ZR 225/10, r+s 2011, 376 für den Fall absoluter Fahruntüchtigkeit aufgrund Alkohol.

Die Belehrung muss in Textform (§ 126b BGB) erfolgen, was nicht bedeutet, dass sie auf einem gesonderten Schriftstück abgefasst sein muss.[215] Allerdings muss die Belehrung anlassbezogen erfolgen und drucktechnisch, etwa durch Fettdruck oder umrahmt hervorgehoben sein, sodass sie sich deutlich vom übrigen Text abhebt und von VN nicht übersehen werden kann.[216] Sie ist erforderlichenfalls bei Nachfragen oder bei Zeitverzug zu wiederholen,[217] was nach einer Gesamtwürdigung der Umstände des Einzelfalls zu beurteilen ist.[218] Auch gegenüber einem Ausländer reicht eine Abfassung in deutscher Sprache. Füllt allerdings ein Agent das Schadensformular aus, reicht die schriftliche Belehrung nicht aus und muss der Agent mündlich aufklären, es sei denn, der VN leistet seine Unterschrift unmittelbar nach der Belehrung.[219] Die anwaltliche Vertretung lässt das Belehrungserfordernis nicht entfallen. Der VR ist für eine ordnungsgemäße Belehrung beweispflichtig.

Der GDV hat seinen Mitgliedsunternehmen eine ausführliche Musterformulierung zur Belehrung an die Hand gegeben.

155 Im Falle der Arglist besteht kein Belehrungserfordernis. Die Belehrungspflichten dienen dem Schutz des redlichen VN, wer aber arglistig handelt ist nicht in diesem Sinne schutzwürdig und kann sich auch nicht darauf berufen, vor seinem Makler zutreffende Angaben gemacht zu haben.[220] Auch nicht gegenüber der Anzeigepflicht des Versicherungsfalls (§§ 30, 104 VVG) oder gegenüber der Anerkennung und Befriedigung von Ansprüchen. Bei spontan zu erfüllenden Obliegenheiten nach dem Versicherungsfall wie der Wartepflicht nach einem Verkehrsunfall,[221] der gerichtlichen Geltendmachung von Haftpflichtansprüchen oder aber Rettungspflichten wie der Sicherung eines Fahrzeugs nach Schlüsseldiebstahl oder bei kaputter Scheibe gegen Gesamtdiebstahl, ist eine Belehrung ebenfalls nicht notwendig.[222]

## 2. Beweislast

156 Der Versicherer ist für das Vorliegen des objektiven Tatbestandes einer Obliegenheitsverletzung beweispflichtig.[223] Es gilt der Maßstab aus § 286 ZPO. Gelingt der Nachweis, wird auf Seiten des VN grobe Fahrlässigkeit vermutet (§ 28 Abs. 2 VVG).

In diesem Zusammenhang werden die Fahrzeugdaten zukünftig von größerer Bedeutung sein, wenn aus ihnen eine Unfallrekonstruktion möglich ist[224] Die dürfte aber auch für Diebstahlsfälle interessant sein, wenn sich durch eine GPS-Ortung der letzte Standort ermitteln lässt.

157 Will sich der VR auf vollständige Leistungsfreiheit berufen, muss er den Vorsatz des VN darlegen und beweisen (§ 28 Abs. 2 S. 1 VVG).[225] Anders als nach altem Recht besteht gegenüber dem Nachweis der objektiven Umstände einer Obliegenheitsverletzung keine Vermutung des Vorsatzes mehr.[226]

215 *BGH* v. 11.09.2013 – IV ZR 253/12; *BGH* v. 09.01.2013 – IV ZR 197/11; *Armbrüster* in: Prölss/Martin, § 28 VVG Rn. 44.

216 *OLG Hamm* v. 13.03.2014 – 7 U 216/13; *OLG Stuttgart* v. 26.09.2013 – 7 U 101/13; *OLG Naumburg* v. 23.06.2011 – 4 U 94/10; *OLG Karlsruhe* v. 03.08.2010 – 12 U 86/10.

217 *BGH*, 28.02.2007 – IV ZR 152/05, VersR 2007, 683, Himmelreicht/Halm/Staab/*Richter*, Kap. 25, Rn. 171.

218 *BGH* v. 22.06.2011 – IV ZR 174/09.

219 Himmelreich/Halm/*Staab*, Kap. 25 Rn. 170.

220 *BGH*, 12.03.2014 – IV ZR 306/13, NJW 2014, 1452 zum Antragsverfahren.

221 *OLG Dresden* v. 17.04.2018 – 6 U 1480/17; *OLG Naumburg* v. 21.06.2021 – 4 U 85/11.

222 *Kärger*, Rn. 255; *OLG Karlsruhe*, 20.02.1997 – 12 U 269/96, zfs 1998, 59

223 *BGH* v. 21.05.1996 – VI ZR 161/95.

224 Balzer/*Nugel*, NJW 2016, 198.

225 Halm/Kreuter/Schwab/*Kreuter-Lange*, § 28 VVG Rn. 9; Burmann/Heß/*Stahl*, Rn. 152; MüKoVVG/*Looschelders*, § 1 Rn. 152.

226 Halm/Engelbrecht/Krahe/*Wandt*, Kap. 1 Rn. 577.

158 Kann der VR keinen Vorsatz beweisen, stellt sich die Frage, ob zumindest der Nachweis der groben Fahrlässigkeit gelingt. Für den Schweregrad des Verschuldens ist der VR ebenfalls beweispflichtig (§ 28 Abs. 2 S. 2 VVG). Der VN wiederum müsste nachweisen, dass er nicht grob fahrlässig gehandelt hat (§ 28 Abs. 2 S. 3 2. Hs. VVG). Für die teilweise in der Literatur vertretene Auffassung, es sei von einer Leistungsquote von 50 % auszugehen und der VR habe ein höheres Verschulden, der VN ein geringeres Verschulden zu beweisen, findet sich im Gesetz keine Stütze.

159 Der VN kann den Kausalitätsgegenbeweis bei grober Fahrlässigkeit führen,[227] dass seine Obliegenheitsverletzung keinen Einfluss aufgrund und Höhe der Entschädigung gehabt hat (§ 28 Abs. 3 S. 1 VVG),[228] wobei die Kausalität zunächst einmal zugunsten des VR vermutet wird.[229]

160 Der Kausalitätsgegenbeweis kann auch beim Vorliegen von Vorsatz durch den VN noch geführt werden![230]

161 Keine Leistungsfreiheit besteht, wenn eine Kausalität grundsätzlich nicht denkbar ist.[231] Z.B.:
- Nichtanzeige mehrfacher Versicherungen durch den VN
- Obliegenheiten zur Beurteilung oder Beeinflussung des subjektiven Risikos wie Vorversicherung bzw. Vorschäden.

162 Auf das Kausalitätserfordernis wird jedoch dann verzichtet, wenn dem VN Arglist nachgewiesen werden kann, da diese dann zur Leistungsfreiheit führt.[232]

163 Der VR, der Arglist einwendet, müsste dem VN nach § 28 Abs. 3 S. 2 VVG diese nachweisen. Es gilt wieder der Maßstab aus § 286 ZPO. Nicht jede bewusst falsche Angabe des VN bedeutet jedoch Arglist. Der VN muss vielmehr einen gegen die Interessen des VR gerichteten Zweck mit seinen Falschangaben verfolgen. Arglistig handelt der VN daher nur dann, wenn er sich bewusst ist, dass sein Verhalten den VR bei der Schadenregulierung beeinflussen kann.[233] Dabei muss nicht zwingend mit dem Verhalten ein rechtswidriger Vermögensvorteil angestrebt werden.[234]

164 So besteht auch dann bei gefälschten Schadensbelegen eine Leistungsfreiheit des VR, wenn die Belege den tatsächlichen Wert des zu ersetzenden Gegenstandes wiedergeben.[235]

165 Objektiv falsche Angaben sind nach der Rechtsprechung ein Indiz für ein vorsätzliches oder arglistiges Verhalten des VN. Er muss dann plausibel erläutern können, wie es zu der objektiv falschen Erklärung kommen konnte, um die gegen ihn sprechende Vermutung zu entkräften. Liegt eine plausible Erklärung vor, obliegt es dem VR diese zu wiederlegen.[236]

### 3. Quotale Entschädigung bei grober Fahrlässigkeit

166 Kann der VR auf der einen Seite den Vorsatz nicht beweisen und kann sich der VN auf der anderen Seite nicht von der groben Fahrlässigkeit entlasten, kommt es zu einer quotalen Entschädigung: Der VR darf nach Maßgabe der Schwere des Verschuldens des VN die Entschädigungsleistung kürzen (§ 28 Abs. 2 VVG).

227 *Knappmann*, r+s 2011 Beilage zu Heft 4, 54 mit weiteren Ausführungen.
228 Halm/Engelbrecht/Krahe/*Wandt*, Kap. 1 Rn. 578; *KG* v. 09.11.2010 – 6 U 130/10.
229 Halm/Engelbrecht/Krahe/*Wandt*, Kap. 1 Rn. 580.
230 Halm/Kreuter/Schwab/*Kreuter-Lange*, § 28 VVG Rn. 17.
231 *Kärger*, Rn. 259.
232 Halm/Engelbrecht/Krahe/*Oberpriller*, Kap. 15 Rn. 161.
233 *BGH* v. 02.10.1985 – IVa ZR 18/84; *BGH* v. 18.11.1986 – IVa ZR 99/85; *BGH* v. 22.06.2011 – IV ZR 174/09; *OLG Düsseldorf*, r+s 1996, 319; *OLG Koblenz*, zfs 2003, 550; *LG Saarbrücken*, NJW-RR 2006, 1406.
234 *OLG Köln*, VersR 2004, 907.
235 *OLG Köln*, r+s 1999, 518; *OLG München*, VersR 1992, 181.
236 *BGH* v. 07.11.2007 – IV ZR 103/06; *OLG Hamm* v. 03.11.2010 – 20 U 38/10; *OLG Braunschweig* v. 20.08.2019 – 7 U 5/18; 13.08.2020 – 11 U 15/19; *OLG Saarbrücken* v. 09.05.2018 – 5 U 23/16.

Dabei hat der Gesetzgeber bewusst darauf verzichtet, feste Quoten vorzugeben und dies der Rechtsprechung sowie den VR und deren Versicherungsbedingungen überlassen.[237] 167

Von dieser theoretischen Möglichkeit der festen Quotierung bereits in den Versicherungsbedingungen, hat bisher wohl kein VR Gebrauch gemacht.[238] 168

Die Gerichtsentscheidungen zum Thema Leistungskürzung bei Pflicht- und Obliegenheitsverletzungen beschäftigen sich vor allem mit der Quotierung bei Trunkenheitsfahrten, Rotlichtverstößen, Missachtungen der Durchfahrtshöhe, Abkommen von der Fahrbahn sowie der Falschbetankung.[239] Der *BGH* hat zu diesem Themenkreis anhand einer Trunkenheitsfahrt mit absoluter Fahruntüchtigkeit entschieden, dass nach Abwägung der Umstände des Einzelfalls eine Leistungskürzung von 100 % bei schwerwiegenden Verstößen möglich ist.[240] Die Literatur schlägt klare Abzugsquoten, bspw. 25 % bei leichter, 50 % bei mittlerer, 75 % bei schwerer und 100 % bei besonders schwerer Begehungsweise vor.[241] 169

Grobe Fahrlässigkeit meint das Außerachtlassen des Nächstliegenden, was jedermann in der gegebenen Situation einleuchtet.[242] Neben der objektiven Seite muss ein subjektiv unentschuldbares Fehlverhalten hinzutreten. Bewertungskriterien lieferte im Nachgang zu dem 47. Deutschen Verkehrsgerichtstag in Goslar der Goslarer Orientierungsrahmen. So wird nach dem objektiven Gewicht der Verfehlung gefragt, wobei ein Augenblicksversagen weniger schwer wiegt als eine Trunkenheitsfahrt. Die Gefährdung von Leben und Gesundheit anderer wiegt schwer. Ein kurzer Moment der zu einem Rotlichtverstoß führt, soll weniger schwer wiegen als das fortdauernde Fahren ohne Betriebserlaubnis. 170

## 4. Vorsatz

Der Fall der vorsätzlichen Schadenherbeiführung in der Kaskoversicherung dürfte eher selten – aber nicht völlig ausgeschlossen sein. 171

Bei einem Blechschaden besteht regelmäßig kein Anlass einen Schaden vorsätzlich zu verursachen, um die Ersatzleistung zu erhalten, da gemäß den Versicherungsbedingungen bereits der fahrlässig herbeigeführte Schaden gedeckt ist. Den Nachweis für die vorsätzliche Herbeiführung des Schadens und einen Ausschluss der Versicherungsleistung aus diesem Grund, hat der VR zu erbringen[243] während der VN den Vollbeweis für das Vorliegen eines Unfalls zu erbringen hat. 172

Anders sieht es im Bereich der Teilkaskoversicherung aus, in der es häufiger vorsätzliche Eigenbrandstiftungen gibt. 173

Während auch hier der VN das Vorliegen des Eintritts des Versicherungsfalles Brand beweisen muss, muss der VR nachweisen, dass der Schadeneintritt vorsätzlich herbeigeführt wurde und er daher leistungsfrei ist.[244] Neben technischer Brandursachenforschung kommt es hier natürlich auch auf die aus der Schadenmeldung ersichtlichen Angaben zum Brand und darin enthaltenen, etwaigen Ungereimtheiten an, ebenso auf die wirtschaftliche Lage des VR, die ein Motiv sein kann. Dabei 174

237 Burmann/Heß/*Stahl*, Rn. 395 f. zu den Quotierungsmodellen.
238 *Kärger*, Rn. 263.
239 Übersicht bei *Stahl* Leistungskürzung nach dem VVG in der Kraftfahrtversicherung, r+s 2011 Beilage zu Heft 4, 115.
240 *BGH* v. 22.06.2011 – IV ZR 225/10; *BGH* v. 11.01.2012 – IV ZR 251/10.
241 *Stah*, in: Burmann/Heß/Stahl, Rn. 400 ff.; *LG Münster* v. 20.08.2009 – 15 O 141/09; *Heß* r+s 2013, 1.
242 *BGH*, 11.05.1953 – IV ZR 170/52; *BGH* v. 16.02.1984 – I ZR 197/81; *OLG Saarbrücken* v. 09.09.2022 – 5 U 2/22; *BGH* v. 10.05.2011 – 4 U 261/10; *OLG Hamm* v. 23.01.2023 – 6 U 107/21.
243 *OLG Naumburg* v. 07.02.2013 – 4 U 16/12; *OLG Karlsruhe* v. 06.04.2021 – 12 U 333/20; *OLG Hamm* v. 22.04.2020 – 20 U 42/20.
244 *Nugel* DAR 2013, 185.

können nachweisbare Falschangaben auch bereits als Verletzung einer Aufklärungsobliegenheit nach § 28 Abs. 2 und 3 VVG angesehen werden und aus diesem Grund zur Leistungsfreiheit führen.[245]

## II. Arten der Obliegenheitsverletzungen

### 1. Anzeigepflicht

175 Ein Versicherungsfall ist gemäß E.1.1 AKB 2015 innerhalb einer Woche schriftlich bei der auf dem Versicherungsschein bezeichneten Stelle zu melden.[246] Genauso ist die Einleitung eines Ermittlungsverfahrens, der Erlass eines Strafbefehls oder Bußgeldbescheids unverzüglich (§ 121 BGB) anzuzeigen, auch wenn der Schadensfall bereits gemeldet ist (E 1.1.2). Damit soll der VR in die Lage versetzt werden, sich in die Ermittlungen zum Schadensereignis einzubringen, selbst Einsicht in behördliche Akten zu nehmen oder Weisungen zu erteilen.

Im Falle der Entwendung, des Brand- oder Wildschadens, ist der Polizei unverzüglich Meldung zu machen, wenn der im Vertrag festgelegte Schadensbetrag überschritten wird (E.1.3.3). Bei Entwendung muss zusätzlich die Schadensanzeige schriftlich erfolgen und durch den VN unterschrieben sein (E.1.3.1).

Die Anzeige eines Haftpflichtfalls ersetzt nicht die Meldung des Kaskoschadens.

176 In der Kfz-Versicherung gibt es durchaus Situationen, in welchen der VN bewusst den Schaden beim VR verspätet meldet, um so betrügerisch einen finanziellen Vorteil zu erlangen. So kann eine verspätete Diebstahlsmeldung z.B. erfolgen, um das angeblich gestohlene Kfz samt Schlüsseln ins Ausland zu verschieben um dort die Originalschlüssel kopieren zu lassen. Der VN kann daher zunächst nicht alle Originalschlüssel vorlegen. In diesem Fall macht es aus Sicht des unredlichen VN Sinn, mit der Schadensmeldung zu warten bis alle Schlüssel wieder da sind, wohl wissend, dass der VR die Vorlage sämtlicher Originalschlüssel verlangt. Zudem kann das Interesse des VN darin bestehen, zunächst Zeit für die Umgestaltung des Kfz zu gewinnen um spätere Nachforschungen nach dem Verbleib des Kfz zu erschweren.

177 Mit u.a. dieser Argumentation bestätigte das *OLG Hamm*[247] die Vermutung für den Vorsatz des VN[248] in einem Fall, in welchem der VN den Diebstahl seines Fahrzeuges zwar noch am Tag der behaupteten Entwendung bei der Polizei gemeldet hatte, sich jedoch an den VR erst über zehn Tage später nach dem Tag des behaupteten Versicherungsfalles wandte. Gleiches gilt auch für eine Schadensmeldung erst nach sechs Monaten[249] oder gar zwei Jahren.[250] Dies gilt auch dann, wenn die Inanspruchnahme der Kaskoversicherung zunächst nicht beabsichtigt ist, denn wegen der Verspätung wird der Versicherung die Möglichkeit eigener Untersuchungen genommen.[251]

178 Vorsätzlich handelt der VN in den Fällen, in denen er die Obliegenheitsverletzung im Bewusstsein der Verhaltensnorm begangen hat.[252]

179 Dem VR obliegt die volle Beweislast für das Vorliegen des Vorsatzes, da es keine dahingehende Vermutung mehr gibt, wie es noch nach dem alten Recht der Fall war. Der Versicherungsnehmer kann jedoch entlastende Umstände vortragen, was häufig gelingen dürfte, da kein vernünftiger VN seinen Versicherungsschutz verlieren will.[253]

245 *Nugel* DAR 2013, 186.
246 Halm/Engelbrecht/Krahe/*Oberpriller*, Kap. 15 Rn. 155; Burmann/Heß/*Stahl*, Rn. 320.
247 *OLG Hamm*, 24.11.2004 – 20 U 157/04, NZV 2005, 482 = r+s 2005, 102 = VersR 2005, 974.
248 *BGH*, v. 09.02.1972 – IV ZR 122/71, VersR 1972, 342.
249 *OLG Koblenz* v. 04.09.2008 – 10 U 318/08, bei: *Halm/Fitz* DAR 2009, 444.
250 *OLG Karlsruhe* v. 18.02.2010 – 12 U 175/09, bei: *Halm/Fitz* DAR 2010, 442.
251 *OLG Karlsruhe* v. 18.02.2010 – 12 U 175/09; *Franzke/Nugel* NJW 2015, 2073.
252 *Armbrüster* in: *Prölss/Martin*, VVG § 28 Rn. 116.
253 *Van Bühren*, Rn. 189.

In diesem Kontext wurden zudem unter Beachtung der sog. Relevanz-Rechtsprechung des *BGH*[254] die Voraussetzungen der Relevanz der vorsätzlichen Obliegenheitsverletzung zu Recht durch das *OLG Hamm* bejaht. Zu beachten ist, dass die Relevanzrechtsprechung nur die Fahrzeugversicherung betraf.[255] 180

Nach der Relevanzrechtsprechung, die der Gesetzgeber in Form des § 28 Abs. 3 S. 1 VVG nunmehr kodifiziert hat, tritt bei vorsätzlichen, aber für den VR folgenlos gebliebenen Verletzungen der Anzeigepflicht Leistungsfreiheit nur in den Fällen ein, in denen die Verletzung generell geeignet war, die Interessen des VR ernsthaft zu gefährden.[256] Zudem muss das Verschulden des VN schwer wiegen. Das Verschulden ist nicht erheblich, wenn es sich um ein Fehlverhalten handelt, welches auch einem ordentlichen VN unterlaufen kann und für das deshalb ein einsichtiger VR Verständnis aufzubringen vermag.[257] 181

Hier entschied das *OLG Hamm* zu Recht, dass eine verspätete Schadensanzeige generell geeignet ist, die Interessen des VR ernsthaft zu gefährden, weil hierdurch z.B. erforderliche und schnelle Ermittlungen zum Verbleib des Fahrzeuges vereitelt hätten werden können. Eine vorherige Belehrung des VN über die Folgen einer Obliegenheitsverletzung war nicht erforderlich, denn die Anzeigepflicht ist spontan zu erfüllen.[258] 182

In einem durch das *OLG Naumburg*[259] entschiedenen Fall behauptete der VN die Entwendung seines Fahrzeuges. Der VR hielt jedoch den Nachweis der Entwendung für nicht erbracht. Das Fahrzeug wurde eineinhalb Jahre später ausgebrannt wieder aufgefunden, der Rechtstreit wegen des behaupteten Diebstahls war noch rechtshängig. Der Rechtsanwalt des VN informierte über das Wiederauffinden des ausgebrannten Fahrzeuges erst knapp zwei Monate nach diesbezüglicher Kenntnisnahme durch den VN. Grundsätzlich konnte dem VN nicht verwehrt werden, sich auf den entschädigungspflichtigen Brandschaden zu berufen, da dieser ein eigenständiges versichertes Risiko darstellte. Jedoch berief sich der VR insoweit, nach Ansicht des Gerichtes zu Recht, auf die Verletzung der Anzeigeobliegenheit. Hat der VR die Versicherungsleistung endgültig verweigert, hat der VN keine Obliegenheiten mehr zu erfüllen, die dem VR gerade diese abgelehnte Leistung ermöglichen oder erleichtern sollen.[260] Dies war vorliegend aber gerade nicht der Fall, da die Anzeigenobliegenheit hinsichtlich des Brandschadens nicht im Zusammenhang mit der abgelehnten Regulierung des gemeldeten Diebstahlsschadens stand. Eine solche Obliegenheitspflicht besteht also fort. Auch ging das Gericht von einer vorsätzlichen Verletzung der Anzeigenobliegenheit aus, da im Hinblick auf die unstreitig bestehenden Zweifel an dem Diebstahl des Fahrzeuges der VN ein Interesse an dem möglichst späten bekannt werden des wieder Auffindens haben konnte. Insoweit trug der VN nichts zu seiner Entlastung vor. Genauso, wenn der VN den Versicherungsfall (Unfall) erst ein halbes Jahr später meldet, da er offensichtlich den VR über das Verhalten seines Sohnes, welcher Fahrer war, im Dunkeln lassen wollte.[261] 183

254 *BGH*, v. 07.07.2004 – IV ZR 265/03, r+s 2004, 368 = DAR 2004, 582 = SP 2004, 342 = zfs 2004, 462; *BGH*, v. 08.02.1984 – IV a ZR 49/82, VersR 1984, 228; Himmelreich/Halm/Richter, Kap. 25 Rn. 106a.

255 *OLG Frankfurt/M.*, zfs 2003, 10; *van Bühren*, § 3 Rn. 244.

256 *BGH*, v. 20.05.1969 – IV ZR 616/68, VersR 1969, 651 = MDR 1969, 742.

257 Himmelreich/Halm/*Richter*, Kap. 25 Rn. 106a; *BGH*, v. 07.12.1983 – IV A ZR 231/81, VersR 1984, 228.

258 *OLG Hamm*, 24.11.2004 – 20 U 157/04, NZV 2005, 482 = r+s 2005, 102 = VersR 2005, 974; *BGH*, VersR 2004, 1117; *OLG Köln*, VersR 2004, 639.

259 *OLG Naumburg*, VersR 2004, 1172.

260 *BGH* v. 17.12.1969 – IV ZR 1007/68, VersR 1970, 169.

261 Himmelreich/Halm/*Richter*, Kap. 25 Rn. 112; *OLG Köln*, SP 2004, 167; *OLG Hamm* v. 24.11.2004 – 20 U 157/04, NZV 2005, 482, r+s 2005, 102; *OLG Köln*, r+s 2005, 194.

## 2. Aufklärungsobliegenheit

184 Die Aufklärungsobliegenheit ist in E.1.1.3 AKB 2015 geregelt. Wie bereits erläutert, ist der VR bei der Aufklärung des Sachverhaltes im besonderen Maße auf die Hilfe des VN angewiesen und muss sich darauf verlassen können, dass der VN auch für ihn ungünstige Umstände vorträgt.[262] So erkennt der BGH an, dass die Aufklärungsobliegenheit weit gefasst ist. Ihr Zweck besteht, für den durchschnittlichen Versicherungsnehmer erkennbar darin, den Versicherer in die Lage zu versetzen, die Voraussetzungen seiner Eintrittspflicht sachgerecht zu prüfen, indem er Ursache und Umfang des Schadens ermittelt. Das schließt die Feststellung solcher mit dem Schadensereignis zusammenhängenden Tatsachen ein, aus denen sich seine Leistungsfreiheit gegenüber dem Versicherungsnehmer ergeben kann. Der Versicherungsnehmer hat daher auf entsprechendes Verlangen auch solche Tatsachen wahrheitsgemäß und vollständig zu offenbaren, selbst wenn die Erfüllung der Auskunftsobliegenheit eigenen Interessen zuwider streitet, weil sie dem Versicherer erst ermöglicht, sich auf seine Leistungsfreiheit zu berufen.[263] Wird diese Hilfe seitens des VN nicht oder nur unzureichend gewährt, oder macht der VN Angaben, die nicht glaubhaft sind, so wird sich der VR veranlasst sehen, die Angelegenheit unter Betrugsgesichtspunkten zu prüfen. Ihre Grenze findet die Aufklärungsobliegenheit in der Sachdienlichkeit, also Fragen, deren Beantwortung unmittelbar der Feststellung des Versicherungsfalls dienen. Aber auch solchen, die über Indiztatsachen oder Rückschlüsse Aussagewert hinsichtlich der Glaubwürdigkeit des VN haben. Bspw. Fragen nach Vorversicherungen, Vorschäden aber auch Vermögensverhältnissen.[264] Auch in der Nichtbeantwortung einer im Schadenmeldeformular gestellten Frage kann eine Verletzung der Aufklärungsobliegenheit liegen. Dies gilt jedenfalls dann, wenn der VR hinsichtlich einer nicht beantworteten Frage nachfragt und der VN auch hierauf nicht reagiert.[265] Bei Widersprüchen in der Schadensanzeige besteht wiederum eine Nachfrageobliegenheit des VR.[266] Dem VN muss Gelegenheit zur korrekten Beantwortung bzw. Ergänzung gegeben werden. Andernfalls kann sich der Versicherer nicht nach Treu und Glauben auf die Leistungsfreiheit wegen einer Aufklärungsobliegenheit berufen.[267]

185 Anders als bei der Anzeigepflicht muss der Versicherungsnehmer über den Eintritt der Leistungsfreiheit bei der Verletzung der Aufklärungspflicht belehrt worden sein, § 28 Abs. 4 VVG.[268] Der VN muss mit gesonderter Mitteilung in Textform, die drucktechnisch hervorgehoben ist, über die Leistungsfreiheit auch bei folgenloser vorsätzlicher Obliegenheitsverletzung belehrt worden sein.[269] Wenn der VR keinen Nachteil erleidet, können unrichtige Angaben des VN nur dann einen Anspruchsverlust mit sich bringen, wenn sie vorsätzlich erfolgten.[270] Dies muss in der Belehrung unmissverständlich zum Ausdruck gebracht werden.[271] Des Weiteren muss eine erneute Belehrung über die Rechtsfolgen der Obliegenheitsverletzung erfolgen, wenn der VN vom VR zu einem wesentlich späteren Zeitpunkt zu ergänzenden Angaben aufgefordert wird.[272] Ist die Belehrung jedoch z.B. nach § 28 Abs. 4 VVG inhaltlich unrichtig, ist es dem Versicherer verwehrt, sich auf Leistungsfreiheit wegen einer nicht arglistigen Obliegenheitsverletzung zu berufen. In dem entschiedenen Fall hatte sich die Belehrung noch auf das alte Recht bezogen.[273]

---

262 Burmann/Heß/*Stahl*, Rn. 325.

263 *BGH* v. 16.11.2005 – IV ZR 307/04, VersR 2006, 258.

264 *OLG Hamm* v. 10.04.2002 – 20 U 171/01, VersR 2003, 239.

265 *OLG Hamm*, VersR 1996, 53.

266 *OLG Brandenburg* bei *Halm/Fitz* DAR 2009, 445.

267 *Van Bühren*, § 3 Rn. 201; *OLG Karlsruhe*, MDR 2003, 809 = NJW-RR 2003, 607.

268 Halm/Engelbrecht/Krahe/*Oberpriller*, Kap. 15 Rn. 157.

269 *BGH* v. 22.06.2011 – IV ZR 174/09, BeckRS 2011, 19478; *OLG Köln*, r+s 1999, 362; *OLG Hamm*, NZV 1997, 313 = r+s 1997, 146.

270 *Kärger*, Rn. 257.

271 Himmelreich/Halm/*Richter*, Kap. 25 Rn. 107e; *BGH* v. 20.12.1972 – IV ZR 57/71, VersR 1973, 174.

272 *BGH* v. 21.01.1998 – IV ZR 10/97, VersR 1998, 447; *OLG Hamm*, MDR 1997, 39; *OLG Hamm*, zfs 2001, 117.

273 *LG Nürnberg-Fürth* v. 20.04.2011 – 8 S 6002/10, FDVersR 2011, 322363.

Korrigiert der VN freiwillig und zeitnah falsche Angaben bevor dem VR ein Nachteil entsteht,[274] darf sich der VR nach Treu und Glauben nicht auf Leistungsfreiheit berufen.[275] Es liegt jedoch keine Freiwilligkeit vor, wenn der VR bereits nachgefragt hat und die Korrektur erst auf Nachfrage erfolgt.[276] 186

Der VR kann sich nicht auf Leistungsfreiheit wegen einer behaupteten Verletzung einer Aufklä- 187
rungsobliegenheit berufen, wenn die Fragen auf dem von ihm an den Versicherten ausgegebenen Schadenmeldebogen nicht eindeutig oder missverständlich gestellt sind. Diesbezügliche Unsicherheiten gehen zulasten des VR, etwa wenn eine Frage zu einem Duplikatsschlüssel nicht korrekt beantwortet wird, diese durch den VR aber missverständlich formuliert wurde.[277] Anders als bei den meisten Schadensanzeigeformularen anderer VR lautete die Frage in dem zu entscheidenden Fall nicht »sind Duplikatsschlüssel gefertigt worden?«, sondern »existieren Duplikatsschlüssel?«. Ob der oder die von wem auch immer gefertigten Duplikatsschlüssel im Zeitpunkt der Angaben in der Schadensanzeige noch existierten, ist jedoch völlig unklar, jedenfalls nicht bewiesen. Der oder die gefertigten Duplikatschlüssel können ohne weiteres auch vorher in Verlust geraten sein.

Grundsätzlich ist Auskunft nur auf entsprechende Aufforderung hin zu geben. Auch ohne Auskunftsverlangen des Versicherers ergibt sich aus den Grundsätzen von Treu und Glauben eine Offenbarungsobliegenheit zur Mitteilung außergewöhnlicher und besonders wesentlicher Informationen, die für jedermann erkennbar das Aufklärungsinteresse des Versicherers in ganz elementarer Weise betreffen und deren Bedeutung daher für den VN auf der Hand liegt, so dass sich ihm ihre Mitteilungsbedürftigkeit auch ohne Auskunftsverlangen aufdrängen muss.[278]

Mit der Leistungsablehnung beendet der Versicherer die Prüfung seiner Eintrittspflicht, sodass hiermit auch die Auskunftsobliegenheit endet.[279]

Die Aufklärungsobliegenheit gewinnt in der Sachverhaltsdarstellung durch den VN in seiner Scha- 188
denmeldung besondere Bedeutung.

Der VN einer Fahrzeugversicherung ist gehalten, die Versicherung umfassend über die Einzelheiten des Versicherungsfalles und der Schadenhöhe aufzuklären. Beantwortet der VN Fragen des VR hierzu nicht oder nicht richtig, so kann er sich nicht darauf berufen, dass der VR den wahren Sachverhalt von dritter Seite noch zeitig genug erfahren habe, ebenso wenig, dass sich der VR die erforderlichen Informationen anderweitig beschaffen könne.[280] Anderes gilt nur, wenn der VR bereits positive Kenntnis der Umstände besitzt. Denn Sinn und Zweck der Aufklärungspflicht ist, dass der VR in die Lage versetzt wird, sachgerechte Entscheidungen über die Behandlung des Versicherungsfalls zu treffen. Die Aufklärungspflicht des VN setzt daher ein Aufklärungsbedürfnis des VR voraus, das bei positiver Kenntnis von falsch beantworteten oder verschwiegenen Umständen fehlt. In einem solchen Fall, ist eine Leistungsfreiheit wegen Aufklärungspflichtverletzung nicht gerechtfertigt.[281] Zudem ist der VN gehalten, keine Angaben ins Blaue hinein zu tätigen[282] und zutreffende Angaben über den Ablauf des Geschehens zu machen.[283] Hat der VN Anhaltspunkte für die von dem VR nachgefragten Umstände, trifft ihn eine Erkundigungspflicht sich das nötige Wissen zu

---

274 Halm/Engelbrecht/Krahe/*Oberpriller*, Kap. 15 Rn. 160.

275 *BGH* v. 05.12.2001 – IV ZR 225/00, VersR 2002, 173; *OLG Bamberg*, VersR 2003, 1527.

276 *OLG Köln*, SP 2004, 130 = DAR 2003, 420.

277 *OLG Köln*, SP 2005, 423.

278 *BGH*, 19.05.2011 – IV ZR 254/10, VersR 2011, 1549.

279 *BGH*, 13.03.2013 – IV ZR 110/11, NJW 2013, 1883.

280 *OLG Nürnberg*, SP 2004, 59; Himmelreich/Halm/*Richter*, Kap. 25 Rn. 110.

281 *BGH* v. 11.07.2007 – IV ZR 331/05; *BGH* v. 26.01.2005 – IV ZR 239/03; *OLG Hamm* v. 19.01.2005 – 20 U 186/04.

282 *OLG Köln*, r+s 2004, 229; *BGH*, v. 21.04.1993 – IV ZR 34/92, VersR 1993, 828; Himmelreich/Halm/*M. Halm*, Kap. 25 Rn. 110.

283 *OLG Saarbrücken*, r+s 2004, 231; Himmelreich/Halm/*Richter*, Kap. 25 Rn. 110.

verschaffen. Beruft er sich auf ein fehlendes Erinnerungsvermögen, trägt er hierfür die Beweislast.[284] Eine falsche Angabe liegt auch vor, wenn der VN einen Sachverhalt als Tatsache darstellt, obwohl er sich hinsichtlich des zugrunde liegenden Sachverhaltes nicht sicher ist.[285] So z.B. in dem durch das *OLG Köln* entschiedenen Fall, in welchem der Kläger bei der Schadensmeldung angab, dass der Fahrzeugschlüssel abgezogen, das Lenkrad eingerastet und die Türen abgeschlossen waren, obwohl er nicht wusste, ob der Sohn dies tatsächlich getan hatte.[286]

**189** Weiterhin ist von dem VN zu erwarten, dass er nicht nur eine formalistische Beantwortung des Wortlautes der gestellten Frage vornimmt. Vielmehr soll der VN bei seinen Angaben auf den Sinn der gestellten Frage abstellen und hieraus schließen, in welchem Umfang er zu antworten hat. Die Antwort soll gewährleisten, dass der VR in die Lage versetzt wird, den Versicherungsfall sachgemäß zu entscheiden. Der VN ist daher zu ergänzenden Angaben verpflichtet, wenn die bloße Beantwortung einer Formularfrage den entscheidenden Sachverhalt nicht umfasst, weil der konkrete Einzelfall von den üblichen Standardfällen abweicht.[287] Beantwortet dagegen der VN die Frage nach Personenschäden und den Umständen des Schadenshergangs derartig falsch, dass die Sachaufklärung, insbesondere hinsichtlich der Fahrtüchtigkeit des Fahrzeugführers, erheblich erschwert wurde, wird der Versicherer wegen arglistiger Verletzung der Aufklärungsobliegenheit leistungsfrei.[288]

**190** Bei der Inanspruchnahme eines Dritten bei der Ausfüllung des Schadenmeldeformulars ist zu differenzieren.

**191** Sofern der VN einen Dritten mit der Erfüllung von Obliegenheiten betraut hat, die eigentlich von dem VN zu erfüllen sind, können Erklärungen des Dritten dem VN zugerechnet werden. Die Rechtsprechung hat dafür den sog. Wissenserklärungsvertreter entwickelt.[289] Wissenserklärungsvertreter ist derjenige, der vonseiten des VN mit der Erfüllung von Obliegenheiten betraut worden ist, die an sich dem VN obliegen und der Dritte anstelle des VN Erklärungen abgibt.[290] Wissenserklärungsvertreter können auch Rechtsanwälte und Makler sein. Hierbei unterschreibt der Wissenserklärungsvertreter das Schadenmeldeformular. Konsequenterweise muss sich der VN falsche Angaben eines Wissenserklärungsvertreters gemäß § 166 BGB zurechnen lassen.[291] Ehegatten sind nicht automatisch Wissenserklärungsvertreter, sondern müssen konkret vom anderen mit der Abgabe von Erklärung betraut worden sein.[292]

**192** Hingegen ist ein Dritter, der ein Schadensformular aus eigenem Wissen ausfüllt, kein Wissenserklärungsvertreter, wenn der VN selbst das Formular unterschreibt und sich damit die Angaben des Dritten zu Eigen macht. Der VN hat damit eine eigene Erklärung abgegeben. Diese Variante findet sich in der Praxis häufig in den Fällen, in denen Fahrer und Halter bzw. VN verschiedene Personen sind.

**193** Stützt der Versicherer im Rückforderungsprozess seinen Anspruch auf Leistungsfreiheit wegen einer Obliegenheitsverletzung des VN, muss der VR auch darlegen und beweisen, dass den VN an der Obliegenheitsverletzung ein relevantes Verschulden trifft. Bereitet der Dritte mit dem Ausfüllen des Formulars lediglich eine vom VN abgegebene Erklärung vor, so hat der Dritte die Erklärung nicht selbst anstelle des VN abgegeben. Aus der Sicht des VR erscheint das vom VN unterschrie-

---

284 *BGH* v. 13.12.2006 – IV ZR 252/05, VersR 2007, 389.
285 Himmelreich/Halm/*Richter*, Kap. 25 Rn. 110.
286 *OLG Köln*, SP 2004, 270.
287 *BGH* v. 21.04.1993 – IV ZR 34/92, r+s 1993, 321.
288 *OLG München*, DAR 2014, 469.
289 *BGH* v. 02.06.1993 – IV ZR 72/92, r+s 1993, 281 = VersR 1993, 960.
290 Halm/Engelbrecht/Krahe/*Wandt*, Kap. 1 Rn. 627.
291 *BGH* v. 02.06.1993 – IV ZR 72/92, VersR 1993, 960 = zfs 1993, 305; *OLG Köln*, r+s 1994, 245; *OLG Frankfurt*, VersR 1994, 927; *OLG Köln*, r+s 2003, 10.
292 *BGH*, 02.06.1993 – IV ZR 72/92, VersR 1993, 960 = r+s 1993, 281 = zfs 1993, 3.

bene Formular als dessen Erklärung und nicht als die eines mit der Erfüllung von Obliegenheiten betrauten Dritten. Für eine entsprechende Anwendung des § 166 BGB ist deshalb kein Raum.[293]

Weiterhin sind die Fälle zu beachten, in denen sich der VN bei der Schadenabwicklung der Hilfe des Agenten des VR bedient. In diesen Fällen kommt es z.B. häufig vor, dass der Agent des VR für den VN das Schadenanzeigeformular ausfüllt, welches der VN dann unterschreibt. 194

Enthält das Formular falsche Angaben (z.B. zur Gesamtlaufleistung des Fahrzeugs), beruft sich der VN nicht selten darauf, dem Agenten mündlich die richtige Angabe getätigt zu haben. In diesen Fällen kann sich der VR nicht unter Hinweis auf die falsche Angabe im Formular ohne weiteres auf Leistungsfreiheit wegen Obliegenheitsverletzung berufen. Denn in den Fällen, in welchen der VN den Agenten mündlich korrekt informiert hat, ist nach der sog. »Auge-und-Ohr-Rechtsprechung« gleichzeitig auch der VR korrekt informiert. Eine Anzeigepflichtverletzung liegt dann nicht vor.[294] Dies in klarer Abgrenzung zum Makler, der im Lager des VN steht und auf den die Auge-und-Ohr Rechtsprechung keine Anwendung findet, also die Zurechnung auf den VN zurückfällt.

Es verwundert nicht, dass in Prozessen, die sich mit der Frage einer ordnungsgemäßen Schadensanzeige unter Einschaltung eines Agenten des VR beschäftigen, die Frage, was denn nun tatsächlich gesagt worden ist, eigentlich immer streitig ist. Daher hat der *BGH* eine weitere wichtige Entscheidung zur Beweislast nachgeschoben, deren Grundsätze ebenfalls auf Obliegenheitsverletzungen anwendbar sind.[295] Der VR trägt die Beweislast für den objektiven Tatbestand der Obliegenheitsverletzung. Eine Verletzung der Aufklärungsobliegenheit liegt dann vor, wenn der VN dem Agenten nur die falsche Angabe gemacht hat, die dieser im Formular eingetragen hat. Das muss der VR nachweisen. Behauptet der VN nun substantiiert, den Agenten mündlich zutreffend unterrichtet zu haben, muss der VR nachweisen, dass dies nicht der Fall gewesen ist. Der Nachweis einer Obliegenheitsverletzung lässt sich allein mit den falschen Angaben in dem vom Agenten ausgefüllten Schadenanzeigeformular nicht führen. 195

Diese Rechtsprechung über die Kenntnis des Versicherungsvertreters wurde nunmehr in § 70 VVG kodifiziert. 196

Mit § 72 VVG hat der Gesetzgeber – die bisherige Rechtsprechung des BGH übernehmend[296] – darüber hinaus ausgeschlossen, dass die Vertretungsmacht des Versicherungsvertreters durch Allgemeine Versicherungsbedingungen beschränkt werden kann.

Nach § 70 VVG wird die bisherige »Auge-und-Ohr«-Rechtsprechung des BGH auch in der Kaskoversicherung angewandt, da die vorstehende Klausel die Empfangsvollmacht des Vertreters gerade nicht einschränkt.[297] Eine Zurechnung der Kenntnis des Agenten über die Auge-und-Ohr-Rechtsprechung zulasten des VR kommt jedoch auch bei Obliegenheitsverletzung dann nicht in Betracht, wenn der Agent mit dem VN missbräuchlich zusammenarbeitet, um dem VR die Kenntnis bestimmter Umstände vorzuenthalten oder ihn anderweitig zu täuschen.[298] 197

293 *BGH* v. 14.12.1994 – IV ZR 304/93; *KG* v. 14.05.2004 – 6 W 8/04 = VersR 2004, 1298; *OLG Saarbrücken* v. 06.10.20210 – 5 U 88/10.

294 *OLG Koblenz*, VersR 1997, 352; *OLG Hamm*, r+s 1992, 85 = VersR 1992, 729; *OLG Hamm*, r+s 1998, 186.

295 *BGH* v. 23.05.1989 – IV a ZR 72/88, r+s 1989, 242 = VersR 1989, 833 (zur vorvertraglichen Anzeigepflicht).

296 *BGH* v. 10.02.1999 – IV ZR 324/97, r+s 1999, 225 = VersR 1999, 565.

297 Burmann/Heß/*Stahl*, Rn. 642.

298 *Rüffer/Halbach/Schimikowski*, VVG, § 19 Rn. 31.

## III. Fallgruppen

### 1. Gesamtfahrleistung

198 Da die Gesamtfahrleistung eines Fahrzeuges neben dessen Baujahr der eigentlich wertbildende Faktor ist, stellt die wahrheitsgetreue Angabe des VN zur Gesamtfahrleistung im Zeitpunkt des Schadensereignisses auch nach der aktuellen Rechtslage[299] eine Obliegenheit von großer Bedeutung dar.[300] Um insoweit Unklarheiten zu vermeiden, sollte der VR explizit den Begriff der Gesamtlaufleistung des Fahrzeuges verwenden. Jedoch auch in den Fällen, in welchen in einem Schadensmeldeformular der Versicherung die Angabe des Kilometerstandes gefordert wird, bedeutet das für einen aufmerksamen VN, dass nach der tatsächlichen Laufleistung gefragt wird.[301] Dies ergibt sich einerseits aus dem allgemeinen Sprachgebrauch und andererseits aus dem Sinn und Zweck der Frage, nämlich der Feststellung der für die Bemessung der Entschädigungshöhe entscheidenden Umstände.[302] Hinsichtlich der Frage, wann eine Angabe zur Laufleistung des Fahrzeuges falsch und im Sinne einer Verletzung der Obliegenheit nach alter Rechtslage relevant ist, existieren eine Vielzahl von obergerichtlichen Entscheidungen, die auch zur Begründung der Kausalität nach neuer Rechtslage herangezogen werden können.

199 Ein Laufleistungsunterschied von ca. 23000 km zwischen den in der Schadensanzeige angegebenen 82000 km und der tatsächlichen Laufleistung von ca. 105000 km ist für die Ermittlung des Wiederbeschaffungswertes erheblich.[303] Gibt der VN die Laufleistung seines Fahrzeuges in der Schadensanzeige mit »ca. 40000 km« an, so wird der VR von der Leistungspflicht frei, wenn die Laufleistung in Wirklichkeit 48400 km betragen hat. Die Einschränkung durch den Zusatz »ca.« vor der in der Schadenanzeige angegebenen Laufleistung entlastet den VN nicht.[304] Auch unwesentliche Abweichungen von der tatsächlichen Gesamtlaufleistung werden in der Rechtsprechung als relevanter bzw. kausaler Verstoß angesehen:

39.000 zu 45.000 km[305]

15.000 zu 18.000 km[306]

80.000 zu weit über 100.000 km[307]

160.000 zu 260.000 km[308]

87.000 zu 106.000 km[309]

116.000 zu 130.000 km[310]

200 Relevant ist bei Fahrzeugen mit mehr als 100000 km ebenfalls eine Abweichung von 10000–20000 km.[311]

299 *Van Bühren*, Rn. 206.

300 *OLG Saarbrücken*, zfs 2005, 446; *OLG Hamm* v. 12.06.1992 – 20 U 50/92; *OLG Frankfurt*, VersR 1986, 229; *KG* v. 07.10.2003 – 6 U 169/02; *KG* v. 1312.2002 – 6 U 168/01; *KG* v. 10.02.2000 – 6 U 4726/98; *KG* v. 09.02.1999 – 6 U 3453/97.

301 *OLG Saarbrücken*, zfs 2005, 446 = r+s 2005, 323.

302 *BGH* v. 05.12.2001 – IV ZR 225/00, VersR 2002, 173.

303 *OLG Koblenz*, VersR 1998, 623.

304 *OLG Köln*, VersR 1996, 449 = r+s 1995, 206.

305 *OLG Köln*, SP 2000, 27 = r+s 2000, 145 = zfs 2000, 19.

306 *OLG Bamberg*, SP 2000, 320.

307 *OLG Frankfurt/Main* v. 17.08.2000 – 3 U 72/99.

308 *OLG Hamm*, r+s 2000, 402 = VersR 2000, 1135.

309 *OLG Saarbrücken*, VersR 2008, 1528.

310 *OLG Saarbrücken*, VersR 2008, 1528.

311 *OLG Karlsruhe*, zfs 1999, 249.

Als nicht relevant wurden in der Rechtsprechung Abweichungen von ca. 8 % der tatsächlichen Laufleistung von der angegebenen Laufleistung angesehen,[312] sowie Abweichungen von weniger als 5 %.[313] Die Abweichung zur tatsächlichen Gesamtlaufleistung soll dann erheblich sein, wenn es sich um mindestens 1.000 km handelt und die Abweichung oberhalb von 10 % liegt.[314] 201

Nach erster Rechtsprechung zu Falschangaben bei der Laufleistung des gestohlenen Fahrzeuges soll der Kausalitätsgegenbeweis als geführt angesehen werden, wenn dem Versicherer zum Zeitpunkt der Entscheidung über die Versicherungsleistung das Ergebnis der Schlüsselauslesung bekannt ist und er damit die Auswirkungen der höheren Fahrleistung bei Wiederbeschaffungswert berücksichtigen kann.[315] Damit wäre dann die Versicherungsleistung zu erbringen. 202

## 2. Vorschäden/Altschäden

Im Bereich der vom VR geforderten Angabe zu Vor- oder Altschäden stellen sich die Betrugsmöglichkeiten in verschiedener Form dar. Neben dem gänzlichen Verschweigen von Vorschäden findet sich häufig die Variante, dass Vorschäden zwar benannt werden, aber nicht in ihrem wahren Umfang. Auch werden die Umstände der Beseitigung von Vorschäden häufig wahrheitswidrig geschildert. Bei der allgemein gehaltenen Frage nach »Vorschäden« kann für den durchschnittlichen VN zweifelhaft sein, ob damit nicht nur unreparierte, sondern auch reparierte Vorschäden gemeint sind. Solche Zweifel werden durch eine häufig anzutreffende Fragestellung vermieden: »Vorschäden? Wenn ja, Reparaturrechnungen beifügen.« Daher sind Vorschäden auch immer dann vom VN zu benennen, wenn sie repariert wurden. Denn das Vorhandensein von Vorschäden kann auch bei fachgerechter Reparatur zu einer Wertminderung des Fahrzeuges führen.[316] Die Verpflichtung zur Benennung von bekannten Vorschäden hängt auch nicht davon ab, ob sie in der Sphäre des VN entstanden sind.[317] Da die Aufklärung über Vorschäden dazu dient, den Versicherer in die Lage zu versetzen, einen sachgerechten Zeitwert des Fahrzeuges zu ermitteln, sind Schäden durch Vorbesitzer gleichbedeutend. Kennt allerdings der VR den Vorschaden, bspw. weil er ihn selbst reguliert hat, stellt das Verschweigen keine Verletzung der Aufklärungsobliegenheit dar.[318] Eine präzise Fragestellung ist insoweit wichtig, da die Verpflichtung des VN zur Angabe auch reparierter Vorschäden nur dann besteht, wenn er auch tatsächlich nach solchen befragt wird. Bezieht sich die Frage des VR nicht ausdrücklich auch auf reparierte Vorschäden, so kann aus der Nichtangabe von reparierten Vorschäden für den VN kein Nachteil erwachsen.[319] 203

Die im Schadenmeldeformular gestellte Frage nach Vorschäden eines Kfz ist aus der Sicht eines durchschnittlichen VN so zu verstehen, dass sämtliche Vorschäden und nicht nur der letzte Vorschaden anzugeben sind. Ein besonderes Interesse an der Anzahl der Vorschäden ist insbesondere dann begründet, wenn die Schadensregulierung bezüglich drei nicht angegebener Vorschäden auf der Basis »fiktiver Reparaturkosten« und auch ein weiterer angegebener Schaden auf dieser Abrechnungsbasis erfolgt. 204

Liegt danach eine Obliegenheitsverletzung mit der Vermutung einer vorsätzlichen Aufklärungspflichtverletzung vor, kann sich der VN nicht damit entlasten, dass ein Kfz-Sachverständiger anlässlich der Begutachtung des vierten Schadens nach Reparatur in Eigenleistung keine ersichtlichen Vorschäden festgestellt habe. Genauso ist die Anzahl der Schäden von Bedeutung.[320] 205

---

312 *OLG Köln*, r+s 1997, 317 = VersR 1997, 1350.
313 *OLG Hamm*, VersR 1996, 184.
314 *OLG Celle* v. 12.06.2008 – 8 U 44/07; *OLG Hamm* v. 12.06.1992 – 20 U 50/92.
315 *KG*, VersR 2011, 780.
316 Himmelreich/Halm/*Richter*, Kap. 25 Rn. 134; *OLG Karlsruhe*, zfs 2008, 514.
317 *OLG Hamm*, r+s 2003, 317 = VersR 2004, 232.
318 *BGH* v. 11.07.2007 – IV ZR 332/05, NJW 2007, 2700.
319 *OLG Hamm* v. 28.11.1990 – 20 U 174/89.
320 *OLG Hamm*, zfs 2008, 334; *OLG Koblenz* v. 15.01.1999 – 10 U 1574/97

206 Nicht selten findet man bei falschen Angaben zu Vorschäden auch die Einlassung, es seien nur Blechschäden gewesen, tragende Teile seien nicht betroffen gewesen. Das Fahrzeug sei dadurch kein Unfall-Kfz und bei einem Verkauf hätte keine Aufklärungspflicht hinsichtlich der nicht angegebenen Vorschäden bestanden. In der Kaskoversicherung hat der VR auch bei Blechschäden – von reinen Bagatellschäden einmal abgesehen – ein schutzwürdiges Aufklärungsinteresse. Der VN hat ihm die Fakten mitzuteilen. Die Bewertung der Bedeutung der Vorschäden ist Sache des VR.

207 Auch hinsichtlich der Pflicht zu wahrheitsgemäßen Angaben hinsichtlich Vorschäden besteht für den VN die Pflicht, keine Angaben ins Blaue hinein zu tätigen. So hatte das *OLG Köln*[321] entschieden, dass der VN eine Erklärung ins Blaue hinein und somit bedingt vorsätzlich getätigt hat, wenn er die Frage nach Vorschäden in einem Zusatzfragebogen verneint, ohne sich bei seinem Sohn, welcher alleiniger Nutzer des Fahrzeuges war, nach Unfallschäden zu erkundigen. Die Kenntnis allein, dass eine ebenfalls bestehende Vollkaskoversicherung nicht in Anspruch genommen wurde, befreite den VN nicht von seiner Erkundigungspflicht. Ein zwingender Rückschluss auf Unfallfreiheit wegen Nichtinanspruchnahme der Vollkaskoversicherung ist nicht gegeben, da nicht bei jedem Unfallereignis die Vollkaskoversicherung in Anspruch genommen wird. Die Substantiierungsanforderungen hinsichtlich Art und Ausmaß eines Vorschadens und zu Umfang und Güte der Reparatur dürfen andererseits nicht überspannt werden. Auch greift die Beweiserleichterung aus § 287 ZPO.[322]

Werden durch den Versicherungsnehmer nach dem Diebstahl seines Fahrzeuges beim Ausfüllen des Fragebogens Vorschäden des Fahrzeuges verschwiegen, täuscht er bewusst arglistig und wird der Versicherer leistungsfrei.[323]

208 In Fällen, in denen nachvollzogen werden kann, dass Vorschäden dem VN gedanklich entfallen sind und sich die Obliegenheitsverletzung in einem einmaligen Tun des VN erschöpft, kann im Einzelfall eine Leistungskürzung um nur 20 % angemessen sein. Hier muss der VN selbst durch die Übersendung aller relevanten Unterlagen zur Aufklärung beigetragen haben.[324]

### 3. Kaufpreis

209 Die Benennung eines überhöhten Kaufpreises für das Fahrzeug ist eine relevante Obliegenheitsverletzung, die zur Leistungsfreiheit des VR führt.[325] Zu beachten ist, dass die pauschale Frage nach dem Kaufpreis aus der Sicht eines durchschnittlichen VN in mehrfacher Hinsicht falsch gedeutet werden kann. Es ist daher zwingend notwendig, nach dem gezahlten Kaufpreis zu fragen, um Missverständnissen und Unklarheiten vorzubeugen.[326] Benennt der VN einen höheren Kaufpreis, als er tatsächlich gezahlt hat, so kann er sich in folgenden Fällen nicht damit entschuldigen, dass er einem Missverständnis über die Bedeutung der Frage nach dem Kaufpreis unterlag. Etwa die Behauptung:

- die Frage nach dem Kaufpreis sei als Frage nach dem Listenpreis und nicht nach dem Anschaffungspreis verstanden worden[327]
- er habe das Fahrzeug besonders günstig zum Freundschaftspreis erworben, der wirklicher Marktkaufpreis sei genannt worden oder der Kauf von einem Werksangehörigen zu deutlich günstigerem Preis[328]
- Kosten für Finanzierung werden mit genannt.

321 *OLG Köln*, r+s 2000, 55; VersR 2000, 224; *OLG Karlsruhe* v. 18.10.2007 – 12 U 9/07.
322 *OLG Hamm* v. 11.04.2022 – 7 U 9/22; *OLG Hamm* v. 14.05.2024 – 7 U 7/24.
323 *LG Bonn*, r+s 2014, 449.
324 *LG Nürnberg-Fürth*, bei: *Halm/Fitz* DAR 2011, 444.
325 *BGH* v. 19.05.1976 – IV ZR 83/75; *BGH* v. 05.12.2001 – IV ZR 225/00; *OLG Hamburg* v. 30.10.2002 – 20 U 64/02.
326 Himmelreich/Halm/*Richter*, Kap. 25 Rn. 130.
327 Himmelreich/Halm/*Richter*, Kap. 25 Rn. 130.
328 *OLG Koblenz* v. 14.02.1997 – 10 U 565/96.

Zu beachten ist, dass auch unwesentliche Abweichungen vom tatsächlichen Kaufpreis in der Rechtsprechung als relevanter Verstoß angesehen werden: 210

angegeben 36000 zu tatsächlichen 30.000 DM[329]

70.000 zu 62.500 DM[330]

40.500 zu 32.000 DM[331]

49.000 zu 44.000 DM[332]

74.500 zu 66.700 DM[333]

28.500 zu 20.000 DM.[334]

28.000 zu 19.500 DM.[335]

## 4. Fahrzeugschlüssel

Hinsichtlich der Fahrzeugschlüssel sind für den VR zwecks sachgerechter Beurteilung eines Versicherungsfalles korrekte Angaben zu den Fragen von vorhandenen, abhanden gekommenen und kopierten Fahrzeugschlüsseln bedeutsam. Der VN ist verpflichtet diese Fragen wahrheitsgemäß zu beantworten,[336] ebenso hat er korrekte Auskunft über den Personenkreis zu erteilen, welcher möglichen Zugriff auf die Schlüssel hatte, bzw. welcher das als entwendet gemeldete Kfz nutzte.[337] Dem VR sind alle vorhandenen Schlüssel zeitnah zuzusenden. Kommt der VN diesen Pflichten nicht nach, so besteht Leistungsfreiheit des VR.[338] Vorgetragene Entschuldigungen, dass der VN das Vorhandensein eines Schlüssels einfach vergessen habe, können an der Leistungsfreiheit des VR nichts ändern. Abgesehen davon, dass ein Vergessen eines Schlüssels nur schwer nachzuvollziehen ist, besteht für den VN die Pflicht, sich über die Umstände, welche der VR aufgeklärt haben möchte, umfassend Kenntnis zu verschaffen.[339] Fordert der VR eine Zusendung sämtlicher vorhandener Schlüssel postwendend, so soll damit verhindert werden, dass sich der unredliche VN den Schlüssel, welchen er zwecks Beiseiteschaffung des Fahrzeuges zur Vortäuschung eines Diebstahls einem Dritten übergeben hatte, rechtzeitig wieder beschafft.[340] 211

Der VR kann sich zur Aufklärung der Frage, ob Nachschlüssel angefertigt wurden, durch Sachverständige gefertigter Schlüsselgutachten bedienen. Anhand derer kann sowohl beurteilt werden, ob von einem der vorgelegten Schlüssel Kopien gefertigt wurden, als auch, ob ein Originalschlüssel von welchem eine Kopie gefertigt wurde, nach Fertigung der Kopie nochmals benutzt wurde. Jedoch ist zu beachten, dass bei einem behaupteten Kfz-Diebstahl sich die erhebliche Wahrscheinlichkeit für eine Vortäuschung eines Diebstahls nicht allein darauf stützen lässt, dass beweisbar ein Nachschlüssel angefertigt worden war, auch wenn das Fahrzeug mit unversehrten Schlössern wieder aufgefunden wurde. 212

329 *OLG Köln*, r+s 1996, 298.
330 *OLG Hamburg*, r+s 1998, 229.
331 *OLG Hamm*, r+s 1997, 271.
332 *OLG Köln*, SP 2000, 319.
333 *OLG Frankfurt*, NVerZ 2000, 528.
334 *OLG Celle*, SP 2001, 245.
335 *OLG Saarbrücken*, r+s 2006, 236.
336 *OLG Düsseldorf* v. 24.04.2001 – 4 U 169/00; *OLG Hamm* v. 04.05.2001 – 20 U 214/00; *OLG Brandenburg* v. 31.08.2020 – 11 U 70/17; *OLG Saarbrücken* v. 15.06.1994 – 5 U 236/94-17; *OLG Köln* v. 04.09.2001 – 9 U 97/00; *OLG Köln* v. 18.03.2003 – 9 U 128/02.
337 *LG Hamburg*, SP 2004, 385; *LG Hamburg*, SP 2003, 390.
338 *LG Köln*, SP 2005, 345.
339 *BGH* v. 21.04.1993 – IV ZR 34/92; *OLG Karlsruhe* v. 05.11.1997 – 13 U 214/95.
340 *BGH* v. 07.07.2004 – IV ZR 265/03, VersR 2004, 1117.

213 Bisher konnte eine Verletzung der Aufklärungsobliegenheit des VN nach alter Rechtslage nicht allein daraus gefolgert werden, dass seine Angaben, ein Nachschlüssel sein nicht gefertigt worden, objektiv unrichtig war.[341] Vielmehr mussten nach der bisherigen Rechtsprechung des *BGH* weitere geeignete Anhaltspunkte festgestellt werden als allein die Tatsache, dass irgendwann und unbekannt von wem und mit wessen Billigung ein Nachschlüssel angefertigt worden sei. Diese Tatsache konnte erst dann ausschlaggebendes Gewicht gewinnen, wenn zudem konkrete Anhaltspunkte zumindest für die Unredlichkeit des VN bewiesen worden seien.[342] Ein solcher konkreter Anhaltspunkte für die Unredlichkeit des VN lag z.B. vor, wenn entgegen der Angaben des VN, der von ihm angeblich immer benutzte Schlüssel die Spuren einer Nachmachung aufweist, danach aber keinerlei Spuren einer weiteren Benutzung auf dem Schlüssel erkennbar sind.[343] Hinsichtlich der Bewertung der Obliegenheitsverletzung in Bezug auf Falschangaben zum Vorhandensein bzw. der Verwendung von Schlüsseln sind nach geltenden neuem Recht verstärkt die rechtlichen Auswirkungen von Schlüsselprüfungen, die Versicherer häufig bei Totalentwendungen veranlassen, von Bedeutung:

214 Aufgrund der aktuellen Rechtslage, dass auch beim Vorliegen von Vorsatz durch den VN der Kausalitätsgegenbeweis geführt werden kann und dieser nur bei durch den VR nachgewiesener Arglist unmaßgeblich ist, kann dies zur Neubewertung von Falschangaben zu den Schlüsseln gegenüber der bisherigen Rechtsprechung führen:[344]

215 Gibt daher z.B. ein VN die Anzahl der Schlüssel falsch an und kann nachgewiesen werden, dass Duplikate erstellt worden sind, lag nach alter Rechtslage Leistungsfreiheit aufgrund Vorsatzes vor. Der VN konnte sich auch nicht darauf berufen, dass der VR vor der Regulierung die tatsächliche Anzahl der Schlüssel durch das Schlüsselgutachten feststellen konnte und daher die Falschangaben unbeachtlich seien. Eine Heilung der Falschangaben durch spätere Korrekturen des Gutachtens war nicht möglich, denn die Gefährdung der Aufklärung des Versicherungsfalls war bereits aufgrund der verstrichenen Zeit und der damit einhergehenden Möglichkeit der Verschleierung eingetreten.

216 Nach neuem Recht ist nun genau zu prüfen, ob und in welchem Umfang die Falschangaben bereits Auswirkungen gezeigt haben. Hier ist die Rechtsprechung aufgerufen, neue Grenzen entwickeln müssen, wann Kausalität gegeben ist und wann nicht.

217 Um hier auch im Fall eines durch den VN geführten Kausalitätsgegenbeweises zur Leistungsfreiheit zu kommen, muss der VR sein Augenmerk darauf lenken, eine über den Vorsatz hinausgehende Arglist nachzuweisen, die dann auch zur Leistungsfreiheit führt.

218 Objektive Falschangaben zu den Schlüsseln sind nach der Rechtsprechung zum alten Recht ein Indiz für ein vorsätzliches oder arglistiges Verhalten. Es bleibt daher abzuwarten, wie die Rechtsprechung hier für den Fall der Falschangaben zu den Schlüsseln die Grenze zwischen Vorsatz und Arglist nach neuem Recht ziehen wird.

219 Liegt weder Vorsatz noch Arglist, sondern nur grobe Fahrlässigkeit vor, ist aufgrund der Abkehr vom Alles-oder-Nichts-Prinzip bei einer grob fahrlässigen Verletzung der Aufklärungsobliegenheit eine Quotierung des Schadens möglich. Dies dürfte insbesondere bei nicht aufklärbaren Schlüsselverhältnissen (bei Kopierspuren oder dem Fehlen von Schlüsseln) der Fall sein.[345]

341 *OLG Karlsruhe*, VersR 1998, 1229; Himmelreich/Halm/*Staab*, Kap. 25 Rn. 146.
342 *BGH* v. 13.11.1996 – IV ZR 220/95, zfs 1997, 221 = r+s 1997, 6 = VersR 1997, 181.
343 *OLG Celle*, zfs 2005, 294.
344 Halm/Engelbrecht/Krahe/*Oberpriller*, Kap. 15 Rn. 168.
345 *Hess/Burmann*, NJW-Spezial 2007, 399.

## 5. Übersicht

| Argument für Manipulation | Argument gegen Manipulation | Fundstellen |
|---|---|---|
| **Unfallart** | | |
| Anscheinsbeweis gegen Opfer wie Auffahrunfall, Spurwechsel, Vorfahrtslage | unklare Haftungslage | *OLG Hamm* v. 13.01.1994 – 6 U 173/93; *KG* v. 01.10.2007 – 12 U 72/06; *KG* v. 06.02.2006 – 12 U 4/04; *KG* v. 17.04.2003 – 12 U 272/01 |
| nur zwei Fahrzeuge beteiligt | mehrere Fahrzeuge beteiligt | *KG*, NZV 2003, 85; NZV 2006, 88 |
| Einschätzbare Verkehrssituation wie bspw. Kollision beim Abbiegen oder Einbiegen | unkalkulierbare Verkehrssituation bspw. Begegnungsverkehr | *OLG Celle* v. 20.03.2003 – 14 U 39/02; *OLG Hamm* v. 12.03.2021 – 7 U 12/20 |
| nur eines der beteiligten Fahrzeuge in Bewegung bspw. Anfahren eines geparkten Kfz | alle beteiligten Fahrzeuge in Bewegung | *OLG Hamm* v. 10.03.2015 – 9 U 246/13 |
| geringe Kollisionsgeschwindigkeit | hohe Geschwindigkeit | *OLG München* v. 07.07.2017 – 10 U 4341/16<br>Abweichend *KG* v. 29.11.2007 – 12 U 135/07: BAB 120 km/h |
| Fahrmanöver nicht plausibel | | *OLG Düsseldorf* v. 24.06.2014 – 1 U 122/13;<br>*KG*, NZV 2010, 351<br>*OLG Saarbrücken* v. 04.12.2014 – 4 U 36/14 »So-nicht-Unfall«, NJW-RR 2015, 593, NZV 2016, 332<br>*LG Hannover* v. 25.01.2017 – 11 O 97/15<br>*OLG Hamm* v. 22.02.2019 – 9 U 111/17, NJW-RR 2019, 801<br>*OLG Hamm* v. 13.05.2019 – 6 U 144/17, NJW 2019, 3085<br>*LG Bremen* v. 27.08.2019 – 7 O 1521/18, BeckRS 2019, 46326<br>*LG Hildesheim* v. 20.09.2019 – 4 O 91/15 SVR 2020, 351 |
| **Unfallablauf** | | |
| Unfallstelle abgelegen | Anwesenheit von Insassen; Verletzungsgefahr für diese | *OLG Naumburg* v. 03.04.2014 – 4 U 59/13 = NJW-RR 2014, 1056<br>*OLG Frankfurt a.M.* v. 08.04.2019 – 23 U 112/17, BeckRS 2019, 6417 |
| Dunkelheit, Dämmerung | Alkoholisierung eines Fahrers | *BGH* v. 20.12.1968 – IV ZR 510/68, VersR 1969, 214 |

| Argument für Manipulation | Argument gegen Manipulation | Fundstellen |
|---|---|---|
| Verschweigen oder Nichtbenennen von Zeugen | unbeteiligte Zeugen | *BGH* v. 12.12.2007 – IV ZR 40/06, zfs 2008, 21; *LG Dortmund*, DAR 2010, 48; *OLG Schleswig*, r+s 1994, 88 |
| Nichtbenennung des Fahrers zum Schutz vor Strafverfolgung | | *OLG Hamm*, VersR 1998, 37; *OLG Düsseldorf*, r+s 1993, 208 = *OLG Oldenburg*, VersR 1995, 952 |
| Schadenszeitpunkt passt nicht | | *LG Koblenz*, zfs 1990, 385 |
| Falschangabe des VN zum Aufenthaltsort zum Unfallzeitpunkt | | *OLG Hamburg*, VersR 1992, 179 |
| **Verwendete Fahrzeuge** | | |
| **Geschädigten-KFZ** | | |
| Pkw der Oberklasse/gehobenen Mittelklasse | jüngeres Kfz (unter 3 Jahren) | *OLG Düsseldorf* v. 05.06.2012 – I-1 U 141/11<br>*OLG Saarbrücken* v. 11.12.2020 – 5 U 8/20 (Vandalismus)<br>*KG* v. 16.12.2021 – 22 U 69/21 |
| umfangreiche Sonderausstattung | Liebhaberfahrzeug, z.B. Oldtimer | *OLG Köln*, VersR 1991, 767 |
| erschwerte Verkäuflichkeit wegen geringer Nachfrage | marktgängiges Fahrzeug | *OLG Celle* v. 30.06.2010 – 14 U 6/10 |
| vorgeschobene Veräußerung des Fz. Schon vor dem Unfall bzw. unmittelbare Veräußerung nach dem Unfall ins Ausland bzw. zu überhöhtem Preis oder Verschrottung | Weiternutzung | *OLG Düsseldorf*, zfs 1992, 55; *OLG Hamm* v. 01.12.1998 – 27 U 237/98; *OLG Hamm* v. 17.11.2011 – I-6 U 108/11 |
| **Schädiger-KFZ** | | |
| Mietwagen, insbes. Klein-Lkw | jüngerer Pkw | *KG*, VersR 2006, 714; NZV 2003, 87; *OLG Hamm*, NZV 2008, 91<br>*OLG Celle* v. 11.11.2020, BeckRS 2020, 32642 |
| robuster Altwagen<br>wertloser Kleinwagen | Neuwagen<br>Pkw der Oberklasse | *OLG Köln*, r+s 1994, 289<br>*KG*, NZV 2003, 85<br>*SaalOLG*, zfs 1989, 118; NJW-RR 2015, 593 |
| Entleihen des Fahrzeugs kurz vor dem Diebstahl | | *OLG Karlsruhe*, VersR 2000, 49; a.A. *OLG Koblenz*, r+s 2000, 10 |
| Kurzzeitkennzeichen<br>erst kürzlich auf Halter zugelassen worden | | *OLG Brandenburg* v. 18.12.2008 – 12 U 152/08 |

| Argument für Manipulation | Argument gegen Manipulation | Fundstellen |
|---|---|---|
| Lkw<br>Insbesondere Miet-LKW | Sicherungseigentum der Bank (Leasing) | *OLG Nürnberg*, VersR 1997, 428<br>*KG* v. 19.09.2002 – 12 U 9199/00; *KG* v. 06.02.2006 – 12 U 4/04; *KG* v. 08.12.2002 – 12 U 201/05 |
| Fahrtenschreiber manipuliert | Diebstahlwarnanlage<br>Wegfahrsperre | *OLG Frankfurt*, VersR 2000, 629 |
| werterhöhende Reparaturarbeiten mit fingierten Rechnungen | | *OLG Karlsruhe*, DAR 1999, 123; *OLG Celle*, SP 2001, 245 |
| Art des Erwerbs des Fahrzeugs (Kauf statt Schenkung) | | *OLG Bremen*, MDR 1999, 224 |
| **Schadensausmaß** | | |
| Reparaturaufwand unter Wiederbeschaffungswert | Beschädigungen im Umfang eines wirtschaftlichen Totalschadens | *BGH* v. 15.09.2012 – IV ZR 107/0;<br>*OLG Düsseldorf* v. 05.06.2012 – I-1 U 141/11 |
| Karosserieschaden ohne Eingriff in die Struktur/den Rahmen | Rahmenschäden | *SaalOLG*, NJW-RR 2015, 593 |
| fehlende Kompatibilität der Schadensbilder | Schadenkompatibilität | *OLG Hamm*, OLGR 1994, 173 |
| Vorschäden/Altschäden | | *OLG Bremen* v. 26.06.2023 – 3 U 41/22;<br>*OLG Düsseldorf*, zfs 2000, 158; *OLG Düsseldorf* v. 07.03.2017 – 1 U 31/16 = r+s 2017, 435;<br>*OLG Hamm* v. 24.06.2016 – 9 U 28/16<br>*KG* v. 14.05.2007 – 12 U 212/06; *KG* v. 31.08.2009 – 12 U 203/08 |
| Abrechnung fiktiver Reparaturkosten | Reparatur gegen Rechnung | *OLG Frankfurt/Main* v. 20.07.2010 – 22 U 14/10 |
| Restwerterlös falsch angegeben | | *OLG Hamm*, VersR 1991, 294 |
| **Beteiligte Personen** | | |
| **Vermeintlich Geschädigter** | | |
| männlich | weiblich | *OLG Düsseldorf*, zfs 1984, 244 |
| zwischen 20 und 50 Jahre alt | über 50 Jahre | *LG Koblenz*, r+s 1996, 300 |
| Vorstrafen | keine Vorstrafen | *BGH* v. 11.02.1998 – IV ZR 306/96; *OLG Naumburg* v. 03.04.2014 – 4 U 59/13; *OLG Hamm* v. 17.11.2011 – I-6 U 108/11 |
| zahlreiche Vorunfälle | keine Vorunfälle | *OLG Düsseldorf* v. 28.05.2013 – 1 U 132/12 |

| Argument für Manipulation | Argument gegen Manipulation | Fundstellen |
|---|---|---|
| schlechte/undurchsichtige Vermögensverhältnisse | Vorsteuerabzug<br>normale persönliche und wirtschaftliche Verhältnisse | *OLG Koblenz*, VersR 1986, 1360; *OLG Hamm*, r+s 1999, 144 = zfs 1999, 428 = SP 1999, 170; *OLG Köln*, zfs 2000, 451; *OLG Jena*, r+s 2003, 231<br>*LG Düsseldorf* v. 27.11.2023 – 10 O 281/22<br>*OLG Celle* v. 30.06.2010 – 14 U 6/10 |
| Beziehung zur Kfz-Branche | | *OLG Düsseldorf* v. 21.11.2005 – I-1 U 41/05 |
| nähere Beziehung zum Schädiger (Verwandtschaft/Bekanntschaft) | | *OLG Köln*, NVersZ 2002, 67<br>*OLG Stuttgart* v. 22.10.2019 – 1 U 244718 SVR 2020, 223.<br>*OLG Celle* v. 11.11.2020 – 14 U 119/19<br>*OLG Frankfurt/Main* v. 08.04.2019 – 23 U 112/17, BeckRS 2019, 6417 |
| Keine Körperverletzung | | *LG Detmold* v. 18.10.2019 – 4 O 243/18, BeckRS 2019, 43497;<br>*LG Bremen* v. 27.08.2019 – 7 O 1521/18, BeckRS 2019, 46326 |
| **Vermeintlicher Schädiger** | | |
| männlich | weiblich | |
| gleiche Altersgruppe wie »Geschädigter« | andere Altersgruppe als »Geschädigter« | *OLG München* v. 08.03.2013 – 10 U 3241/12 |
| gleiche Nationalität (Ausländer) | geordnete persönliche Verhältnisse | *OLG Brandenburg* v. 17.01.2008 – 12 U 123/07 |
| schlechte/undurchsichtige Vermögensverhältnisse | geordnete wirtschaftliche Verhältnisse | *KG* v. 06.02.2006 – 12 U 4/04; *OLG Düsseldorf* v. 05.10.2010 – I-1 U 190/09 |
| Vorstrafen | keine Vorstrafen | s.o. |
| Vorunfälle | keine Vorunfälle | s.o. |
| kein fester Wohnsitz | fester Wohnsitz, jederzeitige Erreichbarkeit | *OLG Düsseldorf* v. 21.11.2005 – I-1 U 41/05; *OLG Düsseldorf* v. 20.08.2007 – I-1 U 18/06 |
| **Verhalten nach dem Unfall** | | |
| Keine Polizei trotz behaupteter Fremdheit des Beteiligten bzw. Polizei hinzugezogen trotz Bekanntschaft | Einschaltung der Polizei zumal bei geringem Schaden | *OLG Celle* v. 03.09.2014 – 14 U 127/14 |

| **Argument für Manipulation** | **Argument gegen Manipulation** | **Fundstellen** |
|---|---|---|
| Vorlage gefälschter Belege | | *OLG Düsseldorf*, VersR 1991, 1167.<br>*OLG Köln*, SP 1997, 204.<br>*OLG Schleswig*, SP 1999, 208 |
| Schuldanerkenntnis vor Ort<br>bereitwillige Zahlung eines Verwarnungsgeldes | Geltendmachung eigener Ersatzansprüche<br>Bestrittener Unfallablauf | *KG* v. 12.04.2018 – 25 U 148/17; *OLG Brandenburg* v. 18.12.2008 – 12 U 152/08 |
| Nichtabgabe der Unfallschilderung bis zur Akteneinsicht durch Rechtsanwalt<br>widersprüchliche Angaben gegenüber Polizei oder Versicherung | Unmittelbare und in der Folge gleichlaufende Schilderung | *OLG Düsseldorf*, VersR 1994, 41; *LG Münster*, SP 1996, 398 |
| Falschangabe zur Fahrereigenschaft | | *KG*, NZV 2003, 233; *KG*, VersR 2006, 714; *OLG Hamm*, NZV 1994, 227; *OLG Hamm*, OLGR 1997, 131; *OLG Köln*, VersR 1999, 1166; *LG München*, SP 2006, 19 |
| Anzahl Vorbesitzer unzutreffend | | *OLG Celle*, SP 2000, 318 |
| Untypische Fälle | Untypische Unfallkonstellation<br>Keine Gewinnerzielungsabsicht | *KG* v. 13.06.2005 – 12 U 65/04<br>*KG* v. 30.09.2002 – 12 U 6365/99 |

# Teil 8 Auslandsschäden

## Kapitel 25 Kfz-Schadenregulierung, Unfälle mit Auslandsbezug

### Schrifttum

*Bachmeier*, Rechtsfragen bei Verkehrsunfällen mit Auslandsbezug, in: Bundesministerium für Justiz: Zivil- und strafrechtliche Folgen von Verkehrsunfällen – die Rechtslage in Österreich, der Schweiz und Bayern, Wien 2005; *Bachmeier*, Probleme der Auslandsunfallschadenregulierung aus richterlicher Sicht, DAR 2009, 753–758; *Bachmeier*, Auslandsunfallschaden und Wohnsitzzuständigkeit (Forumshopping), DAR 2009, 758–760; *Bachmeier (Hrsg.)*, Regulierung von Auslandsunfällen, 3. Aufl., Baden-Baden 2022; *Backu*, Kraftfahrzeug-Unfall in Europa – Rechtsverfolgungskosten, VGT 2002, 201–213; *Backu*, Der grenzüberschreitende Schadensfall: Regulierung im Ausland erlittener Verkehrsunfallschäden nach Umsetzung der 4. KH-Richtlinie, DAR 2003, 145–156; *Backu*, Schadenersatz nach Kfz-Unfällen in Polen, Tschechien und Ungarn, DAR 2005, 378–390; *Backu*, Internationale Kfz-Schadensfälle: Unfälle mit Auslandsbezug und anwendbares Recht, DAR 2009, 742–747; *Bartels*, Verkehrsunfall im Ausland, ZfS 2006, 374–376; *Becker*, Die 5. KH-Richtlinie – ihre Umsetzung in Deutschland, DAR 2008, 187–192; *Bouwmann*, Klagen bei Auslandsunfällen, ZfS 2015, 183; *Bouwmann*, Verkehrsrechtliche Auswirkungen des Brexit, DAR 2018, 250; *Burmann/Kemperdiek*, Umsetzung der RL (EU) 2021/2118 in nationales Recht – das neue PflVG, DAR 2024, 61; *Buschbell/Höke*, Münchner Anwaltshandbuch Straßenverkehrsrecht, 5. Aufl., München 2020; *Buse*, Von Anwalt zu Anwalt – international, DAR 2001, 536–540; *Buse*, Die grenzüberschreitende Unfallregulierung in der EU, DAR 2020, 2; *Buse*, Spurwechsel in der grenzüberschreitenden Unfallregulierung in der EU, DAR 2020, 184; *Buse/Staudinger* (Hrsg.) Münchener Kommentar zum Straßenverkehrsrecht, Band 3 Internationales Straßenverkehrsrecht, München 2019; *Colin*, Deutsche Versicherer als Schadenregulierungsbeauftragte im Sinne der 4. Krafthaftpflicht-Richtlinie der EU, DAR 2009, 760–762; *Danzl*, Der Ersatz ideeller Schäden in Europa und im ABGB am Beispiel des Angehörigenschmerzensgeldes, DAR-Sonderdruck zum 50. Deutschen Verkehrsgerichtstag 2012; *Engels*, Europäisches Bagatellverfahren ab 2009, AnwBl. 51–52; *Feyock/Jacobsen/Lemor*, Kfz-Versicherung, 3. Aufl., München 2009; *Floßmann-Rischke*, RA-Gebühren bei Auslandsunfällen/Vorgehen bei Rechtsschutz-Deckungsanfragen, DAR 2009, 763–764; *Häcker*, Geltendmachung von Schmerzensgeldansprüchen bei Unfällen mit europäischem Auslandsbezug, DAR-Extra 2013, 758–762; *Haupfleisch/Hirtler*, Die 5.Kraftfahrzeug-Haftpflichtversicherungs-Richtlinie (KH-RL), DAR 2006, 560–562; *Hering*, Die 5. KH-Richtlinie der Europäischen Union, SVR 2006, 209–211; *Heberlein/Königer*, Checkliste Regulierung eines Auslandsunfalls, DAR 2009, 768–769; *Hering*, Die Regulierung von Verkehrsunfällen im Ausland und mit Ausländern in Deutschland, SVR 2008, 475–476; *Himmelreich/Halm*, Handbuch des Fachanwalts Verkehrsrecht, 6. Aufl. 2017; *Himmelreich/Staub/Krumm/Nissen*, Verkehrsunfallflucht, 7. Aufl., Heidelberg 2019; *Huber*, Überentschädigung bei einem Verkehrsunfall mit internationalem Bezug – Zulässige Rosinenpickerei des Unfallopfers?, SVR 2009, 9–12; *Jeklin*, Mietwagenunfall im Ausland, DAR-Extra 2016, 747; Juristische Zentrale ADAC e.V., Ersatz der fiktiven Reparaturkosten, DAR 2019, 551; *Kaessmann*, 6. Europäische Verkehrsrechtstage (Trier VI), DAR 2005, 714–717; *Kröger/Tofana*, Schadenersatz nach Verkehrsunfällen in Rumänien, SVR 2007, 325–333; *Krumm*, Das Adhäsionsverfahren in Verkehrsstrafsachen, SVR 2007, 42–46; *Lafontaine*, Der EU-Auslandsunfall in der Praxis des deutschen Kfz-Haftpflichtprozesses, ZAP 2016, 177; *Lafontaine*, Richterliche Überzeugungsbildung und Lebenserfahrung im Ausland – beweisrechtliche Probleme im Kfz-Haftpflichtprozess bei Geltung ausländischen Sachrechts, DAR 2020, 247; *Lafontaine*, Die Beweisaufnahme über den EU-Auslandssachverhalt, DAR 2020, 541; *Lemke-Geis*, Unfallregulierung in der Europäischen Union, SVR 2009, 241–247; *Lemor*, Road Accidents – The Victim's Guide to Europe, 3. Aufl. 2008; *Lemor*, Regulierung von Schäden durch die Verkehrsopferhilfe, DAR 2014, 248–256; *Lemor/Becker*, 4.KH-Richtlinie: Erste Erfahrungen, DAR 2004, 677–686; *Lemor*, Zinsen bei Ansprüchen aus Verkehrsunfällen im europäischen Vergleich, DAR 2009, 767; *Looschelders*, Vereinbarkeit der Voraussetzungen des deutschen Rechts für den Ersatz des Schockschadens mit der Kraftfahrzeughaftpflicht-Richtlinie, Zeitschrift für das Privatrecht der Europäischen Union, 2023, 121; *Luckey*, Checkliste: Verkehrsunfälle mit Auslandsberührung, SVR 2010, 415–420; *Ludovisy/Eggert/Burhoff* (Hrsg.), Praxis des Straßenverkehrsrechts, 6. Aufl., Münster 2015; *Mayer/Lindemann/Haibach*, Small Claims Verordnung – Klage, Urteil, Anerkennung und Vollstreckung geringfügiger Forderungen in Europa, München 2009; *Meier-van Laak*, Internationale Zuständigkeit deutscher Gerichte für Streitigkeiten gegen ausländische Versicherer im EU-Ausland, DAR 2006, 235–237; *Neidhart*, Unfall im Ausland, Band 1: Ost-Europa, 5. Aufl., Bonn 2006; *Neidhart*, Unfall im Ausland, Band 2: West-Europa, 5. Aufl., Bonn 2007; *Neidhart*, Adhäsionsverfahren – ein kurzer Ländervergleich, DAR 2006, 415–418; *Neidhart*, Verkehrsunfälle im Ausland – Schadenabwicklung durch deutsche Anwälte, SVR 2004, 327–332; *Neidhart*, Verkehrs- und Kfz-Schadensrecht in Großbritannien, SVR 2007, 408–413; *Neidhart*, Die westlichen Balkanstaaten – auf dem langen Weg nach Europa, DAR 2008, 568–579; *Neidhart*, Wenn es in Liechtenstein, Andorra oder Gibraltar kracht – Gilt europäisches, nationales oder autonomes Recht – oder von jedem etwas?, DAR 2009, 770–771; *Neidhart/Nissen*, Verkehrsunfälle in Europa, Bonn 2016; *Nissen*, Auslandsunfall: Erstattungsfähigkeit von Anwaltsgebühren, DAR 2013, 568–571; *Nissen*, Die Erstattungsfähigkeit von außergerichtlichen Anwaltsgebühren bei Auslandsunfällen in Schaffhauser (Hrsg.), Jahrbuch zum Strassenverkehrsrecht 2014, Bern 2014; *Nissen*, Europäisches Parlament: Änderung der Kraftfahrzeug-Haftpflichtrichtlinie, DAR 2019, 179; *Nissen*, Unterschiedliche Regulierungssysteme in Europa – Herausforderungen und Risiken für Geschädigte und Anwälte, 58. Deutscher Verkehrsgerichtstag 2020, 73; *Nitzsche*, Die Regulierungspraxis französischer KH-Versicherer nach einem Verkehrsunfall in Frankreich, DAR 2018, 548; *Nugel*, Der Verkehrsunfall aus dem Ausland vor der deutschen Gerichtsbarkeit nach der neuen EuGH-Rechtsprechung, ZfS 2008, 309–313; *Nugel*, Anzuwendende Recht bei einem Auslandsunfall nach »Rom II«, NJW-Spezial 2009, 537; *Riedmeyer*, Die internationale Zuständigkeit für Klagen aus Verkehrsunfällen, DAR 2004, 203–206; *Riedmeyer*, Gerichtliche Zuständigkeit und anwendbares Recht bei Unfällen im Ausland, ZfS 2008, 602; *Riedmeyer*, Praxis der Regulierung von Auslandsunfällen innerhalb Europas, AnwBl. 2008, 17–22; *Riedmeyer*, Die Abwicklung von Auslandsunfällen in der EU in der Anwaltspraxis, DAR 2009, 747–752; *Riedmeyer*, Problemfeld Schmerzensgeld, ZfS 2014, 304; *Riedmeyer/Bouwmann*, Unfallregulierung nach den Kraftfahrzeug-Haftpflichtrichtlinien der Europäischen Union, NJW 2015, S. 2614; *Rudolf*, Internationaler Verkehrsunfall – Das Haager Straßenverkehrsübereinkommen und die Rom II-VO, ZVR 2008, 528–532; *Sieghörtner*, Internationaler Mietwagenunfall – Zulassungsort als relevantes Anknüpfungskriterium?, NZV 2003, 105–117; *Staudinger*, Internationale Verkehrsunfälle und die geplante »Rom II«-Verordnung, SVR 2005, 441–450; *Staudinger*, Das Konkurrenzverhältnis zwischen dem Haager Straßenverkehrsübereinkommen und der Rom II-Verordnung, in: FS für Kropholler, Tübingen 2008; *Staudinger*, Internationale Zuständigkeit, Dreiteilung des Internationalen Privatrechts sowie Zustellung der Klageschrift bei Straßenverkehrsunfällen mit grenzüberschreitendem Bezug, DAR 2009, 738–742; *Staudinger*, Rezension zu AG Geldern, Urt. v. 27.10.2010 – 4 C 356/10, DAR 2011, 231–233; *Staudinger*, Straßenverkehrsunfall, Rom II-Verordnung und Anscheinsbeweis, NJW 2011, 650–652; *Staudinger*, Direktklage beim Auslandsunfall am Wohnsitzgericht – auch nach Inanspruchnahme der Kaskoversicherung, DAR 2014, 485; *Staudinger*, Negative Feststellungsklage des gegnerischen Haftpflichtversicherers in grenzüberschreitenden Verkehrsunfällen, DAR 2014, 557; *Staudinger*, 10 Jahre Rom II-VO und Haager Straßenverkehrsübereinkommen – Zeit für eine Bestandsanalyse im Lichte des Brexit und der angedachten EU-Erweiterung, DAR 2019, 669; *Staudinger*, Der Brexit: Reformbedarf bei Brüssel-Ia-VO und Ausbau des revidierten Lugano-Übereinkommens, DAR 2021, 421; *Stiefel/Maier*, Kraftfahrtversicherung, 19. Aufl., München 2017; *Tomson*, Der Verkehrsunfall im Ausland vor deutschen Gerichten – Alle Wege führen nach Rom –, EuZW 2009, 204–208; *Wagner*, »Opfer-Gerichtsstand« für die Geschädigten von Auslandsunfällen – Die Entscheidung des EuGH vom 13.12.2007 und die Folgen, SVR 2010, 405–408; *Wittwer*, Direktklage im Inland gegen ausländische Kfz-Haftpflichtversicherung, ZVR 2006, 404–408; *Wittwer*, BGH legt Frage zur internationalen Zuständigkeit bei Direktklagen dem EuGH vor, ZVR 2007, 94; *Wyles/Bouwmann*, Folgen des Brexit für die gerichtliche Geltendmachung von Ansprüchen aus Verkehrsunfällen, DAR 2021, 541.

**Übersicht** Rdn.

## A. Einführung

Die Regulierung von im Ausland erlittenen Verkehrsunfällen spielt aufgrund der wachsenden Internationalisierung des Straßenverkehrs in der anwaltlichen Praxis, vor allem bei der Beratung eine immer größere Rolle. Die Situation nach einem Verkehrsunfall im Ausland ist in vielerlei Hinsicht problematischer als nach einem Unfall in Deutschland. Von einem Auslandsunfall ist im Regelfall auszugehen, wenn der Geschädigte Opfer eines Verkehrsunfalls geworden ist, der außerhalb seines Wohnsitzstaates durch ein im Unfallland oder in einem Drittland zugelassenes Fahrzeug verursacht wurde. 1

Der Standardfall gestaltet sich dabei beispielsweise wie folgt: Ein Autofahrer mit Wohnsitz in Deutschland wird in Italien in einen Verkehrsunfall verwickelt, der 2

– von einem im Unfallland Italien zugelassenen Kraftfahrzeug, oder
– durch ein im Drittland (z.B. Frankreich) zugelassenes Kraftfahrzeug

verursacht wird.[1]

3 Als Geschädigter muss man selbst (oder über einen Rechtsanwalt) für die Geltendmachung von Schadenersatzansprüchen gegen den Unfallverursacher bzw. dessen Kfz-Haftpflichtversicherung sorgen.[2] Zwar wird man im Ausland häufig an die eigene Kfz-Versicherung verwiesen, da diese in einigen Ländern (z.B. Frankreich,[3] Italien) den Schaden im Rahmen des Direktregulierungsverfahrens mit der gegnerischen Versicherung abwickelt und den Schadenersatz an den eigenen Versicherungsnehmer entrichtet. In Deutschland gibt es dieses Verfahren jedoch nicht. Daher muss der deutsche Geschädigte auch im Ausland selbst oder mit Hilfe eines (dortigen) Rechtsanwalts tätig werden (es sei denn, das Verfahren der 4. Kraftfahrzeug-Haftpfichtrichtlinie/4. KH-Richtlinie kommt zur Anwendung).[4] Die Schadenregulierung mit ausländischen Haftpflichtversicherern ist – sofern die 4. KH-Richtlinie nicht greift – meist langwierig (mehrere Monate, oft auch über ein Jahr) und schwierig. Die gerichtliche Anspruchsdurchsetzung kann aufgrund der problematischen Situation der Justiz in manchen Ländern (z.B. Italien) sehr viel Zeit, teilweise einige Jahre pro Instanz, in Anspruch nehmen.

4 In der Europäischen Union (EU) ist die Abwicklung von Verkehrsunfällen in den Mitgliedstaaten in vieler Hinsicht erleichtert worden. Während früher Schadenersatzansprüche grundsätzlich nur im Rahmen von vielfach zeitaufwendigen Verfahren im Unfallland geltend gemacht werden konnten, besteht seit Inkrafttreten und Umsetzung der 4. KH-Richtlinie der EU im Jahr 2003 die Möglichkeit, die aus einem Verkehrsunfall resultierenden Schadenersatzansprüche bei einem im Wohnsitzland des Geschädigten ansässigen Schadenregulierungsbeauftragten geltend zu machen, der diese innerhalb bestimmter Fristen abwickeln muss.

5 Voraussetzung für die Regulierung sind überzeugende Nachweise zur Schadenshöhe. Der gegnerischen Versicherung ist in manchen Ländern die Besichtigung des beschädigten Fahrzeugs zu ermöglichen (so z.B. in Österreich).[5] Bei kleineren Schäden genügt in der Regel die Vorlage einer Reparaturkostenrechnung (am besten unter Beifügung von Fotos des beschädigten Fahrzeugs). Ein Kostenvoranschlag reicht meist nicht aus; zumindest zieht die gegnerische Haftpflichtversicherung die im Kostenvoranschlag aufgeführte Mehrwertsteuer vom Schadenersatzbetrag ab. Bei hohen Schäden oder bei Totalschaden des Fahrzeugs ist in der Regel ein Sachverständigengutachten erforderlich (allerdings werden Mehrwertsteuer und Gutachterkosten je nach dem Recht des Unfalllandes von der Gegenseite oft nicht erstattet). Erfahrungsgemäß werden quittierte Reparaturrechnungen mit guten Schadensfotos am ehesten als Beweismittel akzeptiert. Häufig muss der Geschädigte hinsichtlich der Reparaturkosten meist in Vorlage treten, wenn er eine schnelle Behebung des Schadens bewirken will.

6 Aufgrund einer Entscheidung des *Europäischen Gerichtshofs (EuGH)* vom 13.12.2007 besteht die Möglichkeit, die ausländische Versicherung des Unfallverursachers im Wohnsitzland des Geschädigten zu verklagen, wobei die Klage dem jeweiligen Schadenregulierungsbeauftragten zugestellt werden kann.[6] Gerade diese Möglichkeit eröffnet deutschen Rechtsanwälten neue Perspektiven. Nichtsdestotrotz sind auch bei der Abwicklung von ausländischen Unfallschäden im Inland gute Kenntnisse des ausländischen Schadenersatzrechts unabdingbar: der Unfall wird nämlich weiterhin im Regelfall nach Maßgabe des Haftungs- und Verkehrsrechts des Unfalllandes abgewickelt und deutsche Gerichte müssen dieses Recht im Rahmen ihrer Urteilsfindung berücksichtigen.[7] Hierbei

1 *Backu* DAR 2009, 742 (742); *Buse* DAR 2020, 2 ff.

2 Zu den Herausforderungen und Risiken vgl. *Nissen*, 58. Deutscher Verkehrsgerichtstag 2020, 73 ff.

3 *Nitzsche* DAR 2020, 548.

4 Zur 4. KH-Richtlinie siehe unten Rdn. 16 ff. sowie Textauszug im Anhang Rdn. 166.

5 MüKoStVR/*Buse* Kap. 1 Rn. 94 ff.

6 Zum Gerichtsstand bei Auslandsunfällen siehe unten Rdn. 54, 60 ff.; zur Zustellungsbevollmächtigung des Schadenregulierungsbeauftragten siehe unten Rdn. 71.

7 Zum Schadenersatzrecht in einzelnen europäischen Ländern vgl. *Bachmeier* (Hrsg.) Regulierung von Auslandsunfällen; Himmelreich/Halm/*Lemor* Handbuch Verkehrsrecht, Kap. 3 Rn. 97 ff.; *Häcker DAR-Extra 2013, 758 (759)*; *Lemor* Road Accidents – The Victim's Guide to Europe; MüKoStVR, 2. Kapitel

besteht die Gefahr, dass Wertungen aus der deutschen Rechtsordnung auch auf das ausländische Recht übertragen werden.[8] Dies kann sich im Einzelfall erschwerend auswirken, zumal bei im Ausland erlittenen Unfallschäden besonders auf die landesspezifischen Besonderheiten in Recht und Praxis zu achten ist, wie etwa Verkehrsvorschriften, Haftungsgrundsätze, Verjährungsfristen oder Schadensbemessung.

Nicht in jedem Fall kann davon ausgegangen werden, dass in Deutschland zugesprochene Entschädigungen höher ausfallen als im Ausland. Gerade in denjenigen Fällen, in denen der deutsche Geschädigte Körperschäden erlitten hat, ist bei der Beratung besonders sorgfältig darauf zu achten, ob die Regulierung nicht besser unter Hinzuziehung eines oder Übertragung auf einen Anwaltskollegen im Unfallland erfolgen sollte:[9] Nicht nur die in vielen Fällen erforderliche Akteneinsicht am Unfallort gestaltet sich schwierig, auch die Bemessung des Personenschadens richtet sich generell nach landesspezifischen Kriterien, die oft nur (wenn überhaupt) wenige Gemeinsamkeiten mit der Schmerzensgeldbemessung in Deutschland aufweisen. Beim immateriellen Personenschaden werden im Ausland vielfach höhere Entschädigungen oder auch das in Deutschland unbekannte Angehörigenschmerzensgeld gewährt.[10] Die Kraftfahrzeughaftpflichtversicherung muss hierbei auch die immateriellen Schäden von nahen Angehörigen decken, soweit dieser Schadensersatz aufgrund der zivilrechtlichen Haftung des Versicherten in dem auf den Ausgangsrechtsstreit anwendbaren nationalen Recht vorgesehen ist.[11] Zufriedenstellende Ergebnisse können hier (auch bei der Regulierung von bloßen Sachschäden) nur mit umfangreicher Kenntnis des einschlägigen Haftungsrechts und der Rechtsprechung im Unfallland erreicht werden. 7

## B. Verhalten bei einem Unfall im Ausland

Bereits am Unfallort ist auf einiges zu achten, was die folgende Regulierung des Auslandsunfalls erleichtert und im Einzelfall hierfür auch zwingend erforderlich ist.[12] 8

### I. Polizeiliche Unfallaufnahme

Der Unfall sollte – wenn möglich – insbesondere in folgenden Fällen von der Polizei aufgenommen werden: bei Personenschäden, hohem Sachschaden, wenn zwischen den Beteiligten keine Einigung erzielt werden kann, der Unfallgegner sich vom Unfallort unerlaubt entfernt hat[13] oder der Unfallgegner keinen Versicherungsnachweis vorweisen kann. Die Polizei ist in vielen Ländern nicht mehr verpflichtet, sog. Bagatellunfälle zu protokollieren. 9

In einigen (vorwiegend ost- und südosteuropäischen) Ländern ist die Unfallaufnahme durch die Polizei aber auch dann unabdingbar, wenn nur Sachschäden vorliegen, zumal dadurch auch bei der Ausreise aus dem betreffenden Land mit einem beschädigten Fahrzeug die Schadenursache nachgewiesen werden kann. Darüber hinaus erleichtert die Vorlage eines polizeilichen Unfallprotokolls bei der gegnerischen Versicherung die Schadenregulierung. Der Geschädigte sollte sich in folgenden Ländern auch bei Sachschäden eine polizeiliche Unfallbestätigung bzw. (sofern möglich) die Durchschrift des Unfallprotokolls aushändigen lassen: Albanien (Meldepflicht),[14] Bosnien-Herzegowina (Meldepflicht, Unfallbestätigung für Schadenregulierung erforderlich),[15] Bulgarien (Melde- 10

Nationale Rechtsordnungen S. 111 ff.; *Neidhart* Unfall im Ausland, Band 1: Ost-Europa und Band 2: West-Europa; Ludovisy/Eggert/Burhoff/*Floßmann/Neidhart* § 9 S. 1509 ff.; *Neidhart/Nissen*, Verkehrsunfälle in Europa.

8 Vgl. hierzu eingehend *Buse* DAR 2001, 536 (537), *Huber* SVR 2009, 9 (10).
9 *Neidhart* SVR 2004, 327 (331).
10 *Backu* DAR 2003, 145 (151).
11 *EuGH* Urt. v. 24.10.2013/Rechtssache C-277/12, DAR 2013, 701.
12 *Vgl. Heberlein/Königer* DAR 2009, 768.
13 Zu Unfallfluchtfällen im Ausland siehe *Himmelreich/Staub/Krumm/Nissen*, Verkehrsunfallflucht Rn. 488 ff.
14 *Neidhart* Unfall im Ausland – Ost-Europa S. 25.
15 *Neidhart* a.a.O. S. 33.

pflicht, Ausnahme: Bagatellschäden),[16] Kroatien (Unfallbestätigung empfehlenswert),[17] Mazedonien (Meldepflicht; Ausnahme: Bagatellschäden),[18] Montenegro (Meldepflicht, Unfallbestätigung für Schadenregulierung erforderlich),[19] Niederlande (Unfallbestätigung bei Sachschäden über 500 € empfehlenswert),[20] Polen (Unfallbestätigung bei schweren Sachschäden empfohlen),[21] Rumänien (Unfallbestätigung empfehlenswert),[22] Russland (Meldepflicht),[23] Serbien (Meldepflicht, Unfallbestätigung für Schadenregulierung erforderlich),[24] Slowakei (Meldepflicht bei höheren Sachschäden),[25] Slowenien (Meldepflicht bei höheren Sachschäden, Unfallbestätigung empfehlenswert),[26] Tschechien (Meldepflicht bei Unfällen mit Personen- und Sachschaden über 100.000 Tschechische Kronen [rund 3.800 €]; Unfallbestätigung generell empfehlenswert),[27] Türkei (Meldepflicht; Polizeiprotokoll für Schadensregulierung erforderlich),[28] Ukraine (Meldepflicht),[29] Ungarn (Meldepflicht bei Personenschäden, bei größeren Sachschäden Unfallbestätigung empfohlen).[30]

### II. Festhalten wichtiger Daten des Unfallgegners

11 Am Unfallort sollten alle wichtigen Daten des Unfallgegners notiert werden: Name und Anschrift des Fahrers und des Fahrzeughalters, amtliches Kennzeichen, Nationalitätszeichen, Haftpflichtversicherungsgesellschaft und Versicherungsscheinnummer sowie ggf. Nummer der Grünen Karte.[31] In einigen Ländern (z.B. Italien, Frankreich und Irland) finden sich Angaben zur Haftpflichtversicherung auf einer Plakette an der Windschutzscheibe des gegnerischen Fahrzeugs. Es ist zu bedenken, dass in einigen Ländern die Haftpflichtversicherung im Nachhinein nicht oder nur sehr schwer über das amtliche Kennzeichen in Erfahrung gebracht werden kann.

### III. Europäischer Unfallbericht

12 Bei Sachschäden sollte möglichst ein Formular des »Europäischen Unfallberichts« verwendet und von den Unfallbeteiligten gemeinsam ausgefüllt und unterschrieben werden. Der »Europäische Unfallbericht« enthält sämtliche Angaben, die für die Regulierung des Schadenfalles erforderlich sind. Eine entsprechende mehrsprachige Version des »Europäischen Unfallberichts« wird z.B. ADAC e.V. herausgegeben.

### IV. Eigene Beweissicherung

13 Im Rahmen der eigenen Beweissicherung sollten noch am Unfallort die Anschriften eventuell anwesender Zeugen notiert sowie die Unfallstelle und Fahrzeuge fotografiert werden. Dabei sollten möglichst Übersichtsaufnahmen, jeweils aus Richtung der Fahrzeuge mit eventuellen Bremsspuren und allen Fahrzeug-Beschädigungen angefertigt werden. Dies ist auch dann zu empfehlen, wenn dies möglicherweise im Rahmen einer polizeilichen Unfallaufnahme ohnehin erfolgt: Die nachträgliche

---

16 *Neidhart* a.a.O. S. 42.
17 *Neidhart* DAR 2008, 568 (571).
18 *Neidhart* Unfall im Ausland – Ost-Europa S. 90.
19 *Neidhart* a.a.O. S. 142.
20 *Neidhart* Unfall im Ausland – West-Europa S. 182.
21 *Backu* DAR 2005, 378 (379).
22 *Kröger/Tofana* SVR 2007, 325 (329).
23 *Neidhart* Unfall im Ausland – Ost-Europa S. 129.
24 *Neidhart* a.a.O. S. 142.
25 *Neidhart* a.a.O. S. 154.
26 *Neidhart* a.a.O. S. 166.
27 *Backu* DAR 2005, 378 (383).
28 *Neidhart* Unfall im Ausland – West-Europa S. 334.
29 *Neidhart* Unfall im Ausland – Ost-Europa S. 190.
30 *Backu* DAR 2005, 378 (387).
31 Zum Grüne-Karte-System siehe Rdn. 135 ff.

Anforderung von Zeugenanschriften oder Fotos bei der ausländischen Polizeibehörde kann sich in der Praxis als äußerst problematisch und zeitaufwendig erweisen.[32]

## V. Personenschäden

Bei Körperverletzungen sollte – nach der polizeilichen Protokollierung – unverzüglich ein Arzt im Unfallland aufgesucht werden, der für die Geltendmachung von Schadenersatz- bzw. Schmerzensgeldansprüchen ein Attest nach im jeweiligen Land üblicher medizinischer Praxis ausstellt. Ärztliche Atteste von deutschen Ärzten werden von ausländischen Haftpflichtversicherungen oftmals nicht akzeptiert, bzw. sind für die Schmerzensgeldbemessung nach Maßgabe des Rechts des Unfalllandes nur schwer verwertbar. 14

## VI. Fahrzeug-Totalschaden

Ist zu erwarten, dass das beschädigte Fahrzeug nicht mehr repariert werden kann oder die Reparaturkosten den Wiederbeschaffungswert übersteigen, ist es wegen der hohen Rücktransportkosten meist sinnvoll, das Kfz vor Ort durch einen Sachverständigen begutachten und anschließend verschrotten zu lassen. Bei der Verschrottung vor Ort ist darauf zu achten, dass in Ländern außerhalb der EU grundsätzlich Zoll fällig wird. Sachverständige vor Ort können im Einzelfall u.a. auch über die im Unfallland ansässigen Notrufstationen von Automobilclubs vermittelt werden. 15

# C. Regulierung eines Verkehrsunfalls in der EU

## I. 4. Kraftfahrzeug-Haftpflicht-Richtlinie (4. KH-Richtlinie)

Die 4. Kraftfahrzeughaftpflichtrichtlinie des Rates der EU vom 16.05.2000 (sog. 4. KH-Richtlinie),[33] hat zu einer massiven Verbesserung des Verkehrsopferschutzes nach Verkehrsunfällen in der EU geführt. Die außergerichtliche Abwicklung von Auslandsunfällen wurde erheblich erleichtert und beschleunigt.[34] Nach der 4. KH-Richtlinie können Schäden aus Verkehrsunfällen, die sich in einem EU-Mitgliedstaat ereignen, grundsätzlich auch im Wohnsitzstaat des Geschädigten von einem dort ansässigen Schadenregulierungsbeauftragten der Versicherung des Schädigers reguliert werden. Die Umsetzung der 4. KH-Richtlinie in Deutschland erfolgte bereits zum 01.01.2003 durch das Umsetzungsgesetz vom 10.07.2002.[35] In der Richtlinie 2009/103/EG über die Kraftfahrzeug-Haftpflichtversicherung und die Kontrolle der Versicherungspflicht vom 16.09.2009 wurden sämtliche KH-Richtlinien in einer kodifizierten Fassung zusammengefasst.[36] Gemäß Art. 29 der Richtlinie 2009/103/EG wurden die 1. bis 5. KH-Richtlinie aufgehoben, wobei Verweisungen auf die aufgehobenen Richtlinien als Verweisungen auf die Richtlinie 2009/103/EG gelten. Da sich im allgemeinen Sprachgebrauch der Begriff der »4. KH-Richtlinie« oder »5. KH-Richtlinie« eingebürgert hat, soll dieser auch in den folgenden Ausführungen beibehalten werden. Sofern hierbei auf einzelne Vorschriften der jeweiligen KH-Richtlinien Bezug genommen wird, wird jedoch zusätzlich die jeweils korrespondierende Vorschrift der kodifizierten Fassung angegeben. 16

Während zuvor nach Auslandsunfällen Schadenersatzansprüche – teilweise unter Inkaufnahme eines erheblichen Zeitaufwands – direkt bei der verantwortlichen Haftpflichtversicherung im Ausland geltend gemacht werden mussten, kann nach Maßgabe der 4. KH-Richtlinie der Geschädigte seit 17

---

32 Zur diesbezüglichen Hilfeleistung des Deutschen Büros Grüne Karte im Rahmen des Besucherschutzabkommens siehe Rdn. 154.

33 Richtlinie 2000/26/EG des Europäischen Parlaments und des Rates vom 16.05.2000, ABl. EG 2000 Nr. L 181 vom 20.07.2000, S. 65 ff., siehe Textauszug im Anhang Rdn. 166.

34 Vgl. *Lemor/Becker* DAR 2004, 677 (679).

35 Gesetz zur Änderung des Pflichtversicherungsgesetzes und anderer versicherungsrechtlicher Vorschriften, BGBl. I 2002, S. 2586.

36 ABl.EU 2009 Nr. L 263 vom 07.10.2009, S. 11 ff., siehe auch Rdn. 72; *Neidhart/Nissen*, Verkehrsunfälle in Europa, Einleitung, Rn. 9.

Anfang 2003 die Schadenregulierung auch im eigenen Land über einen Repräsentanten der ausländischen Versicherung abwickeln. Das Gesetz über die Pflichtversicherung für Kraftfahrzeughalter (PflVG), das Versicherungsaufsichtsgesetz (VAG), und das Straßenverkehrsgesetz (StVG) wurden durch das »Gesetz zur Änderung des Pflichtversicherungsgesetzes und anderer versicherungsrechtlicher Vorschriften«[37] den Vorgaben der 4. KH-Richtlinie angepasst.

18 Danach kann ein in Deutschland wohnhafter Geschädigter, der im Ausland durch die Nutzung eines in einem anderen EU- bzw. EWR-Mitgliedstaat versicherten Kfz einen Schaden erlitten hat, seine Ansprüche auch in Deutschland geltend machen. Der Geschädigte erhält also die Alternative, seine Ersatzansprüche im Ausland (ggf. über einen deutschsprachigen ausländischen Anwalt) oder nach den neuen Bestimmungen der 4. KH-Richtlinie im Inland durchzusetzen. Eine direkte Geltendmachung der Schadenersatzansprüche bei der gegnerischen Versicherung im Ausland kann im Einzelfall dann sinnvoll sein, wenn der Geschädigte die Sprache des Unfalllandes beherrscht und mit der dortigen Rechtspraxis vertraut ist oder generell bei Vorliegen komplizierter Sachverhalte wie z.B. Personenschäden, aus denen Schmerzensgeldansprüche resultieren.[38]

19 Der für die Schadenregulierung verantwortliche Kfz-Haftpflichtversicherer bzw. sein in Deutschland zuständiger Repräsentant muss binnen drei Monaten auf den Schadenersatzantrag des Geschädigten reagieren, entweder durch Schadenregulierung oder durch eine begründete Antwort, wenn die Voraussetzungen für eine Regulierung des Schadens nach Ansicht des Repräsentanten oder des Kfz-Versicherers nicht gegeben sind.

20 Seit der Anwendbarkeit der 4. KH-Richtlinie ist es in vielen Fällen zu einer Erleichterung und Beschleunigung der Regulierung von Auslandsschadenfällen gekommen. Allerdings wurde in der 4. KH-Richtlinie ausdrücklich klargestellt, dass sich die Schadenregulierung auch dann, wenn sie über einen Schadenregulierungsbeauftragten im Inland erfolgt, nach dem Recht richtet, das nach den Regeln des allgemeinen Internationalen Privatrechts anwendbar ist, in der Regel also dem Recht des Unfallorts.[39]

## 1. Anwendungsbereich

21 Die Richtlinie findet in allen EU- und EWR-Staaten Anwendung, also außer in den 27 EU-Staaten auch in Liechtenstein, Island und Norwegen. Die nicht zum EWR gehörende Schweiz hat die Richtlinie zwar weitgehend ins nationale Recht übernommen. Die Umsetzung in der Schweiz erfolgte aber nur in Bezug auf die Benennung von Auskunftsstellen, Schadenregulierungsbeauftragten, Regulierungsverfahren und -fristen, nicht jedoch im Hinblick auf Sanktionen und Entschädigungsstellen.[40]

22 Hinsichtlich des sachlichen Anwendungsbereichs der Richtlinie werden gemäß § 12a Abs. 1 und 4 PflVG zweierlei Unfallkonstellationen erfasst:

– Unfall in einem anderen EU-/EWR-Staat als dem Wohnsitzmitgliedstaat des Geschädigten, verursacht durch Nutzung eines Fahrzeugs, das in einem Mitgliedstaat versichert ist und dort seinen gewöhnlichen Standort hat (Art. 1 Abs. 1 Satz 1 der 4. KH-Richtlinie i.V.m. § 12a Abs. 1 PflVG) (Art. 20 Abs. 1 Satz 1 Richtlinie 2009/103/EG).

37 BGBl. I 2002, S. 2586.

38 *Backu* DAR 2003, 145 (147); siehe auch den Überblick zu den unterschiedlichen Bewertungssystemen bei *Riedmeyer* ZfS 2014, 304.

39 Erwägungsgrund 13 der 4. KH-Richtlinie bzw. Erwägungsgrund 35 der Richtlinie 2009/103/EG; zum anwendbaren Recht siehe Rdn. 91 ff.

40 *Bachmeier* Regulierung von Auslandsunfällen § 4 Rn. 187.

▶ **Beispiele:**

Ein spanischer Autofahrer verursacht mit seinem in Spanien zugelassenen und versicherten Fahrzeug in Barcelona einen Verkehrsunfall, bei dem ein deutscher Kraftfahrer geschädigt wird.

– Ein Norweger verursacht mit seinem in Norwegen (EWR-Staat) zugelassenen und versicherten Fahrzeug verursacht in Mailand (Italien) einen Verkehrsunfall, bei dem ein deutscher Kraftfahrer verletzt wird.

Unfall in Staaten außerhalb des EU/EWR-Gebietes (Drittstaaten, z.B. jetzt auch Großbritannien), die Mitglieder des Grüne Karte-Systems sind, wenn der Geschädigte seinen Wohnsitz in einem Mitgliedstaat hatte und das den Unfall verursachende Fahrzeug seinen gewöhnlichen Standort in einem Mitgliedstaat hat und dort versichert war (Art. 1 Abs. 1 Satz 2 der 4. KH-Richtlinie i.V.m. § 12a Abs. 4 PflVG) (Art. 20 Abs. 1 Satz 2 Richtlinie 2009/103/EG).

▶ **Beispiel:**

Ein Unfall in Rabat (Marokko), den ein Niederländer mit seinem in den Niederlanden zugelassenen Fahrzeug verursacht und bei dem ein in Frankfurt lebender deutscher Autofahrer geschädigt wird. Der Geschädigte kann sich hier (jeweils alternativ) entweder an den Schadenregulierungsbeauftragten der niederländischen Versicherung in Deutschland halten, seine Schadenersatzansprüche beim Grüne Karte-Büro in Marokko geltend machen oder direkt an die niederländische Versicherung des Unfallgegners in Holland herantreten. Die Regulierung erfolgt jedoch in allen Fällen nach Maßgabe des Rechts des Unfalllandes, also dem marokkanischen Recht.[41]

## 2. Auskunftsstelle

Eine zentrale Säule der 4. KH-Richtlinie ist die Vereinfachung der Informationsbeschaffung für Geschädigte (Erwägungsgründe 21 und 22 der 4. KH-Richtlinie bzw. Erwägungsgründe 43 und 44 der Richtlinie 2009/103/EG).[42] Gerade in der Vergangenheit hat sich die Ermittlung des ausländischen Kfz-Haftpflichtversicherers des Unfallverursachers vielfach als derart schwierig erwiesen, so dass zuweilen keine vernünftige Regulierung im Sinne des Geschädigten vorgenommen werden konnte. Im Rahmen der 4. KH-Richtlinie wurde in jedem Mitgliedstaat eine Auskunftsstelle eingerichtet, die dem durch einen Auslandsunfall Geschädigten alle zur Geltendmachung seines Schadenersatzes erforderlichen Angaben zu machen hat (Art. 5 4. KH-Richtlinie i.V.m. § 8a PflVG, Art. 23 Richtlinie 2009/103/EG). Insbesondere zählen hierzu Name, Anschrift und Policennummer der Kfz- Haftpflichtversicherung des Unfallgegners, Angaben zu dem verantwortlichen Schadenregulierungsbeauftragten im Inland sowie die Daten des Kfz-Halters, ggf. die Nummer der Grünen Karte oder der Grenzversicherungspolice.[43] Die Auskunftsstelle erhält die erforderlichen Daten ihrerseits von den Zulassungsbehörden und den in den Mitgliedsstaaten der EU und den Vertragsstaaten des Abkommens über den Europäischen Wirtschaftsraum nach Art. 5 Abs. 1 der 4. KH-Richtlinie (Art. 23 Richtlinie 2009/103/EG) errichteten oder anerkannten Auskunftsstellen und koordiniert die Weitergabe der Informationen an die Geschädigten. Zur Feststellung des Versicherers sowie dessen Schadenregulierungsbeauftragten genügt im Regelfall zwar die Angabe des Kfz-Kennzeichens des Schädigers, zusätzliche Informationen wie Angabe des Kfz-Haftpflichtversicherers können die Auskunftserteilung aber beschleunigen. 23

In Deutschland übernimmt die Funktion der Auskunftsstelle der Zentralruf der Autoversicherer in Hamburg: 24

41 Zum anwendbaren Recht bei Auslandsunfällen siehe Rdn. 91 ff.

42 MüKoStVR/*Buse* Kap. 1, Rn. 56.

43 Zur Grünen Karte bzw. Grenzversicherung siehe Rdn. 135 ff.

**GDV Dienstleistungs-GmbH**
**»Zentralruf der Autoversicherer«**

**Tel. 0800/250 260 0 (aus dem Ausland: +49 40 300 330 300)**
Internet https://www.zentralruf.de/online-anfrage

25 Für den Fall, dass die Auskunftsstelle den zuständigen Kfz-Haftpflichtversicherer nicht innerhalb von zwei Monaten nach Eingang des Auskunftsersuchens des Geschädigten ermitteln kann, besteht für diesen die Möglichkeit, sich an die Entschädigungsstelle zu wenden, deren Funktion in Deutschland die Verkehrsopferhilfe e.V. in Berlin wahrnimmt.[44]

### 3. Schadenregulierungsbeauftragter

26 Eine weitere tragende Säule der 4. KH-Richtlinie ist der Schadenregulierungsbeauftragte. Jeder ausländische Versicherer, der im EU- oder EWR-Bereich eine Kfz-Haftpflichtversicherung anbietet, ist verpflichtet, sowohl in Deutschland als auch in allen anderen EU-/EWR-Staaten einen Schadenregulierungsbeauftragten zu benennen (Art. 4 4. KH-Richtlinie bzw. Art. 21 Richtlinie 2009/103/EG). Der Schadenregulierungsbeauftragte muss der deutschen Sprache mächtig und in der Lage sein, den Fall zu bearbeiten. In der Praxis bedienen sich ausländische Versicherer hierzu ihrer deutschen Partnerversicherungen oder auch Schadenregulierungsbüros, wobei ein Schadenregulierungsbeauftragter auch für mehrere Versicherungen tätig sein kann (Art. 4 Abs. 3 4. KH-Richtlinie bzw. Art. 21 Abs. 3 Richtlinie 2009/103/EG). Diesem gegenüber können die Schadenersatzansprüche geltend gemacht werden; die Korrespondenz erfolgt in Deutschland in deutscher Sprache. Dem Schadenregulierungsbeauftragten obliegt die Bearbeitung der Ansprüche des Geschädigten in Absprache mit dem von ihm repräsentierten ausländischen Versicherungsunternehmen (Art. 4 4. KH-Richtlinie bzw. Art. 21 Abs. 4 Richtlinie 2009/103/EG). Er hat alle Informationen zur Regulierung der Ansprüche zu sammeln und die notwendigen Maßnahmen für die Schadenregulierung zu ergreifen. Der Schadenregulierungsbeauftragte erbringt die Zahlungen gegenüber dem Geschädigten eigenständig, was für diesen von Vorteil ist, weil er damit nicht von der finanziellen Lage des ausländischen Versicherers abhängig ist.[45]

27 Um eine zügige Bearbeitung der Schadenersatzansprüche zu gewährleisten (Erwägungsgrund 18 der 4. KH-Richtlinie bzw. Erwägungsgrund 40 der Richtlinie 2009/103/EG), muss der Schadenregulierungsbeauftragte innerhalb von drei Monaten ein Regulierungsangebot unterbreiten oder binnen Dreimonatsfrist zumindest eine fundierte Antwort erteilen, sofern die Eintrittspflicht bestritten wird, sie nicht eindeutig feststeht oder der Schaden nicht vollständig beziffert worden ist (§ 3a PflVG). Diese Antwort muss mit einer Begründung für den Fall der Ablehnung der Regulierung versehen sein, wobei allerdings die konkreten Anforderungen an diese Begründung nicht gesetzlich definiert sind, sondern vielmehr einzelfallabhängig sein sollen (Begründung zum Gesetz zur Änderung des Pflichtversicherungsgesetzes und anderer versicherungsrechtlicher Vorschriften vom 20.07.2003 [in Bezug auf § 3a Nr. 1 PflVG]). In der Praxis sind hierzu im Regelfall Ausführungen zur einschlägigen Sach- und Rechtslage erforderlich.[46]

28 Als Alternative zum Schadenregulierungsbeauftragten kann der Geschädigte gemäß Art. 4 Abs. 2 der 4. KH-Richtlinie (Art. 21 Abs. 2 Richtlinie 2009/103/EG) seine Schadenersatzansprüche auch direkt bei der Versicherung des Unfallgegners im Ausland oder beim Unfallgegner (Schädiger) selbst geltend machen. Die direkte Geltendmachung der Ansprüche bei der gegnerischen Versicherung im Ausland

---

44 Siehe unten Rdn. 29 ff.

45 *Bachmeier* Rechtsfragen bei Verkehrsunfällen mit Auslandsbezug S. 92, Art. 4 Abs. 5 Satz 1 4. KH-Richtlinie bzw. Art. 21 Abs. 5 Richtlinie 2009/103/EG; MüKOStVR/*Buse*, Kap. 1 Rn. 49 ff.

46 *Riedmeyer* AnwBl. 2008, 17 (20).

dürfte vor allem bei Personenschäden in Betracht kommen, zumal hier mit Hilfe eines Anwaltes vor Ort unter Umständen bessere Ergebnisse im Sinne des Geschädigten erzielt werden können.[47]

## 4. Entschädigungsstelle

Erhält der Geschädigte innerhalb von drei Monaten weder ein Regulierungsangebot noch eine begründete Antwort auf seine Darlegungen, sieht die 4. KH-Richtlinie grundsätzlich Sanktionen vor (Art. 12 4. KH-Richtlinie bzw. Art. 27 Richtlinie 2009/103/EG): Da dem deutschen Recht ein Bußgeld für zivilrechtliche Verstöße fremd ist, hat der deutsche Gesetzgeber keine Sanktionen für den Fall festgesetzt, dass Versicherer oder Schadenregulierungsbeauftragter ihren Pflichten nicht innerhalb der Dreimonatsfrist nachkommen.[48] Der deutsche Geschädigte kann sich stattdessen an die Entschädigungsstelle wenden (§ 12a Abs. 1 Nr. 1 PflVG, Art. 6 Abs. 1 Satz 2 lit a 4. KH-Richtlinie bzw. Art. 24 Abs. 2 lit a Richtlinie 2009/103/EG). Der Anspruchsteller kann ab diesem Zeitpunkt seinen Anspruch gemäß § 288 Abs. 1 Satz 2 BGB mit dem gesetzlichen Zinssatz verzinsen lassen (§ 3a Nr. 2 PflVG). 29

Die Entschädigungsstelle hat innerhalb von zwei Monaten nach Eingang des Schadenersatzantrags tätig zu werden, prüft zunächst ihre Berechtigung zur Regulierung, um nach Ablauf der Zweimonatsfrist ggf. den Anspruch zu regulieren.[49] Sie schließt den Vorgang jedoch ab, wenn das Versicherungsunternehmen oder dessen Schadenregulierungsbeauftragter in dieser Zeit eine mit Gründen versehene Antwort auf das Schadenersatzbegehren erteilt hat oder ein begründetes Angebot vorlegt (§ 12a Abs. 3 PflVG, Art. 6 Abs. 1 Satz 4 4.KH-Richtlinie bzw. Art. 24 Abs. 2 Satz 4 Richtlinie 2009/103/EG). 30

Aufgabe der Entschädigungsstelle ist es nicht, als ›Revisionsinstanz‹ die Entscheidung des Schadenregulierungsbeauftragten bzw. der gegnerischen Versicherung materiell zu überprüfen, sondern vielmehr die Schadenregulierung vorzunehmen, wenn der Regulierungsbeauftragte seinen in der 4. KH-Richtlinie vorgesehenen formellen Verpflichtungen nicht nachkommt. Die Entschädigungsstelle ist deshalb nicht zuständig und kann nicht tätig werden, wenn die vom ausländischen Versicherer bzw. dessen Repräsentanten durchgeführte Schadenregulierung nicht zufrieden stellend ist bzw. Differenzen in der Beurteilung der Berechtigung der Forderungen bestehen.[50] 31

In Deutschland ist die Entschädigungsstelle die Verkehrsopferhilfe e.V. in Berlin: 32

**Verkehrsopferhilfe e.V.**
**Wilhelmstr. 43/43 G**
**10117 Berlin**
**Tel.: (030) 20 20 5858**
**Fax: (030) 20 20 5722**
E-Mail: voh@verkehrsopferhilfe.de
Internet: www.verkehrsopferhilfe.de

Diese nimmt seit 1. Januar 2003 die Aufgaben und Befugnisse der Entschädigungsstelle wahr.[51]

Weiterhin ist die Entschädigungsstelle zuständig für die Abwicklung von Schadenersatzansprüchen in allen Fällen, in denen das ausländische Versicherungsunternehmen entgegen Art. 4 Abs. 1 der 4. KH-Richtlinie (bzw. Art. 21 Abs. 1 Richtlinie 2009/103/EG) in der Bundesrepublik Deutschland 33

47 Siehe hierzu Rdn. 7, 39.

48 Art. 4 Abs. 6 4. KH-Richtlinie bzw. Art. 22 Richtlinie 2009/103/EG; Himmelreich/Halm/*Lemor* Handbuch Verkehrsrecht, Kap. 3, Rn. 80; MüKOStVR/*Buse*, Kap. 1 Rn. 57 ff.

49 Himmelreich/Halm/*Lemor* Handbuch Verkehrsrecht, Kap. 3, Rn. 88; *Stiefel/Maier*, Kraftfahrtversicherung: AKB, Rn. 65.

50 Vgl. Merkblatt Grüne Karte – Stand: Januar 2021.

51 Schreiben vom 31. Juni 2002, Bundesanzeiger Nummer 162, Ausgabe 30.08.2002, S. 20981; zur Verkehrsopferhilfe siehe auch *Lemor* DAR 2014, 248 (251).

keinen Schadenregulierungsbeauftragten bestellt hat, es sei denn, der Anspruch des Geschädigten war direkt gegen das ausländische Versicherungsunternehmen gerichtet gewesen und dieses hatte innerhalb von drei Monaten eine mit Gründen versehene Antwort auf das Schadenersatzbegehren erteilt oder ein Regulierungsangebot vorgelegt (§ 12a Abs. 1 Nr. 2 PflVG, Art. 6 Abs. 1 Satz 2 lit b 4. KH-Richtlinie bzw. Art. 21 Abs. 1 Satz 2 lit b Richtlinie 2009/103/EG).

34 Schließlich tritt die Entschädigungsstelle auch dann ein, wenn das Fahrzeug oder das Versicherungsunternehmen nicht innerhalb von zwei Monaten nach dem Unfall ermittelt werden kann (§ 12a Abs. 1 Nr. 3 PflVG).

35 Ein Antrag an die Entschädigungsstelle ist nicht zulässig, wenn der Geschädigte unmittelbar gegen das Versicherungsunternehmen gerichtliche Schritte einleitet (§ 12a Abs. 1 Satz 2 PflVG) oder wenn er sich in Fällen, in denen es keinen Schadenregulierungsbeauftragten gibt, direkt an das Versicherungsunternehmen gewandt und von diesem innerhalb der Dreimonatsfrist eine begründete Antwort erhalten hat (§ 12a Abs. 1 Satz 1 Nr. 2 PflVG).

## II. Folgen aus der 4. KH-Richtlinie für die anwaltliche Tätigkeit

### 1. Außergerichtliche Regulierung

36 Der deutsche Anwalt kann die Ansprüche seines geschädigten Mandanten in Deutschland in deutscher Sprache geltend machen. Er kann aber auch – wie bisher – den Mandanten auf die Möglichkeit der Beauftragung eines ausländischen Anwalts hinzuweisen bzw. einen ausländischen Kollegen im Rahmen eines Korrespondenzverhältnisses zu beauftragen.

37 Die Schadenersatzansprüche richten sich nach Haftungsgrund und Höhe des Ersatzanspruchs nach wie vor nach dem Recht des Unfalllandes.[52] Die Unterschiede zum deutschen Recht können beträchtlich sein. Während beim Sachschaden meist geringere Ersatzansprüche bestehen und insbesondere Gutachterkosten, Nutzungsausfall, Wertminderung in vielen Ländern nicht erstattungsfähig sind, kann die Entschädigung beim immateriellen Personenschaden im Ausland höher sein als in Deutschland, so z.B. in Italien und Frankreich. In vielen Ländern werden außergerichtliche, teils auch gerichtliche Anwaltskosten nicht von der gegnerischen Versicherung ersetzt, z.B. in Frankreich, Spanien und Portugal.[53] Gerade der letzte Punkt sollte den Geschädigten zu einer genauen Beachtung veranlassen, insbesondere dann wenn er nicht über eine Verkehrsrechtsschutzversicherung verfügt, die das Anwaltskostenrisiko trägt.

38 Die Fristen der 4. KH-Richtlinie bzw. Richtlinie 2009/103/EG finden sowohl bei Geltendmachung des Anspruchs über den Schadenregulierungsbeauftragten im Inland als auch bei direkter Korrespondenz mit der ausländischen Versicherung Anwendung.

39 Ob die Schadenabwicklung im Inland oder im Ausland erfolgen soll, hängt von der Schwierigkeit des Falles und der Haftungssituation ab und erfordert eine sorgfältige Vorprüfung. Für eine Mandatsannahme und Abwicklung im Inland über den Schadenregulierungsbeauftragten sprechen u.a. folgende Punkte: Vorliegen eines unstrittigen Unfallhergangs und Unfallberichts bzw. polizeilichen Unfallprotokolls, Vorliegen ausreichender Informationen zum anwendbaren ausländischen Schadenersatz- und Haftungsrecht, problemlose Ermittlung der Schadenhöhe (z.B. bei Sachschäden). Für die Beauftragung eines Anwalts im Unfallland und eine direkte Abwicklung mit der gegnerischen Kfz-Haftpflichtversicherung sprechen hingegen folgende Argumente: strittiger Unfallhergang und unklare Haftungsfrage, Vorliegen eines Personenschadens, Fehlen ausreichender Informationen zum anwendbaren ausländischen Schadenersatz- und Haftungsrecht, absehbare Differenzen in Bezug auf

52 Zum anwendbaren Recht siehe Rdn. 91 ff.; der *EuGH* hat in seiner Entscheidung vom 23.01.2014 (Rechtssache C-371/12; EuZW 2014, 156; VersR 2014, 317) den weiten Gestaltungsspielraum der Mitgliedstaaten bei der Kfz-Haftpflicht betont.

53 Vgl. *Nissen* DAR 2013, 568 ff., *ders.* In: *Schaffhauser* (Hrsg.) Jahrbuch zum Straßenverkehrsrecht 2014, S. 115 ff.); zu den Rechtsverfolgungskosten im Ausland siehe unten Rdn. 44 ff.

die Schadenhöhe.[54] In schwierigen Fällen, v. a. bei hohen Personenschäden, dürfte die Beauftragung eines ausländischen Anwalts zu empfehlen sein.[55]

Die Regulierung von Verkehrsunfallschäden nach Maßgabe der 4. KH-Richtlinie bzw. Richtlinie 2009/103/EG hat sich zumindest bei Sachschäden grundsätzlich bewährt. Probleme ergeben sich aber teilweise dann, wenn die gegnerische Versicherung bzw. deren Schadenregulierungsbeauftragter bei Vorlage eines in Deutschland erstellten Schadennachweises (Kostenvoranschlag, Gutachten oder Reparaturkostenrechnung) nur denjenigen Betrag anerkennt, der nach dem Reparaturkostenniveau des Unfalllandes anfallen würde. 40

**Beispiel:**

Nach einem Verkehrsunfall in Ungarn, der durch einen Ungarn mit seinem dort zugelassenen und versicherten Fahrzeug verursacht wurde, lässt der deutsche Geschädigte sein Fahrzeug in seiner Vertragswerkstatt in Deutschland reparieren. Die in der Werkstattrechnung ausgewiesenen Reparaturkosten betragen 3.000 Euro. Der Schadenregulierungsbeauftragte der ungarischen Versicherung bietet aber nur eine Schadenersatzleistung in Höhe von 2.000 Euro an und begründet dies damit, dass eine vergleichbare Reparatur in Ungarn nicht mehr kosten würde. 41

Darüber hinaus ist die Regulierung von Personenschäden nach wie vor problematisch: Aufgrund der teilweise gravierenden nationalen Unterschiede bei der Bemessung von Schmerzensgeldern weigern sich Schadenregulierungsbeauftragte häufig, Personenschäden in Deutschland zu regulieren und verweisen den Geschädigten an die gegnerische Versicherung im Unfallland. 42

## 2. Gerichtliche Regulierung

Nach der entsprechenden Klarstellung in der 5. KH-Richtlinie (bzw. Richtlinie 2009/103/EG) und dem Urteil des *EuGH* vom 13.12.2007 ist sichergestellt, dass der Geschädigte die gegnerische ausländische Versicherung auch an seinem Wohnsitz (z.B. in Deutschland) verklagen kann.[56] 43

## 3. Rechtsverfolgungskosten

Die Erstattungsfähigkeit von außergerichtlichen Rechtsverfolgungskosten im Rahmen einer Anerkennung als Schadenersatzanspruch ist seit Jahren ein zentraler Gegenstand der Diskussion in Zusammenhang mit der Harmonisierung des Schadenersatzrechts in der EU.[57] Auch wenn es sich bei der Abwicklung über den Schadenregulierungsbeauftragten in Deutschland um eine Verfahrenserleichterung handelt, unterliegt der Schadenersatzanspruch weiterhin im Regelfall dem Recht des Unfalllandes.[58] Danach richtet sich demnach auch, ob die außergerichtlich entstandenen Anwaltskosten erstattungsfähig sind oder nicht. In Bezug auf Höhe und Erstattungsfähigkeit von Rechtsverfolgungskosten weisen die ausländischen Rechtsordnungen erhebliche Unterschiede auf. Während außergerichtliche Vertretungskosten in manchen Ländern (vor allem dort, wo das Direktregulierungsverfahren zwischen den Kfz-Haftpflichtversicherungen üblich ist) nicht der erstattet werden (wie z.B. in Belgien, Frankreich, Portugal und Spanien), werden diese in anderen Ländern ganz, eingeschränkt oder zumindest in Form einer prozentualen Pauschale des Streitwertes ersetzt (z.B. in Italien, den Niederlanden, Österreich oder der Schweiz).[59] 44

54 *Backu* DAR 2009, 742 (747).

55 *Neidhart* SVR 2004, 327 (328), *Riedmeyer* DAR 2009, 747.

56 Zum Gerichtsstand siehe unten Rdn. 54, 60 ff.

57 Z.B. Resolution im Rahmen der 3. Europäischen Verkehrsrechtstage 2002 (Trier III), *Backu* VGT 2002, 201; *Kaessmann* DAR 2005, 714 (716) und DAR 2013, 729 (730); *Nissen* DAR 2013, 568; *Nissen* in: *Schaffhauser*, Jahrbuch zum Straßenverkehrsrecht 2014, S. 123 ff.

58 Siehe Rdn. 92.

59 *Nissen* DAR 2013, 568 (570); *Nissen* in: *Schaffhauser*, Jahrbuch zum Straßenverkehrsrecht 2014, S. 123 ff.

45 Bei Durchführung eines gerichtlichen Verfahrens werden im Ausland im Obsiegensfall zumeist die anfallenden Gerichtskosten ersetzt. Die Erstattungsfähigkeit der Anwaltskosten durch die Gegenseite ist aber auch hier nur in wenigen Ländern gegeben (wie z.B. in Italien oder Österreich) oder liegt im Ermessen des Gerichts (z.B. in Frankreich, Griechenland und Spanien).[60]

46 Auch die Honorarfestsetzung ist im Ausland nicht einheitlich geregelt, insbesondere nicht immer auf Grundlage von Gebührenordnungen. Während in Frankreich eine grundsätzliche Freiheit bei der Gebührenbemessung besteht,[61] gibt es in Spanien nur Mindestgebühren ohne feste Obergrenze,[62] in den Niederlanden Stundensatzempfehlungen und in Großbritannien Erfolgshonorare.[63]

## III. 5. Kraftfahrzeug-Haftpflicht-Richtlinie (5. KH-Richtlinie)

47 Die 5. KH-Richtlinie wurde am 11.06.2005 im EU-Amtsblatt veröffentlicht[64] und musste bis zum 11.06.2007 in das jeweilige nationale Recht der Mitgliedstaaten umgesetzt werden. Die Regelungen der 5. KH-Richtlinie wurden ebenfalls in die kodifizierte Fassung der Richtlinie 2009/103/EG übernommen. Die Richtlinie regelt u.a. folgende Neuerungen:[65]

### 1. Erhöhung der Kfz-Mindestversicherungssummen

48 Als wichtigster Punkt der 5. KH-Richtlinie wurden die seit der 2. KH-Richtlinie (von 1983)[66] erstmals vorgeschriebenen Mindestbeträge folgendermaßen neu festgesetzt:[67]
– 1 Mio. Euro für Personenschäden pro Unfallopfer
und 1 Mio. Euro für Sachschäden pro Schadensfall
oder
– 5 Mio. Euro für Personenschäden
und 1 Mio. Euro für Sachschäden,
jeweils pro Schadensfall.

Die EU-Kommission hat zwischenzeitlich die Beträge gemäß des von *Eurostat* veröffentlichten Europäischen Verbraucherpreisindexes zweimal an die Inflation angepasst, zuletzt im Jahr 2016: Die o.g. Beträge wurden jeweils von 1 Mio. Euro auf 1,22 Mio. Euro bzw. von 5 Mio. Euro auf 6,07 Mio. Euro erhöht.[68]

49 Die EU-Mitgliedstaaten können hierbei entscheiden, ob sie die Mindestdeckungssummen in Bezug auf Personenschäden pro Unfallopfer oder – wie es Deutschland getan hat (Anlage zu § 4 Abs. 2 Nr. 1 a PflVG) – pro Schadensfall, also »gedeckelt«, festlegen.[69] Die Mindestbeträge unterliegen einem Verbraucherpreisindex und werden alle fünf Jahre angepasst (und dabei auf volle 10.000 € aufgerundet). Binnen 30 Monaten nach dem Ende der o.g. zweijährigen Umsetzungsfrist sind die

60 *Buschbell/Höke* § 31 Rn. 78.
61 Eine solche wird als illegale Tarifabsprache angesehen, Bachmeier/*Jantkowiak* Regulierung von Auslandsunfällen, Rn. 198 f.
62 *Backu* VGT 2002, 201 (207).
63 *Backu* a.a.O.; *Neidhart* Unfall im Ausland – West-Europa S. 110.
64 Richtlinie 2005/14/EG vom 11.05.2005, ABl. EU 2005 Nr. L 149 vom 11.06.2005, S. 14 ff.; siehe Textauszug in Anlage Rdn. 167.
65 Vgl. hierzu auch Ludovisy/Eggert/*Burhoff/Floßmann/Neidhart* § 9, Rn. 21 ff.; *Haupfleisch/Hirtler* DAR 2006, 560 ff.; *Becker* DAR 2008, 187 ff.
66 Richtlinie 84/5/EWG vom 30.12.1983, siehe Textauszug in Anlage Rdn. 164.
67 Art. 2 sowie Erwägungsgründe 10 und 11 5. KH-Richtlinie, Änderung der Richtlinie 84/5/EWG (2. KH-Richtlinie) ABl. EG 1984 Nr. L 8 vom 11.01.1984, S. 17 ff. bzw. Art. 9 sowie Erwägungsgründe 12 und 13 Richtlinie 2009/103/EG.
68 Mitteilung der Europäischen Kommission über die Anpassung bestimmter, in der Richtlinie 2009/103/EG über die Kraftfahrzeug-Haftpflichtversicherung festgelegter Beträge an die Inflation, COM/2016/0246 final vom 10.05.2016.
69 *Becker* DAR 2008, 187 (188).

Deckungssummen mindestens auf die Hälfte der vorgesehenen neuen Beträge anzuheben. Hierbei wird den Mitgliedstaaten eine Ausnahme von der allgemeinen zweijährigen Umsetzungsfrist gewährt: Die Mitgliedstaaten konnten für die Anpassung der Mindestdeckungssummen eine weitere Frist von fünf Jahren nach Ende der Umsetzungsfrist festsetzen, also bis spätestens 11. Juni 2012.[70]

### 2. Besserer Schutz sog. schwacher Verkehrsteilnehmer

Für Fußgänger, Radfahrer und andere nicht motorisierte Verkehrsteilnehmer verlangt die Richtlinie einen verbesserten Schutz. Personen- und Sachschäden sind zwingend von der Kfz-Haftpflichtversicherung des Verursacherfahrzeugs zu decken (Art. 4 Z 2 sowie Erwägungsgrund 16 der 5. KH-Richtlinie bzw. Art. 12 Abs. 3 sowie Erwägungsgrund 22 der Richtlinie 2009/103/EG). Unfallgeschädigten darf zudem kein Selbstbehalt auferlegt werden. Ziel ist die Verbesserung der Rechtsstellung schwächerer Verkehrsteilnehmer. 50

### 3. Sachschadenerstattung durch den Garantiefonds/Fahrerfluchtfälle

Gemäß der EG-Richtlinie 84/5/EWG (Art. 1 Abs. 4 Richtlinie 84/5/EWG [2. KH-Richtlinie] bzw. Art. 10 Abs. 1 Richtlinie 2009/103/EG) sind die Mitgliedstaaten verpflichtet, eine Stelle zu schaffen, die für Sach- oder Personenschäden, welche durch ein nicht ermitteltes oder nicht versichertes Fahrzeug verursacht worden sind, zumindest in den Grenzen der Versicherungspflicht, Ersatz zu leisten hat (sog. Garantiefonds; in Deutschland bei der Verkehrsopferhilfe e.V.).[71] Die Vorschrift enthielt bislang eine Ausnahmeregelung, nach der diese Ersatzleistung im Falle einer Unfallflucht, bei der nur Sachschaden verursacht wurde, beschränkt oder ausgeschlossen werden konnte (Art. 1 Abs. 6 Satz 3 Richtlinie 84/5/EWG [2. KH-Richtlinie] bzw. Art 10 Abs 3 Richtlinie 2009/103/EG). Die meisten Länder hatten von dieser Ausnahmeregelung Gebrauch gemacht und den Ersatz bei einer Fahrerflucht nur auf den Personenschaden beschränkt (die Ausnahmeregelung wurde aufgrund des – vermeintlich – zu großen Betrugsrisikos bei durch nicht zu ermittelnde Fahrer verursachten Sachschäden aufgenommen). 51

Die 5. KH-Richtlinie hat diesbezüglich jedoch eine wesentliche Änderung mit sich gebracht: Wenn in sog. Fahrerfluchtfällen neben dem Sachschaden auch ein beträchtlicher Personenschaden durch den gleichen Unfall verursacht wurde, für den der Garantiefonds Ersatz leistet, muss der Garantiefonds jetzt auch den Sachschaden ersetzen (Art. 2 und Erwägungsgrund 12 der 5. KH-Richtlinie bzw. Art. 10 Abs. 3 sowie Erwägungsgrund 17 Richtlinie 2009/103/EG). Eine klare Definition des »beträchtlichen Personenschadens« gibt es nicht und bleibt den Mitgliedstaaten vorbehalten; ausschlaggebend hierfür kann z.B. sein, ob aufgrund der Verletzungen eine Krankenhausbehandlung erforderlich ist.[72] Für den Sachschaden kann allerdings eine Selbstbeteiligung des Geschädigten in Höhe von maximal 500 € vorgesehen werden. 52

Die Garantiefonds in den EU-Staaten entschädigen im Allgemeinen bei Unfallfluchtfällen keine Sachschäden. Sachschadenersatz ist künftig aber dann zu leisten, wenn gleichzeitig ein »beträchtlicher« Personenschaden eingetreten und zu ersetzen ist. Der Hinweis auf eine Krankenhausbehandlung soll bei der Festlegung helfen, was unter einem beträchtlichen Personenschaden zu verstehen ist. Der Ausschluss von (reinem) Sachschadenersatz in Unfallfluchtfällen ist aber weiterhin zulässig.[73] 53

70 Vgl. Übersicht in Himmelreich/Halm/*Lemor* Handbuch Verkehrsrecht, Kap. 3, Rn. 96; *Becker* DAR 2008, 187 (189).

71 Vgl. hierzu Verordnung über den Entschädigungsfonds für Schäden aus Kraftfahrzeugunfällen BGBl. 1965 I, 2093 (VO Verkehrsopferhilfe); Anschrift der Verkehrsopferhilfe e.V., siehe Rdn. 32.

72 *Becker* DAR 2008, 187 (189); Himmelreich/Halm/*Lemor* Handbuch Verkehrsrecht, Kap. 3, Rn. 113.

73 Zur Verkehrsunfallflucht im Ausland siehe auch: *Himmelreich/Krumm/Staub* Verkehrsunfallflucht Rn. 465 ff.

### 4. Gerichtsstand am Wohnsitz des Geschädigten

54 Die 5. KH-Richtlinie verweist in Erwägungsgrund 24 auf die Art. 11 Abs. 2 i.V.m. Art. 9 Abs. 1 b der Verordnung (EG) Nr. 44/2001 (EuGVVO),[74] wonach die Möglichkeit besteht, die gegnerische Kfz-Haftpflichtversicherung des Schädigerfahrzeugs am Wohnsitz des Geschädigten direkt zu verklagen. Grundlage hierfür ist eine Ergänzung des Erwägungsgrundes Nr. 16 a der 4. KH-Richtlinie durch den genannten Verweis der 5. KH-Richtlinie. Die Richtlinie stellt damit klar, dass ein Verkehrsopfer bei einem Unfall im Ausland – unter Wahrung der bisherigen Klagemöglichkeiten – auch im eigenen Wohnsitzland gegen den haftpflichtigen Versicherer klagen kann (Wohnsitzgerichtsstand/Direktes Klagerecht gegenüber Versicherung) (Art. 5 Z 1 und Erwägungsgrund 24 der 5. KH-Richtlinie bzw. Erwägungsgrund 32 Richtlinie 2009/103/EG). Diese zuvor umstrittene Möglichkeit ergibt sich aus dem Rechtsfolgenverweis des Art. 11 Abs. 2 EuGVVO auf die Anwendung des Art. 9 Abs. 1 lit b EuGVVO: Danach kann ein Versicherer, der seinen Wohnsitz im Hoheitsgebiet eines Mitgliedstaates hat, auch in einem anderen Mitgliedstaat verklagt werden, und zwar bei Klagen des Versicherungsnehmers, des Versicherers oder des Begünstigten vor dem Gericht des Ortes, an dem der Kläger seinen Wohnsitz hat. Damit kann der bei einem Verkehrsunfall im Ausland geschädigte deutsche Autofahrer seinen Direktanspruch gegen das ausländische Versicherungsunternehmen auch bei dem für ihn zuständigen Gericht in Deutschland geltend machen.[75] Dieser Gerichtsstand am Wohnsitz Geschädigten wurde durch das Urteil des *EuGH* vom 13.12.2007 bestätigt.[76] Die Richtlinie führt damit gleichzeitig die Direktklage gegen den Kfz-Haftpflichtversicherer generell ein. Dies hat konkret nur für Großbritannien und Irland zwingende gesetzliche Anpassungen zur Folge.[77] Im übrigen Gemeinschaftsgebiet der EU ist dieser Grundsatz schon seit langem geltendes Recht. Passivlegitimiert ist die gegnerische Kfz-Haftpflichtversicherung, ein direktes Klagerecht gegen den Schadenregulierungsbeauftragten ist damit aber nach wie vor nicht gegeben.[78]

### 5. Zentralstelle für Unfalldokumente

55 Zur Beschleunigung der Schadenregulierung verlangt die Richtlinie die Einrichtung einer Zentralstelle, bei der die Unfalldaten, insbesondere der Polizeibericht, elektronisch verfügbar sein müssen (Art. 5 Z 4 5. KH-Richtlinie bzw. Art. 26 Richtlinie 2009/103/EG). Geschädigte, deren Anwälte und die Versicherer sollen umgehend Einsicht in diese Daten nehmen können.

### 6. Fahrzeuginsassenschutz bei Fahruntauglichkeit des Kfz-Führers

56 Die Kenntnis von der Fahruntauglichkeit des Lenkers (z.B. wegen Alkohol oder Drogen) führt künftig nicht mehr dazu, dass Mitfahrer von der Versicherungsdeckung ausgeschlossen werden können (Art. 4 Z 1 und Erwägungsgrund 15 der 5. KH-Richtlinie bzw. Erwägungsgrund 23 Richtlinie 2009/103/EG). Entsprechende Versicherungsbestimmungen sind unwirksam. Hingegen sind Deckungsausschlüsse für Mitfahrende in unversicherten Fahrzeugen weiterhin möglich, soweit sie von diesem Umstand nachweisbar Kenntnis hatten.

---

74 EG-Verordnung Nr. 44/2001, ABl. EG 2001 Nr. L 12, S. 1 ff. bzw. Verweis in Erwägungsgrund 32 Richtlinie 2009/103/EG.

75 Zum Wahlrecht des Geschädigten bzgl. des internationalen Gerichtsstandes siehe Rdn. 67 ff.

76 *EuGH* Urt. v. 13.12.2007 – Rechtssache C-463/06 (FTBO/Jack Odenbreit) DAR 2008, 17 = EuZW 2008, 124 mit Anm. *Sujecki* = NJW 2008, 819 mit Anm. *Leible* = SVR 2008, 108 mit Anm. *Müller* = VersR 2008, 111 = ZVR 2008, 107 mit Anm. *Wittwer*, siehe hierzu auch *Bachmeier* DAR 2009, 753 und 758, *Riedmeyer* DAR 2009, 747 (751), *Staudinger* DAR 2009, 738, *Tomson* EuZW 2009, 204, *Wagner* SVR 2010, 405.

77 Zu Großbritannien vgl. *Neidhart* SVR 2007, 408 (411).

78 *Haupfleischl/Hirtler* DAR 2006, 560 (562); zur Passivlegitimation und Zustellung der Klageschrift siehe unten Rdn. 71).

### 7. Deckung bei Auslandsaufenthalt von Fahrzeugen

Der Versicherungsvertrag muss während der gesamten Laufzeit künftig aufgrund einer einzigen Prämie das gesamte Gemeinschaftsgebiet der EU abdecken (Art. 4 Z 3 und Erwägungsgrund 17 der 5. KH-Richtlinie bzw. Erwägungsgrund 25 Richtlinie 2009/103/EG). Er darf aber auch keine Deckungssausschlüsse mehr beinhalten, wenn sich das Fahrzeug während der Dauer des Vertrags über einen längeren Zeitraum in einem anderen Staat als dem Zulassungsstaat befindet. Allerdings werden nationale Zulassungsvorschriften davon nicht berührt (d.h., dass trotzdem eine Ummeldung erforderlich werden kann). 57

### 8. Schadenverlaufbestätigung

Versicherungsnehmer, die eine Kfz-Haftpflichtversicherung bei einem anderen als dem bisherigen Versicherungsunternehmen abschließen möchten, können jederzeit eine Bestätigung über die bisherige Schadensfreiheit oder eine Bescheinigung über den Schadensverlauf während des alten Vertrags beantragen (Art. 4 Z 4 und Erwägungsgrund 19 der 5. KH-Richtlinie bzw. Erwägungsgrund 28 Richtlinie 2009/103/EG). Diese Bestätigung muss binnen 15 Tagen nach der Antragstellung beim Versicherungsnehmer eingehen. 58

### 9. Sonstige Regelungen

Weitere Regelungen der 5. KH-Richtlinie betreffen: 59
- selbstfahrende Arbeitsmaschinen als unversicherte Fahrzeuge;
- allgemeine Schadenregulierungspflichten;
- den generellen Anspruch gegenüber Auskunftsstellen;
- den Wegfall systematischer Versicherungskontrollen an den Grenzen;
- die Bestimmung des gewöhnlichen Standorts eines Fahrzeugs (maßgeblich ist das Land, das das Kfz-Kennzeichen ausgegeben hat);
- die Versicherung von Importfahrzeugen (Erleichterung der Versicherung im Einfuhrland)

## IV. Gerichtsstand (Entscheidung des EuGH)

Mit der Ergänzung des Erwägungsgrundes Nr. 16 a der 4. KH-Richtlinie durch den Verweis der 5. KH-Richtlinie[79] besteht die Möglichkeit, die gegnerische Kfz-Haftpflichtversicherung des Fahrzeugs des Unfallverursachers am Wohnsitz des Geschädigten direkt zu verklagen. Nach Art. 9 Abs. 1 b EuGVVO wird nämlich der inländische Geschädigte jetzt als Begünstigter des Haftpflichtversicherungsvertrags eingestuft und ihm ein Klagerecht an seinem Wohnort im Inland zugesprochen.[80] 60

Mit der Diskussion über die internationale Zuständigkeit deutscher Gerichte bzw. Gerichte am Wohnsitz des Geschädigten bei Direktklagen gegen ausländische Kfz- Haftpflichtversicherer[81] haben sich die Gerichte mehrfach – mit unterschiedlichen Ergebnissen[82] – auseinandergesetzt. 61

So war das *OLG Köln*[83] der Auffassung, dass bei einem Unfall in einem anderen EU-Staat, in dem ein deutscher Autofahrer geschädigt wurde, die internationale Zuständigkeit deutscher Gerichte gegeben sei. Danach sei eine unmittelbare Klage am Wohnsitz des Geschädigten gegen die ausländische Versicherung zulässig, da Art. 9 Abs. 1 b EuGVVO auf den Geschädigten entsprechend anwendbar 62

79 Siehe oben Rdn. 54.
80 *Nugel* ZfS 2008, 309 (311).
81 Vgl. hierzu eingehend *Riedmeyer* DAR 2004, 203.
82 Zustimmend: *OLG Köln*, DAR 2006, 212 mit Anm. *Meier-van Laak* DAR 2006, 235 (236) = IPRax 2007, 325 = NJW-RR 2006, 70 = SVR 2006, 73 = VersR 2005, 1721 = ZVR 2006, 404 mit Anm. *Wittwer*; ablehnend: *LG Hamburg*, DAR 2006, 575 mit Anm. *Rothley* = VersR 2006, 1065.
83 *OLG Köln*, a.a.O.

sei. Gegen dieses Urteil wurde Revision zum *BGH* zugelassen, der die Frage wiederum dem *EuGH* zur Vorabentscheidung vorgelegt hat.[84]

63 Der *EuGH* hat hierzu mit Urt. v. 13.12.2007 (Rechtssache C-463/06) klargestellt, dass der Geschädigte die Möglichkeit habe, auf der Grundlage der zitierten Bestimmungen der EG-Verordnung 44/2001 (EuGVVO) vor dem Gericht des Ortes in einem Mitgliedstaat, an dem er seinen Wohnsitz hat, eine Klage unmittelbar gegen den Versicherer erheben kann, sofern eine solche Klage unmittelbar zulässig und der Versicherer im Hoheitsgebiet eines Mitgliedstaats ansässig ist.[85] Die Entscheidung des *EuGH* hat grundsätzlich keine Auswirkungen auf das anzuwendende Schadenersatz- bzw. Haftungsrecht. Welches Recht als Grundlage für die Schadenregulierung und letztendlich die Entscheidung des angerufenen Gerichts heranzuziehen ist, muss nach den jeweils anwendbaren Regeln des Internationalen Privatrechts (des betreffenden Landes) festgestellt werden.[86]

64 Dem *EuGH* zufolge kann jetzt ein deutscher Geschädigter im Rahmen eines Direktanspruchs seine Schadenersatzansprüche gegen die ausländische Kfz-Haftpflichtversicherung des Unfallverursachers bei einem Gericht in Deutschland einklagen. Dies gilt laut AG Köln[87] auch dann, wenn bei notwendiger Streitgenossenschaft (wie z.B. Fahrer/Halter und KH-Versicherung) die gegnerische ausländische KH-Versicherung isoliert am Wohnsitz des Geschädigten verklagt wird. Zu berücksichtigen ist aber, dass ein direktes Klagerecht gegen den Schadenregulierungsbeauftragten damit aber nach wie vor nicht gegeben ist.

▶ **Beispiel:**

65 Ein französischer Autofahrer verursacht mit seinem in Frankreich zugelassenen und versicherten Fahrzeug in Paris einen Verkehrsunfall, bei dem ein deutscher Kraftfahrer geschädigt wird. Der deutsche Geschädigte kann die französische Versicherung des Unfallverursachers an dem Gericht seines Wohnsitzes in Deutschland verklagen.

66 Die Direktklage im Inland steht laut *EuGH* allerdings nicht dem Sozialversicherungsträger zu. Dieser muss auch weiterhin seine auf ihn kraft Abtretung übergegangenen Ansprüche im Ausland einklagen.[88] Der *EuGH* hält an diesem Grundsatz auch in seiner jüngsten Rechtsprechung fest, lässt aber – sofern im jeweiligen Recht des Mitgliedsstaates ein Interventionsgerichtsstand gegeben ist – eine Interventionsklage des regressierenden Versicherers im unmittelbaren Anschluss an die Klage des direkt Geschädigten zu.[89]

## 1. Wahlrecht des Geschädigten bzgl. des internationalen Gerichtsstands

67 Der Geschädigte kann nach einem Auslandsunfall für Klagen gegen den Kfz-Haftpflichtversicherer grundsätzlich zwischen drei verschiedenen internationalen Gerichtsständen wählen:
- am Sitz der Kfz-Haftpflichtversicherung des ausländischen Unfallverursachers (Art. 2 EuGVVO);
- am Deliktsort im Unfallland (Art. 5 Nr. 3 EuGVVO), oder
- am Wohnsitz des Geschädigten (Art. 11 Abs. 2 i.V.m. Art. 9 Abs. 1 lit b EuGVVO).

84 *BGH*, DAR 2007, 19 mit Anm. *Rothley* = EuZW 2007, 159 = NJW 2007, 71 = NZV 2007, 37 = SVR 2006, 471 = VersR 2006, 1677 = ZfS 2007, 143 mit Anm. *Diehl*; Ludovisy/Eggert/Burhoff/*Floßmann/Neidhart* § 9, Rn. 28.

85 *EuGH*, a.a.O.

86 Zum anwendbaren Recht siehe Rdn. 91 ff., *Nugel* NJW-Spezial 2009, 537.

87 *AG Köln* v. 29.04.2014 – 268 C 89/11, DAR 2014, 470; *Staudinger* DAR 2014, 485.

88 *EuGH*, Urt. v. 17.09.2009 – Rechtssache C-347/08 (Vorarlberger Gebietskrankenkasse), DAR 2009, 683 = EuZW 2009, 855 = VersR 2009, 1512 = NJW-Spezial 2009, 697.

89 *EuGH*, Urt. v. 21.01.2016 – Rechtssache C-521/14 (SOVAG). In diesem Fall sieht das finnische Recht einen solchen Interventionsgerichtsstand vor, DAR 2016, 79 mit kritischer Anm. *Staudinger* DAR 2016, 79 (80), der eine solche Interventionsklage auch für die deutsche ZPO fordert.

Für eine Wahl des Gerichtsstandes am Wohnort des Geschädigten sprechen in erster Linie die zeitlichen und sprachlichen Vorteile. Während ausländische Gerichte (insbesondere in südeuropäischen Ländern) häufig überlastet sind und Zivilprozesse sich über mehrere Jahre hinziehen, nehmen vergleichbare Verfahren vor deutschen Gerichten weniger Zeit in Anspruch. Zudem bieten Verfahren hierzulande den Vorteil, dass sie in einer für den deutschen Geschädigten verständlichen Sprache durchgeführt werden und diesem darüber hinaus bei einem angeordneten persönlichen Erscheinen nach § 141 ZPO eine womöglich weite Anreise zum Gericht erspart bleibt. 68

Durch die Wahl des Gerichtsstandes kann ggfs. auch beeinflusst werden, welches materielle Recht zur Anwendung gelangt, zumal sich die Rom II-Verordnung und das Haager Übereinkommen über das für Verkehrsunfälle anwendbare Recht diesbezüglich unterscheiden können.[90] Interessant ist dies insbesondere für den gegnerischen Haftpflichtversicherer, der die Anwendbarkeit des für ihn günstigeren materiellen Rechts z.B. durch eine negative Feststellungsklage gegenüber dem Anspruchsteller beeinflussen kann. Ob eine solche negative Feststellungsklage nur am Wohnsitz des Geschädigten oder aber auch am Sitz der KH-Versicherung bzw. Unfallort eingelegt werden kann, ist bislang nicht abschließend geklärt.[91]

Problematisch ist hingegen, dass auch das deutsche Gericht in materieller Hinsicht im Regelfall das Recht des Unfalllandes, also das ausländische Recht seiner Entscheidung zugrunde legen muss.[92] In der Praxis wird der Richter daher – wenn eine Auskunft hierzu nicht über den Weg des Europäischen Übereinkommens vom 07.06.1968 betreffend Auskünfte über ausländisches Recht[93] bei der zuständigen ausländischen Stelle eingeholt werden kann – auf Sachverständigengutachten zurückgreifen, die eine materiell-rechtliche Lösung nach Maßgabe des anwendbaren ausländischen Rechts anbieten. Derartige Gutachten können (im Rahmen der hierfür zur Verfügung stehenden Kapazitäten) z.B. vom Max-Planck-Institut für ausländisches und internationales Privatrecht (Im Internet: www.mpipriv.de) oder vom Institut für Ostrecht München e.V. (Im Internet: www.ostrecht.de) erstellt werden, sind häufig allerdings auch kosten- und zeitaufwendig 69

Im Einzelfall ist hier dem Geschädigten anzuraten, mit Hilfe eines Anwalts den für ihn günstigsten Gerichtsstand zu wählen. Ausschlaggebend hierfür sind u.a. das anwendbare Recht (im Regelfall grundsätzlich Schadenersatzrecht des Unfallortes), die Komplexität des Falles oder das Vorliegen von Personenschäden. Gerade in letzteren Fällen kann möglicherweise nach den Umständen des Einzelfalles auch die Wahl des Gerichtsstands im Unfallland sinnvoller sein:[94] Rechtsanwälte im Unfallland sind mit den Besonderheiten der dortigen Schmerzensgeldbemessung (die häufig über den in Deutschland üblichen Sätzen liegt [z.B. in Italien]) vertraut und können hier für deutsche Geschädigte optimale Lösungen erreichen. Zudem sind die Rechtsverfolgungskosten nicht zu vernachlässigen: da die Bedingungen der Rechtsschutzversicherungen häufig nur eine Geltendmachung der Schadenersatzansprüche im Ausland umfassen, kann bei der Inlandsgeltendmachung für den rechtsschutzversicherten Geschädigten möglicherweise eine Regelungslücke bestehen. 70

## 2. Passivlegitimation/Klagezustellung

Passivlegitimiert ist auch nach dem *EuGH*-Urteil zum Gerichtsstand weiterhin der ausländische Kfz-Haftpflichtversicherer und nicht der Schadenregulierungsbeauftragte. Die Klage muss danach grundsätzlich dem Kfz-Haftpflichtversicherer im Ausland zugestellt werden (mit der hierfür erforderlichen Übersetzung der Klageschrift). Die Formalitäten der Zustellung von Schriftstücken an 71

90 Vgl. Rdn. 103 ff.

91 Tendenziell für Zulässigkeit der negativen Feststellungsklage am Unfallort: *Riedmeyer/Bouwmann* NJW 2015, 2614 (2615), a.A. *Staudinger* DAR 2014, 557 (564).

92 Zu den Praxisproblemen aus Richtersicht siehe eingehend: *Lafontaine* DAR 2020, 247 ff. und 541 ff.

93 BGBl. 1974 II, 937; 1974 I, 1453.

94 *Bachmeier* DAR 2009, 758.

einen Beklagten im Ausland richten sich nach der Zustellungs-Verordnung (EG) 1393/2007,[95] wobei gemäß Art. 5 dieser Verordnung eine Übersetzung nicht mehr zwingend vorgeschrieben ist. Allerdings kann der Empfänger die Annahme verweigern, wenn das Schriftstück nicht in der Amtssprache des Empfangsstaates abgefasst ist. Aus diesem Grund sollte auf eine Übersetzung nicht verzichtet werden. Eine Beglaubigung der zuzustellenden Dokumente ist nicht erforderlich (Art. 4 Zustellungs-VO). Laut *EuGH* ist stattdessen aber auch eine (kostengünstigere) Zustellung an den Schadenregulierungsbeauftragten mit Wirkung für den ausländischen Kfz-Haftpflichtversicherer möglich.[96] Das *LG Saarbrücken* hatte mit Beschl. v. 22.06.2012 dem *EuGH* die Frage zur Klärung vorgelegt, ob der Regulierungsbeauftragte gem. Art. 21 Abs. 5 der Richtlinie 2009/103/EG prozessual zustellungsbevollmächtigt für die Versicherung ist.[97] In seiner Entscheidung vom 10.10.2013 stellte der EuGH fest, dass Art. 21 Abs. 5 der Richtlinie 2009/103 dahingehend auszulegen ist, dass er eine passive Zustellungsbevollmächtigung des Schadenregulierungsbeauftragten für gerichtliche Schriftstücke wie eine Klageschrift des Geschädigten zur Geltendmachung zivilrechtlicher Ansprüche bei dem zuständigen Gericht umfasst.

In seinem Urt. v. 15.12.2016[98] hat der *EuGH* die Frage, ob der Schadenregulierungsbeauftragte verklagt werden kann, verneint: Die Mitgliedstaaten sind nicht verpflichtet, eine Klagemöglichkeit gegen den Schadenregulierungsbeauftragten einzuräumen.

## V. Kraftfahrzeug-Haftpflicht-Richtlinie 2009/103/EG und Richtlinie 2021/2118/EU

### 1. Kodifizierung der KH-Richtlinien durch Richtlinie 2009/103/EG

72 Die Europäische Kommission hat am 27.02.2008 einen Vorschlag für eine Richtlinie des Europäischen Parlaments und des Rates über die Kraftfahrzeug-Haftpflichtversicherung und die Kontrolle der entsprechenden Versicherungspflicht vorgelegt (KOM [2008] 98 endgültig), die am 27.10.2009 in Kraft getreten ist.[99] Diese Richtlinie enthält keine materiell neuen Inhalte, sondern führt lediglich den Inhalt der bislang geltenden fünf Kfz-Haftpflicht-Richtlinien in einem Richtliniendokument zusammen und ersetzt gemäß Art. 29 die bisherigen in den Richtlinien enthaltenen Rechtsakte. Es wurden nur formale, für die Kodifikation erforderliche Änderungen vorgenommen (Erwägungsgrund 1 der Richtlinie 2009/103/EG). Verweisungen auf die aufgehobenen Richtlinien gelten gem. Art. 29 als Verweisungen auf die kodifizierte Fassung.

### 2. Richtlinie 2021/2118/EU

73 Im Mai 2018 hat die Europäische Kommission einen Änderungsvorschlag zur Kraftfahrzeug-Haftpflichtrichtlinie 2009/103/EG vorgelegt (sog. REFIT der KH-Richtlinie).[100] Dieser sieht u.a. einen besseren Schutz von Geschädigten bei der Insolvenz eines Versicherers, eine EU-weite Anerkennung von Schadenverlaufsbestätigungen und eine Anpassung/Vereinheitlichung der Kfz-Mindestdeckungssummen in der EU vor. Das Europäische Parlament (EP) hat im Februar 2019 seine Änderungsvorschläge vorgelegt, u.a. auch eine Regelung zu den Verjährungsfristen bei grenzüberschreitenden Verkehrsunfällen. Zudem plädiert das EP für eine Herausnahme des Motorsports aus dem Anwen-

95 ABl. EU 2007 Nr. L 324 vom 10.12.2007, S. 79 ff.

96 Urt. v. 10.10.2013, Rechtssache C-306/12 »Spedition Welter GmbH gegen Avanssur S.A.«; DAR 2013, 699; NJW 2014, 44; ZfS 2013, 689; *Bouwmann* ZfS 2015, S. 183.

97 *LG Saarbrücken* v. 22.06.2012 – 13 S 12/12, DAR 2012, S. 465.

98 Urt. v. 15.12.2016, Rechtssache C-558/15 (Vieira de Azevedo u.a. gegen CED Portugal Unipessoa, Lda und Instituto de Seguros de Portugal – Fundo de Garantia Automovél) BeckEuRS 2016, 489646.

99 Richtlinie 2009/103/EG vom 16. September 2009 über die Kraftfahrzeug-Haftpflichtversicherung und die Kontrolle der entsprechenden Versicherungspflicht (kodifizierte Fassung), siehe auch Rdn. 16 und 168.

100 COM (2018.) 336 final vom 24. Mai 2018.

dungsbereich der KH-Richtlinie.[101] Die Kommission präferiert diesbezüglich einen sehr weitgehenden Anwendungsbereich der KH-Richtlinie und damit der KH-Versicherungspflicht. Geleitet wird sie hierbei u.a. auch von der tendenziell eher weitgehenden Auslegung des Anwendungsbereichs der KH-Richtlinie durch den *EuGH*.[102]

Am 13. Dezember 2019 hat die allgemeine Ausrichtung des Rats der EU stattgefunden, mit der der Rat das Mandat für die Trilogverhandlungen mit dem Europäischen Parlament erteilte.[103] Die vom EP angeregten Änderungen hinsichtlich der Verjährungsfristen wurden vom Rat in seiner Stellungnahme zur Ausrichtung nicht aufgegriffen. In Bezug auf den Anwendungsbereich der Richtlinie schlägt der Rat im Hinblick auf die Problematik der Elektrokleinstfahrzeuge die Modifizierung des Verwendungsbegriffs dahingehend vor, dass die KH-Versicherungspflicht nur für Kfz mit einer zulässigen Höchstgeschwindigkeit von mehr als 25 km/h oder einem maximalen Nettogewicht von mehr als 25 kg gelten solle. Zudem soll es im Ermessen der Mitgliedstaaten liegen, den Motorsport von dem Anwendungsbereich der KH-Richtlinie auszunehmen.

Eine am 22. Juni 2021 während des Trilogs zwischen Rat, Kommission und Parlament erzielte politische Einigung sieht u.a. vor: So sollen elektrisch unterstützte Fahrräder nicht in den Geltungsbereich der Richtlinie aufgenommen (Gewicht < 25 kg wiegen und Vmax 25 km/h), und der Motorsport vom Anwendungsbereich der Richtlinie ausgenommen werden (sofern der Organisator der Veranstaltung eine alternative Haftpflichtversicherung vorgesehen hat). Bei Insolvenz ausländischer KH-Versicherungsunternehmen können Geschädigte bei einer Entschädigungsstelle in ihrem Wohnsitzstaat eine Entschädigung beantragen. Die überarbeitete Richtlinie wurde am 02.12.2021 im Amtsblatt der EU veröffentlicht[104] und musste bis spätestens 23.12.2023 in allen 27 EU-Mitgliedstaaten umgesetzt werden.

### 3. Umsetzung der Richtlinie 2021/2118/EU in Deutschland

In Deutschland ist das entsprechende Umsetzungsgesetz am 16.04.2024 im BGBl. veröffentlicht 74
worden und am 17.04.2024 in Kraft getreten.[105] Die Umsetzung der Vorgaben der Richtlinie erfolgte im PflVG. In Bezug auf die Auslandsunfallregulierung sind v.a. folgende Neuerungen relevant.

#### *a) Verbesserung des Insolvenzschutzes/Einrichtung Insolvenzfonds (§§ 17 ff. PflVG)*

Die Neuregelung betrifft Insolvenzen von KH-Versicherungen, die Versicherungen sowohl im Inland 75
als auch in anderen EU-Mitgliedstaaten anbieten, oder die Regulierung von Unfällen im Inland bzw. in anderen Mitgliedstaaten, in denen die KH-Versicherung des in- oder ausländischen Unfallverursachers insolvent ist.

In der Praxis gab es hier in der Vergangenheit v.a. Probleme bei Insolvenzen südosteuropäischer 76
KH-Versicherungen. Die Regulierung der Schadenersatzansprüche deutscher Geschädigte konnte in diesen Fällen bislang nur aufwendig über die Garantiefonds derjenigen Länder erfolgen, in denen der zahlungsunfähige KH-Versicherer seinen Sitz hat. Gemäß den Vorgaben der neuen KH-Richtlinie musste jeder Mitgliedstaat eine Stelle zur Entschädigung der in seinem Hoheitsgebiet ansäs-

101 Abänderungen des Europäischen Parlaments vom 13. Februar 2019 (Dokument P8_TA-PROV [2019]0000); *Nissen* DAR 2019, 179.

102 Z.B. *EuGH*, Beschluss vom 11.12.2019, Rechtssache C-431/18 (Bueno Ruiz), Urteil vom 20.06.2019, Rechtssache C-100/18 (Línea Directa Aseguradora), Urteil vom 04.09.2018, Rechtssache C-80/17 (Juliana), Urteil vom 28.11.2017, Rechtssache C-514/16 (Rodrigues de Andrade).

103 Ratsdokument 14645/19 vom 13. Dezember 2019, Interinstitutional File 2018/0168 (COD).

104 Richtlinie 2021/2118 des Europäischen Parlaments und des Rates vom 24. November 2021 zur Änderung der Richtlinie 2009/103/EG über die Kraftfahrzeug-Haftpflichtversicherung und die Kontrolle der entsprechenden Versicherungspflicht, Abl.EU Nr. L 430 vom 02.12.2021, S. 1 ff., abrufbar unter https://eur-lex.europa.eu/.

105 Abrufbar unter: https://www.recht.bund.de/bgbl/1/2024/119/VO.html.

sigen Geschädigten einrichten, sofern gegen das betreffende Versicherungsunternehmen ein Konkurs- oder Liquidationsverfahren anhängig ist. In Deutschland hat die Verkehrsopferhilfe e.V. die Aufgaben dieses Insolvenzfonds übernommen (§ 24 Abs. 2 PflVG). Der Verkehrsopferhilfe werden die Stellung des Insolvenzfonds und die Wahrnehmung der Aufgaben und Befugnisse des Insolvenzfonds allerdings erst dann zugewiesen, sobald diese schriftlich gegenüber dem Bundesministerium der Justiz ihre Bereitschaft dazu erklärt hat. Das Bundesministerium der Justiz gibt die Erklärung und den Zeitpunkt, ab dem die betroffenen Aufgaben von der Verkehrsopferhilfe wahrgenommen werden, im Bundesanzeiger bekannt. Dies ist zum Zeitpunkt des Redaktionsschlusses noch nicht erfolgt, da das erforderliche interne Reglement zwischen den Garantiefonds der EU-Mitgliedstaaten noch nicht abgeschlossen war. Sobald die Erklärung im Bundesanzeiger veröffentlicht wird, ist die Verkehrsopferhilfe für ab diesem Zeitpunkt eintretende Schadenfälle auch als Insolvenzfonds eintrittspflichtig (nicht rückwirkend).

77 Geschädigte mit Wohnsitz in Deutschland können dann gem. § 17 Abs. 2 PflVG im Falle der Insolvenz der gegnerischen KH-Versicherung ihre Schadenersatzansprüche gegenüber dem deutschen Insolvenzfonds geltend machen, wenn der Unfall sich:
- im Inland ereignet hat,
- in einem anderen Staat des Europäischen Wirtschaftsraums (EWR) ereignet hat oder
- in einem Drittstaat ereignet hat, dessen nationales Versicherungsbüro dem System der Grünen Karte beigetreten ist, wenn das Fahrzeug seinen gewöhnlichen Standort in einem Staat des Europäischen Wirtschaftsraums hat.

78 Voraussetzung ist gem. § 17 Abs. 1 PflVG, dass:
- das Fahrzeug bei einem Versicherer mit Sitz im Inland oder mit Sitz in einem anderen Staat des EWR versichert ist und
- der Versicherer Gegenstand eines Insolvenzverfahrens oder eines Liquidationsverfahrens im Sinne des Art. 268 Abs. 1 Buchstabe d der Richtlinie 2009/138/EG vom 25. November 2009 (Solvabilität II)[106] ist.

79 Ein Versicherer mit Sitz im Inland ist Gegenstand eines Insolvenzverfahrens, sobald die Versicherungsaufsichtsbehörde den Antrag auf Eröffnung eines Insolvenzverfahrens über das Vermögen des Versicherers stellt. Der Anspruch gegen den Insolvenzfonds verjährt gem. § 18 Abs. 2 PflVG in drei Jahren. Die Verjährung beginnt mit dem Zeitpunkt, in dem der Ersatzberechtigte Kenntnis von den den Anspruch gegen den Insolvenzfonds begründenden Umständen erlangt.

### *b) EU-weite Schadensverlaufsbestätigungen (§ 5c PflVG)*

80 Gem. den Vorgaben der KH-Richtlinie sollen die Mitgliedstaaten sicherstellen, dass Versicherungen bei der Berücksichtigung von Schadenverläufen für die Prämienfestsetzung, einschließlich möglicher Rabatte, die in anderen Mitgliedstaaten ausgestellten Schadensverlaufsbestätigungen als gleichwertig behandeln. In der Praxis kommt es bislang bei Umzügen und bei Ummeldungen von Kfz innerhalb der EU immer wieder zu Problemen.

81 Gem. § 5c PflVG hat der KH-Versicherer dem Versicherungsnehmer zu folgenden Zeitpunkten eine Bescheinigung über den Schadenverlauf auszustellen:
- jederzeit innerhalb von 15 Tagen ab Zugang eines entsprechenden Verlangens des Versicherungsnehmers und
- bei Beendigung des Versicherungsverhältnisses.

82 Die Bescheinigung ist nach Maßgabe des Musters auszustellen, das von der Europäischen Kommission in einem Durchführungsrechtsakt nach Art. 16 Abs. 6 der Richtlinie 2009/103/EG festgelegt wird. Die Bescheinigung muss u.a. auch Angaben enthalten zur Anzahl derjenigen gemeldeten

106 ABl. L 335 vom 17.12.2009, S. 1, geändert durch Richtlinie (EU) 2022/2556 (ABl. L 333 vom 27.12.2022, S. 153.

Haftungsansprüche Dritter einschließlich des Datums jeder einzelnen Forderung, die im Rahmen des Versicherungsvertrages in dem von der Bescheinigung abgedeckten Zeitraum zu einer noch bestehenden Schadenrückstellung geführt haben.

Das Versicherungsunternehmen hat bei der Festsetzung der Prämien einschließlich der Anwendung etwaiger Rabatte eine in einem anderen Staat des EWR ausgestellte Bescheinigung genauso wie eine im Inland ausgestellte Bescheinigung zu behandeln. Das Versicherungsunternehmen darf Versicherungsnehmer bei der Berücksichtigung der von anderen Versicherungsunternehmen oder von anderen in Art. 16 Abs. 2 der Richtlinie 2009/103/EG genannten Stellen ausgestellten Bescheinigungen nicht aufgrund ihrer Staatsangehörigkeit oder allein aufgrund ihres früheren Wohnsitzstaates innerhalb des EWR in diskriminierender Weise behandeln oder einen Prämienaufschlag verlangen. 83

*c) Anhebung der Mindestdeckungssummen*

Die Richtlinie 2021/2118/EU sieht für Art. 9 der KH-Richtlinie 2009/103/EG auch eine Anhebung der Mindestdeckungssummen in der KH-Versicherung vor: 84
a) für Personenschäden: 6.450.000 € je Unfall, ungeachtet der Anzahl der Geschädigten, oder 1.300.000 € je Geschädigtem;
b) für Sachschäden ungeachtet der Anzahl der Geschädigten 1.300.000 € je Unfall.

Hier erfolgte im Rahmen der nationalen Umsetzung lediglich eine leichte Anpassung bei den Beträgen für Sachschäden von 1,22 Mio. € auf, 1,3 Mio €. Der Betrag für Personenschäden liegt mit 7,5 Mio. € bereits über den EU-Vorgaben.[107] 85

## D. Regulierung eines Verkehrsunfalls in Nicht-EU-Ländern

### I. Verfahren

Ist aufgrund der Unfallkonstellation kein Anwendungsbereich für die 4. KH-Richtlinie gegeben, kommt regelmäßig nur eine direkte Geltendmachung der Schadenersatzansprüche gegenüber der gegnerischen KH-Versicherung im Ausland in Betracht. Dies ist der Fall bei Unfällen mit einheimischen Kraftfahrern z.B. in Albanien, Bosnien-Herzegowina, Großbritannien, Kosovo, Marokko, Mazedonien, Montenegro, Russland, Serbien, Tunesien, Türkei, Ukraine und Weißrussland. In diesem Fall sind die Schadenersatzansprüche direkt an die gegnerische KH-Versicherung zu richten (Siehe oben Rdn. 1 ff.). In diesen Fällen ist es nicht zuletzt im Hinblick auf mögliche Sprachprobleme und die Verfahrensdauer regelmäßig ratsam, unverzüglich einen im Unfallland zugelassenen Rechtsanwalt mit der Schadenregulierung zu beauftragen. Als Beispiele kommen hier Unfälle in Staaten außerhalb des EU/EWR-Gebietes (Drittstaaten) in Betracht, die durch Nutzung eines Fahrzeugs verursacht werden, das in diesem Drittstaat versichert ist und dort seinen gewöhnlichen Standort hat. 86

▶ **Beispiele:**

Ein serbischer Autofahrer verursacht mit seinem in Serbien zugelassenen und versicherten Fahrzeug in Belgrad einen Verkehrsunfall, bei dem ein deutscher Kraftfahrer geschädigt wird. 87

Ein türkischer Autofahrer verursacht mit seinem in der Türkei zugelassenen und versicherten Fahrzeug in Istanbul einen Verkehrsunfall, bei dem ein deutscher Kraftfahrer geschädigt wird.

### II. Gerichtsstand

Sofern in Bezug auf die Gerichtsstandfrage kein internationales Übereinkommen greift, richtet sich die Frage nach der internationalen Zuständigkeit nach den jeweiligen nationalen Verfahrensvorschriften.[108] Die internationale Zuständigkeit deutscher Gerichte ist in derartigen Fällen daher 88

107 *Burmann/Kemperdiek* DAR 2024, 61 (64).
108 Siehe hierzu eingehend MüKoStVR/*Staudinger*, Kap. 2, Rn. 7 ff.

immer dann gegeben, wenn das deutsche Gericht nach den Regeln der ZPO örtlich und sachlich zuständig wäre. Für die Zustellung von Schriftstücken ins Ausland ist in diesen Fällen das Haager Übereinkommen über die Zustellung gerichtlicher und außergerichtlicher Schriftstücke im Ausland in Zivil- und Handelssachen vom 15.11.1965 maßgeblich.

### III. Anwendungsbereich des Lugano-Übereinkommens

89 Für die Schweiz, Norwegen und Island ist in diesem Zusammenhang das Abkommen von Lugano vom 16.09.1988 (Lugano-Übereinkommen) von Bedeutung, das mit der EuGVÜ inhaltsgleich ist und an die EuGVVO angepasst wurde.[109] Das revidierte Lugano-Übereinkommen ist am 01.01.2010 zwischen der EU und Dänemark sowie Norwegen in Kraft getreten.[110] Seit 01.01.2011 ist es auch im Verhältnis zur Schweiz in Kraft. In der ursprünglichen Fassung des Übereinkommens war das *EuGH*-Urt. v. 13.12.2007 noch ohne Relevanz, da es aufgrund seiner Anlehnung an die EuGVÜ einen anderen Wortlaut als die EuGVVO.[111] Die am 01.03.2002 in Kraft getretene EuGVVO hat das bis dahin geltende Übereinkommen über die gerichtliche Zuständigkeit und die Vollstreckung gerichtlicher Entscheidungen im Zivil- und Handelssachen (EuGVÜ) abgelöst. In der neuen revidierten Fassung des Lugano-Übereinkommens entsprechen die dortigen Art. 11 Abs. 2 und 9 den Regelungen der EuGVVO. Nach dem Protokoll Nr. 2 zum Lugano-Übereinkommen sind die Gerichte der von diesem Übereinkommen betroffenen Staaten verpflichtet, den anwendbaren Grundsätzen des EuGH Rechnung zu tragen. Demnach ist davon auszugehen, dass damit auch im Anwendungsbereich des Lugano-Übereinkommens ein Gerichtsstand im Wohnsitzstaat des Geschädigten besteht.[112]

### IV. Regulierung von Verkehrsunfällen in Großbritannien nach dem Brexit

90 Zum 31. 12.2020 endete der zwischen der EU und dem Vereinigten Königreich von Großbritannien und Nordirland (kurz: Großbritannien) vereinbarte Brexit-Übergangszeitraum. Damit wird Großbritannien seit Beginn des Jahres 2021 endgültig als »Drittland« behandelt.

Bis zum Ende des Übergangszeitraums am 31.12.2020 galt das EU-Recht in seiner Gesamtheit für und in Großbritannien. Durch den Austritt Großbritanniens aus der EU findet auch der Besucherschutz nach der KH- Richtlinie (2009/103/EG) keine Anwendung mehr. Um Probleme bei der Abwicklung von Verkehrsunfällen von deutschen Verkehrsteilnehmern in Großbritannien oder von britischen Verkehrsteilnehmern in Deutschland bzw. weiteren EU-Staaten zu vermeiden, hat der britische Garantiefonds (Motor Insurers' Bureau) mit Deutschland und anderen EU-Staaten bilaterale Abkommen geschlossen. Dies betrifft u.a. den Austausch der jeweiligen Versicherungsdaten und die Eintrittspflicht der nationalen Garantiefonds bei Unfällen mit unversicherten Verkehrsteilnehmern oder Unfallfluchtfällen.[113]

Im Einzelfall muss mit der jeweiligen britischen KH-Versicherung geklärt werden, ob diese noch einen Schadenregulierungsbeauftragten in Deutschland hat. Die Erfahrung zeigt, dass dies nicht

109 Übereinkommen vom 30. Oktober 2007 über die gerichtliche Zuständigkeit und die Anerkennung und Vollstreckung von Entscheidungen in Zivil- und Handelssachen ABl. EU 2007 Nr. L 339 vom 21.12.2007, S. 3. Der von Großbritannien im Rahmen des Brexit angestrebte Beitritt zum Lugano-Übereinkommen findet bislang keine Zustimmung seitens der EU, siehe hierzu *Staudinger*, DAR 2021, 421.

110 BGBl. I Nr. 54 vom 19.08.2009, S. 2862; ABl. EU Nr. L 140 vom 08.06.2010, S. 1.

111 EG-Verordnung Nr. 44/2001, ABl. EG 2001 Nr. L 12 vom 16.01.2001, S. 1 ff.

112 *OLG Karlsruhe*, DAR 2007, 587 = NJW-RR 2008, 373 = VersR 2008, 202: Trotz der neueren Rechtsprechung muss eine Diskrepanz in der Frage der Zulassung einer Direktklage am Wohnsitz des Geschädigten bis zur Revision des Lugano-Übereinkommens hingenommen werden; a.A. das *schweizerische Bundesgericht*, BGE 124 III 382 (im Internet unter www.bger.ch abrufbar): auch Begünstigte (und Versicherte) können den Gerichtsstand des Versicherungsnehmers nach Art. 8 Z 2 Lugano-Übereinkommen in Anspruch nehmen; *Wittwer* ZVR 2008, 107 (110)).

113 *Bouwmann* DAR 2018, 250 (253).

mehr regelmäßig der Fall ist und auch der Zentralruf der Autoversicherer grundsätzlich nicht mehr Schadenregulierungsbeauftragte für britische KH-Versicherungen benennt. Das auf die Schadenabwicklung nach Verkehrsunfällen in Großbritannien anwendbare materielle Recht wird nach wie vor nach Maßgabe der Rom II-Verordnung festgelegt.[114]

Seit dem 01.01.2021 gelten im Bereich der Ziviljustiz und des internationalen Privatrechts die folgenden Regeln in Bezug auf die internationale Zuständigkeit[115]:

Für vor dem Ablauf des Übergangszeitraums eingeleitete Verfahren gelten in Großbritannien und in den Mitgliedstaaten gemäß Artikel 67 Absatz 1 des Austrittsabkommens[116] in Fällen, die einen Bezug zu Großbritannien aufweisen, weiterhin die EU-Vorschriften über die internationale Zuständigkeit. Von Art. 67 Abs. 1 des Austrittsabkommens werden alle Rechtsinstrumente der EU erfasst, in denen Vorschriften über die internationale Zuständigkeit enthalten sind, d.h. die Verordnung (EU) Nr. 1215/2012 über die gerichtliche Zuständigkeit und die Anerkennung und Vollstreckung von Entscheidungen in Zivil- und Handelssachen (Brüssel Ia-VO) sowie Sondervorschriften mit spezifischen Zuständigkeitsbestimmungen.

Gem. Art. 67 Abs. 1 des Austrittsabkommens gelten die EU-Vorschriften über die Zuständigkeit auch für »[mit diesen gerichtlichen Verfahren] zusammenhängende Verfahren oder Klagen«, selbst wenn diese zusammenhängenden Verfahren oder Klagen nach Ablauf des Übergangszeitraums eingeleitet werden. Dies betrifft Verfahren, die vor Ablauf des Übergangszeitraums vor einem Gericht eines Mitgliedstaats und nach Ablauf des Übergangszeitraums vor einem britischen Gericht (oder umgekehrt) von denselben Parteien wegen desselben Klagegrundes angestrengt werden (Rechtshängigkeit). Damit soll sichergestellt werden, dass in Fällen, in denen nach Ablauf des Übergangszeitraums ein Gericht in einem EU-Mitgliedstaat oder in Großbritannien angerufen wurde, die EU-Vorschriften über die Zuständigkeit weiterhin Anwendung finden.

Daneben wirkt sich der Ablauf der Brexit-Übergangsfrist auch insgesamt auf die Anwendbarkeit von EU-Vorschriften im Bereich der Ziviljustiz und des Internationalen Privatrechts aus. Insbesondere sind demzufolge beispielsweise allgemein vertragliche und außervertragliche Schuldverhältnisse, die Anerkennung und Vollstreckung gerichtlicher Entscheidungen oder spezifische EU-Verfahren wie das Europäische Mahnverfahren und das europäische Verfahren für geringfügige Forderungen tangiert. Ein seitens Großbritannien gewünschter Beitritt zum Lugano-Übereinkommen ist bislang nicht zustande gekommen.[117]

## E. Anwendbares Recht bei Regulierung eines Auslandsunfalls

Da die Odenbreit-Entscheidung des EuGH[118] grundsätzlich keine Auswirkungen auf das auf die Schadenregulierung anzuwendende Schadenersatz- bzw. Haftungsrecht hat, muss das im Einzelfall anwendbare Recht nach den jeweils anwendbaren Regeln des Internationalen Privatrechts des jeweiligen Landes festgestellt werden.[119] 91

114 *Staudinger* DAR 2019, 669 (671); siehe auch Rdn. 106.

115 Mitteilung der Europäischen Kommission vom 27. August 2020: Der Austritt des Vereinigten Königreichs und die EU-Vorschriften im Bereich der Ziviljustiz und des Internationalen Privatrechts; *Staudinger* a.a.O.

116 Abkommen über den Austritt des Vereinigten Königreichs Großbritannien und Nordirland aus der Europäischen Union und der Europäischen Atomgemeinschaft, ABl. EU L 29 vom 31.01.2020, S. 7 ff.

117 *Wyles/Bouwmann* DAR 2021, 541 (542); *Staudinger* DAR 2021, 421.

118 Siehe oben Rdn. 60.

119 Siehe hierzu eingehend MüKoStVR/*Staudinger*, Kap. 2, Rn. 91 ff.

## I. Anzuwendendes Recht

### 1. Recht des Unfalllandes/Tatortprinzip

92 Rechtsgrundlage für deliktische Ansprüche aus Kfz-Unfällen in Deutschland mit Beteiligung ausländischer Kraftfahrer sind die Art. 40 bis 42 EGBGB und das Haager Übereinkommen vom 04.05.1971 über das auf Straßenverkehrsunfälle anzuwendende Recht.[120] Das Haager Übereinkommen findet allerdings in Deutschland – da hierzulande nicht ratifiziert – u.U. nur im Wege der Zurückverweisung Anwendung (wenn also die anwendbaren Vorschriften des deutschen IPR im Wege der Gesamtverweisung auf das Recht eines Staates verweisen, der das Haager Übereinkommen unterzeichnet hat).[121] Nach Maßgabe des sog. Tatortprinzips des Art. 40 Abs. 1 EGBGB unterliegen Schadenersatzansprüche aus unerlaubter Handlung dem Recht des Staates, in dem sich der Unfall ereignet hat (Recht des Unfalllandes/lex loci delicti). Dies gilt unabhängig davon, ob der Unfall durch einen im Unfallland oder in einem Drittstaat ansässigen Schädiger verursacht wurde. Unbeachtlich ist in diesem Fall auch, dass bei einer Klage gegen die ausländische Versicherung des Schädigers möglicherweise ein Gerichtsstand in Deutschland gegeben ist.

▶ Beispiele:

93 Ein österreichischer Autofahrer verursacht mit seinem in Österreich zugelassenen und versicherten Fahrzeug in Wien einen Verkehrsunfall, bei dem ein deutscher Kraftfahrer geschädigt wird.

Ein Pole verursacht mit seinem in Polen zugelassenen und versicherten Fahrzeug in Amsterdam einen Verkehrsunfall, bei dem ein deutscher Kraftfahrer geschädigt wird.

Die Beurteilung der materiellen Rechtslage richtet sich in beiden Sachverhalten nach dem Recht des Landes, in dem sich der Schadensfall ereignet hat und der Erfolg eingetreten ist, also im ersten Beispielsfall nach österreichischem, im zweiten Fall nach niederländischem Recht.

### 2. Ausnahmen vom Tatortprinzip

94 In folgenden Fällen gilt jedoch eine Ausnahme von dem Grundsatz der Anwendbarkeit des Rechts des Unfalllandes: Es handelt sich um die Sonderanknüpfungen an den Ort des Erfolgseintritts, an den Ort des gemeinsamen gewöhnlichen Aufenthaltes sowie an die wesentlich engere Bindung zum Recht eines anderen Staates:

#### *a) Recht des Erfolgsorts*

95 Wenn Unfallort und Ort des Schadeneintritts bei einem Verkehrsunfall auseinander fallen kann der Geschädigte verlangen, dass anstelle des Rechts des Unfalllandes das Recht des Landes Anwendung findet, in dem der Schaden eingetreten ist (Recht des Erfolgsorts). Der Geschädigte hat hier ein Wahlrecht (sog. Ubiquitätsprinzip). Nach Art. 40 Abs. 1 Satz 3 EGBGB kann der Geschädigte dieses Wahlrecht allerdings nur im ersten Rechtszug ausüben und zwar bis spätestens zum Ende des frühen ersten Termins oder dem Ende des schriftlichen Vorverfahrens. Macht der Geschädigte dagegen von dieser Option keinen Gebrauch, ist für die Schadenregulierung ausschließlich das Recht des Unfalllandes gemäß der Tatortregel des Art. 40 Abs. 1 EGBGB maßgeblich. Der Kläger bzw. sein Anwalt müssen sich daher vorher überlegen, ob gegebenenfalls das ausländische Recht vorteilhafter ist, da der Richter durch den Wegfall des bisher vorgesehenen Günstigkeitsvergleichs nicht mehr von Amts wegen das günstigere Recht bestimmt.

---

120 Haager Übereinkommen über das auf Straßenverkehrsunfälle anzuwendende Recht vom 04.05.1971, Text im Internet abrufbar unter www.hcch.net/upload/text19d.pdf; Feyock/Jacobsen/Lemor/*Backu* Rn. 39; siehe hierzu auch Rdn. 103 ff.

121 BGHZ 90, 294 = NJW 1984, 2032; *OLG Frankfurt* NJW 2000, 1202.

### *b) Gemeinsamer gewöhnlicher Aufenthalt*

96 Darüber hinaus kann gemäß Art. 40 Abs. 2 EGBGB ein Auslandsunfall ausnahmsweise auch nach dem Recht des Landes reguliert werden, in dem beide Unfallbeteiligte, also Schädiger und Geschädigter einen gemeinsamen gewöhnlichen Aufenthalt haben (die Staatsangehörigkeit ist hierbei unerheblich).

▶ **Beispiele:**

97 Verursacht eine in Deutschland ansässige Person in Spanien einen Unfall mit einem in Deutschland ansässigen Spanier, der sich dort auf Urlaubsreise befindet, gelangt deutsches Recht zur Anwendung, da beide Unfallbeteiligten ihren gewöhnlichen Aufenthalt in Deutschland haben. Sind bei einem Verkehrsunfall in der Türkei nur zwei in Deutschland lebende türkische Staatsangehörige beteiligt, ist auf die Schadenregulierung deutsches Recht anwendbar.

98 Die strikte Anwendung des Grundsatzes der Tatortregel wäre in diesem Fall für beide Parteien nicht interessengerecht,[122] so dass im Rahmen dieser Sonderanknüpfung auf das Recht des Landes abgestellt wird, in dem die Beteiligten ihren gemeinsamen gewöhnlichen Aufenthalt haben. Handelt es sich bei dem oder der Unfallbeteiligten um eine Gesellschaft, einen Verein oder eine juristische Person, bestimmt sich der Ort des gewöhnlichen Aufenthaltes nach dem Sitz deren Hauptverwaltung bzw. Niederlassung (Art. 40 Abs. 2 Satz 2 EGBGB).

### *c) Wesentlich engere Verbindung*

99 Ergibt sich eine »wesentlich engere Verbindung« zum Recht eines anderen Staates kann gemäß Art. 41 EGBGB vom Grundsatz der Tatortregel abgewichen werden. Nach Art. 41 Abs. 2 Satz 1 EGBGB kann sich eine wesentlich engere Beziehung aus rechtlichen oder tatsächlichen Beziehungen zwischen den Beteiligten in Zusammenhang mit dem Schuldverhältnis ergeben (unbeachtlich sind hierbei allerdings familienrechtliche Beziehungen[123] sowie Zulassung und Versicherung des Fahrzeugs des Geschädigten). Diese Anknüpfung ist nur dann gerechtfertigt, wenn die deliktischen Schutz- und Haftungserweiterungen der Beteiligten so stark durch das Vertragsverhältnis geprägt werden, dass die deliktischen Ansprüche des Geschädigten denselben räumlichen Schwerpunkt wie die vertraglichen haben. Eine tatsächliche Beziehung und damit »wesentlich engere Beziehung« der Unfallbeteiligten kann u.a. bei gemeinsam angetretenen Geschäfts- und Urlaubsreisen oder bei Gefälligkeitsfahrten bestehen.[124] Anknüpfungspunkt wäre hier der Ausgangspunkt der Fahrt bzw. Reise, sofern die Beziehung zum Unfallort eher zufällig erscheint und ein gemeinsamer gewöhnlicher Aufenthalt der Unfallbeteiligten (im Sinne von Art. 40 Abs. 2 EGBGB) nicht besteht. Auch bei Massenschäden wie z.B. Massenkarambolagen im Straßenverkehr oder bei Beförderungs- oder Transportverträgen können zwischen den Beteiligten tatsächliche Beziehungen bestehen, die für eine entsprechende Anknüpfung sprechen.[125]

### *d) Einvernehmliche nachträgliche Rechtswahl*

100 Letztendlich ist auch eine einvernehmliche nachträgliche Rechtswahl durch die am Unfall beteiligten Parteien möglich (Art. 42 EGBGB): Im Rahmen einer nachträglichen Vereinbarung können diese nach Schadenseintritt das auf die Abwicklung anzuwendende Recht vereinbaren.[126] Die Wirkungen einer nachträglichen Rechtswahl beschränken sich gemäß Art. 42 Satz 2 EGBGB bei Ver-

122 Feyock/Jacobsen/*Lemor* S. 1062; zur Problematik bei Mietwagenunfällen im Ausland siehe *Sieghörtner* NZV 2003, 105 ff. und *Jaklin* DAR-Extra 2016, 747 ff.

123 BGHZ 119, 137 [145]: Familienrechtliche Beziehungen haben bei der Teilnahme am Straßenverkehr außer Acht zu bleiben.

124 *Bartels* ZfS 2000, 374 (375).

125 Himmelreich/Halm/*Lemor*, Handbuch Verkehrsrecht, Kap. 3, Rn. 26.

126 Eine antizipierte Rechtswahl ist dagegen unzulässig, vgl. Begr. RegE BT-Drucks. 14/343 S. 14.

kehrsunfällen auf die Unfallparteien. Somit werden Nachteile zu Lasten Dritter (z.B. Haftpflichtversicherer) vermieden.

101 Gem. Art. 40 Abs. 4 EGBGB kann der Geschädigte seinen Anspruch unmittelbar gegen einen Versicherer des Schädigers geltend machen, wenn das auf die unerlaubte Handlung anzuwendende Recht oder das Recht, dem der Versicherungsvertrag unterliegt, dies vorsieht (Alternativanknüpfung). In der Praxis spielte dies bislang nur in Bezug auf Großbritannien und Irland eine Rolle, weil diese Länder keinen Direktanspruch gegen den Versicherer vorsahen. Zwischenzeitlich wurde aber auch hier – nach Umsetzung der 4. KH-Richtlinie der Direkteinspruch eingeführt.[127]

102 In Bezug auf die möglicherweise bei dem Verkehrsunfall im Ausland verletzten Verkehrsvorschriften ist zu beachten, dass sich diese unabhängig vom Deliktsstatut immer nach dem Recht des Unfalllandes richten.[128] Die Frage, ob der Verkehrsverstoß den Vorwurf grober Fahrlässigkeit begründet oder ob ein Mitverschulden vorliegt, wird hingegen nach Maßgabe des Deliktstatuts beantwortet.[129]

## II. Haager Übereinkommen für Straßenverkehrsunfälle

103 Das Haager Übereinkommen regelt das auf die außervertragliche zivilrechtliche Haftung aus einem Straßenverkehrsunfall anzuwendende Recht. Dieses Übereinkommen ist allerdings von Deutschland nicht unterzeichnet worden, aber u.U. dann zu beachten, wenn nach dem deutschen IPR im Rahmen einer Gesamtverweisung auf das Recht eines Staates verwiesen wird, der diese Konvention unterzeichnet hat.[130]

104 Das Haager Übereinkommen findet in folgenden Ländern Anwendung: Belgien, Bosnien-Herzegowina, Frankreich, Kroatien, Lettland, Luxemburg, Mazedonien, Montenegro, Niederlande, Österreich, Schweiz, Serbien, Slowakische Republik, Slowenien, Spanien, Tschechische Republik und Weißrussland.

105 Auch dieses Übereinkommen sieht den Grundsatz der Anwendbarkeit des Rechts des Unfalllandes vor, allerdings verweist es bei Personenschäden (Art. 4 Haager Übereinkommen), Sachschäden (Art. 5 Haager Übereinkommen) und Schäden an nicht zugelassenen Fahrzeugen (Art. 6 Haager Übereinkommen) auf das Recht des Staates, in dem das Fahrzeug angemeldet ist. Ist dieser nicht feststellbar, so ist das Recht des gewöhnlichen Standortes des Unfallfahrzeuges maßgebend. Darüber hinaus ist ein unmittelbares Klagerecht des Geschädigten gegen die gegnerische Kfz-Haftpflichtversicherung gegeben (Art. 9 Haager Übereinkommen). Kritikpunkte in Zusammenhang mit dem Haager Übereinkommen sind dessen Beschränkung auf die außervertragliche Haftung, wodurch eine akzessorische Anknüpfung ausgeschlossen wird, sowie die komplizierte Kasuistik.[131] Das Haager Übereinkommen wurde von folgenden Staaten unterzeichnet: Belgien, Bosnien-Herzegowina, Frankreich, Kroatien, Luxemburg, Mazedonien, die Niederlande, Österreich, Schweiz, Slowakische Republik, Slowenien, Spanien und Tschechische Republik.

## III. Rom II-Verordnung

106 Am 11.01.2009 ist die Verordnung über das auf außervertragliche Schuldverhältnisse anzuwendende Recht (Rom II-Verordnung) in Kraft getreten,[132] die gemäß Art. 32 der Verordnung ab dem 11.01.2009 auf schadensbegründende Ereignisse Anwendung findet, die sich nach ihrem Inkraft-

127 *Neidhart* SVR 2007, 408 (411).

128 *BGH*, DAR 1996, 237 = MDR 1996, 1124 = NJW-RR 1996, 732 = NZV 1996, 272 = ZfS 1996, 204; *LG Mainz*, NJW-RR 2000, 31.

129 *BGH*, MDR 1978, 918 = VersR 1978, 541.

130 Siehe oben Rdn. 92.

131 *Staudinger* SVR 2005, 441 (445); MüKoStVR/*Staudinger*, Kap. 2, Rn. 88 ff.

132 EG-Verordnung Nr. 864/2007 vom 11.07.2007 über das auf außervertragliche Schuldverhältnisse anzuwendende Recht (Rom II), ABl. EU 2007 Nr. L 199 vom 31.07.2007, S. 40 ff.; vgl. auch *Riedmeyer* ZfS 2008, 602, 607.

treten ereignen. Die Rom II-VO ersetzt insoweit das IPR der Mitgliedstaaten (Ausschluss der Rück und Weiterverweisung, Art. 24 Rom II-VO). Das einzige zu berücksichtigende Ereignis bei der Bestimmung der Anwendbarkeit der Rom II-VO ist – so der *EuGH* – der Zeitpunkt des Eintritts des schadensbegründenden Ereignisses. Dieser muss nach dem 11.01.2009 liegen. Weder der Zeitpunkt der Einleitung des Verfahrens noch der Zeitpunkt der Bestimmung des anwendbaren Rechts durch das nationale Gericht sind für die Festlegung des zeitlichen Anwendungsbereichs der Verordnung relevant.[133]

Die Verordnung regelt, welches nationale Recht anzuwenden ist, wenn es um die zivilrechtliche Haftung für Schäden Dritter geht. Hierunter fallen u.a. auch Schadenersatzansprüche aus Verkehrsunfällen mit Auslandsbezug. Der Verordnung in der jetzigen Fassung war eine kontroverse Diskussion zwischen EU-Kommission, dem Europäischen Parlament und dem Rat der EU vorangegangen. Seitens des Europäischen Parlaments wurde eine Sonderregelung für Verkehrsunfälle gefordert, nach der z.B. bei der Regulierung von Personenschäden das Recht des Wohnsitzlandes des Geschädigten zur Anwendung gelangen sollte. Letztendlich sieht die Rom II-VO in Bezug auf die Rechtslage in Deutschland im Wesentlichen die Beibehaltung des Status quo vor, allerdings konnte hinsichtlich bei der Schadenberechnung für Personenschäden ein Kompromiss erzielt werden: 107

Bei der Regulierung von Auslandsunfällen gilt – sofern gemäß Art. 14 Rom II-VO keine vorherige Rechtswahl getroffen wurde – nach Art. 4 Abs. 1 Rom II-VO das Recht des Landes, in dem der Schaden eingetreten ist (in der Regel das Unfallland). 108

▶ **Beispiel:**

Ein deutscher Kraftfahrer wird mit seinem in Deutschland zugelassenen Kfz in Bulgarien in einen durch einen bulgarischen Kraftfahrer verursachten Verkehrsunfall verwickelt. Auf die Schadenregulierung ist generell bulgarisches Schadenersatzrecht anzuwenden. 109

In seinem Urt. v. 10.12.2015[134] stellte der *EuGH* zudem klar, dass sich nicht nur die Frage der Haftungsquote, sondern auch die sämtliche Haftungsfolgen/Folgeschäden aus einem Verkehrsunfall nach dem einheitlichen Schadensersatzstatut richten (gem. § 4 Abs. 1 Rom-II-VO grundsätzlich das am Unfallort geltende Recht). Dieses Recht regelt u.a. auch die Frage, ob ein Angehörigenschmerzensgeld zugesprochen werden kann. Unerheblich ist, wo sich z.B. die Folgen einer Verletzung auswirken. 110

Im vom *EuGH* zu entscheidenden Fall war eine in Italien lebende rumänische Staatsangehörige bei einem Unfall in Italien zu Tode gekommen. Die in Rumänien lebenden Eltern des Unfallopfers können damit die Entschädigung für den immateriellen Schaden nach Maßgabe des günstigen italienischen Schadensersatzrechts (Angehörigenschmerzensgeld) beanspruchen.

Ausnahmsweise gilt nach Art. 4 Abs. 2 Rom II-VO das Recht des Landes des gewöhnlichen Aufenthaltes, wenn Schädiger und Geschädigter ihren gewöhnlichen Aufenthalt in demselben Land haben. 111

▶ **Beispiel:**

Verursacht ein deutscher Kraftfahrer in Griechenland einen Unfall mit einem in Deutschland ansässigen Griechen, der sich dort auf Urlaubsreise befindet, gelangt deutsches Recht zur Anwendung, da beide Unfallbeteiligten ihren gewöhnlichen Aufenthalt in Deutschland haben. 112

Ferner besteht eine weitere Ausnahme, wenn sich aus der Gesamtbetrachtung der Umstände ergibt, dass die unerlaubte Handlung eine offensichtlich engere Verbindung mit einem anderen Staat aufweist, so dass nach Art. 4 Abs. 3 Rom II-VO in diesem Fall das Recht dieses Staates anzuwen- 113

133 *EuGH*, Urt. v. 17.11.2011 – Rechtssache C 142/10 (Homawoo/GMF Assurances), NJW 2012, 441, EuZW 2012, 35.

134 *EuGH*, Urt. v. 10.12.2015 – Rechtssache C-350/14 (Lazar/Allianz SpA), NJW 2016, S. 466 ff. (mit Anm. *Staudinger*); *Neidhart/Nissen*, a.a.O., Rn. 15.

den ist. Eine derartige Verbindung kann sich danach insbesondere aus einem bereits bestehenden Rechtsverhältnis zwischen den Parteien – z.B. einem Vertrag – ergeben, das mit der betreffenden unerlaubten Handlung in enger Verbindung steht. Dieses kann u.a. bei einer gemeinsam angetretenen Busreise bestehen. Anknüpfungspunkt wäre hier der Ausgangspunkt der Fahrt bzw. Reise, sofern die Beziehung zum Unfallort eher zufällig erscheint und kein gemeinsamer Aufenthaltsort der Unfallbeteiligten besteht.[135]

114 Zu beachten ist, dass hinsichtlich der Verjährung und der Rechtsverluste (z.B. Beginn, Unterbrechung und Hemmung der Verjährungsfristen) das nach der der Rom II-Verordnung maßgebliche Recht Anwendung findet (Art. 15 lit. h Rom II-VO). Für den Geschädigten günstigere Verjährungsregeln nach Maßgabe des Rechts des angerufenen Gerichts können nach Rechtsprechung des *EuGH*[136] nur dann gemäß Art 16 Rom-II-VO als vorrangige Eingriffsnormen zur Anwendung gelangen, wenn diese Vorschriften im nationalen Recht des angerufenen Gerichts der Definition in Art. 9 Abs. 1 Rom-I-VO entsprechen. Nach dieser Vorschrift liegt eine Eingriffsnorm dann vor, wenn deren Einhaltung von einem Staat als so entscheidend für die Wahrung seines öffentlichen Interesses, insbesondere seiner politischen, sozialen oder wirtschaftlichen Organisation, angesehen wird, dass sie ungeachtet des nach Maßgabe dieser Verordnung auf den Vertrag anzuwendenden Rechts auf alle Sachverhalte anzuwenden ist, die in ihren Anwendungsbereich fallen. Die KH-Richtlinie 2009/103/EU enthält jedoch keine Kollisionsnormen, die sich über Art. 27 Rom II-VO gegenüber der Rom II-VO durchsetzen würden. Damit ist festgestellt, dass die KH-Richtlinie 2009/103/EU keine relevanten Kollisionsnormen enthält und dass sich die Anknüpfung allein nach Maßgabe der Rom II-VO vollzieht.

115 Die der Haftung zugrundeliegenden Verhaltensvorschriften (z.B. Verkehrsregeln) richten sich nach dem Recht des Unfalllandes (Art. 17 Rom II-VO).

116 Der Geschädigte kann eine Direktklage gegen den Versicherer des Haftenden einreichen, wenn dies nach dem maßgeblichen Schadenersatzrecht oder nach dem auf den Versicherungsvertrag anzuwendenden Recht vorgesehen ist (Art. 18 Rom II-VO). Die Möglichkeit der Direktklage gegen den Kfz-Haftpflichtversicherer wurde in den EU-Mitgliedstaaten bereits im Rahmen der 5. KH-Richtlinie generell eingeführt (Art. 5 Ziff. 1 und Erwägungsgrund 24 der 5. KH-Richtlinie bzw. Verweis in Erwägungsgrund 32 Richtlinie 2009/103/EG). Konkret hatte dies nur für Großbritannien und Irland zwingende gesetzliche Anpassungen zur Folge.

117 Während sich die Beweislastverteilung und gesetzliche Vermutungen nach dem gemäß der Rom II-VO anwendbaren Schadenersatz- und Haftungsrecht richten, wird die Beweisaufnahme nach Maßgabe des Rechts des angerufenen Gerichts durchgeführt (Art. 22 Rom II-VO). Die Frage, ob ein deutsches Gericht trotz anwendbaren Deliktsrechts des Unfalllandes auf die deutschen Grundsätze des Anscheinsbeweises abstellen kann, wurde in Auslegung des Art. 22 Abs. 1 Rom II-VO verneint.[137] Hinsichtlich der Frage, ob das mit einem Auslandsunfall befasste deutsche Gericht das erleichterte Beweismaß des § 287 ZPO anwenden darf, besteht in der Rechtsprechung Uneinigkeit: Das *LG Saarbrücken* vertritt die Auffassung, dass es sich beim Recht des Beweismaßes um Normen des Verfahrensrechts handelt, für die das Recht des Ortes des angerufenen Gerichts gilt.[138] Im Gegensatz dazu ist nach Auffassung des *LG Hanau* die Regelung des § 287 ZPO nicht als bloße Vorschrift über das Beweisverfahren anzusehen, sondern berührt vielmehr auch die materiell-rechtliche Dimension eines Schadensersatzanspruches, da die materiellen Anforderungen an seine Darlegung und das erforderliche Maß des Beweises über § 287 ZPO zugunsten des Anspruchsstellers herabge-

135 Vgl. hierzu *Lafontaine* ZAP 2016, 177.
136 *EuGH*, Urt. v. 31.01.2019, Rechtssache C-149/18 (Da Silva Martins).
137 *AG Geldern*, Urt. v. 27.10.2010 – 4 C 356/10, DAR 2011, 210 = NJW 2011, 686, zustimmend *Staudinger* DAR 2011, 231 und NJW 2011, 650.
138 *LG Saarbrücken* v. 09.03.2012 – 13 S 51/11, NJW-RR 2012, 885, NZV 2013, 33.

setzt sind. Es handelt sich insoweit um eine Beweiserleichterung, für die das Recht des Landes gilt, in dem der Schaden eingetreten ist.[139]

Im Rahmen des erzielten Kompromisses ist gemäß Erwägungsgrund Nr. 33 allerdings im Rahmen der Schadensberechnung für Personenschäden bestimmten Besonderheiten der Situation der Verkehrsopfer Rechnung zu tragen: Die mit der Unfallabwicklung befassten Gerichte sollen in Fällen, in denen sich der Unfall in einem anderen Land als dem des gewöhnlichen Aufenthalts des Opfers ereignet hat, alle relevanten tatsächlichen Umstände des jeweiligen Opfers berücksichtigen, insbesondere einschließlich tatsächlicher Verluste und Kosten für Nachsorge und medizinische Versorgung. Nach Maßgabe des Erwägungsgrundes Nr. 32 der Rom II-VO können die Gerichte der Mitgliedstaaten unter außergewöhnlichen Umständen auch den Ordre-Public-Vorbehalt anwenden: die Anwendung einer Norm des nach der Rom II-VO anzuwendenden Rechts kann versagt werden, wenn diese zur Folge haben würde, dass ein unangemessener, über den Ausgleich des entstandenen Schadens hinausgehender Schadensersatz mit abschreckender Wirkung – oder Strafschadenersatz – zugesprochen werden könnte. 118

In Zusammenhang mit der Bemessung des Hinterbliebenengeldes sei auf ein bemerkenswertes Urteil des *EuGH* vom 15.12.2022 verwiesen:[140] Das Urteil bezieht sich auf die deutsche Situation in Bezug auf das Hinterbliebenengeld nach tödlichen Unfällen. Vor dem 22.07.2017 sah das deutsche Schadenersatzrecht nur dann einen Anspruch des Hinterbliebenen auf Schadensersatz wegen eines »Schockschadens« vor, wenn der persönliche Schaden des Hinterbliebenen als pathologischer Schaden qualifiziert werden konnte. Auch nach der Einführung eines Anspruchs auf Hinterbliebenengeld in § 844 Abs. 3 BGB liegen die von deutschen Gerichten zugesprochenen Beträge deutlich unter den Beträgen, die von den Gerichten in den meisten anderen EU-Mitgliedstaaten zugesprochen werden. 119

Im Jahr 2014 verloren zwei Kinder mit Wohnsitz in Bulgarien ihre Mutter bei einem Unfall, der sich in Deutschland ereignete. Die Mutter hatte dauerhaft in Deutschland gelebt, weil sie dort ihren Arbeitsplatz hatte. Daher war gemäß Artikel 4 der Rom-II-Verordnung deutsches Recht anwendbar. 120

Nach dem Tod ihrer Mutter trauerten und litten beide Kinder unter ihrem Verlust. Sie haben jedoch durch den Tod ihrer Mutter keine pathologischen Gesundheitsschäden erlitten. Zum Zeitpunkt des Unfalls sah das deutsche Recht keine Entschädigung für Hinterbliebenenschäden vor. Die Voraussetzungen eines »Schockschadens« waren nicht erfüllt, da die beiden Töchter keinen pathologischen Schaden erlitten hatten. Nach geltendem deutschem Recht lehnte die Versicherung die Zahlung von immateriellem Schadenersatz ab. Nach bulgarischem Recht verlangten die beiden Töchter immateriellen Schadenersatz in Höhe von jeweils rund 150.000 €. Das Stadtgericht Sofia ersuchte den *EuGH* um eine Vorabentscheidung, ob es gegen Art. 1 Abs. 1 der Kraftfahrzeughaftpflicht-Richtlinie 84/5/EWG verstößt, wenn der Begriff des »Personenschadens« so ausgelegt wird, dass ein solcher Schaden bei psychischen Schmerzen und Leiden, die einem Kind durch den Tod eines Elternteils zugefügt werden, nur dann vorliegt, wenn diese Schmerzen und Leiden zu einer krankhaften Schädigung der psychischen Gesundheit des Kindes geführt haben. 121

Da sich der Unfall im Jahr 2014 ereignete, war nicht die Richtlinie 84/5/EWG anwendbar, wie das Gericht der Stadt Sofia anführte, sondern die Kfz-Haftpflichtversicherungsrichtlinie 2009/103/EG. Allerdings haben beide Richtlinien in dieser Hinsicht den gleichen Wortlaut. Die deutsche Versicherungswirtschaft war besorgt, weil die Versicherer im Falle eines Verstoßes gegen EU-Recht den Hinterbliebenen von getöteten Unfallopfern sowohl im Ausland als auch in Deutschland Entschädigung hätten nachzahlen müssen. 122

Der *EuGH* entschied jedoch, dass Art. 3 Abs. 4 der Richtlinie 2009/103/EG dahin auszulegen ist, dass er einer nationalen Regelung nicht entgegensteht, die den Ersatz immaterieller Schäden, die enge Familienangehörige von Opfern von Straßenverkehrsunfällen erlitten haben, durch einen 123

139 *LG Hanau* v. 09.06.2011 – 4 O 28/09, BeckRS 2012, 09924.
140 *EuGH*, Urt. v. 15.12.2022, Rechtssache C-577/21 (HUK COBURG Allgemeine Versicherung).

Kraftfahrzeug-Haftpflichtversicherer, von der Voraussetzung abhängig macht, dass dieser Schaden zu einer krankhaften Beeinträchtigung der Gesundheit dieser engen Familienangehörigen geführt hat.

Der *EuGH* wies darauf hin, dass die Kraftfahrzeughaftpflicht-Richtlinie nicht darauf abzielt, die Vorschriften der Mitgliedstaaten über die zivilrechtliche Haftung zu harmonisieren, und dass es den Mitgliedstaaten beim derzeitigen Stand des EU-Rechts weiterhin freisteht, die für Verkehrsunfälle geltenden zivilrechtlichen Haftungsvorschriften festzulegen.

**124** Diese Freiheit wird jedoch durch die Richtlinie insofern eingeschränkt, als sie die Deckung bestimmter Arten von Schäden zwingend vorschreibt, indem sie Mindestdeckungssummen festlegt, die durch die Richtlinie bestimmt werden. Der *EuGH* kam zu dem Schluss, dass die Mitgliedstaaten im Allgemeinen eine Entschädigung für Personenschäden vorsehen müssen, es ihnen aber freisteht, Voraussetzungen wie eine krankhafte Gesundheitsschädigung für die Gewährung einer Entschädigung festzulegen.[141]

**125** Das Verfahren fand eine Fortsetzung durch eine erneute Vorlagefrage des bulgarischen Kassationshofs: Ist Art. 16 der Rom-II-VO dahin auszulegen, dass eine nationale Rechtsvorschrift wie die im Ausgangsverfahren in Rede stehende, die die Anwendung eines fundamentalen Grundsatzes des Rechts des Mitgliedstaats (hier: Bulgarien), wie des Grundsatzes der Billigkeit, bei der Festsetzung der Entschädigung für immateriellen Schaden in den Fällen vorsieht, in denen der Tod nahestehender Personen durch ein Delikt eingetreten ist, als Eingriffsnorm im Sinne dieses Artikels angesehen werden kann? Gem. Art. 16 Rom-II-VO berührt die Verordnung nicht die Anwendung der nach dem Recht des Staates des angerufenen Gerichts geltenden Vorschriften, die ohne Rücksicht auf das für das außervertragliche Schuldverhältnis maßgebende Recht den Sachverhalt zwingend regeln.

**126** Der *EuGH* stellte in seinem Urteil vom 05.09.2024 fest, dass Art. 16 der Rom-II-VO dahin auszulegen ist, dass eine nationale Bestimmung, die vorsieht, dass die Entschädigung für den immateriellen Schaden, den die nahen Familienangehörigen einer bei einem Verkehrsunfall verstorbenen Person erlitten haben, vom Richter nach Billigkeit festgesetzt wird, nicht als »Eingriffsnorm« im Sinne dieses Artikels angesehen werden kann, es sei denn, der in Rede stehende Rechtsfall weist eine hinreichend enge Verbindung mit dem Mitgliedstaat des angerufenen Gerichts auf und das angerufene Gericht stellt auf der Grundlage einer eingehenden Prüfung des Wortlauts, der allgemeinen Systematik, des Telos sowie des Entstehungszusammenhangs dieser nationalen Vorschrift fest, dass ihre Einhaltung in der Rechtsordnung dieses Mitgliedstaats als entscheidend angesehen wird, weil sie das Ziel verfolgt, ein wesentliches öffentliches Interesse zu schützen, das durch die Anwendung des nach Art. 4 dieser Verordnung maßgebenden Rechts nicht erreicht werden kann.[142]

**127** Die EU-Kommission hatte sich bei der Verabschiedung der Rom II-Verordnung in einer Erklärung dazu verpflichtet, »die spezifischen Probleme zu untersuchen, mit denen EU-Ansässige bei Straßenverkehrsunfällen in einem anderen Mitgliedstaat als dem ihres gewöhnlichen Aufenthalts konfrontiert sind«. Ende Dezember 2007 wurde von der EU-Kommission der Auftrag zur Durchführung der entsprechenden Untersuchung an eine belgische Anwaltskanzlei vergeben, die am 29.01.2009 veröffentlicht wurde.[143] Gegenstand der Studie ist die Untersuchung der verschiedenen, in den Mitgliedstaaten angewandten Praktiken betreffend die Höhe der Entschädigung, die Opfer von Verkehrsunfällen erhalten. Im Rahmen der Studie sollen:

– die besonderen Probleme, denen EU-Bürger begegnen, die in Verkehrsunfälle in einem anderen Mitgliedstaat als ihrem Wohnsitzland verwickelt sind, und insbesondere die Wahrscheinlichkeit unzureichender Entschädigungsleistungen analysiert werden;

141 Vgl. *Looschelders* Zeitschrift für das Privatrecht der Europäischen Union 2023, 121.

142 *EuGH*, Urt. v. 05.09.2024, Rechtssache C-86/23 (E. N. I., Y. K. I. gegen HUK-COBURG-Allgemeine Versicherung AG).

143 ROME II Study on compensation of cross-border victims.in the EU – Compensation of victims of cross-border road traffic accidents in the EU: comparison of national practices, analysis of problems and evaluation of options for improving the position of cross-border victims.

- die Folgen unterschiedlicher Verjährungsfristen für ausländische Opfer im Falle der Anwendung des Rechts des Unfalllandes, während der Schadenregulierung untersucht werden;
- sämtliche Handlungsoptionen ermittelt und deren Anwendbarkeit untersucht werden (einschließlich versicherungstechnischer Aspekte), die zur Verbesserung der Situation der Opfer grenzüberschreitender Verkehrsunfälle führen;
- insbesondere binnenmarktbezogene Aspekte behandelt werden: Untersuchung von Schadenersatzleistungen und Versicherungsschutz für ausländische Opfer; Untersuchung, Vergleich und Bewertung der Anwendung der lex loci delicti bei grenzüberschreitenden Verkehrsunfällen sowohl in Bezug auf Schadenersatzleistungen als auch auf Verjährungsfristen.

Die EU-Kommission nahm das Ergebnis der Studie zum Anlass für eine Analyse der derzeitigen Praktiken der Mitgliedstaaten betreffend Schadenersatzleistungen für ausländische Opfer, der Folgen unterschiedlicher Verjährungsfristen, der Probleme, die sich aus der derzeitigen Situation für EU-Bürger ergeben sowie der möglichen Optionen zur Behebung dieser Probleme und zur Erreichung der festgelegten politischen Zielsetzungen. Bislang ist allerdings noch offen, ob und welche konkreten Konsequenzen die Kommission daraus ziehen wird (z.B. in Form einer neuen KH-Richtlinie). 128

In Deutschland ist das Gesetz zur Anpassung der Vorschriften des Internationalen Privatrechts an die Rom II-Verordnung am 11.01.2009 in Kraft getreten.[144] Um Fehler bei der Rechtsanwendung zu vermeiden und diese grundlegende Änderung für jedermann verständlich zu machen, wurde Art. 3 EGBGB neu gefasst: Ausgehend vom Anwendungsvorrang des Gemeinschaftsrechts gibt der neue Artikel 3 EGBGB die Prüfungsreihenfolge der möglichen Rechtsgrundlagen wieder und führt in diesem Zusammenhang die Rom II-VO namentlich auf. 129

### IV. Verhältnis Rom II-Verordnung – Haager Übereinkommen

Ungeklärt ist das Verhältnis der Rom II-Verordnung zum Haager Übereinkommen aus dem Jahre 1971: Zum einen beteiligt sich mit Dänemark voraussichtlich ein EU-Mitgliedstaat nicht an der Rom II-Verordnung. Zum anderen gilt bei Klagen in einer Reihe von Mitgliedstaaten vorrangig das Haager Übereinkommen. Dieses Nebeneinander von Systemen ist mit dem Binnenmarkt schwer verträglich. Während dem Haager Übereinkommen ein übergeordneter Spruchkörper fehle, hat die Rom II-Verordnung den Vorteil, dass der *EuGH* die letzte Instanz in Zweifelsfällen sei. Gerade die unvollständigen Regelungen des Haager Übereinkommens wie z.B. das Fehlen eines einheitlichen Gerichts haben Deutschland seinerzeit bewogen, diesem Übereinkommen nicht beizutreten. Darüber hinaus ist abzusehen, dass einige Mitgliedstaaten bei Verkehrsunfällen die Rom II-Verordnung anwenden, während andere sich auf die Haager Konvention oder sich – wie im Falle Dänemarks – auf ihre nationalen Vorschriften stützen. Letztendlich vermag es eher die Rom II-Verordnung, bei der Abwicklung von Verkehrsunfällen Rechtseinheit und -sicherheit innerhalb des Binnenmarkts zu gewährleisten.[145] Es bleibt daher abzuwarten, ob die Europäische Kommission entsprechende Initiativen ergreifen wird, das Haager Übereinkommen in die Verordnung zu integrieren oder eine Revision bzw. sogar Kündigung in Betracht zu ziehen. 130

## F. Europäisches Bagatellverfahren

Seit 2009 gibt es die EG-Verordnung zur Regelung des europäischen Bagatellverfahrens in Zivilsachen in Kraft,[146] die mit den §§ 1097–1108 des neu geschaffenen 6. Abschnitts des 11. Buches der ZPO in das deutsche Recht integriert wurde. Mit dieser Verordnung wird ein einheitliches europäisches Zivilverfahren geschaffen, das die grenzüberschreitende Rechtsverfolgung von Zivil- 131

144 Gesetz zur Anpassung der Vorschriften des Internationalen Privatrechts an die Verordnung (EG) Nr. 864/2007 vom 10.12.2008, BGBl. I S. 2401.

145 *Staudinger* DAR 2019, 669 (675), *ders.* in: SVR 2005, 441 (445); *Rudolf* ZVR 2008, 528 (531).

146 Europäisches Bagatellverfahren oder Small-Claims-Verordnung) (EG-Verordnung Nr. 861/2007, ABl. EU 2007 Nr. L 199 vom 31.07.2007, S. 1 ff., in der konsolidierten Fassung vom 14.06.2017.

forderungen (ohne Zinsen, Kosten und Auslagen im Zeitpunkt der Einleitung des Verfahrens) bis zu einer Höhe von 5.000 € verbessern soll. Es handelt sich hierbei um ein schriftliches Verfahren, bei dem kein Anwaltszwang besteht. Der Kläger reicht die Klage mittels eines Formblattes ein. Das Gericht sendet binnen 14 Tagen eine Kopie samt Antwortformblatt an den Beklagten, der innerhalb von 30 Tagen Gelegenheit hat, zu antworten. Maximal 30 Tage nach Vorliegen sämtlicher Entscheidungsgrundlagen und Parteierklärungen erlässt das Gericht sein (sofort vollstreckbares) Urteil. Die in einem solchen Verfahren ergangene Entscheidung ist innerhalb der EU sofort und unmittelbar vollstreckbar.[147]

132 Das Verfahren findet in sämtlichen Mitgliedstaaten der EU – mit Ausnahme Dänemarks – Anwendung. Der Kläger hat dabei ein Wahlrecht, ob er – nach Maßgabe der Rechts- und Sachlage – das jeweilige nationale Zivilverfahren oder das Europäische Bagatellverfahren nutzen will.[148]

133 Als Beispiel für die Anwendung des Europäischen Bagatellverfahren wird auch die Regulierung von Auslandsunfällen genannt, bei denen geringfügige Sachschäden eingetreten sind und sich eine Durchsetzung des Reparaturkostenersatzes beim Unfallverursacher im Ausland als problematisch erweist.[149]

## G. Adhäsionsverfahren

134 Im Ausland gibt es in einigen Ländern auch die Möglichkeit, Schadenersatzsprüche, für die normalerweise die Zivilgerichtsbarkeit zuständig ist, im Rahmen eines Strafprozesses durchzusetzen. Umfasst sind hier insbesondere Schäden, die auf eine Verkehrsstraftat zurückzuführen sind (z.B. fahrlässige Körperverletzung). Üblich sind derartige Adhäsionsverfahren, die im Regelfall zeitnaher und kostengünstiger als reine Zivilverfahren durchzuführen sind, z.B. in Frankreich, Österreich, Spanien und Portugal.[150] Auch in Deutschland ist die Durchführung eines Adhäsionsverfahrens grundsätzlich möglich (§§ 403 ff. StPO), wurde bislang jedoch wegen der Vermischung von Bestrafung und Schadenersatzpflicht kaum praktiziert.[151]

## H. Grüne Karte-System

### I. Grundlagen des Grüne Karte-Systems

135 Das Grüne Karte-System ist ein auf Europa und einige wenige Mittelmeeranrainerstaaten begrenztes System, dem derzeit 44 Staaten angehören.[152] Es wurde im Jahre 1949 geschaffen, um den Verkehrsopferschutz im grenzüberschreitenden Verkehr zu verbessern. Zum einen sollte kein Verkehrsopfer dadurch benachteiligt werden, dass der ihm entstandene Schaden durch ein ausländisches Kraftfahrzeug verursacht wurde, zum anderen sollte der grenzüberschreitende Straßenverkehr erleichtert werden, indem der Kraftfahrer von der Pflicht entbunden wurde, sich an der Grenze den erforderlichen Versicherungsschutz für das Reiseland zu beschaffen. Die UNO-Empfehlung Nr. 5 vom 25.01.1949 enthält die Richtlinien des Grüne Karte-Systems.[153]

147 Zu den Einzelheiten dieses Verfahrens vgl. *Engels* AnwBl. 2008, 51 f.; *Mayer/Lindemann/Haibach* Small Claims Verordnung.

148 *Engels* a.a.O.

149 Vgl. Pressemitteilung des BMJ vom 20.06.2008 »Bundestag bereitet Weg für effektiven Rechtsschutz in Europa«.

150 Zum Adhäsionsverfahren im internationalen Vergleich siehe *Neidhart* DAR 2006, 415 ff. sowie die jeweiligen Länderkapitel in MüKOStVR, Kap. 2, S. 11 ff.; *Neidhart* Unfall im Ausland – West-Europa.

151 *Krumm* SVR 2007, 41.

152 Übersicht im Internet abrufbar unter:www.cobx.org; zum Grüne Karte-System siehe auch eingehend MüKoStVR/*Buse*, Kap. 1, Rn. 6 ff.

153 UNO-Empfehlung Nr. 5, angenommen im Januar 1949, ersetzt durch Anhang 2 des konsolidierten Beschlusses über die Erleichterung des Straßenverkehrs, angenommen durch den Unterausschuss für Straßenverkehr des Binnenverkehrsausschusses der Wirtschaftskommission der Vereinten Nationen für Europa, zuletzt geändert im Jahr 2000.

Nach Maßgabe dieser Empfehlung wurde eine zentrale Organisation, das *Council of Bureaux* (CoB) mit Sitz in London (jetzt: Brüssel) geschaffen, das für die Durchführung der Aufgaben des Grüne Karte-Büros und das Funktionieren des Grüne Karte-Systems zuständig ist. Im CoB sind die nationalen Grüne Karte-Büros zusammengeschlossen. 136

Die Grüne Karte-Büros geben Internationale Versicherungsbescheinigungen (Farbe Grün, daher der Name Grüne Karte) an ihre Mitglieder (Autohaftpflichtversicherer) aus und garantieren gleichzeitig für die Rückerstattung der Aufwendungen des Büros, das sich mit einem Schadenersatzanspruch zu befassen hatte. Die Grüne Karte weist gegenüber ausländischen Behörden das Bestehen einer Versicherungsdeckung im Rahmen der auf ihr angegebenen Gültigkeit nach [154] Das nationale Grüne Karte-Büro hat die Aufgabe, in seinem Land entstandene Unfallschäden, die durch Kraftfahrzeuge mit bestimmten ausländischen Kennzeichen verursacht werden oder für andere Länder, für die eine zum Unfallzeitpunkt gültige Grüne Karte für das betreffende Besuchsland ausgegeben war, zu bearbeiten. Die Regulierung erfolgt entsprechend den Gesetzen und Verordnungen des Besuchslandes. Die Grundsätze der Zusammenarbeit zwischen den nationalen Grüne Karte-Büros sind in einem Abkommen, den *Internal Regulations* geregelt,[155] die am 01.07.2003 in Kraft getreten sind. 137

In Deutschland nimmt das Deutsche Büro Grüne Karte mit Sitz in Berlin die Funktion des Grüne Karte-Büros wahr. 138

## II. Regulierung eines Unfalls in Deutschland mit ausländischem Unfallbeteiligtem

### 1. Zuständigkeit

Das Deutsche Büro Grüne Karte e.V. ist zuständig für die Regulierung von Unfallschäden mit Ausländern im Inland. 139

▶ **Beispiel:**

Ein in Polen lebender Kraftfahrer verursacht mit seinem in Polen zugelassenen und versicherten Kfz einen Unfall in Berlin, bei dem ein in Deutschland zugelassene Fahrzeug beschädigt wird. Der deutsche Geschädigte muss sich in diesem Fall nicht an die gegnerische Versicherung in Polen wenden, sondern kann seine Schadenersatzansprüche direkt beim Deutschen Büro Grüne Karte geltend machen. 140

Bei Vorliegen der Voraussetzungen übernimmt das Deutsche Büro Grüne Karte die Pflichten eines Haftpflichtversicherers für ausländische Kfz. Voraussetzung ist, dass für das beteiligte Kraftfahrzeug eine Grüne Karte ausgestellt war. Dieser Nachweis ist zu erbringen bei Fahrzeugen aus folgenden Ländern: 141

Albanien, Aserbaidschan, Iran, Israel, Marokko, Nordmazedonien, Moldawien, Montenegro, Tunesien, Türkei und Ukraine. Die Mitgliedschaft von Belarus, Iran und Russland ist derzeit suspendiert.

Bei Fahrzeugen ausfolgenden Ländern genügt gemäß § 8a PflVersAusl grundsätzlich das Kfz-Kennzeichen als Nachweis für den Versicherungsschutz: 142

Andorra, Belgien, Bosnien-Herzegowina, Bulgarien, Dänemark, Estland, Finnland, Frankreich, Griechenland, Großbritannien, Irland, Island, Italien, Kroatien, Lettland, Liechtenstein, Litauen, Luxemburg, Malta, Monaco, Niederlande, Norwegen, Österreich, Polen, Portugal, Rumänien, Schweden, Schweiz, Serbien, Slowakische Republik, Slowenien, Spanien, Tschechische Republik, Ungarn und Zypern. Grundlage für diese Garantiefunktion des Kfz-Kennzeichens ist das Multila-

154 Himmelreich/Halm/*Lemor* Handbuch Verkehrsrecht, Kap. 3, Rn. 47.
155 Im Internet abrufbar unter: https://www.gruene-karte.de/de/grundlagen-des-gruene-karte-systems/ (Stand September 2024).

terale Garantieabkommen, das auf dem Kennzeichenabkommen von 1973 basiert[156] von sämtlichen EWR-Staaten unterzeichnet werden; Textauszug der 1. KH-Richtlinie im Anhang Rdn. 163), sowie die darauf aufbauenden *Internal Regulations* von 2003.[157] Bei letzteren handelt es sich um für die Verfahrensvorschriften für die Grüne Karte Büros, aus denen sich keine Rechte für den Geschädigten eines Verkehrsunfalls herleiten.[158]

**143** Der Geschädigte bzw. dessen Anwalt muss sich deshalb bei Schadenfällen in Deutschland unter Beteiligung ausländischer Kfz der Schadenfall an das Deutsche Büro Grüne Karte wenden und seinen Schaden dort anmelden.

**144** Bei Fahrzeugen aus Ländern, für die eine Mitführpflicht der Grünen Karten vorgesehen ist,[159] kann die Schadenbearbeitung grundsätzlich nur bei Vorlage der Grünen Karte (in Kopie) erfolgen. Kann hingegen diese selbst nicht vorgelegt werden, möglichst vollständige Angaben aus der Grünen Karte einschließlich des Gültigkeitszeitraumes, Namen und Anschriften der am Schadenfall unmittelbar Beteiligten, Unfallort sowie Unfalldatum.[160]

**145** Bei unfallbeteiligten Fahrzeugen aus Ländern, bei denen der Kennzeichennachweis genügt[161] sind folgende Angaben erforderlich: Amtliches Kennzeichen des Schädigerfahrzeugs, Namen und Anschriften der am Schadenfall unmittelbar Beteiligten, Unfallort, Unfalldatum, möglichst Namen des ausländischen Haftpflichtversicherers und die Versicherungsschein-Nummer, sowie möglichst Marke und Typ des unfallverursachenden Kfz.

**146** Das Deutsche Büro Grüne Karte kann dann wie ein Haftpflichtversicherer in Anspruch genommen werden. Im Regelfall überträgt allerdings das Büro die Abwicklung einem deutschen Versicherungsunternehmen oder einem privaten Schadenregulierungsbüro, welches jeweils im Auftrage des Deutschen Büros Grüne Karte tätig wird. Bei telefonischen Kontaktaufnahmen wird die deutsche Regulierungsstelle bekannt gegeben. Unterlagen sollen direkt an die benannte Stelle gesendet werden und nicht mehr den Umweg über das Deutsche Büro Grüne Karte e.V. gehen. Unter www.gruene-karte.de findet man im Internet die Regulierungsstelle in Deutschland (wenn der ausländische Versicherer bekannt ist). Auch das Schadenmeldeformular ist dort hinterlegt.

**147** Die Anschrift des Deutschen Büros Grüne Karte lautet:

**Deutsches Büro Grüne Karte e.V.**
**Wilhelmstraße 43/43 G**
**10117 Berlin**
**Telefon (030) 2020 5757**
**Telefax (030) 2020 6757**
**Internet:** www.gruene-karte.de
**E-Mail (Schadenmeldung):** claims@gruene-karte.de

## 2. Passivlegitimation

**148** Übernimmt bei Inlandsschäden mit Auslandsbeteiligung das Deutsche Büro Grüne Karte die Pflichten eines Haftpflichtversicherers, ist es gemäß § 6 Abs. 1 AuslPflVersG und § 3 Nr. 1 PflVersG passivlegitimiert und kann direkt verklagt werden. Nicht verklagt werden kann hingegen der vom Büro in Deutschland mit der Regulierung beauftragte inländische Versicherer bzw. Schadenregu-

156 Multilaterales Garantieabkommen vom 15.03.1991, ABl. EG 1991 Nr. L 177 vom 05.07.1991, S. 27 ff. die Mitführpflicht der Grünen Karte in Bezug auf Großbritannien soll nach dem Brexit gem. einer Vereinbarung mit der EU-Kommission wieder aufgehoben werden.

157 ABl. EU 2003 Nr. L 192 vom 09.04.2003, S. 23 ff.; siehe hierzu auch Rdn. 137.

158 Himmelreich/Halm/*Lemor* Handbuch Verkehrsrecht, 6. Aufl., Kap. 3 Rn. 48.

159 Siehe Rdn. 141.

160 Vgl. hierzu auch https://www.gruene-karte.de/de/praktische-tipps/.

161 Siehe Rdn. 142.

lierungsbüro. Daneben besteht der Direktanspruch gegen Fahrer, Halter und Versicherer des schädigenden Fahrzeugs. Das Grüne Karte Büro ist nur zustellungsbevollmächtigt für sich selbst und den Grüne Karte-Inhaber, nicht für weitere Versicherte wie z.B. den ausländischen Versicherer oder Fahrer, wenn dieser mit dem Halter nicht identisch ist. Das folgt unmittelbar aus Ziff. 2 des Textes der Grünen Karte, denn dort wird das Büro lediglich ermächtigt, Zustellungen für den Inhaber der Grünen Karte entgegenzunehmen.

### III. Grüne Karte-Fälle im Ausland

Nach Maßgabe des Grüne Karte-Systems können auch Unfallschäden reguliert werden, die sich im Rahmen von Verkehrsunfällen in einem Drittland ereignet haben, in dem Schädiger und Geschädigter nicht ansässig sind. In dieser Fallkonstellation kann u.U. aber auch eine Regulierung nach Maßgabe der 4. KH-Richtlinie bzw. Richtlinie 2009/103/EG in Betracht kommen: Die 4. KH-Richtlinie bzw. Richtlinie 2009/103/EG findet grundsätzlich auf Unfälle Anwendung, die sich in einem Drittstaat ereignen, der Mitglied des Grüne Karte-Systems ist. Voraussetzung ist hier aber, dass der Geschädigte seinen Wohnsitz in einem EU bzw. EWR-Mitgliedstaat und das den Unfall verursachende Fahrzeug seinen gewöhnlichen Standort in einem EU bzw. EWR-Mitgliedstaat hat und dort versichert ist. 149

Bei Auslandsunfällen zwischen Deutschen und Verkehrsteilnehmern aus Drittländern, also aus anderen Ländern als dem betreffenden Reiseland, hat der Geschädigte also mehrere Möglichkeiten: Er kann sich entweder an das Grüne Karte Büro des Unfalllandes, an die gegnerische Haftpflichtversicherung des Unfallverursachers in dessen Herkunftsland oder – sofern die Regelungen der 4. KH-Richtlinie bzw. Richtlinie 2009/103/EG Anwendung finden – an deren Schadenregulierungsbeauftragten in Deutschland wenden. 150

▶ **Beispiele:**

Ein Franzose verursacht mit seinem in Frankreich zugelassenen Kfz einen Verkehrsunfall in Genf (Schweiz), bei dem ein in Deutschland zugelassenes Fahrzeug beschädigt wird. Der deutsche Geschädigte kann sich hier entweder an das Grüne Karte-Büro in der Schweiz, an den deutschen Schadenregulierungsbeauftragten der französischen Versicherung des Unfallgegners wenden (nach Maßgabe der Vorgaben der 4. KH-Richtlinie bzw. Richtlinie 2009/103/EG) oder direkt an die gegnerische Versicherung in Frankreich wenden. 151

Ein Serbe verursacht mit seinem in Serbien zugelassenen Kfz einen Verkehrsunfall in Österreich, bei dem ein in Deutschland zugelassenen Fahrzeug beschädigt wird. In dieser Fallkonstellation kann der deutsche Geschädigte seine Schadenersatzansprüche nur beim Grüne Karte-Büro im Unfallland Österreich oder direkt bei der gegnerischen Versicherung in Serbien geltend machen.

Bei Inanspruchnahme des Grüne Karte-Büros in dem Land, in dem sich der Unfall ereignet hat, sollte möglichst die Grüne Versicherungskarte des Unfallgegners vorgelegt werden, auch wenn dies nicht für alle Drittländer Anspruchsvoraussetzung ist.[162] Bei Fahrern aus Ländern, in denen die Grüne Karte Pflicht ist (derzeit Albanien, Aserbaidschan, Israel, Marokko, Nordmazedonien, Moldawien, Montenegro, Tunesien, Türkei und Ukraine), ist deren Vorlage allerdings Voraussetzung für eine erfolgreiche Durchsetzung von Ansprüchen. 152

Ob in derartigen Fällen eine Regulierung der Schadenersatzansprüche über das Grüne Karte-Büro im Unfallland, über die gegnerische Haftpflichtversicherung im Land des Schädigers oder ggf. über den Schadenregulierungsbeauftragten in Deutschland vorzuziehen ist, hängt von den Umständen des Einzelfalles ab.[163] Im Regelfall kann es sich gerade bei ungeklärter Schuldfrage oder beim Vorliegen 153

162 Vgl. Rdn. 141 f.
163 Vgl. Rdn. 6 f.

von Personenschäden empfehlen, den Schaden mit Hilfe eines im Unfallland ansässigen Anwaltes über das dortige Grüne Karte Büro abzuwickeln. In anderen Fällen kann es sich aber auch empfehlen, sich direkt mit der verantwortlichen Haftpflichtversicherung in Verbindung zu setzen, etwa dann, wenn die Kommunikation mit dieser in sprachlicher Hinsicht einfacher erscheint. Der Weg über den Schadenregulierungsbeauftragten in Deutschland sollte – sofern die Vorgaben der 4. KH-Richtlinie bzw. Richtlinie 2009/103/EG Anwendung finden – zumindest dann gewählt werden, wenn die Schuldfrage geklärt ist und beim Unfall nur Sachschaden entstanden ist.

## IV. Besucherschutzabkommen

154 Darüber hinaus bietet das Deutsche Büro Grüne Karte auf der Grundlage des sog. Besucherschutzabkommens[164] eine Hilfestellung an, die die Ermittlung des Halters des gegnerischen Fahrzeugs, des zuständigen Kraftfahrzeug-Haftpflichtversicherers, die Weiterleitung von Beschwerden bei unzulänglicher Schadenabwicklung, die Beschaffung von Unterlagen wie polizeilichen Ermittlungsakten sowie medizinischen oder technischen Gutachten umfasst. Darüber hinaus kann auch Hilfe geleistet werden beim Zurverfügungstellen von Informationen über den Leistungsumfang eines ausländischen Garantiefonds, der für Schäden durch nicht versicherte oder nicht ermittelbare Kraftfahrzeuge aufkommt.

## V. Grenzversicherung

155 Ausländische Kraftfahrer, die nicht über einen anerkannten Haftpflichtdeckungsnachweis verfügen (z.B. Grüne Karte), müssen bei der Einreise eine Grenzversicherung abschließen. Der Abschluss der Grenzversicherung durch den (rosa) Grenzversicherungsschein nachgewiesen. Ist bei einem Verkehrsunfall in Deutschland das Schädigerfahrzeug im Rahmen einer Grenzversicherung versichert, sind die Schadenersatzansprüche unter Vorlage des Versicherungsscheins oder einer Kopie desselben bei der Gemeinschaft der Grenzversicherer anzumelden. Die Anschrift der Gemeinschaft der Grenzversicherer ist identisch mit derjenigen des Deutschen Büros Grüne Karte.[165]

## VI. Unfälle mit Fahrzeugen von in Deutschland stationierten ausländischen Streitkräften

156 Kommt es in Deutschland zu einem Unfall mit hierzulande stationierten ausländischen Streitkräften richtet sich die Zuständigkeit für die Schadenregulierung danach, ob es sich bei dem beteiligten Kfz um ein Fahrzeug der Truppen, also ein Dienstfahrzeug, oder um ein Privatfahrzeug handelt. Rechtsgrundlage für Ersatzansprüche für derartige Schäden sind die Art. VIII Abs. 5 bis 7 NATO-Truppenstatut.[166] Hierbei wird unterschieden, ob der Schaden in Ausübung des Dienstes oder außerdienstlich verursacht worden ist. Der Schadenersatzanspruch für während der Dienstausübung verursachte Schäden ist gemäß Art. VIII Abs. 5 des NATO-Truppenstatuts gegen den Entsendestaat geltend zu machen. Außerhalb der Dienstausübung verursachte Schäden sind hingegen gemäß Art. VIII Abs. 6 NATO-Truppenstatut an den Schädiger zu richten.

### 1. Dienstfahrzeuge der Truppen

157 Die Schadenabwicklung bei Unfällen mit Dienstfahrzeugen der Truppen erfolgt über die der Bundesanstalt für Immobilienaufgaben unterstellten Schadenregulierungsstellen des Bundes (SRB) in Erfurt, Koblenz und Nürnberg nach regionalen Gesichtspunkten. Die Geltendmachung der Schadenersatzansprüche muss hierbei innerhalb von drei Monaten erfolgen.

164 Abkommen des *Council of Bureaux* vom 27.05.1994 zur Gewährung gewisser kostenpflichtiger Hilfeleistungen an Geschädigte bei Auslandsunfällen, insbesondere hinsichtlich der Identifikation des ausländischen Versicherers.

165 Siehe oben Rdn. 147.

166 Ergänzt durch Art. 41 Abs. 6 bis 11 Zusatzabkommen und Art. 6 bis 15 Ausführungsgesetz.

## 2. Privatfahrzeuge von Truppenangehörigen

Handelt es sich bei dem unfallbeteiligten Fahrzeug dagegen um ein Privat-Kfz eines Truppenangehörigen, ist für die Schadenregulierung die für das betreffende Kfz bestehende KH-Versicherung zuständig. Zu beachten ist hierbei, dass die Zulassung privater Kfz und Anhänger von Truppenangehörigen durch die zuständigen Militärbehörden der Truppen erfolgt.[167] Auskünfte über den zuständigen Kfz-Haftpflichtversicherer des Unfallgegners sind daher direkt bei diesen einzuholen. 158

Privatfahrzeuge von Truppenangehörigen können auch bei einem (ausländischen) Versicherer im Entsendestaat versichert sein. Voraussetzung ist hierfür gemäß Art. 11 des Zusatzabkommens zum NATO-Truppenstatut, dass neben diesem ausländischen Versicherer ein in Deutschland zum Geschäftsbetrieb befugter Versicherer oder ein Verband solcher Versicherer die Pflichten eines Haftpflichtversicherers für Schadenfälle in Deutschland übernommen hat. 159

Kann für das Schädigerfahrzeug eine Grüne Karte des ausländischen Versicherers vorgelegt werden, besteht auch die Möglichkeit, die Schadenersatzansprüche beim Deutschen Büro Grüne Karte anzumelden.[168] Für Privatfahrzeuge der Truppenangehörigen aus Belgien, Großbritannien und Frankreich genügt hierbei die Angabe des Kfz-Kennzeichens (Bei Privatfahrzeugen von Truppenangehörigen aus diesen Ländern greift nämlich das Kennzeichenabkommen). 160

Anfragen bezüglich der Kfz-Haftpflichtversicherung bei Privatfahrzeugen von Truppenangehörigen sind an die zuständigen Militärbehörden zu richten: 161

**Kfz von belgischen Truppenangehörigen:**

Belgischer Verbindungsdienst
Germanicusstrasse
550968 Köln

**Kfz von britischen Truppenangehörigen:**

Vehicle Licensing Office
Block 7, Catterick Kaserne
Detmolder Str. 440
33605 Bielefeld

**Kfz von französischen Truppenangehörigen:**

Antenne de Commandement des
Forces Françaises et de l'Elément Civil
stationnés en Allemagne
SAJJ
Postfach 19 62
78159 Donaueschingen

**Kfz von US-Truppenangehörigen:**

Amerikanische Zulassungsstelle
Abteilung Correspondence
Postfach 1263
67673 Enkenbach-Alsenborn

167 Vgl. Art. 10 und 11 Zusatzabkommen zum NATO-Truppenstatut.
168 Zum Verfahren siehe oben Rdn. 139 ff.

## I. Anschriften von Rechtsanwälten im Ausland

162 Anschriften von Anwälten im Ausland können bei Rechtschutzversicherungen, beim *Deutschen Anwaltverein e. V.*,[169] bei Automobilclubs (z.B. beim *ADAC*)[170] oder können bei *Germany Trade & Invest (GTAI)*[171] erfragt werden. Darüber hinaus verfügen im Regelfall auch die Deutschen Vertretungen im Ausland über Listen mit Anwälten im Ausland, die häufig auch deutsch sprechen (oder korrespondieren).[172]

## J. Anhang

### I. 1. KH-Richtlinie

163 RICHTLINIE DES RATES vom 24. April 1972 betreffend die Angleichung der Rechtsvorschriften der Mitgliedstaaten bezüglich der Kraftfahrzeug-Haftpflichtversicherung und der Kontrolle der entsprechenden Versicherungspflicht (72/166/EWG)

DER RAT DER EUROPÄISCHEN GEMEINSCHAFTEN –
in Erwägung nachstehender Gründe:

Ziel des Vertrages ist es, einen Gemeinsamen Markt zu errichten, der im Wesentlichen einem Binnenmarkt entspricht; eine der Grundvoraussetzungen hierfür ist die Verwirklichung des freien Waren- und Personenverkehrs. Jede Grenzkontrolle der Pflicht zur Kraftfahrzeug-Haftpflichtversicherung bezweckt die Wahrung der Interessen von Personen, die möglicherweise bei einem Unfall, der von diesen Fahrzeugen verursacht wird, geschädigt werden; sie ist eine Folge der Unterschiede in den einzelstaatlichen Vorschriften auf diesem Gebiet.

Diese Unterschiede sind geeignet, den freien Verkehr von Kraftfahrzeugen und Personen innerhalb der Gemeinschaft zu behindern, und wirken sich daher unmittelbar auf die Errichtung und das Funktionieren des Gemeinsamen Marktes aus.

In der Empfehlung der Kommission vom 21.6.1968 über die zollamtliche Überwachung des Reiseverkehrs an den Binnengrenzen der Gemeinschaft werden die Mitgliedstaaten aufgefordert, Kontrollen von Reisenden und ihren Fahrzeugen nur in Ausnahmefällen vorzunehmen und die vor den Zollstellen befindlichen Schlagbäume zu beseitigen.

Es ist wünschenswert, dass sich die Bevölkerung der Mitgliedstaaten der Wirklichkeit des Gemeinsamen Marktes stärker bewusstwird, und dass zu diesem Zweck Maßnahmen zur weiteren Liberalisierung der Regeln für den Personen- und Kraftfahrzeugverkehr im Reiseverkehr zwischen den Mitgliedstaaten ergriffen werden; die Notwendigkeit solcher Maßnahmen ist wiederholt von Mitgliedern des Europäischen Parlaments unterstrichen worden.

Solche Erleichterungen im Reiseverkehr stellen einen neuen Schritt zur wechselseitigen Öffnung der Märkte der Mitgliedstaaten und zur Schaffung von binnenmarktähnlichen Bedingungen dar.

Die Kontrolle der grünen Karte kann bei Fahrzeugen, die ihren gewöhnlichen Standort in einem Mitgliedstaat haben und die in das Gebiet eines anderen Mitgliedstaats einreisen, auf der Grundlage eines Übereinkommens zwischen den sechs nationalen Versicherungsbüros aufgehoben werden, kraft deren jedes nationale Büro nach den innerstaatlichen Rechtsvorschriften die Deckung der zu Ersatzansprüchen führenden Schäden garantiert, die in seinem Gebiet von einem solchen versicherten oder nichtversicherten Fahrzeug verursacht worden sind.

169 *Deutscher Anwaltverein e. V.*, Littenstr. 11, 10179 Berlin, im Internet: www.anwaltverein.de.
170 Anschriften der *ADAC*-Vertrauensanwälte im Ausland sind im Internet abrufbar unter: www.adac.de.
171 Im Internet: www.gtai.de.
172 Anschriften der deutschen Auslandsvertretungen sind im Internet über: www.auswaertiges-amt.de abrufbar.

Dieses Übereinkommen über eine Garantie geht davon aus, dass jedes im Gebiet der Gemeinschaft verkehrende gemeinschaftsangehörige Kraftfahrzeug durch eine Versicherung gedeckt ist; es ist daher geboten, in den nationalen Rechtsvorschriften aller Mitgliedstaaten die Pflicht zur Haftpflichtversicherung dieser Fahrzeuge mit einer im gesamten Gebiet der Gemeinschaft gültigen Deckung vorzusehen; die einzelstaatlichen Rechtsvorschriften können jedoch Abweichungen für bestimmte Personen und Fahrzeugarten vorsehen.

Das in der Richtlinie vorgesehene System könnte auch auf Fahrzeuge angewandt werden, die ihren gewöhnlichen Standort im Gebiet eines Drittlandes haben, für das die nationalen Versicherungsbüros der sechs Mitgliedstaaten ein ähnliches Übereinkommen geschlossen haben –

HAT FOLGENDE RICHTLINIE ERLASSEN:

**Artikel 1**

Im Sinne dieser Richtlinie ist zu verstehen unter:

1. Fahrzeug: jedes maschinell angetriebene Kraftfahrzeug, welches zum Verkehr zu Lande bestimmt und nicht an Gleise gebunden ist, sowie die Anhänger, auch wenn sie nicht angekoppelt sind;
2. Geschädigter: jede Person, die ein Recht auf Ersatz eines von einem Fahrzeug verursachten Schadens hat;
3. Nationales Versicherungsbüro: Berufsverband, der gemäß der am 25.1.1949 vom Unterausschuss für Straßenverkehr des Binnenverkehrsausschusses der Wirtschaftskommission der Vereinten Nationen für Europa ausgesprochenen Empfehlung Nr. 5 gegründet wurde und der Versicherungsunternehmen umfasst, die in einem Staat zur Ausübung der Kraftfahrzeug-Haftpflichtversicherung zugelassen sind;
4. Gebiet, in dem das Fahrzeug seinen gewöhnlichen Standort hat: – das Gebiet des Staates, in dem das Fahrzeug zugelassen ist, oder,
   – soweit es für eine Fahrzeugart keine Zulassung gibt, das betreffende Fahrzeug jedoch eine Versicherungsplakette oder ein dem amtlichen Kennzeichen ähnliches Unterscheidungszeichen trägt, das Gebiet des Staates, in dem diese Plakette oder dieses Unterscheidungszeichen verliehen wurde, oder,
   – soweit es für bestimmte Fahrzeugarten weder eine Zulassung noch eine Versicherungsplakette noch ein unterscheidendes Kennzeichen gibt, das Gebiet des Staates, in dem der Fahrzeughalter seinen Wohnsitz hat;
5. Grüne Karte: internationale Versicherungsbescheinigung, die im Namen eines nationalen Versicherungsbüros auf Grund der Empfehlung Nr. 5 des Unterausschusses für Straßenverkehr des Binnenverkehrsausschusses der Wirtschaftskommission der Vereinten Nationen für Europa vom 25.1.1949 ausgestellt wurde.

**Artikel 2**

(1) Die Mitgliedstaaten verzichten auf eine Kontrolle der Haftpflichtversicherung bei Fahrzeugen, die ihren gewöhnlichen Standort im Gebiet eines anderen Mitgliedstaats haben. Die Mitgliedstaaten verzichten ferner auf eine Kontrolle dieser Versicherung bei Fahrzeugen, die aus dem Gebiet eines anderen Mitgliedstaats in ihr Gebiet einreisen und ihren gewöhnlichen Standort im Gebiet eines dritten Landes haben. Sie können jedoch eine Stichprobenkontrolle durchführen.

(2) Bei Fahrzeugen, die ihren gewöhnlichen Standort im Gebiet eines der Mitgliedstaaten haben, werden die Vorschriften dieser Richtlinie, mit Ausnahme der Artikel 3 und 4, wirksam: – sobald zwischen den sechs nationalen Versicherungsbüros ein Übereinkommen geschlossen worden ist, wonach sich jedes nationale Büro nach Maßgabe der eigenen einzelstaatlichen Rechtsvorschriften betreffend die Pflichtversicherung zur Regelung von Schadensfällen verpflichtet, die sich in seinem Gebiet ereignen und durch den Verkehr von versicherten oder nicht versicherten Fahrzeugen verursacht werden, die ihren gewöhnlichen Standort im Gebiet eines anderen Mitgliedstaats haben;
– von dem Zeitpunkt an, den die Kommission bestimmen wird, nachdem sie in enger Zusammenarbeit mit den Mitgliedstaaten das Bestehen eines solchen Übereinkommens festgestellt hat;
– für die Geltungsdauer dieses Übereinkommens.

**Artikel 3**

(1) Jeder Mitgliedstaat trifft vorbehaltlich der Anwendung des Artikels 4 alle zweckdienlichen Maßnahmen, um sicherzustellen, dass die Haftpflicht bei Fahrzeugen mit gewöhnlichem Standort im Inland durch eine Versicherung gedeckt ist. Die Schadensdeckung sowie die Modalitäten dieser Versicherung werden im Rahmen dieser Maßnahmen bestimmt.

(2) Jeder Mitgliedstaat trifft alle zweckdienlichen Maßnahmen, um sicherzustellen, dass der Versicherungsvertrag überdies folgende Schäden deckt:

– die im Gebiet der anderen Mitgliedstaaten gemäß den Rechtsvorschriften dieser Staaten verursachten Schäden,
– die Schäden, die Angehörigen der Mitgliedstaaten auf den direkten Strecken zwischen einem Gebiet, in dem der Vertrag zur Gründung der Europäischen Wirtschaftsgemeinschaft gilt, und einem anderen solchen Gebiet zugefügt werden, wenn für das durchfahrene Gebiet ein nationales Versicherungsbüro nicht besteht; in diesem Fall ist der Schaden gemäß den die Versicherungspflicht betreffenden Rechtsvorschriften des Mitgliedstaats zu decken, in dessen Gebiet das Fahrzeug seinen gewöhnlichen Standort hat.

**Artikel 4**

Jeder Mitgliedstaat kann von Artikel 3 abweichen:

a) bei bestimmten natürlichen und juristischen Personen des öffentlichen oder des privaten Rechts, die der betreffende Staat bestimmt und deren Name oder Kennzeichnung er den anderen Mitgliedstaaten sowie der Kommission meldet. In diesem Fall trifft der von Artikel 3 abweichende Mitgliedstaat alle zweckdienlichen Maßnahmen, um sicherzustellen, dass die Schäden, die diesen Personen gehörende Fahrzeuge in anderen Mitgliedstaaten verursachen, ersetzt werden. Er bestimmt insbesondere die Stelle oder Einrichtung in dem Land, in dem sich der Schadensfall ereignet hat, die nach Maßgabe der Rechtsvorschriften dieses Staates den Geschädigten den Schaden zu ersetzen hat, falls das in Artikel 2 Absatz 2 erster Gedankenstr ch vorgesehene Verfahren nicht durchführbar ist. Er teilt die getroffenen Maßnahmen den anderen Mitgliedstaaten und der Kommission mit;

b) bei gewissen Arten von Fahrzeugen oder Fahrzeugen mit besonderem Kennzeichen, die dieser Staat bestimmt und deren Kennzeichnung er den anderen Mitgliedstaaten sowie der Kommission meldet. In diesem Fall behalten die anderen Mitgliedstaaten das Recht, bei der Einreise eines dieser Fahrzeuge in ihr Gebiet vom Fahrzeughalter den Besitz einer gültigen grünen Karte oder den Abschluss einer Grenzversicherung nach den von den einzelnen Mitgliedstaaten erlassenen Bestimmungen zu fordern.

**Artikel 5**

Jeder Mitgliedstaat achtet darauf, dass sich das nationale Versicherungsbüro unbeschadet der in Artikel 2 Absatz 2 erster Gedankenstrich vorgesehenen Verpflichtung bei einem Unfall, der in seinem Gebiet von einem Fahrzeug mit gewöhnlichem Standort im Gebiet eines anderen Mitgliedstaats verursacht worden ist, über folgendes informiert:

– über das Gebiet, in dem dieses Fahrzeug seinen gewöhnlichen Standort hat, sowie gegebenenfalls über sein amtliches Kennzeichen,
– soweit möglich über die normalerweise in der grünen Karte enthaltenen, im Besitz des Fahrzeughalters befindlichen Angaben über die Versicherung des betreffenden Fahrzeugs, soweit diese von dem Mitgliedstaat, in dessen Gebiet das Fahrzeug seinen gewöhnlichen Standort hat, verlangt werden;
– jeder Mitgliedstaat achtet ebenfalls darauf, dass das genannte Büro diese Auskünfte dem nationalen Versicherungsbüro des Staates mitteilt, in dessen Gebiet das betreffende Fahrzeug seinen gewöhnlichen Standort hat.

**Artikel 6**

Die Mitgliedstaaten treffen alle zweckdienlichen Maßnahmen, um sicherzustellen, dass Fahrzeuge, die ihren gewöhnlichen Standort im Gebiet eines Drittlandes oder in einem außereuropäischen Gebiet eines Mitgliedstaats haben und in das Gebiet einreisen, in dem der Vertrag zur Gründung der Europäischen Wirtschaftsgemeinschaft gilt, nur dann zum Verkehr in ihrem Gebiet zugelassen werden können, wenn die möglicherweise durch die Teilnahme dieser Fahrzeuge am Verkehr verursachten Schäden im gesamten Gebiet, in dem der Vertrag zur Gründung der Europäischen Wirtschaftsgemeinschaft gilt, nach Maßgabe der einzelnen nationalen Rechtsvorschriften für die Fahrzeug-Haftpflichtversicherung gedeckt sind.

**Artikel 7**

(1) Jedes Fahrzeug mit gewöhnlichem Standort im Gebiet eines Drittlandes oder in einem außereuropäischen Gebiet eines Mitgliedstaats muss vor der Einreise in das Gebiet, in dem der Vertrag zur Gründung der Europäischen Wirtschaftsgemeinschaft gilt, mit einer gültigen grünen Karte oder mit einer Bescheinigung über den Abschluss einer Grenzversicherung gemäß Artikel 6 versehen sein.

(2) Fahrzeuge, die ihren gewöhnlichen Standort in einem Drittland haben, gelten jedoch als Fahrzeuge mit gewöhnlichem Standort in der Gemeinschaft, wenn sich die nationalen Versicherungsbüros aller Mitgliedstaaten, jedes für sich, nach Maßgabe der eigenen nationalen Rechtsvorschriften betreffend die Pflichtversicherung zur Regelung von Schadensfällen verpflichten, die sich in ihrem Gebiet ereignen und durch die Teilnahme dieser Fahrzeuge am Verkehr verursacht werden.

(3) Sobald die Kommission in enger Zusammenarbeit mit den Mitgliedstaaten festgestellt hat, dass die in Absatz 2 vorgesehenen Verpflichtungen erfüllt sind, bestimmt sie, von welchem Zeitpunkt an und für welche Fahrzeugarten die Mitgliedstaaten nicht mehr die Vorlage der in Absatz 1 genannten Urkunden verlangen.

**Artikel 8**

Die Mitgliedstaaten setzen die erforderlichen Maßnahmen in Kraft, um dieser Richtlinie spätestens bis zum 31.12.1973 nachzukommen, und setzen die Kommission hiervon unverzüglich in Kenntnis.

**Artikel 9**

Diese Richtlinie ist an die Mitgliedstaaten gerichtet.

Geschehen zu Luxemburg am 24.4.1972

## II. 2.KH-Richtlinie

ZWEITE RICHTLINIE DES RATES 164

vom 30. Dezember 1983 betreffend die Angleichung der Rechtsvorschriften der Mitgliedstaaten bezüglich der Kraftfahrzeug-Haftpflichtversicherung (84/5/EWG)

DER RAT DER EUROPÄISCHEN GEMEINSCHAFTEN –

in Erwägung nachstehender Gründe:

Mit der Richtlinie 72/166/EWG (4), in der Fassung der Richtlinie 72/430/EWG (5), hat der Rat eine Angleichung der Rechtsvorschriften der Mitgliedstaaten über die Kraftfahrzeug-Haftpflichtversicherung und die Kontrolle der entsprechenden Versicherungspflicht vorgenommen.

Durch Artikel 3 der Richtlinie 72/166/EWG wird jeder Mitgliedstaat verpflichtet, alle zweckdienlichen Maßnahmen zu treffen, um sicherzustellen, dass die Haftpflicht bei Fahrzeugen mit gewöhnlichem Standort im Inland durch eine Versicherung gedeckt ist. Die Schadensdeckung sowie die Modalitäten dieser Versicherung werden im Rahmen dieser Maßnahmen bestimmt.

Allerdings bestehen nach wie vor bezüglich des Umfangs dieser Versicherungspflicht große Unterschiede zwischen den Rechtsvorschriften der einzelnen Mitgliedstaaten. Diese Unterschiede wirken sich unmittelbar auf Errichtung und Funktionieren des Gemeinsamen Marktes aus.

Es ist insbesondere gerechtfertigt, die Versicherungspflicht auch auf Sachschäden zu erstrecken.

Die Summen, bis zu denen die Versicherungspflicht besteht, müssen in jedem Fall gestatten, den Unfallopfern eine ausreichende Entschädigung zu sichern, gleichgültig, in welchem Mitgliedstaat sich der Unfall ereignet hat.

Es ist notwendig, eine Stelle einzurichten, die dem Geschädigten auch dann eine Entschädigung sicherstellt, wenn das verursachende Fahrzeug nicht versichert war oder nicht ermittelt wurde. Die betreffenden Unfallopfer müssen sich unmittelbar an diese Stelle als erste Kontaktstelle wenden können; diese Möglichkeit berührt nicht die von den Mitgliedstaaten hinsichtlich der Frage der

Subsidiarität des Eintretens dieser Stelle angewandten Vorschriften sowie die für den Rückgriff geltenden Regeln. Den Mitgliedstaaten sollte jedoch die Möglichkeit gegeben werden, in bestimmten begrenzten Fällen die Einschaltung der betreffenden Stelle auszuschließen und bei von einem nicht ermittelten Fahrzeug verursachten Sachschäden wegen der Betrugsgefahr vorzusehen, dass die Entschädigung bei derartigen Schäden begrenzt oder ausgeschlossen werden kann.

Es liegt im Interesse der Unfallopfer, das die Wirkungen bestimmter Ausschlussklauseln auf die Beziehungen zwischen dem Versicherer und dem für den Unfall Verantwortlichen beschränkt bleiben. Bei gestohlenen oder unter Anwendung von Gewalt erlangten Fahrzeugen können die Mitgliedstaaten jedoch vorsehen, dass zur Entschädigung des Opfers die genannte Stelle eintritt.

Die Mitgliedstaaten können, um die finanzielle Belastung dieser Stelle zu verringern, die Anwendung einer gewissen Selbstbeteiligung in den Fällen vorsehen, in denen die Stelle bei der Entschädigung für Sachschäden eingeschaltet wird, die durch nichtversicherte oder gegebenenfalls gestohlene oder unter Anwendung von Gewalt erlangte Fahrzeuge verursacht worden sind.

Die Familienangehörigen des Versicherungsnehmers, Fahrers oder eines sonstigen Verursachers sollten, jedenfalls bei Personenschäden, einen mit dem anderer Geschädigter vergleichbaren Schutz erhalten.

Voraussetzung für die Abschaffung der Kontrolle der Versicherung ist, dass das nationale Versicherungsbüro des besuchten Landes eine Garantie übernimmt, die von Fahrzeugen mit gewöhnlichem Standort in einem anderen Mitgliedstaat verursachten Schäden zu vergüten. Zur Feststellung, ob ein Fahrzeug seinen gewöhnlichen Standort in einem bestimmten Mitgliedstaat hat, bleibt das amtliche Kennzeichen des betreffenden Staates nach wie vor das einfachste Kriterium. Daher muss Artikel 1 Absatz 4 erster Gedankenstrich der Richtlinie 72/166/EWG entsprechend geändert werden.

In Anbetracht der in bestimmten Mitgliedstaaten gegebenen Ausgangslage sowohl bei den Mindestbeträgen als auch bei der Deckung und den Selbstbeteiligungen, die die genannte Stelle bei Sachschäden anwenden kann, sollten für diese Mitgliedstaaten Übergangsmaßnahmen für die schrittweise Anwendung der Vorschriften der Richtlinie über die Mindestbeträge und die Vergütung von Sachschäden durch diese Stelle vorgesehen werden –

HAT FOLGENDE RICHTLINIE ERLASSEN:

**Artikel 1**

(1) Die in Artikel 3 Absatz 1 der Richtlinie 72/166/EWG bezeichnete Versicherung hat sowohl Sachschäden als auch Personenschäden zu umfassen.

(2) Unbeschadet höherer Deckungssummen, die von den Mitgliedstaaten gegebenenfalls vorgeschrieben sind, fordert jeder Mitgliedstaat für die Pflichtversicherung folgende Mindestbeträge:
– für Personenschäden 350 000 ECU bei nur einem Unfallopfer; bei mehreren Opfern ein und desselben Unfalls wird dieser Betrag mit der Anzahl der Opfer multipliziert;
– für Sachschäden ungeachtet der Anzahl der Geschädigten 100 000 ECU.

Die Mitgliedstaaten können statt der vorgenannten Mindestbeträge für Personenschäden – bei mehreren Opfern ein und desselben Unfalls – einen Mindestbetrag von 500 000 ECU oder für Personen- und Sachschäden – ungeachtet der Anzahl der Geschädigten und der Art der Schäden – einen globalen Mindestbetrag von 600 000 ECU je Schadensfall vorsehen.

(3) Für die Zwecke dieser Richtlinie ist unter ECU die durch Artikel 1 der Verordnung (EWG) Nr. 3180/78 (1) definierte Rechnungseinheit zu verstehen. Als Gegenwert in Landeswährung gilt für aufeinander folgende Zeiträume von vier Jahren, gerechnet ab 1. Januar des ersten Jahres jedes Zeitraums, der Wert des letzten Tages des vorangegangenen Monats September, für den die Gegenwerte der ECU in sämtlichen Währungen der Gemeinschaft vorliegen. Der erste Zeitraum beginnt am 1.1.1984.

(4) Jeder Mitgliedstaat schafft eine Stelle oder erkennt eine Stelle an, die für Sach- oder Personenschäden, welche durch ein nicht ermitteltes oder nicht im Sinne des Absatzes 1 versichertes Fahrzeug verursacht worden sind, zumindest in den Grenzen der Versicherungspflicht Ersatz zu leisten hat. Das Recht der Mitgliedstaaten, Bestimmungen zu erlassen, durch die der Einschaltung dieser Stelle subsidiärer Cha-

rakter verliehen wird oder durch die der Rückgriff dieser Stelle auf den oder die für den Unfall Verantwortlichen sowie auf andere Versicherer oder Einrichtungen der sozialen Sicherheit, die gegenüber dem Geschädigten zur Regulierung desselben Schadens verpflichtet sind, geregelt wird, bleibt unberührt. Der Geschädigte kann sich jedoch in jedem Fall unmittelbar an diese Stelle wenden, welche ihm – auf der Grundlage der auf ihr Verlangen hin vom Geschädigten mitgeteilten Informationen – eine begründete Auskunft über ihr Tätigwerden erteilen muss. Die Mitgliedstaaten können jedoch von der Einschaltung dieser Stelle Personen ausschließen, die das Fahrzeug, das den Schaden verursacht hat, freiwillig bestiegen haben, sofern durch die Stelle nachgewiesen werden kann, dass sie wussten, dass das Fahrzeug nicht versichert war. Die Mitgliedstaaten können die Einschaltung dieser Stelle bei Sachschäden, die durch ein nicht ermitteltes Fahrzeug verursacht wurden, beschränken oder ausschließen. Sie können ferner für durch ein nicht versichertes Fahrzeug verursachte Sachschäden eine gegenüber dem Geschädigten wirksame Selbstbeteiligung bis zu einem Betrag von 500 ECU zulassen. Im Übrigen wendet jeder Mitgliedstaat bei der Einschaltung dieser Stelle unbeschadet jeder anderen für die Unfallopfer günstigeren Praxis seine Rechts- und Verwaltungsvorschriften an.

**Artikel 2**

(1) Jeder Mitgliedstaat trifft zweckdienliche Maßnahmen, damit jede Rechtsvorschrift oder Vertragsklausel in einer nach Artikel 3 Absatz 1 der Richtlinie 72/166/EWG ausgestellten Versicherungspolice, mit der die Nutzung oder Führung von Fahrzeugen durch

– hierzu weder ausdrücklich noch stillschweigend ermächtigte Personen oder
– Personen, die keinen Führerschein für das betreffende Fahrzeug besitzen, oder
– Personen, die den gesetzlichen Verpflichtungen in Bezug auf Zustand und Sicherheit des betreffenden Fahrzeugs nicht nachgekommen sind, von der Versicherung ausgeschlossen werden, bei der Anwendung von Artikel 3 Absatz 1 der Richtlinie 72/166/EWG bezüglich der Ansprüche von bei Unfällen geschädigten Dritten als wirkungslos gilt.

Die im ersten Gedankenstrich genannte Vorschrift oder Klausel kann jedoch gegenüber den Personen geltend gemacht werden, die das Fahrzeug, das den Schaden verursacht hat, freiwillig bestiegen haben, sofern der Versicherer nachweisen kann, dass sie wussten, dass das Fahrzeug gestohlen war. Den Mitgliedstaaten steht es frei, bei Unfällen auf ihrem Gebiet Unterabsatz 1 nicht anzuwenden, wenn und soweit das Unfallopfer Schadenersatz von einem Sozialversicherungsträger erlangen kann.

(2) In den Fällen gestohlener oder unter Anwendung von Gewalt erlangter Fahrzeuge können die Mitgliedstaaten vorsehen, dass die in Artikel 1 Absatz 4 bezeichnete Stelle nach Maßgabe von Absatz 1 des vorliegenden Artikels anstelle des Versicherers eintritt; hat das Fahrzeug seinen gewöhnlichen Standort in einem anderen Mitgliedstaat, so hat diese Stelle keine Regressansprüche gegenüber irgendeiner Stelle in diesem Mitgliedstaat.

Die Mitgliedstaaten, die im Falle gestohlener oder unter Anwendung von Gewalt erlangter Fahrzeuge das Eintreten der in Artikel 1 Absatz 4 bezeichneten Stelle vorsehen, können für Sachschäden eine Selbstbeteiligung des Geschädigten bis zu 250 ECU festsetzen.

**Artikel 3**

Familienmitglieder des Versicherungsnehmers, des Fahrers oder jeder anderen Person, die bei einem Unfall haftbar gemacht werden kann und durch die in Artikel 1 Absatz 1 bezeichnete Versicherung geschützt ist, dürfen nicht aufgrund dieser familiären Beziehungen von der Personenschadenversicherung ausgeschlossen werden.

**Artikel 4**

Artikel 1 Absatz 4 erster Gedankenstrich der Richtlinie 72/166/EWG erhält folgende Fassung:

– »das Gebiet des Staates, dessen amtliches Kennzeichen das Fahrzeug trägt, oder,«.

**Artikel 5**

(1) Die Mitgliedstaaten ändern ihre einzelstaatlichen Rechtvorschriften gemäß dieser Richtlinie bis zum 31.12.1987. Sie setzen die Kommission unverzüglich davon in Kenntnis.

(2) Die geänderten Bestimmungen gelangen bis zum 31.12.1988 zur Anwendung.

(3) Abweichend von Absatz 2

a) steht der Republik Griechenland eine Frist bis zum 31.12.1995 zur Verfügung, um die Deckungssummen auf die in Artikel 1 Absatz 2 vorgesehenen Beträge anzuheben. Falls sie von dieser Möglichkeit Gebrauch macht, müssen die Deckungssummen im Verhältnis zu den in dem genannten Artikel vorgesehenen Beträgen folgende Prozentsätze erreichen:
- einen Prozentsatz von mehr als 16 % am 31.12.1988,
- einen Prozentsatz von 31 % spätestens am 31.12.1992;

b) verfügen die übrigen Mitgliedstaaten über eine Frist bis zum 31.12.1990, um die Deckungssummen auf die in Artikel 1 Absatz 2 vorgesehenen Beträge anzuheben. Die Mitgliedstaaten, die von dieser Möglichkeit Gebrauch machen, müssen innerhalb der in Absatz 1 genannten Frist die Deckungssummen um mindestens die Hälfte des Unterschieds zwischen der am 1. Januar 1984 geltenden Deckung und den in Artikel 1 Absatz 2 vorgeschriebenen Beträgen anheben.

(4) Abweichend von Absatz 2

a) kann die Italienische Republik vorsehen, dass die Selbstbeteiligung nach Artikel 1 Absatz 4 Unterabsatz 5 bis zum 31.12.1990 1 000 ECU beträgt;

b) können die Republik Griechenland und Irland vorsehen, dass
- die Einschaltung der in Artikel 1 Absatz 4 genannten Stelle, die für Sachschäden Ersatz leistet, bis zum 31.12.1992 ausgeschlossen wird;
- die Selbstbeteiligung nach Artikel 1 Absatz 4 Unterabsatz 5 und die Selbstbeteiligung nach Artikel 2 Absatz 2 bis zum 31.12.1995 1 500 ECU betragen.

Artikel 6

(1) Die Kommission legt dem Rat bis zum 31.12.1989 einen Bericht über die Lage in den Mitgliedstaaten vor, denen die Übergangsmaßnahmen nach Artikel 5 Absatz 3 Buchstabe a) und Absatz 4 Buchstabe b) gewährt werden, und unterbreitet ihm gegebenenfalls Vorschläge zur Revision dieser Maßnahmen unter Berücksichtigung der Entwicklung der Lage.

(2) Die Kommission legt dem Rat bis zum 31.12.1993 einen Bericht über den Stand der Anwendung dieser Richtlinie vor und unterbreitet ihm gegebenenfalls Vorschläge, insbesondere hinsichtlich der Anpassung der Beträge nach Artikel 1 Absätze 2 und 4.

Artikel 7

Diese Richtlinie ist an die Mitgliedstaaten gerichtet.

Geschehen zu Brüssel am 30.12.1983

## III. 3. KH-Richtlinie

165 DRITTE RICHTLINIE DES RATES

vom 14. Mai 1990

zur Angleichung der Rechtsvorschriften der Mitgliedstaaten über die Kraftfahrzeug-Haftpflichtversicherung (90/232/EWG)

DER RAT DER EUROPÄISCHEN GEMEINSCHAFTEN –

in Erwägung nachstehender Gründe:

Mit der Richtlinie 72/166/EWG (4), zuletzt geändert durch die Richtlinie 84/5/EWG (5), hat der Rat Vorschriften zur Angleichung der Rechtsvorschriften der Mitgliedstaaten über die Kraftfahrzeug-Haftpflichtversicherung und die Kontrolle der entsprechenden Versicherungspflicht erlassen.

Nach Artikel 3 der Richtlinie 72/166/EWG hat jeder Mitgliedstaat alle zweckdienlichen Maßnahmen zu treffen, um sicherzustellen, dass die Haftpflicht bei Fahrzeugen mit gewöhnlichem Standort im Inland durch eine Versicherung gedeckt ist. Der Umfang der Schadensdeckung sowie die Modalitäten des Versicherungsschutzes sollten im Rahmen dieser Maßnahmen bestimmt werden.

Mit der Richtlinie 84/5/EWG, geändert durch die Akte über den Beitritt Spaniens und Portugals, wurden die Unterschiede bezüglich Höhe und Inhalt der Pflichtversicherungsverträge zur Deckung der Haftpflicht in den einzelnen Mitgliedstaaten beträchtlich vermindert; erhebliche Unterschiede bestehen jedoch weiterhin hinsichtlich der Schadensdeckung durch eine solche Versicherung.

Den bei Kraftfahrzeug-Verkehrsunfällen Geschädigten sollte unabhängig davon, in welchem Land der Gemeinschaft sich der Unfall ereignet, eine vergleichbare Behandlung garantiert werden.

Lücken bestehen insbesondere in einigen Mitgliedstaaten hinsichtlich der Versicherungspflicht für die Fahrzeuginsassen; sie sollten geschlossen werden, um diese besonders stark gefährdete Kategorie potentieller Geschädigter zu schützen.

Bei der Anwendung von Artikel 3 Absatz 2 erster Gedankenstrich der Richtlinie 72/166/EWG sollten Zweifel darüber beseitigt werden, dass sich alle Kraftfahrzeug-Haftpflichtversicherungspolicen auf das gesamte Gebiet der Gemeinschaft erstrecken.

Im Interesse des Versicherten sollte ferner jede Haftpflichtversicherungspolice im Rahmen einer einzigen Prämie die in jedem Mitgliedstaat gesetzlich vorgeschriebene Deckung bzw., wenn diese höher ist, die gesetzliche Deckung des Mitgliedstaats, in dem das Fahrzeug seinen gewöhnlichen Standort hat, gewährleisten.

Nach Artikel 1 Absatz 4 der Richtlinie 84/5/EWG hat jeder Mitgliedstaat eine Stelle zu schaffen oder anzuerkennen, die für Sach- oder Personenschäden Ersatz zu leisten hat, welche durch ein nicht ermitteltes oder nicht versichertes Fahrzeug verursacht worden sind. Diese Bestimmung berührt jedoch nicht das Recht der Mitgliedstaaten, der Einschaltung dieser Stelle subsidiären Charakter zu verleihen.

Bei einem durch ein nicht versichertes Fahrzeug verursachten Unfall muss der Geschädigte jedoch in einigen Mitgliedstaaten vor Befassung dieser Stelle den Nachweis erbringen, dass der Haftpflichtige nicht in der Lage ist oder sich weigert, Schadenersatz zu leisten. Für die genannte Stelle ist es jedoch leichter als für den Geschädigten, gegen den Haftpflichtigen Rückgriff zu nehmen; diese Stelle sollte daher nicht die Möglichkeit haben, die Zahlung von Schadenersatz davon abhängig zu machen, dass der Geschädigte den Nachweis erbringt, dass der Unfallverursacher nicht in der Lage ist oder sich weigert, Schadenersatz zu leisten.

Können die genannte Stelle und ein Haftpflichtversicherer keine Einigung darüber erzielen, wer dem Unfallgeschädigten Schadenersatz zu leisten hat, so sollten die Mitgliedstaaten, um Verzögerungen bei der Auszahlung des Schadenersatzes an den Geschädigten zu vermeiden, die Partei bestimmen, die bis zur Entscheidung über den Streitfall den Schadenersatz vorläufig zu zahlen hat.

Da es für Unfallgeschädigte zuweilen mit Schwierigkeiten verbunden ist, den Namen des Versicherungsunternehmens zu erfahren, das die Haftpflicht aufgrund der Nutzung eines an einem Unfall beteiligten Fahrzeugs deckt, sollten die Mitgliedstaaten im Interesse dieser Geschädigten die erforderlichen Maßnahmen ergreifen, um sicherzustellen, dass diese Information unverzüglich zur Verfügung steht.

Die beiden bisherigen Richtlinien im Bereich der Kraftfahrzeug-Haftpflichtversicherung sollten unter Berücksichtigung der vorstehenden Erwägungen einheitlich ergänzt werden.

Eine solche Ergänzung, durch die der Schutz der Versicherten und der Unfallgeschädigten verbessert wird, wird das Überschreiten der Binnengrenzen der Gemeinschaft und damit die Errichtung und das Funktionieren des Binnenmarktes weiter erleichtern. Daher ist ein weitgehender Verbraucherschutz zugrunde zu legen.

Nach Artikel 8c des Vertrages ist dem Umfang der Anstrengungen, die einigen Volkswirtschaften mit unterschiedlichem Entwicklungsstand abverlangt werden, Rechnung zu tragen. Daher sollte einigen Mitgliedstaaten eine Übergangsregelung eingeräumt werden, die eine schrittweise Anwendung bestimmter Vorschriften dieser Richtlinie ermöglicht –

HAT FOLGENDE RICHTLINIE ERLASSEN:

**Artikel 1**

Unbeschadet des Artikels 2 Absatz 1 Unterabsatz 2 der Richtlinie 84/5/EWG deckt die in Artikel 3 Absatz 1 der Richtlinie 72/166/EWG genannte Versicherung die Haftpflicht für aus der Nutzung eines Fahrzeugs resultierende Personenschäden bei allen Fahrzeuginsassen mit Ausnahme des Fahrers.

Im Sinne der vorliegenden Richtlinie entspricht der Begriff »Fahrzeug« dem in Artikel 1 der Richtlinie 72/166/EWG festgelegten Begriff.

**Artikel 2**

Die Mitgliedstaaten treffen die erforderlichen Maßnahmen, damit alle Pflichtversicherungsverträge zur Deckung der Haftpflicht für die Nutzung von Fahrzeugen

- auf der Basis einer einzigen Prämie das gesamte Gebiet der Gemeinschaft abdecken und
- auf der Grundlage dieser einzigen Prämie den in jedem Mitgliedstaat gesetzlich vorgeschriebenen Versicherungsschutz bzw. den in dem Mitgliedstaat, in dem das Fahrzeug seinen gewöhnlichen Standort hat, gesetzlich vorgeschriebenen Versicherungsschutz gewährleisten, wenn letzterer höher ist.

**Artikel 3**

Artikel 1 Absatz 4 Unterabsatz 1 der Richtlinie 84/5/EWG wird durch folgenden Satz ergänzt:

»Die Mitgliedstaaten dürfen es der Stelle jedoch nicht gestatten, die Zahlung von Schadenersatz davon abhängig zu machen, dass der Geschädigte in irgendeiner Form nachweist, dass der Haftpflichtige zur Schadenersatzleistung nicht in der Lage ist oder die Zahlung verweigert.«

**Artikel 4**

Besteht zwischen der in Artikel 1 Absatz 4 der Richtlinie 84/5/EWG genannten Stelle und dem Haftpflichtversicherer Streit darüber, wer dem Geschädigten Schadenersatz zu leisten hat, so ergreifen die Mitgliedstaaten entsprechende Maßnahmen, damit unter den Parteien diejenige bestimmt wird, die dem Geschädigten unverzüglich vorläufigen Schadenersatz zu leisten hat.

Wird zu einem späteren Zeitpunkt entschieden, dass die andere Partei ganz oder teilweise hätte Schadenersatz leisten müssen, so erstattet diese der Partei, die die Zahlung geleistet hat, die entsprechenden Beträge.

**Artikel 5**

(1) Die Mitgliedstaaten treffen die erforderlichen Maßnahmen, um sicherzustellen, dass die an einem Verkehrsunfall Beteiligten unverzüglich die Identität des Versicherungsunternehmens feststellen können, das die sich aus der Nutzung des jeweiligen an dem Unfall beteiligten Kraftfahrzeugs ergebende Haftpflicht deckt.

(2) Die Kommission legt dem Europäischen Parlament und dem Rat bis zum 31.12.1995 einen Bericht über die Anwendung des Absatzes 1 vor. Die Kommission unterbreitet dem Rat gegebenenfalls entsprechende Vorschläge.

**Artikel 6**

(1) Die Mitgliedstaaten treffen die erforderlichen Maßnahmen, um dieser Richtlinie bis zum 31.12.1992 nachzukommen. Sie setzen die Kommission unverzüglich davon in Kenntnis.

(2) In Abweichung von Absatz 1

- verfügen die Griechische Republik, das Königreich Spanien und die Portugiesische Republik über eine am 31.12.1995 endende Frist, um den Artikeln 1 und 2 nachzukommen;
- verfügt Irland über eine am 31.12.1998 endende Frist, um Artikel 1 in Bezug auf Motorrad-Soziusfahrer nachzukommen, und über eine am 31.12.1995 endende Frist, um Artikel 1 in Bezug auf die übrigen Fahrzeuge sowie den Bestimmungen des Artikels 2 nachzukommen.

**Artikel 7**

Diese Richtlinie ist an die Mitgliedstaaten gerichtet.

Geschehen zu Brüssel am 14.5.1990

## IV. 4. KH-Richtlinie

Richtlinie 2000/26/EG des Europäischen Parlaments und des Rates 166

vom 16. Mai 2000 zur Angleichung der Rechtsvorschriften der Mitgliedstaaten über die Kraftfahrzeug-Haftpflichtversicherung, und zur Änderung der Richtlinien 73/239/EWG und 88/357/EWG des Rates (Vierte Kraftfahrzeughaftpflicht-Richtlinie)

DAS EUROPÄISCHE PARLAMENT UND DER RAT DER EUROPÄISCHEN UNION –

gestützt auf den Vertrag zur Gründung der Europäischen Gemeinschaft, insbesondere auf Artikel 47 Absatz 2 und Artikel 95,

in Erwägung nachstehender Gründe:

(1) Zwischen den Rechts- und Verwaltungsvorschriften der Mitgliedstaaten über die Kraftfahrzeug-Haftpflichtversicherung bestehen gegenwärtig Unterschiede, die die Freizügigkeit und den freien Verkehr von Versicherungsdienstleistungen beeinträchtigen.

(2) Die genannten Rechtsvorschriften müssen deshalb im Hinblick auf ein ordnungsgemäßes Funktionieren des Binnenmarktes angeglichen werden.

(3) Mit der Richtlinie 72/166/EWG hat der Rat Vorschriften zur Angleichung der Rechtsvorschriften der Mitgliedstaaten über die Kraftfahrzeug-Haftpflichtversicherung und die Kontrolle der entsprechenden Versicherungspflicht erlassen.

(4) Mit der Richtlinie 88/357/EWG hat der Rat Vorschriften zur Koordinierung der Rechts- und Verwaltungsvorschriften für die Direktversicherung (mit Ausnahme der Lebensversicherung) und zur Erleichterung der tatsächlichen Ausübung des freien Dienstleistungsverkehrs erlassen.

(5) Durch das System der Grüne Karte-Büros ist eine problemlose Regulierung eines Unfallschadens im eigenen Land des Geschädigten auch dann gewährleistet, wenn der andere Unfallbeteiligte aus einem anderen europäischen Land kommt.

(6) Das System der Grüne Karte-Büros löst nicht alle Schwierigkeiten eines Geschädigten, der seine Ansprüche in einem anderen Land gegenüber einem dort ansässigen Unfallgegner und einem dort zugelassenen Versicherungsunternehmen geltend machen muss (fremdes Recht, fremde Sprache, ungewohnte Regulierungspraxis, häufig unvertretbar lange Dauer der Regulierung).

(7) Mit seiner Entschließung vom 26.10.1995 zur Regulierung von Verkehrsunfällen, die außerhalb des Herkunftslandes des Geschädigten erlitten werden, ist das Europäische Parlament nach Artikel 192 Absatz 2 des Vertrags tätig geworden und hat die Kommission aufgefordert, einen Vorschlag für eine Richtlinie des Europäischen Parlaments und des Rates zur Lösung dieser Probleme vorzulegen.

(8) Es ist in der Tat angezeigt, die mit den Richtlinien 72/166/EWG, 84/5/EWG und 90/232/EWG eingeführte Regelung zu vervollständigen, um denjenigen, die bei einem Kraftfahrzeug-Verkehrsunfall einen Sach- oder Personenschaden erleiden, unabhängig davon, in welchem Land der Gemeinschaft sich der Unfall ereignet, eine vergleichbare Behandlung zu garantieren. Es bestehen Lücken hinsichtlich der Schadenregulierung bei Unfällen im Sinne dieser Richtlinie, die sich in einem anderen Staat als dem Wohnsitzstaat des Geschädigten ereignen.

(9) Die Anwendung dieser Richtlinie auf Unfälle, die sich in Drittländern ereignen, die vom System der Grünen Karte für Unfälle abgedeckt sind, und in die Geschädigte mit Wohnsitz in der Gemeinschaft und Fahrzeuge verwickelt sind, die in einem Mitgliedstaat versichert sind und dort ihren gewöhnlichen Standort haben, bedeutet keine Ausdehnung der obligatorischen Gebietsdeckung der Kraftfahrzeugversicherung gemäß Artikel 3 Absatz 2 der Richtlinie 72/166/EWG.

(10) Dies macht es erforderlich, dass die Geschädigten einen Direktanspruch gegen das Versicherungsunternehmen der haftpflichtigen Partei erhalten sollten.

(11) Eine zufriedenstellende Lösung könnte darin bestehen, dass derjenige, der in einem anderen Staat als seinem Wohnsitzstaat bei einem Kraftfahrzeug-Verkehrsunfall im Sinne dieser Richtlinie einen Sach- oder Personenschaden erleidet, seinen Schadenersatzanspruch in seinem Wohnsitzmitgliedstaat gegenüber einem dort bestellten Schadenregulierungsbeauftragten des Versicherungsunternehmens der haftpflichtigen Partei geltend machen kann.

(12) Diese Lösung würde es ermöglichen, dass ein Schaden, der außerhalb des Wohnsitzmitgliedstaats des Geschädigten eintritt, in einer Weise abgewickelt wird, die dem Geschädigten vertraut ist.

(13) Durch dieses System eines Schadenregulierungsbeauftragten im Wohnsitzmitgliedstaat des Geschädigten wird weder das im konkreten Fall anzuwendende materielle Recht geändert noch die gerichtliche Zuständigkeit berührt.

(14) Die Begründung eines Direktanspruchs desjenigen, der einen Sach- oder Personenschaden erlitten hat, gegen das Versicherungsunternehmen ist eine logische Ergänzung der Benennung von Schadenregulierungsbeauftragten und verbessert zudem die Rechtsstellung von Personen, die bei Kraftfahrzeug-Verkehrsunfällen außerhalb ihres Wohnsitzmitgliedstaats geschädigt werden.

(15) Um die betreffenden Lücken zu schließen, sollte vorgesehen werden, dass der Mitgliedstaat, in dem das Versicherungsunternehmen zugelassen ist, von diesem verlangt, in den anderen Mitgliedstaaten ansässige oder niedergelassene Schadenregulierungsbeauftragte zu benennen, die alle erforderlichen Informationen über Schadensfälle zusammentragen, die auf solche Unfälle zurückgehen, und geeignete Maßnahmen zur Schadenregulierung im Namen und für Rechnung des Versicherungsunternehmens, einschließlich einer entsprechenden Entschädigungszahlung, ergreifen. Schadenregulierungsbeauftragte sollten über ausreichende Befugnisse verfügen, um das Versicherungsunternehmen gegenüber den Geschädigten zu vertreten und es auch gegenüber den einzelstaatlichen Behörden und gegebenenfalls, soweit dies mit den Regelungen des internationalen Privat- und Zivilprozessrechts über die Festlegung der gerichtlichen Zuständigkeiten vereinbar ist, gegenüber den Gerichten zu vertreten.

(16) Die Tätigkeiten der Schadenregulierungsbeauftragten reichen nicht aus, um einen Gerichtsstand im Wohnsitzmitgliedstaat des Geschädigten zu begründen, wenn dies nach den Regelungen des internationalen Privat- und Zivilprozessrechts über die Festlegung der gerichtlichen Zuständigkeiten nicht vorgesehen ist.

(17) Die Benennung der Schadenregulierungsbeauftragten sollte eine der Bedingungen für den Zugang zur Versicherungstätigkeit gemäß Buchstabe A Nummer 10 des Anhangs der Richtlinie 73/239/EWG – mit Ausnahme der Haftpflicht des Frachtführers – und die Ausübung dieser Tätigkeit sein. Diese Bedingung sollte deshalb durch die einheitliche behördliche Zulassung nach Titel II der Richtlinie 92/49/EWG erfasst werden, die die Behörden des Mitgliedstaats des Geschäftssitzes des Versicherungsunternehmens erteilen. Diese Bedingung sollte auch für Versicherungsunternehmen mit Geschäftssitz außerhalb der Gemeinschaft gelten, denen die Zulassung zur Versicherungstätigkeit im Gebiet eines Mitgliedstaats der Gemeinschaft erteilt wurde. Die Richtlinie 73/239/EWG sollte diesbezüglich geändert und ergänzt werden.

(18) Außer der Sicherstellung der Präsenz eines Beauftragten des Versicherungsunternehmens im Wohnsitzstaat des Geschädigten sollte das spezifische Recht des Geschädigten auf zügige Bearbeitung des Anspruchs gewährleistet werden. Die nationalen Rechtsvorschriften müssen deshalb angemessene wirksame und systematische finanzielle oder gleichwertige administrative Sanktionen – wie Anordnungen in Verbindung mit Bußgeldern, regelmäßige Berichterstattung an Aufsichtsbehörden, Kontrollen vor Ort, Veröffentlichungen im nationalen Gesetzblatt sowie in der Presse, Suspendierung der Tätigkeiten eines Unternehmens (Verbot des Abschlusses neuer Verträge während eines bestimmten Zeitraums), Bestellung eines Sonderbeauftragten der Aufsichtsbehörden, der zu überprüfen hat, ob der Geschäftsbetrieb unter Einhaltung der versicherungsrechtlichen Vorschriften erfolgt, Widerruf der Zulassung zur Ausübung von derartigen Versicherungsgeschäften und Sanktionen für Direktoren und Mitglieder der Geschäftsleitung – vorsehen, die dann gegen das Versicherungsunternehmen

des Schädigers festgesetzt werden können, wenn dieses oder sein Beauftragter seiner Verpflichtung zur Vorlage eines Schadenersatzangebots innerhalb einer angemessenen Frist nicht nachkommt. Die Anwendung sonstiger, für angemessen erachteter Maßnahmen – insbesondere nach den für die Beaufsichtigung der Versicherungsunternehmen geltenden Rechtsvorschriften – wird dadurch nicht berührt. Voraussetzung ist jedoch, dass die Haftung sowie der erlittene Sach- oder Personenschaden nicht streitig ist, so dass das Versicherungsunternehmen innerhalb der vorgeschriebenen Frist ein mit Gründen versehenes Angebot unterbreiten kann. Ein solches Schadenersatzangebot muss schriftlich und unter Angabe der Gründe erfolgen, auf denen die Beurteilung der Haftung und des Schadens beruht.

(19) Zusätzlich zu diesen Sanktionen sollte vorgesehen werden, dass für die dem Geschädigten vom Versicherungsunternehmen angebotene bzw. ihm gerichtlich zugesprochene Schadenersatzsumme Zinsen gezahlt werden, wenn das Angebot nicht innerhalb dieser vorgeschriebenen Frist vorgelegt wird. Gibt es in den Mitgliedstaaten nationale Regelungen, die dem Erfordernis der Zahlung von Verzugszinsen entsprechen, so könnte diese Bestimmung durch eine Bezugnahme auf jene Regelungen umgesetzt werden.

(20) Für Geschädigte, die Sach- oder Personenschäden aufgrund eines Kraftfahrzeug-Verkehrsunfalls erlitten haben, ist es zuweilen mit Schwierigkeiten verbunden, den Namen des Versicherungsunternehmens zu erfahren, das die Haftpflicht für ein an einem Unfall beteiligtes Fahrzeug deckt.

(21) Im Interesse dieser Geschädigten sollten die Mitgliedstaaten Auskunftsstellen einrichten, um zu gewährleisten, dass diese Information unverzüglich zur Verfügung steht. Die genannten Auskunftsstellen sollten den Geschädigten auch Informationen über die Schadenregulierungsbeauftragten zur Verfügung stellen. Die Auskunftsstellen müssen untereinander zusammenarbeiten und schnell auf Auskunftsersuchen über Schadenregulierungsbeauftragte reagieren, die Auskunftsstellen anderer Mitgliedstaaten an sie richten. Es erscheint angemessen, dass diese Auskunftsstellen die Informationen über den Zeitpunkt der tatsächlichen Beendigung der Versicherungsdeckung erfassen; nicht angemessen ist hingegen die Erfassung von Informationen über den Ablauf der ursprünglichen Gültigkeitsdauer der Versicherungspolice, sofern sich die Vertragsdauer stillschweigend verlängert hat.

(22) Für Fahrzeuge, für die keine Haftpflichtversicherungspflicht besteht (z B. Behörden- oder Militärfahrzeuge), sollten besondere Bestimmungen vorgesehen werden.

(23) Der Geschädigte kann ein berechtigtes Interesse daran haben, über die Identität des Eigentümers oder des gewöhnlichen Fahrers oder des eingetragenen Halters des Fahrzeugs Aufschluss zu erhalten, beispielsweise in Fällen, in denen der Geschädigte Schadenersatz nur von diesen Personen erhalten kann, weil das Fahrzeug nicht ordnungsgemäß versichert ist oder der Schaden die Versicherungssumme übersteigt; demnach ist auch diese Auskunft zu erteilen.

(24) Bei einigen der übermittelten Informationen handelt es sich um personenbezogene Daten im Sinne der Richtlinie 95/46/EG des Europäischen Parlaments und des Rates vom 24.10.1995 zum Schutz natürlicher Personen bei der Verarbeitung personenbezogener Daten und zum freien Datenverkehr; dies gilt beispielsweise für den Namen und die Adresse des Fahrzeugeigentümers und des gewöhnlichen Fahrers sowie die Nummer der Versicherungspolice und das Kennzeichen des Fahrzeugs. Die aufgrund der vorliegenden Richtlinie erforderliche Verarbeitung dieser Daten muss daher im Einklang mit den einzelstaatlichen Maßnahmen erfolgen, die gemäß der Richtlinie 95/46/EG ergriffen wurden. Name und Anschrift des gewöhnlichen Fahrers sollten nur mitgeteilt werden, wenn dies nach einzelstaatlichem Recht zulässig ist.

(25) Um dem Geschädigten die ihm zustehende Entschädigung sicherzustellen, ist es notwendig, eine Entschädigungsstelle einzurichten, an die sich der Geschädigte wenden kann, wenn das Versicherungsunternehmen keinen Beauftragten benannt hat oder die Regulierung offensichtlich verzögert oder wenn das Versicherungsunternehmen nicht ermittelt werden kann. Das Eintreten der Entschädigungsstelle sollte auf seltene Einzelfälle beschränkt werden, in denen das Versicherungs-

unternehmen seinen Verpflichtungen trotz der abschreckenden Wirkung der etwaigen Verhängung von Sanktionen nicht nachgekommen ist.

(26) Da die Entschädigungsstelle die Aufgabe hat, die Entschädigungsansprüche für von dem Geschädigten erlittene Sach- oder Personenschäden nur in objektiv feststellbaren Fällen zu regulieren, hat sie sich auf die Nachprüfung zu beschränken, ob innerhalb der festgesetzten Fristen und nach den festgelegten Verfahren ein Schadenersatzangebot unterbreitet wurde, ohne jedoch den Fall inhaltlich zu würdigen.

(27) Die juristischen Personen, auf die die Ansprüche des Geschädigten gegen den Unfallverursacher oder dessen Versicherungsunternehmen gesetzlich übergegangen sind (z.B. andere Versicherungsunternehmen oder Einrichtungen der sozialen Sicherheit), sollten nicht berechtigt sein, den betreffenden Anspruch gegenüber der Entschädigungsstelle geltend zu machen.

(28) Die Entschädigungsstelle sollte einen Anspruch auf Forderungsübergang haben, soweit sie den Geschädigten entschädigt hat. Um die Durchsetzung des Anspruchs der Entschädigungsstelle gegen das Versicherungsunternehmen zu erleichtern, wenn dieses keinen Schadenregulierungsbeauftragten benannt hat oder die Regulierung offensichtlich verzögert, sollte die Entschädigungsstelle im Staat des Geschädigten automatisch einen – mit dem Eintritt in die Rechte des Geschädigten verbundenen – Anspruch auf Erstattung durch die entsprechende Stelle in dem Staat erhalten, in dem das Versicherungsunternehmen niedergelassen ist. Die letztgenannte Stelle befindet sich in einer günstigeren Lage, einen Regressanspruch gegen das Versicherungsunternehmen geltend zu machen.

(29) Zwar können die Mitgliedstaaten vorsehen, dass der Anspruch gegen die Entschädigungsstelle subsidiären Charakter hat, doch darf der Geschädigte nicht gezwungen sein, seinen Anspruch gegenüber dem Unfallverursacher geltend zu machen, bevor er sich hiermit an die Entschädigungsstelle wendet. Die Stellung des Geschädigten sollte in diesem Fall zumindest dieselbe sein wie im Fall eines Anspruchs gegen den Garantiefonds gemäß Artikel 1 Absatz 4 der Richtlinie 84/5/EWG.

(30) Das Funktionieren dieses Systems kann dadurch bewirkt werden, dass die von den Mitgliedstaaten geschaffenen oder anerkannten Entschädigungsstellen eine Vereinbarung über ihre Aufgaben und Pflichten sowie über das Verfahren der Erstattung treffen.

(31) Für den Fall, dass das Versicherungsunternehmen des Fahrzeugs nicht ermittelt werden kann, ist vorzusehen, dass der Endschuldner der Schadenersatzzahlung an den Geschädigten der Garantiefonds gemäß Artikel 1 Absatz 4 der Richtlinie 84/5/EWG in dem Mitgliedstaat ist, in dem das nicht versicherte Fahrzeug, durch dessen Nutzung der Unfall verursacht wurde, seinen gewöhnlichen Standort hat. Für den Fall, dass das Fahrzeug nicht ermittelt werden kann, ist vorzusehen, dass der Endschuldner der Garantiefonds gemäß Artikel 1 Absatz 4 der Richtlinie 84/5/EWG in dem Mitgliedstaat des Unfalls ist –

HABEN FOLGENDE RICHTLINIE ERLASSEN:

**Artikel 1**
**Anwendungsbereich**

(1) Mit dieser Richtlinie werden besondere Vorschriften für Geschädigte festgelegt, die ein Recht auf Entschädigung für einen Sach- oder Personenschaden haben, der bei einem Unfall entstanden ist, welcher sich in einem anderen Mitgliedstaat als dem Wohnsitzmitgliedstaat des Geschädigten ereignet hat und der durch die Nutzung eines Fahrzeugs verursacht wurde, das in einem Mitgliedstaat versichert ist und dort seinen gewöhnlichen Standort hat.

Unbeschadet der Rechtsvorschriften von Drittländern über die Haftpflicht und unbeschadet des internationalen Privatrechts gelten die Bestimmungen dieser Richtlinie auch für Geschädigte, die ihren Wohnsitz in einem Mitgliedstaat haben und ein Recht auf Entschädigung für einen Sach- oder Personenschaden haben, der bei einem Unfall entstanden ist, welcher sich in einem Drittland ereignet hat, dessen nationales Versicherungsbüro im Sinne von Artikel 1 Absatz 3 der Richtlinie 72/166/EWG dem System der Grünen Karte beigetreten ist, und der durch die Nutzung eines Fahrzeugs verursacht wurde, das in einem Mitgliedstaat versichert ist und dort seinen gewöhnlichen Standort hat.

(2) Die Artikel 4 und 6 finden nur Anwendung bei Unfällen, die von einem Fahrzeug verursacht wurden, das

a) bei einer Niederlassung in einem anderen Mitgliedstaat als dem Wohnsitzstaat des Geschädigten versichert ist und

b) seinen gewöhnlichen Standort in einem anderen Mitgliedstaat als dem Wohnsitzstaat des Geschädigten hat.

(3) Artikel 7 findet auch Anwendung bei Unfällen, die von unter die Artikel 6 und 7 der Richtlinie 72/166/EWG fallenden Fahrzeugen aus Drittländern verursacht wurden.

**Artikel 2**
**Begriffsbestimmungen**

Im Sinne dieser Richtlinie bezeichnet der Ausdruck

a) »Versicherungsunternehmen« jedes Unternehmen, das gemäß Artikel 6 oder gemäß Artikel 23 Absatz 2 der Richtlinie 73/239/EWG die behördliche Zulassung erhalten hat;

b) »Niederlassung« den Sitz, eine Agentur oder eine Zweigniederlassung eines Versicherungsunternehmens im Sinne von Artikel 2 Buchstabe c) der Richtlinie 88/357/EWG;

c) »Fahrzeug« ein Fahrzeug im Sinne von Artikel 1 Nummer 1 der Richtlinie 72/166/EWG;

d) »Geschädigter« einen Geschädigten im Sinne von Artikel 1 Nummer 2 der Richtlinie 72/166/EWG;

e) »Mitgliedstaat, in dem das Fahrzeug seinen gewöhnlichen Standort hat« das Gebiet, in dem das Fahrzeug im Sinne von Artikel 1 Nummer 4 der Richtlinie 72/166/EWG seinen gewöhnlichen Standort hat.

**Artikel 3**
**Direktanspruch**

Die Mitgliedstaaten stellen sicher, dass die in Artikel 1 genannten Geschädigten, deren Sach- oder Personenschaden bei einem Unfall im Sinne des genannten Artikels entstanden ist, einen Direktanspruch gegen das Versicherungsunternehmen haben, das die Haftpflicht des Unfallverursachers deckt.

**Artikel 4**
**Schadenregulierungsbeauftragte**

(1) Die Mitgliedstaaten treffen die erforderlichen Maßnahmen, um sicherzustellen, dass jedes Versicherungsunternehmen, das Risiken aus Buchstabe A Nummer 10 des Anhangs der Richtlinie 73/239/EWG – mit Ausnahme der Haftpflicht des Frachtführers – deckt, in allen anderen Mitgliedstaaten als dem, indem es seine behördliche Zulassung erhalten hat, einen Schadenregulierungsbeauftragten benennt. Die Aufgabe des Schadenregulierungsbeauftragten besteht in der Bearbeitung und Regulierung von Ansprüchen, die aus Unfällen im Sinne von Artikel 1 herrühren. Der Schadenregulierungsbeauftragte muss in dem Mitgliedstaat ansässig oder niedergelassen sein, für den er benannt wird.

(2) Die Auswahl des Schadenregulierungsbeauftragten liegt im Ermessen des Versicherungsunternehmens. Die Mitgliedstaaten können diese Auswahlmöglichkeit nicht einschränken.

(3) Der Schadenregulierungsbeauftragte kann auf Rechnung eines oder mehrerer Versicherungsunternehmen handeln.

(4) Der Schadenregulierungsbeauftragte trägt im Zusammenhang mit derartigen Ansprüchen alle zu deren Regulierung erforderlichen Informationen zusammen und ergreift die notwendigen Maßnahmen, um eine Schadenregulierung auszuhandeln. Der Umstand, dass ein Schadenregulierungsbeauftragter zu benennen ist, schließt das Recht des Geschädigten oder seines Versicherungsunternehmens auf ein gerichtliches Vorgehen unmittelbar gegen den Unfallverursacher bzw. dessen Versicherungsunternehmen nicht aus.

(5) Schadenregulierungsbeauftragte müssen über ausreichende Befugnisse verfügen, um das Versicherungsunternehmen gegenüber Geschädigten in den in Artikel 1 genannten Fällen zu vertreten und um deren Schadenersatzansprüche in vollem Umfang zu befriedigen. Sie müssen in der Lage sein, den Fall in der Amtssprache bzw. den Amtssprachen des Wohnsitzmitgliedstaats des Geschädigten zu bearbeiten.

(6) Die Mitgliedstaaten sehen die durch angemessene, wirksame und systematische finanzielle oder gleichwertige administrative Sanktionen bewehrte Verpflichtung vor, dass innerhalb von drei Monaten nach dem

Tag, an dem der Geschädigte seinen Schadenersatzanspruch entweder unmittelbar beim Versicherungsunternehmen des Unfallverursachers oder bei dessen Schadenregulierungsbeauftragten angemeldet hat,

a) vom Versicherungsunternehmen des Unfallverursachers oder von dessen Schadenregulierungsbeauftragten ein mit Gründen versehenes Schadenersatzangebot vorgelegt wird, sofern die Eintrittspflicht unstreitig ist und der Schaden beziffert wurde, oder

b) vom Versicherungsunternehmen, an das ein Antrag auf Schadenersatz gerichtet wurde, oder von dessen Schadenregulierungsbeauftragten eine mit Gründen versehene Antwort auf die in dem Antrag enthaltenen Darlegungen erteilt wird, sofern die Eintrittspflicht bestritten wird oder nicht eindeutig feststeht oder der Schaden nicht vollständig beziffert worden ist.

Die Mitgliedstaaten erlassen Bestimmungen, um sicherzustellen, dass für die dem Geschädigten vom Versicherungsunternehmen angebotene bzw. ihm gerichtlich zugesprochene Schadenersatzsumme Zinsen gezahlt werden, wenn das Angebot nicht binnen drei Monaten vorgelegt wird.

(7) Die Kommission erstattet dem Europäischen Parlament und dem Rat vor dem 20. Januar 2006 einen Bericht über die Durchführung von Absatz 4 Unterabsatz 1 und über die Wirksamkeit dieser Bestimmung sowie über die Gleichwertigkeit der nationalen Sanktionsbestimmungen und unterbreitet erforderlichenfalls Vorschläge.

(8) Die Benennung eines Schadenregulierungsbeauftragten stellt für sich allein keine Errichtung einer Zweigniederlassung im Sinne von Artikel 1 Buchstabe b) der Richtlinie 92/49/EWG dar, und der Schadenregulierungsbeauftragte gilt nicht als Niederlassung im Sinne von Artikel 2 Buchstabe c) der Richtlinie 88/357/EWG oder als Niederlassung im Sinne des Brüsseler Übereinkommens vom 27.9.1968 über die gerichtliche Zuständigkeit und die Vollstreckung gerichtlicher Entscheidungen in Zivil- und Handelssachen.

**Artikel 5**
**Auskunftsstellen**

(1) Von jedem Mitgliedstaat wird eine Auskunftsstelle geschaffen oder anerkannt, die mit dem Ziel, Geschädigten die Geltendmachung von Schadenersatzansprüchen zu ermöglichen,

a) ein Register mit den nachstehend aufgeführten Informationen führt:
   1. die Kennzeichen der Kraftfahrzeuge, die im Gebiet des jeweiligen Staates ihren gewöhnlichen Standort haben;
      i) die Nummern der Versicherungspolicen, die die Nutzung dieser Fahrzeuge in Bezug auf die unter Buchstabe A Nummer 10 des Anhangs der Richtlinie 73/239/EWG fallenden Risiken – mit Ausnahme der Haftpflicht des Frachtführers – abdecken, und, wenn die Geltungsdauer der Police abgelaufen ist, auch den Zeitpunkt der Beendigung des Versicherungsschutzes;
      ii) die Nummer der grünen Karte oder der Grenzversicherungspolice, wenn das Fahrzeug durch eines dieser Dokumente gedeckt ist, sofern für das Fahrzeug die Ausnahmeregelung nach Artikel 4 Buchstabe b) der Richtlinie 72/166/EWG gilt;
   3. die Versicherungsunternehmen, die die Nutzung von Fahrzeugen in Bezug auf die unter Buchstabe A Nummer 10 des Anhangs der Richtlinie 73/239/EWG fallenden Risiken – mit Ausnahme der Haftpflicht des Frachtführers – abdecken, sowie die von diesen Versicherungsunternehmen nach Artikel 4 benannten Schadenregulierungsbeauftragten, deren Namen der Auskunftsstelle gemäß Absatz 2 des vorliegenden Artikels zu melden sind;
   4. die Liste der Fahrzeuge, die im jeweiligen Mitgliedstaat von der Haftpflichtversicherung gemäß Artikel 4 Buchstaben a) und b) der Richtlinie 72/166/EWG befreit sind;
   5. bei Fahrzeugen gemäß Nummer 4:
      i) den Namen der Stelle oder Einrichtung, die gemäß Artikel 4 Buchstabe a) Unterabsatz 2 der Richtlinie 72/166/EWG bestimmt wird und dem Geschädigten den Schaden zu ersetzen hat, in den Fällen, in denen das Verfahren des Artikels 2 Absatz 2 erster Gedankenstrich der Richtlinie 72/166/EWG nicht anwendbar ist, und wenn für das Fahrzeug die Ausnahmeregelung nach Artikel 4 Buchstabe a) der Richtlinie 72/166/EWG gilt;
      ii) den Namen der Stelle, die für die durch das Fahrzeug verursachten Schäden in dem Mitgliedstaat aufkommt, in dem es seinen gewöhnlichen Standort hat, wenn für das Fahrzeug die Ausnahmeregelung nach Artikel 4 Buchstabe b) der Richtlinie 72/166/EWG gilt.

b) oder die Erhebung und Weitergabe dieser Daten koordiniert

c) und die berechtigten Personen bei der Erlangung der unter Buchstabe a) Nummern 1, 2, 3, 4 und 5 genannten Informationen unterstützt.

Die unter Buchstabe a) Nummern 1, 2 und 3 genannten Informationen sind während eines Zeitraums von sieben Jahren nach Ablauf der Zulassung des Fahrzeugs oder der Beendigung des Versicherungsvertrags aufzubewahren.

(2) Die in Absatz 1 Buchstabe a) Nummer 3 genannten Versicherungsunternehmen melden den Auskunftsstellen aller Mitgliedstaaten Namen und Anschrift des Schadenregulierungsbeauftragten, den sie in jedem der Mitgliedstaaten gemäß Artikel 4 benannt haben.

(3) Die Mitgliedstaaten stellen sicher, dass die Geschädigten berechtigt sind, binnen eines Zeitraums von sieben Jahren nach dem Unfall von der Auskunftsstelle ihres Wohnsitzmitgliedstaats, des Mitgliedstaats, in dem das Fahrzeug seinen gewöhnlichen Standort hat, oder des Mitgliedstaats, in dem sich der Unfall ereignet hat, unverzüglich die folgenden Informationen zu erhalten:

a) Namen und Anschrift des Versicherungsunternehmens;
b) die Nummer der Versicherungspolice und
c) Namen und Anschrift des Schadenregulierungsbeauftragten des Versicherungsunternehmens im Wohnsitzstaat des Geschädigten.

Die Auskunftsstellen kooperieren miteinander.

(4) Die Auskunftsstelle teilt dem Geschädigten Namen und Anschrift des Fahrzeugeigentümers, des gewöhnlichen Fahrers oder des eingetragenen Fahrzeughalters mit wenn der Geschädigte ein berechtigtes Interesse an dieser Auskunft hat. Zur Anwendung dieser Bestimmung wendet sich die Auskunftsstelle insbesondere an

a) das Versicherungsunternehmen oder
b) die Zulassungsstelle.

Gilt für das Fahrzeug die Ausnahmeregelung nach Artikel 4 Buchstabe a) der Richtlinie 72/166/EWG, so teilt die Auskunftsstelle dem Geschädigten den Namen der Stelle oder Einrichtung mit, die gemäß Artikel 4 Buchstabe a) Unterabsatz 2 jener Richtlinie bestimmt wird und dem Geschädigten den Schaden zu ersetzen hat, falls das Verfahren des Artikels 2 Absatz 2 erster Gedankenstrich jener Richtlinie nicht anwendbar ist.

Gilt für das Fahrzeug die Ausnahmeregelung nach Artikel 4 Buchstabe b) der Richtlinie 72/166/EWG, so teilt die Auskunftsstelle dem Geschädigten den Namen der Stelle mit, die für die durch das Fahrzeug verursachten Schäden im Land des gewöhnlichen Standorts aufkommt.

(5) Die Verarbeitung personenbezogener Daten aufgrund der vorhergehenden Absätze muss im Einklang mit den einzelstaatlichen Maßnahmen gemäß der Richtlinie 95/46/EG erfolgen.

**Artikel 6**
**Entschädigungsstellen**

(1) Von jedem Mitgliedstaat wird eine Entschädigungsstelle geschaffen oder anerkannt, die den Geschädigten in den Fällen nach Artikel 1 eine Entschädigung gewährt.

Die Geschädigten können einen Schadenersatzantrag an die Entschädigungsstelle im Wohnsitzmitgliedstaat richten,

a) wenn das Versicherungsunternehmen oder sein Schadenregulierungsbeauftragter binnen drei Monaten nach der Geltendmachung des Entschädigungsanspruchs beim Versicherungsunternehmen des Fahrzeugs, durch dessen Nutzung der Unfall verursacht wurde, oder beim Schadenregulierungsbeauftragten keine mit Gründen versehene Antwort auf die im Schadenersatzantrag enthaltenen Darlegungen erteilt hat oder
b) wenn das Versicherungsunternehmen im Wohnsitzstaat des Geschädigten keinen Schadenregulierungsbeauftragten gemäß Artikel 4 Absatz 1 benannt hat. In diesem Fall sind Geschädigte nicht berechtigt, einen Schadenersatzantrag an die Entschädigungsstelle zu richten, wenn sie einen solchen Antrag direkt beim Versicherungsunternehmen des Fahrzeugs, durch dessen Nutzung der Unfall verursacht wurde, eingereicht und innerhalb von drei Monaten nach Einreichung dieses Antrags eine mit Gründen versehene Antwort erhalten haben.

Geschädigte dürfen jedoch keinen Schadenersatzantrag an die Entschädigungsstelle stellen, wenn sie unmittelbar gegen das Versicherungsunternehmen gerichtliche Schritte eingeleitet haben.

Die Entschädigungsstelle wird binnen zwei Monaten nach Stellung eines Schadenersatzantrags des Geschädigten tätig, schließt den Vorgang jedoch ab, wenn das Versicherungsunternehmen oder dessen Schadenregulierungsbeauftragter in der Folge eine mit Gründen versehene Antwort auf den Schadenersatzantrag erteilt.

Die Entschädigungsstelle unterrichtet unverzüglich

a) das Versicherungsunternehmen des Fahrzeugs, dessen Nutzung den Unfall verursacht hat, oder den Schadenregulierungsbeauftragten;
b) die Entschädigungsstelle im Mitgliedstaat der Niederlassung des Versicherungsunternehmens, die die Vertragspolice ausgestellt hat;
c) die Person, die den Unfall verursacht hat, sofern sie bekannt ist,

dass ein Antrag des Geschädigten bei ihr eingegangen ist und dass sie binnen zwei Monaten nach Stellung des Antrags auf diesen eingehen wird.

Es bleibt das Recht der Mitgliedstaaten unberührt, Bestimmungen zu erlassen, durch die der Einschaltung dieser Stelle subsidiärer Charakter verliehen wird oder durch die der Rückgriff dieser Stelle auf den oder die Unfallverursacher sowie auf andere Versicherungsunternehmen oder Einrichtungen der sozialen Sicherheit, die gegenüber dem Geschädigten zur Regulierung desselben Schadens verpflichtet sind, geregelt wird. Die Mitgliedstaaten dürfen es der Stelle jedoch nicht gestatten, die Zahlung von Schadenersatz von anderen als den in dieser Richtlinie festgelegten Bedingungen, insbesondere davon abhängig zu machen, dass der Geschädigte in irgendeiner Form nachweist, dass der Haftpflichtige zahlungsunfähig ist oder die Zahlung verweigert.

(2) Die Entschädigungsstelle, welche den Geschädigten im Wohnsitzstaat entschädigt hat, hat gegenüber der Entschädigungsstelle im Mitgliedstaat der Niederlassung des Versicherungsunternehmens, die die Versicherungspolice ausgestellt hat, Anspruch auf Erstattung des als Entschädigung gezahlten Betrags. Die Ansprüche des Geschädigten gegen den Unfallverursacher oder dessen Versicherungsunternehmen gehen dann insoweit auf die letztgenannte Entschädigungsstelle über, als die Entschädigungsstelle im Wohnsitzstaat des Geschädigten eine Entschädigung für den erlittenen Sach- oder Personenschaden gewährt hat. Jeder Mitgliedstaat ist verpflichtet, einen von einem anderen Mitgliedstaat vorgesehenen Forderungsübergang anzuerkennen.

(3) Dieser Artikel wird wirksam,

a) nachdem die von den Mitgliedstaaten geschaffenen oder anerkannten Entschädigungsstellen eine Vereinbarung über ihre Aufgaben und Pflichten sowie über das Verfahren der Erstattung getroffen haben,
b) und ab dem Zeitpunkt, den die Kommission festlegt, nachdem sie sich in enger Zusammenarbeit mit den Mitgliedstaaten vergewissert hat, dass eine solche Vereinbarung getroffen wurde.

Die Kommission erstattet dem Europäischen Parlament und dem Rat vor dem 20. Juli 2005 einen Bericht über die Durchführung des vorliegenden Artikels und dessen Wirksamkeit und unterbreitet erforderlichenfalls Vorschläge.

**Artikel 7**

Kann das Fahrzeug nicht ermittelt werden oder kann das Versicherungsunternehmen nicht binnen zwei Monaten nach dem Unfall ermittelt werden, so kann der Geschädigte eine Entschädigung bei der Entschädigungsstelle im Wohnsitzmitgliedstaat beantragen. Diese Entschädigung erfolgt gemäß Artikel 1 der Richtlinie 84/5/EWG. Die Entschädigungsstelle hat dann unter den in Artikel 6 Absatz 2 der vorliegenden Richtlinie festgelegten Voraussetzungen folgenden Erstattungsanspruch:

a) für den Fall, dass das Versicherungsunternehmen nicht ermittelt werden kann: gegen den Garantiefonds nach Artikel 1 Absatz 4 der Richtlinie 84/5/EWG in dem Mitgliedstaat, in dem das Fahrzeug seinen gewöhnlichen Standort hat;
b) für den Fall eines nicht ermittelten Fahrzeugs: gegen den Garantiefonds im Mitgliedstaat des Unfalls;
c) bei Fahrzeugen aus Drittländern: gegen den Garantiefonds im Mitgliedstaat des Unfalls.

**Artikel 8**

Die Richtlinie 73/239/EWG wird wie folgt geändert:

a) An Artikel 8 Absatz 1 wird folgender Buchstabe angefügt:

»f) Name und Anschrift des Schadenregulierungsbeauftragten mitteilen, der in jedem Mitgliedstaat mit Ausnahme des Mitgliedstaats, in dem die Zulassung beantragt wird, benannt wird, wenn die zu deckenden Risiken unter Buchstabe A Nummer 10 des Anhangs – mit Ausnahme der Haftpflicht des Frachtführers – fallen.«

b) An Artikel 23 Absatz 2 wird folgender Buchstabe angefügt:
»h) es teilt Name und Anschrift des Schadenregulierungsbeauftragten mit, der in jedem Mitgliedstaat mit Ausnahme des Mitgliedstaats, in dem die Zulassung beantragt wird, benannt wird, wenn die zu deckenden Risiken unter Buchstabe A Nummer 10 des Anhangs – mit Ausnahme der Haftpflicht des Frachtführers – fallen.«

**Artikel 9**

Die Richtlinie 88/357/EWG wird wie folgt geändert:

An Artikel 12a Absatz 4 wird der folgende Unterabsatz angefügt: »Hat das Versicherungsunternehmen keinen Vertreter ernannt, so können die Mitgliedstaaten ihre Zustimmung dazu erteilen, dass der gemäß Artikel 4 der Richtlinie 2000/26/EG benannte Schadenregulierungsbeauftragte die Aufgabe des Vertreters im Sinne dieses Absatzes übernimmt.«

**Artikel 10**
**Umsetzung**

(1) Die Mitgliedstaaten erlassen und veröffentlichen vor dem 20. Juli 2002 die Rechts- und Verwaltungsvorschriften, die erforderlich sind, um dieser Richtlinie nachzukommen. Sie setzen die Kommission unverzüglich davon in Kenntnis. Sie wenden diese Vorschriften vor dem 20. Januar 2003 an.

(2) Wenn die Mitgliedstaaten diese Vorschriften erlassen, nehmen sie in den Vorschriften selbst oder durch einen Hinweis bei der amtlichen Veröffentlichung auf diese Richtlinie Bezug. Die Mitgliedstaaten regeln die Einzelheiten der Bezugnahme.

(3) Unbeschadet von Absatz 1 werden die Entschädigungsstellen vor dem 20.1.2002 gemäß Artikel 6 Absatz 1 von den Mitgliedstaaten geschaffen oder anerkannt. Haben die Entschädigungsstellen nicht vor dem 20.7.2002 eine Vereinbarung gemäß Artikel 6 Absatz 3 getroffen, so schlägt die Kommission geeignete Maßnahmen vor, um zu gewährleisten, dass die Bestimmungen der Artikel 6 und 7 vor dem 20.1.2003 zur Anwendung gelangen.

(4) Die Mitgliedstaaten können im Einklang mit dem Vertrag Bestimmungen beibehalten oder einführen, die für den Geschädigten günstiger sind als die Bestimmungen, die zur Umsetzung dieser Richtlinie erforderlich sind.

(5) Die Mitgliedstaaten teilen der Kommission den Wortlaut der wichtigsten innerstaatlichen Rechtsvorschriften mit, die sie auf dem unter diese Richtlinie fallenden Gebiet erlassen.

**Artikel 11**
**Inkrafttreten**

Diese Richtlinie tritt am Tag ihrer Veröffentlichung im Amtsblatt der Europäischen Gemeinschaften in Kraft.

**Artikel 12**
**Sanktionen**

Die Mitgliedstaaten legen Sanktionen für Verstöße gegen die aufgrund dieser Richtlinie erlassenen innerstaatlichen Rechtsvorschriften fest und treffen die für ihre Anwendung erforderlichen Vorkehrungen. Die Sanktionen müssen wirksam, verhältnismäßig und abschreckend sein. Die Mitgliedstaaten teilen der Kommission die betreffenden Bestimmungen bis zum 20.7.2002 sowie jegliche späteren Änderungen so bald wie möglich mit.

**Artikel 13**
**Empfänger**

Diese Richtlinie ist an die Mitgliedstaaten gerichtet.

Geschehen zu Brüssel am 16.5.2000

### V. 5. KH-Richtlinie

167 Richtlinie 2005/14/EG des Europäischen Parlaments und des Rates

vom 11. Mai 2005 zur Änderung der Richtlinien 72/166/EWG, 84/5/EWG, 88/357/EWG und 90/232/EWG des Rates sowie der Richtlinie 2000/26/EG des Europäischen Parlaments und des Rates über die Kraftfahrzeug-Haftpflichtversicherung

DAS EUROPÄISCHE PARLAMENT UND DER RAT DER EUROPÄISCHEN UNION –

gestützt auf den Vertrag zur Gründung der Europäischen Gemeinschaft, insbesondere auf Artikel 47 Absatz 2 Sätze 1 und 3, Artikel 55 und Artikel 95 Absatz 1,

in Erwägung nachstehender Gründe:

(1) Die Kraftfahrzeug-Haftpflichtversicherung (Kfz-Haftpflichtversicherung) ist für die europäischen Bürger – sowohl für die Versicherungsnehmer als auch für die Opfer von Verkehrsunfällen – von besonderer Bedeutung. Sie ist auch für die Versicherungsunternehmen von erheblichem Interesse, weil ein wesentlicher Teil des Schadenversicherungsgeschäfts in der Gemeinschaft auf die Kfz-Versicherung entfällt. Die Kfz-Versicherung wirkt sich auch auf den freien Personen- und Kraftfahrzeugverkehr aus. Die Stärkung und Konsolidierung des Binnenmarktes für Kfz-Versicherungen sollte daher ein Hauptziel der gemeinschaftlichen Maßnahmen im Finanzdienstleistungsbereich sein.

(2) Mit der Richtlinie 72/166/EWG des Rates vom 24.4.1972 betreffend die Angleichung der Rechtsvorschriften der Mitgliedstaaten bezüglich der Kraftfahrzeug-Haftpflichtversicherung und der Kontrolle der entsprechenden Versicherungspflicht, der Zweiten Richtlinie 84/5/EWG des Rates vom 30.12.1983 betreffend die Angleichung der Rechtsvorschriften der Mitgliedstaaten bezüglich der Kraftfahrzeug-Haftpflichtversicherung, der Dritten Richtlinie 90/232/EWG des Rates vom 14.5.1990 zur Angleichung der Rechtsvorschriften der Mitgliedstaaten über die Kraftfahrzeug-Haftpflichtversicherung und der Richtlinie 2000/26/EG des Europäischen Parlaments und des Rates vom 16.5.2000 zur Angleichung der Rechtsvorschriften der Mitgliedstaaten über die Kraftfahrzeug-Haftpflichtversicherung (Vierte Kraftfahrzeughaftpflicht-Richtlinie) wurden in dieser Richtung bereits erhebliche Fortschritte erzielt.

(3) Das Kfz-Haftpflichtversicherungssystem der Gemeinschaft muss aktualisiert und verbessert werden. Diese Notwendigkeit wurde im Rahmen der Anhörung der Versicherungswirtschaft, der Verbraucher und der Unfallopferorganisationen bestätigt.

(4) Um mögliche Fehlinterpretationen der Bestimmungen der Richtlinie 72/166/EWG auszuschließen und den Abschluss einer Versicherung für Fahrzeuge mit vorläufigen amtlichen Kennzeichen zu erleichtern, sollte sich die Definition des Gebiets, in dem das Fahrzeug seinen gewöhnlichen Standort hat, auf das Gebiet des Staates beziehen, dessen amtliches Kennzeichen das Fahrzeug trägt, und zwar unabhängig davon, ob es sich um ein endgültiges oder vorläufiges Kennzeichen handelt.

(5) Nach der Richtlinie 72/166/EWG gilt bei Fahrzeugen mit falschen oder rechtswidrigen Kennzeichen als Gebiet, in dem das Fahrzeug seinen gewöhnlichen Standort hat, der Mitgliedstaat, der die ursprünglichen Kennzeichen zugeteilt hatte. Diese Regel führt oft dazu, dass die nationalen Versicherungsbüros verpflichtet sind, sich mit den wirtschaftlichen Folgen von Unfällen auseinander zu setzen, die in keinem Zusammenhang mit dem Mitgliedstaat stehen, in dem sie niedergelassen sind. Ohne das allgemeine Kriterium zu ändern, wonach das amtliche Kennzeichen das Gebiet bestimmt, in dem das Fahrzeug seinen gewöhnlichen Standort hat, sollte für den Fall, dass ein Fahrzeug ohne amtliches Kennzeichen oder mit einem amtlichen Kennzeichen, das dem Fahrzeug nicht oder nicht mehr zugeordnet ist, einen Unfall verursacht, eine besondere Regelung vorgesehen werden. In diesem Fall und ausschließlich für die Zwecke der Schadenregulierung sollte als Gebiet, in dem das Fahrzeug seinen gewöhnlichen Standort hat, das Gebiet gelten, in dem sich der Unfall ereignet hat.

(6) Um die Auslegung und Anwendung des in der Richtlinie 72/166/EWG verwendeten Begriffs »Stichprobenkontrolle« zu erleichtern, sollte die einschlägige Bestimmung präzisiert werden. Das

Verbot der systematischen Kontrolle der Kfz-Haftpflichtversicherung sollte für Fahrzeuge gelten, die ihren gewöhnlichen Standort im Gebiet eines anderen Mitgliedstaates haben, sowie für Fahrzeuge, die ihren gewöhnlichen Standort im Gebiet eines Drittlandes haben, jedoch aus dem Gebiet eines anderen Mitgliedstaates in ihr Gebiet einreisen. Nur nichtsystematische Kontrollen, die nichtdiskriminierend sind, und im Rahmen einer nicht ausschließlich der Überprüfung des Versicherungsschutzes dienenden Kontrolle stattfinden, sollten zulässig sein.

(7) Nach Artikel 4 Buchstabe a der Richtlinie 72/166/EWG kann ein Mitgliedstaat bei Fahrzeugen, die bestimmten natürlichen oder juristischen Personen des öffentlichen oder des privaten Rechts gehören, von der allgemeinen Versicherungspflicht abweichen. Bei Unfällen, die durch diese Fahrzeuge verursacht werden, muss der die Ausnahmeregelung anwendende Mitgliedstaat eine Stelle oder Einrichtung für die Entschädigung der Opfer von Unfällen, die in einem anderen Mitgliedstaat verursacht werden, bestimmen. Damit nicht nur Opfer von Unfällen, die durch diese Fahrzeuge im Ausland verursacht werden, sondern auch Opfer von Unfällen, die sich in dem Mitgliedstaat ereignen, in dem das Fahrzeug seinen gewöhnlichen Standort hat, angemessenen Schadenersatz erhalten, unabhängig davon, ob sie ihren Wohnsitz in seinem Hoheitsgebiet haben oder nicht, sollte der genannte Artikel geändert werden. Zudem sollten die Mitgliedstaaten dafür sorgen, dass die Liste der von der Versicherungspflicht befreiten Personen und der Stellen oder Einrichtungen, die den Opfern von durch solche Fahrzeuge verursachten Unfällen den Schaden zu ersetzen haben, der Kommission zur Veröffentlichung übermittelt wird.

(8) Nach Artikel 4 Buchstabe b der Richtlinie 72/166/EWG kann ein Mitgliedstaat bei gewissen Arten von Fahrzeugen oder Fahrzeugen mit besonderem Kennzeichen von der allgemeinen Versicherungspflicht abweichen. In diesem Fall können die anderen Mitgliedstaaten bei der Einreise in ihr Gebiet die Vorlage einer gültigen grünen Karte oder einer Grenzversicherung verlangen, um sicherzustellen, dass die Opfer von Unfällen, die möglicherweise durch diese Fahrzeuge in ihrem Gebiet verursacht werden, Schadenersatz erhalten. Da aufgrund der Abschaffung der Kontrollen an den Binnengrenzen der Gemeinschaft nicht mehr gewährleistet werden kann, dass die die Grenze überschreitenden Fahrzeuge versichert sind, ist die Entschädigung der Opfer von Unfällen, die im Ausland verursacht werden, nicht mehr sichergestellt. Ferner sollte dafür gesorgt werden, dass nicht nur Opfer von Unfällen, die durch diese Fahrzeuge im Ausland verursacht werden, sondern auch Opfer von Unfällen, die in dem Mitgliedstaat verursacht werden, in dem das Fahrzeug seinen gewöhnlichen Standort hat, angemessenen Schadenersatz erhalten. Zu diesem Zweck sollten die Mitgliedstaaten die Opfer von durch diese Fahrzeuge verursachten Unfällen ebenso behandeln wie Opfer von durch nicht versicherte Fahrzeuge verursachten Unfällen. Gemäß der Richtlinie 84/5/EWG sollte nämlich den Opfern von Unfällen, die durch nicht versicherte Fahrzeuge verursacht wurden, Schadenersatz durch die Entschädigungsstelle des Mitgliedstaates geleistet werden, in dem sich der Unfall ereignet hat. Im Fall von Zahlungen an Opfer von Unfällen, die durch Fahrzeuge verursacht wurden, für welche die Befreiung gilt, sollte die Entschädigungsstelle einen Erstattungsanspruch gegen die Stelle des Mitgliedstaates haben, in dem das Fahrzeug seinen gewöhnlichen Standort hat. Nach Ablauf eines Zeitraums von fünf Jahren ab dem Inkrafttreten der vorliegenden Richtlinie sollte die Kommission anhand der Erfahrungen bei der Umsetzung und Anwendung dieser Ausnahmeregelung gegebenenfalls Vorschläge zu deren Ersetzung oder Aufhebung unterbreiten. Ferner sollte die entsprechende Bestimmung der Richtlinie 2000/26/EG gestrichen werden.

(9) Zur Präzisierung des Geltungsbereichs der Richtlinien über die Kfz-Haftpflichtversicherung gemäß Artikel 299 des Vertrags sollte die Bezugnahme auf die außereuropäischen Gebiete der Mitgliedstaaten in Artikel 6 und in Artikel 7 Absatz 1 der Richtlinie 72/166/EWG gestrichen werden.

(10) Die Verpflichtung der Mitgliedstaaten, den Versicherungsschutz zumindest für bestimmte Mindestdeckungssummen zu gewährleisten, ist ein wichtiger Aspekt für den Schutz der Unfallopfer. Die Mindestdeckungssummen gemäß der Richtlinie 84/5/EWG sollten nicht nur zur Berücksichtigung der Inflation aktualisiert, sondern zur Verbesserung des Versicherungsschutzes der Unfallopfer auch real erhöht werden. Die Höhe der Mindestdeckungssumme bei Personenschäden sollte so bemessen sein, dass alle Unfallopfer mit schwersten Verletzungen voll und angemessen entschädigt werden,

wobei die geringe Häufigkeit von Unfällen mit mehreren Geschädigten und die geringe Zahl von Unfällen, bei denen mehrere Opfer bei demselben Unfallereignis schwerste Verletzungen erleiden, zu berücksichtigen sind. Eine Mindestdeckungssumme von 1.000.000 Euro je Unfallopfer und 500.0000 Euro je Schadensfall ungeachtet der Anzahl der Geschädigten erscheint angemessen und ausreichend. Um die Einführung dieser Mindestdeckungssummen zu erleichtern, sollte eine Übergangszeit von fünf Jahren nach Ablauf der Frist für die Umsetzung der vorliegenden Richtlinie vorgesehen werden. Die Mitgliedstaaten sollten die Deckungssummen binnen dreißig Monaten nach Ablauf der Frist für die Umsetzung auf mindestens die Hälfte der Beträge anheben.

(11) Um sicherzustellen, dass die Mindestdeckungssummen nicht mit der Zeit an Wert verlieren, sollte eine Bestimmung zur regelmäßigen Überprüfung eingeführt werden, für die der von Eurostat veröffentlichte Europäische Verbraucherpreisindex (EVPI) nach der Verordnung (EG) Nr. 2494/95 des Rates vom 23.10.1995 über harmonisierte Verbraucherpreisindizes als Richtwert gilt. Für diese Überprüfung sind Verfahrensregeln festzulegen.

(12) Die Richtlinie 84/5/EWG, nach der die Mitgliedstaaten zur Betrugsverhinderung die Zahlung von Schadenersatz durch die Entschädigungsstelle im Fall von durch ein nicht ermitteltes Fahrzeug verursachten Sachschäden beschränken oder ausschließen können, kann die legitime Entschädigung der Unfallopfer in einigen Fällen behindern. Die Möglichkeit, die Entschädigung aufgrund der Tatsache, dass ein Fahrzeug nicht ermittelt wurde, zu beschränken oder auszuschließen, sollte keine Anwendung finden, wenn die Stelle einem Opfer eines Unfalls, bei dem auch Sachschäden verursacht wurden, für beträchtliche Personenschäden Schadenersatz geleistet hat. Die Mitgliedstaaten können bei Sachschäden eine gegenüber dem Geschädigten wirksame Selbstbeteiligung bis zu der in der genannten Richtlinie festgelegten Höhe einführen. Die Bedingungen, unter denen Personenschäden als beträchtlich gelten, sollten in den nationalen Rechts- oder Verwaltungsvorschriften des Mitgliedstaates, in dem sich der Unfall ereignet, festgelegt werden. Bei der Festlegung dieser Bedingungen kann der Mitgliedstaat unter anderem berücksichtigen, ob die Verletzungen eine Krankenhausbehandlung notwendig gemacht haben.

(13) Die Richtlinie 84/5/EWG räumt gegenwärtig den Mitgliedstaaten die Möglichkeit ein, bei Sachschäden, die durch nicht versicherte Fahrzeuge verursacht wurden, bis zu einem bestimmten Betrag eine gegenüber dem Geschädigten wirksame Selbstbeteiligung zuzulassen. Diese Möglichkeit verringert ungerechtfertigterweise den Versicherungsschutz der Unfallopfer und wirkt diskriminierend gegenüber den Opfern anderer Unfälle. Sie sollte deshalb nicht beibehalten werden.

(14) Die Zweite Richtlinie 88/357/EWG des Rates vom 22.6.1988 zur Koordinierung der Rechts- und Verwaltungsvorschriften für die Direktversicherung (mit Ausnahme der Lebensversicherung) und zur Erleichterung der tatsächlichen Ausübung des freien Dienstleistungsverkehrs sollte geändert werden, damit Zweigniederlassungen von Versicherungsunternehmen Beauftragte für das Kraftfahrzeug-Haftpflichtgeschäft werden können, wie es bereits bei anderen Versicherungsdienstleistungen als der Kfz-Haftpflichtversicherung der Fall ist.

(15) Die Einbeziehung aller Fahrzeuginsassen in den Versicherungsschutz ist ein wesentlicher Fortschritt des geltenden Rechts. Dieses Ziel würde in Frage gestellt, wenn nationale Rechtsvorschriften oder Vertragsklauseln in Versicherungspolicen die Fahrzeuginsassen vom Versicherungsschutz ausschließen, weil sie wussten oder hätten wissen müssen, dass der Fahrer des Fahrzeugs zum Zeitpunkt des Unfalls unter dem Einfluss von Alkohol oder einem anderen Rauschmittel stand. Die Fahrzeuginsassen sind gewöhnlich nicht in der Lage, den Grad der Intoxikation des Fahrers einwandfrei zu beurteilen. Das Ziel, Kraftfahrer vom Fahren unter Einfluss von Rauschmitteln abzuhalten, wird nicht dadurch erreicht, dass der Versicherungsschutz für Fahrzeuginsassen, die Opfer von Kraftfahrzeugunfällen werden, verringert wird. Der Schutz dieser Fahrzeuginsassen durch die Haftpflichtversicherung des Fahrzeugs lässt ihre etwaige Haftung nach den anwendbaren einzelstaatlichen Rechtsvorschriften sowie die Höhe eines etwaigen Schadenersatzes bei einem bestimmten Unfall unberührt.

(16) Personen- und Sachschäden von Fußgängern, Radfahrern und anderen nicht motorisierten Verkehrsteilnehmern, die gewöhnlich die schwächsten Unfallbeteiligten sind, sollten durch die Haft-

pflichtversicherung des an dem Unfall beteiligten Fahrzeugs gedeckt werden, sofern diese Personen nach einzelstaatlichem Zivilrecht Anspruch auf Schadenersatz haben. Diese Bestimmung lässt die zivilrechtliche Haftung und die Höhe des Schadenersatzes bei einem bestimmten Unfall nach einzelstaatlichem Recht unberührt.

(17) Einige Versicherungsunternehmen nehmen in ihre Versicherungspolicen Klauseln auf, wonach der Vertrag gekündigt wird, wenn sich das Fahrzeug länger als eine bestimmte Zeit außerhalb des Zulassungsmitgliedstaates befindet. Dieses Vorgehen widerspricht dem in der Richtlinie 90/232/EWG niedergelegten Grundsatz, nach dem die Kfz-Haftpflichtversicherung auf der Basis einer einzigen Prämie das gesamte Gebiet der Gemeinschaft abdeckt. Es sollte deshalb festgelegt werden, dass der Versicherungsschutz während der gesamten Laufzeit des Vertrags unabhängig davon gilt, ob sich das Fahrzeug für einen bestimmten Zeitraum in einem anderen Mitgliedstaat befindet, wobei die Verpflichtungen im Zusammenhang mit der Zulassung von Kraftfahrzeugen gemäß den nationalen Rechtsvorschriften der Mitgliedstaaten nicht berührt werden.

(18) Es sollten Schritte unternommen werden, um die Erlangung von Versicherungsschutz für Fahrzeuge, die von einem Mitgliedstaat in einen anderen eingeführt werden, zu erleichtern, selbst wenn das Fahrzeug im Bestimmungsmitgliedstaat noch nicht zugelassen ist. Es sollte eine zeitlich begrenzte Ausnahme von der allgemeinen Regelung zur Bestimmung des Mitgliedstaates, in dem das Risiko belegen ist, vorgesehen werden. Während eines Zeitraums von dreißig Tagen nach dem Zeitpunkt der Lieferung, der Bereitstellung oder der Versendung des Fahrzeugs an den Käufer sollte der Bestimmungsmitgliedstaat als der Mitgliedstaat angesehen werden, in dem das Risiko belegen ist.

(19) Der Versicherungsnehmer, der mit einem anderen Versicherungsunternehmen eine neue Kfz-Haftpflichtversicherung abschließen möchte, sollte seine Schadensfreiheit oder seinen Schadensverlauf während der Dauer des alten Vertrags nachweisen können. Der Versicherungsnehmer sollte berechtigt sein, jederzeit eine Bescheinigung über die Ansprüche betreffend Fahrzeuge, die durch den Versicherungsvertrag zumindest während der fünf letzten Jahre der vertraglichen Beziehung gedeckt waren, bzw. eine Schadensfreiheitsbescheinigung zu beantragen. Das Versicherungsunternehmen oder eine Stelle, die ein Mitgliedstaat gegebenenfalls zur Erbringung der Pflichtversicherung oder zur Abgabe derartiger Bescheinigungen benannt hat, sollte dem Versicherungsnehmer diese Bescheinigung innerhalb von fünfzehn Tagen nach Antragstellung übermitteln.

(20) Um einen angemessenen Versicherungsschutz der Opfer von Kraftfahrzeugunfällen zu gewährleisten, sollten die Mitgliedstaaten nicht zulassen, dass sich Versicherungsunternehmen gegenüber Geschädigten auf Selbstbeteiligungen berufen.

(21) Das Recht, sich auf den Versicherungsvertrag berufen und seinen Anspruch gegenüber dem Versicherungsunternehmen direkt geltend machen zu können, ist für den Schutz des Opfers eines Kraftfahrzeugunfalls von großer Bedeutung. Nach der Richtlinie 2000/26/EG haben Opfer von Unfällen, die sich in einem anderen Mitgliedstaat als dem Wohnsitzmitgliedstaat des Geschädigten ereignet haben und die durch die Nutzung von Fahrzeugen verursacht wurden, die in einem Mitgliedstaat versichert sind und dort ihren gewöhnlichen Standort haben, bereits einen Direktanspruch gegenüber dem Versicherungsunternehmen, das die Haftpflicht des Unfallverursachers deckt. Zur Erleichterung einer effizienten und raschen Regulierung von Schadensfällen und zur weitest möglichen Vermeidung kostenaufwändiger Rechtsverfahren sollte dieser Anspruch auf die Opfer aller Kraftfahrzeugunfälle ausgedehnt werden.

(22) Um den Schutz der Opfer von Kraftfahrzeugunfällen zu erhöhen, sollte das in der Richtlinie 2000/26/EG vorgesehene Verfahren des mit Gründen versehenen Schadenersatzangebots auf Kraftfahrzeugunfälle aller Art ausgedehnt werden. Dasselbe Verfahren sollte entsprechend auch bei Unfällen angewendet werden, bei denen die Schadenregulierung über das System der nationalen Versicherungsbüros gemäß der Richtlinie 72/166/EWG erfolgt.

(23) Um den Geschädigten die Geltendmachung ihrer Schadenersatzansprüche zu erleichtern, sollten die gemäß der Richtlinie 2000/26/EG geschaffenen Auskunftsstellen nicht nur Informationen

über die unter die genannte Richtlinie fallenden Unfälle bereitstellen, sondern die gleiche Art von Informationen bei allen Kraftfahrzeugunfällen erteilen können.

(24) Nach Artikel 11 Absatz 2 in Verbindung mit Artikel 9 Absatz 1 Buchstabe b der Verordnung (EG) Nr. 44/2001 des Rates vom 22.12.2000 über die gerichtliche Zuständigkeit und die Anerkennung und Vollstreckung von Entscheidungen in Zivil- und Handelssachen kann der Geschädigte in dem Mitgliedstaat, in dem er seinen Wohnsitz hat, den Haftpflichtversicherer verklagen.

(25) Da die Richtlinie 2000/26/EG vor der Annahme der Verordnung (EG) Nr. 44/2001 die für einige Mitgliedstaaten das Brüsseler Übereinkommen vom 27.9.1968 zum gleichen Thema ersetzt, erlassen wurde, sollte die in der genannten Richtlinie enthaltene Bezugnahme auf dieses Übereinkommen entsprechend angepasst werden.

(26) Die Richtlinien 72/166/EWG, 84/5/EWG, 88/357/EWG und 90/232/EWG des Rates sowie die Richtlinie 2000/26/EG des Europäischen Parlaments und des Rates sollten daher entsprechend geändert werden –

HABEN FOLGENDE RICHTLINIE ERLASSEN:

Artikel 1

Änderungen der Richtlinie 72/166/EWG

Die Richtlinie 72/166/EWG wird wie folgt geändert:

1. Artikel 1 Nummer 4 wird wie folgt geändert:

a) Der erste Gedankenstrich erhält folgende Fassung:

»– das Gebiet des Staates, dessen amtliches Kennzeichen das Fahrzeug trägt, unabhängig davon, ob es sich um ein endgültiges oder vorläufiges Kennzeichen handelt, oder«

b) Folgender Gedankenstrich wird angefügt:

»– bei Fahrzeugen, die kein amtliches Kennzeichen oder ein amtliches Kennzeichen tragen, das dem Fahrzeug nicht oder nicht mehr zugeordnet ist, und die in einen Unfall verwickelt wurden, das Gebiet des Staates, in dem sich der Unfall ereignet hat, für die Zwecke der Schadenregulierung gemäß Artikel 2 Absatz 2 erster Gedankenstrich der vorliegenden Richtlinie oder gemäß Artikel 1 Absatz 4 der Zweiten Richtlinie 84/5/EWG des Rates vom 30.12.1983 betreffend die Angleichung der Rechtsvorschriften der Mitgliedstaaten bezüglich der Kraftfahrzeug-Haftpflichtversicherung.«

2. Artikel 2 Absatz 1 erhält folgende Fassung:

»(1) Die Mitgliedstaaten verzichten auf eine Kontrolle der Haftpflichtversicherung bei Fahrzeugen, die ihren gewöhnlichen Standort im Gebiet eines anderen Mitgliedstaats haben, und bei Fahrzeugen, die aus dem Gebiet eines anderen Mitgliedstaats in ihr Gebiet einreisen und ihren gewöhnlichen Standort im Gebiet eines Drittlandes haben. Die Mitgliedstaaten können jedoch nichtsystematische Kontrollen der Versicherung unter der Voraussetzung vornehmen, dass diese nicht diskriminierend sind und im Rahmen einer nicht ausschließlich der Überprüfung des Versicherungsschutzes dienenden Kontrolle stattfinden.«

3. Artikel 4 wird wie folgt geändert:

a) In Buchstabe a Unterabsatz 2

i) erhält Satz 1 folgende Fassung:

»In diesem Fall trifft der von Artikel 3 abweichende Mitgliedstaat die zweckdienlichen Maßnahmen, um sicherzustellen, dass die Schäden, die diesen Personen gehörende Fahrzeuge in diesem und in anderen Mitgliedstaaten verursachen, ersetzt werden.«,

ii) erhält der letzte Satz folgende Fassung:

»Er übermittelt der Kommission die Liste der von der Versicherungspflicht befreiten Personen und der Stellen oder Einrichtungen, die den Schaden zu ersetzen haben. Die Kommission veröffentlicht diese Liste.«

b) Buchstabe b Unterabsatz 2 erhält folgende Fassung:

»In diesem Fall gewährleisten die Mitgliedstaaten, dass die in Unterabsatz 1 dieses Buchstabens genannten Fahrzeuge ebenso behandelt werden wie Fahrzeuge, bei denen der Versicherungspflicht nach Artikel 3 Absatz 1 nicht entsprochen worden ist. Die Entschädigungsstelle des Mitgliedstaats, in dem sich der Unfall ereignet hat, hat dann einen Erstattungsanspruch gegen den

Garantiefonds nach Artikel 1 Absatz 4 der Richtlinie 84/5/EWG in dem Mitgliedstaat, in dem das Fahrzeug seinen gewöhnlichen Standort hat.«

Nach Ablauf eines Zeitraums von fünf Jahren ab dem Inkrafttreten der Richtlinie 2005/14/EG des Europäischen Parlaments und des Rates vom 11.5.2005 zur Änderung der Richtlinien 72/166/EWG, 84/5/EWG, 88/357/EWG und 90/232/EWG des Rates sowie der Richtlinie 2000/26/EG des Europäischen Parlaments und des Rates über die Kraftfahrzeug-Haftpflichtversicherung berichten die Mitgliedstaaten der Kommission über die Umsetzung dieses Buchstabens und seine Anwendung in der Praxis. Die Kommission unterbreitet nach Prüfung dieser Berichte gegebenenfalls Vorschläge zur Ersetzung oder Aufhebung dieser Ausnahmeregelung.

4. In Artikel 6 und Artikel 7 Absatz 1 werden die Worte »oder in einem außereuropäischen Gebiet eines Mitgliedstaats« gestrichen.

**Artikel 2**

Änderungen der Richtlinie 84/5/EWG

Artikel 1 der Richtlinie 84/5/EWG erhält folgende Fassung:

»Artikel 1

(1) Die in Artikel 3 Absatz 1 der Richtlinie 72/166/EWG bezeichnete Versicherung hat sowohl Sachschäden als auch Personenschäden zu umfassen.

(2) Unbeschadet höherer Deckungssummen, die von den Mitgliedstaaten gegebenenfalls vorgeschrieben werden, schreibt jeder Mitgliedstaat die Pflichtversicherung mindestens für folgende Beträge vor:

a) für Personenschäden einen Mindestdeckungsbetrag von 1.000.000 Euro je Unfallopfer und von 5.000.000 Euro je Schadensfall, ungeachtet der Anzahl der Geschädigten;

b) für Sachschäden ungeachtet der Anzahl der Geschädigten 1.000.000 Euro je Schadensfall.

Falls erforderlich, können die Mitgliedstaaten eine Übergangszeit von bis zu fünf Jahren nach Ablauf der Frist für die Umsetzung der Richtlinie 2005/14/EG des Europäischen Parlaments und des Rates vom 11.5.2005 zur Änderung der Richtlinien 72/166/EWG, 84/5/EWG, 88/357/EWG und 90/232/EWG des Rates sowie der Richtlinie 2000/26/EG des Europäischen Parlaments und des Rates über die Kraftfahrzeug-Haftpflichtversicherung festlegen, um ihre Mindestdeckungssummen an das in diesem Absatz geforderte Niveau anzupassen. Die Mitgliedstaaten, die eine solche Übergangszeit festlegen, unterrichten die Kommission davon und geben die Dauer der Übergangszeit an. Binnen 30 Monaten nach Ablauf der Frist für die Umsetzung der Richtlinie 2005/14/EG heben die Mitgliedstaaten die Deckungssummen auf mindestens die Hälfte der in diesem Absatz vorgesehenen Beträge an.

(3) Alle fünf Jahre nach Inkrafttreten der Richtlinie 2005/14/EG oder nach Ablauf einer etwaigen Übergangszeit nach Maßgabe von Absatz 2 werden die in jenem Absatz genannten Beträge anhand des in der Verordnung (EG) Nr. 2494/95 des Rates vom 23.10.1995 über harmonisierte Verbraucherpreisindizes genannten Europäischen Verbraucherpreisindexes (EVPI) überprüft. Die Beträge werden automatisch angepasst. Sie werden um die im EVPI für den betreffenden Zeitraum – d.h. für die fünf Jahre unmittelbar vor der Überprüfung – angegebene prozentuale Änderung erhöht und auf ein Vielfaches von 10.000 Euro aufgerundet. Die Kommission unterrichtet das Europäische Parlament und den Rat über die angepassten Beträge und sorgt für deren Veröffentlichung im Amtsblatt der Europäischen Union.

(4) Jeder Mitgliedstaat schafft eine Stelle oder erkennt eine Stelle an, die für Sach- oder Personenschäden, welche durch ein nicht ermitteltes oder nicht im Sinne von Absatz 1 versichertes Fahrzeug verursacht worden sind, zumindest in den Grenzen der Versicherungspflicht Ersatz zu leisten hat.

Unterabsatz 1 lässt das Recht der Mitgliedstaaten unberührt, der Einschaltung dieser Stelle subsidiären Charakter zu verleihen oder Bestimmungen zu erlassen, durch die der Rückgriff der Stelle auf den oder die für den Unfall Verantwortlichen sowie auf andere Versicherer oder Einrichtungen der sozialen Sicherheit, die gegenüber dem Geschädigten zur Regulierung desselben Schadens verpflichtet sind, geregelt wird. Die Mitgliedstaaten dürfen es der Stelle jedoch nicht gestatten, die Zahlung von Schadenersatz davon abhängig zu machen, dass der Geschädigte in irgendeiner Form nachweist, dass der Haftpflichtige zur Schadenersatzleistung nicht in der Lage ist oder die Zahlung verweigert.

(5) Der Geschädigte kann sich in jedem Fall unmittelbar an die Stelle wenden, welche ihm – auf der Grundlage der auf ihr Verlangen hin vom Geschädigten mitgeteilten Informationen – eine mit Gründen versehene Auskunft über jegliche Schadenersatzleistung erteilen muss.

Die Mitgliedstaaten können jedoch von der Einschaltung der Stelle Personen ausschließen, die das Fahrzeug, das den Schaden verursacht hat, freiwillig bestiegen haben, sofern durch die Stelle nachgewiesen werden kann, dass sie wussten, dass das Fahrzeug nicht versichert war.

(6) Die Mitgliedstaaten können die Einschaltung der Stelle bei Sachschäden, die durch ein nicht ermitteltes Fahrzeug verursacht wurden, beschränken oder ausschließen. Hat die Stelle einem Opfer eines Unfalls, bei dem durch ein nicht ermitteltes Fahrzeug auch Sachschäden verursacht wurden, für beträchtliche Personenschäden Schadenersatz geleistet, so können die Mitgliedstaaten Schadenersatz für Sachschäden jedoch nicht aus dem Grund ausschließen, dass das Fahrzeug nicht ermittelt war. Dessen ungeachtet können die Mitgliedstaaten bei Sachschäden eine gegenüber dem Geschädigten wirksame Selbstbeteiligung von nicht mehr als 500 Euro vorsehen.

Die Bedingungen, unter denen Personenschäden als beträchtlich gelten, werden gemäß den Rechts- oder Verwaltungsvorschriften des Mitgliedstaates, in dem sich der Unfall ereignet, festgelegt. In diesem Zusammenhang können die Mitgliedstaaten unter anderem berücksichtigen, ob die Verletzungen eine Krankenhausbehandlung notwendig gemacht haben.

(7) Jeder Mitgliedstaat wendet bei der Einschaltung der Stelle unbeschadet jeder anderen für die Geschädigten günstigeren Praxis seine Rechts- und Verwaltungsvorschriften an.«

**Artikel 3**

Änderung der Richtlinie 88/357/EWG

Artikel 12a Absatz 4 Unterabsatz 4 Satz 2 der Richtlinie 88/357/EWG wird gestrichen.

**Artikel 4**

Änderungen der Richtlinie 90/232/EWG

Die Richtlinie 90/232/EWG wird wie folgt geändert:

1. In Artikel 1 wird zwischen Absatz 1 und Absatz 2 folgender Absatz eingefügt:
   »Die Mitgliedstaaten treffen die erforderlichen Maßnahmen, damit jede gesetzliche Bestimmung oder Vertragsklausel in einer Versicherungspolice, mit der ein Fahrzeuginsasse vom Versicherungsschutz ausgeschlossen wird, weil er wusste oder hätte wissen müssen, dass der Fahrer des Fahrzeugs zum Zeitpunkt des Unfalls unter dem Einfluss von Alkohol oder einem anderen Rauschmittel stand, bezüglich der Ansprüche eines solchen Fahrzeuginsassen als wirkungslos gilt.«
2. Folgender Artikel wird eingefügt:
   »Artikel 1a
   Die in Artikel 3 Absatz 1 der Richtlinie 72/166/EWG genannte Versicherung deckt Personen- und Sachschäden von Fußgängern, Radfahrern und anderen nicht motorisierten Verkehrsteilnehmern, die nach einzelstaatlichem Zivilrecht einen Anspruch auf Schadenersatz aus einem Unfall haben, an dem ein Kraftfahrzeug beteiligt ist. Der vorliegende Artikel lässt die zivilrechtliche Haftung und die Höhe des Schadenersatzes unberührt.«
3. In Artikel 2 erhält der erste Gedankenstrich folgende Fassung:
   »– auf der Basis einer einzigen Prämie und während der gesamten Laufzeit des Vertrags das gesamte Gebiet der Gemeinschaft abdecken, einschließlich aller Aufenthalte des Fahrzeugs in anderen Mitgliedstaaten während der Laufzeit des Vertrags, und«.
4. Die nachfolgenden Artikel werden eingefügt:
   »Artikel 4a
   (1) Abweichend von Artikel 2 Buchstabe d zweiter Gedankenstrich der Richtlinie 88/357/EWG ist bei einem Fahrzeug, das von einem Mitgliedstaat in einen anderen versandt wird, während eines Zeitraums von dreißig Tagen unmittelbar nach der Annahme der Lieferung durch den Käufer der Bestimmungsmitgliedstaat als der Mitgliedstaat anzusehen, in dem das Risiko belegen ist, selbst wenn das Fahrzeug im Bestimmungsmitgliedstaat nicht offiziell zugelassen wurde.
   (2) Wird das Fahrzeug innerhalb des in Absatz 1 des vorliegenden Artikels genannten Zeitraums in einen Unfall verwickelt, während es nicht versichert ist, so ist die in Artikel 1 Absatz 4 der Richtlinie 84/5/EWG genannte Stelle des Bestimmungsmitgliedstaats nach Maßgabe des Artikels 1 der genannten Richtlinie schadenersatzpflichtig.
   Artikel 4b
   Die Mitgliedstaaten stellen sicher, dass der Versicherungsnehmer berechtigt ist, jederzeit eine Bescheinigung über die Haftungsansprüche Dritter betreffend Fahrzeuge, die durch den Versicherungsver-

trag zumindest während der fünf letzten Jahre der vertraglichen Beziehung gedeckt waren, bzw. eine Schadensfreiheitsbescheinigung zu beantragen. Das Versicherungsunternehmen oder eine Stelle, die ein Mitgliedstaat gegebenenfalls zur Erbringung der Pflichtversicherung oder zur Abgabe derartiger Bescheinigungen benannt hat, übermittelt dem Versicherungsnehmer diese Bescheinigung innerhalb von fünfzehn Tagen nach Antragstellung.

Artikel 4c

Versicherungsunternehmen können sich gegenüber Unfallgeschädigten nicht auf Selbstbeteiligungen berufen, soweit die in Artikel 3 Absatz 1 der Richtlinie 72/166/EWG genannte Versicherung betroffen ist.

Artikel 4d

Die Mitgliedstaaten stellen sicher, dass Geschädigte eines Unfalls, der durch ein durch die Versicherung nach Artikel 3 Absatz 1 der Richtlinie 72/166/EWG gedecktes Fahrzeug verursacht wurde, einen Direktanspruch gegen das Versicherungsunternehmen haben, das die Haftpflicht des Unfallverursachers deckt.

Artikel 4e

Die Mitgliedstaaten führen für die Regulierung von Ansprüchen aus allen Unfällen, die durch ein durch die Versicherung nach Artikel 3 Absatz 1 der Richtlinie 72/166/EWG gedecktes Fahrzeug verursacht wurde, das in Artikel 4 Absatz 6 der Richtlinie 2000/26/EG vorgesehene Verfahren ein. Für Unfälle, bei denen die Schadenregulierung über das System der nationalen Versicherungsbüros gemäß Artikel 2 Absatz 2 der Richtlinie 72/166/EWG erfolgen kann, führen die Mitgliedstaaten dasselbe Verfahren wie in Artikel 4 Absatz 6 der Richtlinie 2000/26/EG ein. Für die Zwecke der Anwendung dieses Verfahrens ist jede Bezugnahme auf Versicherungsunternehmen als Bezugnahme auf nationale Versicherungsbüros im Sinne von Artikel 1 Nummer 3 der Richtlinie 72/166/EWG zu verstehen.«

5. Artikel 5 Absatz 1 erhält folgende Fassung:
   »(1) Die Mitgliedstaaten stellen sicher, dass die gemäß Artikel 5 der Richtlinie 2000/26/EG geschaffenen oder anerkannten Auskunftsstellen unbeschadet ihrer Verpflichtungen aus der genannten Richtlinie die in dem genannten Artikel bezeichneten Informationen allen Personen zur Verfügung stellen, die an einem Verkehrsunfall beteiligt sind, der durch ein durch die Versicherung nach Artikel 3 Absatz 1 der Richtlinie 72/166/EWG gedecktes Fahrzeug verursacht wurde.«

**Artikel 5**

Änderungen der Richtlinie 2000/26/EG

Die Richtlinie 2000/26/EG wird wie folgt geändert:

1. Folgende Erwägung 16a wird eingefügt:
   »(16a) Nach Artikel 11 Absatz 2 in Verbindung mit Artikel 9 Absatz 1 Buchstabe b der Verordnung (EG) Nr. 44/2001 des Rates vom 22.12.2000 über die gerichtliche Zuständigkeit und die Anerkennung und Vollstreckung von Entscheidungen in Zivil- und Handelssachen kann der Geschädigte den Haftpflichtversicherer in dem Mitgliedstaat, in dem er seinen Wohnsitz hat, verklagen.«
2. Artikel 4 Absatz 8 erhält folgende Fassung:
   »(8) Die Benennung eines Schadenregulierungsbeauftragten stellt für sich allein keine Errichtung einer Zweigniederlassung im Sinne von Artikel 1 Buchstabe b der Richtlinie 92/49/EWG dar, und der Schadenregulierungsbeauftragte gilt nicht als Niederlassung im Sinne von Artikel 2 Buchstabe c der Richtlinie 88/357/EWG oder
   – im Fall Dänemarks als Niederlassung im Sinne des Brüsseler Übereinkommens vom 27.9.1968 über die gerichtliche Zuständigkeit und die Vollstreckung gerichtlicher Entscheidungen in Zivil- und Handelssachen;
   – im Fall der übrigen Mitgliedstaaten als Niederlassung im Sinne der Verordnung (EG) Nr. 44/2001.«
3. Artikel 5 Absatz 1 Buchstabe a Nummer 2 Ziffer ii wird gestrichen.
4. Nach Artikel 6 wird folgender Artikel eingefügt
   »Artikel 6a
   Zentralstelle
   Die Mitgliedstaaten ergreifen alle erforderlichen Maßnahmen, um die rechtzeitige Bereitstellung der für die Schadensregulierung notwendigen grundlegenden Daten an die Opfer, ihre Versicherer oder ihre gesetzlichen Vertreter zu erleichtern.

Diese grundlegenden Daten werden gegebenenfalls jedem Mitgliedstaat in elektronischer Form in einem Zentralregister bereitgestellt und sind für die an dem Schadensfall Beteiligten auf ihren ausdrücklichen Antrag hin zugänglich.«

**Artikel 6**
**Umsetzung**

(1) Die Mitgliedstaaten setzen die Rechts- und Verwaltungsvorschriften in Kraft, die erforderlich sind, um dieser Richtlinie spätestens bis zum 11.6.2007 nachzukommen. Sie setzen die Kommission unverzüglich davon in Kenntnis.

Wenn die Mitgliedstaaten diese Vorschriften erlassen, nehmen sie in den Vorschriften selbst oder durch einen Hinweis bei der amtlichen Veröffentlichung auf diese Richtlinie Bezug.

Die Mitgliedstaaten regeln die Einzelheiten der Bezugnahme.

(2) Die Mitgliedstaaten können im Einklang mit dem Vertrag Bestimmungen beibehalten oder einführen, die für den Geschädigten günstiger sind als die Bestimmungen, die erforderlich sind, um dieser Richtlinie nachzukommen.

(3) Die Mitgliedstaaten teilen der Kommission den Wortlaut der wichtigsten innerstaatlichen Rechtsvorschriften mit, die sie auf dem unter diese Richtlinie fallenden Gebiet erlassen.

**Artikel 7**
**Inkrafttreten**

Diese Richtlinie tritt am Tag ihrer Veröffentlichung im Amtsblatt der Europäischen Union in Kraft.

**Artikel 8**
**Adressaten**

Diese Richtlinie ist an die Mitgliedstaaten gerichtet.

Geschehen zu Straßburg am 11.5.2005

## VI. Richtlinie 2009/103/EG (Kodifizierung der 1. bis 5. KH-Richtlinie)

168 Richtlinie 2009/103/EG des europäischen Parlaments und des Rates vom 16. September 2009 über die Kraftfahrzeug-Haftpflichtversicherung und die Kontrolle der entsprechenden Versicherungspflicht (kodifizierte Fassung)

Das Europäische Parlament und der Rat der Europäischen Union –

gestützt auf den Vertrag zur Gründung der Europäischen Gemeinschaft, insbesondere auf Artikel 95 Absatz 1,

auf Vorschlag der Kommission,

nach Stellungnahme des Europäischen Wirtschafts- und Sozialausschusses,

gemäß dem Verfahren des Artikels 251 des Vertrags,

in Erwägung nachstehender Gründe:

(1) Die Richtlinie 72/166/EWG des Rates vom 24. April 1972 betreffend die Angleichung der Rechtsvorschriften der Mitgliedstaaten bezüglich der Kraftfahrzeug-Haftpflichtversicherung und der Kontrolle der entsprechenden Versicherungspflicht, die Zweite Richtlinie 84/5/EWG des Rates vom 30. Dezember 1983 betreffend die Angleichung der Rechtsvorschriften der Mitgliedstaaten bezüglich der Kraftfahrzeug-Haftpflichtversicherung, die Dritte Richtlinie 90/232/EWG des Rates vom 14. Mai 1990 zur Angleichung der Rechtsvorschriften der Mitgliedstaaten über die Kraftfahrzeug- Haftpflichtversicherung und die Richtlinie 2000/26/EG des Europäischen Parlaments und des Rates vom 16. Mai 2000 zur Angleichung der Rechtsvorschriften der Mitgliedstaaten über die Kraftfahrzeug-Haftpflichtversicherung (Vierte Kraftfahrzeughaftpflicht-Richtlinie) wurden mehrfach

und erheblich geändert. Aus Gründen der Klarheit und der Übersichtlichkeit empfiehlt es sich, die vier genannten Richtlinien wie auch die Richtlinie 2005/14/EG des Europäischen Parlaments und des Rates vom 11. Mai 2005 zur Änderung der Richtlinien 72/166/EWG, 84/5/EWG, 88/357/EWG und 90/232/EWG des Rates sowie der Richtlinie 2000/26/EG des Europäischen Parlaments und des Rates über die Kraftfahrzeug-Haftpflichtversicherung zu kodifizieren.

(2) Die Kraftfahrzeug-Haftpflichtversicherung (Kfz-Haftpflichtversicherung) ist für die europäischen Bürger – sowohl für die Versicherungsnehmer als auch für die Opfer von Verkehrsunfällen – von besonderer Bedeutung. Sie ist auch für die Versicherungsunternehmen von erheblichem Interesse, weil ein wesentlicher Teil des Schadenversicherungsgeschäfts in der Gemeinschaft auf die Kfz-Haftpflichtversicherung entfällt. Die Kfz-Haftpflichtversicherung wirkt sich auch auf den freien Personen- und Kraftfahrzeugverkehr aus. Die Stärkung und Konsolidierung des Binnenmarktes für Kfz-Haftpflichtversicherungen sollte daher ein Hauptziel der gemeinschaftlichen Maßnahmen im Finanzdienstleistungsbereich sein.

(3) Jeder Mitgliedstaat sollte alle zweckdienlichen Maßnahmen treffen, um sicherzustellen, dass die Haftpflicht bei Fahrzeugen mit gewöhnlichem Standort im Inland durch eine Versicherung gedeckt ist. Die Schadensdeckung sowie die Modalitäten dieser Versicherung werden im Rahmen dieser Maßnahmen bestimmt.

(4) Um mögliche Fehlinterpretationen der vorliegenden Richtlinie auszuschließen und den Abschluss einer Versicherung für Fahrzeuge mit vorläufigen amtlichen Kennzeichen zu erleichtern, sollte sich die Definition des Gebiets, in dem das Fahrzeug seinen gewöhnlichen Standort hat, auf das Gebiet des Staates beziehen, dessen amtliches Kennzeichen das Fahrzeug trägt, und zwar unabhängig davon, ob es sich um ein endgültiges oder vorläufiges Kennzeichen handelt.

(5) Unter vollständiger Beachtung des allgemeinen Kriteriums, wonach das amtliche Kennzeichen das Gebiet bestimmt, in dem das Fahrzeug seinen gewöhnlichen Standort hat, sollte für den Fall, dass ein Fahrzeug ohne amtliches Kennzeichen oder mit einem amtlichen Kennzeichen, das dem Fahrzeug nicht oder nicht mehr zugeordnet ist, einen Unfall verursacht, eine besondere Regelung vorgesehen werden. In diesem Fall und ausschließlich für die Zwecke der Schadenregulierung sollte als Gebiet, in dem das Fahrzeug seinen gewöhnlichen Standort hat, das Gebiet gelten, in dem sich der Unfall ereignet hat.

(6) Ein Verbot der systematischen Kontrolle der Kfz-Haftpflichtversicherung sollte für Fahrzeuge gelten, die ihren gewöhnlichen Standort im Gebiet eines anderen Mitgliedstaats haben, sowie für Fahrzeuge, die ihren gewöhnlichen Standort im Gebiet eines Drittlandes haben, jedoch aus dem Gebiet eines anderen Mitgliedstaats in ihr Gebiet einreisen. Nur nichtsystematische Kontrollen, die nichtdiskriminierend sind und im Rahmen einer nicht ausschließlich der Überprüfung des Versicherungsschutzes dienenden Kontrolle stattfinden, sollten zulässig sein.

(7) Die Kontrolle der Grünen Karte kann bei Fahrzeugen, die ihren gewöhnlichen Standort in einem Mitgliedstaat haben und die in das Gebiet eines anderen Mitgliedstaats einreisen, auf der Grundlage eines Übereinkommens zwischen den nationalen Versicherungsbüros aufgehoben werden, kraft deren jedes nationale Büro nach den innerstaatlichen Rechtsvorschriften die Deckung der zu Ersatzansprüchen führenden Schäden garantiert, die in seinem Gebiet von einem solchen versicherten oder nicht versicherten Fahrzeug verursacht worden sind.

(8) Dieses Übereinkommen über eine Garantie geht davon aus, dass jedes im Gebiet der Gemeinschaft verkehrende gemeinschaftsangehörige Kraftfahrzeug durch eine Versicherung gedeckt ist. Es ist daher geboten, in den nationalen Rechtsvorschriften aller Mitgliedstaaten die Pflicht zur Haftpflichtversicherung dieser Fahrzeuge mit einer im gesamten Gebiet der Gemeinschaft gültigen Deckung vorzusehen.

(9) Das in der vorliegenden Richtlinie vorgesehene System könnte auch auf Fahrzeuge angewandt werden, die ihren gewöhnlichen Standort im Gebiet eines Drittlandes haben, für das die nationalen Versicherungsbüros der Mitgliedstaaten ein ähnliches Übereinkommen geschlossen haben.

(10) Jeder Mitgliedstaat sollte bei Fahrzeugen, die bestimmten natürlichen oder juristischen Personen des öffentlichen oder des privaten Rechts gehören, von der allgemeinen Versicherungspflicht abweichen können. Bei Unfällen, die durch diese Fahrzeuge verursacht werden, sollte der die Ausnahmeregelung anwendende Mitgliedstaat eine Stelle oder Einrichtung für die Entschädigung der Opfer von Unfällen, die in einem anderen Mitgliedstaat verursacht werden, bestimmen. Nicht nur Opfer von Unfällen, die durch diese Fahrzeuge im Ausland verursacht werden, sondern auch Opfer von Unfällen, die sich in dem Mitgliedstaat ereignen, in dem das Fahrzeug seinen gewöhnlichen Standort hat, sollten angemessenen Schadenersatz erhalten, unabhängig davon, ob sie ihren Wohnsitz in seinem Hoheitsgebiet haben oder nicht. Zudem sollten die Mitgliedstaaten dafür sorgen, dass die Liste der von der Versicherungspflicht befreiten Personen und der Stellen oder Einrichtungen, die den Opfern von durch solche Fahrzeuge verursachten Unfällen den Schaden zu ersetzen haben, der Kommission zur Veröffentlichung übermittelt wird.

(11) Jeder Mitgliedstaat sollte bei gewissen Arten von Fahrzeugen oder Fahrzeugen mit besonderem Kennzeichen von der allgemeinen Versicherungspflicht abweichen können. In diesem Fall können die anderen Mitgliedstaaten bei der Einreise in ihr Gebiet die Vorlage einer gültigen Grünen Karte oder einer Grenzversicherung verlangen, um sicherzustellen, dass die Opfer von Unfällen, die möglicherweise durch diese Fahrzeuge in ihrem Gebiet verursacht werden, Schadenersatz erhalten. Da aufgrund der Abschaffung der Kontrollen an den Binnengrenzen der Gemeinschaft nicht mehr überprüft werden kann, dass die die Grenze überschreitenden Fahrzeuge versichert sind, kann die Entschädigung der Opfer von Unfällen, die im Ausland verursacht werden, nicht gewährleistet werden. Es sollte ferner dafür gesorgt werden, dass nicht nur Opfer von Unfällen, die durch diese Fahrzeuge im Ausland verursacht werden, sondern auch Opfer von Unfällen, die in dem Mitgliedstaat verursacht werden, in dem das Fahrzeug seinen gewöhnlichen Standort hat, angemessenen Schadenersatz erhalten. Zu diesem Zweck sollten die Mitgliedstaaten die Opfer von durch diese Fahrzeuge verursachten Unfällen ebenso behandeln wie Opfer von durch nicht versicherte Fahrzeuge verursachten Unfällen. Den Opfern von Unfällen, die durch nicht versicherte Fahrzeuge verursacht wurden, sollte Schadenersatz durch die Entschädigungsstelle des Mitgliedstaats geleistet werden, in dem sich der Unfall ereignet hat. Im Fall von Zahlungen an Opfer von Unfällen, die durch Fahrzeuge verursacht wurden, für welche die Befreiung gilt, sollte die Entschädigungsstelle einen Erstattungsanspruch gegen die Stelle des Mitgliedstaats haben, in dem das Fahrzeug seinen gewöhnlichen Standort hat. Nach Ablauf eines bestimmten Zeitraums der Umsetzung und Anwendung dieser Möglichkeit einer Ausnahmeregelung sollte die Kommission anhand der gesammelten Erfahrungen gegebenenfalls Vorschläge zu deren Ersetzung oder Aufhebung unterbreiten.

(12) Die Verpflichtung der Mitgliedstaaten, den Versicherungsschutz zumindest für bestimmte Mindestdeckungssummen zu gewährleisten, ist ein wichtiger Aspekt für den Schutz der Unfallopfer. Die Höhe der Mindestdeckungssumme bei Personenschäden sollte so bemessen sein, dass alle Unfallopfer mit schwersten Verletzungen voll und angemessen entschädigt werden, wobei die geringe Häufigkeit von Unfällen mit mehreren Geschädigten und die geringe Zahl von Unfällen, bei denen mehrere Opfer bei demselben Unfallereignis schwerste Verletzungen erleiden, zu berücksichtigen sind. Je Unfallopfer und je Schadensfall sollten Mindestdeckungssummen vorgesehen werden. Um die Einführung dieser Mindestdeckungssummen zu erleichtern, sollte eine Übergangszeit vorgesehen werden. Jedoch sollte eine kürzere Frist als dieser Übergangszeitraum vorgesehen werden, innerhalb der die Mitgliedstaaten die Mindestdeckungssummen auf mindestens die Hälfte der vorgesehenen Beträge anzuheben haben.

(13) Um sicherzustellen, dass die Mindestdeckungssummen nicht mit der Zeit an Wert verlieren, sollte eine Bestimmung zur regelmäßigen Überprüfung vorgesehen werden, für die der von Eurostat veröffentlichte Europäische Verbraucherpreisindex (EVPI) nach der Verordnung (EG) Nr. 2494/95 des Rates vom 23. Oktober 1995 über harmonisierte Verbraucherpreisindizes als Richtwert gilt. Für diese Überprüfung sollten außerdem Verfahrensregeln festgelegt werden.

(14) Es ist notwendig, eine Stelle einzurichten, die dem Geschädigten auch dann eine Entschädigung sicherstellt, wenn das verursachende Fahrzeug nicht versichert war oder nicht ermittelt wurde. Die

betreffenden Unfallopfer müssen sich unmittelbar an diese Stelle als erste Kontaktstelle wenden können. Den Mitgliedstaaten sollte jedoch die Möglichkeit gegeben werden, in bestimmten begrenzten Fällen die Einschaltung der betreffenden Stelle auszuschließen und bei von einem nicht ermittelten Fahrzeug verursachten Sachschäden wegen der Betrugsgefahr vorzusehen, dass die Entschädigung bei derartigen Schäden begrenzt oder ausgeschlossen werden kann.

(15) Es liegt im Interesse der Unfallopfer, dass die Wirkungen bestimmter Ausschlussklauseln auf die Beziehungen zwischen dem Versicherer und dem für den Unfall Verantwortlichen beschränkt bleiben. Bei gestohlenen oder unter Anwendung von Gewalt erlangten Fahrzeugen können die Mitgliedstaaten jedoch vorsehen, dass zur Entschädigung des Opfers die genannte Stelle eintritt.

(16) Die Mitgliedstaaten können, um die finanzielle Belastung dieser Stelle zu verringern, die Anwendung einer gewissen Selbstbeteiligung in den Fällen vorsehen, in denen die Stelle bei der Entschädigung für Sachschäden eingeschaltet wird, die durch nicht versicherte oder gegebenenfalls gestohlene oder unter Anwendung von Gewalt erlangte Fahrzeuge verursacht worden sind.

(17) Die Möglichkeit, die rechtmäßige Entschädigung der Unfallopfer aufgrund der Tatsache, dass ein Fahrzeug nicht ermittelt wurde, zu beschränken oder auszuschließen, sollte keine Anwendung finden, wenn die Stelle einem Opfer eines Unfalls, bei dem auch Sachschäden verursacht wurden, für beträchtliche Personenschäden Schadenersatz geleistet hat. Die Mitgliedstaaten können bei Sachschäden eine gegenüber dem Geschädigten wirksame Selbstbeteiligung bis zu der in der vorliegenden Richtlinie festgelegten Höhe einführen. Die Bedingungen, unter denen Personenschäden als beträchtlich gelten, sollten in den nationalen Rechts- oder Verwaltungsvorschriften des Mitgliedstaats, in dem sich der Unfall ereignet, festgelegt werden. Bei der Festlegung dieser Bedingungen kann der Mitgliedstaat unter anderem berücksichtigen, ob die Verletzungen eine Krankenhausbehandlung notwendig gemacht haben.

(18) Bei einem durch ein nicht versichertes Fahrzeug verursachten Unfall ist es für die Stelle, welche die Opfer von durch nicht versicherte oder nicht ermittelte Fahrzeuge verursachten Unfallschäden entschädigt, leichter als für den Geschädigten, gegen den Haftpflichtigen Rückgriff zu nehmen. Daher sollte vorgesehen werden, dass diese Stelle nicht die Möglichkeit hat, die Zahlung von Schadenersatz davon abhängig zu machen, dass der Geschädigte den Nachweis erbringt, dass der Unfallverursacher nicht in der Lage ist oder sich weigert, Schadenersatz zu leisten.

(19) Können die genannte Stelle und ein Haftpflichtversicherer keine Einigung darüber erzielen, wer dem Unfallgeschädigten Schadenersatz zu leisten hat, so sollten die Mitgliedstaaten, um Verzögerungen bei der Auszahlung des Schadenersatzes an den Geschädigten zu vermeiden, die Partei bestimmen, die bis zur Entscheidung über den Streitfall den Schadenersatz vorläufig zu zahlen hat.

(20) Den bei Kraftfahrzeug-Verkehrsunfällen Geschädigten sollte unabhängig davon, in welchem Land der Gemeinschaft sich der Unfall ereignet, eine vergleichbare Behandlung garantiert werden.

(21) Die Familienangehörigen des Versicherungsnehmers, Fahrers oder eines sonstigen Verursachers sollten, jedenfalls bei Personenschäden, einen mit dem anderer Geschädigten vergleichbaren Schutz erhalten.

(22) Personen- und Sachschäden von Fußgängern, Radfahrern und anderen nicht motorisierten Verkehrsteilnehmern, die gewöhnlich die schwächsten Unfallbeteiligten sind, sollten durch die Haftpflichtversicherung des an dem Unfall beteiligten Fahrzeugs gedeckt werden, sofern diese Personen nach einzelstaatlichem Zivilrecht Anspruch auf Schadenersatz haben. Diese Bestimmung lässt die zivilrechtliche Haftung und die Höhe des Schadenersatzes bei einem bestimmten Unfall nach einzelstaatlichem Recht unberührt.

(23) Die Einbeziehung aller Fahrzeuginsassen in den Versicherungsschutz ist ein wesentlicher Fortschritt des geltenden Rechts. Dieses Ziel würde in Frage gestellt, wenn nationale Rechtsvorschriften oder Vertragsklauseln in Versicherungspolicen die Fahrzeuginsassen vom Versicherungsschutz ausschließen, weil sie wussten oder hätten wissen müssen, dass der Fahrer des Fahrzeugs zum Zeitpunkt

des Unfalls unter dem Einfluss von Alkohol oder einem anderen Rauschmittel stand. Die Fahrzeuginsassen sind gewöhnlich nicht in der Lage, den Grad der Intoxikation des Fahrers einwandfrei zu beurteilen. Das Ziel, Kraftfahrer vom Fahren unter Einfluss von Rauschmitteln abzuhalten, wird nicht dadurch erreicht, dass der Versicherungsschutz für Fahrzeuginsassen, die Opfer von Kraftfahrzeugunfällen werden, verringert wird. Der Schutz dieser Fahrzeuginsassen durch die Haftpflichtversicherung des Fahrzeugs lässt ihre etwaige Haftung nach den anwendbaren einzelstaatlichen Rechtsvorschriften sowie die Höhe eines etwaigen Schadenersatzes bei einem bestimmten Unfall unberührt.

(24) Alle Kraftfahrzeug-Haftpflichtversicherungspolicen sollten sich auf das gesamte Gebiet der Gemeinschaft erstrecken.

(25) Einige Versicherungsunternehmen nehmen in ihre Versicherungspolicen Klauseln auf, wonach der Vertrag gekündigt wird, wenn sich das Fahrzeug länger als eine bestimmte Zeit außerhalb des Zulassungsmitgliedstaates befindet. Dieses Vorgehen widerspricht dem in der vorliegenden Richtlinie niedergelegten Grundsatz, nach dem die Kfz-Haftpflichtversicherung auf der Basis einer einzigen Prämie das gesamte Gebiet der Gemeinschaft abdeckt. Es sollte deshalb festgelegt werden, dass der Versicherungsschutz während der gesamten Laufzeit des Vertrags unabhängig davon gilt, ob sich das Fahrzeug für einen bestimmten Zeitraum in einem anderen Mitgliedstaat befindet, wobei die Verpflichtungen im Zusammenhang mit der Zulassung von Kraftfahrzeugen gemäß den nationalen Rechtsvorschriften der Mitgliedstaaten nicht berührt werden.

(26) Im Interesse des Versicherten sollte jede Haftpflichtversicherungspolice im Rahmen einer einzigen Prämie die in jedem Mitgliedstaat gesetzlich vorgeschriebene Deckung bzw., wenn diese höher ist, die gesetzliche Deckung des Mitgliedstaats, in dem das Fahrzeug seinen gewöhnlichen Standort hat, gewährleisten.

(27) Es sollten Schritte unternommen werden, um die Erlangung von Versicherungsschutz für Fahrzeuge, die von einem Mitgliedstaat in einen anderen eingeführt werden, zu erleichtern, selbst wenn das Fahrzeug im Bestimmungsmitgliedstaat noch nicht zugelassen ist. Es sollte eine zeitlich begrenzte Ausnahme von der allgemeinen Regelung zur Bestimmung des Mitgliedstaats, in dem das Risiko belegen ist, vorgesehen werden. Während eines Zeitraums von dreißig Tagen nach dem Zeitpunkt der Lieferung, der Bereitstellung oder der Versendung des Fahrzeugs an den Käufer sollte der Bestimmungsmitgliedstaat als der Mitgliedstaat angesehen werden, in dem das Risiko belegen ist.

(28) Der Versicherungsnehmer, der mit einem anderen Versicherungsunternehmen eine neue Kfz-Haftpflichtversicherung abschließen möchte, sollte seine Schadensfreiheit oder seinen Schadensverlauf während der Dauer des alten Vertrags nachweisen können. Der Versicherungsnehmer sollte berechtigt sein, jederzeit eine Bescheinigung über die Ansprüche betreffend Fahrzeuge, die durch den Versicherungsvertrag zumindest während der fünf letzten Jahre der vertraglichen Beziehung gedeckt waren, bzw. eine Schadensfreiheitsbescheinigung zu beantragen. Das Versicherungsunternehmen oder eine Stelle, die ein Mitgliedstaat gegebenenfalls zur Erbringung der Pflichtversicherung oder zur Abgabe derartiger Bescheinigungen benannt hat, sollte dem Versicherungsnehmer diese Bescheinigung innerhalb von fünfzehn Tagen nach Antragstellung übermitteln.

(29) Um einen angemessenen Versicherungsschutz der Opfer von Kraftfahrzeugunfällen zu gewährleisten, sollten die Mitgliedstaaten nicht zulassen, dass sich Versicherungsunternehmen gegenüber Geschädigten auf Selbstbeteiligungen berufen.

(30) Das Recht, sich auf den Versicherungsvertrag berufen und seinen Anspruch gegenüber dem Versicherungsunternehmen direkt geltend machen zu können, ist für den Schutz des Opfers eines Kraftfahrzeugunfalls von großer Bedeutung. Zur Erleichterung einer effizienten und raschen Regulierung von Schadensfällen und zur weitestmöglichen Vermeidung kostenaufwändiger Rechtsverfahren sollte ein Direktanspruch gegenüber dem Versicherungsunternehmen, das die Haftpflicht des Unfallverursachers deckt, für alle Opfer von Kraftfahrzeugunfällen vorgesehen werden.

(31) Um den Opfern von Kraftfahrzeugunfällen hinreichenden Schutz zu gewähren, sollte ein »Verfahren des mit Gründen versehenen Schadenersatzangebots« auf Kraftfahrzeugunfälle aller Art

Anwendung finden. Dasselbe Verfahren sollte entsprechend auch bei Unfällen angewendet werden, bei denen die Schadenregulierung über das System der nationalen Versicherungsbüros erfolgt.

(32) Nach Artikel 11 Absatz 2 in Verbindung mit Artikel 9 Absatz 1 Buchstabe b der Verordnung (EG) Nr. 44/2001 des Rates vom 22. Dezember 2000 über die gerichtliche Zuständigkeit und die Anerkennung und Vollstreckung von Entscheidungen in Zivil- und Handelssachen kann der Geschädigte in dem Mitgliedstaat, in dem er seinen Wohnsitz hat, den Haftpflichtversicherer verklagen.

(33) Durch das System der Grüne-Karte-Büros ist eine problemlose Regulierung eines Unfallschadens im eigenen Land des Geschädigten auch dann gewährleistet, wenn der andere Unfallbeteiligte aus einem anderen europäischen Land kommt.

(34) Derjenige, der in einem anderen Staat als seinem Wohnsitzstaat bei einem Kraftfahrzeug-Verkehrsunfall im Sinne dieser Richtlinie einen Sach- oder Personenschaden erleidet, sollte seinen Schadenersatzanspruch in seinem Wohnsitzmitgliedstaat gegenüber einem dort bestellten Schadenregulierungsbeauftragten des Versicherungsunternehmens der haftpflichtigen Partei geltend machen können. Diese Lösung würde es ermöglichen, dass ein Schaden, der außerhalb des Wohnsitzmitgliedstaats des Geschädigten eintritt, in einer Weise abgewickelt wird, die dem Geschädigten vertraut ist.

(35) Durch dieses System eines Schadenregulierungsbeauftragten im Wohnsitzmitgliedstaat des Geschädigten wird weder das im konkreten Fall anzuwendende materielle Recht geändert noch die gerichtliche Zuständigkeit berührt.

(36) Die Begründung eines Direktanspruchs desjenigen, der einen Sach- oder Personenschaden erlitten hat, gegen das Versicherungsunternehmen ist eine logische Ergänzung der Benennung von Schadenregulierungsbeauftragten und verbessert zudem die Rechtsstellung von Personen, die bei Kraftfahrzeug-Verkehrsunfällen außerhalb ihres Wohnsitzmitgliedstaats geschädigt werden.

(37) Es sollte vorgesehen werden, dass der Mitgliedstaat, in dem das Versicherungsunternehmen zugelassen ist, von diesem verlangt, in den anderen Mitgliedstaaten ansässige oder niedergelassene Schadenregulierungsbeauftragte zu benennen, die alle erforderlichen Informationen über Schadensfälle zusammentragen, die auf solche Unfälle zurückgehen, und geeignete Maßnahmen zur Schadenregulierung im Namen und für Rechnung des Versicherungsunternehmens, einschließlich einer entsprechenden Entschädigungszahlung, ergreifen. Schadenregulierungsbeauftragte sollten über ausreichende Befugnisse verfügen, um das Versicherungsunternehmen gegenüber den Geschädigten zu vertreten und es auch gegenüber den einzelstaatlichen Behörden und gegebenenfalls, soweit dies mit den Regelungen des internationalen Privat- und Zivilprozessrechts über die Festlegung der gerichtlichen Zuständigkeiten vereinbar ist, gegenüber den Gerichten zu vertreten.

(38) Die Tätigkeiten der Schadenregulierungsbeauftragten reichen nicht aus, um einen Gerichtsstand im Wohnsitzmitgliedstaat des Geschädigten zu begründen, wenn dies nach den Regelungen des internationalen Privat- und Zivilprozessrechts über die Festlegung der gerichtlichen Zuständigkeiten nicht vorgesehen ist.

(39) Die Benennung der Schadenregulierungsbeauftragten sollte eine der Bedingungen für den Zugang zur Versicherungstätigkeit gemäß Buchstabe A Nummer 10 des Anhangs der Ersten Richtlinie 73/239/EWG des Rates vom 24. Juli 1973 zur Koordinierung der Rechts- und Verwaltungsvorschriften betreffend die Aufnahme und Ausübung der Tätigkeit der Direktversicherung (mit Ausnahme der Lebensversicherung) – mit Ausnahme der Haftpflicht des Frachtführers – und die Ausübung dieser Tätigkeit sein. Diese Bedingung sollte deshalb durch die einheitliche behördliche Zulassung nach Titel II der Richtlinie 92/49/EWG des Rates vom 18. Juni 1992 zur Koordinierung der Rechts- und Verwaltungsvorschriften für die Direktversicherung (mit Ausnahme der Lebensversicherung) sowie zur Änderung der Richtlinien 73/239/EWG und 88/357/EWG (Dritte Richtlinie Schadenversicherung) erfasst werden, die die Behörden des Mitgliedstaats des Geschäftssitzes des Versicherungsunternehmens erteilen. Diese Bedingung sollte auch für Versicherungsunternehmen mit Geschäftssitz außerhalb der Gemeinschaft gelten, denen die Zulassung zur Versicherungstätigkeit im Gebiet eines Mitgliedstaats der Gemeinschaft erteilt wurde.

(40) Außer der Sicherstellung der Präsenz eines Beauftragten des Versicherungsunternehmens im Wohnsitzstaat des Geschädigten sollte das spezifische Recht des Geschädigten auf zügige Bearbeitung des Anspruchs gewährleistet werden. Die nationalen Rechtsvorschriften sollten deshalb angemessene wirksame und systematische finanzielle oder gleichwertige administrative Sanktionen – wie Anordnungen in Verbindung mit Bußgeldern, regelmäßige Berichterstattung an Aufsichtsbehörden, Kontrollen vor Ort, Veröffentlichungen im nationalen Gesetzblatt sowie in der Presse, Suspendierung der Tätigkeiten eines Unternehmens (Verbot des Abschlusses neuer Verträge während eines bestimmten Zeitraums), Bestellung eines Sonderbeauftragten der Aufsichtsbehörden, der zu überprüfen hat, ob der Geschäftsbetrieb unter Einhaltung der versicherungsrechtlichen Vorschriften erfolgt, Widerruf der Zulassung zur Ausübung von derartigen Versicherungsgeschäften und Sanktionen für Direktoren und Mitglieder der Geschäftsleitung – vorsehen, die dann gegen das Versicherungsunternehmen des Schädigers festgesetzt werden können, wenn dieses oder sein Beauftragter seiner Verpflichtung zur Vorlage eines Schadenersatzangebots innerhalb einer angemessenen Frist nicht nachkommt. Die Anwendung sonstiger, für angemessen erachteter Maßnahmen – insbesondere nach den für die Beaufsichtigung der Versicherungsunternehmen geltenden Rechtsvorschriften – wird dadurch nicht berührt. Voraussetzung ist jedoch, dass die Haftung sowie der erlittene Sach- oder Personenschaden nicht streitig ist, so dass das Versicherungsunternehmen innerhalb der vorgeschriebenen Frist ein mit Gründen versehenes Angebot unterbreiten kann. Ein solches Schadenersatzangebot muss schriftlich und unter Angabe der Gründe erfolgen, auf denen die Beurteilung der Haftung und des Schadens beruht.

(41) Zusätzlich zu diesen Sanktionen sollte vorgesehen werden, dass für die dem Geschädigten vom Versicherungsunternehmen angebotene bzw. ihm gerichtlich zugesprochene Schadenersatzsumme Zinsen gezahlt werden, wenn das Angebot nicht innerhalb dieser vorgeschriebenen Frist vorgelegt wird. Gibt es in den Mitgliedstaaten nationale Regelungen, die dem Erfordernis der Zahlung von Verzugszinsen entsprechen, so könnte diese Bestimmung durch eine Bezugnahme auf jene Regelungen umgesetzt werden.

(42) Für Geschädigte, die Sach- oder Personenschäden aufgrund eines Kraftfahrzeug-Verkehrsunfalls erlitten haben, ist es zuweilen mit Schwierigkeiten verbunden, den Namen des Versicherungsunternehmens zu erfahren, das die Haftpflicht für ein an einem Unfall beteiligtes Fahrzeug deckt.

(43) Im Interesse dieser Geschädigten sollten die Mitgliedstaaten Auskunftsstellen einrichten, um zu gewährleisten, dass diese Information zu allen Kraftfahrzeugunfällen unverzüglich zur Verfügung steht. Die genannten Auskunftsstellen sollten den Geschädigten auch Informationen über die Schadenregulierungsbeauftragten zur Verfügung stellen. Die Auskunftsstellen müssen untereinander zusammenarbeiten und schnell auf Auskunftsersuchen über Schadenregulierungsbeauftragte reagieren, die Auskunftsstellen anderer Mitgliedstaaten an sie richten. Es erscheint angemessen, dass diese Auskunftsstellen die Informationen über den Zeitpunkt der tatsächlichen Beendigung der Versicherungsdeckung erfassen; nicht angemessen ist hingegen die Erfassung von Informationen über den Ablauf der ursprünglichen Gültigkeitsdauer der Versicherungspolice, sofern sich die Vertragsdauer stillschweigend verlängert hat.

(44) Für Fahrzeuge, für die keine Haftpflichtversicherungspflicht besteht (z.B. Behörden- oder Militärfahrzeuge), sollten besondere Bestimmungen vorgesehen werden.

(45) Der Geschädigte kann ein berechtigtes Interesse daran haben, über die Identität des Eigentümers oder des gewöhnlichen Fahrers oder des eingetragenen Halters des Fahrzeugs Aufschluss zu erhalten, beispielsweise in Fällen, in denen der Geschädigte Schadenersatz nur von diesen Personen erhalten kann, weil das Fahrzeug nicht ordnungsgemäß versichert ist oder der Schaden die Versicherungssumme übersteigt; demnach ist auch diese Auskunft zu erteilen.

(46) Bei einigen der übermittelten Informationen handelt es sich um personenbezogene Daten im Sinne der Richtlinie 95/46/EG des Europäischen Parlaments und des Rates vom 24. Oktober 1995 zum Schutz natürlicher Personen bei der Verarbeitung personenbezogener Daten und zum freien Datenverkehr; dies gilt beispielsweise für den Namen und die Adresse des Fahrzeugeigentümers

und des gewöhnlichen Fahrers sowie die Nummer der Versicherungspolice und das Kennzeichen des Fahrzeugs. Die aufgrund der vorliegenden Richtlinie erforderliche Verarbeitung dieser Daten sollte daher im Einklang mit den einzelstaatlichen Maßnahmen erfolgen, die gemäß der Richtlinie 95/46/EG ergriffen wurden. Name und Anschrift des gewöhnlichen Fahrers sollten nur mitgeteilt werden, wenn dies nach einzelstaatlichem Recht zulässig ist.

(47) Um dem Geschädigten die ihm zustehende Entschädigung sicherzustellen, ist es notwendig, eine Entschädigungsstelle einzurichten, an die sich der Geschädigte wenden kann, wenn das Versicherungsunternehmen keinen Beauftragten benannt hat oder die Regulierung offensichtlich verzögert oder wenn das Versicherungsunternehmen nicht ermittelt werden kann. Das Eintreten der Entschädigungsstelle sollte auf seltene Einzelfälle beschränkt werden, in denen das Versicherungsunternehmen seinen Verpflichtungen trotz der abschreckenden Wirkung der etwaigen Verhängung von Sanktionen nicht nachgekommen ist.

(48) Da die Entschädigungsstelle die Aufgabe hat, die Entschädigungsansprüche für von dem Geschädigten erlittene Sach- oder Personenschäden nur in objektiv feststellbaren Fällen zu regulieren, sollte sie sich auf die Nachprüfung beschränken, ob innerhalb der festgesetzten Fristen und nach den festgelegten Verfahren ein Schadenersatzangebot unterbreitet wurde, ohne jedoch den Fall inhaltlich zu würdigen.

(49) Die juristischen Personen, auf die die Ansprüche des Geschädigten gegen den Unfallverursacher oder dessen Versicherungsunternehmen gesetzlich übergegangen sind (z.B. andere Versicherungsunternehmen oder Einrichtungen der sozialen Sicherheit), sollten nicht berechtigt sein, den betreffenden Anspruch gegenüber der Entschädigungsstelle geltend zu machen.

(50) Die Entschädigungsstelle sollte einen Anspruch auf Forderungsübergang haben, soweit sie den Geschädigten entschädigt hat. Um die Durchsetzung des Anspruchs der Entschädigungsstelle gegen das Versicherungsunternehmen zu erleichtern, wenn dieses keinen Schadenregulierungsbeauftragten benannt hat oder die Regulierung offensichtlich verzögert, sollte die Entschädigungsstelle im Staat des Geschädigten automatisch auch einen – mit dem Eintritt in die Rechte des Geschädigten verbundenen – Anspruch auf Erstattung durch die entsprechende Stelle in dem Staat erhalten, in dem das Versicherungsunternehmen niedergelassen ist. Diese Stelle befindet sich in einer günstigeren Lage, einen Regressanspruch gegen das Versicherungsunternehmen geltend zu machen.

(51) Zwar können die Mitgliedstaaten vorsehen, dass der Anspruch gegen die Entschädigungsstelle subsidiären Charakter hat, doch darf der Geschädigte nicht gezwungen sein seinen Anspruch gegenüber dem Unfallverursacher geltend zu machen, bevor er sich hiermit an die Entschädigungsstelle wendet. Die Stellung des Geschädigten sollte in diesem Fall zumindest dieselbe sein wie im Fall eines Anspruchs gegen den Garantiefonds.

(52) Das Funktionieren dieses Systems kann dadurch bewirkt werden, dass die von den Mitgliedstaaten geschaffenen oder anerkannten Entschädigungsstellen eine Vereinbarung über ihre Aufgaben und Pflichten sowie über das Verfahren der Erstattung treffen.

(53) Für den Fall, dass das Versicherungsunternehmen des Fahrzeugs nicht ermittelt werden kann, sollte vorgesehen werden, dass der Endschuldner der Schadenersatzzahlung an den Geschädigten der für diesen Zweck vorgesehene Garantiefonds in dem Mitgliedstaat ist in dem das nicht versicherte Fahrzeug, durch dessen Nutzung der Unfall verursacht wurde, seinen gewöhnlichen Standort hat. Für den Fall, dass das Fahrzeug nicht ermittelt werden kann, sollte vorgesehen werden, dass der Endschuldner der für diesen Zweck vorgesehene Garantiefonds in dem Mitgliedstaat des Unfalls ist.

(54) Diese Richtlinie sollte die Verpflichtungen der Mitgliedstaaten hinsichtlich der in Anhang I Teil B genannten Fristen für die Umsetzung der dort genannten Richtlinien in innerstaatliches Recht und für die Anwendung dieser Richtlinien unberührt lassen –

haben folgende Richtlinie erlassen:

**Artikel 1**
**Begriffsbestimmungen**

Im Sinne dieser Richtlinie bezeichnet der Ausdruck

1. »Fahrzeug« jedes maschinell angetriebene Kraftfahrzeug, welches zum Verkehr zu Lande bestimmt und nicht an Gleise gebunden ist, sowie die Anhänger, auch wenn sie nicht angekoppelt sind;
2. »Geschädigter« jede Person, die ein Recht auf Ersatz eines von einem Fahrzeug verursachten Schadens hat;
3. »Nationales Versicherungsbüro« einen Berufsverband, der gemäß der am 25. Januar 1949 vom Unterausschuss für Straßenverkehr des Binnenverkehrsausschusses der Wirtschaftskommission der Vereinten Nationen für Europa ausgesprochenen Empfehlung Nr. 5 gegründet wurde und der Versicherungsunternehmen umfasst, die in einem Staat zur Ausübung der Kraftfahrzeug-Haftpflichtversicherung zugelassen sind;
4. »Gebiet, in dem das Fahrzeug seinen gewöhnlichen Standort hat«
   a) das Gebiet des Staates, dessen amtliches Kennzeichen das Fahrzeug trägt, unabhängig davon, ob es sich um ein endgültiges oder vorläufiges Kennzeichen handelt, oder,
   b) soweit es für eine Fahrzeugart keine Zulassung gibt, das betreffende Fahrzeug jedoch eine Versicherungsplakette oder ein dem amtlichen Kennzeichen ähnliches Unterscheidungszeichen trägt, das Gebiet des Staates, in dem diese Plakette oder dieses Unterscheidungszeichen verliehen wurde, oder,
   c) soweit es für bestimmte Fahrzeugarten weder eine Zulassung noch eine Versicherungsplakette noch ein unterscheidendes Kennzeichen gibt, das Gebiet des Staates, in dem der Fahrzeughalter seinen Wohnsitz hat, oder,
   d) bei Fahrzeugen, die kein amtliches Kennzeichen oder ein amtliches Kennzeichen tragen, das dem Fahrzeug nicht oder nicht mehr zugeordnet ist, und die in einen Unfall verwickelt wurden, das Gebiet des Staates, in dem sich der Unfall ereignet hat, für die Zwecke der Schadenregulierung gemäß Artikel 2 Buchstabe a oder gemäß Artikel 10;
5. »Grüne Karte« eine internationale Versicherungsbescheinigung, die im Namen eines nationalen Versicherungsbüros aufgrund der Empfehlung Nr. 5 des Unterausschusses für Straßenverkehr des Binnenverkehrsausschusses der Wirtschaftskommission der Vereinten Nationen für Europa vom 25. Januar 1949 ausgestellt wurde;
6. »Versicherungsunternehmen« jedes Unternehmen, das gemäß Artikel 6 oder gemäß Artikel 23 Absatz 2 der Richtlinie 73/239/EWG die behördliche Zulassung erhalten hat;
7. »Niederlassung« den Sitz, eine Agentur oder eine Zweigniederlassung eines Versicherungsunternehmens im Sinne von Artikel 2 Buchstabe c der Zweiten Richtlinie 88/357/EWG des Rates vom 22. Juni 1988 zur Koordinierung der Rechts- und Verwaltungsvorschriften für die Direktversicherung (mit Ausnahme der Lebensversicherung) und zur Erleichterung der tatsächlichen Ausübung des freien Dienstleistungsverkehrs.

**Artikel 2**
**Anwendungsbereich**

Die Artikel 4, 6, 7 und 8 gelten für Fahrzeuge, die ihren gewöhnlichen Standort im Gebiet eines der Mitgliedstaaten haben,

a) sobald zwischen den nationalen Versicherungsbüros ein Übereinkommen geschlossen worden ist, wonach sich jedes nationale Büro nach Maßgabe der eigenen einzelstaatlichen Rechtsvorschriften betreffend die Pflichtversicherung zur Regelung von Schadensfällen verpflichtet, die sich in seinem Gebiet ereignen und durch den Verkehr von versicherten oder nicht versicherten Fahrzeugen verursacht werden, die ihren gewöhnlichen Standort im Gebiet eines anderen Mitgliedstaats haben;
b) von dem Zeitpunkt an, den die Kommission bestimmen wird, nachdem sie in enger Zusammenarbeit mit den Mitgliedstaaten das Bestehen eines solchen Übereinkommens festgestellt hat;
c) für die Geltungsdauer dieses Übereinkommens.

**Artikel 3**
**Kfz-Haftpflichtversicherungspflicht**

Jeder Mitgliedstaat trifft vorbehaltlich der Anwendung des Artikels 5 alle geeigneten Maßnahmen, um sicherzustellen, dass die Haftpflicht bei Fahrzeugen mit gewöhnlichem Standort im Inland durch eine Versicherung gedeckt ist.

Die Schadensdeckung sowie die Modalitäten dieser Versicherung werden im Rahmen der in Absatz 1 genannten Maßnahmen bestimmt.

Jeder Mitgliedstaat trifft alle geeigneten Maßnahmen, um sicherzustellen, dass der Versicherungsvertrag überdies folgende Schäden deckt:

a) die im Gebiet der anderen Mitgliedstaaten gemäß den Rechtsvorschriften dieser Staaten verursachten Schäden;
b) die Schäden, die Angehörigen der Mitgliedstaaten auf den direkten Strecken zwischen einem Gebiet, in dem der EG-Vertrag gilt, und einem anderen solchen Gebiet zugefügt werden, wenn für das durchfahrene Gebiet ein nationales Versicherungsbüro nicht besteht; in diesem Fall ist der Schaden gemäß den die Versicherungspflicht betreffenden Rechtsvorschriften des Mitgliedstaats zu decken, in dessen Gebiet das Fahrzeug seinen gewöhnlichen Standort hat.

Die in Absatz 1 bezeichnete Versicherung hat sowohl Sachschäden als auch Personenschäden zu umfassen.

**Artikel 4**
**Kontrolle der Haftpflichtversicherung**

Die Mitgliedstaaten verzichten auf eine Kontrolle der Haftpflichtversicherung bei Fahrzeugen, die ihren gewöhnlichen Standort im Gebiet eines anderen Mitgliedstaats haben, und bei Fahrzeugen, die aus dem Gebiet eines anderen Mitgliedstaats in ihr Gebiet einreisen und ihren gewöhnlichen Standort im Gebiet eines Drittlandes haben. Die Mitgliedstaaten können jedoch nichtsystematische Kontrollen der Versicherung unter der Voraussetzung vornehmen, dass diese nichtdiskriminierend sind und im Rahmen einer nicht ausschließlich der Überprüfung des Versicherungsschutzes dienenden Kontrolle stattfinden.

**Artikel 5**
**Ausnahmen von der Kfz-Haftpflichtversicherungspflicht**

(1) Jeder Mitgliedstaat kann bei bestimmten natürlichen und juristischen Personen des öffentlichen oder des privaten Rechts, die der betreffende Staat bestimmt und deren Name oder Kennzeichnung er den anderen Mitgliedstaaten sowie der Kommission meldet, von Artikel 3 abweichen.

In diesem Fall trifft der von Artikel 3 abweichende Mitgliedstaat die zweckdienlichen Maßnahmen, um sicherzustellen, dass die Schäden, die diesen Personen gehörende Fahrzeuge in diesem und in anderen Mitgliedstaaten verursachen, ersetzt werden.

Er bestimmt insbesondere die Stelle oder Einrichtung in dem Land, in dem sich der Schadensfall ereignet hat, die nach Maßgabe der Rechtsvorschriften dieses Staates den Geschädigten den Schaden zu ersetzen hat, falls Artikel 2 Buchstabe a nicht anwendbar ist.

Er übermittelt der Kommission die Liste der von der Versicherungspflicht befreiten Personen und der Stellen oder Einrichtungen, die den Schaden zu ersetzen haben.

Die Kommission veröffentlicht diese Liste.

(2) Jeder Mitgliedstaat kann bei gewissen Arten von Fahrzeugen oder Fahrzeugen mit besonderem Kennzeichen, die dieser Staat bestimmt und deren Kennzeichnung er den anderen Mitgliedstaaten sowie der Kommission meldet, von Artikel 3 abweichen.

In diesem Fall gewährleisten die Mitgliedstaaten, dass die in Unterabsatz 1 genannten Fahrzeuge ebenso behandelt werden wie Fahrzeuge, bei denen der Versicherungspflicht nach Artikel 3 nicht entsprochen worden ist.

Der Garantiefonds in dem Mitgliedstaat, in dem sich der Unfall ereignet hat, hat dann einen Erstattungsanspruch gegen den Garantiefonds in dem Mitgliedstaat, in dem das Fahrzeug seinen gewöhnlichen Standort hat.

Vom 11. Juni 2010 an berichten die Mitgliedstaaten der Kommission über die Umsetzung dieses Absatzes und seine Anwendung in der Praxis.

Die Kommission unterbreitet nach Prüfung dieser Berichte gegebenenfalls Vorschläge zur Ersetzung oder Aufhebung dieser Ausnahmeregelung.

**Artikel 6**
**Nationale Versicherungsbüros**

Jeder Mitgliedstaat achtet darauf, dass sich das nationale Versicherungsbüro unbeschadet der in Artikel 2 Buchstabe a vorgesehenen Verpflichtung bei einem Unfall, der in seinem Gebiet von einem Fahrzeug mit gewöhnlichem Standort im Gebiet eines anderen Mitgliedstaats verursacht worden ist, über Folgendes informiert:

a) über das Gebiet, in dem dieses Fahrzeug seinen gewöhnlichen Standort hat, sowie gegebenenfalls über sein amtliches Kennzeichen;
b) soweit möglich über die normalerweise in der Grünen Karte enthaltenen, im Besitz des Fahrzeughalters befindlichen Angaben über die Versicherung des betreffenden Fahrzeugs, soweit diese von dem Mitgliedstaat, in dessen Gebiet das Fahrzeug seinen gewöhnlichen Standort hat, verlangt werden.

Jeder Mitgliedstaat achtet ebenfalls darauf, dass das genannte Büro die Auskünfte nach Absatz 1 Buchstaben a und b dem nationalen Versicherungsbüro des Staates mitteilt, in dessen Gebiet das in Absatz 1 genannte Fahrzeug seinen gewöhnlichen Standort hat.

**Artikel 7**
**Einzelstaatliche Maßnahmen betreffend Fahrzeuge, die ihren gewöhnlichen Standort im Gebiet eines Drittlandes haben**

Die Mitgliedstaaten treffen alle geeigneten Maßnahmen, um sicherzustellen, dass Fahrzeuge, die ihren gewöhnlichen Standort im Gebiet eines Drittlandes haben und in das Gebiet einreisen, in dem der EG-Vertrag gilt, nur dann zum Verkehr in ihrem Gebiet zugelassen werden können, wenn die möglicherweise durch die Teilnahme dieser Fahrzeuge am Verkehr verursachten Schäden im gesamten Gebiet, in dem der EG-Vertrag gilt, nach Maßgabe der einzelnen nationalen Rechtsvorschriften für die Fahrzeug-Haftpflichtversicherung gedeckt sind.

**Artikel 8**
**Dokumente betreffend Fahrzeuge, die ihren gewöhnlichen Standort im Gebiet eines Drittlandes haben**

(1) Jedes Fahrzeug mit gewöhnlichem Standort im Gebiet eines Drittlandes muss vor der Einreise in das Gebiet, in dem der EG-Vertrag gilt, mit einer gültigen Grünen Karte oder mit einer Bescheinigung über den Abschluss einer Grenzversicherung gemäß Artikel 7 versehen sein.

Fahrzeuge, die ihren gewöhnlichen Standort in einem Drittland haben, gelten jedoch als Fahrzeuge mit gewöhnlichem Standort in der Gemeinschaft, wenn sich die nationalen Versicherungsbüros aller Mitgliedstaaten, jedes für sich, nach Maßgabe der eigenen nationalen Rechtsvorschriften betreffend die Pflichtversicherung zur Regelung von Schadensfällen verpflichten, die sich in ihrem Gebiet ereignen und durch die Teilnahme dieser Fahrzeuge am Verkehr verursacht werden.

(2) Sobald die Kommission in enger Zusammenarbeit mit den Mitgliedstaaten festgestellt hat, dass die in Absatz 1 Unterabsatz 2 vorgesehenen Verpflichtungen erfüllt sind, bestimmt sie, von welchem Zeitpunkt an und für welche Fahrzeugarten die Mitgliedstaaten nicht mehr die Vorlage der in Absatz 1 Unterabsatz 1 genannten Urkunden verlangen.

**Artikel 9**
**Mindestdeckungssummen**

(1) Unbeschadet höherer Deckungssummen, die von den Mitgliedstaaten gegebenenfalls vorgeschrieben werden, schreibt jeder Mitgliedstaat die in Artikel 3 genannte Pflichtversicherung mindestens für folgende Beträge vor:

a) für Personenschäden einen Mindestdeckungsbetrag von 1000000 EUR je Unfallopfer oder von 5000000 EUR je Schadensfall, ungeachtet der Anzahl der Geschädigten;
b) für Sachschäden ungeachtet der Anzahl der Geschädigten 1000000 EUR je Schadensfall.

Falls erforderlich, können die Mitgliedstaaten eine höchstens bis zum 11. Juni 2012 dauernde Übergangszeit festlegen, um ihre Mindestdeckungssummen an das in Unterabsatz 1 geforderte Niveau anzupassen.

Die Mitgliedstaaten, die eine solche Übergangszeit festlegen, unterrichten die Kommission davon und geben die Dauer der Übergangszeit an.

Jedoch heben die Mitgliedstaaten spätestens am 11. Dezember 2009 die Deckungssummen auf mindestens die Hälfte der in Unterabsatz 1 vorgesehenen Beträge an.

(2) Alle fünf Jahre ab dem 11. Juni 2005 oder nach Ablauf einer etwaigen Übergangszeit nach Maßgabe von Absatz 1 Unterabsatz 2 werden die in jenem Absatz genannten Beträge anhand des in der Verordnung (EG) Nr. 2494/95 genannten Europäischen Verbraucherpreisindexes (EVPI) überprüft. Die Beträge werden automatisch angepasst. Sie werden um die im EVPI für den betreffenden Zeitraum – d.h. für die fünf Jahre unmittelbar vor der Überprüfung gemäß Unterabsatz 1 – angegebene prozentuale Änderung erhöht und auf ein Vielfaches von 10000 EUR aufgerundet.

Die Kommission unterrichtet das Europäische Parlament und den Rat über die angepassten Beträge und sorgt für deren Veröffentlichung im Amtsblatt der Europäischen Union.

**Artikel 10**
**Zuständige Stelle für die Entschädigungen**

(1) Jeder Mitgliedstaat schafft eine Stelle oder erkennt eine Stelle an, die für Sach- oder Personenschäden, welche durch ein nicht ermitteltes oder nicht im Sinne von Artikel 3 versichertes Fahrzeug verursacht worden sind, zumindest in den Grenzen der Versicherungspflicht Ersatz zu leisten hat.

Unterabsatz 1 lässt das Recht der Mitgliedstaaten unberührt, der Einschaltung dieser Stelle subsidiären Charakter zu verleihen oder Bestimmungen zu erlassen, durch die der Rückgriff der Stelle auf den oder die für den Unfall Verantwortlichen sowie auf andere Versicherer oder Einrichtungen der sozialen Sicherheit, die gegenüber dem Geschädigten zur Regulierung desselben Schadens verpflichtet sind, geregelt wird. Die Mitgliedstaaten dürfen es der Stelle jedoch nicht gestatten, die Zahlung von Schadenersatz davon abhängig zu machen, dass der Geschädigte in irgendeiner Form nachweist, dass der Haftpflichtige zur Schadenersatzleistung nicht in der Lage ist oder die Zahlung verweigert.

(2) Der Geschädigte kann sich in jedem Fall unmittelbar an die Stelle wenden, welche ihm – auf der Grundlage der auf ihr Verlangen hin vom Geschädigten mitgeteilten Informationen – eine mit Gründen versehene Auskunft über jegliche Schadenersatzleistung erteilen muss.

Die Mitgliedstaaten können jedoch von der Einschaltung der Stelle Personen ausschließen, die das Fahrzeug, das den Schaden verursacht hat, freiwillig bestiegen haben, sofern durch die Stelle nachgewiesen werden kann, dass sie wussten, dass das Fahrzeug nicht versichert war.

(3) Die Mitgliedstaaten können die Einschaltung der Stelle bei Sachschäden, die durch ein nicht ermitteltes Fahrzeug verursacht wurden, beschränken oder ausschließen.

Hat die Stelle einem Opfer eines Unfalls, bei dem durch ein nicht ermitteltes Fahrzeug auch Sachschäden verursacht wurden, für beträchtliche Personenschäden Schadenersatz geleistet, so können die Mitgliedstaaten Schadenersatz für Sachschäden jedoch nicht aus dem Grund ausschließen, dass das Fahrzeug nicht ermittelt war. Dessen ungeachtet können die Mitgliedstaaten bei Sachschäden eine gegenüber dem Geschädigten wirksame Selbstbeteiligung von nicht mehr als 500 EUR vorsehen.

Die Bedingungen, unter denen Personenschäden als beträchtlich gelten, werden gemäß den Rechts- oder Verwaltungsvorschriften des Mitgliedstaats, in dem sich der Unfall ereignet, festgelegt. In diesem Zusammenhang können die Mitgliedstaaten unter anderem berücksichtigen, ob die Verletzungen eine Krankenhausbehandlung notwendig gemacht haben.

(4) Jeder Mitgliedstaat wendet bei der Einschaltung der Stelle unbeschadet jeder anderen für die Geschädigten günstigeren Praxis seine Rechts- und Verwaltungsvorschriften an.

**Artikel 11**
**Streitfälle**

Besteht zwischen der in Artikel 10 Absatz 1 genannten Stelle und dem Haftpflichtversicherer Streit darüber, wer dem Geschädigten Schadenersatz zu leisten hat, so ergreifen die Mitgliedstaaten entsprechende Maßnahmen, damit unter den Parteien diejenige bestimmt wird, die dem Geschädigten unverzüglich vorläufigen Schadenersatz zu leisten hat.

Wird zu einem späteren Zeitpunkt entschieden, dass die andere Partei ganz oder teilweise hätte Schadenersatz leisten müssen, so erstattet diese der Partei, die die Zahlung geleistet hat, die entsprechenden Beträge.

**Artikel 12**
**Spezifische Kategorien von Unfallopfern**

(1) Unbeschadet des Artikels 13 Absatz 1 Unterabsatz 2 deckt die in Artikel 3 genannte Versicherung die Haftpflicht für aus der Nutzung eines Fahrzeugs resultierende Personenschäden bei allen Fahrzeuginsassen mit Ausnahme des Fahrers.

(2) Familienmitglieder des Versicherungsnehmers, des Fahrers oder jeder anderen Person, die bei einem Unfall haftbar gemacht werden kann und durch die in Artikel 3 bezeichnete Versicherung geschützt ist, dürfen nicht aufgrund dieser familiären Beziehungen von der Personenschadenversicherung ausgeschlossen werden.

(3) Die in Artikel 3 genannte Versicherung deckt Personen- und Sachschäden von Fußgängern, Radfahrern und anderen nicht motorisierten Verkehrsteilnehmern, die nach einzelstaatlichem Zivilrecht einen Anspruch auf Schadenersatz aus einem Unfall haben, an dem ein Kraftfahrzeug beteiligt ist.

Der vorliegende Artikel lässt die zivilrechtliche Haftung und die Höhe des Schadenersatzes unberührt.

**Artikel 13**
**Ausschlussklauseln**

(1) Jeder Mitgliedstaat trifft alle geeigneten Maßnahmen, damit für die Zwecke der Anwendung von Artikel 3 bezüglich der Ansprüche von bei Unfällen geschädigten Dritten jede Rechtsvorschrift oder Vertragsklausel in einer nach Artikel 3 ausgestellten Versicherungspolice als wirkungslos gilt, mit der die Nutzung oder das Führen von Fahrzeugen durch folgende Personen von der Versicherung ausgeschlossen werden:

a) hierzu weder ausdrücklich noch stillschweigend ermächtigte Personen;
b) Personen, die keinen Führerschein für das betreffende Fahrzeug besitzen;
c) Personen, die den gesetzlichen Verpflichtungen in Bezug auf Zustand und Sicherheit des betreffenden Fahrzeugs nicht nachgekommen sind.

Die in Unterabsatz 1 Buchstabe a genannte Vorschrift oder Klausel kann jedoch gegenüber den Personen geltend gemacht werden, die das Fahrzeug, das den Schaden verursacht hat, freiwillig bestiegen haben, sofern der Versicherer nachweisen kann, dass sie wussten, dass das Fahrzeug gestohlen war.

Den Mitgliedstaaten steht es frei, bei Unfällen in ihrem Gebiet Unterabsatz 1 nicht anzuwenden, wenn und soweit das Unfallopfer Schadenersatz von einem Sozialversicherungsträger erlangen kann.

(2) In den Fällen gestohlener oder unter Anwendung von Gewalt erlangter Fahrzeuge können die Mitgliedstaaten vorsehen, dass die in Artikel 10 Absatz 1 bezeichnete Stelle nach Maßgabe von Absatz 1 des vorliegenden Artikels anstelle des Versicherers eintritt. Hat das Fahrzeug seinen gewöhnlichen Standort in einem anderen Mitgliedstaat, so hat diese Stelle keine Regressansprüche gegenüber irgendeiner Stelle in diesem Mitgliedstaat.

Die Mitgliedstaaten, die im Falle gestohlener oder unter Anwendung von Gewalt erlangter Fahrzeuge das Eintreten der in Artikel 10 Absatz 1 genannte Stelle vorsehen, können für Sachschäden eine Selbstbeteiligung des Geschädigten bis zu 250 EUR festsetzen.

(3) Die Mitgliedstaaten treffen die erforderlichen Maßnahmen, damit jede gesetzliche Bestimmung oder Vertragsklausel in einer Versicherungspolice, mit der ein Fahrzeuginsasse vom Versicherungsschutz ausgeschlossen wird, weil er wusste oder hätte wissen müssen, dass der Fahrer des Fahrzeugs zum Zeitpunkt des Unfalls unter dem Einfluss von Alkohol oder einem anderen Rauschmittel stand, bezüglich der Ansprüche eines solchen Fahrzeuginsassen als wirkungslos gilt.

**Artikel 14**
**Einprämienprinzip**

Die Mitgliedstaaten treffen die erforderlichen Maßnahmen, damit alle Pflichtversicherungsverträge zur Deckung der Haftpflicht für die Nutzung von Fahrzeugen

a) auf der Basis einer einzigen Prämie und während der gesamten Laufzeit des Vertrags das gesamte Gebiet der Gemeinschaft abdecken, einschließlich aller Aufenthalte des Fahrzeugs in anderen Mitgliedstaaten während der Laufzeit des Vertrags, und

b) auf der Grundlage dieser einzigen Prämie den in jedem Mitgliedstaat gesetzlich vorgeschriebenen Versicherungsschutz bzw. den in dem Mitgliedstaat, in dem das Fahrzeug seinen gewöhnlichen Standort hat, gesetzlich vorgeschriebenen Versicherungsschutz gewährleisten, wenn letzterer höher ist.

**Artikel 15**
**Fahrzeuge, die von einem Mitgliedstaat in einen anderen versandt werden**

(1) Abweichend von Artikel 2 Buchstabe d zweiter Gedankenstrich der Richtlinie 88/357/EWG ist bei einem Fahrzeug, das von einem Mitgliedstaat in einen anderen versandt wird, während eines Zeitraums von dreißig Tagen unmittelbar nach der Annahme der Lieferung durch den Käufer der Bestimmungsmitgliedstaat als der Mitgliedstaat anzusehen, in dem das Risiko belegen ist, selbst wenn das Fahrzeug im Bestimmungsmitgliedstaat nicht offiziell zugelassen wurde.

(2) Wird das Fahrzeug innerhalb des in Absatz 1 des vorliegenden Artikels genannten Zeitraums in einen Unfall verwickelt, während es nicht versichert ist, so ist die in Artikel 10 Absatz 1 genannte Stelle des Bestimmungsmitgliedstaats nach Maßgabe des Artikels 9 schadenersatzpflichtig.

**Artikel 16**
**Bescheinigung über die Haftungsansprüche Dritter**

Die Mitgliedstaaten stellen sicher, dass der Versicherungsnehmer berechtigt ist, jederzeit eine Bescheinigung über die Haftungsansprüche Dritter betreffend Fahrzeuge, die durch den Versicherungsvertrag zumindest während der fünf letzten Jahre der vertraglichen Beziehung gedeckt waren, bzw. eine Schadensfreiheitsbescheinigung zu beantragen.

Das Versicherungsunternehmen oder eine Stelle, die ein Mitgliedstaat gegebenenfalls zur Erbringung der Pflichtversicherung oder zur Abgabe derartiger Bescheinigungen benannt hat, übermittelt dem Versicherungsnehmer diese Bescheinigung innerhalb von fünfzehn Tagen nach Antragstellung.

**Artikel 17**
**Selbstbeteiligung**

Versicherungsunternehmen können sich gegenüber Unfallgeschädigten nicht auf Selbstbeteiligungen berufen, soweit die in Artikel 3 genannte Versicherung betroffen ist.

**Artikel 18**
**Direktanspruch**

Die Mitgliedstaaten stellen sicher, dass Geschädigte eines Unfalls, der durch ein durch die Versicherung nach Artikel 3 gedecktes Fahrzeug verursacht wurde, einen Direktanspruch gegen das Versicherungsunternehmen haben, das die Haftpflicht des Unfallverursachers deckt.

**Artikel 19**
**Verfahren zur Regulierung von Unfallschäden**

Die Mitgliedstaaten führen für die Regulierung von Ansprüchen aus allen Unfällen, die durch ein durch die Versicherung nach Artikel 3 gedecktes Fahrzeug verursacht wurde, das in Artikel 22 genannte Verfahren ein.

Für Unfälle, bei denen die Schadenregulierung über das System der nationalen Versicherungsbüros gemäß Artikel 2 erfolgen kann, führen die Mitgliedstaaten dasselbe Verfahren wie in Artikel 22 ein.

Für die Zwecke der Anwendung dieses Verfahrens ist jede Bezugnahme auf Versicherungsunternehmen als Bezugnahme auf nationale Versicherungsbüros zu verstehen.

**Artikel 20**
**Besondere Bestimmungen über die Entschädigung von Geschädigten bei einem Unfall, der sich in einem anderen Mitgliedstaats dem Wohnsitzmitgliedstaat des Geschädigten ereignet hat**

(1) In den Artikeln 20 bis 26 werden besondere Bestimmungen für Geschädigte festgelegt, die ein Recht auf Entschädigung für einen Sach- oder Personenschaden haben, der bei einem Unfall entstanden ist, welcher sich in einem anderen Mitgliedstaat als dem Wohnsitzmitgliedstaat des Geschädigten ereignet hat und der durch die Nutzung eines Fahrzeugs verursacht wurde, das in einem Mitgliedstaat versichert ist und dort seinen gewöhnlichen Standort hat.

Unbeschadet der Rechtsvorschriften von Drittländern über die Haftpflicht und unbeschadet des internationalen Privatrechts gelten diese Bestimmungen auch für Geschädigte, die ihren Wohnsitz in einem Mitgliedstaat haben und ein Recht auf Entschädigung für einen Sach- oder Personenschaden haben, der bei einem Unfall entstanden ist, welcher sich in einem Drittland ereignet hat, dessen nationales Versicherungsbüro dem System der Grünen Karte beigetreten ist, und der durch die Nutzung eines Fahrzeugs verursacht wurde, das in einem Mitgliedstaat versichert ist und dort seinen gewöhnlichen Standort hat.

(2) Die Artikel 21 und 24 finden nur Anwendung bei Unfällen, die von einem Fahrzeug verursacht wurden, das

a) bei einer Niederlassung in einem anderen Mitgliedstaat als dem Wohnsitzstaat des Geschädigten versichert ist und
b) seinen gewöhnlichen Standort in einem anderen Mitgliedstaat als dem Wohnsitzstaat des Geschädigten hat.

**Artikel 21**
**Schadenregulierungsbeauftragte**

(1) Die Mitgliedstaaten treffen die erforderlichen Maßnahmen, um sicherzustellen, dass jedes Versicherungsunternehmen, das Risiken aus Buchstabe A Nummer 10 des Anhangs der Richtlinie 73/239/EWG – mit Ausnahme der Haftpflicht des Frachtführers – deckt, in allen anderen Mitgliedstaaten als dem, indem es seine behördliche Zulassung erhalten hat, einen Schadenregulierungsbeauftragten benennt.

Die Aufgabe des Schadenregulierungsbeauftragten besteht in der Bearbeitung und Regulierung von Ansprüchen, die aus Unfällen im Sinne von Artikel 20 Absatz 1 herrühren.

Der Schadenregulierungsbeauftragte muss in dem Mitgliedstaat ansässig oder niedergelassen sein, für den er benannt wird.

(2) Die Auswahl des Schadenregulierungsbeauftragten liegt im Ermessen des Versicherungsunternehmens.

Die Mitgliedstaaten können diese Auswahlmöglichkeit nicht einschränken.

(3) Der Schadenregulierungsbeauftragte kann auf Rechnung eines oder mehrerer Versicherungsunternehmen handeln.

(4) Der Schadenregulierungsbeauftragte trägt im Zusammenhang mit derartigen Ansprüchen alle zu deren Regulierung erforderlichen Informationen zusammen und ergreift die notwendigen Maßnahmen, um eine Schadenregulierung auszuhandeln.

Der Umstand, dass ein Schadenregulierungsbeauftragter zu benennen ist, schließt das Recht des Geschädigten oder seines Versicherungsunternehmens auf ein gerichtliches Vorgehen unmittelbar gegen den Unfallverursacher bzw. dessen Versicherungsunternehmen nicht aus.

(5) Schadenregulierungsbeauftragte müssen über ausreichende Befugnisse verfügen, um das Versicherungsunternehmen gegenüber Geschädigten in den in Artikel 20 Absatz 1 genannten Fällen zu vertreten und um deren Schadenersatzansprüche in vollem Umfang zu befriedigen.

Sie müssen in der Lage sein, den Fall in der Amtssprache bzw. den Amtssprachen des Wohnsitzmitgliedstaats des Geschädigten zu bearbeiten.

(6) Die Benennung eines Schadenregulierungsbeauftragten stellt für sich allein keine Errichtung einer Zweigniederlassung im Sinne von Artikel 1 Buchstabe b der Richtlinie 92/49/EWG dar, und der Schadenregulierungsbeauftragte gilt nicht als Niederlassung im Sinne von Artikel 2 Buchstabe c der Richtlinie 88/357/EWG oder als Niederlassung im Sinne der Verordnung (EG) Nr. 44/2001.

**Artikel 22**
**Entschädigungsverfahren**

Die Mitgliedstaaten sehen die durch angemessene, wirksame und systematische finanzielle oder gleichwertige administrative Sanktionen bewehrte Verpflichtung vor, dass innerhalb von drei Monaten nach dem

Tag, an dem der Geschädigte seinen Schadenersatzanspruch entweder unmittelbar beim Versicherungsunternehmen des Unfallverursachers oder bei dessen Schadenregulierungsbeauftragten angemeldet hat,

a) vom Versicherungsunternehmen des Unfallverursachers oder von dessen Schadenregulierungsbeauftragten ein mit Gründen versehenes Schadenersatzangebot vorgelegt wird, sofern die Eintrittspflicht unstreitig ist und der Schaden beziffert wurde, oder

b) vom Versicherungsunternehmen, an das ein Antrag auf Schadenersatz gerichtet wurde, oder von dessen Schadenregulierungsbeauftragten eine mit Gründen versehene Antwort auf die in dem Antrag enthaltenen Darlegungen erteilt wird, sofern die Eintrittspflicht bestritten wird oder nicht eindeutig feststeht oder der Schaden nicht vollständig beziffert worden ist.

Die Mitgliedstaaten erlassen Bestimmungen, um sicherzustellen, dass für die dem Geschädigten vom Versicherungsunternehmen angebotene bzw. ihm gerichtlich zugesprochene Schadenersatzsumme Zinsen gezahlt werden, wenn das Angebot nicht binnen drei Monaten vorgelegt wird.

**Artikel 23**
**Auskunftsstellen**

(1) Von jedem Mitgliedstaat wird eine Auskunftsstelle geschaffen oder anerkannt, die mit dem Ziel, Geschädigten die Geltendmachung von Schadenersatzansprüchen zu ermöglichen,

a) ein Register mit den nachstehend aufgeführten Informationen führt:

i) die Kennzeichen der Kraftfahrzeuge, die im Gebiet des jeweiligen Staates ihren gewöhnlichen Standort haben;

ii) die Nummern der Versicherungspolicen, die die Nutzung dieser Fahrzeuge in Bezug auf die unter Buchstabe A Nummer 10 des Anhangs der Richtlinie 73/239/EWG fallenden Risiken – mit Ausnahme der Haftpflicht des Frachtführers – abdecken, und, wenn die Geltungsdauer der Police abgelaufen ist, auch den Zeitpunkt der Beendigung des Versicherungsschutzes;

iii) die Versicherungsunternehmen, die die Nutzung von Fahrzeugen in Bezug auf die unter Buchstabe A Nummer 10 des Anhangs der Richtlinie 73/239/EWG fallenden Risiken – mit Ausnahme der Haftpflicht des Frachtführers – abdecken, sowie die von diesen Versicherungsunternehmen nach Artikel 21 der vorliegenden Richtlinie benannten Schadenregulierungsbeauftragten, deren Namen der Auskunftsstelle gemäß Absatz 2 des vorliegenden Artikels zu melden sind;

iv) die Liste der Fahrzeuge, die im jeweiligen Mitgliedstaat von der Haftpflichtversicherung gemäß Artikel 5 Absätze 1 und 2 befreit sind;

v) bei Fahrzeugen gemäß Ziffer iv:

– den Namen der Stelle oder Einrichtung, die gemäß Artikel 5 Absatz 1 Unterabsatz 3 bestimmt wird und dem Geschädigten den Schaden zu ersetzen hat, in den Fällen, in denen das Verfahren des Artikels 2 Absatz 2 Buchstabe a nicht anwendbar ist, und wenn für das Fahrzeug die Ausnahmeregelung nach Artikel 5 Absatz 1 Unterabsatz 1 gilt;

– den Namen der Stelle, die für die durch das Fahrzeug verursachten Schäden in dem Mitgliedstaat aufkommt, in dem es seinen gewöhnlichen Standort hat, wenn für das Fahrzeug die Ausnahmeregelung nach Artikel 5 Absatz 2 gilt;

b) oder die Erhebung und Weitergabe dieser Daten koordiniert und

c) die berechtigten Personen bei der Erlangung der unter Buchstabe a Ziffern i bis v genannten Informationen unterstützt.

Die unter Buchstabe a Ziffern i, ii und iii genannten Informationen sind während eines Zeitraums von sieben Jahren nach Ablauf der Zulassung des Fahrzeugs oder der Beendigung des Versicherungsvertrags aufzubewahren.

(2) Die in Absatz 1 Buchstabe a Ziffer iii genannten Versicherungsunternehmen melden den Auskunftsstellen aller Mitgliedstaaten Namen und Anschrift des Schadenregulierungsbeauftragten, den sie in jedem der Mitgliedstaaten gemäß Artikel 21 benannt haben.

(3) Die Mitgliedstaaten stellen sicher, dass die Geschädigten berechtigt sind, binnen eines Zeitraums von sieben Jahren nach dem Unfall von der Auskunftsstelle ihres Wohnsitzmitgliedstaats, des Mitgliedstaats, in dem das Fahrzeug seinen gewöhnlichen Standort hat, oder des Mitgliedstaats, in dem sich der Unfall ereignet hat, unverzüglich die folgenden Informationen zu erhalten:

a) Namen und Anschrift des Versicherungsunternehmens;

b) die Nummer der Versicherungspolice und

c) Namen und Anschrift des Schadenregulierungsbeauftragten des Versicherungsunternehmens im Wohnsitzstaat des Geschädigten.

Die Auskunftsstellen kooperieren miteinander.

(4) Die Auskunftsstelle teilt dem Geschädigten Namen und Anschrift des Fahrzeugeigentümers, des gewöhnlichen Fahrers oder des eingetragenen Fahrzeughalters mit, wenn der Geschädigte ein berechtigtes Interesse an dieser Auskunft hat. Zur Anwendung dieser Bestimmung wendet sich die Auskunftsstelle insbesondere an

a) das Versicherungsunternehmen oder
b) die Zulassungsstelle.

Gilt für das Fahrzeug die Ausnahmeregelung nach Artikel 5 Absatz 1 Unterabsatz 1, so teilt die Auskunftsstelle dem Geschädigten den Namen der Stelle oder Einrichtung mit, die gemäß Artikel 5 Absatz 1 Unterabsatz 3 bestimmt wird und dem Geschädigten den Schaden zu ersetzen hat, falls das Verfahren des Artikels 2 Buchstabe a nicht anwendbar ist.

Gilt für das Fahrzeug die Ausnahmeregelung nach Artikel 5 Absatz 2, so teilt die Auskunftsstelle dem Geschädigten den Namen der Stelle mit, die für die durch das Fahrzeug verursachten Schäden im Land des gewöhnlichen Standorts aufkommt.

(5) Die Mitgliedstaaten stellen sicher, dass die Auskunftsstellen unbeschadet ihrer Verpflichtungen aus den Absätzen 1 und 4 die in jenen Absätzen bezeichneten Informationen allen Personen zur Verfügung stellen, die an einem Verkehrsunfall beteiligt sind, der durch ein durch die Versicherung nach Artikel 3 gedecktes Fahrzeug verursacht wurde.

(6) Die Verarbeitung personenbezogener Daten aufgrund der Absätze 1 bis 5 muss im Einklang mit den einzelstaatlichen Maßnahmen gemäß der Richtlinie 95/46/EG erfolgen.

**Artikel 24**
**Entschädigungsstellen**

(1) Von jedem Mitgliedstaat wird eine Entschädigungsstelle geschaffen oder anerkannt, die den Geschädigten in den Fällen nach Artikel 20 Absatz 1 eine Entschädigung gewährt.

Die Geschädigten können einen Schadenersatzantrag an die Entschädigungsstelle im Wohnsitzmitgliedstaat richten,

a) wenn das Versicherungsunternehmen oder sein Schadenregulierungsbeauftragter binnen drei Monaten nach der Geltendmachung des Entschädigungsanspruchs beim Versicherungsunternehmen des Fahrzeugs, durch dessen Nutzung der Unfall verursacht wurde, oder beim Schadenregulierungsbeauftragten keine mit Gründen versehene Antwort auf die im Schadenersatzantrag enthaltenen Darlegungen erteilt hat oder
b) wenn das Versicherungsunternehmen im Wohnsitzmitgliedstaat des Geschädigten keinen Schadenregulierungsbeauftragten gemäß Artikel 20 Absatz 1 benannt hat; in diesem Fall sind Geschädigte nicht berechtigt, einen Schadenersatzantrag an die Entschädigungsstelle zu richten, wenn sie einen solchen Antrag direkt beim Versicherungsunternehmen des Fahrzeugs, durch dessen Nutzung der Unfall verursacht wurde, eingereicht und innerhalb von drei Monaten nach Einreichung dieses Antrags eine mit Gründen versehene Antwort erhalten haben.

Geschädigte dürfen jedoch keinen Schadenersatzantrag an die Entschädigungsstelle stellen, wenn sie unmittelbar gegen das Versicherungsunternehmen gerichtliche Schritte eingeleitet haben.

Die Entschädigungsstelle wird binnen zwei Monaten nach Stellung eines Schadenersatzantrags des Geschädigten tätig, schließt den Vorgang jedoch ab, wenn das Versicherungsunternehmen oder dessen Schadenregulierungsbeauftragter in der Folge eine mit Gründen versehene Antwort auf den Schadenersatzantrag erteilt.

Die Entschädigungsstelle unterrichtet unverzüglich

a) das Versicherungsunternehmen des Fahrzeugs, dessen Nutzung den Unfall verursacht hat, oder den Schadenregulierungsbeauftragten,
b) die Entschädigungsstelle im Mitgliedstaat der Niederlassung des Versicherungsunternehmens, die die Vertragspolice ausgestellt hat,
c) die Person, die den Unfall verursacht hat, sofern sie bekannt ist,

darüber, dass ein Antrag des Geschädigten bei ihr eingegangen ist und dass sie binnen zwei Monaten nach Stellung des Antrags auf diesen eingehen wird.

Es bleibt das Recht der Mitgliedstaaten unberührt, Bestimmungen zu erlassen, durch die der Einschaltung dieser Stelle subsidiärer Charakter verliehen wird oder durch die der Rückgriff dieser Stelle auf den oder die Unfallverursacher sowie auf andere Versicherungsunternehmen oder Einrichtungen der sozialen Sicherheit, die gegenüber dem Geschädigten zur Regulierung desselben Schadens verpflichtet sind, geregelt wird. Die Mitgliedstaaten dürfen es der Stelle jedoch nicht gestatten, die Zahlung von Schadenersatz von anderen als den in dieser Richtlinie festgelegten Bedingungen, insbesondere davon abhängig zu machen, dass der Geschädigte in irgendeiner Form nachweist, dass der Haftpflichtige zahlungsunfähig ist oder die Zahlung verweigert.

(2) Die Entschädigungsstelle, welche den Geschädigten im Wohnsitzstaat entschädigt hat, hat gegenüber der Entschädigungsstelle im Mitgliedstaat der Niederlassung des Versicherungsunternehmens, die die Versicherungspolice ausgestellt hat, Anspruch auf Erstattung des als Entschädigung gezahlten Betrags.

Die Ansprüche des Geschädigten gegen den Unfallverursacher oder dessen Versicherungsunternehmen gehen insoweit auf die letztgenannte Entschädigungsstelle über, als die Entschädigungsstelle im Wohnsitzstaat des Geschädigten eine Entschädigung für den erlittenen Sach- oder Personenschaden gewährt hat. Jeder Mitgliedstaat ist verpflichtet, einen von einem anderen Mitgliedstaat vorgesehenen Forderungsübergang anzuerkennen.

(3) Dieser Artikel wird wirksam,

a) nachdem die von den Mitgliedstaaten geschaffenen oder anerkannten Entschädigungsstellen eine Vereinbarung über ihre Aufgaben und Pflichten sowie über das Verfahren der Erstattung getroffen haben und
b) ab dem Zeitpunkt, den die Kommission festlegt, nachdem sie sich in enger Zusammenarbeit mit den Mitgliedstaaten vergewissert hat, dass eine solche Vereinbarung getroffen wurde.

**Artikel 25**
**Entschädigung**

(1) Kann das Fahrzeug nicht ermittelt werden oder kann das Versicherungsunternehmen nicht binnen zwei Monaten nach dem Unfall ermittelt werden, so kann der Geschädigte eine Entschädigung bei der Entschädigungsstelle im Wohnsitzmitgliedstaat beantragen. Diese Entschädigung erfolgt gemäß den Artikeln 9 und 10. Die Entschädigungsstelle hat dann unter den in Artikel 24 Absatz 2 festgelegten Voraussetzungen folgenden Erstattungsanspruch:

a) für den Fall, dass das Versicherungsunternehmen nicht ermittelt werden kann: gegen den Garantiefonds in dem Mitgliedstaat, in dem das Fahrzeug seinen gewöhnlichen Standort hat;
b) für den Fall eines nicht ermittelten Fahrzeugs: gegen den Garantiefonds in dem Mitgliedstaat des Unfalls;
c) bei Fahrzeugen aus Drittländern: gegen den Garantiefonds in dem Mitgliedstaat des Unfalls.

(2) Der vorliegende Artikel findet Anwendung bei Unfällen, die von unter die Artikel 7 und 8 fallenden Fahrzeugen aus Drittländern verursacht wurden.

**Artikel 26**
**Zentralstelle**

Die Mitgliedstaaten ergreifen alle erforderlichen Maßnahmen, um die rechtzeitige Bereitstellung der für die Schadenregulierung notwendigen grundlegenden Daten an die Opfer, ihre Versicherer oder ihre gesetzlichen Vertreter zu erleichtern.

Diese grundlegenden Daten werden gegebenenfalls jedem Mitgliedstaat in elektronischer Form in einem Zentralregister bereitgestellt und sind für die an dem Schadensfall Beteiligten auf ihren ausdrücklichen Antrag hin zugänglich.

**Artikel 27**
**Sanktionen**

Die Mitgliedstaaten legen Sanktionen für Verstöße gegen die aufgrund dieser Richtlinie erlassenen innerstaatlichen Rechtsvorschriften fest und treffen die für ihre Anwendung erforderlichen Vorkehrungen. Die festgelegten Sanktionen müssen wirksam verhältnismäßig und abschreckend sein. Die Mitgliedstaaten teilen der Kommission jegliche Änderungen von Bestimmungen, die in Anwendung des vorliegenden Artikels erlassen werden, so bald wie möglich mit.

**Artikel 28**
**Innerstaatliche Rechtsvorschriften**

(1) Die Mitgliedstaaten können im Einklang mit dem Vertrag Bestimmungen beibehalten oder einführen, die für den Geschädigten günstiger sind als die Bestimmungen, die zur Umsetzung dieser Richtlinie erforderlich sind.

(2) Die Mitgliedstaaten teilen der Kommission den Wortlaut der wichtigsten innerstaatlichen Rechtsvorschriften mit, die sie auf dem unter diese Richtlinie fallenden Gebiet erlassen.

**Artikel 29**
**Aufhebung**

Die Richtlinien 72/166/EWG, 84/5/EWG, 90/232/EWG, 2000/26/EG und 2005/14/EG, in der Fassung der in Anhang I Teil A aufgeführten Richtlinien, werden unbeschadet der Verpflichtungen der Mitgliedstaaten hinsichtlich der in Anhang I Teil B genannten Fristen für die Umsetzung der dort genannten Richtlinien in innerstaatliches Recht und für die Anwendung dieser Richtlinien aufgehoben.

Verweisungen auf die aufgehobenen Richtlinien gelten als Verweisungen auf die vorliegende Richtlinie und sind nach Maßgabe der Entsprechungstabelle in Anhang II zu lesen.

**Artikel 30**
**Inkrafttreten**

Diese Richtlinie tritt am zwanzigsten Tag nach ihrer Veröffentlichung im Amtsblatt der Europäischen Union in Kraft.

**Artikel 31**
**Adressaten**

Diese Richtlinie ist an die Mitgliedstaaten gerichtet.

Geschehen zu Straßburg am 16. September 2009.

## VII. Richtlinie 2021/2118/EU

169 RICHTLINIE (EU) 2021/2118 DES EUROPÄISCHEN PARLAMENTS UND DES RATES vom 24. November 2021

zur Änderung der Richtlinie 2009/103/EG über die Kraftfahrzeug-Haftpflichtversicherung und die Kontrolle der entsprechenden Versicherungspflicht

DAS EUROPÄISCHE PARLAMENT UND DER RAT DER EUROPÄISCHEN UNION –

gestützt auf den Vertrag über die Arbeitsweise der Europäischen Union, insbesondere auf Artikel 114,

(…)

in Erwägung nachstehender Gründe:

(1) Die Kraftfahrzeug-Haftpflichtversicherung (Kfz-Haftpflichtversicherung) ist für die europäischen Bürger – sowohl für die Versicherungsnehmer als auch für etwaige durch Verkehrsunfälle Geschädigte – von besonderer Bedeutung. Sie ist auch für die Versicherungsunternehmen von erheblichem Interesse, da ein wichtiges Segment des Schadenversicherungsmarkts in der Union auf die Kfz-Haftpflichtversicherung entfällt. Die Kfz-Haftpflichtversicherung wirkt sich auch erheblich auf den freien Personen-, Waren- und Kraftfahrzeugverkehr und somit auch auf den Binnenmarkt aus. Die Stärkung und Konsolidierung des Binnenmarktes für Kfz-Haftpflichtversicherungen sollte daher ein Hauptziel der Unionsmaßnahmen im Finanzdienstleistungsbereich sein.

(2) 2017 hat die Kommission die Richtlinie 2009/103/EG des Europäischen Parlaments und des Rates einer Bewertung unterzogen und dabei u. a. deren Wirksamkeit und die Kohärenz mit anderen Politikbereichen der Union geprüft. Die Bewertung ergab, dass die Richtlinie 2009/103/EG insgesamt gut funktioniert und in den meisten Aspekten nicht geändert werden muss. Es wurden jedoch vier Bereiche ermittelt, in denen gezielte Änderungen angebracht wären: Das das betrifft die Entschädigung von Unfallgeschädigten bei Insolvenz eines Versicherungsunternehmens, die obligatorischen Mindestdeckungssummen, Versicherungskontrollen von Fahrzeugen durch die Mitgliedstaaten und die Verwendung der Bescheinigungen des Schadenverlaufs des Versicherungsnehmers durch ein neues Versicherungsunternehmen. Neben diesen vier Bereichen wurden auch versandte Fahrzeuge, Unfälle mit Anhängern, die von einem Fahrzeug gezogen werden, unabhängige Instrumente für den Vergleich der Preise von Kfz-Haftpflichtversicherungen, Auskunftsstellen und Informationen für Geschädigte als Bereiche ermittelt, in denen gezielte Änderungen angebracht wären. Außerdem sollte die Richtlinie 2009/103/EG präzisiert werden, indem der Begriff »Opfer«, der in jener Richtlinie als Synonym für »Geschädigter« verwendet wird, im Wege geeigneter Änderungen durch den Begriff »Geschädigter« ersetzt wird. Diese Änderungen zielen ausschließlich darauf ab, die in der Richtlinie verwendete Terminologie zu harmonisieren, und stellen keine inhaltliche Änderung dar.

(3) Seit dem Inkrafttreten der Richtlinie 2009/103/EG sind viele neue Arten von Kraftfahrzeugen auf den Markt gekommen. Einige von ihnen werden durch einen rein elektrischen Motor, einige durch Nebenausrüstung angetrieben. Solche Fahrzeuge sollten bei der Begriffsbestimmung des Begriffs »Fahrzeug« berücksichtigt werden. Diese Begriffsbestimmung sollte sich auf die allgemeinen Merkmale dieser Fahrzeuge, insbesondere ihre bauartbedingten Höchstgeschwindigkeiten und Nettogewichte, stützen und vorsehen, dass nur Fahrzeuge erfasst werden, die ausschließlich maschinell angetrieben werden. Die Begriffsbestimmung sollte unabhängig von der Anzahl der Räder des Fahrzeugs gelten. Rollstühle, die für den Gebrauch durch Menschen mit körperlichen Behinderungen bestimmt sind, sollten nicht unter die Begriffsbestimmung fallen.

(4) Leichte Elektrofahrzeuge, die nicht unter die Bestimmung des Begriffs »Fahrzeug« fallen, sollten vom Anwendungsbereich der Richtlinie 2009/103/EG ausgenommen werden. Die Mitgliedstaaten sollten jedoch durch die Richtlinie nicht daran gehindert werden, nach ihrem nationalen Recht unter von ihnen festzulegenden Bedingungen Kraftfahrzeug-Haftpflichtversicherungen für alle an Land verwendeten motorisierten Geräte vorzuschreiben, die nicht unter die Begriffsbestimmung der Richtlinie für »Fahrzeug« fallen und für die diese Richtlinie folglich keine solche Versicherung vorschreibt. Die Mitgliedstaaten sollten durch die Richtlinie auch nicht daran gehindert werden, in ihren nationalen Rechtsvorschriften vorzusehen, dass Unfallgeschädigte, die durch ein anderes motorisiertes Gerät verursacht wurden, Zugang zur Entschädigungsstelle des Mitgliedstaats gemäß Kapitel 4 erhalten. Die Mitgliedstaaten sollten auch beschließen können, dass in Fällen, in denen in ihrem Hoheitsgebiet ansässige Personen bei einem Unfall geschädigt werden, der durch eins solches anderes motorisiertes Gerät in einem anderen Mitgliedstaat verursacht wurde, in dem keine Kraftfahrzeug-Haftpflichtversicherung für dieses motorisierten Geräte erforderlich ist, diese Personen Zugang zu der Entschädigungsstelle gemäß Kapitel 4 in dem Mitgliedstaat haben, in dem sie ihren Wohnsitz haben. Die Entschädigungsstellen der Mitgliedstaaten sollten die Möglichkeit haben, eine einvernehmliche Vereinbarung darüber zu treffen, wie sie in einer solchen Situation zusammenarbeiten.

(5) Der Gerichtshof der Europäischen Union hat in jüngeren Entscheidungen, insbesondere in den Rechtssachen Vnuk[173](4), Rodrigues de Andrade[174] und Torreiro,[175] die Bedeutung des Begriffs »Verwendung eines Fahrzeugs« klargestellt. Der Gerichtshof hat dabei insbesondere klargestellt, dass Kraftfahrzeuge, unabhängig von den Merkmalen des Fahrzeugs, in der Regel zum Einsatz als Beförderungsmittel bestimmt sind und dass die Verwendung eines solchen Fahrzeugs jede Verwendung umfasst, die seiner normalen Funktion als Beförderungsmittel entspricht, unabhängig davon,

173 Urteil des Gerichtshofs vom 4. Dezember 2014, Vnuk, C-162/13.

174 Urteil des Gerichtshofs vom 28. November 2017, Rodrigues de Andrade, C-514/16.

175 Urteil des Gerichtshofs vom 20. Dezember 2017, Torreiro, C-334/16.

auf welchem Gelände das Kraftfahrzeug verwendet wird und ob es sich in Bewegung befindet oder nicht. Die Richtlinie 2009/103/EG findet keine Anwendung, wenn die normale Funktion eines solchen Fahrzeugs zum Zeitpunkt des Unfalls in einer anderen Verwendung als der als Beförderungsmittel besteht. Das könnte der Fall sein, wenn das Fahrzeug nicht im Sinne von Artikel 3 Absatz 1 dieser Richtlinie verwendet wird, da seine normale Funktion beispielsweise in der Verwendung als industrielle oder landwirtschaftliche Energiequelle besteht. Im Interesse der Rechtssicherheit sollte die Rechtsprechung in der Richtlinie 2009/103/EG durch Aufnahme einer Definition des Begriffs »Verwendung eines Fahrzeugs« ihren Niederschlag finden.

(6) Einige Kraftfahrzeuge sind eher klein, weshalb die Gefahr, dass sie erhebliche Personen- und Sachschäden verursachen, geringer ist. Es wäre unverhältnismäßig und nicht zukunftsorientiert, sie in den Anwendungsbereich der Richtlinie 2009/103/EG aufzunehmen. Ihre Aufnahme stünde auch der Einführung neuerer Fahrzeuge wie Elektrofahrrädern, die nicht ausschließlich mit mechanischer Leistung angetrieben werden, im Wege und würde Innovationen hemmen. Außerdem liegen keine ausreichenden Nachweise dafür vor, dass diese kleinen Fahrzeuge in gleichem Umfang Unfälle mit Geschädigten verursachen könnten wie andere Fahrzeuge wie Pkw oder Lastkraftwagen. Gemäß den Grundsätzen der Subsidiarität und der Verhältnismäßigkeit sollten die Anforderungen auf Unionsebene daher nur für Fahrzeuge gelten, die in der Richtlinie 2009/103/EG als solche definiert sind.

(7) Grundsätzlich sollte eine Kraftfahrzeug-Haftpflichtversicherung Unfälle in allen Gebieten der Mitgliedstaaten abdecken. In einigen Mitgliedstaaten gelten jedoch Vorschriften für Fahrzeuge, die ausschließlich in bestimmten Gebieten mit begrenztem Zugang eingesetzt werden. Diese Mitgliedstaaten sollten begrenzte Ausnahmen von Artikel 3 der Richtlinie 2009/103/EG für Gebiete mit Zugangsbeschränkung, die Unbefugten nicht zugänglich sind, wie z. B. standortspezifische Gebiete und Bereiche mit Ausrüstung in Häfen und Flughäfen, festlegen können. Ein Mitgliedstaat, der solche Ausnahmen beschließt, sollte auch geeignete Maßnahmen ergreifen, um sicherzustellen, dass für Personen- oder Sachschäden, die durch ein solches Fahrzeug verursacht werden, eine Entschädigung geleistet wird.

(8) Ein Mitgliedstaat sollte auch die Möglichkeit haben, eine obligatorische Kraftfahrzeug-Haftpflichtversicherung für solche Fahrzeuge nicht vorzuschreiben, die nicht gemäß seinem nationalen Recht zur Verwendung auf öffentlichen Straßen zugelassen wurden. Dieser Mitgliedstaat sollte jedoch geeignete Maßnahmen ergreifen, um sicherzustellen, dass für durch solche Fahrzeuge verursachte Personen- oder Sachschäden eine Entschädigung gezahlt wird, es sei denn, der Mitgliedstaat beschließt auch, von Artikel 10 der Richtlinie 2009/103/EG in Bezug auf die Entschädigung für Schäden abzuweichen, die durch solche Fahrzeuge in Gebieten verursacht wurden, die aufgrund einer rechtlichen oder physischen Beschränkung des Zugangs zu diesen Gebieten gemäß den nationalen Rechtsvorschriften für die Öffentlichkeit nicht zugänglich sind. Eine solche Abweichung von Artikel 10 sollte für Fahrzeuge gelten, für die ein Mitgliedstaat beschlossen hat, von der Versicherungspflicht abzuweichen, weil diese Fahrzeuge gemäß seinem nationalen Recht nicht für die Verwendung auf öffentlichen Straßen zugelassen sind, selbst wenn für die Versicherungspflicht für diese Fahrzeuge auch eine andere Ausnahmeregelung gemäß Artikel 5 der Richtlinie 2009/103/EG Anwendung finden könnte.

(9) In einigen Mitgliedstaaten gibt es Bestimmungen über die Verwendung von Fahrzeugen als Mittel zur vorsätzlichen Verursachung von Personen- oder Sachschäden. Soweit einschlägig, sollte es den Mitgliedstaaten bei den schwersten Straftaten gestattet sein, ihre Rechtspraxis fortzusetzen, solche Schäden von der Kraftfahrzeug-Haftpflichtversicherung auszuschließen oder den Betrag der Versicherungsentschädigung, der den Geschädigten gezahlt wird, von den Personen, die für diesen Schaden verantwortlich sind, zurückzufordern. Damit der durch die Richtlinie 2009/103/EG gewährte Schutz nicht verringert wird, sollte eine solche Rechtspraxis jedoch nur zulässig sein, wenn ein Mitgliedstaat sicherstellt, dass die Geschädigten in solchen Fällen für diesen Schaden in einer Weise entschädigt werden, die der Entschädigung, die sie gemäß der Richtlinie 2009/103/EG erhalten würden, möglichst nahekommt. Sofern der Mitgliedstaat keine alternativen Entschädigungsmechanismen oder -garantien vorgesehen hat, durch die sichergestellt wird, dass die Geschädigten

für einen solchen Schaden in einer Art und Weise entschädigt werden, die der Entschädigung, die sie gemäß der Richtlinie 2009/103/EG erhalten würden, möglichst nahekommt, sollte ein solcher Schaden gemäß der genannten Richtlinie abgedeckt werden.

(10) Die Mitgliedstaaten sollten die Richtlinie 2009/103/EG nicht auf die Verwendung von Fahrzeugen bei Motorsportveranstaltungen und -aktivitäten, einschließlich Rennen und Wettbewerben, sowie bei Trainings, Tests und Demonstrationen, einschließlich solcher für Geschwindigkeit, Zuverlässigkeit oder Geschicklichkeit, anwenden, die nach ihrem nationalen Recht zulässig sind. Solche ausgenommenen Aktivitäten sollten in einem abgegrenzten Gebiet mit Zugangsbeschränkungen so durchgeführt werden, dass sichergestellt ist, dass der normale Verkehr, die Öffentlichkeit und alle mit der Aktivität nicht verbundenen Parteien die befahrene Strecke nicht tatsächlich oder potenziell gleichzeitig nutzen können. Zu diesen Aktivitäten gehören in der Regel solche, die auf ausgewiesenen Motorsportstrecken oder -routen und in deren unmittelbarer Umgebung, wie in Sicherheitsbereichen, Bereichen für Boxenstopps und Werkstätten, stattfinden, in denen die Unfallgefahr im Vergleich zu normalen Straßen viel höher ist und die von Unbefugten nicht betreten werden sollten.

(11) Eine solche Ausnahme für Motorsportveranstaltungen und -aktivitäten sollte nur gelten, wenn der Mitgliedstaat sicherstellt, dass der Organisator der Veranstaltung oder Aktivität oder eine andere Partei eine alternative Versicherung oder Garantie abgeschlossen hat, die den Schaden für Dritte, einschließlich Zuschauern und anderen Umstehenden, aber nicht notwendigerweise den Schaden für die teilnehmenden Fahrer und ihre Fahrzeuge abdeckt. Sofern die Organisatoren oder andere Parteien als Bedingung für diese Ausnahme keine alternative Versicherung oder Garantie abgeschlossen haben, sollte der Schaden – gegebenenfalls mit Ausnahme von Schäden an den teilnehmenden Fahrern und ihren Fahrzeugen – gemäß der Richtlinie 2009/103/EG abgedeckt werden.

(12) Um den durch die Richtlinie 2009/103/EG gewährten Schutz nicht zu verringern, sollten die Mitgliedstaaten sicherstellen, dass bei den Motorsportveranstaltungen und -aktivitäten, die gemäß ihren nationalen Rechtsvorschriften zulässig sind und für diese Ausnahme infrage kommen, die Geschädigten in einer Weise entschädigt werden, die der Entschädigung, die sie gemäß der Richtlinie 2009/103/EG erhalten würden, möglichst nahekommt.

(13) Während sie hergestellt und befördert werden, haben Fahrzeuge keine Beförderungsfunktionen und gelten nicht als verwendet im Sinne von Artikel 3 Absatz 1 der Richtlinie 2009/103/EG. Es sollte jedoch eine Betriebshaftpflichtversicherung zur Deckung der Schäden, die diese Fahrzeuge verursachen könnten, geben, soweit ein Mitgliedstaat beschließt, dass die Pflicht zum Abschluss einer Kraftfahrzeug-Haftpflichtversicherung für solche Fahrzeuge gemäß Artikel 28 Absatz 1 der Richtlinie 2009/103/EG keine Anwendung findet.

(14) Derzeit ist in den nationalen Rechtsvorschriften vieler Mitgliedstaaten die Versicherungspflicht mit der Verwendung eines Fahrzeugs im Sinne von Artikel 3 Absatz 1 der Richtlinie 2009/103/EG verknüpft. In diesen Mitgliedstaaten ist die Verwendung eines Fahrzeugs nur zulässig, wenn das Fahrzeug zugelassen ist. Die Rechtsvorschriften dieser Mitgliedstaaten sehen vor, dass das Fahrzeug während seiner aktiven Zulassung und Verwendung im Sinne von Artikel 3 Absatz 1 der Richtlinie 2009/103/EG durch eine Kraftfahrzeug-Haftpflichtversicherung abgedeckt sein muss. Dementsprechend schreiben diese Mitgliedstaaten keine Versicherung für Fahrzeuge vor, die dauerhaft oder vorübergehend nicht zugelassen sind, etwa weil sie sich in einem Museum befinden, weil sie restauriert werden oder weil sie aus einem anderen Grund, wie etwa einer saisonalen Verwendung, über einen längeren Zeitraum nicht verwendet werden. Diese Mitgliedstaaten müssen geeignete Maßnahmen ergreifen, um sicherzustellen, dass für alle Personen- oder Sachschäden, die in ihrem Hoheitsgebiet und im Hoheitsgebiet anderer Mitgliedstaaten durch Fahrzeuge im Sinne der Richtlinie 2009/103/EG verursacht werden, die im Sinne von Artikel 3 Absatz 1 jener Richtlinie verwendet werden, eine Entschädigung gemäß der in jener Richtlinie vorgesehenen Entschädigung geleistet wird.

(15) Derzeit entscheiden sich einige Mitgliedstaaten, in denen die Haftpflichtversicherungspflicht bei der Verwendung eines Kraftfahrzeugs nicht an die Zulassung des Fahrzeugs geknüpft ist, dafür, keine Kraftfahrzeug-Haftpflichtversicherung für Fahrzeuge vorzuschreiben, die nach ihrem nationalen

Recht offiziell aus dem Verkehr gezogen wurden. Beispiele für ein solches offizielles Aus-dem-Verkehr-Ziehen sind die Übermittlung einer Meldung an die zuständige Behörde oder andere benannte Stellen, die die Aufgaben der zuständigen Behörde wahrnehmen, oder das Ergreifen anderer überprüfbarer physischer Maßnahmen. Diese Mitgliedstaaten müssen geeignete Maßnahmen ergreifen, um sicherzustellen, dass für alle Schäden, die in ihrem Hoheitsgebiet und im Hoheitsgebiet anderer Mitgliedstaaten durch solche Fahrzeuge verursacht werden, eine Entschädigung gemäß der in der Richtlinie 2009/103/EG vorgesehenen Entschädigung geleistet wird.

(16) Derzeit verzichten die Mitgliedstaaten bei Fahrzeugen, die ihren gewöhnlichen Standort im Gebiet eines anderen Mitgliedstaats haben, und bei Fahrzeugen, die ihren gewöhnlichen Standort im Gebiet eines Drittlandes haben und aus dem Gebiet eines anderen Mitgliedstaats in ihr Gebiet einreisen, auf eine Versicherungskontrolle. Neue technische Entwicklungen wie die Technologie zur automatischen Nummernschilderkennung ermöglichen Versicherungskontrollen von Fahrzeugen, ohne diese anzuhalten und somit ohne Beeinträchtigung des freien Personenverkehrs. Daher ist es angemessen, solche Kontrollen der Kraftfahrzeugversicherung zuzulassen, sofern sie nichtdiskriminierend, notwendig und verhältnismäßig sind, im Rahmen eines allgemeinen Kontrollsystems im Hoheitsgebiet des betreffenden Mitgliedstaats durchgeführt werden, die auch bei Fahrzeugen mit Standort im Hoheitsgebiet des Mitgliedstaats, der die Kontrollen durchführt, vorgenommen wird, und kein Anhalten des Fahrzeugs erfordern.

(17) Mitgliedstaaten, die sich für die Einführung eines Systems entscheiden, bei dem personenbezogene Daten verarbeitet werden, die anschließend mit anderen Mitgliedstaaten ausgetauscht werden können, z. B. bei der Nummernschilderkennung gewonnene Daten, müssen in ihrem Recht die Verarbeitung personenbezogener Daten zum Zwecke der Bekämpfung des Fahrens ohne Versicherungsschutz zulassen, gleichzeitig aber geeignete Maßnahmen zum Schutz der Rechte und Freiheiten sowie der berechtigten Interessen der betroffenen Personen treffen. Für die Verarbeitung personenbezogener Daten zum Zwecke der Bekämpfung des Fahrens ohne Versicherungsschutz gelten die Bestimmungen der Verordnung (EU) 2016/679 des Europäischen Parlaments und des Rates. Die Mitgliedstaaten sollten in ihren Rechtsvorschriften insbesondere den genauen Zweck nennen, auf die einschlägige Rechtsgrundlage verweisen, die einschlägigen Sicherheitsanforderungen einhalten, die Grundsätze der Notwendigkeit, Verhältnismäßigkeit und Zweckbegrenzung befolgen und eine verhältnismäßige Speicherfrist für die Daten festlegen. Darüber hinaus sollten in allen Datenverarbeitungssystemen, die im Rahmen der Rechtsvorschriften der Mitgliedstaaten entwickelt und verwendet werden, der Grundsatz des Schutzes personenbezogener Daten in der technischen Auslegung und der Grundsatz des Schutzes personenbezogener Daten durch datenschutzfreundliche Voreinstellungen gewährleistet sein.

(18) Nach diesen Grundsätzen sollten die Mitgliedstaaten die personenbezogenen Daten, die ausschließlich zum Zweck der Überprüfung des Versicherungsschutzes verarbeitet wurden, nicht länger speichern, als es für die Überprüfung, ob für ein Fahrzeug ein gültiger Versicherungsschutz vorliegt, erforderlich ist. Wird festgestellt, dass ein Fahrzeug versichert ist, sollten alle mit dieser Überprüfung verbundenen Daten gelöscht werden. Ist ein Überprüfungssystem nicht in der Lage, festzustellen, ob ein Fahrzeug versichert ist, sollten diese Daten nur für einen begrenzten Zeitraum aufbewahrt werden, der die Anzahl von Tagen nicht überschreitet, die für die Feststellung, ob der Versicherungsschutz besteht, erforderlich ist. In Fällen, in denen festgestellt wurde, dass für ein Fahrzeug kein gültiger Versicherungsschutz vorliegt, ist es angebracht, das Speichern dieser Daten bis zum Abschluss etwaiger Verwaltungs- oder Gerichtsverfahren und bis zum Vorliegen eines gültigen Versicherungsschutzes vorzuschreiben.

(19) In der Richtlinie 2009/103/EG sind derzeit unterschiedliche Stichtage für die regelmäßige Neuberechnung der Mindestdeckungssummen in verschiedenen Mitgliedstaaten festgelegt, was dazu führt, dass die Mindestdeckungssummen nicht in allen Mitgliedstaaten gleich sind. Um in der gesamten Union den gleichen Mindestschutz für Geschädigte zu gewährleisten, sollten diese Mindestbeträge harmonisiert werden, und es sollten eine einheitliche Überprüfungsklausel mit dem von Eurostat veröffentlichten harmonisierten Verbraucherpreisindex als Richtwert sowie Ver-

fahrensregeln für eine solche Überprüfung, in denen ein einheitlicher Zeitrahmen festgelegt wird, eingeführt werden.

(20) Ein wirksamer und effizienter Schutz der durch Verkehrsunfälle Geschädigten muss gewährleisten, dass diese Geschädigten in ihrem Wohnsitzmitgliedstaat Ansprüche auf Entschädigung geltend machen können und innerhalb einer angemessenen Frist eine Antwort erhalten. Er muss auch gewährleisten, dass den Geschädigten, wenn ihre Ansprüche begründet sind, die ihnen zustehenden Beträge für entstandene Personen- oder Sachschäden stets gezahlt werden, egal, ob das Versicherungsunternehmen des Unfallverursachers zahlungsfähig ist oder nicht. Die Mitgliedstaaten sollten daher eine Stelle einrichten oder zulassen, die Geschädigten, die ihren gewöhnlichen Aufenthalt in ihrem Hoheitsgebiet haben, eine erste Entschädigung leisten, und die sich diese Entschädigung später von der Stelle erstatten lassen kann, die im Herkunftsmitgliedstaat des zahlungsunfähigen Versicherungsunternehmens, das die Police des Fahrzeugs der haftpflichtigen Partei ausgestellt hat, für denselben Zweck eingerichtet oder zugelassen wurde. Hat ein Mitgliedstaat eine bestehende Kompensationsregelung, so sollte dieser Mitgliedstaat die Möglichkeit haben, diese weiterzuführen.

(21) Ein Versicherungsunternehmen kann auf unterschiedliche Weise insolvent werden, z. B., weil es für zahlungsunfähig erklärt wurde, weil es seinen Verpflichtungen nicht nachkommt, nachdem es auf seine Zulassung in seinem Herkunftsmitgliedstaat verzichtet hat, oder weil es Gegenstand einer Außerkraftsetzungsmaßnahme oder einer Entscheidung war, mit der seine Tätigkeit untersagt wurde. Wird eine Anordnung über die Einleitung eines Insolvenz- oder Liquidationsverfahrens erlassen oder ein entsprechender Beschluss gefasst, so sollte diese Anordnung oder dieser Beschluss veröffentlicht werden. Die Stelle, die im Herkunftsmitgliedstaat des Versicherungsunternehmens zur Entschädigung von Geschädigten im Falle der Insolvenz eines Versicherungsunternehmens eingerichtet wurde oder befugt ist, sollte die entsprechenden Stellen in allen anderen Mitgliedstaaten über diese Anordnung oder diesen Beschluss unterrichten.

(22) Die Mitgliedstaaten sollten sicherstellen, dass die Stelle, die in dem Mitgliedstaat, in dessen Hoheitsgebiet der Geschädigte seinen Wohnsitz hat, zur Entschädigung von Geschädigten im Falle der Insolvenz eines Versicherungsunternehmens eingerichtet wurde oder befugt ist, in allen Phasen des Verfahrens befugt ist, Informationen anzufordern, die anderen maßgeblichen Stellen, Behörden und Interessenträgern in der Union zu unterrichten, von ihnen unterrichtet zu werden und mit diesen zusammenzuarbeiten. Diese Informationen sollten ausreichen, damit der Empfänger zumindest ein allgemeines Verständnis der Lage erhält. Diese Informationen sind wichtig, um sicherzustellen, dass die Stelle, die einen Geschädigten entschädigt, vor der Zahlung der Entschädigung eigenständig oder gemeinsam mit allen Beteiligten gemäß den nationalen Rechtsvorschriften feststellen kann, ob das Versicherungsunternehmen die Forderung des Antragstellers bereits erfüllt hat. Die bei dieser Stelle geltend gemachte Forderung kann sogar zur weiteren Prüfung oder zur Entscheidung an das Versicherungsunternehmen weitergeleitet werden, wenn das nationale Verfahrensrecht es erfordert. Die Mitgliedstaaten sollten sicherstellen, dass die Stelle detailliertere Informationen über bestimmte Ansprüche anfordert und erhält.

(23) Das Erstattungssystem sollte das anwendbare Recht zur Regelung der Deckungssummen für Geschädigte unberührt lassen. Für alle Schadensfälle sollten dieselben Grundsätze gelten, unabhängig davon, ob das Versicherungsunternehmen zahlungsfähig oder zahlungsunfähig ist. Die Stelle des Herkunftsmitgliedstaats des Versicherungsunternehmens, das die Police des Haftpflichtigen ausgestellt hat, sollte die Zahlung innerhalb einer angemessenen Frist an die Stelle des Mitgliedstaats leisten, in dessen Gebiet der Geschädigte seinen Wohnsitz hat, nachdem der Stelle des Herkunftsmitgliedstaats des Versicherungsunternehmens ein Anspruch auf Erstattung einer Zahlung übermittelt wurde, die die Stelle des Wohnsitzmitgliedstaats des Geschädigten an den Geschädigten geleistet hat.

(24) Je nach den verschiedenen Phasen der Bearbeitung von Schadensfällen, den an die Geschädigten erfolgen Zahlungen und den Erstattungsverfahren bei verschiedenen Stellen kann es zu offenen Verbindlichkeiten zwischen Stellen kommen, die zur Entschädigung von Geschädigten im Falle der Insolvenz eines Versicherungsunternehmens eingerichtet wurden oder befugt sind. Die Forderung

sollte von der Stelle, die die Entschädigung zunächst gezahlt hat, auf die Stelle des anderen Mitgliedstaats übergehen, wenn die Erstattung zwischen den Stellen voranschreitet. Daher sollten die Ansprüche des Geschädigten gegen den Unfallverursacher oder sein Versicherungsunternehmen auf eine Stelle übergehen, soweit diese Stelle Entschädigung für den erlittenen Personen- oder Sachschaden geleistet hat und selbst noch nicht entschädigt wurde. Die Ansprüche des Geschädigten gegen den Versicherungsnehmer oder einen anderen Versicherten, der den Unfall verursacht hat, sollten jedoch nicht auf diese Stelle übergehen, sofern die Haftung des Versicherungsnehmers oder anderen Versicherten nach dem anwendbaren nationalen Recht durch das insolvente Versicherungsunternehmen abgedeckt wäre. Jeder Mitgliedstaat sollte verpflichtet sein, einen von einem anderen Mitgliedstaat vorgesehenen Forderungsübergang anzuerkennen.

(25) Um einen effizienten und wirksamen Schutz der Geschädigten im Falle der Insolvenz eines Versicherungsunternehmens sicherzustellen, müssen die Mitgliedstaaten geeignete Vorkehrungen treffen, damit die zur Entschädigung der Geschädigten erforderlichen Mittel bei Fälligkeit der Entschädigungszahlungen zur Verfügung stehen. Gemäß dem Subsidiaritätsprinzip sollten diese Vorkehrungen von den Herkunftsmitgliedstaaten auf nationaler Ebene beschlossen werden. Sie sollten jedoch mit dem Unionsrecht und insbesondere mit solchen Grundsätzen wie lex specialis und lex posterior vereinbar sein. Damit Versicherer nicht ungerechtfertigt und unverhältnismäßig belastet werden, sollten etwaige Finanzbeiträge, die ein Mitgliedstaat von Versicherungsunternehmen verlangt, nur von den von diesem Mitgliedstaat zugelassenen Versicherungsunternehmen erhoben werden. Das sollte unbeschadet der Finanzierung anderer Aufgaben gelten, die der Stelle übertragen werden könnten, die zur Entschädigung von Geschädigten im Falle der Insolvenz eines Versicherungsunternehmens eingerichtet oder befugt wurde.

(26) Um sicherzustellen, dass die Anforderungen dieser Richtlinie im Zusammenhang mit der Entschädigung von Geschädigten im Falle der Insolvenz eines Versicherungsunternehmens wirksam umgesetzt werden, sollten die mit dieser Aufgabe betrauten Stellen sich bemühen, eine Vereinbarung über ihre Aufgaben und Pflichten sowie über die Erstattungsverfahren zu schließen. Wurde innerhalb von 24 Monaten nach Inkrafttreten dieser Richtlinie keine entsprechende Einigung erzielt, sollte der Kommission die Befugnis übertragen werden, Rechtsakte gemäß Artikel 290 des Vertrags über die Arbeitsweise der Europäischen Union (AEUV) zu erlassen, in denen die verfahrenstechnischen Aufgaben und Pflichten dieser Stellen im Zusammenhang mit der Erstattung festgelegt werden.

(27) Im Falle der Insolvenz eines Versicherungsunternehmens sollten Geschädigte ihren Anspruch auf Entschädigung bei einer Stelle in ihrem Wohnsitzmitgliedstaat geltend machen können, auch wenn sie durch Unfälle geschädigt wurden, die sich in einem anderen Mitgliedstaat als ihrem Wohnsitzmitgliedstaat ereignet haben. Die Mitgliedstaaten sollten die Aufgabe der Entschädigung solcher Geschädigten einer neuen Stelle oder einer bereits bestehenden Stelle, einschließlich der gemäß Artikel 24 der Richtlinie 2009/103/EG eingerichteten oder befugten Entschädigungsstelle, zuweisen können. die Mitgliedstaaten sollten auch die Aufgabe der Entschädigung – im Falle der Insolvenz eines Versicherungsunternehmens – von Geschädigten, die durch Unfälle in ihrem Wohnsitzmitgliedstaat geschädigt wurden, und von Personen, die durch Unfälle in anderen Mitgliedstaaten als ihrem Wohnsitzmitgliedstaat geschädigt wurden, einer einzigen Stelle zuweisen können. Bei Personen, die in anderen Mitgliedstaaten als ihrem Wohnsitzmitgliedstaat geschädigt wurden, ist es auch wichtig, den Informationsaustausch und die Zusammenarbeit mit den gemäß Artikel 24 der Richtlinie 2009/103/EG eingerichteten oder befugten/ zugelassenen Entschädigungsstellen in allen Mitgliedstaaten und mit Schadenregulierungsbeauftragten sicherzustellen.

(28) Die Mitgliedstaaten können mehr als eine Entschädigungsstelle gemäß der Richtlinie 2009/103/EG einrichten oder zulassen, was es den Geschädigten möglicherweise erschweren könnte, die Stelle zu ermitteln, bei der sie ihre Ansprüche geltend machen müssen. Mitgliedstaaten, die mehr als eine Entschädigungsstelle einrichten oder zulassen, sollten daher sicherstellen, dass Geschädigte in einer solchen Weise Zugang zu wesentlichen Informationen über die verschiedenen Wege der Beantragung einer Entschädigung haben, dass es für sie leicht ersichtlich ist, an welche Stelle sie sich wenden sollten.

(29) Im Falle eines versandten Fahrzeugs sollte die für die Haftpflichtversicherung verantwortliche Person die Wahl haben, ob sie eine Versicherung in dem Mitgliedstaat, in dem das Fahrzeug zugelassen ist, oder, innerhalb eines Zeitraums von 30 Tagen ab dem Tag der Annahme der Lieferung durch den Käufer, in dem Bestimmungsmitgliedstaat abschließen will, auch wenn das Fahrzeug nicht offiziell im Bestimmungsmitgliedstaat zugelassen wurde. Die Auskunftsstelle des Mitgliedstaats, in dem das Fahrzeug zugelassen ist, die Auskunftsstelle des Bestimmungsmitgliedstaats – sofern davon abweichend – sowie die Auskunftsstellen aller anderen relevanten Mitgliedstaaten, wie des Mitgliedstaats, auf dessen Hoheitsgebiet sich ein Unfall ereignet hat oder in dem ein Geschädigter seinen Wohnsitz hat, sollten zusammenarbeiten, um sicherzustellen, dass die notwendigen Informationen über das versandte Fahrzeug, die ihnen gemäß Artikel 23 der Richtlinie 2009/103/EG vorliegen, zur Verfügung stehen.

(30) Bei Unfällen mit Anhängern, für die eine von der Haftpflichtversicherung des Zugfahrzeugs getrennte Haftpflichtversicherung abgeschlossen wurde, sollte der Geschädigte, sofern das nationale Recht es vorsieht, den Anspruch gegen den Versicherer des Anhängers geltend machen können. Der Geschädigte sollte auf Antrag beim Versicherer des Anhängers Informationen über die Identität des Versicherers des Zugfahrzeugs oder – wenn der Versicherer des Anhängers den Versicherer des Zugfahrzeugs nicht identifizieren kann, obwohl er angemessene Anstrengungen unternommen hat – Informationen über den in Artikel 10 der Richtlinie 2009/103/EG vorgesehenen Entschädigungsmechanismus erhalten können.

(31) Um die Anerkennung des Schadenverlaufs beim Abschluss einer neuen Versicherungspolice zu erleichtern, sollte es möglich sein, die Bescheinigungen des früheren Schadenverlaufs von Versicherungsnehmern, die neue Versicherungsverträge mit Versicherungsunternehmen abschließen wollen, leicht zu authentifizieren. Um die Überprüfung und Authentifizierung von Bescheinigungen des Schadenverlaufs zu vereinfachen, ist es wichtig, dass Inhalt und Format solcher Bescheinigungen des Schadenverlaufs in allen Mitgliedstaaten gleich sind. Ferner sollten Versicherungsunternehmen, die bei der Festsetzung der Prämien von Kraftfahrzeug-Haftpflichtversicherungen Bescheinigungen des Schadenverlaufs berücksichtigen, nicht aufgrund der Staatsangehörigkeit oder allein aufgrund des vorherigen Wohnsitzstaats des Versicherungsnehmers diskriminieren. Zudem sollten Versicherungsunternehmen Bescheinigungen des Schadenverlaufs aus anderen Mitgliedstaaten genauso behandeln wie Bescheinigungen des Schadenverlaufs aus dem Inland und etwaige Preisnachlässe, die für einen ansonsten identischen inländischen Kunden gelten würden, sowie Preisnachlässe, die in den innerstaatlichen Rechtsvorschriften des jeweiligen Mitgliedstaats vorgeschrieben sind, wie etwa Bonus-Malus-Rabatte, auch bei Kunden aus einem anderen Mitgliedstaat zur Anwendung bringen. Den Mitgliedstaaten sollte es weiterhin freigestellt sein, innerstaatliche Rechtsvorschriften über Bonus-Malus-Systeme anzunehmen, da solche Systeme einzelstaatlicher Natur sind und keine grenzübergreifende Dimension aufweisen; Entscheidungen über diese Systeme sollten daher gemäß dem Subsidiaritätsprinzip weiterhin Sache der Mitgliedstaaten sein. Damit die Mitgliedstaaten prüfen können, ob und wie Versicherungsunternehmen Bescheinigungen des Schadenverlaufs verwenden, sollten die Versicherungsunternehmen einen allgemeinen Überblick über ihre Politik für die Verwendung solcher Bescheinigungen bei der Berechnung der Prämien offenlegen. Unbeschadet der Richtlinie (EU) 2016/943 des Europäischen Parlaments und des Rates sind Versicherungsunternehmen nicht verpflichtet, sensible Geschäftsinformationen, wie z. B. Einzelheiten der Tarifvorschriften, zu veröffentlichen.

(32) Zur Gewährleistung einheitlicher Bedingungen für die Umsetzung der Richtlinie 2009/103/EG sollten der Kommission Durchführungsbefugnisse zu Form und Inhalt der Bescheinigungen des Schadenverlaufs übertragen werden. Diese Durchführungsbefugnisse sollten gemäß der Verordnung (EU) Nr. 182/2011 des Europäischen Parlaments und des Rates ausgeübt werden.

(33) Die Mitgliedstaaten sollten die Wahl haben, Instrumente zu zertifizieren, die es Verbrauchern ermöglichen, Preise, Tarife und Versicherungsschutz zwischen Anbietern von Kraftfahrzeug-Haftpflichtversicherungen, die die Bedingungen der Richtlinie 2009/103/EG erfüllen, zu vergleichen. Bei ordnungsgemäßer Zertifizierung könnten solche Instrumente als »unabhängige Preisvergleichs-

instrumente für Kraftfahrzeug-Haftpflichtversicherungen« bezeichnet werden. Die Mitgliedstaaten sollten auch in der Lage sein, von einer Behörde betriebene öffentliche Preisvergleichsinstrumente einzurichten.

(34) Um sicherzustellen, dass Ansprüche reibungslos abgewickelt werden, wenn nach nationalem Recht ein Unfallbericht erforderlich ist, welches das Recht des Geschädigten auf Erhalt einer Kopie des Unfallberichts von den zuständigen Behörden gewährt, ist es wichtig, dass der Geschädigte zeitnah auf diesen Bericht zugreifen kann.

(35) Um sicherzustellen, dass die Mindestdeckungssummen von Kraftfahrzeug-Haftpflichtversicherungen nicht mit der Zeit an Wert verlieren, sollte der Kommission die Befugnis übertragen werden, Rechtsakte gemäß Artikel 290 AEUV zu erlassen, um diese Mindestdeckungssummen an die sich wandelnde wirtschaftliche Realität anzupassen.

(36) Beim Erlass delegierter Rechtsakte nach dieser Richtlinie ist es von besonderer Bedeutung, dass die Kommission im Zuge ihrer Vorbereitungsarbeit angemessene Konsultationen, auch auf der Ebene von Sachverständigen, durchführt, die mit den Grundsätzen in Einklang stehen, die in der Interinstitutionellen Vereinbarung vom 13. April 2016 über bessere Rechtsetzung niedergelegt wurden. Um insbesondere für eine gleichberechtigte Beteiligung an der Vorbereitung delegierter Rechtsakte zu sorgen, erhalten das Europäische Parlament und der Rat alle Dokumente zur gleichen Zeit wie die Sachverständigen der Mitgliedstaaten, und ihre Sachverständigen haben systematisch Zugang zu den Sitzungen der Sachverständigengruppen der Kommission, die mit der Vorbereitung der delegierten Rechtsakte befasst sind.

(37) Die Kommission sollte im Rahmen der Bewertung der Funktionsweise der Richtlinie 2009/103/EG deren Anwendung überwachen und dabei die Zahl der Geschädigten, die Höhe der Forderungen, die aufgrund von Zahlungsverzögerungen nach grenzüberschreitenden Insolvenzfällen ausstehen, die Höhe der Mindestdeckungssummen in den Mitgliedstaaten, die Höhe der Ansprüche aufgrund Fahrens ohne Versicherungsschutz im grenzüberschreitenden Verkehr und die Zahl der Beschwerden im Zusammenhang mit Bescheinigungen des Schadenverlaufs berücksichtigen.

(38) Darüber hinaus sollte die Kommission einen Bericht erstellen, in dem die Funktionsweise der Entschädigungsstellen, die eingerichtet oder genehmigt wurden, um die Geschädigten im Fall der Insolvenz eines Versicherungsunternehmens zu entschädigen, die Zusammenarbeit zwischen ihnen und ihre Finanzierung bewertet werden. Diesem Bericht sollte gegebenenfalls ein Legislativvorschlag beigefügt werden.

(39) Um sicherzustellen, dass die Richtlinie 2009/103/EG ihren Zweck, nämlich den Schutz potenzieller Geschädigter von Unfällen mit Kraftfahrzeugen, weiterhin erfüllt, sollte die Kommission diese Richtlinie auch im Lichte der technologischen Entwicklungen, einschließlich des verstärkten Einsatzes autonomer und halbautonomer Fahrzeuge, überwachen und überprüfen. Außerdem sollte sie untersuchen, wie Versicherungsunternehmen Systeme nutzen, in denen die Prämien durch die Bescheinigungen des Schadenverlaufs der Versicherungsnehmer beeinflusst werden. Darüber hinaus sollte die Kommission die Wirksamkeit der für grenzüberschreitende Versicherungskontrollen verwendeten Informationssysteme zum Informationsaustausch bewerten.

(40) Da die Ziele dieser Richtlinie, insbesondere die Gewährleistung des gleichen Mindestschutzes der Verkehrsunfallgeschädigten in der gesamten Union und ihres Schutzes im Falle der Insolvenz von Versicherungsunternehmen sowie die Gewährleistung der Gleichbehandlung von Bescheinigungen des Schadenverlaufs durch Versicherer bei potenziellen Versicherungsnehmern, die Binnengrenzen der Union überschreiten, von den Mitgliedstaaten nicht ausreichend verwirklicht werden können, sondern wegen ihrer Wirkung auf Unionsebene besser zu verwirklichen sind, kann die Union im Einklang mit dem in Artikel 5 des Vertrags über die Europäische Unionverankerten Subsidiaritätsprinzip tätig werden. Entsprechend dem in demselben Artikel genannten Grundsatz der Verhältnismäßigkeit geht diese Richtlinie nicht über das für die Erreichung dieser Ziele erforderliche Maß hinaus.

(41) Gemäß der Gemeinsamen Politischen Erklärung der Mitgliedstaaten und der Kommission vom 28. September 2011 zu erläuternden Dokumenten haben sich die Mitgliedstaaten verpflichtet, in begründeten Fällen zusätzlich zur Mitteilung ihrer Umsetzungsmaßnahmen ein oder mehrere Dokumente zu übermitteln, in denen der Zusammenhang zwischen den Bestandteilen einer Richtlinie und den entsprechenden Teilen nationaler Umsetzungsinstrumente erläutert wird. Für diese Richtlinie hält der Gesetzgeber die Übermittlung derartiger Dokumente für gerechtfertigt.

(42) Die Richtlinie 2009/103/EG sollte daher entsprechend geändert werden –

HABEN FOLGENDE RICHTLINIE ERLASSEN:

Artikel 1

Die Richtlinie 2009/103/EG wird wie folgt geändert:

1. Artikel 1 wird wie folgt geändert:
   a) Nummer 1 erhält folgende Fassung:
      »1. ›Fahrzeug‹
      a) jedes Kraftfahrzeug, das ausschließlich maschinell an Land angetrieben wird, jedoch nicht auf Schienen fährt, mit
      i) einer bauartbedingten Höchstgeschwindigkeit von mehr als 25 km/h oder
      ii) einem maximalen Nettogewicht von mehr als 25 kg und einer bauartbedingten Höchstgeschwindigkeit von mehr als 14 km/h,
      b) jeder Anhänger, der mit einem unter Buchstabe a genannten Fahrzeug zu verwenden ist, unabhängig davon, ob er angekuppelt oder abgekuppelt ist.
      Unbeschadet der Buchstaben a und b gelten Rollstühle, die ausschließlich für den Gebrauch durch Menschen mit körperlichen Behinderungen bestimmt sind, nicht als Fahrzeuge im Sinne dieser Richtlinie;«.
   b) Folgende Nummer wird eingefügt:
      »1a. ›Verwendung eines Fahrzeugs‹ jede Verwendung eines Fahrzeugs, die seiner Funktion als Beförderungsmittel zum Zeitpunkt des Unfalls entspricht, unabhängig von den Merkmalen des Fahrzeugs und unabhängig von dem Gelände, auf dem das Kraftfahrzeug verwendet wird, und der Tatsache, ob es sich in Bewegung befindet oder nicht;«.
   c) (betrifft nicht die deutsche Fassung)
   d) Folgende Nummer wird angefügt:
      »8. ›Herkunftsmitgliedstaat‹ den Herkunftsmitgliedstaat im Sinne von Artikel 13 Nummer 8 Buchstabe a der Richtlinie 2009/138/EG des Europäischen Parlaments und des Rates.«
2. Artikel 3 wird wie folgt geändert:
   a) Absatz 1 erhält folgende Fassung:
      »Jeder Mitgliedstaat trifft vorbehaltlich der Bestimmungen des Artikels 5 alle geeigneten Maßnahmen, um sicherzustellen, dass die Haftpflicht für die Verwendung eines Fahrzeugs mit gewöhnlichem Standort in seinem Hoheitsgebiet durch eine Versicherung gedeckt ist.«
   b) Nach Absatz 1 wird folgender Absatz eingefügt:
      »Diese Richtlinie gilt nicht für die Verwendung eines Fahrzeugs bei Motorsportveranstaltungen und -aktivitäten, einschließlich Rennen, Wettbewerben, Trainings, Tests und Demonstrationen in einem abgegrenzten Gebiet mit Zugangsbeschränkungen in einem Mitgliedstaat, wenn der Mitgliedstaat sicherstellt, dass der Veranstalter der Aktivität oder eine andere Partei eine alternative Versicherung oder Garantie abgeschlossen hat, die den Schaden für Dritte, einschließlich Zuschauern und anderen Umstehenden, aber nicht notwendigerweise den Schaden für die teilnehmenden Fahrer und ihre Fahrzeuge abdeckt.«
3. Artikel 4 erhält folgende Fassung:
   »Artikel 4
   Kontrolle der Haftpflichtversicherung
   (1) Die Mitgliedstaaten verzichten auf eine Kontrolle der Haftpflichtversicherung bei Fahrzeugen, die ihren gewöhnlichen Standort im Gebiet eines anderen Mitgliedstaats haben, und bei Fahrzeugen, die aus dem Gebiet eines anderen Mitgliedstaats in ihr Gebiet einreisen und ihren gewöhnlichen Standort im Gebiet eines Drittlandes haben.

Sie können jedoch solche Kontrollen der Versicherung unter der Voraussetzung vornehmen, dass diese nichtdiskriminierend, notwendig und zur Erreichung des angestrebten Ziels verhältnismäßig sind, und

a) im Rahmen einer nicht ausschließlich der Überprüfung des Versicherungsschutzes dienenden Kontrolle stattfinden oder
b) im Rahmen einer allgemeinen Kontrollregelung im Hoheitsgebiet des betreffenden Mitgliedstaats stattfinden, die auch für Fahrzeuge gilt, die ihren gewöhnlichen Standort im Hoheitsgebiet des kontrollierenden Mitgliedstaats haben, und kein Anhalten des Fahrzeugs erfordern.

(2) Nach dem Recht des Mitgliedstaats, dem der Verantwortliche unterliegt, können personenbezogene Daten verarbeitet werden, wenn das zur Bekämpfung des Führens von Fahrzeugen ohne Versicherungsschutz in einem anderen Mitgliedstaat als dem Mitgliedstaat, in dem sie ihren gewöhnlichen Standort haben, erforderlich ist. Die entsprechenden Rechtsvorschriften müssen mit der Verordnung (EU) 2016/679 des Europäischen Parlaments und des Rates vereinbar sein und geeignete Maßnahmen zum Schutz der Rechte und Freiheiten sowie der berechtigten Interessen der betroffenen Person vorsehen. In diesen mitgliedstaatlichen Maßnahmen wird insbesondere der genaue Zweck der Datenverarbeitung genannt und auf die einschlägige Rechtsgrundlage verwiesen, die einschlägigen Sicherheitsanforderungen und die Grundsätze der Erforderlichkeit, Verhältnismäßigkeit und Zweckbegrenzung werden eingehalten und es wird eine angemessene Speicherfrist für die Daten festgelegt. Die gemäß diesem Artikel ausschließlich zum Zweck der Durchführung einer Versicherungskontrolle verarbeiteten personenbezogenen Daten dürfen nur so lange gespeichert werden, wie sie für diesen Zweck benötigt werden; sobald ihr Zweck erfüllt ist, werden diese Daten vollständig gelöscht. Ergibt eine Versicherungskontrolle, dass das betreffende Fahrzeug durch eine Pflichtversicherung gemäß Absatz 3 abgedeckt ist, so löscht der Kontrolleur die entsprechenden Daten umgehend. Kann bei einer Kontrolle nicht festgestellt werden, ob das betreffende Fahrzeug durch eine Pflichtversicherung gemäß Absatz 3 abgedeckt ist, so werden die entsprechenden Daten nur für einen begrenzten Zeitraum aufbewahrt, der die für die Feststellung, ob der Versicherungsschutz besteht, erforderliche Anzahl von Tagen nicht überschreitet.«

4. In Artikel 5 werden folgende Absätze angefügt:

»(3) Ein Mitgliedstaat kann bei Fahrzeugen, die vorübergehend oder dauerhaft stillgelegt wurden und nicht verwendet werden dürfen, von Artikel 3 abweichen, sofern ein formales Verwaltungsverfahren oder eine andere nachprüfbare Maßnahme nach nationalem Recht eingerichtet wurde.

Jeder Mitgliedstaat, der von dieser Abweichung Gebrauch macht, gewährleistet, dass die in Unterabsatz 1 genannten Fahrzeuge ebenso behandelt werden wie Fahrzeuge, bei denen der Versicherungspflicht nach Artikel 3 nicht entsprochen worden ist.

Der Garantiefonds des Mitgliedstaats, in dem sich ein Unfall ereignet hat, hat dann einen Erstattungsanspruch gegen den Garantiefonds in dem Mitgliedstaat, in dem das Fahrzeug seinen gewöhnlichen Standort hat.

(4) Ein Mitgliedstaat kann bei Fahrzeugen, die ausschließlich in Gebieten eingesetzt werden, deren Zugang gemäß seinen nationalen Rechtsvorschriften eingeschränkt ist, von Artikel 3 abweichen.

Jeder Mitgliedstaat, der von dieser Abweichung Gebrauch macht, gewährleistet, dass die in Unterabsatz 1 genannten Fahrzeuge ebenso behandelt werden wie Fahrzeuge, bei denen der Versicherungspflicht nach Artikel 3 nicht entsprochen worden ist.

Der Garantiefonds des Mitgliedstaats, in dem sich ein Unfall ereignet hat, hat dann einen Erstattungsanspruch gegen den Garantiefonds in dem Mitgliedstaat, in dem das Fahrzeug seinen gewöhnlichen Standort hat.

(5) Ein Mitgliedstaat kann bei Fahrzeugen, die gemäß seinen nationalen Rechtsvorschriften nicht zur Verwendung auf öffentlichen Straßen zugelassen sind, von Artikel 3 abweichen.

Jeder Mitgliedstaat, der bei den in Unterabsatz 1 genannten Fahrzeugen von Artikel 3 abweicht, gewährleistet, dass diese Fahrzeuge ebenso behandelt werden wie Fahrzeuge, bei denen der Versicherungspflicht nach Artikel 3 nicht entsprochen worden ist.

Der Garantiefonds des Mitgliedstaats, in dem sich ein Unfall ereignet hat, hat dann einen Erstattungsanspruch gegen den Garantiefonds in dem Mitgliedstaat, in dem das Fahrzeug seinen gewöhnlichen Standort hat.

(6) Weicht ein Mitgliedstaat gemäß Absatz 5 bei Fahrzeugen, die nicht für die Verwendung auf öffentlichen Straßen zugelassen sind, von Artikel 3 ab, so kann dieser Mitgliedstaat im Zusammenhang mit dem Ersatz von Schäden, die durch solche Fahrzeuge in Gebieten verursacht wurden, die aufgrund einer rechtlichen oder physischen Beschränkung des Zugangs zu diesen Gebieten gemäß den nationalen Rechtsvorschriften für die Öffentlichkeit nicht zugänglich sind, auch von Artikel 10 abweichen.

(7) Für die Absätze 3 bis 6 unterrichten die Mitgliedstaaten die Kommission über die Inanspruchnahme der Abweichungsbefugnisse und die besonderen Durchführungsmaßnahmen. Die Kommission veröffentlicht eine Liste dieser Ausnahmeregelungen.«

5. Artikel 9 erhält folgende Fassung:
»Artikel 9
Mindestdeckungssummen
(1) Unbeschadet höherer Deckungssummen, die von den Mitgliedstaaten gegebenenfalls vorgeschrieben werden, schreibt jeder Mitgliedstaat die in Artikel 3 genannte Pflichtversicherung für folgende Mindestbeträge vor:
a) für Personenschäden: 6 450 000 EUR je Unfall, ungeachtet der Anzahl der Geschädigten, oder 1 300 000 EUR je Geschädigtem;
b) für Sachschäden ungeachtet der Anzahl der Geschädigten 1 300 000 EUR je Unfall.
Für Mitgliedstaaten, die den Euro nicht eingeführt haben, werden die Mindestbeträge durch Anwendung des am 22. Dezember 2021 im Amtsblatt der Europäischen Union veröffentlichten Wechselkurses in ihre Landeswährung umgerechnet.
(2) Alle fünf Jahre ab dem 22. Dezember 2021 überprüft die Kommission die in Absatz 1 genannten Beträge anhand des gemäß der Verordnung (EU) 2016/792 des Europäischen Parlaments und des Rates festgelegten Harmonisierten Verbraucherpreisindexes (HVPI).
Die Kommission erlässt innerhalb von sechs Monaten nach Ablauf eines jeden Fünfjahreszeitraums gemäß Artikel 28b delegierte Rechtsakte zur Anpassung dieser Beträge an den HVPI.
Für Mitgliedstaaten, die den Euro nicht eingeführt haben, werden die Beträge durch Anwendung des zum Tag der Berechnung der neuen Mindestbeträge im Amtsblatt der Europäischen Union veröffentlichten Wechselkurses in ihre Landeswährung umgerechnet.«

6. Die Überschrift von Kapitel 4 erhält folgende Fassung:
»KAPITEL 4
ENTSCHÄDIGUNG FÜR SCHÄDEN DURCH EIN NICHT ERMITTELTES FAHRZEUG ODER EIN FAHRZEUG, FÜR DAS DIE VERSICHERUNGSPFLICHT NACH ARTIKEL 3 NICHT ERFÜLLT WURDE, UND ENTSCHÄDIGUNG BEI INSOLVENZ«.

7. Artikel 10 wird wie folgt geändert:
Absatz 3 Unterabsatz 2 erhält folgende Fassung:
»Hat die Stelle einem durch einen Unfall, bei dem durch ein nicht ermitteltes Fahrzeug auch Sachschäden verursacht wurden, Geschädigten eine Entschädigung für beträchtliche Personenschäden geleistet, so können die Mitgliedstaaten die Zahlung einer Entschädigung für Sachschäden jedoch nicht aus dem Grund ausschließen, dass das Fahrzeug nicht ermittelt wurde. Dessen ungeachtet können die Mitgliedstaaten bei Sachschäden eine Selbstbeteiligung des Geschädigten von bis zu 500 EUR vorsehen.«

8. Folgender Artikel wird eingefügt:
»Artikel 10a
Schutz von Geschädigten vor Schäden infolge von Unfällen in ihrem Wohnsitzmitgliedstaat bei Insolvenz eines Versicherungsunternehmens
(1) Jeder Mitgliedstaat richtet eine Stelle ein oder lässt eine Stelle zu, die mit der Aufgabe betraut ist, Geschädigte mit Wohnsitz in seinem Hoheitsgebiet mindestens bis zu den Mindestbeträgen für Sach- oder Personenschäden zu entschädigen, die durch ein von einem Versicherungsunternehmen versichertes Fahrzeug verursacht wurden, und zwar ab dem Zeitpunkt, ab dem:
a) Das Versicherungsunternehmen Gegenstand eines Insolvenzverfahrens ist oder
b) das Versicherungsunternehmen Gegenstand eines Liquidationsverfahrens im Sinne von Artikel 268 Absatz 1 Buchstabe d der Richtlinie 2009/138/EG ist.
(2) Jeder Mitgliedstaat trifft geeignete Maßnahmen, um sicherzustellen, dass die in Absatz 1 genannte Stelle über ausreichende Mittel verfügt, um Geschädigte gemäß den Regelungen des Absatzes 10 zu entschädigen, wenn in den in Absatz 1 Buchstaben a und b genannten Fällen Entschädigungszahlungen fällig werden. Diese Maßnahmen können auch Anforderungen zur Leistung von Finanzbeiträgen umfassen, sofern sie nur Versicherungsunternehmen auferlegt werden, die von dem Mitgliedstaat, der sie vorschreibt, zugelassen wurden.
(3) Unbeschadet etwaiger Verpflichtungen nach Artikel 280 der Richtlinie 2009/138/EG stellt jeder Mitgliedstaat sicher, dass immer dann, wenn ein zuständiges Gericht oder eine andere zuständige Behörde eine Anordnung erlässt oder einen Beschluss fasst, das Verfahren nach Absatz 1 Buchstabe a oder b gegen ein Versicherungsunternehmen,

dessen Herkunftsmitgliedstaat dieser Mitgliedstaat ist, einzuleiten, diese Anordnung oder dieser Beschluss veröffentlicht wird. Die in Absatz 1 genannte Stelle, die im Herkunftsmitgliedstaat des Versicherungsunternehmens eingerichtet ist, stellt sicher, dass alle in Absatz 1 genannten Stellen in allen Mitgliedstaaten unverzüglich über diese Anordnung oder diesen Beschluss unterrichtet werden.

(4) Der Geschädigte kann einen Anspruch unmittelbar bei der in Absatz 1 genannten Stelle geltend machen.

(5) Nach Eingang der Geltendmachung des Anspruchs unterrichtet die in Absatz 1 genannte Stelle die entsprechende Stelle im Herkunftsmitgliedstaat des Versicherungsunternehmens und das Versicherungsunternehmen, das Gegenstand eines Insolvenz- oder Liquidationsverfahrens ist, oder dessen Verwalter oder Liquidator im Sinne von Artikel 268 Absatz 1 Buchstaben e bzw. f der Richtlinie 2009/138/EG darüber, dass bei ihr die Geltendmachung eines Anspruchs von dem Geschädigten eingegangen ist.

(6) Das Versicherungsunternehmen, das Gegenstand eines Insolvenz- oder Liquidationsverfahrens ist, oder sein Verwalter oder Liquidator unterrichtet die in Absatz 1 genannte Stelle, wenn es für einen Anspruch, der auch bei der in Absatz 1 genannten Stelle eingegangen ist, Entschädigung leistet oder die Eintrittspflicht bestreitet.

(7) Die Mitgliedstaaten stellen sicher, dass die in Absatz 1 genannte Stelle, unter anderem auf der Grundlage von Informationen, die ihr vom Geschädigten auf ihr Ersuchen hin übermittelt werden, dem Geschädigten innerhalb von drei Monaten ab dem Tag, an dem der Geschädigte seinen Antrag auf Entschädigung bei der Stelle gestellt hat, gemäß den geltenden nationalen Rechtsvorschriften ein mit Gründen versehenes Schadenersatzangebot oder eine mit Gründen versehene Antwort gemäß Unterabsatz 2 des vorliegenden Absatzes übermittelt.

Für die Zwecke des Unterabsatzes 1 führt die Stelle folgende Maßnahmen durch:

a) Sie unterbreitet ein mit Gründen versehenes Schadenersatzangebot, wenn sie festgestellt hat, dass sie verpflichtet ist, eine Entschädigung gemäß Absatz 1 Buchstabe a oder b zu leisten, der Anspruch nicht bestritten wird und der Schaden teilweise oder vollständig beziffert wurde;
b) sie gibt eine mit Gründen versehene Antwort auf die im Anspruch geltend gemachten Punkte, wenn sie festgestellt hat, dass sie nicht verpflichtet ist, eine Entschädigung gemäß Absatz 1 Buchstabe a oder b zu leisten, oder wenn die Haftung abgelehnt oder nicht eindeutig festgestellt oder der Schaden nicht vollständig beziffert wurde.

(8) Wird eine Entschädigung gemäß Absatz 7 Unterabsatz 2 Buchstabe a fällig, so zahlt die in Absatz 1 genannte Stelle dem Geschädigten die Entschädigung unverzüglich aus, in jedem Fall aber innerhalb von drei Monaten, nachdem der Geschädigte das in Absatz 7 Unterabsatz 2 Buchstabe a genannte mit Gründen versehene Schadenersatzangebot angenommen hat.

Wurde der Schaden nur teilweise beziffert, so gelten die Anforderungen an die Zahlung des Schadenersatzes gemäß Unterabsatz 1 für diesen teilweise bezifferten Schaden und ab dem Zeitpunkt der Annahme des entsprechenden mit Gründen versehenen Schadenersatzangebots.

(9) Die Mitgliedstaaten stellen sicher, dass die in Absatz 1 genannte Stelle über alle erforderlichen Befugnisse und Zuständigkeiten verfügt, um zu gegebener Zeit in allen Phasen der in diesem Artikel genannten Verfahren mit anderen derartigen Stellen in anderen Mitgliedstaaten, mit gemäß Artikel 25a eingerichteten oder zugelassenen Stellen in allen Mitgliedstaaten und mit anderen interessierten Parteien, einschließlich Versicherungsunternehmen, die Gegenstand eines Insolvenz- oder Liquidationsverfahrens sind, mit deren Verwaltern oder Liquidatoren und mit den zuständigen nationalen Behörden der Mitgliedstaaten zusammenarbeiten zu können. Diese Zusammenarbeit umfasst die Anforderung, Entgegennahme und Übermittlung von Informationen, gegebenenfalls auch über die Einzelheiten konkreter Ansprüche.

(10) Ist der Herkunftsmitgliedstaat des in Absatz 1 genannten Versicherungsunternehmens nicht der Mitgliedstaat, in dem der Geschädigte seinen Wohnsitz hat, so hat die in Absatz 1 genannte Stelle im Wohnsitzmitgliedstaat des Geschädigten, die den Geschädigten gemäß Absatz 8 entschädigt hat, gegenüber der in Absatz 1 genannten Stelle im Herkunftsmitgliedstaat des Versicherungsunternehmens Anspruch auf vollständige Erstattung des als Schadenersatz gezahlten Betrags.

Die in Absatz 1 genannte Stelle im Herkunftsmitgliedstaat des Versicherungsunternehmens leistet die Zahlung an die in Absatz 1 genannte Stelle im Wohnsitzmitgliedstaat des Geschädigten, die den Geschädigten gemäß Absatz 8 entschädigt hat, innerhalb einer angemessenen Frist von höchstens sechs Monaten, nachdem sie einen entsprechenden Antrag auf Erstattung erhalten hat, sofern diese Stellen nicht schriftlich etwas anderes vereinbart haben.

Die Ansprüche des Geschädigten gegen den Unfallverursacher oder dessen Versicherungsunternehmen gehen auf die Stelle über, die die Entschädigung nach Unterabsatz 1 geleistet hat, mit Ausnahme der

Ansprüche des Geschädigten gegen den Versicherungsnehmer oder einen anderen Versicherten, der den Unfall verursacht hat, soweit die Haftung des Versicherungsnehmers oder anderen Versicherten nach dem anwendbaren nationalen Recht durch das zahlungsunfähige Versicherungsunternehmen gedeckt wäre. Jeder Mitgliedstaat ist verpflichtet, ein von einem anderen Mitgliedstaat vorgesehenen Forderungsübergang anzuerkennen.

(11) Die Absätze 1 bis 10 berühren nicht das Recht der Mitgliedstaaten:

a) die Entschädigung durch die in Absatz 1 genannte Stelle als subsidiär oder nicht subsidiär zu betrachten;

b) Vorkehrungen für die Regulierung von Ansprüchen aus demselben Unfall zu treffen zwischen
   i) der in Absatz 1 genannten Stelle;
   ii) der/den Person/en, die für den Unfall verantwortlich ist/sind;
   iii) anderen Versicherungsunternehmen oder Einrichtungen der sozialen Sicherheit, die zur Entschädigung des Geschädigten verpflichtet sind.

(12) Die Mitgliedstaaten gestatten es der in Absatz 1 genannten Stelle nicht, die Zahlung von Schadenersatz von anderen als den in dieser Richtlinie festgelegten Bedingungen abhängig zu machen. Insbesondere gestatten die Mitgliedstaaten es der in Absatz 1 genannten Stelle nicht, die Zahlung von Schadenersatz von der Anforderung abhängig zu machen, dass der Geschädigte einen Nachweis erbringt, dass die haftpflichtige juristische oder natürliche Person zahlungsunfähig ist oder die Zahlung verweigert.

(13) Die in Absatz 1 genannten Stellen oder die in Unterabsatz zwei des vorliegenden Absatzes genannten Stellen sind bestrebt, bis zum 23. Dezember 2023 eine Vereinbarung zur Umsetzung dieses Artikels in Bezug auf ihre Aufgaben und Verpflichtungen und die Verfahren für Erstattungen gemäß diesem Artikel zu schließen.

Zu diesem Zweck ergreift jeder Mitgliedstaat bis zum 23. Juni 2023 folgende Maßnahmen:

a) Er richtet die in Absatz 1 genannte Stelle ein oder lässt sie zu und beauftragt sie, eine solche Vereinbarung auszuhandeln und abzuschließen, oder

b) er benennt eine Einrichtung und beauftragt sie, eine solche Vereinbarung auszuhandeln und abzuschließen, dessen Vertragspartei die in Absatz 1 genannte Stelle bei ihrer Einrichtung oder Zulassung wird.

Die in Unterabsatz 1 genannte Vereinbarung wird der Kommission unverzüglich übermittelt.

Wenn die in Unterabsatz 1 genannte Vereinbarung nicht bis zum 23. Dezember 2023 geschlossen wurde, ist die Kommission befugt, delegierte Rechtsakte gemäß dem Verfahren des Artikels 28b zu erlassen, um die verfahrenstechnischen Aufgaben und Pflichten der in Absatz 1 genannten Stellen bei der Erstattung festzulegen.«

9. (betrifft nicht die deutsche Fassung)

10. Die Überschrift von Kapitel 5 erhält folgende Fassung:

»KAPITEL 5

BESONDERE KATEGORIEN VON GESCHÄDIGTEN, AUSSCHLUSSKLAUSELN, EINPRÄMIENPRINZIP UND FAHRZEUGE, DIE VON EINEM MITGLIEDSTAAT IN EINEN ANDEREN VERSANDT WERDEN«.

11. Die Überschrift von Artikel 12 erhält folgende Fassung:

»Besondere Kategorien von Geschädigten«.

12. Artikel 13 wird wie folgt geändert:

a) Absatz 1 wird wie folgt geändert:
   i) (betrifft nicht die deutsche Fassung)
   ii) Unterabsatz 3 erhält folgende Fassung:
   »Den Mitgliedstaaten steht es frei, bei Unfällen auf ihrem Hoheitsgebiet Unterabsatz 1 nicht anzuwenden, wenn und soweit der Geschädigte Schadenersatz von Einrichtungen der sozialen Sicherheit erlangen kann.«

b) (betrifft nicht die deutsche Fassung)

13. Artikel 15 Absatz 1 erhält folgende Fassung:

»(1) Abweichend von Artikel 13 Nummer 13 Buchstabe b der Richtlinie 2009/138/EG ist bei einem Fahrzeug, das von einem Mitgliedstaat in einen anderen versandt wird, entsprechend der Wahl der für die Haftpflichtversicherung verantwortlichen Person entweder der Zulassungsmitgliedstaat oder – unmittelbar nach der Annahme der Lieferung durch den Käufer während eines Zeitraums von 30 Tagen – der Bestimmungsmitgliedstaat als Mitgliedstaat, in dem das Risiko belegen ist, anzusehen, selbst wenn das Fahrzeug im Bestimmungsmitgliedstaat nicht offiziell zugelassen wurde.

Die Mitgliedstaaten stellen sicher, dass die in Artikel 23 genannte Auskunftsstelle des Mitgliedstaats, in dem das Fahrzeug zugelassen ist, die Auskunftsstelle des Bestimmungsmitgliedstaats – sofern diese abweicht – sowie die Auskunftsstellen aller anderen betroffenen Mitgliedstaaten, wie des Mitgliedstaats, auf dessen Hoheitsgebiet sich ein Unfall ereignet hat oder in dem ein Geschädigter seinen Wohnsitz hat, zusammenarbeiten, um sicherzustellen, dass die notwendigen Informationen über das versandte Fahrzeug, die ihnen gemäß Artikel 23 vorliegen, zur Verfügung stehen.«

14. Folgender Artikel wird eingefügt:

»Artikel 15a

Schutz der Geschädigten bei Unfällen, an denen ein von einem Fahrzeug gezogener Anhänger beteiligt ist

(1) Im Falle eines Unfalls, der durch ein Gespann verursacht wird, das aus einem Fahrzeug mit gezogenem Anhänger besteht, wobei für den Anhänger eine gesonderte Haftpflichtversicherung besteht, kann der Geschädigte seinen Anspruch unmittelbar bei dem Versicherungsunternehmen geltend machen, das den Anhänger versichert hat, wenn:

a) der Anhänger, aber nicht das Fahrzeug, das ihn gezogen hat, ermittelt werden kann und
b) das anwendbare nationale Recht vorsieht, dass der Versicherer des Anhängers Schadenersatz leistet.

Ein Versicherungsunternehmen, das Schadensersatz an den Geschädigten geleistet hat, kann Regress bei dem Versicherer, der das Zugfahrzeug versichert hat, oder bei der in Artikel 10 Absatz 1 genannte Stelle nehmen, sofern und soweit das nach dem anwendbaren nationalen Recht vorgesehen ist.

Der vorliegende Absatz lässt geltendes nationales Recht unberührt, das für den Geschädigten günstigere Vorschriften vorsieht.

(2) Bei einem Unfall, der durch ein Gespann verursacht wird, das aus einem Fahrzeug mit gezogenem Anhänger besteht, unterrichtet der Versicherer des Anhängers, sofern er nicht nach geltendem nationalem Recht verpflichtet ist, vollständigen Schadensersatz zu leisten, den Geschädigten auf dessen Antrag hin unverzüglich über

a) die Identität des Versicherers des Zugfahrzeugs oder
b) wenn der Versicherer des Anhängers den Versicherer des Zugfahrzeugs nicht ermitteln kann, den in Artikel 10 vorgesehenen Entschädigungsmechanismus.«

15. Artikel 16 erhält folgende Fassung:

»Artikel 16

Bescheinigung über die Haftungsansprüche Dritter

Die Mitgliedstaaten stellen sicher, dass der Versicherungsnehmer berechtigt ist, jederzeit eine Bescheinigung über die Haftungsansprüche Dritter betreffend Fahrzeuge, die durch den Versicherungsvertrag zumindest während der fünf letzten Jahre der vertraglichen Beziehung gedeckt waren, bzw. eine Schadensfreiheitsbescheinigung (im Folgenden »Bescheinigung des Schadenverlaufs«) zu beantragen.

Das Versicherungsunternehmen oder eine Stelle, die ein Mitgliedstaat gegebenenfalls zur Erbringung der Pflichtversicherung oder zur Abgabe derartiger Bescheinigungen benannt hat, übermittelt dem Versicherungsnehmer diese Bescheinigung des Schadenverlaufs innerhalb von fünfzehn Tagen nach Antragstellung. Sie verwenden hierfür das Muster für die Bescheinigungen des Schadenverlaufs.

Die Mitgliedstaaten stellen sicher, dass Versicherungsunternehmen bei der Berücksichtigung der – von anderen Versicherungsunternehmen oder anderen in Absatz 2 genannten Stellen ausgestellten – Bescheinigungen des Schadenverlaufs Versicherungsnehmer nicht aufgrund ihrer Staatsangehörigkeit oder allein aufgrund ihres früheren Wohnsitzmitgliedstaats in diskriminierender Weise behandeln oder einen Prämienaufschlag verlangen.

Die Mitgliedstaaten stellen sicher, dass ein Versicherungsunternehmen, das bei der Festsetzung der Prämien Bescheinigungen des Schadenverlaufs berücksichtigt, die in anderen Mitgliedstaaten ausgestellten Bescheinigungen genauso behandelt wie diejenigen, die von einem Versicherungsunternehmen oder einer in Absatz 2 genannten Stelle innerhalb desselben Mitgliedstaats ausgestellt wurden, und zwar auch bei der Anwendung etwaiger Rabatte.

Die Mitgliedstaaten sorgen dafür, dass Versicherungsunternehmen eine allgemeine Übersicht über ihre Politik für die Berücksichtigung solcher Bescheinigungen bei der Berechnung der Prämien offenlegen.

Die Kommission erlässt bis zum 23. Juli 2023 Durchführungsrechtsakte, in denen mittels eines Musters Form und Inhalt der in Absatz 2 genannten Bescheinigungen des Schadenverlaufs festgelegt werden. Dieses Muster enthält die folgenden Angaben:

a) die Identität des Versicherungsunternehmens oder der Stelle, das bzw. die die Bescheinigung des Schadenverlaufs ausstellt;
b) die Identität des Versicherungsnehmers, einschließlich seiner Kontaktangaben;
c) das versicherte Fahrzeug und seine Fahrzeug-Identifizierungsnummer;

d) Tag des Beginns und des Endes des Versicherungsschutzes des Fahrzeugs;
e) die Anzahl der Haftungsansprüche Dritter, die im Rahmen des Versicherungsvertrags des Versicherungsnehmers während des von der Bescheinigung des Schadenverlaufs abgedeckten Zeitraums reguliert wurden, einschließlich des Datums jeder einzelnen Forderung;
f) zusätzliche Informationen, die im Rahmen der in den Mitgliedstaaten geltenden Vorschriften oder Gepflogenheiten relevant sind.

Die Kommission konsultiert alle interessierten Kreise und arbeitet eng mit den Mitgliedstaaten zusammen, bevor sie diese Durchführungsrechtsakte erlässt.
Die Durchführungsrechtsakte werden gemäß dem in Artikel 28a Absatz 2 genannten Beratungsverfahren erlassen.«

16. Folgender Artikel wird eingefügt:
»Artikel 16a
Preisvergleichsinstrumente für Kraftfahrzeug-Haftpflichtversicherungen
(1) Den Mitgliedstaaten steht es frei, Instrumente, die es den Verbrauchern kostenfrei ermöglichen, Preise, Tarife und Versicherungsschutz zwischen den Anbietern der Pflichtversicherung gemäß Artikel 3 zu vergleichen, als ›unabhängige Preisvergleichsinstrumente für Kraftfahrzeug-Haftpflichtversicherungen‹ zu zertifizieren, sofern die Bedingungen des Absatzes 2 erfüllt sind.
(2) Ein Vergleichsinstrument im Sinne von Absatz 1 muss
a) unabhängig von den Anbietern der Pflichtversicherung gemäß Artikel 3 betrieben werden und sicherstellen, dass die Diensteanbieter bei den Suchergebnissen gleichbehandelt werden;
b) die Identität der Inhaber und Betreiber des Vergleichsinstruments eindeutig offenlegen;
c) die klaren, objektiven Kriterien darlegen, auf die sich der Vergleich stützt;
d) eine leicht verständliche und eindeutige Sprache verwenden;
e) korrekte und aktuelle Informationen bereitstellen und den Zeitpunkt der letzten Aktualisierung angeben;
f) jedem Anbieter der Pflichtversicherung gemäß Artikel 3 offenstehen, die einschlägigen Informationen bereitstellen, ein breites Spektrum von Angeboten umfassen, die einen wesentlichen Teil des Marktes für Kraftfahrzeug- Haftpflichtversicherungen abdecken, und in Fällen, in denen die bereitgestellten Informationen keinen vollständigen Überblick über diesen Markt bieten, dem Benutzer vor der Anzeige der Ergebnisse eine eindeutige Erklärung dieses Inhalts anzeigen;
g) ein wirksames Verfahren für die Meldung unrichtiger Informationen vorsehen;
h) eine Erklärung enthalten, dass die Preise auf den bereitgestellten Informationen beruhen und für die Anbieter von Versicherungen nicht verbindlich sind.«

17. Artikel 23 wird wie folgt geändert:
a) Folgender Absatz wird eingefügt:
»(1a) Die Mitgliedstaaten stellen sicher, dass Versicherungsunternehmen oder andere Stellen verpflichtet sind, die in Absatz 1 Buchstabe a Ziffern i, ii und iii genannten Informationen den Auskunftsstellen zu übermitteln und diese zu informieren, wenn eine Versicherungspolice ungültig wird oder ein Fahrzeug mit einem amtlichen Kennzeichen auf andere Weise nicht mehr abdeckt.«
b) Absatz 6 erhält folgende Fassung:
»(6) Die Verarbeitung personenbezogener Daten aufgrund der Absätze 1 bis 5 erfolgt nach Maßgabe der Verordnung (EU) 2016/679.«

18. Folgender Artikel wird eingefügt:
»Artikel 25a
Schutz von Geschädigten vor Schäden infolge von Unfällen in einem anderen Mitgliedstaat als ihrem Wohnsitzmitgliedstaat bei Insolvenz eines Versicherungsunternehmens
(1) Jeder Mitgliedstaat richtet eine Stelle ein oder lässt eine Stelle zu, die mit der Aufgabe betraut ist, Geschädigte mit Wohnsitz in seinem Hoheitsgebiet in den in Artikel 20 Absatz 1 genannten Fällen mindestens bis zu den Mindestbeträgen für Sach- oder Personenschäden zu entschädigen, die durch ein von einem Versicherungsunternehmen versichertes Fahrzeug verursacht wurden, und zwar ab dem Zeitpunkt, ab dem:
a) Das Versicherungsunternehmen Gegenstand eines Insolvenzverfahrens ist oder
b) das Versicherungsunternehmen Gegenstand eines Liquidationsverfahrens im Sinne von Artikel 268 Absatz 1 Buchstabe d der Richtlinie 2009/138/EG ist.

(2) Jeder Mitgliedstaat trifft geeignete Maßnahmen, um sicherzustellen, dass die in Absatz 1 genannte Stelle über ausreichende Mittel verfügt, um Geschädigte gemäß Absatz 10 zu entschädigen, wenn in den in Absatz 1 Buchstaben a und b genannten Fällen Entschädigungszahlungen fällig werden. Diese Maßnahmen können auch Anforderungen zur Leistung von Finanzbeiträgen umfassen, sofern

sie nur Versicherungsunternehmen auferlegt werden, die von dem Mitgliedstaat, der sie vorschreibt, zugelassen wurden.

(3) Unbeschadet etwaiger Verpflichtungen nach Artikel 280 der Richtlinie 2009/138/EG stellt jeder Mitgliedstaat sicher, dass immer dann, wenn ein zuständiges Gericht oder eine andere zuständige Behörde eine Anordnung erlässt oder einen Beschluss fasst, das Verfahren nach Absatz 1 Buchstabe a oder b gegen ein Versicherungsunternehmen, dessen Herkunftsmitgliedstaat dieser Mitgliedstaat ist, einzuleiten, diese Anordnung oder dieser Beschluss veröffentlicht wird. Die in Absatz 1 genannte Stelle, die im Herkunftsmitgliedstaat des Versicherungsunternehmens niedergelassen ist, stellt sicher, dass alle in Absatz 1 genannten Stellen und alle in Artikel 24 genannten Entschädigungsstellen in allen Mitgliedstaaten unverzüglich über diese Anordnung oder diesen Beschluss unterrichtet werden.

(4) Der Geschädigte kann einen Anspruch unmittelbar bei der in Absatz 1 genannten Stelle geltend machen.

(5) Nach Eingang der Geltendmachung des Anspruchs unterrichtet die in Absatz 1 genannte Stelle die entsprechende Stelle im Herkunftsmitgliedstaat des Versicherungsunternehmens, die Entschädigungsstelle gemäß Artikel 24 im Wohnsitzmitgliedstaat des Geschädigten und das Versicherungsunternehmen, das Gegenstand eines Insolvenz- oder Liquidationsverfahrens ist, oder dessen Verwalter oder Liquidator im Sinne von Artikel 268 Absatz 1 Buchstaben e bzw. f der Richtlinie 2009/138/EG darüber, dass bei ihr die Geltendmachung eines Anspruchs von dem Geschädigten eingegangen ist.

(6) Das Versicherungsunternehmen, das Gegenstand eines Insolvenz- oder Liquidationsverfahrens ist, oder sein Verwalter oder Liquidator unterrichtet die in Absatz 1 genannte Stelle, wenn es für einen Anspruch, der auch bei der in Absatz 1 genannten Stelle eingegangen ist, Entschädigung leistet oder die Eintrittspflicht bestreitet.

(7) Die Mitgliedstaaten stellen sicher, dass die in Absatz 1 genannte Stelle, unter anderem auf der Grundlage von Informationen, die ihr vom Geschädigten auf ihr Ersuchen hin übermittelt werden, dem Geschädigten innerhalb von drei Monaten ab dem Tag, an dem der Geschädigte seinen Antrag auf Entschädigung bei der Stelle gestellt hat, gemäß den geltenden nationalen Rechtsvorschriften ein mit Gründen versehenes Schadenersatzangebot oder eine mit Gründen versehene Antwort gemäß Unterabsatz 2 des vorliegenden Absatzes übermittelt.

Für die Zwecke des Unterabsatzes 1 führt die Stelle folgende Maßnahmen durch:

a) Sie unterbreitet ein mit Gründen versehenes Schadenersatzangebot, wenn sie festgestellt hat, dass sie verpflichtet ist, eine Entschädigung gemäß Absatz 1 Buchstabe a oder b zu leisten, der Anspruch nicht bestritten wird und der Schaden teilweise oder vollständig beziffert wurde;
b) sie gibt eine mit Gründen versehene Antwort auf die im Anspruch geltend gemachten Punkte, wenn sie festgestellt hat, dass sie nicht verpflichtet ist, eine Entschädigung gemäß Absatz 1 Buchstabe a oder b zu leisten, oder wenn die Haftung abgelehnt oder nicht eindeutig festgestellt oder der Schaden nicht vollständig beziffert wurde.

(8) Wird eine Entschädigung gemäß Absatz 7 Unterabsatz 2 Buchstabe a fällig, so zahlt die in Absatz 1 genannte Stelle dem Geschädigten die Entschädigung unverzüglich aus, in jedem Fall aber innerhalb von drei Monaten, nachdem der Geschädigte das in Absatz 7 Unterabsatz 2 Buchstabe a genannte mit Gründen versehene Schadenersatzangebot angenommen hat.

Wurde der Schaden nur teilweise beziffert, so gelten die Anforderungen an die Zahlung des Schadenersatzes gemäß Unterabsatz 1 für diesen teilweise bezifferten Schaden und ab dem Zeitpunkt der Annahme des entsprechenden, mit Gründen versehenen Schadenersatzangebots.

(9) Die Mitgliedstaaten stellen sicher, dass die in Absatz 1 genannte Stelle über alle erforderlichen Befugnisse und Zuständigkeiten verfügt, um zu gegebener Zeit in allen Phasen der in diesem Artikel genannten Verfahren mit anderen derartigen Stellen in anderen Mitgliedstaaten, mit gemäß den Artikeln 10a und 24 eingerichteten oder zugelassenen Stellen in allen Mitgliedstaaten und mit anderen interessierten Parteien, einschließlich Versicherungsunternehmen, die Gegenstand eines Insolvenz- oder Liquidationsverfahrens sind, mit deren Schadenregulierungsbeauftragten, Verwaltern oder Liquidatoren und mit den zuständigen nationalen Behörden der Mitgliedstaaten zusammenarbeiten zu können. Diese Zusammenarbeit umfasst die Anforderung, Entgegennahme und Übermittlung von Informationen, gegebenenfalls auch über die Einzelheiten konkreter Ansprüche.

(10) Ist der Herkunftsmitgliedstaat des in Absatz 1 genannten Versicherungsunternehmens nicht der Mitgliedstaat, in dem der Geschädigte seinen Wohnsitz hat, so hat die in Absatz 1 genannte Stelle im Wohnsitzmitgliedstaat des Geschädigten, die den Geschädigten gemäß Absatz 8 entschädigt hat, gegenüber der in Absatz 1 genannten Stelle im Herkunftsmitgliedstaat des Versicherungsunternehmens Anspruch auf vollständige Erstattung des als Schadenersatz gezahlten Betrags.

Die in Absatz 1 genannte Stelle im Herkunftsmitgliedstaat des Versicherungsunternehmens leistet die Zahlung an die in Absatz 1 genannte Stelle im Wohnsitzmitgliedstaat des Geschädigten, die den Geschädigten gemäß Absatz 8 entschädigt hat, innerhalb einer angemessenen Frist von höchstens sechs Monaten, nachdem sie einen entsprechenden Antrag auf Erstattung erhalten hat, sofern diese Stellen nicht schriftlich etwas anderes vereinbart haben.

Die Ansprüche des Geschädigten gegen den Unfallverursacher oder dessen Versicherungsunternehmen gehen auf die Stelle über, die die Entschädigung nach Unterabsatz 1 geleistet hat, mit Ausnahme der Ansprüche des Geschädigten gegen den Versicherungsnehmer oder einen anderen Versicherten, der den Unfall verursacht hat, soweit die Haftung des Versicherungsnehmers oder des Versicherten nach dem anwendbaren nationalen Recht durch das zahlungsunfähige Versicherungsunternehmen gedeckt wäre. Jeder Mitgliedstaat ist verpflichtet, ein von einem anderen Mitgliedstaat vorgesehenes Recht auf Forderungsübergang anzuerkennen.

(11) Die Absätze 1 bis 10 berühren nicht das Recht der Mitgliedstaaten:

a) die Entschädigung durch die in Absatz 1 genannte Stelle als subsidiär oder nicht subsidiär zu betrachten;
b) Vorkehrungen für die Regulierung von Ansprüchen aus demselben Unfall zu treffen zwischen
   i) der in Absatz 1 genannten Stelle;
   ii) der/den Person/en, die für den Unfall verantwortlich ist/sind;
   iii) anderen Versicherungsunternehmen oder Einrichtungen der sozialen Sicherheit, die zur Entschädigung des Geschädigten verpflichtet sind.

(12) Die Mitgliedstaaten gestatten es der in Absatz 1 genannten Stelle nicht, die Zahlung von Schadenersatz von anderen als den in dieser Richtlinie festgelegten Bedingungen abhängig zu machen. Insbesondere gestatten die Mitgliedstaaten es der in Absatz 1 genannten Stelle nicht, die Zahlung von Schadenersatz von der Anforderung abhängig zu machen, dass der Geschädigte einen Nachweis erbringt, dass die haftpflichtige juristische oder natürliche Person zahlungsunfähig ist oder die Zahlung verweigert.

(13) Die in Absatz 1 genannten Stellen oder die in Unterabsatz zwei des vorliegenden Absatzes genannten Stellen sind bestrebt, bis zum 23. Dezember 2023 eine Vereinbarung zur Umsetzung dieses Artikels über ihre Aufgaben und Verpflichtungen und die Verfahren für Erstattungen gemäß diesem Artikel zu schließen.

Zu diesem Zweck ergreift jeder Mitgliedstaat bis zum 23. Juni 2023 folgende Maßnahmen:

a) Er richtet die in Absatz 1 genannte Stelle ein oder lässt sie zu und beauftragt sie, eine solche Vereinbarung auszuhandeln und abzuschließen, oder
b) er benennt eine Einrichtung und beauftragt sie, eine solche Vereinbarung auszuhandeln und abzuschließen, dessen Vertragsparteien die in Absatz 1 genannte Stelle bei ihrer Einrichtung oder Zulassung als Vertragspartei wird.

Die in Unterabsatz 1 genannte Vereinbarung wird der Kommission unverzüglich übermittelt.

Wenn die in Unterabsatz 1 genannte Vereinbarung nicht bis zum 23. Dezember 2023 geschlossen wurde, ist die Kommission befugt, delegierte Rechtsakte gemäß dem Verfahren des Artikels 28b zu erlassen, um die verfahrenstechnischen Aufgaben und Pflichten der in Absatz 1 genannten Stellen bei der Erstattung festzulegen.«

19. Artikel 26 Absatz 1 erhält folgende Fassung:

    »Die Mitgliedstaaten ergreifen alle geeigneten Maßnahmen, um die rechtzeitige Bereitstellung der für die Schadensregulierung notwendigen grundlegenden Daten an die Geschädigten, ihre Versicherer oder ihre gesetzlichen Vertreter zu erleichtern.«

20. Folgender Artikel wird eingefügt:

    »Artikel 26a

    Unterrichtung der Geschädigten

    Die Mitgliedstaaten, die verschiedene Entschädigungsstellen gemäß Artikel 10 Absatz 1, Artikel 10a Absatz 1, Artikel 24 Absatz 1 und Artikel 25a Absatz 1 einrichten oder zulassen, stellen sicher, dass Geschädigte Zugang zu wesentlichen Informationen über die verschiedenen Wege der Beantragung von Schadenersatz haben.«

21. In Artikel 28 Absatz 1 wird folgender Unterabsatz angefügt:

    »Die Mitgliedstaaten können Kraftfahrzeug-Haftpflichtversicherungen, die den Anforderungen dieser Richtlinie entsprechen, für alle an Land verwendeten motorisierten Geräte vorschreiben, die nicht unter die Begriffsbestimmung von ›Fahrzeug‹ in Artikel 1 Nummer 1 fallen und auf die Artikel 3 keine Anwendung findet.«

22. Folgende Artikel werden eingefügt:

»Artikel 28a
Ausschussverfahren
(1) Die Kommission wird von dem durch den Beschluss 2004/9/EG der Kommission eingesetzten Europäischen Ausschuss für das Versicherungswesen und die betriebliche Altersversorgung unterstützt. Dieser Ausschuss ist ein Ausschuss im Sinne der Verordnung (EU) Nr. 182/2011 des Europäischen Parlaments und des Rates.
(2) Wird auf diesen Absatz Bezug genommen, so gilt Artikel 4 der Verordnung (EU) Nr. 182/2011.
Artikel 28b
Ausübung der übertragenen Befugnisse
(1) Die Befugnis zum Erlass delegierter Rechtsakte wird der Kommission unter den in diesem Artikel festgelegten Bedingungen übertragen.
(2) Die Befugnis zum Erlass delegierter Rechtsakte gemäß Artikel 9 Absatz 2 wird der Kommission ab dem 22. Dezember 2021 auf unbestimmte Zeit übertragen.
Die Befugnis zum Erlass delegierter Rechtsakte gemäß Artikel 10a Absatz 13 Unterabsatz 4 und Artikel 25a Absatz 13 Unterabsatz 4 wird der Kommission für einen Zeitraum von sieben Jahren ab dem 22. Dezember 2021 übertragen. Die Befugnisübertragung verlängert sich stillschweigend um Zeiträume gleicher Länge, es sei denn, das Europäische Parlament oder der Rat widersprechen einer solchen Verlängerung spätestens drei Monate vor Ablauf des jeweiligen Zeitraums.
(3) Die Befugnisübertragung gemäß Artikel 9 Absatz 2, Artikel 10a Absatz 13 Unterabsatz 4 und Artikel 25a Absatz 13 Unterabsatz 4 kann vom Europäischen Parlament oder vom Rat jederzeit widerrufen werden. Der Beschluss über den Widerruf beendet die Übertragung der in diesem Beschluss angegebenen Befugnis. Er wird am Tag nach seiner Veröffentlichung im Amtsblatt der Europäischen Union oder zu einem im Beschluss über den Widerruf angegebenen späteren Zeitpunkt wirksam. Die Gültigkeit von delegierten Rechtsakten, die bereits in Kraft sind, wird von dem Beschluss über den Widerruf nicht berührt.
(4) Vor dem Erlass eines delegierten Rechtsakts konsultiert die Kommission die von den einzelnen Mitgliedstaaten benannten Sachverständigen gemäß den in der Interinstitutionellen Vereinbarung vom 13. April 2016 über bessere Rechtsetzung enthaltenen Grundsätzen.
(5) Sobald die Kommission einen delegierten Rechtsakt erlässt, übermittelt sie ihn gleichzeitig dem Europäischen Parlament und dem Rat.
(6) Ein delegierter Rechtsakt, der gemäß Artikel 9 Absatz 2, Artikel 10a Absatz 13 Unterabsatz 4 und Artikel 25a Absatz 13 Unterabsatz 4 erlassen wurde, tritt nur in Kraft, wenn weder das Europäische Parlament noch der Rat innerhalb einer Frist von drei Monaten nach Übermittlung dieses Rechtsakts an das Europäische Parlament und den Rat Einwände erhoben haben oder wenn vor Ablauf dieser Frist sowohl das Europäische Parlament als auch der Rat der Kommission mitgeteilt haben, dass sie keine Einwände erheben werden. Auf Initiative des Europäischen Parlaments oder des Rates wird diese Frist um drei Monate verlängert.
Artikel 28c
Bewertung und Überarbeitung
(1) Spätestens fünf Jahre nach den jeweiligen in Artikel 30 Absätze 2, 3 und 4 genannten Zeitpunkten der Anwendung der Artikel 10a und 25a erstattet die Kommission dem Europäischen Parlament und dem Rat Bericht über die Funktionsweise der in den Artikeln 10a und 25a genannten Stellen, die Zusammenarbeit zwischen ihnen und ihre Finanzierung. Gegebenenfalls fügt sie dem Bericht einen Legislativvorschlag bei. Zur Finanzierung dieser Stellen enthält dieser Bericht mindestens Folgendes:

a) eine Bewertung der Finanzierungskapazitäten und des Finanzierungsbedarfs der Entschädigungsstellen im Zusammenhang mit ihren potenziellen Verbindlichkeiten unter Berücksichtigung des Risikos der Insolvenz von Kraftfahrzeug-Haftpflichtversicherern auf den Märkten der Mitgliedstaaten;
b) eine Bewertung der Harmonisierung des Finanzierungskonzepts der Entschädigungsstellen;
c) falls dem Bericht ein Legislativvorschlag beigefügt ist, eine Bewertung der Auswirkungen der Beiträge auf die Prämien von Kraftfahrzeug-Haftpflichtversicherungen.

(2) Spätestens am 24. Dezember 2030 legt die Kommission dem Europäischen Parlament, dem Rat und dem Europäischen Wirtschafts- und Sozialausschuss einen Bericht mit einer Bewertung der Umsetzung dieser Richtlinie vor, ausgenommen die Elemente, die unter die Bewertung gemäß Absatz 1 fallen, unter anderem über

a) die Anwendung dieser Richtlinie im Hinblick auf die technologischen Entwicklungen, insbesondere im Zusammenhang mit autonomen und halbautonomen Fahrzeugen;

b) die Angemessenheit des Anwendungsbereichs dieser Richtlinie unter Berücksichtigung der Unfallrisiken, die von verschiedenen Kraftfahrzeugen ausgehen;
c) in Form einer Überprüfung, die Wirksamkeit der Systeme für den Informationsaustausch für die Zwecke der Kontrolle von Versicherungen in grenzüberschreitenden Situationen, für solche Fälle gegebenenfalls einschließlich einer Bewertung der Durchführbarkeit der Nutzung bestehender Systeme für den Informationsaustausch und in jedem Fall einer Analyse der Ziele der Systeme für den Informationsaustausch und einer Bewertung ihrer Kosten, und
d) die Nutzung von Systemen, bei denen die Prämien von den Bescheinigungen des Schadenverlaufs der Versicherungsnehmer beeinflusst werden, unter anderem Bonus-Malus-Systeme oder Schadenfreiheitsrabatte, durch Versicherungsunternehmen.«

Dem Bericht wird, soweit angebracht, ein Gesetzgebungsvorschlag beigefügt.

23. In Artikel 30 werden folgende Absätze angefügt

»Artikel 10a Absätze 1 bis 12 gilt ab dem Tag der in Artikel 10a Absatz 13 Unterabsatz 1 genannten Vereinbarung oder ab dem Zeitpunkt der Anwendung des in Artikel 10a Absatz 13 Unterabsatz 4 genannten delegierten Rechtsakts der Kommission.

Artikel 25a Absätze 1 bis 12 gilt ab dem Tag der in Artikel 25a Absatz 13 Unterabsatz 1 genannten Vereinbarung oder ab dem Zeitpunkt der Anwendung des in Artikel 10a Absatz 13 Unterabsatz 4 genannten delegierten Rechtsakts der Kommission.

Die Artikel 10a Absätze 1 bis 12 sowie 25a Absätze 1 bis 12 gelten jedoch nicht vor dem 23. Dezember 2023.

Artikel 16 Absatz 2 Satz 2 und Absätze 3, 4 und 5 gilt ab dem 23. April 2024 oder ab dem Tag der Anwendung des in Artikel 16 Absatz 6 genannten Durchführungsrechtsakts der Kommission, je nachdem, was später eintritt.«

**Artikel 2**
**Umsetzung**

(1) Bis zum 23. Dezember 2023 erlassen und veröffentlichen die Mitgliedstaaten die Maßnahmen, die erforderlich sind, um dieser Richtlinie nachzukommen. Sie setzen die Kommission unverzüglich davon in Kenntnis.

Sie wenden diese Maßnahmen ab dem 23. Dezember 2023 an.

Abweichend von Unterabsatz 1 des vorliegenden Absatzes erlassen die Mitgliedstaaten bis zum 23. Juni 2023 die Maßnahmen, die erforderlich sind, um den in Artikel 1 Nummern 3 und 18 der vorliegenden Richtlinie festgelegten Änderungen in Zusammenhang mit Artikel 10a Absatz 13 Unterabsatz 2 bzw. Artikel 25a Absatz 13 Unterabsatz 2 der Richtlinie 2009/103/EG nachzukommen

Bei Erlass der in dem vorliegenden Absatz genannten Maßnahmen nehmen die Mitgliedstaaten in den Vorschriften selbst oder durch einen Hinweis bei der amtlichen Veröffentlichung auf diese Richtlinie Bezug. Die Mitgliedstaaten bestimmen, wie diese Bezugnahme erfolgt.

(2) Die Mitgliedstaaten teilen der Kommission den Wortlaut der wichtigsten nationalen Vorschriften mit, die sie auf dem unter diese Richtlinie fallenden Gebiet erlassen.

**Artikel 3**
**Inkrafttreten**

Diese Richtlinie tritt am zwanzigsten Tag nach ihrer Veröffentlichung im Amtsblatt der Europäischen Union in Kraft.

**Artikel 4**
**Adressaten**

Diese Richtlinie ist an die Mitgliedstaaten gerichtet.

Geschehen zu Straßburg am 24. November 2021.

## Stichwortverzeichnis

Die fetten Ziffern beziehen sich auf das jeweilige Kapitel und die mageren Ziffern auf die dazugehörige Randnummer.